Wörterbuch-Verlag Nr. 1:
Langenscheidt belegt lt. Marktforschungsinstitut media control GfK den ersten Platz bei **Fremdsprachen-Wörterbüchern**.
Weitere Informationen dazu unter www.langenscheidt.de

Die Langenscheidt Service-Garantie:
Wenn Sie in diesem Wörterbuch ein Stichwort nicht finden, das man in einem Wörterbuch dieser Größe erwarten kann, garantieren wir Ihnen, dass Langenscheidt eine passende Übersetzung dieses Wortes für Sie sucht. Diese Garantie ist bis zum 31.12.2011 gültig.

Dieser Service wird ausschließlich per E-Mail angeboten.
Bitte schreiben Sie uns an die Adresse garantie@langenscheidt.de. Geben Sie in dieser E-Mail das gesuchte Stichwort an sowie den sprachlichen Zusammenhang, in dem es steht.
Das kann ein Satz sein, in dem das Wort vorkommt, oder eine Umschreibung des Begriffs.
Bitte teilen Sie uns auch mit, in welchem Wörterbuch Sie das betreffende Wort vermissen.
Sie erhalten unsere Antwort so schnell wie möglich, ebenfalls per E-Mail.

Langenscheidt
Muret-Sanders Großwörterbuch
Englisch – Deutsch

Langenscheidt Muret-Sanders

Großwörterbuch Englisch

Teil 1
Englisch – Deutsch

Neubearbeitung

Herausgegeben von der
Langenscheidt-Redaktion

Langenscheidt

Berlin · München · Wien · Zürich
London · Madrid · New York · Warschau

Neubearbeitung 2010
Lexikografische Arbeiten: Susanne Dyka, Martin Fellermayer
Projektleitung: Martin Fellermayer

Zugrunde liegende Bearbeitung von Helmut Willmann

Neue deutsche Rechtschreibung nach den gültigen amtlichen Regeln und DUDEN-Empfehlungen

Ergänzende Hinweise, für die wir jederzeit dankbar sind, bitte wir zu richten an:
Langenscheidt Verlag, Postfach 40 11 20, 80711 München, redaktion.wb@langenscheidt.de

Typografisches Konzept nach: KOCHAN & PARTNER GmbH, München
Satz: Hagedorn medien[design], Stuttgart
Printed in Germany
ISBN 978-3-468-02123-7

10010

Inhalt

Vorwort

Neubearbeitung

Die Namen „Muret" und „Sanders" stehen seit über 100 Jahren auf den Titelseiten der größten englischen Langenscheidt-Wörterbücher. Diese Verbindung geht bis ins Jahr 1869 zurück, als der Verlagsgründer Gustav Langenscheidt mit Professor Dr. Eduard Muret einen Vertrag über die Ausarbeitung eines großen Englisch-Wörterbuches schloss, für dessen deutsch-englischen Teil er den Lexikografen Professor Dr. Daniel Sanders gewinnen konnte.

Hinter Langenscheidt-Wörterbüchern steht also eine lange Tradition, die geprägt ist von der sprachlichen und fachlichen Kompetenz erfahrener Wörterbuchmacher. Die Werke sind auf die Wünsche und Bedürfnisse ihrer Benutzer zugeschnitten und berücksichtigen gleichermaßen die Anforderungen der modernen Lexikografie wie die Entwicklung der jeweiligen Sprache. Dies gilt auch für die vorliegende Neubearbeitung des **Langenscheidt Muret-Sanders Großwörterbuchs Englisch – Deutsch**.

Neue Wörterbuchgestaltung

Diese Ausgabe des **Großwörterbuchs Englisch – Deutsch** unterscheidet sich typografisch vollkommen von ihrer Vorgängerversion. Die aktuellen Inhalte präsentieren sich in der für Langenscheidt neu entwickelten Wörterbuchgestaltung, die für optimale Lesbarkeit sorgt und ein besonders schnelles Nachschlagen in zweisprachigen Wörterbüchern ermöglicht.

Aktualität und Breite des Wortschatzes

Der Wortschatz von rund 170.000 Stichwörtern und Wendungen mit über 350.000 Übersetzungen spiegelt die moderne englische Sprache in ihrer ganzen Vielfalt wider. Die Auswahl reicht dabei von allgemeinsprachlichen Begriffen wie *baby bouncer, datebook, diamond lane, encore presentation, gap year, graphic novel, must-have, petting zoo, sponge finger, tankini, toll plaza, wraparounds* und der gehobenen Schriftsprache mit Wörtern wie *etiolation, genius loci, idolatrous, mansuetude, paramountcy* über Umgangssprachliches wie *boob job, clueful, faff about, gloopy, hissy fit, hoodie, outdoorsy, road warrior* bis hin zu Slangbegriffen wie *bollix, gook, limey, loco, lush, milk run, mutt* und Vulgärausdrücken wie *piss artist*.

Fachwortschatz

Eine Fülle an Fachwortschatz ergänzt das Vokabular aus vielen wichtigen Gebieten. Hier haben wir uns besonders auf die folgenden Bereiche konzentriert:

Computer und Internet, z. B. *blog, character map, game port, hard hyphen, hoax, hot spot, IP telephony, line art, netizen, number pad, parent folder, pre-release, smart quotes, template, thumbnail, user-generated*.

Neue Technologien, z. B. *clamshell, digital projector, genetic engineering, keyhole surgery, leading-edge technology, sat nav, speech recognition*.

Gesellschaft und Politik, z. B. *gated community, glitzy, information overload, kegger, parenting, performance-enhancing drug, presenteeism, trophy wife, WAGs, workplace bullying, yeppie*.

Wirtschaft und Börse, z. B. *anticipated interest, business-fluent, CBA, compound duty, daytrader, management consultancy, recruiter, stock swap*.

EU-Wortschatz, z. B. *Council of Ministers, European Commission, European Monetary Union, member state, MEP, participating country.*
Ökologie und Umwelt, z. B. *biofuel, environmental compatibility, green audit, greening, MCA, organic farming, sustainability, zero-emission.*
Sport, z. B. *consolation match, pitch invasion, sending-off, wakeboarding.*

Für professionelle deutschsprachige Benutzer
Das Buch ist nach wie vor auf die Bedürfnisse deutschsprachiger Benutzer ausgerichtet. Ausspracheangaben in internationaler Lautschrift erleichtern die korrekte Aussprache der englischen Stichwörter. Sämtliche Abkürzungen und die Erklärsprache sind in Deutsch gehalten.

Kontext
Wörter werden meist in einem typischen sprachlichen Zusammenhang verwendet. Um die Benutzer des **Großwörterbuchs Englisch – Deutsch** schnell zur treffenden Übersetzung eines Stichworts zu führen, sind den einzelnen Bedeutungen Sachgebietsangaben und Erläuterungen in Kursivschrift beigefügt. Darüber hinaus finden sich in den Einträgen zahlreiche illustrierende Beispiele und typische Wortverbindungen, z. B. *airside restaurant, fenced community, make a go of sth, perishingly cold, a positive fool, throw a wobbly, talk big.*

Nützliche Extras in den Anhängen
Die Anhänge bieten zusätzlich geografische Namen, unregelmäßige Verben, Zahlwörter, Maße und Gewichte sowie Temperaturumrechnungstabellen.

Mit seinem modernen Wortschatz, dem völlig neuen Erscheinungsbild und der besonders übersichtlichen Struktur bietet das **Langenscheidt Muret-Sanders Großwörterbuch Englisch – Deutsch**, dieser moderne Wörterbuch-Klassiker für Experten, seinen Benutzern echte Langenscheidt-Qualität für professionelles Übersetzen.

LANGENSCHEIDT VERLAG

Hinweise für die Benutzer

1 Stichwortsuche

Das Wörterbuch ist in die Buchstaben von A – Z unterteilt. Auch innerhalb der einzelnen Buchstaben sind die Wörter **alphabetisch geordnet**:

bik**e** – bike **p**ath – bike**r**
secretaria**t**(e) – secreta**ry**

Neben den Stichwörtern mit ihren Ableitungen und Zusammensetzungen finden Sie an ihrem jeweiligen alphabetischen Platz auch

1. die unregelmäßigen Formen des Komparativs und Superlativs (z. B. **better**, **worst**),
2. die verschiedenen Formen der Pronomina (z. B. **her**, **them**),
3. das Präteritum und Partizip Perfekt der unregelmäßigen Verben (z. B. **came**, **bitten**).

Wichtige geografische Namen und Abkürzungen haben wir für Sie in das Wörterverzeichnis mit eingearbeitet.

Wenn Sie ein bestimmtes englisches Wort suchen, wo fangen Sie damit an? – Sehen Sie sich die groß gedruckten, aus maximal vier Buchstaben bestehenden Leitbuchstaben in der äußeren oberen Ecke auf jeder Seite an. Angegeben werden jeweils die ersten vier Buchstaben des ersten Stichworts auf jeder linken bzw. des letzten Stichworts auf jeder rechten Seite.

Wie ist es, wenn Sie ein Stichwort nachschlagen wollen, das aus zwei einzelnen Wörtern besteht? Nehmen Sie z. B. **evening classes** oder einen Begriff, bei dem die Wörter mit einem Bindestrich (hyphen) miteinander verbunden sind, wie in **baby-minder**. Diese Wörter werden wie ein einziges zusammengeschriebenes Wort behandelt und dementsprechend alphabetisch eingeordnet. Sollten Sie ein solches zusammengesetztes Wort nicht finden, so zerlegen Sie es einfach in seine Einzelbestandteile und schlagen dann bei diesen an ihren alphabetischen Stellen nach.

Beim Nachschlagen werden Sie auch merken, dass viele sogenannte „Wortfamilien" entstanden sind. Das sind Stichwortartikel, die von einem gemeinsamen Stamm oder Grundwort ausgehen und deshalb in einem Artikel zusammengefasst sind:

depend – dependability – dependable – dependableness
doorframe – door handle – doorkeeper etc.

2 Rechtschreibung

Die Schreibung der deutschen Übersetzungen folgt den gültigen amtlichen Regeln und DUDEN-Empfehlungen (Stand 1.8.2006). Sind die **britische** und **amerikanische** Schreibung eines englischen Stichwortes verschieden, so stehen die Übersetzungen bei der Schreibvariante, die alphabetisch zuerst erscheint. Hier ist zusätzlich die andere Variante verzeichnet, die auch noch an der alphabetisch passenden Stelle mit Verweis auf die Variante mit den Übersetzungen aufgeführt ist:

centre *bes Br für* center ...

colour, **colourable**, **colour bar** *etc bes Br*
→ color, colorable, color bar *etc*

Ein eingeklammerter Buchstabe bedeutet ganz allgemein zwei Schreibweisen für ein

und dasselbe Wort: **lanolin(e)** wird entweder *lanolin* oder *lanoline* geschrieben.
Für die Abweichungen in der Schreibung geben wir Ihnen für das amerikanische Englisch ein paar einfache Regeln:

3 Die amerikanische Rechtschreibung

weicht von der britischen hauptsächlich in folgenden Punkten ab:

1. Für **...our** tritt **...or** ein, z. B. *honor* (= britisch *honour*), *labor* (= britisch *labour*).
2. **...re** wird zu **...er**, z. B. *center* (= britisch *centre*), *meager* (= britisch *meagre*). Ausgenommen sind *ogre* und die Wörter auf *...cre*, z. B. *massacre, acre*. Hier ändert sich nichts im Vergleich zur britischen Schreibung.
3. Statt **...ce** steht **...se**, z. B. *defense* (= britisch *defence*), *license* (= britisch *licence*).
4. Bei den meisten Ableitungen der Verben auf **...l** und einigen wenigen auf **...p** unterbleibt die Verdoppelung des Endkonsonanten, also: *travel – traveled – traveling – traveler* oder *worship – worshiped – worshiping – worshiper*.
   Auch in einigen anderen Wörtern wird der britische Doppelkonsonant durch einen einfachen ersetzt, z. B. in *woolen* (= britisch *woollen*), *carburetor* (= britisch *carburettor*).
5. Ein stummes e wird in gewissen Fällen weggelassen, z. B. *ax* (= britisch *axe*), *goodby* (= britisch *goodbye*).
6. Bei einigen Wörtern mit der Vorsilbe **en...** gibt es auch noch die Schreibung **in...**, z. B. *inclose* = *enclose*, *insnare* = *ensnare*.
7. Der Schreibung **ae** und **oe** wird oft diejenige mit **e** alleine vorgezogen, z. B. *anemia* (= britisch *anaemia*), *diarrhea* (= britisch *diarrhoea*).
8. Aus dem Französischen stammende stumme Endsilben werden meist weggelassen, z. B. *catalog* (= britisch *catalogue*), *program* (= britisch *programme*), *prolog* (= britisch *prologue*).
9. Einzelfälle sind: *stanch* (= britisch *staunch*), *mold* (= britisch *mould*), *molt* (= britisch *moult*), *gray* (= britisch *grey*), *plow* (= britisch *plough*), *skillful* (= britisch *skilful*), *tire* (= britisch *tyre*).

4 Schriftarten

Fett und deutlich größer als die Übersetzungen gedruckt sind alle englischen Stichwörter. Etwas weniger fett gedruckt sind alle Wendungen und Satzbeispiele sowie zum Stichwort gehörige Präpositionen, die in Klammern hinter Übersetzungen stehen:

> **interested** ADJ **1** interessiert (**in** an *dat*): **be ~ in sth** sich für etwas interessieren; **I was ~ to know** es interessierte mich zu wissen **2** *bes* WIRTSCH beteiligt (**in** an *dat*, bei): **the parties ~** **a** die Beteiligten **b** die Interessenten

Kursiv gedruckt finden Sie

1. alle Angaben zur sprachlichen Herkunft, Sprachgebrauchs- oder zur Stilebene:

   > **motor** ... **~ truck** S *bes US* Last(kraft)wagen ...

   > **watery** ... **6** *fig* schal, seicht (*Stil*) ...

2. alle erläuternden Hinweise zu den Übersetzungen:

   > **dogger** ['dɒgə(r)] S SCHIFF Dogger *m* (*zweimastiges Fischerboot*)

3. alle Definitionen anstelle einer echten Übersetzung bei Wörtern, die keine genaue deutsche Entsprechung haben:

   > **ceilidh** ['keılı] S *schottischer od irischer Unterhaltungsabend, bei dem musiziert u. getanzt wird ...*

4. alle Genusangaben hinter deutschen Übersetzungen:

   creole ['kri:əʊl] A S Kreole *m*, Kreolin *f* ...

5. alle Objekt- und Subjektangaben vor bzw. hinter Übersetzungen:

   mount[1] [maʊnt] A V/T 1 *e-n Berg, ein Pferd etc, fig den Thron* besteigen ...

   persistent ADJ ... anhaltend (*Nachfrage, Regen etc*) ...

6. alle Angaben zu einem erforderlichen grammatischen Fall (Kasus) hinter deutschen Präpositionen in Klammern hinter Übersetzungen:

   amount ... sich belaufen *od* beziffern (auf *akk*) ...

7. alle Grammatikangaben:

   analytic ... B S **analytics** *pl* (*als sg konstruiert*) ...

8. alle kurzen erläuternden Abkürzungen wie *a., u., bes, mst* usw.

In Großbuchstaben sind alle Sachgebiete angegeben:

subsidiarity [səb,sɪdɪ'ærətɪ] S POL Subsidiarität(sprinzip) *f(n)*

Die Wortartkürzel hinter dem Stichwort bzw. mehrere Wortartangaben bei einem Stichwort werden ebenfalls in Großbuchstaben angegeben und sind oben und unten durch einen waagrechten Strich begrenzt: S, ADJ, V/I, V/T usw.

In Normalschrift stehen alle Übersetzungen.

5 Lexikografische Zeichen

Ein Symbol, das Ihnen bei vielen Stichwörtern und auch bei den Anwendungs- und Satzbeispielen begegnet, ist ein Wiederholungszeichen, die **Tilde ~**.

Zusammengesetzte Stichwörter sind in sogenannten „Nestern" aufgenommen. Aus Platzgründen wird deren erster Wortbestandteil, der dem am Anfang des Eintrags ausgerückten Hauptstichwort entspricht, im Nest durch die Tilde ~ ersetzt:

dinner .....; ~ **bell** .....; ~ **card** .....; ~ **dance** .....; ...

Die Tilde ersetzt bei den Stichwörtern im folgenden Stichwortnest den im Hauptstichwort links vor dem Senkrechtstrich stehenden Wortteil bzw., falls kein Senkrechtstrich vorkommt, das erste Stichwort, in Wendungen dagegen stets das direkt vorhergehende Stichwort:

computer| crash S Computerabsturz *m*; ~ **criminality** S Computerkriminalität *f*; ~ **dating** S *Heiratsvermittlung mit Hilfe e-s Computers*; ~ **diagnostics** ...

Wechselt die Schreibung des Anfangsbuchstabens im Vergleich zu der des links ausgerückten Hauptstichwortes bzw. bei Wendungen des unmittelbar vorangehenden Stichwortes von klein zu groß oder umgekehrt, steht statt der einfachen Tilde die sogenannte **Kreistilde** ♀:

doomsday ['du:mzdeɪ] S *a.* ♀ der Jüngste Tag: **till** ~ *umg* bis zum Jüngsten Tag, bis in alle Ewigkeit; ♀ **Book** → Domesday Book

lord [lɔ:d] A S ... 4 **the** ♀ a ♀ **God** Gott *m* (der Herr): ♀ **(only) knows where** Gott *od* der Himmel weiß, wo; **good** ♀! → B, a *a.* **our** ♀ (Christus *m*) der Herr: **in the year of our** ♀ im Jahre des Herrn, Anno Domini ...

Nach dem fett gedruckten Stichwort, der Ausspracheangabe in eckigen Klammern und der Bezeichnung der Wortart steht **die Übersetzung**.

Die Übersetzungen sind folgendermaßen untergliedert: Großbuchstaben mit anschließendem Kürzel zur Unterscheidung der Wortarten (Substantiv, Verb, Adjektiv, Adverb etc.), Ziffern zur Unterscheidung der einzelnen Bedeutungen, kleine Buchstaben zur weiteren Bedeutungsdifferenzierung, z. B.

> **masculine** ['mæskjʊlɪn] A ADJ 1 männlich, Männer…; **~ voice** 2 LING, LIT männlich, maskulin *(Substantiv etc)*: → rhyme A 1 3 männlich: a vital, robust b mannhaft 4 kräftig, stark 5 maskulin, unfraulich B S 1 Mann *m* 2 LING Maskulinum *n*: a männliches Substantiv *od* Pronomen b männliches Geschlecht

Gleich geschriebene Stichwörter mit sehr unterschiedlicher Bedeutung sind mit einer **Hochzahl** versehen und als eigenständige Stichwörter dargestellt:

> **chap**[1] [tʃæp] S *umg* Bursche *m*, Junge *m*, Kerl *m*: **old ~** alter Knabe *umg*; **be a good ~ and …** sei so nett *od* freundlich u. …
> **chap**[2] [tʃæp] → chop[3]
> **chap**[3] [tʃæp] A V/T 1 *Holz* spalten 2 Risse verursachen in *od* auf *(dat)*, *die Haut* rissig machen B V/I aufspringen, rissig werden *(Haut)*: → chapped C S Riss *m*, Sprung *m*

Dies geschieht aber nicht in den Fällen, in denen sich die zweite Bedeutung aus der Hauptbedeutung des Grundwortes entwickelt hat.

Anwendungsbeispiele in dünnem Fettdruck werden meist unter den zugehörigen Ziffern aufgeführt. Sind es sehr viele Beispiele, so sind sie in einem eigenen Abschnitt *„Besondere Redewendungen:"* zusammengefasst, siehe z. B. Stichwort **heart**.

Eine Übersetzung der Beispiele ist nur dann nicht gegeben, wenn diese sich aus der Grundübersetzung von selbst ergibt:

> **heartily** … 2 herzhaft, kräftig, tüchtig: **eat ~**

Bei sehr umfangreichen Stichwortartikeln werden auch die Zusammensetzungen von **Verben mit Präpositionen oder Adverbien** an das Ende der betreffenden Artikel angehängt, z. B. **come across**, **get up**.

Im britischen und amerikanischen Englisch gibt es hier und da unterschiedliche Bezeichnungen für dieselbe Sache. Ein Engländer sagt z. B. *pavement*, wenn er den „Bürgersteig" meint, der Amerikaner spricht dagegen von *sidewalk*. Im Wörterbuch finden Sie die Wörter, die hauptsächlich im britischen Englisch gebraucht werden, mit *Br* gekennzeichnet. Wörter, die typisch für den amerikanischen Sprachgebrauch sind, werden mit *US* gekennzeichnet.

Es kommt selten vor, dass nur eine einzige Übersetzung hinter dem jeweiligen Stichwort steht. Meist hat ein Stichwort mehrere sinnverwandte Übersetzungen, die durch ein **Komma** voneinander getrennt werden.

Die **Bedeutungsunterschiede** in den Übersetzungen werden gekennzeichnet:

1. durch einen Strichpunkt zwischen einzelnen Übersetzungen,
2. durch eine Unterteilung in arabische Ziffern,
3. durch Unterteilung in kleine Buchstaben zur weiteren Bedeutungsdifferenzierung,
4. durch Erläuterungen in kursiver Schrift,
5. durch vorangestellte Sachgebietsangaben in Großbuchstaben und abgekürzte Begriffsbestimmungen (die Sie alle im Verzeichnis der Abkürzungen und Symbole ab Seite 1145 finden).

Häufig finden Sie auch ein **Verweiszeichen** (→) in einem Stichwortartikel. Es hat folgende Bedeutungen:

1. Verweis von Stichwort zu Stichwort bei Bedeutungsgleichheit, z. B.

   gauntry ['gɔːntrı] → gantry

2. Verweis innerhalb eines Stichwortartikels, z. B.

   mute … **A** ADJ … **3** LING stumm *(Buchstabe etc)*: **~ sound** → B 4 b

3. Oft wird anstelle eines Anwendungsbeispiels auf ein anderes Stichwort verwiesen, das ebenfalls in dem Anwendungsbeispiel enthalten ist:

   square … **B** V/T … **3** MATH **a** den Flächeninhalt berechnen von *(od gen)* **b** *e-e Zahl* quadrieren, ins Quadrat erheben: **three ~d** drei zum Quadrat **c** *e-e Figur* quadrieren, in ein Quadrat verwandeln: → circle A 1

   Das heißt, dass die Wendung *square the circle* unter dem Stichwort **circle** aufgeführt und dort auch übersetzt ist.

4. Falls umfangreiche Übersetzungen auf zwei Wortarten desselben Stichworts zutreffen, wird von der einen Wortart, bei der aus Platzgründen all diese Übersetzungen eingespart wurden, auf die andere Wortart, bei der alle Übersetzungen angeführt sind, verwiesen:

   concentrate … **A** V/T **1** konzentrieren …: **a** zusammenziehen, zusammenballen, vereinigen, sammeln … **B** V/I **1** sich konzentrieren *(etc;* → A 1) …

5. Falls zwei gleichlautende Ausdrücke oder Wendungen unterschiedliche Bedeutungen haben, wird jeweils auf die andere verwiesen:

   dead … **A** ADJ … **2** … **~ matter** tote Materie *m* (→ A 23) … **23** … **~ matter** Ablegesatz *m* (→ A 2) …

Von Stichwörtern, die eine flektierte Form darstellen, wird auf das Grundwort verwiesen, allerdings ohne Verweispfeil:

taught [tɔːt] *prät u. pperf von* teach

Runde Klammern werden verwendet

1. zur Vereinfachung der Übersetzung, z. B.

   (Güte)Klasse
   *(Bevölkerungs)*Schicht

2. zur Platzersparnis bei gekoppelten Anwendungsbeispielen, z. B.

   make (break) contact Kontakt herstellen (den Kontakt unterbrechen)

= **make contact** Kontakt herstellen *bzw.* **break contact** den Kontakt unterbrechen

6 Grammatische Hinweise

Die **Rektion** von deutschen Präpositionen wird dann angegeben, wenn sie verschiedene Fälle (= Kasus) regieren können, z. B. bei „vor" oder „über". Die Rektion von Verben wird nur dann angegeben, wenn sie von der des Grundwortes abweicht oder wenn das englische Verb von einer bestimmten Präposition regiert wird. Folgende Anordnungen sind möglich:

1. Wird ein Verb, das im Englischen transitiv ist, im Deutschen intransitiv übersetzt, so wird die abweichende Rektion angegeben:

   contradict … V/T **1** *j-m, e-r Sache* widersprechen **2** widersprechen *(dat)*, im Widerspruch stehen zu …

2. Gelten für die deutschen Übersetzungen verschiedene Rektionen, steht die englische Rektion in Klammern vor der ersten Übersetzung, die deutsche Rektionsangabe steht hinter jeder Einzelübersetzung:

descend ... V/I ... **6** (**to**) übergehen, sich vererben (auf *akk*), zufallen (*dat*) ...

3. Stimmen Präposition und Rektion für alle Übersetzungen überein, so stehen sie in Klammern hinter der letzten Übersetzung:

observe ... V/I ... **3** Bemerkungen machen, sich äußern (*beide:* **on** über *akk*)

Außerdem sind bei den Stichwörtern die folgenden **besonderen Grammatikpunkte** aufgeführt:

1. Unregelmäßiger Plural:

child ... *pl* children

analysis ... *pl* -ses

2. Unregelmäßige Verben:

give ... **B** V/T *prät* **gave** [geɪv], *pperf* **given** [ˈgɪvn] ...

outgrow V/T *irr* ...

Der Hinweis *irr* bedeutet: In einer Verbliste im Anhang finden Sie alle unregelmäßigen Formen.

3. Auslautendes *-c* wird zu *-ck* vor *-ed, -er, -ing* und *-y*:

frolic ... **B** V/I *prät u. pperf* ˈfrolicked

4. Bei unregelmäßigen Deklinations-, Konjugations- und Steigerungsformen Hinweis auf die Grundform:

mice [maɪs] *pl von* mouse

taught [tɔːt] *prät u. pperf von* teach

better[1] [ˈbetə(r)] **A** (*komp von* good)

best [best] **A** (*sup von* good)

5. Bei Adjektiven Hinweise auf die Adverbbildung:

Adverbformen werden in der Regel hinter dem Adjektivstichwort aufgeführt. Sie erscheinen nur dann als selbstständiges Stichwort, wenn sie in Bedeutung und Aussprache eine Besonderheit aufweisen. Ausgeschrieben werden Adverbialformen, bei deren Bildung der Schlussvokal entfällt oder sich verändert:

hot ... ADJ (ADV ~ly) ...

capable ... ADJ (ADV capably) ...

gentle ... ADJ (ADV gently) ...

hasty ... ADJ (ADV hastily) ...

Adjektive auf *-ic* haben als Adverb das Anhängsel *-ally*:

psychic [ˈsaɪkɪk] **A** ADJ (*adv* ~ally)

Bei Adjektiven, die auf -ic und -ical enden können, wird so verfahren:

geologic ... ADJ, **geological** ... ADJ (ADV ~ly) geologisch ...

Das heißt geologically ist das Adverb zu beiden Adjektivformen.

Wird bei der Adverbangabe per Pfeil auf das Adverb selbst verwiesen, so ist es als eigenes Stichwort aufgelistet, bei dem Sie darüber hinaus vom Adjektiv abweichende Übersetzungen finden:

able [ˈeɪbl] ADJ (*adv* → ably)

Die Aussprache des Englischen

1 Die Lautschrift

Hinter dem Stichwort sehen Sie Zeichen in eckigen Klammern. Dies ist die sogenannte Lautschrift. Die Lautschrift beschreibt, wie Sie ein Wort aussprechen. So ist das „th" in *thin* ein ganz anderer Laut als das „th" in *these*. Da die normale Schrift für solche Unterschiede keine Hilfe bietet, werden diese Laute mit anderen Zeichen beschrieben. Dazu hat man sich international auf eine Lautschrift geeinigt.

Da die Zeichen von der **I**nternational **P**honetic **A**ssociation als verbindlich angesehen werden, nennt man sie auch **IPA-Lautschrift**.

Die englischen Laute der internationalen Lautschrift

[ʌ]	kurzes *a* wie in *Matsch, Kamm*	**much** [mʌtʃ], **come** [kʌm]
[ɑ]	halblanges *a,* etwas kürzer als in *Bahn*	*US* **got** [gɑt], **lot** [lɑt]
[ɑ:]	langes *a*, etwa wie in *Bahn*	**after** ['ɑ:ftə], **park** [pɑ:k]
[æ]	mehr zum *a* hin als das *ä* in Wäsche	**flat** [flæt], **madam** ['mædəm]
[æ̃:]	nasaliertes langes æ etwa wie im französischen Wort *lingerie*	**lingerie** ['læ̃:nʒəri:]
[ə]	wie das End-e in *Berge, mache, bitte*	**after** ['ɑ:ftə], **arrival** [ə'raɪvl]
[e]	*ä* wie in *hätte, Mäntel*	**let** [let], **men** [men]
[ɜ]	etwa wie *ir* in *flirten*, aber offener	*US* **first** [fɜrst], **learn** [lɜrn]
[ɜ:]	etwa wie *ir* in *flirten*, aber offener und länger	**first** [fɜ:st], **learn** [lɜ:n]
[ɪ]	kurzes *i* wie in *Mitte, billig*	**in** [ɪn], **city** ['sɪtɪ]
[i:]	langes *i* wie in *nie, lieben*	**see** [si:], **evening** ['i:vnɪŋ]
[ɒ]	wie *o* in *Gott*, aber offener	**shop** [ʃɒp], **got** [gɒt]
[ɔ:]	wie in *Lord*, aber ohne *r*	**morning** ['mɔ:nɪŋ], **course** [kɔ:s]
[ʊ]	kurzes *u* wie in *Mutter*	**good** [gʊd], **look** [lʊk]
[u:]	langes *u* wie in *Schuh, Mut*	**too** [tu:], **shoot** [ʃu:t]
[aɪ]	etwa wie in *Mai, Neid*	**my** [maɪ], **night** [naɪt]
[aʊ]	etwa wie in *blau, Couch*	**now** [naʊ], **about** [ə'baʊt]
[əʊ]	von [ə] zu [ʊ] gleiten	**home** [həʊm], **know** [nəʊ]
[eə]	wie *är* in *Bär*, aber kein *r* sprechen	**air** [eə], **square** [skweə]
[eɪ]	klingt wie *äi*	**eight** [eɪt], **stay** [steɪ]

[ɪə]	von [ɪ] zu [ə] gleiten	**near** [nɪə], **here** [hɪə]
[ɔɪ]	etwa wie *eu* in *neu*	**join** [dʒɔɪn], **choice** [tʃɔɪs]
[ʊə]	wie *ur* in *Kur*, aber kein *r* sprechen	**sure** [ʃʊə], **tour** [tʊə]
[j]	wie *j* in *jetzt*	**yes** [jes], **tube** [tjuːb]
[w]	mit gerundeten Lippen ähnlich wie [uː] gebildet; aber sehr kurzes *u* – und kein deutsches *w*!	**way** [weɪ], **one** [wʌn], **quick** [kwɪk]
[ŋ]	wie *ng* in *Ding*	**thing** [θɪŋ], **English** ['ɪŋglɪʃ]
[r]	Zunge liegt zurückgebogen am Gaumen auf. Nicht gerollt und nicht im Rachen gebildet!	**room** [ruːm], **hurry** ['hʌrɪ]
[s]	stimmloses *s* wie in *lassen*, *Liste*	**see** [siː], **famous** ['feɪməs]
[z]	stimmhaftes *s* wie in *lesen*, *Linse*	**zero** ['zɪərəʊ], **is** [ɪz], **runs** [rʌnz]
[ʃ]	wie *sch* in *Scholle*, *Fisch*	**shop** [ʃɒp], **fish** [fɪʃ]
[tʃ]	wie *tsch* in *tschüs*, *Matsch*	**cheap** [tʃiːp], **much** [mʌtʃ]
[ʒ]	stimmhaftes *sch* wie in *Genie*, *Etage*	**television** ['telɪvɪʒn]
[dʒ]	wie in *Job*, *Gin*	**just** [dʒʌst], **bridge** [brɪdʒ]
[θ]	wie *ss* in *Fass*, aber gelispelt	**thanks** [θæŋks], **both** [bəʊθ]
[ð]	wie *S* und *s* in *Sense*, aber gelispelt	**that** [ðæt], **with** [wɪð]
[f]	wie *f* in *fein*	**fat** [fæt]
[v]	etwa wie deutsches *w*, Oberzähne auf Oberkante der Unterlippe	**very** ['verɪ], **over** ['əʊvə]
[x]	wie *ch* in *ach*	**loch** [lɒx]
[ː]	bedeutet, dass der vorhergehende Vokal lang zu sprechen ist	Längungszeichen
[']	bedeutet, dass auf der folgenden Sprechsilbe die Hauptbetonung liegt	Hauptbetonungszeichen
[ˌ]	bedeutet, dass auf der folgenden Sprechsilbe eine Nebenbetonung liegt, die schwächer ist als die Hauptbetonung	Nebenbetonungszeichen

Die Zeichen b, d, g, h, k, l, m, n, p, t werden wie im Deutschen gesprochen, die Lautschriftzeichen sind identisch mit den entsprechenden Buchstaben des Alphabets.

Ändert sich die erste hinter dem Stichwort angegebene Aussprache bei einer anderen Wortart desselben Stichworts, steht die veränderte Aussprache unmittelbar hinter der Wortartangabe, auf die sie sich bezieht.

2 Lautsymbole nicht anglisierter Stichwörter

Bei den nicht anglisierten Stichwörtern, d. h. in Fremdwörtern, die noch nicht als eingebürgert empfunden werden, werden gelegentlich einige Lautsymbole der französischen Sprache verwendet, um die nichtenglische Lautung zu kennzeichnen. Die nachstehende Liste gibt einen Überblick über diese Symbole:

[a] ein kurzes, helles offenes a wie im französischen Wort *femme*.

[ɑ̃] ein nasaliertes, offenes a wie im französischen Wort *enfant*.

[ɛ] ein kurzes, helles offenes ä wie im französischen Wort *belle*.

[ɛ̃] ein nasaliertes, offenes ä wie im französischen Wort *fin*.

[æ̃] ein nasaliertes, offenes ä wie in der leicht anglisierten Form des französischen Wortes *gratin*.

[i] ein kurzes i wie im französischen Wort *ici*.

[ɔ] ein kurzes, offenes o wie im französischen Wort *poche*.

[ɔ̃] ein nasaliertes, offenes o wie im französischen Wort *bonbon*.

[o] ein geschlossenes o wie im französischen Wort *pot*.

[õ] ein nasaliertes, geschlossenes o wie im französischen Wort *ton*.

[œ] ein offener ö-Laut wie im französischen Wort *jeune*.

[œ̃] ein nasaliertes, offenes ö wie im französischen Wort *lundi*.

[ø] ein geschlossener ö-Laut wie im französischen Wort *feu*.

[u] ein u wie im französischen Wort *souci*.

[y] ein kurzes ü wie im französischen Wort *vu*.

[ɥ] ein kurzer Reibelaut, Zungenstellung wie beim deutschen ü („gleitendes" ü). Wie im französischen Wort *muet*.

[ç] ein ch-Laut wie im deutschen Wort *ich*.

[ɲ] ein j-haltiges n, noch weicher als in *Champagner*. Wie im französischen Wort *Allemagne*.

3 Die amerikanische Aussprache

Zunächst einiges zur Darstellung:

[(r)] am Wortende bzw. im Wortinneren
Das r in runden Klammern steht in allen Fällen, in denen im amerikanischen Englisch im Gegensatz zum britischen Englisch ein r gesprochen wird. Ein (r) am Wortende wird auch im britischen Englisch meist gesprochen, wenn das unmittelbar folgende Wort mit einem Vokal beginnt.

[ɒ] und [ɔ]
Bei Wörtern wie *long*, *song*, *wrong* wird aus Platzgründen nur eine Aussprachevariante angegeben, das kurze, sogenannte „offene" o, also [lɒŋ], [sɒŋ], [rɒŋ]. Das amerikanische Englisch zieht in solchen Fällen in der Regel die Aussprache mit [ɔː] vor, also [lɔːŋ], [sɔːŋ], [rɔːŋ].

[əʊ]-Diphthong
Bei Wörtern wie *home*, *road*, *toll* ist streng genommen zwischen britisch [əʊ] und amerikanisch [oʊ] zu unterscheiden, wobei im Amerikanischen häufig noch das [ʊ] als

zweiter Bestandteil des Diphthongs aussprachemäßig stark zurücktritt, also amerikanisch [hoʊm], [roʊd], [toʊl], mit einem o-Laut, der etwa jenem im deutschen Wort *Rose* entspricht.

[hw-]
Wörter mit wh-Schreibung am Wortanfang, z. B. *which*, *wheel*, *what* (nicht jedoch *who* und Zusammensetzungen, die mit *who-* beginnen!), werden insbesondere im amerikanischen Englisch vielfach mit [hw-] und nicht mit [w-] gesprochen.
Man spricht also einen Hauchlaut [h], dem sich unmittelbar ein [w] anschließt.

Die amerikanische Aussprache weicht hauptsächlich in folgenden Punkten von der britischen ab:

1) Das britische ɑː wird zu (mehr oder weniger gedehntem) æ(ː) in Wörtern wie **ask** [æ(ː)sk], **castle** ['kæ(ː)sl], **grass** [græ(ː)s], **past** [pæ(ː)st], etc. Ebenso in **branch** [bræ(ː)ntʃ], **can't** [kæ(ː)nt], **dance** [dæ(ː)ns] etc.
2) Das britische ɒ wird zu ɑ in Wörtern wie **common** ['kɑmən], **not** [nɑt], **on** [ɑn], **rock** [rɑk], **bond** [bɑnd], und vielen anderen.
3) Das britische juː wird zu uː in Wörtern wie **due** [duː], **duke** [duːk], **new** [nuː].
4) r zwischen vorhergehendem Vokal und folgendem Konsonanten wird stimmhaft gesprochen, indem die Zungenspitze gegen den harten Gaumen zurückgezogen wird, z. B. bei **clerk** [klɜːrk], **hard** [hɑːrd]; ebenso im Auslaut, z. B. bei **far** [fɑːr], **her** [hɜːr].
5) Anlautendes p, t, k in unbetonter Silbe (nach betonter Silbe) wird zu b, d, g abgeschwächt, z. B. in **property**, **water**, **second**.
6) Der Unterschied zwischen stark und gar nicht betonten Silben ist viel weniger ausgeprägt als im britischen Englisch. Längere Wörter haben einen deutlichen Nebenton, z. B. **dictionary** ['dɪkʃəˌneriː, *britisch* 'dɪkʃən(ə)rɪ], **ceremony** ['serəˌməʊniː, *britisch* 'serɪmənɪ], **inventory** ['ɪnvənˌtɔːriː, *britisch* 'ɪnvəntrɪ], **secretary** ['sekrəˌteriː, *britisch* 'sekrətrɪ].
7) Vor, oft auch nach nasalen (durch die Nase gesprochenen) Konsonanten (m, n, ŋ) sind Vokale und Diphthonge nasal gefärbt, z. B. bei **stand**, **time**, **small**, **bang**.

A

A[1], **a**[1] [eɪ] *pl* A's, As, a's, as [eɪz] S 1 A, a *n* (*Buchstabe*): **from A to B** von A nach B; **from A to Z** von A bis Z 2 MUS A, a *n* (*Tonbezeichnung*): **A flat** As, as *n*; **A sharp** Ais, ais *n* 3 **a** MATH a (*1. bekannte Größe*) 4 **A** SCHULE, UNIV Eins *f*: **get an A in German** in Deutsch „sehr gut" *od* e-e Eins bekommen 5 *Papierformate*: **A4** DIN A4; **A4 notepaper** DIN-A4-Schreibpapier *n*; **A sizes** DIN-Formate

A[2] ABK 1 America(n) 2 ELEK ampere 3 PHYS atomic 4 *Br* major arterial road Hauptverkehrsstraße *f*, Hauptausfallstraße *f*

a[3] [ə; *betont:* eɪ], (*vor vokalischem Anlaut*) **an** [ən; *betont:* æn] ADJ *od* UNBEST ART 1 ein, eine, ein: **a man** ein Mann; **a town** eine Stadt; **an hour** eine Stunde; **a Stuart** ein(e) Stuart; **a Mr Arnold** ein (gewisser) Herr Arnold; **she is a teacher** sie ist Lehrerin; **he died a rich man** er starb reich *od* als reicher Mann 2 einzig: **at a blow** auf einen Schlag 3 ein (zweiter), eine (zweite), ein (zweites): **he is a Conan Doyle** 4 ein, eine, ein, der-, die-, dasselbe: → kind[1] 1, size[1] A 1 5 *meist ohne deutsche Entsprechung*: → few A 2, good B 15, great A 1 6 per, pro, je: **£10 a year** zehn Pfund im Jahr; **five times a week** fünfmal die *od* in der Woche

A. ABK 1 acre(s) *od* acreage 2 America(n) 3 answer

a. ABK 1 acre(s) *od* acreage 2 LING active 3 anno, in the year 4 ELEK anode 5 ante 6 WIRTSCH approved 7 (*Flächenmaß*) are

a-[1] [ə] *Wortelement mit der Bedeutung* in, an, auf, zu, *bes* a *Lage, Bewegung*: → abed, ashore b *Zustand*: → afire, alive c *Zeit*: → nowadays d *Art u. Weise*: → aloud e *bes poet*: *Handlung, Vorgang*: → ahunt

a-[2] [eɪ] *Wortelement zum Ausdruck der Verneinung*: → amoral, asexual

AA ABK 1 PSYCH Alcoholics Anonymous Anonyme Alkoholiker *pl* 2 MIL antiaircraft 3 Architectural Association 4 *Br* Automobile Association

AAA [ˌtrɪpl'eɪ] ABK 1 All American Aviation 2 *Br* Amateur Athletic Association 3 American Automobile Association 4 Australian Automobile Association

AAAL ABK American Academy of Arts and Letters

AAAS ABK American Association for the Advancement of Science

AAM ABK MIL air-to-air missile Luft-Luft-Rakete *f*

aardvark ['ɑː(r)dvɑː(r)k] S ZOOL Erdferkel *n*

Aaron's|-beard [ˌeərənz-] S BOT Großblumiges Johanniskraut; **~ rod** S 1 BIBEL Aarons Stab *m* (*a.* ARCH) 2 BOT a Königskerze *f* b Goldrute *f*

AARP ABK American Association of Retired Persons

AAS ABK (Fellow of the) American Academy of Sciences

AAU ABK US Amateur Athletic Union

AB ABK 1 able-bodied 2 air-borne 3 US Bachelor of Arts

ABA ABK 1 *Br* Amateur Boxing Association 2 American Bar Association 3 American Booksellers Association

abaca ['æbəkə; US ˌæbə'kɑː] S BOT Abaka *m*, Manilahanf *m*

abaci ['æbəsaɪ] *pl von* abacus

aback [ə'bæk] ADV 1 SCHIFF back, gegen den Mast 2 **taken ~** *fig* a bestürzt, betroffen b verblüfft, sprachlos, überrascht (*alle*: **by** über *akk*) 3 *selten* a nach hinten b rückwärts

abacus ['æbəkəs] *pl* -ci [-saɪ], -cuses S 1 MATH Abakus *m*, Rechenbrett *n* 2 ARCH Abakus *m*, Säulendeckplatte *f* (*über dem Kapitell*)

abaft [ə'bɑːft; US ə'bæft] SCHIFF A PRÄP achter, hinter (*dat*) B ADV achteraus

abalone [ˌæbə'ləʊnɪ] S ZOOL Abalone *f* (*schmackhaftes Schalentier, das in wärmeren Meeresteilen lebt*)

abandon [ə'bændən] A V/T 1 *ein Prinzip, s-n Widerstand etc* aufgeben, *e-n Plan etc a.* fallen lassen, *alle Hoffnung a.* fahren lassen, *e-e Suchaktion etc* abbrechen, einstellen, *ein Spiel*, FLUG *den Start* abbrechen: → brief B 3 b 2 *etwas* verlassen, aufgeben, *ein Fahrzeug* stehen lassen: **~ ship** das Schiff verlassen; **~ ship!** alle Mann von Bord! 3 *etwas* überlassen (**to** *dat*): **they ~ed the city to the enemy army** 4 a *ein Heimtier, ein Kind* aussetzen b *s-e Frau etc* verlassen, im Stich lassen 5 WIRTSCH, JUR a *e-e Klage, e-e Berufung* zurückziehen b *e-e Forderung etc* fallen lassen c **~ an attempt** vom (*strafbaren*) Versuch zurücktreten d *e-e Option* aufgeben, nicht ausüben e *ein Schiff* abandonnieren (*dem Versicherer gegen Empfang der Versicherungssumme überlassen*) 6 **~ o.s.** sich hingeben (**to despair** der Verzweiflung) B S Ausgelassenheit *f*: **with ~** ausgelassen; **in gay ~** in fröhlicher Ausgelassenheit; **abandoned** ADJ 1 a verlassen, aufgegeben: **be found ~** verlassen aufgefunden werden (*Fluchtfahrzeug etc*); **~ property** herrenloses Gut b leer stehend, unbewohnt 2 verworfen, liederlich, lasterhaft 3 ausgelassen

abandonee [əˌbændə'niː] S JUR *Versicherer, dem das beschädigte Schiff überlassen wird*

abandonment S 1 Aufgabe *f*, Abbruch *m*, Einstellung *f* 2 Verlassen *n* 3 Aussetzung *f* 4 Zurückziehen *n* 5 *Seeversicherungsrecht*: Abandon *m*

abase [ə'beɪs] V/T 1 a erniedrigen, demütigen (*beide*: **before, to** vor *dat*): **~ o.s. so far as to do sth** sich dazu erniedrigen, etwas zu tun b (rangmäßig) zurückstufen, MIL degradieren 2 *obs* senken: **he ~d his head**; **abasement** S 1 Erniedrigung *f*, Demütigung *f* 2 Zurückstufung *f*, MIL Degradierung *f*

abash [ə'bæʃ] V/T beschämen, in Verlegenheit *od* aus der Fassung bringen: **feel ~ed** sich schämen; **abashment** S Beschämung *f*, Verlegenheit *f*

abatable [ə'beɪtəbl] ADJ JUR aufheb-, einstellbar

abate [ə'beɪt] A V/T 1 vermindern, -ringern, *Schmerzen* lindern, *j-s Eifer etc* dämpfen 2 *e-n Betrag* abziehen 3 *a.* JUR *e-n Missstand etc* beseitigen, abstellen 4 JUR a *ein Verfahren* einstellen b *e-e Verfügung* aufheben c *e-n Anspruch, ein Vermächtnis* (im Verhältnis) kürzen B V/I 1 nachlassen (*Wind, Schmerzen etc*), abflauen (*Wind, Interesse etc*), abklingen (*Ton, Fieber, Interesse, Schmerzen etc*) 2 JUR a ungültig werden b auslaufen; **abatement** S 1 a Verminderung *f*, Verringerung *f*, Linderung *f*, Dämpfung *f* b Nachlassen *n*, Abflauen *n*, Abklingen *n* 2 Abzug *m* (*Betrag*), (*Preis-, Steuer*) Nachlass *m* 3 a *a.* JUR Beseitigung *f*, Abstellung *f* b (*Lärm- etc*) Bekämpfung *f* 4 JUR a Einstellung *f* b Aufhebung *f* c (verhältnismäßige) Kürzung

abatis ['æbətɪs; -tiː] S MIL a Baumverhau *m* b Stacheldrahtverhau *m*

abat-jour [ˌɑːbɑː'ʒʊə(r)] S ARCH Fenster *n* mit abgeschrägter Laibung

A battery S ELEK A-Batterie *f*, Heizbatterie *f*

abattoir ['æbətwɑː(r)] S Schlachthaus *n*, Schlachthof *m*

abb [æb] S *Weberei*: Einschlag *m*

abbacy ['æbəsɪ] S Amt(szeit) *n(f) od* Würde *f od* Gerichtsbarkeit *f* e-s Abtes *od* e-r Äbtissin; **abbatial** [ə'beɪʃl] ADJ Abtei..., Abts...

abbess ['æbes] S Äbtissin *f*

abbey ['æbɪ] S 1 Abtei *f* 2 Abteikirche *f*

abbot ['æbət] S Abt *m*

abbr., **abbrev.** ABK abbreviation

abbreviate [ə'briːvɪeɪt] V/T *ein Wort, e-e Rede, e-n Besuch etc* abkürzen, *ein Buch etc* (ver)kürzen: **~d form** Kurzform *f*; **abbreviation** S 1 Abkürzung *f*, Kurzform *f* 2 MUS Abbreviatur *f* (*Abkürzung in der Notenschrift*)

ABC [ˌeɪbiː'siː] A *pl* ABC's S 1 US *meist pl* Abc *n*, Alphabet *n*: **(as) easy as ~** kinderleicht 2 US *meist pl fig* Abc *n*, Anfangsgründe *pl*, Grundbegriffe *pl* B ADJ 1 ABC-..., die ABC-Staaten (*Argentinien, Brasilien, Chile*) betreffend: **the ~ Powers** die ABC-Staaten 2 MIL ABC...; atomare, biologische u. chemische Waffen betreffend: **~ warfare** ABC-Kriegführung *f*

abdicate ['æbdɪkeɪt] A V/T *ein Amt, Recht etc* aufgeben, verzichten auf (*akk*), *ein Amt* niederlegen, sich *e-r Verantwortung* entziehen: **~ the throne** abdanken B V/I *a.* **~ from the throne** abdanken; **abdication** S Abdankung *f*, Verzicht *m* (**of** auf *akk*), Niederlegung *f* (**of** *e-s Amtes*): **~ of the throne** Thronverzicht

abdomen ['æbdəmen; -mən; æb'dəʊ-] S 1 ANAT Abdomen *n*, Bauch *m*, Unterleib *m* 2 ZOOL Hinterleib *m* (*bes der Gliederfüßer*)

abdominal [æb'dɒmɪnl; US -'dɑm-] A ADJ 1 ANAT Abdominal..., Bauch..., Unterleibs...: **~ operation**; **~ breathing** Bauchatmung *f*; **~ fascia** MED Bauchbinde *f*; **~ muscle** Bauchmuskel *m*; **~ suture** MED Bauchdeckennaht *f*; **~ wall** Bauchdecke *f*; → cavity 3 2 ZOOL Hinterleibs...: **~ fin** FISCH Bauchflosse *f* B S *umg* Bauchmuskel *m*

abduct [æb'dʌkt] V/T 1 JUR *j-n* (*gewaltsam*) entführen 2 ANAT *Glieder* abduzieren, (ab)spreizen; **abduction** S 1 Entführung *f* 2 MED Abduktion *f*, (Ab)Spreizen *n*; **abductor** [-tə(r)] S 1 Entführer(in) 2 *a.* **~ muscle** ANAT Abduktor *m*, Abziehmuskel *m*

abeam [ə'biːm] ADV & PRÄD ADJ SCHIFF querab (*a.* FLUG), dwars

abecedarian [ˌeɪbiːsiː'deərɪən] A S 1 Abc-Schütze *m* 2 Anfänger(in) B ADJ 1 alphabetisch ([an]geordnet) 2 *fig* elementar, grundlegend

abed [ə'bed] ADV *obs od poet* im Bett: **lie ~**

abele [ə'biːl; 'eɪbl] S BOT Silberpappel *f*

Abelian group [ə'biːljən; -ɪə] S MATH abelsche Gruppe

Aberdeen [ˌæbə'diːn; US 'æbərˌdiːn] *Hafen u. Hauptstadt von Grampian Region, Schottland*

Aberdeen| Angus [ˌæbə(r)diːn'æŋgəs] S ZOOL Angusrind *n*; **~shire** [ˌæbə'diːnʃə(r); US 'æbərdiːnˌʃɪər] S Aberdeenshire *n* (*Verwaltungsregion in Nordostschottland*); **~ terrier** S ZOOL *obs* Scotchterrier *m*

aberdevine [ˌæbə(r)də'vaɪn; 'æbə(r)dəvaɪn] S ORN *obs* Zeisig *m*

Aberdonian [ˌæbə(r)'dəʊnjən; -ɪən] A ADJ aus Aberdeen, Aberdeener B S Aberdeener(in)

aberrant [æ'berənt] ADJ (ADV **~ly**) abweichend, BIOL *etc* anomal; **aberration** [ˌæbə'reɪʃn] S 1 Abweichung *f*, BIOL *etc* Anomalie *f*, OPT *etc* Aberration *f* 2 Verwirrung *f*: **in a moment of ~** in e-m Augenblick geistiger Verwirrung

Aberystwyth [ˌæbə'rɪstwɪθ] *Hafen u. Seebad in Wales*

abet [ə'bet] V/T 1 *j-m* helfen, *j-n, etwas* unterstützen 2 JUR *j-m* Beihilfe leisten (**in** bei), *j-n, etwas* begünstigen, *e-r Straftat* Vorschub leisten: → aid A 1; **abetment**, **abettal** S 1 Hilfe *f*,

Unterstützung *f* 2 JUR Beihilfe *f*, Begünstigung *f*, Vorschub *m*; **abetter**, *bes* JUR **abettor** S 1 Helfer(in) 2 Gehilfe *m*, Gehilfin *f*, Mittäter(in)

abeyance [ə'beɪəns] S: **be in ~** ruhen, zeitweilig außer Kraft sein *(Verordnung etc)*, zeitweilig nicht mehr ausgeübt werden *(Brauch etc)*; **fall into ~** zeitweilig außer Kraft treten *(Verordnung etc)*, zeitweilig außer Gebrauch kommen; **hold sth in ~** etwas ruhen lassen; **abeyant** ADJ ruhend

abhor [əb'hɔː(r)] V/T verabscheuen, Abscheu haben vor *(dat)*; **abhorrence** [əb'hɒrəns; *US a.* -'hɑr-] S 1 Abscheu *m/f* (**of** vor *dat*; **at** über *akk*): **have an ~ of, hold in ~** → abhor 2 Gegenstand *m* des Abscheus: **hypocrisy is my ~** Heuchelei ist mir ein Gräuel; **abhorrent** ADJ (ADV ~ly) 1 verabscheuungswürdig, abstoßend: **that is ~ to me** das ist mir (in der Seele) zuwider *od* verhasst; **it is ~ to me** es widerstrebt mir zutiefst (**to do** zu tun) 2 **be ~ of** → abhor 3 **be ~ to** unvereinbar sein mit, im Widerspruch *od* Gegensatz stehen zu

abidance [ə'baɪdəns; -dns] S 1 *obs od poet* Aufenthalt *m* 2 *obs od poet* Verweilen *n* 3 Befolgung *f* (**by the rules** der Regeln)

abide [ə'baɪd] *prät u. pperf* abided, abode [ə'bəʊd] A V/I 1 *obs od poet* bleiben, verweilen 2 *obs od poet* leben, wohnen (**with** bei; **in, at** in *dat*) 3 *obs od poet* fortdauern 4 (**by**) a treu bleiben *(dat)*, festhalten (an *dat*), sich halten (an *akk*), stehen (zu) b sich begnügen (mit) c sich abfinden (mit): **I ~ by what I have said** ich bleibe bei m-r Aussage; **~ by an agreement** sich an e-e Vereinbarung halten, e-n Vertrag einhalten; **~ by a decision** e-e Entscheidung befolgen; **~ by the rules** sich an die Regeln halten; **~ by the law** dem Gesetz Folge leisten B V/T 1 *obs od poet* ab-, erwarten 2 ertragen, aushalten, (er)dulden: **I can't ~ him** ich kann ihn nicht ausstehen; **I cannot ~ seeing** (*od* **to see**) **such a thing** ich kann so etwas nicht mit ansehen 3 *e-e Entscheidung etc* hinnehmen; **abiding** ADJ (ADV ~ly) bleibend, dauerhaft

abietic acid [,æbɪ'etɪk] S CHEM Abietinsäure *f*

abigail ['æbɪgeɪl] S *obs* (Kammer)Zofe *f*

ability [ə'bɪlətɪ] S 1 Fähigkeit *f* (*a.* BIOL, JUR *etc*), Befähigung *f*, Vermögen *n*, Können *n*: **~ test** Eignungsprüfung *f*; **~ to absorb** PHYS Absorptionsvermögen; **~ to pay** WIRTSCH Zahlungsfähigkeit; **to the best of one's ~** nach besten Kräften, so gut man kann 2 Geschicklichkeit *f* 3 *meist pl* (geistige) Anlagen *pl*, Veranlagung *f*, Talente *pl*: **a man of many abilities** ein vielseitig veranlagter Mann; **she has unusual ~ in this field** sie hat ungewöhnliche Fähigkeiten auf diesem Gebiet 4 TECH Leistungsfähigkeit *f* 5 PSYCH Ability *f (durch Veranlagung od Schulung bedingte Fähigkeit, Leistung zu erbringen)*

abiogenesis [,eɪbaɪəʊ'dʒenɪsɪs] S BIOL Abiogenesis *f*, Abiogenese *f*, Urzeugung *f*

abiosis [,eɪbaɪ'əʊsɪs] S BIOL Abiose *f*, Abiosis *f*: a Lebensunfähigkeit *f* b Leblosigkeit *f*; **abiotic** [-'ɒtɪk; *US* -'ɑt-] ADJ (ADV ~ally) abiotisch, unbelebt

abject ['æbdʒekt; *US a.* æb'dʒekt] ADJ (ADV ~ly) 1 a elend, erbärmlich b verächtlich c unterwürfig 2 hoffnungslos, entmutigend 3 niedergeschlagen 4 *fig* tiefst(er, e, es), äußerst(er, e, es): **in ~ despair** in tiefster Verzweiflung; **in ~ misery** in tiefstem Elend; **in ~ poverty** in bitterer Armut; **abjection, abjectness** S 1 a Erbärmlichkeit *f* b Verächtlichkeit *f* c Unterwürfigkeit *f* 2 Hoffnungslosigkeit *f* 3 Niedergeschlagenheit *f*

abjuration [,æbdʒʊə'reɪʃn; -dʒə-] S 1 Abschwören *n* 2 Ablehnung *f*

abjure [əb'dʒʊə(r); æb-] V/T 1 *e-m Glauben etc* abschwören 2 a sich *e-r Sache* enthalten b *etwas* ablehnen

ablactation [,æblæk'teɪʃn] S Ablaktation *f*, Abstillen *n*

ablation [æb'leɪʃn] S 1 MED Ablation *f (operative Entfernung e-s Organs od Körperteils)* 2 GEOL Ablation *f (Abschmelzen od Verdunsten von Gletschern u. Schneemassen)*

ablatival [,æblə'taɪvl; *US a.* 'æblə,t-] → ablative B; **ablative** [-tɪv] LING A S 1 Ablativ *m*: **~ absolute** Ablativus *m* absolutus 2 (Wort *n* im) Ablativ *m* B ADJ ablativisch, Ablativ…

ablaut ['æblaʊt; 'ap-] S LING Ablaut *m*

ablaze [ə'bleɪz] ADV & PRÄD ADJ 1 **be ~** in Flammen stehen; **set ~** in Brand stecken 2 **the hall was ~ with light** der Saal erstrahlte im Lichterglanz; **his eyes were ~ with anger** s-e Augen funkelten vor Zorn; **her face was ~ with anger (excitement)** ihr Gesicht glühte vor Zorn (Aufregung)

able ['eɪbl] ADJ (ADV → ably) 1 **be ~ to do sth** fähig *od* imstande *od* in der Lage sein, etwas zu tun; etwas tun können; **he's better** (*od* **more**) **~ to do it than I am** er ist eher in der Lage, es zu tun, als ich; **~ to pay** zahlungsfähig; **~ to vote** stimmberechtigt; **~ to work** arbeitsfähig, -tauglich 2 fähig, tüchtig, begabt, geschickt: **she's a very ~ cook** sie kann sehr gut kochen 3 vortrefflich *(Rede etc)* 4 **~ seaman** Vollmatrose *m*

-able [əbl] *Wortelement mit der Bedeutung* …bar, …sam: → hatable *etc*

able-bodied ADJ a körperlich leistungsfähig, kerngesund, kräftig: **~ seaman** Vollmatrose *m* b nicht behindert

abled ['eɪbld] ADJ nicht behindert

abloom [ə'bluːm] ADV & PRÄD ADJ: **be ~** in Blüte stehen

ablush [ə'blʌʃ] ADV & PRÄD ADJ *obs od poet* (scham)rot

ablution [ə'bluːʃn] S 1 REL a *a. allg* Waschung *f*: **perform one's ~s** *bes hum* sich waschen b Ablution *f (Ausspülung des Kelches u. Waschung der Fingerspitzen des Priesters mit Wein u. Wasser nach der Feier der Eucharistie)* 2 *pl* MIL *Br umg* Waschstelle *f*

ably ['eɪblɪ] ADV geschickt, gekonnt

ABM ABK MIL antiballistic missile

abnegate ['æbnɪgeɪt] V/T 1 sich *etwas* versagen 2 *e-n Anspruch etc* aufgeben, verzichten auf *(akk)*; **abnegation** S 1 (**of**) Aufgabe *f (gen)*, Verzicht *m* (auf *akk*) 2 Selbstverleugnung *f*

abnormal [æb'nɔː(r)ml] ADJ (ADV ~ly) 1 abnorm, abnormal, anormal, ungewöhnlich: **it is ~ for a child of eight to wet the bed** es ist nicht normal, dass ein Kind mit acht Jahren noch ins Bett macht 2 abnormal, ungewöhnlich (groß) *(Gewinn etc)*: **~ ambition** übersteigerter *od* krankhafter Ehrgeiz 3 anomal: a abnormal, geistig behindert: **~ psychology** Psychopathologie *f* b missgebildet: → occlusion 3 a 4 TECH normwidrig; **abnormality** [-nɔː(r)'mælətɪ; *US a.* -nər'm-], **abnormity** [-mətɪ] S 1 Abnormalität *f* 2 Anomalie *f*

aboard [ə'bɔː(r)d; *US a.* ə'bəʊrd] A ADV & PRÄD ADJ FLUG, SCHIFF an Bord: **welcome ~**; **go (take) ~**; **all ~!** a SCHIFF alle Mann *od* Reisenden an Bord! b BAHN alles einsteigen! B PRÄP 1 FLUG, SCHIFF an Bord *(gen)*: **go ~ a plane (ship)** 2 in *(ein od e-m Verkehrsmittel)*: **~ a bus**; **go ~ a train** in e-n Zug (ein)steigen

abode[1] [ə'bəʊd] *prät u. pperf von* abide

abode[2] [ə'bəʊd] S 1 Aufenthalt *m* 2 a *a.* **place of ~** *bes* JUR Wohnort *m*, Wohnsitz *m*: **of** (*od* **with**) **no fixed ~** ohne festen Wohnsitz b *poet od hum* Behausung *f*: **welcome to my humble ~** willkommen in m-r armen Hütte!

abolish [ə'bɒlɪʃ; *US* ə'bɑlɪʃ] V/T abschaffen, *ein Gesetz etc a.* aufheben; **abolishable** ADJ abschaffbar; **abolishment** → abolition a

abolition [,æbəʊ'lɪʃn; -bə'l-] S a Abschaffung *f*, Aufhebung *f* b *oft* ♀ HIST Abolition *f (Abschaffung der Sklaverei in den USA)*; **abolitionism** [-ʃənɪzəm] S a *oft* ♀ HIST Abolitionismus *m (Bewegung zur Abschaffung der Sklaverei in den USA)* b Bekämpfung *f* e-r bestehenden Einrichtung, *bes* der Todesstrafe; **abolitionist** S a *oft* ♀ HIST Abolitionist(in) b Verfechter(in) der Abschaffung der Todesstrafe

abomasum [,æbəʊ'meɪsəm; -bə'm-] *pl* -sa [-sə], **abomasus** [-səs] *pl* -si [-saɪ] S ZOOL Labmagen *m (der Wiederkäuer)*

A-bomb S A-Bombe *f*

abominable [ə'bɒmɪnəbl; *US* -'bɑm-] ADJ (ADV abominably) abscheulich, widerwärtig, scheußlich: **be ~ to sb** j-m zuwider *od* verhasst sein; → snowman 2; **abominableness** S Abscheulichkeit *f*; **abominate** [ə'bɒmɪneɪt; *US* -'bɑm-] V/T verabscheuen; **abomination** S 1 Abscheu *m/f* (**of** vor *dat*): **hold sth in ~** etwas verabscheuen 2 Scheußlichkeit *f*, Gemeinheit *f (Tat etc)* 3 Gegenstand *m* des Abscheus: **be sb's pet ~** *umg* j-m ein wahrer Gräuel sein

aboriginal [,æbə'rɪdʒənl] A ADJ (ADV ~ly) a einheimisch *(Bevölkerung, Pflanzen, Tiere)*: **~ inhabitants** *pl* Ureinwohner *pl*, Urbevölkerung *f* b ♀ der (australischen) Ureinwohner: **♀ customs** B S → aborigine 1

aborigine [,æbə'rɪdʒənɪ] *pl* -nes [-niːz] S 1 a Ureinwohner(in), *pl a.* Urbevölkerung *f* b ♀ (australische[r]) Ureinwohner(in) 2 *pl (die)* ursprüngliche Fauna u. Flora

aborning [ə'bɔː(r)nɪŋ] *US* A ADV: **die ~** noch vor s-r Durchführung scheitern *(Projekt etc)* B ADJ: **be ~** im Entstehen sein

abort [ə'bɔː(r)t] A V/T 1 MED a e-e Fehlgeburt herbeiführen bei *j-m* b zu früh gebären 2 *e-n Aufstand etc* im Anfangsstadium niederschlagen, MED *e-e Krankheit* im Anfangsstadium unterdrücken 3 MED e-e Abtreibung vornehmen bei 4 MED a *e-e Schwangerschaft* abbrechen, unterbrechen b *ein Kind* abtreiben: **~ a baby** 5 *e-n Raumflug, (Computer:) ein Programm etc* abbrechen B V/I 1 abortieren, e-e Fehlgeburt haben 2 BIOL verkümmern *(Organ etc)* 3 *fig* fehlschlagen, scheitern C S 1 MED Abort(us) *m*, Fehlgeburt *f*, Abgang *m* 2 Abort *m*, Abbruch *m* e-s Raumflugs; **aborted** → abortive A 1 a, A 3

aborticide [ə'bɔː(r)tɪsaɪd] S MED 1 Abtötung *f* der Leibesfrucht 2 Abortivum *n*, Abortivmittel *n*; **abortifacient** [-'feɪʃnt] MED A ADJ abortiv B S → aborticide 2

abortion [ə'bɔː(r)ʃn] S 1 MED Abort(us) *m*, Fehlgeburt *f*, Abgang *m* 2 Schwangerschaftsunterbrechung *f*, -abbruch *m*, Abtreibung *f*: **have an ~** abtreiben (lassen); **procure an ~** e-e Abtreibung vornehmen (lassen) (**on sb** bei j-m); **~ on demand** Recht *n* auf Abtreibung; **~ clinic** Abtreibungsklinik *f*; **~ pill** Abtreibungspille *f* 3 Missgeburt *f* (*a. fig*) 4 *fig* Fehlschlag *m* 5 BIOL Verkümmerung *f*, Fehlbildung *f*; **abortionist** S 1 Abtreiber(in) 2 Abtreibungsbefürworter(in); **abortive** A ADJ (ADV ~ly) 1 MED a zu früh geboren b → abortifacient A 2 *fig* a vorzeitig, verfrüht b misslungen, fruchtlos, verfehlt, erfolglos, totgeboren *fig*: **prove ~** sich als Fehlschlag erweisen 3 BIOL abortiv, verkümmert, zurückgeblieben *(Organ etc)* 4 BOT steril, taub, unfruchtbar B S → aborticide 2

abortuary [ə'bɔːtjʊərɪ; *US* ə'bɔːrtʃə,weriː] S *US*

pej Abtreibungsklinik *f*

ABO system [ˌeɪbiːˈəʊ] S ABO-System *n* (*Blutgruppen*)

abought [əˈbɔːt] *prät u. pperf von* aby(e)

aboulia [əˈbuːlɪə; -ˈbjuː-; eɪˈb-] → abulia

abound [əˈbaʊnd] V/I **1** im Überfluss *od* reichlich vorhanden sein: **theories ~ as to …** es gibt zahlreiche Theorien über (*akk*) **2** Überfluss haben, reich sein (*beide:* **in** an *dat*): **~ in fish** fischreich sein **3** **(with)** (an)gefüllt sein (mit), voll sein (von), *a. pej* wimmeln (von), strotzen (vor *dat*): **the cellar ~s with vermin** im Keller wimmelt es von Ungeziefer

about [əˈbaʊt] **A** ADV **1** umher, (rings-, rund)herum, in der Runde: **all ~** überall; **a long way ~** ein großer Umweg; **the wrong way ~** falsch herum; **three miles ~** drei Meilen im Umkreis **2** ungefähr, etwa, nahezu: **it's ~ time that …** es ist an der Zeit, dass …; es wird langsam Zeit, dass …; **and ~ time, ~ time too** es wurde aber auch langsam Zeit; **it's ~ right** *umg* es kommt so ungefähr hin; **that's ~ it, that's ~ all** das wärs; → just B 5 **3** (halb) herum, in der entgegengesetzten Richtung: **be ~** SCHIFF klar zum Wenden sein; → face C 1, turn¹ A 27 **4** **be ~ to do sth** im Begriff *od* dabei *od* auf dem Sprung sein, etwas zu tun; **he was ~ to go out, when …** er wollte gerade ausgehen, als …; **not be ~ to do sth** *bes US umg* nicht die Absicht haben *od* nicht daran denken, etwas zu tun **5** in der Nähe, da: **there is no one ~** **6** **be ~** umgehen (*Krankheit*): **there are a lot of colds ~ at the moment** zurzeit sind viele erkältet **B** PRÄP **1** *bes Br* um, um … herum **2** (irgendwo) herum in (*dat*): **wander ~ the streets** in den Straßen herumwandern **3** bei, auf (*dat*), an (*dat*), um: **have you got any money ~ you?** haben Sie Geld bei sich?; **there is nothing ~ him** an ihm ist nichts Besonderes; **have sth ~ one** etwas an sich haben; **he had a gun hidden ~ his person** er hatte e-e Pistole in s-r Kleidung versteckt **4** um, gegen, etwa: **~ my height** ungefähr m-e Größe; **~ this time** (etwa *od* ungefähr) um diese Zeit; **~ noon** um die Mittagszeit, gegen Mittag **5** über (*akk*): **talk ~ business**; **what is it (all) ~?** worum handelt es sich (eigentlich)? **6** beschäftigt mit: **he knows what he is ~** er weiß, was er tut *od* was er will; **what are you ~?** **a** was machst du da? **b** was hast du vor?; **and while you're ~ it** u. wenn du schon dabei bist **C** V/T SCHIFF *ein Schiff* wenden

about-face *US* **A** S **a** MIL Kehrtwendung *f* (*a. fig*) **b** *fig* Wendung *f* um 180 Grad: **do an ~** → B **B** V/I **a** MIL e-e Kehrtwendung machen (*a. fig*) **b** *fig* sich um 180 Grad drehen; **about-ship** V/I SCHIFF wenden; **about-turn** *Br für* about-face

above [əˈbʌv] **A** ADV **1** (dr)oben, oberhalb, darüber: **from ~** von oben (*a. fig Befehl etc*)(→ A 2); *I heard a shout* **from the flat ~** aus der Wohnung über mir **2** REL (dr)oben, im Himmel: **from ~** von oben (her), vom Himmel (→ A 1); **the powers ~** die himmlischen Mächte **3** darüber (hinaus): **the court ~** JUR die höhere Instanz; **the rank ~** der nächsthöhere Rang **4** weiter oben: **the facts (mentioned) ~** die oben erwähnten Fakten; **as stated ~** wie oben angeführt *od* angegeben **5** nach oben, hinauf: **a staircase leading ~** **B** PRÄP **1** **a** über (*dat od akk*), oberhalb (*gen*): **~ the earth** über der Erde, oberirdisch; **fly ~ the clouds** über den Wolken fliegen **b** über (*dat*), nördlich von **2** *fig* über (*dat od akk*), mehr als, stärker als, erhaben über (*akk*): **be ~ and beyond** weit hinausgehen über (*akk*); **~ all (else)** vor allem, vor allen Dingen; **he loves her ~ all others** er liebt sie mehr als alle anderen; **he is ~ that** er steht über der Sache, er ist darüber erhaben; **she was ~ taking advice** sie war zu stolz, Rat anzunehmen; sie ließ sich nichts sagen; **not be ~ doing sth** sich nicht zu schade sein, etwas zu tun; **he is not ~ accepting bribes** er scheut sich nicht, Bestechungsgelder anzunehmen; **be ~ sb** **a** j-m überlegen sein **b** (rangmäßig) über j-m stehen; **get ~ sb** j-n überflügeln; **that is ~ me** das ist mir zu hoch, das geht über m-n Horizont *od* Verstand **C** ADJ obig, oben erwähnt **D** S **the ~** **a** der *od* die Obengenannte, das Obige **b** die Obengenannten *pl*; **above-average** ADJ überdurchschnittlich; **aboveboard** ADV & PRÄD ADJ korrekt, einwandfrei: → open B 11; **above-ground** ADJ **a** oberirdisch **b** *Bergbau*: über Tage; **above-mentioned** **A** ADJ oben erwähnt **B** S: **the ~** *koll* die Obenerwähnten *pl*

abp ABK REL archbishop

abr. ABK **1** abridged **2** abridg(e)ment

abracadabra [ˌæbrəkəˈdæbrə] **A** S Abrakadabra *n*: **a** Zauberwort *n* **b** *fig* sinnloses Gerede **B** INT Abrakadabra!

abradant [əˈbreɪdənt] → abrasive A 1, B; **abrade** [əˈbreɪd] **A** V/T **1** abschaben, abreiben, TECH *a.* verschleißen, *e-n Reifen* abfahren **2** TECH abschleifen **3** *die Haut etc* aufscheuern, abschürfen **B** V/I sich abreiben, TECH *a.* verschleißen

Abraham [ˈeɪbrəhæm] EIGENN BIBEL Abraham *m*: **in ~'s bosom** (sicher wie) in Abrahams Schoß

abranchial [æˈbræŋkɪəl; əˈbr-; *US* eɪˈbr-], **abranchiate** [-kɪət; -ɪeɪt] ADJ ZOOL kiemenlos

abrasion [əˈbreɪʒn] S **1** Abreiben *n*, Abschaben *n* **2** TECH **a** Abschleifung *f*, GEOL *a.* Abrasion *f* **b** Verschleiß *m* (*a. fig*), Abrieb *m*: **~ strength** Abriebfestigkeit *f* **3** MED (Haut)Abschürfung *f*, Schramme *f*; **abrasive** [-sɪv] **A** ADJ (ADV **~ly**) **1** abreibend, abschleifend, schmirgelartig, Schleif…: **~ paper** Sand-, Schleifpapier *n*; **~ wheel** Schleifscheibe *f* **2** schroff, abweisend (*Person, Stimme etc*) **B** S Schleifmittel *n*

abraxas [əˈbræksəs] S Abraxas (*für e-e göttliche Kraft stehendes mystisches Zauberwort der Gnostiker, das auch auf Amuletten als Zauberformel zu finden ist*)

abreact [ˌæbrɪˈækt] V/T PSYCH abreagieren; **abreaction** S Abreaktion *f*

abreast [əˈbrest] ADV Seite an Seite, nebeneinander: **four ~** zu viert nebeneinander; **walk ~** nebeneinandergehen; **be ~ of** auf dem Laufenden sein über (*akk*); **keep ~ of** (*od* **with**) *fig* Schritt halten mit; **keep ~ of the times** auf dem Laufenden bleiben; **keep sb ~ of** j-n auf dem Laufenden halten über (*akk*)

abridge [əˈbrɪdʒ] V/T **1** *e-n Besuch etc* abkürzen, *ein Buch etc* (ver)kürzen **2** be-, einschränken, beschneiden, schmälern; **abridged** ADJ (ab)gekürzt, verkürzt, Kurz…: **~ version** → abridg(e)ment 2 a; **abridg(e)ment** S **1** (Ab-, Ver)Kürzung *f* **2** **a** Kurzfassung *f* **b** Abriss *m* **3** Beschränkung *f*, Schmälerung *f*

abroad [əˈbrɔːd] ADV & PRÄD ADJ **1** im *od* ins Ausland: **from ~** aus dem Ausland; **a trip ~** e-e Auslandsreise **2** *obs* aus dem Haus, draußen, im Freien: **be ~ early** schon früh aus dem Hause sein **3** weithin, weit umher, überallhin: **spread** (*od* **scatter**) **~** **a** *e-e Nachricht* verbreiten, *ein Gerücht a.* ausstreuen, -sprengen **b** sich verbreiten; **the matter has got ~** die Sache ist ruchbar geworden; **a rumo(u)r is ~ that …** es geht das Gerücht (um), dass … **4** *obs* weit vom Ziel: **all ~** **a** im Irrtum **b** verwirrt

abrogate [ˈæbrəʊgeɪt; -rəg-] V/T **1** *ein Gesetz, e-n (völkerrechtlichen) Vertrag* außer Kraft setzen, aufheben **2** aufgeben; **abrogation** S **1** Außerkraftsetzung *f*, Aufhebung *f* **2** Aufgabe *f*

abrupt [əˈbrʌpt] ADJ (ADV **~ly**) **1** sprunghaft (*Stil etc*) **2** jäh, steil, schroff **3** kurz (angebunden), schroff **4** jäh, plötzlich, abrupt: **come to an ~ stop** plötzlich *od* mit e-m Ruck anhalten **5** BOT (ab)gestutzt; **abruptness** S **1** Sprunghaftigkeit *f* **2** Steilheit *f* **3** Schroffheit *f* **4** Plötzlichkeit *f*

abs [æbz] SPL *umg* Bauchmuskeln *pl*

abs. ABK **1** absent **2** absolute **3** abstract

abscess [ˈæbsɪs; -ses] S MED Abszess *m*

abscissa [æbˈsɪsə] *pl* -sae [-siː] *od* -sas S MATH Abszisse *f*

abscission [æbˈsɪʒn; -ʃn] S **1** Abschneiden *n* (*e-r Silbe, e-s Gliedes*), Los-, Abtrennung *f* **2** plötzliches Abbrechen

abscond [əbˈskɒnd; *US* æbˈskɑnd] V/I **1** *a.* **~ from justice** flüchtig werden, sich den Gesetzen *od* der Festnahme entziehen **2** flüchten (**from** vor *dat*): **an ~ing debtor** ein flüchtiger Schuldner **3** sich heimlich davonmachen, durchbrennen *umg* (**with** mit); **absconder** S Flüchtige(r) *m/f(m)*

abseil [ˈæbsaɪl] *Bergsteigen:* **A** V/I sich abseilen (**from** von, *a.* aus *e-m Hubschrauber*) **B** S Abseilen *n*

absence [ˈæbsəns] S **1** Abwesenheit *f*: **during sb's ~** während j-s Abwesenheit; **he was sentenced to death in (his) ~** er wurde in Abwesenheit zum Tode verurteilt; **~ of mind** → absent-mindedness; **~ makes the heart grow fonder** (*Sprichwort*) **a** e-e vorübergehende Trennung tut der Liebe gut **b** die Liebe wächst mit der Entfernung **2** **(from)** Fernbleiben *n* (von), Nichterscheinen *n* (in *dat*, zu): **frequent ~s** *pl* häufiges Fehlen (**from work** am Arbeitsplatz; **from school** in der Schule, im Unterricht); **on leave of ~** auf Urlaub; **~ without leave** MIL unerlaubte Entfernung von der Truppe **3** **(of)** Fehlen *n* (*gen od* von), Mangel *m* (an *dat*): **in the ~ of** in Ermangelung (*gen od* von), mangels (*gen*); **in the ~ of good will** wenn es an gutem Willen fehlt

absent **A** ADJ [ˈæbsənt] (ADV **~ly**) **1** abwesend, nicht zugegen: **be ~** fehlen (**from work** am Arbeitsplatz; **from school** in der Schule, im Unterricht); **be ~ without leave** **a** MIL sich unerlaubt von derTruppe entfernt haben **b** unentschuldigt fehlen; **give sb the ~ treatment** *US umg* j-n wie Luft behandeln; **~ friends** (*Trinkspruch*) auf all die, die heute nicht hier sein können **2** fehlend, nicht vorhanden: **be ~** fehlen **3** **a** (geistes)abwesend (*Blick etc*) **b** → absent-minded **B** V/T [æbˈsent] **~ o.s. (from)** **a** fernbleiben (*dat od* von) **b** sich entfernen (von, aus)

absentee [ˌæbsənˈtiː] **A** S **1** Abwesende(r) *m/f(m)*: **there were many ~s** es fehlten viele; **there were many ~s from the meeting** viele Leute blieben der Versammlung fern; **~s' list** Abwesenheitsliste *f* **2** Gutsherr, der nicht auf s-m Gut lebt **3** POL *bes US* Briefwähler(in) **B** ADJ **~ ballot** POL *bes US* Briefwahl *f*; **~ landlord** Gutsherr, der nicht auf s-m Gut lebt; **~ vote** POL *bes US* Briefwahlstimme *f*; **~ voter** POL *bes US* Briefwähler(in); **absenteeism** S häufiges *od* längeres (unentschuldigtes) Fehlen (*am Arbeitsplatz, in der Schule*)

absent-minded ADJ (ADV **~ly**) **a** geistesabwesend **b** zerstreut: **an ~ professor**; **absent-mindedness** S **a** Geistesabwesenheit *f* **b** Zerstreutheit *f*

absinth(e) [ˈæbsɪnθ] S **1** BOT Absinth *m*, Wermut *m* **2** Absinth *m* (*Branntwein*)

absolute [ˈæbsəluːt] **A** ADJ (ADV → absolutely) **1** absolut: **a** unbedingt: **~ title** JUR Volleigentum *n;* → must¹ c b unumschränkt, unbeschränkt, uneingeschränkt: ~ **monarchy** absolute Monarchie; ~ **power** unbeschränkte Macht; ~ **ruler** unumschränkter Herrscher c vollkommen, rein, völlig, vollständig: ~ **beginner** blutige(r) Anfänger(in), Anfänger(in) ohne Vorkenntnisse; ~ **nonsense** ausgemachter *od* barer Unsinn d PHIL an u. für sich bestehend e CHEM rein, unvermischt: ~ **alcohol** absoluter *(wasserfreier)* Alkohol f MATH unbenannt *(Zahl)* g PHYS unabhängig, nicht relativ: ~ **humidity** absolute Feuchtigkeit 2 bestimmt, entschieden 3 kategorisch, positiv 4 wirklich, tatsächlich 5 LING absolut 6 JUR rechtskräftig B S **the** ~ das Absolute; ~ **address** S IT absolute Adresse, Maschinenadresse *f;* ~ **altitude** S FLUG absolute Höhe, Flughöhe *f* über Grund; ~ **ceiling** S FLUG Gipfelhöhe *f*

absolutely ADV 1 absolut, gänzlich, völlig, vollkommen: **I'm** ~ **convinced that ...** ich bin hundertprozentig *od* fest davon überzeugt, dass ...; ~ **impossible** völlig unmöglich; **this is** ~ **no business of yours** das geht dich überhaupt nichts an; **nothing, but** ~ **nothing, ...** nichts, aber auch gar nichts, ... 2 strikt: **refuse** ~ 3 [*a.* ˌæbsəˈluːtlɪ] *umg (als Antwort)* sicherlich!, aber sicher!, natürlich: ~ **not!** natürlich nicht!

absolute| majority S absolute Mehrheit; ~ **music** S absolute Musik *(Ggs Programmmusik)*

absoluteness S 1 Absolutheit *f:* a Unbedingtheit *f* b Unumschränktheit *f* c Vollkommenheit *f* 2 *(das)* Absolute

absolute| pitch S MUS 1 absolute Tonhöhe 2 absolutes Gehör; ~ **temperature** S PHYS absolute Temperatur; ~ **zero** S PHYS absoluter Nullpunkt

absolution [ˌæbsəˈluːʃn] S 1 Frei-, Lossprechung *f* (**from, of** von) 2 REL Absolution *f,* Sündenerlass *m:* **grant sb** ~ j-m die Absolution erteilen

absolutism [ˈæbsəluːtɪzəm] S 1 POL, *bes* HIST Absolutismus *m (Regierungsform, bei der e-e Person als Träger der Staatsgewalt e-e von anderen Personen od Institutionen nicht kontrollierte Macht ausübt)* 2 REL Lehre *f* von Gottes absoluter Gewalt; **absolutist** A S Absolutist(in) B ADJ absolutistisch

absolve [əbˈzɒlv; *US* -ˈzɑlv; -ˈs-] V/T 1 frei-, lossprechen (**of** von *Sünden etc;* **from** von *e-r Schuld, e-r Verpflichtung etc)* 2 REL *j-m* die Absolution erteilen

absonant [ˈæbsənənt] ADJ *obs* 1 MUS misstönend, unharmonisch 2 *fig* (**to, from**) im Widerspruch stehend (zu), nicht im Einklang stehend (mit)

absorb [əbˈsɔː(r)b; -ˈz-] 1 absorbieren, auf-, einsaugen, *fig Wissen etc* (in sich) aufnehmen 2 *obs* verschlingen *(a. fig)* 3 *fig* ganz in Anspruch nehmen *od* beschäftigen, fesseln 4 PHYS absorbieren, resorbieren, in sich aufnehmen, *e-n Schall* schlucken, *e-n Schall, Stoß* dämpfen 5 WIRTSCH *die Kaufkraft* abschöpfen 6 sich *etwas* einverleiben, schlucken *umg (aneignen);* **absorbed** ADJ 1 absorbiert 2 (**in**) gefesselt *od* ganz in Anspruch genommen (von), vertieft *od* versunken (in *akk*): ~ **in thought** gedankenverloren, -versunken; **get** ~ **in a book** sich in ein Buch vertiefen; **absorbedly** [-bɪdlɪ] ADV → absorbed

absorbefacient [əbˌsɔː(r)bɪˈfeɪʃnt; -ˌz-] → absorbent A, B 1

absorbency [əbˈsɔː(r)bənsɪ; -ˈz-] S Absorptionsvermögen *n,* Saugfähigkeit *f;* **absorbent** A ADJ auf-, einsaugend, absorbierend, saugfähig: ~ **liquid** PHYS Absorptionsflüssigkeit *f;* ~ **paper** Saugpapier *n;* ~ **vessel** BIOL Einsaugader *f* B S 1 aufsaugender Stoff, Absorptionsmittel *n* 2 MED absorbierendes Mittel: ~ **cotton** *US* (Verband)Watte *f* 3 ANAT Absorbens *n,* Sauggefäß *n;* **absorbing** ADJ (ADV ~ly) 1 aufsaugend 2 *fig* a fesselnd, packend b faszinierend 3 BIOL Absorptions...: ~ **tissue** 4 TECH absorbierend, Absorptions..., Aufnahme...: ~ **power** Absorptionsvermögen *n* 5 WIRTSCH Aufnahme...: ~ **capacity** Aufnahmefähigkeit *f (des Marktes)*

absorption [əbˈsɔː(r)pʃn; -ˈz-] S 1 (**in**) Versunkenheit *f* (in *akk*), Vertieftsein *n* (in *akk*), intensive Beschäftigung (mit), gänzliche Inanspruchnahme (durch): **with** ~ gefesselt; **such was his** ~ **in his book that ...** er war so sehr in sein Buch vertieft, dass ... 2 Aufnahme *f,* Einverleibung *f* 3 BIOL, CHEM, ELEK, PHYS, TECH Absorption *f:* ~ **of shocks (sound)** Stoß-(Schall)dämpfung *f;* ~ **of water** Wasseraufnahme *f,* -verbrauch *m;* ~ **circuit** Absorptions-, Saugkreis *m;* ~ **spectrum** Absorptionsspektrum *n;* **absorptive** ADJ (ADV ~ly) absorptiv, absorbierend, absorptions-, (auf)saug-, aufnahmefähig; **absorptiveness**, **absorptivity** [ˌæbsɔː(r)pˈtɪvətɪ; -z-] S Aufnahmefähigkeit *f*

abstain [əbˈsteɪn; æb-] V/I sich enthalten (**from** *gen*): ~ **from comment** sich e-s *od* jeglichen Kommentars enthalten; ~ **(from voting)** sich der Stimme enthalten; **abstainer** S *j-d, der sich (bes geistiger Getränke) enthält, (meist* **total** ~*)* Abstinenzler(in): **be an** ~ **from alcohol (meat)** keinen Alkohol trinken (kein Fleisch essen)

abstemious [æbˈstiːmjəs; -ɪəs; əb-] ADJ (ADV ~ly) 1 mäßig *(im Essen u. im Genuss geistiger Getränke),* enthaltsam 2 bescheiden, kärglich *(Mahlzeit);* **abstemiousness** S Mäßigkeit *f,* Enthaltsamkeit *f*

abstention [əbˈstenʃn] S Enthaltung *f* (**from** von): ~ **(from voting)** (Stimm-)Enthaltung

abstergent [əbˈstɜːdʒənt; *US* -ˈstɜr-; *a.* æbzˈt-] A ADJ 1 reinigend 2 MED abführend B S 1 Reinigungsmittel *n* 2 MED Abführmittel *n*

abstinence [ˈæbstɪnəns] S Abstinenz *f,* Enthaltung *f:* **total** ~ vollkommene Enthaltsamkeit *(von Alkohol);* **day of** ~ KATH Abstinenztag *m;* ~ **syndrome** MED Abstinenzsymptome *pl;* ~ **theory** WIRTSCH Abstinenztheorie *f;* **abstinency** → abstinence; **abstinent** ADJ (ADV ~ly) abstinent, enthaltsam

abstract A ADJ [ˈæbstrækt; *US a.* æbˈstrækt] (ADV ~ly) 1 abstrakt: a rein begrifflich, theoretisch: ~ **concept** (*od* **idea**) abstrakter Begriff; **think in** ~ **terms** abstrakt denken b MATH unbenannt, absolut: **the** ~ **number 10** c rein, nicht angewandt *(Wissenschaft)* d KUNST gegenstandslos *(Gemälde etc)* e abstrus, schwer verständlich *(Theorien etc)* 2 LING abstrakt *(Ggs konkret):* ~ **noun** → B 2 B S [ˈæbstrækt] 1 *(das)* Abstrakte: **in the** ~ abstrakt 2 LING Abstraktum *n,* Begriffswort *n* 3 (**of**) Auszug *m* (aus), Abriss *m* (*gen*), Inhaltsangabe *f* (*gen*), Übersicht *f* (über *akk*): ~ **of account** a Kontoauszug b Rechnungsauszug; ~ **of title** JUR Eigentumsnachweis *m* 4 KUNST abstraktes Gemälde, abstrakte Plastik C V/T [æbˈstrækt] 1 wegnehmen, entfernen 2 abstrahieren (**from** von), für sich *od* (ab)gesondert betrachten 3 *euph* mitgehen lassen, entwenden, stehlen 4 CHEM destillieren 5 [*bes US* ˈæbstrækt] a e-n Auszug machen aus b zusammenfassen; **abstracted** ADJ (ADV ~ly) 1 (ab)gesondert, getrennt, abstrahiert 2 a zerstreut b geistesabwesend; **abstractedness** → abstraction 3

abstraction [æbˈstrækʃn] S 1 Abstraktion *f:* a Abstrahieren *n* b PHIL abstrakter Begriff, bloß Gedachtes 2 Entwendung *f:* **fraudulent** ~ *(Patentrecht)* widerrechtliche Entnahme 3 a Geistesabwesenheit *f* b Zerstreutheit *f* 4 CHEM, TECH Absonderung *f:* ~ **of water** Wasserentziehung *f* 5 KUNST abstraktes Gemälde, abstrakte Plastik; **abstractionist** S 1 Begriffsmensch *m* 2 abstrakte(r) Künstler(in); **abstractive** ADJ (ADV ~ly) 1 abstrahierungsfähig 2 PHIL durch Abstraktion erhalten *(Begriff);* **abstractness** [ˈæbstræktnɪs; æbˈstrækt-] S Abstraktheit *f*

abstruse [æbˈstruːs; əb-] ADJ (ADV ~ly) abstrus, schwer verständlich; **abstruseness** S Abstrusität *f,* schwere Verständlichkeit

absurd [əbˈsɜːd; *US* əbˈsɜrd; -ˈz-] A ADJ (ADV ~ly) 1 absurd, sinnlos, widersinnig 2 unsinnig, albern, lächerlich: **he looks** ~ **in his new suit** er sieht unmöglich aus in s-m neuen Anzug B S *(das)* Absurde: → theater 1; **absurdism** S THEAT Absurdismus *m (moderne Theaterform, die ganz bestimmte antirealistische Stilmittel verwendet u. satirische Zwecke verfolgt);* **absurdist** A ADJ absurdistisch B S Absurdist(in); **absurdity**, **absurdness** S 1 Absurdität *f (a. Handlung etc),* Sinnlosigkeit *f,* Widersinnigkeit *f:* → reduce A 9 2 Unsinnigkeit *f,* Albernheit *f,* Lächerlichkeit *f*

ABTA ABK Association of British Travel Agents

abulia [əˈbuːlɪə; -ˈbjuː-; eɪˈb-] S PSYCH Abulie *f,* Willenslähmung *f,* Entschlussunfähigkeit *f*

abundance [əˈbʌndəns] S 1 (**of**) Überfluss *m* (an *dat,* von), Fülle *f* (von), große Anzahl (von) *od* Menge (an *dat,* von): **in** ~ in Hülle u. Fülle; **have an** ~ **of sth** etwas im Überfluss haben 2 Wohlstand *m,* Reichtum *m* 3 *Kernphysik:* Häufigkeit *f (von Isotopen etc)* 4 BIOL Abundanz *f (Häufigkeit e-r tierischen od pflanzlichen Art auf e-r bestimmten Fläche od in e-r Raumeinheit)*

abundant [əˈbʌndənt] ADJ 1 reichlich (vorhanden), reich, sehr viel(e) 2 (**in, with**) im Überfluss besitzend *(akk),* reich (an *dat*), reichlich versehen (mit) 3 MATH abundant, überschießend: ~ **number** Überzahl *f;* **abundantly** ADV reichlich, in reichem Maße: **it is** ~ **clear to me** es ist mir völlig *od* vollkommen klar; **make it** ~ **clear that ...** überdeutlich zu verstehen geben, dass ...

abuse A V/T [əˈbjuːz] 1 a *s-e Macht* missbrauchen b schlechten Gebrauch machen von c übermäßig beanspruchen d schädigen 2 JUR *bes Kinder* misshandeln 3 *j-n* beleidigen, beschimpfen (**for** wegen) 4 JUR *j-n (sexuell)* missbrauchen, sich vergehen an *(dat)* 5 *obs* täuschen B S [əˈbjuːs] 1 Missbrauch *m,* Missstand *m,* falscher Gebrauch, Übergriff *m:* ~ **of authority** JUR Amts-, Ermessensmissbrauch; ~ **of a patent** missbräuchliche Patentbenutzung; ~ **of power** Machtmissbrauch 2 Schädigung *f* 3 JUR Misshandlung *f* 4 Beschimpfung *f,* Schimpfworte *pl,* Beleidigungen *pl:* → hurl A 5 JUR *(sexueller)* Missbrauch 6 *obs* Täuschung *f*

abusive [əˈbjuːsɪv] ADJ (ADV ~ly) 1 Missbrauch treibend 2 missbräuchlich 3 beleidigend, ausfallend: **become** ~; ~ **language** Schimpfworte *pl,* Beleidigungen *pl,* ausfallender Ton; ~ **letter** Schmähbrief *m* 4 verkehrt, falsch

abut [əˈbʌt] A V/I (an)stoßen, (an)grenzen *(beide:* **on, upon, against** an *akk*), sich berühren B V/T 1 berühren, (an)stoßen *od* (an)grenzen an *(akk)* 2 TECH mit den Enden zusammenfügen; **abutment** S 1 Angrenzen *n* (**on, upon, against** an *akk*) 2 ARCH Strebe-, Stützpfeiler *m,* Widerlager *n (e-r Brücke etc),* Kämpfer *m:* ~ **arch** Endbogen *m (e-r Brücke);* ~ **beam** Stoßbalken *m;* **abuttals** [əˈbʌtlz] SPL Grenzen *pl (e-s*

Grundstücks); **abutter** S Grundstücksnachbar(in)

aby(e) [ə'baɪ] *prät u. pperf* **abought** [ə'bɔːt] V/T *obs* büßen

abysm [ə'bɪzəm] S *obs od poet für* **abyss** 1; **abysmal** [-ml] ADJ (ADV ~ly) 1 abgrundtief, bodenlos, unergründlich *(alle a. fig)*: **~ depth** unendliche Tiefe; **~ stupidity** grenzenlose Dummheit; **fail ~ly** kläglich versagen 2 *umg* miserabel *(Essen, Wetter etc)*: **his manners are ~** sein Benehmen ist unter aller Kritik

abyss [ə'bɪs] S 1 Abgrund *m (a. fig)*: **the ~ of the sea** die unendliche Tiefe des Meeres; **an ~ of sadness** tiefste Traurigkeit 2 Hölle *f* 3 *fig* Unergründlichkeit *f*, Unendlichkeit *f*; **abyssal** ADJ 1 (abgrund)tief 2 abyssal, abyssisch: **~ zone** abyssische Region, Abyssalregion *f (des Meeres)*

Abyssinia [ˌæbɪ'sɪnjə; -nɪə] S HIST Abessinien *n*; **Abyssinian** [ˌæbɪ'sɪnjən; -ɪən] HIST A ADJ abessinisch B S Abessinier(in)

AC ABK 1 ELEK alternating current 2 ante Christum, before Christ v. Chr., vor Christus

a.c. ABK 1 ELEK alternating current 2 *(auf Rezepten)* ante cibum, before meals

a/c ABK WIRTSCH account (current) Kontokorrent *n*, Girokonto *n*

acacia [ə'keɪʃə] S 1 BOT Akazie *f* 2 BOT Gemeine Robinie 3 Akaziengummi *m/n*

acad. ABK 1 academic 2 academy

academe ['ækədiːm] S 1 *(bes* höhere) Lehranstalt 2 **the grove(s) of** ≈ die akademischen Gefilde

academia [ˌækə'diːmjə; -ɪə] S die akademische Welt

academic [ˌækə'demɪk] A ADJ (ADV ~ally) 1 akademisch: a ≈ PHIL zur Schule Platos gehörig b mit dem Universitätsstudium zusammenhängend: **~ costume** *bes US*, **~ dress** *bes Br* → academical B; **~ freedom** akademische Freiheit; **~ year** Universitätsjahr *n* c *fig* (rein) theoretisch, hypothetisch, praxisfern: **an ~ question** e-e (rein) akademische Frage; **an ~ discussion** e-e akademische Diskussion d *fig* unpraktisch, ohne praktischen Nutzen 2 gelehrt, wissenschaftlich: **he is very ~** er hat viele geistige Interessen 3 allgemeinbildend, geisteswissenschaftlich, humanistisch *(Kurs etc)* 4 konventionell, traditionell *(Maler etc)* B S 1 Hochschullehrer(in) 2 Geisteswissenschaftler(in); **academical** A ADJ (ADV ~ly) → academic A B SPL akademische Tracht *(Barett u. Talar)*

academician [əˌkædə'mɪʃn; *US a.* ˌækədə'm-] S Mitglied *n* e-r Akademie; **academicism** [ˌækə'demɪsɪzəm] S Traditionalismus *m (in der Kunst etc)*

academy [ə'kædəmɪ] S 1 ≈ Akademie *f (Platos Philosophenschule)* 2 a (höhere) Lehranstalt *(allgemeiner od spezieller Art)*: → **military academy** 1 b *US od schott (bes* private) höhere Schule mit Internat *(HIST außer in Eigennamen)*: **Andover** ≈; **Edinburgh** ≈ 3 Hochschule *f*: **~ of music** Musikhochschule 4 Akademie *f (der Wissenschaften etc)*; ≈ **Award** S FILM Academy Award *m*, Oscar *m*; ≈ **Awards ceremony** S Oscar-Verleihung *f*

Acadian [ə'keɪdjən; -ɪən] A ADJ akadisch, neuschottländisch B S 1 Akadier(in), Bewohner(in) (französischer Abstammung) von Neuschottland 2 *US* Nachkomme *m* der Akadier in Louisiana

acajou ['ækəʒuː] S BOT 1 → cashew 2 → mahogany A 1, A 2, A 3

acanthaceous [ˌækən'θeɪʃəs] ADJ BOT stach(e)lig, dornig

acanthi [ə'kænθaɪ] *pl von* acanthus

acanthite [ə'kænθaɪt] S MINER Akanthit *m*, Glaserz *n*

acanthopterygian ['ækənˌθɒptə'rɪdʒjən; -ɪən; *US* -ˌθɑp-] FISCH A ADJ zu den Stachelflossern gehörig B S Stachelflosser *m*

acanthus [ə'kænθəs] *pl* -thuses, -thi [-θaɪ] S 1 BOT Akanthus *m*, Bärenklau *f/m* 2 ARCH Akanthus(blatt) *m(n)*

a cappella [ˌɑːkə'pelə] MUS A ADV a cappella *(ohne Instrumentalbegleitung)* B ADJ A-cappella-…

acari ['ækəraɪ] *pl von* acarus

acarid ['ækərɪd] S ZOOL Akarine *f*, Milbe *f*

acarpel(l)ous [eɪ'kɑː(r)pələs] ADJ BOT ohne Fruchtblätter

acarpous [eɪ'kɑː(r)pəs] ADJ BOT ohne Frucht, unfruchtbar

acarus ['ækərəs] *pl* -ri [-raɪ] S ZOOL Krätzmilbe *f*

ACAS ABK *Br* Advisory Conciliation and Arbitration Service

acatalectic [æˌkætə'lektɪk; *US* eɪ-] LIT A ADJ akatalektisch *(ohne Fehlsilbe im letzten Versfuß)* B S akatalektischer Vers

acatalepsy [æˌkætə'lepsɪ; *US* eɪ-] S PHIL Akatalepsie *f (von den Skeptikern behauptete Unmöglichkeit, das Wesen der Dinge zu begreifen)*

acaudal [eɪ'kɔːdl], **acaudate** [-deɪt] ADJ ZOOL schwanzlos

acaulescent [ˌækɔː'lesnt; *US a.* ˌeɪ-] ADJ BOT stängellos

acc. ABK 1 TECH acceleration 2 WIRTSCH acceptance 3 according 4 WIRTSCH account 5 LING accusative

accede [æk'siːd] V/I 1 **(to)** beipflichten *(dat)*, eingehen (auf *akk*), zustimmen *(dat)*: **~ to a proposal** 2 beitreten (**to** *dat*): **~ to a treaty** 3 **(to)** gelangen (zu), erhalten *(akk)*: **~ to an office** ein Amt antreten; **~ to power** die Macht übernehmen, die Regierung antreten; **~ to the throne** den Thron besteigen 4 JUR zuwachsen (**to** *dat*)

accelerando [ækˌselə'rændəʊ; *US* ɑːˌtʃelə'rɑːndəʊ] ADJ & ADV MUS allmählich schneller (werdend)

accelerant [ək'selərənt; æk-; *US a.* ɪk's-] → accelerator 1

accelerate [ək'seləreɪt; æk-; *US a.* ɪk's-] A V/T 1 *bes* CHEM, PHYS, TECH beschleunigen *(a. fig)*, die Geschwindigkeit *e-s Fahrzeugs etc* erhöhen 2 *bes* BIOL *e-e Entwicklung* fördern, die raschere Entwicklung *des Wachstums etc* bewirken 3 *e-n Zeitpunkt* vorverlegen 4 *fig* ankurbeln B V/I 1 schneller werden, die Geschwindigkeit erhöhen, AUTO *a.* beschleunigen, Gas geben, SPORT *a.* antreten 2 sich beschleunigen; **accelerated** ADJ 1 beschleunigt: **~ depreciation** WIRTSCH beschleunigte Abschreibung; **~ test** Kurzzeitversuch *m* 2 BIOL, PSYCH überdurchschnittlich entwickelt: **he is ~ in intelligence** er ist überdurchschnittlich intelligent für sein Alter; **accelerating** ADJ beschleunigend, Beschleunigungs…

acceleration [əkˌselə'reɪʃn; æk-; *US a.* ɪkˌs-] S 1 *bes* CHEM, PHYS, TECH Beschleunigung *f (a. fig)*, AUTO *a.* Beschleunigungsvermögen *n*, SPORT *a.* Antritt *m*: *the car* **has good ~** beschleunigt gut; **~ clause** WIRTSCH Klausel *f* über Vorverlegung der Fälligkeit; **~ of free fall**, **~ due to** *(od* **of) gravity** PHYS Schwere-, Erdbeschleunigung *f*; **~ lane** AUTO Beschleunigungsspur *f*, -streifen *m*; **~ principle** WIRTSCH Akzelerationsprinzip *n (Theorie, nach der e-e Schwankung der Nachfrage nach Konsumgütern e-e prozentual größere Schwankung bei Investitionsgütern hervorruft)* 2 BIOL, PSYCH Akzeleration *f*, Entwicklungsbeschleunigung *f* 3 Vorverlegung *f (e-s Zeitpunkts)*; **accelerative** [-rətɪv; *bes US* -reɪ-] ADJ beschleunigend, Beschleunigungs…

accelerator [ək'seləreɪtə(r); æk-; *US a.* ɪk's-] S 1 *bes* CHEM, PHYS, TECH Beschleuniger *m* 2 *a.* **~ pedal** AUTO Gaspedal *n*: **step on the ~** Gas geben 3 ANAT Sympathikus *m (zum vegetativen Nervensystem gehörender Nerv)* 4 Spannstück *n (beim Gewehr)*; **accelerometer** [-'rɒmɪtə(r); *US* -'rɑm-] S TECH Beschleunigungsmesser *m*

accent A S ['æksənt; *US* -ˌsent] 1 Akzent *m*: a LING Ton *m*, Betonung *f*: **the ~ is on the first syllable** die Betonung liegt auf der ersten Silbe b LING Betonungs-, Tonzeichen *n* c Tonfall *m*, *(lokale od fremdländische)* Aussprache: **speak English with a German ~** Englisch mit deutschem Akzent sprechen; **speak without an ~** akzentfrei sprechen d MATH Unterscheidungszeichen *n* e *fig* Nachdruck *m*: **put the ~ on** Nachdruck *od* den Akzent legen auf *(akk)* f KUNST markante Stelle, besondere Note 2 MUS a Akzent *m*, Betonung *f* b Akzentzeichen *n* c Betonungsart *f* 3 *meist pl poet* Sprache *f*: **the ~s of love** B V/T [æk'sent; *US a.* 'ækˌsent] → accentuate

accentual [æk'sentjʊəl; -tʃʊəl; *US* -tʃəwəl] ADJ 1 LIT akzentuierend *(Dichtung)* 2 LIT, MUS Akzent…

accentuate [æk'sentjʊeɪt; -tʃʊ-; *US* -tʃəˌw-] V/T 1 akzentuieren, betonen: a hervorheben *(a. fig)* b mit e-m Akzent(zeichen) versehen 2 ELEK *bestimmte Frequenzen* anheben; **accentuation** S 1 Akzentuierung *f*, Betonung *f* 2 ELEK Anhebung *f*

accept [ək'sept; æk-; *US a.* ɪk's-] A V/T 1 *ein Geschenk etc* annehmen, *a. Huldigungen etc* entgegennehmen, *Münzen* annehmen *(Automat etc)* 2 *e-e Einladung, e-n Rat etc* annehmen, *j-n, etwas* akzeptieren: **~ life** das Leben bejahen; **~ed pairing** anlehnende Werbung 3 hinnehmen, sich abfinden mit, akzeptieren: **~ to do sth** einwilligen, etwas zu tun; **you must ~ the fact that …** du musst dich damit abfinden, dass … 4 *e-e Meinung etc* akzeptieren, anerkennen, gelten lassen: **~ed** anerkannt *(Tatsache etc)*; **in the ~ed sense (of the word)** im landläufigen *od* gebräuchlichen Sinne; **~ed text** offizieller Text; **it is (generally) ~ed that …** es ist unbestritten, dass … 5 aufnehmen (**into** in *akk*) 6 glauben *(a.* **that** dass) 7 *e-e Verantwortung etc* auf sich nehmen 8 *e-n Wechsel* annehmen, akzeptieren 9 ZOOL *ein männliches Tier* (zur Begattung) annehmen B V/I (das Angebot) annehmen *od* akzeptieren, (damit) einverstanden sein, zusagen; **acceptability** S 1 Annehmbarkeit *f* 2 Erträglichkeit *f*; **acceptable** ADJ (ADV acceptably) 1 annehmbar, akzeptabel, tragbar *(alle:* **to** für): **socially ~** salon-, hoffähig 2 angenehm, willkommen 3 erträglich 4 **~ as collateral** WIRTSCH beleihbar, lombardfähig; **acceptance** S 1 Annahme *f*, Entgegennahme *f* 2 Akzeptierung *f*: **~ of life** Lebensbejahung *f* 3 Hinnahme *f* 4 Anerkennung *f*: **gain** *(od* **win) ~** Anerkennung finden; *his ideas* **have gained** *(od* **met with, won) general ~** werden allgemein anerkannt *od* haben sich durchgesetzt 5 → acceptation 6 Aufnahme *f* (**into** in *akk*) 7 WIRTSCH a Akzept *n*, angenommener Wechsel b Akzept *n*, Annahme *f (e-s Wechsels)* c Annahmeerklärung *f*, -vermerk *m* 8 JUR Zustimmung *f*, Vertragsannahme *f* 9 ZOOL Brunst(zeit) *f (weiblicher Haustiere)*; **acceptation** [ˌæksep'teɪʃn] S landläufige *od* gebräuchliche Bedeutung *(e-s Wortes)*; **accepter** [ək'septə(r); æk-; *US a.* ɪk's-] S 1 An-, Abnehmer(in) 2 WIRTSCH Wechselnehmer(in), Akzeptant(in); **accepting** ADJ (ADV ~ly) 1 **be ~ of** offen *od* zugänglich sein für 2 **~ house** WIRTSCH *Br* Akzeptbank *f*; **ac-**

ceptive ADJ 1 → accepting 1 2 → acceptable 1, 3; **acceptor** [-tə(r)] S 1 → accepter 2 PHYS Akzeptor *m*

access ['ækses] A S 1 Zugang *m* (**to** zu): **be difficult of ~** schwer zugänglich *od* zu erreichen sein; **give ~ to** führen in *(akk)* *(Tür etc)*; **~ hatch** FLUG, SCHIFF Einstiegluke *f*; **~ road** a Zufahrtsstraße *f* b Zubringer(straße) *m(f)* 2 *fig* (**to**) Zutritt *m* (bei, zu), Zugang *m* (zu), Gehör *n* (bei): **easy of ~** zugänglich *(Person)*; **~ to means of education** Bildungsmöglichkeiten *pl*; **gain ~** sich Zutritt verschaffen; **have ~ to one's children** JUR das Recht haben, s-e Kinder zu sehen; **have ~ to the files** Zugang zu den *od* Einsicht in die Akten haben; **have ~ to secrets** Zugang zu Geheimnissen haben 3 IT Zugriff *m* (**to** auf *akk*): **~ code** Zugriffscode *m*; **~ key** Zugriffstaste *f*; **~ permission** Zugriffsberechtigung *f*; **~ speed** Zugriffsgeschwindigkeit *f*; **~ time** Zugriffszeit *f*; **~ violation** Zugriffsverletzung *f* 4 *obs (Fieber-, Wut- etc)* Anfall *m*: **~ of fever (rage)** B V/T IT zugreifen auf *(akk)*

accessary → accessory B 4

accessibility [ək,sesə'bɪlətɪ; æk-; *US a.* ɪk,s-] S Zugänglichkeit *f*, Erreichbarkeit *f* *(beide a. fig)*; **accessible** ADJ (ADV accessibly) 1 *a. fig* zugänglich, erreichbar *(beide:* **to** für *od dat)* 2 verfügbar, erhältlich 3 um-, zugänglich *(Person)* 4 (**to**) zugänglich (für *od dat*), empfänglich (für): **be ~ to bribery** bestechlich sein

accession [æk'seʃn; ək-; *US a.* ɪk's-] S 1 Annäherung *f*, Näherkommen *n* 2 Zustimmung *f* (**to** zu) 3 Beitritt *m* (**to** zu *e-m Vertrag etc*): **~ criteria** Beitrittskriterien *(zur EU etc)* 4 (**to**) Gelangen *n* (zu *e-r Würde etc*), Antritt *m* *(e-s Amtes)*: **~ to power** Machtübernahme *f*, Regierungsantritt *m*; **~ to the throne** Thronbesteigung *f* 5 (**to**) Zuwachs *m*, Zunahme *f* *(beide:* an *dat)*, Vermehrung *f (gen)*: **new ~s** Neuanschaffungen *od* Neuerwerbungen (**to the library** der Bibliothek); **~ of property** JUR Vermögensanfall *m* 6 POL Anwachsung *f* (**of territory** von Staatsgebiet) 7 Wertzuwachs *m*

accessorial [,ækse'sɔːrɪəl; *US a.* -'səʊ-] → accessory A 1

accessorize [ək'sesəraɪz; *US a.* ɪk's-] V/T *bes US* mit Zubehör ausstatten, *ein Handy etc* erweitern, ausbauen; **accessory** [-rɪ] A ADJ 1 zusätzlich, Bei..., Neben..., Begleit..., Hilfs..., Zusatz...: **~ contract** JUR Zusatzvertrag *m*; **~ fruit** BOT Scheinfrucht *f*; **~ lens** FOTO Vorsatzlinse *f*; **~ symptom** MED Begleiterscheinung *f* 2 nebensächlich, untergeordnet, Neben... 3 beitragend, Hilfs...: **be ~ to** beitragen zu 4 teilnehmend, mitschuldig (**to** an *dat*) B S 1 Zusatz *m*, Anfügung *f*, Anhang *m* 2 MED Begleiterscheinung *f* 3 Zubehörteil *n*, *(Mode a.)* Accessoire *n*, *pl a.* Zubehör *n* 4 JUR a *a.* **~ before the fact** Anstifter(in) b *a.* **~ after the fact** Begünstigte(r) *m/f(m)*: **he was charged with being an ~ to murder** er wurde wegen Beihilfe zum Mord angeklagt

accidence ['æksɪdəns] S LING Formenlehre *f*

accident ['æksɪdənt] S 1 Zufall *m*, zufälliges Ereignis: **by ~** a zufällig b versehentlich 2 PHIL Akzidens *n*, *(das)* Zufällige 3 Unfall *m*, Unglück(sfall) *n(m)*: **be (involved) in an ~** in e-n Unfall verwickelt sein; **have** (*od* **meet with**) **an ~** e-n Unfall haben, verunglücken; **she had an ~ in the kitchen** ihr ist in der Küche ein Malheur *od* Missgeschick passiert; **~s can happen** es kann immer etwas dazwischenkommen; **~s will happen** das kommt schon einmal vor; **this was an ~ waiting to happen** das musste ja so kommen, das war vorprogrammiert; **be killed in an ~** bei e-m Unfall ums Leben kommen, tödlich verunglücken; **~ at work** Arbeitsunfall; **without ~** unfallfrei; **seven-car ~** Unfall, in den sieben Autos verwickelt sind; **~ annuity** Unfallrente *f*; **~ benefit** Unfallentschädigung *f*; **~ black spot** → black spot 2; **~-free driving** unfallfreies Fahren; **~ hospital** Unfallkrankenhaus *n*, -klinik *f*; **~ insurance** Unfallversicherung *f*; **~-prone** besonders unfallgefährdet; **~-prone person** PSYCH Unfäller(in), Unfällerpersönlichkeit *f*; **"~ repairs"** „Unfallinstandsetzung"; **~ report** Unfallbericht *m*; **~ research** Unfallforschung *f*; **~ victim** Unfallopfer *n* 4 Unfallort *m*: **at the ~**; **accidental** [,æksɪ'dentl] A ADJ (ADV **~ly**) 1 zufällig (vorhanden, geschehen *od* hinzugekommen), Zufalls... 2 versehentlich: **~ handball** *(Fußball)* unabsichtliches Handspiel, *a.* angeschossene Hand; **~ly on purpose** angeblich aus Versehen 3 unwesentlich, nebensächlich: **~ colo(u)r** Nebenfarbe *f*; **~ lights** → B 5; **~ point** (perspektivischer) Einfallspunkt 4 Unfall...: **~ death** Unfalltod *m* 5 MUS alteriert B S 1 *(etwas)* Zufälliges 2 zufällige Eigenschaft 3 Nebensache *f* 4 MUS Akzidens *n (Versetzungszeichen innerhalb e-s Taktes)* 5 *meist pl* MAL Nebenlichter *pl*; **acclaim** [ə'kleɪm] A V/T 1 *j-n, etwas* freudig *od* mit Beifall begrüßen, *j-m* zujubeln 2 *j-n, etwas* feiern (**as** als) 3 **~ sb king** j-n zum König ausrufen B V/I Beifall spenden, Hochrufe ausstoßen C S 1 → acclamation 2 (hohes) Lob: **the book received great critical ~** das Buch wurde von der Kritik sehr gelobt

acclamation [,æklə'meɪʃn] S 1 lauter *od* jauchzender Beifall, Hochrufe *pl*, Jubelgeschrei *n* 2 → acclaim C 2 3 **by ~** durch Akklamation *od* Zuruf; **acclamatory** [ə'klæmətərɪ; *US* -təʊriː; -,tɔː-] ADJ Beifalls..., beifällig

acclimatation [ə,klaɪmə'teɪʃn] → acclimation; **acclimate** [ə'klaɪmət; 'æklɪmeɪt] → acclimatize; **acclimation** [,æklaɪ'meɪʃn; *US a.* ,æklə'm-], **acclimatization** [ə,klaɪmətaɪ'zeɪʃn; *US* -tə'z-] S Akklimatisation *f*, Akklimatisierung *f*, Gewöhnung *f (alle a. fig)*; **acclimatize** [-taɪz] A V/T *a. fig* akklimatisieren, gewöhnen *(beide:* **to** an *akk)*: **~ o.s., get ~d** → B B V/I *a. fig* sich akklimatisieren *od* gewöhnen (**to** an *akk*): **~ to doing sth** sich daran gewöhnen, etwas zu tun

acclivity [ə'klɪvətɪ; æ-] S Steigung *f*, Hang *m*

accolade ['ækəʊleɪd; 'ækə-] S 1 Akkolade *f*: a Ritterschlag *m* b feierliche Umarmung (mit Kuss auf beide Wangen) 2 *fig* a Auszeichnung *f* b hohe Anerkennung, großes Lob: **his book received** (*od* **won**) **~s from the press** sein Buch wurde in der Presse sehr gelobt 3 MUS Akkolade *f (geschweifte Klammer, die mehrere Notenzeilen zusammenhält)*

accommodate [ə'kɒmədeɪt; *US* ə'kɑm-] A V/T 1 *j-m* e-n Gefallen tun *od* e-e Gefälligkeit erweisen 2 (**with**) *j-n* versorgen *od* versehen (mit), *j-m* aushelfen (mit): **~ sb with money** 3 *j-n* a unterbringen, beherbergen, einquartieren b versorgen, bewirten 4 Platz haben *od* bieten für, fassen, aufnehmen (können), unterbringen: **the car ~s five persons** in dem Wagen haben fünf Personen Platz; **the stadium can ~ 80,000 spectators** das Stadion fasst 80 000 Zuschauer *od* hat ein Fassungsvermögen von 80 000 Zuschauern 5 (**to**) a *j-n od etwas* anpassen *(dat od* an *akk)*: **~ o.s.** → B 1 b in Einklang bringen (mit): **~ facts to theory** 6 *e-n Streit* beilegen, schlichten B V/I 1 (**to**) a sich anpassen *(dat od* an *akk)* b sich einstellen (auf *akk*) 2 MED sich akkommodieren *(Augen)*

accommodating ADJ (ADV **~ly**) 1 gefällig, entgegenkommend, zuvorkommend: **on ~ terms** WIRTSCH zu angenehmen Bedingungen 2 anpassungsfähig 3 TECH Anpassungs...

accommodation [ə,kɒmə'deɪʃn; *US* ə,kɑm-] S 1 Anpassung *f* (**to** an *akk*) 2 MED Akkommodation *f (Scharfeinstellung der Augen durch Anpassung der Linse an die jeweilige Entfernung des Gegenstandes)* 3 Gefälligkeit *f*, Entgegenkommen *n* 4 Versorgung *f* (**with** mit) 5 Aushilfe *f*, Darlehen *n*, geldliche Hilfe 6 Beilegung *f*, Schlichtung *f (e-s Streites)*, Verständigung *f*: **come to** (*od* **reach**) **an ~** zu e-r Einigung kommen (**with** mit; **over** über *akk*) 7 a *US meist pl* Unterkunft *f*, *engS.* Zimmer *n od pl*, Wohnung(en) *f(pl)*: **hotel ~ is very expensive in London** Hotelzimmer sind sehr teuer in London; **find ~ for the night** ein Nachtquartier finden b *meist pl US* Unterkunft *f* u. Verpflegung *f* c *meist pl US* SCHIFF, BAHN (Sitz)Platz *m*, *(in e-m Zug a.)* Liegesitz *m od* Schlafwagenbett *n*, *(auf e-m Boot a.)* Koje *f* 8 → accommodation bill; **~ acceptance** S WIRTSCH Gefälligkeitsakzept *n*; **~ address** S a Briefkastenadresse *f* b Deckadresse *f*; **~ agency** S *Br Agentur, die Mietobjekte vermittelt*; **~ bill** S WIRTSCH Gefälligkeitswechsel *m*; **~ ladder** S SCHIFF Fallreep *n*; **~ note** *Br* → accommodation bill; **~ office** S UNIV Zimmervermittlung *f*; **~ paper** → accommodation bill; **~ train** S *US* Nahverkehrszug *m*

accommodative [ə'kɒmədeɪtɪv; *US* ə'kɑm-] ADJ 1 anpassungsfähig 2 MED akkommodabel, akkommodationsfähig

accompaniment [ə'kʌmpənɪmənt] S 1 *bes* MUS Begleitung: *his victory was announced* **to the ~ of loud cheering** unter lautem Jubel 2 (schmückendes) Beiwerk: **make a good ~ to** sich gut machen zu 3 Begleiterscheinung *f*

accompanist [ə'kʌmpənɪst] S MUS Begleiter(in)

accompany [ə'kʌmpənɪ] A V/T 1 begleiten *(a.* MUS*)*: **"accompanied by XY"** „am Flügel: XY"; **he was accompanied by his wife** er war in Begleitung s-r Frau 2 begleiten, e-e Begleiterscheinung sein von *(od gen)*: **to be accompanied with** (*od* **by**) begleitet sein von, verbunden sein mit 3 verbinden (**with** mit): **~ a piece of advice with a warning** B V/I MUS begleiten, die Begleitung spielen; **accompanying** ADJ begleitend, Begleit...: **~ documents** Begleitpapiere; **~ letter** Begleitbrief *m*, -schreiben *n (beide:* **to** zu*)*; **accompanyist** [-niːəst] S MUS *US* Begleiter(in)

accomplice [ə'kʌmplɪs; *Br a.* ə'kɒm-; *US a.* ə'kɑm-] S Komplize *m*, Komplizin *f*

accomplish [ə'kʌmplɪʃ; *Br a.* ə'kɒm-; *US a.* ə'kɑm-] V/T 1 *e-e Aufgabe etc* vollenden, -bringen, ausführen, *etwas* zustande bringen 2 *e-n Zweck* erreichen, erfüllen, *etwas Begehrtes* erlangen: **~ one's object** sein Ziel erreichen 3 *e-e Zeitspanne etc* vollenden, durchleben 4 ausbilden, vervollkommnen 5 WIRTSCH leisten, erfüllen; **accomplishable** ADJ 1 ausführbar 2 erreichbar; **accomplished** [-ʃt] ADJ 1 vollendet, -bracht, vollständig ausgeführt: **an ~ fact** e-e vollendete Tatsache 2 a (fein *od* vielseitig) gebildet, kultiviert b vollendet, perfekt *(a. iron)*: **an ~ hostess**; **an ~ liar** ein Erzlügner; **accomplishment** S 1 Vollendung *f*, Ausführung *f*: **be easy (difficult) of ~** leicht (schwer) auszuführen sein 2 Vollkommenheit *f* 3 Leistung *f* 4 a Fähigkeit *f*, Talent *n* b *meist pl* Kultiviertheit *f*

accord [ə'kɔː(r)d] A V/T *j-m etwas* gewähren, *j-m e-n begeisterten etc Empfang* bereiten B V/I im Einklang stehen, übereinstimmen, harmonieren *(alle:* **with** mit*)* C S 1 Übereinstimmung *f*, Einklang *m*, Einigkeit *f* 2 Zustimmung *f*: **of one's own ~** aus eigenem Antrieb, freiwillig, aus freien Stücken; **with one ~** einstimmig, geschlossen **3** a Übereinkommen *n* b POL *(formloses)* Abkommen c JUR Vergleich *m (zwischen dem Masseschuldner u. einzelnen Gläubigern)*

accordance [əˈkɔː(r)dəns] S **1** Übereinstimmung *f*: **in ~ with** a in Übereinstimmung mit, gemäß *(dat)* b nach Maßgabe *(gen)*; **be in ~ (with)** → accord B **2** Gewährung *f*; **accordant** ADJ: **be ~ (with)** → accord B

according **A** **~ to** *präp* gemäß, entsprechend, nach, zufolge *(dat)*, laut *(gen, a dat)*: **~ to circumstances** den Umständen entsprechend, je nach Lage der Dinge; **~ to contract** WIRTSCH vertragsgemäß; **~ to directions** vorschriftsmäßig, weisungsgemäß; **~ to her** a ihrer Meinung nach b nach ihrer Aussage; **~ to taste** (je) nach Geschmack; **~ to that** demnach; → light[1] A 13, plan A 1 **B** **~ as** *konj* a je nachdem wie b je nachdem ob **C** ADJ *sl*: **it's all ~ where ...** das hängt ganz davon ab, wo ...; **accordingly** ADV **1** folglich **2** (dem)entsprechend

accordion [əˈkɔː(r)djən; -ıən] **A** S a Akkordeon *n* b Zieh-, Handharmonika *f* **B** ADJ faltbar, Falt...: **~ map**; **~ door**; **~ pleats** Plisseefalten; **accordionist** S Akkordeonspieler(in), Akkordeonist(in)

accost [əˈkɒst; US *a.* əˈkɑst] V/T **1** *j-n* ansprechen *(Prostituierte)* **2** a *j-n* anpöbeln *umg* b **a beggar ~ed me for money** ein Bettler quatschte mich an u. wollte Geld

accouchement [əˈkuːʃmɑ̃ːŋ; -mənt] S Entbindung *f*, Niederkunft *f*

accoucheur [ˌækuːˈʃɜː; US -ˈʃɜr] S Geburtshelfer *m*

accoucheuse [-ˈʃɜːz] S Hebamme *f*

account [əˈkaʊnt] **A** V/T ansehen *od* betrachten als, halten für: **~ o.s. lucky** sich glücklich schätzen; **be ~ed a genius** als Genie gelten **B** V/I **1** **~ (to sb) for** (j-m) Rechenschaft ablegen über *(akk)*, sich (j-m gegenüber) verantworten für **2** die Verantwortung tragen, verantwortlich sein *(beide:* **for** für) **3** erklären, begründen *(beide:* **for** *akk)*: **how do you ~ for that?** wie erklären Sie sich das?; **that ~s for it** das erklärt die Sache; **there is no ~ing for tastes** über (den) Geschmack lässt sich nicht streiten, die Geschmäcker sind verschieden **4** **~ for** *(zahlenmäßig)* ausmachen: **this region alone ~s for some 20% of the whole population** **C** S **1** WIRTSCH a Berechnung *f*, Rechnung *f* b *pl* Geschäftsbücher *pl* c *pl* (Rechnungs-, Jahres)Abschluss *m* d Konto *n*: **have no money in one's ~** kein Geld auf dem Konto haben; **hold an ~ with** ein Konto haben bei; **pay sth into one's ~** etwas auf sein Konto einzahlen; **balance** (*od* **settle, square**) **~s with** *fig* abrechnen mit; **transaction for the ~** *(Börse) Br* Termingeschäft *n*; → *Bes Redew* **2** Rechenschaft *f*, Rechenschaftsbericht *m*: **bring** (*od* **call**) **sb to ~** a j-n zur Rechenschaft ziehen (**for** wegen) b mit j-m abrechnen (**for** wegen); **give** (**an**) **~ of** Rechenschaft ablegen über *(akk)*(→ C 3); **give a good ~ of** *etwas* gut erledigen, *e-n Gegner* abfertigen; **give a good** (**bad**) **~ of o.s.** a sich von s-r guten (schlechten) Seite zeigen b gut (schlecht) abschneiden; **he gave a good ~ of himself** *a.* er hat sich gut *od* tapfer geschlagen **3** Bericht *m*, Darstellung *f*, Beschreibung *f*, *a. (künstlerische)* Interpretation: **by** (*od* **from**) **all ~s** nach allem, was man hört; **give an ~ of** Bericht erstatten über *(akk)*(→ C 2) **4** Liste *f*, Verzeichnis *n*: **keep an ~ of** Buch führen über *(akk)* **5** Erwägung *f*, Berücksichtigung *f*: **leave out of ~** außer Betracht lassen; **take ~ of, take into ~** Rechnung tragen *(dat)*, in Betracht *od* Erwägung ziehen, einkalkulieren, berücksichtigen; **on ~ of** wegen, aufgrund von *(od gen)*; **on his ~** seinetwegen; **on my mother's ~** wegen m-r Mutter, mit Rücksicht auf m-e Mutter; **on one's own ~** von sich aus (→ *Bes Redew*); **on no ~, not on any ~** auf keinen Fall, unter keinen Umständen; **on all ~s** auf jeden Fall, unbedingt **6** Wert *m*, Wichtigkeit *f*, Bedeutung *f*, Ansehen *n*, Geltung *f*: **of no ~** unbedeutend, ohne Bedeutung, wertlos **7** Gewinn *m*, Vorteil *m*: **find one's ~ in sth** bei etwas profitieren *od* auf s-e Kosten kommen; **put** (*od* **turn**) **sth to** (**good**) **~** sich etwas zunutze machen, Kapital schlagen aus etwas, Nutzen ziehen aus etwas

Besondere Redewendungen: **~ carried forward** Vortrag *m* auf neue Rechnung; **~ current** →current account; **~s payable** Verbindlichkeiten, *(Bilanz) US* Kreditoren; **~s receivable** Außenstände, *(Bilanz) US* Debitoren; **buy for the ~** *(Börse)* auf Termin kaufen; **carry to ~** in Rechnung stellen; **carry to a new ~** auf neue Rechnung vortragen; **for ~ only** nur zur Verrechnung; **for the ~ of another** auf fremde Rechnung; **for one's own ~** auf eigene Rechnung; **for the ~ and risk of** für Rechnung und Gefahr von *(od gen)*; **on ~** a auf Rechnung b auf Abschlag, als Anzahlung; **on one's own ~** a auf eigene Rechnung b auf eigene Gefahr; **payment per ~** Saldozahlung *f*; **place** (*od* **put**) **sth to sb's ~** j-m etwas berechnen *od* in Rechnung stellen; → render A 10

accountability [əˌkaʊntəˈbılətı] S Verantwortlichkeit *f* (**to sb** j-m gegenüber); **accountable** ADJ (ADV accountably) **1** verantwortlich, rechenschaftspflichtig (**to** *dat*); **I'm not ~ to you for that** ich bin Ihnen darüber keine Rechenschaft schuldig; **hold sb ~** j-n verantwortlich machen (**for** für) **2** erklärlich

accountancy [əˈkaʊntənsı] S WIRTSCH **1** Rechnungswesen *n*, Buchhaltung *f*, -führung *f* **2** *Br* Steuerberatung *f*; **accountant** S WIRTSCH **1** (Bilanz)Buchhalter(in) **2** Buch-, Wirtschaftsprüfer(in): → certified accountant, certified public accountant, chartered 1 **3** *Br* Steuerberater(in)

account| balance S Kontostand *m*, Kontosaldo *m*; **~ book** S Konto-, Geschäftsbuch *n*; **~ card** S Kundenkreditkarte *f*; **~ charge** S Kontogebühr *f*; **~ customer** S Inhaber(in) e-s Kreditkontos *(in e-m Kaufhaus etc)*; **~ day** S *Br* Abrechnungstag *m (an der Börse)*; **~ executive** S *US* Kundenberater(in) *(e-r Werbeagentur etc)*; **~ holder** S Kontoinhaber(in)

accounting → accountancy 1: **~ period** Abrechnungszeitraum *m*

account number S Kontonummer *f*

accouter, *bes Br* **accoutre** [əˈkuːtə(r)] V/T *bes* MIL a einkleiden b ausrüsten; **accouterment**, *bes Br* **accoutrement** S **1** *meist pl* a Kleidung *f* b Ausrüstung *f* **2** MIL Ausrüstung *f*

accredit [əˈkredıt] V/T **1** *e-n Botschafter etc* akkreditieren (**to** bei) **2** Glauben *od* Vertrauen schenken *(dat)* **3** anerkennen **4** zuschreiben (**sth to sb** *od* **sb with sth** j-m etwas) **5** WIRTSCH akkreditieren, ein Akkreditiv ausstellen *(dat)*

accrete [əˈkriːt; æ-] **A** V/I zusammenwachsen **B** V/T anwachsen lassen **C** ADJ BOT zusammengewachsen

accretion [æˈkriːʃn; ə-] S **1** Zunahme *f*, Zuwachs *m*, Anwachsen *n*, Wachstum *n* **2** Hinzugekommene(s) *n*, Hinzufügung *f* (**to** zu) **3** (Wert)Zuwachs *m (bei e-r Erbschaft, von Land etc)* **4** JUR Landzuwachs *m (durch Anschwemmung)* **5** BOT Zusammenwachsen *n*

accrual [əˈkruːəl] S Zuwachs *m*, Anfall *m od* Entstehung *f (e-s Rechts etc)*, Auflaufen *n (von Zinsen)*: **~ of a dividend** Anfall e-r Dividende; **~ of an inheritance** *US* Erb(an)fall

accrue [əˈkruː] V/I **1** JUR *(als Anspruch)* erwachsen, zufallen (**to** *dat*; **from, out of** aus), entstehen *(Recht etc)*, eintreten *(Haftung)* **2** a anwachsen b erwachsen, entstehen, zukommen (**to** *dat*; **from, out of** aus): **~d interest** aufgelaufene Zinsen *pl*; **~d taxes** *(Bilanz)* Rückstellungen für Steuern

acct. ABK **1** WIRTSCH account **2** accountant

acculturation [əˌkʌltʃəˈreıʃn] S SOZIOL Akkulturation *f (Übernahme von Elementen e-r fremden Kultur)*

accumulate [əˈkjuːmjʊleıt; US *a.* -mə,l-] **A** V/T ansammeln, auf-, anhäufen, akkumulieren, *a.* TECH (auf)speichern, *a.* PSYCH (auf)stauen **B** V/I anwachsen, sich anhäufen *od* ansammeln *od* akkumulieren, *a.* TECH sich speichern, *a.* PSYCH sich stauen: **~d demand** WIRTSCH Nachholbedarf *m*; **~d earnings** *pl (Bilanz)* thesaurierter Gewinn; **~d interest** aufgelaufene Zinsen *pl*; **~d losses** *pl US* Bilanzverlust *m*; **~d value** Endwert *m*; **accumulation** S Ansammlung *f*, Auf-, Anhäufung *f*, Akkumulation *f*, *a.* TECH (Auf)Speicherung *f*, *a.* PSYCH (Auf-)Stauung *f*: **~ of capital** Kapitalansammlung *f*, -bildung *f*; **~ of interest** Auflaufen *n* von Zinsen; **~ point** MATH Häufungspunkt *m*; **accumulative** [-lətıv; US *bes* -,leı-] ADJ sich anhäufend *od* akkumulierend, wachsend, Häufungs..., Zusatz..., Sammel...: **~ sentence** JUR *US* zusätzliche Strafzumessung; **accumulator** [-tə(r)] S ELEK Akkumulator *m (a.* COMPUT*)*, Akku *m*, Sammler *m*: **~ register** COMPUT Akkumulator(register) *m(n)*

accuracy [ˈækjʊrəsı] S **1** Genauigkeit *f*, Sorgfalt *f* **2** Richtigkeit *f*, Exaktheit *f*, *(e-r Uhr)* Ganggenauigkeit *f*: **~ life** MIL Lebensdauer *f (e-r Waffe)*

accurate [ˈækjʊrət] ADJ (ADV **~ly**) **1** genau, sorgfältig, akkurat *(Person)* **2** genau, richtig, zutreffend, exakt *(Sache)*, genau gehend, richtig gehend *(Uhr)*: **be ~** genau *od* richtig gehen **3** SPORT genau, abgezirkelt *(Pass etc)*; **accurateness** → accuracy

accursed [əˈkɜːsıd; US əˈkɜr-; *a.* -st], *a.* **accurst** [-st] ADJ **1** verflucht, -wünscht **2** *fig* abscheulich

accusal [əˈkjuːzl] → accusation

accusation [ˌækjuːˈzeıʃn; US -kjə-] S a JUR *(nicht formelle)* Anklage: **bring an ~ (of murder) against sb** (Mord)Anklage gegen j-n erheben b An-, Beschuldigung *f* c Vorwurf *m*

accusatival [əˌkjuːzəˈtaıvl] → accusative A 1

accusative [əˈkjuːzətıv] **A** ADJ **1** LING akkusativisch, Akkusativ...: **~ case** → B **2** → accusatory **B** S LING Akkusativ *m*, 4. Fall *m*

accusatory [əˈkjuːzətərı; US -ˌtəʊriː; -ˌtɔː-] ADJ anklagend, vorwurfsvoll *(Blick etc)*

accuse [əˈkjuːz] V/T a (**of**) JUR anklagen *(gen od* wegen): **be** (*od* **stand**) **~d of doing sth** angeklagt sein, etwas getan zu haben b (**of**) beschuldigen, bezichtigen *(gen)* c **~ sb of sth** j-m etwas zum Vorwurf machen; **accused** JUR **A** ADJ angeklagt **B** S: **the ~** a der *od* die Angeklagte b die Angeklagten *pl*; **accuser** S Ankläger(in); **accusing** ADJ (ADV **~ly**) anklagend, vorwurfsvoll *(Blick etc)*

accustom [əˈkʌstəm] V/T gewöhnen (**to** an *akk*): **be ~ed to doing sth** es gewohnt *od* gewöhnt sein, etwas zu tun; **get ~ed to sth** sich an etwas gewöhnen; **get ~ed** (*od* **~ o.s.**) **to doing sth** sich daran gewöhnen, etwas zu tun; **accustomed** ADJ: **his ~ cheerfulness** s-e gewohnte *od* übliche Fröhlichkeit; **~ seat** angestammter Platz, Stammplatz *m*; **in ~ surroundings** in gewohnter Umgebung

AC/DC[1] ABK ELEK alternating current/direct current

AC/DC² [ˌeɪsiːˈdiːsiː] ADJ *umg* bi (*bisexuell*)

ACE ABK 1 *Br* Advisory Centre for Education 2 Allied Command Europe

ace [eɪs] A S 1 Ass *n* (*Spielkarte*): **~ of hearts** Herzass; **have an ~ in the hole** (*od* **up one's sleeve**) *fig* (noch) e-n Trumpf in der Hand haben; **have** (*od* **hold**) **all the ~s** *fig* alle Trümpfe in der Hand haben; **play one's ~** *fig* s-n Trumpf ausspielen 2 Eins *f* (*auf Würfeln*) 3 *Golf, Tennis, Volleyball*: Ass *n* 4 **he came** (*od* **was**) **within an ~ of losing** *umg* er hätte um ein Haar verloren 5 *umg* Ass *n*, Kanone *f* (**at** in *dat*): **soccer ~** Fußballstar *m*; **~ at driving** Fahrkünstler(in) B ADJ *umg* hervorragend, Spitzen…, Star…: **~ reporter**; **~ footballer** Fußballstar *m*; **~ skier** Skiass *n*; **be ~** klasse *od* spitze sein C V/T 1 a *Tennis*: *j-m* ein Ass servieren b **he ~d a hole** (*Golf*) ihm gelang ein Ass 2 *US umg* e-n *Test etc* mit Glanz bestehen 3 *US umg j-n* betrügen (**out of** um); **~-high** ADJ *US umg*: **be ~ with sb** bei j-m gut angeschrieben sein; **have an ~ reputation** e-n ausgezeichneten Ruf haben

Aceldama [əˈkeldəmə; -ˈsel-] S 1 BIBEL Hakeldama *m*, Blutacker *m* 2 *oft* ♀ Schlachtfeld *n*

acephalous [əˈsefələs; eɪ-] ADJ 1 ZOOL kopflos, ohne Kopf 2 *fig* führerlos

acerbate [ˈæsə(r)beɪt] V/T 1 a bitter machen (*a. fig*) b säuern 2 *fig* verbittern

acerbic [əˈsɜːbɪk; *US* əˈsɜr-] ADJ (ADV **~ally**) 1 a bitter b sauer 2 *fig* a scharf (*Kritik etc*) b heftig (*Temperament etc*)

acerbity [əˈsɜːbətɪ; *US* əˈsɜr-] S 1 a Bitterkeit *f* (*a. fig*), bitterer Geschmack b Säure *f*, saurer Geschmack 2 *fig* a Schärfe *f* b Heftigkeit *f*

acetabulum [ˌæsɪˈtæbjʊləm] *pl* **-la** [-lə] S ANAT Acetabulum *n*, Hüft(gelenks)pfanne *f*

acetal [ˈæsɪtæl] S CHEM Acetal *n*

acetaldehyde [ˌæsɪˈtældɪhaɪd] S CHEM Acetaldehyd *m*

acetate [ˈæsɪteɪt] S 1 CHEM Acetat *n* 2 *a.* **~ rayon** Acetatseide *f*

acetic [əˈsiːtɪk; əˈsetɪk] ADJ CHEM essigsauer: **~ acid** Essig-, Acetylsäure *f*; **~ anhydride** Essigsäureanhydrid *n*; **glacial ~ acid** Eisessig *m*; **acetifier** [əˈsetɪfaɪə(r); *US a.* əˈsiː-] S CHEM Schnellsäurer *m* (*Apparat*); **acetify** [-faɪ] A V/T in Essig verwandeln, säuern B V/I sauer werden

acetone [ˈæsɪtəʊn] S CHEM Aceton *n*

acetose [ˈæsɪtəʊs; *US a.* əˈsiː-], **acetous** [ˈæsɪtəs; *US bes* əˈsiː-] ADJ essigsauer

acetyl [ˈæsɪtɪl; *US a.* əˈsiːtl] S CHEM Acetyl *n*: **~ group** Acetylgruppe *f*

acetylene [əˈsetɪliːn; *US a.* -lɪn] S CHEM Acetylen *n*: **~ cutter** (Acetylen-)Schneidbrenner *m*; **~ welding** Acetylenschweißen *n*

ache [eɪk] A V/I 1 a schmerzen, wehtun b Schmerzen haben: **I am aching all over** mir tut alles weh; **it makes my heart ~ to** (*inf*) es tut mir in der Seele weh zu (*inf*) 2 a sich sehnen (**for** nach): **he is aching for home** b darauf brennen (**to do** zu tun): **she is aching to pay him back** B S (*anhaltender*) Schmerz: **he has ~s and pains all over, his body is all ~s and pains** ihm tut alles weh; **his little ~s and pains** s-e Wehwehchen

achene [əˈkiːn] S BOT Achäne *f* (*Schließfrucht mit verwachsener Frucht- u. Samenschale*); **achenial** [-njəl; -ɪəl] ADJ schließfrüchtig

Achernar [ˈeɪkə(r)nɑː(r)] S ASTRON Alpha *n* (*Stern*)

Acheron [ˈækərɒn; *US* -ˌrɑn] A EIGENN Acheron *m* (*Fluss der Unterwelt*) B S Unterwelt *f*

Acheulean, **Acheulian** [əˈʃuːljən; -ɪən] GEOL A ADJ Acheuléen… B S Acheuléen *n* (*Kulturstufe der älteren Altsteinzeit*)

achievable [əˈtʃiːvəbl] ADJ 1 ausführbar 2 erreichbar

achieve [əˈtʃiːv] A V/T 1 vollbringen, leisten, zustande bringen, ausführen, schaffen 2 (*mühsam*) erlangen, erringen 3 *das Ziel* erreichen, *e-n Erfolg* erzielen, *e-n Zweck* erfüllen *od* erreichen 4 *obs* zu Ende bringen B V/I erfolgreich sein (**in a field** auf e-m Gebiet)

achievement [əˈtʃiːvmənt] S 1 Vollbringung *f*, Zustandebringen *n*, Ausführung *f*, Schaffung *f* 2 (*mühsame*) Erlangung, Erringung *f* 3 Erreichung *f*, Erzielung *f*, Erfüllung *f* 4 (*große*) Tat, (*große*) Leistung, Werk *n*, Errungenschaft *f*: → sense A 5 5 *Heraldik*: Totenschild *m*; **~ age** S PSYCH Leistungsalter *n*

achievement|-oriented ADJ leistungsorientiert; **~ quotient** S PSYCH Leistungsquotient *m* (*Leistungsalter geteilt durch tatsächliches Alter*); **~ test** S PSYCH Leistungstest *m*

achiever [əˈtʃiːvə(r)] S *j-d, der es zu etwas bringt*; Erfolgstyp *m*

Achilles [əˈkɪliːz] EIGENN Achill(es) *m*: **~'** (*od* **~**) **heel** *fig* Achillesferse *f*; **~'** (*od* **~**) **tendon** ANAT Achillessehne *f*

aching [ˈeɪkɪŋ] ADJ schmerzend

achlamydeous [ˌækləˈmɪdɪəs] ADJ BOT achlamydeisch, nacktblütig

ach-laut [ˈæxlaʊt] S PHON Ach-Laut *m*

achoo [əˈtʃuː] *US* → atishoo

achromatic [ˌækrəʊˈmætɪk; ˌækrəˈm-] ADJ (ADV **~ally**) 1 BIOL, PHYS achromatisch, farblos: **~ lens** Achromat *m* (*Linsensystem, bei dem die chromatische Aberration für zwei Farben beseitigt ist*); **~ substance** BIOL achromatische (Zellkern)Substanz 2 MUS diatonisch (*in der Tonfolge e-r Dur- od Molltonleiter folgend*)

achromatin [əˈkrəʊmətɪn; æ-; *US bes* eɪ-] S BIOL Achromatin *n* (*mit spezifischen Chromosomenfärbemethoden nicht färbbarer Zellkernbestandteil*); **achromatism** S BIOL, PHYS Achromatismus *m*, Farblosigkeit *f*; **achromatize** V/T PHYS achromatisieren, achromatisch machen

acicular [əˈsɪkjʊlə(r)] ADJ 1 ZOOL stachelborstig 2 BIOL nadelförmig

acid [ˈæsɪd] A ADJ (ADV **~ly**) 1 sauer: **~ drops** *Br* saure (Frucht)Bonbons *od* Drops 2 *fig* bissig (*Bemerkung etc*) 3 CHEM, TECH säurehaltig, Säure…: **~ bath** Säurebad *n*; **~ rain** saurer Regen; **~ soil** saurer Boden; **~ value** Säure-, Neutralisationszahl *f*; **~ yellow** Anilingelb *n* 4 TECH Säure…: **~ steel** saurer Stahl 5 *fig* grell (*Farbe*) B S 1 CHEM Säure *f* 2 *sl* Acid *n* (*LSD*): **drop ~** Acid schlucken; **~head** S *sl* Acid-Süchtige(r) *m/f(m)*

acidic [əˈsɪdɪk] ADJ 1 → acid A 3 2 MINER reich an Silika; **acidification** [-fɪˈkeɪʃn] S CHEM (An)Säuerung *f*, Säurebildung *f*; **acidifier** [-faɪə(r)] S CHEM Säurebildner *m*, Säuerungsmittel *n*; **acidify** [-faɪ] A V/T (an)säuern, in Säure verwandeln B V/I sauer werden

acidimeter [ˌæsɪˈdɪmɪtə(r)] S CHEM Acidimeter *n*, Säuremesser *m*

acidity [əˈsɪdətɪ] S 1 Säure *f* 2 Acidität *f*, Säuregehalt *m*, -grad *m* (*e-r Flüssigkeit*) 3 MED Hyper-, Superacidität *f* (*übermäßig hoher Säuregehalt des Magens*); **acidize** [ˈæsɪdaɪz] V/T 1 mit Säure behandeln 2 → acidify A

acidophil [əˈsɪdəʊfɪl; -dəfɪl; ˈæsɪdəʊ-], **acidophile** [-faɪl; -fɪl] BIOL A S acidophiler Mikroorganismus, acidophile Zelle *etc* B ADJ acidophil: a säureliebend (*Mikroorganismen, Pflanzen*) b *sich bes gut mit sauren Farbstoffen anfärben lassend* (*Zellen*)

acidosis [ˌæsɪˈdəʊsɪs] S MED Acidose *f* (*krankhafte Erhöhung des Säuregehaltes im Blut*)

acid|proof ADJ TECH säurebeständig, -fest; **~ resistance** S Säurebeständigkeit *f*; **~-resistant** ADJ säurebeständig, -fest; **~ test** S *fig* Prüfung *f* auf Herz u. Nieren, Feuerprobe *f*: **put to the ~** auf Herz u. Nieren prüfen; **~-tongued** ADJ scharfzüngig (*Person, Bemerkung etc*); **~ trip** S *sl* Acid-Trip *m*

acidulate [əˈsɪdjʊleɪt; æˈs-; *US* -dʒə-] V/T (an)säuern; **acidulous** ADJ 1 säuerlich: **~ spring** GEOL, MED Sauerbrunnen *m* 2 *fig* → acid A 2

acierate [ˈæsɪəreɪt] V/T METALL *Eisen* stählen; **acieration** S Stählung *f*

acini [ˈæsɪnaɪ] *pl von* acinus

aciniform [əˈsɪnɪfɔː(r)m] ADJ ANAT azinös, trauben-, beerenförmig (*Drüse*)

acinus [ˈæsɪnəs] *pl* **-ni** [-naɪ] S 1 BOT a Einzelbeerchen *n* (*e-r Sammelfrucht*) b Trauben-, Beerenkern *m* 2 ANAT azinöse Drüse

ack. ABK 1 acknowledge 2 acknowledg(e)ment

ack-ack [ˌækˈæk; ˈækæk] *sl* (*abk für* antiaircraft) A S 1 Flakfeuer *n* 2 Flak(s) *pl* (*Flugabwehrkanonen*) B ADJ Flak…

ack emma [ˌækˈemə] ADV *Br sl obs* (*Funkerwort für* am²) morgens, vormittags

acknowledge [əkˈnɒlɪdʒ; *US* ɪkˈnɑl-; æk-] V/T 1 *j-n, etwas* anerkennen: **be ~d as** (*od* **be**) gelten als 2 eingestehen, zugeben, einräumen (*alle a.* **that** dass): **~ having done sth** zugeben, etwas getan zu haben; → defeat B 2 3 sich zu *e-r Verantwortung etc* bekennen 4 a sich erkenntlich zeigen für b sich bedanken für 5 *den Empfang* bestätigen, quittieren, *e-n Gruß* erwidern: **~ a letter** den Eingang *od* Empfang e-s Briefes bestätigen 6 **~ sb** a j-n wahrnehmen b *a.* **~ sb's presence** von j-s Anwesenheit Notiz nehmen: **she ~d me by nodding** sie nickte mir zu 7 JUR *e-e Urkunde* (*nach erfolgter Errichtung*) förmlich anerkennen, beglaubigen; **acknowledged** ADJ anerkannt; **acknowledg(e)ment** S 1 Anerkennung *f*: **~ of debt** Schuldanerkenntnis *n*; **~ of paternity** Vaterschaftsanerkennung 2 Ein-, Zugeständnis *n* 3 Bekenntnis *n* (**of** zu) 4 Dank *m* (**of** für): **in ~ of** in Anerkennung (*gen*) 5 (Empfangs)Bestätigung *f* 6 JUR förmliches Anerkenntnis (*der Errichtung e-r Urkunde*), Beglaubigung(sklausel) *f*

aclinic [əˈklɪnɪk; *US bes* eɪ-] ADJ: **~ line** GEOG Akline *f* (*Verbindungslinie der Orte ohne magnetische Inklination*)

ACLU ABK American Civil Liberties Union

acme [ˈækmɪ] S 1 *fig* Gipfel *m*, Spitze *f*, Höhepunkt *m*: **the ~ of perfection** höchste Perfektion 2 MED Akme *f*, Krisis *f*

acmite [ˈækmaɪt] S MINER Akmit *m*

acne [ˈæknɪ] S MED Akne *f*

acnode [ˈæknəʊd] S MATH Rückkehrpunkt *m* (*e-r Kurve*)

acolyte [ˈækəʊlaɪt; ˈækəl-] S 1 KATH Messdiener(in), Ministrant(in) 2 KATH Akoluth *m*, Akolyth *m* (*Geistlicher im vierten Grad der niederen Weihen*) 3 Gehilfe *m*, Gehilfin *f*, Helfer(in) 4 Gefolgsmann *m*

aconite [ˈækəʊnaɪt; ˈækən-] S BOT Akonit *n*, Eisenhut *m*, Sturmhut *m*

acorn [ˈeɪkɔː(r)n; *US a.* -kərn] S BOT Eichel *f*; **~ barnacle**, **~ shell** S ZOOL Meereichel *f*, Seepocke *f*; **~ tube**, *Br* **~ valve** S ELEK Eichel-, Knopfröhre *f*

acotyledon [æˌkɒtɪˈliːdən; ə-; *US* ˌeɪˌkɑtə-] S BOT Akotyledone *f* (*keimblattlose Pflanze*)

acoustic [əˈkuːstɪk] A ADJ (ADV **~ally**) a PHYS, PHYSIOL, TECH akustisch b schallschluckend: **~ ceiling** Akustikdecke *f*; **~ coupler** COMPUT Akustikkoppler *m*; **~ duct** (*od* **meatus**) ANAT Gehörgang *m*; **~ feedback** akustische Rückkopplung; **~ frequency** Hörfrequenz *f*; **~ guitar** akustische Gitarre; **~ mine** MIL Geräuschmine *f*; **~ nerve** ANAT Gehörnerv *m*; **~ phonetics** LING akustische Phonetik; **~ properties** Akustik *f* (*e-s Raumes*); **~ tile**

Akustikplatte *f* **B** SPL **1** *(als sg konstruiert)* PHYS Akustik *f (Lehre vom Schall)* **2** Akustik *f (e-s Raumes)*; **acoustical** [-kl] ADJ (ADV ~ly) → acoustic A; **acoustician** [ˌækuːˈstɪʃn] S Akustiker(in)

acousto- [əkuːstəʊ] *Vorsilbe mit der Bedeutung* akustisch, Akusto…

acoustochemistry S Akustochemie *f (Teilgebiet der physikalischen Chemie, das sich mit der Erzeugung von Schall beliebiger Frequenz durch chemische Reaktionen od mit der Beeinflussung chemischer Reaktionen durch Schallschwingungen beschäftigt)*

acpt. ABK WIRTSCH acceptance

acquaint [əˈkweɪnt] V/T **1** (o.s. sich) bekannt *od* vertraut machen (with mit): → acquainted **2** (with) *j-n* bekannt machen (mit), *j-m* mitteilen *(akk)*: **she ~ed me with the facts**; **acquaintance** S **1** Bekanntschaft *f*: **keep up an ~ with sb** Umgang mit j-m haben; **make sb's ~** j-n kennenlernen, j-s Bekanntschaft machen; **on closer** (*od* **further**) **~** bei näherer Bekanntschaft; → nod A 1 **2** Kenntnis *f* (with *gen*): **have some ~ with German** brauchbare Deutschkenntnisse haben **3** Bekanntschaft *f*: **a** Bekannte(r) *m/f(m)* **b** Bekanntenkreis *m*: **an ~ of mine** eine(r) m-r Bekannten; **acquaintanceship** S Bekanntschaft *f* (with mit); **acquainted** ADJ bekannt, vertraut: **be ~ with sb (sth)** j-n (etwas) kennen; **become ~ with sb (sth)** j-n (etwas) kennenlernen; **we are ~ (with each other)** wir kennen uns (**already** bereits), wir sind Bekannte

acquiesce [ˌækwɪˈes] V/I **1** (in) sich ergeben *od* fügen (in *akk*), (stillschweigend) dulden *od* hinnehmen *(akk)* **2** einwilligen (in in *akk*); **acquiescence** S **1** (in) Ergebung *f* (in *akk*), Duldung *f (gen)* **2** Einwilligung *f* (in in *akk*, zu); **acquiescent** ADJ (ADV ~ly) ergeben

acquirable [əˈkwaɪərəbl] ADJ erreich-, erwerb-, erlangbar

acquire [əˈkwaɪə(r)] V/T **1** erwerben, erlangen, sich *etwas* zulegen: **~ by purchase** käuflich erwerben **2** (er)lernen, erwerben: **~ knowledge** sich Wissen aneignen; **~ a taste for** Geschmack finden an *(dat)*; **~d characteristics** BIOL erworbene Eigenschaften; **some alcoholic drinks are (sth of) an ~d taste** an einige alkoholische Getränke muss man sich erst gewöhnen; **acquirement** S **1** Erwerbung *f*, Erlangung *f* **2** Erworbene(s) *n*, Erlangte(s) *n*, (erworbene) Fähigkeit *od* Fertigkeit, *pl* Kenntnisse *pl*

acquisition [ˌækwɪˈzɪʃn] S **1** *(käuflicher etc)* Erwerb, (An)Kauf *m*: **~ of property** Eigentumserwerb **2** Erwerbung *f*, Erlernung *f*: **~ of knowledge** Aneignung *f* von Wissen **3** erworbenes Gut, Errungenschaft *f*: **his latest ~** s-e neueste Errungenschaft *(a. hum Freundin etc)* **4** (Neu)Anschaffung *f*, (Neu)Erwerbung *f*: **~ cost** Anschaffungskosten *pl*; **~ value** Anschaffungswert *m*; **be a valuable ~ to** ein Gewinn *od* e-e Bereicherung sein für

acquisitive [əˈkwɪzɪtɪv] ADJ **1** auf Erwerb gerichtet: **~ capital** Erwerbskapital *n* **2** gewinn-, habsüchtig, habgierig **3** lernbegierig; **acquisitiveness** S Gewinnsucht *f*, Habgier *f*

acquit [əˈkwɪt] V/T **1** (of) *j-n* entlasten *od* entbinden (von), *j-n (e-r Verpflichtung)* entheben **2** JUR *j-n* freisprechen (of a charge von e-r Anklage): **~ sb of** (*od* **on the charge of**) **murder** j-n von der Mordanklage freisprechen **3** *obs e-e Schuld* abtragen, ab-, bezahlen, *e-e Verbindlichkeit* erfüllen **4 ~ o.s. (of)** **a** *obs* sich *(e-r Aufgabe)* entledigen, *(e-e Pflicht etc)* erfüllen **b** sich (von *e-m Verdacht*) befreien: **~ o.s. of suspicion** **5 ~ o.s. well** sich gut halten, s-e Sache gut machen; **acquittal** [-tl] S **1** JUR Freispruch *m* **2** → acquittance 1; **acquittance** [-təns] S **1** Entlastung *f*, Entbindung *f* (of von) **2** *obs* Erfüllung *f (e-r Verbindlichkeit)* **3** Quittung *f*, Empfangsbestätigung *f*

acre [ˈeɪkə(r)] S **1** Acre *m* (= 4047 m²): **40 ~s of land** 40 Acre Land **2** *obs* Acker *m*, Feld *n*: → God's acre **3** *pl* **a** Ländereien *pl* **b ~s of** *umg* jede Menge: **he's got ~s of space in his new house**; **acreage** [ˈeɪkərɪdʒ] S **1** Flächeninhalt *m*, Fläche *f (nach Acres)* **2** Grundstück *n* von rund einem Acre

acrid [ˈækrɪd] ADJ (ADV ~ly) scharf, beißend *(beide a. fig)*

acridine [ˈækrɪdiːn; -dɪn] S CHEM Acridin *n*

acridity [æˈkrɪdətɪ; ə-] S Schärfe *f (a. fig)*

acriflavine [ˌækrɪˈfleɪviːn; -vɪn] S CHEM Trypaflavin *n*

acrimonious [ˌækrɪˈməʊnjəs; -ɪəs] ADJ (ADV ~ly) *fig* **a** bitter **b** scharf, beißend **c** erbittert (geführt) *(Diskussion etc)*; **acrimony** [ˈækrɪmənɪ; US -ˌməʊniː] S **a** Bitterkeit *f* **b** Schärfe *f* **c** Erbitterung *f*

acrobat [ˈækrəbæt] S **1** Akrobat(in) **2** *fig* Gesinnungsakrobat(in); **acrobatic** **A** ADJ (ADV ~ally) akrobatisch: **~ flying** Kunstflug *m*, -fliegen *n* **B** SPL **1** akrobatische Kunststücke *pl* **2** **a** *(a. als sg konstruiert)* Akrobatik *f* **b** *fig* Akrobatik *f*: **mental ~s** Gedankenakrobatik; Gehirnakrobatik; **verbal ~s** Wortakrobatik; **vocal ~s** Stimmakrobatik; **acrobatical** [-ɪkl] ADJ (ADV ~ly) → acrobatic A

acrolith [ˈækrəʊlɪθ; ˈækrə-] S Akrolith *m (altgriechische Gewandstatue, deren nackte Teile aus kostbarem Material wie z. B. Marmor, die übrigen aus Ersparnisgründen aus schlechterem Material wie z. B. Holz gefertigt waren)*

acronym [ˈækrəʊnɪm; ˈækrə-] **A** S LING Akronym *n*, Initialwort *n* **B** V/T **a** zu e-m Akronym zusammenziehen, zu dem Akronym … zusammenziehen **b** mit e-m Akronym bezeichnen, mit dem Akronym … bezeichnen

acrophobia [ˌækrəʊˈfəʊbjə; ˌækrə-; -bɪə] S MED Akrophobie *f*, Höhenangst *f*

acropolis [əˈkrɒpəlɪs; US əˈkrɑ-] *Antike:* **A** S Akropolis *f*, Stadtburg *f* **B** EIGENN ♀ Akropolis *f (von Athen)*

across [əˈkrɒs] **A** PRÄP **1** **a** (quer) über *(akk)*, von e-r Seite *(e-r Sache)* zur anderen **b** (quer) durch, mitten durch **c** quer zu: **help sb ~ the road** j-m über die Straße helfen; **lay one stick ~ another** e-n Stock quer über den anderen legen; **run ~ the road** über die Straße laufen; **swim ~ a river** durch e-n Fluss schwimmen, e-n Fluss durchschwimmen; **~ (the) country** querfeldein; **~ the board** pauschal **2** auf der anderen Seite von (*od gen*), jenseits *(gen)*: **from ~ the lake** von jenseits des Sees; **he lives ~ the road** er wohnt auf der gegenüberliegenden Straßenseite **3** in Berührung mit, auf *(akk)*: → come across **B** ADV **1** **a** (quer) hinüber *od* herüber **b** querdurch **c** im Durchmesser: **he came ~ in a steamer** er kam mit e-m Dampfer herüber; **saw directly ~** querdurch sägen; **the lake is three miles ~** der See ist drei Meilen breit **2** **a** drüben, auf der anderen Seite: **his house is just ~ from mine** sein Haus liegt m-m genau gegenüber **b** hinüber, auf die andere Seite: → come across, get across, put across 2 **3** kreuzweise, über Kreuz: **with arms (legs) ~** mit verschränkten Armen (übereinandergeschlagenen Beinen) **4** waag(e)recht *(in Kreuzworträtseln)*: **three ~**

across-the-board ADJ pauschal *(Steuersenkung etc)*

acrostic [əˈkrɒstɪk; US a. əˈkrɑ-] LIT **A** S Akrostichon *n (Gedicht etc, bei dem die Anfangsbuchstaben bzw Anfangswörter der Strophen od Verszeilen ein Wort bzw e-n Satz ergeben)* **B** ADJ (ADV ~ally) akrostichisch

acrotism [ˈækrəʊtɪzəm; ˈækrə-] S MED Akrotismus *m (Unfühlbarkeit des Pulses)*

acrylate [ˈækrɪleɪt] S CHEM Salz *n* der Acrylsäure; **acrylic** [əˈkrɪlɪk] ADJ acrylsauer, Acrylsäure…: **~ acid** Acrylsäure *f*; **~ paint** Acrylfarbe *f*; **~ resin** Acrylharz *n*

ACS ABK American Cancer Society

a/cs pay. ABK WIRTSCH accounts payable Verbindlichkeiten *pl*

a/cs rec. ABK WIRTSCH accounts receivable Außenstände *pl*

act [ækt] **A** S **1** **a** Tat *f*, Werk *n*, Handlung *f*, Maßnahme *f*, Schritt *m*, Akt *m* **b** Tun *n*, Handeln *n*, Tätigkeit *f*: **~ of folly** Wahnsinn(stat) *m(f)*; **(an) ~ of God** JUR höhere Gewalt *(Naturereignis)*; **by the ~ of God** von Gottes Gnaden; **~ of administrative authority** Verwaltungsakt, -maßnahme; **~ of love** Liebesakt; **~ of State** staatlicher Hoheitsakt; **~ of terrorism** Terrorakt, -aktion *f*; **~ of violence** Gewalttat; **~ of war** kriegerische Handlung; **be in the ~ of doing sth** im Begriff *od* dabei *od* auf dem Sprung sein, etwas zu tun; **he was in the ~ of going out, when …** er wollte gerade ausgehen, als …; **catch** (*umg* **nab**) **sb in the (very) ~** j-n auf frischer Tat *od* in flagranti ertappen; **catch sb in the ~ of doing sth** j-n dabei ertappen, wie er etwas tut; **catch sb in the ~ of stealing** j-n beim Stehlen ertappen; **get in on the ~** *umg* **a** *a.* **get into the ~** *umg* (in die Sache) einsteigen *umg* **c** sich ins Spiel bringen **d** sich in Szene setzen; **see sb in the ~ of doing sth** sehen, wie j-d etwas tut; → sabotage A **2** JUR **a** Rechtshandlung *f* **b** Tathandlung *f*, (Straf)Tat *f* **c** *oft* **~ and deed** Willenserklärung *f*, Urkunde *f*, Akte *f*: **~ of sale** Kaufvertrag *m*; → bankruptcy 1 **3** POL Beschluss *m*, Verfügung *f*, -ordnung *f*: ♀ **(of Parliament)** *Br* Gesetz *n*; **~ of grace** Gnadenakt *m*, Amnestie *f*; → supremacy 1 **4** Festakt *m* **5** THEAT Aufzug *m*, Akt *m*: **one-~ play** Einakter *m*; **get one's ~ together** *umg* mit sich (selbst) ins Reine kommen; **they are getting their ~ together** *umg* sie sind dabei, sich zusammenzuraufen **6** Nummer *f (von Artisten etc)* **7** *umg* Theater *n*, Tour *f*: **put on an ~** Theater spielen, e-e Schau abziehen; **she did the neglected wife ~** sie spielte *od* mimte die *od* sie machte auf vernachlässigte Ehefrau **8** ♀**s (of the Apostles)** *pl (als sg konstruiert)* BIBEL *(die)* Apostelgeschichte **9** PHIL Actus *m*, Akt *m (das schon Gewordene)* **B** V/T **1** THEAT *j-n* darstellen, *j-n, e-e Rolle, ein Stück etc* spielen, *ein Stück* aufführen: **~ Hamlet** den Hamlet spielen *od* darstellen; **~ a part** *fig* Theater spielen, e-e Schau abziehen; **~ out** **a** *e-e Szene etc* durchspielen, zu Ende spielen **b** *ein Ereignis, e-e Vorstellung etc*, PSYCH *a. Konflikte etc* (schauspielerisch *od* mimisch) darstellen, *ein Ereignis etc a.* nachspielen, *Gefühle etc* ausleben **c** nach *s-r Überzeugung etc* leben, *s-e Vorstellungen etc* realisieren; **be ~ed out** *a.* sich abspielen *(Drama etc)*; **~ sb off the screen** (*od* **stage**) j-n an die Wand spielen; → age A 1, part A 11 **2** → fool[1] A 2, goat 1 **C** V/I **1** **a** (Theater) spielen, auftreten **b** *fig* Theater spielen, e-e Schau abziehen: **she's only ~ing!** die tut (doch) nur so! **2** bühnenfähig sein, sich *gut etc* aufführen lassen *(Stück)*: **his plays ~ well** **3** **a** handeln, Maßnahmen ergreifen, Schritte *od* etwas unternehmen **b** tätig sein, wirken *(a. Medikament)* **c** sich benehmen, agieren: **~ swiftly** rasch handeln; **~ against** *e-m Befehl etc* zuwiderhandeln; **~ as** auftreten *od* amtieren *od* fungieren *od* dienen als; **~ by** verfahren nach; **~ for sb** für j-n handeln *od* tätig sein, j-n (als Anwalt) vertreten; **~ing for** in Vertretung von (*od gen*); **~ (up)on** **a** *a.* **~ up to** sich richten nach **d** *e-e Sache* in Angriff nehmen *od* bearbeiten *od* entscheiden **4** **(toward[s])** sich *(j-m* gegenüber) verhalten *od* benehmen: **~ up** *umg* **a** Theater machen **b** verrücktspielen, Ärger machen *(Gerät etc)* **c** angeben, sich aufspielen **d** sich wieder bemerkbar machen *(Verletzung etc)*; → big B 2 **5** **~ out** sich abspielen *(Drama etc)* **6** *a.* CHEM, MED, TECH (ein)wirken **(on** auf *akk)* **7** *bes* TECH **a** gehen, laufen, in Betrieb sein, funktionieren **b** in Tätigkeit *od* in Funktion treten

ACT ABK Australian Capital Territory

act. ABK **1** acting **2** active **3** actor **4** actual

actable [ˈæktəbl] ADJ **1** bühnengerecht, aufführbar **2** spielbar *(Rolle etc)*

acting **A** ADJ **1** stellvertretend, amtierend, geschäftsführend: **~ manager** geschäftsführender Leiter; **~ partner** geschäftsführender *(persönlich haftender)* Gesellschafter **2** THEAT mit (genauen) Bühnenanweisungen: **~ version** Bühnenfassung *f* **3** schauspielerisch: **his ~ ambitions** **B** S **1** THEAT **a** Spiel *n* **b** die Schauspielerei **2** Handeln *n*, Tun *n* **3** *fig* Theaterspielen *n oft pej*

actinia [ækˈtɪnɪə] *pl* **-iae** [-iiː] *od* **-ias** S ZOOL Aktinie *f*, Seerose *f*

actinic [ækˈtɪnɪk] ADJ CHEM, PHYS aktinisch: **~ radiation**; **~ light** wirksames Licht; **~ value** Helligkeitswert *m*

actinism [ˈæktɪnɪzəm] S CHEM, PHYS Aktinität *f*, Lichtstrahlenwirkung *f*

actinium [ækˈtɪnɪəm] S CHEM Aktinium *n*

actinograph [ækˈtɪnəʊɡrɑːf; *bes US* -ɡræf] S METEO Aktinograf *m (Gerät zur Registrierung der direkten Sonnenstrahlung)*

actinometer [ˌæktɪˈnɒmɪtə(r); *US* -ˈnɑ-] S METEO Aktinometer *n (Gerät zur Messung der Sonnenstrahlung)*

action [ˈækʃn] S **1** **a** Handeln, Handlung *f*, Maßnahme(n) *f(pl)*, Tat *f*, Aktion *f*: **man of ~** Mann *m* der Tat; **full of ~** aktiv; **bring into ~** ins Spiel bringen, einsetzen; **call into ~** auf den Plan rufen; **come into ~** in Aktion treten; **put into ~** in die Tat umsetzen; **see sb in ~** j-n in Aktion sehen; **~s speak louder than words** Taten zählen mehr als Worte; **take ~** Maßnahmen treffen, Schritte unternehmen, handeln; **we must take ~ before it is too late** wir müssen etwas unternehmen, bevor es zu spät ist; **the police took no ~** die Polizei griff nicht ein; **take ~ against** vorgehen gegen (→ 12); **course of ~** Handlungs-, Vorgehensweise *f*; **for further ~** zur weiteren Veranlassung **b** Handlung *f*, *engS.* Action *f*: **~ film**; **there is no ~ in this play** in diesem Stück tut sich *od* passiert nichts; **where the ~ is** *sl* wo sich alles abspielt; wo was los ist; *if you are interested in good food,* **Paris is where the ~ is** musst du unbedingt nach Paris fahren **2** *a.* PHYSIOL, TECH Tätigkeit *f*, Funktion *f*, Gang *m (e-r Maschine)*, Funktionieren *n (e-s Mechanismus)*: **~ of the heart** Herztätigkeit, -funktion; **~ (of the bowels)** Stuhlgang *m*; **in ~** TECH in Betrieb, im Einsatz; **put in ~** in Gang *od* in Betrieb setzen; **be out of ~** außer Betrieb sein (→ 13); **put out of ~** außer Betrieb setzen (→ 13) **3** **a** TECH Mechanismus *m*, Werk *n* **b** Arbeitsweise *f* **4** *a.* CHEM, PHYS, TECH **a** (Ein)Wirkung *f*, Wirksamkeit *f*, Einfluss *m*: **the ~ of this acid on metal** die Einwirkung dieser Säure auf Metall; **~ of presence** Kontaktwirkung **b** Vorgang *m*, Prozess *m* **5** Handlung *f (e-s Dramas etc)*: **the ~ of the play takes place in** das Stück spielt in *(dat)*; **the ~ takes place in London** Ort der Handlung ist London **6** KUNST **a** Bewegung *f*, Aktion *f*: **~ painting** Action-painting *n*, -Malerei *f*; **~ theater** *(bes Br* **theatre)** Aktionstheater *n* **b** Stellung *f*, Haltung *f (e-r Figur auf e-m Bild)* **7** Bewegung *f*, Gangart *f (e-s Pferdes)* **8** Vortrag(sweise) *m(f)*, Ausdruck *m (e-s Schauspielers)* **9** *fig* Benehmen *n*, Führung *f*, Haltung *f* **10** SOZIOL Umwelteinflüsse *pl* **11** WIRTSCH Preisbewegung *f*, Konjunktur(verlauf) *f(m)* **12** JUR Klage *f*, Prozess *m*, (Rechts-, Gerichts)Verfahren *n*: **~ for annulment** Nichtigkeitsklage; **~ for damages** Schadenersatzklage; **(right of) ~** Klagebefugnis *f*, Aktivlegitimation *f*; **bring** *(od* **file, institute) an ~ against sb, take ~ against sb** j-n verklagen, gegen j-n Klage erheben *od* ein Gerichtsverfahren einleiten (→ 1); → debt 2, detinue, trespass B 5, trover 2 **13** MIL Gefecht *n*, Gefechts-, Kampfhandlung *f*, Unternehmen *n*, Einsatz *m*: **killed (missing, wounded) in ~** gefallen (vermisst, verwundet); **go into ~** eingreifen; **be out of ~** außer Gefecht sein *(a. fig)*(→ 2); **put out of ~** außer Gefecht setzen *(a. fig)*, kampfunfähig machen, niederkämpfen (→ 2); **he saw ~** er war im Einsatz *od* an der Front **14** POL *etc US* **a** Beschluss *m*, Entscheidung *f* **b** Maßnahme(n) *f(pl)* **15** MUS, TECH **a** (Spiel)Mechanik *f* **b** Traktur *f (der Orgel)* **16** **get a piece of the ~** *bes US umg* ein Stück vom Kuchen abbekommen

actionable [ˈækʃnəbl] ADJ (ADV **actionably**) JUR **1** belangbar *(Person)* **2** einklagbar *(Sache)* **3** strafbar, gerichtlich verfolgbar *(Handlung)*

action| committee S Aktionskomitee *n*; **~ current** S BIOL Aktionsstrom *m*; **~ cycle** S TECH Arbeitsperiode *f*; **~ group** S *(Bürger-, Eltern- etc)* Initiative *f*; **~ noun** S LING Nomen *n* actionis *(Substantiv, das ein Geschehen bezeichnet)*; **~-packed** ADJ voller Action *(Film etc)*, ereignisreich *(Tag etc)*: **~ film** Actionfilm *m*; **~ replay** S SPORT, TV *Br* (*bes* Zeitlupen)Wiederholung *f (e-r Spielszene)*; **~ research** S SOZIOL Action-Research *n*, Aktionsforschung *f*; **~ stations** SPL MIL: **be at ~** in Stellung sein; **take** *(od* **go to) ~** in Stellung gehen; **~!** in die Stellungen! *(a. fig umg)*

activate [ˈæktɪveɪt] V/T **1** *bes* CHEM, TECH aktivieren: **~d carbon** Aktivkohle *f*; **~d sludge** *(Sanitärtechnik)* Rücklauf-, Belebtschlamm *m* **2** CHEM radioaktiv machen **3** TECH in Betrieb setzen **4** MIL **a** *e-e Division etc* aufstellen **b** *e-n Zünder* scharf machen **5** *e-n Alarm* auslösen **6** COMPUT *e-e Datei etc* aufrufen; **activation** S Aktivierung *f*: **~ analysis** CHEM Aktivierungsanalyse *f*

active [ˈæktɪv] **A** ADJ (ADV **~ly**) **1** aktiv *(a.* SPORT): **~ career**; **an ~ club member**; **an ~ law** ein in Kraft befindliches Gesetz; **~ satellite** *(Raumforschung)* Aktivsatellit *m*; **~ speaker** ELEK Aktivlautsprecher *m*; **~ suspension** *(Automobilrennsport)* aktive Radaufhängung; **~ vocabulary** aktiver Wortschatz; **an ~ volcano** ein aktiver *od* tätiger Vulkan **2** LING aktiv(isch): **~ noun** aktivisches Substantiv *(z. B.* **employer**); **~ verb** aktivisch konstruiertes Verb; **~ voice** Aktiv *n*, Tatform *f* **3** emsig, geschäftig, tätig, rührig, tatkräftig, aktiv: **an ~ man**; **he's still very ~**; **an ~ citizen** ein engagierter Bürger; **an ~ mind** ein reger Geist; **be ~ in doing sth** etwas tatkräftig tun **4** lebhaft, rege, aktiv: **the ~ life** das tätige Leben; **take an ~ interest** reges Interesse zeigen **(in** an *dat)*; **~ imagination** lebhafte Fantasie; **be under ~ discussion** ernsthaft diskutiert werden **5** BIOL, MED (schnell)wirkend, wirksam, aktiv: **an ~ remedy**; **~ principle** BIOL Wirkursache *f* **6** **a** CHEM, PHYS aktiv, wirksam: **~ coal** Aktivkohle *f*; **~ current** Wirkstrom *m*; **~ foam** Aktivschaum *m*; **~ line** TV wirksame Zeile; **~ mass** wirksame Masse **b** PHYS radioaktiv: **~ deposit**; **~ core** Reaktorkern *m* **7** WIRTSCH **a** belebt, lebhaft *(Nachfrage)* **b** zinstragend *(Aktien, Wertpapiere)*: **~ bonds** *Br* festverzinsliche Obligationen **c** Aktiv…, produktiv: **~ balance** Aktivsaldo *m*; **~ capital** flüssiges Kapital; **~ debts** Außenstände **8** MIL aktiv: **~ army** stehendes Heer; **on ~ duty** *US* im aktiven Dienst; **on ~ service** im Einsatz; *this old umbrella* **still sees ~ service** ist noch immer im Gebrauch **B** S **1** LING Aktiv *n*, Tatform *f* **2** *bes US* aktives Mitglied, SPORT *a.* Aktive(r) *m/f(m)*

activism [ˈæktɪvɪzəm] S Aktivismus *m*: **a** aktives Verhalten, Tätigkeitsdrang *m* **b** HIST *geistig-politische Bewegung, die die Literatur als Mittel zur Durchsetzung bestimmter Ziele verstand*; **activist** S Aktivist(in): **a** aktiver Mensch **b** HIST Anhänger(in) des Aktivismus

activity [ækˈtɪvətɪ] S **1** Tätigkeit *f*: **political ~** politische Betätigung (→ 5); → sphere A 6 **2** Rührigkeit *f*, Betriebsamkeit *f*, Aktivität *f*: **in full ~** in vollem Gang **3** Lebhaftigkeit *f (a.* WIRTSCH) **4** **a** *a.* BIOL Aktivität *f*, Tätigkeit *f*: **~ of the heart** PHYSIOL Herztätigkeit *f*; **~ holiday** *(bes US* **vacation)** Aktivurlaub *m* **b** *pl* Unternehmungen *pl*, Aktivitäten *pl* **c** *pl* Veranstaltungen *pl*: **social activities** **d** *pl* Leben *n* u. Treiben *n* **5** *pl (politische etc)* Umtriebe *pl* **6** BIOL, MED Wirkung *f*, *(a.* CHEM, PHYS) Aktivität *f*, Wirksamkeit *f* **7** PHYS Radioaktivität *f*

acton [ˈæktən] S HIST **1** Wams *n* unter der Rüstung **2** Panzerhemd *n*

actor [ˈæktə(r)] S **1** Schauspieler *m (a. weitS.)*: → complex A 2 **2** Akteur *m*

actress [ˈæktrɪs] S Schauspielerin *f (a. weitS.)*;
actressy ADJ *pej* theatralisch

actual [ˈæktʃʊəl; *US* ˈæktʃəwəl; -tʃəl] ADJ (ADV **~ly**) **1** wirklich, tatsächlich, eigentlich, *bes* WIRTSCH, TECH effektiv: **he is not an ~ actor yet** er ist noch kein richtiger Schauspieler; **an ~ case** ein konkreter Fall; **~ cost** WIRTSCH **a** Ist-Kosten *pl* **b** Selbstkosten *pl*; **in ~ fact** tatsächlich, in Wirklichkeit; **~ intention** eigentliche Absicht; **~ inventory** *(od* **stock)** Ist-Bestand *m*; **~ playing time** SPORT effektive Spielzeit; **~ possession** JUR unmittelbarer Besitz; **~ power** TECH effektive Leistung; **~ price** WIRTSCH Tagespreis *m*; **~ sin** REL aktuelle Sünde; **~ situation** Sachverhalt *m*; **~ time** WIRTSCH effektiver Zeitaufwand *(für e-e Arbeit)*; **~ value** **a** WIRTSCH, MATH effektiver Wert, Realwert *m* **b** TECH Ist-Wert *m*; **these were his ~ words** genau das hat er gesagt; → reserve B 3, strength 5 **2** gegenwärtig, jetzig **3** *Br umg* **the hotel isn't your ~ Ritz** das Hotel ist nicht gerade das Ritz; **I'm lunching tomorrow with your ~ Pavarotti** ich esse morgen mit keinem Geringeren als Pavarotti; **I met your ~ John Cleese at the party last night** rat mal, wen ich gestern Abend auf der Party getroffen habe: John Cleese!

actualism S PHIL Aktualismus *m (Lehre, nach der alles Sein nicht an sich, sondern in ständiger Veränderung besteht)*

actuality [ˌæktʃʊˈælətɪ; *US* -tʃəˈwæl-] S **1** Tatsächlichkeit *f*, Wirklichkeit *f*: **in ~** tatsächlich, in Wirklichkeit **2** Tatsache *f*: **the actualities of life** die Gegebenheiten des Lebens; **the actualities of the situation** der Sachverhalt

actualization [ˌæktʃʊəlaɪˈzeɪʃn; *US* ˌæktʃəwələˈz-; -tʃələˈz-] S **1** Verwirklichung *f* **2** PSYCH Selbstverwirklichung *f* **3** realistische Darstellung; **actualize** [-laɪz] V/T **1** verwirklichen **2** realistisch darstellen

actually [ˈæktʃʊəlɪ; *US* ˈæktʃəwəliː; -tʃəliː] ADV **1** **a** tatsächlich, wirklich: *he looks very young,* **but he's ~ 50** aber er ist schon 50 **b** eigentlich: **he's ~ a musician** er ist gelernter Musiker; **I didn't ask your opinion, ~** ich kann mich nicht erinnern, dich um d-e Meinung gefragt zu haben **2** jetzt, augenblicklich, momentan **3** sogar, tatsächlich *(obwohl nicht er-*

wartet) 4 *umg* eigentlich *(unbetont)*: **what time is it ~?**; **actualness** → actuality 1

actuarial [ˌæktjʊˈeərɪəl; -tʃʊ; *US* -tʃəˈwer-] ADJ versicherungsmathematisch

actuary [ˈæktjʊərɪ; -tʃʊ-; *US* ˈæktʃəˌweriː] S Aktuar(in): a *obs bes* JUR Registrator *m*, Registratorin *f* b Versicherungsmathematiker(in)

actuate [ˈæktjʊeɪt; -tʃʊ-; *US* -tʃəˌw-] V/T 1 in Bewegung *od* in Gang setzen 2 *(zum Handeln)* antreiben: **be ~d by** getrieben werden von 3 TECH a betätigen, auslösen b steuern c schalten; **actuation** S 1 Ingangsetzen *n* 2 Antrieb *m* 3 TECH Betätigung *f*, Auslösung *f*; **actuator** [-tə(r)] S a TECH Stellglied *n*, -einrichtung *f* b ELEK Actuator *m (Antriebselement)*

acuity [əˈkjuːətɪ] S 1 Schärfe *f (a. fig)* 2 → acuteness 3

acumen [əˈkjuːmen; ˈækjʊmen; *US* -mən] S Scharfsinn *m*

acuminate [əˈkjuːmɪnət] ADJ BIOL akuminös, spitz, zugespitzt

acupressure [ˈækjʊˌpreʃə(r)] S MED Akupressur *f*; **acupressurist** S *j-d, der Akupressur anwendet*; **acupuncture** [-ˌpʌŋktʃə(r)] MED A S Akupunktur *f*: **~ needle**; **~ point; have ~** sich akupunktieren lassen B V/T akupunktieren; **acupuncturist** S Akupunkteur(in), Akupunkturist(in)

acute [əˈkjuːt] A ADJ (ADV **~ly**) 1 scharf, spitz(ig) 2 MATH spitz(wink[e]lig): **~ angle** spitzer Winkel; **from an ~ angle** SPORT aus spitzem Winkel; **~ triangle** spitzwink(e)liges Dreieck 3 stechend, heftig *(Schmerz)* 4 heftig *(Freude etc)*: **be ~ly aware of sth** sich e-r Sache schmerzlich *od* voll u. ganz bewusst sein; **~ly embarrassing** äußerst peinlich 5 akut, brennend *(Frage)*, kritisch, bedenklich: **~ shortage** kritischer Mangel, akute Knappheit 6 scharf *(Augen, Verstand)*, fein *(Gehör, Gefühl)* 7 a scharfsinnig, klug b genau, scharf *(Beobachtung)* 8 schrill, durchdringend *(Ton etc)* 9 **~ accent** LING → B 10 MED akut *(Krankheit)*: **~-care hospital** Akutkrankenhaus *n* B S LING Akut *m*, Accent *m* aigu; **acuteness** S 1 Schärfe *f* 2 Schärfe *f*, Feinheit *f*: **~ of vision** Sehschärfe 3 *a.* **~ of mind** Scharfsinn(igkeit) *m(f)*, wacher Verstand 4 schriller Klang 5 a *a.* MED Heftigkeit *f* b akutes Stadium *(e-r Krankheit)*

ACV ABK air-cushion vehicle

ACW ABK ELEK alternating continuous waves

acyclic [eɪˈsaɪklɪk; -ˈsɪk-] ADJ BOT, CHEM azyklisch

ad¹ [æd] *umg für* a advertisement b advertising B; **small ~s** Kleinanzeigen

ad² [æd] S *Tennis*: *US umg* Vorteil *m*: **~ in (out)** Vorteil Aufschläger(in) (Rückschläger[in])

ad. ABK 1 LING adverb 2 advertisement

ad- [æd; əd] *Wortelement zum Ausdruck von Richtung, Tendenz, Hinzufügung*: → advert A, Advent 3

AD ABK 1 anno Domini, in the year of the Lord A. D., n. Chr.: **he was born in ~ 811** *(od* **in 811 ~***)* er wurde 811 n. Chr. geboren 2 MIL active duty aktiver Dienst 3 average deviation mittlere *od* durchschnittliche Abweichung

adactylous [eɪˈdæktɪləs] ADJ ZOOL zehen- *od* fingerlos

adage [ˈædɪdʒ] S Sprichwort *n*

adagio [əˈdɑːdʒɪəʊ; -dʒəʊ] MUS A *pl* -gios S Adagio *n* B ADV adagio, *a. adj* langsam

Adam [ˈædəm] EIGENN BIBEL Adam *m*: **I don't know him from ~** *umg* ich hab keine Ahnung, wer er ist; **the old ~** *fig* der alte Adam; **~'s ale** *(od* **wine***) hum* Gänsewein *m (Wasser)*; **~'s apple** ANAT Adamsapfel *m*

adamant [ˈædəmənt] A S 1 HIST Adamant *m*: a *imaginärer Stein von großer Härte* b Diamant *m* 2 *obs* Magneteisen(stein) *n(m)* B ADJ (ADV **~ly**) 1 stein-, stahlhart 2 *fig* eisern, unerbittlich, unnachgiebig (**to** gegenüber): **be ~** *a.* hart bleiben; **be ~ that ...** darauf bestehen, dass ...; **be ~ about doing sth** darauf bestehen, etwas zu tun; *I told him he was wrong* **but he was ~ about it** aber er blieb eisern bei s-r Meinung; **adamantine** [-ˈmæntaɪn; *US a.* -ˌtiːn] ADJ 1 diamanthart, -artig: **~ spar** MINER Diamantspat *m* 2 *fig* eisern *(a. Wille)*

adapt [əˈdæpt] A V/T 1 (**o.s.** sich) anpassen (**to** *dat od* an *akk*): **~ o.s. to** sich gewöhnen an *(akk)*; **~ the means to the end** die Mittel dem Zweck anpassen 2 *a.* MATH angleichen (**to** *dat od* an *akk*) 3 (**to**) a *Maschine etc* umstellen (auf *akk*) b *ein Fahrzeug, ein Gebäude* umbauen (für) 4 THEAT *etc* bearbeiten (**for** für): **~ a novel for the stage**; **~ed from the English** aus dem Englischen übertragen B V/I (**to**) sich anpassen *(dat od* an *akk)*, sich gewöhnen (an *akk)*;

adaptability S 1 Anpassungsfähigkeit *f*, -vermögen *n* (**to** an *akk*) 2 vielseitige Verwendbarkeit; **adaptable** ADJ 1 anpassungsfähig (**to** an *akk*) 2 a vielseitig verwendbar b umstellbar (**to** auf *akk*)

adaptation [ˌædæpˈteɪʃn] S 1 Anpassung *f* (**to** an *akk*) 2 *a.* MATH Angleichung *f* (**to** an *akk*) 3 (**to**) a Umstellung *f* (auf *akk*) b Umbau *m* (für) 4 THEAT *etc* Bearbeitung *f* (**for** für);

adaptative [əˈdæptətɪv] → adaptive

adapter [əˈdæptə(r)] S 1 Bearbeiter(in) *(e-s Theaterstücks etc)* 2 PHYS Adapter *m*, Anpassungsvorrichtung *f* 3 ELEK a Adapter *m*, Zwischenstecker *m* b Mehrfachstecker *m* 4 TECH Zwischen-, Anschluss-, Einsatz-, Passstück *n*; **adaption** → adaptation; **adaptive** ADJ (ADV **~ly**) anpassungsfähig (**to** an *akk*): **~ character** BIOL Anpassungsmerkmal *n*; **adaptor** → adapter

ADC ABK 1 aide-de-camp 2 COMPUT analog(ue)-to-digital converter

add [æd] A V/T 1 hinzufügen, -zählen, -rechnen (**to** zu): **~ to this that ...** hinzu *od* dazu kommt (noch), dass ...; **~ in** einschließen; **~ together** zusammenfügen (→ A 3); → fuel C 2, insult B 1 2 (**to**) hinzufügen *(dat)*, ergänzend bemerken (zu): **he ~ed that ...** er fügte hinzu, dass ... 3 **~ up, ~ together** addieren, zusammenzählen, -rechnen: **~ 3 and** *(od* **to***)* **9** 3 u. 9 addieren; **five ~ed to five** fünf plus fünf 4 WIRTSCH, MATH, TECH aufschlagen, -rechnen, zusetzen: **~ 5% to the price** 5% auf den Preis aufschlagen 5 CHEM *etc* beimengen, GASTR *etc a.* beigeben *(alle:* **to** *dat)* B V/I 1 **~ to** *j-s Sorgen etc* vergrößern, *sein Wissen etc* erweitern: **the dress ~ed to her wardrobe** das Kleid war e-e Bereicherung ihrer Garderobe 2 addieren 3 **~ up** a MATH aufgehen, stimmen b *fig* e-n Sinn ergeben, sich reimen 4 **~ up to** a betragen *(akk)*, sich belaufen auf *(akk)*, ergeben *(akk)* b *fig* hinauslaufen auf *(akk)*: **this doesn't ~ up to much** *umg* das ist nicht (gerade) berühmt

add. ABK 1 addendum 2 addition(al) 3 address

addax [ˈædæks] S ZOOL Wüstenkuh *f*

added [ˈædɪd] ADJ 1 zusätzlich, weiter(er, e, es) 2 vermehrt, erhöht: **~ value** WIRTSCH Wertschöpfung *f*, Mehrwert *m*

addend [ˈædend; əˈdend] S MATH Addend *m*, Summand *m (Zahl, die zu e-r anderen hinzugezählt werden soll)*

addendum [əˈdendəm] *pl* -da [-də] S 1 a Zusatz *m*, Nachtrag *m* b *pl (a. als sg konstruiert)* Addenda *pl (in e-m Buch etc)* 2 *pl* -dums TECH Zahnkopfhöhe *f*

adder¹ [ˈædə(r)] S 1 COMPUT Addierglied *n*, -werk *n* 2 Addier-, Additionsmaschine *f*

adder² [ˈædə(r)] S ZOOL Natter *f*, Otter *f*, Viper *f*: → deaf A 1

adder's-tongue S BOT Natterzunge *f*, -farn *m*

addict A S [ˈædɪkt] 1 Süchtige(r) *m/f(m)*, MED *a.* Suchtkranke(r) *m/f(m)*: **alcohol (television) ~** Alkohol-(Fernseh)süchtige(r); → drug addict 2 *(Fußball- etc)* Fanatiker(in), *(Film- etc)* Narr *m* B V/T [əˈdɪkt] 1 **~ o.s.** sich hingeben (**to sth** e-r Sache) 2 *j-n* süchtig machen, *j-n* gewöhnen (**to** an *ein Rauschgift etc*): **~ sb to heroin** j-n heroinsüchtig machen; **addicted** ADJ 1 süchtig, abhängig (**to** von): **~ to alcohol (drugs, pleasure, smoking, television)** alkohol-(drogen- *od* rauschgift-/arzneimittel- *od* medikamenten-, vergnügungs-, nikotin-, fernseh)süchtig 2 **be ~ to films (football)** ein Filmnarr (Fußballfanatiker) sein; **addiction** S 1 Hingabe *f* (**to** an *akk*) 2 Sucht *f*, *(Zustand a.)* Süchtigkeit *f*: **~ to alcohol (drugs, pleasure, smoking, television)** Alkohol-(Drogen- *od* Rauschgift-/Arzneimittel- *od* Medikamenten-, Vergnügungs-, Nikotin-, Fernseh)sucht; **addictive** ADJ a suchterzeugend: **be ~** süchtig machen; *fig* (leicht) zu e-r Sucht werden können; **~ drug** Suchtmittel *n* b Sucht...: **~ disease**

adding machine [ˈædɪŋ] S Addier-, Additionsmaschine *f*

Addis Ababa [ˌædɪsˈæbəbə] S Addis Abeba *n*

Addison's disease [ˈædɪsnz] S MED addisonsche Krankheit

addition [əˈdɪʃn] S 1 Hinzufügung *f*, Zusatz *m*, Ergänzung *f*, Nachtrag *m*: **in ~** noch dazu, außerdem, zusätzlich; **in ~ to** außer *(dat)*, zusätzlich zu; **in ~ to directing the play, he played the leading role** er führte nicht nur Regie, sondern spielte auch die Hauptrolle in dem Stück 2 CHEM *etc* Beimengung *f*, Zusatz *m*, GASTR *etc a.* Beigabe *f*: **~ of colo(u)r** Farbzusatz 3 Vermehrung *f*, *(Familien-, Vermögens- etc)* Zuwachs *m*: **they are expecting an ~ to the family** sie erwarten Familienzuwachs *od* Nachwuchs 4 MATH Addition *f*, Addierung *f*, Zusammenzählen *n*: **~ sign** Pluszeichen *n* 5 WIRTSCH Aufschlag *m* (**to** auf *akk*): **pay in ~** zuzahlen 6 *bes US* Anbau *m*

additional [əˈdɪʃənl] ADJ 1 zusätzlich, (neu) hinzukommend, ergänzend, weiter(er, e, es), nachträglich, Zusatz..., Mehr..., Extra...: **be ~ to** hinzukommen zu; **~ agreement** JUR a Zusatzabkommen *n* b Nebenabrede *f*; **~ amplifier** ELEK Zusatzverstärker *m*; **~ application** Zusatzanmeldung *f (zum Patent)*; **~ charge** WIRTSCH Auf-, Zuschlag *m*; **~ charges** WIRTSCH a zusätzliche Kosten, Mehrkosten b Nebenkosten; **an ~ charge is made for ...** auf *(akk)* ... wird ein Zuschlag erhoben, ... wird *od* werden extra berechnet; **~ clause** JUR Zusatzklausel *f*; **~ income** WIRTSCH a Zusatzeinkommen *n* b Nebeneinkommen *n*; **~ order** WIRTSCH Nachbestellung *f* 2 erhöht, vermehrt: **~ pressure** TECH Überdruck *m*; **additionally** [-ʃnəlɪ] ADV 1 zusätzlich, noch dazu, außerdem 2 in verstärktem Maße

additive [ˈædɪtɪv] A ADJ 1 zusätzlich 2 CHEM, MATH additiv B S CHEM Additiv *n*, Zusatz(stoff) *m*: **"free from artificial ~s"** „ohne chemische Zusätze"; **~-free** ADJ ohne chemische Zusätze *(Nahrungsmittel)*

addle [ˈædl] A ADJ 1 verdorben, faul *(bes Eier)* 2 *fig* konfus, verwirrt B V/T 1 *bes Eier* faul werden lassen 2 *fig* verwirren C V/I faul werden, verderben *(bes Eier)*: **~d** → A 1; **~headed, ~pated** [-ˌpeɪtɪd] ADJ wirr(köpfig), konfus

add-on A ADJ 1 zusätzlich, Zusatz ...: **~ memory** COMPUT a Arbeitsspeichererweiterung *f* b Erweiterungsspeicher *m* 2 **~ furniture** Kombimöbel *pl* B S 1 COMPUT Add-on *n*: a Zusatzgerät *n* b Zusatzsoftware *f* 2 WIRTSCH Auf-, Zuschlag *m*, *pl a.* zusätzliche Kosten

address [ə'dres] A V/T *prät u. pperf* **-dressed**, *obs od poet* **-drest** [-st] 1 *Worte, e-e Botschaft* richten (**to** an *akk*), das Wort richten an (*akk*), *j-n* anreden *od* ansprechen (**as** mit), *e-n Brief etc* adressieren *od* richten *od* schreiben (**to** an *akk*) 2 e-e Ansprache halten an (*akk*) 3 *Waren* (ab)senden (**to** an *akk*) 4 *Golf: den Ball* ansprechen 5 **~ o.s.** sich widmen, sich zuwenden (**to** *dat*): **~ o.s. to sth** sich an e-e Sache machen 6 **~ o.s. to sb** sich an j-n wenden 7 *obs e-e Frau* umwerben, werben um B S [*US a.* 'æ,dres] 1 Anrede *f*: **form of ~** (Form *f* der) Anrede 2 a Rede *f*, Ansprache *f*: **~ of welcome** Begrüßungsansprache b Adresse *f*, Eingabe *f* 3 Adresse *f* (*a.* COMPUT), Anschrift *f*: **a good ~** e-e gute Adresse; **~ book** Adressenbüchlein *n*; **~ code** COMPUT Adressencode *m*; **~ tag** Kofferanhänger *m* 4 **the ♀** *Br* die Erwiderung des Parlaments auf die Thronrede 5 *obs* Rede-, Sprechweise *f* 6 *pl* Huldigungen *pl*: **he paid his ~es to the lady** er machte der Dame den Hof 7 a Geschick *n*, Gewandtheit *f* b Feingefühl *n*, Takt *m* 8 *Golf:* Ansprechen *n* (*des Balles*); **addressable** ADJ COMPUT: adressierbar; **addressee** [,ædre'si:; *US a.* ə,dres'i:] S Adressat(in), Empfänger(in)

addressing machine [ə'dresıŋ] S Adressiermaschine *f*

addrest [ə'drest] *obs od poet prät u. pperf von* **address** A

adduce [ə'dju:s; *US a.* ə'du:s] V/T *Beweise, Gründe* anführen, *Beweise* bei-, erbringen, *Beweismaterial* liefern; **adducent** ADJ: **~ muscle** → adductor

adduct [ə'dʌkt] V/T ANAT *Glieder* adduzieren, an den Körper (her)anziehen; **adduction** S 1 Anführung *f* (*von Beweisen, Gründen*), Bei-, Erbringung *f* (*von Beweisen*) 2 ANAT Adduktion *f*; **adductor** [-tə(r)] S *a.* **~ muscle** ANAT Adduktor *m*, Anziehmuskel *m*

ademption [ə'dempʃn] S JUR Wegfall *m* (*e-s Vermächtnisses*)

adenitis [,ædə'naıtıs] S MED Adenitis *f*, Drüsen-, *bes* Lymphknotenentzündung *f*

adenoid ['ædınɔıd] PHYSIOL A ADJ 1 Drüsen... 2 adenoid, drüsenartig B S *pl* 2 Polypen *pl* (*in der Nase*) b Rachenmandelwucherungen *pl*; **adenoidal** ADJ 1 → adenoid A 2 **be ~** näseln; **adenoidectomy** [-'dektəmı] S MED operative Entfernung von Polypen (*aus der Nase*); **adenoma** [,ædı'nəʊmə] *pl* **-mata** [-mətə] *od* **-mas** S MED Adenom *n* (*gutartige Drüsengeschwulst*)

adept A S ['ædept] Meister(in), Experte *m*, Expertin *f* (**at, in** in *dat*) B ADJ ['ædept; *bes US* ə'dept] geschickt (**at, in** in *dat*): **be very ~ at doing sth** sehr geschickt darin sein, etwas zu tun

adequacy ['ædıkwəsı] S Adäquatheit *f*, Angemessenheit *f*

adequate ['ædıkwət] ADJ (ADV **~ly**) 1 adäquat, angemessen (**to** *dat*): **be ~ to** den Anforderungen (*gen*) genügen 2 ausreichend, genügend: **the food was ~ for all of us** das Essen reichte für uns alle 3 (ganz) passabel (*Leistung etc*); **adequateness** → adequacy

adermin [ə'dɜ:mın; *US* eı'dɜr-] S BIOL Adermin *n*, Vitamin *n* B_6

ADF ABK TECH automatic direction finder Funkpeiler *m*

adhere [əd'hıə(r); æd-] V/I 1 (an)kleben, (an)haften (*beide:* **to** an *dat*) 2 **~ to** festhalten an (*dat*), bei *e-r Meinung, e-m Plan, e-r Gewohnheit etc* bleiben, *j-m, e-r Sache* treu bleiben 3 **~ to** sich halten an (*akk*), *e-e Regel etc* einhalten *od* befolgen 4 **~ to** *e-r Partei etc* angehören, es halten mit 5 BIOL, PHYSIOL (**to**) anhaften (*dat*), zusammenwachsen *od* verwachsen sein (mit) 6 **~ to** *Völkerrecht: e-m Abkommen* beitreten 7 **~ to** JUR *schott ein Urteil* bestätigen; **adherence** [əd'hıərəns; æd-] S 1 (An)Kleben *n*, (An)Haften *n* (*beide:* **to** an *dat*) 2 *fig* Anhänglichkeit *f* (**to** an *akk*) 3 *fig* Festhalten *n* (**to** an *dat*) 4 *fig* Einhaltung *f*, Befolgung *f* (*beide:* **to** *gen*) 5 *Völkerrecht:* Beitritt *m* (**to** zu *e-m Abkommen*); **adherent** A ADJ 1 (an)klebend, (an)haftend (*beide:* **to** an *dat*) 2 *fig* (**to**) festhaltend (an *dat*), fest verbunden (mit), anhänglich 3 angehörend (**to** *dat*) 4 BIOL, PHYSIOL adhärent, zusammengewachsen, verwachsen (*alle:* **to** mit) 5 LING attributiv, beifügend B S Anhänger(in) (**of** *gen*)

adhesion [əd'hi:ʒn; æd-] S 1 → adherence 2 PHYS, TECH a Adhäsion *f* (*durch Molekularkräfte bedingtes Haften verschiedener flüssiger u. fester Stoffe aneinander*) b Haften *n*, Haftvermögen *n* c Griffigkeit *f* (*von Autoreifen etc*) 3 MED Adhäsion *f* (*Verwachsung od Verklebung zweier Organe miteinander*)

adhesive [əd'hi:sıv; æd-] A ADJ (ADV **~ly**) 1 (an)haftend, klebend, Kleb(e)...: **~ film** TECH Klebfolie *f*; **~ label** Klebzettel *m*; **~ plaster** Heftpflaster *n*; **~ powder** Haftpulver *n* (*für Zahnprothesen*); **~ tape** a *US* Heftpflaster *n* b Klebstreifen *m*, Klebeband *n*; **~ rubber** Klebgummi *m/n* 2 PHYS, TECH haftend, Adhäsions..., Haft...: **~ capacity, ~ power** Haftvermögen *n*; **~ grease** Adhäsionsfett *n*; **~ stress** Adhäsionsspannung *f* 3 BIOL Haft..., Saug...: **~ bowl** Saugnapf *m*; **~ disk** Haftscheibe *f* 4 *fig* übertrieben anhänglich, aufdringlich B S 1 TECH Haft-, Bindemittel *n*, Klebstoff *m*, Kleber *m* 2 gummierte Briefmarke 3 *US* Heftpflaster *n*; **adhesiveness** S 1 (An)Haften *n* 2 Klebrigkeit *f* 3 → adhesion 2 a, 2 b

ad hoc [,æd'hɒk; -'həʊk; *US bes* -'hak] A ADJ Ad-hoc-...: **~ committee** Ad-hoc-Ausschuss *m* B ADV ad hoc: a (*eigens*) *zu diesem Zweck* b *aus dem Augenblick heraus*; **ad hocery, ad hockery** ['hɒkərı; 'həʊk-; *US bes* 'hak-] S Vertrauen *n* auf Ad-hoc-Entscheidungen

adiabatic [,ædıə'bætık; ,eıdaıə-] PHYS A ADJ (ADV **~ally**) adiabatisch (*ohne Wärmeaustausch mit der Umgebung*) B S Adiabate *f* (*Kurve, die Punkte gleichen Wärmeinhalts verbindet*)

adieu [ə'dju:; *US a.* ə'du:] A INT lebe wohl!, adieu! B *pl* **adieus, adieux** [-u:z] S Lebewohl *n*, Adieu *n*: **bid sb ~** j-m Lebewohl sagen

ad inf. ABK → ad infinitum

ad infinitum [,ædınfı'naıtəm] ADV ad infinitum, endlos

ad interim [,æd'ıntərım] A ADJ Interims...: **~ measures** B ADV ad interim, einstweilen, vorläufig

adipic [ə'dıpık] ADJ: **~ acid** CHEM Adipinsäure *f*

adipocere [,ædıpəʊ'sıə; *US* 'ædəpə,sıər] S MED Adipocire *f*, Leichenwachs *n*

adipose ['ædıpəʊs] A ADJ adipös, fettig, fetthaltig, Fett...: **~ tissue** Fettgewebe *n* B S Fett *n* (*im Fettgewebe*); **adiposis** [-sıs], **adiposity** [-'pɒsətı; *US* -'pa-] S MED Adipositas *f*, Fettsucht *f*

adit ['ædıt] S 1 *fig* Zutritt *m*: **gain ~ to** Zutritt erhalten zu 2 TECH waag(e)rechter Eingang (*in ein Bergwerk*), Stollen *m*

adj. ABK 1 adjacent 2 LING adjective 3 adjourned 4 adjunct 5 WIRTSCH adjustment 6 adjutant

adjacency [ə'dʒeısənsı] S 1 Angrenzen *n* 2 *meist pl* (*das*) Angrenzende, Umgebung *f*; **adjacent** ADJ (ADV **~ly**) 1 angrenzend, anstoßend (**to** an *akk*): **be ~ to** angrenzen an, liegen neben (*dat*) 2 *bes* MATH, TECH benachbart, Neben...: **~ angles** Nebenwinkel; **~ cell** BIOL Nachbarzelle *f*; **~ owner** Grundstücksnachbar(in); **~ room** Nebenraum *m*

adjectival [,ædʒek'taıvl; -dʒık-] ADJ (ADV **~ly**) 1 → adjective B 1 2 mit Adjektiven überladen (*Stil etc*)

adjective ['ædʒıktıv] A S Adjektiv *n*, Eigenschaftswort *n* B ADJ (ADV **~ly**) 1 adjektivisch: **the ~ use of a noun** 2 abhängig 3 **~ dye** TECH adjektiver Farbstoff, Beizenfarbstoff *m* 4 JUR formell (*Recht*)

adjoin [ə'dʒɔın] A V/T 1 (an)stoßen *od* (an)grenzen an (*akk*) 2 (**to**) beifügen (*dat*), hinzufügen (zu) B V/I aneinandergrenzen, nebeneinanderliegen; **adjoining** ADJ anliegend, angrenzend, anstoßend, benachbart, Nachbar..., Neben...: **in the ~ room** im Nebenraum, im Raum nebenan; **at the ~ table** am Nachbar- *od* Nebentisch

adjourn [ə'dʒɜ:n; *US* ə'dʒɜrn] A V/T 1 a verschieben, vertagen (**till, until** auf *akk*; **for** um): **~ sine die** JUR auf unbestimmte Zeit vertagen; **~ed game** (*Schach*) Hängepartie *f* b *den Sitzungsort* verlegen (**to** nach) 2 *US e-e Sitzung etc* schließen, aufheben B V/I 1 a sich vertagen (**till, until** auf *akk*; **for** um) b den Sitzungsort verlegen (**to** nach) 2 *oft hum* sich begeben, übersiedeln (**to** in *akk*); **adjournment** S 1 Vertagung *f*, -schiebung *f* (**till, until** auf *akk*; **for** um) 2 Verlegung *f* des Sitzungsortes (**to** nach)

adjt. ABK adjutant

adjudge [ə'dʒʌdʒ] A V/T 1 JUR a *e-e Sache* (gerichtlich) entscheiden b *j-n* für *schuldig etc* erklären: **the court ~d him (to be) guilty**; **~ sb bankrupt** über j-s Vermögen den Konkurs eröffnen; **be ~d the winner** SPORT *etc* zum Sieger erklärt werden; **he was ~d offside** SPORT der Schiedsrichter sah ihn im Abseits c *ein Urteil* fällen 2 JUR, SPORT zusprechen, zuerkennen, JUR *a.* adjudizieren (**sth to sb** j-m etwas) 3 JUR *obs* verurteilen (**to** zu) 4 erachten für, beurteilen als B V/I → adjudicate B 1

adjudicate [ə'dʒu:dıkeıt] A V/T → adjudge A 1, A 2, A 3 B V/I 1 JUR (*a. als Schiedsrichter*) entscheiden, befinden (**on, upon** über *akk*) 2 als Schieds- *od* Preisrichter fungieren (**at** bei); **adjudication** S 1 JUR, SPORT Zuerkennung *f*, Zusprechung *f* 2 *Völkerrecht:* Adjudikation *f* (*Zuerkennung e-s Gebietes durch Schiedsspruch*) 3 JUR richterliche Entscheidung, Rechtsspruch *m*, Urteil *n* 4 *a.* **~ in bankruptcy** JUR Konkurseröffnung *f*: **~ order** Konkurseröffnungsbeschluss *m*; **adjudicator** [-tə(r)] S Schieds-, Preisrichter(in)

adjunct ['ædʒʌŋkt] A S 1 a Begleit-, Nebenerscheinung *f* b Anhängsel *n* 2 Assistent(in), Gehilfe *m*, Gehilfin *f* 3 *a.* **~ professor** UNIV *US* Lehrbeauftragte(r) *m/f(m)* 4 LING Adjunkt *n*: a *Satzteil, der e-n anderen näher bestimmt* b *Satzteil, der nicht zum Kernsatz gehört* B ADJ 1 a Neben... b (**to**) beigeordnet (*dat*), verbunden (mit) 2 Hilfs...

adjuration [,ædʒʊə'reıʃn; *US* -dʒə-] S 1 Beschwörung *f*, inständige Bitte 2 *obs* Auferlegung *f* des Eides

adjure [ə'dʒʊə(r)] V/T 1 *j-n* beschwören *od* inständig bitten (**to do** zu tun) 2 *obs j-m* den Eid auferlegen

adjust [ə'dʒʌst] A V/T 1 (**to**) anpassen (*a.* PSYCH), angleichen (*beide: dat od* an *akk*), abstimmen (auf *akk*): **~ wages** die Löhne anpassen; **~ o.s. (to)** → B 1 2 *s-n Hut, s-e Krawatte etc* zurechtrücken 3 in Ordnung bringen, ordnen, regeln 4 berichtigen, ändern 5 *Streitigkeiten* beilegen, regeln, schlichten, *Widersprüche, Unterschiede* ausgleichen, beseitigen, bereinigen: **~ accounts** Konten abstimmen *od* bereinigen; → average A 2 6 *Versicherungswesen:* a *Ansprüche* regulieren b *e-n Schaden etc* berechnen: **~ damages** den Schadensersatzanspruch festsetzen 7 TECH (ein-, ver-, nach-, um)stellen, (ein)regeln, richten, regulieren, *e-e Uhr* stellen, *e-e Schusswaffe, e-e Waage etc* justieren, *Maße, Gewichte* eichen, ELEK abgleichen 8 MIL *ein Geschütz* einschießen B V/I 1 **(to)** sich anpassen (*dat od* an *akk*) (*a.* PSYCH), sich einfügen (in *akk*), sich einstellen (auf *akk*) 2 TECH sich einstellen lassen

adjustable ADJ *bes* TECH regulierbar, (ein-, ver-, nach-, um)stellbar, justierbar: **~ speed** regelbare Drehzahl; **~ speed motor** Motor *m* mit Drehzahlregelung

adjuster S 1 *j-d, der etwas ausgleicht, ordnet, regelt* 2 TECH Einsteller(in), -richter(in) 3 *Versicherungswesen:* Schadenssachverständige(r) *m/f(m)*, Gutachter(in) 4 TECH Einstellvorrichtung *f*

adjusting ADJ *bes* TECH (Ein)Stell…, Richt…, Justier…: **~ balance** Justierwaage *f*; **~ device** Ein-, Nachstellvorrichtung *f*; **~ lever** (Ein)Stellhebel *m*; **~ mark** Einstellmarke *f*; **~ nut** (Nach)Stellmutter *f*; **~ point** MIL Einschießpunkt *m*; **~ screw** Justierschraube *f*

adjustment S 1 Anpassung *f* (*a.* PSYCH), Angleichung *f* (*beide:* **to** an *akk*): **~ of wages** Anpassung der Löhne; **~ period** Anpassungszeitraum *m* 2 Ordnung *f*, Regelung *f* 3 Berichtigung *f*, Änderung *f*: **they have made a few ~s to the schedule** sie haben den Zeitplan in einigen Punkten geändert 4 Beilegung *f*, Schlichtung *f* (*von Streitigkeiten*), Ausgleich *m*, Beseitigung *f*, Bereinigung *f* 5 TECH a Einstellung *f*, Regulierung *f*, (*e-r Schusswaffe, e-r Waage etc*) Justierung *f*, (*von Maßen, Gewichten*) Eichung *f* b Einstellvorrichtung *f* 6 *Versicherungswesen:* a Regulierung *f* des Anspruches b Schadensberechnung *f* 7 WIRTSCH a Kontenabstimmung *f*, -bereinigung *f* b Anteilberechnung *f*

adjustor [əˈdʒʌstə(r)] S → adjuster

adjutancy [ˈædʒʊtənsɪ; -dʒə-] S MIL Adjutantenstelle *f*

adjutant [ˈædʒʊtənt; -dʒə-] A S 1 MIL Adjutant *m* 2 *a.* **~ bird, ~ stork** ORN Adjutant *m*, Argalakropfstorch *m* B ADJ helfend, Hilfs…; **~ general** *pl* adjutants general S MIL Generaladjutant *m*

adjuvant [ˈædʒʊvənt; -dʒə-] A ADJ helfend, förderlich, Hilfs… B S 1 Hilfe *f*: a Gehilfe *m* b Hilfsmittel *n* 2 PHARM Adjuvans *n* (*ein die Wirkung unterstützender Zusatz zu e-r Arznei*)

ad lib [ˌædˈlɪb] *umg* A S Improvisation *f* B ADV 1 nach Belieben 2 → ad libitum

ad-lib [ˌædˈlɪb] *umg* A V/T & V/I improvisieren B ADJ Stegreif…, improvisiert

ad libitum [ˌædˈlɪbɪtəm] ADV MUS ad libitum (*in freier Vortragsweise*)

Adm. ABK 1 Admiral 2 Admiralty

adm. ABK 1 administration 2 administrative 3 administrator 4 admission

adman [ˈædmæn] S *irr umg* Werbefachmann *m*

admass [ˈædmæs] *umg* A ADJ werbungsmanipuliert, unter Konsumzwang (stehend) (*Gesellschaft*) B S 1 Konsumbeeinflussung *f*, Erzeugung *f* von Konsumzwang 2 werbungsmanipulierte Gesellschaft

admeasure [ædˈmeʒə(r); *US a.* -ˈmeɪ-] V/T 1 ab-, aus-, vermessen 2 JUR zuteilen, zumessen; **admeasurement** S 1 Ab-, Aus-, Vermessung *f* 2 JUR Zuteilung *f*, Zumessung *f* 3 Dimension *f*

admin [ˈædmɪn] S *umg für* administration 1 b

administer [ədˈmɪnɪstə(r); *US a.* æd-] A V/T 1 verwalten, *Geschäfte etc* wahrnehmen, führen, *e-e Sache* handhaben, *ein Amt etc* ausüben, *Gesetze* ausführen: **~ the government** die Regierungsgeschäfte wahrnehmen; **~ing authority** (*Völkerrecht*) Verwaltungsmacht *f* 2 zuteilwerden lassen, *Hilfe* leisten, *das Sakrament* spenden, *Medikamente etc* verabreichen, *e-n Tadel* erteilen (*alle:* **to** *dat*): **~ a severe blow to** *j-m, j-s Hoffnungen etc* e-n schweren Schlag versetzen; **~ justice** (*od* **the law**) Recht sprechen; **~ punishment** e-e Strafe *od* Strafen verhängen (**to** über *akk*); **~ a shock to sb** *fig* j-m e-n Schrecken einjagen; → oath *Bes Redew* B V/I 1 **~ to** *j-m* helfen 2 als Verwalter fungieren; **administrate** [-streɪt] → administer A

administration [ədˌmɪnɪˈstreɪʃn] S 1 a (*Betriebs-, Geschäfts-, Vermögens-, Staats- etc*) Verwaltung *f*: **~ costs** Verwaltungskosten b Verwaltung *f* (*Betriebsabteilung; Personal a. als pl konstruiert*): **~ building** Verwaltungsgebäude *n* 2 JUR (Nachlass)Verwaltung *f*: → letter[1] A 3 3 Handhabung *f*, Ausführung *f*: **~ of justice** (*od* **the law**) Rechtsprechung *f*; **~ of an oath** Eidesabnahme *f*, Vereidigung *f* 4 (*a. als pl konstruiert*) (Verwaltungs)Behörde *f* 5 Er-, Austeilung *f*, REL Spendung *f* (*des Sakraments*) 6 Verabreichung *f* (*von Medikamenten etc*) 7 POL *bes US* a *meist* ℒ Regierung *f*: **the Clinton ℒ** die Clinton-Regierung b Amtsperiode *f*, Regierungszeit *f* (*e-s Präsidenten etc*): **during the Clinton ~** während der Amtszeit Präsident Clintons; **administrative** [-strətɪv; *US bes* -ˌstreɪ-] ADJ (ADV **~ly**) administrativ, verwaltend, verwaltungsmäßig, -technisch, Verwaltungs…: **my job is mainly ~** m-e Aufgaben haben hauptsächlich mit Verwaltung zu tun; **~ agency** *US* Verwaltungsstelle *f*; **~ assistance** Amtshilfe *f*; **~ body** Verwaltungsorgan *n*; **~ fee** Verwaltungsgebühr *f*; **~ law** Verwaltungsrecht *n*; **~ staff** (*a. als pl konstruiert*) Verwaltungspersonal *n*; **~ tribunal** *Br* Verwaltungsgericht *n*

administrator [ədˈmɪnɪstreɪtə(r)] S 1 Verwalter(in) 2 Verwaltungsbeamte(r) *m*, -beamtin *f* 3 JUR Nachlassverwalter(in) 4 Spender(in) (*der Sakramente*); **administratorship** S Verwalteramt *n*; **administratrix** [ədˈmɪnɪstreɪtrɪks; *US bes* ədˌmɪnəˈstreɪ-] *pl* -trices [-trɪsiːz] S JUR Nachlassverwalterin *f*

admirable [ˈædmərəbl] ADJ (ADV **admirably**) 1 bewundernswert, -würdig 2 ausgezeichnet, großartig

admiral [ˈædmərəl] S 1 Admiral *m*: **Lord High ℒ** *Br* Großadmiral, Oberbefehlshaber *m* zur See; **ℒ's Cup** (*Segeln*) Admiral's Cup *m* (*alle zwei Jahre vor GB ausgetragener Länderkampf für drei Jachten aus jedem Land*); → fleet[1] 1 2 *obs* Flaggschiff *n* 3 ZOOL Admiral *m* (*ein Tagfalter*); **admiralty** [-tɪ] A S 1 Admiralsamt *n*, -würde *f* 2 Admiralität *f*: **The Lords Commissioners of ℒ, the Board of ℒ** *Br* das Marineministerium; **ℒ Division** JUR *Br* Abteilung *f* des **High Court of Justice** für Seerecht; **~ law** JUR Seerecht *n*; → First Lord of the Admiralty 3 **the ℒ** das Admiralitätsgebäude (*in London*) B ADJ Admiralitäts…: **ℒ mile** *Br* Seemeile *f*

admiration [ˌædməˈreɪʃn] S 1 Bewunderung *f* (**of, for** für): **in ~** bewundernd; **have an ~ for** Bewunderung hegen für; **she was the ~ of everyone** sie stand im Mittelpunkt allgemeiner Bewunderung, sie wurde von allen bewundert; **his trick won** (*od* **made**) **him the ~ of his classmates** sein Streich brachte ihm die Bewunderung s-r Klassenkameraden ein 2 *obs* Erstaunen *n*, Verwunderung *f*

admire [ədˈmaɪə(r)] V/T 1 bewundern (**for** wegen) 2 verehren 3 *obs* erstaunt sein *od* sich wundern über (*akk*); **admirer** [-ərə(r)] S 1 Bewunderer *m*, Bewunderin *f* 2 Verehrer(in); **admiring** ADJ (ADV **~ly**) bewundernd (*Blick*)

admissibility [ədˌmɪsəˈbɪlətɪ] S 1 Zulässigkeit *f* 2 Zulassungsfähigkeit *f*; **admissible** ADJ (ADV **admissibly**) 1 zulässig (*a.* JUR), erlaubt, statthaft 2 zulassungsfähig

admission [ədˈmɪʃn] S 1 a Einlass *m* b Ein-, Zutritt *m* c Aufnahme *f* (*als Mitglied etc; US a. e-s Staates in die Union*): **"~ free"** „Eintritt frei“; **~ fee** Aufnahmegebühr *f*; Eintritt(sgeld) *m(n)*; **~ ticket** Eintritts-, Einlasskarte *f* 2 Eintritt(sgeld *n*, -sgebühr *f*) *m*: **charge ~** Eintritt verlangen 3 Zulassung *f* (**to** zu *e-m Amt, Beruf etc*): → bar A 19 4 Eingeständnis *n* (**of** *gen*): **~ of guilt** Schuldeingeständnis; **by** (*od* **on**) **his own ~** wie er selbst zugab; JUR *a.* nach s-r eigenen Einlassung 5 Zugeständnis *n*, Einräumung *f* 6 TECH a Einlass *m*, (*Luft-, Kraftstoff- etc*) Zufuhr *f* b Beaufschlagung *f* (*von Turbinen*): **~ pipe** Einlassrohr *n*; **~ stroke** Einlasshub *m*

admit [ədˈmɪt] A V/T 1 *j-n* ein-, vorlassen, *j-m* Einlass gewähren 2 **(into, to)** *j-n* aufnehmen (in *e-e Gesellschaft*, in *e-m Krankenhaus*), zulassen (zu *e-r Institution, e-m Amt etc*): **~ sb into one's confidence** j-n ins Vertrauen ziehen; → bar A 19 3 → B 2 4 anerkennen, gelten lassen: **~ the justification of a criticism** die Berechtigung e-r Kritik anerkennen 5 *s-e Schuld etc* zugeben, (ein)gestehen, bekennen: **~ doing sth** zugeben, etwas getan zu haben 6 zugeben, einräumen (**that** dass): **~ted!** zugegeben!, das gebe ich zu!; → defeat B 2 7 Platz haben *od* bieten für, fassen, aufnehmen: **the hall ~s 200 persons** in dem Saal haben 200 Personen Platz 8 TECH *Luft, Kraftstoff etc* zuführen B V/I 1 **~ to** führen in (*akk*) *od* zu (*Tür etc*) 2 **~ of** gestatten, erlauben, zulassen: **~ of no doubt** keinen Zweifel zulassen; **it ~s of no excuse** es lässt sich nicht entschuldigen, es ist nicht zu entschuldigen; **these facts ~ of no other explanation** diese Fakten lassen sich nicht anders erklären; **a sentence that ~s of two interpretations** ein Satz, der zwei Interpretationen zulässt 3 **~ to** → A 5

admittance [ədˈmɪtəns] S 1 Einlass *m*, Zutritt *m*: **"no ~ (except on business)"** „Zutritt (für Unbefugte) verboten!“; **gain ~** Einlass finden (**to** in *akk*) 2 ELEK Admittanz *f*, Scheinleitwert *m*

admitted [ədˈmɪtɪd] ADJ 1 anerkannt (*Tatsache etc*) 2 **he's an ~ gay** er macht kein Hehl daraus, schwul zu sein; **admittedly** ADV 1 anerkanntermaßen 2 zugegeben(ermaßen), eingestandenermaßen: **~, I'm afraid** ich muss zugeben, dass ich Angst habe

admix [ædˈmɪks] V/T beimischen, -mengen; **admixture** [-tʃə(r)] S 1 Beimischen *n* 2 Beimischung *f*, -mengung *f*, Zusatz(stoff) *m*

admonish [ədˈmɒnɪʃ; *US* ædˈmɑnɪʃ] V/T 1 mahnen, erinnern (*beide:* **of** an *akk*) 2 warnen (**of, against** vor *dat*; **not to do sth** davor, etwas zu tun) 3 tadeln, *j-m* Vorhaltungen machen (**for, about** wegen; **for doing sth** weil er etwas getan hat)

admonition [ˌædməʊˈnɪʃn; -məˈn-] S 1 Warnung *f* 2 Tadel *m*; **admonitory** [ədˈmɒnɪtərɪ; *US* ədˈmɑnəˌtəʊriː; -ˌtɔː-] ADJ (ADV **admonitorily**) 1 warnend 2 tadelnd

adnate [ˈædneɪt] ADJ BOT, ZOOL angewachsen, verwachsen

ad nauseam [ˌædˈnɔːzɪæm; *US* -əm] ADV bis zum Überdruss, bis zum Gehtnichtmehr

adnominal [ædˈnɒmɪnl; *US* -ˈnɑ-] ADJ LING adnominal: a *zum Substantiv hinzutretend* b *vom Substantiv syntaktisch abhängend*

adnoun [ˈædnaʊn] S LING substantiviertes

Adjektiv

ado [əˈduː] S Getue *n*, Lärm *m*, Aufheben(s) *n*, Wirbel *m*: **much ~ about nothing** viel Lärm um nichts; **without more** (*od* **further**) **~** ohne weitere Umstände

adobe [əˈdəʊbɪ] A S 1 Adobe *m* (*luftgetrockneter Lehmziegel*) 2 Haus *n* aus Adoben B ADJ aus Adoben (gebaut)

adolescence [ˌædəʊˈlesns; ˌædə-] S Adoleszenz *f*, Zeit *f* des Heranwachsens; **adolescent** A S Heranwachsende(r) *m/f(m)* B ADJ 1 heranwachsend 2 *umg pej* pubertär

Adonis [əˈdəʊnɪs; *US a.* əˈdɑnəs] A EIGENN *Antike*: Adonis *m* B S *fig* Adonis *m* (*schöner junger Mann*)

adopt [əˈdɒpt; *US* əˈdɑpt] V/T 1 adoptieren, (an Kindes statt) annehmen: **~ a town** die Patenschaft für e-e Stadt übernehmen; **~ out** *US* zur Adoption freigeben 2 *fig* annehmen, übernehmen, sich *e-e Methode etc* zu eigen machen, übernehmen, *ein System etc* einführen, *e-e Politik* einschlagen, *e-e Handlungsweise* wählen, *e-e Haltung* einnehmen, *e-n Namen* annehmen 3 POL *e-r Gesetzesvorlage* zustimmen, *e-n Beschluss* annehmen, *Maßregeln* ergreifen 4 POL *Br e-n Kandidaten* annehmen (*für die nächste Wahl*); **adopted** ADJ adoptiert, (an Kindes statt) angenommen, Adoptiv…: **~ child**; **his ~ country** s-e Wahlheimat; **adoptee** [əˌdɒpˈtiː; *US* əˌdɑp-] S *bes US* Adoptivkind *n*; **adopter** S Adoptierende(r) *m/f(m)*

adoption [əˈdɒpʃn; *US* əˈdɑp-] S 1 Adoption *f*, Annahme *f* (an Kindes Statt): **give up for ~** zur Adoption freigeben 2 *fig* An-, Übernahme *f*, Wahl *f*: **country of ~** Wahlheimat *f*; **adoptionism** S REL Adoptianismus *m* (*Lehre, nach der Jesus Christus nur ein mit dem Geist Gottes ausgestatteter Mensch ist*); **adoptive** ADJ (ADV **~ly**) Adoptiv…: a angenommen: **~ child** Adoptivkind *n*; **his ~ country** s-e Wahlheimat b adoptierend: **~ parents** Adoptiveltern

adorable [əˈdɔːrəbl; *US a.* əˈdəʊr-] ADJ (ADV **adorably**) 1 anbetungswürdig 2 *fig* hinreißend, entzückend

adoration [ˌædəˈreɪʃn] S 1 Anbetung *f* (*a. fig*), (*kniefällige*) Verehrung 2 *fig* (**of**) (innige) Liebe (für, zu), (tiefe) Bewunderung (für)

adore [əˈdɔː(r); *US a.* əˈdəʊr] V/T 1 anbeten (*a. fig*), verehren: **he simply ~s her** er liebt sie abgöttisch 2 *fig* (innig) lieben, (heiß) verehren, (tief) bewundern 3 *umg* schwärmen für, entzückend *od* hinreißend finden: **~ doing sth** etwas unheimlich gern tun; **adorer** S 1 Anbeter(in) 2 Verehrer(in), Bewunderer *m*, Bewunderin *f*; **adoring** ADJ (ADV **~ly**) 1 anbetend 2 bewundernd

adorn [əˈdɔː(r)n] V/T 1 schmücken, (ver)zieren (*beide a. fig*) 2 *fig* Glanz verleihen (*dat*), verschöne(r)n; **adornment** S Schmuck *m*, Zierde *f*, Verzierung *f* (*alle a. fig*)

adown [əˈdaʊn] ADV & PRÄP *obs od poet* → **down**[1] A, C

ADP ABK automatic data processing

adrenal [əˈdriːnl] ANAT A ADJ adrenal, Nebennieren…: **~ cortex** Nebennierenrinde *f*; **~ gland** → B; **~ insufficiency** MED Nebenniereninsuffizienz *f* B S Nebenniere *f*

adrenaline [əˈdrenəlɪn] S PHYSIOL Adrenalin *n*: **get sb's ~ going** (*od* **running**) j-s Adrenalinspiegel in die Höhe treiben; **his ~ was going** er war so richtig aufgedreht; **~ level** Adrenalinspiegel *m*; **adrenalize** V/T *fig* aufputschen; **adrenergic** [ˌædrəˈnɜːdʒɪk; *US* -ˈnɜr-] ADJ PHYSIOL adrenergisch (*adrenalinartig wirkend*)

Adriatic[1] [ˌeɪdrɪˈætɪk; ˌædrɪ-] ADJ GEOG adriatisch

Adriatic (Sea) [ˌeɪdrɪˈætɪk; ˌæd-] S Adria *f*; Adriatisches Meer

adrift [əˈdrɪft] ADV & PRÄD ADJ 1 (umher)treibend, Wind u. Wellen preisgegeben: **break ~** sich losreißen; **cut ~** das Ankertau (*gen*) durchhauen 2 *fig* hilflos, dem Schicksal preisgegeben, halt-, wurzellos: **be all ~** weder aus noch ein wissen; **turn sb ~** j-n sich selbst überlassen

adroit [əˈdrɔɪt] ADJ (ADV **~ly**) geschickt, gewandt (**at, in** in *dat*); **adroitness** S Geschicklichkeit *f*, Gewandtheit *f*

a.d.s. ABK autograph document, signed unterzeichnetes handgeschriebenes Dokument

adsorb [ædˈsɔː(r)b] V/T CHEM adsorbieren; **adsorbate** [-beɪt; -bət] S CHEM Adsorbat *n*; **adsorbent** CHEM A ADJ adsorbierend B S Adsorbent *m*, adsorbierende Substanz

adsorption [ædˈsɔː(r)pʃn] S CHEM Adsorption *f*

adsum [ˈædsʌm] INT hier!

adulate [ˈædjʊleɪt; *US* -dʒə-] V/T *j-m* lobhudeln, *j-n* beweihräuchern; **adulation** S Lobhudelei *f*, Beweihräucherung *f*; **adulator** [-tə(r)] S Lobhudler(in), Beweihräucherer *m*, Beweihräucherin *f*; **adulatory** [ˈædjʊleɪtərɪ; *US* ˈædʒələˌtəʊriː; -ˌtɔː-] ADJ lobhudelnd, beweihräuchernd

adult [ˈædʌlt; əˈdʌlt] A ADJ 1 erwachsen: **~ person** JUR → B 2 ZOOL ausgewachsen: **an ~ lion** 3 *fig* reif, gereift 4 a Erwachsenen…: **~ clothes**; **~ education** Erwachsenenbildung *f*; **he spent all his ~ life in Paris** als Erwachsener lebte er ausschließlich in Paris b der Erwachsenen: **the ~ world** c (nur) für Erwachsene: **an ~ film** d *euph* Sex…, Porno… B S Erwachsene(r) *m/f(m)*

adulterant [əˈdʌltərənt] A ADJ verfälschend B S Verfälschungsmittel *n*

adulterate A V/T [əˈdʌltəreɪt] *Lebensmittel* verfälschen, *Wein a.* verschneiden, panschen, *Milch* verdünnen B ADJ [-rət; -reɪt] 1 verfälscht 2 ehebrecherisch; **adulteration** S 1 Verfälschung *f* 2 verfälschtes Produkt; **adulterator** [-tə(r)] S Verfälscher(in), Panscher(in)

adulterer [əˈdʌltərə(r)] S Ehebrecher *m*; **adulteress** S Ehebrecherin *f*; **adulterine** [-raɪn; -rɪn] ADJ 1 im Ehebruch gezeugt (*Kind*) 2 ehebrecherisch 3 verfälscht; **adulterous** ADJ (ADV **~ly**) ehebrecherisch; **adultery** S Ehebruch *m*: **commit ~** die Ehe brechen, Ehebruch begehen (*beide:* **with** mit)

adulthood [ˈædʌlthʊd; əˈdʌlt-] S Erwachsensein *n*, Erwachsenenalter *n*: **reach ~** erwachsen werden

adumbral [ædˈʌmbrəl] ADJ *bes poet* schattig, Schatten…

adumbrate [ˈædʌmbreɪt; ˈædəm-; ædˈʌm-] V/T 1 flüchtig entwerfen, umreißen, skizzieren, andeuten 2 vorausahnen lassen, hindeuten auf (*akk*) 3 überschatten (*a. fig*); **adumbration** S Andeutung *f*: a flüchtiger Entwurf, Skizze *f* b Vorahnung *f*, Omen *n*

adv. ABK 1 advance 2 LING adverb 3 LING adverbial(ly) 4 adversus, against 5 advertisement 6 advocate

ad val. ABK → **ad valorem**

ad valorem [ˌædvəˈlɔːrem; -rəm; *US a.* -ˈləʊ-] ADJ & ADV dem Wert entsprechend: **~ duty** Wertzoll *m*

advance [ədˈvɑːns; *US* ədˈvæns] A V/T 1 *etwas, a. e-e Schachfigur, den Uhrzeiger etc* vorrücken, -schieben, *den Fuß* vorsetzen, *die Hand* ausstrecken, *e-n Tunnel* vortreiben, MIL *Truppen* vorschieben, nach vorn verlegen, vorverlegen, vorrücken lassen 2 a TECH vorrücken, weiterstellen, fortschalten: **~ the (ignition) timing** AUTO Frühzündung einstellen b *e-n Film etc* vorspulen 3 *e-n Termin etc* vorverlegen (**from … to** von … auf *akk*; **by two weeks** um zwei Wochen) 4 *ein Argument, e-e Ansicht, e-n Anspruch etc* vorbringen, geltend machen 5 *ein Projekt etc* fördern, voranbringen, -treiben: **~ one's cause (interest)** s-e Sache (s-e Interessen) fördern 6 *j-n* befördern (**to the rank of general** zum General), *s-e Position* verbessern: **~ sb socially** j-n gesellschaftlich heben 7 *den Preis* erhöhen 8 *das Wachstum etc* beschleunigen 9 a im Voraus liefern b *j-m Geld* vorauszahlen, vorschießen, -strecken 10 JUR *e-m Kind etc* den Vorausempfang (*e-s Erbteils*) geben 11 *obs die Lider* heben 12 POL *US* als Wahlhelfer(in) fungieren in (*dat*), *bes* e-e Wahlveranstaltung *od* Wahlveranstaltungen vorbereiten in (*dat*) B V/I 1 vorrücken (*a.* MIL: **on, upon** in Richtung auf *akk*), SPORT aufrücken (*Verteidigung*): **~ toward(s) sb** auf j-n zugehen *od* zukommen 2 vorrücken (*Zeit*): **as time ~s** mit vorrückender Zeit 3 zunehmen (**in** an *dat*), steigen: **~ in age** älter werden 4 *fig* vorankommen, vorwärtskommen, Fortschritte machen, SPORT *etc* (*in e-m Wettbewerb*) weiterkommen: **~ in knowledge** Fortschritte machen 5 (*beruflich, sozial*) aufrücken, avancieren, befördert werden (**to the rank of general** zum General) 6 (an)steigen, anziehen (*Preise*) 7 POL *US* als Wahlhelfer(in) fungieren, *bes* e-e Wahlveranstaltung *od* Wahlveranstaltungen vorbereiten (**for** für) C S 1 Vorrücken *n*, MIL *a.* Vormarsch *m*: **be on the ~** auf dem Vormarsch sein (**on, upon** auf *akk*) 2 (*beruflicher, sozialer*) Aufstieg, Aufrücken *n* (*im Amt*), Beförderung *f* (**to the rank of general** zum General) 3 Fortschritt *m*, Verbesserung *f* (*beide:* **on** gegenüber): **make ~s** Fortschritte machen; **~ in the art** (*Patentrecht*) gewerblicher Fortschritt 4 Vorsprung *m*: **be in ~** e-n Vorsprung haben (**of** vor *dat*); **in ~** a vorn b im Voraus c früher (als erwartet); **book** (*od* **order**) **in ~** vor(aus)bestellen; **pay in ~** im Voraus bezahlen, vorausbezahlen; **in ~ of** vor (*dat*); → **time** *Bes Redew* 5 *pl* a Annäherungsversuche *pl*, Avancen *pl* b Entgegenkommen *n*: **make ~s to sb** sich an j-n heranmachen; j-m gegenüber den ersten Schritt tun, j-m entgegenkommen 6 a Vorschuss *m* b WIRTSCH Kredit *m*, Darlehen *n*: **~ on** (*od* **of**) **one's salary** Gehaltsvorschuss; **~ on merchandise** Vorschüsse auf Waren, Warenlombard *m/n* 7 Mehrgebot *n* (*bei Versteigerungen*): **any ~ on £100?** (bietet) j-d mehr als 100 Pfund? 8 (Preis)Erhöhung *f*, Auf-, Zuschlag *m* 9 *US* Vorhut *f*, Spitze *f*: → **advance guard** 1 10 ELEK Voreilung *f* 11 TECH Vorschub *m* 12 POL *US* Wahlhilfe *f*, *bes* Vorbereitung *f* e-r Wahlveranstaltung *od* von Wahlveranstaltungen D ADJ 1 Vorher…, Voraus…, Vor…: **~ billing** THEAT *bes US* Vorankündigung *f*; **~ booking** a Vor(aus)bestellung *f* b THEAT *etc* Vorverkauf *m*; **~ censorship** Vorzensur *f*; **~ copy** TYPO Vorausexemplar *n*; **~ ignition** (*od* **sparking**) AUTO Vor-, Frühzündung *f*; **~ notice** Ankündigung *f*, Voranzeige *f*; **give sb ~ notice of** j-n im Voraus in Kenntnis setzen von; **~ payment** a Vorauszahlung *f* b Vorschuss *m* (**for** auf *akk*); **~ sale** Vorverkauf *m*; **~ sheets** TYPO Aushängebogen; **give sb ~ warning** j-n vorwarnen 2 MIL Vorhut…, Spitzen…, vorgeschoben: **~ command post** vorgeschobener Gefechtsstand; **~ party** Vorausabteilung *f*

advanced [ədˈvɑːnst; *US* ədˈvænst] ADJ 1 MIL → **advance** D 2 2 fortgeschritten: **~ chemistry** Chemie *f* für Fortgeschrittene; **~ level** → **A level**; **~ mathematics** höhere Mathematik; **~ student** Fortgeschrittene(r) *m/f(m)*; **~ studies** wissenschaftliche Forschung 3 a fortschrittlich, modern (*Ansichten etc*): **~ guard** → **avant-garde** A b gar zu fortschrittlich, extrem **4** vorgerückt, fortgeschritten: **at an ~ age** in fortgeschrittenem Alter; **a man of ~ age** (*od* **years**) ein Mann in fortgeschrittenem Alter; **at an ~ hour** zu vorgerückter Stunde; **~ in pregnancy** hochschwanger; **~ state** fortgeschrittenes Stadium; **~ in years** in fortgeschrittenem Alter; **~ for one's years** weit *od* reif für sein Alter; **~ credit** → advanced standing; **~ freight** S WIRTSCH vorausbezahlte Fracht; **~ standing** S SCHULE *US Anerkennung der an e-r anderen gleichwertigen Lehranstalt erworbenen Zeugnisse*

advance| guard S **1** MIL Vorhut *f* **2** → avant-garde A; **~ man** S *irr* POL *US* Wahlhelfer *m*, *bes* Vorbereiter *m* e-r Wahlveranstaltung *od* von Wahlveranstaltungen

advancement S **1** Förderung *f* **2** Beförderung *f* (**to the rank of general** zum General) **3** Fortschritt *m* (*in Kenntnissen etc*), Weiterkommen *n*, Aufstieg *m* **4** Wachstum *n* **5** Vorschuss *m* **6** JUR Vorausempfang *m* (*e-s Erbteils*)

advantage [əd'vɑːntɪdʒ; *US* -'væn-] **A** S **1** Vorteil *m*: **a** Überlegenheit *f*, Vorsprung *m* **b** Vorzug *m*: **the ~s of this novel machine** die Vorteile *od* Vorzüge dieser neuen Maschine; **gain an ~ over sb** sich j-m gegenüber e-n Vorteil verschaffen; **give sb an ~** j-m e-n Vorteil verschaffen (**over** gegenüber); **have an ~ over sb** j-m gegenüber im Vorteil sein; **have the ~ (over sb)** (j-m gegenüber) den Vorteil haben (**of being** zu sein); **you have the ~ of me** *Br* **a** ich kenne leider Ihren (werten) Namen nicht **b** Sie wissen mehr als ich **2** Nutzen *m*, Gewinn *m*, Vorteil *m*: **sth to sb's ~** etwas für j-n Vorteilhaftes *od* Günstiges; **be to sb's ~** für j-n von Vorteil sein; **derive** (*od* **draw**) **~ from sth** aus etwas Nutzen *od* e-n Vorteil ziehen; **show to good** (*od* **to the best**) **~** hervorheben, betonen; **take ~ of sb** j-n übervorteilen *od* ausnutzen; **take ~ of sth** etwas ausnutzen, sich etwas zunutze machen; **take full ~ of sth** etwas voll ausnutzen; **use to full ~** voll ausspielen **3** günstige Gelegenheit **4** SPORT Vorteil *m*: **~ server (receiver)** (*Tennis*) Vorteil Aufschläger (Rückschläger); **~ law** (*od* **rule**) Vorteilsregel *f*; **apply** (*od* **play**) **the ~ rule, allow the ~** Vorteil gelten lassen **B** V/T fördern, begünstigen

advantageous [ˌædvən'teɪdʒəs] ADJ (ADV **~ly**) vorteilhaft, günstig, von Vorteil (*alle:* **to** für)

advection [əd'vekʃn; *US* æd-] S METEO Advektion *f* (*in waagerechter Richtung erfolgende Zufuhr von Luftmassen*)

Advent ['ædvənt; *bes US* -vent] S **1** REL Advent *m*, Adventszeit *f*: **~ calendar** Adventskalender *m*; **~ Sunday** der 1. Advent(ssonntag) **2** REL Ankunft *f* Christi **3** ♀ **a** Aufkommen *n* (*des Fernsehens etc*) **b** Beginn *m* (*der Urlaubssaison etc*); **Adventism** S REL Adventismus *m* (*Lehre der Adventisten*); **Adventist** ['ædvəntɪst; *US bes* əd'ventəst] S Adventist(in) (*Angehörige[r] e-r Gruppe von Sekten, die an die baldige Wiederkehr Christi glauben*)

adventitious [ˌædven'tɪʃəs; -vən-] ADJ (ADV **~ly**) zufällig

adventive [əd'ventɪv; *US bes* æd-] **A** ADJ BOT, ZOOL nicht einheimisch: **~ plant** → B **B** S BOT Adventivpflanze *f*

adventure [əd'ventʃə(r)] **A** S **1** Abenteuer *n*: **a** gewagtes Unternehmen, Wagnis *n* **b** (unerwartetes *od* aufregendes) Erlebnis: **~ holiday** (*bes US* **vacation**) Abenteuerurlaub *m*; **~ playground** *Br* Abenteuerspielplatz *m* **2** WIRTSCH Spekulationsgeschäft *n* **3** *obs* Zufall *m* **B** V/T **1** wagen, riskieren **2** gefährden **3** **~ o.s.** → C **C** V/I sich wagen (**into** in *akk*; **on, upon** auf *akk*); **adventurer** S **1** Abenteurer *m* (*a. pej*) **2** Spekulant *m*; **adventuresome** [-səm] ADJ (ADV **~ly**) *bes US* abenteuerlich, waghalsig, verwegen; **adventuress** [-rɪs] S **1** Abenteu(r)erin *f* **2** Spekulantin *f*; **adventurism** S **1** Abenteurertum *n* **2** Abenteuerpolitik *f*; **adventurous** ADJ (ADV **~ly**) **1** abenteuerlich: **a** verwegen, waghalsig **b** gewagt, kühn (*Sache*) **c** aufregend, toll (*Sache*) **2** abenteuerlustig

adverb ['ædvɜːb; *US* 'ædˌvɜrb] S LING Adverb *n*, Umstandswort *n*; **adverbial** [əd'vɜːbjəl; *US* æd'vɜrbɪəl] **A** ADJ (ADV **~ly**) adverbial: **~ clause** Adverbialsatz *m*; **~ phrase** → B **B** S Adverbiale *n*, Adverbialbestimmung *f*

adversary ['ædvəsərɪ; *US* -vərˌseriː] **A** S **1** Gegner(in) (*a.* SPORT), Widersacher(in), Feind(in) **2** **the** ♀ REL der Widersacher (*Teufel*) **3** JUR (Prozess)Gegner(in) **B** ADJ JUR gegnerisch

adversative [əd'vɜːsətɪv; æd-; *US* -'vɜr-] ADJ LING adversativ, gegensätzlich: **~ conjunction** adversative Konjunktion

adverse ['ædvɜːs; *US* æd'vɜrs; 'ædˌv-] ADJ (ADV **~ly**) **1** widrig (*Umstände*) **2** gegnerisch, feindlich: **~ party** Gegenpartei *f* **3** **a** ungünstig, nachteilig (**to** für) **b** negativ (*Kritik etc*): **~ balance** WIRTSCH Unterbilanz *f*; **~ trade balance** passive Handelsbilanz; **~ budget** Haushaltsdefizit *n*; **have an ~ effect (up)on, affect ~ly** sich nachteilig auswirken auf (*akk*) **4** BOT gegenläufig **5** JUR entgegenstehend (*Anspruch*): **~ possession** Ersitzung *f*; **acquire sth by ~ possession** etwas ersitzen; **adversity** [əd'vɜːsətɪ; *US* æd'vɜr-] S **1** Not *f*, Unglück *n*: **in ~** im Unglück; **in time of ~** in Zeiten der Not **2** Missgeschick *n*

advert **A** V/I [əd'vɜːt; *US* æd'vɜrt] hinweisen, sich beziehen (*beide:* **to** auf *akk*) **B** S ['ædvɜːt] *Br umg für* advertisement

advertise ['ædvə(r)taɪz] **A** V/T **1** ankündigen, anzeigen, (*durch die Zeitung etc*) bekannt machen, e-e Anzeige aufgeben für (**in** in *dat*), *e-e Stelle* ausschreiben **2** WIRTSCH Reklame machen für, werben für, anpreisen **3** *obs* (**of**) in Kenntnis setzen, unterrichten (von), wissen lassen (*akk*) **4** *pej etwas* ausposaunen, an die große Glocke hängen **5** *obs* warnen **B** V/I **1** inserieren, annoncieren: **~ for** durch Inserat suchen **2** werben, Reklame machen, Werbung treiben

advertisement [əd'vɜːtɪsmənt; -tɪz-; *US bes* ˌædvər'taɪz-; *a.* əd'vɜrtɪz-; -tɪs-] S **1** (*öffentliche*) Anzeige, Ankündigung *f* (*in e-r Zeitung*), Inserat *n*, Annonce *f*, (RADIO, TV) (Werbe)Spot *m*: **~ columns** Inseraten-, Anzeigenteil *m*; **put an ~ in the newspaper** ein Inserat *od* e-e Anzeige aufgeben *od* in die Zeitung setzen **2** → advertising A 2: **not be a good ~ for** *fig* keine gute Reklame sein für

advertiser ['ædvə(r)taɪzə(r)] S Inserent(in), Anzeigenkunde *m*, -kundin *f*, (RADIO, TV) werbende Firma; **advertising** [-zɪŋ] **A** S **1** Inserieren *n*, Annoncieren *n* **2** Reklame *f*, Werbung *f*: **be in ~** in der Werbung sein **B** ADJ Anzeigen..., Reklame..., Werbe...: **~ agency** **a** Anzeigenannahme *f* **b** Werbeagentur *f*; **~ agent** **a** Anzeigenvertreter(in) **b** Werbeagent(in); **~ angle** werbemäßiges Vorgehen; **~ budget** Werbeetat *m*; **~ campaign** (*od* **drive**) Werbefeldzug *m*, -kampagne *f*; **~ department** **a** Werbeabteilung *f* **b** *US* Inseratenannahme *f* (*e-r Zeitung*); **~ expert** Werbefachmann *m*; **~ gift** Werbegeschenk *n*; **~ manager** Werbeleiter *m*; **~ medium** Werbeträger *m*, -medium *n*; **~ rates** *pl* Anzeigentarif *m*; **~ space** Werbefläche *f*

advertize, *etc US für* advertise *etc*

advertorial [ˌædvə(r)'tɔːrɪəl; *US a.* -'təʊ-] S *Inserat in Form e-s Leitartikels*

advice [əd'vaɪs] S (*nur sg*) **1** Rat *m*, Ratschlag *m od* Ratschläge *pl*: **a piece of ~** ein Rat(-schlag); **he went to a priest for ~** er ging zu e-m Priester, um sich Rat zu holen *od* um sich beraten zu lassen; er wandte sich Rat suchend an e-n Priester; **on sb's ~** auf j-s Anraten, auf j-s Rat hin; **she gave me some good ~** sie gab mir e-n guten Rat; **seek** (*od* **take**) **~** Rat suchen, sich Rat holen (*beide:* **from** bei); **take legal ~** sich juristisch beraten lassen; **take medical ~** ärztlichen Rat einholen, e-n Arzt zurate ziehen; **take** (*od* **follow**) **sb's ~** j-s Rat (be)folgen, auf j-n hören; **~ column** *bes US* Kummerkasten *m*; **~ columnist** *bes US* Briefkastenonkel *m*, -tante *f* **2** **a** Nachricht *f*, Benachrichtigung *f* **b** WIRTSCH Avis *m/n*, Avisierung *f*, Anzeige *f*: **as per ~** laut Avis; **~ of credit** Gutschriftsanzeige; **~ note** schriftliche Anzeige

advisability [ədˌvaɪzə'bɪlətɪ] S Ratsamkeit *f*; **advisable** ADJ (ADV **advisably**) ratsam

advise [əd'vaɪz] **A** V/T **1** *j-n* beraten (**on** in *dat*), *j-m* e-n Rat geben: **~ sb to do sth** j-m raten, etwas zu tun; **what would you ~ me to do?** was würdest du mir raten?; **they ~d me to be careful** sie rieten mir zur Vorsicht; **~ sb against sth** j-m von etwas abraten; **~ sb against doing** (*od* **not to do**) **sth** j-m davon abraten, etwas zu tun **2** zu *etwas* raten: **he ~d waiting** er riet zu warten **3** **a** *j-n* benachrichtigen, in Kenntnis setzen (*beide:* **of** von) **b** **~ sb of sth** WIRTSCH j-m etwas avisieren **B** V/I **1** **I will do as you ~** ich werde Ihrem Rat folgen; **~ against sth** von etwas abraten; **~ against doing sth** davon abraten, etwas zu tun **2** **~ on the law** als Rechtsberater(in) tätig sein *od* fungieren **3** **~ with** *bes US* sich beraten mit

advised [əd'vaɪzd] ADJ **1** **be well ~ to** (*inf*) **a** gut beraten sein zu (*inf*) **b** gut daran tun zu (*inf*) **2** **keep sb ~** j-n auf dem Laufenden halten; **advisedly** [-zɪdlɪ] ADV **1** mit Bedacht *od* Überlegung **2** absichtlich, (ganz) bewusst; **advisement** S *bes US* **1** Überlegung *f*: **take under ~** sich *etwas* durch den Kopf gehen lassen **2** **a** Rat *m* **b** Beratung *f*; **adviser, advisor** [-zə(r)] S **1** Berater(in), Ratgeber(in) (*beide:* **to** *gen*) **2** SCHULE Studienberater(in)

advisory [-zərɪ] ADJ beratend: **~ board** Beratungsstelle *f*; **in an ~ capacity** in beratender Funktion; **~ committee** Beratungsausschuss *m*; **~ council** Beirat *m*; **~ opinion** (Rechts)Gutachten *n*; **~ procedure** (*Völkerrecht*) Gutachterverfahren *n*

advocacy ['ædvəkəsɪ] S (**of**) Befürwortung *f* (*gen*), Eintreten *n* (für)

advocate **A** S ['ædvəkət; -keɪt] **1** Verfechter(in), Befürworter(in) **2** JUR **a** *schott* Rechtsanwalt *m*: → Lord Advocate **b** *US* Rechtsbeistand *m* **B** V/T [-keɪt] verfechten, befürworten, eintreten für: **~ doing sth** dafür eintreten, etwas zu tun

advowson [əd'vaʊzn] S REL *Br* Pfründenbesetzungsrecht *n*

advt ABK advertisement

adz(e) [ædz] S Dechsel *f*, Krummhaue *f*

AEA ABK *Br* Atomic Energy Authority

AEC ABK *US* Atomic Energy Commission

AEF ABK MIL HIST American Expeditionary Forces

Aegean[1] [iː'dʒiːən] ADJ GEOG ägäisch

Aegean (Sea) [iː'dʒiːən] S Ägäis *f*; Ägäisches Meer

aegis ['iːdʒɪs] S **1** *Antike:* Ägis *f* (*Schild des Zeus u. der Athene*) **2** **under the ~ of** *fig* unter der Ägide *od* Schirmherrschaft von (*od gen*)

aegrotat [iː'grəʊtæt] S UNIV *Br* **1** Krankheitsattest *n* (*für Examenskandidaten*) **2** *a.* **~ degree**

wegen Krankheit in Abwesenheit *od* ohne Prüfung verliehener akademischer Grad

aeolian [i:'əʊljən; -lıən] ADJ 1 ~ **harp** Äols-, Windharfe *f* 2 ≈ GEOG äolisch *(die altgriechische Landschaft Äolien betreffend)*; ≈ **mode** S MUS äolische Tonart

aeon ['i:ən] S a Äon *m*, Zeit-, Weltalter *n* b Ewigkeit *f*

aerate ['eıəreıt; *bes US* 'eər-] V/T 1 *e-n Raum* lüften, *a. ein Gewässer* belüften, *a. ein Aquarium, das Erdreich* durchlüften 2 *e-e Flüssigkeit* a mit Kohlensäure anreichern b zum Sprudeln bringen 3 a MED *dem Blut* (durch Atmung) Sauerstoff zuführen b *ein Gewässer* mit Sauerstoff anreichern 4 *fig e-n Dialog etc* spritzig machen (**with** mit, durch); **aerated** ADJ mit Kohlensäure angereichert: ~ **water** kohlensaures Wasser; **aeration** S 1 (Be-, Durch)Lüftung *f* 2 Anreicherung *f* mit Kohlensäure 3 MED Sauerstoffzufuhr *f*

aerial ['eərıəl; *US a.* eı'ır-] A ADJ 1 luftig, zur Luft gehörend, in der Luft lebend *od* befindlich, hoch, Luft...: ~ **advertising** Luftwerbung *f*; ~ **cableway** (*od* **railway, ropeway**) (Draht)Seilbahn *f*; ~ **ladder** *US* Drehleiter *f (der Feuerwehr)*; ~ **root** BOT Luftwurzel *f* 2 aus Luft bestehend, leicht, flüchtig, ätherisch 3 *fig* ätherisch: a schemenhaft, wesenlos b zart 4 FLUG zu e-m Flugzeug *od* zum Fliegen gehörig, fliegerisch: ~ **attack** MIL Luft-, Fliegerangriff *m*; ~ **barrage** MIL a Luftsperr-, Flakfeuer *n* b Ballonsperre *f*; ~ **battle** MIL Luftschlacht *f*; ~ **camera** Luftbildkamera *f*; ~ **combat** MIL Luftkampf *m*, -gefecht *n*; ~ **defence** (*US* **defense**) MIL Luftabwehr *f*, -verteidigung *f*; ~ **inspection** Luftinspektion *f*; ~ **map** Luftbildkarte *f*; ~ **mine** MIL Luftmine *f*; ~ **navigation** Luftschifffahrt *f*; ~ **photograph** (*od* **shot, view**) Luftbild *n*; ~ **sports** *pl* Flugsport *m* 5 TECH oberirdisch, Ober..., Frei..., Luft...: ~ **cable** Luftkabel *n*; ~ **line,** ~ **wire** ELEK Ober-, Freileitung *f* 6 RADIO *etc bes Br* Antennen...: ~ **array** Richtantennennetz *n*; ~ **booster** Antennenverstärker *m*; ~ **gain** Antennengewinn *m*; ~ **mast** Antennenmast *m*; ~ **noise** Antennenrauschen *n*; ~ **power** Antennenleistung *f*; ~ **socket** Antennenanschluss *m* B S *bes Br* Antenne *f*

aerialist ['eərıəlıst; *US a.* eı'ır-] S *bes US* Luftakrobat(in)

aerie ['eərı; 'ıərı] *bes US für* eyrie

aero ['eərəʊ] ADJ a Flugzeug...: ~ **engine** b Luftsport...: ~ **club** Aeroclub *m*, Luftsportverein *m*

aero- [eərəʊ] *Wortelement mit der Bedeutung* Aero..., Luft...

aerobatics [,eərəʊ'bætıks; -rə'b-] SPL Aerobatik *f*: a Kunstflugvorführung *f* b *(als sg konstruiert)* Kunstflug *m*

aerobe ['eərəʊb] S BIOL Aerobier *m (Organismus, der nur mit Sauerstoff leben kann)*

aerobic [eə'rəʊbık] A ADJ (ADV ~**ally**) 1 BIOL aerob: a *Prozesse betreffend, die unter Sauerstoffzutritt verlaufen*: ~ **respiration** aerobe Atmung, Sauerstoffatmung *f* b *Luftsauerstoff zum Leben benötigend* 2 Aerobic... B S **aerobics** *pl (als sg konstruiert)* Aerobic *n (Fitnesstraining mit tänzerischen u. gymnastischen Übungen)*: **do** ~**s** Aerobic machen

aerobiology S Aerobiologie *f (Zweig der Biologie, der sich mit der Verteilung von lebenden Mikroorganismen in der Atmosphäre befasst)*

aerobiosis [-baı'əʊsıs] S BIOL Aerobiose *f (auf Luftsauerstoff angewiesene Lebensvorgänge)*

aerocamera S Luftbildkamera *f*

aerodrome ['eərədrəʊm] S FLUG *bes Br obs* Aerodrom *n*, Flugplatz *m*

aerodynamic PHYS A ADJ (ADV ~**ally**) aerodynamisch: ~ **design** TECH aerodynamische Linienführung, Windschnittigkeit *f*, Stromlinienform *f*; ~ **volume displacement** Luftverdrängung *f* B S **aerodynamics** *pl (als sg konstruiert)* Aerodynamik *f (Wissenschaft von den strömenden Gasen, bes von der strömenden Luft)*; **aerodynamical** → aerodynamic A; **aerodynamicist** [-ısıst] S Aerodynamiker *m*

aerodyne ['eərəʊdaın] S Luftfahrzeug *n* schwerer als Luft

aeroelasticity S FLUG, TECH Aeroelastizität *f (das Verhalten der elastischen Flugzeugbauteile gegenüber den aerodynamischen Kräften)*

aeroembolism S MED Luftembolie *f*

aerofoil ['eərəʊfɔıl] S FLUG *bes Br* Tragfläche *f*, -flügel *m*

aerogram(me) ['eərəʊgræm] S 1 Funktelegramm *n* 2 Aerogramm *n*, Luftpostleichtbrief *m*

aerolite ['eərəʊlaıt], *a.* **aerolith** [-lıθ] S Meteorit *m*

aerology [eə'rɒlədʒı; *US* ,eər'ɑl-] S Aerologie *f (Teilgebiet der Meteorologie, das sich mit der Erforschung der physikalischen u. chemischen Phänomene in der Atmosphäre befasst)*

aeromechanic A S 1 Flugzeugmechaniker(in) 2 *pl (als sg konstruiert)* Aeromechanik *f (zusammenfassende Lehre von der Aerostatik u. der Aerodynamik)* B ADJ aeromechanisch

aeromedicine S Aeromedizin *f*, Luftfahrtmedizin *f*

aerometer [eə'rɒmıtə; *US* ,eər'ɑmətər] S PHYS Aerometer *n (Gerät zum Messen von Dichte u. Gewicht der Luft)*

aeromodelling S *Br* Modellflugzeugbau *m*

aeron. ABK 1 aeronautical 2 aeronautics

aeronaut ['eərənɔ:t; *US a.* -,nɑ:t] S Luftfahrer(in), -schiffer(in); **aeronautic** A ADJ → aeronautical B S **aeronautics** *pl (als sg konstruiert)* Aeronautik *f*, Luftfahrtkunde *f*; **aeronautical** ADJ (ADV ~**ly**) aeronautisch: ~ **engineering** Luftfahrttechnik *f*; ~ **information service** Flugberatungsdienst *m*

aeronomy [eə'rɒnəmı; *US* ,eər'ɑn-] S PHYS Aeronomie *f (Wissenschaft, die sich mit der Erforschung der obersten Atmosphäre befasst)*

aeropause ['eərəʊpɔ:z] S Aeropause *f (Übergangszone zwischen der Atmosphäre u. dem Weltall)*

aerophagia [-'feıdʒıə; -dʒə] S MED, PSYCH Aerophagie *f (krankhaftes Luftschlucken)*

aerophilately S Sammeln *n* von Luftpostmarken u. -umschlägen

aerophobia S MED, PSYCH Aerophobie *f*, Luftscheu *f*

aerophone ['eərəfəʊn] S MUS Aerofon *n*, Blasinstrument *n*

aerophyte ['eərəfaıt] S BOT Aerophyt *m (Pflanze, die auf e-r anderen Pflanze lebt u. deren Wurzeln den Boden nicht berühren)*

aeroplane ['eərəpleın] S *bes Br* Flugzeug *n*

aerosol ['eərəʊsɒl; *US a.* -,sɑl] S 1 Aerosol *n*: a *feinste Verteilung schwebender fester od flüssiger Stoffe in Gasen, bes in der Luft* b MED *zur Einatmung bestimmtes, nebelförmig verteiltes Medikament*: ~ **bomb** Aerosolbombe *f*; ~ **therapy** Aerosoltherapie *f* 2 Spraydose *f* 3 Treibgas *n*

aerospace ['eərəʊspeıs] A S Erdatmosphäre *f* u. Weltraum *m* B ADJ Luft- u. Raumfahrt...: ~ **industry**

aerosphere ['eərəʊ,sfıə(r)] S Erdatmosphäre *f*

aerostat ['eərəʊstæt] S Luftfahrzeug *n* leichter als Luft

aerostatics SPL *(als sg konstruiert)* Aerostatik *f (Lehre vom Gleichgewicht der Gase, bes der Luft)*

aerotherapeutics SPL *(als sg konstruiert)* MED Aerotherapie *f (Heilverfahren, bei denen bes künstlich verdichtete od verdünnte Luft sowie Aerosole e-e Rolle spielen)*

aeruginous [ıə'ru:dʒınəs] ADJ grünspanartig, patiniert

Aeschylus ['i:skıləs; *US bes* 'es-] EIGENN Aischylos, Äschylus *m (525-456 v.Chr.; Griechischer Tragödiendichter)*

Aesculapian [,i:skjʊ'leıpjən; -ıən; *US* ,eskjə-] ADJ 1 äskulapisch, Äskulap...: ~ **staff** Äskulapstab *m* 2 ärztlich

Aesop ['i:sɒp; *US* 'i:,sɑp] EIGENN Äsop *m (620?-560? v.Chr.; Griechischer Fabeldichter)*

aesthete ['i:sθi:t; *bes US* 'es-] S Ästhet(in); **aesthetic** [-'θetık] A ADJ (ADV ~**ally**) ästhetisch B S **aesthetics** *pl (als sg konstruiert)* Ästhetik *f (Lehre von den Gesetzen u. Grundlagen des Schönen, bes in der Natur u. in der Kunst)*; **aesthetical** → aesthetic A

aesthetician [,i:sθı'tıʃn; *bes US* ,es-] S Ästhetiker(in); **aestheticism** [i:s'θetısızəm; *bes US* es-] S 1 Ästhetizismus *m (Lebens- u. Kunstanschauung, die dem Ästhetischen e-n absoluten Vorrang vor anderen Werten einräumt)* 2 Ästhetik *f*, Schönheitssinn *m*

aestival, *etc bes Br für* estival *etc*

aether, **aethereal** *obs od poet* → ether, ethereal

aetiology *bes Br für* etiology

AEW ABK air-borne early warning luftgestütztes Frühwarnsystem

a.f. ABK audio frequency

afar [ə'fɑ:(r)] ADV *obs od poet* fern, weit (weg), entfernt: ~ **off** in der Ferne; **from** ~ von weit her, aus weiter Ferne; **admire sb from** ~ j-n aus der Ferne bewundern; *they live just* **a few hundred yards** ~ ein paar hundert Yards voneinander entfernt

AFC ABK 1 *Br* Association Football Club; 2 automatic flight control 3 ELEK automatic frequency control

AFDC ABK *US* Aid to Families with Dependent Children

AFDCS ABK *Br* Association of First Division Civil Servants

afear(e)d [ə'fıə(r)d] *obs* → afraid

affability [,æfə'bılətı] S Leutseligkeit *f*, Freundlichkeit *f*; **affable** ADJ (ADV **affably**) leutselig, freundlich

affair [ə'feə(r)] S 1 Angelegenheit *f*, Sache *f*, Geschäft *n*: **that is his** ~ das ist seine Sache; **that is not your** ~ das geht dich nichts an; **make an** ~ **of sth** aus etwas e-e Affäre machen; **an** ~ **of the imagination** e-e Sache der Fantasie 2 *pl* Angelegenheiten *pl*, Verhältnisse *pl*: **public** ~**s** öffentliche Angelegenheiten; ~**s of state** Staatsangelegenheiten, -geschäfte *pl*; **the state of** ~**s** a die Lage der Dinge, die Sachlage b JUR der Tatbestand, der Sachverhalt; → foreign 1, statement 6 3 *umg* Ding *n*, Sache *f*, Apparat *m umg*: **the car was a shiny** ~ 4 Affäre *f*: a Ereignis *n*, Geschichte *f*, Sache *f* b Skandal *m*, (berüchtigter) Fall c Liebesaffäre *f*, Verhältnis *n*: **have an** ~ **with s.o** 5 *US umg* Sache *f umg*, Veranstaltung *f*: **a big social** ~

affaire [ə'feə(r)] → affair 4 c

affect[1] [ə'fekt] V/T 1 lieben, e-e Vorliebe haben für, neigen zu, vorziehen: ~ **loud neckties** auffallende Krawatten bevorzugen; **much** ~**ed by** sehr beliebt bei 2 zur Schau tragen, erkünsteln, nachahmen: **he** ~**s an Oxford accent** er redet mit e-m gekünstelten Oxford-Akzent 3 vortäuschen: ~ **ignorance**; ~ **illness** e-e Krankheit vortäuschen; ~ **a limp** so tun, als hinke man; ~ **to do sth** vorgeben, etwas zu tun 4 sich gern aufhalten in *(dat) (Tiere)*, vorkommen in *(dat) (Pflanzen, Tiere)*

affect[2] A V/T [ə'fekt] 1 betreffen, berühren, (ein)wirken *od* sich auswirken auf *(akk)*, beeinflussen, beeinträchtigen, in Mitleidenschaft ziehen **2** MED affizieren, angreifen, befallen **3** bewegen, rühren, ergreifen **B** S ['æfekt] PSYCH Affekt *m*, Emotion *f*, Gemütsbewegung *f*

affectation [,æfek'teɪʃn] S **1** Affektiertheit *f*, Geziertheit *f*, *pl* affektiertes Gehabe **2** Heuchelei *f*, Verstellung *f* **3** Vorgeben *n*: **his ~ of pity** das von ihm zur Schau getragene Mitleid **4** (übertriebene) Vorliebe (**of** für)

affected[1] [ə'fektɪd] ADJ (ADV **~ly**) **1** affektiert, gekünstelt, geziert **2** zur Schau getragen, gekünstelt, geziert **3** vorgetäuscht **4** *obs* geneigt, gesinnt (*beide:* **toward[s]** *dat*)

affected[2] [ə'fektɪd] ADJ **1** MED befallen (**with** von), angegriffen **2** betroffen, berührt **3** gerührt, bewegt, ergriffen

affecting [ə'fektɪŋ] ADJ rührend, ergreifend

affection [ə'fekʃn] S **1** **a** Zuneigung *f* (**for, toward[s]** für): **feel** (*od* **have**) **a deep ~ for sb** e-e tiefe Zuneigung für j-n empfinden; **have some ~ for sb** j-n recht gern mögen **b** Gefühl *n*: **play on sb's ~s** mit j-s Gefühlen spielen **2** → affect[2] B **3** MED Affektion *f*, Erkrankung *f*, Leiden *n* **4** Einfluss *m*, -wirkung *f* **5** *obs* (**toward[s]**) Hang *m* (zu), Neigung *f* (zu), Vorliebe *f* (für)

affectionate [ə'fekʃnət] ADJ (ADV **~ly**) liebevoll, zärtlich: **your ~ daughter** (*Briefschluss*) D-e Dich liebende Tochter; **~ly, your sister Mandy** (*Briefschluss*) viele liebe Grüße, D-e Schwester Mandy; **~ly known as Pat** unter dem Kosenamen Pat bekannt; **affectionateness** S liebevolle Art, Zärtlichkeit *f*

affective [ə'fektɪv] ADJ (ADV **~ly**) **1** Gemüts..., Gefühls... **2** PSYCH emotional, affektiv, Affekt...: **~ psychosis** Affektpsychose *f* (*Psychose, die sich hauptsächlich im krankhaft veränderten Gefühlsleben äußert*)

affenpinscher ['æfən,pɪntʃə(r)] S ZOOL Affenpinscher *m*

affiance [ə'faɪəns] *obs* **A** S **1** Vertrauen *n* (**in** auf *akk*, zu) **2** Verlobung *f* (**to mit**), Eheversprechen *n* **B** V/T (o.s. sich) verloben (**to** mit): **~ one's daughter to sb** j-m die Hand s-r Tochter versprechen; **affianced** ADJ *obs* verlobt (**to** mit)

affiant [ə'faɪənt] S JUR US Aussteller(in) e-s **affidavit**

affiche [æ'fi:ʃ] S Affiche *f*, Aushang *m*, Plakat *n*

affidavit [,æfɪ'deɪvɪt] S JUR (*schriftliche*) eidliche Erklärung: **swear an ~** e-e eidliche Erklärung abgeben; **swear an ~ of means** den Offenbarungseid leisten; **~ of support** US Bürgschaftserklärung *f* (*für Einwanderer*)

affiliate [ə'fɪlɪeɪt] **A** V/T **1** (*als Mitglied*) aufnehmen (**to, with** in *akk*) **2** (**on, upon**) *etwas* zurückführen (auf *akk*), zuschreiben (*dat*): **~ a child on sb** JUR j-m die Vaterschaft e-s (*nichtehelichen*) Kindes zuschreiben **3** (**to, with**) **a** (eng) verbinden *od* verknüpfen (mit) **b** angliedern, anschließen (*dat*, an *akk*) **B** V/I **1** (**with**) sich anschließen (*dat*, an *akk*), (*e-r Organisation*) beitreten **2** US (**with**) verkehren (mit), sich anschließen (*dat*, an *akk*) **C** ADJ [-lɪət] → affiliated **D** S [-lɪət] **1** US Mitglied *n* **2** **a** Zweigorganisation *f* **b** WIRTSCH Tochtergesellschaft *f*; **affiliated** [-lɪeɪtɪd] ADJ angeschlossen, Zweig..., Tochter...: **~ company** WIRTSCH Tochtergesellschaft *f*

affiliation [ə,fɪlɪ'eɪʃn] S **1** Aufnahme *f* (*als Mitglied etc*) **2** JUR Zuschreibung *f od* Feststellung *f* der (*außerehelichen*) Vaterschaft: **~ order** Unterhaltsverfügung *f*; **~ proceedings** Vaterschaftsprozess *m*; **file an ~ petition** US Unterhaltsklage einreichen **3** Zurückführung *f* (*auf den Ursprung*) **4** Verbindung *f*: **have ~s with** Verbindung haben mit **5** *bes* POL, REL Mitgliedschaft *f*, Zugehörigkeit *f*

affined [ə'faɪnd; US *a.* æ-] ADJ verwandt, verbunden (**to** *dat*, mit)

affinity [ə'fɪnətɪ] S **1** Verwandtschaft *f* (*durch Heirat*), Verschwägerung *f* **2** (*geistige*) Verwandtschaft, Übereinstimmung *f* **3** Wahlverwandtschaft *f*, gegenseitige Anziehung **4** Wahlverwandte(r) *m/f(m)* **5** Wesensverwandtschaft *f*, Ähnlichkeit *f*, (*das*) Gemeinsame *od* Verbindende: **have many affinities** viel gemeinsam haben **6** CHEM Affinität *f* **7** Neigung *f* (**for, to** zu): **feel** (*od* **have**) **an ~ for** (*od* **to**) **sb** sich zu j-m hingezogen fühlen; **~ (credit) card** S *von e-r Bank od Bausparkasse ausgegebene Kreditkarte; jedes Mal, wenn die Karte benutzt wird, führt die Bank od Bausparkasse e-n kleinen Betrag an e-e Wohlfahrtsorganisation ab*

affirm [ə'fɜ:m; US ə'fɜrm] **A** V/T **1** **a** versichern **b** beteuern **2** bekräftigen, JUR *das Urteil* bestätigen **3** JUR an Eides statt versichern **B** V/I **1** JUR e-e Versicherung an Eides statt abgeben; *weitS.* e-e eidesstattliche Versicherung abgeben **2** JUR das Urteil bestätigen; **affirmation** [,æfə(r)'meɪʃn] S **1** **a** Versicherung *f* **b** Beteuerung *f* **2** Bekräftigung *f*, Bestätigung *f* **3** JUR Versicherung *f* an Eides statt; *weitS.* eidesstattliche Versicherung: **make an ~** → affirm B 1; **affirmative** [-ətɪv] **A** ADJ (ADV **~ly**) **1** bejahend, zustimmend, positiv: **an ~ reply**; **~ vote** POL Jastimme *f* **2** bestimmt, positiv **3** **~ action** US positive Diskriminierung (*die Bevorzugung von Minderheitsgruppen u. Frauen bei der Vergabe von Arbeitsplätzen, Studienplätzen etc*) **B** S **1** Bejahung *f*: **answer in the ~** bejahen, mit Ja antworten; **the answer was in the ~** die Antwort fiel positiv aus **2** JUR US beweispflichtige Partei

affix **A** V/T [ə'fɪks; æ-] **1** (**to**) befestigen, anbringen (an *dat*), anheften, ankleben (an *akk*), kleben (auf *akk*) **2** hinzu-, beifügen, beilegen **3** (**to**) *s-e Unterschrift* setzen (unter *akk*), *ein Siegel* anbringen (an *dat*), *e-n Stempel* aufdrücken (*dat*) (*a. fig*) **B** S ['æfɪks] **1** LING Affix *n* (*an den Wortstamm tretendes Bildungselement*) **2** Hinzu-, Beifügung *f*, Anhang *m*

afflatus [ə'fleɪtəs] S (*bes göttliche*) Inspiration: **divine ~**

afflict [ə'flɪkt] V/T plagen (*a. körperlich*), bedrücken, quälen, heimsuchen; **afflicted** ADJ **1** niedergeschlagen, bedrückt **2** (**with**) **a** befallen, geplagt, heimgesucht (von), behaftet (mit) **b** leidend (an *dat*): **be ~ with** leiden an; **affliction** S **1** Bedrücktheit *f*, Niedergeschlagenheit *f*, Kummer *m* **2** **a** Gebrechen *n* **b** *pl* Beschwerden *pl*: **~s of old age** Altersbeschwerden **3** Elend *n*, Not *f*: → brother A 3

affluence ['æfluəns] S **1** Zustrom *m* **2** Fülle *f*, Überfluss *m* **3** Reichtum *m*, Wohlstand *m*: **live in ~** im Wohlstand leben; **rise to ~** zu Wohlstand kommen; **affluent** **A** ADJ (ADV **~ly**) **1** reich(lich) **2** wohlhabend, reich (**in** an *dat*): **~ society** SOZIOL Wohlstandsgesellschaft *f* **B** S Nebenfluss *m*; **affluential** [-'enʃl] *bes* US **A** ADJ reich u. mächtig **B** S *j-d, dessen gesellschaftlicher Einfluss in s-m Reichtum begründet ist*

afflux ['æflʌks] S **1** Zufluss *m*, Zustrom *m* (*beide a. fig*): **~ of capital** WIRTSCH Kapitalzufluss **2** PHYSIOL Zustrom *m*, (*Blut*) Andrang *m*: **~ of blood**

afford [ə'fɔ:(r)d; US *a.* ə'fəʊərd] V/T **1** sich *etwas* leisten, sich *etwas* erlauben: **we can't ~ it** wir können es uns nicht leisten (*a. fig*), es ist für uns unerschwinglich; **I can't ~ to do this** ich kann es mir nicht leisten, das zu tun; **a film you can't ~ to miss** ein Film, den Sie unbedingt sehen müssen; → ill B 2 **2** aufbringen, *Zeit* erübrigen: **I can't ~ the time to do this** ich kann es mir zeitlich nicht leisten, das zu tun **3** *Schutz etc* gewähren, bieten: **~ sb pleasure** j-m Freude machen *od* Vergnügen bereiten **4** *j-m e-n Gewinn etc* einbringen, *Erkenntnisse* erbringen; **affordable** ADJ (ADV affordably) **1** erschwinglich (*Preis*): **at ~ prices** zu erschwinglichen Preisen **2** finanziell möglich *od* tragbar

afforest [æ'fɒrɪst; US *a.* æ'fɑr-] V/T aufforsten; **afforestation** S Aufforstung *f*

affray [ə'freɪ] **A** V/T *obs* erschrecken **B** S JUR Schlägerei *f*, Raufhandel *m* (*Störung der öffentlichen Ordnung*)

affreight [ə'freɪt; æ-] V/T SCHIFF *ein Frachtschiff* **a** chartern **b** befrachten; **affreightment** S Befrachtung *f*: (**contract of**) **~** (See)Frachtvertrag *m*

affricate ['æfrɪkət] S LING Affrikata *f* (*Verschlusslaut mit folgendem Reibelaut*); **affricative** [æ'frɪkətɪv; ə-] **A** ADJ affriziert, angerieben **B** S → affricate

affright [ə'fraɪt] *obs od poet* **A** V/T erschrecken **B** S Schreck *m*

affront [ə'frʌnt] **A** V/T **1** beleidigen, kränken **2** *j-s Stolz etc* kränken, verletzen **3** *obs* trotzen (*dat*) **B** S **1** Affront *m*, Beleidigung *f*, Kränkung *f* **2** Verletzung *f* (**to** *gen*): **that was an ~ to his pride** das verletzte s-n Stolz

Afghan ['æfgæn] **A** S **1** Afghane *m*, Afghanin *f* **2** ꝏ Afghan *m* (*handgeknüpfter Wollteppich*) **3** LING Afghanisch *n*, das Afghanische **4** *a.* **~ hound** Afghane *m* **B** ADJ afghanisch

Afghanistan [æf'gænɪstæn; *Br a.* -stən; -stɑ:n] S Afghanistan *n*

aficionado [ə,fɪsjə'nɑ:dəʊ; US ə,fɪʃi:ə-] *pl* -dos S Fan *m*, Liebhaber *m*: **jazz ~**

afield [ə'fi:ld] ADV **1** **a** im *od* auf dem Feld **b** MIL im Feld **2** **a** ins *od* aufs Feld **b** MIL ins Feld **3** in der Ferne: **far ~** weit draußen; **come from far ~** von weit her kommen **4** in die Ferne: **far ~** weit hinaus; **he went too far ~** er entfernte sich zu weit **5** *fig* in die Irre: **lead sb ~**; **be quite ~** **a** gewaltig im Irrtum *od* auf dem Holzweg sein (*Person*) **b** ganz falsch *od* weit gefehlt sein (*Sache*) **c** weit über den Rahmen hinausgehen (*Sache*); **his criticism was totally ~** mit s-r Kritik lag er vollkommen daneben; **go ~** **a** abschweifen (**in** in *akk*) **b** in die Irre gehen **c** danebengehen (*Ansicht, Schuss etc*)

afire [ə'faɪə(r)] ADV & PRÄD ADJ in Brand, in Flammen: **be ~** in Flammen stehen, brennen; **set ~** in Brand setzen *od* stecken, anzünden; **be ~ with desire** von dem brennenden Wunsch besessen sein (**to do** zu tun); **be ~ with enthusiasm** **a** vor Begeisterung glühen **b** *a.* **be all ~** Feuer u. Flamme sein (**for** für)

aflame [ə'fleɪm] ADV & PRÄD ADJ → afire: **be ~ with colo(u)r** in allen Farben glühen *od* leuchten; **be ~ with pride** vor Stolz glühen

aflatoxin [,æflə'tɒksɪn; US -'tɑk-] S BIOL Aflatoxin *n* (*Stoffwechselprodukt verschiedener Schimmelpilze*)

AFL-CIO ABK American Federation of Labor and Congress of Industrial Organizations *amer. Gewerkschaftsverband*

afloat [ə'fləʊt] ADV & PRÄD ADJ **1** flott, schwimmend: **keep ~** (sich) über Wasser halten (*a. fig*); **set ~** SCHIFF flottmachen (→ 3, 4) **2** an Bord, auf See: **goods ~** WIRTSCH schwimmende Güter **3** in Umlauf (*Gerücht etc*): **set ~** in Umlauf bringen *od* setzen; **there is a rumo(u)r ~ that ...** es geht das Gerücht (um), dass ... **4** *fig* im Gange: **set ~** in Gang setzen **5** überschwemmt: **be ~** unter Wasser stehen

aflutter [ə'flʌtə(r)] ADV & PRÄD ADJ nervös, unruhig, aufgeregt

AFM ABK Air Force Medal
AFN ABK American Forces Network *Rundfunkanstalt der amer. Streitkräfte*
afoot [əˈfʊt] ADV & PRÄD ADJ 1 *obs* zu Fuß: **he came ~** 2 *obs* auf den Beinen: **he is ~ again after his illness** 3 *fig* im Gang(e): **set ~** in Gang setzen; **something is ~** es ist etwas im Gange
afore [əˈfɔː(r); *US a.* əˈfəʊər] *obs für* **before**; **aforementioned**, **aforesaid** ADJ oben erwähnt, oben genannt, vorerwähnt, obig(er, e, es); **aforethought** ADJ JUR vorbedacht, vorsätzlich: → malice 5; **aforetime** *obs* A ADV vormals, früher B ADJ früher, ehemalig
a fortiori [ˈeɪˌfɔː(r)tɪˈɔːraɪ; *US* -ˈəʊ-] ADV a fortiori, erst recht, um so mehr
afoul [əˈfaʊl] ADV & PRÄD ADJ verheddert, verwickelt: **run** (*od* **fall**) **~ of the law** mit dem Gesetz in Konflikt kommen
afraid [əˈfreɪd] ADJ: **be ~** Angst haben (**of** vor *dat*; **for** um), sich fürchten (**of** vor *dat*); **be ~ for** *a.* sich sorgen um; **look ~** ängstlich aussehen; **be ~ to do** (*od* **of doing**) **sth** sich fürchten, etwas zu tun; **don't be ~ to ask for advice** fragen Sie ruhig um Rat; **he is ~ of his parents finding out** er hat Angst, s-e Eltern könnten es herausfinden; **be ~ of flying** Flugangst *od* Angst vor dem Fliegen haben; **be ~ of heights** Höhenangst haben, nicht schwindelfrei sein; **not be ~ of hard work** sich nicht vor schwerer Arbeit fürchten *od* scheuen; **I'm ~ he won't come** ich fürchte, er wird nicht kommen; **I'm ~ you are wrong** ich glaube fast *od* fürchte, Sie irren sich; **I'm ~ I must go** ich muss jetzt leider gehen; **I'm ~ so** leider ja; ja, leider; **I'm ~ not** leider nein *od* nicht; → shadow A 1
afreet [ˈæfriːt; əˈfriːt] S böser Dämon
afresh [əˈfreʃ] ADV von Neuem, abermals, wieder, von vorn: **begin ~**
Afric [ˈæfrɪk] *umg für* **African** B
Africa [ˈæfrɪkə] S Afrika *n*
African [ˈæfrɪkən] A S 1 Afrikaner(in) 2 a Afroamerikaner(in) b Schwarze(r) *m/f(m)* B ADJ afrikanisch: **~ American** → A 2; **~ violet** BOT Usambaraveilchen *n*
Africander [ˌæfrɪˈkændə(r)] *obs für* **Afrikaner**
Africanism [ˈæfrɪkənɪzəm] S *bes* LING Afrikanismus *m*; **Africanist** S Afrikanist(in)
Afrikaans [ˌæfrɪˈkɑːns; -z] S LING Afrikaans *n*, Kapholländisch *n*; **Afrikander** [ˌæfrɪˈkændə(r)] *obs für* **Afrikaner**; **Afrikaner** [ˌæfrɪˈkɑːnə(r)] S Afrika(a)nder(in) (*weiße[r] Einwohner[in] Südafrikas mit Afrikaans als Muttersprache*)
Afro [ˈæfrəʊ] A *pl* **-ros** S a Afro-Look *m* b *a.* **~ hairdo** Afro-Frisur *f*, Frisur im Afro-Look B ADV & PRÄD ADJ: **wear one's hair ~** sein Haar im Afro-Look tragen, e-e Afro-Frisur tragen
Afro|-American [ˌæfrəʊ-] A S Afroamerikaner(in) B ADJ afroamerikanisch; **~-Asian** ADJ afroasiatisch
Afroed [ˈæfrəʊd] ADJ im Afro-Look: **~ young blacks**
aft [ɑːft; *US* æft] SCHIFF A ADV a achtern b nach achtern B ADJ Achter...: **~ deck**
aft. ABK afternoon
after [ˈɑːftə; *US* ˈæftər] A ADV nachher, hinterher, danach, darauf, später: **for months ~** noch monatelang; **during the weeks ~** in den (nach)folgenden Wochen; **that comes ~** das kommt nachher; **shortly ~** kurz danach; → day *Bes Redew* B PRÄP 1 hinter (*dat*) ... her, nach, hinter (*dat*): **close the door ~ sb** die Tür hinter j-m zumachen; **he came ~ me** a er kam hinter mir her b er kam nach mir; **be ~ sb (sth)** *fig* hinter j-m (e-r Sache) her sein; **be ~ sth** *a.* auf etwas aus sein, es auf etwas abgesehen haben; **~ you** bitte nach Ihnen!; → go after, look after 2 (*zeitlich*) nach: **~ a week** *a.* nach Ablauf e-r Woche; **ten ~ five** *US* 10 nach 5; **day ~ day** Tag für Tag; **blow ~ blow** Schlag auf Schlag; **wave ~ wave** Welle um Welle; **the month ~ next** der übernächste Monat; **one ~ the other** einer (eine, eines) nach dem (der, dem) andern, nacheinander, hintereinander; **~ all** a schließlich, im Grunde, eigentlich, alles in allem b immerhin, dennoch c (also) doch d doch (noch); **I think I'll stay at home ~ all** ich bleibe doch lieber zu Haus; **~ all my trouble** trotz aller m-r Mühe; **~ what has happened** nach dem, was geschehen ist; → hour 5 3 (*im Range*) nach: **the greatest poet ~ Shakespeare** 4 nach, gemäß: **~ his nature** s-m Wesen gemäß; **a picture ~ Rubens** ein Gemälde nach *od* im Stil von Rubens; **~ what you have told me** nach dem, was Sie mir erzählt haben; → heart *Bes Redew* C ADJ 1 später: **in ~ years** 2 hinter(er, e, es), SCHIFF Achter...: **~ deck** D KONJ nachdem: **~ he had sat down** E S **afters** *pl* (*a. als sg konstruiert*) *Br umg* Nachtisch *m*: **for ~s** als *od* zum Nachtisch; **~birth** S MED Nachgeburt *f*; **~body** S 1 SCHIFF Achterschiff *n* 2 *Raumfahrt: abgestoßener Teil, der der Rakete od dem Satelliten folgt*; **~brain** S ANAT Hinterhirn *n*; **~burner** S FLUG, TECH Nachbrenner *m*; **~burning** S FLUG, TECH Nachverbrennung *f*; **~care** S 1 MED Nachbehandlung *f*, -sorge *f* 2 Resozialisierungshilfe *f* (*für entlassene Strafgefangene*); **~clap** S nachträgliche (*bes* unangenehme) Überraschung, Nachspiel *n*; **~damp** S TECH Nachschwaden *m* (*im Bergwerk*); **~deck** S SCHIFF Achterdeck *n*; **~-dinner** ADJ nach Tisch: **~ speaker** Tischredner(in); **~ speech** Tischrede *f*; **~ walk** Verdauungsspaziergang *m*; **~effect** S 1 MED Nachwirkung *f* (*a. fig*) 2 *fig* Folge *f*; **~glow** S 1 Nachglühen *n* (*a.* TECH) 2 TV Nachleuchten *n* 3 a Abendrot *n* b Alpenglühen *n* 4 *fig* angenehme Erinnerung(en *pl*)(**of** an *akk*); **~growth** S AGR Nachtrieb *m*, -wachsen *n*; **~heat** S PHYS Nachwärme *f* (*in e-m Kernreaktor*); **~hold** S SCHIFF Achterraum *m*; **~-hours** ADJ a nach Geschäfts- *od* Ladenschluss b nach der Polizei- *od* Sperrstunde c nach der Arbeit; **~image** S PSYCH Nachbild *n*; **~life** S 1 Leben *n* nach dem Tode 2 späteres Leben; **~math** [-mæθ; *Br a.* -mɑːθ] S 1 AGR Nachmahd *f*, Grummet *n*, zweite Grasernte 2 Folgen *pl*, Nachwirkungen *pl*: **the ~ of war**; **in the ~ of the war** a (unmittelbar) nach dem Krieg b in den Nachkriegswirren; **~most** [-məʊst] ADJ hinterst(er, e, es)
afternoon [ˌɑːftəˈnuːn; *US* ˌæftər-] A S Nachmittag *m*: **(early, late) in the ~** am (frühen, späten) Nachmittag; **on Friday ~s** Freitag nachmittags; **this ~** heute Nachmittag; **good ~!** guten Tag!; **the ~ of life** der Herbst des Lebens B ADJ Nachmittags...: **~ tea** *Br* Five o'clock tea *m*, Fünfuhrtee *m*; **afternooner** S *US umg* a Nachmittagszeitung *f* b RADIO, TV Nachmittagsprogramm *n* c SPORT *etc* Nachmittagsveranstaltung *f*; **afternoons** ADV *bes US* nachmittags
after|pains SPL MED Nachwehen *pl*; **~piece** S THEAT Nachspiel *n*; **~play** S (*sexuelles*) Nachspiel; **~-run** S AUTO Nachdieseln *n*; **~-sales service** S WIRTSCH Kundendienst *m*; **~sensation** S PSYCH Nachempfindung *f*; **~shave (lotion)** S Aftershave(-Lotion) *n(f)*, Rasierwasser *n*; **~shock** S 1 *Geophysik*: Nachbeben *n* 2 *pl fig* Nachwehen *pl*; **~taste** S Nachgeschmack *m* (*a. fig*): **leave an unpleasant ~** e-n unangenehmen Nachgeschmack hinterlassen; **~tax** ADJ WIRTSCH nach (Abzug der) Steuern: **~ profit**; **~thought** S nachträglicher Einfall, spätere Überlegung: **add sth as an ~** etwas nachträglich hinzufügen; **~time** S Zukunft *f*; **~treatment** S CHEM, TECH Nachbehandlung *f*
afterwards [ˈɑːftə(r)wə(r)dz; *US* ˈæf-], *US a.* **afterward** ADV später, danach: **soon ~** kurz danach, kurze Zeit später
after|word S Nachwort *n* (**to** zu); **~world** S 1 Nachwelt *f* 2 Jenseits *n*; **~years** SPL folgende Jahre *pl*, Folgezeit *f*: **in ~** in den folgenden Jahren, in der Folgezeit
AFTRA ABK American Federation of Television and Radio Artists
AG ABK 1 Adjutant General 2 Attorney General
again [əˈgen; əˈgeɪn] ADV 1 wieder(um), von Neuem, abermals, nochmals: **be o.s. ~** a sich wieder beruhigt haben b wieder auf den Beinen sein c wieder ganz der Alte sein; **what's his name ~?** wie heißt er doch noch (schnell)?, wie heißt er schon wieder?; **come ~** *umg* (wie) bitte?; → now[1] *Bes Redew*, time A 21 2 schon wieder: **that fool ~!** 3 außerdem, ferner, ebenso, noch dazu 4 noch einmal: → much *Bes Redew* 5 *a.* **then ~** and(e)rerseits, hingegen, (hin)wiederum
against [əˈgenst; əˈgeɪnst] A PRÄP 1 gegen: **~ the enemy**; **~ the wind**; **be ~ sth** gegen etwas sein; **he was ~ it** er war dagegen; **be ~ sb doing sth** dagegen sein, dass j-d etwas tut; **be ~ the national interests** den nationalen Interessen zuwiderlaufen; → expectation 1, law[1] 1, prediction 2 gegenüber: **(over) ~ the town hall** dem Rathaus gegenüber; **my rights ~ the landlord** m-e Rechte gegenüber dem Vermieter 3 an (*dat od akk*), vor (*dat od akk*), gegen: **~ the wall** 4 gegen (*e-n Hintergrund*): **dark trees ~ a clear sky** 5 (*im Austausch*) gegen, für: **payment ~ documents** WIRTSCH Zahlung gegen Dokumente 6 gegen, im Hinblick auf (*akk*): **purchases made ~ tomorrow's earnings** 7 (in Vorsorge) für: **he has saved some money ~ his old age** er hat einiges Geld fürs Alter gespart 8 *a.* **as ~** gegenüber, verglichen mit, im Vergleich zu B ADV dagegen: **vote ~** dagegen *od* mit Nein stimmen
agamic [əˈgæmɪk; *bes US* eɪ-] ADJ (ADV **~ally**) BIOL agam, geschlechtslos
agamogenesis [ˌægəməʊˈdʒenɪsɪs; *US a.* eɪˌgæməˈdʒ-] S BIOL Agamogenesis *f*, ungeschlechtliche Fortpflanzung
agamous [ˈægəməs] → agamic
agape [əˈgeɪp] ADV & PRÄD ADJ: **with one's mouth ~** mit offenem Mund; **be ~** den Mund aufsperren (**with** vor *dat*)
agar [ˈeɪgɑː; ˈeɪgə; *US* ˈɑːgˌɑːr] S BIOL 1 Nährboden *m* 2 → agar-agar; **~-agar** S BIOL, MED Agar-Agar *m/n* (*aus Meeralgen gewonnene Pflanzengelatine*)
agaric [ˈægərɪk; əˈgærɪk] S BOT Blätterpilz *m*, -schwamm *m*
agate [ˈægət] S 1 MINER Achat *m* 2 bunte Glasmurmel 3 TYPO *US* Pariser Schrift *f* (*Fünfeinhalbpunktschrift*)
agave [əˈgeɪvɪ; ˈægeɪv; *US* əˈgɑːviː] S BOT Agave *f*
agcy ABK agency
age [eɪdʒ] A S 1 (Lebens)Alter *n*, Altersstufe *f*: **at the ~ of** im Alter von; **at his ~** in s-m Alter; **at what ~?** in welchem Alter?, mit wie viel Jahren?; **he is my ~** er ist so alt wie ich; **when I was your ~** als ich in d-m Alter war, als ich so alt war wie du; **when you are my ~** wenn du erst einmal so alt bist wie ich; **I have a daughter your ~** ich habe eine Tochter in Ihrem Alter; **ten years of ~** zehn Jahre alt; **of an ~ with** genauso alt wie; **their ~s are 4 and 7** sie sind 4 u. 7 (Jahre

alt); **he does not look his ~** man sieht ihm sein Alter nicht an; **what is his ~?, what ~ is he?** wie alt ist er?; **what ~s are your children?** wie alt sind d-e Kinder?; **act one's ~** sich s-m Alter entsprechend benehmen; **be** (*od* **act**) **your ~** führ dich doch nicht wie ein kleines Kind auf!; → consent B, half B 1, twice **2** Reife *f*: **(come) of ~** mündig *od* großjährig *od* volljährig (werden); **come of ~** *fig* den Kinderschuhen entwachsen; **under ~** minderjährig, unmündig; → full age **3** vorgeschriebenes Alter (*für ein Amt etc*): **~ of criminal responsibility** Strafmündigkeit *f*; **be over ~** die Altersgrenze überschritten haben, über der Altersgrenze liegen **4** Zeit(alter) *f(n)*: **the ~ of Queen Victoria**; **the leading poet of his ~**; **the ≗ of Enlightenment** (*od* **Reason**) HIST die Aufklärung; **down the ~s** durch die Jahrhunderte; **in our ~** in unserer Zeit; → chivalry 1, miracle 1 **5** (hohes) Alter: **the wisdom of ~**; **bent by ~** vom Alter gebeugt; **~ before beauty** *hum* Alter vor Schönheit! **6** Menschenalter *n*, Generation *f* **7** *meist pl umg* Ewigkeit *f umg*, unendlich lange Zeit: **I haven't seen him vor ~s** ich hab ihn schon e-e Ewigkeit nicht gesehen; **I've known that for ~s** das weiß ich schon längst; **she was an ~ washing** (*od* **she took an ~ to wash**) **her hair** sie brauchte e-e Ewigkeit, um sich die Haare zu waschen; **take ~s** ewig dauern **8** GEOL Periode *f*, (*Eiszeit*) Zeit *f* **B** V/T **1** **a** *j-n* alt machen (*Kleid etc*) **b** *j-n* altern lassen, um Jahre älter machen (*Sorgen etc*) **2** TECH altern, vergüten **3** **a** *Wein etc* ablagern lassen **b** *Käse etc* reifen lassen **C** V/I **1** alt werden, altern **2** **a** ablagern (*Wein etc*) **b** reifen (*Käse etc*); **~ bracket** → age group; **~ class** → age group

aged[1] [eɪdʒd] ADJ **1** im Alter von ..., ...jährig, ... Jahre alt: **a girl ~ eight** ein achtjähriges Mädchen **2** **a** abgelagert (*Wein etc*) **b** reif (*Käse etc*)

aged[2] ['eɪdʒɪd] **A** ADJ alt, bejahrt **B** S: **the ~** *koll pl* die alten Menschen; **the ~ and infirm** die Alten u. Schwachen

age|-date V/T GEOL *etc* das Alter (*gen*) bestimmen; **~ difference** S Altersunterschied *m*; **~ discrimination** US → ageism; **~ group** S Altersgruppe *f*, -klasse *f*; **~-harden** V/T TECH *Metall* aushärten; **~ hardening** S TECH Aushärtung *f*

ageing → aging

ageism ['eɪdʒɪzəm] S Altersdiskriminierung *f*

ageless ['eɪdʒlɪs] ADJ (ADV ~ly) **1** nicht alternd, ewig jung, alterslos **2** zeitlos

age| limit S Altersgrenze *f*; **~long** ADJ unendlich lang, ewig; **~mate** S Altersgenosse *m*, -genossin *f*

agency ['eɪdʒənsɪ] S **1** Tätigkeit *f*, Wirksamkeit *f*, Wirkung *f* **2** **a** (be)wirkende Kraft *od* Ursache **b** (ausführendes) Organ **c** Werkzeug *n*, Mittel *n*: **by** (*od* **through**) **the ~ of** durch (Einwirkung von) **3** Vermittlung *f* **4** JUR **a** (Stell)Vertretung *f* **b** (Handlungs)Vollmacht *f*, Vertretungsbefugnis *f*, Geschäftsbesorgungsauftrag *m* **5** Vermittlung(sstelle) *f* **6** WIRTSCH **a** (Handels)Vertretung *f* (*a. als Büro*): **have the ~ for sth** **b** (*Handels-, a. Nachrichten- etc*) Agentur *f*, Verkaufsbüro *n* **c** Vertretungsbezirk *m* **d** Vertretung *f*, Vertretungsauftrag *m*, -vollmacht *f* **7** *bes US* **a** Geschäfts-, Dienststelle *f* **b** Amt *n*, Behörde *f*

agenda [ə'dʒendə] S Tagesordnung *f*: **be on the ~** auf der Tagesordnung stehen; **put sth on the ~** etwas auf die Tagesordnung setzen

agent ['eɪdʒənt] S **1** Handelnde(r) *m/f(m)*, Akteur(in), Ausführende(r) *m/f(m)*, Urheber(in), Funktionsträger(in) **2** → agency 2 **3** BIOL, CHEM, MED, PHYS Agens *n*, Wirkstoff *m*, Mittel *n*: **protective ~** Schutzmittel **4** MIL Kampfstoff *m* **5** JUR (Handlungs)Bevollmächtigte(r) *m/f(m)*, Beauftragte(r) *m/f(m)*, (Stell)Vertreter(in) **6** WIRTSCH **a** *allg* Agent(in) (*a. Presseagent[in], FBI-Agent[in] etc*), Vertreter(in) **b** Kommissionär(in) **c** (*Grundstücks- etc*) Makler(in) **d** Vermittler(in) **e** (Handlungs)Reisende(r) *m/f(m)* **7** Agent(in) (*Spion[in]*); **~-general** *pl* agents-general S **1** Generalvertreter(in) **2** *Br* Generalvertreter(in) (*der/die in London e-e kanadische Provinz od e-n australischen Bundesstaat vertritt*)

agent provocateur *pl* agents provocateurs ['æʒɑ̃:ŋprə,vɒkə'tɜ:; US 'ɑ:ʒ,ɑ̃:prəʊ-,vɑkə'tɜr] S Agent *m* provocateur, Lockspitzel *m*

age|-old ADJ uralt (*Problem etc*); **~-specific** ADJ (ADV ~ally) altersspezifisch; **~ spot** S Altersfleck *m*

aggiornamento [ə,dʒɔ:(r)nə'mentəʊ] S KATH Aggiornamento *n* (*Versuch der Anpassung der katholischen Kirche u. ihrer Lehre an die Verhältnisse des modernen Lebens*)

agglomerate **A** V/T & V/I [ə'glɒməreɪt; US ə'glɑm-] (sich) zusammenballen, (sich) an- *od* aufhäufen **B** S [-rət; -reɪt] **1** Anhäufung *f*, (Zusammen)Ballung *f*, angehäufte Masse **2** GEOL Agglomerat *n* (*aus eckigen u. scharfkantigen Lavabrocken bestehende Gesteinsmasse*) **3** TECH Sinterstoff *m* **C** ADJ [-rət; -reɪt] zusammengeballt, gehäuft (*a.* BOT), geknäuelt; **agglomerated** [-reɪtɪd] → agglomerate C; **agglomeration** S ZusammenBallung *f*, Anhäufung *f*

agglutinant [ə'glu:tɪnənt] **A** ADJ klebend **B** S Klebe-, Bindemittel *n*

agglutinate **A** ADJ [ə'glu:tɪnət; -neɪt] **1** zusammengeklebt, verbunden **2** BOT angewachsen **3** LING agglutinierend (*Sprache*) **B** V/T [-neɪt] **1** zusammenkleben, verbinden **2** BIOL *Zellen etc* agglutinieren (*verklumpen, verkleben*) **3** LING *Affixe* agglutinieren (*mit nur einer Funktion an den unveränderten Stamm anhängen*) **C** V/I [-neɪt] zusammenkleben, sich verbinden

agglutination [ə,glu:tɪ'neɪʃn] S **1** Zusammenkleben *n* **2** aneinanderklebende Masse, Klumpen *m* **3** BIOL, LING Agglutination *f*; **agglutinative** [-nətɪv; US -,neɪtɪv] → agglutinate A 3; **agglutinin** [ə'glu:tɪnɪn] S BIOL Agglutinin *n* (*im Blutserum gebildeter Stoff, der die Blutkörperchen agglutiniert*)

agglutinogen [,æglʊ'tɪnədʒən; ə'glu:tɪn-] S BIOL Agglutinogen *n* (*Antigen, das die Bildung von Agglutininen anregt*)

aggrandize [ə'grændaɪz; 'ægrən-] V/T **1** *Reichtum etc* vergrößern, -mehren, *s-e Macht* ausdehnen, erweitern **2** die Macht *od* den Reichtum *od* den Ruhm vergrößern von (*od gen*) **3** verherrlichen **4** *j-n* erheben, erhöhen; **aggrandizement** [ə'grændɪzmənt] S **1** Vergrößerung *f*, -mehrung *f* **2** Erhöhung *f*, Aufstieg *m*

aggravate ['ægrəveɪt] V/T **1** erschweren, verschärfen, -schlimmern: **~d larceny** JUR schwerer Diebstahl; **~d risk** erhöhtes (Versicherungs)Risiko **2** *umg j-n* (ver)ärgern; **aggravating** ADJ (ADV ~ly) **1** erschwerend, verschärfend, -schlimmernd **2** *umg* **a** ärgerlich **b** voller Ärger (*Tag etc*); **aggravation** S **1** Erschwerung *f*, Verschärfung *f*, -schlimmerung *f* **2** *umg* Ärger *m* **3** JUR erschwerender Umstand

aggregate **A** ADJ ['ægrɪgət] (ADV ~ly) **1** (an)gehäuft, vereinigt, gesamt, Gesamt...: **~ income** Gesamteinkommen *n*; **~ amount** → D 2; **~ victory** SPORT Gesamtsieg *m* **2** *a.* LING Sammel..., kollektiv: **~ fruit** BOT Sammelfrucht *f* **B** V/T [-geɪt] **1** anhäufen, ansammeln **2** vereinigen, -binden (**to mit**), aufnehmen (**to** in *akk*) **3** sich (insgesamt) belaufen auf (*akk*) **C** V/I [-geɪt] **1** sich (an)häufen *od* ansammeln **2** **~ to** → B 3 **D** S [-gət] **1** Anhäufung *f*, Ansammlung *f*, Masse *f* **2** Gesamtbetrag *m*, -summe *f*: **in (the) ~** insgesamt, im Ganzen, zusammen, alles in allem: **an ~ of 10 years** insgesamt 10 Jahre; **they won on ~** SPORT sie wurden Gesamtsieger **3** *Elektrotechnik*: Aggregat *n* (*Maschinensatz aus zusammenwirkenden Einzelmaschinen*) **4** GEOL Aggregat *n* (*Verwachsung gleich- od verschiedenartiger Bestandteile e-s Gesteins*) **5** ARCH Zuschlag(stoff) *m*

aggregation [,ægrɪ'geɪʃn] S **1** (An)Häufung *f*, Ansammlung *f* **2** Vereinigung *f*

aggress [ə'gres] V/I (**against**) angreifen (*akk*), (e-n) Streit anfangen (mit)

aggression [ə'greʃn] S **1** MIL, PSYCH Aggression *f* **2** *fig* Verletzung *f* (**against, on, upon** *gen*); **aggressive** ADJ (ADV ~ly) **1** **a** aggressiv (*a. Autofahrer etc*), angriffslustig **b** Aggressions...: **~ instinct** PSYCH Aggressionstrieb *m* **2** dynamisch (*Verkäufer etc*); **aggressiveness**, **aggressivity** S **1** Aggressivität *f*, Angriffslust *f* **2** Dynamik *f*; **aggressor** [-sə(r)] S *bes* MIL Angreifer *m*, Aggressor *m*

aggrieve [ə'gri:v] V/T **1** betrüben, bedrücken **2** kränken; **aggrieved** ADJ **1** betrübt, bedrückt (*beide*: **at, over** über *akk*, wegen) **2** gekränkt (**at, over** über *akk*, wegen; **by** durch) **3** JUR benachteiligt, geschädigt: **feel ~** sich beschwert *od* ungerecht behandelt fühlen

aggro ['ægrəʊ] *Br sl* **1** **a** Zoff *m umg*, Randale *f umg* **b** → aggressiveness **2** Ärger *m*, Unannehmlichkeiten *pl*

aghast [ə'gɑ:st; US ə'gæst] ADV & PRÄD ADJ entgeistert, bestürzt, entsetzt (*alle*: **at** über *akk*)

agile ['ædʒaɪl; US 'ædʒəl] ADJ (ADV ~ly) beweglich, wendig: **have an ~ mind** geistig beweglich sein; **agility** [ə'dʒɪlətɪ] S Beweglichkeit *f*, Wendigkeit *f*: **~ of mind, mental ~** geistige Beweglichkeit

agin [ə'dʒɪn] PRÄP *umg od dial* → against A 1

aging ['eɪdʒɪŋ] **A** S **1** Altern *n*: **~ process** Alterungsprozess *m* **2** TECH Altern *n*, Alterung *f*, Vergütung *f*: **~ inhibitor** Alterungsschutzstoff *m*; **~ test** Alterungsprüfung *f* **B** ADJ **a** alternd **b** alt machend

agio ['ædʒɪəʊ; 'ædʒəʊ] *pl* -os S WIRTSCH Agio *n*, Aufgeld *n*; **agiotage** ['ædʒətɪdʒ] S Agiotage *f* (*Spekulationsgeschäft durch Ausnutzung von Kursschwankungen an der Börse*)

agism → ageism

agist [ə'dʒɪst] V/T JUR *Vieh* gegen Entschädigung in Weide nehmen; **agistment** S JUR *obs* **1** Weidenlassen *n* **2** Weiderecht *n* **3** Weidegeld *n*

agitate ['ædʒɪteɪt] **A** V/T **1** hin u. her bewegen, in heftige Bewegung versetzen, schütteln, (um)rühren, *das Meer* aufwühlen **2** *fig* beunruhigen, auf-, erregen, aufwühlen **3** aufwiegeln, -hetzen **4** **a** erwägen **b** lebhaft erörtern **B** V/I **a** agitieren, wühlen, hetzen (**against** gegen) **b** Propaganda machen (**for** für); **agitated** ADJ (ADV ~ly) aufgeregt, erregt

agitation [,ædʒɪ'teɪʃn] S **1** Erschütterung *f*, heftige Bewegung **2** Aufregung *f*, Unruhe *f*: **in ~** aufgeregt **3** POL Agitation *f*

agitator ['ædʒɪteɪtə(r)] S **1** Agitator *m*, Agitatorin *f*, Aufwiegler(in), Wühler(in), Hetzer(in) **2** TECH Rührapparat *m*, -arm *m*, -werk *n*

agitprop ['ædʒɪtprɒp; US -,prɑp] S POL, *bes* HIST **1** Agitprop *m* (*kommunistische Agitation u. Propaganda*): **~ theater** (*bes Br* **theatre**) **2** Agitpropredner(in) **3** Agitpropstelle *f*

agleam [ə'gli:m] ADV & PRÄD ADJ glänzend: **be ~ with lights** im Lichterglanz erstrahlen

aglet ['æglɪt] S **1** Senkel-, Metallstift *m* (*e-s Schnürbandes*) **2** Achselschnur *f* (*an Uniformen*)

agley [ə'gleɪ; ə'gli:] *schott für* awry 2

aglow [ə'gləʊ] ADV & PRÄD ADJ glühend: **the sky**

was ~ **with the setting sun** der Himmel glühte im Licht der untergehenden Sonne; **be ~ (with enthusiasm)** (vor Begeisterung) strahlen; **be ~ with health** vor Gesundheit strotzen

AGM ABK WIRTSCH annual general meeting

agnail ['ægneɪl] S MED Nied-, Neidnagel *m*

agnate ['ægneɪt] A S Agnat *m (Verwandter väterlicherseits)* B ADJ 1 agnatisch, väterlicherseits verwandt 2 stamm-, wesensverwandt; **agnatic** [æg'nætɪk] ADJ, **agnatical** ADJ (ADV ~ly) → agnate B; **agnation** [æg'neɪʃn] S 1 Agnation *f (Verwandtschaft väterlicherseits)* 2 Stamm-, Wesensverwandtschaft *f*

agnomen [æg'nəʊmen; -ən] *pl* -nomina [-'nɒmɪnə; *US* -'nɑ-] S *Antike:* Agnomen *n*, Beiname *m*

agnosia [æg'nəʊzɪə; *US* -ʒə] S MED, PSYCH Agnosie *f (krankhafte Störung der Fähigkeit, Sinneswahrnehmungen als solche zu erkennen)*

agnostic [æg'nɒstɪk; əg-; *US* -'nɑs-] PHIL A S Agnostiker(in) B ADJ (ADV ~ally) agnostisch; **agnosticism** [-sɪzəm] S Agnostizismus *m (Lehre von der Unerkennbarkeit des wahren Seins)*

Agnus Dei [ˌɑːgnʊs'deɪiː; ˌægnəs-; -'diːaɪ] *pl* Agnus Dei S REL Agnus *n* Dei: a *Bezeichnung u. Sinnbild für Christus* b *Gebetshymnus* c *vom Papst geweihtes Wachstäfelchen mit dem Bild des Osterlamms*

ago [ə'gəʊ] ADV & ADJ *(nachgestellt)* vor *(dat)*: **ten years ~** vor zehn Jahren; **long ~** vor langer Zeit; **not long ~** vor nicht allzu langer Zeit, (erst) vor Kurzem; **how long ~ is it that you last saw him?** wann hast du ihn zum letzten Mal gesehen?; **how long ~ was that?** wie lange ist das schon her?; → long¹ B 1

agog [ə'gɒg; *US* ə'gɑg] ADV & PRÄD ADJ gespannt (**for** auf *akk*): **be (all) ~** es fast nicht mehr aushalten (**with** vor *dat*); **he was (all) ~ to hear the news** er konnte es kaum mehr erwarten, die Neuigkeiten zu erfahren; **they were (all) ~ for the show to begin** sie warteten gespannt auf den Beginn der Vorstellung; **have sb ~** j-n auf die Folter spannen

agogic [ə'gɒdʒɪk; *US* ə'gɑ-; ə'gəʊ-] MUS A ADJ agogisch B S **agogics** *pl (meist als sg konstruiert)* Agogik *f (Lehre von der individuellen Gestaltung des Tempos)*

à gogo [ə'gəʊgəʊ] ADJ & ADV *umg* à gogo, in Hülle u. Fülle, nach Belieben: **champagne ~**

agonist ['ægənɪst] S PHYSIOL Agonist *m (Muskel, der e-e dem Antagonisten entgegengesetzte Bewegung bewirkt)*

agonize ['ægənaɪz] A V/T quälen: **an ~d cry** ein gequälter Schrei B V/I 1 unerträgliche Schmerzen haben 2 Seelenqualen ausstehen 3 sich (ab)quälen, verzweifelt ringen *(beide:* **over** mit *e-r Entscheidung etc)*; **agonizing** ADJ (ADV ~ly) qualvoll: **it was an ~ decision** die Entscheidung fiel mir *etc* alles andere als leicht

agony ['ægənɪ] S 1 unerträgliche Schmerzen *pl*, (a. Seelen)Qualen *pl*: **be in ~** (*od* **agonies**), **suffer ~** (*od* **agonies**) → agonize B 1, B 2; **be in an ~** (*od* **in agonies**) **of doubt (remorse)** von Zweifeln (Gewissensbissen) gequält werden; **pile** (*od* **put, turn**) **on the ~** *Br umg* dick auftragen; **~ aunt** Briefkastentante *f*; **~ column** a Kummerkasten *m* b *Spalte für private Mitteilungen*; **~ uncle** Briefkastenonkel *m* 2 ♀ Christi Durchleiden *n* s-r Todesangst im Garten Gethsemane 3 Agonie *f*, Todeskampf *m* 4 (Gefühls)Ausbruch *m*: **~ of joy** Freudenausbruch

agoraphobia [ˌægərə'fəʊbjə; -bɪə] S MED, PSYCH Agoraphobie *f*, Platzangst *f*; **agoraphobic** [-bɪk] A ADJ an Platzangst leidend B S *j-d, der an Platzangst leidet*

AGR ABK advanced gas-cooled reactor

agr. ABK 1 agricultural 2 agriculture

agraffe, *US a.* **agrafe** [ə'græf] S HIST Agraffe *f*, Spange *f*

agrammatism [ə'græmətɪzəm; *bes US* eɪ-] S MED Agrammatismus *m (Unvermögen, beim Sprechen die einzelnen Wörter grammatisch richtig aneinanderzureihen)*

agranulocytosis [əˌgrænjʊləʊsaɪ'təʊsɪs; *bes US* eɪ-] S MED Agranulozytose *f (durch starke Verminderung der weißen Blutkörperchen gekennzeichnete schwere Krankheit)*

agrapha ['ægrəfə] SPL *(a. als sg konstruiert)* REL Agrapha *pl (Aussprüche Jesu, die nicht in den vier Evangelien enthalten sind)*

agraphia [ə'græfɪə; *bes US* eɪ-] S MED Agrafie *f (Unfähigkeit, einzelne Buchstaben od zusammenhängende Wörter richtig zu schreiben)*

agrarian [ə'greərɪən] A ADJ agrarisch, landwirtschaftlich, Agrar...: **~ reform** Agrar-, Bodenreform *f*; **~ society** Agrargesellschaft *f*; **~ state** Agrarstaat *m* B S Befürworter(in) der gleichmäßigen Verteilung des Grundbesitzes; **agrarianism** S 1 Lehre *f* von der gleichmäßigen Verteilung des Grundbesitzes 2 Bewegung *f* zur Förderung der Landwirtschaft

agree [ə'griː] A V/T 1 zugeben, einräumen: **you will ~ that ...** du musst zugeben, dass ... 2 sich bereit erklären (**to do** zu tun) 3 übereinkommen, vereinbaren *(beide:* **to do** zu tun; **that** dass): **it is ~d** es ist *od* wird vereinbart; **~d** einverstanden!, abgemacht!; **~ to differ** sich auf verschiedene Standpunkte einigen, sich verschiedene Meinungen zugestehen; **let us ~ to differ** ich fürchte, wir können uns nicht einigen 4 *bes Br* a sich einigen *od* verständigen auf *(akk)*: **~ a common line** b *e-n Streit* beilegen 5 WIRTSCH *Konten* abstimmen B V/I 1 (**to**) zustimmen *(dat)*, einwilligen (in *akk*), beipflichten *(dat)*, sich einverstanden erklären (mit): **~ to sth** etwas genehmigen 2 sich einig werden, sich einigen *od* verständigen *(alle:* **on, upon, about** über *akk*): **~ (up)on sth** etwas vereinbaren *od* verabreden; **as ~d upon** wie vereinbart; **~ on a price** e-n Preis vereinbaren; **they couldn't ~ on whether ...** sie konnten sich nicht darüber einigen, ob ... 3 (**with**) (sich) einig sein (mit), der gleichen Meinung sein (wie), einiggehen (mit) *(alle:* **about, on, upon** in *dat*): **I couldn't ~ more** ich bin voll u. ganz d-r Meinung, ganz m-e Meinung 4 zusammenpassen, sich vertragen *(beide:* **with** mit) 5 (**with**) übereinstimmen (mit) (a. LING), entsprechen *(dat)* 6 zuträglich sein, bekommen, zusagen *(alle:* **with** *dat*): **wine does not ~ with me** ich vertrage keinen Wein

agreeable [ə'griːəbl] ADJ (ADV agreeably) 1 angenehm (**to** *dat od* für): **agreeably surprised (disappointed)** angenehm überrascht (enttäuscht) 2 liebenswürdig, sympathisch, nett *(Person etc)* 3 einverstanden (**to** mit): **be ~ to doing sth** damit einverstanden *od* bereit sein, etwas zu tun; **is that ~ to you?** sind Sie damit einverstanden? 4 (**to**) übereinstimmend (mit), entsprechend *(dat)*, gemäß *(dat)*; **agreeableness** S 1 *(das)* Angenehme 2 Liebenswürdigkeit *f*, sympathisches Wesen 3 Bereitschaft *f*

agreed [ə'griːd] ADJ: **be ~** sich einig sein, gleicher Meinung sein; **be ~ that ...** sich darüber einig sein, dass ...

agreement [ə'griːmənt] S 1 a Vereinbarung *f*, Abmachung *f*, Absprache *f*, Verständigung *f*, Übereinkunft *f* b Vertrag *m*, *bes* POL Abkommen *n* c Vergleich *m*, (gütliche) Einigung: **come to** (*od* **enter into**) **an ~** zu e-r Verständigung gelangen, sich einig werden *od* verständigen; **by ~** laut *od* gemäß Übereinkunft 2 Einigkeit *f*, Eintracht *f* 3 Übereinstimmung *f* (a. LING), Einklang *m*: **there is general ~** es herrscht allgemeine Übereinstimmung (**that** darüber, dass); **in ~ with** in Übereinstimmung mit, im Einvernehmen mit; **be in ~ with** übereinstimmen *od* konform gehen mit; **reach ~** Übereinstimmung erzielen 4 Zustimmung *f*: **give one's ~ (to)** → agree B 1; **nod in ~** zustimmend nicken

agrément [ˌægreɪ'mɑ̃ːŋ] S POL Agrément *n (Zustimmung e-r Regierung zur Ernennung e-s diplomatischen Vertreters in ihrem Land)*

agribusiness ['ægrɪˌbɪznɪs] S Agro-, Agribusiness *n (Verarbeitung u. Vermarktung landwirtschaftlicher Erzeugnisse)*

agric. ABK 1 agricultural 2 agriculture

agricultural [ˌægrɪ'kʌltʃərəl] ADJ (ADV ~ly) landwirtschaftlich, Landwirtschaft(s)..., Land..., Agrar..., Ackerbau...: **~ country** Agrarland *n*; **~ credit** Agrarkredit *m*; **~ engineering** Landmaschinenbau *m*; **~ machinery** landwirtschaftliche Maschinen *pl*; **~ market** Agrarmarkt *m (der EU etc)*; **~ meteorology** Agrarmeteorologie *f*; **~ policy** Agrarpolitik *f*; **~ prices** Agrarpreise; **~ show** Landwirtschaftsausstellung *f*; **~ society** Agrargesellschaft *f*; **agriculturalist** → agriculturist; **agriculture** S Landwirtschaft *f*; **agriculturist** S 1 Landwirt(in) 2 Landwirtschaftsexperte *m*, -expertin *f*

agrimony ['ægrɪmənɪ; *US* -ˌməʊniː] S BOT Odermennig *m*

agrobiology [ˌægrəʊbaɪ'ɒlədʒɪ; *US* -'ɑl-] S Agrarbiologie *f (Lehre von den biologischen Gesetzmäßigkeiten in der Landwirtschaft)*

agrochemical [ˌægrəʊ'kemɪkl] S Agrochemikalie *f (in der Landwirtschaft verwendete Chemikalie)*

agrology [ə'grɒlədʒɪ; *US* -'grɑ-] S landwirtschaftliche Bodenkunde

agron. ABK agronomy

agronomic [ˌægrə'nɒmɪk; *US* -'nɑm-] A ADJ (ADV ~ally) agronomisch, ackerbaulich: **~ value** Anbauwert *m* B S **agronomics** *pl (als sg konstruiert)* Agronomie *f (wissenschaftliche Lehre vom Ackerbau)*; **agronomical** [-kl] ADJ (ADV ~ly) → agronomic A; **agronomist** [ə'grɒnəmɪst; *US* -'grɑ-] S Agronom(in) *(akademisch ausgebildete[r] Landwirt[in])*; **agronomy** [-nəmɪ] → agronomic B

agrostology [ˌægrə'stɒlədʒɪ; *US* -'stɑ-] S BOT Agrostologie *f*, Gräserkunde *f*

agrotechnology [ˌægrəʊtek'nɒlədʒɪ; *US* -'nɑl-] S Agrartechnik *f (Technik, die der qualitativen u. quantitativen Steigerung der landwirtschaftlichen Produktivität dient)*

aground [ə'graʊnd] ADV & PRÄD ADJ gestrandet: **run ~** a auflaufen, auf Grund laufen, stranden b *ein Schiff* auf Grund setzen; **be ~** a aufgelaufen sein b *fig* auf dem Trocknen sitzen

agt ABK 1 agent 2 agreement

ague ['eɪgjuː] S 1 Fieber-, Schüttelfrost *m* 2 MED Wechselfieber *n*, Malaria *f*

aguish ['eɪgjuːɪʃ] ADJ (ADV ~ly) 1 fieberhaft, fieb(e)rig 2 Fieber erzeugend *(Klima)* 3 zitternd, bebend

ah [ɑː] INT ah!, ach!, oh!, ha!

a.h. ABK ELEK ampere-hour

aha¹ [ɑː'hɑː] A INT aha! B ADJ: **~ experience** PSYCH Aha-Erlebnis *n*

AHA² ABK 1 American Historical Association 2 American Hospital Association 3 Australian Hotels Association

ahead [ə'hed] ADV & PRÄD ADJ 1 vorn, nach vorn zu 2 weiter vor, voran, voraus, vorwärts, e-n Vorsprung habend, an der Spitze: **after being 2-0 ~** SPORT nach e-r 2:0-Führung; **~ of** vor *(dat)*, voraus *(dat)*; **the years ~ (of us)** die kommenden *od* bevorstehenden Jahre, die vor uns liegenden Jahre; **what is ~ of us** was vor uns liegt, was uns bevorsteht, was auf uns zukommt; **be ~ of sb** a j-m voraus sein (*a. fig*) b vor j-m sein (*in e-r Schlange, im Wartezimmer etc*); **get ~** vorankommen, vorwärtskommen, Fortschritte *od* Karriere machen; **get ~ of sb** j-n überholen *od* überflügeln; → forge², go ahead, look ahead, plan B 1, C 1, put ahead, schedule A 3, speed A 1, think B 1, time *Bes Redew*

ahem [ə'hem; hm] INT hm!

ahoy [ə'hɔɪ] INT SCHIFF ahoi!: **ship ~!**

AHQ ABK Army Headquarters

ahunt [ə'hʌnt] ADJ *bes poet* auf der Jagd: **be ~**

AI ABK **1** Amnesty International **2** artificial insemination **3** artificial intelligence

AID ABK **1** MED acute infectious disease **2** *US* Agency for International Development **3** artificial insemination (by) donor

aid [eɪd] **A** V/T **1** unterstützen, *j-m* helfen, beistehen, Beistand leisten, behilflich sein (**with, in** bei; **to do** zu tun): **~ed by** mit Unterstützung von (*od gen*); **~ and abet** JUR a Beihilfe leisten (*dat*) b begünstigen (→ B); **~ed eye** bewaffnetes Auge **2** *die Verdauung etc* fördern **B** V/I helfen (**with, in** bei): **~ing wind** Rückenwind *m*; **~ing and abetting** JUR a Beihilfe *f* b Begünstigung *f* (*nach der Tat*) **C** S **1** Hilfe *f* (**to** für), Hilfeleistung *f* (**with, in** bei), Unterstützung *f*, Beistand *m*: **he came to her ~** er kam ihr zu Hilfe; **they lent** (*od* **gave**) **their ~** sie leisteten Hilfe; **by** (*od* **with**) **(the) ~ of** mit Hilfe von (*od gen*), mittels (*gen*); **in ~ of** a zum Besten (*gen*), zugunsten von (*od gen*) b zur Erreichung von (*od gen*); **what is all this in ~ of?** *Br umg* wozu soll das alles gut sein?; **an ~ to memory** e-e Gedächtnisstütze; → legal A 3 **2** a Helfer(in), Gehilfe *m*, Gehilfin *f*, Beistand *m*, Assistent(in) b *US für* aide-de-camp **3** Hilfsmittel *n*, -gerät *n*; **~ agency** S Hilfsorganisation *f*

aid-de-camp [ˌeɪddə'kɑːŋ; *US a.* -dɪ'kæmp] *pl* aids-de-camp [ˌeɪdz-] *bes US für* aide-de-camp

aide [eɪd] S **1** → aide-de-camp **2** Berater(in) (*e-s Ministers etc*)

aide-de-camp [ˌeɪddə'kɑːŋ; *US a.* -dɪ'kæmp] *pl* aides-de-camp [ˌeɪdz-] S MIL Adjutant *m*

aide-mémoire [ˌeɪdmem'wɑː(r); *US* -meɪm-] *pl* aides-mémoire [ˌeɪdz-] S Aide-mémoire *n* (*Niederschrift von mündlich getroffenen Vereinbarungen*)

aider ['eɪdə(r)] → aid C 2 a

aid| fatigue S Spendemüdigkeit *f*; **~man** [-mæn] S *irr* MIL Sanitäter *m*; **~ program(me)** S Hilfsprogramm *n*

AIDS, Aids [eɪdz] S MED Aids *n*, AIDS *n* (= *acquired immune deficiency syndrome*): **have an ~ test** e-n Aidstest machen lassen; **~-infected** aidsinfiziert; **~ patient** (*od* **sufferer, victim**), *bes US* **person with ~** Aidskranke(r) *m/f(m)*

aid station S MIL Truppenverbandplatz *m*

aiglet ['eɪglɪt] → aglet

aigrette ['eɪgret; eɪ'gret] S **1** ORN kleiner weißer Reiher **2** Aigrette *f*, Kopfschmuck *m* (*aus Federn, Blumen, Edelsteinen etc*) **3** PHYS Funkenbüschel *n*

aiguille ['eɪgwiːl; eɪ'gwiːl] S Felsnadel *f*

aiguillette [ˌeɪgwɪ'let] S **1** *bes* MIL Achselschnur *f* (*an Uniformen*) **2** GASTR Aiguillette *f* (*gebratener Fisch- od Fleischstreifen*)

aikido ['aɪkɪdəʊ; ˌ-'dəʊ] S Aikido *n* (*japanische Form der Selbstverteidigung*)

ail [eɪl] **A** V/T schmerzen, wehtun (*dat*): **what ~s you?** a was fehlt dir? b was ist denn los mit dir? **B** V/I kränklich sein, kränkeln (*beide a. fig Wirtschaft etc*)

aileron ['eɪlərɒn; *US* -ˌrɑn] S FLUG Querruder *n*

ailette [eɪ'let] S HIST Schulterplatte *f*

ailing ['eɪlɪŋ] ADJ kränklich, kränkelnd, (*Wirtschaft etc a.*) Not leidend; **ailment** S Gebrechen *n*

aim [eɪm] **A** V/I **1** zielen (**at** auf *akk*, nach) **2** *fig* (**at, for**) beabsichtigen, im Sinn(e) haben (*akk*), (hin-, ab)zielen (auf *akk*), bezwecken (*akk*): **be ~ing to do sth** vorhaben, etwas zu tun; **he is ~ing to please** er ist bemüht, gefällig zu sein **3** streben, trachten (*beide:* **at** nach) **4** abzielen, anspielen (*beide:* **at** auf *akk*) **B** V/T **1** (**at**) *e-e Schusswaffe* richten *od* anlegen (auf *akk*), mit *e-m Gewehr etc* zielen (auf *akk*, nach) **2** *e-e Bemerkung, e-n Schlag etc* richten (**at** gegen): **he ~ed a kick at me** er trat nach mir; **this remark was ~ed at you** diese Bemerkung war an d-e Adresse gerichtet *od* auf dich gemünzt **3** *Bestrebungen* richten (**at** auf *akk*) **C** S **1** Ziel *n*: **take ~ at** zielen auf (*akk*) *od* nach, anvisieren; **take careful ~** sorgfältig Maß nehmen **2** *fig* a Ziel *n*: **set o.s. ~s** sich Ziele setzen; **~ in life** Lebensziel; **with the ~ of doing sth** mit dem Ziel, etwas zu tun b Absicht *f*: **what is your ~ in doing this?** was beabsichtigen *od* bezwecken Sie damit?; **the ~ of the exercise** der Zweck der Übung

aiming point ['eɪmɪŋ] S *bes* MIL Zielpunkt *m*

aimless ['eɪmlɪs] (ADV **~ly**) a ziellos: **wander about ~ly**; **his life has become ~** er hat kein Ziel mehr im Leben b planlos: **work ~ly**; **kick the balls ~ly off the field** (*Fußball*) die Bälle planlos ins Aus schlagen; **aimlessness** S Ziel-, Planlosigkeit *f*

ain't [eɪnt] *umg für* **am not, is not, are not, has not, have not**

air¹ [eə(r)] **A** S **1** Luft *f*: **by ~** auf dem Luftwege, mit dem Flugzeug; **strong in the ~** (*Fußball*) kopfballstark; **in the open ~** im Freien, unter freiem Himmel, in der freien Natur; **be (as) free as (the) ~** tun u. lassen können, was e-m beliebt; **be in the ~** a im Umlauf sein (*Gerücht etc*) b *a.* **be up in the ~** in der Schwebe sein (*Frage etc*), in der Luft hängen (*Pläne etc*); **there is sth in the ~** es liegt etwas in der Luft; **be up in the ~** *umg* ganz aus dem Häuschen sein; **beat sb in the ~** (*Fußball*) das *od* ein Kopfballduell gegen j-n gewinnen; **beat the ~** a (Löcher) in die Luft hauen b *fig* vergebliche Versuche machen; **clear the ~** a die Luft reinigen b *fig* die Atmosphäre reinigen; **come up for ~** auftauchen, um Luft zu holen; **give sb the ~** *bes US umg* a j-n abblitzen lassen b j-n an die (frische) Luft setzen (*entlassen*); **go up in the ~** *umg* in die Luft gehen; **take the ~** a frische Luft schöpfen b FLUG aufsteigen c sich in die Lüfte schwingen (*Vogel*); **tread** (*od* **walk, float**) **on ~** sich wie im (siebenten) Himmel fühlen, selig sein; → light² A 1 **2** Brise *f*, Wind *m*, Luftzug *m*, Lüftchen *n* **3** *Bergbau:* Wetter *n*: **foul ~** schlagende Wetter *pl* **4** RADIO, TV Äther *m*: **on (the) ~** im Rundfunk *od* Fernsehen; **be on (the) ~** a senden (*Sender*) b in Betrieb sein (*Sender*) c gesendet werden (*Programm*) d auf Sendung sein (*Person*) e im Rundfunk zu hören *od* im Fernsehen zu sehen sein (*Person*); **go on (the) ~** a die Sendung beginnen (*Person*) b sein Programm beginnen (*Sender*) c den Sendebetrieb aufnehmen (*Sender*); **go off (the) ~** a die Sendung beenden (*Person*) b sein Programm beenden (*Sender*) c den Sendebetrieb einstellen (*Sender*); **we go off the ~ at ten o'clock** Sendeschluss ist um 22 Uhr; **put on (the) ~** senden, übertragen; **stay on (the) ~** auf Sendung bleiben **5** Art *f*, Stil *m* **6** Miene *f*, Aussehen *n*: **an ~ of importance** e-e gewichtige Miene; **have the ~ of** aussehen wie; **give sb the ~ of** j-m das Aussehen (*gen*) geben **7** Auftreten *n*, Gebaren *n* **8** Anschein *m* **9** *pl*, *a.* **~s and graces** affektiertes Getue, Allüren *pl*; **be full of ~s and graces** voller Allüren sein; **put on ~s (and graces), give o.s. ~s** vornehm tun, sich aufspielen **10** Gangart *f* (*e-s Pferdes*) **11** **give ~ to** → B 5 **B** V/T **1** der Luft aussetzen, lüften: **~ o.s.** frische Luft schöpfen **2** *a.* **~ out** (be-, durch)lüften, frische Luft hereinlassen in (*akk*) **3** *Getränke* abkühlen **4** *Wäsche* a trocknen, zum Trocknen aufhängen b (aus)lüften **5** *etwas* an die Öffentlichkeit *od* zur Sprache bringen: **~ one's views** s-e Ansichten darlegen *od* äußern; **~ one's knowledge** sein Wissen anbringen **6** RADIO, TV *bes US umg* übertragen, senden **C** V/I **1** trocknen, zum Trocknen aufgehängt sein **2** RADIO, TV *US umg* gesendet *od* übertragen werden **D** ADJ Luft...: → supremacy 2

air² [eə(r)] S MUS **1** Lied *n*, Melodie *f*, Weise *f* **2** Melodiestimme *f* **3** Arie *f*

air| alert S **1** Flieger-, Luftalarm *m* **2** MIL Alarmbereitschaft *f*; **~ attack** S Luft-, Fliegerangriff *m*; **~ bag** S AUTO Airbag *m* (*Aufprallschutz*); **~ barrage** S FLUG Luftsperre *f*; **~ base** S FLUG Luftwaffenstützpunkt *m*; **~ bath** S Luftbad *n*; **~ beacon** S FLUG Leuchtfeuer *n*; **~ bed** S Luftmatratze *f*; **~ bladder** S FISCH Schwimmblase *f*; **~ bleeding** S AUTO, TECH Entlüften *n*; **~-borne** ADJ **1** a MIL Luftlande...: **~ troops**; → operation 10 b im Flugzeug befördert *od* eingebaut, Bord...: **~ radar** Bordradar *m/n*; **~ transmitter** Bordsender *m* **2** **be ~** sich in der Luft befinden, fliegen; **become** (*od* **get**) **~** abheben (*a. Rennwagen*) **3** in der Luft vorhanden (*Radioaktivität etc*): **~ pollutants** Luftschadstoffe **4** MED durch die Luft übertragen (*Krankheit*); **~ bottle** S TECH (Press)Luftflasche *f*; **~ brake** S **1** TECH Druckluftbremse *f* **2** FLUG Luftbremse *f*, Lande-, Bremsklappe *f*; **~-brake parachute** S FLUG Landefallschirm *m*; **~-break switch** S ELEK Luftschalter *m*; **~ brick** S ARCH Lüftungsstein *m*, -ziegel *m*; **~ bridge** S FLUG Luftbrücke *f*: **form an ~** e-e Luftbrücke errichten; **~ broker** S WIRTSCH *Br* Luftfrachtmakler *m*; **~brush** S TECH Spritzpistole *f*; **~ bubble** S Luftblase *f*, -bläs-chen *n*; **~ bump** S FLUG Bö *f*, aufsteigender Luftstrom; **~burst** S MIL Luftdetonation *f*; **~bus** S FLUG Airbus® *m*; **~ cargo** S Luftfracht *f*; **~ carriage** S FLUG Luftbeförderung *f*; **~ carrier** S FLUG Flug-, Luftverkehrsgesellschaft *f*; **~ cell** S TECH Luftspeicher *m*; **~ chamber** S Luftkammer *f* (*e-r Luftmatratze etc*); **~ chief marshal** S *Br* General *m* der Luftwaffe; **~ chuck** S TECH Pressluftfutter *n*; **~ cleaner** S TECH Luftreiniger *m*, -filter *m/n* (*a.* AUTO); **~ column** S PHYS Luftsäule *f*; **~ commodore** S *Br* Brigadegeneral *m* der Luftwaffe; **~ compressor** S TECH Luftkompressor *m*, -verdichter *m*; **~ condenser** S ELEK Luftkondensator *m*; **~-condition** V/T TECH mit e-r Klimaanlage ausrüsten, klimatisieren: **be fully ~ed** voll klimatisiert sein; **~ conditioner** S TECH Klimaanlage *f*; **~ conditioning** S TECH **1** Klimatisierung *f* **2** Klimaanlage *f*; **~-conditioning plant** S TECH Klimaanlage *f*; **~ control** → air-traffic control; **~ controller** → air-traffic controller; **~-cooled** ADJ TECH luftgekühlt: **~ steel** windgefrischter Stahl; **~ cooling** S TECH Luftkühlung *f*; **~ core** S TECH Luftkern *m*; **~-core coil** S ELEK Luftspule *f*; **~ corps** S MIL **1** Fliegerkorps *n* **2** **Air Corps** HIST *US* Luftstreitkräfte *pl* des Heeres; **~ corridor** S FLUG Luftkorri-

dor *m*; **~ cover** S MIL Luftunterstützung *f*
aircraft S *irr* FLUG 1 Flugzeug *n* 2 *allg* Luftfahrzeug *n (Luftschiff, Ballon etc)*; **~ carrier** S SCHIFF, MIL Flugzeugträger *m*; **~ engine** S Flugzeugmotor *m*; **~ industry** S Luftfahrt-, Flugzeugindustrie *f*; **~man** [-mən] S *irr Br* Flieger *m (niedrigster Dienstgrad beim brit. Luftwaffen-Bodenpersonal)*; **~ noise** S Fluglärm *m*; **~ radio** S FLUG Bordfunkgerät *n*
air| crash S Flugzeugabsturz *m*; **~crew** S *(a. als pl konstruiert)* FLUG Flugzeugbesatzung *f*; **~ current** S Luftstrom *m*, -strömung *f*; **~ curtain** S Luftvorhang *m*; **~ cushion** S Luftkissen *n*, -polster *n (beide a.* TECH); **~ cushioning** S TECH Luftfederung *f*; **~-cushion vehicle** S TECH Luftkissenfahrzeug *n*; **~ cylinder** 1 Luftpuffer *m (zur Abschwächung des Rückstoßes)* 2 Luftbehälter *m*; **~ dam** S AUTO (Front)Spoiler *m*; **~ defence**, *US* **~ defense** S MIL Luft-, Fliegerabwehr *f*, Luftverteidigung *f*, Luftschutz *m*; **~ disaster** S Flugzeugkatastrophe *f*; **~ display** S FLUG Flugschau *f*, -vorführung *f*; **~ drill** S TECH Pressluftbohrer *m*; **~drome** *US* → aerodrome; **~drop** A S a Fallschirmabwurf *m* b MIL Luftlandung *f* B V/T a mit dem Fallschirm abwerfen b MIL *Fallschirmjäger etc* absetzen; **~-dry** A V/T lufttrocknen B ADJ lufttrocken
Airedale (terrier) ['eə(r)deıl] S ZOOL Airedale(terrier) *m*
air| embolism S MED Luftembolie *f*; **~-entrained concrete** S TECH Gas-, Schaumbeton *m*
airer ['eərə] S *Br* Trockengestell *n (für Kleidung etc)*
air| express S *US Postwesen:* Luftteilgut *n*; **~fare** S Flugpreis *m*; **~field** S FLUG 1 Flugplatz *m*: **~ lighting** Platzbefeuerung *f* 2 Landefeld *n*, -platz *m*; **~ filter** S AUTO, TECH Luftfilter *m/n*; **~ flap** S TECH Luftklappe *f*; **~ fleet** S MIL Luftflotte *f*; **~flow** S Luftstrom *m*; **~foil** *US* → aerofoil; **~ force** S FLUG 1 Luftwaffe *f*, Luftstreitkräfte *pl* 2 **Air Force** a *(die brit.)* Luftwaffe b *(die amer.)* Luftwaffe; **~ frame** S FLUG Flugwerk *n*, (Flugzeug)Zelle *f*; **~freight** A S 1 Luftfracht *f* 2 Luftfrachtgebühr *f* B V/T per Luftfracht versenden; **~freighter** S 1 Luftfrachter *m* 2 Luftspedition *f*; **~ freshener** S Luftverbesserer *m*; **~ gap** S ELEK Luftspalt *m*; **~ gas** S TECH Luft-, Generatorgas *n*; **~ gun** S Luftgewehr *n*; **~ hall** S *bes* SPORT *Br* Traglufthalle *f*; **~ hammer** S TECH Presslufthammer *m*; **~head** S *bes US* 1 MIL Luftlandekopf *m* 2 *umg.* Idiot *m*; **~ hole** S 1 Luftloch *n* 2 TECH Gussblase *f* 3 FLUG Fallbö *f*, Luftloch *n*; **~ hostess** S Airhostess *f*, Stewardess *f*; **~house** S Tragluftzelt *n (über e-r Baustelle)*
airiness ['eərınıs] S 1 Luftigkeit *f*, luftige Lage 2 Grazie *f*, Anmut *f* 3 Lebhaftigkeit *f*, Munterkeit *f* 4 Lässigkeit *f*, Ungezwungenheit *f*
airing S 1 (Be-, Durch)Lüftung *f*: **give one's clothes an ~** s-e Kleider (aus)lüften; **the room needs an ~** das Zimmer muss einmal (durch)gelüftet werden 2 Trocknen *n*: **~ cupboard** *Br* Trockenschrank *m* 3 Spaziergang *m*, -ritt *m*, -fahrt *f*: **take an ~** frische Luft schöpfen 4 **give** *sth* **an ~** → air[1] B 5 5 RADIO, TV *bes US umg* Übertragung *f*: **get an ~** gesendet *od* übertragen werden; **have its first ~** zum ersten Mal gesendet *od* übertragen werden
air| injection S TECH Drucklufteinspritzung *f*; **~ inlet** S TECH 1 Lufteintritt *m* 2 Zuluftstutzen *m*; **~ intake** S TECH 1 Lufteintritt *m* 2 a Luftansaugrohr *n* b Schnorchel *m*; **~-intake jet** S TECH Lufteinlassdüse *f*; **~ jacket** S 1 Schwimmweste *f* 2 TECH Luft(kühl)mantel *m*; **~ jet** S TECH 1 Luftstrahl *m* 2 Luftdüse *f*; **~landed** ADJ MIL *bes US* Luftlande...: **~ troops**; → operation 10; **~ lane** S FLUG Flugroute *f*, *bes* Luftstraße *f*; **~-launch** V/T *e-e Rakete* vom Flugzeug aus abschießen
airless ADJ 1 luftlos 2 stickig 3 **it was an ~ day** es wehte den ganzen Tag über kein Lüftchen
air| letter S 1 Luftpostbrief *m* 2 Luftpostleichtbrief *m*; **~lift** FLUG A S Luftbrücke *f (bes in Krisenzeiten)* B V/T über e-e Luftbrücke befördern: **~ to safety** über e-e Luftbrücke in Sicherheit bringen; **~line** S 1 FLUG Fluggesellschaft *f*, Luftverkehrsgesellschaft *f*, Luftlinie *f*: **~ hostess** → air hostess; **~ ticket** → air ticket 2 TECH Luftschlauch *m*, -leitung *f* 3 *bes US* → beeline; **~liner** S FLUG Verkehrsflugzeug *n*; **~ lock** S 1 *Raumfahrt etc:* Luftschleuse *f* 2 *Bergbau:* Wetterschleuse *f* 3 Luftblase *f*, -einschluss *m*; **~mail** A S Luftpost *f*: **by ~** → C B ADJ Luftpost...: **~ edition** (**letter**, *etc*) C ADV mit *od* per Luftpost D V/T mit *od* per Luftpost schicken; **~man** [-mən] S *irr* Flieger *m (bes in der Luftwaffe)*; **~ marshall** S *Br* Generalleutnant *m* der Luftwaffe; **~ mass** S Luftmasse *f*; **~ mattress** S Luftmatratze *f*; **~ mile** S FLUG Seemeile *f*; **~-minded** ADJ flugbegeistert, am Flug(zeug)wesen interessiert; **~-mindedness** S Flugbegeisterung *f*; **~ miss** S *Br* Beinahezusammenstoß *m*; **~ nozzle** S TECH Luftdüse *f*; **~-operated** ADJ TECH druckluftbetätigt, Druckluft...; **~ outlet** S TECH 1 Luftablass *m* 2 Abluftrohr *n*; **~ parcel** S *Br* Luftpostpaket *n*; **~park** S *US* Kleinflughafen *m*; **~ passage** S 1 BIOL, PHYSIOL Luft-, Atemweg *m* 2 TECH Luftschlitz *m* 3 Flug(reise) *m(f)*; **~ passenger** S Fluggast *m*, -reisende(r) *m/f(m)*, Flug-, Luftpassagier(in); **~ philately** → aerophilately; **~ photograph** S Luftbild *n*; **~ piracy** S Luftpiraterie *f*; **~ pirate** S Luftpirat(in); **~ pistol** S Luftpistole *f*; **~plane** S *US* Flugzeug *n*: **~ hostess** → air hostess; **~ plant** S BOT Luftpflanze *f*; **~ plot** S MIL *US* Flugkontrollraum *m (auf e-m Flugzeugträger)*; **~ pocket** S 1 FLUG Fallbö *f*, Luftloch *n* 2 TECH Luftblase *f*, -einschluss *m*; **~ pollutant** S Luftschadstoff *m*; **~ pollution** S Luftverschmutzung *f*, -verunreinigung *f*; **~-pollution control** S Luftreinhaltung *f*; **~port** S FLUG Flughafen *m*, -platz *m*: **at the ~** am Flughafen; **~ of arrival (departure)** Ankunftsflughafen (Abflughafen); **~ of entry** Zollflughafen *m*; **~ fiction** Urlaubslektüre *f*; **~ hotel** Flughafenhotel *n*; **~ restaurant** Flughafenrestaurant *n*; **~ security** *(meist als pl konstruiert)* Flughafenpolizei *f*; **~ tax** Flughafengebühr *f*; **~ potato** S BOT Brotwurzel *f*, Chinesische Kartoffel; **~ power** S MIL, POL Luftmacht *f*; **~ pressure** S TECH Luftdruck *m*; **~-pressure** ADJ TECH Druckluft...: **~ brake**; **~proof** A ADJ 1 luftdicht 2 luftbeständig B V/T luftdicht machen; **~ pump** S TECH Luftpumpe *f*; **~ raid** S Luftangriff *m*
air-raid| precautions SPL Luftschutz *m*; **~ shelter** S Luftschutzraum *m*, -keller *m*, (Luftschutz)Bunker *m*; **~ warden** S Luftschutzwart *m*; **~ warning** S Luftwarnung *f*, Fliegeralarm *m*
air| resistance S Luftwiderstand *m*; **~ rifle** S Luftgewehr *n*; **~ route** S Flugroute *f*; **~ sac** S ZOOL Luftsack *m*; **~screw** S *Br* Luftschraube *f*, Flugzeugpropeller *m*; **~-seal** V/T TECH luftdicht *od* hermetisch verschließen; **~-sea rescue** S Rettung *f* aus Seenot; **~ security** S Flugsicherheit *f*; **~ service** S Luftverkehrsdienst *m*; **~ shaft** S TECH Luftschacht *m*; **~ship** S Luftschiff *n*; **~ shuttle** S FLUG Pendelverkehr *m* zwischen Flughäfen mit hohem Aufkommen; **~sick** ADJ luftkrank; **~sickness** S Luftkrankheit *f*; **~side** A S *Teil e-s Flughafens nach der Passkontrolle(, der nur Fluggästen u. Personal zugänglich ist)* B ADJ: **~ restaurant** Restaurant *n* hinter der Sicherheitskontrolle; **~ shopping** Shopping *n od* Einkaufsmöglichkeiten *pl* hinter der Sicherheitskontrolle C ADV: **be located ~** *(Restaurant, Shop)* sich hinter der Sicherheitskontrolle befinden; **~ sock** S FLUG, PHYS Windsack *m*; **~space** S Luftraum *m*: → territorial A 2; **~ speed** S FLUG Eigengeschwindigkeit *f*; **~-speed indicator** S FLUG Fahrtmesser *m*; **~ spring** S TECH Luftfeder *f*; **~-sprung** ADJ luftgefedert; **~stream** S Luftstrom *m*; **~ strike** S MIL Luftangriff *m* (**on** auf *akk*); **~strip** S FLUG 1 Behelfsflugplatz *m* 2 (behelfsmäßige) Start-und-Lande-Bahn; **~ supply** S TECH Luftzufuhr *f*; **~ support** S MIL Luftunterstützung *f*; **~ switch** S ELEK Luftschalter *m*; **~ taxi** S Lufttaxi *n*; **~ tee** S FLUG Landekreuz *n*
airtel ['eə(r)tel] S Aerotel *n*, Flughafenhotel *n*
air| terminal S FLUG 1 Terminal *m*, *a. n*, Abfertigungsgebäude *n* 2 *Br* Endstation *f* der Zubringerlinie zum u. vom Flugplatz; **~ ticket** S Flugticket *n*, -schein *m*; **~tight** ADJ 1 luftdicht, hermetisch (verschlossen) 2 *fig* hieb- u. stichfest *(Argument etc)*; **~ time** S (RADIO, TV) 1 Sendezeit *f* 2 Anfangszeit *f*; **~-to-air** A ADJ a FLUG Bord-Bord-...: **~ communication** Bord-Bord-(Funk)Verkehr *m* b **~ missile** MIL Luft-Luft-Rakete *f* c FLUG, MIL in der Luft: **~ combat** Luftkampf *m*; **~ refuel(l)ing** Luftbetankung *f* B ADV FLUG in der Luft: **refuel ~**; **~-to-ground** → air-to-surface; **~-to-surface** ADJ a FLUG Bord-Boden-...: **~ communication** Bord-Boden-(Funk)Verkehr *m* b **~ missile** MIL Luft-Boden-Rakete *f*; **~ tourism** S Flugtouristik *f*; **~ traffic** S Flug-, Luftverkehr *m*; **~-traffic control** S FLUG Flugsicherung *f*; **~-traffic controller** S Fluglotse *m*, -lotsin *f*; **~ train** S FLUG Luftschleppzug *m*; **~ travel** S Flug(reise) *m(f)*; **~ travel(l)er** S Fluggast *m*, -reisende(r) *m/f(m)*; **~ valve** S TECH Luftventil *n*, -klappe *f*; **~ vent** S TECH Ent- *od* Belüftungsrohr *n*, Auslassventil *n*; **~-void** ADJ PHYS, TECH luftleer; **~ war (fare)** S Luftkrieg(führung) *m(f)*; **~waves** SPL Äther *m*: **come over the ~** über den Äther kommen; **~way** S 1 *Bergbau:* Wetterstrecke *f* 2 FLUG Flugroute *f*, *bes* Luftstraße *f* 3 MED Intubationsrohr *n*; **~ well** S TECH Luftschacht *m*; **~-wise** ADJ flugerfahren; **~worthiness** S Flug-, Lufttüchtigkeit *f*; **~worthy** ADJ FLUG flug-, lufttüchtig
airy ['eərı] ADJ (ADV airily) 1 aus Luft bestehend, die Luft betreffend, Luft... 2 luftig: a mit genügend Luftzufuhr *(Raum)* b windig *(Berggipfel etc)* c hoch (gelegen) *(Regionen etc)* d leicht, dünn *(Kleid etc)* 3 körperlos *(Geist)* 4 graziös, anmutig *(Mädchen)* 5 lebhaft, munter *(Junge)* 6 leer *(Versprechen etc)* 7 fantastisch, verstiegen, überspannt *(Pläne etc)* 8 vornehmtuerisch *(Art etc)* 9 lässig, ungezwungen *(Art etc)*; **~-fairy** ADJ 1 elfenhaft *(Schönheit etc)* 2 *umg* → airy 7
aisle [aıl] S 1 ARCH Seitenschiff *n (e-r Kirche)*: **go** (*od* **walk**) **up the ~** *umg* heiraten 2 Gang *m (zwischen Sitzreihen, Regalen etc)*: **roll in the ~s** *umg* sich vor Lachen kugeln (**at** über *akk*) *(bes Theaterpublikum)*; **have the audience rolling in the ~s** das Publikum dazu bringen, sich vor Lachen zu kugeln
ait [eıt] S *Br dial* kleine (Fluss)Insel
aitch [eıtʃ] S H, h *n (Buchstabe)*: **drop one's ~es** das H nicht aussprechen *(Zeichen der Unbildung)*
aitchbone S 1 Lendenknochen *m* 2 Lendenstück *n (vom Rind)*

Aix-la-Chapelle [ˌeɪkslɑːʃæˈpel; -ʃəˈpel; ˌeks-] S Aachen *n*

ajar[1] [əˈdʒɑː(r)] ADV & PRÄD ADJ angelehnt (*Tür etc*)

ajar[2] [əˈdʒɑː(r)] ADV & PRÄD ADJ: **~ with** im Widerspruch *od* Gegensatz zu

a.k.a. ABK also known as

akene, *etc* → achene *etc*

akimbo [əˈkɪmbəʊ] ADV & PRÄD ADJ: **(with) arms ~** die Arme in die Seite gestemmt

akin [əˈkɪn] PRÄD ADJ 1 (bluts)verwandt (**to** mit) 2 *fig* verwandt, ähnlich (**to** *dat*): **be ~** a sich ähneln b ähneln (**to** *dat*)

AL ABK 1 Alabama 2 American Legion

ala [ˈeɪlə] *pl* alae [ˈeɪliː] S BIOL, BOT Flügel *m*

ALA ABK 1 all letters (will be) answered 2 Automobile Legal Association

à la [ˈɑːlɑː] PRÄP à la, nach Art von

Ala. ABK Alabama

Alabama [ˌæləˈbæmə] S 1 Alabama *n* (*Staat im Süden der USA*) 2 Alabama *m* (*Fluss im Süden der USA*)

alabaster [ˈæləbɑːstə(r); *bes US* -bæs-] A S Alabaster *m* B ADJ a alabastern, aus Alabaster b alabasterfarben, -weiß

à la carte [ˌɑːlɑːˈkɑː(r)t; ˌælə-] ADJ & ADV à la carte: **eat ~; an ~ dinner** ein Essen à la carte

alack [əˈlæk], **alackaday** [əˈlækədeɪ] INT *obs od poet* ach!, o weh!

alacrity [əˈlækrətɪ] S 1 Heiterkeit *f*, Munterkeit *f* 2 Bereitwilligkeit *f*: **accept with ~** *e-e Einladung etc* bereitwillig annehmen

Aladdin's| cave [əˈlædɪnz] S *Ort, an dem sich Kostbarkeiten in Hülle u. Fülle finden*; **~ lamp** S 1 Aladins Wunderlampe *f* 2 *fig* wunderwirkender Talisman

alae [ˈeɪliː] *pl von* ala

à la mode [ˌɑːlɑːˈməʊd; ˌælə-] ADJ 1 à la mode (*nachgestellt*), modisch, *adv a.* nach der neuesten Mode 2 GASTR gespickt, geschmort u. mit Gemüse zubereitet: **~ beef** Bœuf *n* à la mode 3 GASTR US mit (Speise)Eis (serviert) (*Nachtisch*): **cake ~**

alamode [ˈæləməʊd; ˌæləˈm-] S dünne, hochglänzende Seide

alar [ˈeɪlə(r)] ADJ 1 geflügelt, flügelartig, Flügel…: **~ cartilage** ANAT Flügelknorpel *m* 2 ZOOL Schulter…

alarm [əˈlɑː(r)m] A S 1 Alarm *m*: **give (raise, sound) the ~** a Alarm geben b *fig* Alarm schlagen; → false alarm 2 a Weckvorrichtung *f* (*e-s Weckers*) b Wecker *m*: → set C 4 3 *a.* **~ system** Alarmvorrichtung *f*, -anlage *f* 4 Aufruhr *m*, Lärm *m*: **~s and excursions** *pl* Lärm *m* u. Getümmel *n* 5 Angst *f*, Unruhe *f*, Besorgnis *f*: **be in ~** beunruhigt *od* besorgt sein; **there is no cause for ~** es besteht kein Grund zur Besorgnis; **feel ~ at sth** wegen etwas beunruhigt *od* in Sorge sein; **fill sb with ~** j-n mit Unruhe *od* Besorgnis erfüllen B V/T 1 alarmieren, warnen 2 beunruhigen, ängstigen, alarmieren: **be ~ed at** (*od* **by**) **sth** wegen etwas beunruhigt *od* in Sorge sein; **~ bell** S Alarmglocke *f*: **sound the ~s** *fig* Alarm schlagen; **~ call** S TEL Weckruf *m*: **give sb an ~** j-n telefonisch wecken; **get an ~** telefonisch geweckt werden; **I didn't get my ~** ich bin nicht geweckt worden; **~ call service** S TEL Weckdienst *m*; **~ clock** S Wecker *m*: → set C 5

alarming ADJ (ADV **~ly**) beunruhigend, beängstigend, besorgniserregend, bedrohlich, alarmierend; **alarmism** S Panikmache *f*; **alarmist** A S Panikmacher(in) B ADJ panikmacherisch, von Panikmachern: **don't be so ~** sei nicht so ein Panikmacher!

alarm reaction S MED Alarmreaktion *f*

alarum [əˈleərəm; -ˈlɑː-; -ˈlæ-] *obs für* alarm A 4

alary [ˈeɪlərɪ; ˈæl-] → alar 1

alas [əˈlæs; *Br a.* əˈlɑːs] INT *bes obs od poet* ach!, o weh!

Alas. ABK Alaska

Alaska [əˈlæskə] S Alaska *n* (*Staat im Nordwesten der USA*)

Alaskan [əˈlæskən] A S Bewohner(in) Alaskas B ADJ aus Alaska

alate [ˈeɪleɪt] ADJ *bes* BOT geflügelt

alb [ælb] S REL Albe *f*, Alba *f* (*weißes liturgisches Untergewand*)

Albania [ælˈbeɪnjə; -nɪə; ɔːlˈb-] S Albanien *n*

Albanian [ælˈbeɪnjən; -ɪən] A ADJ albanisch B S 1 Albaner(in) 2 LING Albanisch *n*, das Albanische

albata [ælˈbeɪtə] S Neusilber *n*

albatross [ˈælbətrɒs; *US a.* -ˌtrɑs] S 1 ORN Albatros *m*, Sturmvogel *m* 2 *a.* **~ cloth** dünnes, nicht geköpertes Wollgewebe 3 *Golf: Br* Albatros *m* (*3 Schläge unter Par*) 4 *fig* Last *f*, Belastung *f*: **be an ~ round sb's neck** a j-m ein Klotz am Bein sein (*Person*) b j-m am Bein hängen (*Hypothek etc*); **have an ~ round one's neck** e-n Klotz am Bein haben

albedo [ælˈbiːdəʊ] S PHYS Albedo *f* (*Verhältnis aus zurückgestrahlter und insgesamt auftreffender Strahlenmenge bei diffus reflektierenden Oberflächen, z. B. Eis, Schnee*)

albeit [ɔːlˈbiːɪt] KONJ obgleich, wenn auch

albert [ˈælbə(r)t] S (kurze) Uhrkette

Alberta [ælˈbɜːtə; *US* -ˈbɜr-] S Alberta *n* (*Provinz im westlichen Kanada*)

albescent [ælˈbesənt; -snt] ADJ weiß (-lich) werdend

albinism [ˈælbɪnɪzəm] S MED, VET Albinismus *m* (*erblich bedingter Farbstoffmangel*)

albino [ælˈbiːnəʊ; *US* -ˈbaɪ-] *pl* -nos S Albino *m*: a MED, VET Kakerlak *m*, Weißling *m* b BOT (*Blüten*)*Blatt etc mit fehlendem Farbstoff*

Albion [ˈælbjən; -ɪən] EIGENN *poet* Albion *n* (*Britannien od England*)

albite [ˈælbaɪt] S MINER Albit *m*, Natronfeldspat *m*

album [ˈælbəm] S 1 (*Briefmarken-, Foto-, Platten- etc*) Album *n* 2 a Schallplattenkassette *f* b Album *n* (*Langspielplatte, a. zwei od mehrere zusammengehörige*) 3 (*meist* illustrierte) Sammlung von Gedichten, Bildern, Musikstücken *etc* in Buchform

albumen [ˈælbjʊmɪn; *bes US* ælˈbjuː-] S 1 BIOL Albumen *n*, Eiweiß *n* 2 CHEM Albumin *n*, Eiweißstoff *m*; **albumenize** V/T FOTO mit e-r Albuminlösung behandeln

albumin [ˈælbjʊmɪn; *bes US* ælˈbjuː-] → albumen 2; **albuminate** [-neɪt] S CHEM Albuminat *n*

albuminoid [ælˈbjuːmɪnɔɪd] A S BIOL Albuminoid *n*, Eiweißkörper *m* B ADJ albuminoid, eiweißähnlich, -artig; **albuminosis** [ˌælbjuːmɪˈnəʊsɪs; *bes US* ælˌbjuː-] S MED Albuminose *f* (*erhöhter Bluteiweißspiegel*); **albuminous** ADJ BIOL albuminös, eiweißhaltig; **albuminuria** [ˌælbjuːmɪˈnjʊərɪə; *bes US* ælˌbjuː-; *US a.* -ˈnʊrɪə] S MED Albuminurie *f* (*Ausscheidung von Eiweiß im Urin*)

alburnum [ælˈbɜːnəm; *US* -ˈbɜr-] S BOT *obs* Splint(holz) *m(n)*

alc. ABK alcohol

alcahest → alkahest

Alcaic [ælˈkeɪɪk] LIT A ADJ alkäisch (*nach dem äolischen Lyriker Alkaios*) B S alkäischer Vers

alchemic [ælˈkemɪk] ADJ, **alchemical** [-kl] ADJ (ADV **~ly**) alchimistisch, alchemistisch; **alchemist** [ˈælkɪmɪst] S Alchimist *m*, Alchemist *m*; **alchemize** [-kəmaɪz] V/T durch Alchimie verwandeln; **alchemy** [-kɪmɪ] S HIST Alchimie *f*, Alchemie *f*

alcohol [ˈælkəhɒl] S Alkohol *m* (*a.* CHEM), *engS.* Äthylalkohol: **~ abuse** Alkoholmissbrauch *m*; **~-free** alkoholfrei; **give up ~** aufhören zu trinken; **alcoholate** [-eɪt] S CHEM Alkoholat *n*

alcoholic [ˌælkəˈhɒlɪk; *US a.* -ˈhɑlɪk] A ADJ (ADV **~ally**) 1 a alkoholartig *od* -haltig, alkoholisch, Alkohol…: **~ beverages** (*od* **drinks**) alkoholische Getränke b alkoholbedingt: **~ delirium** MED, PSYCH Delirium *n* tremens; **~ excess** Alkoholmissbrauch *m*; **~ poisoning** MED Alkoholvergiftung *f*; **~ psychosis** Alkoholpsychose *f* (*durch Alkoholmissbrauch entstandene psychische Störung*); **~ strength** Alkoholgehalt *m* 2 alkoholsüchtig B S Alkoholiker(in): **&s Anonymous** *pl a. als sg konstruiert*) die Anonymen Alkoholiker *pl*; **alcoholism** S Alkoholismus *m*: a Trunksucht *f* b MED *durch übermäßigen Alkoholgenuss verursachte Organismusschädigungen*; **alcoholize** V/T 1 CHEM alkoholisieren, mit Alkohol versetzen *od* sättigen 2 CHEM in Alkohol verwandeln 3 alkoholisieren, betrunken machen

alcoholometer [ˌælkəhɒˈlɒmɪtə(r); *US* -ˈlɑm-] S Alkoholometer *n* (*Messgerät zur Bestimmung des Alkoholgehalts e-r Flüssigkeit*)

Alcoran [ˌælkɒˈrɑːn; *US* -kəˈræn] S REL Koran *m*; **Alcoranic** ADJ Koran…

alcove [ˈælkəʊv] S 1 Alkoven *m*: a Bettnische *f* b Nebenraum *m* 2 Nische *f* 3 (Garten)-Laube *f*

Ald. ABK Alderman

Aldebaran [ælˈdebərən] S ASTRON Aldebaran *m* (*Hauptstern im Stier*)

aldehyde [ˈældɪhaɪd] S CHEM Aldehyd *m*

al dente [ælˈdenteɪ] ADJ al dente: a mit Biss (*Spaghetti etc*) b körnig (*Reis*)

alder [ˈɔːldə(r)] S BOT Erle *f*; **~ buckthorn** S BOT Faulbaum *m*; **~ fly** S ZOOL Schlammfliege *f*

alderman [ˈɔːldə(r)mən] S *irr* Alderman *m*: a *Br* HIST *höherer Ratsherr* b *US Mitglied e-r Gemeindeverwaltung*

Alderney [ˈɔːldə(r)nɪ] S Alderney *n* (*britische Kanalinsel*)

alderwoman S *irr* a *Br* HIST *höhere Ratsherrin* b → alderman b

Aldis lamp [ˈɔːldɪs] S FLUG, SCHIFF Aldislampe *f* (*zum Signalisieren*)

Aldm. ABK Alderman

aldol [ˈældɒl; *US* -dɑːl; -dɔːl] S CHEM Aldol *n*

aldose [ˈældəʊs; -z] S CHEM Aldose *f*

aldosterone [ælˈdɒstərəʊn; *US* -ˈdɑ-; ˌældəʊstəˈrəʊn] S PHYSIOL Aldosteron *n* (*Hormon der Nebennierenrinde*)

ale [eɪl] S 1 *Br obs od dial* Bier *n* 2 Ale *n* (*helles, obergäriges Bier*)

aleatoric [ˌeɪlɪəˈtɒrɪk; *US a.* -ˈtɑr-] ADJ 1 aleatorisch, vom Zufall abhängig: **~ contract** JUR aleatorischer Vertrag, Spekulationsvertrag *m* 2 MUS aleatorisch; **aleatorism** [-ˈeɪtərɪzəm] S MUS Aleatorik *f* (*Kompositionsrichtung, die dem Zufall breiten Raum gewährt*); **aleatory** [-tərɪ; *US* -ˌtəʊriː; -ˌtɔː-] → aleatoric

alec → aleck 1

aleck [ˈælɪk] S 1 *Aus sl* Idiot(in) *pej* 2 → smart aleck

aleconner S *Br* HIST Bierprüfer *m*

alee [əˈliː] ADV & PRÄD ADJ SCHIFF leewärts

alehouse S 1 HIST Bierschenke *f* 2 *umg* Kneipe *f*: **~ politics** *pl* Stammtischpolitik *f*

alembic [əˈlembɪk] S 1 HIST Destillierkolben *m*, -apparat *m* 2 *fig* Filter *m*

alert [əˈlɜːt; *US* əˈlɜrt] A ADJ (ADV **~ly**) 1 wachsam, auf der Hut, auf dem Posten: **be ~ to** a achten auf (*akk*) b auf der Hut sein vor (*dat*)(→ A 3) 2 lebhaft, munter 3 aufgeweckt (*Kind etc*), wach (*Verstand etc*): **be ~ to** *etwas* klar erkennen, sich *e-r Sache* bewusst sein B S 1 MIL (Alarm)Bereitschaft *f*, Alarmzustand *m*: **~**

phase Alarmstufe *f*; **be on (the) ~** a in Alarmbereitschaft sein b *fig* auf der Hut sein (**for** vor *dat*); **put** (*od* **place**) **on (the) ~** a in Alarmbereitschaft versetzen b *fig* vorsichtig machen 2 *bes* FLUG Alarm(signal) *m(n)*, Warnung *f* C VT 1 a warnen (**to** vor *dat*) b alarmieren, MIL *a.* in Alarmzustand versetzen, *weitS.* mobilisieren 2 *fig* aufrütteln: **~ sb to sth** j-m etwas (deutlich) zum Bewusstsein bringen; **alertness** S 1 Wachsamkeit *f* 2 Lebhaftigkeit *f*, Munterkeit *f* 3 Aufgewecktheit *f*, Wachheit *f*

Aleutian Islands [əˈluːʃjən; *bes US* əˈluːʃn], **Aleutians** SPL Aleuten *pl*

A level [eɪ] S SCHULE *Br (etwa)* Abitur *n*: **he has three ~s** er hat das Abitur in drei Fächern gemacht; **she took ~s in English, French and German** sie hat das Abitur in Englisch, Französisch u. Deutsch gemacht

alevin [ˈælɪvɪn] S FISCH junger Fisch, *bes* Lachs *m od* Forelle *f*

alewife [ˈeɪlwaɪf] S *irr* 1 *obs* Schankwirtin *f* 2 FISCH *US* a Großaugenhering *m* b Maifisch *m*

alexanders [ˌælɪɡˈzɑːndə(r)z; *bes US* -ˈzæn-] S BOT Gelbdolde *f*

Alexandrian [ˌælɪɡˈzɑːndrɪən; *bes US* -ˈzæn-] ADJ alexandrinisch: a Alexandria (*in Ägypten*) betreffend b hellenistisch c LIT Alexandriner...

Alexandrine [ˌælɪɡˈzændraɪn; *US bes* -drən] LIT A S Alexandriner *m (12- od 13-füßiger Vers)* B ADJ → Alexandrian c

alexia [eɪˈleksɪə; əˈl-] S MED, PSYCH Alexie *f*, Wortblindheit *f*

alexipharmic [əˌleksɪˈfɑː(r)mɪk] A S Gegengift *n*, -mittel *n* (**against, for, to** gegen) B ADJ als Gegengift dienend

ALF ABK *Br* Animal Liberation Front

alfalfa [ælˈfælfə] S BOT Alfalfa *f*, Luzerne *f*

alfresco [ælˈfreskəʊ] ADJ & ADV im Freien: **an ~ lunch**; **lunch ~**

alg. ABK 1 algebra 2 algebraic

alga [ˈælɡə] *pl* -gae [-dʒiː] S BOT Alge *f*; **algal** ADJ Algen...: **~ bloom** Algenblüte *f*

algebra [ˈældʒɪbrə] S MATH Algebra *f*; **algebraic** [-ˈbreɪɪk] ADJ, **algebraical** ADJ (ADV **~ly**) algebraisch: **algebraic function** (**geometry, number,** *etc*)

Algeria [ælˈdʒɪərɪə] S Algerien *n*

Algerian [ælˈdʒɪərɪən], **Algerine** [ˌældʒəˈriːn; ˈældʒəriːn] A ADJ algerisch B S Algerier(in)

algesia [ælˈdʒiːzɪə; -sɪə] S MED Algesie *f*, Schmerzempfindlichkeit *f*

algesimeter [ˌældʒɪˈsɪmɪtə(r)] S MED Algesimeter *n (Gerät zur Messung der Schmerzempfindlichkeit)*

-algia [-ældʒə] *Wortelement mit der Bedeutung* ... schmerz

algid [ˈældʒɪd] ADJ MED kühl, kalt

Algiers [ælˈdʒɪə(r)z] S Algier *n*

alginate [ˈældʒɪneɪt] S CHEM Alginat *n*

alginic acid [ælˈdʒɪnɪk] S CHEM Algin-, Algensäure *f*

Algol[1] [ˈælɡɒl; *US a.* -ˌɡɑl] S ASTRON Algol *m (Stern im Sternbild Perseus)*

ALGOL[2] [ˈælɡɒl; *US a.* -ɡɑl] S IT ALGOL *n (= algorithmic oriented language, e-e Programmiersprache)*

algolagnia [ˌælɡəʊˈlæɡnɪə; -ɡəˈl-] S PSYCH Algolagnie *f (sexuelle Lustempfindung beim Erleiden od Zufügen von Schmerzen)*

algology [ælˈɡɒlədʒɪ; *US* -ˈɡɑ-] S Algologie *f*, Algenkunde *f*

algometer [ælˈɡɒmɪtə(r); *US* -ˈɡɑ-] S MED Algometer *n (Gerät zur Messung der Schmerzempfindlichkeit)*

algor [ˈælɡɔː(r)] S MED Kälte *f*

algorithm [ˈælɡərɪðm] S COMPUT, MATH: Algorithmus *m*: a *Rechenvorgang, der nach e-m bestimmten (sich häufig wiederholenden) Schema abläuft* b *Verfahren zur schrittweisen Umformung von Formeln u. Zeichenreihen*

alias [ˈeɪlɪæs; -əs] A ADV *bes* JUR alias B S angenommener Name, Deckname *m*, JUR *a.* Falschname *m*: **under several ~es** unter verschiedenen Falschnamen

alibi [ˈælɪbaɪ] A S 1 JUR Alibi *n (a. fig umg)*: **give** *sb* **an ~** → c; **produce an ~** ein Alibi beibringen 2 *umg* Ausrede *f*, Entschuldigung *f* B VI *umg* Ausflüchte machen *od* gebrauchen C VT *j-m* ein Alibi geben *od* verschaffen *(a. fig umg)*

Alice-in-Wonderland [ˌælɪs-] ADJ 1 unwirklich, Fantasie...: **~ world** 2 a widerspruchsvoll, widersprüchlich b grotesk

alicyclic [ˌælɪˈsaɪklɪk; -ˈsɪk-] ADJ CHEM alizyklisch

alidade [ˈælɪdeɪd], *a.* **alidad** [-dæd] S Alhidade *f (Ablesevorrichtung an Winkelmessern etc)*

alien [ˈeɪljən; -ɪən] A ADJ 1 fremd: **on ~ soil** auf fremdem Boden 2 ausländisch: **~ subjects** *Br* ausländische Staatsangehörige; **~ property** Ausländervermögen *n* 3 fremd(artig), exotisch 4 außerirdisch (*Wesen*) 5 *fig* anders (**from** als), fernliegend (**to** *dat*): **~ to the topic** nicht zum Thema gehörend 6 *fig* (**to**) entgegengesetzt (*dat*), (*j-m od e-r Sache*) zuwider(laufend), fremd (*dat*), unsympathisch (*dat*): **that is ~ to his nature** das ist ihm wesensfremd B S 1 Ausländer(in): **enemy** (**friendly, undesirable** *od* **unwanted**) **~** feindlicher (befreundeter, unerwünschter) Ausländer; **~s policy** Ausländerpolitik *f*; **~ registration** Ausländermeldepflicht *f* 2 nicht naturalisierte(r) Einwohner(in) des Landes 3 Alien *m*, Außerirdische(r) *m/f(m)*, außerirdisches Wesen: **an ~ from another planet** ein Wesen von e-m anderen Planeten; **alienable** ADJ JUR veräußerlich, übertragbar (*bes Grundbesitz*)

alienage [ˈeɪljənɪdʒ; -lɪən-] S 1 Ausländertum *n* 2 ausländische Staatsangehörigkeit

alienate [ˈeɪljəneɪt; -lɪən-] VT 1 JUR *bes Grundbesitz* veräußern, übertragen 2 a befremden b entfremden (*a.* PSYCH, POL), abspenstig machen (**from** *dat od* von); **alienation** S 1 JUR Veräußerung *f*, Übertragung *f* 2 Entfremdung *f (a.* PSYCH, POL)(**from** von), Abwendung *f*, Abneigung *f*: **~ of affection** JUR Entfremdung ehelicher Zuneigung 3 MED, PSYCH Alienation *f (klinisches Symptom, in dessen Verlauf bekannte Situationen od Mitmenschen ihre Vertrautheit verlieren u. fremdartig erscheinen)* 4 (literarische) Verfremdung: **~ effect** Verfremdungseffekt *m*

alienee [ˌeɪljəˈniː; -lɪə-] S JUR Erwerber(in), neue(r) Eigentümer(in)

alienism S 1 → alienage 2 *obs* Studium *n od* Behandlung *f* von Geisteskrankheiten; **alienist** S 1 *obs* Nervenarzt *m*, -ärztin *f* 2 *US Arzt/Ärztin, der/die sich mit den rechtlichen Aspekten der psychiatrischen Behandlung beschäftigt*

alienor [ˈeɪljənə; *US* ˌeɪlɪəˈnɔːr] S JUR Veräußerer *m*, Veräußerin *f*

alight[1] [əˈlaɪt] *prät u. pperf* alighted, alit [əˈlɪt] VI 1 (**from**) aussteigen (aus), absteigen (vom *Fahrrad etc*), absitzen (vom *Pferd*) 2 (**on, upon**) (sanft) fallen (auf *akk*) (*Schnee*), sich niederlassen (auf *dat od akk*), sich setzen (auf *akk*) (*Vogel*) 3 FLUG niedergehen, landen 4 *allg* landen: **~ on one's feet** auf die Füße fallen 5 *obs* (**on, upon**) (zufällig) stoßen *od* kommen (auf *akk*)

alight[2] [əˈlaɪt] ADV & PRÄD ADJ 1 in Brand, in Flammen: **be ~** in Flammen stehen, brennen; **catch ~** Feuer fangen; **set ~** in Brand setzen *od* stecken, anzünden; **he (his invention) didn't set the world ~** er (s-e Erfindung) hat nicht gerade für Furore gesorgt 2 erleuchtet, erhellt (*beide:* **with** von): **his face was ~ with happiness** sein Gesicht *od* er strahlte vor Glück

alighting [əˈlaɪtɪŋ] S FLUG Landung *f*: **~ on earth** Bodenlandung *f*; **~ on water** Wassern *n*, Wasserlandung *f*; **~ gear** Fahrgestell *n*

align [əˈlaɪn] A VT 1 in e-e (gerade) Linie bringen 2 in e-r (geraden) Linie *od* in Reih u. Glied aufstellen, ausrichten (**with** nach) 3 *fig* zu e-r Gruppe (*Gleichgesinnter*) zusammenschließen: **~ o.s. with** sich anschließen (*dat od* an *akk*), sich zusammenschließen mit 4 TECH a (aus)fluchten, ausrichten (**with** nach) b justieren, einstellen: **~ the wheels** AUTO die Spur einstellen 5 ELEK abgleichen B VI (**with**) e-e (gerade) Linie bilden (mit), sich ausrichten (nach); **alignment** S 1 Aufstellung *f* in e-r (geraden) Linie, Ausrichten *n* 2 *fig* Zusammenschluss *m* zu e-r Gruppe 3 Ausrichtung *f*: **in ~ with** in einer Linie *od* Richtung mit, *fig a.* in Übereinstimmung mit; **out of ~** schlecht ausgerichtet, TECH aus der Flucht, verschoben, -lagert; **the wheels are out of ~** die Spur ist falsch eingestellt 4 TECH, *Landvermessung*: Flucht-, Absteckungslinie *f*, Trasse *f*, Zeilenführung *f* 5 TECH a (Aus)Fluchten *n*, Ausrichten *n* b Einstellung *f*, Justierung *f* c Flucht *f*, Gleichlauf *m*: **~ chart** Rechen-, Leitertafel *f*, Nomogramm *n* 6 ELEK Abgleich(en) *m(n)*

alike [əˈlaɪk] A ADJ a gleich: **all music is ~ to him** für ihn ist alle Musik gleich b ähnlich (**to** *dat*): **they are very much ~** sie sind sich sehr ähnlich B ADV a gleich, ebenso, in gleicher Weise, gleichermaßen: **treat everybody ~** alle gleich behandeln; **in England and Scotland ~** in England ebenso wie in Schottland b ähnlich

aliment [ˈælɪmənt] S 1 Nahrung(smittel) *f(n)* 2 etwas Lebensnotwendiges: **not be an ~** nicht lebensnotwendig sein 3 *schott* → alimony; **alimental** [-ˈmentl] → alimentary 1

alimentary [ˌælɪˈmentərɪ] ADJ 1 nährend, nahrhaft 2 zur Nahrung *od* zum Unterhalt dienend, Nahrungs...: **~ disequilibrium** gestörtes Nahrungsgleichgewicht 3 Ernährungs..., Speise...: **~ canal** PHYSIOL Magen-Darm-Kanal *m*, Verdauungstrakt *m*

alimentation [ˌælɪmenˈteɪʃn] S 1 Ernährung *f* 2 Unterhalt *m*; **alimentative** [-tətɪv] ADJ nährend, Nahrungs..., nahrhaft

alimony [ˈælɪmənɪ; *US* -ˌməʊniː] S JUR Unterhalt(szahlung) *m(f)*: **pay ~** Unterhalt zahlen; **~ drone** S *US bes pej geschiedene Frau, die aus Unterhaltsgründen nicht wieder heiratet*; **~ payment** S Unterhaltszahlung *f*

aline, *etc* → align *etc*

aliped [ˈælɪped] ZOOL A ADJ mit Flatterfüßen (versehen) B S Flatterfüßler *m*

aliphatic [ˌælɪˈfætɪk] ADJ: **~ compounds** CHEM aliphatische Verbindungen

aliquant [ˈælɪkwənt] ADJ MATH aliquant, mit Rest teilend

aliquot [ˈælɪkwɔt; *US* -ˌkwɑt] MATH A ADJ aliquot, ohne Rest teilend B S aliquoter Teil, Aliquote *f*

alit [əˈlɪt] *prät u. pperf von* alight[1]

aliterate [eɪˈlɪtərət] A ADJ: **be ~** so gut wie nie lesen B S *j-d, der so gut wie nie liest*

alive [əˈlaɪv] ADJ 1 lebend, lebendig: **be still ~** noch am Leben sein; **are your grandparents still ~?** leben d-e Großeltern noch?; **most of these traditions are still ~** die meisten dieser Traditionen haben noch Bestand; **the proudest man ~** der stolzeste Mann auf der ganzen Welt; **no man ~** kein Mensch auf der ganzen Welt; **man ~!** *umg* Menschenskind!; **he was burnt ~** er verbrannte bei lebendigem Leib;

come ~ in Schwung kommen *(Diskussion etc)*; **keep ~** a (sich) am Leben erhalten b *fig* (auf-recht)erhalten, bewahren, *s-e Chance* wahren; **it helps to keep ~ old prejudices** es trägt dazu bei, dass alte Vorurteile nicht aussterben; **she was seen ~** sie wurde lebend gesehen; → bury 1, 2, flay 1, skin C 3 **2** lebendig, lebhaft, munter, rege: **be ~ and kicking** gesund u. munter sein; **look ~!** *umg* mach fix! **3** **(to)** a empfänglich (für) b bewusst *(gen)*: **be (become) ~ to sth** sich e-r Sache bewusst sein (werden); **I am fully ~ to that** ich bin mir dessen vollkommen bewusst; **make sb ~ to sth** j-m etwas bewusst machen *od* zum Bewusstsein bringen **4** **be ~ with** wimmeln von; **the streets were ~ with people** auf der Straße wimmelte es von Menschen **5** *fig* voll, erfüllt *(beide:* **with** von) **6** **be ~** ELEK unter Spannung *od* unter Strom stehen

alizarin [əˈlɪzərɪn] S CHEM Alizarin *n*

alkahest [ˈælkəhest] S HIST Alkahest *m/n (e-e angeblich alle Stoffe lösende Flüssigkeit der Alchimisten)*

alkali [ˈælkəlaɪ] **A** *pl* -lies *od* -lis S **1** CHEM Alkali *n* **2** CHEM alkalischer Stoff: **~ metal** Alkalimetall *n* **3** AGR, GEOL kalzinierte(s) Soda **B** ADJ → alkaline

alkalify [ˈælkəlɪfaɪ; ælˈkæl-] V/T & V/I CHEM (sich) in ein Alkali verwandeln

alkalimeter [ˌælkəˈlɪmɪtə(r)] S CHEM Alkalimesser *m*

alkaline [ˈælkəlaɪn; -lɪn] ADJ CHEM alkalisch, alkalihaltig, basisch: **~ earths** Erdalkalien; **~-earth metal** Erdalkalimetall *n*; **~ water** alkalischer Säuerling; **alkalinity** [-ˈlɪnətɪ] S Alkalinität *f*, alkalische Eigenschaft; **alkalinize** [-lɪnaɪz] V/T CHEM alkalisieren

alkaloid [ˈælkəlɔɪd] CHEM **A** S Alkaloid *n* **B** ADJ alkaliartig

alkie, **alky** [ˈælkɪ] S *umg.* Säufer(in)

alkyl group [ˈælkɪl] S CHEM Alkylrest *m*

all [ɔːl] **A** ADJ **1** all, sämtlich, gesamt, vollständig, ganz: **~ one's courage** s-n ganzen Mut; **~ mistakes** alle *od* sämtliche Fehler; **~ my friends** alle m-e Freunde; **~ night (long)** die ganze Nacht (hindurch); **~ (the) day, ~ day long** den ganzen Tag, den lieben langen Tag; **~ day and every day** tagelang; tagaus, tagein; **open ~ day** ganztägig geöffnet; **~ the time** a die ganze Zeit (über) b ständig, immer; **at ~ times** zu jeder Zeit, jederzeit; **~ the town** die ganze Stadt, jedermann; → day 6 **2** jeder, jede, jedes, alle *pl*: **at ~ hours** zu jeder Stunde; **beyond ~ question** ohne Frage, fraglos; **in ~ respects** in jeder Hinsicht; **deny ~ responsibility** jede Verantwortung ablehnen; → sundry **3** vollkommen, völlig, total, ganz, rein: **~ nonsense** reiner Unsinn; **~ wool** *US* reine Wolle; → leg *Bes Redew* **B** ADV **1** ganz (u. gar), gänzlich, völlig: **~ alone** ganz allein; **~ the** um so …; **~ the better** um so besser; **she was ~ gratitude** sie war voll(er) Dankbarkeit; **she is ~ kindness** sie ist die Güte selber; **~ one** einerlei, gleichgültig; **he is ~ for it** er ist unbedingt dafür; **~ important** äußerst wichtig, entscheidend; **~ mad** völlig verrückt; **~ wrong** ganz falsch; → same C **2** für jede Seite, beide: **the score was two ~** das Spiel stand zwei zu zwei **3** *poet* gerade, eben **C** PRON alles: **~ of it** alles, das Ganze; **~ of us** wir alle; **good night, ~** gute Nacht allerseits!; **~ of a year** ein ganzes Jahr; **it took me ~ of two days** ich brauchte zwei volle *od* ganze zwei Tage **(to do** zu tun); **that's ~** das ist *od* wäre alles; **that's ~ there is to it** das ist die ganze Geschichte; **~ or nothing** alles oder nichts; **it's ~ or nothing for** es geht um alles oder nichts für; **it ~ began** die ganze Sache begann; **and ~ that** und dergleichen; **when ~ is said and done** letzten Endes, schließlich; → end B 1 **D** S **1** alles: **his ~** a sein Hab u. Gut b *a.* **his ~ and ~** sein Ein u. Alles **2** *oft* ♀ PHIL (Welt)All *n*

Besondere Redewendungen: **~ along** die ganze Zeit (über); **~ around** a rund(her)um, ringsumher b überall c durch die Bank *umg*, durchweg **~ in** alles inklusive; **be** *(od* **feel) ~ in** *umg* total fertig *od* erledigt sein; **~ in ~** alles in allem; **his wife is ~ in ~ to him** s-e Frau bedeutet ihm alles; **~ out** *umg* a total fertig *od* erledigt b auf dem Holzweg *(im Irrtum)* c mit aller Macht **(for sth** auf etwas aus), mit restlosem Einsatz d vollständig (→ all-out) **go ~ out** *umg* a alles daransetzen, aufs Ganze gehen b *bes* SPORT das Letzte aus sich herausholen **~ over** a *umg* ganz u. gar b überall c überallhin, in ganz *England etc* herum, im ganzen *Haus etc* herum d *a.* **~ over one's body** am ganzen Körper, überall **that is Doug ~ over** das ist ganz *od* typisch Doug, das sieht Doug ähnlich; **news from ~ over** Nachrichten von überall her; **be ~ over sb** *umg* an j-m e-n Narren gefressen haben; **~ right** a ganz recht *od* richtig b schon gut c in Ordnung *(a. Person)*, *engS.* unbeschädigt d na schön! e *umg* mit Sicherheit, ohne Zweifel f erlaubt **I'm ~ right** bei mir ist alles in Ornung; **he's ~ right** ihm ist nichts passiert; **I'm ~ right, Jack** *umg* Hauptsache, mir geht's gut; **be ~ right for** a geeignet sein *od* passen für b annehmbar sein für **it's ~ right for you to laugh** du hast gut lachen; **I'm ~ right for money** *umg* bei mir stimmt die Kasse; **are you ~ right in that chair?** sitzt du gut in dem Sessel?; **is it ~ right if I' …?** darf ich …?; **it's ~ right with** *(od* **by) me** von mir aus, ich habe nichts dagegen; **he arrived ~ right** er ist gut angekommen; **~ round** a rund(her)um, ringsumher b überall c durch die Bank *umg*, durchweg **taken ~ round** *umg* alles in allem; **~ there** gewitzt, gescheit, auf Draht *umg*; **he is not ~ there** er ist nicht ganz bei Trost; **~ up** *umg* total fertig *od* erledigt; **it's ~ up with him** mit ihm ists aus; **he of ~ people came** ausgerechnet er kam; **I thought you of ~ people would understand** ich dachte, gerade du würdest das verstehen; *(siehe weitere Verbindungen unter den entsprechenden Stichwörtern)*

All. ABK Alley *(in Straßennamen)*

alla breve [ˌæləˈbreɪvɪ; -ˈbreveɪ] ADJ & ADV MUS alla breve, beschleunigt

Allah [ˈælə; ˈælɑː] S REL Allah *m*

all-American **A** ADJ **1** rein *od* typisch amerikanisch **2** die ganzen Vereinigten Staaten vertretend **3** SPORT *US* National…: **~ player** → B; **the ~ team** *die von der Presse theoretisch aufgestellte bestmögliche Mannschaft* **4** den ganzen amerikanischen Kontinent betreffend **B** S SPORT *US* a Nationalspieler(in) b Spitzenspieler(in)

allanite [ˈælənaɪt] S MINER Allanit *m*

alla prima [ˌɑːlɑːˈpriːmə; ˌælə-] MAL **A** ADJ alla prima *(nur in einer Farbschicht gemalt)* **B** S Primamalerei *f*

allargando [ˌɑːlɑː(r)ˈgændəʊ; -ˈgɑːn-] ADJ & ADV MUS allargando, langsamer werdend

all-around *US für* all-round

all-automatic ADJ (ADV ~ally) TECH vollautomatisch

allay [əˈleɪ] V/T beruhigen, beschwichtigen, *Streit* schlichten, *Hitze, Schmerzen etc* mildern, lindern, *Hunger, Durst* stillen, *j-s Befürchtungen etc* zerstreuen, *j-s Freude* dämpfen

all| clear S **1** Entwarnung(ssignal) *f(n) (bes nach e-m Luftangriff)*: **give** *(od* **sound) the ~** Entwarnung geben **2** *fig* grünes Licht: **he received** *(od* **got) the ~ on his plan** er bekam grünes Licht für s-n Plan; **~-day** ADJ ganztägig; **~-dayer** S *umg* ganztägige Veranstaltung *etc*

allegation [ˌælɪˈgeɪʃn] S Behauptung *f*

allege [əˈledʒ] V/T behaupten, JUR *a.* vorbringen, geltend machen *(alle a.* **that** dass): **he is ~d to have been killed** er soll angeblich umgekommen sein; **alleged** ADJ, **allegedly** [-ɪdlɪ] ADV angeblich

allegiance [əˈliːdʒəns] S **1** *bes* HIST Untertanenpflicht *f*, -treue *f*, -gehorsam *m (alle:* **to** gegenüber) **2** **(to)** Bindung *f* (an *akk*), Ergebenheit *f* (gegenüber) **3** Treue *f*, Loyalität *f (beide:* **to** gegenüber): **change one's** *(od* **switch) ~** wechseln *(Manager etc)*, umschwenken *(Fans etc) (beide:* **from … to** von … zu); **allegiant** ADJ **(to)** treu *(dat)*, loyal (gegen[über])

allegoric [ˌælɪˈgɒrɪk; *US a.* -ˈgɑ-] ADJ, **allegorical** [-kl] ADJ (ADV ~ly) allegorisch, sinnbildlich, gleichnishaft

allegorist [ˈælɪgərɪst; *US* -ˌgəʊ-; -ˌgɔː-] S Allegorist(in), Allegoriker(in)

allegorization [ˌælɪgəraɪˈzeɪʃn; *US* -ˌgəʊrəˈz-; -ˌgɔːrəˈz-] S Allegorisierung *f*, Versinnbildlichung *f*; **allegorize** [ˈælɪgəraɪz; *US a.* -ˌgəʊ-; -ˌgɔː-] **A** V/T allegorisieren, versinnbildlichen **B** V/I in Gleichnissen reden

allegory [ˈælɪgərɪ; *US* -ˌgəʊriː; -ˌgɔː-] S Allegorie *f*, sinnbildliche Darstellung

allegretto [ˌælɪˈgretəʊ; -le-] MUS **A** ADJ & ADV allegretto, mäßig lebhaft **B** *pl* -tos S Allegretto *n*

allegro [əˈleɪgrəʊ; -ˈle-] MUS **A** ADJ & ADV allegro, lebhaft **B** *pl* -gros S Allegro *n*

allele [əˈliːl] S BIOL Allel *n (e-s der einander entsprechenden Gene e-s diploiden Chromosomensatzes)*

allelomorph [əˈliːləmɔː(r)f; əˈlelə-] → allele

alleluia [ˌælɪˈluːjə] **A** S (H)Alleluja *n (liturgischer Freudengesang)* **B** INT (h)alleluja!

all-embracing [-ɪmˈbreɪsɪŋ] ADJ allumfassend, alles umfassend

Allen| screw® [ˈælən] S TECH Innensechskantschraube *f*; **~ wrench®** S TECH Sechskantsteckschlüssel *m*

allergen [ˈælə(r)dʒen; -dʒən] S MED Allergen *n (e-e allergische Krankheit hervorrufender Stoff)*; **allergenic** ADJ (ADV ~ally) allergieerzeugend

allergic [əˈlɜːdʒɪk; *US* əˈlɜr-] ADJ MED, PHYSIOL allergisch: **~ shock** anaphylaktischer Schock, Allergieschock *m*; **be ~ to** allergisch sein gegen, allergisch reagieren auf *(akk) (beide a. fig umg)*

allergist [ˈælə(r)dʒɪst] S MED Allergologe *m*, Allergologin *f*; **allergy** S MED, PHYSIOL Allergie **(to** gegen): **~ to penicillin** Penicillinallergie; **have an ~ to** allergisch sein gegen, allergisch reagieren auf *(akk) (beide a. fig umg)*; **~ sufferer** Allergiker(in); **~ test** Allergietest *m*

alleviate [əˈliːvɪeɪt] V/T *Schmerzen, Not etc* lindern, mildern; **alleviation** S Linderung *f*, Milderung *f*

alley [ˈælɪ] S **1** (enge *od* schmale) Gasse: **that's (right) up** *(od* **down) my ~** *umg* das ist etwas für mich, das ist genau mein Fall **2** *(bes* von Bäumen *od* Sträuchern gesäumter) Garten- *od* Parkweg **3** (schmaler) Durchgang **4** *Bowling, Kegeln:* Bahn *f (a. Gebäude)*; **~ cat** S streunende Katze: → lean² A 1; **~way** → alley 1

all|-fired ADJ & ADV *bes US umg* verdammt: **he had the ~ cheek to call me a liar; don't be so ~ sure of yourself!**; ♀ **Fool's Day** S der erste April; **-German** ADJ HIST gesamtdeutsch; **~ hail** INT *obs* heil!, sei(d) gegrüßt!

Allhallows [ˌɔːlˈhæləʊz] S REL Allerheiligen *n*

alliance [əˈlaɪəns] S **1** Verbindung *f* **2** Bund

m, Bündnis *n*, Allianz *f*: **enter into** (*od* **form**) **an ~** ein Bündnis schließen, sich alliieren (**with** mit); **the ~** *Br* HIST *die Allianz zwischen Sozialdemokraten u. Liberalen* 3 Verwandtschaft *f* durch Heirat, Verschwägerung *f* 4 *weitS.* Verwandtschaft *f* 5 *fig* Bund *m*, (Interessen)Gemeinschaft *f*: **in ~ with** im Verein mit 6 Übereinkunft *f*

allied [ə'laɪd; *bes attr* 'ælaɪd] ADJ 1 a verbündet, alliiert (*beide:* **to, with** mit) b ♀ HIST Alliiert (*die Alliierten im 1. u. 2. Weltkrieg betreffend*) 2 *fig* verwandt (**to, with** mit) 3 *fig* verbunden (**to, with** mit)

Allies ['ælaɪz] SPL (*die*) Alliierten *pl* (*im 1. u. 2. Weltkrieg*)

alligator ['ælɪgeɪtə(r)] S 1 ZOOL Alligator *m* 2 Krokodilleder *n*; **~ clamp**, **~ clip** S ELEK Krokodilklemme *f*; **~ pear** S BOT Alligatorbirne *f* (*Avocado*); **~ shears** SPL, *a.* **pair of ~** TECH Handhebelschere *f*

all-important ADJ äußerst wichtig, entscheidend

all-in [,ɔ:l'ɪn; *attr* 'ɔ:lɪn] ADJ 1 *bes Br* alles inbegriffen, Gesamt…, Pauschal…: **~ insurance** Gesamt-, Generalversicherung *f*; **~ price** Pauschalpreis *m* 2 **~ wrestling** SPORT Catchen *n*

all-inclusive → all-in 1

alliterate [ə'lɪtəreɪt; æ-] V/I 1 alliterieren, den gleichen Anlaut haben 2 im Stabreim dichten; **alliteration** S Alliteration *f*, Stabreim *m*; **alliterative** [-rətɪv; *US bes* -,reɪtɪv] ADJ (ADV **~ly**) alliterierend, stab(reim)end: **~ verse** Alliterations-, Stabreimvers *m*

all|-knowing ADJ allwissend; **~-mains** ADJ: **~ receiver** ELEK Allstromempfänger *m*; **~-male** ADJ: **an ~ household** ein reiner Männerhaushalt; **~-metal** ADJ TECH Ganzmetall…: **~ construction** Ganzmetallbau (-weise) *m(f)*

all-night ADJ 1 die ganze Nacht geöffnet: **an ~ restaurant** ein Restaurant, das die ganze Nacht geöffnet hat 2 die ganze Nacht dauernd: **we had an ~ meeting** unsere Sitzung zog sich die ganze Nacht hin; **~ vigil** Nachtwache *f*; **all-nighter** S *bes US umg* a *Restaurant etc, das die ganze Nacht geöffnet hat* b *etwas, was die ganze Nacht dauert*: **be an ~** die ganze Nacht geöffnet haben; die ganze Nacht dauern; **pull an ~** sich die Nacht um die Ohren schlagen, die ganze Nacht durchmachen (*beide:* **get sth done** um etwas fertig zu machen)

allo- [æləʊ; ælə] *Wortelement mit der Bedeutung* anders…, Fremd…

allocate ['æləʊkeɪt; -lək-] V/T 1 zuteilen, an-, zuweisen (*alle:* **to** *dat*) 2 a (*nach e-m Schlüssel*) auf-, verteilen: **~ expenses** Unkosten verteilen, Gemeinkosten umlegen b *Güter* bewirtschaften, rationieren 3 *Geld etc* bestimmen, zurücklegen (*beide:* **to, for** für *j-n od e-n Zweck*) 4 den Platz bestimmen für; **allocation** S 1 Zuteilung *f*, An-, Zuweisung *f* 2 a Auf-, Verteilung *f*: **~ of expenses** Unkostenverteilung, Umlage *f* von Gemeinkosten; **~ of frequencies** ELEK Frequenzverteilung b Bewirtschaftung *f*, Rationierung *f*

allochromatic ADJ MINER allochromatisch (*durch Beimengungen anders gefärbt, als es der Substanz nach zu erwarten wäre*)

allochthonous [ə'lɒkθənəs; *US* -'lɑk-] GEOL allochthon (*nicht am Fundort heimisch od entstanden*)

allocution [,æləʊ'kju:ʃn; -lə'kj-] S 1 ermahnende *od* feierliche Ansprache 2 KATH Allokution *f* (*päpstliche Ansprache*)

allodial, **allodium** → alodial, alodium

allogamous [ə'lɒgəməs; *US* ə'lɑ-] ADJ BOT allogam(isch); **allogamy** S Allogamie *f*, Fremdbestäubung *f*

allograph ['æləʊgrɑ:f; -ləg-; *bes US* -græf] S LING Allograph *n* (*stellungsbedingte Variante e-s Graphems*)

allometry [ə'lɒmɪtrɪ; *US* -'lɑm-] S BIOL Allometrie *f* (*das Vorauseilen bzw Zurückbleiben des Wachstums von Gliedmaßen etc gegenüber dem Wachstum des übrigen Organismus*)

allomorph ['æləʊmɔ:(r)f; -ləm-] S LING Allomorph *n* (*Variante e-s Morphems*)

allonge [ə'lɔ̃:ʒ; ə'lʌnʒ; æ'l-] *pl* **-longes** S WIRTSCH Allonge *f* (*Verlängerungsstreifen an e-m Wechsel für weitere Indossamente*)

allonym ['æləʊnɪm; -lən-] S Allonym *n* (*Name e-r bekannten Persönlichkeit als Pseudonym*)

allopath ['æləʊpæθ; -ləp-] S MED Allopath(in); **allopathic** ADJ (ADV **~ally**) allopathisch; **allopathist** [ə'lɒpəθɪst; *US* -'lɑ-] → allopath; **allopathy** [-θɪ] S Allopathie *f* (*Heilverfahren, bei dem gegen e-e Krankheit Mittel angewendet werden, die e-e der Krankheitsursache entgegengesetzte Wirkung haben*)

allophone ['æləʊfəʊn; -ləf-] S LING Allophon *n* (*Variante e-s Phonems*)

alloplasty ['æləʊ,plæstɪ; -lə,p-] S MED Alloplastik *f* (*Verwendung anorganischer Stoffe als Gewebeersatz*)

all|-or-none ADJ: **~ law** PHYSIOL Alles-oder-nichts-Gesetz *n*; **~-or-nothing** ADJ Alles-oder-nichts-…, kompromisslos

allot [ə'lɒt; *US* ə'lɑt] V/T 1 (**to**) *etwas* zuteilen (*dat*), *Zeit* vorsehen (für): **in the ~ted time** *a.* fristgemäß, -gerecht; → span[1] A 8 2 *Geld etc* bestimmen, zurücklegen (**to, for** für *j-n od e-n Zweck*); **allotment** S 1 Zuteilung *f* 2 Anteil *m* 3 *Br* Schrebergarten *m* 4 MIL *US* Überweisung *f* e-s festgesetzten Teils der Löhnung an e-n Angehörigen *etc*

allotrope ['æləʊtrəʊp; 'ælə-] S CHEM Allotrop *m*; **allotropic** [-'trɒpɪk; *US* -'trɑ-] ADJ allotrop; **allotropism** [æ'lɒtrəpɪzəm; ə'l-; *US* ə'lɑ-] S Allotropie *f*

all'ottava [,ælə'tɑ:və; ,ɑ:ləʊ-] ADJ & ADV MUS all'ottava (*e-e Oktave höher od tiefer*)

allottee [ə,lɒ'ti:; *US* ə,lɑ-] S Zuteilungsempfänger(in); **allotter** [ə'lɒtər; *US* ə'lɑtər] S Zuteiler(in)

all|-out ADJ *umg* total, umfassend, Groß…: **~ effort** äußerste Anstrengung; **~ offensive** Großoffensive *f*; **~ war** totaler Krieg; **~over** A S Stoff *m* mit Allover-Dessin B ADJ: **~ pattern** Allover-Dessin *n*

allow [ə'laʊ] A V/T 1 a erlauben, gestatten b zuerkennen, bewilligen, *a. mildernde Umstände, e-e Frist, Zeit* zubilligen, gewähren (*alle:* **sb sth** j-m etwas) c → B 1: **~ sb to do sth** j-m erlauben, etwas zu tun; **be ~ed to do sth** etwas tun dürfen; **we are ~ed £100 a day** uns stehen täglich 100 Pfund zu; **~ sb time to do sth** j-m Zeit geben, etwas zu tun; **~ o.s. sth** sich etwas erlauben *od* gestatten *od* gönnen; **please ~ up to 21 days for delivery** WIRTSCH Lieferung innerhalb von 21 Tagen; **he doesn't ~ smoking in his flat** er erlaubt nicht, dass in s-r Wohnung geraucht wird; in s-r Wohnung darf nicht geraucht werden; **"no fishing ~ed"** „Angeln verboten!"; **"no visitors ~ed"** „Zutritt für Besucher verboten!"; **~ sb out** j-n hinauslassen; **he wasn't ~ed out** er durfte nicht hinaus; → appeal C 1 2 *e-e Summe* aus-, ansetzen, zuwenden, geben 3 a zugeben, einräumen (*beide:* **that** dass) b *ein Tor etc* anerkennen, gelten lassen: **the goal was not ~ed** das Tor galt nicht *od* wurde nicht gegeben 4 **~ sth to happen** dulden *od* zulassen, dass etwas geschieht: **she ~ed the food to get cold** sie ließ das Essen kalt werden 5 a in Abzug bringen, anrechnen, vergüten: **~ sb 10% for inferior quality**; **~ in full** voll vergüten b (als absetzbar) anerkennen 6 *US obs* der Meinung sein, meinen (*beide:* **that** dass) B V/I 1 **~ of** *etwas* erlauben, zulassen: **this question ~s of only one reply**; **it ~s of no excuse** es lässt sich nicht entschuldigen 2 **~ for** *etwas* in Betracht ziehen, berücksichtigen, bedenken, einkalkulieren: **~ for sb's inexperience** j-m s-e Unerfahrenheit zugutehalten; **~ing for** unter Berücksichtigung (*gen*)

allowable [ə'laʊəbl] ADJ (ADV **allowably**) 1 erlaubt, zulässig: **~ tolerance** TECH zulässige Abweichung 2 a abziehbar b (steuerlich) absetzbar

allowance [ə'laʊəns] A S 1 a Erlaubnis *f* b Zuerkennung *f*, Bewilligung *f*, Zubilligung *f*, Gewährung *f* 2 Anerkennung *f* 3 a Zuschuss *m*: **~ for rent** Wohngeld *n* b *US* Taschengeld *n* 4 Vergütung *f* 5 a Nachlass *m*, Rabatt *m* b *Br* (*Steuer*) Freibetrag *m* 6 **make ~s** nachsichtig sein; **make ~(s) for** → allow B 2 7 MATH, TECH Toleranz *f*, zulässige Abweichung, Spiel(raum) *n(m)* 8 SPORT Vorgabe *f* B V/T a *j-n* auf Rationen setzen b *Güter* rationieren

allowedly [ə'laʊɪdlɪ] ADV a zugegebenermaßen b anerkanntermaßen

alloy A S ['ælɔɪ; *fig* ə'lɔɪ] 1 TECH a Metalllegierung *f* b Legierung *f*, Mischung *f*, Gemisch *n* (*a. fig*): **~ steel** legierter Stahl 2 *fig* (Bei)Mischung *f*, Zusatz *m*: **pleasure without ~** ungetrübte Freude B V/T [ə'lɔɪ; 'ælɔɪ] 1 *Metalle* legieren, (ver)mischen, versetzen 2 *fig* verschlechtern, trüben C V/I [ə'lɔɪ; 'ælɔɪ] sich (ver)mischen (*Metalle*)

all|-party ADJ Allparteien…; **~-play-all** S SPORT *Br Turnier, bei dem jeder gegen jeden antritt*; **~-powerful** ADJ allmächtig; **~-purpose** ADJ Allzweck…, Universal…: **~ tool**; **~ slicer** Allesschneider *m*; **~-right** ADJ *US umg* annehmbar (*Plan etc*): **he's an ~ guy** er ist in Ordnung; **~-round** ADJ vielseitig: **an ~ athlete** ein Allroundsportler; **an ~ education** e-e vielseitige *od* umfassende Bildung; **~ man** → all-rounder 1; **~ pleated skirt** (*Mode*) Rundumfaltenrock *m*; **~ tool** Universalwerkzeug *n*; **~-rounder** S 1 Allrounder(in), Allroundman *m* 2 SPORT a Allroundsportler(in) b *bes Br* Allroundspieler(in);; ♀ **Saints' Day** S REL Allerheiligen *n*; **~-seater (stadium)** S SPORT *Br* (reines) Sitzplatzstadion; **~sorts** SPL Lakritzenbonbons *pl*; ♀ **Souls' Day** S REL Allerseelen *n*; **~spice** S 1 BOT Pimentbaum *m* 2 Piment *m/n*, Nelkenpfeffer *m*; **~-star** ADJ SPORT, THEAT Star…: **an ~ cast** e-e Star- *od* Galabesetzung; **~ team** a Starmannschaft *f* b All-Star-Team *n* (*von Fachleuten, Journalisten etc aus dem gesamten Spielerkreis gewählte beste Mannschaftsbesetzung*); **he was chosen for the ~ team** er wurde ins All-Star-Team gewählt; **~-terrain** ADJ AUTO *bes US* geländegängig: **~ bicycle** Mountainbike *n*; **~ vehicle** Geländefahrzeug *n*; **~-ticket** ADJ ausverkauft (*Spiel etc*); **~-time** ADJ beispiellos, bisher unerreicht (*Rekord etc*): **an ~ high** der höchste Stand aller Zeiten; **an ~ low** der niedrigste Stand aller Zeiten, SPORT ein (Zuschauer)Minusrekord; **his morals had reached an ~ low** s-e Moral war auf dem absoluten Nullpunkt angelangt

allude [ə'lu:d] V/I: **~ to** a anspielen auf (*akk*) b sich beziehen auf (*akk*)

allure [ə'ljʊə; *bes US* ə'lʊə(r)] A V/T 1 (an-, ver)locken 2 faszinieren B S 1 Verlockung *f* 2 Faszination *f*, (*e-r Person*) Charme *m*; **allurement** S 1 → allure B 1 2 → allure B 2 3 Lockmittel *n*; **alluring** ADJ (ADV **~ly**) 1 verlockend 2 faszinierend, (*Person*) charmant

allusion [ə'lu:ʒn] S Anspielung *f* (**to** auf *akk*),

RHET Allusion *f (Anspielung auf Worte u. Geschehnisse der Vergangenheit)*: **make an ~ to** e-e Anspielung machen auf; **allusive** [-sɪv] ADJ (ADV ~ly) **1** verblümt **2** voller Anspielungen

alluvia [əˈluːvjə; -vɪə] *pl von* alluvium

alluvial [əˈluːvjəl; -vɪəl] GEOL **A** ADJ angeschwemmt, alluvial: **~ cone** Schwemmkegel *m*; **~ gold** Alluvial-, Seifengold *n*; **~ ore deposit** Erzseife *f*; **~ soil** Alluvialboden *m* **B** S → alluvium

alluvion [əˈluːvjən; -vɪən] S **1** Anspülung *f* **2** Alluvion *f*: **a** angeschwemmtes Land **b** JUR Landvergrößerung *f* durch Anschwemmung

alluvium [əˈluːvjəm; -vɪəm] *pl* -viums [-z] *od* -via [-ə] S GEOL Alluvium *n*, Schwemmland *n*

all|-weather ADJ **1** Allwetter…: **~ coat**; **~ roof**; **~ fighter** FLUG, MIL Allwetterjäger *m* **2** wetterfest; **~-wheel** ADJ TECH Allrad…: **~ drive** Allradantrieb *m*

ally [əˈlaɪ] **A** V/T *(durch Heirat, Bündnis od Freundschaft, Verwandtschaft, Ähnlichkeit)* verbinden, vereinigen *(beide:* **to, with** *mit)*: **~ o.s.** → B; → allied **B** V/I sich vereinigen, sich verbinden, sich verbünden *(alle:* **to, with** mit; **against** gegen) **C** S [ˈælaɪ] **1** Alliierte(r) *m/f(m)*, Verbündete(r) *m/f(m)*, Bundesgenosse *m*, Bundesgenossin *f (a. fig)*: → Allies **2** BOT, ZOOL verwandte Sippe

allyl [ˈælɪl] ADJ CHEM Allyl…: **~ alcohol**; **~ resin** Allylharz *n*

Alma Mater [ˌælməˈmɑːtə(r)] S Alma Mater *f (Universität, Hochschule)*

almanac [ˈɔːlmənæk; *US a.* ˈæl-] S Almanach *m*

almandine [ˈælməndiːn; -daɪn] S MINER Almandin *m*

almightiness [ɔːlˈmaɪtɪnɪs] S Allmacht *f*, Allmächtigkeit *f*; **almighty** ADJ **1** allmächtig: **the** ♀ der Allmächtige; **the ~ dollar** die Allmacht des Geldes; → god 2 **2** *umg (a. adv)* **a** mächtig: **an ~ row** ein fürchterlicher Streit **b** scheußlich, ganz verflixt: **he's in an ~ situation**

almond [ˈɑːmənd; *US a.* ˈæm-; ˈælm-] **A** S **1** BOT **a** Mandelbaum *m* **b** Mandel *f* **2** Mandelfarbe *f* **3** mandelförmiger Gegenstand **B** ADJ **1** Mandel… **2** mandelfarben; **~-eyed** ADJ mandeläugig; **~ milk** S *Kosmetik*: Mandelmilch *f*; **~ oil** S CHEM Mandelöl *n*; **~-shaped** ADJ mandelförmig

almoner [ˈɑːmənə(r); ˈæl-] S **1** HIST Almosenpfleger(in) **2** *Br obs* Sozialarbeiter(in) im Krankenhaus; **almonry** [-rɪ] S HIST **1** Wohnung *f* e-s Almosenpflegers **2** Kloster *n etc*, wo Almosen verteilt wurden

almost [ˈɔːlməʊst] ADV fast, beinah(e): **he ~ died** er wäre fast gestorben

alms [ɑːmz; *US a.* ɑːlmz] SPL Almosen *pl*; **~house** S **1** *Br* **a** privates Altenheim **b** privates Wohnheim für sozial Schwache **2** HIST *bes Br* Armenhaus *n*; **~man** [-mən] S *irr* HIST Almosenempfänger *m*; **~woman** S *irr* HIST Almosenempfängerin *f*

alodial [əˈləʊdjəl; -ɪəl] ADJ allodial; **alodium** [-əm] *pl* -dia [-ə] S HIST Allod(ium) *n*, Allodialgut *n (lehensfreier, dem Lehensträger persönlich gehörender Grund u. Boden)*

aloe [ˈæləʊ] *pl* -oes S **1** BOT Aloe *f* **2** *pl (als sg konstruiert)* PHARM Aloe *f (Abführmittel)* **3** *pl (als sg konstruiert)* → aloeswood

aloeswood [ˈæləʊzwʊd] S BOT Adler-, Paradies-, Aloeholz *n*

aloft [əˈlɒft] ADV **1** *poet* hoch (oben *od* hinauf), in der *od* die Höhe, empor, droben, im Himmel **2** SCHIFF oben, in der Takelung

alogical [eɪˈlɒdʒɪkl; *US* -ˈlɑ-] ADJ (ADV ~ly) alogisch

Aloha State [əˈləʊ(h)ə] S *US (Beiname für den Staat)* Hawaii *n*

alone [əˈləʊn] **A** ADJ **1** allein: **I'm not ~ in thinking that …** ich bin nicht der Einzige, der glaubt, dass …; **feel ~** sich einsam fühlen; → go¹ D 5, leave¹ A 2, let¹ B 1, stand B 1 **2** einzig(artig), ohnegleichen **B** ADV allein, bloß, nur: **this year ~** allein in diesem Jahr

along [əˈlɒŋ] **A** PRÄP **1** entlang *(dat od akk)*, längs *(gen, a dat)*, an *(dat)* … vorbei, an *(dat)* … hin: **~ the river** am *od* den Fluss entlang, entlang dem Fluss **2** während *(gen)*, im Laufe von *(od gen)*: **~ the way** unterwegs **3** in Übereinstimmung mit: → line¹ A 9, A 10 **B** ADV **1** vorwärts, weiter…: → get along, *etc* **2** dahin…: **as he rode ~** **3** **~ with** (zusammen) mit: **take ~ (with o.s.)** mitnehmen; → come along, go along, *etc* **4** *umg* da…, her…, hin…: **I'll be ~ in a few minutes** ich bin in ein paar Minuten da **5** **~ of** *US dial* wegen *(gen)*

alongshore [əˌlɒŋˈʃɔː(r); *US a.* -ˈʃəʊr] ADV & ADJ längs der Küste

alongside [əˌlɒŋˈsaɪd; əˈlɒŋsaɪd] **A** PRÄP **1** **a** SCHIFF längsseits *(gen)* **b** neben *(dat od akk)* **2** *fig* neben *(dat)* **B** ADV **a** SCHIFF längsseits **b** daneben: **~ of** → A

aloof [əˈluːf] **A** ADJ (ADV ~ly) reserviert, zurückhaltend **B** ADV abseits: **keep o.s.** *(od* **remain)** **~** sich fernhalten (**from** von), für sich bleiben, Distanz wahren; **stand ~ from the group** abseits der Gruppe stehen; **aloofness** S Reserviertheit *f*, Zurückhaltung *f*

alopecia [ˌæləʊˈpiːʃɪə; -ʃə] S MED Alopezie *f (krankhafter Haarausfall)*

aloud [əˈlaʊd] ADV laut, mit lauter Stimme: **read sth ~** etwas laut lesen *od* vorlesen; **think ~** laut denken

alow [əˈləʊ] ADV SCHIFF (nach) unten

alp¹ [ælp] S hoher Berg

ALP² ABK Australian Labor Party

alpaca [ælˈpækə] S **1** ZOOL Alpaka *n* **2** **a** Alpaka(wolle) *n(f)* **b** Alpaka *m (Gewebe)*

alpen|glow [ˈælpən-] S Alpenglühen *n*; **~horn** S MUS Alphorn *n*; **~stock** S *hist Bergsteigen*: Bergstock *m*

alpestrine [ælˈpestrɪn] ADJ BOT subalpin(isch)

alpha [ˈælfə] S **1** Alpha *n (griechischer Buchstabe)*: **~ particle** PHYS Alphateilchen *n*; **~ rays** PHYS Alphastrahlen; **~ rhythm** *(od* **wave)** PHYSIOL Alpharhythmus *m*; **the ~ and omega** *fig* **a** der Anfang u. das Ende **b** das A u. O (of *gen*) **2** *Br* → A¹ 4

alphabet [ˈælfəbɪt; -bet] S **1** Alphabet *n*, Abc *n*: **~ soup** **a** Buchstabensuppe *f* **b** *fig colloq* Abkürzungswirrwarr *m* **2** *fig* Abc *n*, Anfangsgründe *pl*, Grundbegriffe *pl*

alphabetic [ˌælfəˈbetɪk] ADJ, **alphabetical** [-kl] ADJ (ADV ~ly) alphabetisch: **~ accounting machine** *(Computer)* alphabetschreibende Tabelliermaschine; **~ agency** Institution *f* mit abgekürzter Bezeichnung; **~ interpreter** *(Computer)* Alpha(bet)lochschriftübersetzer *m*; **~ order** alphabetische Anordnung *od* Reihenfolge; **in ~ order** *a.* alphabetisch (an)geordnet; **~ printing punch** *(Computer)* Alpha(bet)schreiblocher *m*

alphabetism [ˈælfəbətɪzəm; -bet-] S HUM *Benachteiligung aufgrund der Tatsache, dass der Anfangsbuchstabe des Nachnamens weit hinten im Alphabet steht*

alphabetize [ˈælfəbətaɪz; -bet-] V/T alphabetisieren, alphabetisch (an)ordnen

alphanumeric [ˌælfənjuːˈmerɪk; *US a.* -nʊˈm-] ADJ IT: alphanumerisch *(Dezimalziffern u. Buchstaben enthaltend)*

alphorn → alpenhorn

Alpine [ˈælpaɪn] **A** ADJ **1** Alpen… **2** ♀ alpin, Hochgebirgs…: **~ climate** alpines Klima, Hochgebirgsklima *n*; **~ combined** *(Skisport)* alpine Kombination; **~ plant** → B; **~ skiing** alpiner Skisport **B** **~ race** *(Anthropologie)* alpine Rasse **B** S ♀ Hochgebirgspflanze *f*

alpinism, *a.* ♀ [ˈælpɪnɪzəm] S **1** Alpinismus *m*, Alpinistik *f* **2** alpiner Skisport; **alpinist**, *a.* ♀ S **1** Alpinist(in) **2** *Skisport*: Alpine(r) *m/f(m)*

Alps [ælps] SPL *(die)* Alpen *pl*

already [ˌɔːlˈredɪ] ADV schon, bereits: **have you finished ~?**

alright [ˌɔːlˈraɪt] *Variante von* **all right**; → all *Bes Redew*

a.l.s. ABK autograph letter signed unterzeichneter handgeschriebener Brief

Alsatian [ælˈseɪʃjən; -ʃən] **A** ADJ elsässisch, Elsässer: **~ dog** → B 2 **B** S **1** Elsässer(in) **2** (Deutscher) Schäferhund

also [ˈɔːlsəʊ] **A** ADV auch, außerdem **B** KONJ *bes US umg* und: **he was old, ~ frail**

also-ran S **1** SPORT *Teilnehmer an e-m Rennen (Läufer, Pferd etc), der sich nicht platzieren kann*: **he was among the ~s** er kam unter „ferner liefen" ein **2** *umg* **a** Verlierer(in) **b** *j-d, der es nie zu etwas bringt*: **he's an ~** er wird nie auf e-n grünen Zweig kommen

alt¹ [ælt] S: **in ~** MUS in der Oktave über dem Violinsystem

Alt² [ɒlt; *US* ɑlt] S *a.* **~ key** COMPUT Alt-Taste *f*

alt. ABK **1** alternate **2** altitude **3** MUS alto

Alta. ABK Alberta *(kanad. Provinz)*

altar [ˈɔːltə(r)] S **1** REL Altar *m*: **lead to the ~** *j-n* zum Altar führen, heiraten; **sacrifice on the ~ of** *fig j-n, etwas* auf dem Altar *(gen)* opfern **2** REL Abendmahlstisch *m* **3** SCHIFF Stufenweg *m (am Trockendock)*; **~ boy** S KATH Ministrant *m*, Messdiener *m*; **~ cloth** S Altardecke *f*; **~piece** S Altarbild *n*, -blatt *n*, -gemälde *n*; **~ rail** S Altargitter *n*; **~ screen** S Altarrückwand *f*, Retabel *n*; **~ wine** S KATH Messwein *m*

altazimuth [ælˈtæzɪməθ] S ASTRON Altazimut *n*, *a. m (Gerät zur Messung des Azimuts u. der Höhe der Gestirne)*

alter [ˈɔːltə(r)] **A** V/T **1** (ver)ändern, ab-, umändern: **have a coat ~ed** e-n Mantel ändern lassen; **this does not ~ the fact that …** das ändert nichts an der Tatsache, dass … **2** VET *bes US* **a** *ein männliches Tier* kastrieren **b** *e-e Hündin, e-e Katze* sterilisieren **3** MUS *e-n Akkord* alterieren *(chromatisch verändern)* **B** V/I sich (ver)ändern; **alterable** ADJ (ADV alterably) veränderlich: **not be ~** sich nicht (ab)ändern lassen

alteration [ˌɔːltəˈreɪʃn] S **1** Änderung *f* (**to** an *dat*), Ver-, Ab-, Umänderung *f (Vorgang u. Ergebnis)*: **~ in the program(me)** Programmänderung; **her skirt needs ~** ihr Rock muss geändert werden; **make an ~ to** e-e Veränderung vornehmen an *(dat)*; **~ fee** *(Touristik)* Umbuchungsgebühr *f* **2** ARCH Umbau *m*: **"closed for ~s"** „wegen Umbau geschlossen" **3** MUS Alteration *f*, Alterierung *f*; **alterative** [-rətɪv; *US bes* -ˌreɪtɪv] **A** ADJ **1** verändernd **2** MED, PHARM *obs* alterierend, umstimmend **B** S MED, PHARM *obs* alterierendes Mittel

altercate [ˈɔːltə(r)keɪt] V/I e-e heftige Auseinandersetzung haben; **altercation** S heftige Auseinandersetzung

alter ego [ˌæltərˈegəʊ; -ˈiːgəʊ; *US* ˌɔːltəˈriː-gəʊ] S Alter Ego *n*: **a** *(das)* andere Ich **b** Busenfreund(in)

alternant [ɔːlˈtɜːnənt; *US* ˈɔːltər-] → alternate A 1, alternating

alternate [ɔːlˈtɜːnət; *US* ˈɔːltər-] **A** ADJ **1** (miteinander) abwechselnd, alternierend, wechselseitig: **~ angles** MATH Wechselwinkel; **on ~ days** (abwechselnd) jeden zweiten Tag; **a day of ~ rain and sunshine** ein Tag mit abwechselnd Regen u. Sonnenschein **2** alternativ, Alternativ…: **~ plan**; **~ airport** Ausweichflughafen *m;* ~ **captain** *(Eishockey)* stellvertretender Mannschaftskapitän **3** BOT wechselständig **B** S US Stellvertreter(in) **C** V/T ['ɔːltə(r)neɪt] **1** wechselweise tun **2** abwechseln lassen **3** (miteinander) vertauschen, versetzen, *a.* TECH versetzt anordnen **4** TECH hin- u. herbewegen **5** ELEK durch Wechselstrom in Schwingungen versetzen **6** ELEK, TECH (periodisch) verändern **D** V/I ['ɔːltə(r)neɪt] **1** wechselweise (aufeinander)folgen, alternieren, (miteinander) abwechseln: **she ~d between loving and hating him** sie liebte u. hasste ihn abwechselnd; **he ~d between success and failure** bei ihm wechselten sich Erfolg u. Misserfolg ab **2** ELEK wechseln *(Strom);* **alternately** [ɔːl'tɜːnətlɪ; US 'ɔːltər-] ADV abwechselnd, wechselweise; **alternating** ['ɔːltə(r)neɪtɪŋ] ADJ abwechselnd, Wechsel…: ~ **current** ELEK Wechselstrom *m*

alternation [ˌɔːltə(r)'neɪʃn] S **1** Abwechslung *f,* Wechsel *m,* Alternieren *n,* wechselseitige Folge: ~ **of generations** BIOL Generationswechsel; **the ~ of the seasons** der Wechsel der Jahreszeiten **2** ELEK (Strom)Wechsel *m,* Halbperiode *f* **3** → disjunction 2

alternative [ɔːl'tɜːnətɪv; US -'tɜr-] **A** ADJ alternativ, Alternativ…: ~ **birth(ing)** natürliche Geburt; ~ **energy** alternative Energie; **frequency** ELEK Ausweichfrequenz *f;* ~ **hypothesis** MATH Alternativhypothese *f (Hypothese, die bei e-m Prüfverfahren davon ausgeht, dass festgestellte Abweichungen von e-m Sollwert zufällig sind);* ~ **medicine** Alternativmedizin *f;* ~ **plan** Alternativplan *m;* ~ **proposal** Gegenvorschlag *m;* ~ **question** LING Alternativfrage *f;* ~ **society** alternative Gesellschaft **B** S Alternative *f* (**to** zu): **there is no (other)** ~ es gibt keine Alternative *od* andere Möglichkeit; **have no** ~ keine andere Möglichkeit *od* Wahl haben (**but to** *inf* als zu *inf*); **we were left with no** ~ uns blieb keine andere Wahl; **alternatively** ADV als Alternative *od* andere Möglichkeit: **or, ~, …** oder aber …

alternator ['ɔːltə(r)neɪtə(r)] S ELEK Wechselstromgenerator *m,* AUTO Drehstromlichtmaschine *f*

alth(a)ea [æl'θiːə] S BOT Althee *f,* Eibisch *m*

Althing ['ɑːlθɪŋ; 'ɔːl-; 'æl-] S Althing *n (Parlament von Island)*

altho [ɔːl'ðəʊ] *US Nebenform von* although

althorn ['æltħɔː(r)n] S MUS Althorn *n*

although [ɔːl'ðəʊ] KONJ **1** obwohl **2** dennoch, trotzdem

altigraph ['æltɪgrɑːf; *bes US* -græf] S PHYS Altigraf *m,* Höhenschreiber *m*

altimeter [æl'tɪmɪtə(r)] S PHYS Altimeter *n,* Höhenmesser *m:* ~ **setting** Höhenmessereinstellung *f*

altitude ['æltɪtjuːd; *US a.* -ˌtuːd] S **1** FLUG, ASTRON, MATH Höhe *f,* (absolute) Höhe *(über dem Meeresspiegel),* Flughöhe *f:* **at an ~ of** in e-r Höhe von; **what is the ~ of …?** wie hoch ist …?; ~ **cabin** Unterdruckkammer *f;* ~ **control** Höhensteuerung *f;* ~ **sickness** Höhenkrankheit *f;* ~ **of the sun** Sonnenstand *m;* **lose ~** FLUG an Höhe verlieren **2** *meist pl* Höhe *f,* Gipfel *m,* hoch gelegene Gegend: **mountain ~s** Berghöhen **3** *fig* Erhabenheit *f;* **altitudinal** [-dɪnl] ADJ Höhen…

alto ['æltəʊ] MUS **A** *pl* -tos S **1** Alt *m:* **a** Altstimme *f* **b** Altist(in) **c** Altpartie *f* **2** Altinstrument *n* **B** ADJ Alt…: ~ **flute;** ~ **saxophone;** ~ **clef** Altschlüssel *m*

altocumulus S *irr* METEO Altokumulus *m (Haufenwolke in mittlerer Höhe)*

altogether [ˌɔːltə'geðə(r)] **A** ADV **1** insgesamt **2** ganz (u. gar), gänzlich, völlig: **that's an ~ different matter, that's a different matter ~** das ist etwas ganz *od* völlig anderes; **we weren't ~ surprised when …** es war für uns keine große Überraschung, als … **3** im Ganzen genommen, alles in allem **B** S **in the ~** *umg hum* im Adams- *od* Evaskostüm

alto-relievo [ˌæltəʊrɪ'liːvəʊ; -rɪl'jeɪ-] S KUNST Hochrelief *n*

altostratus S *irr* METEO Altostratus *m (Schichtwolke in mittlerer Höhe)*

altricial [æl'trɪʃl] ADJ: ~ **bird** Nesthocker *m*

altruism ['æltrʊɪzəm] S Altruismus *m,* Uneigennützigkeit *f,* Selbstlosigkeit *f;* **altruist** S Altruist(in); **altruistic** ADJ (ADV ~ally) altruistisch, uneigennützig, selbstlos

aludel ['æljʊdel] S CHEM Aludel *m*

alum ['æləm] S CHEM Alaun *m*

alumina [ə'ljuːmɪnə; *bes US* ə'luː-] S CHEM Aluminiumoxid *n,* Tonerde *f;* **aluminate** [-neɪt; *US bes* -nət] S Aluminat *n;* **aluminic** [ˌæljʊ'mɪnɪk] ADJ aluminiumhaltig, Aluminium …; **aluminiferous** [-'nɪfərəs] ADJ aluminiumhaltig; **aluminite** [-naɪt] S MINER Aluminit *m*

aluminium [ˌæljʊ'mɪnjəm; -ɪəm] CHEM **A** S Aluminium *n* **B** ADJ Aluminium …: ~ **foil** Aluminium-, Alufolie *f;* ~ **oxide** → alumina; ~ **sulfate** Aluminiumsulfat *n;* **aluminize** [ə'ljuːmɪnaɪz; *bes US* ə'luː-] V/T **1** mit Alaun *od* Tonerde behandeln *od* versetzen **2** mit Aluminium überziehen

aluminous [ə'ljuːmɪnəs; *bes US* ə'luː-] ADJ CHEM Alaun *od* Aluminium enthaltend *od* betreffend

aluminum [ə'luːmənəm] *US für* aluminium

alumna [ə'lʌmnə] *pl* -nae [-niː] S *bes US* **1** ehemalige Studentin *od* Schülerin **2** *umg* ehemaliges Mitglied *(e-r Organisation etc);* **alumnus** [-nəs] *pl* -ni [-ˌnaɪ] S *bes US* **1** ehemaliger Student *od* Schüler **2** *umg* ehemaliges Mitglied *(e-r Organisation etc)*

alum| rock → alunite; **~root** S BOT Alaunwurzel *f;* ~ **stone** → alunite

alunite ['æljʊnaɪt; *US a.* 'æləˌn-] S GEOL, MINER Alunit *m,* Alaunstein *m*

alveolar [æl'vɪələ(r); ˌælvɪ'əʊ-] **A** ADJ **1** alveolär: **a** fächerig, zellen-, wabenförmig **b** ANAT *Zahnfächer od den Zahndamm betreffend* **2** PHYSIOL *die Lungenbläs-chen betreffend* **3** LING alveolar *(Konsonant)* **B** S **1** *a.* ~ **arch** ANAT Zahnhöhlenbogen *m* **2** LING Alveolar *m (mit der Zungenspitze am Damm der Schneidezähne gebildeter Konsonant)*

alveolate [æl'vɪələt] → alveolar A 1 a; **alveole** ['ælvɪəʊl], **alveolus** [-ləs] *pl* -li [-laɪ] S ANAT Alveole *f:* **a** Zahnfach *n (im Kiefer)* **b** Lungenbläs-chen *n*

alvine ['ælvɪn; -vaɪn] ADJ MED *obs* den Darm *od* Bauch betreffend

always ['ɔːlweɪz; -wɪz] ADV **1** immer, jederzeit, stets, ständig: **as ~** wie immer; **he's ~ complaining about the food** er meckert ständig über das Essen **2** jederzeit

alyssum ['ælɪsəm; *US* ə'lɪsəm] S BOT Steinkraut *n*

Alzheimer's disease ['æltshaɪmə(r)z; *US* 'ɑlts-] S MED Alzheimerkrankheit *f*

am[1] [æm] *1. sg präs von* be

am[2], **a.m.** [ˌeɪ'em] (= *ante meridiem*): **at 5 ~** um 5 Uhr *(morgens);* **the 5 ~ (train)** der 5-Uhr-Zug

AM[3] ABK **1** ELEK amplitude modulation *(Frequenzbereich der Lang-, Mittel- u. Kurzwellen)* **2** US Artium Magister, Master of Arts **3** associate member

AMA ABK American Medical Association

amadou ['æmədu:] S Feuerschwamm *m*

amah ['ɑːmə; 'æmə] S *IndEng* Amme *f,* Kinderfrau *f*

amain [ə'meɪn] ADV *obs od poet* **1** mit (aller) Macht **2** außerordentlich

amal. ABK amalgam

Amalekite [ə'mæləkaɪt; *US a.* 'æməˌlekaɪt] S BIBEL Amalekiter *m*

amalg. ABK amalgam

amalgam [ə'mælgəm] S **1** CHEM, TECH **a** Amalgam *n:* ~ **filling** *(Zahnmedizin)* Amalgamfüllung *f* **b** innige (Stoff-)Verbindung, Mischung *f* **2** *fig* Mischung *f,* Verschmelzung *f*

amalgamate [ə'mælgəmeɪt] V/T & V/I **1** CHEM, TECH (**to** zu) **a** (sich) amalgamieren **b** *a. fig* (sich) vereinigen, verschmelzen **2** *fig* (sich) zusammenschließen, WIRTSCH *a.* fusionieren (**to** zu); **amalgamation** [əˌmælgə'meɪʃn] S **1** Amalgamieren *n* **2** Vereinigung *f,* -schmelzung *f* **3** Zusammenschluss *m,* WIRTSCH *a.* Fusion *f*

amanuensis [əˌmænjʊ'ensɪs; *US* -jə'w-] *pl* -ses [-siːz] S Sekretär(in)

amaranth ['æmərænθ] S **1** BOT Amarant *m,* Fuchsschwanz *m* **2** *poet* unverwelkliche Blume **3** Amarant *m (dunkelroter Farbstoff)*

amarelle ['æmərel; ˌæmə'rel] S BOT Amarelle *f,* Sauerkirsche *f*

amaryllis [ˌæmə'rɪlɪs] S BOT **1** Amaryllis *f* **2** Ritterstern *m*

amass [ə'mæs] V/T an-, aufhäufen, ansammeln, *Beweise etc* sammeln, zusammentragen: ~ **a fortune** ein Vermögen anhäufen; **amassment** S Anhäufung *f,* Ansammlung *f*

amateur ['æmətə(r); -tjʊə(r); *US a.* -ˌtʃʊr] **A** S **1** Amateur(in), Amateursportler(in): ~ **boxer** Amateurboxer(in); ~ **boxing** Amateurboxen *n;* ~ **flier** Sportflieger(in); ~ **flying** Sportfliegerei *f;* ~ **status** Amateureigenschaft *f,* -status *m* **2** Amateur(in): **a** *j-d, der e-e Tätigkeit als Hobby betreibt* **b** Nichtfachmann *m, pej* Dilettant(in), Stümper(in): ~ **actor** Laienschauspieler *m;* ~ **detective** Amateurdetektiv(in); ~ **dramatics** *pl a. als sg konstruiert)* Laientheater *n;* ~ **gardener** Hobbygärtner(in); ~ **painter** Sonntagsmaler(in) **B** ADJ → amateurish; **amateurish** [ˌæmə'tɜːrɪʃ; -'tjʊə-; *US* -'tɜr-; -'tʊr-] ADJ (ADV ~ly) dilettantisch, stümperhaft: **make an ~ job of doing sth** etwas dilettantisch *od* stümperhaft tun; **amateurism** [-tərɪzəm] S **1** SPORT Amateurismus *m* **2** *pej* Dilettantentum *n*

Amati [ə'mɑːtɪ; ɑː-] S MUS Amati *f (Violine)*

amatory ['æmətərɪ; *US* -ˌtəʊriː; -ˌtɔː-] ADJ amourös, erotisch, Liebes…: ~ **poems;** an ~ **look** ein sinnlicher Blick

amaze [ə'meɪz] **A** V/T erstaunen, in Erstaunen (ver)setzen, verwundern, verblüffen **B** S *obs* → amazement; **amazed** ADJ erstaunt, verwundert, verblüfft (**at, by** über *akk*): **we were ~ to hear that …** wir hörten zu unserem Erstaunen, dass …; **amazedly** [-ɪdlɪ] ADV → amazed; **amazement** S Erstaunen *n,* Verwunderung *f,* -blüffung *f:* **in ~** → amazed; **to my ~** zu m-m Erstaunen

amazing [ə'meɪzɪŋ] ADJ erstaunlich, verwunderlich, verblüffend: **at an ~ price** zu e-m erstaunlichen Preis; **amazingly** ADV **1** → amazing **2** erstaunlicherweise

Amazon[1] ['æməzən; *US a.* -ˌzɑn] S **1** *Antike:* Amazone *f* **2** *a.* ♀ *fig* Amazone *f,* Mannweib *n* **3** *a.* ~ **ant** Amazonenameise *f*

Amazon[2] ['æməzən; -zn; *US a.* -ˌzɑn] S Amazonas *m*

Amazonian [ˌæmə'zəʊnjən; -ɪən] ADJ **1** amazonenhaft, Amazonen… **2** GEOG Amazonas…

amb. ABK ambassador

ambages [æm'beɪdʒiːz; 'æmbɪdʒɪz] SPL *obs* **1** Umschweife *pl* **2** Winkelzüge *pl*

ambassador [æm'bæsədə(r)] S **1** POL **a** *a.* ~ **extraordinary** Gesandte(r) *m/f(m) (in e-m bestimmten Auftrag),* Bevollmächtigte(r) *m/f(m)* **b**

a. ~ **extraordinary and plenipotentiary** Botschafter *m* (**to** in *e-m Land*, bei *der UNO*): **~-at-large** *US* Sonderbotschafter **2** Abgesandte(r) *m/f(m)*, Bote *m* (*a. fig*); **ambassadorial** [-'dɔːrɪəl] ADJ Botschafts…; **ambassadorship** S Stellung *f od* Rang *m* e-s Botschafters
ambassadress [æm'bæsədrɪs] S **1** POL Botschafterin *f* (**to** in *e-m Land*, bei *der UNO*) **2** Gattin *f e-s* Botschafters
amber ['æmbə(r)] **A** S **1** MINER Bernstein *m* **2** Bernsteinfarbe *f* **3** *Br* Gelb(licht) *n*, gelbes Licht (*Verkehrsampel*): **at ~** bei Gelb; **the lights were at ~** die Ampel stand auf Gelb **4** → ambergris **B** ADJ **1** Bernstein… **2** bernsteinfarben, gelbbraun: **~ fluid** *Aus sl* Bier *n* **3** *Br* gelb: **~ light** → A 3; **the lights were ~** die Ampel stand auf Gelb
ambergris ['æmbə(r)griːs; -grɪs] S (graue) Ambra
ambiance → ambience
ambidexter [,æmbɪ'dekstə(r)] **A** ADJ *obs für* ambidextrous **B** S *obs* Ambidexter(in), Beidhänder(in); **ambidexterity** [-'terətɪ] S **1** Ambidextrie *f*, Beidhändigkeit *f* **2** ungewöhnliches Geschick **3** *fig* Doppelzüngigkeit *f*, Falschheit *f*; **ambidextrous** ADJ (ADV ~ly) **1** ambidexter, beidhändig **2** ungewöhnlich geschickt **3** *fig* doppelzüngig, falsch **4** *bes US sl* bi (*bisexuell*); **ambidextrousness** → ambidexterity
ambience ['æmbɪəns] S Ambiente *n*: **a** KUNST *alles, was eine Gestalt umgibt* (*Licht, Luft, Gegenstände*) **b** *fig* Umwelt *f*, Milieu *n* **c** *fig* Atmosphäre *f* (*e-s Raums etc*): **the restaurant has a pleasant ~**; **ambient** **A** ADJ umgebend: **~ light** TV Umgebungs-, Raumbeleuchtung *f*; **~ noise** Umgebungsgeräusch *n*; **~ temperature** Umgebungstemperatur *f* **B** S Umwelt *f*, Milieu *n*
ambiguity [,æmbɪ'gjuːɪtɪ] S Zweideutigkeit *f* (*a. Äußerung*), Mehr-, Vieldeutigkeit *f*, Doppelsinn *m*, RHET Ambiguität *f*
ambiguous [æm'bɪgjʊəs; *US* -jəwəs] ADJ (ADV ~ly) **1** zwei-, mehr-, vieldeutig, doppelsinnig **2** unklar, verschwommen **3** BOT, ZOOL von zweifelhaftem systematischem Charakter; **ambiguousness** → ambiguity
ambisextrous [,æmbɪ'sekstrəs] ADJ *umg* **1** bi (*bisexuell*) **2** Unisex…: **~ clothes**
ambisexual [,æmbɪ'seksjʊəl; -ʃʊəl; *US* -ʃəwəl] **A** ADJ bisexuell **B** S bisexueller Mensch
ambit ['æmbɪt] S **1** Umkreis *m*: **within an ~ of** in e-m Umkreis von **2** **a** Umgebung *f* **b** Grenzen *pl* **3** *fig* **a** Aufgaben-, Einflussbereich *m* **b** Rahmen *m*
ambitendency [,æmbɪ'tendənsɪ] S PSYCH Ambitendenz *f* (*bei Schizophrenie auftretende Störung der Entscheidungsfähigkeit*)
ambition [æm'bɪʃn] S **1** Ehrgeiz *m* **2** Ambition *f*: **he has no political ~s**; **it was his ~ to do his doctorate** es war sein Ehrgeiz *od* sein Ziel zu promovieren
ambitious [æm'bɪʃəs] ADJ (ADV ~ly) **1** ambitioniert, ehrgeizig: **be ~ to do sth** den Ehrgeiz haben, etwas zu tun; **be ~ for sb** große Dinge mit j-m vorhaben; **be ~ of** begierig sein nach **2** ehrgeizig (*Projekt etc*); **ambitiousness** → ambition 1
ambivalence [,æmbɪ'veɪləns; *bes US* æm'bɪvələns] S *bes* PSYCH Ambivalenz *f*, Doppelwertigkeit *f*; **ambivalent** [-lənt] ADJ (ADV ~ly) ambivalent, doppelwertig: **be ~ about** (*od* **toward[s]**), **have an ~ attitude toward(s)** e-e gespaltene Haltung haben zu
ambiversion [,æmbɪ'vɜːʃn; -ʒn; *US* -'vɜrʒn] S PSYCH Ambiversion *f* (*Zwischenzustand zwischen Introversion u. Extroversion*); **ambiversive** [-sɪv] ADJ ambivertiert; **ambivert** [-vɜːt; *US* -,vɜrt] S ambivertierter Mensch
amble ['æmbl] **A** V/I **1** im Passgang gehen *od* reiten **2** schlendern, gemütlich gehen: **~ about** (*od* **around**) herumschlendern **B** S **1** Pass(gang) *m* (*e-s Pferdes*) **2** gemütlicher Gang, Schlendern *n* (*von Personen*) **3** gemütlicher Spaziergang: **go for an ~** e-n gemütlichen Spaziergang machen
amblygonite [æm'blɪgənaɪt] S MINER Amblygonit *m*
amblyopia [,æmblɪ'əʊpjə; -pɪə] S MED Amblyopie *f* (*Kurzsichtigkeit ohne organischen Fehler der Augen*)
amboceptor ['æmbəʊseptə(r)] S MED Amboceptor *m* (*im Blutserum entstehender Schutzstoff*)
ambrosia [æm'brəʊzjə; *bes US* -ʒɪə; -ʒə] S *Antike:* Ambrosia *f*, Götterspeise *f* (*a. fig*); **~ beetle** S ZOOL Ambrosiakäfer *m*
ambrosial [æm'brəʊzjəl; *bes US* -zɪəl; -ʒəl] ADJ (ADV ~ly) **1** *Antike*: ambrosisch **2** *fig* ambrosisch, köstlich
Ambrosian chant [æm,brəʊzjən'tʃɑːnt; *US* æm,brəʊʒən'tʃænt] S REL ambrosianischer Lobgesang
ambry ['æmbrɪ] S **1** *Br obs* **a** Speisekammer *f* **b** Schrank *m* **2** REL (in die Wand eingelassenes) Tabernakel
ambsace ['eɪmzeɪs; 'æmz-] S *obs* **1** Pascheins *f* (*beim Würfelspiel*) **2** *fig* Pech *n*
ambulance ['æmbjʊləns] S **1** Ambulanz *f*, Kranken-, Unfall-, Sanitätswagen *m*: **by ~** mit dem Sanitätswagen **2** MIL Feldlazarett *n*; **~ chaser** S *US sl Anwalt, der versucht, Unfallopfer als Klienten zu gewinnen*; **~ driver** S Krankenwagenfahrer(in); **~man** [-mæn] S *irr Br* **a** Krankenwagenfahrer *m* **b** Rettungssanitäter *m*; **~woman** S *irr Br* **a** Krankenwagenfahrerin *f* **b** Rettungssanitäterin *f*
ambulant ['æmbjʊlənt] ADJ **1** **a** ambulant (*Handel etc*) **b** Wander…: **~ worker** **2** → ambulatory A 3; **ambulatory** ['æmbjʊlətərɪ; ,æmbjʊ'leɪtərɪ; *US* 'æmbjələ,təʊriː; -,tɔː-] **A** ADJ **1** zu Fuß **2** beweglich, (orts)veränderlich **3** MED gehfähig (*Patient*) **4** JUR widerruflich (*Testament*) **B** S ARCH Kreuzgang *m*
ambuscade [,æmbəs'keɪd; *US a.* 'æmbə,skeɪd] → ambush
ambush ['æmbʊʃ] **A** S **1** Hinterhalt *m* (*a. fig*): **from ~** aus dem Hinterhalt; **lie** (*od* **wait**) **in ~** im Hinterhalt liegen **2** Überfall *m* aus dem Hinterhalt **3** MIL im Hinterhalt liegende Truppen *pl* **B** V/T aus dem Hinterhalt überfallen
amdt ABK amendment
ameba, **amebic** *US für* amoeba, amoebic
ameer → emir
amelia [ə'miːljə; -lɪə; ə'meliə] S MED Amelie *f* (*angeborenes Fehlen e-r od mehrerer Gliedmaßen*)
ameliorant [ə'miːljərənt; -lɪə-] S (AGR Boden) Verbesserer *m*; **ameliorate** [-reɪt] **A** V/T verbessern, AGR (a)meliorieren **B** V/I besser werden, sich (ver)bessern; **amelioration** [ə,miːljə'reɪʃn; -lɪə-] S Verbesserung *f*, AGR (A)Melioration *f*; **ameliorative** [-rətɪv; *US bes* -,reɪ-] ADJ (ver)bessernd
amen [,ɑː'men; ,eɪ'men] **A** INT amen!: **say ~ to sth** *umg* etwas absegnen, sein Amen zu etwas geben **B** S Amen *n*
amenability [ə,miːnə'bɪlətɪ; *US a.* ə,men-] S **1** Zugänglichkeit *f* (**to** für) **2** Verantwortlichkeit *f* (**to** gegenüber); **amenable** ADJ (ADV amenably) (**to**) **1** zugänglich (*dat od* für): **~ to flattery** **2** **a** gefügig, willfährig (*dat*) **b** geeignet (für) **3** **a** verantwortlich (gegen- über): **be ~ for sth** für etwas verantwortlich sein **b** unterworfen (*dat*): **~ to the laws**; **be ~ to a penalty** e-r Strafe unterliegen
amend [ə'mend] **A** V/T **1** verbessern, berichtigen **2** PARL *ein Gesetz* abändern, ergänzen, novellieren, *die Verfassung* ändern: **as ~ed on March 1st** *das Gesetz* in der Fassung vom 1. März **B** V/I sich bessern; **amendable** ADJ verbesserungsfähig; **amendatory** [-dətərɪ; *US* -,təʊriː; -,tɔː-] ADJ Verbesserungs…
amende honorable [ə,mend'ɒnərəbl; *US* -'ɑn-] *pl* amendes honorables [ə,mendz'ɒnərəbl(z); *US* -'ɑn-] S öffentliche Abbitte, Ehrenerklärung *f*
amendment [ə'mendmənt] S **1** (*bes sittliche*) Besserung **2** (**to**) **a** Verbesserung *f*, Berichtigung *f*, Änderung *f* (*gen*) **b** Zusatz *m* (zu): **make a few ~s to** einige Änderungen vornehmen an (*dat*) **3** PARL **a** Abänderungs-, Ergänzungsantrag *m* (**to** zu *e-m Gesetz*) **b** *US* Zusatzartikel *m* zur Verfassung, Nachtragsgesetz *n*: **the Fifth ~** **c** (**to**) Ergänzung *f*, Nachtrag *m* (zu), Novellierung *f* (*gen*)
amends [ə'mendz] SPL (*meist als sg konstruiert*) (Schaden)Ersatz *m*, Vergütung *f*, Wiedergutmachung *f*, Genugtuung *f*: **make ~** Schadenersatz leisten, es wiedergutmachen; **how can I make ~?** wie kann ich das wiedergutmachen?; **make ~ for sth** etwas wiedergutmachen; **make ~ to sb for sth** j-n für etwas entschädigen
amenity [ə'miːnətɪ; -'men-] S **1** *meist pl* Liebenswürdigkeit *f*, Artigkeit *f*, Höflichkeit *f*, *pl a.* Konventionen *pl*, Etikette *f*: **the amenities of diplomacy**; **his ~ of temper** sein angenehmes Wesen **2** **a** *oft pl* Annehmlichkeit(en) *f(pl)*: **with every ~** mit allem Komfort; **within easy reach of all amenities** in günstiger Einkaufs- u. Verkehrslage **b** *pl* (natürliche) Vorzüge *pl od* Reize *pl* (*e-r Person od e-s Ortes etc*) **c** angenehme *od* schöne Lage (*e-s Hauses etc*) **d** Erholungsgebiet *n*; **~ bed** S *Br* Privatbett *n* (*in e-m öffentlichen Krankenhaus*)
amenorrh(o)ea [eɪ,menə'rɪːə; *Br a.* æ-; ə-] S MED Amenorrhö(e) *f* (*Ausbleiben der Menstruation*)
ament[1] ['æmənt; 'eɪ-] S BOT Kätzchen *n*
ament[2] ['eɪment; -ənt; *Br a.* æ'ment] S Geistesgestörte(r) *m/f(m)*
amentia [eɪ'menʃɪə; -ʃə] S Geistesgestörtheit *f*
Amer. ABK America(n)
Amerasian [,æmə'reɪʃn; *bes US* -'eɪʒn] S *j-d mit amerikanischem Vater u. asiatischer Mutter*
amerce [ə'mɜːs; *US* ə'mɜrs] V/T *obs* **1** mit e-r Geldstrafe belegen **2** (be)strafen; **amercement** S *obs* Geldstrafe *f*
America [ə'merɪkə; *US* -rə-] S Amerika *n*
American [ə'merɪkən] **A** ADJ amerikanisch: **a** *Nord- u./od Südamerika betreffend* **b** *die USA betreffend*: **~ studies** *pl* Amerikanistik *f*; **the ~ way of life** der American way of life, der amerikanische Lebensstil **B** S **1** Amerikaner(in): **a** *Bewohner(in) von Nord- od Südamerika* **b** *Bewohner(in) od Bürger(in) der USA* **2** LING Amerikanisch *n*, das amerikanische Englisch; **Americana** [-'kɑːnə; *US a.* -'kæ-; -'keɪ-] S (*oft als pl konstruiert*) Amerikana *pl* (*Schriften etc über Amerika*)
American| Dream S (*der*) amerikanische Traum (*Vorstellung von Freiheit, der Gleichheit aller u. von materiellem Wohlstand*); **~ football** S SPORT American Football *m* (*rugbyähnliches Spiel*); **~ Indian** **A** S Indianer(in) **B** ADJ indianisch
Americanism S Amerikanismus *m*: **a** *amer. Nationalgefühl* **b** *amer. Brauch* **c** (*typisch*) *amer. Eigenart od Lebensauffassung* **d** LING *amer. Spracheigentümlichkeit*
Americanist S **1** Amerikanist(in) (*Kenner[in] der Geschichte, Sprache u. Kultur des alten Amerika*) **2** Anhänger(in) amerikanischer Ideale u. Politik
Americanization [ə,merɪkənaɪ'zeɪʃn; *US* -nə-'z-] S Amerikanisierung *f*; **Americanize** V/T

& V/I (sich) amerikanisieren
American| Legion S American Legion *f* (*der größte amer. Kriegsveteranenverband*); **~ organ** S MUS amer. Orgel *f* (*ein Harmonium*); **~ plan** S US Vollpension *f*; **~ Revolution** S HIST Amer. Freiheitskrieg *m* (*1775-83*)
America's Cup S *Segeln*: America's Cup *m* (*bedeutendster Wettbewerb des Hochseesegelns*)
americium [ˌæməˈrɪsiəm; -ʃɪəm] S CHEM Americium *n*
Amerind [ˈæmərɪnd] S Indianer(in); **Amerindian** A S → Amerind B ADJ indianisch
amesace → ambsace
amethyst [ˈæmɪθɪst] A S 1 MINER Amethyst *m* 2 Violett *n* B ADJ 1 Amethyst…, amethysten 2 amethystfarben
ametropia [ˌæmɪˈtrəʊpjə; -pɪə] S MED Ametropie *f* (*Fehlsichtigkeit infolge Abweichungen von der normalen Brechkraft der Augenlinse*)
amiability [ˌeɪmjəˈbɪlətɪ; -mɪə-] S Liebenswürdigkeit *f*, Freundlichkeit *f*
amiable [ˈeɪmjəbl; -mɪəbl] ADJ (ADV amiably) liebenswürdig, freundlich; **amiableness** → amiability
amianthus [ˌæmɪˈænθəs] S MINER Amiant *m*
amicability [ˌæmɪkəˈbɪlətɪ] S Freund(schaft)lichkeit *f*; **amicable** ADJ (ADV → amicably) freund(schaft)lich, friedlich, *a.* JUR gütlich: **~ agreement** (*od* **settlement**) gütliche Einigung *od* Beilegung; **~ composition** JUR, POL gütliches Schiedsverfahren; **~ numbers** MATH befreundete Zahlen; **amicableness** → amicability; **amicably** ADV freundschaftlich, in Güte, gütlich: **part ~** im Guten *od* in aller Freundschaft auseinandergehen
amice [ˈæmɪs] S KATH Amikt *m*, Humerale *n* (*weißes Schultertuch des Priesters*)
amicus curiae [əˌmiːkəsˈkjʊərɪiː; əˌmaɪ-] *pl* amici curiae [əˈmiːkaɪ; əˈmaɪsaɪ] S JUR sachverständiger Beistand im Prozess
amid [əˈmɪd] PRÄP inmitten (*gen*), (mitten) in *od* unter (*dat od akk*) (*a. zeitlich u. fig*): **~ the confusion** in dem Durcheinander; **~ so many people** unter so vielen Menschen; **~ tears** unter Tränen
amide [ˈæmaɪd; *US a.* -əd] S CHEM Amid *n*
amido- [əmiːdəʊ; æmɪdəʊ] CHEM *Wortelement mit der Bedeutung* die Gruppe NH_2 enthaltend, Amido…
amidship(s) [əˈmɪdʃɪp(s)] SCHIFF A ADV mittschiffs B PRÄD ADJ in der Mitte des Schiffes (befindlich)
amidst [əˈmɪdst] → amid
amine [əˈmiːn; ˈæmɪn] S CHEM Amin *n*: **primary (secondary, tertiary) ~s** primäre (sekundäre, tertiäre) Amine
amino acid [əˈmiːnəʊ; əˈmaɪ-] S CHEM Aminosäure *f*
aminobenzoic acid [əˌmiːnəʊbenˈzəʊɪk; əˌmaɪ; ˌæmɪ-] S CHEM Aminobenzoesäure *f*
aminophenol [əˌmiːnəʊˈfiːnɒl; əˌmaɪ-; ˌæmɪ-; *US* -ˈfiːnəʊl] S CHEM Aminophenol *n*
aminoplast [əˈmiːnəʊplæst; əˈmaɪ-; ˈæmɪ-] → amino resin
aminopyrine [əˌmiːnəʊˈpaɪriːn; -rɪn; əˌmaɪ-; ˌæmɪ-] S CHEM Aminopyrin *n*
amino resin [əˌmiːnəʊˈrezɪn; əˌmaɪ-] S CHEM Aminoplast *m*
Amish [ˈɑːmɪʃ; ˈæ-] A ADJ amisch B S: **the ~** *koll* die Amischen *pl* (*abgespaltene Gruppe der Mennoniten*)
amiss [əˈmɪs] PRÄD ADJ & ADV verkehrt, falsch: **is sth ~?** stimmt etwas nicht?, ist etwas nicht in Ordnung?; **there is sth ~ (with it, with him)** etwas stimmt nicht *od* etwas ist nicht in Ordnung (damit, mit ihm); **it would not be ~** es würde nichts schaden (**for him to do it** wenn er es täte); **come ~** ungelegen kommen; **… may** (*od* **would**) **not come ~** … könnte(n) nicht schaden; **say sth ~** etwas Falsches sagen; **take ~** übel nehmen
amitosis [ˌæmɪˈtəʊsɪs; *US a.* ˌeɪmaɪˈt-] S BIOL Amitose (*einfache Zellkernteilung*)
amity [ˈæmətɪ] S Freundschaft *f*, gutes Einvernehmen: **live in ~ with s.o**
Amman [əˈmɑːn; *US* æˈmɑːn; æˈmæn] S Amman *n* (*Hauptstadt von Jordanien*)
ammeter [ˈæmɪtə; *US* ˈæmˌmiːtər] S ELEK Amperemeter *n*, Strommesser *m*
ammine [ˈæmiːn; əˈmiːn] S CHEM Ammin *n*
ammo [ˈæməʊ] S *umg für* ammunition
ammonia [əˈməʊnjə; -nɪə] S CHEM Ammoniak *n*: **~ solution** a Ammoniaklösung *f* b Salmiakgeist *m*; **ammoniac** [-nɪæk] A ADJ → ammoniacal B S Ammoniakgummi *n/m*; **ammoniacal** [ˌæməʊˈnaɪəkl; -məˈn-] ADJ CHEM ammoniakalisch, Ammoniak…
ammoniate [əˈməʊnɪeɪt] CHEM A S 1 Ammin(salz) *n* 2 Ammoniakdünger *m* B V/T mit Ammoniak verbinden
ammonify [əˈməʊnɪfaɪ; *Br a.* əˈmɒ-; *US a.* əˈmɑ-] A V/I Ammoniak herstellen B V/T mit Ammoniak versetzen
ammonite[1] [ˈæmənaɪt] S GEOL Ammonit *m*, Ammonshorn *n*
ammonite[2] [ˈæmənaɪt] S Ammonit *m* (*ein Sprengstoff*)
Ammonite[3] [ˈæmənaɪt] S BIBEL Ammoniter(in)
ammonium [əˈməʊnjəm; -nɪəm] S CHEM Ammonium *n*; **~ carbonate** S Hirschhornsalz *n*; **~ chloride** S Ammoniumchlorid *n*, Salmiak *m/n*; **~ nitrate** S Ammoniumnitrat *n*, Ammoniaksalpeter *m*
ammunition [ˌæmjʊˈnɪʃn] S Munition *f* (*a. fig*): **~ dump** Munitionslager *n*; **provide** (*od* **give**) **~ for** (*od* **to**) **sb, provide sb with ~** *fig* j-m Munition liefern
amnesia [æmˈniːzjə; *bes US* -ʒjə; -ʒɪə; -ʒə] S MED Amnesie *f*, Gedächtnisschwund *m*: **suffer ~** sein Gedächtnis verlieren
amnesty [ˈæmnɪstɪ; -nəs-] A S Amnestie *f*, allgemeiner Straferlass: ♀ **International** Amnesty *f* International (*internationale Organisation zum Schutz der Menschenrechte*); **grant an ~ to** → B B V/T amnestieren, begnadigen
amnia [ˈæmnɪə] *pl von* amnion
amniocentesis [ˌæmnɪəʊsenˈtiːsɪs] S MED Amniozentese *f* (*Durchstechen der Schafhaut zur Gewinnung von Fruchtwasser für diagnostische Zwecke*)
amnion [ˈæmnɪən] *pl* -nions *od* -nia [-ə] S ANAT, ZOOL Amnion *n*, Schafhaut *f*; **amnionic** [-ˈɒnɪk; *US* -ˈɑnɪk] → amniotic
amniotic [ˌæmnɪˈɒtɪk; *US* -ˈɑtɪk] ADJ ANAT, ZOOL amniotisch: **~ fluid** Amnion-, Fruchtwasser *n*; **~ sac** Amnionsack *m*, Fruchtblase *f*
amoeba [əˈmiːbə] *pl* -bae [-biː] *od* -bas S BIOL Amöbe *f*; **amoebic** ADJ amöbisch: **~ dysentery** MED Amöbenruhr *f*
amok [əˈmɒk; *US* əˈmʌk; əˈmɑk] → amuck
among, *Br a.* **amongst** [əˈmʌŋ(st)] PRÄP 1 (mitten) unter (*dat od akk*), zwischen (*dat od akk*), inmitten (*gen*), bei (*dat*): **~ the crowd** a unter *od* in(mitten) der Menge (*sitzen etc*) b unter *od* in die Menge (*gehen etc*); **~ experts** unter Fachleuten; **a custom ~ the Eskimos** e-e Sitte bei den Eskimos; **they fought ~ themselves** sie stritten untereinander; **~ other things** unter anderem; **be ~ the best** zu den Besten zählen *od* gehören; **from ~** aus (… heraus) 2 gemeinsam *od* zusammen (mit): **they had two pounds ~ them** sie hatten zusammen zwei Pfund
amontillado [əˌmɒntɪˈlɑːdəʊ; -ˈljɑː-; *US* əˌmɑn-] S Amontillado *m* (*ein halbtrockener spanischer Sherry*)
amoral [ˌeɪˈmɒrəl; æˈm-; *US a.* -ˈmɑ-] ADJ (ADV ~ly) amoralisch; **amoralism** S Amoralismus *m*; **amorality** [ˌeɪməˈrælətɪ; ˌæ-; -mɒˈr-] S Amoralität *f*
amoretto [ˌæməˈretəʊ] *pl* -ti [-tiː] S KUNST Amorette *f* (*Figur e-s nackten, geflügelten, Pfeil u. Bogen tragenden kleinen Knaben*)
amorist [ˈæmərɪst] S 1 Liebhaber *m* 2 Verfasser(in) von Liebesromanen
Amorite [ˈæməraɪt] S BIBEL Amoriter(in)
amorous [ˈæmərəs] ADJ (ADV ~ly) amourös: a erotisch, Liebes…: **~ adventure**; **~ novel**; **~ advances** Annäherungsversuche b verliebt (**of** in *akk*): **~ glances**; **become ~ of sb** sich in j-n verlieben; **amorousness** S Verliebtheit *f*
amor patriae [ˌæmɔː(r)ˈpætrɪiː; ˌɑːmɔː(r)ˈpɑːtrɪaɪ] S Vaterlandsliebe *f*
amorphism [əˈmɔː(r)fɪzəm] S Amorphismus *m*, Formlosigkeit *f*; **amorphous** [-fəs] ADJ (ADV ~ly) 1 amorph: a form-, gestaltlos b missgestaltet c MINER, PHYS unkristallinisch 2 *fig* chaotisch
amortizable [əˈmɔː(r)taɪzəbl; -tɪz-; *US bes* ˈæmərˌtaɪz-] ADJ WIRTSCH amortisierbar, tilgbar
amortization [əˌmɔː(r)tɪˈzeɪʃn; ˌæmɔː(r)tɪˈz-; -taɪ-; *US bes* ˌæmərtə-] S WIRTSCH Amortisation *f*: a (*ratenweise*) Tilgung b Abschreibung *f*: **~ fund** Amortisations-, Tilgungsfonds *m*; **amortize** [əˈmɔː(r)taɪz; *US bes* ˈæmər-] V/T WIRTSCH amortisieren: a *e-e Schuld* (*ratenweise*) tilgen, abzahlen b *Anlagewerte* abschreiben
amortizement [əˈmɔː(r)tɪzmənt; *US bes* ˈæmərˌtaɪz-] S 1 → amortization 2 ARCH a abgeschrägte oberste Fläche e-s Pfeilers b oberster Teil e-s Gebäudes
Amos [ˈeɪmɒs; *bes US* -əs] EIGENN & S BIBEL (das Buch) Amos *m*
amount [əˈmaʊnt] A V/I 1 (**to**) sich belaufen *od* beziffern (auf *akk*), betragen, ausmachen (*akk*): **his debts ~ to £120**; **~ing to** in Höhe *od* im Betrag von 2 (**to**) *fig* hinauslaufen (auf *akk*), gleichbedeutend sein (mit), bedeuten (*akk*): **~ to doing sth** darauf hinauslaufen, etwas zu tun; **it ~s to the same thing** es läuft *od* kommt auf dasselbe hinaus; **it doesn't ~ to much** es bedeutet nicht viel, es ist unbedeutend (*a. pej*); **he'll never ~ to much** *umg* aus ihm wird nie etwas werden, er wird es nie zu etwas bringen B S 1 a Betrag *m*, Summe *f*, Höhe *f* (*e-r Summe*) b Menge *f*, Ausmaß *n*: **large ~s of money** beträchtliche Geldsummen; **to the ~ of** in Höhe *od* im Betrag von; bis zum Betrag von: **any ~ of time** jede Menge Zeit; **with a certain ~ of respect** mit einigem Respekt; **have a certain ~ of respect for sb** ein gewisses Maß an *od* einigen Respekt vor j-m haben; **~ of heat** PHYS Wärmemenge *f*; **~ of resistance** PHYS Widerstandswert *m*; → bring forward 3, risk A 1 2 *fig* Inhalt *m*, Bedeutung *f*, Kern *m*
amour [əˈmʊə(r); æˈmʊə(r)] S Liebelei *f*, Liebschaft *f*
amour-propre [ˌæmʊə(r)ˈprɒprə; *US a.* -ˈprəʊpr] S 1 Selbstachtung *f* 2 Eigenliebe *f*, Eitelkeit *f*
amp[1], **amp.** [æmp] S *umg für* ampere
amp[2] [æmp] S *umg für* amplifier
amp[3] [æmp] S *bes US sl für* a amputation b amputee
amperage [ˈæmpərɪdʒ] S ELEK Stromstärke *f* (*in Ampere*)
ampere [ˈæmpeə; *US* ˈæmˌpɪər] S ELEK Ampere *n*; **~-hour** S ELEK Amperestunde *f*: **~ efficiency** Amperestunden-Wirkungsgrad *m*; **~-turn** S ELEK Amperewindung *f*

ampersand ['æmpə(r)sænd] S TYPO Et-Zeichen *n* (*das Zeichen &*)
amphetamine [æm'fetəmi:n; -mɪn] S CHEM, PHARM Amphetamin *n* (*Weckamin, das als schnell wirkende Droge benutzt wird*)
amphi- [æmfɪ] *Wortelement mit der Bedeutung* doppelt, zwei…, beiderseitig, umher…
amphibian [æm'fɪbɪən] A ADJ → amphibious B S 1 ZOOL Amphibie *f*, Lurch *m* 2 FLUG Amphibienflugzeug *n* 3 a Amphibienfahrzeug *n* b MIL Amphibienpanzer *m*
amphibiotic [,æmfɪbaɪ'ɒtɪk; US -'ɑtɪk] ADJ ZOOL in einer Lebensstufe auf dem Lande, in e-r anderen im Wasser lebend
amphibious [æm'fɪbɪəs] ADJ (ADV ~ly) ZOOL, *a.* MIL, TECH amphibisch, Amphibien…: **~ aircraft** → amphibian B 2; **~ forces** MIL amphibische Streitkräfte; **~ operation** MIL amphibische Operation; **~ tank** → amphibian B 3 b; **~ vehicle** → amphibian B 3 a
amphibole ['æmfɪbəʊl] S GEOL, MINER Amphibol *m*, Hornblende *f*
amphibolic [,æmfɪ'bɒlɪk; US -'bɑ-] ADJ (ADV ~ally) amphibolisch, zweideutig, doppelsinnig
amphibolite [æm'fɪbəlaɪt] S GEOL Amphibolit *m*, Hornblendefels *m*
amphibological [æm,fɪbə'lɒdʒɪkl; US -'lɑ-] ADJ (ADV ~ly) → amphibolic; **amphibology** [,æmfɪ'bɒlədʒɪ; US -'bɑ-] S Amphibolie *f*, Zweideutigkeit *f*, Doppelsinn *m*; **amphibolous** [æm'fɪbələs] ADJ (ADV ~ly) → amphibolic; **amphiboly** → amphibology
amphibrach ['æmfɪbræk] S LIT Amphibrachys *m* (*dreisilbiger Versfuß, bei dem e-e Länge von zwei Kürzen eingefasst ist*)
amphichroic [,æmfɪ'krəʊɪk], **amphichromatic** ADJ CHEM amphichroisch
amphimixis [,æmfɪ'mɪksɪs] *pl* -mixes [-si:z] S BIOL Amphimixis *f* (*Vermischung der Erbanlagen bei der Befruchtung*)
amphitheater, *bes Br* **amphitheatre** ['æmfɪ,θi:ətə(r)] S Amphitheater *n*; **amphitheatric** ADJ, **amphitheatrical** [-θɪ'ætrɪk(l)] ADJ (ADV ~ly) amphitheatralisch
amphora ['æmfərə] *pl* -rae [-ri:] *od* -ras S *Antike:* Amphora *f*, Amphore *f*
amp-hr ABK ELEK ampere-hour
ample ['æmpl] ADJ (ADV amply) 1 weitläufig (*Garten etc*) 2 reichlich (*Vorräte etc*), reichhaltig (*Mahl etc*), umfassend, weitreichend (*Befugnisse etc*): **be given ~ opportunity** reichlich Gelegenheit bekommen (**to do** zu tun); **have ~ time** reichlich Zeit haben; **be amply rewarded** reichlich belohnt werden 3 stattlich (*Figur etc*), üppig (*Busen etc*); **ampleness** S 1 Weitläufigkeit *f* 2 Reichlichkeit *f*, Reichhaltigkeit *f* 3 Stattlichkeit *f*, Üppigkeit *f*
amplidyne ['æmplɪdaɪn] S ELEK Amplidyne *f* (*eine Verstärkermaschine*)
amplification [,æmplɪfɪ'keɪʃn] S 1 Erweiterung *f*, Vergrößerung *f*, Ausdehnung *f* 2 a nähere Ausführung *od* Erläuterung b Ausmalung *f*, Ausschmückung *f* 3 ELEK, PHYS Vergrößerung *f*, Verstärkung *f*
amplifier ['æmplɪfaɪə(r)] S ELEK, PHYS Verstärker *m*: **~ noise** Verstärkerrauschen *n*
amplify ['æmplɪfaɪ] A VT 1 erweitern, vergrößern, ausdehnen 2 a näher ausführen *od* erläutern, näher eingehen auf (*akk*) b ausmalen, -schmücken (**with** mit) 3 ELEK, PHYS vergrößern, -stärken: **~ing circuit** Verstärkerschaltung *f* B VI 1 sich weitläufig auslassen, sich verbreiten (**on, upon** über *akk*) 2 **~ (up)-on** → A 2 b
amplitude ['æmplɪtju:d; US *a.* -,tu:d] S 1 Größe *f*, Weite *f*, Umfang *m* (*a. fig*) 2 ASTRON Amplitude *f*, Polarwinkel *m* 3 *fig* Fülle *f*, Reichtum *m* (*der Mittel*) 4 ELEK, PHYS Amplitude *f*, Schwingungsweite *f*: **~ distortion** Amplituden-, Klirrverzerrung *f*; **~ modulation** RADIO Amplitudenmodulation *f*
ampoule ['æmpu:l], *bes US* **ampul** [-pu:l], **ampule** [-pu:l] S MED Ampulle *f*
ampulla [æm'pʊlə; *US a.* æm'pʌlə] *pl* -lae [-li:] S 1 *Antike:* Phiole *f*, Salbengefäß *n* 2 HIST Blei- *od* Glasflasche *f* (*der Pilger*) 3 Ampulle *f*: a MED *Behälter für e-e Injektionslösung* b ANAT *erweitertes Ende e-s Gefäßes od Kanals* 4 REL Ampulle *f*: a *Krug für Wein u. Wasser (bei der Messe)* b *Gefäß für das heilige Öl (zur Salbung)*
amputate ['æmpjʊteɪt] VT amputieren (*a. v/i*), *ein Glied* abnehmen: **he had his left leg ~d** ihm wurde das linke Bein amputiert; **amputation** S MED Amputation *f*, Abnahme *f*: **~ stump** Amputationsstumpf *m*; **amputee** [-'ti:] S Amputierte(r) *m/f(m)*
Amsterdam [,æmstə(r)'dæm; '-,dæm] S Amsterdam *n* (*Hauptstadt der Niederlande*)
amt ABK WIRTSCH amount
AMU, amu ABK atomic mass unit
amuck [ə'mʌk] ADV: **run ~** a Amok laufen b wild *od* in Panik durcheinanderlaufen c *fig* außer Kontrolle geraten
amulet ['æmjʊlɪt; -lət] S Amulett *n*
amuse [ə'mju:z] VT 1 amüsieren, belustigen, erheitern: **be ~d at** (*od* **by**) sich amüsieren über (*akk*); **he was not at all ~d when …** er fand es gar nicht komisch *od* er konnte gar nicht lachen, als … 2 unterhalten, beschäftigen: **keep a child ~d** ein Kind beschäftigen; **~ o.s.** sich beschäftigen (**with** mit); **~ o.s. by doing sth** sich die Zeit damit vertreiben, etwas zu tun; **amused** ADJ, **amusedly** [-zɪdlɪ] ADV amüsiert, belustigt; **amusement** S 1 a Vergnügen *n*, Unterhaltung *f* b Belustigung *f*, Erheiterung *f* c Zeitvertreib *m* d Freizeitbeschäftigung *f*: **for ~** zum Vergnügen; **look at sb in ~** j-n belustigt *od* amüsiert ansehen; **look of ~** amüsierter Blick; **everybody's ~** zur allgemeinen Belustigung; **~ arcade** *Br* Spielsalon *m*, -halle *f*; **~ park** Vergnügungspark *m*; **~ tax** Vergnügungssteuer *f* 2 *pl* a Vergnügungsstätten *pl* b Freizeitangebot *n*; **amusing** ADJ (ADV ~ly) amüsant, unterhaltend
AMVETS ABK American Veterans
amyelia [,æmɪ'i:lɪə] S MED Amyelie *f* (*Fehlen des Rückenmarks*)
amygdala [ə'mɪgdələ] *pl* -lae [-li:] S ANAT Mandel *f*
amygdalic acid [,æmɪg'dælɪk] S CHEM 1 Amygdalinsäure *f* 2 Mandelsäure *f*
amygdalin [ə'mɪgdəlɪn; -laɪn] S CHEM Amygdalin *n*
amygdaloid [ə'mɪgdəlɔɪd] A S GEOL Mandelstein *m* B ADJ 1 **~ rock** → A 2 ANAT Mandel… 3 mandelförmig
amyl ['æmɪl] S CHEM Amyl *n*: **~ acetate** Amylacetat *n*; **~ alcohol** Amylalkohol *m*; **~ nitrite** Amylnitrit *n*; **amylaceous** [-'leɪʃəs] ADJ stärkemehlartig, stärkehaltig
amylase ['æmɪleɪz; -s] S CHEM Amylase
amylene ['æmɪli:n] S CHEM Amylen *n*
amylic [ə'mɪlɪk] ADJ CHEM Amyl…
amyloid ['æmɪlɔɪd] A S 1 stärkehaltige Nahrung 2 CHEM, MED Amyloid *n* (*stärkeähnlicher Eiweißkörper, der durch krankhafte Prozesse im Organismus entsteht u. sich im Bindegewebe der Blutgefäße ablagert*) B ADJ a amyloid, stärkeähnlich b stärkehaltig; **amyloidal** → amyloid B
amylolysis [,æmɪ'lɒlɪsɪs; US -'lɑ-] S Amylolyse *f* (*Verwandlung von Stärke in Dextrin u. Zucker*)
amylum ['æmɪləm] S CHEM Amylum *n*, Stärke *f*
an[1] [ən; *betont:* æn] *vor vokalisch anlautenden Wörtern für* a[3]
an[2], **an'** [æn] KONJ 1 *dial für* and 2 *obs* wenn, falls
an. ABK anno, in the year
an- [æn] *Vorsilbe mit der Bedeutung* nicht, ohne
ana- [ænə] *Vorsilbe mit den Bedeutungen:* a auf, aufwärts b zurück, rückwärts c wieder, aufs Neue d sehr, außerordentlich
-ana [ɑ:nə; eɪnə] *Wortelement mit der Bedeutung* Anekdoten, Mitteilungen (über), Aussprüche (von): **Shakespeareana**; → Americana
Anabaptism [,ænə'bæptɪzəm] S REL, HIST Anabaptismus *m* (*Lehre der Wiedertäufer*); **Anabaptist** A S Anabaptist(in), Wiedertäufer(in) B ADJ anabaptistisch
anabatic [,ænə'bætɪk] ADJ METEO anabatisch, aufsteigend: **~ wind** Hang-, Aufwind *m*
anabiosis [,ænəbaɪ'əʊsɪs] S BIOL Anabiose *f* (*Fähigkeit von niederen Tieren u. Pflanzensamen, länger andauernde ungünstige Lebensbedingungen in scheinbar leblosem Zustand zu überdauern*)
anabolic steroid [,ænə'bɒlɪk; US -'bɑ-] S MED anaboles Steroid, Anabolikum *n* (*den aufbauenden Stoffwechsel fördernde Verbindung*)
anabolism [ə'næbəʊlɪzəm; -bəl-] S BIOL Anabolismus *m*, aufbauender Stoffwechsel; **anabolite** [-laɪt] S BIOL Produkt *n* e-s Assimilationsprozesses
anabranch ['ænəbrɑ:ntʃ; US -,bræntʃ] S *Arm e-s Flusses, der in den Hauptstrom zurückkehrt*
anachronism [ə'nækrənɪzəm] S Anachronismus *m* (*Zeitwidrigkeit; a. Sache od Person*); **anachronistic** ADJ, **anachronistical** ADJ (ADV ~ly) anachronistisch, unzeitgemäß, zeitwidrig; **anachronous** → anachronistic
anacidity [,ænə'sɪdətɪ] S MED Anacidität *f* (*fehlende Salzsäurebildung des Magens*)
anaclitic [,ænə'klɪtɪk] ADJ: **~ depression** PSYCH anaklitische Depression (*extreme Form des Hospitalismus bei Säuglingen u. Kleinkindern*)
anacolutha [,ænəkəʊ'lu:θə; -kə'l-] *pl von* anacoluthon
anacoluthia [,ænəkəʊ'lu:θɪə; -θjə; -kə'l-] S LING Anakoluthie *f*, Satzbruch *m*
anacoluthon [,ænəkəʊ'lu:θɒn; -kə'l-; US -,θɑn] *pl* -tha [-θə] S LING Anakoluth *n*, *a. m*, Satzbruch *m*
anaconda [,ænə'kɒndə; US -'kɑn-] S ZOOL Anakonda *f* (*e-e südamer. Riesenschlange*)
Anacreontic [ə,nækrɪ'ɒntɪk; US -'ɑn-] A ADJ anakreontisch B S anakreontisches Liebesgedicht
anacrusis [,ænə'kru:sɪs] *pl* -ses [-si:z] S LIT, MUS Auftakt *m*, Vorschlag(silbe) *m(f)*
anacusis [,ænə'kju:sɪs] S MED Anakusis *f*, Taubheit *f*
anadiplosis [,ænədɪ'pləʊsɪs] S RHET Anadiplose *f*, Anadiplosis *f* (*Wiederholung des letzten Wortes e-s Satzes am Anfang des folgenden Satzes*)
anaemia, anaemic *bes Br für* anemia, anemic
anaerobe [æ'neərəʊb; 'ænərəʊb] S BIOL Anaerobier *m* (*Organismus, der ohne Sauerstoff leben kann*); **anaerobic** ADJ (ADV ~ally) 1 BIOL anaerob (*ohne Sauerstoff lebend*) 2 **~ reaction** CHEM anaerobe Reaktion
anaesthesia, *etc bes Br für* anesthesia *etc*
anaglyph ['ænəglɪf] S 1 OPT Anaglyphen *pl* (*zwei in Komplementärfarben gehaltene, etwas seitlich verschoben übereinander gedruckte od projizierte Bilder, die e-n Gegenstand räumlich wiedergeben*) 2 Bas-, Flachrelief *n*, *z. B.* Kamee *f* (→ cameo 1); **anaglyphoscope** [-'glɪfəskəʊp] S Anaglyphenbrille *f*
anagnorisis [,ænəg'nɒrɪsɪs; US ,ænə'gnəʊr-] S Anagnorisis *f* (*plötzliches Wiedererkennen e-r Person in der antiken Tragödie*)
anagoge ['ænəgɒdʒɪ; *bes US* -gəʊ-] S Anagoge *f*, anagogische (*symbolische*) Auslegung (*z. B. der*

Bibel); **anagogic** [-'gɒdʒɪk; *US* -'gɑ-] ADJ, **anagogical** ADJ (ADV ~ly) anagogisch; **anagogy** → anagoge

anagram ['ænəgræm] S Anagramm *n (Wortbildung durch Buchstabenumstellung)*; **anagrammatic** [-grə'mætɪk] ADJ, **anagrammatical** ADJ (ADV ~ly) anagrammatisch; **anagrammatize** A VT anagrammatisch umstellen B VI Anagramme bilden

anal ['eɪnl] ADJ ANAT anal, Anal..., After..., ZOOL *a.* Steiß..., Schwanz...: ~ **character** PSYCH analer Charakter; **~-erotic** PSYCH anal-erotisch; ~ **eroticism** (*od* **erotism**) PSYCH Analerotik *f*; ~ **fin** FISCH Afterflosse *f*; ~ **fissure** MED Analfissur *f*; ~ **intercourse** (*od* **sex**) Analverkehr *m*; ~ **sadism** PSYCH Analsadismus *m*; **~-sadistic** PSYCH analsadistisch; ~ **stage** PSYCH anale Phase, Analphase *f*

anal. ABK 1 analogous 2 analogy 3 analysis 4 analytic

analecta [,ænə'lektə], **analects** SPL Analekten *pl (Sammlung von Auszügen aus der Dichtung od aus wissenschaftlichem Material)*

analeptic [,ænə'leptɪk] PHARM A ADJ analeptisch, belebend, anregend, stärkend B S Analeptikum *n*, Anregungsmittel *n*

analgesia [,ænæl'dʒi:zjə; -sjə; *US* ,ænəl'dʒi:zə; -zɪə] S *med* Analgesie *f (Zustand der Schmerzlosigkeit)*; **analgesic** [-'dʒi:sɪk; -zɪk; -'dʒesɪk] A ADJ analgetisch, schmerzstillend B S Analgetikum *n*, schmerzstillendes Mittel, Schmerzmittel *n*

analog *US für* analogue

analogic [,ænə'lɒdʒɪk; *US* ,ænl'ɑ-] ADJ, **analogical** ADJ (ADV ~ly) analog, entsprechend (**to, with** *dat*)

analogism [ə'nælədʒɪzəm] S Analogismus *m*, Analogieschluss *m*; **analogize** A VI 1 (**to, with**) analog sein *(dat)*, im Einklang stehen (mit) 2 nach Analogie verfahren B VT analogisch erklären

analogous [ə'næləgəs] ADJ (ADV ~ly) analog, entsprechend (**to, with** *dat*)

analogue ['ænəlɒg; *US a.* 'ænl,ɑg] S Analogon *n (ähnlicher od gleichartiger Fall)*: ~ **clock** Analoguhr *f*; ~ **computer** TECH Analogrechner *m*; ~ **process quantity** COMPUT analoge Prozessgröße; **~-to-digital converter** COMPUT Analog-Digital-Konverter *m*; ~ **watch** Analoguhr *f*

analogy [ə'nælədʒɪ] S 1 Analogie *f (a.* LING), Entsprechung *f*: **by ~ with** analog, gemäß, entsprechend *(dat)*; **draw an ~** e-e Parallele ziehen (**between ... and** zwischen *dat* ... und) 2 MATH Proportion *f*, Verhältnisgleichung *f*

analysand [ə'nælɪsænd] S Analysand(in) *(j-d, der sich e-r psychotherapeutischen Behandlung unterzieht)*

analysation [,ænəlaɪ'zeɪʃn], **analyse**, **analyser** *bes Br für* analyzation, analyze, analyzer

analysis [ə'næləsɪs] *pl* -ses [-si:z] S 1 Analyse *f*: a CHEM Zerlegung *f* (in die Einzelbestandteile): **make an ~** e-e Analyse machen *od* vornehmen; **in the final** (*od* **last, ultimate**) **~** letzten Endes b Untersuchung *f* c Auswertung *f* d LING Zergliederung *f* 2 MATH Analysis *f (Teil der Mathematik, in dem mit Grenzwerten gearbeitet u. die Infinitesimalrechnung angewendet wird)* 3 Psychoanalyse *f*; **analyst** ['ænəlɪst] S 1 CHEM, MATH Analytiker(in) *(a. fig)* 2 Psychoanalytiker(in) 3 WIRTSCH Analyst(in) *(j-d, der Börsentendenzen beobachtet u. analysiert)*

analytic [,ænə'lɪtɪk] A ADJ (ADV ~ally) 1 analytisch *(Psychologie etc)*: ~ **continuation** MATH analytische Fortsetzung 2 psychoanalytisch B S **analytics** *pl (als sg konstruiert) Logik*: Analytik *f (Lehre von den Schlüssen u. Beweisen)*; **analytical** ADJ (ADV ~ly) 1 analytisch *(Chemie, Geometrie etc)* 2 psychoanalytisch

analyzation [,ænlə'zeɪʃən] S *US* Analysieren *n*, Analyse *f*

analyze ['ænl,aɪz] VT *US* 1 analysieren: a CHEM *etwas* (in s-e Einzelbestandteile) zerlegen b *die Marktsituation etc* untersuchen c *e-e Statistik etc* auswerten d LING *e-n Satz etc* zergliedern 2 *j-n* psychoanalysieren, psychoanalytisch behandeln *od* untersuchen; **analyzer** S *US* 1 Analysierende(r) *m/f(m)* 2 PHYS Analysator *m (Vorrichtung in e-m Polarisationsgerät zum Nachweis polarisierten Lichtes)*

anamnesis [,ænæm'ni:sɪs] *pl* -ses [-si:z] S 1 MED Anamnese *f*, Vorgeschichte *f* 2 Erinnerungsfähigkeit *f*, -vermögen *n*

anamorphic [,ænə'mɔ:(r)fɪk] ADJ anamorphotisch, verzerrt: ~ **lens** *(Kino)* Anamorphot *m (Entzerrungslinse)*; **anamorphosis** [,ænə'mɔ:(r)fəsɪs; -mɔ:(r)'fəʊsɪs] *pl* -ses [-si:z] S 1 MAL Anamorphose *f (für frontale Ansicht verzerrt erscheinende Darstellung e-s Gegenstandes)* 2 ZOOL Höherentwicklung *f (in e-n höheren Typus)*

ananas [ə'nɑ:nəs] S BOT Ananas *f*

anandrous [æ'nændrəs] ADJ BOT anandrisch, staubblattlos

anap(a)est ['ænəpi:st; *bes US* -pest] S LIT Anapäst *m (aus zwei Kürzen u. e-r Länge bestehender Versfuß)*

anaphora [ə'næfərə] S RHET Anaphora *f*, Anapher *f (Wiederholung e-s Wortes od mehrerer Wörter zu Beginn aufeinanderfolgender Sätze od Satzteile)*

anaphrodisiac [,ænæfrə'dɪzɪæk] MED A ADJ den Geschlechtstrieb hemmend B S Anaphrodisiakum *n*

anaphylactic [,ænəfɪ'læktɪk] ADJ (ADV ~ally) MED anaphylaktisch: ~ **shock** anaphylaktischer Schock, Allergieschock *m*; → **rhinitis**; **anaphylaxis** [-'læksɪs] S Anaphylaxie *f (Überempfindlichkeit gegen artfremdes Eiweiß)*

anarch ['ænɑ:(r)k] S *obs* Anarchist(in), Rebell(in); **anarchic** [æ'nɑ:(r)kɪk] ADJ, **anarchical** ADJ (ADV ~ly) anarchisch

anarchism ['ænə(r)kɪzəm] S Anarchismus *m*; **anarchist** A S Anarchist(in) B ADJ anarchistisch; **anarchistic** ADJ (ADV ~ally) → anarchist B

anarchy ['ænə(r)kɪ] S 1 Anarchie *f* 2 *fig* Chaos *n*

anarthria [æn'ɑ:(r)θrɪə] S MED Anarthrie *f (Störung der Lautbildung trotz Funktionstüchtigkeit der Sprechwerkzeuge)*

anasarca [,ænə'sɑ:(r)kə] S MED Anasarka *f*, Anasarkie *f*, Hautwassersucht *f*

anastigmat [ə'næstɪgmæt; æ-; ,ænə'st-] S FOTO Anastigmat *m (Objektiv, das unverzerrte Bilder gibt)*; **anastigmatic** [,ænəstɪg'mætɪk; ə-,næs-] ADJ anastigmatisch, unverzerrt

anastomosis [,ænəstə'məʊsɪs; ə,næstə'm-] *pl* -ses [-si:z] S Anastomose *f*: a BOT *Querverbindung zwischen Gefäßsträngen od Pilzfäden* b MED ***natürliche Verbindung zwischen Blut- od Lymphgefäßen od zwischen Nerven*** c MED ***operativ hergestellte Verbindung zwischen Hohlorganen***

anastrophe [ə'næstrəfɪ] S LING Anastrophe *f (Umkehrung der normalen Wortstellung)*

anat. ABK 1 anatomical 2 anatomy

anathema [ə'næθəmə] S 1 REL Anathem *n*, Anathema *n*, Bannfluch *m*, Kirchenbann *m* 2 *fig* Fluch *m*, Verwünschung *f* 3 REL Verfluchte(r) *m/f(m)* 4 *fig (etwas)* Verhasstes, Gräuel *m*: **this is (an) ~ tome** das ist mir verhasst *od* ein Gräuel; **anathematize** A VT anathematisieren, mit dem Kirchenbann belegen, verfluchen B VI fluchen

anatomic [,ænə'tɒmɪk; *US* -'tɑ-] ADJ, **anatomical** ADJ (ADV ~ly) anatomisch; **anatomist** [ə'nætəmɪst] S 1 MED Anatom(in) 2 *fig* Sezierer(in), Analytiker(in); **anatomize** VT 1 MED *e-e Leiche* anatomieren, zergliedern 2 *fig* sezieren, analysieren

anatomy [ə'nætəmɪ] S 1 MED Anatomie *f*: a Anatomierung *f*, Zergliederung *f* b anatomischer Aufbau c ***Wissenschaft vom Bau e-s organischen Körpers*** 2 (Abhandlung *f* über) Anatomie *f* 3 *Modell e-s anatomisch zerlegten Körpers* 4 *fig* Sezierung *f*, Analyse *f* 5 *obs* Skelett *n* 6 *umg hum* Anatomie *f (Körper)*

anatropus [ə'nætrəpəs] ADJ BOT anatrop, umgewendet, gegenläufig

ANC ABK African National Congress

anc. ABK ancient

ancestor ['ænsestə(r)] S 1 Vorfahr *m*, Ahn (-herr) *m*, Stammvater *m (a. fig)*: ~ **research** Ahnenforschung *f*; ~ **worship** Ahnenkult *m*, -verehrung *f* 2 JUR Erblasser *m* 3 *fig* Vorläufer *m (Person od Sache)*

ancestral [æn'sestrəl] ADJ Ahnen..., der Vorfahren *od* Ahnen, angestammt, Ur..., Erb..., ererbt: ~ **estate** ererbter Grundbesitz, Erbhof *m*; ~ **home** Stammsitz *m*; **ancestress** [-trɪs] S Ahnfrau *f*, Ahne *f*, Stammmutter *f*; **ancestry** S 1 *(engS.* vornehme) Abstammung *od* Herkunft: **of German ~** deutscher Abstammung 2 Vorfahren *pl*, Ahnen(reihe) *pl(f)*: ~ **research** Ahnenforschung *f* 3 *fig* Entwicklungsprozess *m*

anchor ['æŋkə(r)] A S 1 SCHIFF Anker *m*: **cast** (*od* **come to, drop**) ~ → C 1 a; **lie** (*od* **ride**) **at ~** → C 1 b; **up** (*od* **weigh**) ~ den Anker lichten 2 *fig* Rettungsanker *m*, Zuflucht *f* 3 TECH a Anker *m*, Querbolzen *m* b Schließe *f*, Schlüsselanker *m*, Klammer *f*: ~ **bolt** Ankerbolzen *m* 4 TECH Anker *m (der Uhr)*: ~ **escapement** Ankerhemmung *f* 5 RADIO, TV *bes US* a Moderator *m*, Moderatorin *f (e-r Nachrichtensendung)* b Diskussionsleiter(in) 6 a *Leichtathletik, Skisport*: Schlussläufer(in) b *Schwimmen*: Schlussschwimmer(in) B VT 1 SCHIFF verankern, vor Anker legen: **be ~ed** ankern, vor Anker liegen 2 TECH verankern *(a. fig)*, befestigen: **be ~ed in sth** *fig* in etwas verankert sein 3 RADIO, TV *bes US* a *e-e Nachrichtensendung* moderieren b *e-e Diskussion* leiten 4 ~ **a relay team** SPORT Schlussläufer(in) *od* -schwimmer(in) e-r Staffel sein C VI 1 SCHIFF ankern: a vor Anker gehen b vor Anker liegen 2 RADIO, TV *bes US* a die Moderation *(e-r Nachrichtensendung)* haben, moderieren b die Diskussionsleitung haben 3 SPORT zum Schluss laufen *od* schwimmen

anchorage[1] ['æŋkərɪdʒ] S 1 Ankerplatz *m* 2 *a.* ~ **dues** *pl* Anker-, Liegegebühr *f* 3 fester Halt, Befestigung *f*, Verankerung *f* 4 *fig* a sicherer Hafen b verlässliche Stütze

anchorage[2] ['æŋkərɪdʒ] S Einsiedlerklause *f*

anchor| buoy S SCHIFF Ankerboje *f*; ~ **chain** S Ankerkette *f*

anchoress ['æŋkərɪs] S Einsiedlerin *f*; **anchoret** [-ret] S Einsiedler *m*, Klausner *m*; **anchoretic** ADJ einsiedlerisch, Einsiedler...

anchor ice S Grundeis *n*

anchorite ['æŋkəraɪt] → anchoret; **anchoritic** [-'rɪtɪk] → anchoretic

anchor| leg S SPORT Schlussstrecke *f (e-s Staffelwettbewerbs)*; **~man** [-mən; -mæn] S *irr* → anchor A 5, A 6; **~person** → anchor A 5; ~ **port** S SCHIFF Ankerpforte *f*; **~woman** S *irr* → anchor A 5, A 6

anchovy ['æntʃəvɪ; æn'tʃəʊvɪ] S ZOOL Anchovis *f*, Sardelle *f*: ~ **paste** GASTR Sardellenpaste *f*; ~ **pear** S BOT Anchovisbirne *f*

anchusa [æŋ'kju:sə] S BOT Ochsenzunge *f*

ancient[1] ['eɪnʃənt] A ADJ (ADV → anciently) 1 a antik: ~ **Rome** das alte *od* antike Rom; ♀

Greek LING Altgriechisch *n*; **that's ~ history** *fig* das ist Schnee von gestern *umg*; → history 1 **b** alt, historisch: **~ monument** *Br* unter Denkmalschutz stehendes Gebäude; **in ~ times** im Altertum **2** uralt (*a. hum od pej*): **~ and hono(u)rable** altehrwürdig **3** **a** altertümlich **b** altmodisch **4** **~ lights** *pl* (*meist als sg konstruiert*) JUR *Br* (*durch mehr als 20-jährige Nutzung ersessenes*) Licht- u. Fensterrecht **B** S **1** *obs* Alte(r) *m/f(m)*, Greis(in): **the ♀ of Days** BIBEL der Alte (*Name Gottes*) **2** **the ~s** *pl* **a** die Alten *pl* (*Griechen u. Römer*) **b** die (griechischen u. römischen) Klassiker *pl*

ancient[2] ['eɪnʃənt] S *obs* **1** Banner *n* **2** Bannerträger *m*

anciently ['eɪnʃəntlɪ] ADV im Altertum

ancillary [æn'sɪlərɪ; *US* 'ænsə,leri:] **A** ADJ **a** Neben…: **~ accommodation** Nebenräume *pl* **b** Hilfs…: **be ~ to** Hilfsdienste leisten für; **~ measure** begleitende Maßnahme; **~ worker** Hilfskraft *f* **B** S **1** Hilfsmittel *n* **2** *Br* Hilfskraft *f*

ancon ['æŋkɒn; *US* -,kan] *pl* -cones [-'kəʊni:z] S **1** ANAT *obs* Ell(en)bogen *m* **2** ARCH Krag-, Tragstein *m*

and [ænd; ən; nd; n] KONJ **1** und: **better ~ better** besser u. besser, immer besser; **he ran ~ ran** er lief u. lief, er lief immer weiter; **she laughed ~ laughed** sie hörte nicht mehr auf zu lachen; **there are books ~ books** es gibt gute u. schlechte Bücher, es gibt solche Bücher u. solche; **for miles ~ miles** viele Meilen weit; **he came nearer ~ nearer** er kam immer näher; **~ all** *umg* u. so weiter; **skin ~ all** mitsamt der Haut; **~/or** u./od; → forth A 5, on B 3 **2** mit: → bread *Bes Redew*, coach A 1, good B 15, nice[1] 4 **3** *e-e bedingende Konjunktion ersetzend*: **move, ~ I shoot** e-e Bewegung, u. ich schieße; **a little more ~ …** es fehlte nicht viel, u. … **4** *die Infinitivpartikel* **to** *ersetzend*: **try ~ come** versuchen Sie zu kommen; **mind ~ bring it** vergiss nicht, es mitzubringen **5** und das, und zwar: **he was found, ~ by chance**

Andalusia [,ændə'lu:zjə; *US* -'lu:ʒə; -ʒɪə] S Andalusien *n*

Andalusian [,ændə'lu:zjən; -zɪən; *US* -'lu:ʒən] **A** S Andalusier(in) **B** ADJ andalusisch

andalusite [,ændə'lu:saɪt] S MINER Andalusit *m*

andante [æn'dæntɪ; *US a.* ɑ:n'dɑ:nteɪ] MUS **A** ADJ & ADV andante, mäßig langsam **B** S Andante *n*

andantino [,ændæn'ti:nəʊ; *US a.* ,ɑ:n,dɑ:n't-] MUS **A** ADJ & ADV andantino (*lebhafter als andante*) **B** *pl* -nos S Andantino *n*

AND circuit S COMPUT UND-Schaltung *f*

Andean [æn'di:ən; 'ændɪən] ADJ GEOG Anden…

Andes ['ændi:z] SPL (*die*) Anden *pl*

andesine ['ændɪzi:n; -zɪn] S MINER Andesin *m*

andesite ['ændɪzaɪt] S GEOL Andesit *m* (*ein vulkanisches Gestein*)

andiron ['ændaɪə(r)n] S Feuerbock *m*

Andorra [æn'dɔ:rə; *US a.* -'dɑ:rə] Andorra *n* (*Zwergstaat in den östlichen Pyrenäen*)

Andorran [æn'dɔ:rən; *US a.* -'dɑ:-] **A** S Andorraner(in) **B** ADJ andorranisch

andradite ['ændrədaɪt; æn'drɑ:-] S MINER Andradit *m*

andro- [ændrəʊ; -drə] *Wortelement mit der Bedeutung* **a** Mann…, männlich **b** Staubfaden…

androgen ['ændrədʒən] S BIOL Androgen *n* (*männliches Geschlechtshormon*)

androgyne ['ændrədʒaɪn] S **1** BIOL Hermaphrodit *m*, Zwitter *m* **2** BOT androgyne Pflanze

androgynous [æn'drɒdʒɪnəs; *US* -'drɑ-] ADJ **1** BIOL hermaphroditisch, zwitt(e)rig **2** BOT androgyn (*gleichzeitig männliche u. weibliche Blüten ausbildend*); **androgyny** S **1** BIOL Hermaphrodismus *m*, Hermaphroditismus *m*, Zwittertum *n* **2** BOT Androgynie *f*

android ['ændrɔɪd] S Android(e) *m* (*künstlicher Mensch*)

andrology [æn'drɒlədʒɪ; *US* -'drɑ-] S MED Andrologie *f*, Männerheilkunde *f*

Andromeda [æn'drɒmɪdə; *US* -'drɑmədə] **A** EIGENN *Antike*: Andromeda *f* **B** S *gen* -dae [-di:] ASTRON Andromeda *f* (*Sternbild*): **~ Galaxy** Andromedanebel *m*

andropause ['ændrəʊpɔ:z] S PHYSIOL Andropause *f* (*Ende der männlichen Sexualfunktion*)

anecdotage ['ænɪkdəʊtɪdʒ] S **1** KOLL Anekdoten *pl* **2** **Grandfather is in his ~** *hum* Großvater ist in dem Alter, in dem er ständig Geschichten von früher erzählt

anecdotal [,ænek'dəʊtl; -nɪk-] ADJ (ADV ~ly) anekdotenhaft, anekdotisch, Anekdoten…

anecdote ['ænɪkdəʊt] S Anekdote *f*; **anecdotic** [,ænek'dɒtɪk; *US* ,ænɪk'dɑ-] ADJ, **anecdotical** ADJ (ADV ~ly) anekdotisch, anekdotenhaft, Anekdoten…; **anecdotist** [-dəʊtɪst] S **1** Anekdotensammler(in) **2** Anekdotenerzähler(in)

anechoic [,ænɪ'kəʊɪk] ADJ echofrei, schalltot (*Raum*)

anelectric [,ænɪ'lektrɪk] ADJ PHYS nichtelektrisch

anemia [ə'ni:mjə; -mɪə] S MED *US* Anämie *f*, Blutarmut *f*; **anemic** ADJ (ADV ~ally) *US* **1** MED anämisch, blutarm **2** *fig* blutleer, farblos (*Vorstellung etc*)

anemochore [ə'neməkɔ:(r)] S BOT Anemochore *f* (*Pflanze, deren Samen od Früchte durch den Wind verbreitet werden*)

anemogram [ə'neməgræm] S PHYS Anemogramm *n* (*Aufzeichnung e-s Anemografen*)

anemograph [ə'neməgrɑ:f; *bes US* -græf] S PHYS Anemograf *m*, Windschreiber *m*

anemology [,ænɪ'mɒlədʒɪ; *US* -'mɑ-] S METEO Anemologie *f* (*Wissenschaft von den Luftströmungen*)

anemometer [,ænɪ'mɒmɪtə(r); *US* -'mɑ-] S PHYS Anemometer *n*, Windmesser *m*; **anemometry** [-trɪ] S PHYS Windmessung *f*

anemone [ə'nemənɪ] S **1** BOT Anemone *f* **2** ZOOL → sea anemone

anemophilous [,ænɪ'mɒfɪləs; *US* -'mɑ-] ADJ BOT anemophil, anemogam (*durch den Wind bestäubt*); **anemophily** S BOT Anemophilie *f*, Anemogamie *f*, Windbestäubung *f*

anemoscope [ə'neməskəʊp] S PHYS Anemoskop *n* (*Instrument zum Messen der Windgeschwindigkeit*)

anent [ə'nent] PRÄP *obs od schott* **1** neben (*dat*), in gleicher Linie mit **2** gegen (*akk*), gegenüber (*dat*) **3** bezüglich (*gen*)

anergy ['ænə(r)dʒɪ] S Anergie *f*: **a** MED Unempfindlichkeit *f* (*gegen Reize*) **b** MED, PSYCH Energielosigkeit *f*

aneroid barometer ['ænərɔɪd] S PHYS Aneroidbarometer *n*

anesthesia [,ænɪs'θi:zjə; *bes US* -əs'θi:ʒə] S MED *bes US* Anästhesie *f*: **a** Narkose *f*, Betäubung *f* **b** Fehlen *n* der Schmerzempfindung (*bes bei Nervenschädigungen*); **anesthetic** [,ænɪs'θetɪk] *bes US* **A** ADJ (ADV ~ally) **1** MED anästhetisch: **a** narkotisch, betäubend, Narkose… **b** schmerzunempfindlich **2** *fig* verständnislos (**to** gegenüber) **B** S Betäubungsmittel *n*, Narkotikum *n*: **be under an ~** unter Narkose stehen

anesthesiologist ['ænəs,θi:zɪ'ɒlədʒɪst; *US* -'ɑ:l-] S *bes US* Anästhesiologe *m*, Anästhesiologin *f*; **anesthesiology** S Anästhesiologie *f* (*Wissenschaft von der Schmerzbetäubung u. den Narkoseverfahren*)

anesthetist [æ'ni:sθətɪst; *US* ə'nes-] S MED *bes US* Anästhesist(in), Narkosearzt *m*, -ärztin *f*; **anesthetize** V/T anästhesieren, narkotisieren, betäuben

aneurin ['ænjʊərɪn; *US* 'ænjə-; eɪ'njʊə-] S CHEM, MED Aneurin *n* (*Vitamin B_1*)

aneurism, aneurysm ['ænjʊərɪzəm; *US* 'ænjə-] S MED Aneurysma *n* (*krankhafte, örtlich begrenzte Erweiterung e-r Arterie*)

anew [ə'nju:; *US a.* ə'nu:] ADV **1** von Neuem, aufs Neue, erneut **2** neu, auf neue Art u. Weise

anfractuosity [,ænfræktjʊ'ɒsətɪ; *US* æn,fræktʃə'wɑsəti:] S Gewundenheit *f*; **anfractuous** ADJ gewunden (*Pfad etc*)

angary ['æŋgərɪ] S *a.* **right of ~** *Völkerrecht*: Angarienrecht *n* (*Recht e-r Krieg führenden Macht, neutrale Schiffe, die sich in ihren Hoheitsgewässern befinden, zu beschlagnahmen u. zu benutzen*)

angel ['eɪndʒəl] S **1** Engel *m*: **~ of death** Todesengel; **~ of vengeance** Racheengel; **visits like those of ~s** kurze u. seltene Besuche; **it's enough to make the ~s weep** es ist zum Heulen; **be on the side of the ~s** auf der Seite der Guten stehen; **join the ~s** in den Himmel kommen; **rush in where ~s fear to tread** sich törichter- *od* anmaßenderweise in Dinge einmischen, an die sich sonst niemand heranwagt; → entertain A 2 a **2** *fig* Engel *m* (*Person*): **be an ~ and …** sei doch so lieb u. …; **she is my good ~** sie ist mein guter Engel; **you are an ~** du bist ein Schatz, das ist furchtbar nett von dir **3** *Br umg* Krankenschwester *f* **4** THEAT *etc umg* Geldgeber(in) **5** *a.* **~-noble** Engelstaler *m* (*alte englische Goldmünze*) **6** *Radar*: *umg* Engelecho *n*; **~ cake** S (*etwa*) Biskuitkuchen *m*; **~ dust** S *sl* Engelsstaub *m* (*e-e Droge*)

Angeleno [,ændʒə'li:nəʊ] *pl* -nos S Einwohner(in) von Los Angeles

angel|fish S FISCH **1** → angel shark **2** Engelbarsch *m*; **~ food cake** *US für* angel cake; **~ hair** S Engelshaar *n* (*Christbaumschmuck*)

angelic [æn'dʒelɪk] ADJ (ADV ~ally) engelhaft, -gleich, Engels…: **her ~ face**; **♀ Salutation** KATH Englischer Gruß

angelica [æn'dʒelɪkə] S **1** BOT Angelika *f*, Brustwurz *f*, *bes* (Erz)Engelwurz *f* **2** kandierte Angelikawurzel **3** Angelikalikör *m*

angelical [æn'dʒelɪkl] ADJ (ADV ~ly) → angelic

angelology [,eɪndʒə'lɒlədʒɪ; *US* -'lɑ-] S REL Angelologie *f*, Engellehre *f*

angel's hair → angel hair

angel shark S FISCH Engelhai *m*

angels-on-horseback SPL *Br in Frühstücksspeckscheiben gewickelte u. auf Toast servierte Austern*

Angelus ['ændʒɪləs] S KATH **1** Angelus *m* (*Gebet*) **2** *a.* **~ bell** Angelusglocke *f*

anger ['æŋgə(r)] **A** S Ärger *m*, Zorn *m*, Wut *f*, (*alle*: **at** über *akk*): **in ~** im Zorn; **react with ~** verärgert *od* zornig *od* wütend reagieren; → bring down 7 **B** V/T verärgern, erzürnen, wütend machen

Angevin ['ændʒɪvɪn], *a.* **Angevine** [-vɪn; -vaɪn] **A** ADJ **1** aus Anjou (*in Frankreich*) **2** HIST *Br* angevinisch, die Plantagenets betreffend **B** S HIST *Br* Mitglied *n* des Hauses Plantagenet

angina (pectoris) [æn'dʒaɪnə ('pektərɪs)] S MED Angina *f* pectoris

angiocarpous [,ændʒɪəʊ'kɑ:(r)pəs] ADJ BOT angiokarp, deckfrüchtig

angiography [,ændʒɪ'ɒgrəfɪ; *US* -'ɑg-] S MED Angiografie *f* (*röntgenologische Darstellung von Blutgefäßen*)

angiology [,ændʒɪ'ɒlədʒɪ; *US* -'ɑl-] S MED Angiologie *f*, Gefäßlehre *f*

angioma [ˌændʒɪˈəʊmə] *pl* -mata [-mətə] *od* -mas S MED Angiom *n*, Blutschwamm *m*
angioplasty [ˈændʒɪəˌplæstɪ] S MED Gefäßplastik *f*
angiosperm [ˈændʒɪəspɜːm; US -ˌspɜrm] S BOT Angiosperme *f* (*Blütenpflanze mit Fruchtknoten*)
angle[1] [ˈæŋgl] A S 1 *bes* MATH Winkel *m*: **~ of advance** ELEK, PHYS Voreilungswinkel; **~ of attack** FLUG Anstellwinkel; **~ of climb** a TECH Anstiegswinkel b FLUG Steigwinkel; **~ of departure** (*Ballistik*) Abgangswinkel; **~ of divergence** Streu(ungs)winkel; **~ of elevation** Höhen-, Steigungswinkel; **~ of incidence** a Einfallswinkel b FLUG Anstellwinkel; **~ of inclination** Neigungswinkel; **~ of lag** ELEK, PHYS Nacheilungswinkel; **~ of lock** AUTO *etc Br* Einschlagwinkel; **~ of pitch** FLUG Anstellwinkel (*der Luftschraube*); **~ of taper** Konizität *f* (*des Kegels*); **at right ~s to** im rechten Winkel zu; **at an ~** schräg; **at an ~ of** in e-m Winkel von; **at an ~ to** schräg *od* im Winkel zu; → contingence 1, intersection 3 2 TECH a Knie(-stück) *n* b *pl* Winkeleisen *pl* 3 Ecke *f* (*e-s Gebäudes etc*) 4 scharfe, spitze Kante 5 SPORT (Schuss)Winkel *m*: → narrow A 1, C 1 6 ASTROL Haus *n* 7 *fig* Standpunkt *m*, Gesichtswinkel *m*, Seite *f* 8 *fig* Seite *f*, Aspekt *m*: **consider all ~s of a question** 9 Methode *f* (*etwas anzupacken od zu erreichen*): **he knows all the ~s and wangles** *umg* er kennt alle Tricks B V/T 1 ab-, umbiegen, abwinkeln 2 TECH bördeln 3 *Bericht etc* färben C V/I (ab)biegen: **the road ~s sharply to the right**
angle[2] [ˈæŋgl] V/I angeln: **~ for sth** *fig* nach etwas fischen *od* angeln, etwas zu bekommen versuchen, auf etwas aus sein; **~ for compliments** nach Komplimenten fischen
angle| bar S TECH Winkeleisen *n*; **~ bracket** → bracket A 5
angled [ˈæŋgld] ADJ 1 wink(e)lig, winkelförmig, Winkel... 2 SPORT platziert (*Schuss*)
angle|dozer S TECH Planierraupe *f* mit Winkelschild; **~ drive** S TECH Winkeltrieb *m*; **~ iron** S TECH Winkeleisen *n*; **~-park** V/T & V/I schräg parken; **~poise®** S *a.* **~ lamp** *Br* Gelenkleuchte *f*
angler [ˈæŋglə(r)] S 1 Angler(in) 2 FISCH See-, Meerteufel *m*
Angles [ˈæŋglz] SPL HIST (*die*) Angeln *pl*
Anglesey [ˈæŋglsɪ] Anglesey *n* a *Insel an der Nordwestküste von Wales* b *Grafschaft in Nordwestwales*
Anglia [ˈæŋglɪə] S *lateinischer Name für England*
Anglian [ˈæŋglɪən] A ADJ anglisch B S 1 Angehörige(r) *m/f(m)* des Volksstammes der Angeln 2 LING Anglisch *n*, das Anglische
Anglican [ˈæŋglɪkən] A ADJ 1 REL a anglikanisch b hochkirchlich: **the ~ Church** die anglikanische Kirche, die englische Staatskirche; **~ Communion** Anglikanischer Kirchenbund 2 US englisch B S REL a Anglikaner(in) b Hochkirchler(in)
Anglicanism S REL Anglikanismus *m* (*Lehre u. Wesen der anglikanischen Kirche*)
Anglicism [ˈæŋglɪsɪzəm] S 1 LING Anglizismus *m* 2 englische Eigenart, (*etwas*) typisch Englisches
Anglicist [ˈæŋglɪsɪst] S Anglist(in)
anglicize, *a.* **Anglicize** [ˈæŋglɪsaɪz] A V/T anglisieren (*a.* LING), englisch machen B V/I sich anglisieren, englisch werden
anglify, *a.* **Anglify** [ˈæŋglɪfaɪ] → anglicize A
angling [ˈæŋglɪŋ] S 1 Angeln *n* 2 Angelsport *m*
Anglist [ˈæŋglɪst] S Anglist(in); **Anglistics** [æŋˈglɪstɪks] SPL (*als sg konstruiert*) Anglistik *f*
Anglo- [æŋgləʊ] *Wortelement mit der Bedeutung* englisch, englisch u. ...
Anglo [ˈæŋgləʊ] *pl* -glos S *weißer Amerikaner nicht südamerikanischer Abstammung*
Anglo|-American A ADJ angloamerikanisch B S Angloamerikaner(in) (*Amerikaner[in] englischer Abstammung*); **~-Catholic** REL A S Anglokatholik(in) B ADJ anglokatholisch; **~-Catholicism** S Anglokatholizismus *m* (*katholisch orientierte Gruppe der anglikanischen Kirche*); **~-French** A ADJ 1 englisch-französisch 2 LING, HIST anglonormannisch, anglofranzösisch B S LING, HIST Anglonormannisch *n*, Anglofranzösisch *n*; **~-Indian** A ADJ angloindisch B S 1 *obs in Indien geborene(r) od lebende(r) Engländer(in)* 2 Angloinder(in)
Anglomania S Anglomanie *f* (*übertriebene Bewunderung alles Englischen*); **Anglomaniac** S Anglomane *m*, Anglomanin *f*
Anglo-Norman HIST A S 1 Anglonormanne *m*, -normannin *f* 2 LING Anglonormannisch *n* B ADJ anglonormannisch
Anglophile [ˈæŋgləʊfaɪl; -fɪl], *a.* **Anglophil** [-fɪl] A S Anglophile(r) *m/f(m)*, Englandfreund(in) B ADJ anglophil, englandfreundlich; **Anglophilia** [-ˈfɪljə; -lɪə] S Anglophilie *f*, Englandfreundlichkeit *f*
Anglophobe [ˈæŋgləʊfəʊb] A S Anglophobe(r) *m/f(m)*, Englandfeind(in) B ADJ anglophob, englandfeindlich; **Anglophobia** S Anglophobie *f*, Englandfeindlichkeit *f*
Anglophone [ˈæŋgləʊfəʊn] A ADJ anglofon, englischsprachig B S Anglofone(r) *m/f(m)*
Anglo-Saxon A S 1 Angelsachse *m*, -sächsin *f* 2 LING Altenglisch *n*, Angelsächsisch *n* 3 *umg* urwüchsiges u. einfaches Englisch B ADJ 1 angelsächsisch 2 *umg* urwüchsig u. einfach (*Englisch*)
Angola [æŋˈgəʊlə] S Angola *n*
angora [æŋˈgɔːrə; US *a.* -ˈgəʊrə] S 1 Gewebe *n od* Kleidungsstück *n* aus Angorawolle 2 *meist* ♀ ZOOL a *a.* **~ cat** Angorakatze *f* a *a.* **~ goat** Angoraziege *f* b *a.* **~ rabbit** Angora-, Seidenkaninchen *n*; **~ wool** S 1 Angorawolle *f* 2 Mohair *m*
angostura [ˌæŋgəˈstjʊərə; -ˈstʊərə] S *a.* **~ bark** BOT Angosturarinde *f*; **~ bitters** SPL Angostura(bitter) *m*
angry [ˈæŋgrɪ] ADJ (ADV angrily) 1 **(at, about)** ärgerlich (auf, über *akk*), verärgert (über *j-n od etwas*), wütend (auf *j-n*, über *etwas*), böse (auf *j-n*, über *etwas*; **with** mit *j-m*) 2 MED entzündet, schlimm 3 *fig* a drohend, finster (*Wolken*) b stürmisch (*See*); ♀ **Young Men** SPL *Br* HIST Angry Young Men *pl* (*e-e Gruppe englischer Schriftsteller, die in der zweiten Hälfte der 50er-Jahre sozial- u. zeitkritische Stücke veröffentlichte*)
angst [æŋst] S PSYCH (Existenz-, Lebens)Angst *f*
angstrom [ˈæŋstrəm] S *a.* **~ unit** PHYS Ångström(einheit) *n(f)* (*Einheit der Licht- u. Röntgenwellenlänge*)
anguine [ˈæŋgwɪn] ADJ ZOOL 1 schlangenähnlich 2 Schlangen...
anguish [ˈæŋgwɪʃ] A S (*körperliche od seelische*) Qual(en *pl*): **be in ~** → C B V/T *j-m* Qualen bereiten C V/I Qualen leiden (**over** wegen); **anguished** ADJ 1 qualvoll 2 gequält
angular [ˈæŋgjʊlə(r)] ADJ (ADV **~ly**) 1 wink(e)lig, winkelförmig, eckig, Winkel...: **~ acceleration** PHYS Winkel-, Zirkularbeschleunigung *f*; **~ capital** ARCH Eckkapitell *n*; **~ cutter** TECH Winkelfräser *m*; **~ distance** MATH Winkelabstand *m*; **~ frequency** PHYS Kreis-, Winkelfrequenz *f*; **~ momentum** PHYS Drehimpuls *m*; **~ point** MATH Scheitelpunkt *m*; **~ velocity** PHYS Winkel-, Zirkulargeschwindigkeit *f* 2 knochig 3 *fig* steif: a linkisch b formell
angularity [ˌæŋgjʊˈlærətɪ] S 1 Winkligkeit *f* 2 *fig* Steifheit *f*
Angus [ˈæŋgəs] S Angus *n* (*Verwaltungsregion in Nordostschottland*)
anharmonic [ˌænhɑː(r)ˈmɒnɪk; US -ˈmɑ-] ADJ MATH, PHYS unharmonisch
anhedral [ænˈhiːdrəl] S FLUG negative V-Stellung (*der Tragflächen*)
anhydride [ænˈhaɪdraɪd] S CHEM Anhydrid *n*
anhydrite [ænˈhaɪdraɪt] S MINER Anhydrit *m*
anhydrous [ænˈhaɪdrəs] ADJ CHEM nichtwässrig, (kristall)wasserfrei
anigh [əˈnaɪ] US *obs* A PRÄP in der Nähe von (*od gen*) B ADV nahe, in der Nähe
anil [ˈænɪl] S 1 BOT Indigopflanze *f* 2 Indigo(-farbstoff) *m*
aniline [ˈænɪliːn; -lɪn] S CHEM Anilin *n*: **~ dye** a Anilinfarbstoff *m* b *weitS.* chemisch hergestellte Farbe
anima [ˈænɪmə] S 1 PSYCH Anima *f*: a *das Seelenbild der Frau im Unbewussten des Mannes* b *die innere Einstellung od Haltung e-s Menschen* 2 PHIL Anima *f*, Seele *f*
animadversion [ˌænɪmædˈvɜːʃn; US -ˈvɜrʒən; -ʃən] S **(about, on, upon)** kritische Anmerkung (zu), Kritik *f* (an *dat*); **animadvert** [-ˈvɜːt; US -ˈvɜrt] V/I **(about, on, upon)** kritische Anmerkungen machen (zu), kritisieren (*akk*)
animal [ˈænɪml] A S 1 Tier *n*: **the ~ within us** *fig* das Tier in uns; **there's no such ~** *umg hum* so was gibt es (doch) gar nicht; **is there any such ~?** *umg hum* gibt es so was überhaupt? 2 a tierisches Lebewesen (*Ggs Pflanze*) b Säugetier *n* 3 *fig* Tier *n*, Bestie *f* B ADJ (ADV **~ly**) animalisch, tierisch (*beide a. fig*): **~ fat (glue, instincts, oil,** *etc*); **~ black** S TECH Knochenschwarz *n*; **~ charcoal** S BIOL Tierkohle *f*; **~ cracker** S Cracker *m* in Tiergestalt
animalcule [ˌænɪˈmælkjuːl] S ZOOL mikroskopisch kleines Tierchen
animal| experiment S Tierexperiment *n*, -versuch *m*; **~ food** S Tierfutter *n*; **~ hospital** S Tierklinik *f*; **~ husbandry** S Viehzucht *f*
animalier [ˌænɪməˈlɪə(r)] → animalist A 2
animalism [ˈænɪməlɪzəm] S 1 Animalität *f*, animalisches Wesen 2 *Lehre, nach der die Menschen auf einer Stufe mit den Tieren stehen*; **animalist** A S 1 *Anhänger(in) des Animalism* 2 Tiermaler(in), Tierbildhauer(in) 3 *bes US* Tierschützer(in) B ADJ tierfeindlich
animality [ˌænɪˈmælətɪ] S 1 tierische Natur 2 a Tiernatur *f*, (*das*) Tierische b → animalism 1 3 Tierreich *n*
animalize [ˈænɪməlaɪz] V/T 1 in Tierform darstellen 2 *fig* vertieren
animal| kingdom S Tierreich *n*; **~ liberation** S Tierschutz(bewegung) *m(f)*; **~ liberationist** S Tierschützer(in); **~ life** S Tierleben *n*; **~ lover** S Tierfreund(in); **~-loving** ADJ tierliebend; **~ magnetism** S 1 *obs* animalischer *od* tierischer Magnetismus 2 *oft hum* erotische Anziehungskraft; **~ park** S US Wildpark *m*; **~ psychology** S Tierpsychologie *f*; **~ rights** SPL Tierschutz(bewegung) *m(f)*: **~ campaigner** Tierschützer(in); **~ shelter** S Tierheim *n*, -asyl *n*; **~ spirits** SPL 1 Lebensfreude *f* 2 Ausgelassenheit *f*: **full of ~** ausgelassen; **~ welfare** S Tierschutz *m*; **~ welfarist** S Tierschützer(in)
animate A V/T [ˈænɪmeɪt] 1 beseelen, beleben, mit Leben erfüllen (*alle a. fig*) 2 beleben, anregen, aufmuntern, in Schwung bringen 3 beleben, lebendig gestalten: **~ a cartoon** e-n Zeichentrickfilm herstellen 4 antreiben B ADJ [-mət] → animated 1, 3; **animated** ADJ 1 lebendig, beseelt (**with, by** von), lebend 2 lebend, sich bewegend: **~ puppets**; **~ cartoon** Zeichentrickfilm *m* 3 lebhaft, angeregt

(*Diskussion etc*) 4 ermuntert; **animater** → animator; **animation** S 1 Er-, Aufmunterung *f*, Belebung *f* 2 Leben *n*, Feuer *n*, Lebhaftigkeit *f*, Munterkeit *f* 3 a Animation *f*, Herstellung *f* von (Zeichen)Trickfilmen b (Zeichen)Trickfilm *m* c (mechanische) Trickvorrichtung
animatism ['ænɪmətɪzəm] S PHIL Animatismus *m* (→ animism)
animato [,ænɪ'mɑːtəʊ] ADJ & ADV MUS 1 beseelt 2 lebhaft(er)
animator ['ænɪmeɪtə(r)] S Animator *m*, Animatorin *f*, Trickfilmzeichner(in)
animism ['ænɪmɪzəm] S Animismus *m*: a MED *Lehre von der unsterblichen Seele als oberstem Prinzip des lebenden Organismus* b PHIL *Anschauung, die die Seele als Lebensprinzip betrachtet*
animosity [,ænɪ'mɒsətɪ; US -'mɑ-] S Animosität *f*, Feindseligkeit *f* (**against, toward[s]** gegen[über]; **between** zwischen *dat*)
animus ['ænɪməs] S 1 PSYCH Animus *m* (*Seelenbild des Mannes im Unbewussten der Frau*) 2 *a.* JUR Absicht *f* 3 → animosity
anion ['ænaɪən] S CHEM, PHYS Anion *n*, negativ geladenes Ion; **anionic** [-'ɒnɪk; US -'ɑn-] ADJ anionisch
anise ['ænɪs] S 1 BOT Anis *m* 2 Anis (-samen) *m*
aniseed ['ænɪsiːd] S Anissamen *m*
anisette [,ænɪ'zet; -'set] S Anisett *m* (*Anislikör*)
anisomeric [æ,naɪsəʊ'merɪk; -sə'm-] ADJ CHEM nicht isomer; **anisomerous** [-'sɒmərəs; US -'sɑ-] ADJ BOT ungleichzählig
anisotropic [æ,naɪsəʊ'trɒpɪk; US -sə'trɑ-] ADJ BIOL, PHYS anisotrop; **anisotropy** [-'sɒtrəpɪ; US -'sɑ-] S Anisotropie *f*: a *Fähigkeit von Pflanzenteilen, unter gleichen Bedingungen verschiedene Wachstumsrichtungen anzunehmen* b PHYS *Eigenart von Kristallen, nach verschiedenen Richtungen verschiedene physikalische Eigenschaften zu zeigen*
Ankara ['æŋkərə] S Ankara *n* (*Hauptstadt der Türkei*)
ankerite ['æŋkəraɪt] S MINER Ankerit *m*
ankh [æŋk] S Henkelkreuz *n* (*altägyptisches Lebenssymbol*)
ankle ['æŋkl] S ANAT 1 (Fuß)Knöchel *m* 2 a Knöchelgegend *f* (*des Beins*) b Fessel *f*; **~ biter** S *Aus sl* Kind *n*; **~bone** S ANAT Sprungbein *n*; **~ boot** S 1 Halbstiefel *m* 2 Knöchelbinde *f* (*für Pferde*); **~-deep** ADJ knöcheltief, bis zu den Knöcheln; **~ jerk** S MED Knöchelreflex *m*; **~ joint** S ANAT Fuß-, Knöchel-, Sprunggelenk *n*; **~-length** ADJ knöchellang (*Kleid etc*); **~ sock** S *Br* Söckchen *n*; **~ strap** S Fesselriemen *m*, Schuhspange *f*
anklet ['æŋklɪt] S 1 Fußring *m*, -spange *f* (*als Schmuck*) 2 → ankle strap 3 US Söckchen *n*
ankylose ['æŋkɪləʊs; -z] MED A V/T 1 *Knochen* fest vereinigen 2 *ein Gelenk* versteifen B V/I 1 fest verwachsen (*Knochen*) 2 versteifen (*Gelenk*); **ankylosis** [-sɪs] S 1 MED Ankylose *f*, Gelenkversteifung *f* 2 PHYSIOL Knochenverwachsung *f*
ankylostomiasis [,æŋkɪlɒstə'maɪəsɪs; US -ləʊstəʊ'm-] S MED Ankylostomiase *f*, Ankylostomiasis *f*, Hakenwurmkrankheit *f*
ann. ABK 1 annals 2 annual 3 annuity
anna ['ænə] S HIST Anna *m* (*indische Münze*)
annalist ['ænəlɪst] S Chronist(in)
annals ['ænlz] SPL 1 Annalen *pl* (*a. fig*), Jahrbücher *pl* 2 historischer Bericht 3 (periodisch erscheinende) fachwissenschaftliche Berichte *pl*
anneal [ə'niːl] V/T 1 METALL ausglühen, anlassen, vergüten, tempern: **~ing furnace** Glühofen *m* 2 *Kunststoffe* tempern 3 *Glas* kühlen 4 *Keramik*: einbrennen: **~ing varnish** Einbrennlack *m* 5 *fig* härten, stählen
annelid ['ænəlɪd] S ZOOL Ringelwurm *m*
annex A V/T [ə'neks; US *a.* 'æn,eks] 1 (**to**) beifügen (*dat*), anfügen, anhängen (an *akk*): **as ~ed** WIRTSCH laut Anlage 2 *fig* verbinden, -knüpfen (*beide:* **to** mit) 3 *ein Gebiet* annektieren, (sich) einverleiben 4 *umg* a (sich) *etwas* organisieren, sich *etwas* aneignen b *etwas* mit Beschlag belegen B S ['æneks] *bes US* 1 Anhang *m*, Zusatz *m*, Nachtrag *m* 2 Anlage *f* (*in e-m Brief*) 3 Anbau *m*, Nebengebäude *n*
annexation [,ænek'seɪʃn] S 1 Hinzu-, Anfügung *f* (*beide:* **to** zu) 2 *fig* Verbindung *f* (**to** mit) 3 Annexion *f*, Annektierung *f*, Einverleibung *f* (*beide:* **to** in *akk*) 4 annektiertes Gebiet; **annexationism** S Annexionismus *m*, Annexionspolitik *f*; **annexationist** A S Annexionist(in) B ADJ annexionistisch
annexe ['æneks] *bes Br für* annex B
Annie Oakley [,ænɪː'əʊkliː] S *US sl* Freikarte *f*
annihilate [ə'naɪəleɪt] A V/T 1 vernichten (*a. fig*) 2 MIL aufreiben 3 *Kernphysik: Elementar-, Antiteilchen* annihilieren, zerstören 4 *fig* zunichtemachen 5 SPORT *umg* vernichtend schlagen B V/I *Kernphysik*: sich annihilieren *od* zerstören (*Elementar-, Antiteilchen*); **annihilation** S 1 Vernichtung *f* (*a. fig*): **~ photon** PHYS Zerstrahlungsphoton *n*; **~ radiation** PHYS Vernichtungsstrahlung *f* 2 *Kernphysik*: Annihilierung *f*, Zerstörung *f*; **annihilator** [-tə(r)] S Vernichter(in)
anniversary [,ænɪ'vɜːsərɪ; US -'vɜr-] S 1 Jahrestag *m*, -feier *f*, *a.* (*zehnjährige etc*) Wiederkehr (**of** *e-s Gedenktages*): **the 50th ~ of his death** sein fünfzigster Todestag 2 Jubiläum *n*
anno Domini [,ænəʊ'dɒmɪnaɪ; -niː; US -'dɑm-] ADV Anno Domini, nach Christi Geburt
annot. ABK 1 annotated 2 annotations 3 annotator
annotate ['ænəʊteɪt; -nət-] A V/T *e-e Schrift* a mit Anmerkungen versehen b kommentieren B V/I (**on**) a Anmerkungen machen (zu) b e-n Kommentar schreiben (über *akk*, zu); **annotation** S 1 Kommentieren *n* 2 a Anmerkung *f*, Erläuterung *f* b Kommentar *m*; **annotator** [-tə(r)] S Kommentator *m*, Kommentatorin *f*
announce [ə'naʊns] A V/T 1 ankünd(ig)en 2 bekannt gegeben (**sth to sb** j-m etwas), verkünden, verlauten lassen 3 a RADIO, TV ansagen b (*über Lautsprecher*) durchsagen 4 *e-n Besucher etc* melden 5 *e-e Geburt etc* anzeigen B V/I 1 RADIO, TV *US* als Ansager(in) beschäftigt sein (**for** bei) 2 *US* s-e Kandidatur bekannt geben (**for** für das Amt *gen*): **~ for governor**; **announcement** S 1 Ankündigung *f* 2 Bekanntgabe *f* 3 a RADIO, TV Ansage *f* b (Lautsprecher)Durchsage *f* 4 (*Geburts- etc*) Anzeige *f*: **~ of birth**; **announcer** S RADIO, TV Ansager(in), Sprecher(in)
annoy [ə'nɔɪ] V/T 1 ärgern: **be ~ed** sich ärgern (**at sth** über etwas; **with sb** über j-n); **be ~ed with o.s.** sich über sich selbst ärgern 2 behelligen, (*a. sexuell*) belästigen, *a.* MIL stören; **annoyance** S 1 Ärgernis *n* 2 Belästigung *f*, Störung *f* 3 Ärger *m*, Verdruss *m*: **much to the ~ of** sehr zum Ärger von (*od gen*); **react with ~** verärgert reagieren 4 Plage(geist) *f(m)*; **annoying** ADJ (ADV **~ly**) 1 ärgerlich 2 lästig, störend, unangenehm
annual ['ænjʊəl; US -jəwəl] A ADJ (ADV **~ly**) 1 (all)jährlich, Jahres…: **~ accounts** *pl* WIRTSCH *Br* Jahresabschluss *m*; **~ balance sheet** WIRTSCH Jahres-, Schlussbilanz *f*; **~ contribution** Jahresbeitrag *m*; **~ general meeting** *Br*, **~ meeting** *US* WIRTSCH ordentliche Jahreshauptversammlung; **~ holiday(s** *pl*)(*bes US* **vacation**) Jahresurlaub *m*; **~ income** Jahreseinkommen *n*; **~ percentage rate** WIRTSCH effektiver Jahreszins; **~ report** WIRTSCH Geschäfts-, Jahresbericht *m*; **~ ring** BOT Jahresring *m* 2 *a.* BOT einjährig B S 1 jährlich erscheinende Veröffentlichung, Jahrbuch *n* 2 BOT einjährige Pflanze; **annualize** V/T *monatliche Zahlungen etc* auf ein Jahr hochrechnen: **~d percentage rate** WIRTSCH effektiver Jahreszins
annuitant [ə'njuːɪtənt; US *a.* ə'nuː-] S Rentenempfänger(in)
annuity [ə'njuːɪtɪ; US *a.* ə'nuː-] S 1 (Jahres)-Rente *f*: **hold** (*od* **receive**) **an ~** e-e Rente beziehen; **~ insurance** private Rentenversicherung 2 a Rentenanspruch *m* b Rentenpflicht *f*; **~ bond** S WIRTSCH Rentenbrief *m*, *pl* Rentenpapiere *pl*
annul [ə'nʌl] V/T 1 *Erinnerung etc* löschen 2 annullieren, *Gesetze, e-e Ehe etc* aufheben, für ungültig *od* nichtig erklären, *Vorschriften etc* abschaffen 3 neutralisieren, ausgleichen
annular ['ænjʊlə(r)] ADJ (ADV **~ly**) ringförmig, geringelt, Ring…: **~ eclipse** ASTRON ringförmige Sonnenfinsternis; **~ finger** Ringfinger *m*; **~ gear** TECH Zahnring *m*, verzahnter Ring
annulate ['ænjʊleɪt; -lɪt], **annulated** [-leɪtɪd] ADJ 1 geringelt, aus Ringen bestehend 2 *a.* BOT ringförmig, Ring…: **~ column** ARCH Ringsäule *f*
annulet ['ænjʊlet; -lɪt; -lət] S 1 kleiner Ring 2 ARCH a schmale, ringförmige Verzierung b *bes pl* Anuli *pl*, Riemchen *pl* (*am dorischen Kapitell*)
annuli ['ænjʊlaɪ] *pl von* annulus
annulment [ə'nʌlmənt] S Annullierung *f*, Ungültigkeitserklärung *f*, Aufhebung *f*: **~ of marriage** Nichtigkeitserklärung *f* der Ehe
annulus ['ænjʊləs] *pl* -li [-laɪ] *od* -luses S 1 *a.* BIOL, BOT, PHYSIOL Ring *m* 2 MATH Kreisring *m* 3 ASTRON Lichtkreis *m* um den Mondrand (*bei Sonnenfinsternis*) 4 → annulet 2
annunciate [ə'nʌnʃɪeɪt; *bes US* -sɪeɪt] V/T ankündigen, verkünd(ig)en; **annunciation** [-sɪ'eɪʃn] S 1 Ankündigung *f*, Verkündigung *f*, Verkündung *f* 2 ♀, *a.* ♀ **Day** Mariä Verkündigung *f* (*25. März*); **annunciative** [-ʃətɪv; -sɪətɪv; *bes US* -sɪeɪtɪv] ADJ ankündigend, verkünd(ig)end; **annunciator** [-sɪeɪtə(r)] S 1 Verkünd(ig)er(in) 2 a ELEK Signalanlage *f*, -tafel *f* b TEL Fallklappenanlage *f*
anodal [æ'nəʊdl] → anodic
anode ['ænəʊd] ELEK A S Anode *f*, positiver Pol B ADJ Anoden…: **~ battery** (**current**, *etc*); **~ circuit** Anodenkreis *m*
anodic [æ'nɒdɪk; US æ'nɑ-] ADJ 1 aufsteigend 2 ELEK, *a.* BOT anodisch: **~ oxidation** CHEM anodische Oxidation; **~ treatment** CHEM a anodische Behandlung b Eloxalverfahren *n*
anodize ['ænəʊdaɪz; -nəd-] V/T CHEM a anodisieren b eloxieren
anodyne ['ænəʊdaɪn; -nəd-] A ADJ 1 MED schmerzstillend 2 *fig* wohltuend B S 1 MED schmerzstillendes Mittel 2 *fig* Wohltat *f* (**to** für)
anoint [ə'nɔɪnt] V/T 1 einölen: **~ing of the sick** KATH Krankenölung *f*, -salbung *f* 2 einreiben (**with** mit) 3 *bes* REL salben: **the Lord's Anointed** der Gesalbte des Herrn; **~ sb king** j-n zum König salben; **anointment** S Salbung *f*
anolyte ['ænəʊlaɪt; -nəl-] S CHEM Anolyt *m*
anomalistic [ə,nɒmə'lɪstɪk; US ə,nɑ-] ADJ (ADV **~ally**) 1 ASTRON anomalistisch (*Mond, Jahr*) 2 → anomalous 1
anomalous [ə'nɒmələs; US ə'nɑ-] ADJ (ADV **~ly**) 1 anomal, abnorm, regel-, normwidrig 2 ungewöhnlich
anomaly [ə'nɒməlɪ; US ə'nɑ-] S 1 Anomalie *f* (*a.* ASTRON, LING), Abweichung *f* (von der

Norm), Unregelmäßigkeit *f*, Ungewöhnlichkeit *f* 2 BIOL Missbildung *f*

anomic [ə'nɒmɪk; æ-; *US* -'nɑ-; -'nəʊ-] ADJ anomisch, gesetzlos; **anomie**, *a.* **anomy** ['ænəʊmɪ; 'ænəmɪ] S Anomie *f*: a Gesetzlosigkeit *f* b SOZIOL Zustand *m* mangelnder sozialer Ordnung

anon [ə'nɒn; *US* ə'nɑn] ADV *obs od poet* 1 a bald b sogleich 2 ein anderes Mal: → ever 1

anon. ABK anonymous

anonym ['ænənɪm] S 1 Anonymus *m* (*ein Ungenannter*) 2 Pseudonym *n*; **anonymity** S Anonymität *f*: **hide behind ~** sich in der Anonymität verstecken; **maintain one's ~** s-e Anonymität wahren; **anonymous** [ə'nɒnɪməs; *US* ə'nɑ-] ADJ (ADV ~ly) anonym, namenlos, ungenannt, unbekannten Ursprungs: **remain ~** anonym bleiben

anopheles [ə'nɒfɪliːz; *US* ə'nɑ-] *pl* -les S ZOOL Fiebermücke *f*

anorak ['ænəræk] S Anorak *m*

anorexia [ˌænə'reksɪə] S MED Anorexie *f*, Appetitlosigkeit *f*; **~ nervosa** [nɜː'vəʊsə; *US* nɜr-] S MED, PSYCH nervöse Anorexie, Magersucht *f*

anorexic [ˌænə'reksɪk] A ADJ a MED appetitlos b MED, PSYCH magersüchtig B S MED, PSYCH *j-d, der an Magersucht leidet*: **be an ~** an Magersucht leiden

anorthic [æn'ɔː(r)θɪk] → triclinic

anorthite [æn'ɔː(r)θaɪt] S MINER Anorthit *m*, Kalkfeldspat *m*

anorthosite [æn'ɔː(r)θəsaɪt] S GEOL Anorthosit *m* (*monomineralisches Gestein*)

anosmia [æn'ɒzmɪə; -'ɒs-; *US* æ'nɑz-; -ɑs-] S MED Anosmie *f* (*Verlust des Geruchssinns*)

another [ə'nʌðə(r)] ADJ & PRON 1 ein anderer, e-e andere, ein anderes (**than** als), ein Verschiedener, e-e Verschiedene, ein Verschiedenes: **~ thing** etwas anderes; **that is quite ~ thing** das steht auf e-m ganz anderen Blatt; **he is ~ man now** er ist jetzt ein (ganz) anderer Mensch; **in ~ place** a anderswo b PARL *Br* im anderen Hause dieses Parlaments (*im Oberhaus bzw im Unterhaus*); **one after ~** einer nach dem andern; → one C 1, time A 21 2 noch ein(er, e, es); ein Zweiter, e-e Zweite, ein Zweites; ein Weiterer, e-e Weitere, ein Weiteres; **~ day or two** noch einige Tage; **~ five weeks** noch *od* weitere fünf Wochen; **not ~ word!** kein Wort mehr!; **~ Shakespeare** ein zweiter Shakespeare; **ask me ~!** *umg* frag mich was Leichteres!; **tell me ~!** *umg* das kannst du d-r Großmutter erzählen!, das kauf ich dir nicht ab!; **A.N. Other** *Br* a SPORT ein (*auf dem Spielerbogen*) noch nicht genannter Spieler b e-e namentlich noch nicht bekannte Person

anox(a)emia [ˌænɒk'siːmɪə; *US* -ˌɑk-] S MED Anoxämie *f* (*Sauerstoffmangel im Blut*)

anoxia [æn'ɒksɪə; *US* æ'nɑk-] S MED Anoxie *f* (*[völliger] Sauerstoffmangel im Gewebe*)

ANPA ABK American Newspaper Publishers Association

ans. ABK answer

ansate ['ænseɪt] ADJ 1 mit Henkel(n) 2 henkelförmig; **~ cross** → ankh

Anschluss ['ænʃlʊs; 'ɑːn-] S POL, HIST Anschluss *m*

anserine ['ænsəraɪn; -rɪn] ADJ 1 gänseartig, Gänse… 2 *fig* albern, dumm

ANSI ['ænsɪ] ABK American National Standards Institute; **~ code** S ANSI-Code *m*

answer ['ɑːnsə; *US* 'ænsər] A S 1 Antwort *f*, Erwiderung *f*, Entgegnung *f* (*alle:* **to** auf *akk*): **in ~ to** a in Beantwortung (*gen*) b auf (*akk*) … hin c als Antwort *od* Reaktion auf (*akk*); **he gave** (*od* **made**) **no ~** er gab keine Antwort, er antwortete nicht; **he knows all the ~s** *umg* a er weiß Bescheid, er kennt sich aus b *pej* er weiß immer alles besser 2 *fig* Antwort *f*: a Reaktion *f*: **I rang the doorbell, but there was no ~** ich klingelte, aber es machte niemand auf; → maiden B 1 b Gegenmaßnahme *f*: **have no ~** nichts entgegenzusetzen haben (**to** *dat*) 3 JUR a Klagebeantwortung *f*, Gegenschrift *f* b *weitS.* Verteidigung *f*, Rechtfertigung *f* 4 *bes* MATH (Auf)Lösung *f* 5 *fig* (**to**) a Lösung *f* (*e-s Problems*) b Abhilfe *f*, (*das*) Richtige (für) 6 MUS Beantwortung *f* (*in der Fuge*) B V/I 1 antworten, e-e Antwort geben (*beide:* **to** auf *akk*): **~ back** a freche Antworten geben b widersprechen c sich (*mit Worten etc*) verteidigen *od* wehren 2 **~ to** *fig* → C 3, C 4; **I telephoned this morning, but nobody ~ed** ich rief heute morgen an, aber es hob niemand ab *od* aber es meldete sich niemand; **I rang the doorbell, but nobody ~ed** ich klingelte, aber es machte niemand auf 3 (**to sb**) sich (j-m gegenüber) verantworten, (j-m) Rechenschaft ablegen, (j-m) Rede (u. Antwort) stehen (**for** für): **he had to ~ for … in court** er musste sich für … vor Gericht verantworten 4 verantwortlich sein, die Verantwortung tragen, haften, (sich ver)bürgen (*alle:* **for** für) 5 die Folgen tragen, büßen, geradestehen (*alle:* **for** für): **he has a lot to ~ for** er hat allerhand auf dem Gewissen *od* Kerbholz 6 (**for**) (*e-m Zweck*) dienen, entsprechen (*dat*), sich eignen, taugen (für), s-n Zweck erfüllen 7 glücken, gelingen (*Plan*) 8 **~ to the name of …** auf den Namen … hören C V/T 1 *j-m* antworten, erwidern, entgegnen: **~ sb back** a j-m freche Antworten geben b j-m widersprechen c sich gegen j-n (*mit Worten etc*) verteidigen *od* wehren 2 antworten auf (*akk*), (*a.* MUS *ein Thema*) beantworten: **~ sb a question** j-m e-e Frage beantworten 3 *fig* reagieren auf (*akk*): a eingehen auf (*akk*): **~ the bell** (*od* **door**) (*auf das Läuten od Klopfen*) die Tür öffnen, aufmachen; **~ the telephone** ans Telefon *od* an den Apparat gehen, e-n Anruf entgegennehmen; **I'll ~ it** ich geh schon ran! b TECH *dem Steuer etc* gehorchen c *e-m Befehl, e-m Ruf etc* Folge leisten, folgen, gehorchen, entsprechen d *e-n Wunsch etc* erfüllen, *a. e-m Bedürfnis* entsprechen, abhelfen, *ein Gebet* erhören: **~ sb's prayers** *a.* j-n erhören e sich auf *e-e Anzeige* hin melden *od* bewerben 4 *e-r Beschreibung* entsprechen, übereinstimmen mit: **he ~s the description** die Beschreibung passt auf ihn 5 sich gegen *e-e Anklage* verteidigen 6 sich *j-m* gegenüber verantworten, *j-m* Rechenschaft ablegen, *j-m* Rede (u. Antwort) stehen (*alle:* **for** für) 7 *j-m, Ansprüchen* genügen, *j-n* zufriedenstellen, *Hoffnungen* erfüllen 8 *e-m Zweck* dienen, entsprechen 9 *e-e Aufgabe* lösen 10 *e-n Auftrag* ausführen

answerable ['ɑːnsərəbl; *US* 'æn-] ADJ 1 verantwortlich, haftbar (*beide:* **for** für): **be ~ to sb for sth** j-m für etwas haften *od* bürgen, sich j-m gegenüber für etwas verantworten müssen 2 *obs* entsprechend, angemessen, gemäß (*alle:* **to** *dat*) 3 zu beantworten(d); **answerer** S *US* Anrufbeantworter *m*; **answering** ADJ: **~ machine** Anrufbeantworter *m*; **leave a message on sb's ~ machine** j-m e-e Nachricht auf Band sprechen; **answerless** ADJ 1 ohne Antwort, unbeantwortet 2 unbeantwortbar

answerphone S *Br* Anrufbeantworter *m*

ant [ænt] S ZOOL Ameise *f*: **he has ~s in his pants** *umg* a er hat Hummeln im Hintern b er ist ganz zapp(e)lig (**about** wegen)

anta ['æntə] *pl* -tae [-tiː] S ARCH Ante *f*, Pilaster *m*, Eckpfeiler *m*

antacid [ˌænt'æsɪd] A S PHARM Antazidum *n* (*Magensäure bindendes Mittel*) B ADJ CHEM Säure bindend

antae ['æntiː] *pl von* anta

antagonism [æn'tægənɪzəm] S Antagonismus *m*: a Widerstreit *m*, Feindschaft *f* (*beide:* **between** zwischen *dat*) b Widerstand *m*, Widerstreben *n* (**to, toward[s]** gegen) c PHYSIOL Wechsel-, Gegenwirkung *f*; **antagonist** S 1 Antagonist(in), Gegner(in), Widersacher(in), Feind(in) 2 PHYSIOL Antagonist *m* (*e-r von zwei gegensinnig wirkenden Muskeln*) 3 BIOL, CHEM Antagonist *m* (*Stoff, der die Wirkung e-s bestimmten anderen Stoffes aufhebt*); **antagonistic** ADJ, **antagonistical** ADJ (ADV ~ly) antagonistisch, gegnerisch, feindlich (**to** gegen), widerstreitend, entgegenwirkend (**to** *dat*); **antagonize** V/T 1 entgegenwirken (*dat*), bekämpfen 2 sich *j-n* zum Feind machen, *j-n* gegen sich aufbringen

antarctic [ænt'ɑː(r)ktɪk] A ADJ antarktisch, Südpol…: **~ Circle** südlicher Polarkreis; **~ Ocean** Südliches Eismeer; **~ Zone** → B B S **~** Antarktis *f*

Antarctica [ænt'ɑː(r)ktɪkə; *US a.* -'ɑːrtɪkə] S, **Antarctic Continent** [ænt'ɑː(r)ktɪk; *US a.* -'ɑːrtɪk] S Antarktis *f*

ant| bear S ZOOL Ameisenbär *m*; **~ bird**, **~ catcher** S ORN Ameisenvogel *m*; **~ colony** S ZOOL Ameisenstaat *m*

ante ['æntɪ] A S 1 *Poker*: Einsatz *m*: **raise** (*od* **up**) **the ~** a (den Einsatz) erhöhen b *fig* höhere Forderungen stellen 2 *umg* Anteil *m* 3 *bes US umg* Preis *m* B V/T *prät u. pperf* -ted *od* -teed 1 *Poker*: (ein)setzen 2 *meist* **~ up** *bes US umg s-n Anteil* bezahlen C V/I 1 *Poker*: (ein)setzen 2 *meist* **~ up** *bes US umg* blechen (*bezahlen*)

ante- [æntɪ] *Wortelement mit der Bedeutung* vor, vorher, vorangehend

anteater S ZOOL 1 → ant bear 2 → ant bird

antebellum [ˌæntɪ'beləm] ADJ Vorkriegs…, *bes* vor dem Amer. Bürgerkrieg: **the ~ South**

antecedence [ˌæntɪ'siːdəns] S 1 Vortritt *m*, Vorrang *m* 2 ASTRON Rückläufigkeit *f*; **antecedent** A ADJ vorher, vorangehend (**to** *dat*): **~ phrase** MUS Vordersatz *m* B S 1 *pl* Vorgeschichte *f*, vorhergegangene Ereignisse *pl*, frühere Umstände *pl*: **his ~s** a sein Vorleben b s-e Abstammung 2 LING Bezugswort *n* 3 PHIL Antezedens *n* (*Prämisse e-s logischen Schlusses*) 4 MATH Vorderglied *n* (*e-s Verhältnisses*) 5 MUS a Vordersatz *m* b (Kanon- *od* Fugen)Thema *n* 6 *fig* Vorläufer *m*

antechamber S 1 → anteroom 2 AUTO Vorkammer *f*

antechapel S Vorhalle *f* e-r Kapelle

antedate A S ['-deɪt] (Zu)Rückdatierung *f* B V/T [ˌ-'deɪt] 1 (zu)rückdatieren, ein früheres Datum setzen auf (*akk*) 2 beschleunigen 3 vorwegnehmen 4 (*zeitlich*) vorausgehen (*dat*) (**by** um)

antediluvian A ADJ antediluvianisch, vorsintflutlich (*a. fig*) B S 1 vorsintflutliches Wesen 2 *fig* Fossil *n auch pej*: a verknöcherte *od* rückständige Person b (*etwas*) Vorsintflutliches

antelope ['æntɪləʊp] *pl* -lopes, *bes koll* -lope S 1 ZOOL Antilope *f* 2 Antilopenleder *n*

antemeridian ADJ Morgen…, Vormittags…; **ante meridiem** [ˌæntɪmə'rɪdɪəm; -em] ADV → am[2]

antenatal MED A ADJ (ADV ~ly) pränatal, vor der Geburt, vorgeburtlich: **~ care** Mutterschaftsvorsorge *f*; **~ clinic** Schwangerenberatungsstelle *f*; **~ examination** Mutterschaftsvorsorgeuntersuchung *f*; **~ exercises** Schwangerschaftsgymnastik *f* B S *umg* Mutterschaftsvorsorgeuntersuchung *f*

antenna [æn'tenə] S 1 *pl* -nae [-i:] ZOOL Antenne *f*, Fühler *m* 2 *pl* -nas *bes US* Antenne *f* (*siehe* **aerial** *u. Komposita*)

antennule [æn'tenju:l] S ZOOL Antennula *f* (*vordere Antenne der Krebse*)

antenuptial ADJ vorhochzeitlich, *a.* JUR vorehelich: **~ agreement** (*od* **contract**) Ehevertrag *m*

antependium [,æntɪ'pendjəm; -dɪəm] *pl* -dia [-ə] S REL Antependium *n* (*Verkleidung des Altarunterbaus*)

antepenult [,æntɪpɪ'nʌlt; *US a.* -'pi:,nʌlt] S LING, LIT drittletzte Silbe; **antepenultimate** [-pɪ'nʌltɪmət] A S → antepenult B ADJ drittletzt(er, e, es)

anterior [æn'tɪərɪə(r)] ADJ 1 vorder, Vor..., Vorder... 2 vorher-, vorangehend (**to** *dat*): **~ to** vor (*dat*)

anteroom S 1 Vorraum *m* 2 Vor-, Wartezimmer *n*

anthelion [æn'θi:ljən; -ɪən; ænt'h-] *pl* -lia [-ə] S ASTRON Anthelion *n*, Gegensonne *f*

anthelmintic [,ænθel'mɪntɪk; ,ænthel'm-] MED, PHARM A ADJ anthelminthisch, wurmabtreibend, wurmtötend B S Anthelminthikum *n*, Wurmmittel *n*

anthem ['ænθəm] S MUS 1 REL a (Chor)-Hymne *f*, Choral *m* b Motette *f* c *obs* Wechselgesang *m* 2 *allg* Hymne *f*

anther ['ænθə(r)] S BOT Staubbeutel *m*

anthesis [æn'θi:sɪs] *pl* -ses [-si:z] S BOT Blüte (-zeit) *f*

anthill S ZOOL Ameisenhaufen *m*

anthologist [æn'θɒlədʒɪst; *US* -'θɑ-] S Herausgeber(in) e-r Anthologie; **anthologize** A V/I Anthologien *od* e-e Anthologie zusammenstellen B V/T a in e-r Anthologie zusammenfassen b in e-e Anthologie aufnehmen; **anthology** S Anthologie *f*, (*bes* Gedicht)-Sammlung *f*

anthozoan [,ænθə'zəʊən] S ZOOL Anthozoon *n*, Blumen-, Korallentier *n*

anthracite ['ænθrəsaɪt] S MINER Anthrazit (-kohle) *m(f)*, Kohlenblende *f*

anthracosis [,ænθrə'kəʊsɪs] S MED Anthrakose *f*, Kohlenstaublunge *f*

anthrax ['ænθræks] S MED Anthrax *m*, Milzbrand *m*

anthropo- [ænθrəʊpəʊ; ænθrəpə] *Wortelement mit der Bedeutung* den Menschen betreffend

anthropocentric ADJ (ADV **~ally**) anthropozentrisch (*den Menschen in den Mittelpunkt stellend*)

anthropogenesis S Anthropogenese *f*, Anthropogenie *f* (*Wissenschaft von der Entstehung u. Abstammung des Menschen*)

anthropogeography S Anthropogeografie *f* (*Teilgebiet der Geografie, das sich mit dem Einfluss des Menschen auf die Erdoberfläche u. mit dem Einfluss der geografischen Umwelt auf den Menschen befasst*)

anthropography [,ænθrə'pɒgrəfɪ; *US* -'pɑ-] S Anthropografie *f* (*Wissenschaft von den menschlichen Rassenmerkmalen*)

anthropoid ['ænθrəʊpɔɪd; -θrəp-] ZOOL A ADJ anthropoid, menschenähnlich: **~ ape** → B; **tell that ~ man that ...** *pej* sag diesem Halbaffen, dass ... B S Anthropoid *m*, Menschenaffe *m*

anthropological [,ænθrəpə'lɒdʒɪkl; *US* -'lɑ-] ADJ (ADV **~ly**) anthropologisch, menschenkundlich; **anthropologist** [-'pɒlədʒɪst; *US* -'pɑ-] S Anthropologe *m*, Anthropologin *f*; **anthropology** S Anthropologie *f*, Menschenkunde *f*

anthropometry [,ænθrə'pɒmɪtrɪ; *US* -'pɑ-] S Anthropometrie *f* (*Wissenschaft von den Maßverhältnissen am menschlichen Körper u. deren exakter Bestimmung*)

anthropomorphism [,ænθrəpəʊ'mɔ:(r)fɪzəm] S Anthropomorphismus *m*, Vermenschlichung *f*; **anthropomorphize** V/T anthropomorphisieren, vermenschlichen; **anthropomorphosis** [-'mɔ:(r)fəsɪs] S Anthropomorphose *f* (*Umwandlung in menschliche Gestalt*); **anthropomorphous** ADJ (ADV **~ly**) 1 anthropomorph (*menschlich, menschenähnlich*) 2 anthropomorphisch (*die menschliche Gestalt betreffend*)

anthropophagous [,ænθrəʊ'pɒfəgəs; *US* ,ænθrə'pɑ-] ADJ (ADV **~ly**) menschenfressend, kannibalisch; **anthropophagus** [-gəs] *pl* -gi [-gaɪ; -dʒaɪ] S Anthropophage *m*, Anthropophagin *f*, Menschenfresser(in), Kannibale *m*, Kannibalin *f*; **anthropophagy** [-dʒɪ] S Anthropophagie *f*, Kannibalismus *m*

anthroposophical [,ænθrəpə'sɒfɪkl; *US* -'sɑ-] ADJ anthroposophisch; **anthroposophist** [-'pɒsəfɪst; *US* -'pɑ-] S Anthroposoph(in); **anthroposophy** S Anthroposophie *f* (*von Rudolf Steiner begründete Lehre, nach der der Mensch gewisse höhere seelische Fähigkeiten entwickeln u. mit ihrer Hilfe übersinnliche Erkenntnisse erlangen kann*)

anthroposphere [æn'θrɒpəsfɪə(r); *US* -'θrɑ-] S *Evolutionismus*: Anthroposphäre *f* (*Übergang von der Natur zur Kultur*)

anthropotomy [,ænθrəʊ'pɒtəmɪ; *US* ,ænθrə'pɑ-] S Anthropotomie *f* (*Anatomie des Menschen*)

anti ['æntɪ; *US a.* -,taɪ] *umg* A PRÄP gegen: **be ~ sth** B ADJ: **be ~** anti *umg od* dagegen sein C S Gegner(in) (*e-r Politik etc*)

anti- [æntɪ; *US a.* -taɪ] *Wortelement mit der Bedeutung* a gegen ... eingestellt *od* wirkend, Gegen..., anti..., Anti..., ...feindlich b nicht..., un... c vor (*dat*) ... schützend

antiabortionist S Abtreibungsgegner(in)

antiag(e)ing ADJ: **~ cream** (*Kosmetik*) Creme *f* gegen Hautalterung

antiaircraft ADJ MIL Flugabwehr..., Flak...: **~ artillery** Flakartillerie *f*; **~ gun** Flak *f*

antialcoholist S Antialkoholiker(in)

anti-American ADJ antiamerikanisch

antiart S Antikunst *f*

antiauthoritarian, **antiauthority** ADJ antiautoritär

antibacterial ADJ antibakteriell

antiballistic ADJ: **~ missile** MIL Abfangrakete *f*

antibiosis [-baɪ'əʊsɪs] S BIOL, MED Antibiose *f* (*hemmende od abtötende Wirkung der Stoffwechselprodukte bestimmter Mikroorganismen auf andere Mikroorganismen*); **antibiotic** [-'ɒtɪk; *US* -'ɑtɪk] MED A S Antibiotikum *n* B ADJ (ADV **~ally**) antibiotisch

antibody S BIOL, CHEM Antikörper *m*, Immunkörper *m*

anti-British ADJ antibritisch

antic ['æntɪk] A S 1 *pl* a Gekasper *n pej* b *fig* Mätzchen *pl umg* 2 ARCH groteskes Ornament 3 *obs* Hanswurst *m*, Possenreißer *m* B ADJ *obs* grotesk

anticartel ADJ WIRTSCH kartellfeindlich, Antikartell...

anticathode S ELEK Antikathode *f* (*der Kathode gegenüberstehende Elektrode e-r Röntgenröhre*)

antichlor ['æntɪklɔ:(r); *US a.* -,kləʊər] S CHEM Antichlor *n*

antichoice ADJ abtreibungsfeindlich

Antichrist S REL Antichrist *m*, Widerchrist *m*

antichristian A ADJ antichristlich B S Antichrist(in)

anticipant [æn'tɪsɪpənt] A ADJ → anticipative B S → anticipator

anticipate [æn'tɪsɪpeɪt] A V/T 1 voraussehen, (voraus)ahnen 2 erwarten, rechnen mit: **~ that ...** damit rechnen, dass ...; **I don't ~ seeing him** ich rechne nicht damit, ihn zu sehen; **~d profit** WIRTSCH voraussichtlicher *od* erwarteter Gewinn 3 im Voraus tun *od* erwähnen 4 vorwegnehmen (*a. Patentrecht*): **~d interest** WIRTSCH vorweggenommene Zinsen 5 *j-m, e-m Wunsch etc* zuvorkommen (**by** um): **~ sb's every wish** j-m jeden Wunsch von den Augen ablesen 6 *fig* beschleunigen 7 WIRTSCH a vor Fälligkeit *od* vorzeitig bezahlen *od* einlösen b *Gelder etc* im Voraus *od* vorzeitig verbrauchen: **~d payment** Vorauszahlung *f* 8 *fig* vorbauen (*dat*), verhindern (*akk*) B V/I 1 vorgreifen (*in e-r Erzählung*) 2 *Tennis etc*: antizipieren

anticipation [æn,tɪsɪ'peɪʃn] S 1 Vorgefühl *n*, (Vor)Ahnung *f* 2 Ahnungsvermögen *n*, Voraussicht *f* (*z. B. des Kraftfahrers*) 3 a Vorfreude *f* b Erwartung *f*: **in ~ of** in Erwartung (*gen*); **with pleasant ~** voller Vorfreude 4 Vorwegnahme *f* (*a.* JUR *e-r Erfindung*): **in ~** im Voraus *dankend etc* 5 Zuvorkommen *n* 6 Vorgreifen *n* 7 Verfrühtheit *f* 8 *a.* **~ of payment** WIRTSCH Zahlung *f* vor Fälligkeit: (**payment by**) **~** Vorauszahlung *f* 9 MED zu früher Eintritt (*z. B. der Menstruation*) 10 MUS Antizipation *f*, Vorwegnahme *f* (*e-s Akkordtons etc*); **anticipative** ADJ (ADV **~ly**) 1 ahnungsvoll, vorausahnend 2 erwartungsvoll, erwartend 3 → anticipatory 1 4 zuvorkommend 5 vor-, frühzeitig; **anticipator** [-tə(r)] S *j-d, der vorausahnt od -sieht, vorwegnimmt, zuvorkommt od vorzeitig handelt*; **anticipatory** [-peɪtərɪ; *US* -pə,təʊri:; -,tɔ:-] ADJ (ADV anticipatorily) 1 vorwegnehmend, vorgreifend: **~ account** Vorbericht *m*; **~ breach of contract** JUR antizipierter (*vorzeitig angekündigter od erkennbarer*) Vertragsbruch; **~ control** TECH Vorsteuerung *f* 2 JUR neuheitsschädlich: **~ reference** (Patent)Vorwegnahme *f*

anticlerical A ADJ antiklerikal, kirchenfeindlich B S Antiklerikale(r) *m/f(m)*; **anticlericalism** S Antiklerikalismus *m*

anticlimax S 1 RHET Antiklimax *f* (*Redefigur, deren einzelne Glieder in absteigender Folge aneinandergereiht sind*) 2 *fig* Abfall *m*, Abstieg *m*

anticlinal [,æntɪ'klaɪnl] ADJ GEOL antiklinal, sattelförmig; **anticline** S GEOL Antiklinale *f*, Sattelfalte *f*

anticlockwise ADJ & ADV *bes Br* entgegen dem *od* gegen den Uhrzeigersinn: **~ rotation** Linkslauf *m*, -drehung *f*

anticoagulant MED, PHARM A ADJ koagulations-, gerinnungshemmend B S Antikoagulans *n*

anticonstitutional ADJ (ADV **~ly**) POL verfassungsfeindlich

anticorrosive ADJ (ADV **~ly**) TECH a korrosionsverhütend, rostverhindernd: **~ agent** Rostschutzmittel *n* b rostfest

anticyclical ADJ (ADV **~ly**) WIRTSCH antizyklisch: **~ policy** Konjunkturpolitik *f*; **for ~ reasons** aus konjunkturpolitischen Gründen

anticyclone S METEO Antizyklone *f*, Hochdruckgebiet *n*, Hoch *n*

antidazzle ADJ Blendschutz...: **~ lamp** Blendschutzlampe *f*; **~ screen** Blendschutzscheibe *f*; **~ switch** Abblendschalter *m*

antidepressant MED, PHARM A ADJ antidepressiv B S Antidepressivum *n*

antidistortion S ELEK Entzerrung *f*: **~ device** Entzerrer *m*

antidotal ['æntɪdəʊtl] ADJ als Antidot *od* als Gegengift *od* (*a. fig*)als Gegenmittel dienend, Gegengift...; **antidote** A S Antidot *n*, Gegengift *n*, Gegenmittel *n* (*a. fig*)(*alle*: **to** gegen) B V/T 1 ein Gegengift *od* (*a. fig*)ein Gegenmittel verabreichen *od* anwenden gegen *od* bei 2 *ein*

Gift neutralisieren
antidumping ADJ WIRTSCH Antidumping…: ~ **law**
antienzyme S MED Antienzym *n* (*Antikörper, der sich bei der Zufuhr artfremder Enzyme im Organismus bildet u. deren Wirksamkeit herabsetzt od aufhebt*)
anti-European A ADJ 1 antieuropäisch 2 gegen die Zugehörigkeit Großbritanniens zur Europäischen Union gerichtet B S 1 Antieuropäer(in) 2 Gegner(in) der britischen Zugehörigkeit zur Europäischen Union
antifading ELEK A S Schwundminderung *f* B ADJ schwundmindernd (*Antenne*)
antifascism S POL Antifaschismus *m*; **antifascist** A S Antifaschist(in) B ADJ antifaschistisch
antifebrile MED, PHARM A ADJ fiebersenkend: ~ **agent** (*od* **drug**) → B B S Antifebrile *n*, Fiebermittel *n*
Antifederalist S *US* HIST Antiföderalist(in)
antifemale ADJ frauenfeindlich
antifertility ADJ BIOL befruchtungsverhütend
antiforeign, antiforeigner ADJ ausländerfeindlich: ~ **feeling** → antiforeignism; **antiforeignism** S Ausländerfeindlichkeit *f*
antifouling SCHIFF A ADJ: ~ **paint** → B B S Antifouling *n* (*Mittel zum Bestreichen des unter Wasser liegenden Teils e-s Schiffes, um das Ansiedeln von pflanzlichen u. tierischen Organismen zu verhindern*)
antifreeze CHEM, TECH A S Gefrierschutz-, Frostschutzmittel *n* B ADJ Gefrierschutz…, Frostschutz…: ~ **agent** (*od* **compound, fluid**) → A
antifriction S PHYS Mittel *n* gegen Reibung, Schmiermittel *n*: ~ **bearing** TECH Wälzlager *n*; ~ **metal** TECH Weißmetall *n*
antigen [ˈæntɪdʒən; -dʒen] S BIOL Antigen *n* (*Substanz, die im Körper von Menschen u. Tieren e-e Immunreaktion hervorruft*)
antiglare → antidazzle
antigovernment ADJ regierungsfeindlich
anti-G suit S FLUG Anti-g-Anzug *m* (*Luft- u. Raumfahrtanzug, der es ermöglicht, große Beschleunigungen besser zu ertragen*)
Antigua [ænˈtiːgə] S Antigua *n* (*Insel der Kleinen Antillen*)
Antiguan [ænˈtiːgən; -gwən] A S Antiguaner(in) B ADJ antiguanisch
Antigua and Barbuda [ænˈtiːgəəndbɑː(r)ˈbuːdə] S Antigua und Barbuda *n* (*Staat im Bereich der Westindischen Inseln*)
antihalation S FOTO Lichthofschutz *m*
antihero S Antiheld *m*
antihistamine S MED, PHARM Antihistamin(-ikum) *n* (*Mittel gegen allergische Reaktionen*)
anti-icer S FLUG Vereisungsschutzgerät *n*
anti-interference ADJ ELEK 1 Störschutz…, Entstör…: ~ **capacitor** Entstörkondensator *m* 2 störfrei (*Antenne*)
antiknock CHEM, AUTO A ADJ Antiklopf…, klopffest: ~ **quality** (*od* **rating, value**) Klopffestigkeit(sgrad) *f(m)*, Oktanzahl *f* B S Antiklopfmittel *n*
Antilles [ænˈtɪliːz] SPL (*die*) Antillen *pl*
antilock braking system S AUTO Antiblockiersystem *n*
antilog *umg* → antilogarithm
antilogarithm S MATH Antilogarithmus *m*, Numerus *m* (*Zahl, zu der der Logarithmus gesucht wird*)
antilogy [ænˈtɪlədʒɪ] S Widerspruch *m*
antimacassar [ˌæntɪməˈkæsə(r)] S Schonbezug *m*
antimalarial MED, PHARM A ADJ gegen Malaria wirksam: ~ **agent** (*od* **drug**) → B B S Malariamittel *n*
antimask, antimasque S THEAT lustiges Vor- *od* Zwischenspiel (*e-s Maskenspiels*)
antimatter S PHYS Antimaterie *f* (*hypothetische, auf der Erde nicht existierende Form der Materie, deren Atome aus den Antiteilchen der Erdmaterie zusammengesetzt sind*)
antimere [ˈæntɪˌmɪə(r)] S ZOOL symmetrisch entgegengesetzte Körperhälfte
antimissile MIL A ADJ Raketenabwehr…: ~ **missile** → B B S Antirakete *f*, Antiraketenrakete *f*
antimist ADJ: ~ **cloth** AUTO Antibeschlagtuch *n*
antimonarchical ADJ (ADV ~ly) antimonarchisch; **antimonarchist** A S Gegner(in) der Monarchie *od* des Monarchismus B ADJ antimonarchistisch
antimonate [ˈæntɪməneɪt] S CHEM antimonsaures Salz; **antimonial** [-ˈməʊnjəl; -ɪəl] CHEM A ADJ Antimon…: → nickel A 1 B S antimonhaltiges Präparat; **antimonic** [-ˈmɒnɪk; *US* -ˈmɑ-] ADJ CHEM Antimon…: ~ **acid** Antimonsäure *f*; **antimonide** [-mənaɪd; *US a.* -nəd] S CHEM Antimonid *n*; **antimonious** [-ˈməʊnjəs; -ɪəs] ADJ CHEM antimonig (*Säure*); **antimonite** [-mənaɪt] S 1 CHEM Antimonit *n* 2 MINER Antimonit *m*, Grauspießglanz *m*; **antimony** [ˈæntɪmənɪ; *US bes* -ˌməʊniː] S CHEM Antimon *n*: **black** ~ Antimonsulfid *n*; **yellow** ~ Antimon-, Neapelgelb *n*
antinode S PHYS Schwingungsbauch *m*
antinomy [ænˈtɪnəmɪ] S Antinomie *f*: a JUR *Widerspruch zwischen verschiedenen Vorschriften ein u. desselben Gesetzes* b PHIL *widerspruchsvolle, sowohl wahre als auch falsche Aussage*
antinovel S Antiroman *m*
antinuclear ADJ a Antikernkraft… b Antikernwaffen…: ~ **protester** → antinuclearist; **antinuclearist** S a Kernkraftgegner(in) b Kernwaffengegner(in)
antinuke *bes US umg* → antinuclear, antinuclearist; **antinuker** *bes US umg* → antinuclearist
antioxidant S 1 CHEM Antioxydans *n* 2 TECH a Alterungsschutzmittel *n* b Oxidationsbremse *f*
antiparticle S PHYS Antiteilchen *n*
antipathetic ADJ, **antipathetical** ADJ (ADV ~ly) (**to** *dat*) 1 abgeneigt: **be** ~ **to** *a.* e-e Antipathie *od* Abneigung haben gegen 2 zuwider; **antipathy** [ænˈtɪpəθɪ] S 1 Antipathie *f*, Abneigung *f*, Widerwille *m* (**to, toward[s]** gegen) 2 Gegenstand *m* der Abneigung, Gräuel *m*
antipersonnel ADJ MIL gegen Personen gerichtet: ~ **bomb** Splitterbombe *f*; ~ **mine** Antipersonenmine *f*
antiperspirant [ˌæntɪˈpɜːspɪrənt; *US* -ˈpɜr-] A ADJ schweißhemmend: ~ **spray** Deodorantspray *m/n* B S Antitranspirant *n*
antiphlogistic MED, PHARM A ADJ entzündungshemmend: ~ **agent** (*od* **drug**) → B B S Antiphlogistikum *n*
antiphon [ˈæntɪfən] S MUS, REL Antifon *f*, Wechselgesang(sstück) *m(n)*; **antiphony** [ænˈtɪfənɪ] S 1 Antifonie *f*, Wechselgesang *m* 2 → antiphon
antiphrasis [ænˈtɪfrəsɪs] S RHET Antiphrase *f*
antipodal [ænˈtɪpədl] ADJ 1 antipodisch 2 genau entgegengesetzt; **antipodean** [-pəˈdiːən] A ADJ antipodisch B S Antipode *m*, Gegenfüßler *m*; **antipodes** [ænˈtɪpədiːz] SPL 1 die diametral gegenüberliegenden Teile *pl* der Erde 2 Antipoden *pl*, Gegenfüßler *pl* 3 (*a. als sg konstruiert*) (*das*) (genaue) Gegenteil
Antipodes [ænˈtɪpədiːz] SPL (*die*) Antipodeninseln *pl*
antipole S Gegenpol *m* (*a. fig*)
antipolice ADJ polizeifeindlich
antipollution ADJ umweltschützend, Umweltschutz…; **antipollutionist** S Umweltschützer(in)
antipope S HIST Gegenpapst *m*
antipoverty ADJ: ~ **program** *US* Anti-Poverty-Programm *n* (*Regierungsprogramm zur Bekämpfung der Armut*)
antiproton S PHYS Antiproton *n* (*Elementarteilchen, das die entgegengesetzten Eigenschaften hat wie das Proton*)
antipyretic MED, PHARM A ADJ antipyretisch, fiebersenkend: ~ **agent** (*od* **drug**) → B B S Antipyretikum *n*, Fiebermittel *n*
antiquarian [ˌæntɪˈkweərɪən] A ADJ 1 antiquarisch: ~ **books** 2 ~ **bookseller** Antiquar(in); ~ **bookshop** (*bes US* **bookstore**) Antiquariat *n* 3 der Antike: ~ **studies** B S 1 → antiquary 1 2 TECH Zeichenpapier *n* (*78,7 × 134,6 cm*); **antiquarianism** S Begeisterung *f* für Altertümer; **antiquary** [-kwərɪ; *US* -ˌkweriː] S 1 Altertumskenner(in), -forscher(in) 2 a Antiquitätensammler(in) b Antiquitätenhändler(in)
antiquate [ˈæntɪkweɪt] V/T a veralten lassen b als veraltet abschaffen; **antiquated** ADJ antiquiert, veraltet, altmodisch, überholt, überlebt
antique [ænˈtiːk] A ADJ 1 antik 2 *umg* → antiquated B S 1 Antiquität *f*: ~(**s**) **dealer** Antiquitätenhändler(in); ~(**s**) **shop** (*bes US* **store**) Antiquitätenladen *m*; **have** ~ **value** Altertumswert haben 2 TYPO Egyptienne *f* C V/T 1 in antikem Stil herstellen 2 *Buchbinderei:* blindprägen
antiquity [ænˈtɪkwətɪ] S 1 das Altertum *n*: **in** ~ im Altertum 2 a die Alten *pl* (*bes Griechen u. Römer*) b die Antike 3 *pl* Altertümer *pl* 4 Alter *n*: **of great** ~ uralt
antirheumatic MED, PHARM A ADJ antirheumatisch: ~ **agent** (*od* **drug**) → B B S Antirheumatikum *n*
antiroll bar S AUTO Überrollbügel *m*
antirrhinum [ˌæntɪˈraɪnəm] S BOT Löwenmaul *n*
antirust ADJ TECH gegen Rost schützend, Rostschutz…: ~ **paint**
anti-Semite S Antisemit(in); **anti-Semitic** ADJ (ADV ~ally) antisemitisch; **anti-Semitism** S Antisemitismus *m*
antiseptic A ADJ (ADV ~ally) 1 MED, PHARM antiseptisch (*Wundinfektionen verhindernd*): ~ **agent** (*od* **substance**) → B 2 *umg* nüchtern, sachlich B S MED, PHARM Antiseptikum *n*; **antisepticize** [-ˈseptɪsaɪz] V/T antiseptisch behandeln *od* machen
antiserum S *a. irr* MED Antiserum *n* (*Antikörper enthaltendes Heilserum*)
antisex ADJ, **antisexual** ADJ (ADV ~ly) sexfeindlich
antiskid ADJ TECH rutsch-, gleit-, schleudersicher, Gleitschutz…: ~ **pattern** Gleitschutzprofil *n*
antislip ADJ rutschfest, -sicher (*Fußboden etc*)
antismoking campaign S Kampagne *f* gegen das Rauchen
antisocial ADJ (ADV ~ly) 1 a asozial b antisozial 2 ungesellig: **I'm feeling a bit ~ today** mir ist heute nicht nach Gesellschaft zumute 3 unsozial
antispasmodic MED, PHARM A ADJ krampflösend: ~ **agent** (*od* **drug**) → B B S Antispasmodikum *n*
antistatic ADJ PHYS antistatisch
antisubmarine ADJ MIL U-Boot-Abwehr…
antitank ADJ MIL Panzerabwehr…: ~ **obstacle** Panzersperre *f*; ~ **rocket launcher** Panzerabwehrkanone *f*

antitechnological ADJ (ADV ~ly) technologiefeindlich
antiterrorist ADJ Antiterror...: **~ unit**
antitheater, *bes Br* **antitheatre** S Antitheater *n*
antithesis [æn'tɪθɪsɪs] *pl* -ses [-siːz] S **1** Gegensatz *m* **2** **be the (complete) ~ of** (*od* **to**) das genaue Gegenteil sein von (*od gen*) **3** RHET Antithese *f* (*Gegenüberstellung gegensätzlicher Begriffe od Gedanken*) **4** PHIL Antithese *f*, Gegenthese *f*, Gegenbehauptung *f*; **antithetic** [-'θetɪk] ADJ, **antithetical** ADJ (ADV ~ly) **1** gegensätzlich: **be ~ to** a im Gegensatz stehen zu b das genaue Gegenteil sein von (*od gen*) **2** PHIL, RHET antithetisch
antitorque moment S PHYS Gegendrehmoment *n*
antitoxin S MED Antitoxin *n* (*im Blutserum enthaltene Antikörper*)
antitrades SPL METEO Gegenpassat(winde) *m(pl)*
antitrust ADJ WIRTSCH *bes US* kartell- u. monopolfeindlich; **~ laws** Antitrustgesetze
antitussive [-'tʌsɪv] MED, PHARM **A** ADJ hustenhemmend, -stillend **B** S Antitussivum *n*, Hustenmittel *n*
antiunion ADJ *bes US* gewerkschaftsfeindlich
antivenin [-'venɪn] S MED Schlangenserum *n*
antivirus program S COMPUT Antivirusprogramm *n*, Virenschutzprogramm *n*
antiworld S Antiwelt *f*
antiwrinkle cream S *Kosmetik*: Antifaltencreme *f*
antler ['æntlə(r)] S ZOOL **1** Geweihsprosse *f* **2** *pl* Geweih *n*; **antlered** ADJ Geweih tragend
antlerite ['æntləraɪt] S MINER Antlerit *m*
ant lion S ZOOL Ameisenlöwe *m*
antonym ['æntəʊnɪm; -tənɪm] S LING Antonym *n* (*Wort, das e-m anderen in der Bedeutung entgegengesetzt ist*)
Antrim ['æntrɪm] S Antrim *n* (*Grafschaft in Nordirland*)
antrum ['æntrəm] *pl* -tra [-ə] S ANAT Antrum *n* (*Hohlraum in e-m Organ*)
Antwerp ['æntwɜːp; *US* -wɜrp] S Antwerpen *n*
anucleate [eɪ'njuːklɪət; -eɪt] ADJ BIOL kernlos
A number 1 *US* → A 1 3
anuresis [ˌænjʊ'riːsɪs; *US a.* ˌænə'r-] S MED Anurie *f*, Harnverhaltung *f*
anuria [ə'njʊərɪə; *US a.* ə'nʊrɪə] S MED Anurie *f* (*Ausfall der Harnproduktion*)
anus ['eɪnəs] S ANAT Anus *m*, After *m*
anvil ['ænvɪl] S **1** Amboss *m* **2** ANAT Amboss *m* (*im Ohr*) **3** TECH Messfläche *f*; **~ chisel** S TECH Abschrot *m*; **~ cloud** S METEO Ambosswolke *f*; **~ cutter** → anvil chisel
anxiety [æŋ'zaɪətɪ; æŋg-] S **1** (**about, for** wegen, um) a Angst *f* b Sorge *f*: **be a great ~ to sb** j-m große Sorgen machen **2** MED, PSYCH Beängstigung *f*, Beklemmung *f*: **~ dream** Angsttraum *m*; **~ neurosis** Angstneurose *f*; **~ state** Angstzustand *m* **3** (starkes) Verlangen (**for** nach): **have a keen ~ to do sth** etwas unbedingt tun wollen
anxious ['æŋkʃəs; -ŋʃ-] ADJ (ADV ~ly) **1** a ängstlich b besorgt: **be ~ about** (*od* **for**) besorgt sein wegen *od* um, sich Sorgen machen wegen *od* um c bang(e) **2** *fig* (**for; to** *inf*) begierig (auf *akk*; zu *inf*), (ängstlich) bedacht (auf *akk*; darauf zu *inf*), bestrebt (zu *inf*), eifrig bemüht (zu *inf*): **be ~ to do sth** etwas unbedingt tun wollen; **I am ~ for his report** ich bin auf s-n Bericht gespannt; **I am ~ to know** ich möchte gern wissen; **I am very ~ to see him** mir liegt viel daran, ihn zu sehen; **he is ~ to please** er gibt sich alle Mühe, es allen recht zu machen; **~ bench**, **~ seat** S REL *US* Sünderbank *f* (*in e-r Erweckungsversammlung*): **be on the anxious bench** (*od* **in the anxious seat**) *fig* wie auf (glühenden) Kohlen sitzen, Blut u. Wasser schwitzen
any ['enɪ] **A** ADJ **1** (*in Frage- u. Verneinungssätzen*) (irgend)ein(e), einige *pl*, (irgend)welche *pl*, etwaige *pl*, etwas: **not ~** (gar) keine; **is there ~ hope?** besteht noch (irgendwelche) Hoffnung?; **have you got ~ money on you?** haben Sie Geld bei sich?; **there wasn't ~ milk in the house** es war keine Milch *od* kein Tropfen Milch im Hause; → use C 2, *etc* **2** (*in bejahenden Sätzen*) *bes pej a.* **~ and every** jeder, jede, jedes (beliebige): **~ of these books will do** jedes dieser Bücher genügt (für den Zweck); **~ cat will scratch** jede Katze kratzt; **~ person who ...** jeder, der ...; *bes* JUR wer ...; **come ~ time you like** komm, wann immer du willst; **at ~ time** zu jeder Zeit, jederzeit; **under ~ circumstances** unter allen Umständen; → case[1] A 2, day *Bes Redew*, rate[1] A 3, *etc* **B** PRON *sg u. pl* irgendein(er, e, es), irgendwelche *pl*: **if there be ~ ...** sollten irgendwelche ... sein; **no money and no prospect of ~** kein Geld u. keine Aussicht auf welches **C** ADV **1** irgend (-wie), ein wenig, etwas, (nur) noch, (noch) etwas: **if these estimates are ~ close to accurate, ...** wenn diese Schätzungen auch nur annähernd stimmen, ...; **is he ~ happier now?** ist er denn jetzt glücklicher?; **he doesn't live here ~ more** er wohnt nicht mehr hier; **~ more?** noch (etwas) mehr?; **not ~ more than** ebenso wenig wie; **have you ~ more to say?** haben Sie noch (irgend) etwas zu sagen?; **~ old how** *umg* achtlos; → if[1] A 1, old A 10 **2** *US* (*in negativen Sätzen*) gar (*nicht*), überhaupt (*nicht*): **this didn't help matters ~** das nützte (der Sache) überhaupt nichts; **he didn't mind that ~** das hat ihm gar nichts ausgemacht
anybody PRON & S **1** irgendjemand, irgendeine(r), ein Beliebiger, e-e Beliebige: **is he ~ at all?** *fig* ist er denn überhaupt wer?; **ask ~ you meet** frage den ersten Besten, den du triffst; **Mary can do it, if ~ can** wenn es überhaupt j-d machen kann, dann Mary **2** jeder (-mann): **~ who** jeder, der; wer; **hardly ~** kaum jemand, fast niemand; **not ~** niemand, keiner; **~ but you** jeder andere eher als du; → guess C
anyhow ADV **1** irgendwie, unordentlich **2** a trotzdem: **thanks, ~** trotzdem vielen Dank b sowie'so **3** wie dem auch sei, auf alle Fälle, jedenfalls
anymore ADV *bes US Variante von* **any more**; → any C 1
anyone → anybody
anyplace *US* → anywhere
anything **A** PRON & S **1** (irgend)etwas, etwas Beliebiges: **it's not just ~** es ist nicht irgendetwas; **not ... for ~** um keinen Preis, um nichts in der Welt; **not ~** (gar *od* überhaupt) nichts; **be (as) afraid as ~** *umg* fürchterliche Angst haben; **(as) boring as ~** *umg* stinklangweilig; *he carried the glasses* **(as) carefully as ~** *umg* so vorsichtig wie rohe Eier; **be (as) cross as ~** *umg* in e-r Stinklaune sein; **(as) dark as ~** *umg* stockfinster; **he is (as) drunk as ~** *umg* er ist blau wie ein Veilchen; **(as) easy as ~** *umg* kinderleicht; **(as) fast as ~** *umg* wie der Blitz; **(as) surprised as ~** *umg* völlig überrascht; **be (as) pleased as ~** *umg* sich freuen wie ein Schneekönig; **for ~ I know** soviel ich weiß; **like ~** *umg* wie verrückt; **or ~** oder so etwas Ähnliches **2** alles(, was es auch sei): **~ but** a alles andere als b von wegen!; **I'll pay ~** ich zahle jeden Preis; **I would give ~ to** *inf* ich würde alles darum geben zu *inf*; **~ for a quiet life** *umg* was tut man nicht alles um des lieben Friedens willen! **B** ADV irgend(wie), etwas, überhaupt, in gewissem Maße: **if ~** a wenn überhaupt, höchstens b womöglich; **he is a little better if ~** es geht ihm etwas besser, wenn man von Besserung überhaupt reden kann; **not ~ like as ... as** keineswegs so ... wie; **there were ~ up to 200 at the meeting** auf der Versammlung waren annähernd *od* an die 200 Leute
anytime ADV *bes US Variante von* **(at) any time**; → any A 2
anyway → anyhow 2, 3: **where are we ~?** wo sind wir eigentlich *od* überhaupt?
anyways *US umg* → anyhow 2, 3
anywhere ADV **1** irgendwo, -woher, -wohin: **not ~** nirgendwo(hin); **hardly ~** fast nirgends; **~ from 10 to 30 minutes** *US* etwa zwischen 10 u. 30 Minuten; **not get ~** nicht weit kommen, keinerlei Erfolg haben, nichts erreichen (**with sb** bei j-m); **not get ~ in life** es im Leben zu nichts bringen; **this won't get you ~** damit *od* so kommst du auch nicht weiter, das bringt dich auch nicht weiter; **£10 doesn't go ~** mit 10 Pfund kommt man nicht sehr weit *od* kann man nicht viel anfangen; → near A 4 **2** überall: **from ~** von überall her
anywise ADV *bes US* **1** → anyhow 1 **2** überhaupt
Anzac ['ænzæk] S **1** Angehörige(r) *m/f(m)* der australischen u. neuseeländischen Truppen (*im Ersten Weltkrieg; aus* **Australian and New Zealand Army Corps**) **2** australischer *od* neuseeländischer Soldat **3** *Aus umg* typischer Australier
A/O[1], **a/o** ABK WIRTSCH account of auf Rechnung von
a/o[2] ABK and/or und/oder
a.o.b., **AOB** ABK any other business
A-OK, **A-Okay** ADJ & ADV *bes US umg* klasse, prima
AONB ABK *Br* area of outstanding natural beauty
A 1, **A-one** ADJ **1** erstklassig (*Schiffsbezeichnung im Lloyds-Register*) **2** a kerngesund b gut in Form **3** *umg* klasse, eins a: **our holidays were ~**
aorist ['eərɪst; 'eɪə-] LING **A** ADJ aoristisch: **~ tense** → B **B** S Aorist *m* (*Zeitform, die e-e momentane od punktuelle Handlung ausdrückt*)
aorta [eɪ'ɔː(r)tə] *pl* -tas *od* -tae [-tiː] S ANAT Aorta *f*, Hauptschlagader *f*; **aortic** ADJ ANAT, MED Aorten...: **~ insufficiency** Aorteninsuffizienz *f*; **~ orifice** Aortenostium *n*; **~ valve** Aortenklappe *f*
AP ABK Associated Press
A/P ABK **1** WIRTSCH accounts payable Verbindlichkeiten *pl* **2** WIRTSCH JUR authority to pay (*od* purchase) Zahlungsbefugnis *f* (Kaufbefugnis *f*)
apace [ə'peɪs] ADV *obs od poet* schnell, rasch
Apache [ə'pætʃɪ] S **1** *pl* -es *od* -e Apache *m* (*Indianer*) **2** LING Apache *n* (*athapaskische Sprache*) **3** ♀ [ə'pæʃ] Apache *m*, Unterweltler *m* (*in Paris*): ♀ **dance** Apachentanz *m*
apanage → appanage
apart [ə'pɑː(r)t] ADV **1** einzeln, für sich, (ab)gesondert (**from** von), getrennt, auseinander: **grow ~** *fig* sich auseinanderleben; **lie** (*od* **be**) **far ~** weit auseinanderliegen; **they start 30 seconds ~** SPORT sie starten im Abstand von 30 Sekunden; **~ from** abgesehen von, bis auf (*akk*); **~ from the fact that ...** abgesehen davon, dass ...; **a topic ~** ein Thema für sich; → come apart, keep B 2, know A 5, take apart, tell A 8 **2** abseits, beiseite: → joking B, set apart
apartheid [ə'pɑː(r)theɪt; -haɪt] S HIST Apartheid *f* (*Rassentrennung in Südafrika*)

aparthotel [əˈpɑːthəʊˌtel] S *Br Eigentumswohnanlage, deren Wohneinheiten bei Abwesenheit der Eigentümer als Hotelsuiten vermietet werden*
apartment [əˈpɑː(r)tmənt] S 1 *pl* Räumlichkeiten *pl*, (*in e-m Schloss etc*) Gemächer *pl* 2 *bes US* Wohnung *f* 3 → apartment house; ~ **building** → apartment house; ~ **hotel** S *US* Appartementhotel *n*; ~ **house** S *US* Wohnhaus *n*
apathetic [ˌæpəˈθetɪk] ADJ (ADV ~ally) apathisch, teilnahmslos, gleichgültig
apathy [ˈæpəθɪ] S Apathie *f*, Teilnahmslosigkeit *f*, Gleichgültigkeit *f*: **be sunk in** ~ in Apathie versunken sein
ape [eɪp] A S 1 ZOOL (*bes* Menschen)Affe *m* 2 *fig* Nachäffer(in) 3 *US umg* Gorilla *m pej* (*bulliger, ungeschickter od grober Mensch*) B ADJ **go** ~ *umg* durchdrehen, ausflippen C V/T nachäffen; **~man** [-mæn] S *irr* HIST Affenmensch *m*
Apennines [ˈæpɪnaɪnz] SPL (*der*) Apennin *m*, Apenninen *pl*
aperient [əˈpɪərɪənt] MED, PHARM A ADJ abführend B S Aperiens *n*, Abführmittel *n*
aperiodic [ˌeɪpɪərɪˈɒdɪk; *US* -ˈɑd-] ADJ (ADV ~ally) 1 *a.* ELEK aperiodisch 2 TECH schwingungsfrei 3 ELEK, PHYS (eigen)gedämpft (*Instrument etc*)
apéritif, **aperitif** [ɑːˌperɪˈtiːf; əˈperɪtiːf] S Aperitif *m*
aperitive [əˈperətɪv] MED, PHARM A ADJ 1 abführend 2 appetitanregend B S Aperitivum *n*: a (mildes) Abführmittel b appetitanregendes Mittel
aperture [ˈæpə(r)ˌtjʊə(r); -ˌtʃʊə(r); -tʃə(r)] S 1 Öffnung *f*, Schlitz *m*, Loch *n* 2 FOTO, PHYS, TECH Apertur *f*, Blende *f*: ~ **angle** (*Radar*) Bündelbreite *f* 3 TV Linsenöffnung *f*: ~ **lens** Lochscheibenlinse *f*
apery [ˈeɪpərɪ] S 1 Nachäfferei *f* 2 alberner Streich
apetalous [eɪˈpetələs] ADJ BOT apetal, ohne Blumenkrone
apex[1] [ˈeɪpeks] *pl* apexes *od* **apices** [ˈeɪpɪsiːz; ˈæp-] S 1 (*Kegel- etc, a.* ANAT *Herz-, Lungen- etc*) Spitze *f*: ~ **of the lung**; **an organization with … at its** ~ e-e Organisation mit … an der Spitze 2 ASTRON Apex *m* (*Zielpunkt der Sonne, auf den diese in ihrer Bewegung gerade zusteuert*) 3 *fig* Gipfel *m*, Höhepunkt *m*
APEX[2] ABK Association of Professional, Executive, Clerical, and Computer Staff
aphaeresis [æˈfɪərɪsɪs; *US bes* əˈferə-] S LING Aphärese *f* (*Abfall e-s Buchstabens od e-r unbetonten Silbe am Wortanfang*)
aphagia [əˈfeɪdʒɪə] S MED Aphagie *f* (*Unvermögen zu schlucken*)
aphasia [əˈfeɪzjə; *bes US* -ʒɪə; -ʒə] S MED Aphasie *f* (*Verlust des Sprechvermögens od Sprachverständnisses infolge Erkrankung des Sprachzentrums im Gehirn*)
aphelion [æˈfiːljən] *pl* -lia [-ljə] S ASTRON Aphel(ium) *n* (*Punkt der größten Entfernung e-s Planeten von der Sonne*)
apheresis → aphaeresis
aphesis [ˈæfɪsɪs] S LING allmählicher Verlust e-s unbetonten Anfangsvokals
aphid [ˈeɪfɪd; ˈæfɪd] S, **aphis** [-fɪs] *pl* aphides [ˈæfɪdiːz] S ZOOL Blattlaus *f*
aphonic [eɪˈfɒnɪk; *US* -ˈfɑ; -ˈfəʊ-] ADJ 1 stumm 2 LING stimmlos
aphorism [ˈæfərɪzəm] S Aphorismus *m* (*knapper, gehaltvoller Sinnspruch*); **aphoristic** ADJ (ADV ~ally) aphoristisch
aphotic [eɪˈfɒtɪk; *US* -ˈfəʊ-] ADJ BIOL aphotisch, lichtlos: ~ **zone** aphothische Region (*e-s Gewässers*)
aphrodisiac [ˌæfrəʊˈdɪzɪæk; -frəˈd-] MED, PHARM A ADJ aphrodisisch (*den Geschlechtstrieb steigernd*) B S Aphrodisiakum *n*
aphtha [ˈæfθə] *pl* -thae [-θiː] S MED Aphthe *f* (*bes an den Lippen u. im Bereich der Mundschleimhaut auftretendes Bläs-chen*)
aphyllous [eɪˈfɪləs] ADJ BOT aphyllisch, blattlos
apian [ˈeɪpjən; -pɪən] ADJ 1 Bienen… 2 bienenartig
apiarian [ˌeɪpɪˈeərɪən] ADJ die Bienen(zucht) betreffend, Bienen…; **apiarist** [ˈeɪpjərɪst; -pɪə-] S Bienenzüchter(in), Imker(in); **apiary** [ˈeɪpjərɪ; *US* ˈeɪpɪˌeriː] S Apiarium *n*, Bienenhaus *n*
apical [ˈæpɪkl; *bes US* ˈeɪ-] ADJ (ADV ~ly) 1 ANAT, MED die Spitze betreffend, apikal, Spitzen… 2 MATH an der Spitze (befindlich) (*Winkel*)
apices [ˈeɪpɪsiːz; ˈæp-] *pl von* apex[1]
apiculture [ˈeɪpɪkʌltʃə(r)] S Apikultur *f*, Bienenzucht *f*, Imkerei *f*
apiece [əˈpiːs] ADV 1 für jedes *od* pro Stück, je: **20 cents** ~ 2 für jeden, pro Kopf, pro Person: **he gave us £5** ~ er gab jedem von uns 5 Pfund
apish [ˈeɪpɪʃ] ADJ (ADV ~ly) 1 affenartig 2 *fig* nachäffend 3 *fig* äffisch
aplanatic [ˌæpləˈnætɪk] ADJ (ADV ~ally) FOTO, PHYS aplanatisch (*frei von Aberration*)
aplasia [əˈpleɪzjə; *bes US* -ʒɪə; -ʒə] S BIOL, MED Aplasie *f* (*angeborenes Fehlen e-s Gliedes od Organs*)
aplenty [əˈplentɪ] *obs od poet* A ADJ (*nachgestellt*) in Hülle u. Fülle B ADV nicht wenig
aplite [ˈæplaɪt] S GEOL Aplit *m* (*aus Feldspat u. Quarz bestehendes Ganggestein*)
aplomb [əˈplɒm; *US* əˈplɑm] S 1 senkrechte *od* lotrechte Lage 2 *fig* Aplomb *m*, (selbst)sicheres *od* selbstbewusstes Auftreten
apmt ABK appointment
apno(e)a [æpˈnɪə; -ˈniːə; *US bes* ˈæpnɪə] S MED Apnoe *f*, Atemstillstand *m*
Apocalypse [əˈpɒkəlɪps; *US* əˈpɑ-] S 1 BIBEL Apokalypse *f*, Offenbarung *f* Johannis 2 ♀ *fig* Enthüllung *f*, Offenbarung *f* 3 ♀ *fig* Apokalypse *f*, Unheil *n*
apocalyptic [əˌpɒkəˈlɪptɪk; *US* əˌpɑ-] ADJ, **apocalyptical** [-kl] ADJ (ADV ~ly) 1 apokalyptisch, nach Art der Offenbarung Johannis 2 *fig* apokalyptisch, unheilkündend
apocarpous [ˌæpəʊˈkɑ(r)pəs; -pəˈk-] ADJ BOT apokarp (*aus getrennten Fruchtblättern bestehend*)
apocopate [əˈpɒkəʊpeɪt; -kəp-; *US* -ˈpɑ-] V/T *ein Wort* apokopieren (*am Ende verkürzen*); **apocope** [əˈpɒkəʊpɪ; -kəpɪ; *US* -ˈpɑ-] S LING Apokope *f*, Auslautschwund *m*
Apocrypha [əˈpɒkrɪfə; *US* -ˈpɑ-] SPL (*oft als sg konstruiert*) 1 BIBEL Apokryphen *pl* (*jüdische u. frühchristliche Schriften, die nicht in den Kanon der Bibel aufgenommen wurden*) 2 ♀ apokryph(isch)e Schriften *pl*; **apocryphal** [-fl] ADJ apokryph (-isch): a ♀ *die Apokryphen betreffend* b von zweifelhafter Verfasserschaft, unverbürgt c frei erfunden (*Geschichte etc*)
apodal [ˈæpədl] ADJ ZOOL apod, fußlos
apodeictic [ˌæpəʊˈdaɪktɪk; -pəˈd-], **apodictic** [-ˈdɪktɪk] ADJ (ADV ~ally) apodiktisch, unwiderlegbar
apodosis [əˈpɒdəsɪs; *US* -ˈpɑ-] *pl* -ses [-siːz] S LING Apodosis *f* (*bedingter Hauptsatz e-s Konditionalsatzes*)
apogee [ˈæpəʊdʒiː; -pə-] S 1 ASTRON Apogäum *n* (*größte Erdferne des Mondes*) 2 *fig* Gipfel *m*, Höhepunkt *m*
apolitical [ˌeɪpəˈlɪtɪkl] ADJ (ADV ~ly) apolitisch, unpolitisch, an Politik uninteressiert
apologetic [əˌpɒləˈdʒetɪk; *US* əˌpɑ-] A ADJ (ADV ~ally) 1 rechtfertigend, Verteidigungs… 2 entschuldigend, Entschuldigungs…: ~ **letter** 3 reumütig, kleinlaut B S **apologetics** *pl* (*als sg konstruiert*) REL Apologetik *f* (*Teilgebiet der Theologie, das sich mit der wissenschaftlich-rationalen Absicherung des Glaubens befasst*); **apologetical** [-kl] ADJ (ADV ~ly) → apologetic A
apologia [ˌæpəˈləʊdʒɪə; -dʒə] S Apologie *f*: a Verteidigung *f*, Rechtfertigung *f* (*e-r Lehre, Überzeugung etc*) b Verteidigungsschrift *f*
apologist [əˈpɒlədʒɪst; *US* əˈpɑ-] S 1 Apologet(in), Verteidiger(in) (*e-r Lehre, Überzeugung etc*) 2 REL Apologet *m* (*griechischer Schriftsteller aus dem 2. Jh., der das Christentum verteidigte*)
apologize [əˈpɒlədʒaɪz; *US* əˈpɑ-] V/I 1 ~ **to sb (for sth)** sich bei j-m (für etwas) entschuldigen, j-n (für etwas) um Entschuldigung *od* Verzeihung bitten, j-m (für etwas) Abbitte tun *od* leisten; ~ **for doing sth** sich dafür entschuldigen, dass man etwas getan hat 2 sich verteidigen *od* rechtfertigen
apologue [ˈæpəlɒg; *US a.* -ˌlɑg] S Apolog *m*: a moralische Erzählung b Fabel *f*
apology [əˈpɒlədʒɪ; *US* əˈpɑ-] S 1 Entschuldigung *f*: **in** ~ **for** zur *od* als Entschuldigung für; **please accept our apologies** wir bitten vielmals um Entschuldigung; **make** (*od* **offer**) **sb an** ~ **(for sth)** → apologize 1; **send one's apologies** sich entschuldigen lassen; → owe A 1 2 → apologia 3 *umg* minderwertiger Ersatz (**for** für): **an** ~ **for a meal** ein armseliges Essen
apophthegm → apothegm
apophysis [əˈpɒfɪsɪs; *US* əˈpɑ-] *pl* -ses [-siːz] S Apophyse *f*: a ANAT Knochenfortsatz *m* b ZOOL *Einstülpungen des Außenskeletts (bei Gliederfüßern)* c GEOL Gesteinsverästelung *f*
apoplectic [ˌæpəʊˈplektɪk] A ADJ (ADV ~ally) 1 MED apoplektisch: a Schlaganfall…: ~ **stroke** (*od* **fit**) → apoplexy b zu Schlaganfällen neigend 2 **be** ~ **(with rage)** *umg* vor Wut fast platzen B S MED Apoplektiker(in): a *j-d, der zu Schlaganfällen neigt* b *j-d, der an den Folgen e-s Schlaganfalls leidet*
apoplexy [ˈæpəʊpleksɪ] S MED Apoplexie *f*, Schlaganfall *m*
aposiopesis [ˌæpəʊsaɪəʊˈpiːsɪs] **-ses** [-siːz] S RHET Aposiopese *f* (*bewusster Abbruch der Rede od e-s begonnenen Gedankens vor der entscheidenden Aussage*)
apostasy [əˈpɒstəsɪ; *US* əˈpɑ-] S Apostasie *f*, Abfall *m*, Abtrünnigkeit *f* (*vom Glauben, von e-r Partei etc*); **apostate** [əˈpɒsteɪt; -tɪt; *US* əˈpɑ-] A S Apostat(in), Abtrünnige(r) *m/f(m)*, Renegat(in) B ADJ abtrünnig; **apostatize** [-tətaɪz] V/I 1 abfallen (**from** von) 2 abtrünnig *od* untreu werden (**from** *dat*) 3 übergehen (**from … to** von … zu)
a posteriori [ˈeɪpɒsˌterɪˈɔːraɪ; *US bes* ˈɑːpəʊˌstɪrɪˈəʊriː] *bes* PHIL A ADJ aposteriorisch, erfahrungsgemäß B ADV a a posteriori, aus Erfahrung b → A
apostil [əˈpɒstɪl; *US* əˈpɑ-] S Apostille *f*, Randbemerkung *f*
apostle [əˈpɒsl; *US* əˈpɑsəl] S 1 *oft* ♀ Apostel *m*: ♀**s' Creed** Apostolikum *n*, Apostolisches Glaubensbekenntnis; ~ **spoon** Apostellöffel *m* 2 *fig* Apostel *m*, Vorkämpfer(in), Verfechter(in); **apostolate** [əˈpɒstəʊlət; *US* əˈpɑstəˌleɪt] S Apostolat *n*: a REL Apostelamt *n* b KATH *Amt der Priester u. Bischöfe*
apostolic [ˌæpəˈstɒlɪk; *US* -ˈstɑ-] ADJ (ADV ~ally) 1 REL apostolisch: ♀ **Fathers** apostolische Väter; ♀ **succession** apostolische Sukzession *od* Nachfolge (*Amtsnachfolge der Bischöfe in e-r auf die Apostel zurückgehenden Reihenfolge*) 2 KATH apostolisch, päpstlich: ~ **delegate** Apostolischer Delegat (*Gesandter des Papstes bei e-r Staatsregierung*); → see[2] 1, vicar 3; **apostolical** ADJ (ADV ~ly) → apostolic

apostrophe [əˈpɒstrəfi; US əˈpɑ-] S 1 RHET Apostrophe *f (feierliche Anrede an e-e Person od Sache außerhalb des Publikums)* 2 LING Apostroph *m*, Auslassungszeichen *n*; **apostrophize** [-faɪz] V/T apostrophieren: a RHET feierlich anreden b LING mit e-m Apostroph versehen

apothecary [əˈpɒθəkəri; US əˈpɑθəˌkeriː] S *obs* Apotheker(in): **apothecaries' weight** Apothekergewicht *n*

apothegm [ˈæpəθem] S Apophthegma *n (gewandt u. pointiert formulierter Ausspruch)*

apotheosis [əˌpɒθɪˈəʊsɪs; US əˌpɑ-] *pl* -ses [-siːz] S 1 Apotheose *f*: a Vergöttlichung *f* b *fig* Verherrlichung *f* 2 *fig* Krone *f*, Ideal *n*: **the ~ of womanhood**

apotheosize [əˈpɒθɪəʊsaɪz; US əˈpɑ-] V/T 1 vergöttlichen 2 *fig* verherrlichen

apotropaic [ˌæpəʊtrəˈpeɪɪk] ADJ (ADV ~ally) apotropäisch, Unheil abwehrend *(Zaubermittel)*

app. ABK 1 apparent 2 appendix 3 applied

appal, *US a.* **appall** [əˈpɔːl] V/T erschrecken, entsetzen: **be ~ed at** (*od* **by**) entsetzt sein über *(akk)*

Appalachian Mountains [ˌæpəˈleɪtʃjən; *US* -tʃən; -ˈlætʃən; -ˈleɪʃən] SPL, **Appalachians** [-z] SPL *(die)* Appalachen *pl*

appalling ADJ (ADV ~ly) 1 erschreckend, entsetzlich 2 *fig umg* fürchterlich

appanage [ˈæpənɪdʒ] S 1 Apanage *f (Unterhalt für Angehörige regierender Fürsten)* 2 *das, was e-m rang- od statusmäßig zusteht* 3 Begleit-, Nebenerscheinung *f*

apparat [ˌæpəˈrɑːt; *US* ˌɑp-] S POL, *bes* HIST Parteiapparat *m (in der Sowjetunion etc)*

apparatchik [ˌæpəˈrætʃɪk; *US* ˌɑpəˈrɑːtʃɪk] S 1 POL, *bes* HIST Apparatschik *m (bürokratischer Staats- oder Parteifunktionär in e-m kommunistischen Land)* 2 Bürokrat(in)

apparatus [ˌæpəˈreɪtəs; *US bes* -ˈrætəs] *pl* -tus, -tuses S 1 a Apparat *m*, Gerät *n (a. Turnen)*: **~ final** Gerätefinale *n*; **~ gymnastics** *pl (als sg konstruiert)* Geräteturnen *n* b *koll* Apparatur *f*, Gerät *n*: **piece of ~** → 1 a 2 *fig* Apparat *m*: **~ of government** Regierungsapparat 3 BIOL System *n*, Apparat *m*: **respiratory ~** Atmungsorgane *pl*, Atemwerkzeuge *pl*; **~ criticus** [ˈkrɪtɪkəs] S kritischer Apparat *(in e-r wissenschaftlichen Textausgabe)*

apparel [əˈpærəl] A V/T *prät u. pperf* -eled, *bes Br* -elled *obs od poet* a gewanden b *fig* ausstatten, schmücken B S 1 a *obs od poet* Gewänder *pl* b *bes US (in Zusammensetzungen)* Kleidung *f* c *fig obs od poet* Schmuck *m*, Gewand *n*, Kleid *n* 2 SCHIFF Gerätschaften *pl (e-s Schiffs)*

apparent [əˈpærənt] ADJ (ADV ~ly) 1 sichtbar *(Mängel etc)* 2 offenbar, offensichtlich, einleuchtend, ersichtlich, klar (**to sb** j-m), augenscheinlich: **be ~ from** hervorgehen aus; **with** (*od* **for**) **no ~ reason** ohne erkennbaren *od* ersichtlichen Grund 3 a anscheinend b *a.* ELEK, PHYS scheinbar, Schein…: **~ movement** Scheinbewegung *f*; **~ power** Scheinleistung *f*; → horizon 1

apparition [ˌæpəˈrɪʃn] S 1 Erscheinen *n (a.* ASTRON) 2 Erscheinung *f*, Gespenst *n*, Geist *m*; **apparitional** [-ʃənl] ADJ geisterhaft

apparitor [əˈpærɪtɔː; *bes US* -tə(r)] S *obs* Gerichtsdiener *m*

appassionato [əˌpæsjəˈnɑːtəʊ; *US* ɑːˌpɑːsɪə-] ADJ & ADV MUS appassionato, leidenschaftlich

appd ABK approved

appeal [əˈpiːl] A V/T JUR a Berufung *od* Rechtsmittel *od* Revision einlegen gegen b *US obs* anklagen B V/I 1 JUR Berufung *od* Rechtsmittel *od* Revision einlegen, in die Berufung gehen, *a. allg* Einspruch erheben, Beschwerde einlegen (**against,** JUR *meist* **from** gegen; **to** bei), SPORT reklamieren: **the decision ~ed from** die angefochtene Entscheidung; **~ for offside** SPORT Abseits reklamieren 2 **(to)** appellieren *od* sich wenden (an *akk*), (*j-n od etwas*) anrufen: **~ to the country** POL *Br* (das Parlament auflösen u.) Neuwahlen ausschreiben 3 **~ to** sich berufen auf *(akk)*: **~ to history** die Geschichte als Zeugen anrufen 4 **(to)** Gefallen *od* Anklang finden (bei), gefallen, zusagen *(dat)*, wirken (auf *akk*), anziehen, reizen *(akk)*: **~ to imagination** die Fantasie ansprechen 5 **~ to** *j-n* ersuchen *od* dringend bitten (**for** um; **to do** zu tun) C S 1 JUR Rechtsmittel *n* (**from, against,** *US a.* **of** gegen): a Berufung *f*, Revision *f* b (Rechts)Beschwerde *f* c Einspruch *m*: **court of ~** Berufungs-, Revisionsgericht *n*; **judg(e)ment on ~** Berufungsurteil *n*; **allow an ~** e-r Berufung *etc* stattgeben; **file** (*od* **lodge**) **an ~** Berufung *etc* einlegen bei (**with** bei; **from, against** gegen), in die Berufung gehen; **on ~ the sentence was reduced to three years** in der Berufungsverhandlung wurde die Strafe auf drei Jahre reduziert; **the decision under ~** die angefochtene Entscheidung; → criminal A 2 2 SPORT Reklamation *f* 3 Berufung *f* (**to** auf *akk*) 4 Verweisung *f* (**to** an *akk*) 5 *fig* **(to)** Appell *m* (an *akk*), Aufruf *m* (*gen od* an *akk*): **~ to the country** POL *Br* (Auflösung *f* des Parlaments u.) Ausschreibung *f* von Neuwahlen; **~ to reason** Appell an die Vernunft; **make an ~ to** appellieren an *(akk)*; **~ for mercy** Gnadengesuch *n* 6 *fig* dringende Bitte (**to** an *akk*; **for** um) 7 *fig* Anziehung(skraft) *f*, Zugkraft *f*, Wirkung *f* (**to** auf *akk*), Anklang *m* (**to** bei): **~ to customers** WIRTSCH Anziehungskraft auf Kunden; **appealable** ADJ JUR berufungs-, revisions-, beschwerdefähig: **the decision is ~** gegen die Entscheidung kann Berufung eingelegt werden; **appealing** ADJ (ADV ~ly) 1 bittend, flehend 2 ansprechend, reizvoll, gefällig, *(Baby etc)* niedlich, süß, *(Idee etc)* zugkräftig

appear [əˈpɪə(r)] V/I 1 erscheinen *(a. fig auf e-m Konto etc)*, sichtbar werden, sich zeigen, (*a.* öffentlich) auftreten: **~ in public** sich in der Öffentlichkeit zeigen; **~ on television** im Fernsehen auftreten; **he has ~ed in many films** er hat schon in vielen Filmen mitgewirkt 2 *(vor Gericht)* erscheinen, sich einlassen (**in an action** auf e-e Klage): **~ against sb** gegen j-n (vor Gericht) auftreten; **~ by counsel** sich durch e-n Anwalt vertreten lassen; **~ for sb (in court)** j-n (als Anwalt) vor Gericht vertreten 3 scheinen, den Anschein haben, aussehen, wirken, *j-m* vorkommen: **it ~s to me you are right** mir scheint, Sie haben recht; **he ~ed calm** er war äußerlich ruhig; **it ~s so, so it ~s** anscheinend 4 sich ergeben *od* herausstellen, hervorgehen: **it ~s from this** hieraus ergibt sich *od* geht hervor; **it does not ~ that …** es liegt kein Anhaltspunkt dafür vor, dass … 5 erscheinen, herauskommen *(Bücher etc)*

appearance [əˈpɪərəns] S 1 Erscheinen *n*: **at his ~** bei s-m Erscheinen; **~ fee** (*od* **money**) SPORT Antrittsgeld *n* 2 Auftreten *n*, Vorkommen *n* 3 JUR a Erscheinen *n* (**in court** vor Gericht) b (Klage)Einlassung *f*: **enter an ~** sich auf die Klage einlassen 4 (äußere) Erscheinung, Aussehen *n*; *(das)* Äußere: **her youthful ~** ihr jugendliches Aussehen; **he had an unhealthy ~** er sah ungesund aus; **resemble sb in ~** j-m äußerlich *od* im Aussehen ähneln 5 (Natur)Erscheinung *f*, (-)Phänomen *n* 6 *meist pl* äußerer Schein, (An)Schein *m* 7 PHIL Schein *m*: **~ and reality** Schein u. Sein 8 →apparition 2 9 Veröffentlichung *f*, Erscheinen *n*

Besondere Redewendungen: **at first ~** beim ersten Anblick; **in ~** anscheinend, dem Anschein nach; **to** (*od* **by, from**) **all ~s** allem Anschein nach; **~s are against him** der (Augen)Schein spricht gegen ihn; **~s are deceptive** der Schein trügt; **there is every ~ that …** es hat ganz den Anschein, als ob …; **give the ~ of being sth** sich den Anschein geben, etwas zu sein; **judge by ~s** nach Äußerlichkeiten gehen; **keep up** (*od* **save**) **~s** den Schein wahren; **make** (*od* **put in**) **one's ~** sich zeigen, erscheinen, sich einstellen, auftreten; **make an ~ on television, make a TV ~** im Fernsehen auftreten; **make an international ~** SPORT ein Länderspiel absolvieren; **put in an ~** sich kurz sehen lassen *(auf e-r Party etc)*; → public A, sake[1]

appease [əˈpiːz] V/T 1 *j-n, j-s Zorn etc* besänftigen, beschwichtigen 2 *e-n Streit* schlichten, beilegen 3 *Leiden* mildern 4 *den Durst etc* stillen, *s-e Neugier* befriedigen 5 POL (durch Zugeständnisse *od* Nachgiebigkeit) beschwichtigen; **appeasement** S 1 Besänftigung *f*, Beschwichtigung *f* 2 Schlichtung *f*, Beilegung *f* 3 Milderung *f* 4 Stillung *f*, Befriedigung *f* 5 POL Beschwichtigung *f*: **(policy of) ~** Beschwichtigungspolitik *f*; **appeaser** S 1 Besänftiger(in) 2 POL Beschwichtigungspolitiker(in)

appellant [əˈpelənt] A ADJ 1 appellierend 2 JUR a in zweiter Instanz klagend b Beschwerde führend B S 1 JUR a Berufungskläger(in) b Beschwerdeführer(in) 2 *fig* Bittsteller(in)

appellate [əˈpelət] ADJ JUR Rechtsmittel…, Berufungs…, Revisions…, Beschwerde…, *(nachgestellt)* zweiter Instanz: **~ court** *a.* Berufungs-, Revisionsgericht *n*; **~ jurisdiction** Zuständigkeit *f* in der Rechtsmittelinstanz

appellation [ˌæpəˈleɪʃn] S Benennung *f*, Name *m*, Bezeichnung *f*

appellative [əˈpelətɪv] LING A ADJ (ADV ~ly) appellativ(isch) B S Appellativ *n*, Gattungsname *m*

appellee [ˌæpeˈliː; -pə-] S JUR a Berufungs- *od* Revisionsbeklagte(r) *m/f(m)* b Beschwerdegegner(in)

append [əˈpend] V/T **(to)** 1 befestigen, anbringen (an *dat*), anhängen, anheften (an *akk*) 2 bei-, hinzufügen (*dat*, zu), anfügen (*dat*, an *akk*): **~ one's signature to** s-e Unterschrift setzen unter *(akk)*

appendage [əˈpendɪdʒ] S 1 Anhang *m*, Anhängsel *n* 2 *fig* Beigabe *f*, Beiwerk *n*, Begleiterscheinung *f* 3 *fig* Anhängsel *n*, (ständiger) Begleiter 4 BIOL Fortsatz *m*

appendant [əˈpendənt] ADJ **(to, on)** 1 dazugehörig, gehörend (zu), verbunden (mit), beigefügt *(dat)*: **the salary ~ to this position** das mit dieser Stellung verbundene Gehalt 2 JUR als Recht gehörend (zu), zustehend *(dat)*

appendectomy [ˌæpenˈdektəmi; -pən-] S MED Appendektomie *f*, Blinddarmoperation *f*

appendices [əˈpendɪsiːz] *pl von* appendix

appendicitis [əˌpendɪˈsaɪtɪs] S MED Appendizitis *f*, Blinddarmentzündung *f*: **~ operation** Blinddarmoperation *f*

appendix [əˈpendɪks] *pl* -dixes, -dices [-dɪsiːz] S 1 Anhang *m (e-s Buches)* 2 Anhängsel *n*, Zubehör *n* 3 FLUG, TECH (Füll)Ansatz *m* 4 ANAT Anhang *m*, Fortsatz *m*: **(vermiform) ~** Wurmfortsatz *m*, Blinddarm *m*; **he had his ~ out** er wurde am Blinddarm operiert

apperceive [ˌæpə(r)ˈsiːv] V/T PSYCH apperzipieren, bewusst wahrnehmen

apperception [ˌæpə(r)ˈsepʃn] S PSYCH Apperzeption *f*, bewusste Wahrnehmung

appersonation [æˌpɜːsəˈneɪʃn; ə-; *US* -ˌpɜr-] S PSYCH Appersonierung *f (Übernahme fremden Erlebens od Verhaltens als eigenes)*

appertain [ˌæpə(r)'teɪn] VI (to) 1 a gehören (zu) b sich beziehen (auf akk) 2 zustehen, gebühren (dat)
appetence ['æpɪtəns], **appetency** S 1 Verlangen n, Begierde f (beide: **of, for, after** nach) 2 Verhaltensforschung: Appetenz f, (Natur)Trieb m
appetite ['æpɪtaɪt] S 1 fig (for) a Verlangen n (nach): **~ for knowledge** Wissensdrang m, -durst m b Lust f (auf akk), Begierde f (nach): **~ for life** Lebensgier f, -hunger m; **~ for scoring** SPORT Torhunger m 2 Appetit m (**for** auf akk) (a. fig), Esslust f: **~ comes with eating** der Appetit kommt beim Essen; **a good ~ is the best sauce** Hunger ist der beste Koch; **give sb an ~** a. fig j-m Appetit machen; **give sb an ~ to do sth** fig es j-m schmackhaft machen, etwas zu tun; **have an ~** Appetit haben; **take away** (od **spoil**) **sb's ~** j-m den Appetit nehmen od verderben; **my ~ is gone** mir ist der Appetit vergangen; **lack of ~** Appetitlosigkeit f; **~ suppressant** Appetithemmer m, -zügler m; **~-suppressing** appetitzügelnd; → whet A 2; **appetizer** ['æpɪtaɪzə(r)] S appetitanregendes Mittel od Gericht od Getränk, pikante Vorspeise, Aperitif m; **appetizing** ADJ (ADV ~ly) 1 a appetitanregend b appetitlich, lecker (beide a. fig) 2 fig reizvoll, zum Anbeißen umg
appl. ABK 1 applicable 2 applied
applaud [ə'plɔːd] A VI applaudieren, Beifall spenden B VT 1 j-n, etwas beklatschen, j-m applaudieren od Beifall spenden 2 fig loben, (beifällig) begrüßen, billigen, (dat) zustimmen; **applaudable** ADJ (ADV applaudably) lobenswert; **applauder** S Applaudierende(r) m/f(m), Beifallspender(in)
applause [ə'plɔːz] S 1 Applaus m, Beifall (klatschen) m(n): **break into ~** in Beifall ausbrechen; **to the ~ of** unter dem Beifall (gen) 2 fig Beifall m, Zustimmung f, Anerkennung f; **applausive** [-sɪv] ADJ obs 1 applaudierend, Beifall klatschend od spendend, Beifalls… 2 lobend, Lob…
apple ['æpl] S 1 BOT Apfel m: **an ~ a day keeps the doctor away** (Sprichwort) e-n Apfel pro Tag, mit dem Doktor keine Plag; **an ~ for the teacher** fig ein Bestechungsversuch; **the ~ of sb's eye** fig j-s Liebling; **there will be trouble (as) sure as (God made) little ~s** umg es gibt garantiert od todsicher Ärger; **bad** (od **rotten**) **~** fig schwarzes Schaf; **~s (and pears)** pl Br sl Treppe f; → discord A 3 2 apfelartige Frucht; **~ blight** S ZOOL Blutlaus f; **~ brandy** S Apfelschnaps m; **~ butter** S bes US Apfelkonfitüre f; **~cart** S Apfelkarren m: **upset the (sb's) ~** fig alles (j-s Pläne) über den Haufen werfen; **~ dumpling** S Apfeltasche f; **~ fritters** SPL (in Teig gebackene) Apfelringe pl; **~ green** S Apfelgrün n; **~-green** ADJ apfelgrün; **~-jack** S US Apfelschnaps m; **~ pie** S (warmer) gedeckter Apfelkuchen; **~-pie bed** S *Bett, dessen Laken u. Decken aus Jux so gefaltet sind, dass man sich nicht ausstrecken kann*; **~-pie order** S umg: **in ~** tadellos in Ordnung; **put in ~** tadellos in Ordnung bringen; **his room is in ~** sein Zimmer ist picobello; **~-polish** US umg A VI Rad fahren fig pej B VT j-m in den Hintern kriechen umg; **~ polisher** S US umg Radfahrer(in), Speichellecker(in) (beide fig pej); **~sauce** S 1 a Apfelmus n b Apfelkompott n 2 US umg Quatsch m
Appleton layer ['æpltən] S PHYS Appleton-Schicht (Teil der oberen Atmosphäre)
apple tree S BOT Apfelbaum m
appliance [ə'plaɪəns] S 1 Gerät n, engS. (bes elektrisches) Haushaltsgerät 2 Br Löschfahrzeug n 3 Anwendung f
applicability [ˌæplɪkə'bɪlətɪ] S (to) Anwendbarkeit f (auf akk), Eignung f (für); **applicable** [-kəbl] ADJ (ADV applicably) (to) anwendbar (auf akk) (a. JUR), passend, geeignet (für): **be ~** a (to) → apply B 1 b in Kraft treten; **not ~** (in Formularen) nicht zutreffend, entfällt; **applicableness** → applicability
applicant ['æplɪkənt] S Bewerber(in) (**for** um), Antragssteller(in): **an ~ for a job** j-d, der sich um e-e Stelle bewirbt; **~ (for a patent** Patent)Anmelder(in); **prior ~** (Patentrecht) früherer Anmelder, Voranmelder m
application [ˌæplɪ'keɪʃn] S 1 (to) Anwendung f (auf akk), Verwendung f, Gebrauch m (für): **many ~s** viele Verwendungszwecke; **~(s) program** COMPUT Anwender-, Benutzerprogramm n; **~(s) software** COMPUT Anwendersoftware f 2 (Nutz)Anwendung f: **the ~ of a theory** 3 Anwendung f, An-, Verwendbarkeit f: **words of varied ~**; **area** (od **scope**) **of ~** Anwendungs-, Geltungsbereich m (e-s Gesetzes etc); **~s satellite** Nutzsatellit m 4 (to) Anwendung f (auf akk), Beziehung f (zu), Bedeutung f (für): **have no ~ (to)** keine Anwendung finden (bei), nicht zutreffen (auf akk), in keinem Zusammenhang stehen (mit) 5 MED a Applikation f, Anwendung f, Anlegung f: **the ~ of a poultice** b Mittel n, Verband m, Umschlag m 6 (**for**) Bitte f, Gesuch n, Ersuchen n (um), Antrag m (auf akk): **~ for extradition** (Völkerrecht) Auslieferungsbegehren n, -antrag m; **on the ~ of** auf Antrag (gen); **on ~** auf Ersuchen od Verlangen od Wunsch; **available on ~** auf Anfrage erhältlich; **payable on ~** zahlbar bei Bestellung; **make** (od **file**) **an ~ for** etwas beantragen, (e-n) Antrag stellen auf (akk); **~ form** Antrags-, Bewerbungs-, Anmeldungsformular n 7 Bewerbung f (**for** um): **make an ~ for a job** sich um e-e Stelle bewerben; → invite A 6 8 (Patent)Anmeldung f: **file an ~ for a patent** e-e Patentanmeldung einreichen, ein Patent anmelden 9 WIRTSCH Br Zeichnung f (**for shares** von Aktien) 10 Fleiß m, Hingabe f, Eifer m (alle: **to** bei) 11 ASTRON Annäherung f (e-s Planeten an e-n Aspekt)
applicator ['æplɪkeɪtə(r)] S MED, TECH 1 Anwendungsgerät n, -vorrichtung f, MED a. Applikator m (röhren- od düsenförmiges Instrument zum Auftragen von Salbe etc) 2 Spa(ch)tel m/f; **applicatory** [-kətərɪ; -keɪtərɪ; US -kəˌtəʊriː; -ˌtɔː-] ADJ praktisch, anwendbar
applied [ə'plaɪd] ADJ angewandt (Linguistik, Psychologie etc): **~ energy** PHYS aufgewendete Energie; **~ research** angewandte Forschung, Zweckforschung f
appliqué [æ'pliːkeɪ; US ˌæplə'keɪ] A ADJ 1 appliziert, aufgenäht: **~ work** Applikation(s-stickerei) f 2 TECH aufgelegt (Metallarbeit) B S 1 Applikation(en) f(pl) 2 Applikationsstück n C VT applizieren, aufnähen: **~d pockets** aufgesetzte Taschen
apply [ə'plaɪ] A VT 1 (to) auflegen, -tragen, legen (auf akk), anbringen (an, auf dat): **~ a plaster to a wound** ein Pflaster auf e-e Wunde kleben; **~ a varnish coating** e-n Lacküberzug aufbringen od -tragen 2 die Bremsen etc betätigen: **~ the brakes** a. bremsen 3 (to) a verwenden (auf akk, für) b anwenden (auf akk): **~ all one's energy** s-e ganze Energie einsetzen od aufbieten; **~ a lever** e-n Hebel ansetzen; **~ drastic measures** drastische Maßnahmen anwenden od ergreifen; **applied to modern conditions** auf moderne Verhältnisse angewandt; **the force is applied to the longer lever arm** PHYS die Kraft greift am längeren Hebelarm an 4 anwenden, beziehen (beide: **to** auf akk) 5 (to) den Sinn richten (auf akk), beschäftigen (mit) 6 a **~ o.s.** sich widmen (**to** dat) b sich anstrengen B VI 1 (to) Anwendung finden (bei), zutreffen od sich anwenden lassen (auf akk), passen (auf akk, zu), anwendbar sein od sich beziehen (auf akk), gelten (für): **the law does not ~** das Gesetz findet keine Anwendung od ist nicht anwendbar; **this applies to all cases** dies gilt für alle Fälle, dies lässt sich auf alle Fälle anwenden 2 sich wenden (**to** an akk; **for** wegen) 3 (**for**) beantragen (akk), e-n Antrag stellen (auf akk), einkommen od nachsuchen (um), (a. zum Patent) anmelden (akk): **~ for membership** e-n Aufnahmeantrag stellen; **~ to sb for sth** bei j-m um etwas nachsuchen; **~ for shares** WIRTSCH Br Aktien zeichnen 4 sich bewerben (**for** um): **~ for a job** 5 bitten, ersuchen (beide: **to** akk; **for** um)
appoggiatura [əˌpɒdʒə'tʊərə; US əˌpɑ-] pl -ras, -re [-riː] S MUS Appoggiatur f, langer Vorschlag
appoint [ə'pɔɪnt] VT 1 j-n ernennen, j-n, e-n Ausschuss etc einsetzen: **~ sb (as** od **to be)** j-n ernennen zu; **~ sb to** j-n einsetzen in (akk), j-n berufen in (akk); **~ sb governor** j-n zum Gouverneur bestellen od ernennen, j-n als Gouverneur berufen od einsetzen; **~ sb guardian** j-n zum Vormund bestellen; **~ an heir** e-n Erben einsetzen; **~ sb one's heir** j-n als Erben einsetzen; **~ sb to a chair** j-n auf e-n Lehrstuhl berufen 2 anordnen, vorschreiben 3 festsetzen, bestimmen: **the ~ed day** der festgesetzte Tag od Termin, der Stichtag; **~ a day for trial** e-n Termin (zur Verhandlung) anberaumen 4 ausstatten, einrichten (**with** mit): **the house is well ~ed** 5 obs bestimmen, beschließen (**to do** zu tun); **appointee** [əˌpɔɪn'tiː; ˌæp-] S Ernannte(r) m/f(m), (zu e-m Amt) Berufene(r) m/f(m); **appointive** ADJ bes US 1 Ernennungs…, Anstellungs… 2 durch Ernennung zu besetzend: **an ~ office**
appointment [ə'pɔɪntmənt] S 1 Ernennung f (**as** zu), Berufung f (**to** in akk): **by ~ to her Majesty** Königlicher Hoflieferant 2 JUR Einsetzung f (e-s Erben etc, a. e-s Ausschusses etc), Bestellung f (e-s Vormunds), Ernennung f (des Nutznießers) 3 Stelle f, Posten m: **hold an ~** e-e Stelle innehaben 4 Festsetzung f, Bestimmung f, Anberaumung f (bes e-s Termins) 5 Verabredung f, Zusammenkunft f, (geschäftlich, beim Arzt etc) Termin m: **doctor's ~** Arzttermin; **by ~** nach Vereinbarung; **have an ~ with** e-n Termin haben bei; verabredet sein mit; **I haven't got an ~** ich bin nicht angemeldet; **make an ~ (with)** e-e Verabredung treffen (mit); e-n Termin vereinbaren (mit), sich anmelden (bei); **he has made an ~ for her to see him at 10 o'clock** er hat sie für 10 Uhr bestellt; **keep (break) an ~** e-e Verabredung (nicht) einhalten; **~ book** (od **pad**) Terminkalender m 6 Anordnung f, Bestimmung f 7 meist pl Ausstattung f, Einrichtung f: **~s for a hotel**
apportion [ə'pɔː(r)ʃn; US a. ə'pəʊr-] VT 1 (**to** dat) e-n Anteil, a. e-e Aufgabe zuteilen, Lob erteilen, zollen, Schuld beimessen, Zeit zumessen 2 (proportional od gerecht) auf- od verteilen (**between, among** unter dat): **~ the costs** die Kosten umlegen; **apportionment** S 1 (proportionale od gerechte) Ver- od Zuteilung: **~ of costs** Kostenumlage f 2 JUR, POL US *Verteilung der zu wählenden Abgeordneten auf die einzelnen Staaten*
apposite ['æpəʊzɪt] ADJ (ADV ~ly) passend, angemessen (**to** dat), angebracht: **an ~ answer** e-e treffende Antwort; **appositeness** S Angemessenheit f
apposition [ˌæpəʊ'zɪʃn] S 1 Bei-, Hinzufügen f, Bei-, Zusatz m 2 LING Apposition f, Bei-

satz *m* 3 BIOL, MED Apposition *f (Anlagerung von Substanzen)*; **appositional** [-ʃənl] → appositive A

appositive [əˈpɒzɪtɪv; *US* əˈpɑ-] LING A ADJ (ADV ~ly) appositionell, appositiv B S → apposition 2

appraisal [əˈpreɪzl] S 1 (Ab)Schätzung *f*, Taxierung *f (beide a. fig)* 2 *fig* Einschätzung *f*, Beurteilung *f*, Bewertung *f*: **make an ~ of** → appraise 2; **what's your ~ of ...?** wie schätzen Sie ... ein?; **appraise** [əˈpreɪz] V/T 1 (ab)schätzen, taxieren *(beide a. fig)*: **~d value** Schätzwert *m* 2 *fig* einschätzen, beurteilen, bewerten; **appraisement** → appraisal; **appraiser** S Schätzer(in)

appreciable [əˈpriːʃəbl] ADJ (ADV appreciably) nennenswert, merklich, spürbar

appreciate [əˈpriːʃɪeɪt] A V/T 1 (hoch) schätzen, richtig schätzen, würdigen, zu schätzen *od* zu würdigen wissen: **~ punctuality in others** Pünktlichkeit bei anderen schätzen 2 schätzen, aufgeschlossen sein für, Gefallen finden an *(dat)*, Sinn haben für: **~ music** 3 (dankbar) anerkennen, dankbar sein für, zu schätzen wissen: **I'd ~ it if you ...** ich wäre Ihnen dankbar, wenn Sie ... 4 (richtig) beurteilen *od* einschätzen, (voll u. ganz) erkennen *od* einsehen, sich bewusst sein *(gen)*: **~ a difficulty**; **I ~ that ...** ich sehe ein, dass ... 5 *bes* WIRTSCH *US* a den Wert *e-r Sache* erhöhen b aufwerten B V/I im Wert steigen: **~ (in value)**

appreciation [əˌpriːʃɪˈeɪʃn] S 1 (Ab-, Ein)Schätzung *f*, Würdigung *f* 2 Wertschätzung *f*, Anerkennung *f*: **with ~** anerkennend 3 Verständnis *n*, Aufgeschlossenheit *f*, Sinn *m* **(of, for** für): **~ of music** Musikverständnis; **have little ~ of** wenig Verständnis haben für, nicht viel halten von 4 (klares) Einsehen, (richtige) Beurteilung, Erkennen *n* 5 kritische Würdigung, *(bes günstige)* Kritik 6 (dankbare) Anerkennung, Dankbarkeit *f* **(of** für): **show one's ~** sich (j-m) erkenntlich zeigen 7 WIRTSCH a *a.* **~ in value** Wertsteigerung *f*, -zuwachs *m* b *bes US* Aufwertung *f*; **appreciative** [əˈpriːʃjətɪv; *US* -ʃə-] ADJ (ADV ~ly), **appreciatory** [-ʃjətərɪ; *US* -ʃəˌtəʊriː; -ˌtɔː-] ADJ (ADV appreciatorily) anerkennend, würdigend, achtungsvoll, verständnisvoll, empfänglich: **be ~ of** → appreciate A 1, A 2, A 3, A 4

apprehend [ˌæprɪˈhend] V/T 1 ergreifen, fassen, festnehmen, verhaften 2 *fig etwas* wahrnehmen 3 *fig* begreifen, erfassen 4 *fig* voraussehen, (be)fürchten

apprehensible [ˌæprɪˈhensəbl] ADJ (ADV apprehensibly) 1 fasslich, begreiflich 2 wahrnehmbar

apprehension [ˌæprɪˈhenʃn] S 1 Festnahme *f*, Ergreifung *f*, Verhaftung *f*: → warrant A 6 2 *fig* Begreifen *n*, Erfassen *n* 3 Auffassungsvermögen *n*, -gabe *f*, -kraft *f*, Verstand *m* 4 Begriff *m*, Ansicht *f*, Vorstellung *f*: **according to popular ~** 5 Besorgnis *f*, Befürchtung *f*, (Vor)Ahnung *f*: **feel ~ for** besorgt sein *od* sich Sorgen machen um 6 PSYCH Apprehension *f (Zusammenfassung verschiedener Sinneseindrücke zu e-r Vorstellungseinheit)*

apprehensive [ˌæprɪˈhensɪv] ADJ (ADV ~ly) 1 leicht begreifend, schnell auffassend 2 empfindlich, empfindsam 3 besorgt **(for, about** um; **that** dass), ängstlich: **be ~** sich Sorgen machen; **be ~ of dangers** sich vor Gefahren fürchten; **apprehensiveness** S 1 schnelles Auffassungsvermögen 2 Besorgnis *f*, Furcht *f*

apprentice [əˈprentɪs] A S 1 Auszubildende(r) *m/f(m)*, Lehrling *m*: **be ~ to** in der Lehre sein bei; **in his final year as an ~** in s-m letzten Lehrjahr; **~ baker** Bäckerlehrling 2 *fig* Anfänger(in), Neuling *m* B V/T in die Lehre geben: **be ~d to** a in die Lehre kommen zu b in der Lehre sein *od* in die Lehre gehen bei; **apprenticeship** S 1 *a. fig* Lehrjahre *pl*, -zeit *f*, Lehre *f*: **articles** *pl* (*od* **contract**) **of ~** Ausbildungsvertrag *m*, Lehrvertrag *m*; **serve one's ~** in der Lehre sein, in die Lehre gehen, e-e Lehre durchmachen *(alle:* **with** bei) 2 Lehrstelle *f*, Ausbildungsplatz *m*

apprise, **apprize** [əˈpraɪz] V/T **(of)** unterrichten (über *akk*, von), in Kenntnis setzen (von)

appro [ˈæprəʊ] S: **on ~** WIRTSCH *Br umg* a zur Probe b zur Ansicht

approach [əˈprəʊtʃ] A V/I 1 sich nähern, näherkommen, herannahen, -rücken, nahen 2 *fig* **(to)** nahekommen, ähnlich *od* fast gleich sein *(dat)*, grenzen (an *akk*) 3 *Golf*: e-n Annäherungsschlag machen B V/T 1 sich nähern *(dat)*: **~ the city**; **~ the end**; **~ a limit** MATH sich e-m Grenzwert nähern 2 FLUG anfliegen 3 *fig* nahekommen *(dat)*, (fast) erreichen: **~ a certain standard**; **he's ~ing 60** er geht auf die 60 zu 4 herangehen an *(akk)*, *e-e Aufgabe etc* anpacken 5 a an *j-n* herantreten, sich an *j-n* wenden: **~ sb about** (*od* **on**) j-n auf *(akk)* ... hin ansprechen; **~ sb for a loan** j-n um ein Darlehen bitten *od* angehen b *bes pej* sich an *ein Mädchen etc* heranmachen 6 zu sprechen kommen auf *(akk)*, *ein Thema etc* anschneiden 7 näher bringen, (an)nähern C S 1 (Heran)Nahen *n (a. e-s Zeitpunkts)*, (Her)Anrücken *n*, Annäherung *f*, Anmarsch *m (a. MIL)*, FLUG Anflug *m*: **the ~ of winter** der herannahende Winter; **~ flight** Zielanflug *m*; **~ lights** *pl* Anflugbefeuerung *f*; **~ path** Anflugweg *m*; **~ (shot)** *(Golf)* Annäherungsschlag *m* 2 a Zugang *m*, Ein-, Zu-, Auffahrt *f* b *a.* **~ road** Zufahrtsstraße *f* 3 *fig* Annäherung *f* **(to** an *akk)*, Nahekommen *n*: **a fair ~ to accuracy** ziemliche Genauigkeit; **an ~ to truth** annähernd die Wahrheit 4 Ähnlichkeit *f* **(to** mit): **an ~ to a smile** der Versuch e-s Lächelns 5 *pl* MIL a Laufgräben *pl* b Vormarschstraße *f* 6 *fig* erster Schritt **(to** zu) 7 *meist pl fig* Annäherung *f*, Herantreten *n (beide:* **to sb** an j-n): **~es** Annäherungsversuch(e) *m(pl)*; **make ~es to sb** an j-n herantreten, sich an j-n wenden *(beide:* **concerning** wegen) 8 *a.* **method** (*od* **line**) **of ~** (to) a Art *f* u. Weise *f (etwas)* anzupacken, Methode *f*, Verfahren *n*: **a new ~ is made to the problem** das Problem wird neu angegangen; **have a scientific ~ to sth** etwas wissenschaftlich angehen a Auffassung *f (gen)*, Betrachtungsweise *f (gen)*, Einstellung *f* (zu), Verhalten *n* (gegenüber): **have a wrong ~ to sth** e-e falsche Einstellung zu etwas haben b Behandlung *f (e-s Themas etc)* c PHIL *etc* Ansatz *m* 9 *fig* **(to)** Einführung *f* (in *akk*), Weg *m*, Zugang *m* (zu)

approachability [əˌprəʊtʃəˈbɪlətɪ] S 1 Zugänglichkeit *f* 2 *fig* a Umgänglichkeit *f* b Zuvorkommenheit *f*; **approachable** ADJ 1 zugänglich 2 *fig* a umgänglich b zuvorkommend; **approachableness** → approachability

approbate [ˈæprəʊbeɪt; -rə-] V/T *bes US* (amtlich) billigen *od* genehmigen; **approbation** S 1 (amtliche) Billigung *od* Genehmigung 2 Zustimmung *f*, Beifall *m* 3 *obs* Beweis *m*; **approbatory** [ˌæprəʊˈbeɪtərɪ; -prəˈb-; *US* ˈæprəbəˌtəʊriː; -ˌtɔː-; əˈprəʊ-] ADJ 1 billigend 2 beifällig

appropriate A ADJ [əˈprəʊprɪət] (ADV ~ly) 1 **(to, for)** passend (zu), geeignet (für, zu), angemessen, dienlich *(dat)*, angebracht: **at the ~ time** zur gegebenen Zeit; **if ~** sofern es zweckdienlich erscheint, gegebenenfalls 2 eigen, zukommend *(beide:* **to** *dat)* B V/T [-eɪt] 1 a bestimmen **(for** für) b *a.* PARL *Geld* bewilligen, bereitstellen *(beide:* **for** für) 2 sich *etwas* aneignen

appropriation [əˌprəʊprɪˈeɪʃn] S 1 a Bestimmung *f* b *a.* PARL Bewilligung *f*, Bereitstellung *f*: **~s** bewilligte *od* bereitgestellte Mittel; **~ bill** PARL a *Br* Ausgabenbudget *n* b *US* Haushaltsvorlage *f*; **~s committee** *US* Haushaltsausschuss *m* 2 Aneignung *f*; **appropriator** [-eɪtə(r)] S *j-d, der sich etwas aneignet*

approvable [əˈpruːvəbl] ADJ 1 zu billigen(d) 2 anerkennenswert, löblich

approval [əˈpruːvl] S 1 a Billigung *f*, Genehmigung *f* b *bes* TECH Zulassung *f*: **with the ~ of** mit Genehmigung *(gen)*; **give ~ to** billigen *(akk)*; **on ~** WIRTSCH a zur Ansicht b zur Probe; **on seven days' ~** sieben Tage zur Ansicht 2 Anerkennung *f*, Beifall *m*: **murmur of ~** beifälliges Gemurmel; **with ~** beifällig; → meet B 7; **~ rate** S: **his ~ is 52 per cent** 52% der Bevölkerung erklärten sich mit s-r Politik einverstanden

approve [əˈpruːv] A V/T 1 billigen, gutheißen, anerkennen, *e-e Dissertation* annehmen 2 *(formell)* bestätigen, genehmigen 3 **~ o.s** *obs* sich erweisen **(as** als), sich bewähren B V/I **(of)** billigen, einverstanden sein mit, zustimmen *(dat)*: **~ of sb** j-n akzeptieren; **be ~d of** Anklang finden; **he ~d** er stimmte zu, er war einverstanden; **approved** ADJ anerkannt: **~ bill** anerkannter Wechsel; **~ school** *Br* HIST Erziehungsanstalt *f*, -heim *n*; **approving** ADJ (ADV ~ly) zustimmend, beifällig

approx. ABK approximate(ly)

approximate A ADJ [əˈprɒksɪmət; *US* əˈprɑ-] 1 annähernd, ungefähr, *bes* MATH approximativ, annähernd richtig, Näherungs...: **~ calculation** Näherungsrechnung *f*; **~ formula** Näherungs-, Faustformel *f*; **~ value** → B 2 BIOL dicht zusammenstehend, eng aneinander wachsend 3 *fig* sehr ähnlich, annähernd gleich B S [-mət] MATH Näherungswert *m* C V/T [-meɪt] 1 MATH *u. fig* sich *e-m Wert etc* nähern, nahekommen *(dat)*, fast erreichen, annähernd gleich sein *(dat)* 2 *fig* (an)nähern, angleichen D V/I [-meɪt] sich nähern **(to** *dat)*, *nahe od* näher kommen *(alle a. fig)*; **approximately** [-mətlɪ] ADV annähernd, ungefähr, etwa

approximation [əˌprɒksɪˈmeɪʃn; *US* əˌprɑ-] S 1 *a. fig* Annäherung *f* **(to** an *akk)*: **an ~ to the truth** annähernd die Wahrheit 2 *bes* MATH (An)Näherung *f* **(to** an *akk)*: **~ method** Näherungsverfahren *n* 3 a MATH Näherungswert *m* b Annäherungswert *m* 4 *fig* annähernde Gleichheit; **approximative** [-mətɪv; *US* -ˌmeɪtɪv] ADJ approximativ, annähernd

appurtenance [əˈpɜːtɪnəns; *US* əˈpɜrtn-] S 1 *meist pl* JUR zugehöriges Recht *(Realrecht aus Eigentum an Liegenschaften)* 2 *meist pl* a Zubehör *n* b Ausrüstung *f*; **appurtenant** ADJ 1 **(to)** zugehörig *(dat)*, gehörig (zu) 2 JUR zustehend *(Rechte etc)*

APR ABK WIRTSCH annual (*od* annualized) percentage rate

Apr. ABK April

apraxia [əˈpræksɪə; *bes US* eɪ-] S MED Apraxie *f (zentral bedingte Unfähigkeit, sinnvolle u. zweckmäßige Bewegungen auszuführen)*

après-ski [ˌæpreɪˈskiː; ˌɑː-] A ADJ Après-Ski-... B S Après-Ski *n (Vergnügen nach dem Skilaufen)*

apricot [ˈeɪprɪkɒt; *US* ˈæprəˌkɑt; ˈeɪ-] A S 1 BOT a Aprikose *f* b Aprikosenbaum *m* 2 Aprikosenfarbe *f*, Apricot *n* B ADJ 1 Aprikosen... 2 aprikosenfarben, apricot

April [ˈeɪprəl] S April *m*: **in ~** im April; **~ fool** Aprilnarr *m*; **make an ~ fool of sb** j-n in den

April schicken; ~ **Fools' Day** der erste April
a priori [ˌeɪpraɪˈɔːraɪ; ˌɑːpriːˈɔːriː; *US bes* -ˈəʊriː] **A** ADJ apriorisch, vernunftgemäß **B** ADV **a** a priori, allein aus der Vernunft **b** → A; **apriorism** S PHIL Apriorismus *m (Lehre, die e-e von der Erfahrung unabhängige Erkenntnis annimmt)*; **apriorist** S PHIL Apriorist(in); **aprioristic** [-əˈrɪstɪk] ADJ (ADV ~**ally**) PHIL aprioristisch
apron [ˈeɪprən] **A** S **1** Schürze *f* **2** Schurz(fell) *m(n)* **3** *anglikanische Kirche*: Schurz *m (von Bischöfen etc)* **4** TECH Schutzblech *n*, -haube *f (an Maschinen)* **5** SCHIFF **a** Schutzleiste *f*, -brett *n (e-s Bootes)* **b** Binnenvorsteven *m (e-s Schiffes)* **6** TECH Plattenbandförderer *m* **7** FLUG Vorfeld *n (vor den Hangars etc)* **8** THEAT Vorbühne *f* **9** *Golf*: Vorgrün *n* **B** V/T **1** *j-m* e-e Schürze umbinden **2** mit e-m Schutzblech *etc* versehen; ~ **conveyor** → apron A 6; ~ **stage** → apron A 8; ~ **strings** S PL Schürzenbänder *pl*: **be tied to one's mother's** ~ *umg* an Mutters Schürzen- *od* Rockzipfel hängen; **be tied to one's wife's** ~ *umg* unter dem Pantoffel stehen
apropos [ˈæprəpəʊ; ˌæprəˈpəʊ] **A** ADV **1** passend, zur rechten Zeit: **he arrived very** ~ er kam gerade zur rechten Zeit *od* wie gerufen **2** hinsichtlich (**of** *gen*): ~ **of our talk** **3** apropos, übrigens, da wir gerade davon sprechen **B** ADJ passend, (zu)treffend
apse [æps] S **1** ARCH Apsis *f*, Apside *f (halbkreisförmige Altarnische)*: ~ **aisle** Apsisschiff *n* **2** → apsis 1, 2
apsidal [ˈæpsɪdl] ADJ (ADV ~**ly**) **1** ASTRON apsidial, Apsiden… **2** ARCH Apsis…
apsis [ˈæpsɪs] *pl* apsides [æpˈsaɪdiːz; ˈæpsɪdiːz] S **1** ASTRON Apside *f (Punkt der kleinsten od größten Entfernung e-s Planeten von dem Gestirn, das er umläuft)* **2** MATH Extrempunkt *m* e-r Kurve *(in Polarkoordinaten)* **3** → apse 1
apt [æpt] ADJ (ADV ~**ly**) **1** passend, geeignet **2** treffend: **an** ~ **remark**; **as he so** ~**ly said** **3** be ~ **to do sth** geneigt sein *od* dazu neigen, etwas zu tun: **he is** ~ **to believe it** er wird es wahrscheinlich glauben; ~ **to be overlooked** leicht zu übersehen; ~ **to rust** rostanfällig **4** (**at**) **a** geschickt (in *dat*): **be** ~ **at doing sth** Geschick darin haben, etwas zu tun **b** begabt (für)
apt. ABK *US* apartment
apteral [ˈæptərəl] ADJ ARCH an den Seiten säulenlos
apterous [ˈæptərəs] ADJ **1** ZOOL flügellos *(Insekten)* **2** BOT ungeflügelt
aptitude [ˈæptɪtjuːd; *US a.* -ˌtuːd] S **1** (**for**) **a** Geschick *n* (für, in *dat*) **b** Begabung *f*, Befähigung *f* (für), Talent *n* (für, zu): ~ **for learning languages** Sprachbegabung, -talent; ~ **test** Eignungsprüfung *f*, -test *m* **2** Neigung *f*, Hang *m (beide:* **for** zu) **3** Auffassungsgabe *f*, Intelligenz *f* **4** → aptness 1
aptness [ˈæptnɪs] S **1** Eignung *f* **2** → aptitude 2 **3** → aptitude 1
apts. ABK *US* apartments
aqua [ˈækwə] **A** *pl* aquae [-wiː] *od* aquas S **1** *bes* PHARM **a** Wasser *n* **b** Flüssigkeit *f* **c** Lösung *f (bes in Wasser)* **2** → aquamarine A 2 **B** ADJ → aquamarine B
aquacade [ˈækwəˌkeɪd] S *US* Wasserballett *n*
aquaculture [ˈækwəkʌltʃə(r)] S Aquakultur *f (systematische Bewirtschaftung des Meeres)*
aquafarm [ˈækwəfɑː(r)m] S *künstlich angelegter See etc zur Aufzucht von Fischen, Austern u. anderen Wassertieren*
aqua fortis [ˌækwəˈfɔː(r)tɪs] S CHEM *obs* Scheidewasser *n*
aqualung [ˈækwəlʌŋ] S Tauchgerät *n*
aquamarine [ˌækwəməˈriːn] **A** S **1** MINER Aquamarin *m* **2** Aquamarin *n* **B** ADJ aquamarin(farben)
aquanaut [ˈækwənɔːt] S Aquanaut(in), Unterwasserforscher(in); **aquanautics** [-tɪks] S PL *(als sg konstruiert)* Aquanautik *f*, Unterwasserforschung *f*
aquaplane [ˈækwəpleɪn] **A** S *Wassersport*: Monoski *m* **B** V/I **1** *Wassersport*: Monoski laufen **2** AUTO **a** aufschwimmen *(Reifen)* **b** auf regennasser Straße die Bodenhaftung verlieren; **aquaplaning** S **1** *Wassersport*: Monoskilauf *m* **2** AUTO Aquaplaning *n*
aqua regia [ˌækwəˈriːdʒjə; *US a.* -dʒə] S CHEM Königswasser *n*
aquarelle [ˌækwəˈrel] S **1** Aquarell *n (Bild)* **2** Aquarellmalerei *f*; **aquarellist** S Aquarellmaler(in), Aquarellist(in)
aquaria [əˈkweərɪə] *pl von* aquarium
Aquarian [əˈkweərɪən] S ASTROL Wassermann *m (Person)*: **be (an)** ~ (ein) Wassermann sein
aquarium [əˈkweərɪəm] *pl* -iums *od* -ia [-ɪə] S Aquarium *n*
Aquarius [əˈkweərɪəs] **A** S ASTRON, ASTROL Wassermann *m (Sternbild u. Tierkreiszeichen)*: **be an** ~ (ein) Wassermann sein **B** ADJ ASTROL Wassermann…: **be** ~ (ein) Wassermann sein
aquashow [ˈækwəʃəʊ] S *Br* Wasserballett *n*
aquatel [ˈækwətel] S Aquatel *n (Hotel, das anstelle von Zimmern Hausboote vermietet)*
aquatic [əˈkwætɪk] **A** ADJ (ADV ~**ally**) aquatisch, Wasser…: ~ **animals**; ~ **plants**; ~ **sports** → B 2 **B** S **1** BIOL Wassertier *n od* -pflanze *f* **2** *pl* Wassersport *m*
aquatint [ˈækwətɪnt] **A** S **1** Aquatinta (-technik) *f* **2** Aquatinta(arbeit) *f* **B** V/T in Aquatintatechnik ausführen
aquavit [ˈækwəvɪt; *US* ˈɑːkwəˌviːt] S Aquavit *m (mit Kümmel aromatisierter, farbloser Branntwein)*
aqua vitae [ˌækwəˈvaɪtiː] S **1** CHEM *obs* Alkohol *m* **2** Branntwein *m*
aqueduct [ˈækwɪdʌkt] S **1** Aquädukt *m, a. n* **2** ANAT Kanal *m*
aqueous [ˈeɪkwɪəs; ˈæk-] ADJ wässerig, wässrig, wasserartig, -haltig: ~ **ammonia** Ammoniakwasser *n*; ~ **solution** wässrige Lösung; ~ **humo(u)r** MED Kammerwasser *n*
aquiculture [ˈækwɪkʌltʃə(r)] S **1** Hydrokultur *f (Anbau ohne Erde in Nährlösungen)* **2** → aquaculture
aquifer [ˈækwɪfə] S GEOL grundwasserführende Schicht, Grundwasserleiter *m*
Aquila [ˈækwɪlə; *Br a.* əˈkwɪlə] S ASTRON Adler *m (Sternbild)*
aquilegia [ˌækwɪˈliːdʒjə; -ɪə; *US a.* -dʒə] S BOT Akelei *f*
aquiline [ˈækwɪlaɪn; *US a.* -lən] ADJ **1** Adler…, adlerartig **2** gebogen, Adler…: ~ **nose**
AR ABK **1** WIRTSCH annual return Jahresertrag *m*, Jahresgewinn *m*; Jahresumsatz *m* **2** Arkansas
A/R ABK WIRTSCH accounts receivable ausstehende Rechnungen *pl*
ARA ABK *Br* Associate of the Royal Academy of Arts
Arab [ˈærəb] **A** S **1** Araber(in) **2** ZOOL *bes Br* Araber *m (Pferd)* **3** → street Arab **B** ADJ arabisch: ~ **League** *(die)* Arabische Liga
arabesque [ˌærəˈbesk] S **1** Arabeske *f (rankenförmige Verzierung)* **2** Arabeske *f (Musikstück für Klavier)* **3** *Ballett*: Arabesque *f (Pose auf einem Bein, bei der das andere Bein gestreckt nach hinten angehoben ist)*
Arabia [əˈreɪbjə; -bɪə] S Arabien *n*
Arabian [əˈreɪbjən; -bɪən] **A** ADJ arabisch: **The** ~ **Nights** Tausendundeine Nacht **B** S *bes US* → Arab A 1, A 2; ~ **camel** S ZOOL Dromedar *n*; ~ **horse** *bes US* → Arab A 2
Arabic [ˈærəbɪk] **A** ADJ arabisch: ~ **numeral** arabische Ziffer **B** S LING Arabisch *n*, das Arabische
arabinose [əˈræbɪnəʊs; -z] S CHEM Arabinose *f*
Arabist [ˈærəbɪst] S Arabist(in) *(Kenner[in] der arabischen Sprache u. Literatur)*
arable [ˈærəbl] **A** ADJ pflügbar, urbar, anbaufähig: ~ **crops** landwirtschaftliche Nutzpflanzen; ~ **land** → B **B** S Ackerland *n*, -boden *m*
Araby [ˈærəbɪ] S *obs od poet* Arabien *n*
arachnid [əˈræknɪd], **arachnidan** [-dən] ZOOL **A** S Arachnide *f*, Arachnoide *f*, Spinnentier *n* **B** ADJ spinnenartig
arachnoid [əˈræknɔɪd] **A** ADJ **1** spinnweb(e)-artig **2** ZOOL spinnenartig **3** ANAT Spinnwebhaut… **B** S **1** → arachnid A **2** ANAT Arachnoidea *f*, Spinnwebhaut *f*
arachnological [əˌræknəˈlɒdʒɪkl; *US* -ˈlɑ-] ADJ (ADV ~**ly**) arachnologisch; **arachnologist** [ˌæræk'nɒlədʒɪst; *US* -ˈnɑl-] S Arachnologe *m*, Arachnologin *f*; **arachnology** S Arachnologie *f*, Spinnenkunde *f*
aragonite [əˈrægənaɪt] S MINER Aragonit *m*
arak → arrack
aralia [əˈreɪljə; -lɪə] S BOT Aralie *f*
Aramaic [ˌærəˈmeɪɪk] LING **A** S Aramäisch *n*, das Aramäische **B** ADJ aramäisch
araneid [əˈreɪnɪɪd; ˌærəˈniːɪd] S ZOOL Radnetzspinne *f*
Aran| jumper, ~ **sweater** [ˈærən] S Aran-Pullover *m*
Araucanian [ˌærɔːˈkeɪnjən; -ɪən; *US bes* əˌraʊˈkɑːnɪən] **A** S **1** Araukaner(in) **2** LING Araukanisch, das Araukanische **B** ADJ araukanisch
araucaria [ˌærɔːˈkeərɪə] S BOT Araukarie *f*, Zimmertanne *f*
arbalest [ˈɑː(r)bəlɪst] S MIL, HIST Armbrust *f*; **arbalester** S Armbrustschütze *m*
arbalist, *etc* → arbalest *etc*
arbiter [ˈɑː(r)bɪtə(r)] S **1** Schiedsrichter *m*, Unparteiische(r) *m/f(m)* **2** Herr *m*, Gebieter *m* (**of** über *akk*): **be the** ~ **of fashion** die Mode bestimmen *od* diktieren **3** *fig* Richter *m*; ~ **elegantiae** [ˌelɪˈgænʃiː], ~ **elegantiarum** [-ˈeərəm; -ˈeɪrəm] S Arbiter *m* Elegantiae *od* Elegantiarum *(Sachverständiger in Fragen des guten Geschmacks)*
arbitrable [ˈɑː(r)bɪtrəbl] ADJ schiedsrichterlich beilegbar *od* zu entscheiden(d), schiedsgerichtsfähig: ~ **case** Schiedssache *f*
arbitrage [ˌɑːbɪˈtrɑːʒ; *US* ˈɑːrbəˌtrɑːʒ] S WIRTSCH Arbitrage *f (Nutzung der Kursunterschiede)*: ~ **dealer** → arbitrager; ~ **dealings** Arbitragegeschäfte; ~ **in securities** (*od* **stocks**) Effektenarbitrage; **arbitrager**, **arbitrageur** [-ˈʒɜː; *US* -ˈʒɜr] S Arbitragehändler(in); **arbitral** [-trəl] ADJ schiedsrichterlich: ~ **award** Schiedsspruch *m*; ~ **case** Schiedssache *f*; ~ **jurisdiction** Schiedsgerichtsbarkeit *f*; ~ **body** (*od* **court, tribunal**) Schiedsgericht *n*; **arbitrament** [ɑː(r)ˈbɪtrəmənt] S **1** schiedsrichterliche Gewalt, Entscheidungsgewalt *f* **2** Schiedsspruch *m*
arbitrariness [ˈɑː(r)bɪtrərɪnɪs; *US* -ˌtreriːnəs] S **1** Willkür *f*, Eigenmächtigkeit *f* **2** MATH Beliebigkeit *f*
arbitrary [ˈɑː(r)bɪtrərɪ; *US* -ˌtreriː] ADJ (ADV arbitrarily) **1** willkürlich: **a** beliebig (*a.* MATH): ~ **constant** willkürliche Konstante; **my choice was just** ~ ich traf m-e Wahl aufs Geratewohl **b** eigenmächtig: ~ **action** eigenmächtige Handlung, Willkürakt *m* **c** despotisch, tyrannisch *(Herrscher etc)* **2** **a** launenhaft **b** unvernünftig
arbitrate [ˈɑː(r)bɪtreɪt] **A** V/T **1** **a** (als Schiedsrichter *od* durch Schiedsspruch *od* schiedsrichterlich) entscheiden, schlichten, beilegen **b** über *e-e Sache* schiedsrichterlich verhandeln **2** e-m Schiedsspruch unterwer-

fen B V/I 1 vermitteln, schlichten (**between** zwischen *dat*) 2 WIRTSCH Arbitragegeschäfte machen

arbitration [ˌɑː(r)bɪˈtreɪʃn] S 1 Schieds(gerichts)verfahren *n* 2 a (schiedsrichterliche) Entscheidung, Schiedsspruch *m* b Schlichtung *f*: **~ agreement** (*od* **treaty**) Schiedsvertrag *m*; **~ board** US Schlichtungs-, Schiedsstelle *f*; **~ clause** Schieds(gerichts)klausel *f*; **~ committee** Schlichtungs-, Vermittlungsausschuss *m*; **court of ~** Schiedsgericht(shof) *n(m)*; **go to ~** ein Schiedsgericht *od* e-e Schlichtungsstelle anrufen *od* einschalten; **submit to ~** e-m Schiedsgericht unterwerfen, e-m Schlichter vorlegen 3 WIRTSCH → arbitrage: **~ of exchange** Wechselarbitrage *f*; **arbitrator** [-tə(r)] S *bes* WIRTSCH, JUR a Schiedsrichter *m* b Schlichter *m*; **arbitress** S *bes* WIRTSCH, JUR a Schiedsrichterin *f* b Schlichterin *f*

arbor[1], *bes Br* **arbour** [ˈɑː(r)bə(r)] S 1 Laube *f*, Laubengang *m* 2 *obs* a Rasen *m* b (Obst)Garten *m*

arbor[2] [ˈɑː(r)bə(r)] S TECH 1 Achse *f*, Welle *f* (*a. der Uhr*) 2 Dorn *m*

Arbor Day S US Tag *m* des Baumes, Baumpflanz(ungs)tag *m*

arboreal [ɑː(r)ˈbɔːrɪəl; US *a.* -ˈbəʊ-] ADJ (ADV ~ly) 1 baumartig, Baum... 2 auf Bäumen lebend: **~ monkeys** Baumaffen; **be ~** auf Bäumen leben

arbored, *bes Br* **arboured** [ˈɑː(r)bə(r)d] ADJ 1 mit e-r Laube *od* Lauben (versehen), laubenartig 2 mit Bäumen besetzt *od* umsäumt

arboreous [ɑː(r)ˈbɔːrɪəs; US *a.* -ˈbəʊ-] ADJ 1 baumreich, waldig, bewaldet 2 → arboreal 2 3 → arborescent

arborescent [ˌɑː(r)bəˈresnt] ADJ (ADV ~ly) 1 baumartig wachsend *od* verzweigt, sich baumartig ausbreitend 2 *bes* MINER mit baumartiger Zeichnung

arboretum [ˌɑː(r)bəˈriːtəm] *pl* -ta [-tə], -tums S Arboretum *n*, Baumgarten *m*

arboricultural [ˌɑː(r)bərɪˈkʌltʃərəl] ADJ Baumzucht...; **arboriculture** S Baumzucht *f*; **arboriculturist** S Baumzüchter(in)

arborist [ˈɑː(r)bərɪst] S Baumzüchter(in)

arborization [ˌɑː(r)bəraɪˈzeɪʃn; US -rəˈz-] S 1 baumförmige Bildung 2 Dendrit *m*: a MINER dendritenartige Bildung b ANAT baumartige Verzweigung

arborous [ˈɑː(r)bərəs] ADJ Baum...

arbor vitae [ˈvaɪtiː] S ANAT, BOT Lebensbaum *m*

arbour, **arboured** *bes Br für* arbor[1], arbored

arbutus [ɑː(r)ˈbjuːtəs] S BOT 1 Arbutus *m*, Erdbeerbaum *m* 2 US Kriechende Heide

arc[1] [ɑː(r)k] A S 1 Bogen *m* (*a.* TECH) 2 MATH Arkus *m*, (Kreis)Bogen *m* 3 ASTRON a Bogen *m*, (Tag-Nacht-)Kreis *m* b Winkelgeschwindigkeitsmaß *n* 4 ELEK (Licht)Bogen *m* B V/I *prät u. pperf* arc(k)ed, *ppr* arc(k)ing *a.* **~ over** ELEK e-n (Licht)Bogen bilden, funken: **~ back** rückzünden (*Gleichrichter*), feuern (*elektrische Maschine*)

ARC[2] ABK 1 American Red Cross 2 MED AIDS-related complex

arcade [ɑː(r)ˈkeɪd] S 1 ARCH Arkade *f*: a Säulen-, Bogen-, Laubengang *m* b Bogen(reihe) *m(f)* 2 Durchgang *m*, Passage *f*; **arcaded** ADJ mit e-r Arkade (versehen), Arkaden...

Arcadia [ɑː(r)ˈkeɪdjə; -dɪə] EIGENN & S Arkadien *n* (*a. fig*)

Arcadian [ɑː(r)ˈkeɪdjən; -dɪən] A S Arkadier(in) B ADJ arkadisch: a aus Arkadien b *fig* idyllisch c *fig* ländlich

Arcady [ˈɑː(r)kədɪ] S *poet* Arkadien *n*

arcana [ɑː(r)ˈkeɪnə] *pl von* arcanum

arcane [ɑː(r)ˈkeɪn] ADJ (ADV ~ly) geheim, geheimnisvoll, verborgen

arcanum [ɑː(r)ˈkeɪnəm] *pl* -na [-nə] S 1 *meist pl* Arkanum *n*, Geheimnis *n*, Mysterium *n* 2 PHARM, HIST Arkanum *n*, geheimes Wundermittel

arcature [ˈɑː(r)kəˌtjʊə; *bes US* -ˌtʃʊə(r); -tʃə(r)] S ARCH 1 kleine Arkade (*als Balustrade etc*) 2 Blendarkade *f*

arc furnace S TECH Lichtbogenofen *m*

arch[1] [ɑː(r)tʃ] A S 1 ARCH (*Brücken-, Fenster-, Gewölbe-, Schwib*) Bogen *m* 2 ARCH überwölbter (Ein-, Durch)Gang, Gewölbe *n* 3 Bogen *m*, Wölbung *f*: **~ of the foot** ANAT Fußgewölbe *n*; **~ of the ribs** ANAT Rippenbogen; **~ support** Senkfußeinlage *f*; → fallen arches 4 *fig poet* Himmelsbogen *m*: a Regenbogen *m* b Himmelsgewölbe *n* 5 PHON Gaumenbogen *m* B V/T 1 mit Bogen versehen *od* überspannen: **~ over** überwölben 2 wölben, krümmen: **~ its back** e-n Buckel machen (*bes Katze*) C V/I sich wölben (**over** über *akk*)

arch[2] [ɑː(r)tʃ] ADJ erst(er, e, es), oberst(er, e, es), größt(er, e, es), Haupt..., Ur..., Erz..., Riesen...: **~ villain** Erzschurke *m*, -schurkin *f*

arch[3] [ɑː(r)tʃ] ADJ (ADV ~ly) 1 schelmisch, schalkhaft, verschmitzt 2 schlau, durchtrieben

-arch [ɑː(r)k] *Wortelement mit der Bedeutung* Herrscher → oligarch, *etc*

arch- [ɑː(r)tʃ] *Wortelement bei Titeln etc mit der Bedeutung* erst, oberst, Haupt..., Erz...

arch. ABK 1 archaic 2 archaism 3 archery 4 archipelago 5 architect 6 architectural 7 architecture

Archaean [ɑː(r)ˈkiːən] GEOL archäisch

archaeol. ABK 1 archaeological 2 archaeology

archaeologic [ˌɑː(r)kɪəˈlɒdʒɪk; US -ˈlɑ-] ADJ, **archaeological** [-kl] ADJ (ADV ~ly) archäologisch; **archaeologist** [-ˈɒlədʒɪst; US -ˈɑl-] S Archäologe *m*, Archäologin *f*, Altertumsforscher(in); **archaeology** S Archäologie *f*, Altertumsforschung *f*, -kunde *f*, -wissenschaft *f*

archaeometry [ˌɑː(r)kɪˈɒmɪtrɪ; US -ˈɑmə-] S Archäometrie *f* (*wissenschaftliche Altersbestimmung archäologischer Funde*)

archaic [ɑː(r)ˈkeɪɪk] ADJ (ADV ~ally) archaisch: a frühzeitlich, altertümlich (*Kunst etc*) b LING veraltet, altmodisch (*beide a. allg*); **archaicism** [-sɪzəm] → archaism

archaism [ˈɑː(r)keɪɪzəm; US *a.* -kiːˌɪ-] S 1 LING Archaismus *m*: a veraltete Ausdrucksweise b veralteter Ausdruck 2 (*etwas*) Veraltetes *od* Altmodisches: **become an ~** veralten; **archaize** A V/T archaisieren B V/I alte Formen *od* Gebräuche nachahmen

archangel [ˈɑː(r)kˌeɪndʒəl] S 1 Erzengel *m*: **the ♀ Gabriel** 2 → angelica 1

archbishop S REL Erzbischof *m*; **archbishopric** S 1 Erzbistum *n* 2 Erzbischofsamt *n*, -würde *f*

arch| brace S ARCH Bogenstrebe *f*; **~ bridge** S TECH Bogenbrücke *f*

archdeacon S REL Archidiakon *m*; **archdeaconry** [-rɪ], **archdeaconship** S Archidiakonat *n*, *a. m*

archdiocese S REL Erzdiözese *f*

archducal ADJ erzherzoglich; **archduchess** S Erzherzogin *f*; **archduchy** S Erzherzogtum *n*; **archduke** S Erzherzog *m*; **archdukedom** S Erzherzogtum *n*

Archean [ɑː(r)ˈkiːən] *bes US für* Archaean

arched [ɑː(r)tʃt] ADJ gewölbt, überwölbt: **~ gateway** Torbogen *m*; **~ roof** Tonnendach *n*; **~ window** Bogenfenster *n*

archenemy [ˌɑː(r)tʃ-] → archfiend

archenteron [ɑː(r)ˈkentərɒn; US -ˌrɑn; -rən] S BIOL Archenteron *n*, Urdarm *m*

archeol. ABK 1 archeological 2 archeology

archeologic, *etc bes US für* archaeologic *etc*

archeometry *bes US für* archaeometry

archer [ˈɑː(r)tʃə(r)] S Bogenschütze *m*, -schützin *f*; **Archer** EIGENN ASTRON, ASTROL Schütze *m* (*Sternbild u. Tierkreiszeichen*): **be (an) ~** Schütze sein; **archery** S 1 Bogenschießen *n* 2 Ausrüstung *f* e-s Bogenschützen 3 KOLL Bogenschützen *pl*

archetypal [ˈɑː(r)kɪtaɪpl] ADJ (ADV ~ly) 1 archetypisch 2 (proto)typisch: **the** (*umg* **your**) **~ Englishman** der Prototyp e-s Engländers

archetype [ˈɑː(r)kɪtaɪp] S Archetyp(us) *m*: a Prototyp *m* b Urfassung *f* c PSYCH (*bei C. G. Jung*) *Komponente des kollektiven Unbewussten, die die ererbte Grundlage der Persönlichkeitsstruktur bildet*

archfiend [ˌɑː(r)tʃ-] S Erzfeind *m*: **the ♀** der Erzfeind, der Satan

archi- [ɑː(r)kɪ] *Wortelement mit der Bedeutung* a Haupt..., Ober..., oberst, erst b BIOL ursprünglich, primitiv

archiblast [ˈɑː(r)kɪblæst] S BIOL 1 Eiplasma *n* 2 äußeres Keimblatt (*des Embryos*)

archidiaconal [ˌɑː(r)kɪdaɪˈækənl] ADJ REL archidiakonisch

archiepiscopacy [ˌɑː(r)kɪɪˈpɪskəpəsɪ] S REL Kirchenregierung *f* durch Erzbischöfe; **archiepiscopal** ADJ (ADV ~ly) erzbischöflich; **archiepiscopate** [-pɪt; -peɪt] S Amt *n od* Würde *f* e-s Erzbischofs

archil [ˈɑː(r)tʃɪl] S Orseille *f*: a BOT Färberflechte *f* b TECH *ein Farbstoff*

Archimedean [ˌɑː(r)kɪˈmiːdjən; -ɪən; -mɪˈdiːən] ADJ archimedisch: **~ screw** → Archimedes' screw

Archimedes [ˌɑː(r)kɪˈmiːdiːz] EIGENN Archimedes *m* (*287?–212 v.Chr.; Griechischer Mathematiker*)

Archimedes'| principle [ˌɑː(r)kɪˈmiːdiːz] S PHYS archimedisches Prinzip; **~ screw** S TECH archimedische Schraube

archipelago [ˌɑː(r)kɪˈpelɪgəʊ] *pl* -gos, -goes S Archipel *m*, Inselgruppe *f*

archiplasm [ˈɑː(r)kɪplæzəm] S BIOL Urplasma *n*

architect [ˈɑː(r)kɪtekt] S 1 Architekt(in) (*a. fig*): **who was the ~ of ...?** wer hat ... erbaut?; **~'s table** Zeichentisch *m* 2 *fig* Schöpfer(in), Urheber(in), Gründer(in): **everyone is the ~ of their own fate** (*od* **fortune**) jeder ist s-s Glückes Schmied

architectonic [ˌɑː(r)kɪtekˈtɒnɪk; US -ˈtɑ-] A ADJ (ADV ~ally) 1 architektonisch 2 Bau... 3 konstruktiv, schöpferisch 4 planvoll, strukturell, systematisch 5 MUS, PHIL klar u. logisch aufgebaut 6 KUNST tektonisch B S **architectonics** *pl* (*als sg konstruiert*) Architektonik *f* (*Wissenschaft von der Baukunst*)

architectural [ˌɑː(r)kɪˈtektʃərəl] ADJ (ADV ~ly) Architektur..., Bau..., architektonisch, baulich: **~ acoustics** *pl* (*als sg konstruiert*) Bau-, Raumakustik *f*; **~ design** Raumgestaltung *f*; **~ heritage** Baudenkmäler *pl*

architecture [ˈɑː(r)kɪtektʃə(r)] S 1 Architektur *f*: a Baukunst *f* b Bauart *f*, Baustil *m* 2 *a. fig* (Auf)Bau *m*, Struktur *f*, Anlage *f*, Konstruktion *f* 3 a Bau(werk) *m(n)*, Gebäude *n* b *koll* Gebäude *pl*, Bauten *pl*

architrave [ˈɑː(r)kɪtreɪv] S ARCH 1 Architrav *m* (*die Säulen verbindender Querbalken in der antiken Baukunst*) 2 architravähnliche (Tür- *etc*)Einfassung

archival [ɑː(r)ˈkaɪvl] ADJ archivarisch, archivisch, Archiv...; **archive** [ˈɑː(r)kaɪv] A S *meist pl* Archiv *n* (*Sammlung u. Einrichtung*): **~ material** Archivmaterial *n* B V/T archivieren; **ar-**

chivist [-kɪ-] S Archivar(in)
archivolt ['ɑ:(r)kɪvəʊlt] S ARCH Archivolte *f* *(plastisch gestalteter Bogenlauf e-s Portals)*
archness ['ɑ:(r)tʃnɪs] S Schalkhaftigkeit *f*, Verschmitztheit *f*
archoplasm ['ɑ:(r)kəʊplæzəm] → archiplasm
archpriest [ˌɑ:(r)tʃ-] S REL, HIST Erzpriester *m*
archway ['ɑ:(r)tʃweɪ] S ARCH 1 Bogengang *m*, überwölbter Torweg 2 Torbogen *m*
-archy [ɑ:(r)kɪ; ə(r)kɪ] *Wortelement mit der Bedeutung* Herrschaft: → monarchy *etc*
arc ignition S ELEK Lichtbogenzündung *f*
arcing ['ɑ:(r)kɪŋ] S ELEK Lichtbogenbildung *f*: **~ contact** Abreißkontakt *m*
arc| lamp, **~ light** S ELEK (Licht)Bogenlampe *f*
ARCS ABK Associate of the Royal College of Science
arc spectrum S *irr* PHYS Bogenspektrum *n*
arctic[1] ['ɑ:(r)ktɪk] A ADJ 1 arktisch, nördlich, Nord…, Polar…: **♀ Circle** nördlicher Polarkreis; **~ fox** Polarfuchs *m*; **~ front** METEO Arktikfront *f*; **~ seal** Seal-Imitation *f* aus Kaninchenfell 2 *fig* arktisch, eiskalt B S US gefütterter, wasserdichter Überschuh
Arctic[2] ['ɑ:(r)ktɪk; *US a.* 'ɑ:rtɪk] S Arktis *f*
Arctic Ocean ['ɑ:(r)ktɪk; *US a.* 'ɑ:rtɪk] S Nordpolarmeer *n*
arctiid ['ɑ:(r)ktɪɪd; -kʃɪ-] S ZOOL Bärenspinner *m*
Arctogaea [ˌɑ:(r)ktə'dʒi:ə] S *Tiergeografie*: Arktagäa *f (die Asien, Europa, Afrika u. Nordamerika umfassende Region)*
Arcturus [ɑ:(r)k'tjʊərəs; *US a.* -'tʊ-] S ASTRON Arktur(us) *m*, Bärenhüter *m (Stern)*
arcuate ['ɑ:(r)kjʊɪt; -eɪt; *US* -jəwət; -ˌweɪt], **arcuated** [-eɪtɪd] ADJ (ADV ~ly) bogenförmig, gebogen
arcus seinilis [ˌɑ:(r)kəssɪ'naɪlɪs] S MED Greisenbogen *m*
arc welding S ELEK Lichtbogenschweißen *n*
ardency ['ɑ:(r)dənsɪ] → ardor
ardent ['ɑ:(r)dənt] ADJ (ADV ~ly) 1 heiß, brennend, feurig, glühend *(alle a. fig)*: **~ love**; **~ spirits** hochprozentige Spirituosen 2 *fig* inbrünstig, leidenschaftlich, heftig, innig *(Wunsch etc)*: **~ admirer** glühender Verehrer; **~ loathing** heftiger Abscheu 3 *fig* begeistert *(Anhänger etc)*
ardor, *bes Br* **ardour** ['ɑ:(r)də(r)] S 1 Hitze *f*, Glut *f (a. fig)* 2 *fig* Inbrunst *f*, Leidenschaft (-lichkeit) *f*, Heftigkeit *f*, Innigkeit *f*, Feuer *n* 3 Begeisterung *f* (**for** für)
arduous ['ɑ:djʊəs; *US* 'ɑ:rdʒəwəs] ADJ (ADV ~ly) 1 schwierig, schwer, anstrengend, mühsam *(Arbeit etc)* 2 emsig, ausdauernd, zäh, energisch *(Arbeiter etc)*: **~ efforts** große Anstrengungen 3 steil *(Berg etc)* 4 streng, hart *(Winter etc)*; **arduousness** S Schwierigkeit *f*
are[1] [ɑ:(r); *unbetont* ə(r)] *pl u. 2. sg präs von* **be**
are[2] [ɑ:(r); *US a.* eər] S Ar *n*, *a. m (Flächenmaß)*
area ['eərɪə] S 1 (begrenzte) Fläche, Flächenraum *m*, Boden-, Grundfläche *f*: **what is the ~ of …?** wie groß ist …?; **a flat 75 square metres in ~** e-e 75m² große Wohnung; **the island is about 30 square miles in ~** die Insel hat e-e Fläche von ungefähr 30 Quadratmeilen 2 Gebiet *n*, Zone *f*, Gegend *f (alle a.* ANAT*)*, Raum *m*: **in the Chicago ~** im Raum (von) Chicago; **in the London ~** in der Londoner Gegend; **~ of low pressure** METEO Tiefdruckgebiet 3 (freier) Platz 4 Grundstück *n* 5 *fig* Bereich *m*, Gebiet *n*: **~ of activity** Betätigungsfeld *n*; **~ of interest** Interessengebiet; **~ of knowledge** Wissensgebiet; **in the ~ of** auf dem Gebiet *(gen)*; **within the ~ of possibility** im Bereich des Möglichen 6 MATH Flächeninhalt *m*, -raum *m*, (Grund)Fläche *f*, Inhalt *m*: **~ of a circle** Kreisfläche 7 MATH, PHYS, TECH (Ober)Fläche *f*: **~ of contact** Begrenzungs-, Berührungsfläche 8 ANAT *(Gehör-, Seh-, Sprach- etc)* Zentrum *n* 9 ARCH lichter Raum 10 MIL Abschnitt *m*, Operationsgebiet *n*: **~ command** *US* Militärbereich *m*; **~ bombing** Bombenflächenwurf *m* 11 → areaway; **~ code** S TEL *US* Vorwählnummer *f*, Vorwahl(nummer) *f*
areal ['eərɪəl] ADJ Flächen(inhalts)…; **~ linguistics** SPL *(als sg konstruiert)* Areallinguistik *f (sprachwissenschaftliche Richtung, die das Alter sprachlicher Erscheinungen aufgrund ihres Verbreitungsgebietes zu bestimmen sucht)*
arear [ə'rɪə(r)] ADV a hinten b nach hinten
area| rehabilitation S Flächensanierung *f*; **~way** S 1 Vorhof *m* 2 Durchgang *m*, Passage *f*
areca (palm) ['ærɪkə; ə'ri:kə] S BOT Arekapalme *f*
arena [ə'ri:nə] S Arena *f*: a *Antike*: Kampfplatz *m* b SPORT Kampfbahn *f*, Stadion *n* c *US* Sporthalle *f* d (Zirkus)Manege *f* e *fig* Schauplatz *m*, Stätte *f*, Szene *f*, Bühne *f*: **descend into the ~** *fig* sich in die Arena *od* Schlacht begeben; **enter the political ~** die politische Arena betreten; **~ theater** *(bes Br* **theatre***)* Arenatheater *n*; **~ of war** Kriegsschauplatz
arenaceous [ˌærɪ'neɪʃəs] ADJ 1 GEOL sandhaltig, Sand… 2 BOT psammophil, sandliebend
aren't [ɑ:(r)nt] *Zusammenziehung von* a **are not** b *umg* **am not**: **I'm hopeless at English, aren't I?**
areola [æ'rɪəʊlə; *bes US* ə'ri:ələ] *pl* -lae [-li:], -las S 1 ANAT Areola *f*, Warzenhof *m*, Brustwarzenring *m* 2 MED *entzündeter Hautring um e-n Pickel*
areometer [ˌærɪ'ɒmɪtə(r); *US* -'ɑm-] S PHYS Aräometer *n*, Senk-, Flüssigkeitswaage *f*
arête [æ'reɪt; ə-] S (Berg)Kamm *m*, (Fels)Grat *m*
argent ['ɑ:(r)dʒənt] *bes Heraldik*: A S Silber (-farbe *f*) *n* B ADJ silbern, silberfarbig; **argental** [-'dʒentl] ADJ silbern, silberhaltig
argentic [ɑ:(r)'dʒentɪk] ADJ CHEM silberhaltig: **~ chloride** Silberchlorid *n*
argentiferous [ˌɑ:(r)dʒən'tɪfərəs] ADJ MINER Silber führend, silberhaltig
Argentina [ˌɑ:(r)dʒən'ti:nə] S Argentinien *n*
argentine[1] ['ɑ:(r)dʒəntaɪn; *US a.* -ti:n] A ADJ a silberartig b silbern, Silber… B S TECH Argentine *f (ein Silberfarbstoff)*
Argentine[2] ['ɑ:(r)dʒəntaɪn; -ti:n] A ADJ argentinisch: **she is ~** sie ist Argentinierin B S Argentinier(in)
Argentine[3] ['ɑ:(r)dʒəntaɪn; *US bes* -ˌti:n] S: **the Argentine** Argentinien *n*; → Argentina
Argentinian [ˌɑ:(r)dʒən'tɪnjən; -ɪən] → Argentine[2]
argentite ['ɑ:(r)dʒəntaɪt] S MINER Argentit *m*, Silberglanz *m*
argentum [ɑ:(r)'dʒentəm] S CHEM Argentum *n*, Silber *n*
argie-bargie → argy-bargy
argil ['ɑ:(r)dʒɪl] S Ton *m*, Töpfererde f; **argillaceous** [-'leɪʃəs] ADJ GEOL tonig, tonhaltig, Ton…
argle-bargle [ˌɑ:(r)gl'bɑ:(r)gl] → argy-bargy
argol ['ɑ:(r)gɒl] S CHEM roher Weinstein
argon ['ɑ:gɒn; *US* 'ɑ:rˌgɑn] S CHEM Argon *n*
Argonaut ['ɑ:(r)gənɔ:t; *US a.* -ˌnɑ:t] S 1 MYTH Argonaut *m* 2 *US* Goldsucher *m* in Kalifornien (1848-49); **argonaut** S ZOOL → paper nautilus; **Argonautic** ADJ argonautisch
argot ['ɑ:(r)gəʊ; *US a.* -gət] S Argot *n*; Jargon *m*, Slang *m*, *bes* Gaunersprache *f*
arguable ['ɑ:gjʊəbl; *US* 'ɑ:rgjəwəbəl] ADJ (ADV arguably) 1 zweifelhaft, fragwürdig: **it is ~ whether …** es ist noch die Frage, ob … 2 vertretbar: **it is ~ that …** man kann durchaus die Meinung vertreten, dass …; **his latest book is arguably his best** sein letztes Buch ist wohl sein bestes
argue ['ɑ:(r)gju:] A V/I 1 argumentieren, Gründe (für u. wider) anführen: **~ for sth** a für etwas eintreten *(Person)* b für etwas sprechen *(Sache)*; **~ against sth** a gegen etwas Einwände machen *(Person)* b gegen etwas sprechen *(Sache)* 2 (sich) streiten (**with** mit; **about** über *akk*, um, wegen): **don't ~ (with me)!** keine Widerrede!; **~ noisily about** e-e lautstarke Auseinandersetzung haben über *(akk)* 3 **~ about** diskutieren über *(akk)*, *etwas* erörtern 4 folgern (**from** aus) B V/T 1 be-, erweisen, zeigen 2 (das Für u. Wider) erörtern (von), diskutieren: **~ sth away** etwas (hin)wegdiskutieren; **~ sth out** etwas ausdiskutieren 3 geltend machen, vorbringen, behaupten, die Meinung vertreten *(alle:* **that** dass) 4 **~ sb into sth** j-n zu etwas überreden; **~ sb into doing sth** j-n (dazu) überreden, etwas zu tun; **~ sb out of sth** j-m etwas ausreden; **~ sb out of doing sth** (es) j-m ausreden, etwas zu tun 5 schließen, folgern (**from** aus; **that** dass) 6 beweisen, verraten, anzeigen, zeugen von
arguer ['ɑ:(r)gjʊə(r)] S 1 streitsüchtiger Mensch, Streithammel *m umg* 2 *j-d, der (logisch etc) argumentiert*: **be a logical ~** logisch argumentieren (können)
argufy ['ɑ:(r)gjʊfaɪ] V/I *bes hum* wegen jeder Kleinigkeit streiten
argument ['ɑ:(r)gjʊmənt] S 1 Argument *n* (**for** für; **against** gegen): **beyond ~** einwandfrei 2 Argumentation *f*, Beweisführung *f*: **~ from design** PHIL teleologischer Gottesbeweis 3 Erörterung *f*, Debatte *f*: **hold an ~** diskutieren; **settle a dispute by ~** e-n Streit mit Worten beilegen 4 *obs* Streitfrage *f* 5 JUR Vorbringen *n*, *meist pl* (Beweis-, Rechts)Ausführung(en) *f(pl)*: **closing ~s** Schlussanträge 6 Wortwechsel *m*, Auseinandersetzung *f*: **get into an ~** sich in die Haare geraten, in Streit geraten *(beide:* **with** mit; **about** über *akk*, wegen*)*; **have an ~** Streit haben; **start an ~ with sb** sich mit j-m anlegen; **without ~** widerspruchslos 7 Thema *n*, Gegenstand *m* 8 Kurzfassung *f*, Zusammenfassung *f* 9 MATH Argument *n (unabhängige Veränderliche e-r Funktion)*
argumentation [ˌɑ:(r)gjʊmen'teɪʃn; -mən-] → argument 2, 3
argumentative [ˌɑ:(r)gjʊ'mentətɪv] ADJ (ADV ~ly) 1 a widerspruchsfreudig b streitlustig, -süchtig 2 umstritten, 3 argumentativ; **argumentativeness** S a Widerspruchsfreude *f* b Streitlust *f*, -sucht *f*
Argus ['ɑ:(r)gəs] A EIGENN MYTH Argus *m* B S 1 *fig* Argus *m*, wachsamer Hüter 2 ♀ ZOOL Augenfalter *m* 3 ♀ ORN → argus pheasant; **~-eyed** ADJ argusäugig, mit Argusaugen, wachsam; **♀ pheasant** S ORN Argusfasan *m*, -pfau *m*
argy-bargy [ˌɑ:dʒɪ'bɑ:dʒɪ; *US* ˌɑ:rgi:'bɑ:rgi:] S *bes Br umg* Wortwechsel *m*: **they had an ~** sie hatten Krach *od* Zoff *umg*
Argyll and Bute [ɑˌgaɪlənd'bju:t] S Argyll und Bute *n (Verwaltungsregion in Westschottland)*
aria ['ɑ:rɪə; *US* 'eərɪə] S MUS Arie *f*
Arian ['eərɪən] REL A ADJ arianisch B S Arianer(in); **Arianism** S Arianismus *m (Lehre des Arius, 4. Jh., wonach Christus mit Gott nicht wesenseins, sondern nur wesensähnlich ist)*
arid ['ærɪd] ADJ (ADV ~ly) 1 a trocken, GEOG arid *(Klima, Land)* b dürr, karg, GEOG arid *(Boden)* 2 *fig* trocken, nüchtern; **aridity** [æ'rɪdətɪ; ə-] S 1 Trockenheit *f*, Dürre *f*, Kargheit *f*,

GEOG Aridität *f* 2 *fig* Trockenheit *f*, Nüchternheit *f*
aridness → aridity
Ariel[1] ['eərɪəl] S ASTRON Ariel *m* (*Uranusmond*)
ariel[2] ['eərɪəl] S ZOOL (*e-e*) arabische Gazelle
Arien ['eərɪən] ASTROL A ADJ Widder...: **be ~** (ein) Widder sein B S Widder *m* (*Person*): **be an ~** (ein) Widder sein
Aries ['eəri:z; -rɪi:z] A S ASTRON, ASTROL Widder *m* (*Sternbild u. Tierkreiszeichen*): **be an ~** (ein) Widder sein B ADJ ASTROL Widder...: **be ~** (ein) Widder sein
aright [ə'raɪt] ADV 1 recht: **have I heard ~?**; **put** (*od* **set**) **~** *etwas* in Ordnung bringen, regeln, richtigstellen 2 *obs* gerade(swegs), direkt
aril ['ærɪl] S BOT Arillus *m*, Samenmantel *m*
arise [ə'raɪz] *prät* arose [ə'rəʊz], *pperf* arisen [ə'rɪzn] V/I 1 **(from, out of)** entstehen, -springen, hervorgehen (aus), herrühren, kommen, stammen, die Folge sein (von) 2 a entstehen: auftauchen, -kommen, -treten: **new problems arose**; **the question ~s** die Frage erhebt *od* stellt sich; **if the occasion ~s** wenn sich die Gelegenheit ergibt b anfallen (*Kosten*) 3 aufstehen, sich erheben (*aus dem Bett etc, a. fig Volk*), auferstehen (*von den Toten*), aufkommen, sich erheben (*Wind etc*), aufgehen (*Sonne etc*), aufsteigen (*Nebel etc*), sich erheben (*Lärm etc*)
arista [ə'rɪstə] *pl* -tae [-ti:] S BOT Granne *f*; **aristate** [-teɪt] ADJ BOT Grannen tragend
aristocracy [,ærɪ'stɒkrəsɪ; *US* -'stɑ-] S 1 Aristokratie *f*: a Adelsherrschaft *f* b *koll* Adel *m*, (*die*) Adligen *pl* c *fig* Adel *m*, Elite *f* 2 Herrschaft *f* der Elite
aristocrat ['ærɪstəkræt; ə'rɪstə-] S 1 Aristokrat(in): a Adlige(r) *m/f(m)* b *fig* Herr *m*, Dame *f*, vornehmer Mensch 2 *fig* König(in): **the ~ of wines** der König der Weine
aristocratic [,ærɪstə'krætɪk; *US bes* ə,rɪstə'kr-] ADJ, **aristocratical** [-kl] ADJ (ADV **~ly**) aristokratisch: a adlig, Adels...: **~ family** b *fig* vornehm
Aristophanes [,ærɪ'stɒfəni:z; *US* -'stɑ-] EIGENN Aristophanes *m* (*448?-385? v. Chr.; Griechischer Dramatiker*)
Aristophanic [,ærɪstəʊ'fænɪk; -tə'f-; *US bes* æ-,rɪstə'f-] ADJ aristophanisch, geistreich-spöttisch
Aristotelean, **Aristotelian** [,ærɪstəʊ'ti:ljən; -ɪən] A ADJ aristotelisch (*Logik etc*) B S Aristoteliker(in); **Aristotelianism** S Aristotelismus *m* (*die von Aristoteles ausgehende Philosophie*)
Aristotle ['ærɪstɒtl; *US* ,ærə'stɑtl] EIGENN Aristoteles *m* (*384-322 v.Chr.; Griechischer Philosoph*)
arith. ABK arithmetic(al)
arithmetic[1] [ə'rɪθmətɪk] S 1 Arithmetik *f* (*Teilgebiet der Mathematik, das sich mit den Zahlen im allgemeinsten Sinne befasst*) 2 Rechnen *n*: **do one's piece of ~** *umg* zwei u. zwei zusammenzählen; → mental[2] A 1 3 Arithmetik- *od* Rechenbuch *n*
arithmetic[2] [,ærɪθ'metɪk] ADJ (ADV **~ally**) 1 arithmetisch: **~ mean** arithmetisches Mittel; **~ progression** arithmetische Folge; **~ series** arithmetische Reihe 2 rechnerisch, Rechen...: **~ operation** COMPUT Rechenoperation *f*, -vorgang *m*; **~ unit** COMPUT Rechenwerk *n*; **arithmetical** [-kl] → arithmetic[2]
arithmetician [ə,rɪθmə'tɪʃn] S Arithmetiker(in)
Ariz. ABK Arizona
Arizona [,ærɪ'zəʊnə; *US* ,ærə-] S Arizona *n* (*Staat im Südwesten der USA*)
ark [ɑ:(r)k] S 1 Arche *f*: **it looks as if it came out of the ~** *umg* es schaut vorsintflutlich aus; **that went out with the ~** *umg* das gibt es schon ewig nicht mehr; → Noah's ark 1 2 *a.* **~ of refuge** *fig* Zufluchtsort *m* 3 ♀ REL Thoraschrein *m*: **~ (of the Covenant)** BIBEL Bundeslade *f* 4 *obs od dial* Truhe *f*, Kiste *f*, Korb *m* 5 HIST *US* Flachboot *n*
Ark. ABK Arkansas
Arkansas ['ɑ:(r)kənsɔ:] S Arkansas *n bzw Fluss*: *m* a *Staat im Süden der USA* b [*a.* ɑ:(r)-'kænzəs] *rechter Nebenfluss des Mississippi, USA*
arkose ['ɑ:(r)kəʊs] S GEOL Arkose *f* (*mit Feldspat u. Glimmer durchsetzter Sandstein*)
ark shell S ZOOL Arche(nmuschel) *f*
arm[1] [ɑ:(r)m] A V/T 1 *obs* am Arm führen 2 *obs* umarmen B V/I BOT Seitentriebe bilden C S 1 ANAT, ZOOL Arm *m*: → *Bes Redew* 2 BOT Ast *m*, großer Zweig 3 (*Fluss-, Meeres*) Arm *m*: **a narrow ~ of the sea** 4 PHYSIOL Abzweigung *f* (*von Adern etc*) 5 → armrest 6 Ärmel *m*, Arm *m* 7 TECH a Arm *m* (*e-s Hebels, e-r Maschine etc, a.* SCHIFF *e-s Ankers etc*), Ausleger *m* b Zeiger *m*, Stab *m*: **~ of a balance** Waagebalken *m* 8 SCHIFF (*Rah*) Nock *f* 9 ELEK a Zweig *m* (*e-r Messbrücke*) b Schenkel *m* (*e-s Magneten*) c Tonarm *m* (*am Plattenspieler*) 10 *fig* Arm *m*, Macht *f*: **the (long) ~ of the law** der Arm des Gesetzes
Besondere Redewendungen: **(as) long as one's ~** *fig* ellenlang; **~ in ~** Arm in Arm (**with** mit); **babe in ~s** a *a.* **child in ~s** Säugling *m* a *fig* Greenhorn *n*; **on the ~** *bes US umg* gratis, umsonst; **under one's ~** unter dem Arm; **with open ~s** *fig* mit offenen Armen; **within ~'s reach** in Reichweite (*a. fig*); **cost (sb) an ~ and a leg** *umg* (j-n) e-e Stange Geld kosten; **they fell into each other's ~s** sie fielen sich in die Arme; **fly into sb's ~s** j-m in die Arme fliegen; **he'd give his right ~** *umg* er würde alles geben (**for** für), er würde alles dafür geben (**to be,** *etc* zu sein, *etc*); **hold out one's ~s to sb** j-m die Arme entgegenstrecken; **keep sb at ~'s length** sich j-n vom Leibe halten; **lend sb one's ~** j-m den Arm reichen; **put one's ~ round sb** den Arm um j-n legen; **put the ~ on sb** *bes US umg* a j-n angehen (**for** um *Geld*) b j-m Daumenschrauben anlegen *od* ansetzen; **take sb into one's ~s** j-n in die Arme nehmen *od* schließen; → chance C, Morpheus, twist A 7
arm[2] [ɑ:(r)m] A V/T 1 bewaffnen, MIL aufrüsten: **~ o.s.** sich bewaffnen (**with** mit) (*a. fig*); → hilt A, tooth A 1 2 *e-e Bombe etc* scharf machen 3 ausrüsten: **~ o.s.** *fig* sich wappnen (**against** gegen; **with** mit) 4 TECH schützen B V/I MIL aufrüsten C S 1 *meist pl* Waffe *f*: **~s control** Rüstungskontrolle *f*; **~s dealer** Waffenhändler(in); **~s embargo** Waffenembargo *n*; **~s policy** Rüstungspolitik *f*; **~s race** Wettrüsten *n*, Rüstungswettlauf *m*; **~s talks** Abrüstungsgespräche; **~s trade** Waffenhandel *m* 2 MIL a Waffengattung *f* b *pl* Kriegs-, Militärdienst *m* 3 *pl* Wappen *n*
Besondere Redewendungen: **in ~s** in Waffen, bewaffnet; **to ~s!** zu den Waffen!, ans Gewehr!; **under ~s** unter Waffen, kampfbereit; **be in** (*od* **under**) **~s** in *od* unter Waffen stehen; **be up in ~s** a kampfbereit sein b *fig* aufgebracht *od* in Harnisch sein (**about, over** wegen); **bear ~s** a Waffen tragen b Dienst an der Waffe tun c ein Wappen führen; **get up in ~s** in Harnisch geraten *od* kommen (**about, over** über *akk*); **pile ~s!** setzt die Gewehre zusammen!; **port ~s!** fällt das Gewehr!; **present ~s!** präsentiert das Gewehr!; **rise in ~s** e-n bewaffneten Aufstand machen; **shoulder ~s!** Gewehr an Schulter!; **slope ~s!** das Gewehr über!; **take up ~s** zu den Waffen greifen; → force A 1, lay down 2
arm action S SPORT Armarbeit *f*
armada [ɑ:(r)'mɑ:də] S 1 Kriegsflotte *f* 2 Luftflotte *f*, Geschwader *n*; **Armada** EIGENN HIST Armada *f*
armadillo [,ɑ:(r)mə'dɪləʊ] *pl* -los S ZOOL 1 Armadill *n*, Gürteltier *n* 2 Apothekerassel *f*
Armageddon [,ɑ:(r)mə'gedn] S 1 BIBEL Armageddon *n* (*Ort, an dem sich die bösen Geister für den großen Kampf versammeln*) 2 *fig* Armageddon *n*, globale Katastrophe
Armagh [ɑ:(r)'mɑ:] Armagh *n* a *Grafschaft in Nordirland* b *Hauptstadt von* a
armament ['ɑ:(r)məmənt] S MIL 1 Kriegsstärke *f*, Militärmacht *f* (*e-s Landes*) 2 Streitmacht *f* 3 Bewaffnung *f*, Bestückung *f*, Feuerstärke *f* (*e-s Kriegsschiffes, e-r Befestigung etc*) 4 a (Kriegs)Ausrüstung *f* b (Kriegs)Rüstung *f*, Aufrüstung *f*: **~s industry** Rüstungsindustrie *f*; **~ race** Wettrüsten *n*, Rüstungswettlauf *m*
armature ['ɑ:(r)mə,tjʊə; *bes US* -,tʃʊə(r); -tʃə(r)] S 1 *obs* a Rüstung *f*, Panzer *m* b Bewaffnung *f*, Waffen *pl* 2 SCHIFF, TECH Panzer *m*, Panzerung *f*, Armierung *f*, (*a.* Kabel)Bewehrung *f*, (Metall)Beschlag *m* 3 *fig* Waffe *f*, Schutz *m* 4 ARCH Armatur *f*, Verstärkung *f* 5 Gerüst *n* (*e-r Skulptur*) 6 ELEK a Anker *m* (*a. e-s Magneten*) b Läufer *n*, Rotor *m*: **~ core** Ankereisen *n*; **~ reaction** Ankerrückwirkung *f*; **~ winding** Ankerwicklung *f*
arm|band S Armbinde *f*; **~chair** A S Lehnstuhl *m*, Sessel *m* B ADJ *oft pej*: **~ critic** Amateurkritiker(in); **~ politician** Stammtischpolitiker(in); **he's an ~ travel(l)er** er reist nur mit dem Finger auf der Landkarte; **~ drag** S *Ringen*: Armzug *m*
armed[1] [ɑ:(r)md] ADJ mit ... Armen, ...armig: → one-armed
armed[2] [ɑ:(r)md] ADJ 1 *bes* MIL bewaffnet: **~ conflict** bewaffnete Auseinandersetzung; **~ forces** Streitkräfte; **~ neutrality** bewaffnete Neutralität: **~ robbery** JUR bewaffneter Raubüberfall; **~ service** Dienst *m* an der Waffe 2 MIL, TECH gepanzert, bewehrt (*a.* ZOOL), armiert 3 scharf (*Bombe etc*) 4 PHYS mit Armatur (*Magnet*) 5 *Heraldik*: mit (andersfarbigen) Füßen *od* Hörnern *od* Spitzen (versehen)
Armenia [ɑ:(r)'mi:njə; -nɪə] S Armenien *n*
Armenian [ɑ:(r)'mɪ:njən; -nɪən] A ADJ armenisch B S 1 Armenier(in) 2 LING Armenisch *n*, das Armenische
armful ['ɑ:(r)mfʊl] S 1 Armvoll *m*: **an ~ of books** ein Armvoll Bücher 2 **she's quite an ~** *umg* an ihr ist ganz schön was dran 3 **that boy's quite an ~** *umg* der Junge macht e-m ganz schön zu schaffen
armhole S Ärmel-, Armloch *n*
armiger ['ɑ:(r)mɪdʒə(r)] S Wappenträger(in)
arming ['ɑ:(r)mɪŋ] S 1 Bewaffnung *f*, (Aus)Rüstung *f* 2 Armierung *f* 3 *Heraldik*: Wappen *n* 4 PHYS Armatur *f* (*e-s Magneten*)
armistice ['ɑ:(r)mɪstɪs] S Waffenstillstand *m*; **♀ Day** S *Br* Jahrestag *m* des Waffenstillstandes vom 11. November 1918
armless ['ɑ:(r)mlɪs] ADJ armlos, ohne Arme
armlet ['ɑ:(r)mlɪt; -lət] S 1 kleiner (*Meeres- od Fluss*) Arm: **an ~ of the sea** 2 Armbinde *f* 3 Armreif(en) *m*, -ring *m*
arm| lever S *Ringen*: Armhebel *m*; **~lock** S *Ringen*: Armschlüssel *m*
armor, *bes Br* **armour** ['ɑ:(r)mə(r)] A S 1 HIST Rüstung *f*, Panzer *m* 2 *fig* Schutz *m*, Panzer *m*: **the ~ of virtue** 3 MIL, TECH Panzer (-ung) *m(f)* 4 Taucheranzug *m* 5 BOT, ZOOL Panzer *m*, Schutz(decke) *m(f)*, Schutzmittel *n* 6 KOLL MIL a Panzer(fahrzeuge) *pl* b Panzertruppen *pl* B V/T 1 a (be)waffnen, (aus)rüsten b mit Panzerfahrzeugen ausrüsten 2 pan-

zern; **~-bearer** S HIST Waffenträger *m*, Schildknappe *m*; **~-clad** → armor-plated

armored, *bes Br* **armoured** ['ɑ:(r)mə(r)d] ADJ MIL, TECH gepanzert, Panzer...: **~ attack** Panzerangriff *m*; **~ cable** Panzerkabel *n*; **~ car** a Panzerkampfwagen *m* b gepanzertes Fahrzeug *(für Geldtransporte etc)*; **~ cruiser** Panzerkreuzer *m*; **~ division** Panzerdivision *f*; **~ infantry** Panzergrenadiere *pl*; **~ train** Panzerzug *m*

armorer, *bes Br* **armourer** ['ɑ:(r)mərə(r)] S 1 SCHIFF, MIL Waffenmeister *m* 2 HIST Waffenschmied *m*

armorial [ɑ:(r)'mɔ:rɪəl; *US a.* -'məʊ-] A ADJ Wappen..., heraldisch: **~ bearings** *pl* Wappen (-schild) *n(m/n)* B S Wappenbuch *n*

armorist ['ɑ(r)mərɪst] S Heraldiker(in)

armor|-piercing, *bes Br* **armour-piercing** ADJ MIL panzerbrechend *(Munition)*; **~ plate**, *bes Br* **armour plate** S Panzerplatte *f*; **~-plated**, *bes Br* **armour-plated** ADJ gepanzert, Panzer...

armory[1] ['ɑ:(r)mərɪ] S Heraldik *f*, Wappenkunde *f*

armory[2], *bes Br* **armoury** ['ɑ:(r)mərɪ] S 1 a (Waffen)Arsenal *n* b *fig* Arsenal *n* 2 Waffenbestand *m (e-s Landes)* 3 US Exerzierhalle *f*

armour, *etc bes Br für* armor *etc*

armoury *bes Br für* armory[2]

arm|pit S ANAT Achselhöhle *f*; **~rest** S Armlehne *f*, -stütze *f*; **~scye** [-saɪ] S Arm-, Ärmelausschnitt *m*; **~ stroke** S *Schwimmen*: Armzug *m*; **~-twist** V/T *fig US j-m* Daumenschrauben anlegen *od* ansetzen: **~ sb into doing sth** j-n so lange unter Druck setzen, bis er etwas tut; **~ twisting** S *fig US* Druckausübung *f*

armure ['ɑ:(r)mjʊə(r)] S Armure *f*, Armüre *f* *(klein gemustertes Seidengewebe mit diagonal versetzter Querripsbindung)*

arm wrestling S US Armdrücken *n*

army ['ɑ:(r)mɪ] S 1 Armee *f*, Heer *n*, Landstreitkräfte *pl*: **~ chaplain** Militärseelsorger *m*, -geistliche(r) *m*; **~ contractor** Heereslieferant *m*; **~ corps** Armeekorps *n*; **~ group** Heeresgruppe *f*; **~ kitchen** Feldküche *f*; **♀ List**, *US* **♀ Register** Rangordnung *f (des Heeres)*; **~ manual**, **~ regulation** Heeresdienstvorschrift *f*; **~ post office** Feldpostamt *n*; **~ service area** rückwärtiges Armeegebiet 2 Armee *f (als militärische Einheit)*: **~ of occupation** Besatzungsarmee 3 Militär *n*: **in the ~** beim Militär; **the ~** *Br* der Militärdienst; **join the ~** zum Militär gehen 4 *fig* Heer *n*, Menge *f*, große (An)Zahl: **the growing ~ of the unemployed** das wachsende Heer der Arbeitslosen; **~ ant** → driver ant

arnica ['ɑ:(r)nɪkə] S BOT, PHARM Arnika *f*: → tincture A 1

aroid ['ærɔɪd] BOT A ADJ zu den Aronstabgewächsen gehörig B S Aronstab *m*

aroint thee [ə'rɔɪnt] INT *poet* fort!

aroma [ə'rəʊmə] S 1 Aroma *n*, Duft *m* 2 *fig* Atmosphäre *f*

aromatherapy S MED Aromatherapie *f (alternative Therapie mit Hilfe von ätherischen Ölen u. anderen Pflanzenextrakten)*

aromatic [,ærəʊ'mætɪk; -rə'm-] A ADJ aromatisch *(a.* CHEM*)*, duftend: **~ compound** → B 2; **~ vinegar** Gewürzessig *m* B S 1 aromatische Substanz *od* Pflanze 2 CHEM Aromat *m*, aromatische Verbindung; **aromatize** [ə'rəʊmətaɪz] V/T aromatisieren

arose [ə'rəʊz] *prät von* arise

around [ə'raʊnd] A ADV 1 → all *Bes Redew* 2 umher..., (in der Gegend) herum...: **travel ~**; **I've been ~** *umg* a ich bin viel herumgekommen b ich habe schon viel erlebt; **I've been ~ a lot longer than he has** *umg* ich hab schon einige Jahre mehr auf dem Buckel als er; → look around, *etc* 3 *umg* a in der Nähe b da, zur Hand: **have you seen my car keys ~?** hast du irgendwo m-e Autoschlüssel gesehen?; **stick ~** bleib da *od* in der Nähe!; **still ~?** du bist ja noch da! 4 *umg* a vorhanden b erhältlich: **it has been ~ for many years** das gibt es schon seit vielen Jahren B PRÄP 1 um, um ... herum, rund um: → clock[1] A 1 2 in *(dat)* ... herum...: **travel ~ the country** 3 *umg* ungefähr, etwa, um ... herum: **~ two thousand tons** 4 *umg* (nahe) bei, in *(dat)* ... herum: **stay ~ the house** sich im *od* beim Haus aufhalten

around-the-clock ADJ rund um die Uhr

arousal [ə'raʊzl] S 1 a (Auf)Wecken *n* b *bes US* Aufwachen *n* 2 *fig (a. sexuelle)* Erregung

arouse [ə'raʊz] A V/T 1 *j-n* (auf)wecken: **~ sb from their sleep** j-n aus dem Schlaf reißen 2 *fig* auf-, wachrütteln, *Gefühle etc* wachrufen, wecken, *(a. j-n [sexuell])* erregen B V/I *bes US* aufwachen, wach werden

ARP ABK air-raid precautions

arpeggio [ɑ:(r)'pedʒɪəʊ; -dʒəʊ] *pl* -gios S MUS Arpeggio *n*: a *Spielart für Akkorde auf Tasten-, Zupf- u. Saiteninstrumenten, wobei die Töne kurz nacheinander erklingen* b *längere Folge von Akkordbrechungen*

arquebus ['ɑ:(r)kwɪbəs; *US a.* -kəbəs] → harquebus

arr. ABK 1 arranged 2 arrangement 3 arrival 4 arrived

arrack ['ærək] S Arrak *m*

arraign [ə'reɪn] V/T 1 JUR a vor Gericht stellen (**for** wegen) b zur Anklage vernehmen 2 *a. weitS.* anklagen, beschuldigen 3 *fig* rügen; **arraignment** S 1 JUR Vernehmung *f* zur Anklage 2 *a. weitS.* Anklage *f*, Beschuldigung *f*

arrange [ə'reɪndʒ] A V/T 1 arrangieren, (an)ordnen, aufstellen, in Ordnung bringen, (ein)richten: **~ one's affairs** s-e Angelegenheiten ordnen *od* regeln; **~ in layers** TECH schichten; **~d in tandem** TECH hintereinander angeordnet 2 *a.* MATH gliedern, gruppieren, einteilen: **be ~d** sich gliedern 3 a festsetzen, -legen b vorbereiten, planen 4 Vorkehrungen treffen für, in die Wege leiten, arrangieren: **if it can be ~d** wenn es sich einrichten *od* ermöglichen lässt 5 verabreden, vereinbaren, ausmachen: **as ~d** wie vereinbart 6 *etwas* erledigen, durchführen: **that can be ~d** das lässt sich machen 7 *e-n Streit* schlichten, beilegen 8 **~ o.s.** sich einrichten *od* vorbereiten (**for** auf *akk*) 9 MUS arrangieren, *a.* THEAT *etc* einrichten, bearbeiten *(alle:* **for** für*)* B V/I 1 sich verständigen *od* einigen, ins Reine kommen, JUR e-n Vergleich schließen *(alle:* **with** mit; **about** über *akk)*: **~ with a creditor about one's debts** 2 Vorkehrungen treffen (**for** für; **to** *inf* zu *inf*), sorgen (**for** für), es einrichten, dafür sorgen (**that** dass): **I will ~ for the car to be there** ich werde dafür sorgen, dass der Wagen dort ist

arrangement [ə'reɪndʒmənt] S 1 Arrangement *n*, (An)Ordnung *f*, Aufstellung *f*, Einrichtung *f*: **~ of chromosomes** BIOL Chromosomenanordnung; **alter the ~ of furniture** (die Möbel) umstellen 2 MATH Ansatz *m (e-r Gleichung)*, Gliederung *f*, Gruppierung *f*, Einteilung *f* 3 a Festsetzung *f*, -legung *f* b Vorbereitung *f*, Planung *f* 4 Vereinbarung *f*, Verabredung *f*, Übereinkunft *f*, Abkommen *n*, Absprache *f*, Arrangement *n*: **make** *(od* **enter into)* an ~ with sb** mit j-m e-e Vereinbarung *etc* treffen; **salary by ~** Gehalt nach Vereinbarung 5 a Beilegung *f*, Schlichtung *f* b Vergleich *m (mit Gläubigern)*: **come to an ~** e-n Vergleich schließen, sich vergleichen; *allg* sich einigen 6 Erledigung *f*, Durchführung *f* 7 *pl* Vorkehrungen *pl*, Vorbereitungen *pl*: **make ~s** Vorkehrungen *od* Vorbereitungen treffen; **~s for the wedding** Hochzeitsvorbereitungen 8 *pl* Veranstaltungen *pl* 9 MUS Arrangement *n*, *a.* THEAT *etc* Einrichtung *f*, Bearbeitung *f (alle:* **for** für*)* 10 Arrangement *n*, Zusammenstellung *f*: **an ~ in red and white**; **arranger** S 1 Arrangeur(in), (An)Ordner(in) 2 MUS Arrangeur(in), *a.* THEAT *etc* Bearbeiter(in)

arrant ['ærənt] ADJ (ADV ~ly) 1 völlig, ausgesprochen, komplett *umg*: **~ fool** ausgemachter Narr; **~ nonsense** barer Unsinn 2 abgefeimt, Erz...: **~ rogue** Erzgauner *m*

arras ['ærəs] S A(r)razzo *m (gewirkter Bildteppich)*

array [ə'reɪ] A V/T 1 *Truppen etc* aufstellen (**for battle** zur Schlacht) 2 (**o.s.** sich) kleiden, (heraus)putzen, schmücken: **~ o.s. in** sich kleiden in *(akk)* 3 JUR *die Geschworenenliste* aufstellen B S 1 MIL Schlachtordnung *f* 2 *fig* Phalanx *f*, (stattliche) Reihe, Menge *f*, Schar *f*, Aufgebot *n (alle:* **of** von*)* 3 Kleidung *f*, Tracht *f*, Aufmachung *f*, Staat *m* 4 *a.* MATH Anordnung *f* 5 JUR (Aufstellung *f* der) Geschworenenliste *f*

arrear [ə'rɪə(r)] S *meist pl* Rückstand *m*, Rückstände *pl*: a ausstehende Forderungen *pl*, Schulden *pl* b *(etwas)* Unerledigtes: **~s in** *(od* **of)* rent** rückständige Miete; **~s of interest** rückständige Zinsen; **~s on interest** Verzugszinsen; **~s of work** Arbeitsrückstände; **be in ~(s) with sth** mit etwas im Rückstand *od* Verzug sein; **his rent is in ~s** er ist mit der Miete im Rückstand; **be paid in ~s** rückwirkend bezahlt werden

arrest [ə'rest] A S 1 An-, Aufhalten *n*, Hemmung *f*, Stockung *f*: **~ of development** BIOL Entwicklungshemmung; **~ of growth** BIOL Wachstumsstillstand *m*; **~ of judg(e)ment** JUR Urteilssistierung *f*, Vertagung *f* des Urteils *(wegen Verfahrensmängel)* 2 JUR a Verhaftung *f*, Festnahme *f*: **you are under ~!** Sie sind verhaftet!; **make an ~** e-e Verhaftung vornehmen; **~ warrant** Haftbefehl *m*; → warrant A 6 b Haft *f*, Arrest *m*: **under ~** in Haft; **put** *(od* **place)** **under ~** unter Arrest stellen c Beschlagnahme *f* B V/T 1 an-, aufhalten, hemmen, hindern, zum Stillstand bringen: **~ed growth** BIOL Wachstumsstillstand *m*; **~ed tuberculosis** MED inaktive Tuberkulose 2 *fig j-n, j-s Aufmerksamkeit etc* fesseln 3 JUR a festnehmen, verhaften b beschlagnahmen c **~ judg(e)ment** das Urteil *(wegen Verfahrensmängel)* vertagen 4 TECH arretieren, sperren, feststellen, blockieren; **arrestable** ADJ: **be an ~ offence** *(US* **offense)** ein Grund zur Festnahme sein

arrester S 1 *j-d, der verhaftet od beschlagnahmt* 2 ELEK Blitzschutz (-vorrichtung *f*) *m* 3 TECH Filtervorrichtung *f (in Fabrikschornsteinen etc)*; **~ cable**, **~ gear** S FLUG, MIL Fangkabel *n*; **~ hook** S FLUG, MIL Fanghaken *m*

arresting ADJ (ADV ~ly) fesselnd

arrestive ADJ fesselnd

arrestment S JUR *schott* Beschlagnahme *f*; **arrestor** [-tə(r)] → arrester

arrhythmia [eɪ'rɪðmɪə; ə-; æ-] S MED Arrhythmie *f (unregelmäßige Herztätigkeit)*

arride [ə'raɪd] V/T *obs* erfreuen

arrière|-ban [,ærɪə(r)'bæn] S HIST a Aufruf *m od* Proklamation *f* zum Waffendienst b Heerbann *m*; **~-pensée** [,-'pɒnseɪ; *US* -pɑn'seɪ] S Hintergedanke *m*

arris ['ærɪs] *pl* -ris, -rises S ARCH 1 (scharfe) Kante 2 vorspringende Ecke

arrival [ə'raɪvl] S 1 Ankunft *f (a.* FLUG, BAHN *etc)*, Eintreffen *n*: **the day of ~** der Ankunftstag; **on his ~** bei *od* gleich nach s-r Ankunft; **~ lounge** Ankunftshalle *f* 2 Erscheinen *n*, Auftauchen *n* 3 a Ankömmling *m* b *(etwas)* Angekommenes: **new ~** Neuankömmling, *umg a.* Familienzuwachs *m*, neuer Erdenbürger **4** *pl* ankommende Züge *pl od* Schiffe *pl od* Flugzeuge *pl*: **"~s"** „Ankunft" **5** *fig* Gelangen *n* (**at** zu): **after his ~ at a decision** nachdem er zu e-r Entscheidung gekommen *od* gelangt war **6** WIRTSCH Eingang *m*: **~ of goods** Wareneingang; **on ~ of goods** bei Eingang *od* Eintreffen der Ware

arrive [əˈraɪv] **A** VI **1** (an)kommen, eintreffen, anlangen (**at, in** an *od* in *dat*): **summer has ~d at last** es ist endlich Sommer geworden **2** erscheinen, auftauchen **3** *fig* (**at**) erreichen (*akk*), kommen *od* gelangen (zu): **~ at a decision** (**understanding,** *etc*) **4** kommen (*großer Tag etc*) **5** *umg* Erfolg haben, es schaffen *umg*, es zu etwas bringen **6** *obs* geschehen (**to sb** j-m) **B** VT *obs od poet* erreichen

arrivé [ˌærɪˈveɪ] S Arrivierte(r) *m/f(m)*, Emporkömmling *m*, Parvenü *m*; **arriviste** [ˌærɪˈvɪst] S **1** Arrivist(in), Karrieremacher(in) **2** → arrivé

arrogance [ˈærəgəns] S Arroganz *f*, Anmaßung *f*, Überheblichkeit *f*: **the ~ of power** POL die Arroganz der Macht; **arrogant** ADJ (ADV **~ly**) arrogant, anmaßend, überheblich

arrogate [ˈærəʊgeɪt; -rəg-] VT **1** **~ sth to o.s.** **a** etwas für sich in Anspruch nehmen **b** sich etwas anmaßen: **~ (to o.s.) the right to do sth** sich das Recht herausnehmen, etwas zu tun **2** zuschreiben, zuschieben, zusprechen (**sth to sb** j-m etwas); **arrogation** S Anmaßung *f* (**of** *gen*)

arrow [ˈærəʊ] **A** S **1** Pfeil *m*: **(as) straight as an ~** schnurgerade (*Straße etc*), pfeilgerade (*bes Bewegung*) **2** Pfeil(zeichen) *m(n)* (*als Richtungsweiser*) **3** *Landvermessung*: Markierstab *m* **4** *pl* (*als sg konstruiert*) *Br umg* → dart A 5 **B** VT mit Pfeilen *od* e-m Pfeil kennzeichnen; **~ grass** S BOT Dreizack *m*; **~head** S **1** Pfeilspitze *f* **2** Pfeil *m* (*in e-r technischen Zeichnung etc*) **3** BOT Pfeilkraut *n*; **~root** S Arrowroot *n*: **a** BOT Pfeilwurz *f* **b** Pfeilwurzstärke *f*

arrowy [ˈærəʊɪ; *US* ˈærəwiː] ADJ **1** pfeilförmig, Pfeil... **2** *fig* pfeilschnell

arroyo [əˈrɔɪə; -əʊ] *pl* **-os** S GEOL *US* Arroyo *m*, Trockental *n*

arse [ɑːs] *Br vulg sl* **A** S **1** Arsch *m vulg*: **~ over tip** kopfüber; **turn sb ~ over tip** j-n völlig durcheinanderbringen; **kick a few ~s** mit der Faust auf den Tisch schlagen; **he doesn't know his ~ from his elbow** er hat von Tuten und Blasen keine Ahnung; **move** (*od* **shift**) **your ~!** sei nicht so lahmarschig!; **park your blooming ~!** setz dich (endlich) auf d-n Arsch!; **tell him to stuff** (*od* **shove, stick**) **his bill up his ~** sag ihm, er soll sich s-e Rechnung in den Arsch stecken; → kiss B 1, lick A 1 **2** Arsch(loch) *m(n) sl pej* **3** *fig pej* Arsch *sl pej* **4** *a.* **piece of ~** Nummer *f* (*Geschlechtsverkehr*): **have an ~** e-e Nummer machen *od* schieben **B** VI **~ about** (*od* **around**) **a** herumblödeln **b** herumgammeln; **~hole** S *Br vulg* Arschloch *n* (*a. fig pej*): **his ~ was hanging out** *fig* ihm ging der Arsch mit Grundeis; **~ kisser, ~-kissing** → arse licker, arse-licking; **~ licker** S *Br vulg pej* Arschkriecher(in); **~-licking** *Br vulg pej* **A** ADJ arschkriecherisch **B** S Arschkriecherei *f*

arsenal [ˈɑː(r)sənl] S **1** **a** (Waffen)Arsenal *n* **b** *fig* Arsenal *n* **2** Waffen-, Munitionsfabrik *f*

arsenate [ˈɑː(r)səneɪt; *US bes* ˈɑːrsnət] S CHEM Arsenat *n*

arsenic [ˈɑː(r)snɪk] CHEM **A** S **1** Arsen *n* **2** Arsenik *n* **B** ADJ [ɑː(r)ˈsenɪk] arsenhaltig, Arsen(ik)...: **~ acid** Arsensäure *f*; **~ poisoning** Arsenvergiftung *f*; → nickel A 1; **arsenical** [-ˈsenɪkl] → arsenic B

arsenide [ˈɑː(r)sənaɪd] S CHEM Arsenid *n*

arsenious [ɑː(r)ˈsiːnjəs; -ɪəs] ADJ CHEM **1** arsenig, Arsen..., dreiwertiges Arsen enthaltend **2** Arsenik...: **~ acid** Arsensäure *f*

arsenite [ˈɑː(r)sənaɪt] S CHEM Arsenat *n*

arses [ˈɑː(r)siːz] *pl von* arsis

arsine [ˈɑː(r)siːn; ɑː(r)ˈsiːn] S CHEM Arsin *n*

arsis [ˈɑː(r)sɪs] *pl* **-ses** [-siːz] S **1** LIT Arsis *f*: **a** *Antike, unbetonter Taktteil* **b** *betonter Taktteil* **2** MUS Arsis *f* (*aufwärts geführter Schlag beim Taktschlagen*)

arson [ˈɑː(r)sn] S JUR Brandstiftung *f*; **arsonist** S Brandstifter(in)

art[1] [ɑː(r)t] **A** S **1** (*bes* bildende) Kunst: **the ~ of painting** (die Kunst der) Malerei *f*; **bring sth to a fine ~** *fig* etwas zu e-r wahren Kunst entwickeln; → fine arts, sake[1] **2** KOLL Kunstwerke *pl*, Kunst *f* **3** Kunst(fertigkeit) *f*, Geschicklichkeit *f*: **the ~ of the painter** **4** Kunst *f* (*als praktische Anwendung von Wissen u. Geschick*): **the ~ of building; the ~ of navigation; the ~ of cooking** die hohe Schule des Kochens; **~ and part** Entwurf u. Ausführung; **be ~ and part in sth** planend u. ausführend an etwas beteiligt sein; **~s and crafts** *pl* Kunstgewerbe *n*, -handwerk *n* **5** **a** Wissenszweig *m* **b** *Patentrecht*: Fachgebiet *n*, *a.* Technik *f*: **person skilled in the ~** Fachmann *m*; **term of ~** Fachausdruck *m*; → prior[1] A 1, state A 6 **6** *pl* **a** Geisteswissenschaften *pl* **b** HIST (*die*) freien Künste *pl* (*des Mittelalters*): **be an ~s student** Geisteswissenschaften studieren; **faculty of ~s**, *US* **~s department** philosophische Fakultät; → bachelor 2, liberal arts, master A 12 **7** *meist pl* Kunstgriff *m*, Kniff *m*, Trick *m* **8** List *f*, Verschlagenheit *f*, Tücke *f* **9** Künstlichkeit *f*, Unnatürlichkeit *f*, Affektiertheit *f* **B** ADJ **1** Kunst...: **~ ballad** Kunstballade *f*; **~ collection** Kunstsammlung *f*; **~ critic** Kunstkritiker(in); **~ dealer** Kunsthändler(in); **~ director** **a** THEAT *etc* Bühnenmeister(in) **b** Art-Director *m* (*künstlerischer Leiter des Layouts in e-r Werbeagentur*); **~ form** Kunstform *f*; **~ gallery** Kunst-, *bes* Gemälde-, Bildergalerie *f*; **~ historian** Kunsthistoriker(in); **~-historical** kunsthistorisch; **~ lover** Kunstfreund(in), -liebhaber(in); **~ master** *bes Br* Kunsterzieher *m*; **~ mistress** *bes Br* Kunsterzieherin *f*; **~ paper** Kunstdruckpapier *n*; **~ song** Kunstlied *n*; **~ theater** *US* Filmkunsttheater *n*; **~ treasures** Kunstschätze; → artwork **2** künstlerisch, dekorativ (*Töpferware etc*)

art[2] [ɑː(r)t] *obs 2. sg präs von* be: **thou ~**

art. ABK **1** article **2** artificial **3** artillery **4** artist

art deco [ˌɑː(r)tˈdekəʊ; *US a.* -deɪˈkəʊ] S Art *m/n* déco (*künstlerische Richtung, bes im Kunsthandwerk, etwa von 1920 bis 1940*)

artefact → artifact

arterial [ɑː(r)ˈtɪərɪəl] ADJ (ADV **~ly**) **1** ANAT arteriell, Arterien..., Puls..., Schlagader...: **~ blood** arterielles Blut **2** **~ road**, *US a.* **~ highway** Hauptverkehrs-, Ausfallstraße *f*

arteriole [ɑː(r)ˈtɪərɪəʊl] S ANAT Arteriole *f* (*kleinste, in Haargefäße übergehende Schlagader*)

arteriosclerosis [ɑː(r)ˌtɪərɪəʊsklɪəˈrəʊsɪs; *bes US* -skləˈr-] S MED Arteriosklerose *f*, Arterienverkalkung *f*; **arteriosclerotic** [-ˈrɒtɪk; *US* -ˈrɑ-] ADJ arteriosklerotisch

arteriotomy [ɑː(r)ˌtɪərɪˈɒtəmɪ; *US* -ˈɑt-] S MED Arteriotomie *f* (*operative Eröffnung e-r Arterie*)

arteritis [ˌɑː(r)təˈraɪtɪs] S MED Arteriitis *f*, Arterienentzündung *f*

artery [ˈɑː(r)tərɪ] S **1** ANAT Arterie *f*, Schlagader *f* **2** *fig* (Haupt)Verkehrsader *f*: **~ of trade** Haupthandelsweg *m*

artesian well [ɑː(r)ˈtiːzjən; *bes US* -ʒən] S artesischer Brunnen

artful ADJ (ADV **~ly**) **1** schlau, listig, verschlagen, raffiniert **2** gewandt, geschickt **3** kunstvoll **4** *obs* künstlich; **artfulness** S **1** Schläue *f*, Schlauheit *f*, List(igkeit) *f*, Verschlagenheit *f*, Raffiniertheit *f*, Raffinesse *f* **2** Gewandtheit *f*, Geschick(theit) *n(f)*

arthralgia [ɑː(r)ˈθrældʒə; -dʒɪə] S MED Arthralgie *f*, Gelenkschmerz *m*

arthritic [ɑː(r)ˈθrɪtɪk] MED **A** ADJ (ADV **~ally**) arthritisch **B** S Arthritiker(in); **arthritical** → arthritic A; **arthritis** [-ˈθraɪtɪs] S MED Arthritis *f*, Gelenkentzündung *f*

arthropod [ˈɑː(r)θrəʊpɒd; -θrə-; *US* -ˌpɑd] S ZOOL Arthropode *m*, Gliederfüßer *m*

arthroscopy [ɑː(r)ˈθrɒskəpɪ; *US* -ˈθrɑ-] S MED Arthroskopie *f*, Gelenkspiegelung *f*

arthrosis [ɑː(r)ˈθrəʊsɪs] S MED Arthrose *f* (*e-e chronische Gelenkerkrankung*)

arthrospore [ˈɑː(r)θrəʊspɔː(r); -θrə-; *US a.* -ˌspəʊər] S BOT Arthrospore *f*, Gliederspore *f*

Arthurian [ɑː(r)ˈθjʊərɪən; *US a.* -ˈθʊr-] ADJ (König) Arthur *od* Artus betreffend, Arthur..., Artus...: **~ Legend** Artussage *f*

artic [ɑːˈtɪk] S *Br umg* Sattelschlepper *m*

artichoke [ˈɑː(r)tɪtʃəʊk] S BOT Artischocke *f*

article [ˈɑː(r)tɪkl] **A** S **1** (*Zeitungs- etc*) Artikel *m*, Aufsatz *m* (*in e-r Zeitung etc*) **2** Artikel *m*, Gegenstand *m*, Sache *f*: **~ of value** Wertgegenstand; **the real ~** *sl* das Richtige **3** *bes* WIRTSCH (Gebrauchs-, Handels)Artikel *m*, Ware *f*, Warenposten *m*, Fabrikat *n*: **~ of clothing** Kleidungsstück *n*; **~ of consumption** Bedarfsartikel, Gebrauchsgegenstand *m* **4** LING Artikel *m*, Geschlechtswort *n* **5** Artikel *m*, Paragraf *m*, Abschnitt *m*, Absatz *m*, Satz *m* (*e-s Gesetzes, Schriftstückes etc*): **the Thirty-nine ~s** die 39 Glaubensartikel (*der anglikanischen Kirche*) **6** **a** Artikel *m*, Punkt *m*, Klausel *f* (*e-s Vertrages etc*) **b** *pl* Vertrag *m*: **serve one's ~s** in der Lehre sein, e-e Lehre machen (**with** bei); **~s of association** (*US* **incorporation**) Satzung *f* (*e-r Aktiengesellschaft*); **~s of partnership** Gesellschaftsvertrag *m*; **according (contrary) to the ~s** satzungsgemäß (-widrig); → apprenticeship 1, confederation 1, shipping articles **7** *US sl* Kerl *m*, Knilch *m pej* **8** *obs* Augenblick *m*: **in the ~ of death** **B** VT **1** artikelweise abfassen, Punkt für Punkt darlegen **2** in die Lehre geben (**to, with** bei) **3** JUR *obs* anklagen (**for** wegen)

articled [ˈɑː(r)tɪkld] ADJ **1** vertraglich gebunden **2** in der Lehre (**to, with** bei): **~ clerk** JUR *Br* (*bei e-m Solicitor angestellter*) Rechtspraktikant

articular [ɑː(r)ˈtɪkjʊlə(r)] ADJ ANAT, BIOL, MED Glied(er)..., Gelenk...: **~ capsule** Gelenkkapsel *f*; → disk 7, rheumatism

articulate **A** ADJ [ɑː(r)ˈtɪkjʊlət] (ADV **~ly**) **1** klar (erkennbar *od* hervortretend), deutlich, (genau) gegliedert **2** artikuliert, klar *od* deutlich ausgesprochen, verständlich (*Wörter etc*) **3** **a** fähig(, deutlich) zu sprechen **b** *weitS.* fähig, sich klar auszudrücken **4** **a** deutlich, vernehmlich **b** sich Gehör verschaffend: **make ~** → B 2 **5** BOT, ZOOL gegliedert, Glieder..., Gelenk...: **~ animal** Gliedertier *n* **B** VT [-leɪt] **1** artikulieren: **a** *ein Wort etc* (deutlich) aussprechen **b** PHON *e-n Laut* bilden **2** **a** artikulieren, ausdrücken **b** *etwas* zur Sprache bringen, Gehör verschaffen (*dat*) **3** verbinden, zusammenfügen, durch Glieder *od* Gelenke verbinden, TECH anlenken **4** (**with**) abstimmen (auf *akk*), koordinieren (mit) **C** VI [-leɪt] **1** deutlich sprechen, PHON artikulieren **2** (**with**) sich eingliedern (in *akk*), sich verbinden (mit)

articulated [ɑː(r)ˈtɪkjʊleɪtɪd] ADJ **1** gegliedert **2** PHON artikuliert **3** TECH angelenkt, gelenkig, Gelenk...: **~ coupling** Gelenkkupplung *f*; **~ lorry** *Br* Sattelschlepper *m*; **~ train** BAHN Gliederzug *m*; **~ vehicle** Gelenkfahrzeug *n*

articulateness [ɑː(r)ˈtɪkjʊlətnɪs] S Artiku-

liertheit *f*, Deutlichkeit *f*
articulation [ɑː(r)ˌtɪkjʊˈleɪʃn] S 1 *bes* LING Artikulation *f* (*a.* MUS), (deutliche) Aussprache, Lautbildung *f* 2 LING artikulierter Laut, *bes* Konsonant *m* 3 Deutlichkeit *f*, Verständlichkeit *f* (*a.* TEL) 4 Zusammen-, Aneinanderfügung *f*, Verbindung *f* 5 Koordination *f* 6 ANAT, TECH a Gelenk(verbindung) *n(f)*: **~ piece** Gelenkstück *n* b Gliederung *f* 7 BOT Knoten *m*, Stängelglied *n*
artifact [ˈɑː(r)tɪfækt] S 1 Artefakt *n*, Gebrauchsgegenstand *m*, Werkzeug *n*, Gerät *n* (*bes primitiver od prähistorischer Kulturen*) 2 BIOL *durch den Tod od ein Reagens hervorgerufene Struktur in Geweben od Zellen*
artifice [ˈɑː(r)tɪfɪs] S 1 *obs* Kunst(fertigkeit) *f*, Geschick(lichkeit) *n(f)* 2 List *f*, Verschlagenheit *f* 3 Kunstgriff *m*, Kniff *m*, Trick *m*; **artificer** [ɑː(r)ˈtɪfɪsə(r); ˈɑː(r)tɪ-] S 1 → artisan 2 MIL a Feuerwerker *m* b Kompaniehandwerker *m* 3 *fig* Urheber(in)
artificial [ˌɑː(r)tɪˈfɪʃl] ADJ (ADV ~ly) 1 Kunst…, künstlich: **~ flower** (**insemination, kidney, respiration,** *etc*) künstliche Blume (Befruchtung, Niere, Beatmung *etc*); **give sb ~ respiration** j-n künstlich beatmen; **~ anus** MED künstlicher Darmausgang; **~ fertilizer** Kunstdünger *m*; **~ gem** synthetischer Edelstein; **~ heart** MED Kunstherz *n*; **~ horizon** FLUG, ASTRON künstlicher Horizont; **~ intelligence** IT künstliche Intelligenz; **~ language** Kunstsprache *f*, Welthilfssprache *f*; **~ limb** MED künstliches Glied, Kunstglied *n*, Prothese *f*; **~ pacemaker** MED Herzschrittmacher *m*; **~ person** juristische Person; **~ selection** BIOL künstliche Zuchtwahl; **~ silk** Kunstseide *f*; **~ snow** Kunstschnee *m*; **~ teeth** falsche *od* künstliche Zähne; **~ track** (*Leichtathletik*) Kunststoffbahn *f*; **keep prices ~ly high** die Preise künstlich hochhalten; → frozen B 3, insolation 1 2 gekünstelt, unecht, falsch 3 unnatürlich, affektiert 4 BIOL unorganisch 5 BOT gezüchtet
artificiality [ˌɑː(r)tɪfɪʃɪˈælətɪ] S 1 Künstlichkeit *f* 2 (*etwas*) Künstliches *od* Gekünsteltes
artillerist [ɑː(r)ˈtɪlərɪst] S MIL Artillerist *m*
artillery [ɑː(r)ˈtɪlərɪ] S MIL 1 Artillerie *f*: a Geschütze *pl* b (*a. als pl konstruiert*) *mit Geschützen ausgerüstete Truppen* 2 Artilleriefeuer *n*; **artilleryman** [-mən] S *irr* → artillerist
artiodactyl [ˌɑː(r)tɪəʊˈdæktɪl] ZOOL A ADJ paarhufig B S Paarhufer *m*, -zeher *m*
artisan [ˌɑːtɪˈzæn; *US* ˈɑːrtəzən] S (Kunst)Handwerker(in)
artist [ˈɑː(r)tɪst] S 1 (bildender) Künstler, (bildende) Künstlerin 2 Künstler(in) (*ausübend*), *bes* a Musiker(in) b Sänger(in) c Tänzer(in) d Schauspieler(in) e Artist(in) 3 *weitS.* Künstler(in), Könner(in) (*beide:* **at** auf dem Gebiet *gen*) 4 *obs* → artisan
artiste [ɑː(r)ˈtiːst] → artist 2
artistic [ɑː(r)ˈtɪstɪk] ADV (ADJ ~ally) 1 Kunst…, Künstler…, künstlerisch: **~ freedom** künstlerische Freiheit; **~ impression** (*Eis-, Rollkunstlauf*) künstlerischer Eindruck; **~ works** Kunstwerke; **~ally gifted** künstlerisch begabt *od* veranlagt 2 künstlerisch: a kunstvoll, geschmackvoll b kunstverständig c Bohemien…, Künstler…
artistry [ˈɑː(r)tɪstrɪ] S 1 Künstlertum *n* 2 künstlerische Leistung *od* Wirkung *od* Vollendung 3 Kunstfertigkeit *f*
artless [ˈɑː(r)tlɪs] ADJ (ADV ~ly) 1 *fig* arglos 2 natürlich, schlicht 3 a unkünstlerisch b stümperhaft 4 ungebildet; **artlessness** S 1 Arglosigkeit *f* 2 Natürlichkeit *f*, Schlichtheit *f* 3 Stümperhaftigkeit *f* 4 Unbildung *f*
art nouveau [ˌɑː(r)nuːˈvəʊ] S Art *m* nouveau (*Jugendstil in England u. Frankreich*)
artsy [ˈɑː(r)tsɪ] *US* → arty; **~-craftsy** [-ˈkrɑːftsɪ; *US* -ˈkræf-] *US* → arty-crafty; **~-fartsy** [-ˈfɑː(r)tsɪ] *US vulg pej* → arty-crafty
artwork S 1 a Kunstgewerbe *n* b kunstgewerbliche Artikel *pl* 2 künstlerische Ausgestaltung 3 Artwork *n*: a künstlerische Gestaltung, Illustrationen *pl*, Bildmaterial *n* b (grafische *etc*) Gestaltungsmittel *pl*
arty [ˈɑː(r)tɪ] ADJ *umg meist pej* 1 auf Künstler machend: **he's the ~ type** er macht auf Künstler 2 auf Kunst gemacht, pseudokünstlerisch; **~-crafty** ADJ *umg meist pej* 1 auf Kunsthandwerker machend 2 auf Kunsthandwerk gemacht; **~-farty** [-ˈfɑː(r)tɪ] *US vulg pej* → arty-crafty
arum [ˈeərəm] S BOT Aronstab *m*; **~ lily** S BOT Zimmerkalla *f*
Aryan [ˈeərɪən; ˈɑːr-] A S 1 Arier(in), Indogermane *m*, Indogermanin *f* 2 LING Arisch *n*, Indogermanisch *n* 3 Arier(in), Nichtjude *m*, -jüdin *f* (*in der Nazi-Ideologie*) B ADJ 1 arisch, indogermanisch 2 arisch, nichtjüdisch; **Aryanize** V/T arisieren
aryl [ˈærɪl] S CHEM Aryl *n*
arytenoid [ˌærɪˈtiːnɔɪd] ANAT A ADJ gießbeckenförmig B S Gießbeckenknorpel *m od* -muskel *m*
as [æz; *unbetont* əz; z] A ADV 1 so, ebenso, geradeso: **I ran ~ fast ~ I could** ich lief so schnell ich konnte; **just ~ good** ebenso gut; **twice ~ large** zweimal so groß 2 wie (zum Beispiel): **statesmen, ~ Churchill** B KONJ 1 (gerade) wie, so wie: **~ often ~ they wish** sooft (wie) sie wünschen; **~ you wish** wie Sie wünschen; **~ is the case** wie es der Fall ist; **~ it is** a (so) wie die Dinge liegen b schon; **~ and when** wann immer; (**~**) **soft ~ butter** butterweich; **~ requested** wunschgemäß; **~ I said before** wie ich vorher *od* schon sagte; **~ was their habit** wie es ihre Gewohnheit war 2 ebenso wie, genauso wie: **then ~ now** damals wie jetzt; **you will reap ~ you sow** wie man sät, so erntet man 3 als, während, indem: **~ he entered** als er eintrat, bei s-m Eintritt 4 obwohl, obgleich, wenn auch, wie sehr, sosehr, wie: **late ~ he was, he attended the session** trotz s-r Verspätung nahm er noch an der Sitzung teil; **old ~ I am** so alt wie ich bin; **try ~ he would** sosehr er sich auch mühte; **improbable ~ it seems** so unwahrscheinlich es auch scheint 5 da, weil: **~ you are sorry I'll forgive you** 6 (als *od* so) dass: **so clearly guilty ~ to leave no doubt** so offensichtlich schuldig, dass kein Zweifel bleibt C PRON 1 der, die, das, welch(er, e, es) (*nach* **such** *od* **same**): **such ~ need our help** diejenigen, welche unsere Hilfe brauchen; **the same man ~ was here yesterday** derselbe Mann, der gestern hier war 2 was, welche Tatsache, wie: **his health is not good, ~ he himself admits** s-e Gesundheit lässt zu wünschen übrig, was *od* wie er selbst zugibt D PRÄP als: **appear ~ Hamlet; he is ~ a father to me** er ist zu mir wie ein Vater
Besondere Redewendungen: **as … as** (eben)so … wie; **~ sweet ~ can be** so süß wie nur möglich; **~ cheap ~ fifty pence the bottle** für nur fünfzig Pence die Flasche; **~ recently ~ last week** erst letzte Woche; **~ far ~ can be ascertained** soweit es sich feststellen lässt; **~ at** an *od* WIRTSCH zu (*e-m Zeitpunkt*); **~ from** von *e-m Zeitpunkt* an, ab (*1. April etc*); **~ is** im gegenwärtigen Zustand; **the car was sold ~ is** der Wagen wurde, so wie er war, verkauft; **~ it were** sozusagen, gewissermaßen, gleichsam; **~ of** von *e-m Zeitpunkt* an, ab (*1. April etc*); **~ to** a was … (an)betrifft, im Hinblick auf (*akk*) b nach, gemäß (*dat*); **~ to this question** was diese Frage betrifft; **he is taxed ~ to his earnings** er wird nach s-m Verdienst besteuert; **~ you were!** a MIL Kommando zurück! b *allg* alles zurück!; → against A 8, far *Bes Redew*, follow C 1, for A 23, good C 2, if[1] A 1, invoice A, kind[2] 1, long[1] B 1, much *Bes Redew*, per 3, though A 4, usual A, well[1] A 12, yet A 1
AS ABK 1 Anglo-Saxon 2 antisubmarine
ASA ABK 1 American Standards Association 2 *Br* Amateur Swimming Association 3 *Br* Advertising Standards Authority
asaf(o)etida [ˌæsəˈfetɪdə; -ˈfiː-] S PHARM, HIST Asafötida *f*, Asa *f* foetida, (Stink)Asant *m*, Teufelsdreck *m*
a.s.a.p. ABK as soon as possible
asarabacca [ˌæsərəˈbækə] S BOT Haselwurz *f*
asbestine [æzˈbestiːn; -tɪn] ADJ 1 asbestartig, Asbest… 2 feuerfest
asbestos [æzˈbestɒs; æs-; *bes US* -təs] S MINER, TECH Asbest *m*: **~ board** Asbestpappe *f*; **~ cement** Asbestzement *m*; **~ particles** *pl* Asbeststaub *m*
asbestosis [ˌæsbesˈtəʊsɪs; ˌæz-] S MED Asbestose *f*, Asbeststaublunge *f*
ASCAP ABK American Society of Composers, Authors, and Publishers
ascarid [ˈæskərɪd] S ZOOL Askaris *f*, Spulwurm *m*
ascend [əˈsend] A V/I 1 (auf-, empor-, hinauf)steigen 2 ansteigen, (schräg) in die Höhe gehen 3 *fig* aufsteigen 4 *fig* (*zeitlich*) reichen, zurückgehen (**to, into** bis in *akk*, bis auf *akk*) 5 MUS an-, aufsteigen 6 MATH steigen, zunehmen B V/T 1 be-, er-, hinaufsteigen: **~ the throne** den Thron besteigen 2 *e-n Fluss* hinauffahren; **ascendable** ADJ be-, ersteigbar
ascendance [əˈsendəns], **ascendancy** [-sɪ] S Vorherrschaft *f*, Vormachtstellung *f*: **gain ~ over** die Vorherrschaft gewinnen über (*akk*); **rise to ~** immer mächtiger werden
ascendant [əˈsendənt] A S 1 ASTRON, ASTROL Aszendent *m* (*Aufgangspunkt e-s Gestirns*): **be in the ~** *fig* im Kommen sein (*Person*), ständig zunehmen (*Beliebtheit etc*); **her star is in the ~** ihr Stern ist im Aufgehen; **his political career is in the ~** mit s-r politischen Karriere geht es aufwärts 2 *fig* → ascendance 3 Aszendent *m*, Vorfahr *m* B ADJ 1 ASTRON aufgehend, -steigend 2 dominierend: **the ~ class** die herrschende Klasse 3 BOT aufwärts wachsend
ascendence *etc* → ascendance *etc*
ascender [əˈsendə(r)] S TYPO 1 Kleinbuchstabe *m* mit Oberlänge 2 Oberlänge *f* (*e-s Kleinbuchstabens*)
ascendible [əˈsendɪbl] → ascendable
ascending [əˈsendɪŋ] ADJ 1 (auf)steigend (*a. fig*) 2 (an)steigend 3 *fig* nach oben strebend 4 aufsteigend (*Stammbaum*) 5 BOT → ascendant B 3; **~ convection current** S PHYS thermischer Aufwind; **~ letter** → ascender 1; **~ series** S *irr* MATH steigende Reihe
ascension [əˈsenʃn] S 1 Aufsteigen *n* (*a.* ASTRON), Aufstieg *m*, Besteigung *f* 2 **the** ♎ die Himmelfahrt Christi, Christi Himmelfahrt: ♎ **Day** Himmelfahrtstag *m*
ascent [əˈsent] S 1 Aufstieg *m* (*a. fig*) 2 TECH Aufwärtshub *m* 3 Be-, Ersteigung *f*: **the ~ of Mount Everest; the ~ to the top** der Aufstieg auf den Gipfel 4 *bes* MATH, TECH Steigung *f*, Gefälle *n* 5 Anstieg *m*, Hang *m*, Höhe *f* 6 a Auffahrt *f*, Rampe *f* b (Treppen)Aufgang *m* 7 MUS Ansteigen *n*, Anstieg *m*
ascertain [ˌæsə(r)ˈteɪn] V/T 1 feststellen, ermitteln 2 *obs* a festsetzen, bestimmen b **~ o.s.** sich vergewissern (**of** *gen*) c sichern; **ascertainable** ADJ (ADV ascertainably) fest-

stellbar, ermittelbar, zu ermitteln(d); **ascertainment** S Feststellung *f*, Ermittlung *f*
ascetic [ə'setɪk] A ADJ (ADV ~ally) asketisch, Asketen… B S 1 Asket(in) 2 REL, HIST Eremit *m*, Einsiedler *m*; **asceticism** [-sɪzəm] S Askese *f*
asci ['æsaɪ; 'æskaɪ] *pl von* ascus
ascidian [ə'sɪdɪən] S ZOOL 1 Aszidie *f*, Seescheide *f* 2 Manteltier *n*
ascites [ə'saɪtiːz] S MED Aszites *m*, Bauchwassersucht *f*
Asclepiad [æ'skliːpɪæd] → Asclepiadean B
Asclepiadean [æˌskliːpɪə'diːən] LIT A ADJ asklepiadeisch B S Asklepiadeus *m*, asklepiadeischer Vers
asclepias [æ'skliːpɪæs] S BOT Seidenpflanze *f*
ascorbic acid [ə'skɔː(r)bɪk; æ-; *US a.* eɪ-] S CHEM Ascorbin-, Askorbinsäure *f*
ascot ['æskət] S *Reitsport*: Plastron *m/n (breite weiße Schleife od Krawatte des Reiters)*
ascribable [ə'skraɪbəbl] ADJ (**to**) zurückzuführen(d) (auf *akk*), zuzuschreiben(d) *(dat)*
ascribe [ə'skraɪb] V/T (**to**) 1 zurückführen (auf *akk*), zuschreiben *(dat)*: **his death was ~d to an accident** 2 zuschreiben *(dat)*: **omnipotence is ~d to God** Gott wird für allmächtig gehalten
ascription [ə'skrɪpʃn] S (**to**) Zurückführen *n* (auf *akk*), Zuschreiben *n (dat)*: **the ~ of his failure to me is not fair** es ist nicht fair, mir sein Versagen zuzuschreiben
ascus ['æskəs] *pl* **asci** ['æsaɪ; 'æskaɪ] S BOT Askus *m*, Sporenschlauch *m*
asdic ['æzdɪk] ABK *Br* (Anti-Submarine Detection Investigation Committee); → sonar
ASE ABK American Stock Exchange
-ase [eɪs; eɪz] *Wortelement mit der Bedeutung* Enzym
ASEAN ABK Association of Southeast Asian Nations
aseity [eɪ'siːətɪ; ə-] S PHIL Aseität *f*: a *Existenz durch Selbsterschaffung* b *die absolute Selbstständigkeit Gottes*
asepsis [æ'sepsɪs; eɪ-; ə-] S MED Asepsis *f*: a Keimfreiheit *f* b → asepticism; **aseptic** [-tɪk] ADJ (ADV ~ally) aseptisch, keimfrei; **asepticism** [-tɪsɪzəm] S MED Aseptik *f*, keimfreie Wundbehandlung
asexual [eɪ'seksjʊəl; *US* eɪ'sekʃəwəl; -ʃəl] ADJ (ADV ~ly) asexual, asexuell: a BIOL ungeschlechtig, geschlechtslos: **~ reproduction** ungeschlechtliche Fortpflanzung b gefühllos *(im sexuellen Bereich)*: **an ~ friendship** e-e platonische Freundschaft; **asexuality** [-jʊ'ælətɪ; *US* -ʃə'wæl-] S Asexualität *f*
asgd ABK assigned
asgmt ABK assignment
ash¹ [æʃ] A S 1 BOT Esche *f* 2 Eschenholz *n* B ADJ → ashen¹
ash² [æʃ] S 1 *a.* CHEM Asche *f*: **he dropped the ~ of his cigarette on the floor**; → ashes 2 GEOL Vulkanasche *f* 3 Aschgrau *n*
ASH³ ABK *Br* Action on Smoking and Health
ashamed [ə'ʃeɪmd] ADJ beschämt, schamerfüllt: **be** (*od* **feel**) **~ of** sich schämen für (*od gen*); **be** (*od* **feel**) **~ of having done sth** sich schämen, etwas getan zu haben; **he was ~ to tell us** es war ihm peinlich *od* er schämte sich, es uns zu sagen; **you ought to** (*od* **should**) **be ~ (of yourself)!** du solltest dich schämen!, schäm dich!; **ashamedly** [-ɪdlɪ] ADV beschämt
A shares SPL WIRTSCH *Br* Stammaktien *pl* mit eingeschränktem Stimmrecht
ash| blond S 1 Aschblond *n* 2 Aschblonde(r) *m/f(m)*; **~-blond** ADJ aschblond; **~ blonde** S Aschblonde *f*; **~ can** S *US* 1 Abfall-, Mülleimer *m* 2 Abfall-, Mülltonne *f*
ashen¹ ['æʃn] ADJ eschen, aus Eschenholz, Eschen(holz)…
ashen² ['æʃn] ADJ 1 Aschen… 2 aschfarben 3 aschfahl, -grau
ashes ['æʃɪz] SPL 1 Asche *f*: **burn to ~** einäschern, (*a. v/i*) niederbrennen 2 a Asche *f*, (sterbliche) Überreste *pl*: **~ to ~, dust to dust** REL Erde zu Erde, Staub zu Staub b Trümmer *pl* (*a. fig*): **rise from the ~** aus den Trümmern wiederauferstehen, wie ein Phönix aus der Asche steigen 3 Totenblässe *f*: **a face of ~** ein aschfahles Gesicht 4 **win the** ♎ *(Kricket) Br* gegen Australien gewinnen
ashet ['æʃet; -ɪt] S *bes schott* (Servier-)Platte *f*
ash| furnace S TECH Glasschmelz-, Frittofen *m*; **~ gray**, *bes Br* **~ grey** S Aschgrau *n*; **~-gray**, *bes Br* **~grey** ADJ aschgrau, -farben
Ashkenazim [ˌæʃkə'næzɪm; -'nɑː-] SPL As(ch)kenasim *pl (Juden in Mittel- u. Osteuropa)*
ashkey S BOT Flügelnuss *f (der Esche)*
ashlar ['æʃlə(r)] S ARCH 1 Haustein *m*, Quader *m/f* 2 Haustein-, Quadermauer *f*; **ashlaring** S 1 → ashlar 2 2 innere Dachverschalung
ashore [ə'ʃɔː(r); *US a.* ə'ʃəʊər] ADV & PRÄD ADJ SCHIFF ans *od* am Ufer, an Land: **go ~** an Land gehen; **put ~** an Land setzen; **run ~** a auflaufen, stranden b auf Strand setzen; → wash C 6
ash|pan S Aschenkasten *m*; **~pit** S Aschengrube *f*; **~ removal** S TECH Entaschung *f*; **~tray** S Aschenbecher *m*, Ascher *m*; ♎ **Wednesday** S Aschermittwoch *m*
ashy ['æʃɪ] ADJ 1 aus Asche (bestehend), Aschen… 2 mit Asche bedeckt 3 → ashen² 2, 3: **his face was an ~ grey** sein Gesicht war aschgrau
ASI ABK FLUG airspeed indicator
Asia ['eɪʃə; 'eɪʒə] S Asien *n*
Asia Minor [ˌeɪʃə'maɪnə(r); ˌeɪʒə-] S Kleinasien *n*
Asian ['eɪʃn; -ʒn] A ADJ asiatisch: a *Br* indisch, pakistanisch, bangladeschisch b *US* japanisch, chinesisch, koreanisch, vietnamesisch *etc*: **~ flu** MED *umg*, **~ influenza** MED asiatische Grippe; **~ Games** SPORT Asiatische Spiele, Asienspiele B S Asiat(in): a *Br* Inder(in), Pakistani *m/f*, Bangladescher(in) b *US* Japaner(in), Chinese *m*, Chinesin *f*, Vietnamese *m*, Vietnamesin *f etc*; **Asiatic** [ˌeɪʃɪ'ætɪk; -sɪ-; *bes US* -ʒɪ-; -zɪ-] ADJ (ADV ~ally) & S *(oft pej)* → Asian
aside [ə'saɪd] A ADV 1 beiseite, auf die Seite, seitwärts: → step aside 2 beiseite, weg…: → joking B, leave aside, wave¹ C 5 3 THEAT für sich, leise, beiseite: **speak ~** 4 **~ from** *bes US* abgesehen von: **~ from the fact that …** abgesehen davon, dass … B S 1 THEAT Aparte *n (beiseite gesprochene Worte)* 2 (*bes* kurze) Abschweifung 3 geflüsterte Bemerkung
A side S A-Seite *f (e-r Schallplatte)*
asinine ['æsɪnaɪn] ADJ (ADV ~ly) 1 a eselartig, -haft b Esels… 2 *fig* eselhaft, dumm; **asininity** [-'nɪnətɪ] S Dummheit *f*
ask [ɑːsk; *US* æsk] A V/T 1 *j-n* fragen, *j-m* e-e Frage stellen: **if you ~ me, …** wenn Sie mich fragen, …; **don't ~ me!** keine Ahnung!; **I ~ you!** *umg* ich muss schon sagen! 2 *j-n* fragen nach, sich bei *j-m* nach *etwas* erkundigen: **~ sb the way**; **~ sb for advice** j-n um Rat fragen; **~ sb (for) his name** j-n nach s-m Namen fragen; **~ sb's opinion** j-n um s-e Meinung fragen; **~ sb a question** j-m e-e Frage stellen; **may I ~ you a question?** darf ich Sie etwas fragen?; **~ no questions** keine Fragen stellen; → another 2, silly A 1 3 *etwas* erfragen: **~ the time** fragen, wie spät es ist; **~ the way** sich nach dem Weg erkundigen; **might I ~ what …?** darf ich fragen, was …? 4 a bitten um, *etwas* erbitten: **~ advice** e-n Rat erbitten b *a.* **~ for** *j-n* bitten *od* ersuchen *od* angehen um: **~ sb in** j-n hereinbitten; **~ sb out** j-n ausführen; **~ sb for advice** j-n um Rat bitten; **we were ~ed to believe** man wollte uns glauben machen; → favor B 2 5 verlangen, fordern: **~ a high price for sth**; **that's ~ing too much** das ist zu viel verlangt; **~ too much of sb** zu viel von j-m verlangen; **~ed** *(Börse)* Brief; **~ed price** *(Börse)* Briefkurs *m*; → world *Bes Redew* 6 *fig* erfordern 7 einladen (**for, to** zu): **~ sb to dinner**; **be ~ed out** eingeladen sein 8 *obs das Aufgebot* verkünden B V/I 1 fragen, sich erkundigen *(beide:* **for, about, after** nach): **~ around** herumfragen, sich umhören; **tell Tom I was ~ing for him** grüß Tom herzlich von mir; **you may well ~** das ist e-e gute Frage; **I was only ~ing** war ja nur e-e Frage; **why do you ~?** warum fragst du? 2 bitten (**for** um): **~ for help**; **he ~ed for it** (*od* **for trouble**) *umg* er wollte es ja so haben, er hat es herausgefordert *od* selbst heraufbeschworen; **he's as good a teacher as you could ~ for** er ist der beste Lehrer, den man sich vorstellen kann 3 *fig* verlangen, erfordern *(beide:* **for** *akk)*: **the matter ~s for great care** 4 **~ for sb** j-n *od* nach j-m verlangen, nach j-m fragen, j-n zu sprechen wünschen
askance [ə'skæns], *selten* **askant** [ə'skænt] ADV: **look ~ at** a *j-n* von der Seite ansehen b *fig j-n* schief *od* misstrauisch ansehen c *fig* die Nase rümpfen über *(akk)*
askew [ə'skjuː] ADV & PRÄD ADJ schief: **be ~** schief sitzen; **look ~ at** *fig j-n, etwas* verächtlich ansehen
asking ['ɑːskɪŋ; *US* 'æs-] A S: **be had for the ~** umsonst *od* leicht *od* mühelos zu haben sein; **he could have had it for the ~** er hätte es leicht bekommen können; **he thought the world was his for the ~** er dachte, die Welt gehöre ihm *od* stehe ihm offen B ADJ: **~ price** geforderter Preis; **askingly** ADV 1 fragend, 2 bittend
aslant [ə'slɑːnt; *US* ə'slænt] A ADV & PRÄD ADJ schräg, schief, quer B PRÄP quer über *(akk)* *od* durch
asleep [ə'sliːp] ADV & PRÄD ADJ schlafend: **she found him ~ in a chair**; **be ~** a schlafen (*a. fig umg*) b *euph* entschlafen sein c *fig* eingeschlafen sein *(Bein etc)*; **fall ~** einschlafen (*a. euph sterben*); → fast² B 1, sound¹ B
ASLEF ABK *Br* Associated Society of Locomotive Engineers and Firemen
aslope [ə'sləʊp] ADV & PRÄD ADJ abschüssig
ASM ABK MIL air-to-surface missile Luft-Boden-Rakete *f*
asocial [eɪ'səʊʃl] ADJ (ADV ~ly) 1 ungesellig 2 egoistisch 3 antisozial
asp¹ [æsp] S ZOOL (Aspis)Viper *f*
asp² [æsp] *obs od poet für* aspen A
asparagus [əs'pærəgəs] S BOT Spargel *m*: **~ tips** Spargelspitzen
ASPCA ABK American Society for the Prevention of Cruelty to Animals
aspect ['æspekt] S 1 Aussehen *n*, Erscheinung *f*, Anblick *m*, Form *f*, Gestalt *f* 2 Miene *f*, Gesicht(sausdruck) *n(m)*: **serious in ~** mit ernster Miene 3 *fig* Aspekt *m* (*a.* ASTROL), Seite *f*, Gesichts-, Blickpunkt *m*: **both ~s of a question** beide Aspekte e-r Frage; **from a different ~** von e-m anderen Gesichtspunkt aus; **in its true ~** im richtigen Licht 4 Beziehung *f*, Hinsicht *f*, Bezug *m* 5 Aussicht *f* (**of** auf *akk*), Lage *f*: **the house has a southern** (*od* **south-facing**) **~** das Haus liegt nach Süden 6 Seite *f*, Fläche *f*, Teil *m*: **the dorsal ~ of a fish** 7 *Radar*: Gesichtswinkel *m* 8 LING Aktionsart *f (des Verbs)*, Aspekt *m* 9 TECH Ansicht *f* von der Seite *od* von oben 10 BOT Aspekt *m (Aussehen von Pflanzen in e-r bestimmten Jahreszeit)*; **~ ratio** S 1 TECH a Flächen-, Streckenverhältnis *n* b Schlankheitsgrad *m* 2 FLUG, TECH Längen-,

Streckungsverhältnis *n* 3 TV (Bild)Seitenverhältnis *n*

aspectual [æ'spektjʊəl; -tʃʊəl; *US* -tʃəwəl] ADJ LING auf die Aktionsart *od* den Aspekt bezüglich

aspen ['æspən] A S BOT Espe *f*, Zitterpappel *f* B ADJ espen, aus Espenholz, Espen...: **tremble like an ~ leaf** *fig* wie Espenlaub zittern

aspergill ['æspə(r)dʒɪl] → aspergillum; **aspergillum** [-'dʒɪləm] *pl* -lums, -la [-lə] S REL Aspergill *n*, Weihwasserwedel *m*

asperity [æ'sperətɪ; ə-] S 1 a Rauheit *f*, Unebenheit *f* b *pl* Unebenheiten *pl* 2 *fig* Rauheit *f*, Strenge *f* (*des Charakters etc, a. des Klimas*), Schärfe *f*, Schroffheit *f* (*des Benehmens etc*) 3 Härte *f*, Widerwärtigkeit *f*, Schwierigkeit *f* 4 Herbheit *f*, Strenge *f* (*des Stils etc*)

asperse [ə'spɜːs; *US* ə'spɜrs] V/T 1 verleumden, mit Schmutz bewerfen, verunglimpfen, in den Schmutz ziehen 2 REL besprengen

aspersion [ə'spɜːʃn; *US* ə'spɜrʒən; -ʃən] S 1 Verleumdung *f*, Verunglimpfung *f*, Schmähung *f*, *pl a.* Anwürfe *pl*: **cast ~s on** → asperse 1 2 REL Aspersion *f*, Besprengung *f*

aspersorium [ˌæspə(r)'sɔːrɪəm; *US a.* -'səʊr-] S REL 1 Aspersorium *n*, Weihwasserkessel *m* 2 → aspergillum

asphalt ['æsfælt; *US bes* 'æsˌfɔːlt] A S MINER, TECH Asphalt *m* B ADJ Asphalt...: **~ jungle** C V/T asphaltieren; **asphaltene** [-tiːn] S CHEM Asphalten *n*; **asphaltic** ADJ Asphalt...: **~ roofing board** Dachpappe *f*

asphodel ['æsfədel] S BOT 1 Affodill *m* 2 *poet* Narzisse *f*

asphyxia [æs'fɪksɪə; əs-] S MED Asphyxie *f*, Erstickung(stod) *f(m)*; **asphyxiant** A ADJ erstickend B S Erstickung hervorrufendes Gift

asphyxiate [əs'fɪksɪeɪt; æs-] MED A V/T ersticken: **be ~d** ersticken (by an *dat*) B V/I ersticken; **asphyxiation** S 1 MED a Erstickungszustand *m* b Erstickung *f*: **die of ~** ersticken 2 BOT (*durch Luftmangel verursachte*) (Pflanzen)Verbildung

aspic[1] ['æspɪk] S BOT Lavendel *m*

aspic[2] ['æspɪk] S GASTR Aspik *m/n*

aspic[3] ['æspɪk] *obs* → asp[1]

aspirant [ə'spaɪərənt; 'æspɪrənt] A ADJ → aspiring B S (to, for) Aspirant(in), Kandidat(in) (für), Bewerber(in) (um): **~ to the title** SPORT Titelanwärter(in)

aspirate ['æspərət] A S LING Aspirata *f*, Hauchlaut *m* B ADJ LING aspiriert, behaucht C V/T [-reɪt] 1 LING *e-n Konsonanten* aspirieren 2 MED *Luft, Flüssigkeit* aspirieren, ansaugen

aspiration [ˌæspə'reɪʃn] S 1 *fig* (for, after, toward[s]) Streben *n*, Bestrebung *f*, Trachten *n*, Sehnen *n* (nach), *a. pl* Ambitionen *pl* (auf *akk*): **I've got no ~s to be famous** mein Ziel ist es nicht, berühmt zu sein; **his mother had artistic ~s for him** s-e Mutter wollte aus ihm (unbedingt) e-n Künstler machen 2 LING a Aspiration *f*, Behauchung *f* b → aspirate A 3 MED Aspiration *f*, Ansaugen *n*

aspirator ['æspəreɪtə(r)] S MED, TECH Aspirator *m*, Saugapparat *m*

aspire [ə'spaɪə(r)] V/I 1 streben, trachten (to, after nach): **~ to do sth** trachten *od* (danach) streben, etwas zu tun; **~ to** (*od* **after**) **sth** *a.* etwas erstreben *od* anstreben 2 *obs* aufsteigen

aspirin ['æspərɪn; 'æsprɪn] S PHARM Aspirin® *n*: **two ~(s)** zwei Aspirin(tabletten)

aspiring [ə'spaɪərɪŋ] ADJ (ADV ~ly) ehrgeizig, strebsam

asprawl [ə'sprɔːl] ADV & PRÄD ADJ lang ausgestreckt

asquint [ə'skwɪnt] ADV: **look ~ at sb** j-n aus den Augenwinkeln *od* verstohlen anschauen

ASR ABK Air-Sea Rescue (Service) Seenotrettung(sdienst) per Flugzeug

ass[1] [æs] S 1 ZOOL Esel *m* 2 *fig* Esel *m*, Dummkopf *m*: **make an ~ of sb** j-n zum Narren halten; **make an ~ of o.s.** sich blamieren *od* lächerlich machen

ass[2] [æs], *etc US vulg für* arse, *etc*: **break one's ~** sich den Arsch aufreißen *sl*; **kick ~** a mit der Faust auf den Tisch schlagen b ein Flitzer sein (*Wagen*)

ass. ABK 1 assistant 2 association 3 assorted

assai[1] [æ'saɪ; ɑː'sɑːi] S 1 BOT Assaipalme *f* 2 Getränk *n* aus den Früchten der Assaipalme

assai[2] [æ'saɪ; ɑː'sɑːiː] ADV MUS assai, sehr: **allegro ~** sehr lebhaft

assail [ə'seɪl] V/T 1 angreifen: a herfallen über (*akk*) (*a. fig*), anfallen b MIL *e-e Stadt etc* bestürmen 2 *fig j-n* bestürmen *od* überschütten (**with** mit): **~ sb with questions**; **he was ~ed by dark thoughts** böse Gedanken stürmten auf ihn ein; **he was ~ed by fear** er wurde von Furcht gepackt; **she was ~ed by doubts** Zweifel überkamen sie; **~ sb's ears** an j-s Ohr schlagen *od* dringen 3 *e-e Aufgabe etc* in Angriff nehmen, anpacken; **assailable** ADJ angreifbar (*a. fig*); **assailant** S 1 *a. fig* Angreifer(in), Gegner(in) 2 *fig* Kritiker(in)

assassin [ə'sæsɪn] S 1 *bes* POL Mörder(in), Attentäter(in) 2 **Assassin** HIST Assassine *m* (*Mitglied des mohammedanischen Assassinenbundes*)

assassinate [ə'sæsɪneɪt] V/T 1 *bes* POL ermorden: **be ~d** e-m Attentat *od* (Mord)Anschlag zum Opfer fallen 2 *fig j-s Ruf* zerstören, *j-m die Ehre* abschneiden; **assassination** S (of) (*bes* politischer) Mord (an *dat*), Ermordung *f* (*gen*), geglücktes Attentat (auf *akk*), (geglückter) Mordanschlag (auf *akk*): **~ attempt** Attentat *n*; **be on the ~ list** auf der Abschussliste stehen; **assassinator** [-tə(r)] → assassin 1

assault [ə'sɔːlt] A S 1 Angriff *m*, Überfall *m* (*beide:* **on, upon** auf *akk*) (*beide a. fig*): **come under ~** *fig* unter Beschuss geraten 2 MIL Sturm *m*: **carry** (*od* **take**) **by ~** erstürmen, im Sturm nehmen; **~ boat** (*od* **craft**) Landungsboot *n*, Sturmlandefahrzeug *n*; **~ course** *Br a. allg* Hindernisstrecke *f*; **~ echelon** Sturmwelle *f*; **~ gap** Sturmgasse *f*; **~ gun** Sturmgeschütz *n*; **~ ship** Kampflandungsschiff *n*; **~ troops** Angriffs-, Stoßtruppen 3 JUR a tätlicher Angriff, Gewaltanwendung *f* b *a.* **~ and battery** tätliche Beleidigung; **criminal** (*od* **indecent**) **~** unzüchtige Handlung (*unter Androhung od Anwendung von Gewalt*) 4 *Fechten*: Freigefecht *n* 5 *euph* Vergewaltigung *f* B V/T 1 *a. fig* angreifen, überfallen, herfallen über (*akk*) 2 MIL stürmen 3 JUR tätlich bedrohen *od* beleidigen 4 *euph* vergewaltigen C V/I angreifen

assay A S [ə'seɪ; æ-; *US* 'æsˌeɪ; æ'seɪ] 1 CHEM, TECH Probe *f*, Prüfung *f*, Analyse *f*, Untersuchung *f* (*von Metallen, Drogen etc nach Gewicht, Qualität etc*): **~ balance** Prüf-, Goldwaage *f*; **~ crucible** Probiertiegel *m*; **~ office** Prüfungsamt *n*; **~ ton** Probiertonne *f* (= *29,166 Gramm*) 2 CHEM, TECH (*bes* Metall- *od* Münz)Probe *f* (*Prüfstück*): **~ sample** Probe(stück) *f(n)* 3 CHEM, TECH a Prüfungsergebnis *n* b Gehalt *m* (*an Edelmetall etc*) B V/T [ə'seɪ; æ-; *US a.* 'æsˌeɪ] 1 *Metall etc* prüfen, untersuchen 2 *fig* (über)prüfen 3 *fig etwas* versuchen, probieren; **assayer** S Prüfer(in)

assemblage [ə'semblɪdʒ] S 1 Versammeln *n*, Zusammenbringen *n* 2 *US* Zusammenlegung *f* (*von Grundstücken*) 3 Ansammlung *f* (*von Personen u. Sachen*) 4 Versammlung *f*: **a political ~** 5 TECH → assembly 4 a 6 [*a.* ˌæsəm'blɑːʒ] KUNST Assemblage *f* (*dreidimensionaler Gegenstand, der aus e-r Kombination verschiedener Objekte entstanden ist*)

assemble [ə'sembl] A V/T 1 versammeln: a zusammenbringen: **be ~d** versammelt sein; **tell the ~d company that ...** den Versammelten mitteilen, dass ... b MIL bereitstellen, zusammenziehen 2 *e-e Mannschaft etc, a. Daten etc* zusammenstellen 3 TECH montieren, zusammensetzen, -bauen 4 IT assemblieren B V/I sich versammeln, zusammenkommen, PARL *etc* zusammentreten: **right to ~** JUR Versammlungsrecht *n*; **assembler** S 1 *j-d, der zusammenbringt od -stellt od (ver)sammelt* 2 TECH Monteur(in) 3 IT a Assembler *m* (*Übersetzungsprogramm zur Umwandlung e-r maschinenorientierten Programmiersprache in die spezielle Maschinensprache*) b (*assembly language*) → assembly 4 b

assembly [ə'semblɪ] S 1 Versammlung *f* (*a. die Versammelten*), Zusammenkunft *f*: **unlawful ~** JUR Zusammenrottung *f*, Auflauf *m*; **place of ~, ~ point** Versammlungsort *m*, Treffpunkt *m*; **right of ~** JUR Versammlungsrecht *n*; **~ room** Versammlungssaal *m*, SCHULE, UNIV Aula *f* 2 SCHULE *Br* ***tägliche Versammlung von Lehrern u. Schülern zur Morgenandacht*** 3 POL a beratende *od* gesetzgebende Körperschaft b **Assembly** *US* Unterhaus *n* (*in einigen Staaten*): → general assembly 2 4 TECH a Montage *f*, Zusammenbau *m*, -setzen *n*: **~ drawing** Montagezeichnung *f*; **~ instructions** *pl* Montageanleitung *f*; **~ line** Fließband *n* (*a. fig*); **work on the ~ line** am Fließband arbeiten; **~-line production** Fließbandfertigung *f*; **~ shop** Montagehalle *f*, -werkstatt *f* b Baugruppe *f* (*a.* COMPUT): **assemblies** zusammengesetzte Bauteile; **~ language** Assembler(-sprache) *m(f)* (*maschinenorientierte Programmiersprache*) 5 MIL Bereitstellung *f*: **~ area** Bereitstellungs-, Versammlungsraum *m* 6 MIL Signal *n* zum Sammeln; **Assemblyman** [-mən] S *irr* POL *US* Abgeordnete(r) *m/f(m)*; **Assemblyperson** S POL *US* Abgeordnete(r) *m/f(m)*; **Assemblywoman** S *irr* POL *US* Abgeordnete *f*

assent [ə'sent] A V/I (to) 1 zustimmen, beipflichten (*dat*) 2 einwilligen (in *akk*), billigen, genehmigen (*akk*) B S 1 Zustimmung *f*, Beipflichtung *f*: **with one ~** einstimmig, -mütig; **murmur of ~** zustimmendes *od* beifälliges Gemurmel 2 Einwilligung *f*, Billigung *f*, Genehmigung *f*, Einverständnis *n*: **royal ~** POL *Br* königliche Zustimmung (*zu e-m Gesetz*); **give one's ~** sein Einverständnis geben (to zu); **assenter** S Beipflichtende(r) *m/f(m)*; **assentient** [-'senʃɪənt; -ʃənt] A ADJ 1 zustimmend, beipflichtend 2 genehmigend B S Beipflichtende(r) *m/f(m)*; **assentor** [-tə] S POL *Br* Unterstützer(in) e-s Wahlvorschlages

assert [ə'sɜːt; *US* ə'sɜrt] V/T 1 behaupten, erklären 2 a behaupten, geltend machen, bestehen auf (*dat*): **~ a claim** e-n Anspruch geltend machen b *s-e Unschuld etc* beteuern 3 verteidigen, einstehen für 4 **~ o.s.** a sich behaupten *od* durchsetzen, sich Geltung verschaffen b sich zu viel anmaßen, sich vordrängen; **asserter** → assertor; **assertion** S 1 Behauptung *f*, Erklärung *f*: **make an ~** e-e Behauptung aufstellen 2 Behauptung *f*, Geltendmachung *f*; **assertive** ADJ (ADV ~ly) 1 positiv, bestimmt, ausdrücklich 2 dogmatisch 3 a anmaßend b energisch, mit Durchsetzungsvermögen: **be quite ~** Durchsetzungsvermögen haben c bestimmt (*Verhalten etc*); **assertiveness** S anmaßendes *od* energisches Wesen *od* Vorgehen, Anmaßung *f*: **~ training** Durchsetzungstraining *n*; **assertor** [-tə(r)] S 1 *j-d, der etwas behauptet* 2 Verfechter(in)

assess [ə'ses] V/T 1 *e-e Entschädigungssumme, e-e Geldstrafe, Kosten* festsetzen 2 (at) *Einkommen etc* (zur Steuer) veranlagen (mit), *e-n Schaden etc* schätzen (auf *akk*): **~ed value** Einheits-, Steuerwert *m* **3** a besteuern b *Steuern, e-e Geldstrafe etc* auferlegen (**on, upon** *dat*) **4** *fig* ab-, einschätzen, (be)werten, beurteilen; **assessable** ADJ (ADV assessably) **1** (ab)schätzbar **2** steuer-, abgabepflichtig: **~ to income tax** einkommensteuerpflichtig

assessment [əˈsesmənt] S **1** Festsetzung *f* **2** (*Steuer*) Veranlagung *f*, Schätzung *f*: **~ of taxes**; **~ on income** Veranlagung zur Einkommensteuer; **~ notice** Steuerbescheid *m* **3** a Steuer(betrag) *f(m)*, Abgabe *f* b Besteuerung *f* c Steuertarif *m* **4** *fig* Ab-, Einschätzung *f*, (Be)-Wertung *f*, Beurteilung *f*: **give** (*od* **make**) **an ~ of** → assess 4; **what is your ~ of …?** wie beurteilen Sie … (*akk*)?

assessor [əˈsesə(r)] S **1** Steuereinschätzer *m* **2** JUR *Br* sachverständiger Beisitzer, Sachverständige(r) *m/f(m)* **3** *Br* Schadenssachverständige(r) *m/f(m)* (*e-r Versicherung*) **4** *obs* a Ratgeber *m* b Amtsbruder *m*

asset [ˈæset] S **1** WIRTSCH a Aktivposten *m*: **enter on the ~ side** aktivieren b Vermögenswert *m*, -gegenstand *m* c *pl* Aktivseite *f* (*der Bilanz*) d *pl* Aktiva *pl*, (Aktiv-, Betriebs-, Gesellschafts)Vermögen *n*, Vermögenswerte *pl*, Guthaben *n od pl*, Kapitalanlagen *pl*: **~ account** Anlagenkonto *n*; **~ card** *US* Kundenkarte *f*; **~s and liabilities** Aktiva u. Passiva; **~ management** Vermögensverwaltung *f*; **~ stripping** *Praktik, e-e Firma in finanziellen Schwierigkeiten billig aufzukaufen u. ihre Vermögenswerte einzeln weiterzuverkaufen*; → fixed 6, foreign 2, frozen B 6, liquid A 6 **2** *pl* JUR a Vermögen(smasse) *n(f)* (*bes zur Deckung von Schulden*) b Nachlass *m* c Konkursmasse *f* **3** *fig* a Vorzug *m*, wichtiger Faktor, Plus(punkt) *n(m)*, Gewinn *m*, Aktivposten *m*: **shorthand an ~, not essential** (*in Annoncen*) Stenografie erwünscht, aber nicht Bedingung; **be an ~** nützlich *od* hilfreich sein; **be a great ~** viel wert sein b Gewinn *m* (**to** für), wertvolle Kraft, guter Mitarbeiter *etc*

asseverate [əˈsevəreɪt] V/T beteuern (*a.* **that** dass); **asseveration** S Beteuerung *f*

assibilate [əˈsɪbɪleɪt] V/T LING *e-n Verschlusslaut* assibilieren (*in e-n Zischlaut verwandeln*); **assibilation** S LING Assibilierung *f*

assiduity [ˌæsɪˈdjuːətɪ; *US a.* -ˈduː-] S **1** Emsigkeit *f*, Fleiß *m*, Eifer *m* **2** Beharrlichkeit *f*, Unverdrossenheit *f* **3** Aufmerksamkeit *f*, Dienstbeflissenheit *f* **4** *meist pl* beharrliche Aufmerksamkeit; **assiduous** [əˈsɪdjʊəs; *US* -dʒəwəs] ADJ (ADV ~ly) **1** emsig, fleißig, eifrig **2** beharrlich, unverdrossen **3** aufmerksam, dienstbeflissen; **assiduousness** → assiduity

assign [əˈsaɪn] A V/T **1** *e-n Anteil, e-e Aufgabe etc* zuweisen, anweisen, zuteilen (*alle:* **to** *dat*) **2** *ein Amt, e-e Aufgabe etc* übertragen, anvertrauen (*beide:* **to sb** j-m) **3** (**to**) *j-n* bestimmen, einsetzen, -teilen (zu, für *e-e Aufgabe etc*), *j-n* betrauen *od* beauftragen (mit): **~ sb to do sth** j-n beauftragen *od* damit betrauen, etwas zu tun; **~ed counsel** JUR Pflichtverteidiger(in) **4** *e-e Aufgabe, e-n Zeitpunkt etc* festsetzen, bestimmen: **~ a day for the meeting** **5** *e-n Grund etc* angeben, anführen **6** *etwas e-r Person, Zeit etc* zuschreiben: **~ sth to an epoch (author)** **7** MATH (**to** *dat*) a zuordnen: **~ a coordinate to each point** b beilegen: **~ a meaning to a constant** **8** JUR (**to**) *Forderungen, Rechte, Vermögen* abtreten (*dat od an akk*), übertragen (*dat*), zedieren (an *akk*) B S JUR Zessionar(in), Rechtsnachfolger(in) (*durch Abtretung*); **assignable** ADJ **1** bestimmbar, zuzuschreiben(d) **2** anführbar **3** JUR übertragbar

assignation [ˌæsɪɡˈneɪʃn] S **1** → assignment 1, 2, 4, 6 **2** (*bes* heimliches *od* verbotenes) Treffen (*e-s Liebespaares*)

assignee [ˌæsɪˈniː; -saɪ-] S JUR **1** → assign B **2** Bevollmächtigte(r) *m/f(m)*, Treuhänder(in): **~ in bankruptcy** Konkursverwalter(in)

assignment [əˈsaɪnmənt] S **1** Zu-, Anweisung *f*, Zuteilung *f* (*alle:* **to** an *akk*): **~ of lanes** SPORT Bahnverteilung *f* **2** Festsetzung *f*, Bestimmung *f* **3** Aufgabe *f*, Arbeit *f* (*beide a.* SCHULE), Auftrag *m* **4** Zuschreibung *f* **5** Angabe *f*, Anführen *n* **6** JUR Abtretung *f*, Übertragung *f*, Zession *f* (*alle:* **to** an *akk*) **7** JUR Abtretungsurkunde *f*

assignor [ˌæsɪˈnɔː(r); *US bes* əˈsaɪnər; əˌsaɪˈnɔːr] S JUR Abtretende(r) *m/f(m)*, Zedent(in)

assimilable [əˈsɪmɪləbl] ADJ **1** BIOL, LING *etc* assimilierbar **2** angleichbar

assimilate [əˈsɪmɪleɪt] A V/T **1** *Informationen etc* aufnehmen **2** BIOL *aufgenommene Nahrungsstoffe* assimilieren (*in körpereigene Stoffe umwandeln*) **3** *Einwanderer etc* assimilieren (**into, with** in *dat*, an *akk*) **4** *etwas* angleichen (**to, with** *dat od* an *akk*) **5** LING *e-n Konsonanten* angleichen (**to** *dat od* an *akk*) B V/I **1** aufgenommen werden **2** (**into, with**) sich assimilieren (in *dat*, an *akk*), sich anpassen (*dat*) **3** sich angleichen (**to, with** *dat od* an *akk*) **4** LING sich angleichen (**to** *dat od* an *akk*)

assimilation [əˌsɪmɪˈleɪʃn] S **1** Aufnahme *f* **2** BIOL, LING *etc* Assimilation *f* **3** Angleichung *f* (**to, with** an *akk*) **4** Anpassung *f* (**into, with** an *akk*); **assimilative** [-lətɪv; *US bes* -ˌleɪtɪv] ADJ (ADV ~ly) BIOL, LING *etc* a → assimilable 1 b Assimilations…

assist [əˈsɪst] A V/T **1** helfen (*dat*), *j-m* beistehen, *j-n* unterstützen (*alle:* **with** bei): **~ sb in doing sth** j-m (dabei) helfen, etwas zu tun; **~ed by …** (*Eishockey*) auf Vorlage von …; **~ed person** JUR *Br* Partei, der Prozesskostenhilfe *od* kostenlose Rechtsberatung zugebilligt ist; → police A 2 **2** fördern, (*a. finanziell*) unterstützen: **~ed take-off** FLUG Abflug *m* mit Starthilfe B V/I **1** a helfen (**with** bei): **~ in doing sth** (dabei) helfen *od* mithelfen, etwas zu tun; **the manager will be pleased to ~** der Geschäftsführer wird Ihnen gerne behilflich sein b mitarbeiten (**in** an *dat*) **2** (**at**) beiwohnen (*dat*), zugegen sein (bei), teilnehmen (an *dat*) C S **1** *US* → assistance **2** *Eishockey*: Assist *m* (*Vorlage, die zu e-m Torerfolg führt*)

assistance [əˈsɪstəns] S Hilfe(leistung) *f*, Beistand *m*, (*a. finanzielle*) Unterstützung *od* Beihilfe: **in need of ~** hilfsbedürftig; **be of ~** hilfreich sein (**to** für); **can I be of any ~?** kann ich irgendwie behilflich sein?; **come to sb's ~** j-m zu Hilfe kommen

assistant [əˈsɪstənt] A ADJ **1** *obs* hilfreich (**to** *dat*) **2** stellvertretend: **~ cameraman** (FILM, TV) Kameraassistent *m*; **~ coach** SPORT Assistenz-, Kotrainer(in), Trainerassistent(in); **~ director** (RADIO, TV) Regieassistent(in); **~ driver** Beifahrer(in); **~ editor** Redaktionsassistent(in); **~ manager** stellvertretender Leiter *od* Geschäftsführer; **~ professor** UNIV *US* Dozent *m* (**of** für); **~ referee** (*Fußball*) Schiedsrichterassistent(in) B S **1** Assistent(in), Gehilfe *m*, Gehilfin *f*, Mitarbeiter(in) (*alle:* **to** *gen*) **2** → shop assistant **3** UNIV *US* Assistent(in) (*Hilfslehrkraft*) **4** *fig* Hilfe *f*, Hilfsmittel *n*

assize [əˈsaɪz] S **1** HIST Verfügung *f*, Edikt *n* **2** HIST Gesetz *n* zur Festsetzung der Preise, Maße u. Gewichte **3** JUR *schott* a Schwurgericht *n* b (*die*) Geschworenen *pl* **4** *meist pl* JUR *Br* HIST a *a.* **court of ~** Assisengericht *n*, periodisches Geschworenengericht b Sitzung *f* des **court of assize** in den einzelnen Grafschaften c Zeit *f od* Ort *m* zur Abhaltung der Assisen **5** *fig* Gericht *n*: → great assize

assn ABK association

assoc. ABK **1** associate **2** associated **3** association

associate A V/T [əˈsəʊʃɪeɪt; -sɪ-] **1** (**with**) (**o.s.** sich) vereinigen, -binden, zusammenschließen, assoziieren (mit), zugesellen, angliedern, anschließen, hinzufügen (*dat*): **~ o.s. with a party** sich e-r Partei anschließen; **~ o.s. with sb's views** sich j-s Ansichten anschließen; **~d company** WIRTSCH *Br* assoziiertes *od* verbundenes Unternehmen; **~d state** POL assoziierter Staat **2** assoziieren (*bes* PSYCH), (gedanklich) verbinden, in Verbindung *od* Zusammenhang bringen, verknüpfen (*alle:* **with** mit): **food and its ~d health risks** Lebensmittel u. die damit verbundenen Gesundheitsrisiken B V/I [-ʃɪeɪt; -sɪ-] **1** verkehren, Umgang pflegen *od* haben (*beide:* **with** mit) **2** (**with**) sich verbinden *od* zusammentun (mit), sich anschließen (*dat*) C ADJ [-ʃɪət; -sɪɪt; -sɪeɪt] **1** begleitend, damit verbunden **2** beigeordnet, Mit…: **~ editor** Mitherausgeber *m*; **~ judge** Beisitzer *m*; **Associate Justice** *US* a Bundesrichter *m* b beisitzender Richter e-s obersten einzelstaatlichen Gerichts **3** außerordentlich: **~ member**; **~ professor** UNIV *US* (*etwa*) außerordentlicher Professor D S [-ʃɪət; -ʃɪɪt; -ʃɪeɪt] **1** WIRTSCH Teilhaber(in), Gesellschafter(in) **2** Gefährte *m*, Gefährtin *f*, Genosse *m*, Genossin *f*, *pej* Spießgeselle *m*, -gesellin *f*, Komplize *m*, Komplizin *f* **3** Kollege *m*, Kollegin *f*, Mitarbeiter(in) **4** *fig* Begleiterscheinung *f* (**to** *gen*) **5** außerordentliches Mitglied **6** UNIV *US* Lehrbeauftragte(r) *m/f(m)* **7** PSYCH Assoziationswort *n od* -idee *f*: **paired ~s** Paarassoziationen

association [əˌsəʊsɪˈeɪʃn; -ʃɪˈeɪʃn] S **1** Vereinigung *f*, Verbindung *f*, Zusammenschluss *m*, Anschluss *m*: **in ~ with** zusammen mit, in Verbindung *od* Zusammenarbeit mit **2** Bund *m* **3** Verein(igung) *m(f)*, Gesellschaft *f* (*des bürgerlichen Rechts*) **4** WIRTSCH Genossenschaft *f*, (Handels)Gesellschaft *f*, Verband *m* **5** Freundschaft *f*, Kameradschaft *f* **6** Umgang *m*, Verkehr *m* **7** PSYCH (*Ideen-, Gedanken*) Assoziation *f*: **~ of ideas**; **free ~s** freie Assoziationen **8** Beziehung *f*, Verknüpfung *f*, Zusammenhang *m* **9** BIOL Vergesellschaftung *f*: **~ type** Gesellschaftseinheit *f* **10** Assoziation *f*: a BOT Pflanzengesellschaft *f* b CHEM *das Zusammentreten gleichartiger Moleküle zu e-m losen Verband* **11** *Statistik*: Abhängigkeit *f*; **~ football** S SPORT *Br* Fußball *m*

associative [əˈsəʊʃjətɪv; -sjə-; *US* -ʃɪˌeɪtɪv; -sɪ-ˌeɪ-; -ʃətɪv] ADJ **1** (sich) vereinigend *od* verbindend **2** PSYCH assoziativ **3** **~ law** MATH Assoziativgesetz *n*

assoil [əˈsɔɪl] V/T *obs* **1** *j-n* los-, freisprechen (**of, from** von) **2** *etwas* wiedergutmachen

assonance [ˈæsəʊnəns; -sən-] S **1** Assonanz *f*: a vokalischer Gleichklang b Halbreim *m* **2** *fig* ungefähre Entsprechung, Ähnlichkeit *f*; **assonant** A ADJ assonierend, anklingend B S assonierendes Wort; **assonantal** [-ˈnæntl] → assonant A; **assonate** [-neɪt] V/I assonieren

assort [əˈsɔː(r)t] A V/T **1** sortieren, ordnen, gruppieren, aussuchen, (passend) zusammenstellen **2** ein-, zuordnen, klassifizieren **3** WIRTSCH assortieren, mit e-m Sortiment ausstatten, *ein Lager* ergänzen, auffüllen: **~ a cargo** e-e Ladung (aus verschiedenen Sorten) zusammenstellen B V/I **1** (**with**) passen (zu), übereinstimmen (mit) **2** verkehren, Umgang haben (*beide:* **with** mit); **assortative** [-ətɪv] ADJ (ADV ~ly) **1** ordnend **2** zusammenpassend **3** auswählend: **~ mating** BIOL Gattenwahl *f*; **assorted** ADJ **1** sortiert, geordnet **2** assortiert, zusammengestellt, gemischt, verschiedenartig, allerlei: **a basket of ~ fruits** ein Korb mit gemischten Früchten; **they are well ~** sie passen gut zusammen; **a curiously ~ pair** ein seltsames *od* ungleiches Paar; **assortment** S 1 Sortieren *n*, Ordnen *n* 2 Assortieren *n*, Zusammenstellen *n* 3 Zusammenstellung *f*, Sammlung *f* 4 *bes* WIRTSCH **(of)** Sortiment *n* (von), Auswahl *f* (an *dat*), Kollektion *f* (von)

assuage [əˈsweɪdʒ] V/T 1 *Schmerzen etc* lindern, mildern 2 *s-n Durst etc* stillen 3 *j-s Zorn etc* besänftigen, *j-n a.* beruhigen; **assuagement** S 1 Linderung *f*, Milderung *f* 2 Stillung *f* 3 Besänftigung *f*, Beruhigung *f*

ASSR ABK *hist* Autonomous Soviet Socialist Republic

asst. ABK assistant

assumable [əˈsjuːməbl; *bes US* əˈsuːm-] ADJ (ADV assumably) anzunehmen(d)

assume [əˈsjuːm; *bes US* əˈsuːm] V/T 1 *(als wahr od erwiesen)* annehmen, voraussetzen, ausgehen von: **let's ~ that ...** nehmen wir den Fall *od* einmal an, dass ...; **I ~d that he was there, I ~d him (to be) there** ich nahm an, dass er dort sei; **am I right in assuming that ...?** gehe ich recht in der Annahme, dass ...?; **he was mistakenly ~d to be a Frenchman** er wurde fälschlicherweise für e-n Franzosen gehalten; **this ~s that ...** das setzt voraus, dass ...; **assuming that ...** vorausgesetzt *od* angenommen, dass ... 2 *ein Amt, Schulden, e-e Verantwortung etc* übernehmen, *a. e-e Gefahr* auf sich nehmen, *e-e Verbindlichkeit* eingehen 3 *e-e Eigenschaft, e-e Gestalt etc* annehmen, bekommen: **~ increasing importance** immer wichtiger werden; **~ massive proportions** gewaltige Ausmaße annehmen 4 *e-e Eigenschaft etc* annehmen, sich *etwas* angewöhnen 5 *e-e Pose etc* einnehmen 6 *etwas* vorgeben, -täuschen: **~ indifference** sich gleichgültig geben 7 a *a.* **~ to o.s.** sich *ein Recht etc* aneignen *od* anmaßen b *die Macht* ergreifen: **~ power** 8 *Kleider* anlegen, anziehen, *Hut, Brille etc* aufsetzen; **assumed** ADJ 1 (nur) angenommen, vorausgesetzt 2 angemaßt 3 vorgetäuscht 4 angenommen, unecht, Schein..., Deck...: **~ name** Deckname *m*; **under an ~ name** *a.* unter fremdem Namen; **assumedly** [-ɪdlɪ] ADV vermutlich, mutmaßlich; **assuming** ADJ (ADV **~ly**) anmaßend, überheblich

assumpsit [əˈsʌmpsət; əˈsʌmsət] S JUR, HIST Schadenersatzklage *f* wegen Nichterfüllung *(bei formlosen Verträgen)*

assumption [əˈsʌmpʃn] S 1 Annahme *f*, Voraussetzung *f*: **on the ~ that ...** in der Annahme *od* unter der Voraussetzung, dass ...; **be based on the ~ that ...** sich auf die Annahme stützen, dass...; **the general ~ was that ...** es wurde allgemein angenommen, dass ...; → proceed A 7 2 Übernahme *f*: **~ of office** Amtsantritt *m* 3 Aneignung *f*: **(unlawful) ~ of authority** Amtsanmaßung *f*; **~ of power** Machtergreifung *f* 4 Vortäuschung *f* 5 Anmaßung *f*, Überheblichkeit *f* 6 **Assumption (Day)** KATH Mariä Himmelfahrt *f (15. August)*; **assumptive** [əˈsʌmptɪv] ADJ (ADV **~ly**) 1 → assumed 1 2 kritiklos 3 → assuming

assurance [əˈʃʊərəns] S 1 Zusicherung *f*: **give (sb) one's ~ that ...** (j-m) versichern, dass ...; **he gave an ~ of help** er sicherte s-e Hilfe zu 2 Bürgschaft *f*, Sicherheit *f*, Garantie *f* 3 *bes Br (Lebens)* Versicherung *f* 4 Sicherheit *f*, Gewissheit *f* 5 Zuversicht(lichkeit) *f* 6 Selbstsicherheit *f*, Selbstvertrauen *n*, sicheres Auftreten 7 Dreistigkeit *f*, Anmaßung *f*

assure [əˈʃʊə(r)] V/T 1 *j-m* versichern (**that** dass): **~ sb of sth** j-n e-r Sache versichern, j-m etwas zusichern 2 **(o.s.** sich**)** überzeugen (**of** von; **that** dass) 3 sichern (**from, against** gegen), sicherstellen, bürgen für, garantieren: **this ~s the success of your work**; **~ sb sth** j-m etwas sichern 4 *j-m* Sicherheit verleihen, *j-m* Zuversicht einflößen, *j-n* beruhigen 5 *bes Br j-s Leben* versichern: **~ one's life with** e-e Lebensversicherung abschließen bei

assured [əˈʃʊə(r)d] A ADJ 1 **(of)** versichert *(gen)*, überzeugt (von), gewiss *(gen)*: **be ~ of sth** sich e-r Sache sicher *od* gewiss sein; **you can be (od rest) ~ that ...** Sie können sicher sein *od* sich darauf verlassen, dass ... 2 beruhigt, ermutigt 3 sicher, gewiss, unzweifelhaft 4 gesichert: **our future is ~** 5 zuversichtlich 6 selbstsicher, -bewusst 7 anmaßend, dreist B S *Lebensversicherung: bes Br* a Versicherungsnehmer(in), Versicherte(r) *m/f(m)* b Begünstigte(r) *m/f(m)*; **assuredly** [əˈʃʊərɪdlɪ] ADV sicherlich, ganz gewiss; **assuredness** → assurance 4, 5, 6; **assurer, assuror** S *bes Br* Versicherer *m*, Versicherin *f*

Assyrian [əˈsɪrɪən] HIST A ADJ assyrisch B S 1 Assyrer(in) 2 LING Assyrisch *n*, das Assyrische

AST ABK *US* Atlantic Standard Time

astable [eɪˈsteɪbl] ADJ 1 instabil 2 ELEK nichtstabil *(Schaltung)*

astatic [æˈstætɪk; eɪ-] ADJ (ADV **~ally**) 1 veränderlich, instabil 2 PHYS astatisch *(gegen Beeinflussung durch äußere elektrische od magnetische Felder geschützt)*; **astaticism** [-sɪzəm] S PHYS astatischer Zustand

astatine [ˈæstətiːn; -tɪn] S CHEM Astatin *n*

aster [ˈæstə(r)] S 1 BOT Aster *f*, Sternblume *f* 2 BIOL Aster *f (Teilungsstern zu Beginn der Mitose)*

asteriated [æˈstɪərɪeɪtɪd] ADJ MINER sternförmig, strahlig, Stern...

asterisk [ˈæstərɪsk] A S TYPO Asteriskus *m*, Sternchen *n* B V/T mit (e-m) Sternchen kennzeichnen

asterism [ˈæstərɪzəm] S 1 ASTRON Sterngruppe *f* 2 MINER Asterismus *m (sternförmige Lichtbrechung)* 3 TYPO (Gruppe *f* von) drei Sternchen *pl*

astern [əˈstɜːn; *US* əˈstɜrn] ADV SCHIFF 1 achtern: **~ of** hinter *(dat)* 2 nach achtern, achteraus: **go ~** achteraus fahren; → speed A 1

asteroid [ˈæstərɔɪd] A ADJ 1 sternartig, -förmig 2 BOT asterblütig 3 ZOOL seesternartig B S 1 ASTRON Asteroid *m*, kleiner Planet 2 ZOOL seesternartiges Tier

asthenia [æsˈθiːnjə; -nɪə] S MED Asthenie *f*, Körperschwäche *f*, Kraftlosigkeit *f*; **asthenic** [æsˈθenɪk] A ADJ asthenisch: a MED kraftlos b PHYSIOL schlank-, schmalwüchsig B S Astheniker(in)

asthenopia [ˌæsθɪˈnəʊpjə; -pɪə] S MED Asthenopie *f*, Augenschwäche *f*

asthenosphere [æsˈθiːnəˌsfɪə(r); *bes US* æsˈθenə-] S GEOL Asthenosphäre *f (in etwa 100 bis 200 km Tiefe gelegener Bereich des Erdmantels)*

asthma [ˈæsmə; *US* ˈæzmə] S MED Asthma *n*; **asthmatic** [-ˈmætɪk] A ADJ (ADV **~ally**) asthmatisch, Asthma...: **~ attack** Asthmaanfall *m*; **be ~** Asthma haben B S MED Asthmatiker(in)

astigmatic [ˌæstɪgˈmætɪk] ADJ (ADV **~ally**) astigmatisch; **astigmatism** [æˈstɪgmətɪzəm; ə-] S Astigmatismus *m* a PHYS *Abbildungsfehler von Linsen* b MED *Sehstörung infolge krankhafter Veränderung der Hornhautkrümmung*

astir [əˈstɜː; *US* əˈstɜr] PRÄD ADJ 1 **be ~** auf den Beinen sein, auf sein 2 **be ~ with** wimmeln von: **the streets were ~ with people** auf den Straßen wimmelte es von Menschen

ASTM ABK American Society for Testing Materials

ASTMS ABK *Br* Association of Scientific, Technical, and Managerial Staffs

astomatous [æˈstɒmətəs; -ˈstəʊ-; *US* eɪˈstɑmətəs; -ˈstəʊ-] ADJ ZOOL mundlos

astonied [əˈstɒnɪd; *US* əˈstɑn-] ADJ *obs* (wie) betäubt, bestürzt

astonish [əˈstɒnɪʃ; *US* əˈstɑn-] V/T erstaunen: **you ~ me!** a was du nicht sagst! b wer hätte das gedacht!; **be ~ed** erstaunt sein (**at, by** über *akk*); **I was ~ed to hear that ...** ich war erstaunt zu hören, dass ...; ich hörte mit Erstaunen, dass ...; **astonishing** ADJ (ADV **~ly**) erstaunlich: **~ly (enough)** erstaunlicherweise; **astonishment** S Erstaunen *n*: **in (od with) ~** erstaunt; **to my ~** zu m-m Erstaunen; **cause ~** Erstaunen erregen; **fill with ~** in Erstaunen setzen

astound [əˈstaʊnd] A V/T verblüffen: **be ~ed** verblüfft sein (**at, by** über *akk*); **I was ~ed to hear that ...** ich war verblüfft zu hören, dass ...; ich hörte mit Verblüffung, dass ... B ADJ *obs* verblüfft; **astounding** ADJ (ADV **~ly**) verblüffend; **astoundment** S Verblüffung *f*

astrachan → astrakhan

astraddle [əˈstrædl] → astride

astragal [ˈæstrəgəl; *US* -strɪ-] S 1 ARCH Astragal *m*, Astragalus *m (Rundprofil, bes zwischen Schaft u. Kapitell e-r Säule)* 2 ANAT a Knöchel *m* b Sprungbein *n*

astrakhan [ˌæstrəˈkæn; *US* ˈæstrəkən] S Astrachan *m*: a *Lammfell e-s südrussischen Schafes* b *Plüschgewebe mit fellartigem Aussehen*

astral [ˈæstrəl] ADJ 1 Stern(en)..., Astral...: **~ spirits** REL *hist* Astralgeister 2 sternförmig 3 gestirnt, sternig 4 BIOL astral (→ aster 2) 5 *Parapsychologie*: astral, Astral...: **~ body** Astralleib *m*; **~ excursion** Astralreise *f*, -wanderung *f*

astraphobia [ˌæstrəˈfəʊbjə, -bɪə], **astrapophobia** [-pəˈf-] S PSYCH Gewitterangst *f*, -furcht *f*

astray [əˈstreɪ] A ADV: **go ~** a vom Weg abkommen b *fig* auf Abwege geraten, vom rechten Weg abkommen c *fig* irre-, fehlgehen (**in** bei) d verloren gehen *(Brief etc)* e SPORT das Ziel verfehlen *(Schuss etc)*, nicht ankommen *(Pass etc)*; **lead ~** *fig* a irreführen b auf Abwege bringen B PRÄD ADJ *fig* irrig, falsch

astride [əˈstraɪd] ADV, PRÄP & PRÄD ADJ 1 rittlings, mit gespreizten Beinen: **~ of** reitend auf *(dat)*; **ride ~** im Herrensitz reiten; **~ (of) a horse** zu Pferde 2 a quer über *(akk)*, über *(akk)* b auf beiden Seiten *(gen)*

astringence [əˈstrɪndʒəns], **astringency** [-sɪ] S 1 zusammenziehende Eigenschaft *od* Kraft 2 *fig* Härte *f*, Strenge *f* 3 *fig* Bissigkeit *f*; **astringent** A ADJ (ADV **~ly**) 1 MED adstringierend, zusammenziehend, *weitS.* blutstillend 2 *fig* streng, hart 3 *fig* beißend *(Kritik, Witz)*, bissig, sarkastisch *(Bemerkung etc)* B S 1 MED Adstringens *n* 2 *Kosmetik*: Adstringent *n (Gesichtswasser, das ein Zusammenziehen der Poren bewirkt)*

astrionics [ˌæstrɪˈɒnɪks; *US* -ˈɑn-] SPL *(als sg konstruiert)* Astrionik *f*, Raumfahrtelektronik *f*

astro- [æstrəʊ; -trə] *Wortelement mit der Bedeutung* (Welt)Raum...

astrobiology S Astrobiologie *f (Wissenschaft vom Leben auf anderen Himmelskörpern u. im Weltraum)*

astrobleme [ˈæstrəubliːm] S GEOL Astroblem *n (fossiler Meteoritenkrater)*

astrocompass S FLUG, ASTRON Astrokompass *m*

astrocyte [ˈæstrəʊsaɪt] S ANAT, BIOL Astrozyt *m*, Sternzelle *f*

astrodome S FLUG Astrokuppel *f*

astrodynamics SPL *(als sg konstruiert)* Astrodynamik *f*: a *Teilgebiet der Astrophysik, das sich mit der Dynamik von Sternsystemen befasst* b *Teilgebiet der Raumflugtechnik, das sich mit der Bewegung künstlicher Satelliten* *befasst*

astrograph ['æstrəʊgrɑ:f; *bes US* -græf] S ASTRON Astrograf *m* (*mehrlinsiges Fernrohr für fotografische Aufnahmen größerer Sternfelder*); **astrography** [æ'strɒgrəfɪ; *US* -'strɑ-] S Astrografie *f*, Sternbeschreibung *f*

astrolabe ['æstrəʊleɪb] S ASTRON, HIST Astrolabium *n* (*Instrument zur lagemäßigen Bestimmung von Gestirnen*)

astrologer [ə'strɒlədʒə(r); *US* -'strɑ-] S Astrologe *m*, Astrologin *f*; **astrologic** [ˌæstrə'lɒdʒɪk; *US* -'lɑ-] ADJ, **astrological** ADJ (ADV **~ly**) astrologisch: **astrological sign** Sternzeichen *n*; **astrology** [-dʒɪ] S Astrologie *f*, Sterndeutung *f*

astrometry [æ'strɒmɪtrɪ; *US* ə'strɑ-] S Astrometrie *f* (*Teilgebiet der Astronomie, das sich mit der Messung der Ortsveränderungen von Sternen beschäftigt*)

astron. ABK 1 astronomer 2 astronomical 3 astronomy

astronaut ['æstrənɔ:t; *US a.* -ˌnɑ:t] S Astronaut(in), (Welt)Raumfahrer(in); **astronautic** A ADJ (ADV **~ally**) astronautisch B S **astronautics** *pl* (*als sg konstruiert*) Astronautik *f*, (Wissenschaft *f* von der) Raumfahrt *f*; **astronautical** ADJ (ADV **~ly**) → astronautic A

astronomer [ə'strɒnəmə(r); *US* ə'strɑ-] S Astronom(in); **astronomic** [ˌæstrə'nɒmɪk; *US* -'nɑ-] ADJ (ADV **~ally**) → astronomical; **astronomical** ADJ (ADV **~ly**) astronomisch: a Stern..., Himmels...: **~ chart** Himmels-, Sternkarte *f*; **~ clock** astronomische Uhr; **~ telescope** astronomisches Fernrohr; **~ year** Sternjahr *n*; → horizon 1 b *fig umg* riesig, ungeheuer: **~ figures** astronomische Zahlen; **~ly expensive** sündhaft teuer; **astronomy** S Astronomie *f*, Stern-, Himmelskunde *f*

astrophotography S Astrofotografie *f* (*Fotografie der Himmelskörper*)

astrophysics SPL (*als sg konstruiert*) Astrophysik *f* (*Teilgebiet der Astronomie, das sich mit dem Aufbau u. der physikalischen Beschaffenheit der Gestirne u. des Weltalls beschäftigt*)

astute [ə'stju:t; *US a.* ə'stu:t] ADJ (ADV **~ly**) 1 scharfsinnig, klug 2 raffiniert; **astuteness** S 1 Scharfsinn(igkeit) *m(f)*, Klugheit *f* 2 Raffiniertheit *f*

asunder [ə'sʌndə(r)] A ADV auseinander, entzwei..., in Stücke: **cut sth ~** etwas entzweischneiden; **tear sth ~** etwas zerreißen B PRÄD ADJ *obs* (voneinander) getrennt, auseinander(liegend), *fig a.* verschieden

aswarm [ə'swɔ:(r)m] PRÄD ADJ: **be ~ with** wimmeln von: **the market place is ~ with people** auf dem Marktplatz wimmelt es von Menschen; **the sky was ~ with stars** der Himmel war mit Sternen übersät

asylum [ə'saɪləm] S 1 *obs* (Pflege)Anstalt *f*, *bes* Irrenanstalt *f* 2 Asyl *n*: a HIST Freistätte *f*, Zufluchtsort *m* b *fig* Zuflucht *f*, Schutz *m* 3 (*politisches*) Asyl: **ask for political ~** um politisches Asyl bitten *od* nachsuchen; **give sb political ~** j-m politisches Asyl gewähren; **~ seeker** Asylbewerber(in); **~ seekers' hostel** Wohnheim *n* für Asylbewerber

asymmetric [ˌæsɪ'metrɪk; ˌeɪ-] ADJ, **asymmetrical** ADJ (ADV **~ly**) asymmetrisch (*a.* CHEM *u. Logik*), unsymmetrisch: **~ bars** *pl* (*Turnen*) Stufenbarren *m*; **asymmetry** [æ'sɪmətrɪ; eɪ-] S Asymmetrie *f*

asymptote ['æsɪmptəʊt; -sɪmt-] S MATH Asymptote *f* (*Gerade, der sich e-e ins Unendliche verlaufende Kurve nähert, ohne sie zu erreichen*); **asymptotic** [-'tɒtɪk; *US* -'tɑ-] ADJ, **asymptotical** ADJ (ADV **~ly**) asymptotisch

asynchronous [æ'sɪŋkrənəs; eɪ-] ADJ asynchron, Asynchron...: **~ motor**

asyndetic [ˌæsɪn'detɪk] ADJ (ADV **~ally**) LING asyndetisch; **asyndeton** [æ'sɪndɪtən; *US* ə-'sɪndəˌtɑn] *pl* -ta [-tə] S Asyndeton *n* (*Anreihung gleich geordneter Sätze od Satzglieder ohne Konjunktionen*)

asynergia [ˌæsɪ'nɜ:dʒɪə; -dʒə; *US* ˌeɪsɪ'nɜr-], **asynergy** [æ'sɪnə(r)dʒɪ; *US bes* eɪ-] S MED Asynergie *f*, Koordinationsstörung *f*

at [æt] PRÄP 1 (*Ort, Stelle*) in (*dat*), an (*dat*), bei, zu, auf (*dat*)(*in Verbindung mit Städtenamen steht* **at** *im Allgemeinen bei kleineren Städten, bei größeren Städten nur dann, wenn sie bloß als Durchgangsstationen, bes auf Reisen, betrachtet werden; bei London u. der Stadt, in der der Sprecher wohnt, ebenso nach* **here**, *steht stets* **in**, *nie* **at**): **~ the baker's** beim Bäcker; **~ the battle of N.** in der Schlacht bei N.; **~ the door** an der Tür; **he lives ~ 48, Main Street** er wohnt Main Street Nr. 48; **he was educated ~ Christ's College** er hat am Christ's College studiert; **jogging is where it's ~** *umg* es geht nichts über Jogging 2 (*Richtung etc*) auf (*akk*), gegen, nach, bei, durch: **he threw a stone ~ the door** er warf e-n Stein gegen die Tür 3 (*Beschäftigung etc*) bei, beschäftigt mit, in (*dat*): **he is still ~ it** er ist noch dabei *od* d(a)ran *od* damit beschäftigt 4 (*Art u. Weise, Zustand, Lage*) in (*dat*), bei, zu, unter (*dat*), nach: **~ all** überhaupt; **not ~ all** überhaupt *od* durchaus *od* gar nicht, keineswegs; **not ~ all!** *umg* nichts zu danken!, gern geschehen!; **nothing ~ all** gar nichts, überhaupt nichts; **no doubts ~ all** überhaupt *od* gar keine Zweifel, keinerlei Zweifel; **is he ~ all suitable?** ist er überhaupt geeignet?; **I wasn't surprised ~ all** ich war nicht im Geringsten überrascht 5 (*Ursprung, Grund, Anlass*) über (*akk*), bei, von, aus, auf (*akk*), anlässlich 6 (*Preis, Wert, Verhältnis, Ausmaß, Grad etc*) für, um, zu, auf (*akk*), mit, bei: **~ 6 dollars** für *od* zu 6 Dollar 7 (*Zeit, Alter*) um, bei, zu, im Alter von, auf (*dat*), an (*dat*): **~ 21** mit 21 (Jahren), im Alter von 21 Jahren; **~ 3 o'clock** um 3 Uhr; **~ his death** bei s-m Tod (*Siehe weitere Verbindungen bei den entsprechenden Stichwörtern.*)

at. ABK 1 TECH atmosphere 2 atomic

atactic [ə'tæktɪk; æ-; eɪ-] → ataxic

ataman ['ætəmən; *US bes* ˌ-'mæn] *pl* -mans S HIST Ataman *m* (*frei gewählter Stammesführer u. militärischer Führer der Kosaken*)

ataraxia [ˌætə'ræksɪə], **ataraxy** ['ætəræksɪ] S Ataraxie *f*, Unerschütterlichkeit *f*, Seelenruhe *f*

atavism ['ætəvɪzəm] S Atavismus *m*: a BIOL *das Wiederauftreten von Merkmalen der Vorfahren, die den unmittelbar vorhergehenden Generationen fehlen* b *entwicklungsgeschichtlich als überholt geltendes, unvermittelt wieder auftretendes körperliches od geistig-seelisches Merkmal*; **atavistic** ADJ (ADV **~ally**) atavistisch

ataxia [ə'tæksɪə] S MED Ataxie *f* (*Störung des geordneten Ablaufs u. der Koordination von Muskelbewegungen*); **ataxic** ADJ MED ataktisch

ataxy [ə'tæksɪ] → ataxia

ATC ABK 1 *Br* Air Training Corps 2 air-traffic control

atchoo [ə'tʃu:] *US* → atishoo

ate[1] [et; *bes US* eɪt] *prät von* eat

Ate[2] ['ɑ:tɪ; *bes US* 'eɪtɪ] EIGENN Ate *f* (*griechische Göttin der Verblendung*)

atelectasis [ˌætə'lektəsɪs] S MED Atelektase *f* (*Luftverknappung od -leere in der Lunge*)

atelier ['ætəlɪeɪ; æ'tel-; *US bes* ˌætl'jeɪ] S Atelier *n*

Athanasian [ˌæθə'neɪʃn; *US bes* -ʒən] REL A ADJ athanasianisch B S Athanasianer(in); **~ Creed** S REL athanasianisches Glaubensbekenntnis

atheism ['eɪθɪɪzəm] S 1 Atheismus *m* 2 *obs* Gottlosigkeit *f*; **atheist** S 1 Atheist(in) 2 *obs* gottloser Mensch; **atheistic** ADJ, **atheistical** ADJ (ADV **~ly**) 1 atheistisch 2 *obs* gottlos

atheling ['æθəlɪŋ] S HIST Edeling *m*, Fürst *m* (*der Angelsachsen*)

athematic [ˌæθɪ'mætɪk; ˌeɪ-] ADJ 1 *bes* MUS athematisch, ohne Thema(verarbeitung) 2 LING athematisch, ohne Themavokal gebildet: **~ verb**

athen(a)eum [ˌæθɪ'ni:əm] S Athenäum *n*: a *Institut zur Förderung von Literatur u. Wissenschaft* b *Lesesaal, Bibliothek* c *literarischer od wissenschaftlicher Klub* d ♁ *Antike*: *Hadrianische Schule (in Rom)* e ♁ *Antike*: *Heiligtum der Athene*

Athenian [ə'θi:njən; -ɪən] A ADJ athenisch B S Athener(in)

Athens ['æθɪnz; *US* -ənz] S Athen *n*

athermanous [æ'θɜ:mənəs; eɪ-; *US* -'θɜr-] ADJ PHYS atherman (*für Wärmestrahlen undurchlässig*)

atheroma [ˌæθə'rəʊmə] *pl* -mas, -mata [-tə] S MED Atherom *n*: a Balggeschwulst *f*, Grützbeutel *m* b *mit e-r breiartigen Masse angefüllter Raum in den tieferen Schichten der Gefäßwand, der im Verlauf e-r Arteriosklerose entsteht*; **atheromatous** [-'rəʊmətəs] ADJ atheromatös

atherosclerosis [ˌæθərəʊsklɪə'rəʊsɪs; *bes US* -sklə'r-] S MED Atherosklerose *f*, Arteriosklerose *f*

athetosis [ˌæθə'təʊsɪs] S MED Athetose *f* (*durch bizarre, unwillkürliche Bewegungen gekennzeichnetes Krankheitsbild*)

athirst [ə'θɜ:st; *US* ə'θɜrst] PRÄD ADJ 1 *obs* durstig 2 begierig (**for** nach)

athlete ['æθli:t] S 1 Athlet(in): a Wettkämpfer(in), Sportler(in) b Kraftmensch *m* 2 *Br* Leichtathlet(in)

athlete's| foot S MED Fußpilz(erkrankung) *m(f)*; **~ heart** S MED Sportherz *n*

athletic [æθ'letɪk] A ADJ (ADV **~ally**) 1 athletisch: a Sport...: **~ field** Sportplatz *m*; **~ heart** → athlete's heart; **~ supporter** *US* → jockstrap b von athletischem Körperbau, muskulös: **man of ~ build** Athlet *m* c sportlich (gewandt) 2 *Br* leichtathletisch B SPL 1 (*a. als sg konstruiert*) Sport *m* 2 (*meist als sg konstruiert*) *Br* Leichtathletik *f*: **~s meeting** Leichtathletikmeeting *n* 3 (*meist als sg konstruiert*) → athleticism

athleticism [æθ'letɪsɪzəm] S Sportlichkeit *f*: a sportliche Betätigung b sportliche Gewandtheit c Sportbegeisterung *f*

athodyd ['æθədɪd; 'æθəʊdaɪd] S FLUG, TECH Staustrahlrohr *n*, Lorin-Rohr *n*

at-home [ət'həʊm] S 1 Gesellschaft *f*: **give an ~** 2 *Br* Tag *m* der offenen Tür

athwart [ə'θwɔ:(r)t] A ADV 1 quer, schräg (hindurch), kreuzweise 2 SCHIFF dwars(über) 3 *fig* verkehrt: **go ~** schiefgehen B PRÄP 1 (quer) über (*akk*), (quer) durch 2 SCHIFF dwars (über *akk*) 3 *fig* (ent)gegen; **athwartships** ADV SCHIFF quer- *od* dwarsschiffs

atilt [ə'tɪlt] ADV & PRÄD ADJ 1 schräg: **hold sth ~** 2 HIST mit eingelegter Lanze: **run** (*od* **ride**) **~ at sb** a mit eingelegter Lanze auf j-n losgehen b *fig obs* gegen j-n e-e Attacke reiten

atiptoe [ə'tɪptəʊ] ADV 1 **walk ~** auf Zehenspitzen gehen, *weitS.* schleichen 2 *fig* gespannt: **wait ~ for sth**

atishoo [ə'tɪʃu:] INT *Br* hat'schi!

Atl. ABK Atlantic

Atlantean [ˌætlæn'ti:ən; ət'læntɪən] ADJ 1 atlantisch, den Halbgott Atlas betreffend 2 *fig* gigantisch, mächtig 3 atlantisch, (die sagenhafte Insel) Atlantis betreffend

atlantes [ət'lænti:z; æt-] *pl von* atlas¹ 5

Atlantic [ət'læntɪk; *US a.* æt-] A ADJ 1 atlantisch, Atlantik...: **~ coast; the ~ Alliance** das atlantische Bündnis; **the ~ Charter** HIST die Atlantikcharta; **the ~ community** die atlantische Gemeinschaft; **the ~ states** die an der Atlantikküste gelegenen Staaten der USA 2 das Atlasgebirge betreffend, Atlas... B S Atlantik *m*: **on the other side of the ~** *Br* jenseits des Atlantiks *(in Amerika)*

Atlantic Ocean [ət,læntɪk'əʊʃn] S Atlantik *m*, Atlantischer Ozean

atlas¹ ['ætləs] S 1 GEOG Atlas *m (Kartenwerk)* 2 (Fach)Atlas *m (der Anatomie etc)*, (Bild)Tafelwerk *n* 3 ANAT Atlas *m (oberster Halswirbel)* 4 **Atlas** MYTH Atlas *m (a. fig)* 5 *pl* atlantes [ət'lænti:z; æt-] ARCH Atlant *m*, Atlas *m (Gebälkstütze in Gestalt e-r männlichen Figur)* 6 *a.* **~ folio** TYPO Atlasformat *n* 7 *großes Papierformat (0,84 × 0,66 m)*

atlas² ['ætləs] S Atlas(seide) *m(f)*

ATM ABK 1 *US* automated teller machine Geldautomat *m*, Bankomat *m* 2 *Br* active traffic management Verkehrsleitsystem *n*

atm. ABK 1 TECH atmosphere 2 atmospheric

atman ['ɑ:tmən] S *Hinduismus:* Atman *m/n*, (Welt)Seele *f*

atmolysis [æt'mɒlɪsɪs; *US* -'mɑ-] *pl* -ses [-si:z] S PHYS Atmolyse *f (Trennung e-s Gasgemisches aufgrund der verschiedenen Diffusionsgeschwindigkeiten s-r Gasanteile)*

atmometer [æt'mɒmɪtə(r); *US* -'mɑ-] S PHYS Atmometer *n*, Verdunstungsmesser *m*

atmosphere ['ætmə,sfɪə(r)] S 1 ASTRON Atmosphäre *f*, Lufthülle *f* 2 CHEM Gashülle *f (allgemein)* 3 Luft *f (e-s bestimmten Ortes)*: **the polluted ~ of many big cities** 4 TECH Atmosphäre *f (Druckeinheit: 1 kp/cm²)* 5 *fig* Atmosphäre *f*: a Umgebung *f* b Stimmung *f*: **there was an ~ of contentment** es herrschte e-e Atmosphäre der Zufriedenheit; **clear the ~** die Atmosphäre reinigen; → electric A 2 b

atmospheric [,ætməs'ferɪk; *US a.* -'sfɪr-] A ADJ (ADV ~ally) 1 atmosphärisch, Luft...: **~ conditions** Wetterlage *f*; **~ density** Luftdichte *f*; **~ electricity** atmosphärische Elektrizität, Luftelektrizität *f*; **~ pressure** atmosphärischer Druck, Luftdruck *m* 2 Witterungs..., Wetter... 3 TECH mit (Luft)Druck betrieben, (Luft)Druck... 4 *fig* stimmungsvoll: **very ~** atmosphärisch dicht B SPL 1 RADIO, TV atmosphärische Störungen 2 *fig* Atmosphäre *f*, Stimmung *f*; **atmospherical** ADJ (ADV ~ly) → atmospheric A

at. no. ABK atomic number

atoll ['ætɒl; *US* 'æ,tɔ:l] S Atoll *n*

atom ['ætəm] S 1 PHYS Atom *n*: **~ bomb** 2 *fig* Atom *n*, winziges Teilchen: **smash sth to ~s** etwas in tausend Stücke schlagen; **there's not an ~ of truth in that story** an der Geschichte ist kein Wort wahr; **there's not one ~ of romance in him** er ist völlig unromantisch

atomic [ə'tɒmɪk; *US* ə'tɑ-] A ADJ (ADV ~ally) 1 CHEM, PHYS atomar, atomisch, Atom... 2 mit Atomantrieb, atombetrieben *(Schiff)* 3 *fig* atomisch, winzig B S **atomics** *pl (als sg konstruiert)* *umg* Atomphysik *f*

atomic age S Atomzeitalter *n*

atomical [ə'tɒmɪkl; *US* ə'tɑ-] ADJ (ADV ~ly) → atomic A

atomic| bomb S MIL Atombombe *f*; **~ clock** S Atomuhr *f*; **~ decay, ~ disintegration** S PHYS Atomzerfall *m*; **~ energy** S PHYS Atomenergie *f*; **~ heat** S PHYS Atomwärme *f*; **~ hydrogen welding** S TECH Arcatomschweißen *n*, atomares Lichtbogenschweißen

atomicity [,ætəʊ'mɪsətɪ; -tə'm-] S 1 CHEM a Valenz *f*, Wertigkeit *f* b Atomzahl *f (e-s Moleküls)* 2 CHEM, PHYS Bestehen *n* aus Atomen

atomic| mass S CHEM, PHYS Atommasse *f*; **~ nucleus** S *bes irr* PHYS Atomkern *m*; **~ number** S CHEM, PHYS Atomnummer *f*, Ordnungszahl *f*; **~ pile** S PHYS Atomreaktor *m*; **~ power** S PHYS Atomkraft *f*; **~ power plant** S TECH Atomkraftwerk *n*; **~ reactor** S TECH Atomreaktor *m*; **~ structure** S PHYS Atombau *m*; **~ submarine** S Atom-U-Boot *n*; **~ theory** S PHYS Atomtheorie *f*; **~ war** S MIL Atomkrieg *m*; **~ warfare** S MIL atomare Kriegführung; **~ waste** S Atommüll *m*, atomare Abfälle *pl*; **~ weapon** S MIL Atomwaffe *f*; **~ weight** S CHEM, PHYS Atomgewicht *n*

atomism ['ætəmɪzəm] S PHIL Atomismus *m*, Atomistik *f (Anschauung, die die Welt u. die Vorgänge in ihr auf die Bewegung von Atomen zurückführt)*; **atomistic** [,ætəʊ'mɪstɪk; -tə'm-] ADJ (ADV ~ally) atomistisch

atomization [,ætəʊmaɪ'zeɪʃn; *US* ,ætəmə'z-] S 1 Atomisierung *f*: a Zerstäubung *f* b Zerkleinerung *f* in Atome 2 MIL Zerstörung *f* durch Atomwaffen

atomize ['ætəʊmaɪz; -təm-] A V/T 1 atomisieren: a *e-e Flüssigkeit* zerstäuben b *e-n Stoff* in Atome zerkleinern 2 durch Atomwaffen zerstören B V/I *fig* sich aufsplittern *(Gruppe etc)*; **atomizer** S TECH Zerstäuber *m*

atom smasher S PHYS Teilchenbeschleuniger *m*

atomy¹ ['ætəmɪ] S *obs* 1 Atom *n* 2 *fig* Knirps *m*

atomy² ['ætəmɪ] S *obs* Gerippe *n*: **waste away to an ~** bis zum Gerippe *od* bis auf die Knochen abmagern

atonal [eɪ'təʊnl; æ-] ADJ (ADV ~ly) MUS atonal *(an keine Tonart gebunden)*; **atonalism** [-nəlɪzəm] → atonality; **atonalist** S Atonalist(in); **atonality** [-'nælətɪ] S Atonalität *f*

atone [ə'təʊn] V/I **(for)** a büßen (für *Verbrechen etc*), sühnen *(akk)* b wiedergutmachen *(akk)*; **atonement** S 1 a Buße *f*, Sühne *f* b Wiedergutmachung *f*: **make ~ (for)** → atone; **Day of ≈** REL Versöhnungstag *m (jüdischer Feiertag)* 2 REL Sühneopfer *n* (Christi) 3 *Christian Science:* Exemplifikation *f* der Einheit des Menschen mit Gott

atonic [æ'tɒnɪk; *US* eɪ'tɑ-] A ADJ 1 MED atonisch 2 LING a unbetont b *obs* stimmlos B S LING 1 unbetonte Silbe, unbetontes Wort 2 *obs* stimmloser Konsonant

atony ['ætənɪ] S 1 MED Atonie *f (Erschlaffung der Muskulatur)* 2 LING Unbetontheit *f*

atop [ə'tɒp; *US* ə'tɑp] A ADV & PRÄD ADJ oben (-auf), zuoberst B PRÄP (oben) auf *(akk od dat)*

atoxic [eɪ'tɒksɪk; *US* -'tɑ-] ADJ (ADV ~ally) MED atoxisch, ungiftig

atrabilious [,ætrə'bɪljəs] ADJ 1 melancholisch, schwermütig 2 schlecht gelaunt, mürrisch

atremble [ə'trembl] ADV & PRÄD ADJ zitternd

atria ['ɑ:trɪə; 'eɪ-] *pl von* atrium

atrip [ə'trɪp] ADV & PRÄD ADJ SCHIFF 1 gelichtet *(Anker)* 2 steif geheißt u. klar zum Trimmen *(Segel)*

atrium ['ɑ:trɪəm; 'eɪ-] *pl* atria [-ə] S 1 ARCH Atrium *n*: a *Antike: offener Hauptraum des altrömischen Hauses* b *Säulenvorhalle altchristlicher u. romanischer Kirchen* c *angegliederter Hof od Garten innerhalb e-s großen Gebäudes* 2 ANAT Atrium *n*, *(bes Herz)* Vorhof *m*, Vorkammer *f*

atrocious [ə'trəʊʃəs] ADJ (ADV ~ly) abscheulich, scheußlich, grässlich, grauenhaft, entsetzlich *(alle a. umg)*; **atrociousness** → atrocity 1

atrocity [ə'trɒsətɪ; *US* ə'trɑ-] S 1 Abscheulichkeit *f*, Scheußlichkeit *f*, Grässlichkeit *f* 2 Gräueltat *f*, Gräuel *m* 3 *umg* a Ungeheuerlichkeit *f (grober Verstoß)* b Gräuel *m*, *(etwas)* Scheußliches

atrophied ['ætrəfɪd] ADJ 1 MED atrophiert, geschrumpft 2 *fig* verkümmert

atrophy ['ætrəfɪ] A S 1 MED Atrophie *f*, *(Muskel- etc)* Schwund *m* 2 *fig* Verkümmerung *f* B V/I 1 MED atrophieren, schwinden, schrumpfen 2 *fig* verkümmern C V/T 1 MED atrophieren *od* schwinden *od* schrumpfen lassen 2 *fig* verkümmern lassen

atropine ['ætrəpɪn; *bes US* -pi:n] S CHEM Atropin *n*

at sign S IT, *E-Mail:* at-Zeichen *n*, Klammeraffe *m umg*

att. ABK 1 attached 2 *US* attorney

attaboy ['ætəbɔɪ] INT *bes US umg* a gut gemacht!, bravo! b weiter so!

attach [ə'tætʃ] A V/T 1 **(to)** befestigen, anbringen (an *dat*), anheften, anbinden, ankleben (an *akk*), beifügen *(dat)*: **she's already ~ed** sie ist schon gebunden *od* vergeben, sie ist in festen Händen; → hereto 1 2 *fig j-n* gewinnen, fesseln, für sich einnehmen: **~ o.s. to** sich anschließen *(dat od an akk)*; **be ~ed to sb** an j-m hängen; **become ~ed to** *j-n, etwas* lieb gewinnen 3 **(to)** zuteilen, angliedern, zur Verfügung stellen *(dat)*, MIL *a.* (ab)kommandieren (zu), unterstellen *(dat)* 4 *fig Bedeutung, Schuld etc* beimessen (**to** *dat*): → importance 1, weight A 8 5 *magische Kräfte etc* zuschreiben (**to** *dat*) 6 *fig e-n Sinn etc* verknüpfen *od* verbinden (**to** mit): **~ conditions to** Bedingungen knüpfen an *(akk)*; **a curse is ~ed to this treasure** ein Fluch liegt auf diesem Schatz; → string A 13 7 JUR a *j-n* verhaften *(für Zwecke des Zivilprozesses)* b (gerichtlich) beschlagnahmen, *e-e Forderung, ein Konto, Schulden etc* pfänden B V/I 1 *fig* **(to)** anhaften *(dat)*, verknüpft *od* verbunden sein (mit): **no condition ~es (to it)** es ist keine Bedingung damit verknüpft; **no blame ~es to him** ihn trifft keine Schuld 2 JUR (als Rechtsfolge) eintreten: **the risk ~es** das Risiko beginnt

attachable [ə'tætʃəbl] ADJ 1 **be ~** befestigt *od* angebracht werden können (**to** an *dat*) 2 JUR a zu verhaften(d) b beschlagnahmefähig, pfändbar 3 *fig* verknüpfbar (**to** mit)

attaché [ə'tæʃeɪ; *US* ,ætə'ʃeɪ] S 1 Attaché *m* 2 *US* → attaché case; **~ case** [ə'tæʃɪkeɪs; *bes US* -ʃeɪ-] S Aktenkoffer *m*

attached [ə'tætʃt] ADJ 1 befestigt, fest (angebracht) 2 ZOOL unbeweglich, fest 3 BIOL fest gewachsen, fest sitzend

attachment [ə'tætʃmənt] S 1 Befestigung *f*, Anbringung *f* 2 a *(etwas)* An- *od* Beigefügtes, Anhängsel *n*, Beiwerk *n* b *E-Mail:* Attachment *n*, Anlage *f* 3 TECH Zusatz-, Zubehörteil *n*: **~ plug** ELEK Zwischenstecker *m* 4 Band *n*, Verbindung *f*: **~s of a muscle** ANAT Muskelbänder 5 *fig* **(to, for)** a Treue *f* (zu, gegen), Anhänglichkeit *f (an akk)* b Bindung *f (an akk)*, (Zu)Neigung *f*, Liebe *f* (zu): **have an ~ for** hängen an *(dat)* 6 **(to)** a Angliederung *f (an akk)*: **be on ~ to** zugeteilt sein *(dat)* b Zugehörigkeit *f* (zu) 7 JUR a Verhaftung *f* b Beschlagnahme *f*, Pfändung *f*, dinglicher Arrest: **~ of a debt** Forderungspfändung; **~ of earnings** *Br* Lohn- *od* Gehaltspfändung *(bei Unterhaltszahlungen)*; → warrant A 6 c Eintritt *m (e-r Rechtsfolge)*

attack [ə'tæk] A V/T 1 angreifen *(a. MIL, SPORT, Schach etc)*, anfallen, überfallen 2 *fig* angreifen, herfallen über *(akk)*, attackieren, scharf kritisieren 3 *fig e-e Arbeit etc* in Angriff nehmen, anpacken, über *e-e Mahlzeit etc* herfallen 4 *fig* a befallen *(Krankheit)* b CHEM angreifen, anfressen: **acid ~s metal** 5 MUS *den Ton (sicher od genau)* ansetzen, einsetzen mit B VI 1 angreifen *(a.* SPORT *etc)* 2 MUS ein-, ansetzen C S 1 Angriff *m (a.* MIL, SPORT, *Schach etc)*, Überfall *m* (**on, upon** auf *akk*): **~ is the best form of defence** (*US* **defense**) Angriff ist die beste Verteidigung *(a. fig)*; **be under ~** angegriffen werden; **~ in waves** MIL rollender Angriff; **~ dog** *US* auf den Mann dressierter Hund 2 *fig* Angriff *m*, Attacke *f*, (scharfe) Kritik: **be (to come) under ~** unter Beschuss stehen (kommen) 3 MED Attacke *f*, Anfall *m*: **~ of fever** Fieberanfall *m*; **~ of giddiness** Schwindelanfall 4 *fig* Inangriffnahme *f (e-r Arbeit etc)* 5 CHEM Angriff *m*, Einwirkung *f* (**on, upon** auf *akk*): **the ~ of acids** 6 MUS *(sicherer od genauer)* Ein- *od* Ansatz, *(Jazz)* Attacke *f*; **attacker** S Angreifer(in); **attacking** ADJ Angriffs...: **~ football**; **~ back** *(Fußball)* Offensivverteidiger(in); **~ midfielder** *(Fußball)* offensive(r) Mittelfeldspieler(in); **~ zone** *(Eishockey)* Angriffsdrittel *n*, -zone *f*

attagirl ['ætəgɜːl; *US* -ˌgɜrl] INT *bes US umg* a gut gemacht!, bravo! b weiter so!

attain [ə'teɪn] A VT *ein Ziel etc* erreichen, *Wissen etc* erlangen, gelangen *od* kommen zu *od* an *(akk)*: **~ the opposite shore**; **~ an age** ein Alter erreichen; **after ~ing the age of 21 (years)** nach Vollendung des 21. Lebensjahres B VI: **~ to** → A; **attainable** ADJ erreichbar, zu erlangen(d)

attainder [ə'teɪndə(r)] S 1 JUR, HIST Verlust *m* der bürgerlichen Ehrenrechte u. Einziehung *f* des Vermögens *(als Folge e-r Verurteilung zum Tode od von Ächtung wegen Kapitalverbrechen od Hochverrat)*: **bill of ~** parlamentarischer Strafbeschluss *(der ohne vorhergehende Gerichtsverhandlung zum* **attainder** *führte)* 2 *fig obs* Befleckung *f*, Entehrung *f*

attainment [ə'teɪnmənt] S 1 Erreichung *f*, Erlangung *f* 2 Errungenschaft *f*, Leistung *f*

attaint [ə'teɪnt] A VT 1 JUR, HIST zum Verlust der bürgerlichen Ehrenrechte u. zur Einziehung des Vermögens verurteilen (→ attainder 1) 2 *fig obs* beflecken, entehren B S 1 → attainder 1 2 *fig obs* Schandfleck *m*, Makel *m*

attar ['ætə(r)] S Blumenessenz *f*, *bes* Rosenöl *n*: **~ of roses**

attemper [ə'tempə(r)] VT *obs* 1 *(durch Mischung)* schwächen, mildern 2 *Luft etc* temperieren 3 *fig* dämpfen, mildern 4 **(to)** anpassen *(dat*, an *akk)*, in Einklang bringen (mit)

attempt [ə'tempt; ə'temt] A VT 1 versuchen, probieren *(beide:* **to do, doing** zu tun): **~ suicide** e-n Selbstmordversuch unternehmen; **~ed murder** Mordversuch *m*; **~ed suicide** Selbstmordversuch *m* 2 a sich machen *od* wagen an *(akk)*, in Angriff nehmen b sich versuchen an *(dat)* 3 *obs* zu überwältigen suchen, angreifen: **~ sb's life** e-n Mordanschlag *od* ein Attentat auf j-n verüben B S 1 Versuch *m (a.* JUR, SPORT): **make an ~ to do sth** den Versuch machen *od* unternehmen, etwas zu tun; **at one's** *(od* **the) first ~** im *od* beim ersten Versuch; **at the second ~** SPORT a im Nachfassen b im Nachschuss; **~ at an explanation** Versuch e-r Erklärung, Erklärungsversuch 2 **make an ~ (up)on sb's life** e-n Mordanschlag *od* ein Attentat auf j-n verüben

attend [ə'tend] A VT 1 teilnehmen an *(dat)*, *die Kirche, Schule, e-e Versammlung etc* besuchen, *e-e Vorlesung* hören: **be well ~ed** gut besucht sein 2 a *j-n* betreuen b sich um *j-n, etwas* kümmern c *j-n* (ärztlich) behandeln d *j-n* begleiten e *j-n* bedienen 3 a *a.* **be ~ed by** verbunden sein mit b sich ergeben aus: **be ~ed by sth** etwas nach sich ziehen *od* zur Folge haben B VI 1 anwesend sein (**at** bei, in *dat*): **he was unable to ~** er konnte nicht kommen; **we thank you for ~ing** wir danken Ihnen für Ihren Besuch 2 aufmerken (**to** auf *akk*) 3 **~ (up)on** → A 2 a, A 2 c, A 2 e 4 **~ to** → A 2 b: **~ to a customer** e-n Kunden abfertigen *od* bedienen; **are you being ~ed to?** werden Sie schon bedient?

attendance [ə'tendəns] S 1 Anwesenheit *f*, Besuch *m*: **~ compulsary** Anwesenheitspflicht!; **be in ~** anwesend sein (**at** bei, in *dat*)(→ 3); **~ at school** Schulbesuch; **~ officer** *US Schulbeamter, der Fälle von häufigem unentschuldigtem Fehlen untersucht*; **~ register** Anwesenheitsbuch *n* 2 Besucher-, Teilnehmerzahl *f*: **there was an ~ of over 300** es waren mehr als 300 Personen anwesend 3 Betreuung *f*: **be in ~** als Brautjungfer fungieren (→ 1); **~ allowance** *Br* Pflegegeld *n (für Hilfe e-r körperlich od geistig schwerbehinderten Person)*; **~ centre** *Br* Heim *n* für Freizeitarrest *(straffälliger Jugendlicher)*; → dance B 1, medical A 1 a 4 *obs* a Begleitung *f*, Gefolge *n* b Dienerschaft *f*

attendant [ə'tendənt] A ADJ (**on, upon**) a verbunden (mit): **~ circumstances** Begleitumstände; **nuclear energy and its ~ risks** die Kernenergie u. die mit ihr verbundenen Risiken b folgend (auf *akk*) B S 1 a Begleiter(in) b *pl* Begleitung *f*, Gefolge *n* 2 a Diener(in), Bediente(r) *m/f(m)* b *pl* Dienerschaft *f* 3 Anwesende(r) *m/f(m)* 4 a Aufseher(in): → cloakroom 1, museum, *etc* b *(in Zusammensetzungen)* Wart(in): → pump attendant, *etc* 5 Brautjungfer *f* 6 *fig* (**of** *gen*) a Begleiterscheinung *f* b Folge *f*

attention [ə'tenʃn] S 1 Aufmerksamkeit *f*: **attract (sb's) ~** (j-s) Aufmerksamkeit erregen, (j-n) auf sich aufmerksam machen; **without attracting ~** ganz unauffällig; **bring sth to sb's ~** j-m etwas zur Kenntnis bringen, j-n von etwas in Kenntnis setzen, j-n von etwas unterrichten; **call** *(od* **draw) sb's ~ to** j-s Aufmerksamkeit lenken auf *(akk)*, j-n aufmerksam machen auf *(akk)*; **come to sb's ~** j-m zur Kenntnis gelangen; **it has come to my ~ that ...** ich bin darauf aufmerksam geworden, dass ...; **can** *(od* **may) I have your ~, please** Achtung, Achtung, e-e Durchsage!; **can** *(od* **may) I have your ~ for a moment?** darf ich Sie e-n Moment um Ihre Aufmerksamkeit bitten?; **he had their ~** sie hörten ihm aufmerksam zu; **listen with close ~** aufmerksam zuhören; **pay ~** pass auf!; **pay ~ to** *j-m od e-r Sache* Beachtung schenken, achtgeben *od* aufpassen auf *(akk)*; **pay no ~ to** außer Acht lassen; **pay close ~, be all ~** ganz Ohr sein, ganz bei der Sache sein; **pay more ~ in future** passen Sie in Zukunft besser auf!; **turn one's ~ to** s-e Aufmerksamkeit zuwenden *(dat)*, sein Augenmerk richten auf *(akk)*; **(for the) ~ of** zu Händen von *(od gen)*; → catch B 6, escape A 3, hold[2] B 23 2 Beachtung *f*, Erledigung *f*: **for immediate ~!** zur sofortigen Veranlassung!; **give a matter prompt ~** e-e Sache rasch erledigen 3 a Aufmerksamkeit *f*, Gefälligkeit *f* b *pl* Aufmerksamkeiten *pl*: **small ~s**; **pay one's ~s to sb** j-m den Hof machen 4 MIL Grundstellung *f*: **stand to** *(od* **at) ~** stramm-, stillstehen; **~!** stillgestanden! 5 **he needs urgent medical ~** er muss sofort ärztlich behandelt werden; **~ key** S COMPUT Abruftaste *f*; **~ span** S: **have a very short ~** sich nur ganz kurz konzentrieren können

attentive [ə'tentɪv] ADJ (ADV **~ly**) 1 achtsam, aufmerksam: **be ~ to** achten auf *(akk)* 2 *fig* **(to)** aufmerksam (gegen), höflich (zu); **attentiveness** S Aufmerksamkeit *f (a. weitS. Gefälligkeit)*

attenuate [ə'tenjʊeɪt; *US* -jəˌweɪt] A VT 1 dünn machen 2 *bes* CHEM verdünnen 3 *fig* vermindern, (ab)schwächen 4 MED die Virulenz *(gen)* vermindern 5 ELEK dämpfen, herunterregeln, -teilen: **~ the voltage** die Spannung herabsetzen B VI 1 dünner werden 2 *fig* sich vermindern *od* abschwächen C ADJ [-jʊɪt; *US* -jəwət] (ADV **~ly**) 1 verdünnt 2 *fig* vermindert, abgeschwächt 3 BOT zugespitzt 4 BIOL verjüngt

attenuation [əˌtenjʊ'eɪʃn; *US* -jə'w-] A S 1 *bes* CHEM Verdünnung *f* 2 *fig* Verminderung *f*, (Ab)Schwächung *f* 3 ELEK Dämpfung *f* B ADJ ELEK Dämpfungs...

attenuator [ə'tenjʊeɪtə(r); *US* -jəˌw-] S ELEK Dämpfungsglied *n*

attest [ə'test] A VT 1 bestätigen, beweisen 2 JUR a *etwas (als Zeuge)* bestätigen b *e-e Abschrift, Unterschrift etc* beglaubigen: **~ed copy** beglaubigte Abschrift; **~ed milk** *Br* amtlich geprüfte Milch; **~ed will** von Zeugen unterschriebenes Testament 3 zeugen von B VI **~ to** → A 2, A 3; **attestation** [ˌæte'steɪʃn] S 1 Bestätigung *f (a.* JUR) 2 JUR a Beglaubigung *f*: **~ of signature** Unterschriftsbeglaubigung b Zeugenvermerk *m (bes bei Errichtung e-s Testaments)*: **~ clause** Zeugenformel *f*; **attester, attestor** [-tə(r)] S JUR Beglaubiger(in)

attic[1] ['ætɪk] S ARCH 1 Attika *f (halbgeschossartiger Aufsatz über dem Hauptgesims e-s Bauwerks)* 2 a Dachgeschoss *n* b Dachkammer *f*, -stube *f*, Mansarde *f* 3 *fig umg* Oberstübchen *n*

Attic[2] ['ætɪk] ADJ attisch: a *auf die altgriechische Halbinsel Attika, bes auf Athen bezogen* b *fig* (rein) klassisch: **~ base** ARCH attischer Säulenfuß; **~ order** ARCH attische Säulenordnung; **~ salt** *(od* **wit)** *fig* attisches Salz, feiner (beißender) Witz

Atticism ['ætɪsɪzəm] S 1 Attizismus *m (Gebrauch der reinen attischen Sprache)* 2 *fig* Eleganz *f od* Reinheit *f* der Sprache

attire [ə'taɪə(r)] A VT kleiden: **be ~d in** gekleidet sein in *(akk)*, angetan sein mit B S Kleidung *f*

attitude ['ætɪtjuːd; *US a.* -ˌtuːd] S 1 (Körper)Haltung *f*, Stellung *f*, Positur *f*: **a threatening ~** e-e drohende Haltung; **strike an ~** → attitudinize 2 Haltung *f*: a Verhalten *n*: **~ of mind** Geisteshaltung b Standpunkt *m*, Einstellung *f* (**to, toward[s]** zu, gegenüber): **~ to life** Lebenseinstellung; **what is your ~ to ...?** wie stehen Sie zu ...? 3 *Ballett*: Attitude *f (Figur, bei der ein Bein rechtwinklig angehoben ist)* 4 FLUG Fluglage *f*

attitudinize [ˌætɪ'tjuːdɪnaɪz; *US a.* -'tuː-] VI 1 posieren, sich in Positur setzen *od* stellen *od* werfen *umg* 2 *fig* sich in Szene setzen

attorn [ə'tɜːn; *US* ə'tɜrn] A VI 1 HIST a e-n neuen Lehnsherrn anerkennen b huldigen u. dienen (**to** *dat*) 2 JUR *j-n* als (den neuen) Eigentümer *od* Vermieter anerkennen B VT HIST *die Lehnspflicht etc* auf e-n anderen Lehnsherrn übertragen

attorney [ə'tɜːnɪ; *US* ə'tɜrniː] S JUR a *a.* **~ at law**, *US* (Rechts)Anwalt *m*, (-)Anwältin *f*: **~ for the defense** Anwalt der beklagten Partei, *(im Strafprozess)* Verteidiger(in); **~'s fees** Anwaltsgebühren; → district attorney b *a.* **~ in fact** Bevollmächtigte(r) *m/f(m)*: **by ~** im Auftrag, in Vertretung; **letter of ~** a (schriftliche) Vollmacht b Vollmachtsurkunde *f* c *US* Prozessvollmacht *f*; **power of ~** a (schriftliche) Vollmacht b Vollmachtsurkunde *f*; → full[1] A 11, general A 8; **~ general** *pl* attorneys general *od* **attorney generals** S JUR 1 *Br* Kronanwalt *m*, -anwältin *f* 2 *US* Justizminister(in)

attract [ə'trækt] A VT 1 anziehen 2 *fig Kun-*

den, Touristen etc anziehen, anlocken, *j-n* fesseln, reizen, anziehend wirken auf *(akk)*: **~ new members** neue Mitglieder gewinnen; **be ~ed to** sich hingezogen fühlen zu; **I'm not ~ed to … …** reizt *od* reizen mich nicht 3 *fig j-s Interesse, Blicke etc* auf sich ziehen, *j-s Missfallen etc a.* erregen: → attention 1 B V/I 1 e-e Anziehung(skraft) ausüben *(a. fig)* 2 *fig* anziehend wirken *od* sein: **opposites ~** Gegensätze ziehen sich an

attraction [əˈtrækʃn] S 1 *fig* a Anziehungskraft *f*, Reiz *m*: **have** (*od* **hold**) **little ~ for** wenig anziehend sein für; **he couldn't explain his ~ her** er konnte sich nicht erklären, was ihn an ihr so anzog; **what's the ~ of doing sth?** was ist so reizvoll daran, etwas zu tun? b Attraktion *f*, *(etwas)* Anziehendes, THEAT *etc* Zugnummer *f*, -stück *n* 2 PHYS Attraktion *f*, Anziehung(skraft) *f*: **~ of gravity** Gravitationskraft *f* 3 LING Attraktion *f* *(Angleichung im Bereich der Lautung, der Bedeutung, der Form u. der Syntax)*

attractive [əˈtræktɪv] ADJ (ADV **~ly**) 1 anziehend: **~ force** (*od* **power**) PHYS Anziehungskraft *f* 2 *fig* attraktiv: a anziehend, reizvoll: **be ~ women** auf Frauen anziehend wirken b einnehmend *(Äußeres etc)* c zugkräftig *(Angebote etc)*; **attractiveness** S 1 anziehendes Wesen 2 *(das)* Anziehende *od* Reizende 3 → attraction 1 a

attributable [əˈtrɪbjʊtəbl] ADJ zuzuschreiben(d) (**to** *dat*)

attribute A V/T [əˈtrɪbjuːt; *US* -bjət] 1 zuschreiben, *pej* unterschieben, unterstellen *(alle:* **to** *dat)* 2 zurückführen (**to** auf *akk*) B S [ˈætrɪbjuːt] 1 Attribut *n*, Eigenschaft *f*, (wesentliches) Merkmal: **mercy is an ~ of God** 2 Attribut *n*, (Kenn)Zeichen *n*, Sinnbild *n* 3 LING Attribut *n*, Beifügung *f*; **attribution** [ˌætrɪˈbjuːʃn] S 1 **scholars do not agree about the ~ of this quotation to Shakespeare** die Gelehrten sind sich nicht darüber einig, ob dieses Zitat Shakespeare zugeschrieben werden kann 2 Zurückführung *f* (**to** auf *akk*) 3 *obs* zuerkanntes Recht, (erteilte) Befugnis

attributive [əˈtrɪbjʊtɪv] LING A ADJ (ADV **~ly**) attributiv, beifügend *(Adjektiv etc)* B S Attributivum *n*, *bes* attributives Adjektiv

attrit [əˈtrɪt] V/T MIL *US den Gegner* zermürben

attrition [əˈtrɪʃn] S 1 a Ab-, Zerreibung *f* b *a. fig* Aufreibung *f*, Abnutzung *f*, Verschleiß *m* 2 *fig* Zermürbung *f*: **war of ~** MIL Abnutzungs-, Zermürbungskrieg *m* 3 REL unvollkommene Reue

attune [əˈtjuːn; *US a.* əˈtuːn] V/T 1 MUS *obs* stimmen 2 *fig* (**to**) ein-, abstimmen, einstellen *(auf akk)*, anpassen *(dat)*, in Einklang bringen (mit)

atty. ABK *US* attorney

Atty. Gen. ABK *US* Attorney General

at. vol. ABK atomic volume; **at. wt.** ABK atomic weight

atypical [ˌeɪˈtɪpɪkl] ADJ (ADV **~ly**) atypisch (**of** für)

aubergine [ˈəʊbə(r)ʒiːn; -dʒiːn] S BOT *bes Br* Aubergine *f*, Eierfrucht *f*

auburn [ˈɔːbə(r)n] A ADJ kastanienbraun *(bes Haar)* B S Kastanienbraun *n*

auction [ˈɔːkʃn] A S Auktion *f*, Versteigerung *f*: **at an ~** auf e-r Auktion; **buy at** (*od* **by**) **~** ersteigern; **sell at** (*od* **by**) **~** versteigern; **put up for** (*US* **at**) **~** zur Versteigerung anbieten; **sale at** (*od* **by**) **~**, **~ sale** Auktion, Versteigerung; **~ bridge** Auktionsbridge *n*; **~ house** Auktionshaus *n*; **~ mart** (*od* **room**) Auktionslokal *n*; → Dutch auction B V/T *meist* **~ off** auktionieren, versteigern

auctioneer [ˌɔːkʃəˈnɪə(r)] A S Auktionator *m*, Auktionatorin *f*, Versteigerer *m*, Versteigerin *f*: **~s** *pl* Auktionshaus *n*; **~'s fees** Auktionsgebühren B V/T auktionieren, versteigern

audacious [ɔːˈdeɪʃəs] ADJ (ADV **~ly**) 1 kühn, verwegen, waghalsig 2 dreist, unverfroren; **audaciousness** → audacity

audacity [ɔːˈdæsətɪ] S 1 Kühnheit *f*, Verwegenheit *f*, Waghalsigkeit *f* 2 Dreistigkeit *f*, Unverfrorenheit *f*: **have the ~ to do sth** die Dreistigkeit *od* Unverfrorenheit besitzen, etwas zu tun; sich erdreisten, etwas zu tun

audibility [ˌɔːdɪˈbɪlətɪ] S Hörbarkeit *f*, Vernehmbarkeit *f*; **audible** [-dəbl] ADJ (ADV audibly) hör-, vernehmbar, vernehmlich (**to** für); **audibleness** → audibility

audience [ˈɔːdjəns; -dɪ-; *US a.* ˈɑːd-] S 1 *a.* JUR Anhörung *f*, Gehör *n*: **give ~ to sb** j-m Gehör schenken, j-n anhören 2 Audienz *f* (**with** bei): **have an ~ with the Pope**; **be given** (*od* **granted**) **an ~ (by)**, **be received in** (*od* **for an**) **~ (by)** in Audienz empfangen werden (von); **~ chamber** (*od* **room**) Audienzzimmer *n* 3 *(a. als pl konstruiert)* Publikum *n*: a Zuhörer(-schaft) *pl(f)* b Zuschauer *pl*: **cinema ~s** *pl koll* das Kinopublikum, die Zahl der Kinobesucher; **~ participation** Zuschauerbeteiligung *f* c Besucher *pl* d Leser(kreis) *pl(m)* 4 *(a. als pl konstruiert)* Anhänger(schaft) *pl(f)*

audile [ˈɔːdaɪl] PSYCH A ADJ auditiv *(vorwiegend mit Gehörsinn begabt)* B S auditiver Typ

audio- [ɔːdɪəʊ] *Wortelement mit der Bedeutung* a Hör…, Ton…, akustisch b ELEK audio…, Hör-, Ton-, Niederfrequenz… c Rundfunk-, Fernseh- u. Schallplatten…, *bes* High Fidelity-…, Hi-Fi-…

audio| cassette S Audio-, Tonkassette *f*; **~ engineer** S a Toningenieur(in) b Tonmeister(in) c Tontechniker(in); **~ frequency** S Nieder-, Ton-, Hörfrequenz *f*; **~lingual** ADJ (ADV **~ly**) SCHULE audiolingual *(vom gesprochenen Wort ausgehend)*

audiology [ˌɔːdɪˈɒlədʒɪ; *US* -ˈɑl-] S MED Audiologie *f* *(Teilgebiet der Medizin, das sich mit den Funktionen u. den Erkrankungen des Gehörs befasst)*

audiometer [ˌɔːdɪˈɒmɪtə(r); *US* -ˈɑm-] S ELEK, MED Audiometer *n* *(elektroakustisches Gerät zur Bestimmung der Hörleistung)*; **audiometry** [-trɪ] S MED Audiometrie *f* *(Bestimmung der Hörleistung mit Hilfe des Audiometers)*

audio|phile [ˈɔːdɪəʊfaɪl] S Hi-Fi-Fan *m*; **~ pollution** S Lärmbelästigung *f*; **~ range** S ELEK Hör-, Tonfrequenzbereich *m*; **~ response** S COMPUT Sprachausgabe *f*; **~ signal** S TECH akustisches Signal; **~tape** S Tonband *n*; **~typist** S Phonotypistin *f*; **~visual** A ADJ (ADV **~ly**) audiovisuell: **~ aids** → B; **~ instruction** audiovisueller Unterricht B S PL audiovisuelle Unterrichtsmittel *pl*

audiphone [ˈɔːdɪfəʊn] S MED Audifon *n*, Hörgerät *n*

audit [ˈɔːdɪt] A S 1 WIRTSCH a (Buch-, Rechnungs-, Wirtschafts)Prüfung *f*, (Bücher-, Rechnungs)Revision *f*: **~ office** *Br* Rechnungsprüfungsamt *n*; **~ year** Prüfungs-, Revisionsjahr *n* b *US* Schlussrechnung *f*, Bilanz *f* 2 genaue (Über)Prüfung 3 *obs* Zeugenverhör *n* B V/T 1 WIRTSCH *die Bücher etc* prüfen 2 UNIV *US e-n Kurs etc* als Gasthörer(in) besuchen

auditing [ˈɔːdɪtɪŋ] S WIRTSCH → audit A 1 a: **~ of accounts** Rechnungsprüfung *f*; **external ~** außerbetriebliche Revision *(durch betriebsfremde Prüfer)*; **internal ~** betriebsinterne Revision; **~ company** S WIRTSCH Revisionsgesellschaft *f*; **~ department** S WIRTSCH Revisionsabteilung *f*

audition [ɔːˈdɪʃn] A S 1 PHYSIOL Hörvermögen *n*, Gehör *n* 2 Hören *n* 3 MUS, THEAT a Vorspiel(en) *n* *(e-s Instrumentalisten)* b Vorsingen *n* c Vorsprechen *n* d Vortanzen *n* e Anhörprobe *f* *(durch Theaterleitung etc)* B V/T & V/I MUS, THEAT vorspielen *od* vorsingen *od* vorsprechen *od* vortanzen (lassen)

auditive [ˈɔːdɪtɪv] → auditory B 1

auditor [ˈɔːdɪtə(r)] S 1 (Zu)Hörer(in) 2 UNIV *US* Gasthörer(in) 3 WIRTSCH Wirtschafts-, Rechnungs-, Buchprüfer(in), (Bücher)Revisor *m*, (-)Revisorin *f*: → court A 10

auditorium [ˌɔːdɪˈtɔːrɪəm; *US a.* -ˈtəʊr-] *pl* -ums, -ria [-ə] S 1 Zuhörer- *od* Zuschauerraum *m*, SCHULE, UNIV Aula *f* 2 *US* Kulturzentrum *n*

auditory [ˈɔːdɪtərɪ; -trɪ; *US* -ˌtəʊriː; -ˌtɔː-] A S 1 *obs* Zuhörer(schaft) *pl(f)* 2 *obs für* auditorium B ADJ 1 ANAT Gehör…, Hör…: **~ canal** Gehörgang *m*; **~ nerve** Gehörnerv *m* 2 akustisch *(Halluzination etc)*

AUEW ABK *Br* Amalgamated Union of Engineering Workers

au fait [ˌəʊˈfeɪ] PRÄD ADJ: **be ~** a vertraut sein (**with** mit) b auf dem Laufenden sein; **put sb ~ with sth** j-n mit etwas vertraut machen

Aug. ABK August

Augean [ɔːˈdʒiːən] ADJ 1 MYTH Augias…: **~ stables** *pl* Augiasstall *m*; **clean out** (*od* **cleanse**) **the ~ stables** *fig* den Augiasstall ausmisten *od* reinigen 2 *fig* a überaus schmutzig b äußerst schwierig

augend [ˈɔːdʒend; ɔːˈdʒend] S MATH Augend *m* *(der erste Summand e-r zweigliedrigen Summe)*

auger [ˈɔːgə(r)] S TECH Schlangenbohrer *m*; **~ conveyor** S TECH Schneckenförderer *m*

Auger effect [ˈəʊʒeɪ; əʊˈʒeɪ] S PHYS Auger-Effekt *m*, innere Absorption

aught [ɔːt; *US a.* ɑːt] *obs od poet* A PRON (irgend) etwas: **for ~ I care** meinetwegen; **for ~ I know** soviel ich weiß B ADV irgendwie

augite [ˈɔːgaɪt; *US bes* ˈɔːdʒaɪt] S MINER Augit *m*

augment [ɔːgˈment] A V/T 1 vermehren, -größern, steigern, *sein Gehalt etc* aufbessern (**by** durch) 2 MUS *ein Thema* vergrößern: **~ed interval** übermäßiges Intervall B V/I sich vermehren, zunehmen, (an)wachsen C S [ˈɔːgmənt; *US* -ˌment] LING Augment *n* *(Präfix, das dem Verbstamm zur Bezeichnung der Vergangenheit vorangesetzt wird)*

augmentation [ˌɔːgmenˈteɪʃn; -mən-] S 1 Vergrößerung *f*, -mehrung *f*, Steigerung *f*, Aufbesserung *f*, Wachstum *n*, Zunahme *f*: **~ factor** PHYS Wachstumsfaktor *m* 2 Zuwachs *m* 3 *Heraldik*: besonders hinzugefügtes Ehrenzeichen 4 MUS Augmentation *f*, Vergrößerung *f*

augmentative [ɔːgˈmentətɪv] A ADJ 1 vermehrend, verstärkend, Verstärkungs… 2 LING Augmentativ…: **~ suffix** B S LING a Augmentativ(um) *n*, Vergrößerungswort *n* b Augmentativsuffix *n*

au gratin [ˌəʊˈgrætæ̃ŋ; *US* -ˈgrætn] ADJ GASTR au gratin, überbacken

augur [ˈɔːgə(r)] A S 1 *Antike*: Augur *m* *(römischer Priester u. Wahrsager)* 2 Wahrsager(in), Prophet(in) B V/T prophezeien: a voraus-, weissagen b ahnen lassen, verheißen C V/I **~ ill** (**well**) (**for**) nichts (etwas) Gutes erwarten lassen (für), ein schlechtes (gutes) Zeichen *od* Omen sein (für); **augury** [ˈɔːgjʊrɪ; *US a.* -gə-] S 1 Wahrsagen *n* 2 Weissagung *f*, Prophezeiung *f* 3 Vorbedeutung *f*, Vor-, Anzeichen *n*, Omen *n*

august[1] [ɔːˈgʌst] ADJ (ADV **~ly**) 1 ehrwürdig *(Persönlichkeit etc)*, *(a. Versammlung etc)* erlaucht 2 eindrucksvoll, großartig *(Vorstellung etc)*

August[2] [ˈɔːgəst] S August *m*: **in ~** im August

Augustan [ɔːˈgʌstən] A ADJ 1 den Kaiser Augustus betreffend, augusteisch 2 REL Augustanisch, Augsburgisch *(Konfession)* **3** klassisch **B** S Schriftsteller *m* des Augusteischen Zeitalters; **~ age** S **1** Augusteisches Zeitalter **2** klassisches Zeitalter, Blütezeit *f (e-r nationalen Literatur; in England Zeitalter der Königin Anna)*

Augustine [ɔːˈɡʌstɪn; *US a.* ˈɔːɡəˌstiːn] **A** EIGENN Augustin(us) *m (?-604; Apostel der Angelsachsen)* **B** S *a.* **~ friar** (*od* **monk**) Augustiner (-mönch) *m* **C** ADJ augustinisch

Augustinian [ˌɔːɡəˈstɪnɪən] REL **A** S **1** Anhänger *m* des Augustinismus **2** Augustiner (-mönch) *m* **B** ADJ augustinisch; **Augustinianism** S Augustinismus *m (die von der Lehre des Augustinus ausgehenden Richtungen der Theologie des Mittelalters u. der Neuzeit)*

augustness [ɔːˈɡʌstnɪs] S **1** Ehrwürdigkeit *f*, Erlauchtheit *f* **2** Großartigkeit *f*

auk [ɔːk] S ORN Alk *m*

auld [ɔːld] ADJ *schott* alt; **~ lang syne** [ˌ-læŋˈsaɪn] S *schott* die gute alte Zeit

aulic [ˈɔːlɪk] ADJ höfisch, Hof…

aunt [ɑːnt; *US* ænt] S Tante *f (a. kindersprachlich für e-e Erwachsene)*: **my (sainted) ~!** *umg* du liebe Güte!; **auntie** [-tɪ] S *umg* Tantchen *n*: ♀ **Maureen** Tante Maureen

Aunt Sally [ˈsælɪ] S *bes Br* **1** *Spiel auf Jahrmärkten, bei dem e-e Frauengestalt mit Bällen od Stöcken umgeworfen werden muss* **2** *fig* Zielscheibe *f*

aunty [ˈɑːntɪ; *US* ˈæntiː] → auntie

au pair [ˌəʊˈpeə] **A** S *a.* **~ girl** Aupairmädchen *n* **B** ADV als Aupairmädchen: **work ~** **C** V/I als Aupairmädchen arbeiten

aura [ˈɔːrə] *pl* -rae [-riː], -ras S **1** Duft *m* **2** MED Aura *f (Vorgefühl beim Herannahen e-s [epileptischen] Anfalls)* **3** *fig* Aura *f*: **a** Fluidum *n*, Ausstrahlung *f* **b** Atmosphäre *f* **c** Nimbus *m* **4** *Parapsychologie*: Aura *f (e-n Menschen umgebende Strahlungserscheinungen)*

aural [ˈɔːrəl] ADJ **1** Ohr…, Ohren…, Gehör…: **~ surgeon** → aurist **2** akustisch *(Signal etc)*

aureate [ˈɔːrɪɪt; -ɪeɪt] ADJ **1** vergoldet **2** golden **3** *fig* blumig *(Redeweise, Stil)*

aureola [ɔːˈrɪəʊlə] → aureole

aureole [ˈɔːrɪəʊl] S Aureole *f*: **a** Heiligen-, Glorienschein *m*, Strahlenkranz *m*, *(hinter dem Haupt a.)* Nimbus *m* **b** ASTRON Hof *m (um Sonne u. Mond)*

auric [ˈɔːrɪk] ADJ *bes* CHEM Gold…: **~ acid**

auricle [ˈɔːrɪkl] S **1** ANAT Auricula *f*, Ohrmuschel *f* **2** ANAT Atrium *n*, (Herz)Vorhof *m* **3** BOT Öhrchen *n (am Blattgrund)*

auricula [əˈrɪkjʊlə; *bes US* ɔː-] *pl* -lae [-liː], -las S **1** BOT Aurikel *f* **2** → auricle 3

auricular [ɔːˈrɪkjʊlə(r)] ADJ **1** Ohr(en)…, ANAT, MED *a.* aurikular, aurikulär: **~ canal** Ohrgang *m*; **~ confession** Ohrenbeichte *f*; **~ tradition** mündliche Überlieferung; **~ tube** äußerer Gehörgang; **~ witness** Ohrenzeuge *m*, -zeugin *f* **2** akustisch **3** ANAT, MED Vorhof… **4** ohrförmig

auriculate [ɔːˈrɪkjʊlət], **auriculated** [-leɪtɪd] ADJ **1** ZOOL geohrt **2** ohrförmig

auriferous [ɔːˈrɪfərəs] ADJ GEOL goldhaltig

Auriga [ɔːˈraɪɡə] *gen* -gae [-dʒiː] S ASTRON Auriga *m*, Fuhrmann *m (Sternbild)*

auriscope [ˈɔːrɪskəʊp] S MED Otoskop *n*, Ohrenspiegel *m*

aurist [ˈɔːrɪst] S MED Otologe *m*, Otologin *f*, Ohrenarzt *m*, -ärztin *f*

aurochs [ˈɔːrɒks; *US* -ˌɑks; ˈaʊər-] *pl* -rochs S ZOOL Auerochs *m*, Ur *m*

aurora [ɔːˈrɔːrə; *US a.* əˈrəʊrə] *pl* -ras, -rae [-riː] S **1** *poet* Aurora *f*, Morgen(röte) *m(f)* **2** ♀ Aurora *f (Göttin der Morgenröte)* **3** PHYS Polarlicht *n*; **~ australis** [ɒˈstreɪlɪs; *US* ɔː-; ɑː-] S PHYS Südlicht *n*; **~ borealis** [ˌbɔːrɪˈeɪlɪs; *US a.* -ˈælɪs] S PHYS Nordlicht *n*

aurous [ˈɔːrəs] ADJ **1** goldhaltig **2** CHEM Gold…

aurum [ˈɔːrəm] S CHEM Aurum *n*, Gold *n*

Aus. ABK **1** Australia(n) **2** Austria(n)

auscultate [ˈɔːskəlteɪt] V/T MED auskultieren, abhorchen; **auscultation** S MED Auskultation *f*, Abhorchen *n*

auspex [ˈɔːspeks] *pl* auspices [ˈɔːspɪsiːz] S → augur A 1

auspicate [ˈɔːspɪkeɪt] V/T *obs* inaugurieren, einleiten

auspice [ˈɔːspɪs] S **1** *Antike*: Auspizium *n (im alten Rom: Voraussage der Zukunft nach der Deutung des Vogelfluges)* **2** *fig* (*bes* günstiges) Auspizium *od* Vorzeichen: **under favo(u)rable ~s** **3** *pl fig* Auspizien *pl*: **under the ~s of** unter der Schirmherrschaft von *(od gen)*

auspices [ˈɔːspɪsiːz] *pl von* auspex

auspicious [ɔːˈspɪʃəs] ADJ (ADV ~ly) **1** günstig, vielversprechend **2** *obs* vom Glück begünstigt, glücklich

Aussie [ˈɒzɪ; *US* ˈɔːsiː; ˈɑːsiː] *umg* **A** S Australier(in) **B** ADJ australisch

austenite [ˈɔːstənaɪt] S CHEM Austenit *m*, Gammaeisen *n*

Auster [ˈɔːstə(r)] S *poet* Südwind *m*

austere [ɒˈstɪə(r); *US* ɔː-] ADJ (ADV ~ly) **1** (sitten)streng **2** asketisch, enthaltsam *(Leben etc)* **3** ernst *(Gesichtsausdruck, Wesen etc)* **4** nüchtern *(Raum, Stil etc)*; **austerity** [ɒˈsterətɪ; *US* ɔː-] S **1** (Sitten)Strenge *f* **2** **a** Askese *f*, Enthaltsamkeit *f* **b** *pl* Entbehrungen *pl* **3** Ernst *m* **4** Nüchternheit *f* **5** WIRTSCH Austerity *f*, wirtschaftliche Einschränkung: **~ budget** Sparbudget *n*; **~ program(me)** Sparprogramm *n*

Austin [ˈɒstɪn; *US* ˈɔː-; ˈɑː-] → Augustine

austral [ˈɔːstrəl; *US a.* ˈɑː-] ADJ südlich, Süd…: **~ wind**

Aus ABK **1** Australia(n) **2** Australasia

Australasia [ˌɒstrəˈleɪʒjə; -ʒə; -zjə; *US* ˌɔːstrəˈleɪʒə; -ʃə; ˌɑːs-] S **a** Australasien *n (Neuseeland, Australien u. Melanesien)* **b** *weitS.* Ozeanien *n*

Australasian [ˌɒstrəˈleɪʒn; *US* ˌɔː-] *Völker etc* Australiens u. des südwestlichen Pazifiks

Australia [ɒˈstreɪljə; -lɪə; *US* ɔː-; ɑː-] S Australien *n*

Australian [ɒˈstreɪljən; *US* ɔː-; ɑː-] **A** ADJ australisch: **she's ~** sie ist Australierin **B** S **1** Australier(in) **2** australisches Englisch

Australian Capital Territory [ɒˈstreɪljən; -lɪən; *US* ɔː-; ɑː-] S *australischer Bundesstaat*

Austria [ˈɒstrɪə; *US* ˈɔː-; ˈɑː-] S Österreich *n*

Austrian [ˈɒstrɪən; *US* ˈɔː-; ˈɑː-] **A** ADJ österreichisch: **he's ~** er ist Österreicher **B** S Österreicher(in)

Austro- [ɒstrəʊ; *US* ɔː-; ɑː-] *Wortelement mit der Bedeutung* österreichisch, Austro…: **~-Hungarian Monarchy** HIST österreichisch-ungarische Monarchie

Austronesian [ˌɒstrəʊˈniːzjən; *US* ˌɔːstrəˈniːʒən; ˌɑː-] ADJ LING austronesisch

AUT ABK *Br* Association of University Teachers

autarchic [ɔːˈtɑː(r)kɪk] ADJ, **autarchical** [-kl] ADJ (ADV ~ly) **1** unumschränkt **2** selbstständig, unabhängig **3** → autarkic; **autarchy** S **1** unumschränkte Herrschaft **2** Selbstständigkeit *f*, Unabhängigkeit *f* **3** → autarky

autarkic [ɔːˈtɑː(r)kɪk] ADJ, **autarkical** [-kl] ADJ (ADV ~ly) WIRTSCH autark, *(vom Ausland)* wirtschaftlich unabhängig; **autarkist** S WIRTSCH Anhänger(in) der Autarkie; **autarky** S WIRTSCH **1** Autarkie *f*, wirtschaftliche Unabhängigkeit **2** autarkes Land

auteur [əʊˈtɜː; *US* əʊˈtɜr] S Filmregisseur *m* mit e-m ausgeprägten Stil

auth. ABK **1** authentic **2** author(ess) **3** authority **4** authorized

authentic [ɔːˈθentɪk; *US a.* ə-] ADJ (ADV ~ally) **1** authentisch: **a** echt, verbürgt **b** glaubwürdig, zuverlässig **c** echt, Original… **2** JUR **a** beglaubigt **b** maßgeblich, verbindlich

authenticate [ɔːˈθentɪkeɪt; *US a.* ə-] V/T **1** *e-e Unterschrift etc* beglaubigen **2** **a** für echt erklären, die Echtheit *(gen)* bescheinigen *od* bestätigen: **the painting was ~d as a Turner** dem Gemälde wurde bescheinigt, ein echter Turner zu sein **b** *Informationen etc* bestätigen; **authentication** S **1** Beglaubigung *f* **2** **a** Bescheinigung *f* der Echtheit **b** Bestätigung *f*

authenticity [ˌɔːθenˈtɪsətɪ] S **1** Authentizität *f*: **a** Echtheit *f* **b** Glaubwürdigkeit *f*, Zuverlässigkeit *f* **c** Originalität *f* **2** JUR Verbindlichkeit *f*

author [ˈɔːθə(r)] **A** S **1** Urheber(in) *(a. pej)*, Schöpfer(in), Begründer(in) **2** Autor *m*, Autorin *f*, Verfasser(in), *a. allg* Schriftsteller(in): **~'s alteration** Autor(en)korrektur *f*; **~'s copy** Autorenexemplar *n*; **~'s rights** Autor(en)-, Verfasser-, Urheberrechte **3** *pl (als sg konstruiert) US ein Kartenspiel* **B** V/T **1** schreiben, verfassen **2** schaffen, kreieren, ins Leben rufen; **authoress** S *obs od pej* **1** Urheberin *f*, Schöpferin *f*, Begründerin *f* **2** Autorin *f*, Verfasserin *f*, *a. allg* Schriftstellerin *f*

authoritarian [ɔːˌθɒrɪˈteərɪən; *US* ɔːˌθɑrə-] **A** ADJ autoritär **B** S autoritäre Person: **be an ~** autoritär sein; **authoritarianism** S POL, SOZIOL Autoritarismus *m (gesellschaftlich-politische Verhältnisse, die die Entstehung autoritärer Einflussnahme durch einzelne od Gruppen begünstigen)*

authoritative [ɔːˈθɒrɪtətɪv; *US* əˈθɑrəˌteɪtɪv] ADJ (ADV ~ly) **1** gebieterisch, herrisch **2** autoritativ, maßgebend, -geblich **3** amtlich

authority [ɔːˈθɒrətɪ; *US* əˈθɑr-] S **1** Autorität *f*, (Amts)Gewalt *f*: **in ~** verantwortlich; **those in ~** die Verantwortlichen; **be in ~** **a** verantwortlich sein **b** das Sagen haben; **on one's own ~** in eigener Verantwortung; **be under sb's ~** j-m verantwortlich sein **2** Autorität *f*, Ansehen *n* (**with** bei), Einfluss *m* (**over** auf *akk*): → carry B 6 **3** Nachdruck *m*, Gewicht *n*: **add ~ to** *e-r Geschichte etc* Nachdruck *od* Gewicht verleihen **4** Vollmacht *f*, Ermächtigung *f*, Befugnis *f*: **by ~** mit amtlicher Genehmigung; **on the ~ of** im Auftrage *od* mit Genehmigung *(gen)*; **without ~** unbefugt, unberechtigt; **have the (no) ~ to do sth** (nicht) befugt *od* berechtigt sein, etwas zu tun; **have full ~ to act** volle Handlungsvollmacht besitzen; **~ to sign** Unterschriftsvollmacht, Zeichnungsberechtigung *f* **5** Behörde *f* **6** **a** Quelle *f* **b** Grundlage *f* (**for** für): **what is your ~ for your thesis?** worauf stützen Sie Ihre These?; **we have it on his ~ that …** wir wissen durch ihn, dass …; **I have it on good ~ that …** ich weiß aus sicherer *od* verlässlicher Quelle, dass … **7** Autorität *f*, Kapazität *f* (**on** auf dem Gebiet *gen*) **8** JUR **a** maßgebliche Gerichtsentscheidung **b** Rechtsquelle *f* **c** bindende Kraft *(e-r gerichtlichen Vorentscheidung)*

authorizable [ˈɔːθəraɪzəbl] ADJ **1** autorisierbar **2** gutzuheißen(d)

authorization [ˌɔːθəraɪˈzeɪʃn; *US* -rəˈz-] S **1** Autorisation *f*, Ermächtigung *f*, Bevollmächtigung *f*, Befugnis *f* **2** Genehmigung *f*: **have sb's ~ to do sth**; **authorize** [-raɪz] V/T **1** autorisieren, ermächtigen, bevollmächtigen, berechtigen *(alle:* **to do** zu tun) **2** gutheißen, billigen, genehmigen; **authorized** [-raɪzd] ADJ **1** autorisiert, bevollmächtigt, befugt, verfügungsberechtigt, beauftragt; **~ agent** WIRTSCH (Handlungs)Bevollmächtigte(r) *m/f(m)*, (bevollmächtigter) Vertreter; **~ capital** WIRTSCH autorisiertes *(zur Ausgabe genehmigtes)* Kapital; **~ person** Befugte(r) *m/f(m)*; **"~ personnel only"** „Unbefugten Zutritt verboten!"; ♀ **Version** *(die)* englische Bibelversion von 1611; **be ~ to do sth** befugt sein, etwas zu tun; **~ to sign** unterschriftsbevollmächtigt, zeichnungsberechtigt; → representative A 1 2 JUR rechtsverbindlich

authorless ADJ ohne Verfasser, anonym

authorship S 1 Urheberschaft *f* 2 Autor-, Verfasserschaft *f*: **of unknown ~** e-s unbekannten Verfassers 3 Schriftstellerberuf *m*, Schriftstellerei *f*

autism [ˈɔːtɪzəm] S PSYCH Autismus *m (Störung, die sich in krankhafter Ichbezogenheit sowie in Teilnahmslosigkeit, Verlust des Umweltkontakts sowie in der Flucht in die eigene Fantasiewelt äußert)*; **autist** S Autist(in); **autistic** ADJ (ADV ~ally) autistisch

auto [ˈɔːtəʊ; ˈɑːtəʊ] *US umg* A *pl* -tos S Auto *n* B ADJ Auto...: **~ parts**; **~ court** → motel; **~ dentist** *Autospengler, der kleinere Blechschäden repariert*

auto. ABK 1 automatic 2 automobile 3 automotive

auto- [ɔːtəʊ; ɔːtə] *Wortelement mit den Bedeutungen* a Eigen..., Selbst... b automatisch

autoaggressive ADJ: **~ disease** MED Autoaggressionskrankheit *f (durch Autoantikörper verursachte Krankheit)*

autoantibody S Autoantikörper *m (Antikörper, der gegen körpereigene Substanzen wirkt)*

autobahn [ˈɔːtəʊbɑːn; -təb-; ˈaʊt-] *pl* -bahns, -bahnen [-nən] S (deutsche) Autobahn

autobiographer S Autobiograf(in); **autobiographic** ADJ, **autobiographical** ADJ (ADV ~ly) autobiografisch; **autobiography** S Autobiografie *f*, Selbstbiografie *f*

autobus S *US* Autobus *m*

autocade [ˈɔːtəʊˌkeɪd] *US für* motorcade

autocatalysis S CHEM Autokatalyse *f*

autochanger S Plattenwechsler *m*

autochthonous [ɔːˈtɒkθənəs; *US* -ˈtɑk-] ADJ autochthon: a alteingesessen, bodenständig *(Völker, Stämme)* b GEOL am Fundort entstanden *od* vorkommend

autocide[1] [ˈɔːtəʊsaɪd] S Selbstzerstörung *f*

autocide[2] [ˈɔːtəʊsaɪd] S Selbstmord *m* durch e-n absichtlich herbeigeführten Autounfall

autoclave [ˈɔːtəʊkleɪv] A S 1 Autoklav *m*: a *Druckapparat in der chemischen Technik* b *Apparat zum Sterilisieren von Lebensmitteln etc* c *Rührapparat bei der Härtung von Speiseölen* 2 Schnell-, Dampfkochtopf *m* B VT autoklavieren, mit dem Autoklav erhitzen

autocracy [ɔːˈtɒkrəsɪ; *US* ɔːˈtɑ-] S POL Autokratie *f*: a *Regierungsform, bei der die Staatsgewalt unumschränkt in der Hand e-s einzelnen Herrschers liegt* b *von e-m Autokraten regiertes Land*; **autocrat** [ˈɔːtəʊkræt] S Autokrat *m*: a POL unumschränkter Alleinherrscher b selbstherrlicher Mensch; **autocratic** ADJ, **autocratical** ADJ (ADV ~ly) autokratisch: a POL unumschränkt b selbstherrlich

autocross S SPORT Autocross *n (Autorennen im Gelände)*

autocue® S TV *Br* Teleprompter® *m (Gerät, auf dem der Text abläuft, den der Moderator vorträgt)*

auto-da-fé [ˌɔːtəʊdɑːˈfeɪ; *US* ˌaʊtədəˈfeɪ] *pl* autos-da-fé S HIST Autodafé *n*, Ketzergericht *n od* -verbrennung *f*

autodidact [ˈɔːtəʊdɪˌdækt; *US* ˌɔːtəʊˈdaɪˌdækt] S Autodidakt(in) *(j-d, der sich durch Selbstunterricht bildet)*; **autodidactic** ADJ (ADV ~ally) autodidaktisch

autoerotic ADJ (ADV ~ally) PSYCH autoerotisch; **autoeroticism**, *bes US* **autoerotism** S Autoerotik *f*, Autoerotismus *m (auf die eigene Person gerichtete Erotik)*

autofocus camera S FOTO Autofocuskamera *f*

autofunction S COMPUT automatische Funktion

autogamous [ɔːˈtɒgəməs; *US* -ˈtɑ-] ADJ BOT autogam, selbst befruchtend; **autogamy** S BOT Autogamie *f*, Selbstbefruchtung *f*

autogenesis → abiogenesis; **autogenic** ADJ: **~ training** MED autogenes Training *(Entspannungsmethode durch Konzentration auf den eigenen Körper)*; **autogenous** [ɔːˈtɒdʒɪnəs; *US* -ˈtɑ-] ADJ 1 autogen, ursprünglich, selbsttätig 2 MED autogen *(im Organismus selbst erzeugt)*: **~ vaccine** Autovakzin(e) *n(f) (Impfstoff, der aus Bakterien gewonnen wird, die aus dem Organismus des Kranken stammen)* 3 **~ welding** TECH autogenes Schweißen, Autogenschweißen *n (unmittelbares Verschweißen zweier Werkstücke durch Stichflamme ohne Zuhilfenahme artfremden Bindematerials)*

autogestion [ˌɔːtəʊˈdʒestʃn] S WIRTSCH Betriebsselbstverwaltung *f*

autogiro *pl* -ros S FLUG Autogiro *n*, Tragschrauber *m*

autograph [ˈɔːtəgrɑːf; *bes US* -græf] A S 1 Autogramm *n*: **ask sb for their ~** j-n um ein Autogramm bitten; **sign ~s** Autogramme geben 2 Autograf *n*, Urschrift *f* B ADJ 1 autografisch, eigenhändig geschrieben: **~ letter** Handschreiben *n* 2 Autogramm...: **~ album** **(collector, hunter,** *etc***)** C VT 1 eigenhändig schreiben 2 sein Autogramm schreiben in *(akk) od* auf *(akk)*, *ein Buch etc* signieren: **~ed ball** Autogrammball *m*; **autographic** [-ˈgræfɪk] ADJ, **autographical** ADJ (ADV ~ly) 1 → autograph B 1 2 ELEK, TECH selbst registrierend; **autographing** ADJ: **~ session** Autogrammstunde *f*; **hold an ~ session** e-e Autogrammstunde geben

autography [ɔːˈtɒgrəfɪ; *US* -ˈtɑ-] S 1 a eigenhändiges Schreiben b eigenhändig geschriebener Brief *etc* 2 PL KOLL Autografe(n) *pl*, Urschriften *pl*

autogyro → autogiro

autohaemotherapy [ˈɔːtəˌhiːməʊˈθerəpɪ; *US a.* -ˌhemə-] S MED *bes Br* Eigenblutbehandlung *f*

autoharp S MUS Klaviaturzither *f*

autohemotherapy *bes US* → autohaemotherapy

autohyphenation S COMPUT automatische Silbentrennung

autohypnosis S MED Auto-, Selbsthypnose *f*

autoignition S TECH Selbstzündung *f*

autoimmune ADJ: **~ disease** MED Autoimmunkrankheit *f (durch Autoantikörper verursachte Krankheit)*

autoinfection S MED Autoinfektion *f (Infektion des eigenen Körpers durch e-n bereits im Körper vorhandenen Erreger)*

autointoxication S MED Autointoxikation *f*, Selbstvergiftung *f*

autoist [ˈɔːtəwəst; ˈɑː-] S *US umg* Autofahrer(in)

autokinesis [ˌɔːtəʊkɪˈniːsɪs; -kaɪˈn-] S PSYCH Autokinese *f (scheinbare Eigenbewegung e-s Gegenstandes)*; **autokinetic** ADJ: **~ phenomenon** autokinetisches Phänomen

autoloading ADJ Selbstlade...: **~ pistol**

autolysis [ɔːˈtɒlɪsɪs; *US* -ˈtɑ-] S BIOL Autolyse *f (Abbau von Organeiweiß ohne Bakterienhilfe)*

automaker S *US umg* Autohersteller *m*

automat [ˈɔːtəʊmæt] S 1 *bes US* Automatenrestaurant *n* 2 (Verkaufs-)Automat *m*

automata [ɔːˈtɒmətə; *US* -ˈtɑ-] *pl von* automaton; **~ theory** S Automatentheorie *f (Theorie, die sich mit mathematischen Modellen von Automaten befasst)*

automate [ˈɔːtəmeɪt] VT automatisieren: **~d** voll automatisiert; **~dteller machine, ~d teller** *US* → cash dispenser

automatic [ˌɔːtəˈmætɪk] A ADJ (ADV ~ally) *allg* automatisch B S 1 TECH Automat *m* 2 automatische Waffe 3 AUTO Auto *n* mit Automatik(getriebe) 4 Waschautomat *m*; **automatical** ADJ (ADV ~ly) → automatic A

automatic| choke S AUTO Startautomatik *f*; **~ data processing** S COMPUT automatische Datenverarbeitung; **~ defroster** S Abtauautomatik *f*; **~ exposure** S FOTO Belichtungsautomatik *f*; **~ frequency control** S RADIO, TV automatische Frequenznachstimmung; **~ gain control** S RADIO automatischer Schwundausgleich; **~ gearbox** S TECH Automatik(getriebe) *f(n)*; **~ lathe** S TECH Drehautomat *m*; **~ pilot** → autopilot; **~ redial** S TEL automatische Wahlwiederholung; **~ shutoff** S TECH Abschaltautomatik *f*; **~ transmission** S TECH Automatik(getriebe) *f(n)*; **~ writing** S *Parapsychologie*: automatisches Schreiben

automation [ˌɔːtəˈmeɪʃn] S Automation *f*, Automatisierung *f*

automatism [ɔːˈtɒmətɪzəm; *US* -ˈtɑ-] S 1 Automatik *f* 2 automatische Tätigkeit *od* Handlung *od* Reaktion 3 Automatismus *m*: a PHYSIOL *selbsttätig ablaufende Organfunktion* b PSYCH *spontan ablaufender Vorgang od Bewegungsablauf, der nicht vom Bewusstsein od Willen beeinflusst wird* 4 PHIL *Lehre von der rein mechanisch-körperlichen Bestimmtheit der Handlungen von Menschen u. Tieren*

automatize [ɔːˈtɒmətaɪz; *US* -ˈtɑ-] VT automatisieren

automaton [ɔːˈtɒmətən; *US* -ˈtɑ-] *pl* -ta [-tə], -tons S Automat *m*, Roboter *m (a. fig)*

automobile [ˈɔːtəməʊbiːl; -məb-; ˌ-ˈməʊbiːl; *US bes* ˌ-məʊˈbiːl] S Auto(mobil) *n*, Kraftfahrzeug *n*: **~ industry** Auto(mobil)industrie *f*; **~ insurance** Kraftfahrzeugversicherung *f*

automobilist [ˌɔːtəməʊˈbiːlɪst; ˌɔːtəˈməʊbɪlɪst] S *bes US* Kraft-, Autofahrer(in)

automotive [ˌɔːtəˈməʊtɪv] ADJ 1 selbstfahrend, mit Eigenantrieb 2 kraftfahrtechnisch, Kraftfahrzeug..., Auto...: **~ engineering** Kraftfahrzeugtechnik *f*; **~ industry** Auto(mobil)industrie *f*

autonomic [ˌɔːtəʊˈnɒmɪk; *US* ˌɔːtəˈnɑ-] ADJ (ADV ~ally) 1 **~ movements** BOT autonome *(nicht durch Außenreize bedingte)* Bewegungen 2 **~ nervous system** PHYSIOL autonomes Nervensystem *(Anteil des vegetativen Nervensystems)*; **autonomist** [ɔːˈtɒnəmɪst; *US* -ˈtɑ-] S Autonomist(in), Verfechter(in) der Autonomie; **autonomous** ADJ (ADV ~ly) 1 POL *etc* autonom, selbstständig, unabhängig 2 → autonomic 1; **autonomy** S 1 Autonomie *f*, Selbstständigkeit *f*, Unabhängigkeit *f* 2 PHIL Autonomie *f (Selbstbestimmung des freien Willens, deren der Mensch als vernünftiges Wesen fähig ist)*

autonym [ˈɔːtənɪm] S autonymes *(vom Verfasser unter s-m eigenen Namen herausgebrachtes)* Buch

autophyte [ˈɔːtəʊfaɪt] S BOT autotrophe Pflanze

autopilot S FLUG Autopilot *m*, automatische Steuerungsanlage: **fly on ~** mit Autopilot fliegen

autoplasty [ˈɔːtəʊˌplæstɪ] S MED Autoplastik *f (Verpflanzung körpereigenen Gewebes)*

autopsy [ˈɔːtəpsɪ; *Br a.* ɔːˈtɒpsɪ; *US a.* ˈɔːˌtɑpsiː] A S 1 persönliche Inaugenscheinnahme 2 *fig* kritische Analyse 3 MED Autopsie *f*, Obduktion *f*, Leichenöffnung *f*: **carry out** (*od* **perform**) **an** ~ e-e Autopsie vornehmen; **carry out** (*od* **perform**) **an** ~ **on** → B B V/T MED e-e Autopsie vornehmen an (*dat*), obduzieren

autoradiograph S PHYS Autoradiogramm *n* (*durch Autoradiografie gewonnene Aufnahme*); **autoradiography** S Autoradiografie *f* (*Methode zur Sichtbarmachung der räumlichen Anordnung radioaktiver Stoffe*)

autosome ['ɔːtəsəʊm] S BIOL Autosom *n* (*nicht geschlechtsgebundenes Chromosom*)

autosuggestion S PSYCH Autosuggestion *f*, Selbstbeeinflussung *f*; **autosuggestive** ADJ autosuggestiv

autotimer S Vorwahluhr *f* (*e-s Herds*)

autotomy [ɔː'tɒtəmɪ; *US* -'tɑ-] S ZOOL Autotomie *f* (*Abwerfen von meist später wieder nachwachsenden Körperteilen*)

autotrain S *US* Autoreisezug *m*

autotransfusion S MED Autotransfusion *f*, Eigenbluttransfusion *f*, -übertragung *f*

autotroph ['ɔːtəʊtrɒf; *US* 'ɔːtəˌtrəʊf; -ˌtrɑf] S BOT autotrophe Pflanze; **autotrophic** ADJ autotroph (*sich von anorganischen Stoffen ernährend*); **autotrophy** [ɔː'tɒtrəfɪ; *US* -'tɑ-] S Autotrophie *f*

autotype ['ɔːtəʊtaɪp] FOTO, TYPO A S 1 Autotypie *f*: a Rasterätzung *f* b Rasterbild *n* 2 Faksimileabdruck *m* B V/T mittels Autotypie vervielfältigen; **autotypic** [-'tɪpɪk] ADJ autotypisch, Autotyp…; **autotypy** [-ˌtaɪpɪ] → autotype A 1

autumn ['ɔːtəm] A S Herbst *m* (*a. fig*): **in** ~ im Herbst; **be in the** ~ **of one's life** im Herbst des Lebens stehen B ADJ Herbst…: ~ **collection** (*Mode*) Herbstkollektion *f*; ~ **tints** herbstliche Farbtöne, Herbstfärbung *f*

autumnal [ɔː'tʌmnəl] ADJ (ADV ~ly) herbstlich, Herbst…: → equinox 1

aux. ABK auxiliary

auxesis [ɔːk'siːsɪs; ɔːg'ziː-] S BIOL Überentwicklung *f* (*von Zellen*)

auxiliary [ɔːg'zɪljərɪ; *US a.* -ləriː] A ADJ 1 Hilfs…: ~ **troops** → B 2; ~ **verb** → B 3; **be** ~ **to sth** etwas unterstützen 2 zusätzlich, Zusatz…, Reserve…: ~ **tank** B S 1 Helfer(in), Hilfskraft *f*, *pl a.* Hilfspersonal *n* 2 *pl* MIL Hilfstruppen *pl* 3 LING Hilfsverb *n*, -zeitwort *n*

AV[1] ABK Authorized Version (*die engl. Bibelübersetzung von 1611*)

AV[2], **A-V**, **a-v** ABK audiovisual

av. ABK 1 *US* avenue 2 average 3 WIRTSCH avoirdupois (*Handelsgewicht*)

avail [ə'veɪl] A V/T 1 *obs od poet* nützen (*dat*), helfen (*dat*): ~ **sb little** (**nothing**) 2 ~ **o.s. of** *e-e Gelegenheit* wahrnehmen, nutzen, von *e-m Angebot* Gebrauch machen B V/I *obs od poet* nützen, helfen: **his courage did not** ~ sein Mut nützte nichts C S 1 Nutzen *m*, Vorteil *m*, Gewinn *m*: **be of little** ~ wenig nützen; **be of no** ~ nichts nützen, nutzlos *od* vergeblich sein; **little** ~ mit wenig Erfolg; **no** ~ vergebens, vergeblich 2 *pl* WIRTSCH *US obs* Ertrag *m*, Erlös *m*

availability [əˌveɪlə'bɪlətɪ] S 1 Vorhandensein *n* 2 Verfügbarkeit *f* 3 WIRTSCH Lieferbarkeit *f* 4 JUR a Zulässigkeit *f*, Statthaftigkeit *f* b Gültigkeit *f*

available [ə'veɪləbl] ADJ (ADV availably) 1 verfügbar, vorhanden, zur Verfügung *od* zu Gebote stehend: **make** ~ zur Verfügung stellen (**to sb** j-m); ~ **(machine) time** COMPUT nutzbare Maschinenzeit, verfügbare Benutzerzeit 2 verfügbar, anwesend, erreichbar (**on** unter *e-r Telefonnummer*), abkömmlich: **he was not** ~ **for comment** er war für e-e Stellungnahme nicht zu erreichen, *weitS.* er wollte sich nicht (dazu) äußern; **keep o.s.** ~ sich zur Verfügung halten 3 WIRTSCH lieferbar, vorrätig, erhältlich: **no longer** ~ nicht mehr lieferbar, vergriffen 4 JUR a zulässig, statthaft b gültig

avalanche ['ævəlɑːnʃ; *US* -ˌlæntʃ] A S 1 Lawine *f* (*a.* PHYS *u. fig*) 2 *fig* Flut *f* (**of** von): **we received an** ~ **of letters** B V/I wie e-e Lawine herabstürzen C V/T *fig* überschütten (**with** mit)

avant|-garde [ˌævɑ̃ːŋ'gɑː(r)d; *US* ˌɑːˌvɑːn-] A S Avantgarde *f* (*die Vorkämpfer e-r Idee od Richtung in der Kunst, Literatur etc*) B ADJ avantgardistisch; **~-gardist** [-'gɑː(r)dɪst] S *fig* Avantgardist(in)

avarice ['ævərɪs] S Habgier *f*, Habsucht *f*; **avaricious** [-'rɪʃəs] ADJ (ADV ~ly) habgierig, habsüchtig

avatar [ˌævə'tɑː; *bes US* 'ævətɑː(r)] S 1 *Hinduismus:* Avatara *m* (*Verkörperung göttlicher Wesen beim Herabsteigen auf die Erde*) 2 Offenbarung *f*

avaunt [ə'vɔːnt; *US a.* ə'vɑːnt] INT *obs* hinweg!

avdp. ABK WIRTSCH avoirdupois (*Handelsgewicht*)

ave ['ɑːvɪ; 'ɑːveɪ] A INT 1 sei gegrüßt! 2 leb wohl! B S ♀ KATH Ave *n* (*Ave-Maria*); ♀ **Maria** [mə'rɪə] S Ave-Maria *n*, Englischer Gruß (*Gebet*)

ave. ABK avenue

avenge [ə'vendʒ] V/T 1 *j-n* rächen: ~ **o.s.**, **be** ~**d** sich rächen (**on sb for sth** an j-m für etwas) 2 *etwas* rächen (**on, upon** an *dat*): **avenging angel** Racheengel *m*; **avenger** S Rächer(in)

avens ['ævɪnz] *pl* -ens S BOT Nelkenwurz *f*

aventurin(e) [ə'ventjʊrɪn; *US* -tʃəˌriːn; -rən] S 1 MINER Aventurin *m* 2 TECH Aventuringlas *n*

avenue ['ævənjuː; *US bes* -ˌnuː] S 1 Boulevard *m*, Haupt-, Prachtstraße *f* 2 *bes Br* a Allee *f* b Avenue *f* (*von Bäumen gesäumte Zufahrtsstraße zu e-m Gebäude*) 3 *fig* a Möglichkeit *f* (**of** *gen*): **explore every** ~ alle Möglichkeiten prüfen b Weg *m* (**to** zu)

aver [ə'vɜː; *US* ə'vɜr] V/T beteuern, mit Nachdruck erklären

average ['ævərɪdʒ; 'ævrɪdʒ] A S 1 Durchschnitt *m*, *bes* MATH Mittelwert *m*: **he smokes an** ~ **of 20 cigarettes a day** er raucht durchschnittlich 20 Zigaretten am Tag; **on** (**an** *od* **the**) ~ im Durchschnitt, durchschnittlich, im Schnitt; **be above** ~ über dem Durchschnitt liegen, überdurchschnittlich sein; **it is above** ~ **in weight** es ist überdurchschnittlich schwer; **be below** ~ unter dem Durchschnitt liegen, unterdurchschnittlich sein; → law[1] 11 a 2 JUR, SCHIFF Havarie *f*, Seeschaden *m*: **free from** ~ frei von Havarie, nicht gegen Havarie versichert; **ship under** ~ havariertes Schiff; **adjust** (*od* **make up, settle**) **the** ~ die Dispache aufmachen; **make** ~ havarieren; ~ **adjuster** Dispacheur *m*; ~ **bond** Havarieschein *m*; ~ **statement** Dispache *f*, (Aufmachung *f* der) Schadensberechnung *f*; → general average, particular average, petty average B ADJ (ADV ~ly) durchschnittlich (*a. mittelmäßig*), Durchschnitts…: ~ **earnings** (**price, speed,** *etc*); **the** ~ **Englishman** der Durchschnittsengländer; **higher than** ~ überdurchschnittlich; **be only** ~ nur Durchschnitt sein; **~ly intelligent** durchschnittlich intelligent C V/T 1 *a.* ~ **out** den Durchschnitt schätzen (**at** auf *akk*) *od* ermitteln *od* nehmen von (*od gen*) 2 *etwas* anteil(s)mäßig aufteilen (**among** unter *dat*) 3 durchschnittlich betragen *od* ausmachen *od* haben *od* leisten *od* erreichen *etc*: ~ **sixty miles an hour** e-e Durchschnittsgeschwindigkeit von 60 Meilen pro Stunde fahren *od* erreichen; ~ **more than** im Durchschnitt über (*dat*) liegen D V/I ~ **out** sich einpendeln (**at** bei): ~ **out at** → C 3

averment [ə'vɜːmənt; *US* ə'vɜr-] S Beteuerung *f*

averse [ə'vɜːs; *US* ə'vɜrs] ADJ (ADV ~ly) 1 (**to**, *bes Br a.* **from**) abgeneigt (*dat*), voller Abneigung (gegen): **be** ~ **to** verabscheuen (*akk*), e-e Abneigung haben gegen; **not be** ~ **to doing sth** nicht abgeneigt sein, etwas zu tun 2 BOT von der Mittelachse abgewendet

aversion [ə'vɜːʃn; *US* ə'vɜrʒən; -ʃən] S 1 (**to, for,** *bes Br a.* **from**) Widerwille *m*, Abneigung *f*, Aversion *f* (gegen), Abscheu *m/f* (vor *dat*): **have an** ~ **to doing sth** e-e Abneigung dagegen haben, etwas zu tun; **take an** ~ **to** e-e Abneigung fassen gegen 2 *Gegenstand des Abscheus:* **be sb's** ~ j-m ein Gräuel sein; **beer is my pet** ~ *umg* gegen Bier habe ich e-e besondere Abneigung, Bier ist mir ein wahrer Gräuel; ~ **therapy** S PSYCH Aversionstherapie *f* (*Therapie, bei der zum Abbau selbstschädigenden Verhaltens unangenehm wirkende Reize angewendet werden*)

avert [ə'vɜːt; *US* ə'vɜrt] V/T 1 *den Blick etc* abwenden (**from** von) 2 *fig* abwenden, verhüten

avgas ['ævˌgæs] S FLUG *US umg* Flugbenzin *n*

avian ['eɪvjən; -vɪən] ADJ ORN Vogel…: ~ **flu** VET *umg*, ~ **influenza** VET Geflügel-, Hühnerpest *f*; Vogelgrippe *f*;; ~ **pox** VET Geflügelpocken *pl*

aviarist ['eɪvjərɪst; -vɪə-] S Vogelzüchter(in)

aviary ['eɪvjərɪ; *US* 'eiviːˌeriː] S Aviarium *n*, Vogelhaus *n*

aviate ['eɪvɪeɪt; *US a.* 'æ-] V/T & V/I FLUG fliegen

aviation [ˌeɪvɪ'eɪʃn; *US a.* ˌæv-] S FLUG 1 Luftfahrt *f*, Flugwesen *n*, Fliegen *n*, Fliegerei *f*: ~ **cadet** MIL *US* Fliegeroffiziersanwärter *m*; ~ **gasoline** *US* Flugbenzin *n*; ~ **industry** Flugzeug-, Luftfahrtindustrie *f*; ~ **medicine** Luftfahrtmedizin *f* 2 MIL *US* Flugzeug(e) *n(pl)* 3 Flugzeugbau *m*, -technik *f*

aviator ['eɪvɪeɪtə(r); *US a.* 'æv-] S *obs* Flieger(in), Pilot(in)

aviculture ['eɪvɪkʌltʃə(r); *US a.* 'æv-] S Vogelzucht *f*; **aviculturist** S Vogelzüchter(in)

avid ['ævɪd] ADJ (ADV ~ly) 1 (be)gierig (**for** nach, auf *akk*): ~ **for revenge** rachsüchtig 2 begeistert: **he's an** ~ **reader** *a.* er liest leidenschaftlich gern

avidity [ə'vɪdətɪ; æ-] S 1 Gier *f*, Begierde *f* 2 Begeisterung *f* 3 CHEM a Reaktionsfähigkeit *f* (*e-r Säure, Base*) b Affinität *f*

avifauna [ˌeɪvɪ'fɔːnə] S ORN Vogelwelt *f* (*e-s Gebiets*)

avigation [ˌævə'geɪʃən] S FLUG *US* Flugnavigation *f*

avionics [ˌeɪvɪ'ɒnɪks; *US* -'ɑn-; *a.* ˌæv-] SPL 1 (*als sg konstruiert*) Avionik *f* (*Anwendung der Elektronik in der Luftfahrt*) 2 FLUG Bordelektronik *f*

avirulent [æ'vɪrʊlənt; eɪ-] ADJ MED avirulent (*nicht ansteckend*)

avitaminosis [æˌvɪtəmɪ'nəʊsɪs; eɪ-; *US* ˌeɪˌvaɪ-] *pl* -ses [-siːz] S MED Avitaminose *f*, Vitaminmangelkrankheit *f*

avocado [ˌævəʊ'kɑːdəʊ; -və'k-] *pl* -dos S BOT 1 *a.* ~ **pear** Avocado(birne) *f* 2 Avocado *f* (*Baum*)

avocation [ˌævəʊ'keɪʃn; -və'k-] S *obs* 1 (Neben)Beschäftigung *f* 2 (Haupt)Beruf *m* 3 Zerstreuung *f*

Avogadro| constant [ˌævə'gɑːdrəʊ] S PHYS Avogadro-Konstante *f*; ~ **number** S PHYS Avogadro-Zahl *f*; **~'s hypothesis** S PHYS avogadrosche Hypothese; **~'s law** S PHYS avogadrosches Gesetz

avoid [ə'vɔɪd] V/T 1 (ver)meiden, *j-m od e-r Sache* ausweichen *od* (*fig*) aus dem Wege gehen, *e-e Pflicht od Schwierigkeit* umgehen, *e-r Gefahr* entgehen, -rinnen: ~ **sb** j-n meiden; ~ **arrest** sich s-r Verhaftung entziehen; ~ **doing sth** es vermeiden, etwas zu tun; **he ~ed answering my questions** er wich m-n Fragen aus; → plague

A 1 2 JUR a aufheben, annullieren b anfechten; **avoidable** ADJ 1 vermeidbar, vermeidlich 2 JUR a annullierbar b anfechtbar; **avoidance** S 1 Vermeidung *f*, Umgehung *f* (**of sth** e-r Sache), Meidung *f* (**of sb** e-r Person): **in ~ of …** um … zu vermeiden 2 JUR a Aufhebung *f*, Annullierung *f*, Nichtigkeitserklärung *f* b Anfechtung *f*

avoirdupois [ˌævə(r)də'pɔɪz] S 1 WIRTSCH *a.* **~ weight** Avoirdupois *n* (*Handelsgewicht*) 2 *umg* Lebendgewicht *n* (*e-r Person*): **he carries around a lot of excess ~** er schleppt e-e Menge Übergewicht mit sich herum

avouch [ə'vaʊtʃ] *obs* A V/T 1 behaupten, versichern 2 verbürgen 3 anerkennen, eingestehen B V/I einstehen, garantieren (**for** für)

avow [ə'vaʊ] V/T (offen) bekennen, (ein)gestehen: **~ o.s. (to be) the author** sich als Autor bekennen; **avowal** S (offenes) Bekenntnis, (Ein)Geständnis *n*: **~ of love** Liebesgeständnis; **avowed** ADJ erklärt: **his ~ aim is** sein erklärtes Ziel ist es (**to do** zu tun); **he is an ~ Socialist** er bekennt sich offen zum Sozialismus; **avowedly** [-ɪdlɪ] ADV eingestandenermaßen, offen; **avowry** [ə'vaʊrɪ] S Eingeständnis *n* (*a.* JUR)

avuncular [ə'vʌŋkjʊlə(r)] ADJ (ADV ~ly) 1 Onkel… 2 onkelhaft

a.w. ABK WIRTSCH all water (Transport *m*) nur per Schiff

AWACS ABK FLUG MIL air-borne warning and control system AWACS *n*

await [ə'weɪt] V/T 1 erwarten, warten auf (*akk*), entgegensehen (*dat*): **~ing your answer** in Erwartung Ihrer Antwort; **~ instructions** Anweisungen abwarten; **~ trial** JUR auf s-n Prozess warten 2 *j-n* erwarten (*Empfang, Überraschung etc*)

awake [ə'weɪk] *prät* awoke [ə'wəʊk], awaked, *pperf* awaked, awoken A V/T 1 (*aus dem Schlaf*) (auf)wecken 2 *fig* (*zur Tätigkeit etc*) erwecken, wach-, aufrütteln (**from** aus): **~ sb to sth** j-m etwas zum Bewusstsein bringen *od* bewusst machen; **~ old memories** alte Erinnerungen wachrufen B V/I 1 auf-, erwachen 2 *fig* (*zu neuer Tätigkeit etc*) erwachen: **old memories awoke in her**; **~ to sth** sich e-r Sache (voll) bewusst werden C ADJ 1 wach: **lie ~** wach liegen; **wide ~** a hellwach (*a. fig*) b *fig* aufgeweckt, hell *umg*: **be ~ to sth** sich e-r Sache (voll) bewusst sein 2 *fig* aufmerksam, auf der Hut, wachsam

awaken [ə'weɪkən] → awake A 1, A 2, B 1, B 2; **awakening** [-knɪŋ] S 1 Erwachen *n*: **he had a rude ~** *fig* es gab ein unsanftes *od* böses Erwachen für ihn 2 (Er-, Auf)Wecken *n* 3 *fig* (*bes* religiöse) Erweckung

award [ə'wɔː(r)d] A V/T 1 (durch Urteils- *od* Schiedsspruch) zuerkennen *od* zusprechen, SPORT *e-en Freistoß etc* geben (*Schiedsrichter*): **he was ~ed the prize** der Preis wurde ihm zuerkannt; **~ damages against sb** JUR j-n zur Leistung von Schadenersatz verurteilen; **be ~ed (£10,000 in) damages** (10 000 Pfund) Schadenersatz zugesprochen bekommen; **they were ~ed a penalty kick** (*Fußball*) sie bekamen e-n Strafstoß zugesprochen 2 *allg* gewähren, erteilen, verleihen, zukommen lassen B S 1 Urteil *n*, *bes* Schiedsspruch *m* 2 Zuerkennung *f*, WIRTSCH Zuschlag *m* (*auf ein Angebot*), Vergabe *f* (*von Aufträgen*) 3 (zuerkannte) Belohnung *od* Auszeichnung, (*a. Film- etc*) Preis *m*, (*Ordens- etc*) Verleihung *f* 4 WIRTSCH Prämie *f* 5 *bes* UNIV Stipendium *n*; **award-winning** ADJ ausgezeichnet, preisgekrönt

aware [ə'weə(r)] ADJ 1 (**of**) gewahr (*gen*), unterrichtet (von): **be ~ of sth** von etwas wissen *od* Kenntnis haben, etwas kennen, sich e-r Sache bewusst sein; **I am well ~ that …** ich bin mir vollkommen darüber im Klaren, dass …; ich bin mir (dessen) vollkommen bewusst, dass …; **as far as I'm ~** soweit ich weiß; **not that I am ~ of** nicht, dass ich wüsste; **become ~ of** *etwas* merken, aufmerksam werden auf (*akk*); **make sb ~ of sth** j-m etwas bewusst machen; **artistically ~** künstlerisch aufgeschlossen; **ecologically** (*od* **environmentally**) **~** a umweltbewusst b umweltfreundlich (*Produkt etc*); **linguistically ~** sprachbewusst; **politically ~** politisch wach; **be politically ~** *a.* politisches Bewusstsein haben; **socially ~** sozialbewusst 2 aufgeweckt (*Kind*); **awareness** S 1 Bewusstsein *n*, Kenntnis *f*: **~ of a problem** Problembewusstsein; **artistic ~** künstlerische Aufgeschlossenheit; **ecological** (*od* **environmental**) **~** Umweltbewusstsein, Ökobewusstsein; **linguistic ~** Sprachbewusstsein; **political ~** politische Wachheit; **social ~** Sozialbewusstsein 2 Aufgewecktheit *f*

awash [ə'wɒʃ; *US a.* ə'wɑʃ] PRÄD ADJ 1 **be ~** SCHIFF mit der Wasseroberfläche abschneiden (*Sandbank etc*), in gleicher Höhe sein (**with** mit) 2 **be ~** überflutet sein, unter Wasser stehen 3 **be ~ with** *fig* a schwimmen in (*dat*) b wimmeln von

away [ə'weɪ] A ADV & PRÄD ADJ 1 weg (-…), fort(…) (**from** von): **~ with you!** fort mit dir!; **be ~ from the question** nicht zur Frage *od* Sache gehören 2 a (weit) entfernt, (weit) weg (*örtlich u. zeitlich*): **six miles ~** sechs Meilen entfernt; **Christmas is still three weeks ~** bis Weihnachten sind es noch drei Wochen b **~ from** in einiger Entfernung von 3 fort, abwesend, außer Hause, verreist: **he is ~**; **~ on business** geschäftlich unterwegs; **~ on holiday** (*bes US* **vacation**) auf Urlaub; **after five days ~** nach fünftägiger Abwesenheit 4 weg…, zur Seite, in andere(r) Richtung 5 fort, weg (*aus j-s Besitz, Gebrauch etc*) 6 drauf'los… 7 *US* weit, bei weitem: **~ below average** weit unter dem Durchschnitt 8 *a.* **~ from home** SPORT auswärts: **our next game is ~** unser nächstes Spiel findet auswärts statt B ADJ SPORT Auswärts…: **~ defeat** (**game, win,** *etc*); **~ strength** Auswärtsstärke *f*; **~ weakness** Auswärtsschwäche *f* C S SPORT a Auswärtsspiel *n* b Auswärtssieg *m*

away goal S SPORT Auswärtstor *n*

awe [ɔː] A S 1 Ehrfurcht *f*: **be** (*od* **stand**) **in ~ of sb, hold sb in ~** Ehrfurcht vor j-m haben 2 *obs* Ehrfurcht gebietende Größe *od* Macht, Majestät *f* B V/T *j-m* Ehrfurcht einflößen: **they were ~d into silence by the sight of the pyramids** der Anblick der Pyramiden ließ sie ehrfurchtsvoll verstummen

aweary [ə'wɪərɪ] PRÄD ADJ *poet* ermüdet, erschöpft

aweather [ə'weðə(r)] ADV & PRÄD ADJ SCHIFF luvwärts

awed [ɔːd] ADJ ehrfürchtig (*Schweigen etc*)

aweigh [ə'weɪ] PRÄD ADJ: **the anchor is ~** SCHIFF der Anker ist gesprungen *od* gelichtet, der Anker hat gelassen

awe-inspiring ADJ 1 Ehrfurcht gebietend 2 beeindruckend, eindrucksvoll

aweless ['ɔːlɪs] ADJ (ADV ~ly) 1 ehrfurchtslos 2 furchtlos 3 impertinent, unverschämt

awesome ['ɔːsəm] ADJ (ADV ~ly) 1 → awe-inspiring 2 ehrfürchtig 3 *US umg* klasse

awe-stricken, awe-struck ADJ 1 von Ehrfurcht ergriffen 2 ehrfürchtig (*Schweigen etc*): **in ~ silence**

awful A ADJ 1 furchtbar, schrecklich 2 *umg* furchtbar, schrecklich: **an ~ lot** e-e riesige Menge; **he's done an ~ lot for me** er hat wahnsinnig viel für mich getan; **I've never liked him an ~ lot** ich hab' ihn noch nie sehr gemocht; **an ~ lot of money** ein Haufen Geld; **make an ~ fuss about** ein furchbares Theater machen um *od* wegen 3 *obs für* awe-inspiring 4 *obs* ehrfurchtsvoll B ADV *umg* → awfully; **awfully** ADV *umg* furchtbar, schrecklich: **~ cold** furchtbar kalt; **~ nice** riesig nett; **~ slow** wahnsinnig langsam; **thanks ~** tausend Dank!; **awfulness** S Furchtbarkeit *f*, Schrecklichkeit *f* (*beide a. umg*)

awhile [ə'waɪl] ADV e-e Weile

awkward ['ɔːkwə(r)d] ADJ (ADV ~ly) 1 ungeschickt, unbeholfen, linkisch: **be ~ with sth** ungeschickt mit etwas umgehen 2 verlegen, betreten (*Schweigen etc*): **their conversation was full of ~ silences** in ihrer Unterhaltung gab es immer wieder Verlegenheitspausen; **feel ~** verlegen sein, sich unbehaglich fühlen 3 peinlich, unangenehm (*Frage, Situation etc*) 4 unhandlich, schwer zu handhaben(d), sperrig 5 unangenehm: a schwer zu behandeln(d): **an ~ customer** *umg* ein unangenehmer Zeitgenosse b schwierig: **the ~ age** das schwierige *od* kritische Alter c lästig d gefährlich 6 unpassend, ungeschickt, dumm *umg* (*Zeitpunkt etc*); **awkwardness** S 1 Ungeschicktheit *f*, Unbeholfenheit *f*, linkisches Wesen 2 Verlegenheit *f* 3 Peinlichkeit *f* 4 Unhandlichkeit *f*, Sperrigkeit *f* 5 a Schwierigkeit *f* b Lästigkeit *f* c Gefährlichkeit *f*

awl [ɔːl] S TECH Ahle *f*, Pfriem(en) *m*

awless *US* → aweless

awn [ɔːn] S BOT Granne *f*; **awned** ADJ mit Grannen (versehen), grannig

awning ['ɔːnɪŋ] S 1 (*a.* Wagen)Plane *f* 2 Markise *f* 3 SCHIFF Sonnensegel *n*: **~ deck** Sturmdeck *n* 4 Vordach *n* (*e-s Zelts*)

awny ['ɔːnɪ] ADJ BOT grannig

awoke [ə'wəʊk] *prät von* awake; **awoken** *pperf von* awake

AWOL, awol ABK MIL absent without leave (hat sich) unerlaubt von der Truppe entfernt

awry [ə'raɪ] ADV & PRÄD ADJ 1 schief: **be ~** schief sitzen (*Krawatte*) 2 *fig* verkehrt: **go ~** (sich) irren (*Person*), schiefgehen, danebengehen (*beide umg*) (*Sache*); **throw ~** *Pläne etc* über den Haufen werfen *umg*

ax, *bes Br* **axe** [æks] A S 1 Axt *f*, Beil *n*: **have an ~ to grind** *fig* sein eigenes Süppchen kochen 2 *umg* a radikale Sparmaßnahme *od* Streichung(en *pl*) (*von Staatsausgaben etc*) b Abbau *m* (*von Dienststellen, Beamten etc*) c Entlassung *f*: **he got the ~** er wurde vor die Tür gesetzt (*entlassen*); *bes US* er flog von der Schule; **some of their plans got the ~** einige ihrer Pläne fielen dem Rotstift zum Opfer; **she gave him the ~** sie gab ihm den Laufpass 3 MUS *US sl* Instrument *n* B V/T 1 mit der Axt *etc* bearbeiten *od* aufbrechen *etc* 2 *umg* a radikal kürzen *od* (zusammen)streichen *od* abschaffen b *Beamte, Dienststellen* abbauen c *Leute* vor die Tür setzen (*entlassen*)

ax. ABK axiom

axel ['æksl] S *Eis-, Rollkunstlauf*: Axel *m*

axes[1] ['æksɪz] *pl von* ax

axes[2] ['æksiːz] *pl von* axis[1]

axial ['æksɪəl] ADJ (ADV ~ly) MATH, TECH axial, Achsen…: **~-flow compressor** TECH Axialverdichter *m*, -kompressor *m*; **~ force** PHYS Längsdruck *m*; **~ symmetry** MATH Achsensymmetrie *f*; **~ thrust** TECH Axialschub *m*

axil ['æksɪl] S BOT Axilla *f*, (Blatt)Achsel *f*

axilla [æk'sɪlə; *US a.* æg'z-] *pl* -lae [-liː], -las S ANAT Axilla *f*, Achselhöhle *f*

axillary [æk'sɪlərɪ; *US* 'æksəˌleriː] ADJ 1 ANAT axillar: **~ gland** Achsellymphdrüse *f* 2 BOT axillar, achselständig

axiology [ˌæksɪ'ɒlədʒɪ; *US* -'ɑl-] S PHIL Axiolo-

gie *f*, Wertlehre *f*
axiom ['æksɪəm] S 1 Axiom *n* (*Grundsatz, der keines Beweises bedarf*): ~ **of choice** MATH Auswahlaxiom; ~ **of law** Rechtsgrundsatz *m* 2 allgemein anerkannter Grundsatz; **axiomatic** [-'mætɪk] ADJ, **axiomatical** ADJ (ADV ~ly) 1 axiomatisch, offenkundig 2 aphoristisch
axis[1] ['æksɪs] *pl* axes [-si:z] S 1 BOT, MATH, MINER, PHYS, TECH Achse *f*, Mittellinie *f*: ~ **of the earth** Erdachse 2 ANAT, ZOOL a Dreher *m*, zweiter Halswirbel b Achse *f* 3 FLUG Leitlinie *f* 4 MAL *etc* Bild-, Zeichnungsachse *f* 5 POL Achse *f* (*Bündnis zwischen Großmächten*): **the** ≈ die Achse (Berlin-Rom-Tokio) (*vor dem u. im 2. Weltkrieg*); **the** ≈ **powers** die Achsenmächte
axis[2] ['æksɪs] S *a.* ~ **deer** ZOOL Axishirsch *m*
axis| of abscissas S MATH Abszissenachse *f*, x-Achse *f*; ~ **of ordinates** S Ordinatenachse *f*, y-Achse *f*; ~ **of symmetry** S Symmetrieachse *f*
axle ['æksl] S TECH (Rad)Achse *f*; ~ **arm** → axle journal; ~ **bearing** S Achslager *n*; ~ **journal** S Achsschenkel *m*; ~ **load** S Achslast *f*; ~**tree** → axle
Axminster (carpet) ['æksmɪnstə(r)] S Axminsterteppich *m*
axonometric [,æksənə'metrɪk] ADJ: ~ **projection** MATH axonometrisches Bild
ay[1] [eɪ] INT *obs od poet* ach!, oh!
ay[2] [eɪ] ADV *obs od poet* all(e)zeit
ay[3] → aye[1]
ayah ['aɪə; 'ɑ:jə] S *IndEng* Aja *f*, indisches Kindermädchen
ayatollah [,aɪə'tɒlə; *US* -'təʊlə] S REL Ayatollah *m* (*schiitischer Ehrentitel*)
aye[1] [aɪ] A INT 1 SCHIFF *od dial* ja: ~, ~, **sir!** SCHIFF jawohl!, zu Befehl! 2 PARL *Br* ja (*bei Abstimmungen*) B S PARL *Br* Jastimme *f*: **the ~s have it** die Mehrheit ist dafür, der Antrag ist angenommen; → no[1] B 2
aye[2] → ay[2]
aye-aye ['aɪaɪ] S ZOOL Aye-Aye *m*, Fingertier *n*
Ayrshire ['eə(r)ʃə(r); -,ʃɪə(r)] S ZOOL Ayrshire-Rind *n*
azalea [ə'zeɪljə] S BOT Azalee *f*
azeotrope [ə'zi:ətrəʊp; eɪ-] S CHEM azeotropes Gemisch
Azerbaijan [,æzə(r)baɪ'dʒɑ:n] S Aserbaidschan *n*, Aserbeidschan *n*
Azerbaijani [,æzə(r)baɪ'dʒɑ:nɪ; *US a.* ,ɑ:zər-] A S 1 *pl* -janis, *bes koll* -jani Aserbaidschaner(in), Aserbeidschaner(in) 2 LING Aserbaidschanisch *n*, das Aserbaidschanische, Aserbeidschanisch *n*, das Aserbeidschanische B ADJ aserbaidschanisch, aserbeidschanisch
azimuth ['æzɪməθ] S ASTRON Azimut *n*, *a. m* (*Winkel, den der Höhenkreis e-s Gestirnes mit dem Meridian bildet, gemessen vom Südpunkt über den Westen*): ~ **circle** Azimutkreis *m*; **azimuthal** [-'mʌθl] ADJ (ADV ~ly) azimutal, Azimutal...: ~ **projection** (*Kartografie*) Azimutalprojektion *f* (*Kartenprojektion, bei der e-e die Erde in e-m Punkt berührende Ebene die Projektionsfläche bildet*)
azobenzene [,eɪzəʊ'benzi:n; -ben'zi:n; ,æz-] S CHEM Azobenzol *n*
azo dye ['eɪzəʊ; 'æzəʊ] S CHEM Azofarbstoff *m*
azoic [ə'zəʊɪk; æ-; eɪ-] ADJ GEOL azoisch, ohne Lebewesen: ~ **age** Azoikum *n*
azole [ə'zəʊl; 'æzəʊl; 'eɪ-] S CHEM Azol *n*
Azores [ə'zɔ:(r)z; *US a.* 'eɪ,zɔ:rz] SPL (*die*) Azoren *pl*
azote [ə'zəʊt; 'æzəʊt; 'eɪ-] S CHEM *obs* Stickstoff *m*
azotemia [,æzəʊ'ti:mɪə; ,eɪ-] S MED Azotämie *f* (*Stickstoffüberschuss im Blut*)
azoth ['æzɒθ; *US a.* 'æ,zəʊθ; 'æ,zɑθ] S *Alchimie*: Azoth *n*: a Quecksilber *n* b Universalmittel *n*
azotize ['æzətaɪz; 'eɪ-] V/T CHEM azotieren, mit Stickstoff verbinden
azotobacter [ə'zəʊtəʊ,bæktə(r); eɪ- 'zəʊtə-] S BIOL Azotobakter *m/n* (*frei im Boden lebende Knöllchenbakterie*)
Aztec ['æztek] A ADJ aztekisch B S 1 Azteke *m*, Aztekin *f* 2 LING Nahuatl *n*; **Aztecan** → Aztec A
azure ['æʒə(r); 'eɪ-] A ADJ 1 azurn, azur-, himmelblau: ~ **stone** MINER Azurstein *m* 2 *Heraldik*: blau B S 1 Azur-, Himmelblau *n* 2 *poet* Azur *m* (*der blaue Himmel*) 3 *Heraldik*: Blau *n*
azurite ['æʒʊraɪt; -ʒər-] S MINER Azurit *m*, Kupferlasur *f*
azygous ['æzɪgəs] ADJ BIOL azygisch, unpaar(ig)
azyme ['æzaɪm; -zɪm] S REL Azymon *n*, ungesäuertes Brot

B

B, b [bi:] *pl* B's, Bs, b's, **bs** [bi:z] S 1 B, b *n* (*Buchstabe*) 2 MUS H, h *n* (*Tonbezeichnung*): **B flat** B, b *n*; **B sharp** His, his *n* 3 **b** MATH b (*2. bekannte Größe*) 4 **B** SCHULE, UNIV Zwei *f*: **get a B in German** in Deutsch „gut" *od* e-e Zwei bekommen
B. ABK 1 bachelor 2 MED bacillus 3 (*Schach*) bishop
b. ABK 1 bachelor 2 bill 3 book 4 born 5 breadth 6 billion
Ba, ba [bɑ:] S REL Ba-Seele *f* (*im alten Ägypten als menschenköpfiger Vogel dargestellter Teil der Seele*)
BA ABK 1 Bachelor of Arts 2 British Academy 3 British Airways 4 British Association
baa [bɑ:] A S Blöken *n* B V/I blöken
BAA ABK British Airports Authority
Baal ['beɪəl] *pl* Baalim [-lɪm], Baals A EIGENN Baal *m*: a *westsemitischer Gott der Fruchtbarkeit u. des Sturmes* b BIBEL *Name heidnischer Gottheiten* B *a.* ≈ *s* Götze *m*
baas [bɑ:s] S *SAfr Anrede*: Meister!, Chef!
babbitt[1] ['bæbɪt] TECH A S 1 → Babbitt metal 2 Lager(futter) *n* aus Babbitt-Metall B V/T mit Babbitt-Metall ausgießen
Babbitt[2] ['bæbət] S *US* selbstzufriedener Spießer
Babbitt metal S TECH Babbitt-Metall *n* (*weiße Lagermetalle auf der Basis von Blei u. Zinn*)
Babbittry ['bæbətri:] S *US* selbstzufriedenes Spießertum
babble ['bæbl] A V/I 1 a stammeln b lallen 2 plappern, schwatzen (*beide pej*): **babbling idiot** dummer Schwätzer 3 plätschern, murmeln (*Bach etc*) B V/T 1 a stammeln b lallen 2 plappern, schwatzen 3 *ein Geheimnis etc* ausplaudern C S 1 a Gestammel *n* b Gelalle *n* 2 Geplapper *n*, Geschwätz *n* (*beide pej*): ~ **of voices** Stimmengewirr *n*, Geplätscher *n*, Gemurmel *n*; **babbler** S 1 Schwätzer(in) *pej* 2 Plaudertasche *f pej*: **he is a** ~ er plaudert (immer) alles gleich aus, er kann nichts für sich behalten 3 ORN (*ein*) Schwätzer *m*
babe [beɪb] S 1 Baby *n*, Säugling *m*, kleines Kind: **(as) helpless (innocent) as a newborn** ~ hilflos (unschuldig) wie ein neugeborenes Kind; → arm[1] *Bes Redew* 2 *bes US* a Greenhorn *n* b *meist* ~ **in the wood(s)** Naivling *m pej* 3 *bes US sl* a *a. pej* Puppe *f umg a. pej* (*Mädchen*) b (*Anrede*) Baby!, Kleines! *umg*
Babel ['beɪbl] A EIGENN BIBEL Babel *n*, Babylon *n* B S *oft* ≈ a Wirrwarr *m*, Durcheinander *n* b Stimmengewirr *n*
babies'-breath ['beɪbɪzbreθ] → baby's-breath
Babism ['bɑ:bɪzəm] S REL Babismus *m* (*religiöse Bewegung des persischen Islams im 19. Jh.*)
baboo ['bɑ:bu:] *pl* -boos → babu
baboon [bə'bu:n; *US* bæ-] S 1 ZOOL Pavian *m* 2 *fig pej* Halbaffe *m*
babu ['bɑ:bu:] S *IndEng* Babu *m* (*Anrede od Titel bei den Hindus, etwa gleichbedeutend mit „Mr"*)
babul [bɑ:'bu:l; *US* bə-] S BOT 1 (*e-e*) Akazie, *bes* Babul *m* 2 Babulrinde *f od* -schoten *pl*
babushka [bə'bu:ʃkə] S 1 (*bes von russischen Bäuerinnen getragenes*) (*dreieckiges*) Kopftuch 2 Babuschka *f* (*alte [russische] Frau, bes Großmutter*)
baby ['beɪbɪ] A S 1 Baby *n*: a Säugling *m*, kleines Kind: **from a** ~ von frühester Kindheit an; **expect (have) a** ~ ein Kind erwarten (bekommen); **she is expecting her first** ~ *a.* sie ist mit ihrem ersten Kind schwanger; **be left holding the** ~ *umg* die Sache ausbaden müssen, der Dumme sein; **pass the** ~ **over to sb** *umg* j-m den schwarzen Peter zuschieben; **throw the** ~ **out with the bath water** *fig* das Kind mit dem Bade ausschütten; **(as) smooth as a ~'s bottom** glatt wie ein Kinderpopo b ZOOL Junge(s) *n* 2 (*der, die, das*) Jüngste, Benjamin *m*: **the** ~ **of the family** 3 *pej* a Baby *n*, Kindskopf *m pej*, kindische Person b Heulsuse *f pej* 4 *umg* Bier *n* (*Angelegenheit*): **that's your** ~ 5 *sl* a *a. pej* Puppe *f umg a. pej* (*Mädchen*) b (*Anrede*) Baby!, Kleines! *umg* c *a. pej* Typ *m* (*Mann*) d *Anrede unter Männern, meist unübersetzt* e Ding *n*: **that car over there is my** ~ der Wagen dort drüben gehört mir B ADJ 1 a (Klein)Kinder..., Baby..., Säuglings... b ZOOL ~ **lion** Löwenjunge(s) *n* 2 kindlich, Kinder... 3 *pej* kindisch 4 klein, Klein...: **my** ~ **sister** m-e kleine Schwester C V/T 1 wie ein Baby behandeln, (ver)hätscheln 2 *umg etwas* sorgsam *od* liebevoll behandeln; ~ **barrier** S Sicherheitstürgitter *n*; ~ **beef** S *US* 1 Jungrind *n* 2 Jungrindfleisch *n*; ~ **bond** S WIRTSCH *US* Kleinobligation *f*, klein gestückelte Schuldverschreibung (*bis zu 100 Dollar*); ~ **boom** S Babyboom *m*; ~ **boomer** S *j-d, der während e-s Babybooms geboren wurde*; ~ **bottle** S *US* Saugflasche *f*; ~ **bouncer** S (*für Babys, Kleinkinder*) Babywippe *f*; ~ **break** S Babypause *f*; ~ **buggy** S 1 *Br* Buggy *m* (*zusammenklappbarer Kindersportwagen*) 2 *US* Kinderwagen *m*; ~ **bust** S drastischer Rückgang in der Geburtenziffer; ~ **car** S Kleinwagen *m*; ~ **carriage** S *US* Kinderwagen *m*; ~ **clothes** SPL Babykleidung *f*; ~ **doll** S, *a.* **(pair of)** ~**s** Babydoll *n* (*Damenschlafanzug aus leichtem Stoff mit kurzem Höschen u. weitem Oberteil*); ~ **face** S 1 Kindergesicht *n* 2 Milchgesicht *n* (*Person*); ~ **farm** S *US umg* 1 Säuglingsheim 2 *Heim für ledige Schwangere, in dem auch Adoptionen in die Wege geleitet werden*; ~ **food** S Babykost *f*, -nahrung *f*; ~ **grand** S MUS Stutzflügel *m*; ~ **home** S Säuglingsheim *n*
babyhood S frühe Kindheit, Säuglingsalter *n*
babyish ADJ (ADV ~ly) 1 *pej* kindisch 2 kindlich
Babylon ['bæbɪlən; *US a.* -,lɑn] A EIGENN Babylon *n* B S *fig* (Sünden)Babel *n*
Babylonian [,bæbɪ'ləʊnjən; -nɪən] A ADJ 1 babylonisch: ~ **captivity** Babylonische Gefangenschaft 2 *fig* a üppig, luxuriös b verderbt B S 1 Babylonier(in) 2 LING Babylonisch *n*, das Babylonische
baby|-minder S *Br* Tagesmutter *f*; ~ **park** S Laufgitter *n*; ~ **pool** S *US* Planschbecken *n*; ~ **powder** S Babypuder *m*; ~**-proof** A

B

ADJ kindersicher B V/T kindersicher machen; **~'s bottle** S Br Saugflasche *f*; **~'s-breath** S BOT Schleierkraut *n*; **~ shower** → shower A 3; **~-sit** *irr* A V/I babysitten (for bei), auf das Kind *od* die Kinder aufpassen: **~ for sb** auf j-s Kind(er) aufpassen; **she ~s for our neighbo(u)rs** sie geht zu unseren Nachbarn babysitten *od* zum Babysitten B V/T US 1 auf *ein Kind etc* aufpassen 2 *fig* sich um *ein Gerät etc* kümmern, überwachen; **~-sitter** S Babysitter(in); **~-sitting** S Babysitten *n*, Babysitting *n*; **~ snatcher** S 1 Kindesentführer(in) 2 *umg* a *Mann, der mit e-m Mädchen ein Verhältnis hat od der ein Mädchen heiratet, dessen Vater er sein könnte* b *Frau, die mit einem Mann ein Verhältnis hat od die e-n Mann heiratet, dessen Mutter sie sein könnte*: **I'm not a~!** ich vergreif mich doch nicht an kleinen Kindern!; **~ spot** S Babyspot *m* (*kleiner Suchscheinwerfer*); **~stretch** S Strampelhös-chen *n*; **~ talk** S Babysprache *f* (*a. pej von Erwachsenen*); **~ tooth** S *irr* US Milchzahn *m*; **~walker** S *bes Br* Laufstuhl *m*

BAC ABK British Aerospace Corporation

baccalaureate [ˌbækəˈlɔːrɪət; US *a.* -ˈlɑ-] S UNIV 1 Bakkalaureat *n* (*niedrigster akademischer Grad*) 2 US a Promotionsgottesdienst *m* b *a.* **~ sermon** Abschiedspredigt *f* an die promovierten Studenten

baccarat, *a.* **baccara** [ˈbækərɑː; US ˌbɑːkəˈrɑː] S Bakkarat *n* (*Glücksspiel*)

baccate [ˈbækeɪt] ADJ BOT 1 beerenartig 2 Beeren tragend

bacchanal [ˈbækənl] A S 1 Bacchant(in) 2 ausgelassener *od* trunkener Zecher 3 Bacchanal *n*, Orgie *f*, wüstes Gelage B ADJ 1 bacchisch 2 bacchantisch

Bacchanalia [ˌbækəˈneɪljə] SPL 1 *Antike*: Bacchanal *n*, Bacchusfest *n* 2 ♀ → bacchanal A 3; **bacchanalian** A ADJ → bacchanal B B S → bacchanal A 2

bacchant [ˈbækənt; US *a.* bəˈkænt; bəˈkɑːnt] A *pl* -chants, -chantes [-tiːz] S 1 *Antike*: Bacchant *m* 2 *fig* wüster Trinker *od* Schwelger B ADJ bacchantisch; **bacchante** [bəˈkæntɪ; US *a.* -ˈkɑːn-] S Bacchantin *f*; **bacchantic** ADJ bacchantisch

Bacchic [ˈbækɪk] ADJ bacchantisch: a bacchisch b *meist* ♀ *fig* ausschweifend, ausgelassen

bacciferous [bækˈsɪfərəs] ADJ BOT Beeren tragend

baccy [ˈbækɪ] S *umg* Tabak *m*

bach [bætʃ] US *umg* A V/T: **~ it** ein Junggesellenleben führen B S Junggeselle *m*

bach. ABK bachelor

bachelor [ˈbætʃələ(r)] S 1 Junggeselle *m*: **~ flat** Br Junggesellenwohnung *f*; **~ girl** Junggesellin *f*; **~ party** Abschiedsparty *f* e-s Junggesellen 2 UNIV Bachelor *m*, Bakkalaureus *m* (*Inhaber des niedrigsten akademischen Grades*): **♀ of Arts** Bakkalaureus der philosophischen Fakultät; **♀ of Science** Bakkalaureus der Naturwissenschaften 3 *a.* **~ seal** ZOOL junger Seehund ohne Weibchen während der Brunstzeit; **bachelorette** [-ˈret] S Junggesellin *f*; **bachelorhood** S Junggesellenstand *m*

bachelor's *umg* → baccalaureate 1: **do a ~** s-n Bachelor machen (in in *dat*); **~-button** S BOT Kornblume *f*; **~ degree** → baccalaureate 1

bacillary [bəˈsɪlərɪ; US *a.* ˈbæsəˌleriː] ADJ 1 stäbchenförmig 2 MED bazillär, Bazillen…

bacillus [bəˈsɪləs] *pl* -li [-laɪ] S MED 1 Bazillus *m*, Stäbchenbakterie *f* 2 Bakterie *f*

back¹ [bæk] A S 1 ANAT, ZOOL a Rücken *m* b Rückgrat *n*, Kreuz *n*: **at the** (US **in**) **~ of** hinter (*dat*); **be at the ~ of sth** hinter etwas stecken; **behind sb's ~** a hinter j-s Rücken (*a. fig*) b *fig* in j-s Abwesenheit; **on one's ~** a auf dem Leib (*Kleidungsstück*) b *a.* **flat on one's ~** bettlägerig, krank c *a.* **flat on one's ~** hilflos, aufgeschmissen *umg*; **carry sth on one's ~** etwas auf dem Rücken tragen; **have sb on one's ~** j-n auf dem Hals haben; **with one's ~ to the wall** mit dem Rücken zur Wand; **have one's ~ to the wall** mit dem Rücken zur Wand stehen; **spend every penny on one's ~** sein ganzes Geld für Kleidung ausgeben; **break one's ~** sich abplagen; **break sb's ~** a j-m das Kreuz brechen (*a. fig*) b *fig* j-n zugrunde richten *od umg* fertigmachen; **break the ~ of sth** das Schwierigste e-r Sache hinter sich bringen; **put** (*od* **get**) **sb's ~ up** j-n auf die Palme bringen; **put one's ~ into sth** sich bei e-r Sache ins Zeug legen, sich in e-e Sache hineinknien; **be glad** (*od* **pleased**) **to see the ~ of sb** froh sein, j-n los zu sein; **I hope I've seen the ~ of him** hoffentlich sehe ich den Kerl nie wieder; **turn one's ~ on sb** a j-m den Rücken zuwenden b *fig* j-m den Rücken kehren, sich von j-m abkehren; **make a ~** e-n Buckel machen, sich bücken; **~ to ~** a Rücken an Rücken b *bes US* nacheinander; **he has a strong ~** er hat e-n breiten Rücken *od* Buckel (*a. fig*); → scratch C 2 2 Hinter-, Rückseite *f* (*des Kopfes, Hauses, Briefes, e-r Tür etc*), Unterseite *f* (*e-s Blattes*), (*Buch-, Berg-, Messer- etc*) Rücken *m*, Kehrseite *f* (*e-s Bildes etc*), (Rück)Lehne *f* (*e-s Stuhls*), linke Seite (*des Tuches*), Boden *m* (*e-s Saiteninstruments*): **~ of one's** (*od* **the**) **hand** Handrücken; **know sth ~ to front** etwas in- u. auswendig kennen; **know a place like the ~ of one's hand** e-n Ort wie s-e Hosentasche kennen; **run into the ~ of sb** AUTO j-m hinten reinfahren; **he ran into the ~ of another car** er hatte e-n Auffahrunfall 3 hinterer *od* rückwärtiger *od* entfernt gelegener Teil, Hintergrund *m*: **~ of the head** Hinterkopf *m*; **~ of the house** rückwärtiger *od* hinterer Teil des Hauses; **at** (*od* **in**) **the ~ of beyond** *fig bes Br* wo sich Fuchs u. Hase gute Nacht sagen, am Ende *od sl* Arsch der Welt; **his name was** (**somewhere**) **at** (*od* **in**) **the ~ of my mind** ich erinnerte mich dunkel an s-n Namen; **have sth at the ~ of one's mind** insgeheim an etwas denken; **at the ~ of the stage** im Hintergrund der Bühne; **at the ~ of the plane** hinten im Flugzeug; **in the ~ of the car** auf dem Rücksitz *od* im Fond des Autos 4 Rückenteil *m* (*e-s Kleidungsstückes*): **have one's pullover on ~ to front** den Pullover verkehrt herum anhaben 5 Hinterstück *n*: **~ of a roe** GASTR Rehziemer *m* 6 ARCH Hauptdachbalken *m* 7 → backyard 8 SPORT Verteidiger(in) B ADJ 1 rückwärtig, letzt(er, e, es), hinter(er, e, es), Hinter…, Rück…, Nach…: **~ entrance** Hintereingang *m*; **~ pass** SPORT a Rückpass *m* b Rückgabe *f* (*zum Tormann*) 2 fern, abgelegen: **~ country** Hinterland *n*; **~ province** finster(st)e Provinz 3 LING hinten im Mund geformt: **a ~ vowel** ein dunkler Vokal 4 rückläufig: **~ flow** Rückfluss *m* 5 rückständig (*Miete etc*): **~ tax** Steuerrückstände *pl* 6 alt, zurückliegend: **~ copy** → back number 1; **~ issue** alte Ausgabe (*e-r Zeitung etc*) C ADV 1 zurück, rückwärts: a **~ and forth** hin u. her b vor u. zurück; **two miles ~** zwei Meilen zurück *od* weiter hinten; (*siehe die Verbindungen mit den entsprechenden Verben*) 2 (wieder) zurück: **he is ~** (**again**) er ist wieder da; **~ home** a wieder zu Hause b US daheim, bei uns (zu Lande); **be ~ in fashion** wieder modern sein; → nature 1 d 3 zurück, vorher: **20 years ~** vor 20 Jahren; **~ in 1900** (damals *od* noch *od* schon) im Jahre 1900 4 *umg* zurück, im Rückstand: **be ~ in one's rent** mit der Miete im Rückstand sein D V/T 1 a *a.* **~ up** *j-n od etwas* unterstützen, eintreten für, *j-m* den Rücken stärken, *j-n* decken, *etwas* bekräftigen, untermauern, belegen, WIRTSCH *die Währung etc* stützen, *Noten* decken b **~ up** COMPUT *Daten* sichern 2 *a.* **~ up** zurückbewegen, *e-n Wagen, e-e Maschine, ein Pferd etc* rückwärts fahren *od* laufen lassen: **~ one's car up** mit dem Auto rückwärts fahren *od* zurückstoßen; **~ the car out of the garage** den Wagen rückwärts aus der Garage fahren; **~ water** a SCHIFF ein Schiff rückwärts rudern, rückwärts fahren b US *umg* e-n Rückzieher machen 3 wetten *od* setzen auf (*akk*): → horse A 1 4 a *ein Pferd etc* besteigen b *ein Pferd* zureiten 5 *a.* **~ up** *ein Buch etc* mit e-m Rücken versehen, an der Rückseite verstärken, *e-n Stuhl* mit e-r Lehne *od* Rückenverstärkung versehen 6 TECH beschichten, mit e-m Überzug versehen 7 TECH, *a. ein Kleidungsstück* füttern (**with** mit) 8 WIRTSCH *e-n Scheck* indossieren, gegenzeichnen, *e-n Wechsel* als Bürge unterschreiben, avalieren 9 auf der Rückseite beschreiben *od* bedrucken 10 den Hintergrund (*gen*) bilden, hinten grenzen an (*akk*) 11 *umg* auf dem Rücken tragen, auf den Rücken nehmen 12 JAGD hinter u. mit *dem Leithund* (vor)stehen (*Meute*) E V/I 1 *oft* **~ up** sich zurückbewegen, sich rückwärts bewegen, zurückgehen *od* -treten *od* -fahren, AUTO *a.* zurückstoßen: **~ out** rückwärts herausfahren (**of** aus) 2 links umspringen, rückdrehen (*Wind*) 3 **~ and fill** a SCHIFF back u. voll brassen, lavieren b *fig* unschlüssig sein 4 **~ onto** hinten angrenzen an (*akk*)

Phrasal Verbs: **back| away** V/I zurückweichen (**from** vor *dat*): **~ from** *fig* abgehen von; **~ from doing sth** davon abgehen, etwas zu tun; **~ down**, US **~ off** V/I nachgeben, klein beigeben; **~ out** V/I 1 → back¹ E 1 2 *fig* aussteigen *umg* (**from, of** aus); **~ up** → back¹ D 1, D 2, D 5, E 1

back² [bæk] S Bottich *m*, Kufe *f*

back|ache S MED Rücken-, Kreuzschmerzen *pl*: **I've got ~** ich habe Rückenschmerzen, mir tut der Rücken weh; **~ alley** S US finsteres Seitengässchen; **~-alley** US → back-street; **~ area** S MIL Etappe *f*; **~band** S Kreuzriemen *m*, Rückengurt *m* (*e-s Pferdes*); **~ basket** S Kiepe *f*, Rückentragekorb *m*; **~bench** PARL Br A S hintere Sitzreihe B ADJ der Hinterbänkler: **~ support for the plan**; **~bencher** S PARL Br Hinterbänkler(in); **~bend** S SPORT Brücke *f*; **~bite** V/T *irr* über *j-n* lästern; **~biter** S Lästerer *m*, Lästerin *f*; **~biting** A ADJ lästerlich B S Lästern *n*: **there was a lot of ~** es wurde viel gelästert; **~board** S 1 Rücken-, Lehnbrett *n* (*hinten im Boot, Wagen etc*) 2 MED Geradehalter *m* 3 *Basketball*: Spielbrett *n*; **~bone** S 1 Wirbelsäule *f*, Rückgrat *n*: **the ~** *fig* bis auf die Knochen, durch u. durch 2 Hauptgebirgszug *m* 3 US (Buch)Rücken *m* 4 *fig* Rückgrat *n*: a Charakter(stärke) *m(f)*, Mut *m* b Hauptstütze *f*: **form the ~ of** das Rückgrat (*gen*) bilden; **~breaking** ADJ erschöpfend, zermürbend, mühsam: **~ work** Knochenarbeit *f umg*; **~ burner** S: **put sth on the ~** *fig umg* etwas zurückstellen; **~chat** S *umg* 1 freche Antwort(en *pl*) 2 Schlagfertigkeit *f*; **~ cloth** *bes Br für* backdrop 1; **~comb** V/T sich *das Haar* toupieren: **~ one's hair**; **~-coupled** ADJ ELEK rückgekoppelt; **~ court** S 1 *Tennis*: *bes US* Hinterfeld *n* 2 *Basketball*: Rückfeld *n* 3 *Handball*: Rückraum *m*: **~ player** Rückraumspieler(in); **~cross** BIOL A V/T rückkreuzen B S Rückkreuzung *f*; **~date** V/T 1 (zu)rückdatieren (**to** auf *akk*) 2 rückwirkend in Kraft setzen: **the wage increases are to be ~d to April 1** die Lohnerhöhungen sollen rückwirkend ab

1. April gelten; **~ door** S Hintertür *f*, *fig a.* Hintertürchen *n*: **get in by** (*od* **through**) **the ~** durch die *od* e-e Hintertür hereinkommen; **~-door** ADJ geheim, heimlich; **~down** S: **he was forced into a ~** er wurde gezwungen, klein beizugeben; **~drop** S 1 THEAT Prospekt *m* 2 *fig* Hintergrund *m*: **be** (*od* **provide**) **the ~ for** den Hintergrund (*gen*) bilden; **against the ~ of** vor dem Hintergrund (*gen*)

backed [bækt] ADJ 1 mit Rücken, Lehne *etc* versehen, ...rückig, ...lehnig 2 *in Zusammensetzungen* mit (e-m) ... Rücken: **straight-~**

back| e.m.f. [ˌiːem'ef] S ELEK gegenelektromotorische Kraft, Gegen-EMK *f*; **~ end** S *Br dial* (Spät)Herbst *m*

backer S 1 Geldgeber(in) 2 Wetter(in): **his ~s** diejenigen, die auf ihn gesetzt haben *od* hatten

back|fire A VI [ˌbæk'f-; *US* '-ˌf-] 1 AUTO Fehlzündungen haben 2 *fig* fehlschlagen, ins Auge gehen *umg*: **his plan ~d on him** der Schuss ging nach hinten los *umg* B S ['bækˌf-] AUTO a Fehlzündung *f* b (Auspuff-)Knall *m*; **~flash** → flashback 1; **~ formation** S LING Rückbildung *f* (*a. Wort*); **~ four** SPL *Fußball*: Viererkette *f*; **~ freight** S WIRTSCH Rückfracht *f*; **~gammon** S Backgammon *n* (*ein Würfelbrettspiel*); **~ gear** S TECH Vorgelege *n*; **~-gear shaft** S TECH Vorgelegewelle *f*; **~ground** S 1 Hintergrund *m* (*a. fig*): **against a ~ of** vor dem Hintergrund (*gen*); **form the ~ to sth** den Hintergrund für etwas bilden; **keep** (*od* **remain, stay**) **in the ~** im Hintergrund bleiben; **~ projection** FILM Hintergrundprojektion *f* 2 MAL Untergrund *m* 3 *fig* a Hintergründe *pl*, Umstände *pl*: **~ information** Hintergrundinformationen *pl* b Umwelt *f*, Milieu *n* c Werdegang *m*, Vorgeschichte *f*: **have a musical ~** musikalisch vorbelastet sein d Erfahrung *f*, Wissen *n*: **educational ~** Vorbildung *f*, Bildungsgang *m* e Anhaltspunkte *pl*, Grundlage *f* 4 Musik-, Geräuschkulisse *f*: **~ music** musikalischer Hintergrund, musikalische Untermalung, Hintergrundmusik *f* 5 *a.* **~ noise** RADIO *etc* Hintergrund-, Störgeräusch *n* 6 *a.* **~ brightness** TV Grundhelligkeit *f*: **~ control** Steuerung *f* der mittleren Helligkeit; **~grounder** S *US inoffizielle Pressekonferenz, auf der Journalisten von e-m Regierungsvertreter mit Hintergrundinformationen versorgt werden*; **~hand** A S 1 nach links geneigte Handschrift 2 SPORT a Rückhand *f*: **he took the ball with his ~** er nahm den Ball mit der Rückhand b → backhander 1 B ADJ → backhanded A C ADV → backhanded B; **~handed** A ADJ (ADV **~ly**) 1 SPORT Rückhand... 2 mit dem Handrücken (*Schlag*) 3 nach links geneigt (*Schrift*) 4 indirekt (*Zensur etc*) 5 krumm *umg*, unredlich (*Methoden etc*) 6 zweifelhaft, zweischneidig (*Kompliment*) 7 schüchtern, scheu B ADV 1 SPORT mit der Rückhand 2 mit dem Handrücken; **~hander** S 1 SPORT Rückhandschlag *m*, (*Eishockey*) Rückhandschuss *m* 2 Schlag *m* mit dem Handrücken 3 *umg* indirekter Angriff 4 *Br umg* Schmiergeld: **give sb a ~** j-n schmieren; **~hoe** S TECH Schleppschaufelbagger *m*; **~house** S 1 Hinterhaus *n* 2 *US umg* Häuschen *n* (*primitive Toilette außerhalb des Hauses*)

backing S 1 Unterstützung: **with the full ~ of** mit voller Unterstützung von (*od gen*) 2 KOLL Geldgeber *pl* 3 TECH versteifende Ausfütterung, Verstärkung *f* 4 (*Rock- etc*) Futter *n* 5 TECH Belag *m*, Überzug *m* 6 FOTO (Lichthof)Schutzschicht *f* 7 WIRTSCH a Wechselbürgschaft *f*, Gegenzeichnung *f*, Aval *n* b Deckung *f* (*der Banknoten*) c Stützungskäufe *pl* 8 MUS Begleitung *f* (*bes e-s Popsängers*); **~ store** S COMPUT Ergänzungsspeicher *m*

backlash S 1 TECH toter Gang, Spiel *n* 2 verwickelte Angelschnur an der Haspel 3 Rückprall *m* 4 *fig* heftige Reaktion (**against** auf *akk*)

backless ADJ rückenfrei (*Kleid etc*)

back|light S FILM, TV Gegen-, Hinterlicht *n*; **~ list** S Backlist *f* (*Verzeichnis aller noch lieferbaren Bücher*); **~log** S 1 *bes US* großes Scheit im Kamin (*um das Feuer zu unterhalten*) 2 (*Arbeits-, Auftrags- etc*) Rückstand *m*, Überhang *m* (**of** an *dat*), Reserve *f* (**of** an *dat*, von): **~ of (unfilled) orders** Auftragsüberhang *m od* -polster *n*; **~ demand** Nachholbedarf *m*; **~ marker** S SPORT Nachzügler(in); **~ matter** S TYPO Endbogen *m*

backmost ADJ hinterst(er, e, es)

back| number S 1 alte Nummer (*e-r Zeitschrift etc*) 2 *umg* (*etwas*) Überholtes, rückständige *od* altmodische Person *od* Sache: **I'm not a ~** ich bin doch nicht von gestern; **~pack** S A S 1 Rucksack *m* 2 Tornister *m* (*e-s Astronauten*) B VI a mit dem Rucksack wandern b als Rucksacktourist(in) reisen C VT im Rucksack tragen; **~packer** S Rucksacktourist(in); **~packing** S Rucksacktourismus *m*; **~ passage** S ANAT *euph* Mastdarm *m*; **~ pay** S WIRTSCH Lohn-, Gehaltsnachzahlung *f*; **~-pedal** VI *prät u. pperf* -aled, *bes Br* -alled 1 rückwärts treten (*Radfahrer*) 2 zurückweichen, den Rückwärtsgang einlegen *umg* (*bes Boxer*) 3 *fig* e-n Rückzieher machen *umg*; **~-pedal brake** S TECH Rücktrittbremse *f*; **~ pressure** S TECH Gegendruck *m*; **~-pressure valve** S TECH Rückschlagventil *n*; **~ projection** S FILM, TV Hintergrundprojektion *f*; **~rest** S Rückenstütze *f*, -lehne *f*; **~ room** S Hinterzimmer *n*; **~-room boy** S *bes Br umg* Wissenschaftler *m* im Hintergrund; **~saw** S TECH Rückensäge *f*; **~scatter** S PHYS Rückstreuung *f*; **~scratcher** S 1 Rückenkratzer *m* 2 *fig umg* Amigo *m umg pej*; **~scratching** S *fig umg* Klüngelei *f*; **~ seat** S 1 Rücksitz *m* 2 *umg* untergeordnete Stellung: **take a ~** in den Hintergrund treten (**to** gegenüber) (*a. Sache*); **he took a ~ during the discussion** er hielt sich während der Diskussion im Hintergrund *od* zurück; **force sb to take a ~** j-n in den Hintergrund drängen; **~-seat driver** S *umg* 1 AUTO besserwisserische(r) Beifahrer(in) 2 *fig* Besserwisser(in)

backsheesh → baksheesh

back|side S 1 Kehr-, Rückseite *f*, hintere *od* linke Seite 2 *umg* Hinterteil *n*, Hintern *m*: **give sb a kick up the ~** j-m in den Hintern treten; **~sight** S 1 a TECH Visier *n* b *Landvermessung*: Standvisier *n* 2 MIL Kimme *f*, Klappvisier *n*; **~ slang** S Umkehrung *f* der Wörter (*beim Sprechen*); **~slapper** S 1 jovialer *od* leutseliger Mensch 2 plumpvertraulicher Mensch; **~slapping** A ADJ plumpvertraulich B S plumpe Vertraulichkeit; **~slash** S Backslash *m*, umgekehrter Schrägstrich; **~slide** VI *irr* 1 rückfällig werden 2 REL abtrünnig werden; **~slider** S 1 Rückfällige(r) *m/f(m)* 2 REL Abtrünnige(r) *m/f(m)*; **~space** A S Rück(stell)taste *f* (*e-r Schreibmaschine*) B VI die Rück(stell)taste betätigen; **~space key**, **~spacer** → backspace A; **~spin** S SPORT Backspin *m*, Rückwärtsdrall *m*; **~stage** THEAT A S a Raum *m* hinter der Bühne *od* hinter den Kulissen b Garderoben *pl* B ADJ a hinter der Bühne, *a. fig* hinter den Kulissen b in den Garderoben C ADV [ˌ-'st-] backstage: a hinter der *od* die Bühne, *a. fig* hinter den Kulissen b in den *od* die Garderoben; **~stair** → backstairs B; **~stairs** A SPL Hintertreppe *f* B ADJ 1 **~ gossip** (*od* **talk**) Lästereien *pl* (**about** über *akk*) 2 **~ influence** Protektion *f*; **~stitch** S Steppstich *m*: **~ seam** Steppnaht *f*; **~stop** S 1 SPORT Netz *n*, Zaun *m* (*hinter den Toren etc*) 2 TECH Rücklaufsperre *f*; **~ straight** → backstretch; **~ street** S Seitenstraße *f*; **~-street** ADJ heimlich: **~ abortion** illegale Abtreibung; **~ abortionist** Engelmacher(in); **~stretch** S SPORT Gegengerade *f*; **~stroke** A S 1 SPORT a Rückschlag *m* (*des Balls*) b Rückenschwimmen *n*: **do** (*od* **swim**) **the ~** → B; **~ swimmer** → backstroker 2 TECH Rückschlag *m*, -lauf *m*, -hub *m* B VI SPORT rückenschwimmen, im Rückenstil schwimmen; **~stroker** S SPORT Rückenschwimmer(in); **~swept** ADJ 1 schräg nach hinten verlaufend 2 **~ wing** FLUG Pfeilflügel *m*; **~swing** S *Golf*: Aufschwung *m*; **~ talk** S *bes US umg* freche Antwort(en *pl*); **~-to-work** ADJ: **~ order** JUR *gerichtliche Verfügung, die Streikende zur Wiederaufnahme der Arbeit zwingt*; **~track** VI 1 denselben Weg zurückgehen *od* -verfolgen 2 *fig* a e-n Rückzieher machen *umg*, sich zurückziehen (**from** von) b e-e Kehrtwendung machen; **~up** A S 1 → backing 1, 3 2 Verstopfung *f* (*e-s Rohrs etc*) 3 AUTO *US* (Rück)Stau *m*: **~ of cars** Autoschlange *f* 4 COMPUT Back-up *m*, Sicherungskopie *f* 5 TECH Ersatzgerät *n*, -maschine *f* B ADJ 1 Unterstützungs..., Hilfs...: **~ troops** 2 TECH Ersatz..., Reserve... 3 COMPUT Sicherheits...: **~ copy** → A 4; **~ disk** Sicherungsdiskette *f* 4 **~ light** AUTO *US* Rückfahrscheinwerfer *m*

backward ['bækwə(r)d] A ADJ (ADV **~ly**) 1 rückwärts gerichtet, Rück(wärts)...: **~ dive** (*Wasserspringen*) Rückwärtssprung *m*; **~ flow** Rückfluss *m*; **a ~ glance** ein Blick zurück *od* nach hinten 2 hinten gelegen, Hinter... 3 a langsam, träge: **be ~ in one's duty** s-e Pflicht vernachlässigen b (*geistig*) schwerfällig 4 (*in der Entwicklung etc*) *neg!* zurück(geblieben), entwicklungsverzögert (*Kind etc*), unterentwickelt (*a. Land etc*), spät reifend (*Früchte*), spät eintretend (*Jahreszeit*) 5 rückständig (*Land, Person etc*): **be ~ in one's work** mit s-r Arbeit im Rückstand sein 6 zögernd, widerwillig 7 *umg a.* **~ in coming forward** zurückhaltend, schüchtern, scheu: **a ~ lover** ein schüchterner Liebhaber B ADV *US* 1 rückwärts, zurück..., nach hinten: **~ and forward** a hin u. her b vor u. zurück; **count ~** rückwärts zählen, zurückzählen (*beide*: **from ... to** von ... bis); **say the alphabet ~** das Alphabet rückwärts aufsagen; → know A 3 2 rücklings, verkehrt 3 zurück..., in die Vergangenheit: **look ~** *fig* zurückblicken 4 zurück..., zum Schlechten: **go ~** *fig* sich verschlechtern

backwardation [ˌbækwə(r)'deɪʃn] S *Börse*: *Br* Deport *m*, Kursabschlag *m*

backwardness S 1 Langsamkeit *f*, Trägheit *f* 2 Rückständigkeit *f* 3 Widerwilligkeit *f* 4 Schüchternheit *f*

backwards ['bækwə(r)dz] *bes Br* → backward B

back|wash S 1 Rückströmung *f*, SCHIFF *a.* Bugwellen *pl od* Kielwasser *n* 2 *fig* Aus-, Nachwirkung(en) *f(pl)*; **~water** S 1 → backwash 1 2 Stauwasser *n* 3 totes Wasser 4 *fig* Ort *m od* Zustand *m* der Rückständigkeit u. Stagnation, Provinz *f*, kulturelles Notstandsgebiet; **~woods** A SPL 1 *bes US* unerschlossenes Waldgebiet, abgelegene Wälder *pl* 2 *pej* Provinz *f* B ADJ *pej* hinterwäldlerisch, Provinz...; **~woodsman** [-mən] S *irr* 1 *pej* Hinterwäldler *m* 2 *Br umg Mitglied des Oberhauses, das nur selten an Sitzungen teilnimmt*; **~yard** S 1 *Br* Hinterhof *m* 2 *US* Garten *m* hinter dem Haus 3 *when it comes to new motorways*, **most people say, "Not in my ~!"** gilt für die meisten Leute das Floriansprinzip

bacon ['beɪkən] S Bacon *m*, Frühstücksspeck *m*: ~ **and eggs** Eier mit Speck; **bring home the** ~ *umg* a die Brötchen verdienen *umg* b (*bei e-m Unternehmen etc*) Erfolg haben; **bring home the** ~ **on a contract** e-n Vertrag unter Dach u. Fach bringen; **save one's** ~ *Br umg* mit heiler Haut davonkommen

Baconian theory [beɪ'kəʊnjən; -nɪən] S Bacon-Theorie *f* (*Theorie, nach der Francis Bacon Shakespeares Dramen verfasst habe*)

bact. ABK 1 bacteria PL 2 bacterial

bacteria [bæk'tɪərɪə] *pl von* bacterium

bacterial [bæk'tɪərɪəl] ADJ (ADV ~ly) bakteriell (*Infektion etc*): ~ **culture** Bakterienkultur *f*; ~ **plaque** Plaque *f*, Zahnbelag *m*

bactericidal [bæk,tɪərɪ'saɪdl] ADJ (ADV ~ly) MED bakterizid, Bakterien tötend; **bactericide** [-saɪd] S Bakterizid *n*

bacterin ['bæktərɪn] S MED Bakterienvakzin(e) *n(f)*

bacteriological [bæk,tɪərɪə'lɒdʒɪkl; *US* -'lɑ-] ADJ (ADV ~ly) bakteriologisch, Bakterien…: ~ **warfare** bakteriologischer Krieg, Bakterienkrieg *m*; **bacteriologist** [-'ɒlədʒɪst; *US* -'ɑ-] S Bakteriologe *m*, Bakteriologin *f*; **bacteriology** S Bakteriologie *f* (*Wissenschaft von den Bakterien*)

bacteriolysis [bæk,tɪərɪ'ɒlɪsɪs; *US* -'ɑ-] S MED Bakteriolyse *f* (*Zerstörung von Bakterien durch Antikörper*)

bacteriophage [bæk'tɪərɪəfeɪdʒ] S MED Bakteriophage *m* (*virenähnliches Kleinstlebewesen, das Bakterien zerstört*)

bacteriostasis [bæk,tɪərɪəʊ'steɪsɪs] S MED Bakteriostase *f* (*Hemmung des Wachstums u. der Vermehrung von Bakterien*)

bacterium [bæk'tɪərɪəm] *pl* **-ria** [-ə] S BIOL Bakterie *f*

bacteroid ['bæktərɔɪd] A ADJ bakterienähnlich B S BIOL Bakteroid *n*

Bactrian camel ['bæktrɪən] S ZOOL Zweihöckeriges Kamel

bad[1] [bæd] A ADJ *komp* **worse** [wɜːs; *US* wɜrs], *sup* **worst** [wɜːst; *US* wɜrst] (ADV → badly) 1 *allg* schlecht 2 böse, schlimm, arg, schwer: **a** ~ **accident** ein schwerer Unfall; **a** ~ **dream** ein böser Traum; **a** ~ **mistake** ein schwerer Fehler; → end *Bes Redew* 3 böse, ungezogen (*Junge etc*) 4 verdorben, lasterhaft (*Frau etc*) 5 unanständig, unflätig: ~ **language** a unanständige Ausdrücke *pl* b (gottes)lästerliche Reden *pl* c beleidigende Äußerungen *pl*; **a** ~ **word** ein hässliches Wort 6 falsch, fehlerhaft, schlecht: **his** ~ **English** sein schlechtes Englisch; ~ **grammar** grammatisch falsch *od* schlecht 7 unbefriedigend, schlecht (*Ernte, Jahr, Plan etc*): **not** ~ nicht schlecht *od* übel; **not** ~ **fun** ganz amüsant 8 ungünstig, schlecht (*Nachrichten etc*): **he's** ~ **news** *umg* er ist ein unangenehmer Zeitgenosse 9 schädlich, ungesund, schlecht (*alle*: **for** für): **be** ~ **for sb** j-m nicht guttun; **be** ~ **for sb's health** j-s Gesundheit schaden 10 unangenehm, ärgerlich: **that's too** ~ das ist (zu) schade, das ist (doch) zu dumm; **too** … **that** … schade, dass … 11 schlecht (*Qualität, Zustand*): **in** ~ **condition** in schlechtem Zustand; ~ **trip** *sl* Bad Trip *m* (*Drogenrausch mit Angstzuständen*); → breath 1 12 ungültig (*Anspruch, Münze etc*), ungedeckt (*Scheck*): ~ **debts** WIRTSCH zweifelhafte Forderungen; ~ **shot** SPORT ungültiger Schuss *od* Schlag; ~ **title** JUR mangelhafter Rechtstitel; → penny 1 13 schlecht, verdorben (*Fleisch etc*): **go** ~ schlecht werden, verderben; → apple 1 14 schlecht, angegriffen (*Gesundheit*) 15 a unwohl, krank: **she is** (*od* **feels**) **very** ~ **today** es geht ihr heute sehr schlecht; **he is in a** ~ **way** (*a. weitS.*) es geht ihm schlecht, er ist übel dran; **he was taken** ~ *umg* er wurde krank b niedergeschlagen: **feel** ~ **about** (sehr) deprimiert sein über (*akk*); ein schlechtes Gewissen haben wegen 16 schlimm, böse, arg, heftig: **a** ~ **finger** ein böser *od* schlimmer Finger; → cold C 3 17 widerlich, schlecht (*Geruch etc*) 18 schlecht, schwach (**at** in *dat*) B S 1 (*das*) Schlechte, (*das*) Böse, Unglück *n*: **be to the** ~ von Nachteil sein; **go to the** ~ auf die schiefe Bahn geraten *od* kommen; **go from** ~ **to worse** immer schlimmer werden; **take the** ~ **with the good** (auch) die Nachteile *od* die schlechten Seiten in Kauf nehmen 2 WIRTSCH Defizit *n*: **be $25 to the** ~ ein Defizit *od* e-n Verlust von 25 Dollar haben, 25 Dollar im Minus sein 3 *umg* **be in** ~ **with** schlecht angeschrieben sein bei; **get in** ~ **with** sich unbeliebt machen bei; **my** ~! *bes US* ich wars! C ADV *umg* → badly

bad[2] [bæd] *obs prät von* bid[1]

badderlocks ['bædə(r)lɒks; *US* -,lɑks] S BOT Rippentang *m*, Essbarer Flügeltang

baddie [bædɪ] S FILM, TV *umg* Bösewicht *m*, Schurke *m*

baddish ['bædɪʃ] ADJ ziemlich schlecht

baddy → baddie

bade [bæd; beɪd] *prät von* bid[1]

badge [bædʒ] S 1 Abzeichen *n*: ~ **of office** Amtszeichen *n* 2 MIL a *a.* ~ **of rank** Dienstgrad-, Rangabzeichen *n* b (Ehren)Spange *f*, Auszeichnung *f* 3 *fig* Ab-, Kennzeichen *n*, Merkmal *n*, Stempel *m*

badger ['bædʒə(r)] A S 1 ZOOL Dachs *m* 2 ♀ *US* (*Spitzname für e-n*) Bewohner von Wisconsin: ♀ **State** Wisconsin *n* B V/T *fig j-m* zusetzen (**with** mit; **to do** zu tun): ~ **sb for sth** j-m wegen etwas keine Ruhe lassen; ~ **sb into doing sth** j-m so lange zusetzen *od* keine Ruhe lassen, bis er etwas tut

badge reader S COMPUT Ausweisleser *m*

badger game S *US umg abgekartetes Spiel, bei dem ein Mann von e-r Frau in e-e verfängliche Situation gelockt u. anschließend von e-m Komplizen, der sich als Ehemann od Bruder ausgibt, erpresst wird*

badigeon [bə'dɪdʒən] S TECH Gips-, Stuckmörtel *m*

badinage ['bædɪnɑːʒ; ,bædɪ'nɑːʒ] S Spöttelei *f*, Neckerei *f*

badlands SPL Ödland *n*

badly ADV 1 schlecht, schlimm: **he is** ~ **off** er ist (*finanziell*) nicht gut gestellt; **he's** ~ **off for** ihm fehlt es an (*dat*) 2 schlecht, mangelhaft: **do** ~ schlecht fahren (**in** bei, mit), schlecht abschneiden 3 dringend, sehr: ~ **needed** dringend nötig *od* benötigt; **be** ~ **in need of sth** etwas dringend brauchen 4 schwer: ~ **wounded**

badminton ['bædmɪntən] S 1 a SPORT Badminton *n* b *Freizeitsport*: Federball(spiel) *m(n)*: **play** ~ Federball spielen 2 *a.* ~ **cup** *Erfrischungsgetränk aus Rotwein, Sodawasser u. Zucker*

bad-mouth V/T *bes US umg j-n od etwas* schlechtmachen, herziehen über (*akk*)

badness S 1 Verdorbenheit *f*, Lasterhaftigkeit *f* 2 Schädlichkeit *f* 3 schlechter Zustand, schlechte Beschaffenheit

bad-tempered ADJ schlecht gelaunt, übellaunig

BAe ABK British Aerospace (*Flugzeugherstellerfirma*)

Baedeker® ['beɪdɪkə(r)] S 1 Baedeker® *m*, Reiseführer *m* 2 *allg* Führer *m*; ~ **raid** S MIL, HIST *umg e-r der 1942 geflogenen deutschen Luftangriffe auf kulturell od geschichtlich bedeutsame Orte in England*

baffle ['bæfl] A V/T 1 verwirren, vor ein Rätsel stellen: **the police are** ~**d** die Polizei steht vor e-m Rätsel 2 *e-n Plan etc* durchkreuzen, vereiteln: **it** ~**s (all) description** es spottet jeder Beschreibung 3 TECH a ablenken b dämpfen, bremsen B S TECH a *a.* ~ **board** Schallwand *f* b *a.* ~ **plate** Prallblech *n*, -fläche *f*; ~**gab** → gobbledygook

bafflement S 1 Verwirrung *f* 2 Vereit(e)lung *f*; **baffling** ADJ (ADV ~ly) 1 verwirrend, rätselhaft 2 vereitelnd, hinderlich

BAFTA ABK British Association of Film and Television Arts

bag [bæg] A S 1 (*a. Post-, Schlaf- etc*) Sack *m*, Beutel *m*, (*Schul-, Reise-, Hand- etc*) Tasche *f*: ~ **and baggage** mit Sack u. Pack; ~**s under the eyes** a Ringe unter den Augen b Tränensäcke; ~**s of** *umg* jede Menge (*Geld etc*); **that's not my** ~ *umg* das ist nicht mein Fall; **give sb the** ~ *umg* j-n feuern (*entlassen*); **be left holding the** ~ *US umg* die Sache ausbaden müssen, der Dumme sein; **it's in the** ~ *umg* das haben wir in der Tasche *od* sicher; **the game's in the** ~ *umg* das Spiel ist (für uns) gelaufen; **the whole** ~ **of tricks** *umg* der ganze Krempel; → bone[1] A 1, cat[1] *Bes Redew*, nerve A 1 2 TECH (*Zellophan- etc*) Beutel *m* (*zur Verpackung*) 3 Tüte *f* 4 Sack *m* (*als Maß*) 5 Geldbeutel *m* 6 JAGD a Jagdtasche *f* b (Jagd)Beute *f*, Strecke *f* 7 ZOOL a Euter *n* b Honigmagen *m* (*e-r Biene*) 8 Boxen: (*Sand*) Sack *m* 9 *oft* **old** ~ *sl pej* a alte Schachtel b Drachen *m* c alte Schlampe 10 *umg* a Sack *m* (*weites Kleidungsstück*) b *pl*, *a.* **pair of** ~**s** *bes Br* Hose *f* 11 *umg* Briefchen *n* (*Rauschgift*) 12 *umg* a (Gemüts)Zustand *m*, (-)Verfassung *f* b Stimmung *f*: **be in a bad** ~ miese Laune haben B V/T 1 a in e-n Sack *od* e-e Tasche *od* e-n Beutel *od* e-e Tüte stecken b *a.* ~ **up** in Beutel verpacken *od* abfüllen c *a.* ~ **up** in Säcke abfüllen, einsacken d *a.* ~ **up** in Tüten abfüllen, eintüten 2 JAGD a zur Strecke bringen b fangen 3 *umg* a *Br* sich *etwas* schnappen b klauen 4 ~ **school**, ~ **it** *US sl* (die Schule) schwänzen 5 a aufbauschen b ausdehnen: ~**ged** → baggy C V/I 1 *a.* ~ **out** a sich sackartig ausbauchen, sich bauschen b sich ausbeulen 2 herunterhängen wie ein Sack (*Kleidungsstück*)

bagatelle [,bægə'tel] S 1 Bagatelle *f*, Kleinigkeit *f* 2 MUS Bagatelle *f* (*kurzes Musikstück*) 3 Tivoli *n* (*ein Kugelspiel*)

Bagdad, Baghdad [,bæg'dæd; *bes US* 'bægdæd] S Bagdad *n*

bagel ['beɪgl] S *ringförmige Semmel*

bagful ['bægfʊl] *pl* bagfuls, bagsful S (*ein*) Sack *m* (voll) (*a. fig Menge*)

baggage ['bægɪdʒ] S 1 FLUG, *allg bes US* (Reise)Gepäck *n* 2 MIL Gepäck *n* 3 *fig US* Ballast *m* 4 *umg obs* a *pej* Flittchen *n* b *hum* Fratz *m* (*Mädchen*); ~ **allowance** S FLUG Freigepäck *n*; ~ **car** S BAHN *US* Gepäckwagen *m*; ~ **car(r)ousel** → carrousel 2; ~ **check** S *US* Gepäckschein *m*; ~ **compartment** S FLUG, BAHN *bes US* Gepäckraum *m*; ~ **insurance** *bes US* Reisegepäckversicherung *f*; ~ **locker** S *bes US* Gepäckschließfach *n* (*auf Bahnhöfen etc*); ~ **rack** S BAHN *bes US* Gepäcknetz *n*; ~ **reclaim** S FLUG Gepäckausgabe *f*

bagger ['bægə(r)] S *US j-d, der in Supermärkten an der Kasse den Kunden die Ware einpackt (u. zum Auto bringt)*; **bagging** A S 1 Sack-, Packleinwand *f* 2 a Verpackung *f od* Abfüllung *f* in Beutel b Abfüllung *f* in Säcke, Einsacken *n* c Abfüllung *f* in Tüten, Eintüten *n* 3 Aufbauschung *f* B ADJ → baggy

baggravation [,bægrə'veɪʃn] S FLUG *Verärgerung, die j-d verspürt, wenn ausgerechnet sein Gepäck nicht auf dem Kreisel erscheint*

baggy ['bægɪ] ADJ 1 sackartig 2 bauschig 3

sackartig herunterhängend *(Kleidungsstück)*: **~ cheeks** Hängebacken; **go ~** *(durch Waschen etc)* die Form verlieren **4** ausgebeult *(Hose etc)*

bag| lady S Stadtstreicherin *f*; **~man** [-mən] S *irr* **1** *bes Br umg* (Handels)Vertreter *m* **2** *US umg* Kassierer *m od* Verteiler *m* von Schutz- *od* Schmiergeldern

bagnio ['bɑːnjəʊ; *US a.* 'bæn-] *pl* **-gnios** S **1** Bordell *n* **2** *obs* türkisches Badehaus **3** *obs* Gefängnis *n (im Orient)*

bag| people SPL Stadtstreicher *pl*; **~pipe** MUS **A** ADJ Dudelsack...: **~ music B** SPL Dudelsack *m*; **~piper** S Dudelsackpfeifer(in)

bags [bægz] INT *Br sl (Kindersprache)*: **~ I go first!** Erste(r)!; **~ I the first piece!** ich krieg das erste Stück!

bagsnatcher S Handtaschenräuber(in)

baguet(te) [bæ'get] S **1** Baguette *f (länglicher, rechteckiger Schliff von Edelsteinen, bes Diamanten)* **2** Baguette *f (längliches französisches Weißbrot)*

bag|wig S HIST Perücke *f* mit Haarbeutel; **~worm** S ZOOL Raupe *f* des Sackträgers: **~ moth** Sackträger *m*

bah [bɑː] INT *pej* bah!

Bahai [bə'hɑːɪ; *US a.* bɑː-] REL **A** S Bahai *m* **B** ADJ Bahaismus...; **Bahaism** S Bahaismus *m (aus dem Babismus entstandene universale Religion)*

Bahama Islands [bə'hɑːmə; *US a.* -'heɪ-] SPL, **Bahamas** [-z] SPL *(die)* Bahamainseln *pl*, *(die)* Bahamas *pl*

Bahamian [bə'heɪmjən] **A** S Baham(a)er(in) **B** ADJ bahamaisch

Bahrain, Bahrein [ˌbɑː'reɪn] S Bahrein *n*

Bahraini [ˌbɑː'reɪnɪ] **A** S Bahrainer(in) **B** ADJ bahrainisch

bail[1] [beɪl] JUR **A** S **1** *nur sg* Bürge(n) *m(pl)*: **find ~** sich (e-n) Bürgen verschaffen **2** Bürgschaft *f*, Sicherheitsleistung *f*, (Haft)Kaution *f*: **admit to ~** → B 2; **allow** *(od* **grant) ~ a** → B 2 **b** Sicherheitsleistung *od* Kaution zulassen; **be out on ~** gegen Kaution auf freiem Fuß sein; **forfeit one's ~** *(bes wegen Nichterscheinens vor Gericht)* die Kaution verlieren; **furnish** *(od* **give) ~** Sicherheit leisten, Kaution stellen; **go** *(od* **stand) ~ for sb** für j-n Sicherheit leisten *od* Kaution stellen; **jump ~** *umg* die Kaution sausen lassen; **refuse ~** die Freilassung gegen Kaution *od* Sicherheitsleistung verweigern; **release** *(Br a.* **remand) on ~** → A 3; **release** *(Br a.* **remand) on ~** → B 2; **he was released on ~ of £10,000** er wurde gegen e-e Kaution von 10 000 Pfund freigelassen; **save** *(od* **surrender to) one's ~** vor Gericht erscheinen **3** Freilassung *f od* Entlassung *f* aus der Untersuchungshaft gegen Kaution *od* Sicherheitsleistung **B** V/T **1** *meist* **~ out** *j-s* Freilassung *od* Entlassung aus der Untersuchungshaft gegen Kaution *od* Sicherheitsleistung erwirken, *j-n* gegen Kaution freibekommen **2** gegen Kaution *od* Sicherheitsleistung freilassen *od* aus der Untersuchungshaft entlassen **3** Güter *(zur treuhänderischen Verwahrung)* übergeben *(***to** *dat)* **4** *meist* **~ out** *fig j-n* retten, *j-m* (heraus)helfen (**of** aus)

bail[2] [beɪl] **A** V/T *meist* **~ out a** Wasser *etc* ausschöpfen **b** *ein Boot* ausschöpfen **B** V/I **1** *a.* **~ out** Wasser ausschöpfen **2 ~ out** FLUG *US* aussteigen *sl (mit dem Fallschirm) abspringen* **3 ~ out** *fig US umg* aussteigen (**of** aus)

bail[3] [beɪl] S **1** Bügel *m*, Henkel *m*, (Hand)Griff *m* **2** Reif *m*, Halbreifen *m (z. B. e-s Planwagendaches)*

bail[4] [beɪl] S *bes Br* Schranke *f (im Pferdestall)*

bailable ADJ JUR kautionsfähig

bail| bandit S *US auf Kaution entlassener Untersuchungsgefangener, der s-e Freiheit nutzt, um weitere Straftaten zu begehen*; **~ bond** S JUR *schriftliche Verpflichtungserklärung e-s Untersuchungsgefangenen od Angeschuldigten u. s-s Bürgen anstelle von Zahlung e-r Kaution*

Baile Átha Cliath [ˌblɔː'kliː] S *Irish name for* → Dublin

bailee [ˌbeɪ'liː] S JUR Depositar(in) *(e-r beweglichen Sache)*, *(treuhänderische[r])* Verwahrer(in), *z. B.* Frachtführer(in), Spediteur(in)

bailey ['beɪlɪ] S **1** Außenmauer *f (e-r Burg)* **2** Burghof *m*: → Old Bailey

bailie ['beɪlɪ] S *schott* Stadtverordnete(r) *m/f(m)*

bailiff ['beɪlɪf] S **1** JUR **a** *Br* Gerichtsvollzieher(in) **b** *US* Justizwachtmeister(in) **c** *US* Vollstreckungsbeamte(r) *m*, -beamtin *f* **2** *Br* (Guts)-Verwalter(in)

bailiwick ['beɪlɪwɪk] S **1** JUR *Amtsbezirk m e-s Bailiff*; → bailiff 1 a, 1 c **2** *fig* **a** Spezialgebiet *n* **b** Zuständigkeitsbereich *m*

bailment S JUR **1 a** (vertragliche) Hinterlegung *(e-r beweglichen Sache)*, Verwahrung(s-vertrag) *f(m)*, *a.* Beförderungsvertrag *m* **b** hinterlegte Sachen *pl*, anvertrautes Gut **2** → bail[1] A 3

bailor ['beɪlə(r); beɪ'lɔː(r)] S JUR Hinterleger(in) *(e-r beweglichen Sache)*, Deponent(in)

bailout S WIRTSCH Sanierung *f*: **~ plan** Sanierungsplan *m*

bailsman ['beɪlzmən] S *irr* JUR Bürge *m*

bairn [beə(r)n] S *schott* Kind *n*

Ba. Is. ABK Bahama Islands

bait [beɪt] **A** S **1** Köder *m (a. fig)*: **rise to** *(od* **swallow, take) the ~** anbeißen, *fig a.* sich ködern lassen **2** *obs* Erfrischungspause *f*, Rast *f (auf der Reise)* **3** *obs* Füttern *n* u. Tränken *n (der Pferde etc)* **B** V/T **1** mit e-m Köder versehen **2** *fig* ködern, (an)locken **3** JAGD (mit Hunden) hetzen **4** *fig* quälen, peinigen **5** *obs Pferde etc (bes auf der Reise)* füttern u. tränken **C** V/I **1** *obs* einkehren, Rast machen **2** *obs* fressen

baiter S *fig* Quäler(in)

baiting S **1** *fig* Quälerei *f* **2** → bait A 2 **3** → bait A 3

baize [beɪz] **A** S **1** Boi *m*, Boy *m (Woll- od Baumwollflanell)* **2** Tischüberzug *m etc* aus Boi **B** V/T mit Boi überziehen

bake [beɪk] **A** V/T **1** backen, im (Back)Ofen braten: **~ sb sth, ~ sth for sb** j-m etwas backen; **~d beans a** *Br* Baked Beans *(in Tomatensoße gekochte Bohnen)* **b** *US* → Boston baked beans; **~d potatoes a** *ungeschälte, im Ofen gebackene Kartoffeln* **b** Folienkartoffeln **2 a** dörren, härten, austrocknen **b** *Ziegel* brennen **c** TECH *Lack* einbrennen: **~ on** aufbrennen **B** V/I **1** backen, braten *(a. fig in der Sonne)*, gebacken werden *(Brot etc)* **2** dörren, hart werden **3** zusammen- *od* festbacken **C** S **1** *schott* Keks *m/n* **2** *US gesellige Zusammenkunft, bei der e-e Backspezialität als Hauptgericht serviert wird*; **~house** S Backhaus *n*, -stube *f*

Bakelite® ['beɪkəlaɪt] S TECH Bakelit® *n (ein Kunststoff)*

baker S **1** Bäcker(in): **at the ~'s** beim Bäcker; → dozen **2** tragbarer Backofen

Baker day ['beɪkə] S SCHULE *Br schulfreier Tag, an dem die Lehrer fortgebildet u. mit dem Lehrplan vertraut gemacht werden*

bakery ['beɪkərɪ] S **1** Bäckerei *f (Betrieb u. Laden)* **2** → bakehouse

baking A S **1** Backen *n* **2** Schub *m (Brote etc)* **3** TECH **a** Brennen *n (von Ziegeln)* **b** Einbrennen *n (von Lack)* **B** ADJ & ADV **it's ~ (hot) today** heute ist e-e Bruthitze *umg*; **~-hot** ADJ brütend heiß *(Tag etc)*; **~ powder** S Backpulver *n*; **~ sheet** S Backblech *n*; **~ soda** S Natron *n*; **~ tin, ~ tray** S Backblech *n*

baksheesh, bakshish ['bækʃiːʃ; ˌ-'ʃiːʃ] S Bakschisch *n*: **give sb ~** j-m ein Bakschisch geben

bal. ABK **1** WIRTSCH balance **2** WIRTSCH balancing

Balaclava (helmet) [ˌbælə'klɑːvə] S wollener Kopfschützer

balalaika [ˌbælə'laɪkə] S MUS Balalaika *f*

balance ['bæləns] **A** S **1** Waage *f*: **tip the ~** *fig* den Ausschlag geben (**in favo[u]r of** für; **against** gegen) **2** Gleichgewicht *n*: **a** Balance *f* **b** *a.* **~ of mind** Fassung *f*, Gemütsruhe *f*: **in the ~** *fig* in der Schwebe; **out of ~** TECH exzentrisch, aus dem Gleichgewicht; **hang** *(od* **tremble) in the ~** *fig* auf (des) Messers Schneide stehen; **hold the ~ (of power)** *fig* das Zünglein an der Waage bilden; **keep one's ~ a** das Gleichgewicht halten **b** *fig* sich nicht aus der Fassung bringen lassen; **lose one's ~** das Gleichgewicht *od (fig)* die Fassung verlieren; **throw sb off (their) ~ a** j-n aus dem Gleichgewicht bringen **b** *fig* j-n aus der Fassung bringen; **~ of nature** ökologisches Gleichgewicht; **~ of power** (politisches) Gleichgewicht, Gleichgewicht der Kräfte, Kräftegleichgewicht; **the ~ of the game was changing** SPORT das Spiel kippte um **3 (to)** *bes fig* Gegengewicht *n* (zu), Ausgleich *m* (für) **4** *bes fig* Übergewicht *n* **5** *fig* Abwägen *n*: **on ~** wenn man alles berücksichtigt, alles in allem (genommen) (→ A 7) **6** KUNST harmonisches Verhältnis, Ausgewogenheit *f (a. e-s Fernsehprogramms etc)* **7** WIRTSCH **a** Bilanz *f* **b** Rechnungsabschluss *m* **c** (Konten-, Rechnungs)Saldo *m*, Kontostand *m*, Bestand *m*, Guthaben *n* **d** Restbetrag *m*, -summe *f*: **~ at** *(od* **in) the bank** Banksaldo, -guthaben; **~ of accounts** Kontenabschluss *m*; **~ of payments** Zahlungsbilanz; **~ of trade** Handelsbilanz; **~ of the books** Abschluss *m* der Bücher; **~ due** Debetsaldo, geschuldeter Restbetrag; **~ in your favo(u)r** Saldo zu Ihren Gunsten; **~ in** *(od* **on) hand** Bar-, Kassenbestand; **show a ~** e-n Saldo aufweisen; **strike a ~** den Saldo *od (a. fig)*(die) Bilanz ziehen; **on ~** per Saldo (→ A 5); → bring forward 3 **8** Rest *m*: **the ~ of my annual holiday** mein restlicher Jahresurlaub **9** TECH Unruh *f (der Uhr)* **10** ELEK (Null-)Abgleich *m (e-r Messbrücke)* **11** PHYS Ausgleich *m*, Kompensation *f* **12** PHYSIOL *(Stickstoff- etc)* Gleichgewicht *n*: **thyroid ~** Schilddrüsengleichgewicht, normales Funktionieren der Schilddrüse **13** ♎ ASTROL Waage *f (Tierkreiszeichen)* **B** V/T **1** wiegen **2** *fig* (ab-, er)wägen: **~ one thing against another** e-e Sache gegen e-e andere abwägen **3 (o.s.** sich) im Gleichgewicht halten, balancieren **4** ins Gleichgewicht bringen, ausgleichen, ausbalancieren **5** ELEK **a** abgleichen **b** entkoppeln, neutralisieren **c** symmetrieren **6** TECH *Räder etc* auswuchten **7** WIRTSCH *Konten od Rechnungen* aus-, begleichen, saldieren, abschließen: **~ one item against another** e-n Posten gegen e-n anderen aufrechnen; **~ our account** zum Ausgleich unserer Rechnung; **~ the ledger** das Hauptbuch (ab)schließen; **~ the cash** Kasse(n-sturz) machen; → account C 1, checkbook **8** WIRTSCH gleichstehen mit: **the expenses ~ the receipts 9** KUNST harmonisch gestalten **C** V/I **1** sich im Gleichgewicht halten *(a. fig)*, balancieren: **~ with** ein Gegengewicht bilden zu, *etwas* ausgleichen **2** sich (hin u. her) wiegen, wippen **3** *a.* **~ out** TECH sich einspielen *(Zeiger etc)* **4** WIRTSCH sich ausgleichen *(Rechnungen)*

balancé [ˌbælən'seɪ] S *Ballett*: Balancé *n (Schwebeschritt)*

balance| account S WIRTSCH Ausgleichskonto *n*; **~ beam** S **1** Waagearm *m*, -balken *m* **2** *Turnen*: Schwebebalken *m*; **~ card** S WIRTSCH Bestandskarte *f*

balanced ['bælənst] ADJ **1** im Gleichgewicht

(befindlich), ausbalanciert 2 *fig* ausgewogen, ausgeglichen *(Budget etc)*: **~ diet** ausgeglichene Kost; **~ team** SPORT ausgeglichene Mannschaft 3 *fig* wohlerwogen *(Urteil etc)* 4 ELEK ausgeglichen, symmetrisch: **~ aerial** *(bes US* **antenna***)* Ausgleichsantenne *f*; **~ circuit** symmetrische Schaltung; **~ voltage** (erd)symmetrische Spannung 5 TECH ausgewuchtet *(Räder etc)*

balancer S 1 Balancierkünstler(in) 2 TECH Auswuchtgerät *n*

balance| sheet S WIRTSCH *(aufgestellte)* Bilanz, Rechnungsabschluss *m*: **~ item** Bilanzposten *m*; **~ spring** S TECH Unruhefeder *f* *(der Uhr)*; **~ wheel** → balance A 9

balancing ADJ 1 Balance…, Balancier…: **~ act** Balanceakt *m (a. fig)*; **~ pole** Balancierstange *f* 2 ELEK Ausgleichs…: **~ battery**; **~ condenser**; **~ force** PHYS Gleichgewichts-, Kompensationskraft *f*; **~ loop** Symmetrierschleife *f*; **~ method** Nullabgleichmethode *f*

balas (ruby) ['bæləs] S MINER Balasrubin *m*

balconied ['bælkənɪd] ADJ mit e-m Balkon (versehen), mit Balkonen; **balcony** S Balkon *m*, THEAT *a.* zweiter Rang

bald [bɔːld] A ADJ (ADV **~ly**) 1 kahl(köpfig), glatzköpfig: **go ~** e-e Glatze bekommen, kahl werden 2 kahl *(ohne Haar, Federn, Laub, Pflanzenwuchs)*: → pate 3 (völlig) abgefahren *(Reifen)* 4 *fig* kahl, schmucklos, armselig, dürftig 5 *fig* a offen, unverblümt: **to put it ~ly** um es ganz offen zu sagen b knapp *(Erklärung etc)* 6 weißköpfig *(Vogel)*, weißfleckig *(Pferde, bes am Kopf)*: **~ eagle** Weißköpfiger Seeadler *(Wappentier der USA)* B V/I US kahl werden, e-e Glatze bekommen

baldachin, *a.* **baldaquin** ['bɔːldəkɪn; *US a.* 'bæl-] S Baldachin *m (a.* ARCH*)*, Thron-, Traghimmel *m*

balderdash ['bɔːldə(r)dæʃ] S *obs umg* Quatsch *m umg*, Unsinn *m*

bald|head S 1 Glatz-, Kahlkopf *m (Mann)* 2 ORN *(e-e)* Haustaube; **~headed** ADJ 1 glatz-, kahlköpfig 2 *umg* **go ~ at** *(od* **for***)* blindlings losgehen auf *(akk)*; **go ~ into** blindlings rennen in *(akk)*

baldie ['bɔːldiː] *bes US umg* → baldhead 1

balding ADJ kahl *od* schütter werdend: **he is ~** er bekommt langsam e-e Glatze; **a ~ head** schütteres Haar; **a ~ man** ein Mann mit schütterem Haar

baldness S 1 Kahlheit *f (a. fig)*, Kahl-, Glatzköpfigkeit *f* 2 *fig* Schmucklosigkeit *f*, Armseligkeit *f*, Dürftigkeit *f* 3 *fig* a Offenheit *f*, Unverblümtheit *f* b Knappheit *f*

bald|pate S 1 → baldhead 1 2 ORN Amer. Pfeifente *f*; **~pated** → baldheaded 1

baldric ['bɔːldrɪk] S *(Horn-, Degen-, Wehr)* Gehenk *n*

baldy *bes US umg* → baldhead 1

bale[1] [beɪl] A S *(Heu-, Stoff- etc)* Ballen *m*: **a ~ of hay**; **~ goods** *pl* Ballenware *f*; **in ~s** ballenweise B V/T in Ballen verpacken

bale[2] [beɪl] S *obs od poet* 1 Unheil *n* 2 Leid *n*, Weh *n*

bale[3] *Br* → bail[2]

Balearic Islands [ˌbælɪ'ærɪk] SPL *(die)* Balearen *pl*

baleen [bə'liːn] S Fischbein *n*

balefire S *obs* 1 Signalfeuer *n* 2 Freudenfeuer *n* 3 Scheiterhaufen *m (zur Feuerbestattung)*

baleful ADJ (ADV **~ly**) 1 *Person:* a bösartig b rachsüchtig 2 hasserfüllt *(Blick)* 3 verderblich *(Einfluss)* 4 unheilvoll 5 *obs od poet* niedergeschlagen, deprimiert

baler S Ballen-, Packpresse *f*

Balinese [ˌbɑːlɪ'niːz] A S 1 Balinese *m*, Balinesin *f* 2 LING Balinesisch *n*, das Balinesische B ADJ balinesisch

balk [bɔːk] A S 1 Hindernis *n* 2 Enttäuschung *f* 3 AGR (Furchen)Rain *m* 4 ARCH Haupt-, Zug-, Spannbalken *m* 5 *Billard:* Quartier *n*, Kessel *m*: **~ line** Feldlinie *f*; **~-line game** Karreespiel *n* B V/I 1 stocken, stutzen, nicht weiterwollen *umg* 2 scheuen (**at** vor *dat*) *(Pferd)*, *(Reitsport)* verweigern 3 (**at**) a sich sträuben (gegen) b zurückschrecken (vor *dat*) C V/T 1 (ver)hindern, durchkreuzen, vereiteln: **he was ~ed in his plans** s-e Pläne wurden blockiert 2 verfehlen: **~ed landing** FLUG Fehllandung *f* 3 *e-m Thema etc* ausweichen, sich *e-r Aufgabe etc* entziehen

Balkan ['bɔːlkən] A ADJ Balkan…: **the ~ States** → B B SPL: **the ~s** die Balkanstaaten *pl*, der Balkan; **in the ~s** auf dem Balkan; **Balkanize** V/T *ein Gebiet* balkanisieren

balky ['bɔːkɪ] ADJ (ADV **balkily**) störrisch *(Pferd etc)*

ball[1] [bɔːl] A S 1 a Kugel *f* b *(Woll- etc)* Knäuel *m/n*: **a ~ of wool** c GASTR *(Fleisch)* Kloß *m*, (-)Klößchen *n* d BOT Ballen *m (e-r Pflanze)* 2 *(Pistolen-, a.* HIST *Kanonen)* Kugel *f*, Kugeln *pl*, Blei *n*: **load with ~** scharf laden 3 ANAT Ballen *m*: **~ of the eye** Augapfel *m*; **~ of the foot** Fußballen; **~ of the thumb** Handballen 4 → ballot A 1 a 5 SPORT, *Spiel:* a Kugel *f* b Ball *m* c Ballspiel *n*, *US bes* Baseball(spiel) *m(n)*: **play ~** Ball spielen, *US* Baseball spielen d Ball *m*, *(Tennis etc a.)* Schlag *m*, *(Fußball etc a.)* Schuss *m*, *(Basketball etc a.)* Wurf *m*: **a fast ~** ein scharfer Ball 6 ASTRON *od poet* Himmelskörper *m*, *bes* Erdkugel *f* 7 METALL Luppe *f* 8 → bolus 1 9 *pl* → balls A B V/T 1 zusammenballen, *Papier a.* zerknüllen, *Wolle etc* zu e-m Knäuel zusammenwickeln 2 **~ up** *US sl* a (völlig) durcheinanderbringen: **get ~ed up** → C 3 b versauen *umg*, verpfuschen C V/I 1 sich (zusammen)ballen 2 **~ up** METALL Luppen bilden 3 **~ up** *US sl* (völlig) durcheinanderkommen (**on** bei) *Besondere Redewendungen:* **~ of energy** Energiebündel *n*; **~ of fire** a Energiebündel *n* b Hitzkopf *m* **~ of muscle** *Aus* Muskelpaket *n*; **the ~ is in your court** du bist am Zug; **be on the ~** *umg* auf Draht sein; **carry the ~** *US* die Verantwortung übernehmen; **get on the ~** *umg* sich am Riemen reißen; **have the ~ at one's feet** *Br* alle Chancen haben; **have a lot on the ~** *umg* e-e Menge auf dem Kasten haben; **keep the ~ rolling** a die Sache in Schwung halten b das Gespräch *etc* in Gang halten **play ~** *bes US* a (mit)ziehen *umg* b *a. pej* zusammenarbeiten (**with** mit) **run with the ~** *US* a Verantwortung übernehmen b mit Feuereifer arbeiten **set** *(od* **start***)* **the ~ rolling** a den Anfang machen b den Stein ins Rollen bringen **when the ~ had started rolling in the discussion** als die Diskussion in Gang gekommen war

ball[2] [bɔːl] A S Ball *m (Tanzveranstaltung)*: **at a ~** auf e-m Ball; **open the ~** a den Ball eröffnen b *fig* den Reigen eröffnen; **have a ~** *umg* sich prima amüsieren; **have a ~!** *umg* viel Spaß!; **get a ~ out of** *umg* riesigen Spaß haben an *(dat)* B V/I *bes US vulg* bumsen, vögeln *(beide vulg) (miteinander schlafen)* C V/T *bes US vulg* bumsen, vögeln *(beide vulg)*

ballad ['bæləd] S 1 Ballade *f* 2 Bänkellied *n*

ballade [bæ'lɑːd; *US a.* bə-] S 1 Ballade *f (Gedichtform aus meist drei Strophen mit je 8 od 10 Versen u. Refrain)* 2 MUS Ballade *f*

ballad|monger S *pej* Dichterling *m*; **~ opera** S Singspiel *n*

balladry ['bælədrɪ] S Balladendichtung *f*

ball| and chain S 1 HIST Kugel- u. Kettenfessel *f* 2 *fig* Klotz *m* am Bein *umg* (**to sb** j-m): **be a ~ to sth** e-r Sache hinderlich sein 3 *sl, oft hum* Hauskreuz *n (Ehefrau)*; **~-and-socket joint** S ANAT, TECH Kugelgelenk *n*; **~ artist** S SPORT Ballkünstler(in), -artist(in)

ballast ['bæləst] A S 1 FLUG, SCHIFF Ballast *m* 2 *fig* Stütze *f*, Rückhalt *m* 3 TECH (Stein-)Schotter *m*, BAHN Bettungsmaterial *n* 4 → ballast resistor B V/T 1 FLUG mit Ballast beladen, SCHIFF *a.* ballasten 2 *fig j-m* Halt geben 3 beschottern

ballast| port S SCHIFF Ballastpforte *f (an der Schiffsseite)*; **~ resistor** S ELEK Vorschaltwiderstand *m*

ball| bearing S TECH 1 Kugellager *n* 2 Kugellagerkugel *f*; **~ boy** S SPORT Balljunge *m*; **~ cock** S TECH Schwimmerhahn *m*, -ventil *n*; **~ control** S SPORT Ballkontrolle *f*, -führung *f*

ball dress S Ballkleid *n*

ballerina [ˌbælə'riːnə] S 1 Ballerina *f*, Balletttänzerin *f* 2 *US* Primaballerina *f*

ballet ['bæleɪ; *US a.* bæ'leɪ] S Ballett *n*: a Balletttanz *m* b Ballettaufführung *f* c Balletttruppe *f* d Ballettmusik *f*; **~ dancer** S Balletttänzer(in)

balletic [bæ'letɪk] ADJ (ADV **~ally**) 1 Ballett… 2 tänzerisch *(Bewegungen)*

ballet master S Ballettmeister *m*

balletomane ['bælɪtəʊmeɪn; *US* bæ'letəˌmeɪn] S Ballettomane *m*, Ballettomanin *f*

ballet skirt S Ballettröckchen *n*

ball|flower S ARCH Ballenblume *f*; **~ game** S 1 SPORT a Ballspiel *n* b *US* Baseballspiel *n* 2 *umg* Sachlage *f*, Situation *f*: **a whole new ~** e-e völlig neue Situation; **~ girl** S SPORT Ballmädchen *n*

ballistic [bə'lɪstɪk] MIL, PHYS A ADJ (ADV **~ally**) ballistisch: **~ missile** ballistische Rakete; **~ trajectory** ballistische Flugbahn; **go ~** *bes US umg* in die Luft gehen, explodieren *(beide umg)* B S **ballistics** *pl (meist als sg konstruiert)* Ballistik *f (Lehre von den Bewegungen geschleuderter od geschlossener Körper)*; **ballistician** [ˌbælɪ'stɪʃn] S Ballistiker(in)

ball| joint S TECH Kugelgelenk *n*; **~ lightning** S Kugelblitz *m*; **~ loss** S SPORT Ballverlust *m*; **~ mill** S TECH Kugelmühle *f*

ballocks ['bæləks] → bollocks

ballon d'essai [ˌbælɔ̃ːnde'seɪ] *pl* ballons d'essai [ˌbælɔ̃ːnde'seɪ] S Ballon *m* d'Essai *(Nachricht, Versuchsmodell etc, womit die Meinung e-s bestimmten Personenkreises erkundet werden soll)*

ballonet [ˌbælə'net; *US* -'neɪ] S FLUG Ballonett *n (Luftsack im Inneren von Luftschiffen u. Fesselballonen)*

balloon [bə'luːn] A S 1 FLUG *(Frei-, Fessel- etc)* Ballon *m*: **when the ~ goes up** *Br umg* wenn es losgeht; **go down like a lead ~** *Br umg* überhaupt nicht ankommen *(Witz etc)* 2 Luftballon *m (Kinderspielzeug)* 3 ARCH (Pfeiler)Kugel *f* 4 CHEM (Rund)Kolben *m* 5 *Comics etc:* Sprech-, Denkblase *f* 6 *a.* **~ glass** Kognakglas *n*, -schwenker *m* 7 *a.* **~ shot** *(Fußball) Br umg* Kerze *f sl* B V/I 1 im Ballon aufsteigen *od* fahren 2 *oft* **~ out** sich blähen 3 *Fußball: Br umg* e-e Kerze fabrizieren *sl* 4 *US* in die Höhe schnellen *(Kosten, Mitgliederzahlen etc)* C V/T 1 aufblähen, ausdehnen *(a.* MED*)* 2 **~ the ball** → B 3 D ADJ ballonförmig, aufgebläht, aufgebauscht: **~ sleeve** Ballonärmel *m*; **~ barrage** S MIL Ballonsperre *f*

ballooning S Ballonfahren *n*; **balloonist** S Ballonfahrer(in)

balloon| sail S SCHIFF Ballon(segel) *m(n)*; **~ tire**, *bes Br* **~ tyre** S TECH Ballonreifen *m*; **~ vine** S BOT Ballonrebe *f*

ballot ['bælət] A S 1 a HIST Ballotte *f (Stimmkugel)* b Wahl-, Stimmzettel *m* 2 Gesamtzahl *f* der abgegebenen Stimmen: **large ~** hohe Wahlbeteiligung 3 Geheimwahl *f*: **voting is**

by ~ die Abstimmung ist geheim 4 (*bes* geheime) Wahl *od* Abstimmung: **have** (*od* **hold, take**) **a ~** abstimmen (**on** über *akk*) 5 Wahlgang *m*: **on the second ~** im zweiten Wahlgang 6 *obs* Auslosung *f* B V/I 1 (**for**) stimmen (für), (*bes* in geheimer Wahl) wählen (*akk*) 2 abstimmen (**on** über *akk*) 3 *obs* losen: **~ for sth** etwas auslosen C V/T 1 abstimmen über (*akk*) 2 *j-n* abstimmen lassen (**on** über *akk*) 3 *obs* auslosen; **~ box** S Wahlurne *f*; **~ card**, **~ paper** → ballot A 1 b; **~ rigging** S Wahlbetrug *m*, -fälschung *f*

ball| park S *US* 1 SPORT a Baseballstadion *n* b Baseballfeld *n*: **be in the right ~** *umg* ungefähr hinkommen (*Zahl etc*); **their estimate was in the right ~** sie lagen mit ihrer Schätzung richtig; **the increase is still in the ~** die Erhöhung hält sich in Grenzen 2 *fig umg* Tätigkeitsgebiet *n*; **~-park** ADJ: **~ figure** *US umg* ungefähre Zahl, (*finanzielle etc*) Größenordnung; **~ pen** S Kugelschreiber *m*; **~player** S SPORT 1 Ballspieler(in) 2 *Fußball*: *Br* Ballartist(in), -künstler(in) 3 *US* Baseballprofi *m*; **~point (pen)** S Kugelschreiber *m*; **~ race** S TECH Kugellaufbahn *f*, -rille *f*

ballroom S Ball-, Tanzsaal *m*: **~ dance** Gesellschaftstanz *m*; **~ dancing** Gesellschaftstanz *m*, -tänze *pl*

balls [bɔːlz] *vulg* A SPL 1 Eier *pl* (*Hoden*), Sack *m* (*Hodensack*) (*beide vulg*): **break one's ~** sich den Arsch aufreißen; **have sb by the ~** j-n in der Zange haben 2 Scheiß *m umg* 3 Mumm *m*, Schneid *m* B INT Scheiße! *umg* C V/T **~ up** *Br* → ball¹ B 2; **~-up** *Br vulg* → ballup

ballsy ['bɔːlziː] ADJ *sl* 1 draufgängerisch 2 aggressiv

ball|up S *US sl* 1 Durcheinander *n* 2 **make a ~ of sth** etwas verpfuschen *od umg* versauen; **~ valve** S TECH Kugel-, Rückschlagventil *n*; **~ winner** S *bes Fußball*: zweikampfstarke(r) Spieler(in); **~-winning** ADJ *bes Fußball*: zweikampfstark

bally ['bælɪ] *obs* → bloody A 4, B

ballyhoo [ˌbælɪ'huː; *US* 'bælɪˌhuː] *umg* A S 1 Wirbel *m*, Tamtam *n*, Getue *n* (*alle*: **about** um) 2 Ballyhoo *n*, Reklamerummel *m* B V/T *bes US* marktschreierische Reklame machen für

ballyrag ['bælɪræg] → bullyrag

balm [bɑːm; *US a.* bɑlm] S 1 Balsam *m*: a aromatisches Harz b wohlriechende Salbe c *fig* Wohltat *f* 2 balsamischer Duft 3 BOT Melisse *f* 4 **~ of Gilead** ['gɪlɪˌæd] BOT a Balsamstrauch *m* b *dessen aromatisches Harz*

Balmoral¹, *a.* ♀ [bæl'mɒrəl; *US a.* -'mɑ-] S 1 Schnürstiefel *m* 2 Balmoral *m* (*Kappe, die zur Hochländertracht getragen wird*) 3 HIST wollener Unterrock

Balmoral² [bæl'mɒrəl; *US* -'mɔː-; -'mɑː-] S *Residenz der engl. Könige in Grampian Region, Schottland*

balmy ADJ (ADV balmily) 1 balsamisch, wohlriechend 2 lind, mild (*Wetter*) 3 heilend 4 *bes US umg* → barmy

balneal ['bælnɪəl] ADJ Bade…

balneology [ˌbælnɪ'ɒlədʒɪ; *US* -'ɑ-] S MED Balneologie *f*, Bäderkunde *f*

balneotherapy [ˌbælnɪəʊ'θerəpɪ] S MED Balneotherapie *f* (*Behandlung mit Heilbädern u. Badekuren*)

baloney → boloney

BALPA ABK British Airline Pilots' Association

balsa ['bɒlsə; 'bɔːlsə] S 1 a BOT Balsabaum *m* b Balsa(holz) *n* 2 a Balsa *f* (*Floß aus Balsaholz*) b *allg* leichtes Floß

balsam ['bɔːlsəm] S 1 → balm 1 2 BOT Springkraut *n* 3 BOT a **~ fir** Balsamtanne *f* b *a.* **~ poplar** *US* Balsampappel *f*

balsamic [bɔːl'sæmɪk] ADJ 1 balsamisch, Balsam… 2 balsamisch, wohlriechend 3 lindernd, heilend

balsawood S Balsaholz *n*

Balt [bɔːlt] S Balte *m*, Baltin *f*; **Baltic** A ADJ 1 baltisch: **the~** *od* **the~ Sea** GEOG die Ostsee; **~ Shield** GEOL Baltischer Schild; **the ~ States** die baltischen Staaten, das Baltikum 2 Ostsee… B S LING Baltisch *n*, das Baltische; **Baltics** ['bɔːltɪks] SPL **the ~** das Baltikum, die baltischen Staaten

Balto-Slavic [ˌbɔːltəʊ-], **Balto-Slavonic** S LING Baltoslawisch *n*, das Baltoslawische

balun ['bælən] S ELEK Symmetrierglied *n*

baluster ['bæləstə(r)] S 1 a ARCH Baluster (-säule) *m(f)* b Geländerpfosten *m* 2 *pl* → balustrade

balustrade [ˌbælə'streɪd] S ARCH Balustrade *f* (*Treppengeländer etc mit Balustern*)

bambino [bæm'biːnəʊ; *US a.* bɑm-] *pl* -nos, -ni [-niː] S Bambino *m*: a *umg* kleines Kind, kleiner Junge b KUNST Jesuskind *n*

bamboo [bæm'buː] *pl* -boos S 1 BOT Bambus *m*: ♀ **Curtain** POL, *bes* HIST Bambusvorhang *m*; **~ shoots** GASTR Bambussprossen 2 Bambusrohr *n*

bamboozle [bæm'buːzl] V/T *umg* 1 prellen, betrügen (*beide*: **out of** um), übers Ohr hauen *umg*: **~ sb into doing sth** j-n so einwickeln, dass er etwas tut *umg* 2 irremachen, verwirren

ban [bæn] A V/T 1 *e-n Film, e-e Partei etc* verbieten: **~ sb from speaking** j-m Rede- *od* Sprechverbot erteilen; **he was ~ned from driving for three years** er erhielt ein dreijähriges Fahrverbot 2 SPORT sperren (**for two games** für zwei Spiele) 3 *obs* verfluchen, verwünschen B S 1 (amtliches) Verbot (**on** *gen*), Sperre *f* (*a.* SPORT): **~ on imports** Einfuhrverbot, -sperre; **~ on smoking** Rauchverbot; **impose** (*od* **place**) **a ~ on** → A 1 2 *obs* (gesellschaftliche) Ächtung, Ablehnung *f* durch die öffentliche Meinung: **under (a) ~** geächtet, allgemein missbilligt 3 REL (Kirchen)Bann *m*: **under the ~** a HIST in Acht und Bann b exkommuniziert 4 *obs* Verfluchung *f*, Verwünschung *f* 5 *pl* → banns

banal [bə'nɑːl; 'beɪnl] ADJ (ADV ~ly) banal, abgedroschen

banality [bə'nælətɪ] S Banalität *f*: a Abgedroschenheit *f* b Gemeinplatz *m*

banalize [bə'nɑːlaɪz] V/T banalisieren, ins Banale ziehen

banana [bə'nɑːnə; *US* -'næ-] S BOT Banane *f* (*Pflanze u. Frucht*); **~ oil** S 1 CHEM Amylacetat *n* 2 *US sl* a Quatsch *m umg* b Schmus *m umg*; **~ plug** S ELEK Bananenstecker *m*; **~ republic** S *pej* Bananenrepublik *f*

bananas [bə'nɑːnəz; *US* -'næ-] ADJ *sl*: **be ~** bekloppt *od* (total) übergeschnappt sein *umg*; **drive sb ~** j-n wahnsinnig machen *umg*; **go ~** a überschnappen *umg* b (*vor Begeisterung od Wut*) ausflippen *umg*

banana| skin S 1 Bananenschale *f* 2 *fig Br umg* Stolperstein *m*; **~ split** S Bananensplit *n* (*e-e Eisspeise*)

banc [bæŋk] S JUR Richterbank *f*: **sitting in ~** Sitzung *f* als Kollegialgericht

band¹ [bænd] A S 1 Schar *f*, Gruppe *f* 2 MUS a (*Musik-, bes Blas*) Kapelle *f*, (*Tanz-, Unterhaltungs*) Orchester *n*, (*Jazz-, Rock- etc*) Band *f* b MIL Musikkorps *n* c (Instrumenten)Gruppe *f* (*im Orchester*): **big ~** Big Band (*Jazz- od Tanzmusikensemble, in dem einzelne Instrumente der Melodiegruppe mehrfach besetzt sind*); → beat¹ C 8 3 bewaffnete Schar, (*bes Räuber*) Bande *f* 4 ZOOL *US* a Herde *f* b (*Insekten-, Vogel*) Schwarm *m* 5 *fig US* Reihe *f*, Anzahl *f* B V/T *meist* **~ together** zu e-r Gruppe, Bande *etc* vereinigen C V/I *meist* **~ together** a sich zusammentun b sich zusammenrotten

band² [bænd] A S 1 (flaches) Band, (Heft)-Schnur *f*: → rubber band 2 Band *n* (*an Kleidern*), Gurt *m*, Binde *f*, (*Hosen- etc*) Bund *m* 3 (*andersfarbiger od andersartiger*) Streifen 4 ZOOL Querstreifen *m* (*z. B. beim Zebra*) 5 ANAT (Gelenk)Band *n*: **~ of connective tissue** Bindegewebsbrücke *f* 6 MED → bandage A 1 7 RADIO (Frequenz-)Band *n*: **~ filter** Bandfilter *n/m* 8 Ring *m* (*a. e-s Vogels*) 9 TECH a Treibriemen *m* b Band *n* 10 *pl* Beffchen *n* (*der Richter, Geistlichen etc*) 11 ARCH Band *n*, Borte *f*, Leiste *f* 12 Band *n*, Ring *m* (*zur Verbindung od Befestigung*) 13 TECH (Rad)Schiene *f* 14 *Bergbau*: Zwischenschicht *f* 15 Bauchbinde *f* (*e-r Zigarre*) 16 *meist pl fig* Band *n*, Bande *pl*, Bindung *f* 17 *obs od fig* Fessel *f* B V/T 1 mit e-m Band zusammenbinden *od* kennzeichnen, *Bäume* mit e-r (Leim)Binde versehen 2 mit (e-m) Streifen versehen 3 *e-n Vogel* beringen

bandage ['bændɪdʒ] A S 1 MED a Bandage *f* (*a. e-s Boxers etc*) b Verband *m*: **put a ~ on sb** j-m e-n Verband anlegen c Binde *f* 2 Binde *f*, Band *n* B V/T *a.* **~ up** a bandagieren b verbinden

Band-Aid *US* A S 1 (*geschützte Marke*) Heftpflaster *n* 2 *oft* **band-aid** *fig umg* a Behelfsmaßnahme *f* b Übergangslösung *f* B ADJ *oft* **band-aid** *fig umg* a Behelfs…: **~ measure** b Übergangs…: **~ solution**

bandan(n)a [bæn'dænə] S großes Taschen- *od* Halstuch mit Bandanadruck, *weitS.* großes, buntes Taschen- *od* Halstuch

b. and b., B & B ABK bed and breakfast

band|box S Hutschachtel *f*: **she looked as if she had come out of the ~** *umg* sie sah aus wie aus dem Ei gepellt; **~ brake** S TECH Bandbremse *f*; **~ conveyor** S TECH Förderband *n*

bandeau ['bændəʊ] *pl* -deaux [-dəʊz] S Haar-, Stirnband *n*

banderilla [ˌbændə'riːljə; -'riːjə] S *Stierkampf*: Banderilla *f* (*mit Bändern geschmückter Spieß mit Widerhaken*); **banderillero** [-'jeərəʊ] *pl* -ros S Banderillero *m* (*Stierkämpfer, der mit den Banderillas den Stier reizt*)

banderol(e) ['bændərəʊl] S 1 (langer) Wimpel, Fähnlein *n* 2 ARCH Inschriftenband *n* 3 Trauerfahne *f*

bandit ['bændɪt] S 1 *pl* -dits, -ditti [-'dɪtɪ] Bandit *m*: a (Straßen)Räuber *m*: **make out like a ~** *US sl* kräftig abkassieren *umg* b *umg* Gangster *m* (*Betrüger etc*) 2 *pl* -dits FLUG *umg* Feindflugzeug *n*; **banditry** [-rɪ] S Banditenunwesen *n*

band|leader S MUS Bandleader *m*; **~master** S MUS 1 Kapellmeister *m* 2 MIL Musikmeister *m*; **~moll** S *US sl* Groupie *n* (*e-r Rockband*)

bandog ['bændɒg] S 1 Kettenhund *m* 2 Kampfhund *m*

bandoleer, *a.* **bandolier** [ˌbændəʊ'lɪə(r); -də-] S MIL (*um die Brust geschlungener*) Patronengurt

bandore ['bændɔː(r); *US a.* -ˌdəʊər] S MUS, HIST Bandura *f* (*Lautenart*)

band|pass filter S RADIO Bandpass *m*, Passfilter *n/m*; **~ saw** S TECH Bandsäge(maschine) *f*; **~ shell** S (muschelförmiger) Orchesterpavillon

bandsman ['bændzmən] S *irr* MUS Mitglied *n* e-r (Musik)Kapelle

band| spectrum S PHYS Band-, Streifenspektrum *n*; **~ spread** S *Radio*: Bandspreizung *f*; **~stand** S 1 Musikpavillon *m* 2 Musikpodium *n*; **~wagon** S Wagen *m* mit e-r Musikkapelle (*bes bei e-m Straßenumzug*): **climb** (*od* **get, jump**) **on the ~** *fig* sich anhängen,

B

auf den fahrenden Zug aufspringen; **get on sb's ~** *fig* sich an j-n anhängen; **~width** S RADIO Bandbreite *f*

bandy[1] ['bændɪ] A VT 1 sich *e-n Ball etc* zuwerfen 2 sich *Geschichten etc* erzählen 3 sich *Beleidigungen etc* an den Kopf werfen, sich (gegenseitig) *Komplimente, Vorwürfe* machen: **~ blows** sich prügeln *od* schlagen; **~ words** sich streiten; **they bandied words** ein Wort gab das andere 4 *a.* **~ about** (*od* **around**) *Gerüchte etc* a in Umlauf setzen b weitererzählen, -tragen 5 *meist* **~ about** (*od* **around**) *j-s Namen* immer wieder nennen: **he has his name bandied about** a sein Name fällt dauernd (**in connection with** in Zusammenhang mit) b er ist ins Gerede gekommen B S SPORT a Bandy *n* (*Abart des Eishockeys mit Ball statt Puck*) b *Stock für dieses Spiel*

bandy[2] ['bændɪ] ADJ 1 **~ legs** O-Beine, Säbelbeine *umg* 2 → bandy-legged

bandy-legged ADJ O-beinig, säbelbeinig *umg*

bane [beɪn] S 1 Verderben *n*, Vernichtung *f*, Tod *m* (*obs od poet außer in*): **be the ~ to sb's existence** (*od* **life**) ein Nagel zu j-s Sarg sein *umg* 2 tödliches Gift (*mst in Zusammensetzungen*): → ratsbane, wolfsbane, *etc*; **baneful** ADJ (ADV ~ly) 1 *obs od poet* verderblich (*Einfluss etc*) 2 giftig, *bes* tödlich

bang[1] [bæŋ] A S 1 heftiger *od* knallender Schlag: **he gave the ball a ~** er drosch den Ball weg 2 Bums *m umg*, Krach *m*, Knall *m*: **close** (*od* **shut**) **the door with a ~** die Tür zuschlagen *od* zuknallen 3 *umg* a Paukenschlag *m*, Sensation *f*: **go off** (*US* **over**) **with a ~** großartig ankommen (*Schallplatte etc*) b Schwung *m*, Elan *m* c *US* (Nerven)Kitzel *m*, Spaß *m*: **get a ~ out of sth** an e-r Sache mächtig Spaß haben 4 *sl* Schuss *m* (*Heroin etc*) 5 *vulg* Nummer *f* (*Geschlechtsverkehr*): **have a ~** e-e Nummer machen *od* schieben B VT 1 dröhnend schlagen, knallen mit, krachen lassen, *e-e Tür etc* zuschlagen, zuknallen, *e-n Ball etc* dreschen: **~ one's fist on the table** mit der Faust auf den Tisch schlagen; **he ~ed his thumb with the hammer** er haute sich mit dem Hammer auf den Daumen; **~ one's head against** (*od* **on**) sich den Kopf anschlagen an (*dat*), mit dem Kopf stoßen gegen; **~ one's head against a brick wall** *fig* mit dem Kopf gegen die Wand rennen: **~ off** losknallen mit *e-m Gewehr etc, ein Musikstück* (auf dem Klavier) herunterhämmern (*beide umg*); **~ out** *umg e-n Artikel etc* (schnell) herunterschreiben, hinwerfen; **~ the drum for sb (sth)** *fig* für j-n (etwas) die Trommel rühren; **~ sense into sb** *fig* j-m Vernunft einhämmern *od* einbläuen; **~ up** a ruinieren, *bes ein Auto* zuschanden fahren; → door *Bes Redew* b *Br sl* einbuchten 2 **~ about** (*od* **around**) *fig j-n* herumstoßen 3 *umg obs* vermöbeln *umg*, verprügeln 4 *vulg* bumsen, vögeln (*schlafen mit*) C VI 1 knallen: a krachen b zuschlagen (*Tür etc*) c ballern *umg*, schießen: **~ away** drauflosknallen *umg* (→ C 2); **~ into** a stoßen *od* prallen *od umg* bumsen gegen *od* an (*akk*), zusammenstoßen mit b *fig umg* zufällig treffen; **~ about** (*od* **around**) herumpoltern (in *dat*)(→ C 3) 2 **~ away** *umg* schuften: **~ away at** sich klemmen hinter (*akk*) 3 **~ about** (*od* **around**) *US umg* sich herumtreiben (in *dat*) 4 **~ on** *Br umg* herumlabern, schwafeln *pej* 5 *sl* sich e-n Schuss (*Heroin etc*) setzen *od* drücken 6 *vulg* bumsen, vögeln (*Geschlechtsverkehr haben*) D ADV 1 bums *umg*, mit lautem *etc* Krach *od* Knall, krachend: **go ~** explodieren 2 *umg* bums *umg*, auf einmal: **~ went the money** bums war das Geld weg; **~ in the eye** peng ins Auge; **~ in the middle of** mitten in (*akk*) 3 *umg* (ganz) genau: **~ on time** auf die Sekunde pünktlich E INT peng!, bum(s)!

bang[2] [bæŋ] A S *meist pl* Pony *m*, Ponyfrisur *f* B VT 1 *das Haar* an der Stirn kurz abschneiden 2 *den Schwanz* stutzen

bang[3] → bhang

bangalore torpedo [ˌbæŋgəˈlɔː(r); *US a.* -ˈləʊər] S MIL gestreckte Ladung

banger S *Br* 1 Kracher *m umg* (*Feuerwerkskörper*) 2 *umg* (alter) Klapperkasten (*Auto*) 3 *umg* (Brat)Wurst *f*, Würstchen *n*: **~s and mash** Bratwürste mit Kartoffelbrei

Bangladesh [ˌbæŋgləˈdeʃ; -ˈdeɪʃ; ˌbɑː-] S Bangladesch *n*

Bangladeshi [ˌbæŋgləˈdeʃɪ; *US a.* ˌbaŋ-] A S Bangladescher(in) B ADJ bangladeschisch

bangle [ˈbæŋgl] S a Armreif *m* b Fußreif *m*; **bangled** ADJ mit Arm- *od* Fußreifen geschmückt

bang|-on ADJ *Br umg*: **be ~** haargenau stimmen; **~-up** ADJ *US umg* prima: **you've done a ~ job** das hast du prima gemacht

banian [ˈbænɪən; -jən] S 1 *a.* **~ tree** BOT Banyanbaum *m* 2 Banjan *m* (*Händler od Kaufmann, der zur Vaischyakaste der Hindus gehört*) 3 loses (Baumwoll)Hemd, lose Jacke (*ursprünglich in Indien*)

banish [ˈbænɪʃ] VT 1 verbannen, ausweisen (*beide*: **from** aus), des Landes verweisen 2 verscheuchen, vertreiben, *fig a.* (ver)bannen (*alle*: **from** aus): **~ from one's mind** a sich *etwas* aus dem Sinn *od* Kopf schlagen b nicht mehr denken an (*akk*); **banishment** S 1 Verbannung *f* (*a. fig*), Ausweisung *f*: **go into ~** in die Verbannung gehen 2 Verscheuchen *n*, Vertreibung *f* (*beide a. fig*)

banister [ˈbænɪstə(r)] S 1 Geländerpfosten *m* 2 *a. pl* Treppengeländer *n*

banjo [ˈbændʒəʊ] *pl* -jos, -joes S MUS Banjo *n*; **banjoist** S Banjospieler(in)

bank[1] [bæŋk] A S 1 WIRTSCH Bank(haus) *f(n)*: **~ of deposit** Depositenbank; **the** ♎ **of England** die Bank von England; **~ of issue** (*od* **circulation**) Noten-, Emissionsbank; **at the ~** auf der Bank; *he's got a lot of money* **in the ~** auf der Bank; **deposit money in** (*od* **at**) **a ~** Geld in e-r Bank deponieren; **go to the ~** zur *od* auf die Bank gehen 2 (*bes* Kinder)Sparbüchse *f* 3 Bank *f* (*bei Glücksspielen*): **be** (*od* **hold, keep**) **the ~** die Bank halten; **break the ~** a die Bank sprengen b *fig* mehr sein wollen, als man sich leisten kann 4 a (*Blut-, Daten- etc*) Bank *f* b (*Altglas- etc*) Container *m* 5 Vorrat *m*, Reserve *f* (*beide*: **of** an *dat*) B VI 1 WIRTSCH Bankgeschäfte machen 2 WIRTSCH ein Bankkonto haben (**with** bei), Geld auf der Bank haben: **where do you ~?** welche Bankverbindung haben Sie?, bei welcher Bank haben Sie Ihr Konto? 3 Geld auf die Bank bringen 4 die Bank halten (*bei Glücksspielen*) 5 **~ (up)on** *fig* bauen *od* sich verlassen auf (*akk*): **~ on sb('s) doing** (*od* **on sb to do**) **sth** fest damit rechnen, dass j-d etwas tut C VT 1 WIRTSCH *Geld* bei e-r Bank einzahlen, auf die Bank bringen 2 MED *Blut etc* konservieren u. aufbewahren

bank[2] [bæŋk] A S 1 Erdwall *m*, Damm *m*, Wall *m* 2 (*Straßen- etc*) Böschung *f* 3 Überhöhung *f* (*e-r Straße etc in Kurven*) 4 Abhang *m* 5 Ufer *n* (*e-s Flusses etc*): **on the ~s of** an den Ufern (*gen*) 6 (*Fels-, Sand*) Bank *f*, Untiefe *f* 7 Bank *f*, Wand *f*, Wall *m*, Zusammenballung *f*: **~ of clouds** Wolkenbank; **~ of snow** Schneewall, -wächte *f* 8 GEOL Bank *f*, Steinlage *f* (*in Steinbrüchen*) 9 *Bergbau*: a bearbeitetes Kohlenlager b Tagesfläche *f* des Grubenfeldes 10 FLUG Querneigung *f*, Schräglage *f* (*in der Kurve*): **angle of ~** Querneigungswinkel *m* 11 *Billard*: Bande *f* B VT 1 eindämmen, mit e-m Wall umgeben 2 *e-e Straße etc* (*in der Kurve*) überhöhen: **~ed curve** überhöhte Kurve 3 **~ up** aufhäufen, zusammenballen 4 FLUG in die Kurve legen, in Schräglage bringen 5 *ein Feuer* mit Asche belegen (*um den Zug zu vermindern*) C VI 1 *a.* **~ up** sich aufhäufen, sich zusammenballen 2 überhöht sein (*Straße, Kurve*) 3 e-e Bank bilden (*Wolken etc*) 4 FLUG in die Kurve gehen

bank[3] [bæŋk] A S 1 TECH a Gruppe *f*, Reihe *f* (*z. B. Tastatur der Schreibmaschine*): **~ of capacitors** ELEK Kondensator(en)batterie *f*; **~ lights** Lampenaggregat *n*; **~ transformers** Gruppentransformatoren b Reihenanordnung *f* 2 HIST a Ruderbank *f* (*in e-r Galeere*) b Reihe *f* von Ruderern B VT in (e-r) Reihe anordnen

bankable ADJ 1 WIRTSCH bankfähig, diskontierbar: **~ securities** bankmäßige Sicherheiten 2 *fig* zuverlässig, verlässlich (*Freund etc*): **a ~ promise** ein Versprechen, auf das man sich verlassen kann 3 *fig* Erfolg versprechend (*Drehbuch etc*), zugkräftig (*Schauspieler, Theaterstück etc*)

bank| acceptance S Bankakzept *n*; **~ account** S Bankkonto *n*, -guthaben *n*; **~ annuities** → consols; **~ balance** S Kontostand *m*; **~ bill** S 1 *Br* Bankwechsel *m*, -tratte *f* 2 *US* Banknote *f*, Geldschein *m*; **~book** S Sparbuch *n*; **~ card** S Scheckkarte *f*; **~ charges** SPL Kontoführungskosten *pl*; **~ check**, *Br* **~ cheque** S Bankscheck *m*; **~ clerk** S *Br* Bankangestellte(r) *m/f(m)*; **~ code number** S Bankleitzahl *f*; **~ deposit** S Bankeinlage *f*; **~ discount** S Bankdiskont *m*; **~ draft** S Bankwechsel *m*, -tratte *f*

banker[1] S 1 WIRTSCH Bankier *m*, Banker(in) *umg*: **his ~s** s-e Bank; **who are your ~s?** welche Bankverbindung haben Sie?, wo haben Sie Ihr Konto?; **~'s acceptance** → bank acceptance; **~'s bill** *US* → bank bill 1; **~'s card** *Br* Scheckkarte *f*; **~'s discretion** Bankgeheimnis *n*; **~'s draft** → bank draft; **~'s order** *Br* Dauerauftrag *m* (*e-s Kunden*) 2 Bankhalter(in) (*bei Glücksspielen*)

banker[2] S Maßbrett *n* (*der Maurer*), Modellierbank *f* (*der Bildhauer*)

banket [ˈbæŋkɪt] S GEOL goldhaltiges Konglomerat (*in Südafrika*)

bank|-funded ADJ bankfinanziert (*Bauprojekt etc*); **~ group** S Bankenkonsortium *n*; **~ holdup** S Banküberfall *m*; **~ holiday** S 1 Bankfeiertag *m* 2 *Br* gesetzlicher Feiertag

banking[1] WIRTSCH A S Bankwesen *n*, -geschäft(e) *n(pl)*: **be in ~** im Bankgeschäft sein B ADJ Bank...: **~ circles**

banking[2] S FLUG Querneigung *f*, Schräglage *f* (*in der Kurve*)

banking| account S *Br* Bankkonto *n*; **~ doctrine** S *Br Doktrin, dass nur ein Drittel Deckung durch Edelmetall für umlaufende Banknoten vorhanden sein muss*; **~ hours** SPL Öffnungszeiten *pl*, Geschäftsstunden *pl* (*e-r Bank*); **~ house** S Bank(haus) *f(n)*; **~ operation**, **~ transaction** S Bankgeschäft *n*

bank| loan S Bankkredit *m*; **~ manager** S Bankfilialleiter *m*; **~ money** S Giral-, Buchgeld *n*; **~ night** S *US umg bes* HIST Kinovorstellung *f* mit Lotterie; **~ note** S Banknote *f*, Geldschein *m*; **~ paper** S Bankpapier *n*, -wechsel *m*; **~ post bill** S *Br* Solawechsel *m* der Bank von England; **~ raid** S Banküberfall *m*, -raub *m*; **~ raider** S Bankräuber(in); **~ rate** S WIRTSCH Diskontsatz *m*; **~ robber** S Bankräuber(in); **~ robbery** S Bankraub *m*; **~roll** *bes US* A S 1 Bündel *n* Banknoten *od* Geldscheine 2 Geld(mittel) *n(pl)* B VT *umg* a finanziell unterstützen b finanzieren

bankrupt [ˈbæŋkrʌpt; -rəpt] A S 1 JUR Zahlungsunfähige(r) *m/f(m)*, Konkurs-, Gemeinschuldner(in): **~'s creditor** Konkursgläubiger(in); **~'s estate** (*od* **property**) Konkursmasse *f* **2** (*betrügerische[r]*) Bankrotteur(in) **3** *fig* (*politisch etc*) bankrotter *od* (*sittlich etc*) heruntergekommener Mensch **B** ADJ **1** JUR **a** bankrott, zahlungsunfähig: **become** (*od* **go**) **~** in Konkurs gehen *od* geraten, Bankrott machen; → declare A 1 **b** Konkurs… **2** *fig* **a** arm (**in, of** an *dat*): **be ~ in ideas** keine Ideen (mehr) haben **b** bankrott, ruiniert: **morally ~** moralisch bankrott, sittlich heruntergekommen; **he is politically ~** er ist politisch erledigt *od* am Ende, er hat als Politiker abgewirtschaftet; **a ~ career** e-e zerstörte Karriere **C** V/T **1** JUR Bankrott machen **2** *fig* zugrunde richten, ruinieren: **~ of** (gänzlich) berauben (*gen*)

bankruptcy S **1** JUR Bankrott *m*, Konkurs *m*: **act of ~ a** Konkurshandlung *f* **b** Konkursgrund *m*; **℞ Act** *Br* Konkursordnung *f*; **court of ~, ~ court** Konkursgericht *n*; **notice of ~** Zahlungsaufforderung *f* mit Konkursandrohung; **petition in ~, ~ petition** Konkursantrag *m*; **~ proceedings** *pl* Konkursverfahren *n*; **initiate** (*od* **institute**) **~ proceedings** den Konkurs *od* das Konkursverfahren eröffnen; **terminate ~ proceedings** den Konkurs aufheben *od* einstellen; **referee in ~** Konkursrichter(in); **trustee in ~** (*von Gläubigern ernannte[r]*) Konkursverwalter(in); **go into ~** Konkurs anmelden; → declare A 1, declaration 6 **2** *fig* Bankrott *m*, Schiffbruch *m*, Ruin *m*

bank| sort code S Bankleitzahl *f*; **~ statement** S **1** Bank-, Kontoauszug *m* **2** *US* Bankausweis *m*

banner [ˈbænə(r)] **A** S **1 a** Standarte *f* **b** Banner *n*, Heeres-, Reichsfahne *f* **2** Vereins-, Kirchenfahne *f*: **the ~ of freedom** das Banner der Freiheit **3** Banner *n* (mit Inschrift), Spruchband *n*, Transparent *n* (*bei politischen Umzügen*) **4** BOT Fahne *f* (*oberstes Blatt der Schmetterlingsblütler*) **5** *a.* **~ headline** (*Zeitung*) Balkenüberschrift *f*, breite Schlagzeile **B** ADJ *US* erstklassig, hervorragend; **bannered** ADJ mit Bannern (versehen), ein Banner führend

banneret[1] [ˈbænərɪt; *US a.* ˌbænəˈret] S HIST Bannerherr *m*

banneret[2], **bannerette** [ˌbænəˈret; *US a.* ˈbænərət] S kleines Banner, Fähnchen *n*

bannister → banister

bannock [ˈbænək] S *Br* Hafer- *od* Gerstenmehlkuchen *m*

banns [bænz] SPL REL Aufgebot *n* (*des Brautpaares vor der Ehe*): **forbid the ~** Einspruch gegen die Eheschließung erheben; **get the ~ put up** das Aufgebot bestellen

banquet [ˈbæŋkwɪt] **A** S Bankett *n*, Festessen *n*: **at the ~** auf dem Bankett; **~ hall** (*od* **room**) Bankettsaal *m* **B** V/T festlich bewirten **C** V/I tafeln, schmausen; **banqueteer** [-ˈtɪə(r)], **banqueter** S Bankettteilnehmer(in)

banquette [bæŋˈket] S **1** MIL, HIST Bankett(e) *n(f)*, Schützenauftritt *m* **2** *US* **a** Bankett(e) *n(f)*, erhöhter Fußweg **b** Bürgersteig *m* **3** TECH Bankett(e) *n(f)*, steile Böschung **4** *bes US* gepolsterte Bank

banshee [bænˈʃiː] S *Ir* Todesfee *f*

bant [bænt] V/I e-e Banting-Kur machen

bantam [ˈbæntəm] **A** S **1** *meist;* **℞** ORN Bantam-, Zwerghuhn *n*, -hahn *m* **2** *fig* kleiner Kampfhahn, draufgängerischer Knirps **3** → bantamweight A **B** ADJ **1** Zwerg…: **~ rooster 2** *fig* **a** klein, TECH Klein… **b** handlich: **a ~ edition**; **3** aggressiv, streitlustig **4** → bantamweight B; **~weight** SPORT **A** S Bantamgewicht(ler) *n(m)*: **at ~** im Bantamgewicht **B** ADJ Bantamgewichts…

banter [ˈbæntə(r)] **A** V/T & V/I necken **B** S Neckerei *f*, neckisches Geplänkel: **exchange ~ with** sich necken mit; **bantering** ADJ (ADV **~ly**) neckend

banting [ˈbæntɪŋ], **bantingism** S HIST Banting-Kur *f* (*e-e Abmagerungskur durch fett- u. kohlehydratarme Diät*)

bantling [ˈbæntlɪŋ] S *pej obs* Balg *m/n*, Bankert *m* (*Kind*)

bantu [ˌbænˈtuː] **A** *pl* **-tus**, *bes koll* **-tu** S **1** Bantu *m/f* **2** LING Bantu *n* **B** ADJ Bantu…

banyan → banian

banzai [bɑːnˈzaɪ] **A** INT banzai!, bansai! (*japanischer Hoch- od Schlachtruf*) **B** ADJ: **~ attack** MIL selbstmörderischer Massenangriff

baobab [ˈbeɪəʊbæb; *US a.* ˈbaʊ-] S BOT Baobab *m*, Affenbrotbaum *m*

BAOR ABK British Army of the Rhine

bap [bæp] S *Br* große Hefeteigsemmel

bapt.[1] ABK **1** baptism **2** baptized

Bapt.[2] ABK Baptist

baptism [ˈbæptɪzəm] S **1** REL Taufe *f*: **~ of blood** Blutzeugenschaft *f*, Märtyrertod *m*; **~ of fire** MIL Feuertaufe (*a. fig*); **have** (**come through**) **one's ~ of fire** die Feuertaufe erhalten (bestehen); → in extremis 2 **2** *Christian Science*: Reinigung *f* durch den Geist; **baptismal** [-ˈtɪzml] ADJ REL Tauf…: **~ name**; **~ water**; **~ font** Taufstein *m*, -becken *n*

Baptist [ˈbæptɪst] REL **A** S **1** Baptist(in) **2** **℞** Täufer(in): **John the Baptist** Johannes der Täufer **B** ADJ baptistisch, Baptisten…; **baptistery** [-tɪstərɪ; *US* -təstriː] S REL **1** Baptisterium *n*, Taufkapelle *f* **2** Taufbassin *n* (*der Baptisten*); **Baptistic** → Baptist B; **baptistry** [-trɪ] → baptistery

baptize [bæpˈtaɪz; *US a.* ˈbæpˌtaɪz] V/T **1** REL taufen (*a. fig*): **~ a ship**; **~ sb John** j-n (auf den Namen) John taufen **2** *fig* reinigen, läutern

bar [bɑː(r)] **A** S **1** Stange *f*, Stab *m*: **~s** *pl* Gitter *n*; **behind ~s** *fig* hinter Gittern, hinter Schloss u. Riegel; **put behind ~s** *fig* hinter Schloss u. Riegel bringen **2** Riegel *m*, Querbalken *m*, -holz *n*, -stange *f* **3** Schranke *f*, Barriere *f*, Sperre *f*: **the ~** (**of the House**) PARL *Br* die Schranke (*im Ober- od Unterhaus, bis zu der geladene Zeugen vortreten dürfen*) **4** *fig* (**to**) Hindernis *n* (für), Schranke *f* (gegen): **be a ~ to progress** dem Fortschritt im Wege stehen; **let down the ~s** alle (*bes moralischen*) Beschränkungen fallen lassen, *US* die polizeiliche Überwachung (*bes des Nachtlebens*) lockern **5** Riegel *m*, Stange *f*: **a ~ of soap** ein Riegel *od* Stück Seife; **a ~ of chocolate, a chocolate ~** ein Riegel (*weitS.* e-e Tafel) Schokolade; **~ copper** Stangenkupfer *n*; **~ soap** Stangenseife *f* **6** Brechstange *f* **7** WIRTSCH, TECH (*Gold- etc*) Barren *m* **8** TECH **a** *allg* Schiene *f* **b** Zugwaage *f* (*am Wagen*) **c** *Maschinenbau*: Leitschiene *f od* -stange *f* **d** Schieber *m*, Schubriegel *m* **e** Lamelle *f* **9** Barren *m*, Stange *f* (*als Maßeinheit*) **10** Band *n*, Streifen *m*, Strahl *m* (*von Farbe, Licht etc*): **a ~ of sunlight** ein Sonnenstrahl **11** SCHIFF Barre *f*, Sandbank *f* (*am Hafeneingang*) **12 a** (dicker) Strich: **a vertical ~ b** *Heraldik*: (horizontaler) Balken **c** TV Balken *m* (*auf dem Bildschirm*) **d** COMPUT Leiste *f* **13** MUS **a** Taktstrich *m* **b** (*ein*) Takt *m*: **~ rest** (Ganz)Taktpause *f* **14 a** Bar *f* **b** Bar *f*, Schanktisch *m*, Theke *f* **c** Schankraum *m* **d** Lokal *n*, Imbissstube *f* **15** JUR **a** Hindernis *n* (**to** für), Ausschließungsgrund *m* **b** Einrede *f*: **defence** (*US* **defense**) **in ~** peremp(t)orische Einrede; **~ to marriage** Ehehindernis; **as a ~ to, in ~ of** *etwas* ausschließend, zwecks Ausschlusses (*gen*) **16** JUR (Gerichts)Schranke *f*: **at the ~** vor Gericht; **case at ~** *US* zur Verhandlung stehender Fall; **prisoner at the ~** Angeklagte(r) *m/f(m)* **17** JUR (*das tagende*) Gericht **18** *fig* Gericht *n*, Tribunal *n*, Schranke *f*: **at the ~ of public opinion** vor den Schranken *od* vor dem Tribunal der öffentlichen Meinung **19** **℞** JUR **a** Anwaltsberuf *m* **b** (*a. als pl konstruiert*) (*die gesamte*) Anwaltschaft, *Br* (*der*) Stand der *barristers*: **admission** (*Br* **call[ing]**) **the ℞** Zulassung *f* als Anwalt (*Br* **barrister**); **be admitted** (*Br* **called**) **to the ℞** als Anwalt (*Br* **barrister**) zugelassen werden; **be called within the ℞** *Br* zum **King's** (*od* **Queen's**) **Counsel** ernannt werden; **go to the ℞** *Br* **barrister** werden; **read for the ℞** *Br* Jura studieren; **℞ Association** *US* (Rechts-) Anwaltskammer *f*; **℞ Council** *Br* Standesrat *m* der **barristers 20** PHYS Bar *n* (*Maßeinheit des Drucks*) **21 a** Schaumstange *f* (*e-s Stangengebisses*) **b** Träger *pl* (*Teile des Pferdegaumens*) **c** *pl* Sattelbäume *pl*, Stege *pl* **22** (Quer)Band *n* (*an e-r Medaille*), (*Ordens*) Spange *f* **23** SPORT **a** (*Reck*) Stange *f* **b** (*Barren*) Holm *m* **c** (*Tor-, Quer*) Latte *f* **d** (*Sprung*) Latte *f* **B** V/T **1** zu-, verriegeln: → barred **2** *a.* **~ up** vergittern, mit Schranken umgeben **3** *a.* **~ in** einsperren: **~ out** aussperren **4** *den Weg etc* versperren **5** JUR *e-e Klage, den Rechtsweg etc* ausschließen **6 a** (ver-) hindern, hemmen **b** (**from**) hindern (an *dat*), abhalten (von) **c** *j-n od etwas* ausschließen (**from** aus) **d** *j-m* Haus- *od* Lokalverbot erteilen: **he's been ~red from there** er hat dort Lokalverbot; → barring **7** verbieten, untersagen: → hold[2] A 3 **8** mit Streifen versehen **9** MUS mit Taktstrichen unterteilen, in Takte einteilen **C** PRÄP außer, ausgenommen, abgesehen von: **~ one** außer einem; **~ none** ohne Einschränkung

bar. ABK **1** barometer **2** barometrical **3** barrel **4** barrister

barb[1] [bɑː(r)b] **A** S **1 a** Widerhaken *m* (*e-s Pfeils etc*) **b** Stachel *m* (*von Stacheldraht etc*) **2** *fig* **a** Stachel *m* (*des Gewissens etc*) **b** Spitze *f*, spitze *od* bissige Bemerkung **3** BOT, ZOOL Bart *m* **4** ORN Fahne *f* (*e-r Feder*) **5** FISCH Bartfaden *m* (*e-s Fisches*) **6** *pl* VET Frosch *m* (*wildes Fleisch unter der Zunge von Pferden etc*) **7** *gefältelte Hals- u. Brustbedeckung aus weißem Leinen* (*bes der Nonnen*) **8** *Heraldik*: Kelchblatt *n* **B** V/T mit Widerhaken *etc* versehen

barb[2] [bɑː(r)b] S ZOOL Berberpferd *n*

barb[3] [bɑrb] *US umg für* barbiturate

Barbadian [bɑː(r)ˈbeɪdɪən] **A** S Barbadier(in) **B** ADJ barbadisch

Barbados [bɑː(r)ˈbeɪdəʊz; -dəs] S Barbados *n* **a** *östlichste Insel der Kleinen Antillen* **b** *unabhängiger Staat im Commonwealth auf* a

barbarian [bɑː(r)ˈbeərɪən] **A** S Barbar(in): **a** Angehörige(r) *m/f(m)* e-s unzivilisierten Volkes **b** ungebildeter *od* ungesitteter Mensch **c** Unmensch *m* **B** ADJ **1** barbarisch: **a** unzivilisiert **b** ungebildet, ungesittet **c** roh, grausam **2** fremd(ländisch)

barbaric [bɑː(r)ˈbærɪk] ADJ (ADV **~ally**) **1** → barbarian B 1, B 2 **2** KUNST barbarisch, primitiv

barbarism [ˈbɑː(r)bərɪzəm] S **1** LING Barbarismus *m*, Sprachwidrigkeit *f* **2** Barbarei *f*, Unkultur *f*

barbarity [bɑː(r)ˈbærətɪ] S **1** Grausamkeit *f*, Unmenschlichkeit *f* (*beide a. Tat etc*), Barbarei *f* **2** KUNST Barbarismus *m* (*Anwendung von Ausdrucksformen der Primitiven in der modernen Kunst*)

barbarize [ˈbɑː(r)bəraɪz] **A** V/T **1** in den Zustand der Barbarei versetzen, verrohen *od* verwildern lassen **2** *Sprache, Kunst etc* barbarisieren, durch Stilwidrigkeiten *etc* verderben **B** V/I in Barbarei versinken, verrohen; **barbarous** ADJ (ADV **~ly**) **1** → barbarian B 1, B 2 **2** barbarisch: **a** sprachwidrig, unklassisch **b** rau (klingend), wild (*Sprache, Musik*); **barbarousness** → barbarity

Barbary ape [ˈbɑː(r)bərɪ] S ZOOL Magot *m*,

B

Berberaffe *m*

barbecue ['bɑ:(r)bɪkju:] **A** V/T **1** (auf dem Rost *od* am Spieß über offenem Feuer) im ganzen *od* in großen Stücken braten **2** *bes US kleine Fleisch- od Fischstücke* in stark gewürzter (Essig)-Soße zubereiten **3** auf dem Rost braten, grillen **4** *US* **a** dörren **b** räuchern **B** S **1** *am Spieß od auf dem Rost gebratenes Tier (bes Ochse, Schwein)* **2** Barbecue *n*: **a** *Gartenfest, bei dem ganze Tiere gebraten werden* **b** Grillfest *n*, -party *f* **c** Bratrost *m*, Grill *m* **d** *auf dem Rost od Grill gebratenes Fleisch*: **~ sauce** Barbecuesoße *f* **3** *bes US in stark gewürzter (Essig)Soße zubereitete kleine Fleisch- od Fischstücke*

barbed [bɑ:(r)bd] ADJ **1** mit Widerhaken *od* Stacheln (versehen), Stachel… **2** stachelartig **3** *fig* spitz, bissig (*Bemerkung etc*); **~ wire** S Stacheldraht *m*; **~-wire** ADJ Stacheldraht…: **~ fence**

barbel ['bɑ:(r)bl] S **1** FISCH (Fluss)Barbe *f* **2** →barb[1] A 5, A 6

barbell [-bel] S *Gewichtheben etc*: Hantel *f*

barbellate [bɑ:(r)blet; 'bɑ:(r)'belɪt] ADJ BOT gebärtet

barber ['bɑ:(r)bə(r)] **A** S (Herren)Friseur *m*: **at the ~'s** beim Friseur **B** V/T **a** rasieren **b** frisieren

barberry ['bɑ:(r)bərɪ; *US* -ˌberi:] S BOT Berberitze *f*, (*bes* Gemeiner) Sauerdorn

barbershop **A** S *bes US* Friseurladen *m* **B** ADJ: **~ singing** *US* Barbershopgesang *m (mehrstimmiges Singen von Volksliedern etc mit improvisierter, sentimentaler Harmonik)*

barber's| itch S MED Bartflechte *f*; **~ pole** S *spiralig rot u.weiß bemalte Stange als Geschäftszeichen der Friseure*; **~ rash** S MED Bartflechte *f*; **~ shop** *bes Br für* barbershop A

barbet ['bɑ:(r)bɪt] S ORN (*ein*) Bartvogel *m*

barbican ['bɑ:(r)bɪkən] S MIL Außen-, Vorwerk *n*

barbie ['bɑ:(r)bɪ] S *Aus u. Br umg* → barbecue B 2 b

Barbie doll® ['bɑ:(r)bɪ] S Barbie®-Puppe *f (a. fig pej)*

barbital ['bɑrbəˌtɔ:l] S CHEM, MED, PHARM *US* Barbital *n*

barbitone ['bɑ:bɪtəʊn] S CHEM, MED, PHARM *bes Br* Barbital *n*

barbiturate [bɑ:(r)'bɪtjʊrət; *US* -tʃə-] S CHEM, MED, PHARM Barbiturat *n*

barbituric acid [ˌbɑ:(r)bɪ'tjʊərɪk; *US a.* -'tʊ-] S CHEM Barbitursäure *f*

barbwire *US für* barbed wire, barbed-wire

barcarol(l)e ['bɑ:(r)kərəʊl] S MUS Barkarole *f*, Barkerole *f*: **a** *Gondellied* **b** *gondelliedähnliches Instrumentalstück*

B.Arch. ABK Bachelor of Architecture

bar| chart S *Statistik*: Säulendiagramm *n*; **~ code** S Strichcode *m*; **~-coded** ADJ mit Strichcode (versehen); **~-code reader** S Scanner *m*

bard[1] [bɑ:(r)d] S **1** Barde *m (keltischer Sänger)* **2** *obs od poet* Barde *m*, Sänger *m (Dichter)*: **the** ♀ **(of Avon)** Shakespeare

bard[2] [bɑ:(r)d] GASTR **A** S Barde *f (Speckscheibe um gebratenes Geflügel)* **B** V/T bardieren

bardic, **bardish** ADJ bardisch, Barden…

bardolatry [bɑ:(r)'dɒlətrɪ; *US* -'dɑ-] S *hum* Shakespeare-Vergötterung *f*

bare[1] [beə(r)] **A** ADJ (ADV → barely) **1** nackt, unbekleidet, bloß, entblößt: **~ feet** bloße *od* nackte Füße; **in ~ feet** barfüßig, barfuß; **with one's ~ hands** mit bloßen Händen (*unbewaffnet*); **~ skin** nackte Haut; **in one's ~ skin** nackt; **~ to the waist** mit nacktem Oberkörper; → bone[1] A 1 **2** *obs* barhäuptig, ohne Kopfbedeckung **3** kahl, leer, nackt: **~ walls** kahle Wände; **the ~ boards** *pl* der nackte Fußboden; **~ wire** TECH blanker Draht **4** BOT, ZOOL kahl **5** unverhohlen, unverhüllt (*Abneigung etc*): **~ nonsense** barer *od* blanker Unsinn; **lay ~** → B 1, B 2 **6** *fig* nackt, ungeschminkt: **the ~ facts** die nackten Tatsachen; **the ~ truth** die nackte Wahrheit **7** abgetragen, fadenscheinig, schäbig **8** leer: **~ of** ohne; **~ of vegetation** vegetationslos **9** kaum hinreichend, knapp: **earn a ~ living** knapp das Nötigste zum Leben verdienen; **~ majority** hauchdünne *od* (ganz) knappe Mehrheit; **~ majority of votes** POL einfache Stimmenmehrheit; **the ~ minimum** das absolute Minimum; **she only packed the ~st minimum** sie packte nur das Allernotwendigste ein; **the ~ necessities of life** das Notwendigste (zum Leben); → essential B 1 **10** bloß: **the ~ thought** der bloße (*od* allein der, schon der) Gedanke; **~ words** bloße Worte **B** V/T **1** entblößen, -hüllen, frei machen, *weitS. die Zähne* zeigen, blecken: **~ one's head** das Haupt *od* den Kopf entblößen; **the dog ~d its teeth at me** der Hund bleckte *od* fletschte mich an; **~ the end of a wire** ELEK e-n Draht abisolieren **2** *fig* enthüllen, bloßlegen, offenbaren: → heart *Bes Redew*, soul 2

bare[2] [beə(r)] *obs prät von* bear[1]

bare|back, **~backed** **A** ADJ auf ungesatteltem Pferd (*Reiten, Reiter*) **B** ADV ohne Sattel: **ride ~**; **~breasted** ADJ & ADV barbusig; **~faced** ADJ **1** bartlos **2** mit unverhülltem Gesicht **3** *fig* **a** unverhohlen, unverhüllt **b** unverschämt, schamlos; **~facedly** [-ˌfeɪsɪdlɪ; -feɪstlɪ] ADV → barefaced; **~facedness** [-ˌfeɪsɪdnɪs; -feɪstnɪs] S Unverschämtheit *f*, Schamlosigkeit *f*; **~foot** **A** ADJ barfüßig, *präd a.* barfuß: **~ doctor** Barfußarzt *m* **B** ADV barfuß, barfüßig; **~footed** → barefoot

barege, **barège** [bə'reʒ] S Barège *m (durchsichtiges Seidengewebe)*

bare|handed **A** ADJ: **be ~** **a** keine Handschuhe tragen **b** unbewaffnet sein **B** ADV mit bloßen Händen; **~headed** ADJ & ADV barhäuptig, ohne Kopfbedeckung: **be ~** keine Kopfbedeckung tragen; **~legged** ADJ & ADV nacktbeinig, mit nackten Beinen

barely ADV **1** kaum, knapp, gerade (noch), bloß: **~ enough food** kaum genug zu essen; **he ~ escaped** er kam gerade noch *od* mit knapper Not davon; **I ~ know her** ich kenne sie kaum; **~ does a day go by when … not** … es vergeht kaum ein Tag, an dem nicht … **2** ärmlich, spärlich: **~ furnished rooms**

bareness S **1** Nacktheit *f*, Entblößtheit *f*, Blöße *f* **2** Kahlheit *f* **3** Knappheit *f*

baresark ['beə(r)sɑ:(r)k] HIST **A** S Berserker *m* **B** ADV ohne Rüstung

barf [bɑrf] *US sl* **A** V/I kotzen *umg* **B** S Kotze *f umg*; **~ bag** S FLUG *US sl* Kotztüte *f umg*

barfly S *bes US umg* Kneipenhocker(in)

bargain ['bɑ:(r)gɪn] **A** S **1** Vertrag *m*, Abmachung *f* **2** Kauf(vertrag) *m*, Handel *m*, Geschäft *n (a. fig)*: **a good (bad) ~** ein gutes (schlechtes) Geschäft **3** vorteilhafter Kauf *od* Verkauf, vorteilhaftes Geschäft **4** Gelegenheit(skauf) *f(m)*, Sonderangebot *n*, preisgünstige Ware, günstiges Kaufobjekt, Schnäppchen *n umg*: **be a real ~** fast geschenkt sein **5** *Börse*: *Br (einzelner)* Abschluss: **~ for account** Termingeschäft *n* **B** V/I **1** handeln, feilschen (*beide*: **for** um) **2** verhandeln (**for** über *akk*): **~ on** übereinkommen über (*akk*), vereinbaren (*akk*); **as ~ed for** wie verabredet; **~ing chip** (*bes bei Verhandlungen*) **a** Trumpf *m* **b** Druckmittel *n*; **~ing point** Verhandlungspunkt *m*; **~ing position** Verhandlungsposition *f* **3** (**for**, *US a.* **on**) rechnen (mit), gefasst sein (auf *akk*), erwarten (*akk*) (*meist neg*): **we did not ~ for that** darauf waren wir nicht gefasst; **it was more than we had ~ed for** damit hatten wir nicht gerechnet **4** **~ on** sich verlassen auf (*akk*), zählen auf (*akk*) **C** V/T **1** (**for**) eintauschen (für, gegen, in *akk*), tauschen (gegen) **2** verkaufen: **~ away** **a** verschachern (*a. fig*) **b** (ohne entsprechende Gegenleistungen) verzichten auf (*Freiheit, Rechte etc*) **3** **~ down** herunterhandeln, -feilschen **4** aushandeln, durch Verhandlungen erreichen

Besondere Redewendungen: **a ~'s a ~!** abgemacht ist abgemacht!; **it's a ~!** abgemacht!; **into** (*US a.* **in**) **the ~** obendrein, noch dazu; **strike** (*od* **make**) **a ~** e-n Handel abschließen, e-e Vereinbarung treffen, handelseinig werden (*alle*: **with** mit); **make the best of a bad ~** sich so gut wie möglich aus der Affäre ziehen; → drive B 13

bargain| and sale S JUR Kaufvertrag *m (bes bei Grundstücksverkäufen)*; **~ basement** S Niedrigpreisabteilung *f* im Tiefgeschoss (*e-s Kaufhauses*); **~ counter** S Grabbel-, Wühltisch *m*

bargainee [ˌbɑrgə'ni:] S JUR *US* Käufer(in)

bargainer S **1** **be a good ~** **a** (gut) handeln *od* feilschen können **b** (gut) verhandeln können **2** → bargainor

bargain hunter S Schnäppchenjäger(in) *umg*

bargainor [ˌbɑrgə'nɔ:r] S JUR *US* Verkäufer(in) (*bes bei Grundstückstransaktionen*)

bargain| price S Gelegenheits-, Sonderpreis *m*; **~ sale** S **1** Verkauf *m* zu herabgesetzten Preisen **2** Ausverkauf *m*

barge [bɑ:(r)dʒ] **A** S **1** SCHIFF flaches Fluss- *od* Kanalboot, Last-, Schleppkahn *m*, Leichter *m*, Prahm *m* **2** SCHIFF Schaluppe *f* **3** SCHIFF (Offiziers-)Barkasse *f* **4** (geschmücktes) Gala(ruder)boot **5** Hausboot *n* **6** SPORT. *US zu Trainingszwecken benutztes breites, schweres Rennruderboot* **7** *umg pej* (alter) Kahn **8** *umg* Rempler *m umg*, Stoß *m* **B** V/I **1** sich schwerfällig (daher)bewegen, trotten **2** *umg* (**into**) stoßen, prallen, bumsen (gegen, an *akk*), zusammenstoßen (mit), anrempeln (*akk*) **3** **~ in(to)** *umg* **a** hereinplatzen (in *akk*): **~ into the room** **b** sich einmischen (in *akk*): **~ into** (*od* **in on**) **the conversation** **4** **~ through** *umg* sich boxen *od* drängen durch **C** V/T **1** mit Schleppkähnen *etc* befördern **2** *umg j-m* e-n Rempler *od* Stoß geben **3** **~ one's way through** *umg* → B 4; **~board** S ARCH Giebelschutzbrett *n*; **~ course** S ARCH **1** Firstpfette *f* **2** Ortschicht *f*

bargee [bɑ:'dʒi:] S SCHIFF *Br* Kahnführer *m*: **swear like a ~** fluchen wie ein Droschkenkutscher

barge|man [-mən] S *irr* SCHIFF *US* Kahnführer *m*; **~pole** S Bootsstange *f*, Stake *f*: **I wouldn't touch him (it) with a ~** *Br umg* **a** den (das) würde ich nicht einmal mit der Beißzange anfassen **b** mit dem (damit) möchte ich nichts zu tun haben; **~ stone** S ARCH Giebelstein *m*

bar| girl S *bes US* **1** Bardame *f* **2** Animierdame *f* **3** *Prostituierte, die sich ihre Kunden in Bars sucht*

bar graph → bar chart

baric[1] ['beərɪk; 'bærɪk] ADJ CHEM Barium…

baric[2] ['bærɪk] ADJ PHYS barometrisch, Gewichts…

barilla [bə'rɪlə; *US* bə'ri:ljə] S **1** BOT Barillakraut *n* **2** Barilla *f (sodahaltige Asche aus verbrannten Meeres- od Salzsteppenpflanzen)*

bar iron S TECH Stabeisen *n*

barite ['beəraɪt] S MINER *bes US* Baryt *m*, Schwerspat *m*

baritone ['bærɪtəʊn] MUS **A** S **1** Bariton *m*: **a** Baritonstimme *f* **b** Baritonsänger *m* **c** Baritonpartie *f* **2** Baryton *n*: **a** B- *od* C-Saxhorn *n*

b HIST Viola *f* di Bordone B ADJ Bariton…: ~ **saxophone**
barium ['beərɪəm] S CHEM Barium *n*; ~ **chloride** S Bariumchlorid *n*; ~ **meal** S MED Kontrastbrei *m*; ~ **oxide** S Bariumoxid *n*; ~ **sulphate** S Bariumsulfat *n*
bark[1] [bɑː(r)k] A S 1 BOT (Baum)Rinde *f*, Borke *f* 2 (Gerber)Lohe *f* B V/T 1 *Bäume* a abrinden b ringeln 2 mit Rinde bedecken 3 TECH lohgerben 4 sich *die Knie etc* auf- *od* abschürfen: ~ **one's knees**
bark[2] [bɑː(r)k] A V/I 1 bellen, kläffen *(beide a. fig)*: ~ **at** anbellen, *fig j-n* anschnauzen *umg*; **~ing dogs never bite** *(Sprichwort)* Hunde, die bellen, beißen nicht; ~ **up the wrong tree** *umg* a auf dem Holzweg sein b an der falschen Adresse sein; → moon A 1 2 *umg* bellen *(husten)* 3 bellen *(Geschütz etc)* B V/T 1 *meist* ~ **out** *Worte* bellen, barsch hervorstoßen 2 *umg e-e Ware* marktschreierisch *od* reißerisch anpreisen C S 1 Bellen *n*, Kläffen *n*, Gebell *n*, *fig a.* Gebelfer *n*: **his ~ is worse than his bite** *fig* er bellt nur(, aber er beißt nicht) 2 *umg* Bellen *n (Husten)* 3 Bellen *n (von Geschützen etc)*
bark[3] [bɑː(r)k] S SCHIFF *bes US* 1 Barke *f* 2 *poet* Schiff *n* 3 Bark(schiff) *f(n) (ein dreimastiges Segelschiff)*
bar|keep *US umg für* barkeeper; **~keeper** S *bes US* Barkeeper *m*: a Barbesitzer *m* b Barmann *m*, Barmixer *m*
barkentine ['bɑː(r)kəntiːn] S SCHIFF *bes US* Schonerbark *f*
barker S 1 Beller *m*, Kläffer *m* 2 *umg* a Marktschreier(in) b Anreißer(in) *umg (e-s Klubs etc)*
bark| house S *Gerberei*: Lohhaus *n*; ~ **mill** S TECH 1 *Gerberei*: Lohmühle *f* 2 Entrindungsmaschine *f*; ~ **pit** S *Gerberei*: Lohgrube *f*; ~ **tree** S BOT Chinarindenbaum *m*
barky ADJ borkig, rindig
bar lathe S TECH Prismendrehbank *f*
barley ['bɑː(r)lɪ] S BOT Gerste *f*; **~corn** S 1 a Gerstenkorn *n* b Gerste *f*: **John** ♀ *scherzhafte Personifikation der Gerste als Grundstoff von Bier od Whisky* 2 *altes Längenmaß (= 8,5 mm)*; ~ **sugar** S Gerstenzucker *m*; ~ **water** S *Getränk aus Gerstenextrakt, meist mit Orangen- od Zitronengeschmack*; ~ **wine** S *Br ein extrem starkes Bier*
bar line S MUS Taktstrich *m*
barlow ['bɑr,ləʊ] S *a.* ~ **knife** *US* großes einschneidiges Taschenmesser
barm [bɑː(r)m] S 1 Bierhefe *f* 2 *obs od dial* Bärme *f*, Hefe *f*
bar magnet S PHYS Stabmagnet *m*
bar|maid S Bardame *f*; **~man** [-mən] S *irr* Barmann *m*, Barkeeper *m*, Barmixer *m*
bar mitzva [,bɑː(r)'mɪtsvə] REL A S 1 Bar-Mizwa *f (Einführung e-s 13-jährigen Jungen in die jüdische Glaubensgemeinschaft)* 2 Bar-Mizwa *m (Junge, der Bar-Mizwa feiert)* B V/T *e-n Jungen* in die jüdische Glaubensgemeinschaft einführen
barmy ADJ *Br umg* bescheuert *(Person)*, *(a. Plan etc)* blödsinnig
barn[1] [bɑː(r)n] A S 1 a Scheune *f* b *umg pej* Schuppen *m (hässliches Gebäude)* 2 (Vieh)Stall *m* 3 *US (Bus- etc)* Depot *n* B V/T *Heu etc* in e-r Scheune lagern
barn[2] [bɑː(r)n] S PHYS Barn *n (Einheit des Wirkungsquerschnitts)*
barnacle[1] ['bɑː(r)nəkl] S 1 ZOOL *(ein)* Rankenfußkrebs *m*, *bes* Entenmuschel *f* 2 *fig* a Klette *f pej (lästiger Mensch)* b *(lästige)* Fessel, *bes* alter Zopf 3 *a.* ~ **goose** ORN Bernikel-, Ringelgans *f*
barnacle[2] ['bɑː(r)nəkl] S *meist pl*, *a.* **pair of ~s** Nasenknebel *m (für unruhige Pferde)*
barn| dance S 1 *Br ein dem Schottischen ähnlicher Tanz* 2 *US* Tanzveranstaltung *f* mit ländlicher Musik; ~ **door** S 1 Scheunentor *n*: **(as) big as a ~** *umg* nicht zu verfehlen 2 TV, FILM *sl* Lichtschirm *m*
barney ['bɑːnɪ] S *umg* 1 Krach *m umg*, Streit *m* 2 Rauferei *f*, Schlägerei *f*
barn| owl S ORN Schleiereule *f*; **~storm** A V/I auf die Dörfer gehen: a herumreisen u. auf dem Land Theateraufführungen veranstalten, auf (e-e Konzert- *od* Vortrags)Tournee durch die Provinz gehen b POL *bes US* von Ort zu Ort reisen u. Wahlreden halten B V/T *e-e Gegend* bereisen *od e-n Ort* besuchen u. dort Theater spielen *etc* (→ A); **~stormer** S 1 Wander-, *bes* Schmierenschauspieler(in) 2 POL *bes US* Wahlredner(in) *od* Kandidat(in) auf Rundreise; ~ **swallow** S ORN *US* Rauchschwalbe *f*; **~yard** S Wirtschaftshof *m*: ~ **humo(u)r** derber Humor
barogram ['bærəʊgræm; -rə-] S METEO Barogramm *n (Aufzeichnung e-s Barografen)*
barograph ['bærəʊgrɑːf; -rə-; *bes US* -græf] S METEO Barograf *m*, Luftdruckschreiber *m*
barometer [bə'rɒmɪtə; *US* -'rɑmətər] S Barometer *n*: a PHYS Luftdruckmesser *m* b *fig* Grad-, Stimmungsmesser *m*; ~ **ga(u)ge** S 1 Niederdruckmanometer *n* 2 FLUG (barometrisches) Höhenmessgerät
barometric [,bærəʊ'metrɪk; -rə-] ADJ (ADV ~ally) PHYS barometrisch, Barometer…: ~ **cell** Druckdose *f*; ~ **column** Quecksilbersäule *f*; ~ **height** Barometerhöhe *f*; ~ **level(l)ing** barometrische Höhenmessung; ~ **maximum** METEO Hoch(druckgebiet) *n*; ~ **pressure** Luft-, Atmosphärendruck *m*; **barometrical** ADJ (ADV ~ly) → barometric
barometry [bə'rɒmɪtrɪ; *US* -'rɑmə-] S PHYS Barometrie *f*, Luftdruckmessung *f*
baron ['bærən] S 1 *Br* a HIST Pair *m*, Baron *m* b *(heute)* Baron *m (niedrigster Titel des höheren brit. Adels)* 2 *(nicht brit.)* Baron *m*, Freiherr *m* 3 *(Öl- etc)* Magnat *m*, *(Kohlen- etc)* Baron *m*, *(Presse)* Zar *m*, *(Gewerkschafts- etc)* Boss *m umg* 4 ~ **(of beef)** GASTR ungeteiltes Lendenstück vom Rind; **baronage** [-ɪdʒ] S 1 KOLL (Gesamtheit *f* der) Barone *pl* 2 Rang *m od* Würde *f* e-s Barons; **baroness** S 1 a Baronin *f* b Baroness *f*, Baronesse *f* 2 *(nicht brit.)* Baronin *f*, Freifrau *f*
baronet ['bærənɪt] S Baronet *m (Angehöriger des niederen brit. Adels, zwischen* **knight** *u.* **baron** *stehend)*; **baronetage** [-ɪdʒ] S 1 KOLL (Gesamtheit *f* der) Baronets *pl* 2 Rang *m od* Würde *f* e-s Baronets; **baronetcy** → baronetage 2
baronial [bə'rəʊnjəl; -nɪəl] ADJ 1 Barons… 2 prunkvoll: ~ **hall** Prunksaal *m*; **barony** ['bærənɪ] S 1 Baronie *f*: a Herrschaftsgebiet *n* e-s Barons b Rang *m od* Würde *f* e-s Barons 2 Macht- *od* Einflussbereich *m* e-s *(Öl- etc)* Magnaten (→ baron 3)
baroque [bə'rɒk; bə'rəʊk; *US a.* bə'rɑk] A ADJ 1 KUNST *etc* barock, Barock… 2 *fig* barock: a überladen b übersteigert c verschnörkelt d bizarr, seltsam 3 barock, schiefrund *(Perlen)* B S 1 Barock *n/m*: a Barockstil *m* b Barockzeitalter *n* 2 barockes Kunstwerk 3 Barockperle *f*
baroscope ['bærəskəʊp] S PHYS Baroskop *n*, Schweremesser *m*
barouche [bə'ruːʃ] S HIST Kalesche *f (leichte vierrädrige Kutsche)*
barque *bes Br* → bark[3]
barquentine *bes Br* → barkentine
barrack[1] ['bærək] A S 1 *meist pl (aber meist als sg konstruiert)* MIL Kaserne *f*: **~(s) bag** Kleidersack *m*; **~(s) square** *(od* **yard)** Kasernenhof *m* 2 *meist pl (aber meist als sg konstruiert) pej* Mietskaserne *f* B V/T in Kasernen unterbringen, kasernieren
barrack[2] ['bærək] *Br u. umg* A V/T ausbuhen, auspfeifen, *e-n Redner a.* niederbrüllen, -schreien B V/I 1 buhen, pfeifen 2 ~ **for** schreien für, (lautstark) anfeuern
barracuda [,bærə'kjuːdə; *US* -'kuː-] *pl* **-das**, *bes koll* **-da** S FISCH Barrakuda *m*, Pfeilhecht *m*
barrage[1] ['bærɑːʒ; *US* bə'rɑːʒ] A S 1 MIL a Sperrfeuer *n* b *(Ballon-, Minen- etc)* Sperre *f*: ~ **balloon** Sperrballon *m*; ~ **jamming** *(Radar)* Teppich-, Sperrstörung *f*; ~ **reception** RADIO Richtempfang *m*; → creeping barrage, *etc* 2 *(Pfeil-, Stein- etc)* Hagel *m* 3 *fig* Hagel *m*, *(Wort-, Rede)* Schwall *m*: **a ~ of questions** ein Schwall von Fragen B V/T 1 MIL mit Sperrfeuer belegen 2 *fig* bombardieren, eindecken *(beide:* **with** mit *Fragen etc)*
barrage[2] ['bærɑːʒ; *US* 'bɑrɪdʒ] S TECH Damm *m*, *bes* Talsperre *f*, Staudamm *m*
baranca [bə'ræŋkə] S, **barranco** [-kəʊ] *pl* **-cos** S GEOL *US* Wasserriss *m*, tiefe Schlucht
barrator, *a.* **barrater** ['bærətə(r)] S 1 SCHIFF *j-d, der e-e Baratterie* (→ barratry 1) *begeht* 2 JUR schikanöse(r) Prozessstifter(in), Querulant(in) 3 *j-d, der öffentliche od geistliche Ämter kauft od verkauft*
barratry ['bærətrɪ] S 1 SCHIFF Baratterie *f (Veruntreuung durch Schiffsführer od Besatzung gegenüber dem Reeder od Charterer)* 2 JUR a schikanöses Prozessieren b Anstiftung *f* zu mutwilliger Klageführung 3 Kauf *m od* Verkauf *m* von öffentlichen *od* geistlichen Ämtern, REL *a.* Simonie *f*
barred [bɑː(r)d] ADJ 1 (ab)gesperrt, verriegelt 2 vergittert, Gitter…: ~ **windows** 3 gestreift 4 MUS mit Taktstrichen unterteilt 5 ~ **spiral** ASTRON Balkenspirale *f*
barrel ['bærəl] A S 1 Fass *n*, Tonne *f (a. als Maß)*, *(als Rohölmaß meist)* Barrel *n*: **by the ~** fassweise; **have sb over a ~** *umg* j-n in der Hand haben; **they've got us over a ~** *a.* wir sind ihnen ausgeliefert; **they were really scraping the (bottom of the) ~ when they chose him as chairman** *umg* sie waren ganz schön tief gesunken, als sie ihn zum Vorsitzenden wählten; **buying a player like that is really scraping the (bottom of the) ~** *umg* so e-n Spieler zu verpflichten, ist wirklich das Allerletzte 2 Fass(voll) *n* 3 *umg* Haufen *m umg*, große Menge: **a ~** *(od* **~s) of money**; **we had a ~ of fun** wir hatten jede Menge Spaß 4 TECH a Walze *f*, Rolle *f*, Trommel *f* b Lauf-, Zylinderbüchse *f* c *(Gewehr)* Lauf *m*, *(Geschütz)* Rohr *n* d Federgehäuse *n (der Uhr)* e Stiefel *m*, Kolbenrohr *n (e-r Pumpe)* f Rumpf *m (e-s Dampfkessels)* g Tintenbehälter *m (e-r Füllfeder)* h Glockenkörper *m* i Walze *f (der Drehorgel)* j (rundes) Gehäuse 5 MED Zylinder *m (der Spritze)* 6 ORN Kiel *m (e-r Feder)* 7 Rumpf *m (e-s Pferdes od Ochsen)* B V/T *prät u. pperf* **-reled**, *bes Br* **-relled** 1 in Fässer packen *od* füllen 2 *US umg* a schnell befördern b rasen mit: **he ~ed his car to the nearest hospital** C V/I *meist* ~ **along** *US umg* (dahin)rasen; ~ **burst** S MIL Rohrkrepierer *m*; ~ **chair** S *US* Wannensessel *m*; **~-chested** ADJ mit gewölbter Brust: **be ~** e-e gewölbte Brust haben
barreled, *bes Br* **barrelled** ['bæ'rəld] ADJ 1 fassförmig 2 in Fässer gefüllt: ~ **beer** Fassbier *n* 3 *in Zusammensetzungen* …läufig *(Gewehr etc)*: **double-~** 4 gewölbt *(Straße etc)*
barrelful ['bærəlfʊl] S *(ein)* Fass *n* (voll)
barrelhouse S *US* Spelunke *f*
barrelled *bes Br für* barreled
barrel|maker S Fassbinder(in); ~ **organ** S MUS 1 Orgelwalze *f (mechanische Orgel)* 2 Drehorgel *f*, Leierkasten *m*; ~ **roll** S FLUG Rolle *f (im Kunstflug)*; **~-roll** V/I FLUG e-e Rolle ausführen; ~ **roof** S ARCH Tonnendach *n*; **~-roofed**

B

ADJ ARCH mit Tonnendach: ~ **vault** Tonnengewölbe *n*; ~ **vault** S ARCH Tonnengewölbe *n*

barren ['bærən] A ADJ (ADV ~ly) 1 unfruchtbar: a steril *(Mensch, Tier, Pflanze)* b öde, dürr, kahl, unproduktiv *(Land)* 2 *fig* a öde, trocken, uninteressant b seicht c dürftig, armselig 3 *fig (geistig)* unproduktiv *(Phase etc)*: **go through a ~ spell** e-e Durststrecke durchmachen 4 *fig* a leer b arm **(of** an *dat)*: **his speech was ~ of wit** s-r Rede fehlte der *od* jeglicher Witz 5 nutzlos: ~ **capital** WIRTSCH totes Kapital; **a ~ title** ein leerer Titel 6 milchlos *(Kuh)* 7 GEOL taub *(Gestein)* B S *meist pl US* Ödland *n*; **barrenness** S 1 Unfruchtbarkeit *f*: a Sterilität *f* b Ödheit *f*, Dürre *f*, Kahlheit *f*, Unproduktivität *f (a. fig)* 2 *fig* a Trockenheit *f* b Seichtheit *f* c Dürftigkeit *f*, Armseligkeit *f* 3 *fig* a Leere *f* b Armut *f* **(of** an *dat)*

barrette [bə'rɛt] S *US* Haarspange *f*

barricade [ˌbærı'keıd; *US a.* 'bærəˌkeıd] A S 1 Barrikade *f (a. fig)*: **go to** *(od* **mount) the ~s** *fig* auf die Barrikaden gehen *od* steigen **(for** für) 2 Hindernis *n* B V/T verbarrikadieren, verrammeln: ~ **o.s. (in)** sich verbarrikadieren; ~ **off** *e-e Straße etc* durch Barrikaden versperren; **his mind was ~d against new ideas** er war neuen Ideen gegenüber (völlig) unzugänglich

barrier ['bærıə(r)] S 1 Schranke *f (a. fig)*, Barriere *f*, Sperre *f* 2 Schlag-, Grenzbaum *m* 3 PHYS Schwelle *f*, *(Schall)* Mauer *f* 4 GEOL der Küste vorgelagerte Barriere, freier Strandwall 5 *oft* ♀ GEOG Eisbarriere *f* der Antarktis 6 *Pferderennen*: Startmaschine *f* 7 *Verpackungstechnik*: Isolierung *f (gegen Hitze etc)* 8 *fig* Hindernis *n* **(to** für): **be a ~ to sth** etwas verhindern, e-r Sache im Weg stehen 9 *fig* Mauer *f (des Misstrauens etc)* 10 Grenze *f* 11 *pl* HIST *Turnier, bei dem über e-e Schranke hinweggekämpft wurde*; ~ **beach** → barrier 4; ~ **cream** S Schutzcreme *f*; ~ **reef** S GEOL Barriere-, Damm-, Wallriff *n*

barring ['bɑːrıŋ] PRÄP abgesehen *od* mit Ausnahme von, ausgenommen: ~ **rain** falls *od* wenn es nicht regnet

barrister ['bærıstə(r)] S JUR 1 *Br* Barrister *m (vor höheren Gerichten plädierender Rechtsanwalt; voller Titel*: **~-at-law**; *Ggs* **solicitor)** 2 *US umg allg* Rechtsanwalt *m*, -anwältin *f*

barroom S *US* Bar *f*

barrow[1] ['bærəʊ] S 1 *(Obst- etc)* Karre(n) *f(m) (e-s Straßenhändlers)* 2 Handkarre(n) *f(m)* 3 Schubkarre(n) *f(m)* 4 Gepäckkarre(n) *f(m)*

barrow[2] ['bærəʊ] S 1 *Archäologie*: Hügelgrab *n* 2 *bes Br* Hügel *m*

barrow[3] ['bærəʊ] S AGR Bork *m*, Borg *m (kastriertes Schwein)*

barrow boy S *Br* Straßenhändler *m*

bar| sinister S 1 *Heraldik*: Schräglinksbalken *m (als Zeichen unehelicher Geburt)* 2 *fig* Stigma *n* unehelicher Geburt; ~ **steel** S TECH Stangenstahl *m*; **~stool** S Barhocker *m*; **~tender** S *bes US* Barmann *m*, Barkeeper *m*, Barmixer *m*

Bart. ABK Baronet

barter ['bɑː(r)tə(r)] A V/I Tauschhandel treiben: ~ **for food with jewel(le)ry** Schmuck gegen Lebensmittel tauschen B V/T **(for)** eintauschen (für, gegen, in *akk*), tauschen (gegen): ~ **away** a im Tausch weggeben b verschleudern, -schachern *(a. fig)* c (ohne entsprechende Gegenleistungen) verzichten auf *Freiheit, Rechte etc* C S 1 Tausch(handel) *m od* -geschäft *n*: ~ **shop** *(bes US* **store)** Tauschladen *m*; ~ **transaction** WIRTSCH Tausch-, Kompensationsgeschäft *n* 2 Tauschobjekt(e) *n(pl)*; **barterer** S Tauschhändler(in)

Bartholin's glands ['bɑː(r)θəlınz; *US a.* 'bɑrtlənz] SPL ANAT Bartholin-Drüsen *pl*

bartizan ['bɑː(r)tızən; ˌbɑː(r)tı'zæn] S ARCH Erkertürmchen *n*

barton ['bɑːtn] *Br obs für* farmyard

bar winding S ELEK Stabwicklung *f*

barwise ADV *Heraldik*: horizontal

bar-wound armature S ELEK Stabanker *m*, Anker *m* mit Stabwicklung

barycenter, *bes Br* **barycentre** ['bærı-] S PHYS Baryzentrum *n*, Schwerpunkt *m*

baryon ['bærıɒn; *US* -ˌɑn] S PHYS Baryon *n (Elementarteilchen, dessen Masse mindestens so groß ist wie die e-s Protons)*; ~ **number** S Baryonenzahl *f*

barysphere ['bærı-] S GEOL Barysphäre *f (innerster Teil der Erde)*

baryta [bə'raıtə] S CHEM Bariumoxid *n*

barytes [bə'raıtiːz] S MINER Baryt *m*, Schwerspat *m*

barytic [bə'rıtık] ADJ MINER Baryt…

barytone → baritone

basal ['beısl] ADJ (ADV ~ly) 1 an der Basis *od* Grundfläche befindlich, basal, Grund… 2 *fig* grundlegend, fundamental, Grund… 3 BIOL basal, basisständig, Basal…; ~ **body** S BIOL Basalkörperchen *n*; ~ **cell** S BIOL Grund-, Basalzelle *f*; ~ **metabolic rate** S MED Grundumsatz *m*; ~ **metabolism** S MED Grundstoffwechsel *m*

basalt ['bæsɔːlt; bə'sɔːlt] S 1 GEOL Basalt *m* 2 Basaltgut *n (schwarzes Steingut)*; **basaltic** [bə'sɔːltık] ADJ GEOL basaltisch, Basalt…

basanite ['bæsənaıt; -zə-] S GEOL Basanit *m (alkalireicher Basalt)*

bascule bridge ['bæskjuːl] S TECH Klappbrücke *f*

base[1] [beıs] A S 1 *a. fig* Basis *f*, Grundlage *f*, Fundament *n (a. arch)* 2 *fig* Ausgangspunkt *m*, -basis *f* 3 Grund-, Hauptbestandteil *m (e-r Arznei etc)*, Grundstoff *m* 4 CHEM Base *f* 5 ARCH Basis *f*, Sockel *m*, Postament *n (e-r Säule etc)* 6 MATH a Basis *f*, Grundlinie *f od* -fläche *f* b Träger *m (e-r Punktreihe)* c Basis *f*, Grundzahl *f (e-s Logarithmen- od Zahlensystems od e-r Potenz)* d Bezugsgröße *f* 7 *Landvermessung*: Standlinie *f* 8 BIOL a Befestigungspunkt *m (e-s Organs)* b Basis *f*, Unterteil *n/m*: ~ **of the brain** ANAT Gehirnbasis 9 MIL a Standort *m* b *(Operations- od Versorgungs)* Basis *f*: ~ **of operations (supplies)** c *(Luftwaffen- etc)* Stützpunkt *m* d Etappe *f* 10 *Baseball*: Mal *n*: **be off ~** *US umg* auf dem Holzweg sein; **catch sb off ~** *US umg* j-n überraschen *od* -rumpeln; **get to first ~** *US umg* e-n ersten (erfolgreichen) Schritt tun; **he didn't get to first ~ with her** *US umg* er hat bei ihr überhaupt nichts erreicht; **touch ~ with** *US umg* sich in Verbindung setzen mit 11 *bei verschiedenen Spielen*: a Start(punkt) *m* b Ziel (-punkt) *n(m)* 12 LING Stamm *m* 13 TECH a Montage-, Grundplatte *f*, Sockel *m*, Gestell *n* b *(Gehäuse-, Maschinen)* Unterteil *n/m* c Fundament *n*, Unterlage *f*, Bettung *f* d Sohle *f (e-r Mauer)* e Trägerstoff *m (z. B. für Magnetschicht)* f MIL *(Geschoss)* Boden *m* 14 ELEK *(Lampen-, Röhren)* Sockel *m*, (-)Fassung *f* 15 *Färberei*: Beize *f* 16 GEOL *(das)* Liegende B V/T 1 stützen, gründen *(beide:* **on, upon** auf *akk)*: **~ one's hopes on** s-e Hoffnungen bauen auf *(akk)*; **be ~d on** beruhen *od* basieren auf *(dat)*; **~ o.s. on** sich verlassen auf *(akk)*; → based 1 2 MIL stationieren: → based 3 a 3 e-e Basis bilden für C ADJ als Basis dienend, Grund…, Ausgangs…

base[2] [beıs] ADJ (ADV ~ly) 1 gemein, niederträchtig: ~ **motives** niedrige Beweggründe 2 minderwertig 3 unedel: → base metal 1 4 falsch, unecht: ~ **coin** a *Br* Falschgeld *n* b *US* Scheidemünze *f* 5 LING unrein, unklassisch 6 JUR *Br* HIST dienend: ~ **estate** durch gemeine Dienstleistungen erworbenes Lehen 7 MUS *obs* Bass…: ~ **tones** Basstöne 8 *obs* niedrigen Standes 9 *obs* unehelich

base| angle S MATH Basiswinkel *m*; **~ball** S SPORT 1 Baseball(spiel) *m(n)* 2 Baseball *m*; **~board** S ARCH *US* Fuß-, Scheuer-, Sockelleiste *f*; **~born** → base[2] 8; ~ **camp** S *Bergsteigen* Basislager *n*; ~ **circle** S TECH Grundkreis *m (von Zahnrädern)*

based [beıst] ADJ 1 **(on)** gegründet *od* gestützt (auf *acc*), beruhend (auf *dat*): ~ **on a novel by …** (FILM, TV) nach Motiven e-s Romans von … 2 *fig* mit e-r *fundierten etc* Basis: **a soundly ~ argument** ein stichhaltiges Argument 3 *(in Zusammensetzungen)* a MIL mit … als Stützpunkt, stationiert in *(dat)*: **a London-~ unit** b WIRTSCH *etc* mit Sitz in *(dat)*: **a Liverpool-~ firm**; **a London-~ musician** ein in London ansässiger Musiker, ein Musiker mit Wohnsitz in London

base| exchange S CHEM Basenaustausch *m*; ~ **hospital** S *Krankenhaus für ein großes ländliches Versorgungsgebiet*

baseless ADJ grundlos, unbegründet

base| line S 1 Grundlinie *f (a. Tennis etc)* 2 *Landvermessung*: Standlinie *f* 3 *fig* Ausgangspunkt *m*; **~-line** ADJ *Tennis*: Grundlinien…: ~ **duel** *(***player**, *etc)*; **~liner** S *Tennis*: Grundlinienspieler(in); ~ **load** S ELEK *bes Br* Grundlast *f*, -belastung *f*

basement S ARCH 1 a Souterrain *n*, Kellergeschoss *n*: ~ **flat** *(bes US* **apartment)** Souterrainwohnung *f* b Tief-, Untergeschoss *n (e-s Kaufhauses)* 2 Grundmauer(n) *f(pl)*

base metal S TECH 1 unedles Metall 2 Hauptbestandteil *m (e-r Legierung)*

baseness S 1 Gemeinheit *f*, Niedrigkeit *f*, Niederträchtigkeit *f* 2 Minderwertigkeit *f* 3 Unechtheit *f* 4 *obs* Niedrigkeit *f (der Geburt)* 5 *obs* Unehelichkeit *f*

base| operations SPL, ~ **ops** SPL *umg* FLUG, MIL Flugleitung *f (Dienststelle)*; ~ **pin** S ELEK Sockelstift *m*; ~ **plate** → base[1] A 13 a; ~ **price** S WIRTSCH Grundpreis *m*; ~ **rate** S 1 WIRTSCH *Br* Eckzins *m* 2 Grundlohn *m*

bases ['beısiːz] *pl von* basis

base unit S PHYS Grundeinheit *f*

bash [bæʃ] *umg* A V/T 1 heftig schlagen, *j-n* verprügeln: **he ~ed his finger with a hammer** er drosch sich mit dem Hammer auf den Finger; **she ~ed him on the head with her umbrella** sie schlug ihm den Schirm über den Kopf; ~ **one's head against** sich den Kopf anschlagen an *(dat)*, mit dem Kopf knallen gegen *umg*; ~ **down** *e-e Tür* einschlagen; ~ **in** a *ein Fenster etc* einschlagen b *e-n Kotflügel etc* ein-, verbeulen; ~ **sb's head in** j-m den Schädel einschlagen; ~ **up** a *j-n* zusammenschlagen, krankenhausreif schlagen b *ein Auto etc* zu Schrott fahren 2 *fig bes Br* einprügeln auf *(akk)* B V/I ~ **into** knallen *od* krachen gegen *umg*: **the car ~ed into a tree** C S 1 *bes Br* Pfund *n (heftiger Schlag)*: **give sb a ~ (on the nose)** j-m ein Ding (auf die Nase) verpassen *umg* 2 *bes Br* Beule *f (am Auto etc)*: **my car has had a ~** mein Auto hat etwas *od* e-e Beule abgekriegt 3 ausgelassene Party 4 *Br* Versuch *m*: **have a ~** e-n Versuch wagen; **have a ~ at sth** etwas probieren *od* versuchen 5 *notdürftige Unterkunft aus Kartons etc*

bashaw [bə'ʃɔː] S HIST *u. fig* Pascha *m*

bashful ADJ (ADV ~ly) schüchtern, verschämt, scheu; **bashfulness** S Schüchternheit *f*, Verschämtheit *f*, Scheu *f*

basic[1] ['beısık] A ADJ (ADV → basically) 1 grundlegend, Grund…: **be ~ to** Voraussetzung sein für; ~ **driving** *bes* MIL elementare

Fahrschulung; ~ **facts** grundlegende Tatsachen, Grundlagen; ~ **fee** Grundgebühr *f*; ~ **flying training** FLUG fliegerische Grundausbildung; ~ **material** TECH Ausgangsmaterial *n*, Grundstoff *m*; ~ **needs** Grundbedürfnisse; ~ **position** Grundposition *f*; ~ **speed** SPORT Grundgeschwindigkeit *f*; ~ **vocabulary** Grundwortschatz *m*; → knowledge 2 **2** *umg* einfach (*Hotel etc*), bescheiden (*Kenntnisse*) **3** BIOL, CHEM, GEOL, MINER basisch **4** METALL im Thomasverfahren hergestellt, Thomas… **B** S **1** *pl* Grundlagen *pl*, Basiswissen *n* **2** *US* → basic training

BASIC[2] ['beɪsɪk] S beginner's all-purpose symbolic instruction code IT BASIC *n* (*e-e Programmiersprache*)

basically ADV **1** im Grunde **2** im Wesentlichen **3** offen gesagt **4** kurz(um) **5** eigentlich

basic| Bessemer converter S TECH Thomasbirne *f*, -konverter *m*; ~ **Bessemer process** S TECH Thomasverfahren *n*; ≈ **English** S Basic English *n* (*auf 850 Grundwörter beschränktes u. in der Grammatik vereinfachtes Englisch; von C. K. Ogden*); ~ **food** S, ~ **foodstuffs** SPL Grundnahrungsmittel *pl*; ~ **industry** S Grund(stoff)-, Schlüsselindustrie *f*

basicity [beɪ'sɪsətɪ] S CHEM **1** Baseität *f*, Basizität *f* (*e-r Säure*) **2** basischer Zustand

basic| law S POL Grundgesetz *n*; ~ **load** S ELEK ständige Grundlast; ~ **operation** S MATH Grundrechnung *f*, -operation *f*; ~ **process** S TECH basisches Verfahren; ~ **protein** S BIOL Alkalieiweiß *n*; ~ **research** S Grundlagenforschung *f*; ~ **salary** S WIRTSCH **1** Grundgehalt *n* **2** Fixum *n*; ~ **set** S *Zwölftonmusik*: Reihe *f*; ~ **size** S TECH Sollmaß *n*; ~ **steel** S TECH Thomasstahl *m*; ~ **training** S MIL Grundausbildung *f*; ~ **wage** S *meist pl* WIRTSCH Grundlohn *m*

basify ['beɪsɪfaɪ] V/T CHEM basisch machen

basil ['bæzl; *US a.* 'beɪ-] S BOT **a** **sweet** ~ Basilienkraut *n*, Basilikum *n* **b** *a.* ~ **bush, lesser** ~ Kleine Nelkenbasilie

basilar ['bæsɪlə(r)] ADJ **1** BOT grundständig, Grund… **2** ANAT, MED basilar (*die Schädelbasis betreffend*): ~ **artery** Basisarterie *f* **3** grundlegend, Grund…

basilica [bə'zɪlɪkə; -'sɪ-] S ARCH Basilika *f*

basilisk ['bæzɪlɪsk; *US a.* -sə-] **A** S **1** Basilisk *m* (*Fabeltier*) **2** ZOOL Basilisk *m*, Kroneidechse *f* **B** ADJ Basilisken…: ~ **eye**

basin ['beɪsn] S **1** (*Wasser-, Wasch- etc*) Becken *n*, Schale *f* **2** (*ein*) Becken *n* (voll) **3** (*einzelne*) Waagschale **4** **a** Bassin *n*, Wasserbecken *n*, -behälter *m* **b** Teich *m* **c** Bai *f*, kleine Bucht **d** Hafenbecken *n*, Innenhafen *m* **e** SCHIFF, TECH Dock(raum) *n(m)* **f** Schwimmbecken *n*, Bassin *n* **5** OPT Schleifschale *f* **6** Einsenkung *f*, Vertiefung *f* **7** GEOL **a** Bassin *n*, Becken *n* **b** (*Senkungs*) Mulde *f*, Kessel *m* **c** (*Fluss-, See*) Becken *n*, Stromgebiet *n* **8** ANAT **a** dritte Gehirnhöhlung **b** (*Rumpf- etc*) Becken *n*

basinet ['bæsɪnet; *US* ,bæsə'net] S MIL, HIST Kesselhaube *f*

basinful [-fʊl] S (ein) Becken *n* (voll): **have had a** ~ **of** *umg* die Nase voll haben von

basing ['beɪsɪŋ] ADJ: ~ **country** MIL Stationierungsland *n*

basis ['beɪsɪs] *pl* -ses [-si:z] S **1** *bes* ARCH Basis *f*, Grund *m*, Fundament *n* **2** → base[1] A 3, A 8 b **3** *fig* Basis *f*, Grundlage *f*: **on the** ~ **of** auf der Basis von (*od gen*); **be paid on an hourly** ~ nach Stunden bezahlt werden; **on a voluntary** ~ auf freiwilliger Basis; ~ **of discussion** Diskussionsgrundlage; ~ **of comparison** Vergleichsbasis; ~ **of trust** Vertrauensbasis; **what is the** ~ **of** (*od* **for**) …? worauf gründet sich …?; **form** (*od* **lay**) **the** ~ **of sth** den Grund zu etwas legen; **take as a** ~ *etwas* zugrunde legen **4** MATH **a** Grund-, Basisfläche *f* **b** Grundlinie *f*, Basis *f*

bask [bɑ:sk; *US* bæsk] V/I **1** sich (wohlig) wärmen, sich aalen, sich sonnen (*a. fig*): ~ **in the sun(shine)** ein Sonnenbad nehmen, sich in der Sonne aalen; ~ **in sb's admiration** *fig* sich in j-s Bewunderung sonnen **2** *fig* (**in**) schwelgen (in *dat*), genießen (*akk*)

basket ['bɑ:skɪt; *US* 'bæskət] **A** S **1** Korb *m* (*a. als Maß*): ~ **of currencies** WIRTSCH Währungskorb; **what's left in the** ~ was übrig bleibt, der schäbige Rest; → egg[1] A 1, pick[1] A 4 **2** → basketful **3** **a** POL Korb *m*, Paket *n* **b** Gruppe *f*, Reihe *f* **4** *Basketball*: **a** Korb *m* **b** Treffer *m*, Korb *m* **5** MIL, HIST Säbelkorb *m* **6** Korb *m* (*e-s Fesselballons*) **7** *bes Bergbau*: (*Förder*) Korb *m* **8** (*Typen*) Korb *m* (*der Schreibmaschine*) **9** *umg* Blödmann *m*, Idiot *m* (*beide pej*) **B** V/T in e-n Korb *od* in Körbe legen *od* verpacken; ~**ball** S SPORT **1** Basketball(spiel) *m(n)* **2** Basketball *m*; ~ **case** S *bes US sl* **1** *pej* Arm- u. Beinamputierte(r) *m/f(m)* **2** Nervenbündel *n*: **be a** ~ mit den Nerven völlig am Ende sein **3** hoffnungsloser Fall; ~ **chair** S Korbsessel *m*; ~ **clause** S JUR Generalklausel *f*

basketful [-fʊl] S (*ein*) Korb *m* (voll)

basket|-handle arch S ARCH Korbhenkelbogen *m*; ~ **hilt** S MIL, HIST Säbelkorb *m*; ~ **maker** S **1** Korbmacher(in), -flechter(in) **2** **Basket Maker** Korbflechter *m* (*prähistorischer Bewohner der südwestl. USA u. angrenzender Gebiete Mexikos*)

basketry ['bɑ:skɪtrɪ; *US* 'bæs-] S **1** Korbwaren *pl* **2** Korbflechterei *f*

basket| weave S *Textilwesen*: Panamabindung *f*; ~**work** → basketry

basking shark S FISCH Riesenhai *m*

Basle [bɑ:l] S Basel *n*

Basque[1] [bæsk] **A** S **1** Baske *m*, Baskin *f* **2** LING Baskisch *n*, das Baskische **B** ADJ baskisch

basque[2] [bæsk] S **1** Schößchen *n* **2** Mieder *n* mit Schößchen

bas-relief ['bæsrɪ,li:f; *bes US* ,bɑ:rɪ'li:f] S KUNST Bas-, Flachrelief *n*

bass[1] [beɪs] MUS **A** S Bass *m*: **a** Bassstimme *f* **b** Basssänger *m*, Bassist *m* **c** Basspartie *f* **d** Bassinstrument *n*, *bes* Streich-, Kontrabass *m* **B** ADJ tief, Bass…: ~ **voice**

bass[2] [bæs] *pl* basses, *bes koll* bass S FISCH (Fluss- *od* See)Barsch *m*

bass[3] [bæs] S **1** Bast *m* **2** → basswood

bass| bar [beɪs] S MUS (Bass)Balken *m*; ~ **baritone** S MUS Bassbariton *m*; ~ **clarinet** S MUS Bassklarinette *f*; ~ **clef** S MUS Bassschlüssel *m*; ~ **control** S RADIO Bassregler *m*; ~ **drum** S MUS große Trommel, Basstrommel *f*

basset[1] ['bæsɪt] S ZOOL Basset *m*

basset[2] ['bæsɪt] (*Bergbau*, GEOL) **A** S Ausgehende(s) *n*, Ausstreichende(s) *n* **B** V/I ausgehen, -streichen (*Flöz etc*)

basset| horn S MUS, HIST Bassetthorn *n*

basset hound → basset[1]

bass| guitar [beɪs] S MUS Bassgitarre *f*; ~ **horn** S MUS **1** Basstuba *f* **2** (Englisch)Basshorn *n*

bassi ['bæsɪ; *US* 'bɑ:si:] *pl von* basso

bassinet [,bæsɪ'net] S **1** **a** Korbwiege *f* (*mit Verdeck*) **b** Korb(kinder)wagen *m* (*mit Verdeck*) **2** → basinet

bassist ['beɪsɪst] S Bassist *m* (*Sänger u., bes in e-r Jazzband, Instrumentalist*)

basso ['bæsəʊ; *US a.* 'bɑ:-] *pl* -sos, -si ['bæsɪ; *US* 'bɑ:si:] S Bassist *m*, Basssänger *m*; ~ **continuo** *pl* basso continuos S MUS Basso *m* continuo, Generalbass *m*

bassoon [bə'su:n] S MUS Fagott *n*; **bassoonist** S Fagottist(in) *m*

basso| profundo [prəʊ'fʌndəʊ] *pl* bassi profundi [-dɪ], basso profundos S MUS tiefer Bass (*Stimme od Sänger*); ~**-relievo** [,-rɪ'li:vəʊ] → bas-relief

bass| trombone [beɪs] S MUS Bassposaune *f*; ~ **viol** S MUS **1** Gambe *f* **2** Kontrabass *m*

basswood ['bæs-] S BOT **1** (*bes* Schwarz)Linde *f* **2** Linde(nholz) *f(n)*

bast [bæst] S **1** → phloem **2** Bast *m*

bastard ['bɑ:stə(r)d; *bes US* 'bæs-] **A** S **1** **a** uneheliches Kind, *pej* Bankert *m*, HIST Bastard *m* **b** BIOL Bastard *m*, Mischling *m* **2** *sl* **a** *pej* Bastard *m*, Scheißkerl *m* **b** *allg* Kerl *m*: **lucky** ~ Glückspilz *m*; **poor** ~ armer Hund, armes Schwein **c** **that job is a real** ~ diese Arbeit ist einfach beschissen; **this** ~ **of a headache** diese verfluchten Kopfschmerzen **B** ADJ **1** unehelich **2** BIOL Bastard…, Mischlings…, falsch **3** *fig* nachgemacht, unecht, Pseudo… **4** *fig* abnorm, von der Norm abweichend: ~ **size** TECH Abmaß *n*, Maßabweichung *f*

bastard| acacia S BOT Robinie *f*, Falsche Akazie; ~ **file** S TECH Schlichtfeile *f*

bastardize ['bæstə(r)daɪz] **A** V/T **1** JUR für unehelich erklären **2** verfälschen **3** entarten lassen **B** V/I entarten

bastard| measles SPL (*meist als sg konstruiert*) MED *umg* Röteln *pl*; ~ **title** S TYPO Schmutztitel *m*; ~ **type** S TYPO Bastardschrift *f*

bastardy S Unehelichkeit *f*: ~ **proceedings** *pl* JUR *US* Vaterschaftsprozess *m*

baste[1] [beɪst] V/T **1** (ver)prügeln **2** *fig* beschimpfen, herfallen über (*akk*)

baste[2] [beɪst] V/T *e-n Braten* mit Fett begießen

baste[3] [beɪst] V/T (an)heften

bastinado [,bæstɪ'neɪdəʊ; -'nɑ:-] HIST **A** *pl* -does S Bastonade *f* (*Stockschläge auf die Fußsohlen*) **B** V/T *j-m* die Bastonade geben

basting[1] S (*Tracht f*) Prügel *pl*

basting[2] S **1** Heften *n* **2** **a** Heftfaden *m* **b** Heftnaht *f*

bastion ['bæstɪən; *US* 'bæstʃən] S MIL Bastion *f*, Bastei *f*, Bollwerk *n* (*alle a. fig*)

bat[1] [bæt] **A** S **1** *bes Baseball u. Kricket*: Schlagholz *n*, Schläger *m*: **off one's own** ~ *Br* **a** auf eigene Faust **b** ganz allein; (**right**) **off the** ~ *bes US umg* sofort **2** *Tischtennis etc*: Schläger *m* **3** *Kricket*: Schläger *m*, Schlagmann *m* **4** Schlagen *n*: **be at** ~ → C 1; **go to** ~ **for** → C 2 **5** Knüttel *m*, Keule *f*, Stock *m* **6** *umg* Stockhieb *m* **7** TECH Schlegel *m* **8** *Br umg* Tempo *n*: **at a fair** ~ mit e-m ganz schönen Zahn *umg* **9** *US sl* Sauferei *f pej*: **go on a** ~ e-e Sauftour machen **B** V/T *bes den Ball* schlagen: ~ **sth around** *US umg* etwas bequatschen (*diskutieren*); ~ **sth out** *US umg* etwas hinhauen (*schnell schreiben etc*); ~ **sth out on the typewriter** *US umg* etwas heruntertippen; → breeze[1] A 3 **C** V/I **1** *Baseball, Kricket*: **a** *gut etc* schlagen **b** am Schlagen *od* dran sein **2** (**go to**) ~ **for** *US umg* für *j-n* eintreten, sich für *j-n* einsetzen **3** ~ **around** *US umg* sich herumtreiben

bat[2] [bæt] S ZOOL Fledermaus *f*: **be (as) blind as a** ~ blind wie ein Maulwurf sein; **have** ~**s in the** (*od* **one's**) **belfry** *umg* e-n Vogel haben; **like a** ~ **out of hell** *umg* wie der Teufel *fahren etc*, wie von (den) Furien gehetzt *rennen etc*

bat[3] [bæt] V/T: ~ **one's eyes** (*od* **eyelids**) (mit den Augen) blinzeln *od* zwinkern; **without** ~**ting an eye(lid)** *umg* ohne mit der Wimper zu zucken, ohne e-e Miene zu verziehen; **I never** ~**ted an eye(lid)** *umg* ich hab (*in der Nacht*) kein Auge zugemacht

batata [bə'tɑ:tə] S BOT Batate *f*, Süßkartoffel *f*

Batavian [bə'teɪvjən; -vɪən] **A** ADJ **1** HIST batavisch **2** *obs od poet* holländisch **B** S **1** HIST Batavier(in) **2** *obs od poet* Holländer(in)

batch [bætʃ] A S 1 Schub *m (auf einmal gebackene Menge Brot)*: **a ~ of bread** (*od* **loaves**) ein Schub Brot 2 Schub *m*, Schwung *m umg*: a Gruppe *f (von Personen)*: **a ~ of prisoners** ein Trupp Gefangener b Satz *m (Muster etc)*, Stapel *m*, Stoß *m (Briefe etc)*, Partie *f*, Posten *m (gleicher Dinge)*: **in ~es** schubweise 3 IT Schub *m*, Stapel *m* 4 TECH a in einem Arbeitsgang erzeugte Menge, Schub *m* b für einen Arbeitsgang erforderliches Material, Satz *m*, Charge *f*, Füllung *f*, *z. B. Gießerei*: (Beschickungs)Schicht *f*, *Glasfabrikation*: (Glas)Satz *m* B V/T 1 schub- *od* stoßweise verarbeiten *od* zumessen, in Schübe *od* Gruppen einteilen 2 → batch-process; **~-process** V/T IT *Daten* schub- *od* stapelweise verarbeiten; **~ processing** S IT Batch-Processing *n*, Schub-, Stapelverarbeitung *f*

bate[1] [beɪt] → abate A 1, B 1

bate[2] [beɪt] *(Gerberei)* A S Beizbrühe *f*, Ätzlauge *f* B V/T in die Beizbrühe legen

bate[3] [beɪt] V/I *(unruhig)* umherflattern *(Falke)*

bate[4] [beɪt] S *Br umg* a miese Laune b Rage *f*: **get into a ~** in Rage geraten

bat ears SPL abstehende Ohren *pl*

bateau [bæ'təʊ] *pl* -teaux [-'təʊ; -'təʊz] S *US Can* 1 leichtes flaches Flussboot 2 Ponton *m*, Trag-, Brückenschiff *n*: **~ bridge** Pontonbrücke *f*

bated ['beɪtɪd] ADJ: **with ~ breath** mit angehaltenem Atem

batement S ARCH Maßwerk *n*: **~ light** Maßwerklichte *f*

Bath[1] [bɑːθ] EIGENN Bath *n (Stadt u. Badeort in England)*

bath[2] [bɑːθ; *US* bæθ] A *pl* baths [-ðz] S 1 (Wannen)Bad *n*: **take a ~** a *a.* **have a ~** baden, ein Bad nehmen b *US sl (finanziell)* baden gehen *umg* (**on** bei) 2 Badewasser *n* 3 (Bade)Wanne *f* 4 Bad *n*, Badezimmer *n* 5 *meist pl* Bad *n*: a *Br* Badeanstalt *f* b Heil-, Kurbad *n*, Badeort *m* 6 CHEM, FOTO a Bad *n (Behandlungsflüssigkeit)* b Behälter *m dafür* 7 **the Order of the ♁** *Br* der Bathorden B V/T *Br ein Kind etc* baden C V/I *Br* ein Bad nehmen

Bath| brick S Putzstein *m*; **~ bun** S *süße Hefesemmel mit Rosinen etc*; **~ chair** S Rollstuhl *m (mit Verdeck)*; **~ chap** S GASTR Schweinebacke *f*

bath cube S Badesalzwürfel *m*

bathe [beɪð] A V/T 1 *e-e Wunde etc, bes US ein Kind etc* baden: **~ o.s.** → B 1 2 waschen 3 (ein)tauchen (**in** in *akk*) *(a. fig)*: **~d in sunlight** sonnenüberflutet, in Sonnenlicht getaucht; **~d in sweat** (*od* **perspiration**) in Schweiß gebadet, schweißgebadet; **~d in tears** in Tränen aufgelöst, tränenüberströmt 4 *bes poet* bespülen B V/I 1 *bes US* baden, ein Bad nehmen 2 baden, schwimmen 3 (Heil)Bäder nehmen 4 *fig* sich baden, eingetaucht *od* versunken sein, *a.* schwelgen *(alle:* **in** in *dat)* C S *Br* Bad *n (im Freien)*: **have** (*od* **take**) **a ~** → B 2; **go for a ~** baden *od* schwimmen gehen; **bather** S 1 Badende(r) *m/f(m)* 2 *pl*, *a.* **pair of ~s** Badeanzug *m*

bathetic [bə'θetɪk] ADJ (ADV ~ally) 1 trivial, platt 2 voll von falschem Pathos

bathhouse S 1 Bad *n*, Badeanstalt *f* 2 *US* Umkleidekabinen *pl*

bathing ['beɪðɪŋ] S Baden *n*, Schwimmen *n*; **~ accident** S Badeunfall *m*; **~ beach** S Badestrand *m*; **~ beauty** S Badeschönheit *f*; **~ belle** S *obs* Badeschönheit *f*; **~ cap** S Bademütze *f*, -kappe *f*; **~ costume** S *bes Br* Badeanzug *m*; **~ machine** S HIST Badekarren *m*; **~ suit** S Badeanzug *m*; **~ trunks** SPL, *a.* **pair of ~** Badehose *f*; **~ waters** SPL Badegewässer *pl*

bath mat S Bademattе *f*, -vorleger *m*

batholite ['bæθəlaɪt], **batholith** [-lɪθ] S GEOL Batholit *m (in der Erdkruste erstarrter Gesteinskörper mit nach unten auseinanderweichenden Begrenzungsflächen)*

Bath Oliver ['ɒlɪvə] S *Br (ein)* ungesüßter Keks

bathometer [bə'θɒmɪtə(r); *US* -'θɑ-] Bathometer *n*, Bathymeter *n*, Tiefseelot *n*

Bathonian [bə'θəʊnjən; -nɪən] A S Bewohner(in) von Bath *(England)* B ADJ aus *od* von Bath

bathos ['beɪθɒs; *US* -,θɑs] S 1 Bathos *n (Übergang vom Erhabenen zum Lächerlichen od Trivialen.)* 2 Trivialität *f*, Plattheit *f* 3 falsches Pathos 4 Null-, Tiefpunkt *m*: **the ~ of stupidity** der Gipfel der Dummheit

bath|robe S 1 Bademantel *m* 2 *US* Morgenmantel *m*, -rock *m*; **~room** S 1 Badezimmer *n*: **~ cabinet** Badezimmerschrank *m*; **~ set** Badezimmergarnitur *f* 2 *US* Toilette *f*: **go to the ~** auf die *od* zur Toilette gehen; **~ tissue** Toilettenpapier *n*; **~ salts** SPL Badesalz *n*; **~ set** S Badezimmergarnitur *f*

Bath stone S GEOL Muschelkalkstein *m*

bath| towel S Badetuch *n*; **~tub** S 1 Badewanne *f* 2 *Skisport*: *US* Badewanne *f (Mulde)*; **~ water** S Badewasser *n*: → baby A 1

bathyal ['bæθɪəl] ADJ bathyal *(den lichtlosen Bereich des Meeres zwischen 200 u. 800 m Tiefe betreffend)*

bathymetry [bə'θɪmətrɪ] S 1 Tiefenmessung *f* 2 Tiefseemessung *f*

bathyscaph(e) ['bæθɪskæf; *US a.* -,skeɪf] S Bathyskaph *m (ein Tiefseetauchgerät)*

bathysphere ['bæθɪ,sfɪə(r)] S Bathysphäre *f (von e-m Begleitschiff aus bewegte Tiefseetauchkugel)*

batik ['bætɪk; *US a.* bə'tiːk] A S 1 Batik (-druck *m*) *m*, *a. f* 2 Batik *m*, *a. f*, gebatikter Stoff B V/T batiken

batiste [bæ'tiːst; bə-] S Batist *m*

batman ['bætmən] S *irr* MIL *Br* (Offiziers)Bursche *m*

baton ['bætən; *US* bə'tɑn] S 1 *(Amts-, Kommando)* Stab *m*: **Field Marshal's ~** Marschall(s)stab 2 MUS Taktstock *m*, *(Dirigenten)* Stab *m* 3 *Leichtathletik: (Staffel)* Stab *m*, (-)Holz *n* 4 Schlagstock *m*, Gummiknüppel *m (der Polizei)* 5 *Heraldik*: (schmaler) Schrägbalken; **~ charge** S Schlagstockeinsatz *m*: **make a ~ on** → baton-charge; **~-charge** V/T mit dem Schlagstock vorgehen gegen

batrachian [bə'treɪkjən; -ɪən] ZOOL A ADJ frosch-, krötenartig B S Batrachier *m*, Froschlurch *m*

bats [bæts] → batty

bat sleeve S Fledermausärmel *m*

batsman ['bætsmən] S *irr* 1 *Kricket*: Schläger *m*, Schlagmann *m* 2 FLUG Marshaler *m*

batt [bæt] → batting 3

battalion [bə'tæljən] S *(a. als pl konstruiert)* MIL Bataillon *n (a. fig)*

batten[1] ['bætn] V/I 1 (**on**) a sich gütlich tun (an *dat*) b sich vollfressen *umg* (an *dat*, mit) 2 (**on**) a sich mästen (mit) b *meist fig* dick u. fett werden (auf Kosten *gen*)

batten[2] ['bætn] A S 1 Latte *f*, Leiste *f* 2 SCHIFF a achteres Schalstück *(der Rahen)* b Persenningleiste *f*: **~ of the hatch** Schalkleiste *f* 3 Diele *f*, *(Fußboden)* Brett *n* 4 *Weberei*: Lade *f* B V/T 1 *a.* **~ down, ~ up** (mit Latten) verkleiden *od* befestigen 2 SCHIFF verschalken: **~ down the hatches** a die Luken dicht machen b *fig* alles dichtmachen

batter[1] ['bætə(r)] A V/T 1 a einschlagen auf *(akk)*: **~ down** (*od* **in, open**) *e-e Tür* einschlagen b *s-e Ehefrau, sein Kind etc* (wiederholt) schlagen *od* misshandeln: **~ed wives' refuge** Frauenhaus *n* 2 umpeitschen *(Sturm etc)*, schlagen gegen *(Wellen etc)* 3 abnutzen 4 (arg) lädieren *od* zerbeulen, *a. fig* arg in Mitleidenschaft ziehen: **a ~ed old car** ein zerbeulter alter Wagen; **our ~ed democracy** unsere stark angeschlagene Demokratie 5 MIL wiederholt bombardieren: **~ down** zerbomben, zusammenschießen B V/I wiederholt heftig schlagen *od* stoßen (**against** gegen; **at** an *akk*): **~ (away) at** (*od* **on**) **the door** gegen die Tür hämmern C S 1 Eierkuchenteig *m (a. zum Frittieren)* 2 TYPO beschädigte Type, defekter Schriftsatz

batter[2] ['bætə(r)] ARCH A V/I sich nach oben verjüngen *(Mauer)* B V/T einziehen, verjüngen C S Böschung *f*, Verjüngung *f*, Abdachung *f*

batter[3] ['bætə(r)] S *Baseball*: Schläger *m*, Schlagmann *m*

battercake S *US* Pfannkuchen *m*

batterer S *(Kindes)* Misshandler(in): **wife ~** *j-d, der s-e Frau (wiederholt) misshandelt*

battering S *(Kindes)* Misshandlung *f*: **wife ~** (wiederholte) Misshandlung der Ehefrau; **~ ram** S MIL, HIST Ramm-, Sturmbock *m*

battery ['bætərɪ] S 1 MIL, HIST Angriff *m (mit dem Sturmbock etc)* 2 JUR tätlicher Angriff, tätliche Beleidigung, *a.* Körperverletzung *f* 3 MIL a *US* Batterie *f* b *Br* Artillerieabteilung *f*, -bataillon *n* c SCHIFF Geschützgruppe *f* 4 MIL *US* Schussbereitschaft *f (e-s Gewehrs)*: **in ~** schussfertig 5 ELEK Batterie *f* 6 Batterie *f (von Flaschen, Scheinwerfern, Maschinen etc)*, *a.* OPT Reihe *f*, Satz *m*, OPT Linsen- u. Prismensystem *n* 7 AGR Legebatterie *f* 8 *fig* Batterie *f*, Phalanx *f*, Reihe *f* 9 MUS Batterie *f*, Schlagzeuggruppe *f* 10 PSYCH Testreihe *f*; **~ acid** S ELEK Batteriesäure *f*; **~ charger** S ELEK Batterieladegerät *n*; **~ compartment** S Batteriefach *n*; **~ farming** S Massentierhaltung *f*; **~-fed** → battery-operated; **~ hen** S AGR Batteriehuhn *n*; **~ ignition** S AUTO Batteriezündung *f*; **~-operated, ~-powered** ADJ ELEK batteriegespeist, -betrieben, Batterie…

battik → batik

batting ['bætɪŋ] S 1 Schlagen *n (bes von Rohbaumwolle zu Watte)* 2 *Baseball, Kricket*: Schlagen *n*, Schlägerspiel *n*: **~ average** a Durchschnitt(sleistung) *m(f)* b Erfolgsbilanz *f* 3 (Baumwoll)Watte *f*

battle ['bætl] A V/I 1 *bes fig* kämpfen, streiten *(beide:* **with** mit; **for** um; **against** gegen): **~ against relegation** SPORT gegen den Abstieg kämpfen; **~ for breath** nach Atem ringen; **~ to get sth** darum kämpfen, etwas zu bekommen 2 **~ through** sich (durch-)kämpfen durch; **~ through the crowd** (**through difficulties**, *etc*) B V/T 1 *US* kämpfen gegen, bekämpfen *(beide a. fig)* 2 **~ one's way through** → A 2 C S 1 Schlacht *f* (**of** *meist* bei), *a.* Gefecht *n*: **in ~** in der Schlacht; **the ♁ of Britain** die (Luft-)Schlacht um England *(2. Weltkrieg)*; **~ of wits** geistiger Wettstreit; **~ of words** Wortgefecht *n*, -streit *m*; → bulge A 1 2 *fig* Kampf *m* (**against** gegen; **for** um): **~ for power** Machtkampf 3 Zweikampf *m*: **trial by ~** HIST Gottesurteil *n* durch Zweikampf 4 MIL, HIST a Heer *n*, Schlachtreihe *f* b *a.* **main ~** Haupttreffen *n*
Besondere Redewendungen: **do ~** kämpfen, sich schlagen; **do ~ for sb, fight sb's ~** j-s Sache verfechten; **give** (*od* **join**) **~** sich zum Kampf stellen; **have the ~** den Sieg davontragen; **be killed in ~** *(im Kampf)* fallen; **the ~ is to the strong** der Sieg gehört den Starken; **that is half the ~** damit ist schon viel gewonnen, das ist schon die halbe Miete *umg*; **a good start** (*od* **beginning**) **is half the ~** *(Sprichwort)* frisch gewagt ist halb gewonnen; → losing A 3

battle| array → battle order 1; **~ax(e)** S 1 MIL, HIST a Streitaxt *f* b Hellebarde *f* 2 *umg* Drachen *m (bösartige Frau)*; **~ clasp** S MIL Erinnerungsspange *f (für Schlachtteilnehmer)*; **~ cruiser** S SCHIFF, MIL Schlachtkreuzer *m*;

~ **cry** S 1 Schlachtruf *m* 2 *fig* Slogan *m*, Schlagwort *n*
battledore ['bætldɔ:(r); *US a.* -ˌdəʊər] S 1 HIST Waschschlegel *m* 2 SPORT, HIST a *a.* **~ and shuttlecock** *Vorläufer des Federballspiels* b *der dabei verwendete Schläger* 3 Bäckerschaufel *f* 4 HIST (Kinder)Fibel *f*
battle| dress S MIL Dienst-, Feldanzug *m* (*Uniform*); **~ fatigue** S MIL, PSYCH Kampfneurose *f*; **~field**, **~ground** S 1 MIL Schlachtfeld *n*: **it looks like a ~ in here** hier drinnen sieht es wie auf e-m Schlachtfeld aus 2 *fig* Schauplatz *m*; **~ line** S MIL Schlacht-, Gefechtslinie *f*: **lay down the ~s** *fig* die Fronten abstecken
battlement S *meist pl* MIL (Brustwehr *f* mit) Zinnen *pl*; **battlemented** [-məntɪd; *US* -ˌmen-] ADJ mit Zinnen (versehen)
battle| order S MIL 1 Schlachtordnung *f*, Gefechtsgliederung *f* 2 Gefechtsbefehl *m*; **~ piece** S Schlachtenszene *f* (*in Malerei, Literatur etc*); **~ plan** S MIL Schlachtplan *m* (*a. fig*); **~plane** S FLUG, MIL Kampf-, Kriegsflugzeug *n*; **~ readiness** S MIL Gefechtsbereitschaft *f*; **~ royal** *pl* battles royal, battle royals S 1 Handgemenge *n*, Massenschlägerei *f* 2 *fig* heftige Auseinandersetzung, erregte Diskussion; **~ship** S SCHIFF, MIL Schlachtschiff *n*; **~ wag(g)on** S SCHIFF, MIL *sl* großer Pott (*Schlachtschiff*)
battue [bæ'tu:; bæ'tju:] S *bes Br* 1 Treibjagd *f* 2 (*auf e-r Treibjagd erlegte*) Strecke 3 Gemetzel *n*, Metzelei *f*
batty ['bætɪ] ADJ *umg* bekloppt
batwing sleeve S Fledermausärmel *m*
bauble ['bɔ:bl; *US a.* 'bɑ:-] S 1 a wertloses Schmuckstück b wertloser Ziergegenstand: **~s** *pl* Talmi *n*; Nippes *pl*, Nippsachen *pl* 2 *Br* Christbaumkugel *f* 3 HIST Narrenzepter *n*
baud [bɔ:d; *US a.* bəʊd] *pl* baud S Baud *n* (*Einheit für die Schrittgeschwindigkeit von Telegrafie- u. Fernschreibsystemen u. für die Datenübertragungsrate*)
baulk → balk
Baumé scale [bəʊ'meɪ] S PHYS Baumé-Skala *f*
baum marten [baʊm] S ZOOL *US* Baum-, Edelmarder *m*
bauxite ['bɔ:ksaɪt] S MINER Bauxit *m*
Bav. ABK Bavaria(n)
Bavaria [bə'veərɪə] S Bayern *n*
Bavarian [bə'veərɪən] A ADJ 1 bay(e)risch: **he is ~** er ist Bayer 2 LING bairisch B S 1 Bayer(in) 2 LING Bairisch *n*, das Bairische
bawcock ['bɔ:kɒk; *US* -ˌkɑk] S *umg obs* feiner Kerl
bawd [bɔ:d] S *obs* 1 Bordellwirtin *f* 2 Kupplerin *f* 3 Metze *f*, Hure *f*; **bawdry** [-rɪ] S *obs* 1 Kuppelei *f* 2 Unzucht *f*, Hurerei *f* 3 Unflätigkeit *f*, Obszönität *f*
bawdy A ADJ (ADV bawdily) unzüchtig, unflätig, obszön B S Zoten *pl*: **talk ~** Zoten reißen; **~house** S *obs* Bordell *n*
bawl [bɔ:l] A V/T 1 *oft* **~ out** (heraus)schreien, (-)brüllen: **~ out an order** 2 **~ out** *bes US umg* j-n anbrüllen, anschnauzen *umg* B V/I 1 schreien (*a. Baby*), brüllen: **~ at sb** j-n anbrüllen; **~ for help** um Hilfe schreien; **~ing match** gegenseitige Beschimpfung; **they started a ~ing match** sie fingen an, sich Beschimpfungen an den Kopf zu werfen 2 *umg* laut flennen *od* heulen (*weinen*) C S Schrei *m*
bay[1] [beɪ] S 1 BOT Lorbeer(baum) *m* 2 *pl* a Lorbeer(kranz) *m* b *fig* Lorbeeren *pl*
bay[2] [beɪ] S 1 Bai *f*, Bucht *f* 2 Talmulde *f* 3 *US* Präriearm *m* (*zwischen Wäldern*)
bay[3] [beɪ] S 1 ARCH Lücke *f*, (*Mauer-, Tür*) Öffnung *f* 2 ARCH Joch *n*, Fach *n*, Abteilung *f* (*zwischen Pfeilern u. Balken*): **~ of a bridge** Brückenjoch 3 ARCH Feld *n*, Kassette *f* (*e-r Balkendecke*) 4 ARCH a Fensternische *f* b Erker(fenster) *m(n)* 5 Banse(nfach) *f(n)* (*e-r Scheune*) 6 FLUG a Abteilung *f* zwischen den Streben u. Schotten b (Rumpf)Zelle *f*: → bomb bay 7 SCHIFF Schiffslazarett *n* 8 BAHN *Br* Seitenbahnsteig *m*, *bes* Endstation *f* e-r Nebenlinie 9 TECH Gestell *n*
bay[4] [beɪ] A V/I (dumpf) bellen, Laut geben (*Hund*): **~ at** a anbellen (*akk*) b *fig* anschreien (*akk*); → moon A 1 B V/T 1 anbellen: → moon A 1 2 (*von Jagdhunden*) a *Wild* stellen b jagen, hetzen 3 *e-n Befehl etc* bellen *od* schreien 4 a *j-n* in Schach halten b *ein Feuer, e-e Seuche etc* eindämmen, unter Kontrolle halten C S (dumpfes) Gebell (*der Meute*): **be** (*od* **stand**) **at ~** a gestellt sein (*Wild*) b *fig* in die Enge getrieben sein; **bring to ~** a *Wild* stellen b *fig j-n* in die Enge treiben; **hold** (*od* **keep**) **at ~** → B 4
bay[5] [beɪ] A ADJ rötlich braun, kastanienbraun (*Pferd etc*): **~ horse** → B B S Braune(r) *m* (*Pferd*)
bayberry ['beɪbərɪ; *US* -ˌberi:] S BOT 1 Frucht *f* des Lorbeerbaumes 2 *US* Frucht *f* der Wachsmyrthe 3 Pimentbaum *m*
Bayes'| principle, **~ theorem** [beɪz] S MATH bayessche Regel
bay leaf S *irr bes* GASTR Lorbeerblatt *n*
Bay of Biscay ['bɪskeɪ; -kɪ] S Golf *m* von Biscaya
bayonet ['beɪənɪt] MIL A S Bajonett *n*, Seitengewehr *n*: **fix the ~** das Bajonett aufpflanzen B V/T *prät u. pperf* -neted, *bes Br* -netted mit dem Bajonett aufspießen *od* erstechen; **~ catch**, **~ joint** S TECH Bajonettverschluss *m*; **~ socket** S TECH Bajonettfassung *f*
bayou ['baɪəʊ; -u:] S *US* 1 Altwasser *n*, Ausfluss *m* aus e-m See 2 sumpfiger Flussarm
bay| rum S Pimentöl *n*; **~ salt** S Seesalz *n*; ≗ **State** S *US* (*Beiname für den Staat*) Massachusetts *n*; **~ tree** S Lorbeerbaum *m*; **~ window** S 1 Erkerfenster *n* 2 *US umg hum* Vorbau *m* (*Bauch*); **~wood** S Kampescheholz *n*; **~work** S ARCH Fachwerk *n*
bazaar, *a.* **bazar** [bə'zɑ:(r)] S 1 Basar *m*, Markt *m* (*im Orient*) 2 WIRTSCH Kaufhaus *n* 3 (Wohltätigkeits)Basar *m*
bazooka [bə'zu:kə] S MIL Bazooka *f* (*Panzerabwehrwaffe*)
bb, **b.b.** ABK 1 JUR bail bond 2 TECH ball bearing(s PL)
B battery S ELEK Anodenbatterie *f*
BBC ABK British Broadcasting Corporation BBC *f* (*Brit. Rundfunkanstalt*)
BB gun S *US umg* Luftgewehr *n*
bbl(s). ABK WIRTSCH barrel(s PL)
bbq ABK barbeque
BC[1] [ˌbi:'si:] ABK before Christ v. Chr.: **he was born in ~ 811** (*od* **in 811 ~**) er wurde 811 v. Chr. geboren
BC[2] ABK British Columbia (*e-e Provinz Kanadas*)
BCD ABK 1 MIL *US* bad conduct discharge Entlassung *f* wegen schlechten Betragens 2 EDV binary-coded decimal
BCE ABK before the Christian Era
BCG ABK MED bacillus Calmette-Guérin
BCL ABK Bachelor of Civil Law
B.Com. ABK Bachelor of Commerce
BCS ABK Bachelor of Chemical (*od* Commercial) Science
bd[1] ABK 1 board 2 (*Buchbinderei*) bound
BD[2] ABK 1 Bachelor of Divinity 2 WIRTSCH bank draft Bankwechsel *m*
B/D ABK WIRTSCH bank draft Bankwechsel *m*
bdellium ['deliəm] S 1 a. **~ shrub** BOT (*ein*) Balsamstrauch *m* 2 CHEM Bdellium *n* (*Gummiharz von 1*) 3 BIBEL Bedellion *n*
bd. ft. ABK WIRTSCH board feet PL (*od* foot SG) (*e-e Raumeinheit*)
bdl(e). ABK WIRTSCH bundle
bds[1] ABK 1 (*Buchbinderei*) boards 2 WIRTSCH bonds 3 WIRTSCH bundles
BDS[2] ABK Bachelor of Dental Surgery
be [bi:] *1. sg präs* am [æm], *2. sg präs* are [ɑ:(r)], *obs* art [ɑ:(r)t], *3. sg präs* is [ɪz], *pl präs* are [ɑ:(r)], *1. u. 3. sg prät* was [wɒz; wəz; *US* wɑz], *2. sg prät* were [wɜ:; *US* wɜr], *pl prät* were [wɜ:; *US* wɜr], *pperf* been [bi:n; bɪn], *ppr* being ['bi:ɪŋ] A V/AUX 1 sein (*mit dem pperf zur Bildung des Passivs*): **he is gone** er ist weg; **I am come** *obs* ich bin da 2 werden (*mit dem pperf zur Bildung des passiv*): **the register was signed** das Protokoll wurde unterzeichnet; **we were appealed to** man wandte sich an uns; **you will be sent for** man wird Sie holen lassen 3 (*mit* **to** *u. inf*) sollen, müssen, dürfen, können: **he is to be pitied** er ist zu bedauern; **he is to die** er muss *od* soll sterben; **it is not to be seen** es ist nicht zu sehen; **he was to become a great writer** er sollte ein großer Schriftsteller werden; **it was not to be** es sollte nicht sein, es hat nicht sollen sein; **if I were to die** wenn ich sterben sollte 4 (*mit dem ppr e-s anderen Verbs zur Bildung der Verlaufsform*): **he is reading** er liest (eben *od* gerade), er ist beim Lesen; **he was smoking when the teacher entered** er rauchte (gerade), als der Lehrer hereinkam; **the house is building** (*od* **is being built**) das Haus ist im Bau 5 a (*zum Ausdruck der nahen Zukunft*): **I am going to Paris tomorrow** ich fahre morgen nach Paris b → go[1] C 38 6 (*als Kopula*) sein: **he is my father** B V/I 1 (*Zustand od Beschaffenheit bezeichnend*) sein, sich befinden, der Fall sein: **the mirror is too high** der Spiegel hängt zu hoch; **they are eight points behind** SPORT *etc* sie liegen acht Punkte hinter (*dat*); **they are for export only** sie sind nur für den Export bestimmt; **where was I?** wo war ich stehen geblieben?; **let him be** lass ihn in Ruhe!; **be it so, so be it, let it be so** gut so, so sei es; **be it that …** gesetzt den Fall, (dass) …; **how is it that …?** wie kommt es, dass …?; **be that as it may** wie dem auch sei 2 (vorhanden) sein, bestehen, existieren: **I think, therefore I am** ich denke, also bin ich; **he is no more** er ist (*lebt*) nicht mehr; **to be or not to be, that is the question** Sein oder Nichtsein, das ist hier die Frage 3 a geschehen, stattfinden, vor sich gehen, sein: **when will the meeting be?** wann findet die Versammlung statt? b gehen, fahren (*Bus etc*): **when is the next bus?** 4 (*beruflich od altersmäßig*) werden: **I'll be an engineer** ich werde Ingenieur (*wenn ich erwachsen bin*); **what do you want to be when you grow up?** was willst du einmal werden?; **you should have been a priest** du hättest Priester werden sollen; **I'll be 50 next month** ich werde nächsten Monat 50; **she was 26 last month** sie wurde letzten Monat 26 5 (*e-e bestimmte Zeit*) her sein: **it is ten years since he died** es ist zehn Jahre her, dass er starb; er starb vor zehn Jahren 6 (aus)gegangen sein (*mit Formen der Vergangenheit u. Angabe des Zieles der Bewegung*): **he had been to town** er war in die Stadt gegangen; **he had been bathing** er war baden (gegangen); **I won't be long** ich werde nicht lange wegbleiben 7 (*mit dem Possessiv*) gehören: **this book is my sister's** das Buch gehört m-r Schwester; **are these glasses yours?** gehört die Brille dir?, ist das d-e Brille? 8 stammen (**from** aus): **this painting is from the 18th century**; **he is from Liverpool** er ist *od* stammt aus Liverpool 9 a kosten: **how much are the gloves?** was kosten die Handschuhe? b betragen (*Preis*): **that'll be £4.15** das macht 4

Pfund 15 10 bedeuten: **what is that to me?** was kümmert mich das? 11 *zur Bekräftigung der bejahenden od verneinenden Antwort: are these your cigarettes?* **yes, they are (no, they aren't)** ja (nein) 12 dauern: **the performance is approximately two hours; it will probably be some time before …** es wird wahrscheinlich einige Zeit dauern, bis … 13 FILM, TV mitwirken (**in** in *dat*): **be in a TV series** *Besondere Redewendungen:* **it is they that have seen him** sie haben ihn gesehen; **be an hour in going to …** e-e Stunde brauchen, um nach … zu gehen; **has any one been?** *umg* ist jemand da gewesen?; **the government that is (was)** die gegenwärtige (vergangene) Regierung; **my wife that is to be** *obs* m-e zukünftige Frau; **he is dead, is he not** (*od* **isn't he**)? er ist tot, nicht wahr?; **I am next, am I not** (*od umg* **aren't I**)? ich bin der Nächste, nicht wahr?; **he is not dead, is he?** er ist doch nicht (etwa) tot?; **have you ever been to Rome?** sind Sie schon einmal in Rom gewesen?; **we have been into the matter** wir haben uns damit (bereits) befasst; **I've been through all this before** ich hab das alles schon einmal mitgemacht

BE ABK 1 Bachelor of Education 2 Bachelor of Engineering 3 WIRTSCH bill of exchange 4 *US* Board of Education

B/E, **b.e.** ABK WIRTSCH bill of exchange Wechsel *m*

be- [bɪ-] *Wortelement mit der Bedeutung* be…, an…, ver…, um…, über… *etc*

BEA ABK British Epilepsy Association

BEAB ABK British Electrotechnical Approvals Board

beach [biːtʃ] A S Strand *m*: **on the ~** am Strand B VT *ein Schiff etc* auf (den) Strand setzen, *ein Boot etc* an den Strand ziehen; **~ ball** S Wasserball *m*; **~ buggy** S AUTO Strandbuggy *m*; **~chair** S *US* Liegestuhl *m*; **~comber** [-ˌkəʊmə(r)] S 1 a Strandgutsammler(in) b am Strand lebende(r) Aussteiger(in) (*bes Weiße(r) auf e-r Südseeinsel*) 2 breite Strandwelle

beached [biːtʃt] ADJ gestrandet (*Wal etc*)

beach|front S A S Strandpromenade *f*: **~ café** Strandcafé *n* B ADJ am Strand (gelegen); **~head** S 1 MIL Lande-, Brückenkopf *m* 2 *fig* (Ausgangs)Basis *f*; **&-la-Mar** [-lə'maː(r)] → bêche-de-mer 2; **~ towel** S Bade-, Strandlaken *n*; **~ umbrella** S Sonnenschirm *m*; **~ volleyball** S SPORT Beachvolleyball(spiel) *m(n)*; **~wear** S Strandkleidung *f*

beachy ADJ 1 kiesig 2 sandig

beacon ['biːkən] A S 1 Leucht-, Signalfeuer *n* 2 Leuchtturm *m*, -feuer *n*, (Feuer)Bake *f*, (landfestes) Seezeichen 3 FLUG Funkfeuer *n*, -bake *f*: **~ course** (*Radar*) Bakenkurs *m* 4 *fig* a Fanal *n* b Leitstern *m* (**to, for** für) 5 → Belisha beacon B VT 1 SCHIFF mit Baken markieren 2 erleuchten C VI leuchten

bead [biːd] A S 1 (*Glas-, Holz-, Stick*) Perle *f* 2 REL a Rosenkranzperle *f* b *pl* Rosenkranz *m*: **say** (*od* **tell**) **one's ~s** den Rosenkranz beten 3 (Schaum)Bläs-chen *n*, (*Tau-, Schweiß- etc*) Perle *f*, (-)Tropfen *m*: **~s of dew**; **there were ~s of sweat on his forehead** ihm stand der Schweiß auf der Stirn 4 (*Blei- etc*) Kügelchen *n* 5 ARCH a perlartige Verzierung, Perle *f* b *pl* → beading 2 6 TECH Wulst *m*, Randversteifung *f*, *bes* a (elastischer) Wulst (*e-s Gummireifens*) b Schweißnaht *f* c Bördelrand *m* d (Borax)Perle *f* (*vor dem Lötrohr*): **~ of rim** Felgenrand *m* 7 *meist* **~ sight** MIL (Perl)Korn *n* (*am Gewehr*): **draw** (*od* **take**) **a ~ on** a zielen auf (*akk*) b *fig* sich *j-n* herauspicken *umg* B VT 1 mit Perlen verzieren, mit perlartiger Verzierung *etc* versehen: **his face was ~ed with sweat** sein Gesicht war mit Schweißperlen bedeckt 2 (*wie Perlen*) aufziehen, aufreihen 3 TECH bördeln, falzen C VI perlen, Perlen bilden; **~ curtain** S Perlenvorhang *m*

beaded ['biːdɪd] ADJ 1 mit Perlen (verziert) 2 perlschnurförmig 3 TECH mit Wulst; **~ screen** S *bes* FILM Perlleinwand *f*; **~ tire**, *bes Br* **~ tyre** S TECH Wulstreifen *m*

beading S 1 Perlstickerei *f* 2 *bes* ARCH Perl-, Rundstab(verzierung) *m(f)* 3 TECH a Wulst *m* b Bördelrand *m*; **~ machine** S TECH Sickenmaschine *f*; **~ plane** S TECH Rundhobel *m*

beadle ['biːdl] S 1 *obs* Kirchendiener *m* 2 UNIV *Br uniformierter Angestellter, der Umzüge anführt, für Ordnung sorgt etc*; **beadledom** S sture Bürokratie, Pedanterie *f*

bead| mo(u)lding S ARCH Perl-, Rundstab *m*; **~roll** S REL, HIST *Liste der Personen, die ins Fürbittgebet mit eingeschlossen werden sollen*

beadsman ['biːdzmən] S *irr* HIST 1 REL Fürbitter *m* 2 Armenhäusler *m* (*bes e-r, der für die Stifter des Hauses beten musste*)

bead| weld S TECH Schweißraupe *f*; **~work** S 1 Perlstickerei *f*, Perlarbeit *f* 2 → beading 2

beady ADJ 1 klein, rund u. glänzend (*Augen*): **keep your ~ eyes off my sandwich** schau nicht so gierig auf mein Sandwich!; **he's got his ~ eye on you** *umg* er beobachtet dich ganz genau 2 perlend

beagle ['biːgl] S ZOOL Beagle *m* (*kurzbeiniger Jagdhund*)

beak[1] [biːk] S 1 ZOOL a Schnabel *m* (*der Vögel*) b schnabelartiges Mundwerkzeug (*einiger Tiere*) c (Stech)Rüssel *m* (*der Insekten*) 2 BOT, ZOOL Fortsatz *m* 3 Schnabel *m*, schnabelförmiges Ende 4 *umg* Riecher *m*, *bes* Zinken *m* (*[große] Nase*) 5 TECH a Tülle *f*, Ausguss *m* (*an e-m Gefäß*) b Schnauze *f*, Nase *f*, Röhre *f* 6 SCHIFF, HIST Schiffsschnabel *m*, (Ramm)Sporn *m*

beak[2] [biːk] S *Br sl* 1 Kadi *m umg* (*Richter*) 2 SCHULE Direx *m sl* (*Direktor*)

beaked [biːkt] ADJ 1 mit (e-m) Schnabel, geschnäbelt, schnabelförmig, Schnabel… 2 vorspringend, spitz

beaker ['biːkə(r)] S 1 Becher *m* 2 CHEM Becherglas *n*

be-all S: **the ~ and end-all** *umg* das A u. (das) O, das Wichtigste; **sport is his ~ and end-all** Sport ist sein Ein u. Alles

beam [biːm] A S 1 ARCH a Balken *m* (*a. Turnen*) b Tragbalken *m* c *pl* Gebälk *n*, Unterzug *m*: **the ~ in one's own eye** BIBEL *u. fig* der Balken im eigenen Auge 2 TECH a Brückenbalken *m* b Hebebalken *m* (*e-r Zugbrücke*) c *Weberei:* (Weber)Kamm *m* d AGR Pflugbaum *m* e Waagebalken *m* f Spindel *f* (*e-r Drehbank*) g Deichsel *f* (*am Wagen*) h Holm *m* (*a.* FLUG), Querstange *f* i Triebstange *f*, Balancier *m*: **~ and scales** Balkenwaage *f* 3 SCHIFF a Deckbalken *m* b Ladebaum *m* c Ankerrute *f* d größte Schiffsbreite: **before the ~** im Vorschiff; **in the ~** breit, in der Breite (*bei Längenmaßen*); **be broad in the ~** *umg* breit um die Hüften sein; **on the starboard ~** querab an Steuerbord 4 ZOOL Stange *f* (*am Hirschgeweih*) 5 *poet* Baum *m* 6 (*Licht*) Strahl *m*, ELEK, PHYS Strahl *m*, Bündel *n*: **~ of rays** PHYS Strahlenbündel; **full** (*od* **main**, *US* **high**) **~** AUTO Fernlicht *n*; **low ~** AUTO *US* Abblendlicht *n*; **~ of hope** Hoffnungsstrahl 7 ELEK a Peilstrahl *m* b (Funk)Leit-, Richtstrahl *m*: **come in on the ~** auf dem Peil- *od* Leitstrahl ein- *od* anfliegen (FLUG) *od* einkommen (SCHIFF); **ride the ~** FLUG genau auf dem Leitstrahl steuern; **be off (the) ~** a FLUG, SCHIFF vom Kurs abgekommen sein b *umg* auf dem Holzweg sein, danebenliegen; **be on (the) ~** a FLUG, SCHIFF auf Kurs sein b *umg* richtigliegen 8 strahlendes Lächeln B VT 1 mit Balken versehen 2 *Weberei: die Kette* aufbäumen 3 ausstrahlen (*a.* PHYS) 4 RADIO, TV *ein Programm* ausstrahlen (**to** nach *London etc*, für *Frauen etc*) 5 *Werbung etc* zuschneiden (**at** auf *akk*): **this campaign is ~ed at sportsmen** dieser Werbefeldzug wendet sich speziell an Sportler C VI strahlen (*a. fig:* **with** vor *dat*): **~ at sb** j-n anstrahlen, j-n strahlend anblicken; **~ing with joy** freudestrahlend

beam| aerial S ELEK *bes Br* Richt(strahl)antenne *f*, Richtstrahler *m*; **~ alignment** S TV Strahlzentrierung *f*; **~ antenna** *bes US für* beam aerial; **~ compass** S TECH Stangenzirkel *m*

beamed [biːmd] ADJ (*meist in Zusammensetzungen*) mit (e-m) Balken (versehen)

beam|-ends SPL 1 Waagebalkenenden *pl* 2 SCHIFF Balkenköpfe *pl*: **the vessel is (laid** *od* **thrown) on her ~** das Schiff hat starke Schlagseite *od* liegt zum Kentern; **be on one's ~** *fig* auf *od* aus dem letzten Loch pfeifen *umg*; **~-rider guidance** S FLUG Leitstrahlsteuerung *f*; **~ scale** S TECH Hebelwaage *f*; **~ transmission** S RADIO Richtsendung *f*; **~ transmitter** S RADIO Richt(strahl)sender *m*; **~ voltage** S ELEK Anodenspannung *f*

beamy ADJ (ADV beamily) 1 ZOOL mit vollem Geweih (*Hirsch*) 2 SCHIFF breit (*Schiff*) 3 strahlend (*a. fig:* **with** vor *dat*)

bean [biːn] A S 1 BOT Bohne *f*: **not know ~s about** *bes US umg* keinen Dunst haben von; **be full of ~s** *umg* a putzmunter sein b *US* schiefliegen; **spill the ~s** *umg* aus der Schule plaudern 2 bohnenartige Pflanze 3 bohnenförmiger Samen, (*Kaffee- etc*) Bohne *f* 4 *US sl* Birne *f* (*Kopf*) 5 *bes Br umg* **he hasn't got a ~** er hat keinen roten *od* lumpigen Heller; **it's not worth a ~** es ist keinen roten *od* lumpigen Heller wert 6 **old ~!** *obs Br umg* altes Haus! B VT *US sl j-m* eins auf die Birne geben; **~ bag** S 1 *mit Bohnen gefülltes Säckchen* (*Spielzeug*) 2 Sitzsack *m*; **~ curd** → tofu

beanery ['biːnərɪ] S *US umg* billiges Restaurant

beanfeast S *bes Br umg* 1 (jährliches) Betriebsfest 2 Gelage *n*

beanie ['biːnɪ] S *bes US* kleiner, runder (Damen)Hut

beano ['biːnəʊ] *pl* **-os** *bes Br sl* → beanfeast 2

bean| pod S BOT Bohnenhülse *f*; **~ pole** S Bohnenstange *f* (*a. fig umg Person*); **~shooter** S *US* Blas-, Pusterohr *n*; **~ sprout** S GASTR Sojabohnenkeimling *m*

bear[1] [beə(r)] *prät* **bore** [bɔː(r); *US a.* 'bəʊər], *obs* **bare** [beə(r)], *pperf* **borne** [bɔː(r)n; *US a.* 'bəʊərn], *bei* 4**born** [bɔː(r)n; *US a.* 'bəʊərn] A VT 1 *Lasten etc* tragen 2 *fig Kosten, e-n Verlust, die Verantwortung, die Folgen etc* tragen 3 *Blumen, Früchte, a. Zinsen etc* tragen: → fruit A 2, interest A 11 (*u. andere Verbindungen mit Substantiven*) 4 (*pperf* **borne** *od* **born**; *Letzteres nur in der passiven Bedeutung: geboren [werden], sofern nicht* **by …** *von … folgt*) zur Welt bringen, gebären: **~ a child** a ein Kind gebären b ein Kind (unter dem Herzen) tragen; **the children borne to him by this woman** die ihm von dieser Frau geborenen Kinder; **be born** geboren werden; **he was born in 1941** *a.* er ist Jahrgang 1941; **he was born into a rich family** er kam als Kind reicher Eltern zur Welt *od* auf die Welt; *my father died two months* **before I was born** vor m-r Geburt; **I wasn't born yesterday** ich bin doch nicht von gestern; **there's one born every minute** *umg* die Dummen werden nicht alle *od* weniger; → park A 1, silver spoon 5 *e-n Namen, e-n Titel, a. Waffen etc* tragen, führen: **~ arms against** Krieg führen gegen; → arm[2]

Bes Redew **6** *ein Amt etc* innehaben, ausüben **7** *ein Datum, e-n Stempel, ein Zeichen etc* tragen, aufweisen: **~ a proportion to** in e-m Verhältnis stehen zu; → resemblance **8** *e-e Bedeutung etc* haben, in sich schließen **9** *ein Gefühl* hegen: **~ sb love** j-m Liebe entgegenbringen; → grudge c, malice 2, will² A 6 **10** *e-e Rolle* spielen (**in** bei) **11** *Schmerzen etc* ertragen, (er)dulden, (er)leiden **12** aushalten, *e-r Prüfung etc* standhalten: **that doesn't ~ thinking about** man darf gar nicht daran denken; → comparison 1, repeat A 1, repetition 1 **13** *(meist neg)* ausstehen, leiden, *e-n Gedanken* ertragen **14** *e-e Nachricht etc* überbringen **15** *Gehorsam etc* leisten, *Lob* zollen (**to** *dat*): **~ sb a hand** j-m helfen *od* zur Hand gehen; → company A 1 **16** *Zeugnis* ablegen: **~ witness** (*od* **evidence**) zeugen (**to** für) **17** **~ o.s.** sich betragen, sich benehmen **B** V/I **1** tragen, (sicher) halten *(Balken, Eis etc)* **2** (**on, upon**) schwer lasten *od* liegen (auf *dat*), drücken, e-n Druck ausüben (auf *akk*) **3** (**against**) drücken, sich lehnen (gegen), anliegen (an *dat*) **4** (**on, upon**) **a** einwirken, Einfluss haben (auf *akk*) **b** sich beziehen, Bezug haben (auf *akk*), im Zusammenhang stehen (mit), betreffen (*akk*): **how does this ~ on …?** in welchem Zusammenhang steht das mit …?; **bring to ~ (up)on** **a** einwirken lassen auf (*akk*) **b** richten *od* anwenden auf (*akk*); **~ hard on** sehr zusetzen (*dat*), hart treffen, arg mitnehmen (*akk*); → pressure A 5 **5** e-e Richtung einschlagen, sich halten: **~ (to the) left** sich links halten; **~ to a star** FLUG, SCHIFF ein Gestirn anpeilen; **the beacon ~s 240 degrees** die Bake liegt bei *od* auf 240° **6** SCHIFF **a** abfahren, absegeln (*beide:* **to** nach) **b** abfallen **7** sich erstrecken **8** **~ with** Nachsicht haben *od* üben mit, (geduldig) ertragen (*akk*): **would** (*od* **could**) **you ~ with me for a second?** e-n kleinen Augenblick, bitte, TEL *a.* bleiben Sie bitte e-n kleinen Moment am Apparat **9** BOT (Früchte) tragen **10** ZOOL tragen, trächtig sein *(Tier)* **11** MIL tragen *(Geschütz)*: **~ on** beschießen (*akk*)

Phrasal Verbs: **bear| away** **A** V/T **1** forttragen, fort-, mitreißen (*a. fig*) **2** *fig den Sieg etc* davontragen **B** V/I → bear¹ B 6 a; **~ down** **A** V/T **1** zu Boden drücken **2** überwinden, -wältigen, *Widerstand* brechen **B** V/I **1** **~ (up)on** **a** sich (schnell) nähern (*dat*), zusteuern auf (*akk*) **b** sich wenden gegen, sich stürzen auf (*akk*) **c** herabstoßen auf (*akk*) *(Raubvogel)* **d** *fig* lasten auf (*dat*), bedrücken (*akk*) **e** *e-r Sache* zu Leibe gehen **2** **a** sich anstrengen **b** *(bei der Geburt)* pressen; **~ in** **A** V/T *meist passiv etwas* klarmachen (**on** *dat*): **it was borne in (up)on him** die Erkenntnis drängte sich ihm auf, es wurde ihm klar (*beide:* **that** dass) **B** V/I SCHIFF zusegeln, zuhalten (*beide:* **with** auf *akk*); **~ off** **A** V/T **1** wegtragen, -schaffen, *den Sieg etc* davontragen **2** abhalten (*a.* SCHIFF), entfernt halten **3** parieren, abwehren **B** V/I SCHIFF *(vom Lande)* abhalten; **~ out** V/T **1** eintreten für, unterstützen **2** bestätigen, erhärten, bekräftigen: **bear sb out** j-m recht geben; **~ up** **A** V/T **1** tragen, stützen **2** *fig* aufrechterhalten, ermutigen **B** V/I **1** (**against, under**) (tapfer) standhalten (*dat*), die Stirn bieten (*dat*), sich behaupten (gegen), (tapfer) ertragen (*akk*) **2** *Br* Mut fassen, (wieder) fröhlich werden: **~!** Kopf hoch!, lass den Kopf nicht hängen!

bear² [beə(r)] **A** S **1** ZOOL Bär *m*: **he's like** (*od umg* **[as]** **cross as**) **a ~ with a sore head today** er ist heute unausstehlich *od* in e-r Stinklaune; → hungry A 1 **2** *fig* **a** Bär *m*, Tollpatsch *m* **b** Brummbär *m*, Ekel *n pej* **c** *US umg* Kanone *f* (**at, for** in *dat*) **3** WIRTSCH Bear *m*, Baissier *m*, Baissespekulant(in): **sell a ~** → B **4** ASTRON **a** **the Greater** (*od* **Great**) ♌ der Große Bär **b** **the Lesser** (*od* **Little**) ♌ der Kleine Bär **5** METALL Eisenklumpen *m*, Bodensau *f* **B** V/I WIRTSCH auf Baisse spekulieren, fixen **C** V/T **~ the market** WIRTSCH die Kurse drücken *od* zu drücken versuchen **D** ADJ WIRTSCH **a** flau *(Markt)*, fallend *(Preise)* **b** Baisse…: **~ campaign** Angriff *m* der Baissepartei; **~ market** Baisse *f*; **~ operation** Baissespekulation *f*; **~ sale** Leerverkauf *m*

bearable ADJ (ADV **bearably**) erträglich, zum Aushalten

bear| animalcule S ZOOL Bärtierchen *n*; **~baiting** S HIST Bärenhetze *f*; **~berry** [-bərı; *US* -ˌberiː] S BOT Bärentraube *f*; **~ cat** S ZOOL → binturong

beard [bıə(r)d] **A** S **1** Bart *m* (*a.* ZOOL), Vollbart *m*: **laugh in one's ~** sich ins Fäustchen lachen **2** BOT Grannen *pl*, Fasern *pl* **3** ZOOL **a** FISCH Bartfäden *pl*, Barteln *pl* **b** Barten *pl* *(des Wals)* **c** Bart *m (der Auster etc)* **4** TECH **a** Widerhaken *m (an Pfeilen, Angeln etc)* **b** TYPO Grat *m (e-r Type)* **c** *Schlosserei:* Bart *m*, Angriff *m* **d** Gussnaht *f* **B** V/T **1** beim Bart fassen, am Bart ziehen **2** *fig* Trotz bieten, (mutig) entgegentreten (*dat*): **~ the lion in his den** sich in die Höhle des Löwen wagen; **bearded** ADJ **1** bärtig: **a ~ man** ein Mann mit Bart **2** BOT, ZOOL mit Grannen *etc* (versehen): **~ wheat** Grannenweizen *m* **3** mit (e-m) Widerhaken *(Angelhaken, Pfeil etc)* **4** *poet* geschweift *(Komet)*; **beardless** ADJ **1** bartlos **2** *fig* jugendlich, unreif **3** BOT, ZOOL ohne Grannen

bearer [ˈbeərə(r)] S **1** Träger(in) **2** *(Amts)* Träger(in) **3** Überbringer(in) **4** WIRTSCH Inhaber(in) *(e-s Wertpapiers)*, Überbringer(in) *(e-s Schecks etc)*: **check** (*Br* **cheque**) **to ~** Inhaberscheck *m*; **payable to ~** zahlbar an Überbringer, auf den Inhaber lautend *(Scheck)* **5** TECH **a** (Unter)Zug *m*, Stütze *f*, Träger *m* **b** Auflageknagge *f* **c** TYPO Schmitz-, Druckleiste *f* **6** BOT fruchttragender Baum: **a good ~** ein Baum, der gut trägt **7** *Heraldik:* Schildhalter *m*; **~ bond** S WIRTSCH Inhaberobligation *f*, -schuldverschreibung *f*; **~ check**, *Br* **~ cheque** S WIRTSCH Inhaberscheck *m*; **~ clause** S WIRTSCH Überbringerklausel *f*; **~ securities** SPL WIRTSCH Inhaberpapiere *pl*; **~ share**, *bes US* **~ stock** S WIRTSCH Inhaberaktie *f*

bear| garden S HIST Bärenzwinger *m*: **it's like a ~ in here** hier gehts zu wie im Tollhaus; **~ hug** S *umg* ungestüme Umarmung: **give sb a ~** j-n ungestüm umarmen

bearing **A** ADJ **1** tragend: **~ 4 per cent** WIRTSCH vierprozentig **2** CHEM, MINER …haltig **B** S **1** Tragen *n*, Stützen *n* **2** BOT, ZOOL Tragen *n*: **past ~** **a** BOT keine Früchte mehr tragend **b** ZOOL nicht mehr gebärend **3** *fig* Ertragen *n*, Erdulden *n*: **past** (*od* **beyond**) **~** unerträglich, nicht zum Aushalten **4** Betragen *n*, Verhalten *n* **5** (Körper)Haltung *f* **6** *fig* (**on**) **a** Einfluss *m* (auf *akk*) **b** Zusammenhang *m* (mit) **c** Verhältnis *n*, Beziehung *f* (zu), Bezug *m* (auf *akk*) **d** Tragweite *f*, Bedeutung *f*: **have no ~ on** keinen Einfluss haben auf (*akk*), in keinem Zusammenhang stehen mit, nichts zu tun haben mit **7** FLUG, SCHIFF Lage *f*, Position *f*, Richtung *f*, (*a.* Funk)Peilung *f*, *a. fig* Orientierung *f*: **take one's ~s** FLUG, SCHIFF e-e Peilung vornehmen, die Richtung *od* Lage feststellen, *a. fig* sich orientieren; **take a ~ of sth** FLUG, SCHIFF etwas anpeilen; **lose one's ~(s)** **a** die Orientierung verlieren, sich verirren **b** *fig* in Verlegenheit geraten; **find** (*od* **get**) **one's ~s** sich zurechtfinden; **bring sb to their ~s** *fig* j-m den Kopf zurechtsetzen; **true ~(s** *pl*) **a** SCHIFF rechtweisende Peilung **b** *fig* wahrer Sachverhalt; **consider a question in all its ~s** e-e Frage von allen Seiten beleuchten **8** Visierlinie *f*: **~ of the compass** Kompassstrich *m* **9** SCHIFF (Tief)Ladelinie *f* **10** ASTRON, GEOG Abweichung *f* (**from** von) **11** ARCH Tragweite *f*, freitragende Länge **12** TECH **a** *(Achsen-, Wellen-, Zapfen)* Lager *n*, Auflager *n*, Lagerung *f* **b** Lager(schale) *n(f)* **13** *meist pl Heraldik:* Wappenbild *n*

bearing| angle S SCHIFF Peilwinkel *m*; **~ bracket** S TECH Lagerbock *m*; **~ compass** S SCHIFF Peilkompass *m*; **~ friction loss** S TECH (Lager)Reibungsverluste *pl*; **~ metal** S TECH Lagermetall *n*; **~ note** S MUS Ausgangston *m*; **~ plate** S TECH **1** FLUG, SCHIFF Peilscheibe *f* **2** Grundplatte *f*; **~ pressure**, **~ reaction** S TECH Auflager-, Stauchdruck *m*

bearish ADJ (ADV **~ly**) **1** bärenhaft **2** *fig* **a** tollpatschig **b** brummig, unfreundlich **3** WIRTSCH **a** baissetendenziös, fallend **b** Baisse…: **~ tendency** (*od* **tone**) Baissetendenz *f* **4** pessimistisch: **be ~ about sth** etwas pessimistisch sehen

bear| leader S HIST Bärenführer *m* (*a. fig*); **~ paw** S AUTO *US umg* (Park-, Rad)Kralle *f*

bear's|-breech → acanthus 1; **~-ear** S BOT Aurikel *f*; **~-foot** S *irr* BOT Stinkende Nieswurz

bear|skin S **1** Bärenfell *n* **2** Kalmuck *m* *(langhaariger Wollstoff)* **3** MIL *Br* Bärenfellmütze *f*; **~wood** S BOT Kreuz-, Wegdorn *m*

beast [biːst] S **1** *(bes vierfüßiges)* Tier: **~ of burden** Lasttier; **~s of the forest** Waldtiere **2** (wildes) Tier, Bestie *f*: **~ of prey** Raubtier; **the ~ (with)in us** das Tier(ische) in uns **3** AGR Vieh *n*, *bes* Mastvieh *n* **4** *fig* **a** brutaler Mensch, Rohling *m*, Bestie *f*, Vieh *n* **b** *umg* Biest *n*, Ekel *n (beide pej)* **5** *umg (etwas)* Scheußliches: **a ~ of a day** ein scheußlicher Tag; **a ~ of a job** e-e ekelhafte Arbeit **6** **the** ♌ REL das Tier, der Antichrist

beastings *US für* beestings

beastliness [ˈbiːstlınıs] S **1** Bestialität *f*, Roheit *f* **2** *umg* Scheußlichkeit *f*; **beastly** **A** ADJ **1** *obs* viehisch, tierisch, bestialisch, roh **2** *umg* abscheulich, scheußlich: **~ weather** Sauwetter *n* **3** tierähnlich, Tier… **B** ADV *bes Br umg* scheußlich, verflucht, verdammt: **it was ~ hot**

beat¹ [biːt] **A** S **1** *(bes regelmäßig wiederholter)* Schlag, *z. B.* Herz-, Puls-, Trommelschlag *m*, Pochen *n*, Klopfen *n (des Herzens etc)*, Ticken *n (der Uhr)*, (An)Schlagen *n (der Wellen)* **2** SPORT (Ruder)Schlag *m*, Schlagzahl *f (pro Minute)* **3** *Fechten:* Battuta *f*, Klingenschlagstoß *m* **4** MUS **a** Takt(schlag) *m*: **in ~** im Takt; **out of ~, off (the) ~** aus dem Takt **b** Schlag(zeit) *m(f)*, Taktteil *m* **c** *Jazz:* Beat *m (rhythmischer Schwerpunkt)* **d** Beat(musik) *m(f)* **5** LIT Hebung *f*, Ton *m* **6** ELEK, PHYS, RADIO Schwebung *f* **7** *US umg* **a** **I never heard the ~ of that** das schlägt *od* übersteigt alles, was ich je gehört habe **b** **c** (sensationelle) Allein- *od* Erstmeldung *(e-r Zeitung)* **8** → beatnik **9** Runde *f*, Revier *n (e-s Schutzmanns etc)*: **be on one's ~** s-e *od* die Runde machen; **be off** (*od* **out of**) **one's ~** *fig* nicht in s-m Element sein; **that is out of my ~** das schlägt nicht in mein Fach **10** JAGD Treiben *n* **B** ADJ **1** *umg* wie erschlagen, fix u. fertig **2** MUS Beat…: **~ music** **3** Beatnik…: **~ philosophy**; **the ♌ Generation** die Beatgeneration *(Gruppe junger Menschen in den USA, die nach dem 2. Weltkrieg die Gesellschaft mit allen bürgerlichen Bindungen ablehnte u. durch gesteigerte Lebensintensität zur Erkenntnis e-r metaphysischen Wirklichkeit zu gelangen suchte)* **4** PHYS, RADIO Schwebungs…: **~ frequency** **C** V/T *prät* **beat**, *pperf* **beaten**, *obs od dial* **beat** **1** schlagen, (ver)prügeln, verhauen: **~ to death** erschlagen; **~ a confession out of sb** ein Geständnis aus j-m herausprügeln; ~ **sth into sb('s head)** j-m etwas einbläuen; → air¹ A 1, breast A 1, chest A 2 **2** (regelmäßig *od* häufig) schlagen, *z. B.* a *e-n Teppich etc* klopfen, *Kleider etc* (aus)klopfen b *Metall* hämmern *od* schmieden c *Steine* klopfen d *Eier etc* (zu Schaum *od* Schnee) schlagen **3** *den Takt, die Trommel* schlagen: ~ **the charge** MIL das Signal zum Angriff geben; ~ **the drum for sb (sth)** *fig* für j-n (etwas) die Trommel rühren; → retreat A 1 **4** peitschen, schlagen gegen *(Wind, Wellen, Regen etc)*: **~en by storms** sturmgepeitscht **5** schlagen mit *den Flügeln etc*: **the bird was ~ing its wings**; ~ **one's hands** (in die Hände) klatschen **6** *e-n Weg* stampfen, treten, (sich) bahnen: ~ **one's way** *US umg* per Anhalter reisen, trampen; ~ **it!** *umg* hau ab! **7** JAGD *u. weitS. ein Revier* durchstöbern, -streifen, e-n Rundgang machen um **8** a *e-n Gegner* schlagen, besiegen: ~ **sb at swimming** j-n im Schwimmen schlagen; ~ **sb into second place** j-n auf den zweiten Platz verweisen; **he had only the goalkeeper to** ~ SPORT er hatte nur noch den Torhüter vor sich; **I'll not be ~en** *fig* ich lasse mich nicht unterkriegen; ~ **the band** *umg* alles übertreffen; *(als Redewendung)* mit (aller) Macht, wie toll; **she was screaming to ~ the band** *umg* sie schrie aus Leibeskräften; **he was sleeping to ~ the band** *umg* er schlief wie ein Murmeltier; **if you can't ~ 'em, join 'em** *umg* wenn man nicht gegen den Strom schwimmen kann, dann schwimmt man halt mit; → hollow B 1 b *j-m, e-r Sache* zuvorkommen: ~ **sb to it** (*od* **to the punch**) *umg* j-m zuvorkommen; ~ **the deadline** *umg* noch rechtzeitig fertig werden, die Frist einhalten; → gun¹ A 3 **9** *fig* schlagen, übertreffen, -bieten: ~ **a record** e-n Rekord brechen; **the time to** ~ die Zeit, die es zu schlagen gilt; **you can't ~ a good cup of tea** es geht nichts über e-e gute Tasse Tee; **that ~s all** (*od* **everything**)! das ist doch der Gipfel *od* die Höhe!; **that ~s everything I've ever heard** das ist das Tollste, was ich je gehört habe; **can you ~ it** (*od* **that**)! *umg* das darf doch nicht wahr sein! **10** *fig* verblüffen: **that ~s me** das ist mir zu hoch, da komme ich nicht mehr mit; **it ~s me how ...** ich verstehe einfach nicht, wie ... **11** *umg* fertigmachen *(erschöpfen)*: **the journey quite ~ him** **12** TYPO abklopfen: ~ **a proof** e-n Bürstenabzug machen **D** V/I **1** (heftig) schlagen, pochen, klopfen *(Herz)*, ticken *(Uhr)*: ~ **at** (*od* **on**) **the door** gegen die Tür hämmern *od* schlagen **2** schlagen, peitschen (**against** gegen): **the rain was ~ing against the house** **3** schlagen, (er)tönen *(Trommel etc)* **4** SCHIFF lavieren, kreuzen: ~ **against the wind**, ~ **to windward** (luvwärts) kreuzen, abfallen **5** JAGD e-e Treibjagd veranstalten: → bush¹ A 1

Phrasal Verbs: **beat| back** V/T *e-n Gegner* zurückschlagen, -treiben, abwehren; ~ **down** **A** V/T **1** *e-e Tür* einschlagen **2** *fig* niederschlagen, unterdrücken **3** WIRTSCH a *den Preis* drücken, herunterhandeln b *j-n* herunterhandeln (**to** auf *akk*) **B** V/I a herunterbrennen (**on** auf *akk*) *(Sonne)* b herunter-, niederprasseln (**on** auf *akk*) *(Regen)*; ~ **in** V/T *e-e Tür* einschlagen: **beat sb's head in** j-m den Schädel einschlagen; ~ **off** **A** V/I *US vulg* sich e-n runterholen *(masturbieren)* **B** V/T **1** *e-n Angriff, e-n Gegner* zurückschlagen, abwehren **2** *US vulg j-m* e-n runterholen; ~ **out** V/T **1** *Metall etc* aushämmern *od* ausschmieden *od* ausbeulen: → brain A 2 **2** *e-n Plan etc* ausarbeiten, ausknobeln **3** *umg j-n* ausstechen, *j-m* das Nachsehen geben **4** *ein Feuer* ausschlagen **5** *e-e Melodie etc* trommeln (**on** auf *dat*); ~ **up** **A** V/T **1** aufrütteln *(a. fig)* **2** *Eier etc* (zu Schaum *od* Schnee) schlagen **3** MIL *Rekruten* werben **4** a verprügeln b zusammenschlagen, krankenhausreif schlagen **B** V/I SCHIFF aufkreuzen

beat² [biːt] S *Br* Flachs- *od* Hanfbündel *n*

beat| board S *Turnen*: Sprungbrett *n*; ~ **bobby** S *Br umg* Streifenpolizist *m*; ~ **box** *umg* → ghetto blaster

beaten [ˈbiːtn] **A** *pperf von* beat¹ **B** ADJ **1** geschlagen, besiegt **2** TECH gehämmert *(Gold etc)* **3** erledigt, fertig *umg*, erschöpft **4** a viel begangen *(Weg)* b *fig* gewohnt, abgedroschen: **the ~ track** (*od* **path**) *fig* das ausgefahrene Geleise; **off the ~ track** abgelegen, *fig* ungewohnt, ungewöhnlich; **go off the ~ track** vom üblichen Weg abweichen

beater S **1** JAGD Treiber *m* **2** TECH a Stampfe *f* b Rammeisen *n* c Stößel *m* d Schlegel *m* e Klopfer *m* **3** GASTR a Schneebesen *m* b Rührbesen *m*

beatific [ˌbiːəˈtɪfɪk] ADJ (ADV ~ally) **1** (glück)selig **2** beseligend, selig machend: ~ **vision** REL beseligende Gottesschau **3** glückstrahlend; **beatification** [biːˌætɪfɪˈkeɪʃn] S **1** (Glück-)Seligkeit *f* **2** KATH Beatifikation *f*, Seligsprechung *f*

beatify [biːˈætɪfaɪ] V/T **1** beseligen, glücklich machen **2** KATH beatifizieren, seligsprechen

beating S **1** Schlagen *n* **2** a Prügel *pl* b *fig* Niederlage *f*: **give sb a good** (*od* **sound**) ~ j-m e-e tüchtige Tracht Prügel verabreichen, *fig* j-m e-e böse Schlappe zufügen; **take** (*od* **get**) **a** ~ Prügel beziehen, *fig* e-e Schlappe erleiden; **this will take some** (*od* **a lot of**) ~ *fig* das muss erst einmal übertroffen werden **3** (rhythmisches) Schlagen *od* Klopfen *od* Pochen: ~ **of the heart** Herzschlag *m*

beatitude [biːˈætɪtjuːd; *US a.* -ˌtuːd] S **1** (Glück)Seligkeit *f* **2** REL a **the 2s** *pl* die Seligpreisungen *pl (Christi in der Bergpredigt)* b **2** (Eure) Seligkeit *(Anrede e-s Patriarchen etc)*

beatnik [ˈbiːtnɪk] S Beatnik *m*: a *Angehöriger der Beatgeneration* (→ beat¹ B 3) b *j-d, der sich in Kleidung u. Verhalten gegen die gesellschaftliche Konvention stellt*

beat| receiver S ELEK Superhet *m*, Überlagerungsempfänger *m*; ~ **reception** S ELEK Überlagerungsempfang *m*; **~-up** ADJ *bes US umg* ramponiert

beau [bəʊ] *pl* beaus, beaux [bəʊz] S *obs* **1** Beau *m*, Stutzer *m* **2** Kavalier *m*, Liebhaber *m*

Beaufort scale [ˈbəʊfə(r)t] S METEO Beaufortskala *f (Windskala)*

beau ideal S **1** vollkommene Schönheit, Schönheit *f* in höchster Vollendung **2** *pl* beau ideals (Schönheits)Ideal *n*, Vorbild *n*

Beaujolais [ˈbəʊʒəleɪ; *US* ˌbəʊʒəʊˈleɪ] S Beaujolais *m (ein französischer Rotwein)*

beaut [bjuːt] *bes US u. sl für* beauty 3, 4

beauteous [ˈbjuːtjəs; -tɪəs] ADJ (ADV ~ly) *poet* → beautiful A

beautician [bjuːˈtɪʃn] S Kosmetiker(in)

beautiful [ˈbjuːtəfʊl; -tɪ-] **A** ADJ (ADV ~ly) **1** schön, bildhübsch: **make o.s.** ~ sich schön machen (**for** für); **the ~ people** a HIST die Hippies b die Schickeria **2** wunderbar, prächtig **B** S **the** ~ das Schöne

beautify [ˈbjuːtɪfaɪ] **A** V/T **1** schön machen, verschöne(r)n **2** ausschmücken, verzieren **B** V/I sich verschöne(r)n

beauty [ˈbjuːtɪ] S **1** Schönheit *f*: **beauties of nature** Naturschönheiten; ~ **is** (*od* **lies**) **in the eye of the beholder** *(Sprichwort)* schön ist, was e-m gefällt; ~ **is only** (*od* **but**) **skin-deep** *(Sprichwort)* a der äußere Schein kann trügen, *(mit Bezug auf Frauen a.)* durch ein hübsches Gesicht hat sich schon mancher täuschen lassen b Charakter ist wichtiger als Schönheit **2** *umg (das)* Schön(st)e: **the ~ of it is that ...** das Schöne daran ist, dass ...; **that is the ~ of it all** das ist das Schönste an der ganzen Sache **3** *umg* (**of** von) Gedicht *n*, Prachtstück *n*, *(a. iron)* Prachtexemplar *n (a. Person, Tier etc)* **4** Schönheit *f (bes Frau)*; ~ **care** S Kosmetik *f*, Schönheitspflege *f*; ~ **competition**, ~ **contest** S Schönheitswettbewerb *m*, Misswahl *f*; ~ **cream** S Schönheitscreme *f*; ~ **farm** S Schönheitsfarm *f*; ~ **mark** *US* → beauty spot 2; ~ **parlo(u)r** S Schönheitssalon *m*; ~ **patch** → beauty spot 1; ~ **queen** S Schönheitskönigin *f*; ~ **salon**, *US* ~ **shop** → beauty parlo(u)r; ~ **sleep** S *umg* Schönheitsschlaf *m*, Schlaf *m* vor Mitternacht: **lift a place out of its** ~ e-n Ort aus s-m Dornröschenschlaf wecken; ~ **spot** S **1** Schönheitspflästerchen *n* **2** Schönheits-, Leberfleck *m* **3** schönes Fleckchen Erde, lohnendes Ausflugsziel: **the lake is our local** ~ der See ist das Schönste hier in der Gegend

beaux [bəʊz] *pl von* beau

beaux esprits [ˌbəʊzəˈspriː] *pl von* bel esprit

beaver¹ [ˈbiːvə(r)] **A** S **1** ZOOL Biber *m*: **work like a** ~ arbeiten wie ein Pferd **2** Biber(pelz) *m* **3** HIST *a.* ~ **hat** a Biber-, Kastorhut *m* b Filz-, Seidenhut *m*, Zylinder *m* **4** Biber *m/n (beidseitig gerautes Baumwollgewebe)* **5** *umg obs* Biber *m*: a Vollbart *m* b Mann *m* mit Vollbart **B** V/I *meist* ~ **away** *Br umg* schuften: ~ **away at** schwitzen über *(dat)*

beaver² [ˈbiːvə(r)] S MIL, HIST **1** Kinnschutz *m (am Helm)* **2** Visier *n*

beaver|board S Hartfaserplatte *f*; **2 State** S *US (Beiname für den Staat)* Oregon *n*

becalm V/T **1** *obs* beruhigen, besänftigen, beschwichtigen **2** SCHIFF bekalmen: **be ~ed** a in e-e Flaute geraten b blind liegen

became [bɪˈkeɪm] *prät von* become

because [bɪˈkɒz; *US* bɪˈkɔːz] **A** KONJ weil, da **B** PRÄP: ~ **of** wegen *(gen)*, infolge von (*od gen*): ~ **of him (her)** seinetwegen (ihretwegen)

béchamel (sauce) [ˌbeɪʃəˈmel] S GASTR Béchamelsoße *f*

bechance → befall

becharm V/T *obs* be-, verzaubern

bêche|-de-mer [ˌbeʃdəˈmeə(r); ˌbeɪʃ-] S **1** *pl* bêches-de-mer [ˌbeʃ-; ˌbeɪʃ-], *bes koll* bêche-de-mer ZOOL Essbare Holothurie, Trepang *m* **2** *oft* Bêche-de-Mer Bêche-de-mer *n*, Beach-la-mar *n (dem Pidgin-Englisch ähnliche Verkehrssprache in WestOzeanien)*

beck¹ [bek] S Wink *m*, Zeichen *n*: **be at sb's ~ and call** j-m auf den leisesten Wink gehorchen, nach j-s Pfeife tanzen

beck² [bek] S *Br (bes Wild)*Bach *m*

beckon [ˈbekən] **A** V/T **1** *j-m* (zu)winken, zunicken, ein Zeichen geben: ~ **sb in** (**on**) j-n herein-(weiter)winken **2** *j-n* heranwinken **3** *fig* (an)locken **B** V/I **1** winken: ~ **to** → A 1 **2** *fig* locken, rufen: **work ~s** die Arbeit ruft

becloud V/T **1** umwölken, verdunkeln *(a. fig)* **2** *fig e-n Sachverhalt etc* verunklaren

become [bɪˈkʌm] *prät* became [-ˈkeɪm], *pperf* become **A** V/I werden: **what has ~ of him?** a was ist aus ihm geworden? b *umg* wo steckt er nur?; ~ **better** besser werden; ~ **a rule** zur Regel werden **B** V/T **1** sich (ge)ziemen *od* gebühren *od* schicken für: → ill B 1 **2** *j-m* stehen, passen zu, *j-n* kleiden

becoming ADJ (ADV ~ly) **1** kleidsam: **look very ~ on sb** j-m sehr gut stehen **2** schicklich, geziemend: **as is** ~ wie es sich gebührt; **with ~ respect** mit geziemender Hochachtung; **becomingness** S **1** Kleidsamkeit *f* **2** Schicklichkeit *f*

becquerel [ˈbekrəl; *US* ˌbekəˈrel] S PHYS Becquerel *n (Einheit für die Aktivität e-r radioaktiven Sub-

B

stanz)

bed [bed] **A** S **1** Bett *n*: **a** Bettstelle *f* **b** (*Feder- etc*) Bett *n*: **in ~** im Bett; **~ and bedding** Bett u. Zubehör (*Bettzeug etc*); **~ of state** Prunkbett **2** **a** Lager(statt) *n(f)* (*a. e-s Tieres*): **~ of straw** Strohlager **b** (*Austern*) Bank *f*, (-)Bett *n* **3** Unterkunft *f*: **~ and board** Unterkunft u. Verpflegung; → bed and breakfast **4** (*Ehe*) Bett *n*: → divorce A 1 b **5** (*Blumen- etc*) Beet *n* **6** (*Fluss-, Strom*) Bett *n*, (*Meeres*) Boden *m* **7** GEOL *u. Bergbau*: Lage(r) *f(m)*, Bett *n*, Schicht *f*, (*Kohlen*) Flöz *n*: **~ of ore** Erztrum *n*, Bank *f*; **~ of sand** Sandschicht **8** TECH Unterlage *f*, Bett(ung) *n(f)*, Fundament *n*, Schicht *f*, *z. B.* **a** Bett *n* (*e-r Werkzeugmaschine*) **b** BAHN Unterbau *m*, Kies-, Schotterbett *n* **c** (*Pflaster- etc*) Bettung *f* **d** TYPO Zurichtung *f* (*Druckform*) **e** *Schriftguss*: Sattel *m* **f** untere Backe, Matrize *f* (*e-r Stanz- od Lochmaschine*) **g** innere, schräge Fläche (*des Hobels*) **h** SCHIFF Schiffsschlitten *m* (*auf der Werft*) **i** MIL Bettungs-, Bodenplatte *f* (*e-s Geschützes*) **B** V/T **1** zu *od* ins Bett bringen **2** *meist* **~ down** **a** *Gäste etc* für die Nacht unterbringen **b** *ein Pferd etc* mit Streu versorgen **3** in ein Beet *od* in Beete pflanzen: **~ out** auspflanzen, -setzen **4** *meist* **~ in** TECH *etc* (ein)betten, (ein-, auf)lagern **C** V/I **1** *obs* ins *od* zu Bett gehen **2** *meist* **~ down** sein Nachtlager aufschlagen *Besondere Redewendungen*: **life isn't a ~ of roses** das Leben ist kein Honig(sch)lecken; **his life is no ~ of roses** er ist nicht (gerade) auf Rosen gebettet; **marriage is not always a ~ of roses** die Ehe hat nicht nur angenehme Seiten; **his life was a ~ of thorns** (*od* **nails**) er musste in s-m Leben allerhand durchmachen; **be brought to ~** *obs od poet* entbunden werden (**of** von); **she was brought to ~ of a boy** *a.* sie genas e-s Knaben; **die in one's ~** e-s natürlichen Todes sterben; **get out of ~ on the wrong side** *umg, US umg a.* **get up on the wrong side of the ~** mit dem linken Fuß zuerst aufstehen; **go to ~** **a** ins *od* zu Bett gehen **b** ins Bett gehen (*Sex haben*) (**with** mit) **c** *Journalismus*: in Druck gehen (*Zeitung etc*) **the paper has gone to ~** die Zeitung ist im Druck; **keep one's ~** das Bett hüten; **lie in the ~ one has made** die Suppe auslöffeln müssen, die man sich eingebrockt hat; **make the ~** das Bett machen; **as you make your ~ so you must lie on it** (*Sprichwort*) wie man sich bettet, so liegt man; **put to ~** **a** *j-n* zu *od* ins Bett bringen **b** *Journalismus: e-e Zeitung etc* druckfertig machen **take to one's ~** sich (krank) ins Bett legen

B.Ed. ABK Bachelor of Education

bedabble V/T bespritzen (**with** mit): **~d with blood** blutbespritzt

bed| and breakfast S **1** Zimmer *n* mit Frühstück **2** **a** Hotel *n* garni **b** Frühstückspension *f*; **~-and-breakfast hotel** S Hotel *n* garni

bedaub V/T beschmieren (**with** mit): **~ed with clay** lehmbeschmiert

bedazzle V/T blenden (*a. fig*): **he was ~d by her charm**

bed|bug S ZOOL (Bett)Wanze *f*; **~ bunny** S *umg* Betthäschen *n*; **~chamber** S *obs* Schlafgemach *n*, -zimmer *n*: → gentleman 3, Lady of the Bedchamber; **~clothes** SPL Bettzeug *n*; **~cover** S Tagesdecke *f*

beddable ['bedəbl] ADJ: **she's quite ~** *umg* **a** die wär was fürs Bett **b** die ist leicht zu vernaschen

bedder ['bedə(r)] S **1** UNIV *Br* Aufwärter(in) (*der Collegestudenten in Cambridge*) **2** BOT Freilandpflanze *f*

bedding ['bedıŋ] **A** S **1** Bettzeug *n* **2** (Lager)Streu *f* (*für Tiere*) **3** TECH **a** Betten *n* **b** Bettung *f*, Lager *n* **c** Auflagefläche *f* **4** ARCH Fundament *n*, Unterlage *f* **5** GEOL, TECH Schichtung *f* **B** ADJ Freiland…: **~ plants**

beddy-bye ['bedıbaı] S: **go to ~** (*Kindersprache*) *bes US* heia machen, in die Heia gehen

bedeck V/T schmücken (**with** mit): **~ed with flowers** blumengeschmückt

bedel(l) [be'del; bə-] *obs für* beadle 2

bedevil V/T *prät u. pperf* -iled, *bes Br* -illed **1** *bes fig* verhexen **2** *fig* durcheinanderbringen **3** *fig* **a** plagen, peinigen **b** heimsuchen; **bedevilment** S **1** Verhexung *f* **2** Heimsuchung *f*

bedew V/T betauen, benetzen: **her face was ~ed with tears** ihr Gesicht war tränenfeucht

bed|fast ADJ *obs* bettlägerig; **~fellow** S **1** Bettgenosse *m*, -genossin *f*, Schlafkamerad(in) **2** Verbündete(r) *m/f(m)*, Genosse *m*, Genossin *f*: **they made strange ~s** sie bildeten ein merkwürdiges Gespann; **adversity** (*od* **misfortune**) **makes strange ~s** (*Sprichwort*) Unglück bringt die verschiedensten Leute zusammen

Bedfordshire ['bedfə(r)dʃə(r); -ˌʃıə(r)] S Bedfordshire *n* (*Grafschaft in Mittelengland*)

bedframe S Bettgestell *n*

bedight [bı'daıt] *prät u. pperf* bedight, bedighted V/T *obs od poet* **1** ausrüsten **2** schmücken

bedim V/T trüben (*a. fig*)

bedizen [bı'daızn] V/T *obs* geschmacklos herausputzen

bed jacket S **1** Bettjacke *f* **2** Bettjäckchen *n*

bedlam ['bedləm] S **1** **a** Aufruhr *m*, Tumult *m*: **cause ~** e-n Tumult auslösen **b** Chaos *n* **2** *obs* Irren-, Tollhaus *n* (*a. fig*): **the classroom was a regular ~** im Klassenzimmer ging es zu wie in e-m Tollhaus; **bedlamite** S *obs* Irre(r) *m/f(m)*

bed linen S Bettwäsche *f*

Bedlington (terrier) ['bedlıŋtən] S ZOOL Bedlingtonterrier *m*

bed|mate → bedfellow 1; **~ net** S Moskitonetz *n*

Bedouin ['beduın; *US* 'bedəwən] **A** *pl* -ins, *bes koll* -in S Beduine *m*, Beduinin *f* **B** ADJ beduinisch, Beduinen…

bed|pan S **1** HIST Wärmepfanne *f* **2** MED Stechbecken *n*, Bettpfanne *f*, -schüssel *f*, Schieber *m*; **~plate** S TECH Bett-, Grund-, Unterlagsplatte *f*, Fundamentplatte *f*, -rahmen *m*; **~post** S Bettpfosten *m*: → between A 2

bedraggled [bı'drægld] ADJ **1** durchnässt **2** verdreckt

bed|rail S Seitenteil *n* des Bettes; **~ rest** S Bettruhe *f*; **~ridden** ADJ bettlägerig: **be ~ with flu** mit e-r Grippe im Bett liegen; **~rock** **A** S **1** GEOL Grund-, Muttergestein *n*, gewachsener Fels **2** *fig* **a** Grundlage *f*, Fundament *n* **b** (sachlicher) Kern (*e-s Problems etc*): **get down to ~** e-r *od* der Sache auf den Grund gehen; zum Kern der Sache kommen **c** Tiefpunkt *m*: **at ~** auf dem Tiefpunkt **B** ADJ grundlegend; **~roll** S zusammengerolltes Bettzeug; **~room** S Schlafzimmer *n*: **~ eyes** *pl hum* Schlafzimmeraugen *pl*, -blick *m*; **~ scene** (FILM *etc*) Bettszene *f*; **~ suburb** (*od* **town**) Schlafstadt *f*; **~sheet** S Bettlaken *n*; **~side** S Seite *f* des Bettes: **at the ~** am (*a. Kranken*) Bett; **she was called to the ~ of her sick mother** sie wurde ans Bett ihrer kranken Mutter gerufen; **the doctor has a good ~ manner** der Arzt kann gut mit Kranken umgehen; **~ lamp** Nachttischlampe *f*; **~ rug** Bettvorleger *m*; **~ table** Nachttisch(chen) *m(n)*; **~ teaching** Unterricht *m* am Krankenbett; **~-sit** *umg* → bed-sitter; **~-sitter**, **~-sitting room** S *Br* **1** möbliertes Zimmer **2** Einzimmerapartment *n*; **~sore** S MED wund gelegene Stelle: **get ~s** sich durchliegen *od* wund liegen; **~space** S Bettenzahl *f*, -kapazität *f* (*in Klinik, Hotel etc*); **~spread** S Tagesdecke *f*; **~stead** S Bettgestell *n*; **~straw** S BOT (*bes* Echtes) Labkraut; **~tick** S Inlett *n*; **~time** S Schlafenszeit *f*: **~ reading** Bettlektüre *f*; **~ story** Gutenachtgeschichte *f*; **it's past ~** es ist höchste Zeit zum Schlafengehen; **it's past my ~** um diese Zeit bin ich normalerweise schon im Bett; **it's long past your ~** du müsstest schon längst im Bett sein; **his ~ was extended** er durfte länger aufbleiben

Beds. ABK Bedfordshire

Beduin → Bedouin

bed| wetter S MED Bettnässer(in); **~ wetting** S MED Bettnässen *n*

bee[1] [bi:] S **1** ZOOL Biene *f*: **be (as) busy as a ~** (*od* **a busy ~**) bienenfleißig sein; **be (as) busy as a ~ doing sth** emsig damit beschäftigt sein, etwas zu tun; **have a ~ in one's bonnet** *umg* **a** e-n Fimmel *od* Tick haben; **he's got a ~ in his bonnet about cars** er hat e-n Autofimmel **b** *US* schrullig *od* verschroben sein; **put the ~ on sb** *US umg* j-n angehen *od* anpumpen (**for** um); **he thinks he's the ~'s knees** *bes Br umg* er hält sich für den Größten *od* für den King **2** *bes US* *Treffen von Freunden od Nachbarn zur Gemeinschaftshilfe od zur Unterhaltung od zu freundschaftlichen Wettbewerben*: **sewing ~** Nähkränzchen *n*

bee[2] [bi:] S SCHIFF Backe *f*, Klampe *f*

bee[3] [bi:] S B, b *n* (*Buchstabe*)

Beeb [bi:b] S: **the ~** *Br umg* die BBC

beech [bi:tʃ] S **1** BOT (Rot)Buche *f* **2** Buche(nholz) *f(n)*; **beechen** ADJ buchen, aus Buchenholz, Buchen…

beech| fern S BOT Buchenfarn *m*; **~ marten** S ZOOL Stein-, Hausmarder *m*; **~ mast** S Buchmast *f*, -eckern *pl*; **~nut** S Buchecker *f*, Buchel *f*; **~ tree** → beech 1

bee eater S ORN Bienenfresser *m*

beef [bi:f] **A** S **1** *pl* beeves [bi:vz] Mastbulle *m*, -ochse *m*, -rind *n* **2** Rindfleisch *n* **3** *umg* **a** Fleisch *n* (*am Menschen*) **b** Muskeln *pl* **c** (Muskel)Kraft *f*: **put some ~ into it!** *fig* streng dich ein bisschen an! **4** *pl* beefs *umg* Nörgelei *f* **B** V/I *umg* meckern, nörgeln (*beide*: **about** über *akk*) **C** V/T **~ up** *umg Streitkräfte etc* verstärken, *Zahlungen etc* erhöhen, *ein Programm etc* aufmotzen *umg*; **~ bouillon** *US* → beef tea; **~burger** [-ˌbɜ:gə; *US* -ˌbɜrgər] S GASTR Beefburger *m*, Hamburger *m*; **~cake** S *umg* **a** Muskelmänner *pl* **b** Fotos *pl* von Muskelmännern; **&s** Beefeater *m* (*Angehöriger der königlichen Leibwache im Londoner Tower*); **~ mountain** S WIRTSCH Rindfleischberg *m*; **~steak** S Beefsteak *n*; **~ stroganoff** S GASTR Bœf *n* Stroganoff (*in Streifen geschnittenes Rindfleisch in pikanter Soße mit saurer Sahne*); **~ tea** S GASTR *bes Br* Beeftea *m* (*kräftige Rindfleischbrühe*)

beefy ADJ **1** Rindfleisch… **2** *umg* **a** muskulös **b** fleischig, dick

bee| glue S Bienenharz *n*; **~hive** S **1** Bienenstock *m*, -korb *m*: **& State** *US* (*Beiname für den Staat*) Utah *n* **2** *fig* Taubenschlag *m umg* **3** toupierte Hochfrisur; **~keeper** S Bienenzüchter(in), Imker(in); **~keeping** S Bienenzucht *f*, Imkerei *f*; **~ killer** S ZOOL Bienentöter *m*; **~line** S: **make a ~ for sth** schnurstracks *od* pfeilgerade auf etwas los- *od* zugehen; **he made a ~ for his dinner** er stürzte sich sofort auf sein Essen

Beelzebub [bi:'elzıbʌb] **A** EIGENN BIBEL Beelzebub *m* **B** S Teufel *m*

bee martin S ORN Königsvogel *m*

been [bi:n; bın] *pperf von* be

beep [bi:p] **A** S *a.* **~ signal** **a** AUTO Hupen *n*, Hupsignal *n* **b** ELEK Piepton *m* **B** V/T **1** **~ one's horn** AUTO hupen **2** → page[2] **C** V/I a AUTO hupen: **~ at sb** j-n anhupen b ELEK piepen; **beeper** → pager

beer [bɪə(r)] S 1 Bier *n*: **two ~s** zwei (Glas) Bier; **life is not all ~ and skittles** *Br umg* das Leben besteht nicht nur aus Vergnügen; **an actor's job is not all ~ and skittles** *Br umg* der Schauspielerberuf ist kein ‚onig(sch)lecken; → small beer 2 *bierähnliches Getränk (aus Pflanzen)*: → ginger beer; **~ belly** S *umg* Bierbauch *m*; **~ bottle** S Bierflasche *f*; **~ bust** S *US umg* Bierparty *f*; **~ can** S Bierdose *f*; **~ cellar** S Bierkeller *m*; **~ drinker** S Biertrinker(in); **~ engine** S *Br* Bierpumpe *f*; **~ garden** S Biergarten *m*; **~ glass** S Bierglas *n*; **~house** S *Br* Bierstube *f*, -schenke *f*; **~ mat** S Bierfilz *m*, -deckel *m*; **~ pump** S Bierpumpe *f*; **~ stone** S Bierstein *m (Ablagerung)*; **~ tent** S Bierzelt *n*

beery ADJ 1 Bier…: **~ smell** 2 bierselig 3 nach Bier riechend: **~ breath** Bierfahne *f*

beestings ['bi:stɪŋz] SPL *(als sg konstruiert)* Biest (-milch) *m(f)*

bees|wax A S Bienenwachs *n*: **that's none of your ~** *bes US umg* das geht dich e-n feuchten Kehricht an B VT mit Bienenwachs einreiben; **~wing** S feines Häutchen *(auf altem Wein)*

beet [bi:t] S 1 BOT a Rübe *f* b *a.* **red ~** *US* Rote Bete *od* Rübe: **turn (as) red as a ~** puterrot werden 2 Mangoldgemüse *n*

beetle[1] ['bi:tl] A S ZOOL Käfer *m*: **be (as) blind as a ~** blind wie ein Maulwurf sein B VI *bes Br umg* a huschen: **~ away** *(od* **off***)* fort-, weghuschen b flitzen

beetle[2] ['bi:tl] A S 1 Holzhammer *m*, Schlegel *m* 2 TECH a Erdstampfe *f* b Stampfkalander *m (für Textilien)* B VT 1 mit e-m Schlegel *etc* bearbeiten, (ein)stampfen 2 TECH *Textilien* kalandern

beetle[3] ['bi:tl] A ADJ überhängend B VI vorstehen, überhängen

beetle|-browed ADJ 1 mit buschigen (Augen)Brauen 2 finster blickend; **~crusher** S *sl* 1 *Br hum.* Elbkahn *m*, Kindersarg *m (riesiger Schuh)* 2 MIL Landser *m (Infanterist)*

beet|root S BOT *bes Br* Rote Bete *od* Rübe: **turn (as) red as a ~** puterrot werden; **~ sugar** S Rübenzucker *m*

beeves [bi:vz] *pl von* beef A 1

beezer ['bi:zə(r)] S *Br obs umg* Riecher *m (Nase)*

bef. ABK before

befall, *prät* befell, *pperf* befallen *obs od poet* A VI sich begeben *od* zutragen B VT *j-m* zustoßen, widerfahren, begegnen

befit VT sich (ge)ziemen *od* gebühren *od* schicken für: **as ~s a gentleman** wie es sich für e-n Gentleman gebührt; → ill B 1; **befitting** ADJ (ADV ~ly) geziemend, schicklich: **be ~ for** → befit

befog VT 1 in Nebel hüllen 2 *fig e-n Sachverhalt etc* verunklaren

befool VT 1 zum Narren haben *od* halten 2 *obs* als Narren behandeln

before [bɪ'fɔ:(r); *US a.* bɪ'fəʊər] A ADV 1 *(räumlich)* vorn, voran…: **go ~** vorangehen 2 *(zeitlich)* vorher, zuvor, vormals, früher (schon), bereits, schon: **an hour ~** e-e Stunde vorher *od* früher; **long ~** lange vorher *od* zuvor; **the year ~** das vorhergehende *od* das vorige Jahr; **haven't I seen you ~?** habe ich Sie nicht schon einmal gesehen?; **haven't we met ~?** kennen wir uns nicht? B PRÄP 1 *(räumlich)* vor *(akk od dat)*: **~ my eyes** vor m-n Augen; **he sat ~ me** er saß vor mir; **the question ~ us** die (uns) vorliegende Frage 2 vor *(dat)*, in Gegenwart von *(od gen)*: **~ witnesses** vor Zeugen 3 *(zeitlich)* vor *(dat)*: **the week ~ last** vorletzte Woche; **~ long** in Kürze, bald; **what is ~ us** was *(in der Zukunft)* vor uns liegt; **three minutes ~ nine** *US* drei Minuten vor neun; → Christ A 4 *(Reihenfolge, Rang)* vor *(akk od dat)*: **be ~ the others** den anderen *(in der Schule etc)* voraus sein C KONJ 1 bevor, bis, ehe: **not ~** nicht früher *od* eher als bis, erst als, erst wenn 2 lieber *od* eher …, als dass: **I would die ~ I lied** *(od* **~ lying***)* eher *od* lieber will ich sterben als lügen; **beforehand** A ADV 1 zuvor, im Voraus: **know sth ~** etwas im Voraus wissen 2 zuvor, früher 3 zu früh, verfrüht B ADJ **be ~ with** a vorzeitig fertig sein mit b *etwas* vorwegnehmen; **before-tax** ADJ WIRTSCH vor Steuern

befoul VT besudeln, beschmutzen *(beide a. fig)*: **~ one's own nest** sein eigenes Nest beschmutzen

befriend VT *j-m* behilflich sein, sich *j-s* annehmen

befuddle VT 1 benebeln *umg*, berauschen 2 verwirren, konfus machen *(beide:* **with** mit*)*

beg [beg] A VT 1 *etwas* erbitten (**of sb** von j-m), bitten um: **~ leave (of sb)** (j-n) um Erlaubnis bitten; → pardon B 1 2 *etwas* erbetteln, betteln *od* bitten um 3 *j-n* bitten (**to do sth** etwas zu tun) 4 *(ohne Beweis)* als gegeben annehmen: → question A 1 B VI 1 betteln: **go ~ging** a betteln gehen b *fig* keinen Interessenten *od* Abnehmer finden; **this post is going ~ging** *fig* niemand will diesen Posten übernehmen 2 (dringend) bitten, flehen *(beide:* **for** um*)*: **he ~ged and ~ged until …** er bettelte so lange, bis …; **I ~ of you** ich bitte Sie; **~ off** sich entschuldigen (lassen), absagen 3 sich erlauben *od* gestatten (**to do sth** etwas zu tun): **I ~ to differ** da bin ich (ganz) anderer Meinung; **I ~ to inform you** WIRTSCH *obs* ich erlaube mir, Ihnen mitzuteilen 4 schönmachen, Männchen machen *(Hund)*

begad [bɪ'gæd] INT *umg obs* bei Gott!

began [bɪ'gæn] *prät von* begin

beget [bɪ'get] *prät* begot [-'gɒt; *US* -'gɑt], *obs* begat [-'gæt], *pperf* begotten [-'gɒtn; *US* -'gɑtn], *obs* begot VT 1 *Kinder* zeugen 2 *fig* (er)zeugen; **begetter** S 1 Erzeuger *m* 2 *fig* Urheber *m*

beggar ['begə(r)] A S 1 Bettler(in) 2 *fig* Arme(r) *m/f(m)*, Bedürftige(r) *m/f(m)*: **~s can't be choosers** *(Sprichwort)* a in der Not darf man nicht wählerisch sein b es bleibt mir *etc* nichts anderes übrig 3 *hum od pej* Kerl *m*, Bursche *m*: **lucky ~** Glückspilz *m*; **a naughty little ~** ein kleiner Frechdachs B VT 1 an den Bettelstab bringen, arm machen 2 *fig* übersteigen: **it ~s (all) description** a es lässt sich nicht mit Worten beschreiben b es spottet jeder Beschreibung; **it was of a beauty that ~ed all description** es war unbeschreiblich schön

beggarliness ['begə(r)lɪnɪs] S 1 Bettelarmut *f* 2 *fig* Armseligkeit *f*, Erbärmlichkeit *f*; **beggarly** ADJ 1 bettelarm 2 *fig* armselig, erbärmlich *(Lohn etc)*

beggar-my-neighbo(u)r [ˌ-mɪ'-] S *Kartenspiel, bei dem es darum geht, alle Karten der Mitspieler zu gewinnen*

beggary ['begərɪ] S Bettelarmut *f*: → reduce A 16

beggar-your-neighbor *US* → beggar-my-neighbo(u)r

begging ['begɪŋ] A ADJ bettelnd: **~ letter** Bettelbrief *m* B S 1 Betteln *n* 2 Bitten *n*

begin [bɪ'gɪn] *prät* began [-'gæn], *pperf* begun [-'gʌn] A VT 1 beginnen, anfangen: **when did you ~ (to learn** *od* **learning) English?** wann hast du mit Englisch angefangen (angefangen, Englisch zu lernen)?; **he began his lecture by saying that …** er leitete s-n Vortrag mit den Worten ein, dass …; **~ the world** ins Leben treten 2 *e-e Dynastie etc* (be)gründen B VI 1 beginnen, anfangen: **he began by saying that …** er sagte einleitend, dass …; **~ with sth (sb)** mit etwas (bei j-m) anfangen; **to ~ with** *(Redew)* a zunächst (einmal), fürs Erste b erstens (einmal), um es gleich zu sagen; **~ on sth** etwas in Angriff nehmen; **~ on a new bottle** e-e neue Flasche anbrechen; **not ~ to do sth** nicht entfernt *od* im Entferntesten daran denken, etwas zu tun; **he does not even ~ to try** er versucht es nicht einmal; **it began to be put into practice** es wurde langsam aber sicher in die Praxis umgesetzt; **well begun is half done** *(Sprichwort)* gut begonnen ist halb gewonnen 2 entstehen, ins Leben gerufen werden; **beginner** S Anfänger(in) (**at** in *dat*): **~s' course** Anfängerkurs *m*; **~'s luck** Anfängerglück *n*; **beginning** S 1 Anfang *m*, Beginn *m*: **at** *(od* **in***)* **the ~** am *od* im *od* zu Anfang, anfangs; **at the ~ of** anfangs *(gen)*; **at the ~ of the week** am Wochenanfang; **from the (very) ~** (ganz) von Anfang an; **from ~ to end** von Anfang bis Ende; **it's the ~ of the end** das ist der Anfang vom Ende; → battle *Bes Redew* 2 Ursprung *m* 3 *pl* Anfänge *pl (e-r Wissenschaft etc)*

begird *prät u. pperf* begirt, begirded VT: **~ o.s. with** *obs od poet* sich *sein Schwert etc* umgürten

begone [bɪ'gɒn; *US a.* -'gɑn] INT: **~ (with you)!** *obs od poet* fort *od* hinweg (mit dir *etc*)!

begonia [bɪ'gəʊnjə] S BOT Begonie *f*

begorra [bɪ'gɒrə; *US a.* -'gɑ-] INT *Ir umg* bei Gott!

begot [bɪ'gɒt; *US* -'gɑt] *prät u. obs pperf von* beget

begotten [bɪ'gɒtn; *US* -'gɑtn] A *pperf von* beget B ADJ gezeugt: **the first ~** der Erstgeborene; **God's only ~ son** Gottes eingeborener Sohn

begrime VT besudeln, beschmutzen *(beide a. fig)*

begrudge VT 1 missgönnen (**sb sth** j-m etwas): **~ sb the shirt on his back** j-m nicht das Schwarze unterm Nagel *od* das Weiße im Auge gönnen; **I don't ~ him his success** ich gönne ihm s-n Erfolg 2 nur ungern geben (**sb sth** j-m etwas): **~ doing sth** etwas nur widerwillig *od* ungern tun; **he ~s the money** ihm tut es um das Geld leid

beguile VT 1 betrügen (**of, out of** um), täuschen, hintergehen 2 verleiten, -locken (**into doing** zu tun): 3 *a.* **~ away** sich *die Zeit* (angenehm) vertreiben *od* verkürzen (**by, with** mit) 4 *fig* betören, bezaubern; **beguilement** S 1 Betrug *m*, Täuschung *f*, Hintergehung *f* 2 Verleitung *f*, -lockung *f* 3 *fig* Betörung *f*, Bezauberung *f*

begum, Begum ['beɪgəm] S Begum *f (Titel indischer Fürstinnen)*

begun [bɪ'gʌn] *pperf von* begin

behalf [bɪ'hɑ:f; *US* bɪ'hæf] S: **on** *(US a.* **in***)* **~ of** a zugunsten von *(od gen)*, für *j-n* b im Namen *od* im Auftrag von *(od gen)*, für *j-n*, namens *(gen)*; **on one's own ~** in eigenem Namen, in eigener Sache; **on ~ of sth** mit Rücksicht auf e-e Sache

behave [bɪ'heɪv] A VI 1 sich (gut) benehmen, sich zu benehmen wissen: **he can't ~** er kann sich nicht (anständig) benehmen 2 sich verhalten *od* benehmen *od* aufführen (**to, toward[s]** gegen *j-n*, gegenüber *j-m*) 3 sich verhalten *(Sache)*, arbeiten, funktionieren *(Maschine etc)* B VT **~ o.s.** sich (gut) benehmen: **~ yourself!** benimm dich!; **behaved** ADJ *(meist in Zusammensetzungen)* von *gutem etc* Benehmen: → well-behaved *etc*

behavior, *bes Br* **behaviour** [bɪ'heɪvjə(r)] S

B

1 Benehmen *n*, Betragen *n*, Verhalten *n*, JUR Führung *f (e-s Strafgefangenen)*: **during good ~** *US* auf Lebenszeit *ernannt od gewählt*; **for good ~** wegen guter Führung; **be in office on (one's) good ~** ein Amt auf Bewährung innehaben; **be on one's best ~** sich von s-r besten Seite zeigen; **put sb on their good ~** j-m einschärfen, sich (ja) gut zu benehmen; **~ disorder** PSYCH Verhaltensstörung *f*; **~ modification** PSYCH Verhaltensmodifikation *f (systematischer Aufbau erwünschter u. Abbau unerwünschter Verhaltensweisen)*; **~ therapy** PSYCH Verhaltenstherapie *f*; → pattern A 11 2 CHEM, MATH, PHYS, TECH Verhalten *n*; **behavio(u)ral** ADJ PSYCH Verhaltens...: **~ disturbance**; **~ science** Verhaltensforschung *f*; **~ scientist** Verhaltensforscher(in); **behavio(u)rism** S PSYCH Behaviorismus *m (Forschungsrichtung, die durch das Studium des Verhaltens von Lebewesen deren seelische Merkmale zu erfassen sucht)*; **behavio(u)rist** A S Behaviorist(in) B ADJ behavioristisch; **behavio(u)ristic** ADJ (ADV ~ally) behavioristisch

behead [bɪ'hed] V/T enthaupten, köpfen; **beheadal** [-dl], **beheading** S Enthauptung *f*

beheld [bɪ'held] *prät u. pperf von* behold

behemoth [bɪ'hi:mɒθ; *US* -məθ] S 1 BIBEL Behemoth *m (wahrscheinlich Nilpferd)* 2 a Koloss *m (Person)* b Koloss *m*, Ungetüm *n (Sache)*

behenic acid [bɪ'henɪk; -'hi:-] S CHEM Behensäure *f*

behest [bɪ'hest] S: **at sb's ~** *obs od poet* auf j-s Geheiß

behind [bɪ'haɪnd] A PRÄP 1 *(räumlich u. zeitlich)* hinter *(akk od dat)*: **~ the tree** hinter dem *od* den Baum; **he looked ~ him** er blickte hinter sich; **he has the majority ~ him** er hat die Mehrheit hinter sich; **get sth ~ one** etwas hinter sich bringen; **his schooldays are ~ him** s-e Schulzeit liegt hinter ihm; **what is ~ all this?** was steckt dahinter? 2 *(Reihenfolge, Rang)* hinter *(akk od dat)*: **be ~ sb** j-m nachstehen, hinter j-m zurück sein **(in** *in dat)* B ADV 1 hinten, dahinter, hinterher...: **from ~** von hinten, hinterrücks; **come from ~** SPORT von hinten kommen; **walk ~** hinten gehen, hinterhergehen 2 nach hinten, zurück...: **look ~** zurückblicken C PRÄD ADJ 1 **be ~ in** *(od* **with)** **one's work (payments)** mit s-r Arbeit (s-n Zahlungen) im Rückstand *od* im Verzug sein; **get ~** in Rückstand geraten *(a.* SPORT); **remain ~** zurückbleiben 2 **there is more ~** da steckt (noch) mehr dahinter D S *umg* Hinterteil *n*, Hintern *m*; **behindhand** ADV & PRÄD ADJ 1 **be ~ in** *(od* **with)** **one's work (payments)** mit s-r Arbeit (s-n Zahlungen) im Rückstand *od* im Verzug sein 2 verschuldet 3 verspätet: **be ~** Verspätung haben 4 rückständig; **behind-the-scenes** ADJ *fig* hinter den Kulissen

behold [bɪ'həʊld] *obs od poet* A V/T *prät u. pperf* beheld [-'held] sehen, erblicken B INT siehe (da)!; **beholden** ADJ (zu Dank) verpflichtet **(to** *dat)*; **beholder** S *obs od poet* Betrachter(in), Zuschauer(in)

behoof [bɪ'hu:f] *pl* behooves [-'hu:vz] S Vorteil *m*, Nutzen *m*

behoove [bɪ'hu:v], *bes Br* **behove** [-'həʊv] V/T *unpers obs* erforderlich sein für, sich schicken für: **it ~s you** a es obliegt dir *od* ist d-e Pflicht **(to do** zu tun) b es gehört sich für dich

behooves [bɪ'hu:vz] *pl von* behoof

behove [bɪ'həʊv] *bes Br für* behoove

beige [beɪʒ] A ADJ beige(farben) B S Beige *n*

Beijing [,beɪ'dʒɪŋ] S Peking *n*

being ['bi:ɪŋ] S 1 (Da)Sein *n*, Existenz *f*: **in ~** existierend, wirklich (vorhanden); **bring** *(od* **call) into ~** ins Leben rufen; **come into ~** entstehen 2 *j-s* Wesen *n*, Natur *f* 3 (Lebe)Wesen *n*, Geschöpf *n*

Beirut [,beɪ'ru:t; 'beɪru:t] S Beirut *n (Hauptstadt des Libanons)*

bejewel V/T *prät u. pperf* -eled, *bes Br* -elled mit Edelsteinen *od* Juwelen schmücken

bel [bel] S ELEK Bel *n (logarithmische Verhältniseinheit bei Spannungen u. Leistungen)*

bel. ABK below

belabor, *bes Br* **belabour** V/T 1 verprügeln 2 scharf kritisieren

Belarus [,belə'ru:s] S → Belorussia

belated [bɪ'leɪtɪd] ADJ (ADV ~ly) 1 verspätet: **~ best wishes** nachträglich herzlichen Glückwunsch!; **he recognized, albeit ~ly, that ...** er erkannte, wenn auch mit einiger Verspätung, dass ... 2 *obs* von der Nacht *od* Dunkelheit überrascht

belaud [bɪ'lɔ:d] V/T *obs od poet* preisen, rühmen

belay [bɪ'leɪ] A V/T 1 SCHIFF festmachen, *ein Tau* belegen 2 *Bergsteigen*: *j-n* sichern B V/I **~ there!** SCHIFF Schluss!, genug (jetzt)! C S *Bergsteigen*: Sichern *n*

bel canto [bel'kæntəʊ; *US* -'kɑn-] S MUS Belcanto *m*, Belkanto *m (italienischer Gesangsstil, bei dem bes auf Klangschönheit Wert gelegt wird)*

belch [beltʃ] A V/I 1 aufstoßen, rülpsen *umg* 2 quellen **(from** aus) *(Rauch etc)* B V/T *a.* **~ out** *(od* **forth)** *Feuer, Rauch etc* speien, *a. fig Beleidigungen etc* ausstoßen C S 1 Rülpser *m umg*: **give a loud ~** laut rülpsen 2 *fig (Rauch-, Flammen- etc)* Stoß *m* 3 *fig* Schwall *m (von Beleidigungen etc)*

beldam(e) ['beldəm] S *obs* 1 alte Frau, *bes* (alte) Hexe 2 Großmutter *f*

beleaguer [bɪ'li:gə(r)] V/T 1 MIL belauern 2 *fig* quälen, plagen

belemnite ['beləmnaɪt] S GEOL Belemnit *m*, Donnerkeil *m*

bel esprit [,belə'spri:] *pl* beaux esprits [,bəʊzə'spri:] S Schöngeist *m*

Belfast [,bel'fɑ:st; 'belfɑ:st; *US* '-fæst] S Belfast *n (Hauptstadt von Nordirland)*

belfry ['belfrɪ] S 1 a Glockenturm *m* b Glockenstube *f*, -haus *n* c Glockenstuhl *m*, -gehäuse *n*: → bat² 2 MIL, HIST *(beweglicher)* Belagerungsturm

Belg. ABK 1 Belgian 2 Belgium

Belgian ['beldʒən] A S Belgier(in) B ADJ belgisch: **he's ~** er ist Belgier

Belgium ['beldʒəm] S Belgien *n*

Belgrade [,bel'greɪd; 'belgreɪd] S Belgrad *n*

Belial ['bi:ljəl; -lɪəl] EIGENN BIBEL Belial *m*, Satan *m*

belie V/T 1 *obs* Lügen erzählen über *(akk)*, falsch darstellen 2 *j-n od etwas* Lügen strafen 3 widersprechen *(dat)* 4 hinwegtäuschen über *(akk)* 5 *e-e Hoffnung etc* enttäuschen, *e-r Sache* nicht entsprechen

belief [bɪ'li:f] S 1 REL Glaube *m*: **the Christian ~** 2 **(in)** a Glaube *m (an akk)*: **beyond ~** unglaublich; **beautiful beyond ~** unglaublich schön b Vertrauen *n* (auf *e-e Sache od* zu *j-m)* 3 Meinung *f*, Anschauung *f*, Überzeugung *f*: **the best of my ~** nach bestem Wissen u. Gewissen; **it is my ~ that ...** ich bin der Meinung *od* Überzeugung, dass ...

believability [bɪ,li:və'bɪlətɪ] S Glaubhaftigkeit *f*, -würdigkeit *f*; **believable** ADJ (ADV believably) glaubhaft, -würdig

believe [bɪ'li:v] A V/I 1 glauben **(in** an *akk)* 2 **(in)** vertrauen (auf *akk*), Vertrauen haben (zu) 3 viel halten **(in** von): **not ~ in** nichts halten von; **not ~ in doing sth** nichts davon halten, etwas zu tun B V/T 1 glauben: a annehmen, meinen b für wahr halten: **I didn't ~ a word he said** ich glaubte ihm kein Wort; **(whether you) ~ it or not** ob Sie es glauben oder nicht; **would you ~ it!** ist das denn die Möglichkeit!, man sollte es nicht für möglich halten!; **I can well ~ it** das glaube ich gerne; **he made me ~ it** er machte es mich glauben; **I wouldn't have ~d it of him** das hätte ich nicht von ihm geglaubt *od* gedacht; **he is ~d to be rich** man hält ihn für reich; **I ~ him to have done it** ich glaube, dass er es getan hat; **there is reason to ~ that ...** es gibt Grund zu der Annahme, dass ... 2 Glauben schenken *(dat)*, glauben *(dat)*: **~ me**, *umg* **~ you me** glaube mir; → ear¹ *Bes Redew*, eye A 1; **believer** S 1 REL Gläubige(r) *m/f(m)* 2 **be a great** *(od* **strong)** **~ in** fest glauben an *(akk)*, viel halten von; **believing** ADJ (ADV ~ly) REL gläubig *(Christ etc)*

belike [bɪ'laɪk] ADV *obs* 1 (höchst)wahrscheinlich 2 vielleicht

Belisha beacon [bɪ'li:ʃə] S *Br gelbes Blinklicht an Zebrastreifen*

belittle V/T 1 a verkleinern b klein erscheinen lassen 2 *fig* herabsetzen, schmälern: **~ o.s.** sein Licht unter den Scheffel stellen 3 *fig* verharmlosen, bagatellisieren

Belize [be'li:z; bə-] S Belize

Belizean [bɪ'li:zɪən] A S Belizer(in) B ADJ belizisch

bell¹ [bel] A S 1 Glocke *f*, Klingel *f*, Schelle *f*, *(bes Boxen)* Gong *m*: **bear** *(od* **carry away)** **the ~** den Preis *od* Sieg davontragen; **(as) clear as a ~** glockenhell, -rein; **(as) sound as a ~** a ohne Sprung, ganz *(Geschirr)* b kerngesund c tadellos in Ordnung *(Herz, Motor etc)*; **that rings a ~** *umg* das kommt mir bekannt vor, das erinnert mich an etwas; **his face rings a ~** *umg* sein Gesicht kommt mir bekannt vor; **~s and whistles** *pl umg* Schnickschnack *m*; **he was saved by the ~** der Gong rettete ihn 2 Glockenzeichen *n*, Läuten *n*, Klingeln *n*: **give sb a ~** TEL *Br umg* j-n anläuten 3 TEL Wecker *m* 4 SCHIFF a Schiffsglocke *f* b Glasen *pl (halbstündiges Schlagen)*: **eight ~s** acht Glasen 5 MUS a Glockenspiel *n* b Becher *m*, Stürze *f (e-s Blasinstruments)* 6 BOT glockenförmige Blumenkrone, Kelch *m* 7 ARCH Glocke *f*, Kelch *m (am Kapitell)* 8 Taucherglocke *f* 9 TECH a METALL Gichtglocke *f* b *Tiefbau*: Fangglocke *f* c konischer Teil *(der Ziehdüse)* d Muffe *f (an Röhren)* e Schweißmanschette *f* B V/T mit e-r Glocke *etc* versehen: **~ the cat** *fig* der Katze die Schelle umhängen

bell² [bel] A V/I röhren *(Hirsch)* B S Röhren *n*

belladonna [,belə'dɒnə; *US* -'dɑ-] S Belladonna *f*: a BOT Tollkirsche *f* b MED, PHARM *aus der Tollkirsche gewonnenes Arzneimittel*

bell|-bottomed ADJ ausgestellt: **~ trousers** → bell-bottoms; **~-bottoms** SPL, *a.* **pair of ~** Hose *f* mit Schlag; **~boy** S *bes US* (Hotel)Page *m*; **~ bronze** S Glockenbronze *f*; **~ buoy** S SCHIFF Glockenboje *f*; **~ button** S ELEK Klingelknopf *m*; **~ cage** S ARCH Glockenstuhl *m*; **~ captain** S *US* Leiter *m* des Hotelpagendienstes; **~ clapper** S TECH Glockenklöppel *m*; **~ cord** S Glocken-, Klingelzug *m*

belle [bel] S Schöne *f*, Schönheit *f*: **~ of the ball** Ballkönigin *f*

belles-lettres [,bel'letrə] SPL *(als sg konstruiert)* Belletristik *f*, schöngeistige Literatur, Unterhaltungsliteratur *f*

belletrist [bel'letrɪst] S Belletrist(in); **belletristic** ADJ (ADV ~ally) belletristisch

bell|flower S BOT Glockenblume *f*; **~ founder** S Glockengießer(in); **~ foundry** S Glockengießerei *f*; **~ glass** → bell jar; **~ heather** S BOT Glockenheide *f*; **~hop** S *US* (Hotel)Page *m*

B

bellicose ['belɪkəʊs] ADJ (ADV ~ly) 1 kriegslustig, kriegerisch 2 → belligerent A 3; **bellicosity** [-'kɒsətɪ; US -'kɑ-] S 1 Kriegslust f 2 → belligerence 2

bellied ['belɪd] ADJ 1 bauchig 2 (in Zusammensetzungen) ...bauchig, ...bäuchig: → potbellied etc

belligerence [bə'lɪdʒərəns] S 1 Kriegführung f 2 a Streit-, Kampf(es)lust f b Aggressivität f; **belligerency** [-sɪ] S 1 Kriegszustand m 2 → belligerence; **belligerent** A ADJ (ADV ~ly) 1 → bellicose 1 2 Krieg führend: the ~ powers; ~ occupation kriegerische Besetzung; ~ rights Rechte e-s Krieg führenden Staates 3 fig a streit-, kampflustig b aggressiv B S Krieg führender Staat

bell| jar S PHYS, TECH Glas-, Vakuumglocke f; ~ **lap** S SPORT letzte Runde (e-s Rennens); ~**man** [-mən] S irr 1 HIST öffentlicher Ausrufer 2 US (Hotel)Page m; ~ **metal** S TECH Glockenmetall n, -speise f

Bellona [bə'ləʊnə] EIGENN Bellona f (römische Kriegsgöttin)

bellow ['beləʊ] A V/I 1 brüllen (with vor dat) 2 grölen B V/T: a. ~ out 1 e-n Befehl etc brüllen 2 ein Lied etc grölen C S 1 Brüllen n 2 Grölen n

bellows ['beləʊz] pl -lows S 1 TECH a Gebläse n b a. pair of ~ Blasebalg m 2 US umg Lunge f 3 FOTO Balgen m

bell|pull S Klingelzug m; ~ **push** S ELEK Klingeltaste f, -knopf m; ~ **ringer** S 1 Glöckner(in) 2 Glockenspieler(in); ~ **rope** S 1 Glockenstrang m 2 Klingelzug m; ~**-shaped** ADJ glockenförmig: ~ curve MATH Glockenkurve f; ~ **insulator** ELEK Glockenisolator m; ~ **tent** S Rundzelt n; ~ **time** S Leichtathletik: Durchgangszeit f eingangs der letzten Runde; ~ **tower** S Glockenturm m; ~**wether** S Leithammel m (a. fig, meist pej); ~ **wire** S ELEK Klingeldraht m

belly ['belɪ] A S 1 Bauch m: go (od turn) ~ up umg a ins Gras beißen b Pleite machen c in die Hosen gehen 2 Magen m 3 Bauch m, (das) Innere (e-s Schiffes etc) 4 Bauch m, Ausbauchung f (e-r Flasche etc) 5 MUS a Decke f (e-s Saiteninstruments) b Resonanzboden m (des Klaviers etc) 6 Unterseite f B V/I 1 a. ~ out sich (aus)bauschen, (an)schwellen 2 robben, auf dem Bauch kriechen 3 ~ up to umg j-m in den Hintern kriechen C V/T a. ~ out (an)schwellen lassen, (auf)bauschen; ~**ache** A S 1 umg Bauchweh n, -schmerzen pl: I've got ~ ich hab' Bauchweh, mir tut der Bauch weh 2 sl Nörgelei f B V/I sl meckern, nörgeln (beide: about über akk); ~**acher** S sl Meckerer m, Meckerin f, Nörgler(in); ~ **bag** → belt bag; ~**band** S 1 Bauchriemen m, Sattelgurt m 2 Bauchbinde f (e-s Buchs); ~**-bust** US → belly-flop; ~ **bust(er)** US → belly flop(per); ~ **button** S umg Bauchknöpfchen n (Nabel); ~ **dance** S Bauchtanz m; ~**-dance** V/I bauchtanzen, e-n Bauchtanz vorführen; ~ **dancer** S Bauchtänzerin f; ~**-flop** V/I umg 1 Schwimmen: e-n Bauchklatscher machen 2 fig e-e Bauchlandung machen, auf den Bauch fallen; ~ **flop(per)** S umg 1 Schwimmen: Bauchklatscher m: do a ~ → belly-flop 1 2 fig Bauchlandung f: do a ~ → belly-flop 2

bellyful ['belɪfʊl] S 1 have a ~ of umg sich den Bauch vollschlagen mit 2 have had a (od one's) ~ of umg die Nase voll haben von

belly| gun S umg Gürtelpistole f; ~**land** V/I & V/T FLUG e-e Bauchlandung machen (mit); ~ **landing** S FLUG Bauchlandung f; ~ **laugh** S umg dröhnendes Lachen; ~ **tank** S FLUG Rumpfabwurfbehälter m

belong [bɪ'lɒŋ] V/I 1 gehören (to dat): the second half ~ed to the visitors SPORT die zweite Halbzeit gehörte den Gästen; I thought my feet didn't ~ to me any more ich spürte m-e Füße überhaupt nicht mehr 2 gehören (to zu): this lid ~s to another pot a. dieser Deckel passt nicht; where does this book ~? wohin gehört dieses Buch?; a good dictionary ~s in every office ein gutes Wörterbuch gehört in jedes Büro; put sth back where it ~s etwas an s-n Platz zurückstellen; we ~ together wir gehören zusammen 3 an-, zugehören (beide: to dat): ~ to a club 4 dazugehören, am richtigen Platz sein: he does not ~ er gehört nicht hierher, er ist hier fehl am Platz; do you ~ here? wohnen Sie hier?; **belonging** S 1 Zugehörigkeit f: sense of ~ Zugehörigkeitsgefühl n 2 pl a Habseligkeiten pl, Habe f b Zubehör n c umg Angehörige pl

Belorussia [,belə(ʊ)'rʌʃə] S Belo-, Weißrussland n

Belorussian [,beləʊ'rʌʃn; -lə'r-] A S 1 Belorusse m, -russin f, Weißrusse m, -russin f 2 LING Belorussisch n, das Belorussische, Weißrussisch n, das Weißrussische B ADJ belo-, weißrussisch: she's ~ sie ist Weißrussin

beloved [bɪ'lʌvd; -vɪd] A ADJ (innig) geliebt (of, by von) B S Geliebte(r) m/f(m)

below [bɪ'ləʊ] A ADV 1 unten, SCHIFF unter Deck: as stated ~ wie unten aufgeführt od angegeben; a few houses ~ ein paar Häuser weiter unten 2 hinunter..., hinab..., nach unten, SCHIFF unter Deck 3 meist here ~ poet hienieden, auf Erden 4 obs in der Hölle 5 darunter: the court ~ JUR die Vorinstanz; the judge ~ der Richter der Vorinstanz; the rank ~ der nächstniedere Rang 6 15 degrees ~ umg minus 15 Grad, 15 Grad minus B PRÄP unter (dat od akk), unterhalb (gen): ~ sb unter j-s Rang, Würde etc; children ~ the age of six Kinder unter sechs Jahren; **below-ground** ADJ 1 a unterirdisch b Bergbau: unter Tage 2 unter der Erde, tot; **below-strength** ADJ SPORT ersatzgeschwächt

belt [belt] A S 1 Gürtel m: hit below the ~ a Boxen: tief schlagen, j-m e-n Tiefschlag versetzen (a. fig) b fig sich (j-m gegenüber) unfair verhalten; under one's ~ umg a im Magen b fig in der Tasche umg c fig hinter sich; → tighten A 2 2 MIL Koppel n, Gehenk n 3 (Anschnall-, Sicherheits) Gurt m 4 Boxen: (Meisterschafts) Gürtel m 5 MIL (Maschinengewehr-, Patronen) Gurt m 6 SCHIFF Panzergürtel m (e-s Kriegsschiffes) 7 Gürtel m, Gebiet n, Zone f: → black belt, green belt 8 GEOG Meerenge f, Belt m: the Great (Little) ♀ der Große (Kleine) Belt 9 TECH a (Treib) Riemen m b (Förder) Band n 10 ARCH Gurt(gesims) m(n) 11 umg Schlag m: give sb a ~ j-m e-e knallen umg 12 US sl → bang¹ A 3 c B V/T 1 umgürten, mit Riemen od Gurt(en) befestigen: ~ on an-, umschnallen 2 a. ~ up den Gürtel (gen) zumachen 3 zusammenhalten 4 umg a j-n verprügeln b j-m e-e knallen umg c e-n Ball etc knallen, dreschen (beide umg) 5 a. ~ out umg ein Lied etc schmettern C V/I 1 ~ up AUTO etc umg sich anschnallen 2 a. ~ along bes AUTO bes Br umg (dahin)rasen 3 ~ up (meist imp) Br sl die Schnauze halten

belt| bag S Gürteltasche f, Wimmerl n umg; ~ **buckle** S Gürtelschnalle f; ~ **conveyor** S TECH Bandförderer m, Förderband n; ~ **course** S ARCH 1 Eckbindesteine pl 2 Gurt m; ~ **drive** S TECH Riemenantrieb m; ~**-driven** ADJ TECH mit Riemenantrieb

belted ['beltɪd] ADJ 1 mit Gürtel 2 bes ZOOL gestreift

belt| gearing S TECH Riemenvorgelege n; ~ **highway** → beltway

belting S 1 a Gürtelmaterial n b koll Gürtel pl 2 umg (Tracht f) Prügel pl: give sb a good ~ j-m e-e gehörige Tracht Prügel verpassen

belt| line S US Verkehrsgürtel m (um e-e Stadt); ~ **loop** S Gürtelschlaufe f; ~ **saw** S TECH Bandsäge(maschine) f; ~ **tightener** S TECH Riemenspanner m; ~**way** S US Ringstraße f

beluga [bə'lu:gə] S FISCH Beluga f: a Hausen m b Weißwal m

belvedere ['belvɪ,dɪə(r)] S Gebäude n mit schönem Ausblick

BEM ABK British Empire Medal

bemazed [bɪ'meɪzd] ADJ obs verwirrt

bemean [bɪ'mi:n] obs → demean¹

bemire V/T be-, verschmutzen

bemoan V/T 1 sein Schicksal etc beklagen 2 obs j-n bedauern

bemock V/T verhöhnen

bemuddle V/T verwirren

bemuse [bɪ'mju:z] V/T verwirren; **bemused** ADJ 1 verwirrt (by, with durch) 2 gedankenverloren

ben¹ [ben] schott A ADV 1 (dr)innen 2 herein..., hinein...: come ~ komm herein (ins Wohnzimmer) B PRÄP in den od im Innen- od Wohnraum von (od gen) C ADJ inner(er, e, es) D S Innen-, Wohnraum m

ben² [ben] S schott Ir Berggipfel m (meist in Eigennamen): ♀ Nevis

bename prät benamed, pperf benamed, benempt [bɪ'nempt] V/T obs nennen: she ~d her child Charles

bench [bentʃ] A S 1 (Sitz)Bank f: play to empty ~es THEAT vor leeren Bänken spielen 2 SPORT (Auswechsel-, Reserve) Bank f: be on the ~ auf der Bank sitzen 3 ♀ JUR a Richtersitz m, -bank f b Gericht n c fig Richteramt n d (a. als pl konstruiert) koll Richter(schaft) pl(f): ♀ and Bar Richter u. Anwälte; be on the ~ Richter sein, den Vorsitz od die Verhandlung führen; be raised to the ~ zum Richter ernannt werden; → King's Bench (Division) 4 Sitz m (im Parlament etc), (Abgeordneten-, Zeugen- etc) Bank f 5 (Werk-, Hobel) Bank f, (Werk-, Arbeits) Tisch m 6 a Podium, auf dem Heimtiere, bes Hunde, ausgestellt werden b Hundeausstellung f 7 Bergbau: horizontale Schicht, Bank f 8 TECH Bank f, Reihe f (von Geräten, Retorten etc) 9 GEOG US terrassenförmiges Flussufer 10 SCHIFF (Ruder) Bank f B V/T 1 Bänke aufstellen in (dat) 2 bes Hunde ausstellen 3 US abstufen, terrassieren 4 SPORT e-n Spieler auf die Reservebank verbannen; ~ **check** → bench test

bencher S 1 Br Vorstandsmitglied n e-r der Inns of Court 2 PARL Br (in Zusammensetzungen) Parlamentsmitglied n: → backbencher, frontbencher

bench| lathe S TECH Mechanikerdrehbank f; ~**mark** A S 1 Landvermessung: Fest-, Fixpunkt m 2 fig a Bezugspunkt m, -größe f: ~ problem IT Bewertungsaufgabe f; ~ test IT Benchmarktest m b Maßstab m, Standard m (beide: for, in für) B V/T fig die Position (gen) bestimmen (against im Vergleich zu od mit) C V/I fig s-e (eigene) Position bestimmen (against im Vergleich zu od mit); ~**marking** S WIRTSCH Benchmarking n (Praxis e-r Firma, von der Konkurrenz zu lernen, um sie zu übertreffen); ~ **penalty** S Eishockey: Bankstrafe f; ~ **seat** S AUTO Sitzbank f (im Auto); ~ **test** S TECH Test m auf dem Prüfstand; ~ **warmer** S SPORT US umg Ersatzmann, der nur selten zum Einsatz kommt; ~ **warrant** S JUR (vom Verhandlungsrichter erlassener) Haftbefehl

bend [bend] A S 1 Biegung f, Krümmung f, (e-r Straße a.) Kurve f: be round the ~ umg übergeschnappt sein, spinnen; drive (od send) sb round the ~ umg j-n (noch) wahnsinnig od verrückt machen; go round the ~ umg überschnappen **2** Knoten *m*, Schlinge *f* **3** TECH Krümmer *m*, Knie(stock, -rohr) *n* **4** *Heraldik*: Schrägbalken *m* **5** **the ~s** *pl a. als sg konstruiert)* MED Luftdruck-, Caissonkrankheit *f* **B** V/T *prät u. pperf* **bent** [bent], *obs* **bended** ['bendɪd] **1** (um-, durch-, auf)biegen, krümmen: **~ at (right) angles** TECH abkanten; **~ on edge** TECH hochkant biegen; **~ out of line** TECH verkanten; **~ out of shape** verbiegen; **~ sb's ear** *umg* j-m die Ohren vollquatschen **2** *den Arm* beugen, *den Kopf a.* neigen, *den Arm, das Bein* ab-, anwinkeln: **~ one's knees** a das Knie beugen b *fig* sich unterwerfen c beten; **on ~ed knee** kniefällig, auf Knien; **bent (down) with age** vom Alter gebeugt; → **knee** A 1 **3** *e-n Bogen, e-e Feder etc* spannen **4** SCHIFF festmachen **5** *fig* a *Regeln etc* großzügig auslegen: **~ the law** sich etwas außerhalb der Legalität bewegen; **~ the truth** es mit der Wahrheit nicht so genau nehmen b **~ sb to one's will** sich j-n gefügig machen; **~ sb into doing sth** j-n dazu bringen, etwas zu tun **6** *s-e Blicke, Gedanken etc* richten, *a. s-e Schritte* lenken, *s-e Anstrengungen etc* konzentrieren *(alle:* **on, to, upon** auf *akk)*: **~ one's energies on sth** s-e ganze Kraft auf etwas verwenden; **~ o.s. (one's mind) to a task** sich (s-e Aufmerksamkeit) e-r Aufgabe widmen; → **bent**[1] B 2 **C** V/I **1** sich krümmen, sich (um-, durch-, auf)biegen **2** *a.* **~ down** a sich bücken b sich neigen, sich nach unten biegen *(Ast etc)* c sich verbeugen (**to, before** vor *dat*): **~ over** sich beugen *od* neigen über *(akk)*; sich nach vorn beugen; **~ over backward(s) to do sth** *umg* sich fast umbringen, etwas zu tun **3** e-e Biegung machen *(Fluss)*, *(Straße a.)* e-e Kurve machen: **~ left** e-e Linkskurve machen **4** *fig* sich beugen (**before, to** *dat*) **5** neigen, tendieren (**toward[s]** zu)

bender S **1** TECH Biegemaschine *f od* -zange *f* **2** *umg* Sauferei *f*: **go (out) on a ~** e-e Sauftour machen

bending| fatigue strength S PHYS Biegeschwingungsfestigkeit *f*; **~ pressure** S PHYS Biegedruck *m*, -beanspruchung *f*, -spannung *f*; **~ resistance** S PHYS Biegesteifigkeit *f*; **~ strain** → bending pressure; **~ strength** → bending resistance; **~ stress** → bending pressure; **~ test** S TECH Biegeprobe *f*

bend| runner S *Leichtathletik*: Kurvenläufer(in); **~ sinister** S *Heraldik*: Schräglinksbalken *m (als Zeichen unehelicher Geburt)*

bendy ADJ **1** biegsam **2** kurvenreich *(Straße)*; **bendy bus** S *Br* Gelenkbus *m*

beneath [bɪ'ni:θ] **A** ADV **1** unten: **on the earth ~** *poet* hienieden **2** darunter, unten drunter, *(weiter)* unten **B** PRÄP unter *(dat od akk)*, unterhalb *(gen)*: **~ the same roof** unter demselben Dach; **~ him** (*od* **his dignity**) *fig* unter s-r Würde; **people ~ him** Leute, die nicht seinesgleichen sind; **he is ~ notice** er verdient keine Beachtung; → **contempt** 1

benedicite [,benɪ'daɪsɪtɪ; *US* -'dɪ-] S **1** ♀ KATH Benedicite *n (Danklied)* **2** Segnung *f*

benedick ['benɪdɪk] S frischgebackener Ehemann *(bes e-r, der lange Junggeselle war)*

Benedictine [,benɪ'dɪktɪn] **A** S **1** REL Benediktiner(in) **2** [-ti:n] Benediktiner *m (Likör)* **B** ADJ REL Benediktiner…

benediction [,benɪ'dɪkʃn] S REL **1** Benediktion *f*, Segnung *f*: **pronounce a ~ over** segnen **2** Segen(swunsch) *m (a. fig)* **3** Danksagungsgottesdienst *m*, Dankgebet *n*; **benedictional** [-ʃənl] REL **A** S Segensformelbuch *n* **B** ADJ Segens…

benefaction [,benɪ'fækʃn] S **1** Wohltat *f* **2** Wohltätigkeit *f*, Spende *f*, wohltätige Gabe *od* Stiftung; **benefactor** [-tə(r)] S Wohltäter *m*; **benefactress** [-trɪs] S Wohltäterin *f*

benefice ['benɪfɪs] S **1** REL Pfründe *f* **2** HIST Lehen *n*; **beneficed** ADJ im Besitz e-r Pfründe *od* e-s Lehens

beneficence [bɪ'nefɪsns; bə-] S **1** Wohltätigkeit *f* **2** Wohltat *f* **3** Schenkung *f*, Stiftung *f*; **beneficent** ADJ (ADV **~ly**) **1** wohltätig **2** → beneficial 1

beneficial [,benɪ'fɪʃl] ADJ (ADV **~ly**) **1** (**to**) nützlich, förderlich, zuträglich *(dat)*, vorteilhaft, günstig, gut, wohltuend, heilsam (für) **2** JUR nutznießend: **~ interest** materieller Eigentumsanspruch; **~ owner** Nutzungsberechtigte(r) *m/f(m)*; → **property** 3; **beneficialness** S Nützlichkeit *f*, Zuträglichkeit *f*

beneficiary [,benɪ'fɪʃərɪ; *US a.* -ʃɪ,eri:] **A** ADJ **1** REL Pfründen… **2** HIST Leh(e)ns… **B** S **1** REL Pfründner *m* **2** HIST Lehnsmann *m* **3** JUR *allg* (Bezugs)Berechtigte(r) *m/f(m)*, Begünstigte(r) *m/f(m)*, Empfänger(in), *z. B.* a Nutznießer(in), Nießbraucher(in) b Versicherungsnehmer(in): **~ of an insurance policy** Begünstigte(r) aus e-m Versicherungsvertrag c Vermächtnisnehmer(in): **~ under a will** Testamentserbe *m*, -erbin *f* d Kreditnehmer(in) e Unterstützungsempfänger(in)

beneficiate [,benɪ'fɪʃɪeɪt] V/T METALL *Erz etc* reduzieren

benefit ['benɪfɪt] **A** S **1** Vorteil *m*, Nutzen *m*, Gewinn *m*: **be of ~ to** *j-m, e-r Sache* nützen; **for the ~ of** zugunsten *od* zum Besten *od* im Interesse *(gen)*; **derive** (*od* **get**) **~ (from)** → C; **give sb the ~ of sth** j-n in den Genuss e-r Sache kommen lassen, j-m etwas gewähren; **have the ~ of the home ground** SPORT Heimvorteil haben **2** Vergünstigung *f* **3** WIRTSCH Zuwendung *f*, Beihilfe *f*: a *(Sozial-, Versicherungs- etc)* Leistung *f*: **cash ~** Barleistung; **~ in kind** Sachleistung b *(Alters-, Invaliden-, Unfall- etc)* Rente *f* c *(Arbeitslosen- etc)* Unterstützung *f* d *(Kranken-, Sterbe- etc)* Geld *n* **4** JUR a Vorrecht *n*: **~ of clergy** HIST Vorrecht des Klerus *(sich nur vor geistlichen Gerichten verantworten zu müssen)*; **live together without ~ of clergy** ohne kirchlichen Segen zusammenleben b Rechtswohltat *f*: **~ of counsel** Rechtswohltat der Vertretung durch e-n Anwalt; **~ of the doubt** Rechtswohltat des Grundsatzes „im Zweifel für den Angeklagten"; **give sb the ~ of the doubt** im Zweifelsfall zu j-s Gunsten entscheiden **5** Benefizvorstellung *f*; SPORT Benefizspiel *n*; Wohltätigkeitsveranstaltung *f* **6** *obs* Wohltat *f*, Gefallen *m* **7** *Lotterie: obs* Treffer *m* **B** V/T *prät u. pperf* **-ed**, *bes US* **-ted** **1** nützen, zugutekommen *(dat)* fördern *(akk)*, im Interesse *(gen)* sein *od* liegen: **the sea air will ~ you** die Seeluft wird dir guttun **2** begünstigen **C** V/I (**by, from**) Vorteil haben (von, durch), Nutzen ziehen (aus): **you will ~ by the sea air** die Seeluft wird dir guttun; **~ clause** S Begünstigungsklausel *f (in e-r Lebensversicherung)*; **~ fund** S WIRTSCH Versicherungsfonds *m*; **~ game**, **~ match** S SPORT Benefizspiel *n*; **~ society** S WIRTSCH *US* Versicherungsverein *m* auf Gegenseitigkeit

BENELUX, **Benelux** ABK Belgium, the Netherlands, Luxembourg Benelux *n*, die Beneluxstaaten *pl*

benempt [bɪ'nempt] *pperf von* **bename**

benevolence [bɪ'nevələns] S **1** Wohl-, Mildtätigkeit *f* **2** Wohlwollen *n* **3** Wohltat *f* **4** *Br* HIST *(königliche)* Zwangsanleihe

benevolent [bɪ'nevələnt] ADJ (ADV **~ly**) **1** wohl-, mildtätig, gütig **2** wohlwollend; **~ fund** S Unterstützungsfonds *m*, -kasse *f*

B.Eng. ABK Bachelor of Engineering

Bengal [,beŋ'gɔ:l; ,ben-] **A** S Bengalen *n* **B** ADJ bengalisch: **~ light** bengalisches Feuer; **~ tiger** ZOOL Bengal-, Königstiger *m*, Bengalischer Tiger

Bengali [beŋ'gɔ:lɪ; ben-] **A** S **1** Bengale *m*, Bengalin *f* **2** LING Bengali *n*, das Bengalische **B** ADJ bengalisch

benighted [bɪ'naɪtɪd] ADJ (ADV **~ly**) *obs od poet* **1** von der Nacht *od* Dunkelheit überrascht **2** a unbedarft *(Gemüter etc)* b rückständig *(Land etc)*

benign [bɪ'naɪn] ADJ (ADV **~ly**) **1** gütig, freundlich **2** günstig, vorteilhaft **3** mild *(Klima)* **4** MED gutartig *(Tumor etc)*

benignancy [bɪ'nɪgnənsɪ] S **1** Güte *f*, Freundlichkeit *f* **2** Milde *f* **3** MED Gutartigkeit *f*; **benignant** ADJ (ADV **~ly**) → benign; **benignity** [-nətɪ] S **1** Wohlwollen *n* **2** → benignancy

Benin [be'nɪn; bə-; *a.* -'ni:n] S Benin *m*

Beninese [,benɪ'ni:z] **A** S Beniner(in): **the ~** *koll* die Beniner *pl* **B** ADJ beninisch

benison ['benɪzn; -sn] S *obs od poet* **1** Segen *m* **2** Segnung *f*

Benjamin[1] ['bendʒəmɪn] EIGENN Benjamin *m (a. fig obs jüngstes Kind)*

benjamin[2] ['bendʒəmɪn] → **benzoin**

bennet ['benɪt] S BOT Echte Nelkenwurz

bent[1] [bent] **A** *prät u. pperf von* **bend** **B** ADJ **1** gebeugt, gebogen, gekrümmt: **~ (at right angles)** TECH gekröpft; **~ lever** Winkelheber *m*; **~ thermometer** Winkelthermometer *n* **2** a entschlossen (**on doing** zu tun) b erpicht (**on** auf *akk*): **be ~ on doing sth** darauf versessen sein *od umg* darauf aus sein, etwas zu tun **3** *bes Br sl* a betrügerisch b bestechlich, korrupt c gestohlen **4** *bes Br sl* bekloppt **5** *bes Br sl pej* schwul *(homosexuell)* **C** S **1** *fig* Neigung *f*, Hang *m (beide:* **for** zu*)*: **follow one's ~** s-r Neigung *od* s-n Neigungen folgen; **the top of one's ~** nach Herzenslust **2** Veranlagung *f*: **have a ~ for art** (*od* **an artistic ~**) künstlerisch veranlagt sein; **~ for languages** Sprachbegabung *f* **3** TECH Tragwerk(konstruktion) *n(f)*

bent[2] [bent] S **1** BOT a *a.* **~ grass** *(ein)* Straußgras *n* b Heidekraut *n* c Teichbinse *f* d Sandsegge *f* **2** *Br obs od dial* Heide(moor) *f(n)*

Benthamism ['bentəmɪzəm; -θə-] S PHIL Utilitarismus *m* Jeremy Benthams *(mit der Maxime des größtmöglichen Glücks für die größtmögliche Zahl von Menschen)*; **Benthamite** [-maɪt] S Anhänger(in) (der Lehre) Benthams

benthos ['benθɒs; *US* -,θɑs] S BIOL **1** Benthal *n (die Region des Gewässergrundes od Meeresbodens)* **2** Benthos *n (die Fauna u. Flora des Meeresbodens)*

bentonite ['bentənaɪt] S GEOL Bentonit *m (ein Ton mit starkem Quellungsvermögen)*

bentwood S Bugholz *n (für Stuhllehnen, Tennisschläger etc)*: **~ chair** Wiener Stuhl *m*

benumb V/T betäuben: a gefühllos machen, erstarren lassen b *fig* lähmen; **benumbed** ADJ betäubt: a gefühllos, erstarrt: **my fingers were ~ with cold** m-e Finger waren starr vor Kälte b *fig* gelähmt

benzaldehyde [ben'zældɪhaɪd] S CHEM Benzaldehyd *m*

Benzedrine® ['benzədri:n] S PHARM Benzedrin® *n (ein Kreislaufmittel)*

benzene ['benzi:n] S CHEM Benzol *n*: **~ ring** (*od* **nucleus**) Benzolring *m*, -kern *m*

benzidine ['benzɪdi:n] S CHEM Benzidin *n*

benzine ['benzi:n] S CHEM **1** Leichtbenzin *n* **2** *bes* Benzin *n*

benzoate ['benzəʊeɪt; *US* -zə,weɪt] S CHEM Benzoat *n*

benzoic [ben'zəʊɪk] ADJ CHEM Benzoe…: **~ acid** Benzoesäure *f*

benzoin ['benzəʊɪn; *US* -zəwən] S **1** CHEM Benzoin *n* **2** *a.* **~ gum** (*od* **resin**) TECH Ben-

B

zoe(harz) *f(n)*
benzol(e) ['benzɒl; *US a.* -,zəʊl] → benzene
benzoyl ['benzəʊɪ] S CHEM Benzoyl *n*
benzyl ['benzɪl; -ziːl] S CHEM Benzyl *n*: **~ alcohol** Benzylalkohol *m*
bequeath [bɪ'kwiːð; -θ] V/T **1** JUR *j-m etwas* hinterlassen, (testamentarisch) vermachen **2** *fig* überliefern, vererben
bequest [bɪ'kwest] S **1** JUR Vermächtnis *n*, Legat *n (beide:* **to** an *akk)* **2** *a. fig* Hinterlassenschaft *f*, Erbe *n*
berate [bɪ'reɪt] V/T (aus)schelten (**about, for** wegen)
Berber ['bɜːbə; *US* 'bɜrbər] **A** S **1** Berber(in) **2** LING Berbersprache(n) *f(pl)* **3** ♀ Berber (-teppich) *m* **B** ADJ Berber…
berberine ['bɜːbəriːn; *US* 'bɜr-] S CHEM Berberin *n*
berberis ['bɜːbərɪs; *US* 'bɜr-] S BOT Berberitze *f*, Sauerdorn *m*
bereave [bɪ'riːv] *prät u. pperf* bereaved, bereft [bɪ'reft] V/T berauben (**sb of sth** j-n e-r Sache): **an accident ~d him of his wife** er verlor s-e Frau bei e-m Unfall, ein Unfall nahm ihm s-e Frau; **indignation bereft him of speech** die Empörung raubte ihm die Sprache; **bereaved A** ADJ hinterblieben **B** S: **the ~d** der *od* die Hinterbliebene, die Hinterbliebenen *pl*; **bereavement** S **1** schmerzlicher Verlust *(durch Tod)* **2** Trauerfall *m*
bereft [bɪ'reft] **A** *prät u. pperf von* bereave **B** ADJ *meist fig* beraubt (**of** *gen*): **~ of all hope**; **~ of one's senses** von Sinnen
beret ['bereɪ; *US* bə'reɪ] S **1** Baskenmütze *f* **2** MIL *Br* Barett *n*
berg [bɜːg; *US* bɜrg] S **1** Eisberg *m* **2** *bes SAfr* Berg *m*, Hügel *m*
bergamot ['bɜːgəmɒt; *US* 'bɜrgə,mɑt] S **1** BOT Bergamottenbaum *m* **2** **essence of ~** CHEM Bergamottöl *n* **3** Bergamotte *f (Birnensorte)* **4** BOT **a** Zitronenminze *f* **b** Pfefferminze *f*
bergschrund ['bɛrkʃrʊnt] S GEOL Randspalte *f (e-s Gletschers)*
beribboned ADJ mit (Ordens)Bändern geschmückt
beriberi [,berɪ'berɪ] S MED Beriberi *f (e-e Vitaminmangelkrankheit)*
berk → burk
Berkeleian [bɑː'kliːən; *US* 'bɑr,kl-; 'bɜr-] PHIL **A** ADJ die Lehre Berkeleys betreffend **B** S Anhänger(in) (des subjektiven Idealismus) Berkeleys
berkelium ['bɜːklɪəm; *US* 'bɜr-] S CHEM Berkelium *n*
Berkshire ['bɑːkʃə; -,ʃɪə; *US* 'bɜrkʃər; -,ʃɪər] S Berkshire *n (Grafschaft in Südengland)*
berlin[1] [bɜː'lɪn; *US* bɜr-] S **1** *a.* ♀ → Berlin wool **2** HIST Berline *f (zweisitziger Reisewagen)* **3** AUTO *Limousine mit Trennscheiben zwischen Fahrersitz u. Wagenfond*
Berlin[2] [bɜː'lɪn; *US* bɜr-] S Berlin *n*
berline [bɜː'liːn; *US* bɜr-] → berlin[1] 2, 3
Berlin| Wall S HIST (die) Berliner Mauer; **~ wool** S feine St(r)ickwolle
berm(e) [bɜːm; *US* bɜrm] S **1** Berme *f*: **a** MIL Schutzwall *m* aus Sand **b** Bankett *n (waagerechter Absatz e-r Böschung)* **2** *(Straßen)* Bankett *n*
Bermuda [bə(r)'mjuːdə] S → Bermuda Islands, Bermudas
Bermuda grass [bə(r)'mjuːdə] S BOT Bermuda-, Hundszahngras *n*
Bermuda Islands [bə(r)'mjuːdə] SPL *(die)* Bermudainseln *pl*, *(die)* Bermudas *pl*
Bermudan [bə(r)'mjuːdən] → Bermudian
Bermudas [bə(r)'mjuːdəz] SPL **1** *(die)* Bermudainseln *pl* **2** **pair of ~** Bermudas *pl (Bermudashorts)*
Bermuda| shorts SPL, *a.* **pair of ~** Bermudashorts *pl*; **~ Triangle** S Bermudadreieck *n*
Bermudian [bə(r)'mjuːdɪən] **A** S Bewohner(in) der Bermudainseln **B** ADJ **a** zu den Bermudainseln gehörig **b** von den Bermudainseln
Berks. ABK Berkshire
Bernardine ['bɜːnə(r)dɪn; -diːn; *US* 'bɜr-] REL **A** ADJ Bernhardiner…, Zisterzienser… **B** S Bernhardiner(in), Zisterzienser(in)
Bern(e) [bɜːn; beən; *US* bɜrn; beərn] S Bern *n*
Bernese [,bɜː'niːz; *US* ,bɜr-] **A** ADJ aus Bern, Berner: **~ Alps** Berner Alpen **B** S Berner(in): **the ~** *koll* die Berner *pl*
berried ['berɪd] ADJ **1** beerenförmig **2** BOT Beeren tragend **3** ZOOL **a** Eier tragend *(Hummer)* **b** Rogen tragend *(Fisch)*
berry ['berɪ] **A** S **1** BOT **a** Beere *f*: **(as) brown as a ~** schokoladenbraun **b** Korn *n*, Kern *m (beim Getreide)* **2** *jede kleine Frucht, bes* Hagebutte *f* **3** Kaffeebohne *f* **4** ZOOL Ei *n (vom Hummer od Fisch)* **B** V/I **1** BOT Beeren tragen *od* ansetzen **2** Beeren sammeln *od* suchen: **go ~ing** in die Beeren gehen
berserk [bə'sɜːk; *US* bər'sɜrk] **A** ADJ rasend: **go ~** **a** wild werden **b** Amok laufen **B** S → berserker; **berserker** S HIST Berserker *m*
berth [bɜːθ; *US* bɜrθ] **A** S **1** SCHIFF Seeraum *m*: **give** *sb, sth* **a wide ~** **a** weit abhalten von *der Küste etc* **b** *fig* e-n großen Bogen machen um, *j-m* aus dem Weg gehen **2** SCHIFF Liege-, Ankerplatz *m* **3** SCHIFF (Schlaf)Koje *f*, Kajütenbett *n*, *allg* Schiffsplatz *m* **4** BAHN (Schlafwagen)Bett *n od* (-)Platz *m* **5** *umg* **a** Job *m*, Stelle *f* **b** *bes US* Platz *m (in e-r Mannschaft etc)* **B** V/T **1** SCHIFF am Kai festmachen, vor Anker legen **2** *j-m* e-e (Schlaf)Koje *od* ein (Schlafwagen)Bett zuweisen **C** V/I SCHIFF festmachen, anlegen: **~ in the dock** docken
bertha ['bɜːθə; *US* 'bɜrθə] S *bes* HIST Berthe *f (Spitzeneinfassung am Ausschnitt e-s Kleides)*
berthage S SCHIFF **1** Kaigebühr *f* **2** → berth A 2
beryl ['berɪl] S MINER Beryll *m*
beryllium [be'rɪljəm; -ɪəm] S CHEM Beryllium *n*
beseech [bɪ'siːtʃ] *prät u. pperf* besought [bɪ'sɔːt], beseeched V/T **1** inständig *od* flehentlich bitten, anflehen *(beide:* **for** um; **to do** zu tun) **2** inständig *od* flehentlich bitten um: **~ sth of sb** etwas von j-m erflehen; **beseeching** ADJ flehend, bittend; **beseechingly** ADV flehentlich
beseem [bɪ'siːm] *obs od poet* **A** V/T sich ziemen *od* schicken für: → ill B 1 **B** V/I sich ziemen, sich schicken
beset [bɪ'set] *prät u. pperf* beset V/T **1** **a** MIL einschließen, belagern **b** anfallen, attackieren **2** *j-n* (von allen Seiten) bedrängen **3** *fig* **a** heimsuchen, peinigen: **he was ~ by doubts** **b** *etwas* überhäufen *od* behaften (**with** mit *Problemen etc*): **a task ~ with difficulties** e-e mit vielen Schwierigkeiten verbundene Aufgabe **4** *obs ein Kleid etc* besetzen (**with** mit *Perlen etc*); **besetting** ADJ **1** hartnäckig, unausrottbar, ständig: **~ sin** Gewohnheitslaster *n* **2** ständig drohend *(Gefahr etc)*
beshrew [bɪ'ʃruː] V/T *obs* verfluchen: **~ it!** hols der Teufel!
beside [bɪ'saɪd] PRÄP **1** neben *(akk od dat) (a. fig)*, dicht bei: **sit ~ me** setzen Sie sich neben mich; → point A 19 **2** **be ~ o.s.** außer sich sein (**with** vor *dat*): **she was ~ herself with joy** *a.* sie konnte sich vor Freude kaum fassen
besides [bɪ'saɪdz] **A** ADV **1** außerdem, ferner, überdies, noch dazu **2** *neg* sonst **B** PRÄP **1** außer, neben *(dat)*: **~ being …** abgesehen davon, dass … ist *od* sind **2** über … *(akk)* hinaus
besiege [bɪ'siːdʒ] V/T **1** MIL belagern *(a. fig)* **2** *fig* bestürmen, bedrängen *(beide:* **with** mit)
beslobber V/T begeifern
besmear V/T **1** beschmieren (**with** mit): **~ed with dirt** schmutzverschmiert **2** *fig j-s Ruf etc* besudeln, beflecken
besmirch V/T besudeln, beschmutzen, *fig a.* in den Schmutz ziehen: **~ sb's name**
besom ['biːzəm] S *(bes* Reisig)Besen *m*
besotted [bɪ'sɒtɪd; *US* -'sɑ-] ADJ **1** töricht, dumm **2** (**by, with**) betört (von), vernarrt (in *akk*): **become ~ with sb** sich in j-n vernarren **3** betrunken, berauscht (**with** von) *(a. fig)*: **~ with power (love)** machttrunken (liebestrunken); **he is ~ with power (love)** *a.* er befindet sich in e-m Machtrausch (Liebestaumel)
besought [bɪ'sɔːt] *prät u. pperf von* beseech
bespake [bɪ'speɪk] *obs prät von* bespeak
bespangle V/T mit Flitter schmücken *od* besetzen: **the grass is ~d with dewdrops** auf dem Gras glitzern Tautropfen
bespatter V/T **1** bespritzen (**with** mit *bes Schmutz*) **2** *fig j-s Namen etc* besudeln, beschmutzen
bespeak [bɪ'spiːk] *prät* bespoke [-'spəʊk], *obs* bespake [-'speɪk], *pperf* bespoken, bespoke V/T **1** **a** im Voraus bitten um: **~ the reader's patience** **b** *e-n Platz etc* reservieren, vorbestellen **2** zeugen von: **this ~s a kindly heart** **3** *obs* ankündigen **4** *poet* anreden
bespectacled ADJ bebrillt: **~ person** Brillenträger(in)
bespoke [bɪ'spəʊk] **A** *prät u. pperf von* bespeak **B** ADJ *Br* Maß…, maßgeschneidert: **~ suit** Maßanzug *m*; **~ tailor** Maßschneider(in);
bespoken *pperf von* bespeak
besprinkle V/T **1** besprengen **2** bestreuen
Bessemer| converter ['besɪmə(r)] S TECH Bessemerbirne *f*, -konverter *m*; **~ process** S TECH Bessemerprozess *m*, -verfahren *n*; **~ steel** S TECH Bessemerstahl *m*
best [best] **A** *(sup von* good) ADJ **1** best(er, e, es): **be ~ at** hervorragend sein in *(dat)*; **~ evidence** JUR primärer Beweis; **the ~ families** die besten *od* feinsten Familien; **be in one's ~ form** SPORT in Bestform sein; **may the ~ man win** der Bessere soll gewinnen; → best man, bet A 2, foot A 1, friend A 1 **2** best(er, e, es), geeignetst(er, e, es), passendst(er, e, es): **the ~ thing to do** das Beste(, was man tun kann) **3** größt(er, e, es), meist(er, e, es), höchst(er, e, es): → part A 1 **B** *(sup von* well[1]) ADV am besten, am meisten, am vorteilhaftesten, am passendsten: **~ of all** am allerbesten; **the ~-hated man of the year** *umg* der meistgehasste Mann des Jahres; **as ~ they could** *bes Br* so gut sie konnten, nach besten Kräften; **you had ~ go** es wäre das Beste, wenn Sie gingen; **"~ before …"** „mindestens haltbar bis …"; → reason A 1 **C** V/T besiegen, schlagen **D** S **1** *(der, die, das)* Beste: **all the ~!** alles Gute!, viel Glück! **2** *umg* bestes Stück *(bester Anzug etc)* **3** SPORT Bestleistung *f*, -zeit *f*: **personal ~** *Besondere Redewendungen:* **at ~** bestenfalls, höchstens; **he can play tennis with the ~** im Tennis zählt er zu den Besten; **the ~ of it is …** das Beste daran *od umg* der Witz dabei ist …; **be at one's ~** **a** in Hoch- *od* Höchstform sein **b** in s-m Element sein **journalism at its ~** bester Journalismus; **do one's ~** sein Möglichstes tun; tun, was man kann; **do sth for the ~** etwas in bester Absicht tun; **have** (*od* **get**) **the ~ of** *sb* → c; **have** (*od* **get**) **the ~ of it** am besten dabei wegkommen; **look one's ~** am vorteilhaftesten *od* besonders gut aussehen; **make the ~ of** **a** sich zufriedengeben mit **b** sich mit *etwas Unabänderlichem* abfinden **c** *etwas* bestens *od* voll ausnutzen **d**

e-r Sache die beste Seite abgewinnen, das Beste machen aus **he tried to make the ~ of it** *a.* er versuchte zu retten, was noch zu retten war; **he meant it for the ~** er hat es (doch nur) gut gemeint; → ability 1, belief 3, bring out 3, health 2, job¹ A 6, knowledge 1, memory 1, recollection 1, remembrance 1, world *Bes Redew*

best|-ball match S *Golf:* Bestball(spiel) *m(n)*; **~-before date** S (Mindest)Haltbarkeitsdatum *n*: **he's past his ~** *umg* er hat s-e besten Tage schon hinter sich; **~ boy** S FILM, TV Assistent *m* des Elektromeisters

bestead [bɪˈsted] *obs* A VT *prät* besteaded, *pperf* besteaded, bestead *j-m* a helfen, beistehen b nützen B ADJ in e-r schwierigen *od* gefährlichen Lage

bested → bestead B

bestial [ˈbestjəl; *US* -tʃəl; *a.* ˈbiːs-] ADJ (ADV ~ly) 1 tierisch *(a. fig)* 2 *fig* a bestialisch b brutal; **bestiality** [-tɪˈælətɪ; *US* -tʃɪ-] S 1 a Bestialität *f*, *(Handlung a.)* Gräueltat *f* b Brutalität *f (a. Handlung)* 2 Sodomie *f (Geschlechtsverkehr mit Tieren)*; **bestialize** [-tjəlaɪz; *US* -tʃəˌl-] VT a zur Bestie machen b brutalisieren

bestiary [ˈbestɪərɪ; *US* ˈbestʃiːˌeriː; *a.* ˈbiːs-] S HIST Bestiarium *n (Tierbuch)*

bestir VT: **~ o.s. to do sth** sich dazu aufraffen, etwas zu tun

best man S *irr Freund des Bräutigams, der bei der Ausrichtung der Hochzeit e-e wichtige Rolle spielt*

bestow [bɪˈstəʊ] VT 1 *etwas, a. s-e Aufmerksamkeit* schenken, *e-n Preis, e-n Titel* verleihen, *e-e Gunst, ein Lob* gewähren, *e-e Ehre* erweisen, zuteilwerden lassen, *Zeit* widmen *(alle:* **[up]on sb** j-m) 2 *obs* unterbringen *(a. beherbergen)*, verstauen; **bestowal** S 1 Schenkung *f*, Verleihung *f*, Gewährung *f*, Erweisung *f* 2 *obs* Unterbringung *f*, Verstauung *f*

bestraddle → bestride

bestrew, *prät* bestrewed, *pperf* bestrewed, bestrewn VT 1 bestreuen (**with** mit) 2 verstreuen 3 verstreut liegen auf *(dat)*

bestrid [bɪˈstrɪd] *obs prät u. pperf von* bestride; **bestridden** *pperf von* bestride

bestride [bɪˈstraɪd] *prät* bestrode [-ˈstrəʊd], *obs* bestrid [-ˈstrɪd], *pperf* bestridden [-ˈstrɪdn], *obs* bestrid VT 1 a rittlings sitzen auf *(dat)* b sich rittlings setzen auf *(akk)* 2 a mit gespreizten Beinen stehen auf *od* über *(dat)* b sich mit gespreizten Beinen stellen auf *od* über *(akk)* 3 *fig* sich wölben *od* spannen über *(akk od dat)*, überspannen *(akk)* 4 *obs* (hinweg-)schreiten über *(akk)* 5 *fig obs* beherrschen

bestrode [bɪˈstrəʊd] *prät von* bestride

best| seller S 1 Bestseller *m*, Verkaufsschlager *m (Buch, Schallplatte etc)* 2 Bestsellerautor *m*, -autorin *f*; **~-selling** ADJ a meistverkauft, -gekauft: **~ novel** Bestseller *m* b Bestseller…: **~ author**

bet [bet] A S 1 Wette *f*: **make a ~** e-e Wette eingehen; **make a ~ that …** wetten *od* e-e Wette abschließen, dass ….; **make** (*od* **lay**) **a ~ on** wetten *od* setzen auf *(akk)*; **do you want a ~?** wollen wir wetten? 2 *Gegenstand der Wette*: **my ~ is that …** ich wette, dass …; **he's a safe ~** er ist ein sicherer Tipp; **your best ~ is to** *inf umg* das Beste ist, Sie … 3 Wetteinsatz *m*: **a £10 ~** e-e Wette über 10 Pfund B VT & VI *prät u. pperf* bet, betted wetten, setzen *(beide:* **on** auf *akk)*, einsetzen: **do you want to ~?** wollen wir wetten?; **I ~ you ten pounds** ich wette mit Ihnen (um) zehn Pfund; **I('ll) ~ that …** wetten, dass …?; **you ~!** *umg* und ob!, aber sicher!; **you ~ I'm going there** *umg* und ob ich dort hingehe!; **you can ~ your boots** (*od* **bottom dollar, life, shirt**) **on that!** *umg* darauf kannst du Gift nehmen!

bet. ABK between

beta [ˈbiːtə; *US* ˈbeɪtə] S 1 Beta *n (griechischer Buchstabe)* 2 *bes Br* → B 4

beta| blocker S MED, PHARM Betablocker *m*; **~ decay** S PHYS Betazerfall *m*

betaine [ˈbiːtəiːn] S CHEM Betain *n*

betake [bɪˈteɪk] *prät* betook [-ˈtʊk], *pperf* betaken VT: **~ o.s. (to)***obs od poet* a sich begeben (nach *od* zu) b s-e Zuflucht nehmen (zu); **~ o.s. to flight** die Flucht ergreifen

beta| particle S PHYS Betateilchen *n*; **~ rays** SPL PHYS Betastrahlen *pl*; **~ rhythm** S PHYSIOL Betarhythmus *m*

betatron [ˈbiːtətrɒn; *US* ˈbeɪtəˌtran] S PHYS Betatron *n (e-e Elektronenschleuder)*

beta wave → beta rhythm

betel [ˈbiːtl] S BOT Betelpfeffer *m*

Betelgeuse, Betelgeux [ˌbiːtlˈʒɜːz; *US* ˈbiːtlˌdʒuːs] S ASTRON Betelgeuse *m*, Beteigeuze *m (östlicher Schulterstern im Sternbild Orion)*

betel| nut S BOT Betel-, Arekanuss *f*; **~ palm** S BOT Betelnuss-, Arekapalme *f*; **~ pepper** → betel

bête noire [ˌbeɪtˈnwaː; *US* ˌbetnəˈwaːr; ˌbeɪt-] *pl* bêtes noires [-(r)z] S Gräuel *m (Person od Sache)*

Bethel [ˈbeθl] A EIGENN BIBEL Bethel *n* B S: ♀ 1 Dissenterkapelle *f* 2 Kirche *f* für Matrosen

bethink [bɪˈθɪŋk] *prät u. pperf* bethought [-ˈθɔːt] *obs* A VT: **~ o.s.** a überlegen b sich besinnen (**of** *gen*) c sich erinnern (**of** an *akk*) B VI überlegen

bethought [bɪˈθɔːt] *prät u. pperf von* bethink

betide [bɪˈtaɪd] VT & VI *obs od poet (j-m)* geschehen, *j-m* widerfahren: **whatever may ~** was auch immer geschehen mag; → woe B

betimes [bɪˈtaɪmz] ADV 1 *obs* beizeiten, rechtzeitig 2 *obs* früh(zeitig) 3 *obs* bald 4 *US* gelegentlich

betoken [bɪˈtəʊkən] VT *obs* 1 bedeuten 2 anzeigen, verkünden

betony [ˈbetənɪ] S BOT Rote Betonie

betook [bɪˈtʊk] *prät von* betake

betray [bɪˈtreɪ] VT 1 verraten, Verrat begehen an *(dat)*: **~ sb to** j-n verraten *(dat) od* an *(akk)* 2 verraten, im Stich lassen, *j-m* die Treue brechen: **~ one's principles** s-n Prinzipien untreu werden 3 *j-n* hintergehen: **~ sb's trust** j-s Vertrauen missbrauchen 4 *fig* verraten, offenbaren, zeigen: **~ o.s.** sich verraten 5 verleiten, -führen (**into, to** zu) 6 *ein Mädchen etc* verführen u. dann sitzen lassen; **betrayal** S Verrat *m* (**of** an *dat*), Treubruch *m*

betroth [bɪˈtrəʊð; *US a.* bɪˈtraːθ; bɪˈtrɔːθ] VT *obs* (**o.s.** sich) verloben (**to** mit); **betrothal** [bɪˈtrəʊðl] S *obs* Verlöbnis *n*, Verlobung *f*; **betrothed** *obs* A ADJ verlobt B S Verlobte(r) *m/f(m)*

better¹ [ˈbetə(r)] A *(komp von* good*)* ADJ 1 besser: **I am ~** es geht mir *(gesundheitlich)* besser; **I am none the ~ for it** das hilft mir auch nicht; **he's no ~ than a cheat** er ist nichts anderes als ein Betrüger gleich; **she's no ~ than she should be** *euph* sie ist nicht gerade e-e Heilige; **it is no ~ than it should be** man konnte nicht mehr erwarten; **be ~ than one's word** mehr tun, als man versprochen hat; **get ~** a besser werden, sich bessern, SPORT sich steigern b sich erholen; **my** (*od* **the**) **~ half** *hum* m-e bessere Hälfte; → luck A 1, part A 1, safe A 1, self A 1 2 größer: **(up)on ~ acquaintance** bei näherer Bekanntschaft B S 1 *(das)* Bessere, *(das)* Vorzüglichere: **for ~ for worse** a in Freud u. Leid, in guten wie in schlechten Tagen *(Trauformel)* b was auch (immer) geschieht; **I expected ~** ich habe (etwas) Besseres erwartet; → change B 1, C 1, turn¹ A 8 b 2 Vorteil *m*: **get the ~ of** a die Oberhand über *j-n* gewinnen, *j-n* besiegen *od* ausstechen b *etwas* überwinden; **his emotions got the ~ of him** s-e Gefühle gingen mit ihm durch 3 *pl* Vorgesetzte *pl*, *(im Rang)* Höherstehende *pl*, *(finanziell)* Bessergestellte *pl*: **his ~s** die ihm *(geistig etc)* Überlegenen C *(komp von* well¹*)* ADV 1 besser: **~ off** a besser dran b *(finanziell)* bessergestellt; **think ~ of it** sich e-s Besseren besinnen, es sich anders überlegen; **so much the ~** desto besser; **you had ~** (*US umg* **you ~**) **go** es wäre besser, du gingest; **you had ~** (*US umg* **you ~**) **not!** lass das lieber sein!; → able 1, know B 2 mehr: **~ loved**; **~ than 10 miles** über *od* mehr als 10 Meilen; **go sb one ~** j-n (noch) übertreffen; → like² A D VT 1 *Beziehungen, Lebensbedingungen, e-n Rekord etc* verbessern 2 übertreffen 3 *den Spieleinsatz* erhöhen 4 **~ o.s.** a sich *(finanziell)* verbessern b sich weiterbilden E VI besser werden, sich (ver)bessern

better² [ˈbetə(r)] S Wettende(r) *m/f(m)*, Wetter(in)

betterment S 1 a Verbesserung *f* b WIRTSCH Wertsteigerung *f*, Melioration *f (an Grundstücken)*: **~ tax** Wertzuwachssteuer *f* 2 Besserung *f*

betting S Wetten *n*: **the ~ is that …** *fig* es ist so gut wie sicher, dass …; **~ shop** S *Br* Wettbüro *n*, -annahmestelle *f*

bettor *bes US* → better²

between [bɪˈtwiːn] A PRÄP 1 *(räumlich u. zeitlich)* zwischen *(dat od akk)*: **~ meals** zwischen den Mahlzeiten; **the relations ~ them** die Beziehungen zwischen ihnen, ihr Verhältnis zueinander; → devil A 1, rock¹ 1, stool A 1 2 unter *(dat od akk)*: **~ ourselves, ~ you and me** unter uns (gesagt); **~ you, me, and the bedpost** (*od* **gatepost, lamppost**) *umg* unter uns Pastorentöchtern; **they bought it ~ them** sie kauften es gemeinschaftlich; **we have only one pound ~ us** wir haben zusammen nur ein Pfund; **they shared the money ~ them** sie teilten das Geld unter sich B ADV dazwischen: **few and far ~** a (ganz) vereinzelt b (ganz) selten; **the space ~** der Zwischenraum; **in ~** dazwischen; **between-deck** S SCHIFF Zwischendeck *n*

betweentimes, between-whiles ADV zwischendurch

betwixt [bɪˈtwɪkst] A ADV: **sth ~ and between** ein Mittelding; **be ~ and between** a hin- u. hergerissen sein b schwanken B *obs od poet für* between

BeV, Bev, bev ABK ELEK *US* billion electron volts

bevatron [ˈbevətrɒn; *US* -ˌtran] S PHYS Bevatron *n (großes Protonensynchrotron an der University of California)*

bevel [ˈbevl] A S TECH 1 Schräge *f*, (Ab-)Schrägung *f*: **on a ~** schräg 2 schräger Ausschnitt, Fase *f* 3 Winkelpasser *m*, Schmiege *f*, Schrägmaß *n* 4 Kegel *m*, Konus *m* 5 Böschung *f* B VT *prät u. pperf* -eled, *bes Br* -elled abkanten, abschrägen, gehren, facettieren: **~(l)ed cutter** Kegelfräser *m*; **~(l)ed gear** → bevel gear; **~(l)ed glass** facettiertes Glas; **~(l)ing plane** Schräghobel *m* C VI schräg verlaufen D ADJ 1 schräg, abgeschrägt: **~ cut** Schräg-, Gehrungsschnitt *m*; **~ edge** Schrägkante *f* 2 konisch, kegelig

bevel| gear S TECH 1 Kegel(zahn)rad *n* 2 *pl* a Kegelrad-, Winkelgetriebe *n*, konisches Getriebe b Schrägverzahnung *f*; **~-gear drive** S TECH Kegelradantrieb *m*; **~ gearing** → bevel gear 2; **~ pinion** S TECH konisches Getrieberad, (kegelförmiges) Ritzel; **~ section** S MATH Schrägschnitt *m*; **~ square** → bevel A 3; **~ wheel** S TECH Kegelrad *n*

beverage ['bevərɪdʒ] S Getränk *n (außer Wasser)*
bevy ['bevɪ] S ORN Flug *m (bes Wachteln), (a. fig, bes Mädchen)* Schwarm *m*
bewail A VT beklagen, beweinen B VI wehklagen
beware [bɪ'weə(r)] VI & VT sich in Acht nehmen, sich hüten *od* vorsehen *(alle:* **[of]** vor *dat;* **lest** dass nicht*)*: ~ **(of) doing sth** sich (davor) hüten, etwas zu tun; ~ Vorsicht!, Achtung!; ~ **of pickpockets (of the dog)** vor Taschendieben wird gewarnt (Warnung vor dem Hunde!; Vorsicht, bissiger Hund)!
bewilder [bɪ'wɪldə(r)] VT 1 *obs* irreführen 2 verwirren, irremachen; **bewildered** ADJ verwirrt, konfus; **bewildering** ADJ (ADV ~ly) 1 *obs* irreführend 2 verwirrend; **bewilderment** S Verwirrung *f*: **in** ~ → bewildered
bewitch [bɪ'wɪtʃ] VT 1 behexen, verzaubern 2 bezaubern, bestricken, berücken, becircen, *j-m* den Kopf verdrehen; **bewitching** ADJ (ADV ~ly) bezaubernd, berückend, bestrickend, entzückend; **bewitchment** S 1 Zauber *m* 2 Verzauberung *f*
bewray [bɪ'reɪ] *obs für* betray
bey [beɪ] S Bei *m*: a HIST *Titel e-s höheren Beamten im Osmanischen Reich* b *dem „Mr" entsprechende Anrede in der Türkei*
beyond [bɪ'jɒnd; *US* bi:'ɑnd] A ADV 1 darüber hinaus, jenseits 2 weiter weg B PRÄP 1 jenseits 2 außer 3 über ... *(akk)* hinaus: **he stayed ~ midnight** er blieb bis nach Mitternacht; **that is ~ me** *umg* das ist mir zu hoch, das geht über m-n Horizont *od* Verstand C S 1 *a.* ♀ *(das)* Jenseits 2 → back[1] A 3
bezant ['bezənt] S 1 HIST Byzantiner *m (Goldmünze)* 2 ARCH Scheibenfries *m*, -ornament *n*
bezel ['bezl; *US a.* 'bi:-] S 1 TECH zugeschärfte Kante, Schneide *f (e-s Meißels)* 2 Schräg-, *bes* Rautenfläche *f (e-s Edelsteins)* 3 Ringkasten *m (zur Einfassung e-s Edelsteins)*
bezique [bɪ'zi:k; bə-] S Bésigue *n*, Besik *n (ein Kartenspiel)*
bezoar ['bi:zɔ:(r); *US a.* -ˌzəʊər] S ZOOL Bezoar (-stein) *m*, Magenstein *m*
bezonian [bɪ'zəʊnɪən] S *obs* Schurke *m*
bezzant → bezant
B/F, b/f ABK WIRTSCH brought forward 'Übertrag *m*
BFA ABK *US* Bachelor of Fine Arts
b.f. ABK 1 TYPO boldface 2 bloody fool
BFI ABK British Film Institute
bg ABK WIRTSCH bag
B-girl S *US* Animierdame *f*, -mädchen *n*
bgs ABK WIRTSCH bags PL
Bhagavad-Gita [ˌbʌgəvəd'gi:tə; *US* ˌbɑ:gə-ˌvɑ:d-] S Bhagawadgita *f (altindisches religionsphilosophisches Lehrgedicht)*
bhakti ['bʌktɪ] S *Hinduismus:* Bhakti *f (liebende Hingabe an Gott)*
bhang [bæŋ] S Bhang *n (aus jungen Hanfblättern gewonnenes mildes Haschisch)*
bhp ABK TECH brake horsepower
Bhutan [bu:'tɑ:n; -'tæn] S Bhutan *n*
Bhutanese [ˌbu:tə'ni:z; *US* ˌbu:tn'i:z] A S 1 Bhutaner(in): **the** ~ *koll* die Bhutaner *pl* 2 LING Dzongkha *n (ein in Bhutan gesprochener tibetischer Dialekt)* B ADJ bhutanisch
bi [baɪ] ADJ *umg* bi *(bisexuell)*
bi- [baɪ] *Vorsilbe mit der Bedeutung* zwei(fach, -mal), doppel(t)
biannual ADJ zweimal jährlich vorkommend *od* erscheinend *od* stattfindend; **biannually** ADV zweimal jährlich
bias ['baɪəs] A S 1 schiefe Seite, schräge Fläche *od* Richtung 2 *Schneiderei:* schräger Schnitt: **cut on the ~** diagonal geschnitten 3 *fig* (**toward[s]**) a Neigung *f*, Hang *m* (zu) b Vorliebe *f* (für) 4 *fig* Vorurteil *n*, JUR Befangenheit *f*: **challenge for ~** *e-n Richter etc* wegen Befangenheit ablehnen; **~ crime** *US* Verbrechen *n* mit rassistischem Hintergrund 5 *Meinungsforschung:* Bias *n (durch falsche Untersuchungsmethoden verursachte Verzerrung des Ergebnisses)* 6 ELEK a Vorspannung *f* b Vormagnetisierung *f* 7 IT Fehlerverzerrung *f* B ADJ & ADV schräg, schief, diagonal: **~ binding** *(Schneiderei)* Schrägband *n*, -streifen *m* C VT *prät u. pperf* -ased, -assed 1 auf eine Seite lenken 2 *fig* hinlenken, richten *(beide:* **toward[s]** auf *akk*, nach*)* 3 *fig (meist ungünstig)* beeinflussen, *j-n* einnehmen **(against** gegen)
bias(s)ed ['baɪəst] ADJ voreingenommen **(against** gegen*)*, *bes* JUR befangen: **be ~ in favo(u)r of** *(od* **toward[s])** *j-n, etwas* bevorzugen
biathlete S SPORT Biathlet(in); **biathlon** [baɪ'æθlən] S Biathlon *n*: **~ relay** Biathlonstaffel *f*
biaxial ADJ (ADV ~ly) zweiachsig
bib [bɪb] A S 1 Lätzchen *n* 2 Latz *m (e-r Schürze etc)*: **one's best ~ and tucker** *umg* Sonntagsstaat *m*; **put on one's best ~ and tucker** sich in Schale werfen 3 FISCH *(ein)* Schellfisch 4 → bibcock B VT & VI *obs* (unmäßig) trinken, bechern *umg*
bibber S (Gewohnheits)Trinker(in) *(meist in Zusammensetzungen)*: → winebibber
bibcock S TECH Zapfhahn *m*
bibelot ['bɪbləʊ; *US* 'bi:bəˌləʊ] S Nippsache *f*
Bible ['baɪbl] S 1 REL Bibel *f*: **I don't know my ~ very well** ich bin nicht bibelfest 2 ♀ *fig* Bibel *f*, Evangelium *n (maßgebendes Buch etc)*; **~ class** S Bibelstunde *f*; **~ oath** S Eid *m* auf die Bibel; **~ paper** S Bibeldruckpapier *n*; **~ thumper** S *bes US umg* schwärmerische(r) *od* aggressive(r) Bibelverfechter(in)
biblical ['bɪblɪkl] ADJ (ADV ~ly) biblisch, Bibel...; **~ criticism** S Bibelkritik *f*; **Biblical Latin** S LING Bibellatein *n*
Biblicism ['bɪblɪsɪzəm] S Biblizismus *m (pietistische Art des Bibelverständnisses, die alle Aussagen wörtlich nimmt)*; **Biblicist** S 1 Biblizist(in) 2 Bibelkundige(r) *m/f(m)*
biblio- [bɪblɪəʊ; bɪblɪə] *Wortelement mit der Bedeutung* Buch...
biblioclasm ['bɪblɪəʊklæzəm] S Bücherzerstörung *f*
bibliofilm S TECH Mikrofilm *m*, Mikrokopie *f (von Buchseiten)*, *a.* Mikrat *n (bei sehr starker Verkleinerung)*
bibliog. ABK 1 bibliographer 2 bibliography
bibliographer [ˌbɪblɪ'ɒgrəfə(r); *US* -'ɑ-] S Bibliograf(in), Verfasser(in) e-r Bibliografie; **bibliographic** [-əʊ'græfɪk] ADJ, **bibliographical** ADJ (ADV ~ly) bibliografisch; **bibliography** S Bibliografie *f*: a Bücher-, Literaturverzeichnis *n* b Bücherkunde *f*
bibliolater [ˌbɪblɪ'ɒlətə(r); *US* -'ɑ-], *a.* **bibliolatrist** [-trɪst] S 1 Bücherverehrer(in) 2 Bibelverehrer(in); **bibliolatry** [-trɪ] S Bibliolatrie *f*, Bücher- *od* Bibelverehrung *f*
bibliological [ˌbɪblɪəʊ'lɒdʒɪkl; *US* -'lɑ-] ADJ (ADV ~ly) bibliologisch; **bibliology** [-'ɒlədʒɪ; *US* -'ɑ-] S Bibliologie *f*, Bücherkunde *f*
bibliomancy ['bɪblɪəʊmænsɪ] S Bibliomantie *f (Wahrsagen aus zufällig aufgeschlagenen Bibelstellen)*
bibliomania S Bibliomanie *f*, krankhafte Bücherleidenschaft; **bibliomaniac** A S Bibliomane *m*, Bibliomanin *f*, Büchernarr *m*, -närrin *f* B ADJ bibliomanisch, büchernärrisch; **bibliomaniacal** [-mə'naɪəkl] → bibliomaniac B
bibliophile ['bɪblɪəʊfaɪl], *a.* **bibliophil** [-fɪl] S Bibliophile *m/f*, Bücherfreund(in); **bibliophilic** [-'fɪlɪk] ADJ bibliophil; **bibliophilism** [-'ɒfɪlɪzəm; *US* -'ɑ-] S Bibliophilie *f*, Bücherliebhaberei *f*
bibliopole ['bɪblɪəʊpəʊl] S Buchhändler(in) *(bes mit wertvollen Büchern)*
bibliotheca [ˌbɪblɪəʊ'θi:kə] *pl* -cas, -cae [-ki:; *US a.* -ˌsi:] S 1 Bibliothek *f (Bücherei u. Büchersammlung)* 2 Bücherkatalog *m*, -liste *f*
bibliotherapy S PSYCH Bibliotherapie *f (Verfahren, durch ausgewählte Lektüre die Heilung zu fördern)*
bibliotics [ˌbɪblɪ'ɒtɪks; *US* -'ɑ-] SPL *(a. als sg konstruiert) Wissenschaft von der Handschriftenanalyse u. Prüfung der Echtheit von Manuskripten*
Biblist ['bɪblɪst] → Biblicist
bibulous ['bɪbjʊləs] ADJ (ADV ~ly) 1 aufsaugend 2 schwammig 3 trunksüchtig
bicameral [ˌbaɪ'kæmərəl] ADJ POL Zweikammer...: **~ system** → bicameralism; **bicameralism** S Zweikammersystem *n*
bicarb ['baɪkɑ:(r)b] S GASTR *umg* Natron *n*
bicarbonate S CHEM Bikarbonat *n*: **~ of soda** a doppeltkohlensaures Natrium b GASTR Natron *n*
bice [baɪs] S 1 *a.* **~ blue** Azurblau *n* 2 *a.* **~ green** Malachitgrün *n*
bicentenary *bes Br* A ADJ 1 zweihundertjährig 2 alle 200 Jahre eintretend B S Zweihundertjahrfeier *f*; **bicentennial** *bes US für* bicentenary
bicephalous [ˌbaɪ'sefələs] ADJ BIOL zweiköpfig
biceps ['baɪseps] *pl* -ceps, -cepses S ANAT Bizeps *m*
bichloride S CHEM Bichlorid *n*
bichromate S CHEM Bichromat *n*: **~ of potash** Kaliumbichromat
bicker ['bɪkə(r)] A VI 1 (sich) zanken *od* streiten (**with** mit; **about, over** um) 2 *poet* a plätschern *(Wasser)*, prasseln *(Regen)* b zucken, huschen: **a smile ~ed across her face** B S Streit *m*, Zank *m*; **bickering** S Gezänk *n*
bicolo(u)r(ed) ADJ zweifarbig, Zweifarben...
biconcave ADJ PHYS bikonkav *(beiderseits hohl [geschliffen])*
biconvex ADJ PHYS bikonvex *(beiderseits gewölbt [geschliffen])*
bicycle ['baɪsɪkl] A S Fahrrad *n*: **by ~** mit dem Fahrrad; **~ chain** Fahrradkette *f*; **~ clip** Hosenklammer *f*; **~ kick** *(Fußball)* Scherenschlag *m*; **~ path** *US* Rad(fahr)weg *m*; **~ pump** Fahrrad-, Luftpumpe *f*; **~ rack** Fahrradständer *m*; **~ shed** *bes Br* Fahrradschuppen *m* B VI a Rad fahren b mit dem Rad fahren; **bicycler** S *bes US*, **bicyclist** [-klɪst] S Radfahrer(in)
bid[1] [bɪd] A S 1 a WIRTSCH Gebot *n (bei Versteigerungen)* b WIRTSCH Angebot *n (bei Ausschreibungen)* c WIRTSCH *US* (Lieferungs)Angebot *n*, Kostenvoranschlag *m (alle:* **of** über *akk)* d *Börse:* Geld e *fig* Bewerbung *f* (**for** um), Versuch *m* (**to do** zu tun): **first ~** Erstgebot; **highest ~** Meistgebot; **any more ~s?** wer bietet mehr?; **~ price** *(Börse) (gebotener)* Geldkurs; **invitation for ~s** Ausschreibung *f*; **invite ~s for** *ein Projekt* ausschreiben; **~ for power** Griff *m* nach der Macht; **make a (strong) ~ for sth** sich (sehr) um etwas bemühen, etwas (unbedingt) erringen wollen; **make a ~ for power** nach der Macht greifen 2 *Kartenspiel:* Bieten *n*, Reizen *n*: **no ~** (ich) passe!; **it's your ~** a Sie bieten! b *fig* Sie sind dran! 3 *obs* Einladung *f* (**to** zu) B VT *prät* **bid**, **bade** [bæd; beɪd], *obs* **bad** [bæd], *pperf* **bid**, **bidden** 1 WIRTSCH bieten *(bei Versteigerungen)*: **~ up** den Preis *e-r Sache* in die Höhe treiben 2 *Kartenspiel:* bieten,

melden 3 *e-n Gruß* entbieten, *j-m e-n guten Morgen etc* wünschen: ~ **sb good morning**; → adieu B, farewell B 1 4 *j-m etwas* gebieten, befehlen, *j-n* heißen (**to do** zu tun): ~ **sb (to) go** j-n gehen heißen 5 *obs* bitten, einladen (*beide:* **to** zu) C V/I 1 WIRTSCH a (*bei Versteigerungen*) bieten, ein Gebot abgeben b *US* ein (Lieferungs)Angebot *od* e-n Kostenvoranschlag machen c an e-r Ausschreibung teilnehmen: **invitation to** ~ Ausschreibung *f* 2 *Kartenspiel*: bieten, reizen 3 sich bewerben *od* bemühen (**for** um) 4 sich *gut etc* anlassen: → fair[1] B 3

bid[2] [bɪd] *obs pperf von* bide

b.i.d. ABK (*auf Rezepten*) bis in die, twice a day zweimal täglich

biddable ['bɪdəbl] ADJ (ADV biddably) fügsam

bidden ['bɪdn] *pperf von* bid[1]

bidder S 1 Bieter(in) (*bei Versteigerungen*): **highest** ~ Meistbietende(r) *m/f(m)* 2 Bewerber(in) (*bei Ausschreibungen*) 3 *obs* Einladende(r) *m/f(m)*

bidding S 1 → bid[1] A 1 a, A 2 2 Geheiß *n*, Befehl *m*: **at sb's** ~ auf j-s Geheiß; **do sb's** ~ tun, was j-d will *od* was j-d von e-m verlangt; ~ **price** S WIRTSCH Erstgebot *n*

biddy[1] ['bɪdɪ] S *US dial* a Küken *n* b Henne *f*

biddy[2] ['bɪdɪ] S *umg* altes klatschsüchtiges *od* aufdringliches Weib

bide [baɪd] A V/T *prät* bode [bəʊd], bided, *pperf* bided, *obs* bid [bɪd] 1 ~ **one's time** den rechten Augenblick abwarten *od* abpassen 2 *obs e-r Sache* trotzen 3 *obs od dial* ertragen B V/I *obs od dial* bleiben

bidet ['bi:deɪ; *US* bɪ'deɪ] S Bidet *n*

bidonville [,bi:dəʊn'vi:l] S Bidonville *n*, Elendsviertel *n*

Biedermeier ['bi:də(r),maɪə(r)] ADJ 1 Biedermeier...: ~ **furniture** 2 *fig* a eintönig, langweilig, fad(e) b philisterhaft, spießbürgerlich

biennial [baɪ'enɪəl] A ADJ 1 zweijährlich 2 zweijährig, BOT *a.* bienn B S 1 BOT Bienne *f*, zweijährige Pflanze 2 KUNST *etc* Biennale *f*; **biennially** ADV zweijährlich, alle zwei Jahre

bier [bɪə(r)] S (Toten)Bahre *f*

bierkeller ['bɪə,kelə] S *Br* Bierkeller *m*

biestings → beestings

bifarious [baɪ'feərɪəs] ADJ (ADV ~ly) BOT zweiteilig

biff [bɪf] *umg* A V/T hauen *umg*, schlagen: ~ **sb on the chin (nose)** j-m e-n Kinnhaken (eins auf die Nase) geben B S (*bes* Faust)Schlag *m*

biffin ['bɪfɪn] S *Br ein roter Kochapfel*

bifilar [,baɪ'faɪlə(r)] ADJ ELEK, TECH bifilar, zweifädig

bifocal A ADJ Bifokal..., Zweistärken..., mit zwei Brennpunkten (*Linse*) B SPL, *a.* **pair of ~s** Bifokal-, Zweistärkenbrille *f*

bifoliate ADJ BOT zweiblätt(e)rig

bifurcate ['baɪfə(r)keɪt] A V/T gabeln, gabelförmig teilen B V/I sich gabeln C ADJ [*a.* -kɪt] (ADV ~ly) gegabelt, gabelförmig, zweiästig; **bifurcation** S Gabelung *f*

big [bɪg] A ADJ 1 *allg* groß (*Garten, Mehrheit etc*): **my ~ sister**; **the ~gest party** die stärkste Partei; **the win might have been ~ger** SPORT der Sieg hätte höher ausfallen können; **he comes from a ~ family** er stammt aus e-r kinderreichen Familie; **earn ~ money** *umg* das große Geld verdienen; **there's ~ money in tennis** *umg* im Tennis gibt es das große Geld zu verdienen; **get too ~ for one's boots** (*od* **breeches**, *bes US* **pants**) *umg* größenwahnsinnig werden; **he's got a ~ mouth** er plaudert (immer) alles gleich aus, er kann nichts für sich behalten; → band[1] A 2, buck[2], wolf A 1, *etc* 2 groß, weit: **this coat is too ~ for me** dieser Mantel ist mir zu groß 3 groß, hoch (*Baum etc*) 4 groß, erwachsen: **he's ~ enough** er ist groß *od* alt genug 5 a (**with**) voll, schwer (von), strotzend (vor *dat*, von), beladen (mit), reich (an *dat*): ~ **with fate** schicksalsschwer, -schwanger; ~ **with rage** wutentbrannt b ausgiebig, reichlich (*Mahlzeit*): **have a ~ breakfast** ausgiebig frühstücken 6 *meist* ~ **with child** hochschwanger 7 *umg* aufgeblasen *pej*, eingebildet: **have ~ ideas** große Rosinen im Kopf haben; **what's the ~ idea?** was soll denn das?; **what's the ~ idea of shouting at me?** *umg* kannst du mir mal sagen, warum du mich anschreist?; ~ **talk** große Töne *umg pej*, Angeberei *f* 8 voll, laut (*Stimme*) 9 *umg* a groß, hoch, hochstehend, wichtig, bedeutend: **make it ~** es zu etwas bringen; **he thinks he's Mr** & er hält sich für etwas Besseres b sehr populär 10 großzügig, nobel *umg* (*beide:* **of** von): **that's very ~ of you**; → deal[1] C 2 11 groß, Mords... *umg*: **a ~ rascal** ein Erzgauner; **a ~ eater** ein starker Esser 12 **be ~ on** *bes US umg* stehen auf (*akk*), großen Wert legen auf (*akk*) B ADV *umg* 1 groß: **come over ~** groß ankommen; **think ~** im großen Stil planen 2 großspurig: **act ~** den starken Mann markieren; **talk ~** große Töne spucken

bigamist ['bɪgəmɪst] S Bigamist(in); **bigamous** ADJ (ADV ~ly) bigamistisch: a bigamisch, in Bigamie lebend b *die Bigamie betreffend*; **bigamy** S Bigamie *f*, Doppelehe *f*

Big Apple S: **the ~** *US umg* New York (City)

bigarreau ['bɪgərəʊ] S BOT Weiße Herzkirsche

big| bang S *Kosmologie*: Urknall *m*; **~-bang theory** S *Kosmologie*: Urknalltheorie *f*; & **Ben** S Big Ben *m* (*Glocke im Uhrturm u. Uhrturm des brit. Parlamentsgebäudes*); & **Bertha** S MIL *umg* Dicke Bertha (*deutscher 42-cm-Mörser im 1. Weltkrieg*); & **Board** S *US umg* (*die*) New Yorker (Wertpapier)Börse; **~-boned** ADJ grobknochig; **~-bore** ADJ großkalib(e)rig (*Gewehr etc*); & **Brother** S POL der Große Bruder; **~ business** S WIRTSCH Big Business *n*: a *monopolartige Ballung von Großkapital u. Industrieorganisationen* b *die Geschäftswelt der Großunternehmen*; ~ **C** S: **the ~** MED *umg* Krebs *m*; ~ **cheese** → bigwig; **~-circulation** ADJ auflagenstark (*Zeitung etc*); ~ **dipper** S 1 *Br* Achterbahn *f*: **go on the ~** Achterbahn fahren 2 **Big Dipper** *US* → bear[2] A 4 a

bigeminy [,baɪ'dʒemɪnɪ] S MED Bigeminie *f* (*auf e-r Herzrhythmusstörung beruhende Doppelschlägigkeit des Pulses*)

bigener ['baɪdʒɪnə(r)] S BIOL Gattungsbastard *m*; **bigeneric** [-'nerɪk] ADJ BIOL bigenerisch

big|-eyed ADJ *pej* gefräßig, unersättlich; ~ **game** S 1 JAGD Großwild *n* 2 *fig* a hochgesteckte Ziel b riskante, aber lohnende Sache; **~-game hunter** S Großwildjäger(in); **~-game hunting** S Großwildjagd *f*

biggie ['bɪgi:] *umg* 1 → bigwig 2 Hit *m* (*Verkaufsschlager etc*)

biggish ['bɪgɪʃ] ADJ ziemlich groß

big gun S *umg* 1 → bigwig 2 **bring out** (*od* **up**) **the** (*od* **one's**) **~s** grobes *od* schweres Geschütz auffahren

biggy ['bɪgi:] → biggie

big|head S *umg* 1 Fatzke *m pej* 2 *US* → bigheadedness; **~headed** ADJ (ADV ~ly) *umg* eingebildet; **~headedness** S *umg* Eingebildetheit *f*, Einbildung *f*; **~hearted** ADJ (ADV ~ly) großherzig, -mütig; **~heartedness** S Großherzigkeit *f*, -mut *f*, -mütigkeit *f*; **~horn** *pl* -horns, *bes koll* -horn S ZOOL Dickhornschaf *n*; ~ **house** S *US sl* Kittchen *n* (*Gefängnis*)

bight [baɪt] S 1 Bucht *f* 2 Einbuchtung *f* 3 GEOL Krümmung *f* 4 Schlaufe *f*, SCHIFF Bucht *f* (*im Tau*)

big|mouth S *umg* 1 Großmaul *n*, Maulheld *m* (*beide pej*): **he's a ~** *a.* er hat ein großes Maul 2 a Plaudertasche *f pej*: **he's a ~** *a.* er plaudert (immer) alles gleich aus, er kann nichts für sich behalten b Klatschmaul *n*; **~mouthed** ADJ 1 großmäulig *pej* 2 klatschmäulig; ~ **name** S *umg* Berühmtheit *f*, Größe *f* (*Person*); **~-name** ADJ *umg* 1 berühmt 2 mit berühmten Leuten *od* mit großen Namen besetzt (*Ausschuss etc*)

bigness S Größe *f*

big noise → bigwig

bignonia [bɪg'nəʊnɪə] S BOT Bignonie *f*, Trompetenbaum *m*

bigot ['bɪgət] S 1 selbstgerechte *od* intolerante Person 2 Frömmler(in), Betbruder *m*, Betschwester *f*, bigotte Person; **bigoted** ADJ (ADV ~ly) 1 selbstgerecht, intolerant 2 bigott, frömmlerisch, frömmelnd; **bigotry** [-trɪ] S 1 Selbstgerechtigkeit *f*, Intoleranz *f* 2 Bigotterie *f*, Frömmelei *f*

big| point S *Tennis*: wichtiger *od* entscheidender Punkt; ~ **screen** S *umg* Kino *n*; ~ **shot** → bigwig; ~ **stick** S *bes* MIL, POL *umg* Gewalt (-androhung) *f*; **~-stick policy** S *umg* Politik *f* der Stärke *od* des Säbelrasselns; **~-ticket** ADJ *US umg* teuer; ~ **time** S *bes Showbusiness*, SPORT: *umg* a Elite *f* b Groß-, Spitzenverdiener *pl*: **be in the ~** zur Elite gehören; zu den Groß- *od* Spitzenverdienern gehören, das große Geld verdienen *umg*; **hit the ~** den ganz großen Durchbruch schaffen; **~-time** ADJ *umg* 1 erstklassig (*Leistung etc*) 2 Elite...: **a ~ actor** a ein Eliteschauspieler b ein Spitzenverdiener unter den Schauspielern; **a ~ boxer** ein Boxer mit dicken *od* fetten Börsen; **~-timer** S *umg* a Eliteschauspieler(in), -sportler(in) b Groß-, Spitzenverdiener(in); ~ **top** S 1 Hauptzelt *n* (*e-s Zirkus*) 2 Zirkus *m*; ~ **wheel** S 1 *Br* Riesenrad *n*: **go on the ~** Riesenrad fahren 2 → bigwig; **~wig** S *umg* großes *od* hohes Tier

bijou ['bi:ʒu:] A *pl* -joux [-ʒu:z] S Bijou *m/n*, Schmuckstück *n* B ADJ klein, aber geschmackvoll (ausgestattet *od* eingerichtet) (*Theater etc*)

bike [baɪk] A S 1 *umg* Rad *n* (*Fahrrad*): **(get) on your ~!** *Br* a zieh Leine! b such dir halt Arbeit!; **get off one's ~** *Aus* hochgehen, auf die Palme gehen 2 *umg* Maschine *f* (*Motorrad*) 3 *sl pej* Schlampe *f* (*Frau mit liederlichem Lebenswandel*) B V/I *umg* 1 radeln: **biking tour** Radtour *f*; **(pair of) biking shorts** *pl* Radlerhose *f* 2 a Motorrad fahren b mit dem Motorrad fahren; ~ **path** → bikeway

biker ['baɪkə(r)] S *umg* 1 Radler(in) 2 Motorradfahrer(in) (*bes Mitglied e-r Motorradbande*)

bikeway S *US umg* Rad(fahr)weg *m*

bikini [bɪ'ki:nɪ] S Bikini *m*: **in a ~** im Bikini; ~ **top** S Bikinioberteil *n*, -top *n*

bilabial LING A ADJ bilabial, mit beiden Lippen gebildet B S Bilabial(laut) *m*; **bilabiate** ADJ BOT zweilippig

bilateral ADJ (ADV ~ly) 1 bilateral: a zweiseitig (*Abkommen etc*) b BIOL *zwei spiegelbildlich gleiche Körperhälften aufweisend*: ~ **symmetry** bilaterale Symmetrie 2 bilineal (*in Bezug auf die Abstammungsreihen beider Eltern gesehen*) 3 TECH doppelseitig (*Antrieb etc*)

bilberry ['bɪlbərɪ; *US* -,beri:] S BOT Heidel-, Blaubeere *f*

bilbo ['bɪlbəʊ] *pl* -boes S HIST 1 *pl a.* -bos gut gehärtetes Schwert 2 *pl* Fußfesseln *pl*

Bildungsroman ['bɪldʊŋzro,ma:n] *pl* -mane [-,ma:nə], -mans S Bildungsroman *m*

bile [baɪl] S 1 PHYSIOL Galle(nflüssigkeit) *f* 2 *fig* a Gereiztheit *f*, schlechte Laune b Reizbarkeit *f*; ~ **acid** S PHYSIOL Gallensäure *f*; ~ **duct** S ANAT Gallengang *m*; **~stone** S PHYSIOL Gallenstein *m*

B

bilge [bɪldʒ] S 1 Bauch *m (e-s Fasses)* 2 SCHIFF Bilge *f*, Kielraum *m* 3 SCHIFF Bilgewasser *n* 4 *umg* Quatsch *m (Unsinn)*; **~ keel** S Schlingerkiel *m*; **~ water** → bilge 3, 4

biliary [ˈbɪljərɪ; *US* ˈbɪliːˌeriː] ADJ biliär, Gallen…

bilinear ADJ 1 doppellinig 2 MATH bilinear *(in zwei Variablen linear)*: **~ form** bilineare Form

bilingual [baɪˈlɪŋɡwəl] A ADJ (ADV ~ly) zweisprachig: a bilingual *(Person)* b bilinguisch *(Buch etc)* B S zweisprachige Person; **bilingualism** S Zweisprachigkeit *f*, Bilingualismus *m*, Bilinguismus *m*, Bilinguität *f*

bilious [ˈbɪljəs] ADJ (ADV ~ly) 1 MED biliös: a gallig b Gallen…: **~ attack** (*od* **colic**) Gallenkolik *f*; **~ complaint** Gallenleiden *n* 2 *fig* a gereizt, schlecht gelaunt b reizbar 3 *fig* widerlich *(bes Farbe)*; **biliousness** S 1 MED Gallenbeschwerden *pl*, -krankheit *f* 2 → bile 2

bilk [bɪlk] A V/T 1 *etwas* verhindern, durchkreuzen, vereiteln 2 a *j-n* betrügen, prellen *(beide:* **[out] of** *um)* b *e-e Schuld etc* nicht bezahlen 3 *j-m* entwischen B S 1 Betrug *m* 2 Betrüger(in); **bilker** → bilk B 2

bill[1] [bɪl] A S 1 ZOOL a Schnabel *m* b schnabelähnliche Schnauze 2 Schnabel *m*, Spitze *f (am Anker, Zirkel etc)* 3 AGR Hippe *f* 4 GEOG spitz zulaufende Halbinsel, Spitze *f*: **Portland** ♀ 5 HIST a Hellebarde *f*, Pike *f* b Hellebardier *m* B V/I *meist* **~ and coo** a schnäbeln *(bes Tauben)* b *fig umg* schnäbeln, (miteinander) turteln

bill[2] [bɪl] A S 1 POL (Gesetzes)Vorlage *f*, Gesetzentwurf *m*: ♀ **of Rights** Bill *f* of Rights: a *Br Staatsgrundgesetz von 1689* b *US die 1791 in Kraft getretenen 10 ersten Zusatzartikel zur Verfassung von 1787* 2 JUR (An)Klageschrift *f*, Schriftsatz *m*: **~ of particulars** a den Tatbestand spezifizierender Schriftsatz b Klageantrag *m*; **find a true ~** die Anklage für begründet erklären; → attainder 1, indictment 2 3 *a.* **~ of exchange** WIRTSCH Wechsel *m*, Tratte *f*: **~s payable** Wechselschulden; **~s receivable** Wechselforderungen; **~ after date** Datowechsel; **~ of credit** Kreditbrief *m*; → sight A 5 4 WIRTSCH *etc* Rechnung *f* (**for** über *e-n Betrag*): **could I have the ~, please?** ich möchte zahlen; **~ of costs** a Kostenberechnung *f* b JUR *Br* Gebührenrechnung *(e-s Solicitors)* c JUR *US* Prozesskostenaufstellung *f (des Gerichts)* d JUR *US (der obsiegenden Partei zu erstattende)* (Gerichts-)Kosten *pl*; **~ of parcels** WIRTSCH Faktura *f*, (spezifizierte) Warenrechnung; → fill B 9, foot C 5 5 Liste *f*, Aufstellung *f*: **~ of fare** Speisekarte *f*; **there are two sonatas on the ~ of fare** *US* auf dem Programm stehen zwei Sonaten; **sell sb a ~ of goods** *US umg* j-n übers Ohr hauen (**about** bei); **~ of materials** Stückliste, Materialaufstellung 6 Bescheinigung *f*: **~ of delivery** WIRTSCH Lieferschein *m*; **~ of health** a Gesundheitsattest *n*, -zeugnis *n* b *fig* Unbedenklichkeitsbescheinigung; **give sb a clean ~ of health** a j-m (gute) Gesundheit bescheinigen b *fig* j-m Unbedenklichkeit bescheinigen, j-m ein einwandfreies Zeugnis ausstellen c WIRTSCH j-m Zahlungsfähigkeit bescheinigen; **~ of carriage** (Bahn)Frachtbrief *m*; **~ of lading** WIRTSCH Konnossement *n*, (See)Frachtbrief *m*, *US a. allg* Frachtbrief *m*; **air ~ of lading** *US* Luftfrachtbrief *m*; **on board ~ of lading** Bordkonnossement *n*; **straight ~ of lading** *US* Namenskonnossement *n*; **~ of sale** JUR Verkaufsurkunde *f (über bewegliche Sachen)*; **~ of sale by way of security** JUR *Br* Urkunde *f* über Sicherungsübereignung; **~ of sight** WIRTSCH schriftliche Warenbeschreibung *(des Importeurs)*, vorläufige Zollangabe; **~ of store(s)** WIRTSCH *Br* Genehmigung *f* zur zollfreien Wiedereinfuhr *(zollfrei ausgeführter Waren)*; **~ of sufferance** WIRTSCH *Br* Zollpassierschein *m* 7 Plakat *n*, Anschlag(zettel) *m*: **"stick** (*od* **post) no ~s"** „Plakate ankleben verboten!" 8 THEAT *etc* a Programm(zettel) *n(m)* b *weitS.* Programm *n*, Darbietung(en) *f(pl)*: **who's (what's) on the ~ tonight?** wer tritt heute Abend auf (was steht heute Abend auf dem Programm)?; **head** (*od* **top) the ~** der Star des Programms sein, die Hauptattraktion sein 9 *US* Banknote *f*, (Geld)Schein *m* B V/T 1 WIRTSCH a *j-m* e-e Rechnung ausstellen: **~ sb for sth** j-m etwas berechnen *od* in Rechnung stellen b *j-m* e-e Rechnung schicken 2 eintragen, buchen 3 (durch Plakate *etc*) ankündigen *od* bekannt geben: **he's ~ed (to appear) as Hamlet** er wird den Hamlet spielen 4 THEAT *etc US e-n Darsteller, ein Programm etc* bringen

billabong [ˈbɪləbɒŋ; *US a.* -ˌbaŋ] S 1 Seitenarm *m (e-s Flusses)* 2 stehendes Wasser

bill|board S *bes US* Reklametafel *f*; **~ book** S WIRTSCH Wechselbuch *n*; **~ broker** S WIRTSCH Wechselmakler(in); **~ case** S WIRTSCH *Br* Wechselportefeuille *n (e-r Bank)*; **~ discount rate** S WIRTSCH Wechseldiskontsatz *m*

billet[1] [ˈbɪlɪt] A S 1 MIL a Quartierschein *m* b (Privat)Quartier *n*: **in ~s** privat einquartiert, in Ortsunterkunft 2 Unterkunft *f* 3 *umg* Job *m*, Posten *m* 4 *obs* Billett *n*, Briefchen *n* B V/T 1 MIL einquartieren (**with, on** bei) 2 unterbringen C V/I 1 MIL einquartiert sein 2 *(bes vorübergehend)* wohnen

billet[2] [ˈbɪlɪt] S 1 Holzscheit *m*, -klotz *m* 2 *Heraldik*: Schindel *f* 3 ARCH Spannkeil *m* 4 METALL Knüppel *m* 5 *Kunststoffherstellung*: Puppe *f*

billet-doux [ˌbɪleɪˈduː] *pl* billets-doux [-eɪˈduːz] S *obs od hum* Billetdoux *n*, Liebesbrief *m*

bill|fold S *US* a Scheintasche *f* b Brieftasche *f*; **~head** S 1 gedrucktes Rechnungsformular 2 gedruckter Firmenkopf *(e-r Rechnung)*; **~holder** S WIRTSCH Wechselinhaber(in); **~hook** S AGR, ELEK Hippe *f*

billiard [ˈbɪljə(r)d] A S 1 *pl (als sg konstruiert)* Billard(spiel) *n*: **play ~s** Billard spielen 2 *Billard*: *US* Karambolage *f* B ADJ Billard…: **~ player**; **~ ball** S Billardkugel *f*: **(as) smooth as a ~** spiegelglatt; **~ cue** S Queue *n*, Billardstock *m*; **~ saloon** S *Br* Billardraum *m*; **~ table** S Billardtisch *m*: **(as) smooth as a ~** spiegelglatt

billing S 1 WIRTSCH Fakturierung *f*, Rechnungserstellung *f*: **~ machine** Fakturiermaschine *f* 2 Buchung *f*: a Eintragung *f* b (Voraus)Bestellung *f* 3 *US* Gesamtbudget *n od* -umsatz *m (bes e-r Werbeagentur)* 4 THEAT *etc* a *bes US* Ankündigung *f* b *bes US* Reklame *f* c Bewertung *f (e-s Darstellers etc)*: **get top ~** an erster Stelle genannt werden

Billingsgate [ˈbɪlɪŋzɡɪt] A EIGENN *ein Fischmarkt in London* B S ♀ wüstes Geschimpfe

billion [ˈbɪljən] S 1 Milliarde *f* 2 *Br obs* Billion *f*

billionaire [ˌbɪljəˈneə(r)] S Milliardär(in)

bill| jobber S WIRTSCH *Br* Wechselreiter(in); **~ jobbing** S WIRTSCH *Br* Wechselreiterei *f*; **~man** [-mən] S *irr US hist* Hellebardier *m*

billon [ˈbɪlən] S 1 Billon *m/n (Silberlegierung mit hohem Kupfer-, Zinn- od Zinkgehalt)* 2 Billonmünze *f*

billow [ˈbɪləʊ] A S 1 Woge *f* 2 *(Nebel-, Rauch)* Schwaden *m* B V/I 1 wogen 2 *a.* **~ out** sich bauschen *od* blähen *(Segel, Vorhänge etc)* C V/T bauschen, blähen; **billowy** ADJ 1 wogend 2 in Schwaden ziehend 3 gebauscht, gebläht

bill|poster S, **~sticker** S Plakatkleber(in)

billy [ˈbɪlɪ] S 1 *US* (Gummi)Knüppel *m* 2 Feldkessel *m*; **~can** → billy 2; **~cock (hat)** S *Br umg* Melone *f (steifer runder Filzhut)*; **~ goat** S Ziegenbock *m*

billy-o(h) [ˈbɪlɪəʊ] S: **like ~** *Br umg* wie verrückt

bilocation S *Parapsychologie*: Bilokation *f (gleichzeitige körperliche Gegenwart an zwei verschiedenen Orten)*

biltong [ˈbɪltɒŋ; *US a.* -ˌtaŋ] S *SAfr* Biltong *n (in der Sonne getrocknete Fleischstreifen)*

BIM ABK British Institute of Mangement

bimbo [ˈbɪmbəʊ] *pl* -bos, -boes S *umg pej.* 1 Kerl *m* 2 a Naivling *m* b Blödmann *m* 3 a Flittchen *n*, Betthäschen *n (beide pej)* b (blondes) Sexpüppchen *pej*

bimetallic ADJ bimetallisch *(a.* WIRTSCH*)*; **bimetallism** [-ˈmetəlɪzəm] S WIRTSCH Bimetallismus *m*, Doppelwährung *f*

bimodal ADJ *Statistik*: zweigipf(e)lig *(Häufigkeitskurven)*

bimolecular ADJ CHEM bimolekular

bimonthly A ADJ & ADV 1 zweimonatlich, alle zwei Monate (stattfindend *od* erscheinend) 2 zweimal im Monat (stattfindend *od* erscheinend) B S 1 zweimonatlich erscheinende Veröffentlichung 2 zweimal im Monat erscheinende Veröffentlichung

bimotored ADJ FLUG zweimotorig

bin [bɪn] A S 1 (großer) Behälter: a → bread bin b → dustbin, rubbish bin c → litter basket d *(Getreide)* Silo *m/n*, (-)Speicher *m* 2 *(Kartoffel- etc)* Verschlag *m*, *(Wein)* Keller *m* 3 → loony bin B V/T 1 *Kartoffeln, Wein etc* einlagern 2 *Br etwas* in den Abfalleimer werfen

binary [ˈbaɪnərɪ] A ADJ CHEM, MATH, PHYS, TECH binär *(aus zwei Elementen bestehend)* B S 1 → binary number 2 → binary star; **~ adder** S IT Binäraddierer *m*; **~ cell** S IT binäre Speicherzelle, Binärzelle *f*, -element *n*; **~ code** S IT Binärcode *m*; **~ colo(u)r** S PHYS binäre Farbe; **~ compound** S CHEM binäre Verbindung, Zweifachverbindung *f*; **~ digit** S IT Binär-, Dualziffer *f*; **~ fission** S BIOL Zweiteilung *f*; **~ notation** S IT Binärdarstellung *f*, binäre Schreibweise; **~ number** S MATH Binär-, Dualzahl *f*; **~ operation** S MATH Binäroperation *f*; **~ scale** S IT Binär-, Dual-, Zweiersystem *n*; **~ star** S ASTRON Doppelstern *m*; **~ system** S 1 → binary scale 2 → binary star; **~-to-decimal conversion** S IT Binär-Dezimal-Umsetzung *f*

binaural [ˌbaɪnˈɔːrəl] ADJ (ADV ~ly) binaural: a beide Ohren betreffend, beidohrig b für beide Ohren *(Stethoskop, Kopfhörer)* c ELEK zweikanalig *(Schallübertragungen)*, Stereo…: **~ hearing** Raumhören *n*

bind [baɪnd] A S 1 a Band *n* b Bindfaden *m* 2 MUS a Haltebogen *m* b Bindebogen *m* c Klammer *f* d Querbalken *m* 3 MINER eisenhaltige Tonerde 4 *Fechten*: Bindung *f* 5 → bine 6 *umg* **be in a ~** a in Schwulitäten sein b in e-r Zwickmühle sein *od* sitzen; **put sb in a ~** j-n in Schwulitäten bringen B V/T *prät u. pperf* bound [baʊnd] 1 (an-, um-, fest)binden, knoten, knüpfen: **~ sth to a tree** etwas an e-n Baum binden 2 (ein)binden, verbinden, umwickeln 3 *e-n Saum etc* einfassen 4 *ein Rad etc* beschlagen 5 fesseln, binden *(a. fig:* **to** *an akk)*: **they bound his hands behind him** sie banden ihm die Hände auf den Rücken 6 *Fechten: die Klinge des Gegners* binden 7 CHEM, GASTR binden (**with** mit) 8 *a.* **~ down** *fig* behindern 9 hart machen 10 MED verstopfen 11 *fig (a. vertraglich)* binden, verpflichten (**to sth** zu etwas): **~ o.s. to do sth** sich verpflichten, etwas zu tun; **~ a bargain** e-n Handel (durch Anzahlung) verbindlich machen; **~ sb**

(as an) apprentice j-n in Ausbildung *od* in die Lehre geben (**to** bei); → bound[1] B 2, B 4 **12** *ein Buch* (ein)binden **C** VI **1** CHEM, GASTR binden **2** fest *od* hart werden **3** MED stopfen **4** *fig* binden(d sein), verpflichten

Phrasal Verbs: **bind| off** VT TECH kette(l)n; ~ **out** VT in Ausbildung *od* in die Lehre geben (**to** bei); ~ **over** VT JUR **1** zum Erscheinen verpflichten (**to** vor *e-m Gericht*) **2** *Br* **bind sb over (to keep the peace)** j-n auf Bewährung entlassen: **he was bound over for a year** er erhielt e-e einjährige Bewährungsfrist; ~ **together** VT zusammenbinden (*a. fig*); ~ **up** VT **1** aneinanderbinden, zusammenbinden **2** *e-e Wunde* verbinden **3** *meist passiv* **be bound up** **a** (**with**) eng verknüpft sein (mit) **b** (**with, in**) ganz aufgehen (in *dat*), ganz in Anspruch genommen werden (von)

binder S **1** (*Buch-, Garben- etc*) Binder(in): *the book* **is still at the ~'s** ist noch beim Binden **2** Garbenbinder *m* (*Maschine*) **3** **a** Band *n* **b** Bindfaden *m* **4** Einband *m*, (Akten- *etc*)Deckel *m*, Hefter *m*, Umschlag *m* **5** MED **a** Leibbinde *f* (*für Wöchnerinnen*) **b** Nabelbinde *f* (*für Säuglinge*) **6** CHEM, GASTR Bindemittel *n* **7** TECH Trägermetall *n* **8** ARCH Binder *m*: **a** Bindestein *m* **b** Binderbalken *m* **9** JUR *US* **a** Vor(verkaufs)-vertrag *m* (*bei Grundstückskauf*) **b** (Quittung *f* für e-e) Anzahlung *f* **10** WIRTSCH Deckungszusage *f* (*vor Aushändigung der Police*)

bindery ['baɪndərɪ] S (Buch)Binderei *f*

binding **A** ADJ (ADV ~ly) bindend, verbindlich ([up]on für): **legally** ~ rechtlich bindend, rechtsverbindlich; ~ **authority** (*od* **force**) JUR bindende Kraft; ~ **law** zwingendes Recht; **not ~ offer** unverbindliches *od* freibleibendes Angebot **B** S **1** (Buch)Einband *m* **2** Einfassung *f*, Borte *f* **3** (Metall)Beschlag *m* (*e-s Rads etc*) **4** SPORT (*Ski*) Bindung *f* **5** CHEM, GASTR Bindemittel *n*; ~ **agent** → binding B 5; ~ **course** S ARCH Binderschicht *f*; ~ **energy** S CHEM, PHYS Bindungsenergie *f*; **~-head screw** S TECH Setzschraube *f*; ~ **joist** S ARCH Binderbalken *m*; ~ **nut** S TECH Kontermutter *f*; ~ **post** S ELEK Klemmschraube *f*, (Pol-, Anschluss)Klemme *f*

bindle ['bɪndl] S *US sl* Bündel *n* (*Kleider u. Kochgerät*); ~ **stiff** S *US umgl.* Tippelbruder *m*

bindweed S BOT (*e-e*) Winde

bine [baɪn] S BOT **1** Ranke *f* **2** Rankengewächs *n*

Binet-Simon| scale, ~ **test** [,bi:neɪ'saɪmən; *US* bɪ,neɪsi:'nəʊn] S PSYCH Binet-Simon--Test *m* (*Test zur Ermittlung des Intelligenzstandes bei Kindern*)

binge [bɪndʒ] S *umg* Sauf- *od* Fressgelage *n*: **go (out) on a** ~ e-e Sauf- *od* Fresstour machen; **go on a buying** (*od* **shopping, spending**) ~ wie verrückt einkaufen; ~ **drinking** S *umg* Kampftrinken *n*; *einzelnes:* Saufgelage *n*

bingo ['bɪŋgəʊ] **A** S Bingo *n* (*ein Glücksspiel*) **B** INT *umg* zack!

bin|-liner S *Br* Müllbeutel *m*; **~man** [-mən] S *irr Br umg* Müllmann *m*

binnacle ['bɪnəkl] S SCHIFF Kompasshaus *n*

binocular **A** ADJ [,baɪ'nɒkjʊlə(r); *US* -'nɑ-] (ADV ~ly) PHYS binokular, beidäugig: ~ **microscope** Binokularmikroskop *n*, Binokel *n*; ~ **telescope** Doppelfernrohr *n*; ~ **vision** binokulares Sehen **B** S [bɪ'n-] *meist pl*, *a.* **pair of ~s** Feldstecher *m*, Opern-, Fernglas *n*

binomial [,baɪ'nəʊmjəl; -ɪəl] **A** ADJ (ADV ~ly) **1** MATH binomisch, zweigliedrig **2** BIOL → binominal **B** S **1** MATH Binom *n*, zweigliedriger Ausdruck **2** BIOL Doppelname *m*; ~ **character** S MATH Zweigliedrigkeit *f*; ~ **coefficient** S MATH Binomialkoeffizient *m*; ~ **distribution** S *Statistik:* Binomialverteilung *f*; ~ **theorem** S MATH binomischer Lehrsatz

binominal [,baɪ'nɒmɪnl; *US* -'nɑ-] ADJ (ADV ~ly) BIOL zweinamig: ~ **nomenclature** binäre Nomenklatur

bint [bɪnt] S *sl pej* Weib *n* (*Frau od Mädchen*)

binturong ['bɪntjʊrɒŋ; *US* bɪn'tu:,rɔ:ŋ] S ZOOL Binturong *m*, Bärenmarder *m*, Marderbär *m*

binuclear, **binucleate** ADJ BIOL zweikernig (*Zelle*)

bio ['baɪəʊ] *pl* -os S *umg* **1** *bes US* Biografie *f* **2** Bio *f umg* (*Biologie*)

bio- [baɪəʊ; baɪə] *Wortelement mit der Bedeutung* Lebens...

bioactive ADJ (ADV ~ly) bioaktiv, biologisch aktiv; **bioactivity** S Bioaktivität *f*

bioassay S MED *Erprobung e-r Droge, e-s Hormons od e-s Vitamins an e-m lebenden Organismus*

bioastronautics SPL (*als sg konstruiert*) Bioastronautik *f* (*Erforschung der Lebensmöglichkeiten im Weltraum*)

biobibliography S Biobibliografie *f* (*Bibliografie, die das über e-e Person erschienene Schrifttum verzeichnet*)

biocatalyst S BIOL Biokatalysator *m* (*Wirkstoff, der die Stoffwechselvorgänge steuert*)

biocenology [,baɪəʊsɪ'nɒlədʒɪ; *US* -'nɑ-] S Biozönologie *f* (*Wissenschaft von den biologischen Lebensgemeinschaften*)

biocenosis [,baɪəʊsɪ'nəʊsɪs] S Biozönose *f* (*Lebensgemeinschaft verschiedener Arten von Lebewesen, die ähnliche Umweltbedingungen verlangen*)

biochemical **A** ADJ (ADV ~ly) biochemisch: ~ **oxygen demand** biochemischer Sauerstoffbedarf **B** S Biochemikalie *f*; **biochemist** S Biochemiker(in); **biochemistry** S Biochemie *f* (*Wissenschaft von den chemischen Vorgängen in Lebewesen*)

biocide ['baɪəsaɪd] S Biozid *n*, Schädlingsbekämpfungsmittel *n*

bioclimatology S Bioklimatologie *f* (*Wissenschaft von den Einwirkungen des Klimas auf das Leben*)

biocoenology → biocenology

biocoenosis → biocenosis

biocybernetics SPL (*als sg konstruiert*) Biokybernetik *f* (*Wissenschaft, die die Steuerungs- u. Regelungsvorgänge in biologischen Systemen untersucht*)

biodata SPL (*sehr oft als sg konstruiert*) (*Kurzbiografie*) Lebenslauf *m*

biodegradable ADJ biologisch abbaubar; **biodegradation** S biologischer Abbau

biodiversity S BIOL Artenreichtum *m*, -vielfalt *f*; ~ **convention**, ~ **treaty** S Artenschutzabkommen *n*

biodynamic **A** ADJ (ADV ~ally) biodynamisch: **a** *die Biodynamik betreffend* **b** *nur mit organischen Düngemitteln gedüngt* **B** S **biodynamics** *pl* (*als sg konstruiert*) Biodynamik *f* (*Wissenschaft von den Wirkungen verschiedener Außeneinflüsse auf Organismen*); **biodynamical** ADJ (ADV ~ly) → biodynamic A

bioecology → ecology

bioenergetics SPL (*als sg konstruiert*) Bioenergetik *f* (*Lehre von der Anwendung der Energiegesetze auf die Lebensvorgänge*)

bioengineering S Biotechnik *f* (*technische Nutzbarmachung biologischer Vorgänge*)

bioethics SPL (*als sg konstruiert*) Bioethik *f* (*Untersuchung der jüngsten Erkenntnisse der Biologie u. medizinischen Verfahrenstechnik auf ihre humanitäre, soziale, ethische u. religiöse Relevanz hin*)

biofeedback S PHYSIOL, PSYCH Biofeedback(methode) *n(f)* (*e-e Technik, durch Konzentration automatische Vorgänge wie Herzschlag u. Atmung zu beeinflussen*)

biofuel S Biokraftstoff *m*, Biobrennstoff *m*

biog. ABK **1** biographer **2** biographical **3** biography

biogas S Biogas *n* (*bei der bakteriellen Zersetzung organischer Stoffe entstehendes Gas*)

biogen ['baɪədʒən] S *Petrologie:* Biogen *n* (*vollständig od in Bruchstücken erhaltener Hartteil e-s Organismus*)

biogenesis S BIOL Biogenese *f* (*Entstehung der Lebewesen*); **biogenetic** ADJ, **biogenetical** ADJ (ADV ~ly) biogenetisch: **biogenetic law** biogenetisches Grundgesetz; **biogenous** [baɪ'ɒdʒənəs; *US* -'ɑ-] ADJ biogen: **a** *durch Tätigkeit von Lebewesen entstanden* **b** *aus abgestorbenen Lebewesen gebildet*; **biogeny** S Biogenie *f* (*Entstehung der Lebewesen*)

biogeography S Biogeografie *f* (*Wissenschaft von der geografischen Verbreitung der Tiere u. Pflanzen*)

biographer [baɪ'ɒgrəfə(r); *US* -'ɑ-] S Biograf(in); **biographic** [,baɪəʊ'græfɪk; -ə'g-] ADJ, **biographical** ADJ (ADV ~ly) biografisch; **biography** S **1** Biografie *f* **2** biografische Literatur

biol. ABK **1** biological **2** biologist **3** biology

biolith ['baɪəʊlɪθ], *a.* **biolite** [-laɪt] S GEOL Biolith *m* (*aus abgestorbenen Lebewesen entstandenes Sediment*)

biologic [,baɪəʊ'lɒdʒɪk; *US* -'lɑ-] ADJ (ADV ~ally) *obs für* biological A; **biological** **A** ADJ (ADV ~ly) **1** biologisch: ~ **clock** biologische *od* innere *od* physiologische Uhr; ~ **control** biologische Schädlingsbekämpfung; ~ **rhythm** → biorhythm; ~ **satellite** Biosatellit *m*; ~ **warfare** biologische Krieg(s)führung, Bakterienkrieg *m* **2** leiblich (*Kind etc*) **B** S MED, PHARM biologisches Präparat (*z. B. Serum*)

biologist [baɪ'ɒlədʒɪst; *US* -'ɑ-] S Biologe *m*, Biologin *f*; **biology** S Biologie *f*

bioluminescence S Biolumineszenz *f* (*auf biochemischen Vorgängen beruhende Lichtausstrahlung vieler Lebewesen*)

biolysis [baɪ'ɒlɪsɪs; *US* -'ɑl-] S BIOL Biolyse *f*: **a** *Tod u. Auflösung e-s lebenden Organismus* **b** *chemische Zersetzung organischer Substanz durch lebende Organismen*

biomass S Biomasse *f* (*Gesamtmasse der in e-m Lebensraum vorkommenden Lebewesen*)

biome ['baɪəʊm] S Biom *n* (*Lebensgemeinschaft von Tieren u. Pflanzen in e-m größeren geografischen Raum*)

biomechanics SPL (*als sg konstruiert*) Biomechanik *f* (*Lehre von den Lebenserscheinungen, die nach den Gesetzen der Mechanik ablaufen*)

biometrics [,baɪəʊ'metrɪks] SPL (*als sg konstruiert*), **biometry** [-'ɒmɪtrɪ; *US* -'ɑ-] S **1** Biometrik *f*, Biometrie *f* (*Erfassung u. Bearbeitung von Mess- u. Zählwerten in der Biologie*) **2** *statistische Berechnung der wahrscheinlichen Dauer des menschlichen Lebens*

bionic [baɪ'ɒnɪk; *US* -'ɑ-] **A** ADJ (ADV ~ally) bionisch **B** S **bionics** *pl* (*als sg konstruiert*) Bionik *f* (*Wissenschaft, die technische, bes elektronische Probleme nach dem Vorbild der Funktionen von Körperorganen zu lösen sucht*)

bionomics [,baɪəʊ'nɒmɪks; *US* -'nɑ-] SPL (*als sg konstruiert*) BIOL Bionomie *f* (*Wissenschaft von den Gesetzen des Lebens*)

biophysics SPL (*als sg konstruiert*) Biophysik *f* (*Wissenschaft von den physikalischen Vorgängen in u. an Lebewesen*)

biopic ['baɪəʊpɪk] S *umg* biografischer Film

bioplasm → protoplasm 1

biopsy ['baɪɒpsɪ; *US* -,ɑp-] S MED Biopsie *f* (*Untersuchung von Gewebe etc, das dem lebenden Organismus entnommen ist*)

biorhythm S Biorhythmus *m* (*periodischer Ablauf von Lebensvorgängen, der auf angeborenen Stoffwechselvorgängen beruht*)

bioscience S Biowissenschaft *f*

bioscope ['baɪəskəʊp] S 1 HIST Bioskop *n* (*kinematografischer Apparat*) 2 *SAfr* Kino *n*

biosphere S BIOL Biosphäre *f* (*Zone des Erdballs, die Lebewesen beherbergt*)

biosynthesis S Biosynthese *f*: a *Aufbau chemischer Verbindungen in den Zellen des lebenden Organismus* b *Herstellung organischer Substanzen mit Hilfe von Mikroorganismen*

biota [baɪ'əʊtə] S Fauna *f* u. Flora *f* (*e-s Gebiets od e-r Periode*)

biotechnology S 1 Biotechnik *f* (*technische Nutzbarmachung biologischer Vorgänge*) 2 → ergonomic B

biotic [baɪ'ɒtɪk; *US* -'ɑ-] ADJ biotisch, Lebens…: **~ barrier** biotische Schranke; **~ community** Lebensgemeinschaft *f*

biotin ['baɪətɪn] S CHEM, MED Biotin *n* (*Vitamin H*)

biotite ['baɪətaɪt] S MINER Biotit *m*

biotope ['baɪətəʊp] S Biotop *m/n*: a *durch bestimmte Pflanzen- u. Tiergesellschaften gekennzeichneter Lebensraum* b *Lebensraum e-r einzelnen Art*

biotype S BIOL Biotyp(us) *m*, reiner Typ, reine Linie

bipartisan ADJ *bes* POL 1 zwei Parteien vertretend 2 aus Mitgliedern zweier Parteien bestehend, Zweiparteien… 3 von zwei Parteien getragen (*Außenpolitik etc*); **bipartisanship** S 1 Zugehörigkeit *f* zu zwei Parteien 2 von zwei Parteien getragene (*bes* Außen)Politik

bipartite ADJ (ADV ~ly) 1 zweiteilig 2 zweiseitig (*Abkommen etc*); **bipartition** S Zweiteilung *f*

biped ['baɪped] ZOOL A S Bipede *m*, Zweifüßer *m* B ADJ biped(isch), zweifüßig; **bipedal** ['-,pedl; *US* ,-'pedl] ADJ (ADV ~ly) → biped B

biphenyl S CHEM Diphenyl *n*

biplane ['baɪpleɪn] S FLUG *bes* HIST Doppeldecker *m*

bipod ['baɪpɒd; *US* -,pɑd] S Zweifuß *m*

bipolar ADJ zweipolig (*a.* ELEK), bipolar (*a.* ANAT, MATH)

biquadrate S MATH Biquadrat *n*, vierte Potenz; **biquadratic** A ADJ biquadratisch: **~ equation** → B B S biquadratische Gleichung, Gleichung vierten Grades

birch [bɜːtʃ; *US* bɜrtʃ] A S 1 BOT a Birke *f* b Birke(nholz) *f(n)* 2 **the ~** die (Birken)Rute B ADJ → birchen C V/T mit der (Birken)Rute züchtigen; **~ bark** S Birkenrinde *f*

birchen ADJ BOT birken, Birken…

birch rod S (Birken)Rute *f*

bird [bɜːd; *US* bɜrd] S 1 Vogel *m* 2 a JAGD Jagdvogel *m*, *bes* Rebhuhn *n* b *Skeet-, Trapschießen*: *umg* Taube *f* 3 *umg* Vogel *m*, Kerl *m*: **a cunning old ~** ein alter Fuchs; **a queer ~** ein komischer Kauz; **a rare ~** ein rarer *od* seltener Vogel 4 *bes Br sl, bes pej* Mieze *f* (*Mädchen*) 5 FLUG *umg* a Vogel *m* (*Flugzeug*) b Rakete *f* (*a.* MIL) 6 *Federballspiel*: *US umg* (Feder)Ball *m* 7 **do ~** *Br sl* Knast schieben

Besondere Redewendungen: **like a ~** einfach so; **be (as) free as a ~** tun u. lassen können, was e-m beliebt; **be a ~ in a gilded cage** im goldenen Käfig sitzen; **a ~ in the hand is worth two in the bush** (*Sprichwort*) besser einen Spatz *od* Sperling in der Hand als e-e Taube auf dem Dach; **that's (strictly) for the ~s** *umg* a das ist für die Katz b das kannst du vergessen, das taugt nichts c das soll glauben, wer mag; **give sb the ~** *umg* a j-n auspfeifen *od* auszischen *od* ausbuhen, *US* j-m den Stinkefinger zeigen b *Br* j-n abfahren lassen c j-m den Laufpass geben (*j-n entlassen*); **he knows all about the ~s and the bees** er weiß, wo die kleinen Kinder herkommen; **tell sb about the ~s and the bees** j-m erzählen, wo die kleinen Kinder herkommen; **a little ~ told me** *umg* a das sagt mir mein kleiner Finger; mein kleiner Finger sagt mir (**that** dass) b das hat mir j-d geflüstert; mir hat j-d geflüstert (**that** dass); → early B 1, eat C 1, feather A 1, fly[1] B 1, kill A 1

bird|bath S Vogelbad *n*; **~brain** S *umg* Person *f* mit e-m Spatzen(ge)hirn: **be a ~** ein Spatzen(ge)hirn haben; **~-brained** ADJ *umg* mit e-m Spatzen(ge)hirn: **be ~** ein Spatzen(ge)hirn haben; **~cage** S Vogelbauer *n*, *a.* *m*, -käfig *m*; **~call** S 1 Vogelruf *m* 2 Locke *f*, Lock-, Vogelpfeife *f*; **~catcher** S Vogelfänger(in); **~catching** S Vogelfang *m*; **~ dog** S *US* 1 JAGD Hühner-, Vorstehhund *m* 2 *fig umg* a Spürnase *f* (*Person*) b *bes* SPORT Talentsucher(in); **~-dog** V/T *US umg j-m* nachspüren

birder S 1 Vogelbeobachter(in) 2 Vogelzüchter(in)

bird flu S Vogelgrippe *f*

birdhouse S *US* 1 Nistkasten *m* 2 Vogelhaus *n*

birdie ['bɜːdɪ; *US* 'bɜrdiː] A S 1 Vögelchen *n*: **watch the ~** FOTO *hum* gleich kommt das Vögelchen raus! 2 → bird 6 3 *Golf*: Birdie *n* (*1 Schlag unter Par*) B V/T **~ the 12th hole** (*Golf*) am 12. Loch ein Birdie spielen

bird| life S Vogelleben *n*, -welt *f*; **~like** ADJ vogelartig; **~lime** S Vogelleim *m*; **~man** [-mən] S *irr* 1 a Vogelfänger *m* b Vogelkenner *m* c Vogelzüchter *m* 2 FLUG *umg obs* Flieger *m*; **~ migration** S Vogelzug *m*; **~ of paradise** S ORN Paradiesvogel *m*; **~ of passage** S ORN Zugvogel *m* (*a. fig*); **~ of peace** S ORN Taube *f*; **~ of prey** S Raubvogel *m*; **~ pepper** S BOT Cayennepfeffer *m*; **~ plague** S VET Geflügel-, Hühnerpest *f*; **~ protection** S Vogelschutz *m*; **~ sanctuary** S Vogelschutzgebiet *n*; **~seed** S Vogelfutter *n*

bird's-eye A S 1 BOT a Adonisröschen *n* b Gamander-Ehrenpreis *m* c Mehlprimel *f* 2 a Pfauen-, Vogelauge *n* (*Stoff*) b Pfauenaugen-, Vogelaugenmuster *n* B ADJ 1 aus der Vogelperspektive (gesehen): **~ view** a (Blick *m* aus der) Vogelperspektive *f* b *fig* allgemeiner Überblick (**of** über *akk*); **have a ~ view of** *etwas* aus der Vogelperspektive sehen 2 mit Pfauenaugen- *od* Vogelaugenmuster

bird shot S Vogeldunst *m*, -schrot *m/n*

bird's| nest S Vogelnest *n*; **~-nest** A ADJ: **~ soup** GASTR Schwalbennestersuppe *f* B V/I Vogelnester ausnehmen

bird|song S Vogelgesang *m*; **~ strike** S FLUG Vogelschlag *m*; **~ table** S Futterstelle *f* für Vögel; **~ watcher** S Vogelbeobachter(in)

birectangular ADJ MATH mit zwei rechten Winkeln

bireme ['baɪriːm] S SCHIFF, *Antike*: Bireme *f* (*Zweiruderer*)

biretta [bɪ'retə] S Birett *n* (*Kopfbedeckung römisch-katholischer Geistlicher*)

biro® ['baɪərəʊ] *pl* -ros S *Br* Kugelschreiber *m*: **written with a** (*od* **in**) **~** mit Kugelschreiber geschrieben

birth [bɜːθ; *US* bɜrθ] S 1 Geburt *f* (*a. fig*): **last year there were more ~s than deaths** letztes Jahr gab es e-n Geburtenüberschuss; **at ~** bei der Geburt; **he was present at the ~** er war bei der Geburt dabei; **a musician by ~** ein geborener Musiker; **from** (*od* **since**) **~** von Geburt an; **the city of my ~** m-e Geburtsstadt; **give ~ to** gebären, zur Welt bringen (→ 4) 2 ZOOL Wurf *m* 3 (*a.* vornehme *od* adlige) Abstammung *od* Ab-, Herkunft: **he's a man of (good) ~** er stammt aus gutem Hause; **she's English by ~** sie ist gebürtige Engländerin; → high A 8, noble A 1 4 Ursprung *m*, Entstehung *f*: **give ~ to** hervorbringen, -rufen, gebären (→ 1); **~ canal** S MED Geburtskanal *m*; **~ certificate** S Geburtsurkunde *f*; **~ control** S Geburtenregelung *f*, -beschränkung *f*, -kontrolle *f*; **~day** A S Geburtstag *m*: **on his ~** an s-m Geburtstag; **when is your ~?** wann hast du Geburtstag?; **it's her ~ today** sie hat heute Geburtstag; **get sth for one's ~** etwas zum Geburtstag bekommen; **happy ~!** alles Gute *od* herzlichen Glückwunsch zum Geburtstag!; **wish sb a happy ~** j-m zum Geburtstag gratulieren B ADJ Geburtstags…: **~ card** (**present**, *etc*); **~ boy (girl)** Geburtstagskind *n*; **~ cake** Geburtstagskuchen *m*, -torte *f*; **~ honours** *Br* Titel- u. Ordensverleihungen anlässlich des offiziellen Geburtstags des Königs *od* der Königin; **~ party** Geburtstagsfest *n*, -party *f*, (*e-s Kinds a.*) Kindergeburtstag *m*; **in one's ~ suit** *umg hum* im Adams- *od* Evaskostüm; **~ father** S leiblicher Vater; **~mark** S Muttermal *n*; **~ mother** S leibliche Mutter; **~ name** S Geburtsname *m*; **~ parent** S leibliches *od* leiblicher Elter; **~ pill** S MED, PHARM Antibabypille *f*; **~place** S 1 Geburtsort *m* 2 *fig* Wiege *f*: **the ~ of jazz**; **~rate** S Geburtenrate *f*, -ziffer *f*: **falling ~, decline of** (*od* **in**) **the ~** Geburtenrückgang *m*; **~right** 1 Geburtsrecht *n* 2 Erstgeburtsrecht *n*; **~stone** S Monatsstein *m*; **~weight** S Geburtsgewicht *n*

bis[1] [bɪs] ADV 1 zweimal 2 MUS bis: a noch einmal (*Anweisung in der Notenschrift*) b da capo! (*Zuruf*)

BIS[2] ABK Bank for International Settlements

biscuit ['bɪskɪt] A S 1 *Br* Keks *m/n*: **take the ~** *umg* den Vogel abschießen; **that (really) takes the ~!** *umg* a das ist (einsame) Spitze! b *pej* das ist (wirklich) das Allerletzte! 2 *US kleines weiches Brötchen* 3 → biscuit ware 4 a Rehbraun *n* b Beige *n* B ADJ a rehbraun b beige(farben); **~ ware** S TECH Biskuit (-porzellan) *n*

bisect [baɪ'sekt; *US a.* 'baɪ,sekt] A V/T 1 in zwei Teile (zer)schneiden *od* teilen 2 MATH halbieren: **~ing line** → bisector B V/I sich teilen *od* gabeln; **bisection** S MATH Halbierung *f*; **bisector** [-tə(r)] S MATH Halbierungslinie *f*, Halbierende *f*; **bisectrix** [-trɪks] *pl* -trices [-trɪsiːs] S MATH, MINER Winkelhalbierende *f*, Mittellinie *f*

bisexual A ADJ (ADV ~ly) bisexuell: a BIOL doppelgeschlechtig, zwitterhaft b *mit beiden Geschlechtern sexuell verkehrend* c *auf beide Geschlechter gerichtet* (*Sexualtrieb*) B S Bisexuelle(r) *m/f(m)*; **bisexuality** S Bisexualität *f*

bish [bɪʃ] S *Br sl* Fehler *m*

bishop ['bɪʃəp] S 1 REL Bischof *m*: **~s' conference** Bischofskonferenz *f*; **~ sleeve** Puffärmel *m* 2 *Schach*: Läufer *m* 3 Bischof *m* (*Getränk aus Rotwein, Zucker u. Pomeranzenschalen*); **bishopric** [-rɪk] S 1 Bischofsamt *n*, -würde *f* 2 Bistum *n*, Diözese *f*

Bismarck herring ['bɪzmɑː(r)k] S GASTR Bismarckhering *m*

bismuth ['bɪzməθ] S CHEM, MINER Wismut *n*

bison ['baɪsn] *pl* -sons, *bes koll* -son S ZOOL 1 Bison *m*, Amer. Büffel *m* 2 Europäischer Wisent

bisque[1] [bɪsk] S *Golf, Tennis*: Vorgabe *f* (*bes e-e, die bei Bedarf in Anspruch genommen werden kann*)

bisque[2] [bɪsk] S 1 a Krebs- *od* Geflügelcremesuppe *f* b (*Gemüse*) Cremesuppe *f*: **tomato ~** 2 Nusseis *n*

bisque[3] [bɪsk] → biscuit ware

bissextile [bɪ'sekstaɪl] A S Schaltjahr *n* B

ADJ Schalt…: ~ **year**
bistable ADJ ELEK, TECH bistabil *(zwei stabile Zustände aufweisend)*
bister, *bes Br* **bistre** ['bɪstə(r)] S Bister *m/n (aus Holzruß hergestellte bräunliche Wasserfarbe)*
bistort ['bɪstɔ:(r)t] S BOT Natterwurz *f*
bistoury ['bɪstʊrɪ] S MED Bistouri *m/n (langes, schmales Skalpell mit auswechselbarer Klinge)*
bistre *bes Br für* bister
bistro ['bi:strəʊ] *pl* -tros S Bistro *n*
bisulfate, *bes Br* **bisulphate** S CHEM Hydrogensulfat *n*
bisulfite, *bes Br* **bisulphite** S CHEM Hydrogensulfit *n*
bit[1] [bɪt] A S 1 Gebiss *n (am Pferdezaum)*: **take the ~ between** (*od* **in**) **one's teeth** a durchgehen *(Pferd)* b *fig* aufsässig werden c *fig* sich reinknien *umg*, sich mächtig anstrengen; → chafe B 1, champ[1] B 2 TECH *schneidendes od packendes Werkzeugteil*: a Bohrer(spitze) *m(f)*, Stich *m*, Meißel *m*, Schneide *f* b Hobeleisen *n* c Backe *f*, Maul *n (der Zange etc)* d *(Schlüssel)* Bart *m* 3 Mundstück *n (e-r Tabakspfeife, Zigarettenspitze etc)* B V/T 1 *e-m Pferd* das Gebiss anlegen 2 *fig* zügeln
bit[2] [bɪt] S 1 a Stückchen *n*: **~s of broken glass** Glassplitter; **fall to ~s** entzweigehen, zerbrechen; **pull** (*od* **pick, tear**) **to ~s** a in Stücke reißen b *fig e-e Äußerung etc* zerpflücken; **a ~** ein bisschen, ein wenig, etwas; **a ~ dull** ziemlich langweilig; → thick A 15 b *bes Br* Stück *n*, Teil *m*, *(e-s Films etc)* Szene *f* 2 *umg* Augenblick *m*, Moment *m*: **wait a ~**; **after a ~** nach e-m Weilchen 3 *umg* (kleine) Münze: **twopenny ~**; → two bits 4 *a.* **~ part** THEAT *etc* kleine (Neben)Rolle
Besondere Redewendungen: **a ~ of all right** *bes Br umg* a schwer in Ordnung, ein prima Kerl, e-e prima Sache b ein sexy *od* steiler Zahn; **he is a ~ of a comedian** er hat etwas von e-m Komödianten (an sich); **a ~ of a coward** ziemlich feig(e); **be a ~ of a coward about pain** ganz schöne Angst vor Schmerzen haben; **a ~ of a fool** ein bisschen dumm; **it was a ~ of a job to do it** es war ganz schön anstrengend *od* schwierig, das zu tun; **a ~ of good luck** ein glücklicher Zufall; **a ~ of a mystery** e-e ziemlich rätselhafte Geschichte; **not a ~** keine Spur, ganz u. gar nicht, nicht im Geringsten, überhaupt nicht; **not a ~!** keine Spur!; **a good ~** ein tüchtiges Stück; **quite a ~** ziemlich viel; **~ by ~** a Stück für Stück b nach u. nach, allmählich; **do one's ~** a s-e Pflicht (u. Schuldigkeit) tun b s-n Beitrag leisten; **he's doing the boss ~** *umg* er spielt sich als Boss auf; **you misunderstood every ~ of it** das hast du ganz u. gar missverstanden; **every ~ as good** ganz genau so gut; **one's ~s and pieces** (*od* **bobs**) *umg* s-e Siebensachen; **have a ~ on the side** *umg* e-n Freund *od* e-e Freundin haben, fremdgehen; → crumpet 2 b, fluff A 5, mind A 4, skirt A 2 a, understatement
bit[3] [bɪt] S IT Bit *n (e-e Informationseinheit)*: **~ density** Bitdichte *f*
bit[4] [bɪt] *prät u. obs pperf von* bite
bitch [bɪtʃ] A S 1 ZOOL Hündin *f* 2 ZOOL Weibchen *n*: **~ (fox)** Füchsin *f*; **~ (wolf)** Wölfin *f* 3 *sl pej* a Schlampe *f (Frau mit liederlichem Lebenswandel)* b Miststück *n*: → son 2 4 *sl* a *bes US* Mistding *n*, *(etwas)* Scheußliches: **he had a ~ of a time** ihm ist es ganz schön dreckig gegangen b *US (etwas)* Großartiges: **his party was a real ~** s-e Party war einfach super 5 *sl* Meckerei *f* B V/T *a.* **~ up** *sl* versauen, verpfuschen C V/I *sl* meckern (**about** über *akk*); **bitchen** ADJ *US sl* super; **bitchy** ADJ (ADV bitchily) gemein, gehässig *(Bemerkung, Frau etc)*
bite [baɪt] A V/T *prät* bit [bɪt], *pperf* bitten ['bɪtn], *obs* bit 1 beißen: **a dog bit her (on the) leg** ein Hund biss sie ins Bein; **~ the hand that feeds one** Gutes mit Schlechtem vergelten; **~ one's nails** a an den Nägeln kauen b *fig* nervös *od* unruhig sein; **~ the dust** (*US a.* **ground**) *umg* a ins Gras beißen b abgeschmettert werden *(Plan etc)* c dran glauben müssen *(getrunken werden, ausrangiert werden)*; **what's biting you?** *umg* was ist mit dir los?; **I've been bitten before** ich bin ein gebranntes Kind; **~ back** sich *e-e Äußerung etc* verkneifen; **~ off** abbeißen; **~ off more than one can chew** *umg* sich zu viel zumuten, sich übernehmen; → bitten B, bullet, head *Bes Redew*, lip A 1, tongue A 1 2 beißen, stechen *(Insekt)* 3 a beißen in *(dat)*: **the smoke bit our eyes** der Rauch beizte uns die Augen b *j-m* schneiden in *(akk)*: **the wind was biting his face** 4 schneiden in *(akk) (Säge)* 5 CHEM ätzen, zerfressen, angreifen 6 *fig (nur passiv)* angreifen, in Mitleidenschaft ziehen: **badly bitten** schwer mitgenommen 7 **the biter bit** der betrogene Betrüger; **it was a case of the biter bit** er *etc* wurde mit s-n eigenen Waffen geschlagen B V/I 1 (zu)beißen: **~ into** a (hinein)beißen in *(akk)*, anbeißen b → A 4, A 5; **sth to ~ on** a etwas zum Beißen b *fig* etwas Konkretes; **come on, I don't ~** ich beiß schon nicht!; → bullet 2 anbeißen *(a. fig)*, schnappen (**at** nach) *(Fisch)* 3 beißen, stechen *(Insekt)* 4 beißen *(Rauch, Gewürz etc)*, schneiden *(Wind, Kälte etc)* 5 fassen, greifen *(Rad, Schraube etc)* 6 *fig* beißend *od* verletzend sein 7 a sich *(bes negativ)* auswirken *(Maßnahme)* b greifen *(Sanktionen etc)* C S 1 Beißen *n*, Biss *m*: **he took a ~ out of the apple** er biss in den Apfel; **be given two ~s of** (*od* **at**) **the cherry** *Br umg* e-e zweite Chance bekommen; **put the ~ on sb** *US sl* j-n unter Druck setzen 2 Biss *m*, Stich *m (e-s Insekts)* 3 Biss(wunde) *m(f)* 4 *a.* **~ to eat** Bissen *m*, Happen *m (a. weitS. Imbiss od Nahrung)*: **I haven't had a ~ to eat all day** ich hab den ganzen Tag noch nichts gegessen 5 (An)Beißen *n (der Fische)*: **he hasn't had** (*od* **got**) **a single ~ yet** bei ihm hat noch kein einziger Fisch angebissen 6 Fassen *n*, Greifen *n (von Rädern, Schrauben etc)*: **these screws have plenty of ~** diese Schrauben fassen *od* greifen sehr gut; **sth has lost its ~** *fig* etwas greift nicht mehr 7 CHEM Beizen *n*, Ätzen *n* 8 Schärfe *f (e-s Gewürzes etc)* 9 *fig* a Bissigkeit *f*, Schärfe *f* b Würze *f*, Geist *m* c SPORT Biss *m*
biter S Beißende(r) *m/f(m)*: → bite A 7
bite-size(d) ADJ 1 mundgerecht 2 ganz klein 3 *fig* a leicht verständlich b leicht lösbar
biting ADJ (ADV ~ly) beißend *(Rauch, Kälte etc)*, schneidend *(Wind, Kälte etc) (beide a. Worte etc)*
bitt [bɪt] SCHIFF A S Poller *m* B V/T *e-e Trosse* um e-n Poller nehmen
bitten ['bɪtn] A *pperf von* bite B ADJ gebissen: **once ~, twice shy** *(Sprichwort)* (ein) gebranntes Kind scheut das Feuer; **be ~ with sth** *umg* von etwas angesteckt *od* gepackt sein
bitter ['bɪtə(r)] A ADJ (ADV ~ly) 1 bitter *(Geschmack)*: → pill A 1 2 *a.* **~ly cold** bitterkalt *(Nacht, Wind etc)* 3 *fig* bitter *(Schicksal, Wahrheit, Tränen, Worte etc)*, *(Enttäuschung a.)* herb, *(Verlust etc)* schmerzlich, hart: **regret** (*od* **rue**) **sth ~ly** etwas bitter bereuen; **weep ~ly** bitterlich weinen; **the ~ end** bis zum bitteren Ende; → experience A 1 4 *fig* scharf, heftig *(Kritik etc)* 5 *fig* a erbittert *(Feinde etc)* b verbittert (**about**, **at** wegen) B ADV bitter *(nur in Verbindungen wie)*: **~ cold** bitterkalt C S 1 Bitterkeit *f* 2 *fig (das)* Bittere: **take the ~ with the sweet** das Leben so nehmen, wie es ist 3 a Bittere(r) *m* b Magenbitter *m* 4 *Br stark gehopftes (Fass)Bier* D V/T & V/I bitter machen (werden); **~ almond** S a Bittermandel *f* b bittere Mandeln *(Samen)*; **~-almond oil** S Bittermandelöl *n*
bitterling ['bɪtə(r)lɪŋ] S FISCH Europäischer Bitterling
bittern[1] ['bɪtə(r)n] S ORN Rohrdommel *f*
bittern[2] ['bɪtə(r)n] S 1 CHEM Mutterlauge *f* 2 Bitterstoff *m (für Bier)*
bitterness S 1 *(das)* Bittere, Bitterkeit *f*, bitterer Geschmack 2 *fig* Bitterkeit *f*, Schmerzlichkeit *f*, Härte *f* 3 *fig* a Erbitterung *f* b Verbitterung *f*
bitter|nut S BOT *(e-e)* Amer. Hickorynuss; **~spar** S MINER Bitterspat *m*, Magnesit *m*; **~sweet** A ADJ 1 bittersüß *(a. fig)* 2 *US* zartbitter, halbbitter *(Schokolade)* B S BOT Bittersüß *n*; **~wood** S Bitter-, Quassiaholz *n*; **~wort** S BOT Goldenzian *m*
bitty ['bɪtɪ] ADJ *bes Br umg* zusammengestoppelt
bitumen ['bɪtjʊmɪn; *US* bə'tju:mən; -'tu:-; *a.* baɪ-] S CHEM Bitumen *n*
bituminize [bɪ'tju:mɪnaɪz; *US a.* -'tu:-] V/T bituminieren *(mit Bitumen behandeln od versetzen)*
bituminous [bɪ'tju:mɪnəs; *US a.* -'tu:-; *a.* baɪ-] ADJ CHEM bitumig, bituminös, bitumenhaltig; **~ coal** S GEOL Bitumenkohle *f*
bivalent A S BIOL Geminus *m*, Chromosomenpaar *n* B ADJ 1 CHEM bivalent, zweiwertig 2 BIOL doppelchromosomig
bivalve ZOOL A S Muschel *f*, *pl a.* Bivalven *pl*, Bivalvia *pl* B ADJ zweischalig
bivouac ['bɪvʊæk; 'bɪvwæk] *bes* MIL *Bergsteigen:* A S Biwak *n*: **~ bag** Biwaksack *m*; **~ tent** Biwakzelt *n* B V/I *prät u. pperf* -acked biwakieren
bivvy ['bɪvɪ] *bes* MIL *Bergsteigen sl* A S a Biwaksack *m* b Biwakzelt *n* B V/I *meist* **~ up** biwakieren
biweekly A ADJ & ADV 1 zweiwöchentlich, vierzehntägig, halbmonatlich, Halbmonats… 2 zweimal in der Woche (erscheinend) B S 1 Halbmonatsschrift *f* 2 zweimal in der Woche erscheinende Veröffentlichung
biz [bɪz] *umg für* business
bizarre [bɪ'zɑ:(r)] ADJ (ADV ~ly) bizarr: a seltsam, ungewöhnlich b exzentrisch
bizonal ADJ bizonal
bizzy ['bɪzɪ] S *Br sl* Bulle *m pej (Polizist)*
BJ ABK *US* Bachelor of Journalism
bk ABK 1 bank 2 book
bkcy ABK bankruptcy
bkpg ABK bookkeeping
bkpr ABK bookkeeper
bkpt ABK bankrupt
bks ABK 1 MIL barracks 2 books
bkt ABK 1 basket 2 bracket
BL ABK Bachelor of Law
B/L, b/l ABK WIRTSCH bill of lading
bl. ABK 1 WIRTSCH bale 2 WIRTSCH barrel 3 black 4 block 5 blue
blab [blæb] *umg* A V/T *ein Geheimnis etc* ausplaudern B V/I 1 plappern, schwatzen 2 plaudern *(ein Geheimnis etc ausplaudern)* C S 1 Geschwätz *n* 2 Schwätzer(in) 3 Plappermaul *n*; **blabber** → blab; **blabbermouth** → blab C 2, C 3
black [blæk] A ADJ (ADV ~ly) 1 schwarz *(a. Kaffee, Tee)*: **(as) ~ as coal** (*od* **ink**) kohlrabenschwarz; **his hands were as ~ as coal** s-e Hände waren kohlschwarz; **the house went ~** im ganzen Haus ging das Licht aus; **suddenly everything went ~** plötzlich wurde mir schwarz vor Augen 2 dunkel(farben): **~ in the face** dunkelrot im Gesicht *(vor Aufregung etc)*; **beat sb ~ and blue** j-n grün u. blau schlagen; **he was ~ and blue all over** er hatte am ganzen Körper *od* überall blaue Flecken; → black eye

B

3 a. ≈ schwarz (dunkelhäutig): ~ man Schwarze(r) m; a ~ ghetto ein von Schwarzen bewohntes Getto 4 schwarz, schmutzig (Hände etc) 5 fig finster, düster: look ~ düster blicken; things are looking ~, the outlook is ~ es sieht schlimm aus (for mit, für); ~ despair völlige Verzweiflung 6 böse: a ~ day ein schwarzer Tag (for für); a ~ deed e-e schlimme Tat; ~ humo(u)r schwarzer Humor; a ~ look ein böser Blick; look ~ at sb, give sb a ~ look j-n (böse) anfunkeln; be in a ~ mood schlechte Laune haben; he is not as (od so) ~ as he is painted er ist besser als sein Ruf 7 schwarz, ungesetzlich (Zahlungen etc) 8 WIRTSCH bes Br boykottiert B S 1 Schwarz n (a. bei Brettspielen), schwarze Farbe: dressed in ~ schwarz od in Schwarz gekleidet 2 (etwas) Schwarzes: in the ~ of the night in tiefster Nacht; two ~s do not make a white (Sprichwort) es ist nicht richtig, Unrecht mit Unrecht zu vergelten 3 a. ≈ Schwarze(r) m/f(m) 4 Schwärze f, schwarzer Farbstoff 5 Schwarz n, schwarze Kleidung, Trauerkleidung f: be in (od wear) ~ Trauer(kleidung) tragen 6 be in the ~ WIRTSCH a mit Gewinn arbeiten b aus den roten Zahlen heraus sein, schwarze Zahlen schreiben; my account is in the ~ ich bin im Plus 7 WIRTSCH bes Br Boykott m C VT 1 → blacken A 1, A 3 2 Schuhe (schwarz) wichsen 3 ~ sb's eye j-m ein blaues Auge od umg ein Veilchen schlagen 4 WIRTSCH bes Br boykottieren D VI → blacken B

Phrasal Verbs: **black| out** A VT 1 die Fenster etc (völlig) abdunkeln, a. MIL verdunkeln 2 Geschriebenes schwarz übermalen 3 Nachrichten etc unterdrücken 4 e-e Funkstation (durch Störgeräusche) ausschalten, Sendungen überdecken 5 TV a (durch Streik) die Ausstrahlung e-s Programms verhindern: the television technicians blacked out last night's program(me)s durch s-n Streik brachte das technische Fernsehpersonal gestern Abend den Sendebetrieb zum Erliegen b ein Gebiet ausdunkeln 6 a j-n bewusstlos machen b TECH u. fig etwas außer Betrieb setzen, ausschalten B VI 1 sich verdunkeln 2 ein Blackout haben 3 bewusstlos od ohnmächtig werden 4 TECH u. fig ausfallen; ~ **up** VI THEAT sich als Schwarzer schminken

black| Africa ['æfrıkə] S POL Schwarzafrika n; ~ **African** A ADJ schwarzafrikanisch B S Schwarzafrikaner(in)

blackamoor ['blækə,mʊə(r)] S obs od hum Mohr(in)

black|-and-blue ADJ dunkelblau (verfärbt) (Körperstelle); ~ **and tan** pl black and tans S 1 ZOOL Manchesterterrier m 2 Br *Mischgetränk aus Stout od Porter u. Ale* 3 Black and Tans pl MIL, HIST brit. Truppen, die 1920-21 gegen Irland eingesetzt wurden; ~**-and-tan** ADJ 1 schwarz mit hellbraunen Flecken: ~ terrier → black and tan 1 2 US umg a aus Schwarzen u. Weißen zusammengesetzt b von Schwarzen u. Weißen besucht; ~ **and white** pl black and whites S 1 in ~ a in Schwarz-weiß b schwarz auf weiß, schriftlich: depict sth in ~ fig etwas schwarz-weiß malen; he always sees things in ~ fig für ihn gibt es nur Schwarz od Weiß 2 Schwarz-Weiß-Bild n, -Zeichnung f; ~**-and-white** ADJ 1 schriftlich 2 KUNST, FILM, TV Schwarz-Weiß-... (a. fig): ~ photograph (television, etc); ~ depiction fig Schwarz-Weiß-Malerei f; he always thinks in ~ terms fig für ihn gibt es nur Schwarz od Weiß; ~ **art** → black magic; ~**ball** A S a schwarze Wahlkugel b fig Gegenstimme f B VT 1 stimmen gegen 2 a j-n (aus der Gesellschaft, aus e-m Berufsverband etc) ausstoßen b j-n boykottieren; ~ **bear** S ZOOL Schwarzbär m; ~ **beetle** S ZOOL Küchenschabe f; ~ **belt** S US 1 Zone f mit vorwiegend schwarzer Bevölkerung 2 Zone f mit schwarzerdigem, fruchtbarem Boden; ~**berry** [-bərı; US -,beri:] S BOT Brombeere f; ~**bird** S 1 ORN Amsel f, Schwarzdrossel f 2 HIST sl *gefangener Südseeinsulaner, der - bes nach Australien - als Sklave verkauft wurde*; ~**board** S (Schul-, Wand)Tafel f: ~ jungle bes US umg a Schule f mit aufsässigen u. rowdyhaften Schülern b *die Verhältnisse an e-r solchen Schule*; ~**body** S PHYS schwarzer Strahler od Körper: ~ radiation schwarze Strahlung; ~ **box** S 1 Kybernetik: Blackbox f (Teil e-s Systems, dessen Aufbau u. innerer Ablauf aus den Reaktionen auf eingegebene Signale erst erschlossen werden müssen) 2 FLUG umg Blackbox f, Flugschreiber m; ~ **bread** S Schwarzbrot n; ~ **cap** S HIST Br schwarze Kappe (der Richter bei Todesurteilen); ~**cap** S ORN a Schwarzköpfige Grasmücke b Kohlmeise f c Schwarzköpfige Lachmöwe; ~**-coated** ADJ Br Büro...: ~ worker (Büro)Angestellte(r) m/f(m); ~**cock** S ORN Birkhahn m; ≈ **Code** S US hist *die Schwarzen (bes die Sklaven vor der Befreiung) betreffende Gesetzessammlung*; ~ **comedy** S THEAT schwarze Komödie; ≈ **Country** S (das kohlen- u. eisenreiche) Industriegebiet von Staffordshire und Warwickshire (in England); ~**currant** S BOT Schwarze Johannisbeere; ~**damp** S Bergbau: Ferch m, (Nach)Schwaden m, Stickwetter n; ≈ **Death** S bes HIST (der) Schwarze Tod, (die) Pest; ~ **diamond** S 1 Karbonado m (grauschwarze Diamantenabart) 2 pl schwarzes Gold (Kohle); ~ **dog** S bes US umg miese Stimmung, Katzenjammer m; ~ **earth** S GEOL Schwarzerde f; ~ **economy** S Schattenwirtschaft f

blacken A VT 1 schwarz machen, schwärzen 2 → black C 2 3 fig ~ sb's character j-n verunglimpfen; ~ sb's name (od reputation) j-n schlechtmachen; ~ the picture a etwas Negatives sagen b schwarzmalen B VI schwarz od dunkel werden

Black| English S *von schwarzen Amerikanern gesprochenes Englisch*; ≈ **eye** S 1 blaues Auge, Veilchen n umg: give sb a ~ a j-m ein blaues Auge schlagen b fig bes US j-s Ruf schaden 2 fig bes US Schandfleck m (to gen); ≈**face** S 1 a als Schwarze(r) geschminkte(r) Schauspieler(in) b schwarze Schminke: in ~ schwarz geschminkt 2 TYPO (halb)fette Schrift; ≈ **flag** → Jolly Roger; ≈ **flux** S TECH schwarzer Fluss (Schmelz- od Flussmittel aus Kohle u. Pottasche); ≈ **fly** S ZOOL 1 (e-e) Kriebelmücke 2 Schwarze Blattlaus; ~**foot** pl -feet, bes koll -foot S Schwarzfuß(indianer) m; ~ **Forest** S Schwarzwald m; ~ **Forest gateau** S irr Schwarzwälder (Kirschtorte); ~ **Friar** S REL Dominikaner m; ≈ **frost** S strenge, aber trockene Kälte; ≈ **game** S ORN Schwarzes Rebhuhn; ≈ **grouse** S ORN Birkhuhn n

blackguard ['blægɑ:(r)d; US a. 'blægərd] A S 1 Lump m, Schuft m 2 obs Küchenpersonal n B ADJ 1 gemein, schuftig 2 unflätig (Sprache) C VT unflätig herziehen über (akk); **blackguardism** S 1 Lumperei(en) f(pl) 2 Unflat m; **blackguardly** → blackguard B

black|head S MED Mitesser m; ~**-hearted** ADJ (ADV ~ly) boshaft, gemein; ~ **hole** S ASTRON schwarzes Loch; ~ **ice** S Glatteis n

blacking S 1 schwarze (Schuh)Wichse 2 (Ofen)Schwärze f; ~ **brush** S Wichsbürste f

blackish ADJ (ADV ~ly) schwärzlich: ~-blue bläulich schwarz

black|jack A S 1 a. ~ oak BOT US Schwarzeiche f 2 → black flag 3 MINER Christophit m 4 Black Jack n, Siebzehnundvier n 5 bes US Totschläger m (Waffe) B VT 1 bes US mit e-m Totschläger zusammenschlagen 2 ~ sb into doing sth bes US j-n durch Drohungen dazu zwingen, etwas zu tun; ~ **labo(u)r** S Schwarzarbeit f; ~ **lead** [led] S MINER Grafit m; ~**leg** A S 1 a Falschspieler(in) b Wettbetrüger(in) 2 bes Br Streikbrecher(in) B VI bes Br trotz des Streiks arbeiten; ~ **letter** S TYPO Fraktur f, gotische Schrift; ~**-letter day** S schwarzer Tag, Unglückstag m; ~ **level** S TV Schwarzwert m, -pegel m; ~**list** A S schwarze Liste: be on the ~ auf der schwarzen Liste stehen B VT j-n auf die schwarze Liste setzen; ~ **lung** S MED Staublunge f; ~ **magic** S schwarze Magie; ~**mail** A S 1 JUR Erpressung f: ~ letter Erpresserbrief m 2 Erpressungsgeld n B VT j-n erpressen (with mit; to the tune of, out of um): ~ sb into doing sth j-n durch Erpressung dazu zwingen, etwas zu tun; ~**mailer** S Erpresser(in); ≈ **Maria** [mə'raıə] S umg grüne Minna; ~ **mark** S 1 a. ~ against one's name SCHULE Eintrag m (ins Klassenbuch) 2 fig Minus n: being off work often is a ~ against him sein ständiges Fehlen ist e-e s-r großen Schwächen; ~ **market** S schwarzer Markt, Schwarzmarkt m, -handel m: on the ~ auf dem Schwarzmarkt, im Schwarzhandel; ~**-market** A ADJ Schwarzmarkt...: ~ prices B VI Schwarzhandel treiben C VT auf dem Schwarzmarkt verkaufen; ~ **marketeer** S Schwarzhändler(in); ~**-marketeer** → black-market B; ~ **mass** S schwarze Messe, Teufelsmesse f; ~ **measles** SPL (meist als sg konstruiert) MED hämorrhagische Masern pl; ~ **money** S schwarzes (unversteuertes) Geld; ≈ **Monk** S REL Benediktiner (-mönch) m; ≈ **Muslim** S Black Muslim m (Mitglied e-r radikalen mohammedanischen Sekte, bes in den USA)

blackness S 1 Schwärze f 2 → negritude

black|out S 1 bes MIL Blackout n/m, Verdunk(e)lung f 2 THEAT Blackout n/m: a *plötzliches Verdunkeln der Szene bei Bildschluss* b *kleinerer Sketch, der mit e-r scharfen Pointe u. plötzlichem Verdunkeln endet* 3 MED Blackout n/m: a *zeitweiliger Ausfall des Sehvermögens unter der Einwirkung hoher Beschleunigung od bei Kreislaufstörungen* b plötzlich auftretender, kurzzeitiger Verlust des Bewusstseins, Erinnerungsvermögens etc 4 MED Ohnmacht f, Bewusstlosigkeit f 5 Blackout n/m: a PHYS *Aussetzen des Kurzwellenempfangs durch den Einfluss von Röntgenstrahlen der Sonne* b *Raumfahrt: Unterbrechung des Funkkontakts zwischen Raumschiff u. Bodenstation* 6 TV a (streikbedingter) Programmausfall, Stilllegung f des Sendebetriebs b Ausdunk(e)lung f (e-s Gebiets) 7 TV US Austasten n: ~ signal Austastsignal n 8 (bes Nachrichten)Sperre f: draw a ~ over e-e Nachrichtensperre verhängen über (akk) 9 a TECH u. fig Ausfall m b Blackout n/m, totaler Stromausfall; ≈ **Panther** S Black Panther m; ≈ **Panther Party** S bes HIST Black Panther Party f (afroamerikanische Organisation, deren Mitglieder die soziale Benachteiligung der Schwarzen zu beseitigen versuchen); ≈ **Pope** S KATH obs Schwarzer Papst (der Jesuitengeneral); ~ **poplar** S BOT Schwarzpappel f; ~ **powder** S bes HIST Schwarzpulver n; ≈ **Power** S Black Power f (Bewegung nordamerikanischer Schwarzer gegen die Rassendiskriminierung); ≈ **Prince** S HIST (der) Schwarze Prinz (Eduard, Prinz von Wales); ~ **pudding** S Blutwurst f; ≈ **Rod** S PARL Br *Zeremonienmeister des Oberhauses*; ~ **rot**, ~ **rust** S BOT Schwarz(trocken)fäule f; ≈ **Sea** S Schwarzes Meer; ~ **sheep** S irr fig schwarzes Schaf (of the family [in] der Familie); ♀shirt S POL 1 HIST Schwarzhemd n (italienischer Faschist) 2 allg Faschist m; ~smith S Schmied m: ~('s) shop Schmiede f; ~snake S 1 ZOOL Kletternatter f 2 US lange, geflochtene Lederpeitsche; ~ spot S 1 BOT Schwarzfleckigkeit f (bei Rosen) 2 schwarzer Punkt (Gefahrenstelle e-r Straße); ~thorn S BOT Schwarz-, Schlehdorn m; ~ tie S 1 (zum Smoking getragene) schwarze Fliege 2 auf Einladung: Gesellschaftsanzug erbeten; ~-tie ADJ: ~ reception Empfang, bei dem Smoking vorgeschrieben ist; ~top S bes US a Asphaltbelag m b Asphaltstraße f; ~ velvet S Getränk aus Stout u. Sekt; ~ vomit S MED 1 Gelbfiebersputum n 2 umg Gelbfieber n; ♀ Watch S MIL Br (das) 42. Hochländerregiment; ~water fever S MED Schwarzwasserfieber n; ~-white control S ELEK Hell-Dunkel--Steuerung f; ~ widow S ZOOL Schwarze Witwe; ~wood S 1 Schwarzholz n 2 BOT a Schierlingstanne f b Schwarze Mangrove

bladder ['blædə(r)] S 1 ANAT, ZOOL Blase f, engS. ANAT Harnblase f, ZOOL Schwimmblase f: he's got a weak ~ er hat e-e schwache Blase 2 Blase f (e-s Fußballs etc) 3 MED Bläs-chen n (auf der Haut); ~ campion S BOT Gemeines Leimkraut

bladdered ['blædə(r)d] ADJ sl blau, voll (betrunken): get ~ sich volllaufen lassen

bladder wrack S BOT Blasentang m

blade [bleɪd] A S 1 BOT Blatt n, Spreite f (e-s Blattes), Halm m: ~ of grass Grashalm; in the ~ auf dem Halm 2 TECH Blatt n (e-r Säge, Axt, Schaufel, e-s Ruders) 3 TECH a Flügel m (e-s Propellers) b Schaufel f (e-s Schiffsrades od e-r Turbine) 4 TECH Klinge f (e-s Degens, Messers etc) 5 FOTO Blendenflügel m 6 ELEK Messer(kontakt) n(m): ~ switch Messerschalter m 7 a AGR Pflugschar f b TECH Planierschild m (e-r Planierraupe etc) 8 ARCH Hauptdachbalken m 9 MATH Schiene f 10 poet Degen m, Klinge f 11 poet Kämpfer m, Streiter m 12 obs forscher Kerl 13 LING Rücken m (der Zunge) B V/T 1 mit e-m Blatt od e-r Klinge etc versehen 2 TECH Schutt etc mit e-r Planierraupe (weg)räumen

bladed ['bleɪdɪd] ADJ 1 BOT behalmt, beblättert 2 (in Zusammensetzungen) a mit e-m Blatt etc (versehen) b ...klingig: two-~ zwei-, doppelklingig

blaeberry ['bleɪbərɪ; US -,beri:] bes schott für bilberry

Blaenau Gwent [,blainai'gwent] S Blaenau Gwent n (Grafschaft in Südwales)

blag [blæg] Br umg A S (bewaffneter) Raubüberfall B V/T 1 ~ sb's handbag j-m die Handtasche entreißen 2 e-e Bank etc überfallen, ausrauben 3 j-n anschnorren

blague [blɑ:g] S Schaumschlägerei f

blah[1] [blɑ:], a. **blahblah** umg A S Blabla n umg, Geschwafel n pej B V/I schwafeln conpt.

blah[2] [blɑ:] US umg A ADJ fad(e), langweilig B SPL a Lang(e)weile f b Unbehagen n c Frust m: have the ~s sich langweilen; sich unbehaglich fühlen; gefrustet sein umg

blain [bleɪn] S MED Pustel f, Eiterbläschen n

blamable ['bleɪməbl] ADJ (ADV blamably) tadelnswert, -würdig

blame [bleɪm] A V/T 1 tadeln, rügen (beide: for wegen) 2 (for) verantwortlich machen (für), j-m od e-r Sache die Schuld geben od zuschreiben (an dat): ~ sb for sth a. j-m etwas anlasten; he is to ~ for it er ist daran schuld; he is not to ~ for his looks er kann nichts für sein Aussehen; he ~d it on his brother er gab s-m Bruder die Schuld daran, er lastete es s-m Bruder an; he has only himself to ~ er hat es sich selbst zuzuschreiben, er ist selbst schuld; I can't ~ him ich kann es ihm nicht verübeln; ~ the other fellow die Schuld auf andere schieben 3 bes US umg euph ~ this rainy weather! dieses verdammte Regenwetter!; ~ it! verdammt noch mal! B S 1 Tadel m, Vorwurf m, Rüge f: beyond all ~ über jeden Tadel erhaben, untadelig 2 Schuld f, Verantwortung f: lay (od put, cast) the ~ (for sth) on sb, lay the ~ (for sth) at sb's door j-m die Schuld (an etwas) geben od zuschieben; bear (od take) the ~ die Schuld auf sich nehmen; → pin[1] B 1 3 Fehler m, Vergehen n C ADJ → blamed; **blameable** → blamable; **blamed** ADJ bes US umg euph verdammt; **blameful** ADJ (ADV ~ly) → blamable; **blame game** S umg Schwarze-Peter-Spiel n; **blameless** ADJ (ADV ~ly) 1 untadelig, makellos (Vergangenheit etc) 2 schuldlos (of an dat); **blamestorming** S → blame game; **blameworthy** → blamable

blanch [blɑ:ntʃ; US blæntʃ] A V/T 1 bleichen, weiß machen 2 AGR Pflanzen (durch Ausschluss von Licht) bleichen 3 GASTR blanchieren 4 TECH weiß sieden 5 TECH verzinnen 6 oft ~ over fig beschönigen 7 erbleichen lassen B V/I erblassen, erbleichen, bleich werden (alle: with vor dat); **blancher** S 1 Bleicher(in) 2 TECH Weißsieder m 3 CHEM Bleichmittel n

blancmange [blə'mɒnʒ; US -'mɑndʒ] S Pudding m

bland [blænd] ADJ (ADV ~ly) 1 a mild (a. Wetter), sanft: ~ food Schonkost f b verbindlich, höflich c (ein)schmeichelnd 2 gleichgültig, kühl 3 fad(e), langweilig

blandish ['blændɪʃ] V/T 1 j-m schmeicheln, schöntun 2 j-n beschwatzen: ~ sb into doing sth j-n so lange beschwatzen, bis er etwas tut; **blandishments** SPL Schmeicheleien pl

blank [blæŋk] A ADJ (ADV ~ly) 1 obs weiß 2 leer: a unbeschrieben, unbedruckt: ~ page Leerseite f; ~ space freier od leerer Raum, Lücke f; IT Leerzeichen n; leave ~ frei lassen b unbespielt: ~ tape Leerband n 3 WIRTSCH, JUR unausgefüllt, unausgefertigt, Blanko...: ~ signature Blankounterschrift f; ~ form → B 2 b; in ~ blanko; → blank acceptance, etc 4 ARCH undurchbrochen, glatt (Mauer), blind (Fenster, Tür): ~ wall fig unüberwindliche Barriere 5 fig a inhaltslos, leer, unausgefüllt (Leben etc): my mind (od I) went ~ plötzlich konnte ich mich an nichts mehr erinnern b trüb: her future looks ~ c ausdruckslos (Gesicht): keep one's face ~ sich nichts anmerken lassen 6 a verdutzt, verblüfft b verständnislos (Blick) 7 MIL ~ ammunition Übungsmunition f; ~ cartridge Platzpatrone f; ~ fire, ~ practice blindes Schießen 8 völlig, bar, rein: ~ astonishment sprachloses Erstaunen; ~ despair helle Verzweiflung; ~ idiot umg Vollidiot m pej; ~ terror nackte Angst 9 LIT reimlos: → blank verse B S 1 freier od leerer Raum, Lücke f: leave a ~ (beim Schreiben etc) Platz od e-n freien Raum lassen (→ B 5) 2 a unbeschriebenes Blatt (a. fig), Leerblatt n b (unausgefülltes) Formular od Formblatt, Vordruck m 3 Leerstelle f, ungelochte Stelle (e-r Lochkarte etc) 4 Gedankenstrich m (anstelle e-s verpönten Wortes etc), Pünktchen pl 5 Leere f, Lücke f (beide a. fig): his mind was a (complete) ~ a in s-m Kopf herrschte völlige Leere b er hatte alles vergessen; leave a ~ e-e Lücke hinterlassen (→ B 1) 6 Lotterie: Niete f: draw a ~ a e-e Niete ziehen (a. fig) b fig kein Glück haben 7 MIL Platzpatrone f 8 ARCH blindes Fenster, blinde Tür 9 fig Öde f, Nichts n 10 (das) Schwarze (e-r Zielscheibe) 11 TECH a ungeprägte Münzplatte b rohes Formstück, Rohling m c ausgestanztes Stück, Stanzteil n C V/T 1 meist ~ out a aus-, durchstreichen b fig verhindern, vereiteln 2 ~ out TYPO gesperrt drucken 3 ein verpöntes Wort etc durch e-n Gedankenstrich od durch Pünktchen ersetzen 4 (aus)stanzen 5 TV austasten

blank| acceptance S WIRTSCH Blankoakzept n; ~ bill S WIRTSCH Blankowechsel m; ~book S US Notizbuch n; ~ check, Br ~ cheque S 1 WIRTSCH Blankoscheck m, Scheckformular n 2 umg Blankovollmacht f: give sb a ~ j-m (völlig) freie Hand lassen; ~ credit S WIRTSCH Blankokredit m; ~ endorsement S WIRTSCH Blankoindossament n

blanket ['blæŋkɪt] A S 1 Decke f: get between the ~s umg in die Federn kriechen; be born on the wrong side of the ~ obs unehelich (geboren) sein; → wet blanket 2 fig Decke f, Hülle f: ~ of snow (clouds) Schnee-(Wolken)decke 3 TECH Filzunterlage f B V/T 1 zudecken: ~ed in (od with) fog in Nebel eingehüllt; be ~ed with snow unter e-r Schneedecke liegen 2 HIST prellen (auf e-r Decke hochschleudern) 3 SCHIFF e-m Segelschiff den Wind abfangen 4 ein Feuer, Gefühle ersticken 5 ELEK Empfangssignale stören, überlagern 6 ELEK, a. SPORT e-n Gegenspieler abschirmen 7 MIL (durch künstlichen Nebel) abschirmen C ADJ allgemein, generell, umfassend, General..., Gesamt..., Pauschal...

blanket clause S WIRTSCH Generalklausel f

blanketing S 1 a Deckenstoff m b Decken (-vorrat) pl(m) 2 ELEK Überlagerung f von Empfangssignalen

blanket| insurance S WIRTSCH Kollektivversicherung f; ~ mortgage S WIRTSCH Gesamthypothek f; ~ policy S General-, Pauschalpolice f; ~ price S WIRTSCH US Pauschalpreis m; ~ roll S US Tornisterrolle f; ~ sheet S HIST Zeitung f in Großfolio; ~ stitch S Einfassstich m

blankety-blank ADJ & ADV US umg euph verflixt

blanking| pulse S TV Austastimpuls m; ~ signal S TV Austastsignal n; ~ tool S TECH Stanzwerkzeug n

blank| line S TYPO blinde Zeile; ~ material S TYPO Blindmaterial n, Ausschluss m; ~ verse S LIT 1 Blankvers m (reimloser fünffüßiger Jambus) 2 allg reimloser Vers

blare [bleə(r)] A V/I 1 dial heulen, plärren, brüllen 2 a. ~ out a schmettern (Trompete) b brüllen, plärren (Radio etc) 3 grell leuchten (Farben etc) B V/T 1 a. ~ out a e-n Befehl etc brüllen b ein Musikstück etc schmettern 2 Lärm machen mit: ~ the horn laut hupen 3 a. ~ out fig ausposaunen C S 1 a Schmettern n b Brüllen n, Plärren n c Lärm m: a ~ of horns lautes Hupen 2 grelles Leuchten 3 (Reklame- etc) Rummel m

blarney ['blɑ:(r)nɪ] A S Schmeichelei f: he's kissed the ♀ Stone umg er ist ein großer Schmeichler B V/T & V/I (j-m) schmeicheln

blasé ['blɑ:zeɪ; US blɑ:'zeɪ] ADJ 1 gleichgültig, gelangweilt: he was ~ about his success sein Erfolg ließ ihn kalt 2 abgestumpft

blaspheme [blæs'fi:m] A V/T 1 Gott od etwas Heiliges lästern 2 allg j-n, etwas schmähen B V/I Gott lästern: ~ against → A 1, A 2; **blasphemer** S (Gottes)Lästerer m, (-)Lästerin f; **blasphemous** ['blæsfəməs] ADJ (ADV ~ly) blasphemisch, (gottes)lästerlich; **blasphemy** S 1 Blasphemie f, (Gottes)Lästerung f 2 allg Schmähung f

blast [blɑ:st; US blæst] A S 1 a. ~ of wind (starker) Windstoß 2 Blasen n, Schmettern n, Schall m (e-s Blasinstruments), Signal n, (Heul-, Pfeif)Ton m, Hupsignal n, Tuten n: a

~ **of the trumpet** ein Trompetenstoß 3 BOT a Brand *m*, Mehltau *m* b Verdorren *n* 4 a ausgeatmete *od* beim Husten herausgepresste Luft b *poet* Atem *m*, Hauch *m*: **winter's chilly ~** 5 *fig umg* heftiger Angriff (**against** gegen) 6 TECH Gebläse(luft) *n(f)*: **(at) full ~** TECH *u. fig* auf Hochtouren *laufen od arbeiten*; **the radio was playing (at) full ~** das Radio war voll aufgedreht; **play a record (at) full ~** e-e Schallplatte mit voller Lautstärke abspielen; **at half ~** TECH *u. fig* mit halber Kraft; **out of ~** außer Betrieb (*Hochofen*) 7 a Explosion *f*, Detonation *f* b Druckwelle *f* 8 a Sprengung *f* b Sprengladung *f* 9 *US sl* a ausgelassene Party: **have a ~** die Sau rauslassen *umg* b **be a ~** riesigen Spaß machen **B** V/T 1 BOT a durch Brand *od* Mehltau vernichten b verdorren lassen 2 sprengen: **~ away** wegsprengen 3 *umg* a MIL unter Beschuss nehmen, beschießen b *oft* **~ down** niederknallen 4 *fig* zunichtemachen, vereiteln 5 *fig umg j-n, etwas* scharf attackieren 6 SPORT *US umg* vernaschen, überfahren (*hoch schlagen*) 7 *sl* **~ it (all)!** verdammt (noch mal)!; **~ him (you)!** der Teufel soll ihn (dich) holen! 8 **~ off (into space)** *e-e Rakete, Astronauten* in den Weltraum schießen **C** V/I 1 *umg* knallen (*schießen*): **~ away at** a ballern auf (*akk*) b *fig j-n, etwas* scharf attackieren 2 *US sl* kiffen 3 **~ off** abheben, starten (*Rakete*) **D** INT *sl* verdammt!

blasted ADJ *sl* verdammt: **~ idiot** Vollidiot *m pej*

blastema [blæ'sti:mə] *pl* -mas, -mata [-mətə] S BIOL Blastem *n* (*undifferenzierte Zellen, aus denen sich schrittweise die Körpergrundgestalt entwickelt*)

blast| furnace S TECH Hochofen *m*; **~hole** S TECH Sprengloch *n*

blasting| cap S TECH Sprengkapsel *f*; **~ cartridge** S Sprengpatrone *f*; **~ charge** S MIL Sprengladung *f*; **~ gelatin** S TECH Sprenggelatine *f*

blastocyst ['blæstəʊsɪst; -tə-] S BIOL Keimbläs-chen *n*; **blastoderm** [-dɜ:m; *US* -ˌdɜrm] S BIOL Blastoderm *n*, Keimhaut *f*

blastoff S Start *m* (*e-r Rakete*)

blastogenesis [ˌblæstəʊ'dʒenɪsɪs] S BIOL Blastogenese *f* (*ungeschlechtliche Vermehrung durch Knospung od Sprossung*); **blastomere** [-mɪə(r)] S BIOL Blastomere *f*, Furchungszelle *f*; **blastopore** [-pɔ:(r); *US a.* -ˌpəʊər] S BIOL Blastoporus *m*, Urmund *m*; **blastosphere** [-ˌsfɪə(r)] → blastula

blast| pipe S TECH 1 Düse(nrohr) *f(n)* 2 *Bergbau*: Windleitung *f* 3 Abblasrohr *n*; **~ pressure** S TECH Gebläse- *od* Explosionsdruck *m*; **~ tube** S FLUG Strahlrohr *n* (*e-r Rakete*)

blastula ['blæstjʊlə; *US* -tʃə-] *pl* -lae [-li:], -las S BIOL Blastula *f*, Keimblase *f*

blat [blæt] *US umg* **A** V/I blöken (*Schaf*) **B** V/T *etwas* ausposaunen

blatancy ['bleɪtənsɪ] S Aufdringlichkeit *f*; **blatant** ADJ (ADV ~ly) 1 lärmend, laut, plärrend 2 a marktschreierisch b aufdringlich 3 offenkundig, eklatant: **a ~ discrepancy** e-e krasse Diskrepanz; **a ~ lie** e-e unverfrorene Lüge; **a ~ penalty** (*Fußball*) ein glasklarer Elfmeter

blather ['blæðə(r)] *bes US* **A** V/I schwafeln *pej* **B** S Geschwafel *n pej*; **blatherskite** [-skaɪt] *bes US* 1 Schwafler(in) *pej* 2 → blather B

blaze [bleɪz] **A** S 1 (lodernde) Flamme, loderndes Feuer, Lohe *f*: **be in a ~** in hellen Flammen stehen; **burst into a ~** aufflammen, -lodern 2 *pl umg* Hölle *f*: **go to ~s!** scher dich zum Teufel!; **like ~s** wie verrückt!; **what the ~s is the matter?** was zum Teufel ist denn los? 3 blendender (Licht)Schein, Leuchten *n*, Strahlen *n*, Glanz *m* (*a. fig*): **be a ~ of light** im Lichterglanz erstrahlen; **in the ~ of day** am helllichten Tag; **~ of fame** Ruhmesglanz; **~ of colo(u)rs** Farbenpracht *f*, -meer *n*; **the ~ of publicity** das grelle Licht der Öffentlichkeit 4 *fig* plötzlicher Ausbruch, Anfall *m*: **~ of anger** Wutanfall 5 Blesse *f* (*weißer Stirnfleck bei Pferden od Rindern*) 6 Schalm *m* (*an Bäumen*) **B** V/I 1 lodern: **in a blazing temper** *fig* in heller Wut 2 leuchten, glühen, strahlen (*alle a. fig*): **~ with anger** a vor Zorn glühen (*Wangen*) b vor Zorn funkeln (*Augen*); **~ above** *fig* überstrahlen 3 brennen, glühen (*Sonne*) 4 **~ into prominence** e-n kometenhaften Aufstieg erleben **C** V/T 1 verbrennen, -sengen 2 *Bäume* anschalmen, *e-n Weg* markieren: → trail C 5 3 strahlen *od* leuchten vor (*dat*) 4 *s-e Verärgerung etc* deutlich zeigen (**to sb** j-m) 5 → blaze abroad

Phrasal Verbs: **blaze| abroad** V/T verkünden, verbreiten, *pej* ausposaunen; **~ away** **A** V/I 1 lodern 2 (wild) drauflosschießen (**at** auf *akk*) 3 **~ about** *umg* a *etwas* mit Nachdruck vertreten b herziehen über (*akk*) **B** V/T *Munition* verschießen; **~ down** V/I herunterbrennen (**on** auf *akk*) (*Sonne*); **~ out** V/I 1 aufflammen, -lodern 2 *fig* (wütend) auffahren (**at** bei *e-r Beleidigung etc*); **~ up** V/I 1 aufflammen, -lodern, *fig a.* entflammen, -brennen: **the fight blazed up again** 2 → blaze out 2

blazer S Blazer *m* (*sportlich-elegantes Jackett*)

blazing ADJ (ADV ~ly) 1 flammend, (hell) glühend: **in the ~ sun** in der prallen Sonne 2 auffällig, schreiend, offenkundig, eklatant, unerhört: **~ colo(u)rs** grelle Farben; **a ~ lie** e-e unverfrorene Lüge; **~ scent** JAGD warme Fährte 3 *umg* verteufelt

blazon ['bleɪzn] **A** S 1 Blason *m*, Wappen (-schild) *n(m/n)* 2 Blasonierung *f* 3 *fig* Herausstellung *f*, -streichung *f* **B** V/T 1 *ein Wappen* blasonieren: a heraldisch erklären b kunstgerecht ausmalen 2 schmücken, verzieren 3 *fig* herausstellen, -streichen (**as** als) 4 *meist* **~ abroad** → blaze abroad; **blazoner** S 1 Wappenkundige(r) *m/f(m)* 2 Wappenmaler(in); **blazonry** [-rɪ] S 1 KOLL Blasons *pl*, Wappen (-schilde) *pl* 2 → blazon A 2 3 a künstlerische *od* prächtige Gestaltung b künstlerische Verzierung

bldg ABK building

bleach [bli:tʃ] **A** V/T bleichen **B** V/I (aus)bleichen **C** S 1 Bleiche *f*, Bleichen *n*: **give sth a ~** etwas bleichen 2 Bleichmittel *n*: **~ liquor** Bleichlauge *f*; **bleacher** S 1 Bleicher(in) 2 *bes* SPORT *US* a *meist pl* (*a. als sg konstruiert*) unüberdachte Tribüne (*meist mit unnummerierten Plätzen*) b *pl* unüberdachte Tribünenplätze *pl* c *pl* (*die*) Zuschauer *pl* auf den unüberdachten Tribünenplätzen; **bleacherite** [-ˌraɪt] S *bes* SPORT *US* Zuschauer(in) auf e-m unüberdachten Tribünenplatz; **bleaching** S Bleiche *f*, Bleichen *n*: **~ powder** CHEM Bleichpulver *n*, Chlorkalk *m*

bleak[1] [bli:k] S FISCH Ukelei *m*

bleak[2] [bli:k] ADJ (ADV ~ly) 1 kahl (*Raum etc*), (*a. Landschaft etc*) öde 2 unfreundlich (*Tag, Wetter etc*), rau (*Wetter, Wind etc*) 3 *fig* trost-, freudlos (*Dasein etc*), trüb, düster (*Aussichten etc*): **the future looks ~** die Zukunft sieht düster aus; **bleakness** S 1 Kahlheit *f*, Öde *f* 2 Unfreundlichkeit *f*, Rauheit *f* 3 *fig* Trost-, Freudlosigkeit *f*, Trübheit *f*, Düsterheit *f*, -keit *f*

blear [blɪə(r)] **A** ADJ → bleary 1, 2, 3 **B** V/T *den Blick* trüben; **~-eyed** → bleary-eyed

bleary ['blɪərɪ] ADJ 1 trüb(e), verschwommen 2 trüb(e), (durch Tränen *od* Müdigkeit) getrübt (*Augen*) 3 *fig* dunkel, nebelhaft 4 (völlig) erschöpft; **~-eyed** ADJ 1 a mit trüben Augen: **she looked at him ~** sie sah ihn durch e-n Tränenschleier an b verschlafen (*Person*) 2 *fig* a einfältig b kurzsichtig

bleat [bli:t] **A** V/I 1 blöken (*Schaf, Kalb*), meckern (*Ziege*) 2 plärren 3 in weinerlichem Ton reden **B** V/T 1 *oft* **~ out** *etwas* plärren 2 *oft* **~ out** *etwas* in weinerlichem Ton sagen **C** S 1 Blöken *n*, Meckern *n* 2 Plärren *n*

bleb [bleb] S 1 Bläs-chen *n*, Luftblase *f* 2 MED (Haut)Bläs-chen *n*

bled [bled] *prät u. pperf von* bleed

bleed [bli:d] **A** V/I *prät u. pperf* bled [bled] 1 bluten (*a. Pflanze*): **~ to death** verbluten; **he was ~ing from his mouth** er blutete aus dem Mund 2 sein Blut vergießen, sterben (*beide*: **for** für) 3 **my heart ~s for him** a ich empfinde tiefes Mitleid mit ihm b *iron* seinetwegen fang ich gleich zu weinen an *od* kommen mir gleich die Tränen 4 ver-, auslaufen (*Farbe*) 5 TECH zerlaufen (*Asphalt etc*) 6 schwitzen (*Mauer etc*) 7 TECH leck sein, lecken 8 TYPO a angeschnitten *od* bis eng an den Druck beschnitten sein (*Buch, Bild*) b über den Rand gedruckt sein (*Illustration*) **B** V/T 1 MED zur Ader lassen (*a. fig umg*) 2 a *e-m Baum* Saft abzapfen b Gas *od* e-e Flüssigkeit ablassen aus: **~ a brake** AUTO e-e Bremse entlüften 3 *umg* bluten lassen, schröpfen: **~ sb white** j-n bis zum Weißbluten auspressen; **~ sb for £1,000** j-m 1000 Pfund abknöpfen 4 *Färberei*: den Farbstoff entziehen (*dat*) 5 a den Rand *e-r Illustration etc* abschneiden b über den Rand drucken **C** S TYPO angeschnittene Seite

bleeder S 1 MED Bluter(in): **~'s disease** Bluterkrankheit *f* 2 *umg* Blutsauger(in) *pej* 3 *Br sl* a Kerl *m*: **lucky ~** Glückspilz *m*; **poor (old) ~** armer Hund, armes Schwein b Scheißkerl *m*, Scheißding *n*, -sache *f* (*alle umg pej*): **that job is a real ~** diese Arbeit ist einfach beschissen; **a ~ of a headache** verfluchte Kopfschmerzen 4 TECH Ablassventil *n* 5 *a.* **~ resistor** ELEK Belastungswiderstand *m*

bleeding **A** S 1 MED a Blutung *f* b Aderlass *m* 2 Auslaufen *n* (*von Farbe*) 3 TECH Zerlaufen *n* (*von Asphalt etc*) 4 Entlüften *n* (*der Bremsen*) **B** ADJ & ADV *Br umg* verdammt: **~ idiot** Vollidiot *m pej*; **~ beautiful** wahnsinnig schön; **~-edge** ADJ *attr* topaktuell, auf dem allerneuesten Stand; **~ heart** S BOT Flammendes Herz

bleed valve S TECH Ablassventil *n*

bleep [bli:p] **A** S 1 Piepton *m* 2 *umg* Piepser *m* (*Funkrufempfänger*) **B** V/I 1 piepen 2 **~ for** → C 2 **C** V/T 1 TV *etc ein anstößiges Wort etc* durch e-n Piepton ersetzen 2 *j-n* anpiepsen (*mit j-m über e-n Funkrufempfänger Kontakt aufnehmen*); **bleeper** → bleep A 2

blemish ['blemɪʃ] **A** V/T 1 entstellen, verunstalten 2 *fig* beflecken, schänden, (*dat*) schaden **B** S 1 Fehler *m*, Mangel *m*, Verunstaltung *f*, Schönheitsfehler *m* (*a. fig*) 2 *fig* Makel *m* 3 TECH Fehlstelle *f*

blench[1] [blentʃ] **A** V/I 1 verzagen, den Mut verlieren 2 zurückschrecken (**at** vor *dat*) **B** V/T *obs* (ver)meiden

blench[2] [blentʃ] → blanch B

blend [blend] **A** V/T *prät u. pperf* **blended**, *obs od poet* **blent** [blent] 1 a vermengen, (ver)mischen, verschmelzen b *Flüssigkeiten* mixen c *Kartoffeln etc* pürieren 2 mischen, e-e (*Tee-, Tabak, Whisky- etc*) Mischung zusammenstellen aus, *Wein* verschneiden 3 *Farben* ineinander übergehen lassen 4 *Pelze* dunkel färben 5 **~ in** ELEK, TECH überblenden **B** V/I 1 *a.* **~ in (with)** sich vermischen, sich (harmonisch) verbinden (mit), gut passen (zu) 2 verschmelzen, ineinander übergehen (*Farben, Klänge, Kulturen etc*): **~ into** sich zu *e-m Ganzen etc* vereinigen **3** BIOL sich mischen *(Vererbungsmerkmale)* **C** S **1** Mischung *f* (harmonische) Zusammenstellung *(Getränke, Farben etc)*, Verschnitt *m (Spirituosen)* **2** Verschmelzung *f (von Klängen etc)* **3** BIOL Vermischung *f* **4** LING Kurzwort *n (z. B.* **smog** *aus* **smoke** *u.* **fog***)*

blende [blend] S MINER *(engS.* Zink*)* Blende *f*

blender S Mixer *m*, Mixgerät *n*

blend word → blend C 4

blenny ['blenɪ] S FISCH *(ein)* Schleimfisch *m*

blent [blent] *obs od poet prät u. pperf von* **blend**

blesbok ['blesbɒk; -bʌk; US -ˌbɑk] *pl* **-boks**, *bes koll* **-bok** S ZOOL Blässbock *m*

bless [bles] *prät u. pperf* **blessed**, **blest** [blest] VT **1** segnen, den Segen sprechen über *(akk)* **2** *e-e Hostie, Reliquie* weihen, segnen **3** *Gott* benedeien, lobpreisen **4** glücklich machen, beseligen: **a child ~ed the union** dem Ehepaar wurde ein Kind beschert; **be ~ed with** mit *Talenten, Reichtum etc* gesegnet sein **5** glücklich preisen: **~ o.s.** sich glücklich preisen *od* schätzen; **I ~ the day when …** ich segne *od* preise den Tag, an dem …; → star A 3 **6** **a** *obs* behüten (**from** vor *dat*) **b** das Kreuz machen über *(akk)*: **~ o.s.** sich bekreuzigen **7** *euph* verwünschen: **~ him!** der Teufel soll ihn holen! *Besondere Redewendungen:* **(God) ~ you!** Gesundheit!; **well, I'm blessed!** *umg* na, so was!; **~ me!**, **~ my heart!**, **~ my soul!** *umg* du m-e Güte!; **not at all, ~ you!** *iron* o nein, mein Verehrtester!; **Mr Brown, ~ him** *iron* Herr Brown, der Gute; **I am ~ed if I know** ich weiß es wirklich nicht; **~ that boy, what's he doing there?** *umg* was zum Kuckuck stellt der Junge dort an?; **he hasn't a penny to ~ himself with** er hat keinen roten Heller

blessed ['blesɪd] **A** ADJ (ADV **~ly**) **1** selig, glücklich: **~ event** *hum* freudiges Ereignis *(Geburt e-s Kindes)*; **of ~ memory** seligen Angedenkens; **the whole ~ day** den lieben langen Tag; → bless 4 **2** gepriesen **3** selig, heilig: **declare ~** seligsprechen; → virgin A 2 a **4** *euph* verdammt, verflixt: **not a ~ day of sunshine** aber auch nicht ein einziger Sonnentag; **not a ~ soul** keine Menschenseele **B** S **the ~** *koll* die Seligen *pl*: → island A 1; **blessedness** S **1** (Glück)Seligkeit *f*, Glück *n*: **single ~** *hum* Junggesellendasein *n*; **live in single ~** Junggeselle sein **2** Seligkeit *f*, Heiligkeit *f*

blessing S Segen *m*: **a** Segensspruch *m*, Segnung *f* **b** Wohltat *f*, Gnade *f (beide:* **for, to** für*)*: **ask a ~** das Tischgebet sprechen; **what a ~ that I was there!** welch ein Segen, dass ich da war!; **it turned out to be a ~ in disguise** es stellte sich im Nachhinein als Segen heraus; **maybe it is a ~ in disguise** wer weiß, wofür es gut ist; **count one's ~s** sich besinnen auf *od* denken an das, was e-m beschert wurde; **give one's ~ to** *fig* s-n Segen geben zu, *etwas* absegnen *umg*; → mixed blessing

blest [blest] **A** *prät u. pperf von* **bless** **B** S: → isle

blet [blet] **A** VI teigig werden *(Obst)* **B** S (Innen)Fäule *f*

blether ['bleðə(r)] *bes Br* → blather; **bletherskite** [-skaɪt] *bes Br* → blatherskite

blew [bluː] *prät von* **blow**[1], **blow**[3]

blight [blaɪt] **A** S **1** BOT **a** Pflanzenkrankheit *f*, *bes* (Trocken)Fäule *f*, Brand *m*, Mehltau *m* **b** Schädling(sbefall) *m* **2** *bes Br* Blutlaus *f* **3** *fig* **a** schädlicher *od* verderblicher Einfluss **b** Fluch *m*: **the ~ of poverty**; **cast** (*od* **put**) **a ~ on sth** etwas ungünstig beeinflussen; **cast** (*od* **put**) **a ~ on sb's life** j-m das Leben vergällen **4** **a** Verwahrlosung *f (e-r Wohngegend)*: **area of ~** → A 4 b **b** verwahrloste Wohngegend **B** VT **1** (durch Brand *etc)* vernichten, verderben, ruinieren *(alle a. fig)*: **~ sb's life** j-m das Leben vergällen **2** *fig* zunichtemachen, zerstören, vereiteln; **blighter** S *Br umg* **a** Kerl *m*: **lucky ~** Glückspilz *m*; **poor ~** armer Hund **b** Mistkerl *m pej* **c** Mistding *n pej*: **that job is a real ~** diese Arbeit ist verdammt schwer; **a ~ of a headache** ekelhafte Kopfschmerzen *pl*

Blighty ['blaɪtɪ] S MIL *Br sl* **1** die Heimat, England *n*: **back to ~** **2** *a.* **~ one** *bes* HIST Heimatschuss *m* **3** *bes* HIST Heimaturlaub *m*

blimey ['blaɪmɪ] INT *Br sl* **a** Mensch Meier! *(überrascht)* **b** verdammt!

blimp[1] [blɪmp] S TECH **1** unstarres Kleinluftschiff **2** Schallschutzhülle *f (e-r Filmkamera)*

Blimp[2] [blɪmp] S *a.* **Colonel ~** *bes Br* selbstgefällige(r) Erzkonservative(r)

blind [blaɪnd] **A** ADJ (ADV **~ly**) **1** **a** blind: **a ~ man** ein Blinder; **~ in one eye** auf einem Auge blind; **are you ~?** hast du keine Augen im Kopf?; **go ~** blind werden, erblinden **b** Blinden…: **~ school** **2** *fig* blind (**to** gegen[über]), verständnislos: **love is ~** Liebe macht blind; **~ to one's own defects** den eigenen Fehlern gegenüber blind; **~ fury** (*od* **rage**) blinde Wut; **~ with fury** blind vor Wut; **turn a ~ eye** **a** ein Auge zudrücken **b** sich den Tatsachen verschließen; **turn a ~ eye to sth** **a** bei etwas ein Auge zudrücken **b** etwas bewusst ignorieren **3** *fig* blind, unbesonnen, wahllos: **~ly** *a.* blindlings; **~ bargain** unüberlegter Handel; **~ chance** blinder Zufall; **~ faith** blindes Vertrauen; **have ~ faith in sb** j-m blind vertrauen **4** blind *(ohne nähere Kenntnisse)*: **~ interpretation**, **~ rating** *(Statistik etc)* blinde Auswertung **5** zwecklos, ziellos, leer: **~ excuse** faule Ausrede; **~ pretence** *(US* **pretense***)* Vorwand *m* **6** verdeckt, verborgen, geheim, *a.* WIRTSCH, TECH kaschiert: **~ floor** ARCH Blend-, Blindboden *m*; **~ staircase** Geheimtreppe *f*; **~ vein** *(Bergbau)* blinde Erzader **7** schwer erkennbar *od* verständlich: **~ copy** TYPO unleserliches Manuskript; **~ corner** unübersichtliche Kurve *od* Ecke; **~ hole** *(Golf)* Blind Hole *n (Loch, dessen Grün man beim Annäherungsschlag nicht sehen kann)*; **~ letter** unzustellbarer Brief **8** ARCH blind, nicht durchbrochen: **~ arch** Bogenblende *f*; **~ door** blinde *(zugemauerte)* Tür **9** BOT blütenlos, taub **10** FOTO nur gegen blaues, violettes u. ultraviolettes Licht empfindlich *(Film)* **11** matt, nicht poliert **12** *umg* blau *(betrunken)*: **~ to the world** sternhagelvoll **13** *Br umg* **it doesn't make the ~est bit of difference** das macht nicht den geringsten Unterschied; **he didn't take a ~ bit of notice** er nahm nicht die geringste Notiz (davon); **it's not a ~ bit of use** es hat überhaupt keinen Zweck; **he hasn't done a ~ bit of work yet** er hat noch keinen Handschlag *od* Strich getan; **I haven't got a ~ idea** ich hab keinen blassen Schimmer **B** VT **1** **a** blind machen: **the accident ~ed him** er verlor durch den Unfall das Augenlicht; **be ~ed** das Augenlicht verlieren; **he was ~ed in his left eye** er wurde auf dem linken Auge blind **b** blenden *(a. fig:* **with** mit*)*: **~ sb with science** j-n mit s-m (Fach)Wissen beeindrucken **2** *j-m* die Augen verbinden **3** *fig* mit Blindheit schlagen, verblenden, blind machen (**to** für, gegen): **~ o.s. to facts** sich den Tatsachen verschließen **4** verdunkeln, das Licht nehmen *(dat)* **5** *Straßenbau*: mit Kies *od* Erde ausfüllen **6** TECH mattieren **C** VI **1** AUTO *Br sl* rasen **2** → eff 2 **D** S **1** **the ~** *koll* die Blinden *pl*: **it's a case of the ~ leading the ~** das ist, wie wenn ein Blinder e-n anderen führt; **among the ~ the one-eyed man is king** *(Sprichwort)* unter den Blinden ist der Einäugige König **2** **a** Rollladen *m* **b** Rouleau *n*, Rollo *n* **c** *bes Br* Markise *f*: → Venetian A **3** *pl* Scheuklappen *pl* **4** *fig* **a** Vorwand *m* **b** (Vor)Täuschung *f* **c** Tarnung *f* **5** *umg* Strohmann *m* **6** JAGD *bes US* Deckung *f* **7** *sl* Sauferei: **go (out) on a ~** e-e Sauftour machen **E** ADV **1** blind: → fly[1] B 2, swear B 3 **2** *fig* blindlings **3** **~ drunk** *umg* sternhagelvoll: **get ~ drunk** *umg* sich sinnlos volllaufen lassen

blindage S MIL, HIST Blindage *f (Deckwand gegen Splitter im Festungsbau)*

blind| alley S Sackgasse *f (a. fig)*: **lead up a ~** in e-e Sackgasse führen; **~-alley** ADJ zu nichts führend: **~ occupation** Stellung *f* ohne Aufstiegsmöglichkeiten; **~ approach** S FLUG Blindanflug *m*; **~-approach** ADJ: **~ beacon** Blindlandefeuer *n*; **~ beam system** impulsgesteuerte Navigationsbake *(zum Ansteuern der Landebahn)*; **~ date** S *umg* **a** Blind Date *n (Verabredung mit e-r unbekannten Person)* **b** *Partner(in) bei e-r solchen Verabredung*

blinder S **1** *pl US* Scheuklappen *pl* **2** **play a ~** *(Fußball) Br umg* ein Bombenspiel machen

blind| flight S FLUG Blind-, Instrumentenflug *m*; **~fold** **A** ADJ **1** mit verbundenen Augen: **~ chess** Blindschach *n* **2** *fig* voreilig **B** ADV *fig* blindlings **C** VT **1** *j-m* die Augen verbinden **2** *fig* blind machen (**to** für, gegen) **D** S Augenbinde *f*: **put on a ~** sich die Augen verbinden; ♀ **Freddie** ['fredɪ] S: **~ could see that!** *umg* das sieht doch ein Blinder!; **~ gut** S ANAT Blinddarm *m*; **~ landing** S FLUG Blindlandung *f*

blindman's| buff, *US a.* **~ bluff** [-mænz] S Blindekuh(spiel *n*): **play ~** Blindekuh spielen

blindness S **1** Blindheit *f (a. fig)* **2** *fig* Verblendung *f*

blind| spot S **1** MED blinder Fleck *(auf der Netzhaut)* **2** *fig* schwacher *od* wunder Punkt: **he has a ~ as far as this is concerned** auf diesem Auge ist er blind **3** TECH tote Zone, Totpunkt *m* **4** AUTO toter Winkel *(im Rückspiegel)* **5** ELEK Schattenstelle *f*, Empfangsloch *n (e-s Senders)*; **~ staggers** SPL *(als sg konstruiert)* → stagger C 2 b; **~-stamp** VT *bes e-n Bucheinband* blindprägen; **~worm** S ZOOL Blindschleiche *f*

blink [blɪŋk] **A** VI **1** blinzeln, zwinkern: **~ at** **a** *j-m* zublinzeln **b** → A 2, C 6; **2** erstaunt *od* verständnislos dreinblicken: **~ at** *fig* sich maßlos wundern über *(akk)* **3** **a** schimmern, flimmern **b** blinken; **B** VT **1**: **~ one's eyes** (mit den Augen) zwinkern **2**: **~ away one's tears** s-e Tränen wegblinzeln **3**; *a.* **~ away** *fig* ignorieren: **there is no ~ing (away) the fact** es lässt sich nicht bestreiten, es ist nicht zu leugnen *(beide:* **that** dass*)* **4** **a** blinken, durch Lichtsignale mitteilen **b** **~ one's lights** AUTO die Lichthupe betätigen **C** S **1** **a** Blinzeln *n* **b** Augenaufschlag *m*; **2** *bes Br* flüchtiger Blick **3** **a** (Licht)Schimmer *m* **b** Blinken *n*; **4** Augenblick *m* **5** → iceblink **6** *umg*; **on the ~** kaputt: **go on the ~** kaputtgehen

blinker **A** S **1** *pl* Scheuklappen *pl (a. fig)*: **have ~s on** Scheuklappen (vor den Augen) haben **2** *pl*, *a.* **pair of ~s** *umg* Schutzbrille *f* **3** *umg* Gucker *pl (Augen)* **4** **a** Blinklicht *n (an Straßenkreuzungen etc)* **b** AUTO Blinker *m* **5** **a** Lichtsignal *n*, Blinkspruch *m* **b** Blinkgerät *n*, Signallampe *f*: **~ beacon** Blinkfeuer *n* **B** VT **1** *e-m Pferd* Scheuklappen anlegen: **~ed** mit Scheuklappen *(a. fig)*; **be ~ed** Scheuklappen (vor den Augen) haben **2** → blink B 4 a

blinking ADJ & ADV *bes Br umg* verdammt *(sehr)*: **~ good**; **~ idiot** Vollidiot *m pej*

blip [blɪp] **A** S **1** Klicken *n* **2** *Radar*: Echoimpuls *m*, -signal *n* **3** plötzlicher Ausschlag *(e-r Fieberkurve, stetigen Entwicklung etc)* **B** VI klicken **C** VT TV *etc ein anstößiges Wort etc* durch e-n Piepton ersetzen

bliss [blɪs] S Seligkeit *f (a.* REL*)*, Glück (-seligkeit

B

f) n, Wonne f; **blissful** ADJ (ADV ~ly) (glück)selig: **~ ignorance** *iron* selige Unwissenheit; **~ly happy** glückselig; **be ~ly ignorant** *iron* in seliger Unwissenheit sein (**of** *gen*); **blissfulness** → bliss

blister ['blɪstə(r)] A S 1 MED a (Brand-, Wund)Blase f: **his new shoes have given him ~s** er hat sich in s-n neuen Schuhen Blasen gelaufen b (Haut)Bläs-chen n, Pustel f 2 MED Zugpflaster n 3 TECH a Gussblase f b Glasblase f c Blase f (*auf Holz etc*) 4 BOT Kräuselkrankheit f 5 FLUG *umg* a Bordwaffen- *od* Beobachterstand m (*Kuppel*) b Radarkuppel f B V/T 1 MED Blasen hervorrufen auf (*dat*): **his new shoes have ~ed his feet** er hat sich in s-n neuen Schuhen Blasen gelaufen 2 **the heat ~ed the paint** durch die Hitze warf die Farbe Blasen 3 *fig j-n* scharf attackieren C V/I 1 Blasen ziehen: **his hands ~ easily** er bekommt leicht Blasen an den Händen 2 METALL *etc* Blasen werfen; **~ copper** S Blisterkupfer n

blistered ADJ MED mit Blasen bedeckt, blasig (*a.* METALL *etc*)

blister gas S MIL ätzender Kampfstoff

blistering ADJ (ADV ~ly) 1 MED Blasen ziehend 2 brennend (*Sonne*), glühend (*Hitze*): **~ly hot** glühend heiß 3 *fig* scharf (*Kritik etc*)

blister pack S Durchdrückpackung f

blithe [blaɪð; *US a.* blaɪθ] ADJ (ADV ~ly) 1 fröhlich, munter, vergnügt 2 unbekümmert; **blitheness** S 1 Fröhlichkeit f, Munterkeit f, Vergnügtheit f 2 Unbekümmertheit f

blithering ['blɪðərɪŋ] ADJ 1 quatschig *umg* 2 *Br umg* blöd: **~ idiot** Vollidiot m *pej*

B.Litt. ABK Baccalaureus Litterarum, Bachelor of Letters

blitz [blɪts] A S 1 heftiger (Luft)Angriff: **the ≈** die deutschen Luftangriffe auf London (*1940/41*) 2 *fig* Großaktion f: **have a ~ on** → B 2 B V/T 1 Großangriffe fliegen *od* machen auf (*akk*), schwer bombardieren: **~ed area** zerbombtes Gebiet 2 *fig* sich gründlich hermachen über (*akk*) *umg*; **~krieg** [-kriːg] A S Blitzkrieg m B V/T e-n Blitzkrieg führen gegen

blizzard ['blɪzə(r)d] S Blizzard m, Schneesturm m

blk ABK 1 black 2 block 3 bulk

bloat [bləʊt] A V/T 1 aufblähen 2 *fig j-n* aufgebläht *od* aufgeblasen machen *pej* 3 *bes Heringe* räuchern: **~ed herring** → bloater B V/I 1 auf-, anschwellen 2 *fig* sich aufblähen *od* aufblasen *pej* C S VET Blähsucht f; **bloated** ADJ aufgeblasen (*a. fig Person*), (an)geschwollen, aufgebläht (*a. fig Budget etc*), aufgedunsen (*Gesicht etc*): **feel absolutely ~** bis obenhin voll sein; **~ with pride** stolzgeschwellt; **bloater** S Räucherhering m, Bückling m

blob [blɒb; *US* blɑb] A S 1 (*Farb-, Tinten*) Klecks m, (*Wachs- etc*) Tropfen m: **a ~ of jam** ein Klecks Marmelade 2 *etwas Undeutliches od Formloses*: **small ~s of satire** satirische Ansätze B V/T beklecksen

bloc [blɒk; *US* blɑk] S WIRTSCH, POL Block m

block [blɒk; *US* blɑk] A S 1 a Block m, Klotz m (*aus Stein, Holz, Metall etc*) b ARCH (hohler) Baustein c Baustein m, (Bau)Klötzchen n (*für Kinder*) 2 Hackklotz m 3 **the ~** der Richtblock: **go to the ~** das Schafott besteigen; **send sb to the ~** j-n aufs Schafott schicken 4 (*Schreib-, Notiz- etc*) Block m 5 *Buchbinderei*: Prägestempel m 6 Perückenstock m 7 *umg* Birne f (*Kopf*): *if you do that again* **I'll knock your ~ off!** mach ich Hackfleisch aus dir! 8 Hutstock m 9 *Schuhmacherei*: a Lochholz n b Leisten m 10 TYPO a Klischee n, Druckstock m b Justierblock m (*für Stereotypieplatten*) c Farbstein m (*für Klischees*) 11 TECH Block m, Kloben m, Rolle f: **~ and tackle** Flaschenzug m 12 TECH (Auflage)Block m, Sockel m, Gestell n 13 AUTO (*Motor-, Zylinder-*) Block m 14 TECH Block m (*dicke Platte aus Kunststoffhalbzeug*) 15 BAHN Blockstrecke f 16 a *a.* **~ of flats** *Br* Wohnhaus n, -block m b → office block c *bes US* (Häuser)Block m: **three ~s from here** drei Straßen weiter 17 Bauland n 18 a *bes* Siedlungsgrundstück n b *oft* ≈ Stadtpromenade f 19 *bes US* **go on the ~** zur Versteigerung kommen; **put on the ~** zur Versteigerung anbieten 20 SPORT (*Start*) Block m 21 *fig* Block m, Gruppe f, *z. B.* a *a.* **~ of shares** (*bes US* **stocks**) WIRTSCH Aktienpaket n b *a.* **~ of seats** THEAT *etc* (Zuschauer)Block m c *a.* **~ of information** IT Datenblock m d *Statistik*: Testgruppe f 22 MED Blockierung f, Block m: **mental ~** *fig* (geistige) Sperre 23 a Hindernis n b Absperrung f, Sperre f c Verstopfung f, (*Verkehrs*) Stockung f, (-)Stauung f: **there was a ~ in the pipe** das Rohr war verstopft 24 *Philatelie*: (*Vierer- etc*) Block m 25 SPORT Abblocken n (*e-s Gegenspielers, Schlags etc*) 26 *Volleyball*: Block m B V/T 1 (auf e-m Block) formen 2 *Buchbinderei*: (mit Prägestempeln) pressen 3 TECH a sperren b aufbocken 4 a hemmen, hindern (*a. fig*) b *fig* verhindern, durchkreuzen: **~ a bill** PARL *Br* die Annahme e-s Gesetzentwurfes (*durch Hinausziehen der Beratung*) verhindern 5 a (ab-, ver)sperren, blockieren b verstopfen: **a ~ed artery** MED e-e verstopfte Arterie; **my nose is ~ed** m-e Nase ist verstopft *od* zu; **~ one's ears** sich die Ohren zustopfen; **~ one's ears to** *fig* sich *e-r Sache* verschließen 6 WIRTSCH *Konten* sperren, *Geld* einfrieren, blockieren: **~ed account** Sperrkonto n; **~ed credit** eingefrorener Kredit 7 CHEM blockieren, *Säuren* neutralisieren, *e-n Katalysator* inaktivieren 8 SPORT *e-n Gegenspieler, Schlag etc* abblocken C V/I 1 SPORT s-n Gegenspieler, den Schlag *etc* abblocken 2 (*unerwünscht*) zusammenkleben (*Papier*) 3 TECH blockieren (*Rad etc*)

Phrasal Verbs: **block| in** V/T 1 entwerfen; skizzieren 2 *ein Fenster etc* zumauern; **~ out** V/T 1 → block in 1 2 *das Licht* nehmen (*Bäume etc*) 3 FOTO e-n Teil *e-s Negativs* abdecken; **~ up** → block B 5

block address S IT Blockadresse f

blockade [blɒ'keɪd; *US* blɑ-] A S 1 Blockade f: **break** (*od* **run**) **a ~** e-e Blockade brechen 2 a Hindernis n b Sperre f, Barrikade f B V/T 1 e-e Blockade verhängen über (*akk*) 2 blockieren, ab-, versperren

blockader S Blockadeschiff n

blockade-runner S Blockadebrecher(in)

blockage S 1 Blockierung f 2 Verstopfung f: **there is a ~ in the pipe** das Rohr ist verstopft

block| brake S TECH Backenbremse f; **~buster** S *umg* 1 MIL Minenbombe f 2 Knüller m (*Sache*), (*a. Person*) Wucht f (*beide umg*) 3 *US* *Immobilienspekulant, der den Bewohnern e-r weißen Wohngegend einredet, ihr Gebiet werde von Angehörigen rassischer Minderheiten überschwemmt, damit sie unter Wert verkaufen*; **~ capital** → block letter; **~ chain** S TECH Kette f ohne Ende; **~ diagram** S ELEK, GEOL Blockdiagramm n

blocker S *Volleyball*: Blocker(in), Blockspieler(in)

block|head S Dummkopf m; **~headed** ADJ (ADV ~ly) dumm, einfältig; **~headedness** S Dummheit f, Einfältigkeit f; **~house** S 1 Blockhaus n 2 (Beobachtungs-, Kontroll)Bunker m

blocking ADJ: **~ antibody** MED blockierender Antikörper; **~ capacitor** ELEK Sperrkondensator m; **~ minority** WIRTSCH Sperrminorität f

blockish ADJ (ADV ~ly) → blockheaded; **blockishness** → blockheadedness

block| letter S Blockbuchstabe m, *pl a.* Blockschrift f; **~ plane** S TECH Stirnhobel m; **~ print** S 1 Holz-, Linolschnitt m 2 Kattun-, Tafel-, Handdruck m; **~ printing** S 1 Handdruck m (*Verfahren*) 2 Drucken n *od* Schreiben n in Blockschrift; **~ signal** S BAHN Blocksignal n; **~ system** S 1 BAHN Blocksystem n 2 ELEK Blockschaltung f; **~ tin** S TECH Blockzinn n; **~ vote** S Sammelstimme f (*wobei ein Abstimmender e-e ganze Gruppe vertritt*)

blog [blɒg] INTERNET A S Blog m, Internettagebuch n B V/I bloggen

bloke [bləʊk] S *bes Br umg* Kerl m

blond [blɒnd; *US* blɑnd] A S Blonde(r) m/f(m) B ADJ 1 blond (*Haar*), hell (*Haut, Augen*) 2 blond(haarig); **blonde** [blɒnd; *US* blɑnd] A S 1 Blondine f 2 *a.* **~ lace** Blonde f (*Spitze aus Rohseide*) B ADJ → blond B

blood [blʌd] A S 1 Blut n: **~, sweat, and tears** Blut, Schweiß u. Tränen; **~ and thunder** Mord u. Totschlag (*in der Literatur etc*); **be after** (*od* **out for**) **sb's ~** es auf j-n abgesehen haben; **his ~ froze** (*od* **ran cold**) das Blut erstarrte ihm in den Adern; **the sight made his ~ freeze** bei dem Anblick erstarrte ihm das Blut in den Adern; **you can't get ~ from** (*od* **out of**) **a stone** (*Sprichwort*) wo nichts ist, ist auch nichts zu holen; **it was like trying to get ~ out of a stone** es war vergebliche Liebesmüh; **give one's ~** sein Blut *od* Leben lassen (**for** für); **have English ~ in one's veins** englisches Blut in den Adern haben; **he has ~ on his hands** an s-n Händen klebt Blut; **inject fresh** (*od* **new**) **~ into** frisches Blut zuführen (*dat*); **take sb's ~** MED j-m e-e Blutprobe entnehmen; **taste ~** Blut lecken; → sweat B 1 2 *fig* Blut n, Temperament n: **it made his ~ boil** es brachte ihn in Rage; **his ~ was up, he had his ~ up** sein Blut war in Wallung; **cause** (*od* **create, make**) **bad ~** böses Blut machen *od* schaffen (**between** zwischen *dat*); → cold blood 3 (edles) Blut, Geblüt n, Abstammung f: **prince of the ~ (royal)** Prinz m von königlichem Geblüt; **a gentleman of ~** ein Gentleman aus adligem Haus; → blue blood 4 Blutsverwandtschaft f, Familie f, Geschlecht n: **related by ~** blutsverwandt (**to** mit); **~ is thicker than water** (*Sprichwort*) Blut ist dicker als Wasser; **be** (*od* **run**) **in sb's ~** j-m im Blut liegen 5 ZOOL Vollblut n (*bes Pferd*) 6 (*bes* roter) Saft: **~ of grapes** Traubensaft 7 Blutvergießen n, Mord m: **his ~ be on us** BIBEL sein Blut komme über uns 8 *obs* Leben n, Lebenskraft f 9 *bes Br obs* Lebemann m, Dandy m B V/T 1 JAGD *e-n Hund* an Blut gewöhnen 2 **be ~ed** MIL *Br* die Feuertaufe erhalten (*a. fig*)

blood| alcohol S MED Blutalkohol m; **~-and-thunder** ADJ: **~ novel** *umg* Reißer m; **~ bank** S MED Blutbank f; **~bath** S Blutbad n: **cause a ~** ein Blutbad anrichten; **~ blister** S MED Blutblase f; **~ brother** S 1 leiblicher Bruder 2 Blutsbruder m: **become ~s** Blutsbrüderschaft (miteinander) schließen; **be the ~ of** *fig* untrennbar verknüpft sein mit; **~ brotherhood** S Blutsbrüderschaft f; **~ cell** S PHYSIOL Blutkörperchen n; **~ clot** S MED Blutgerinnsel n; **~ corpuscle** → blood cell; **~ count** S MED Blutkörperchenzählung f, Blutbild n; **~curdling** ADJ (ADV ~ly) grauenerregend; **~ donation** S Blutspende f; **~ donor** S MED Blutspender(in); **~ doping** S SPORT Blutdoping n

blooded ['blʌdɪd] ADJ 1 reinrassig, Vollblut... (*Tier*) 2 (*in Zusammensetzungen*) ...blütig: → pureblooded *etc*

blood| feud S Blutfehde f; **~ flow** S

PHYSIOL Blutstrom *m*; ~ **gland** S PHYSIOL endokrine Drüse; ~ **group** S MED Blutgruppe *f*: **what is your ~?** welche Blutgruppe haben Sie?; **be ~ A** die Blutgruppe A haben; ~ **grouping** S MED Blutgruppenbestimmung *f*; **~guilt**, **~guiltiness** S Blutschuld *f*; **~guilty** ADJ mit Blutschuld beladen; ~ **heat** S PHYSIOL Blutwärme *f*; ~ **horse** S Vollblut (pferd) *n*, Vollblüter *m*; **~hound** S 1 Bluthund *m* 2 *umg* Schnüffler *m pej* (*Privatdetektiv*)

bloodless ADJ (ADV ~ly) 1 a blutleer, -los b blutarm, blass (*a. fig*) 2 unblutig (*Staatsstreich etc*) 3 *fig* a gefühllos b nüchtern (*Daten etc*)

blood|letting S 1 MED Aderlass *m* (*a. fig*) 2 Blutvergießen *n* (*bes bei e-r Blutfehde*); **~line** S ZOOL Blutlinie *f* (*Abstammungsverlauf*); ~ **loss** S MED Blutverlust *m*; ~ **lust** S Blutgier *f*; ~ **meal** S AGR Blutmehl *n*; **~mobile** [-məʊ,biːl] S MED *US* fahrbare Blutspenderstelle; ~ **money** S Blutgeld *n*; ~ **orange** S Blutorange *f*; ~ **picture** S MED Blutbild *n*; ~ **plasma** S PHYSIOL Blutflüssigkeit *f*, -plasma *n*; ~ **poisoning** S MED Blutvergiftung *f*; ~ **pressure** S MED Blutdruck *m*: **take sb's ~** j-m den Blutdruck messen; ~ **pudding** S Blutwurst *f*; ~ **red** S Blutrot *n*; **~-red** ADJ blutrot; ~ **relation** S Blutsverwandte(r) *m/f(m)*; ~ **relationship** S Blutsverwandtschaft *f*; ~ **relative** S Blutsverwandte(r) *m/f(m)*; ~ **revenge** S Blutrache *f*; **~root** S BOT Blutwurz *f*; ~ **sample** S MED Blutprobe *f*: **take a ~ from sb** j-m e-e Blutprobe entnehmen; ~ **sausage** S *bes US* Blutwurst *f*; ~ **sedimentation** S MED Blutsenkung *f*; ~ **serum** S *a. irr* PHYSIOL Blutserum *n*; **~shed**, *a.* **~shedding** S Blutvergießen *n*; **~shot** ADJ blutunterlaufen (*Augen*); **~-spattered** ADJ blutbespritzt; ~ **spavin** S VET Blutspat *m* (*Pferd*); ~ **specimen** → blood sample; ~ **sport** S *„Sportart", die mit dem Tod e-s Tieres endet, z. B. Stierkampf u. Hetzjagd*; **~stain** S Blutfleck *m*; **~stained** ADJ blutbefleckt: **a ~ history** *fig* e-e blutige Geschichte; **~stock** S Vollblutpferde *pl*; **~stone** S MINER Blutjaspis *m*; ~ **stream** S PHYSIOL Blutbahn *f*, -strom *m*; **~sucker** S ZOOL Blutsauger *m* (*a. fig*); ~ **sugar** S PHYSIOL Blutzucker *m*; ~ **test** S MED Blutprobe *f*, -untersuchung *f*; **~thirstiness** S Blutdurst *m*; **~thirsty** ADJ (ADV bloodthirstily) a blutdürstig b blutrünstig (*a. Geschichte etc*); ~ **ties** S PL Blutsbande *pl*; ~ **transfusion** S MED Bluttransfusion *f*, -übertragung *f*: **he had a ~** er bekam e-e Bluttransfusion; ~ **type** → blood group; ~ **typing** → blood grouping; ~ **vengeance** S Blutrache *f*; ~ **vessel** S ANAT Blutgefäß *n*; **~wort** S BOT 1 Blutampfer *m* 2 Attich *m*, Zwergholunder *m* 3 (*e-e*) Blutnarzisse 4 (*ein*) Tausendgüldenkraut *n* 5 Schafgarbe *f* 6 Ruprechtskraut *n*

bloody A ADJ (ADV bloodily) 1 blutig: a blutbefleckt b blutend c *mit Blutvergießen verbunden*: **a ~ battle** e-e blutige Schlacht 2 Blut...: **~ flux** MED rote Ruhr 3 → bloodthirsty 4 *bes Br sl* verdammt, verflucht (*oft nur verstärkend*): **~ fool** Vollidiot *m pej*; **~ hell!** Scheiße!; **not a ~ soul** keine Menschenseele, kein Schwanz B ADV *bes Br sl* verdammt, verflucht (*oft nur verstärkend*): **~ awful** saumäßig; **~ cold** saukalt; **~ good** echt gut; **not ~ likely!** kommt überhaupt nicht infrage!; **he can ~ well wait** der Kerl kann ruhig warten C V/T 1 blutig machen, mit Blut beflecken: **~ one's hands** sich die Hände blutig machen 2 **~ sb's nose** j-m die Nase blutig schlagen; ♀ **Mary** Bloody Mary *f* (*Getränk aus Wodka u. Tomatensaft*); **~-minded** ADJ (ADV ~ly) 1 → bloodthirsty 2 *bes Br umg* stur; ~ **shirt** S: **wave the ~** *US* hetzen, Hassgesänge anstimmen

blooey [ˈbluːiː] ADJ *US sl* kaputt: **go ~** a kaputtgehen b zusammenbrechen (*Sache*)

bloom[1] [bluːm] A S 1 a Blüte *f*, *koll* Blüten *pl* b Blüte(zeit) *f*: **be in (full) ~** in (voller) Blüte stehen 2 *fig* Blüte(zeit) *f*: **the ~ of youth** die Jugendblüte 3 rosige Frische: **the ~ of her cheeks** 4 Flaum *m* (*auf Früchten u. Pflanzen*) 5 TV Überstrahlung *f* 6 MINER Blüte *f* B V/I 1 a aufblühen, erblühen b blühen (*a. fig*) 2 *fig* gedeihen: **~ into** erblühen *od* gedeihen zu

bloom[2] [bluːm] S METALL 1 Vor-, Walzblock *m* 2 Puddelluppe *f*: **~ steel** Luppenstahl *m*

bloomer [ˈbluːmə(r)] S *bes Br umg* Schnitzer *m*

bloomers [ˈbluːmə(r)z] S PL *a.* **pair of ~** 1 HIST (Damen)Pumphose *f* 2 *umg* Schlüpfer *m* (*mit langen Beinen*)

blooming[1] ADJ & ADV *bes Br umg* verflixt

blooming[2] S METALL Luppenwalzen *n*

blooper [ˈbluːpəˈ(r)] S *bes US umg* 1 Schnitzer *m* 2 RADIO, TV *etc* peinlicher Versprecher

blossom [ˈblɒsəm; *US* ˈblɑ-] A S a (*bes fruchtbildende*) Blüte, *koll* Blüten *pl* b → bloom[1] A 1 b B V/I 1 a aufblühen, erblühen b blühen 2 *oft* **~ out** *fig* aufblühen: **~ out into** erblühen *od* gedeihen zu

blot [blɒt; *US* blɑt] A S 1 (*Farb-, Tinten*) Klecks *m* 2 *fig* (Schand)Fleck *m*, Makel *m*: **a ~ on the landscape** ein Schandfleck in der Landschaft; **be a ~ on the landscape** *a.* die Landschaft verschandeln; *we are a very nice group;* **the only ~ on the landscape is XY** der einzige Fremdkörper ist XY; **cast a ~ (up)on sb** j-n verunglimpfen; → escutcheon 1 3 Verunstaltung *f*, Schönheitsfehler *m* B V/T 1 (*mit Tinte etc*) beklecksen: → copybook A 1 2 *fig* a beflecken b verunglimpfen 3 *oft* **~ out** *e-e Schrift* aus-, durchstreichen 4 *oft* **~ out** *e-e Familie etc, a. fig Erinnerungen* auslöschen 5 *den Himmel* verdunkeln (*Wolken*), *Berge etc* einhüllen (*Nebel*) 6 (*mit Löschpapier*) (ab)löschen 7 TYPO unsauber abziehen C V/I klecksen, schmieren

blotch [blɒtʃ; *US* blɑtʃ] A S 1 (*Farb-, Tinten*) Klecks *m* 2 *fig* Makel *m*, (Schand)Fleck *m* 3 MED Hautfleck *m* 4 BOT *allg* Fleckenkrankheit *f* B V/T (*mit Tinte etc*) beklecksen C V/I klecksen, schmieren; **blotchy** ADJ (ADV blotchily) 1 kleckig 2 MED fleckig (*Haut*)

blotter [ˈblɒtə; *US* ˈblɑtər] S 1 (Tinten)Löscher *m* 2 *US* a Eintragungsbuch *n*, Kladde *f* b → police blotter

blotting| book [ˈblɒtɪŋ; *US* ˈblɑtɪŋ] S Löschpapierblock *m*; **~ pad** S Schreibunterlage *f od* Block *m* aus Löschpapier; **~ paper** S Löschpapier *n*

blotto [ˈblɒtəʊ; *US* ˈblɑ-] ADJ *sl* (rotz)besoffen, sternhagelvoll

blouse [blaʊz; *US* blaʊs] S 1 Bluse *f* 2 a *bes* MIL Uniformjacke *f* b MIL Feldbluse *f*

blouson [ˈbluːzɒn; *US* ˈblaʊsɑn] S Blouson *n*, *a. m* (*über dem Rock getragene, an den Hüften eng anliegende Bluse*)

blow[1] [bləʊ] A S 1 Blasen *n*, Wehen *n* 2 a SCHIFF steife Brise b Luftzug *m*: **go for a ~** an die frische Luft gehen c *umg* Sturm *m* 3 Blasen *n*, Stoß *m* (*in ein Instrument*): **a ~ on a whistle** ein Pfiff 4 **give one's nose a ~** sich die Nase putzen, sich schneuzen 5 Eierlegen *n*, Schmeiß *m* (*der Fliegen*) 6 TECH a undichte Stelle, Leck *n* b Damm-, Deichbruch *m* 7 METALL Chargengang *m* (*Hochofen*), Schmelze *f* (*Konverterbetrieb*) 8 → blow out A 4 B V/I *prät* blew [bluː], *pperf* blown [bləʊn] 1 blasen, wehen, pusten: **it is ~ing hard** es weht ein starker Wind; **~ on one's coffee to cool it down** in den Kaffee pusten, um ihn abzukühlen; **~ on one's hands** (sich) in die Hände hauchen, in die Hände blasen; **~ hot and cold** *fig* einmal hü u. einmal hott sagen 2 MUS blasen, spielen (*beide:* **on** auf *dat*) 3 ertönen (*Pfiff etc*), (er)schallen (*Trompete etc*) 4 keuchen, schnaufen, pusten *umg* 5 zischen (*Schlange*) 6 spritzen, blasen (*Wal, Delfin*) 7 Eier legen (*Schmeißfliege*) 8 *US umg* angeben (**about** mit) 9 *sl* verduften, abhauen *umg* 10 TECH a quellen (*Zement*) b Blasen bilden (*Papier etc*) 11 (*aus dem Bohrloch*) unkontrolliert ausbrechen (*Erdgas, Erdöl*) 12 a explodieren, in die Luft fliegen b platzen (*Reifen*) c ELEK durchbrennen (*Sicherung*) C V/T 1 blasen, wehen, (auf)wirbeln, treiben (*Wind*) 2 *Rauch etc* blasen, pusten *umg*: → kiss A 1 3 in *die Suppe etc* pusten *umg*, *ein Feuer* anfachen, *den Blasebalg* treten *od* ziehen 4 *die Trompete etc* blasen, ertönen lassen: **~ the horn** a das Horn blasen, ins Horn stoßen b AUTO hupen; **~ one's own horn** (*od* **trumpet**) *fig pej* sich selbst beweihräuchern; → final A 2, whistle C 1 5 *bes ein Pferd* a außer Atem bringen b verschnaufen lassen 6 aufblasen, -blähen: **~ bubbles** Seifenblasen machen; **~ glass** Glas blasen 7 a → blow up A 1, sky-high 1 b **he blew a fuse** ELEK ihm ist die Sicherung durchgebrannt (*a. fig umg*); **~ a gasket, ~ one's cool** (*od* **lid, stack, top**) *umg* an die Decke gehen; **~ sb's mind** *sl* j-s Bewusstsein verändern (*Droge*), *fig* j-n vom Stuhl hauen 8 *umg* a verpfeifen b enthüllen, aufdecken: → gaff[3] 2, lid 1 9 aus-, durchblasen: **~ one's nose** sich die Nase putzen, sich schneuzen; **~ an egg** ein Ei ausblasen; **~ an oil well** TECH e-e Ölquelle durch Sprengung löschen 10 *sl e-e Droge* a rauchen: **~ grass** kiffen b schnüffeln, sniffen (*inhalieren*) 11 *Damespiel: e-n Stein* wegnehmen 12 *umg Geld* verpulvern (**on** für) 13 *US sl* **~ sb to sth** j-m etwas spendieren; **~ o.s. to sth** sich etwas leisten 14 *sl* a *e-e Klassenarbeit etc* versauen b SPORT *etc e-e Chance* vergeben: **I've ~n my chances with her** ich hab mir alle Chancen bei ihr verdorben 15 *sl* verduften *od* abhauen von *od* aus: **~ town** aus der Stadt abhauen 16 **~ sb** *vulg* j-m e-n blasen (*j-n fellationieren*) 17 (*pperf* **blowed**) *umg* verfluchen: **~ it!** verdammt!; **I'll be ~ed if ...** der Teufel soll mich holen, wenn ...; **~ the expense!, expense be ~ed!** Kosten spielen keine Rolle!

blow[2] [bləʊ] S 1 Schlag *m*, Streich *m*, Hieb *m*, Stoß *m*: **at one** (*od* **a [single]**) **~** mit einem Schlag, *fig a.* auf einmal; **without (striking) a ~** a ohne jede Gewalt(anwendung) b mühelos; **come to ~s** handgreiflich werden, aneinandergeraten; **the ~ fell** a es geschah etwas Unvorhergesehenes b es kam so, wie ich *etc* es befürchtet hatte; **strike a ~ against** e-n Schlag versetzen (*dat*) (*a. fig*); **strike a ~ for** *fig* sich einsetzen für, e-e Lanze brechen für; **~ by ~** *fig* genau, minutiös, detailliert 2 *fig* (Schicksals)Schlag *m*: **be a ~ to sb** ein Schlag für j-n sein; **it was a great** (*od* **heavy**) **~ to his pride** es traf ihn schwer in s-m Stolz

Phrasal Verbs: **blow| away** V/T 1 fort-, wegblasen: → cobweb 1 2 *bes US sl j-n* umblasen (*erschießen*); **~ down** A V/T um-, herunterwehen B V/I um-, heruntergeweht werden; **~ in** A V/T 1 *Scheiben* eindrücken (*Wind*) 2 TECH *den Hochofen* anblasen B V/I 1 eingedrückt werden 2 *umg* hereinschneien (*Besucher*); **~ off** A V/T 1 → blow away 1 2 TECH *Dampf od Gas* ablassen: → steam A 1 B V/I 1 abtreiben (*Schiff*) 2 ausströmen (*Dampf etc*) 3 *US umg* meckern, schimpfen (*beide:* **about** über *akk*) 4 *Br sl* e-n fahren lassen; **~ out** A V/T 1 *ein Licht* ausblasen, *a. ein Feuer* (aus)löschen 2 TECH *den Hochofen* ausblasen 3 ELEK *Funken etc* löschen 4 a *ein Rohr etc* durch-, ausblasen b *etwas* herausblasen 5 heraussprengen, -treiben: **~ one's brains** *umg* sich e-e Kugel durch den Kopf jagen 6 e-n Reifen etc platzen lassen: **he blew out a tire** (bes Br **tyre**) ihm od an s-m Wagen platzte ein Reifen 7 → blow[1] C 7 8 **blow itself out** → B 5 9 sl e-e Veranstaltung etc abblasen B V/I 1 ausgeblasen werden, verlöschen 2 herausgesprengt od herausgetrieben werden 3 → blow[1] B 12 b, B 12 c 4 verpuffen (Sprengladung) 5 sich austoben (Sturm) 6 → blow[1] B 11; ~ **over** A V/T umwehen B V/I 1 umgeweht werden 2 sich legen (Sturm), (Skandal etc a.) in Vergessenheit geraten: **a few weeks later the whole thing had blown over** ein paar Wochen später hatte sich der Sturm gelegt; ~ **up** A V/T 1 a (in die Luft) sprengen b vernichten, zerstören c zur Explosion bringen 2 e-n Luftballon etc aufblasen, e-n Reifen etc aufpumpen 3 a ein Foto vergrößern b fig aufbauschen (**into** zu) 4 umg a sich negativ auswirken auf (akk) b j-s Ruf etc ruinieren 5 umg j-n anschnauzen, anblasen B V/I 1 a in die Luft fliegen b explodieren (a. fig umg): ~ **at sb** j-n anschnauzen od anblasen 2 sich aufblasen od aufpumpen lassen 3 losbrechen (Sturm etc), ausbrechen (Streit etc) 4 umg ruiniert werden (Ruf etc) 5 fig umg auf-, eintreten

blow[3] [bləʊ] A V/I prät blew [bluː], pperf blown [bləʊn] (auf-, er)blühen B S Blüte(zeit) f: **be in full** ~ in voller Blüte stehen

blow|back S MIL, TECH Rückstoß m; **~ball** S BOT Pusteblume f; **~-by-blow** ADJ genau, minutiös, detailliert; **~-dry** V/T a j-m die Haare föhnen: ~ **sb's hair** b j-m die Haare föhnen: ~ **s.o**; ~ **dryer** S Haartrockner m, Föhn m, Fön® m, Föhn m

blowed [bləʊd] pperf von blow[1] C 17

blower S 1 Bläser(in): ~ **of a horn** Hornist(in) 2 TECH Gebläse n: ~ **cooling** Gebläsekühlung f 3 AUTO Vorverdichter m, Auflader m 4 US umg Angeber(in) 5 bes Br umg Telefon n: **be on the** ~ an der Strippe hängen; **get on the** ~ sich an die Strippe hängen; **get on the** ~ **to sb** j-n anrufen

blow|fly S ZOOL Schmeißfliege f, bes Blauer Brummer; ~ **forming** S TECH Blasverformung f (von Folien); **~gun** S 1 Blasrohr n 2 TECH Spritzpistole f; **~hard** S US umg Angeber(in); **~hole** S 1 Luft-, Zugloch n 2 Nasenloch n (Wal) 3 Loch n im Eis (zum Atmen für Wale etc) 4 METALL (Luft)Blase f (im Guss), Lunker m; ~ **job** S: **do a** ~ **on sb, give sb a** ~ vulg j-m e-n blasen (j-n fellationieren); **~lamp** S TECH bes Br Lötlampe f

blown[1] [bləʊn] A pperf von blow[1] B ADJ 1 ~ **film** TECH Blasfolie f 2 außer Atem

blown[2] [bləʊn] pperf von blow[3]

blow|off S 1 TECH Ablassen n (von Dampf etc) 2 TECH Ablassvorrichtung f: ~ **cock** Ablasshahn m; ~ **pipe** Ablass-, Aufblaserohr n 3 US umg Angeber(in) 4 US umg plötzlicher (Preisetc) Anstieg: **a** ~ **in prices**; **~out** S 1 a Zerplatzen n (e-s Behälters) b Sprengloch n c Reifenpanne f 2 Blow-out m (unkontrollierter Ausbruch von Erdgas od Erdöl aus e-m Bohrloch) 3 ELEK a Durchbrennen n der Sicherung: **he had a** ~ ihm ist die Sicherung durchgebrannt (a. fig umg) b a. **magnetic** ~ magnetische Bogenbeeinflussung: ~ **coil** (Funken-)Löschspule f; ~ **fuse** Durchschlagssicherung f 4 umg Schlemmermahlzeit f: **go (out) for a** ~ feudal essen gehen; **~pipe** S 1 TECH Lötrohr n, Schweißbrenner m: ~ **analysis** Lötrohranalyse f; ~ **proof** Lötrohrprobe f 2 → blowtube 2 3 Blasrohr n

blowsy → blowzy

blow|torch S TECH bes US Lötlampe f; **~tube** S 1 → blowgun 1 2 Glasbläserpfeife f; **~up** S 1 Explosion f (a. fig umg) 2 fig umg Krach m (Streit): **they had a** ~ sie hatten Krach (miteinander) 3 FOTO Blow-up n, Vergrößerung f

blowy ADJ umg windig

blowzy ['blaʊzɪ] ADJ (ADV blowzily) 1 (drall u.) rotgesichtig (Frau) 2 ungepflegt, schlampig (bes Frau)

bls ABK 1 WIRTSCH bales PL 2 WIRTSCH barrels PL

BLT ABK US bacon, lettuce, and tomato sandwich

blub [blʌb] Br sl für blubber B, C

blubber ['blʌbə(r)] A S 1 Speck m (e-s Wals etc) 2 umg (Schwabbel)Speck m (e-s Menschen) 3 umg Flennen n, Geplärr(e) n pej B V/I umg flennen, plärren, schluchzen C V/T oft ~ **out** schluchzen(d sagen) D ADJ wulstig (Lippen); **~-cheeked** ADJ pausbäckig

bludgeon ['blʌdʒən] A S 1 Knüppel m 2 fig Holzhammermethode f B V/T 1 mit e-m Knüppel schlagen, niederknüppeln: ~ **sb to death** j-n erschlagen 2 fig j-n zwingen (**into** zu; **into doing** zu tun)

blue [bluː] A ADJ (ADV ~ly) 1 blau (**with** vor Kälte etc): **you can wait till you are** ~ **in the face** da kannst du warten, bis du schwarz wirst; → moon A 1, sky A 1 2 umg bedrückt, deprimiert, niedergeschlagen: **look** ~ a traurig dreinblicken (Person) b trüb aussehen (Umstände); **a** ~ **lookout** trübe Aussichten pl 3 POL Br konservativ 4 US (moralisch) streng, puritanisch: → blue laws 5 a unanständig, schlüpfrig (Witz etc) b Porno…: ~ **film** 6 gotteslästerlich: **turn the air** ~ lästerlich fluchen 7 umg schrecklich (oft nur verstärkend): ~ **despair** helle Verzweiflung; ~ **fear** Heidenangst f; → funk[1] A 1, A 2, murder A B S 1 Blau n, blaue Farbe: **dressed in** ~ blau od in Blau gekleidet 2 blauer Farbstoff, Waschblau n 3 a *Student von Oxford od Cambridge, der bei Wettkämpfen s-e Universität vertritt od vertreten hat*: **an Oxford** ~ **in cricket** b blaue Mütze zum Zeichen dafür, dass man s-e Universität bei Wettkämpfen vertritt od vertreten hat: **get** (od **win**) **one's** ~ in die Universitätsmannschaft berufen werden 4 POL Br Konservative(r) m/f(m) 5 **the** ~ poet a der (blaue) Himmel: **out of the** ~ fig aus heiterem Himmel, völlig unerwartet; → bolt[1] A 2 b die (weite) Ferne: **go off** (od **disappear, vanish**) **into the** ~ fig sich in nichts auflösen c das (blaue) Meer 6 → bluestocking 7 **the ~s** pl umg Niedergeschlagenheit f: **give sb the ~s** j-n deprimieren; **have (an attack of) the ~s** e-n Moralischen haben 8 MUS → blues 9 umg a Krach m (Streit) b Schlägerei f: **have a** ~ **with** sich prügeln mit C V/T 1 blau färben, Wäsche bläuen 2 Br sl Geld verpulvern (**on** für) D V/I blau werden

blue| baby S MED Bluebaby n (Kind mit ausgeprägter Blausucht bei angeborenem Herzfehler); **ᴥbeard** S Blaubart m (Frauenmörder); **~bell** S BOT 1 (bes Rundblättrige) Glockenblume 2 Nickende Sternhyazinthe 3 Traubenhyazinthe f 4 Gemeine Akelei; **~berry** [-bərɪ; US -ˌberiː] S BOT Blau-, Heidelbeere f; **~bird** S ORN *e-e dem Rotkehlchen verwandte Drossel*; **~-black** ADJ blauschwarz; ~ **blood** S 1 blaues Blut: **have** ~ **in one's veins** blaues Blut in den Adern haben 2 Aristokrat(in), Adlige(r) m/f(m); **~blooded** ADJ blaublütig, adlig: **be** ~ a. blaues Blut in den Adern haben; ~ **book** S 1 POL Br Blaubuch n 2 umg bes US *Verzeichnis prominenter Persönlichkeiten* 3 UNIV US Prüfungsheft n; **~bottle** S 1 ZOOL Schmeißfliege f, bes Blauer Brummer 2 BOT Kornblume f 3 Br umg Bulle m pej (Polizist); ~ **box** S TV, FILM Bluebox f (Gerät für ein Projektionsverfahren, bei dem künstliche Hintergründe in Aufnahmestudios geschaffen werden können); ~ **cheese** S Blauschimmelkäse m; ~ **chip** S 1 bes Poker: blaue Spielmarke (von hohem Wert) 2 WIRTSCH Bluechip m, erstklassiges Wertpapier; **~coat** S US umg Bulle m pej (Polizist); **~-collar** ADJ: ~ **worker** Arbeiter(in); ~ **union** Arbeitergewerkschaft f; ~ **devils** SPL umg 1 Säuferwahn m 2 → blue B 7; ᴥ **Ensign** S *Flagge der brit. Marinereserve*; **~-eyed** ADJ 1 blauäugig 2 ~ **boy** bes Br umg Liebling m (des Chefs etc) 3 US umg (bes von Schwarzen gebraucht) weiß: ~ **devil** pej Weiße(r) m/f(m); ~ **fox** S ZOOL Blaufuchs m; **~grass** S BOT US (bes Wiesen)Rispengras n; ᴥ**s** US (Beiname für den Staat) Kentucky n; ~ **helmet** S MIL, POL Blauhelm m (UNO-Soldat)

blueing, blueish → bluing, bluish

blue|jacket S Blaujacke f, Matrose m; ~ **jay** S ORN Blauhäher m; ~ **jeans** SPL Bluejeans pl; ~ **laws** SPL US strenge, puritanische Gesetze pl, bes Sonntagsgesetze pl (gegen Entheiligung der Sonn- u. Feiertage); ᴥ **Mantle** S *Name e-s der 4 Wappenherolde von England*

blueness S 1 Bläue f, blaue Farbe 2 POL Br konservative Einstellung

blue|nose S umg 1 US Puritaner(in), sittenstrenge Person 2 oft ᴥ Einwohner(in) von Neuschottland; ~ **notes** SPL MUS Bluenotes pl (für die Melodik des Blues charakteristische Töne); ~ **pencil** S 1 Blaustift m 2 fig Rotstift m, Zensur f; **~-pencil** V/T prät u. pperf -ciled, bes Br -cilled 1 ein Manuskript etc (mit Blaustift) korrigieren od zusammenstreichen 2 fig zensieren; ~ **peter** S SCHIFF blauer Peter (Abfahrtssignalflagge); **~print** A S 1 FOTO Blaupause f 2 fig Plan m, Entwurf m: ~ **stage** Planungsstadium n B V/T 1 e-e Blaupause machen von 2 fig e-n (genauen) Plan ausarbeiten für, planen, entwerfen; **~printer** S Blaudrucker m (Arbeiter u. Maschine); ~ **ribbon** S 1 blaues Band: a Br des Hosenbandordens b US Abzeichen von Temperenzvereinen c bes SPORT Auszeichnung für Höchstleistungen: **the Blue Ribbon** SCHIFF das Blaue Band (des Ozeans) 2 fig erster Preis, Lorbeer m; **~-ribbon** ADJ US 1 erstklassig 2 herausragend 3 ~ **jury** → special jury

blues [bluːz] pl blues S MUS Blues m: ~ **singer** Bluessänger(in)

blue| shark S FISCH Blauhai m; ~ **shift** S ASTRON, PHYS Blau-, Violettverschiebung f; **~-sky law** S US *Gesetz zur Verhütung unlauterer Manipulationen im Wertpapierhandel*

bluesman [-mən] S irr MUS 1 Bluessänger m 2 Bluesmusiker m

bluestocking S bes pej Blaustrumpf m

bluet ['bluːɪt] S BOT US (ein) Porzellansternchen n

blue|throat S ORN Blaukehlchen n; **~tit** S ORN Blaumeise f; ~ **vitriol** S CHEM Kupfersulfat n; ~ **whale** S ZOOL Blauwal m

bluff[1] [blʌf] A V/T 1 a j-n bluffen: ~ **sb into doing sth** j-n durch e-n Bluff dazu bringen, etwas zu tun b ~ **it out** sich herausreden; ~ **one's way out of** sich herausreden aus 2 etwas vortäuschen B V/I bluffen C S 1 Bluff m: **call sb's** ~ a j-n zwingen od auffordern, Farbe zu bekennen b es darauf ankommen lassen 2 → bluffer

bluff[2] [blʌf] A ADJ 1 SCHIFF breit (Bug) 2 schroff, steil (Felsen, Küste) 3 fig ehrlich-grob, gutmütig-derb; rau, aber herzlich B S 1 Steil-, Felsufer n, Klippe f 2 US Baumgruppe f

bluffer S Bluffer(in)

bluffness S 1 Schroff-, Steilheit f 2 fig raue Herzlichkeit

bluing ['bluːɪŋ] S 1 Bläuen n (von Wäsche) 2 (Wasch)Blau n 3 bläuliches (Haar)Tönungsmittel; **bluish** ADJ bläulich

blunder ['blʌndə(r)] A S (grober) Fehler od

Schnitzer, *(gesellschaftlich)* Fauxpas *m*: **make a ~** → B 1 B V/I 1 e-n (groben) Fehler *od* Schnitzer machen, e-n Bock schießen *umg*, *(gesellschaftlich)* e-n Fauxpas begehen 2 (grobe) Fehler *od* Schnitzer machen, pfuschen, stümpern *(beide pej)* 3 unbesonnen handeln 4 stolpern, tappen *(beide a. fig)*: **he ~ed into a dangerous situation**; **~ on** a blind darauflostappen b *fig* weiterwursteln *umg*; **~ (up)on** zufällig stoßen auf *(akk)*, stolpern über *(akk)* C V/T 1 verpfuschen, verpatzen 2 *meist* **~ out** herausplatzen mit

blunderbuss [-bʌs] S 1 MIL, HIST Donnerbüchse *f* 2 *umg für* blunderer

blunderer S 1 Stümper(in), Pfuscher(in) *(beide pej)* 2 Tölpel *m*

blunderhead S *umg* Tölpel *m*

blundering ADJ (ADV ~ly) 1 stümperhaft, ungeschickt 2 tölpelhaft

blunt [blʌnt] A ADJ 1 stumpf *(Messer etc)*: **~ instrument** JUR stumpfer Gegenstand *(unidentifizierte Mordwaffe)*; → cone A 1 2 *fig* abgestumpft, unempfindlich *(beide:* **to** gegen*)* 3 *fig* ungeschliffen, ungehobelt *(Manieren etc)* 4 barsch, grob, rau(beinig) 5 freimütig *(Person)*, *(Art etc a.)* direkt, unverblümt: **be quite ~** *(Redew)* um es ganz offen zu sagen 6 dumm, beschränkt 7 schlicht B V/T 1 stumpf machen, abstumpfen *(a. fig:* **to** gegen*)*: **~ sb's appetite** j-s Appetit zügeln 2 *fig* die Schärfe *od* Spitze nehmen *(dat)*, (ab)schwächen C V/I stumpf werden, sich abstumpfen D S 1 stumpfe Seite *(e-r Klinge etc)* 2 *pl* kurze Nähnadeln *pl* 3 *sl obs* Moneten *pl*; **bluntly** ADV *fig* freiheraus, mit schonungsloser Offenheit: **put it** *(od* **speak)** **~** *(Redew)* um es ganz offen zu sagen; **refuse ~** glatt ablehnen; **bluntness** S 1 Stumpfheit *f* 2 *fig* Abgestumpftheit *f* **(to** gegen) 3 Grobheit *f*

blur [blɜː; *US* blɜr] A V/T 1 verwischen: a *e-e Schrift etc* verschmieren b *a.* OPT *u. fig* undeutlich *od* verschwommen machen 2 FOTO, TV verwackeln 3 *die Sinne etc* trüben B V/I 1 schmieren 2 OPT *etc* verschwimmen *(a. Töne; a. fig Eindruck etc)* 3 *fig* sich verwischen *(Unterschiede etc)* C S 1 Fleck *m*, verwischte Stelle 2 verschwommener Fleck: **be just a ~ on the horizon** nur verschwommen am Horizont zu sehen sein; **everything was a ~ when he took his glasses off** er sah alles verschwommen, wenn er die Brille abnahm 3 undeutlicher *od* nebelhafter Eindruck, verschwommene Vorstellung: **my memory of it is only a ~** ich kann mich nur nebelhaft *od* verschwommen daran erinnern

blurb [blɜːb; *US* blɜrb] A S 1 a Waschzettel *m*, Klappentext *m* b Bauchbinde *f umg*, Reklamestreifen *m (um ein Buch)* 2 *umg* Informationsmaterial *n* B V/T *ein Buch* mit e-m Waschzettel *etc* versehen

blurred [blɜːd; *US* blɜrd] ADJ, **blurry** ADJ (ADV blurrily) 1 unscharf, verschwommen, verwischt *(alle a.* FOTO, TV*)* 2 *fig* nebelhaft, verschwommen

blurt [blɜːt; *US* blɜrt] V/T *oft* **~ out** a herausplatzen mit b *Worte* ausstoßen

blush [blʌʃ] A V/I 1 erröten, rot werden, e-n roten Kopf bekommen *(alle:* **at** bei*)*: **~ for** *(od* **with)** **shame** schamrot werden 2 *fig* sich schämen **(for** für; **to do** zu tun) 3 *meist poet* sich röten, in rötlichem Glanze erstrahlen 4 TECH wolkig *od* trübe werden *(Lack etc)* B S 1 Erröten *n*, (Scham)Röte *f*: **put sb to the ~** j-n zum Erröten *od* in Verlegenheit bringen; → spare A 1 2 a Röte *f*, rötlicher Glanz: **~ wine** Rosé *m* b rosiger Hauch 3 → blusher 4 **at first ~** *obs od poet* auf den ersten Blick; **blusher** S Rouge *n*; **blushing** A S → blush B 1 B ADJ (ADV ~ly) 1 errötend 2 schamhaft: → violet A 1

bluster [ˈblʌstə(r)] A V/I 1 brausen, toben *(Wind)* 2 *fig* a poltern, toben, donnern *umg* b Drohungen ausstoßen c (laut) prahlen, sich aufblasen *umg* B V/T 1 *a.* **~ out** a poltern(d äußern), donnern *umg* b tönen *umg* 2 **~ one's way through the crowd** sich lautstark e-n Weg durch die Menge bahnen 3 **~ sb into doing sth** j-n (durch Drohungen) zwingen, etwas zu tun C S 1 Brausen *n*, Toben *n* 2 *fig* a Poltern *n*, Toben *n* b große Töne *pl umg*, Prahlen *n* c Drohung(en) *f(pl)*; **blustering** ADJ (ADV ~ly), **blusterous** ADJ (ADV ~ly), **blustery** ADJ 1 stürmisch *(Wetter etc)* 2 *fig* a polternd b prahlerisch c drohend

blvd ABK boulevard

BM ABK 1 Bachelor of Medicine 2 British Museum

BMA ABK British Medical Association

B-movie S B-Film *m*

BMR ABK BIOL MED basal metabolic rate

B.Mus. ABK Bachelor of Music

BMX ABK bicycle motocross

bn ABK 1 battalion 2 billion

BNFL ABK British Nuclear Fuels Limited

bo[1] [bəʊ] INT hu! *(um andere zu erschrecken)*

BO[2] ABK 1 body odo(u)r 2 box office

B/O ABK Branch Office

b.o. ABK 1 WIRTSCH *US* back order 2 branch office

boa [ˈbəʊə] S 1 ZOOL Boa *f*, Riesenschlange *f* 2 *Mode*: Boa *f*; **~ constrictor** S ZOOL Boa *f* constrictor, Königsschlange *f*

boar [bɔː(r); *US a.* ˈbəʊər] S ZOOL Eber *m*, *(Wildschwein)* Keiler *m*

board[1] [bɔː(r)d; *US a.* ˈbəʊərd] A S 1 a Brett *n*, Diele *f*, Planke *f*: → flat[1] B 1 b *Leichtathletik*: Balken *m* 2 Tisch *m*, Tafel *f (nur noch in festen Ausdrücken)*: → aboveboard, across A 1 3 *fig* Verpflegung *f*: **~ and lodging** Kost u. Logis, Unterkunft u. Verpflegung; **put out to ~** in Kost geben 4 *(a. als pl konstruiert) fig* a Ausschuss *m*, Kommission *f* b Amt *n*, Behörde *f* c Ministerium *n*: **~ of arbitration** Schiedskommission, -stelle *f*; **~ of directors** WIRTSCH Aufsichtsrat *m (e-r Aktiengesellschaft)*; **~ of examiners** Prüfungskommission; **♀ of Inland Revenue** *Br* oberste Steuerbehörde; **~ of management** *(od* **managers)** WIRTSCH Vorstand *m (e-r Aktiengesellschaft)*; **♀ of Trade** *Br* Handelsministerium; **~ of trade** *US* Handelskammer *f*; **♀ of Trade Unit** ELEK Kilowattstunde *f*; **~ of trustees** Kuratorium *n*; **be on the ~** im Aufsichtsrat *etc* sitzen; → admiralty A 2 5 *(Anschlag)* Brett *n* 6 SCHULE Tafel *f* 7 *(Bügel-, Schach- etc)* Brett *n*: **sweep the ~** SPORT *etc* alles gewinnen, abräumen *umg* 8 *pl* THEAT Bretter *pl*, Bühne *f*: **be on** *(od* **tread)** **the ~s** auf den Brettern *od* auf der Bühne stehen, Schauspieler(in) sein; **go on the ~s** zur Aufführung kommen 9 SPORT a *(Surf)* Board *n*, (-)Brett *n* b *pl* Bretter *pl*, Skier *pl* 10 *pl Eishockey*: Bande *f* 11 a Karton *m*, Pappe *f*, Pappdeckel *m* b Buchdeckel *m*: **(bound) in ~s** kartoniert c TECH Pressspan *m* 12 WIRTSCH *US umg* Börse *f* B V/T 1 dielen, täfeln, mit Brettern belegen *od* absperren, verschalen: **~ up** mit Brettern vernageln; **~ed ceiling** getäfelte Decke; **~ed floor** Bretter(fuß)boden *m* 2 a *a.* **~ out** *j-n* in Pension geben, *ein Tier* in Pflege geben *(beide:* **with** bei*)* b *j-n* in Pension nehmen, *ein Tier* in Pflege nehmen 3 *Eishockey*: gegen die Bande checken C V/I in Pension wohnen **(with** bei)

board[2] [bɔː(r)d; *US a.* ˈbəʊərd] A S 1 Seite *f*, Rand *m (nur noch in Zusammensetzungen)*: → seaboard 2 SCHIFF Bord *m*, Bordwand *f (nur in festen Ausdrücken)*: **on ~** a an Bord *(e-s Schiffes, Flugzeugs)* b im Zug *od* Bus; **on ~ (a) ship** an Bord e-s Schiffes; **go on ~** a an Bord gehen b einsteigen; **go by the ~** a über Bord gehen *od* fallen *(a. fig)* b *fig* zunichtewerden *(Hoffnungen, Pläne etc)* c *fig* kleingeschrieben werden, nicht mehr gefragt sein *(Höflichkeit etc)* 3 SCHIFF Gang *m*, Schlag *m (beim Kreuzen)*: **good ~** Schlagbug *m*; **long (short) ~s** lange (kurze) Gänge; **make ~s** lavieren, kreuzen B V/T a an Bord *e-s Schiffes od Flugzeugs* gehen, SCHIFF, MIL entern b in *e-n Zug od Bus* einsteigen C V/I 1 FLUG an Bord gehen: **"flight BA 543 for New York now ~ing at gate 10"** „Passagiere des Fluges BA 543 nach New York bitte zum Flugsteig 10" 2 SCHIFF lavieren

board check S *Eishockey*: Bandencheck *m*

boarder S 1 a Kostgänger(in) b Pensionsgast *m* 2 SCHULE *Br* Internatsschüler(in) 3 SCHIFF, MIL Enterer *m*: **~s** *pl* Entermannschaft *f*

board|foot S *irr* Boardfoot *m (e-e Raumeinheit)*; **~ game** S Brettspiel *n*

boarding S 1 Verschalen *n*, Dielen *n*, Täfeln *n* 2 Bretterverkleidung *f*, Verschalung *f*, Dielenbelag *m*, Täfelung *f* 3 *pl* Schalbretter *pl* 4 *Eishockey*: Bandencheck *m*; **~ card** S FLUG Bordkarte *f*; **~house** S 1 Pension *f* 2 Wohngebäude *n* e-s Internats; **~ joist** S TECH Dielenbalken *m*; **~ party** S SCHIFF, MIL Enterkommando *n*; **~ pass** → boarding card; **~ ramp** FLUG Gangway *f*; **~ school** S Internat *n*, Pensionat *n*: **be at a ~** auf e-m Internat sein

board| measure S WIRTSCH Kubikmaß *n (Raummaß im Holzhandel)*; **~ meeting** S WIRTSCH Aufsichtsrats-, Vorstandssitzung *f*; **~ room** S 1 Sitzungssaal *m* 2 WIRTSCH *Zimmer in e-m Maklerbüro, in dem die Börsennotierungen angeschlagen sind*; **~sailer** S Windsurfer(in); **~sailing** S Windsurfing *n*, -surfen *n*; **~sailor** → boardsailer; **~walk** S 1 *US* a Plankenweg *m* b *(bes* hölzerne) Strandpromenade 2 *bes* MIL Knüppeldamm *m*

boarish ADJ (ADV ~ly) *fig* a schweinisch b grausam c geil

boart → bort

boast[1] [bəʊst] A S 1 Prahlerei *f (a. Äußerung etc)* 2 Stolz *m (Gegenstand od Grund des Stolzes)*: **he was the ~ of his age** er war der Stolz s-r Zeit; **it is her ~ that …** sie ist stolz darauf, dass … B V/I prahlen **(about, of** mit): **it is not much to ~ of** damit ist es nicht weit her C V/T 1 mit *etwas* prahlen: **~ that …** damit prahlen, dass … 2 sich des Besitzes *e-r Sache* rühmen (können), aufzuweisen haben, sein Eigen nennen

boast[2] [bəʊst] V/T 1 *Steine* roh behauen 2 *Bildhauerei*: aus dem Groben arbeiten

boaster S Prahler(in)

boastful ADJ (ADV ~ly) prahlerisch

boat [bəʊt] A S 1 Boot *n*, Kahn *m*, *poet* Nachen *m*: **be in the same ~** *fig* im selben Boot sitzen; **burn one's ~s (behind one)** *fig* alle Brücken hinter sich abbrechen; **push the ~ out** *Br umg* ein Fass aufmachen; **take to the ~s** SCHIFF in die (Rettungs)Boote gehen; → miss[2] A 1, rock[2] A 2 2 Schiff *n* 3 *(Soßen)* Schüssel *f* B V/I (in e-m) Boot fahren, rudern, segeln: **go ~ing** e-e Bootsfahrt machen C V/T 1 in e-m Boot befördern *od* transportieren: **~ sb across the river** j-n übersetzen 2 in ein Boot verladen: → oar *Bes Redew*

boatage S 1 Beförderung *f od* Transport *m* mit e-m Boot 2 (Boot)Frachtgebühr *f*

boat|builder S Bootsbauer(in); **~building** S Bootsbau *m*; **~ deck** S SCHIFF Bootsdeck *n*; **~ drill** S SCHIFF Rettungsübung *f*

boatel → botel

boater S 1 Bootsfahrer(in), Ruderer *m*, Rude-

B

rin f, Segler(in) 2 steifer Strohhut, Kreissäge f hum
boat|hook S Bootshaken m; **~house** S Bootshaus n, -schuppen m
boating S Bootfahren n, Ruder-, Segelsport m
boat|load S SCHIFF Bootsladung f; **~man** [-mən] S irr 1 SCHIFF Bootsführer m 2 Bootsverleiher m; **~ people** S (als pl konstruiert) POL Bootsflüchtlinge pl; **~ race** S Bootrennen n
boatswain ['bəʊsn] S SCHIFF Bootsmann m: **~'s call** (od **pipe**) Bootsmannspfeife f; **~'s chair** Bootsmannsstuhl m
boat train S Zug m mit Schiffsanschluss
bob[1] [bɒb; US bɑb] A S 1 allg baumelnder od herabhängender Gegenstand, bes a Gewicht n (e-s Pendels) b Senkblei n (e-r Lotleine) c Laufgewicht n (e-r Schnellwaage) 2 gestutzter Pferdeschwanz 3 kurzer Haarschnitt, Bubikopf (-frisur) m(f) 4 a. **~ wheel** TECH Schwabbelscheibe f 5 pl **bob** Br umg HIST Schilling m: **a ~ a nob** e-n Schilling pro Kopf 6 a → bobsled A, bobsleigh b Kufe(npaar) f(n) 7 kurze, ruckartige Bewegung, Ruck m: **a ~ of the head** ein Hochwerfen des Kopfes 8 Knicks m 9 (ein) harmonisches Wechselgeläut(e) 10 obs (kurzer) Kehrreim, Refrain m B V/T 1 ruckweise (hin u. her od auf u. ab) bewegen: **~ one's head into the room** den Kopf kurz ins Zimmer stecken; **~ a curts(e)y** e-n Knicks machen 2 Haare, e-n Pferdeschwanz etc kurz schneiden, stutzen: **have one's hair ~bed** sich e-n Bubikopf schneiden lassen 3 TECH mit e-r Schwabbelscheibe polieren 4 Langholz auf e-m Doppelschlitten transportieren C V/I 1 sich auf u. ab od hin u. her bewegen, hüpfen, springen, tanzen, schnellen 2 a knicksen (**at, before** to vor dat) b (kurz) nicken 3 haschen, schnappen (beide: **for** nach) 4 **~ up** (plötzlich) auftauchen (a. fig): **~ up like a cork** sich nicht unterkriegen lassen, (wie ein Stehaufmännchen) immer wieder hochkommen 5 SPORT Bob fahren
Bob[2] [bɒb; US bɑb] EIGENN: **~'s your uncle!** Br umg fertig ist der Lack od die Laube!
bobbed [bɒbd; US bɑbd] ADJ kurz geschnitten, gestutzt: **~ hair** Bubikopf (-frisur f) m
bobber ['bɒbə US 'bɑbər] S SPORT Bobfahrer(in)
bobbin ['bɒbɪn; US 'bɑ-] S 1 Spule f, Garnrolle f 2 Klöppel(holz) m(n) 3 dünne Schnur 4 ELEK Induktionsrolle f, Spule f
bobbinet [ˌbɒbɪ'net; US 'bɑbəˌnet] S Bobinet m, englischer Tüll
bobbin lace S Klöppelspitze f
bobbit ['bɑbɪt] V/T US bes s-m Mann den Penis abschneiden
bobble ['bɒbl; US 'bɑbəl] A S 1 ruckartige (Hinundher- od Aufundab)Bewegung 2 Bommel f/m, Troddel f 3 bes SPORT US umg Patzer m, Fehler m B V/I 1 → bob[1] C 1 2 bes SPORT US umg patzen C V/T bes SPORT US umg verpatzen
bobby ['bɒbɪ; US 'bɑ-] S Br umg Bobby m (Polizist); **~ pin** S US Haarklammer f, Haarklemme f; **~ socks**, **~ sox** SPL Söckchen pl (bes HIST der **bobbysoxers**); **~soxer** S US umg HIST Backfisch m, junges Mädchen
bobcat S ZOOL Rotluchs m
boblet ['bɒblɪt; US 'bɑb-] S SPORT Zweierbob m
bobolink ['bɑbəˌlɪŋk] S ORN US Reisstärling m
bob|sled bes US A S 1 Doppelschlitten m (zum Langholztransport) 2 SPORT Bob m: **~ run** Bobbahn f B V/I SPORT Bob fahren; **~sledder** S bes US Bobfahrer(in); **~sledding** S bes US Bobfahren n; **~sleigh**, etc bes Br → bobsled, etc; **~stay** S SCHIFF Wasserstag n; **~tail** A S 1 gestutzter Schwanz 2 Tier n, bes Pferd n mit gestutztem Schwanz B ADJ mit gestutztem Schwanz C V/T 1 e-m Tier, bes e-m Pferd den Schwanz stutzen 2 fig (ab-, ver)kürzen
bock (beer) [bɒk; US bɑk] S Bock(bier) n(n), a. m
bod [bɒd; US bɑd] S umg 1 bes Br Kerl m: **a queer ~** ein komischer Kauz 2 US Figur f: **she has a great ~**
BOD ABK biochemical oxygen demand
bodacious [bəʊ'deɪʃəs] ADJ (ADV **~ly**) bes US sl klasse, prima
bod biz [bɑd] S PSYCH US umg Sensitivitätstraining n
bode[1] [bəʊd] prät von bide
bode[2] [bəʊd] A V/T bedeuten, ahnen lassen: **this ~s him no good** das bedeutet nichts Gutes für ihn B V/I: **~ ill** nichts Gutes ahnen lassen; **~ well** Gutes versprechen
bodge [bɒdʒ; US bɑdʒ] → botch B, C
bodice ['bɒdɪs; US 'bɑ-] S 1 Mieder n: a *Teil der Unterkleidung für Frauen mit stützender u. formender Wirkung* b *eng anliegendes, ärmelloses Oberteil e-s Trachtenkleids* 2 Oberteil n (e-s Kleids etc)
bodied ['bɒdɪd; US 'bɑ-] ADJ 1 (in Zusammensetzungen) … gebaut, von … Gestalt od Körperbau: **small-~** klein von Gestalt 2 TECH verdickt (Farbe)
bodiless ['bɒdɪlɪs; US 'bɑ-] ADJ 1 körperlos 2 unkörperlich, wesenlos
bodily ['bɒdɪlɪ; US 'bɑ-] A ADJ körperlich, leiblich, physisch: **~ functions** Körperfunktionen; **~ harm** (od **injury**) JUR Körperverletzung f; **~ needs** (od **wants**) leibliche Bedürfnisse; → grievous 2, serious 3 B ADV 1 persönlich 2 a als Ganzes b geschlossen: **the audience rose ~**
bodkin ['bɒdkɪn; US 'bɑd-] S 1 TECH Ahle f: a Pfriem m b TYPO Punkturspitze f c Durchzieh-, Schnürnadel f 2 obs lange Haarnadel 3 obs Dolch m
Bodleian (Library) [bɒd'liːən; US bɑd-] S Bodleyanische Bibliothek (in Oxford)
body ['bɒdɪ; US 'bɑ-] A S 1 Körper m, Leib m (a. REL): **~ and soul** mit Leib u. Seele; **keep ~ and soul together** Leib u. Seele zusammenhalten; 2 oft **dead ~** Leiche f, Leichnam m: **over my dead ~** nur über m-e Leiche 3 engS. Rumpf m, Leib m 4 Rumpf m, Haupt(bestand)teil m, Mittel-, Hauptstück n, Zentrum n, z. B. a (Schiffs-, Flugzeug) Rumpf m b MIL (Geschoss) Hülle f c Bauch m (e-r Flasche etc) d MUS (Schall)Körper m, Resonanzkasten m e (Auto-, Wagen) Karosserie f f Hauptgebäude n g (Kirchen) Schiff n h MIL Hauptfestung f 5 MIL Truppenkörper m: **~ of horse** Kavallerieeinheit f; **~ of men** Trupp m, Abteilung f; **the main ~** das Gros 6 (die) große Masse, (das) Gros 7 (gegliedertes) Ganzes, Gesamtheit f, System n: **in a** (od **one**) **~** zusammen, geschlossen; **~ corporate** a juristische Person, Körperschaft f b Gemeinwesen n, Gemeinde f; **~ of facts** Tatsachenmaterial n; **~ of history** Geschichtswerk n; **~ of laws** Kodex m, Gesetz(es)sammlung f; **~ politic** a juristische Person b organisierte Gesellschaft c Staat(skörper) m 8 Körper(schaft) m(f), Gesellschaft f, Gruppe f, Organ n, Gremium n: **~ of judges** Richterkollegium n; → administrative, diplomatic A 1, governing 2 9 fig Kern m, eigentlicher Inhalt, Substanz f, (das) Wesentliche (e-r Rede etc) 10 Hauptteil m, Text(teil) m (e-r Annonce etc) 11 PHYS (dreidimensionaler) Körper, Masse f (Menge) 12 CHEM Substanz f, Stoff m 13 ANAT Körper m, Stamm m: **~ of the uterus** Gebärmutterkörper 14 GEOG etc Masse f: **~ of water** Gewässer n; **~ of cold air** kalte Luftmasse 15 fig Körper m, Gehalt m (von Wein), Stärke f (von Papier etc), Deckfähigkeit f (von Farbe), Dichtigkeit f, Güte f (von Gewebe etc), (Klang)Fülle f 16 umg Person f, Mensch m: **a curious (old) ~** ein komischer (alter) Kauz; **not a (single) ~** keine Menschenseele 17 Töpferei: Tonmasse f 18 ELEK Isolier-, Halteteil m B V/T meist **~ forth** verkörpern: a versinnbildlichen b darstellen
body| bag S bes MIL Leichensack m; **~ blow** S 1 Boxen: Körperschlag m 2 fig harter od schwerer Schlag (**to** für); **~builder** S Bodybuilder(in); **~building** S Bodybuilding n: **do ~** Bodybuilding machen; **~ cavity** S BIOL Körperhöhle f; **~check** (Eishockey) A S Bodycheck m B V/T checken; **~ clock** S innere Uhr; **~ coat** S TECH Grundierung f; **~ colo(u)r** S Deckfarbe f; **~ contact** S ELEK Körperschluss m; **~ control** S Körperbeherrschung f; **~ count** S Anzahl f der Getöteten od Leichen (in e-m Film, e-r Schlacht etc); **~ dancing** S Tanzen n mit Körperkontakt; **~ double** S FILM, TV *Double, das e-n Star in Sexszenen vertritt*; **~ drop** S Judo: Körperwurf m; **~ feint** S Körperfinte f, -täuschung f; **~ fluids** SPL PHYSIOL Körpersäfte pl; **~ growth** S körperliches Wachstum; **~guard** S 1 Bodyguard m, Leibwächter m 2 Leibgarde f, -wache f; **~ heat** S Körperwärme f; **~ image** S PSYCH Körpervorstellungsbild n; **~ language** S Körpersprache f; **~ louse** S irr ZOOL Kleiderlaus f; **~maker** S TECH Karosseriebauer(in); **~ odo(u)r** S Körpergeruch m; **~ painting** S KUNST Bodypainting n (Kunstform, bei der der nackte Körper komplett mit Farbe bemalt wird); **~ piercing** S Piercing n; **~ search** S Leibesvisitation f; **~-search** V/T bei j-m e-e Leibesvisitation vornehmen; **~ shop** S 1 TECH Karosseriewerkstatt f 2 US sl a Puff m, a. n (Bordell) b *Unternehmen, das Claqueure, Demonstrationsteilnehmer etc vermietet*; **~ slam** S Ringen: Ausheber m; **~ snatcher** S HIST Leichenräuber(in); **~ snatching** S HIST Leichenraub m; **~ spray** S Körperspray m/n; **~ stocking** S Bodystocking m (einteiliges, aus Strümpfen u. Oberteil bestehendes Kleidungsstück, das aus leichtem Material hergestellt ist u. beim Ballett etc getragen wird); **~suit** S Bodysuit m (einteiliges, den Rumpf bedeckendes Kleidungsstück, das aus leichtem Material hergestellt ist u. als Turnanzug getragen wird); **~ swerve** S Körperfinte f, -täuschung f: **give sb a ~** fig umg j-m aus dem Weg gehen; **~ temperature** S Körpertemperatur f; **~ type** S TYPO Grundschrift f; **~work** S AUTO Karosserie f
Boehmite ['bɜːmaɪt; US 'beɪm-; 'bəʊm-] S MINER Böhmit m
Boer ['bəʊə(r)] A S Bure m, Burin f B ADJ Buren…, burisch: **~ War** HIST Burenkrieg m
B. of E. ABK Bank of England
boff [bɒf; US a. bɑf] sl A S 1 THEAT a Kassenschlager m umg b *Pointe, die dröhnendes Lachen hervorruft* 2 dröhnendes Lachen B V/T dröhnendes Lachen hervorrufen bei
boffin ['bɒfɪn] S Br umg 1 obs Wissenschaftler(in) 2 Eierkopf m umg pej
boffo ['bɒfəʊ; US a. 'bɑ-] sl A pl -fos S → boff A B ADJ klasse, prima
bog [bɒg; US a. bɑg] A S 1 Sumpf m, Morast m (beide a. fig), (Torf)Moor n 2 Br u. sl Klo n, Lokus m (beide umg) 3 vulg Scheißen n: **have (go for) a ~** scheißen (gehen) B V/T 1 **get ~ged (down)** → C 1; **~ down** fig zum Stocken bringen 2 **~ up** fig umg durcheinanderbringen C V/I 1 oft **~ down** a im Schlamm od Sumpf versinken b a. fig sich festfahren, stecken bleiben 2 **~ in** umg a sich hineinknien: **~ into a task** sich in e-e Arbeit knien b (beim Essen) reinhauen: ~

into sth sich etwas schmecken lassen; ~ **body** S *Archäologie*: Moorleiche *f*

bogey ['bəʊgɪ] A S 1 *Golf*: Bogey *n (ein Schlag über Par)* 2 *sl* (Nasen)Popel *m umg* 3 *sl* MIL unidentifiziertes *od* feindliches Flugzeug 4 → bogie 1, 2, 3, 4 5 → bogy 1, 2 B VT ~ **the 12th hole** *(Golf)* am 12. Loch ein Bogey spielen; **~man** → bogyman

boggle ['bɒgl; *US* 'bɑgəl] A VI 1 a erschrecken, zusammenfahren b zurückschrecken (**at** vor *dat*) c scheuen *(Pferd)* (**at** vor *dat*) 2 stutzen, zögern, schwanken 3 Schwierigkeiten machen *(Person)* 4 überwältigt *od* fassungslos sein, Bauklötze staunen *umg*: **imagination** (*od* **the mind**) **~s at the thought** es wird e-m schwindlig bei dem (bloßen) Gedanken 5 *US* pfuschen, stümpern *(beide pej)* B VT *US* verpfuschen; **boggler** S 1 *fig* Angsthase *m* 2 *US* Pfuscher(in) *pej*; **boggling** ADJ *umg* schwindelerregend *(Summe etc)*

boggy ['bɒgɪ; *US a.* 'bɑ-] ADJ sumpfig, morastig

bogie ['bəʊgɪ] S 1 TECH *Br* a Blockwagen *m (mit beweglichem Radgestell)* b BAHN Dreh-, Rädergestell *n* 2 *Bergbau*: Förderkarren *m (zum Befahren von Kurven)* 3 AUTO *US* Drehschemel *m (am Großlaster)* 4 → bogie wheel 5 → bogey A 1, A 2, A 3 6 → bogy 1, 2; **~ wheel** S (Ketten-) Laufrad *n (am Panzerwagen)*

bog| iron ore S MINER Raseneisenerz *n*; **~man** [-mæn] S *irr Archäologie*: Moorleiche *f*; **~ moss** S BOT Torfmoos *n*; **~ myrtle** S BOT Heidemyrte *f*; **~ ore** → bog iron ore; **~ spavin** S VET Spat *m (beim Pferd)*; **~trotter** S *pej* Ire *m*, Irländer *m*, *bes* irischer Bauer; **~up** S: **make a ~ of sth** *fig umg* etwas durcheinanderbringen

bogus ['bəʊgəs] ADJ (ADV ~ly) 1 nachgemacht, falsch, unecht 2 Schein…, Schwindel…: **~ asylum seeker** Scheinasylant(in); **~ bill** WIRTSCH Kellerwechsel *m*; **~ company** Schwindelgesellschaft *f* 3 *bes US sl* mies, übel

bogy ['bəʊgɪ; *US a.* 'bʊ-] S 1 *(der)* Teufel 2 a Kobold *m* b (Schreck-)Gespenst *n (a. fig)*: **the ~ of war**; **~ team** SPORT Angstgegner *m* 3 → bogey A 1, A 2, A 3 4 → bogie 1, 2, 3, 4; **~man** [-mən] S *irr* Butzemann *m*, *(der)* schwarze Mann *(Kindersprache)*

boh → bo[1]

Bohemia[1] [bəʊ'hiːmjə; -mɪə] S Böhmen *n*;

Bohemia[2], *oft* ♀ [bəʊ'hiːmjə; -mɪə] S a Boheme *f (Künstlerwelt)* b Künstlerviertel *n*; **Bohemian** A S 1 Böhme *m*, Böhmin *f* 2 LING Tschechisch *n*, das Tschechische 3 *oft* ♀ *fig* Bohemien *m* B ADJ 1 böhmisch 2 *oft* ♀ *fig* a unkonventionell, unbürgerlich *(Leben etc)* b Künstler…: **~ circles**; **Bohemianism**, *oft* ♀ S unkonventionelle *od* unbürgerliche Lebensweise

bohunk ['bəʊˌhʌŋk] S *US sl pej Arbeiter südost- od osteuropäischer Abstammung*

boil[1] [bɔɪl] S MED Geschwür *n*, Furunkel *m*, *a. n*, Eiterbeule *f*

boil[2] [bɔɪl] A S 1 Kochen *n*, Sieden *n*: **be on the ~** kochen; **bring to the ~** zum Kochen bringen; **come to the ~** a zu kochen anfangen b *a.* **be brought to the ~** *umg* s-n Höhepunkt erreichen; **go off the ~** zu kochen aufhören; **he went off the ~** *umg* sein Interesse kühlte ab, er verlor die Lust; **keep on the ~** a kochen lassen b *umg* hinhalten, vertrösten 2 Brodeln *n*, Tosen *n (des Meeres etc)* B VI 1 kochen, sieden: **the kettle (the water) is ~ing** der Kessel (das Wasser) kocht; → kettle 1, pot[1] A 1 2 brodeln, tosen *(Meer etc)* 3 *fig* kochen, schäumen *(beide:* **with rage** vor Wut) C VT kochen (lassen): **~ sth too long** etwas zu lange kochen lassen; **~ sb sth** j-m etwas kochen; **~ eggs** Eier kochen; **~ clothes** Wäsche (aus)kochen; → pulp A 5

Phrasal Verbs: **boil| away** A VI 1 a → boil[2] B 1 b weiterkochen 2 verdampfen 3 *fig* abkühlen *(Interesse etc)* B VT verdampfen lassen; **~ down** A VT 1 einkochen lassen 2 *fig* zusammenfassen (**to a few sentences** in ein paar Sätzen) B VI 1 einkochen 2 **~ to** (letzten Endes) hinauslaufen auf *(akk)*; **~ off** VT 1 aus-, abkochen 2 TECH *Seide* degummieren; **~ out** → boil off; **~ over** VI 1 überkochen, -laufen 2 *fig* vor Wut kochen *od* schäumen 3 *fig Situation etc*: a außer Kontrolle geraten b sich auswachsen (**into** zu); **~ up** VI 1 aufkochen: **anger was boiling up in him** Wut stieg in ihm auf 2 Tee machen 3 *fig* sich zusammenbrauen *(Unheil etc)*

boiled [bɔɪld] ADJ 1 gekocht 2 *US sl* besoffen; **~ dinner** S GASTR *US* Eintopf(gericht) *m(n)*; **~ shirt** S *umg* Frackhemd *n*; **~ sweet** S *Br* harter Bonbon

boiler S 1 *(meist in Zusammensetzungen)* Sieder(in): → soap boiler, *etc* 2 a Heizkessel *m* b *Br* Waschkessel *m* 3 TECH Dampfkessel *m* 4 Boiler *m*, Heißwasserspeicher *m* 5 *Zuckerfabrikation*: Siedepfanne *f* 6 **be a good ~** sich (gut) zum Kochen eignen 7 Suppenhuhn *n*; **~ house** S Kesselhaus *n*; **~maker** S Kesselschmied *m*; **~ plate** S TECH Kesselblech *n*; **~ room** S Kesselraum *m*; **~ suit** S *bes Br* Overall *m*

boilery ['bɔɪlərɪ] S TECH Siederei *f*

boil-in-bag *US* → boil-in-the-bag

boiling A ADJ 1 siedend, kochend: **~ heat** Siedehitze *f*; **~ spring** heiße Quelle 2 *fig* kochend, schäumend *(beide:* **with rage** vor Wut) B ADV 1 kochend: **~ hot** kochend heiß, glühend heiß 2 *US umg* mordsmäßig: **~ drunk** rotzbesoffen; **they got ~ mad** sie wurden stinkwütend C S Kochen *n*, Sieden *n*; **~ point** S Siedepunkt *m (a. fig)*: **reach ~** den Siedepunkt erreichen, *fig a.* auf den Siedepunkt steigen; **~-water reactor** S *Atomenergie*: Siedewasserreaktor *m*

boil-in-the-bag ADJ *Br* im Kochbeutel: **~ rice**

boisterous ['bɔɪstərəs] ADJ (ADV ~ly) 1 stürmisch *(Meer, Wetter etc)* 2 lärmend, laut 3 ausgelassen, wild *(Person, Party etc)*; **boisterousness** S Ausgelassenheit *f*

bola ['bəʊlə] S Bola *f (ein südamerikanisches Wurf- u. Fanggerät)*

bold [bəʊld] A ADJ (ADV ~ly) 1 kühn: a mutig, beherzt, verwegen, unerschrocken: → front A 9 b keck, dreist, frech, unverschämt, anmaßend: **be** (*od* **make**) **(so) ~ (as) to do sth** sich erdreisten *od* erkühnen *od* sich die Freiheit nehmen *od* es wagen, etwas zu tun; **make ~** sich Freiheiten herausnehmen (**with** gegen); **(as) ~ as brass** *umg* frech wie Oskar *umg*, unverschämt 2 kühn: a gewagt, mutig *(Plan, Rede etc)* b fortschrittlich *(Entwurf etc)* 3 scharf hervortretend, ins Auge fallend, deutlich, ausgeprägt: **in ~ outline** in deutlichen Umrissen; **with a few ~ strokes of the brush** mit ein paar kühnen Pinselstrichen 4 steil, abschüssig 5 → boldface B B S → boldface A; **~face** TYPO A S (halb)fette Schrift: **in ~** (halb)fett B ADJ (halb)fett: **~ type** (halb)fette Schrift; **in ~ type** (halb)fett; **~faced** ADJ 1 → bold A 1 b 2 → boldface B

boldness S 1 Kühnheit *f*: a Mut *m*, Beherztheit *f*, Verwegenheit *f*, Unerschrockenheit *f* b Keckheit *f*, Dreistigkeit *f*, Frechheit *f*, Unverschämtheit *f*, Anmaßung *f* 2 Kühnheit *f*: a Gewagtheit *f* b Fortschrittlichkeit *f* 3 Steilheit *f*, Abschüssigkeit *f*

bole[1] [bəʊl] S Baumstamm *m*

bole[2] [bəʊl] S MINER Bolus *m*

bolero [bə'leərəʊ] *pl* -ros S Bolero *m*: a *spanischer Tanz* b [*Br* 'bɒlərəʊ] Bolerojäckchen *n*

boletus [bəʊ'liːtəs] *pl* -tuses, -ti [-taɪ] S BOT Boletus *m*, Röhrling *m*

bolide ['bəʊlaɪd] S ASTRON Bolid *m*, Feuerkugel *f*

Bolivia [bə'lɪvɪə] S Bolivien *n*

Bolivian [bə'lɪvɪən] A ADJ bolivianisch: **she is ~** sie ist Bolivianerin B S Bolivianer(in)

boll [bəʊl] S BOT Samenkapsel *f (Baumwolle, Flachs)*

bollard ['bɒlə(r)d; *US* 'bɑ-] S 1 SCHIFF Poller *m (am Kai)* 2 *Br* Poller *m*, Sperrpfosten *m (e-r Verkehrsinsel etc)*

bollix ['bɑlɪks] *US* → bollocks

bollocking ['bɒləkɪŋ; *US* 'bɑl-] S *vulg* Anschiss *m umg*: **give sb a ~** j-n zusammenscheißen

bollocks ['bɒləks; *US* 'bɑ-] *vulg* A SPL Eier *pl (Hoden)*: **~!** a Scheiße! b *Br* so ein Scheiß *(Unfug)*! B VT *meist* **~ up** *e-e Prüfung etc* versauen

boll| weevil S ZOOL Baumwollkapselkäfer *m*; **~worm** S ZOOL *Larve e-s Eulenfalters (Baumwollschädling)*

bologna (sausage) [bə'ləʊnjə; *US meist* bə'ləʊniː] S *bes US* Mortadella *f*

bolometer [bəʊ'lɒmɪtə(r); *US* -'lɑ-] S PHYS Bolometer *n (Strahlungsmessgerät mit temperaturempfindlichem elektrischem Widerstand)*

boloney [bə'ləʊnɪ] S *umg* 1 Quatsch *m*, Geschwafel *n pej* 2 *bes US* Mortadella *f*

Bolshevik, ♀ ['bɒlʃɪvɪk; *US a.* 'bəʊlʃə-; 'bɑlʃə-] A *pl* -viks, -viki [-'vɪkɪ] S 1 HIST Bolschewik(in), Bolschewist(in) 2 Kommunist(in) 3 *pej* Radikale(r) *m/f(m)*, *bes* Revolutionär(in) B ADJ 1 HIST bolschewikisch, bolschewistisch 2 kommunistisch 3 *pej* radikal, *bes* revolutionär; **Bolshevism**, ♀ S Bolschewismus *m*; **Bolshevist**, ♀ A S → Bolshevik A B ADJ → Bolshevik B; **Bolshevistic**, ♀ ADJ (ADV ~ally) → Bolshevik B; **Bolshevization**, ♀ [-vaɪ'zeɪʃn; *US* -və'z-] S Bolschewisierung *f*; **Bolshevize**, ♀ VT bolschewisieren

Bolshie, ♀, *a.* **Bolshy**, ♀ ['bɒlʃɪ; *US a.* 'bəʊl-; 'bɑl-] *umg* A S → Bolshevik A B ADJ 1 → Bolshevik B 2 *Br umg* aufsässig 3 *Br umg* stur

bolster ['bəʊlstə(r)] A S 1 a Keilkissen *n* b Nackenrolle *f* 2 Polster *n*, Kissen *n*, Unterlage *f (a.* TECH) 3 TECH a *allg* Lager(ung) *n(f)* b Achsschemel *m (am Wagen)* 4 ARCH a **~ of cent(e)ring** Schalbrett *n* e-s Lehrgerüstes b Polster *n (zwischen den Voluten e-s ionischen Kapitells)* c Sattel-, Trummholz *n* B VT 1 *j-m* (ein) Kissen unterlegen 2 (aus)polstern 3 *meist* **~ up** *e-e Sache* unterstützen, *e-e Währung* stützen, *j-m* den Rücken stärken: **~ up sb's morale** j-m Mut machen

bolt[1] [bəʊlt] A S 1 Bolzen *m*: **shoot one's (last) ~** *fig umg* e-n letzten Versuch machen; **he has shot his ~** *fig umg* er hat sein Pulver *od* s-e Körner verschossen 2 Blitz(strahl) *m*: **it was** (*od* **came as, came like**) **a ~ from** (*od* **out of**) **the blue** *fig* das kam (überraschend) wie ein Blitz aus heiterem Himmel, es traf mich *etc* wie ein Blitz aus heiterem Himmel 3 *(Wasser- etc)* Strahl *m* 4 TECH *(Tür-, Schloss)* Riegel *m* 5 TECH (Schrauben)Bolzen *m*, Schraube *f* (mit Mutter): **~ nut** Schraubenmutter *f* 6 TECH Dorn *m*, Stift *m* 7 MIL, TECH Bolzen *m*, *(Gewehr- etc)* Schloss *n* 8 *Buchbinderei*: noch nicht aufgeschnittener Druckbogen 9 *(Stoff)* Ballen *m*, *(Tapeten)* Rolle *f* 10 BOT a Butterblume *f* b *(bes* Knolliger) Hahnenfuß 11 plötzlicher Satz *od* Sprung, (blitzartiger) Fluchtversuch: **he made a ~ for the door** er machte e-n Satz zur Tür; **make a ~ for it** → C 3 12 POL *US Weigerung, die Politik od e-n*

Kandidaten der eigenen Partei zu unterstützen B ADV ~ **upright** bolzen-, kerzengerade C V/I 1 sich verriegeln lassen, verriegelt werden (*Tür etc*) 2 rasen, stürmen, stürzen (*alle:* **from, out of** aus) 3 das Weite suchen, sich aus dem Staub machen 4 scheuen, durchgehen (*Pferd*) 5 *a.* ~ **up** (erschreckt) hochfahren (**from** aus) 6 POL *US* den Beschlüssen der eigenen Partei zuwiderhandeln *od* die Zustimmung verweigern 7 AGR vorzeitig in Samen schießen D V/T 1 *Worte* hervorstoßen, herausplatzen mit *umg* 2 JAGD *e-n Hasen etc* aufstöbern, aus dem Bau treiben 3 *oft* ~ **down** *Essen* hinunterschlingen, *ein Getränk* hinunterstürzen 4 *e-e Tür etc* ver-, zuriegeln 5 TECH mit Bolzen befestigen, verbolzen, ver-, festschrauben: **~ed connection, ~ed joint** Schraubverbindung *f*, Verschraubung *f* 6 *Stoff* in Ballen *od Tapeten* in Rollen wickeln 7 *obs fig* fesseln 8 POL *US die eigene Partei od ihre Kandidaten* nicht unterstützen, sich von *s-r Partei* lossagen

bolt[2] [bəʊlt] V/T 1 *Mehl* sieben, beuteln 2 *fig* untersuchen, sichten

bolt|cropper, **~cutter** S TECH Bolzenschneider *m*

boltel [ˈbəʊltl] S ARCH starker Rundstab, Wulst *m*

bolter S 1 POL *US j-d, der (den Beschlüssen) s-r Partei zuwiderhandelt*, Abtrünnige(r) *m/f(m)* 2 SPORT *umg* Außenseiter(in)

bolt|head S 1 TECH Schrauben-, Bolzenkopf *m* 2 CHEM, HIST (Destillier)Kolben *m*; **~hole** S Schlupfloch *n* (*a. fig*); **~rope** S SCHIFF Liek *n* (*a. am Ballon*), Saum *m* (*am Segel*): ~ **line** Liekleine *f*; ~ **screw** S TECH Bolzenschraube *f*

Boltzmann's constant [ˈbəʊltsmənz; -mɑːnz] S PHYS Boltzmann-Konstante *f* (*in den Gesetzen der Thermodynamik u. der statischen Mechanik auftretende Konstante*)

bolus [ˈbəʊləs] S 1 VET, PHARM Bolus *m*, große Pille 2 runder Klumpen, Kloß *m* 3 → bole[2]

bomb [bɒm; *US* bɑm] A S 1 Bombe *f*: **the ~** die (Atom)Bombe; **go like a ~** *Br umg* a ein Bombenerfolg sein (*Party etc*) b e-e richtige Rakete sein (*Wagen*); **go down a ~** *Br umg* Riesenanklang finden (**with** bei) 2 TECH a Gasflasche *f* b Zerstäuberflasche *f* (*für Schädlingsbekämpfung etc*) 3 *Br umg* Heidengeld *n*: **cost (make, spend) a ~** 4 THEAT *etc US umg* Flop *m*, Durchfall *m* B V/T 1 a bombardieren b zerbomben: ~ **out** ausbomben 2 ~ **up** *e-n Bomber etc* mit Bomben beladen C V/I 1 *umg* rasen 2 THEAT *etc US umg* floppen, durchfallen; ~ **alert** S Bombenalarm *m*

bombard A S [ˈbɒmbɑːd; *US* ˈbɑmˌbɑrd] 1 MIL, HIST Bombarde *f* (*altes Steingeschütz*) 2 MUS a HIST Bombard(e) *m(f)*, (Bass)Pommer *m* (*a. Orgelregister*) b Kontrabasstuba *f* B V/T [bɒmˈbɑː(r)d; *US* bɑm-] 1 a bombardieren b beschießen (*beide a.* PHYS) 2 *fig* bombardieren, bestürmen (*beide:* **with** mit): ~ **with blows** (*Boxen*) mit Schlägen eindecken

bombardier [ˌbɒmbə(r)ˈdɪə(r); *US* ˌbɑm-] S MIL 1 *Br* Artillerieunteroffizier *m* 2 FLUG Bombenschütze *m* 3 *obs* Kanonier *m*

bombardment S a Bombardement *n*, Bombardierung *f* b Beschießung *f* (*alle a.* PHYS)

bombardon [bɒmˈbɑː(r)dn; *US* bɑm-; *a.* ˈbɑmbərˌdəʊn] S MUS Bombardon *n* (*ein Blechblasinstrument*)

bombast [ˈbɒmbæst; *US* ˈbɑm-] S 1 *fig* Bombast *m*, Schwulst *m* 2 *obs* a rohe Baumwolle b Wattierung *f*; **bombastic** ADJ (ADV **~ally**) bombastisch, schwülstig

bomb attack S Bombenanschlag *m*

Bombay duck [ˈbɒmbeɪ; *US* ˈbɑm-] S 1 FISCH Indischer Seewels 2 GASTR *Delikatesse aus getrockneten ostindischen Seefischen*

bomb| bay S FLUG Bombenschacht *m*; ~ **calorimeter** S PHYS Bombenkalorimeter *n* (*Gerät zur Bestimmung des Heizwertes od der Reaktionswärme*); ~ **carpet** S Bombenteppich *m*; ~ **disposal** S Bombenräumung *f*; **~-disposal squad** S Bombenräum-, -sprengkommando *n*; ~ **door** S FLUG Bombenklappe *f*

bombe [bɔ̃ːmb; *US* bɑm] S GASTR Eisbombe *f*

bombed [bɒmd; *US* bɑmd] ADJ *sl* 1 besoffen 2 high (*im Drogenrausch*)

bomber S 1 Bomber *m*, Bombenflugzeug *n* 2 Bombenattentäter(in), Bombenleger(in) *umg*; ~ **jacket** S Bomberjacke *f*

bomb| ketch S SCHIFF, HIST Bombardierfahrzeug *n*, -schiff *n*; ~ **lance** S SCHIFF Harpune *f* mit Sprenggeschoss; **~proof** MIL A ADJ bombenfest, -sicher: ~ **shelter** (Luftschutz)Bunker *m* B V/T bombenfest *od* -sicher machen; ~ **rack** S FLUG Bombenaufhängevorrichtung *f*; ~ **scare** S Bombendrohung *f*; **~shell** S 1 Bombe *f*: **the news was a ~** die Nachricht schlug wie e-e Bombe ein; **the news hit him like a ~** die Nachricht traf ihn wie ein Keulenschlag 2 **a blonde ~** *umg* e-e blonde Sexbombe; ~ **shelter** S (*bes* Atom)Bunker *m*; **~sight** S FLUG Bombenzielgerät *n*; ~ **site** S Trümmergrundstück *n*; ~ **threat** S Bombendrohung *f*

bombycid [ˈbɒmbɪsɪd; *US* ˈbɑm-] S ZOOL Spinner *m* (*Nachtschmetterling*)

bona|fide [ˌbəʊnəˈfaɪdɪ; *US a.* ˈbəʊnəˌfaɪd] ADJ & ADV 1 echt (*Manuskript etc*) 2 JUR gutgläubig, *adv a.* bona fide, in gutem Glauben: ~ **contract** in gutem Glauben abgeschlossener Vertrag; ~ **purchaser** gutgläubiger Erwerber; **act ~** in gutem Glauben handeln; ~ **fides** [-ˈfaɪdiːz] S JUR guter Glaube

bonanza [bəʊˈnænzə; bə-] S 1 GEOL, MINER *US* reiche Erzader (*bes Edelmetalle*) 2 *fig* Goldgrube *f*

bonbon [ˈbɒnbɒn; *US* ˈbɑnˌbɑn] S 1 Bonbon *m/n* 2 Praline *f*

bonce [bɒns] S *Br sl* Birne *f*, Rübe *f* (*beide umg*) (*Kopf*)

bond[1] [bɒnd; *US* bɑnd] A S 1 *pl obs od poet* Fesseln *pl*, Ketten *pl*, Bande *pl*: **in ~s** a in Fesseln, gefangen b versklavt 2 *pl fig* Bande *pl*: **the ~s of love** 3 Bund *m*, Verbindung *f* 4 WIRTSCH Zollverschluss *m*: **in ~** unter Zollverschluss, unverzollt; **place** (*od* **put**) **in ~** *Waren* unter Zollverschluss nehmen; **take out of ~** *Waren* aus dem Zollverschluss nehmen, verzollen 5 WIRTSCH a *allg* (gesiegelte) Schuldurkunde, Schuld-, Verpflichtungsschein *m* b festverzinsliches Wertpapier, (*öffentliche*) Schuldverschreibung, Obligation *f*, Anleihe *f*, Pfandbrief *m*; ~ **creditor** Obligations-, Pfandbriefgläubiger(in); ~ **debtor** Obligations-, Pfandbriefschuldner(in); **enter into a ~** (durch Urkunde) e-e Verpflichtung eingehen 6 a Bürge *m*, Bürgin *f* b Bürgschaft *f*, Sicherheit *f*, (*a.* Haft-)Kaution *f*: **furnish a ~** Kaution stellen, Sicherheit leisten; **his word is as good as his ~** er ist ein Mann von Wort 7 CHEM a Bindung *f*: ~ **energy** CHEM, PHYS Bindungsenergie *f* b Wertigkeit *f* 8 TECH Bindemittel *n*: ~ **strength** Haftfestigkeit *f* 9 ELEK Strombrücke *f* (*an Schienenstößen*) 10 ARCH (*Holz-, Mauer-, Stein*) Verband *m* 11 → bond paper B V/T 1 WIRTSCH a verpfänden b durch Schuldverschreibung sichern c mit Obligationen belasten 2 WIRTSCH unter Zollverschluss legen 3 CHEM, TECH binden 4 *Steine etc* in Verband legen, einbinden C V/I TECH binden

bond[2] [bɒnd; *US* bɑnd] ADJ HIST in Knechtschaft, leibeigen

bondage S 1 HIST Knechtschaft *f*, Sklaverei *f* (*a. fig*), Leibeigenschaft *f*: **be in the ~ of vice** dem Laster verfallen sein 2 Zwang *m* 3 *Sadomasochismus*: Bondage *n* (*Fesselung zur Steigerung der geschlechtlichen Erregung*)

bonded [ˈbɒndɪd; *US* ˈbɑn-] S 1 WIRTSCH verpfändet 2 WIRTSCH durch Schuldverschreibung gesichert: ~ **claim** Forderung *f* aus Schuldverschreibung; ~ **debt** Obligations-, Anleiheschuld *f* 3 WIRTSCH unter Zollverschluss (befindlich) (*Waren*): ~ **warehouse** Zolllager *n*, Zollspeicher *m*; ~ **value** unverzollter Wert 4 kaschiert (*Gewebe*)

bonder → bondstone

bonderize [ˈbɒndəraɪz; *US* ˈbɑn-] V/T *Stahl* bondern

bondholder S WIRTSCH Obligationsinhaber(in)

bonding S CHEM, TECH Bindung *f*: ~ **agent** Bindemittel *n*

bond| issue S WIRTSCH Obligationsausgabe *f*, Anleiheemission *f*; **~man** [-mən] S *irr* HIST 1 Leibeigene(r) *m*, Sklave *m* 2 Fronpflichtige(r) *m*; ~ **market** S WIRTSCH Rentenmarkt *m*; ~ **paper** S Schreib(maschinen)papier *n*; ~ **servant** → bondman 1

bondsman [ˈbɒndzmən; *US* ˈbɑndz-] S *irr* 1 JUR a Bürge *m* b *US j-d, der gewerblich Kaution(en) stellt* 2 → bondman

bondstone S ARCH Binder *m*, Ankerstein *m*

bone[1] [bəʊn] A S 1 Knochen *m*: **meat on the ~** Fleisch *n* am Knochen; **bag of ~s** *umg* Klappergestell *n*, Knochengerüst *n*; **he's just a bag of ~s** er ist nur noch Haut u. Knochen; **the bare ~s** die wesentlichen Punkte; **be bred in the ~** angeboren sein; **be chilled** (*od* **frozen**) **to the ~** völlig durchgefroren sein; **be near** (*od* **close to**) **the ~** a gewagt sein (*Witz etc*) b am Hungertuch nagen; **cut (down) to the ~** *Preise, e-n Service etc* aufs Äußerste reduzieren; **I can feel it in my ~s** ich habe es im Gefühl; **she felt (it) in her ~s that ...** sie spürte instinktiv, dass ...; **make no ~s about** a keine Skrupel haben hinsichtlich b kein(en) Hehl machen aus, nicht hinterm Berg halten mit; **make no ~s about doing sth** a sich nicht scheuen, etwas zu tun b kein(en) Hehl daraus machen, dass man etwas tut; **not make old ~s** *obs* nicht alt werden; **have a ~ to pick with sb** *umg* mit j-m ein Hühnchen zu rupfen haben; → contention 1, dry A 1 2 *pl* Gebein(e) *n(pl)* 3 *pl* Skelett *n*, Gerippe *n* 4 *pl umg* Knochen *pl* (*Körper*): **my old ~s** 5 (*Fisch*) Gräte *f* 6 *pl sl* Würfel *pl*: **rattle the ~s** würfeln 7 *pl* Kastagnetten *pl* 8 (Fischbein)Stäbchen *n*, Korsettstange *f* 9 *vulg* Ständer *m* (*erigierter Penis*) B V/T 1 a entknochen, entbeinen b *e-n Fisch* entgräten 2 (Fischbein)Stäbchen in *ein Korsett* einarbeiten 3 AGR mit Knochenmehl düngen 4 *Br sl* klauen C V/I ~ **up (on sth)** *umg* (etwas) pauken *od* büffeln (**for** für) D ADJ beinern, knöchern

bone[2] [bəʊn] V/T TECH nivellieren

bone| ash S Knochenasche *f*; ~ **black** S 1 CHEM Knochenkohle *f* 2 MAL Beinschwarz *n* (*Farbe*); ~ **cancer** S MED Knochenkrebs *m*; ~ **china** S Bone-China *n*, Knochenporzellan *n*

boned [bəʊnd] ADJ 1 (*in Zusammensetzungen*) ...knochig: → strong-boned 2 GASTR a entknocht, entbeint b entgrätet (*Fisch*) 3 mit (Fischbein)Stäbchen (versehen) (*Korsett*)

bone|-dry ADJ 1 völlig trocken, *pej* knochen-, staub-, strohtrocken 2 *US umg* völlig trocken: a streng antialkoholisch b ohne jeden Alkohol (*Party etc*); ~ **dust** → bone meal; ~ **earth** → bone ash; ~ **glue** S Knochenleim *m*; **~head** S *umg* Holzkopf *m pej*; **~headed**

ADJ *umg* dumm; **~-idle** → bone-lazy; **~ lace** S Klöppelspitze *f*; **~-lazy** ADJ stinkfaul

boneless ADJ 1 a ohne Knochen b ohne Gräten *(Fisch)* 2 *fig* rückgratlos

bone| marrow S ANAT Knochenmark *n*; **~ meal** S Knochenmehl *n*; **~ oil** S CHEM Knochenöl *n*

boner ['bəʊnə(r)] S *bes US* 1 *sl* (grober) Fehler *od* Schnitzer 2 *vulg* Ständer *m (erigierter Penis)*

bone|setter S Knocheneinrichter(in); **~shaker** S *umg* Klapperkasten *m (Bus etc)*; **~ spavin** S VET Hufspat *m (des Pferdes)*; **~ structure** S ANAT Knochenbau *m*; **~ tar** S CHEM Knochenteer *m*; **~yard** S *US sl* 1 Friedhof *m* 2 *(Auto- etc)* Friedhof *m umg*, Schrottplatz *m*

bonfire ['bɒn,faɪə(r); *US* 'bɑn-] S 1 Freudenfeuer *n*: **♀ Night** → Guy Fawkes Night 2 Feuer *n* (im Freien) *(zum Unkrautverbrennen etc)*: **make a ~ of sth** etwas verbrennen

bong¹ [bɒŋ; *US a.* bɑŋ] A V/I dröhnen B S Dröhnen *n*

bong² [bɒŋ; *US a.* bɑŋ] S Haschisch-, Marihuanapfeife *f*

bongo¹ ['bɒŋgəʊ; *US a.* 'bɑŋ-] *pl* -gos, *bes koll* -go S ZOOL Bongo *m*

bongo² ['bɒŋgəʊ; *US a.* 'bɑŋ-] *pl* -gos, -goes S MUS Bongo *n/f*

bongo drum S MUS Bongotrommel *f*

bonhomie ['bɒnɒmiː; *US* ,bɑnə'miː; ,bəʊ-] S Bonhomie *f*, Jovialität *f*

bonhomous ['bɒnəməs; *US* 'bɑn-] ADJ (ADV ~ly) jovial

boning TECH A S Nivellieren *n* B ADJ Nivellier...

bonk [bɒŋk; *US* bɑŋk] A V/T 1 *umg* hauen, schlagen: **get ~ed on the head** e-n Schlag auf den Kopf bekommen 2 *Br sl j-n* bumsen *(mit j-m schlafen)* B V/I 1 **several cars ~ed into each other** *umg* mehrere Wagen bumsten ineinander 2 *a.* **~ away** *Br sl* bumsen C S *Br sl* Nummer *f (Geschlechtsverkehr)*: **have a ~** e-e Nummer machen *od* schieben

bonkers ['bɒŋkə(r)z; *US a.* 'bɑŋ-] ADJ *sl* übergeschnappt: **drive sb ~** j-n wahnsinnig machen; **go ~** überschnappen

bon mot [bɒn'məʊ; *US* bəʊn-] *pl* bons mots [bɒn'məʊ; -'məʊz; *US* bəʊn-] S Bonmot *n (geistreich-witzige Bemerkung)*

bonne [bɒn; *US* bɔːn] S 1 Hausangestellte *f* 2 Kindermädchen *n*

bonnet ['bɒnɪt; *US* 'bɑ-] A S 1 (*bes* Schotten-)Mütze *f*, Kappe *f*: → bee¹ 1 2 a HIST Bonnet *n*, (Damen)Haube *f* b (Kinder)Häubchen *n* 3 Kopfschmuck *m (der Indianer)* 4 TECH *allg* (Schutz)Kappe *f*, Haube *f*, *z. B.* a *e-s offenen Kamins* b BAHN Funkenfänger *m* c BAHN (Plattform)Dach *n* d *Bergbau*: Schutzplatte *f (im Schacht)* e AUTO *Br* Motorhaube *f* f Schutzkappe *f (für Ventile, Zylinder, Hydranten etc)* 5 ZOOL zweiter Magen, Haube *f (der Wiederkäuer)* B V/T mit e-r Schutzkappe *etc* versehen; **~ monkey** S ZOOL Hutaffe *m*

bonny ['bɒnɪ; *US* 'bɑ-] ADJ (ADV **bonnily**) *bes schott* 1 hübsch *(Mädchen etc)*, schön *(Haus etc)* 2 fröhlich *(Familie etc)* 3 drall, stramm *(bes Baby)*

bonsai ['bɒnsaɪ; *US* bəʊn'saɪ] *pl* -sai S 1 Bonsai *n (die japanische Kunst, Zwergbäume zu ziehen)* 2 Bonsai(baum) *m*

bonus ['bəʊnəs] A S 1 WIRTSCH Bonus *m*, Prämie *f*, Sondervergütung *f*, (Sonder)Zulage *f*: **~ issue** *(bei Kapitalerhöhung ausgegebene)* Gratisaktie; **~ number** *(Lotto)* Zusatzzahl *f*; **~ share** *Br (z. B. anstelle e-r Bardividende ausgegebene)* Gratisaktie; **~ system** (*od* **plan**) Prämiensystem *n (für geleistetes Übersoll)* 2 *(Weihnachts- etc)* Gratifikation *f* 3 WIRTSCH *bes Br* Extradividende *f*, Sonderausschüttung *f* 4 *Br* Gewinnanteil *m (Erhöhung der Lebensversicherungssumme durch Ausschüttung)* 5 WIRTSCH *US* Subvention *f*, staatlicher Zuschuss 6 *US* Dreingabe *f*: **... as a ~ ...** als Dreingabe 7 *fig umg* Pluspunkt *m* 8 *Br sl* Bestechungsgeschenk *n*, Schmiergeld *n* B V/T 1 Prämien *etc* gewähren *(dat)* 2 WIRTSCH *US* subventionieren

bon vivant [,bɒnviː'vɒnt; *US* ,bɑnviː'vɑnt] *pl* bons vivants [-t; -ts] S Bonvivant *m*, Lebemann *m*, *engS.* Gourmet *m*, Feinschmecker *m*

bony ['bəʊnɪ] ADJ 1 knöchern, Knochen...: **~ palate** ANAT harter Gaumen, Vordergaumen *m*; **~ process** ANAT Knochenfortsatz *m* 2 (stark-, grob)knochig 3 a voll(er) Knochen b voll(er) Gräten *(Fisch)* 4 knochendürr *umg*

bonze [bɒnz; *US* bɑnz] S Bonze *m (buddhistischer Mönch od Priester)*

boo¹ [buː] A INT 1 hu! *(um j-n zu erschrecken)*: **he wouldn't** (*od* **couldn't, won't**) **say ~ to a goose** er ist ein Hasenfuß 2 buh! 3 **the baby didn't say ~ all through church** das Baby gab während des gesamten Gottesdienstes keinen einzigen Laut von sich B S Buh(ruf) *n(m)*, Pfuiruf *m* C V/I buhen D V/T *j-n* ausbuhen: **~ a team off (the field)** SPORT e-e Mannschaft mit Buhrufen verabschieden

boo² [buː] S *US sl* Marihuana *n*

boob [buːb] *umg* A S 1 Blödmann *m*, Idiot *m pej* 2 *Br* (grober) Fehler *od* Schnitzer 3 *pl* Titten *pl (Busen)* B V/I *Br* e-n Bock schießen

boob job S *umg* Busenvergrößerung *f bzw* -verkleinerung *f*

boo-boo *bes US umg* → boob A 2

boob tube S *umg* 1 *Br* Bustier *n (miederartig anliegendes, nicht ganz bis zur Taille reichendes Oberteil)* 2 *bes US* a Glotzkaste *m*, -kiste *f*, Glotze *f (Fernseher)* b Fernsehen *n*

booby ['buːbɪ] S 1 Trottel *m*, Dummkopf *m* 2 SPORT *etc Br* Letzte(r) *m/f(m)*, Schlechteste(r) *m/f(m)* 3 ORN *(ein)* Tölpel *m* 4 *pl* → boob A 3; **~ hatch** S 1 SCHIFF Schiebeluke *f* 2 *bes US sl pej* Klapsmühle *f*; **~ prize** S SPORT *etc Scherzpreis für den Letzten od Schlechtesten*; **~ trap** S 1 versteckte Bombe *od* Sprengladung 2 *Falle, mit der man j-m e-n Streich spielen will, z. B. ein über e-r halb geöffneten Tür angebrachter Eimer Wasser*; **~-trap** V/T 1 a e-e Bombe *od* Sprengladung verstecken in *(dat)* b durch e-e versteckte Bombe *od* Sprengladung e-n Anschlag verüben auf *(akk)* 2 *etwas* präparieren *(um j-m damit e-n Streich zu spielen)*

boodle ['buːdl] *bes US umg.* A S 1 → caboodle 2 *bes* POL Schmiergeld(er) *n(pl)* 3 Blüten *pl umg*, Falschgeld *n* 4 a Knete *f (Geld)* b *(ein)* Haufen *m* Geld 5 *allg* Beute *f* B V/I 1 Schmiergelder (an)nehmen 2 Schmiergelder zahlen

booger ['buːgər] S *US sl* (Nasen)Popel *m*

boogeyman ['buːgɪmən] → bogyman

boogie ['buːgɪ; *US a.* 'bʊ-] *sl* A S Discomusik *f* B V/I zu Discomusik tanzen; **~-woogie** ['--,wuːgɪ; ,-'wuːgɪ; *US a.* -'wʊ-] A S Boogie-Woogie *m (Musikstil u. Tanz)* B V/I Boogie-Woogie tanzen

boohoo [,buː'huː] A *pl* -hoos S *oft pl* lautes Geschluchze B V/I laut schluchzen

book [bʊk] A S 1 Buch *n*: **medical ~** medizinisches Fachbuch; **the ♀ of Changes** das Buch der Wandlungen; **the ~ of life** *fig* das Buch des Lebens; **a closed** (*od* **sealed**) **~** *fig* ein Buch mit sieben Siegeln (**to** für); **as far as I am concerned, the affair is a closed ~** für mich ist die Angelegenheit erledigt; **an open ~** *fig* ein offenes *od* aufgeschlagenes Buch (**to** für); **be at one's ~s** über s-n Büchern sitzen; **I'm in the ~** *umg* ich steh im Telefonbuch; **in my ~** *umg* m-r Meinung *od* Erfahrung nach, für mich; **without ~** a aus dem Gedächtnis b unbefugt; **one for the ~(s)** *bes US umg* ein Knüller *od* Schlager, e-e großartige Leistung; **I read him like a ~** er ist wie ein aufgeschlagenes *od* offenes Buch für mich; **speak** (*od* **talk**) **like a ~** geschraubt *od* gestelzt reden; **suit sb's ~** j-m passen *od* recht sein; → Common Prayer, hit B 2, leaf A 4, reference A 8, travel A 3 2 Buch *n (als Teil e-s literarischen Gesamtwerkes od der Bibel)*: **the ~s of the Old Testament** 3 **the ♀**, *a.* **the ~ of ~s, the divine ~, the ~ of God** die Bibel: → kiss B 1, swear A 1 4 *fig* Vorschrift *f*, Kodex *m*: **according to the ~** vorschriftsmäßig; **follow** (*od* **go by**) **the ~** sich an die Regeln *od* Vorschriften halten; **every trick in the ~** jeder nur denkbare Trick; **he knows every trick in the ~** er ist mit allen Wassern gewaschen 5 **throw the ~ at sb** a JUR j-n zur Höchststrafe verurteilen b JUR j-n aller einschlägigen Verbrechen bezichtigen *od* anklagen c *umg* j-m gehörig den Kopf waschen 6 *obs* (*bes* Grundbesitzübertragungs)Urkunde *f* 7 Liste *f*, Verzeichnis *n*: **be on (off) the ~s** (nicht mehr) auf der (Mitglieder- *etc*)Liste stehen, (kein) eingetragenes Mitglied (mehr) sein 8 *pl* UNIV Liste *f* der Immatrikulierten 9 WIRTSCH Geschäftsbuch *n*: **~ of accounts** Kontobuch; **~s of account** Geschäftsbücher; **~ of entries** (Waren)Eingangsbuch; **~ of sales** (Waren)Ausgangsbuch; **be deep in sb's ~s** bei j-m tief in der Kreide stehen; **bring** (*od* **call**) **sb to ~** *fig* j-n zur Rechenschaft ziehen; **close** (*od* **settle**) **the ~s** die Bücher abschließen; **get** (*od* **run**) **into sb's ~s** bei j-m Schulden machen; **keep the ~s** die Bücher führen 10 a *(Notiz)* Buch *n* b *(Schreib-, Schul)* Heft *n*: **be in sb's good** (**bad** *od* **black**) **~s** *fig* bei j-m gut (schlecht) angeschrieben sein; **put o.s. into sb's good ~s** *fig* sich bei j-m beliebt machen 11 Wettbuch *n*: **make ~** a Wetten annehmen *od* abschließen (**on** auf *akk*) b wetten; **you can make ~ on it that ...** ich möchte wetten, dass ... 12 a THEAT Text *m* b MUS Textbuch *n*, Libretto *n* c MUS *bes US* Repertoire *n (e-s Orchesters od Musikers)* 13 Heft(-chen) *n*: **~ of stamps (tickets)** Marken-(Fahrschein)heft(chen); **~ of matches** Streichholz-, Zündholzbriefchen *n* 14 *Bridge*: Buch *n (die ersten 6 Stiche)* B V/T 1 WIRTSCH a (ver)buchen, eintragen b *e-n Auftrag* notieren 2 aufschreiben, notieren, SPORT *a.* verwarnen: **~ sb for reckless driving** j-n wegen rücksichtslosen Fahrens aufschreiben *(Polizei)* 3 *j-n* verpflichten, engagieren 4 *j-n als (Fahr-)Gast, Teilnehmer etc* einschreiben, vormerken: **~ sb into** (*od* **in at**) *bes Br* j-m ein Zimmer reservieren lassen in *(dat)* 5 *e-n Platz, ein Zimmer etc* (vor)bestellen, *e-e Reise etc* buchen, *e-e Eintritts- od Fahrkarte* lösen: **~ a seat** (*od* **ticket**) **to London** e-e Fahr-(Schiffs-, Flug)karte nach London lösen; **~ in advance** im Voraus bestellen, THEAT *a.* im Vorverkauf besorgen; **~ed up** ausgebucht *(Künstler)*, *(Hotel etc a.)* belegt, *(Veranstaltung etc a.)* ausverkauft 6 *e-n Termin* ansetzen 7 *Gepäck* aufgeben (**to** nach) 8 **~ out** *bes Br* sich *ein Buch etc (aus e-r Bibliothek etc)* (aus)leihen C V/I 1 *Br a.* **~ up** e-e (Fahr-, Schiffs-, Flug)Karte lösen (**to, for** nach): **~ through** durchlösen (**to** bis, nach) 2 sich *(für e-e Fahrt etc)* vormerken lassen, e-n Platz *etc* bestellen, buchen 3 **~ in** a *bes Br* sich *(im Hotel)* eintragen: **~ in at** absteigen in *(dat)* a FLUG *bes Br* einchecken b *bes US* → sign C 5 4 **~ out** a *bes Br* sich *(im Hotel etc)* abmelden b *bes US* → sign C 7

bookable ADJ: **be ~** a im Vorverkauf erhältlich sein b gebucht werden können

book|binder S Buchbinder(in); **~bindery** S Buchbinderei *f*; **~binding** S 1 Buchbinden *n* 2 Buchbinderhandwerk *n*, Buchbinderei

B

f; ~ **burning** S Bücherverbrennung *f*; **~case** S Bücherschrank *m*, -regal *n*; ~ **claim** S WIRTSCH Buchforderung *f*, buchmäßige Forderung; ~ **club** S Buchgemeinschaft *f*, -klub *m*; ~ **debt** S WIRTSCH Buchschuld *f*, buchmäßige Schuld; ~ **end** S Buch-, Bücherstütze *f*

bookie ['bʊkɪ] *umg für* bookmaker

booking S 1 a Buchen *n*, (Vor)Bestellung *f*: **make a ~** buchen; **onward (return) ~** FLUG Reservierung *f* für den Weiterflug (Rückflug) b Vorverkauf *m* 2 WIRTSCH (Ver)Buchung *f*, Eintragung *f* 3 SPORT Verwarnung *f*; ~ **clerk** S Schalterbeamte(r) *m*, -beamtin *f*, Fahrkartenverkäufer(in); ~ **hall** S Schalterhalle *f*; ~ **office** S *Br* 1 (Fahrkarten)Schalter *m* 2 a (Theater- *etc*)Kasse *f* b Vorverkaufsstelle *f*; ~ **order** S WIRTSCH Bestellzettel *m*

bookish ADJ (ADV ~ly) 1 Buch…, Bücher…: ~ **knowledge** → book knowledge 2 a buchgelehrt *(Person)* b auf Buchwissen beruhend *(Anschauung etc)* 3 a gespreizt, gestelzt *(Ausdrucksweise etc)* b papieren *(Stil etc)* 4 a lesewütig: **be ~** ein Bücherwurm sein b gelehrt

book| jacket S Schutzumschlag *m*, Buchhülle *f (aus Papier)*; **~keeper** S WIRTSCH Buchhalter(in); **~keeping** S WIRTSCH Buchhaltung *f*, -führung *f*: ~ **by single (double) entry** einfache (doppelte) Buchführung; ~ **department** Buchhaltung(sabteilung) *f*; ~ **knowledge** S Buchwissen *n*, -gelehrsamkeit *f*, Bücherweisheit *f*; **~-learned** → bookish 2 a; ~ **learning** → book knowledge

booklet ['bʊklɪt] S 1 Broschüre *f* 2 *(Marken- etc)* Heftchen *n*: ~ **of stamps**

book|lore → book knowledge; ~ **loss** S WIRTSCH Buchverlust *m*, buchmäßiger Verlust; ~ **louse** S *irr* ZOOL Bücherlaus *f*; **~lover** S Bücherliebhaber(in), -freund(in); **~maker** S Buchmacher(in); **~man** [-mən] S *irr* 1 Gelehrte(r) *m* 2 a Buchhändler *m* b Verleger *m*; **~mark** A S 1 Buch-, Lesezeichen *n* 2 INTERNET: Bookmark *n*, Lesezeichen *n* 3 → bookplate B V/T INTERNET als Favoriten ablegen; **~marker** → bookmark 1; **~mobile** [-məʊˌbiːl] S *US* Auto-, Fahrbücherei *f*, Bücherbus *m*; **~plate** S Exlibris *n*, Bücherzeichen *n*; ~ **post** S *bes Br* Büchersendung *f*: **send sth by ~** etwas als Büchersendung schicken; ~ **profit** S WIRTSCH Buchgewinn *m*, buchmäßiger Gewinn; **~rack** S 1 Büchergestell *n*, -regal *n* 2 a Lesepult *n* b Buchstütze *f*; **~rest** S → bookrack 2 a; ~ **review** S Buchbesprechung *f*, Buchkritik *f*; ~ **reviewer** S Buchkritiker(in); **~seller** S Buchhändler(in); **~selling** S Buchhandel *m*; **~shelf** S *irr* Bücherbord *n*: **bookshelves** *pl* Bücherregal *n*; **~shop** S Buchhandlung *f*; **~stall** S 1 Bücherstand *m* 2 *Br* Zeitungskiosk *m*, -stand *m*; **~store** S *bes US* Buchhandlung *f*

booksy ['bʊksɪ] ADJ *umg pej* hochgestochen, auf intellektuell machend

book| token S *Br* Büchergutschein *m*; ~ **trade** S Buchhandel *m*; ~ **value** S WIRTSCH Buchwert *m*, buchmäßiger Wert; **~work** S 1 TYPO Werk-, Buchdruck *m* 2 Bücherstudium *n*; **~worm** S ZOOL Bücherwurm *m (a. fig)*

Boolean algebra ['buːlɪən] S MATH boolesche Algebra

boom¹ [buːm] A S 1 Dröhnen *n*, Donner *m*, Brausen *n*: ~ **box** *umg* → ghetto blaster 2 Schrei *m* B V/I 1 dröhnen *(Stimme etc)*, donnern *(Geschütz etc)*, brausen *(Wellen etc)* 2 schreien *(Rohrdommel etc)* C V/T *meist* ~ **out** dröhnen(d äußern)

boom² [buːm] S 1 SCHIFF Baum *m*, Ausleger *m (als Hafen- od Flusssperrgerät)* 2 SCHIFF Baum *m*, Spiere *f*: **fore ~** Schonerbaum 3 *pl* SCHIFF Barring *f* 4 *US* Schwimmbaum *m (zum Auffangen des Floßholzes)* 5 TECH Ausleger *m (e-s Krans)*, Ladebaum *m* 6 FILM, TV *(Mikrofon)* Galgen *m*

boom³ [buːm] A S 1 WIRTSCH Boom *m*: a Hochkonjunktur *f* b *Börse*: Hausse *f* c (plötzlicher) (wirtschaftlicher *od* geschäftlicher) Aufschwung, sprunghafte Entwicklung: ~ **market** Haussemarkt *m*; ~ **town** *Stadt, die sich sprunghaft entwickelt*; ~ **years** Jahre der Hochkonjunktur; **curb** (*od* **check**) **the ~** die Konjunktur bremsen 2 *bes US* a Reklamerummel *m*, (aufdringliche) Propaganda, Stimmungsmache *f (bes für e-n Wahlkandidaten)* b anwachsende Stimmung für e-n Kandidaten 3 *bes US* a kometenhafter Aufstieg b Blüte(zeit) *f*, große Zeit, *a.* (Zeit *f* der) Popularität *f* B V/I 1 WIRTSCH boomen: a e-n Boom erleben, Hochkonjunktur haben b e-n (plötzlichen) (wirtschaftlichen *od* geschäftlichen) Aufschwung nehmen, sich sprunghaft entwickeln *(Stadt etc)* 2 in die Höhe schnellen, rapide (an)steigen *(Kurse, Preise)* 3 *bes US* sehr rasch an Popularität gewinnen *(Person)* C V/T 1 hochpeitschen, zu e-r rapiden (Aufwärts)Entwicklung zwingen, *Preise* (künstlich) in die Höhe treiben 2 *bes US* die Werbetrommel rühren für

boomer S 1 *US umg* Wanderarbeiter(in) 2 ZOOL männliches Riesenkänguru

boomerang ['buːməræŋ] A S 1 Bumerang *m (a. fig)* 2 THEAT *US* Hebebühne *f (für Bühnenmaler)* B V/I *fig* sich als Bumerang erweisen (**on** für)

boomslang ['buːmslæŋ; -slɑːŋ] S ZOOL Boomslang *f*

boon¹ [buːn] S 1 *obs* Gunst *f*, Gnade *f* 2 *fig* Segen *m* (**to** für): **a real ~** ein wahrer Segen

boon² [buːn] ADJ 1 *obs* a gefällig b wohlgesinnt 2 ~ **companion** guter Freund

boon|docks SPL *US umg.* 1 Wildnis *f* 2 finsterste Provinz: **out in the ~** am Arsch der Welt, wo sich Fuchs u. Hase gute Nacht sagen; **~doggle** [-ˌdɑgəl] *US* A S 1 einfacher, handgemachter Gebrauchsgegenstand *(bes aus Leder)* 2 *umg* a Beschäftigungstherapie *f umg*, sinnlose Arbeit b Scheinbeschäftigung *f (bes im öffentlichen Dienst)* B V/I *umg* a sich mit sinnlosen Arbeiten beschäftigen b e-r Scheinbeschäftigung nachgehen

boonies ['buːniːz] SPL → boondocks

boor [bʊə(r)] S 1 *pej* Bauer *m*, ungehobelter Kerl 2 ♀ → Boer A; **boorish** ADJ (ADV ~ly) *pej* bäu(e)risch, ungehobelt; **boorishness** S *pej* bäu(e)risches *od* ungehobeltes Benehmen *od* Wesen

boost [buːst] A V/T 1 *a.* ~ **up** *e-n Kletternden* von unten hochschieben, *j-m od e-r Sache* nachhelfen *(a. fig)* 2 WIRTSCH *die Preise* in die Höhe treiben 3 fördern, Auftrieb geben *(dat)*, *die Produktion etc* ankurbeln, steigern: ~ **business** WIRTSCH die Wirtschaft ankurbeln; ~ **sb's morale** j-s *(Arbeits- etc)* Moral heben; → ego 2 4 *bes US umg* Reklame machen *od* die Werbetrommel rühren für 5 TECH a *Flüssigkeiten etc* unter erhöhten Druck setzen b *den Druck* erhöhen c durch erhöhten Druck regulieren 6 ELEK a *die Spannung* verstärken, anheben b *e-e Batterie* verstärken 7 FLUG, AUTO aufladen 8 *bes US sl* klauen *(bes in e-m Laden)* B S 1 a Förderung *f*, Spritze *f umg*, Schützenhilfe *f* b Auftrieb *m*, Belebung *f*: **give** *sth* **a ~** → A 3 2 *(Lohn-, Preis-, Produktions- etc)* Erhöhung *f*, (-)Steigerung *f*: ~ **in salary** Gehaltserhöhung 3 ELEK, TECH Verstärkung *f (a. fig)* 4 FLUG, AUTO Aufladung *f*, Ladedruck *m* 5 *bes US umg* Reklame *f*

booster S 1 Förderer *m*, Förderin *f* 2 Preistreiber(in) 3 *bes US umg* Reklamemacher(in) 4 TECH Verstärker *m*, Verstärkung *f*, Zusatz(-aggregat) *m(n)* 5 ELEK a *a.* ~ **dynamo** Zusatzdynamo *m* b Servomotor *m* c *a.* ~ **amplifier** Zusatzverstärker *m* 6 *a.* ~ **charge** MIL, TECH Übertragungsladung *f* 7 TECH Kompressor *m* 8 *a.* ~ **pump** TECH Förderpumpe *f* 9 *Raketentechnik*: a Antriebsaggregat *n* b erste Stufe, Zündstufe *f* 10 → booster shot 11 *mil* Trägerrakete *f* 12 *bes US sl (bes* Laden)Dieb(in); ~ **cables** SPL AUTO *US* Starthilfekabel *pl*; ~ **coil** S ELEK Anlassspule *f*; ~ **relay** S ELEK Hilfsrelais *n*; ~ **rocket** S FLUG Startrakete *f*; ~ **shot** S MED Auffrischimpfung *f*

boot¹ [buːt] A S 1 Stiefel *m*: **the ~ is on the other foot** (*od* **leg**) a der Fall liegt umgekehrt b die Verantwortung liegt (jetzt) bei der anderen Seite; **his courage** (*od* **heart**) **sank in(to) his ~s** ihm fiel (vor Angst) das Herz in die Hose; **I'll eat my ~s if …** *umg* ich fresse e-n Besen, wenn …; **hang up the ~s** *umg* s-n Beruf, die Fußballschuhe *etc* an den Nagel hängen; **put the ~ in** *bes Br umg* a e-n wehrlos am Boden Liegenden mit (Fuß)Tritten traktieren b *fig* j-n vollends fertigmachen; **the ~ of Italy** GEOG *hum* der italienische Stiefel; → bet B, big A 1, die¹ A 1, lick A 1, tough A 1 2 HIST spanischer Stiefel *(Folterinstrument)* 3 HIST Beinharnisch *m* 4 AUTO *US (Park-, Rad)* Kralle *f* 5 Boot *m*, Gummiglocke *f (für Renn- u. Springpferde)* 6 ORN Beinfedern *pl (von Geflügel)* 7 *Br* a HIST Kutschkasten *m (für Gepäck)* b AUTO Kofferraum *m* 8 TECH a Schutzkappe *f* b (Autoreifen)Unterlegung *f* 9 *obs* Trinkschlauch *m* 10 Strumpfbein *n* 11 a COMPUT Start *m* b *umg* (Fuß)Tritt *m*: **give sb a ~** j-m e-n Tritt geben *od* versetzen c *sl* Rausschmiss *m*, *bes* Entlassung *f*: **get the ~** rausgeschmissen *(bes* entlassen) werden; **give** *sb* **the ~** → B 3 12 MIL *US sl* MIL Rekrut *m (bes der Marine[infanterie])* 13 **old ~** *Br sl* Schreckschraube *pej* B V/T 1 *j-m* (die) Stiefel anziehen 2 *umg* a e-n (Fuß)Tritt geben *od* versetzen *(dat)* b *bes Fußball: den Ball* treten, kicken 3 *meist* ~ **out** *sl j-n* rausschmeißen, *bes* entlassen 4 *US* an *e-m falsch geparkten Fahrzeug* e-e Kralle anbringen: ~ **sb** an j-s Wagen e-e Kralle anbringen 5 *a.* ~ **up** *e-n Computer* booten, starten

boot² [buːt] A S 1 *obs* Vorteil *m*, Gewinn *m*, Nutzen *m* 2 **to ~** obendrein, noch dazu B V/I & V/T *obs (j-m)* nützen: **what ~s it to complain?**

boot³ [buːt] S *obs* Beute *f*

boot|black S *bes US* Schuhputzer(in); ~ **camp** S MIL *US sl* Ausbildungslager *n (bes der Marine[infanterie])*

booted ['buːtɪd] ADJ gestiefelt: ~ **and spurred** gestiefelt u. gespornt

bootee ['buːtiː; ˌbuː'tiː] S 1 (Damen)Stiefelette *f* 2 *(bes* gestrickter *od* gehäkelter) Babyschuh

Boötes [bəʊ'əʊtiːz] S ASTRON Bärenhüter *m (Sternbild)*

booth [buːð; *US bes* buːθ] S 1 *(Markt-, Schau)* Bude *f*, *(Messe)* Stand *m* 2 a *(Telefon-, Fernsprech)* Zelle *f* b *(Wahl)* Kabine *f*, (-)Zelle *f* 3 a RADIO, TV *(Übertragungs)*Kabine *f* b *(Abhör)* Kabine *f (in e-m Schallplattengeschäft)* 4 Sitzgruppe *f (im Restaurant)*

boot|jack S Stiefelknecht *m*; **~lace** S Schnürsenkel *m*: **haul** (*od* **pull**) **o.s. up by one's (own) ~s** *umg* es aus eigener Kraft zu etwas bringen

bootleg A S 1 schwarz gebrannte *od* schwarz verkaufte *od* geschmuggelte Spirituosen *pl* 2 *etwas illegal Hergestelltes od Verkauftes, z. B.* Raubdruck *m*, Raubkopie *f* B ADJ 1 a schwarz gebrannt b schwarz verkauft c geschmuggelt 2 illegal: ~ **copy** Raubkopie *f*; ~ **radio station** Schwarz-, Piratensender *m* C V/T *Spirituosen* a schwarzbrennen b schwarz verkaufen c schmuggeln D V/I a schwarz Spirituosen brennen b Alkoholschwarzhandel treiben c Alkoholschmuggel treiben; **bootlegger** S a Schwarzbrenner (-in) b Alkoholschwarzhändler(in) c Alkoholschmuggler(in); **bootlegging** S a Schwarzbrennerei *f* b Alkoholschwarzhandel *m* c Alkoholschmuggel *m*

bootless ADJ (ADV ~ly) nutzlos

boot|lick *umg* A VT vor *j-m* kriechen, *j-m* die Stiefel lecken B VI kriechen; **~licker** S *umg* Kriecher(in), Stiefellecker(in); **~loader** S IT a Urleseprogramm *n* b Ureingabeprogramm *n*

boots [bu:ts] *pl* boots S *Br obs* Hausbursche *m* *(im Hotel)*

boot| sale S *Br Flohmarkt, bei dem die Ware im Kofferraum der Autos ausgelegt ist*; **~strap** A S 1 Stiefelstrippe *f*, -schlaufe *f*: **haul** (*od* **pull**) **o.s. up by one's (own) ~s** *umg* es aus eigener Kraft zu etwas bringen; **~ circuit** ELEK Bootstrap-Schaltung *f* 2 IT Ureingabe *f*: **~ loader** a Urleseprogramm *n* b Ureingabeprogramm *n* B VT IT durch Ureingabe laden; **~ top** S Stiefelstulpe *f*; **~ tree** S Stiefelleisten *m*; **~-up** → boot[1] A 11 a

booty ['bu:tɪ] S 1 Beute *f* 2 *fig* (Aus)Beute *f*, Fang *m*

boo word S Schreckwort *n*

booze [bu:z] *umg* A VI saufen B S a Zeug *n* *(alkoholisches Getränk)* b Sauferei *f*: **go on the ~** zu saufen anfangen; **be on the ~** saufen c Sauftour *f*: **go on a ~** e-e Sauftour machen d Besäufnis *n*; **~hound** S *US umg* Säufer(in)

boozer S *umg* 1 Säufer(in) 2 *Br* Kneipe *f*

booze-up *Br umg* → booze B c, B d

boozy ['bu:zɪ] ADJ (ADV boozily) *umg* 1 versoffen 2 Sauf...: **a ~ party** ein Besäufnis

bop[1] [bɒp; *US* bɑp] *umg* A S Schlag *m*: **give sb a ~ on the nose** j-m eins auf die Nase geben B VT *j-n* schlagen

bop[2] [bɒp; *US* bɑp] *bes Br umg* A VI *(zu Discomusik)* tanzen B S: **have a ~** → A

bopeep [,bəʊ'pi:p] → peekaboo A, B

bopper ['bɒpə; *US* 'bɑpər] → teenybopper

bora ['bɔ:rə; *US a.* 'bəʊrə] S Bora *f* *(trocken-kalter Fallwind)*

boracic [bə'ræsɪk] ADJ CHEM boraxhaltig, Bor...: **~ acid** Borsäure *f*

boracite ['bɔ:rəsaɪt; *US a.* 'bəʊ-] S MINER Borazit *m*

borage ['bɒrɪdʒ; *US a.* 'bɑ-] S BOT Borago *m*, *bes* Borretsch *m*, Gurkenkraut *n*

borate ['bɔ:reɪt] S CHEM Borat *n*: **~ of lead** Bleiborat

borax ['bɔ:ræks; *US a.* 'bəʊ-] S CHEM Borax *m*

Bordeaux [bɔ:(r)'dəʊ] S Bordeaux (-wein) *m*; **~ mixture** S AGR, CHEM Bordelaiser Brühe

bordel ['bɔ:(r)dl] S *obs* Bordell *n*

bordello [bɔ:(r)'deləʊ] *pl* -los S Bordell *n*

border ['bɔ:(r)də(r)] A S 1 Rand *m* 2 Einfassung *f*, Saum *m*, Umrandung *f*, Borte *f*, Randverzierung *f*, *a.* TYPO Rand-, Zierleiste *f* 3 (Gebiets- *od* Landes)Grenze *f*: **on the ~** an der Grenze; **~ check** Grenzkontrolle *f*; **~ crossing point** Grenzübergang(sstelle) *m(f)*; **~ incident** Grenzzwischenfall *m*; **~ police** *(als pl konstruiert)* Grenzpolizei *f*; **~ war** Grenzkrieg *m* 4 *a.* **~ area** Grenzgebiet *n*: **the** ≗ die Grenze *od* das Grenzgebiet zwischen England u. Schottland; **north of the** ≗ in Schottland 5 AGR Rain *m* 6 *Gartenbau:* Rabatte *f*, Randbeet *n* 7 *pl* → borderlights B VT 1 einfassen 2 (um)säumen: **a lawn ~ed by trees** 3 begrenzen, (an)grenzen *od* stoßen an *(akk)* 4 TECH rändern, (um)bördeln C VI (an)grenzen, (an)stoßen (*beide:* **on, upon** an *akk*): **it ~s on insolence** *fig* es grenzt an Unverschämtheit

bordereau [,bɔ:(r)də'rəʊ] *pl* -reaux [-'rəʊz] S *Bankwesen:* Bordereau *m/n* *(Verzeichnis eingereichter Wertpapiere, bes von Wechseln)*

borderer S Grenzbewohner(in) *(Br Bewohner[in] des Grenzgebiets zwischen England u. Schottland)*

bordering S 1 Einfassung *f*, Besatz *m* 2 *Material, Stoff etc zum Einfassen od Besetzen* 3 TECH Bördeln *n*, Rändelung *f*

border|land S 1 Grenzland *n*, -gebiet *n* 2 *fig* a Grenzland *n* b Randgebiet *n* c Niemandsland *n*; **~lights** SPL THEAT Soffittenlichter *pl*; **~line** A S 1 Grenzlinie *f* 2 *fig* Grenze *f* B ADJ auf *od* an der Grenze *(a. fig)*: **~ case** Grenzfall *m*; **~ disease** MED latente Krankheit; **~ joke** nicht mehr ganz salonfähiger Witz; **~ situation** Grenzsituation *f*; **~ state** Zwischenstadium *n*; **~ stone** S 1 Bord-, Randstein *m* 2 Grenzstein *m*

bordure ['bɔ:,djʊə; *US* 'bɔ:rdʒər] S *Heraldik:* Schild-, Wappenumrandung *f*

bore[1] [bɔ:(r); *US a.* 'bəʊər] A S 1 TECH Bohrung *f*: a Bohrloch *n* b Innendurchmesser *m* 2 *Bergbau:* Bohr-, Schieß-, Sprengloch *n* 3 MIL, TECH Bohrung *f*, Seele *f*, Kaliber *n* *(e-s Gewehrlaufs etc)* 4 GEOL Ausflussöffnung *f* *(e-s Geysirs)* B VT 1 *(bes* aus)bohren, durchbohren: **~ a well** e-n Brunnen bohren 2 durchdringen, sich durchbohren durch: **~ one's way** sich (mühsam) e-n Weg bahnen (**into** in *dat od akk*; **through** durch) 3 SPORT *umg e-n anderen Läufer, ein anderes Rennpferd* abdrängen C VI 1 bohren, Bohrungen machen, *(Bergbau)* schürfen (**for** nach) 2 TECH a *(bei Holz)* (ins Volle) bohren b *(bei Metall)* (aus-, auf)bohren 3 *fig* durch- *od* vordringen, sich e-n Weg bahnen *(beide:* **to** bis, zu, nach), sich (hinein)bohren (**into** in *akk*)

bore[2] [bɔ:(r); *US a.* 'bəʊər] A S 1 a langweilige *od* stumpfsinnige *od* fade Sache: **the book is a ~ to read** das Buch ist langweilig b *bes Br umg* unangenehme *od* lästige Sache: **what a ~!** wie ärgerlich!; **it's a ~ having to do it again** es ist ärgerlich, es noch einmal tun zu müssen 2 a Langweiler(in), fader Kerl b *bes Br umg* lästiger Kerl: **he's a real ~** der geht e-m ganz schön auf die Nerven B VT 1 langweilen: **~ sb to death** (*od* **stiff, to tears**) *umg* j-n,zu Tode langweilen; **I was ~d stiff by his speech** s-e Rede hat mich zu Tode gelangweilt; **be** (*od* **feel**) **~d** sich langweilen, Lang(e)weile haben; **I'm getting ~d with** (*od* **of**) **the subject** das Thema fängt an, mich zu langweilen; **the ~d expression on his face** sein gelangweilter Gesichtsausdruck; → pants 1 2 *bes Br umg j-m* lästig sein *od* auf die Nerven gehen

bore[3] [bɔ:(r); *US a.* 'bəʊər] S Springflut *f*, Flutwelle *f*

bore[4] [bɔ:(r); *US a.* 'bəʊər] *prät von* bear[1]

boreal ['bɔ:rɪəl; *US a.* 'bəʊ-] ADJ 1 boreal: a nördlich b *dem nördlichen Klima Europas, Asiens u. Amerikas zugehörend* 2 Nordwind...

Boreas ['bɒrɪæs; *US* 'bəʊrɪəs; 'bɔ:-] EIGENN Boreas *m* *(Gott des Nordwindes)*

boredom S 1 Lang(e)weile *f* 2 Langweiligkeit *f*

borehole S TECH Bohrloch *n*

borer S 1 TECH Bohrer *m* 2 Bohrarbeiter(in) 3 ZOOL *(ein)* Bohrer *m* *(Insekt)*

boric ['bɔ:rɪk; *US a.* 'bəʊ-] ADJ CHEM Bor...: **~ acid** Borsäure *f*; **~ acid ointment** MED Borsalbe *f*

boride ['bɔ:raɪd; *US a.* 'bəʊ-] S CHEM Borid *n*

boring[1] A S 1 Bohren *n*, Bohrung *f* 2 Bohrloch *n* 3 *pl* Bohrspäne *pl* B ADJ bohrend, Bohr...

boring[2] ADJ (ADV ~ly) langweilig

boring| bar S TECH Bohrstange *f*; **~ head** S TECH Bohrkopf *m*; **~ machine** S TECH Bohrmaschine *f*

boringness S Langweiligkeit *f*

boring tool S TECH Innendrehmeißel *m*

born [bɔ:(r)n] A *pperf von* bear[1] A 4 B ADJ 1 geboren: **~ of** geboren von, Kind des *od* der; **an Englishman ~ and bread** ein (wasch)echter Engländer; **never in all my ~ days** *umg* noch nie in m-m Leben 2 geboren: **a ~ poet**; **be ~ (to be) a poet** zum Dichter geboren *od* bestimmt sein; **~-again** ADJ 1 REL wiedergeboren 2 **he's a ~ jogger (nonsmoker)** er ist ein begeisterter Jogger (ein fanatischer *od* überzeugter Nichtraucher)

borne [bɔ:(r)n] A *pperf von* bear[1] B ADJ 1 *(in Zusammensetzungen)* getragen von, befördert mit *od* auf *(dat) od* in *(dat)*: **lorry-~** mit (e-m) Lastwagen befördert; → air-borne, *etc* 2 geboren (**by** von)

Borneo ['bɔ:(r)nɪəʊ] S Borneo *n* *(größte der Großen Sundainseln)*

Bornholm disease ['bɔ:(r)nhɒlm; *US* -,həʊlm; -,həʊm] S MED Bornholmer Krankheit *f*

bornite ['bɔ:(r)naɪt] S MINER Bornit *m*, Buntkupferkies *m*

boron ['bɔ:rɒn; *US* 'bɔ:r,ɑn; *a.* 'bəʊər-] S CHEM Bor *n*

borosilicic acid [,bəʊrəʊsɪ'lɪsɪk] S CHEM Borkieselsäure *f*

borough ['bʌrə; *US* 'bɜrəʊ; 'bʌ-] S 1 *Br* HIST Burg(flecken) *f(m)* 2 *Br* a Stadt *f* *(mit Selbstverwaltung)* b Stadt *f od* städtischer Wahlbezirk mit eigener Vertretung im Parlament c Stadtbezirk *m* *(von Groß-London)* 3 *US* a Stadt- *od* Dorfgemeinde *f* *(in einigen Staaten)* b Stadtbezirk *m* *(in New York)*; **~ council** S *Br* Stadtrat *m*; **~-English** S JUR, HIST Vererbung *f* auf den jüngsten Sohn

borrow ['bɒrəʊ; *US a.* 'bɑ-] A VT 1 (sich) *etwas* (aus)borgen *od* (aus)leihen (**from** von): **~ a book from the library** ein Buch aus der Bücherei aus- *od* entleihen; **~ed** WIRTSCH kreditfinanziert; **~ed funds** WIRTSCH Fremdmittel *pl*; **he is living on ~ed time** a s-e Tage sind gezählt b s-e Uhr ist abgelaufen 2 *fig* entlehnen, -nehmen, *iron* (sich) *etwas* borgen: **~ a phrase from Shaw**; **~ trouble** *US* sich unnötigen Ärger einhandeln; **~ed word** LING Lehnwort *n* B VI borgen, WIRTSCH *a.* Geld *od* Kredit aufnehmen (**from** bei): **~ on securities** Effekten lombardieren

borrower S 1 Entleiher(in): **~'s card** Benutzerausweis *m*; **~'s ticket** Leihkarte *f* 2 WIRTSCH Geld-, Kreditnehmer(in); **borrowing** S 1 (Aus)Borgen, (Aus-, Ent)Leihen *n* 2 WIRTSCH Geld-, Kreditaufnahme *f*: **~ power(s** *pl*) Kreditaufnahmefähigkeit *f*

borsch(t), **borshcht** [bɔ:(r)ʃt] S GASTR Borschtsch *m* *(russische Kohlsuppe mit Fleischstückchen, roten Rüben etc)*

Borstal, ≗ ['bɔ:stl] S *Br erzieherisch gestaltete Strafanstalt für die Altersgruppe 15 - 21*: **~ training** *Strafvollzug in e-m **Borstal***

bort [bɔ:(r)t] S 1 Diamantenschleifpulver *n* 2 MINER unreiner, farbiger, *bes* schwarzer Diamant

borzoi ['bɔ:(r)zɔɪ] S Barsoi *m* *(russischer Windhund)*

boscage → boskage

bosh[1] [bɒʃ; *US* bɑʃ] S METALL 1 Kohlensack *m*, Rast *f* *(am Hochofen)* 2 Löschtrog *m*

bosh[2] [bɒʃ; *US* bɑʃ] S & INT *umg* Quatsch *m*

bosk [bɒsk; *US* bɑsk] S *poet* Gehölz *n*

boskage ['bɒskɪdʒ; *US* 'bɑs-] S *poet* 1 Gebüsch *n*, Buschwerk *n*, Dickicht *n* 2 Unterholz *n*;

bosky ADJ *poet* buschig

bos'n, **bo's'n** → boatswain

Bosnia and Herzegovina ['bɒznɪəand-

ˌhɜː(r)tsəgəˈviːnə; US ˈbɑznɪəndˌhɜr-] S Bosnien u. Herzegowina *n*

Bosnian [ˈbɒznɪən; US ˈbɑz-] A S Bosnier(in) B ADJ bosnisch

bosom [ˈbʊzəm] A S 1 Busen *m*: **take to one's ~** → B 1 2 *fig* Busen *m*, Herz *n* (*als Sitz der Gefühle etc*): **conceal** (*od* **lock**) **in one's ~** → B 2; **~ friend** Busenfreund(in) 3 *fig* Schoß *m*: **in the ~ of one's family (the Church)** im Schoße der Familie (der Kirche); → Abraham 4 Tiefe *f*, (*das*) Innere: **the ~ of the earth** das Erdinnere 5 Brustteil *m* (*e-s Kleides etc*), *bes US* (Hemd)Brust *f* B VT 1 *j-n* ans Herz drücken 2 *fig etwas* in s-m Busen verschließen; **bosomed** ADJ 1 (*in Zusammensetzungen*) ...busig 2 *fig* (**in**) umgeben (von), eingebettet (in *akk u. dat*); **bosomy** ADJ vollbusig

boson [ˈbəʊzɒn; US -ˌzɑn] S PHYS Boson *n* (*ein Elementarteilchen*)

bosquet [ˈbɒskɪt; US ˈbɑs-] → bosk

boss[1] [bɒs; *US a.* bɑs] A S 1 (An)Schwellung *f*, Beule *f*, Höcker *m* 2 runde erhabene Verzierung, (*a.* Schild)Buckel *m*, Knauf *m*, Knopf *m* 3 ARCH Bossen *m* 4 TECH a (*Rad-, Propeller-, Kolben- etc*) Nabe *f* b Hals *m*, Verstärkung *f* (*e-r Welle*) c Nocken *m* 5 TECH (*Streich*) Ballen *m*, (Auftrags)Kissen *n* (*für Farbe*) 6 GEOL Lakkolith *m*, säulenförmiger Gesteinsblock B VT 1 mit Buckeln *etc* verzieren *od* besetzen 2 TECH bossen, treiben

boss[2] [bɒs; *US a.* bɑs] *umg* A S 1 Boss *m umg*, Chef *m*: **who's (the) ~ here?** wer ist hier der Chef?; **show sb who's ~** j-m zeigen, wer der Herr ist 2 POL *bes US* (*Partei-, Gewerkschafts*) Bonze *m pej*, (-)Boss *m* B ADJ *bes US* klasse, super C VT 1 das Sagen haben bei: **~ the show** der Chef vom Ganzen sein, den Laden schmeißen *umg* 2 **~ about** (*od* **around**) *j-n* herumkommandieren

boss[3] [bɑs; bɔːs] S ZOOL *US* a Kalb *n* b Kuh *f*

bossa nova [ˌbɒsəˈnəʊvə; US ˌbɑ-] S MUS Bossa Nova *m*

boss-eyed ADJ *Br umg* schielend: **be ~** schielen e-n Knick im Auge *od* in der Linse *od* in der Optik haben *umg*

bossism S POL *US* politisches Bonzentum *od* Cliquenwesen

bossy[1] ADJ mit Buckeln *etc* verziert (→ boss[1])

bossy[2] ADJ (ADV bossily) *umg* 1 herrisch 2 rechthaberisch

bossy[3] → boss[3]

Boston [ˈbɒstən; *US a.* ˈbɑs-] S 1 ♀ HIST Boston *n* (*Kartenspiel*) 2 *meist* ♀ Boston *m* (*langsamer Walzer*); **~ bag** S *US* (*e-e*) Tragetasche; **~ baked beans** SPL GASTR *US Gericht aus Bohnen, gepökeltem Schweinefleisch u. Sirup*; **~ rocker** S *US* (*ein*) Schaukelstuhl *m*; **~ terrier** S *ein kleiner, glatthaariger Hund (Kreuzung zwischen Bulldogge u. Bullterrier)*

bosun → boatswain

BOT ABK *Br* Board of Trade

bot. ABK 1 botanical 2 botanist 3 botany 4 bottle 5 bottom 6 WIRTSCH bought

botanic [bəˈtænɪk] ADJ (ADV ~ally) → botanical A; **botanical** [-kl] A ADJ (ADV ~ly) botanisch, Pflanzen...: **~ drug** → B; **~ garden(s** *pl*) botanischer Garten B S MED Pflanzenheilmittel *n*; **botanist** [ˈbɒtənɪst; US ˈbɑ-] S Botaniker(in); **botanize** A VI botanisieren, Pflanzen (*zu Studienzwecken*) sammeln B VT botanisch erforschen; **botany** S 1 Botanik *f*, Pflanzenkunde *f*, -lehre *f* 2 Flora *f* (*Gesamtheit der Pflanzenarten e-s Gebietes*)

botch [bɒtʃ; US bɑtʃ] *umg* A S 1 *fig* Flickwerk *n*, -schusterei *f* 2 Pfusch(arbeit) *m(f) pej*: **make a ~ of sth** etwas verpfuschen B VT *a.* **~ up** verpfuschen *pej*: **a ~ed job** Pfusch(arbeit) *m(f)* C VI pfuschen *pej*

botcher S *umg* 1 *fig* Flickschuster(in) 2 Pfuscher(in) *pej*

botch-up → botch A 2

botchy ADJ (ADV botchily) pfuscherhaft *pej*: **a ~ job** Pfusch(arbeit) *m(f)*

botel [bəʊˈtel] S Botel *n* (*als Hotel ausgebautes verankertes Schiff*)

botfly [ˈbɒtflaɪ; US ˈbɑt-] S ZOOL Pferdebremse *f*

both [bəʊθ] A ADJ & PRON beide, beides: **~ my brothers** m-e beiden Brüder; **~ daughters** beide Töchter; **~ of them** sie *od* alle beide; **they have ~ gone** sie sind beide gegangen; **look at it ~ ways** betrachte es von beiden Seiten; **you can't have it ~ ways** du kannst nicht beides haben, du kannst nur e-s von beiden haben; **I met them ~** ich traf sie beide B ADV *od* KONJ: **~ ... and** sowohl ... als (auch); nicht nur ..., sondern auch

bother [ˈbɒðə(r); US ˈbɑ-] A S 1 Belästigung *f*, Störung *f*, Plage *f*, Mühe *f*, Schererei *f*, Ärger *m*, Verdruss *m*: **this boy is a great ~** der Junge ist e-e große Plage; **if it is no ~** wenn das keine Umstände macht; **don't put yourself to any ~** machen Sie sich keine Umstände; **we had quite a lot of ~ getting here** es war ziemlich schwierig für uns hierherzukommen 2 *bes Br umg* **there was a spot of ~ there last night** gestern Abend gab es dort Randale; **be looking for ~** auf Randale aus sein B VT 1 belästigen, quälen, stören, beunruhigen, ärgern, plagen: **don't ~ me** lass mich in Ruhe!; **~ sb with questions** j-n mit Fragen belästigen; **it won't ~ me** mir soll's recht sein; **be ~ed about** beunruhigt sein über (*akk*); **I can't be ~ed with it now** ich kann mich jetzt nicht damit abgeben; **I can't be ~ed to cook** ich habe keine Lust zu kochen, ich kann mich nicht dazu aufraffen zu kochen; **~ one's head** (*od* **o.s.**) sich den Kopf zerbrechen 2 **~ ...!** *bes Br* zum Kuckuck mit ...! C VI (**about**) a sich befassen, sich abgeben (mit), sich kümmern (um) b sich aufregen (über *akk*): **I won't ~ about it** ich werde mich nicht damit abgeben *od* mir keine Sorgen darüber machen; **don't ~** bemühen Sie sich nicht!; **~ to do sth** sich die Mühe machen, etwas zu tun; → get up B 1 D INT *bes Br* verflixt!, Mist!; **botheration** → bother D

bothersome [ˈbɒðə(r)səm; US ˈbɑ-] ADJ lästig, unangenehm

bothy [ˈbɒθɪ] S *bes schott* Schutzhütte *f*

bo tree [bəʊ] S BOT Bo-, Pepulbaum *m*

botryoidal [ˌbɒtrɪˈɔɪdl; US ˌbɑ-] ADJ (ADV ~ly) BIOL *etc* traubenförmig

botryose [ˈbɒtrɪəʊs; US ˈbɑ-] → botryoidal

Botswana [bɒtˈswɑːnə; US bɑtˈs-] S Botsuana *n*; Botswana *n*

Botswanan [bɒtˈswɑːnən; US bɑt-] A S Botsuaner(in) B ADJ botsuanisch

bottle[1] [ˈbɒtl; US ˈbɑtl] A S 1 Flasche *f* (*a. Inhalt*): **bring up on the ~** *e-n Säugling* mit der Flasche aufziehen; **over a ~** bei e-r Flasche (*Wein etc*); **break** (*od* **crack**) **a ~** e-r Flasche den Hals brechen; **give a baby its ~** e-m Baby die Flasche geben; **he is fond of the ~, he likes his ~** er trinkt gern; **be on the ~** trinken; **take to the ~** (immer wieder) zur Flasche greifen; → hit B 2 2 *Br* (*Einweck*) Glas *n* 3 TECH (*Gas*) Flasche *f* 4 *Br umg.* Mumm *m*: **he's got a lot of ~**; **lose one's ~** den Mut verlieren B VT 1 in Flaschen abfüllen, auf Flaschen ziehen 2 *Br Früchte etc* in Gläser einmachen, einwecken 3 **~ up** *fig Gefühle etc* unterdrücken, *s-e Sorgen etc* in sich hineinfressen *umg*: **~d-up emotions** aufgestaute Emotionen 4 **~ up** *bes* MIL *feindliche Truppen etc* einschließen 5 *umg j-n* mit e-r abgebrochenen Flasche angreifen *od* verletzen C VI **~ out** *Br umg.* a den Mut verlieren b (*bes in letzter Minute*) kneifen (**of** vor *dat*)

bottle[2] [ˈbɒtl] S *dial Br* (*bes Heu*) Bund *n*

bottle| baby S Flaschenkind *n*; **~ bank** S Altglascontainer *m*; **~brush** S BOT a Ackerschachtelhalm *m* b Tannenwedel *m* c (*e-e*) Banksie, (*ein*) Eisenholzbaum *m*

bottled [ˈbɒtld; US ˈbɑtld] ADJ in Flaschen *od Br* (Einmach)Gläser (ab)gefüllt: **~ beer** Flaschenbier *n*; **~ gas** Flaschengas *n*

bottle|-feed VT *irr ein Kind, Tier* aus der Flasche ernähren: **bottle-fed baby** Flaschenkind *n*; **~ glass** S Flaschenglas *n*; **~ gourd** S BOT Flaschenkürbis *m*; **~ green** S Flaschengrün *n*; **~-green** ADJ flaschengrün; **~head** *pl* -heads, *bes koll* -head S ZOOL (*ein*) Schnabelwal *m*; **~ imp** S PHYS kartesischer Taucher; **~neck** A S Flaschenhals *m*, Engpass *m* (*beide a. fig*: **in** *in dat*) B VT & VI *US fig* hemmen; **~nose** S ZOOL 1 *verschiedene Wale*: a Großer Tümmler, Flaschennase *f* b → bottlehead c (*ein*) Grindwal *m* 2 *US* (*ein*) nordamerikanischer Karpfenfisch; **~ opener** S Flaschenöffner *m*; **~ party** S Bottleparty *f* (*Party, zu der die Gäste ihre alkoholischen Getränke selbst mitbringen*); **~ post** S Flaschenpost *f*

bottler S 1 a Abfüller(in) b Abfüllmaschine *f* 2 Abfüllbetrieb *m*

bottle| rack S Flaschengestell *n*; **~ top** S Flaschenverschluss *m*; **~ tree** S BOT Australischer Flaschenbaum; **~ washer** S 1 a Flaschenreiniger(in) b Flaschenspülmaschine *f* 2 *umg* Faktotum *n*, Mädchen *n* für alles

bottling S Flaschenfüllung *f*, Abziehen *n* auf Flaschen: **~ machine** (Flaschen)Abfüllmaschine *f*

bottom [ˈbɒtəm; US ˈbɑ-] A S 1 unterster Teil, Boden *m* (*Gefäß, Fass, Glas etc*), Fuß *m* (*Berg, Druckseite, Treppe etc*), Sohle *f* (*Brunnen, Schacht, Graben, Tal etc*), Unterseite *f*: **"~"** (*Aufschrift auf Behältern*) „unten!"; **at** (*od* **in, on**) **the ~ of the barrel** auf dem Grund des Fasses; **at the ~ of the garden** hinten im Garten; **at the ~ of his heart** im Grunde s-s Herzens; **start at the ~ (of the ladder)** (*beruflich etc*) klein *od* ganz unten anfangen; **at the ~ of the page** unten auf der Seite; **at the ~ of the road** am Ende der Straße; **at the ~ of the table** a am Fuße *od* untersten Ende der Tafel b SPORT am Tabellenende; **be (at the) ~ of the table** SPORT am Tabellenende stehen; **from the ~ (up)** *fig* von Grund auf; **from the ~ of my heart** *fig* aus Herzensgrund, aus tiefstem Herzen; **get to the ~ of a bottle** *umg* e-e Flasche vernichten; **~s up!** *umg* a prost! b ex!; → barrel A 1 2 Boden *m*, Grund *m* (*von Gewässern*): **the ~ of the sea** der Meeresboden *od* -grund; **go to the ~** versinken; **send to the ~** auf den Grund schicken, versenken; **touch ~** a auf Grund geraten b *fig* den Tiefpunkt erreichen (*Preis etc*) 3 Grund(lage) *m(f)*: **at ~** im Grunde (genommen); **be at the ~ of** der (wahre) Grund sein für, hinter *e-r Sache* stecken; **stand on one's own ~** *fig* auf eigenen Beinen *od* Füßen stehen; **get to the ~ of sth** e-r Sache auf den Grund gehen *od* kommen; **knock the ~ out of sth** e-r Sache den Boden entziehen, etwas gründlich widerlegen; **the ~ has fallen out of the market** der Markt hat e-n Tiefstand erreicht 4 *meist pl* GEOL Schwemmland *n* (*Fluss*), Tiefland *n* 5 SCHIFF a Schiffsboden *m*: **~ up(wards)** kieloben b *weitS.* Schiff *n* 6 Sitz(fläche) *m(f)* (*e-s Stuhls*) 7 *meist pl* Unterteil *n* (*e-s Kleidungsstücks*), (*bes Pyjama*) Hose *f* 8 **in ~** AUTO *Br* im ersten Gang 9 *meist pl* TECH Bodenrückstand *m* (*z. B. in e-m Öltank*) 10 *umg* Hintern *m*, Popo *m* 11 *fig* Ausdauer *f* (*bes bei Pferden*) 12 *Br* politische Zuverlässigkeit B ADJ 1 un-

B

terst(er, e, es), niedrigst(er, e, es), Tiefst...: **~ drawer** *Br umg* Aussteuer(truhe) *f*; **~ price** niedrigster *od* äußerster Preis; **~ team** SPORT Schlusslicht *n umg*; **~ view** Ansicht *f* von unten; → gear A 3 b, rung² 1 **2** *fig* zugrunde liegend, grundlegend, Grund...: **the ~ idea** **3** letzt(er, e, es): → bet B **C** VT **1** mit e-m Boden *od* e-r Sitzfläche versehen **2** *fig* ergründen **3** als Unterlage dienen *(dat)* **4** TECH grundieren **5** *fig etwas* gründen (**on, upon** auf *akk*): **be ~ed on** → D 2 **D** VI **1** TECH den Boden erreichen **2** *fig* (**on, upon**) fußen (auf *dat*), sich gründen (auf *akk*) **3** *meist* **~ out** *fig* den tiefsten Stand erreichen *(Preis etc)*, den tiefsten Punkt erreichen *(Rezession etc)*

bottom|-fermented ADJ untergärig *(Bier)*; **~ ice** S Grundeis *n*; **~ land** → bottom A 4

bottomless ADJ (ADV ~ly) **1** bodenlos *(a. fig)*: **a ~ pit** ein Fass ohne Boden **2** *fig* **a** unergründlich **b** unerschöpflich, unbegrenzt **c** jeder Grundlage entbehrend

bottom| line S **1** unterste Zeile **2** WIRTSCH **a** Schlussstrich *m (e-r Bilanz)*: **and that's the ~** *fig* u. damit basta! **b** Saldo *m*: **the ~ is £27,000** das macht unter dem Strich 27.000 Pfund **3** *fig* **a** Fazit *n*, (End)Ergebnis **b** **the ~** das Entscheidende; das, worauf es ankommt; **~-of-the-table team** S SPORT Schlusslicht *n umg*

bottomry ['bɒtəmrı; *US* 'bɑ-] S SCHIFF Bodmerei(geld) *f(n)*, Schiffsverpfändung(svertrag) *f(m)*: **~ bond** WIRTSCH Bodmereibrief *m*

botulism ['bɒtjʊlızəm; *US* 'bɑtʃə,l-] S MED Botulismus *m (bakterielle Lebensmittelvergiftung)*

bouchée ['bu:ʃeı; *US* bu:'ʃeı] S Bouchée *f (gefülltes Pastetchen als warme Vorspeise)*

bouclé ['bu:kleı; *US* bu:'kleı] S **1** Bouclé *n (Garn)* **2** Bouclé *m (Gewebe)*

boudoir ['bu:dwɑ:(r)] S Boudoir *n*, (elegantes) Damenzimmer

bouffant ['bu:fɔ̃:ŋ; *US* bu:'fɑ:nt; 'bu:,f-] **1** bauschig, Puff...: **~ sleeves** **2** toupiert *(Haare)*

bougainvill(a)ea [,bu:gən'vılıə] S BOT Bougainvillea *f*

bough [baʊ] S Ast *m*

bought [bɔ:t] *prät u. pperf von* buy

bougie ['bu:ʒi:] S **1** Wachslicht *n* **2** MED Bougie *f*, Dehnsonde *f*

bouillabaisse ['bu:jəbes; *US* ,-'beıs] S Bouillabaisse *f (würzige Fischsuppe)*

bouillon ['bu:jɔ̃:ŋ; *US* 'bu:,jɑ:n; 'bʊl-] S Bouillon *f*, Fleischbrühe *f*; **~ cube** S Brühwürfel *m*

boulder ['bəʊldə(r)] S **1** Felsblock *m*, -brocken *m* **2** GEOL erratischer Block, Findling *m*; **~ clay** S GEOL Geschiebe-, Blocklehm *m*

boulevard ['bu:lvɑ:; *US* 'bʊlə,vɑrd] S **1** Boulevard *m* **2** *US* Grünstreifen *m*

boult → bolt²

boulter ['bəʊltə(r)] S *lange Angelschnur mit mehreren Haken*

bounce [baʊns] **A** S **1** Aufprall(en) *m(n)*, Aufspringen *n (e-s Balles etc)*: **on the ~** beim Aufspringen **2** **a** Elastizität *f (von Gummi etc)* **b** **the ball has plenty of ~** der Ball springt sehr gut; **with a ~ in one's step** beschwingt **3** Sprung *m*, Satz *m* **4** *umg* Schwung *m*, Schmiss *m (Lebenskraft, -freude)* **5** *umg* Rausschmiss *m (a. Entlassung)*: **give sb the ~** j-n rausschmeißen; **get the ~** rausgeschmissen werden **6** *fig* **a** Angabe *f* **b** freche Lüge **c** Unverfrorenheit *f* **B** VT **1** *e-n Ball etc* aufprallen *od* aufspringen lassen, *(Handball) e-n Wurf* aufsetzen **2** (herum)schmeißen *umg*, (herum)schleudern **3** *bes Br umg j-n* drängen (**into** zu; **into doing** zu tun) **4** *umg j-n* rausschmeißen *(a. entlassen)* **C** VI **1** aufprallen, aufspringen *(Ball etc)*: **~ off** abprallen (von) **2** **a** federn, elastisch sein *(Gummi etc)* **b** springen *(Ball etc)* **3** springen, e-n Satz machen, (hoch)schnellen, hüpfen: **~ over a fence**; **~ about** (*od* **around**) herumhüpfen; **~ into the room** ins Zimmer platzen *od* stürzen; **he ~d out of his chair** er schnellte von s-m Stuhl in die Höhe **4** *umg* platzen *(ungedeckter Scheck)* **5** **~ back** *umg* **a** sich rasch wieder fangen **b** rasch wieder auf die Beine kommen **c** *US* sich als Bumerang erweisen (**on** für) **6** *bes Br* angeben, aufschneiden

bounce pass S *Basketball*: Bodenpass *m*

bouncer S **1** **the ball is a good ~** der Ball springt gut **2** *Br* Angeber(in) **3** *umg* Rausschmeißer *m (in e-m Nachtklub etc)* **4** *umg* ungedeckter Scheck **5** → baby bouncer

bouncing ADJ **1** aufprallend, aufspringend *(Ball etc)*: **~ shot** *(Fußball)* Aufsetzer *m* **2** stramm *(bes Baby)*

bouncy ADJ **1** federnd, elastisch **2** munter, lebhaft; **~ chair** S Babywippe *f*

bound¹ [baʊnd] **A** *prät u. pperf von* bind **B** ADJ **1** *a.* CHEM, ELEK, LING gebunden **2** verpflichtet: **he is ~ to tell me** er muss es mir sagen; **~ by contract** vertraglich verpflichtet; → honor B 1 **3** **be ~ to do sth** (zwangsläufig) etwas tun müssen: **he is ~ to come** er kommt bestimmt; **he is ~ to be late** er muss ja zu spät kommen; **the plan was ~ to fail** der Plan musste fehlschlagen; **it is ~ to happen one day** e-s Tages passiert es bestimmt **4** **I'll be ~!** *umg obs* darauf möchte ich wetten!, da bin ich mir ganz sicher! **5** entschlossen (**on doing, to do** zu tun) **6** → bind up 3 **7** *in Zusammensetzungen* festgehalten durch: → snowbound *etc*

bound² [baʊnd] ADJ bestimmt, unterwegs (**for** nach) *(bes Schiff)*: **homeward (outward) ~** SCHIFF auf der Heimreise (Ausreise) befindlich; **where are you ~ for?** wohin reisen *od* gehen Sie?

bound³ [baʊnd] **A** S **1** *meist pl* Grenze *f*, *fig a.* Schranke *f*: **the least upper ~ of a sequence** MATH die obere Grenze e-r Folge; **keep sth within ~s** etwas in (vernünftigen) Grenzen halten; **know no ~s** keine Grenzen kennen; **set ~s to sth** e-r Sache e-e Grenze setzen, etwas in Schranken halten; **beyond all ~s** über alle Maßen, maßlos, grenzenlos; **out of ~s** SPORT aus, im *od* ins Aus; **the park is out of ~s (to)** das Betreten des Parks ist (für *od dat*) verboten; **the village is out of ~s** das Dorf ist Sperrgebiet **2** *meist pl* Bereich *m*: **within the ~s of possibility** im Bereich des Möglichen **3** *meist pl* eingegrenztes Land **B** VT **1** be-, eingrenzen: **be ~ed by** grenzen an *(akk)* **2** *fig* beschränken, in Schranken halten **3** die Grenze bilden von

bound⁴ [baʊnd] **A** S **1** Sprung *m*, Satz *m*: → leap C 1 **2** Aufprall(en) *m(n)*, Aufspringen *n (e-s Balles etc)*: **on the ~** beim Aufspringen **B** VI **1** springen, e-n Satz machen, hüpfen **2** aufprallen, aufspringen *(Ball etc)*

boundary ['baʊndərı] S **1** Grenze *f (a. fig)*: **form the ~ between** die Grenze bilden zwischen *(dat)*; **push back the boundaries** **a** Neuland erschließen *(Wissenschaftler etc)* **b** *bes pej* die Grenzen überschreiten **2** MATH Grenze *f*, Rand *m* **3** TECH Umrandung *f*; **~ condition** S MATH Randbedingung *f*; **~ light** S FLUG Rand-, Umgrenzungsfeuer *n*; **~ lighting** S FLUG Randbefeuerung *f*; **~ line** S Grenzlinie *f*; **~ mark** S Grenzmal *n*; **~ value** S MATH Randwert *m*

bounden ['baʊndən] ADJ **1** *obs fig* **a** gebunden **b** verpflichtet (**to** *dat*) **2** verpflichtend: **my ~ duty** m-e Pflicht u. Schuldigkeit

bounder S *bes Br umg obs* Lump *m*, Schurke *m*

boundless ADJ (ADV ~ly) **1** grenzenlos, unbegrenzt *(beide a. fig)* **2** un-, übermäßig

bounteous ['baʊntıəs] ADJ (ADV ~ly) → bountiful

bountiful ['baʊntıfʊl] ADJ (ADV ~ly) **1** freigebig (**of** mit; **to** gegen), mild(tätig): → Lady Bountiful **2** reichlich, (über)reich

bounty ['baʊntı] S **1** Mildtätigkeit *f*, Freigebigkeit *f* **2** großzügige Gabe *od* Spende **3** Belohnung *f*, Prämie *f*; *engS.* **a** Kopfgeld *n* **b** Abschuss-, Fangprämie *f* **4** MIL, HIST Handgeld *n* **5** WIRTSCH Prämie *f (zur Förderung e-r Industrie etc)*, Zuschuss *m* (**on** auf *akk*, für): **~ on exports** Ausfuhrprämie; **~-fed** ADJ WIRTSCH subventioniert; **~ hunter** S Kopfgeldjäger *m*

bouquet [bʊ'keı; bəʊ-] S **1** Bukett *n*, (Blumen)Strauß *m* **2** Aroma *n*, *bes* Bukett *n*, Blume *f (von Wein)* **3** **a** Kompliment *n* **b** Lob *n*; **~ garni** [gɑ:(r)'ni:] *pl* bouquets garnis [bʊ,keızgɑ:'ni:] S GASTR Kräuterbündel *n*, Gewürz-, Kräutersträußchen *n*

Bourbon¹ ['bʊə(r)bən; *US a.* 'bəʊər-; 'bɔ:r-] S **1** POL *US* Reaktionär(in), Stockkonservative(r) *m/f(m)* **2** BOT Bourbon-Rose *f*

bourbon² ['bɜ:bən; *US* 'bɜr-] S Bourbon *m (amer. Whiskey aus Mais)*

bourdon ['bʊə(r)dn] S MUS Bordun *m*: **a** Brummbass *m*, -ton *m* **b** *gedecktes Orgelregister* **c** Brummer *m (des Dudelsacks)* **d** Schnarrseite *f*

Bourdon ga(u)ge ['bʊə(r)dn] S TECH Bourdon-Röhre *f*

bourg [bʊə(r)g] S **1** Marktflecken *m (in Frankreich)* **2** Stadt *f*

bourgeois¹ ['bʊə(r)ʒwɑ:] SOZIOL *pej* **A** S Bourgeois *m*, etablierter, konventionell ausgerichteter Bürger **B** ADJ bourgeois, konventionell ausgerichtet

bourgeois² [bɜ:'dʒɔıs; *US* bɜr-] TYPO, HIST **A** S Borgis *f (Schriftgrad)* **B** ADJ in Borgislettern gedruckt

bourgeoisie [,bʊə(r)ʒwɑ:'zi:] S Bourgeoisie *f*: **a** SOZIOL *pej etabliertes, konventionell ausgerichtetes Bürgertum* **b** *(Marxismus) herrschende Grundklasse der kapitalistischen Gesellschaft, die im Besitz der Produktionsmittel ist*

bourgeon → burgeon

bourn [bʊə(r)n; bɔ:(r)n; *US a.* 'bəʊərn] S *Br* (Gieß)Bach *m*

bourn(e) [bʊə(r)n; bɔ:(r)n; *US a.* 'bəʊərn] S *obs od poet* **1** Ziel *n* **2** Grenze *f*

bourse [bʊə(r)s] S WIRTSCH **1** Börse *f* **2** ♀ Pariser Börse *f*

bouse [baʊz] VT SCHIFF anholen

bousouki → bouzouki

bout [baʊt] S **1** **a** *Fechten*: Gefecht *n* **b** *Boxen, Ringen*: Kampf *m* **2** **a** (lange) Sitzung **b** (Verhandlungs)Runde *f* **3** MED Anfall *m*: **~ of rheumatism** Rheumaanfall **4** *(Trink)* Gelage *n* **5** MUS Bügel *m (e-s Streichinstruments)*

boutique [bu:'ti:k] S Boutique *f*

boutonniere [,bu:tɒnı'eə(r); *US bes* ,bu:tn'ıər] S *bes US* **a** Knopflochsträußchen *n* **b** Blume *f* im Knopfloch

bouzouki [bʊ'zu:kı] *pl* -kia [-kıə], -kis S MUS Busuki *f*, Bouzouki *f*

bovine ['bəʊvaın] **A** ADJ **1** ZOOL Rinder...: **~ spongiform encephalopathy** VET bovine Spongioenzephalopathie *(Rinderwahnsinn)* **2** *fig (a. geistig)* träge, schwerfällig **B** S ZOOL Rind *n*

bovver ['bɒvə] *Br sl* **A** S Straßenkämpfe *pl (bes unter Rockerbanden)* **B** ADJ: **~ boots** *schwere Stiefel, mit denen Rocker aufeinander eintreten*; **~ boy** Rocker *m* **C** VI sich Straßenkämpfe liefern (**with** mit)

bow¹ [baʊ] **A** S Verbeugung *f*, Verneigung *f*: **a ~ to** *fig* e-e Reverenz an *(akk)*; **make one's ~** **a** sich verbeugen *od* verneigen (**to** vor *dat*) **b**

sich vorstellen **c** → bow out B; **make its ~** *fig* erscheinen, auf den Markt kommen; **take a ~** sich verbeugen, sich für den Beifall bedanken **B** V/T **1** *den Nacken* beugen, *den Kopf* neigen: **~ one's thanks** sich dankend verneigen; **~ed (down) with age** vom Alter gebeugt; **~ed down with grief** gramgebeugt; → knee A 1 **2** biegen **C** V/I **1** (**to**) sich verbeugen *od* verneigen (vor *dat*), grüßen (*akk*): **~ back to sb** j-s Gruß erwidern; **~ing acquaintance** oberflächliche(r) Bekannte(r), Grußbekanntschaft *f*, flüchtige Bekanntschaft; **have a ~ing acquaintance with sb** j-n flüchtig kennen; **we are on ~ing terms** wir stehen auf dem Grüßfuß; **~ and scrape** katzbuckeln *pej* **2** *fig* sich beugen *od* unterwerfen (**to** *dat*): **~ to the inevitable** sich in das Unvermeidliche fügen

Phrasal Verbs: **bow| down** V/I **1** → bow¹ C 1 **2** → bow¹ C 2; **~ in** V/T *j-n* unter Verbeugungen hineingeleiten *od* -komplimentieren; **~ out** **A** V/T *j-n* unter Verbeugungen hinausgeleiten *od* -komplimentieren **B** V/I **1** sich verabschieden *od* (unter Verbeugungen) zurückziehen **2** *fig* **a** aussteigen (**of** aus) **b** sich ins Privatleben zurückziehen (**of** aus *der Politik etc*)

bow² [bəʊ] **A** S **1** (Schieß)Bogen *m*: **have more than one string to one's ~** *fig* mehrere Eisen im Feuer haben **2** Bogenschütze *m*, -schützin *f* **3** MUS **a** (*Violin- etc*) Bogen *m* **b** (Bogen-)Strich *m* **4** MATH Bogen *m*, Kurve *f* **5** TECH **a** Gradbogen *m* **b** Bogenlineal *n* **c** *pl*, *a.* **pair of ~s** Bogenzirkel *m* **6** TECH Bügel *m* **7** ELEK Bügel *m*, Wippe *f* (*zur Stromabnahme*) **8** US **a** (*Brillen*) Gestell *n* **b** (*Brillen*) Bügel *m* **9** ARCH Erker *m* **10** Knoten *m*, Schleife *f* (*a. des Halstuchs*) **B** V/T MUS (mit dem Bogen) streichen *od* spielen *od* geigen **C** V/I MUS den Bogen führen

bow³ [baʊ] S SCHIFF **1** *a. pl* (Schiffs)Bug *m*: **at the ~** am Bug; **on the starboard (port) ~** an Steuerbord (Backbord) voraus; **a shot across the ~s** *fig umg* ein Schuss vor den Bug **2** **a** Bugmann *m* **b** Bugriemen *m*

Bow| Bells [bəʊ] SPL Glocken *pl* der Kirche St Mary-le-Bow (*in London*): **be born within the sound of ~** ein echter Cockney sein

bow collector [bəʊ] S TECH Bügel(strom)-abnehmer *m*; **~ compass** [bəʊ] S MATH, TECH Bogenzirkel *m*

Bowden cable [ˈbəʊdn; ˈbaʊdn] S TECH Bowdenzug *m*

bowdlerism [ˈbaʊdlərɪzəm; *US a.* ˈbəʊd-] S Sucht *f*, Bücher *etc* von anstößig erscheinenden Stellen zu reinigen; **bowdlerization** S Reinigung *f* von anstößig erscheinenden Stellen; **bowdlerize** V/T *Bücher etc* von anstößig erscheinenden Stellen reinigen

bowed¹ [baʊd] ADJ gebeugt: → bow¹ B 1

bowed² [bəʊd] ADJ **1** bogenförmig **2** mit e-m Bügel *etc* (versehen)

bowel [ˈbaʊəl] **A** S **1** ANAT **a** Darm *m* **b** *pl* Eingeweide *pl*, Gedärm(e) *n*: **move** (*od* **open**) **the ~s** abführen; **have open ~s** regelmäßig(en) Stuhlgang haben **2** *pl* (*das*) Innere, Mitte *f*: **the ~s of the earth** das Erdinnere **3** *pl obs fig* Herz *n*, (Mit)Gefühl *n* **B** V/T → disembowel; **~ cancer** S MED Darmkrebs *m*; **~ movement** S PHYSIOL **a** Stuhlgang *m* **b** Stuhl *m*

bower¹ [ˈbaʊə(r)] S **1** (Garten)Laube *f*, schattiges Plätzchen **2** idyllisch gelegenes Landhaus **3** HIST Frauengemach *n*, Boudoir *n*

bower² [ˈbaʊə(r)] S SCHIFF Buganker *m*

bower³ [ˈbaʊə(r)] S MUS Streicher(in)

bowerbird S ORN Laubenvogel *m*

bowery¹ [ˈbaʊərɪ] ADJ **1** laubenähnlich **2** voller Lauben, schattig

bowery² [ˈbaʊərɪ] S **1** US HIST Farm *f*, Pflanzung *f* (*e-s holländischen Siedlers im Staat New York*) **2** **the** ≈ die Bowery (*Straße u. Gegend in New York mit billigem Amüsierbetrieb*)

bowgrace [ˈbaʊ-] S SCHIFF Eisschutz *m* (*am Schiffsbug*)

bow| hand [bəʊ] S MUS, *Bogenschießen*: Bogenhand *f*; **~head** [ˈbəʊ-] S ZOOL Grönlandwal *m*

bowie| knife [ˈbəʊɪ; *US a.* ˈbuːiː] S *irr* Bowiemesser *n* (*langes Jagdmesser*); ≈ **State** S *US* (*Beiname für den Staat*) Arkansas *n*

bowing [ˈbəʊɪŋ] S MUS Bogenführung *f*

bowknot [ˈbəʊ-] S Schleifenknoten *m*

bowl¹ [bəʊl] S **1** **a** Schüssel *f* **b** (*Obst- etc*) Schale *f*: **life isn't just a ~ of cherries** das Leben ist kein Honig(sch)lecken **c** (*Zucker*) Dose *f* **d** Napf *m* (*für Tiere etc*) **e** (*Trink*) Schale *f* **f** Bowle *f* (*Gefäß*) **2** (*Wasch*) Becken *n* **3** (*Klosett*) Becken *n*, (-)Schüssel *f* **4** *ausgehöhlter od schalenförmiger Teil, bes* **a** (*Pfeifen*) Kopf *m* **b** (*Waag-, Leuchter- etc*) Schale *f* **c** Höhlung *f* (*des Löffels etc*) **5** GEOG Becken *n* **6** *US* Stadion *n*

bowl² [bəʊl] **A** S **1** **a** (*Bowling-, Bowls-, Kegel*) Kugel *f* **b** → bowls 1 **c** Wurf *m* (*a. Kricket*) **2** *schott* **a** Murmel *f* **b** → bowls 2 **3** *obs* Kugel *f* **4** TECH Walze *f* (*der Tuchpresse*) **B** V/T **1** **a** *allg* rollen (lassen) **b** *e-n Reifen* rollen, treiben **c** *Bowling etc: die Kugel* werfen **d** *Kricket: den Ball* werfen **2** *Bowling etc: ein Ergebnis* erzielen **3** → bowl down **C** V/I **1** **a** bowlen, Bowls spielen **b** bowlen, Bowling spielen **c** kegeln **2** *Bowling, Kricket etc*: werfen **3** → bowl along

Phrasal Verbs: **bowl| along** V/I **1** dahinrollen (*Wagen etc*) **2** *fig* laufen *umg* (*Arbeit etc*); **~ down, ~ out** V/T *bes Br j-n* erledigen, aus dem Rennen werfen, schlagen; **~ over** V/T **1** umwerfen (*a. fig*), umstoßen **2** *fig j-m* die Sprache verschlagen

bow|legged [ˈbəʊ-] ADJ o-beinig: **be ~** O--Beine haben; **~legs** SPL O-Beine *pl*

bowler S **1** **a** Bowlsspieler(in) **b** Bowlingspieler(in) **2** **a** Bowlingspieler(in) **b** Kegler(in) **3** *Kricket*: Werfer *m* **4** *a.* **~ hat** *bes Br* Bowler *m*, Melone *f*

bowline [ˈbəʊlɪn; *US a.* -,laɪn] S **1** SCHIFF Bulin *f*: **on a ~** dicht beim Wind gebrasst **2** *a.* **~ knot** einfacher Palstek

bowling S **1** Bowling *n* (*Kugelspiel auf Rasenplätzen*) **2** **a** Bowling *n* **b** Kegeln *n*; **~ alley** S **a** Bowlingbahn *f* **b** Kegelbahn *f* (*beide a. Gebäude*); **~ green** S *Bowling, Bowls*: (Rasen)Platz *m*

bowls [bəʊlz] SPL (*als sg konstruiert*) **1** **a** Bowls *n* (*dem Boccia entsprechendes Spiel*) **b** → bowling 2 **2** *schott* Murmelspiel *n*

bowman¹ [ˈbɒʊmən] S *irr* SCHIFF Bugmann *m*

bowman² [ˈbəʊmən] S *irr obs* Bogenschütze *m*

bow saw [bəʊ] S TECH Bogen-, Bügelsäge *f*

bowse [baʊz] → bouse

bowshot [ˈbəʊ-] S Bogenschussweite *f*

bowsprit [ˈbəʊ-; *US a.* ˈbaʊ-] S SCHIFF Bugspriet *n*

bow|string [ˈbəʊ-] **A** S Bogensehne *f*: → taut 1 **B** V/T *irr* (*bes* mit e-r Bogensehne) erdrosseln; **~ tie** S (Frack-)Schleife *f*, Fliege *f*; **~ window** S ARCH Erkerfenster *n*

bowwow **A** INT [,baʊˈwaʊ] wau, wau! **B** S [ˈbaʊwaʊ] **1** Wauwau *n* (*Hundegebell*) **2** *Kindersprache*: Wauwau *m* (*Hund*): **go to the ~s** *US umg* vor die Hunde gehen **C** V/I bellen

box¹ [bɒks; *US* bɑks] **A** S **1** Kasten *m*, Kiste *f* (*a. umg Sarg*): **be in a ~** *US umg* in der Klemme sein *od* sitzen *od* stecken; → brick A 2 **2** Schachtel *f*: **~ of chocolates** Bonbonniere *f* **3** Büchse *f*, Dose *f*, Kästchen *n*, Etui *n* **4** Behälter *m*, (*a. Buch-, Film- etc*)Kassette *f* **5** TECH Gehäuse *n*, Kapsel *f*, Muffe *f*, Hülse *f* **6** *Br obs* (Schrank)Koffer *m* **7** Fach *n* (*für Briefe etc*) **8** **a** (*Brief*)Kasten *m* **b** (*Post*)Fach *n*; **9** (*Wahl*)Urne *f* **10** *Br* (*Telefon-, Fernsprech*)Zelle *f* **11** → Christmas box **12** → box junction **13** *Br* (*Jagd*)Hütte *f* **14** HIST (*Kutsch-, Wagen*)Kasten *m* **15** **a** BAHN (*Signal*)-Häuschen *n* **b** MIL (*Schilder*)Häuschen *n*; **16** Box *f* (*in e-m Restaurant etc*) **17** THEAT *etc* Loge *f* **18** JUR **a** (*Zeugen*)Stand *m* **b** (*Geschworenen*)Bank *f*; **19** Box *f*: **a** *Pferdestand, in dem sich das Pferd frei bewegen kann* **b** *durch Zwischenwände abgeteilter Einstellplatz in e-r Großgarage*; **20** SCHIFF Bootsführerplatz *m* **21** TYPO **a** Fach *n* (*im Schriftkasten*) **b** Kasten *m* (*vom Hauptteil abgesetzt eingerahmter Text*) **c** Kästchen *n* (*auf Formularen, zum Ankreuzen*) **d** Bild(einheit) *n(f)* (*in Comicstrips*) **e** → box number **f** *allg* Rubrik *f*, Feld *n*; **22** *Gießerei*: (*Form-, Gieß*)Kasten *m* **23** TECH Bohrspindel *f* (*e-s Vollbohrers*) **24** TECH (*Pumpen*)Stiefel *m*, Röhre *f* **25** TECH (*Weberschiffchen*)Kasten *m* **26** SCHIFF (*Kompass*)Gehäuse *n* **27** Aushöhlung *f* (*e-s Baumes*) (*zum Saftsammeln*) **28** *Fußball*: *umg* Strafraum *m* **29** *umg* **a** Kasten *m* (*Fernseher*) **b** Fernsehen *n*: **on the ~** im Fernsehen; **B** V/T **1** *oft* **~ in** (*od* **up**) in Schachteln *od* Kästen *etc* packen *od* legen, ver-, einpacken **2** *oft* **~ up** einschließen, -sperren: **feel ~ed up** sich beengt fühlen **3** *oft* **~ in** (*od* **up**) **a** SPORT *e-n Läufer etc* einschließen **b** *ein parkendes Fahrzeug* einklemmen **4** *oft* **~ off** abteilen, abtrennen (*beide*: **from** von) **5** *Farben etc* von Dose zu Dose mischen **6** *meist* **~ out** (*od* **up**) ARCH (*mit Holz*) verschalen **7** *Blumen etc* in Kästen *od* Kübel pflanzen **8** *Bäume* anzapfen **9** TECH ausbuchsen, mit e-r Achsbuchse versehen **10** **~ the compass** **a** SCHIFF die Kompasspunkte der Reihe nach aufzählen **b** *fig* e-e völlige Kehrtwendung machen **11** → boxhaul **12** *umg* im Fernsehen bringen

box² [bɒks; *US* bɑks] **A** S **~ on the ears** Ohrfeige *f*: **give sb a ~ on the ears** → B 1 **B** V/T **1** **~ sb's ears** j-m e-e Ohrfeige geben, j-n ohrfeigen **2** SPORT boxen mit *j-m od* gegen *j-n* **C** V/I SPORT boxen

box³ [bɒks; *US* bɑks] S **1** BOT Buchs (-baum) *m* **2** Buchsbaum(holz) *m(n)*

box| beam S TECH **1** Doppel-T-Träger *m* **2** Kastenbalken *m*; **~ bed** S Klappbett *n*; **~board** S Kartonagenpappe *f*; **~ body** S AUTO Kastenaufbau *m*; **~ calf** S Boxkalf *n* (*chromgegerbtes, feinnarbiges Kalbleder*); **~ camera** S FOTO Box(kamera) *f*; **~car** S BAHN *US* geschlossener Güterwagen

boxer¹ S **1** SPORT Boxer(in) **2** ZOOL Boxer *m* (*Hunderasse*) **3** *pl umg* Boxershorts *pl*

Boxer² S HIST Boxer *m* (*Anhänger e-s chinesischen Geheimbundes*)

Boxer Rebellion S HIST Boxeraufstand *m*

boxer shorts SPL Boxershorts *pl*

box|haul V/T SCHIFF *das Schiff* backhalsen; **~head** S **1** TYPO **a** Überschrift *f* e-s umrandeten Artikels **b** umrandete Überschrift **c** Tabellenkopf *m* **2** ELEK Dosenendverschluss *m*

boxing¹ S Boxen *n*, Boxsport *m*

boxing² S **1** Ver-, Einpacken *n* **2** KOLL Kisten *pl*, Schachteln *pl*, Verpackungsmaterial *n* **3** ARCH (Ver)Schalung(smaterial) *f(n)* **4** SCHIFF Laschung *f* **5** *Schuhmacherei*: Kappenversteifung *f*

boxing bout → boxing match

Boxing Day S *Br* der 2. Weihnachtsfeiertag

boxing| gloves SPL Boxhandschuhe *pl*; **~ match** S Boxkampf *m*; **~ ring** S Boxring *m*; **~ team** S Boxstaffel *f*

box| iron S Bolzen(bügel)eisen *n*; **~ junction** S *Br gelb markierte Kreuzung, in die bei stehendem Verkehr nicht eingefahren werden darf*; **~keeper** S THEAT Logenschließer(in); **~ kite** S Kastendrachen *m*; **~ level** S TECH Dosenlibelle *f*; **~ lunch** S Lunchpaket(e) *n(pl)*; **~ number** S **1** Chiffre

(-nummer) *f* (*in Zeitungsannoncen*) 2 Postfachnummer *f*; ~ **office** S THEAT *etc* 1 Kasse *f* 2 **be good ~** ein Kassenerfolg *od umg* ein Kassenschlager sein; **be bad ~** beim Publikum durchfallen *od* nicht ankommen 3 Einspielergebnis *n*, -summe *f*; **~-office** ADJ: **~ biggie** *umg* Kassenschlager *m*; **~ success** Kassenerfolg *m*; **~ pleat** S Kellerfalte *f* (*an Kleidern*); **~room** S *Br* Abstellraum *m*; **~ score** S SPORT. *US tabellarischer Ergebnisbericht e-s kompletten Spiels*; **~ seat** S THEAT *etc* Logenplatz *m*: **be in the ~** *fig* in der besten Position sein; **~ spanner** S TECH *Br* (Auf)Steckschlüssel *m*; **~ stall** → box[1] A 19 a; **~thorn** S BOT Bocksdorn *m*; **~wood** → box[3] 2; **~ wrench** *US* → box spanner

boy [bɔɪ] A S 1 Knabe *m*, Junge *m*: **~'s name** männlicher Vorname, Jungenname *m*; **a German ~** ein junger Deutscher; **he has been with us from a ~** er ist schon von Kindheit an bei uns; **~s will be ~s** Jungen sind nun einmal so; **the** (*od* **our**) **~s** unsere Jungs (*z. B. Soldaten*); **jobs for the ~s** *umg* Vetternwirtschaft *f*; **~!** *bes US umg* Mann!; **oh ~!** *bes US umg* auweia!; ach, du Schreck!; → old boy 2 *umg* Sohn *m*: **my ~** mein Junge 3 *umg* Freund *m* (*e-s Mädchens*) 4 *bes pej* Boy *m* (*eingeborener od farbiger Diener*) 5 (*Lift*) Boy *m*, (*Zeitungs- etc*) Junge *m*, (*Büro- etc*) Gehilfe *m* 6 *bes US umg* Bursche *m*: **the ~s** *koll umg* die Bande, der Verein; **the science ~s** *hum* die Wissenschaftler B ADJ männlich, Knaben…: **~ child** Knabe *m*, Junge *m*, Kind *n* männlichen Geschlechts; **~ chorister** Chorknabe *m*; **~ singer** Sängerknabe *m*; **~ wonder** Wunderkind *n*, -knabe *m*

boycott [ˈbɔɪkɒt; *US* -ˌkɑt] A V/T boykottieren B S Boykott *m*: **put under a ~, put a ~ on** den Boykott verhängen über (*akk*), mit Boykott belegen

boyfriend S Freund *m* (*e-s Mädchens*)

boyhood S Knabenjahre *pl*, -zeit *f*, Jugend (-zeit) *f*, Kindheit *f*: **during his ~** in s-r Jugend

boyish ADJ (ADV ~ly) 1 a jungenhaft (*Lachen etc*) b knabenhaft (*Figur etc*) 2 Jungen…: **~ games**; **boyishness** S a Jungenhaftigkeit *f* b Knabenhaftigkeit *f*

boy|-meets-girl ADJ trivial (*Liebesgeschichte etc*); **~ scout** S Pfadfinder *m*: **Boy Scouts** Pfadfinder(bewegung) *pl(f)*

boysenberry [ˈbɔɪznbərɪ; *US* -ˌberiː] S BOT Boysenbeere *f*

boy's-love S BOT Eberraute *f*

boy toyer S *umg ältere Frau, die e-n jungen Liebhaber hat*

bozo [ˈbəʊzəʊ] *pl* -zos S *US sl* hirnloser Muskelmann

bp ABK 1 boiling point 2 bishop

B/P ABK WIRTSCH bills payable

bp. ABK 1 baptized 2 birthplace

B.Pharm. ABK Bachelor of Pharmacy

B.Phil. ABK Bachelor of Philosophy

B|-picture S B-Film *m*; **~ power supply** S ELEK Energieversorgung *f* des Anodenkreises

Bq ABK PHYS becquerel(s)

BR ABK British Rail

B/R ABK WIRTSCH bills receivable Wechselforderungen *pl*

br. ABK 1 branch 2 bronze 3 brother 4 brown

bra [brɑː] S BH *m*; **~ burner** S *pej* militante Feministin

brace [breɪs] A S 1 TECH Band *n*, Bügel *m*, Halter *m*, Strebe *f*, Stütze *f* 2 ARCH, TECH a Winkel-, Tragband *n*, Gurt *m* b Strebe *f*, Verstrebung *f* c Anker *m*, Klammer *f* d Stützbalken *m*, Versteifung *f* 3 Spannschnur *f* (*e-r Trommel*) 4 TECH Griff *m* (*e-r Bohrleier*): **~ and bit** Bohrleier *f*, -kurbel *f* 5 *pl Br* Hosenträger *pl* 6 TYPO geschweifte Klammer 7 MUS Klammer *f* 8 MED a *meist pl* (Zahn)Klammer *f*, (-)Spange *f* b Stützband *n*, *engS*. Bruchband *n* 9 SCHIFF a Brasse *f* (*Tau an beiden Rahen-Enden*) b Ruderöse *f* 10 (*adv* brace) Paar *n* (*zwei Tiere, bes Hunde u. Kleinwild, od Dinge gleicher Art; iron pej a. von Personen*): **a ~ of pistols** ein Paar Pistolen; **a ~ of thieves** ein Diebespaar 11 HIST Armschiene *f* (*der Rüstung*) 12 *US* aufrechte *od* MIL stramme Haltung B V/T 1 a TECH verstreben, -steifen, -ankern, stützen, klammern b *den Fuß etc* stemmen (**against** gegen) 2 MUS *e-e Trommel etc* spannen 3 a erfrischen b kräftigen, stärken 4 *oft* **~ up** *fig s-e Kräfte, s-n Mut* zusammennehmen: **~ o.s. (up)** → C 2; **~ o.s. for** sich gefasst machen auf (*akk*) 5 zusammenheften 6 MUS, TYPO *Notenzeilen* mit Klammern versehen, zusammenklammern 7 SCHIFF brassen: **~ about** (*a. v/i*) rundbrassen; **~ back** (*a. v/i*) backbrassen, -holen; **~ by** (*a. v/i*) anbrassen; **~ in** (*od* **to**) (*a. v/i*) auf-, zurückbrassen 8 *US umg* a zur Rede stellen (**for** wegen) b in die Mangel nehmen *umg* C V/I 1 → B 3 2 *oft* **~ up** *fig* a sich zusammennehmen *od* -reißen, s-e Kräfte *od* s-n Mut zusammennehmen (**for** für) b sich aufraffen *od* -schwingen (**to** zu)

bracelet [ˈbreɪslɪt] S 1 Armband *n* (*a. für Uhren etc*), Armreif *m*, -spange *f*: **~ watch** kleine (*bes* Damen)Armbanduhr 2 *pl umg* Armbänder *pl*, Manschetten *pl* (*Handschellen*) 3 → brace A 11

bracer S 1 SPORT Armschutz *m* 2 *umg etwas, was die Lebensgeister weckt*: a anregendes Getränk, *bes* Schnäpschen *n* b *fig* Ermunterung *f*

brachial [ˈbreɪkjəl; -kɪəl] ADJ ANAT brachial, (Ober)Arm…

brachiate [ˈbreɪkɪɪt; -eɪt] ADJ BOT paarweise gegenständig

brachiopod [ˈbreɪkɪəpɒd; *US* -ˌpɑd] *pl* brachiopoda [-ˈɒpədə; *US* -ˈɑ-] S ZOOL Brachiopode *m*, Armfüßer *m*

brachycephalic [ˌbrækɪkeˈfælɪk; -se-] ADJ brachyzephal, kurzköpfig; **brachycephalism** [-ˈkefəlɪzəm; -ˈse-] S Brachyzephalie *f*, Kurzköpfigkeit *f*; **brachycephalous** → brachycephalic

brachylogy [bræˈkɪlədʒɪ] S LING Brachylogie *f*, gedrängte Ausdrucksweise

brachypterous [bræˈkɪptərəs] ADJ ZOOL kurzflüg(e)lig

brachyurous [ˌbrækɪˈjʊərəs] ADJ ZOOL kurzschwänzig

bracing A ADJ 1 stärkend, kräftigend 2 erfrischend B S ARCH, TECH a Verankerung *f* b Verstrebung *f*, Verspannung *f*, Versteifung *f*: **~ cable** Spannkabel *n*

bracken [ˈbrækən] S BOT 1 Adlerfarn *m*, Farnkraut *n* 2 Farndickicht *n*, -gestrüpperf *n*

bracket [ˈbrækɪt] A S 1 TECH a Träger *m*, Halter *m*, Stützarm *m*, Stütze *f*, Konsole *f* b Gabel *f*, Gestell *n* c (Wand)Arm *m* (*e-r Leuchte etc*) d ELEK Isolator-, Winkelstütze *f* 2 ARCH, TECH a Konsole *f*, Krag-, Tragstein *m* b Stützbalken *m* (*im Dachstuhl*) c Schwingbaum *m* (*e-r Brücke*) 3 kurzes Wandbrett 4 MIL Gabel *f* (*beim Einschießen*): **long ~** große *od* weite Gabel; **short ~** kleine *od* enge Gabel 5 MATH, TYPO (*meist* eckige) Klammer: **be in ~s** in Klammern stehen; **put sth in ~s** etwas in Klammern setzen; **"open (close) ~s"** „Klammer auf (zu)"; (**angle** *od* **broken** *od* **pointed**) **~s** spitze Klammern; **round ~s** runde Klammern, Parenthese *f*; **square ~s** eckige Klammern 6 Rubrik *f* (*durch Klammer verbundener Teil e-r Liste etc*) 7 (*soziologische*) Schicht, (*statistische*) Kategorie, (*bes Alters-, Steuer*) Klasse *f*, (*Einkommens- etc*) Gruppe *f*, (-)Stufe *f* B V/T 1 einklammern, in Klammern setzen *od* schreiben 2 *a.* **~ together** a in dieselbe Kategorie einordnen, in eine Gruppe zusammenfassen b auf eine *od* die gleiche Stufe stellen (**with** mit) 3 *oft* **~ off** *fig* ausklammern 4 MIL *das Ziel* eingabeln

brackish [ˈbrækɪʃ] ADJ 1 brackig, leicht salzig: **~ water** Brackwasser *n* 2 a ungenießbar b *fig* ekelhaft

bract [brækt] S BOT 1 Hochblatt *n* 2 Trag-, Deckblatt *n* (*e-r Blüte*); **bracteate** [-tɪɪt; -eɪt] A ADJ BOT mit Hochblättern B S HIST Brakteat *m* (*nur auf einer Seite geprägte Münze*)

brad [bræd] S TECH Drahtstift *m*; **~awl** S TECH flache Ahle

Bradshaw [ˈbrædʃɔː] S BAHN *Br* Kursbuch *n* (*1839-1961*)

bradycardia [ˌbrædɪˈkɑː(r)dɪə; *US a.* ˌbreɪ-] S MED Bradykardie *f* (*Verlangsamung der Herztätigkeit*)

brae [breɪ] S *schott* a Hügel *m* b Abhang *m*

brag [bræg] A S 1 Prahlerei *f* (*a. Äußerung etc*) 2 → boast[1] A 2 3 → braggart A 4 HIST *pokerähnliches Kartenspiel* B V/I prahlen (**about, of** mit): **that's nothing to ~ about** das ist nichts Rühmenswertes C V/T **~ that …** damit prahlen, dass …

braggadocio [ˌbrægəˈdəʊtʃɪəʊ; *US* -ʃiːˌəʊ; -siː-; -ʃəʊ] *pl* -os S 1 → braggart A 2 Prahlerei *f*

braggart [ˈbrægə(r)t] A S Prahler(in) B ADJ prahlerisch

Bragg's law [brægz] S PHYS braggsche Gleichung

Brahma [ˈbrɑːmə; *US a.* ˈbreɪ-; ˈbræ-] S ORN Brahmaputra-Huhn *n*

Brahman, *a.* ♀ [ˈbrɑːmən] S 1 Brahmane *m* (*Angehöriger der Priesterkaste der Inder*) 2 [*a.* ˈbreɪ-; ˈbræ-] ZOOL *US* Zebu *n*

Brahmanee, *a.* ♀ [ˈbrɑːməniː], **Brahmani**, *a.* ♀ [-nɪ] S Brahmanin *f*; **Brahmanic**, *a.* ♀ [-ˈmænɪk], **Brahmanical**, *a.* ♀ ADJ brahmanisch; **Brahmanism**, *a.* ♀ S Brahmanismus *m* (*e-e der Hauptreligionen Indiens*)

Brahmin, *a.* ♀ [ˈbrɑːmɪn] *pl* -min, -mins S 1 → Brahman 2 *US pej* (eingebildeter) Intellektueller 3 *US kultiviertes, konservatives Mitglied e-r alteingesessenen Familie in New England*; **Brahminee**, *a.* ♀ [-niː] → Brahmanee; **Brahminic**, *a.* ♀, **Brahminical**, *a.* ♀ → Brahmanic; **Brahminism**, *a.* ♀ → Brahmanism

braid [breɪd] A V/T 1 *bes US bes Haar, Bänder* flechten 2 mit Litze *od* Borte besetzen *od* schmücken 3 TECH *Draht etc* umspinnen, -klöppeln B S 1 *bes US* a (Haar)Flechte *f* b Zopf *m* 2 Borte *f*, Litze *f*, *bes* MIL Tresse *f*: **gold ~** goldene Tresse(n *pl*) 3 Umklöppelung *f*

brail [breɪl] A S 1 SCHIFF Geitau *n* (*beim Gaffelsegel*) 2 Riemen *m* (*zum Festbinden der Fittiche e-s Falken*) B V/T 1 *die Fittiche e-s Falken* binden 2 *a.* **~ up** SCHIFF aufgeien

Braille [breɪl] A S Braille-, Blindenschrift *f* B V/T in Brailleschrift (um)schreiben

brain [breɪn] A S 1 ANAT Gehirn *n* 2 *meist pl fig umg* Gehirn *n*, Hirn *n*: **have ~s** gescheit sein, Köpfchen haben *umg*; **beat (out)** (*od* **cudgel, rack**) **one's ~s** sich das Hirn zermartern, sich den Kopf zerbrechen; **beat sb's ~s out** j-m den Schädel einschlagen; **I've got that song on the ~** dieses Lied geht mir nicht aus dem Kopf; **he's got sex on the ~** er hat nur Sex im Kopf, er denkt immer nur an Sex; **pick** (*od* **suck**) **sb's ~** a geistigen Diebstahl an j-m begehen b j-n ausholen, j-m die Würmer aus der Nase ziehen (*beide umg*) c sich j-s Wissen zunutze machen; **turn sb's ~** j-m den Kopf verdrehen; → blow out A 5 3 *umg* a kluger Kopf (*Person*): **he's no big ~** er ist nicht gerade e-e Leuchte b *meist pl* Kopf *m*, Gehirn *n*, *pej*

B

Drahtzieher(in) 4 *pl* GASTR Hirn *n* B V/T 1 *j-m* den Schädel einschlagen 2 **~ sb with sth** *umg* j-m etwas über den Schädel schlagen; **~ activity** S Gehirntätigkeit *f*; **~ box** S *umg* 1 Schädel *m* 2 Computer *m*; **~case** S ANAT Hirnschale *f*, Schädeldecke *f*; **~ child** S *irr umg* Geistesprodukt *n*; **~ damage** S MED Hirnschaden *m*; **~-damaged** ADJ MED hirngeschädigt; **~-dead** ADJ 1 MED hirntot 2 *fig umg* hirnlos, gehirnamputiert *pej*; **~ death** S MED Hirntod *m*; **~ drain** S Braindrain *m* (*Abwanderung von Wissenschaftlern ins Ausland*)

brained [breɪnd] ADJ (*in Zusammensetzungen*) mit e-m … Gehirn: **small-~**

brain|fag S geistige Erschöpfung; **~ failure** S *umg* Aussetzer *m*; **~ fever** S MED a Gehirnentzündung *f* b Hirnhautentzündung *f*; **~ h(a)emorrhage** S MED (Ge)Hirnblutung *f*

brainless ADJ (ADV **~ly**) *fig* hirnlos; **brainlessness** S Hirnlosigkeit *f*

brain|pan → braincase; **~ power** S Intelligenz *f*; **~ scan** S MED Hirnuntersuchung *f*; **~sick** ADJ (ADV **~ly**) geisteskrank; **~ stem** S ANAT Hirnstamm *m*; **~storm** S 1 MED Anfall *m* von geistiger Umnachtung 2 **have a ~** *Br umg* geistig weggetreten sein 3 *US umg* a verrückter Einfall, hirnverbrannte Idee b → brain wave 2; **~storming** S Brainstorming *n* (*Verfahren, durch Sammeln von spontanen Einfällen die beste Lösung e-s Problems zu finden*)

brains trust [breɪnz] S *Br* 1 Teilnehmer *pl* an e-r Podiumsdiskussion 2 → brain trust

brain| surgeon S MED Gehirnchirurg(in); **~teaser** → brain twister; **~ trust** S *US* Braintrust *m* (*bes politische od wirtschaftliche Beratergruppe*); **~ truster** S *US* Braintruster(in); **~ tumo(u)r** S MED (Ge)Hirntumor *m*; **~ twister** S *umg* Denk(sport)aufgabe *f*; **~wash** A V/T 1 *bes* POL *j-n* e-r Gehirnwäsche unterziehen 2 **~ sb into doing sth** j-n so lange bearbeiten *od* j-m so lange zusetzen, bis er etwas tut B S → brainwashing; **~washing** S *bes* POL Brainwashing *n*, Gehirnwäsche *f*; **~ wave** S 1 MED Hirnwelle *f* 2 *umg* Geistesblitz *m*; **~work** S Geistes-, Kopfarbeit *f*: **do the ~** das Denken besorgen; **~worker** S Geistes-, Kopfarbeiter(in)

brainy ADJ (ADV **brainily**) *umg* gescheit, intelligent

braise [breɪz] V/T GASTR schmoren: **~d beef** Schmorbraten *m*

brake[1] [breɪk] *obs prät von* break[1]

brake[2] [breɪk] S 1 Dickicht *n*, Gestrüpp *n* 2 *a.* **~ fern** BOT Farnkraut *n*

brake[3] [breɪk] A S Flachs-, Hanfbreche *f* B V/T *Flachs etc* brechen

brake[4] [breɪk] A S 1 TECH Bremse *f*: **put on** (*od* **apply**) **the ~s** die Bremse ziehen (*a. fig*), AUTO auf die Bremse treten, bremsen (*a. fig*); **put a ~ on sth, apply** (*od* **put**) **the ~s on sth** e-e Sache bremsen, e-r Sache Einhalt gebieten 2 TECH a Bremsvorrichtung *f*, -anlage *f* b Hemm-, Radschuh *m* 3 TECH Pumpenschwengel *m* 4 *Bobsport*: Bremser *m* 5 HIST Folter(bank) *f*, Streckfolter *f* 6 AUTO *Br* Kombi(wagen) *m* 7 BAHN *Br* Bremswagen *m* B V/T bremsen (*a. fig*) C V/I 1 bremsen: **~ down to 50 mph** auf 50 Meilen pro Stunde herunterbremsen 2 *Bergbau*: die Fördermaschine bedienen D ADJ TECH Brems…: **~ cylinder** (**disk, drum, fluid, hose, light, pedal, test,** *etc*)

brake| chute → brake parachute; **~ flap** S FLUG Lande-, Bremsklappe *f*; **~ horsepower** S TECH Nutzleistung *f* (*e-s Verbrennungsmotors*); **~ line** S TECH Bremsleitung *f*; **~ lining** S TECH Bremsbelag *m*; **~load** S TECH 1 Bremslast *f*, -gewicht *n* 2 Belastung *f* der Bremse(n); **~man** [-mən] S *irr* 1 BAHN *US* Bremser *m* 2 *Bobsport*: Bremser *m*; **~ pad** S TECH Bremsklotz *m*; **~ parachute** S FLUG, *Motorsport*: Bremsschirm *m*; **~ power** → brake horsepower; **~ shoe** S TECH Bremsbacke *f*

brakesman ['breɪksmən] S *irr Bergbau*: Fördermaschinist *m*

brake| system S AUTO Bremsanlage *f*; **~ valve** S TECH Bremsventil *n*; **~ van** S BAHN *Br* Bremswagen *m*

braking S TECH Bremsen *n*, Bremsung *f*; **~ distance** S AUTO *etc* Bremsweg *m*; **~ efficiency** S TECH Bremswirkung *f*; **~ force** S TECH Bremskraft *f*; **~ rocket** S *Raumfahrt*: Bremsrakete *f*

braless ADJ ohne BH: **she's ~** sie hat keinen BH an

bramble ['bræmbl] S 1 BOT *bes Br* a Brombeerstrauch *m* b Brombeere *f* 2 Dornenstrauch *m*; **~berry** [-bərɪ; *US* -ˌberi:] S BOT *bes Br* Brombeere *f*; **~ finch** → brambling; **~ rose** → dog rose

brambling ['bræmblɪŋ] S ORN Bergfink *m*

bran [bræn] S Kleie *f*

branch [brɑːntʃ; *US* bræntʃ] A S 1 a Ast *m* b Zweig *m* 2 *fig* Zweig *m*, Linie *f* (*e-r Familie*) 3 *fig* a Zweig *m*, (Unter)Abteilung *f*, Sparte *f* (*e-r Wissenschaft etc*) b Branche *f*, Wirtschafts-, Geschäftszweig *m* c *a.* **~ of service** MIL Waffen-, Truppengattung *f* d ZOOL Hauptabteilung *f* (*des Tierreichs*) 4 *a.* **~ establishment** (*od* **house, office**) WIRTSCH Außen-, Zweig-, Nebenstelle *f*, Filiale *f*, (Zweig)Niederlassung *f*, Zweiggeschäft *n*: **main ~** Hauptfiliale; **network of ~es** Filialnetz *n* 5 BAHN Zweigbahn *f*, Nebenlinie *f* 6 GEOG a Arm *m* (*e-s Gewässers*) b Ausläufer *m* (*e-s Gebirges*) c *US* Nebenfluss *m* d *US* Flüsschen *n* 7 MATH Zweig *m od* Ast *m* (*e-r Kurve*) 8 ELEK Abzweigleitung *f* 9 TECH Zweigrohr *n*, (Rohr)Abzweigung *f* 10 IT (Programm-)Verzweigung *f*: **~ program** Verzweigungsprogramm *n* 11 ARCH (*gotische*) Zweigrippe 12 Arm *m* (*e-s Leuchters etc*) 13 Sprosse *f*, Stange *f* (*am Hirschgeweih*) B ADJ Zweig…, Tochter…, Filial…, Neben… C V/I 1 Zweige *od* Äste treiben 2 *oft* **~ off** (*od* **out**) a sich verzweigen *od* verästeln b abzweigen *od* sich gabeln (*Straße etc*) 3 (her)stammen (**from** von) 4 übergehen, auslaufen (**into** in *akk*) D V/T in Zweige *od* Unterabteilungen *etc* teilen

Phrasal Verbs: **branch| off** V/I 1 → branch C 2 2 abbiegen (*Fahrer*) 3 → branch out 4; **~ out** V/I 1 → branch C 2 2 WIRTSCH die Produktion *od* das Sortiment erweitern (**into** auf *akk*), das Angebot vergrößern 3 **~ on one's own** sich selbstständig machen 4 (vom Thema) abschweifen, sich verlieren (**into** in *akk*)

branch| bank S WIRTSCH Bankfiliale *f*, Filialbank *f*; **~ circuit** S ELEK 1 Verzweigungsleitung *f* 2 Teilschaltung *f*

branchia ['bræŋkɪə] *pl* -chiae [-kɪiː] S ZOOL Branchie *f*, Kieme *f*; **branchial** ADJ ZOOL Branchial…, Kiemen…: **~ cleft** Kiemenspalte *f*; **branchiate** [-kɪeɪt; -kɪɪt] ADJ ZOOL Kiemen tragend

branching A ADJ 1 Zweige tragend, Äste tragend 2 sich verzweigend *od* verästelnd (*a. fig*) B S Verzweigung *f*, Verästelung *f*

branchiopod ['bræŋkɪəpɒd; *US* -ˌpɑd] ZOOL A *pl* branchiopoda [-'ɒpədə; *US* -'ɑ-] S Blatt-, Kiemenfüßer *m* B ADJ kiemenfüßig

branchlet ['brɑːntʃlɪt; *US* 'bræntʃ-] S Ästchen *n*

branch| line S 1 BAHN Nebenstrecke *f* 2 Seitenlinie *f* (*e-r Familie*) 3 ELEK Anschlussleitung *f*; **~ manager** S Filialleiter *m*; **~ point** S 1 MATH Verzweigungspunkt *m* 2 ELEK, PHYS Abzweigpunkt *m*; **~ road** S *US* Nebenstraße *f*

branchy ADJ 1 a Äste tragend b Zweige tragend 2 a verästelt b verzweigt

brand [brænd] A S 1 WIRTSCH a (Handels-, Schutz)Marke *f*, Warenzeichen *n* b Markenbezeichnung *f*, -name *m* c Markenartikel *m* d Sorte *f*, Klasse *f* (*e-r Ware*) 2 *fig* Sorte *f*, Art *f*: **his ~ of humo(u)r** s-e Art von Humor; **he has his own ~ of humo(u)r** er hat e-n eigenen Humor 3 Brandmal *n*, eingebranntes Zeichen (*auf Fässern, Vieh etc*) 4 → branding iron 5 *fig* Schandfleck *m*, -mal *n*: **the ~ of Cain** das Kainszeichen 6 BOT Brand *m* (*Pflanzen-, bes Getreidekrankheit*) 7 brennendes Holzscheit 8 *obs od poet* a Fackel *f* b Schwert *n* B V/T 1 *ein Zeichen od Mal* einbrennen (**on** *dat od* in *akk*) 2 **be ~ed** *fig* sich unauslöschlich einprägen (**on sb's mind** j-m, j-s Gedächtnis) 3 a *e-m Tier* ein Zeichen einbrennen b *Waren* mit e-m Warenzeichen versehen: **~ed goods** *pl* Markenartikel *pl*, -ware *f* 4 *fig* brandmarken: **~ sb (as) a thief** j-n als Dieb brandmarken; **~ image** S WIRTSCH Markenimage *n*

branding iron S Brand-, Brenneisen *n*

brandish ['brændɪʃ] A V/T (*bes* drohend) schwingen B S (*bes* drohendes) Schwingen

brand leader S WIRTSCH Markenführer *m* (*Produkt*)

brandling ['brændlɪŋ] S ZOOL Mistwurm *m*

brand| manager S WIRTSCH Brandmanager *m*, Markenbetreuer *m*; **~ name** → brand A 1 b; **~-name** ADJ 1 **~ goods** *pl* WIRTSCH Markenartikel *pl*, -ware *f* 2 *umg* prominent (*Persönlichkeiten etc*); **~-new** ADJ brandneu, nagelneu

brandreth ['brændrɪθ] S 1 hölzerne Einfassung (*e-s Brunnens*) 2 Gestell *n*, Stütze *f*

brandy ['brændɪ] A S 1 Weinbrand *m*, Kognak *m*, Brandy *m* 2 Obstwasser *n*: → plum A 1 B V/T 1 mit Weinbrand versetzen 2 *Obst* in Weinbrand einlegen: **brandied peaches** Pfirsiche in Weinbrand; **~ butter** S GASTR *Soße aus Butter, Zucker u. Weinbrand*; **~ mint** S BOT Pfefferminze *f*; **~ snap** S *oft mit Schlagsahne gefülltes Gebäckröllchen aus e-m mit Ingwer gewürztem Teig*

brant [brænt] *bes US* → brent

brash [bræʃ] A S 1 GEOL Trümmergestein *n* 2 SCHIFF Eistrümmer *pl* 3 Abfall(haufen) *m*, *bes* Heckenschnitzel *pl* 4 MED Sodbrennen *n* B ADJ (ADV **~ly**) 1 *US* → brashy 2 a ungestüm b draufgängerisch c unüberlegt d taktlos, ungezogen e frech, unverfroren, kess 3 a aufdringlich, laut (*Musik etc*) b grell, schreiend (*Farben*); **brashness** S a Ungestüm *n* b Draufgängertum *n* c Unüberlegtheit *f* d Taktlosigkeit *f*, Ungezogenheit *f* e Frechheit *f*, Unverfrorenheit *f*, Kessheit *f*

brashy ADJ a bröck(e)lig (*Gestein*) b morsch (*Holz*)

brasier → brazier[1], brazier[2]

Brasilia [brə'zɪljə] S Brasilia *n* (*Hauptstadt von Brasilien*)

brass [brɑːs; *US* bræs] A S 1 Messing *n* 2 a Messinggegenstand *m* b Messingverzierung *f* 3 *Br* Grabplatte *f*, Gedenktafel *f* (*aus Messing*) 4 **the ~** (*a. als pl konstruiert*) MUS das Blech (*im Orchester*), die Blechbläser *pl* 5 TECH Lagerschale *f* 6 **the ~** (*a. als pl konstruiert*) *umg* die hohen Tiere *pl* (*bes hohe Offiziere*): **the top ~** a MIL die höchsten Offiziere b die höchsten Tiere (*e-s Konzerns etc*) 7 *Br umg* Knete *f* (*Geld*) 8 *umg* Frechheit *f*, Unverschämtheit *f*: **have the ~ to do sth** die Frechheit haben, etwas zu tun; → bold A 1 9 *sl* Nutte *f* B ADJ Messing…: → farthing

brassard ['bræsɑː(r)d; *US a.* brə'sɑːrd], *a.* **brassart** ['bræsə(r)t; *US a.* brə'sɑːrt; 'bræˌ-] S

1 HIST Armrüstung *f*, -schiene *f* 2 Armbinde *f* (*als Abzeichen*)
brass| band S MUS Blaskapelle *f*; **~bound** ADJ 1 messingbeschlagen 2 *fig* starr (*Traditionen etc*) 3 *fig* unverfroren, unverschämt; **~-collar** ADJ POL *US umg* parteitreu
brassed [brɑːst] ADJ: **be ~ off** *Br sl* die Schnauze voll haben (**with** von)
brass hat S *umg* hohes Tier (*bes hoher Offizier*)
brassica [ˈbræsɪkə] S BOT Kohl *m*
brassiere, **brassière** [ˈbræsɪə; *US* brəˈzɪər] S Büstenhalter *m*
brass| instrument S MUS Blechblasinstrument *n*; **~ knob** S Messinggriff *m*: **the same to you with ~s on!** *umg iron* danke, gleichfalls!; **~ knuckles** SPL *US* Schlagring *m*; **~-monkey** ADJ *umg* saukalt (*Wetter*); **~ neck** *Br umg* → brass A 8; **~ tacks** SPL: **get down to ~** *umg* zur Sache *od* auf den Kern der Sache kommen
brassy ADJ (ADV brassily) 1 messingartig 2 messingfarben 3 blechern (*Klang*) 4 *umg* unverschämt, frech 5 unangenehm laut (*Musik etc, a. Person, bes Frau*)
brat[1] [bræt] S *pej* Balg *m/n*, (*Mädchen a.*) Gör *n*
brat[2] [bræt] S *Br dial* a Schürze *f* b Kittel *m*
brattice [ˈbrætɪs] S 1 HIST a hölzerne Brustwehr b Wehrgang *m* (*e-r Festung*) 2 *Bergbau*: Bretter(scheide)wand *f*
bratwurst [ˈbrɑːtwɜːst; *US* -wɜrst] S Bratwurst *f*
braunite [ˈbraʊnaɪt] S MINER Braunit *m*
bravado [brəˈvɑːdəʊ] *pl* -does, -dos S Zurschaustellung *f* von Tapferkeit: **with ~** mit zur Schau gestellter Tapferkeit
brave [breɪv] A ADJ (ADV ~ly) 1 tapfer, mutig: → front A 9 2 *obs* prächtig: a stattlich, ansehnlich b glänzend, prunkhaft 3 **~ new world** *bes pej* schöne neue Welt B S 1 **the ~** *koll* die Tapferen *pl*: → fortune 4 2 (indianischer) Krieger C V/T *j-m* mutig gegenübertreten, *den Elementen etc* trotzen: **~ it out** sich nicht einschüchtern lassen
bravery [ˈbreɪvərɪ] S 1 Tapferkeit *f*, Mut *m* 2 *obs* a Pracht *f* b Gepränge *n*, Putz *m*, Staat *m*
bravo[1] [ˌbrɑːˈvəʊ] THEAT *etc* A INT bravo! B *pl* -vos S Bravo(ruf) *n(m)*
bravo[2] [ˈbrɑːvəʊ] *pl* -voes, -vos S Bravo *m*, (gedungener Meuchel)Mörder
bravura [brəˈvʊərə; -ˈvjʊə-] MUS A S 1 Bravour *f* (*a. fig*) 2 Bravourstück *n* B ADJ Bravour…
brawl [brɔːl] A S 1 laute Auseinandersetzung 2 Rauferei *f*, Schlägerei *f* 3 Tosen *n*, Rauschen *n* (*e-s Flusses etc*) 4 *US umg* laute Party B V/I 1 e-e laute Auseinandersetzung haben 2 raufen, sich schlagen 3 tosen, rauschen (*Fluss etc*); **brawler** S Raufbold *m*; **brawling** A S → brawl A 1, A 2, A 3 B ADJ (ADV ~ly) 1 rauflustig 2 tosend, rauschend (*Fluss etc*)
brawn [brɔːn] S 1 Muskeln *pl* 2 Muskelkraft *f*: **~ drain** Abwanderung *f* von Arbeitern, Sportlern *etc* ins Ausland 3 GASTR *Br* a Schweinskopfsülze *f* b Presskopf *m*, -sack *m*; **brawny** ADJ (ADV brawnily) muskulös, kräftig
bray[1] [breɪ] A S 1 Schrei *m* (*e-s Esels, a. e-r Person*): **~ of protest** Protestschrei 2 a Schmettern *n* (*e-r Trompete*) b Lärmen *n*, Tosen *n* (*des Verkehrs etc*) B V/I a schreien (*Esel, a. Person*): **~ at sb** j-n anschreien; **~ with laughter** vor Lachen wiehern b schmettern (*Trompete*) c lärmen, tosen (*Verkehr etc*) C V/T *oft* **~ out** (hinaus)schreien
bray[2] [breɪ] V/T (*bes im Mörser*) (zer-)stoßen, (-)reiben, (-)stampfen
brayer S 1 Mörserkeule *f*, Stößel *m* 2 TYPO a (Farb)Läufer *m* b Reibwalze *f*
braze[1] [breɪz] V/T mit Messing verzieren
braze[2] [breɪz] TECH A V/T hartlöten B S Hartlötstelle *f*
brazen [ˈbreɪzn] A ADJ (ADV ~ly) 1 Messing… 2 metallisch (*Klang*) 3 *fig* unverschämt, unverfroren B V/T **~ it out** a sich mit großer Unverfrorenheit behaupten b sich kein bisschen schämen; **~-faced** → brazen A 3; **~-facedly** [-sɪdlɪ] ADV → brazen A 3
brazenness S *fig* Unverschämtheit *f*, Unverfrorenheit *f*
brazier[1] [ˈbreɪzjə; *bes US* -ʒə(r)] S Messingarbeiter(in)
brazier[2] [ˈbreɪzjə; *bes US* -ʒə(r)] S Kohlenbecken *n*
brazil[1] [brəˈzɪl] → brazilwood
Brazil[2] [brəˈzɪl] S Brasilien *n*
Brazilian [brəˈzɪljən] A S Brasilianer(in) B ADJ brasilianisch: **he's ~** er ist Brasilianer
Brazil nut [brəˈzɪl] S BOT Paranuss *f*
brazilwood S 1 Indisches Rotholz 2 Brasilien-, Pernambucoholz *n* 3 Bahama-, Brasilettholz *n*
brazing S TECH Hartlöten *n*: **~ solder** Hartlot *n*
BRCS ABK British Red Cross Society
breach [briːtʃ] A S 1 *fig* Bruch *m*, Übertretung *f*, Verletzung *f* 2 a Bruch *m*, Riss *m*, Sprung *m* b Lücke *f* 3 *fig* Bruch *m*, Zwiespalt *m*, Zwist *m* 4 MIL Bresche *f* (*a. fig*): **blow a ~ in** *fig* e-e Bresche schlagen in (*akk*); **fill** (*od* **fling o.s. into, step into, throw o.s. into**) **the ~** *fig* in die Bresche springen (**for** für); **stand in the ~** a MIL die Hauptlast des Angriffs tragen b *fig* die Hauptarbeit leisten 5 SCHIFF Brechen *n*, Einbruch *m* (*der Wellen*) 6 TECH Durchbruch *m* 7 *fig* a Kluft *f* (**between** zwischen *dat*) b Unterbrechung *f*, Lücke *f* B V/T 1 MIL a e-e Bresche schlagen in (*akk*) b durchbrechen (*a. fig*) 2 *e-n Vertrag etc* brechen, verletzen
Besondere Redewendungen: **~ of close** JUR unbefugtes Betreten fremden Besitztums; **~ of confidence** (*od* **faith**) Vertrauensbruch *m*; **~ of contract**, **~ of covenant** JUR Vertragsbruch *m*; **be in ~ of a contract** e-n Vertrag gebrochen haben; **~ of etiquette** Verstoß *m* gegen den guten Ton; **~ of law** Rechtsbruch *m*; **~ of the peace** JUR (Land)Friedensbruch *m*, öffentliche Ruhestörung; **~ of prison** Ausbruch *m* aus dem Gefängnis; **~ of rule** Regelwidrigkeit *f*, SPORT *a.* Regelverletzung *f*, -verstoß *m*; **~ of trust** JUR Vertrauensbruch *m*, Veruntreuung *f*; → domicile A 2, duty A 1, promise A 1
bread [bred] A S 1 Brot *n* 2 *a.* **daily ~** *fig* (tägliches) Brot, Lebensunterhalt *m*: **earn** (*od* **make**) **one's** (**daily**) **~** sein Brot verdienen; **out of ~**, **without ~** brotlos 3 REL Hostie *f*: **~ and wine** das (heilige) Abendmahl 4 *umg.* Knete *f* (*Geld*) B V/T GASTR panieren
Besondere Redewendungen: **~ and butter** a Butterbrot *n* b *umg* Lebensunterhalt *m*; **writing is his ~ and butter** *umg* er verdient sich s-e Brötchen mit Schreiben; **~ and cheese** a Käsebrot *n* b bescheidenes Mahl; **~ and circuses** Brot u. Spiele; **~ and dripping** Schmalzbrot *n*; **break ~ with sb** *obs od hum* das Brot mit j-m brechen; **butter one's ~ on both sides** *umg* zwei Einnahmequellen haben, zweimal abkassieren *umg*; **know which side one's ~ is buttered** (**on**) *umg* s-n Vorteil (er)kennen; **cast one's ~ upon the waters** uneigennützig handeln; **man cannot live by ~ alone** der Mensch lebt nicht vom Brot allein; **be put on ~ and water** auf Wasser u. Brot gesetzt werden; **be the greatest** (*od* **best**) **thing since sliced ~** *umg* das Nonplusultra sein; **take the ~ out of sb's mouth** *umg* j-n brotlos machen
bread|-and-butter ADJ *umg* 1 a **~ job** Stellung, die ihren Mann (er)nährt; **~ education** Brotstudium *n* b **~ play** THEAT Stück, das immer zieht *umg* 2 **~ questions** Fragen, die die Grundbedürfnisse des täglichen Lebens betreffen 3 praktisch, sachlich (*Argumente etc*) 4 (grund)solide (*Spieler etc*) 5 **~ letter** Dankesbrief *m* für erwiesene Gastfreundschaft; **~basket** S 1 Brotkorb *m* 2 *fig* Kornkammer *f* (*e-s Landes*) 3 *sl* Magen *m*; **~ bin** S *Br* Brotkasten *m*; **~board** S 1 a Brett *n* zum Kneten von (Brot)Teig b Brotschneidebrett *n* 2 ELEK Laborschaltbrett *n*: **~ assembly** → breadboarding; **~boarding** S ELEK Labor-, Brettaufbau *m*; **~box** S *US* Brotkasten *m*; **~crumb** A S 1 Brotkrume *f*, -krümel *m*: **~s** *pl* Paniermehl *n*, Semmelbrösel *pl* 2 Krume *f* (*das weiche Innere des Brotes*) B V/T GASTR panieren; **~fruit** *pl* -fruits, -fruit S BOT 1 Brotfrucht *f* 2 Brotfruchtbaum *m*; **~ knife** S *irr* Brotmesser *n*; **~line** S *Schlange von Bedürftigen vor e-r Nahrungsmittelausgabestelle*: **be on the ~** *fig* nur das Allernotwendigste zum Leben haben; **~ sauce** S GASTR *Br* (*zu Geflügel servierte*) *mit Semmelbröseln eingedickte Milchsoße*; **~ slicer** S Brot(schneide)maschine *f*; **~stuff** S 1 a Brotmehl *n* b Brotgetreide *n* 2 Brot *n*
breadth [bredθ] S 1 Breite *f*: **it is ten yards in ~**, **its ~ is ten yards** es ist 10 Yards breit; **what is the ~ of …?**, **what ~ is …?** wie breit ist …? 2 *fig* a Breite *f*, Spannweite *f* b Umfang *m* 3 *a.* **~ of mind** Aufgeschlossenheit *f* 4 KUNST großzügige Wirkung, Breite *f* u. Geschlossenheit *f* 5 TECH Bahn *f*, Breite *f*: **a ~ of silk**; **~ways**, **~wise** ADV der Breite nach, in der Breite
bread|winner S Ernährer(in) (*e-r Familie*); **~winning** S Broterwerb *m*, Verdienst *m*
break[1] [breɪk] A S 1 (Ab-, Zer-, Durch-, Entzwei)Brechen *n*, Bruch *m* 2 Bruch (-stelle *f*) *m*, Durchbruch *m*, Riss *m*, Spalt *m*, Bresche *f*, Öffnung *f*, Zwischenraum *m*, Lücke *f* (*a. fig*) 3 *fig* Bruch *m* (**from, with** mit; **between** zwischen *dat*): **a ~ with tradition**; **she made a ~ from her family** sie brach mit ihrer Familie; → clean A 15 4 (Wald)Lichtung *f* 5 a Pause *f* (*Br a.* SCHULE), Unterbrechung *f* (*a.* ELEK): **before** (**after**) **the ~** SPORT vor (nach) der Pause, vor (nach) dem Seitenwechsel; **without a ~** ununterbrochen; **have** (*od* **take**) **a ~** (e-e) Pause machen; **take a ~ for a cigarette** e-e Zigarettenpause machen b RADIO, TV Werbeunterbrechung *f*: **we'll be back again right after the ~** gleich nach der Werbung geht es weiter c Kurzurlaub *m*: **have** (*od* **take**) **a weekend ~** übers Wochenende verreisen 6 *fig, a.* LIT Zäsur *f*, Einschnitt *m* 7 Ausbruch *m* (*e-s Gefangenen*), Fluchtversuch *m*: **make a ~ for it** (*od* **for freedom**) das Weite suchen, flüchten; **they made a ~ for the door** sie stürzten zur Tür 8 (plötzlicher) Wechsel, Umschwung *m*: **~ in the weather** Wetterumschlag *m*; **at ~ of day** bei Tagesanbruch 9 SPORT Konter *m* 10 WIRTSCH Preis-, Kurssturz *m*, Kurseinbruch *m* 11 MUS a Registerwechsel *m* b *Jazz*: Break *m/n* (*kurzes Zwischensolo*) 12 MUS a Versagen *n* (*im Ton*) b Versager *m* (*Ton*) 13 Richtungswechsel *m* 14 *Billard*: a Serie *f* b Abweichen *n* (*des Balles*) 15 *Boxen*: Trennkommando *n* 16 *Pferderennen*: Start *m* 17 *umg* a **a bad ~** Pech *n*; **a lucky ~** Dusel *m*, Schwein *n* (*beide umg*) b (faire) Chance *f*: **give sb a ~** 18 *a.* **~ of serve** (*Tennis*) Break *m/n* (*Spielgewinn bei gegnerischem Aufschlag*): **he had a ~** er schaffte ein(en) Break, ihm gelang ein Break B V/T *prät* broke [brəʊk], *obs* brake [breɪk], *pperf* broken [ˈbrəʊkən] 1 ab-, auf-, durchbrechen, (er-, zer)brechen: **~ open** *e-e Tür etc* aufbrechen; **~ one's arm** sich den Arm brechen; **~ sb's head** j-m

den Schädel einschlagen; ~ **a glass** ein Glas zerbrechen; ~ **jail** aus dem Gefängnis ausbrechen; ~ **a leg, John!** *umg bes* THEAT Hals- u. Beinbruch!; ~ **a record** *fig* e-n Rekord brechen; ~ **a seal** ein Siegel erbrechen; ~ **sb's service,** ~ **sb** *(Tennis)* j-m den Aufschlag abnehmen, j-n breaken; **he broke service** *(Tennis)* er schaffte ein(en) Break, ihm gelang ein Break; → ass², back¹ A 1, balls A, heart *Bes Redew*, neck A 2 **2** zerreißen, -schlagen, -trümmern, kaputt machen *umg* **3** PHYS *Licht, Strahlen, weitS. Wellen, Wind* brechen, *e-n Stoß od Fall* abfangen, dämpfen, *a. fig* abschwächen **4** ab-, unterbrechen, trennen, aufheben, sprengen: ~ **company** **a** auseinandergehen **b** sich wegstehlen; ~ **a journey** e-e Reise unterbrechen; ~ **one's silence** sein Schweigen brechen; **a cry broke the silence** ein Schrei zerriss die Stille; ~ **a set** **a** e-n Satz *(z. B. Gläser durch Zerbrechen e-s einzelnen Teiles)* unvollständig machen **b** e-n Satz *(z. B. Briefmarken)* auseinanderreißen; ~ **a siege** e-e Belagerung aufheben; → blockade A 1, camp¹ A 1, fast³ B 1, ice¹ A 1 **5** ELEK **a** *e-n Stromkreis od Kontakt* unterbrechen, *e-n Kontakt* öffnen **b** ab-, ausschalten **6** aufgeben, ablegen: ~ **a custom** mit e-r Tradition *od* Gewohnheit brechen; ~ **sb of sth** j-m etwas abgewöhnen; → habit 1 **7** **a** *e-e Speise, e-e Ware, e-n Geldschein* anbrechen: → bottle¹ A 1, bread *Bes Redew* **b** *e-n Geldschein* kleinmachen *umg (wechseln)* **8** *fig j-s Macht, Willen etc* brechen, *j-n* zerbrechen, *j-m* das Rückgrat brechen: ~ **sb's resistance** j-s Widerstand brechen; ~ **sb's spirits** j-s Lebensmut brechen **9** **a** *Tiere* zähmen, abrichten, *ein Pferd* zureiten, einfahren, *a. j-n* gewöhnen (**to** an *akk*): ~ **a horse to harness (to rein)** ein Pferd einfahren (zureiten) **b** *ein Auto etc* einfahren, *neue Schuhe* einlaufen, austreten **c** *j-n* einarbeiten, anlernen **10** *das Gesetz, e-n Vertrag, sein Versprechen etc* brechen, *e-e Regel* verletzen, *e-e Vorschrift* übertreten, verstoßen gegen, *ein Tempolimit* überschreiten: **rules are made to be broken** Vorschriften sind dazu da, um übertreten zu werden **11** *fig* vernichten, *(a. finanziell)* ruinieren *od* zugrunde richten, *e-e Ehe etc* zerrütten: ~ **a will** JUR ein Testament *(durch gerichtliches Verfahren)* aufheben; → bank¹ A 3 **12** MIL **a** entlassen **b** degradieren **13** eröffnen, kundtun: ~ **the bad news gently to sb** j-m die schlechte Nachricht schonend beibringen **14** *US umg e-e Unternehmung* starten **15** HIST foltern, auf der *od* die Folter strecken: → wheel A 6 **16** **a** *e-n Code etc* knacken *umg*, entschlüsseln **b** *e-n Fall* lösen, aufklären **17** ~ **(the) ground** AGR ein Brachfeld umbrechen, -pflügen; → ground¹ A 1 **18** MUS **a** *e-n Akkord* brechen **b** *Notenwerte* zerlegen **C** V/I **1** brechen: ~ **into** **a** in *ein Haus etc* einbrechen **b** *allg u. fig* eindringen *od* einbrechen in *(akk)*: ~ **into the best social circles**; → preserve B 2 b **c** *etwas* unterbrechen, hineinplatzen in *(akk)* **d** *fig* ausbrechen in *(akk)*: **he broke into laughter**; → applause 1 **e** → B 7 a; ~ **through** *e-e Absperrung etc* durchbrechen; ~ **with** mit *j-m, e-r Tradition etc* brechen; → loose A 1 **2** (zer)brechen, zerspringen, -reißen, (-)platzen, entzweigehen, kaputtgehen *umg*: **the rope broke** das Seil riss; ~ **open** aufspringen, -platzen **3** unterbrochen werden **4** (plötzlich) auftauchen *(Fisch, U-Boot)* **5** sich (zer)teilen *(Wolken)* **6** zersprengt werden, in Unordnung geraten, weichen *(Truppen)*, sich auflösen *(Heer)* **7** MED aufbrechen, -gehen *(Abszess)*, aufplatzen *(Zyste)*, platzen, aufspringen *(Haut)* **8** *fig* brechen *(Herz, Widerstand etc)* **9** nachlassen, abnehmen, gebrochen *od* zerrüttet werden, verfallen *(Geist od Gesundheit)*, *(a. seelisch)* zusammenbrechen **10** umschlagen, mutieren *(Stimme)*: **his voice broke** **a** er befand sich im Stimmbruch, er mutierte **b** ihm brach die Stimme (**with** vor *Rührung etc*) **11** SPORT die Gangart wechseln *(Pferd)* **12** *Tennis*: breaken **13** sich brechen, branden *(Wellen)* **14** brechen *(Eis)* **15** umschlagen *(Wetter)* **16** anbrechen *(Tag)* **17** los-, ausbrechen (**over** über *dat*): **the storm broke** der Sturm brach los **18** eröffnet werden, bekannt gegeben werden *(Nachricht)* **19** WIRTSCH plötzlich im Preis *od* Kurs fallen *(Ware, Wertpapier)* **20** WIRTSCH ruiniert werden, Bankrott machen *od* bankrottgehen, fallieren **21** *Boxen*: sich trennen: ~! break! **22** rennen, hasten: ~ **for cover** hastig in Deckung gehen **23** *Pferderennen*: starten **24** e-e Pause machen: ~ **for lunch** (e-e) Mittagspause machen **25** *bes US umg* sich entwickeln: **things are ~ing well**

Phrasal Verbs: **break| away** **A** V/T ab-, losbrechen, wegreißen (*alle*: **from** von) **B** V/I **1** los-, abbrechen, absplittern (*alle*: **from** von) *(a. fig)* **2** (**from** von) **a** *a. fig* sich losmachen *od* -reißen **b** *fig* sich lossagen *od* trennen: ~ **from a habit** mit e-r Gewohnheit brechen **3** **a** sich davonmachen, fortstürzen **b** SPORT sich absetzen (**from, of** von), sich frei machen, *(bes Radsport)* ausreißen **c** **they broke away** SPORT ihnen gelang ein Break **4** SPORT *US* e-n Fehl- *od* Frühstart verursachen **5** ausbrechen *(Auto)*; ~ **back** V/I *Tennis*: den *od* das *od* ein(en) Rebreak schaffen; ~ **clear** → break away B 3 b; ~ **down** **A** V/T **1** ein-, niederreißen, *ein Haus* abbrechen, abreißen **2** *fig j-n, j-s Widerstand etc* brechen, zermürben, überwinden **3** TECH *e-e Maschine* (in ihre Bestandteile) zerlegen **4** *fig* aufgliedern, aufschlüsseln, analysieren **5** CHEM aufspalten, auflösen **B** V/I **1** zusammenbrechen *(a. fig)*, MED *a.* e-n Schwächeanfall erleiden **2** versagen, kaputtgehen *umg (Maschine etc)*, AUTO *a.* e-e Panne haben **3** zerbrechen, in die Brüche gehen *(beide a. fig)* **4** scheitern *(Ehe, Verhandlungen etc)*: *their marriage is* **irretrievably broken down** JUR *Br* unheilbar zerrüttet **5** *fig* zerfallen *(in einzelne Gruppen, Teile etc)*; ~ **even** V/I WIRTSCH kostendeckend arbeiten; ~ **forth** V/I **1** hervorbrechen **2** sich plötzlich erheben *(Geschrei etc)*; ~ **in** **A** V/I **1** einbrechen, -dringen: ~ **(up)on sb** bei j-m hereinplatzen **2** ~ **(up)on** sich einmischen in *(akk)*, *e-e Unterhaltung etc* unterbrechen **B** V/T **1** einschlagen, *e-e Tür* aufbrechen **2** **a** → break¹ B 9 **b** *ein Auto etc* einfahren, *neue Schuhe* einlaufen, austreten **c** *j-n* einarbeiten, anlernen; ~ **off** **A** V/T **1** *ein Stück* abbrechen (**from** von) **2** *e-e Rede, e-e Freundschaft etc* abbrechen, *Schweigen etc* (unter)brechen, Schluss machen mit: ~ **one's engagement** s-e Verlobung lösen, sich entloben; ~ **negotiations** die Verhandlungen abbrechen **3** ~ **work** die Arbeit unterbrechen, (e-e) Pause machen **B** V/I **1** abbrechen (**from** von) **2** *in der Rede etc* (plötzlich) abbrechen **3** die Arbeit unterbrechen, (e-e) Pause machen: ~ **for tea** e-e Teepause machen; ~ **out** **A** V/T **1** (her)aus-, losbrechen **2** *etwas* gebrauchsfertig *od* einsatzbereit machen, SCHIFF *die Boote* klarmachen **3** *Speisen, Getränke* auspacken **4** *e-e Flagge* hissen **B** V/I **1** ausbrechen *(Feuer, Krankheit, Krieg, Gefangener etc)*: **when the war broke out** *a.* bei Kriegsausbruch; ~ **of prison** aus dem Gefängnis ausbrechen **2** ~ **in a rash (in spots)** Ausschlag (Pickel) bekommen; ~ **with measles** die Masern bekommen; **he broke out in a (cold) sweat** ihm brach der (Angst-)Schweiß aus **3** *fig* ausbrechen (**in laughter, laughing** in Gelächter; **in tears** in Tränen): **he broke out in curses** er fing zu fluchen an; ~ **through** V/I **1** durchbrechen *(a.* SPORT*)*, *(Sonne a.)* durch-, hervorkommen **2** *fig* den Durchbruch schaffen; ~ **up** **A** V/T **1** abbrechen, *e-e Sitzung etc* aufheben, beendigen, schließen, *e-e Versammlung* auflösen, sprengen **2** *e-n Haushalt etc* auflösen **3** *die Gesundheit etc* zerrütten, *e-e Ehe etc a.* zerstören **4** *Wild* aufbrechen, zerlegen **5** *e-e Straße, Eis etc* aufbrechen **6** *Holz etc* zerkleinern, *ein Schiff* abwracken **7** **a** *e-e Sammlung* zerreißen **b** SPORT *e-e siegreiche Mannschaft etc* auseinanderreißen **8** →break¹ B 17 **B** V/I **1** **a** aufgehoben werden *(Sitzung etc)*, sich auflösen *(Versammlung)* **b** SCHULE *bes Br* aufhören: **when do you ~?, when does your school ~?** wann beginnen bei euch die Ferien? **2** **a** zerbrechen, auseinandergehen *(Ehe etc)* **b** sich trennen *(Ehepaar etc)* **c** zerfallen *(Reich etc)* **3** sich zerteilen *od* auflösen *(Nebel)*, aufklaren, sich aufklären *(Wetter, Himmel)*, nachlassen *(Frost)* **4** *(körperlich od seelisch)* zusammenbrechen **5** aufbrechen *(Straße, Eis etc)* **6** zerschellen *(Schiff)*

break² [breɪk] S **1** Break *m/n (Art Kremser mit zwei Längssitzen)* **2** *Wagen zum Einfahren von Pferden*

breakable **A** ADJ (ADV breakably) zerbrechlich **B** S zerbrechlicher Gegenstand: **~s** *pl* zerbrechliche Ware; **breakage** S **1** (Zer)Brechen *n*, Bruch *m* **2** **a** Bruch(stelle) *m(f)* **b** Bruch(schaden) *m* **3** WIRTSCH Refaktie *f*, Entschädigung *f* für Bruchschaden

breakaway **A** S **1** (**from**) Lossagung *f*, Trennung *f* (von), Bruch *m* (mit) **2** SPORT **a** *(bes Radsport)* Ausreißen *n* **b** Break *m/n (Durchbruch aus der Verteidigung heraus)* **3** SPORT *US* Fehl-, Frühstart *m* **4** THEAT *etc* ***Requisit, das bei Raufszenen etc besonders leicht zerbricht*** **B** ADJ **1** abtrünnig: ~ **group** Splittergruppe *f* **2** THEAT *etc* besonders leicht zerbrechlich *(Requisiten)* **3** TECH mit Sollbruchstelle **4** ~ **group** *(bes Radsport)* Ausreißergruppe *f*

break|-dance V/I (e-n) Breakdance tanzen; ~ **dancer** S Breakdancer *m*; ~ **dancing** S Breakdance *m*

breakdown S **1** Zusammenbruch *m (a. fig)*: **nervous** ~ Nervenzusammenbruch; **have a nervous** ~ e-n Nervenzusammenbruch erleiden **2** TECH **a** Panne *f*, Fahrzeug-, Maschinenschaden *m*, (Betriebs)Störung *f* **b** ELEK Zusammenbruch *m (der Spannung)* **c** ELEK (erster) Durchschlag **3** Scheitern *n (e-r Ehe, von Verhandlungen etc)*: **irretrievable ~ of marriage** JUR *Br* unheilbare Zerrüttung der Ehe **4** *fig* Aufgliederung *f*, Aufschlüsselung *f*, Analyse *f* **5** CHEM Aufspaltung *f*, Auflösung *f*; ~ **service** S AUTO *Br* Pannen-, Straßendienst *m*; ~ **strength** S ELEK Durchschlagsfestigkeit *f*; ~ **truck**, ~ **van** S AUTO *Br* Abschleppwagen *m*; ~ **voltage** S ELEK Durchschlagspannung *f*

breaker S **1** *(bes in Zusammensetzungen)* Brecher *m (Person od Gerät)*: **coal** ~ **2** *Br* AUTO Verschrotter(in), SCHIFF *a.* Abwrackunternehmer(in) **3** Abrichter(in), Dresseur(in), Zureiter(in) **4** SCHIFF Sturzwelle *f*, Brecher *m* **5** ELEK Unterbrecher *m* **6** TECH *Name für verschiedene Geräte, bes* **a** *Kürschnerei*: Schabmesser *n* **b** *Papierherstellung*: Halbzeugholländer *m*; ~ **arm** S ELEK Impulskontakt *m*

break-even point S WIRTSCH Break-even-Point *m*, Rentabilitätsschwelle *f*

breakfast ['brekfəst] **A** S Frühstück *n*: **have** ~ frühstücken **B** V/I frühstücken: ~ **on sth** etwas frühstücken, etwas zum Frühstück haben **C** V/T *j-m* das Frühstück servieren *od* machen; ~ **buffet** S Frühstücksbüfett *n*; ~ **cereal** S Getreideflocken(gericht) *pl(n)*; ~ **room** S **a** Frühstückszimmer *n* **b** Frühstücksraum *m*; ~ **table** S Frühstückstisch *m*: **at the ~** am Frühstückstisch *m*; ~ **television**, ~ **TV** S Frühstücksfernsehen *n*

B

break-in S 1 JUR Einbruch *m*: **there was a ~ at the bank** in der Bank wurde eingebrochen 2 a Abrichten *n (von Tieren)*, Zureiten *n (von Pferden)* b Einfahren *n (von Autos etc)*: **~ period** Einfahrzeit *f* c Einlaufen *n (von neuen Schuhen)* d Einarbeitung *f*, Anlernen *n (von Personen)*

breaking S 1 Brechen *n*, Bruch *m (etc; → break[1])*: **~ of the voice** Stimmbruch *m*; **~ and entering** JUR Einbruch *m* 2 LING Brechung *f (Diphthongierung)*; **~ current** S ELEK Öffnungs(induktions)strom *m*; **~ delay** S Abfallverzögerung *f*: a FLUG *vom Fallschirm* b ELEK *e-s Relais*; **~ factor** S PHYS, TECH Bruchfaktor *m*; **~ load** S PHYS Bruchlast *f*; **~ point** S PHYS, TECH Bruch-, Zerreißgrenze *f*: **he has reached** (*od* **is at**) **~** er steht *(körperlich od seelisch)* kurz vor dem Zusammenbruch; **my patience is at ~** m-e Geduld ist erschöpft; **work to ~** bis zur Erschöpfung arbeiten; **~ strain** → breaking stress; **~ strength** S PHYS, TECH Bruchfestigkeit *f*; **~ stress, ~ tension** S TECH Bruchbeanspruchung *f*, Zerreißspannung *f*; **~ test** S TECH Bruchprobe *f*

break| key S ELEK Unterbrechertaste *f*; **~neck** ADJ a halsbrecherisch: **at ~ speed** mit halsbrecherischer Geschwindigkeit; **live at ~ speed** ein rasantes Leben führen b lebensgefährlich steil *(Treppe etc)*; **~off** S Abbruch *m (von Verhandlungen etc)*; **~out** S Ausbruch *m (aus dem Gefängnis etc)*; **~ point** S *Tennis*: Breakball *m*; **~point** S IT Anhalte-, Fixpunkt *m*; **~ spark** S S ELEK Abreißfunke *m*; **~through** *bes* MIL *u. fig* Durchbruch *m*: **they have made a ~** ihnen ist der Durchbruch gelungen; **~up** S 1 Aufhebung *f (e-r Sitzung etc)*, Auflösung *f (e-r Versammlung, e-s Haushalts etc)* 2 Zerrüttung *f (e-r Ehe, der Gesundheit etc)* 3 *(körperlicher od seelischer)* Zusammenbruch 4 Zerfall *m (e-s Reichs etc)*; **~water** S Wellenbrecher *m*

bream [briːm] *pl* bream S FISCH Brassen *m*

breast [brest] A S 1 a Brust *f (von Mensch u. Tier)*: **beat one's ~** sich an die Brust schlagen, *fig a.* sich Vorwürfe machen b *(weibliche)* Brust, *pl a.* Busen *m*: **a baby at its mother's ~** ein Säugling an der Mutterbrust; **put a baby to one's ~** e-m Säugling die Brust geben 2 *fig* Brust *f*, Herz *n*, Busen *m*, Gemüt *n*: **make a clean ~ of sth** sich etwas von der Seele reden, etwas offen eingestehen 3 Wölbung *f (e-s Hügels etc)* 4 AGR Streichbrett *n (des Pfluges)* 5 ARCH a Brüstung *f* b Brandmauer *f* c unterer Teil *(e-s Geländers)* 6 Brust(teil) *f(m) (e-s Kleidungsstücks)* B V/T 1 *ein Hindernis etc* übersteigen, *e-n Berg* besteigen 2 sich gegen *etwas* stemmen, trotzen *(dat)*, die Stirn bieten *(dat)*: **~ the waves** gegen die Wellen ankämpfen 3 SPORT *das Zielband* durchreißen; **~-beating** S Selbstvorwürfe *pl*; **~bone** S ANAT Brustbein *n*; **~ cancer** S MED Brustkrebs *m*; **~ drill** S TECH Brustleier *f*, Bohrwinde *f*

-breasted ['brestɪd] ADJ *(in Zusammensetzungen)* …brüstig

breast|-feed V/T & V/I *irr* stillen: **breast-fed baby** Brustkind *n*; **~pin** S Brosche *f*, Anstecknadel *f*; **~plate** S 1 MIL, HIST Brustharnisch *m* 2 ZOOL Bauchplatte *f*, -schild *m (der Schildkröte)* 3 Brustgurt *m (am Pferdegeschirr)* 4 TECH Brustplatte *f (der Handbohrmaschine)*; **~plough**, *bes US* **~plow** S AGR Abstech-, Rasenpflug *m*; **~ pocket** S Brusttasche *f*; **~stroke** SPORT A S Brustschwimmen *n*: **do** (*od* **swim**) **the ~** → B; **~ swimmer** → breaststroker B V/I brustschwimmen, im Bruststil schwimmen; **~stroker** S SPORT Brustschwimmer(in)

breastsummer ['bresəmə(r)] → bressummer

breast| wall S Stützmauer *f*; **~work** MIL Brustwehr *f*

breath [breθ] S 1 Atem(zug) *m*: **bad ~** schlechter Atem, Mundgeruch *m*; **have bad ~** aus dem Mund riechen; **be out of ~** außer Atem sein; **he caught his ~** ihm stockte der Atem; **catch sb's ~** j-m den Atem verschlagen; **draw ~** Atem holen; **draw one's first ~** das Licht der Welt erblicken; **draw one's last ~** den letzten Atemzug tun; **gasp for ~** nach Luft schnappen; **get one's ~ (back)** wieder zu Atem kommen; **get out of ~** außer Atem kommen; **go out for a ~ of (fresh) air** an die e Luft gehen, frische Luft schnappen gehen; **have no ~ left** (völlig) außer Atem sein; **hold one's ~** den Atem anhalten *(a. fig)*; **lose one's ~** außer Atem kommen; **save your ~**, *umg hum* **save your ~ to cool your porridge** spare dir d-e Worte!; **take ~** Atem schöpfen, verschnaufen *(a. fig)*; **take sb's ~ away** j-m den Atem verschlagen; **take a deep ~** tief Luft holen; **waste one's ~** in den Wind reden; **you are wasting your ~** du kannst dir d-e Worte sparen; **don't waste your ~ crying for help** es hat gar keinen Sinn, um Hilfe zu rufen; **under** (*od* **below**) **one's ~** im Flüsterton, leise; **with his last** (*od* **dying**) **~** mit s-m letzten Atemzug; **in the same (next) ~** im gleichen (nächsten) Atemzug; **be mentioned** (*od* **spoken of**) **in the same ~ as** in einem *od* im selben Atemzug genannt werden mit; → pause B 1, short A 8 2 *fig* Hauch *m*, Spur *f*, Anflug *m*: **not a ~ of suspicion** nicht der geringste Verdacht 3 Lufthauch *m*, Lüftchen *n*: **there wasn't a ~ of air** (*od* **wind**) es rührte *od* regte sich kein Lüftchen 4 Duft *m* 5 LING stimmloser Hauch

breathalyse ['breθəlaɪz] *bes Br*, **breathalyze** *US* V/T *Verkehrsteilnehmer* (ins Röhrchen) blasen *od* pusten lassen; **breathalyser** S *bes Br*, **Breathalyzer®** S *US* Alkoholtestgerät *n*, Röhrchen *n*

breath control S Atemführung *f*

breathe [briːð] A V/I 1 atmen, *weitS.* leben: **as long as I ~** solange ich lebe; **~ in (out)** ein-(aus)atmen; **~ down sb's neck** a j-m im Nacken sitzen b j-m (ständig) auf die Finger schauen; **~ heavily** schwer atmen, keuchen 2 Atem holen *od* schöpfen: **~ freely** durchatmen; **~ easily** (*od* **freely**) **again** (erleichtert) aufatmen; **now we can ~ easily** (*od* **freely**) **again** *fig* jetzt haben wir alles hinter uns 3 (sich) verschnaufen, sich erholen 4 wehen *(Lüftchen etc)* 5 *obs* duften, riechen *(beide:* **of** *nach)* 6 TECH atmen *(Leder etc)* B V/T 1 *etwas* atmen: **~ in** a einatmen b *Worte etc* begierig aufnehmen; **~ out** ausatmen; **~ fire** a Feuer speien *od* spucken *(Drache)* b *fig* Gift u. Galle speien *od* spucken; **~ new life into** neues Leben bringen in *(akk)*, *etwas* mit neuem Leben erfüllen; **~ vengeance** Rache schnauben; → last[1] *Bes Redew* 2 *fig* atmen, ausströmen 3 *e-n Wunsch etc* flüstern, hauchen: **~ a sigh** leise (auf)seufzen; → sigh C 4 verlauten lassen: **not ~ a word (of it)** kein Sterbenswörtchen (davon) sagen (**to sb** j-m) 5 *ein Pferd etc* verschnaufen lassen 6 LING stimmlos aussprechen: **~d** stimmlos 7 TECH entlüften

breather ['briːðə(r)] S 1 *j-d, der (schwer etc) atmet:* **be a heavy ~** e-n schweren Atem haben; **be a mouth ~** durch den Mund atmen; → heavy breather 2 *umg* Atem-, Verschnaufpause *f*: **give sb a ~** j-n verschnaufen lassen; **have** (*od* **take**) **a ~** (sich) verschnaufen, e-e Atem- *od* Verschnaufpause einlegen 3 *US umg* Strapaze *f* 4 TECH a Ventilationsöffnung *f* b AUTO Entlüfterrohr *n*

breathing ['briːðɪŋ] A S 1 Atmen *n*, Atmung *f*: **heavy ~** schweres Atmen, Keuchen *n*; **his ~ was heavy** sein Atem ging schwer, er atmete schwer 2 → breather 2 3 Lufthauch *m*, Lüftchen *n* 4 LING Hauchlaut *m* 5 TECH Entlüftung *f* B ADJ 1 Atem…: **~ exercise (technique,** *etc)*; **~ difficulties** Atembeschwerden 2 lebenswahr *(Bild etc)* 3 TECH atmungsaktiv *(Leder etc)*; **~ apparatus** S 1 MED Beatmungsgerät *n* 2 Atemschutzgerät *n*; **~ mark** S MUS Atemzeichen *n*; **~ mask** S Atemmaske *f*; **~ space** S 1 Platz *m*, um arbeiten *od* sich bewegen zu können *etc*: *the train was so crowded* **that there was hardly ~** dass man kaum Luft bekam 2 Atem-, Verschnaufpause *f*

breathless ADJ (ADV **~ly**) 1 atemlos *(a. fig)*, außer Atem: **with ~ attention** mit atemloser Spannung 2 atemberaubend *(Geschwindigkeit etc)* 3 windstill *(Tag etc)*

breath|taking ADJ (ADV **~ly**) atemberaubend; **~ test** S *(an e-m Verkehrsteilnehmer vorgenommener)* Alkoholtest

breccia ['bretʃɪə] S GEOL Breccie *f*, Brekzie *f (Sediment aus verkitteten Bruchstücken e-s Gesteins od Minerals)*

bred [bred] *prät u. pperf von* breed

breech [briːtʃ] S 1 Hinterteil *n*, Gesäß *n* 2 hinterer Teil, Boden *m*, *bes* Verschluss *m (e-s Hinterladers od Geschützes)* 3 TECH unterster Teil *(e-s Flaschenzuges)* 4 → breech delivery 5 *pl* → breeches; **~ birth** → breech delivery; **~block** S 1 MIL Verschlussstück *n (an Hinterladern), (Geschütz)* Verschlussblock *m* 2 TECH Verschluss *m*; **~cloth, ~clout** S Lendenschurz *m*; **~ delivery** S MED Steißgeburt *f*

breeches ['brɪtʃɪz] SPL *a.* **pair of ~** a (Knie)Bundhose *f*: → riding B 1 b *allg bes hum* Hose *f*: → big A 1, wear[1] A 1; **~ buoy** S SCHIFF Hosenboje *f*

breech|loader S Hinterlader *m*; **~ presentation** S MED Steißlage *f*

breed [briːd] A V/T *prät u. pperf* bred [bred] 1 erzeugen, hervorbringen, gebären: → bone[1] A 1 2 a *Tiere* züchten: **~ in (out)** *e-e Eigenschaft* hinein-(weg)züchten b *e-e Kuh etc* decken lassen 3 *Pflanzen* züchten, ziehen 4 *fig* hervorrufen, verursachen, führen zu 5 auf-, erziehen, ausbilden: **~ sb a gentleman** j-n zu e-m Gentleman erziehen B V/I 1 Nachkommenschaft erzeugen, sich fortpflanzen, sich vermehren: **~ like rabbits** *umg pej* sich wie die Kaninchen vermehren; → in-and-in B 2 brüten 3 *fig* ausgebrütet werden, entstehen, sich bilden C S 1 Rasse *f*, Zucht *f*, Brut *f*: **~ of horses** Zucht-Pferde, Gestüt *n* 2 Art *f*, *(Menschen)* Schlag *m*

breeder S 1 Züchter(in) 2 a Zuchttier *n* b Zuchtpflanze *f* 3 **rabbits are persistent ~s** Kaninchen vermehren sich immer wieder 4 PHYS Brüter *m*: → fast breeder; **~ reactor** S PHYS Brutreaktor *m*

breeding S 1 Fortpflanzung *f* 2 Ausbildung *f*, Erziehung *f* 3 gutes Benehmen, gute Manieren *pl* 4 Züchten *n*, (Auf)Zucht *f*, Züchtung *f (von Tieren u. Pflanzen)*: → in-and-in A 5 PHYS (Aus)Brüten *n*; **~ ground** S 1 Brutplatz *m*, -stätte *f* 2 *fig* **(of, for)** Brutstätte *f (gen)*, Nährboden *m (für)*; **~ mare** S Zuchtstute *f*; **~ place** → breeding ground 1; **~ season** S 1 Brutzeit *f* 2 Fortpflanzungszeit *f*

breeze[1] [briːz] A S 1 Brise *f*, leichter Wind 2 *bes Br umg* Krach *m*: a Lärm *m* b Streit *m* 3 **bat** (*od* **shoot**) **the ~** *US umg* a plaudern, plauschen b quatschen, Unsinn reden c angeben, große Töne spucken *umg* 4 *bes US umg* Kinderspiel *n (leichte Sache)* B V/I 1 wehen *(Wind)* 2 *umg* a schweben, tänzeln *(Person)*: **~ in** hereinwehen, hereingeweht kommen b sausen, flitzen c abhauen 3 **~ through** a *e-n Bericht etc* überfliegen b sich nur oberflächlich beschäftigen mit

B

breeze² [bri:z] S ZOOL *Br obs od dial* Viehbremse *f*
breeze³ [bri:z] S TECH Lösche *f*, Kohlenklein *n*
breeze block S TECH *Br* 1 Abschlussblock *m* *(e-s Hochofens mit Schlackenöffnung)* 2 Schlackenstein *m*
breeziness ['bri:zınıs] S 1 Windigkeit *f* 2 Heiterkeit *f*, Unbeschwertheit *f*
breezy ['bri:zı] ADJ (ADV **breezily**) 1 luftig, windig 2 heiter, unbeschwert *(Wesen etc)* 3 *umg* oberflächlich, seicht *(Unterhaltung etc)*
bregma ['bregmə] *pl* **-mata** [-mətə] S ANAT Bregma *n* *(Punkt am Schädel, in dem die Pfeilnaht auf die Kranznaht stößt)*
brekky ['brekı] S *bes umg* Frühstück *n*
Bren (gun) [brent] S MIL *(ein)* leichtes Maschinengewehr
brent [brent] *pl* **brents**, *bes koll* **brent** S, *a.* **brent goose** S *irr* ORN *Br (e-e)* Meergans
bressummer ['bresəmə(r)] S ARCH Sturz *m*, Abfangträger *m*
brethren ['breðrən] *pl von* **brother** A 2
Breton ['bretən] A ADJ bretonisch B S 1 Bretone *m*, Bretonin *f* 2 LING Bretonisch *n*, das Bretonische
breve [bri:v; *US a.* brev] S 1 LING Kürzezeichen *n* 2 MUS Brevis *f*, Doppelganze *f* 3 → **brief** B 2
brevet ['brevıt; *US* brı'vet] MIL A S Brevet *n* *(Offizierspatent, das nur e-n höheren Rang, aber keine höhere Besoldung etc mit sich bringt)* B ADJ Brevet...: **~ major** Hauptmann *m* im Rang e-s Majors; **~ rank** Titularrang *m* C VT *prät u. pperf* **-ed**, *bes Br* **-ted** durch Brevet befördern *od* ernennen
breviary ['bri:vjərı; *US a.* 'bri:vi:,eri:] S KATH Brevier *n* *(Buch der Geistlichen mit den Stundengebeten)*
brevier [brə'vıə(r)] S TYPO Petitschrift *f*
brevirostrate [,brevı-] ADJ ORN kurzschnäb(e)lig
brevity ['brevətı] S Kürze *f*
brew [bru:] A VT 1 *Bier* brauen 2 *Kaffee, Tee* a kochen b aufbrühen 3 *fig* aushecken, ausbrüten: → **plot** A 4 B VI 1 ziehen *(Kaffee, Tee)* 2 **~ up** *Br umg* Tee kochen 3 *fig* sich zusammenbrauen, im Anzug sein, in der Luft liegen *(Gewitter, Unheil)* C S 1 Gebräu *n*, Bräu *n* 2 a Kaffee *m* b Tee *m*: **a strong ~ of tea** ein starker Tee; **brewer** S 1 Brauer(in): **~'s yeast** Bierhefe *f*; **he's suffering from ~'s droop** *Br umg* er säuft so viel *od* hat so viel gesoffen, dass bei ihm *(sexuell)* nichts mehr geht 2 Brauerei *f*
brewery ['brʊərı] S Brauerei *f*
brew-up S: **have a ~** → **brew** B 2
Brezhnev Doctrine ['breʒnef] S POL, HIST Breschnew-Doktrin *f*
briar → **brier**
bribable ['braıbəbl] ADJ bestechlich
bribe [braıb] A VT bestechen (**with** mit): **~ sb into silence** j-n bestechen, damit er nichts sagt; j-m Schweigegeld zahlen; **~ sb into doing** (*od* **to do**) **sth** j-n bestechen, damit er etwas tut; **the child was ~d with a piece of chocolate to go to bed** das Kind wurde mit e-m Stück Schokolade ins Bett gelockt B VI Bestechungsgelder zahlen C S Bestechung *f*, Bestechungsgeld *n*, -summe *f*, -geschenk *n*: **accept** (*od* **take**) **~s** sich bestechen lassen; **accepting** (*od* **taking**) **of ~s** passive Bestechung; **give sb a ~** j-n bestechen; **giving of ~s** aktive Bestechung; **offer sb a ~** j-n bestechen wollen; **briber** S Bestecher(in); **bribery** S Bestechung *f*: **open to ~** bestechlich; **~ attempt** Bestechungsversuch *m*; **~ money** Bestechungsgeld *n*; **~ scandal** Bestechungsskandal *m*
bricabrac ['brıkəbræk] S 1 Antiquitäten *pl* 2 Nippsachen *pl*
brick [brık] A S 1 Ziegel(stein) *m*, Backstein *m*: **be in with the ~s** *umg* zum lebenden Mobiliar gehören; **come down on sb like a ton of ~s** *umg* j-m ganz gewaltig aufs Dach steigen; **drop a ~** *Br umg* ins Fettnäpfchen treten; **hit sb like a ton of ~s** *umg* bei j-m wie e-e Bombe einschlagen *(Nachricht etc)*; **shit ~s** (*od* **a ~**) *vulg* sich vor Angst *etc* in die Hose(n) scheißen; **you could have built a wall with the ~s he shit** *vulg* dem ging der Arsch ganz schön auf Grundeis!; **swim like a ~** *hum* schwimmen wie e-e bleierne Ente 2 *Br* Baustein *m*, (Bau)Klötzchen *n* *(für Kinder)*: **box of ~s** Baukasten *m* 3 a *(Gold- etc)* Barren *m* b Packung *f (Eis)* 4 *umg* Pfundskerl *m*, feiner Kerl B ADJ 1 Ziegel..., Backstein... 2 ziegelförmig C VT mit Ziegeln *etc* belegen *od* pflastern *od* einfassen: **~ up** (*od* **in**) a einmauern b zumauern; **~bat** S 1 Ziegelbrocken *m* *(bes als Wurfgeschoss)* 2 *fig* schwerer Brocken *(abfällige Bemerkung etc)*: **the critic threw several ~s at the singer** der Kritiker ließ kaum ein gutes Haar an dem Sänger; **he was at the receiving end of a lot of ~s** er musste einiges einstecken, er musste sich einiges anhören (**for** wegen); **~ building** S Backsteinbau *m*; **~-built** → **brick** B 1; **~ cheese** S *US (ein)* Backsteinkäse *m*; **~ clay** S Ziegelton *m*; **~ earth** S Ziegelerde *f*; **~field** S *Br* Ziegelei *f*
brickie ['brıki:] S *Br umg* Maurer(in)
brick|kiln S Ziegelofen *m*; **~layer** S Maurer(in); **~laying** S Mauern *n*; **~maker** S Ziegelbrenner(in); **~ red** S Ziegelrot *n*; **~-red** ADJ ziegelrot; **~ shithouse** S: **be built like a ~** *US vulg* stramm gebaut sein; **~ wall** S Backsteinmauer *f*: **talk to a ~** gegen e-e Wand reden; → **bang¹** B 1, **knock** B 1, **run against** B, **run into** B 4; **~work** S (Backstein)Mauerwerk *n*; **~yard** S Ziegelei *f*
bricole [brı'kəʊl] S *Billard*: Brikole *f*, Bandenstoß *m*
bridal ['braıdl] A ADJ a Braut...: **~ dress** (**veil**, *etc*) b Hochzeits...: **~ ceremony** (**dress**, *etc*); **~ suite** Appartement *n* für Hochzeitsreisende B S *obs* Hochzeit *f*
bride [braıd] S Braut *f (am u. kurz vor dem Hochzeitstag)*, neu vermählte Frau: **the ~ and groom** das Brautpaar; **give away the ~** die Braut zum Altar führen; **~ of Christ** REL Braut Christi; **~'s bouquet** Brautstrauß *m*; **~groom** S Bräutigam *m*, frischgebackener Ehemann *hum*; **~ price** S *Völkerkunde*: Brautpreis *m*; **~smaid** S Brautjungfer *f*: **be always the ~ and never the bride** nie im Mittelpunkt stehen; **~ wealth** → **bride price**
bridewell ['braıdwəl; -wel] S *Br* Gefängnis *n*: **be in ~** im Gefängnis sein *od* sitzen
bridge¹ [brıdʒ] A S 1 Brücke *f*: **the ♀ of Sighs** die Seufzerbrücke *(in Venedig)*; **burn one's ~s (behind one)** *fig* alle Brücken hinter sich abbrechen; **don't cross your ~s before you come** (*od* **get**) **to them** *fig* lass doch die Dinge (einfach) auf dich zukommen; **that's all water under the ~** *fig* das ist (alles) Schnee von gestern; **a lot of water has flowed under the ~ since then** seitdem ist schon sehr viel Wasser die Isar *etc* heruntergeflossen 2 SCHIFF (Kommando)Brücke *f* 3 *fig* Brücke *f*, Übergang *m* *(beide:* **between ... and** zwischen *dat ...* u.*)*, Überleitung *f (a.* MUS*)* 4 ANAT *(Nasen)* Rücken *m*: **~ of the nose** 5 *(Brillen)* Steg *m* 6 MED (Zahn)Brücke *f* 7 CHEM Brücke *f* 8 ELEK a *(Mess)* Brücke *f* b Brücke(nschaltung) *f* 9 MUS a Steg *m (e-s Streichinstruments)* b Saitenhalter *m (bei Zupfinstrumenten u. beim Klavier)* 10 *Ringen, Turnen*: Brücke *f*: **make a ~** → C B VT 1 e-e Brücke schlagen *od* bauen über *(akk)* 2 ELEK *u. fig* überbrücken: **~ over a difficulty**; **this money will ~ you over till next month** dieses Geld wird dich bis zum nächsten Monat über Wasser halten; → **gap** 7 C VI *Ringen, Turnen*: in die Brücke gehen
bridge² [brıdʒ] S Bridge *n (ein Kartenspiel)*
bridge| bond S CHEM Brückenbindung *f*; **~ building** S Brückenbau *m*; **~ circuit** ELEK Brücke(nschaltung) *f*; **~head** S MIL Brückenkopf *m*; **~ loan** *US* → **bridging loan**
Bridgend [,brıdʒ'end] S Bridgend *n (Grafschaft in Südwales)*
bridge| rectifier S ELEK Brückengleichrichter *m*; **~ toll** S Brückenmaut *f*; **~work** S 1 Brückenbau *m* 2 → **bridge¹** A 6
bridging loan S WIRTSCH Überbrückungskredit *m*
bridle ['braıdl] A S a Zaum *m*, Zaumzeug *n* b Zügel *m*: **give a horse the ~** e-m Pferd die Zügel schießen lassen; **put a ~ on** → B 2 B VT 1 *ein Pferd* (auf)zäumen 2 a *ein Pferd* zügeln, im Zaum halten *(beide a. fig)*: **~ one's tongue** s-e Zunge hüten b *fig* bändigen, (be)zähmen C VI *oft* **~ up** a (verächtlich *od* stolz) den Kopf zurückwerfen b (**at**) Anstoß nehmen (an *dat*), sich beleidigt fühlen (durch) c rebellieren (**against** gegen); **~ hand** S Zügelhand *f*; **~ path** S a Saumpfad *m* b Reitweg *m*
bridoon [brı'du:n] S Trense *f*
Brie [bri:] S Brie(käse) *m*
brief [bri:f] A ADJ (ADV **~ly**) 1 kurz *(Unterbrechung)*: **be ~** sich kurzfassen 2 kurz (gefasst), knapp *(Rede etc)*: **~ and to the point** kurz u. bündig *od* knapp 3 **be ~** kurz angebunden sein (**with** mit) 4 knapp *(Bikini etc)* B S 1 kurze Zusammenfassung: **in ~** a in kurzen Worten b kurz(um), kurz gesagt; **the news in ~** die Nachrichten im Überblick 2 KATH Breve *n* *(päpstlicher Erlass in einfacherer Form)* 3 JUR a *(kurzer)* Schriftsatz b *Br schriftliche Beauftragung u. Information (des Barristers durch den Solicitor) zur Vertretung des Falles vor Gericht, weitS.* Mandat *n*: **abandon** (*od* **give up**) **one's ~** sein Mandat niederlegen c Verhandlungsschriftsatz *m* *(des Anwalts)* d *US* Information *f* des Gerichts *(durch den Anwalt)* e *Br sl* Anwalt *m*, Anwältin *f* 4 **hold a ~ for** *j-n od j-s Sache* vor Gericht vertreten, *a. fig* als Anwalt auftreten für, *fig* sich einsetzen *od* e-e Lanze brechen für; **hold no ~ for** *Br fig* nicht viel halten von 5 MIL *etc* → **briefing** 2 6 *pl* → **briefs** C VT 1 kurz zusammenfassen, in gedrängter Form darstellen 2 *a.* MIL *j-n* instruieren *od* einweisen, *j-m* genaue Anweisungen geben *(alle:* **on** über *akk)* 3 JUR *Br* a *e-n Barrister* mit der Vertretung e-s Falles betrauen b *den Anwalt* über den Sachverhalt informieren; **~case** S Aktentasche *f*
briefing S 1 (genaue) Anweisung(en *pl*), Instruktion(en) *f(pl) (beide a.* MIL*)* 2 MIL *etc* Lage-, Einsatzbesprechung *f* 3 JUR *Br* Beauftragung *f* *(e-s Barristers)*
briefless ADJ *Br* unbeschäftigt, ohne Klienten *(Barrister)*
briefness S Kürze *f*
briefs [bri:fs] SPL *a.* **pair of ~** Slip *m (kurze Unterhose)*
brier ['braıə(r)] S 1 BOT Dornstrauch *m* 2 KOLL Dorngebüsch *n*, -gestrüpperf *n* 3 BOT Wilde Rose 4 a Bruyère *f (Wurzel der Baumheide)* b *a.* **~ pipe** Bruyèrepfeife *f*; **briery** ADJ voller Dornen(sträucher), dornig, stachelig
brig¹ [brıg] S SCHIFF Brigg *f*, zweimastiges Segelschiff
brig² [brıg] S *US* 1 SCHIFF Schiffsgefängnis *n* 2 MIL *umg* Bau *m*, Bunker *m (Arrestlokal)*
Brig. ABK Brigadier
brigade [brı'geıd] A S *(a. als pl konstruiert)* 1

MIL Brigade *f* 2 *(zu e-m bestimmten Zweck gebildete)* Organisation, *(meist* uniformierte) Vereinigung: → fire brigade B *V/T* 1 MIL e-e Brigade formieren aus 2 zu e-r Gruppe vereinigen

brigadier [ˌbrɪɡəˈdɪə(r)] *S* MIL a *Br* Brigadekommandeur *m* b *US umg* → brigadier general; **~ general** *S* MIL *US* Brigadegeneral *m*

brigand [ˈbrɪɡənd] *S* Brigant *m*, Bandit *m*; **brigandage** *S* Banditenunwesen *n*

brigandine [ˈbrɪɡəndaɪn; -diːn] *S* MIL, HIST Brigantine *f (mit Eisenplättchen besetztes Panzerhemd)*

brigantine [ˈbrɪɡəntaɪn; -tiːn] *S* SCHIFF Brigantine *f*, Brigg *f*, zweimastiges Segelschiff

Briggs logarithms [brɪɡz] *SPL* MATH briggssche Logarithmen *pl (Logarithmen mit der Basis 10)*

bright [braɪt] A *ADJ* (*ADV* ~ly) 1 hell, glänzend, leuchtend, strahlend: **a ~ day** ein strahlender Tag; **~ eyes** glänzende *od* strahlende Augen; **her eyes were ~ with happiness** ihre Augen strahlten vor Glück; **a ~ face** ein strahlendes Gesicht; **a ~ red** ein leuchtendes Rot; **~ spot** *fig* Lichtblick *m* 2 hell, metallisch *(Klang etc)* 3 TECH blank *(Draht etc)*: **~ annealing** Blankglühen *n*; **~ steel** Blankstahl *m* 4 ELEK lichtstark, hell leuchtend 5 heiter *(Wetter etc)*: **look on the ~ side (of things)** *fig* das Leben von s-r heiteren *od* positiven Seite betrachten 6 lebhaft, munter 7 klar *(Wasser etc)* 8 gescheit, intelligent, klug, hell *umg*: → spark² A 2 9 glorreich, glänzend *(Sieg etc)*: **a ~ idea** *iron* e-e glorreiche Idee 10 günstig, vielversprechend *(Aussichten etc)* B *ADV* 1 hell *etc*: **the fire was burning ~** 2 **~ and early** *umg* in aller Herrgottsfrühe C *S pl* AUTO *US umg* Fernlicht *n*

brighten A *V/T*: *oft* **~ up** 1 hell(er) machen, auf-, erhellen *(alle a. fig)* 2 *fig* a *e-e Party, e-n Raum etc* heiter(er) machen, beleben b *j-n* fröhlich stimmen, aufheitern c *e-m schon großen Namen etc* noch mehr Glanz verleihen 3 polieren, blank putzen, glänzend machen B *V/I*: *oft* **~ up** 1 hell(er) werden, sich aufhellen *(Gesicht, Wetter etc)*, aufleuchten *(Augen)*: **his face** *(od* **he) ~ed** sein Gesicht erhellte sich 2 *fig* sich beleben, lebhafter werden 3 besser *od* erfreulicher werden: **prospects ~ed** die Aussichten besserten sich

bright|-eyed *ADJ* 1 helläugig 2 mit strahlenden Augen 3 *fig* hellwach: **be ~ and bushy-tailed** *umg* a gut draufsein b fit sein c quietschvergnügt sein; **~ level** *S* TV Hellspannung(swert) *f(m)*; **~ lights** *SPL fig (der)* Glanz *(e-r Stadt)*; **~-line spectrum** *S* PHYS Hellinienspektrum *n*

brightness *S* 1 Helligkeit *f*, Glanz *m* 2 Heiterkeit *f* 3 Lebhaftigkeit *f*, Munterkeit *f* 4 Gescheitheit *f*, Intelligenz *f* 5 PHYS, TECH Leuchtdichte *f* 6 TV Helligkeit *f*: **~ contrast** Helligkeitskontrast *m*; **~ control** Helligkeitsreg(e)lung *f*

Bright's disease [braɪts] *S* MED brightsche Krankheit, Nierenentzündung *f*

brill¹ [brɪl] *pl* brills, *bes koll* brill *S* FISCH Glattbutt *m*

brill² [brɪl] *ADJ bes Br umg* klasse, *(Jugendsprache)* geil

brilliance [ˈbrɪljəns], **brilliancy** *S* 1 Leuchten *n*, Glanz *m*, Helligkeit *f* 2 *fig* a funkelnder Geist, durchdringender Verstand b *(das)* Glänzende *od* Hervorragende, Brillanz *f* 3 TV Helligkeit *f*: **~ control** Helligkeitssteuerung *f*;

brilliant A *ADJ* (*ADV* ~ly) 1 leuchtend, glänzend, hell, glitzernd 2 *fig* glänzend, hervorragend, brillant *(Redner, Wissenschaftler etc)*: **a ~ save** SPORT e-e Glanzparade; **a ~ thinker** ein genialer Denker; **a ~ victory** ein glänzender Sieg B *S* 1 a Brillant *m (geschliffener Diamant)* b *a.* **~ cut** Brillantschliff *m* 2 TYPO Brillant *f (Schriftgrad von rund 3 Punkt)*

brilliantine [ˌbrɪljənˈtiːn] *S* 1 Brillantine *f*, Haarpomade *f* 2 *bes US* alpakaartiger Webstoff

brim [brɪm] A *S* 1 Rand *m (bes e-s Gefäßes)*: **full to the ~** randvoll 2 *(Hut)* Krempe *f* B *V/I* voll sein: **~ over** a übervoll sein **(with** von) *(a. fig)* b überfließen, -sprudeln **(with** von) *(a. fig)*; **her eyes were ~ming (over) with tears** ihre Augen schwammen in Tränen; **he is ~ming (over) with health** er strotzt vor *od* von Gesundheit; **she was ~ming (over) with joy** sie war außer sich vor Freude C *V/T* bis zum Rand füllen

brimful(l) [-ˈfʊl] *ADJ* randvoll: **her eyes were ~ of** *(od* **with) tears** ihre Augen schwammen in Tränen; **he is ~ of health** er strotzt vor *od* von Gesundheit; **she was ~ with ideas** sie steckte voller Ideen; **brimless** *ADJ* ohne Rand *od* Krempe; **brimmed** [brɪmd] *ADJ* 1 mit Rand *od* Krempe 2 randvoll; **brimmer** *S* randvolles Gefäß; **brimming** *ADJ* randvoll

brimstone [ˈbrɪmstən; *US* -ˌstəʊn] *S* 1 *obs* Schwefel *m* 2 *obs umg* Drachen *m pej (böses Weib)* 3 *a.* **~ butterfly** ZOOL *(ein)* Zitronenfalter *m*

brindle [ˈbrɪndl] A *S* gestreifte *od* scheckige Farbe B *ADJ* → brindled; **brindled** *ADJ* gestreift, scheckig

brine [braɪn] A *S* 1 a Sole *f* b Lake *f*, Salzbrühe *f* 2 Salzwasser *n* 3 **the ~** *poet od hum* die See B *V/T* (ein)salzen, (ein)pökeln; **~ bath** *S* Solbad *n*

Brinell test [brɪˈnel] *S* TECH Brinellhärteprüfung *f*

brine| pan *S* Salzpfanne *f*; **~ pit** *S* Salzgrube *f*, Solquelle *f*

bring [brɪŋ] *V/T prät u. pperf* brought [brɔːt] 1 bringen, mit-, herbringen, herbeischaffen, überbringen: **~ sb sth** j-m etwas bringen; **~ him (it) with you** bringe ihn (es) mit; **she brought her boyfriend to the party** sie brachte ihren Freund mit auf die Party; **~ sth (up)on o.s.** sich etwas einbrocken *umg*, etwas auf sich laden; **what ~s you here?** was führt Sie zu mir *od* uns?; → account C 2, attention 1, bear¹ B 4, being 1, book A 9, close C 1, disrepute, end *Bes Redew*, light¹ A 9, low¹ A 1, notice A 1 2 *Ehre, e-n Gewinn etc* (ein)bringen, *e-n Preis* erzielen: **his old car still brought £300** sein alter Wagen brachte noch 300 Pfund 3 (mit sich) bringen, nach sich ziehen, führen zu, bewirken: **~ sb bad luck** j-m Unglück bringen; **~ relief from pain** den Schmerz lindern; **the sight brought tears to her eyes** der Anblick trieb ihr die Tränen in die Augen 4 *e-e Fähigkeit etc* mitbringen **(to** zu): **~ a rich experience to one's task**; **she brought many new ideas with her** sie brachte viele neue Ideen mit 5 *Publikum* anziehen, (an)locken *(beide:* **to** zu) 6 *j-n* dazu bringen *od* bewegen, veranlassen, überreden *(alle:* **to do** zu tun): **I can't ~ myself to do it** ich kann mich nicht dazu durchringen(, es zu tun); ich bringe es (einfach) nicht fertig *od* übers Herz, es zu tun 7 *Beweise, Gründe etc* vorbringen: → action 12, charge C 9, suit A 4

Phrasal Verbs: **bring| about** *V/T* 1 bewerkstelligen, zustande bringen 2 bewirken, verursachen 3 SCHIFF wenden; **~ along** *V/T* 1 mitbringen 2 → bring on 4; **~ around** → bring round 1, 4; **~ away** *V/T Eindrücke, Erinnerungen* mitnehmen; **~ back** *V/T* 1 a zurückbringen b *etwas* mitbringen **(from** aus, von): *when you go to the post office,* **will you bring me some stamps back** *(od* **bring some stamps back for me)?** bringst du mir ein paar Briefmarken mit? 2 a *Erinnerungen* wachrufen **(of** an *akk)* b Erinnerungen wachrufen an *(akk)* 3 *die Todesstrafe etc* wieder einführen 4 **~ to life** a *j-n* wieder zu(m) Bewusstsein bringen b *a.* **~ to health** *j-n* wieder gesund machen *od* wiederherstellen; **~ down** *V/T* 1 *a. ein Flugzeug* herunterbringen 2 JAGD *Wild* erlegen, schießen 3 FLUG, MIL *ein Flugzeug* abschießen, herunterholen 4 *bes Fußball:* zu Fall bringen, legen *sl* 5 *e-e Regierung etc* zu Fall bringen, stürzen 6 a *den Preis etc* herabsetzen, senken: **~ the price** *a.* mit dem Preis heruntergehen b *die Inflationsrate etc* drücken 7 **~ sb's anger** *(od* **fury, wrath) (up)on one's head** sich j-s Zorn zuziehen; → disaster A 1 8 **~ the house** *umg* a stürmischen Beifall auslösen b Lachstürme entfesseln; → curtain A 4 a; **~ forth** *V/T* 1 a *allg* hervorbringen b *Kinder* gebären c ZOOL *Junge* werfen d *Früchte* tragen 2 *fig* auslösen, bewirken, zeitigen; **~ forward** *V/T* 1 *Wissen etc* voranbringen, fördern 2 *e-n Antrag, e-e Entschuldigung etc* vorbringen 3 WIRTSCH *e-n Betrag* übertragen: **amount** *(od* **balance) brought forward** Übertrag *m*, (Saldo)Vortrag *m* 4 a *e-e Versammlung etc* vorverlegen **(from** von; **to** auf *akk)* b *die Uhr* vorstellen **(one hour** um e-e Stunde); **~ home** *V/T* 1 nach Hause bringen: → bacon 2 → home C 3; **~ in** *V/T* 1 hereinbringen, *die Ernte* einbringen: **~ capital** WIRTSCH Kapital einbringen; **brought-in capital** eingebrachtes Kapital, Geschäftseinlage *f* 2 a *e-n Gewinn etc* (ein-, er)bringen, erzielen b verdienen 3 PARL *e-n Gesetzentwurf* einbringen 4 *j-n* einschalten, hinzuziehen 5 *e-e Krankheit* einschleppen 6 *j-n* beteiligen **(on** an *e-m Entscheidungsprozess etc)* 7 JUR *e-n Spruch* fällen *(Geschworene)*: → verdict 1; **~ off** *V/T* 1 *bes Schiffbrüchige* retten 2 *etwas* zustande bringen, fertigbringen, schaffen 3 *vulg j-n (sexuell)* befriedigen; **~ on** *V/T* 1 heran-, herbeibringen, *e-e Speise etc* auffahren 2 *bes e-e Krankheit* auslösen, verursachen 3 a → bring forward 1 b in Gang bringen 4 *e-e Ernte etc* gut gedeihen lassen *(Wetter)* 5 SPORT *e-n Spieler* bringen, einwechseln *(beide:* **for** für); **~ out** *V/T* 1 herausbringen 2 WIRTSCH *ein Buch, Theaterstück, Auto etc* herausbringen 3 *fig* ans Licht bringen: **~ the best (worst) in sb** j-s beste (schlechteste) Seiten ans Licht bringen 4 vorbringen, aussprechen 5 hervorheben, betonen 6 zum Ausdruck bringen, erkennen lassen 7 *den Sinn e-s Gedichts etc* herausarbeiten 8 *e-e junge Dame* in die Gesellschaft einführen 9 WIRTSCH *bes Br Beschäftigte* zum Streiken bringen 10 **bring sb out (of themselves)** j-m s-e Hemmungen nehmen; j-n dazu bringen, (etwas) aus sich herauszugehen 11 **bring sb out in a rash** MED *Br* bei j-m e-n Ausschlag verursachen; → goose pimples; **~ over** *V/T* 1 herüberbringen 2 → bring round 4; **~ round** *V/T* 1 her-, vorbeibringen 2 SCHIFF wenden 3 a *e-n Ohnmächtigen* wieder zu sich bringen b *e-n Kranken* wieder auf die Beine bringen 4 *j-n* umstimmen, überreden, bekehren, herumkriegen *umg*: **bring sb round to one's side** j-n auf s-e Seite bringen 5 *das Gespräch* bringen **(to** auf *akk)*; **~ through** *V/T e-n Kranken* durchbringen; **~ to** A *V/T* 1 → bring round 3 a 2 SCHIFF stoppen B *V/I* SCHIFF stoppen; **~ together** *V/T Leute* zusammenbringen; **~ up** *V/T* 1 heraufbringen: **bring sb up to the standard of the others** j-n auf das Niveau der anderen bringen 2 *ein Kind* a auf-, großziehen b erziehen: **bring sb up to do sth** j-n dazu erziehen, etwas zu tun 3 a zur Sprache bringen b *ein Argument etc* anführen 4 *Truppen* heranführen: → rear¹ A 4 5 *e-e Zahl etc* hinaufsetzen, erhöhen, *e-n Betrag* bringen *(alle:* **to** auf *akk)* 6 *sein Frühstück etc* (er)brechen 7 *s-n Wagen etc* zum Stillstand *od* zum

Halten bringen: **bring sb up short** (*od* **sharply**) j-n innehalten lassen **8** JUR vor Gericht stellen (**for** wegen) **9** **bring sb up against sth** j-n mit etwas konfrontieren

bring-and-buy (sale) S *Br* (Wohltätigkeits)-Basar *m*

bringer S (Über)Bringer(in)

bringing-up S *bes US* **1** Auf-, Großziehen *n* **2** Erziehung *f*

brink [brɪŋk] S **1** Rand *m* (*a. fig*): **be on the ~ of doing sth** nahe daran sein, etwas zu tun; **be on the ~ of collapse** vor dem Zusammenbruch stehen; **be on the ~ of the grave** mit e-m Fuß im Grab stehen; **be on the ~ of tears** den Tränen nahe sein; **be on the ~ of war** am Rande e-s Krieges stehen; **bring sb to the ~ of ruin** j-n an den Rand des Ruins bringen **2** Ufer *n*

brinkmanship, *US a.* **brinksmanship** ['brɪŋk(s)mənʃɪp] S POL Politik *f* des äußersten Risikos

briny ['braɪnɪ] **A** ADJ salzig, solehaltig **B** S → brine A 3

brio ['bri:əʊ] S Schwung *m*, Feuer *n*, MUS *a.* Brio *n*

brioche [bri:'ɒʃ; -'əʊʃ] S Brioche *f* (*feines Hefegebäck in Brötchenform*)

briolette [,bri:əʊ'let] S Briolette *f* (*Diamant mit Dreieckschliff*)

briquet, **briquette** [brɪ'ket] **A** S Brikett *n* **B** V/T brikettieren

brisance ['bri:zəns; *US* brɪ'za:nts] S Brisanz *f*, Sprengkraft *f*

brisk [brɪsk] **A** ADJ (ADV ~ly) **1** rasch, flott (*Fußmarsch etc*) **2** lebhaft, flott: **a** munter, frisch **b** energisch **3** frisch (*Luft, Wetter*), kräftig (*Wind*) **4** **a** frisch (*im Geschmack*) (*Tee*) **b** prickelnd, schäumend (*Wein*) **5** lebhaft, lustig (*Feuer*) **6** WIRTSCH lebhaft, rege (*Handel, Nachfrage etc*) **B** V/T *meist* **~ up** anregen, beleben **C** V/I *meist* **~ up** sich beleben, (wieder) aufleben;

brisken → brisk B, C

brisket ['brɪskɪt] S GASTR Brust(stück) *f(n)*: **~ of beef** Rinderbrust

briskness S **1** Lebhaftigkeit *f*, Munterkeit *f*, Flottheit *f* **2** Frische *f*

brisling ['brɪslɪŋ; -z-] S FISCH Brisling *m*, Sprotte *f*

bristle ['brɪsl] **A** S **a** Borste *f* (*a.* BOT) **b** (Bart)Stoppel *f* **B** V/I **1** *a.* **~ up** sich sträuben (*Borsten, Haare, Stacheln*) **2** *a.* **~ up** **a** e-e drohende Haltung annehmen **b** zornig *od* böse werden: **~ with anger** vor Wut schnauben **3** starren, strotzen, voll sein (*alle*: **with** von): **~ with mistakes** von Fehlern strotzen *od* wimmeln; **~ with weapons** von Waffen starren **C** V/T **1** *a.* **~ up** *Borsten, Haare etc* sträuben, aufrichten **2** mit Borsten versehen; **bristled** ADJ borstig; **bristly** ADJ **1** **a** borstig **b** stopp(e)lig, Stoppel...: **~ beard**; **~ chin** **2** *fig* kratzbürstig, widerborstig

Bristol ['brɪstl] S Bristol *n* **a** *Grafschaft in Südwestengland* **b** *Hauptstadt dieser Grafschaft*

Bristol board ['brɪstl] S Bristolkarton *m*

bristols ['brɪstlz] SPL *Br umg* Titten *pl* (*Brüste*)

Brit [brɪt] S *umg* Brite *m*, Britin *f*

Brit. ABK **1** Britain **2** British

Britain ['brɪtn] S Großbritannien *n*

Britannia [brɪ'tænjə] S HIST Britannien *n*

Britannia metal [brɪ'tænjə] S TECH Britanniametall *n*

Britannic [brɪ'tænɪk] ADJ britannisch (*bes in*): **His (Her) ~ Majesty**

britches ['brɪtʃɪz] *US* → breeches

Briticism ['brɪtɪsɪzəm] S LING Britizismus *m* (*sprachliche Besonderheit des britischen Englisch*)

British ['brɪtɪʃ] **A** ADJ britisch: **the ~ Army of the Rhine** die britische Rheinarmee; **~ English** LING britisches Englisch; **~ Legion** *Organisation, die sich um ehemalige Angehörige der britischen Streitkräfte u. um deren Familien kümmert*; **~ Standards Institution** Britischer Normenverband; **the best of ~ (luck)!** *Br umg* na, dann mal viel Glück!; → empire A **B** S: **the ~** *koll* die Briten *pl*

British America [,brɪtɪʃə'merɪkə] S **a** Kanada *n* **b** *die brit. Besitzungen in od in der Nähe von Nordamerika*

British Columbia [,brɪtɪʃkə'lʌmbɪə] S Britisch-Kolumbien *n*

Britisher S *US* Brite *m*, Britin *f*, *bes* Engländer(in)

Briton ['brɪtn] S **1** Brite *m*, Britin *f* **2** HIST Britannier(in)

Brittany ['brɪtənɪ; *US* 'brɪtni:] S Bretagne *f*

brittle ['brɪtl] **A** ADJ **1** spröde, zerbrechlich (*beide a. fig*) **2** brüchig (*Metall etc*) (*a. fig*): **have a ~ relationship with** ein gespanntes Verhältnis haben zu **3** *fig* scharf (*Antwort etc*), (*Stimme a.*) schneidend **4** *fig* **a** hart, kalt **b** schwierig (*Persönlichkeit etc*) **c** reizbar: **have a ~ temper** leicht aufbrausen, jähzornig sein **B** S (Nuss)-Krokant *m*; **~-bone disease** S MED **a** → osteoporosis **b** Glasknochenkrankheit *f*

brittleness S **1** Sprödigkeit *f*, Zerbrechlichkeit *f* **2** Brüchigkeit *f*

bro [brəʊ] *pl* bros S *US umg* **1** Bruder *m* **2** Kumpel *m umg*

bro. ABK brother

broach [brəʊtʃ] **A** S **1** Stecheisen *n*, Ahle *f*, Pfriem *m* **2** TECH Räumahle *f* **3** Bratspieß *m* **4** achteckige Turmspitze **B** V/T **1** *ein Fass* anstechen **2** abzapfen **3** TECH ausräumen **4** *ein Thema* anschneiden, andiskutieren, anreißen **5** *US* ankündigen

broad [brɔ:d] **A** ADJ (ADV → broadly) **1** breit: **it is as ~ as it is long** *fig* das ist gehupft wie gesprungen, das ist Jacke wie Hose (*beide umg*); → beam A 3 **2** weit, ausgedehnt (*Ebene etc*) **3** hell: → daylight 1 **4** weitreichend, weitgehend: **in the ~est sense** im weitesten Sinne **5** breit, stark (*Akzent*) **6** großzügig, tolerant, liberal (*Ansichten etc*) **7** **a** derb **b** anstößig, schlüpfrig (*Witz etc*) **8** klar, deutlich: → hint A 1 **9** allgemein (*Ggs detailliert*): **the ~ facts** die allgemeinen Tatsachen, die wesentlichen Punkte; → outline A 4 **10** **~ tuning** RADIO unscharfe *od* breite Einstellung **B** ADV **~ awake** hellwach **C** S **1** breiter Teil (*e-r Sache*): **~ of the hand** Handfläche *f* **2** *pl Br System von Seen u. Flüssen (im Südosten Englands)*: **the Norfolk Broads** **3** FILM, TV Lampenaggregat *n*, Beleuchtungsbühne *f* **4** *bes US sl pej* **a** Weib(sbild) *n* **b** Nutte *f*; **~ax(e)** S Breitbeil *n*; **~band amplifier** S ELEK Breitbandverstärker *m*; **~ beam** S ELEK Breitstrahler *m*; **~ bean** S BOT Saubohne *f*; **~brim** S **1** breitrandiger (*bes* Quäker)Hut **2** ♀ *sl* Quäker *m*; **~brimmed** ADJ breitrandig, -krempig; **~brush** ADJ grob, allgemein

broadcast ['brɔ:dka:st; *US* -,kæst] **A** V/T *prät u. pperf* -cast, -casted **1** breitwürfig säen **2** *fig e-e Nachricht* verbreiten, *pej* ausposaunen **3** **a** durch den Rundfunk *od* das Fernsehen verbreiten, im Rundfunk *od* Fernsehen bringen **b** ausstrahlen, senden **c** übertragen **B** V/I **1** im Rundfunk *od* Fernsehen sprechen *od* auftreten **2** senden **C** S **1** AGR Breitsaat *f* **2** **a** Rundfunk-, Fernsehsendung *f* **b** Übertragung *f* **D** ADJ im Rundfunk *od* Fernsehen gesendet *od* übertragen, Rundfunk..., Fernseh...: **~ advertising** Rundfunk-, Fernsehwerbung *f*, Werbefunk *m*, -fernsehen *n*; **broadcaster** S **1** AGR Breitsämaschine *f* **2** **a** Rundfunk-, Fernsehsprecher(in) **b** beim Rundfunk *od* Fernsehen Beschäftigte(r) *m/f(m)*: **~s** Rundfunk-, Fernsehleute **3** Rundfunk-, Fernsehstation *f*, (-)Sender *m*, Sendeanstalt *f*

broadcasting S **1** → broadcast C 2 **2** Sendebetrieb *m* **3** Rundfunk *m*, Fernsehen *n*: **in the early days of ~**; **~ area** S Sendegebiet *n*, -bereich *m*; **~ journalist** S Rundfunk-, Fernsehjournalist(in); **~ satellite** S Rundfunk-, Fernsehsatellit *m*; **~ station** → broadcaster 3; **~ studio** S Senderaum *m*, Studio *n*

Broad| Church S REL Broad Church *f* (*liberale Richtung der anglikanischen Kirche*); **~-Church** ADJ REL Broad-Church-..., der Broad Church; **~-Churchman** S *irr* REL Anhänger *m* der Broad Church

broadcloth S feiner Wollstoff

broaden ['brɔ:dn] **A** V/T breiter machen, verbreitern, erweitern (*a. fig*): **~ one's horizons** (*od* **mind, outlook**) s-n Horizont erweitern; **travel(l)ing ~s the mind** Reisen bildet **B** V/I *a.* **~ out** breiter werden, sich verbreitern (**into** zu), sich erweitern (*a. fig*): **his face ~ed into a grin** auf s-m Gesicht machte sich ein Grinsen breit

broad| ga(u)ge S BAHN Breitspur *f*; **~-ga(u)ge** ADJ BAHN Breitspur...; **~ jump** S *Leichtathletik*: *US* Weitsprung *m*; **~ jumper** S *Leichtathletik*: *US* Weitspringer(in); **~loom carpet** S *nahtloser, auf breitem Webstuhl gewebter Teppich*

broadly ADV **1** weitgehend (*etc*; → broad A) **2** *a.* **~ speaking** allgemein (gesprochen) **3** in großen *od* groben Zügen

broad|-minded ADJ (ADV ~ly) großzügig, liberal (gesinnt), tolerant; **~-mindedness** S Großzügigkeit *f*, Toleranz *f*

Broadmoor ['brɔ:d,mʊə] S *Br* staatliche Anstalt für geisteskranke Kriminelle; **~ patient** S *Br* geisteskranker Krimineller

broadness S **1** → breadth 1, 2, 3 **2** **a** Derbheit *f* **b** Anstößigkeit *f*, Schlüpfrigkeit *f*

broad| seal S Staatssiegel *n*; **~sheet** S **1** großformatige Zeitung **2** **a** Flugblatt *n* **b** Plakat *n*; **~-shouldered** ADJ breitschult(e)rig; **~side** **A** S **1** SCHIFF Breitseite *f*: **fire a ~** e-e Breitseite abfeuern; **~ on** *allg* mit der Breitseite **2** *fig* Breitseite *f*, massive Attacke: **deliver a ~ against** e-e Breitseite abfeuern gegen **B** ADV **1** SCHIFF breitseitig **2** in einer Salve **3** *fig* alle zusammen **4** *fig* wahllos; **~-spectrum** ADJ: **~ antibiotic** MED, PHARM Breitbandantibiotikum *n*; **~sword** S MIL, HIST breites Schwert; **~tail** S **1** Persianer *m* (*Fell*) **2** ZOOL Karakulschaf *n*; **♀way** EIGENN Broadway *m* (*Hauptstraße u. Theaterviertel in New York*): **on ~** auf dem Broadway

brocade [brəʊ'keɪd] **A** S **1** Brokat *m* **2** → brocatel(le) **B** V/T mit Brokatmuster verzieren; **brocaded** ADJ **1** brokaten **2** mit Brokat geschmückt **3** wie Brokat gemustert **4** in Brokat gekleidet

brocatel(le) [,brɒkə'tel; *US* ,bra-] S Brokatell(e) *m(f)* (*mittelschweres Baumwoll- od Halbseidengewebe mit plastisch hervortretenden Mustern*)

broccoli ['brɒkəlɪ; *US* 'bra-] SPL (*als sg konstruiert*) Brokkoli *pl*, Spargelkohl *m*

broch [brɒk; brʌk] S *schott* Broch *m* (*runder Wehrturm*)

broché [brəʊ'ʃeɪ] ADJ brochiert (*mit eingewebtem, stickereiartig wirkendem Muster*)

brochure ['brəʊʃə; *US* brəʊ'ʃʊər] S Broschüre *f*, Prospekt *m*

brocket ['brɒkɪt; *US* 'bra-] S JAGD Spießer *m*, zweijähriger Hirsch

brodie ['brəʊdi:] S *US sl* **1** Todessprung *m* (*bes von e-r Brücke*): **do a ~** sich (in selbstmörderischer Absicht) in die Tiefe stürzen; **do a ~ from a bridge** sich von e-r Brücke stürzen

2 Pleite *f*, Reinfall *m* (*beide umg*)
brogan ['brəʊgən] S geschnürter Arbeitsstiefel
brogue[1] [brəʊg] S derber Straßenschuh
brogue[2] [brəʊg] S LING 1 irischer Akzent (des Englischen) 2 *allg* stark dialektisch gefärbte Aussprache
broil[1] [brɔɪl] A V/T 1 US (auf dem Rost) braten, grillen 2 **get ~ed** vor Hitze fast umkommen B V/I 1 US (auf dem Rost) braten, grillen 2 **be ~ing in the sun** a sich von der Sonne braten lassen b in der Sonne schmoren 3 vor Wut kochen C S US Gebratenes *n*, Gegrilltes *n*
broil[2] [brɔɪl] *obs* A S laute Auseinandersetzung B V/I e-e laute Auseinandersetzung haben
broiler[1] S 1 US Bratrost *m*, Grill *m* 2 Brathähnchen *n*, -hühnchen *n* 3 *umg* glühend heißer Tag
broiler[2] S *obs* Krachmacher(in)
broiling A ADJ glühend heiß (*Tag etc*) B ADV: **~ hot** → A
broke[1] [brəʊk] *prät von* break[1]
broke[2] [brəʊk] ADJ *umg* pleite: a abgebrannt, blank (*ohne Geld*) b bankrott: **go ~** pleitegehen; **go for ~** alles auf eine Karte setzen
broke[3] [brəʊk] S TECH (Papier)Ausschuss *m*
broken ['brəʊkən] A *pperf von* break[1] B ADJ (ADV ~ly) 1 zerbrochen, entzwei, kaputt *umg*: **~ glass** Glasscherben *pl*; → reed A 2 2 gebrochen (*Bein, Versprechen etc*): **he suffered a ~ pelvis** er erlitt e-n Beckenbruch 3 zerrissen 4 unterbrochen, gestört (*Schlaf*) 5 (*seelisch od körperlich*) gebrochen 6 zerrüttet (*Ehe, Gesundheit*): **come from a ~ home** aus zerrütteten Familienverhältnissen kommen 7 ruiniert, bankrott 8 gezähmt, *bes* zugeritten (*Pferd*) 9 METEO a unbeständig (*Wetter*) b fast bedeckt (*Himmel*) 10 a uneben, holp(e)rig (*Boden*) b zerklüftet (*Land*) 11 unvollständig (*Satz Briefmarken*) 12 LING a gebrochen: **speak ~ English** gebrochen Englisch sprechen, Englisch radebrechen b gebrochen, diphthongiert 13 gebrochen (*Akkord, Farbe*); **~ coal** S Bruchkohle *f* (*Anthrazit*); **~-down** ADJ 1 verbraucht, erschöpft 2 a (*a. gesundheitlich*) heruntergekommen b ruiniert, kaputt *umg* 3 (seelisch) gebrochen; **~-hearted** ADJ (ADV ~ly) gebrochen, verzweifelt, untröstlich; **~ line** S unterbrochene Linie (*a. im Straßenverkehr*), gestrichelte *od* punktierte Linie; **~ number** S MATH gebrochene Zahl, Bruch *m*; **~ stone** S Schotter *m*, Splitt *m*; **~ wind** S VET Dämpfigkeit *f* (*von Pferden*); **~-winded** ADJ VET dämpfig
broker ['brəʊkə(r)] S 1 WIRTSCH a Makler(in) b (*Börse*) Broker *m* (*der im Kundenauftrag Geschäfte tätigt*) 2 (*a. Heirats*) Vermittler(in): **honest ~** ehrlicher Makler; **brokerage** S 1 Maklerberuf *m*, Maklergeschäft *n* 2 Maklergebühr *f*, Courtage *f*
brolly ['brɒlɪ] S *Br umg* (Regen-)Schirm *m*
bromate ['brəʊmeɪt] CHEM A S Bromat *n*, bromsaures Salz B V/T mit bromsaurem Salz versetzen
brome (grass) [brəʊm] S BOT Trespe *f*
bromic ['brəʊmɪk] ADJ CHEM bromhaltig: **~ acid** Bromsäure *f*
bromide ['brəʊmaɪd] S 1 CHEM, PHARM Bromid *n*: **~ paper** FOTO Bromsilberpapier *n* 2 *fig* a Langweiler(in), fader Kerl (*beide pej*) b Gemeinplatz *m*, Plattheit *f*
bromidic [brəʊ'mɪdɪk] ADJ (ADV ~ally) 1 langweilig, fad(e) 2 abgedroschen, platt
bromine ['brəʊmiːn] S CHEM Brom *n*; **brominism** [-mɪnɪzəm], **bromism** S MED Bromismus *m*, Bromvergiftung *f*
bronc [brɒŋk; US braŋk] → bronco
bronchi ['brɒŋkaɪ; US 'braŋ-], **bronchia** [-kɪə] S PL ANAT Bronchien *pl*; **bronchial** [-kjəl; -kɪəl] ADJ bronchial: **~ asthma** Bronchialasthma *n*; **~ pneumonia** → bronchopneumonia; **~ tubes** Bronchien
bronchiectasis [ˌbrɒŋkɪ'ektəsɪs; US ˌbraŋ-] S MED Bronchiektasie *f* (*krankhafte Erweiterung der Bronchien*)
bronchiole ['brɒŋkɪəʊl; US 'braŋ-] S ANAT Bronchiole *f* (*feinere Verzweigung der Bronchien in den Lungenläppchen*)
bronchitis [brɒŋ'kaɪtɪs; US braŋ-] S Bronchitis *f*, Bronchialkatarrh *m*
broncho → bronco
bronchopneumonia [ˌbrɒŋkəʊ-; US ˌbraŋ-] S MED Bronchopneumonie *f* (*Lungenentzündung mit diffusen Infiltrationsherden*)
bronchoscope ['brɒŋkəskəʊp; US 'braŋ-] S MED Bronchoskop *n* (*Spiegelgerät zur Untersuchung der Bronchien*); **bronchoscopy** [-'kɒskəpɪ; US -'ka-] S MED Bronchoskopie *f*
bronchus ['brɒŋkəs; US 'braŋ-] *pl* **-chi** [-kaɪ] S ANAT Bronchus *m*: a Hauptast *m* der Luftröhre b Bronchie *f*
bronco ['brɒŋkəʊ; US 'braŋ-] *pl* **-cos** S *kleines, halbwildes Pferd (des nordamer. Westens)*; **~buster** S US Zureiter *m* (von **broncos**)
Bronx [braŋks] A EIGENN *Stadtteil von New York City* B S *Cocktail aus Wermut, Gin u. Orangensaft*; **~ cheer** US *sl* → raspberry 4
bronze [brɒnz; US branz] A S 1 Bronze *f* 2 Bronzelegierung *f* 3 (Statue *f etc* aus) Bronze *f* 4 Bronzefarbe *f* 5 *bes* SPORT Bronzemedaille *f* B V/T 1 bronzieren 2 *die Haut etc* bräunen: **~d by the sun** sonnengebräunt C V/I bräunen, braun werden (*Haut etc*) D ADJ a bronzen, bronzefarben b Bronze…: **2 Age** HIST Bronzezeit *f*; **~ medal** *bes* SPORT Bronzemedaille *f*; **~ medal(l)ist** *bes* SPORT Bronzemedaillengewinner(in); **bronzed** ADJ 1 bronziert 2 (sonnen)gebräunt, braun (gebrannt)
brooch [brəʊtʃ; US *a.* bruːtʃ] S Brosche *f*, Spange *f*
brood [bruːd] A S 1 ZOOL Brut *f*, Hecke *f* 2 Nachkommenschaft *f*, Art *f*, Sippe *f* 3 *pej* Brut *f*, Horde *f* B V/T 1 *Eier* ausbrüten 2 *fig* ausbrüten C V/I 1 brüten (*Henne*) 2 *fig* a **(on, over, about)** brüten (über *dat*), grübeln (über *akk od dat*) b (dumpf) vor sich hin brüten 3 **(over)** a hängen (über *dat*) (*dunkle Wolken etc*) b lasten (auf *dat*) (*Schwierigkeiten etc*) D ADJ 1 brütend 2 Brut…: **~ hen**; **~ bud** BIOL Brutknospe *f*; **~ pouch** BIOL Bruttasche *f* 3 Zucht…: **~ mare** Zuchtstute *f*
brooder S 1 Brutapparat *m*, -kasten *m* 2 *fig* Grübler(in)
broody ADJ (ADV broodily) 1 brütig (*Henne*): **be ~** a glucken b *umg* gern ein Kind haben wollen (*Frau*) 2 *fig* a grüblerisch b niedergeschlagen, trübsinnig
brook[1] [brʊk] S Bach *m*
brook[2] [brʊk] V/T ertragen, erdulden (*meist neg*): **it ~s no delay** es duldet keinen Aufschub
brookite ['brʊkaɪt] S MINER Brookit *m*
brooklet ['brʊklɪt] S Bächlein *n*
Brooklyn ['brʊklɪn] S *Stadtteil von New York*
Brooklyn Bridge ['brʊklɪn] EIGENN: **sell sb the ~** US *umg* j-n übers Ohr hauen
brook trout S FISCH Bachforelle *f*
broom [bruːm; brʊm] A S 1 Besen *m*: **a new ~ sweeps clean** (*Sprichwort*) neue Besen kehren gut 2 BOT a Besenginster *m* b Geißklee *m* c (*ein*) Ginster *m* B V/T kehren, fegen: **~ up** auf-, zusammenkehren; **~corn** S BOT 1 Besenhirse *f*, Sorghum *n* 2 Kaffern-, Zuckerhirse *f*; **~rape** S BOT (*ein*) Sommerwurzgewächs *n*; **~stick** S Besenstiel *m*
bros. ABK brothers PL
broth [brɒθ] S Bouillon *f*, (Fleisch)Brühe *f*
brothel ['brɒθl; US *a.* 'brɑθəl] S Bordell *n*
brother ['brʌðə(r)] A S 1 Bruder *m*: **~s and sisters** Geschwister; **Smith 2s** WIRTSCH Gebrüder Smith 2 REL *pl* **brethren** Bruder *m*: a Nächste(r) *m* b Glaubensgenosse *m*, Mitglied *n* e-r religiösen Gemeinschaft c KATH (Laien)Bruder *m* 3 Amtsbruder *m*, Kollege *m*, Genosse *m*, Gefährte *m*, Kamerad *m*: **~ in affliction** (*od* **distress**) Leidensgefährte, -genosse; **~ in arms** Waffenbruder *m*, Kampfgenosse B ADJ Bruder…: **~ officer** Offizierskamerad *m*; **~ scientist** wissenschaftlicher Kollege; **~ student** Kommilitone *m*, Studienkollege *m* C INT 1 *umg* Freundchen! 2 *umg* Mann!, Mensch!: **~, was I sick!** Mann, war mir schlecht!; **~-german** *pl* brothers-german S leiblicher Bruder
brotherhood S 1 REL Bruderschaft *f* 2 brüderliches Verhältnis 3 Brüderlichkeit *f*
brother-in-law *pl* brothers-in-law, brother-in-laws S Schwager *m*
Brother Jonathan S *bes Br obs hum* Bruder *m* Jonathan (*Amerikaner*)
brotherless ADJ bruderlos, ohne Bruder *od* Brüder; **brotherly** ADJ brüderlich: **~ love** Bruderliebe *f*
brougham ['bruːəm] S HIST 1 Brougham *m* (*geschlossene vierrädrige, zweisitzige Kutsche*) 2 AUTO *Limousine mit offenem Fahrersitz*
brought [brɔːt] *prät u. pperf von* bring
brouhaha [bruː'hɑːhɑː; US *a.* 'bruːˌhɑːˌhɑː] S 1 Wirbel *m* 2 Tumult *m*
brow [braʊ] S 1 (*Augen*) Braue *f* 2 Stirn *f* 3 Miene *f*, Gesichtsausdruck *m* 4 Vorsprung *m*, Rand *m* (*e-s Abhangs*); **~ antler** S ZOOL Augsprosse *f* (*beim Hirschgeweih*); **~beat** V/T *irr* 1 ein-, verschüchtern: **~ sb into doing sth** j-n so einschüchtern, dass er etwas tut 2 tyrannisieren
brown [braʊn] A ADJ braun: **do sb ~** *Br obs umg* j-n reinlegen *od* anschmieren; **do sth up ~** US *umg* etwas (sehr) gründlich tun; **go ~** (*in der Sonne*) braun werden; → study A 2 B S 1 Braun *n*, braune Farbe: **dressed in ~** braun *od* in Braun gekleidet 2 JAGD Schar *f* Vögel C V/T 1 *Haut etc* bräunen, *Fleisch etc* (an)bräunen: **~ed by the sun** sonnengebräunt 2 TECH brünieren 3 **~ off** *umg* verärgern: **be ~ed off with** *j-n, etwas* satthaben; **be ~ed off with doing sth** es satthaben, etwas zu tun 4 **~ out** *bes US* a *bes* MIL teilweise verdunkeln b den Strom einschränken in (*dat*) c zu e-m teilweisen Stromausfall führen in (*dat*) D V/I braun werden, bräunen
brown| algae S PL BOT Braunalgen *pl*; **~-bag** V/I US sein Mittagessen (*bes in e-r braunen Tüte*) mit zur Arbeit bringen; **~ bear** S ZOOL Braunbär *m*; **~ betty** ['betɪ] S GASTR US *Auflauf aus geschichteten Apfelstücken u. Brotkrumen*; **~ bread** S a Mischbrot *n* b Vollkornbrot *n* c Schwarzbrot *n*; **~ coal** S Braunkohle *f*; **~-eyed** ADJ braunäugig; **~-haired** ADJ braunhaarig
brownie ['braʊnɪ] S 1 Heinzelmännchen *n* 2 *bes US kleiner Schokoladenkuchen mit Nüssen* 3 **2** Wölfling *m* (*Pfadfinderin, Br im Alter von 8 bis 11 Jahren, US im Alter von 7 bis 9 Jahren*); **2 point** S *fig umg* Pluspunkt *m*
Browning ['braʊnɪŋ] S Browning *m* (*e-e Pistole*)
brownish ADJ bräunlich
brown|-nose *bes US vulg* A V/T *j-m* in den Arsch kriechen B S Arschkriecher(in) *pej*; **~-noser** → brown-nose B; **~-nosing** *bes US vulg* A ADJ arschkriecherisch *pej* B S Arschkriecherei *f pej*; **~out** S *bes US* 1 *bes* MIL teilweise Verdunkelung 2 a Stromeinschränkung *f* (*bes für Straßenbeleuchtung, Leuchtreklame etc*) b teilweiser Stromausfall; **~ owl** S ORN

Waldkauz *m*; ~ **paper** S Packpapier *n*; ~ **rat** S ZOOL Hausratte *f*; ~ **rice** S Naturreis *m*; **~shirt** S POL Braunhemd *n*: a HIST *Mitglied von Hitlers Sturmabteilung* b Nationalsozialist *m*; ~ **spar** S MINER Braunspat *m*; **~stone** *US* A S 1 rötlich brauner Sandstein 2 *a.* ~ **front** (*bes* Reihen)Haus *n* aus rötlich braunem Sandstein (*bes in New York City*) B ADJ *fig obs* wohlhabend, vornehm; ~ **sugar** S brauner Zucker

browse [braʊz] A S 1 junge Sprösslinge *pl* (*als Futter*) 2 Grasen *n* 3 **have a ~** sich umsehen; **have a ~ through a book** in e-m Buch schmökern *od* blättern: **have a ~ in** (*od* **around**) **a shop** (*bes US* **store**) sich (unverbindlich) in e-m Laden umschauen B V/T 1 abfressen, *e-e Weide etc* abgrasen 2 *fig* a in *e-m Buch etc* schmökern *od* blättern b sich (unverbindlich) in *e-m Laden etc* umsehen; C V/I 1 grasen, weiden 2 *a.* ~ **around** sich umsehen: ~ **through a book** in e-m Buch schmökern *od* blättern; ~ **in** (*od* **around**) **a shop** (*bes US* **store**) sich (unverbindlich) in e-m Laden umsehen; **browser** S IT INTERNET: Browser *m* (*Programm, mit dem man sich im Internet bewegt*)

BRS ABK British Road Services

brucella [bruːˈselə] *pl* -lae [-liː], -las S BIOL Brucella *f* (*Angehörige e-r Gattung von Bakterien, die durch rohe Milch u. Tierharn übertragen werden*)

brucellosis [ˌbruːsɪˈləʊsɪs] S MED, VET Brucellose *f* (*Infektionskrankheit, die durch Brucellen hervorgerufen wird*)

brucine [ˈbruːsiːn] S CHEM Brucin *n*

bruin [ˈbruːɪn] S Meister *m* Petz (*Bär in Märchen od Fabeln*)

bruise [bruːz] A V/T 1 sich *e-n Körperteil* quetschen *od* prellen, *j-m* Prellungen zufügen, *j-n* grün u. blau schlagen *umg* 2 *Früchte* anstoßen 3 (zer)quetschen, zerstampfen, *Malz etc* schroten 4 *j-n* kränken, *a. j-s Gefühle* verletzen B V/I 1 e-e Quetschung *od* e-n blauen Fleck bekommen 2 *fig* (*leicht etc*) verletzt *od* gekränkt sein C S 1 MED Quetschung *f*, Prellung *f*, blauer Fleck, Bluterguss *m* 2 Druckstelle (*auf Obst*); **bruiser** S *umg* 1 (Berufs)Boxer *m* 2 a Schläger *m* (*Raufbold*) b Schrank *m* (*großer, kräftiger Kerl*)

bruit [bruːt] A V/T *meist* ~ **about** (*od* **around**) *Gerüchte* aussprengen, verbreiten: **it is ~ed about that ...** es geht das Gerücht, dass ... B S 1 *obs* Lärm *m* 2 *obs* Gerücht *n* 3 MED Geräusch *n*

Brum [brʌm] → Brummagem A

brumal [ˈbruːməl] ADJ winterlich, Winter...

brume [bruːm] S *obs od poet* Nebel *m*

Brummagem [ˈbrʌmədʒəm] A EIGENN *Br umg* Birmingham *n* (*Stadt in England*) B S *meist* ~ billiger Kitsch, Schund *m*, Talmi *n* C ADJ *meist* ~ billig, kitschig, wertlos

Brummie [ˈbrʌmɪ] S *Br umg* Einwohner(in) von Birmingham

brumous [ˈbruːməs] ADJ *obs od poet* neb(e)lig

brunch [brʌntʃ] A S Brunch *m* (*spätes reichliches Frühstück, das das Mittagessen ersetzt*) B V/I brunchen

Brunei [ˈbruːnaɪ] Brunei *n*

Bruneian [brʊˈnaɪən; -ˈneɪ-] A S Bruneier(in) B ADJ bruneiisch

brunette, *US a.* **brunet** [bruːˈnet] A ADJ brünett B S Brünette *f* (*Frau*)

Brunswick [ˈbrʌnzwɪk] S Braunschweig *n*

brunt [brʌnt] S Hauptstoß *m*, volle Wucht (*e-s Angriffs*) (*a. fig*): **bear the ~ (of the costs)** die Hauptlast (der Kosten) tragen; **the main ~ of his criticism fell on me** s-e Kritik entlud sich hauptsächlich über mich

brush¹ [brʌʃ] A S 1 Bürste *f* 2 Pinsel *m* 3 MAL a Pinsel *m* b Pinselstrich *m* 4 Bürsten *n* (*Tätigkeit*): **give sth a ~** etwas ab- *od* ausbürsten; **he gave his hair a quick ~** er fuhr sich schnell mit der Bürste durch die Haare 5 buschiger Schwanz, (*des Fuchses*) Lunte *f*, (*des Eichhörnchens etc*) Rute *f* 6 ELEK a (Kontakt)Bürste *f* b → brush discharge 7 COMPUT (*Abtast*) Bürste *f* 8 leichte Berührung 9 MIL *u. fig* Scharmützel *n*, kurzer Zusammenstoß: **have a ~ with sb** mit j-m aneinandergeraten 10 → brushoff B V/T 1 a bürsten b fegen, kehren: ~ **one's hair** sich die Haare bürsten; ~ **one's teeth** sich die Zähne bürsten *od* putzen; ~ **away** (*od* **off**) wegbürsten, abwischen, abstreifen (*a. mit der Hand*) (→ B 5, B 6); ~ **down** ab-, ausbürsten; ~ **up** aufkehren (→ C 1) 2 TECH *Farbe etc* auftragen, -bürsten 3 *Stoff* rauen 4 a streifen, leicht berühren b *fig j-n* (innerlich) berühren 5 ~ **aside** (*od* **away**) a zur Seite schieben, wegschieben b *fig* (mit e-r Handbewegung) abtun, wegwischen 6 ~ **off** *sl* a *j-n* abwimmeln *umg*, loswerden b *j-m* e-n Korb geben *od* e-e Abfuhr erteilen (*beide umg*) 7 ~ **up** *Kenntnisse* aufpolieren *umg*, auffrischen C V/I 1 ~ **off** sich wegbürsten *od* abwischen lassen 2 ~ **past sb** a j-n streifen *od* leicht berühren b an j-m vorbeihuschen c an j-m (gerade noch) vorbeikommen 3 ~ **up on** → B 7

brush² [brʌʃ] S 1 Gebüsch *n*, Strauchwerk *n*, Gestrüpperf *n*, Dickicht *n*, Unterholz *n*, Niederwald *m* 2 Busch(land) *m(n)*, Hinterwald *m* (*in den USA u. in Australien*) 3 Reisig *n*

brush| coating S TECH Bürstenauftrag *m*; ~ **discharge** S ELEK Sprühentladung *f*; ~ **fire** S 1 Buschfeuer *n* 2 MIL *etc* begrenzter *od* lokaler Konflikt

brushings [ˈbrʌʃɪŋz] SPL Kehricht *m*

brush|land → brush² 2; **~off** S *sl* Abfuhr *f*, Korb *m umg*: **give** *sb* **the ~** → brush¹ B 6; **~up** S 1 **have a wash and ~** *Br* sich frisch machen 2 **give one's English a ~** s-e Englischkenntnisse auffrischen *od umg* aufpolieren; **~wood** → brush²; **~work** S MAL Pinselführung *f*, Stil *m*, Technik *f*

brusque [brʊsk; *bes US* brʌsk] ADJ (ADV ~ly) brüsk, barsch, schroff; **brusqueness** S Schroffheit *f*, brüske Art

Brussels [ˈbrʌslz] S Brüssel *n*; ~ **carpet** [ˈbrʌslz] S Brüsseler Teppich *m*; ~ **lace** S Brüsseler Spitzen *pl*; ~ **sprouts** SPL BOT Rosenkohl *m*

brutal [ˈbruːtl] ADJ (ADV ~ly) 1 tierisch, viehisch 2 brutal 3 scheußlich, grausam (*Hitze etc*): **the ~ truth** die bittere Wahrheit; **brutalism** S ARCH Brutalismus *m* (*Architekturrichtung, die die Ursprünglichkeit u. Rohheit der verwendeten Materialien betont*); **brutality** [-ˈtælətɪ] S Brutalität *f* (*a. Handlung*); **brutalization** S Brutalisierung *f*; **brutalize** A V/T 1 brutalisieren 2 brutal behandeln B V/I brutalisieren

brute [bruːt] A S 1 (*unvernünftiges*) Tier, Vieh *n* 2 *fig* Untier *n*, Vieh *n*, Scheusal *n*: **the ~ in him** das Tier in ihm B ADJ 1 tierisch: a unvernünftig, ohne Verstand b triebhaft c brutal: **by** (*od* **with**) ~ **force** (*od* **strength**) mit brutaler *od* nackter *od* roher Gewalt 2 seelenlos 3 hirnlos, dumm 4 ungeschlacht, roh, primitiv 5 hart, ungeschminkt: **the ~ facts** die nackten Tatsachen; **brutish** ADJ (ADV ~ly) → brute B

bryology [braɪˈɒlədʒɪ; *US* -ˈɑ-] S BOT Bryologie *f* (*Wissenschaft von den Moosen*)

bryony [ˈbraɪənɪ] S BOT Bryonie *f*, Zaunrübe *f*

bryophyte [ˈbraɪəfaɪt] S BOT Bryophyt *m*, Moospflanze *f*

bryozoan [ˌbraɪəˈzəʊən] S ZOOL Bryozoon *n*, Moostierchen *n*

Brython [ˈbrɪθən] S HIST *cymbrischer Angehöriger der brit. Kelten*; **Brythonic** [brɪˈθɒnɪk; *US* -ˈθɑ-] HIST A S LING Brythonisch *n*, das Brythonische (*Ursprache der Kelten in Wales, Cornwall u. der Bretagne*) B ADJ brythonisch

BS ABK 1 Bachelor of Surgery 2 WIRTSCH British Standard(s PL)

B/S ABK 1 WIRTSCH bags PL 2 WIRTSCH bales PL 3 WIRTSCH bill of sale

BSC ABK British Steel Corporation

B.Sc. ABK Bachelor of Science

BSE ABK bovine spongiform encephalopathy VET BSE *n*

bsh. ABK WIRTSCH bushel(s PL)

BSI ABK British Standards Institution

B side S B-Seite *f* (*e-r Schallplatte*)

bsk(t). ABK WIRTSCH basket

BST ABK British Summer Time

Bt ABK Baronet

BT ABK British Telecom

BTA ABK British Tourist Authority

btl. ABK bottle

btu, b.t.u. ABK PHYS British thermal unit

bu. ABK 1 *US* bureau 2 WIRTSCH bushel(s PL)

bub [bʌb] INT *US umg* Freundchen!

bubbies [ˈbʌbiːz] SPL *vulg* Titten *pl* (*Brüste*)

bubble [ˈbʌbl] A S 1 (*Luft-, Gas-, Seifen*) Blase *f*: → blow¹ C 6 2 *bes* SPORT *US* Traglufthalle *f* 3 *fig* Seifenblase *f*: **burst the ~ of** *etwas* wie e-e Seifenblase zerplatzen lassen 4 *fig* Schwindel (-geschäft) *m(n)*: **prick the ~** den Schwindel auffliegen lassen 5 a Sprudeln *n*, Brodeln *n*, (Auf)Wallen *n* b Perlen *n* B V/I a sprudeln, brodeln, (auf)wallen (*kochendes Wasser etc*) b sprudeln, perlen (*Sekt etc*) c Blasen bilden (*Gas*): ~ **up** aufsprudeln (*Sekt etc*), in Blasen aufsteigen (*Gas*); ~ **over** übersprudeln, *fig a.* sprudeln (*beide:* **with** vor *dat*); ~ **and squeak** S GASTR *Br Eintopfgericht aus Kohl, Kartoffeln (u. Fleisch)*; ~ **bath** S Schaumbad *n* (*a. Badezusatz*); ~ **car** S AUTO 1 *Br* HIST Kabinenroller *m* 2 *Wagen mit e-m durchsichtigen, kugelsicheren Aufsatz*; ~ **chamber** S *Atomphysik*: Blasenkammer *f*; ~ **chip** S COMPUT Blasenchip *m*; ~ **dance** S Nackttanz *m* hinter Luftballons; ~ **gum** S 1 Bubblegum *m/n*, Ballonkaugummi *m*, *a. n* 2 *umg Film, Schlager etc, der sich hauptsächlich an Jugendliche richtet*; **~head** S *US umg* Blödmann *m*; **~headed** ADJ *US umg* blöd; ~ **level** S TECH Libelle *f*, Wasserwaage *f*; ~ **memory** S COMPUT Bubble-, (Magnet)Blasenspeicher *m*; ~ **pack** S Durchdrückpackung *f*

bubbler S Trinkwasserbrunnen *m*

bubble| top S 1 *durchsichtiger, kugelsicherer Aufsatz (auf e-m Wagen)* 2 → bubble umbrella; ~ **umbrella** S *durchsichtiger, stark gewölbter (Regen)Schirm*

bubbly A ADJ 1 sprudelnd 2 blasenförmig 3 *fig* temperamentvoll B S *umg* Schampus *m* (*Sekt*)

bubo [ˈbjuːbəʊ] *pl* -boes S MED Bubo *m* (*entzündliche Lymphknotenschwellung*)

bubonic plague [bjuːˈbɒnɪk; *US* -ˈbɑ-] S MED Beulenpest *f*

buccal [ˈbʌkəl] ADJ ANAT a bukkal, Wangen...: ~ **gland** Wangendrüse *f* b Mund...: ~ **cavity** Mundhöhle *f*

buccaneer [ˌbʌkəˈnɪə(r)] A S Pirat *m*, Seeräuber *m*, Freibeuter *m*, HIST *a.* Bukanier *m* B V/I Seeräuberei betreiben

Bucharest [ˌbjuːkəˈrest; ˌbuː-; ˈ-rest] S Bukarest *n*

Buchmanism [ˈbʊkmənɪzəm] S REL, HIST Oxfordgruppenbewegung *f*

buck¹ [bʌk] A S 1 ZOOL (*Hirsch-, Ziegen- etc*) Bock *m*, *engS.* Rehbock *m*, *allg* Männchen *n*, *bes* a Rammler *m* (*Hase, Kaninchen*) b Widder *m* 2 ZOOL Antilope *f* 3 *Br obs* Stutzer *m*, Geck *m* 4 *obs* Draufgänger *m* 5 Bocken *n* (*e-s Pferdes etc*)

6 US *(Säge- etc)* Bock *m* 7 *Turnen:* Bock *m* 8 *Poker: Gegenstand, der e-n Spieler daran erinnern soll, dass er am Geben ist:* **pass the ~** *umg* den schwarzen Peter weitergeben; **pass the ~ to sb** *umg* j-m den schwarzen Peter zuschieben *od* zuspielen B VI 1 bocken *(Pferd etc)* 2 *bes US umg* a bocken *umg*, sich ruckweise fortbewegen *(Auto)* b bocken, meutern *(beide umg)*, sich auflehnen *od* sträuben (**against** gegen) c angehen (**against** gegen) 3 **~ for sth** *US umg* sich um etwas bemühen, etwas unbedingt haben wollen 4 ELEK entgegenwirken 5 **~ up** *umg* aufleben: **~ up!** Kopf hoch! 6 **~ up** *Br umg* sich ranhalten C VT 1 *den Reiter* durch Bocken abzuwerfen versuchen: **~ (off)** *j-n* abwerfen 2 *bes US umg* a sich auflehnen *od* sträuben gegen b angehen gegen 3 **~ up** *umg j-n* aufmuntern 4 **~ up** *Br umg j-m* Dampf machen 5 **~ up one's ideas** *umg* sich zusammenreißen 6 *US umg* weiterreichen (**to** an *akk*) *(a. fig)* 7 *US umg* setzen *od* wetten gegen 8 ELEK kompensieren

buck² [bʌk] S *US sl* Dollar *m*: **earn big ~s** das große Geld verdienen; **make a fast** (*od* **quick**) **~** auf die Schnelle ein paar Dollar verdienen

buck³ [bʌk] ADV *US umg* völlig: **~ naked** splitternackt

buckaroo [ˌbʌkəˈruː] S *US* Cowboy *m*

buckboard S *US (ein) leichter, vierrädriger Wagen*

bucket [ˈbʌkɪt] A S 1 Eimer *m*, Kübel *m*: **the rain was coming down in ~s** es goss (wie) mit *od* (wie) aus *od* in Kübeln; **kick the ~** *umg* den Löffel weglegen *(sterben)*; **weep ~s** *umg* wie ein Schlosshund heulen 2 TECH a Schaufel *f (e-s Schaufelrades)* b Förderkübel *m*, Eimer *m (e-s Baggers)* c Flügelrad *n* 3 → bucketful B VT 1 schöpfen: **~ out** ausschöpfen 2 *bes Br sein Pferd* (ab)hetzen *od* zuschanden reiten C VI 1 **it's ~ing (down), the rain's ~ing (down)** *Br umg* es gießt (wie) mit *od* (wie) aus *od* in Kübeln 2 *a.* **~ along** *umg* (dahin)rasen 3 *umg* holpern *(Fahrzeug)*, schaukeln *(Boot)*; **~ brigade** S *(a. als pl konstruiert)* Eimerkette *f*; **~ conveyor** S TECH Becherförderer *m*, -werk *n*; **~ dredger** S TECH Löffel-, Eimerbagger *m*; **~ elevator** → bucket conveyor

bucketful [-fʊl] S *(ein)* Eimer *m* (voll): **in ~s** eimerweise

bucket| seat S AUTO Schalensitz *m*; **~ shop** S *umg pej* 1 unreelle Maklerfirma 2 *bes Br* a kleine windige Firma b *Büro, in dem man Billigflüge buchen kann*; **~ wheel** S TECH Schöpfrad *n*

buck|eye S *US* 1 BOT *(e-e)* Rosskastanie 2 ♀ Bewohner(in) Ohios: ♀ **State** *(Beiname des Staates)* Ohio *n* 3 ZOOL Nordamer. Pfauenauge *n (Schmetterling)*; **~ fever** S JAGD *u. weitS.* Lampenfieber *n*; **~horn** S Hirschhorn *n*; **~hound** S Jagdhund *m (bes für Damwild)*; ♀ **House** *sl* → Buckingham Palace

Buckingham Palace [ˈbʌkɪŋəm] S der Buckingham Palace *(a. weitS. der König/die Königin od die königliche Familie)*

Buckinghamshire [ˈbʌkɪŋəmʃə(r); -ʃɪə(r)] S Buckinghamshire *n (Grafschaft in Mittelengland)*

buckish ADJ (ADV ~ly) *Br obs* stutzer-, geckenhaft

buckjumper S bockiges Pferd

buckle [ˈbʌkl] A S 1 Schnalle *f*, Spange *f* 2 MIL Koppelschloss *n* 3 verbogene *od* verzogene Stelle *(bes in Metall)* B VT 1 *a.* **~ up** zu-, festschnallen: **~ on** anschnallen; **~ o.s. into one's seat** AUTO, FLUG sich anschnallen 2 *bes Metall* verbiegen, verziehen C VI 1 mit e-r Schnalle *od* Spange geschlossen werden 2 *a.* **~ up** sich *(leicht etc)* zu- *od* festschnallen lassen 3 **~ up** AUTO, FLUG sich anschnallen 4 sich verbiegen *od* verziehen *(Metall etc)* 5 *oft* **~ up** einknicken, zusammensacken, nachgeben (**under** unter *dat*): **he ~d at the knees** ihm gaben die Knie nach 6 *oft* **~ under** *fig* klein beigeben 7 *meist* **~ down** *umg* sich dahinterklemmen: **~ down to a task** sich hinter e-e Aufgabe klemmen; **~ down to doing sth** sich daranmachen, etwas zu tun 8 **~ to** *umg* sich am Riemen reißen; **buckled** ADJ mit e-r Schnalle versehen *od* befestigt, Schnallen…

buckle-fastening ADJ mit Schnallenverschluss *(Gürtel etc)*

buckler S 1 MIL, HIST Rundschild *m* 2 *fig* Schutz *m*

buckling| load S TECH Knicklast *f*; **~ resistance**, **~ strength** S TECH Knickfestigkeit *f*

bucko [ˈbʌkəʊ] INT *Ir* Freundchen!

buck-passer S *umg j-d, der immer anderen den schwarzen Peter zuschiebt*

buckram [ˈbʌkrəm] A S 1 Buckram *m*, *a. n*, Buchbinderleinwand *f* 2 *fig obs* Steifheit *f* B VT mit Buckram füttern, versteifen

Bucks. ABK Buckinghamshire

bucksaw S Spannsäge *f*

buck's fizz, *a.* **Buck's Fizz** S Sekt *m* mit Orangensaft

buckshee [ˌbʌkˈʃiː] *bes Br umg* A ADJ Gratis…: **~ ticket** Freikarte *f* B ADV gratis, umsonst

buck|shot S JAGD Reh-, Sauposten *m*; **~skin** S 1 Wildleder *n* 2 *pl*, *a.* **pair of ~s** *US* Lederhose *f* 3 Buckskin *m (geköperter Wollstoff)* 4 *US* Falbe *m*; **~ slip** S *US umg* Verteiler (-zettel) *m*; **~thorn** S BOT Weg-, Kreuzdorn *m*; **~tooth** S *irr pej* vorstehender Zahn; **~wheat** S BOT *(ein)* Buchweizen *m*

bucolic [bjuːˈkɒlɪk; *US* -ˈkɑ-] A ADJ (ADV ~ally) bukolisch: a Hirten… b ländlich, idyllisch B S 1 *obs* a Landmann *m*, Bauer *m* b Hirt(e) *m* 2 Idylle *f*, Hirtengedicht *n*; **bucolical** ADJ (ADV ~ly) → bucolic A

bud¹ [bʌd] A S 1 BOT Knospe *f*, Auge *n*: **be in ~** knospen; **come into ~** → B 1 2 Keim *m* 3 *fig* Keim *m*: a Anfangsstadium *n* b erste Ansätze *pl*, (zaghafter) Beginn: **nip in the ~** im Keim ersticken 4 ZOOL Knospe *f*, Keim *m* 5 BIOL in der Entwicklung befindliches Organ 6 *fig* (noch) in den Kinderschuhen steckende Sache *umg* B VI 1 knospen, keimen, sprossen 2 *a.* **~ out** (*od* **up**) sich entwickeln *od* entfalten, heranreifen: **a ~ding lawyer** ein angehender Jurist C VT AGR okulieren

bud² [bʌd] → buddy B

Buddha [ˈbʊdə] S 1 Buddha *m* 2 Buddhastatue *f*

Buddhism [ˈbʊdɪzəm] S REL Buddhismus *m*; **Buddhist** A S Buddhist(in) B ADJ buddhistisch; **Buddhistic** ADJ (ADV ~ally) buddhistisch

buddy [ˈbʌdɪ] A S 1 *umg* Kumpel *m*, Kamerad *m*, Spezi *m* 2 *j-d, der sich (freiwillig) um e-n Aidskranken kümmert* B ADJ *bes US umg* über e-e (Männer)Freundschaft: **a ~ story** C INT *bes US umg (bes drohend)* Freundchen! D VI *bes US umg* **~ up** sich anfreunden (**with** mit): **~ up to** sich bei *j-m* lieb Kind machen; **~-~** ADJ: **be ~ with sb** *bes US umg* mit j-m dick befreundet sein; **~ system** S *US umg*: **employ** (*od* **use**) **the ~** *(aus Sicherheitsgründen)* Zweiergruppen bilden

budge¹ [bʌdʒ] *meist neg* A VI sich (vom Fleck *od* von der Stelle) rühren: **~ from one's opinion** von s-r Meinung abrücken *od* abgehen B VT (vom Fleck *od* von der Stelle) bewegen: **~ sb from his opinion** j-n von s-r Meinung abbringen

budge² [bʌdʒ] S (gegerbtes) Lammfell

budgerigar [ˈbʌdʒərɪgɑː(r)] S ORN Wellensittich *m*

budget [ˈbʌdʒɪt] A S 1 *bes* POL Budget *n*, Haushaltsplan *m*, (Staats)Haushalt *m*, Etat *m*: **~ bill** *US* Haushaltsvorlage *f*; **~ cut** Etatkürzung *f*; ♀ **Day** *Br der Tag im März od April, an dem der Schatzkanzler im Unterhaus s-e Etatrede hält*; **~ deficit** Haushaltsdefizit *n*; **~ grant** bewilligte Haushaltsmittel *pl*; **~ speech** Etatrede *f*; **according to ~** etatmäßig; **make a ~** e-n Haushaltsplan aufstellen; **open the ~** das Budget vorlegen 2 Budget *n*, Etat *m*, Finanzen *pl*: **for the low** (*od* **tight**) **~** für den schmalen Geldbeutel; **keep within ~** s-n Etat nicht überschreiten; **~ account** Kundenkonto *n*; **~-conscious** preisbewusst; **~-priced** preis-, kostengünstig 3 *obs* a Vorrat *m* (**of** an *dat*) b Menge *f* B ADJ preisgünstig C VT 1 a *Mittel* bewilligen *od* vorsehen b *e-e Ausgabe* einplanen 2 haushalten mit, gut einteilen D VI planen, ein Budget aufstellen: **~ for** a die Kosten für *etwas* veranschlagen b e-e Ausgabe von … vorsehen; **budgetary** [-tərɪ; *US* -ˌteriː] ADJ 1 *bes* POL Budget…, Etat…, Haushalts… 2 Finanz…

budgie [ˈbʌdʒɪ] *umg für* budgerigar

buff¹ [bʌf] A S 1 starkes Ochsen- *(ursprünglich* Büffel)Leder 2 Lederbraun *n*, Lederfarbe *f* 3 *umg* bloße Haut: **in the ~** im Adams- *od* Evaskostüm *hum*; **strip to the ~** a sich nackt ausziehen b alle Hüllen fallen lassen 4 TECH Schwabbelscheibe *f* B ADJ 1 aus starkem Leder 2 lederfarben C VT TECH schwabbeln, polieren

buff² [bʌf] S *umg (in Zusammensetzungen)* 1 …fan *m*: **film ~** 2 …kenner(in): **wine ~**

buff³ [bʌf] S *obs* Puff *m*, Schlag *m*

buffalo [ˈbʌfələʊ] A *pl* -loes, -los, *bes koll* -lo S 1 ZOOL *(ein)* Büffel *m*, *bes* a Indischer Arni-Büffel, Kerabau *m* b Büffel *m*, Nordamer. Bison *m* 2 → buffalo robe B VT *US umg* a einschüchtern b *j-n* verwirren, aus der Fassung bringen; **~ chips** SPL *umg bes* HIST getrockneter Büffelmist *(als Brennstoff)*; **~ grass** S BOT Büffelgras *n*; **~ robe** S Büffelfell *n (als Decke, Bettvorleger etc)*

buffer¹ A S 1 BAHN a Puffer *m (a. fig)* b Prellbock *m (a. fig)* 2 ELEK a Puffer *m*, Entkoppler *m* b Trennkreis *m*, -stufe *f* 3 COMPUT Puffer(speicher) *m* 4 CHEM a Puffer *m* b Pufferlösung *f* 5 POL Pufferstaat *m* B VT 1 *Stöße* (ab)dämpfen, als Puffer wirken gegen 2 COMPUT puffern, zwischenspeichern

buffer² S: **(old) ~** *Br umg* Blödmann

buffer| battery S ELEK Pufferbatterie *f*; **~ memory** S COMPUT Pufferspeicher *m*; **~ solution** S CHEM Pufferlösung *f*; **~ stage** S ELEK Trennstufe *f*; **~ state** S POL Pufferstaat *m*; **~ stock** S WIRTSCH Ausgleichs-, Puffervorrat *m*; **~ zone** S MIL Pufferzone *f*

buffet¹ [ˈbʌfɪt] A S 1 a (Faust)Schlag *m* b Ohrfeige *f* 2 *fig (Schicksals)* Schlag *m*: **~s of fate** B VT 1 a *j-m* e-n (Faust)Schlag versetzen b *j-m* e-e Ohrfeige geben 2 *a.* **~ about** durchrütteln, -schütteln 3 ankämpfen gegen 4 **~ one's way through the crowd** sich durch die Menge (hindurch)kämpfen C VI 1 kämpfen: **~ against** ankämpfen gegen; **~ through the crowd** → B 4 2 FLUG flattern *(Leitwerk)*

buffet² [ˈbʌfɪt; *US* bəˈfeɪ] S 1 Büfett *n*, Anrichte *f* 2 *[Br* ˈbʊfeɪ*]* Büfett *n*: a Theke *f* b *Tisch mit Speisen u. Getränken*: **~ dinner**, **~ luncheon** kaltes Büfett; **~ car** S BAHN Büfettwagen *m*

buffeting S FLUG Flatterschwingung *f (des Leitwerks)*

buffi [ˈbʊfɪ] *pl von* buffo

buffing wheel S TECH Schwabbelscheibe *f*

buffo [ˈbʊfəʊ] MUS A *pl* -fos, -fi [-fɪ] S Buffo *m*

B ADJ Buffo...: ~ **aria**
buffoon [bəˈfuːn] S Possenreißer *m*, Hanswurst *m* (*a. fig pej*): **play the ~** den Hanswurst spielen; **buffoonery** [-ərɪ] S Possen(reißen) *pl(n)*
bug¹ [bʌg] A S 1 ZOOL a Wanze *f* b *bes US allg* Insekt *n* (*Käfer, Spinne, Fliege etc*): **put a ~ in sb's ear** *fig* j-m e-n Floh ins Ohr setzen 2 *umg* a Bazillus *m* (*a. fig*): **I must have picked up a ~ somewhere** ich muss mir irgendwo e-n Bazillus eingehandelt haben b *fig* Leidenschaft *f*, Spleen *m*, Fieber *n*: **be bitten by the golf ~** von der Golfleidenschaft gepackt werden; **he got bitten by** (*od* **he's got**) **the ~** ihn hats gepackt 3 *US umg* a Fanatiker(in), (*Foto-, Ski- etc*) Fex *m*, (-)Narr *m*: **camera ~**; **ski ~** b Verrückte(r) *m/f(m)* 4 *umg* a (*technischer*) Defekt, *pl* Mucken *pl umg* b IT Programmierfehler *m*: **~ report** Fehlerbericht *m* 5 *umg* a *US* Alarmanlage *f* b TEL *US* Abhörvorrichtung *f* c Wanze *f*, Minispion *m* B V/T 1 *umg* a ärgern, wütend machen b nerven, *j-m* auf den Wecker fallen 2 *umg* a *US* e-e Alarmanlage einbauen in (*akk od dat*) b *US* Telefongespräche abhören c Wanzen anbringen in (*dat*) C V/I 1 **~ off** *bes US umg* (*bes imp*) abhauen, verschwinden 2 *US umg* hervortreten, -quellen (*Augen*)
bug² [bʌg] S *obs* → bugaboo
bugaboo [ˈbʌgəbuː] S (Schreck)Gespenst *n* (*a. fig*)
bug|bear S *fig* (Schreck)Gespenst *n*; **~bite** S Wanzen-, *bes US* Insektenstich *m*
bugger [ˈbʌgə(r); *US a.* ˈbʊ-] A S 1 a *j-d, der Analverkehr od* (*US*) *Oralverkehr praktiziert* b Homosexuelle(r) *m* c Sodomit *m* 2 *vulg* a *bes Br* Scheißkerl *m*, Arschloch *n* b *allg* Kerl *m*: **a poor ~** ein armer Hund, ein armes Schwein c *bes Br* **that job is a real ~** diese Arbeit ist einfach beschissen; **this ~ of a headache** diese verfluchten Kopfschmerzen B INT *vulg* Scheiße! C V/T 1 a anal *od* (*US*) oral verkehren mit b Sodomie treiben mit 2 *vulg j-n* fertigmachen *umg*: **we were completely ~ed** wir waren fix u. fertig 3 *vulg* **~ it!** Scheiße!; **~ him!** a dieser Scheißkerl!, dieses Arschloch! b der soll mich mal am Arsch lecken! 4 **~ about** (*od* **around**) *vulg Br* a *j-n* wie e-n Deppen behandeln b *j-n* verarschen 5 *meist* **~ up** *vulg bes Br etwas* versauen: **~ed up** im Arsch D V/I 1 **~ about** (*od* **around**) *vulg Br* a herumgammeln b herumspielen (**with** mit) 2 **~ off** *vulg Br* (*meist imp*) sich verpissen; **buggery** [-ərɪ] S 1 a Analverkehr *m* b *US* Oralverkehr *m* 2 Sodomie *f* (*Geschlechtsverkehr mit Tieren*)
buggy¹ [ˈbʌgɪ] ADJ 1 a verwanzt b *bes US* von Insekten befallen 2 *US sl* verrückt
buggy² [ˈbʌgɪ] S 1 Buggy *m*: a *leichter, einspänniger Wagen, vierrädrig in den USA, zweirädrig in England* b AUTO *geländegängiges Freizeitauto mit offener Kunststoffkarosserie* 2 → baby buggy
bughouse *US umg* A S Klapsmühle *f* (*Nervenheilanstalt*) B ADJ verrückt
bugle¹ [ˈbjuːgl] A S 1 (Jagd)Horn *n* 2 MIL Signalhorn *n*: **sound the ~** ein Hornsignal blasen; **~ call** Hornsignal *n* B V/T & V/I auf dem Horn blasen
bugle² [ˈbjuːgl] S Glas-, Schmelzperle *f*
bugle³ [ˈbjuːgl] S BOT Günsel *m*
bugler S Hornist(in)
bug|proof ADJ *umg* abhörsicher; **~rake** S *Br sl* Laus-, Läuserechen *m*
build [bɪld] A V/T *prät u. pperf* **built** [bɪlt] 1 (er)bauen, errichten, erstellen: **~ a railway** (*US* **railroad**) (**line**) e-e Bahnlinie bauen; **~ a fire** (ein) Feuer machen; **~ one's hope on** s-e Hoffnung setzen auf (*akk*); **~ a reputation for o.s.** sich e-n Namen machen; **~ on** anbauen 2 bauen: a konstruieren, machen b herstellen, fertigen: **~ a nest from twigs** ein Nest aus Zweigen bauen; **~ in(to)** einbauen (in *akk*) (*a. fig*); → built-in 3 **~ up** a zu-, vermauern, zubauen b *ein Gelände* bebauen: → built-up area 4 **~ up** *ein Geschäft, Reich etc* gründen: **~ up an existence** (sich) e-e Existenz aufbauen; **~ up a reputation** sich e-n Namen machen; **~ up one's health** s-e Gesundheit festigen 5 gestalten, bilden 6 zusammenstellen, -tragen, (an)sammeln, *e-e Briefmarkensammlung etc* aufbauen: **~ up a case** (Beweis)Material zusammentragen 7 **~ up** vergrößern, steigern, erhöhen 8 **~ up** *j-n* (*in der Presse etc*) aufbauen, lancieren, groß herausstellen, Reklame machen für 9 **~ up** ELEK, PHYS einschwingen, aufschaukeln B V/I 1 bauen 2 *fig* bauen, sich verlassen (*beide:* **on, upon** auf *akk*) 3 **be ~ing** im Bau (begriffen) sein 4 **~ up** a zunehmen, sich vergrößern *od* steigern *od* erhöhen, (*Musik etc*) anschwellen (**to zu**) b sich anstauen (*Wut etc*) 5 **~ up** sich bilden (*Verkehrsstau etc*) C S 1 Bauart *f*, Form *f*, Gestalt *f* 2 Körperbau *m*, Figur *f*, Statur *f* 3 Schnitt *m* (*Kleid*) 4 *US* Steigerung *f*, Intensivierung *f*; **builder** S 1 Erbauer(in) 2 Bauunternehmer(in): **~'s labo(u)rer** Bauhilfsarbeiter *m*; **~s' merchant** Baustoffhändler(in); **~s' merchant's** Baustoffhandlung *f* 3 Bauhandwerker(in)
building S 1 (Er)Bauen *n*, Errichten *n* 2 a Bauwesen *n* b *a.* **~ construction** Hochbau *m* 3 Gebäude *n*, Bau(werk) *m(n)*; **~ and loan association** *US* → building society; **~ block** S 1 ARCH, TECH *u. fig* Baustein *m*: **~ system** TECH Bausteinsystem *n* 2 Baustein *m*, (Bau)Klötzchen *n* (*für Kinder*); **~ contractor** → builder 2; **~ costs** SPL Baukosten *pl*; **~ estimate** S Baukosten(vor)anschlag *m*; **~ firm** S Baufirma *f*; **~ freeze** S Baustopp *m*; **~ industry** S Baugewerbe *n*, -wirtschaft *f*; **~ land** S Bauland *n*; **~ lease** S JUR *Br* Baupacht(vertrag) *f(m)* (*mit Bau- u. Nutzungsrecht des Pächters*); **~ line** S TECH Bauflucht(linie) *f*, Fluchtlinie *f*; **~ lot** → building plot; **~ materials** SPL Baustoffe *pl*; **~ owner** S Bauherr(in); **~ plans** SPL Baupläne *pl*; **~ plot** S Bauplatz *m*, -grundstück *n*; **~ site** S 1 → building plot 2 Baustelle *f*; **~ society** S *Br* Bausparkasse *f*; **~-up process** S ELEK, PHYS Aufschaukelvorgang *m*
buildup S 1 Aufbau *m* 2 *fig* (**of, in**) (starker) Zuwachs (an *dat*), Zunahme *f* (*gen*) 3 Reklame *f*, Propaganda *f*, Publizität *f*: **give** *sb* **a ~** → build A 8
built [bɪlt] A *prät u. pperf von* build B ADJ: **she's really ~** *umg* die hat vielleicht e-e Figur!; **he's (just) ~ that way** *umg* so ist er eben; **~-in** A ADJ ARCH, TECH eingebaut (*a. fig*), Einbau...: **~ furniture** Einbaumöbel *pl*; **~ obsolescence** geplanter Verschleiß B S Einbaumöbel *n*, *bes* Einbauschrank *m*; **~-up area** S bebautes Gelände *od* Gebiet, (*Verkehr*) geschlossene Ortschaft
bul. ABK bulletin
bulb [bʌlb] A S 1 BOT a Knolle *f*, Zwiebel *f* (*e-r Pflanze*) b Zwiebelgewächs *n* 2 zwiebelförmiger Gegenstand, (*Glas- etc*) Ballon *m*, Birne *f*, *bes* a (*Thermometer*) Kugel *f* b ELEK (*Glüh*) Birne *f*, (-)Lampe *f* c ELEK (*Röhren*) Kolben *m* d FOTO Ballonauslöser *m* 3 ANAT *zwiebelförmiger anatomischer Teil* (*Zahnwurzel etc*) 4 MED Schwellung *f* (*e-s Organs*) B V/I 1 *a.* **~ out** anschwellen 2 BOT Knollen *od* Zwiebeln bilden; **bulbed** ADJ 1 knollenförmig, knollig, wulstig 2 BOT knollig, zwiebelartig; **bulbiform** [-bɪfɔː(r)m] → bulbed 1
bulbous [ˈbʌlbəs] ADJ → bulbed: **~ nose** Knollennase *f*; **~ root** S BOT Knollenwurzel *f*
Bulgar [ˈbʌlgɑː(r); *US a.* ˈbʊl-] → Bulgarian A 1; **Bulgaria** [bʌlˈgeərɪə] S Bulgarien *n*; **Bulgarian** [-ˈgeərɪən] A S 1 Bulgare *m*, Bulgarin *f* 2 LING Bulgarisch *n*, das Bulgarische B ADJ bulgarisch: **she's ~** sie ist Bulgarin
bulge [bʌldʒ] A S 1 (Aus)Bauchung *f*, (*a.* MIL *Br* Front)Ausbuchtung *f*, Ausbeulung *f*, (*e-s Reifens*) Wulst *m/f*: **Battle of the** ♀ (*die*) Ardennenschlacht (*1944*); **fight the battle of the ~** *hum* gegen sein Übergewicht ankämpfen; **~ electrode** Bauchelektrode *f* 2 Rundung *f*, Bauch *m* (*vom Fass etc*) 3 SCHIFF a → bilge 2 b MIL Torpedowulst *m* 4 *fig* rapide Zunahme (**in** *gen*): **~ in the birthrate** Babyboom *m*; **~ in prices** WIRTSCH plötzlicher Preisanstieg B V/I 1 *a.* **~ out** sich wölben 2 vollgestopft *od* prall gefüllt sein (**with** mit); **bulging** ADJ (ADV **~ly**) vollgestopft, prall gefüllt
bulgur [ˈbʌlgə(r); ˈbʊl-] S Bulgur *m* (*gekochter, getrockneter Weizen*)
bulimia [bjuːˈlɪmɪə] S MED 1 übermäßige Nahrungsaufnahme 2 Bulimie *f*, Ess-Brech-Sucht *f*
bulk [bʌlk] A S 1 Umfang *m*, Volumen *n*, Größe *f*, Masse *f*, Menge *f* 2 große *od* massige Gestalt, (hochragende *od* dunkle *od* schwere) Masse 3 Körperumfang *m*, -fülle *f* 4 (*der*) größere *od* größte Teil, Großteil *m*, Hauptteil *m*, -masse *f*, (*die*) Mehrheit: **the ~ of our property**; **the ~ of the citizens** 5 lose *od* unverpackte (Schiffs)Ladung: **in ~** WIRTSCH a lose, unverpackt b in großen Mengen, en gros; **sell in** (*od* **by the**) **~** im Ganzen *od* in Bausch u. Bogen verkaufen; **break ~** SCHIFF zu löschen anfangen B V/I 1 umfangreich *od* massig *od* sperrig *od* (*fig*) wichtig sein: **~ large** *fig* e-e große *od* wichtige Rolle spielen (**in** bei *etwas*); **I know what ~s largest in your mind at the moment** ich weiß, woran du jetzt vor allem denkst 2 *oft* **~ up** anschwellen C V/T *oft* **~ up** anschwellen lassen; **~ buyer** S WIRTSCH Großabnehmer(in); **~ buying** S WIRTSCH Großeinkauf *m*; **~ cargo** S WIRTSCH Bulkladung *f*; **~ carrier** S SCHIFF Bulkcarrier *m*, Massengutfrachter *m*; **~ consumer** S WIRTSCH Großverbraucher(in); **~ discount** S WIRTSCH Mengenrabatt *m*; **~ goods** SPL WIRTSCH Schüttgut *n*; **~head** S 1 SCHIFF Schott *n* 2 TECH a Schutzwand *f* b Spant *m*
bulkiness [ˈbʌlkɪnɪs] S 1 Massigkeit *f*, Wuchtigkeit *f* 2 Unhandlichkeit *f*, Sperrigkeit *f* 3 Unförmigkeit *f*
bulking ADJ: **~ dummy** TYPO Stärkeband *m*
bulk| mail S *US* Postwurfsendungen *pl*; **~ mortgage** S *US* Verpfändung *f* ganzer Bestände; **~ purchase** → bulk buying; **~ sale**, **~ selling** S WIRTSCH Massenverkauf *m*; **~ storage** S COMPUT Großraumspeicher *m*
bulky ADJ (ADV **bulkily**) 1 massig, wuchtig (*Gestalt etc*) 2 unhandlich, sperrig: **~ goods** sperrige Güter, Sperrgut *n*; **~ refuse** (*od* **waste**) Sperrmüll *m* 3 unförmig (*Kleidungsstück*)
bull¹ [bʊl] A S 1 ZOOL Bulle *m*, (Zucht)Stier *m*: **take the ~ by the horns** den Stier bei den Hörnern packen *od* fassen; **like a ~ in a china shop** wie ein Elefant im Porzellanladen 2 (*Elefanten-, Elch-, Wal- etc*) Bulle *m*, Männchen *n* (*großer Säugetiere*): **~ elephant** 3 Bulle *m*, bulliger *od* ungeschlachter Kerl (*alle pej*) 4 WIRTSCH Bull *m*, Haussier *m*, Haussespekulant *m*: **buy a ~** → C 3 5 *US sl* Bulle *m* (*Polizist*) 6 ♀ ASTROL Stier *m* (*Tierkreiszeichen*) 7 *bes Br umg* → bull's-eye 3 a B V/T 1 WIRTSCH a die Preise für *etwas* in die Höhe treiben b *die Kurse* in die Höhe treiben 2 **~ one's way through the crowd** sich durch die Menge (hindurch)-

kämpfen C V/I 1 den Stier annehmen *(Kuh)* 2 WIRTSCH auf Hausse spekulieren 3 im Preis steigen D ADJ WIRTSCH a steigend *(Preise)* b Hausse…: **~ campaign** Kurstreiberei *f*, Angriff *m* der Haussepartei; **~ market** Hausse *f*; **~ operation** Haussespekulation *f*

bull[2] [bʊl] S (päpstliche) Bulle

bull[3] [bʊl] S *komisch wirkende logische Ungereimtheit*

bull[4] [bʊl] S *umg* Quatsch *m*: **shoot the ~** *US* a plaudern, plauschen b quatschen c angeben, große Töne spucken *(beide pej)*

bull. ABK bulletin

bullace ['bʊlɪs] S BOT Pflaumenschlehe *f*

bull| calf S *irr* ZOOL Stier-, Bullenkalb *n*; **~dagger** S *sl* kesser Vater *(Lesbierin, die sich betont männlich kleidet u. gibt)*; **~dike** → bulldagger; **~dog** A S 1 ZOOL Bulldogge *f* 2 *fig umg* sturer Bock *pej* 3 UNIV *Br* Begleiter *m* des **proctor** 4 *großkalibrige Pistole mit kurzem Lauf* B V/T *US e-n Stier* bei den Hörnern packen u. werfen; **~dog clip** S Flügelklammer *f*; **~dog edition** S *US* Frühausgabe *f (e-r Zeitung)*; **~doze** V/T 1 *umg* a einschüchtern, terrorisieren b *j-n* zwingen (**into doing sth** etwas zu tun) 2 *umg* **~ a bill through parliament** e-e Vorlage im Parlament durchpeitschen; **~ one's way through the crowd** sich e-n Weg durch die Menge bahnen 3 TECH *(mit e-r Planierraupe)* planieren, räumen; **~dozer** S 1 TECH Bulldozer *m*, Planierraupe *f* 2 → bully[2] A 1 a, A 1 b; **~dyke** → bulldagger

bullet ['bʊlɪt] S 1 *(Gewehr-, Pistolen)* Kugel *f*: **bite (on) the ~** *umg* in den sauren Apfel beißen; **give sb the ~** *Br umg* j-n feuern; **get the ~** *Br umg* gefeuert werden 2 TYPO Aufzählungszeichen *n*; **~head** S *US umg* Dickkopf *m (Person)*

bulletin ['bʊlɪtɪn] S 1 Bulletin *n*: a Tagesbericht *m (a.* MIL*)* b MED Krankenbericht *m* c offizielle Bekanntmachung 2 Mitteilungsblatt *n* 3 RADIO, TV Kurznachrichten *pl*; **~ board** S *US* Schwarzes Brett, Anschlagbrett *n*

bullet|proof A ADJ 1 kugelsicher *(Weste etc)*: **~ glass** Panzerglas *n* 2 *fig US umg* hieb- u. stichfest *(Argument etc)* B V/T kugelsicher machen; **~ trap** S Kugelfang *m*; **~ wound** S Schusswunde *f*, -verletzung *f*

bull|fight S Stierkampf *m*; **~fighter** S Stierkämpfer *m*; **~fighting** S Stierkampf *m*, -kämpfe *pl*; **~finch** S ORN *(ein)* Dompfaff *m*, *(bes* Gemeiner*)* Gimpel; **~frog** S ZOOL Ochsenfrosch *m*; **~head** S 1 *fig umg* a Dummkopf *m* b Dickkopf *m* 2 FISCH a *(ein)* Kaulkopf *m* b *(ein)* Katzenwels *m*; **~headed** ADJ (ADV **~ly**) dickköpfig; **~headedness** S *umg* Dickköpfigkeit *f*; **~horn** S *US* Megafon *n*

bullion ['bʊljən] S 1 ungemünztes Gold *od* Silber 2 *(Gold-, Silber)* Barren *m*: **~ point** WIRTSCH Goldpunkt *m* 3 *a.* **~ fringe** Gold-, Silbertroddel *f*, -schnur *f*, -litze *f*; **bullionism** S WIRTSCH, HIST Metallismus *m (Theorie, die die Deckung des Geldes duch ein Edelmetall verlangte)*; **bullionist** S Anhänger(in) des Metallismus

bullish ADJ (ADV **~ly**) 1 bullenartig, bullig 2 dickköpfig 3 WIRTSCH a haussetendenziös, steigend b Hausse…: **~ tendency** (*od* **tone**) Haussetendenz *f* 4 optimistisch: **be ~ about sth** etwas optimistisch sehen

bull| moose S ZOOL Amer. Elchbulle *m*; **~ neck** S Stiernacken *m*; **~-necked** ADJ stiernackig; **~ nose** S abgerundete Kante; **~-nosed** ADJ mit abgerundeten Kanten

bullock ['bʊlək] S ZOOL Ochse *m*

bull| pen S *US umg* 1 große Zelle *(für Untersuchungshäftlinge)* 2 Großraumbüro *n*; **~ring** S Stierkampfarena *f*; **~roarer** S (Kinder)Rassel *f*; **~ session** S *US umg* angeregtes Männergespräch

bull's-eye ['bʊlzaɪ] S 1 SCHIFF Bullauge *n* 2 ARCH a Butzen *m* b *a.* **~ pane** Butzenscheibe *f* c *a.* **~ window** Ochsenauge *n* 3 a Zentrum *n*, *(das)* Schwarze *(der Zielscheibe)*: **hit the ~** ins Schwarze treffen *(a. fig)* b Schuss *m* ins Schwarze, Volltreffer *m (beide a. fig)* 4 a Konvexlinse *f* b (Blend)Laterne *f* (mit Konvexlinse) 5 *runder Pfefferminzbonbon*

bull|shit *vulg sl* A S Scheiß *m*: **talk ~** → B B V/I *a. irr* Scheiß reden; **~ terrier** S ZOOL Bullterrier *m*; **~whip** S Ochsenziemer *m*

bully[1] ['bʊlɪ] S *bes* MIL Cornedbeef *n*

bully[2] ['bʊlɪ] A S 1 a *j-d, der Schwächere schikaniert* b Tyrann *m (Chef etc)* 2 *obs* gedungener Schläger 3 *obs* Zuhälter *m* B V/T a tyrannisieren, schikanieren, einschüchtern: **~ sb about** (*od* **around**) j-n herumkommandieren; **~ sb into doing sth** j-n so einschüchtern, dass er etwas tut b *e-n Arbeitskollegen etc* mobben C ADJ & INT prima: **~ for you!** a na und? b *iron* gratuliere!

bully| beef → bully[1]; **~boy** S *(bes* angeheuerter*)* Schläger: **~ tactics** *pl* Einschüchterungstaktik *f*

bullying S a Tyrannisieren *n*, Schikanieren *n*, Einschüchtern *n* b Mobbing *n*

bullyrag V/T *umg* mit *j-m* Schindluder treiben

bulrush ['bʊlrʌʃ] S BOT 1 See-, Teichbinse *f* 2 → reed mace

bulwark ['bʊlwə(r)k] S 1 Bollwerk *n (a. fig)*, Wall *m* 2 Hafendamm *m*, Mole *f* 3 *meist pl* SCHIFF Schanzkleid *n*

bum[1] [bʌm] S *bes Br umg* Hintern *m*

bum[2] [bʌm] *bes US umg* A S 1 a Tagedieb *m*, fauler Hund *pej* b Herumtreiber *m*, Gammler *m* 2 Schnorrer *m*, Nassauer *m (alle pej)* 3 a Tippelbruder *m* b umherziehender Gelegenheitsarbeiter 4 Säufer *m* 5 Saukerl *m pej* 6 *(in Zusammensetzungen)* …narr *m*: **baseball ~** 7 **give sb the ~'s rush** *umg* j-n rausschmeißen; **get the ~'s rush** *umg* rausgeschmissen werden 8 Schnorren *n*, Nassauern *n (beide pej)*: **come to sb on the ~** zu j-m zum Schnorren kommen 9 Tippeln *n*: **be on the ~** tippeln 10 Sauferei *f* 11 **be on the ~** *umg* kaputt *od* im Eimer sein B V/I 1 *meist* **~ around** a in den Tag hineinleben b herumgammeln 2 schnorren, nassauern *(beide pej) (beide:* **off** bei*)* 3 tippeln (**through** durch) C V/T *etwas* schnorren *pej* (**off** bei, von): **he ~med a lift** er schaffte es, (als Anhalter) mitgenommen zu werden D ADJ 1 mies *umg*, schlecht 2 kaputt *umg (a. Knie etc)*

bum| bag S *bes Br umg* Wimmerl *n*, Gürteltasche *f*; **~bailiff** S HIST *Br pej* Büttel *m*

bumble[1] ['bʌmbl] A V/I 1 a stümpern, pfuschen, patzen *(alle pej)* b stottern: **he ~d through his speech** er stotterte s-e Rede herunter 2 stolpern, taumeln, wanken B V/T verpfuschen, verpatzen *(beide pej)* C S 1 Patzer *m* 2 Pfusch(arbeit) *m(f) pej*

bumble[2] ['bʌmbl] V/I summen

bumblebee S ZOOL Hummel *f*

bumbledom S Wichtigtuerei *f* kleiner Beamter

bumblepuppy S *Spiel, bei dem ein angebundener Ball um e-n Pfosten geschlagen wird*

bumbler ['bʌmblə(r)] S Stümper(in), Pfuscher(in) *pej*

bumbling ADJ (ADV **~ly**) 1 stümperhaft, pfuscherhaft *pej* 2 inkompetent

bumboat S SCHIFF Bumboot *n (Boot, von dem aus Händler den Mannschaften von auf Reede liegenden Schiffen Waren anbieten)*

bumf [bʌmf] S *Br umg* 1 *pej* KOLL Papierkram *m (Akten etc)* 2 Klopapier *n*

bum|fluff S *Br umg* (Bart)Flaum *m*; **~hole** S *bes Br umg* Arschloch *n*

bumkin ['bʌmkɪn] → bumpkin[2]

bummer ['bʌmə(r)] S *umg* 1 → bum[2] A 1, A 2 2 Badtrip *m (Drogenrausch mit Angstzuständen)* 3 unangenehme Sache *od* Situation 4 Reinfall *m*, Pleite *f*

bump [bʌmp] A V/T 1 (heftig) stoßen 2 mit *etwas* rennen (**against** gegen), zusammenstoßen mit, *etwas* rammen, auf *ein Auto* auffahren: **~ one's head against the door** mit dem Kopf gegen die Tür rennen *od umg* knallen 3 TECH *US e-n Kotflügel etc* ausbeulen 4 **~ off** *umg* umlegen, abknallen 5 **~ up** *umg* a *die Preise etc* hochtreiben b *ein Gehalt, Ergebnis etc* aufbessern B V/I 1 (**against, into**) stoßen, prallen, bumsen *umg* (gegen, an *akk*), zusammenstoßen (mit), anrempeln *(akk)*: **~ into** *fig* a *j-n* zufällig treffen b zufällig stoßen auf *(akk)* 2 rumpeln, holpern *(Fahrzeug)* 3 *meist* **~ and grind** *bes US umg* mit den Hüften wackeln *(Stripteasetänzerin etc)* C S 1 heftiger Ruck *od* Stoß, Bums *m umg* 2 Beule *f* 3 Unebenheit *f* 4 *Phrenologie*: Höcker *m* am Schädel *(der auf e-e bestimmte Fähigkeit etc hinweist)*: → locality 1 a 5 *US umg* Rundung *f (Busen)* 6 FLUG Steigbö *f*

bumper[1] A S 1 randvolles Glas, randvoller Becher 2 *etwas Riesiges, fig a. etwas Großartiges* B ADJ riesig, *fig a.* großartig: **~ crop** Rekordernte *f* C V/T *ein Glas, e-n Becher* bis zum Rand füllen

bumper[2] S 1 AUTO Stoßstange *f*: **drive ~ to ~** Stoßstange an Stoßstange fahren 2 BAHN *US* a Rammbohle *f* b Puffer *m*

bumper[3] S *umg* (Zigaretten)Kippe *f*

bumper| car S (Auto)Skooter *m*; **~ guard** S AUTO Stoßstangenhorn *n*; **~ sticker** S Autoaufkleber *m (auf der Stoßstange)*; **~-to-bumper** ADJ 1 **~ traffic** Stop-and-go-Verkehr *m* 2 **~ worries** *pl umg* eine Sorge nach der andern

bumph → bumf

bumping race S UNIV *Br Ruderrennen mit gestaffeltem Start, bei dem jedes Boot das nächstvordere einzuholen u. anzustoßen versucht, um beim nächsten Rennen dessen Platz einzunehmen*

bumpkin[1] ['bʌmpkɪn] → country bumpkin

bumpkin[2] ['bʌmpkɪn] S SCHIFF Butenluv *n*

bump| start S *Br* Anschieben *n*: **give** *a car* **a ~** → bump-start; **~-start** V/T *Br ein Auto* anschieben

bumptious ['bʌmpʃəs] ADJ (ADV **~ly**) wichtigtuerisch, aufgeblasen *pej*

bumpy ADJ (ADV **bumpily**) 1 holp(e)rig, uneben 2 FLUG unruhig *(Flug)* 3 *umg* **we're in for a ~ ride** uns steht einiges bevor; **we are having a ~ time (of it)** uns geht es mal so, mal so; uns geht es durchwachsen

bum| steer S *bes US umg* a schlechter Rat b falsche Information; **~sucker** S *Br vulg sl* Arschkriecher(in); **~sucking** *Br vulg sl* A S Arschkriecherei *f* B ADJ arschkriecherisch

bun [bʌn] S 1 süßes Brötchen: **she has a ~ in the oven** *umg obs* bei ihr ist was unterwegs 2 (Haar)Knoten *m*: **she wears her hair in a ~** sie trägt e-n Knoten

bunch [bʌntʃ] A S 1 Bündel *n*, Bund *n/m*, Büschel *n*, Traube *f*: **~ of bananas** Büschel Bananen; **~ of fives** *Br umg* Faustschlag *m*; **~ of flowers** Blumenstrauß *m*; **~ of grapes** Weintraube *f*; **~ of keys** Schlüsselbund *m/n* 2 ELEK, PHYS *(Leitungs-, Strahlen)* Bündel *n* 3 Anzahl *f*: **a ~ of papers** ein Pack(en) Zeitungen; → pick[1] A 4 4 *umg* Verein *m*, Haufen *m*, Blase *f (alle umg)*, *(bes Radsport)* (Haupt)Feld *n*: **arrive among the ~** mit dem Hauptfeld ankommen B V/T *a.* **~ up** a bündeln *(a.* ELEK*)*, zusammenfassen, binden: **~ed circuit** ELEK Leitungsbündel *n* a *ein Kleid etc* zusammenraffen C VI 1 **~ out** hervortreten *(Muskeln etc)* 2 *oft* **~ up** *(od* **together)** Grüppchen *od* Haufen bilden: **don't ~ up** nicht alle auf e-n Haufen! 3 *oft* **~ up** sich zusammenknüllen *(Kleid etc)*; **bunching** S 1 ELEK Bündelung *f*, Impulsbildung *f* 2 AUTO Kolonnenbildung *f*, -fahren *n*

bunchy ADJ (ADV bunchily) 1 büschelig, buschig, traubenförmig 2 bauschig

buncing ['bʌnsɪŋ] S *Br Preiserhöhungen, um Verluste durch Ladendiebstähle wettzumachen*

bunco ['bʌŋkəʊ] *US umg* A *pl* -cos S a Bauernfängerei *f* b Betrug *m*, Schwindel *m*: **~ steerer** Betrüger(in), Schwindler(in), *bes* Bauernfänger(in) B VT *j-n* reinlegen

buncombe *bes US* → bunkum

bundle ['bʌndl] A S 1 Bündel *n*, Bund *n*, Paket *n*, Ballen *m*: **by ~s** bündelweise; **~ of rays** PHYS Strahlenbündel; **~ pillar** ARCH Bündelpfeiler *m*; **drop one's ~** *umg* a in Panik geraten b die Hoffnung aufgeben 2 *umg* a *(Kraft-, Nerven- etc)* Bündel *n*: **a ~ of energy** b Menge *f*, Haufen *m umg* c Batzen *m (Geld)* 3 *(Papier- etc)* Rolle *f* 4 ANAT Fasciculus *m*: **~ sheath** Gefäßbündelscheide *f* 5 **go a ~ on** *umg etwas* wahnsinnig gern mögen B VT 1 *oft* **~ up** in (ein) Bündel binden, bündeln, zusammenbinden, -packen 2 *etwas* stopfen (**into** in *akk*) 3 **~ o.s. up against the cold** sich warm anziehen 4 *meist* **~ off** *j-n od etwas* eilig *od* ohne viel Federlesens fortschaffen, *j-n* abschieben: **he was ~d into a taxi** er wurde in ein Taxi gepackt *od* verfrachtet C VI 1 **~ up against the cold** → B 3 2 *meist* **~ off** sich packen, sich eilig davonmachen 3 HIST angekleidet zusammen im Bett liegen *(alte Sitte bei Verlobten in Wales, Neuengland etc)*

bung [bʌŋ] A S 1 a Spund(zapfen) *m*, Stöpsel *m* b → bunghole 2 MIL Mündungspfropfen *m (am Geschütz)* 3 *Töpferei*: Kapselstoß *m* B VT 1 *ein Fass* a verspunden b verfüllen 2 *meist* **~ up** *umg e-e Öffnung etc* verstopfen: **my nose is ~ed up** m-e Nase ist zu; **be ~ed up** an Verstopfung leiden 3 *umg* schmeißen, werfen: **~ out** rausschmeißen 4 *meist* **~ up** *US umg* a *j-n* grün u. blau schlagen b *ein Auto etc* schwer beschädigen *od* verbeulen C ADJ **go ~** *umg* a den Löffel weglegen *(sterben)* b pleitegehen

bungalow ['bʌŋgələʊ] S Bungalow *m*

bungee ['bʌndʒiː] S Gummiband *n*; **~ cord** → bungee; **~ jumper** S Bungeespringer(in); **~ jumping** S Bungeejumping *n*, Bungeespringen *n*

bunghole S Spund-, Zapfloch *n*

bungie, *etc* → bungee *etc*

bungle ['bʌŋgl] A VI stümpern, pfuschen, patzen *(alle pej)* B VT *etwas* verpfuschen, verpatzen *(beide pej)* C S 1 Stümperei *f*, Pfusch(-arbeit) *m(f) (alle pej)*: **make a ~ of** → B 2 (grober) Fehler, Schnitzer *m*; **bungler** [-lə(r)] S Stümper(in), Pfuscher(in) *(beide pej)*; **bungling** [-lɪŋ] ADJ (ADV ~ly) ungeschickt, stümperhaft

bungy, *etc* ['bʌndʒɪ] → bungee

bunion ['bʌnjən] S MED entzündeter Fußballen

bunjy, *etc* ['bʌndʒɪ] → bungee *etc*

bunk[1] [bʌŋk] A S a SCHIFF (Schlaf)Koje *f* b → bunk bed c *umg* Schlafstelle *f*, Bett *n*, Falle *f umg* B VI a in e-r Koje *etc* schlafen b *oft* **~ down** *umg* kampieren: **~ in** im Bett bleiben

bunk[2] [bʌŋk] *umg* → bunkum

bunk[3] [bʌŋk] *Br umg* A VI *a.* **~ off** a verduften, türmen b (die Schule) schwänzen B S: **do a ~** → A a

bunk bed S Etagenbett *n*

bunker ['bʌŋkə(r)] A S 1 SCHIFF *(bes Kohlen)* Bunker *m*: **~ coal** Bunkerkohle *f*; **~ oil** Bunkeröl *n* 2 MIL Bunker *m* 3 *Golf*: Bunker *m*, Sandhindernis *n* B VI SCHIFF bunkern, Kohle *etc* übernehmen C VT *Golf: den Ball* in e-n Bunker schlagen: **he is ~ed** er ist im Bunker

bunk|house S *US* Schlafbaracke *f*; **~mate** S *umg* Bettnachbar(in)

bunko → bunco

bunkum ['bʌŋkəm] S Unsinn *m*

bunny ['bʌnɪ] S 1 *a.* **~ rabbit** *(Kosename für)* Häschen *n* 2 *a.* **~ girl** *umg* Häschen *n (attraktives Mädchen)*

Bunsen burner ['bʊnsn; *US* 'bʌnsən] S CHEM, TECH Bunsenbrenner *m*

bunt[1] [bʌnt] S SCHIFF 1 Buk *m*, Bauch *m (e-s Segels)* 2 Mittelteil *m (e-r Rah)*

bunt[2] [bʌnt] A VT & VI mit den Hörnern *od* dem Kopf stoßen *(Ziege etc)* B S Stoß *m* mit dem Kopf *od* den Hörnern

bunt[3] [bʌnt] S BOT Weizenstein-, Stinkbrand *m*

bunting[1] ['bʌntɪŋ] S 1 Flaggentuch *n* 2 KOLL a Flaggen *pl* b Fähnchen *pl*

bunting[2] ['bʌntɪŋ] S ORN Ammer *f*

buoy [bɔɪ] A S 1 SCHIFF Boje *f*, Bake *f*, Seezeichen *n* 2 Rettungsring *m* B VT 1 *meist* **~ up** a aufbojen, flott erhalten b über Wasser halten 2 *a.* **~ off** *(od* **out)** ausbojen, *e-e Fahrrinne* durch Bojen markieren 3 *meist* **~ up** *fig* Auftrieb geben *(dat)*; **buoyage** S SCHIFF 1 KOLL (ausgelegte) Bojen *pl* 2 Markierung *f* durch Bojen

buoyancy ['bɔɪənsɪ] S 1 PHYS Schwimm-, Tragkraft *f*, Auftrieb *m* 2 Schwimmfähigkeit *f*, -kraft *f* 3 FLUG Auftrieb *m (a. fig)* 4 *fig* a Lebens-, Spannkraft *f* b Schwung *m*, Lebhaftigkeit *f* 5 WIRTSCH Lebhaftigkeit *f*

buoyant ['bɔɪənt] ADJ (ADV ~ly) 1 PHYS tragend *(Wasser etc)* 2 schwimmfähig, schwimmend 3 federnd *(Schritt)* 4 *fig* schwungvoll, lebhaft: **be in a ~ mood** in Hochstimmung sein 5 WIRTSCH lebhaft; **~ gas** S TECH Traggas *n*

bur [bɜː; *US* bɜr] S 1 BOT Klette *f (a. fig)*: **cling** *(od* **stick) to sb like a ~** an j-m wie e-e Klette hängen 2 BOT raue *od* stachelige Samenschale *(z. B. Igel der Kastanie)* 3 ZOOL Knotenbildung *f (z. B. Rose am Hirschgeweih)* 4 TECH → burr[1] A 1, A 2, A 3

bur. ABK bureau

burble ['bɜːbl; *US* 'bɜrbəl] A VI 1 plätschern 2 *oft* **~ away** *(od* **on)** plappern B S FLUG, TECH Wirbel *m*; **~ point** S FLUG Grenzschichtablösungspunkt *m*

burbot ['bɜːbət; *US* 'bɜr-] *pl* -bots, *bes koll* -bot S ZOOL (Aal)Quappe *f*

burden[1] ['bɜːdn; *US* 'bɜrdn] A S 1 Last *f*, Ladung *f*: **bear a ~** e-e (schwere) Last tragen 2 *(seelische od finanzielle)* Last, Bürde *f*, Belastung *f*, Druck *m*: **the ~ of years** die Last der Jahre; **be a ~ to** *(od* **on) sb** j-m zur Last fallen; **throw off a ~** e-e Last abschütteln; **the ~ of proof rests with** *(od* **lies on** [*od* **with**]) **him** die Beweislast trifft ihn, er ist beweispflichtig 3 WIRTSCH Gemeinkosten *pl* 4 TECH a (Trag)Last *f* b Druck *m* c *Hochofen*: Möller *m*, Gicht *f* 5 SCHIFF a Tragfähigkeit *f*, Tonnengehalt *m*: **a ship of 1,000 tons ~** ein Schiff von 1000 Tonnen b Gewicht *n (der Schiffsladung)* B VT belasten *(a. fig)*: **~ sb with sth** j-m etwas aufbürden

burden[2] ['bɜːdn; *US* 'bɜrdn] S 1 MUS a Bass *m*, tiefe Begleitung b → bourdon c 2 Refrain *m*, Kehrreim *m* 3 Hauptidee *f*, -punkt *m*, -gedanke *m*, Kern *m*

burdensome [-səm] ADJ (ADV ~ly) lästig, beschwerlich, drückend

burdock ['bɜːdɒk; *US* 'bɜr,dɑk] S BOT *(bes Große)* Klette

bureau ['bjʊərəʊ] *pl* -reaus, -reaux [-rəʊz] S 1 *Br* Schreibtisch *m*, -pult *n* 2 *US (bes Spiegel)*-Kommode *f* 3 Büro *n*, Geschäfts-, Amtszimmer *n* 4 a Abteilung *f (e-s Staatsamtes)* b Amt *n*, Dienststelle *f* 5 Auskunfts- *od* Vermittlungsstelle *f*; **bureaucracy** [-'rɒkrəsɪ; *US* -'rɑ-] S 1 Bürokratie *f* 2 bürokratisches Regierungssystem 3 KOLL (Berufs)Beamtentum *n*; **bureaucrat** [-kræt] S Bürokrat(in); **bureaucratese** [-krə'tiːz] S Amts-, Beamtenstil *m*, -sprache *f*; **bureaucratic** ADJ (ADV ~ally) bürokratisch; **bureaucratism** [-'rɒkrətɪzəm; *US* -'rɑ-] S Bürokratismus *m*; **bureaucratist** S 1 Bürokrat(in) 2 Verfechter(in) des Bürokratismus; **bureaucratize** VT bürokratisieren

bureau de change [,bjʊərəʊdɪ'ʃɒndʒ; *US* -'ʃɑː-] S *a. irr* Wechselstube *f*

burette [bjʊə'ret] S CHEM Bürette *f (Glasrohr mit Verschlusshahn u. Volumenskala)*

burg [bɜːg; *US* bɜrg] S 1 HIST befestigte Stadt 2 *US umg* Stadt *f*

burgee ['bɜːdʒiː; *US* bɜr'dʒiː] S SCHIFF a Reedereiflagge *f (e-s Handelsschiffes)* b Klubstander *m (e-r Jacht)*

burgeon ['bɜːdʒən; *US* 'bɜr-] A S 1 BOT Knospe *f*, Auge *n* 2 ZOOL Keim *m* B VI a *oft* **~ forth** *(od* **out)** knospen b *fig* sich entwickeln *od* entfalten (**into** zu) c *fig* aufblühen

burger ['bɜːgə; *US* 'bɜrgər] S GASTR *umg* Hamburger *m*

burgess ['bɜːdʒɪs; *US* 'bɜrdʒəs] S HIST 1 *Br* (freier) Bürger 2 *Br* Abgeordnete(r) *m/f(m)* 3 *US Abgeordnete(r) der Volksvertretung in Maryland od Virginia*

burgh ['bʌrə; *US* 'bɜrəʊ] S 1 *schott für* borough 2 a 2 *obs für* borough 2 b

burgher ['bɜːgə; *US* 'bɜrgər] S *oft hum* Bürger(in)

burglar ['bɜːglə; *US* 'bɜrglər] S Einbrecher *m*: **we had ~s last night** bei uns wurde letzte Nacht eingebrochen; **~ alarm** S Alarmanlage *f*

burglarious [bɜː'gleərɪəs; *US* bɜr-] ADJ Einbrecher…, Einbruchs…: **~ attempt**; **~ tools**; **burglarize** ['bɜrglə,raɪz] *US für* burgle

burglarproof A ADJ einbruch(s)sicher B VT einbruch(s)sicher machen

burglary ['bɜːglərɪ; *US* 'bɜr-] S Einbruch(s-diebstahl) *m*: **commit ~** e-n Einbruch begehen

burgle ['bɜːgl; *US* 'bɜrgəl] VT & VI einbrechen (in *akk od dat*): **he was ~d** bei ihm wurde eingebrochen

burgomaster ['bɜːgəʊ,mɑːstə; *US* 'bɜrgə-,mæstər] S Bürgermeister(in) *(in Belgien, Deutschland, den Niederlanden u. Österreich)*

burgonet ['bɜːgənet; *US* 'bɜrgənət] S HIST Sturmhaube *f*

burgrave ['bɜːgreɪv; *US* 'bɜr-] S HIST Burggraf *m*, -vogt *m*

Burgundy[1] ['bɜːgəndɪ; *US* 'bɜr-] S Burgund *n*

Burgundy[2] ['bɜːgəndɪ; *US* 'bɜr-] S 1 Burgunder(wein) *m* 2 *oft* ♀ Burgunderrot *n*

burial ['berɪəl] S Begräbnis *n*, Beerdigung *f*, Beisetzung *f*: **~ at sea** Seebestattung *f*; **~ chamber** S Grabkammer *f*; **~ ground** S Begräbnisstätte *f*; **~ mound** S Grabhügel *m*; **~ object** S *Archäologie*: Grabbeigabe *f*; **~ place** S Grab(stätte) *n(f)*; **~ service** S Trauerfeier *f*

burin ['bjʊərɪn; *US a.* 'bɜrən] S TECH Stichel *m*

burk [bɜːk] S *Br umg* Idiot *m*, Trottel *m*

burke [bɜːk, *US* bɜrk] VT 1 *j-n* ersticken *(ohne Spuren zu hinterlassen)* 2 *fig* vertuschen 3 *fig* umgehen, vermeiden

Burkina Faso [bɜːˌkiːnəˈfæsəʊ; *US* bɜr-] S Burkina Faso *n*

Burkinese [ˌbɜːkɪˈniːz; *US* ˌbɜr-] A S Burkiner(in): **the ~** *koll* die Burkiner *pl* B ADJ burkinisch

Burkitt's lymphoma [ˈbɜːkɪts; *US* ˈbɜr-] S MED Burkitt-Tumor *m*, -Lymphom *n*

burl [bɜːl; *US* bɜrl] A S 1 Noppe *f*, Knoten *m* (*in Gewebe od Garn*) 2 BOT Auswuchs *m*, Knoten *m* (*an Bäumen*) B VT *Gewebe* noppen: **(pair of) ~ing irons** *pl* Noppzange *f*

burlap [ˈbɜːlæp, *US* ˈbɜr-] S Rupfen *m*, Sackleinen *n*

burlesque [bɜːˈlesk; *US* bɜr-] A ADJ burlesk, possenhaft B S 1 Burleske *f*, Posse *f*, Persiflage *f* 2 *fig* Karikatur *f* 3 *US* Tingeltangel *m/n*, Varieté *n* C VT 1 persiflieren 2 *fig* karikieren

burliness [ˈbɜːlɪnɪs; *US* ˈbɜrliː-] S Stämmigkeit *f*; **burly** ADJ (ADV burlily) stämmig

Burma [ˈbɜːmə; *US* ˈbɜr-] S HIST Birma *n* → Myanmar; **Burman** [ˈbɜːmən; *US* ˈbɜr-] → Burmese A, B 1; **Burmese** [ˌbɜːˈmiːz; *US* ˌbɜr-] A ADJ birmanisch B S 1 Birmane *m*, Birmanin *f*: **the ~** *koll* die Birmanen *pl* 2 LING Birmanisch *n*, das Birmanische

burn¹ [bɜːn; *US* bɜrn] A S 1 *a.* **~ mark** verbrannte Stelle, Brandfleck *m*, -spur *f* 2 MED Brandwunde *f*, Verbrennung *f*: **~ ointment** Brandsalbe *f* 3 TECH Zündung *f* (*e-r Rakete*) 4 **do a ~** → slow burn B VI *prät u. pperf* burned, burnt 1 (ver)brennen, in Flammen stehen: **the house is ~ing** das Haus brennt; → ground¹ A 1 2 brennen (*Ofen, Licht etc*) 3 *fig* brennen (**with** vor *dat*): **~ with impatience**; **~ing with anger** wutentbrannt; **his face was ~ing with anger** sein Gesicht glühte vor Zorn; **~ing with love** von Liebe entflammt; **be ~ing to do sth** darauf brennen, etwas zu tun 4 ver-, anbrennen, versengen: **the meat is ~t** das Fleisch ist angebrannt 5 brennen (*Gesicht, Wunde etc*): → ear¹ *Bes Redew* 6 **you are ~ing!** (*bes bei Rätsel- od Suchspielen*) heiß! 7 CHEM verbrennen, oxydieren 8 a in den Flammen umkommen, verbrennen b verbrannt werden, den Feuertod erleiden c *US sl* auf dem elektrischen Stuhl hingerichtet werden 9 *fig* sich (unauslöschlich) einbrennen (**into** *dat od* in *akk*): **her words ~ed into his memory** C VT 1 verbrennen: **his house was ~t** sein Haus brannte ab; **be ~t to death** → B 8 a; → boat A 1, bridge¹ A 1, candle A 1, ground¹ A 1, midnight B 2 ab-, verbrennen, versengen, durch Feuer *od* Hitze beschädigen, *e-e Speise* anbrennen lassen: **be severely ~ed** schwere Verbrennungen erleiden; **~ one's fingers, get one's fingers ~t** sich die Finger verbrennen (*a. fig*); **~ a hole** ein Loch brennen (**in[to]** in *akk*); **~ the throat** im Hals brennen 3 **be ~ed** → B 9 4 TECH (*Holz*)*Kohle, Ziegel, Kalk, Porzellan* brennen 5 a heizen mit, *Kohle etc* verwenden: **we ~ gas this winter** b *bes* SCHIFF betrieben werden *od* fahren mit 6 *US sl* auf dem elektrischen Stuhl hinrichten 7 *US sl e-n Ball etc* pfeffern, schmeißen (*beide umg*) 8 *US sl* übers Ohr hauen, reinlegen (*beide umg*)

Phrasal Verbs: **burn| away** A VI 1 (vor sich hin) brennen 2 herunterbrennen (*Kerze etc*) 3 verbrennen B VT **be burnt away** MED wegbrennen (*Haut etc*); **~ down** A VT ab-, niederbrennen: **be burnt down** → B 1 B VI 1 ab-, niederbrennen 2 herunterbrennen (*Feuer, Kerze etc*); **~ in** VT 1 *Farben etc* einbrennen 2 FOTO nachbelichten; **~ off** VT *Farben etc* abbrennen, *Erdgas* abfackeln; **~ out** A VI 1 ausbrennen (*Feuer, Kerze etc, a.* TECH *Rakete*) 2 AGR ausgelaugt werden (*Boden*) 3 ELEK durchbrennen B VT 1 **be burnt out** ausbrennen (*Haus, Fahrzeug etc*): **they were burnt out of their home** ihr Haus brannte ab 2 **burn itself out** → A 1 3 **burn o.s. out** a sich (*gesundheitlich*) ruinieren, sich kaputtmachen b *bes* SPORT sich völlig verausgaben 4 *feindliche Truppen etc* ausräuchern; **~ up** A VI 1 auflodern 2 a verbrennen b verglühen (*Rakete etc*) 3 *US umg* wütend werden B VT 1 *Abfall etc* verbrennen 2 *US umg j-n* wütend machen

burn² [bɜːn] S *schott* Bach *m*

burner S Brenner *m* (*Person u. Gerät*)

burnet [ˈbɜːnɪt; *US* ˈbɜr-] S BOT 1 Wiesenknopf *m* 2 → pimpernel; **~ rose** S BOT Bibernellrose *f*; **~ saxifrage** S PHARM Bibernellwurz *f*

Burnham scale [ˈbɜːnəm] S *Br Gehaltsskala für Lehrer an staatlichen Schulen*

burning A ADJ (ADV ~ly) 1 brennend (*a. fig*), (*Kohle a.*) glühend: **take a ~ing interest in** brennend interessiert sein an (*dat*); **~ issue** brandaktuelles Problem; **~ sensation** MED Brennen *n* 2 ungeheuer (*Schande etc*) B S 1 Brennen *n* (*a.* TECH) 2 Verbrennung *f*: **~ of witches** Hexenverbrennung 3 TECH Überhitzung *f*; **~ bush** S BIBEL brennender Dornbusch; **~ glass** S Brennglas *n*; **~ life** S Brenndauer *f* (*e-r Glühlampe etc*)

burnish [ˈbɜːnɪʃ; *US* ˈbɜr-] A VT 1 polieren, blank reiben 2 *Metall* brünieren, glanzschleifen, (press-)polieren 3 JAGD *das Geweih* fegen (*Hirsch*) B VI glänzend *od* blank werden C S Glanz *m*, Politur *f*; **burnisher** S 1 Polierer(in) 2 Brünierer(in) 3 TECH Polierstahl *m*

burnoose, **burnous** [bɜːˈnuːs; *US* bɜr-], **burnouse** [-ˈnuːz] S Burnus *m* (*Kapuzenmantel der Beduinen*)

burnout S 1 ELEK Durchbrennen *n* 2 TECH Brennschluss *m* (*e-r Rakete*)

burnt [bɜːnt; *US* bɜrnt] A *prät u. pperf von* burn¹ B ADJ: **the ~ child dreads** (*od* **fears**) **the fire** (*Sprichwort*) (ein) gebranntes Kind scheut das Feuer; **~ almonds** S PL gebrannte Mandeln *pl*; **~ lime** S TECH Ätzkalk *m*, gebrannter Kalk; **~ offering** S 1 BIBEL Brandopfer *n* 2 *hum* angebranntes Essen

burnup S *Atomphysik*: Abbrand *m*

burp [bɜːp; *US* bɜrp] *umg* A S a Rülpsen *n*, Aufstoßen *n* b Rülpser *m*, (*e-s Babys*) Bäuerchen *n umg*: **~ gun** MIL *US* Maschinenpistole *f* B VI rülpsen, aufstoßen, (*Baby*) ein Bäuerchen machen *umg* C VT *ein Baby* ein Bäuerchen machen lassen *umg*

burr¹ [bɜː; *US* bɜr] A S 1 TECH (*Bohr-, Stanz-, Walz- etc*) Grat *m* (*raue Kante od Naht*) 2 TECH kleine Beilagscheibe 3 MED (*Zahn*) Bohrer *m* 4 → bur 1, 2, 3 B VT TECH abgraten

burr² [bɜː; *US* bɜr] A S 1 LING Zäpfchenaussprache *f* des R 2 schnarrende Aussprache 3 Schnarrton *m* B VI 1 rau *od* guttural *od* undeutlich sprechen 2 schnarren C VT guttural aussprechen, schnarren: **he ~s his r's**

burr³ [bɜː; *US* bɜr] S 1 Mühlstein *m* 2 Wetzstein *m*

burr drill S TECH Drillbohrer *m*

burro [ˈbʌrəʊ; ˈbʊ-] *pl* -ros S *US* Esel *m*, *bes* kleiner (Pack)Esel

burrow [ˈbʌrəʊ; *US a.* ˈbɜrəʊ] A S 1 (*Fuchs- etc*) Bau *m*, Höhle *f*, Erdloch *n* 2 Fraßgang *m*, (*Wurm- etc*) Loch *n* 3 Loch *n pej*, (notdürftiger) Unterschlupf B VI 1 e-e Höhle *od* e-n Gang graben 2 sich eingraben *od* verkriechen (**into** in *akk*) 3 *fig* (**into**) a sich vertiefen (in *akk*): **he ~ed into his records** b graben *od* wühlen (in *dat*): **he ~ed into his pockets** 4 **~ about** (*od* **around**) herumwühlen (**in** in *dat*) 5 sich schmiegen (**against** an *akk*) C VT 1 *ein Loch etc* graben (**in** in *akk*) 2 **~ one's head into sb's shoulder** s-n Kopf an j-s Schulter schmiegen

burrowing owl S ORN Höhleneule *f*

bursa [ˈbɜːsə; *US* ˈbɜrsə] *pl* -sae [-siː], -sas S Bursa *f*: a ZOOL Tasche *f*, Beutel *m* b ANAT Schleimbeutel *m*

bursar [ˈbɜːsə; *US* ˈbɜrsər] S UNIV 1 Quästor *m*, Quästorin *f*, Finanzverwalter(in) 2 *bes schott* Stipendiat(in); **bursarship** → bursary 2; **bursary** S UNIV 1 Quästur *f* 2 *bes schott* Stipendium *n*

bursitis [bɜːˈsaɪtɪs; *US* bɜr-] S MED Bursitis *f*, Schleimbeutelentzündung *f*

burst [bɜːst; *US* bɜrst] A VI *prät u. pperf* burst 1 a bersten (*Eis, Mauer etc*), (zer)platzen (*Luftballon, Reifen etc*), brechen (*Damm etc*) b *a.* **~ open** aufplatzen (*Knospe, Wunde etc*), aufspringen (*Knospe, Tür etc*): **she was ~ing out of her dress** sie platzte fast aus ihrem Kleid 2 explodieren, (*Granate etc a.*) krepieren 3 zerbrechen, zersplittern 4 *fig* ausbrechen (**into** in *akk*): **~ out laughing, ~ into laughter** in Gelächter ausbrechen, loslachen, herausplatzen *umg*; **~ out crying, ~ into tears** in Tränen ausbrechen; **the news made her ~ into tears** bei der Nachricht brach sie in Tränen aus; **~ into bloom** plötzlich erblühen; **~ into flame(s)** in Flammen aufgehen; **~ into rage** plötzlich in Wut geraten 5 zum Bersten voll sein (**with** von): **~ with health (energy)** *fig* vor *od* von Gesundheit (Energie) strotzen 6 *fig* bersten, platzen (*beide:* **with** vor *dat*): **~ with curiosity (envy)**; **~ with laughter** sich vor Lachen schütteln; **I am ~ing to tell you** ich brenne darauf, es dir zu sagen 7 **~ in (out)** herein-(hinaus)stürmen: **~ into the room** ins Zimmer platzen *od* stürzen; **~ in (up)on** a hereinplatzen bei *j-m* b sich einmischen in (*akk*), *e-e Unterhaltung etc* unterbrechen 8 **~ into view** (*od* **sight**) plötzlich sichtbar werden; **~ forth** hervorbrechen, -sprudeln; **~ through** durchbrechen (*Sonne etc*); **~ (up)on sb** j-m plötzlich klar werden B VT 1 (auf)sprengen, zum Platzen bringen: **~ open** aufbrechen; **I have ~ a blood vessel** mir ist e-e Ader geplatzt; **~ a hole into sth** ein Loch in etwas sprengen; **the car ~ a tire** (*bes Br* **tyre**) ein Reifen am Wagen platzte; **the river ~ its banks** der Fluss trat über die Ufer *od* durchbrach die Dämme; → bubble A 3, side A 4 2 *Endlosformulare etc* trennen 3 **~ out** herausplatzen (*sagen*): **"I don't believe it!" he ~ out** C S 1 Bersten *n*, Platzen *n* 2 Explosion *f* 3 Bruch *m*, Riss *m* 4 *fig* Ausbruch *m*: **~ of applause** Beifallssturm *m*; **~ of hospitality** plötzliche Anwandlung von Gastfreundschaft; **~ of laughter** Lachsalve *f* 5 *a.* **~ of fire** Feuerstoß *m*, Salve *f* (*e-s Maschinengewehrs etc*) 6 ELEK, PHYS a (Strom)Stoß *m*, Impuls *m* b Ionisationsstoß *m* 7 *a.* **~ of speed** SPORT (Zwischen)Spurt *m*

burster S TECH Schlagschere *f* (*zur Trennung von Endlosformularen etc*)

bursting| point S 1 MIL Sprengpunkt *m* 2 *fig* Siedepunkt *m*: **his nerves were at ~** s-e Nerven waren zum Zerreißen gespannt; **~ strength** S TECH Berst-, Bruchfestigkeit *f*

burthen [ˈbɜːðn; *US* ˈbɜrðən] *obs für* burden¹

burton [ˈbɜːtn; *US* ˈbɜrtn] S 1 SCHIFF *ein leichter Flaschenzug* 2 **have gone for a ~** *Br umg* a im Eimer (*kaputt od gescheitert*) sein b futsch sein c den Löffel weggelegt haben (*gestorben sein*)

Burundi [bʊˈrʊndɪ] S Burundi *n*

Burundian [bʊˈrʊndɪən] A S Burund(i)er(in) B ADJ burundisch

bury [ˈberɪ] VT 1 ver-, eingraben, (ver)senken, ELEK, TECH in die Erde verlegen: **~ one's face in the pillows** sein Gesicht in den *od* die Kis-

B

sen vergraben; ~ **o.s.** (**away** *od* **alive**) **in the country** *fig* sich auf dem Land vergraben; **buried cable** TECH Erdkabel *n*; **buried wire** ELEK Unterputzleitung *f*; → hatchet 2, head *Bes Redew* 2 begraben, beerdigen, bestatten: **be buried alive** a lebendig begraben werden b verschüttet werden; **she has buried three husbands** sie hat (schon) drei Männer überlebt 3 verschütten, begraben: **he was buried under an avalanche**; **be buried in** (*od* **under**) **work** bis über den Hals in Arbeit stecken 4 *fig e-n Streit etc* begraben, vergessen: ~ **the past** e-n Schlussstrich unter die Vergangenheit ziehen 5 ~ **o.s.** sich vertiefen *od* versenken (**in** in *akk*): **be buried in** vertieft sein in (*akk*); **be buried in thought(s)** gedankenversunken *od* in Gedanken versunken sein

burying| beetle S ZOOL (*ein*) Totengräber (-käfer) *m*; ~ **ground** S Begräbnisstätte *f*

bus [bʌs] A *pl* -es, -ses S 1 Omnibus *m*, (Auto)Bus *m*: **on the** ~ im Bus; → miss[2] A 1 2 *umg* Kiste *f* (*Auto, Flugzeug*) 3 COMPUT Bus *m* (*Sammelleitung zur Datenübertragung zwischen mehreren Funktionseinheiten*) B VI *prät u. pperf* **bused, bussed** 1 mit dem Bus fahren 2 *US* als Hilfskellner arbeiten C VT 1 mit Bussen befördern *od* fahren 2 *US Schulkinder* mit Bussen in andere Bezirke befördern, um in den Klassen ein rassisches Gleichgewicht zu erzielen

bus. ABK business

bus| bar S 1 ELEK Strom-, Sammelschiene *f* 2 → bus A 3; ~ **boy** S *US* Hilfskellner *m*

busby [ˈbʌzbɪ] S Bärenfellmütze *f*

bush[1] [bʊʃ] A S 1 Busch *m*, Strauch *m*: **beat about** (*od* **around**) **the** ~ *fig* wie die Katze um den heißen Brei herumgehen, um die Sache herumreden; **he didn't beat about the** ~ a er nahm kein Blatt vor den Mund b er fackelte nicht lange c er kam gleich zur Sache (*a. gegenüber e-r Frau*); **he didn't beat about the** ~ **about** er machte kein Hehl aus, er hielt nicht hinterm Berg mit 2 Gebüsch *n*, Dickicht *n* 3 a (*australischer etc*) Busch b Waldland *n* 4 ~ **of hair** (Haar)Schopf *m* 5 a *obs* Buschen *m* (*zur Kennzeichnung e-r Buschenschenke*) b Wirtshausschild *n* c Reklame *f*: **it needs no** ~ B ADJ → bush-league

bush[2] [bʊʃ] TECH A S Buchse *f*, Büchse *f* B VT ausbuchsen

bush. ABK WIRTSCH bushel(s PL)

bushed [bʊʃt] ADJ *umg* hundemüde

bushel[1] [ˈbʊʃl] S 1 Bushel *m* (*ein Hohlmaß für Trockensubstanzen*): → light[1] A 4 a 2 *US fig umg* Haufen *m*

bushel[2] [ˈbʊʃəl] VT *prät u. pperf* **-eled** *US Kleidung* a ausbessern, flicken b ändern

bush|fire S Buschfeuer *n*; ~**hammer** S TECH Stockhammer *m*

bushing S 1 TECH a → bush[2] A b Muffe *f*, Spannhülse *f* 2 ELEK Durchführungshülse *f*

bush| jacket S Buschhemd *n*; ~ **league** S *bes Baseball: US umg* a untere Spielklasse b Provinzliga *f*; ~**-league** ADJ *US umg* a dilettantisch, Schmalspur… b Provinz… c minderwertig; ~ **leaguer** S *US umg* 1 Spieler *m* in e-r **bush league** 2 a Dilettant(in) b Provinzler(in); ~**man** [-mən] S *irr* 1 ♀ Buschmann *m* (*Südafrikas*) 2 ♀ *US j-d, der im Wald od Busch lebt* 3 *US* Hinterwäldler *m*; ~**master** S ZOOL Buschmeister *m* (*e-e amer. Giftschlange*); ~ **metal** S TECH Hartguss *m*; ~**ranger** S 1 *entsprungener Strafgefangener, der im Busch lebt* 2 *US* Hinterwäldler(in); ~ **shirt** S Buschhemd *n*; ~ **telegraph** S Urwaldtelefon *n*: **I heard it on the** ~ *umg* ich hab so was läuten hören; ~**whack** A VI 1 *US* im Wald *od* Busch leben *od* herumstreichen 2 *US* a als Guerilla kämpfen b e-n Guerillakampf führen B VT *US* aus e-m *od* dem Hinterhalt überfallen; ~**whacker** S 1 *US j-d, der im Wald od Busch lebt od herumstreicht* 2 *US* Guerilla (-kämpfer) *m*

bushy ADJ (ADV **bushily**) buschig; ~**-tailed** ADJ ZOOL mit buschigem Schwanz: → bright-eyed 3

business [ˈbɪznɪs] A S 1 Geschäft *n*, Beruf *m*, Tätigkeit *f*, Gewerbe *n*, Arbeit *f*: **in the music** ~ im Musikgeschäft; **on** ~ geschäftlich, beruflich, in Geschäften, in e-r geschäftlichen Angelegenheit; **be away on** ~ dienstlich *od* geschäftlich unterwegs sein, auf Dienst- *od* Geschäftsreise sein; **on the way to** ~ auf dem Weg zur Arbeit(sstätte); **politics is a dirty** ~ die Politik ist ein schmutziges Geschäft; **carry on** ~ **as an estate agent** als Grundstücksmakler tätig sein; **discuss** ~ über geschäftliche Dinge reden; **he knows his** ~ er versteht sein Geschäft 2 a Kaufmannsberuf *m* b Geschäftsleben *n*, Handel *m*: **be in** ~ Geschäftsmann *od* Kaufmann sein, ein Geschäft haben; **be back in** ~ wieder im Geschäft sein; **go into** ~ Kaufmann werden; **go out of** ~ a das Geschäft *od* s-n Beruf aufgeben b den Betrieb einstellen; ~ **is** ~ Geschäft ist Geschäft 3 WIRTSCH Geschäft(sgang) *n*(*m*), Geschäftsvolumen *n*, Umsatz *m*: **bad for** ~ schlecht fürs Geschäft; **how is** ~**?** wie gehen die Geschäfte?; ~ **is slack** das Geschäft ist flau; ~ **done** (*Börse*) Umsatz(betrag) *m*, (tatsächlich getätigte) Abschlüsse *pl*; **no** ~ (**done**) (*Börse*) ohne Umsatz; **do good** ~ gute Geschäfte machen (**with** mit); **lose** ~ Kundschaft *od* Aufträge verlieren, geschäftliche Einbußen erleiden 4 WIRTSCH Geschäft *n*, (Geschäfts)Unternehmen *n*, (-)Betrieb *m*, Firma *f* 5 (Laden)Geschäft *n* 6 Arbeit *f*, Tätigkeit *f*, Beschäftigung *f*: ~ **before pleasure** erst die Arbeit, dann das Vergnügen; **he puts pleasure before** ~ für ihn ist das Vergnügen wichtiger als die Arbeit; → mix A 7 7 *a.* ~ **of the day** Tagesordnung *f* 8 Sache *f*, Aufgabe *f*, Pflicht *f*: **that's your** ~ (**to do**) das (zu tun) ist d-e Aufgabe; **make it one's** ~ **to do sth, make a** ~ **of doing sth** es sich zur Aufgabe machen, etwas zu tun 9 Angelegenheit *f*, Sache *f*: **life is a serious** ~ das Leben ist e-e ernste Angelegenheit; **that's my** ~ das ist m-e Sache, das geht niemanden etwas an; **this is nobody's** ~ das geht niemanden etwas an; **this is none of your** ~**, that is no** ~ **of yours** das geht Sie nichts an; **get down to** ~ zur Sache kommen; **I'm trying to keep out of this demonstration** ~ *umg* ich versuche, mich aus der ganzen Demonstriererei herauszuhalten; **send sb about their** ~ j-m heimleuchten *umg*; → absolutely 1, mean[1] A 1, mind B 3 10 Anliegen *n*: **what is your** ~**?** was haben Sie auf dem Herzen? 11 Anlass *m*, Grund *m*, Berechtigung *f*: **you have no** ~ **doing** (*od* **to do**) **that** Sie haben kein Recht, das zu tun; **what** ~ **did he have to say that?** wie kam er dazu, das zu sagen? 12 THEAT Aktion *f* (*stumme Szenen, Bewegungen etc; Ggs Sprechtext*) 13 Geschäft *n euph* (*Notdurft*): **do one's** ~ sein Geschäft erledigen *od* machen *od* verrichten B ADJ geschäftlich: ~ **problems**; **for** ~ **reasons** aus geschäftlichen Gründen

business| activity → business A 3; ~ **acumen** S Geschäftstüchtigkeit *f*, -sinn *m*; ~ **address** S Geschäftsadresse *f*; ~ **administration** S Betriebswirtschaft(slehre) *f*; ~ **agent** S 1 Handelsvertreter(in) 2 *US* Gewerkschaftsfunktionär(in); ~ **arithmetic** S kaufmännisches Rechnen, Wirtschaftsrechnen *n*; ~ **associate** S Geschäftspartner(in); ~ **association** S Geschäftsbeziehung *f*, -verbindung *f*; ~ **capital** S WIRTSCH Betriebs-, Geschäftskapital *n*; ~ **card** S Geschäftskarte *f*; ~ **circles** SPL Geschäftskreise *pl*; ~ **class** S FLUG Businessclass *f*; ~ **college** S Wirtschaftsoberschule *f*; ~ **consultant** S WIRTSCH Betriebsberater(in); ~ **contacts** SPL Geschäftskontakte *pl*, -verbindungen *pl*; ~ **cycle** S WIRTSCH *bes US* Konjunkturzyklus *m*; ~ **end** S *umg* wesentlicher Teil (*e-r Sache*), *z. B.* Spitze *f* (*e-s Bohrers od Dolchs*), Mündung *f od* Lauf *m* (*e-r Pistole etc*); ~**-fluent** ADJ verhandlungssicher; ~ **hours** SPL Geschäftsstunden *pl*, -zeit *f*: **after** ~ nach Geschäftsschluss; ~ **income** S WIRTSCH a Geschäftseinkommen *n* b gewerbliche Einkünfte *pl* c Unternehmensgewinn *m*; ~ **letter** S Geschäftsbrief *m*; ~**like** ADJ 1 geschäftsmäßig, geschäftlich, sachlich, nüchtern 2 (geschäfts)tüchtig, praktisch; ~ **lunch** S Geschäftsessen *n*; ~ **machine** S Büromaschine *f*; ~**man** [-mæn] S *irr* Geschäftsmann *m*: **he is a good** ~ er ist geschäftstüchtig; ~ **management** S Betriebswirtschaft(slehre) *f*; ~ **manager** S Geschäftsführer *m*; ~ **outlook** S WIRTSCH Geschäftsaussichten *pl*; ~ **park** S Industriepark *m*; ~ **partner** S WIRTSCH Geschäftspartner(in); ~ **practices** SPL Geschäftsgebaren *n*; ~ **premises** SPL Geschäftsräume *pl*; ~ **relations** SPL Geschäftsbeziehungen *pl*; ~ **reply card** S Werbeantwortkarte *f*; ~ **research** S WIRTSCH Konjunkturforschung *f*; ~ **secret** S Betriebs-, Geschäftsgeheimnis *n*; ~ **studies** SPL Wirtschaftslehre *f*; ~ **suit** S Straßenanzug *m*; ~ **travel(l)er** S Geschäftsreisende(r) *m/f(m)*; ~ **trip** S Geschäftsreise *f*: **be on a** ~ auf Geschäftsreise sein; ~**woman** S *irr* Geschäftsfrau *f*: **she is a good** ~ sie ist geschäftstüchtig; ~ **year** S WIRTSCH Geschäftsjahr *n*

busing S *US Busbeförderung von Schulkindern in andere Bezirke, um in den Klassen ein rassisches Gleichgewicht zu erzielen*

busk[1] [bʌsk] S Korsettstäbchen *n*

busk[2] [bʌsk] VI *Br* auf der Straße musizieren, singen *od* akrobatische Kunststücke *etc* vorführen

busker S *Br* a Straßenmusikant(in) b Straßensänger(in) c *j-d, der auf der Straße akrobatische Kunststücke etc vorführt*

buskin [ˈbʌskɪn] S 1 *obs* geschnürter (Halb-)Stiefel 2 THEAT *Antike*: Kothurn *m* (*dicksohliger Bühnenschuh*) 3 Tragödie *f*, Trauerspiel *n*

bus| lane S Busspur *f*; ~**load** S Busladung *f*; ~**man** [-mən] S *irr* (Omni)Busfahrer *m*: ~**'s holiday** Urlaub, der mit der üblichen Berufsarbeit verbracht wird; ~ **ride** S Busfahrt *f*: **the cinema is only a short** ~ **away** das Kino ist mit dem Bus in wenigen Minuten zu erreichen

buss [bʌs] *obs od dial* A S Kuss *m* B VT & VI (sich) küssen

bus| service S Busverbindung *f*; ~ **shelter** S Wartehäus-chen *n*

bussing → busing

bus| station S Busbahnhof *m*; ~ **stop** S Bushaltestelle *f*

bust[1] [bʌst] S 1 Büste *f*: a Brustbild *n* (*aus Stein, Bronze etc*) b Busen *m* 2 *a.* ~ **size** *Schneiderei*: Oberweite *f*: **what** ~ **are you?** welche Oberweite haben Sie?; ~ (**measurement**) Brustumfang *m*

bust[2] [bʌst] *umg* A VI *prät u. pperf* **busted, bust** 1 a kaputtgehen: **and if I** ~ und wenn es mich umbringt b (zer)platzen 2 pleitegehen 3 ~ **up** a Krach haben b sich verkrachen 4 ~ **out** SCHULE *US* durchrasseln, durchrauschen B VT 1 *a.* ~ **up** a *etwas, a. fig e-e Ehe* kaputtmachen b zum Platzen bringen c *e-n Safe*, MIL *e-n Panzer* knacken d *US* sich *etwas* brechen: **he ~ed his arm** c *e-e Versammlung, e-e Blockade etc* sprengen 2 Pleite machen 3 a festnehmen, verhaften (*beide:* **for** wegen) b e-e Razzia machen in (*dat*) c durchsuchen 4 MIL *US* degradieren (**to** zu) 5 *US ein Pferd* zureiten 6 *bes US j-m* e-n (Faust)Schlag versetzen: **he ~ed him on the jaw** er verpasste ihm e-n Kinnhaken C S 1 Pleite *f, a. weitS.* Reinfall *m* 2 a Festnahme *f*, Verhaftung *f* b Razzia *f* c Durchsuchung *f* 3 MIL *US* Degradierung *f* 4 *bes US* (Faust)Schlag *m*: **give sb a ~ on the jaw** j-m e-n Kinnhaken verpassen 5 a Sauferei *f* b Sauftour *f*: **go on a ~** e-e Sauftour machen D ADJ 1 kaputt, im Eimer 2 pleite: **go ~** pleitegehen

bustard ['bʌstə(r)d] S ORN Trappe *f, a. m*

buster S *umg* 1 a Mordsding *n* b Mordskerl *m* 2 *oft* ♀ *bes US* (*als Anrede*) Chef!, Meister!, (*drohend*) Freundchen! 3 (*in Zusammensetzungen*) ...knacker *m*: **safe ~** Geldschrankknacker 4 *US* Zureiter *m* 5 *US* a → bust[2] C 5 b Gröler *m* 6 *heftiger, kalter Südwind*

bustier ['bʌstɪeɪ; *bes US* bu:'stjeɪ] S Bustier *n* (*miederartig anliegendes, nicht ganz bis zur Taille reichendes, meist trägerloses Oberteil*)

bustle[1] ['bʌsl] A V/I 1 *a.* **~ about** (*od* **around**) geschäftig hin u. her eilen (in *dat*) 2 a sich beeilen b eilen, hasten 3 **the streets are bustling with life** auf den Straßen herrscht geschäftiges Treiben B V/T *a.* **~ up** antreiben, hetzen C S a Geschäftigkeit *f* b geschäftiges Treiben

bustle[2] ['bʌsl] S HIST Tournüre *f* (*unter dem Kleid getragenes Gesäßpolster*)

bustler S geschäftiger Mensch; **bustling** ADJ (ADV **~ly**) 1 geschäftig 2 belebt (*Straße etc*)

bust-up S *umg* Krach *m*: **have a ~** → bust[2] A 3

busy ['bɪzɪ] A ADJ (ADV **busily**) 1 beschäftigt, tätig: **be (very) ~** (sehr) beschäftigt sein, (viel) zu tun haben; **he was ~ sorting the books** er war damit beschäftigt, die Bücher zu ordnen; **keep ~** *j-n* in Trab halten *umg*, (*Boxen*) *s-n Gegner* beschäftigen 2 geschäftig, emsig, rührig, fleißig: **get ~** an die Arbeit!, ran!; → bee[1] 1 3 *Straßen etc:* a belebt b verkehrsreich, stark befahren 4 arbeitsreich (*Tag etc*): **I had a ~ day yesterday** ich hatte gestern viel zu tun 5 über-, diensteifrig, auf-, zudringlich, lästig 6 **the line is ~** TEL *bes US* es ist besetzt, es wird gesprochen 7 unruhig (*Muster, Tapete etc*) B V/T (**o.s.** sich) beschäftigen (**with** mit): **~ o.s. doing sth** sich damit beschäftigen, etwas zu tun; **~body** S *j-d, der s-e Nase ständig in anderer Leute Angelegenheiten steckt*; **~ Lizzie** S BOT *Br* Gartenbalsamine *f*

busyness S Geschäftigkeit *f*

busy signal S, **~ tone** S TEL *bes US* Besetztzeichen *n*

but [bʌt] A ADV 1 nur, bloß: **there is ~ one way out** es gibt nur einen Ausweg; **I did ~ glance** ich blickte nur flüchtig hin 2 erst, gerade: **he left ~ an hour ago** er ist erst vor e-r Stunde (weg)gegangen 3 wenigstens, immerhin: **you could ~ try** 4 **all ~** fast, beinahe, um ein Haar *umg*: **he all ~ died** er wäre fast gestorben B PRÄP 1 außer: **all ~ him** alle außer ihm, alle bis auf ihn; **the last ~ one** der Vorletzte; **the last ~ two** der Drittletzte; **nothing ~ nonsense** nichts als Unsinn; **~ that** außer dass; es sei denn, dass 2 **~ for** ohne: **~ for my parents** wenn m-e Eltern nicht (gewesen) wären C KONJ 1 (*nach Negativen od Interrogativen*) außer, als: **what can I do ~ refuse** was bleibt mir anderes übrig als abzulehnen; **he could not ~ laugh** er musste einfach lachen 2 *obs* ohne dass: **he never comes ~ he causes trouble** er kommt nie, ohne Unannehmlichkeiten zu verursachen 3 *a.* **~ that, ~ what** (*nach Negativen*) *obs* dass nicht: **you are not so stupid ~** (*od* **~ that, ~ what**) **you can learn that** du bist nicht so dumm, dass du das nicht lernen könntest 4 *obs* **~ that** dass: **you cannot deny ~ that you did it** 5 **~ that** *obs* wenn nicht: **I would do it ~ that I am busy** 6 aber, jedoch: **you want to do it, ~ you cannot** du willst es tun, aber du kannst es nicht; **small ~ select** klein, aber fein; **~ then** a aber schließlich b aber andererseits c immerhin 7 dennoch, nichtsdestoweniger: **~ yet, ~ for all that** (aber) trotzdem 8 sondern: **not only ..., ~ also** nicht nur ..., sondern auch D REL PR *neg obs* der *od* die *od* das nicht: **there is no one ~ knows about it** es gibt niemanden, der es nicht weiß; **few of them ~ rejoiced** es gab nur wenige, die sich nicht freuten E S Aber *n*, Einwand *m*, Widerrede *f*: **no ~s about it!** kein Aber!; → if[1] B

butadiene [ˌbju:tə'daɪi:n] S CHEM Butadien *n*

butane ['bju:teɪn] S CHEM Butan *n*

butanol ['bju:tənɒl; *US a.* -ˌəʊl] S CHEM Butanol *n*, Butylalkohol *m*

butanone ['bju:tənəʊn] S CHEM Butanon *n*

butch [bʊtʃ] *sl* A S 1 a Mannweib *n* b kesser Vater (*Lesbierin, die sich betont männlich kleidet u. gibt*) 2 *Br* Schläger(typ) *m* B ADJ 1 maskulin: **~ woman** a → A 1 a b → A 1 b; **be ~** auf kesser Vater machen 2 *Br* gewalttätig

butcher ['bʊtʃə(r)] A S 1 Fleischer *m*, Metzger *m*, Schlachter *m*: **~'s** Fleischerei *f*, Metzgerei *f*; **at the ~'s** beim Metzger 2 *fig* a (Menschen)Schlächter *m*, brutaler Mörder b Henker *m* (*Richter, der wegen s-r Bluturteile berüchtigt ist*) c *General etc, der sinnlos Blut vergießt* 3 Pfuscher *m pej* 4 *US* Verkäufer *m* (*von Süßigkeiten etc, bes in Zügen od Theatern*) B V/T 1 schlachten 2 abschlachten, niedermetzeln 3 verpfuschen *pej*; **butcherly** ADJ grausam, blutdürstig

butcher's (hook) S *Br sl* Blick *m*: **have a ~ at** e-n Blick werfen auf (*akk*)

butchery S 1 Fleischer-, Metzger-, Schlachterhandwerk *n* 2 Schlachthaus *n*, -hof *m* 3 *fig* a Metzelei *f*, Gemetzel *n* b Abschlachten *n*, Niedermetzeln *n*

butene ['bju:ti:n] S CHEM Buten *n*

butler ['bʌtlə(r)] S 1 Kellermeister *m* 2 Butler *m*

butt[1] [bʌt] A S 1 (dickes) Ende (*e-s Werkzeugs etc*) 2 (*Gewehr- etc*) Kolben *m* 3 a (*Zigarren-, Zigaretten-, Kerzen*) Stummel *m*, (*Zigaretten*) Kippe *f* b *US umg* Glimmstängel *m* (*Zigarette*) 4 BOT unteres Ende (*vom Stiel od Stamm*) 5 TECH a Stoß *m* (*Berührungsstelle von Bauteilenden*) b → butt joint 6 a Kugelfang *m* b *meist pl* Schießstand *m* 7 *fig* Zielscheibe *f* (**of, for** *des Spottes etc*) 8 a Kopfstoß *m* (*a. Boxen*) b Stoß *m* mit den Hörnern: **give** *sb* **a ~** → B 2 9 *umg* Hintern *m*, Arsch *m vulg* 10 *obs* Ziel *n* B V/T 1 TECH stumpf aneinanderfügen 2 a *j-m* e-n Kopfstoß versetzen (*a. Boxen*) b *j-m* e-n Stoß mit den Hörnern versetzen 3 *e-e Zigarre, Zigarette* ausdrücken C V/I 1 **~ in** *umg* sich einmischen (**on** in *akk*), dazwischenreden: **~ into** sich einmischen in (*akk*) 2 (an)stoßen, (an)grenzen (*beide:* **on, against** an *akk*): **~ out** vorspringen 3 a mit dem Kopf stoßen (*a. Boxen*) b mit den Hörnern stoßen

butt[2] [bʌt] S 1 Wein-, Bierfass *n* 2 Butt *n* (*ein amerikanisches Flüssigkeitsmaß*)

butte [bju:t] S GEOL *US* Spitzkuppe *f*

butt| end S 1 dickes Endstück 2 TECH Plankenende *n*; **~ ending** S *Eishockey*: Stockstich *m*

butter ['bʌtə(r)] A S 1 Butter *f*: **(as) fat as ~** dick u. rund *od* fett; **he looks as if ~ wouldn't melt in his mouth** er sieht aus, als könnte er nicht bis drei zählen *od* als könnte er kein Wässerchen trüben; → bread *Bes Redew* 2 *butterähnliche Masse:* → cocoa butter, peanut butter 3 *umg* Schmus *m*, Schöntuerei *f* B V/T 1 buttern, mit Butter bestreichen: **~ed toast** Toast *m* mit Butter; → bread *Bes Redew* 2 mit Butter zubereiten 3 **~ up** *umg j-m* schöntun, *j-m* Honig ums Maul schmieren C V/I **~ up to** → B 3; **~ball** S *US umg pej* Dicke(r) *m/f(m)*, Dickerchen *n*; **~ bean** S BOT Mond-, Limabohne *f*; **~ boat** S kleine Sauciere (*für zerlassene Butter*); **~ churn** S Butterfass *n* (*zum Buttern*); **~cream** S Buttercreme *f*; **~cup** S BOT Butterblume *f*, Hahnenfuß *m*; **~ dish** S Butterdose *f*, -schale *f*; **~fat** S Butterfett *n*; **~fingered** ADJ: **he's ~** *umg* er ist tollpatschig, ihm rutscht alles aus der Hand; **~fingers** *pl* -fingers S *umg* Tollpatsch *m*

butterfly S 1 ZOOL Schmetterling *m*, Tagfalter *m*: **have butterflies in one's stomach** (*od* **tummy**) *umg* a Schmetterlinge im Bauch haben, ein flaues Gefühl in der Magengegend haben b Lampenfieber haben; → wheel A 6 2 *fig* a Schmetterling *m* (*flatterhafter, oberflächlicher Mensch*) b Papagei *m pej* (*auffällig u. geschmacklos gekleideter Mensch*) c vergnügungssüchtiger Mensch 3 *a.* **~ stroke** Delfinschwimmen *n*: **do** (*od* **swim**) **the ~ stroke** delfinschwimmen, im Delfinstil schwimmen; **~ swimmer** Delfinschwimmer(in); **~ bomb** S MIL Flügelsprengbombe *f*; **~ net** S Schmetterlingsnetz *n*; **~ nut** S TECH Flügelmutter *f*; **~ screw** S TECH Flügelschraube *f*; **~ valve** S TECH Drossel-, Absperrklappe *f*

butterine ['bʌtəri:n] S Kunstbutter *f*

butter| knife S *irr* Buttermesser *n*; **~milk** S Buttermilch *n*; **~ mountain** S WIRTSCH Butterberg *m*; **~ muslin** S locker gewebter Musselin; **~nut** S BOT a Grauer Walnussbaum b Graunuss *f*; **~scotch** S Karamellbonbon *m/n*; **~wort** S BOT Fettkraut *n*

buttery A ADJ 1 butterartig, Butter...: **~ taste** 2 mit Butter bestrichen *od* beschmiert: **his ~ fingers** s-e Butterfinger 3 *umg* schöntuerisch B S 1 Speisekammer *f* 2 UNIV *Br* Mensa *f*

butt joint S TECH Stumpfverbindung *f*

buttock ['bʌtək] S 1 Gesäßbacke *f*, ZOOL Hinterbacke *f* 2 *pl* Gesäß *n*, ZOOL Hinterteil *n* 3 *meist pl* SCHIFF Heck *n*

button ['bʌtn] A S 1 Knopf *m*: **be (as) bright as a ~** *umg* ein heller Kopf sein; **not be worth a ~** *umg* keinen Pfifferling wert sein; **be a ~ short** *umg* nicht alle Tassen im Schrank haben; **he's still got all his ~s** *umg* er ist geistig noch voll da; → care B 4 2 (*Klingel-, Licht-, Druck-, Schalt-*) Knopf *m*, (*Druck*) Taste *f*; COMPUT Schaltfläche *f*, Button *m* 3 *knopfähnlicher Gegenstand, z. B.* a Button *m*, (Ansteck)Plakette *f*, (-)Nadel *f*, Abzeichen *n* b (*Fechten*) Spitzenschutz *m* c MUS (Register)Knopf *m* d MUS (Spiel)Knopf *m* (*der Ziehharmonika*) e ELEK (Mikrofon)Kapsel *f* f Rundkopfmarkierung *f* (*im Straßenverkehr*) 4 BOT *knotenartige Bildung bei Pflanzen:* a Auge *n*, Knospe *f* b Fruchtknoten *m* c kleine *od* verkümmerte Frucht d junger Pilz 5 *Boxen: umg* Punkt *m* (*Kinnspitze*): **his answer was right on the ~** *bes US* s-e Antwort traf genau ins Schwarze B V/T *meist* **~ up** zuknöpfen: **~ sth up** *umg* etwas unter Dach u. Fach bringen; **be all ~ed up** *umg* unter Dach u. Fach sein; **he's fairly ~ed up** er ist ziemlich zugeknöpft; **~ up one's lip** (*od* **mouth**) *umg* den Mund halten C V/I 1 sich knöpfen lassen, *hinten etc* geknöpft werden 2 **~ up** *umg* den Mund halten D ADJ knöpfbar, mit Knöpfen; **~-down** ADJ Button-down-...: a *fest geknöpft*: **~ collar** b *mit fest geknöpftem Kragen*: **~ shirt**; **~hole** A S 1 Knopfloch *n* 2 *bes Br* a Knopflochsträußchen *n* b Blume *f* im Knopfloch 3 MED Knopflochschnitt *m* B VT 1 *j-n* abfangen (u. auf ihn einreden) 2 Knopflöcher nähen in *(akk)* 3 mit Knopflochstichen nähen; **~hole stitch** S Knopflochstich *m*; **~hook** S HIST Stiefelknöpfer *m*; **~ mushroom** S BOT Champignon *m*

buttons ['bʌtnz] *pl* -tons S *Br umg* (Hotel)Page *m*

button| switch S TECH Druckknopfschalter *m*; **~ tab** S Knopfleiste *f*; **~-through** ADJ durchgeknöpft

buttress ['bʌtrɪs] A S 1 ARCH Strebe-, Stützpfeiler *m* 2 *fig* Stütze *f* 3 vorspringender Teil B VT: *a.* **~ up** 1 (durch Strebepfeiler) stützen 2 *fig* (unter)stützen

butt| shaft S MIL, HIST Pfeil *m*; **~ strap** S TECH Stoßblech *n*, Lasche *f*; **~ weld** S TECH Stumpf(schweiß)naht *f*; **~-weld** VT stumpfschweißen; **~ welding** S Stumpfschweißen *n*

butty ['bʌtɪ] S *Br umg* Sandwich *n*

butyl ['bju:tɪl] S CHEM Butyl *n*; **~ alcohol** S CHEM Butylalkohol *m*

butylene ['bju:tɪli:n] S CHEM Butylen *n*

butyraceous [,bju:tɪ'reɪʃəs] ADJ CHEM butterartig *od* -haltig

butyraldehyde [,bju:tɪ'rældɪhaɪd] S CHEM Butyraldehyd *n*

butyrate ['bju:tɪreɪt] S CHEM Butyrat *n*

butyric [bju:'tɪrɪk] ADJ CHEM Butter...: **~ acid** Buttersäure *f*

buxom ['bʌksəm] ADJ (ADV **~ly**) drall; **buxomness** S Drallheit *f*

buy [baɪ] A S *umg* Kauf *m*, *(das)* Gekaufte: **a good (bad) ~** ein guter (schlechter) Kauf; **be a good ~** *a.* preiswert sein B VT *prät u. pperf* bought [bɔ:t] 1 (ein)kaufen, beziehen *(beide:* **from**, *umg* **off** von; **at** bei): **~ sb (o.s.) sth** j-m (sich) etwas kaufen; **~ sb a drink, ~ a drink for sb** j-m etwas zu trinken spendieren; **~ sth from sb** j-m etwas abkaufen; **a pound ~s less than it did some years ago** für ein Pfund bekommt man heute weniger als noch vor einigen Jahren; **all that money can ~** alles, was für Geld zu haben ist; **give sb the best education money can ~** j-m die bestmögliche Ausbildung finanzieren; **he's bought it** *umg* ihn hat's erwischt *(er ist umgekommen)* 2 *e-e Fahrkarte etc* lösen 3 WIRTSCH **~ o.s. into** sich einkaufen in *(akk)*; **~ insurance** sich versichern lassen 4 *fig* a *e-n Sieg etc* erkaufen (**with** mit): **dearly bought** teuer erkauft b *Zeit* gewinnen 5 a *j-n* kaufen *(bestechen)*: **he cannot be bought** er ist nicht käuflich b **~ sb's silence** (sich) j-s Schweigen erkaufen 6 REL erlösen 7 *umg etwas* glauben: **I won't ~ that!** das kauf ich dir *etc* nicht ab! C VI 1 kaufen 2 **~ into** → B 3

Phrasal Verbs: **buy| back** VT zurückkaufen; **~ in** A VT 1 sich eindecken mit 2 *(auf e-r Auktion)* zurücknehmen 3 **buy o.s. in** WIRTSCH sich einkaufen B VI 1 sich eindecken (**for** für) 2 → A 3; **~ off** VT → buy B 5 a; **~ out** VT 1 *e-n Teilhaber etc* abfinden, auszahlen 2 *e-e Firma etc* aufkaufen 3 *j-n* freikaufen (**of** aus *e-m Vertrag*, MIL *bes* HIST von *der Armee etc*); **~ over** VT → buy B 5 a; **~ up** VT aufkaufen

buyer S 1 Käufer(in), Abnehmer(in): **~s** *(Kurszettel)* Geld; **~-up** Aufkäufer(in); **~s' market** WIRTSCH Käufermarkt *m*; **~'s option** Kaufoption *f*, *(Börse)* Vorprämie(ngeschäft) *f(n)*; **~s' strike** Käuferstreik *m* 2 WIRTSCH Einkäufer(in)

buying A S (Ein-, Ab)Kauf *m* B ADJ (Ein)-Kaufs...: **~ agent** Einkaufsvertreter(in), Einkäufer(in); **~ brokerage** Einkaufsprovision *f*; **~ department** Einkauf(sabteilung) *m(f)*; **~ order** Kaufauftrag *m*; **(excessive) ~ power** (überschüssige) Kaufkraft; **~ price** Einkaufspreis *m*; → binge, spree

buzz [bʌz] A VI 1 summen, surren, brummen, schwirren: **~ about** (*od* **around**) herumschwirren *(a. fig)*; **~ off** *umg (meist imp)* abschwirren, abhauen 2 **~ for sb** j-n mit dem Summer rufen 3 *fig* dröhnen (**with** von): **my ears are ~ing** mir dröhnen die Ohren; **~ing with excitement** in heller Aufregung B VT 1 *ein Gerücht etc* verbreiten, in Umlauf setzen 2 surren lassen 3 *US* mit e-r Kreissäge schneiden 4 a *j-n* mit dem Summer rufen b TEL *umg j-n* anrufen 5 FLUG a in geringer Höhe überfliegen b (bedrohlich nahe) heranfliegen an *ein Flugzeug etc* C S 1 Summen *n*, Brummen *n*, Surren *n*, Schwirren *n*: **give sb a ~** a j-n mit dem Summer rufen b TEL *umg* j-n anrufen; **have a ~ on** *bes US sl* angestochen *(beschwipst)* sein 2 Gemurmel *n*, Stimmengewirr *n* 3 Gerede *n*, Gerücht *n*

buzzard ['bʌzə(r)d] S ORN a *(bes* Mäuse)Bussard *m* b Neuwelt-, *bes* Truthahngeier *m*

buzz bomb → flying bomb

buzzer S 1 Summer *m*, Brummer *m*, *bes* summendes Insekt 2 Summer *m*, Summpfeife *f* 3 ELEK a Summer *m*: **at the ~** beim Ertönen des Summers b Unterbrecher *m*

buzz| phrase S leere Phrase, Worthülse *f*; **~ saw** S TECH *US* Kreissäge *f*; **~ word** S Schlagwort *n*

BVM ABK Beata Virgo Maria, Blessed Virgin Mary

b/w ABK black and white

BWR ABK boiling-water reactor

bx(s). ABK WIRTSCH box(es PL)

by[1] [baɪ] A PRÄP 1 *(örtlich)* (nahe *od* dicht) bei *od* an *(dat)*, neben *(dat)*: **a house ~ the river** ein Haus beim *od* am Fluss; **side ~ side** Seite an Seite 2 vorbei *od* vorüber an *(dat)*, an *(dat)* ... entlang: **he went ~ the church** 3 über *(akk)*: **go ~ London** 4 auf *(dat)*, entlang *(akk od dat) (Weg etc)*: **come ~ another road** e-e andere Straße entlangkommen 5 per, mit, mittels, durch *(ein Verkehrsmittel)*: → air[1] A 1, post[3] A 1, *etc* 6 *(zeitlich)* bis zu, bis um, bis spätestens: **be here ~ 4.30** sei spätestens um 4 Uhr 30 hier; **~ that time** a bis dahin, unterdessen b um diese Zeit, (ungefähr) zu diesem Zeitpunkt; → now[1] *Bes Redew* 7 während, bei *(Tageszeit)*: → day *Bes Redew, etc* 8 nach, ...weise: **be sold ~ the meter** (*bes Br* **metre**) meterweise verkauft werden; → hour, *etc* 9 nach, gemäß: **it is ten ~ my watch** nach *od* auf m-r Uhr ist es zehn 10 von: → nature 2, trade A 4 11 von, durch *(Urheberschaft)*: **she has a son ~ him** sie hat e-n Sohn von ihm; **he has a daughter ~ his first marriage** er hat e-e Tochter aus erster Ehe; **a play ~ Shaw** ein Stück von Shaw; **it was settled ~ him** es wurde durch ihn *od* von ihm erledigt; → oneself 1 12 mittels, mit Hilfe von, mit, durch: **written ~ pencil** mit Bleistift geschrieben; **~ listening** durch Zuhören; **~ (his) talking rapidly** dadurch, dass er schnell redet(e); → force A 1, A 3, A 4 letter[1] A 2 13 um *(bei Größenverhältnissen)*: **be (too) short ~ an inch** um e-n Zoll zu kurz sein 14 MATH a mal: **3 ~ 4**; **the size is 9 feet ~ 6** die Größe ist 9 auf 6 (*od* 9 × 6) Fuß; → multiply A 2 b *durch*: **6 ~ 2**; → divide A 7 a 15 an *(dat)*, bei: → root[1] A 1, seize A 1 a B ADV 1 nahe, da(bei): **~ and large** im Großen u. Ganzen; **~ and ~** a bald, demnächst b nach u. nach c kurze Zeit später; → close B, hard B 4 2 vorbei..., vorüber...: → go by, pass by, *etc* 3 beiseite: → put by *etc*

by[2] → bye-bye c

by- [baɪ] *Wortelement mit den Bedeutungen* a (nahe) dabei *od* vorbei b Neben..., Seiten... c geheim

by|-and-by S *US* Zukunft *f*; **~-blow** S 1 versehentlicher Schlag 2 *obs* uneheliches Kind

bye[1] [baɪ] S 1 Nebensache *f*: **by the ~** übrigens, nebenbei (bemerkt) 2 SPORT Freilos *n*: **draw a ~** ein Freilos ziehen; **have a ~ into the second round** durch Freilos in die zweite Runde kommen

bye[2] [baɪ] → bye-bye c

bye- → by-

bye-blow → by-blow 2

bye-bye A S ['baɪbaɪ] *Br meist pl*: **go to ~s** *(Kindersprache)* a in die Heia gehen, heia machen b einschlafen B ADV *US* → bye-byes C INT [,baɪ'baɪ] *umg* a Wiedersehen!, tschüs! b TEL Wiederhören!; **bye-byes** ADV: **go ~** *(Kindersprache) Br* a in die Heia gehen, heia machen b einschlafen

bye-election → by-election; **bye-laws** → bylaws

by-effect S Nebenwirkung *f*; **by-election** S PARL Nachwahl *f*

Byelorussia [,bjeləʊ'rʌʃə] S Weißrussland *n*; **Byelorussian** [,bjeləʊ'rʌʃn; ,bel-] A S 1 Weißrusse *m*, -russin *f* 2 LING Weißrussisch *n*, das Weißrussische B ADJ weißrussisch: **she's ~** sie ist Weißrussin

bygone A ADJ (längst) vergangen: **in ~ days** in längst vergangenen Tagen, in früheren Zeiten B S *(das)* Vergangene: **let ~s be ~s** lass(t) das Vergangene ruhen, sprechen wir nicht mehr davon; **bylaws** SPL 1 Satzung *f* 2 *Br* Gemeindeverordnung *f*, städtische Verordnung, Ortsstatuten *pl* 3 WIRTSCH *US (bes das Innenverhältnis e-r Aktiengesellschaft regelnde)* Nebensatzung; **by-line** S 1 Verfasserzeile *f*, -angabe *f (unter der Überschrift e-s Zeitungsartikels)* 2 *Fußball*: Torauslinie *f*; **by-name** S 1 Beiname *m* 2 Spitzname *m*; **bypass** A S 1 Umleitung *f*, Umgehungsstraße *f* 2 TECH Bypass *m*, Nebenleitung *f* 3 Seiten-, Nebenkanal *m* 4 ELEK Nebenschluss *m*, Shunt *m*: **~ capacitor** (*od* **condenser**) Überbrückungskondensator *m* 5 *Gasbrenner*: Dauerflamme *f* 6 MED Bypass *m*: a *vorübergehende Blutumleitung e-s Gefäßes während e-r Operation an diesem Gefäß* b *Überbrückung e-s krankhaft veränderten Blutgefäßabschnitts durch Einpflanzung e-s Venenstücks etc*: **have ~ surgery** sich e-r Bypassoperation unterziehen B VT 1 umgehen *(a. fig)* 2 vermeiden 3 *fig* übergehen 4 ab-, umleiten 5 ELEK a shunten, vorbeileiten b überbrücken; **bypath** → byway; **by-play** S THEAT Nebenspiel *n*; **by-plot** S Nebenhandlung *f (im Drama etc)*; **by-product** S Nebenprodukt *n (a. fig)*, Nebenerzeugnis *n*

BYOB ABK bring your own bottle

byre ['baɪə] S *Br* Kuhstall *m*

byrnie ['bɜ:nɪ; *US* 'bɜrni:] S MIL, HIST Brünne *f*

byroad S Seiten-, Nebenstraße *f*

Byronic [baɪ'rɒnɪk; *US* -'rɑ-] ADJ (ADV **~ally**) 1 byronsche(r, s) 2 byronisch, satirisch-melancholisch

bystander S Umstehende(r) *m/f(m)*, Zuschauer(in); **bystreet** S Seiten-, Nebenstraße *f*

byte [baɪt] S IT Byte *n*: a *Zusammenfassung von 8 Binärstellen als Einheit für die Speicherkapazität* b *Maß für die Speicherkapazität*

byway S 1 Seiten-, Nebenstraße *f* 2 *fig* a Nebenaspekt *m* b Nebengebiet *n*; **byword** S 1 Sprichwort *n* 2 (**for**) Inbegriff *m (gen)*, Musterbeispiel (für): **be a ~ for** stehen für, gleichbedeutend sein mit; **they are a ~ for hospitality** ihre Gastfreundschaft ist sprichwörtlich 3 *fig Gegenstand allgemeinen Spottes od allgemeiner Verachtung*: **make sb a ~** a j-n zum Gespött der Leute machen b j-n der allgemeinen Verachtung preisgeben 4 *(bes* verächtlicher) Beina-

me **5** stehende Redensart, Schlagwort *n*
byzant ['bɪzənt] → bezant
Byzantine [bɪ'zæntaɪn; *bes US* 'bɪzənti:n; -taɪn] HIST **A** ADJ byzantinisch: **the ~ Empire** das Byzantinische Reich **B** S Byzantiner(in)

c ABK **1** MATH constant **2** cubic **3** cycle
C¹, **c** [si:] *pl* C's, Cs, c's, **cs** [si:z] S **1** C, c *n (Buchstabe)* **2** MUS C, c *n (Tonbezeichnung)*: **C flat** Ces, ces *n*; **C sharp** Cis, cis *n* **3** MUS C *n (Taktzeichen des Viervierteltakts)* **4** **C** SCHULE, UNIV Drei *f*: **get a C in German** in Deutsch „befriedigend" *od* e-e Drei bekommen
C² ABK **1** CHEM carbon **2** Celsius **3** centigrade **4** century
c. ABK **1** carat **2** CHEM carbon **3** cent(s PL) **4** century **5** centuries PL **6** chapter **7** circa **8** copyright
CA ABK **1** California **2** Central America **3** WIRTSCH chartered accountant **4** WIRTSCH chief accountant **5** consular agent **6** *Br* Consumers' Association
C/A ABK **1** WIRTSCH capital account **2** WIRTSCH credit account **3** WIRTSCH current account
ca. ABK **1** circa **2** ELEK cathode
CAA ABK *Br* Civil Aviation Authority
cab [kæb] **A** S **1** **a** *bes* HIST (Pferde)Droschke *f* **b** Taxi *n* **2** **a** Führerstand *m (e-r Lokomotive)* **b** Fahrerhaus *n (e-s Lastkraftwagens), (a. e-s Krans)* Führerhaus *n* **B** VI mit der Droschke *od* dem Taxi fahren
CAB ABK **1** *US* Civil Aeronautics Board **2** *Br* Citizens' Advice Bureau
cabal [kə'bæl] **A** S **1** Kabale *f*, Komplott *n*, Verschwörung *f*, Intrige *f* **2** *(a. als pl konstruiert)* Clique *f*, Verschwörergruppe *f* **3** *(a. als pl konstruiert)* exklusiver *(literarischer etc)* Zirkel **B** VI **1** sich verschwören **2** intrigieren
cabala [kə'bɑ:lə; *US a.* 'kæbələ] S Kabbala *f*: **a** *jüdische Geheimlehre* **b** *allg* Geheimlehre *f*
cabalism ['kæbəlɪzəm] S Kabbalistik *f*, Geheimwissenschaft *f*; **cabalistic** ADJ, **cabalistical** ADJ (ADV ~ly) kabbalistisch
caballine ['kæbəlaɪn; -lɪn] ADJ Pferde...: **~ fountain** (*od* **spring**) *poet* Hippokrene *f*, Musenquell *m*
cabana [kə'bɑ:nə; *US* kə'bænə] S *bes US* Bade-, Umkleidezelt *n*
cabaret ['kæbəreɪ; *US* ˌkæbə'reɪ] S **1** *a.* **~ show** Varietédarbietungen *pl (in e-m Restaurant od Nachtklub)* **2** *bes US* Restaurant *n od* Nachtklub *m* mit Varietédarbietungen
cabbage¹ ['kæbɪdʒ] S **1** BOT **a** Kohl *m* **b** Kohlkopf *m*: **(as) big** (*od* **large**) **as a ~** riesengroß *(Blüte etc)* **2** BOT Palmkohl *m* **3** *bes Br umg* stumpfsinniger Mensch: **he has become a ~** **a** er ist stumpfsinnig geworden **b** er vegetiert nur noch dahin **4** *a.* **~ leaves** *pl US sl* Lappen *pl (Papiergeld, Geldscheine)*
cabbage² ['kæbɪdʒ] VT & VI *bes Br umg* klauen
cabbage| butterfly S ZOOL Großer Kohlweißling; **~ fly** S ZOOL *(e-e)* Kohlfliege; **~head** S **1** Kohlkopf *m* **2** *umg* → cabbage¹ 3; **~ lettuce** S BOT Kopfsalat *m*; **~ palm** S BOT Kohlpalme *f*; **~ rose** S BOT Hundertblättrige Rose, Zentifolie *f*; **~ tree** S BOT Kohlpalme *f (verschiedene Palmarten mit essbaren Knospen)*; **~ white** → cabbage butterfly
cabbala, **cabbalism**, **cabbalistic** → cabala *etc*

cabbie, **cabby** ['kæbɪ] *umg für* cabdriver
cabdriver S **1** *bes* HIST Droschkenkutscher *m* **2** Taxifahrer(in)
caber ['keɪbə] S *schott* Baumstamm *m*: **tossing the ~** Baumstammwerfen *n*
cabin ['kæbɪn] **A** S **1** Häuschen *n*, Hütte *f* **2** SCHIFF Kabine *f*, Kajüte *f* **3** FLUG Kabine *f*: **a** Fluggastraum *m* **b** Kanzel *f* **4** Kabine *f (e-r Seilbahn etc)* **5** *Br* → cab A 2 b **6** BAHN *Br* Stellwerk *n* **B** VT einpferchen **C** VI **a** beengt hausen **b** in e-r Hütte wohnen; **~ attendant** S FLUG *US* Flugbegleiter(in); **~ boy** S SCHIFF junger Kabinensteward; **~ class** S SCHIFF Kabinen-, Kajütsklasse *f*; **~ cruiser** S SCHIFF Kabinenkreuzer *m*
cabinet ['kæbɪnɪt] S **1** *oft* ♀ POL Kabinett *n*: **~ colleague** Kabinettskollege *m*, -kollegin *f*; **~ crisis** Regierungskrise *f*; **~ list** Kabinettsliste *f*; **~ meeting** Kabinettssitzung *f*; **~ minister** Kabinettsminister(in); **~ question** Kabinettsfrage *f*; **~ reshuffle** Kabinettsumbildung *f* **2** POL *obs* Beratungs-, Sitzungszimmer *n* **3** kleiner Raum, Kabine *f* **4** *obs* Privat-, Studierzimmer *n* **5** Vitrine *f*, Kabinett-, Sammlungsschrank *m* **6** *(Büro-, Kartei-, Labor- etc)* Schrank *m*, *(Wand)* Schränkchen *n* **7** Schatulle *f*, kleine Truhe **8** RADIO *etc* Gehäuse *n*, Schrank *m* **9** **a** → cabinet photograph **b** → cabinet size **10** → cabinet wine; **~ edition** S bibliophile Ausgabe *(Buch)*; **~maker** S Kunst-, Möbeltischler(in); **~making** S Kunst-, Möbeltischlerei *f*; **~ painting** S Kabinettmalerei *f*; **~ photograph** S Fotografie *f* im Kabinettformat; **~ piano** S MUS Pianino *n*; **~ pudding** S GASTR *Süßspeise aus Brot od Kuchen, Trockenobst, Eiern u. Milch*; **~ saw** S TECH zweischneidige Handsäge; **~ size** S FOTO Kabinettformat *n (100 × 140 mm)*; **~ varnish** S Möbelpolitur *f*, -lack *m*; **~ wine** S Kabinettwein *m*; **~work** S Kunsttischlerarbeit *f*
cabin staff S *(a. als pl konstruiert)* FLUG Kabinenpersonal *n*
cable ['keɪbl] **A** S **1** Kabel *n*, (Draht)Seil *n*: **cut one's ~s** *fig* alle Brücken hinter sich abbrechen **2** SCHIFF Ankertau *n*, -kette *f*: **slip the ~** **a** das Ankertau schießen lassen **b** *umg* den Löffel weglegen *(sterben)* **3** ELEK (Leitungs)Kabel *n* **4** ARCH Schiffstauverzierung *f* **5** → cablegram **6** → cable transfer **7** Kabelfernsehen *n*: **on ~** auf Kabel **B** VT **1** *a.* **~ up** TV *ein Gebiet etc* verkabeln **2** mit e-m Kabel versehen *od* befestigen **3** *Drähte etc* kablieren, zu e-m Kabel zusammendrehen **4** **a** *j-m etwas* telegrafieren **b** *j-n* telegrafisch benachrichtigen **5** *j-m Geld* telegrafisch anweisen *od* überweisen **6** ARCH *e-n Säulenschaft* seilförmig winden **C** VI telegrafieren; **~ address** S Telegrammadresse *f*; **~ box** S ELEK Kabelabzweiger *m*, -kasten *m*; **~ bridge** S Seil(hänge)brücke *f*; **~ car** S **1** *Seilbahn*: **a** Kabine *f* **b** Wagen *m* **2** Wagen *m* (→ cable railway 2); **~cast** [-kɑ:st; *US* -ˌkæst] **A** VT *prät u. pperf* -cast, -casted per Kabelfernsehen übertragen **B** S per Kabelfernsehen übertragene Sendung; **~ channel** S TV Kabelkanal *m*; **~ control** S TECH Seil(zug)steuerung *f*
cablegram ['keɪblgræm] S (Übersee-) Telegramm *n*
cable| joint S **1** TECH **a** Seilschloss *n* **b** Seilverbindung *f* **2** ELEK Kabelverbindung *f*; **~-laid** ADJ TECH kabelartig gedreht: **~ rope** Kabeltrosse *f*; **~ length** → cable's length; **~ mo(u)lding** S ARCH Schiffstauverzierung *f*; **~ railway** S **1** (Draht)Seilbahn *f* **2** *Straßenbahn in San Francisco, deren Wagen durch unter der Straße liegende Drahtseile gezogen werden*; **~ release** S FOTO Drahtauslöser *m*

cablese [keɪ'bli:z] S Telegrammstil *m*
cable's length ['keɪblz] S SCHIFF Kabellänge *f (Br 185,3 m, US 219,5 m)*
cable stitch S Kettenstich *m*, Zopfmuster *n*
cablet ['keɪblɪt] S TECH kleines Kabel *(mit e-m Umfang von unter 25 cm)*
cable| television S Kabelfernsehen *n*; **~ tier** ['tɪə(r)] S SCHIFF Kabelgatt *n*; **~ transfer** S *US* telegrafische Geldüberweisung; **~ TV** → cable television; **~vision** *US* → cable television; **~way** S TECH Seilförderanlage *f*
cabling ['keɪblɪŋ] S ARCH Schiffstauverzierung(en) *f(pl)*
cabman [-mən] S *irr* → cabdriver
caboodle [kə'bu:dl] S: **the whole (kit and) ~** *umg* **a** *(von Sachen)* der ganze Plunder *od* Kram *(beide pej)* **b** *(von Leuten)* die ganze Blase *od* Sippschaft *(beide pej)*
caboose [kə'bu:s] S **1** SCHIFF Kombüse *f* **2** BAHN *US* Dienstwagen *m*
cabotage ['kæbətɑ:ʒ; -tɪdʒ] S *Land-, See-, Luftverkehr*: Kabotage *f (die meist den eigenen Angehörigen e-s Staats vorbehaltene Erbringung von Beförderungsleistungen zwischen zwei Punkten des Inlands)*
cab rank S *Br* → cabstand
cabriole [ˌkæbrɪ'əʊl; *bes US* 'kæbrɪˌəʊl] S **1** *a.* **~ leg** HIST *geschwungenes, verziertes (Stuhl-etc)Bein* **2** *Ballett*: Cabriole *f (Sprungschritt mit gestreckten Beinen, wobei das untere gegen das obere Bein schlägt)*
cabriolet [ˌkæbrɪəʊ'leɪ] S Kabriolett *n*: **a** *zweirädriger Einspänner mit Klappdach* **b** *obs Auto mit Klappverdeck*
cabstand S **1** *bes* HIST Droschkenstand *m* **2** Taxistand *m*
ca'canny [kɑ:'kænɪ; kɔ:-] S WIRTSCH *schott* Bummelstreik *m*
cacao [kə'kɑ:əʊ; kə'keɪəʊ; *US a.* kə'kaʊ] S **1** BOT Kakaobaum *m* **2** → cacao bean; **~ bean** S Kakaobohne *f*; **~ butter** S Kakaobutter *f*
cacciatore [ˌkætʃə'tɔ:rɪ; *US* ˌkɑ-; *a.* -'təʊri:] ADJ GASTR *bes US* nach Jägerart: **chicken ~**
cachalot ['kæʃəlɒt; *US* -ˌlɑt; -ˌləʊ] S ZOOL Pottwal *m*
cache [kæʃ] **A** S **1** geheimes *(Waffen- etc)* Lager, (-)Versteck *n*: **a ~ of weapons**; **~ (memory)** COMPUT Cache(speicher) *m* **2** versteckte Vorräte *pl* **B** VT verstecken
cachectic [kə'kektɪk] ADJ MED kachektisch, hinfällig
cachepot ['kæʃpɒt; kæʃ'pəʊ; *US* 'kæʃˌpɑt; -ˌpəʊ] S Übertopf *m*
cachet ['kæʃeɪ] S **1** Siegel *n*: **place one's ~ (up)on** *fig e-e Sache* billigen **2** *fig* Stempel *m*, Merkmal *n*, Gepräge *n* **3** Prestige *n*, Ansehen *n*: **a man of ~** ein angesehener Mann **4** *Postwesen*: **a** Sonderstempel *m* **b** Werbeaufdruck *m*
cachexia [kə'keksɪə], **cachexy** [kə'keksɪ] S MED Kachexie *f (starker Kräfteverfall)*
cachinnate ['kækɪneɪt] VI vor Lachen brüllen
cachou ['kæʃu:; kæ'ʃu:] S **1** → catechu **2** Cachou *n (Pille gegen Mundgeruch)*
cacique [kæ'si:k; kə-] S **1** Kazike *m*: **a** *südamerikanischer Indianerhäuptling* **b** *Ortsvorsteher in Südamerika* **2** ORN *(ein)* Stirnvogel *m*
cack-handed [ˌkæk'hændɪd] ADJ *Br umg* **1** linkshändig: **be ~** Linkshänder(in) sein **2** tolpatschig
cackle ['kækl] **A** VI gackern *(Huhn)*, schnattern *(Gans)*, *fig a.* gackernd lachen **B** VT *Worte etc* (hervor)schnattern, gackern **C** S Gegacker *n*, Geschnatter *n*, *fig a.* gackerndes Lachen: **cut the ~!** *Br umg* Schluss mit dem Geschnatter!; **cackling** → cackle C
cacoepy ['kækəʊepɪ; *US* 'kækəˌwepi:] S schlechte *od* fehlerhafte Aussprache

cacogenics [ˌkækəʊ'dʒenɪks; -kə'dʒ-] SPL (als sg konstruiert) SOZIOL Erforschung f der Rassenschädigungen
cacography [kæ'kɒgrəfɪ; US kæ'kɑ-] S Kakografie f: a schlechte Handschrift b fehlerhafte Schreibweise
cacology [kæ'kɒlədʒɪ; US kæ'kɑ-] S Kakologie f: a fehlerhafte Ausdrucksweise b schlechte Aussprache
cacophonic [ˌkækəʊ'fɒnɪk; US ˌkækə'fɑnɪk] ADJ, **cacophonical** ADJ (ADV ~ly) → cacophonous; **cacophonous** [kæ'kɒfənəs; US kæ'kɑ-] ADJ (ADV ~ly) kakofon, misstönend; **cacophony** S Kakofonie f: a MUS Missklang m, Dissonanz f b LING *schlecht klingende Folge von Lauten*
cactaceous [kæk'teɪʃəs] ADJ BOT 1 kaktusartig 2 zu den Kakteen gehörend, Kaktus…
cactus ['kæktəs] pl -ti [-taɪ], -tuses S BOT Kaktus m
cacuminal [kæ'kjuːmɪnl; kə-] LING A ADJ Kakuminal… B S Kakuminal m (mit der Zungenspitze am Gaumendach gebildeter Laut)
cad [kæd] S obs Schuft m, Schurke m
CAD ABK computer-aided design
cadaster → cadastre
cadastral [kə'dæstrəl] ADJ Kataster…
cadastre [kə'dæstə(r)] S Kataster m/n, Flur-, Grundbuch n
cadaver [kə'deɪvə; US kə'dævər] S MED Leichnam m
cadaveric [kə'dævərɪk] ADJ leichenhaft, Leichen…; **cadaverous** ADJ (ADV ~ly) 1 → cadaveric 2 a leichenblass b ab-, ausgezehrt
caddie ['kædɪ] (Golf) A S a Caddie m (Schlägerträger(in)) b → caddie cart B V/I Caddie sein: ~ **for sb** j-s Caddie sein; ~ **cart** S Caddie m (kleiner Wagen zum Transport der Golftasche)
caddis ['kædɪs] S a. ~ **bait**, ~ **worm** ZOOL Larve f der Köcherfliege; ~ **fly** S ZOOL (e-e) Köcherfliege
caddish ['kædɪʃ] ADJ (ADV ~ly) obs schuftig, schurkisch
caddy[1] ['kædɪ] S (bes Tee) Büchse f
caddy[2] → caddie
cade [keɪd] ADJ von Menschen aufgezogen (Jungtier)
cadence ['keɪdəns] S 1 (Vers-, Sprech)Rhythmus m 2 Takt(schlag) m, Rhythmus m (a. fig) 3 MUS a Kadenz f, Schluss(fall) m b Schlussphrase f c Schlussverzierung f 4 a Sinken (-lassen) n b Tonfall m, Modulation f (der Stimme) c (besonderer) Akzent (e-r Sprache) 5 MIL Zeitmaß n, Gleichschritt m (Marsch); **cadenced** ADJ MUS kadenziert; **cadency** S 1 → cadence 2 Heraldik: Abstammung f von e-r jüngeren Linie
cadenza [kə'denzə] S MUS Kadenz f: a (eingeschaltete) Solopassage b Konzertkadenz f
cadet [kə'det] S 1 MIL Kadett m: ~ **corps** Br Kadettenkorps n 2 (Polizei- etc) Schüler m: ~ **nurse** Schwesternschülerin f 3 jüngerer Sohn od Bruder: ~ **branch** jüngere Linie (e-r Familie)
cadge [kædʒ] A V/I schnorren, nassauern (beide pej) (beide: **from, off** bei, von) B V/T erbetteln, schnorren pej (beide: **from, off** bei) C S 1 **be on the** ~ Br umg schnorren, nassauern (beide pej) 2 Br → cadger; **cadger** S Schnorrer(in), Nassauer(in) (beide pej)
cadi ['kɑːdɪ; 'keɪdɪ] S Kadi m, Bezirksrichter m (im Orient)
cadillac ['kædɪlæk; 'kædl,æk] V/I US sl relaxen, sich entspannen
Cadmean victory [kæd'miːən] S Pyrrhussieg m
cadmium ['kædmɪəm] S CHEM Kadmium n; ~ **orange** S Kadmiumorange n; ~**-plate** V/T TECH kadmieren
cadre ['kɑːdə; US 'kædriː] S 1 (a. als pl konstruiert) WIRTSCH, MIL, POL Kader m 2 WIRTSCH, POL Kader m (Mitglied e-s Kaders) 3 Rahmenorganisation f 4 fig Grundstock m, Rahmen m
caduceus [kə'djuːsjəs; -sɪəs; US a. -'duː-; -ʃəs] pl -cei [-sjaɪ; -sɪaɪ] S MYTH Merkurstab m, a. Äskulapstab m
caducity [kə'djuːsətɪ; US a. -'duː-] S 1 Flüchtigkeit f, Vergänglichkeit f 2 a Senilität f b Greisenalter n 3 JUR a Erlöschen n (von Ansprüchen) b Verfall m, Heimfall m (e-s Rechts) c Ablauf m (e-s Vertrags); **caducous** [-kəs] ADJ 1 flüchtig, vergänglich 2 BOT leicht od frühzeitig abfallend 3 **be** ~ ZOOL abgestoßen od abgeworfen werden 4 JUR a erloschen b verfallen, heimgefallen c abgelaufen
caeca ['siːkə] pl von caecum
caecal ['siːkəl] ADJ ANAT Blinddarm…
caecum ['siːkəm] pl -ca [-kə] S ANAT Caecum n, Zäkum n, Blinddarm m
Caerphilly [kə(r)'fɪlɪ] S Caerphilly n (*Grafschaft u. Stadt in Wales*)
Caesar, Gaius Julius[1] ['siːzə(r), gaɪəs dʒuːlɪəs] EIGENN Cäsar m (*100-44 v.Chr.; Römischer Feldherr, Staatsmann u. Schriftsteller*)
Caesar[2] ['siːzə(r)] S 1 Cäsar m (Titel der römischen Kaiser): **render unto ~ the things that are ~'s** gebt dem Kaiser, was des Kaisers ist 2 a. ♀ Autokrat m
Caesarean, Caesarian [siː'zeərɪən] A ADJ 1 cäsarisch 2 a. ♀ MED: ~ **operation** (od **section**) → B; **she had a ~ birth** (od **delivery**) sie hatte e-n Kaiserschnitt B S a. ♀ MED Kaiserschnitt m: **our baby was born by ~** unser Baby kam durch Kaiserschnitt auf die Welt
Caesarism ['siːzərɪzəm] S Cäsarismus m, Autokratie f
caesium ['siːzɪəm] S CHEM Cäsium n, Zäsium n
caesura [siː'zjʊərə; US sɪ'zʊrə; -'ʒʊrə] pl -ras, -rae [-riː] S Zäsur f: a LIT (Vers)Einschnitt m b MUS Ruhepunkt m
café ['kæfeɪ; -fɪ; US kæ'feɪ; kə-] S 1 Café n 2 Lokal n 3 US a Kneipe f b Nachtklub m; ~ **au lait** [əʊ'leɪ] S Milchkaffee m; ~ **filtre** ['fɪltə(r)] S Filterkaffee m; ~ **noir** [nwɑː(r)] S schwarzer Kaffee
cafeteria [ˌkæfɪ'tɪərɪə] S Cafeteria f, Selbstbedienungsrestaurant n, engS. Kantine f, UNIV Mensa f
caff [kæf] S Br sl → café 1, 2
caffein, caffeine ['kæfiːn; US a. kæ'fiːn] S CHEM Koffein n, Kaffein n; **caffeinism** S MED Koffeinismus m, Koffeinvergiftung f
Caffer, Caffre → Kaf(f)ir
caftan ['kæftæn; kæf'tæn] S Kaftan m (aus Asien stammendes langes Obergewand)
cag [kæg] umg → cagoule
cage [keɪdʒ] A S 1 (Tier-, Vogel) Käfig m, (Vogel) Bauer n, a. m: → rattle B 1 2 fig Käfig m, Gefängnis n 3 a Gitterzelle f b MIL Kriegsgefangenenlager n 4 a Kabine f (e-s Aufzugs) b Bergbau: Förderkorb m 5 TECH a Käfig m (e-s Kugellagers) b Stahlgerüst n (a. ARCH e-s Hochhauses): ~ **construction** ARCH (Stahl)Skelettbau m 6 ELEK Käfig(schutz) m 7 umg a Basketball: Korb m b Eishockey: Tor n B V/T 1 in e-n Käfig sperren, einsperren: **feel ~d in** sich eingesperrt fühlen, sich wie in e-m Käfig od Gefängnis fühlen 2 Eishockey: die Scheibe im Tor unterbringen; ~ **aerial**, bes US ~ **antenna** S RADIO Käfig-, Reusenantenne f; ~ **bird** S Käfig-, Stubenvogel m
caged [keɪdʒd] ADJ (in e-n Käfig) eingesperrt, hinter Gittern: ~ **bird** → cage bird; ~ **valve** S TECH hängendes Ventil
cageling ['keɪdʒlɪŋ] → cage bird
cagey ['keɪdʒɪ] ADJ (ADV cagily) umg 1 verschlossen: **be very ~ about** ein großes Geheimnis machen aus 2 vorsichtig 3 US schlau, gerissen umg
cagoule [kə'guːl] S Br a Regenhaut f b Windjacke f
cahoot [kə'huːt] S meist pl umg: **be in ~s** gemeinsame Sache machen, unter einer Decke stecken (beide: **with** mit); **be in ~s with the devil** mit dem Teufel im Bunde stehen; **go in ~s** sich zusammentun (**with** mit)
CAI ABK computer-assisted (od -aided) instruction
caiman → cayman
Cain [keɪn] S: **raise ~** umg a Krach machen, lärmen b Krach machen od schlagen umg (protestieren)
Cainozoic [ˌkaɪnəʊ'zəʊɪk; ˌkeɪ-] → Cenozoic
cairn [keə(r)n] S 1 Steinhaufen m, -hügel m: a Grenzmal n b (Archäologie) Hügelgrab n 2 a. ~ **terrier** ZOOL Cairn-Terrier m
cairngorm [ˌkeə(r)n'gɔ(r)m], a. ♀ **stone** S MINER Rauchquarz m
Cairo ['kaɪərəʊ; 'kaɪrəʊ] S Kairo n
caisson [kə'suːn; bes US 'keɪsən] S 1 TECH a Caisson m, Senkkasten m (im Tiefbau) b Schleusenponton m c → camel 2 2 MIL a Munitionswagen m b HIST kistenförmige Mine; ~ **disease** S MED Caisson-, Druckluftkrankheit f
caitiff ['keɪtɪf] S obs od poet Schurke m
cajole [kə'dʒəʊl] V/T 1 j-m schmeicheln, schöntun, um den Bart gehen umg 2 j-n beschwatzen, j-m gut zureden (beide: **into doing** zu tun): ~ **sb out of sth** j-m etwas ausreden; ~ **sth out of sb** j-m etwas abbetteln; **cajolement, cajolery** [-ərɪ] S 1 Schmeichelei f, schmeichlerische Worte pl 2 gutes Zureden
cake [keɪk] A S 1 Kuchen m, Torte f: **not be all ~s and ale** kein reines Vergnügen sein; **marriage is not always ~s and ale** die Ehe hat nicht nur angenehme Seiten; **go** (od **sell**) **like hot ~s** umg weggehen wie warme Semmeln, reißenden Absatz finden; **take the ~** umg den Vogel abschießen; **that (really) takes the ~!** umg a das ist (einsame) Spitze b pej das ist (wirklich) das Allerletzte!; **you can't have your ~ and eat it, you can't eat your ~ and have it** du kannst nur eines von beiden tun od haben, entweder — oder!; **a share in** (od **a slice of**) **the ~** umg ein Stück vom Kuchen; → piece A 1 2 Fladen m, ungesäuertes Brot, bes schott Haferkuchen m 3 (Fleisch-, Fisch) Frikadelle f 4 kuchen- od laibförmige Masse, z. B. Tafel f (Schokolade), Riegel m (Seife) 5 (Schmutz- etc) Kruste f: **a ~ of dirt** B V/T mit e-r Kruste überziehen: **~d in** (od **with**) **mud** schmutzverkrustet C V/I sich zusammenballen, (in Klumpen) zusammenbacken, klumpen; ~ **fork** S Kuchengabel f; **~hole** S Br umg Fresse f sl (Mund); ~ **mix** S Back-, Teigmischung f; ~ **server** S Tortenheber m, -schaufel f; ~ **tin** S Br Kuchenblech n; **~walk** A S 1 MUS Cakewalk m (ein Gesellschaftstanz) 2 fig umg Kinderspiel n B V/I Cakewalk tanzen
cakey, caky ['keɪkɪ] ADJ a klumpend b klumpig
CAL ABK computer-assisted learning
cal.[1] ABK 1 calendar 2 caliber; bes Br calibre 3 PHYS calorie
Cal.[2] ABK California
calabash ['kæləbæʃ] S 1 BOT a Flaschenkürbis m b a. ~ **tree** Kalebassenbaum m 2 Kalebasse f: a BOT *Frucht des Kalebassenbaums* b *aus der Schale des Flaschenkürbis od der Frucht des Kalebassenbaums hergestelltes Gefäß*
calaboose ['kælə,buːs] S US umg Kittchen n
calamary ['kæləmərɪ; US -,meriː] → squid

calami ['kæləmaɪ] *pl von* calamus
calamine ['kæləmaɪn] S MINER *obs* Galmei *m*: a *Br* Zinkspat *m* b *US* Kieselzinkerz *n*
calamint (balm) ['kæləmɪnt] S BOT Kölle *f*, Bergminze *f*
calamite ['kæləmaɪt] S GEOL Kalamit *m* *(fossiler Schachtelhalm)*
calamitous [kə'læmɪtəs] ADJ (ADV ~ly) verheerend, katastrophal; **calamity** [-mətɪ] S 1 großes Unglück, Katastrophe *f*: **in the ~** bei der Katastrophe; **~ of nature** Naturkatastrophe; ♀ **Jane** a Schwarzseherin *f*, Unke *f umg* b überängstlicher Mensch 2 Elend *n*, Misere *f*
calamus ['kæləməs] *pl* -mi [-maɪ] S 1 BOT Gemeiner Kalmus 2 *Antike*: Calamus *m (Schreibgerät aus Schilfrohr)* 3 ZOOL Calamus *m (hohler Teil des Federkiels)*
calash [kə'læʃ] S 1 Kalesche *f (leichte vierrädrige Kutsche)* 2 HIST *(e-e)* (Frauen)Haube
calcaneus [kæl'keɪnɪəs] *pl* -nei [-nɪaɪ] S ANAT Calcaneus *m*, Fersenbein *n*
calcareous [kæl'keərɪəs] ADJ CHEM 1 kalkartig 2 kalkig, Kalk…
calceolaria [ˌkælsɪə'leərɪə] S BOT Pantoffelblume *f*
calces ['kælsiːz] *pl von* calx
calcic ['kælsɪk] ADJ Kalk…, Kalzium…
calcicole ['kælsɪkəʊl] S BOT kalziphile *od* Kalk liebende Pflanze
calciferol [kæl'sɪfərɒl; *US* -rɔːl, -rəʊl] S CHEM, MED Calciferol *n (Vitamin D_2)*
calciferous [kæl'sɪfərəs] ADJ CHEM 1 kalkhaltig 2 kohlensauren Kalk enthaltend
calcific [kæl'sɪfɪk] ADJ Kalk bildend; **calcification** S 1 MED Verkalkung *f* 2 Kalkbildung *f* 3 GEOL Kalkablagerung *f*
calcify ['kælsɪfaɪ] VT & VI verkalken
calcimine ['kælsɪmaɪn] A S Kalkanstrich *m* B VT kalken
calcination [ˌkælsɪ'neɪʃn] S CHEM Kalzinierung *f*; **calcine** ['kælsaɪn] A VT kalzinieren B VI kalziniert werden
calcite ['kælsaɪt] S MINER Calcit *m*, Kalkspat *m*
calcium ['kælsɪəm] S CHEM Kalzium *n*; **~ carbide** S (Kalzium)Karbid *n*; **~ carbonate** S Kalziumkarbonat *n*; **~ chloride** S Kalziumchlorid *n*, Chlorkalzium *n*; **~ hydroxide** S Kalziumhydroxid *n*, gelöschter Kalk; **~ light** → limelight 1; **~ oxide** S Kalziumoxid *n*, Ätzkalk *m*, gebrannter Kalk; **~ phosphate** S Kalziumphosphat *n*
calc|-sinter ['kælk-] S GEOL Kalksinter *m*, Travertin *m*; **~spar** S MINER Kalkspat *m*; **~-tufa**, **~-tuff** S GEOL Kalktuff *m*
calculable ['kælkjʊləbl] ADJ (ADV calculably) 1 berechen-, kalkulierbar: **~ risk** kalkulierbares Risiko 2 verlässlich
calculate ['kælkjʊleɪt] A VT 1 berechnen, ausrechnen: **~ that …** damit rechnen, dass … 2 WIRTSCH *Preise etc* kalkulieren 3 *e-e Entfernung etc* kalkulieren, berechnen, abschätzen 4 *s-e Chancen etc* abwägen 5 a *s-e Worte* abwägen b *die Wirkung s-r Worte* kalkulieren, berechnen 6 *meist passiv* berechnen, planen: → calculated 2 7 *US umg* vermuten, denken, glauben *(alle:* **that** dass) B VI 1 rechnen, e-e Berechnung anstellen 2 WIRTSCH kalkulieren 3 **~ (up)on** rechnen mit *od* auf *(akk)*, zählen *od* sich verlassen auf *(akk)*: **you can't ~ on his coming** du kannst nicht damit rechnen, dass er kommt; **calculated** ADJ (ADV ~ly) 1 berechnet (**for** auf *akk*), gewollt, beabsichtigt: **a ~ indiscretion** e-e gezielte Indiskretion; **a ~ insult** e-e bewusste Beleidigung; **a ~ risk** ein kalkuliertes Risiko 2 gedacht, bestimmt *(beide:* **for** für; **to do** zu tun): **it was ~ to impress** es sollte Eindruck machen; **calculating** ADJ (ADV ~ly) 1 (kühl) überlegend *od* abwägend 2 a berechnend b schlau, gerissen *umg* 3 Rechen…: **~ machine**; **calculation** S 1 Berechnung *f*, Ausrechnung *f*: **be out in one's ~** sich verrechnet haben 2 WIRTSCH Kalkulation *f*: **~ of profits** Gewinnkalkulation, Rentabilitätsrechnung *f* 3 Überlegung *f*: **after much ~** nach reiflicher Überlegung 4 a Berechnung *f*: **with cold ~** kalt berechnend b Schläue *f*, Gerissenheit *f umg*; **calculative** [-lətɪv; *bes US* -ˌleɪtɪv] ADJ berechnend; **calculator** [-tə(r)] S 1 WIRTSCH Kalkulator *m*, Kalkulatorin *f* 2 Rechentabelle *f* 3 Rechner *m (Gerät)*
calculi ['kælkjʊlaɪ] *pl von* calculus[1,2]
calculous ['kælkjʊləs] ADJ MED 1 steinkrank 2 Stein…
calculus[1] ['kælkjʊləs] *pl* -li [-laɪ], -luses S MED *(Blasen-, Gallen- etc)* Stein *m*
calculus[2] ['kælkjʊləs] *pl* -li [-laɪ], -luses S MATH Kalkül *n*: a Rechnungsart *f*, *(Differenzial- etc)* Rechnung *f* b höhere Analysis, *bes* Infinitesimalkalkül *n*: **~ of probabilities** Wahrscheinlichkeitsrechnung
Calcutta [kæl'kʌtə] S Kalkutta *n*
caldron *US* → cauldron
calèche, **caleche** [kə'læʃ; kə'leʃ] → calash
Caledonia [ˌkælɪ'dəʊnjə; -nɪə] S HIST *od poet* Kaledonien *n (Schottland)*; **Caledonian** [ˌkælɪ'dəʊnjən] *poet* A ADJ kaledonisch *(schottisch)* B S Kaledonier(in)
calefacient [ˌkælɪ'feɪʃnt] A ADJ erwärmend B S MED erwärmendes Mittel; **calefaction** [-'fækʃn] S 1 Erwärmung *f* 2 Umweltschädigung *f* durch Wärme
calendar ['kælɪndə(r)] A S 1 Kalender *m* 2 Jahrbuch *n*, Almanach *m* 3 *fig* Kalender *m*, Zeitrechnung *f* 4 Liste *f*, Register *n*, (Urkunden)Verzeichnis *n* 5 a *a.* WIRTSCH, JUR Terminkalender *m* b PARL *US* Sitzungskalender *m* 6 *obs* Vorbild *n*, Muster *n* B ADJ Kalender…: **~ month**; **~ year**; **~ clock** *(od* **watch)** Kalender-, Datumsuhr *f* C VT 1 in e-n Kalender eintragen 2 registrieren
calender[1] ['kælɪndə(r)] TECH A S Kalander *m*, Satiniermaschine *f* B VT kalandern, satinieren
calender[2] ['kælɪndə(r)] S Derwisch *m*
calends ['kælɪndz; 'kæləndz] SPL *(a. als sg konstruiert) Antike:* Kalenden *pl (1. Tag des altrömischen Monats)*: **on the Greek ~** *fig* am Sankt-Nimmerleins-Tag *umg hum*
calenture ['kælənˌtjʊə; *bes US* -ˌtʃʊə(r)] S MED hitziges Fieber, Tropenfieber *n*
calf[1] [kɑːf; *US* kæf] *pl* calves [-vz] S 1 Kalb *n (bes der Kuh, a. vom Elefanten, Seehund, Wal, Hirsch etc)*: **in ~** trächtig *(Kuh)*; → fat c 2 Kalb(s)leder *n* 3 *a.* **~ binding** *(Buchbinderei)* Franz-, Lederband *m* 4 *umg* Kalb *n*, Schafskopf *m (beide pej)* 5 treibende Eisscholle
calf[2] [kɑːf; *US* kæf] *pl* calves [-vz] S ANAT Wade *f*
calf|bound ADJ in Kalb(s)leder gebunden; **~ love** S *umg* jugendliche Schwärmerei
calf's-foot jelly ['kɑːvzfʊt; *US* 'kævz-] S GASTR Kalbsfußsülze *f*
calfskin S a Kalb(s)fell *n* b Kalb(s)leder *n*
Caliban ['kælɪbæn] S Kaliban *m*, Unhold *m*
caliber, *bes Br* **calibre** ['kælɪbə(r)] S 1 Kaliber *n*: a *innerer Durchmesser von Rohren u. Bohrungen* b *äußerer Durchmesser e-s Geschosses* 2 TECH Kaliber *n (Messgerät)* 3 *fig* Kaliber *n*, Format *n*: **a politician of high ~** ein Politiker höheren Kalibers; **calibered**, *bes Br* **calibred** ADJ …kalibrig
calibrate ['kælɪbreɪt] VT TECH 1 graduieren, e-e Gradeinteilung anbringen an *(dat)* 2 kalibrieren: a *Messinstrumente, Gefäße* eichen b *Werkstücke* auf genaues Maß bringen c das Kaliber *(gen)* messen; **calibrated** ADJ graduiert; **calibration** S 1 Graduierung *f* 2 Kalibration *f*, Kalibrierung *f*, Eichung *f*
calibre, **calibred** *bes Br für* caliber, calibered
calices ['keɪlɪsiːz; 'kæ-] *pl von* calix
calico ['kælɪkəʊ] A *pl* -cos, -coes S 1 *bes US* Kaliko *m*, (bedruckter) Kattun 2 *Br* weißer *od* ungebleichter Baumwollstoff B ADJ 1 *bes US* Kattun… 2 *US umg* bunt, scheckig
calif, **califate** → caliph, caliphate
Calif. ABK California
California [ˌkælɪ'fɔː(r)njə; -nɪə] S Kalifornien *n*
Californian [ˌkælɪ'fɔː(r)njən] A ADJ kalifornisch B S Kalifornier(in)
californium [ˌkælɪ'fɔː(r)nɪəm] S CHEM Californium *n*
calipash ['kælɪpæʃ] S *(essbare) Gallerte an der oberen Platte der Schildkröte*
calipee ['kælɪpiː] S *(essbare) Gallerte am Bauchschild der Schildkröte*
caliper, *bes Br* **calliper** ['kælɪpə(r)] A S 1 TECH *meist pl*, *a.* **pair of ~s** Greif-, Tastzirkel *m*, Taster *m*: **inside ~s** Innen-, Lochtaster; **outside ~s** Außentaster 2 MED (Geh)Schiene *f* 3 TECH Bremssattel *m* B VT TECH mit e-m Greifzirkel messen; **~ rule** S TECH (Werkstatt-)Schieblehre *f*; **~ slide** S TECH Schieb-, Schublehre *f*
caliph ['kælɪf; 'keɪ-] S Kalif *m*; **caliphate** ['kælɪfeɪt; -fɪt] S Kalifat *n*
calisthenic, *bes Br* **callisthenic** [ˌkælɪs'θenɪk], **calisthenical**, *bes Br* **callisthenical** [-kl] ADJ gymnastisch, Gymnastik…; **calisthenics**, *bes Br* **callisthenics** SPL 1 *(meist als sg konstruiert)* Gymnastik(lehre) *f* 2 Gymnastik *f*, Freiübungen *pl*
calix ['keɪlɪks; 'kælɪks] *pl* calices [-lɪsiːz] S Kelch *m (a. REL)*
calk[1] [kɔːk] VT 1 SCHIFF kalfatern, *(a. allg Ritzen)* abdichten 2 TECH verstemmen
calk[2] [kɔːk] A S 1 Stollen *m (am Hufeisen)* 2 *bes US* Griffeisen *n*, Gleitschutzbeschlag *m (an der Schuhsohle)* B VT mit Stollen *etc* versehen
calk[3] [kælk] VT (ab-, durch)pausen
calkin ['kælkɪn; 'kɔːkɪn] → calk[2]
call [kɔːl] A S 1 Ruf *m (a. Tennis: e-s Linienrichters)*, Schrei *m (beide:* **for** nach): **~ for help** Hilferuf; **within ~** in Rufweite; **they came at my ~** sie kamen auf mein Rufen hin; **the doctor had a ~ this morning** der Arzt wurde heute Morgen zu e-m Patienten gerufen 2 (Lock)Ruf *m (e-s Tieres)* 3 *fig* Lockung *f*, Ruf *m*: **the ~ of the sea (of nature)**; **that's the ~ of nature** das ist etwas ganz Natürliches; **he felt a ~ of nature** *euph hum* er verspürte ein menschliches Rühren; **he answered the ~ of nature** *euph hum* er verrichtete sein Geschäft; **answer** *(od* **obey) the ~ of duty** der Pflicht gehorchen 4 Signal *n*: **~ to quarters** MIL *US* Zapfenstreich *m* 5 *fig* Berufung *f*, Mission *f* 6 Ruf *m*, Berufung *f* (**to** auf *e-n Lehrstuhl*, an *e-e Universität*, in *ein Amt*): → bar A 19 7 Aufruf *m (a. für e-n Flug u. Computer)* (**for** an *akk*; **to do** zu zu tun), Aufforderung *f*, Befehl *m*: **make a ~ for sth** zu etwas aufrufen; **make a ~ on** e-e Aufforderung richten an *(akk)*; **~ to arms** MIL Einberufung *f*; **last ~!** *US (in e-r Bar etc)* die letzten Bestellungen!, *(etwa)* Polizeistunde!; → order A 7, restraint 3 8 THEAT Herausruf *m*, Vorhang *m*: **he had many ~s** er bekam viele Vorhänge 9 (kurzer) Besuch (**on sb, at sb's [house]** bei j-m; **at the hospital** im Krankenhaus): **make a ~** e-n Besuch machen *(a. Arzt)*; **make** *(od* **pay) a ~ on sb** j-n besuchen, j-m e-n Besuch abstatten; **mailman's** *(bes Br* **postman's) ~** *(das)* Ein-

treffen der Post 10 SCHIFF Anlaufen *n (e-s Hafens)*, FLUG Anfliegen *n (e-s Flughafens)*: **make a ~ at a port** e-n Hafen anlaufen; → port¹ 1 11 *neg.* a Veranlassung *f*, Grund *m*: **there is no ~ for you to worry** du brauchst dir keine Sorgen zu machen b Recht *n*, Befugnis *f*: **he had no ~ to do that** er war nicht befugt, das zu tun 12 Inanspruchnahme *f*: **make many ~s on sb's time** j-s Zeit oft in Anspruch nehmen 13 → roll call 14 TEL Anruf *m*, Gespräch *n*: **be on ~** telefonisch erreichbar sein; **were there any ~s for me?** hat j-d für mich angerufen?; **give sb a ~** j-n anrufen; **I had three ~s** ich wurde dreimal angerufen; **make a ~** ein Gespräch führen, telefonieren; **can I make a ~?** kann ich mal telefonieren?; **I have a quick (an urgent) ~ to make** ich muss schnell mal (dringend) telefonieren 15 *Kartenspiel*: a Ansage *f* b *Poker*: Aufforderung *f*, s-e Karten auf den Tisch zu legen 16 WIRTSCH a Zahlungsaufforderung *f* b Abruf *m (a. allg)*, Kündigung *f (von Geldern)*: **at** (*od* **on**) **~** auf Abruf (bereitstehend), auf tägliche Kündigung; **money at ~** tägliches Geld, Tagesgeld *n*; **be on ~** Dienstbereitschaft haben *(Arzt etc)* c Einlösungsaufforderung *f (auf Schuldverschreibungen)* d Nachfrage *f* (**for** nach) 17 *Börse*: Kaufoption *f*, Vorprämie *f*: **have the first ~** *fig* den Vorrang haben 18 SPORT a Entscheidung *f (des Schiedsrichters)* b Pfiff *m (des Schiedsrichters)* **B** V/T 1 *j-n* (herbei)rufen, *die Feuerwehr etc* rufen, *e-n Arzt, ein Auto etc* kommen lassen: **~ sth after (to) sb** j-m etwas nachrufen (zurufen); **~ to arms** zu den Waffen rufen; → attention 1, being 1, *etc* 2 zu *e-m Streik etc* aufrufen 3 befehlen, anordnen: → halt¹ A 1 4 *e-e Versammlung, Pressekonferenz etc* einberufen, anberaumen 5 *j-n* wecken: **please ~ me at 7 o'clock** 6 *Tiere* (an)locken 7 TEL *j-n* anrufen (**on** unter *e-r Nummer*) 8 *Namen etc* verlesen: → roll A 2 9 a JUR *e-e Streitsache, Zeugen* aufrufen b IT *ein Programm* aufrufen 10 WIRTSCH *e-e Schuldverschreibung etc* einfordern, kündigen 11 *j-n* berufen (**to** → A 6): → bar A 19 12 *j-n od etwas* rufen, nennen: **~ sb Peter**; **be ~ed** heißen, genannt werden *(beide:* **after** nach); **a man ~ed Smith** ein Mann namens Smith; **~ sth one's own** etwas sein Eigen nennen; **~ a thing by its name** e-e Sache beim richtigen Namen nennen; → spade¹ A 1 13 (be)nennen, bezeichnen (als): **what do you ~ this?** wie heißt *od* nennt man das?; **~ it what you will** wie auch immer man es nennen will 14 nennen, finden, heißen, halten für: **I ~ that stupid** 15 *j-n etwas* schimpfen, heißen, schelten: **~ sb a fool**; → name C 3 16 *Kartenspiel: e-e Farbe* ansagen: **~ diamonds**; **~ sb's hand** *(Poker)* j-n auffordern, s-e Karten auf den Tisch zu legen 17 SPORT *ein Foul etc* pfeifen *(Schiedsrichter)*: **the umpire ~ed the ball out** *(Tennis)* der Schiedsrichter gab den Ball aus **C** V/I 1 rufen: **did you ~?** hast du gerufen? 2 *a. fig* rufen, schreien, dringend verlangen *(alle:* **for** nach): **~ for help** um Hilfe rufen: **the situation ~s for courage** die Lage erfordert Mut; **that ~s for a drink** das muss begossen werden; **duty ~s** die Pflicht ruft; **nature ~ed** *euph hum* er *etc* verspürte ein menschliches Rühren; **not ~ed for** unnötig; → head *Bes Redew* 3 vorsprechen, e-n (kurzen) Besuch machen *(beide:* **on sb, at sb's [house]** bei j-m; **at the hospital** im Krankenhaus): **~ on sb** j-n besuchen, j-m e-n Besuch abstatten; **has he ~ed yet?** ist er schon da gewesen?; **~ for** a *etwas* anfordern, bestellen b *j-n, etwas* abholen; **"to be ~ed for"** „postlagernd"; → leave¹ A 3 4 **~ at** a SCHIFF anlegen in *(dat)*: **~ at a port** e-n Hafen anlaufen a BAHN halten in *(dat)* b FLUG *e-n Flughafen* anfliegen 5 **~ (up)on** a sich wenden an *(akk)* (**for sth** um etwas *od* wegen e-r Sache), appellieren an *(akk)* (**to do** zu tun): **be ~ed upon to do sth** aufgefordert sein, etwas zu tun; **I feel ~ed upon** ich fühle mich genötigt (**to do** zu tun) a *j-n* bitten (**to do** zu tun) 6 anrufen, telefonieren: **who is ~ing?** mit wem spreche ich?

Phrasal Verbs: **call| aside** V/T beiseiterufen, auf die Seite nehmen; **~ away** V/T 1 wegrufen (**from** von): **they were called away from the meeting** sie wurden aus der Sitzung gerufen; **the doctor has been called away (to an accident)** der Arzt ist zu e-m Patienten (zu e-m Unfall) gerufen worden 2 *fig Gedanken etc* ablenken (**from** von); **~ back** **A** V/T 1 *a.* TEL zurückrufen 2 *defekte Autos etc* (in die Werkstatt) zurückrufen 3 widerrufen **B** V/I 1 *a.* TEL zurückrufen 2 noch einmal vorsprechen *od* vorbeikommen; **~ down** V/T 1 *Segen etc* herabflehen, -rufen *(beide:* **on** auf *akk)* 2 sich *j-s Zorn etc* zuziehen 3 *umg ein Theaterstück etc* verreißen 4 *US umg* herunterputzen, zusammenstauchen *(beide:* **for** wegen); **~ forth** V/T 1 hervorrufen, auslösen, *Fähigkeiten etc* wachrufen, wecken 2 *Willen, Kraft etc* aufbieten; **~ in** **A** V/T 1 herein-, hineinrufen 2 *Geld* einziehen, außer Umlauf setzen, *defekte Ware* aus dem Verkehr ziehen 3 *e-n Sachverständigen, Arzt etc* (hin)zuziehen, zurate ziehen 4 *Schulden* einfordern, *Forderungen etc* einziehen 5 *e-n Kredit etc* kündigen **B** V/I 1 (kurz) vorbeischauen (**on sb, at sb's [house]** bei j-m; **at the hospital** im Krankenhaus) 2 **~ sick** sich (telefonisch) krankmelden; **~ off** V/T 1 *e-n Hund etc* zurückrufen 2 a *j-n* (von s-m Posten) abberufen b SPORT *e-n Spieler* aus dem Spiel nehmen 3 *j-s Aufmerksamkeit etc* ablenken (**from** von) 4 *e-n Streik etc* a absagen, abblasen *umg* b abbrechen; **~ out** **A** V/T 1 ausrufen, *Namen etc* aufrufen 2 *Militär, Polizei etc* a aufbieten b alarmieren 3 *Fähigkeiten etc* wachrufen, wecken 4 zum Streik aufrufen **B** V/I rufen, (auf)schreien: **~ for help** um Hilfe rufen; **~ over** V/T *Namen, e-e Liste etc* verlesen; **~ round** → call in B 1; **~ up** **A** V/T 1 *j-n* herauf-, hinaufrufen 2 TEL *bes US* anrufen 3 *Geister etc* beschwören 4 *Erinnerungen etc* wachrufen, wecken 5 MIL a einberufen b mobilisieren **B** V/I TEL *bes US* anrufen

callable ['kɔːləbl] ADJ WIRTSCH 1 einforderbar *(Schulden)*, einziehbar *(Forderungen etc)* 2 kündbar *(Kredit etc)*

call| alarm S Notrufgerät *n (e-r kranken etc Person)*; **~back** S Rückruf *m* (in die Werkstatt), Rückrufaktion *f*; **~ bell** S Tisch-, Rufglocke *f*; **~ bird** S Lockvogel *m*; **~ box** S 1 *Br* Telefon-, Fernsprechzelle *f* 2 *US Postwesen*: Postfach *n (aus dem man die Post ausgehändigt bekommt)* 3 *US* a Notrufsäule *f* b Feuermelder *m*; **~boy** S 1 *US* (Hotel)Page *m* 2 THEAT Inspizientengehilfe *m (der die Schauspieler zu ihrem Auftritt ruft)* 3 *US* Callboy *m*; **~ button** S Klingelknopf *m*; **~ card** S *US* Bücherbestellkarte *f (in Leihbibliotheken)*; **~ day** S JUR *Br* Zulassungstag *m (für Barristers)*; **~ duck** S JAGD Lockente *f*

caller¹ ['kɔːlə(r)] S 1 Rufer(in) 2 TEL Anrufer(in): *(unübersetzt in Sätzen wie)* **I'm sorry, ~, their telephone seems to be broken** 3 Besucher(in) 4 Abholer(in)

caller² ['kælə(r)] ADJ *schott* 1 frisch *(Nahrungsmittel, bes Fisch)* 2 frisch, kühl *(Brise etc)*

call| girl S Callgirl *n*; **~-girl** ADJ Callgirl…: **~ ring**

calligrapher [kə'lɪgrəfə(r)] S Kalligraf(in), Schönschreiber(in); **calligraphic** [ˌkælɪ'græfɪk] ADJ (ADV **~ally**) kalligrafisch; **calligraphist** → calligrapher; **calligraphy** S 1 Kalligrafie *f*, Schönschreibkunst *f* 2 Handschrift *f*, *bes* Schönschrift *f*

call-in *US* → phone-in

calling ['kɔːlɪŋ] **A** S 1 Rufen *n* 2 Beruf *m*, Gewerbe *n*: **what is his ~?** was ist er von Beruf? 3 *bes* REL Berufung *f*: **he had a ~ to become a priest** er fühlte sich berufen, Priester zu werden 4 Einberufung *f*, Anberaumung *f (e-r Versammlung etc)* 5 Aufruf *m* 6 MIL a Einberufung *f* b Mobilisierung *f* **B** ADJ 1 rufend 2 TEL (An)Ruf… 3 Besuchs…; **~ card** S *US* 1 Visitenkarte *f* 2 Telefonkarte *f*

Calliope [kə'laɪəpɪ] **A** EIGENN MYTH Kalliope *f (Muse der epischen Dichtung)* **B** S ♀ MUS *US* Dampf(pfeifen)orgel *f*

calliper *bes Br für* caliper

callisthenic, *etc bes Br für* calisthenic *etc*

callithump ['kælə,θʌmp] S *US umg* Katzenmusik *f*

call| letters SPL *bes US* → call sign; **~ loan** S WIRTSCH täglich kündbares Darlehen; **~ mark** → call number; **~ money** S WIRTSCH tägliches Geld, Tagesgeld *n*; **~ number** S 1 TEL Rufnummer *f* 2 Standnummer *f*, Signatur *f (e-s Buches in e-r Bibliothek)*; **~ option** → call A 17

callosity [kæ'lɒsətɪ; kə-; *US* -'lɑ-] S 1 a → callus 1 b b Schwieligkeit *f* 2 BOT → callus 2 3 *fig* Gefühllosigkeit *f*, Abgestumpftheit *f (beide:* **to** gegenüber)

callous ['kæləs] **A** ADJ (ADV **~ly**) 1 MED schwielig 2 *fig* abgestumpft, gefühllos *(beide:* **to** gegenüber) **B** V/T & V/I 1 hart *od* schwielig machen (werden) 2 *fig* gefühllos machen (werden), abstumpfen *(alle:* **to** gegenüber); **callousness** S 1 Schwieligkeit *f* 2 *fig* Abgestumpftheit *f*, Gefühllosigkeit *f (beide:* **to** gegenüber)

callow ['kæləʊ] **A** ADJ 1 ORN ungefiedert, nackt 2 dünn, leicht *(Bart, Flaum etc)* 3 *fig* grün, unreif, unerfahren: **in my ~ youth** als ich noch jung u. unerfahren war 4 *Br dial* brach, kahl *(Land etc)* 5 *Ir* tief liegend, sumpfig *(Wiese etc)* **B** S *Ir* Niederung *f*

call| rate S WIRTSCH Zinsfuß *m* für tägliches Geld; **~ sign** S 1 Kennung *f (e-r Funkstation etc)* 2 FLUG Rufzeichen *n*; **~ slip** S Bücherbestellzettel *m (in Leihbibliotheken)*; **~-tracing circuit** S TEL Fangschaltung *f*; **~-up** S MIL a Einberufung *f*: **there was a large ~** es wurden sehr viele Wehrpflichtige einberufen b Mobilisierung *f*

callus ['kæləs] S 1 MED Kallus *m*: a Knochennarbe *f* b Schwiele *f* 2 BOT Kallus *m*: a *Gewebewulst, Zellwucherung an Wundflächen* b *Belag älterer Siebplatten*

calm [kɑːm] **A** S 1 Stille *f*, Ruhe *f (a. fig)*: **the ~ before the storm**; **~ (of mind)** Gelassenheit *f*, Gemütsruhe *f* 2 SCHIFF Windstille *f*: **dead ~** völlige Windstille, Flaute *f* **B** ADJ (ADV **~ly**) 1 still, ruhig 2 windstill 3 *fig* ruhig, gelassen: **~ and collected** ruhig u. gefasst **C** V/T *oft* **~ down** beruhigen, besänftigen, beschwichtigen: **have a ~ing effect** beruhigend wirken (**on** auf *akk*) **D** V/I: *oft* **~ down** 1 sich beruhigen 2 sich legen *(Sturm, Zorn etc)*

calmative ['kælmətɪv; *bes US* 'kɑːm-] **A** S MED, PHARM Beruhigungsmittel *n* **B** ADJ beruhigend

calmness ['kɑːmnɪs] → calm A 1

calomel ['kæləʊmel] S CHEM, MED Kalomel *n*, Quecksilber-I-Chlorid *n*

calorescence [ˌkælə'resns] S PHYS Kaloreszenz *f (Übergang von Wärmestrahlen in Lichtstrahlen)*

Calor gas® ['kælə(r)] S Butangas *n*

caloric [kə'lɒrɪk; 'kælərɪk; *US a.* kə'lɑ-] **A** S 1 PHYS *obs* Wärme *f* 2 HIST Wärmestoff *m* **B** ADJ (ADV **~ally**) PHYS kalorisch, Wärme…: **~ engine** Heißluftmaschine *f*

calorie [ˈkæləri] S CHEM, PHYS Kalorie *f*; **~-conscious** ADJ (ADV ~ly) kalorienbewusst
calorifacient [kəˌlɒriˈfeiʃnt; US a. -ˌlɑ-] ADJ Wärme erzeugend; **calorific** [ˌkæləˈrifik] ADJ (ADV ~ally) **1** Wärme erzeugend **2** Erwärmungs…, Wärme…: **~ capacity** PHYS spezifische Wärme; **~ value** Brenn-, Heizwert *m* **3** *umg* dick machend
calorimeter [ˌkæləˈrimitə(r)] S PHYS Kalorimeter *n* (*Gerät zur Messung von Wärmemengen*); **calorimetry** [-tri] S Kalorimetrie *f* (*Lehre von der Messung von Wärmemengen*)
calory → calorie
calotte [kəˈlɒt; US kəˈlɑt] S **1** KATH Kalotte *f*, Scheitelkäppchen *n* **2** Schneekuppe *f* (*e-s Berges*) **3** MATH Kalotte *f* (*gekrümmte Fläche e-s Kugelabschnitts*) **4** ARCH Kalotte *f*, flache Kuppel
caltrop, *a.* **caltrap** [ˈkæltrəp] S **1** MIL, HIST Fußangel *f* **2** BOT **a** Stern-, Wegedistel *f* **b** Wassernuss *f*
calumet [ˈkæljʊmet] S Kalumet *n*, (indianische) Friedenspfeife
calumniate [kəˈlʌmnieit] V/T verleumden; **calumniation** S Verleumdung *f*; **calumniator** [-tə(r)] S Verleumder(in); **calumniatory** [-niətəri; US -niəˌtəʊriː; -ˌtɔː-] → calumnious; **calumnious** ADJ (ADV ~ly) verleumderisch; **calumny** [ˈkæləmni] S Verleumdung *f*
calutron [ˈkæljʊtrɒn; US -jəˌtrɑn] S PHYS Calutron *n* (*Trennanlage für Isotope*)
Calvados [ˈkælvədɒs; US ˌ-ˈdəʊs] S Calvados *m* (*ein Apfelbranntwein*)
calvaria [kælˈveəriə] S ANAT Schädeldach *n*, -decke *f*
Calvary [ˈkælvəri] S **1** BIBEL Golgatha *n*, Golgota *n* **2** ♀ REL, KUNST Kalvarienberg *m*, Kreuzigungsgruppe *f* **3** ♀ *fig* Martyrium *n*
calve [kɑːv; US kæv] **A** V/I **1** kalben **2** GEOL kalben (*Eisberg, Gletscher etc*) **B** V/T **1** *Junge* zur Welt bringen **2** *Stücke* abstoßen
calves [kɑːvz; US kævz] *pl von* calf[1], calf[2]
Calvinism [ˈkælvinizəm] S REL, HIST Kalvinismus *m*; **Calvinist** **A** S Kalvinist(in) **B** ADJ kalvinistisch; **Calvinistic** ADJ, **Calvinistical** ADJ (ADV ~ly) kalvinistisch
calx [kælks] *pl* calxes, calces [-siːz] → calcium oxide
calyces [ˈkeilisiːz; ˈkæl-] *pl von* calyx
calypso [kəˈlipsəʊ] *pl* -sos S MUS Calypso *m*
calyx [ˈkeiliks; ˈkæl-] *pl* calyxes [-ksiːz], calyces [-lisiːz] S ANAT, BOT Kelch *m*
cam [kæm] S TECH Nocken *m*, Kurvenscheibe *f*: **~-controlled** nockengesteuert; **~ gear** Kurvengetriebe *n*; **~ lever** Nocken-, Kipphebel *m*
CAM ABK computer-aided manufacture
camaraderie [ˌkæməˈrɑːdəriː; US *a.* ˌkɑː-] S Kameradschaft(lichkeit) *f*
camarilla [ˌkæməˈrilə] S Kamarilla *f* (*Clique in unmittelbarer Umgebung e-s Herrschers, die auf diesen e-n unkontrollierbaren Einfluss ausübt*)
camber [ˈkæmbə(r)] **A** V/T biegen, krümmen, wölben, schweifen **B** V/I sich wölben *od* krümmen **C** S **1** leicht konvexe Krümmung **2** (leichte) Wölbung **3** AUTO Sturz *m* **4** FLUG Profilwölbung *f*; **~ beam** S ARCH Krumm-, Kehlbalken *m*
cambered [ˈkæmbə(r)d] ADJ gekrümmt, gewölbt, geschweift; **~ axle** S TECH gestürzte Achse; **~ wheel** S AUTO gestürztes Rad
cambist [ˈkæmbist] S **1** WIRTSCH **a** Wechselmakler(in) **b** Devisenhändler(in) **2** Umrechnungstabellen *pl*
Cambodia [kæmˈbəʊdjə; -diə] S Kambodscha *n*; **Cambodian** [kæmˈbəʊdjən; -iən] **A** S Kambodschaner(in) **B** ADJ kambodschanisch
Cambria [ˈkæmbriə] S HIST *od poet* Wales *n*
Cambrian [ˈkæmbriən] **A** S **1** Waliser(in) **2** GEOL kambrische Formation, Kambrium *n* **B** ADJ **1** walisisch **2** GEOL kambrisch
cambric [ˈkeimbrik] S Kambrik *m*, Cambric *m* (*lockeres, feinfädiges Zellwoll- od Baumwollgewebe*)
Cambridge [ˈkeimbridʒ] S Cambridge *n* **a** *Universitätsstadt u. Hauptstadt von Cambridgeshire* **b** *Universitätsstadt in Massachusetts, USA*
Cambridge| blue [ˈkeimbridʒ] S Hellblau *n*; **~-blue** ADJ hellblau
Cambridgeshire [ˈkeimbridʒʃə(r); -ˌʃiə(r)] S Cambridgeshire *n* (*Grafschaft im östlichen Mittelengland*)
Cambs. ABK Cambridgeshire
camcorder [ˈkæmˌkɔːdə] S Camcorder *m* (*Kamerarecorder*)
came [keim] *prät von* come
camel [ˈkæml] S **1** ZOOL Kamel *n*: **it's easier for a ~ to go through the eye of a needle** eher geht ein Kamel durchs Nadelöhr **2** SCHIFF, TECH Kamel *n*, Hebeleichter *m* **3** *umg* → camel spin; **~back** S AUTO *etc* Runderneuerungsgummi *m/n*; **~ driver** S Kameltreiber *m*
cameleer [ˌkæmiˈliə(r); -mə-] S Kameltreiber *m*
camelhair → camel's hair
camellia [kəˈmiːljə] S BOT Kamelie *f*
camel's| hair [ˈkæmlz] S **1** Kamelhaar *n* **2** Kamelhaar(stoff) *n(m)*; **~-hair** ADJ **1** Kamelhaar… **2** MAL aus Eichhörnchenhaaren (*Pinsel*)
camel spin S *Eis-, Rollkunstlauf*: Waagepirouette *f*
Camembert (cheese) [ˈkæməmbeə(r)] S GASTR Camembert *m*
cameo [ˈkæmiəʊ] *pl* -os S **1** Kamee *f* (*Edelstein mit erhabener figürlicher Darstellung*) **2** *kurzes literarisches Werk od Bühnenstück, das e-e Person, e-n Ort od ein Ereignis in den Mittelpunkt stellt* **3** THEAT *etc von e-m bekannten Schauspieler od e-r bekannten Schauspielerin gespielte kleine Nebenrolle od kurze Szene*
camera [ˈkæmərə; ˈkæmrə] *pl* -eras, (*für* 4 *u.* 5) -erae [-riː] S **1** Kamera *f*, Fotoapparat *m*: **the ~ cannot lie** das Auge der Kamera ist unbestechlich **2** (*Film-, Fernseh*)Kamera *f*: **be on ~** **a** vor der Kamera stehen **b** im Bild sein **3** → camera obscura **4** JUR Richterzimmer *n*: **in ~** **a** unter Ausschluss der Öffentlichkeit **b** *fig* geheim **5** ARCH Gewölbe *n* **6** Apostolische Kammer (*päpstliche Vermögensverwaltung*); **~ crane** S Kamerakran *m*; **~ lucida** [ˈluːsidə] *pl* -ra -das S OPT Zeichenprisma *n*; **~man** [-mæn] S *irr* Kameramann *m*; **~ obscura** [ɒbˈskjʊərə; US əbˈskjʊrə] *pl* -ra -ras S Camera *f* obscura, Lochkamera *f*; **~-shy** ADJ kamera-, fotoscheu; **~ tube** S TV Aufnahme-, Abtaströhre *f*; **~woman** S *irr* Kamerafrau *f*
Cameroon [ˈkæməruːn; ˌkæməˈruːn] S Kamerun *n*; **Cameroonian** [ˌkæməˈruːnjən] **A** S Kameruner(in) **B** ADJ kamerunisch
camion [ˈkæmiən] S Last(kraft)wagen *m*
camisole [ˈkæmisəʊl] S **1** Bett-, Morgenjäckchen *n* **2** Mieder *n* (*e-s Trachtenkleids etc*)
camiknickers [ˌkæmiˈnikəz] SPL: **(pair of) ~** *Br bes* HIST (Damen)Hemdhose *f*
camlet [ˈkæmlit] S Kamelott *m* (*feines Kammgarngewebe*)
camomile [ˈkæməmail] S BOT Kamille *f*; **~ tea** S Kamillentee *m*
camouflage [ˈkæmʊflɑːʒ; -mə-] **A** S MIL, ZOOL Tarnung *f*, *fig a.* Verschleierung *f*: **~ measures** Verschleierungsmaßnahmen; **~ paint** Tarnfarbe *f*, -anstrich *m* **B** V/T MIL tarnen, *fig a.* verschleiern
camp[1] [kæmp] **A** S **1** (*Zelt-, Ferien-, Militär*) Lager *n*, Lager(platz) *n(m)*, Camp *n* (*alle a. koll Personen*): **~ bed** **a** Feldbett *n* **b** Campingliege *f*; **~ chair** Klapp-, Campingstuhl *m*; **~ disease** Fleckfieber *n*, Lagerseuche *f*; **pitch one's ~** sein Lager aufschlagen; **break** (*od* **strike**) **~** das Lager abbrechen **2** Soldatenleben *n* **3** (*a. als pl konstruiert*) *fig* Lager *n*, Partei *f*, Anhänger *pl* (*e-r Richtung*): **the rival ~** das gegnerische Lager **B** V/I **1** sein Lager aufschlagen, kampieren: **~ on sb's trail** *US umg* unablässig hinter j-m her sein **2** *oft* **~ out** zelten, campen **3** **~ out** *umg* **a** vorübergehend wohnen (**in** in *dat*; **with** bei) **b** primitiv hausen (**in** in *dat*) **C** V/T **a** in e-m Lager unterbringen **b** vorübergehend unterbringen (**in** in *dat*)
camp[2] [kæmp] *umg* **A** ADJ **1** **a** lächerlich altmodisch **b** unfreiwillig komisch, naiv wirkend **c** bewusst naiv **d** künstlich, gewollt **e** aufgemotzt *umg*, THEAT *etc a.* überzogen **2** tuntenhaft *pej* **B** S **1** *etwas lächerlich Altmodisches etc* (→ A 1) **2** tuntenhaftes Benehmen *pej* **3** Tunte *f pej* (*betont femininer Homosexueller*) **C** V/I **a** sich tuntenhaft benehmen *pej* **b** (tuntenhaft) tänzeln *od* trippeln *pej* **D** V/T **1** *etwas* in lächerlich altmodischer Weise *etc* (→ A 1) darbieten *od* darstellen **2** **~ it up** **a** → c **b** THEAT *etc* überziehen
campaign [kæmˈpein] **A** S **1** MIL Feldzug *m* **2** *fig* Kampagne *f*, Feldzug *m*, Aktion *f*: **advertising ~**; → advertising B **3** POL Wahlkampf *m*: **~ button** Wahlkampfplakette *f*; **~ pledge** (*od* **promise**) Wahlversprechen *n*; **~ worker** Wahlhelfer(in) **4** METALL Hütten-, Ofenreise *f* **5** *obs* Landpartie *f* **B** V/I **1** MIL an e-m Feldzug teilnehmen, kämpfen **2** *fig* kämpfen, zu Felde ziehen (*beide:* **for** für; **against** gegen) **3** POL **a** sich am Wahlkampf beteiligen, im Wahlkampf stehen **b** Wahlkampf machen (**for** für) **c** *US* kandidieren (**for** für); **campaigner** S **1** MIL Feldzugteilnehmer *m*: **old ~** **a** Veteran *m* **b** *fig* alter Praktikus **2** *fig* Kämpfer(in) (**for** für; **against** gegen) **3** Wahlhelfer(in)
campanile [ˌkæmpəˈniːli] *pl* -les, -li [-liː] S Kampanile *m*, Campanile *m* (*frei stehender Glockenturm*)
campanologer [ˌkæmpəˈnɒlədʒə(r); *US* -ˈnɑl-] S Glockenläuter(in); **campanology** S (Kunst *f* des) Wechselläuten(s) *n*
campanula [kəmˈpænjʊlə; *US* kæm-] S BOT Glockenblume *f*
Campbellite [ˈkæmbəˌlait; ˈkæməˌl-] S REL Campbellit(in) (*Mitglied der Sekte* **Disciples of Christ**)
campeachy wood [kæmˈpiːtʃi], **campeche wood** [kɑːmˈpetʃe] S Campeche-, Blauholz *n*
camper [ˈkæmpə(r)] S **1** Zeltler(in), Camper(in) **2** *US* **a** Wohnanhänger *m*, -wagen *m* **b** Wohnmobil *n*
camp|fire S **1** Lagerfeuer *n* **2** *fig* Treffen *n* am Lagerfeuer; ♀ **Fire member** S *US* (*Art*) Pfadfinder(in); **~ follower** S **1** Soldatenprostituierte *f* **2** POL *etc* Mitläufer(in), Sympathisant(in); **~ground** S **1** Lagerplatz *m* **2** Zelt-, Campingplatz *m*
camphire [ˈkæmfaiə(r)] *obs für* henna A 1
camphol [ˈkæmfɒl; *US a.* -ˌfəʊl] S CHEM Borneol *n*
camphor [ˈkæmfə(r)] S CHEM Kampfer *m*: **~ ball** Mottenkugel *f*; **camphorate** [-reit] CHEM **A** V/T kampfern **B** S kampfersaures Salz; **camphoric** [kæmˈfɒrik; *US a.* -ˈfɑ-] ADJ CHEM **1** kampferhaltig **2** Kampfer…: **~ acid**
camphor| ice S CHEM Kampfereis *n*; **~ oil** S CHEM Kampferöl *n*; **~ tree** S BOT Kampferbaum *m*; **~wood** S Kampferholz *n*
camping [ˈkæmpiŋ] S Zelten *n*, Camping *n*; **~ gas** S *Br* Propan(gas) *n*; **~ ground**, **~ site** → campground

C

campion ['kæmpjən; -ɪən] S BOT Feuer-, Lichtnelke *f*
camp meeting S *bes US (oft mehrtägige) religiöse Versammlung im Freien od in e-m Zelt*
camporee [ˌkæmpəˈriː] S regionales Pfadfindertreffen
camp|shed V/T *Br e-e Ufermauer* durch Bohlen verstärken; **~shedding**, **~sheeting**, **~shot** S *Br* Bohlenverstärkung *f (e-r Ufermauer)*; **~site** → campground; **~stool** S Klapp-, Campinghocker *m*
campus ['kæmpəs] S 1 a Campus *m (Gesamtanlage e-r Universität, e-s College od e-r Schule)* b *Rasenfläche in der Mitte e-s Universitäts-, College- od Schulgeländes* 2 *bes US* a *ein von den Hauptgebäuden entfernt liegender Teil e-r Universität* b *ein in sich abgeschlossener Teil e-r Universität mit eigenem Lehrkörper, der mit der Universität durch e-n gemeinsamen Rektor verbunden ist*
campy ['kæmpɪ] → camp² A
campyl(o)- [kæmpɪl(əʊ)] BOT *Wortelement mit der Bedeutung* gebogen, gekrümmt
cam|shaft S TECH Nockenwelle *f*; **~ switch** S TECH Nockenschalter *m*; **~ wheel** S TECH Nockenrad *n*, Exzentrik *f*; **~wood** S Kamholz *n*
can¹ [kæn; *unbetont* kən] *inf u. pperf fehlen, 2. sg präs obs* **canst** [kænst], *3. sg präs* can, *neg* **cannot**, *prät* could [kʊd; *unbetont* kəd] V/AUX *(mit folgendem inf ohne* **to**) *ich, er, sie, es* kann, *du* kannst, *wir, Sie, sie* können, *ihr* könnt: **~ you do it?**; **I shall do all I ~** ich werde alles tun, was ich (tun) kann *od* was in m-n Kräften steht; **~ he still be alive?** kann es sein, dass er noch am Leben ist?, ob er wohl noch lebt?; → could
can² [kæn] A S 1 *(Blech)* Kanne *f*: **have to carry the ~** *umg* den Kopf hinhalten müssen (**for** für), die Sache ausbaden müssen 2 *(Blech-, Konserven)* Dose *f*, (-)Büchse *f*: **a ~ of beer** e-e Dose Bier; **a ~ of worms** *umg* e-e harte Nuss, e-e verwickelte Geschichte; **be in the ~** *sl* a gestorben *od* im Kasten sein *(Filmszene etc)* b unter Dach u. Fach sein *(Vertrag etc)*; **~ opener** Dosen-, Büchsenöffner *m* 3 *US* (Ein)Weckglas *n* 4 *US* a *(Müll-, Abfall)* Eimer *m* b *(Müll-, Abfall)* Tonne *f* 5 Kanister *m* 6 *sl* Kittchen *n (Gefängnis)* 7 *US sl* Klo *n*, Lokus *m (beide umg)* 8 *US sl* Arsch *m sl*, Hintern *m umg* 9 SCHIFF, MIL *sl* a Wasserbombe *f* b *US* Eimer *m umg*, Zerstörer *m* 10 *sl* Unze *f* Marihuana 11 *pl*, *a.* **pair of ~s** *umg* Kopfhörer *m* B V/T 1 konservieren, einmachen, eindosen: → canned 1 2 TECH einkapseln, hermetisch verschließen 3 *US sl* rausschmeißen *(entlassen)* 4 *US sl* aufhören mit: **~ it!** hör auf damit! 5 *umg* (auf Band *od* Schallplatte) aufnehmen: → canned 2
can.¹ ABK MUS canon
Can.² ABK 1 Canada 2 Canadian
Canaanite ['keɪnənaɪt] BIBEL A S Kanaaniter(in) B ADJ kanaanäisch
Canada ['kænədə] S Kanada *n*; **Canadian** [kəˈneɪdjən; -ɪən] A ADJ kanadisch: **she's ~** sie ist Kanadierin B S Kanadier(in)
canaille [kəˈneɪl; kəˈnaɪ] S Pöbel *m*, Gesindel *n*, Pack *n*
canal [kəˈnæl] A S 1 Kanal *m (für Schifffahrt, Bewässerung etc)* 2 Förde *f*, Meeresarm *m* 3 ANAT, ZOOL Kanal *m*, Gang *m*, Röhre *f* 4 ASTRON Marskanal *m* B V/T *prät u. pperf* -naled, *bes Br* -nalled kanalisieren
canalization [ˌkænəlaɪˈzeɪʃn; *US* -ləˈz-] S Kanalisation *f*, Kanalisierung *f*; **canalize** ['kænəlaɪz] V/T 1 kanalisieren 2 a in e-n Kanal verwandeln b *e-n Fluss* kanalisieren, schiffbar machen 3 *fig etwas* lenken, richten *(beide:* **into** auf *akk)*
canal| lock S Kanalschleuse *f*; **~ rays** S PL CHEM, PHYS Kanalstrahlen *pl*; **♀ Zone** S Kanalzone *f (am Panamakanal)*
canapé ['kænəpeɪ] S GASTR Kanapee *n*, Appetit-, Cocktailhappen *m*
canard [kæˈnɑː(r)d; kə-] S 1 (Zeitungs)Ente *f*, Falschmeldung *f* 2 FLUG Ente(nflugzeug) *f(n)*
Canaries [kəˈneərɪz] S PL Kanarische Inseln *pl*;
canary [kəˈneərɪ] A S 1 Kanarienvogel *m* 2 *a.* **canary yellow** Kanariengelb *n* 3 *US sl (bes* Schlager)Sängerin *f* B ADJ *a.* **canary-yellow** kanariengelb; **canary creeper** S BOT Kanarien-, Kapuzinerkresse *f*; **Canary Islands** [kəˈneərɪ aɪləndz] S PL Kanarische Inseln *pl*
canasta [kəˈnæstə] S Kanasta *n (ein Kartenspiel)*
canaster [kəˈnæstə(r)] S grober Tabak
can bank S Altblech-, Dosencontainer *m*
Canberra ['kænbərə; -brə] S Canberra *n (Bundeshauptstadt von Australien)*
can buoy S SCHIFF Stumpftonne *f*, -boje *f*
canc. ABK 1 cancel(l)ed 2 cancellation
cancan ['kænkæn] S MUS Cancan *m*
cancel ['kænsl] A V/T *prät u. pperf* **-celed**, *bes Br* -celled 1 (durch-, aus)streichen 2 *e-e Erlaubnis etc* widerrufen, *e-n Beschluss etc* rückgängig machen, *ein Abonnement etc* kündigen, *e-n Auftrag, Flug etc* stornieren, *e-n Vertrag* auflösen, *den Blinker* abstellen, ausmachen, COMPUT *ein Programm etc* abbrechen: **~ a magazine subscription** e-e Zeitschrift abbestellen; **~ one's membership** (aus dem Verein *etc*) austreten; **until ~(l)ed** bis auf Widerruf 3 *e-e Eintragung, Bandaufnahme etc* löschen 4 *e-e Verabredung etc* absagen, *e-e Veranstaltung etc* ausfallen lassen, *e-n Flug* annullieren: **the concert has been ~(l)ed** das Konzert fällt aus 5 *e-e Briefmarke, e-n Fahrschein* entwerten 6 MATH kürzen 7 MUS *ein Vorzeichen* auflösen, -heben 8 *a.* **~ out** ausgleichen, kompensieren B V/I 1 MATH sich kürzen lassen 2 *a.* **~ out** sich (gegenseitig) aufheben 3 (den Flug *etc*) stornieren 4 (die Verabredung *etc*) absagen C S 1 → cancellation 2 MUS Auflösungs-, Wiederherstellungszeichen *n* 3 *pl*, *a.* **pair of ~s** Lochzange *f*; **cancelation** *US für* cancellation; **canceler**, *bes Br* **canceller** [-sələ(r)] S TECH *(Briefmarken-, Fahrschein)* Entwerter *m*
cancellate ['kænsɪleɪt; *US a.* kænˈselət], **cancellated** [-sɪleɪtɪd] ADJ 1 BOT gegittert, gitterförmig 2 MED schwammig
cancellation, *US a.* **cancelation** [ˌkænsəˈleɪʃn] S 1 Streichung *f* 2 Widerrufung *f (e-r Erlaubnis etc)*, Rückgängigmachung *f (e-s Beschlusses etc)*, Kündigung *f (e-s Abonnements etc)*, Stornierung *f (e-s Auftrags, Flugs etc)*, Auflösung *f (e-s Vertrags)*, AUTO Abstellen *n*, Ausmachen *n (des Blinkers)* 3 Löschung *f (e-r Eintragung, Bandaufnahme etc)* 4 Absage *f (e-r Verabredung etc)*, Annullierung *f (e-s Flugs)* 5 Entwertung *f (e-r Briefmarke, e-s Fahrscheins)*: **~ to order** *(Philatelie)* Gefälligkeitsstempel *m* 6 MATH Kürzung *f* 7 MUS Auflösung *f*, -hebung *f (e-s Vorzeichens)*; **~ clause** S Rücktrittsklausel *f*
canceller ['kænsələ(r)] *bes Br für* canceler
cancellous ['kænsɪləs; *US a.* kænˈseləs] → cancellate
cancer ['kænsə(r)] A S 1 MED a Krebs *m*: **he's got ~** *a.* er ist krebskrank; **~-causing**, **~-producing** krebserregend b Karzinom *n*, Krebsgeschwulst *f* 2 *fig* Krebsgeschwür *n*, -schaden *m* 3 ♀ ASTRON, ASTROL Krebs *m (Sternbild u. Tierkreiszeichen)*: **be a ~** (ein) Krebs sein; → tropic A 1 B ADJ 1 MED Krebs...: **~ cells** (**clinic, research**, *etc*); **~ relief** die Krebshilfe; **~ screening** Krebsvorsorgeuntersuchung *f*; **~ stick** *umg hum* Sargnagel *m (Zigarette)* 2 ♀ ASTROL Krebs...: **be ~** (ein) Krebs sein;
Cancerian [kænˈsɪərɪən] ASTROL A ADJ → cancer B 2 B S Krebs *m (Person)*: **be ~** (ein) Krebs sein; **cancerous** ADJ (ADV ~ly) MED a krebsbefallen, krebsig *(Lungenflügel etc)*: **a ~ man** ein Krebskranker b Krebs...: **~ cells**; **~ tumo(u)r** Krebsgeschwulst *f* c krebsartig: **~ growth** *fig* Krebsgeschwür *n*
cancroid ['kæŋkrɔɪd] A ADJ 1 ZOOL krebsartig 2 MED → cancerous b B S MED Spinaliom *n*, Stachelzellenkrebs *m*
candela [kænˈdiːlə] S PHYS Candela *f (Einheit der Lichtstärke)*
candelabra [ˌkændɪˈlɑːbrə] S 1 *pl* -bras → candelabrum 2 *pl von* candelabrum; **candelabrum** [-brəm] *pl* -bra [-brə], -brums S Kandelaber *m*, Armleuchter *m*
candescence [kænˈdesns] S (Weiß)Glühen *n*, (-)Glut *f*; **candescent** ADJ (ADV ~ly) (weiß) glühend
c. & f. ABK WIRTSCH cost and freight
candid ['kændɪd] A ADJ (ADV ~ly) 1 offen (u. ehrlich), aufrichtig, freimütig: **be quite ~** *(Redew)* offen gesagt 2 unvoreingenommen, objektiv 3 FOTO ungestellt: **~ camera** a Kleinstbildkamera *f* b versteckte Kamera; **~-camera picture** Schnappschuss *m* B S FOTO Schnappschuss *m*; **candidness** → candor
candidacy ['kændɪdəsɪ] S Kandidatur *f*, Bewerbung *f*, Anwartschaft *f*
candidate ['kændɪdət; -deɪt] S 1 **(for)** Kandidat(in) (für), Anwärter(in) (auf *akk*) *(beide a. iron)*, Bewerber(in) (um): **run** *(bes Br* **stand**) **as a ~ for** kandidieren für, sich bewerben um; **~ chemicals** infrage kommende *od* in engerer Wahl stehende Stoffe; → presidency 2 2 (Prüfungs)-Kandidat(in), Prüfling *m*; **candidature** [-dətʃə(r); -dəˌtʃʊə(r)] *bes Br für* candidacy
candied ['kændɪd] ADJ 1 kandiert, überzuckert: **~ lemon (orange) peel** Zitronat (Orangeat) *n* 2 kristallisiert *(Sirup etc)* 3 *fig* honigsüß, schmeichlerisch
candle ['kændl] A S 1 *(Wachs- etc)* Kerze *f*, Licht *n*: **burn the ~ at both ends** *fig* Raubbau mit s-r Gesundheit treiben, sich übernehmen; **he can't** (*od* **isn't fit to**) **hold a ~ to her** er kann ihr nicht das Wasser reichen; **the game is not worth the ~** die Sache ist nicht der Mühe wert *od* lohnt sich nicht 2 PHYS, HIST Kerze *f (Einheit der Lichtstärke)* B V/T *bes Eier* durchleuchten; **~berry** S BOT Wachsmyrte(nbeere) *f*; **~ end** S Kerzenstummel *m*; **~-foot** S *irr* → foot-candle; **~light** A S 1 Kerzenlicht *n*: **by ~** bei Kerzenlicht 2 *gedämpftes künstliches Licht* 3 Abenddämmerung *f*: **at early ~** am frühen Abend B ADJ bei Kerzenlicht: **~ dinner** *a.* Candle-Light-Dinner *n*; **~ rally** Lichterkette *f*
Candlemas ['kændlməs] S KATH (Mariä) Lichtmess
candle|power S PHYS, HIST Kerzenstärke *f*; **~stick** S Kerzenleuchter *m*, -ständer *m*; **~wick** S 1 Kerzendocht *m* 2 *Gewebe mit chenilleähnlichem Charakter*
candock ['kændɒk; *US* -ˌdɑk] S BOT Gelbe Teichrose
candor, *bes Br* **candour** ['kændə(r)] S 1 Offenheit *f*, Aufrichtigkeit *f*, Freimütigkeit *f* 2 Unvoreingenommenheit *f*, Objektivität *f*
C & W ABK MUS country and western
candy ['kændɪ] A S 1 Kandis(zucker) *m* 2 *bes US* a Süßwaren *pl*, Süßigkeiten *pl*, Konfekt *n* b Bonbon *m/n* B V/T 1 kandieren, glasieren, mit Zucker überziehen *od* einmachen 2 *Zucker etc* kristallisieren lassen; **~ apple** S *US* kandierter Apfel (am Stiel); **~floss** S *Br* 1 Zuckerwatte *f* 2 *fig* Hirngespinste *pl*; **~ store** S *US* Süßwarenladen *m*, -geschäft *n*; **~-striped** ADJ bunt gestreift; **~ striper** S *US umg Mädchen,*

das unentgeltlich in e-m Krankenhaus arbeitet

cane [keɪn] A S 1 Spazierstock *m* 2 (Rohr)Stock *m*: **give** *sb* **the ~** → B 1 3 BOT a *(Bambus-, Zucker-, Schilf)* Rohr *n* b Schaft *m (einiger Palmen)* c Stamm *m (des Himbeerstrauchs etc)* 4 KOLL spanisches Rohr, Peddigrohr *n (für Korbflechtarbeiten)* B V/T 1 (mit dem Stock) züchtigen 2 a aus Rohr flechten b *e-n Stuhl etc* mit Rohrgeflecht versehen; **~-bottomed** ADJ mit e-m Sitz aus Rohr(geflecht); **~brake** S US Rohrdickicht *n*, Röhricht *n*; **~ chair** S Rohrstuhl *m*

canella [kəˈnelə], **~ alba** [ˈælbə], **~ bark** S Canellarinde *f*, Kaneel *m*

cane| sugar S Rohrzucker *m*; **~ trash** S Bagasse *f*; **~work** S Rohrgeflecht *n*

cang, cangue [kæŋ] S HIST (schwerer) Holzkragen *(chinesisches Strafinstrument)*

Canicula [kəˈnɪkjʊlə] S ASTRON Hundsstern *m*, Sirius *m*

canicular| cycle [kəˈnɪkjʊlə(r)] S ASTRON Hundssternperiode *f*; **~ days** S PL Hundstage *pl*; **~ heat** S Hundstagshitze *f*

canine [ˈkeɪnaɪn] A ADJ 1 Hunde..., Hunds... 2 *pej* hündisch: **~ devotion** hündische Ergebenheit B S 1 ZOOL Hund *m* 2 [ˈkænaɪn; ˈkeɪ-] *a.* **~ tooth** Augen-, Eckzahn *m*

caning [ˈkeɪnɪŋ] S: **give sb a ~** j-n (mit dem Stock) züchtigen

Canis| Major [ˈkeɪnɪs] S ASTRON Großer Hund *(Sternbild)*; **~ Minor** S ASTRON Kleiner Hund *(Sternbild)*

canister [ˈkænɪstə(r)] S 1 (Blech)Büchse *f*, (-)Dose *f* 2 MIL a Atemeinsatz *m (der Gasmaske)* b *a.* **~ shot** HIST Kartätsche *f*

canker [ˈkæŋkə(r)] A S 1 MED a Soor *m* b Lippengeschwür *n* 2 VET Strahlfäule *f (am Pferdefuß)* 3 BOT Baumkrebs *m* 4 ZOOL schädliche Raupe 5 *fig* Krebsgeschwür *n* B V/T *fig* a anstecken, vergiften b zerfressen C V/I *fig* a angesteckt *od* vergiftet werden, (langsam) verderben b zerfressen werden; **cankered** ADJ 1 BOT a vom Baumkrebs befallen b von Raupen zerfressen 2 *fig* a giftig, bösartig b verdrießlich, mürrisch; **cankerous** ADJ (ADV **~ly**) 1 BOT a → cankered 1 a b von Baumkrebs verursacht 2 *fig* a ansteckend, vergiftend b zersetzend, zerfressend

canker| sore S MED Soor *m*; **~worm** S ZOOL schädliche Raupe

cannabis [ˈkænəbɪs] S Cannabis *m*: a BOT Hanf *m* b Haschisch *n*

canned [kænd] ADJ 1 konserviert, Dosen..., Büchsen...: **~ fruit** Obstkonserven *pl*; **~ meat** Büchsenfleisch *n* 2 *umg, oft pej* (auf Band *od* Schallplatte) aufgenommen: **~ music** Musik *f* aus der Konserve; **~ program(me)** (RADIO, TV) Programmkonserve *f* 3 *US umg* abgedroschen 4 *sl* blau *(betrunken)*

cannel [ˈkænl], **~ coal** S Kännelkohle *f (bitumenhaltige Pechkohle)*

cannelloni [ˌkænəˈləʊnɪ] S PL *(als sg konstruiert)* Cannelloni *pl (gefüllte Nudelteigrollen)*

cannelure [ˈkænəlʊə(r)] S 1 ARCH Kannelierung *f*, Auskehlung *f* 2 MIL Führungsrille *f (e-r Patrone)*

canner [ˈkænə(r)] S 1 Konservenfabrikant(in) 2 Arbeiter(in) in e-r Konservenfabrik; **cannery** S Konservenfabrik *f*

cannibal [ˈkænɪbl] A S 1 Kannibale *m*, Kannibalin *f*, Menschenfresser(in) *umg* 2 *Tier, das s-e Artgenossen frisst:* **these fish are ~s** diese Fische fressen ihre Artgenossen auf 3 *(Autoetc)* Ausschlachter(in) B ADJ (ADV **~ly**) → cannibalistic; **cannibalism** [-bəlɪzəm] S 1 Kannibalismus *m (a. fig Unmenschlichkeit)*, Menschenfresserei *f umg* 2 ZOOL Kannibalismus *m (Fressen von Artgenossen)*; **cannibalistic** ADJ (ADV **~ally**) kannibalisch *(a. fig unmenschlich)*; **cannibalize** V/T *ein altes Auto etc* ausschlachten

canning [ˈkænɪŋ] S Konservenfabrikation *f*: **~ factory** (*od* **plant**) → cannery

cannon [ˈkænən] A *pl* -nons, -non S 1 *pl meist* -non MIL (FLUG Bord)Kanone *f*, (-)Geschütz *n* 2 TECH a Henkel *m*, Krone *f (e-r Glocke)* b *sich frei um e-e Welle drehender Zylinder* 3 Gebiss *n (des Pferdegeschirrs)* 4 ZOOL Kanonenbein *n (Mittelfußknochen)* 5 *Billard: Br* Karambolage *f* 6 *US sl* Kanone *f (Revolver)* 7 *US sl* Taschendieb(in) B V/I 1 *Billard: Br* karambolieren 2 **(into)** rennen, prallen (gegen, an *akk*), karambolieren, zusammenstoßen (mit) C V/T → cannonade B

cannonade [ˌkænəˈneɪd] A S 1 MIL Kanonade *f*, Beschießung *f* 2 Dröhnen *n*, Donnern *n* B V/T MIL mit (FLUG Bord)Kanonen beschießen C V/I dröhnen, donnern

cannon|ball A S 1 Kanonenkugel *f* 2 Hocksprung *m (ins Wasser)* 3 SPORT a *bes Fußball:* Bombe *f sl* b *a.* **~ service** *(Tennis)* Kanonenaufschlag *m* B V/I *a.* **~ along** (dahin)rasen; **~ bit** → cannon A 3; **~ bone** S ZOOL 1 → cannon A 4 2 Sprungbein *n*

cannoneer [ˌkænəˈnɪə(r)] S MIL (FLUG Bord) Kanonier *m*

cannon fodder S Kanonenfutter *n*

cannonry [ˈkænənrɪ] S MIL 1 KOLL (FLUG Bord)Kanonen *pl*, (-)Geschütze *pl* 2 → cannonade A 1

cannot [ˈkænɒt; *US* -nɑt; kəˈnɑt] *neg von* can[1]

cannula [ˈkænjʊlə] *pl* -las, -lae [-liː] S MED Kanüle *f*

canny [ˈkænɪ] ADJ (ADV **cannily**) 1 gerissen *umg*, schlau *(bes in Geldangelegenheiten)* 2 *bes schott* nett 3 **be ~** *schott* Glück haben

canoe [kəˈnuː] A S 1 Kanu *n (a. SPORT)*, Paddelboot *n*: **~ slalom** Kanuslalom *m*; **paddle one's own ~** a auf eigenen Beinen *od* Füßen stehen b sich um s-e eigenen Angelegenheiten kümmern 2 *sl notdürftige Unterkunft aus Kartons etc* B V/I Kanu fahren, paddeln; **canoeist** S Kanute *m*, Kanutin *f (beide bes SPORT)*, Kanufahrer(in), Paddler(in)

canon[1] [ˈkænən] S 1 Kanon *m*, Regel *f*, Richtschnur *f*, Vorschrift *f*: **the ~s of good manners** die Regeln des Anstandes 2 Maßstab *m*, Wertmesser *m* 3 Grundsatz *m*: **the ~s of professional ethics** die Standesregeln *(der Anwälte, Ärzte etc)* 4 REL Kanon *m*: a kanonische Bücher *pl (der Bibel)* b ♀ Messkanon *m* c Heiligenverzeichnis *n* 5 REL a Ordensregeln *pl* b → canon law 6 authentische Schriften *pl (e-s Autors)*: **the Chaucer ~** 7 MUS Kanon *m* 8 TYPO Kanon(schrift) *f*

canon[2] [ˈkænən] S REL 1 Chor-, Dom-, Stiftsherr *m*, Kanonikus *m* 2 HIST *Mitglied e-r klösterlichen Gemeinschaft von Klerikern*

cañon → canyon

canon bit → cannon A 3

canoness [ˈkænənɪs] S REL Kanonissin *f*, Stiftsdame *f*

canonical [kəˈnɒnɪkl; *US* -ˈnɑ-] A ADJ (ADV **~ly**) 1 kanonisch, vorschriftsmäßig 2 BIBEL kanonisch *(Bücher)* 3 anerkannt, autorisiert 4 MUS in Kanonform B S *pl* REL Messgewänder *pl*, kirchliche Amtstracht; **~ hours** S PL 1 REL kanonische Stunden *pl (offizielle Gebetsstunden)* 2 *Br Zeit von 8 bis 18 Uhr, während der in englischen Pfarrkirchen getraut wird*

canonist [ˈkænənɪst] S Kanonist(in), Kirchenrechtler(in)

canonization [ˌkænənaɪˈzeɪʃn; *US* -nəˈz-] S KATH Kanonisation *f*, Heiligsprechung *f*; **canonize** [-naɪz] V/T 1 KATH kanonisieren, heiligsprechen 2 REL a sanktionieren b unter die kanonischen Bücher aufnehmen

canon law S kanonisches Recht, Kirchenrecht *n*

canonry [ˈkænənrɪ] S Kanonikat *n*, Domherrnpfründe *f*

canoodle [kəˈnuːdl] V/I *umg* knutschen, schmusen *(beide:* **with** mit)

canopied [ˈkænəpɪd] ADJ mit e-m Baldachin (überdacht)

canopy [ˈkænəpɪ] A S 1 Baldachin *m*, (Bett-, Thron-, Trag)Himmel *m*: **~ bed** Himmelbett *n*; **~ top** AUTO Sonnendach *n*, Verdeck *n* 2 ARCH Vordach *n* 3 ARCH Baldachin *m (Überdachung des Altars etc)* 4 FLUG a Fallschirmkappe *f* b (durchsichtige) Kabinenhaube, Verglasung *f* 5 ELEK Lampenarmatur *f* 6 Firmament *n* B V/T (mit e-m Baldachin) überdachen

canorous [kəˈnɔːrəs] ADJ (ADV **~ly**) melodisch

canst [kænst] *obs 2. sg präs von* can[1]: **thou ~**

cant[1] [kænt] A S 1 Gewinsel *n* 2 Argot *n/m*, Jargon *m*, Bettler-, Gaunersprache *f* 3 Jargon *m*, Fach-, Zunftsprache *f* 4 *fig* Kauderwelsch *n*, Gewäsch *n pej* 5 Frömmelei *f*, frömmlerisches Gerede 6 (leere) Phrase(n *pl*): **the same old ~** die alte Leier B V/I 1 mit kläglicher Stimme reden 2 frömmeln, frömmlerisch reden 3 Jargon reden 4 Phrasen dreschen

cant[2] [kænt] A S 1 Schrägung *f*, geneigte Fläche *(e-s Vielecks etc)* 2 Neigung *f* 3 plötzlicher Ruck, Stoß *m* B V/T 1 schräg legen, kanten, kippen: **~ over** umstürzen, umkippen 2 TECH abschrägen C V/I *a.* **~ over** a sich neigen, sich auf die Seite legen b umkippen

can't [kɑːnt; *US* kænt] *Zusammenziehung von* cannot

Cantab [ˈkæntæb] *umg für* Cantabrigian

cantabile [kænˈtɑːbɪlɪ; *US* -ˈtæb-; *a.* kɑːnˈtɑːbəˌleɪ] MUS A ADJ sangbar *(Musik etc)*, Kantabile...: **~ style** B ADV cantabile, gesangartig C S Kantabile *n (ernstes, getragenes Stück)*

Cantabrigian [ˌkæntəˈbrɪdʒɪən] A S 1 Einwohner(in) von Cambridge *(England od USA)* 2 Student(in) an der *od* Absolvent(in) der Universität Cambridge *(England) od* der Harvard University *(USA)* B ADJ von *od* aus Cambridge

cantaloup(e) [ˈkæntəluːp; *US* -tlˌəʊp] S BOT Kantalupe *f*, Beutel-, Warzenmelone *f*

cantankerous [kænˈtæŋkərəs] ADJ (ADV **~ly**) giftig *umg*, streitsüchtig; **cantankerousness** S *fig* giftiges Wesen *umg*, Streitsucht *f*

cantata [kænˈtɑːtə; kən-] S MUS Kantate *f*

cant dog S TECH Kanthaken *m*

canteen [kænˈtiːn] S 1 *bes Br* Kantine *f*, UNIV Mensa *f* 2 MIL a Feldküche *f* b Menagekoffer *m (der Offiziere)* c Feldflasche *f* d Kantine *f* e Kochgeschirr *n*: **~ cup** Feldbecher *m* 3 Erfrischungsstand *m*, Büfett *n (bei Veranstaltungen)* 4 *Br* a Besteckkasten *m* b Besteck *n*

canter[1] [ˈkæntə(r)] S 1 Frömmler(in) 2 Phrasendrescher(in)

canter[2] [ˈkæntə(r)] A S Kanter *m (kurzer, leichter Galopp)*: **win at a ~** *fig* mühelos *od* spielend gewinnen B V/T kantern lassen C V/I kantern

canterbury [ˈkæntərˌberiː] S *US* Noten- *od* Zeitschriftenständer *m*; ♀ **bell** [ˈkæntəbərɪ; -brɪ; *US* -tərˌberiː] S BOT *(e-e)* Glockenblume

cantharides [kænˈθærɪdiːz] 1 *pl von* cantharis 2 *pl (a. als sg konstruiert)* MED, PHARM Kanthariden *pl (aus getrockneten Weichkäfern zubereitetes Pulver etc)*; **cantharis** [ˈkænθərɪs] *pl* cantharides [kænˈθærɪdiːz] S ZOOL Kantharide *m*, Weichkäfer *m (z. B. Spanische Fliege)*

cant hook S TECH Kanthaken *m*

canticle [ˈkæntɪkl] S REL Lobgesang *m (bes BIBEL)*: **(♀ of) ♀s** BIBEL *(das)* Hohelied Salomons, *(das)* Lied der Lieder

cantilena [ˌkæntɪˈleɪnə; -ˈliːnə] S MUS Kantilene *f (getragene Melodie)*

cantilever ['kæntɪliːvə(r); *US a.* -ˌlevər] A S 1 ARCH Konsole *f* 2 TECH freitragender Arm, vorspringender Träger, Ausleger *m* 3 FLUG unverspreizte *od* freitragende Tragfläche B ADJ freitragend; ~ **arm**, ~ **beam** S TECH Ausleger(balken) *m*; ~ **bridge** S TECH Auslegerbrücke *f*; ~ **roof** S ARCH Krag-, Auslegerdach *n*; ~ **wing** → cantilever A 3

canting ['kæntɪŋ] ADJ (ADV ~ly) 1 frömmlerisch 2 Phrasen dreschend

cantle ['kæntl] S 1 Hinterpausche *f*, -zwiesel *m* (*des Reitsattels*) 2 Teil *m/n*, Stück *n*

canto ['kæntəʊ] *pl* -tos S 1 Gesang *m* (*Teil e-r größeren Dichtung*) 2 MUS a Ober-, Sopranstimme *f* (*in vokaler Mehrstimmigkeit*) b Melodiestimme *f* (*a. instrumental*)

canton A S 1 ['kæntɒn; *US* 'kæntən] Kanton *m* (*in der Schweiz u. in Frankreich*) 2 ['kæntən] a *Heraldik*: Feld *n* b SCHIFF Gösch *f* B V/T 1 [kæn'tɒn; *US* 'kæntən] *oft* ~ **out** in Kantone einteilen 2 [kæn'tuːn; *US* kæn'təʊn] MIL einquartieren; **cantonal** ['kæntənl] ADJ kantonal

cantonment [kæn'tuːnmənt; *US* -'təʊn-] S MIL 1 (Orts)Unterkunft *f*, Quartier *n* 2 großes Ausbildungslager

cantor ['kæntɔː; *US* -tər] S Kantor *m*

cantrip ['kæntrɪp] S *bes schott* 1 Zauber(-spruch) *m* 2 Streich *m*

Canuck [kə'nʌk] S *US sl, oft pej* Kanadier(in), *bes* Frankokanadier(in)

canvas ['kænvəs] A S 1 SCHIFF a Segeltuch *n* b *koll* Segel *pl*: **under** ~ unter Segel (→ A 3); **under full** ~ mit allen Segeln 2 Pack-, Zeltleinwand *f* 3 Zelt, *koll* Zelte *pl*: **under** ~ in Zelten (→ A 1) 4 Kanevas *m*, Stramin *m* (*für Stickereien*) 5 MAL a Leinwand *f* b (Öl)Gemälde *n* auf Leinwand B V/T mit Segeltuch beziehen *od* auskleiden; **~back** *pl* -backs, *bes koll* -back S ORN Kanevasente *f*

canvass ['kænvəs] A V/T 1 eingehend untersuchen *od* erörtern *od* prüfen 2 *j-n* ausfragen, sondieren 3 POL a um *Stimmen* werben b *e-n Wahldistrikt* bearbeiten c die Stimmung in *e-m Wahlkreis* erforschen 4 WIRTSCH a *e-n Geschäftsbezirk* bereisen, bearbeiten b *Aufträge* hereinholen, *Abonnenten, Inserate* sammeln 5 um *j-n od etwas* werben 6 POL *bes US Wahlstimmen* prüfen B V/I 1 POL e-n Wahlfeldzug veranstalten, Stimmen werben 2 werben (**for** um *od* für), WIRTSCH *a.* e-n Werbefeldzug durchführen 3 debattieren, diskutieren C S 1 eingehende Untersuchung *od* Erörterung *od* Prüfung 2 POL Wahlfeldzug *m* 3 WIRTSCH Werbefeldzug *m* 4 → canvassing 3

canvasser ['kænvəsə(r)] S 1 POL Stimmenwerber(in), Wahlhelfer(in) 2 POL *bes US* Wahlstimmenprüfer(in) 3 WIRTSCH Handelsvertreter(in): **advertising** ~ Anzeigenvertreter(in); **insurance** ~ Versicherungsagent(in)

canvas shoes SPL Segeltuchschuhe *pl*

canvassing ['kænvəsɪŋ] S 1 WIRTSCH (Kunden)Werbung *f*, Reklame *f*: ~ **campaign** Werbefeldzug *m* 2 POL Stimmenwerbung *f* 3 POL *bes US* Wahlstimmenprüfung *f*

canvas top S AUTO Planverdeck *n*

canyon ['kænjən] S Cañon *m*; **canyoneering** [-jə'niːrɪŋ] S *US*, **canyoning** S Canyoning *n* (*Extremsportart, bei der Schluchten schwimmend, kletternd od gehend durchquert werden*)

caoutchouk ['kaʊtʃʊk] S Kautschuk *m*

cap[1] [kæp] A S 1 Mütze *f*, Kappe *f*, Haube *f*: ~ **and bells** Schellen-, Narrenkappe; ~ **in hand** demütig, unterwürfig; **set one's** ~ **at** (*od* **for**) **sb** *obs umg* hinter j-m her sein, es auf j-n abgesehen haben (*Frau*): → fit[1] D 1, thinking A 2 2 (viereckige) Universitätsmütze, Barett *n*: ~ **and gown** Universitätstracht *f*, Barett *n* u. Talar *m* 3 a (*Sport-, Studenten-, Klub-, Dienst*) Mütze *f* b SPORT *Br Mütze, die ein Spieler anlässlich s-r Berufung in e-e Auswahlmannschaft, bes in die Nationalmannschaft, erhält*: **get** (*od* **gain, win**) **one's** ~ in die Nationalmannschaft berufen werden; **he has won three England ~s** er hat schon dreimal in der englischen Nationalmannschaft gespielt c SPORT *Br* Auswahl-, *bes* Nationalspieler(in): **new** ~ (Nationalmannschafts)Neuling *m* 4 BOT Hut *m* (*e-s Pilzes*) 5 Gipfel *m*, Spitze *f*; (*als Obergrenze*) Höchstbetrag *m* 6 ARCH a Haubendach *n* b Kapitell *n* c Aufsatz *m* 7 a MIL *u. Bergbau*: Zünd-, Sprengkapsel *f* b Zündplättchen *n*: ~ **pistol** Kinderpistole *f* 8 TECH a (*Schutz-, Verschluss*) Kappe *f*, (*Abdeck-, Schutz*) Haube *f*: **put a** ~ **on** *Ausgaben etc* begrenzen, deckeln b Deckel *m* c (*Schuh*) Kappe *f*, (-)Spitze *f* d AUTO (*Reifen*) Auflage *f*: **full** ~ Runderneuerung *f* 9 GEOL Deckschicht *f* 10 MED Pessar *n* 11 Kapsel *f* (*Heroin etc*) B V/T 1 *e-e Flasche etc* verschließen, zumachen 2 a (mit *od* wie mit e-r Kappe) bedecken b *Ausgaben etc* begrenzen, deckeln 3 krönen: a oben liegen auf (*dat*) b *fig* abschließen 4 *bes schott j-m* e-n akademischen Grad verleihen 5 SPORT *Br* in e-e Auswahl-, *bes* in die Nationalmannschaft berufen: **he has been ~ped three times for** (*od* **by**) **England** er hat schon dreimal in der englischen Nationalmannschaft gespielt 6 *obs* vor *j-m* die Mütze abnehmen *od* ziehen 7 *fig* übertreffen, -trumpfen, schlagen: ~ **the climax** (*od* **everything**) allem die Krone aufsetzen, alles übertreffen; **to** ~ **it all (off)** (*Redew*) a als Krönung des Ganzen b *pej* um das Maß vollzumachen 8 *e-n Reifen* runderneuern

cap[2] [kæp] *bes US umg* A S Großbuchstabe *m* B V/T 1 großschreiben 2 in Großbuchstaben schreiben

cap[3] [kæp] S FUSSB Länderspiel *n*

CAP[3] ABK 1 Common Agricultural Policy 2 computer-assisted publishing

cap. ABK 1 capacity 2 capital

capability [ˌkeɪpə'bɪlətɪ] S 1 Fähigkeit *f* (**of sth** zu etwas), Vermögen *n* 2 Tauglichkeit *f* (**for zu**) 3 *a. pl* Befähigung *f*, Talent *n*, Begabung *f*

capable ['keɪpəbl] ADJ (ADV capably) 1 (leistungs)fähig, tüchtig (*Lehrer etc*) 2 fähig (**of** zu *od gen*; **of doing** zu tun), imstande (**of doing** zu tun): **be** ~ **of murder** fähig sein, e-n Mord zu begehen; **do you think he is** ~ **of murder?** trauen Sie ihm e-n Mord zu? 3 geeignet, tauglich (*beide*: **for** zu) 4 (**of**) zulassend (*akk*), fähig (zu): ~ **of being divided** teilbar; ~ **of improvement** verbesserungsfähig; ~ **of being misunderstood** missverständlich; **this text is not** ~ **of translation** dieser Text lässt sich nicht übersetzen 5 **legally** ~ JUR rechts-, geschäftsfähig

capacious [kə'peɪʃəs] ADJ (ADV ~ly) 1 geräumig (*Saal, Tasche etc*), groß (*Flasche, Topf etc*) 2 aufnahmefähig (*Verstand*), ausgezeichnet (*Gedächtnis*); **capaciousness** S Geräumigkeit *f*

capacitance [kə'pæsɪtəns] S ELEK Kapazität *f*

capacitate [kə'pæsɪteɪt] V/T *j-n* befähigen (**to do** zu tun)

capacitive [kə'pæsɪtɪv] ADJ (ADV ~ly) ELEK kapazitiv (*die Kapazität e-s Kondensators betreffend*): ~ **load** kapazitive Belastung; ~ **reactance** Kapazitanz *f*, kapazitiver Widerstand; **capacitor** [-tə(r)] S ELEK Kondensator *m*

capacity [kə'pæsətɪ] A S 1 a Fassungsvermögen *n*, Kapazität *f*: **filled to** ~ bis auf den letzten Platz gefüllt, THEAT *etc* (bis auf den letzten Platz) ausverkauft b (Raum)Inhalt *m*, Volumen *n*: → measure A 1 2 PHYS Aufnahmefähigkeit *f* 3 ELEK a Kapazität *f* b Leistungsfähigkeit *f*, Belastbarkeit *f* 4 SCHIFF, BAHN Ladefähigkeit *f* 5 (Leistungs)Fähigkeit *f*, Vermögen *n*: ~ **for learning** Lernfähigkeit; ~ **for remembering** Erinnerungsvermögen; **have the** ~ **to do sth** das Zeug dazu haben, etwas zu tun *umg* 6 WIRTSCH, TECH Kapazität *f*, Leistungsfähigkeit *f*, (Nenn)Leistung *f*: **work to** ~ mit Höchstleistung arbeiten, voll ausgelastet sein 7 *fig* (geistiges) Fassungsvermögen, Auffassungsgabe *f*: **that is beyond his** ~ damit ist er überfordert, das ist für ihn zu hoch; **the book is well within the** ~ **of young readers** das Buch können auch junge Leser ohne Weiteres verstehen 8 Eigenschaft *f*, Stellung *f*: **in his** ~ **as** in s-r Eigenschaft als 9 JUR (*Geschäfts-, Testier- etc*) Fähigkeit *f*: ~ **to sue and to be sued** Prozessfähigkeit B ADJ 1 maximal, Höchst…: ~ **business** Rekordgeschäft *n* 2 ~ **audience** THEAT *etc* (bis auf den letzten Platz) ausverkauftes Haus; ~ **crowd** SPORT ausverkauftes Stadion 3 ELEK kapazitiv (→ capacitive)

cap-a-pie, cap-à-pie [ˌkæpə'piː] ADV von Kopf bis Fuß

caparison [kə'pærɪsn] A S 1 Schabracke *f* (*verzierte Pferdedecke*) 2 Aufputz *m*, reicher Schmuck B V/T 1 e-e Schabracke breiten über (*akk*) 2 *j-n* herausputzen 3 *fig s-e Gedanken etc* kleiden (**in** in *akk*)

cape[1] [keɪp] S Cape *n*, Umhang *m*

cape[2] [keɪp] S Kap *n*, Vorgebirge *n*: **the** ♀ das Kap der Guten Hoffnung; ♀ **doctor** *umg* starker Südostwind (*in Südafrika*); ♀ **Dutch** LING Kapholländisch *n*; ♀ **wine** Kapwein *m*

Cape Horn [keɪp'hɔː(r)n] S Kap *n* Horn

Cape of Good Hope [ˌgʊd'həʊp] S Kap *n* der Guten Hoffnung

caper[1] ['keɪpə(r)] A S 1 Kapriole *f*: a Freuden-, Luftsprung *m*: **cut ~s** → B b *fig* übermütiger Streich 2 *sl* a Ding *n* (*Verbrechen*) b Gaunerei *f* B V/I a Freuden- *od* Luftsprünge machen b herumtollen, -hüpfen

caper[2] ['keɪpə(r)] S 1 BOT Kapernstrauch *m* 2 Kaper *f* (*Gewürz*): ~ **sauce** Kapernsoße *f*

capercaillie [ˌkæpə(r)'keɪlɪ; -ljɪ], **capercailzie** [-'keɪlsɪ; -lzɪ] S ORN (Großer) Auerhahn

Cape Town ['keɪptaʊn] S Kapstadt *n*

Cape Verde [vɜːd; *US* vɜrd] S Kap *n* Verde

Cape Verdean ['vɜːdɪən] A S Kapverdier(in) B ADJ kapverdisch

Cape Verde Islands [vɜːd; *US* vɜrd] S Kapverdische Inseln *pl*

capful ['kæpfʊl] S (*e-e*) Mütze voll: **a** ~ (**of wind**) SCHIFF Wind *m* von kurzer Dauer, e-e Mütze Wind

capias ['keɪpɪæs; -əs] S *a.* **writ of** ~ JUR Haftbefehl *m* (*bes im Vollstreckungsverfahren*)

capillarity [ˌkæpɪ'lærətɪ] S PHYS Kapillarität *f*, Kapillaranziehung *f*; **capillary** [kə'pɪlərɪ; *US* 'kæpəˌleriː] A ADJ 1 haarförmig, -fein, kapillar: ~ **vessel** → B 2 haarähnlich, Haar… 3 PHYS Kapillar…: ~ **action** Kapillareffekt *m*; ~ **attraction** → capillarity B S ANAT Haar-, Kapillargefäß *n*

capital[1] ['kæpɪtl] S ARCH Kapitell *n*

capital[2] ['kæpɪtl] A S 1 Hauptstadt *f* 2 Großbuchstabe *m*: **write a word with a** ~ ein Wort großschreiben (*mit großem Anfangsbuchstaben*); **write a word in ~s** ein Wort großschreiben (*in Großbuchstaben*) 3 WIRTSCH Kapital *n*, Vermögen *n* 4 WIRTSCH Reinvermögen *n* 5 *oft* ♀ SOZIOL Kapital *n*, Unternehmer(tum) *pl(n)*: ♀ **and Labo(u)r** Kapital u. Arbeit 6 Vorteil *m*, Nutzen *m*: **make** ~ **(out) of sth** aus etwas Kapital schlagen *od* Nutzen ziehen B ADJ 1 JUR a kapital: ~ **crime** Kapitalverbrechen *n* b Tod(es)…: ~ **punishment** Todesstrafe *f*; → sin[1] A 1 2 größt(er, e, es), höchst(er, e, es), äußerst(er, e, es): **of** ~ **importance** 3 Haupt…, wichtigst(er, e, es): ~ **city** Hauptstadt *f* 4 verhängnisvoll: **a ~ error** ein Kapitalfehler 5 großartig, ausgezeichnet, fabelhaft: **a ~ fellow** *umg* ein famoser Kerl; **a ~ joke** ein Mordsspaß 6 groß(geschrieben): **~ letter** → A 2; **~ B** großes B; **he is mean with a ~ M** er ist ein furchtbarer Geizhals; **it was murder with a ~ M** es war hundertprozentig Mord

capital| account S WIRTSCH 1 Kapitalkonto *n* 2 Kapitalaufstellung *f (e-s Unternehmens)*; **~ assets** SPL WIRTSCH 1 Kapitalvermögen *n* 2 *Bilanz*: Anlagevermögen *n*; **~ expenditure** S WIRTSCH Investitionsaufwand *m*, -ausgaben *pl*; **~ flight** S WIRTSCH Kapitalflucht *f*; **~ gain** S WIRTSCH (Kapital)Veräußerungsgewinn *m*; **~ gains tax** S WIRTSCH Steuer *f* auf Veräußerungsgewinne; **~ goods** SPL WIRTSCH Investitionsgüter *pl*; **~-intensive** ADJ (ADV ~ly) WIRTSCH kapitalintensiv; **~ investment** S 1 Kapitalanlage *f*, Investitionen *pl* 2 langfristig angelegtes Kapital

capitalism [ˈkæpɪtəlɪzəm] S Kapitalismus *m*; **capitalist** A S Kapitalist(in) *(a. pej)* B ADJ kapitalistisch; **capitalistic** ADJ (ADV ~ally) kapitalistisch

capitalization [ˌkæpɪtəlaɪˈzeɪʃn; US -ləˈz-] S 1 WIRTSCH Kapitalisation *f*, Errechnung *f* des Kapitalbetrages aus den Zinsen 2 WIRTSCH Kapitalisierung *f (e-r Gesellschaft)* 3 Großschreibung *f*

capitalize [ˈkæpɪtəlaɪz] A VT 1 WIRTSCH a kapitalisieren, den Kapitalbetrag *(gen)* errechnen b zum Vermögen schlagen c *e-e Gesellschaft* kapitalisieren, mit Kapital ausstatten 2 großschreiben: a mit großem Anfangsbuchstaben schreiben b mit Großbuchstaben schreiben B VI 1 Kapital anhäufen 2 WIRTSCH e-n Kapitalwert haben **(at** von**)** 3 **~ on** Kapital schlagen *od* Nutzen ziehen aus

capital| levy S WIRTSCH Vermögens-, Kapitalabgabe *f*; **~ loss** S WIRTSCH (Kapital)Veräußerungsverlust *m*; **~ market** S WIRTSCH Kapitalmarkt *m*; **~ returns tax** S WIRTSCH Kapitalertragssteuer *f*; **~ ship** S SCHIFF, MIL Großkampfschiff *n*; **~ spending** S WIRTSCH Investitionsaufwendungen *pl*; **~ stock** S WIRTSCH *bes US* Aktienkapital *n*; **~ transfer tax** S WIRTSCH *Br* Schenkungs- u. Erbschaftssteuer *f*

capitation [ˌkæpɪˈteɪʃn] S 1 Kopfzählung *f* 2 *a.* **~ tax** Kopfsteuer *f* 3 Zahlung *f* pro Kopf

Capitol [ˈkæpɪtl] S Kapitol *n*: a *Antike: im alten Rom* b *Kongresshaus in Washington, a. einzelstaatliches Regierungsgebäude*

capitular [kəˈpɪtjʊlə; US -tʃələr] REL A ADJ kapitular, zu e-m Kapitel gehörig B S Kapitular *m*, Dom-, Stiftsherr *m*

capitulate [kəˈpɪtjʊleɪt; US -tʃə-] VI MIL **(to)** kapitulieren, die Waffen strecken (vor *dat*) *(beide a. fig)*, sich ergeben *(dat)*; **capitulation** S 1 MIL a Kapitulation *f (a. fig)*, Übergabe *f* b Kapitulationsurkunde *f* 2 HIST Kapitulation *f (Vertrag über Exterritorialitätsrechte)*

capon [ˈkeɪpən; US *a.* -ˌpɑn] S Kapaun *m*; **caponize** [ˈkeɪpənaɪz] VT kapaunen, kastrieren

caporal [ˌkæpəˈrɑːl; US -ˈræl; ˈkæprəl] S *(ein)* grober Tabak

capped [kæpt] ADJ 1 mit e-r Kappe *od* Mütze (bedeckt): **~ and gowned** UNIV in vollem Ornat 2 **most-~ player** SPORT *Br* Rekordinternationale(r) *m/f(m)*

cappuccino [ˌkæpʊˈtʃiːnəʊ] *pl* -nos S Cappuccino *m*

capric acid [ˈkæprɪk] S CHEM Caprin-, Kaprinsäure *f*

capriccio [kəˈprɪtʃɪəʊ; -tʃəʊ] *pl* -cios, -ci [-tʃɪ] S 1 MUS Capriccio *n (scherzhaftes, launiges Stück)* 2 (übermütiger) Streich 3 → caprice 1; **capriccioso** [kəˌprɪtʃɪˈəʊzəʊ; -səʊ] ADJ & ADV MUS capriccioso, kapriziös

caprice [kəˈpriːs] S 1 MUS Caprice *f* (→ capriccio 1) 2 Kaprice *f*, Laune *f*, launischer Einfall 3 Launenhaftigkeit *f*; **capricious** [kəˈprɪʃəs] ADJ (ADV ~ly) kapriziös, launenhaft *(a. Wetter)*, launisch; **capriciousness** S Launenhaftigkeit *f*

Capricorn [ˈkæprɪkɔː(r)n] A S ASTRON, ASTROL Steinbock *m (Sternbild u. Tierkreiszeichen)*: **be a ~** (ein) Steinbock sein; → tropic A 1 B ADJ ASTROL Steinbock...: **be ~** Steinbock sein; **Capricornean** [-jən] ASTROL A ADJ → Capricorn B B S Steinbock *m (Person)*: **be a ~** (ein) Steinbock sein; **Capricornus** [-nəs] → Capricorn A

caprine [ˈkæpraɪn] ADJ ZOOL ziegenähnlich, Ziegen...

capriole [ˈkæprɪəʊl] *(hohe Schule)* A S Kapriole *f (Sprung des Pferdes auf der Stelle mit angezogenen Vorder- u. nach hinten ausgestreckten Hinterbeinen)* B VI e-e Kapriole machen

caproic acid [kəˈprəʊɪk] S CHEM Capron-, Kapronsäure *f*

caprylic acid [kəˈprɪlɪk] S CHEM Capryl-, Kaprylsäure *f*

capsicum [ˈkæpsɪkəm] S 1 BOT Spanischer Pfeffer 2 Kapsikum *n*, spanischer Pfeffer *(Gewürz)*

capsize [kæpˈsaɪz; US *a.* ˈ-ˌsaɪz] SCHIFF A VI kentern, umschlagen B VT zum Kentern bringen

caps lock (key) S COMPUT Feststelltaste *f*

capstan [ˈkæpstən] S 1 TECH a Winde *f* mit senkrechter Welle, Spill *n* b *Bergbau*: Schachtwinde *f* c Tonrolle *f*, -welle *f (e-s Tonbandgeräts etc)*: **~ idler** Andruckrolle *f* 2 SCHIFF (Gang)Spill *n*, Ankerwinde *f*; **~ engine** S SCHIFF Ankerlichtmaschine *f*; **~ lathe** S TECH Sattelrevolverdrehmaschine *f*

capstone S ARCH (Ab)Deckstein *m*, Schlussstein *m (a. fig)*, Mauerkappe *f*

capsular [ˈkæpsjʊlə; US -sələr] ADJ kapselförmig, Kapsel...; **capsulate** [-leɪt; -lət], **capsulated** [-leɪtɪd] ADJ eingekapselt, verkapselt

capsule [ˈkæpsjuːl; US -səl; -suːl] A S 1 ANAT Kapsel *f*, Hülle *f*, Schale *f* 2 BOT a Kapselfrucht *f* b Sporenkapsel *f* 3 PHARM (Arznei)Kapsel *f* 4 (Metall)Kapsel *f (als Flaschenverschluss)* 5 *(Raum)* Kapsel *f* 6 *fig* **(of)** knappe Zusammenfassung *(gen)*, gedrängte Übersicht (über *akk*) 7 CHEM Abdampfschale *f*, -tiegel *m* B VT 1 ein-, verkapseln 2 *fig* knapp zusammenfassen, kurz umreißen C ADJ gedrängt, knapp, kurz, Kurz...: **~ biography**; **capsulize** → capsule B

capt. ABK captain

captain [ˈkæptɪn] A S 1 (An)Führer *m*, Oberhaupt *n*: **~ of industry** Industriekapitän *m* 2 MIL a Hauptmann *m* b HIST Rittmeister *m (der Kavallerie)* 3 SCHIFF a Kapitän *m*, Kommandant *m* b *a.* **~ of the navy** MIL Kapitän *m* zur See c Unteroffizier *m* mit besonderen Aufgaben: **~ of the gun** Geschützführer *m* 4 SPORT *(Mannschafts)* Kapitän *m*, Mannschaftsführer *m* 5 *Bergbau*: *bes Br* Obersteiger *m* 6 FLUG (Flug)Kapitän *m* 7 US Polizeihauptmann *m* 8 US a Oberkellner *m* b → bell captain B VT Kapitän *(gen)* sein, *ein Schiff a.* befehligen

captaincy [ˈkæptɪnsɪ], **captainship** S 1 SCHIFF, MIL Stelle *f od* Rang *m* e-s Hauptmanns *od* Kapitäns *etc* 2 militärisches Geschick

caption [ˈkæpʃn] A S 1 a Überschrift *f*, Titel *m*, Kopf *m (e-s Artikels etc)* b Bildunterschrift *f*, -text *m* c Untertitel *m (e-s Films)* 2 JUR a Präambel *f (e-s Dokuments etc)* b Rubrum *n (Bezeichnung der Prozessparteien u. des Gerichts)* c Spalte *f*, Rubrik *f* 3 *obs* Wegnahme *f* B VT mit e-r Überschrift *etc* versehen, *e-n Film* untertiteln

captious [ˈkæpʃəs] ADJ (ADV ~ly) 1 verfänglich *(Frage etc)* 2 spitzfindig, pedantisch, kritt(e)lig; **captiousness** S 1 Verfänglichkeit *f* 2 Spitzfindigkeit *f*, Pedanterie *f*

captivate [ˈkæptɪveɪt] VT *fig* gefangen nehmen, fesseln, für sich einnehmen, bestricken, bezaubern: **be ~d with sth** von etwas eingenommen sein; **captivating** ADJ (ADV ~ly) fesselnd, bezaubernd, einnehmend; **captivation** S Bezauberung *f*

captive [ˈkæptɪv] A ADJ 1 gefangen, in Gefangenschaft *(Tiere etc)*: **hold ~** gefangen halten *(a. fig)*; **take ~** gefangen nehmen *(a. fig)* 2 festgehalten: **~ audience** *(bes* RADIO, TV*)* unfreiwilliges Publikum; *as I was bedridden*, **I was a ~ audience for her stories** musste ich ihre Geschichten über mich ergehen lassen; **~ balloon** Fesselballon *m* 3 Gefangenen... 4 *fig* gefangen, gefesselt *(beide:* **to** von*)* 5 TECH unverlierbar *(Schraube)* 6 WIRTSCH US für den Eigenbedarf *(nicht für den Markt)* bestimmt B S 1 Gefangene(r) *m/f(m)* 2 *fig* Gefangene(r) *m/f(m)*, Sklave *m*, Sklavin *f (alle:* **to, of** *gen)*

captivity [kæpˈtɪvətɪ] S 1 Gefangenschaft *f* 2 *fig* Unterdrückung *f* **(by** durch**)**

captor [ˈkæptə(r)] S 1 *j-d, der Gefangene macht*: **his ~** der Mann, der ihn gefangen nahm 2 SCHIFF Kaper *m*, Aufbringer *m (e-s Schiffes)*

capture [ˈkæptʃə(r)] A VT 1 fangen, gefangen nehmen 2 MIL a einnehmen, erobern b erbeuten: **~d property** Beute *f* 3 SCHIFF kapern, aufbringen 4 COMPUT *Daten* erfassen 5 *fig* erobern: a *die Macht etc* an sich reißen b erlangen, *e-n Preis etc* gewinnen c gewinnen, fesseln, für sich einnehmen: **~ sb's imagination** j-n begeistern 6 *fig e-e Stimmung etc, a.* PHYS *Neutronen* einfangen B S 1 Gefangennahme *f* 2 MIL a Einnahme *f*, Eroberung *f* b Erbeutung *f* 3 SCHIFF a Kapern *n*, Aufbringen *n* b Beute *f*, Prise *f* 4 COMPUT *(Daten)*Erfassung *f* 5 *fig* Eroberung *f*

capuchin [ˈkæpjʊʃɪn; -tʃɪn; US *a.* ˈkæpəʃən] S 1 ♀ REL Kapuziner (-mönch) *m* 2 Kapuze *f* 3 (Damen)Umhang *m* mit Kapuze 4 a *a.* **~ monkey** ZOOL Kapuzineraffe *m* b ORN *(e-e)* Lockentaube

car [kɑː(r)] S 1 Auto *n*, Wagen *m*: **by ~** mit dem *od* im Auto 2 BAHN *US allg* Wagen *m*, Waggon *m*, *Br (nur in Zusammensetzungen)* Personenwagen *m*: → dining car, *etc* 3 *(Straßenbahn- etc)* Wagen *m* 4 Gondel *f (e-s Ballons etc)* 5 Kabine *f (e-s Aufzugs)* 6 *poet (Kriegs-, Triumph)* Wagen *m*

CARA ABK US Classification and Rating Administration

carabao [ˌkærəˈbeɪəʊ; US -ˈbaʊ] *pl* -os → buffalo A 1 a

carabin [ˈkærəbɪn], **carabine** [-baɪn; US *a.* -ˌbiːn] → carbine

carabineer, **carabinier** [ˌkærəbɪˈnɪə(r)] → carbineer

caracal [ˈkærəkæl] S ZOOL Karakal *m*, Wüstenluchs *m*

car accident S Autounfall *m*

caracol [ˈkærəkɒl; US -ˌkɑl], **caracole** [-kəʊl] A S 1 *Dressurreiten*: Karakole *f*, halbe Wendung 2 ARCH Wendeltreppe *f* B VI *Dressurreiten*: karakolieren

carafe [kəˈræf; kəˈrɑːf] S Karaffe *f*

car alarm S Diebstahlswarnanlage *f (e-s Autos)*

caramel [ˈkærəmel; -məl] S 1 Karamell *m*, gebrannter Zucker 2 Karamelle *f*, Sahnebonbon *m/n*

carapace [ˈkærəpeɪs] S ZOOL Schale *f*, Rückenschild *m* (*der Schildkröte etc*)

carat ['kærət] S Karat *n*: **a** *Juwelen- u. Perlengewicht* (= *200 mg*) **b** *Goldfeingehalt*: **18-~ gold** 18-karätiges Gold

C

caravan ['kærəvæn] **A** S **1** Karawane *f* (*a. fig*) **2** **a** Wohnwagen *m* (*von Schaustellern etc*) **b** *Br* Caravan *m*, Wohnwagen *m*, Wohnanhänger *m*: **~ site** (*od* **park**) Platz *m* für Wohnwagen **B** V/I *prät u. pperf* -vaned, *bes Br* -vanned **1** in e-r Karawane reisen *od* ziehen **2** im Wohnwagen (*Br a.* im Caravan) reisen; **caravaneer** [-'nɪə(r)] → caravan(n)er 1; **caravan(n)er** S **1** Reisende(r) *m* in e-r Karawane **2** *Br* Caravaner *m*; **caravansary** [-sərɪ], *a.* **caravanserai** [-raɪ] S **1** Karawanserei *f* **2** großes Gasthaus

caravel ['kærəvel] S SCHIFF Karavelle *f*

caraway ['kærəweɪ] S BOT Kümmel *m* (*a. Gewürz*); **~ seeds** SPL Kümmelsamen *pl*, -körner *pl*

carbamic acid [kɑː(r)'bæmɪk] S CHEM Carbamid-, Karbamidsäure *f*; **carbamide** ['kɑː(r)bəmaɪd; kɑː(r)'bæmaɪd] S CHEM Carbamid *n*, Karbamid *n*, Harnstoff *m*

carbide ['kɑː(r)baɪd] S CHEM Karbid *n*

carbine ['kɑː(r)baɪn; *US a.* -,biːn] S MIL Karabiner *m*; **carbineer**, **carbinier** [-bɪ'nɪə(r)] S MIL Karabinier *m*

car body S TECH Karosserie *f*

carbohydrate [,kɑː(r)bəʊ'haɪdreɪt; -drɪt] S CHEM Kohle(n)hydrat *n*

carbolic acid [kɑː(r)'bɒlɪk; *US* -'bɑ-] S CHEM Karbolsäure *f*

carbolize ['kɑː(r)bəlaɪz] V/T CHEM mit Karbolsäure behandeln *od* tränken

car bomb S Autobombe *f*

carbon ['kɑː(r)bən] S **1** CHEM Kohlenstoff *m* **2** ELEK Kohle(elektrode) *f* **3** **a** Kohlepapier *n* **b** Durchschlag *m*, Kopie *f*

carbonaceous [,kɑː(r)bəʊ'neɪʃəs] ADJ **1** CHEM kohlenstoffhaltig, -artig **2** GEOL kohlenhaltig **3** kohleartig

carbonado [,kɑː(r)bə'neɪdəʊ; -'nɑː-] *pl* -dos, -does S Karbonado *m* (*grauschwarze Diamantenabart*)

carbonate ['kɑː(r)bənɪt; -bəneɪt] CHEM **A** S Karbonat *n*, kohlensaures Salz: **~ of lime** Kalziumkarbonat, Kreide *f*, Kalkstein *m*; **~ of soda** Natriumkarbonat, kohlensaures Natron, Soda *n* **B** V/T [-neɪt] **1** mit Kohlensäure *od* Kohlendioxid behandeln *od* sättigen *od* verbinden: **~d water** kohlensäurehaltiges Wasser, Sodawasser *n* **2** karbonisieren, in Karbonat umwandeln

carbon| black S Kohlenschwarz *n*, (Lampen)Ruß *m*; **~ brush** S ELEK Kohlebürste *f*, Schleifkohle *f*; **~ button** S ELEK Mikrofonkapsel *f*; **~ copy** S **1** → carbon 3 b **2** *fig* Ebenbild *n* (**of** *gen*); **~ dating** S Radiokarbonmethode *f*, C-14-Methode *f* (*zur Altersbestimmung organischer Reste*); **~ dioxide** S CHEM Kohlendioxid *n*, Kohlensäure *f*; **~-dioxide snow** S TECH Kohlensäureschnee *m*, Trockeneis *n*; **~ disulfide**, **~ disulphide** S CHEM Schwefelkohlenstoff *m*; **~ dust** S ELEK Kohlenstaub *m*; **~-dust microphone** S ELEK Kohlenstaubmikrofon *n*; **~-14 dating** → carbon dating

carbonic [kɑː(r)'bɒnɪk; *US* -'bɑ-] ADJ **1** CHEM kohlenstoffhaltig: **~ acid** Kohlensäure *f* **2** Kohlen... **3** ♀ → carboniferous A 2 b

carbonic|-acid gas → carbon dioxide; **~ oxide** S CHEM Kohlenmonoxid *n*

carboniferous [,kɑː(r)bə'nɪfərəs] **A** ADJ **1** **a** CHEM kohlenstoffhaltig **b** kohlehaltig, kohlig **2** GEOL **a** Kohle führend, kohlehaltig **b** ♀ das Karbon betreffend, Karbon...: **~ period** → B **B** S ♀ GEOL Karbon *n*, Steinkohlenformation *f*, -zeit *f*

carbonization [,kɑː(r)bənaɪ'zeɪʃn; *US* -nə'z-] S **1** Verkohlung *f* **2** CHEM, TECH Karbonisation *f*, Durchtränkung *f od* Verbindung *f* mit Kohlenstoff **3** TECH Verkokung *f*, Verschwelung *f*: **~ plant** Kokerei *f* **4** *Wollverarbeitung*: Karbonisation *f* **5** GEOL Inkohlung *f*; **carbonize** ['kɑː(r)bənaɪz] **A** V/T **1** verkohlen **2** CHEM, TECH karbonisieren **3** TECH verkoken, verschwelen **4** *Wolle* karbonisieren, aus-, entkohlen **B** V/I verkohlen: **~ at low temperature** schwelen

carbon| lamp S TECH Kohle(n)fadenlampe *f*; **~ microphone** S ELEK Kohlemikrofon *n*; **~ monoxide** S CHEM Kohlenmonoxid *n*; **~ paper** S **1** Kohlepapier *n* **2** FOTO Pigmentpapier *n*; **~ print** S TYPO Kohle-, Pigmentdruck *m*; **~ process** S FOTO Pigmentdruck(verfahren) *m(n)*; **~ steel** S METALL Kohlenstoff-, Flussstahl *m*; **~ tetrachloride** S CHEM Tetrachlorkohlenstoff *m*; **~ tissue** → carbon paper 2; **~ transmitter** → carbon microphone

carbonyl ['kɑː(r)bənɪl; *Br a.* -naɪl] S CHEM Karbonyl *n*

car-boot sale → boot sale

carborne ADJ **1** im Auto mitgeführt (*Gegenstand*) **2** **be ~** das Auto benutzen, mit dem Auto fahren

Carborundum® [,kɑː(r)bə'rʌndəm] S TECH Carborundum® *n*, Karborun *n* (*ein Schleifmittel*)

carboy ['kɑː(r)bɔɪ] S Korbflasche *f*, (Glas)Ballon *m* (*bes für Säuren*)

carbuncle ['kɑː(r)bʌŋkl] S **1** MED Karbunkel *m* (*Entzündung zahlreicher benachbarter Haarfollikel und Talgdrüsen*) **2** **a** rund geschliffener Granat **b** *obs* Karfunkel(stein) *m* **3** *Br* architektonischer Schandfleck

carburation [,kɑː(r)bjʊ'reɪʃn; -bə'r-] → carburetion

carburet ['kɑː(r)bjʊret; -bəret; *US a.* -,reɪt] **A** S CHEM *obs* Karbid *n* **B** V/T *prät u. pperf* -reted, *bes Br* -retted **1** CHEM mit Kohlenstoff verbinden **2** TECH karburieren; **carbureter**, *bes Br* **carburetter** → carburetor; **carburetion** [,kɑː(r)bjʊ'reɪʃn; -bə'r-; *Br a.* -'reʃn] S TECH **1** Karburierung *f* **2** **a** Vergasung *f* **b** Vergaseranordnung *f*

carburetor, *bes Br* **carburettor** [,kɑːbjʊ'retə; -bə'r-; *US* 'kɑːrbə,reɪtər; -bjə-] S TECH **1** Vergaser *m* **2** Karburator *m*; **~ float** S TECH Vergaserschwimmer *m*; **~ jet** S TECH Vergaserdüse *f*; **~ needle** S TECH Schwimmernadel *f*

carburetter, **carburettor** *bes Br für* carbureter, carburetor

carburize ['kɑː(r)bjʊraɪz; -bər-] V/T **1** → carburet B **2** einsatzhärten: **~d steel** einsatzgehärteter Stahl

carcajou ['kɑː(r)kədʒuː; -ʒuː] S ZOOL Amer. Vielfraß *m*

carcanet ['kɑː(r)kənet; -nɪt] S *obs* goldenes *od* juwelenbesetztes Halsband *etc*

carcase, **carcass** ['kɑː(r)kəs] S **1** Kadaver *m* (*sl pej a. e-s Menschen*), Aas *n* **2** *sl hum* Kadaver *m* (*Körper*) **3** Rumpf *m* (*e-s ausgeweideten Tieres*): **~ meat** frisches (*Ggs konserviertes*) Fleisch **4** Trümmer *pl*, Wrack *n* **5** Gerippe *n*, Skelett *n* (*e-s Schiffs etc*) **6** Gebäudekörper *m*, -skelett *n* **7** TECH Karkasse *f* (*e-s Reifens*) **8** MIL, HIST Karkasse *f*, Brandgranate *f*

car chase S Verfolgungsjagd *f* im Auto

carcinogen [kɑː(r)'sɪnədʒən; 'kɑː(r)sɪnədʒen] S MED Karzinogen *n*, Kanzerogen *n* (*Substanz etc, von der e-e Krebs erzeugende Wirkung ausgeht*); **carcinogenic** [-'dʒenɪk] ADJ MED karzinogen, kanzerogen, Krebs erzeugend; **carcinology** [-'nɒlədʒɪ; *US* -'nɑ-] S Karzinologie *f*: **a** MED *Lehre von den Krebserkrankungen* **b** ZOOL *Lehre von den Krebsen*; **carcinoma** [,kɑː(r)sɪ'nəʊmə] *pl* -mata [-mətə], -mas S MED Karzinom *n*, Krebsgeschwulst *f*; **carcinomatosis** [-'təʊsɪs], **carcinosis** [-'nəʊsɪs] S MED Karzinose *f* (*über den ganzen Körper verbreitete Krebsgeschwülste*)

car| coat S Autocoat *m* (*kurzer Mantel für den Autofahrer*); **~ crash** S Autounfall *m*: **die in a ~** bei e-m Autounfall ums Leben kommen

card[1] [kɑː(r)d] S **1** **a** (*Spiel*) Karte *f*: **house of ~s** Kartenhaus *n* (*a. fig*); **collapse** (*od* **fall down**) **like a house of ~s** wie ein Kartenhaus zusammenstürzen; **one's best** (*od* **strongest**) **~** *fig* sein stärkster Trumpf; **a safe ~** *fig* e-e sichere Karte, ein sicheres Mittel; **he is a safe ~** auf ihn kann man sich verlassen; **it is quite on** (*US a.* **in**) **the ~s** *fig umg* das ist durchaus möglich *od* drin; **it isn't on** (*US a.* **in**) **the ~s** *umg* das ist nicht drin, das steht nicht zur Debatte; **he has a ~ up his sleeve** *fig* er hat (noch) e-n Trumpf in der Hand; **he holds all the ~s** *fig* er hat alle Trümpfe in der Hand; **hold** (*od* **keep, play**) **one's ~s close to one's chest** *fig* mit verdeckten Karten spielen, sich nicht in die Karten schauen lassen; **lay** (*od* **place, put**) **one's ~s on the table** s-e Karten auf den Tisch legen, *fig a.* mit offenen Karten spielen; **play one's ~s well** (*od* **right**) *fig* geschickt vorgehen; **play one's best ~** *fig* s-n Trumpf ausspielen; **play one's last ~** *fig* die letzte Karte ausspielen; **show one's ~s** s-e Karten aufdecken (*a. fig*); **throw up the ~s** *fig* aufgeben, sich geschlagen geben **b** *pl* (*a. als sg konstruiert*) Kartenspiel *n*: **at ~s** beim Kartenspiel **2** (*Glückwunsch-, Post*) Karte *f* **3** **a** (*Geschäfts-, Kredit-, Mitglieds-, Visiten- etc*) Karte *f*: **go through the** (**whole**) **~** *fig* alle Möglichkeiten in Betracht ziehen *od* durchspielen **b** *bes US* Speise(n)-, Weinkarte *f* **4** TECH (*Loch*) Karte *f* **5** *pl Br umg* (Arbeits)Papiere *pl*: **ask for one's ~s** sich s-e Papiere geben lassen; **get** (*od* **be given**) **one's ~s** s-e Papiere bekommen **6** SPORT Programm *n* **7** Windrose *f* (*e-s Kompasses*): **by the ~** *fig* präzise **8** *umg* **a** Spaßvogel *m*, Witzbold *m* **b** *allg* Kerl *m*: **a queer ~** ein komischer Vogel

card[2] [kɑː(r)d] TECH **A** S **1** Kardätsche *f*, Wollkratze *f*, Krempel *f*, Karde *f* **2** Krempelmaschine *f* **B** V/T *Wolle* kardätschen, krempeln: **~ed yarn** Streichgarn *n*

cardamine [kɑː(r)'dæmɪnɪ] S BOT Schaumkraut *n*

cardan| joint ['kɑː(r)dæn] S TECH Kardan-, Kreuzgelenk *n*; **~ shaft** S TECH Kardan-, Gelenkwelle *f*

card|board **A** S Karton(papier) *m(n)*, Pappe *f*, Papp(en)deckel *m* **B** ADJ **1** Papp...: **~ box** Pappschachtel *f*, -karton *m*; **~ city** *Teil e-r Großstadt, in dem Obdachlose unter Pappkartons u. anderem Verpackungsmaterial schlafen* **2** *fig* substanzlos: **a ~ smile** ein nichtssagendes Lächeln; **a ~ general** ein blasser *od* farbloser General; **~-carrying** ADJ **1** eingetragen (*Mitglied*) **2** typisch: **a ~ representative of modern art**; **~ catalog(ue)** S Zettelkatalog *m*, Kartothek *f*, Kartei *f*; **~ cloth**, **~ clothing** S TECH Kratzenleder *n*, -tuch *n*; **~-controlled calculator** S TECH (loch)kartengesteuerte Rechenmaschine

carder ['kɑː(r)də(r)] S TECH **1** Krempler(in), Wollkämmer(in) **2** Krempelmaschine *f*

card| file → card catalog(ue); **~ game** S Kartenspiel *n*; **~holder** S (*bes* Kredit)Karteninhaber(in)

cardia ['kɑː(r)dɪə] S ANAT **1** Kardia *f*, Magenmund *m* **2** Magengrund *m*

cardiac ['kɑː(r)dɪæk] **A** ADJ **1** ANAT, MED, PHYSIOL Herz...: **~ asthma** (**axis, death, mas-**

sage, pacemaker, *etc*) 2 ANAT *die Kardia od den Magengrund betreffend* B S 1 MED, PHARM Herzmittel *n* 2 MED Herzpatient(in); **~ activity** S PHYSIOL Herztätigkeit *f*; **~ arrest** S MED Herzstillstand *m*; **~ infarct**, **~ infarction** S MED Herzinfarkt *m*; **~ murmur** S MED Herzgeräusch *n*; **~ orifice** S ANAT Magenmund *m*; **~ septum** S *irr* ANAT Herzscheidewand *f*; **~ sounds** SPL Herztöne *pl*; **~ valve** S ANAT Herzklappe *f*

cardialgia [ˌkɑː(r)dɪˈældʒə; -dʒɪə] S MED 1 Kardialgie *f*, Herzschmerzen *pl* 2 Sodbrennen *n*

Cardiff [ˈkɑː(r)dɪf] S Cardiff *n* a *Grafschaft in Südwales* b *Hauptstadt von Wales*

cardigan [ˈkɑː(r)dɪɡən] S Strickjacke *f*

cardinal [ˈkɑː(r)dɪnl] A ADJ (ADV **~ly**) 1 grundsätzlich, hauptsächlich, Grund…, Haupt…, Kardinal…: **of ~ importance** von grundsätzlicher Bedeutung; **~ mistake** Kardinalfehler *m*; **~ number**, **~ numeral** → B 4; **~ points** GEOG (*die*) vier (Haupt)Himmelsrichtungen; **~ signs** ASTROL (*die*) Hauptzeichen im Tierkreis; **~ virtues** PHIL Kardinal-, Grundtugenden; → humor A 6, sin[1] A 1 2 KATH Kardinals… 3 scharlachrot: **~ flower** BOT Kardinalsblume *f* B S 1 KATH Kardinal *m* 2 *a.* **~ bird** ORN Kardinal (-vogel) *m* 3 Scharlachrot *n* 4 Kardinal-, Grundzahl *f*; **cardinalate** [-nlət; -nleɪt], **cardinalship** S KATH 1 Kardinalswürde *f* 2 KOLL Kardinalskollegium *n*

card| index S *a. irr* → card catalog(ue); **~-index** V/T 1 e-e Kartei anlegen von, verzetteln 2 in e-e Kartei eintragen

carding [ˈkɑː(r)dɪŋ] S TECH Krempeln *n*, Kardätschen *n*; **~ machine** S TECH Krempelmaschine *f*

cardiogenic [ˌkɑː(r)dɪəʊˈdʒenɪk] ADJ MED, PHYSIOL kardiogen (*vom Herzen ausgehend*): **~ shock** kardiogener Schock

cardiogram [ˈkɑː(r)dɪəʊɡræm] S MED Kardiogramm *n* (*grafische Darstellung der Herzbewegungen*); **cardiograph** [-ɡrɑːf; *bes US* -ˌɡræf] S Kardiograf *m* (*Apparat*); **cardiography** [-ˈɒɡrəfɪ; *US* -ˈɑɡ-] S Kardiografie *f*

cardioid [ˈkɑː(r)dɪɔɪd] S MATH Kardioide *f*, Herzkurve *f*

cardiological [ˌkɑː(r)dɪəʊˈlɒdʒɪkl; *US* -ˈlɑ-] ADJ (ADV **~ly**) MED kardiologisch; **cardiologist** [-ˈɒlədʒɪst; *US* -ˈɑl-] S Kardiologe *m*, Kardiologin *f*, Herzspezialist(in); **cardiology** S Kardiologie *f* (*Teilgebiet der Medizin, das sich mit der Funktion u. den Erkrankungen des Herzens befasst*)

cardiopulmonary [ˌkɑː(r)dɪəʊˈpʌlmənərɪ] ADJ: **~ resuscitation** MED kardiopulmonale Reanimation (*Wiederbelebung von Kreislauf u. Atmung*)

cardiovascular [ˌkɑː(r)dɪəʊˈvæskjʊlə(r)] ADJ MED, PHYSIOL kardiovaskulär (*Herz u. Gefäße betreffend*): **~ disease** Herz-Kreislauf-Erkrankung *f*; **~ system** Herz-Kreislauf-System *n*

carditis [kɑː(r)ˈdaɪtɪs] S MED Karditis *f*, Herzentzündung *f*

card|phone S Kartentelefon *n*; **~ punch** S COMPUT *bes Br hist* Handlocher *m*, manueller Locher; **~ reader** S COMPUT *hist* (Loch)Kartenleser *m*; **~ room** S Kartenspielzimmer *n*; **~sharp**, **~sharper** S Falschspieler(in); **~ trick** S Kartenkunststück *n*; **~ vote** S *Br* (*meist* gewerkschaftliche) Abstimmung durch Wahlmänner

care [keə(r)] A S 1 Sorge *f*, Besorgnis *f*, Kummer *m*: **be free from ~(s)** keine Sorgen haben; **without a ~ in the world** völlig sorgenfrei 2 Sorgfalt *f*, Achtsamkeit *f*, Aufmerksamkeit *f*, Vorsicht *f*: **my first ~ was for** m-e erste Sorge galt (*dat*); **with due ~** mit der erforderlichen Sorgfalt; **bestow great ~ (up)on** große Sorgfalt verwenden auf (*akk*); **have a ~!** *Br umg* pass (doch) auf!; **take ~** a vorsichtig sein, aufpassen b sich Mühe geben c darauf achten, nicht vergessen (*beide:* **to do** zu tun; **that** dass); **take ~** *umg* mach's gut!; **take ~ not to do sth** sich hüten, etwas zu tun; **take ~ not to drop it** pass auf, dass du es nicht fallen lässt!, lass es ja nicht fallen! 3 a Obhut *f*, Schutz *m*, Fürsorge *f*, Betreuung *f*, (*Kinder etc, a. Körper etc*) Pflege *f*: **leave a child in sb's ~** ein Kind in j-s Obhut lassen; **place sth in sb's ~** j-m etwas anvertrauen; **take ~ of** a aufpassen auf (*akk*) b → B 2; **that takes ~ of that!** das wäre (damit) erledigt!; **that will take ~ of itself** das erledigt sich von selbst; **that took ~ of him** damit hatte er sein Fett weg; **take good ~ of sth** etwas pfleglich behandeln; **"~ of"** *Postwesen:* „bei", „per Adresse" b Aufsicht *f*, Leitung *f*: **~ and custody** (*od* **control**) JUR Sorgerecht *n* (**to the person of** für *j-n*) 4 a Pflicht *f*: **his special ~s** b → charge C 14 a, C 14 b B V/I & V/T 1 sich sorgen (**about** über *akk*, um): **he doesn't ~ about money** Geld ist ihm nicht wichtig 2 **~ for** sorgen für, sich kümmern um, betreuen, (*a. sein Auto etc*) pflegen: *the old man* **is well ~d for** ist gut versorgt *od* in guten Händen; **easy to ~ for** pflegeleicht 3 **(for)** Interesse haben (für), (*j-n, etwas*) gernhaben *od* mögen: **he doesn't ~ for her** er macht sich nichts aus ihr, er mag sie nicht; **he ~s for it** die Sache liegt ihm sehr am Herzen; **more than I ~d for** mehr als mir lieb war 4 **~ for** (*meist neg od interrog*) sich etwas machen aus: **I don't ~ (much) for whisky** ich mache mir nichts (nicht viel) aus Whisky; **he ~s a great deal** es ist ihm sehr daran gelegen, es macht ihm schon etwas aus; **she doesn't really ~** in Wirklichkeit liegt ihr nicht viel daran; **I don't ~ who wins** mir ist es egal, wer gewinnt; **he doesn't ~ (about) what other people say** es ist ihm egal *od* es interessiert ihn nicht, was die Leute sagen; **I don't ~ a button** (*od* **damn, fig, pin, straw**) *umg*, **I couldn't ~ less**, *US umg* **I could ~ less** das ist mir völlig gleich(gültig) *od* egal *od umg* schnuppe *od* Wurst; **who ~s?** was macht das schon (aus)?, na und?, und wenn schon?; **for all I ~** meinetwegen, von mir aus; **for all you ~** wenn es nach dir ginge; → farthing, fuck B 4, shit A 1 5 (*neg od interrog*) Lust haben, es gernhaben, es gern tun *od* sehen: **would you ~ for a drink?** möchtest du etwas zu trinken?; **I don't ~ to do it now** ich habe keine Lust, es jetzt zu tun; **I don't ~ to be seen with you** ich lege keinen Wert darauf, mit dir gesehen zu werden 6 (*neg od konditional*) etwas dagegen haben: **we don't ~ if you stay here** wir haben nichts dagegen *od* es macht uns nichts aus, wenn du hierbleibst; **I don't ~ if I do** *umg* von mir aus!

CARE ABK Cooperative for American Relief Everywhere

careen [kəˈriːn] A V/T 1 SCHIFF *ein Schiff* kielholen 2 SCHIFF *ein Schiff* (*in dieser Lage*) reinigen, ausbessern B V/I 1 SCHIFF krängen, sich auf die Seite legen 2 SCHIFF Schiffe reinigen *od* ausbessern 3 (hin u. her) schwanken, (*Person a.*) torkeln; **careenage** S SCHIFF 1 (*a.* Kosten *pl* der) Kielholung *f* 2 Kielholplatz *m*

career [kəˈrɪə(r)] A S 1 Karriere *f*, Laufbahn *f*, Werdegang *m*: **enter (up)on a ~** e-e Laufbahn einschlagen 2 (*erfolgreiche*) Karriere: **make a ~ for o.s.** Karriere machen; **~ as a professional** SPORT Profikarriere; **~ opportunities** Aufstiegsmöglichkeiten 3 Beruf *m*: **~ break** Berufspause *f*; **~ change** Berufswechsel *m*; **~ consular officer** Berufskonsul(in); **~ diplomat** Berufsdiplomat(in); **~ girl** (*od* **woman**) Karrierefrau *f*; **~ prospects** Berufsaussichten; **~ soldier** Berufssoldat(in) 4 *Reitsport:* Karriere *f*, gestreckter Galopp: **in full ~** a in gestrecktem Galopp b *weitS.* mit Höchstgeschwindigkeit B V/I 1 galoppieren 2 rennen, rasen, jagen; **careerism** [kəˈrɪərɪzəm] S Karrierismus *m*; **careerist** S Karrierist(in), Karrieremacher(in)

careers| advice S *Br* Berufsberatung *f*; **~ advisor** S *Br* Berufsberater(in); **~ guidance** S *Br* Berufsberatung *f*; **~ master** S *Br* Beratungslehrer *m*; **~ mistress** S *Br* Beratungslehrerin *f*; **~ office** S *Br* Berufsberatung (sstelle) *f*; **~ officer** S *Br* Berufsberater(in)

carefree ADJ sorgenfrei, sorglos (*a. pej*): **be ~ with** sorglos umgehen mit

careful ADJ (ADV **~ly**) 1 vorsichtig, achtsam: **be ~** pass auf!, gib acht!, nimm dich in Acht!; **be ~ to do sth** darauf achten, etwas zu tun; nicht vergessen, etwas zu tun; **be ~ not to do sth** sich hüten, etwas zu tun; **be ~ not to** (*od* **that you don't**) **drop it** pass auf, dass du es nicht fallen lässt!, lass es ja nicht fallen!; **he has to be very ~ what he says about it** er muss sich sehr genau überlegen, was er darüber *od* dazu sagt 2 a gründlich (*Studie etc*): **after ~ consideration** nach reiflicher Überlegung b sorgfältig: **be ~ about sth** sorgfältig mit etwas umgehen 3 sorgsam bedacht (**of, for, about** auf *akk*), umsichtig, achtsam, behutsam: **be ~ of your clothes** sieh dich mit d-r Kleidung vor! 4 *Br* sparsam: **be ~ with one's money** sparsam mit s-m Geld umgehen; **carefulness** S 1 Vorsicht *f*, Achtsamkeit *f* 2 a Gründlichkeit *f* b Sorgfalt *f*

care|-giver *US* → carer; **~ label** S Etikett *n* mit Pflegehinweisen (*in Kleidungsstücken*)

careless [ˈkeə(r)lɪs] ADJ (ADV **~ly**) 1 nachlässig, unordentlich, liederlich 2 unüberlegt, unbedacht (*Bemerkung etc*): **a ~ mistake** ein Flüchtigkeitsfehler 3 **(of, about)** unbekümmert (um), gleichgültig (gegen): **be ~ of** nicht achten auf (*akk*), unachtsam umgehen mit 4 unvorsichtig, leichtsinnig, fahrlässig: **~ driving** *Br* leichtsinnige Fahrweise 5 sorglos; **carelessness** S 1 Nachlässigkeit *f* 2 Unüberlegtheit *f* 3 Unachtsamkeit *f* 4 Fahrlässigkeit *f*, Leichtsinn *m*

CARE package [keə(r)] S 1 Carepaket *n* 2 *umg hum* Fress-, Futterpaket *n*

carer [ˈkeərə(r)] S *bes Br j-d, der (unentgeltlich) e-n alten, kranken od behinderten Menschen (bes zu Hause) betreut*

caress [kəˈres] A S Liebkosung *f* B V/T 1 liebkosen, streicheln 2 *fig* schmeicheln (*dat*): **this music ~es the ear**; **caressing** ADJ (ADV **~ly**) 1 liebkosend, zärtlich 2 *fig* schmeichelnd

caret [ˈkærət] S Einschaltungszeichen *n* (*für fehlendes Wort im Text*)

care|taker A S a Hausmeister(in) b (*Hausetc*) Verwalter(in) B ADJ Interims…: **~ government** geschäftsführende Regierung; **~worn** ADJ vergrämt, abgehärmt, von Sorgen gezeichnet

carex [ˈkeəreks] *pl* carices [ˈkærɪsiːz] S BOT Segge *f*, Riedgras *n*

car exhaust fumes SPL Autoabgase *pl*

Carey Street [ˈkeərɪ] S *Br* Bankrott *m*: **bring sb into ~** j-n bankrott machen; **lead down ~** zum Bankrott führen

carfare S *US* Fahrpreis *m*, -geld *n* (*für Bus etc*)

carfax [ˈkɑːfæks] S *Br* (Straßen)Kreuzung *f* (*bes von 4 Straßen in e-r Stadt*)

car ferry S Autofähre *f*

carfuffle *bes Br* → kerfuffle

cargo [ˈkɑː(r)ɡəʊ] *pl* -goes, -gos S 1 Ladung *f*: **take in ~** (ein)laden 2 Fracht(gut) *f(n)*; **~ aircraft** S *irr* Transportflugzeug *n*; **~ boat** S SCHIFF Frachtschiff *n*; **~ book** S SCHIFF La-

C

debuch *n*; **~-carrying** ADJ Fracht…, Transport…; **~ hold** S SCHIFF Laderaum *m*; **~ liner** S SCHIFF Linienfrachtschiff *n*; **~ parachute** S FLUG Lastenfallschirm *m*; **~ plane** S Transportflugzeug *n*; **~ port** S SCHIFF Luke *f*, Ladepforte *f*; **~ train** S Güterzug *m*

car| hire S Autovermietung *f*; **~-hop** *US umg* A S Kellner(in) in e-m Drive-in-Restaurant B V/I als Kellner(in) in e-m Drive-in-Restaurant arbeiten

Carib ['kærɪb] *pl* -ibs, *bes koll* -ib S Karibe *m*, Karibin *f*; **Caribbean**[1] [,kærɪ'biːən; kə'rɪbɪən] A ADJ karibisch B S → Carib; **Caribbean**[2] S a **the Caribbean** die Karibik b → Caribbean Sea; **Caribbean Sea** S Karibisches Meer

caribou ['kærɪbuː] *pl* -bous, *bes koll* -bou S ZOOL Karibu *n* (*nordamer. Ren*)

caricature ['kærɪkə,tjʊə(r); -,tʃʊə(r); *US a.* -,tʊr] A S 1 Karikatur *f* (*a. fig*): **he is a ~ of a statesman** 2 Parodie *f*: **do a ~ of** → B 2 B V/T 1 karikieren 2 parodieren; **caricaturist** [-,tjʊərɪst; -,tʃʊə-; *US a.* -,tʊr-] S 1 Karikaturist(in) 2 Parodist(in)

carices ['kærɪsiːz] *pl von* carex

CARICOM ABK Caribbean Community

caries ['keərɪiːz; *US* -riːz] S MED Karies *f*: a Knochenfraß *m* b Zahnfäule *f*

carillon ['kærɪljən; kə'rɪljən; *US* 'kærə,lɑn; -lən] S MUS Carillon *n*: a (Turm)Glockenspiel *n* b Stahlspiel *n* c *e-e Orgelmixtur* d Glockenspielmusik *f*

carina [kə'riːnə; -'raɪnə] *pl* -nae [-niː], -nas S BOT, ZOOL Kiel *m*; **carinate** ['kærɪneɪt] ADJ BOT, ZOOL gekielt

caring ['keərɪŋ] A ADJ fürsorglich (*Mutter etc*), sozial (*Gesellschaft*): **~ profession** Sozialberuf *m* B S Fürsorge *f*

car insurance S Autoversicherung *f*

Carinthia [kə'rɪnθɪə] S Kärnten *n*; **Carinthian** [kə'rɪnθɪən] A ADJ kärntnerisch, Kärntner(…) B S Kärntner(in)

carious ['keərɪəs] ADJ MED kariös, von Karies befallen

car| jack S TECH Wagenheber *m*; **~jacking** S Carjacking *n*, Entführung *f* e-s Wagens (*samt Insassen*)

cark [kɑː(r)k] S *obs* Kummer *m*, Sorge *f*; **carking** ADJ bedrückend, quälend

carl(e) [kɑː(r)l] S 1 *bes schott* Kerl *m* 2 *schott* Flegel *m* 3 *schott* Geizhals *m*

carlina [kɑː(r)'laɪnə], **carline** ['kɑː(r)lɪn] S BOT Eberwurz *f*

carload S 1 Wagenladung *f* 2 BAHN *US* Waggonladung *f*: **mixed ~** Sammelladung 3 WIRTSCH, BAHN *US* Mindestlademenge *f* (*für ermäßigten Frachttarif*)

Carlovingian [,kɑː(r)ləʊ'vɪndʒɪən; -dʒən] → Carolingian

Carlow ['kɑː(r)ləʊ] S Carlow *n* (*Grafschaft im südöstlichen Irland*)

car|man [-mən] S *irr* 1 Fuhrmann *m* 2 (Kraft-)Fahrer *m* 3 Spediteur *m* 4 *US* Straßenbahnfahrer *m*; **~ mat** S Automatte *f*

Carmarthenshire [kə'mɑːðnʃə; *US* kɑːr-'mɑːrðən,ʃɪər] S Carmarthenshire *n* (*Grafschaft in Südwales*)

Carmelite ['kɑː(r)mɪlaɪt; -məl-] REL A S Karmeliter(in), Karmelit(in) B ADJ Karmeliter…

carminative ['kɑː(r)mɪnətɪv; *US* -,neɪtɪv; kɑr'mɪnətɪv] MED, PHARM A S Karminativum *n*, blähungstreibendes Mittel B ADJ blähungstreibend

carmine ['kɑː(r)maɪn; *US a.* -mən] A S 1 Karminrot *n* 2 Karmin *n* (*Farbstoff*) B ADJ karminrot

carnage ['kɑː(r)nɪdʒ] S Blutbad *n*, Gemetzel *n*

carnal ['kɑː(r)nl] ADJ (ADV ~ly) körperlich: a fleischlich, sinnlich b geschlechtlich, sexuell: **~ delight** Fleisches-, Sinnenlust *f*; **~ desire** sinnliche Begierde; **have ~ knowledge of** (*od* **relations with**) **sb** *bes* JUR mit j-m geschlechtlichen Umgang haben; **carnality** [kɑː(r)'nælətɪ] S Fleischeslust *f*, Sinnlichkeit *f*

carnallite ['kɑː(r)nəlaɪt] S MINER Karnallit *m*

carnapper, *US a.* **carnaper** [-,næpə(r)] S Autodieb(in)

carnassial [kɑː(r)'næsɪəl] ZOOL A ADJ: **~ tooth** → B B S Reißzahn *m*

carnation [kɑː(r)'neɪʃn] S 1 BOT (Garten)Nelke *f* 2 Blassrot *n*, Rosa *n* 3 *meist pl* MAL Fleischfarbe *f*, -ton *m*

carnelian [kə'niːljən; *bes US* kɑː(r)-] S MINER Karneol *m*

carnet ['kɑː(r)neɪ; kɑː(r)'neɪ] S AUTO Carnet *n*, Zollpassierscheinheft *n*

carney → carny

carnification [,kɑː(r)nɪfɪ'keɪʃn] S MED Karnifikation *f* (*Umwandlung von entzündlichem Lungengewebe in Bindegewebe*)

carnival ['kɑː(r)nɪvl] S 1 Karneval *m*, Fasching *m* 2 *bes US* Volksfest *n* 3 *bes US* ausgelassenes Feiern

carnivora [kɑː(r)'nɪvərə] SPL ZOOL Fleischfresser *pl*; **carnivore** [-vɔː(r); *US a.* -,vəʊər] S 1 ZOOL Karnivore *m*, fleischfressendes Tier, *bes* Raubtier *n* 2 BOT Karnivore *f*, fleischfressende Pflanze; **carnivorous** ADJ (ADV ~ly) BOT, ZOOL karnivor, fleischfressend

Carnot cycle ['kɑː(r)nəʊ; ,-'nəʊ] S PHYS Carnot-Prozess *m*

carnotite ['kɑː(r)nətaɪt] S MINER Carnotit *m*

carny ['kɑːnɪ] V/T *Br umg* 1 *j-m* schmeicheln, um den Bart gehen, schöntun 2 *j-n* beschwatzen, *j-m* gut zureden (*beide:* **into doing** zu tun): **~ sb out of sth** j-m etwas ausreden; **~ sth out of sb** j-m etwas abbetteln

carob ['kærəb] S BOT 1 Johannisbrotbaum *m* 2 *a.* **~ bean** Johannisbrot *n*

caroche [kə'rɒʃ; *US* kə'rəʊtʃ; kə'rəʊʃ] S HIST Karosse *f*, Staatskutsche *f*

carol ['kærəl] A S 1 Freuden-, Lobgesang *m*, Jubellied *n* 2 Weihnachtslied *n*: **~ singers** Weihnachtssänger (*Kinder, die am Weihnachtsabend singend von Haus zu Haus ziehen*) B V/I *prät u. pperf* -oled, *bes Br* -olled 1 fröhlich singen, jubilieren 2 Weihnachtslieder singen

Carolingian [,kærə'lɪndʒɪən; -dʒən] HIST A ADJ karolingisch B S Karolinger(in)

carom ['kærəm] *bes US* A S *Billard*: Karambolage *f* B V/I 1 *Billard*: karambolieren 2 abprallen

carotene ['kærətiːn] S CHEM Karotin *n*

carotid [kə'rɒtɪd; *US* -'rɑ-] ANAT A S Karotis *f*, Halsschlag-, Kopfschlagader *f* B ADJ die Karotis betreffend

carotin ['kærətɪn] → carotene

carousal [kə'raʊzl] S Trinkgelage *n*, Zecherei *f*; **carouse** [kə'raʊz] A V/I (lärmend) zechen B S → carousal

carousel → carrousel

car owner S Autobesitzer(in), -halter(in)

carp[1] [kɑː(r)p] V/I *a.* **~ on** (herum)nörgeln, (-)kritteln (**about, at** an *dat*)

carp[2] [kɑː(r)p] *pl* carps, *bes koll* carp S FISCH Karpfen *m*

carpal ['kɑː(r)pəl] ANAT A S 1 Handwurzel *f* 2 Handwurzelknochen *m* B ADJ Handwurzel…: **~ bone** → A 2

car| park S *bes Br* 1 Parkplatz *m* 2 Parkhaus *n*; **~-park** ADJ *bes Br*: **~ attendant** Parkplatzwächter(in); **~ passenger** S Autoinsasse *m*, -insassin *f*

Carpathian Mountains [kɑː(r)'peɪθjən; -ɪən] SPL (*die*) Karpaten *pl*

carpel ['kɑːpel; *US* 'kɑːrpəl] S BOT Karpell *n*, Fruchtblatt *n*

carpenter ['kɑː(r)pəntə(r)] A S (SCHIFF Schiffs)Zimmermann *m*, (Bau)Tischler(in), (-)Schreiner(in): **~'s bench** Hobelbank *f* B V/T & V/I zimmern; **~ ant** S ZOOL (*e-e*) Holzameise; **~ bee** S ZOOL (*e-e*) Holzbiene

carpentering ['kɑː(r)pəntərɪŋ; -trɪŋ] S Zimmerei *f*, Zimmermannsarbeit *f*

carpenter moth S ZOOL Holzbohrer *m*

carpentry ['kɑː(r)pəntrɪ] S 1 Zimmerhandwerk *n* 2 → carpentering

carper ['kɑː(r)pə(r)] S Nörgler(in), Krittler(in)

carpet ['kɑː(r)pɪt] A S Teppich *m* (*a. fig*), (*Treppen*) Läufer *m*: **a ~ of moss** ein Moosteppich; **~ of snow** Schneedecke *f*; **be on the ~** a zur Debatte stehen b *umg* zusammengestaucht werden; **bring sth on the ~** etwas zur Debatte stellen *od umg* aufs Tapet bringen; **have sb on the ~** *umg* j-n zusammenstauchen *od* zur Minna machen; **pull the ~ (out) from under sb** *fig* j-m den Boden unter den Füßen wegziehen; **sweep** (*od* **brush**) **sth under(neath)** (*od* **beneath**) **the ~** *fig* etwas unter den Teppich kehren; → **red carpet** B V/T 1 mit Teppichen *od* e-m Teppich auslegen 2 *bes Br umg j-n* zusammenstauchen, zur Minna machen; **~bag** S Reisetasche *f*; **~bagger** S *US* 1 HIST *Spekulant aus dem Norden, der nach dem Bürgerkrieg vom Wiederaufbau im Süden profitieren wollte* 2 *j-d, der sich in die Politik e-r Gegend einmischt, zu der er gar keine echte Beziehung hat*; **~ beater** S Teppichklopfer *m*; **~-bomb** V/T MIL mit e-m Bombenteppich belegen; **~ bombing** S MIL Bombenteppichabwurf *m*, Flächenbombardierung *f*; **~ cleaner** S Teppichreiniger *m* (*Pulver etc*)

carpeting ['kɑː(r)pɪtɪŋ] S 1 Teppichstoff *m*, -material *n* 2 KOLL a Teppiche *pl* b Teppichboden *m*

carpet| knight S *pej* Salonlöwe *m*; **~ layer** S Teppichleger(in); **~ moth** S ZOOL 1 Tapetenmotte *f* 2 Kleidermotte *f* 3 (*ein*) Blattspanner *m*; **~ nozzle** S Teppichdüse *f* (*e-s Staubsaugers*); **~ rod** S (Treppen)Läuferstange *f*; **~ slipper** S Pantoffel *m*, Hausschuh *m*; **~ square** S Teppichfliese *f*; **~ sweeper** S Teppichkehrer *m*, -kehrmaschine *f*; **~ tile** S Teppichfliese *f*

car phone S Autotelefon *n*

carpi ['kɑː(r)paɪ] *pl von* carpus

carping ['kɑː(r)pɪŋ] A S Nörgelei *f*, Krittelei *f* B ADJ (ADV ~ly) nörg(e)lig, kritt(e)lig

carpology [kɑː(r)'pɒlədʒɪ; *US* -'pɑ-] S BOT Karpologie *f* (*Teilgebiet der Botanik, das sich mit den Pflanzenfrüchten befasst*)

car| pool S 1 *bes Br* Fahrbereitschaft *f*, Fuhrpark *m* 2 Fahrgemeinschaft *f*; **~-pool** V/I *US* sich zu e-r Fahrgemeinschaft zusammenschließen

carpophagous [kɑː(r)'pɒfəgəs; *US* -'pɑ-] ADJ ZOOL fruchtfressend, von Früchten lebend

carpophore ['kɑː(r)pəfɔː(r); *US a.* -,fəʊər] S BOT Karpophor *m*, Fruchtträger *m*

carpophyl ['kɑː(r)pəfɪl] → carpel

carport S Einstellplatz *m* (*im Freien*)

carpus ['kɑː(r)pəs] *pl* -pi [-paɪ] S ANAT Carpus *m*, Handwurzel *f*

carrel(l) ['kærəl] S kleine Lesenische (*in e-r Bibliothek*)

car rental S *US* Autovermietung *f*

carriage ['kærɪdʒ] S 1 a Wagen *m*, Kutsche *f*, Equipage *f*: **~ and pair** Zweispänner *m* b *US* (*Kinder*) Wagen *m* 2 BAHN *Br* (Personen)Wagen *m* 3 Beförderung *f*, Transport *m*: **~ of passengers** Personenbeförderung 4 WIRTSCH Transport-, Beförderungskosten *pl*, Fracht(gebühr) *f*, Rollgeld *n*: **charge for ~** Frachtkosten berechnen; **~ forward** *Br* Frachtkosten per Nachnahme; **send sth ~ forward** etwas per Frachtnachnahme schicken; **~ free** (*od* **paid**) frachtfrei **5** MIL (*Geschütz*) Lafette *f* **6** TECH **a** Fahrgestell *n* (*a.* FLUG), Wagen *m* (*a. e-r Druck- od Schreibmaschine*) **b** Laufwerk *n* **c** Support *m*, Schlitten *m* (*e-r Werkzeugmaschine*) **7** (Körper-)Haltung *f*: **~ of head** Kopfhaltung **8** POL Durchbringen *n* (*e-r Gesetzesvorlage*) **9** *obs* Benehmen *n*, Auftreten *n* **10** *obs* Bürde *f*; **~ dog** → coach dog; **~ horse** S Kutschpferd *n*; **~way** S *Br* Fahrbahn *f*

carrier ['kærıə(r)] S **1** Träger(in), Überbringer(in), Bote *m*, Botin *f* **2** Spediteur(in) **3** **a** Frachtführer(in) **b** SCHIFF Verfrachter(in) **4** MED Keim-, Bazillenträger *m*, (Krankheits-)Überträger *m* **5** **a** CHEM (Über)Träger *m*, Katalysator *m* **b** *Atomphysik*: Träger(substanz) *m(f)* **6** TECH **a** Schlitten *m*, Transport *m* **b** Mitnehmer *m* (*auf Drehbänken*) **c** Fördermaschine *f* **d** FOTO Halterahmen *m* **e** Leitung *f* **7** **a** Gepäckträger *m* (*am Fahrrad*) **b** AUTO US Dachgepäckträger *m* **8** Transportbehälter *m* **9** ELEK **a** Trägerstrom *m* **b** Trägerwelle *f* **10** → aircraft carrier **11** → carrier pigeon **12** FLUG Flug-, Luftverkehrsgesellschaft *f*; **~ bag** S *Br* Tragetasche *f*, -tüte *f*; **~-based**, **~-borne** ADJ MIL (Flugzeug)Träger…: **~ aircraft** trägergestütztes Flugzeug; **~ current** → carrier 9 a; **~ frequency** S ELEK Trägerfrequenz *f*; **~ pigeon** S Brieftaube *f*; **~ rocket** S *Raumfahrt*: Trägerrakete *f*; **~ telegraphy** S ELEK Trägerfrequenztelegrafie *f*; **~ transmission** S ELEK **1** Trägerfrequenzübertragung *f* **2** RADIO Drahtfunk *m*; **~ wave** → carrier 9 b

car ringing S *umg betrügerische Veränderung der Identität e-s Kraftfahrzeugs durch Anbringen e-s falschen Kennzeichens*

carrion ['kærıən] **A** S **1** Aas *n* **2** verdorbenes Fleisch **3** *fig* Schmutz *m* **B** ADJ **1** Aas fressend **2** aasig; **~ beetle** S ZOOL Aaskäfer *m*, Totengräber *m*; **~ crow** S ORN Aas-, Rabenkrähe *f*

carron oil ['kærən] S MED Brandöl *n*

carrot ['kærət] S **1** BOT Karotte *f*, Möhre *f*, Mohrrübe *f*, Gelbe Rübe: **with a ~ and a stick** *fig* mit Zuckerbrot u. Peitsche; **hold out** (*od* **offer**) **a ~ to sb, dangle a ~ before sb** *fig* j-n zu ködern versuchen **2** *umg* **a** *pl* rotes Haar **b** Rotkopf *m*; **carroty** ADJ **1** gelbrot **2** rothaarig

carrousel [ˌkæruː'zel; ˌkærə'sel] S **1** *bes US* Karussell *n*: **go on the ~** Karussell fahren **2** FLUG Gepäckkreisel *m* **3** HIST Reiterspiel *n*

carry ['kærı] **A** S **1** Trag-, Schussweite *f* **2** *Golf*: Flugstrecke *f* (*des Balls*) **3** *US* → portage A 3 **B** V/T **1** tragen: **~ sth in one's hand**; **he carried his jacket** er trug s-e Jacke (*über dem Arm*); **she lost the baby she was ~ing** sie verlor das Kind, das sie unter dem Herzen trug; **pillars ~ing an arch** bogentragende Pfeiler; **~ one's head high** den Kopf hoch tragen; **~ o.s. well** **a** sich gut halten **b** sich gut benehmen; **~ a disease** e-e Krankheit weitertragen *od* verbreiten; **~ sails** SCHIFF Segel führen; **he knows how to ~ his liquor** er kann e-e Menge (Alkohol) vertragen; **he can't ~ his liquor** er verträgt nichts; **as fast as his legs could ~ him** so schnell ihn s-e Beine trugen; **~ all** (*od* **everything**) **before one** **a** auf der ganzen Linie siegen *od* erfolgreich sein **b** *hum* viel Holz vor der Hütte (*e-n großen Busen*) haben; **they ~ the British hopes** sie tragen *od* auf ihnen ruhen die britischen Hoffnungen **2** *fig* tragen, (unter)stützen **3** bringen, tragen, führen, schaffen, befördern: **a taxi carried me to the station** ein Taxi brachte mich zum Bahnhof; **~ mail** BAHN Post befördern; **the pipes ~ water** die Rohre führen Wasser; → coal A 4 **4** *e-e Nachricht etc* (über)bringen: **he carried his complaint to the manager** er trug s-e Beschwerde dem Geschäftsführer vor **5** mitführen, mit sich *od* bei sich tragen: **~ a watch** e-e Uhr tragen *od* haben; **~ sth in one's head** *fig* etwas im Kopf haben *od* behalten; **~ sth with one** *fig* etwas im Geiste mit sich herumtragen **6** *fig* (an sich *od* zum Inhalt) haben: **~ conviction** überzeugen(d sein *od* klingen); **~ a moral** e-e Moral (zum Inhalt) haben; **~ no risk** mit keinem Risiko verbunden sein; **~ (a lot of) weight** (*od* **authority**) Gewicht *od* Bedeutung haben, viel gelten (**with** bei); **this does not ~ any weight with him** das beeindruckt ihn nicht im Mindesten **7** *fig* nach sich ziehen, zur Folge haben: **treason carries the death penalty** auf Hochverrat steht die Todesstrafe; **~ consequences** Folgen haben **8** weiterführen, (hindurch-, hinauf- *etc*)führen, *e-e Hecke, Mauer, etc* ziehen: **~ the chimney through the roof** den Schornstein durch das Dach führen **9** *fig* fortreißen, überwältigen: **~ the audience with one** die Zuhörer mitreißen; **~ sb to victory** SPORT j-n zum Sieg treiben **10** *fig* treiben: **~ sth too far** (*od* **to excess**) etwas übertreiben *od* zu weit treiben; **~ it with a high hand** gebieterisch auftreten **11** *fig* **a** erreichen, durchsetzen: **~ sth into effect** etwas verwirklichen *od* ausführen; → point A 22 **b** PARL *e-n Antrag etc* durchbringen: **~ a motion unanimously** e-n Antrag einstimmig annehmen; **the motion was carried** der Antrag ging durch **12** *fig* **a** *e-n Preis etc* erlangen, erringen, gewinnen **b** siegreich *od* erfolgreich aus *e-r Wahl etc* hervorgehen; → day *Bes Redew* **c** MIL *e-e Festung etc* (ein)nehmen, erobern **13** *Früchte etc* tragen, hervorbringen **14** *Mineralien etc* führen, enthalten **15** tragen, unterhalten, ernähren: **the country cannot ~ such a population** **16** *e-n Bericht etc* bringen: **this newspaper carries no weather forecast**; **the press carried the statement without comment** die Presse brachte *od* veröffentlichte die Erklärung kommentarlos **17** WIRTSCH **a** *e-e Ware* führen **b** *e-e Schuld etc* in den Büchern führen **c** *Zinsen* tragen: → interest A 11 **d** *e-e Versicherung etc* zahlen: **~ insurance** versichert sein **18** JAGD *die Spur* festhalten (*Hund*) **19** MUS *e-n Ton, e-e Melodie* tragen **C** V/I **1** tragen (*a.* MUS *Ton, Stimme*) **2** den Kopf *gut etc* halten (*Pferd*): **the horse carries well** **3** tragen, reichen (*Stimme, Schusswaffe etc*): **his voice carries far** s-e Stimme trägt weit **4** sich *gut etc* tragen lassen **5** fliegen (*Ball etc*) **6** *bes US* Anklang finden, einschlagen *umg* (*Kunstwerk etc*)

Phrasal Verbs: **carry| about** V/T herumtragen: **~ with one** mit sich herumtragen, *s-n Pass etc* bei sich haben *od* führen; **~ along** V/T **1** mitnehmen, forttragen: **let o.s. be carried along by events** sich von den Ereignissen treiben lassen **2** *fig* anspornen: **the team was carried along by the enthusiasm of its supporters** die Mannschaft wurde von der Begeisterung ihrer Anhänger getragen; **~ away** V/T **1** weg-, forttragen, -schaffen **2** wegreißen (*Sturm etc*), (*Flut etc a.*) wegspülen **3** *fig* mitreißen: **get carried away** in Verzückung geraten **4** **get carried away** *fig* die Kontrolle über sich verlieren; **~ back** V/T **1** zurücktragen, -bringen **2** *fig s-e Gedanken* zurücklenken (**to** auf *akk*) **3** *fig j-n* zurückversetzen (**to** in *akk*): **this carries me back to my youth**; **~ down** V/T hinunter-, heruntertragen, -bringen; **~ forward** V/T **1** fortsetzen, (erfolgreich) fortführen **2** WIRTSCH *e-e Summe, e-n Saldo etc* vor-, übertragen: **amount** (*od* **balance**) **carried forward** → carry-forward; **~ in** V/T hinein-, hereintragen, -schaffen; **~ off** V/T **1** forttragen, -schaffen **2** *j-n* abführen (**to prison** ins Gefängnis) **3** *j-n* entführen **4** *j-n* hinwegraffen (*Krankheit*) **5** *e-n Preis etc* gewinnen, erringen **6** **carry it off well** die Sache gut durchstehen; **~ on** **A** V/T **1** fortführen, -setzen, weiterführen **2** *ein Geschäft, e-n Prozess etc* betreiben, führen: **~ business as a broker** als Makler tätig sein **3** *e-n Plan etc* beharrlich verfolgen **B** V/I **1** weitermachen (**with** mit): **~** **a** weiter!, MIL weitermachen! **b** nur (immer) zu! **2** *umg* **a** ein Theater *od* e-e Szene machen (**about** wegen) **b** sich danebenbenehmen, es wild *od* wüst treiben **c** **~ with** es treiben mit *j-m umg*, ein (Liebes)Verhältnis haben mit *j-m* **3** **to ~ with, to be carrying on with** (*Redew*) erst einmal, fürs Erste: **here's $10 to be carrying on with**; **~ out** V/T **1** hinaus-, heraustragen, -schaffen, -bringen **2** *e-n Plan etc* aus-, durchführen, *e-e Drohung, ein Versprechen* wahr machen **3** *e-n Vertrag etc* erfüllen **4** *e-n Beruf* ausüben; **~ over** V/T **1** hinüber-, herübertragen, -schaffen, -führen **2** auf-, verschieben **3** *Waren etc* zurück(be)halten **4** WIRTSCH → carry forward 2 **5** *Börse*: *Br* prolongieren; **~ through** V/T **1** durch-, ausführen **2** *etwas* durchsetzen **3** *j-m* durchhelfen, *j-n* durchbringen; **~ up** V/T **1** hinauf-, heraufbringen, -führen, -tragen **2** *e-e Mauer etc* errichten, hochziehen **3** *Tatsachen etc* zurückverfolgen

carry|all S **1** HIST *leichter, gedeckter Einspänner* **2** *US* Personenkraftwagen *m* mit Längssitzen **3** *bes US* **a** Reisetasche *f* **b** Sporttasche *f*; **~cot** S *Br* (Baby)Tragetasche *f*, Kindertrage *f*; **~-forward** S WIRTSCH *Br* (Saldo)Vortrag *m*, Übertrag *m*

carrying ['kærııŋ] **A** S **1** Tragen *n* **2** Transport *m*, Beförderung *f* **B** ADJ **1** tragend, haltend, Trag(e)…: **~ strap** Tragriemen *m*, -gurt *m* **2** tragend (*Stimme*) **3** Speditions…, Transport…: **~ cost** Transportkosten *pl*; **~ agent** S Spediteur(in); **~ business** → carrying trade; **~ capacity** S **1** ELEK Belastbarkeit *f* **2** Lade-, Tragfähigkeit *f*; **~-on** *pl* carryings-on S *meist pl umg* Treiben *n*: **scandalous carryings-on** skandalöse Geschichten; **~ trade** S **1** Speditionsgeschäft *n* **2** Speditionsgewerbe *n*

carry|-on **A** S **1** FLUG *bes US* Bordcase *n/m* **2** *bes Br umg* Theater *n* **B** ADJ **~ baggage** FLUG *bes US* Bord-, Handgepäck *n*; **~-out** *bes schott* → takeaway; **~-over** S WIRTSCH **1** → carry-forward **2** *Börse*: *Br* Prolongation *f*

carsey → carzey

car|sick ADJ: **she gets easily ~** ihr wird beim Autofahren leicht übel *od* schlecht; **~ sickness** S Übelkeit *f* beim Autofahren; **~ sticker** S Autoaufkleber *m*

cart [kɑː(r)t] **A** S **1** (*meist zweirädriger*) (Fracht-, Last)Karren, Karre *f*: **be in the ~** *Br umg* in der Klemme sein *od* sitzen *od* stecken; **put the ~ before the horse** *fig* das Pferd beim Schwanz aufzäumen, den Ochsen hinter den Pflug spannen, den Pflug vor die Ochsen spannen **2** zweirädriger Wagen (*für Personen*) **3** (*Hand-*)Wagen *m*, Wägelchen *n* **B** V/T karren, (in e-m Karren) befördern *od* fahren: **~ about** (*od* **around**) *umg* (mit sich) herumschleppen; **cartage** ['kɑː(r)tıdʒ] S **1** Transport *m* **2** Fuhrlohn *m*, Rollgeld *n*

car tax S Autosteuer *f*

carte [kɑː(r)t] S *Fechten*: Quart *f*

carte blanche [ˌkɑː(r)t'blɑ̃ːnʃ; -'blɑːnʃ] *pl* cartes blanches [ˌkɑː(r)ts'blɑ̃ːnʃ; -'blɑːnʃ] S **1** Blankett *n* (*Schriftstück mit Blankounterschrift, das der Empfänger absprachegemäß ausfüllen soll*) **2** *fig* Carte *f* blanche, unbeschränkte Vollmacht: **have ~** (völlig) freie Hand haben

cartel [kɑː(r)'tel] S **1** WIRTSCH Kartell *n* **2** *oft* ♀ POL Kartell *n* (*festes Bündnis mehrerer Parteien*)

3 *Völkerrecht*: Abkommen *n* über den Austausch von Kriegsgefangenen **4** HIST schriftliche Herausforderung zum Duell

car telephone S Autotelefon *n*

cartelism ['kɑ:(r)tlızəm; kɑ:(r)'tel-] S Kartellwesen *n*

cartelization [,kɑ:(r)tlaı'zeıʃn; kɑ:(r),telaı'z-; *US* -lə'z-] S WIRTSCH Kartellierung *f*; **cartelize** ['kɑ:(r)tlaız; kɑ:(r)'telaız] **A** V/T kartellieren **B** V/I sich zu e-m Kartell zusammenschließen

carter ['kɑ:(r)tə(r)] S Fuhrmann *m*

Cartesian [kɑ:'ti:zjən; *US* kɑ:r'ti:ʒən] **A** ADJ kartesisch, kartesianisch: ~ **coordinates** MATH kartesische Koordinaten; ~ **diver** PHYS kartesischer Taucher **B** S **1** PHIL *etc* Kartesianer(in) *m* **2** *a.* ~ **curve** MATH kartesische Kurve; **Cartesianism** S PHIL *etc* Kartesianismus *m*, Lehre *f* des Descartes

Carthaginian [,kɑ:(r)θə'dʒınıən; -jən] HIST **A** ADJ karthagisch **B** S Karthager(in)

car| theft S Autodiebstahl *m*; ~ **thief** S *irr* Autodieb(in)

carthorse S Zugpferd *n*

Carthusian [*Br* kɑ:'θju:zjən; -'θu:-; *US* kɑ:r'θu:ʒən; -'θju:-] KATH **A** S Kartäuser(mönch) *m* **B** ADJ Kartäuser…

cartilage ['kɑ:(r)tılıdʒ] S ANAT, ZOOL Knorpel *m*: ~ **operation** MED Meniskusoperation *f*; **have a** ~ **operation** am Meniskus operiert werden; **cartilaginous** [-'lædʒınəs] ADJ ANAT, ZOOL knorpelig, Knorpel…

cartload S Karren-, Wagenladung *f*, Fuder *n*, Fuhre *f*: **by the** ~ fuhren-, wagenweise

cartogram ['kɑ:(r)təgræm] S Kartogramm *n*, statistische Karte

cartographer [kɑ:(r)'tɒgrəfə(r); *US* -'tɑg-] S Kartograf(in); **cartographic** [-tə'græfık] ADJ, **cartographical** ADJ (ADV ~ly) kartografisch: ~ **distance** Entfernung *f* auf der Karte; **cartography** S Kartografie *f* (*Lehre von der Herstellung von Land- u. Seekarten*)

cartomancy ['kɑ:(r)təʊmænsı] S Kartomantie *f*, Kartenlegen *n*

carton ['kɑ:(r)tən] S **1** (Papp)Karton *m*, (Papp)Schachtel *f*: **a** ~ **of cigarettes (milk)** e-e Stange Zigaretten (e-e Tüte Milch) **2** (*das*) Schwarze (*der Schießscheibe*)

cartoon [kɑ:(r)'tu:n] **A** S **1** Cartoon *m/n*, Karikatur *f* **2** Zeichentrickfilm *m* **3** Cartoon *m/n*, Bilderfortsetzungsgeschichte *f* (*in Zeitschriften etc*) **4** MAL Karton *m*, Entwurf *m* (*in natürlicher Größe*) **B** V/T **1** karikieren **2** MAL als Karton entwerfen **C** V/I Cartoons *od* Karikaturen zeichnen; **cartoonist** S Cartoonist(in) *m*, Karikaturist(in)

cartouch(e) [kɑ:(r)'tu:ʃ] S **1** Kartusche *f*: **a** ARCH *medaillonförmiges Ornamentmotiv* **b** *Umrahmung e-r ägyptischen Hieroglyphe, die e-n Königsnamen darstellt* **2** **a** Sprengkapsel *f* (*e-s Feuerwerkskörpers*) **b** MIL Papierkartuschhülse *f*

cartridge ['kɑ:(r)trıdʒ] S **1** MIL **a** Patrone *f* **b** *Artillerie*: Kartusche *f* **2** FOTO (Film)Patrone *f* (*e-r Kleinbildkamera*), (Film)Kassette *f* (*e-r Film- od Kassettenkamera*) **3** PHYS Spaltstoffhülse *f* **4** Tonabnehmer *m* (*e-s Plattenspielers*) **5** Patrone *f* (*e-s Füllhalters*); ~ **belt** S MIL **1** Patronen-, Ladegurt *m* (*e-s Maschinengewehrs*) **2** Patronentragegurt *m*; ~ **case** S Patronenhülse *f*: ~ **jacket** Hülsenmantel *m*; ~ **clip** S MIL Ladestreifen *m*; ~ **fuse** S ELEK Patronensicherung *f*; ~ **paper** S TECH **1** Kardus-, Linienpapier *n* **2** Kartonpapier *n*; ~ **pen** S Patronenfüllhalter *m*

cart| road, ~ **track**, ~**way** S Feldweg *m*; ~**wheel** **A** S **1** Wagenrad *n* **2** SPORT Rad *n*: **do** (*od* **turn**) ~**s** Rad schlagen **3** *US umg* Silberdollar *m* **4** *US sl* Amphetaminpille *f* **B** V/I **1** Rad schlagen **2** **a** sich mehrmals (seitlich) überschlagen **b** FLUG auf e-m Flügelende landen; ~**wright** S Stellmacher(in), Wagenbauer(in)

caruncle ['kærəŋkl; kə'rʌŋkl] S **1** MED Karunkel *f* (*kleine Warze aus gefäßreichem Bindegewebe*) **2** ORN Fleischauswuchs *m*, -lappen *m* **3** BOT Auswuchs *m*

carve [kɑ:(r)v] **A** V/T **1** (*in*) *Holz* schnitzen, (*in*) *Stein* meißeln: **he** ~**d the wood into a garden gnome** er schnitzte aus dem Holz e-n Gartenzwerg; ~**d work** Schnitzwerk *n*, -arbeit *f*, Schnitzerei *f* **2** ausschnitzen, -meißeln: ~ **sth from** (*od* **out of**) **stone** etwas aus Stein meißeln *od* hauen **3** einschneiden, -meißeln: ~ **one's initials on a tree trunk** s-e Initialen in e-n Baumstamm (ein)ritzen **4** (mit Schnitzereien) verzieren: ~ **a stone with figures** e-n Stein mit gemeißelten Figuren verzieren **5** **a** *Fleisch etc* zerlegen, vorschneiden, tranchieren **b** ~ **(sb) a slice of the roast** (j-m) e-e Scheibe vom Braten abschneiden **6** *oft* ~ **out** *fig* gestalten: ~ **out a fortune** ein Vermögen machen; ~ **out a career for o.s.** sich e-e Karriere aufbauen, Karriere machen **7** *meist* ~ **up** *e-n Gewinn etc* aufteilen **8** ~ **up** *umg j-n* mit e-m Messer übel zurichten **9** ~ **up** AUTO *Br sl j-n* schneiden **B** V/I **1** schnitzen, meißeln **2** (*bei Tisch*) vorschneiden, tranchieren

carvel ['kɑ:(r)vəl] → caravel; ~**-built** ADJ SCHIFF karweelgebaut, glatt gebaut: ~ **boat** Karweelboot *n*

carven ['kɑ:(r)vən] ADJ *obs od poet* geschnitzt, gemeißelt

carver ['kɑ:(r)və(r)] S **1** (Holz)Schnitzer(in), Bildhauer(in) **2** Tranchierer(in) **3** Tranchiermesser *n*: **(pair of)** ~**s** *pl* Tranchierbesteck *n* **4** SPORT Carver *m*, Carvingski *m* (*ein stark taillierter Ski*)

carvery ['kɑ:(r)vərı] S *bes Br* *Lokal, in dem man für e-n Einheitspreis so viel Fleisch essen kann, wie man will*

carve-up S Aufteilung *f* (*e-s Gewinns etc*)

carving ['kɑ:(r)vıŋ] S **1** Schnitzen *n*, Meißeln *n* **2** Schnitzerei *f*, Schnitzwerk *n*, -arbeit *f* **3** Tranchieren *n*; ~ **chisel** S TECH Schnitzmeißel *m*, Bossiereisen *n*; ~ **knife** S *irr* Tranchiermesser *n*; ~ **ski** → carver 4

car wash S **1** Autowäsche *f* **2** Waschanlage *f*, -straße *f*

caryatid [,kærı'ætıd] *pl* -ides [-ıdi:z], -ids S ARCH Karyatide *f* (*weibliche Figur als Säule*)

carzey ['kɑ:zı] S *Br sl* Klo *n*, Lokus *m* (*beide umg*)

casaba (melon) [kə'sɑ:bə] S BOT Wintermelone *f*

Casanova [,kæzə'nəʊvə; ,kæsə-] S Casanova *m*

casbah → kasbah

cascade [kæ'skeıd] **A** S **1** Kaskade *f*, (*bes mehrstufiger*) Wasserfall **2** *etwas kaskadenartig Fallendes, z. B.* Faltenwurf *m* **3** (*bes* Spitzen)Jabot *n* **4** Kaskade *f*: **a** CHEM *Anordnung über- od hintereinandergeschalteter Gefäße od Geräte* **b** ELEK → cascade connection **B** V/I kaskadenartig herabstürzen **C** V/T ELEK in Kaskade schalten: ~**d circuit** Kaskadenschaltung *f*; ~ **amplification** S ELEK Kaskadenverstärkung *f*; ~ **bombing** S MIL Kaskaden-, Markierungsbombenwurf *m*; ~ **connection** S ELEK Kaskadenschaltung *f*

cascading ADJ: ~ **menu** COMPUT Untermenü *n*

case[1] [keıs] **A** S **1** Fall *m*: **a** ~ **in point** ein typischer Fall, ein einschlägiges Beispiel; **a clear** ~ **of injustice** ein klarer Fall von Ungerechtigkeit; **it is a** ~ **of** es handelt sich um; → shoplifting, *etc* **2** Fall *m*, Umstand *m*, Lage *f*: **in any** ~ **a** auf jeden Fall, jedenfalls **b** sowieso; **in no** ~ auf keinen Fall, keinesfalls; **in** ~ **a** *a.* **in** ~ **that** … im Falle, dass …; falls **a** für alle Fälle; **in** ~ **of** im Falle von (*od gen*); **in** ~ **of need** nötigenfalls, im Notfall; **in that** ~ in diesem Falle; **just in** ~ für den Fall e-s Falles; **the** ~ **is this** die Sache ist die, der Fall liegt so; **as the** ~ **may be** je nachdem **3** Fall *m*, Tatsache *f*: **that is not the** ~ **(with him)** das ist (bei ihm) nicht der Fall, das trifft (auf ihn) nicht zu; **as is the** ~ **with me** wie es bei mir der Fall ist; **if that is the** ~ wenn das der Fall ist, wenn das zutrifft **4** Sache *f*, Angelegenheit *f*, Frage *f*: ~ **of conscience** Gewissensfrage; **that alters the** ~ das ändert die Sache; **come down to** ~**s** *umg* zur Sache kommen **5** JUR (*Streit-, Rechts*) Sache *f*, (*Rechts*) Fall *m*: **the** ~ **of Brown** der Fall Brown; → leading case **6** *bes* JUR **a** (Gesamtheit *f* der) Tatsachen *pl* u. Beweise *pl*, Beweismaterial *n* **b** (*a.* begründeter) Standpunkt (*e-r Partei*) **c** *allg* Argumente *pl*, (triftige) Gründe *pl*: **the** ~ **for the defence** (*US* **defense**) die Verteidigung; **make out a** ~ s-e Sache beweisen; **make out one's** ~ triftige Gründe vorlegen, s-e Gründe als stichhaltig beweisen; **state one's** ~ s-e Klage *od* Verteidigung *od* (*a. allg*)s-e Sache vortragen; **he has a good** (*od* **strong**) ~ viele Tatsachen sprechen für ihn, er hat gute Beweise, s-e Sache steht gut; **there is a** ~ **for it** es gibt triftige Gründe dafür, vieles spricht dafür; **have no** ~ **against sb** nichts gegen j-n in der Hand haben; → rest[1] C7 **7** LING Kasus *m*, Fall *m* **8** MED (Krankheits)Fall *m*, Patient(in): **two** ~**s of typhoid** zwei Fälle von Typhus, zwei Typhuskranke **9** *umg* komischer Kauz **10** *US umg* Verliebtheit *f*: **they had quite a** ~ **on each other** sie waren schrecklich ineinander verknallt **B** V/T *umg e-e Bank etc* ausbaldowern *sl*, auskundschaften: ~ **the joint** sich den Laden genau ansehen

case[2] [keıs] **A** S **1** Kiste *f*, Kasten *m*: **a** ~ **of wine** e-e Kiste Wein **2** *allg* Behälter *m*, Behältnis *n*, *bes* **a** Schachtel *f* **b** (*Schmuck*) Kästchen *n* **c** (*Brillen-, Zigaretten- etc*) Etui *n*, (*Brillen-, Messer*) Futteral *n*, (Schutz)Hülle *f* (*für Bücher, Messer etc*) **d** (*Akten-, Schreib*) Mappe *f* **e** Koffer *m* **f** (*Glas*) Schrank *m* **g** (*Uhr- etc*) Gehäuse *n* **h** (*Kissen*) Bezug *m*, Überzug *m* **3** Besteckkasten *m* (*e-s Chirurgen etc*): ~ **of instruments** Besteck *n* **4** ARCH (*Tür-, Fenster*) Futter *n*, Einfassung *f* **5** *Buchbinderei*: Einbanddecke *f* **6** TYPO Setzkasten *m*: → lower case 1, upper case 1 **7** TECH Verkleidung *f*, Mantel *m* **8** MIL → case shot **B** V/T **1** in ein Gehäuse *od* Futteral stecken, mit e-m Gehäuse *od* e-r Hülle umgeben **2** (in) einhüllen (in *akk*), umgeben (mit) **3** JAGD *e-n Fuchs etc* abziehen, abbalgen **4** *Buchbinderei: den Buchblock* (in die Einbanddecke) einhängen **5** TECH verkleiden, ummanteln **6** TYPO *Lettern* in den Setzkasten einordnen

case| binding S **1** Einhängen *n* (*des Buchblocks*) in die Einbanddecke **2** Einbanddecke *f*; ~**book** S **1** JUR kommentierte Entscheidungssammlung **2** MED Patientenbuch *n* (*des Arztes*); ~**-bound** ADJ gebunden (*Buch*); ~ **castings** SPL TECH Hartguss *m*; ~ **ending** S LING Kasusendung *f*; ~ **furniture** S Kastenmöbel *pl*; ~**harden** V/T **1** METALL einsatzhärten **2** *fig* abhärten; ~**hardened** ADJ **1** METALL im Einsatz gehärtet, schalenhart **2** *fig* abgehärtet, hartgesotten *umg*; ~ **history** S **1** *bes* JUR, SOZIOL Vorgeschichte *f* (*e-s Falles*) **2** MED Anamnese *f*, Krankengeschichte *f* **3** typisches Beispiel

casein ['keısi:ın; *US a.* keı'si:n] S CHEM Kasein *n*

case| knife S *irr* Dolch *m*, Hirschfänger *m*; ~ **law** S JUR Fallrecht *n* (*auf Präzedenzfällen beruhend*); ~ **load** S *Gesamtheit der von e-m Arzt, Ge-*

richt etc zu behandelnden Fälle: **have a heavy ~** viele Fälle (zu behandeln) haben

casemate ['keɪsmeɪt] S SCHIFF, MIL Kasematte *f*

casement ['keɪsmənt] S ARCH a Fensterflügel *m*: **~ cloth** Gardinenstoff *m*; **~ door** *US* Glastür *f* b *a.* **~ window** Flügelfenster *n* c Hohlkehle *f*

caseous ['keɪsɪəs] ADJ käsig, käseartig

casern(e) [kə'zɜːn; *US* kə'zɜrn] S MIL *obs* Kaserne *f*

case-sensitive ADJ *(Sucheinstellung)* mit Unterscheidung von Groß- und Kleinbuchstaben

case| shot S MIL Schrapnell *n*, Kartätsche *f*; **~ squad** S Sonderkommission *f*; **~ study** S SOZIOL (Einzel)Fallstudie *f*; **~ system** S JUR *(Rechts)Unterricht m an Hand von Präzedenzfällen u. praktischen Beispielen*; **~work**[1] S 1 *Buchbinderei*: Herstellen *n* der Buchdecken 2 TYPO Handsatz *m*; **~work**[2] S PSYCH, SOZIOL Casework *n*, Einzelfallhilfe *f*, soziale Einzelarbeit; **~worker** S Sozialarbeiter(in) *(der [die] individuelle Fälle betreut)*

cash[1] [kæʃ] A S 1 (Bar)Geld *n*: → hard cash 2 WIRTSCH Barzahlung *f*, Kasse *f*: **for ~, ~ down** gegen bar *od* Barzahlung; *you get 3 per cent discount* **for ~ down** bei Barzahlung; **~ in advance** gegen Vorauszahlung; **~ in bank** Bankguthaben *n*; **~ in hand** a Bar-, Kassenbestand *m* b bar; **~ with order** zahlbar bei Bestellung; **in ~** per Kassa, bar; **be in (out of) ~** *umg* (nicht) bei Kasse sein; **be short of ~** *umg* knapp bei Kasse sein; **turn into ~** zu Geld machen, einlösen; → delivery 1, prompt A 2, ready A 7 B V/T 1 *e-n Scheck etc* einlösen 2 zu Geld machen

Phrasal Verbs: **cash| in** A V/T 1 *e-n Scheck etc* einlösen: → chip A 4 2 zu Geld machen B V/I 1 *US sl* den Löffel weglegen *(sterben)* 2 **~ on** *umg* a profitieren von, Nutzen ziehen *od* Kapital schlagen aus b ausnutzen *(a. pej)*; **~ up** V/I *Br* Kasse machen

cash[2] [kæʃ] *pl* cash S Käsch *n (ost- u. südasiatische Münze)*

cash| account S WIRTSCH Kassenkonto *n*; **~ advance** S Barvorschuss *m*; **~ and carry** WIRTSCH A S 1 Selbstabholung *f* gegen Barzahlung 2 Cash-and-carry-Geschäft *n* B ADV (nur) gegen Barzahlung u. Selbstabholung; **~-and-carry** ADJ WIRTSCH Cash-and-carry-...: **~ price** Mitnahmepreis *m*

cashaw [kə'ʃɔː] S BOT Melonenkürbis *m*

cash| balance S WIRTSCH Kassenbestand *m*, -saldo *m*, Barguthaben *n*; **~book** S WIRTSCH Kassenbuch *n*; **~box** S Geldkassette *f*; **~ business** S WIRTSCH Bar(zahlungs)-, Kassageschäft *n*; **~ card** S Geldautomatenkarte *f*; **~ cheque** S WIRTSCH *Br* Barscheck *m*; **~ cow** S *fig umg* Melk-, Milchkuh *f*; **~ crop** S *für den Verkauf bestimmte Anbaufrucht*; **~ desk** S Kasse *f (im Warenhaus etc)*; **~ discount** S WIRTSCH (Kassa)Skonto *m/n*, Barauszahlungsrabatt *m*; **~ dispenser** S *bes Br* Geldautomat *m*, Bankomat *m*

cashew [kæ'ʃuː; kə-; 'kæʃuː] S BOT 1 Acajou-, Cashew-, Nierenbaum *m* 2 *a.* **~ nut** Acajou-, Cashewnuss *f*

cash| expenditure S WIRTSCH Barausgaben *pl*, -auslagen *pl*; **~ flow** S WIRTSCH Cashflow *m (aus der Gewinn- u. Verlustrechnung abgeleitete Liquiditätssituation)*; **~-flow** ADJ: **I've got a ~ problem** *umg* ich bin knapp *od* nicht gut bei Kasse

cashier[1] [kæ'ʃɪə(r)] S Kassierer(in): **~'s check** WIRTSCH *US* Bankscheck *m*; **~'s desk** *(od* **office)** Kasse(nschalter) *f(m)*

cashier[2] [kə'ʃɪə(r); kæ'ʃ-] V/T 1 MIL unehrenhaft entlassen 2 verwerfen

cash|-in-hand ADJ Bar...: **~ payment**; **~ journal** → cashbook

cashless ['kæʃlɪs] ADJ bargeldlos: **~ shopping** bargeldloser Einkauf; **~ society** bargeldlose Gesellschaft

cash machine *bes US* → cash dispenser

cashmere [kæʃ'mɪə(r); 'kæʃˌmɪə(r); *US a.* 'kæʒ-] S 1 Kaschmirwolle *f* 2 Kaschmir *m (Gewebe)*

cash| note S WIRTSCH Kassen-, Auszahlungsanweisung *f*; **~ payment** S Barzahlung *f*; **~point** → cash dispenser: **~ card** → cash card; **~ price** S Bar(zahlungs)preis *m*; **~ purchase** S Barkauf *m*; **~ register** S Registrier-, Kontrollkasse *f*; **~ sale** S Barverkauf *m*; **~ settlement** S Barausgleich *m*, -abgeltung *f*; **~ surrender value** S Rückkaufswert *m (e-r Police)*; **~ voucher** S Kassenbeleg *m*, -zettel *m*

casimere → cassimere

casing ['keɪsɪŋ] S 1 TECH a Verkleidung *f*, Ummantelung *f*, (Schutz)Hülle *f*, (Ver)Schalung *f* b Gehäuse *n* 2 TECH Verschalungs-, Bekleidungsmaterial *n* 3 *(Fenster-, Tür)*Futter *n* 4 AUTO *(Reifen)*Mantel *m* 5 TECH Futterrohr *n (e-s Bohrloches etc)* 6 *(Wurst)*Darm *m*, (-)Haut *f*

casino [kə'siːnəʊ; -'ziː-] *pl* -nos S 1 (Spiel)Kasino *n*, Spielbank *f* 2 → cassino

cask [kɑːsk; *US* kæsk] A S Fass *n*: **a ~ of wine** B V/T in ein Fass *od* in Fässer füllen

casket ['kɑːskɪt; *US* 'kæs-] A S 1 Schatulle *f*, Kästchen *n* 2 *bes US* Sarg *m* B V/T 1 in e-e Schatulle legen 2 *bes US* einsargen

Caspian ['kæspɪən] ADJ GEOG kaspisch; **Caspian Sea** S Kaspisches Meer

cassaba → casaba (melon)

Cassandra [kə'sændrə] S *fig* Kassandra *f (Unglücksprophetin)*

cassata [kə'sɑːtə] S Cassata *f (e-e Eisspezialität)*

cassation [kæ'seɪʃn; kə's-] S JUR Kassation *f*, Ungültigkeitserklärung *f*

casserole ['kæsərəʊl] A S 1 Kasserolle *f*, Schmortopf *m* 2 *in der Kasserolle zubereitetes u. serviertes Gericht* B V/T schmoren

cassette [kæ'set; kə-] A S *(Film-, Video- etc)*Kassette *f* B V/T auf Kassette aufnehmen *od* überspielen; **~ deck** S Kassettendeck *n*; **~ radio** S Radiorekorder *m*; **~ recorder** S Kassettenrekorder *m*; **~ television** S Kassettenfernsehen *n*

cassia ['kæsɪə; *US* 'kæʃə] S 1 BOT Kassie *f* 2 *a.* **~ tree** BOT Kassia-Zimtbaum *m*; **~ bark** S Kassiarinde *f*

cassimere ['kæsɪˌmɪə(r); *US a.* 'kæzə-] S Kasimir *m (feines, weiches Wollgewebe)*

cassino [kə'siːnəʊ] S Kasino *n (ein Kartenspiel)*

cassiterite [kə'sɪtəraɪt] S MINER Kassiterit *m*, Zinnstein *m*

cassock ['kæsək] S REL Soutane *f*

cast [kɑːst; *US* kæst] A S 1 Wurf *m (a. mit Würfeln)*: **~ of fortune** Zufall *m* 2 Wurfweite *f* 3 a Auswerfen *n (der Angel etc)* b Angelhaken *m*, Köder *m* 4 a Gewölle *n (von Raubvögeln)* b *(von Würmern aufgeworfenes)* Erdhäufchen c abgestoßene Haut *(e-s Insekts)* 5 *(bes seitwärtsgerichteter)* Blick, (Augen)Fehler *m*: **have a ~ in one eye** auf einem Auge schielen 6 THEAT *etc* Besetzung *f*: a Casting *n*, Rollenverteilung *f* b *(a. als pl konstruiert)* Ensemble *n*, *(die)* Mitwirkenden *pl*: **with the full ~** in voller Besetzung 7 Faltenwurf *m (auf Gemälden)* 8 Anlage *f (e-s Werkes)*, Form *f*, Zuschnitt *m* 9 Schattierung *f*, (Farb)Ton *m*, Anflug *m (a. fig)*: **have a slight ~ of blue** ins Blaue spielen; **green ~** FOTO Grünstich *m* 10 Gesichtsschnitt *m* 11 TECH Guss(form) *m(f)*, -stück *n* 12 TECH Abdruck *m*, Modell *n*, Form *f* 13 MED Gips(verband) *m* 14 *(angeborene)* Art: **~ of mind** Geistesart 15 Typ *m*, Gattung *f*, Schlag *m* 16 a Berechnung *f* b Aufrechnung *f*, Addition *f* B V/T *prät u. pperf* cast 1 werfen: **~ a burden (up)on** *fig j-m* e-e Last aufbürden; → blame B 2, bread *Bes Redew*, die[2] 1, dust A 1, lot A 1, slur[1] B 1, spell[2] A 2, tooth A 1 2 *die Angel, den Anker, das Lot, das Netz etc* auswerfen 3 ZOOL a *s-e Haut, sein Gehörn* abwerfen, *s-e Zähne* verlieren: **~ its skin** sich häuten b *Junge* (vorzeitig) werfen *od* gebären 4 *s-n Stimmzettel* abgeben: **~ one's vote** s-e Stimme abgeben 5 *Blicke* werfen, *sein Auge* richten **(at, on, upon** auf *akk)* 6 *Licht, Schatten etc* werfen **(on** auf *akk*; **over** über *akk)* 7 JUR *j-n* e-n Prozess verlieren lassen 8 *meist* **~ up** zusammenzählen, ausrechnen: **~ accounts** WIRTSCH Abrechnung machen, Saldo ziehen; → horoscope 9 TECH *Metall, Glas, e-e Statue etc* gießen, formen 10 *fig* formen, bilden, gestalten: → mold[1] A 1 11 THEAT *etc* a *ein Stück etc* besetzen b **(to)** *Rollen* verteilen (an *akk*), zuweisen *(dat)*: **the play is perfectly ~** das Stück ist ausgezeichnet besetzt; **~ sb as Othello** j-m die Rolle des Othello geben; **he was badly ~** er war e-e Fehlbesetzung C V/I 1 sich werfen, krumm werden *(Holz)*, sich (ver)ziehen *(Stoff)* 2 die Angel auswerfen 3 TECH a sich gießen *od (a. fig)*formen lassen b sich formen 4 SCHIFF abfallen

Phrasal Verbs: **cast| about, ~ around** V/I 1 **~ for** suchen (nach), *fig a.* sich umsehen nach 2 SCHIFF umherlavieren; **~ aside** V/T 1 *Möbel etc* ausrangieren, *Kleidung a.* ablegen 2 *e-e Gewohnheit etc* ablegen, *e-n Freund etc* fallen lassen; **~ away** V/T 1 wegwerfen 2 verschwenden, vergeuden 3 **be ~** SCHIFF verschlagen werden **(on an island** auf e-e Insel); **~ back** A V/T: **~ one's mind** *(od* **thoughts)** s-e Gedanken zurückschweifen lassen **(to** in *akk)* B V/I zurückdenken **(to** an *akk)*; **~ down** V/T 1 *j-n* erniedrigen 2 *j-n* entmutigen: **be ~** niedergeschlagen *od* deprimiert sein 3 *die Augen* niederschlagen 4 *die Stimmung* dämpfen; **~ in** V/T: → lot A 1; **~ off** A V/T 1 *ein Kleidungsstück* abwerfen 2 *Kleidung* ablegen, ausrangieren 3 *e-n Freund etc* fallen lassen 4 *Stricken: Maschen* abnehmen 5 TYPO den Umfang *e-s Buchs etc* berechnen 6 SCHIFF losmachen B V/I SCHIFF ablegen, losmachen; **~ on** V/T *Stricken: die ersten Maschen* aufnehmen; **~ out** V/T *j-n* verstoßen, vertreiben *(beide:* **from** aus), *Dämonen etc* austreiben; **~ up** V/T 1 *die Augen* aufschlagen 2 → cast B 8 3 *etwas* anspülen, an Land spülen

castanet [ˌkæstə'net] S Kastagnette *f*

castaway A S 1 *(von der Gesellschaft)* Ausgestoßene(r) *m/f(m)* 2 SCHIFF Schiffbrüchige(r) *m/f(m)* 3 *etwas Ausrangiertes, bes* abgelegtes Kleidungsstück B ADJ 1 ausgestoßen 2 ausrangiert *(Möbel etc)*, *(Kleidung a.)* abgelegt 3 SCHIFF schiffbrüchig

caste [kɑːst; *US* kæst] S 1 *(indische)* Kaste: **~ feeling** Kastengeist *m*; **~ mark** Kastenzeichen *n* 2 Kaste *f*, Gesellschaftsklasse *f* 3 gesellschaftliche Stellung, Rang *m*, Ansehen *n*: **lose ~** an gesellschaftlichem Ansehen verlieren **(with, among** bei)

castellan ['kæstɪlən] S Kastellan *m*, Burg-, Schlossvogt *m*

castellated ['kæstəleɪtɪd] ADJ 1 burgartig (gebaut), mit Türmen u. Zinnen (versehen) 2 burgenreich; **~ nut** S TECH Kronenmutter *f*

caster ['kɑːstə; *US* 'kæstər] S 1 Berechner(in): **~ of horoscopes** Horoskopsteller(in) 2 TECH a Gießer *m* b Walzrad *n* c Lenkrad *n* d → castor[2] 3 → castor[5]

castigate ['kæstɪgeɪt] V/T 1 züchtigen 2 *fig* geißeln, scharf kritisieren 3 *fig e-n literarischen Text* emendieren, verbessern, berichtigen;

castigation S 1 Züchtigung *f* 2 **(of)** Geißelung *f (gen)*, scharfe Kritik (an *dat*) 3 Emendation *f*, Textverbesserung *f*; **castigator** [-tə(r)] S 1 Züchtiger *m* 2 Geißler *m*, scharfer Kritiker 3 Emendator *m*
Castile [kæ'sti:l] S *a.* **~ soap** Olivenölseife *f*;
Castilian [-'stɪlɪən; -ljən] A S 1 Kastilier(in) 2 LING Kastilisch *n*, das Kastilische B ADJ kastilisch
casting ['kɑ:stɪŋ; *US* 'kæs-] A S 1 TECH a Guss *m*, Gießen *n* b Gussstück *n* c Gusseisen *n* d *pl* Gusswaren *pl* 2 *Maurerei*: (roher) Bewurf, Kalkverputz *m* 3 THEAT *etc* → cast A 6 a B ADJ Wurf...; **~ burr** S TECH Gussnaht *f*; **~ couch** S THEAT *etc hum* Besetzungscouch *f*; **~ gate** S TECH Gusstrichter *m*; **~ ladle** S TECH Gießkelle *f*; **~ net** S Wurfnetz *n*; **~ shop** S TECH Gießerei *f*; **~ vote** S *(die)* entscheidende Stimme: **he shall have the ~** s-e Stimme entscheidet
cast| iron S TECH Guss-, Roheisen *n*; **~-iron** ADJ 1 gusseisern: **~ castings** Grauguss(stücke) *m* 2 *fig* eisern, unbeugsam *(Wille)*, eisern *(Konstitution)*, unempfindlich *(Magen)*, hart *(Gesetze etc)*, hieb- u. stichfest *(Alibi)*
castle ['kɑ:sl; *US* 'kæsəl] A S 1 a Burg *f* b Schloss *n*: **build ~s in the air** (*od* **in Spain**) *fig* Luftschlösser bauen 2 *Schach*: Turm *m* B V/I *Schach*: rochieren; **~ nut** S TECH Kronenmutter *f*
castling ['kɑ:slɪŋ; *US* 'kæsəlɪŋ] S *Schach*: Rochade *f*
cast|off S 1 abgelegtes *od* ausrangiertes Kleidungsstück 2 TYPO Umfangsberechnung *f*; **~-off** ADJ abgelegt, ausrangiert *(Kleidungsstück)*
Castor[1] ['kɑ:stə; *US* 'kæstər] S 1 ASTRON Kastor *m (Stern)* 2 METEO Elmsfeuer *n*
castor[2] ['kɑ:stə; *US* 'kæstər] S (schwenkbare) Laufrolle
castor[3] ['kɑ:stə; *US* 'kæstər] S 1 ZOOL Biber *m* 2 MED, PHARM Bibergeil *n* 3 → beaver[1] A 3
castor[4] ['kɑ:stə; *US* 'kæstər] S VET Spat *m*
castor[5] ['kɑ:stə; *US* 'kæstər] S 1 *(Salz etc)* Streuer *m* 2 *pl* Menage *f*, Gewürzständer *m*
castor| oil S MED, PHARM Rizinus-, Kastoröl *n*; **~ sugar** S *bes Br* Kastorzucker *m (feinkörniger Kristallzucker)*
castrate [kæ'streɪt; *bes US* 'kæstreɪt] V/T 1 kastrieren: a MED entmannen b VET verschneiden c VET die Eierstöcke *(gen)* entfernen 2 *fig* kraftlos machen, abschwächen 3 *ein Buch etc* zensieren, die anstößigen Stellen entfernen aus
castrati [kæ'strɑ:ti:] *pl von* castrato
castration [kæ'streɪʃn] S Kastrierung *f*, Kastration *f*; **~ anxiety** S PSYCH Kastrationsangst *f*; **~ complex** S PSYCH Kastrationskomplex *m*
castrato [kæ'strɑ:təʊ] *pl* -ti [-ti:], -tos S MUS, HIST Kastrat *m*
Castroism ['kæstrəʊɪzəm] S POL Castroismus *m*, Castrismus *m (der von Castro geprägte kubanische Sozialismus)*
cast steel S TECH Gussstahl *m*
casual ['kæʒjʊəl; -ʒʊəl; *US* 'kæʒəwəl; -ʒəl] A ADJ (ADV ~ly) 1 zufällig 2 gelegentlich, unregelmäßig: **~ customer** Laufkunde *m*; **~ labo(u)rer** → B 2 a; **~ sex** Gelegenheitssex *m* 3 beiläufig *(Bemerkung etc)*, flüchtig *(Blick etc)* 4 lässig: a gleichgültig, nachlässig b zwanglos, salopp: **his ~ manner**; **a ~ friendship** e-e oberflächliche Freundschaft 5 sportlich, salopp *(Kleidung)*: **~ wear** Freizeitkleidung *f*; **dress ~ly** sich leger kleiden B S 1 a sportliches *od* saloppes Kleidungsstück b *pl* Slipper(s) *pl* *(Schuhe mit flachen Absätzen)* 2 a Gelegenheitsarbeiter *m* b gelegentlicher Besucher, Laufkunde *m* 3 *pl* MIL *US* Durchgangspersonal *n*;
casualness S (Nach)Lässigkeit *f*, Gleichgültigkeit *f*
casualty ['kæʒjʊəltɪ; -ʒʊ-; *US* 'kæʒəltiː] S 1 a Verunglückte(r) *m/f(m)*, Opfer *n*: **be a ~ of** *fig* zum Opfer fallen *(dat)* b MIL Verwundete(r) *m od* Gefallene(r) *m*: **casualties** Opfer *(e-r Katastrophe etc)*, MIL *meist* Verluste; **there were two serious casualties in the accident** bei dem Unfall gab es zwei Schwerverletzte; **casualties were heavy on both sides** auf beiden Seiten gab es schwere *od* hohe Verluste; **~ list** Verlustliste *f* 2 *a.* **~ ward** (*od* **department**) Unfallstation *f*
casuist ['kæzjʊɪst; 'kæʒjʊɪst; *US* 'kæʒəwəst] S *bes* KATH Kasuist(in), *fig a.* Wortverdreher(in), Haarspalter(in); **casuistic** ADJ, **casuistical** ADJ (ADV ~ly) *bes* KATH kasuistisch, *fig a.* spitzfindig, haarspalterisch; **casuistry** [-trɪ] S Kasuistik *f*: a *bes katholische Moraltheologie: Lehre von der Anwendung sittlicher u. religiöser Normen auf den Einzelfall* b *fig* Wortverdreherei *f*, Haarspalterei *f*
casus belli, *pl* casus belli [ˌkɑ:sʊs'beli:; ˌkeɪsəs'belaɪ] S Casus *m* Belli: a Kriegsfall *m* b kriegsauslösendes Ereignis
cat[1] [kæt] A S 1 ZOOL Katze *f*: **(domestic) ~** Hauskatze; **be (as) nervous as a ~** furchtbar ängstlich sein; → room A 1 2 *pej* Biest *n* 3 → cat-o'-nine-tails 4 SCHIFF Katt *f* 5 *umg* → caterpillar 3 6 *umg, bes US* Kerl *m*, Typ *m* 7 → hepcat B V/T 1 (aus)peitschen 2 SCHIFF *den Anker* katten C V/I *Br sl* kotzen
Besondere Redewendungen: **be like a ~ on hot bricks** (*bes US* **on a hot tin roof**) furchtbar nervös sein; **when the ~ is away the mice will play** *(Sprichwort)* wenn die Katze aus dem Haus ist, tanzen die Mäuse (auf dem Tisch); **all ~s are gray** (*bes Br* **grey**) **in the dark** *(Sprichwort)* in der Nacht sind alle Katzen grau; **not have** (*od* **stand**) **a ~ in hell's chance** *umg* nicht die Spur e-r Chance haben (**against sb** gegen j-n; **of getting sth** etwas zu bekommen); **has the ~ got your tongue?** *umg* hat es dir die Rede *od* Sprache verschlagen?; **let the ~ out of the bag** *umg* die Katze aus dem Sack lassen; **a ~ may look at a king** schaut die Katz' den Kaiser an; **look what the ~'s brought** (*od* **dragged**) **in!** *umg* wie schaust denn du aus!; **live like ~ and dog** *umg* wie Hund u. Katze leben; **it's enough to make a ~ laugh** *umg* da lachen ja die Hühner!; **play (a game of) ~ and mouse with** *umg* Katz u. Maus spielen mit; **put** (*od* **set**) **the ~ among the pigeons** *Br* für helle Aufregung sorgen; **it is raining ~s and dogs** es gießt in Strömen; **see which way the ~ jumps** *umg* sehen, wie der Hase läuft; **wait for the ~ to jump** die Entwicklung der Ereignisse abwarten; → bell[1] B
cat[2] [kæt] S AUTO *umg* Kat *m (Katalysator)*: **~ car** Katwagen *m*
CAT[3] ABK 1 *Br* College of Advanced Technology 2 computer-aided teaching
cat. ABK 1 catalogue REL 2 catamaran 3 catechism
catabolism [kə'tæbəlɪzəm] S BIOL Katabolismus *m*, Katabolie *f (Abbau der Stoffe im Körper durch den Stoffwechsel)*
catachresis [ˌkætə'kri:sɪs] S LING Katachrese *f*, Bildbruch *m*
cataclysm ['kætəklɪzəm] S 1 GEOL Kataklysmus *m*, erdgeschichtliche Katastrophe 2 Überschwemmung *f* 3 *fig* Umwälzung *f*, Umbruch *m*; **cataclysmic** [-'klɪzmɪk] ADJ (ADV ~ally) 1 GEOL kataklystisch 2 *fig* umwälzend
catacomb ['kætəku:m; *bes US* -kəʊm] S Katakombe *f*
catafalque ['kætəfælk] S 1 Katafalk *m* 2 *US* Leichenwagen *m*
Catalan ['kætələn; -læn] A S 1 Katalane *m*, Katalanin *f* 2 LING Katalanisch *n*, das Katalanische B ADJ katalanisch
catalectic [ˌkætə'lektɪk] ADJ LIT katalektisch *(mit e-m unvollständigen Versfuß endend) (Vers)*
catalepsis [ˌkætə'lepsɪs], **catalepsy** [-sɪ] S MED, PSYCH Katalepsie *f*, Starrsucht *f*
catalogue, *US a.* **catalog** ['kætəlɒg; *US* 'kætlˌɔ:g; -ˌɑg] A S 1 Katalog *m* 2 Verzeichnis *n*, *(Preis- etc)* Liste *f* 3 UNIV *US* Vorlesungsverzeichnis *n* 4 Katalogpreis *m*, -wert *m* B V/T in e-n Katalog aufnehmen, katalogisieren C V/I 1 an e-m Katalog arbeiten, e-n Katalog erstellen 2 **~ at** e-n Katalogpreis haben von, im Katalog stehen mit
catalpa [kə'tælpə] S BOT Katalpa *f*, Katalpe *f*, Trompetenbaum *m*
catalyse ['kætəlaɪz] V/T CHEM *Br* katalysieren, beschleunigen *(beide a. fig)*; **catalyser** *Br* → catalyst; **catalysis** [kə'tælɪsɪs] S Katalyse *f*;
catalyst ['kætəlɪst] S Katalysator *m (a. fig)*;
catalytic [ˌkætə'lɪtɪk] ADJ (ADV ~ally) katalytisch *(a. fig)*: **~ converter** AUTO Katalysator *m*; **catalyze** *US* → catalyse; **catalyzer** *US* → catalyst
catamaran [ˌkætəmə'ræn] S 1 primitives Floß 2 SCHIFF Katamaran *m (schnelles Segelboot mit Doppelrumpf)* 3 *umg* Xanthippe *f pej*
catamenia [ˌkætə'mi:nɪə] SPL *(a. als sg konstruiert)* PHYSIOL Katamenien *pl*, Menstruation *f*
catamite ['kætəmaɪt] S Lustknabe *m*
catamnesis [ˌkætəm'ni:sɪs] *pl* -neses [-si:z] S MED Katamnese *f (abschließender Krankheitsbericht)*
catamount ['kætəmaʊnt] S ZOOL 1 → cougar 2 → lynx 1 3 → catamountain
catamountain [ˌkætə'maʊntɪn] S ZOOL a (Europäische) Wildkatze b → leopard 1
cat-and|-dog ADJ: **lead a ~ life** *umg* wie Hund u. Katz leben; **~-mouse** ADJ: **play a ~ game with** *umg* Katz u. Maus spielen mit
cataphyll ['kætəfɪl] S BOT Keim-, Niederblatt *n*
cataplasm ['kætəplæzəm] S MED Kataplasma *n*, heißer Breiumschlag
cataplexy ['kætəpleksɪ] S Kataplexie *f*, kataplektische Hemmung, Schreckstarre *f*
catapult ['kætəpʌlt] A S Katapult *n*, *a. m*: a MIL, HIST Wurf-, Schleudermaschine *f* b *Br* (Stein)Schleuder *f* c FLUG Startschleuder *f*: **~ seat** Schleudersitz *m*; **~ take-off** Katapultstart *m* B V/T 1 schleudern, katapultieren *(beide a.* FLUG*)*: **she was ~ed to stardom overnight** sie wurde über Nacht zum Star 2 *Br* mit einer Schleuder beschießen C V/I geschleudert *od* katapultiert werden *(a.* FLUG*)*
cataract ['kætərækt] S 1 Katarakt *m*: a Wasserfall *m* b Stromschnelle *f* c *fig* Flut *f*, rasche Aufeinanderfolge 2 MED Katarakt *f*, grauer Star
catarrh [kə'tɑ:(r)] S 1 MED Katarrh *m*, Schnupfen *m* 2 (Nasen)Schleim *m*; **catarrhal** ADJ katarrhalisch, Schnupfen...
catastasis [kə'tæstəsɪs] *pl* -ses [-si:z] S Katastase *f*, Katastasis *f*, Höhepunkt *m (im Drama)*
catastrophe [kə'tæstrəfɪ] S 1 Katastrophe *f (a. im Drama)* 2 GEOL erdgeschichtliche Katastrophe; **catastrophic** [ˌkætə'strɒfɪk; *US* -'strɑ-] ADJ, **catastrophical** ADJ (ADV ~ly) katastrophal; **catastrophism** S Katastrophentheorie *f*, -hypothese *f*
catatonia [ˌkætə'təʊnɪə] S MED Katatonie *f* *(Schizophrenie mit katatonen Erscheinungen)*; **catatonic** [ ] A ADJ kataton(isch) *(durch plötzliche Bewegungsentladungen u. impulsive Handlungen gekennzeichnet)* B S Katatoniker(in)
cat|bird S ORN *(e-e)* amer. Spottdrossel;

~boat S SCHIFF Catboat *n* (*kleines Segelboot mit Mast am Bug*); **~ burglar** S Fassadenkletterer *m*, -kletterin *f*; **~call** A S a Buh(ruf) *n(m)* b Pfiff *m* B V/I a buhen b pfeifen C V/T a *j-n* ausbuhen b *j-n* auspfeifen

catch [kætʃ] A S 1 Fangen *n*: **play ~** sich den Ball zuwerfen (*Kinder*) 2 Fang *m*, Beute *f* (*beide a. fig*): **a good ~** a ein guter Fang (*beim Fischen*), *fig a.* ein gutes Geschäft b *umg* e-e gute Partie (*Heirat*); **no ~** kein gutes Geschäft 3 **there was a ~ in his voice** s-e Stimme stockte 4 Halt *m*, Griff *m* 5 TECH a Haken *m*, Schnäpper *m*, (*Tür*) Klinke *f*: **~ of a lock** Schließhaken b Sperre *f*, Sicherung *f*, Verschluss *m* (*e-r Brosche etc*) c Knagge *f*, Mitnehmer *m* d ARCH Halter *m* 6 *fig umg* Haken *m*: **there's a ~ in** (*od* **to**) **it** die Sache hat e-n Haken; **there must be a ~ somewhere** die Sache muss irgendwo e-n Haken haben; **the ~ is that …** der Haken an der Sache ist, dass … 7 *fig* Brocken *m*, Bruchstück *n*: **~es of a conversation** Gesprächsfetzen 8 AGR *US* Keimen *n*, Ausschlagen *n* 9 MUS *bes* HIST *Kanon mit humorvollem od anzüglichem Text* B V/T *prät u. pperf* **caught** [kɔːt] 1 a *e-n Ball etc* fangen, *a. e-n Blick* auffangen, (er)haschen, *ein Tier etc* (ein)fangen, *Flüssigkeiten* auffangen b *allg* bekommen, kriegen *umg*, erwischen *umg*: **~ a thief** e-n Dieb fassen *od umg* schnappen; **get caught** gefasst werden; **~ a train** e-n Zug (noch) kriegen *od* erwischen; → breath 1, cold A 8, crab[1] A 1, glimpse A 1, sight A 2, Tartar[1] A 2 2 *j-n* einholen 3 überraschen, erwischen *umg*, ertappen (*alle*: **sb at sth** j-n bei etwas; **sb doing sth** j-n dabei, wie er etwas tut): **~ sb stealing** j-n beim Stehlen ertappen; **~ o.s. thinking that …** sich bei dem Gedanken ertappen, dass …; **let me ~ you at it again!** lass dich ja nicht mehr dabei erwischen!; **they were** (*od* **got**) **caught in a storm** sie wurden vom Sturm überrascht, sie gerieten in ein Unwetter; **~ me** (**doing that**)! *Br umg* (das) fällt mir nicht im Traum ein!, denkste!; **~ him!** er lässt sich nicht erwischen!; **he caught himself** er hielt plötzlich inne (*beim Sprechen*), er fing sich (gerade noch); → act A 1, nap[1] A 2, unawares 2 4 packen, ergreifen, erfassen (*alle a. fig*): **she caught her child to herself** sie riss ihr Kind an sich; **the fire caught the curtains** das Feuer erfasste die Vorhänge; **he caught** (*od* **was caught with**) **the general enthusiasm** er wurde von der allgemeinen Begeisterung erfasst *od* angesteckt; → hold[2] A 1 5 *fig die Fantasie* ansprechen: **~ sb's ear** j-m ans Ohr dringen; **~ sb's eye** j-m ins Auge fallen; **~ sb's eye** (*od* **attention**) j-s Aufmerksamkeit auf sich lenken, j-n auf sich aufmerksam machen; **she caught his eye** ihre Blicke trafen sich; → fancy A 7, speaker 2 6 erfassen, verstehen, mitkriegen *umg*: **she did not ~ his name** 7 *fig* einfangen: **he caught the atmosphere well**; **caught from life** dem Leben abgelauscht 8 sich *e-e Krankheit etc* holen, sich *e-e Erkältung etc, a. e-e Strafe etc* zuziehen, bekommen: **~ (a) cold** sich erkälten (**skiing** beim Skifahren); **~ a bullet in one's leg** e-n Schuss ins Bein abbekommen; **~ it** *sl* eins aufs Dach kriegen, was zu hören kriegen (*beide*: **from** von); → death 1, fire A 1, hell A 1, packet A 5 9 *fig e-e Gewohnheit, Aussprache* annehmen 10 a streifen *od* stoßen an (*akk*) b hängen bleiben *od* sich verfangen mit *etwas*: **~ one's foot in sth** mit dem Fuß in etwas hängen bleiben; **my fingers were caught in the door** ich klemmte mir die Finger in der Tür 11 *sl* a *j-m e-n Schlag* verpassen *umg* b treffen: **the blow caught him on the chin** C V/I 1 fassen, greifen: **~ at** greifen *od* schnappen nach, (*fig e-e Gelegenheit* gern) ergreifen; → shadow A 5, straw A 1 2 TECH ineinandergreifen, eingreifen (*Räder*), einschnappen, -rasten (*Schloss etc*) 3 sich verfangen, hängen bleiben (*beide*: **in** in *dat*; **on** an *dat*): **her dress caught on a nail**; **the plane caught in the trees** 4 klemmen, festsitzen: **the bolt ~es somewhere** 5 sich ausbreiten (*Feuer*) 6 anspringen (*Motor*) 7 GASTR anbrennen 8 *US* AGR keimen, ausschlagen

Phrasal Verbs: **catch| on** V/I *umg* 1 kapieren, begreifen (*beide*: **to sth** etwas) 2 einschlagen, Anklang finden, populär werden, (*neues Wort etc a.*) sich durchsetzen; **~ out** V/T a ertappen b überführen; **~ up** A V/T 1 unterbrechen 2 *Br* einholen (*a. bei der Arbeit*) 3 (schnell) ergreifen, *a. sein Kleid* aufraffen 4 **be caught up in** a vertieft sein in (*akk*) b verwickelt sein in (*akk*) B V/I aufholen: **~ with** einholen (*a. fig*), SPORT aufschließen zu; **his past had caught up with him** s-e Vergangenheit hatte ihn eingeholt; **~ on** (*od* **with**) *e-n Arbeitsrückstand etc* aufholen; **~ on one's sleep** Schlaf nachholen

catch|all *bes US* A S 1 *Tasche od Behälter für alles Mögliche* 2 Sammelsurium *n* (*a. fig*) B ADJ 1 bunt (*Sammlung etc*) 2 **~ clause** JUR Generalklausel *f*; **~-as-catch-can** A S SPORT Catch-as-catch-can *n*, Catchen *n*: **~ wrestler** Catcher(in) B ADJ & ADV *bes US*: **lead a ~ life, live ~** in den Tag hineinleben; **~ basin** *US* → catch pit; **~ crop** S AGR Zwischenfrucht *f*

catcher [ˈkætʃə(r)] S Fänger(in)

catch| fence S Fangzaun *m*; **~fly** S BOT 1 (*bes* Garten)Leimkraut *n* 2 Pechnelke *f*

catching [ˈkætʃɪŋ] ADJ (ADV **~ly**) 1 MED ansteckend (*a. fig Lachen etc*) 2 *fig* anziehend, fesselnd (*beide*: **to** für) 3 → catchy 1 4 **~ bargain** JUR a Rechtsgeschäft *n* (*bes* Darlehen *n*) zu unfairen *od* wucherischen Bedingungen b Ablistung *f* des Erbanteils

catchment [ˈkætʃmənt] S 1 (Auf)Fangen *n* (*von Wasser*) 2 GEOL Auffangbehälter *m*, Reservoir *n*; **~ area** S 1 GEOL Einzugsgebiet *n* (*e-s Flusses*) 2 *fig* Einzugsbereich *m*, -gebiet *n* (*e-s Krankenhauses etc*); **~ basin** → catchment area 1

catch|penny A ADJ wertlos, Schund…, auf Kundenfang berechnet: **~ title** reißerischer Titel B S Schund(ware) *m(f)*, Lock-, Schleuderartikel *m*; **~phrase** S Schlagwort *n*; **~ pit** S TECH Auffangbehälter *m*; **~pole, ~poll** S JUR, HIST Büttel *m*, Gerichtsdiener *m*; **~ question** S *umg* Fangfrage *f*; **~ quota** S *Fischfang*: Fangquote *f*; **~-22**, *a.* **Ȼ-22** [ˌkætʃtwentɪˈtuː] S Dilemma *n*, Zwickmühle *f umg*: **it's a case of ~, it's a ~ situation** das ist ein Teufelskreis; **~up** *bes US* → ketchup; **~-waist spin** S *Eis-, Rollkunstlauf*: Waagepirouette *f* (*im Paarlauf*); **~weed** S BOT (ein) Labkraut *n*; **~word** S 1 *bes* THEAT Stichwort *n* 2 Schlagwort *n* 3 TYPO a HIST Kustos *m* b Kolumnentitel *m*

catchy [ˈkætʃɪ] ADJ (ADV **catchily**) 1 eingängig (*Melodie etc*): **be ~** *a.* ins Ohr gehen 2 → catching 2 3 unregelmäßig (*Wind etc*) 4 a schwierig b Fang…: **~ question**

cat door S Katzentür *f*

catechin [ˈkætəkɪn] S CHEM Katechin *n*

catechism [ˈkætɪkɪzəm] S 1 REL Katechismus *m* (*kurzes Lehrbuch in Frage u. Antwort*) 2 *fig* a Reihe *f od* Folge *f* von Fragen b genaue Befragung: **put** *sb* **through their ~** → catechize 2;

catechist S REL Katechet(in), Religionslehrer(in); **catechistic** ADJ, **catechistical** ADJ (ADV **~ly**) REL katechetisch, Katechismus…;

catechize V/T 1 REL *j-n* katechisieren, durch Frage u. Antwort unterrichten 2 *j-n* genau ausfragen

catechol [ˈkætɪkɒl; -kəʊl; -tɪtʃ-] S CHEM, FOTO Brenzkatechin *n*

catechu [ˈkætɪtʃuː] S CHEM Katechu *n*, Katschu *n*

catechumen [ˌkætɪˈkjuːmen] S 1 REL *bes* HIST Katechumene *m* (*Taufbewerber im Vorbereitungsunterricht*) 2 *fig* Neuling *m*, Anfänger(in)

categoric [ˌkætɪˈgɒrɪk; *US a.* -ˈgɑr-] ADJ (ADV **~ally**) → categorical; **categorical** ADJ (ADV **~ly**) 1 PHIL kategorisch (*Imperativ etc*) 2 *fig* kategorisch, bestimmt; **categoritis** [-ˈraɪtɪs] S *umg* Kategorisierungssucht *f*, Schubladen-, Schubkastendenken *n* (*beide umg pej*); **categorize** [-gəraɪz] V/T kategorisieren, nach Kategorien ordnen; **category** [ˈkætɪgərɪ; *US* ˈkætəˌgəʊriː; -ˌgɔː-] S Kategorie *f*: a PHIL Begriffsform *f* b *fig* Art *f*, Klasse *f*, Gruppe *f*

catena [kəˈtiːnə], *pl* -nae [-niː] S REL Katene *f* (*Sammlung von Auslegungen der Kirchenväter zu Bibelstellen*); **catenarian** [ˌkætɪˈneərɪən] ADJ MATH zu e-r Kettenlinie gehörig; **catenary** [kəˈtiːnərɪ; *US* ˈkætəˌneriː] A ADJ Ketten…: **~ construction** Kettenfahrleitung *f* B S MATH Kettenlinie *f*; **catenate** [ˈkætɪneɪt] V/T BIOL verketten, aneinanderreihen

cater [ˈkeɪtə(r)] A V/I 1 Speisen u. Getränke liefern (**for** für) 2 sorgen (**for** für) 3 *fig* (**for, to**) befriedigen (*akk*), etwas bieten (*dat*), *bes pej* Nahrung liefern (*dat*) B V/T Speisen u. Getränke liefern für, mit Speisen u. Getränken beliefern

cater-corner(ed) [ˌkætiːˈkɔːrnər(d)] ADJ & ADV *US umg* diagonal

cater-cousin [ˈkeɪtə(r)-] S *obs* Busenfreund(in)

caterer [ˈkeɪtərə(r)] S Lieferant(in) *od* Lieferfirma *f* für Speisen u. Getränke; **catering** ADJ: **~ service** Partyservice *m*

caterpillar [ˈkætə(r)pɪlə(r)] S 1 ZOOL Raupe *f* 2 *a.* **~® track** (*od* **tread**) TECH Raupe(nkette) *f* 3 *a.* **~® tractor** TECH Raupenfahrzeug *n*

caterwaul [ˈkætə(r)wɔːl] A S 1 Maunzen *n* 2 Jaulen *n* 3 Keifen *n* B V/I 1 maunzen (*bes läufige Katze*) 2 jaulen 3 (sich an)keifen

cates [keɪts] SPL *obs* Leckerbissen *pl*

cat|-eyed ADJ 1 katzenäugig 2 **be ~** im Dunkeln sehen können; **~fall** S SCHIFF Kattläufer *m*; **~fish** S FISCH 1 Kat-, Katzenfisch *m*, Wels *m* 2 Petermännchen *n* 3 Gemeiner Seewolf; **~gut** S 1 Darmsaite *f* 2 MED Katgut *n* (*chirurgischer Nähfaden aus tierischen Darmsaiten*)

Cath. ABK Catholic

catharsis [kəˈθɑː(r)sɪs] S 1 Katharsis *f*, seelische Reinigung, Läuterung *f* 2 MED Abführung *f* 3 *Psychotherapie*: Katharsis *f*, Abreaktion *f*; **cathartic** [-tɪk] A S MED, PHARM Abführmittel *n* B ADJ (ADV **~ally**) 1 kathartisch, läuternd 2 MED, PHARM abführend: **~ drug** (*od* **agent**) → A; **cathartical** ADJ (ADV **~ly**) → cathartic B

cathedra [kəˈθiːdrə] S REL Cathedra *f*, Bischofsstuhl *m*

cathedral [kəˈθiːdrəl] A S Kathedrale *f*, Dom *m* B ADJ Dom…: **~ city**; **~ church** → A; → precinct 1

catherine wheel [ˈkæθərɪn; -θrɪn] S 1 ARCH Radfenster *n* 2 Feuerrad *n* (*ein Feuerwerkskörper*)

catheter [ˈkæθɪtə(r)] S MED Katheter *m*; **catheterize** V/T katheterisieren, kathetern

cathexis [kəˈθeksɪs] *pl* -es [-iːz] S PSYCH Kathexis *f*, Besetzung *f*

cathodal [kæˈθəʊdl; ˈkæθəʊdl] ADJ ELEK Kathoden…

cathode [ˈkæθəʊd] S ELEK Kathode *f*; **~ current** S ELEK 1 Kathodenstrom *m* (*bei Elektronenröhren etc*) 2 Entladungsstrom *m* (*bei Gasentladungsgefäßen*); **~ ray** S Kathodenstrahl *m*;

C

~-ray tube S Kathodenstrahlröhre *f*, braunsche Röhre
cathodic [kæ'θɒdɪk; *US* -'θɑ-] ADJ ELEK kathodisch
catholic ['kæθəlɪk; -θlɪk] A ADJ (ADV ~ally, ~ly) 1 (all)umfassend, universal: **a man with ~ interests** ein vielseitig interessierter Mann 2 vorurteilslos 3 großzügig, tolerant 4 ≗ REL (*bes römisch-*) katholisch B S ≗ REL Katholik(in): **be a ~** katholisch sein; **Catholicism** [kə'θɒlɪsɪzəm; *US* -'θɑ-] S REL Katholizismus *m*; **catholicity** [ˌkæθəʊ'lɪsətɪ; -θə'l-] S 1 Universalität *f* 2 Großzügigkeit *f*, Toleranz *f* 3 katholischer Glaube 4 ≗ Katholizität *f* (*Gesamtheit der katholischen Kirche*); **catholicize** [kə'θɒlɪsaɪz; *US* -'θɑ-] V/T & V/I katholisch machen (werden), katholisieren
cathouse S *US umg* Puff *m*, *a. n* (*Bordell*)
cation ['kætaɪən] S CHEM, PHYS Kation *n* (*positiv geladenes Ion*)
catkin ['kætkɪn] S BOT (Blüten)Kätzchen *n* (*der Weiden etc*)
catlike ADJ katzenartig
catling ['kætlɪŋ] S 1 *obs* Kätzchen *n* 2 MED *feines zweischneidiges Amputationsmesser* 3 Darmsaite *f*
cat| litter S Katzenstreu *f*; **~mint** *bes Br* → catnip; **~nap** *umg* A V/I ein Schläfchen *od* Nickerchen machen B S Schläfchen *n*, Nickerchen *n*: **have** (*od* **take**) **a ~** → A; **~nip** ['kætnɪp] S BOT Echte Katzenminze
cat-o'-mountain [ˌkætə'maʊntɪn] → catamountain
cat-o'-nine-tails *pl* -tails S neunschwänzige Katze (*e-e Peitsche*)
catoptric [kə'tɒptrɪk; *US* -'tɑp-] PHYS A ADJ katoptrisch, Spiegel... B S **catoptrics** *pl* (*als sg konstruiert*) Katoptrik *f* (*Lehre von der Reflexion der Lichtstrahlen*)
cat's| cradle S Abnehme-, Fadenspiel *n*; **~-ear** S BOT Ferkelkraut *n*; **~-eye** S 1 MINER Katzenauge *n* 2 BOT (*ein*) Ehrenpreis *m* 3 TECH a Katzenauge *n*, Rückstrahler *m* b Leuchtnagel *m*; **~-foot** S *irr* BOT 1 Katzenpfötchen *n* 2 Gundermann *m*; **~ pajamas** *US* → cat's whiskers; **~-paw** S Handlanger *m*, *j-s* Werkzeug *n*; **~ pyjamas** *bes Br* → cat's whiskers
catsuit S *bes Br* (*bes* hautenger) einteiliger Hosenanzug
catsup ['kætsəp; 'ketʃəp; 'kætʃəp] *bes US* → ketchup
cat's whiskers SPL *umg*: **be the ~** spitze sein *umg* (*Person, Sache*); **he thinks he's the ~** er hält sich für was Besonderes
cattalo ['kætələʊ] *pl* -los, -loes S *Kreuzung zwischen amer. Büffel u. Hausrind*
cattery ['kætərɪ] S Katzenpension *f*
cattiness ['kætɪnɪs] → cattishness; **cattish** ADJ (ADV ~ly) 1 katzenhaft 2 *fig* boshaft, gehässig; **cattishness** S 1 Katzenhaftigkeit *f* 2 *fig* Boshaftigkeit *f*, Gehässigkeit *f*
cattle ['kætl] S KOLL (*als pl konstruiert*) 1 (Rind)Vieh *n*: **ten (head of) ~** zehn Stück Vieh, zehn Rinder 2 *pej* Viehzeug *n* (*Menschen*); **~ breeder** S Viehzüchter(in); **~ breeding** S Viehzucht *f*; **~ car** S BAHN *US* Viehwagen *m*; **~ lifter** S Viehdieb *m*; **~man** [-mən] S *irr* 1 *bes US* Viehzüchter *m* 2 Viehknecht *m*; **~ market** S 1 Viehmarkt *m* 2 *fig pej* Fleischbeschau *f* (*von Frauen*); **~ pen** S Viehgehege *n*, Pferch *m*; **~ plague** S VET Rinderpest *f*; **~ range** S Weideland *n*, Viehtrift *f*; **~ truck** S *Br* 1 BAHN Viehwagen *m* 2 Viehtransporter *m*
cattleya ['kætlɪə] S BOT Cattleya *f* (*e-e Orchideengattung*)
cat tray S Katzenklosett *n*
catty[1] ['kætɪ] ADJ (ADV cattily) → cattish
catty[2] ['kætɪ] S Katt(i) *m* (*ostasiatisches Gewicht, etwa ein Pfund*)
catty-corner(ed) → cater-corner(ed)
cat|walk S 1 TECH Laufplanke *f*, Steg *m* 2 Laufsteg *m* (*bei Modeschauen*); **~ whisker** S ELEK Detektornadel *f*
Caucasian [kɔː'keɪzjən; -ʒjən; *US* kɔː'keɪʒən; -'kæʒən] A ADJ 1 kaukasisch 2 *US* europid (*zum europäisch-südeurasischen Rassenkreis gehörend*) B S 1 Kaukasier(in) 2 *US* Europide(r) *m/f(m)*;
Caucasus Mountains ['kɔːkəsəs] SPL (*der*) Kaukasus *m*
caucus ['kɔːkəs] POL A S 1 *bes US* Wahlversammlung *f* (*e-r Partei zur Benennung von Kandidaten etc*) 2 *bes US* Versammlung *f* von Parteiführern, Parteikonferenz *f* 3 *Br* örtlicher Parteiausschuss B V/I *bes US* e-e Wahl- *od* Parteiversammlung abhalten
caudal ['kɔːdl] ADJ ZOOL Schwanz..., Steiß...: **~ fin** FISCH Schwanzflosse *f*; **caudate** [-deɪt] ADJ ZOOL geschwänzt: → rhyme A 1
caught [kɔːt] *prät u. pperf von* catch
caul [kɔːl] S 1 Haarnetz *n* (*bes e-r Haube*) 2 ANAT a großes Netz b Glückshaube *f* (*der Neugeborenen*)
cauldron ['kɔːldrən] S großer Kessel (*a. fig*): **witches' ~** Hexenkessel
cauliflower ['kɒlɪˌflaʊə(r); *US a.* 'kɑlɪ-] S BOT Blumenkohl *m*; **~ ear** S *Boxen:* Blumenkohlohr *n*
cauliform ['kɔːlɪfɔː(r)m] ADJ BOT stängelförmig; **cauline** [-lɪn; *bes US* -laɪn] ADJ Stängel..., stängelständig
caulk → calk[1]
caulome ['kɔːləʊm] S BOT Caulom *n*, (Blätter treibende) Achse
causal ['kɔːzl] ADJ (ADV ~ly) 1 ursächlich, kausal (*beide a.* LING): **~ connection** (*od* **link**) Kausalzusammenhang *m*, -nexus *m*; **~ law** PHIL Kausal(itäts)gesetz *n*; **~ phrase** Kausal-, Begründungssatz *m* 2 verursachend: **~ agent** Verursacher *m* (*e-r Krankheit etc*); **causality** [kɔː'zælətɪ] S 1 Ursächlichkeit *f*, Kausalität *f*: **law of ~** PHIL Kausal(itäts)gesetz *n*; **principle of ~** PHIL Kausal(itäts)prinzip *n* 2 Kausalzusammenhang *m*, -nexus *m*
causation [kɔː'zeɪʃn] S 1 Verursachung *f*: **chain of ~** Kausalzusammenhang *m*, -nexus *m* 2 Ursache *f* 3 Ursächlichkeit *f* 4 PHIL Kausal-, Kausalitätsprinzip *n*; **causationism** → causation 4
causative ['kɔːzətɪv] A ADJ (ADV ~ly) 1 kausal, verursachend (**of** *akk*) 2 LING kausativ: **~ verb** → B B S LING Kausativ *n* (*Verb des Veranlassens*)
cause [kɔːz] A S 1 Ursache *f*: **~ of the crash** FLUG Absturzursache; **~ of death** Todesursache; **~ and effect** Ursache u. Wirkung *f* 2 Grund *m*, Anlass *m*, Veranlassung *f* (*alle*: **for** zu): **there is ~ for hope that ...** es besteht begründete Hoffnung, dass ...; **give sb ~ for** j-m Anlass geben zu; **you have no ~ for complaint (to complain)** Sie haben keinen Grund zur Klage (sich zu beklagen); **for ~** JUR aus wichtigem Grunde; **without (good** *od* **just) ~** ohne (triftigen) Grund 3 Sache *f*: **work for a good ~**; **fight for one's ~**; **make common ~ with** gemeinsame Sache machen mit; **in the ~ of** zum Wohle (*gen*), für 4 JUR a Sache *f*, Rechtsstreit *m*, Prozess *m* b Gegenstand *m*, Grund *m* (*e-s Rechtsstreits*): **~ of action** Klagegrund; **show ~** s-e Gründe darlegen, dartun (**why** warum) 5 Sache *f*, Angelegenheit *f*, Frage *f* B V/T 1 veranlassen, lassen: **~ sb to do sth** j-n etwas tun lassen; j-n veranlassen, etwas zu tun; **~ sth to be done** etwas veranlassen; veranlassen, dass etwas getan wird; **he ~d the man to be arrested** er ließ den Mann verhaften; er veranlasste, dass der Mann verhaftet wurde 2 verursachen, hervorrufen, bewirken, *Schaden* anrichten, für *e-e Sensation, e-n Skandal* sorgen, *e-n Proteststurm* entfachen, *e-e gefährliche Situation* heraufbeschwören 3 bereiten, zufügen: **~ sb trouble** j-m Mühe *od* Schwierigkeiten bereiten
cause célèbre [ˌkəʊzse'lebrə; *US* -seɪ-] *pl* causes célèbres [*wie sg oder* ˌkəʊzɪz-] S JUR Cause *f* célèbre, berühmter Rechtsstreit
causeless ['kɔːzlɪs] ADJ (ADV ~ly) unbegründet, grundlos, ohne Grund
cause list S JUR *Br* Termin-, Prozessliste *f*
causerie ['kəʊzəriː; *US bes* ˌkəʊzə'riː] S Plauderei *f*
causeway ['kɔːzweɪ] S 1 erhöhter Fußweg, Damm *m* (*durch e-n See od Sumpf*) 2 *obs* Chaussee *f*
caustic ['kɔːstɪk] A ADJ (ADV ~ally) 1 CHEM kaustisch, ätzend, beizend, brennend 2 *fig* beißend, ätzend, sarkastisch (*Antwort, Humor etc*) 3 PHYS kaustisch B S 1 Beiz-, Ätzmittel *n* 2 PHYS → a caustic curve b caustic surface; **~ curve** S PHYS Brennlinie *f*, kaustische Kurve
causticity [kɔː'stɪsətɪ] S 1 Ätz-, Beizkraft *f* 2 *fig* Sarkasmus *m*, Schärfe *f*
caustic| lime S CHEM Ätzkalk *m*; **~ potash** S CHEM Ätzkali *n*; **~ soda** S CHEM Ätznatron *n*; **~ surface** S PHYS Brennfläche *f*
cauterization [ˌkɔːtəraɪ'zeɪʃn; *US* -rə'z-] S MED, TECH 1 Kauterisation *f*, (Aus)Brennen *n* 2 Ätzen *n*, Ätzung *f*; **cauterize** [-raɪz] V/T 1 MED, TECH kauterisieren, (aus)brennen, (ver)ätzen 2 *fig ein Gefühl, das Gewissen* abtöten, abstumpfen; **cautery** ['kɔːtərɪ] S 1 → cauterization 2 MED a *a.* **actual ~** Kauter *m*, Brenneisen *n* b *a.* **chemical ~** Ätzmittel *n*, -stift *m*
caution ['kɔːʃn] A S 1 Vorsicht *f*, Behutsamkeit *f*: **act** (*od* **proceed) with ~** a vorsichtig zu Werke gehen b Vorsicht walten lassen; **"~"** AUTO *etc* „Vorsicht!" 2 a Verwarnung *f* b Warnung *f* 3 JUR a Rechtsmittel- *od* Eidesbelehrung *f* b (polizeiliche) Verwarnung c Vormerkung *f* (*zur Sicherung von Grundstücksrechten*) d *bes schott* Kaution *f*, Bürgschaft *f* 4 MIL Ankündigungskommando *n* 5 *umg obs* a (*etwas*) Originelles, drollige *od* tolle Sache b Original *n*, ulkige Nummer (*Person*) c unheimlicher Kerl B V/T 1 warnen (**against, about** vor *dat*): **~ o.s.** sich in Acht nehmen 2 verwarnen 3 JUR belehren (**as to** über *akk*); **cautionary** ['kɔːʃnərɪ; *US* -ʃəˌneriː] ADJ warnend, Warn..., Warnungs...: **~ command** → caution A 4; **~ mortgage** *US* Sicherungshypothek *f*; **~ signal** Warnsignal *n*; **~ tale** Geschichte *f* mit e-r Moral
caution money S *bes Br* Kaution *f*, (hinterlegte) Bürgschaft (*für eventuell verursachte Schäden etc*)
cautious ['kɔːʃəs] ADJ (ADV ~ly) 1 vorsichtig, behutsam, auf der Hut 2 achtsam 3 verhalten, gedämpft (*Optimismus etc*); **cautiousness** S Vorsicht *f*, Behutsamkeit *f*
cavalcade [ˌkævl'keɪd; '-keɪd] S Kavalkade *f*, Reiterzug *m*, *weitS. a.* Zug *m* von Autos *etc*
cavalier [ˌkævə'lɪə(r)] A S 1 HIST Ritter *m*, Edelmann *m* 2 Kavalier *m*: a ritterlicher Mensch b Verehrer *m od* Begleiter *m* (*e-r Dame*) 3 ≗ HIST Kavalier *m*, Royalist *m* (*Anhänger Karls I. von England*) B ADJ (ADV ~ly) 1 arrogant, anmaßend, rücksichtslos 2 unbekümmert, lässig 3 ≗ HIST royalistisch: **the ≗ Poets** die Kavalierdichter (*Carew, Herrick etc*)
cavalry ['kævlrɪ] S MIL a *bes* HIST Kavallerie *f*, Reiterei *f*: **two hundred ~** 200 Mann Kavallerie b Panzertruppe(n) *f(pl)*; **~man** [-mən] S *irr*

MIL a *bes* HIST Kavallerist *m* b Angehörige(r) *m* e-r Panzertruppe
cavatina [ˌkævəˈtiːnə] *pl* -nas, -ne [-nɪ] S MUS Kavatine *f*: a *Sologesangsstück in der Oper von einfachem, liedmäßigem Charakter* b *liedartiger Instrumentalsatz*
cave[1] [keɪv] A S 1 Höhle *f* 2 POL *Br* HIST a Absonderung *f*, Sezession *f* (*e-s Teils e-r Partei*) b Sezessionsgruppe *f*: **form a ~** → C 3 B V/T 1 aushöhlen 2 *meist* **~ in** eindrücken, zum Einsturz bringen C V/I 1 *meist* **~ in** einbrechen, -stürzen, -sinken 2 *meist* **~ in** *umg* a (*vor Erschöpfung*) zusammenklappen, schlappmachen (*beide umg*) b nachgeben (**to** *dat*), klein beigeben 3 POL *Br* HIST sich (*in e-r bestimmten Frage von der Partei*) absondern
cave[2] [ˈkeɪvɪ] SCHULE *Br sl* A INT Vorsicht!, Achtung! B S: **keep ~** Schmiere stehen *sl*, aufpassen
caveat [ˈkævɪæt; ˈkeɪ-] S JUR 1 Einspruch *m*: **file** (*od* **enter**) **a ~** Einspruch erheben, Verwahrung einlegen (*beide:* **against** gegen) 2 a *US* (vorläufige) Patentanmeldung b *Br* Einspruch *m* gegen e-e Patenterneuerung; **~ emptor** [ˈemptɔː(r)] S JUR Ausschluss *m* der Gewährleistung
cave| bear S ZOOL Höhlenbär *m*; **~ dweller** S Höhlenbewohner(in); **~-in** S Einsturz *m*, Senkung *f* (*des Bodens*); **~ man** S *irr* 1 Höhlenbewohner *m*, -mensch *m* 2 *umg* a Naturbursche *m* b Tier *n umg*
cavendish [ˈkævəndɪʃ] S Cavendish *m* (*in Täfelchen gepresster Tabak*)
cave painting S Höhlenmalerei *f*
cavern [ˈkævə(r)n] S (große) Höhle; **cavernous** ADJ (ADV **~ly**) 1 voller Höhlen 2 porös 3 tief liegend (*Augen*) 4 hohl, eingefallen (*Wangen etc*) 5 höhlenartig 6 ANAT kavernös (*zu e-m Hohlraum gehörend*): **~ body** Schwellkörper *m* 7 hohl (*Stimme etc*)
cavesson [ˈkævɪsən] S *bes* HIST Kappzaum *m*
caviar(e) [ˈkævɪɑː(r); *US a.* ˈkɑː-] S Kaviar *m*: **~ to the general** *fig* Kaviar fürs Volk
cavil [ˈkævɪl] A V/I *prät u. pperf* -iled, *bes Br* -illed nörgeln, kritteln: **~ at** (*od* **about**) **sth** an etwas herumnörgeln, etwas bekritteln B S Nörgelei *f*, Krittelei *f*; **cavil(l)er** S Nörgler(in), Krittler(in); **cavil(l)ing** ADJ nörglerisch, kritt(e)lig
cavity [ˈkævətɪ] S 1 (Aus)Höhlung *f*, Hohlraum *m*: **~ resonator** ELEK Hohlraumresonator *m*, Topfkreis *m*; **~ wall** ARCH Hohlmauer *f* 2 *Kunststoffverarbeitung*: a (Matrizen)Hohlraum *m* b Matrize *f*, Formunterteil *n*: **multiple ~ mo(u)ld** Mehrfachform *f* 3 ANAT Höhle *f*, Raum *m*, Grube *f*: **abdominal ~** Bauchhöhle; → **oral** A 2, **pelvic** 4 MED a Kaverne *f* (*durch e-n krankhaften Vorgang entstandener Hohlraum in e-m Organ od im Körpergewebe*) b Loch *n* (*im Zahn bei Karies*)
cavort [kəˈvɔː(r)t] V/I *umg* herumhüpfen, -tanzen
cavy [ˈkeɪvɪ] S ZOOL (*bes* Gemeines) Meerschweinchen
caw [kɔː] A S Krächzen *n* B V/I krächzen (*Rabe, Krähe*)
Caxton [ˈkækstən] S 1 Caxton *m* (*von William Caxton gedrucktes Buch*) 2 ♀ TYPO Caxton *f* (*altgotische Schrift*)
cay [keɪ; kiː] S 1 Riff *n* 2 Sandbank *f*
cayenne [keɪˈen; *US a.* kaɪ-] S *a.* **~ pepper** Cayennepfeffer *m*
cayman [ˈkeɪmən; *US a.* keɪˈmæn; kaɪ-] *pl* -mans, *bes koll* -man S ZOOL Kaiman *m* (*ein Alligator*)
CB ABK 1 Citizens' Band 2 *Br* Companion of (the Order of) the Bath 3 county borough
CBA ABK WIRTSCH cost-benefit analysis
C battery S ELEK *US* Gittervorspannungsbatterie *f*
CBC ABK Canadian Broadcasting Corporation
C.B.D. ABK, **c.b.d.** WIRTSCH cash before delivery
CBE ABK Commander of the (Order of the) British Empire
CBI ABK Confederation of British Industries
CBR ABK MIL chemical, biological, and radiation
CB radio [ˌsiːˈbiː] S CB-Funk *m*
CBS ABK *US* Columbia Broadcasting System
cc[1] ABK 1 carbon copy (*od* copies PL) 2 cubic centimeter(s PL) (*bes Br* **centimetre[s** *pl*])
CC[2] ABK 1 County (*od* City) Council 2 Cricket Club
cc. ABK chapters PL
C clef S MUS C-Schlüssel *m*
C.C.P. ABK JUR Code of Civil Procedure
CCR ABK *US* Commission on Civil Rights
CCTV ABK closed-circuit television
cd ABK PHYS candela(s PL) (*Einheit der Lichtstärke*)
c.d. ABK WIRTSCH cash discount
CD[1] ABK 1 Civil Defence (*US* **Defense**) 2 Corps Diplomatique, Diplomatic Corps
CD[2] [ˌsiːˈdiː] S compact disc CD *f*
CD burner S CD-Brenner *m*
Cdn ABK Canadian
CD| player S CD-Spieler *m*, -Player *m*; **~-ROM** S compact disc read-only memory COMPUT CD-ROM *f* (*Speicherplatte, deren Inhalt abgerufen, aber nicht verändert werden kann*): **~ drive** CD-ROM-Laufwerk *n*
CDT ABK *US* Central Daylight Time (*Sommerzeit e-r Zeitzone in den USA*)
CD writer S CD-Brenner *m*
ce[1] → cee
CE[2] ABK 1 Church of England 2 civil engineer
cease [siːs] A V/I 1 aufhören, zu Ende gehen, enden: **the noise ~d** der Lärm verstummte 2 *obs* ablassen (**from** von) 3 *obs* (aus)sterben B V/T aufhören (**to do, doing** zu tun): **they ~d to work** sie hörten auf zu arbeiten, sie stellten die Arbeit ein; **you never ~ to amaze me** du erstaunst mich immer wieder; **~ fire** MIL das Feuer einstellen; **~ payment** WIRTSCH die Zahlungen einstellen; **~ and desist order** WIRTSCH, JUR *US* Unterlassungsanordnung *f* (*bei unlauterem Geschäfts- od Werbeverhalten*) C S **without ~** unaufhörlich, ohne Unterlass; **~-fire** S MIL 1 (Befehl *m* zur) Feuereinstellung *f* 2 Waffenruhe *f*, (zeitweiliger) Waffenstillstand
ceaseless [ˈsiːslɪs] ADJ (ADV **~ly**) unaufhörlich, fortwährend, unablässig
cecal *US* → caecal
cecum *US* → caecum
CED ABK *US* Committee for Economic Development
cedar [ˈsiːdə(r)] A S BOT 1 Zeder *f*: **~ of Lebanon** Echte Zeder, Libanonzeder; **~ of Atlas** Atlas-, Silberzeder 2 *verschiedene zedernähnliche Bäume, z. B.* a Wacholder *m*: **red ~** Rote *od* Falsche Zeder b Lebensbaum *m* c Zederzypresse *f* 3 Zedernholz *n* B ADJ aus Zedernholz, Zedern...: **~ nut** Zirbelnuss *f*; **~ pine** (*e-e*) amer. Kiefer; **cedarn** [ˈsiːdə(r)n] ADJ *poet* Zedern...
cede [siːd] A V/T 1 (**to**) abtreten, abgeben (*dat od* an *akk*), überlassen (*dat*): **~ a right** ein Recht abtreten 2 **~ a point** in e-m Punkt nachgeben B V/I *obs* nachgeben (**to** *dat*)
cedilla [sɪˈdɪlə] S LING Cedille *f* (*kommaartiges Zeichen unterhalb e-s Buchstabens*)
cedrate [ˈsiːdreɪt] S Zitronat *n*
cee [siː] A S C, c *n* (*Buchstabe*) B ADJ C-..., C-förmig
CEGB ABK *Br* Central Electricity Generating Board
ceil [siːl] V/T 1 *e-e Zimmerdecke* täfeln *od* verputzen 2 e-e Decke in *e-n Raum* einziehen
ceilidh [ˈkeɪlɪ] S *schottischer od irischer Unterhaltungsabend, bei dem musiziert u. getanzt wird u. Gedichte vorgetragen werden*
ceiling [ˈsiːlɪŋ] S 1 Decke *f*, Plafond *m* (*e-s Raumes*): **hit the ~** *umg* an die Decke gehen; **~ lighting** Deckenbeleuchtung *f* 2 SCHIFF Wegerung *f*, Innenbeplankung *f* 3 a Maximum *n*, Höchstmaß *n* b WIRTSCH Höchstgrenze *f* (*von Preisen etc*), Plafond *m* (*e-s Kredits*): **~ price** Höchstpreis *m* 4 FLUG Gipfelhöhe *f*: → **absolute ceiling** 5 FLUG, PHYS Wolkenhöhe *f*, Wolkenuntergrenze *f*: **unlimited ~** unbegrenzte Wolkenhöhe *od* Sicht
celadon [ˈselədɒn; *US* -ˌdɑn] S Blassgrün *n*
celandine [ˈseləndaɪn] S BOT 1 *a.* **greater ~** Schöllkraut *n* 2 *a.* **lesser ~** Scharbockskraut *n*
celeb [səˈleb] S *umg* Promi *m*
celebrant [ˈselɪbrənt] S 1 REL Zelebrant *m* 2 Feiernde(r) *m/f(m)*
celebrate [ˈselɪbreɪt] A V/T 1 *ein Fest etc* feiern, (festlich) begehen: **he ~d his 90th birthday** er feierte s-n 90. Geburtstag 2 *j-n* feiern, preisen 3 REL *e-e Messe etc* zelebrieren, abhalten, feiern, lesen B V/I 1 feiern: **you shouldn't start celebrating yet** du solltest dich nicht zu früh freuen 2 REL zelebrieren; **celebrated** ADJ 1 gefeiert, berühmt (*beide:* **for** für, wegen) 2 (berühmt-)berüchtigt; **celebration** S 1 Feier *f* 2 Feiern *n*, Begehen *n* (*e-s Festes etc*): **in ~ of** zur Feier (*gen*) 3 REL Zelebrieren *n*, Lesen *n* (*e-r Messe etc*); **celebrator** [-tə(r)] S Feiernde(r) *m/f(m)*
celebrity [sɪˈlebrətɪ] S Berühmtheit *f*: a prominente Person b Ruhm *m*
celeriac [sɪˈlerɪæk] S BOT Knollensellerie *m/f*
celerity [sɪˈlerətɪ] S Schnelligkeit *f*, Geschwindigkeit *f*
celery [ˈselərɪ] S BOT (Stangen)Sellerie *m/f*
celesta [sɪˈlestə] S MUS Celesta *f*, Stahl(platten)klavier *n*
celeste [sɪˈlest] S 1 Himmelblau *n* 2 MUS a Vox *f* celestis (*Orgelregister*) b leises (Klavier)Pedal
celestial [sɪˈlestjəl; *US* -tʃəl] A ADJ (ADV **~ly**) 1 himmlisch, Himmels..., göttlich 2 ASTRON Himmels...: **~ body**; **~ equator**; **~ light** Himmels-, Astrallicht *n*; **~ navigation** Astronavigation *f*; → **globe** A 3, **horizon** 1 3 ♀ *hum* chinesisch: ♀ **Empire** HIST (*das*) Reich des Himmels (*China*) B S 1 Himmelsbewohner(in), Selige(r) *m/f(m)* 2 ♀ *hum* Chinese *m*, Chinesin *f*
celestine [ˈselɪstaɪn; *US a.* ˈ-ˌstiːn; səˈlestən], **celestite** [ˈselɪstaɪt; *US a.* səˈles-] S MINER Zölestin *m*
celiac [ˈsiːlɪˌæk] ADJ ANAT *US* Bauch...: **~ disease** MED Zöliakie *f* (*schwere Verdauungsstörung des Kleinkinds*)
celibacy [ˈselɪbəsɪ] S REL Zölibat *n/m*, Ehelosigkeit *f*; **celibatarian** [-ˈteərɪən] ADJ REL 1 → **celibate** B 1 2 das Zölibat befürwortend; **celibate** [-bət] A S REL Zölibatär *m* B ADJ 1 REL zölibatär, ehelos 2 unverheiratet
cell [sel] S 1 (*Kloster-, Gefängnis- etc*)Zelle *f* 2 *allg* Zelle *f* (*a.* POL), Kammer *f* (*a.* PHYSIOL, *im Gewebe*), Fach *n* (*a.* BOT, *des Fruchtknotens*) 3 BIOL Zelle *f*: **~ biology** Zellbiologie *f*; **~ division** Zellteilung *f*; **~ fluid** Zellsaft *m*; **~ growth** Zellwachstum *n*; **~ membrane** Zellmembran *f*; **~ nucleus** Zellkern *m*; **~ therapy** MED Zelltherapie *f*; **~ wall** Zellwand *f* 4 ELEK a Zelle *f*, Element *n* (*e-r Batterie*) b Speicherzelle *f* (*e-r Rechenmaschine*) c Schaltzelle *f* 5 CHEM, PHYS elektrolytische Zelle 6 FLUG a *Flügel u. Verspannungs-*

glieder auf e-r Seite des Rumpfes b Gaszelle *f*
cellar ['selə(r)] A S 1 Keller *m*: **be in the ~** SPORT *bes US* im Keller sein 2 a Weinkeller *m* b Weinvorrat *m*: **he keeps a good ~** er hat e-n guten Keller 3 → saltcellar B V/T *a.* **~ in** einkellern, einlagern; **cellarage** S 1 KOLL Keller(räume) *pl* 2 Kellermiete *f* 3 Einkellerung *f*; **cellaret** [ˌselə'ret] S Wein-, Flaschenschränkchen *n*; **cellarman** [-mən] S *irr* Kellermeister *m*
-celled [seld] ADJ (*in Zusammensetzungen*) …zellig
cellist ['tʃelɪst] S MUS Cellist(in)
cello ['tʃeləʊ] *pl* -los S MUS (Violon)Cello *n*
cellophane® ['seləʊfeɪn] S TECH Cellophan® *n*, Zellophan *n*, Zellglas *n*: **~ package** Zellophan-, Klarsichtpackung *f*
cellphone S Funktelefon *n*, (*tragbares a.*) Handy *n*, Mobiltelefon *n*
cellular ['seljʊlə(r)] ADJ zellular, zellig, Zell(en)…: **~ pathology** MED Zellularpathologie *f* (*Lehre, dass alles Krankhafte auf Zellveränderungen zurückzuführen ist*); **~ respiration** Zellatmung *f*; **~ shirt** Netzhemd *n*; **~ (tele-)phone** → cellphone; **~ therapy** MED Zelltherapie *f*; **~ tissue** BIOL Zellgewebe *n*; **cellule** ['selju:l] S kleine Zelle; **cellulite** ['seljʊlaɪt] S ANAT *klumpige Fettablagerungen, bes in den Oberschenkeln u. im Gesäß*; **cellulitis** [ˌseljʊ'laɪtɪs] S MED Zellulitis *f* (*e-e Entzündung des Zellgewebes*); **celluloid** [-ljʊlɔɪd; *US a.* -lə,lɔɪd] S TECH Zelluloid *n*: **on ~** auf Zelluloid (*auf Film*); **cellulose** [-jʊləʊs] A S Zellulose *f*, Zellstoff *m* B ADJ 1 Zellulose…: **~ nitrate** Nitrozellulose *f* 2 zellular; **cellulosity** [-jʊ'lɒsətɪ; *US* -'lɑ-] S zellulare Beschaffenheit
Cels. ABK Celsius
Celsius ['selsjəs; -sɪəs] S *a.* **~ thermometer** PHYS Celsiusthermometer *n*: **20 degrees ~** 20 Grad Celsius
celt[1] [selt] S HIST Kelt *m*, Faustkeil *m*
Celt[2] [kelt; *US bes* selt] S Kelte *m*, Keltin *f*
Celtic ['keltɪk; *US bes* 'sel-] A ADJ keltisch B S LING Keltisch *n*, das Keltische; **Celticism** ['keltɪsɪzəm; *US bes* 'sel-] S Keltizismus *m*: a *keltischer Brauch* b LING *keltische Spracheigentümlichkeit*
celtuce ['seltɪs] S *ein Gemüse, das den Geschmack von Kopfsalat u. Sellerie in sich vereinigt*
cembalo ['tʃembələʊ] *pl* -li [-lɪ], -los S MUS Cembalo *n*
cement [sɪ'ment] A S 1 Zement *m*, (Kalk)Mörtel *m* 2 Klebstoff *m*, Kitt *m* 3 Bindemittel *n* 4 *fig* Bindung *f*, Band *n* 5 a BIOL Zahnzement *m* b Zement *m* zur Zahnfüllung B V/T 1 zementieren 2 (ver)kitten, einkitten 3 METALL hart einsetzen 4 *fig* festigen, zementieren
cementation [ˌsi:men'teɪʃn] S 1 Zementierung *f* 2 (Ver)Kitten *n* 3 *a.* **~ process** METALL Einsatzhärtung *f* 4 *fig* Festigung *f*, Zementierung *f*
cement mixer S Betonmischmaschine *f*
cemetery ['semɪtrɪ; *US* -ə,teri:] S Friedhof *m*: **in the ~** auf dem Friedhof
cen. ABK 1 central 2 century
cenobite ['si:nəʊbaɪt; *US* 'senə,baɪt] S REL Zönobit *m*, Klostermönch *m*; **cenobitic** [-'bɪtɪk] ADJ, **cenobitical** ADJ (ADV **~ly**) zönobitisch
cenotaph ['senəʊtɑ:f; *US* 'senə,tæf] S Zenotaph *n*, (leeres) Ehrengrabmal: **the** ≈ *das brit. Ehrenmal in London für die Gefallenen beider Weltkriege*
Cenozoic [ˌsi:nə'zəʊɪk; *US a.* ˌsen-] S GEOL Känozoikum *n* (*Periode zwischen Tertiär u. Jetztzeit*)
cense [sens] V/T beräuchern; **censer** [-sə(r)] S REL (Weih)Rauchfass *n*
censor ['sensə(r)] A S 1 Zensor *m* (*a.* PSYCH): **be banned by the ~** von der Zensur verboten werden 2 *Antike*: Zensor *m*, Sittenrichter *m* (*in Rom*) B V/T zensieren
censorious [sen'sɔ:rɪəs; *US a.* -'səʊr-] ADJ (ADV **~ly**) 1 kritisch, streng 2 tadelsüchtig, kritt(e)lig (*beide*: **of** gegenüber); **censoriousness** S Tadelsucht *f*, Krittelei *f*
censorship ['sensə(r)ʃɪp] S Zensur *f* (*a.* PSYCH): **~ of the press** Pressezensur
censurable ['senʃərəbl] ADJ (ADV **censurably**) tadelnswert, sträflich
censure ['senʃə(r)] A S 1 Tadel *m*, Verweis *m*, Rüge *f*: **vote of ~** Misstrauensvotum *n* 2 **(of)** Kritik *f* (an *dat*), Missbilligung *f* (*gen*) 3 *obs* Urteil *n*, Meinung *f* B V/T 1 tadeln: **~ sb for being lazy** j-n wegen s-r Faulheit tadeln 2 kritisieren, missbilligen
census ['sensəs] S Zensus *m*, (*bes* Volks)Zählung *f*, Erhebung *f*: ≈ **Bureau** *US* Statistisches Bundesamt; **~ of opinion** Meinungsbefragung *f*; **livestock ~** Viehzählung; **traffic ~** Verkehrszählung; **take a ~** e-e Zählung vornehmen
cent [sent] S 1 Hundert *n* (*nur noch in Wendungen wie*): **at five per ~** zu 5 Prozent; **~ per ~** hundertprozentig (*a. fig*) 2 Cent *m*: → two cents 3 *umg* Pfennig *m*, Heller *m*: **not worth a ~** keinen Heller wert
cent. ABK 1 centigrade 2 central 3 century
cental ['sentl] S Zentner *m* (*45,3 kg*)
centaur ['sentɔ:(r)] S MYTH Zentaur *m*
Centaurus [sen'tɔ:rəs] S ASTRON Zentaur *m* (*Sternbild*)
centaury ['sentɔ:rɪ] S BOT 1 (*e-e*) Flockenblume 2 Tausendgüldenkraut *n* 3 Bitterling *m*
centenarian [ˌsentɪ'neərɪən] A ADJ hundertjährig, 100 Jahre alt B S Hundertjährige(r) *m/f(m)*; **centenary** [sen'ti:nərɪ; -'ten-; *US* 'sentə,neri:; sen'tenəri:] A ADJ 1 hundertjährig, von 100 Jahren 2 hundert betragend B S 1 Jahrhundert *n*, Zeitraum *m* von 100 Jahren 2 Hundertjahrfeier *f*, hundertjähriges Jubiläum
centennial [sen'tenjəl; -nɪəl] A ADJ (ADV **~ly**) hundertjährig B S *bes US* → centenary B 2
center, *bes Br* **centre** ['sentə(r)] A S 1 MATH, MIL, PHYS *etc*, *a. fig* Zentrum *n*, Mittelpunkt *m*: **in** (*od* **at**) **the ~** in der Mitte; **~ of attraction** a PHYS Anziehungsmittelpunkt b *fig* Hauptanziehungspunkt *m*; **he is used to being the ~ of attraction** er ist es gewohnt, im Mittelpunkt zu stehen *od* dass sich alles um ihn dreht; **~ of gravity** PHYS a Schwerpunkt *m* (*a. fig*) b Gleichgewichtspunkt *m*; **~ of gyration** (*od* **motion**) PHYS Drehpunkt *m*; **~ of inertia** (*od* **mass**) Massen-, Trägheitszentrum; **~ of interest** Hauptinteresse *n*, Mittelpunkt (des Interesses); **be the ~ of interest** (*od* **attention**) im Mittelpunkt des Interesses stehen; **~ of trade** Handelszentrum 2 Zentrale *f*, Zentralstelle *f*, (Haupt)Sitz *m*, Zentrum *n*: → shopping B, *etc* 3 *fig* Herd *m* (*e-r Revolte etc*): **~ of conflict** Konfliktherd; → storm center 4 POL a (*die*) Mitte b Zentrums-, Mittelpartei *f* 5 PHYSIOL (*Nerven*) Zentrum *n* 6 a *Basketball*: Center *m* b *Eishockey*: Mittelstürmer(in) 7 *Fußball*: Flanke *f* 8 TECH a (Dreh-, Körner)Spitze *f* (*e-r Drehbank*) b Bogenlehre *f*, -gerüst *n* B V/T 1 in den Mittelpunkt stellen (*a. fig*) 2 *fig* richten, konzentrieren (*beide*: **on** auf *akk*) 3 TECH a zentrieren, einmitten: **~ the bubble** die Libelle (*der Wasserwaage*) einspielen lassen b ankörnen 4 MATH den Mittelpunkt (*gen*) finden 5 **~ the ball** (*Fußball*) flanken C V/I 1 im Mittelpunkt stehen 2 *fig* sich richten *od* konzentrieren (**in, on** auf *akk*), sich drehen (**round** um) 3 *fig* sich gründen (**on** auf *dat*) 4 *Fußball*: flanken; **~ bit** S TECH Zentrumbohrer *m*; **~board** S SCHIFF 1 Kielschwert *n* 2 Schwertboot *n*; **~ court** S *Tennis*: Center-, Centre-Court *m*; **~ door** S Mitteltür *f*; **~ drill** S TECH Zentrierbohrer *m*; **~ forward** S *Fußball etc*: *bes* HIST Mittelstürmer *m*; **~ half** *s irr bes Fußball*: Vorstopper *m*
centering, *bes Br* **centreing** ['sentərɪŋ], **centring** [-trɪŋ] S TECH 1 Zentrierung *f*, Einmitten *n* 2 Lehr-, Bogen-, Wölbgerüst *n*; **~ lathe** S TECH Spitzendrehbank *f*; **~ machine** S TECH Zentriermaschine *f*
center|-left, *bes Br* **centre|-left** ADJ POL Mitte-Links-…: **~ coalition**; **~ line** S 1 Mitte *f*, Mittellinie *f* 2 SCHIFF Mittschiffslinie *f*; **~ parting** S Mittelscheitel *m*; **~piece** S 1 Mittelteil *m/n*, -stück *n* 2 (mittlerer) Tafelaufsatz; **~ punch** S TECH Körner *m*; **~-right** ADJ POL Mitte-Rechts-…: **~ coalition**; **~ second** S Zentralsekunde(nzeiger) *f(m)*
centesimal [sen'tesɪml] ADJ (ADV **~ly**) 1 hundertst(er, -e, -es) 2 zentesimal, hundertteilig
centiare ['sentɪeə(r)] S Quadratmeter *m*, *a. n*
centigrade ['sentɪgreɪd] ADJ hundertteilig, -gradig: **~ thermometer** Celsiusthermometer *n*; **20 degrees ~** 20 Grad Celsius
centigram(me) ['sentɪgræm] S Zentigramm *n*
centiliter, *bes Br* **centilitre** ['sentɪ,li:tə(r)] S Zentiliter *m*, *a. n*
centimeter, *bes Br* **centimetre** ['sentɪ,mi:tə(r)] S Zentimeter *m*, *a. n*; **~-gram-second** S PHYS Zentimeter-Gramm-Sekunde *f*
centimillionaire ['sentɪ,mɪljə'neə(r)] S Multimillionär *m*
centipede ['sentɪpi:d] S ZOOL Hundertfüßer *m*
centner ['sentnə(r)] S 1 Zentner *m* (*50 kg, in Großbritannien etc 45,3 kg*) 2 Doppelzentner *m* (*100 kg*)
central ['sentrəl] A ADJ (ADV **~ly**) 1 zentral (gelegen), zentrisch: **~ defender** (*Fußball*) Innenverteidiger(in) 2 Mittel(punkts)… 3 Haupt…, Zentral…: **~ bank** WIRTSCH Zentralbank *f*; **~ figure** Schlüssel-, Hauptfigur *f*; **~ idea** Hauptgedanke *m*; **~ question** Schlüsselfrage *f*; **be ~ to** im Mittelpunkt (*gen*) stehen B S (*US* Telefon)Zentrale *f*; ≈ **African** A ADJ zentralafrikanisch B S Zentralafrikaner(in); ≈ **American** A ADJ zentral-, mittelamerikanisch B S Zentral-, Mittelamerikaner(in); **~ committee** S POL Zentralkomitee *n*; ≈ **Criminal Court** S JUR *Br* oberster Strafgerichtshof; ≈ **European Time** S mitteleuropäische Zeit; **~ heating** S Zentralheizung *f*; ≈ **Intelligence Agency** S *Zentralamt des amerikanischen Geheimdienstes*
centralism ['sentrəlɪzəm] S Zentralismus *m*, (Politik *f* der) Zentralisierung *f*; **centralist** S Zentralist(in); **centrality** [-'trælətɪ] S Zentralität *f*, zentrale Lage; **centralization** S Zentralisierung *f*; **centralize** A V/T zentralisieren B V/I sich zentralisieren
central| locking S AUTO Zentralverrieg(e)lung *f*; **~ lubrication** S TECH Zentralschmierung *f*; **~ nervous system** S PHYSIOL Zentralnervensystem *n*; **~ point** S 1 MATH Mittelpunkt *m* 2 ELEK Nullpunkt *m*; ≈ **Powers** SPL POL, HIST Mittelmächte *pl* (*bes Deutschland u. Österreich-Ungarn*); **~ processing unit** S COMPUT Zentraleinheit *f*; **~ reservation**, **~ reserve** S *Br* Mittelstreifen *m* (*e-r Autobahn etc*); **~ station** S 1 SCHIFF (Bord)Zentrale *f* 2 Haupt-, Zentralbahnhof *m* 3 ELEK Zentral-, Hauptstation *f*; **~ unit** S COMPUT Zentraleinheit *f*
centre *bes Br für* center; **~ bit**, *etc bes Br für* center bit *etc*

centreing ['sentərıŋ] *bes Br für* centering

centric ['sentrık] ADJ, **centrical** [-kl] ADJ (ADV ~ly) zentral, zentrisch, mittig, im Mittelpunkt befindlich; **centricity** [-'trısətı] S zentrale Lage

centrifugal [sen'trıfjʊgl] ADJ (ADV ~ly) PHYS zentrifugal (*a.* PHYSIOL *Nerven*); **~ blower** S TECH Schleudergebläse *n*; **~ brake** S TECH Zentrifugal-, Fliehkraftbremse *f*; **~ clutch** S TECH Fliehkraftkupplung *f*; **~ governor** S TECH Fliehkraft-, Zentrifugalregler *m*

centrifugalize [sen'trıfjʊgəlaız] → centrifuge B

centrifuge ['sentrıfju:dʒ] TECH A S Zentrifuge *f*, Trennschleuder *f* B V/T zentrifugieren, schleudern

centring ['sentrıŋ] *bes Br für* centering

centripetal [sen'trıpıtl] ADJ (ADV ~ly) PHYS zentripetal: **~ force** Zentripetalkraft *f*

centuple ['sentjʊpl; *US a.* -tʊpl] A ADJ hundertfach B V/T verhundertfachen C S (*das*) Hundertfache; **centuplicate** [sen'tju:plıkət; *US a.* -'tu:-] A ADJ hundertfach B V/T [-keıt] verhundertfachen C S (*das*) Hundertfache

centurion [sen'tjʊərıən; *US a.* -'tʊr-] S *Antike*, MIL Zenturio *m* (*Hauptmann e-r römischen Zenturie*)

century ['sentʃʊrı; -tʃərı] S 1 Jahrhundert *n*: **life in 18th-~ England** das Leben im England des 18. Jahrhunderts; **centuries-old** jahrhundertealt 2 Satz *m od* Gruppe *f* von hundert, *z. B.* a SPORT 100 Punkte *pl* b *Rennsport*: 100 Meilen *pl* 3 *Antike*: Zenturie *f* (*Heeresabteilung von 100 Mann*); **~ plant** S BOT (*e-e*) Agave

CEO ABK *US* chief executive officer Hauptgeschäftsführer(in)

ceorl ['tʃeɔ:rl; 'tʃeı-; *Br a.* 'tʃeəl] S HIST Freie(r) *m* (*der untersten Stufe bei den Angelsachsen*)

cep [sep] S BOT Steinpilz *m*

cephalic [ke'fælık; *bes US* sı-] ADJ ANAT Schädel..., Kopf...: **~ index** Schädelindex *m*

cephalopod ['sefələʊpɒd; *US* -lə,pɑd] S ZOOL Kopffüßer *m*

-cephalous [sefələs] *Wortelement mit der Bedeutung* ...köpfig

-cephaly [sefəlı] *Wortelement mit der Bedeutung* ...köpfigkeit

Cepheus ['si:fju:s; -fıəs] S ASTRON Kepheus *m* (*Sternbild*)

ceramic [sı'ræmık; sə'r-] A ADJ keramisch B S 1 Keramik *f*: a *einzelnes Erzeugnis* b *Material* 2 *pl* (*als sg konstruiert*) Keramik *f* (*Technik*) 3 *pl* Keramik *f*, keramische Erzeugnisse *pl*; **ceramist** ['serəmıst; sə'ræm-] S Keramiker(in)

ceratoid ['serətɔıd] ADJ hornig

Cerberean [sə(r)'bıərıən; *US bes* ,sɜrbə'ri:ən] ADJ Zerberus..., zerberusgleich

Cerberus ['sɜ:bərəs; -brəs; *US* 'sɜr-] S 1 MYTH Zerberus *m* 2 *fig* Zerberus *m*, (*bes* grimmiger) Wächter: → sop[1] B 3

cere [sıə(r)] A S ORN Wachshaut *f* (*am Schnabel*) B V/T *e-e Leiche etc* in ein Wachstuch einhüllen

cereal ['sıərıəl] A ADJ Getreide... B S 1 Zerealie *f*, Getreidepflanze *f*, Kornfrucht *f* 2 Getreide *n* 3 Getreideflocken(gericht) *pl(n)*

cerebellar [,serı'belə(r)] ADJ ANAT Kleinhirn...; **cerebellum** [-ləm] *pl* -lums, -la [-lə] S Zerebellum *n*, Kleinhirn *n*

cerebra ['serıbrə; *US a.* sə'ri:-] *pl von* cerebrum

cerebral ['serıbrəl; *US a.* sə'ri:-] A ADJ (ADV ~ly) 1 ANAT zerebral, (Ge)Hirn...: **~ contusion** Hirnquetschung *f*; **~ death** MED Hirntod *m*; **~ function** (*od* **activity**) Gehirntätigkeit *f*; **~ h(a)emorrhage** MED (Ge)Hirnblutung *f*; **~ matter** (Ge)Hirnsubstanz *f*, -masse *f*; → cortex, palsy A 1 2 LING Kakuminal... 3 a (rein) intellektuell: **~ person** Kopfmensch *m* b *hum* durchgeistigt, vergeistigt B S LING Kakuminal(laut) *m* (*an der Oberseite des vorderen Gaumens artikulierter Konsonant*); **cerebration** [-'breıʃn] S Denken *n*, Gehirntätigkeit *f*

cerebrospinal [,serıbrəʊ'spaınl; *US a.* sə,ri:-brəʊ'sp-] ADJ MED zerebrospinal (*Gehirn u. Rückenmark betreffend*): **~ meningitis** (*od* **fever**) epidemische Hirnhautentzündung

cerebrum ['serıbrəm; *US a.* sə'ri:-] *pl* -brums, -bra [brə] S ANAT Großhirn *n*

cerecloth S Wachstuch *n*, -leinwand *f*, *bes als* Leichentuch *n*

Ceredigion [,kerə'dıgıən] S Ceredigion *n* (*Grafschaft in Westmittelwales*)

cerement ['sıə(r)mənt; *US a.* 'serə-] S *meist pl* 1 → cerecloth 2 Totenhemd *n*

ceremonial [,serı'məʊnjəl; -nıəl] A ADJ (ADV ~ly) 1 zeremoniell, feierlich 2 → ceremonious 2, 3 B S Zeremoniell *n*; **ceremonialism** S Vorliebe *f* für Zeremonien

ceremonious [,serı'məʊnjəs; -nıəs] ADJ (ADV ~ly) 1 feierlich 2 zeremoniös, förmlich 3 rituell 4 umständlich, steif; **ceremoniousness** S 1 Feierlichkeit *f* 2 Förmlichkeit *f* 3 Umständlichkeit *f*, Steifheit *f*

ceremony ['serımənı; *US* 'serə,məʊni:] S 1 Zeremonie *f*, Feier(lichkeit) *f*, feierlicher Brauch: **master of ceremonies** a Zeremonienmeister *m* b THEAT *etc bes US* Conférencier *m* 2 Förmlichkeit(en) *f(pl)*: **without ~** ohne Umstände (zu machen); → stand on 1 3 Höflichkeitsgeste *f*

cereous ['sıərıəs] ADJ *obs* wächsern

ceriph → serif

cerise [sə'ri:z; sə'ri:s] A ADJ kirschrot, cerise B S Kirschrot *n*

cerium ['sıərıəm] S CHEM Cer *n*; **~ metals** SPL Cerite *pl*

CERN ABK Conseil Européen pour la Recherche Nucléaire, European Organization for Nuclear Research

cerography [sıə'rɒgrəfı; *US* sə'rɑg-] S Zerografie *f*, Wachsgravierung *f*

cerotype ['sıərətaıp; *US a.* 'ser-] S TYPO Wachsdruckverfahren *n*

cert [sɜ:t] S *Br umg* sichere Sache: **it's a dead ~ that he'll come** er kommt hundertprozentig *od* todsicher *umg*

cert. ABK 1 certificate 2 certification 3 certified

certain ['sɜ:tn; *US* 'sɜrtn] ADJ 1 *allg* sicher: a (*meist von Sachen*) gewiss, bestimmt: **it is ~ that ...** es ist sicher, dass ...; **it is ~ to happen** es wird mit Sicherheit geschehen; **for ~** ganz gewiss, mit Sicherheit; **I don't know for ~** ich weiß es nicht sicher b (*meist von Personen*) überzeugt, gewiss: **be** (*od* **feel**) **~ of sth** e-r Sache sicher *od* gewiss sein; **make ~ of sth** sich e-r Sache vergewissern; sich etwas sichern; **make ~ that ...** dafür sorgen, dass ... c verlässlich, zuverlässig: **a ~ remedy** ein sicheres Mittel; **the news is quite ~** die Nachricht ist durchaus zuverlässig 2 bestimmt: **a ~ day** ein (ganz) bestimmter Tag 3 gewiss, unbestimmt: **a ~ charm**; **a ~ Mr Brown** ein gewisser Herr Brown; **in a ~ sense** in gewissem Sinne; **a ~ extent** bis zu e-m gewissen Grade, gewissermaßen; **for ~ reasons** aus bestimmten Gründen; → something A 1; **certainly** ADV 1 sicher, gewiss, zweifellos, bestimmt 2 (*als Antwort*) sicherlich!, aber sicher!, bestimmt!, natürlich!

certainty ['sɜ:tntı; *US* 'sɜr-] S 1 Sicherheit *f*, Bestimmtheit *f*, Gewissheit *f*: **know for** (*a.* **of**) **a ~** mit Sicherheit wissen; **it is a ~ that he will come** er kommt mit Sicherheit *od* bestimmt 2 Überzeugung *f*

certes ['sɜ:tız; *US* 'sɜrtız; sɜrts] ADV *obs* sicherlich, gewisslich

certifiable [,sɜ:tı'faıəbl; *US* 'sɜrtə,f-] ADJ (ADV certifiably) 1 nachweislich 2 unzurechnungsfähig 3 *US* unkontrollierbar, wahnsinnig *umg* (*Verlangen etc*)

certificate A S [sə(r)'tıfıkət] 1 Bescheinigung *f*, Attest *n*, Schein *m*, Zertifikat *n*, Urkunde *f*: **~ of authenticity** Echtheitszeugnis *n*; **~ of baptism** Taufschein; **~ of (good) conduct** Führungs-, Leumundszeugnis *n*; **~ of deposit** Depotschein (*Bank*); **~ of incorporation** WIRTSCH, JUR Gründungsbescheinigung; **~ of indebtedness** WIRTSCH a Schuldschein b *US* Schatzanweisung *f*; **~ of origin** WIRTSCH Ursprungszeugnis *n*; **~ of stock** WIRTSCH *US* Aktienzertifikat *n*; → pilotage 1 2 SCHULE Zeugnis *n* 3 Gutachten *n* 4 WIRTSCH a Geleitzettel *m* (*Zollbehörde*) b *US Papiergeld mit dem Vermerk, dass Gold oder Silber als Gegenwert hinterlegt wurde* 5 SCHIFF Befähigungsschein *m* (*Handelskapitän*) B V/T [-keıt] 1 *etwas* bescheinigen, e-e Bescheinigung *od* ein Zeugnis ausstellen über (*akk*) 2 *j-m* e-e Bescheinigung ausstellen: **~d** (amtlich) zugelassen; **~d bankrupt** JUR *Br* rehabilitierte(r) Konkursschuldner(in)

certification [,sɜ:tıfı'keıʃn; *US* ,sɜr-] S 1 (Ausstellen *n* e-r) Bescheinigung *f* 2 → certificate A 1 3 a (amtliche) Beglaubigung b beglaubigte Erklärung 4 WIRTSCH Bestätigung *f* (*e-s Schecks durch e-e Bank*)

certified ['sɜ:tıfaıd; *US* 'sɜr-] ADJ 1 bescheinigt, beglaubigt: → copy A 1 2 garantiert 3 (für) unzurechnungsfähig (erklärt) 4 WIRTSCH (*als gedeckt*) bestätigt (*Scheck*); **~ accountant** S WIRTSCH *Br* a konzessionierte(r) Buchprüfer(in) b konzessionierte(r) Steuerberater(in); **~ mail** S *US* eingeschriebene (*aber unversicherte*) Sendung(en *pl*); **~ milk** S *US* amtlich geprüfte Milch; **~ public accountant** S WIRTSCH *US* konzessionierte(r) Wirtschaftsprüfer(in)

certifier ['sɜ:tıfaıə(r); *US* 'sɜr-] S Aussteller(in) e-r Bescheinigung

certify ['sɜ:tıfaı; *US* 'sɜr-] A V/T 1 bescheinigen, bestätigen: **this is to ~ that ...** hiermit wird bescheinigt, dass ...; **~ sb healthy** a j-n für gesund erklären b j-n gesundschreiben 2 beglaubigen, beurkunden 3 WIRTSCH *e-n Scheck* (*als gedeckt*) bestätigen (*Bank*) 4 *j-n* versichern (**of** *gen*) 5 *j-n* für unzurechnungsfähig erklären 6 JUR *e-e Sache* verweisen (**to** an *ein anderes Gericht*) B V/I **~ to** *etwas* bezeugen

certiorari [,sɜ:tıɔ:'reəraı; *US* ,sɜrʃıə'reəri:; -'rɑ:ri:] S JUR Aktenanforderung *f* (*durch ein übergeordnetes Gericht*)

certitude ['sɜ:tıtju:d; *US* 'sɜrtə,tju:d; *a.* -,tu:d] S Sicherheit *f*, Bestimmtheit *f*, Gewissheit *f*

cerulean [sı'ru:ljən; -lıən] ADJ *poet* himmel-, tiefblau

cerumen [sı'ru:men] S PHYSIOL Zerumen *n*, Ohrenschmalz *n*

ceruse ['sıəru:s; sı'ru:s] S 1 CHEM Bleiweiß *n* 2 (*e-e*) weiße Schminke

ceru(s)site ['sıərəsaıt; *US a.* sə'rʌsaıt] S MINER Zerussit *m*

cervelat ['sɜ:vəlæt; -lɑ:t; *US* 'sɜr-] S Zervelatwurst *f*

cervical [sɜ:'vaıkl; 'sɜ:vıkl; *US* 'sɜrvıkəl] ADJ ANAT zervikal: a Hals..., Nacken...: **~ vertebra** b Gebärmutterhals...: **~ cancer**; **~ smear** MED (Gebärmutterhals)Abstrich *m*

cervices ['sɜ:vısi:z; 'sə'vaı-; *US* 'sɜrvə,si:z; sər-'vaı-] *pl von* cervix

cervine ['sɜ:vaın; *US* 'sɜr-] ADJ 1 ZOOL Hirsch... 2 schwarzbraun

cervix ['sɜ:vıks; *US* 'sɜr-] *pl* -vices ['sɜ:vısi:z; sə-'vaı-; *US* 'sɜrvə,si:z; sər'va-], -vixes [-vıksız] S ANAT 1 Hals *m*, *bes* Genick *n* 2 (*bes* Gebärmutter)Hals *m*

Cesarean, **Cesarian** *US* → Caesarean A 2, B

C

cesarevitch [sɪ'zɑːrəvɪtʃ] S HIST Zarewitsch *m*
cesium US → caesium
cess¹ [ses] S *schott* Grundsteuer *f*
cess² [ses] S *Ir umg* Glück *n* (*bes in*): **bad ~ to you!** der Teufel soll dich holen!
cess³ [ses] → cesspool
cessation [se'seɪʃn] S a Ende *n* b Einstellung *f* (*von Feindseligkeiten etc*): **~ of breathing** Atemstillstand *m*
cesser ['sesə(r)] S JUR Ablauf *m* (*e-r Periode od wiederkehrenden Zahlung*)
cession ['seʃn] S Zession *f*, Abtretung *f*; **cessionary** ['seʃnərɪ; US 'seʃəˌneriː] S Zessionar(in)
cess|pit → cesspool 1; **~pool** S 1 Jauche(n)-, Senkgrube *f* 2 *fig* Pfuhl *m*: **a ~ of iniquity** ein Sündenpfuhl
cestode ['sestəʊd], **cestoid** ['sestɔɪd] S ZOOL Bandwurm *m*
cesura → caesura
CET ABK Central European Time MEZ *f*
cetacean [sɪ'teɪʃjən; US -ʃən] ZOOL A S Wal *m* B ADJ Wal…; **cetaceous** [-ʃjəs; US -ʃəs] ADJ ZOOL walartig, Wal…
cetane ['siːteɪn] S CHEM Cetan *n*; **~ number**, **~ rating** S CHEM Cetanzahl *f*
Cetus ['siːtəs] S ASTRON Cetus *m*, Walfisch *m* (*Sternbild*)
cevitamic acid [ˌsiːvɪ'tæmɪk; *bes US* -vaɪ't-] → ascorbic acid
Ceylon [sɪ'lɒn; US sɪ'lɑn; seɪ-] S HIST Ceylon
Ceylonese [ˌselə'niːz] A ADJ ceylonesisch B S Ceylonese *m*, Ceylonesin *f*: **the ~** *koll* die Ceylonesen *pl*
cf. ABK 1 (*Buchbinderei*) calfskin 2 confer vgl., vergleiche
c/f ABK WIRTSCH carried forward vorgetragen, übertragen
c.f., **C.F.** ABK WIRTSCH cost and freight
CFC ABK chlorofluorocarbon CHEM FCKW *n*
CFC-free [ˌsiːefsiː'friː] ADJ FCKW-frei
CFE ABK College of Further Education
c.f.i., **C.F.I.** ABK WIRTSCH cost, freight, and insurance
c.g.¹ ABK PHYS center (*bes Br* **centre**) of gravity
C.G.² ABK consul general
CGM ABK Conspicuous Gallantry Medal
CGS ABK *Br* Chief of General Staff
CH ABK *Br* Companion of Honour *Mitglied e-s Ritterordens*
ch. ABK 1 TECH chain(s PL) 2 chapter 3 chief 4 child 5 children 6 church
chabazite ['kæbəzaɪt] S MINER Chabasit *m*
chablis ['ʃæbliː] S Chablis *m* (*ein französischer Weißwein*)
cha-cha(-cha) ['tʃɑːtʃɑː; (ˌtʃɑːtʃːɑ'tʃɑː)] A S MUS Cha-Cha-Cha *m* B V/I Cha-Cha-Cha tanzen
Chad [tʃæd] S Tschad *m*
Chadian ['tʃædɪən] A S 1 Tschader(in) 2 LING Tschadisch *n*, das Tschadische B ADJ tschadisch
chafe [tʃeɪf] A V/T 1 sich *die Beine etc* warm reiben *od* frottieren: **~ one's legs** 2 (auf-, durch)reiben, scheuern, wund reiben: **~ o.s.** sich aufscheuern; **clothing that ~s one's skin** Kleidung, die auf der Haut scheuert 3 *fig* ärgern, reizen B V/I 1 (sich durch)reiben, scheuern, schaben: **~ at the bit to do sth** *fig* es kaum mehr erwarten können, etwas zu tun 2 sich reiben (**against** an *dat*) 3 sich ärgern (**at, under** über *akk*) C S 1 wund gescheuerte *od* durchgescheuerte Stelle 2 *obs* Ärger *m*
chafer ['tʃeɪfə(r)] S ZOOL (*bes* Mai)Käfer *m*
chaff¹ [tʃɑːf; *bes US* tʃæf] S 1 Spreu *f*, Kaff *n*: **separate the grain** (*od* **wheat**) **from the ~** *bes fig* die Spreu vom Weizen trennen 2 Häcksel *m/n* 3 wertloses Zeug 4 MIL Düppel(streifen) *pl*, Stanniolstreifen *m* (*zur Radarstörung*)
chaff² [tʃɑːf; *bes US* tʃæf] *umg* A V/T aufziehen *umg*, necken (**about** wegen) B S Neckerei *f*
chaffcutter S AGR 1 Häckselschneider *m* 2 Häckselbank *f*
chaffer ['tʃæfə(r)] A S Handeln *n*, Feilschen *n* B V/I 1 handeln, feilschen (*beide:* **over** um) 2 *Br* schwatzen C V/T **~ down** *den Preis etc* herunterhandeln (**to** auf *akk*)
chaffinch ['tʃæfɪntʃ] S ORN Buchfink *m*
chafing ['tʃeɪfɪŋ] S 1 (Durch-, Wund)Reiben *n*, Scheuern *n* 2 Ärger *m*; **~ dish** S Rechaud *n*
chagrin ['ʃægrɪn; US ʃə'grɪn] A S Ärger *m*, Verdruss *m*: **to his ~** zu s-m Verdruss B V/T 1 (ver)ärgern, verdrießen 2 kränken
chain [tʃeɪn] A S 1 Kette *f* (*a.* TECH), (*Schmuck a.*) Kettchen *n*: **a ~ is (only) as strong as its weakest link** (*Sprichwort*) jede Kette ist (nur) so stark wie das schwächste ihrer Glieder; **~ of office** Amtskette 2 Kette *f*, Fessel *f* (*beide a. fig*): **in ~s** gefangen, in Ketten; **the ~s of poverty** die Last *od* Bürde der Armut 3 *fig* Kette *f*, Reihe *f* (*von Ereignissen etc*): **a link in the ~ of evidence** ein Glied in der Beweiskette 4 *a.* **~ of mountains** Gebirgskette *f* 5 WIRTSCH (*Hotel-, Laden- etc*) Kette *f* 6 CHEM Kette *f* (*von Atomen des gleichen Elements*) 7 TECH a Messkette *f* b *Maßeinheit* (*66 Fuß = 20,12 m*) 8 *Weberei:* Kette *f*, Zettel *m* B V/T 1 (**to**) anketten (an *akk od dat*), ketten (an *akk*), mit e-r Kette befestigen (an *dat*): **~ (up) a dog** e-n Hund anketten *od* an die Kette legen; **he is ~ed to his wife** *fig* er ist an s-e Frau gekettet 2 *e-n Gefangenen* in Ketten legen, fesseln 3 *Land* mit der Messkette messen 4 MATH verketten
chain| argument S PHIL Kettenschluss *m*; **~ armo(u)r** S MIL, HIST Kettenpanzer *m*; **~ belt** S 1 TECH endlose Kette 2 Kettengürtel *m*; **~ bridge** S Ketten-, Hängebrücke *f*; **~ dredger** S TECH Eimerkettenbagger *m*; **~ drive** S TECH Kettenantrieb *m*; **~-driven** ADJ TECH mit Kettenantrieb; **~ gang** S US Trupp *m* aneinandergeketteter Sträflinge; **~ gear** S TECH Kettengetriebe *n*
chainless ['tʃeɪnlɪs] ADJ kettenlos
chain| letter S Kettenbrief *m*; **~ mail** S MIL, HIST Kettenpanzer *m*; **~ pump** S TECH Kettenpumpe *f*, Paternosterwerk *n*; **~ reaction** S PHYS Kettenreaktion *f* (*a. fig*); **~ rule** S MATH Kettenregel *f*; **~ saw** S TECH Kettensäge *f*; **~-smoke** A V/I Kette rauchen, e-e (Zigarette) nach der anderen rauchen B V/T: **he was chain-smoking cigarettes** er rauchte e-e Zigarette nach der anderen; **~ smoker** S Kettenraucher(in); **~ stitch** S *Nähen:* Kettenstich *m*; **~ store** S Kettenladen *m*
chair [tʃeə(r)] A S 1 Stuhl *m*, Sessel *m*: **take a ~** Platz nehmen, sich setzen; **on a ~** auf e-m Stuhl; **in a ~** in e-m Sessel 2 *fig* a Amtssitz *m* b Richterstuhl *m* c Vorsitz *m*: **be in** (**to take**) **the ~** den Vorsitz führen (übernehmen); **leave** (*od* **vacate**) **the ~** die Sitzung aufheben d Vorsitzende(r) *m/f(m)*: **address the ~** sich an den Vorsitzenden wenden; **~, ~!** PARL *Br* zur Ordnung! 3 Lehrstuhl *m*, Professur *f* (*beide:* **of** für): **have** (*od* **hold**) **a ~ at the University of X** Lehrstuhlinhaber(in) an der Universität X sein 4 US *umg* (*der*) elektrische Stuhl 5 TECH a BAHN Schienenstuhl *m* b Glasmacherstuhl *m* 6 Sänfte *f* B V/T 1 bestuhlen, mit Stühlen versehen 2 in ein Amt *od* auf e-n Lehrstuhl *etc* berufen, einsetzen 3 *bes Br* (im Triumph) auf den Schultern tragen 4 den Vorsitz haben *od* führen bei: **a committee ~ed by …** ein Ausschuss unter dem Vorsitz von …; **~ back** S Stuhl-, Sessellehne *f*; **~ bed** S Klapp-, Liegesessel *m*; **~borne** ADJ: **be ~** *umg* e-n Schreibtischjob haben; **~ bottom** S Stuhlsitz *m*; **~ car** S BAHN US 1 Salonwagen *m* 2 Wagen *m* mit verstellbaren Sitzen; **~lady** S Vorsitzende *f*; **~ lift** S *irr* Sessellift *m*
chairman ['tʃeə(r)mən] S 1 Vorsitzende(r) *m*, Präsident *m* 2 *j-d, der e-n Rollstuhl schiebt*; **chairmanship** S Vorsitz *m*: **under the ~ of** unter dem Vorsitz von (*od gen*)
chairoplane ['tʃeərəpleɪn] S Kettenkarussell *n*: **go on the ~** Kettenkarussell fahren
chairperson S Vorsitzende(r) *m/f(m)*; **chairpersonship** S Vorsitz *m*
chair| umpire S *Tennis:* Stuhlschiedsrichter(in); **~woman** S *irr* Vorsitzende *f*
chaise [ʃeɪz] S Chaise *f*, Kalesche *f*; **~ longue** *pl* chaise(s) longues [ˌ-'lɔ̃ːŋg] S Chaiselongue *f*, Liegesofa *n*
chalaza [kə'leɪzə] *pl* -zas, -zae [-ziː] S Chalaza *f*: a BOT Nabel-, Keimfleck *m* b ZOOL Hagelschnur *f* (*im Ei*)
chalcedony [kæl'sedənɪ] S MINER Chalcedon *m*
chalcocite ['kælkəsaɪt] S MINER Chalkozit *m*, Kupferglanz *m*
chalcographer [kæl'kɒgrəfə(r); US -'kɑ-], **chalcographist** S Kupferstecher(in); **chalcography** S Kupferstechkunst *f*, Kupferstich *m*
chaldron ['tʃɔːldrən] S *ein englisches Hohlmaß = 1,30 m³*
chalet ['ʃæleɪ; US *a.* ʃæ'leɪ] S Chalet *n*: a Sennhütte *f* b Landhaus *n*
chalice ['ʃælɪs] S 1 *poet* (Trink)Becher *m* 2 REL (Abendmahls)Kelch *m*
chalk [tʃɔːk] A S 1 MINER Kreide *f*, Kalk *m*: **(as) white as ~** kreidebleich 2 (Zeichen)Kreide *f*, Kreidestift *m*: **colo(u)red ~** Pastellstift *m*; **(as) different as ~ and cheese** *Br umg* so verschieden wie Tag u. Nacht; **he doesn't know** (*od* **can't tell**) **~ from cheese** *Br umg* er hat keine blasse Ahnung 3 Kreidestrich *m*: **be still able to walk the ~** → chalk line 4 *Br* a (angekreidete) Schuld b Plus-, Gewinnpunkt *m* (*bei Spielen*): **that is one ~ to me!** *umg* das ist ein Punkt für mich!; **by a long ~** *umg* bei Weitem; **not by a long ~** *umg* bei Weitem nicht B V/T 1 mit Kreide behandeln 2 *a.* **~ up** mit Kreide schreiben *od* zeichnen *od* markieren, ankreiden 3 *e-e Wand etc* kalken, weißen 4 **~ up** *umg* a anschreiben b *e-n Sieg etc* verbuchen: **~ sth up to** etwas auf *j-s* Rechnung setzen; *fig* etwas *j-m od e-r Sache* zuschreiben; **~ sth up against sb** j-m etwas ankreiden 5 *meist* **~ out** *e-n Plan etc* entwerfen, skizzieren; **~ bed** S GEOL Kreideschicht *f*; **~board** S US (Schul-, Wand)Tafel *f*; **~cutter** S Kreidegräber(in); **~ line** S TECH Schlagschnur *f*: **be still able to walk the ~** noch auf dem (Kreide)Strich gehen können (*noch nüchtern sein*); **~stone** S MED Gichtknoten *m*; **~ talk** S US *Vortrag, bei dem der Redner Illustrationen an die Tafel zeichnet*
challenge ['tʃælɪndʒ] A S 1 Herausforderung *f* (**to** *gen od* an *akk*)(*a.* SPORT *u. fig*), Kampfansage *f* 2 *fig* (**to**) a Angriff *m* (auf *akk*) b Protest *m*, Einwand *m* (gegen) 3 *fig* Problem *n*, (schwierige *od* lockende) Aufgabe, Probe *f*: **the ~ now is** jetzt gilt es (**to do** zu tun) 4 MIL a Anruf *m* (durch Wachtposten) b *Radar:* Abfragung *f* 5 JAGD Anschlagen *n* (*der Hunde*) 6 JUR a Ablehnung *f* (*e-s Geschworenen od Richters*): **~ for cause** Ablehnung (*von Geschworenen*) unter Angabe e-s bestimmten Grundes; **peremptory ~**, **~ without (showing) cause** Ablehnung (*von Geschworenen*) ohne Angabe von Gründen b Anfechtung *f* (*e-s Beweismittels etc*) 7 Aufforderung *f* zur Stellungnahme 8 MED

Immunitätstest *m* **B** VT **1** *(zum Kampf etc)* herausfordern *(a.* SPORT) **2** auf-, herausfordern (**to do** zu tun) **3** **a** JUR *e-n Geschworenen od Richter* ablehnen: → bias A 4 **b** *etwas od* die Gültigkeit e-r Sache anfechten **4** *etwas* stark anzweifeln, angreifen, infrage stellen **5** *Aufmerksamkeit etc* fordern, in Anspruch nehmen, *Bewunderung* abnötigen, *j-n* locken *od* reizen *od* fordern *(Aufgabe)* **6** in scharfen Wettstreit treten mit **7** MIL **a** anrufen **b** *(Radar)* abfragen **C** VI anschlagen *(Hund)*; **challengeable** ADJ anfechtbar

challenge cup S *bes* SPORT Wanderpokal *m*

challenger S *bes* SPORT Herausforderer *m*, Herausforderin *f*

challenge trophy S *bes* SPORT Wanderpreis *m*

challenging ['tʃælɪndʒɪŋ] ADJ (ADV ~ly) **1** herausfordernd, provozierend **2** lockend *(Aufgabe etc)* **3** schwierig

chalybeate [kə'lɪbɪət] **A** ADJ MINER stahl-, eisenhaltig: **~ spring** Stahlquelle *f* **B** S MED, PHARM Stahlwasser *n*

chalybite ['kælɪbaɪt] S GEOL Eisenspat *m*, Spateisenstein *m*

chamber ['tʃeɪmbə(r)] **A** S **1** *obs od poet (bes* Schlaf)Gemach *n* **2** *pl Br* **a** *obs (zu vermietende)* Zimmer *pl*: **live in ~s** privat wohnen **b** Geschäftsräume *pl* **3** (Empfangs)Zimmer *n*, Raum *m (in e-m Palast od e-r Residenz)*: **audience ~** **4** PARL **a** Plenarsaal *m* **b** Kammer *f*, gesetzgebende Körperschaft: **two-~ system** Zweikammersystem *n* **5** Kammer *f*, Amt *n*: **~ of commerce** Handelskammer **6** *meist pl* JUR Amtszimmer *n* des Richters: **in ~s** in nicht öffentlicher Sitzung **7** *pl* JUR Anwaltszimmer *pl*, -büros *pl (bes in den* **Inns of Court**) **8** *obs* Schatzamt *n* **9** TECH Kammer *f (a. e-s Gewehrs od e-r Schleuse)* **10** ANAT, ZOOL Kammer *f*: **~ of the eye** Augenkammer **11** → chamber pot **B** VT *a. ein Gewehr etc* mit e-r Kammer versehen; **~ concert** S MUS Kammerkonzert *n*; **~ counsel** S *Br* Rechtsberater *m (der nur privat berät u. nicht vor Gericht plädiert)*

chamberer ['tʃeɪmbərə(r)] S *obs* Galan *m*, Hofmacher *m*

chamberlain ['tʃeɪmbə(r)lɪn] S **1** Kammerherr *m*: **Lord Great** ♀ **of England** Großkämmerer *m (Vorsteher des Hofstaates)*; → Lord Chamberlain (of the Household) **2** Stadtkämmerer *m* **3** Haushofmeister *m (in adligem Haushalt)* **4** Schatzmeister *m*

chamber|maid S Zimmermädchen *n*; **~ music** S Kammermusik *f*; **~ opera** S Kammeroper *f*; **~ orchestra** S Kammerorchester *n*; **~ organ** S Zimmerorgel *f*; **~ pot** S Nachtgeschirr *n*, -topf *m*

chameleon [kə'mi:ljən] S ZOOL Chamäleon *n (a. fig Mensch)*; **Chameleon** ASTRON Chamäleon *n (Sternbild)*

chamfer ['tʃæmfə(r)] **A** S **1** ARCH Auskehlung *f*, Hohlrinne *f*, Kannelierung *f (e-r Säule)* **2** TECH **a** abgeschrägte Kante, Schrägkante *f (e-s Tisches etc)* **b** Abschrägung *f*, Fase *f* **B** VT **1** ARCH auskehlen, kannelieren **2** TECH **a** abkanten, schräg abstoßen **b** abschrägen **c** riffeln, abfasen, verjüngen

chamfron ['tʃæmfrən; *US a.* 'ʃæm-] S HIST Stirnschild *m (e-s Streitrosses)*

chamois ['ʃæmwɑ:; *US* 'ʃæmi:] S **1** ZOOL Gämse *f* **2** *a.* **~ leather** [*meist* 'ʃæmɪ] Sämischleder *n* **3** Polier-, Fensterleder *n*

chamomile → camomile

champ[1] [tʃæmp] **A** VT **1** (heftig *od* geräuschvoll) kauen **2** kauen auf *(dat)*, beißen auf *(akk)* *(z. B. Pferde auf das Zaumgebiss)* **B** VI kauen: **~ at the bit** **a** am Gebiss kauen *(Pferd)* **b** *fig* ungeduldig sein, es kaum mehr erwarten können (**to do** zu tun) **C** S Kauen *n*

champ[2] [tʃæmp] *umg für* champion A 3, A 4

champagne [,ʃæm'peɪn] **A** S **1** **a** Champagner *m* **b** *umg* Sekt *m* **2** Champagnerfarbe *f* **B** ADJ champagnerfarben; **~ bucket** S Sektkübel *m*; **~ reception** S Sektempfang *m*

champers ['ʃæmpə(r)z] S *Br umg* **a** Schampus *m umg* **b** Sekt *m*

champerty ['tʃæmpɜ:tɪ; *US* -pərti:] S JUR, HIST *Unterstützung einer Prozesspartei gegen Zusicherung eines Teils des Prozessgewinns*

champignon [tʃæm'pɪnjən; ʃæm-] S BOT Wiesenchampignon *m*

champion ['tʃæmpjən; -pɪən] **A** S **1** *obs* Krieger *m*, Kämpe *m* **2** (**of**) Streiter(in) (für), Verfechter(in), Fürsprecher(in) (von *od gen*) **3** Sieger(in) *(bei e-m Wettbewerb etc)* **4** SPORT Meister(in) **B** VT *e-e Sache, Idee etc* verfechten, eintreten für, verteidigen **C** ADJ **1** Meister…: **~ team** **2** *Br umg* super **D** ADV *Br umg* super;

championship S **1** SPORT *etc* **a** Meisterschaft *f*, -titel *m*: **~ trophy** Meisterschaftstrophäe *f* **b** *pl* Meisterschaftskämpfe *pl*, Meisterschaften *pl* **2** (**of**) Verfechten *n (gen)*, Eintreten *n* (für)

chance [tʃɑ:ns; *US* tʃæns] **A** S **1** Zufall *m*: **a lucky ~**; **game of ~** Glücksspiel *n*; **by ~** durch Zufall, zufällig; **can you lend me £100 by any ~?** kannst du mir zufällig *od* vielleicht 100 Pfund leihen?; **leave sth (nothing) to ~** etwas (nichts) dem Zufall überlassen; **as ~ would have it** wie es der Zufall wollte **2** Schicksal *n*: **whatever be my ~** **3** Möglichkeit *f*, Wahrscheinlichkeit *f*: **all ~s of error** alle denkbaren Fehlerquellen; **on the off ~** **a** auf die entfernte Möglichkeit hin, für den Fall (**of sb's doing sth** dass j-d etwas tut) **b** auf gut Glück; **I'll go there on the off ~ of seeing him** ich gehe hin, vielleicht sehe ich ihn (ja) doch; **(the) ~s are that …** es besteht Aussicht, dass …; aller Wahrscheinlichkeit nach … **4** Chance *f*: **a** (günstige) Gelegenheit, (sich bietende) Möglichkeit, SPORT (Tor)Gelegenheit *f*: **the ~ of a lifetime** e-e einmalige Gelegenheit, die Chance s-s *etc* Lebens; **give him a ~** gib ihm e-e Chance!, versuchs mal mit ihm!; → main chance **b** Aussicht *f* (**of** auf *akk*): **~s of advancement** *(berufliche)* Aufstiegsmöglichkeiten; **a good ~ of success** gute Erfolgschancen *pl*; **~s of survival** (*od* **surviving**) Überlebenschancen; **the ~s are against you** die Umstände sind gegen dich, es sieht nicht gut für dich aus; **there is at least a 50 per cent ~ that …** die Chancen stehen mindestens 50:50, dass …; **~ would be a fine thing!** *umg* schön wärs!; **I haven't got a ~ with him** ich habe keine Chance gegen ihn, gegen ihn komme ich nicht an **5** Risiko *n*: **take a ~** es darauf ankommen lassen, es riskieren (**on** mit); **take no ~s** nichts riskieren (wollen), kein Risiko eingehen (wollen); **that's a ~ I'll have to take** dieses Risiko muss ich eingehen **6** *obs* Missgeschick *n* **7** *US dial* Menge *f*, Anzahl *f* **B** VI **1** (unerwartet) eintreten *od* geschehen: **it ~d that …** es fügte sich (so), dass …; **I ~d to meet her** zufällig traf ich sie **2** **~ (up)on** **a** zufällig begegnen *(dat) od* treffen *(akk)* **b** zufällig stoßen auf *(akk) od* finden *(akk)* **C** VT es auf *e-e Niederlage etc* ankommen lassen, riskieren: **~ missing sb** es riskieren, j-n zu verfehlen; **~ one's arm** *Br* etwas riskieren; **~ it** *umg* es darauf ankommen lassen; **~ one's luck** sein Glück versuchen **D** ADJ zufällig, Zufalls…: **a ~ acquaintance**; **~ customers** *pl* Laufkundschaft *f*; **~ hit** Zufallstreffer *m*

chancel ['tʃɑ:nsl; *US* 'tʃænsəl] S REL Altarraum *m*

chancellery ['tʃɑ:nsələrɪ; *US* 'tʃæn-] S **1** Kanzleramt(sgebäude) *n* **2** *(a. als pl konstruiert)* Kanzleramt *n (Bedienstete)* **3** **a** Botschaft *f* **b** Konsulat *n*

chancellor ['tʃɑ:nsələ; *US* 'tʃænslər] S **1** Kanzler *m*: **a** Vorsteher *m* e-r Hofkanzlei **b** *(Art)* Sekretär *m*, Kanzleivorstand *m (an Konsulaten etc)* **2** POL Kanzler *m (Regierungschef in Deutschland etc)* **3** *Br Titel hoher Staatswürdenträger*: ♀ **of the Exchequer** Schatzkanzler *m*, Finanzminister *m*; → Lord Chancellor **4** UNIV **a** *Br* Kanzler *m (Ehrentitel des höchsten Gönners od Protektors an verschiedenen Universitäten)* **b** *US* Rektor *m* **5** JUR *US* Vorsitzende(r) *m od* Richter *m* e-s **chancery court**; **chancellorship** S **1** Kanzleramt *n*, -würde *f* **2** Kanzlerschaft *f*

chance-medley S **1** JUR Totschlag *m (in Notwehr od im Affekt)* **2** reiner Zufall

chancery ['tʃɑ:nsərɪ; *US* 'tʃæn-] S **1** Archiv *n* **2** → chancellery 3 **3** JUR **a** HIST *Br Gericht des Lordkanzlers bis 1873* **b** *US* → chancery court **4** JUR Billigkeitsrecht *n* **5** gerichtliche Verwaltung: **in ~** **a** unter gerichtlicher (Zwangs)-Verwaltung **b** *Ringen etc*: im Schwitzkasten; **be in ~** in der Klemme sein *od* sitzen *od* stecken *umg*; **~ court** S JUR *US Gericht, das nach Billigkeitsgrundsätzen urteilt*; ♀ **Division** S JUR *Br* *für Grundstücks-, Erbschaftssachen etc zuständige Abteilung des **High Court of Justice***

chancre ['ʃæŋkə(r)] S MED Schanker *m*; **chancroid** [-krɔɪd] S weicher Schanker

chancy ['tʃɑ:nsɪ; *US* 'tʃænsi:] ADJ (ADV **chancily**) *umg* **1** unsicher, riskant **2** zufällig

chandelier [,ʃændə'lɪə(r)] S Kronleuchter *m*, Lüster *m*

chandelle [ʃæn'del] S FLUG Chandelle *f (hochgezogene Kehrtkurve)*

chandler ['tʃɑ:ndlə; *US* 'tʃændlər] S **1** Kerzengießer(in), -macher(in), -zieher(in) **2** Händler(in): → ship chandler

change [tʃeɪndʒ] **A** VT **1** (ver)ändern, umändern, verwandeln *(alle*: **into** in *akk)*: **~ round** *Möbel* umstellen, *ein Zimmer etc* umräumen; **~ one's address** (*od* **lodgings**) umziehen, verziehen; **~ colo(u)r** die Farbe wechseln *(erbleichen, erröten)*; **~ jobs** (*od* **one's job**) die Stellung wechseln, sich (beruflich) verändern; **~ one's note** (*od* **tune**) *umg* e-n anderen Ton anschlagen, andere Saiten aufziehen; → subject A 1 **2** wechseln, (ver)tauschen: **~ one's dress** sich umziehen; **~ one's shoes** andere Schuhe anziehen, die Schuhe wechseln; **~ places with sb** **a** mit j-m den Platz *od* die Plätze tauschen **b** *fig* mit j-m tauschen; **~ trains (buses, planes)** umsteigen; **~ ends** (*od* **sides**) SPORT die Seiten wechseln; → hand *Bes Redew*, mind A 4, *etc* **3** **a** *das Bettzeug etc* wechseln, *ein Bett* frisch beziehen **b** *ein Baby* trockenlegen, wickeln **4** *Geld* wechseln: **can you ~ this note?**; **~ dollars into** (*od* **for**) **francs** Dollar in Francs ein- *od* umwechseln **5** TECH *Teile* (aus)wechseln, *Öl* wechseln **6** AUTO, TECH schalten: **~ over** **a** umschalten **b** *e-e Maschine, a. die Industrie etc* umstellen (**to** auf *akk*); → gear A 3 b **7** ELEK kommutieren **B** VI **1** sich (ver)ändern, wechseln: **he has ~d a lot** er hat sich sehr *od* stark verändert; **he'll never ~** der wird sich nie ändern; **the moon is changing** der Mond wechselt; **the prices have ~d** die Preise haben sich geändert; **~ for the better (worse)** besser werden, sich bessern (sich verschlimmern *od* verschlechtern); **the lead ~d several times** SPORT die Führung wechselte mehrmals **2** sich verwandeln (**to, into** in *akk*) **3** **~ over** übergehen (**from** von; **to** zu) **4** sich umziehen (**for dinner** zum Abendessen): **~ into (out of) sth** etwas anziehen (ausziehen) **5** BAHN *etc* umsteigen: **all ~** Endstation, alles aussteigen! 6 schalten, wechseln, umspringen (*alle*: **from … to** von … auf *akk*) (*Verkehrsampel*) 7 AUTO, TECH schalten: **~ up (down)** hinauf-(herunter)schalten; → gear A 3 b 8 **~ over** RADIO, TV umschalten (**to** auf *akk*) 9 **~ over** (*od* **round**) SPORT *bes Br* die Seiten wechseln C S 1 (Ver)Änderung *f*, Wechsel *m*, (Ver)Wandlung *f*, *weitS. a.* Umschwung *m*, Wende *f*: **~ of address** Adressenänderung; **in case of ~ of address** falls verzogen; **~ of air** Luftveränderung; **~ for the better (worse)** Besserung *f* (Verschlimmerung *f*, Verschlechterung *f*); **~ of career** Berufswechsel; **~ in climate** Klimawechsel (*a. fig*); **~ of course** FLUG, SCHIFF Kurswechsel (*a. fig*); **~ of edge** (*Eiskunstlauf*) Kantenwechsel; **~ of ends** (*od* **sides**) SPORT Seitenwechsel; **~ of front** *fig* Frontenwechsel; **~ of heart** Sinnesänderung; **~ of life** PHYSIOL a Wechseljahre *pl* b Menopause *f*; **~ of the moon** Mondwechsel; **~ of pace** SPORT Tempowechsel; **~ of scenery** *fig* Tapetenwechsel; **~ in thinking** Umdenken *n*; **~ of voice** Stimmwechsel, -bruch *m*; **~ in (the) weather** Wetterumschlag *m*, -umschwung, Witterungsumschlag *m*, -umschwung; **make ~s** SPORT umstellen, Umstellungen vornehmen; → mood[1] 1 2 (Aus)Tausch *m*: **~ of oil** Ölwechsel *m* 3 (*etwas*) Neues, Abwechslung *f*: **a welcome ~** e-e willkommene Abwechslung (**from** von); **for a ~** zur Abwechslung; **it makes a ~** es ist mal etwas anderes (**from** als); **hot chocolate makes a marvellous ~ from tea and coffee** Kakao schmeckt herrlich nach all dem Tee u. Kaffee 4 Wechsel *m* (*Kleidung etc*): **~ of clothes** a Umziehen *n* b Kleidung *f* zum Wechseln, frische Wäsche 5 a Wechselgeld *n* b Kleingeld *n* c herausgegebenes Geld: **get ~** etwas herausbekommen (**for a pound** auf ein Pfund); **can you give me ~ for a pound?** können Sie mir auf ein Pfund herausgeben?; können Sie mir ein Pfund wechseln?; **make ~ from** herausgeben auf (*akk*); **get no ~ out of sb** *fig* nichts aus j-m herausholen können; → keep B 4 6 ♀ WIRTSCH *Br umg* Börse *f* 7 MUS a (*Tonart-, Takt-, Tempo*) Wechsel *m* b Variierung *f* c (*enharmonische*) Verwechslung d *meist pl* Wechsel(folge) *m(f)* (*beim Wechselläuten*): **ring the ~s** wechselläuten, *Br fig* für Abwechslung sorgen; **ring the ~s on sth** *fig* etwas in allen Variationen durchspielen

changeability [ˌtʃeɪndʒəˈbɪlətɪ] S 1 Wankelmut *m*, Unbeständigkeit *f*, Wandelbarkeit *f* 2 Veränderlichkeit *f*, Unbeständigkeit *f*; **changeable** ADJ (ADV **changeably**) 1 wankelmütig, unbeständig, wandelbar (*Mensch*): **be (as) ~ as a weathercock** wetterwendisch sein 2 veränderlich, unbeständig (*Wetter*) 3 changierend (*Stoff*); **changeableness** → changeability

changeful ADJ (ADV **~ly**) veränderlich, wechselvoll

change gear S TECH Wechsel-, Schaltgetriebe *n*

changeless [ˈtʃeɪndʒlɪs] ADJ (ADV **~ly**) unveränderlich, beständig

changeling [ˈtʃeɪndʒlɪŋ] S 1 Wechselbalg *m*, untergeschobenes Kind 2 *obs* wankelmütiger Mensch

changeover S 1 ELEK, TECH Umschaltung *f*: **~ switch** Umschalter *m*, Polwender *m* 2 TECH *u. fig* Umstellung *f* (*e-r Maschine, Industrie etc*) 3 SPORT *bes Br* Seitenwechsel *m*: **at the ~** beim Seitenwechsel

changer [ˈtʃeɪndʒə(r)] S 1 (Ver)Änderer *m*, (Ver)Änderin *f* 2 *in Zusammensetzungen* (*Platten- etc*) Wechsler *m*

change| ringing S Wechselläuten *n*; **~-speed gear** S TECH Wechsel-, Schaltgetriebe *n*

changing [ˈtʃeɪndʒɪŋ] A ADJ veränderlich (*a. Wetter*), wechselnd B S Wechsel *m*, Veränderung *f*: **~ of the guard** Wachablösung *f*; **~ of gears** Schalten *n* (der Gänge); **~ cubicle** S Umkleidekabine *f*; **~ room** S *bes* SPORT *Br* Umkleideraum *m*

channel [ˈtʃænl] A S 1 Flussbett *n* 2 Fahrrinne *f*, Kanal *m* 3 (breite Wasser)Straße: **the English ♀**, *bes Br* **the ♀** der (Ärmel)Kanal; **♀ Islands** Kanalinseln *pl*; **♀ Tunnel** Kanaltunnel *m* 4 SCHIFF a schiffbarer Wasserweg (*der 2 Gewässer verbindet*) b Seegatt *n* c Rüst *f* 5 Zufahrtsweg *m*, (Hafen)Einfahrt *f* 6 Rinne *f*, Gosse *f* 7 *fig* Kanal *m*, Bahn *f*, Weg *m*: **direct a matter into** (*od* **through**) **other ~s** e-e Angelegenheit in andere Bahnen lenken; **~s of distribution** Absatzwege; **~s of supply** Versorgungswege; **through the official ~s** auf dem Dienst- *od* Instanzenweg; **go through the official ~s** den Dienstweg nehmen; **~s of trade** Handelswege 8 ELEK Frequenzband *n*, (*Fernseh- etc*) Kanal *m*, (-)Programm *n*: **on which ~?** auf welchem Kanal?, in welchem Programm?; **on ~ three** im dritten Programm; **switch ~s** umschalten; **~ selector** Kanalwähler *m* 9 TECH Durchlassröhre *f* 10 ARCH Auskehlung *f*, Kannelierung *f* 11 TECH Nut *f*, Furche *f*, Riefe *f* 12 *a.* **~ iron** TECH U-Eisen *n* B V/T *prät u. pperf* **-neled**, *bes Br* **-nelled** 1 rinnenförmig aushöhlen, furchen 2 ARCH auskehlen, kannelieren 3 TECH nuten, furchen 4 *s-e Anstrengungen etc* lenken, richten (*beide*: **into** auf *akk*); **~-hop** V/I TV *Br*, **~-surf** V/I TV *US* zappen

Channel Islands SPL (*die*) Kanalinseln *pl*

chant [tʃɑːnt; *US* tʃænt] A S 1 Gesang *m*, Weise *f*, Melodie *f* 2 REL a (*rezitierender*) Kirchengesang, *bes* Psalmodie *f* b Kirchenmelodie *f* 3 Singsang *m*, monotoner Gesang *od* Tonfall 4 Sprechchor *m* B V/T 1 singen 2 besingen, preisen 3 (her-, herunter)leiern 4 in Sprechchören rufen C V/I 1 singen, REL *a.* psalmodieren 2 Sprechchöre anstimmen; **chanter** S 1 a (Kirchen)Sänger(in) b Kantor *m*, Vorsänger *m* 2 MUS Melodiepfeife *f* (*des Dudelsacks*)

chanterelle [ˌtʃæntəˈrel; ˌʃæn-] S BOT Pfifferling *m*

chantey *US* → chanty

chanticleer [ˌtʃæntɪˈklɪə(r); ˌʃæn-] S *poet* Hahn *m*

chantry [ˈtʃɑːntrɪ; *US* ˈtʃæn-] S REL 1 Stiftung *f* von Seelenmessen 2 Votivkapelle *f od* -altar *m*

chanty [ˈʃæntɪ; ˈtʃæn-] S Shanty *n*, Seemannslied *n*

chaos [ˈkeɪɒs; *US* -ˌɑs] S Chaos *n*: a Urzustand *m* (*vor der Schöpfung*) b *fig* Wirrwarr *m*, Durcheinander *n*: **throw into ~** ein Chaos auslösen in (*dat*); **the room is in a state of ~** in dem Zimmer herrscht ein furchtbares Durcheinander; **~ theory** MATH, PHYS Chaostheorie *f*; **chaotic** [-ˈɒtɪk; *US* -ˈɑt-] ADJ (ADV **~ally**) chaotisch

chap[1] [tʃæp] S *umg* Bursche *m*, Junge *m*, Kerl *m*: **old ~** alter Knabe *umg*; **be a good ~ and …** sei so nett *od* freundlich u. …

chap[2] [tʃæp] → chop[3]

chap[3] [tʃæp] A V/T 1 *Holz* spalten 2 Risse verursachen in *od* auf (*dat*), *die Haut* rissig machen B V/I aufspringen, rissig werden (*Haut*): → chapped C S Riss *m*, Sprung *m*

chap. ABK 1 REL chaplain 2 chapter

chapbook S 1 HIST Volksbuch *n*, Balladenbüchlein *n* 2 kleines (Unterhaltungs)Buch

chape [tʃeɪp] S 1 MIL a Ortband *n* (*e-r Degenscheide*) b Schuh *m* (*e-r Säbelscheide*) 2 Schnallenhaken *m* 3 *Br* Durchziehschlaufe *f*

chapel [ˈtʃæpl] A S 1 Kapelle *f*: a *Teil e-r Kirche* b *Privatkapelle e-s Schlosses, Klosters etc*: **~ of rest** *Raum e-s Bestattungsinstituts, in dem Tote bis zur Beisetzung aufgebahrt werden* c *a.* **~ of ease** Filialkirche *f* 2 Gottesdienst *m* (*in e-r Kapelle*): **after ~** nach dem Gottesdienst 3 Gotteshaus *n*: a *e-r Universität etc* b *Br der Dissenters* 4 MUS a Orchester *n od* Chor *m* e-r Kapelle b (*Hof-, Haus*) Kapelle *f* 5 TYPO a Druckerei *f* b (*a. als pl konstruiert*) gewerkschaftliche Gruppe *od* Zelle (*in e-r Druckerei*) c *a.* **~ meeting** *Versammlung e-r solchen Gruppe* B ADJ **be ~** *Br obs* ein Dissenter sein; **chapelry** [-rɪ] S REL Sprengel *m*

chaperon [ˈʃæpərəʊn] A S 1 Anstandsdame *f* 2 Aufsichts-, Begleitperson *f* B V/T 1 (als Anstandsdame) begleiten 2 beaufsichtigen; **chaperonage** S 1 Begleitung *f* 2 Beaufsichtigung *f*; **chaperone** → chaperon

chapess [ˈtʃæpɪs] S *Br umg hum* Kerl *m* (*Frau*)

chapfallen [ˈtʃæpˌfɔːlən] ADJ entmutigt, niedergeschlagen, bedrückt

chapiter [ˈtʃæpɪtə(r)] S ARCH Kapitell *n*

chaplain [ˈtʃæplɪn] S 1 Kaplan *m*, Geistliche(r) *m* (*an e-r Kapelle*) 2 (*Hof-, Haus-, Anstalts*) Geistliche(r) *m* 3 (*Militär-, Marine*) Geistliche(r) *m*; **chaplaincy** S Kaplansamt *n*, -würde *f*

chaplet [ˈtʃæplɪt] S 1 Kranz *m* 2 Perlenschnur *f*, -kette *f* 3 KATH (*verkürzter*) Rosenkranz

chapman [ˈtʃæpmən] S *irr Br obs* Hausierer *m*, Händler *m*

chapped [tʃæpt] ADJ aufgesprungen, rissig (*bes Haut*): **~ hands**

chappie [ˈtʃæpɪ] S *Br umg* Kerlchen *n*

chapstick S *bes US* Lippenbalsamstift *m*

chapter [ˈtʃæptə(r)] A S 1 Kapitel *n* (*e-s Buches u. fig*): **a sad ~ in our history**; **~ and verse** a Kapitel u. Vers (*Angabe e-r Bibelstelle*) b genaue Einzelheiten; **he knows ~ and verse of** er weiß genau Bescheid über (*akk*); **to the end of the ~** bis ans Ende; **a ~ of accidents** *Br* e-e Pechsträhne 2 *Br Titel der einzelnen Parlamentsbeschlüsse e-r Sitzungsperiode* 3 REL Zweig *m* e-r religiösen Gesellschaft 4 REL a Domkapitel *n* b Ordenskapitel *n* c Vollversammlung *f* der Kanoniker e-r Provinz 5 *bes US* Ortsgruppe *f* (*e-s Vereins etc*) 6 *pl* römische Zahlen *pl* (*bes auf dem Zifferblatt*) B V/T in Kapitel einteilen; **~ house** S 1 REL Domkapitel *n*, Stift(shaus) *n* 2 *US* Klubhaus *n* (*e-r Studentenverbindung*)

char[1] [tʃɑː(r)] A V/T 1 verkohlen, -koken: **a ~red body** e-e verkohlte Leiche 2 anbrennen B V/I verkohlen C S Holz-, Knochen-, Tierkohle *f*

char[2] [tʃɑː(r)] S FISCH Rotforelle *f*

char[3] [tʃɑː(r)] *bes Br* A S 1 *umg für* charlady, charwoman 2 Putzen *n* (*a. als Lebensunterhalt*) B V/I putzen: **go out ~ring** putzen gehen

char[4] [tʃɑː] S *Br sl* Tee *m*

charabanc [ˈʃærəbæŋ] *pl* -bancs [-z] S *Br obs* (offener) Ausflugsomnibus

character [ˈkærəktə(r); -rɪk-] A S 1 *allg* Charakter *m*: a Wesen *n*, Art *f* (*e-s Menschen etc*): **a bad ~; a man of noble ~; they are different in ~** sie sind charakterlich verschieden b guter Charakter: **(strong) ~** Charakterstärke *f*; **he has** (*od* **is a man of**) **~** er hat Charakter c (ausgeprägte) Persönlichkeit: **he is an odd ~** er ist ein merkwürdiger Mensch *od* Charakter; **he is (quite) a ~** *umg* er ist (schon) ein Original *od* ein komischer Kerl d Eigenschaft(en) *f(pl)*, (charakteristisches) Kennzeichen, Gepräge *n*, *a.* BIOL Merkmal *n*: **the ~ of the landscape** der Landschaftscharakter; → generic 1 2 a Ruf *m*, Leumund *m* b Zeugnis *n* (*bes für Personal*): **give sb a good ~** j-m ein gutes Zeugnis ausstellen (*a. fig*) 3 Eigenschaft *f*, Rang *m*, Stellung *f*: **in his ~ of ambassador** in s-r Eigenschaft als Botschafter 4 Figur *f*, Gestalt *f* (*e-s*

Romans etc): **the ~s of the play** die Charaktere des Stückes; → imaginary A 5 THEAT etc Rolle f: **in ~** a der Rolle gemäß b fig (zum Charakter des Ganzen) passend; **it is in ~** es passt dazu, zu ihm etc; **it is out of ~** es passt nicht dazu, zu ihm etc, es fällt aus dem Rahmen 6 a Schriftzeichen n, Buchstabe m: **in Greek ~s**; **in large ~s** in Großbuchstaben; **know sb's ~s** j-s Handschrift kennen b COMPUT (Schrift)Zeichen n 7 Ziffer f, Zahl(zeichen) f(n) 8 Geheimzeichen n B ADJ 1 a Charakter…: **~ analysis** Charakteranalyse f; **~ assassination** Rufmord m; **~ building** (od **formation**) Charakterbildung f; **~ dance** a Ausdruckstanz m b (typischer) Nationaltanz; **~ defect** Charakterfehler m; **~ piece** MUS Charakterstück n; **~ sketch** Charakterskizze f; **~ study** Charakterstudie f; **~ trait** Charakterzug m; **~ witness** JUR Leumundszeuge m, -zeugin f b THEAT etc Chargen…: **~ actor** Chargenspieler m; **~ part** (od **role**) Charge(nrolle) f 2 IT, COMPUT: **~ code** Zeichencode m; **~ printer** Zeichen-, Buchstabendrucker m; **~ recognition** (Schrift)-Zeichenerkennung f; **~ set** Zeichensatz m

characterful ADJ charaktervoll

characteristic [ˌkærəktəˈrɪstɪk; -rɪk-] A ADJ charakteristisch, bezeichnend, typisch (alle: **of** für): **~ curve** TECH Leistungskurve f, -kennlinie f; **~ note** MUS Leitton m B S 1 charakteristisches Merkmal, Charakteristikum n, Kennzeichen n 2 MATH Index m e-s Logarithmus, Kennziffer f; **characteristical** → characteristic A; **characteristically** ADV in charakteristischer Weise, typischerweise

characterization [ˌkærəktəraɪˈzeɪʃn; -rɪk-; US -rəˈz-] S Charakterisierung f; **characterize** [ˈkærəktəraɪz; -rɪk-] V/T charakterisieren (**as** als): a beschreiben, schildern b kennzeichnen

characterless [ˈkærəktə(r)lɪs; -rɪk-] ADJ 1 charakterlos 2 nichtssagend

character map S für Computerschrift: Zeichentabelle f

charade [ʃəˈrɑːd; US ʃəˈreɪd] S 1 Scharade f: a *Worträtsel, bei dem das zu erratende Wort in Silben od Teile zerlegt wird, die pantomimisch dargestellt werden* b pl (als sg konstruiert) Spiel mit unter a beschriebenen Rätseln: **play ~s** 2 bes Br Farce f

charbroil V/T US auf Holzkohle grillen

charcoal [ˈtʃɑː(r)kəʊl] S 1 Holzkohle f 2 (Reiß-, Zeichen)Kohle f, Kohlestift m 3 Kohlezeichnung f; **~ burner** S Köhler m, Kohlebrenner m; **~ drawing** S 1 Kohlezeichnung f 2 Kohlezeichnen n (als Kunst); **~ maker** → charcoal burner

chard [tʃɑː(r)d] S a BOT Mangold m b Mangold(gemüse) m(n)

charge [tʃɑː(r)dʒ] A V/T 1 beladen, (a. fig sein Gedächtnis etc) belasten 2 a TECH beschicken b obs ein Glas etc füllen (**with** mit) 3 ein Gewehr etc laden: **the atmosphere was ~d with excitement** die Atmosphäre war spannungsgeladen 4 ELEK e-e Batterie etc (auf)laden 5 CHEM sättigen, ansetzen (beide: **with** mit) 6 **~ with** fig j-m etwas aufbürden 7 j-n beauftragen (**with** mit): **~ sb with a task** j-n mit e-r Aufgabe betrauen; **~ sb with doing** (od **to do**) **sth** j-n beauftragen, etwas zu tun; **~ sb to be careful** j-m einschärfen, vorsichtig zu sein 8 belehren, j-m Weisungen geben: **~ the jury** JUR den Geschworenen Rechtsbelehrung erteilen 9 (**with**) j-m (etwas) zur Last legen od vorwerfen od anlasten, a. JUR j-n (e-r Sache) beschuldigen od anklagen od bezichtigen: **he has been ~d** gegen ihn ist Anklage erhoben worden; **he has been ~d with murder** er steht unter Mordanklage; **~ sb with being negligent** j-m vorwerfen, nachlässig (gewesen) zu sein; **guilty as ~d** schuldig im Sinne der Anklage 10 a (**with**) WIRTSCH j-n belasten (mit e-m Betrag), j-m (etwas) in Rechnung stellen: **~ an amount to sb's account** j-s Konto mit e-m Betrag belasten b bes US etwas mit Kreditkarte kaufen 11 berechnen, verlangen (beide: **for** für): **~ sb for sth** j-m etwas berechnen; **how much do you ~ for it?** wie viel berechnen od verlangen Sie dafür?, was kostet das bei Ihnen?; **he ~d me 3 dollars for it** er berechnete mir 3 Dollar dafür, er berechnete es mir mit 3 Dollar; **~d at** berechnet mit; → admission 2 12 a MIL angreifen, allg a. losgehen auf (akk) b MIL stürmen 13 SPORT e-n Gegenspieler angehen, rempeln 14 MIL e-e Waffe zum Angriff fällen B V/I 1 ELEK sich aufladen 2 stürmen: **~ at sb** auf j-n losgehen C S 1 bes fig Last f, Belastung f, Bürde f 2 Fracht (-ladung) f 3 TECH a Beschickung(sgut) f(n), METALL Charge f, Gicht f b Ladung f (e-r Schusswaffe, Batterie etc), (Pulver-, Spreng-, Schrot- etc) Ladung f: **a ~ of shot** 4 fig Explosivkraft f, Dynamik f: **emotional ~** 5 (finanzielle) Belastung od Last: **~ on an estate** Grundstücksbelastung, Grundschuld f 6 fig (**on, upon**) Anforderung f (an akk), Beanspruchung f (gen): **be a ~ on sth** etwas beanspruchen 7 a Preis m, Kosten pl b Forderung f, in Rechnung gestellter Betrag c Gebühr f d a. pl Unkosten pl, Spesen pl: **~ for admission** Eintrittspreis; **at sb's ~** auf j-s Kosten; **free of ~** kostenlos, gratis; **what is the ~?** was kostet es?; **there is no ~** es kostet nichts 8 WIRTSCH Belastung f (**to an account** e-s Kontos) 9 Beschuldigung f, Vorwurf m, JUR a. (Punkt m der) Anklage f: **be on a ~ of murder** unter Mordanklage stehen; **there are no ~s against him** es liegt nichts gegen ihn vor; **bring ~s** (**against sb**) a (gegen j-n) Anzeige erstatten b (gegen j-n) Anklage erheben; **bring a ~ of sth against sb** a gegen j-n wegen e-r Sache Anzeige erstatten b gegen j-n wegen e-r Sache Anklage erheben; **drop the ~** a die Anzeige zurückziehen b die Anklage fallen lassen; **press ~s** Anzeige erstatten; **return to the ~** fig auf das alte Thema zurückkommen 10 MIL a Angriff m b Sturm m 11 MIL Signal n zum Angriff: **sound the ~** zum Angriff blasen 12 Verantwortung f: a Aufsicht f, Leitung f b Obhut f, Verwahrung f: **the person in ~** die verantwortliche Person, der od die Verantwortliche; **who is in ~ around here?** wer ist hier der Chef?; **be in ~ of** verantwortlich sein für, die Aufsicht od den Befehl führen über (akk), leiten, befehligen (akk); **be in ~ of a case** e-n Fall bearbeiten; **be in** (od **under**) **sb's ~** unter j-s Obhut stehen, von j-m betreut werden; **have ~ of** in Obhut od Verwahrung haben, betreuen; **place** (od **put**) **sb in ~** (**of**) j-m die Leitung (gen) od Aufsicht (über akk) übertragen; **take ~** die Leitung etc übernehmen, die Sache in die Hand nehmen; → drunk B 1 13 Br (polizeilicher) Gewahrsam: **give sb in ~** j-n der Polizei übergeben 14 a Schützling m (a. SPORT e-s Trainers), Pflegebefohlene(r) m/f(m), Mündel m/n b j-m anvertraute Sache c REL Gemeinde(glied) f(n) (e-s Seelsorgers), Schäflein n od pl umg 15 Befehl m, Anweisung f 16 JUR Rechtsbelehrung f (an die Geschworenen) 17 Heraldik: Wappenbild n

chargeable [ˈtʃɑː(r)dʒəbl] ADJ (ADV **chargeably**) 1 (**to**) anrechenbar, anzurechnen(d) (dat), zulasten gehend (von) 2 anzuklagen(d), belangbar (beide: **for** wegen): **~ offence** (US **offense**) gerichtlich zu belangendes Vergehen

charge| account S WIRTSCH 1 Kundenkreditkonto n 2 Abzahlungskonto n (bei Teilzahlungen); **~ card** S Kundenkreditkarte f

chargé d'affaires [ˌʃɑː(r)ʒeɪdæˈfeə(r)] pl **chargés d'affaires** [-ʒeɪz-] S Chargé d'Affaires m, Geschäftsträger m

charge| hand S Br Vorarbeiter(in); **~ nurse** S MED Br Stationsschwester f

charger[1] [ˈtʃɑː(r)dʒə(r)] S 1 a MIL bes HIST Chargen-, Dienstpferd n (e-s Offiziers) b poet (Schlacht)Ross n 2 ELEK Ladegerät n 3 TECH Aufgeber m

charger[2] [ˈtʃɑː(r)dʒə(r)] S obs Tablett n, Platte f

charge sheet S Br a Polizeiregister n (der Verhafteten u. der gegen sie erhobenen Beschuldigungen) b polizeiliches Aktenblatt (über den Einzelfall)

charging [ˈtʃɑː(r)dʒɪŋ] S 1 Beladung f 2 TECH Beschickung f 3 ELEK (Auf)Ladung f 4 WIRTSCH Belastung f, Auf-, Anrechnung f 5 Eishockey: unkorrekter Körperangriff; **~ capacitor** S ELEK Ladekondensator m; **~ floor** S TECH Gichtbühne f; **~ hole** S TECH Einschüttöffnung f; **~ order** S JUR Br Beschlagnahmeverfügung f

chariness [ˈtʃeərɪnɪs] S 1 Vorsicht f, Behutsamkeit f 2 Sparsamkeit f

chariot [ˈtʃærɪət] S 1 Antike: (zweirädriger) Streit- od Triumphwagen 2 leichter vierrädriger Wagen; **charioteer** [-ˈtɪə(r)] S bes poet Wagen-, Rosselenker m

charisma [kəˈrɪzmə] S Charisma n: a REL göttliche Gnadengabe b fig Ausstrahlung(skraft) f; **charismatic** [ˌkærɪzˈmætɪk] ADJ (ADV **~ally**) charismatisch

charitable [ˈtʃærətəbl] ADJ (ADV **charitably**) 1 wohltätig, mild(tätig), karitativ: **a ~ act** ein Akt christlicher Nächstenliebe; **~ society** Wohltätigkeitsverein m; **the organization was awarded ~ status** der Organisation wurde der gemeinnützige Status zuerkannt; → distribution 5 b 2 nachsichtig (**to** j-m gegenüber): **take a ~ view of sth** e-e Sache mit Nachsicht beurteilen; **charitableness** → charity A 2, A 3; **charity** [ˈtʃærətɪ] A S 1 (christliche) Nächstenliebe: **out of ~** aus Nächstenliebe 2 Wohl-, Mildtätigkeit f (**to the poor** gegen die Armen): **~ begins at home** (Sprichwort) zuerst kommt einmal die eigene Familie od das eigene Land; **(as) cold as ~** a eiskalt b fig hart wie Stein 3 Milde f, Nachsicht f: **practice** (bes Br **practise**) **~ toward(s) sb** j-m gegenüber Milde od Nachsicht üben 4 Almosen n, milde Gabe 5 gutes Werk 6 a wohltätige od karitative Einrichtung od Stiftung, Wohlfahrtsorganisation f b wohltätige od karitative Zwecke pl: **the show earned £200,000 for ~** B ADJ Wohltätigkeits…: **~ bazaar**; **~ card** a *Weihnachtskarte, deren Erlös wohltätigen Zwecken zugutekommt* b → affinity (credit) card; ♀ **Commission** Br *Kommission, die Wohlfahrtsorganisationen überwacht*; **~ shop** *Laden, der Gebrauchtwaren für wohltätige Zwecke verkauft*; **~ stamp** Postwesen: Wohlfahrtsmarke f

charivari [ˌʃɑːrɪˈvɑːrɪ; US ˌʃɪvəˈriː; ˈʃɪvəˌriː] S 1 Katzenmusik f (bes als Ständchen für Neuvermählte) 2 Getöse n, Lärm m

charlady [ˈtʃɑː(r)ˌleɪdɪ] Br für charwoman

charlatan [ˈʃɑː(r)lətən] S Scharlatan m: a Quacksalber m, Kurpfuscher m b Schwindler m; **charlatanic** [-ˈtænɪk] ADJ, **charlatanical** ADJ (ADV **~ly**) quacksalberisch; **charlatanism, charlatanry** [-rɪ] S Scharlatanerie f

Charlemagne [ˈʃɑː(r)ləmeɪn], **Charles the Great** EIGENN Karl der Große. (*742-814; Frankenkönig; als Karl I. Kaiser des Heiligen Römischen Reichs*)

Charles's Wain [ˈtʃɑː(r)lzɪz] S ASTRON der Große Wagen

Charleston, ♀ ['tʃɑː(r)lstən] A S MUS Charleston *m*: **dance the ~** → B B V/I Charleston tanzen

charley horse ['tʃɑrliː] S *US umg* Muskelkater *m*: **have a ~** (e-n) Muskelkater haben

charlie ['tʃɑːlɪ] S *Br umg* Trottel *m pej*: **feel a proper** (*od* **real**) **~** sich richtig blöd vorkommen

charlock ['tʃɑːlɒk; *US* 'tʃɑːrˌlɑk] S BOT Ackersenf *m*, Hederich *m*

charlotte ['tʃɑː(r)lət] S GASTR Charlotte *f* (*e-e Süßspeise*)

charm [tʃɑː(r)m] A S 1 Charme *m*, Zauber *m*, bezauberndes Wesen, (Lieb)Reiz *m*: **feminine ~s** weibliche Reize; **~ of style** gefälliger Stil; **turn** (*od* **switch**) **on the** (*od* **one's**) **~** *umg* s-n (ganzen) Charme spielen lassen 2 a Zauberformel *f*, -mittel *n* b Zauber *m*: **be under a ~** unter e-m Zauber *od* e-m Bann stehen; **work like a ~** hervorragend klappen 3 Talisman *m*, Amulett *n* B V/T 1 bezaubern, entzücken: **~ed by** (*od* **with**) bezaubert *od* entzückt von; **be ~ed to meet sb** entzückt sein, j-n zu treffen 2 be-, verzaubern, behexen, *Schlangen* beschwören: **be ~ed against sth** gegen etwas gefeit sein; **have a ~ed life** e-n Schutzengel haben; **~ away** wegzaubern, *Sorgen etc* zerstreuen 3 **~ one's way out of a situation** sich mit Charme aus e-r Situation herauswinden C V/I bezaubern(d wirken), entzücken; **charmer** S 1 Zauberer *m*, Zauberin *f* 2 a bezaubernder Mensch, Charmeur *m* b reizvolles Geschöpf, Circe *f* (*Frau*) 3 Schlangenbeschwörer *m*

charming ['tʃɑː(r)mɪŋ] ADJ (ADV **~ly**) charmant, bezaubernd, entzückend, reizend; **charmingness** S bezauberndes Wesen

charnel ['tʃɑː(r)nl] A S → charnel house B ADJ Leichen…; **~ house** S HIST Leichen-, Beinhaus *n*

charqui ['tʃɑː(r)kɪ] S Charque *m* (*in Streifen geschnittenes, an der Luft getrocknetes Rindfleisch*)

chart [tʃɑː(r)kt] A S 1 Tabelle *f* 2 a grafische Darstellung, *z. B.* (*Farb*) Skala *f*, (*Fieber*) Kurve *f*, (*Wetter*) Karte *f* b *bes* TECH Plan *m*, Diagramm *n*, Tafel *f*, Schaubild *n*, Kurve(nblatt) *f(n)* 3 (*bes See-, Himmels*) Karte *f* 4 *pl* Charts *pl*, Hitliste(n) *f(pl)*: **get into the ~s** in die Charts kommen B V/T 1 auf e-r Karte *etc* einzeichnen *od* verzeichnen 2 grafisch darstellen, skizzieren 3 *fig* entwerfen, planen

charter ['tʃɑː(r)tə(r)] A S 1 Urkunde *f*, Freibrief *m* 2 Privileg *n* (von Freiheiten u. Rechten) 3 Gnadenbrief *m* 4 a *urkundliche Genehmigung seitens e-r Gesellschaft etc zur Gründung e-r Filiale, Tochtergesellschaft etc* b Gründungsurkunde *f* (*e-r juristischen Person des öffentlichen od privaten Rechts*) c *US* Satzung *f* (*e-r Aktiengesellschaft*) d Konzession *f* 5 POL Charta *f*, Verfassung(surkunde) *f*: **the ♀ of the United Nations** die Charta der Vereinten Nationen 6 a Chartern *n* b → charter party B V/T 1 *e-e Bank etc* konzessionieren 2 chartern: a *ein Schiff, Flugzeug etc* mieten b SCHIFF (*durch Charterpartie*) befrachten; **charterage** S SCHIFF Befrachtung *f*, Charter *f*

chartered ['tʃɑː(r)tə(r)d] ADJ 1 konzessioniert: **~ accountant** *Br* a konzessionierter Buchprüfer b konzessionierter Steuerberater; **~ company** *Br* (königlich) privilegierte (Handels)Gesellschaft; **~ corporation** staatlich konzessionierte juristische Person 2 gechartert: a Charter…: **~ flight** (**plane**, *etc*) b SCHIFF befrachtet; **charterer** S SCHIFF Befrachter(in)

charter| flight S Charterflug *m*; **~ party** S SCHIFF Chartepartie *f*, Befrachtungsvertrag *m*; **~ plane** S Charterflugzeug *n*, -maschine *f*

chart house S SCHIFF Kartenhaus *n*

Chartism ['tʃɑː(r)tɪzəm] S HIST *Br* Chartismus *m* (*politische Bewegung 1838-48*)

chartographer, *etc* → cartographer *etc*

charwoman ['tʃɑː(r)ˌwʊmən] S *irr* Putzfrau *f*

chary ['tʃeərɪ] ADJ (ADV **charily**) 1 vorsichtig, behutsam (*beide:* **in, of** in *dat*, bei) 2 wählerisch 3 sparsam, zurückhaltend (*beide:* **of** mit)

chase[1] [tʃeɪs] A V/T 1 a jagen, Jagd machen auf (*akk*), nachjagen (*dat*) (*a. fig e-m Traum etc*), verfolgen b *fig umg e-m Mädchen etc* nachlaufen, hinter *j-m* her sein *umg*: → dragon 1 2 JAGD hetzen, jagen: **~ up** (*od* **down**) *meist fig* aufstöbern 3 *a.* **~ away** (*od* **off**) verjagen, -treiben: **go (and) ~ yourself!** *umg* hau ab! B V/I 1 jagen: **~ after sb** j-m nachjagen; **chasing group** (*Radsport etc*) Verfolgergruppe *f* 2 *umg* rasen, rennen C S 1 a JAGD *u. fig* (Hetz)Jagd *f*: **go in ~ of the fox** hinter dem Fuchs herjagen b *fig* Verfolgung(sjagd) *f*: **give ~** die Verfolgung aufnehmen; **give ~ to sb (sth)** j-n (etwas) verfolgen, j-m (e-r Sache) nachjagen 2 gejagtes Wild (*a. fig*) *od* Schiff *etc* 3 *Br* a Jagd(revier) *f(n)* b JUR Jagdrecht *n*

chase[2] [tʃeɪs] A S 1 TYPO Formrahmen *m* 2 Kupferstecherrahmen *m* 3 Rinne *f*, Furche *f* 4 MIL langes, gezogenes Feld (*e-s Geschützrohres*) B V/T 1 ziselieren, ausmeißeln: **~d work** getriebene Arbeit 2 TECH a punzen b *ein Gewinde* strehlen, strählen

chase gun → chaser[1] 2

chaser[1] ['tʃeɪsə(r)] S 1 Jäger *m*, Verfolger *m* 2 SCHIFF, MIL (*während der Verfolgung e-s anderen Schiffes od durch ein anderes Schiff eingesetztes*) (Bug- *od* Heck)Geschütz 3 *umg* etwas zum Nachspülen *umg* (*meist alkoholisches Getränk*): **as a ~** zum Nachspülen 4 *US umg* Rausschmeißer *m* (*letzter Tanz etc*)

chaser[2] ['tʃeɪsə(r)] S 1 Ziseleur(in), Ziseliererin) 2 TECH (Gewinde)Strehler *m* 3 TECH Treibpunzen *m*

chasm ['kæzəm] S 1 Kluft *f*, Abgrund *m* (*beide a. fig*) 2 Schlucht *f*, Klamm *f* 3 Riss *m*, Spalte *f* 4 *fig* Lücke *f*

chassis ['ʃæsɪ; *US a.* -sɪs] *pl* -sis [-sɪz] S 1 Chassis *n*: a FLUG, AUTO Fahrgestell *n*: **~ number** Fahrgestellnummer *f* b RADIO Grundplatte *f* 2 MIL Lafettenrahmen *m* 3 *sl* Gestell *n* ([*bes weiblicher*] *Körper*)

chaste [tʃeɪst] ADJ (ADV **~ly**) 1 keusch: a rein, unschuldig b züchtig, tugendhaft, sittsam 2 stilrein, von edler Schlichtheit (*Design etc*) 3 bescheiden, schlicht (*Mahl etc*); **chasten** ['tʃeɪsn] V/T 1 → chastise 1 2 *fig* reinigen, läutern, *e-n Stil etc* verfeinern 3 *fig* a mäßigen, dämpfen b ernüchtern, nachdenklich stimmen; **chasteness** S Keuschheit *f*

chastise [tʃæ'staɪz] V/T 1 (be)strafen, *bes* züchtigen 2 *fig* geißeln, scharf tadeln; **chastisement** ['tʃæstɪzmənt; tʃæ'staɪz-] S Strafe *f*, *bes* Züchtigung *f*

chastity ['tʃæstətɪ] S 1 Keuschheit *f*: **~ belt** HIST Keuschheitsgürtel *m* 2 Reinheit *f*, Unschuld *f* 3 Schlichtheit *f*

chasuble ['tʃæzjʊbl; *US* -zəbəl] S REL Kasel *f*, Messgewand *n*

chat[1] [tʃæt] A V/I (**to, with** mit) 1 a *a.* **~ away** plaudern, schwatzen (*beide:* **about** über *akk*, von), plauschen b *Internet*: chatten B V/T **~ up** *bes Br umg* a einreden auf (*akk*) b sich an *ein Mädchen etc* ranmachen, anmachen, anquatschen (*alle umg*) C S a Plauderei *f* (*a. im Radio etc*), Schwätzchen *n*, Plausch *m* b *Internet*: Chat *m*: **have a ~ with sb** mit j-m plaudern *od* chatten

chat[2] [tʃæt] S ORN Steinschmätzer *m*

château, **chateau** ['ʃætəʊ; *US* ʃæ'təʊ] *pl* -eaux [-əʊz], -eaus S Château *n*: a Schloss *n*, Herrenhaus *n*, Landgut *n* b Weingut *n*; **~-bottled** ADJ: **~ wine** Schlossabzug *m*

chatelain ['ʃætəleɪn] S Kastellan *m*; **chatelaine** ['ʃætəleɪn] S 1 Kastellanin *f* 2 Schlossherrin *f* 3 Chatelaine *f*, (Gürtel)Kette *f*

chat| show S *Br* Talkshow *f*; **~-show host** S *Br* Talkmaster *m*

chattel ['tʃætl] S 1 *bes* HIST Sklave *m*, Leibeigene(r) *m/f(m)* 2 *meist pl* JUR a *a.* **~(s) personal** Mobilien *pl*, bewegliches Eigentum b jegliches Eigentum (*mit Ausnahme von Grundstücken u. Gebäuden*): **~ real** Besitzrecht *n* (*z. B. Pacht*); **~ mortgage** S JUR *US* Mobiliarhypothek *f*

chatter ['tʃætə(r)] A V/I 1 schnattern (*Affen*), krächzen (*Elstern etc*) 2 schnattern: a schwatzen, plappern b klappern: **his teeth were ~ing with cold** er klapperte vor Kälte mit den Zähnen 3 rattern, klappern (*Blech etc*) 4 plätschern B V/T (daher)plappern C S 1 Geschnatter *n*, Geplapper *n*, Geschwätz *n* 2 Klappern *n*, Rattern *n*; **~box** S *umg* Plaudertasche *f*, Plappermaul *n*

chatterer ['tʃætərə(r)] S Schwätzer(in)

chattiness ['tʃætɪnɪs] S Geschwätzigkeit *f*, Redseligkeit *f*

chatty ['tʃætɪ] ADJ (ADV **chattily**) 1 geschwätzig, redselig 2 a im Plauderton geschrieben (*Brief etc*) b wortreich, ausführlich

chat-up line S *Br umg* Anmachphrase *f*

chauffeur ['ʃəʊfə(r); ʃəʊ'fɜː; *US* -'fɜr] A S Chauffeur *m*, Fahrer *m* B V/T chauffieren, fahren: **~ about** (*od* **around**) herumchauffieren; **~ed** mit Chauffeur C V/I: **~ for** als Chauffeur angestellt sein bei; **chauffeuse** [-'fɜːz] S Fahrerin *f*

chauvi ['ʃəʊvɪ] S *umg* Chauvi *m*

chauvinism ['ʃəʊvɪnɪzəm] S Chauvinismus *m* (*extrem nationalistische Haltung*): **male ~** männlicher Chauvinismus; **chauvinist** S Chauvinist(in): **male ~** Chauvinist *m*; **male ~ pig** *umg* a *pej* Chauvischwein *n pej* b *hum* Chauvi *m*; **chauvinistic** ADJ (ADV **~ally**) chauvinistisch

chaw [tʃɔː] *dial* A V/T *e-n Priem* kauen B S Priem *m*

ChB ABK Chirurgiae Baccalaureus, Bachelor of Surgery

ChE ABK chemical engineer

cheap [tʃiːp] A ADJ (ADV **~ly**) 1 a billig (*a.* WIRTSCH *Geld*), preiswert b verbilligt: **(as) ~ as dirt** *umg* spottbillig; **~ flights** Billigflüge; **~ rate** TEL *etc* Billigtarif *m* 2 billig, minderwertig: **look ~ and nasty** nach Ramsch aussehen 3 *fig* a schäbig (*Verhalten*): **feel ~** sich schäbig vorkommen; **hold sth ~** e-e geringe Meinung von etwas haben b gemein (*Lügner etc*) 4 *bes US* geizig B ADV billig: **get sth ~** C S **on the ~** *umg* billig; **cheapen** A V/T 1 verbilligen, (im Preis) herabsetzen 2 *fig* herabsetzen, -würdigen B V/I billiger werden, sich verbilligen

cheap-jack A S billiger Jakob B ADJ Ramsch… *pej*

cheapness ['tʃiːpnɪs] S Billigkeit *f*

cheapskate S *umg* Knicker *m*, Geizkragen *m*, Geizhals *m* (*alle umg pej*)

cheat [tʃiːt] A S 1 Betrüger(in), Schwindler(in), Mogler(in): **~s never prosper** (*Sprichwort*) Betrüger bringen es nie zu etwas 2 Betrug *m* (*a.* JUR), Schwindel *m*, Mogelei *f* B V/T 1 betrügen (*a. fig um e-e Möglichkeit etc*), beschwindeln, bemogeln (*alle:* **of, out of** um): **~ sb into doing sth** j-n dazu verleiten, etwas zu tun; **~ sb into believing that …** j-m weismachen, dass … 2 sich *der Justiz etc* entziehen, *dem Tode etc* entkommen C V/I 1 betrügen, schwindeln, mogeln: **~ at cards** beim Kartenspiel mogeln 2 **~ on** *umg s-e Frau etc* betrügen (**with** mit); **cheater** S 1 → cheat A 1 2 *pl*, *a.* **pair of ~s** *US sl* Brille *f* 3 *pl US sl* Schaumgummieinlagen *pl* (*im Büstenhalter*)

Chechen ['tʃetʃən] S A S Tschetschene *m*, Tschetschenin *f* B ADJ tschetschenisch; **Chechnya** [ˌtʃetʃ'njɑː] S Tschetschenien *n*

check [tʃek] A S 1 Schach(stellung) *n(f)*: **be in ~** im Schach stehen; **give ~** Schach bieten; **hold** (*od* **keep**) **in ~** *fig* in Schach halten 2 Hemmnis *n*, Hindernis *n* (*Person od Sache*) (**on** für): **without a ~** ungehindert; **act as a ~ on** sich hemmend auswirken auf (*akk*); **put a ~ (up)on sb** j-m e-n Dämpfer aufsetzen, j-n zurückhalten 3 Einhalt *m*, Unterbrechung *f*: **give a ~ to** Einhalt gebieten (*dat*) 4 Kontrolle *f*, Überprüfung *f*, Nachprüfung *f*, Überwachung *f*: **keep a ~ (up)on sth** etwas unter Kontrolle halten 5 *US* Kontrollzeichen *n*, *bes* Häkchen *n* (*auf e-r Liste etc*) 6 WIRTSCH *US* Scheck *m* (**for** über *akk*): **pay by ~** mit Scheck bezahlen 7 *bes US* Rechnung *f* (*im Restaurant*) 8 Kontrollabschnitt *m*, -marke *f*, -schein *m* 9 *bes US* Aufbewahrungsschein *m*: a Garderobenmarke *f* b Gepäckschein *m* 10 (*Essens- etc*) Bon *m*, Gutschein *m* 11 a Schachbrett-, Würfel-, Karomuster *n* b Karo *n*, Viereck *n* c karierter Stoff 12 Spielmarke *f* (*z. B. beim Pokerspiel*): **pass** (*od* **hand**) **in one's ~s** *US umg* den Löffel weglegen (*sterben*) 13 TECH Arretiervorrichtung *f*, -feder *f* 14 kleiner Riss *od* Spalt (*in Holz, Stahl etc*) 15 *Eishockey*: Check *m* 16 **come to a ~** von der Fährte abkommen (*Jagdhund*) B INT 1 Schach! 2 *US umg* klar! C V/T 1 Schach bieten (*dat*) 2 hemmen, hindern, zum Stehen bringen, aufhalten, eindämmen 3 TECH, *a. fig* WIRTSCH *etc* drosseln, bremsen 4 zurückhalten, zügeln: **~ o.s.** sich beherrschen 5 *Eishockey*: checken 6 checken, kontrollieren, überprüfen, nachprüfen (*alle*: **for** auf *e-e Sache* hin): **~ sth for safety** etwas auf s-e Sicherheit überprüfen; **~ against** vergleichen mit 7 *US* (*auf e-r Liste etc*) abhaken, ankreuzen 8 *bes US* a (zur Aufbewahrung *od* in der Garderobe) abgeben b (als Reisegepäck) aufgeben 9 *bes US* a (zur Aufbewahrung) annehmen b zur Beförderung (als Reisegepäck) übernehmen *od* annehmen 10 karieren, mit e-m Karomuster versehen 11 *a.* **~ out** *US Geld* mittels Scheck abheben 12 *Br e-e Karte* lochen 13 *obs j-n* rügen, tadeln D V/I 1 *bes US* a sich als richtig erweisen, stimmen b (**with**) genau entsprechen (*dat*), übereinstimmen (mit) 2 a *oft* **~ up(on)** (*e-e Sache*) nachprüfen, (*e-e Sache od j-n*) überprüfen, kontrollieren b MATH die Probe machen 3 *US* e-n Scheck ausstellen (**for** über *akk*) 4 (plötzlich) inne- *od* anhalten, stutzen 5 **~ into** in *e-m Hotel* absteigen: **~ into room 100 at the Hilton** im Hilton Zimmer 100 beziehen 6 TECH rissig werden

Phrasal Verbs: **check| back** V/I rückfragen (**with** bei); **~ in** A V/I 1 sich (*in e-m Hotel*) anmelden 2 einstempeln 3 FLUG einchecken B V/T 1 (*in e-m Hotel*) anmelden 2 FLUG einchecken; **~ off** → check C 7; **~ out** A V/T 1 → check C 6 2 → check C 11 3 sich erkundigen nach, sich informieren über (*akk*) B V/I 1 auschecken, abreisen (*beide*: **of** aus *e-m Hotel*) 2 ausstempeln 3 *US sl* den Löffel weglegen (*sterben*); **~ over** → check C 6; **~ up** → check D 2 a

checkable ['tʃekəbl] ADJ kontrollierbar, nachprüfbar

check|back S Rückfrage *f*; **~ bit** S IT Prüf-, Kontrollbit *n*; **~book**, *Br* **chequebook** S Scheckbuch *n*, -heft *n*: **balance one's ~** s-n Verhältnissen entsprechend leben; **~ journalism** Scheckbuchjournalismus *m*; **~ card**, *Br* **cheque card** S Scheckkarte *f*; **~ digit** S IT Prüf-, Kontrollziffer *f*

checked [tʃekt] ADJ 1 kariert: **~ pattern** Karomuster *n* 2 LING auf e-n Konsonanten endend (*Silbe*)

checker[1], *bes Br* **chequer** ['tʃekə(r)] A S 1 *US* a (Dame)Stein *m* b *pl* (*als sg konstruiert*) Dame(spiel) *f(n)*: **play (at) ~s** Dame spielen 2 Karomuster *n* B V/T 1 karieren 2 *fig* variieren, bunt *od* wechselvoll gestalten

checker[2] ['tʃekə(r)] S *bes US* 1 Kassiererin *f* (*bes im Supermarkt*) 2 Garderobenfrau *f* 3 BAHN Angestellte(r) *m/f(m)* in e-r Gepäckaufbewahrung

checkerboard, *bes Br* **chequerboard** S Schach- *od* Damebrett *n*

checkered, *bes Br* **chequered** ['tʃekə(r)d] ADJ 1 kariert, gewürfelt, schachbrettartig 2 bunt (*a. fig*) 3 *fig* wechselvoll, bewegt (*Geschichte etc*)

check-in S 1 Anmeldung *f* (*in e-m Hotel*) 2 Einstempeln *n* 3 FLUG Einchecken *n*: **~ counter** (*od* **desk**) Abfertigungsschalter *m*; **~ deadline** Meldeschluss *m* (*für Passagiere*)

checking| account ['tʃekɪŋ] S WIRTSCH *US* Girokonto *n*; **~ slip** S Kontrollabschnitt *m*

check| list S Check-, Kontroll-, Vergleichsliste *f*; **~ lock** S kleines Sicherheitsschloss; **~mate** A S 1 (Schach-)Matt *n*, Mattstellung *f*: **force sb into ~** j-n (schach)matt setzen 2 *fig* Niederlage *f* B V/T (schach)matt setzen (*a. fig*) C INT schachmatt!; **~ nut** S TECH Gegenmutter *f*; **~off** S *US* Einbehaltung *f* der Gewerkschaftsbeiträge durch den Betrieb; **~-out** S 1 a Abreise *f* (*aus e-m Hotel*) b *a.* **~ time** *Zeit, zu der ein Hotelzimmer geräumt sein muss*: **~ is at 10** die Zimmer müssen um 10 geräumt sein 2 Ausstempeln *n* 3 *a.* **~ counter** Kasse *f* (*bes im Supermarkt*): **~ girl** Kassiererin *f* 4 TECH Bestehen *n* e-s Tauglichkeitstests: **~ test** Tauglichkeitstest *m*; **~-over** → checkup 1; **~point** S 1 MIL Bezugs-, Orientierungspunkt *m* 2 ELEK, TECH Kontroll-, Eichpunkt *m* 3 IT Anhalte-, Fixpunkt *m* 4 POL Kontrollpunkt *m* (*an der Grenze*); **~ rail** S BAHN Radlenker *m*; **~ rein** S *US* Ausbindezügel *m*; **~room** S *bes US* 1 BAHN Gepäckaufbewahrung(sstelle) *f* 2 Garderobe(nraum) *f(m)*; **~s and balances** SPL POL *bes US* gegenseitige Kontrolle (*zur Verhinderung von Machtmissbrauch*); **~up** S 1 Überprüfung *f*, Kontrolle *f* 2 MED *umg* Check-up *m/n* (*umfangreiche Vorsorgeuntersuchung*): **give sb a ~** j-n durchchecken; **have a ~** sich durchchecken lassen; **have a ~ on sth** sich etwas durchchecken lassen; **~ valve** S TECH Rückschlagventil *n*

Cheddar, ♀ ['tʃedə(r)] S Cheddar(käse) *m*: **hard** ♀! *sl* Künstlerpech! *umg*, Pech gehabt!

cheek [tʃiːk] A S 1 Backe *f*, Wange *f*: **~ by jowl** in Tuchfühlung (**with** mit); **dance ~ to ~** Wange an Wange tanzen; **turn the other ~** *fig* die andere Wange darbieten 2 *umg* Backe *f* (*Gesäßhälfte*) 3 *umg* Frechheit *f*: **what a** (*od* **of all the**) **~!** so e-e Frechheit!; **have the ~ to do sth** die Frechheit *od* Stirn haben, etwas zu tun; **he had the ~ to be late** er kam glatt zu spät 4 TECH Backe *f* (*Seitenteil e-s Schraubstocks etc*) 5 a Knebel *m* (*am Trensengebiss e-s Pferdes*) b *pl* Backenteile *pl* (*des Pferdegeschirrs*) B V/T *umg* frech sein zu; **~bone** S ANAT Backenknochen *m*

cheeked [tʃiːkt] ADJ *in Zusammensetzungen …wangig*: → hollow-cheeked *etc*

cheekiness ['tʃiːkɪnɪs] S *umg* Frechheit *f*

cheek|piece S Backenriemen *m* (*am Pferdegeschirr*); **~ pouch** S ZOOL Backentasche *f*; **~ tooth** S *irr* Backenzahn *m*

cheeky ['tʃiːkɪ] ADJ (ADV **cheekily**) *umg* frech: **a ~ little boy** ein kleiner Frechdachs

cheep [tʃiːp] A V/T & V/I piepsen B S a Piepsen *n* b Pieps(er) *m* (*a. fig*): **we didn't get a ~ out of him** er hat keinen Pieps gesagt; **cheeper** S ORN junger Vogel, Küken *n*

cheer [tʃɪə(r)] A S 1 Beifall(sruf) *m*, Hurra(ruf) *n(m)*, Hoch(ruf) *n(m)*: **three ~s for him!** ein dreifaches Hoch auf ihn!, er lebe hoch, hoch, hoch!; **give three ~s for sb** ein dreifaches Hoch auf j-n ausbringen, j-n dreimal hochleben lassen; **the ~s of** unter dem Beifall *etc* (*gen*) 2 Auf-, Ermunterung *f*, Aufheiterung *f*, Trost *m*: **words of ~** aufmunternde Worte; **~s!** *bes Br umg* a → cheerio b danke! 3 a gute Laune, vergnügte Stimmung, Frohsinn *m*, Fröhlichkeit *f* b Stimmung *f*: **good ~** → A 3 a; **be of good ~** guter Laune *od* Dinge sein, vergnügt *od* froh sein; **be of good ~** sei guten Mutes!; **with good ~** bereitwillig 4 *obs* Speise *f* u. Trank *m* B V/T 1 Beifall spenden (*dat*), zujubeln (*dat*), mit Hoch- *od* Bravorufen begrüßen, hochleben lassen 2 *a.* **~ on** anfeuern 3 *a.* **~ up** *j-n* er-, aufmuntern, aufheitern C V/I 1 Beifall spenden, hurra rufen, jubeln 2 *meist* **~ up** Mut fassen, (wieder) fröhlich werden: **~ up!** Kopf hoch!, lass den Kopf nicht hängen!

cheerful ADJ (ADV **~ly**) 1 fröhlich, vergnügt 2 freundlich (*Raum etc*) 3 fröhlich (*Lied etc*) 4 bereitwillig; **cheerfulness** S 1 Fröhlichkeit *f*, Vergnügtheit *f* 2 Freundlichkeit *f* 3 Bereitwilligkeit *f*; **cheeriness** ['tʃɪərɪnɪs] → cheerfulness 1, 2

cheerio [ˌtʃɪərɪ'əʊ] INT *bes Br umg* 1 tschüs! 2 prost!

cheerleader S SPORT *bes US* Einpeitscher(in), (*Mädchen a.*) Cheerleader *m*

cheerless ['tʃɪə(r)lɪs] ADJ (ADV **~ly**) 1 freudlos, trüb(e) 2 unfreundlich (*Raum etc*); **cheerlessness** S 1 Freudlosigkeit *f*, Trübheit *f* 2 Unfreundlichkeit *f*; **cheery** ADJ (ADV **cheerily**) → cheerful 1, 2

cheese[1] [tʃiːz] S Käse *m*: **say ~** FOTO bitte recht freundlich!; **hard ~!** *sl* Künstlerpech! *umg*, Pech gehabt!; **the ~** *sl* genau das Richtige, das einzig Wahre; **that's the ~!** *sl* genau!

cheese[2] [tʃiːz] V/T *sl* 1 **~ it!** a hau ab! *umg* b halt die Klappe! *umg* c hör auf (damit)! 2 **I'm ~d off with him** *Br* er ödet mich an

cheese|board S Käseplatte *f*; **~burger** S Cheeseburger *m*; **~cake** S 1 a Käsetorte *f* b Käsekuchen *m* 2 *sl* Pin-up-Girls *pl*; **~cloth** S Mull *m*, Gaze *f*; **~ cover** S Käseglocke *f*; **~ knife** S *irr* 1 *Käsefabrikation*: Käsespachtel *m/f* 2 Käsemesser *n* (*a. hum Säbel etc*); **~ mite** S ZOOL Käsemilbe *f*; **~monger** S Käsehändler(in); **~paring** A S 1 Käserinde *f* 2 wertlose Sache 3 Knauserei *f umg* B ADJ knaus(e)rig *umg*; **~ rennet** S BOT Echtes Labkraut; **~ scoop** S Käsestecher *m*; **~ screw** S TECH Zylinderschraube *f*; **~ spread** S Streich-, Schmelzkäse *m*; **~ straw** S Käsestange *f* (*Gebäck*)

cheesy ['tʃiːzɪ] ADJ (ADV **cheesily**) 1 käsig 2 *US sl* miserabel

cheetah ['tʃiːtə] S ZOOL Gepard *m*

chef [ʃef] S Küchenchef *m*: **~'s salad** GASTR Chefsalat *m*; **~ de cuisine** [ˌʃefdəkwiː'ziːn] *pl* chefs de cuisine [ˌʃefs-] → chef; **~ d'oeuvre** *pl* chefs d'oeuvre [ˌʃeɪ'dɜːvrə] S Meisterwerk *n*

chela[1] ['kiːlə] *pl* -lae [-liː] S ZOOL Schere *f*

chela[2] ['tʃeɪlə] S *Hinduismus*: Schüler *m*, Jünger *m* (*e-s Mahatmas etc*)

cheloid → keloid

chelonian [kɪ'ləʊnjən; -nɪən] ZOOL A ADJ schildkrötenartig B S Schildkröte *f*

Chelsea| bun ['tʃelsɪ] S *Br Hefeteigbrötchen mit Rosinen*; **~ pensioner** S *Br Insasse des Chelsea Royal Hospital für alte u. kriegsversehrte Veteranen*

chem. ABK 1 chemical; 2 chemistry 3 chemist

C

chemic ['kemɪk] ADJ (ADV ~ally) obs 1 alchimistisch 2 chemisch

chemical ['kemɪkl] A ADJ (ADV ~ly) chemisch (*Kriegführung, Reaktion etc*): ~ **bond** chemische Bindung; ~**(-disposal) closet** Trockenklosett *n*, chemisches Klosett; ~ **engineer** Chemieingenieur(in); ~ **engineering** Chemotechnik *f* B S Chemikalie *f*

chemise [ʃə'mi:z] S (Damen)Hemd *n*; **chemisette** [ˌʃemi:'zet] S Chemisett *n*, Chemisette *f*, Einsatz *m* (*im Kleid*)

chemism ['kemɪzəm] S obs Chemismus *m* (*chemische Wirkung*)

chemist ['kemɪst] S 1 Chemiker(in) 2 Br a Apotheker(in) b Drogist(in): ~**'s** Apotheke *f*; Drogerie *f*; **chemistry** [-trɪ] S 1 Chemie *f*: ~ **set** Chemiebaukasten *m* 2 a chemische Eigenschaften *pl od* Zusammensetzung b chemische Abläufe *pl* (*im Körper*) 3 *fig* Wesen *n*, Natur *f* 4 *fig* Harmonie *f*, Verträglichkeit *f*: **the ~ is right between them** zwischen ihnen stimmt die Chemie; **the ~ between them is all wrong** sie können einfach nicht miteinander

chemotherapeutic [ˌkeməʊˌθerə'pju:tɪk] MED A ADJ (ADV ~ally) chemotherapeutisch B S **chemotherapeutics** *pl* (*als sg konstruiert*) → chemotherapy

chemotherapeutical [-kl] ADJ (ADV ~ly) → chemotherapeutic A; **chemotherapy** S Chemotherapie *f* (*Behandlung mit chemischen Mitteln*): **have** (*od* **undergo**) **a course of ~** sich e-r Chemotherapie unterziehen

chemurgy ['kemɜ:dʒɪ; US -ˌɜr-; -ər-] S Chemurgie *f* (*Gewinnung chemischer Produkte aus land- u. forstwirtschaftlichen Erzeugnissen*)

chenille [ʃə'ni:l] S 1 Chenille *f* (*Garn, dessen Fasern in dichten Büscheln seitlich vom Faden abstehen*) 2 Stoff *m* mit eingewebter Chenille

cheque *Br für* check A 6; ~ **account** S WIRTSCH *Br* Girokonto *n*

chequer, **chequered** *bes Br für* checker[1], checkered

cherish ['tʃerɪʃ] V/T 1 (wert)schätzen, hochhalten: ~ **sb's memory** j-s Andenken in Ehren halten 2 zugetan sein (*dat*), zärtlich lieben 3 sorgen für, (hegen u.) pflegen 4 *Ambitionen, Gefühle etc* hegen: ~ **the hope that …** die Hoffnung hegen, dass …; → illusion 1 5 *fig* an *e-r Idee etc* festhalten

chernozem ['tʃɜ:nəʊzem; US ˌtʃɜ:rnə'zem, ˌtʃernə'ʒɔ:m] S GEOL Tschernosem *n*, Tschernosjom *n*, Schwarzerde *f*

cheroot [ʃə'ru:t] S Stumpen *m* (*Zigarre ohne Spitzen*)

cherry ['tʃerɪ] A S 1 a BOT Kirsche *f*: **be the ~ on the cake** (*od* **top**) *fig* der Punkt auf dem i sein b → cherry tree c → cherrywood 2 kirschenähnliche Pflanze *od* Beere 3 Kirschrot *n* 4 TECH Kugelfräser *m* 5 *sl* a Jungfräulichkeit *f*, Unschuld *f*: **she's lost her ~** b Jungfernhäutchen *n* B ADJ kirschfarben, -rot; ~ **brandy** S Cherrybrandy *m* (*ein feiner Kirschlikör*); ~ **coal** S Sinterkohle *f*; ~ **laurel** S BOT Kirschlorbeer *m*; ~ **pie** S 1 Kirschkuchen *m* 2 BOT (*ein*) Heliotrop *n*; ~ **pit** *US für* cherry stone; ~ **red** S Kirschrot *n*; ~**-red** ADJ 1 kirschrot 2 rot glühend: ~ **heat** METALL volle Rotgluthitze; ~ **stone** S Kirschkern *m*, -stein *m*; ~ **tomato** S Zucker-, Kirschtomate *f*; ~ **tree** S Kirschbaum *m*; ~**wood** S Kirschbaum(-holz) *m(n)*

chersonese ['kɜ:səni:s; -ni:z; US 'kɜr-] S *obs od poet* Halbinsel *f*

chert [tʃɜ:t; US tʃɜrt] S MINER Kieselsäuregestein *n*

cherub ['tʃerəb] S 1 *pl* -ubs, -ubim [-əbɪm] Cherub *m*, Engel *m* 2 *pl* -ubs KUNST Putte *f*, Putto *m* 3 *pl* -ubs *fig* Engel(chen) *m(n)* (*Kind*) 4 *pl* -ubs pausbäckige Person (*bes Kind*); **cherubic** [tʃe'ru:bɪk; tʃə-] ADJ (ADV ~ally) cherubinisch, engelhaft, -gleich

chervil ['tʃɜ:vɪl; US 'tʃɜrvəl] S BOT Kerbel *m*

Ches. ABK Cheshire

Cheshire ['tʃeʃə(r); -ˌʃɪə(r)] S Cheshire *n* (*Grafschaft im nordwestlichen England*)

Cheshire| cat ['tʃeʃə(r)] S: **grin** (*od* **wear a grin**) **like a ~** breit grinsen; ~ **cheese** S Chesterkäse *m*

chess[1] [tʃes] S Schach(spiel) *n*: **a game of ~** e-e Partie Schach, e-e Schachpartie; **play ~** Schach spielen

chess[2] [tʃes] *pl* chess, chesses S Bohle *f*, Planke *f* (*e-r Pontonbrücke*)

chess[3] [tʃes] S BOT *US* Roggentrespe *f*

chess|board S Schach- *od* Damebrett *n*; ~ **computer** S Schachcomputer *m*; ~**man** [-mæn] S *irr*, ~ **piece** S Schachfigur *f*; ~ **player** S Schachspieler(in); ~ **problem** S Schachaufgabe *f*

chest [tʃest] A S 1 Kiste *f*, Truhe *f*: ~ **(of drawers)** Kommode *f*; ~**-on-~** Doppelkommode *f*; ~ **freezer** Gefrier-, Tiefkühltruhe *f* 2 ANAT Brust(korb) *f(m)*, Brustkasten *m*: ~ **out, stomach in** Brust raus, Bauch rein!; **have a ~ cold** e-e Bronchitis haben, es auf der Brust haben *umg*; ~ **expander** SPORT Expander *m*; ~ **hair** Brusthaar *n*; ~ **measurement** Brustumfang *m*, -weite *f*; ~ **note** (*od* **tone**) MUS Brustton *m*; ~ **voice** (*od* **register**) MUS Bruststimme *f*; **beat its ~** sich gegen die Brust trommeln (*Affe*); **get sth off one's ~** *umg* sich etwas von der Seele reden; **play it close to the ~** *umg* auf Nummer sicher gehen 3 Kasse *f* (*a. fig*) B V/T ~ **down the ball** (*Fußball*) den Ball von der Brust abtropfen lassen

chested ['tʃestɪd] ADJ (*in Zusammensetzungen*) …brüstig: → flat-chested *etc*

Chester ['tʃestə(r)] → Cheshire cheese

chesterfield ['tʃestə(r)fi:ld] S 1 Chesterfield *m* (*eleganter Herrenmantel mit verdeckter Knopfleiste*) 2 Polstersofa *n*

chestnut ['tʃesnʌt; 'tʃest-] A S 1 Kastanie *f*: a BOT Edel- *od* Rosskastanie *f*: **pull the ~s out of the fire (for sb)** *fig obs* (für j-n) die Kastanien aus dem Feuer holen b BOT Kastanienbaum *m* c Kastanienholz *n* d Kastanienbraun *n* 2 *a.* **old ~** *umg* alte *od* olle Kamelle *umg* 3 a Fuchs *m* (*Pferd*) b VET Kastanie *f*, Hornwarze *f* B ADJ kastanienbraun

chesty ['tʃestɪ] ADJ (ADV chestily) 1 *Br umg* tief sitzend (*Husten*): **be ~** es auf der Brust haben *umg* 2 *umg* mit viel Holz vor der Hütte (*Frau*) 3 *US sl* eingebildet, arrogant

cheval|-de-frise [ʃəˌvældə'fri:z] *pl* chevaux-de-frise [ʃəˌvəʊ-] S MIL spanischer Reiter; ~ **glass** [ʃə'væl] S kippbarer Standspiegel

chevalier [ˌʃevə'lɪə(r)] S 1 (Ordens)Ritter *m*: ~ **of the Legion of Hono(u)r** Ritter der Ehrenlegion 2 Chevalier *m* (*französischer Adliger*) 3 *fig* Kavalier *m*

cheval mirror → cheval glass

chevaux-de-frise [ʃəˌvəʊdə'fri:z] *pl von* cheval-de-frise

chevet [ʃə'veɪ] S ARCH Apsis *f*

Cheviot ['tʃevɪət; 'tʃi:-] S 1 ZOOL Cheviotschaf *n* 2 *meist* ♀ [US 'ʃevɪət] Cheviot *m* (*aus der Wolle der Cheviotschafe hergestelltes Kammgarngewebe*)

chevron ['ʃevrən] S 1 *Heraldik*: Chevron *m*, Sparren *m* 2 MIL Winkel *m* (*Rangabzeichen*) 3 ARCH Zickzackleiste *f* 4 COMPUT Steuerzeichen *n*

chevrotain ['ʃevrəteɪn; -tɪn] S ZOOL Kant(s)chil *m*, Zwergböckchen *n*

chevy ['tʃevɪ] *Br* A S 1 *obs Ruf bei der (Hetz)Jagd* 2 (Hetz)Jagd *f* B V/T 1 jagen 2 a *j-n* herumhetzen, -jagen: ~ **sb along** (*od* **up**) j-n antreiben b *fig j-n* schikanieren: ~ **sb to do sth** j-n quälen, etwas zu tun C V/I herumrennen

chew [tʃu:] A V/T 1 (zer)kauen: ~ **one's nails** an den Nägeln kauen; → cud 1, fat B 1, rag[1] A 1 2 *fig* sinnen auf (*akk*), *Rache etc* brüten: ~ **over** nachsinnen über (*akk*), grübeln über (*akk od dat*) 3 ~ **out** *bes US umg j-n* zusammenstauchen (**for** wegen) 4 **be ~ed up** *sl* zapp(e)lig (*aufgeregt, nervös*) sein B V/I 1 kauen: ~ **on** herumkauen auf (*dat*) 2 Tabak kauen 3 (**on, over**) nachsinnen (über *akk*), grübeln (über *akk od dat*) C S 1 Kauen *n*: **have a ~** kauen; **have a ~ on** herumkauen auf (*dat*) 2 *etwas zum Kauen*: ~ **of tobacco** Priem *m*

chewing gum ['tʃu:ɪŋ] S Kaugummi *m*, *a. n*;

chewy ADJ zäh (*Fleisch etc*)

chg. ABK 1 change 2 WIRTSCH charge

chgs ABK WIRTSCH charges PL

chi [kaɪ] S Chi *n* (*griechischer Buchstabe*)

chianti, ♀ [kɪ'æntɪ; kɪ'a:ntɪ] S Chianti *m*

chiaroscuro [kɪˌa:rə'skʊərəʊ] *pl* -ros S MAL 1 Chiaroscuro *n*, Helldunkel *n* 2 Verteilung *f* von Licht u. Schatten

chiasmus [kaɪ'æzməs] *pl* -mi [-maɪ] S RHET Chiasmus *m* (*kreuzweise syntaktische Stellung von aufeinander bezogenen Wörtern od Redeteilen*)

chic [ʃi:k; ʃɪk] *umg* A S Schick *m*, Eleganz *f* B ADJ (ADV ~ly) schick, elegant

chicane [ʃɪ'keɪn] A S 1 → chicanery 2 *Bridge*: Chicane *f* (*Fehlen e-r Farbe*): **have a ~** 3 *Motorsport*: Schikane *f* B V/T 1 *j-n* täuschen 2 herumnörgeln an (*dat*), bekritteln C V/I a das Recht verdrehen b Tricks anwenden, Winkelzüge machen; **chicanery** [-ərɪ] S 1 Täuschung *f* 2 a Rechtsverdrehung *f* b Trick *m*, Winkelzug *m*

Chicano [tʃɪ'ka:nəʊ] *pl* -nos S Chicano *m* (*Amerikaner mexikanischer Abstammung*)

chiccory → chicory

chichi ['ʃi:ʃi:] *umg bes pej* A ADJ a affektiert (*Person etc*) b extravagant (*Gegenstand*) B S 1 a affektierte Person b extravaganter Gegenstand 2 a Affektiertheit *f* b Extravaganz *f*

chick [tʃɪk] S 1 Küken *n*, junger Vogel 2 *umg* Kleine(s) *n* (*Kind; oft als Anrede*) 3 *sl oft pej* Biene *f*, Puppe *f* (*beide umg oft pej*) (*Mädchen*)

chickaree ['tʃɪkəˌri:] S ZOOL *US* Rotes Nordamer. Eichhörnchen

chicken ['tʃɪkɪn] A S 1 Küken *n*, Hühnchen *n*, Hähnchen *n*: **count one's ~s before they are hatched** das Fell des Bären verkaufen, ehe man ihn hat 2 Huhn *n* 3 Huhn *n*, Hühnerfleisch *n* 4 *umg* Küken (*junge Person*): **she is no ~** sie ist (auch) nicht mehr die Jüngste 5 *umg* Angsthase *m*, Feigling *m* 6 **play ~** *umg* a e-e Mutprobe ablegen (*Kinder*) b es auf e-e Konfrontation *etc* ankommen lassen 7 *US sl* Strichjunge *m* B ADJ *umg* feig C V/I ~ **out (of)** *umg* a kneifen (vor *dat*) b aussteigen (aus); ~ **breast** S MED Hühnerbrust *f*; ~**-breasted** ADJ hühnerbrüstig; ~ **broth** S GASTR Hühnerbrühe *f*; ~ **farm** S Geflügel-, Hühnerfarm *f*; ~ **farmer** S Geflügel-, Hühnerzüchter(in); ~ **farming** S Geflügel-, Hühnerzucht *f*; ~ **feed** S 1 Hühnerfutter *n* 2 *sl pej* ein paar Pfennige *pl*: *a thousand pounds* **is no ~** sind kein Pappenstiel *umg*; ~ **flu** S MED *umg* Hühnergrippe *f*; ~**-hearted** ADJ (ADV ~ly) → chicken-livered; ~ **influenza** S MED Hühnergrippe *f*; ~**-livered** ADJ a ängstlich, furchtsam b feig; ~ **pest** S VET Hühnerpest *f*; ~ **pox** S MED Windpocken *pl*; ~ **run** S Hühnerhof *m*, Auslauf *m*; ~ **salad** S GASTR Geflügelsalat *m*; ~ **soup** S GASTR Hühnersuppe *f*; ~ **wire** S feinmaschiges

Drahtgeflecht
chick| lit S *umg* Frauenliteratur *f*; Frauenbuch *n*; **~pea** S BOT Kichererbse *f*; **~weed** S BOT Vogelmiere *f*
chicle ['tʃɪkl; *US a.* -kli:], *a.* **~ gum** S Chicle *m* (*Milchsaft des Sapotillbaumes; wichtiger Rohstoff für Kaugummi*)
chicory ['tʃɪkərɪ] S BOT 1 Chicorée *m*, *a.* *f* 2 Zichorie *f* (*als Kaffeezusatzmittel*)
chide [tʃaɪd] *prät* chid [tʃɪd], chided ['tʃaɪdɪd], *pperf* chid, chided *od* **chidden** ['tʃɪdn] A V/T (aus)schelten (**for** wegen) B V/I schelten
chief [tʃi:f] A S 1 Oberhaupt *n* (*e-s Staates etc*), Vorsitzender *m* (*e-r Partei etc*), Leiter *m*: **~ of a department** Abteilungsleiter 2 Häuptling *m* (*e-s Stammes*): **American Indian ~** Indianerhäuptling 3 *umg* a *hum* Boss *m*, Chef *m* b *Anrede*: Chef!, Meister! *oft hum* 4 *Heraldik*: Schildhaupt *n* (*Wappenbild*) 5 **in ~** hauptsächlich, vor allem B ADJ (ADV → chiefly) 1 erst(er, e, es), oberst(er, e, es), höchst(er, e, es), Ober…, Haupt…: **~ accountant** WIRTSCH Hauptbuchhalter *m*; **~ cameraman** FILM, TV Aufnahmeleiter *m*; **~ concern** Hauptanliegen *n*; **~ designer** Chefkonstrukteur *m*; **~ executive officer** WIRTSCH Hauptgeschäftsführer(in); **~ problem** Hauptproblem *n* 2 hauptsächlich, wichtigst(er, e, es): **~ source of income** Haupteinnahmequelle *f*; **the ~ thing to remember** was man sich vor allem merken muss; **~ witness for the prosecution** Hauptbelastungszeuge *m* C ADV *obs* hauptsächlich, vor allem; **~ clerk** S a Bürovorsteher *m* b erster Buchhalter; **~ constable** S *Br* Polizeipräsident *m* (*e-r Stadt od Grafschaft*); **~ engineer** S 1 Chefingenieur *m* 2 SCHIFF erster Maschinist; **~ examiner** S *Patentrecht*: Oberprüfer *m*; ♀ **Executive** S *US* Präsident *m* (*der USA*); **~ executive** S *US* Gouverneur *m* (*e-s Bundesstaates*); **~ justice** S Gerichtspräsident *m*: **Chief Justice (of the United States)** Präsident *m* des Obersten Bundesgerichts
chiefly ['tʃi:flɪ] ADV hauptsächlich, vor allem
chief| of staff S MIL a Generalstabschef *m* b Stabschef *m* (*a. des Weißen Hauses etc*); **~ of state** S Staatschef *m*, -oberhaupt *n*; **~ petty officer** S SCHIFF, MIL 1 *US* Stabsbootsmann *m* 2 *Br* Oberbootsmann *m*
chieftain ['tʃi:ftən; -tɪn] S 1 Häuptling *m* (*e-s Stammes*), *bes* Oberhaupt *n* (*e-s Clans*) 2 Anführer *m* (*e-r Bande*), (*Räuber*) Hauptmann *m*
chiffchaff ['tʃɪftʃæf] S ORN Weidenlaubsänger *m*, Zilpzalp *m*
chiffon ['ʃɪfɒn; *US* ʃɪf'ɑn] A S Chiffon *m* (*feines, schleierartiges Seidengewebe in Taftbindung*) B ADJ Chiffon…
chiffonier [ˌʃɪfə'nɪə(r)] S Chiffoniere *f* (*hohe Schubladenkommode*)
chigger ['tʃɪgə(r)] S ZOOL 1 *parasitische Larve einiger Herbst- od Erntemilben* 2 → chigoe
chignon ['ʃi:njɔ̃:ŋ; *US* -ˌjɑ:n] S Chignon *m*, Nackenknoten *m*
chigoe ['tʃɪgəʊ] *pl* -oes S ZOOL Sandfloh *m*
chihuahua [tʃɪ'wɑ:wə; -wɑ:] S ZOOL Chihuahua *m* (*dem Zwergpinscher ähnlicher Hund*)
chilblain ['tʃɪlbleɪn] S Frostbeule *f*; **chilblained** ADJ mit Frostbeulen bedeckt
child [tʃaɪld] *pl* children ['tʃɪldrən] S 1 Kind *n*: **(as) helpless as a ~** so hilflos wie ein Kind; **with ~** schwanger; **get with ~** schwängern; **from a ~** von Kindheit *od* Kindesbeinen an; **be a good ~** sei artig!; **that's ~'s play (compared to** [*od* **with**]**)** a das ist ein Kinderspiel *od* kinderleicht (verglichen mit) b das ist harmlos (verglichen mit); **children and fools tell the truth** (*Sprichwort*) Kinder u. Narren sagen die Wahrheit 2 *fig* Kind *n*, kindliche *od* (*pej*) kindische Person: **don't be such a ~** sei doch nicht so kindisch!; **he's a ~ in such** (*od* **these**) **matters** er ist in solchen Dingen ziemlich unerfahren 3 Kind *n*, Nachkomme *m*: **the children of Israel** die Kinder Israels; **the children of light** a BIBEL die Kinder des Lichtes b die Quäker 4 *obs od poet* Jüngling *m* vornehmer Abkunft, Junker *m* 5 *fig* Jünger *m*, Schüler *m* 6 *fig* Kind *n*, Produkt *n*; **~ abuse** S JUR 1 Kindesmisshandlung *f* 2 sexueller Missbrauch von Kindern; **~ allowance** S *Steuer*: Kinderfreibetrag *m*; **~ battering** → child abuse 1; **~bearing** S Gebären *n*: **of ~ age** in gebärfähigem Alter; **~bed** S Kind-, Wochenbett *n*: **be in ~** im Wochenbett liegen; **~ fever** MED Kindbettfieber *n*; **~ benefit** S *Br* Kindergeld *n*; **~birth** S Geburt *f*, Niederkunft *f*, Entbindung *f*: **die in ~** bei der Entbindung sterben; **~ bride** S kindliche *od* (sehr) junge Braut; **~ care** S 1 Kinderbetreuung *f* 2 *Br* Kinderfürsorge *f*; **~ custody** → custody 5
childe → child 4
Childermas ['tʃɪldə(r)mæs] S REL *obs* Fest *n* der Unschuldigen Kinder (*28. Dezember*)
child|-friendly ADJ kinderfreundlich; **~ guidance** S Child Guidance *f* (*Diagnostik u. Behandlung von kindlichen Entwicklungs- u. Verhaltensstörungen*)
childhood ['ʃaɪldhʊd] A S Kindheit *f*: **from ~** von Kindheit *od* Kindesbeinen an; → second childhood B ADJ Kindheits…: **~ experience (memories,** *etc*); **he married his ~ sweetheart** er heiratete s-e Jugendliebe
childish ['tʃaɪldɪʃ] ADJ (ADV **~ly**) 1 kindlich 2 kindisch; **childishness** S 1 Kindlichkeit *f* 2 kindisches Wesen
child| killer S Kindesmörder(in); **~ labo(u)r** S Kinderarbeit *f*
childless ['tʃaɪldlɪs] ADJ kinderlos; **childlessness** S Kinderlosigkeit *f*
childlike ADJ kindlich
child| minder S Tagesmutter *f*; **~ molester** S *j-d, der Kinder (sexuell) belästigt*; **~ molesting** S (sexuelle) Belästigung von Kindern; **~ pornography** S Kinderpornografie *f*; **~ prodigy** S Wunderkind *n*; **~proof** A ADJ kindersicher: **~ lock** AUTO Kindersicherung *f* B V/T kindersicher machen; **~ protection** S Kinderschutz *m*; **~ reduction** S Kinderermäßigung *f*
children ['tʃɪldrən] *pl von* child: **~'s book** Kinderbuch *n*; **~'s channel** TV Kinderkanal *m*; **~'s clinic** Kinderklinik *f*; **~'s home** Kinderheim *n*; **~'s hour** RADIO, TV Kinderstunde *f*; **~'s nurse** Kinder(kranken)schwester *f*; **~'s program(me)** (RADIO, TV) Kinderprogramm *n*; **~'s service** REL Kindergottesdienst *m*; ♀ **Act** S JUR Kinderschutzgesetz *n*
childrenese [ˌtʃɪldrə'ni:z; -s] S *US* kindertümliche *od* kindgemäße Sprache
child|-resistant ADJ kindersicher; **~ seat** S AUTO Kindersitz *m*; **~ stealing** S JUR Kindesraub *m*; **~ welfare** S Jugendfürsorge *f*, -hilfe *f*: **~ worker** Jugendfürsorger(in); **~wife** S *irr* Kindweib *n*, (sehr) junge Ehefrau
chile[1] → chilli
Chile[2] ['tʃɪlɪ] Chile *n*; **Chilean** ['tʃɪlɪən] A S Chilene *m*, Chilenin *f* B ADJ chilenisch
Chile| niter, *bes Br* **~ nitre** ['tʃɪlɪ] → Chile saltpeter; **~ saltpeter**, *bes Br* **~ saltpetre** S CHEM Chilesalpeter *m*
chili → chilli
chiliad ['kɪlɪæd] S 1 Tausend *n* 2 Jahrtausend *n*; **chiliasm** ['kɪlɪæzəm] S REL Chiliasmus *m* (*Lehre vom Tausendjährigen Reich Christi*)
chill [tʃɪl] A S 1 Kältegefühl *n*, Frösteln *n*, (*a.* Fieber)Schauer *m*: **~s** *pl* **(and fever)** *US* Schüttelfrost *m*; **a ~ of fear** ein Angstschauder; **a ~ ran (up and) down my spine** es überlief mich kalt, ein Schauder lief mir über den Rücken; **send ~s (up and) down sb's spine** j-m Schauder über den Rücken jagen 2 Kälte *f*, Kühle *f* (*beide a. fig*): **take the ~ off** *etwas* leicht anwärmen, überschlagen lassen 3 Erkältung *f*: **catch a ~** sich erkälten; **she's got a ~ on the bladder** *umg* sie hat sich die Blase erkältet 4 *fig* Gefühl *n* der Entmutigung, gedrückte Stimmung: **cast** (*od* **put**) **a ~ (up)on** → D 1 5 METALL a Kokille *f*, Abschreck-, Gussform *f* b Abschreckstück *n* B ADJ 1 → chilly 2 *fig* bedrückend, entmutigend C V/I 1 abkühlen 2 **~ out** *bes US sl* sich beruhigen D V/T 1 a *j-n* frösteln lassen b abkühlen (lassen), kalt machen, *Lebensmittel etc* kühlen: **~ed** gekühlt, Kühl…; **~ed cargo** Kühlgut *n*, gekühlte Ladung; **~ed meat** Kühlfleisch *n*; → bone[1] A 1 2 *fig* a abkühlen, dämpfen b entmutigen 3 METALL a abschrecken, härten: **~ed iron** Hartguss *m*; **~ed shot** JAGD Hartschrot *m* b in Kokille (ver)gießen
chillax [tʃɪ'læks] V/I *umg* chillen und relaxen, ausspannen
chill|-cast ADJ METALL in Kokillen gegossen, abgeschreckt; **~ casting** S METALL Kokillen-, Hartguss *m*
chiller ['tʃɪlə(r)] S FILM, TV Gruselschocker *m*
chilli ['tʃɪlɪ] *pl* -lies S a BOT Chili *m* b *a.* **~ powder** Chili *m*, Cayennepfeffer *m*: **~ sauce** GASTR Chili(soße *f*); **~ con carne** ['kɑ:(r)nɪ] GASTR Chili con Carne (*mit Chilischoten od Cayennepfeffer gewürztes Rinderragout, das mit Bohnen serviert wird*)
chilliness ['tʃɪlɪnɪs] S Kälte *f*, Frostigkeit *f* (*beide a. fig*)
chilling ['tʃɪlɪŋ] A S 1 Abkühlung *f* (*a. fig*) 2 METALL Abschrecken *n* 3 TECH Kühlen *n* B ADJ → chilly
chillroom S Kühlraum *m*
chilly ['tʃɪlɪ] ADJ a kalt, frostig, kühl (*alle a. fig*): **be given a ~ welcome** kühl empfangen werden b fröstelnd: **feel ~** frösteln
Chiltern Hundreds ['tʃɪltən] SPL *Br* Kronamt *n* (*dessen Verwaltung der Form halber zurücktretenden Parlamentariern übertragen wird*): **apply for the (Stewardship of the) ~** s-n Sitz im Parlament aufgeben
chimaera [kaɪ'mɪərə; kɪ'm-] S 1 ZOOL a Chimäre *f*, Seehase *m* b Seedrachen *m* 2 → chimera
chimb → chime[2]
chime[1] [tʃaɪm] A S 1 *meist pl* Glockenspiel *n* 2 *meist pl* MUS Glocken-, Stahlspiel *n* (*des Orchesters*) 3 Satz *m* Glocken u. Hämmer (*wie bei Spieluhren etc*) 4 *fig* Einklang *m*, Harmonie *f* 5 *meist pl* harmonisches Glockengeläute 6 (Glocken)Schlag *m* B V/I 1 a läuten (*Glocken*) b schlagen (*Uhr*) 2 ertönen, erklingen 3 *fig* harmonieren, übereinstimmen (*beide:* **with** mit) 4 **~ in** sich (ins Gespräch) einmischen, (*a.* MUS) einfallen: **~ in with** a zustimmen, beipflichten (*dat*) b übereinstimmen mit C V/T 1 *Glocken* läuten, *a. e-e Melodie* erklingen lassen 2 *die Stunde* schlagen 3 rhythmisch *od* mechanisch hersagen
chime[2] [tʃaɪm] S Zarge *f* (*e-s Fasses*)
chimer[1] ['tʃaɪmə(r)] S Glockenspieler(in)
chimer[2] ['tʃaɪmə(r); 'ʃaɪmə(r)] → chimere
chimera [kaɪ'mɪərə; kɪ'm-] S 1 MYTH Chimära *f* (*Ungeheuer*) 2 *fig* a Schreckgespenst *n* b Schimäre *f*, Hirngespinst *n*, Trugbild *n* 3 BOT Chimäre *f* (*Pflanze aus Geweben von zwei genotypisch verschiedenen Arten*)
chimere [tʃɪ'mɪə(r); ʃɪ'm-] S REL Samarie *f*, Simare *f* (*Obergewand*)
chimeric [kaɪ'merɪk; kɪ-] ADJ, **chimerical**

ADJ (ADV ~ly) 1 schimärisch, trügerisch 2 schimärenhaft, fantastisch
chimney ['tʃɪmnɪ] S 1 Schornstein *m*, Schlot *m*, Kamin *m*, Rauchfang *m*: **smoke like a ~** *fig* rauchen wie ein Schlot 2 *(Lampen)* Zylinder *m* 3 a GEOL *(Vulkan)* Schlot *m* b *Bergsteigen*: Kamin *m* 4 Kamin *m*: **open ~** offener Kamin; **~ breast** S Kaminmantel *m*; **~ flue** S Rauchkanal *m*, Schornsteinzug *m*; **~piece** S Kaminsims *m/n*; **~ pot** S Kamin-, Schornsteinkappe *f*; **~ stack** S Schornsteinkasten *m* *(mehrerer Schornsteinröhren)*; **~ swallow** S ORN Rauchschwalbe *f*; **~ sweep(er)** S Schornsteinfeger(in), Kaminkehrer(in)
chimp [tʃɪmp] *umg für* chimpanzee
chimpanzee [ˌtʃɪmpən'ziː; -pæn-; *US a.* tʃɪm'pænziː] S ZOOL Schimpanse *m*
chin [tʃɪn] A S Kinn *n*: **up to the ~** a bis zum Kinn b *fig* bis über die Ohren *umg*; **~ up!** Kopf hoch!; **keep one's ~ up** den Kopf nicht hängen lassen; **stick one's ~ out** sich weit aus dem Fenster lehnen; **take sth on the ~** *umg* etwas mit Fassung tragen; **take it on the ~** *umg* a schwer einstecken müssen, e-e böse Pleite erleben *umg* b sich nicht aus der Fassung bringen lassen B V/T 1 **~ o.s. (up)**, **~ the bar** e-n Klimmzug machen 2 *e-e Violine* ans Kinn setzen C V/I *US umg* schwatzen, plaudern
china[1] ['tʃaɪnə] A S 1 Porzellan *n* 2 (Porzellan)Geschirr *n* B ADJ porzellanen, Porzellan…
China[2] ['tʃaɪnə] China *n*
China| aster S BOT China-, Garten-, Sommeraster *f*; ⁓ **bark** S BOT Chinarinde *f*; ⁓ **blue** S Kobaltblau *n*; ⁓**-blue** ADJ kobaltblau; ⁓ **clay** → kaolin(e); **~ ink** S chinesische Tinte, (Auszieh)Tusche *f*; **~man** [-mən] S *irr meist pej* Chinese *m*; **~ rose** S BOT 1 Chinesischer Roseneibisch 2 Monatsrose *f*; ⁓ **stone** → kaolin(e); **~ syndrome** S China-Syndrom *n* *(hypothetische Katastrophe, wenn der Kern e-s Reaktors freigesetzt würde u. die sich dabei entwickelnde Hitze durch die Erde hindurchdränge)*; **~town** S Chinatown *f*, Chinesenviertel *n*; ⁓**ware** S Porzellan (-waren) *n(pl)*
chinch [tʃɪntʃ] S ZOOL *US* 1 Bettwanze *f* 2 *a.* **~ bug** Getreidewanze *f*
chinchilla [tʃɪn'tʃɪlə] S 1 ZOOL Chinchilla *f* 2 Chinchilla(pelz) *m*
chin-chin [ˌtʃɪn'tʃɪn; *US* '-ˌtʃɪn] INT *umg* 1 a hallo! b tschüs! 2 chin-chin!, prost!
chine[1] [tʃaɪn] S *Br dial* Klamm *f*, tiefe, enge Schlucht
chine[2] [tʃaɪn] S 1 Rückgrat *n*, Kreuz *n* 2 Kamm-, Lendenstück *n* *(vom Schlachttier)* 3 (Berg)Kamm *m*, Grat *m* 4 SCHIFF Kimme *f*
Chinee [tʃaɪ'niː] S *umg meist pej* Chinese *m*
Chinese [ˌtʃaɪ'niːz] A ADJ chinesisch: **~ medicine**; **she's ~** sie ist Chinesin B S 1 Chinese *m*, Chinesin *f*: **the ~** *koll* die Chinesen *pl* 2 LING Chinesisch *n*, das Chinesische; **~ cabbage** S BOT Chinakohl *m*; **~ ink** → China ink; **~ lantern** S Lampion *m*, *a. n*; **~ puzzle** S 1 *(ein)* Geduld(s)spiel *n* 2 *fig* komplizierte Angelegenheit; **~ red** S Zinnoberrot *n*; **~ studies** SPL Sinologie *f*; **~ wall** S *fig* unüberwindliches Hindernis; **~ white** S Zinkweiß *n*
Chink[1] [tʃɪŋk] S *sl pej* Schlitzauge *n (Chinese)*
chink[2] [tʃɪŋk] A S 1 Ritz *m*, Ritze *f*, Spalt *m*, Spalte *f*: **the ~ in sb's armo(u)r** *fig* j-s schwacher Punkt; → glottal 1 2 **~ of light** schmaler Lichtstrahl *od* -streifen B V/T *bes US* die Ritzen *etc* schließen von *od* in *(dat)*
chink[3] [tʃɪŋk] → clink[1]
chinky ['tʃɪŋkɪ] ADJ voller Ritze
chinless ['tʃɪnlɪs] ADJ 1 a mit fliehendem Kinn: **be ~** ein fliehendes Kinn haben b *Br umg* willensschwach 2 **~ wonder** *Br umg* vertrottelter Vertreter der Oberschicht
Chino- [tʃaɪnəʊ] *Wortelement mit der Bedeutung* chinesisch
Chinook [tʃɪ'nʊk; *US a.* ʃə-] S 1 *pl* **-nooks**, *bes koll* **-nook** Chinook(indianer) *m* 2 LING Chinook *n* 3 ⁓ *US* Chinook *m* *(föhnartiger Fallwind an der Ostseite der Rocky Mountains)*
chin| rest S Kinnstütze *f*; **~ strap** S Kinnriemen *m* *(e-s Helms)*, Kinnband *n* *(e-r Haube etc)*
chintz [tʃɪnts] S Chintz *m* *(glänzend gemachter, meist bunt gemusterter Baumwollstoff)*; **chintzy** ADJ *umg* 1 Chintz… 2 *US* billig, geschmacklos
chin|-up → pull-up 2; **~wag** *umg* A S 1 Schwatz *m*, Plauderei *f*, Plausch *m* 2 Klatsch *m*, Tratsch *m* B V/I 1 schwatzen, plaudern, plauschen 2 klatschen, tratschen
chip [tʃɪp] A S 1 *(Holz- od Metall)* Splitter *m*, Span *m*, Schnitzel *n/m*: **he's a ~ of the old block** *umg* er ist ganz der Vater; **have a ~ on one's shoulder** *umg* a sich ständig angegriffen fühlen b e-n Komplex haben **(about** wegen**)** 2 angeschlagene Stelle *(an Geschirr etc)*: **there's a ~ in the plate** der Teller ist angeschlagen 3 GASTR a *(Orangen- etc)* Scheibchen *n* b *pl Br* Pommes frites *pl* c *pl US (Kartoffel)* Chips *pl* 4 Chip *m*, Jeton *m*, Spielmarke *f*: **be in the ~s** *US umg* Knete haben; **the ~s are down** *umg* jetzt geht es um die Wurst; **when the ~s are down** *umg* wenn es hart auf hart geht; **cash in one's ~s** *bes US umg* den Löffel weglegen *(sterben)*; **have had one's ~s** *Br umg* erledigt sein, ausgespielt haben 5 *Golf*: Chip (-shot) *m* *(kurzer Annäherungsschlag, bei dem der Ball so auf das Grün gehoben wird, dass er noch rollen kann)* 6 geschliffener Brillantsplitter 7 Holz- *od* Strohfasern *pl* *(für Korbflechter etc)* 8 ELEK Chip *m* *(Siliziumplättchen mit gedruckten Schaltungen)* B V/T 1 *(mit der Axt od dem Meißel etc)* behauen 2 abraspeln, abschnitzeln 3 abbrechen 4 *Kanten, Ecken von Geschirr etc* an-, abschlagen C V/I 1 abbrechen, abköckeln, abspringen 2 *Golf*: chippen, e-n Chip schlagen *od* spielen
Phrasal Verbs: **chip| in** A V/I 1 *US* (ein)setzen *(beim Spiel)* 2 *umg* dazu beisteuern, e-n Beitrag leisten: **~ with** → B 2 3 *umg* sich *(in ein Gespräch)* einmischen B V/T *umg* 1 *(im Gespräch)* einwerfen: **he chipped in that …** 2 *Geld etc* beisteuern; **~ off** A V/T abbrechen B V/I abköckeln, abblättern
chip| basket S 1 Spankorb *m* 2 Fritierkorb *m*, -sieb *n*; **~board** S 1 (Holz)Spanplatte *f* 2 Graupappe *f*; **~ fracture** S MED Splitterbruch *m*; **~munk** S ZOOL *US* Chipmunk *m* *(ein nordamer. Eichhörnchen)*; **~ pan** S Fritteuse *f*
chipped [tʃɪpt] ADJ 1 angeschlagen *(Geschirr etc)* 2 abgebröckelt
Chippendale ['tʃɪpəndeɪl] S Chippendale *n* *(englischer Möbelstil des 18. Jh.s)*
chipper[1] ['tʃɪpə(r)] ADJ *bes US umg* lebhaft, munter, vergnügt
chipper[2] ['tʃɪpər] V/I *US* 1 zwitschern 2 schwatzen
chipping ['tʃɪpɪŋ] S 1 a Span *m*, Schnitzel *m/n*, abgesprungenes *od* abgeschlagenes Stück b angestoßene Ecke 2 *pl* TECH a Bohrspäne *pl* b (Straßen)Splitt *m*
chippy[1] ['tʃɪpɪ] S *Br* 1 *sl* → carpenter A 2 → chip shop
chippy[2] ['tʃɪpɪ] S *US sl* a Flittchen *n pej* b Nutte *f pej*
chip| shop S *Br umg* Imbissbude *f*; **~ shot** → chip A 5
chirk [tʃɜrk] V/T *meist* **~ up** *US umg* aufheitern, aufmuntern
chirographer [kaɪə'rɒgrəfə(r); *US* -'rɑ-] S Kalligraf(in), Schönschreiber(in); **chirographic** [ˌkaɪərə'græfɪk] ADJ (ADV **~ally**) kalligrafisch; **chirography** S 1 Kalligrafie *f*, Schönschreibkunst *f* 2 Handschrift *f*, *bes* Schönschrift *f*
chiromancer ['kaɪərəʊmænsə(r)] S Chiromant(in), Handliniendeuter(in); **chiromancy** S Chiromantie *f*, Handlesekunst *f*
chiropodist [kɪ'rɒpədɪst; ʃɪ'r-; *US* -'rɑ-] S Fußpfleger(in), Pediküre *f*; **chiropody** S Fußpflege *f*, Pediküre *f*
chiropractic [ˌkaɪərəʊ'præktɪk] S MED 1 Chiropraktik *f* *(manuelles Einrenken verschobener Wirbelkörper u. Bandscheiben)* 2 → chiropractor; **chiropractor** [-tə(r)] S Chiropraktiker(in)
chirp [tʃɜːp; *US* tʃɜrp] A V/T & V/I a zirpen *(Grille etc)* b zwitschern, piepsen *(Vogel)* *(alle a. fig Person etc)* B S 1 a Gezirp *n* b Zwitschern *n*, Piepsen *n* 2 Piepser *m*; **chirpy** ADJ (ADV chirpily) *umg* vergnügt
chirr [tʃɜː; *US* tʃɜr] A V/I zirpen *(Grille)* B S Zirpen *n*
chirrup ['tʃɪrəp; *US a.* 'tʃɜrəp] A V/I 1 *(a.* V/T*)* → chirp A 2 mit der Zunge schnalzen B S 1 → chirp B 2 (Zungen)Schnalzer *m*
chisel ['tʃɪzl] A S 1 Meißel *m* 2 TECH (Stech)-Beitel *m*, Stemmeisen *n* B V/T *prät u. pperf* **-eled**, *bes Br* **-elled** 1 mit dem Meißel bearbeiten, (aus)meißeln: **~ the marble into a figure** aus dem Marmor e-e Figur meißeln; **~ sth from** *(od* **out of)** **stone** etwas aus Stein meißeln *od* hauen; **~ an inscription on** e-e Inschrift meißeln in *(akk)* 2 *sl* a reinlegen, betrügen **(out of** um**)** b (sich) *etwas* ergaunern **(out of** von**)** C V/I 1 meißeln 2 *sl* krumme Sachen machen; **chisel(l)ed** ADJ 1 (aus)gemeißelt, geformt 2 *fig* scharf geschnitten *(Gesicht etc)*: **a finely ~ mouth** ein fein geschnittener Mund; **chisel(l)er** S *sl* Gauner(in), Betrüger(in)
chi-square| distribution ['kaɪskweə(r)] S *Statistik*: Chi-Quadrat-Verteilung *f*; **~ test** S *Statistik*: Chi-Quadrat-Test *m*
chit[1] [tʃɪt] S: **a ~ of a girl** a ein junges Ding b *pej* ein Fratz
chit[2] [tʃɪt] S 1 vom Gast abgezeichnete Speisen- *od* Getränkerechnung *(e-s Klubs etc)* 2 Rechnung *f*, Quittung *f* 3 a kurzer Brief, (kurze) Notiz b beschriebener Zettel
chitchat ['tʃɪttʃæt] → chinwag
chitterlings ['tʃɪtə(r)lɪŋz] SPL *(a. als sg konstruiert)* GASTR Schweinedarm *m*
chiv [tʃɪv; ʃɪv] *sl* A S Messer *n* B V/T a mit dem Messer verletzen b erstechen
chivalric ['ʃɪvlrɪk; *US* ʃə'væl-] ADJ ritterlich, galant; **chivalrous** ADJ (ADV ~ly) 1 → chivalric 2 a tapfer b loyal c großzügig; **chivalry** [-rɪ] S 1 Ritterlichkeit *f*, ritterliches *od* galantes Benehmen: **the age of ~ is not dead yet** es gibt noch immer Kavaliere 2 ritterliche Tugend 3 HIST a Rittertum *n*, -wesen *n* b Ritterstand *m* c Gruppe *f* von Rittern
chive [tʃaɪv] S *Br meist pl* BOT Schnittlauch *m*
chivy, chivvy ['tʃɪvɪ] → chevy
chloral ['klɔːrəl] S CHEM Chloral *n*: **~ (hydrate)** Chloralhydrat *n*; **chloralism** S MED Chloralismus *m*, Chloralvergiftung *f*
chlorate ['klɔːreɪt] S CHEM Chlorat *n*, chlorsaures Salz; **chlordane** ['klɔː(r)deɪn] S CHEM Chlordan *n*; **chloric** ADJ CHEM chlorhaltig, Chlor…, chlorsauer: **~ acid** Chlorsäure *f*; **chloride** [-raɪd] S CHEM Chlorid *n*, Chlorverbindung *f*: **~ of lime** Chlorcalcium *n*; → nickel A 1; **chlorinate** [-rɪneɪt] V/T 1 CHEM chlorieren, mit Chlor verbinden *od* behandeln: **~d lime** Chlorkalk *m* 2 *Wasser etc* chloren: **~d water** Chlorwasser *n*; **chlorine** [-riːn] S CHEM Chlor *n*
chlorite[1] ['klɔːraɪt] S MINER Chlorit *m*

chlorite[2] ['klɔːraɪt] S CHEM chlorig saures Salz

chlorofluorocarbon ['klɔːrəʊˌflʊərəʊ'kɑː(r)bən; US -ˌflʊr-] S CHEM Fluorchlorkohlenwasserstoff *m*

chloroform ['klɒrəfɔː(r)m; US *a.* 'kləʊ-] A S CHEM, MED Chloroform *n* B V/T a chloroformieren b *ein Tier* durch Chloroform töten

chlorophyll, *US a.* **chlorophyl** ['klɒrəfɪl; US *a.* 'kləʊ-] S BOT Chlorophyll *n*, Blattgrün *n*

chloroplast ['klɒrəplæst; US *a.* 'kləʊ-] S BOT Chloroplast *n*, Farbstoffträger *m*

chlorosis [klə'rəʊsɪs] S BOT Chlorose *f*, MED *a.* Bleichsucht *f*; **chlorotic** [-'rɒtɪk; US -'rɑ-] ADJ BOT chlorotisch, MED *a.* bleichsüchtig

chlorous ['klɔːrəs; US *a.* 'kləʊrəs] ADJ CHEM chlorig: **~ acid** Chlorsäure *f*

ChM ABK Chirurgiae Magister, Master of Surgery

chm. ABK 1 chairman 2 checkmate

choc [tʃɒk] *Br umg* → chocolate A 2

chocaholic → chocoholic

choccy ['tʃɒkɪ] *Br umg* → chocolate A 2

choc ice S *Br* Eis *n* mit Schokoladenüberzug

chock [tʃɒk; US tʃɑk] A S 1 (Brems-, Hemm)-Keil *m*, Bremsklotz *m* 2 SCHIFF (Boots)Klampe *f* B V/T 1 festkeilen 2 *meist* **~ up** vollstopfen (**with** mit) C ADV möglichst nahe, dicht: **~ against the wall** dicht an die Wand *stellen etc*; **~-a-block** ADJ 1 SCHIFF Block an Block 2 *fig* vollgestopft (**with** mit); **~-full** ADJ zum Bersten *od umg* gerammelt voll (**of** mit)

chocoholic [ˌtʃɒkə'hɒlɪk; US ˌtʃɑkə'hɔː-; -'hɑ-] S *umg* Schokosüchtige(r) *m/f(m)*: **be a ~** schokosüchtig sein

chocolate ['tʃɒkələt; -klət; US *a.* 'tʃɑk-] A S 1 Schokolade *f* (*a. als Getränk*) 2 Praline *f*: **~s** Pralinen, Konfekt *n*; → box[1] A 2 3 Schokolade(n)-braun *n* B ADJ 1 schokoladen, Schokolade(n)...: **~ milk** Schokolade *f* 2 schokolade(n)braun, -farben, -farbig; **~ box** S Pralinenschachtel *f*, Bonbonniere *f*; **~-box** ADJ *attr*, **~-box(e)y** ADJ kitschig

choice [tʃɔɪs] A S 1 *allg* Wahl *f*: a Auswahl *f*: **the ~ is yours** Sie haben die Wahl; **his ~ fell on me** s-e Wahl fiel auf mich; **have the ~** die Wahl haben; **make a ~** wählen, e-e Wahl treffen; **take one's ~** s-e Wahl treffen, sich etwas aussuchen; **colo(u)r of ~** bevorzugte Farbe; **~ of career** Berufswahl; **he made the wrong ~ of career** er wählte den falschen Beruf; **~ of ends** SPORT Seiten-, Platzwahl *f* b freie Wahl: **at ~** nach Belieben; **of one's own free ~** aus eigener freier Wahl; **it was his (own) ~** er wollte es ja so *od* nicht anders; **it wasn't my ~** ich hab es mir nicht ausgesucht; **for** (*od* **by**) **~** am liebsten, vorzugsweise; **give sb their ~** j-m die Wahl lassen; → Hobson's choice, spoil A 2 b c gewählte *od* auserwählte Person *od* Sache: **you are his ~** seine Wahl ist auf Sie gefallen d Alternative *f*, andere Möglichkeit: **I have no ~** ich habe keine andere Wahl; es bleibt mir nichts anderes übrig (*beide:* **but to do** als zu tun) 2 (große *od* reichhaltige) Auswahl (**of** an *dat*): **a wide** (*od* **big**) **~ of products** ein großes Warenangebot 3 Auslese *f*, (*das*) Beste, (*die*) Elite: **the ~ of everything** das Beste, was es gibt B ADJ (ADV **~ly**) auserlesen, ausgesucht (gut) (*Qualität etc*): **a ~ dinner** ein erlesenes *od* vorzügliches Mahl; **~ goods** ausgesuchte *od* ausgesucht gute Waren; **in ~ words** in gewählten Worten; **in a few ~ words** mit ein paar passenden Worten; **choiceness** S Auserlesenheit *f*, Gewähltheit *f*

choir ['kwaɪə(r)] A S 1 (*a. als pl konstruiert*) MUS a Chor *m* b Stimmgruppe *f* (*e-s Chors*) c Instrumentengattung *f* (*e-s Orchesters*) d Gruppe *f*, Chor *m* (*gleicher Instrumente od Orgelregister*) 2 ARCH Chor *m*: a Chor-, Altarraum *m* b Chorempore *f* B V/T & V/I im Chor singen; **~boy** S Chor-, Sängerknabe *m*; **~ loft** S ARCH Chorempore *f*; **~master** S Chorleiter *m*; **~ practice** S Chorprobe *f*; **~ school** S *Br Konfessionsschule für Chorknaben*; **~ stall** S Chorstuhl *m*, *pl a.* Chorgestühl *n*

choke [tʃəʊk] A S 1 Würgen *n* 2 AUTO Choke *m*, Luftklappe *f*: **pull out the ~** den Choke ziehen 3 ELEK Drosselspule *f* 4 → chokebore 1 5 *Judo:* Würgegriff *m* B V/T 1 würgen 2 e-n Erstickungsanfall hervorrufen bei *j-m* 3 erwürgen, erdrosseln, *j-m* die Luft abschnüren, (*a. weitS. ein Feuer*) ersticken: **the smoke almost ~d me** ich bin an dem Rauch fast erstickt; **rage ~d him (up)** er brachte vor Wut kein Wort heraus 4 *a.* **~ back** (*od* **down**) *fig e-e Bemerkung, s-n Ärger etc* unterdrücken, hinunterschlucken, *die Tränen* zurückhalten 5 TECH *den Motor* a drosseln b *umg* abwürgen 6 ELEK *den Strom* drosseln 7 *a.* **~ back** *fig die Konjunktur etc* drosseln, dämpfen 8 *a.* **~ off** *fig* a *e-e Diskussion etc* abwürgen b *j-s Redefluss* stoppen 9 *a.* **~ up** a verstopfen b vollstopfen C V/I 1 würgen 2 ersticken (**on** an *dat*): **he was choking with anger** er erstickte fast vor Wut 3 e-n Erstickungsanfall haben 4 *a.* **~ up** sich verstopfen 5 **the words ~d in his throat** die Worte blieben ihm im Hals stecken 6 **he ~d up** es schnürte ihm die Kehle zu(sammen) 7 **~ up** verkrampfen (*Sportler etc*); **~bore** S TECH 1 Chokebohrung *f* 2 Schrotflinte *f* mit Chokebohrung; **~ coil** S 1 ELEK Drosselspule *f* 2 TECH Abflachungsdrossel *f*

choked [tʃəʊkt] ADJ *a.* **~ up: be ~** *Br umg* a verärgert sein (**about** über *akk*) b bestürzt sein

choke|damp S *Bergbau:* Ferch *m*, (Nach)Schwaden *m*, Stickwetter *n*; **~-full** → chock-full

choker ['tʃəʊkə(r)] S a Vatermörder *m* (*enger od hoher Kragen*) b enge Kette, enges Halsband

chokey → choky[2]

choking ['tʃəʊkɪŋ] ADJ 1 erstickend: **~ air** stickige Luft 2 *fig* (*vor Bewegung, Zorn etc*) erstickt: **speak with a ~ voice**

choky[1] ['tʃəʊkɪ] ADJ stickig (*Luft*)

choky[2] ['tʃəʊkɪ] S *Br sl* Kittchen *n umg*

cholecalciferol [ˌkəʊlɪkæl'sɪfərɒl; US *a.* -ˌrɑl; -ˌrəʊl] S CHEM, MED Cholecalciferol *n* (*Vitamin* D_3)

choler ['kɒlə; US 'kɑlər; 'kəʊ-] S 1 *obs* Galle *f* 2 *fig* Zorn *m*: **raise sb's ~** j-s Zorn erregen

cholera ['kɒlərə; US 'kɑ-] S MED, VET Cholera *f*

choleric ['kɒlərɪk; US 'kɑ-] ADJ (ADV **~ally, ~ly**) cholerisch, aufbrausend, jähzornig

cholesterin [kə'lestərɪn] S *obs*, **cholesterol** [kə'lestərɒl; US *a.* -ˌrəʊl] S PHYSIOL Cholesterin *n*: **~ level** Cholesterinspiegel *m*

chomp [tʃɒmp; US *a.* tʃɑmp] → champ[1]

choo-choo ['tʃuːtʃuː] S *Kindersprache:* Puff-Puff *f* (*Eisenbahn*)

choose [tʃuːz] *prät u. obs pperf* chose [tʃəʊz], *pperf* chosen ['tʃəʊzn] A V/T 1 (aus)wählen, (sich) *etwas* aussuchen, SPORT *e-e Mannschaft* aufstellen: **you can't ~ your parents** man kann sich s-e Eltern nicht aussuchen; **in choosing the furniture for ...** bei der Auswahl der Möbel für ...; **~ sb as** (*od* **for, to be**) **one's leader** j-n zum Führer wählen; **be well chosen** gut gewählt sein; → chosen B 2 *a. iron* belieben, (es) vorziehen, beschließen (*alle:* **to do** zu tun): **he chose to run** er zog es vor davonzulaufen; **he did not ~ to answer** er geruhte nicht zu antworten B V/I 1 wählen: **you have chosen well** Sie haben e-e gute Wahl getroffen; **how did you ~?** wie haben Sie sich entschieden? 2 die Wahl haben, wählen (können) (**from** aus): **there are three versions to ~ from** es stehen drei Ausführungen zur (Aus)Wahl; **there is not much** (*od* **little**) **to ~ between them** es ist kaum ein Unterschied zwischen ihnen; **do as one ~s** tun, wie es e-m beliebt; **do as you ~** machen Sie es so, wie Sie möchten; **stay as long as you ~** bleib so lange, wie du willst *od* wie es dir gefällt; **he cannot ~ but come** er hat keine andere Wahl, als zu kommen; es bleibt ihm nichts anderes übrig, als zu kommen; **chooser** S (Aus)Wählende(r) *m/f(m)*: → beggar A 2; **choosey** → choosy; **choosing** S Auswahl *f*: **it is all of your ~** Sie wollten es ja so *od* nicht anders; **choosy** ADJ *umg* wählerisch, heikel (*beide:* **about** in *dat*)

chop[1] [tʃɒp; US tʃɑp] A S 1 Hieb *m*, Schlag *m* (*a. Karate*): **be in for the ~** *umg* auf der Abschussliste stehen; **get the ~** *umg* a rausfliegen *umg* (*entlassen werden*) b gestoppt werden (*Projekt etc*) 2 Chop *m*: a (*Boxen*) *kurzer, nach unten gerichteter Schlag* b (*Tennis*) *Schlag, bei dem sich Schlägerbahn u. Schlagfläche in e-m Winkel von mehr als 45° schneiden* 3 GASTR Kotelett *n* 4 AGR gehäckseltes Futter 5 *pl* kurzer, unregelmäßiger Wellenschlag B V/T 1 (zer)hacken (*a.* GASTR), hauen, spalten, in Stücke hacken: **~ wood** Holz hacken; **finely ~ped** GASTR klein gehackt; **~ped steak** GASTR Hacksteak *n*; → logic 2 a, size[1] A 3 2 *Tennis: den Ball* choppen C V/I 1 hacken: **~ (away) at** einhacken auf (*akk*) 2 *Tennis:* choppen

Phrasal Verbs: **chop| away** A V/T abhacken B V/I → chop[1] C 1; **~ down** V/T 1 fällen 2 *Fußball:* umsäbeln; **~ off** V/T 1 abhacken 2 TECH *Metall* abschroten, schruppen; **~ up** V/T zerhacken, klein hacken

chop[2] [tʃɒp; US tʃɑp] A V/I *oft* **~ about** sich drehen u. wenden, plötzlich umschlagen (*Wind etc*): **~ and change** a dauernd s-e Meinung *od* s-e Pläne ändern, hin u. her schwanken b sich dauernd ändern (*Sache*) B V/T *obs* → barter B

chop[3] [tʃɒp; US tʃɑp] S 1 Kinnbacke *f*, (Unter)-Kiefer *m* 2 *pl hum* Mund *m*: **lick one's ~s** sich die Lippen lecken (*a. fig*)

chop[4] [tʃɒp; US tʃɑp] S 1 *bes* HIST (*in Indien u. China*) a (Amts)Stempel *m* b amtlich gestempeltes Dokument 2 Signaturstempel *m* (*e-s Künstlers etc*) 3 Qualität *f*: **an actor of the first ~** ein erstklassiger Schauspieler

chop-chop (*Pidgin-English*) A ADV schnell B INT hopphopp!

chophouse[1] S Steakhaus *n*

chophouse[2] S HIST (*in China*) Zollhaus *n*

chopper ['tʃɒpə; US 'tʃɑpər] A S 1 (*Holz- etc*) Hacker *m* 2 a *bes Br* Handbeil *n* b Hackmesser *n*, -beil *n* 3 ELEK Chopper *m*, Zerhacker *m* 4 *pl sl* Beißerchen *pl umg* (*Zähne, bes falsche*) 5 *umg* Hubschrauber *m* 6 *bes US sl* Maschinengewehr *n* 7 *sl* Chopper *m* (*Motorrad mit hohem, geteiltem Lenker u. e-m Sattel mit hoher Rückenlehne*) 8 *bes Br sl vulg* Schwanz *m sl vulg* (*Penis*) B V/T *umg* mit dem Hubschrauber transportieren *od* befördern C V/I *umg* mit dem Hubschrauber fliegen

chopping| block ['tʃɒpɪŋ; US 'tʃɑ-] S Hackblock *m*, -klotz *m*; **~ board** S Hackbrett *n*

choppy ['tʃɒpɪ; US 'tʃɑ-] ADJ (ADV choppily) 1 SCHIFF unruhig, kabbelig (*See*) 2 böig (*Wind*) 3 *fig* a abgehackt (*Redeweise etc*) b zusammenhang(s)los

chop|steak S GASTR Hacksteak *n*; **~stick** S Essstäbchen *n*; **~ suey** ['suːɪ] S GASTR Chop-suey *n* (*chinesisches Gericht aus verschiedenen Gemüsen mit Hühner- od Schweinefleisch*)

choragus [kɒ'reɪgəs; US kə'r-] *pl* **-gi** [-dʒaɪ],

C

-guses S *Antike:* Chorege *m*: a Chorführer *m* b *für den Unterhalt des Chors verantwortlicher reicher Bürger*

choral ['kɔːrəl] ADJ (ADV ~ly) Chor..., chorisch: **~ concert** Chorkonzert *n*; **~ conductor** Chorleiter *m*; **~ service** Chorgottesdienst *m*; **~ society** Gesangverein *m*; **choral(e)** [kɒ'rɑːl; *US* kə'ræl; kə'rɑːl] S 1 Choral *m* 2 *bes US* Chor *m*

chord[1] [kɔː(r)d] S 1 MUS Saite *f* 2 *fig* Saite *f*, Ton *m*: **strike** (*od* **touch**) **the right ~** den richtigen Ton treffen; **does that strike a ~?** erinnert dich das an etwas? 3 MATH Sehne *f* 4 TECH a Kämpferlinie *f* b Spannweite *f* 5 ANAT a Band *n* b Strang *m* 6 FLUG (Profil)-Sehne *f*

chord[2] [kɔː(r)d] S MUS Akkord *m*

chore [tʃɔː(r)] S 1 Routinearbeit *f*, *bes* Hausarbeit *f*: **do the ~s** den Haushalt machen, die Hausarbeit erledigen 2 langweilige *od* schwierige *od* unangenehme Aufgabe

chorea [kɒ'rɪə; *US* kə'riːə] S MED Chorea *f*, Veitstanz *m*

choreograph ['kɒrɪəgræf; *US a.* 'kəʊ-] V/T *ein Ballett etc* choreografieren; **choreographer** [,kɒrɪ'ɒgrəfə; *US* ,kəʊriː'ɑgrəfər] S Choreograf(in); **choreographic** [-rɪə'græfɪk] ADJ (ADV ~ally) choreografisch; **choreography** S Choreografie *f* (*Entwurf od Einstudierung von Tanzschritten od Tänzen*)

choriamb ['kɒrɪæmb; -æm; *US a.* 'kəʊ-] S, **choriambus** [,kɒrɪ'æmbəs; *US a.* ,kəʊ-] *pl* -buses, -bi [-baɪ] S LIT Choriambus *m* (*aus e-m Trochäus und e-m Jambus zusammengesetzter Versfuß*)

choric ['kɒrɪk; *US a.* 'kəʊ-; 'kɑ-] ADJ Chor..., chorisch

chorioid ['kɔːrɪɔɪd; *US a.* 'kəʊ-] S ANAT Chorioidea *f* (*Aderhaut des Auges*)

chorion ['kɔːrɪɒn; *US* 'kəʊriː,ɑn] S BIOL Chorion *n*, Zottenhaut *f*

chorister ['kɒrɪstə(r); *US a.* 'kəʊ-; 'kɑ-] S 1 Chorsänger(in), *bes* Chor-, Sängerknabe *m* 2 *US* Chorleiter *m*

chorography [kɒ'rɒgrəfɪ; *US* kə'rɑ-] S 1 Chorografie *f* (*Beschreibung von Landschaften*) 2 kartografische Darstellung e-s Landstrichs

choroid ['kɔːrɔɪd; *US a.* 'kəʊ-] → chorioid

chorology [kə'rɒlədʒɪ; *US* -'rɑl-] S BIOL Chorologie *f* (*Wissenschaft von der räumlichen Verbreitung von Tieren u. Pflanzen*)

chortle ['tʃɔː(r)tl] A V/I glucksen (**with** vor *Vergnügen etc*) B S 1 Glucksen *n* 2 Gluckser *m*

chorus ['kɔːrəs; *US a.* 'kəʊrəs] A S 1 *Antike:* Chor *m* (*im Drama*) 2 (*a. als pl konstruiert*) THEAT a Chor *m* b Tanzgruppe *f* (*bes e-r Revue*) 3 MUS Chor *m*: a Chorpartie *f* b Chorkomposition *f* c (Chor)Refrain *m*, Kehrreim *m* 4 HIST Chorus *m*, Chorsprecher *m* (*bes im Elisabethanischen Drama*) 5 *fig* Chor *m*: **~ of protest** Protestgeschrei *n*; **in ~** im Chor, alle gemeinsam 6 Mixturenchor *m* (*e-r Orgel*) 7 *Jazz:* Chorus *m* (*e-m Musikstück zugrunde liegendes formales Schema als Grundlage für Improvisationen*) B V/T & V/I im Chor singen *od* sprechen *od* rufen; **~ girl** S THEAT a Chorsängerin *f* b (Revue)Tänzerin *f*, (-)Girl *n*; **~master** S THEAT Chorleiter *m*

chose[1] [tʃəʊz] *prät u. obs pperf von* choose

chose[2] [ʃəʊz] S JUR Sache *f*, Rechtsobjekt *n*: **~ in action** a obligatorischer Anspruch (*auf Eigentum, das nur auf gerichtlichem Wege zu erlangen ist*) b unkörperlicher Rechtsgegenstand; **~ in possession** im unbestrittenen Besitz befindliches Rechtsobjekt

chosen ['tʃəʊzn] A *pperf von* choose B ADJ ausgesucht, auserwählt: **the ~ people** BIBEL das auserwählte Volk (*die Juden*); → few B

chough [tʃʌf] S ORN Alpenkrähe *f*: **alpine ~** Alpendohle *f*

choux pastry [ʃuː] S GASTR Brandteig *m*

chow [tʃaʊ] S 1 ZOOL Chow-Chow *m* (*ein chinesischer Hund*) 2 *sl* Futter *n umg*, Essen *n*

chow-chow [,tʃaʊ'tʃaʊ; '-tʃaʊ] S 1 *chinesische Konfitüre aus gemischten Früchten* 2 *Mixed Pickles in Senfsoße*

chow chow → chow 1

chowder ['tʃaʊdə(r)] S GASTR *dicke Suppe aus Meeresfrüchten*

chrematistics [,kriːmə'tɪstɪks; *US a.* ,kremə-] SPL (*als sg konstruiert*) WIRTSCH Chrematistik *f* (*Lehre von der Gütererwerbung u. -erhaltung*)

chrestomathy [kre'stɒməθɪ; *US* -'stɑ-] S Chrestomathie *f* (*für den Unterricht bestimmte Sammlung ausgewählter Texte aus den Werken bekannter Autoren*)

chrism ['krɪzəm] S REL Chrisam *n/m*, Chrisma *n*, geweihtes Salböl

chrisom ['krɪzəm] S 1 → chrism 2 Taufkleid *n*

Christ [kraɪst] A S BIBEL Christus *m*: **before ~** vor Christi Geburt B INT *sl* verdammt (noch mal)!, Herrgott noch mal! (*beide umg*)

christcross ['krɪskrɒs; -krɔːs] S *obs* Kreuz *n* (*Unterschriftszeichen e-s Analphabeten*)

christen ['krɪsn] V/T 1 taufen 2 *j-n, a. ein Schiff etc* (auf den Namen ...) taufen: **he was ~ed John** er wurde John getauft 3 *umg etwas* einweihen

Christendom ['krɪsndəm] S 1 *obs* die Christenheit 2 die christliche Welt: **in ~** *fig* auf Gottes Erde

christening ['krɪsnɪŋ] A S Taufe *f* B ADJ Tauf...

Christhood ['kraɪsthʊd] S Sendung *f od* Amt *n* des Messias

Christian ['krɪstjən; *bes US* 'krɪstʃən] A ADJ (ADV ~ly) 1 christlich 2 *a.* ♀ *umg* anständig, menschlich, menschenfreundlich B S 1 Christ(in) 2 Christ(enmensch) *m*, guter Mensch 3 *bes US dial* Mensch *m* (*Ggs Tier*); **~ era** S christliche Zeitrechnung

Christianism ['krɪstjənɪzəm; *bes US* 'krɪstʃə-] S das Christentum, der christliche Glaube

Christianity [,krɪstɪ'ænətɪ; *US a.* -tʃɪ'æ-; krɪs-'tʃæn-] S 1 die Christenheit 2 das Christentum, der christliche Glaube 3 christliches Denken *od* Handeln

Christianize ['krɪstjənaɪz; *bes US a.* -tʃə-] A V/T christianisieren, zum Christentum bekehren B V/I sich zum Christentum bekennen

Christian|like ADJ christlich; **~ name** S Vorname *m*; **~ Science** S Christian Science *f* (*e-e christliche Gemeinschaft*); **~ Scientist** S Anhänger(in) der Christian Science

Christmas ['krɪsməs] S 1 Weihnachtsfest *n*, Weihnachten *n u. pl*: **at ~** zu Weihnachten; → merry 1 2 Weihnachtszeit *f*; **~ bonus** S WIRTSCH Weihnachtsgratifikation *f*, -geld *n*; **~ box** S *Br* Geldgeschenk *n* zu Weihnachten (*für Briefträger etc*); **~ cactus** S *a. irr* BOT Weihnachtskaktus *m*; **~ cake** S *Br schwerer, saftiger Kuchen mit vielen Früchten, meist mit Zuckerglasur*; **~ card** S Weihnachtskarte *f*; **~ carol** S Weihnachtslied *n*; **~ Day** S der erste Weihnachtsfeiertag; **~ Eve** S der Heilige Abend, Heiligabend *m*, der Weihnachtsabend; **~ flower** S BOT 1 Christrose *f* 2 Winterling *m* 3 Weihnachtsstern *m*, Poinsettie *f*; **~ present** S Weihnachtsgeschenk *n*; **~ pudding** S *Br* Plumpudding *m* (*im Wasserbad gegarter schwerer Pudding aus Mehl, Rosinen, Eiern, Gewürzen, Sherry etc*); **~ rose** S BOT Christrose *f*; **~ season** S Weihnachtszeit *f*; **~ stocking** S *von Kindern am Heiligen Abend aufgehängter Strumpf, den der Weihnachtsmann mit Geschenken füllen soll*

Christmassy ['krɪsməsɪ] ADJ *umg* weihnachtlich

Christmas|tide, ~time S Weihnachtszeit *f*: **at ~** zur Weihnachtszeit; **~ tree** S 1 Christ-, Weihnachtsbaum *m* 2 TECH Eruptionskreuz *n* (*Erdöl-, Erdgasbohrung*)

Christmasy → Christmassy

Christ's-thorn S BOT Christusdorn *m*

chroma ['krəʊmə] S PHYS 1 Farbenreinheit *f* 2 Farbenintensität *f*

chromate ['krəʊmeɪt] S CHEM Chromat *n*, chromsaures Salz

chromatic [krəʊ'mætɪk] A ADJ (ADV ~ally) 1 PHYS chromatisch, Farben...: **~ aberration** OPT chromatische Aberration 2 MUS a chromatisch (*in Halbtönen fortschreitend*): **~ scale** chromatische Tonleiter b alteriert (*Akkord*) c (stark) modulierend: **~ sign** Versetzungs-, Vorzeichen *n* B S **chromatics** *pl* (*als sg konstruiert*) PHYS Chromatik *f*, Farbenlehre *f*

chromatid ['krəʊmətɪd] S BIOL Chromatid *n* (*Spalthälfte des Chromosoms*); **chromatin** [-tɪn] S BIOL Chromatin *n* (*Zustandsform der Chromosomen zwischen zwei Kernteilungen*); **chromatism** S 1 OPT chromatische Aberration 2 BOT *unnatürliche Färbung einzelner Pflanzenteile*

chromatography [,krəʊmə'tɒgrəfɪ; *US* -'tɑ-] S CHEM Chromatografie *f* (*Verfahren zur Trennung chemisch nahe verwandter Stoffe*); **chromatophore** ['krəʊmətəfɔː(r); krəʊ'mætə-] S Chromatophor *n*: a ZOOL Farbstoffzelle *f* b BOT Farbstoffträger *m*

chrome [krəʊm] A S 1 → chromium 2 TECH Kaliumdichromat *n* (*gelber Farbstoff*) 3 *a.* **~ yellow** Chromgelb *n* 4 *a.* **~ leather** Chromleder *n* B V/T *a.* **~-plate** TECH verchromen; **~ red** S Chromrot *n*; **~-red** ADJ chromrot; **~ steel** S Chromstahl *m*

chromic ['krəʊmɪk] ADJ CHEM chromsäurehaltig: **~ acid** Chromsäure *f*

chromite ['krəʊmaɪt] S MINER Chromit *m*, Chromeisenerz *n*, -stein *m*

chromium ['krəʊmjəm; -mɪəm] S CHEM Chrom *n*; **~-plate** V/T TECH verchromen; **~-plating** S Verchromung *f*; **~ steel** S Chromstahl *m*

chromogen ['krəʊmədʒən] S CHEM Chromogen *n*, Farbenerzeuger *m*

chromolithograph [,krəʊməʊ'lɪθəʊgrɑːf; *bes US* ,krəʊmə'lɪθəgræf] S Chromolithografie *f*, Mehrfarbensteindruck *m* (*Bild*); **chromolithography** [-lɪ'θɒgrəfɪ; *US* -lɪθ'ɑg-] S Chromolithografie *f*, Mehrfarbensteindruck *m* (*Verfahren*)

chromomere ['krəʊmə,mɪə(r)] S BIOL Chromomer *n* (*Träger bestimmter Erbfaktoren*)

chromoplast [-plæst] S BIOL Chromoplast *m*, Pigmentzelle *f*

chromosome ['krəʊməsəʊm] S BIOL Chromosom *n*, Kernschleife *f*

chromosphere ['krəʊmə,sfɪə(r)] S ASTRON Chromosphäre *f* (*glühende Gasschicht um die Sonne*)

chromotype ['krəʊməʊtaɪp] S 1 Farbdruck *m* 2 Chromotypie *f*, Farbfotografie *f* (*Bild u. Verfahren*)

chron. ABK 1 chronological 2 chronology

chronic ['krɒnɪk; *US* 'krɑ-] A ADJ (ADV ~ally) 1 ständig, (an)dauernd, ewig *umg*: **~ unemployment** Dauerarbeitslosigkeit *f* 2 a eingewurzelt b unverbesserlich, eingefleischt 3 MED chronisch: **~ carrier** Dauerausscheider *m*; **~ fatigue syndrome** chronisches Müdigkeitssyndrom; → rhinitis 4 *Br umg* scheußlich, miserabel B S *sl* Marihuana *n*; **chronical** ADJ (ADV ~ly) → chronic A

chronicle ['krɒnɪkl; *US* 'krɑnɪkəl] A S 1 Chronik *f*: **~ play** Geschichtsdrama *n*, historisches Drama 2 ♀**s** *pl* (*als sg konstruiert*) BIBEL Chronik

f, Bücher *pl* der Chronika **B** VT aufzeichnen; **chronicler** [-klə(r)] S Chronist(in)
chronobiology [ˌkrɒnəʊbaɪˈɒlədʒɪ; *US* ˌkrɑnəbaɪˈɑl-; ˌkrəʊ-] S Chronobiologie *f (Fachgebiet der Biologie, auf dem die zeitlichen Gesetzmäßigkeiten im Ablauf von Lebensvorgängen erforscht werden)*
chronogram [ˈkrɒnəʊgræm; *US* ˈkrɑnə-; ˈkrəʊnə-] S Chronogramm *n*: **a** *Inschrift (in lateinischer Sprache), in der hervorgehobene Großbuchstaben als Zahlzeichen die Jahreszahl eines geschichtlichen Ereignisses ergeben, auf das sich der Satz bezieht* **b** *Aufzeichnung e-s Chronografen*; **chronograph** [-grɑːf; *bes US* -græf] S Chronograf *m (Messgerät zur Aufzeichnung der Zeitdauer e-s Vorgangs)*
chronol. ABK **1** chronological **2** chronology
chronologer [krəˈnɒlədʒə(r); *US* -ˈnɑl-] S Chronologe *m*, Chronologin *f*; **chronological** [ˌkrɒnəˈlɒdʒɪkl; *US* ˌkrɑnlˈɑdʒɪkəl; ˌkrəʊnl-] ADJ (ADV ~ly) chronologisch: **~ chart** Zeittafel *f*; **in ~ order**, **~ly** in chronologischer Reihenfolge; **chronologist** → chronologer; **chronologize** VT chronologisch ordnen; **chronology** S **1** Chronologie *f (Lehre von der Zeiteinteilung u. Zeitrechnung)* **2** Chronologie *f*, Zeitfolge *f*, zeitlicher Ablauf **3** Zeittafel *f* **4** chronologische Aufstellung
chronometer [krəˈnɒmɪtə; *US* -ˈnɑmətər] S Chronometer *n (Uhr mit höchster Ganggenauigkeit)*; **chronometric** [ˌkrɒnəʊˈmetrɪk; *US* ˌkrɑnə-; ˌkrəʊnə-] ADJ, **chronometrical** ADJ (ADV ~ly) chronometrisch; **chronometry** [-trɪ] S Chronometrie *f*, Zeitmessung *f*
chronoscope [ˈkrɒnəskəʊp; *US* ˈkrɑ-; ˈkrəʊ-] S Chronoskop *n (Gerät zum Messen kleiner Zeitspannen)*
chrysalid [ˈkrɪsəlɪd] ZOOL **A** ADJ puppenartig **B** S → chrysalis; **chrysalis** [ˈkrɪsəlɪs] *pl* chrysalises *od* **chrysalides** [krɪˈsælɪdiːz] S ZOOL Chrysalis *f*, Chrysalide *f*, Puppe *f*
chrysanthemum [krɪˈsænθəməm] S BOT Chrysanthemum *n*, Chrysantheme *f*
chrysolite [ˈkrɪsəʊlaɪt] S MINER Chrysolith *m*
chthonian [ˈθəʊnjən; -nɪən], **chthonic** [ˈθɒnɪk; *US* ˈθɑ-] ADJ chthonisch, ... der Unterwelt
chub [tʃʌb] *pl* chubs, *bes koll* chub FISCH Döbel *m*
chubbiness [ˈtʃʌbɪnɪs] S **a** Rundlichkeit *f* **b** Pausbäckigkeit *f*; **chubby** ADJ (ADV chubbily) **a** dicklich, rundlich: **~ cheeks** Pausbacken **b** pausbäckig
chuck¹ [tʃʌk] **A** S **1** *umg* Wurf *m* **2** zärtlicher Griff unters Kinn **3 give sb the ~** *Br umg* j-n rausschmeißen *(entlassen)*; **get the ~** *Br umg* rausgeschmissen werden, rausfliegen **B** VT **1** *umg* schmeißen: → weight A 3 **2** *umg* **a** mit *e-r Freundin etc* Schluss machen: **~ it!** lass das! **b** → chuck up **3 ~ sb under the chin** j-n *od* j-m zärtlich unters Kinn fassen
Phrasal Verbs: **chuck| away** VT *umg* **1** wegschmeißen: **chuck o.s. away on sb** sich an j-n wegschmeißen **2** *Geld* verschwenden **3** *e-e Gelegenheit etc* verpassen, verschenken; **~ in** → chuck up; **~ out** VT *umg j-n* rausschmeißen; **~ up** VT *umg s-n Job etc* hinschmeißen
chuck² [tʃʌk] **A** S **1** Glucken *n* **2** *obs* Schnucki *m (Kosewort)* **B** VI glucken *(Henne)*
chuck³ [tʃʌk] **A** S **1** TECH Spann-, Klemmfutter *n (e-s Werkzeuges)* **2** TECH Spannvorrichtung *f* **3** TECH Bohr(maschinen)futter *n* **4** *(bes Rinder)*Kamm *m* **B** VT TECH in das Futter einspannen
chucker-out [ˌtʃʌkərˈaʊt] S *umg* Rausschmeißer *m (in e-m Nachtklub etc)*
chuck lathe S TECH Futterdrehbank *f*
chuckle [ˈtʃʌkl] **A** VI **1** glucksen: **~ (to o.s.)** (stillvergnügt) in sich hineinlachen **2** glucken *(Henne)* **B** S Glucksen *n*, leises Lachen; **~head** S *umg* Dummkopf *m*; **~headed** ADJ *umg* dumm
chuddah [ˈtʃʌdə], **chuddar** [ˈtʃʌdə(r)] S Tschador *m*, Tschadyr *m (von persischen Frauen getragener, den Kopf u. teilweise das Gesicht u. den Körper bedeckender Schleier)*
chufa [ˈtʃuːfə] S BOT Erdmandel *f*
chuff [tʃʌf] **A** S Puffen *n (der Lokomotive)* **B** VI puffen
chuffed [tʃʌft] ADJ *Br umg* hocherfreut **(about** über *akk)*
chug [tʃʌg] **A** S Tuckern *n (des Motors)* **B** VI **1** tuckern **2** tuckern(d fahren): **~ along** dahintuckern
chukka [ˈtʃʌkə], **chukker** [ˈtʃʌkə(r)] S *Polo:* Chukker *m (Spielabschnitt)*
chum¹ [tʃʌm] *umg* **A** S **1** *obs* Stubengenosse *m* **2** Kumpel *m umg*: **be great ~s** dicke Freunde sein **B** VI **1** *obs* ein Zimmer teilen **(with** mit) **2 ~ up** sich anfreunden **(with** mit)
chum² [tʃʌm] S *bes US* Fisch- *od* Fleischreste *pl (als Fischköder)*
chummy [ˈtʃʌmɪ] ADJ (ADV chummily) *umg* **1** freundlich **2** befreundet **(with** mit): **they are very ~** sie sind dicke Freunde **3** *pej* plump-vertraulich
chump [tʃʌmp] S **1** Holzklotz *m* **2** dickes Ende *(z. B. der Hammelkeule)* **3** *umg* Trottel *m* **4** *Br sl* Birne *f (Kopf)*: **be off one's ~** e-n Vogel haben *umg*; **go off one's ~** überschnappen *umg*
chunk [tʃʌŋk] S *umg* **1 a** *(Holz)* Klotz *m*: **a ~ of wood b** dickes Stück: **a ~ of bread** ein Runken **2** *US* **a** *umg* Bulle *m umg, oft pej*, vierschrötiger Kerl **b** stämmiges Tier *(bes Pferd)* **3** *fig* Batzen *m*, großer Brocken: **take a big ~ out of** ein großes Loch in *j-s Ersparnisse etc* reißen; **chunky** ADJ (ADV chunkily) **1** klobig, klotzig **2** *umg* bullig *umg*, vierschrötig **3** *bes Br* dick *(Pullover etc)* **4** mit ganzen Stücken *(Hundefutter etc)*
Chunnel [ˈtʃʌnl] S Eurotunnel *m*
church [tʃɜːtʃ; *US* tʃɜrtʃ] **A** S **1** Kirche *f* **2** Gottesdienst *m*: **after ~** nach der Kirche; **at** (*od* **in**) **~** in der Kirche; **attend ~** am Gottesdienst teilnehmen; **~ is over** die Kirche ist aus; **go to ~** in die Kirche gehen **3** *oft* ♀ Kirche *f*, *bes* Christenheit *f* **4** *oft* ♀ Glaubens-, Religionsgemeinschaft *f* **5** Geistlichkeit *f*: **enter** (*od* **join) the ~** Geistlicher werden **B** VT **1** *(zur Taufe etc)* in die Kirche bringen **2** e-n Dankgottesdienst für *e-e Wöchnerin* abhalten **C** ADJ **1** Kirchen..., kirchlich **2 be ~** *Br obs* anglikanisch sein; ♀ **Army** S Church Army *f (kirchlich-soziale Laienbewegung der anglikanischen Kirche)*; **~ choir** S Kirchenchor *m*; **~goer** S Kirchgänger(in); **~going** S Kirchgang *m*, Kirchenbesuch *m*; **~ invisible** S unsichtbare Kirche, Gemeinschaft *f* der *(irdischen u. überirdischen)* Gläubigen; **~ law** S Kirchenrecht *n*; **~ leader** S Kirchenführer(in); **~man** [-mən] S *irr* **1** Geistliche(r) *m* **2** Mitglied *n* e-r Glaubensgemeinschaft; **~ militant** S Ecclesia *f* militans *(streitbare, in der Welt kämpfende Kirche)*; **~ mode** S MUS Kirchenton(art) *m(f)*; **~ mouse** S *irr*: **(as) poor as a ~** arm wie e-e Kirchenmaus; **~ music** S Kirchenmusik *f*; **~ musician** S Kirchenmusiker(in); ♀ **of England** S englische Staatskirche, anglikanische Kirche; ♀ **of Jesus Christ of Latter-Day Saints** S Kirche *f* Jesu Christi der Heiligen der letzten Tage *(Mormonenkirche)*; ♀ **of Scotland** S schottische Staatskirche; **~ parade** S gemeinsamer Kirchgang *(von Soldaten etc)*; **~ rate** S *Br* HIST Kirchenabgabe *f*; **~ register** S Kirchenbuch *n*, -register *n*; **~ text** S TYPO Angelsächsisch *f (Schrifttyp)*; **~ triumphant** S Ecclesia *f* triumphans *(die Heiligen im Himmel)*; **~warden** S **1** *anglikanische Kirche*: Kirchenvorsteher(in) **2** *Episkopalkirche*: *US* für *die weltlichen Angelegenheiten e-r Gemeinde zuständige Person* **3** *umg* langstielige Tonpfeife; **~ wedding** S kirchliche Trauung: **have a ~** sich kirchlich trauen lassen, kirchlich getraut werden; **~woman** S *irr* (weibliches) Mitglied e-r Glaubensgemeinschaft
churchy [ˈtʃɜːtʃɪ; *US* ˈtʃɜr-] ADJ **1** kirchenhaft *(Aussehen etc)* **2** streng kirchlich **3** *pej* kirchenfromm
churchyard S Kirchhof *m*, Friedhof *m*: **~ cough** *umg* Friedhofsjodler *m umg hum (Husten)*
churl [tʃɜːl; *US* tʃɜrl] S **1** ungehobelter Kerl **2** Griesgram *m* **3** *obs* Geizhals *m* **4** *obs* Landarbeiter *m* **5** *Br* HIST freier Mann *(niedersten Ranges)*; **churlish** ADJ (ADV ~ly) **1** ungehobelt *(Person, Benehmen)* **2** griesgrämig **3** geizig
churn [tʃɜːn; *US* tʃɜrn] **A** S **1 a** *bes* HIST Butterfass *n* **b** Buttermaschine *f* **2** *Br* Milchkanne *f* **B** VT **1** *Milch, Rahm* verbuttern: **~ butter** buttern; **~ out** *umg pej* am laufenden Band produzieren, ausstoßen **2** *a.* **~ up** *Flüssigkeiten* heftig schütteln, aufschäumen, *die Wellen* aufwühlen, peitschen: **~ up emotions** aufwühlen **C** VI **1** buttern **2** schäumen **3** sich heftig bewegen: **ideas ~ed in his head** Gedanken schwirrten ihm im Kopf herum; **~ drill** S TECH Seilschlagbohrer *m*, Stoßbohrer *m*
churr [tʃɜː; *US* tʃɜr] → chirr
chute [ʃuːt] **A** S **1 a** Stromschnelle *f* **b** Wasserfall *m* **2** Rutsche *f*, Rutschbahn *f (auf Spielplätzen etc)* **3** TECH **a** Rutsche *f*, (Förder)Rinne *f* **b** Schacht *m* **c** Müllschlucker *m* **4** SPORT **a** Rodelbahn *f* **b** Bobbahn *f* **5** *umg für* parachute A **B** VT **1** auf e-r Rutsche befördern **2** *umg für* parachute B **C** VI **1** rutschen **2** e-e Rutsche benützen **3** *umg für* parachute C
chutist [ˈʃuːtɪst] *umg für* parachutist
chutnee, **chutney** [ˈtʃʌtnɪ] S GASTR Chutney *n (scharf gewürzte Paste aus Früchten)*
chuttie, **chutty** [ˈtʃʌtɪ] S *Aus umg* Kaugummi *m, a. n*
chutzpa(h) [ˈhʊtspə] S *bes US umg* Chutzpe *f*, Frechheit *f*, Unverschämtheit *f*
chyle [kaɪl] S PHYSIOL Chylus *m (milchig trüber Inhalt der Darmlymphgefäße)*
chyme [kaɪm] S PHYSIOL Chymus *m (nicht zu Ende verdauter Speisebrei im Magen)*
Ci ABK PHYS curie
CI ABK Channel Islands PL
CIA ABK MIL *US* Central Intelligence Agency CIA *f*
ciborium [sɪˈbɔːrɪəm; *US a.* sɪˈbəʊ-] *pl* -ria [-rɪə], -riums S REL **a** Ziborium *n (Gefäß für die geweihte Hostie)* **b** Tabernakel *n/m* **c** Altarbaldachin *m*
cicada [sɪˈkɑːdə; -ˈkeɪ-] *pl* -dae [-diː], -das S ZOOL Zikade *f*, Baumgrille *f*
cicatricial [ˌsɪkəˈtrɪʃl] ADJ Narben...: **~ tissue** MED Narbengewebe *n*; **cicatricle** [-trɪkl] S **1** BOT **a** Samennabel *m* **b** Blattnarbe *f* **2** ZOOL Hahnentritt *m (im Ei)*; **cicatrix** [-trɪks] *pl* cicatrices [-ˈtraɪsiːz] S **1** Narbe *f* **2** → cicatricle; **cicatrize** VT & VI vernarben (lassen)
cicero [ˈsɪsərəʊ] S TYPO Cicero *f (Schriftgrad von 12 Punkt)*
cicerone [ˌtʃɪtʃəˈrəʊnɪ; ˌsɪsə-] *pl* -ni [-niː], -nes S Cicerone *m*, Fremdenführer *m*
Ciceronian [ˌsɪsəˈrəʊnjən; -ɪən] ADJ ciceronisch, ciceronianisch, stilistisch mustergültig
cicuta [sɪˈkjuːtə] S BOT Schierling *m*
CID ABK *Br* Criminal Investigation Department
cider [ˈsaɪdə(r)] S (*US* **hard ~**) Apfelwein *m*:

(sweet) ~ *US* Apfelmost *m*, -saft *m*; ~ **press** S Apfelpresse *f*

C.I.F., cif [sɪf] *(abk von* cost, insurance, freight*)* WIRTSCH Kosten, Versicherung, Fracht *(zum benannten Bestimmungshafen)*: ~ **New York** cif New York; ~ **price** cif-Preis *m*; ~ **landed** Verkäufer übernimmt außer den cif-Verpflichtungen auch die Abladekosten

cig [sɪg] S *umg* Glimmstängel *m* *(Zigarette)*

cigar [sɪ'gɑː(r)] S Zigarre *f*; ~ **box** S Zigarrenkiste *f*, -schachtel *f*; ~ **case** S Zigarrenetui *n*; ~ **cutter** S Zigarrenabschneider *m*

cigarette, *US a.* **cigaret** [ˌsɪgə'ret; *US a.* 'sɪgəˌret] S Zigarette *f*; ~ **card** S Zigarettenbild *n*; ~ **case** S Zigarettenetui *n*; ~ **end** S Zigarettenstummel *m*; ~ **holder** S Zigarettenspitze *f*; ~ **lighter** S Feuerzeug *n*; ~ **machine** S Zigarettenautomat *m*; ~ **paper** S Zigarettenpapier *n*; ~ **smoke** S Zigarettenrauch *m*

cigar holder S Zigarrenspitze *f*

cigarillo [ˌsɪgə'rɪləʊ] *pl* -los S Zigarillo *m/n*

cigar| lighter S AUTO Zigarren-, Zigarettenanzünder *m*; ~ **smoke** S Zigarrenrauch *m*

ciggy ['sɪgɪ] → cig

cilia ['sɪlɪə] *pl von* cilium

ciliary ['sɪlɪərɪ; *US* -lɪˌeriː] ADJ ANAT Wimper…: ~ **body** Ziliarkörper *m*; ~ **movement** Wimpernschlag *m*; ~ **muscle** Linsen-, Ziliarmuskel *m (des Augapfels)*; **ciliate** ['sɪlɪət; -lɪeɪt] A ADJ ANAT, BOT bewimpert B S ZOOL Ziliate *f*, Wimpertierchen *n*; **ciliated** ['sɪlɪeɪtɪd] → ciliate A

cilice ['sɪlɪs] S härenes Hemd

cilium ['sɪlɪəm] *pl* cilia [-ə] S 1 ANAT (Augen-)Wimper *f* 2 BOT, ZOOL Cilium *n*, Wimper *f*

cimbalom ['sɪmbələm] S MUS Zimbal *n*, Zymbal *n (ein Hackbrett)*

Cimmerian [sɪ'mɪərɪən] ADJ 1 *Antike*: kimmerisch 2 dunkel: ~ **darkness** kimmerische Finsternis

C in C ABK MIL Commander in Chief

cinch¹ [sɪntʃ] A S 1 *US* Sattel-, Packgurt *m* 2 *umg* a todsichere Sache: **it's a ~ that he'll come** er kommt hundertprozentig *od* todsicher b Kinderspiel *n*, Klacks *m (beide umg)* B V/T 1 ~ **(up) a horse** *US* den Sattelgurt anziehen 2 *umg* sicherstellen

cinch² [sɪntʃ] S *ein Kartenspiel*

cinchona [sɪŋ'kəʊnə] S 1 BOT China-, Fieberrindenbaum *m* 2 *a.* ~ **bark** China-, Fieberrinde *f*; **cinchonine** [-kəniːn; -nɪn] S CHEM Cinchonin *n*; **cinchonism** S MED Chininvergiftung

cincture ['sɪŋktʃə(r)] A S 1 Gürtel *m* 2 ARCH (Säulen)Kranz *m* B V/T 1 gürten 2 umgeben, einschließen

cinder ['sɪndə(r)] S 1 Zinder *m*, *a.* METALL Schlacke *f*, ausgeglühte Kohle: **burnt to a ~** (völlig) verkohlt 2 *pl* Asche *f*; ~ **block** S TECH *US* 1 Abschlussblock *m (e-s Hochofens mit Schlackenöffnung)* 2 Schlackenstein *m*; ~ **concrete** S Aschen-, Löschbeton *m*; ~ **cone** S GEOL vulkanischer Aschenkegel

Cinderella [ˌsɪndə'relə] S Aschenbrödel *n*, -puttel *n*, *fig a.* Stiefkind *n*

cinder| path S 1 Weg *m* mit Schlackenschüttung 2 → cinder track; ~ **pig** S METALL Schlackenroheisen *n*; ~ **track** S SPORT Aschenbahn *f*

cindery ['sɪndərɪ] ADJ schlackig

cineaste ['sɪnɪæst] S Cineast *m*, begeisterter Kinogänger

cinecamera ['sɪnɪˌkæmərə] S (Schmal)Filmkamera *f*; **cinefilm** S Schmalfilm *m*

cinema ['sɪnəmə] S 1 *bes Br* Kino *n*, Film-, Lichtspieltheater *n*: **go to the ~** ins Kino gehen 2 **the ~** der Film, die Filmkunst: **work in the ~** beim Film beschäftigt sein; **cinemagoer** S *bes Br* Kinobesucher(in), -gänger(in); **cinematheque** [-'tek] S *bes Br* Werkraumkino *n*; **cinematic** [-nɪ'mætɪk] ADJ (ADV ~ally) Film…, filmisch; **cinematograph** [-'mætəgrɑːf; *bes US* -græf] *bes Br* A S HIST Kinematograf *m (Apparat zur Aufnahme u. Wiedergabe bewegter Bilder)* B V/T *obs* (ver)filmen C V/I *obs* filmen; **cinematographer** [-mə'tɒgrəfə(r); *US* -'tɑ-] S *obs* Kameramann *m*; **cinematographic** [-mætə'græfɪk] ADJ (ADV ~ally) kinematografisch, Film…; **cinematography** S Kinematografie *f*: a HIST *Verfahren zur Aufnahme u. Wiedergabe bewegter Bilder* b Filmkunst *f*, -technik *f*

cinéma vérité [ˌsɪnəmə'verɪteɪ] S Cinéma-vérité *n (um extreme Authentizität bemühte Stilrichtung der Filmkunst)*

cinephile ['sɪnəfaɪl] S *bes Br* Filmliebhaber(in)

cinerarium [ˌsɪnə'reərɪəm] *pl* -ia [-ə] S 1 Urnenfriedhof *m* 2 Urnennische *f*

cinerary ['sɪnərərɪ; *US* -ˌreriː] ADJ Aschen…; ~ **urn** S Urne *f*

cinerator ['sɪnəreɪtə(r)] S *bes US* Leichenverbrennungsofen *m (im Krematorium)*

cine-record [ˌsɪnɪrɪ'kɔː(r)d] V/T filmen, mit der (Schmal)Filmkamera aufnehmen

cinereous [sɪ'nɪərɪəs] ADJ (ADV ~ly) aschgrau

cinévérité [ˌsɪneɪ'verɪteɪ] → cinéma vérité

Cingalese → Singhalese

cinnabar ['sɪnəbɑː(r)] S 1 MINER Zinnober *m* 2 zinnoberroter Farbstoff 3 Zinnoberrot *n*

cinnamic [sɪ'næmɪk] ADJ: ~ **acid** CHEM Zimtsäure *f*

cinnamon ['sɪnəmən] A S 1 BOT Zimtbaum *m* 2 Zimt *m*, Kaneel *m* 3 Zimtfarbe *f* B ADJ zimtfarben; ~ **bark** S Zimtrinde *f*; ~ **bear** S ZOOL Baribal *m*, Amer. Schwarzbär *m*; ~ **stick** S Stangenzimt *m*

cinque [sɪŋk] S Fünf *f (auf Würfeln od Spielkarten)*

cinquecento [ˌtʃɪŋkwɪ'tʃentəʊ] S Cinquecento *n (italienischer Kunststil des 16. Jahrhunderts)*

cinque|foil ['sɪŋkfɔɪl] S 1 BOT *(ein)* Fingerkraut *n* 2 ARCH, *Heraldik*: Fünfblattrosette *f*; **♀ Ports** SPL Cinque Ports *pl (ursprünglich die 5 Seestädte Hastings, Sandwich, Dover, Romney u. Hythe)*

CIO ABK *US* Congress of Industrial Organizations *(US-amer. Gewerkschaftsbund)*

cion → scion

cipher ['saɪfə(r)] A S 1 MATH Null *f (Ziffer)* 2 (arabische) Ziffer, Zahl *f* 3 *fig* a Null *f (unbedeutende Person)*: **I'm a mere ~ in this department** ich bin in dieser Abteilung nur e-e Nummer b Nichts *n (unbedeutende Sache)* 4 a Chiffre *f*, Geheimschrift *f*: **in ~** chiffriert b chiffrierter Text c Schlüssel *m (zu e-r Geheimschrift)* 5 Monogramm *n* B V/I rechnen C V/T 1 chiffrieren, verschlüsseln 2 ~ **out** a be-, ausrechnen b entziffern, dechiffrieren c *US umg* ausknobeln, austüfteln; ~ **clerk** S (De-)Chiffreur *m*; ~ **key** → cipher A 4 c; ~**text** S Schlüsseltext *m*

cir(c). ABK 1 circa 2 circular 3 circulation 4 circumference

circa ['sɜːkə; *US* 'sɜrkə] A ADV zirka, ungefähr, etwa B PRÄP um … herum: ~ **1850** um das Jahr 1850

circadian [sɜː'keɪdɪən; *US* sɜr-; *a.* -'kæ-] ADJ BIOL circadian, zirkadian *(e-n 24-Stunden-Rhythmus aufweisend)*: ~ **rhythm** zirkadianer Rhythmus

Circassian [sɜː'kæsɪən; -ʃɪən; *US* sɜr'kæʃən] A S 1 Tscherkesse *m*, Tscherkessin *f* 2 LING Tscherkessisch *n*, das Tscherkessische B ADJ tscherkessisch

Circe ['sɜːsɪ; *US* 'sɜrsiː] EIGENN MYTH Circe *f (a. fig Verführerin)*; **Circean** [-'siːən] ADJ verführerisch, betörend

circle ['sɜːkl; *US* 'sɜrkəl] A S 1 MATH a Kreis *m* b Kreisfläche *f*, -inhalt *m* c Kreisumfang *m*: ~ **of curvature** Krümmungskreis; **go** *(od* **run)** **round in ~s** *fig* sich im Kreis bewegen *od* drehen; **square the ~** den Kreis quadrieren *(a. fig das Unmögliche vollbringen)*; **come full ~** *fig* a sich schließen *(Zyklus etc)* b zum Ausgangspunkt zurückkehren *(Entwicklung etc)*; **things have come full ~** *fig* der Kreis hat sich geschlossen 2 Kreis *m*, Kranz *m*, Ring *m (von Dingen)* 3 Zirkusmanege *f* 4 THEAT Rang *m*: **upper ~** zweiter Rang; → dress circle 5 Wirkungskreis *m*, Einflusssphäre *f* 6 *fig* Kreislauf *m*: **the ~ of the seasons** der Zyklus der Jahreszeiten 7 PHIL Zirkelschluss *m*: **argue in a ~** im Kreis argumentieren; → vicious circle 8 Serie *f*, Zyklus *m*, Ring *m* 9 a Zirkel *m*: **literary ~** b *(Familien- etc)* Kreis *m*: **have a large ~ of friends** e-n großen Freundeskreis haben 10 *(Verwaltungs)* Kreis *m* 11 Umkreis *m* 12 SCHIFF *(Längen- od Breiten)* Kreis *m*: ~ **of longitude (latitude)** 13 ASTRON a Bahn *f od* Umdrehungsperiode *f (e-s Himmelskörpers)* b Hof *m (bes des Mondes)* 14 Krone *f*, Diadem *n* 15 a *Hockey: (Schuss)* Kreis *m* b *Handball: (Wurf)* Kreis *m* B V/T 1 umgeben, umringen 2 umkreisen 3 einkreisen, -schließen, umzingeln 4 umwinden 5 kreisförmig machen 6 einringeln, umringeln C V/I 1 kreisen *(a.* FLUG*)*, sich im Kreis bewegen, die Runde machen *(a. Pokal etc)* 2 MIL e-e Schwenkung ausführen

circlet ['sɜːklɪt; *US* -'sɜr-] S 1 kleiner Kreis 2 Reif *m*, Ring *m* 3 Diadem *n*

circs [sɜːks; *US* sɜrks] SPL *bes Br umg* Umstände *pl*

circuit ['sɜːkɪt; *US* 'sɜr-] A S 1 a Kreisbewegung *f* b Um-, Kreislauf *m* 2 Umfang *m*, Umkreis *m*: *10 miles* **in ~** im Umfang 3 Bereich *m*, Gebiet *n* 4 Runde *f*, Rundreise *f*: **make** *(od* **do)** **the** *(od* **a)** ~ **of** die Runde *od* e-e Rundreise machen in *(dat)* 5 JUR a *Br* Rundreise *f* von Richtern *(zur Abhaltung von Gerichtstagen)*: **go on ~** auf Rundreise gehen b Gerichtsbezirk *m* 6 FLUG Rundflug *m*: **do a ~** e-e Platzrunde fliegen 7 Theater- *od* Kinokonzern *m*, -ring *m* 8 Umweg *m (a. fig)*: **make a ~** 9 ELEK a Strom-, Schaltkreis *m*: **one-~ set** Einkreiser *m*, Einkreisempfänger *m*; **in ~** angeschlossen; **put in ~** anschließen; **close (open) the ~** den Stromkreis schließen (öffnen); → closed 1, control circuit, integrated 1, short circuit b Schaltung *f*, Schaltsystem *n (e-s Gerätes etc)* c → circuit diagram d Wechselsprechanlage *f* 10 PHYS magnetischer Kreis 11 *Motorsport: bes Br* Rennbahn *f* 12 SPORT *(Tennis- etc)* Zirkus *m* 13 *US* (Personen)Kreis *m*, Verein *m umg* B V/T umkreisen, die Runde machen um; ~ **board** S COMPUT Schaltungsplatte *f*; ~ **breaker** S ELEK Unterbrecher *m (a.* AUTO*)*, Trennschalter *m*; ~ **closer** S ELEK Einschalter *m*; ~ **court** S JUR 1 *Br* Bezirksgericht *n (das in verschiedenen Orten Gerichtstage abhält)* 2 *US* ordentliches Gericht, *z. B.* a *(etwa)* Landgericht *n* b *(etwa)* Oberlandesgericht *n*; ~ **diagram** S ELEK Schaltplan *m*, -schema *n*, -skizze *f*; ~ **logic** S ELEK Schaltkreislogik *f*

circuitous [sə(r)'kjuːɪtəs] ADJ (ADV ~ly) 1 e-n Umweg machend *od* bedeutend: **by a ~ route** auf e-m Umweg; **the river's ~ course** der gewundene Flusslauf 2 weitschweifig, umständlich

circuitry ['sɜːkɪtrɪ; *US* 'sɜr-] S ELEK 1 Schaltungen *pl* 2 Schaltungsanordnung *f* 3 Schaltungsbauteile *pl*

circuit training S SPORT Zirkel-, Circuittraining *n*

circuity [sə(r)'kjuːətɪ] S Umständlichkeit *f*, Umschweife *pl*

circular ['sɜːkjʊlə; US 'sɜrkjələr] A ADJ (ADV ~ly) 1 (kreis)rund, kreisförmig 2 a Kreis…: ~ **motion** b Rund…: ~ **dance** c Ring…: ~ **road** 3 periodisch, (im Kreislauf) wiederkehrend 4 umständlich, weitschweifig 5 Umlauf…, Rund…, Zirkular…: ~ **order** Runderlass *m* B S a Rundschreiben *n*, -brief *m* b Umlauf *m* c (Post)Wurfsendung *f*; ~ **cone** S MATH Kreiskegel *m*; ~ **file** S US *umg* große Ablage *hum (Papierkorb)*; ~ **function** S MATH Kreisfunktion *f*; ~ **insanity** S MED manisch-depressives Irresein

circularity [ˌsɜːkjʊ'lærətɪ; US ˌsɜrkjə-] S Kreisförmigkeit *f*

circularize ['sɜːkjʊləraɪz; US 'sɜrkjə-] V/T 1 rund machen 2 Rundschreiben, *a.* (Post)Wurfsendungen verschicken an *(akk)* 3 a Fragebogen schicken an *(akk)* b befragen 4 durch (Post)Wurfsendungen werben für

circular| letter → circular B a; ~ **letter of credit** S Reisekreditbrief *m*; ~ **measure** S MATH (Kreis)Bogenmaß *n*; ~ **note** S 1 Zirkularnote *f*, diplomatisches Rundschreiben 2 WIRTSCH Reisekreditbrief *m*; ~ **number** S MATH Zirkularzahl *f*; ~ **parry** S *Fechten*: Kreisparade *f*; ~ **pitch** S TECH Zahnteilung *f* im Teilkreis; ~ **saw** S TECH Kreissäge *f*; ~ **skirt** S Tellerrock *m*; ~ **stair(case)** S US Wendeltreppe *f*; ~ **ticket** S Rundreisefahrschein *m*; ~ **tour** S Rundreise *f*, -fahrt *f*; ~ **track** S MIL (Dreh)Kranz *m*; ~ **triangle** S MATH sphärisches Dreieck; ~ **trip** → circular tour

circulate ['sɜːkjʊleɪt; US 'sɜrkjə-] A V/I 1 zirkulieren: a umlaufen, kreisen b im Umlauf sein, kursieren *(Geld, Nachricht etc)*, *(Gerücht etc a.)* umgehen 2 a herumreisen b herumgehen B V/T in Umlauf setzen *(a. fig)*, zirkulieren lassen, *die Luft* umwälzen, *e-n Wechsel* girieren

circulating ['sɜːkjʊleɪtɪŋ; US 'sɜrkjə-] ADJ 1 zirkulierend, umlaufend, kursierend 2 MATH periodisch *(Bruch etc)*; ~ **capital** S WIRTSCH Umlauf-, Betriebskapital *n*; ~ **decimal** S MATH periodischer Dezimalbruch; ~ **library** S Leihbücherei *f*; ~ **medium** S WIRTSCH 1 Tauschmittel *n* 2 Umlaufs-, Zahlungsmittel *n*; ~ **memory** S COMPUT Umlaufspeicher *m*; ~ **pump** S TECH Umlauf-, Umwälzpumpe *f*

circulation [ˌsɜːkjʊ'leɪʃn; US ˌsɜrkjə-] S 1 Kreislauf *m*, Zirkulation *f* 2 PHYSIOL (Blut)Kreislauf *m*, Blutzirkulation *f*: **poor** ~ schwacher Kreislauf 3 WIRTSCH a Umlauf *m*, Verkehr *m*: ~ **of bills** Wechselverkehr-, -umlauf; ~ **of capital** Kapitalverkehr; **be in** ~ in Umlauf sein, zirkulieren *(Geld etc) (beide a. fig)*; **according to rumo(u)rs in** ~ umlaufenden Gerüchten zufolge; **bring** (*od* **put**) **into** ~ in Umlauf setzen *(a. fig)*, in den Verkehr bringen; **out of** ~ außer Kurs (gesetzt); **withdraw from** ~ aus dem Verkehr ziehen; **she's back in** ~ *umg* sie ist wieder frei b im Umlauf befindliche Zahlungsmittel *pl* 4 WIRTSCH a Verbreitung *f*, Absatz *m (e-s Artikels)*: **be in free** ~ frei im Handel erhältlich sein b Auflage *f*, Auflagenhöhe *f*, -ziffer *f (e-s Buches, e-r Zeitung etc)* c *(Fernseh- etc)* Teilnehmer *pl* d Verbreitung *f*, Zahl *f* der (durch Werbung) angesprochenen Personen 5 Strömung *f*, Durchzug *m*, -fluss *m* 6 ARCH Verbindungsräume *pl (Treppen, Gänge etc)*; ~ **heating** S TECH Umlaufheizung *f*

circulative ['sɜːkjʊlətɪv; US 'sɜrkjəˌleɪtɪv] → circulatory

circulator ['sɜːkjʊleɪtə(r); US 'sɜrkjə-] S 1 Verbreiter(in): ~ **of scandal** 2 TECH Zirkulationsvorrichtung *f*; **circulatory** [ˌsɜːkjʊ'leɪtərɪ; 'sɜːkjʊlətərɪ; US 'sɜrkjələˌtəʊriː; -ˌtɔː-] ADJ 1 zirkulierend, umlaufend, kreisend, Kreis…: ~ **motion** 2 Umlaufs…, Zirkulations…, PHYSIOL (Blut)Kreislauf…: ~ **collapse** MED Kreislaufkollaps *m*; ~ **disturbance** MED Kreislaufstörung *f*; ~ **system** PHYSIOL Kreislauf *m*

circumambient [ˌsɜːkəm'æmbɪənt; US ˌsɜr-] ADJ (ADV ~ly) umgebend, umschließend, einschließend *(a. fig)*; **circumambulate** [-'æmbjʊleɪt] A V/T herumgehen um B V/I 1 herum-, umhergehen 2 *fig* um die Sache herumreden; **circumbendibus** [-'bendɪbəs] S *fig hum* Umschweife *pl*, umständliche Ausdrucksweise; **circumcenter**, *bes Br* **circumcentre** [-'sentə(r)] S MATH Umkreismittelpunkt *m*

circumcise ['sɜːkəmsaɪz; US 'sɜr-] V/T 1 MED, REL beschneiden 2 *fig* reinigen, läutern; **circumcision** [-'sɪʒn] S 1 MED, REL Beschneidung *f* 2 *fig* Reinigung *f*, Läuterung *f* 3 ♀ REL Fest *n* der Beschneidung Christi *(am. 1. Januar)*

circumference [sə(r)'kʌmfərəns] S MATH Umkreis *m*, Kreisumfang *m*, Peripherie *f*: **be four yards in** ~ e-n Umfang von vier Yards haben; ~ **of the earth** Erdumfang; **circumferential** [-fə'renʃl] ADJ peripherisch, Umfangs…

circumflex ['sɜːkəmfleks; US 'sɜr-] A S 1 *a.* ~ **accent** LING Zirkumflex *m* B ADJ LING mit e-m Zirkumflex *m* C ADJ 1 LING mit e-m Zirkumflex (versehen) *(Laut)* 2 ANAT gebogen, gekrümmt *(bes Blutgefäß)* D V/T LING mit (e-m) Zirkumflex schreiben

circumfuse [ˌsɜːkəm'fjuːz; US ˌsɜr-] V/T 1 umfließen, (mit Flüssigkeit) umgeben 2 *fig* umgeben; **circumjacent** [-'dʒeɪsnt] ADJ umliegend, umgebend; **circumlocution** [-lə'kjuːʃn; US -ləʊ-] S 1 Umschreibung *f* 2 a Umschweife *pl (beim Reden)* b Weitschweifigkeit *f*, umständliche Ausdrucksweise; **circumlocutory** [-'lɒkjʊtərɪ; US -'lɑkjəˌtəʊriː; -ˌtɔː-] ADJ 1 umschreibend 2 weitschweifig, umständlich; **circumlunar** ADJ den Mond umkreisend: ~ **flight** Mondumkreisung *f*, -umrundung *f*; **circumnavigate** [-'nævɪgeɪt] V/T umschiffen, umsegeln; **circumnavigation** S Umschiffung *f*, Umseg(e)lung *f*: ~ **of the globe** Weltumseglung; **circumnavigator** S Umsegler(in): ~ **of the globe** Weltumsegler(in)

circumscribe ['sɜːkəmskraɪb; US 'sɜr-] V/T 1 e-e Linie ziehen um 2 begrenzen, einschränken 3 a *(a.* MATH *e-e Figur)* umschreiben b definieren

circumscription [-'skrɪpʃn] S 1 Begrenzung *f*, Einschränkung *f* 2 Umschreibung *f* 3 a Umgrenzung *f* b umgrenzte Fläche 4 Umschrift *f (e-r Münze etc)*

circumspect ['sɜːkəmspekt; US 'sɜr-] ADJ (ADV ~ly) 1 umsichtig, wohlerwogen *(Plan etc)* 2 vorsichtig, behutsam *(Person, Verhalten etc)*; **circumspection** S 1 Umsicht *f* 2 Vorsicht *f*, Behutsamkeit *f*; **circumspective** → circumspect

circumstance ['sɜːkəmstəns; -stæns; US 'sɜr-] S 1 Umstand *m*: a Begleitumstand *m* b Tatsache *f* c Einzelheit *f* d Ereignis *n*: **a fortunate** ~ ein glücklicher Umstand; **a victim of** ~ ein Opfer der Umstände 2 *meist pl* (Sach)Lage *f*, Sachverhalt *m*, Umstände *pl*, Verhältnisse *pl*: **in** (*od* **under**) **the ~s** unter diesen Umständen; **live in easy** (**reduced**) **~s** in gesicherten (beschränkten) Verhältnissen leben 3 Ausführlichkeit 4 Weitschweifigkeit *f*, Umständlichkeit *f* 5 Zeremoniell *n*, Formalität(en) *f(pl)*, Umstände *pl*: **without any** ~ ohne alle Umstände; **circumstanced** ADJ 1 in e-r *guten etc* Lage, *gut etc* situiert: **be poorly** ~ in ärmlichen Verhältnissen leben 2 gelagert *(Sache)*: **well timed and** ~ zur rechten Zeit u. unter günstigen Umständen

circumstantial [ˌsɜːkəm'stænʃl; US ˌsɜr-] ADJ (ADV ~ly) 1 durch die Umstände bedingt 2 nebensächlich, zufällig 3 ausführlich, detailliert 4 umständlich, weitschweifig; ~ **evidence** S JUR Indizien(beweis) *pl(m)*

circumstantiality [ˈsɜːkəmˌstænʃɪ'ælətɪ; US ˌsɜr-] S 1 Ausführlichkeit *f* 2 Umständlichkeit *f* 3 Einzelheit *f*, Detail *n*; **circumstantiate** [-eɪt] V/T 1 genau beschreiben *od* darstellen 2 JUR durch Indizien beweisen

circumvallation [ˌsɜːkəmvə'leɪʃn; -væ'l-; US ˌsɜr-] S *bes* MIL Umwallung *f*

circumvent [ˌsɜːkəm'vent; US ˌsɜr-] V/T 1 umzingeln 2 *fig* überlisten, hintergehen, täuschen 3 *fig* vereiteln, verhindern 4 *fig* ausweichen *(dat)*, umgehen; **circumvention** S 1 Umzingelung *f* 2 *fig* Überlistung *f* 3 *fig* Vereit(e)lung *f* 4 *fig* Umgehung *f*; **circumventive** ADJ (ADV ~ly) betrügerisch, raffiniert

circumvolution [ˌsɜːkəmvə'ljuːʃn; -'luː-; US sərˌkʌmvə'luːʃən; ˌsɜrkəmvəʊ'l-] S 1 (Um)Drehung *f* 2 Umwälzung *f* 3 Windung *f*

circus ['sɜːkəs; US 'sɜr-] S 1 a Zirkus *m* b Zirkus(truppe) *m(f)* c Zirkusvorstellung *f* d Zirkusarena *f*: ~ **parade** (festlicher) Umzug e-s Zirkus: ~ **rider** Zirkusreiter(in) 2 kreisförmige Anordnung von Bauten 3 *Br runder, von Häusern umschlossener Platz (von dem strahlenförmig Straßen ausgehen)*: **Piccadilly** ♀ 4 *Antike u. fig* Amphitheater *n* 5 US *sl* Mordsspaß *m* 6 *umg* Rummel *m*, Zirkus *m*

cirl bunting [sɜːl; US sɜrl] S ORN Zaunammer *f*

cirque [sɜːk; US sɜrk] S 1 GEOL Kar *n*, natürliches Amphitheater: ~ **lake** Karsee *m* 2 Ring *m*, kreisförmige Aufstellung

cirrhosis [sɪ'rəʊsɪs] S MED Zirrhose *f* *(Verhärtung u. Schrumpfung e-s Organs)*: ~ **of the liver** Leberzirrhose

cirri ['sɪraɪ] *pl von* cirrus

cirriped ['sɪrɪped] S ZOOL Rankenfüßer *m*

cirrocumulus [ˌsɪrəʊ'kjuːmjʊləs] S *irr* METEO Zirrokumulus *m*, Schäfchenwolke *f*

cirrose ['sɪrəʊs; sɪ'rəʊs] ADJ 1 BOT mit Ranken 2 ZOOL mit Haaren *od* Fühlern 3 federartig

cirrostratus [ˌsɪrəʊ'strɑːtəs; *bes US* -'streɪ-; *US a.* -'stræ-] S *irr* METEO Zirrostratus *m*, Schleierwolke *f*

cirrous ['sɪrəs] → cirrose

cirrus ['sɪrəs] *pl* -ri [-aɪ] S 1 BOT Ranke *f* 2 ZOOL a Wimper *f* b Rankenfuß *m* 3 METEO Zirrus *m*, Federwolke *f*

CIS ABK Commonwealth of Independent States GUS *f* Gemeinschaft *f* unabhängiger Staaten

cis- [sɪs] *Vorsilbe mit der Bedeutung* a diesseits b nach *(e-m Zeitpunkt)*

cisalpine [sɪs'ælpaɪn] ADJ zisalpin(isch), diesseits der Alpen *(von Rom aus)*

cisatlantic [ˌsɪsət'læntɪk] ADJ diesseits des Atlantischen Ozeans

cismontane [sɪs'mɒnteɪn; US -'mɑn-] ADJ diesseits der Berge *(bes* der Alpen) (gelegen *od* lebend)

cissoid ['sɪsɔɪd] MATH A S Zissoide *f*, Efeulinie *f* B ADJ zissoid

cissy → sissy

cist [sɪst] S *Antike*: 1 Kiste *f*, Truhe *f* 2 keltisches Steingrab

Cistercian [sɪ'stɜːʃjən; -ʃn; US sɪs'tɜrʃən] A S Zisterzienser(mönch) *m* B ADJ zisterziensisch, Zisterzienser…

cistern ['sɪstə(r)n] S 1 Wasserbehälter *m*, *(in der Toilette)* Spülkasten *m*: ~ **barometer** PHYS Gefäßbarometer *n* 2 Zisterne *f (unterirdischer Regenwasserspeicher)* 3 ANAT Lymphraum *m*

cistus ['sɪstəs] *pl* -ti [-aɪ] S BOT Zistrose *f*

cit. ABK 1 citation 2 cited 3 citizen

citable ['saɪtəbl] ADJ anführbar, zitierbar

C

citadel ['sɪtədl; -del] S MIL 1 a MIL Zitadelle *f* b *fig* Bollwerk *n* 2 SCHIFF, MIL Zitadelle *f*, gepanzerte Mittelaufbauten *pl*
citation [saɪ'teɪʃn] S 1 Zitieren *n*, Anführung *f* 2 a Zitat *n* (*zitierte Stelle*) b JUR **(of)** Berufung *f* (auf *e-e Grundsatzentscheidung etc*), Heranziehung *f* (*gen*) 3 a Vorladung *f* (*vor Gericht etc*) b *Br* Streitverkündung *f* (*im Zivilprozess vor dem* **High Court of Justice**) 4 Aufzählung *f* 5 a (lobende) Erwähnung b MIL lobende Erwähnung (*z. B. in e-m Bericht*)
cite [saɪt] V/T 1 zitieren 2 (als Beispiel *od* Beweis) anführen, vorbringen, sich berufen auf (*akk*) 3 vorladen, zitieren (*vor Gericht etc*) 4 *poet* auffordern, aufrufen 5 MIL lobend (*in e-m Bericht etc*) erwähnen
cithara ['sɪθərə] S *Antike:* MUS Kithara *f* (*dreieckige Leier*)
cither ['sɪθə(r); *US a.* 'sɪðər], **cithern** [-ə(r)n] S MUS 1 → cithara 2 → zither
citify ['sɪtɪfaɪ] V/T verstädtern
citizen ['sɪtɪzn] S 1 Bürger(in): a Staatsbürger(in), Staatsangehörige(r) *m/f(m)*: **~ of the world** Weltbürger b Einwohner(in) e-r Stadt: **~s' advice bureau** *Br* Bürgerberatungsstelle *f*; **~'s arrest** Festnahme *f* durch e-e Zivilperson; **~s' band (radio)** CB-Funk *m*; **~s' initiative group** Bürgerinitiative *f* 2 Stadtbewohner(in), Städter(in) 3 JUR Bürger *m* im Genuss der Bürgerrechte 4 Zivilist(in); **citizenry** [-rɪ] S (*a. als pl konstruiert*) Bürgerschaft *f*; **citizenship** S 1 Staatsbürgerschaft *f*, -angehörigkeit *f* 2 Bürgerlichkeit *f*
citral ['sɪtrəl; *US* -,træl] S CHEM Zitral *n*
citrate ['sɪtreɪt; -rət; 'saɪt-] S CHEM Zitrat *n*
citreous ['sɪtrɪəs] ADJ zitronengelb
citric acid ['sɪtrɪk] S CHEM Zitronensäure *f*: **~ cycle** (*Biochemie*) Zitronensäurezyklus *m*
citriculture ['sɪtrɪkʌltʃə(r)] S Anbau *m* von Zitrusfrüchten
citrin ['sɪtrɪn] S CHEM Zitrin *n* (*Vitamin P*)
citrine ['sɪtrɪn] A ADJ zitronengelb B S 1 MINER Zitrin *m* 2 Zitronengelb *n*
citron ['sɪtrən] S 1 BOT Gemeiner Zitronenbaum 2 Zitronat *n*
citronella [,sɪtrə'nelə] S 1 BOT Zitronengras *n* 2 *a.* **~ oil** Zitronell-Öl *n*
citron wood S 1 Zitronenbaumholz *n* 2 Sandarakholz *n*
citrus ['sɪtrəs] BOT A S *a.* **~ tree** Zitrus (-gewächs) *f(n)* B ADJ Zitrus...: **~ fruit**
cittern ['sɪtɜːn; *US* -tərn] S MUS, HIST Laute-gitarre *f*
city ['sɪtɪ] S 1 a (Groß)Stadt *f*: **Ջ of God** REL Reich *n* Gottes b (*a. als pl konstruiert*) Stadt *f* (*Gesamtheit der Einwohner*) 2 *Br* inkorporierte Stadt (*meist mit Kathedrale*) 3 **the Ջ** die (Londoner) City: a *die Altstadt von London* b *das Geschäftsviertel in der City* c *fig die Londoner Geschäftswelt* 4 *US* inkorporierte Stadtgemeinde (*unter e-m Bürgermeister u. Gemeinderat*) 5 *Can* Stadtgemeinde *f* erster Ordnung (*mit großer Einwohnerzahl*) 6 *Antike*: Stadtstaat *m*; **Ջ article** S WIRTSCH *Br* Börsenbericht *m* (*in e-r Zeitung*); **~-born** ADJ in e-r (Groß)Stadt geboren; **~-bred** ADJ in der Stadt aufgewachsen: **~ person** Großstadtkind *n*; **~ centre** S *Br* Innenstadt *f*, City *f*; **~ child** S *irr Br* Großstadtkind *n*; **Ջ Company** S *e-e der großen Londoner Gilden*; **~ council** S Stadtrat *m*; **~ council(l)or** S Stadtrat(smitglied) *m(n)*; **~ desk** S 1 *US* Lokalredaktion *f* 2 *Br* Wirtschaftsredaktion *f*; **~ dweller** S Stadtbewohner(in), Städter(in); **~ editor** S 1 *US* Lokalredakteur(in) 2 *Br* Wirtschaftsredakteur(in); **~ father** S Stadtrat *m*: **~s** Stadtväter *hum*; **~ hall** S 1 Rathaus *n* 2 *bes US* Stadtverwaltung *f*; **Ջ man** S *irr Br* Finanz- *od* Geschäftsmann *m* der City; **~ manager** S *US* (*vom Stadtrat ernannter*) Stadtdirektor; **~ person** S Stadtmensch *m*; **~ planner** S *US* Stadt-, Städteplaner(in); **~ planning** S *US* Stadt-, Städteplanung *f*, städtebauliche Planung; **~scape** [-skeɪp] S Stadtbild *n*; **~ slicker** S *umg* feiner Großstadtpinkel *pej*; **~ state** S Stadtstaat *m*; **~ treasurer** S Stadtkämmerer *m*, -kämmerin *f*
civ. ABK civilian
civet ['sɪvɪt] S ZOOL 1 Zibet *m* (*moschusartiges Sekret*) 2 *a.* **~ cat** Zibetkatze *f*
civic ['sɪvɪk] A ADJ (ADV **~ally**) 1 (*a.* staats)bürgerlich, Bürger...: **~ duties**; **~ pride**; **~ action campaign** Bürgerinitiative *f*; **~ action group** Bürgerinitiative *f*; **~ rights** → civil rights 2 städtisch, Stadt...: **~ centre** (*US* **center**) Behördenviertel *n*; **~ problems** städtische Probleme B S **civics** *pl* (*als sg konstruiert*) *bes* SCHULE Staatsbürgerkunde *f*
civies → civvies
civil ['sɪvl; -vɪl] ADJ (ADV **~ly**) 1 staatlich, Staats...: **~ institutions**; **~ affairs** Verwaltungsangelegenheiten; → establishment 8 2 (*a.* staats)bürgerlich, Bürger...: **~ duties**; **~ life** bürgerliches Leben; **~ society** bürgerliche Gesellschaft 3 zivil, Zivil... (*Ggs militärisch, kirchlich etc*) 4 *obs* zivilisiert 5 höflich (*Antwort, Person etc*): → tongue A 1 6 bürgerlich (*Jahr etc*) 7 JUR a zivil-, privatrechtlich, bürgerlich-rechtlich: **~ case** (*od* **suit**) Zivilsache *f*, -prozess *m* b gemäß römischem Recht; **~ aviation** S Zivilluftfahrt *f*; **~ death** S HIST bürgerlicher Tod (*Verlust der Rechtsfähigkeit*); **~ defence**, *US* **~ defense** S Zivilschutz *m*, -verteidigung *f*: **~ corps** Zivilschutzkorps *n*); **~ disobedience** S ziviler Ungehorsam; **~ engineer** S Bauingenieur(in); **~ engineering** S 1 Bauwesen *n* 2 Hoch- u. Tiefbau *m*
civilian [sɪ'vɪljən] A S 1 Zivilist(in) 2 JUR Kenner(in) des römischen *od* des bürgerlichen Rechts B ADJ zivil, Zivil...: **~ government** (**life, population,** *etc*); **~ casualties** Verluste unter der Zivilbevölkerung; **~ clothes** *pl* Zivilkleidung *f*; **in ~ clothes** in Zivil
civility [sɪ'vɪlətɪ] S Höflichkeit *f* (*a. Bemerkung etc*): **greet sb with ~** j-n höflich grüßen
civilizable ['sɪvɪlaɪzəbl] ADJ zivilisierbar; **civilization** S 1 Zivilisation *f*, Kultur *f* 2 zivilisierte Welt; **civilize** V/T zivilisieren; **civilized** ADJ 1 zivilisiert, gebildet, kultiviert: **~ nations** Kulturvölker 2 höflich
civil| justice S JUR Zivilgerichtsbarkeit *f*; **~ law** S JUR 1 römisches Recht (*Ggs* **common law**) 2 Zivil-, Privatrecht *n*, bürgerliches Recht; **~ liberty** S bürgerliche Freiheit; **~ list** S PARL *Br* Zivilliste *f* (*die zur Bestreitung des königlichen Haushaltes bewilligten Beträge*); **~ marriage** S Ziviltrauung *f*, standesamtliche Trauung; **~ rights** SPL Bürgerrechte *pl*: **loss of ~** JUR Verlust *m* der bürgerlichen Ehrenrechte; **~ activist** Bürgerrechtler(in); **~ movement** Bürgerrechtsbewegung *f*; **~ servant** S (Staats)-Beamte(r) *m*, (-)Beamtin *f*, Beamte(r) *m* im öffentlichen Dienst; **~ service** S 1 Staatsdienst *m*, öffentlicher Dienst 2 (*a. als pl konstruiert*) Beamtenschaft *f*; **~ war** S 1 Bürgerkrieg *m* 2 **Civil War** a amer. Sezessionskrieg *m* (*1861-65*) b Krieg *m* zwischen den englischen Royalisten u. dem Parlament (*1642 bis 1652*); **~ wrong** S JUR unerlaubte Handlung
civism ['sɪvɪzəm] S Bürgersinn *m*
civvies ['sɪvɪz] SPL *sl* Zivilklamotten *pl*
civvy ['sɪvɪ] S *sl* Zivilist(in); **~ street** S MIL *Br sl* Zivilleben *n*: **in ~** im Zivilleben; **the people in ~** die Zivilbevölkerung
CJ ABK Chief Justice
ck. ABK 1 WIRTSCH cask 2 WIRTSCH *US* check 3 cook
cl. ABK 1 class 2 classification 3 clergyman 4 clerk 5 cloth
clachan ['klaxən; 'klæ-] S *schott od Ir* kleines Dorf, Weiler *m*
clack [klæk] A V/I 1 klappern 2 knallen (*Peitsche*) 3 schnattern (*Gans*), gackern, glucken (*Henne*) 4 plappern, gackern *pej* (*Person*) B V/T 1 plappern 2 klappern lassen, klappern mit 3 mit *e-r Peitsche etc* knallen C S 1 Klappern *n*, Geklapper *n* 2 Klapper *f* 3 Geplapper *n pej* 4 *sl* Klappe *f* (*Mund*) 5 TECH Ventilklappe *f*
Clackmannanshire [klæk'mænənʃə(r); -ʃɪə(r)] S Clackmannanshire *n* (*Verwaltungsregion in Zentralschottland*)
clack valve S Klappventil *n*
clad [klæd] A *prät u. pperf von* clothe B ADJ 1 gekleidet: **be ~ in mist** in Nebel gehüllt sein 2 TECH (nichtgalvanisch) plattiert
claim [kleɪm] A V/T 1 fordern, beanspruchen, verlangen, geltend machen, Anspruch erheben auf (*akk*): **~ compensation** Ersatz fordern; **~ back** zurückfordern 2 *fig Aufmerksamkeit etc* in Anspruch nehmen, (er)fordern 3 *fig* (*Todes*)-*Opfer, Menschenleben* fordern: **the epidemic ~ed thousands of lives** 4 a behaupten (**sth** etwas; **that** dass) b (von sich) behaupten (**to be** zu sein), für sich in Anspruch nehmen, Anspruch erheben auf (*akk*) c aufweisen (können), haben d sich bekennen zu, die Verantwortung für *e-n Terroranschlag etc* übernehmen 5 zurück-, einfordern, (*als sein Eigentum*) abholen B V/I **~ against** Klage erheben gegen C S 1 Anspruch *m*, Forderung *f* (**on, against** gegen): **lay ~ to** → A 1, A 4 b; **make a ~** e-e Forderung erheben *od* geltend machen; **make (many) ~s (up)on** *fig j-n, j-s Zeit* (stark) in Anspruch nehmen 2 a (*Rechts*) Anspruch *m*, Anrecht *n* (*beide:* **to, [up]on** auf *akk*, gegen): **~ for damages** Schadensersatzanspruch; **~ to power** Machtanspruch; **put in** (*od* **enter**) **a ~** e-e Forderung erheben, e-n Anspruch geltend machen; → hegemony b (*Zahlungs*) Forderung *f* c (*Patent*) Anspruch *m* 3 Behauptung *f*, Anspruch *m*: **make no ~ to be complete** keinen Anspruch auf Vollständigkeit erheben 4 *US* a Stück *n* Staatsland (*das von Ansiedlern abgesteckt u. beansprucht wird*) b Claim *m* (*Anteil an e-m Goldgräberunternehmen*) 5 *Bergbau*: Mutung *f*, Grubenanteil *m*; **claimable** ADJ zu beanspruchen(d); **claimant**, **claimer** S 1 a Antragsteller(in): **rightful ~** Anspruchsberechtigte(r) *m/f(m)* b Antragsteller(in) auf Arbeitslosengeld 2 Prätendent(in) 3 Anwärter(in) (**to** auf *akk*)
clairvoyance [kleə(r)'vɔɪəns] S 1 Hellsehen *n* 2 Hellsichtigkeit *f*; **clairvoyant** A ADJ (ADV **~ly**) 1 hellseherisch: **~ powers** hellseherische Kräfte; **be ~** hellsehen können 2 hellsichtig B S Hellseher(in)
clam [klæm] A S 1 ZOOL (essbare) Muschel: **shut up like a ~** kein Wort mehr sagen 2 *umg* zugeknöpfter Mensch 3 *US sl* Dollar *m*: **50 ~s** 50 Eier B V/I 1 *bes US* Muscheln suchen 2 **~ up** *umg* keinen Piep mehr sagen
clamant ['kleɪmənt; *US a.* 'klæ-] ADJ 1 lärmend, laut 2 dringend (*Bedürfnis etc*)
clambake ['klæm,beɪk] S *bes US* 1 *Picknick am Strand, bei dem Muscheln u. andere Meeresfrüchte auf heißen Steinen gebacken werden* 2 *umg Veranstaltung, bei der es hoch hergeht*
clamber ['klæmbə(r)] A V/I (mühsam) klettern: **~ up a tree** auf e-n Baum klettern, e-n Baum hochklettern B (mühsames) Klettern
clamminess ['klæmɪnɪs] S Klammheit *f*
clammy ['klæmɪ] ADJ (ADV **clammily**) schweißfeucht (*Hände etc*), klamm (*Kleidung etc*), nasskalt

(Wetter etc)
clamor, bes Br **clamour** ['klæmə(r)] A S 1 Lärm m, lautes Geschrei 2 fig lautstarker Protest (**against** gegen), (fordernder) Schrei (**for** nach) B V/I 1 (laut) schreien, lärmen 2 fig schreien: a wütend od lautstark verlangen (**for** nach) b Lärm schlagen, heftig protestieren (**against** gegen) C V/T 1 etwas schreien 2 ~ **down** j-n niederbrüllen; **clamorous** ADJ (ADV ~ly) 1 lärmend, schreiend 2 lärmerfüllt, tosend 3 fig lautstark (Forderungen)
clamp¹ [klæmp] A S 1 TECH a Klemme f, Klampe f, Klammer f, Krampe f, Zwinge f b Klemmschraube f, -schelle f, Einspannkopf m c ELEK Erdungsschelle f d Hirnleiste f e Haspe f, Angel f f Halterung f g Schraubstockklemmstück n h Einschiebeleiste f 2 AUTO Br (Park-, Rad) Kralle f 3 Formerei: Formkastenpresse f 4 bes HIST Strammer m (e-r Skibindung) B V/T 1 TECH festklemmen, mit Klammer(n) etc befestigen 2 an e-m falsch geparkten Fahrzeug e-e Kralle anbringen: ~ **sb** an j-s Wagen e-e Kralle anbringen 3 ~ **down (on)** fig als Strafe auferlegen (dat), anordnen (für) 4 SCHIFF das Deck reinigen C V/I ~ **down** fig umg zuschlagen, scharf vorgehen od einschreiten (**on** gegen)
clamp² [klæmp] AGR Br A S Miete f B V/T Kartoffeln etc einmieten
clamp| bolt S TECH Klemmbolzen m; ~ **bushing** S TECH Klemmbuchse f; ~ **coupling** S TECH Klemm-, Schalenkupplung f; ~**down** S umg scharfes Vorgehen (**on** gegen): **put a ~ on** scharf vorgehen od einschreiten gegen
clamping ['klæmpɪŋ] ADJ TECH Spann…, Klemm…: ~ **screw**; ~ **circuit** S ELEK Klemmschaltung f; ~ **collar**, ~ **ring** S TECH Klemmring m, Schelle f; ~ **sleeve** S TECH Spannhülse f
clamshell S 1 ZOOL Muschelschale f 2 a. ~ **bucket** US Greifbaggereimer m 3 TEL Klapphandy n
clan [klæn] S (a. als pl konstruiert) 1 Clan m: a schott Stamm m b allg Sippe f, Geschlecht n 2 *Gruppe innerhalb e-s Stammes mit gemeinsamen Vorfahren in der weiblichen od männlichen Linie* 3 Gruppe f, bes pej Clique f
clandestine [klæn'destɪn] ADJ (ADV ~ly) heimlich, verborgen, verstohlen: ~ **trade** Schleichhandel m
clang [klæŋ] A V/I schallen, klingen, klirren B V/T laut schallen od erklingen lassen C S (lauter, metallischer) Klang od Ton, Geklirr n
clanger ['klæŋə] S Br umg unpassende Bemerkung, Fauxpas m: **drop a ~** ins Fettnäpfchen treten
clangor, bes Br **clangour** ['klæŋgə(r); 'klæŋə(r)] → clang c; **clangorous** ADJ (ADV ~ly) 1 schallend, schmetternd 2 klirrend
clank [klæŋk] A S Klirren n, Geklirr n, Gerassel n: ~ **of arms** Waffengeklirr; ~ **of chains** Kettengerassel B V/I & V/T klirren od rasseln (mit)
clannish ['klænɪʃ] ADJ (ADV ~ly) 1 zu e-m Clan gehörig, Sippen…: ~ **pride** Sippenstolz m 2 stammesbewusst, stammesverbunden 3 (unter sich) zusammenhaltend, bes pej cliquenhaft, Cliquen…; **clannishness** S 1 Stammesverbundenheit f 2 Zusammenhalten n, bes pej Cliquenwesen n
clanship ['klænʃɪp] S 1 Vereinigung f in e-m Clan 2 Stammesbewusstsein n
clans|man ['klænzmən] S irr Stammesmitglied n, Mitglied n e-s Clans; ~**woman** S irr (weibliches) Stammesmitglied, (weibliches) Mitglied e-s Clans
clap¹ [klæp] A S 1 (a. Hände-, Beifall-) Klatschen n: **give sb a ~** j-m Beifall klatschen od applaudieren 2 leichter Schlag, Klaps m (**on the shoulder** auf die Schulter) 3 Krachen n, Schlag m: **a ~ of thunder** ein Donnerschlag B V/T 1 schlagen od klappen od klatschen mit, (hörbar) zusammenschlagen: ~ **one's hands** in die Hände klatschen; ~ **one's hands against one's face** die Hände vors Gesicht schlagen; ~ **the wings** mit den Flügeln schlagen 2 Beifall klatschen, applaudieren (dat), beklatschen 3 klopfen (**sb on the shoulder** j-m auf die Schulter): ~ **one's hand on sb's shoulder** j-m (bei der Festnahme) die Hand auf die Schulter legen 4 hastig od energisch hinstellen od -setzen od -werfen: ~ **on one's hat** sich den Hut aufstülpen; ~ **eyes on** Br umg zu Gesicht bekommen; ~ **to** die Tür etc zuschlagen; ~ **up** a j-n einsperren b etwas zusammenpfuschen pej; ~ **in prison** j-n ins Gefängnis stecken 5 ~ **sth on sb** fig j-m etwas auferlegen od umg aufbrummen: ~ **import duties on sth** etwas mit Einfuhrzoll belegen C V/I 1 klatschen, schlagen 2 (Beifall) klatschen, applaudieren
clap² [klæp] S MED sl Tripper m: **he's got the ~** er hat (den od e-n) Tripper
clapboard¹ ['klæpbɔː(r)d; 'klæbə(r)d] A S Schindel f B V/T mit Schindeln decken od verkleiden, schindeln
clapboard² ['klæpbɔː(r)d; 'klæbə(r)d] US → clapper board
Clapham ['klæpəm] EIGENN: **the man on the ~ omnibus** Br umg der Mann auf der Straße, der Durchschnittsbürger, der gewöhnliche Sterbliche
clapnet S Schlagnetz n
clapped-out ADJ Br umg 1 baufällig 2 schäbig, verwahrlost 3 schrottreif 4 kaputt umg, erschöpft
clapper ['klæpə(r)] S 1 Beifallklatscher(in) 2 Klöppel m (e-r Glocke): **drive like the ~s** Br umg wie ein Verrückter od mit e-m Affenzahn fahren 3 Klapper f (a. TECH e-r Mühle) 4 sl Zunge f 5 → clapper board; ~ **board** S FILM (Synchron)Klappe f; ~**claw** V/T obs 1 zerkratzen 2 fig ausschelten
clap|stick US → clapper board; ~ **track** S TV *nachträglich e-r Show etc unterlegter Applaus*; ~**trap** umg A S 1 Effekthascherei f 2 Phrasendrescherei f, Gewäsch n B ADJ 1 effekthaschend 2 phrasenhaft
claque [klæk] S Claque f (bezahlte Gruppe von Beifallklatschern); **claqueur** [klæ'kɜː; US -'kɜr] S Claqueur m
clarence ['klærəns] S *vierrädrige, geschlossene Kutsche (für 4 Personen)*
clarendon ['klærəndən] S TYPO halbfette Egyptienne
claret ['klærət] A S 1 roter Bordeaux (-wein) 2 allg Rotwein m 3 a. ~ **red** Weinrot n 4 bes Boxen: sl Blut n B ADJ weinrot; ~ **cup** S gekühlte Rotweinbowle
clarification [ˌklærɪfɪ'keɪʃn] S 1 fig (Er-, Auf-) Klärung f, Erhellung f, Klarstellung f 2 TECH (Ab)Klärung f, (Ab)Läuterung f, Reinigung f: ~ **plant** Kläranlage f
clarify ['klærɪfaɪ] A V/T 1 fig (auf-, er)klären, erhellen, klarstellen 2 TECH (ab)klären, (ab)läutern, reinigen B V/I 1 fig sich (auf)klären, klar werden 2 sich (ab)klären (Flüssigkeit etc)
clarinet [ˌklærɪ'net] S MUS Klarinette f (a. Orgelregister); **clarinet(t)ist** S Klarinettist(in)
clarion ['klærɪən] A S 1 MUS Clarino n, Clairon n: a Bachtrompete f b *Zungenstimme der Orgel* 2 poet heller Trompetenton: ~ **call** fig (Weck)Ruf m; ~ **voice** fig Trompetenstimme f B V/T laut verkünden
clarionet [ˌklærɪə'net] obs → clarinet
clarity ['klærətɪ] S allg Klarheit f
claro ['klɑːrəʊ] pl -ros, -roes S helle, milde Zigarre
clary ['kleərɪ] S BOT 1 Muskatellersalbei m 2 Scharlachsalbei m
clash [klæʃ] A V/I 1 klirren, rasseln 2 klirrend aneinanderstoßen od -schlagen 3 a prallen, stoßen (beide: **into** gegen) b kollidieren, (a. feindlich) zusammenprallen, zusammenstoßen (alle: **with** mit) 4 fig (**with**) kollidieren: a aneinandergeraten (mit) b im Widerspruch stehen (zu), unvereinbar sein (mit) c (zeitlich) zusammenfallen (mit) 5 nicht zusammenpassen od harmonieren (**with** mit): **these colo(u)rs ~** diese Farben beißen sich B V/T 1 klirren od rasseln mit 2 a. ~ **together** klirrend aneinanderschlagen C S 1 Geklirr n, Gerassel n 2 (a. feindlicher) Zusammenstoß, Zusammenprall m, Kollision f (a. fig): ~ **of interests** Interessenkollision 3 fig Konflikt m, Widerspruch m, -streit m, Reibung f 4 (zeitliches) Zusammenfallen
clasp [klɑːsp; US klæsp] A V/T 1 ein-, zuhaken, zu-, festschnallen, mit Schnallen od Haken befestigen od schließen 2 mit Schnallen od Haken etc versehen 3 ergreifen, umklammern, (fest) umfassen: ~ **sb's hand** a j-m die Hand drücken b j-s Hand umklammern; ~ **one's hands** die Hände falten; ~ **sb to one's breast** j-n an die Brust drücken B S 1 Klammer f, Haken m, Schnalle f, Spange f: ~ **and eye** Haken u. Öse 2 Schloss n, Schließe f (e-s Buches, e-r Handtasche etc) 3 MIL Ordensspange f 4 Umklammerung f, Umarmung f: **by ~ of hands** durch Händedruck od Handschlag; **clasper** S 1 (Haken-, Schnallen)Verschluss m 2 pl ZOOL a Haltezange f b Haftorgan n 3 BOT Ranke f
clasp| knife S irr Klappmesser n; ~ **lock** S Schnappschloss n
class [klɑːs; US klæs] A S 1 Klasse f (a. BIOL), Gruppe f, Kategorie f, Art f 2 (Wert)Klasse f: **be in the same ~ with** gleichwertig sein mit; **be (in) a ~ by oneself** (od **of one's own**) e-e Klasse für sich sein; **be no ~** umg minderwertig sein 3 (Güte)Klasse f, Qualität f 4 BAHN etc Klasse f 5 a gesellschaftlicher Rang, soziale Stellung b (Gesellschafts) Klasse f, (Bevölkerungs) Schicht f: **pull ~ on sb** umg j-n s-e gesellschaftliche Überlegenheit fühlen lassen 6 umg Klasse f umg, Erstklassigkeit f: **he (it) has ~** er (es) ist (große) Klasse 7 SCHULE a (Schul) Klasse f: **be at the top of one's ~** der Klassenerste sein b (Unterrichts)Stunde f: **attend ~es** am Unterricht teilnehmen 8 Kurs m 9 UNIV US a Studenten pl e-s Jahrgangs, Studentenjahrgang m b Promotionsklasse f c Seminar n 10 UNIV Br a → honors degree b Stufe f, Gruppe f, Klasse f (Einteilung der Kandidaten nach dem Resultat der **honours**- Prüfung): **take a ~** e-n **honours degree** erlangen 11 MIL Rekrutenjahrgang m 12 MATH Aggregat n, mehrgliedrige Zahlengröße B V/T klassifizieren: a in Klassen einteilen b in e-e Klasse einteilen, einordnen, einstufen: ~ **with** gleichstellen mit, rechnen zu; **be ~ed** a angesehen od betrachtet werden (**as** als) b UNIV Br e-n **honours degree** verliehen bekommen C V/I angesehen werden (**as** als); ~ **action** S JUR US *Klage im Interesse e-r Gruppe von Beteiligten*; ~**book** S SCHULE US Klassenbuch n; ~ **clown** S bes US Klassenkasper m; ~ **conflict** S Klassenauseinandersetzung f, -konflikt m; ~**-conscious** ADJ (ADV ~ly) klassenbewusst; ~ **consciousness** S Klassenbewusstsein n; ~ **day** S SCHULE, UNIV US Abschlussfeier (-lichkeiten pl) f; ~ **discrimination** S Klassendiskriminierung f; ~ **distinction** S Klassenunterschied m
classes ['klæsiːz] pl von classis
class| hatred S Klassenhass m; ~ **hour** S SCHULE Unterrichtsstunde f

classic ['klæsɪk] A ADJ (ADV ~ally) 1 erstklassig, ausgezeichnet 2 klassisch, mustergültig, vollendet: **a ~ example** ein klassisches Beispiel, ein Paradebeispiel 3 klassisch: a *das klassische Altertum betreffend* b *die klassische Literatur etc betreffend* c *(durch e-n Schriftsteller od ein geschichtliches Ereignis)* berühmt: **~ districts of London** 4 klassisch: a herkömmlich, traditionell *(Methode etc)* b typisch c zeitlos *(Kleid etc)* B S 1 Klassiker *m (Literatur od Kunst)*: **a ~ of world literature** 2 klassisches Werk 3 *pl* Altphilologie *f* 4 Jünger(in) der Klassik, Verehrer(in) der Klassiker 5 *(das)* Klassische *(Stil, Kunst etc)* 6 SPORT Klassiker *m* 7 US klassisches Beispiel, Paradebeispiel *n (beide:* **of** *für)*

classical ['klæsɪkl] ADJ (ADV ~ly) 1 → classic A 2, A 4, A 3 a, A 3 b 2 klassisch *(dem antiken Stil entsprechend)*: **~ architecture** a klassischer *od* antiker Baustil b klassizistischer Baustil 3 klassisch: a humanistisch gebildet b *die klassische Kunst od Literatur betreffend* c altsprachlich: **~ education** klassische *od* humanistische (Aus)Bildung; **the ~ languages** die alten Sprachen; **~ scholar** Altphilologe *m*, Altphilologin *f*, Humanist(in) 4 klassisch *(Musik)*

classicism ['klæsɪsɪzəm] S 1 a Klassik *f* b Klassizismus *m* 2 klassische Bildung 3 klassische Redewendung *od* Bezeichnung; **classicist** S 1 Kenner(in) *od* Anhänger(in) des Klassischen u. der Klassiker 2 Altphilologe *m*, Altphilologin *f*, Humanist(in); **classicize** A V/T klassisch machen B V/I dem klassischen Stil entsprechen

classifiable ['klæsɪfaɪəbl] ADJ klassifizierbar; **classification** S 1 Klassifikation *f*, Klassifizierung *f*: a Einteilung *f*, Anordnung *f*, Aufstellung *f*: **& and Rating Administration** US *(etwa)* Freiwillige Selbstkontrolle b BOT, ZOOL System *n*, Gruppeneinteilung *f* 2 MIL, POL Geheimhaltungsstufe *f*; **classificatory** [ˌklæsɪfɪ'keɪtərɪ; US 'klæsəfəkəˌtəʊriː; -ˌtɔː-; klæ'sɪ-] ADJ klassifizierend, Klassifikations…; **classified** [-faɪd] ADJ 1 klassifiziert, (in *od* nach Klassen *od* Gruppen) eingeteilt: **~ ad(vertisement)** Kleinanzeige *f*; **~ directory** Branchenverzeichnis *n* 2 MIL, POL geheim: **~ matter** MIL Verschlusssache *f*; **classify** [-faɪ] V/T 1 klassifizieren, (ein)gruppieren, (in *od* nach Klassen *od* Gruppen) einteilen 2 einstufen 3 MATH (aus)gliedern 4 TECH sortieren, klassieren 5 MIL, POL für geheim erklären

classis ['klæsɪs] *pl* -ses [-siːz] S REL Kreissynode *f (in einigen reformierten Kirchen)*

classism ['klɑːsɪzəm; US 'klæs-] S Klassendiskriminierung *f*

classless ['klɑːslɪs; US 'klæs-] ADJ klassenlos *(Gesellschaft etc)*

class| limit S MATH Klassenende *n*, Grenzpunkt *m*; **~ list** S UNIV *Br* Benotungsliste *f (der Kandidaten, die nicht nach den Ergebnissen der* **honours**-*Prüfung in 3 Gruppen eingeteilt werden)*; **~mate** S Klassenkamerad(in), Mitschüler(in); **~ meaning** S LING Bedeutung *f* e-r grammatischen Kategorie; **~ number** S *Bibliothek:* Signatur *f*, Kennnummer *f*; **~ reunion** S Klassentreffen *n*; **~room** S Klassenzimmer *n*: **for ~ use** zur Verwendung in der Klasse; **~ size** S Klassenstärke *f*; **~ struggle** S Klassenkampf *m*; **~ thinking** S Klassendenken *n*; **~ war** S Klassenkampf *m*

classy ['klɑːsɪ; US 'klæsiː] ADJ (ADV classily) *umg* feudal, nobel, Nobel…

clastic ['klæstɪk] ADJ 1 zerlegbar *(bes anatomisches Modell)* 2 GEOL klastisch *(aus Trümmern anderer Gesteine stammend)*

clatter ['klætə(r)] A V/I 1 klappern, rasseln 2 poltern, klappern, trappen: **~ about** *(od* **around)** herumtrampeln 3 *fig* plappern, schwatzen *pej* B V/T klappern *od* rasseln mit C S 1 Geklapper *n*, Gerassel *n* 2 Getrappel *n*, Getrampel *n* 3 Krach *m*, Lärm *m* 4 Geplapper *n pej*

claudication [ˌklɔːdɪ'keɪʃn] S MED Klaudikation *f*, Hinken *n*

clause [klɔːz] S 1 LING Satz(teil) *m*, -glied *n* 2 JUR a Klausel *f*, Vorbehalt *m*, Bestimmung *f* b Abschnitt *m*, Absatz *m*

claustral ['klɔːstrəl] ADJ klösterlich, Kloster…

claustrophobia [ˌklɔːstrə'fəʊbjə; -bɪə] S MED Klaustrophobie *f*, Platzangst *f umg*

clave [kleɪv] *obs prät von* cleave[1]

claviature ['klævɪəˌtjʊə; *bes US* -ˌtʃʊə(r); -tʃə(r)] S MUS 1 Klaviatur *f* 2 Klavierfingersatz *m*

clavichord ['klævɪkɔː(r)d] S MUS Klavichord *n*

clavicle ['klævɪkl] S ANAT Schlüsselbein *n*

clavicular [klə'vɪkjʊlə(r); klæ-] ADJ ANAT Schlüsselbein…

clavier ['klævɪə(r); *US a.* klə'vɪər] S MUS 1 Klaviatur *f* 2 [*Br* klə'vɪə; 'klævɪə] Tasten-, Klavierinstrument *n*

claw [klɔː] A S 1 ZOOL a Klaue *f*, Kralle *f (beide a. fig)* b Schere *f (e-s Krebses etc)*: **get one's ~s into sb** *fig* a j-n in s-e Klauen bekommen b auf j-m herumhacken *umg*; **pare sb's ~s** *fig* j-m die Krallen beschneiden 2 *fig* Klaue *f*, Pfote *f (beide pej) (Hand)* 3 Kratzwunde *f* 4 BOT Nagel *m (an Blütenblättern)* 5 TECH a Klaue *f*, Kralle *f*, Haken *m*, Greifer *m* b gespaltene Finne *(des Hammers)* B V/T 1 die Krallen schlagen in *(akk)* 2 (zer)kratzen, zerkrallen, zerreißen: **~ sb's face** j-m das Gesicht zerkratzen 3 umkrallen, packen 4 **~ off** sich entledigen *(gen)*, loswerden C V/I 1 kratzen 2 (mit den Krallen) reißen, zerren *(beide:* **at** *an dat)* 3 greifen **(at, for** nach) 4 *oft* **~ off** SCHIFF windwärts vom Ufer abhalten; **~ bar** S TECH lange Nagelklaue, Brecheisen *n* mit Finne; **~ clutch** S TECH Klauenkupplung *f*

clawed [klɔːd] ADJ ZOOL mit Klauen

claw| hammer S 1 TECH Splitt-, Klauenhammer *m* 2 *a.* **claw-hammer coat** *hum* Frack *m*; **~ wrench** S TECH Nagelzieher *m*

clay [kleɪ] A S 1 Ton(erde) *m(f)*, Lehm *m*, Mergel *m*: **baked ~** gebrannte Erde 2 (feuchte) Erde, zäher Lehm 3 *Tennis:* Sand *m*: **on ~** 4 *fig* Erde *f*, Staub *m* u. Asche *f*, irdische Hülle *(Leib)*: → wet 5 → clay pipe B V/T 1 mit Ton *od* Lehm behandeln, verschmieren 2 TECH *Zucker* decken, terrieren; **~bank** A S 1 GEOL Tonschicht *f* 2 US Lehmfarbe *f*, gelbliches Braun B ADJ US lehmfarben, gelblich braun; **~ brick** S TECH 1 Lehmstein *m*, ungebrannter Ziegel 2 Luftziegel *m*; **~ court** S *Tennis:* Sandplatz *m*

clayey ['kleɪɪ] ADJ tonig, lehmig, Ton…, Lehm…

clay marl S GEOL Tonmergel *m*

claymore ['kleɪmɔː] S *schott* HIST Claymore *n (zweischneidiges Langschwert)*

clay| pigeon S SPORT Ton-, Wurftaube *f*; **~ pipe** S Tonpfeife *f (zum Rauchen)*; **~ pit** S Ton-, Lehmgrube *f*; **~ slate** S Tonschiefer *m*; **~ soil** S Lehm-, Tonboden *m*; **~ sugar** S TECH gedeckter Zucker

clean [kliːn] A ADJ (ADV → cleanly B) 1 rein, sauber: **a ~ room** ein sauberer *(sterilisierter)* Raum; → breast A 2, hand *Bes Redew*, heel[1] *Bes Redew* 2 sauber, frisch (gewaschen) 3 reinlich, stubenrein *(Hund etc)* 4 unvermischt, rein *(Gold etc)* 5 einwandfrei *(Essen etc)* 6 rein, makellos *(Edelstein etc; a. fig)*: **~ record** tadellose Vergangenheit 7 *(moralisch)* rein, lauter, schuldlos: **a ~ conscience** ein reines Gewissen 8 anständig *(Geschichte etc)*: **keep it ~** keine Schweinereien!; **~ living** bleib sauber!; **Mr &** Herr Saubermann; → liver[2] 9 unbeschrieben, leer *(Blatt etc)* 10 sauber, ohne Korrekturen *(Schrift)*: → copy A 1 11 anständig, fair *(Kämpfer etc)* 12 klar, sauber *(Fingerabdrücke etc)* 13 glatt, sauber, tadellos (ausgeführt), fehlerfrei: **a ~ leap** ein glatter Sprung *(über ein Hindernis)* 14 glatt, eben: **~ cut** glatter Schnitt; **~ fracture** MED glatter Bruch; **~ wood** astfreies Holz 15 restlos, gründlich: **a ~ miss** ein glatter Fehlschuss; **make a ~ break with the past** völlig mit der Vergangenheit brechen 16 SCHIFF a mit gereinigtem Kiel u. Rumpf b leer, ohne Ladung c scharf, spitz zulaufend, mit gefälligen Linien 17 klar, ebenmäßig, wohlproportioniert: **~ features** klare Gesichtszüge 18 *sl* clean, sauber *(nicht mehr drogenabhängig)* 19 *sl* sauber *(unbewaffnet)* B ADV 1 rein(lich), sauber, sorgfältig: **sweep ~** a rein ausfegen b *fig* vollständig mit *etwas* aufräumen; **come ~** *umg* (alles) gestehen; **come ~** *umg* heraus mit der Sprache!; → broom A 1 2 anständig, fair: **fight ~** 3 rein, glatt, völlig, ganz u. gar, total: **go ~ off one's head** *umg* völlig den Verstand verlieren; **~ forget about sth** *umg* etwas total vergessen; **the bullet went ~ through the door** die Kugel durchschlug glatt die Tür; **~ gone** *umg* a spurlos verschwunden b total übergeschnappt; → mind A 6 C S Reinigung *f*: **give** *sth* **a ~** → E; **it needs a ~** es muss (einmal) gereinigt werden D V/I sich reinigen lassen E V/T 1 reinigen, säubern, *Fenster, Schuhe, Silber, Zähne etc* putzen: **~ house** US *fig umg* gründlich aufräumen, e-e Säuberungsaktion durchführen 2 waschen 3 frei machen von, leer fegen 4 *ein Schlachttier* ausnehmen 5 → clean out 6 → clean up A

Phrasal Verbs: **clean| down** V/T gründlich reinigen, *sein Auto etc* waschen, *e-e Wand etc* abwaschen; **~ off** V/T abputzen; **~ out** V/T 1 reinigen, *e-n Stall* ausmisten 2 *umg j-n* ausnehmen, schröpfen 3 *umg die Kasse etc* leer machen, *s-e Vorräte etc* erschöpfen: **be cleaned out** pleite sein 4 *umg e-n Laden etc* leer kaufen 5 *umg e-e Bank etc* ausräumen *(Einbrecher etc)* 6 *US umg* rausschmeißen; **~ up** A V/T 1 gründlich reinigen 2 in Ordnung bringen, aufräumen 3 *fig e-e Stadt etc* säubern 4 *bes US umg Profit* einheimsen B V/I *bes US umg* abkassieren

cleanable ['kliːnəbl] ADJ gut zu reinigen(d), waschbar

clean| acceptance S WIRTSCH bedingungsloses Akzept, vorbehaltlose Annahme; **~ and jerk** S *Gewichtheben:* Stoßen *n*; **~ bill** S 1 WIRTSCH reine Tratte: **~ of lading** echtes Konnossement 2 → bill[2] A 6; **~-bred** ADJ reinrassig; **~-cut** ADJ 1 klar, scharf geschnitten *(Züge etc)* 2 *fig* klar umrissen, klar, deutlich 3 wohlgeformt 4 anständig, charakterlich sauber *(Person)*

cleaner ['kliːnə(r)] S 1 Reiniger *m (Person od Vorrichtung)*, Reinigungsmaschine *f*: **~'s** *Br*, **~s** *pl US* Reinigung(sanstalt) *f*: **be at the ~'s** in der Reinigung sein; **take to the ~'s** a zur Reinigung bringen b → clean out 2 2 Reinigungsmittel *n* 3 Staubsauger *m* 4 Rein(e)mache-, Aufwartefrau *f*, *(Fenster- etc)* Putzer(in)

clean-handed ADJ *fig* schuldlos

cleaning ['kliːnɪŋ] A S: **do the ~** sauber machen, putzen B ADJ Reinigungs…: **~ cloth**; **~ woman** *(od* **lady)** Rein(e)mache-, Aufwartefrau *f*

clean-limbed ADJ wohlproportioniert, gut gebaut

cleanliness ['klenlɪnɪs] S Reinlichkeit *f*

clean-living ADJ mit einwandfreiem Lebenswandel, charakterlich sauber

cleanly A ADJ ['klenlı] reinlich: a sauber b sauberkeitsliebend B ADV ['kli:nlı] säuberlich, reinlich; **cleanness** ['kli:nnıs] S Sauberkeit *f*, Reinheit *f*

cleanout S 1 Reinigung *f*, Säuberung *f*: **give sth a ~** etwas reinigen *od* säubern 2 TECH Reinigungsöffnung *f*

cleanse [klenz] V/T 1 *a. fig* reinigen, säubern, reinwaschen (*alle:* **of, from** von): **~ sb of sin** j-n von der Sünde reinigen 2 *obs* heilen 3 *fig* befreien, frei-, lossprechen (*alle:* **of, from** von); **cleanser** S 1 Reiniger *m* (*Person od Vorrichtung*) 2 Reinigungsmittel *n*

clean-shaven ADJ glatt rasiert

cleansing ['klenzıŋ] ADJ Reinigungs...: **~ cream**; **~ tissue** Reinigungstuch *n*

cleanup S 1 gründliche Reinigung: **give** *sth* **a ~** → clean up A 1 2 *fig* Säuberung(saktion) *f* 3 *bes US umg* Schnitt *m* (*großer Profit*)

clear [klıə(r)] A ADJ (ADV → clearly) 1 klar, hell (*Augen, Licht, Tag etc*): **(as) ~ as mud** *umg* klar wie Kloßbrühe 2 a klar, durchsichtig, rein: → crystal A 1, varnish A 2 b deutlich, scharf (*Foto, Konturen etc*) 3 klar, heiter (*Himmel, Wetter*): → sky A 1 4 rein, flecken-, makellos (*Haut etc*) 5 klar, rein, hell (*Stimme*): → bell[1] A 1 6 *fig* klar, hell, scharf: **a ~ head** ein klarer *od* heller Kopf 7 klar, unvermischt: **~ soup** GASTR klare Suppe 8 *Funk etc*: unverschlüsselt: **~ text** → C 1 9 übersichtlich, klar (*Design etc*) 10 klar, verständlich, deutlich: **make sth ~ (to sb)** (j-m) etwas klarmachen *od* verständlich machen; **make it ~ that ...** klipp u. klar sagen, dass ...; **make o.s. ~** sich deutlich *od* klar (genug) ausdrücken 11 klar, offensichtlich: **a ~ case of bribery**; **a ~ victory** SPORT *etc* ein klarer Sieg; **gain a ~ win over** SPORT *etc j-n* klar schlagen; **have a ~ lead** SPORT *etc* klar in Führung liegen; **be ~ about** sich im Klaren sein über (*akk*); **for no ~ reason** ohne ersichtlichen Grund 12 klar: a sicher b in Ordnung: **all ~** alles klar; die Luft ist rein *umg* 13 frei (**of** von), unbehindert, offen: **~ road** freie Straße; **~ of snow** schneefrei; **put sb ~** SPORT j-n freispielen; → coast A 1 14 **(of)** frei (von *Schulden etc*), unbelastet (von): **~ of debt** schuldenfrei; **~ title** einwandfreier Rechtstitel; **a ~ conscience** ein reines Gewissen 15 WIRTSCH netto, Netto..., Rein...: **~ gain** (*od* **profit**) Reingewinn *m*; **~ loss** Nettoverlust *m*, reiner Verlust 16 glatt, voll, ganz: **~ 15 yards**; **a ~ 10 minutes** volle 10 Minuten 17 TECH licht (*Höhe etc*) B ADV 1 hell, klar 2 klar, deutlich: **speak ~** 3 *umg* völlig, ganz, glatt: **jump ~ over the fence** glatt über den Zaun springen 4 frei, los, weg (*alle:* **of** von): **keep ~ of** sich fernhalten von, meiden (*akk*); **be ~ of sth** etwas los sein; **get ~ of** loskommen von; **finish well ~ of** SPORT *etc* mit klarem *od* deutlichem Vorsprung gewinnen vor (*dat*); **jump ~** wegspringen, sich durch e-n Sprung retten; **see one's way ~** freie Bahn haben; → stand B 6, steer[1] B 1 5 **go ~** (*Springreiten*) fehlerfrei *od* ohne Abwurf bleiben C S 1 freier Raum: **in the ~** a frei, SPORT frei stehend b *fig* aus der Sache heraus, *bes* vom Verdacht gereinigt 2 *Funk etc*: Klartext *m*: **in the ~** im Klartext D V/T 1 *oft* **~ away** wegräumen, -schaffen (*beide:* **from** von), *das Geschirr* abräumen: **he ~ed the thoughts from his mind** er verscheuchte die Gedanken 2 *e-e Straße etc* frei machen, *e-n Saal etc*, WIRTSCH *a. ein (Waren)Lager* räumen: → head *Bes Redew* 3 *den Tisch* abräumen, abdecken: → table A 2 4 *Land, e-n Wald* roden 5 reinigen, säubern: **~ one's throat** sich räuspern; → air[1] A 1, atmosphere 5 6 leeren, entladen 7 *Schulden* tilgen, bezahlen, bereinigen 8 von Schulden befreien 9 WIRTSCH a *e-n Scheck* einlösen b *e-n Scheck etc* durch ein Clearinghaus verrechnen lassen c als Reingewinn erzielen 10 frei-, lossprechen: **~ o.s. (sb) of a crime** sich (j-n) vom Verdacht e-s Verbrechens reinigen; **~ one's conscience** sein Gewissen entlasten; **~ one's name** s-n Namen reinwaschen 11 → clear up A 2 12 *allg* abfertigen, *bes* SCHIFF a *Waren* deklarieren, verzollen b *das Schiff* ausklarieren c aus *dem Hafen* auslaufen d *die Ladung* löschen e von *der Küste* freikommen: **~ the decks (for action)** das Schiff gefechtsklar machen, *fig* sich bereit *od* fertig machen 13 a *ein Hindernis* (glatt) nehmen, über *e-e Hecke etc* setzen: → hurdle A 1 b SPORT *die Latte, e-e Höhe* überspringen 14 (knapp *od* heil) vorbeikommen an (*dat*): **his car just ~ed the bus** 15 **~ the ball** SPORT klären 16 *Material* freigeben (*Militärzensur*) E V/I 1 sich klären, klar *od* hell werden 2 aufklaren, sich aufhellen (*Wetter*) 3 *oft* **~ away** sich verziehen (*Nebel etc*) 4 WIRTSCH, SCHIFF a die Zollformalitäten erledigen b ausklarieren, den Hafen nach Erledigung der Zollformalitäten verlassen 5 *Fußball etc*: klären (**for a corner** zur Ecke)

Phrasal Verbs: **clear| in** V/I SCHIFF einklarieren; **~ off** A V/T 1 (weg)räumen, beseitigen 2 → clear D 7 B V/I → clear out B 2; **~ out** A V/T 1 (aus)räumen, leeren 2 vertreiben B V/I 1 SCHIFF ausklarieren 2 *umg* sich verziehen, abhauen; **~ up** A V/T 1 aufräumen, in Ordnung bringen 2 *ein Missverständnis, Verbrechen etc* (auf)klären 3 → clear D 7 4 *e-e Arbeit* erledigen B V/I 1 aufräumen 2 → clear E 1

clearance ['klıərəns] S 1 Räumung *f*, Beseitigung *f*, Freimachung *f* 2 Leerung *f* 3 a Rodung *f* b Lichtung *f* 4 TECH a lichter Abstand, Zwischenraum *m* b lichte Höhe c Spiel(raum) *n(m)*, Luft *f* d AUTO *etc* Bodenfreiheit *f* e → clearance angle 5 WIRTSCH a Tilgung *f*, volle Bezahlung b Verrechnung *f* (im Clearingverkehr) c → clearance sale 6 SCHIFF a Ausklarierung *f*, Zollabfertigung *f* b Zollschein *m*: **~ (papers)** Zollpapiere 7 *allg* Abfertigung *f*, *bes* a FLUG Freigabe *f*, Start- *od* Durchflugerlaubnis *f* b SCHIFF Auslaufgenehmigung *f* 8 *allg* Erlaubnis *f*, Genehmigung *f* 9 JUR, POL *etc* Unbedenklichkeitsbescheinigung *f*; **~ angle** S TECH Freiwinkel *m*; **~ fit** S TECH Spielpassung *f*; **~ light** S FLUG seitliches Begrenzungslicht; **~ sale** S Räumungs-, Ausverkauf *m*; **~ space** S AUTO Verdichtungsraum *m*

clear|-channel station S TECH *Sender, der auf s-m eigenen Frequenzkanal mit maximaler Stärke senden kann*; **~-cut** ADJ 1 scharf geschnitten (*Züge etc*) 2 *fig* klar umrissen 3 SPORT klar (*Chance*); **~-eyed** ADJ 1 mit scharfen Augen 2 *fig* scharfblickend, -sichtig; **~headed** ADJ (ADV ~ly) besonnen (*Person, Entschluss etc*); **~headedness** S Besonnenheit *f*

clearing ['klıərıŋ] S 1 (Auf-, Aus)Räumen *n* 2 Säuberung *f* 3 Aufklärung *f* 4 Lichtung *f*, Schlag *m*, Rodung *f* (*im Wald*) 5 WIRTSCH a Clearing *n*, Verrechnungsverkehr *m* b *pl* Verrechnungssumme *f* (*im Clearingverkehr*); **~house** S WIRTSCH Clearinghaus *n*, Verrechnungsstelle *f*; **~ system** S WIRTSCH Clearingverkehr *m*

clearly ['klıə(r)lı] ADV 1 klar, deutlich 2 offensichtlich, zweifellos; **clearness** S 1 Klarheit *f*: a Helle *f* b Deutlichkeit *f* 2 Reinheit *f* 3 FOTO *etc* (Bild)Schärfe *f*

clear| round S *Springreiten*: Nullfehlerritt *m*: **jump a ~** fehlerfrei *od* ohne Abwurf bleiben; **~-sighted** ADJ (ADV ~ly) → clear-eyed; **~-thinking** ADJ klar denkend; **~-up** S Aufräumen *n*: **have a ~** aufräumen; **~way** S *Br* Straße *f* mit Halteverbot

cleat [kli:t] A S 1 Keil *m*, Pflock *m* 2 SCHIFF Klampe *f* (*Verstärkungsleiste*) 3 TECH Kreuzholz *n*, Querleiste *f* 4 ELEK Isolierschelle *f* 5 breitköpfiger Schuhnagel B V/T mit Klampen *etc* befestigen

cleavage ['kli:vıdʒ] S 1 Spaltung *f* (*a.* CHEM *u. fig*), (Auf-, Zer)Teilung *f* 2 Spalt *m* 3 BIOL (Zell)Teilung *f* 4 ZOOL (Ei)Furchung *f* 5 MINER a Spaltbarkeit *f* (*Kristalle*) b *a.* **~ face** Spaltebene *f* 6 GEOL Schieferung *f* 7 *umg* Brustansatz *m* (*im Dekolleté*)

cleave[1] [kli:v] *prät* cleft [kleft], cleaved, clove [kləʊv], *obs* **clave** [kleıv], *pperf* cleft, cleaved, cloven ['kləʊvn] A V/T 1 (zer)spalten, (zer)teilen 2 ab-, lostrennen 3 *Luft, Wasser etc* durchschneiden 4 *e-n Weg* bahnen: **~ a path** B V/I sich spalten

cleave[2] [kli:v] V/I 1 (an)kleben, hängen bleiben (*beide:* **to** an *dat*) 2 *fig* **(to)** treu bleiben (*dat*), halten (zu)

cleaver ['kli:və(r)] S Hackmesser *n*, Hackbeil *n*

cleavers ['kli:və(r)z] *pl* -ers S BOT Klebkraut *n*, Kettenlabkraut *n*

clef [klef] S MUS (Noten)Schlüssel *m*

cleft[1] [kleft] *prät u. pperf von* cleave[1]

cleft[2] [kleft] S 1 Spalt *m*, Spalte *f*, Schlitz *m*, Ritze *f*: **~ of a rock** Felsspalte 2 *fig* Kluft *f* 3 ZOOL a Spalt *m* (*im Pferdehuf*) b Zehe *f* (*Spalthufer*) 4 VET Hornspalte *f* (*am Pferdehuf*)

cleft| lip S MED Hasenscharte *f*; **~ palate** S MED Gaumenspalte *f*, Wolfsrachen *m*; **~ stick** S: **be (caught) in a ~** in der Klemme sein *od* sitzen *od* stecken *umg*

cleistogamy [klaı'stɒgəmı; *US* -'stɑ-] S BOT Kleistogamie *f* (*Selbstbestäubung bei geschlossener Blüte*)

clem [klem] V/I & V/T *Br dial* verschmachten (lassen)

clematis ['klemətıs] S BOT Klematis *f*, Waldrebe *f*

clemency ['klemənsı] S Milde *f* (*a. des Wetters*), Gnade *f*, Nachsicht *f*; **clement** ['klemənt] ADJ (ADV ~ly) 1 mild, nachsichtig, gnädig 2 mild (*Wetter*)

clementine ['kleməntaın; -ti:n] S BOT Klementine *f*

clench [klentʃ] A V/T 1 (fest) zusammenpressen: **~ one's fist** die Faust ballen; **~ one's teeth** die Zähne zusammenbeißen 2 fest packen *od* anfassen: **~ sth in one's hand** etwas fest in der Hand halten 3 → clinch A 1, A 2, A 3 4 *fig die Nerven, den Geist etc* anspannen: **with ~ed attention** mit gespannter Aufmerksamkeit B V/I 1 sich fest zusammenpressen 2 → clinch B C S Festhalten *n*, fester Griff, Zusammenpressen *n*; **clencher** → clincher

cleptomania, *etc* → kleptomania *etc*

clerestory ['klıə(r)stərı; *bes US* -,stɔ:ri:] S 1 ARCH Lichtgaden *m*, Fenstergeschoss *n* (*am Hauptschiff e-r Kirche*) 2 BAHN Dachaufsatz *m* (*mit Fenstern*)

clergy ['klɜ:dʒı; *US* 'klɜr-] S (*a. als pl konstruiert*) REL Geistlichkeit *f*, KATH *a.* Klerus *m*; **~man** [-mən] S *irr* 1 Geistliche(r) *m* 2 ordinierter Priester

cleric ['klerık] A S 1 Geistliche(r) *m*, Kleriker *m* 2 ordinierter Priester B ADJ → clerical A;

clerical [-kl] A ADJ (ADV ~ly) 1 klerikal, geistlich 2 Schreib..., Büro...: **~ error** Schreibfehler *m*; **~ work** Büroarbeit *f* B S 1 → cleric A 1 2 POL Klerikale(r) *m* 3 *pl* Priestertracht *f*; **clericalism** S POL Klerikalismus *m* (*das Bestreben der Kirche, ihren Einfluss auf Staat u. Gesellschaft auszudehnen*)

clerihew ['klerıhju:] S Clerihew *n* (*vierzeiliger humoristischer Vers*)

clerk [klɑ:k; *US* klɜrk] A S 1 Schriftführer *m*, Sekretär *m*, Schreiber *m* (*in öffentlichen Ämtern*): **~ of the court** JUR Urkundsbeamte(r) *m*, Protokollführer *m* 2 kaufmännische(r) Angestellte(r), (*Büro-, a. Bank-, Post*) Angestellte(r) *m/f(m)*, (*Bank-, Post*) Beamte(r) *m*, (-)Beamtin *f*: → chief clerk 3 → articled 2 4 *Br* Vorsteher *m*, Leiter *m*: **~ of (the) works** Bauleiter 5 *US* (*Laden*) Verkäufer(in) 6 *US* Empfangschef *m* (*im Hotel*) 7 REL a → cleric A 1, A 2 b Kirchenbeamte(r) *m* 8 *obs* a Schreibkundige(r) *m* b Gelehrte(r) *m* B V/I als Schreiber *od US* als Verkäufer(in) tätig sein; **clerkly** ADJ 1 Schreiber..., Sekretärs..., Angestellten...: **a ~ hand** e-e schöne Handschrift 2 *obs* gelehrt; **clerkship** S Stellung *f* e-s Buchhalters *etc*: → clinical 1

clever [ˈklevə(r)] ADJ (ADV ~ly) 1 clever: a geschickt, gewandt, tüchtig (*alle*: **at** in *dat*): **be ~ with one's hands** handwerkliches Geschick haben b gerissen (*Verkäufer etc*), (*a. Gerät, Trick etc*) raffiniert: **~ clogs** *Br umg* du Schlaumeier!; **~ dick** *Br umg* Schlaumeier *m*; → half *Bes Redew* 2 gescheit: a clever, klug, intelligent b geistreich (*Bemerkung etc*) 3 → clever-clever 4 begabt (**at** in *dat*, für); **~-clever** ADJ *umg* oberschlau

cleverness S Cleverness *f*: a Geschick (-lichkeit) *n(f)*, Gewandtheit *f*, Tüchtigkeit *f* b Gerissenheit *f*, Raffiniertheit *f* c Gescheitheit *f*, Klugheit *f*, Intelligenz *f*

clevis [ˈklevɪs] S TECH 1 U-förmige Zugstange, Bügel *m* (*an der Wagendeichsel etc*) 2 Haken *m*

clew [klu:] A S 1 (*Woll-, Garn- etc*) Knäuel *m/n* 2 → clue A 1, A 2 3 MYTH *fig* (Leit)Faden *m* (*im Labyrinth etc*) 4 SCHIFF Schothorn *n* B V/T 1 (auf)wickeln, knäueln 2 SCHIFF a **~ down** *die Segel* streichen b **~ up** *die Segel* aufgeien; **~ garnet** S SCHIFF Geitau *n* (*des Haupt- od Focksegels*); **~ line** S Geitau *n* (*der kleinen Segel*)

cliché [ˈkli:ʃeɪ; *US* kli:ˈʃeɪ] S 1 TYPO *bes Br* Klischee *n*, Druckstock *m* 2 *fig* Klischee *n*; **clichéd** [ˈkli:ʃeɪd; *US* kli:ˈʃeɪd] ADJ klischeehaft

click[1] [klɪk] A S 1 a Klicken *n*, Knacken *n*, Ticken *n* b COMPUT (Maus)Klick *m* 2 Einschnappen *n* (*der Türklinke etc*) 3 Schnappvorrichtung *f* 4 TECH a Sperrklinke *f*, -vorrichtung *f*: **~ spring** Sperrfeder *f* b ELEK Schaltklinke *f* 5 a LING Schnalzlaut *m* b Schnalzer *m* (*mit der Zunge*) 6 *Ringen*: Beinausheber *m* B V/I 1 klicken, knacken, ticken: **~ on** → C 2 2 (*mit der Zunge*) schnalzen 3 klappern 4 zu-, einschnappen (*Klinke, Schloss*): **~ into place** a einrasten b *fig* sich zusammenfügen; **~ shut** ins Schloss fallen (*Tür etc*) 5 *umg* a übereinstimmen (**with** mit) b zusammenpassen 6 **it ~ed** *when I heard her name umg* bei mir klingelte es 7 *umg* einschlagen, Erfolg haben (*beide*: **with** bei) 8 *umg* a sofort Gefallen aneinander finden b sich sofort ineinander verknallen: **they ~ed (with each other) as soon as they met** bei ihnen funkte es vom ersten Augenblick an C V/T 1 klicken *od* knacken *od* einschnappen lassen: **~ the door (to)** die Tür zuklinken; **~ one's heels** die Hacken zusammenschlagen 2 COMPUT *ein Programm etc* anklicken 3 mit *der Zunge* schnalzen

click[2] [klɪk] S *bes US sl* Kilometer *m*

click-clack S Klippklapp *n*

clicker [ˈklɪkə(r)] S 1 Ausstanzer *m* (*von Schuhoberteilen etc*) 2 TYPO Metteur *m* 3 TV *etc US* Fernbedienung *f*

client [ˈklaɪənt] S 1 JUR Klient(in), Mandant(in) (*e-s Anwalts*) 2 Kunde *m*, Kundin *f*, Auftraggeber(in): **~ list** Kundenliste *f* 3 Abhängige(r) *m/f(m)*, Vasall *m* 4 *a.* **~ state** POL abhängiger Staat 5 COMPUT Client *m* (*Computer, der von e-m Server abhängig ist*); **clientage** S 1 → clientele 2 Klientschaft *f*; **clientele** [ˌkli:ɑ̃:nˈtel; *US* ˌklaɪənˈtel; ˌkli:ən-] S (*a. als pl konstruiert*) 1 Klientel *f*, Klienten *pl* (*e-s Anwalts*) 2 WIRTSCH Kunden(kreis) *pl(m)*, Kundschaft *f* 3 Gefolgschaft *f*

cliff [klɪf] S 1 Klippe *f*, Felsen *m* 2 steiler Abhang, (Fels)Wand *f*; **~ dweller** S 1 Felsenbewohner *m* (*Vorfahre der Puebloindianer*) 2 *US sl* Bewohner(in) e-r Mietskaserne; **~ dwelling** S 1 Felsenwohnung *f* 2 *US sl* Mietskaserne *f*; **~hang** V/I *irr umg* gespannt auf das Ergebnis *etc* warten; **~hanger** S 1 a spannender Fortsetzungsroman (*der immer im spannendsten Moment aufhört*) b RADIO, TV spannender Mehrteiler 2 *fig* spannende Sache: **the election was a (real) ~** die Wahl war spannend bis zum Schluss; **~hanging** ADJ spannend

cliffy [ˈklɪfɪ] ADJ felsig, steil, schroff

climacteric [klaɪˈmæktərɪk; ˌklaɪmækˈterɪk] A ADJ (ADV **~ally**) 1 PHYSIOL klimakterisch 2 entscheidend, kritisch 3 → climactic B S 1 entscheidende *od* kritische Zeit 2 PHYSIOL Klimakterium *n*, Wechseljahre *pl*, kritisches Alter; **climacterical** → climacteric A 1, A 2

climactic [klaɪˈmæktɪk] ADJ (ADV **~ally**) sich steigernd, sich zuspitzend

climate [ˈklaɪmɪt] S 1 Klima *n* 2 Himmelsstrich *m*, Gegend *f* 3 *fig* Klima *n*, Atmosphäre *f*: **~ of opinion(s)** herrschende Ansichten *pl*; **~ of the workplace** Arbeitsklima; **climatic** [-ˈmætɪk] ADJ (ADV **~ally**) klimatisch, Klima...; **climatologic** [-mətəˈlɒdʒɪk; *US* -ˈlɑ-] ADJ, **climatological** ADJ (ADV **~ly**) klimatologisch; **climatologist** [-məˈtɒlədʒɪst; *US* -ˈtɑ-] S Klimatologe *m*, Klimatologin *f*; **climatology** S Klimatologie *f*, Klimakunde *f*; **climatotherapy** S MED Klimatotherapie *f*, klimatische Behandlung

climax [ˈklaɪmæks] A S 1 RHET Klimax *f*, Steigerung *f* 2 Gipfel *m*, Höhepunkt *m*: **reach a ~** e-n Höhepunkt erreichen 3 PHYSIOL Höhepunkt *m*, Orgasmus *m* B V/T 1 steigern, auf den Höhepunkt bringen 2 *s-e Laufbahn etc* krönen C V/I 1 sich steigern 2 den Höhepunkt erreichen (*a.* PHYSIOL): **~ in** gipfeln in (*dat*) (*Rede etc*)

climb [klaɪm] A S 1 *a.* **~ up** Aufstieg *m* (*a. fig*): **~ down** Abstieg *m* 2 Kletterpartie *f*, Berg-, Klettertour *f* 3 FLUG Steigen *n*, Steigflug *m*: **rate of ~** Steiggeschwindigkeit *f* 4 a AUTO Bergauffahrt *f* b (*Radsport*) Anstieg *m* 5 Anstieg *m*, Steigung *f* B V/I 1 klettern: **~ up (down) a tree** auf e-n Baum klettern (von e-m Baum herunterklettern) 2 (auf-, empor)steigen (*a. Rauch etc*), sich emporarbeiten (*a. fig*): **~ two places** SPORT *etc* zwei Plätze nach oben klettern, sich um zwei Plätze verbessern; **~ from the bottom of the table** SPORT vom Tabellenende wegkommen, sich vom Tabellenende lösen 3 (an)steigen (*Straße, Weg*) 4 BOT klettern, sich hinaufranken 5 (hoch)klettern (*Preise etc*) C V/T er-, besteigen, erklettern, klettern auf (*akk*)

Phrasal Verbs: **climb| down** V/I 1 hinunter-, heruntersteigen, -klettern 2 *umg* e-n Rückzieher machen, einlenken; **~ up** V/I hinauf-, heraufsteigen, -klettern

climbable [ˈklaɪməbl] ADJ ersteigbar

climb|-and-dive indicator → climb indicator; **~-down** S *umg* Rückzieher *m*, Einlenken *n*

climber [ˈklaɪmə(r)] S 1 Kletterer *m*, Kletterin *f* (*a. Radrennfahrer[in]*), *engS*. Bergsteiger(in): **a good ~** a ein guter Bergsteiger *od* Kletterer b AUTO ein bergfreudiger Wagen 2 BOT Schling-, Kletterpflanze *f* 3 ORN Klettervogel *m* 4 Steigeisen *n* 5 → social A 5

climb indicator S FLUG Statoskop *n* (*Gerät zum Messen von Höhendifferenzen*)

climbing| ability [ˈklaɪmɪŋ] S 1 FLUG Steigvermögen *n* 2 AUTO Steigfähigkeit *f*; **~ boot** S *Bergsteigen*: Kletterschuh *m*; **~ frame** S *Br* Klettergerüst *n*; **~ iron** S Steigeisen *n*; **~ plant** S Schling-, Kletterpflanze *f*; **~ rose** S BOT Kletterrose *f*

climb milling S TECH Gleichlauffräsen *n*

clime [klaɪm] S *poet* a Gegend *f* b Klima *n*: **seek milder ~s** Gegenden mit milderem Klima aufsuchen

clinch [klɪntʃ] A V/T 1 *ein Spiel etc* (endgültig) entscheiden: **that ~ed it** damit war die Sache entschieden; **~ the argument** den Streit für sich entscheiden; **~ sb's suspicion** j-s Verdacht endgültig bestätigen; **~ a title** SPORT *etc* sich e-n Titel sichern 2 TECH a sicher befestigen b (ver)nieten c *e-n Nagel etc* stauchen 3 SCHIFF *ein Tau* mit Ankerstich befestigen 4 *Boxen*: umklammern B V/I *Boxen*: clinchen, in den Clinch gehen C S 1 TECH a Vernietung *f*, Niet *m* b Haspe *f* 2 fester Halt (*a. fig*) 3 Griff *m* 4 *Boxen*: Clinch *m* (*a. sl Umarmung*): **go into a ~** in den Clinch gehen 5 SCHIFF Ankerstich *m*

clincher [ˈklɪntʃə(r)] S 1 TECH a Klammer *f*, Klampe *f* b Niet(nagel) *m* 2 *umg* a entscheidendes Argument, Trumpf *m* b entscheidender Umstand: **that's the ~** damit ist der Fall erledigt *od* die Sache entschieden; **~-built** → clinker-built; **~ rim** S TECH Wulstfelge *f*; **~ tire**, *bes Br* **~ tyre** S TECH Wulstreifen *m*

clinch nail S TECH Niet(nagel) *m*

cline [klaɪn] S BIOL Ableitung *f*, Progression *f* (*Fortschrittslinie e-s Verwandtschaftsmerkmals*)

cling [klɪŋ] V/I *prät u. pperf* clung [klʌŋ] 1 (fest)haften, kleben (*beide*: **to** an *dat*): **~ together** aneinanderhaften *od* -hängen, zusammenhalten (*a. fig*); *the wet dress* **clung to her body** klebte ihr am Leib 2 *a. fig* (**to**) hängen (an *dat*), anhaften (*dat*): **the smell clung to his clothes** der Geruch setzte sich in s-r Kleidung fest; **the nickname clung to him** der Spitzname haftete ihm an *od* blieb an ihm hängen 3 *a. fig* (**to**) sich klammern (an *e-e Sache, j-n, e-e Hoffnung etc*), festhalten (an *e-r Meinung, Sitte etc*): **~ to life** am Leben hängen; **~ to the text** sich eng an den Text halten, am Text kleben *umg* 4 sich (an)schmiegen (**to** an *akk*); **~ film** S *Br* Frischhaltefolie *f*; **~stone** A S Pfirsich *m* mit haftendem Stein B ADJ mit haftendem Stein

clingy [ˈklɪŋɪ] ADJ 1 haftend 2 zäh, klebrig

clinic [ˈklɪnɪk] A S 1 *allg* Klinik *f*, Krankenhaus *n* 2 a Klinik *f*, Universitätskrankenhaus *n* b Klinikum *n*, klinischer Unterricht 3 Poliklinik *f*, Ambulanz *f* 4 REL, HIST auf dem Sterbebett Getaufte(r) *m/f(m)* B ADJ → clinical

clinical [ˈklɪnɪkl] ADJ (ADV **~ly**) 1 MED *allg* klinisch: **be ~ly dead**; **do one's ~ clerkship** sein Klinikum machen; **~ instruction** Unterweisung *f* (der Studenten) am Krankenbett; **~ psychology** klinische Psychologie (*Teilgebiet der Psychologie, das sich mit der Entstehung, Heilung, Vorbeugung etc von Verhaltensstörungen befasst*); **~ thermometer** Fieberthermometer *n*; → picture A 12 2 *fig* nüchtern (*a. Einrichtung etc*), kühl analysierend 3 REL am Kranken- *od* Sterbebett gespendet (*Sakrament*): **~ baptism** Taufe *f* am Sterbebett

clinician [klɪˈnɪʃn] S Kliniker(in)

clink[1] [klɪŋk] A V/I klingen, klimpern, klirren B V/T klingen *od* klirren lassen, mit *Münzen etc* klimpern: **~ glasses** (mit den Gläsern) anstoßen C S Klingen *n*, Klimpern *n*, Klirren *n*

clink[2] [klɪŋk] S *sl* Kittchen *n*, Knast *m*: **be in ~** im Kittchen *od* Knast sitzen, Knast schieben

clinker[1] [ˈklɪŋkə(r)] S 1 Klinker(stein) *m*, Hartziegel *m* 2 verglaster Backstein 3 Schlacke *f* 4 *sich bei der Härtung von Stahl bildende Kruste*

clinker² ['klɪŋkə(r)] S *US umg* a Schnitzer *m*, Patzer *m* b Pleite *f* (*Misserfolg*)

clinker| brick → clinker¹; **~-built** ADJ SCHIFF klinkergebaut

clinometer [klaɪ'nɒmɪtə; *US* -'nɑmətər] S 1 Klinometer *n*, Neigungsmesser *m* 2 MATH Winkelmesser *m* 3 MIL Winkelquadrant *m*

clinquant ['klɪŋkənt] A ADJ goldflimmernd B S Flitter(gold) *m(n)*

Clio ['klaɪəʊ] *pl* -os S Clio *f* (*alljährlich verliehene Statuette für die beste Werbespotproduktion, die beste schauspielerische Leistung in e-m Werbespot etc im amerikanischen Fernsehen*)

clip¹ [klɪp] A V/T 1 *e-e Hecke etc* (be)schneiden, stutzen: **~ sb's wings** *fig* j-m die Flügel stutzen 2 *fig j-s Lohn etc* kürzen, *j-s Macht etc* beschneiden 3 *a.* **~ off** abschneiden: **he ~ped three seconds off the record** SPORT er verbesserte den Rekord um 3 Sekunden 4 *etwas* ausschneiden (**out of** aus *e-r Zeitung*) 5 *j-m die Haare* schneiden: **~ sb's hair** 6 *ein Schaf etc* scheren 7 *Wolle* beim Scheren abwerfen (*Schaf*) 8 *e-e Münze* beschneiden 9 *Silben* verschlucken, *Wörter* verstümmeln: **~ped speech** knappe *od* schneidige Sprechweise 10 *umg j-m* e-n Schlag verpassen: **~ sb round the ear** j-m e-e runterhauen *od* schmieren 11 *umg* a *j-n* erleichtern (*bestehlen*) (**for** um *Geld*) b *j-n* neppen 12 *Br e-e Fahrkarte etc* lochen B V/I 1 schneiden 2 *umg* sausen, (dahin)jagen C S 1 (Be)Schneiden *n*, Stutzen *n* 2 Haarschnitt *m* 3 Schur *f* 4 Wollertrag *m* (*e-r Schur*) 5 Ausschnitt *m* 6 *pl, a.* **pair of ~s** (Schaf)Schere *f* 7 *umg* Schlag *m*: **give sb a ~ on the ear** j-m e-e runterhauen *od* schmieren 8 *umg* (hohes) Tempo: **go at a good ~** e-n ziemlichen Zahn draufhaben

clip² [klɪp] A V/T 1 festhalten, mit festem Griff packen 2 *a.* **~ on** befestigen, anklammern: **~ on** *e-e Brosche, ein Mikrofon etc* anstecken, *Ohrringe* anlegen, *e-e Sonnenbrille* aufstecken 3 *obs od dial* umfassen, umarmen B S 1 (*Heft-, Büro- etc*) Klammer *f*, Clip *m*, Klipp *m* 2 TECH a Klammer *f* b Kluppe *f* c Schelle *f*, Bügel *m* 3 ELEK Halterung *f*, Clip *m* 4 Clip *m*, Klipp *m*, Klips *m* (*Schmuckstück zum Festklammern*) 5 MIL a Patronenrahmen *m* b Ladestreifen *m*

clip|board S 1 Klemmbrett *n* 2 COMPUT Zwischenablage *f*; **~-clop** S Klippklapp *n* (*von Pferdehufen*); **~ joint** S *umg* Nepplokal *n*; **~-on** A ADJ zum Anstecken (*Schmuckstück, Mikrofon etc*), zum Aufstecken (*Sonnenbrille*) B S PL, *a.* **pair of ~s** Sonnenbrille *f* zum Aufstecken

clipper ['klɪpə(r)] S 1 (*Tier*) Scherer(in) 2 *pl, a.* **pair of ~s** (*Nagel- etc*) Schere *f*, Haarschneidemaschine *f* 3 Renner *m*, schnelles Pferd 4 SCHIFF *bes* HIST Klipper *m* (*Schnellsegler*); **~ circuit** S TV Clipper *m*, Amplitudenseparator *m*

clippie ['klɪpɪ] S *Br umg* (Bus)Schaffnerin *f*

clipping ['klɪpɪŋ] A S 1 (Be)Schneiden *n*, Stutzen *n* 2 Schur *f* 3 *bes US* (*Zeitungs*) Ausschnitt *m*: **a ~ from** ein Ausschnitt aus 4 *pl* Schnitzel *pl*, Abfälle *pl* B ADJ *umg* schnell: **a ~ pace** ein scharfes *od* hohes Tempo

clip suture S MED Klammernaht *f*

clique [kliːk; klɪk] S (*a. als pl konstruiert*) Clique *f*, Klüngel *m*; **cliquey** ADJ, **cliquish** ADJ (ADV ~ly) → cliquy; **cliquism** S Cliquenwesen *n*; **cliquy** ADJ cliquenbildend, cliquenhaft

clit [klɪt] S ANAT *umg* Kitzler *m*

clitoris ['klɪtərɪs; 'klaɪ-] S ANAT Klitoris *f*, Kitzler *m*

clk ABK 1 clerk 2 clock

Cllr ABK *Br* Councillor

cloaca [kləʊ'eɪkə] *pl* -cae [-kiː] S 1 Kloake *f*: a Abzugskanal *m*, Senkgrube *f* b ANAT, ZOOL *Endabschnitt des Darmkanals* c *fig* moralischer Sumpf, Pfuhl *m* 2 Abort *m*; **cloacal** ADJ Kloaken..., kloakenhaft

cloak [kləʊk] A S 1 (loser) Mantel, Cape *n*, Umhang *m* 2 *fig* Deckmantel *m*: **the ~ of secrecy** der Schleier des Geheimnisses; **under the ~ of** unter dem Deckmantel *od* Vorwand (*gen*), im Schutz (*der Nacht etc*) 3 ZOOL Mantel *m* (*der Weichtiere*) B V/T 1 (wie) mit e-m Mantel bedecken *od* einhüllen 2 *fig* bemänteln, verhüllen; **~-and-dagger** ADJ 1 Mantel-u.-Degen-...: **~ film** 2 Spionage...; **~-and--sword** ADJ abenteuerlich-romantisch; **~room** S 1 Garderobe(nraum) *f(m)*, Kleiderablage *f*: **~ attendant** Garderobenfrau *f*; **~ ticket** (*bes US* **check**) Garderobenmarke *f*, -zettel *m* 2 *Br euph* Toilette *f*: **~ attendant** Toilettenmann *m*, -frau *f*

clobber¹ ['klɒbə; *US* 'klɑbər] S *Br sl* a Klamotten *pl* (*Kleider*) b Klamotten *pl*, Plunder *m*, Kram *m* (*alle pej*)

clobber² ['klɒbə; *US* 'klɑbər] V/T *umg* 1 zusammenschlagen, fertigmachen (*a. fig*) 2 SPORT überfahren, vernaschen (*hoch besiegen*)

cloche [kləʊʃ; *Br a.* klɒʃ; *US a.* klɑʃ; klɔːʃ] S 1 Glasglocke *f* (*für Pflanzen*) 2 HIST Glocke *f* (*Damenhut*)

clock¹ [klɒk; *US* klɑk] A S 1 (*Wand-, Turm-, Stand*) Uhr *f*: **(a)round the ~** rund um die Uhr, vierundzwanzig Stunden (lang); **five o'~** fünf Uhr; **know what o'~ it is** a wissen, wie viel Uhr es ist b *fig* wissen, wie viel es geschlagen hat; **put** (*od* **turn**) **the ~ back** *fig* die Zeit *od* das Rad der Zeit zurückdrehen; → twelve A 2 *umg* a Kontroll-, Stoppuhr *f* b Fahrpreisanzeiger *m* (*im Taxi*) c AUTO Meilenzähler *m* 3 → clock generator 4 *umg* Pusteblume *f* (*Fruchtstand des Löwenzahns*) 5 *Br umg* Visage *f pej* B V/T 1 *bes* SPORT a (ab)stoppen, die Zeit *e-s Läufers etc* nehmen: **both were ~ed at the same time** für beide wurde die gleiche Zeit gestoppt b *a.* **~ up** *e-e Zeit* erreichen, erzielen (*beide:* **for** über *e-e Distanz*) 2 a *s-e Arbeitszeit an der Stechuhr, e-e Geschwindigkeit, Zahlen etc* registrieren b **~ back** den Meilenzähler *e-s Wagens* (*in betrügerischer Absicht*) zurückdrehen (**from ... to** von ... auf *akk*): **he ~ed the car back from 200,000 to 90,000 miles** 3 IT *die Eingabe etc* takten 4 **~ up** *e-e Geschwindigkeit, Strecke* fahren 5 **~ up** *umg* a *e-n Erfolg* verbuchen b *Schulden* machen 6 **~ sb one** *Br sl* j-m e-e scheuern *od* kleben C V/I **~ in** (*od* **on**) einstempeln; **~ out** (*od* **off**) ausstempeln

clock² [klɒk; *US* klɑk] S eingewebte *od* eingestickte Verzierung (*am Strumpf*)

clock| card S Stechkarte *f*; **~face** S Zifferblatt *n*; **~ generator** S COMPUT Taktgeber *m*, -generator *m*; **~ hour** S volle Stunde; **~maker** S Uhrmacher(in); **~ radio** S Radiowecker *m*; **~ tower** S Uhr(en)turm *m*; **~ watch** S Taschenuhr *f* mit Schlagwerk; **~ watcher** S *j-d, der ständig auf die Uhr sieht(, weil er den Arbeitsschluss herbeisehnt)*; **~wise** ADJ & ADV im Uhrzeigersinn, TECH rechtsläufig, Rechts...: **~ rotation**; **~work** S TECH Lauf-, Gehwerk *n*, *a. fig* Uhr-, Räderwerk *n*: **~ fuse** MIL *etc* Uhrwerkszünder *m*; **~ toy** Spielzeug *n* zum Aufziehen, mechanisches Spielzeug; **like ~** wie am Schnürchen, wie geschmiert (*beide umg*); **he is (as) regular as ~** bei ihm spielt sich alles auf die Minute ab; **his tea breaks are (as) regular as ~** nach s-n Teepausen kann man die Uhr stellen; **with ~ regularity (precision)** mit der Regelmäßigkeit (Präzision) e-s Uhrwerks

clod [klɒd; *US* klɑd] S 1 Klumpen *m* 2 Erdklumpen *m*, Scholle *f* 3 *fig* Körper *m* (*Ggs Seele*) 4 Tölpel *m* 5 Schulterstück *n* (vom Rind); **cloddish** ADJ (ADV ~ly) tölpelhaft; **cloddy** ADJ (ADV cloddily) klumpig

clod|hopper S 1 *umg* a ungehobelter Kerl b Tollpatsch *m* 2 schwerer, klobiger Schuh; **~hopping** ADJ *umg* ungehobelt; **~pate, ~pole, ~poll** [pəʊl] → clod 4

clog [klɒg; *US* klɑg] A S 1 (Holz)Klotz *m* 2 *fig* Hemmschuh *m*, Hemmnis *n*, Klotz *m* am Bein 3 a Holzschuh *m*: **pop one's ~s** *Br umg* den Löffel weglegen (*sterben*) b Clog *m* (*modischer Holzpantoffel*) 4 TECH Verstopfung *f* 5 → clog dance B V/T 1 *fig* a blockieren, hemmen b belasten (**with** mit) 2 *a.* **~ up** verstopfen: **~ged pores** C V/I 1 sich verstopfen 2 klumpig werden, sich zusammenballen 3 *Fußball: umg* holzen; **~ dance** S Holzschuhtanz *m*

cloisonné [klwɑː'zɒneɪ; *US* ˌklɔɪzn'eɪ] A S *a.* **~ enamel** Cloisonné *n*, Zellenschmelz *m* B ADJ Cloisonné...

cloister ['klɔɪstə(r)] A S 1 a Kloster *n* b Klosterleben *n* 2 ARCH a *a. pl* Kreuzgang *m* b Arkade *f* B V/T 1 in ein Kloster stecken 2 **~ o.s.** *fig* sich einschließen (**in** in *akk*); **cloistered** ADJ 1 ARCH mit e-m Kreuzgang (versehen) 2 in e-m Kloster lebend 3 *fig* a klösterlich b weltfremd

cloistral ['klɔɪstrəl] ADJ klösterlich, Kloster...

clon [klɒn; kləʊn; *US* kləʊn; klɑn] → clone;

clone [kləʊn] A S 1 BIOL Klon *m* (*durch künstlich herbeigeführte ungeschlechtliche Vermehrung entstandene genetisch identische Kopie e-s Lebewesens od e-r Pflanze*) 2 *fig oft pej* Kopie *f* B V/T 1 BIOL klonen, klonieren 2 *fig oft pej* kopieren

clonic ['klɒnɪk; *US* 'klɑ-] ADJ MED klonisch: **~ spasm** → clonus

clonk [klɒŋk; *US a.* klɑŋk] A V/I plumpsen B V/T *umg j-n* schlagen C S 1 Plumps *m* 2 *umg* Schlag *m*

clonus ['kləʊnəs] S MED Klonus *m*, Schüttelkrampf *m*

clop [klɒp; *US* klɑp] A V/I trappeln B S Getrappel *n*

close A ADJ [kləʊs] (ADV → closely) 1 ver-, geschlossen, (*nur präd*) zu 2 *obs* von Mauern *etc* umgeben 3 zurückgezogen, abgeschieden 4 verborgen, geheim 5 dumpf, schwül, stickig, drückend 6 *fig* verschlossen, verschwiegen, zurückhaltend 7 geizig, knaus(e)rig 8 knapp, beschränkt: **money is ~** das Geld ist knapp 9 nicht zugänglich, nicht öffentlich, geschlossen 10 dicht, fest (*Gewebe etc*) 11 eng, (dicht) gedrängt: **~ handwriting** enge Schrift 12 knapp, kurz, bündig (*Stil etc*) 13 kurz (*Haar*) 14 eng (anliegend) (*Kleid etc*) 15 (wort)getreu, genau (*Übersetzung*) 16 stark (*Ähnlichkeit*) 17 nah, dicht: **~ combat** MIL Nahkampf *m*; **~ fight** Handgemenge *n*, *weitS.* zähes Ringen, harter Kampf; **~ together** dicht beieinander; **~ to** a nahe *od* dicht bei b (*zeitlich*) dicht vor (*dat*), nahe (*dat*) c *fig* (*j-m*) nahestehend, vertraut mit d *fig* eng verwandt *od* verbunden mit; **this subject is very ~ to me** dieses Thema liegt mir sehr am Herzen; **~ to tears** den Tränen nahe; **a speed ~ to that of sound** e-e Geschwindigkeit, die dicht an die Schallgrenze herankommt; → bone¹ A 1, proximity, range A 5 18 eng (*Freunde*): **he was a ~ friend of mine, we were ~ friends** wir waren eng befreundet 19 nah (*Verwandte*) 20 *fig* knapp: **that was ~**; → shave C 1, squeak C 3, squeeze C 10, thing² 3 21 *fig* scharf, hart, knapp: **~ victory** knapper Sieg; **~ election** knapper Wahlausgang; **~ finish** scharfer Endkampf 22 gespannt (*Aufmerksamkeit*) 23 gründlich, eingehend, scharf, genau: **~ investigation** gründliche *od* eingehende Untersuchung; **~ observer** scharfer Beobachter; **~ questioning** strenges Verhör; → inspection 1 24 streng, scharf: **~ arrest** strenge Haft; **~ prisoner** streng bewachter Gefangener; **in ~ custody** unter scharfer Bewachung; **keep a ~ watch on**

scharf im Auge behalten *(akk)* 25 streng, logisch, lückenlos *(Beweisführung etc)* 26 LING geschlossen *(Laut etc)*: → punctuation 1 27 MUS eng: ~ **harmony** enger Satz B ADV [kləʊs] eng, nahe, dicht: ~ **by** a nahe *od* dicht dabei, ganz in der Nähe b nahe *od* dicht bei, neben *(dat)*; ~ **at hand** nahe bevorstehend; ~ **on two hundred** fast *od* annähernd zweihundert; **fly ~ to the ground** dicht am Boden fliegen; **come ~ to** *fig* dicht herankommen *od* -reichen an *(akk)*, fast … sein; **cut ~** ganz kurz schneiden; **keep ~** in der Nähe bleiben; **lie** (*od* **keep**) ~ sich verborgen halten; **press sb ~** j-n hart bedrängen; **run sb ~** j-m dicht auf den Fersen sein; **if you look ~r** wenn du näher *od* genauer hinsiehst; → wind¹ A 1 C S [kləʊz] 1 (Ab-)Schluss *m*, Ende *n*: **bring to a ~** *e-e Versammlung etc* beenden; **come** (*od* **draw**) **to a ~** zu Ende gehen 2 Schlusswort *n* 3 Briefschluss *m* 4 MUS Kadenz *f*, Schluss(fall) *m* 5 Handgemenge *n*, Kampf *m* 6 [kləʊs] *Br* a Einfriedung *f*, Hof *m* *(e-r Kirche, Schule etc)* b Gehege *n* c JUR (eingefriedetes) Grundstück: → breach *Bes Redew* 7 [kləʊs] *Br* (kurze, umbaute) Sackgasse 8 [kləʊs] *schott* Hausdurchgang *m* zum Hof D V/T [kləʊz] 1 (ab-, ver-, zu)schließen, zumachen, COMPUT *e-e Datei etc* schließen: → closed, door *Bes Redew*, eye A 1, gap 6, heart *Bes Redew*, mind A 2, rank¹ A 7 2 *ein Loch etc* verstopfen 3 a *e-n Betrieb, die Schule etc* schließen b **they had their ground ~d for two games** SPORT sie bekamen e-e Platzsperre für zwei Spiele 4 *ein Gelände, e-e Straße* (ab)sperren: ~ **a road to traffic** e-e Straße für den Verkehr sperren 5 *die Hand* schließen, *die Faust* ballen 6 *die Sicht* versperren 7 ELEK *den Stromkreis* schließen 8 *fig* beenden, be-, abschließen: ~ **a case** e-n Fall abschließen; ~ **the court** JUR die Verhandlung schließen; ~ **an issue** e-e (strittige) Sache erledigen; ~ **a procession** e-n Zug beschließen; ~ **one's days** s-e Tage beschließen *(sterben)*; **the subject was ~d** das Thema war beendet 9 WIRTSCH a *ein Konto* auflösen b *e-e Rechnung* abschließen: → book A 9 10 *e-n Handel, ein Geschäft* abschließen 11 *e-n Abstand* verringern 12 SCHIFF näher herangehen an *(akk)*: ~ **the wind** an den Wind gehen 13 WIRTSCH *US* → close out A 2 E V/I [kləʊz] 1 *allg* sich schließen *(a. Lücke, Wunde etc)* 2 geschlossen werden 3 schließen, zumachen: **the shop ~s at 5 o'clock** 4 enden, aufhören, zu Ende gehen 5 schließen (**with the words** mit den Worten) 6 *Börse*: abschließen (**at** mit) 7 heranrücken, sich nähern: ~ **(a)round** (*od* **about**) **sb** j-n einschließen, j-n umzingeln 8 ~ **with sb** mit j-m (handels)einig werden, sich mit j-m einigen *(beide:* **on** über *akk)* 9 ~ **with sb** mit j-m handgemein werden *od* aneinandergeraten 10 sich verringern *(Abstand, Strecke)*

Phrasal Verbs: **close| down** A V/T *ein Geschäft etc* schließen, aufgeben, *e-n Betrieb* stilllegen B V/I 1 schließen, zumachen, stillgelegt werden 2 RADIO, TV *bes Br* das Programm beenden, Sendeschluss haben 3 *fig* scharf vorgehen (**on** gegen); ~ **in** V/I 1 (**on, upon**) a sich heranarbeiten (an *akk*) b umzingeln *(akk)* 2 kürzer werden *(Tage)* 3 hereinbrechen *(Dunkelheit, Nacht)*; ~ **out** *US* A V/T 1 ausschließen 2 WIRTSCH *Waren etc* (im Ausverkauf *etc*) abstoßen, verkaufen 3 außer Betrieb stellen, stilllegen 4 (plötzlich) beenden B V/I WIRTSCH e-n Ausverkauf machen; ~ **up** A V/T 1 → close D 1, D 2, D 3 2 *fig* abschließen, beenden, erledigen B V/I 1 → close down B 1 2 MIL *etc* die Reihen schließen 3 SPORT *etc* aufschließen, aufrücken *(beide:* **on** zu)

close| company S WIRTSCH *Br* → close corporation 1; ~ **corporation** S 1 WIRTSCH *US* (Aktien)Gesellschaft *f* mit geschlossenem Mitgliederkreis *(entspricht etwa der deutschen GmbH)* 2 *fig* exklusiver Zirkel; **~-cropped** ADJ kurz geschoren

closed [kləʊzd] ADJ 1 geschlossen *(a.* ELEK, TECH *u.* LING), *präd* zu: **we are ~** wir haben geschlossen; **behind ~ doors** hinter verschlossenen Türen; ~ **circuit** ELEK geschlossener Stromkreis, Ruhestromkreis *m*; ~ **current** ELEK Ruhestrom *m*; **sit in ~ court** JUR unter Ausschluss der Öffentlichkeit verhandeln; → book A 1 2 ge-, versperrt: ~ **to vehicles** für Fahrzeuge gesperrt 3 geheim *(Akte etc)* 4 geschlossen, exklusiv: ~ **company** *Br* → close corporation 1; ~ **corporation** → close corporation 5 in sich geschlossen, autark *(Wirtschaft)*; **~-circuit television** S 1 Fernsehübertragung *f* im Kurzschlussverfahren, *z. B.* Betriebsfernsehen *n* 2 Fernsehüberwachungsanlage *f*; **~-door** ADJ hinter verschlossenen Türen; **~-end fund** S WIRTSCH Investmentfonds *m* mit begrenzter Emissionshöhe

closedown S 1 Schließung *f*, Stilllegung *f* 2 RADIO, TV *bes Br* Sendeschluss *m*

closed| scholarship S SCHULE, UNIV *Br* nur bestimmten Kandidaten gewährtes Stipendium; ~ **season** *US* → close season; ~ **session** S POL Sitzung *f* unter Ausschluss der Öffentlichkeit; ~ **shop** S WIRTSCH Closed Shop *m*, gewerkschaftspflichtiger Betrieb

close|fisted ADJ (ADV ~ly) geizig, knaus(e)rig; **~fistedness** S Geiz *m*, Knauserei *f*; ~ **fit** S 1 enge Passform 2 TECH Feinpassung *f*; **~-fitting** ADJ eng anliegend *(Kleidungsstück)*; **~-grained** ADJ feinkörnig *(Holz, Stein etc)*; **~hauled** ADJ SCHIFF hart am Wind; **~-knit** ADJ *fig* eng *od* fest zusammengewachsen, eng verbunden; **~-lipped** ADJ *fig* verschlossen, schweigsam

closely ['kləʊslɪ] ADV 1 genau, eingehend: **follow sth ~** etwas mit gespannter Aufmerksamkeit verfolgen 2 scharf, streng: ~ **guarded** streng bewacht 3 fest, dicht, eng 4 nah 5 aus der Nähe 6 ~ **fought** (*od* **contested**) SPORT hart umkämpft *(Spiel etc)*

close-mouthed → close-lipped

closeness ['kləʊsnɪs] S 1 Nähe *f*: ~ **of relationship** enge Beziehung; ~ **to life** Lebensnähe 2 Knappheit *f* 3 Festigkeit *f*, Dichtheit *f*, Dichte *f* 4 Genauigkeit *f* 5 Verschwiegenheit *f*, Verschlossenheit *f* 6 Schwüle *f*, Stickigkeit *f* 7 Schärfe *f*, Strenge *f* 8 Geiz *m*

close| order S MIL geschlossene Ordnung; **~-out** ['kləʊz-] S *a.* ~ **sale** Ausverkauf *m* wegen Geschäftsaufgabe; ~ **quarters** SPL 1 Nahkampf *m*, Handgemenge *n*: **come to ~** handgemein werden 2 Beengtheit *f*, beengte Lage 3 Nähe *f*, enger Kontakt: **at ~** in *od* aus nächster Nähe; **(seen) at ~** aus der Nähe betrachtet

closer ['kləʊzə(r)] S 1 Schließer(in) 2 TECH Verschlussvorrichtung *f* 3 ARCH Schlussstein *m*, Kopfziegel *m* 4 abschließende (Programm)Nummer

close|-range ADJ aus nächster Nähe, aus kurzer Entfernung, Nah…: **a ~ header** *(Fußball)* ein Kopfball aus kurzer Entfernung; ~ **season** S JAGD Schonzeit *f*; **~-set** ADJ eng stehend *(Augen, Häuser etc)*

closet ['klɒzɪt; *US a.* 'klazət] A S 1 *bes US* *(Wand-, Einbau-, Vorrats-)* Schrank *m* 2 Kabinett *n*, Gelass *n*, Kammer *f*, Geheimzimmer *n*: ~ **drama** *bes US* Lesedrama *n*; **come out of the ~** sich offen zu s-r Homosexualität bekennen 3 *obs (Wasser)* Klosett *n* B ADJ 1 privat, vertraulich, geheim: ~ **homosexual** (*umg* **queen**) heimlicher Homosexueller *od* Schwuler 2 *US* theoretisch, wirklichkeitsfern C V/T 1 in e-n Raum *(zwecks Beratung etc)* einschließen: **be ~ed together with sb** mit j-m geheime Besprechungen führen 2 einschließen, verbergen

close-up S 1 FOTO, FILM Close-up *n*, Nah-, Großaufnahme *f*: **in ~** 2 *fig* a genaue Betrachtung b genaues Bild

closing| balance sheet S WIRTSCH Schlussbilanz *f*; ~ **ceremony** ['kləʊzɪŋ] S *bes* SPORT Schlusszeremonie *f*; ~ **date** S letzter Termin (**for applicants** für Bewerbungen), *bes* SPORT Meldeschluss *m*; ~ **price** S *Börse*: Schlussnotierung *f*, -kurs *m*; ~ **scene** S THEAT *etc* Schlussszene *f*; ~ **speech** S JUR Schlussplädoyer *n*; ~ **time** S a Laden-, Geschäftsschluss *m* b Ende *n* der Schalterstunden *(e-r Bank etc)* c *Br* Polizeistunde *f (e-s Pubs)*

closure ['kləʊʒə(r)] A S 1 (Zu-, Ver-)Schließen *n* 2 a Schließung *f*, Stilllegung *f (e-s Betriebs)* b SPORT Platzsperre *f* 3 Abgeschlossenheit *f* 4 TECH Verschluss (-vorrichtung) *m(f)* 5 Schluss *m*, Beendigung *f (e-r Debatte etc)*: **apply** (*od* **move**) **the ~** PARL *Br* Antrag auf Schluss der Debatte *(mit anschließender Abstimmung)* stellen B V/T PARL *Br e-e Debatte* zum Abschluss bringen

clot [klɒt; *US* klat] A S 1 Klumpen *m*, Klümpchen *n*: ~ **of blood** MED Blutgerinnsel *n*, Thrombus *m* 2 *Br umg* Trottel *m* B V/I 1 gerinnen 2 Klumpen bilden: → clotted

cloth [klɒθ; klɔːθ] A *pl* cloths [-θs; -ðz] S 1 Tuch *n*, Gewebe *n*, *(engS.* Woll)Stoff *m*: ~ **of state** Baldachin *m*, Thronhimmel *m*; → coat A 1 2 Tuch *n*, Lappen *m* 3 *(Tisch)* Tuch *n*, (-)Decke *f*: **lay the ~** *obs* den Tisch decken; **remove the ~** *obs* (den Tisch) abdecken *od* abräumen 4 (*bes* geistliche) Tracht: **the ~** der geistliche Stand, die Geistlichkeit; **a man of the ~** ein Geistlicher 5 SCHIFF a Segeltuch *n* b Segel *pl* 6 *pl* THEAT Soffitten *pl* 7 *Buchbinderei*: Leinen *n*: **bound in ~** mit Leineneinband B ADJ 1 aus Tuch 2 *Buchbinderei*: Leinen…: ~ **binding** Leineneinband *m*; **~bound** ADJ mit Leineneinband *(Buch)*; **~-cap** ADJ *Br umg* der Arbeiterklasse: ~ **attitudes**

clothe [kləʊð] V/T *prät u. pperf* clothed [kləʊðd], clad [klæd] 1 (an-, be)kleiden 2 einkleiden, mit Kleidung versehen 3 *fig* umhüllen, einhüllen: **mist ~d the hills** 4 ~ **in words** in Worte kleiden *od* fassen

cloth-eared ADJ *umg* schwerhörig

clothes [kləʊðz; kləʊz] SPL 1 Kleider *pl*, Kleidung *f*: **change one's ~** sich umziehen; **put one's ~ on** sich ankleiden *od* anziehen; **take one's ~ off** sich entkleiden *od* ausziehen; **with one's ~ on (off)** angezogen (ausgezogen) 2 Bettwäsche *f*; ~ **basket** S Wäschekorb *m*; ~ **brush** S Kleiderbürste *f*; ~ **hanger** S Kleiderbügel *m*; **~horse** S 1 Wäscheständer *m* 2 *bes US umg* a Modepuppe *f pej* b Modenarr *m*; **~line** S Wäscheleine *f*; ~ **moth** S ZOOL 1 Kleidermotte *f* 2 Pelzmotte *f*; ~ **peg** S *Br*, **~pin** S *US* Wäscheklammer *f*; **~press** S Kleider- *od* Wäscheschrank *m*; ~ **tree** S Garderoben-, Kleiderständer *m*

clothier ['kləʊðɪə(r); -jə(r)] S 1 Stofffabrikant(in) *od* -händler(in) 2 Kleiderfabrikant(in) *od* -händler(in)

clothing ['kləʊðɪŋ] S 1 (Be)Kleidung *f*: ~ **allowance** Kleidergeld *n*; ~ **industry** Bekleidungsindustrie *f* 2 Umhüllung *f*, Hülle *f*, Decke *f* 3 SCHIFF Segel *pl*, Takelage *f*

clotted ['klɒtɪd; *US* 'kla-] ADJ 1 geronnen 2 klumpig: ~ **cream** *aus erhitzter u. wieder erkalteter Milch gewonnene fettreiche Sahne*; ~ **hair** verklebtes *od* verfilztes Haar; **clotting** [-tɪŋ] S 1 PHYSIOL (Blut)Gerinnung *f*: ~ **factor**

Gerinnungsfaktor *m* 2 Klumpenbildung *f*;
clotty ADJ klumpig
cloture ['kləʊtʃər] *US für* closure A 5, B
clou [kluː] S Clou *m*, Höhepunkt *m*
cloud [klaʊd] A S 1 Wolke(n) *f(pl)*: **yesterday there was a lot of ~** gestern war es stark bewölkt; **~ of dust** Staubwolke; **~ of smoke** Rauchwolke; **~ of steam** Dampfwolke; **there's a ~ on the horizon** *fig* ihr *etc* Glück ist nicht ganz ungetrübt; **have one's head in the ~s** *fig* a in höheren Regionen *od* Sphären schweben b *a.* **be up in the ~s** in Gedanken vertieft sein; **be on ~ nine** *umg* im siebten Himmel schweben, sich (wie) im siebten Himmel fühlen; → silver lining 2 Wolke *f*, Schwarm *m*, Haufe(n) *m*: **~ of insects** Insektenschwarm; **~ of electrons** PHYS Elektronenwolke, -schwarm; **~ track** PHYS Nebelspur *f* 3 Wolke *f (a. in Flüssigkeiten)*, dunkler Fleck, Fehler *m (in Edelsteinen, Holz etc)* 4 (dunkler) Fleck *(z. B. auf der Stirn e-s Pferdes)* 5 *fig* drohende *od* dunkle Wolke: **cast a ~ on** e-n Schatten werfen auf *(akk)*, *etwas* trüben; **under a ~ (of suspicion)** unter merkwürdigen *od* ungeklärten Umständen; **be under a ~** a deprimiert sein b e-n schlechten Ruf haben B V/T 1 be-, umwölken 2 *Glas etc, a. j-s Verstand, Urteil etc* trüben: **~ the issue** die Sache vernebeln *od* unklar machen 3 *fig* trüben, e-n Schatten werfen auf *(akk)*: **a ~ed future** e-e trübe Zukunft 4 *j-s Ruf etc* beflecken 5 ädern, flecken 6 TECH a *Seide* moirieren b *Stoff, a. Stahl* flammen C V/I: *a.* **~ over** 1 sich bewölken 2 sich trüben, sich umwölken *(beide a. fig)* 3 (sich) beschlagen *(Glas)*; **~ bank** S Wolkenbank *f*; **~burst** S Wolkenbruch *m*; **~-capped** ADJ wolkenverhangen, *präd* in Wolken; **~ chamber** S PHYS Nebelkammer *f*; **~-cuckoo-land** S Wolkenkuckucksheim *n*: **live in ~** in e-m Wolkenkuckucksheim leben; **~ drift** S 1 Wolkenzug *m* 2 *Verstäuben von Insektenvertilgungsmitteln vom Flugzeug aus*
clouded ['klaʊdɪd] ADJ 1 be-, umwölkt 2 trübe, wolkig *(Flüssigkeit)* 3 beschlagen *(Glas)* 4 *fig* a düster, trübe b umwölkt, getrübt *(Verstand etc)* 5 wolkig *(Edelstein)*; **cloudiness** ['klaʊdɪnɪs] S 1 Bewölkung *f* 2 TECH Trübung *f*, Schleier *m*; **clouding** S 1 Wolkigkeit *f* 2 Wolken-, Moirémuster *n (auf Seidenstoff etc)* 3 Umwölkung *f*, Trübung *f (beide a. fig)*
cloudland S 1 Wolkenregion *f* 2 *fig* Fantasieland *n*
cloudless [-lɪs] ADJ (ADV ~ly) 1 wolkenlos 2 *fig* ungetrübt; **cloudlet** [-lɪt] S Wölkchen *n*
cloudy ['klaʊdɪ] ADJ (ADV cloudily) 1 wolkig, bewölkt 2 wolkenartig, Wolken… 3 wolkig *(Edelstein etc)* 4 moiriert *(Stoff)* 5 wolkig, trübe *(Flüssigkeit)* 6 *fig* düster, umwölkt *(Stirn)* 7 *fig* nebelhaft, verschwommen *(Erinnerung etc)*
clough [klʌf] S *Br* (Berg)Schlucht *f*
clout [klaʊt] A S 1 *umg* Schlag *m*: **give sb a ~ round the ears** j-m e-e runterhauen *od* schmieren 2 *Bogenschießen:* a Zentrum *n (der Zielscheibe)* b Treffer *m* 3 → clout nail 4 *bes* POL *umg* Macht *f*, Einfluss *m*: **have a lot of ~ with** großen Einfluss haben auf *(akk)* B V/T *umg* schlagen: **~ sb one** j-m e-e runterhauen *od* schmieren; **~ nail** S TECH Breitkopfnagel *m*, *bes* a Schmiedenagel *m* b Pappnagel *m*
clove[1] [kləʊv] S 1 (Gewürz)Nelke *f* 2 BOT Gewürznelkenbaum *m*
clove[2] [kləʊv] S BOT 1 Brut-, Nebenzwiebel *f (des Knoblauchs, Schnittlauchs etc)*: **~ of garlic** Knoblauchzehe *f* 2 Teilfrucht *f*
clove[3] [kləʊv] *prät von* cleave[1]
clove hitch S SCHIFF Webeleinstek *m (Knoten)*
cloven ['kləʊvn] *pperf von* cleave[1]; **~ foot** S *irr* → cloven hoof 2; **~ hoof** S 1 ZOOL Huf *m* der Paarzeher 2 Pferdefuß *m (des Teufels)*: **show the ~** den Pferdefuß *od* sein wahres Gesicht zeigen; **~-hoofed** ADJ ZOOL paarzehig
clove pink S BOT Gartennelke
clover ['kləʊvə(r)] S BOT Klee *m*, *bes* Kopf-, Wiesenklee *m*: **be** (*od* **live**) **in ~** wie Gott in Frankreich *od* wie die Made im Speck leben *umg*; **~leaf** A S *irr* 1 Kleeblatt *n* 2 AUTO Kleeblatt *n (Autobahnkreuzung)* B ADJ kleeblattförmig: **~ aerial** (*bes US* **antenna**) Kleeblattantenne *f*; **~ intersection** → cloverleaf A 2
clown [klaʊn] A S 1 Clown *m*, Hanswurst *m*, *weitS. a.* Kasper *m* 2 *pej* ungehobelter Klotz 3 *obs* Bauer *m* B V/I *a.* **~ about** (*od* **around**) herumalbern, herumkaspern; **clownery** [-ərɪ] S 1 Clownerie *f*, clownisches Benehmen 2 Posse *f*; **clownish** ADJ (ADV ~ly) 1 clownisch 2 ungehobelt
cloy [klɔɪ] A V/T 1 übersättigen, -laden 2 anwidern B V/I 1 Übersättigung verursachen 2 unangenehm werden; **cloying** ADJ unangenehm, widerlich
cloze test [kləʊz] S SCHULE Ergänzungs-, Lückentest *m*
club [klʌb] A S 1 Keule *f*, Knüppel *m*, Prügel *m* 2 SPORT a Schlagholz *n* b *(Golf)* Schläger *m* c → Indian club 3 a Klub *m*, Club *m*, Verein *m*; **be in the ~** *bes Br umg* ein Kind kriegen; **put a girl in the ~** *bes Br umg* e-m Mädchen ein Kind machen; **join the ~!** *bes Br umg* du auch? b → clubhouse 4 → club sandwich 5 *Kartenspiel:* a *pl (a. als sg konstruiert)* Treff *n*, Kreuz *n*, Eichel *f (Farbe)*: **~s is trump**; **queen of ~s** Kreuzdame *f* b Treff(karte) *n(f)*, Kreuz(karte) *n(f)*, Eichel(karte) *f* B V/T 1 einknüppeln auf *(akk)*: **~ down** niederknüppeln 2 vereinigen: **~ efforts** sich gemeinsam bemühen 3 sich teilen in *(akk)*, gemeinsam für *Kosten* aufkommen, *Geld etc* beisteuern *od* zusammenlegen C V/I 1 *meist* **~ together** sich zusammentun: a e-n Verein *etc* bilden b (Geld) zusammenlegen 2 **go ~bing** *Br* e-n Nachtklubbummel machen 3 *oft* **~ down** SCHIFF vor schleppendem Anker mit dem Strom treiben *(Schiff)*; **club(b)able** ADJ *umg* 1 klubfähig 2 gesellig; **clubber** S *US* Klubmitglied *n*; **clubby** ADJ (ADV clubbily) *umg* gesellig
club| car S BAHN *US* Salonwagen *m*; **~ chair** S Klubsessel *m*; **~foot** S *irr* MED Klumpfuß *m*; **~footed** ADJ klumpfüßig; **~ grass** → club rush 2; **~house** S Klub(haus) *m(n)*, Vereinshaus *n*; **~land** S Klubviertel *n (in London)*; **~man** [-mən] S *irr* Klubmensch *m*; **~ moss** S BOT Bärlapp *m*; **~ professional** S Golflehrer(in); **~ rush** S BOT 1 Simse *f* 2 Breitblättriger Rohrkolben; **~ sandwich** S *bes US* Club-Sandwich *n*, Doppeldecker *m umg*; **~ soda** *US* → soda water; **~ suspension** S SPORT vereinsinterne Sperre; **~ swinging** S *Gymnastik:* Keulenschwingen *n*
cluck [klʌk] A V/I 1 a gackern b glucken 2 schnalzen 3 **~ over** *fig* Interesse an *(dat) od* Besorgnis über *(akk)* äußern B V/T 1 gluckend locken *(Henne)* 2 **~ one's tongue** mit der Zunge schnalzen C S 1 a Gackern *n* b Glucken *n* 2 Schnalzen *n* 3 *US sl* a Trottel *m* b Naivling *m*
clue [kluː] A S 1 **(to)** Hinweis *m* (auf *akk*), Anhaltspunkt *m* (für), Fingerzeig *m* 2 Schlüssel *m* (**to** zu *e-m Rätsel etc*): **I haven't got a ~** *umg* ich hab keinen Schimmer 3 Faden *m (e-r Erzählung etc)* 4 → clew A 1, A 3, A 4 B V/T 1 **~ in** *j-m* e-n Hinweis geben 2 **~ up** informieren, ins Bild setzen *(beide:* **on, about** über *akk)*: **be all ~d up** vollkommen im Bilde sein
clueful ADJ *umg* gut informiert, von etwas Ahnung habend
clumber spaniel ['klʌmbə(r)] S ZOOL Clumberspaniel *m (ein englischer Jagdhund)*
clump [klʌmp] A S 1 Büschel *n* 2 *(bes Baum- od Häuser)* Gruppe *f*: **a ~ of trees** 3 *(Holz)* Klotz *m*, *(Erd- etc)* Klumpen *m*: **a ~ of earth** 4 Haufen *m*, Masse *f* 5 Zusammenballung *f* 6 Trampeln *n* 7 Doppelsohle *f* 8 *umg* Schlag *m* B V/I 1 trampeln: **~ about** (*od* **around**) a herumtrampeln b herumstapfen 2 *a.* **~ together** sich zusammenballen C V/T 1 *a.* **~ together** zusammenballen, aufhäufen 2 doppelt besohlen 3 *umg j-m* e-n Schlag verpassen
clumsiness ['klʌmzɪnɪs] S Plumpheit *f*: a Ungeschick(lichkeit) *n(f)*, Unbeholfenheit *f* b Schwerfälligkeit *f* c Taktlosigkeit *f* d Unförmigkeit *f*; **clumsy** ADJ (ADV clumsily) plump: a ungeschickt, unbeholfen: **~ hands** ungeschickte Hände; **a ~ excuse** e-e plumpe Ausrede; **a ~ forgery** e-e plumpe Fälschung b schwerfällig *(Person, Stil etc)* c taktlos *(Witz etc)* d unförmig
clung [klʌŋ] *prät u. pperf von* cling
Cluniac ['kluːnɪæk] REL A S Kluniazenser *m* B ADJ kluniazensisch
clunk-click [ˌklʌŋk'klɪk] S: **~ every trip** AUTO *Br* erst gurten *od* klicken, dann starten!
Cluny lace ['kluːnɪ] S Clunyspitze *f*
clupeid ['kluːpɪɪd] S FISCH Hering(sfisch) *m*; **clupeoid** A ADJ heringsartig B S heringsartiger Fisch
cluster ['klʌstə(r)] A S 1 BOT Büschel *n*, Traube *f*: **a ~ of grapes** e-e Weintraube 2 Menge *f*, Schwarm *m*, Anhäufung *f*, Gruppe *f*: **a ~ of bees** ein Bienenschwarm; **a ~ of trees** e-e Baumgruppe 3 ASTRON Sternhaufen *m* 4 *a.* TECH traubenförmige Anordnung, Bündel *n (von Bomben, Lampen etc)* 5 MIL Spange *f (am Ordensband)* B V/I 1 e-e Gruppe *od* Gruppen bilden, sich versammeln *od* scharen *od* drängen (**round** um) 2 trauben- *od* büschelartig wachsen, sich ranken (**round** um) 3 sich (zusammen)ballen *(Schnee)* C V/T 1 in Büscheln sammeln, häufen, bündeln 2 mit Büscheln *etc* bedecken; **~ bomb** S MIL Streubombe *f*
clustered ADJ 1 büschel- *od* traubenförmig, gebündelt 2 mit Büscheln bedeckt
cluster| gear S TECH Zahnradblock *m*; **~ pine** S BOT Strandkiefer *f*
clutch[1] [klʌtʃ] A V/T 1 packen, (er)greifen 2 umklammern, umkrampfen, krampfhaft festhalten: **~ to one's breast** an die Brust pressen 3 an sich reißen *(a. fig)* B V/I 1 **~ at** (heftig *od* gierig) greifen nach: → straw A 1 2 TECH kuppeln C S 1 (krampfhafter *od* gieriger) Griff: **make a ~ at** → B 1 2 a ZOOL Klaue *f*, Kralle *f (beide a. fig)*: **have sb (sth) in one's ~es** j-n (etwas) in s-n Fängen halten b *fig* Hand *f*, Gewalt *f*: **fall into sb's ~es** in j-s Klauen geraten 3 TECH a Greifer *m*, Klaue *f* b Kupplungshebel *m* c Kupplung *f*
clutch[2] [klʌtʃ] S 1 Brut *f (junger Hühner)* 2 Nest *n (mit Eiern)*, Gelege *n* 3 *umg* Gruppe *f*, Haufen *m umg*
clutch| coupling S TECH Kupplungsgelenk *n*; **~ disk** S Kupplungsscheibe *f*; **~ facing**, **~ lining** S Kupplungsbelag *m*; **~ pedal** S Kupplungspedal *n*
clutter ['klʌtə(r)] A V/T 1 *a.* **~ up** (unordentlich) vollstopfen, überhäufen: **~ one's brain with** sich das Gehirn vollstopfen mit 2 durcheinanderwerfen, herumstreuen B V/I durcheinanderlaufen C S 1 Wirrwarr *m*, Durcheinander *n* 2 Unordnung *f*: **be in a ~** in Unordnung sein 3 *Radar:* Störflecke *pl* 4 Lärm *m*
Clwyd ['kluːɪd] S Clwyd *n (Grafschaft im nordöstlichen Wales)*
Clydesdale ['klaɪdzdeɪl] S *e-e Rasse schwerer, ursprünglich schottischer Zugpferde*; **~ terrier** S ZOOL Seidenpinscher *m*

clypeate ['klıpıət; -pıeıt], **clypeiform** [-pıı-fɔː(r)m] ADJ BIOL schildförmig; **clypeus** [-əs] *pl* **-ei** [-aı] S ZOOL Kopfschild *m (der Insekten)*

clyster ['klıstə(r)] MED *obs* A S Klistier *n*, Einlauf *m* B V/T *j-m* e-n Einlauf geben

cm ABK centimeter; *bes Br* centimetre

c.m. ABK JUR MIL court martial

CMG ABK *Br* Companion of St Michael and St George (*Mitglied des Ordens der Heiligen Michael u. Georg*)

C minus S ELEK Minuspol *m (e-r Gitterbatterie)*

cml ABK commercial

C/N ABK WIRTSCH credit note

CNAA ABK *Br* Council for National Academic Awards

CND ABK *Br* Campaign for Nuclear Disarmament

CNS ABK MED central nervous system

CO ABK 1 Commanding Officer 2 conscientious objector

co. ABK 1 WIRTSCH company 2 county

c.o., **c/o** ABK 1 care of c/o, bei 2 WIRTSCH carried over vorgetragen, übertragen

co- [kəʊ] *Wortelement mit der Bedeutung* a mit b gleich, in gleichem Maße c gemeinsam, zusammen

coaccused JUR A ADJ mitangeklagt B S Mitangeklagte(r) *m/f(m)*

coach [kəʊtʃ] A S 1 *(große, geschlossene)* Kutsche, *(Staats)* Karosse *f*: **~ and four** Vierspänner *m*; **drive a ~ and (four) horses through** *umg etwas* zunichtemachen 2 BAHN *Br* (Personen-)Wagen *m* 3 *Br* (Reise)Bus *m*: **by ~** mit dem Bus 4 Nachhilfe-, Privatlehrer(in) 5 SPORT Trainer(in) B V/T 1 *j-m* Nachhilfe- *od* Privatunterricht geben (**in** in *dat*): **~ sb for an examination** j-n auf e-e Prüfung vorbereiten 2 SPORT trainieren C V/I 1 Nachhilfe- *od* Privatunterricht geben 2 SPORT als Trainer(in) arbeiten; **~ box** S Kutschbock *m*, Kutschersitz *m*; **~-builder** S AUTO *Br* Karosseriebauer(in); **~ dog** S ZOOL *obs* Dalmatiner *m*

coacher ['kəʊtʃə(r)] S 1 → coach A 4, A 5 2 → coach horse

coach| horse S Kutschpferd *n*; **~ house** S Remise *f*, Wagenschuppen *m*

coaching ['kəʊtʃıŋ] S 1 Nachhilfe-, Privatunterricht 2 SPORT Training *n*: **~ post** Trainerposten *m*

coach|man [-mən] S *irr* 1 Kutscher *m* 2 *Angeln*: Kutscher *m (künstliche Fliege)*; **~ station** S *Br* Busbahnhof *m*; **~whip** S 1 Kutscherpeitsche *f* 2 ZOOL Peitschenschlange *f*; **~work** S AUTO Karosserie *f*

coaction S Zusammenwirken *n*; **coactive** ADJ (ADV **~ly**) zusammenwirkend

coadjutor [kəʊ'ædʒʊtə(r); *US a.* ˌkəʊə'dʒuːtər] S 1 Gehilfe *m*, Assistent *m* 2 KATH Koadjutor *m (Amtsgehilfe e-s Bischofs)*

coagulable [kəʊ'ægjʊləbl] ADJ gerinnbar; **coagulant** S Koagulans *n*, Gerinnungsmittel *n*; **coagulate** [-leıt] A V/I koagulieren, gerinnen B V/T gerinnen lassen; **coagulation** S Koagulation *f*, Gerinnung *f*: **~ factor** PHYSIOL Gerinnungsfaktor *m*; **coagulative** [-lətıv; *bes US* -ˌleıtıv] ADJ Gerinnung verursachend; **coagulum** [-ləm] *pl* **-la** [-lə] S 1 geronnene Masse, Gerinnsel *n* 2 MED Koagulum *n*, Blutgerinnsel *n*

coal [kəʊl] A S 1 MINER a Kohle *f* b *engS.* Steinkohle *f* c *(ein)* Stück *n* Kohle 2 Holzkohle *f* 3 (glühendes) Stück Kohle *od* Holz 4 *pl Br* Kohle *f*, Kohlen *pl*, Kohlenvorrat *m*: **lay in ~s** sich mit Kohlen eindecken; **carry** (*od* **take**) **~s to Newcastle** *fig* Eulen nach Athen tragen; **haul** (*od* **drag**) **sb over the ~s** *fig* j-m aufs Dach steigen *umg*; **heap ~s of fire on sb's head** *fig* glühende Kohlen auf j-s Haupt sammeln 5 CHEM Schlacke *f* B V/T 1 zu Kohle brennen 2 SCHIFF, BAHN bekohlen, mit Kohle versorgen C V/I SCHIFF, BAHN Kohle einnehmen, bunkern; **♀ and Steel Community** S WIRTSCH Montanunion *f*; **~ bed** S GEOL Kohlenflöz *n*; **~bin** S 1 Verschlag *m (im Keller)* für Kohlen 2 TECH Kohlenbunker *m*; **~-black** ADJ kohlschwarz; **~ blacking** S schwarzer Eisenlack; **~ brass** S GEOL Schwefelkiesminen *pl*; **~ cellar** S Kohlenkeller *m*

coaler ['kəʊlə(r)] S 1 a Kohlenschiff *n* b Kohlenzug *m* 2 Kohlenhändler(in)

coalesce [ˌkəʊə'les] V/I verschmelzen, zusammenwachsen, sich vereinigen *od* verbinden *(alle a. fig)*; **coalescence** S Verschmelzung *f*, Vereinigung *f*; **coalescent** ADJ verschmelzend

coal|field S Kohlenrevier *n*; **~fish** S FISCH 1 Köhler *m* 2 Kerzenfisch *m*; **~ gas** S 1 Kohlengas *n* 2 Leuchtgas *n*; **~ heaver** S Kohlenträger *m*; **~hole** S *Br* Kohlenkeller *m*

coaling station ['kəʊlıŋ] S SCHIFF Bunker-, Kohlenstation *f*

coalition [ˌkəʊə'lıʃn] A S 1 POL Koalition *f*: **form a ~** e-e Koalition eingehen *od* bilden, koalieren 2 Bündnis *n*, Zusammenschluss *m* B ADJ POL Koalitions...: **~ crisis** (**government, partner**, *etc*)

coal| measures SPL GEOL Kohlengebirge *n*; **~ mine** S Kohlenbergwerk *n*, Kohlengrube *f*, -zeche *f*; **~ miner** S Grubenarbeiter *m*, Bergmann *m*, -arbeiter *m*; **~ mining** S Kohlenbergbau *m*; **~ oil** S *US* Petroleum *n*; **~pit** S 1 → coal mine 2 *US* Holzkohlenmeiler *m*; **~ power station** S Kohlekraftwerk *n*; **~ screen** S Kohlensieb *n*; **~ scuttle** S Kohleneimer *m*; **~ seam** S GEOL Kohlenflöz *n*; **~ tar** S Steinkohlenteer *m*; **~ tip** S *Br* Kohlenhalde *f*; **~ tit** S ORN Tannenmeise *f*; **~ wharf** S SCHIFF Bunkerkai *m*

coaming ['kəʊmıŋ] S SCHIFF Süll *n*, Lukenkimming *f*

coaptation [ˌkəʊæp'teıʃn] S 1 Zusammenpassen *n (von Teilen)* 2 MED Koaptation *f*, Einrichten *n (gebrochener Knochenteile)*

coarse [kɔː(r)s; *US a.* 'kəʊərs] ADJ (ADV **~ly**) 1 grob: a rau *(Haut etc)*: **~ linen** Grobleinwand *f*; **~ fare** grobe *od* einfache Kost b grobkörnig *(Sand etc)*: **~ bread** Schrotbrot *n*; **~ fodder** AGR Raufutter *n* c derb *(Gesicht etc)* 2 grob, ungenau: **~ adjustment** TECH Grobeinstellung *f* 3 *fig* grob, derb, roh, ungehobelt *(Kerl etc)*: **~ language** derbe Ausdrucksweise; **~ manners** *pl* ungehobeltes Benehmen; → fiber 3 4 gemein, unanständig; **~-grained** ADJ 1 TECH a grobkörnig b grobfaserig 2 *fig* rau, ungehobelt

coarsen ['kɔː(r)sn; *US a.* 'kəʊrsn] A V/T grob machen, vergröbern *(a. fig)* B V/I grob werden, sich vergröbern; **coarseness** S 1 Grobheit *f*, grobe Qualität 2 *fig* a Grob-, Derbheit *f* b Gemeinheit *f*, Unanständigkeit *f*

coast [kəʊst] A S 1 Küste *f*: **on the ~** an der Küste; **the ~ is clear** *fig* die Luft ist rein 2 Küstenlandstrich *m* 3 **the ♀** *US umg* die Westküste 4 *US* a Rodelbahn *f* b (Rodel)Abfahrt *f*: **go for a ~** rodeln gehen B V/I 1 SCHIFF a die Küste entlangfahren b Küstenschifffahrt treiben 2 *US* rodeln 3 *mit e-m Fahrzeug* (bergab) rollen, im Leerlauf *(Auto)* *od* im Freilauf *(Fahrrad)* fahren 4 TECH leerlaufen *(Maschine, Motor)* 5 sich ohne Anstrengung *(unter Ausnutzung e-s Schwungs)* fortbewegen: **~ to victory** mühelos siegen; **~ through an examination** e-e Prüfung spielend bestehen C V/T SCHIFF an der Küste entlangfahren von (*od gen*); **coastal** ADJ Küsten...: **~ road** (**strip**, *etc*)

coast artillery S MIL *US* Küstenartillerie *f*

coaster ['kəʊstə(r)] S 1 SCHIFF a Küstenfahrer *m (bes Schiff)* b *Küstenfahrzeug, das nur Inlandshäfen anläuft* 2 Küstenbewohner(in) 3 *US* (Rodel)Schlitten *m* 4 *US* Achterbahn *f* 5 Tablett *n*, *bes* Serviertischchen *n* 6 *bes US* Untersatz *m (für Gläser etc)*; **~ brake** S Rücktrittbremse *f*

coastguard S 1 Küstenwache *f* 2 Angehörige(r) *m/f(m)* der Küstenwache; **~sman** [-mən] S *irr* → coastguard 2

coasting ['kəʊstıŋ] S 1 Küstenschifffahrt *f* 2 *US* Rodeln *n* 3 Bergabfahren *n (ohne Arbeitsleistung, im Freilauf od im Leerlauf)*; **~ trade** S Küstenhandel *m*

coast| line S Küstenlinie *f*, -strich *m*; **~wise** A ADV an der Küste entlang, längs der Küste B ADJ Küsten...

coat [kəʊt] A S 1 Rock *m*, Jacke *f*, Jackett *n (des Herrenanzugs)*: **cut one's ~ according to one's cloth** *Br* sich nach der Decke strecken; **wear the king's ~** HIST des Königs Rock tragen 2 Mantel *m*: **turn one's ~** *fig* sein Mäntelchen nach dem Wind hängen; → trail A 1 3 (Damen)Jacke *f*: **~ and skirt** (Schneider)Kostüm *n* 4 ZOOL a Pelz *m*, Fell *n* b Haut *f* c Gefieder *n* 5 Haut *f*, Schale *f*, Hülle *f* 6 *(Farb-, Metall- etc)* Überzug *m*, Anstrich *m*, Schicht *f*, *(Gips)* Bewurf *m*: **apply a second ~ of paint** e-n zweiten Anstrich auftragen 7 → coat of arms B V/T 1 mit e-m Mantel *od* e-r Jacke bekleiden 2 mit e-m Überzug *(von Farbe etc)* versehen, (an)streichen, überstreichen, -ziehen, beschichten: **~ with silver** mit Silber plattieren 3 bedecken, umhüllen, umgeben *(alle:* **with** mit*)*: **~ed in** (*od* **with**) **dust** staubbedeckt; **~ armor**, *bes Br* **~ armour** S 1 Familienwappen *n* 2 *obs für* coat of arms; **~ dress** S Mantelkleid *n*

coated ['kəʊtıd] ADJ 1 *(a. in Zusammensetzungen)* mit e-m (...) Rock *od* Mantel bekleidet, ...röckig: **black-~** schwarz gekleidet; **rough-~ dog** rauhaariger Hund 2 (mit ...) überzogen *od* gestrichen *od* bedeckt *od* beschichtet: → sugar-coat 1 3 TECH a gestrichen *(Papier)* b imprägniert *(Stoff)* 4 MED belegt *(Zunge)*

coat| hanger S Kleiderbügel *m*; **~ hook** S Kleiderhaken *m*

coati [kəʊ'ɑːtı; kə'wɑːtiː] S ZOOL Nasenbär *m*

coating ['kəʊtıŋ] S 1 Mantelstoff *m*, -tuch *n* 2 TECH → coat A 6 3 TECH a Futter *n* b Beschlag *m*

coat| of arms S Wappen(schild) *n(m od n)*; **~ of mail** S MIL, HIST Harnisch *m*, Panzer (-hemd) *m(n)*; **~ peg** S Kleiderhaken *m*; **~tail** S Rock-, Frackschoß *m*: **on sb's ~s** *bes US* mit j-s Hilfe, durch j-n; **follow on the ~s of** *bes US* a unmittelbar folgen auf *(akk)* b das unmittelbare Ergebnis *(gen)* sein

coauthor A S Mitautor *m* B V/T *ein Buch etc* gemeinsam verfassen

coax¹ [kəʊks] A V/T 1 **~ sb to do sth** j-n überreden *od* dazu bringen, etwas zu tun; **~ sb into doing sth** j-n rumkriegen, etwas zu tun 2 sich *etwas* erschmeicheln: **~ sth from** (*od* **out of**) **sb** j-m etwas ablocken *od* abschwatzen 3 *etwas* ganz vorsichtig *od* mit Gefühl *in e-n bestimmten Zustand od an e-n bestimmten Ort* bringen: **he ~ed the fire to burn** mit Geduld u. Spucke brachte er das Feuer in Gang *umg* 4 *obs j-n* liebkosen 5 *obs j-n* täuschen B V/I s-e ganze Überredungskunst aufbieten

coax² ['kəʊæks] S ELEK *umg* Koaxialkabel *n*

coaxal [ˌkəʊ'æksl] → coaxial

coaxer ['kəʊksə(r)] S Überredungskünstler(in)

coaxial ADJ (ADV **~ly**) MATH, TECH koaxial *(mit gleicher Achse)*: **~ cable** ELEK Koaxialkabel *n*

coaxing ['kəʊksıŋ] S Überredungskunst *f*,

-künste *pl*
cob[1] [kɒb; *US* kɑb] S 1 ZOOL männlicher Schwan 2 Cob *m* (*kleines, gedrungenes Pferd*) 3 *Br* (*Erd- etc*) Klumpen *m* 4 (*Mais*) Kolben *m* 5 ARCH *Br* Weller *m* 6 → cobloaf 7 → cobnut
cobalt [kəʊ'bɔ:lt; *bes US* 'kəʊbɔ:lt] S 1 CHEM, MINER Kobalt *n* (*Zeichen: Co*): **~-60** ^{60}Co (*künstlich erzeugtes radioaktives Isotop*); **~ bomb** a MIL Kobaltbombe *f* b MED Kobaltkanone *f* 2 → cobalt blue; **~ blue** S 1 Kobaltblau *n* 2 CHEM Schmalte *f*, Smalte *f*; **~-blue** ADJ kobaltblau
cobaltic [kəʊ'bɔ:ltɪk] ADJ kobalthaltig
cobaltine ['kəʊbə:lti:n; -tɪn], **cobaltite** [kəʊ'bɔ:ltaɪt; 'kəʊbɔ:ltaɪt] S MINER Kobaltin *n*, Kobaltglanz *m*
cobble[1] ['kɒbl; *US* 'kɑbəl] A S 1 Kopfstein *m*, runder Pflasterstein 2 *pl* Kopfsteinpflaster *n* 3 *pl* → cob coal B V/T mit Kopfsteinen pflastern: **~d street** Straße *f* mit Kopfsteinpflaster
cobble[2] ['kɒbl; *US* 'kɑbəl] V/T 1 *Schuhe* flicken 2 *a.* **~ together** zusammenschustern
cobbler ['kɒblə; *US* 'kɑblər] S 1 Schuster(in) 2 *obs* Pfuscher(in), Stümper(in) (*beide pej*) 3 Cobbler *m* (*Cocktail aus Wein, Rum od Whisky u. Zucker*) 4 *US* Fruchtpastete *f* 5 *pl Br sl* Scheiß *m*: *I've never heard* **such a load of old ~s** so e-n Scheiß 6 *pl Br vulg* Eier *pl* (*Hoden*)
cobblestone → cobble[1] A 1: **~ pavement** Kopfsteinpflaster *n*
cob coal S *bes Br* Nuss-, Stückkohle *f*
cobelligerent [,kəʊbɪ'lɪdʒərənt] S mit Krieg führender Staat (*ohne Bestehen e-s Bündnisvertrages*)
coble ['kəʊbl; *Br a.* 'kɒbl; *US a.* 'kɑbəl] S flaches Fischerboot
cob|loaf S *irr Br* rundes Brot, runder Laib Brot; **~nut** S BOT Haselnuss *f*
COBOL ['kəʊbɒl] S common business oriented language COBOL *n* (*e-e Programmiersprache*)
cobra ['kəʊbrə] S ZOOL 1 Kobra *f*: a (*e-e*) Hutschlange b → cobra de capello 2 Mamba *f*; **~ de capello** [di:kə'peləʊ] S ZOOL Indische Brillenschlange, Kobra *f*
coburg ['kəʊbɜ:g; *US* -,bɜrg] S *ein dünner Kleiderstoff aus Kammgarn mit Baumwolle od Seide*
cobweb S 1 Spinn(en)gewebe *n*, Spinnwebe *f*: *to go for a walk* **blow the ~s away** *umg* um e-n klaren Kopf zu bekommen; **my head was full of ~s** *umg* ich konnte nicht mehr klar denken 2 Spinnenfaden *m* 3 feines, zartes Gewebe (*a. fig*) 4 *fig* Netz *n*, Schlinge *f*; **cobwebbed** ADJ voller Spinnweben; **cobwebby** ADJ 1 spinnwebartig, zart 2 → cobwebbed
coca ['kəʊkə] S 1 BOT (*e-e*) Koka 2 getrocknete Kokablätter *pl*
cocain(e) [kəʊ'keɪn; *US a.* 'kəʊ,keɪn] S CHEM Kokain *n*
cocainism [kəʊ'keɪnɪzəm; 'kəʊkə-] S MED 1 Kokainvergiftung *f* 2 Kokainsucht *f*; **cocainize** [kəʊ'keɪnaɪz; 'kəʊkənaɪz] V/T MED kokainisieren, mit Kokainlösung betäuben
cocci ['kɒkaɪ; -ksaɪ; *US* 'kɑ-] *pl von* coccus
coccid ['kɒksɪd; *US* 'kɑ-] S ZOOL Schildlaus *f*
coccoid ['kɒkɔɪd; *US* 'kɑ-] ADJ BOT, MED kokkenähnlich
coccous ['kɒkəs; *US* 'kɑ-] ADJ BOT aus Kokken bestehend
coccus ['kɒkəs; *US* 'kɑ-] *pl* -ci ['kɒkaɪ; -ksaɪ; *US* 'kɑ-] S 1 MED (Mikro)Kokkus *m*, Kokke *f*, Kugelbakterie *f* 2 BOT a Kokke *f* (*runde Teilfrucht*) b Sporenmutterzelle *f*
coccygeal [kɒk'sɪdʒɪəl; *US* kɑk-; *a.* -dʒəl] ADJ ANAT Steißbein...: **~ bone** → coccyx 1; **coccyx** ['kɒksɪks; *US* 'kɑ-] *pl* -cyges [-sɪdʒi:z; *a.* -'saɪdʒi:z] S 1 ANAT Steißbein *n* 2 ZOOL Schwanzfortsatz *m*
cochin ['kɒtʃɪn; *bes US* 'kəʊ-] S ORN Kotschinchinahuhn *n*
Cochin-China [,kɒtʃɪn'tʃaɪnə; *bes US* ,kəʊ-] S HIST Kotschinchina *n*
cochineal ['kɒtʃɪni:l; *US* 'kɑtʃə,ni:l; 'kəʊ-] S 1 Koschenille(farbe) *f*, -rot *n* 2 *a.* **~ insect** ZOOL Koschenille(schildlaus) *f*
cochlea ['kɒklɪə; *US* 'kəʊ-; 'kɑ-] *pl* -leae [-lɪi:] S ANAT Cochlea *f*, Schnecke *f* (*im Ohr*)
cock[1] [kɒk; *US* kɑk] A S 1 ORN Hahn *m*: **~ of the north** Bergfink *m*; **~ of the wood** Schopfspecht *m*; **old ~!** *Br umg* alter Knabe! 2 Männchen *n*, Hahn *m* (*von Vögeln*) 3 a Hahnenschrei *m* b Zeit *f* des ersten Hahnenschreis 4 (*Turm-, Wetter*) Hahn *m* 5 *umg* (An)Führer *m*: **~ of the walk** *oft pej* der Größte 6 TECH (*Absperr-, Wasser-, Gas*) Hahn *m* 7 a (*Gewehr-, Pistolen*) Hahn *m* b Hahnstellung *f*: **at full ~** mit gespanntem Hahn; **at half ~** mit Hahn in Ruh; → half cock 8 a (viel sagendes *od* verächtliches) (Augen)-Zwinkern b Hochtragen *n* (*des Kopfes, der Nase*) c keckes Schiefsetzen (*des Hutes*): **give one's hat a saucy ~** s-n Hut keck aufs Ohr setzen d Spitzen *n* (*der Ohren*) e Aufrichten *n* (*des Schweifs*) 9 aufgebogene Hutkrempe 10 TECH Unruhscheibe *f* (*der Uhr*) 11 *vulg* Schwanz *m* (*Penis*) 12 *Br umg* Quatsch *m*, Blödsinn *m*: *I've never heard* **such a load of ~** so e-n Quatsch B V/T 1 *e-e Waffe* entsichern 2 aufrichten, schief stellen: **~ (up) one's head** herausfordernd den Kopf heben; **~ one's ears** die Ohren spitzen; **~ one's eye at sb** j-n schräg ansehen; **~ one's hat** den Hut schief aufsetzen; → snook 3 *s-e Hutkrempe* aufstülpen 4 **~ up** *Br umg* versauen, verpfuschen C V/I *obs* einherstolzieren, großspurig auftreten D ADJ 1 *meist* ORN männlich: **~ canary** Kanarienhähnchen *n*; **~ lobster** männlicher Hummer 2 *umg* Ober..., Haupt...
cock[2] [kɒk; *US* kɑk] A S kleiner Heu-, Getreide-, Dünger-, Torfhaufen B V/T *Heu etc* in Haufen setzen
cockade [kɒ'keɪd; *US* kɑ'k-] S MIL Kokarde *f* (*Hoheitszeichen an der Kopfbedeckung e-r Uniform*); **cockaded** ADJ mit e-r Kokarde
cock-a-doodle-doo [,kɒkədu:dl'du:; *US* 'kɑkə,du:dl'du:] A S 1 Kikeriki *n* (*Krähen des Hahns*) 2 *Kindersprache*: Kikeriki *m* (*Hahn*) B INT kikeriki!
cock-a-hoop [,kɒkə'hu:p; *US* ,kɑ-] ADJ *umg*: **be ~** a *bes US* kaputt sein; schief sein b vor Freude außer sich sein (**about, at** über *akk*)
Cockaigne [kɒ'keɪn; *US* kɑ'k-] S Schlaraffenland *n*
cock-a-leekie [,kɒkə'li:kɪ; *US* ,kɑkɪ-] S GASTR *schott* Hühnersuppe *f* mit Lauch; **cockalorum** [-ə'lɔ:rəm] S (kleiner) Gernegroß; **cockamamie**, *a.* **cockamamy** [-'meɪmi:] ADJ *US umg* blödsinnig, hirnrissig (*Idee etc*)
cock-and-bull story S *umg* Ammenmärchen *n*, Lügengeschichte *f*
cockatoo [,kɒkə'tu:; *US* 'kɑkə,tu:] S ORN Kakadu *m*
cockatrice ['kɒkətraɪs; -trɪs; *US* 'kɑ-] S MYTH Basilisk *m*
Cockayne → Cockaigne
cock|boat S SCHIFF kleines Boot, *bes* Beiboot *n*; **~chafer** S ZOOL Maikäfer *m*; **~crow**, **~crowing** S 1 Hahnenschrei *m*: **at ~** beim ersten Hahnenschrei 2 *fig* Tagesanbruch *m*
cocked [kɒkt; *US* kɑkt] ADJ 1 aufwärtsgerichtet 2 aufgestülpt (*Hutkrempe*) 3 gespannt (*Gewehrhahn*): → half-cocked; **~ hat** S Dreispitz *m* (*Hut*): **knock** (*od* **beat**) **into a ~** *sl* a SPORT überfahren, vernaschen (*besiegen*) b *j-n, etwas* weit in den Schatten stellen c *e-n Plan etc* völlig über den Haufen werfen
cocker[1] ['kɒkə; *US* 'kɑkər] S 1 → cocker spaniel 2 Liebhaber(in) *od* Veranstalter(in) von Hahnenkämpfen
cocker[2] ['kɒkə; *US* 'kɑkər] V/T verhätscheln, verwöhnen: **~ up** aufpäppeln
Cocker[3] ['kɒkə; *US* 'kɑkər] EIGENN: **according to ~** nach Adam Riese
cockerel ['kɒkərəl; *US* 'kɑ-] S junger Hahn
cocker spaniel S ZOOL Cockerspaniel *m*
cock|eye S *umg* Schielauge *n*; **~eyed** ADJ *umg* 1 schielend: **be ~** schielen 2 (krumm u.) schief 3 blödsinnig, hirnrissig (*Idee etc*) 4 blau (*betrunken*); **~ feather** S Feder *f* (*am Pfeil*); **~fight**, **~fighting** S Hahnenkampf *m*; **~horse** S a Schaukelpferd *n* b Steckenpferd *n*
cockieleekie [,kɒkɪ'li:kɪ; *US* ,kɑ-] → cock-a-leekie
cockiness ['kɒkɪnɪs; *US* 'kɑ-] S *umg* Großspurigkeit *f*
cockish ['kɒkɪʃ; *US* 'kɑ-] ADJ (ADV **~ly**) → cocky
cockle[1] ['kɒkl; *US* 'kɑkəl] A S 1 ZOOL (*bes essbare*) Herzmuschel: **that warms the ~s of my heart** *fig* das tut m-m Herzen wohl, dabei wird mir warm ums Herz 2 → cockleshell 3 Runzel *f*, Falte *f* B V/I 1 runz(e)lig werden 2 sich kräuseln *od* werfen C V/T 1 runzeln 2 kräuseln
cockle[2] ['kɒkl; *US* 'kɑkəl] → corn cockle
cockle[3] ['kɒkl; *US* 'kɑkəl] S 1 *a.* **~ stove** Kachelofen *m* 2 *a.* **~ oast** Hopfendarrofen *m*
cockle|boat → cockboat; **~bur** S BOT Spitzklette *f*; **~shell** S 1 Muschelschale *f* 2 Nussschale *f*, kleines Boot
cock|loft S Dachkammer *f*; **~ metal** S TECH Graumetall *n*
cockney ['kɒknɪ; *US* 'kɑkni:] A S 1 *oft* ♀ Cockney *m*, waschechter Londoner (*bes aus dem* **East End**) 2 *oft* ♀ Cockney(dialekt) *n(m)*, -aussprache *f* 3 *obs* verhätscheltes Kind B ADJ *oft* ♀ Cockney...; **cockneyism** S 1 Cockneyausdruck *m* 2 Cockneyeigenart *f*
cockpit S 1 FLUG, SCHIFF Cockpit *n* (*a. e-s Rennwagens*) 2 SCHIFF *obs* a Raumdeck *n* für jüngere Offiziere b Verbandsplatz *m* 3 Hahnenkampfplatz *m* 4 *fig* Kampfplatz *m*
cockroach S ZOOL (Küchen)Schabe *f*, Kakerlak *m*
cocks|comb ['kɒkskəʊm; *US* 'kɑ-] S 1 ZOOL Hahnenkamm *m* 2 Narrenkappe *f* 3 BOT a Korallenbaum *m* b (*ein*) Hahnenkamm *m* 4 *obs* Stutzer *m*, Geck *m*; **~foot** S *irr* BOT Band-, Knäuelgras *n*
cock|spur S 1 ZOOL Hahnensporn *m* 2 BOT a Hahnensporn-Weißdorn *m* b Stachelige Pisonie; **~sucker** S *vulg* Schwanzlutscher(in) (*a. Schimpfwort*); **~sure** ADJ *umg*: **be ~** a (sich) hundertprozentig sicher sein (**that** dass) b sehr von sich eingenommen *od* überzeugt sein
cock|tail A S 1 a Cocktail *m* b (*Hummer-, Krabben*) Cocktail *m* c (*Früchte*) Cocktail *m* 2 a *Pferd mit gestutztem Schweif* b Halbblut *n* (*Pferd*) B ADJ Cocktail...: **~ cherry** (**dress, party**, *etc*); **~ belt** Prominentenvorstadt *f*; **~ cabinet** Hausbar *f*; **~ lounge** (Cocktail)Bar *f* (*e-s Hotels etc*); **~ stick** Partystick *m/n*; **~ waitress** (Bar)-Bedienung *f* C V/I *US* Cocktails trinken; **~teaser** S *vulg Mädchen, das Männer aufgeilt u. dann e-n Rückzieher macht*
cockup S *Br umg* Pfusch *m*: **make a ~ of** → cock[1] B 4
cocky ['kɒkɪ; *US* 'kɑ-] ADJ (ADV cockily) *umg* großspurig
cockyleeky [,kɒkɪ'li:kɪ; *US* ,kɑ-] → cock-a-leekie
coco ['kəʊkəʊ] *pl* -cos S BOT a Kokospalme *f* b Kokosnuss *f*

C

cocoa ['kəʊkəʊ] A S 1 a Kakao(pulver) *m(n)* b Kakao *m (Getränk)* 2 Kakaobraun *n* B ADJ kakaobraun; **~ bean** S Kakaobohne *f*; **~ butter** S Kakaobutter *f*

cocomat S 1 Kokosgeflecht *n* 2 Kokosmatte *f*

coconut ['kəʊkənʌt] S 1 Kokosnuss *f* 2 → coconut palm; **~ butter** S Kokosbutter *f*; **~ matting** S Kokosgeflecht *n*; **~ milk** S Kokosmilch *f*; **~ oil** S Kokosöl *n*; **~ palm** S BOT Kokospalme *f*; **~ shy** S *Br* Wurfbude *f*; **~ tree** → coconut palm

cocoon [kə'ku:n] A S 1 ZOOL a Kokon *m*, Puppe *f (der Seidenraupe)* b Gespinst *n*, Schutzhülle *f (bes für Egel, Spinnen, Fische)* 2 MIL Schutzhülle *f (aus Plastik, für Geräte)* B VT 1 in e-n Kokon einspinnen 2 MIL *Gerät* einmotten 3 *fig* einhüllen C VI sich (in e-n Kokon) einspinnen

coco palm → coconut palm

cocotte [kɒ'kɒt; kəʊ-; *US a.* kəʊ'kat] S 1 Kokotte *f* 2 Kasserolle *f*

COD [ˌsi:əʊ'di:]: **send sth ~** etwas per Nachnahme schicken; **~ parcel** Nachnahme (-sendung) *f*

cod[1] [kɒd; *US* kad] *pl* **cods**, *bes koll* **cod** S FISCH Kabeljau *m*, Dorsch *m*: **dried ~** Stockfisch *m*; **cured ~** Klippfisch *m*

cod[2] [kɒd; *US* kad] S 1 *dial* Hülse *f*, Schote *f* 2 *obs* Beutel *m*, Tasche *f* 3 *vulg obs* Sack *m (Hodensack)*

COD[3] ABK 1 *Br* cash on delivery; 2 *US* collect on delivery

coda ['kəʊdə] S MUS Coda *f*, Schlussteil *m (e-s Satzes)*

coddle ['kɒdl; *US* 'kadl] VT 1 *Eier* pochieren 2 verhätscheln, verzärteln: **~ up** aufpäppeln

code [kəʊd] A S 1 JUR Kodex *m*, Gesetzbuch *n*, Gesetzessammlung *f* 2 Kodex *m*, Regeln *pl*: **~ of hono(u)r** Ehrenkodex; → moral B 3, standard[1] A 5 3 SCHIFF, MIL Signalbuch *n* 4 *(Telegramm-)* Schlüssel *m* 5 a Code *m*, Schlüsselschrift *f* b Chiffre *f*: **~ name** Deckname *m*; **~ number** Code-, Kennziffer *f*; **~ word** Code-, Deck-, Schlüsselwort *n* c Code *m*, Schlüssel *m* 6 TEL Vorwählnummer *f*, Vorwahl(nummer) *f* B VT 1 kodifizieren 2 in Code *od* Schlüsselschrift umsetzen, verschlüsseln, codieren, chiffrieren: **~d message** verschlüsselte *od* chiffrierte Nachricht; **~d instruction** IT codierter Befehl

codefendant S JUR a *(Zivilrecht)* Mitbeklagte(r) *m/f(m)* b *(Strafrecht)* Mitangeklagte(r) *m/f(m)*

code flag S SCHIFF Signalflagge *f*

codeine ['kəʊdi:n; -dii:n] S MED, PHARM Codein *n*

code|-name VT: **~ sth ...** e-r Sache den Decknamen ... geben; **~ plug** S ELEK Schlüsselstecker *m*

codetermination S WIRTSCH Mitbestimmung(srecht) *f(n)*

codex ['kəʊdeks] *pl* **codices** ['kəʊdısi:z] S Kodex *m*, alte Handschrift

codfish → cod[1]

codger ['kɒdʒə; *US* 'kadʒər] S: **old ~** *umg* alter Knacker *pej*

codices ['kəʊdısi:z] *pl von* **codex**

codicil ['kɒdısıl; *US* 'kadə-] S JUR 1 Kodizill *n*, Testamentsnachtrag *m* 2 Zusatz *m*, Anhang *m*; **codicillary** [-lərı] ADJ Kodizill...

codification [ˌkəʊdıfı'keıʃn; ˌkɒd-; *US* ˌkad-] S Kodifizierung *f*; **codify** [-faı] VT 1 JUR kodifizieren 2 in ein System bringen 3 *e-e Nachricht etc* verschlüsseln

codlin ['kɒdlın; *US* 'kad-] → codling[2]

codling[1] ['kɒdlıŋ; *US* 'kad-] S FISCH junger Kabeljau *od* Dorsch

codling[2] ['kɒdlıŋ] S *Br (ein)* Kochapfel *m*

codling moth S ZOOL Apfelwickler *m*

cod-liver oil S Lebertran *m*

codpiece S HIST Hosenbeutel *m*

codriver S Beifahrer(in)

codswallop ['kɒdzˌwɒləp; *US* 'kadzˌwa-] S *Br sl* Quatsch *m*, Blödsinn *m*

coed [ˌkəʊ'ed; 'kəʊed] SCHULE *umg* A S 1 *US Studentin an e-m gemischten College od e-r gemischten Universität* 2 *Br* gemischte Schule, Koedukationsschule *f* B ADJ gemischt, Koedukations...

coeducation [ˌkəʊedju:'keıʃn; *US* -ˌedʒə'k-] S SCHULE Koedukation *f*, Gemeinschaftserziehung *f*; **coeducational** [-ʃənl] ADJ: **~ school** gemischte Schule, Koedukationsschule *f*; **~ teaching** → coeducation

coefficient [ˌkəʊı'fıʃnt] A S 1 Koeffizient *m*: a MATH *Vorzahl der veränderlichen Größen e-r Funktion* b PHYS *kennzeichnende Größe für bestimmte Verhaltensweisen* 2 mitwirkende Kraft, Faktor *m* B ADJ (ADV **~ly**) mit-, zusammenwirkend; **~ of expansion** S PHYS Expansionskoeffizient *m*; **~ of friction** S PHYS Reibungskoeffizient *m*; **~ of measure** S MATH Maßzahl *f*

coelenterate [sı'lentəreıt; -rət] S ZOOL Hohltier *n*; **coelenteron** [-rɒn; *US* -ˌran] *pl* -tera [-rə] S ZOOL 1 Gastralraum *m (der Hohltiere)* 2 Darmleibeshöhle *f*

coeliac *bes Br* → celiac

coemption [kəʊ'empʃn] S *obs* Ankauf *m* des gesamten Vorrats *(e-r Ware)*

coenobite, *etc* → cenobite *etc*

coenzyme S MED Koenzym *n*, Konferment *n (nicht eiweißhaltiger Bestandteil der Enzyme)*

coequal A ADJ (ADV **~ly**) ebenbürtig, gleichrangig, -gestellt B S Rang-, Standesgenosse *m*, -genossin *f*, Ebenbürtige(r) *m/f(m)*

coerce [kəʊ'ɜ:s; *US* -'ɜrs] VT 1 *j-n* zwingen, *bes* JUR nötigen *(beide:* **into** *zu)*: **~ sb into doing sth** j-n (dazu) zwingen, etwas zu tun; **~ sb into making a confession** j-m ein Geständnis abpressen 2 *etwas* erzwingen

coercible ADJ (ADV **coercibly**) erzwingbar, zu erzwingen(d)

coercion [kəʊ'ɜ:ʃn; *US* -'ɜrʃən] S 1 Zwang *m*, *bes* JUR Nötigung *f*: **under ~** unter Zwang 2 POL Zwangsregierung *f*, -regime *n*; **coercionist** S Anhänger(in) der Zwangspolitik

coercive [kəʊ'ɜ:sıv; *US* -'ɜr-] A ADJ 1 zwingend, Zwangs...: **~ measure** Zwangsmaßnahme *f* 2 überzeugend, zwingend *(Gründe etc)* 3 **~ force** PHYS Koerzitivkraft *f* B S Zwangsmittel *n*; **coercively** ADV durch Zwang, zwangsweise; **coerciveness** S *(das)* Zwingende

coessential ADJ (ADV **~ly**) wesensgleich

coeval [kəʊ'i:vl] A ADJ (ADV **~ly**) 1 zeitgenössisch: **be ~ with** aus der gleichen Zeit stammen wie 2 gleichalt(e)rig 3 von gleicher Dauer B S 1 Zeitgenosse *m*, -genossin *f* 2 Altersgenosse *m*, -genossin *f*

coexecutor S JUR Mitvollstrecker *m (e-s Testaments)*

coexist VI gleichzeitig *od* nebeneinander bestehen *od* leben, koexistieren: **~ with** bestehen neben, koexistieren mit; **coexistence** S gleichzeitiges Bestehen, Nebeneinanderleben *n*, Koexistenz *f*: **peaceful ~** POL friedliche Koexistenz; **coexistent** ADJ gleichzeitig *od* nebeneinander bestehend, koexistent

C. of C. ABK Chamber of Commerce

C. of E. ABK Church of England

coff [kɒf] VT *prät u. pperf* **coffed**, **coft** [kɒft] *schott* kaufen

coffee ['kɒfı; *US a.* 'ka-] A S 1 Kaffee *m (Getränk)*: **two ~s** zwei Kaffee 2 Kaffee(bohnen) *m(pl)* 3 BOT Kaffeebaum *m* 4 Kaffeebraun *n* B ADJ kaffeebraun; **~ bag** S Kaffeetütchen *n*; **~ bar** S *Br* a Café *n* b Imbissstube *f*; **~ bean** S Kaffeebohne *f*; **~ berry** S Kaffeebeere *f*; **~ break** S Kaffeepause *f*; **~-colo(u)red** → coffee B; **~ cup** S Kaffeetasse *f*; **~ grinder** S Kaffeemühle *f*; **~ grounds** SPL Kaffeesatz *m*; **~ house** S Kaffeehaus *n*, Café *n*; **~ klat(s)ch** [klætʃ] S *US umg* Kaffeeklatsch *m*; **~ machine** S Kaffeeautomat *m*; **~maker** S Kaffeemaschine *f*; **~ mill** S Kaffeemühle *f*; **~pot** S Kaffeekanne *f*; **~ powder** S Kaffeepulver *n*; **~ royal** S Kaffee *m* mit Schuss; **~ set** S Kaffeeservice *n*; **~ shop** S 1 *bes US für* coffee bar 2 Kaffeegeschäft *n*; **~ spoon** S Mokkalöffel *m*; **~ table** S Couchtisch *m*; **~-table** ADJ: **~ book** Bildband *m*; **~ tree** S BOT 1 Kaffeebaum *m* 2 Schusserbaum *m*; **~ urn** S (Groß)Kaffeemaschine *f*; **~ whitener** S Kaffeeweißer *m*

coffer ['kɒfə(r); *US a.* 'ka-] A S 1 Kasten *m*, Kiste *f*, Truhe *f (bes für Geld, Schmuck etc)*: **the government's ~s** *pl* die Staatskasse, der Staatssäckel 2 *pl* a Schatz *m*, Schätze *pl*, Gelder *pl* b Schatzkammer *f*, Tresor *m* 3 TECH a *Brückenbau*: Fangdamm *m* b Kammer *f (e-r Schleuse)* 4 ARCH Deckenfeld *n*, Kassette *f* B VT 1 (in e-r Truhe) verwahren 2 ARCH kassettieren: **~ed ceiling** Kassettendecke *f*; **~dam** S 1 → coffer A 3 2 SCHIFF Kofferdamm *m* 3 SCHIFF Caisson *m (zur Reparatur von Schiffen unter der Wasserlinie)*

coffin ['kɒfın] A S 1 Sarg *m* 2 Pferdehuf *m* B VT einsargen; **~ bone** S ZOOL Hufbein *n (des Pferdes)*; **~ joint** S ZOOL Hufgelenk *n (des Pferdes)*; **~ nail** S Sargnagel *m (a. sl Zigarette)*

coffle ['kɒfl; *US a.* 'kafəl] S *bes* HIST Zug *m* aneinandergeketteter Menschen *(bes Sklaven) od* Tiere

C. of I. ABK Church of Ireland

C. of S. ABK 1 Chief of Staff 2 Church of Scotland

coft [kɒft] *prät u. pperf von* **coff**

cog[1] [kɒg; *US* kag] S TECH a (Rad)Zahn *m*, Kamm *m* b Zahnrad *n*: **he's just a ~ in the machine** (*od* **wheel**) er ist nur ein Rädchen im Getriebe

cog[2] [kɒg; *US* kag] *umg* A VT *Würfel* manipulieren B VI betrügen *(bes beim Würfeln)*

cog[3] [kɒg; *US* kag] TECH A S a Kamm *m* b Zapfen *m* B VT *Balken etc* a verkämmen b verzapfen

cogency ['kəʊdʒənsı] S zwingende Kraft, Beweiskraft *f*, Triftigkeit *f*; **cogent** ADJ (ADV **~ly**) zwingend, überzeugend, triftig *(Argumente etc)*

cogged [kɒgd; *US* kagd] ADJ TECH gezahnt: **~ wheel** Kammrad *n*

cogging| joint ['kɒgıŋ; *US* 'ka-] S TECH verzahnte Verbindung; **~ mill** S TECH Vor-, Blockwalzwerk *n*

cogitable ['kɒdʒıtəbl; *US* 'kadʒətəbəl] ADJ denkbar; **cogitate** [-teıt] A VT 1 nachdenken *od* (nach)sinnen *od* meditieren über *(akk)*, überlegen *(akk)* 2 ersinnen B VI (nach)denken, (nach)sinnen: **~ (up)on** (*od* **about**) → A 1; **cogitation** S 1 (Nach)Sinnen *n* 2 Denkfähigkeit *f* 3 Gedanke *m*, Überlegung *f*; **cogitative** ['kɒdʒıtətıv; *US* 'kadʒəˌteı-] ADJ (ADV **~ly**) 1 (nach)sinnend 2 nachdenklich 3 Denk...: **~ faculty** Denkfähigkeit *f* 4 denkfähig, denkend

cognac ['kɒnjæk; *bes US* 'kəʊn-] S Cognac® *m*

cognate ['kɒgneıt; *US* 'kag-] A ADJ 1 (bluts)verwandt (**with** mit) 2 *fig* (art)verwandt (**with** mit) 3 LING a gleichen Ursprungs, verwandt *(Wort etc)* b sinnverwandt, aus demselben Stamm: **~ object** Objekt *n* des Inhalts B S 1 JUR (Bluts)Verwandte(r) *m/f(m)* 2 *fig (etwas)*

Verwandtes 3 LING verwandtes Wort; **cognation** S (Bluts)Verwandtschaft *f*

cognition [kɒg'nɪʃn; *US* kag'n-] S 1 Erkennen *n* 2 Erkenntnis *f* 3 Erkennungsvermögen *n* 4 a Wahrnehmung *f* b Begriff *m* 5 Kenntnis *f*, Wissen *n*; **cognitive** ADJ (ADV ~ly) kognitiv, erkenntnismäßig

cognizable ['kɒgnɪzəbl; 'kɒnɪ-; *US* 'kagnəzəbəl; kag'naɪ-] ADJ (ADV cognizably) 1 a erkennbar b wahrnehmbar 2 JUR a der Gerichtsbarkeit e-s (*bestimmten*) Gerichts unterworfen b gerichtlich verfolgbar c zu verhandeln(d)

cognizance ['kɒgnɪzəns; 'kɒnɪ-; *US* 'kagnə-] S 1 Erkenntnis *f*, Kenntnis(nahme) *f*: **have ~ of sth** von etwas Kenntnis haben, (um) etwas wissen; **take ~ of sth** von etwas Kenntnis nehmen 2 JUR a gerichtliche Erkenntnis b (Ausübung *f* der) Gerichtsbarkeit *f*, Zuständigkeit *f* c Einräumung *f od* Anerkennung *f* der Klage: **fall under the ~ of a court** unter die Zuständigkeit e-s Gerichts fallen; **have ~ over** zuständig sein für (*a. weitS.*); **take (judicial) ~ of** sich zuständig mit *e-m Fall* befassen; **beyond my ~** außerhalb m-r Befugnis (→ 3) 3 Erkenntnissphäre *f*: **beyond his ~** außerhalb s-s Wissensbereichs (liegend) (→ 2) 4 *bes Heraldik*: Ab-, Kennzeichen *n*; **cognizant** ADJ 1 unterrichtet (**of** über *akk od* von): **be ~ of sth** von etwas Kenntnis haben, (um) etwas wissen (→ 3) 2 JUR zuständig 3 erkennend: **be ~ of sth** etwas erkennen (→ 1)

cognize [kɒg'naɪz; '-naɪz; *US* kag'n-] V/T erkennen

cognomen [kɒg'nəʊmen; *US* kag'nəʊmən] *pl* -mens, -nomina [-'nɒmɪnə; -'nəʊ-; *US* -'nɑ-] S 1 Familien-, Zuname *m* 2 Spitz-, Beiname *m*

cognoscente [ˌkɒnjəʊ'ʃentɪ; *US* ˌkanjə-] *pl* -ti [-tiː] S (*bes* Kunst)Kenner(in)

cognoscible [kɒg'nɒsəbl; *US* kag'nasəbəl] ADJ erkennbar

cognovit [kɒg'nəʊvɪt; *US* kag'n-] S JUR Anerkennung *f* e-r klägerischen Forderung seitens des Beklagten

cog|rail S TECH Zahnschiene *f*; **~ railway** S *bes US* Zahnradbahn *f*; **~wheel** S TECH Zahn-, Kammrad *n*: **~ drive** Zahnradantrieb *m*

cohabit [kəʊ'hæbɪt] V/I 1 zusammenleben, JUR in eheähnlicher Gemeinschaft leben (*beide:* **with** mit) 2 *fig* nebeneinander bestehen; **cohabitant** S Lebensgefährte *m*, -gefährtin *f*; **cohabitation** [ˌkəʊhæbɪ'teɪʃn; kəʊˌhæbɪ't-] S Zusammenleben *n*, JUR eheähnliche Gemeinschaft

coheir S Miterbe *m*; **coheiress** S Miterbin *f*

cohere [kəʊ'hɪə(r)] V/I 1 zusammenhängen, -kleben 2 *fig* zusammenhängen, in (logischem) Zusammenhang stehen 3 PHYS kohärieren 4 zusammenhalten, -gehalten werden 5 *fig* (**with**) zusammenpassen, übereinstimmen (mit), passen (zu)

coherence [kəʊ'hɪərəns], **coherency** S 1 Zusammenhalt *m* (*a. fig*): **family ~** 2 PHYS Kohärenz *f* (*Eigenschaft von Wellen, e-e feste Phasenbeziehung zu besitzen*) 3 *fig* (logischer) Zusammenhang: **~ of speech** Klarheit *f* der Rede 4 *fig* Übereinstimmung *f*; **coherent** ADJ (ADV ~ly) 1 zusammenhängend 2 PHYS kohärent 3 *fig* (logisch) zusammenhängend, einheitlich, verständlich: **be ~ in one's speech** sich klar ausdrücken (können) 4 *fig* übereinstimmend, zusammenpassend

cohesion [kəʊ'hiːʒn] S 1 Zusammenhalt *m* (*a. fig*) 2 Bindekraft *f* 3 PHYS Kohäsiion *f* (*durch die Molekularkräfte bedingter Zusammenhalt der Moleküle e-s Stoffes*); **cohesive** [-sɪv] ADJ (ADV ~ly) 1 kohäsiv, Kohäsions…, Binde…: **~ force** → cohesiveness 1 2 (fest) zusammenhaltend (*a. fig*); **cohesiveness** S 1 Kohäsions-, Bindekraft *f* 2 Festigkeit *f*

coholder S: **~ of the world record** SPORT Mitinhaber(in) des Weltrekords

cohort ['kəʊhɔː(r)t] S 1 *Antike:* MIL Kohorte *f* (*den 10. Teil e-r römischen Legion umfassende Einheit*) 2 Gruppe *f*, Schar *f* (*Krieger etc*) 3 *Statistik: (Personen)Gruppe mit e-m gleichen statistischen Faktor* 4 *bes US* a Gefährte *m*, Gefährtin *f* b Helfer(in) c *pej* Kumpan(in), Komplize *m*, Komplizin *f*

COHSE ABK *Br* Confederation of Health Service Employees

cohune [kəʊ'huːn], *a.* **~ palm** S BOT Cohunepalme *f*

COI ABK *Br* Central Office of Information

coif [kɔɪf] A S 1 Kappe *f*, (*a.* Nonnen)Haube *f* 2 JUR, HIST *Br* weiße Kappe der Anwälte, *bes der* **sergeants at law**: **take the ~** zum **sergeant at law** befördert werden (→ sergeant 3 c) B V/T mit e-r Kappe *etc* bekleiden

coiffeur [kwɑː'fɜː; *US* -'fɜr] S Friseur *m*

coiffure [kwɑː'fjʊə(r)] A S 1 Frisur *f*, Haartracht *f* 2 *obs* Kopfputz *m* B V/T frisieren

coign [kɔɪn] S ARCH a Haus-, Mauerecke *f* b Eckstein *m*; **~ of vantage** S *fig* günstiger Beobachtungs- *od* Angriffspunkt

coil [kɔɪl] A V/T 1 *a.* **~ up** aufrollen, (auf)wickeln: **~ o.s. up** sich zusammenrollen 2 SCHIFF *ein Tau* aufschießen, in Ringen übereinanderlegen 3 spiralenförmig winden 4 umschlingen 5 ELEK wickeln B V/I 1 *a.* **~ up** sich winden, sich zusammenrollen 2 sich winden *od* wickeln, sich schlingen (*alle:* **about, around** um) 3 sich (dahin)schlängeln C S 1 Rolle *f*, Spirale *f* 2 SCHIFF Tauwerks-, Seilrolle *f* 3 Rolle *f*, Spule *f*: **~ of wire** Drahtspule; **~ of yarn** Garnknäuel *m/n* 4 TECH a Spirale *f*, (*a.* einzelne) Windung b (*Rohr-*) Schlange *f* c ELEK Spule *f*, Wicklung *f* 5 Haarrolle *f* 6 a Rolle *f* Briefmarken (→ coil stamps) b *Briefmarke in e-r solchen Rolle* 7 MED Spirale *f* (*Pessar*); **~ ignition** S ELEK Batteriezündung *f*; **~-load** V/T ELEK pupinisieren, bespulen; **~ spring** S TECH Schraubenfeder *f*; **~ stamps** SPL *Briefmarken in perforierten, zusammengerollten Bogen (zu 500 Stück)*

coin [kɔɪn] A S 1 a Münze *f* b Münzgeld *n*, Münzen *pl*: **pay sb back in their own ~** *fig* es j-m mit *od* in gleicher Münze heimzahlen; **the other side of the ~** *fig* die Kehrseite der Medaille 2 → coign B V/T 1 a *Metall* münzen b *Münzen* schlagen, prägen: **~ money** *umg* Geld wie Heu verdienen 2 *fig ein Wort* prägen: **~ a phrase** (*Redew*) *hum* wenn ich so sagen darf, sozusagen C V/I münzen, Geld prägen; **coinage** S 1 a Münzen *n*: **~ metal** Münzmetall *n* b Prägen *n*, Prägung *f* 2 KOLL Münzen *pl*, Münzgeld *n* 3 a Münzsystem *n* b Währung *f* 4 *fig* a Prägung *f* (*von Wörtern etc*) b (Neu)Prägung *f* (*Wort etc*)

coin|-box telephone S Münzfernsprecher *m*; **~ changer** S Münzwechsler *m* (*Automat*)

coincide [ˌkəʊɪn'saɪd] A V/I 1 (*örtlich od zeitlich*) zusammentreffen, -fallen (*beide:* **with** mit) 2 übereinstimmen, sich decken (*beide:* **with** mit): **they ~d in opinion** sie waren der gleichen Meinung B V/T (*zeitlich*) zusammenlegen (**with** mit)

coincidence [kəʊ'ɪnsɪdəns] S 1 (*örtliches od zeitliches*) Zusammentreffen, Zusammenfallen *n* 2 zufälliges Zusammentreffen, Zufall *m*: **it is no ~ that …** es ist kein Zufall, dass…; **by sheer ~** rein zufällig; **by a curious ~** durch e-n merkwürdigen Zufall; **what a ~!** so ein Zufall! 3 Übereinstimmung *f*; **coincident** ADJ (ADV ~ly) 1 zusammenfallend, -treffend, gleichzeitig (*alle:* **with** mit) 2 übereinstimmend, sich deckend (*beide:* mit); **coincidental** [-'dentl] ADJ (ADV ~ly) 1 → coincident 2 2 zufällig 3 TECH zwei Arbeitsvorgänge gleichzeitig ausführend

coin| collection S Münzsammlung *f*; **~ collector** S Münzsammler(in)

coiner ['kɔɪnə(r)] S 1 Präger(in) 2 *bes Br* Falschmünzer(in); **coining** ADJ Münz…, Präge…: **~ die** Münz-, Prägestempel *m*

coin|-op ['kɔɪnɒp; *US* -ˌnap] S *umg* 1 Waschsalon *m* 2 Münztankstelle *f*; **~-operated** ADJ mit Münzbetrieb, Münz…; **~ ring** S Münzring *m*; **~ slot** S Münzeinwurf *m* (*e-s Automaten*)

coinstantaneous ADJ (ADV ~ly) (genau) gleichzeitig

coinsurance S WIRTSCH 1 Mitversicherung *f* 2 Rückversicherung *f*

coir ['kɔɪə(r)] S Coir *n/f* (*Kokosfasergarn*)

coistrel ['kɔɪstrəl] S *obs* Schuft *m*, Schurke *m*

coital ['kəʊɪtl] ADJ koital: **~ position** Stellung *f*

coition [kəʊ'ɪʃn], **coitus** ['kəʊɪtəs] S Koitus *m*, Geschlechtsverkehr *m*; **coitus interruptus** [ˌɪntə'rʌptəs] *pl* -tus -ti [-taɪ] S Koitus *m* interruptus

coke[1] [kəʊk] TECH A S Koks *m*: **~ breeze** Koksgrus *m*; **~ iron** Kokseisen *n* B V/T verkoken (lassen) C V/I verkoken

coke[2] [kəʊk] S *sl* Koks *m* (*Kokain*)

Coke®[3] [kəʊk] S Coke® *n*, Cola *n/f umg*, Coca *n/f umg* (*Coca-Cola®*)

cokehead S *US sl* Kokser(in)

col [kɒl; *US* kal] S 1 (Berg)Sattel *m* 2 METEO schmales Tief

col.[1] ABK 1 collected 2 collector 3 college 4 colony 5 colo(u)r 6 colo(u)red 7 column

Col.[2] ABK 1 Colombian 2 Colonel 3 Colorado 4 BIBEL Colossians

cola[1] → kola

cola[2] ['kəʊlə] *pl von* colon[1], colon[2] 2

COLA[3] ABK *US* cost-of-living adjustment

colander ['kʌləndə(r)] A S Sieb *n*, Seiher *m* B V/T durchseihen, (durch)sieben

cola nut → kola 1

colcannon [kɒl'kænən; *US* kal'k-] S GASTR *Eintopf aus Kartoffeln u. Kohl*

colchicine ['kɒltʃəsiːn; -kə-; -sɪn; *US* 'kal-] S MED, PHARM Colchicin *n*, Kolchizin *n* (*ein Gicht- u. Rheumamittel*)

colchicum ['kɒltʃɪkəm; 'kɒlkɪ-; *US* 'kal-] S 1 BOT Colchicum *n*, Herbstzeitlose *f* 2 Herbstzeitlosensamen *pl od* -knollen *pl*

cold [kəʊld] A ADJ (ADV ~ly) 1 kalt: **~ fury** *fig* kalte Wut; → cold blood, cut A 11, meat 4, shoulder A 1, sweat C 2, water *Bes Redew* 2 kalt, frierend: **I feel** (*od* **am**) **~** mir ist kalt, ich friere, mich friert; **I'm getting ~** mir wird kalt; **get ~ feet** *fig umg* kalte Füße bekommen 3 tot: **he lay ~ in his coffin** 4 *fig* kalt: a kühl, frostig, unfreundlich (*Empfang etc*) b nüchtern, sachlich: **the ~ facts** die nackten Tatsachen; **in ~ print** schwarz auf weiß c kühl (*Farben*) d ruhig, gelassen: **it left me ~** es ließ mich kalt *od* gleichgültig e gefühllos, gleichgültig, teilnahmslos: **~ comfort** ein schwacher Trost; → charity A 2 5 (gefühls)kalt, frigid (*Frau*) 6 lau, wenig interessiert (*Publikum etc*) 7 *fig* a alt, überholt, abgestanden *umg* (*Nachrichten etc*) b fad, langweilig, trocken 8 kalt (*unvorbereitet od noch nicht in Schwung*): **a ~ engine**; **with the engine ~** bei kaltem Motor; **catch sb ~** SPORT j-n kalt erwischen; → cold start 9 JAGD *u. fig* kalt: **~ scent** kalte Fährte 10 *umg* kalt (*im Suchspiel*): **you're still ~** a immer noch kalt b *fig* du bist noch weit davon entfernt 11 kahl, unpersönlich (*Raum*) 12 *umg* bewusstlos: **knock sb ~** a j-n bewusstlos schlagen b *fig* j-n glatt umhauen *umg* 13 *US sl* betrügerisch: ~ **check** gefälschter Scheck B ADV *umg* 1 unvorbereitet 2 *US* gründlich: **learn sth ~** 3 *US* auf der Stelle, fristlos: **he quit his job ~** C S 1 Kälte *f* 2 Kälte *f*, kalte Witterung: **be left out in the ~** *fig* a kaltgestellt sein, ignoriert werden, leer ausgehen b schutzlos dastehen 3 MED a *a.* **common ~** Erkältung *f* b *a.* **common ~, ~ in the head** Schnupfen *m*: **have a ~** erkältet sein; Schnupfen haben, verschnupft sein; **have a bad** (*od* **heavy**) **~** stark erkältet sein; → catch B 8

cold| blood S: **murder sb in ~** j-n kaltblütig ermorden; **~-blooded** ADJ (ADV ~ly) 1 ZOOL kaltblütig: **~ animal** Kaltblüter *m* 2 *fig* a kaltblütig, gefühllos b kaltblütig (*begangen*) (*Mord etc*) 3 *umg* kälteempfindlich: **be ~** *a.* leicht frieren; **~ boot** S COMPUT Kaltstart *m*; **~ cash** S *US* flüssige Mittel *pl*, Bargeld *n*; **~ cathode** S ELEK Kaltkathode *f*; **~ chisel** S TECH Kalt-, Schrotmeißel *m*; **~ cream** S Cold Cream *f* (*pflegende, kühlende Hautcreme*); **~-drawn** ADJ TECH 1 kaltgezogen (*Metall*) 2 kalt gepresst (*Öl*); **~ duck** S kalte Ente (*Getränk*); **~ emission** S PHYS kalte Elektronenemission; **~ frame** S Frühbeet *n*; **~ front** S METEO Kaltfront *f*; **~-hammer** V/T TECH kalthämmern, -schmieden; **~-hearted** ADJ (ADV ~ly) kalt-, hartherzig; **~-heartedness** S Kalt-, Hartherzigkeit *f*

coldish ['kəʊldɪʃ] ADJ ziemlich *od* etwas kalt

coldness ['kəʊldnɪs] S Kälte *f* (*a. fig*)

cold| pack S MED kalte Packung; **~-pack method** S TECH Kaltverfahren *n* (*beim Konservieren*); **~ press** S TECH Kaltpresse *f*; **~-resistant** ADJ kältebeständig; **~ room** S Kühlraum *m*; **~ rubber** S TECH Cold Rubber *m* (*synthetischer Kautschuk, der bei sehr niedriger Temperatur hergestellt wird*); **~ saw** S TECH 1 Kaltsäge *f* 2 Trennsäge *f*; **~-short** ADJ TECH kaltbrüchig; **~-shoulder** V/T *umg j-m* die kalte Schulter zeigen; **~ snap** S METEO Kälteeinbruch *m*; **~ sore** S MED Lippen-, Gesichtsherpes *m*, Fieberbläs-chen *pl*; **~ spot** S PHYSIOL Kältepunkt *m*; **~ start** S COMPUT, AUTO Kaltstart *m*; **~ steel** S blanke Waffe (*Messer, Bajonett etc*); **~ storage** S Kühlraum-, Kaltlagerung *f*: **put sth into ~** *fig* etwas auf Eis legen; **~ store** S Kühlhalle *f*, -haus *n*; **~ turkey** S *sl* radikaler Entzug: **go ~** e-e radikale Entziehungskur machen; **~ war** S POL Kalter Krieg; **~ warrior** S POL kalter Krieger; **~-water cure** S MED Kaltwasser-, Kneippkur *f*; **~ wave** S 1 METEO Kältewelle *f* 2 Kaltwelle *f* (*Frisur*); **~-weld** V/T TECH kaltschweißen; **~ welding** S TECH Kaltschweißen *n*; **~ work** S TECH Kaltverformung *f*; **~-work** V/T TECH kaltverformen

cole [kəʊl] S BOT (*ein*) Kohl *m*, *bes* Raps *m*; **coleopteron** [ˌkɒlɪ'ɒptərən; *US* ˌkəʊlɪ'ɑp-] *pl* -tera [-rə] S ZOOL Koleoptere *f*, Käfer *m*

coleorhiza [ˌkɒlɪə'raɪzə; *US* ˌkəʊ-] *pl* -zae [-ziː] S BOT Koleorrhiza *f*, Wurzelscheide *f*

cole|seed S BOT 1 Raps(samen) *m* 2 Raps *m*; **~slaw** S Krautsalat *m*

coleus ['kəʊlɪəs] S BOT Bunt-, Ziernessel *f*

colewort → cole

colic ['kɒlɪk; *US* 'kɑ-] MED A S Kolik *f* B ADJ 1 → colicky 2 Dickdarm…; **colicky** ADJ 1 kolikartig, Kolik… 2 Kolik verursachend

coliseum [ˌkɒlɪ'sɪəm; *US* ˌkɑlə'siːəm] S 1 Amphitheater *n* 2 SPORT a Sporthalle *f* b Stadion *n* 3 ♀ Kolosseum *n* (*in Rom*)

colitis [kɒ'laɪtɪs; *bes US* kəʊ'l-; kə'l-] S MED Kolitis *f*, Dickdarmentzündung *f*

coll. ABK 1 collection 2 collective 3 collector 4 college 5 colloquial

collab. ABK 1 collaboration 2 collaborator

collaborate [kə'læbəreɪt] V/I 1 zusammen-, mitarbeiten: **~ with sb in** (*od* **on**) **sth** mit j-m bei e-r Sache zusammenarbeiten; *X and Y* **~d on the script** schrieben gemeinsam das Drehbuch 2 zusammengehen, sich zusammentun (*beide:* **with** mit) 3 POL mit dem Feind zusammenarbeiten, kollaborieren; **collaboration** S 1 Zusammenarbeit *f* (**in, on** bei *e-r Sache*): **in ~ with** gemeinsam mit 2 POL Kollaboration *f*; **collaborationist** S POL Kollaborateur(in); **collaborative** [-rətɪv; *US* -ˌreɪtɪv] ADJ zusammenarbeitend, Gemeinschafts…; **collaborator** [-tə(r)] S 1 Mitarbeiter(in) 2 POL Kollaborateur(in)

collage [kɒ'lɑːʒ; kə'l-] KUNST A S Collage *f* (*Bild, das aus verschiedenen, zusammengeklebten Materialien besteht*) B V/T *Materialien* zu e-r Collage verarbeiten

collapsable → collapsible

collapse [kə'læps] A V/I 1 zusammenbrechen, einfallen, -stürzen 2 *fig* scheitern (*Plan etc*), platzen *umg* (*Prozess etc*) 3 *fig* (*moralisch od physisch*) zusammenbrechen, zusammenklappen *umg* 4 MED e-n Kollaps erleiden, (*a. Lunge*) kollabieren 5 TECH zusammenlegbar sein, sich zusammenklappen lassen B V/T 1 zusammenbrechen lassen, zum Einsturz bringen 2 zusammenlegen, -klappen C S 1 Einsturz *m*: **cause the ~ of** → B 1 2 *fig* Scheitern *n*, Platzen *n umg*: **~ of a bank** Bankkrach *m*; **~ of prices** (tiefer) Preissturz 3 *fig* (*moralischer od physischer*) Zusammenbruch 4 MED Kollaps *m*: **nervous ~** Nervenzusammenbruch; **have a nervous ~** e-n Nervenzusammenbruch erleiden; **collapsible** ADJ zusammenklappbar, Klapp…, Falt…: **~ boat** Faltboot *n*; **~ chair** Klappstuhl *m*; **~ roof** Klapp-, Rollverdeck *n*

collar ['kɒlə; *US* 'kɑlər] A S 1 (*Hemd-, Rock-, Pelz- etc*) Kragen *m*: **become** (*od* **get**) **hot under the ~** *umg* a wütend werden b aufgeregt werden c nervös werden, ins Schwitzen kommen; **feel sb's ~** *sl* j-n schnappen *umg*, j-n verhaften *od* festnehmen; **have one's ~ felt** *sl* geschnappt werden *umg*, verhaftet *od* festgenommen werden; **take sb by the ~** j-n beim Kragen nehmen *od* packen 2 (*Hunde- etc*) Halsband *n*: **slip the** (*od* **one's**) **~** a sich (von s-m Halsband) befreien b *fig* den Kopf aus der Schlinge ziehen 3 Kummet *n*: **work against the ~** *fig* schuften wie ein Pferd 4 Ordensband *n*, -kette *f* 5 Kollier *n*: **~ of pearls** Perlenkollier, -halsband *n* 6 *US* HIST eisernes Halsband (*für Sklaven*): **he wears no man's ~** POL *obs* er ist unabhängig *od* kein Parteigänger 7 ZOOL a Halsstreifen *m*, -kragen *m* b Mantelwulst *m* 8 TECH a Bund *m*, Kragen *m* (*bei Wellen od Achsen*) b Ring *m*, Einfassung *f* c Zwinge *f* d Bohrlochöffnung *f* e runde Unterlegscheibe f → collar beam B V/T 1 mit e-m Kragen *etc* versehen 2 *j-n* beim Kragen packen 3 *umg* a *j-n* schnappen *umg*, verhaften, festnehmen, sich *etwas* schnappen *umg* b sich *etwas* unter den Nagel reißen *umg* 4 *bes Br Fleisch etc* rollen u. zusammenbinden; **~ beam** S ARCH Quer-, Kehlbalken *m*; **~bone** S ANAT Schlüsselbein *n*; **~ button** S *US* Kragenknopf *m*

collaret(te) [ˌkɒlə'ret; *US* ˌkɑ-] S kleiner Pelz- *od* Spitzenkragen

collar| insignia SPL MIL Kragenabzeichen *pl*; **~ nut** S TECH Ringmutter *f*; **~ patch** S MIL Kragenspiegel *m*; **~ size** S Kragenweite *f*; **~ stud** S *Br* Kragenknopf *m*

collate [kɒ'leɪt; *US* kə-] V/T 1 *Texte etc* kollationieren: a *mit dem Original vergleichen* b TYPO *auf richtige Zahl u. Anordnung überprüfen* 2 *Texte* zusammenstellen (u. vergleichen) 3 IT *Dateien* mischen 4 (*Drucker*) *Kopien* sortieren

collateral [kɒ'lætərəl; *bes US* kə'l-] A ADJ (ADV ~ly) 1 seitlich, Seiten… 2 parallel (laufend) 3 BOT kollateral, nebenständig 4 a begleitend, Neben…: **~ circumstances** Begleit-, Nebenumstände b zusätzlich 5 zusätzlich, Neben…: **~ insurance** 6 indirekt 7 gleichzeitig (auftretend) 8 *zu e-r Seitenlinie* (*e-r Familie*) *gehörig*: **~ descent** Abstammung *f* von e-r Seitenlinie B S 1 WIRTSCH Nebensicherheit *f*, -bürgschaft *f* 2 Seitenverwandte(r) *m/f(m)*; **~ circulation** S MED Kollateral-, Umgehungskreislauf *m*; **~ loan** S WIRTSCH Lombarddarlehen *n*, -kredit *m*; **~ security** → collateral B 1; **~ subject** S SCHULE Nebenfach *n*; **~ trust bond** S WIRTSCH *US Schuldverschreibung, die durch Deponierung von Effekten als Treuhandgut gesichert ist*

collation [kɒ'leɪʃn; *US* kə-] S 1 Kollationierung *f*, Kollation *f* 2 Beschreibung *f* der technischen Einzelheiten e-s Buches (*Format, Seitenzahl etc*) 3 IT Mischung *f* 4 KATH Kollation *f* (*erlaubte kleine Erfrischung an Fasttagen*) 5 Imbiss *m*

colleague ['kɒliːg; *US* 'kɑ-] S Kollege *m*, Kollegin *f*, Mitarbeiter(in)

collect[1] [kə'lekt] A V/T 1 *Briefmarken etc* sammeln 2 (ein)sammeln: **~ the letters** den Briefkasten leeren 3 auflesen, aufsammeln 4 versammeln 5 *Fakten etc* (an)sammeln, zusammenbringen, zusammentragen: **~ money for** sammeln für 6 *etwas od j-n* abholen (**from** von) 7 *Geld, e-n Rechnungsbetrag etc* (ein)kassieren: **~ an insurance benefit** e-e Versicherungsleistung beziehen *od* erhalten; **~ a fine** e-e Geldstrafe eintreiben; **~ taxes** Steuern erheben *od* einziehen 8 *s-e Gedanken etc* sammeln: **~ o.s.** sich sammeln *od* fassen; **~ one's thoughts** s-e Gedanken zusammennehmen, sich konzentrieren 9 *ein Pferd* versammeln 10 folgern, schließen (*beide:* **from** aus) B V/I 1 sich (ver)sammeln 2 sich (an)sammeln, sich (an)häufen 3 sammeln (**for** für) C ADJ *US* Nachnahme…, bei Lieferung zu bezahlen(d): **~ call** TEL R-Gespräch *n* D ADV *a.* **~ on delivery** *US* per Nachnahme: **call ~** TEL *US* ein R-Gespräch führen

collect[2] ['kɒlekt; *US* 'kɑlɪkt] S REL Kollekte *f* (*kurzes Altargebet*)

collectable A ADJ 1 von Sammlerinteresse 2 einzieh-, eintreibbar B S Sammlerobjekt *n*, -stück *n*, Liebhaberstück *n*

collectanea [ˌkɒlek'tɑːnjə; *US* ˌkɑlˌek'teɪniːə] SPL Kollektaneen *pl* (*Sammlung von Auszügen aus literarischen od wissenschaftlichen Werken*)

collected [kə'lektɪd] ADJ (ADV ~ly) 1 gesammelt (*Werke*) 2 *fig* a gefasst, gesammelt, ruhig b konzentriert 3 *Reitsport*: versammelt (*Trab etc*); **collectedness** S *fig* Gefasstheit *f*, Fassung *f*, Sammlung *f*; **collectible** → collectable

collecting| agent [kə'lektɪŋ] S WIRTSCH Inkassoagent(in); **~ bar** S ELEK Sammelschiene *f*; **~ center**, *bes Br* **~ centre** S Sammelstelle *f*; **~ electrode** S Fangelektrode *f*; **~ station** S MIL Truppenverbandsplatz *m*

collection [kə'lekʃn] S 1 (Ein)Sammeln *n* 2 (*Briefmarken- etc*) Sammlung *f* 3 a REL Kollekte *f*: **~ plate** Kollektenteller *m* b Sammlung *f*: **have** (*od* **make**) **a ~ for** e-e Sammlung durchführen für, sammeln für; **~ of signatures** Unterschriftensammlung 4 Einziehung *f*, -treibung *f*, WIRTSCH *a.* Inkasso *n*: **forcible ~** Zwangsbeitreibung *f*; **~ at source** Steuererhebung *f* an der Quelle; **~ department** Inkassoabteilung *f* 5 WIRTSCH (*Muster*) Kollektion *f*, Auswahl *f*, Sortiment *n* 6 Zusammentragen *n*: **~ of statistics** statistische Erhebung(en *pl*) 7 Abholung *f* 8 Leerung *f* (*des Briefkastens*) 9 Ansammlung *f*, Anhäufung *f* 10 *fig* Fassung *f*, Sammlung *f*, Gefasstheit *f*

collective [kəˈlektɪv] A ADJ (ADV → collectively) 1 gesammelt, vereint, zusammengefasst 2 kollektiv: a gesamt *(e-e ganze Gruppe betreffend)*: **~ interests** Gesamtinteressen b gemeinsam *(Eigentum etc)* c Gemeinschafts…, gemeinschaftlich: **~ behavio(u)r** SOZIOL Kollektivverhalten *n*; **~ consciousness** PSYCH Kollektivbewusstsein *n* d umfassend, zusammenfassend 3 Sammel… *(a.* BOT*)*, Gemeinschafts…: **~ number** TEL Sammelnummer *f*, -anschluss *m*; **~ order** WIRTSCH Sammelbestellung *f* B S 1 LING Kollektivum *n*, Sammelbegriff *m* 2 Gemeinschaft *f*, Gruppe *f* 3 POL a Kollektiv *n*, Produktionsgemeinschaft *f (in kommunistischen Ländern)* b → collective farm; **~ agreement** S WIRTSCH Kollektivvertrag *m*, Tarifabkommen *n*; **~ bargaining** S WIRTSCH Tarifverhandlungen *pl (zwischen Arbeitgeber[n] u. Gewerkschaften)*; **~ farm** S HIST Kolchose *f (UdSSR)*, landwirtschaftliche Produktionsgenossenschaft *(DDR)*

collectively [kəˈlektɪvlɪ] ADV 1 gemeinsam, zusammen, gemeinschaftlich 2 insgesamt

collective| mortgage S WIRTSCH Gesamthypothek *f*; **~ noun** → collective B 1; **~ security** S POL kollektive Sicherheit

collectivism [kəˈlektɪvɪzəm] S Kollektivismus *m*: a *Lehre, die mit Nachdruck den Vorrang des gesellschaftlichen Ganzen vor dem Individuum betont* b WIRTSCH, POL kollektive Wirtschaftslenkung c WIRTSCH, POL Vergesellschaftung *f* des Privateigentums; **collectivist** A S Kollektivist(in) B ADJ kollektivistisch

collectivity [ˌkɒlekˈtɪvətɪ; *US* ˌkɑ-] S 1 Kollektivität *f*, kollektiver Charakter 2 *(die)* Gesamtheit, *(das)* Ganze 3 *(die)* Gesamtheit des Volkes

collectivization [kəˌlektɪvaɪˈzeɪʃn; *US* -vəˈz-] S WIRTSCH, POL Kollektivierung *f*; **collectivize** V/T kollektivieren

collectomania [kəˌlektəʊˈmeɪnjə; -nɪə] S Sammelwut *f*, -leidenschaft *f*

collector [kəˈlektə(r)] S 1 Sammler(in): **~'s item** *(Br a.* **piece***)* Sammlerobjekt *n*, -stück *n*, Liebhaberstück *n*; **~'s mania** Sammelwut *f*, -leidenschaft *f* 2 Kassierer(in), *(Steuer- etc)* Einnehmer(in) 3 Einsammler(in) 4 ELEK a Stromabnehmer *m* b Auffangelektrode *f* 5 TECH Sammelscheibe *f* 6 *IndEng* oberste(r) Verwaltungsbeamte(r) e-s Bezirkes; **~ ring** S ELEK Schleifring *m*

colleen [ˈkɒliːn; kɒˈliːn] S *Ir* Mädchen *n*

college [ˈkɒlɪdʒ; *US* ˈkɑ-] S 1 *Br* College *n*: a *e-r Universität angegliederte Lehranstalt mit Wohngemeinschaft von Dozenten u. Studenten* b *zur Hochschulreife führende private Internatsschule*: → Eton College 2 *US* College *n (Eingangsstufe der Universität)*, *weitS.* Universität *f*: **go to ~** studieren 3 Fach(hoch)schule *f*: **~ of education** *schott* pädagogische Hochschule; **~ of music** Musikhochschule; **~ of technology** technische Hochschule 4 College (-gebäude) *n* 5 Kollegium *n*: a *organisierte Vereinigung von Personen mit gemeinsamen Pflichten u. Rechten* b Ausschuss *m*: → electoral 1 6 REL *(Kardinals- etc)* Kollegium *n*: ♀ **of Cardinals** 7 *Br sl obs* Kittchen *n (Gefängnis)*; ♀ **of Arms** → Heralds' College; ♀ **of Justice** S JUR *schott* oberstes Gericht für Zivilsachen; **~ pudding** S *Br (Art)* Plumpudding *m*

collegial [kəˈliːdʒɪəl; *US a.* -dʒəl] → collegiate; **collegian** [-dʒjən; -dʒɪən; *US a.* -dʒən] S Mitglied *n od* Student(in) e-s College

collegiate [kəˈliːdʒɪət; *US a.* -dʒət] ADJ College…: **a ~ university** *Br* e-e nach dem Collegesystem organisierte Universität; **~ church** S REL 1 *Br* Kollegiat-, Stiftskirche *f* 2 *US Vereinigung mehrerer ehemals unabhängiger Kirchen* 3 *schott Kirche od Gemeinde mit mindestens zwei ranggleichen Pastoren*

collet [ˈkɒlɪt; *US* ˈkɑlət] S TECH 1 Spannhülse *f*, Zwinge *f* 2 Fassung *f (e-s Edelsteins)*

collide [kəˈlaɪd] V/I **(with)** kollidieren (mit): a zusammenstoßen (mit) *(a. fig)*, zusammenprallen b stoßen (gegen) c *fig* im Widerspruch stehen (zu)

collie [ˈkɒlɪ; *US* ˈkɑliː] S ZOOL Collie *m (langhaariger, schottischer Schäferhund)*

collier [ˈkɒlɪə; *US* ˈkɑljər] S 1 → coal miner 2 SCHIFF a Kohlenschiff *n* b Matrose *m* auf e-m Kohlenschiff 3 *obs* a Kohlenträger *m* b Kohlenhändler *m*; **colliery** [-ljərɪ] → coal mine

colligate [ˈkɒlɪgeɪt; *US* ˈkɑ-] V/T 1 *Logik: gleichartige Objekte* zusammenfassen 2 verbinden, vereinigen; **colligation** S 1 *Logik*: Kolligation *f* 2 Verbindung *f*, Vereinigung *f*

collimate [ˈkɒlɪmeɪt; *US* ˈkɑ-] V/T ASTRON, PHYS 1 *zwei Linien etc* zusammenfallen lassen 2 *ein Teleskop etc* (genau) einstellen; **collimation** S ASTRON, PHYS 1 Kollimation *f (Übereinstimmung od Parallelität zweier Richtungen an e-m Messgerät)*: **~ error** Kollimationsfehler *m*; **~ line** Sehlinie *f* 2 (genaue) Einstellung; **collimator** [-tə(r)] S PHYS Kollimator *m (ein Gerät zur Prüfung von Messinstrumenten etc)*

collinear [kɒˈlɪnjə; *US* kəˈlɪniːər] ADJ (ADV ~ly) MATH kollinear *(auf derselben Geraden liegend)*

collins [ˈkɒlɪnz; *US* ˈkɑ-] S *Getränk aus Gin, Wodka, Rum etc, vermischt mit Fruchtsaft, Sodawasser u. Zucker*

collision [kəˈlɪʒn] S 1 Zusammenstoß *m*, Zusammenprall *m*, Kollision *f (alle a. fig)*: *two men died* **in the ~** bei dem Zusammenstoß; **come into ~ with** zusammenstoßen mit; **be on a ~ course** auf Kollisionskurs sein (**with** mit); **~ of interests** Interessenkollision 2 *fig* Widerspruch *m*, -streit *m*, Konflikt *m*, Gegensatz *m*: **bring sb into ~ with the law** j-n mit dem Gesetz in Konflikt bringen

collocate [ˈkɒləʊkeɪt; *US* ˈkɑlə-] A V/T 1 zusammenstellen 2 nach der Reihenfolge ordnen 3 LING *Wörter* kollokieren, kombinieren B V/I LING kollokieren (**with** mit); **collocation** S 1 Zusammenstellung *f* 2 Ordnung *f* nach der Reihenfolge 3 LING Kollokation *f*

collocutor [ˈkɒləkjuːtə(r); kəˈlɒkjʊ-; *US* ˈkɑlə-; kəˈlɑkjə-] S Gesprächspartner(in)

collodion [kəˈləʊdjən; -ɪən] CHEM A S Kollodium *n* B ADJ Kollodium…: **~ cotton** TECH Schießbaumwolle *f*; **collodionize** V/T mit Kollodium behandeln

collodium [kəˈləʊdjəm; -ɪəm] → collodion

collogue [kəˈləʊg] V/I sich beraten (**with** mit)

colloid [ˈkɒlɔɪd; *US* ˈkɑ-] CHEM A S Kolloid *n* B ADJ → colloidal; **colloidal** ADJ (ADV ~ly) kolloidal

collop [ˈkɒləp; *US* ˈkɑ-] S 1 kleine Scheibe Fleisch, *bes* kleine Speckscheibe 2 Stückchen *n*

colloquia [kəˈləʊkwɪə] *pl von* colloquium

colloquial [kəˈləʊkwɪəl] ADJ (ADV ~ly) umgangssprachlich, Umgangs…: **language**; **~ expression** → colloquialism 1; **colloquialism** S 1 Ausdruck *m* der Umgangssprache 2 Umgangssprache *f*

colloquium [kəˈləʊkwɪəm] *pl* -quiums, -quia [-kwɪə] S Kolloquium *n*: a *wissenschaftliches Gespräch (bes zu Lehrzwecken)* b *Zusammenkunft von Wissenschaftlern od Politikern zur Diskussion über bestimmte Probleme*

colloquy [ˈkɒləkwɪ; *US* ˈkɑ-] S Gespräch *n* (**with** mit)

collotype [ˈkɒləʊtaɪp; *US* ˈkɑlə-] FOTO A S 1 Lichtdruckverfahren *n* 2 Farbenlichtdruck *m* 3 Lichtdruckplatte *f (mit Chromgelatineschicht überzogen)* B V/T im Lichtdruckverfahren herstellen

collude [kəˈluːd; *Br a.* kəˈljuːd] V/I in heimlichem Einverständnis stehen *od* handeln, JUR *a.* kolludieren *(alle:* **with** mit*)*

collusion [kəˈluːʒn; *Br a.* -ˈljuː-] S 1 JUR Kollusion *f*: a geheimes *od* betrügerisches Einverständnis, Absprache *f*: **act in ~** in geheimem Einverständnis handeln (**with** mit) b Verdunk(e)lung *f*: **risk** (*od* **danger**) **of ~** Verdunk(e)lungsgefahr *f* 2 abgekartete Sache, Schwindel *m*; **collusive** [-sɪv] ADJ (ADV ~ly) heimlich verabredet, abgekartet

collyrium [kəˈlɪrɪəm; *Br a.* kɒ-] *pl* -ia [-ə], -iums S MED Augenwasser *n*

collywobbles [ˈkɒlɪˌwɒblz; *US* ˈkɑliːˌwɑbəlz] SPL *(a. als sg konstruiert)*: **have the ~** *umg* ein flaues Gefühl in der Magengegend haben

Colo. ABK Colorado

Cologne [kəˈləʊn] S Köln *n*

cologne [kəˈləʊn], *a.* ♀ **water** S Kölnischwasser *n*, Eau *n/f* de Cologne

Colombia [kəˈlɒmbɪə; *bes US* -ˈlʌm-] S Kolumbien *n*; **Colombian** [kəˈlɒmbɪən; *bes US* -ˈlʌm-] A ADJ kolumbianisch, kolumbisch B S Kolumbianer(in), Kolumbier(in)

colon[1] [ˈkəʊlən] *pl* -lons, -la [-lə] S ANAT Kolon *n*, Grimmdarm *m*

colon[2] [ˈkəʊlən] S 1 LING Doppelpunkt *m* 2 *pl* -la [-lə] LIT Kolon *n (auf der Atempause beruhende rhythmische Sprecheinheit in Vers u. Prosa)*

colón[3] [kəʊˈləʊn; kəˈl-] *pl* -lons, -lones [-neɪs] S Colón *m (Währungseinheit in Costa Rica u. El Salvador)*

colonel [ˈkɜːnl; *US* ˈkɜrnl] S 1 MIL Oberst *m*: → Blimp[2] 2 ♀ *US Ehrentitel für prominente Bürger*; **colonelcy** S Rang *m od* Status *m* e-s Obersten

colones [kəʊˈləʊneɪs; kəˈl-] *pl von* colón[3]

colonial [kəˈləʊnjəl; -nɪəl] A ADJ (ADV ~ly) 1 kolonial, Kolonial…: **~ masters** Kolonialherren; **~ power** Kolonialmacht *f*; **~ rule** Kolonialherrschaft *f*; **~ system** Kolonialsystem *n* 2 *US* a *die dreizehn brit. Kolonien betreffend (die sich als Vereinigte Staaten selbstständig machten)* b *die Zeit vor 1776 od (weitS.) das 18. Jh. betreffend* 3 BIOL Kolonien bildend, gesellig 4 *meist* ♀ ARCH *US* a *den Kolonialstil (des 18. Jhs.) betreffend* b im Kolonialstil erbaut B S → colonist; **colonialism** S POL Kolonialismus *m (auf Erwerb u. Ausbau von Besitzungen ausgerichtete Politik e-s Staates)*; **colonialist** A S Kolonialist(in) B ADJ kolonialistisch

Colonial| Office S POL *Br* HIST Kolonialministerium *n*; **~ Secretary** S POL *Br* HIST Kolonialminister *m*

colonic [kəʊˈlɒnɪk; kəˈl-; *US* -ˈlɑ-] ADJ ANAT, MED Kolon…, Grimmdarm…

colonist [ˈkɒlənɪst; *US* ˈkɑ-] S Kolonist(in), (An)Siedler(in); **colonization** [-naɪˈzeɪʃn; *US* -nəˈz-] S Kolonisation *f*, Kolonisierung *f*, Besiedlung *f*; **colonize** [-naɪz] A V/T 1 *ein Gebiet* kolonisieren, besiedeln 2 *Leute* ansiedeln (**in** in *dat*) B V/I 1 sich ansiedeln 2 e-e Kolonie bilden; **colonizer** S 1 Kolonisator *m*, Kolonisatorin *f (j-d, der e-e Kolonisation vornimmt)* 2 → colonist

colonnade [ˌkɒləˈneɪd; *US* ˌkɑ-] S 1 ARCH Kolonnade *f*, Säulengang *m* 2 Allee *f*

colony [ˈkɒlənɪ; *US* ˈkɑ-] S *allg* Kolonie *f*: a Kolonial-, Siedlungsgebiet *n*: **the Colonies** HIST die dreizehn brit. Kolonien *(die sich als Vereinigte Staaten von Amerika selbstständig machten)* b Siedlung *f* c Gruppe *f* von Ansiedlern d *(Ausländer-, Künstler- etc)* Kolonie *f*: **~ of artists**; **the German ~ in Rome** e BIOL *(Bakterien-, Pflanzen-, Tier)* Kolonie *f*: **~ of ants** Ameisenstaat *m*

C

colophon ['kɒləfən; *US* 'kɑ-] S 1 Signet *n*, Verlegerzeichen *n* 2 Kolophon *m* (*Schlussinschrift alter Druckwerke*)

colophony [kɒ'lɒfənɪ; *US* kə'lɑ-; 'kɑlə,fəʊniː] S Kolophonium *n*, Geigenharz *n*

color, *bes Br* **colour** ['kʌlə(r)] A S 1 Farbe *f*: **what ~ is it?** welche Farbe hat es?; **what ~ are her eyes?** was hat sie für e-e Augenfarbe?; **what ~ did you paint the door?** in welcher Farbe hast du die Tür gestrichen?; **he won't see the ~ of my money** *umg* von mir sieht er keinen Pfennig; **I want to see the ~ of his money first** *umg* ich will zuerst wissen, ob er überhaupt (genug) Geld hat *od* ob er überhaupt zahlen kann; **two-~** zweifarbig, Zweifarben… 2 (*a.* gesunde) Gesichtsfarbe: **be** (*od* **feel**) **a bit off ~** sich nicht wohlfühlen; **he looks a bit off ~ today** er sieht heute nicht besonders gut aus; **have ~** gesund aussehen; **lose ~** die Farbe verlieren, erbleichen, blass werden; **she has little ~** sie ist blass; → change A 1 3 Hautfarbe *f*: **gentleman of ~** *obs* Farbige(r) *m*; **people of ~** *obs* Farbige 4 (Gesichts)Röte *f*: **her ~ came and went** sie wurde abwechselnd rot u. blass 5 *fig* Farbe *f*, Kolorit *n*: **a novel with a great deal of local ~** ein Roman mit viel Lokalkolorit; **add** (*od* **lend**) **~ to** *etwas* beleben, lebendig *od* realistisch machen 6 MAL, TECH Farbe *f*, Farbstoff *m*: **~ additive** Farbstoffzusatz *m*; **lay on the ~s too thickly** *fig* zu dick auftragen; **paint in bright (glowing, gloomy) ~s** *fig etwas* in rosigen (glühenden, düsteren) Farben schildern 7 a Farbgebung *f* b Farbwirkung *f* 8 MUS Klangfarbe *f* 9 *fig* Färbung *f*, Ton *m*, Charakter *m*, Stimmung *f* 10 *pl* farbiges Band *od* Abzeichen (*e-r Schule, e-s Jockeys etc*): **get one's ~s** sein Mitgliedsabzeichen (*als neues Mitglied*) erhalten 11 *pl* MIL Fahne *f*: **call to the ~s** einberufen; **join the ~s** zur Fahne eilen; **come off with flying ~s** e-n glänzenden Sieg *od* Erfolg erringen; **he passed his examination with flying ~s** er hat s-e Prüfung glänzend *od* mit Glanz u. Gloria bestanden; **he failed with flying ~s** er ist mit Glanz u. Gloria *od* mit Pauken u. Trompeten durchgefallen 12 *pl* SCHIFF Flagge *f*: **lower one's ~s** die Flagge streichen (*a. fig*: **to** vor *dat*); **nail one's ~s to the mast** *fig* sich unwiderruflich festlegen; **stick to one's ~s** *fig* standhaft bleiben, nicht kapitulieren (wollen); **sail under false ~s** a unter falscher Flagge segeln (*a. fig*) b *fig* mit falschen Karten spielen; **come out in one's true ~s** *fig* s-n wahren Charakter zeigen; **show one's true ~s** *fig* a sein wahres Gesicht zeigen b Farbe bekennen, sich erklären 13 *fig* Anschein *m*, Anstrich *m*: **his words had the ~ of truth**; **give ~ to the story** der Geschichte den Anstrich der Wahrscheinlichkeit geben, die Geschichte glaubhafter machen; **~ of office** JUR Amtsanmaßung *f*; **~ of title** JUR *US* (zu Unrecht) behaupteter Rechtstitel 14 *fig* Deckmantel *m*, Vorwand *m*: **unter the ~ of charity** unter dem Vorwand *od* Mäntelchen der Nächstenliebe 15 *fig* Art *f*, Sorte *f*: **a man of his ~** ein Mann s-s Schlages 16 *Heraldik*: Wappenfarbe *f* 17 ausgewaschenes Goldteilchen B VT 1 färben, kolorieren, anstreichen, anmalen: **~ in** *e-e Zeichnung etc* ausmalen 2 *fig* färben: a e-n Anstrich geben (*dat*), gefärbt darstellen, entstellen: **a ~ed report** ein gefärbter Bericht b schönfärben, beschönigen 3 *fig* abfärben auf (*akk*), beeinflussen C VI 1 sich (ver)färben, (e-e) Farbe annehmen 2 *a.* **~ up** erröten, rot werden (*beide*: **with** vor *dat*)

colorable, *bes Br* **colourable** ['kʌlərəbl] ADJ (ADV colo[u]rably) 1 färbbar 2 plausibel, glaubhaft 3 vorgeblich, fingiert: **~ imitation** JUR täuschend ähnliche Nachahmung (*e-s Warenzeichens*); **~ title** JUR unzureichender Anspruch auf Eigentumsrecht

Colorado (potato) beetle [,kɒlə'rɑːdəʊ; *US* ,kɑlə'rædəʊ; -'rɑ-] S ZOOL Kartoffelkäfer *m*

colorant ['kʌlərənt] S Farbstoff *m*, Färbemittel *n*

coloration [,kʌlə'reɪʃn] S 1 Färben *n*, Kolorieren *n* 2 Farb(en)gebung *f*, Farbzusammenstellung *f* 3 BIOL Färbung *f*

coloratura [,kɒlərə'tʊərə; -'tjʊərə; *US* ,kʌl-] S MUS 1 Koloratur *f*: **~ aria** Koloraturarie *f* 2 *a.* **~ soprano** Koloratursopran *m*, -sopranistin *f*

color| bar, *bes Br* **colour| bar** S Rassenschranke *f*; **~bearer** S MIL Fahnenträger *m*; **~-blind** ADJ 1 MED farbenblind 2 *fig* frei von Rassenvorurteilen; **~ blindness** S MED Farbenblindheit *f*; **~cast** S TV in Farbe ausgestrahltes Programm; **~ code** S Farbkennzeichnung *f*; **~-code** VT farblich kennzeichnen; **~ coordination** S farbliche Abstimmung; **~ copy** S Farbkopie *f*

colored, *bes Br* **coloured** ['kʌlə(r)d] A ADJ 1 farbig, bunt (*beide a. fig*), koloriert: **~ pencil** Bunt-, Farbstift *m*; **~ photo** Farbfoto *n* 2 *oft pej* farbig: **a ~ man** ein Farbiger; **~ people** Farbige 3 *fig* gefärbt: a beschönigt b nicht objektiv, tendenziös c beeinflusst: **politically ~** 4 *in Zusammensetzungen* …farbig, …farben B *pl* -o(u)reds, *bes koll* -o(u)red S *oft pej* Farbige(r) *m/f(m)*

color|fast, *bes Br* **colour|fast** ADJ farbecht; **~fastness** S Farbechtheit *f*; **~ film** S FOTO Farbfilm *m*; **~ filter** S FOTO Farbfilter *m/n*

colorful, *bes Br* **colourful** ADJ (ADV ~ly) 1 farbenfreudig, -prächtig, bunt 2 *fig* farbig, bunt, lebhaft, abwechslungsreich: **a ~ description** e-e anschauliche Beschreibung; **a ~ life** ein abwechslungsreiches Leben 3 *fig* auffallend, interessant (*Persönlichkeit etc*)

color guard, *bes Br* **colour guard** S MIL Fahnenwache *f*, -abordnung *f*

colorific [,kɒlə'rɪfɪk; *bes US* ,kʌl-] ADJ 1 farbgebend 2 *obs* a Farb… b farbenfreudig

colorimeter [,kʌlə'rɪmɪtə(r)] S PHYS Kolorimeter *n* (*Gerät zur Bestimmung von Farbtönen*)

coloring, *bes Br* **colouring** ['kʌlərɪŋ] A S 1 Färben *n* 2 Farbe *f*, Färbemittel *n* 3 Färbung *f*, Kolorit *n*, Farbe *f*, Farbgebung *f* 4 Gesichtsfarbe *f* 5 *fig* äußerer Anstrich, Schein *m* 6 *fig* Schönfärberei *f*, Beschönigung *f* 7 *fig* Färbung *f*, Tendenz *f* B ADJ Farb…: **~ book** Malbuch *n*; **~ matter** Farbstoff *m*

color-intensive, *bes Br* **colour-intensive** ADJ (ADV ~ly) farbintensiv

colorist, *bes Br* **colourist** ['kʌlərɪst] S MAL Farbenkünstler(in), *engS.* Kolorist(in)

colorize, *bes Br* **colourize** ['kʌləraɪz] VT *e-n Schwarz-Weiß-Film etc* kolorieren

color-key, *bes Br* **colour-key** → color-code

colorless, *bes Br* **colourless** ['kʌlə(r)lɪs] ADJ (ADV ~ly) 1 farblos (*a. fig nichtssagend*) 2 *fig* neutral, unparteiisch

color| line, *bes Br* **colour| line** S Rassenschranke *f*; **~ organ** S Lichtorgel *f*; **~ photography** S Farbfotografie *f*; **~ plate** S Farben(kunst)druck *m*; **~ prejudice** S Rassenvorurteil *n*; **~ print** S TYPO Farbendruck *m* (*Bild*); **~ printer** S COMPUT Farbdrucker *m*; **~ printing** S TYPO Bunt-, Farbendruck *m* (*Verfahren*); **~ problem** S Rassenproblem *n*; **~ retention** S Farbechtheit *f*; **~-reversal** ADJ: **~ film** FOTO Farbumkehrfilm *m*; **~ salute** S MIL Flaggengruß *m*; **~ scheme** → coloration 2; **~ screen** S 1 COMPUT Farbbildschirm *m* 2 TECH Farbraster *m*; **~ set** S Farbfernseher *m*; **~ supplement** S Farbbeilage *f* (*e-r Zeitung*); **~ television**, **~ TV** S Farbfernsehen *n*

colossal [kə'lɒsl; *US* kə'lɑsəl] ADJ (ADV ~ly) kolossal, riesig, Riesen…, ungeheuer (*alle a. fig umg*): **a ~ statue** e-e Kolossalstatue

colosseum [,kɒlə'sɪəm; *US* ,kɑ-] → coliseum

colossi [kə'lɒsaɪ; *US* -'lɑ-] *pl von* colossus

Colossians [kə'lɒʃnz; *US* -'lɑ-] SPL (*als sg konstruiert*) BIBEL (Brief *m* des Paulus an die) Kolosser *pl*

colossus [kə'lɒsəs; *US* -'lɑ-] *pl* -si [-saɪ], -suses S Koloss *m*: a Riese *m*: **a ~ of a man** ein Koloss von e-m Mann b (*etwas*) Riesengroßes c Kolossalstatue *f*

colostomy [kə'lɒstəmɪ; *US* -'lɑ] S MED Kolostomie *f* (*Anlegung e-r Dickdarmfistel*)

colostrum [kə'lɒstrəm; *US* -'lɑ-] S BIOL Kolostrum *n*, Kolostralmilch *f*

colour, **colourable**, **colour bar**, *etc bes Br* → color, colorable, color bar *etc*

colourman [-mən] S *irr Br* Farbenhändler *m*

colpitis [kɒl'paɪtɪs; *US* kɑl'p-] S MED Kolpitis *f*, Scheidenentzündung *f*

colportage ['kɒl,pɔː(r)tɪdʒ; *US* 'kɑl,p-] S HIST Kolportage(buchhandel) *f(m)*; **colporteur** [-tə(r)] S HIST Kolporteur(in) (*Hausierer[in] mit Büchern u. Zeitschriften religiösen Inhalts*)

colposcope ['kɒlpəskəʊp; *US* 'kɑ-] S MED Kolposkop *n* (*vergrößerndes Spiegelgerät zur Untersuchung des Scheideninneren*)

colposcopy [-'pɒskəpɪ; *US* -'pɑ-] S Kolposkopie *f* (*Untersuchung des Scheideninneren mit dem Kolposkop*)

colt[1] [kəʊlt] S 1 Füllen *n*, Fohlen *n*: **(as) sound as a ~** gesund wie ein Fisch im Wasser 2 *fig* Grünschnabel *m*, junger Dachs (*beide umg*) 3 SPORT a unroutinierter Spieler b Fohlen *n*: **~ team** Fohlenmannschaft *f*, (*Fußball a.*) Fohlenelf *f*

Colt®[2] [kəʊlt] S Colt® *m* (*ein Revolver*)

colter *bes Br* **coulter** ['kəʊltə(r)] S AGR Kolter *n* (*Messer vor der Pflugschar*)

coltish ['kəʊltɪʃ] ADJ (ADV ~ly) 1 fohlenartig 2 ausgelassen, übermütig

coltsfoot *pl* -foots S BOT Huflattich *m*

Columbian[1] [kə'lʌmbɪən] ADJ 1 *poet* amerikanisch 2 Kolumbus betreffend

Columbian[2] [kə'lʌmbɪən] S TYPO Tertia *f* (*16 Punkt; Schriftgröße*)

columbic acid [kə'lʌmbɪk] S CHEM Columbium-, Niobsäure *f*

columbine[1] ['kɒləmbaɪn; *US* 'kɑ-] ADJ 1 taubenartig, Tauben… 2 taubengrau

columbine[2] ['kɒləmbaɪn; *US* 'kɑ-] S BOT Akelei *f*

Columbine[3] ['kɒləmbaɪn; *US* 'kɑ-] S THEAT Kolombine *f* (*Geliebte des Harlekin*)

columbite [kə'lʌmbaɪt] S MINER Kolumbit *m*; **columbium** [-bɪəm] → niobium

column ['kɒləm; *US* 'kɑləm] S 1 ARCH Säule *f*, Pfeiler *m* 2 TECH a Ständer *m*, Pfosten *m*, Stütze *f* b CHEM Kolonne *f* (*säulenförmiger Destillierapparat*) 3 *fig* (*Rauch-, Wasser- etc*) Säule *f*: **~ of smoke**; **~ of mercury** PHYS Quecksilbersäule; → spinal column 4 TYPO Kolonne *f*, Kolumne *f*, (Druck-, Satz)Spalte *f*: **printed in double** (*od* **two**) **~s** zweispaltig gedruckt 5 *Zeitung*: Kolumne *f* (*regelmäßig an bestimmter Stelle veröffentlichter Meinungsbeitrag*) 6 MATH Kolonne *f*: **~ of figures** Zahlenkolonne 7 Feld *n*, Rubrik *f* (*e-r Tabelle*) 8 MIL (*Marsch*) Kolonne *f*: **~ left, march!** links schwenkt, marsch!; → fifth column

columnar [kə'lʌmnə(r)] ADJ 1 säulenartig, -förmig 2 Säulen… 3 in Spalten gedruckt *od* angeordnet; **columnated** ['kɒləmneɪtɪd; *US* 'kɑ-], **columned** ADJ 1 mit Säulen (versehen), von Säulen getragen, Säulen… 2 → columnar; **columniation** [kə,lʌmnɪ'eɪʃn] S ARCH Säulenordnung *f*; **columnist** ['kɒ-

ləmnɪst; -mɪst; *US* 'kɑ-] S *Zeitung*: Kolumnist(in)
colza ['kɒlzə; *US* 'kɑl-; 'kəʊl-] S BOT Raps *m*: **~ oil** Rapsöl *n*
COM ABK computer output on microfilm (*od* microfiche)
com. ABK **1** comedy **2** comma **3** commander **4** commerce **5** commercial **6** commission **7** commissioner **8** committee **9** common
coma[1] ['kəʊmə] S MED Koma *n*: **be in a ~** im Koma liegen; **fall** (*od* **go**) **into a ~** ins Koma fallen
coma[2] ['kəʊmə] *pl* -mae [-mi:] S **1** BOT **a** Schopf *m* **b** Haarbüschel *n* (*an Samen*) **2** Koma *f*: **a** ASTRON *Nebelhülle um den Kern e-s Kometen* **b** PHYS *Linsenfehler*
Comanche [kə'mæntʃɪ] S **1** *pl* -ches, *bes koll* -che Komantsche *m*, Komantschin *f* **2** LING Komantschensprache *f*
Comanchean [kə'mæntʃɪən] S *e-e nordamer. geologische Periode (zwischen Jura- u. Kreidezeit)*
comatose ['kəʊmətəʊs; *US a.* 'kɑm-] ADJ (ADV ~ly) **1** MED komatös **2** *umg* träg(e)
comb [kəʊm] **A** S **1** **a** Kamm *m* **b** Kämmen *n*: **give one's hair a ~** sich (die Haare) kämmen; **your hair needs a good ~** du musst dich mal richtig kämmen **2** (*Pferde*) Striegel *m* **3** TECH Kamm *m*, *bes* **a** Wollkamm *m* **b** (*Flachs*) Hechel *f* **c** Gewindeschneider *m* (*an e-r Drehbank*) **4** ZOOL Kamm *m* (*des Hahnes etc*): **cut sb's ~** *fig obs* j-n demütigen **5** (*Wellen*) Kamm *m* **6** (*Honig*) Wabe *f* **B** V/T **1** sich *die Haare* kämmen: **~ one's hair** *a.* sich kämmen; **~ out** *Schmutz etc* auskämmen **2** *a.* **~ out** **a** *Wolle* auskämmen, krempeln **b** *Flachs* hecheln **3** *ein Pferd* striegeln **4** *fig ein Gebiet* durchkämmen (**for** nach) **5** *meist* **~ out** *fig* **a** sieben, sichten **b** aussondern, -suchen **c** MIL ausmustern
comb. ABK **1** combination **2** combine **3** combustion
combat ['kɒmbæt; *US* 'kɑm-] **A** V/T *fig* bekämpfen, kämpfen gegen **B** V/I *fig* kämpfen: **~ against** → A **C** S Kampf *m* (*a. fig*), MIL *a.* Gefecht *n* **D** ADJ *bes* MIL Kampf…
combatant ['kɒmbətənt; *US* 'kɑm-; *a.* kəm'bætnt] **A** S **1** *fig* Kämpfer(in) **2** MIL Kombattant *m*, Angehörige(r) *m/f(m)* der Kampftruppen **B** ADJ **1** → combative **2** MIL zur Kampftruppe gehörig, Kampf…
combat| car S MIL *US* Kampfwagen *m*; **~ dress** S Kampfanzug *m*; **~ fatigue** S MIL, PSYCH Kampfneurose *f*; **~ group** S MIL Kampfgruppe *f*
combative ['kɒmbətɪv; *US* kəm'bætɪv] ADJ (ADV ~ly) **1** kampfbereit **2** aggressiv
combat| order S MIL Gefechtsbefehl *m*; **~ plane** S FLUG, MIL Kampfflugzeug *n*; **~-ready** ADJ MIL einsatz-, gefechtsbereit; **~ team** S MIL *US* Kampfgruppe *f*; **~ training** S MIL Gefechtsausbildung *f*; **~ troops** SPL MIL Kampftruppen *pl*; **~ unit** S MIL *US* Kampfverband *m*
combe → coomb(e)
comber ['kəʊmə(r)] S **1** **a** Wollkämmer(in), Krempler(in) **b** Flachshechler(in) **2** TECH **a** Krempelmaschine *f* **b** Hechelmaschine *f* **3** SCHIFF Sturzwelle *f*, Brecher *m*
comb honey S Scheibenhonig *m*
combination [ˌkɒmbɪ'neɪʃn; *US* ˌkɑmbə'neɪʃən] S **1** Verbindung *f*, Vereinigung *f*, Verknüpfung *f*, Kombination *f* (*a.* SPORT, *Schach etc*): **~ of jumps** (*Eis-, Rollkunstlauf*) Sprungkombination **2** Zusammenstellung *f* **3** Vereinigung *f*, Verbindung *f*, Interessengemeinschaft *f* (*von Personen*) **4** **a** Gewerkschaft *f* **b** Konzern *m* **c** Kartell *n*, Ring *m* **5** Zusammenschluss *m*, Bündnis *n*, Absprache *f*: **~ in restraint of trade** Abkommen *n* zur Monopolisierung des Handels **6** TECH Kombination *f*, kombiniertes Gerät **7** Motorrad *n* mit Beiwagen, Beiwagenmaschine *f*, *bes* SPORT Gespann *n* **8** CHEM Verbindung *f* **9** MATH Kombination *f* **10** TECH **a** (*Buchstaben*) Kombination *f* (*Vexierschloss*) **b** Mechanismus *m* (*e-s Vexierschlosses*) **11** *pl*, *a.* **pair of ~s** *bes* HIST Kombination *f*, Hemdhose *f*; **~ fuse** S TECH kombinierter Zünder, Doppelzünder *m*; **~ lock** S TECH Kombinations-, Vexierschloss *n*; **~ pliers** SPL (*US a. als sg konstruiert*) Kombi(nations)zange *f*: **a pair of ~** e-e Kombizange; **~ room** S *Br* Gemeinschaftsraum *m* (*der Fellows e-s College der Universität Cambridge*)
combinative ['kɒmbɪnətɪv; -neɪtɪv; *US* 'kɑmbəˌneɪtɪv; kəm'baɪnə-] ADJ **1** verbindend **2** Verbindungs…
combinatorial [ˌkɒmbɪnə'tɔːrɪəl; *US* ˌkɑmbənə'təʊriːəl; kəmˌbaɪnə't-] ADJ (ADV ~ly) MATH kombinatorisch; **~ analysis** S MATH Kombinatorik *f*, Kombinationslehre *f*
combinatorics [ˌkɒmbɪnə'tɔːrɪks; *US* ˌkɑmbənə'təʊrɪks; kəmˌbaɪnə't-] SPL (*als sg konstruiert*) → combinatorial analysis
combine [kəm'baɪn] **A** V/T **1** verbinden (*a.* CHEM), vereinigen, zusammensetzen, kombinieren, GASTR vermengen: **~ business with pleasure** das Nützliche mit dem Angenehmen verbinden; **~ forces** die Kräfte vereinigen **2** in sich vereinigen, *Eigenschaften etc* gleichzeitig besitzen **B** V/I **1** sich verbinden (*a.* CHEM), sich vereinigen **2** sich zusammenschließen, sich verbünden **3** zusammenwirken: **everything ~d against him** alles verschwor sich gegen ihn **4** e-e Einheit bilden **C** S ['kɒmbaɪn; *US* 'kɑm-] **1** Verbindung *f*, Vereinigung *f* **2** **a** politische *od* wirtschaftliche Interessengemeinschaft **b** WIRTSCH Verband *m* **c** Konzern *m* **d** Kartell *n*: **~ price** Verbandspreis *m* **3** *a.* **~ harvester** AGR Mähdrescher *m* **4** KUNST Bildobjekt *n*
combined [kəm'baɪnd] ADJ **1** vereinigt: **all his talents ~** all s-e Talente zusammen **2** verbündet **3** CHEM verbunden **4** gemeinsam, gemeinschaftlich: **~ efforts** gemeinsame Bemühungen **5** MIL verbunden (*mehrere Truppengattungen*), kombiniert, interalliiert (*mehrere Alliierte*); **~ arms** SPL verbundene Waffen *pl*, gemischte Verbände *pl*; **~ downhill** S *Skisport*: Kombinationsabfahrt *f*; **~ event** S **1** SPORT Mehrkampf *m* **2** *Skisport*: Kombination *f*; **~ operation** S MIL Operation *f* verbundener Waffen; **~ slalom** S *Skisport*: Kombinationsslalom *m*; **~ time** S SPORT Gesamtzeit *f*
combing ['kəʊmɪŋ] S **1** (Aus)Kämmen *n*: **your hair needs a good ~** du musst dich mal richtig kämmen **2** *pl* ausgekämmte Haare *pl*; **~ works** SPL (*oft als sg konstruiert*) TECH Kämmerei *f*
combining form [kəm'baɪnɪŋ] S LING Wortbildungselement *n*
combo ['kɒmbəʊ; *US* 'kɑm-] *pl* -bos S **1** MUS Combo *f* (*kleine Jazzband*) **2** *umg* → combination 1, 2, 3, 4, 5
comb-out S **1** Auskämmen *n* **2** *fig* Siebung *f*, Sichtung *f*
combustibility [kəmˌbʌstə'bɪlətɪ] S (Ver)-Brennbarkeit *f*, Entzündlichkeit *f*; **combustible** **A** ADJ (ADV combustibly) **1** (ver)brennbar, (leicht) entzündlich **2** *fig* leicht erregbar, jähzornig **B** S Brennstoff *m*, -material *n*
combustion [kəm'bʌstʃən] S **1** Verbrennung *f* (*a.* BIOL, CHEM) **2** *fig* Erregung *f*, Aufruhr *m*, Tumult *m*; **~ chamber** S TECH Verbrennungskammer *f*, -raum *m*, Brennkammer *f*; **~ engine** S TECH Verbrennungs(kraft)maschine *f*, Verbrennungsmotor *m*
combustive [kəm'bʌstɪv] ADJ **1** entzündend, Zünd… **2** Verbrennungs…, Brenn…, Entzündungs…; **~ combustor** [-tə(r)] → combustion chamber
Comdr ABK Commander
come [kʌm] **A** V/I *prät* came [keɪm], *pperf* come **1** kommen: **sb is coming** es kommt j-d; **I don't know whether I'm coming or going** ich weiß nicht, wo mir der Kopf steht; **be long in coming** lange auf sich warten lassen; **~ before the judge** vor den Richter kommen; **he came to see us** er besuchte uns, er suchte uns auf; **no work has ~ his way** er hat (noch) keine Arbeit gefunden; **that ~s on page 4** das kommt auf Seite 4; **the message has ~** die Nachricht ist gekommen *od* eingetroffen; **ill luck came to him** ihm widerfuhr (ein) Unglück; **I was coming to that** darauf wollte ich gerade hinaus; **~ 8th** SPORT *etc* Achter werden **2** (dran)kommen, an die Reihe kommen: **who ~s first?** **3** kommen, erscheinen, auftreten: **~ and go** **a** kommen u. gehen **b** erscheinen u. verschwinden; **love will ~ in time** mit der Zeit wird sich die Liebe einstellen **4** reichen, sich erstrecken: **the dress ~s to her knees** das Kleid reicht ihr bis zu den Knien **5** kommen, gelangen (*beide:* **to** zu): **~ to the throne** auf den Thron gelangen; **~ into danger** in Gefahr geraten; **when we ~ to die** wenn es zum Sterben kommt, wenn wir sterben müssen; **how came it to be yours?** wie kamen *od* gelangten Sie dazu? **6** kommen, abstammen (*beide:* **of, from** von): **he ~s of a good family** er kommt *od* stammt aus gutem Hause; **I ~ from Leeds** ich stamme aus Leeds **7** kommen, herrühren (*beide:* **of** von): **that's what ~s of your hurry** das kommt von d-r Eile; **nothing came of it** es wurde nichts daraus **8** kommen, geschehen, sich entwickeln, sich ereignen, SPORT fallen (*Tor*): **~ what may** (*od* **will**) komme, was da wolle; **how did this ~ to be?** wie kam es dazu? **9** sich erweisen: **it ~s expensive** es kommt teuer; **the expenses ~ rather high** die Kosten kommen recht hoch **10** ankommen (**to sb** j-n): **it ~s hard (easy) to me** es fällt mir schwer (leicht) **11** (*vor inf*) werden, sich entwickeln, dahin *od* dazu kommen: **he has ~ to be a good musician** er ist ein guter Musiker geworden, aus ihm ist ein guter Musiker geworden; **it has ~ to be the custom** es ist Sitte geworden; **~ to know sb** j-n kennenlernen; **~ to know sth** etwas erfahren; **~ to appreciate sb** j-n schätzen lernen; **I have ~ to believe that …** ich bin zu der Überzeugung gekommen, dass…; **how did you ~ to do that?** wie kamen Sie dazu, das zu tun? **12** (*bes vor adj*) werden, sich entwickeln: **~ true** sich bewahrheiten *od* erfüllen, eintreffen: **~ all right** in Ordnung kommen; **the butter will not ~** die Butter bildet sich nicht *od umg* wird nicht **13** AGR, BOT (heraus-)kommen, sprießen, keimen **14** auf den Markt kommen, erhältlich sein: **these shirts ~ in three sizes** diese Hemden gibt es in drei Größen **15** **to ~** (*als adj gebraucht*) (zu)-künftig, kommend: **the life to ~** das zukünftige Leben; **for all time to ~** für alle Zukunft; **in the years to ~** in den kommenden Jahren **16** *umg* kommen (*e-n Orgasmus haben*) **B** V/T *umg* sich aufspielen als, *j-n od etwas* spielen, herauskehren: **don't try to ~ the great scholar over me!** versuche nicht, mir gegenüber den großen Gelehrten zu spielen!; **~ it over sb** sich j-m gegenüber aufspielen; **~ it a bit (too) strong** (stark) übertreiben; **don't ~ that dodge over me!** mit dem Trick kommst du bei mir nicht an! **C** INT na (hör mal)!, komm!,

bitte!: ~, ~! a *a.* ~ **now!** nanu!, nicht so wild!, immer langsam! a *(ermutigend)* na komm schon!, auf gehts! D S 1 Kommen *n*: **the ~ and go of the years** das Kommen u. Gehen der Jahre 2 *vulg* Soße *f (Sperma)*
Besondere Redewendungen: ~ **to that** *umg* was das betrifft; **as stupid as they** ~ *umg* dumm wie Bohnenstroh; **how ~s it that …?**, *umg* **how ~ that …?** wie kommt es, dass …? **how ~?** *umg* wieso (denn)?, wie das?; **a year ago ~ March** *umg* im März vor e-m Jahr; **came Christmas** *obs* dann kam Weihnachten; **he is coming nicely** *umg* er macht sich recht gut; ~ **it** *Br umg* es schaffen; **he can't ~ that** *Br umg* das schafft er nicht; → again 1; *(siehe a. die Verbindungen mit den entsprechenden Substantiven etc)*
Phrasal Verbs: **come| about** VI 1 geschehen, passieren: **how did it ~ that …?** wie kam es, dass …? 2 entstehen 3 SCHIFF umspringen *(Wind)*; ~ **across** VI 1 herüberkommen 2 a verstanden werden b ankommen, rüberkommen *(beide umg) (Rede etc)* 3 *umg* damit herausrücken: ~ **with** *umg* a mit *Informationen* herausrücken b *Geld* herausrücken 4 zufällig treffen *od* finden *od* sehen, stoßen auf *(akk)* 5 *j-m* in den Sinn kommen: **the thought came across my mind that …** mir kam der Gedanke, dass …; ~ **after** VI 1 *j-m* folgen, hinter *j-m* herlaufen, *j-n* verfolgen 2 *etwas* holen kommen 3 suchen, sich bemühen um; ~ **along** VI 1 mitkommen, -gehen: ~! *umg* dalli!, komm schon!; → ride A 1 2 kommen, sich ergeben *(Chance etc)*: **every chance that comes along** jede sich bietende Chance 3 *umg* vorwärtskommen, Fortschritte machen: **how is your English coming along?** wie kommst du mit d-m Englisch voran? ; ~ **apart** VI auseinanderfallen, in Stücke gehen; ~ **around** *US* → come round; ~ **at** VI 1 erreichen, bekommen, erlangen, *die Wahrheit etc* herausfinden 2 angreifen, auf *j-n* losgehen *(beide:* **with** mit); ~ **away** VI 1 sich lösen, ab-, losgehen *(Knopf etc)* 2 weggehen *(Person)*; ~ **back** VI 1 a zurückkommen, wiederkehren: ~ **to sth** auf e-e Sache zurückkommen; ~ **to form** SPORT wieder in Form kommen b wieder in Mode kommen, wieder modern werden: → fashion A 1 c wieder eingeführt werden 2 ein Comeback feiern 3 wieder einfallen (**to sb** j-m) 4 (schlagfertig) antworten: **she came back at him with an angry remark** sie entgegnete ihm mit e-r wütenden Bemerkung; ~ **between** VI *fig* zwischen *Personen od Dinge* treten; ~ **by** VI 1 kommen zu *etwas*, erlangen, bekommen, sich *e-e Verletzung etc* holen 2 vorbeikommen, reinschauen *umg (Besucher)* 3 → come across 4; ~ **down** VI 1 herab-, herunterkommen, *(Regen, Schnee)* fallen 2 (ein)stürzen, (-)fallen, *(Fußball) (im Strafraum etc)* fallen, zu Fall kommen, *fig* fallen *(Grenzen)* 3 FLUG niedergehen 4 *a.* ~ **in the world** *fig* herunterkommen *(Person)*: **she has ~ quite a bit** sie ist ganz schön tief gesunken 5 SCHULE, UNIV *Br* a die Universität verlassen b in die Ferien gehen 6 überliefert werden 7 *umg* heruntergehen, sinken *(Preis)*, billiger werden *(Dinge)* 8 nachgeben, kleinlaut werden: → peg A 1 9 ~ **on** a sich stürzen auf *(akk)* b herfallen über *(akk)*, *j-m* aufs Dach steigen *umg*: → brick A 1 10 ~ **with** *umg Geld* herausrücken: ~ **handsomely** sich spendabel zeigen 11 ~ **with** erkranken an *(dat)* 12 ~ **to** a hinauslaufen auf *(akk)* b ankommen auf *(akk)*: **when it comes right down to it** wenn es darauf ankommt; ~ **for** VI 1 *etwas* abholen kommen, kommen wegen 2 → come at 2; ~ **forth** VI 1 hervorkommen 2 **nothing new came forth** es gab keine neuen Erkenntnisse; ~ **forward** VI 1 an die Öffentlichkeit treten, hervortreten: ~ **as a candidate** als Kandidat auftreten 2 sich (freiwillig) melden, sich anbieten; ~ **home** VI 1 nach Hause kommen, heimkommen 2 ~ **to sb** j-m schmerzlich klar werden; ~ **in** VI 1 hereinkommen: ~ a herein!; **in you come** *umg* hereinspaziert! b *(Funk)* (bitte) kommen! 2 eingehen, -treffen *(Nachricht, Geld etc)*, SCHIFF, SPORT einkommen, BAHN einlaufen: ~ **second** SPORT den zweiten Platz belegen 3 aufkommen, in Mode kommen: **long skirts are coming in again** lange Röcke sind wieder im Kommen 4 an die Macht *od umg* ans Ruder kommen 5 an die Reihe kommen 6 sich als *nützlich etc* erweisen: → handy 5 7 Berücksichtigung finden: **where do I ~?** wo bleibe ich?; **that's where you ~** da bist dann du dran; **where does the joke ~?** was ist daran so witzig? 8 ~ **for** *Bewunderung etc* erregen, auf *Kritik etc* stoßen: **he came in for some criticism** er musste einiges an Kritik einstecken 9 ~ **on** mitmachen bei, sich beteiligen an *(dat)*; ~ **into** VI 1 eintreten *od* kommen in *(akk)* 2 *e-m Klub etc* beitreten 3 *(rasch od unerwartet)* zu *etwas* kommen: ~ **a fortune** ein Vermögen erben; → fashion A 1, own *Bes Redew*, use C 1; ~ **near** VI 1 *fig* nahekommen *(dat)* 2 ~ **doing sth** etwas beinahe tun; ~ **off** VI 1 abgehen *od* losgehen *od* sich lösen von 2 von *Pferd, Rad etc* herunterfallen 3 auslaufen *(Stück)*, enden *(Ausstellung)* 4 *umg* stattfinden, über die Bühne gehen, *(Projekt etc)* zustande kommen 5 *umg* a abschneiden: **he came off best** b erfolgreich verlaufen, glücken 6 *sl* kommen *(e-n Orgasmus haben)* 7 ~ **it!** *umg* hör schon auf damit! ; ~ **on** VI 1 herankommen: ~ a komm (mit)! b komm her! c na, komm schon!; los! d *umg* na, na!; nur sachte! 2 beginnen, einsetzen: **it came on to rain** es begann zu regnen 3 an die Reihe kommen 4 THEAT a auftreten b aufgeführt werden 5 stattfinden 6 a wachsen, gedeihen b vorankommen, Fortschritte machen 7 JUR verhandelt werden *(Fall)* 8 → come upon 3; ~ **out** VI 1 a heraus-, hervorkommen, sich zeigen b SPORT aufmachen 2 *a.* ~ **on strike** *bes Br* streiken 3 herauskommen: a erscheinen *(Buch etc)* b bekannt werden, an den Tag kommen *(Wahrheit etc)* 4 ausgehen *(Haare, Farbe)*, herausgehen *(Fleck etc)* 5 *umg* werden, sich *gut etc* entwickeln 6 ausbrechen *(Ausschlag)*: ~ **in a rash (in spots)** e-n Ausschlag (Pickel) bekommen 7 debütieren: a zum ersten Male auftreten *(Schauspieler)* b in die Gesellschaft eingeführt werden 8 FOTO, *etc* a *gut etc* werden *(Bild)* b *gut etc* herauskommen (**in** auf *dat*) *(Person)* 9 ~ **with** *umg* a mit *der Wahrheit etc* herausrücken b *Flüche etc* vom Stapel lassen 10 ~ **against** a sich aussprechen gegen b den Kampf ansagen *(dat)* 11 ~ **for** (*od* **in favo[u]r of**) sich aussprechen für 12 sich outen, sich offen zu s-r Homosexualität bekennen; ~ **over** A VI 1 herüberkommen 2 übergehen (**to zu**) 3 überkommen, beschleichen, befallen: **what has ~ you?** was ist mit dir los?, was fällt dir ein? 4 *umg j-n* reinlegen 5 *Br* werden, sich fühlen: ~ **faint** 6 → come across 2 B VT → come B; ~ **round** VI 1 vorbeikommen (**to** bei) *(Besucher)* 2 wiederkehren *(Fest, Zeitabschnitt)* 3 ~ **to sb's way of thinking** sich zu j-s Meinung bekehren 4 a wieder zu sich kommen, das Bewusstsein wiedererlangen b aus der Narkose aufwachen c sich erholen 5 a sich wieder beruhigen b sich wieder vertragen 6 ~ **to doing sth** dazu kommen, etwas zu tun; ~ **through** VI 1 durchkommen *(Funkspruch etc)*: ~ **on the telephone** telefonisch durchkommen 2 durchkommen *(Patient etc)*, *e-e Krankheit etc* überstehen, -leben: ~ **without a scratch** ohne e-n Kratzer davonkommen; ~ **to** VI 1 *j-m* zufallen *(bes durch Erbschaft)* 2 *j-m* zukommen, zustehen: **he had it coming to him** *umg* er hatte das längst verdient 3 zum *Bewusstsein etc* kommen, zur *Besinnung* kommen: ~ **o.s.** (wieder) zu sich kommen; → come round 4 4 kommen *od* gelangen zu: **what are things coming to?, I don't know what the world's coming to** wo soll das denn nur hinführen?; **when it comes to paying** wenn es ans Bezahlen geht 5 kommen *od* sich belaufen auf *(akk) (Rechnung etc)* 6 SCHIFF vor Anker gehen; ~ **under** VI 1 unter *ein Gesetz etc* fallen 2 unter *j-s Einfluss etc* kommen *od* geraten; ~ **up** VI 1 a heraufkommen b auftauchen c aufziehen *(Gewitter)* d **his supper came up again** das Abendessen kam ihm wieder hoch 2 herankommen: ~ **to sb** auf j-n zukommen 3 aufgehen *(Sonne, Saat)* 4 JUR verhandelt werden *(Fall)* 5 *a.* ~ **for discussion** zur Sprache kommen, angeschnitten werden: **the question came up** *a.* die Frage tauchte auf 6 ~ **against** auf *Widerstand etc* stoßen: ~ **against the law** mit dem Gesetz in Konflikt geraten 7 ~ **for** zur *Abstimmung, Entscheidung* kommen 8 gezogen werden, gewinnen *(Los etc)*: **he came up on the football pools** er gewann im Fußballtoto 9 aufkommen, Mode werden 10 *Br* sein Studium aufnehmen, zu studieren anfangen 11 a anfallen *(Arbeit etc)* b **if a vacancy comes up** falls e-e Stelle frei wird 12 *Br* nach London kommen 13 ~ **to** a reichen bis an *(akk) od* zu b erreichen *(akk)* c *fig* heranreichen an *(akk)*: → expectation 1 14 ~ **with** a *j-n* einholen b Schritt halten mit c *fig* es *j-m* gleichtun 15 ~ **with** aufwarten *od umg* daherkommen mit, auftischen: ~ **with a solution** e-e Lösung präsentieren; ~ **upon** VI 1 *j-n* befallen, überkommen, *j-m* zustoßen 2 über *j-n* herfallen 3 zufällig treffen *od* finden *od* sehen, stoßen auf *(akk)* 4 *j-m* zur Last fallen; ~ **within** → come under

come-at-able [ˌkʌmˈætəbl] ADJ *umg* erreichbar, zugänglich

comeback S 1 Comeback *n*: **stage** (*od* **make**) **a ~** ein Comeback feiern; **he's making a ~** er erlebt s-n zweiten Frühling *(Sportler etc)* 2 (schlagfertige) Antwort

COMECON [ˈkɒmɪkɒn; *US* ˈkɑməˌkɑn] ABK Council for Mutual Economic Assistance HIST COMECON *m/n*, Rat *m* für gegenseitige Wirtschaftshilfe

comedian [kəˈmiːdjən; -ɪən] S 1 a Komödienschauspieler *m* b Komiker *m (a. pej)* 2 Komödien-, Lustspieldichter *m* 3 Spaßvogel *m*, Witzbold *m (beide a. pej)*; **comedienne** [kəˌmeɪdɪˈen; kəˌmiː-] S a Komödienschauspielerin *f* b Komikerin *f*

comedist [ˈkɒmɪdɪst; *US* ˈkɑ-] S Komödien-, Lustspieldichter *m*

comedo [ˈkɒmɪdəʊ; *US* ˈkɑ-] *pl* -dones [ˌ-ˈdəʊniːz], -dos S MED Komedo *m*, Mitesser *m*

comedown S *fig* 1 Niedergang *m*, Abstieg *m* 2 *umg* Enttäuschung *f*

comedy [ˈkɒmɪdɪ; *US* ˈkɑ-] S 1 THEAT Komödie *f*, Lustspiel *n*: **light ~** Schwank *m*; ~ **of character** Charakterkomödie; ~ **of manners** Sittenstück *n*; ~ **of mistaken identity** Verwechslungskomödie 2 *fig* Komödie *f*, komische Sache 3 Komik *f*; ~ **thriller** S THEAT Kriminalkomödie *f*; **~wright** → comedian 2

come-hither ADJ *umg* einladend *(Blick etc)*

comeliness [ˈkʌmlɪnɪs] S 1 Attraktivität *f*, Schönheit *f* 2 *obs* Schicklichkeit *f*; **comely** ADJ 1 attraktiv, schön 2 *obs* schicklich

come|-on S umg 1 bes US Lockvogelangebot n, Köder m (bes für Käufer) 2 **give sb the ~** j-n anmachen (bes Frau)

comer ['kʌmə(r)] S 1 Ankömmling m: **the ~s and goers** die Ankommenden u. die Abreisenden; **watch the ~s and goers** das Kommen u. Gehen der Leute beobachten; **first ~** Zuerstkommende(r) m/f(m), wer zuerst kommt, weitS. (der od die) Erstbeste; **all ~s** jedermann 2 bes US umg vielversprechende Person od Sache: **he is a ~** er ist der kommende Mann

comestible [kə'mestıbl] A ADJ essbar, genießbar B SPL Esswaren pl, Nahrungs-, Lebensmittel pl

comet ['kɒmıt; US 'kɑmət] S 1 ASTRON Komet m 2 *fig Senkrechtstarter, der schnell wieder in der Versenkung verschwindet*

comeuppance [ˌkʌm'ʌpəns] S umg wohlverdiente Strafe: **get one's ~** a. die Quittung bekommen (**for** für)

comfit ['kʌmfıt] S obs kandierte Frucht od Nuss

comfort ['kʌmfə(r)t] A VT 1 trösten, j-m Trost zusprechen od spenden 2 beruhigen 3 erfreuen 4 j-m Mut zusprechen 5 obs unterstützen, j-m helfen B S 1 Trost m, Tröstung f, Erleichterung f (alle: **to** für): **derive** (od **take**) **~ from sth** aus etwas Trost schöpfen; **find ~ in** Trost finden in (dat); **give ~ to** → A 1; **what a ~!** Gott sei Dank!, welch ein Trost!; **he was a great ~ to her** er war ihr ein großer Trost od Beistand; **a few words of ~** ein paar tröstliche Worte; → cold A 4 e 2 Wohltat f, Erquickung f (beide: **to** für) 3 Behaglichkeit f, Wohlergehen n: **live in ~** ein behagliches u. sorgenfreies Leben führen 4 a. pl Komfort m: **a hotel with every modern ~** (od **all modern ~s**) ein Hotel mit allem Komfort; **enjoy sth from the ~ of one's armchair** etwas bequem vom Sessel aus genießen; **~ station** US Bedürfnisanstalt f 5 obs Hilfe f

comfortable ['kʌmfə(r)təbl; 'kʌmftəbl] ADJ (ADV comfortably) 1 komfortabel, bequem, behaglich, gemütlich: **make o.s. ~** es sich bequem machen; **are you ~?** haben Sie es bequem?, sitzen od liegen etc Sie bequem?; **feel ~** sich wohlfühlen; **the patient is ~** der Patient hat keine Beschwerden; **have a ~ win over** SPORT leicht od mühelos gewinnen gegen 2 bequem, sorgenfrei: **live in ~ circumstances, be comfortably off** in angenehmen Verhältnissen leben 3 a ausreichend, recht gut (Einkommen etc) b **be ~** (od **comfortably off**) einigermaßen wohlhabend sein 4 tröstlich 5 angenehm, wohltuend 6 bes SPORT komfortabel, beruhigend (Vorsprung, Führung)

comforter ['kʌmfə(r)tə(r)] S 1 Tröster(in): **the** ≈ REL der Tröster (der Heilige Geist); → Job² 2 bes Br Wollschal m 3 US Steppdecke f 4 bes Br Schnuller m (für Babys); **comforting** ADJ (ADV ~ly) tröstlich (Gedanke etc); **comfortless** ADJ (ADV ~ly) 1 unbequem 2 trostlos 3 unerfreulich

comfrey ['kʌmfrı] S BOT Schwarzwurz f, (Homöopathie) Beinwell m

comfy ['kʌmfı] umg → comfortable 1

comic ['kɒmık; US 'kɑ-] A ADJ (ADV → comically) 1 komisch, Komödien..., Lustspiel...: **~ actor** a Komödienschauspieler m b Komiker m; **~ opera** komische Oper; **~ tragedy** Tragikomödie f (a. fig); **~ writer** Komödien-, Lustspieldichter m 2 komisch, humoristisch: **~ book** US Comicheft n; **~ strip** Comicstrip m 3 → comical 1 B S 1 → comedian 1 2 a Comicheft n b bes US Comic m 3 → comicality; **comical** ADJ (ADV → comically) 1 komisch, ulkig, spaßig 2 umg komisch, sonderbar; **comicality** [-'kælətı] S Komik f, (das) Komische, Spaßigkeit f; **comically** ADV komisch(erweise); **comicalness** → comicality

coming ['kʌmıŋ] A ADJ kommend: a (zu)künftig: **the ~ man** der Coming Man, der kommende Mann b nächst(er, e, es): **~ week** B S 1 Kommen n, Nahen n, Ankunft f: **the ~s and goings** pl das Kommen u. Gehen 2 Eintritt m (e-s Ereignisses): **~ of age** Mündigwerden n 3 ≈ REL Advent m, Kommen n (Christi); **~-out** S Coming-out n, Outing n (offenes Bekennen zu s-r Homosexualität)

comity ['kɒmıtı; US 'kɑm-; 'kəʊm-] S 1 Freundlichkeit f, Höflichkeit f 2 **~ of nations** JUR gutes Einvernehmen der Nationen

comm. ABK 1 commerce 2 commission 3 committee

comma ['kɒmə; US 'kɑmə] S 1 Komma n (a. MUS), Beistrich m 2 pl a. -mata [-mətə] LIT a Halbvers m (des Hexameters) b Zäsur f 3 fig (kurze) Pause; **~ bacillus** S irr MED Kommabazillus m

command [kə'mɑːnd; US kə'mænd] A VT 1 befehlen, gebieten (dat): **~ sb to come** j-m befehlen zu kommen 2 gebieten, fordern, (gebieterisch) verlangen: **~ silence** sich Ruhe erbitten 3 beherrschen, gebieten über (akk), unter sich haben 4 MIL kommandieren: a j-m befehlen b e-e Truppe befehligen, führen 5 Gefühle, a. die Lage beherrschen: **~ o.s.** (od **one's temper**) sich beherrschen 6 zur Verfügung haben, verfügen über (akk): **~ a sum**; **~ sb's services** 7 Mitgefühl, Vertrauen etc einflößen: **~ (sb's) admiration** (j-m) Bewunderung abnötigen, (j-s) Bewunderung verdienen; **~ respect** Achtung gebieten 8 (durch e-e strategisch günstige Lage) beherrschen: **this hill ~s a wide area** 9 Aussicht gewähren, bieten: **this window ~s a fine view** 10 ARCH den einzigen Zugang zu e-m Gebäudeteil etc bilden 11 WIRTSCH a e-n Preis einbringen, erzielen b Absatz finden 12 obs bestellen B VI 1 befehlen, gebieten 2 MIL kommandieren, das Kommando führen, den Befehl haben 3 Ausblick gewähren: **as far as the eye ~s** so weit das Auge reicht C S 1 Befehl m (a. COMPUT), Gebot n: **at sb's ~** auf j-s Befehl; **by ~** laut Befehl 2 fig Herrschaft f, Gewalt f (beide: **of** über akk): **lose ~ of one's temper** die Beherrschung verlieren 3 Verfügung f: **be at sb's ~** j-m zur Verfügung stehen; **have at ~** → A 6 4 Beherrschung f, Kenntnis f (e-r Sprache etc): **have (a good) ~ of** e-e Fremdsprache etc beherrschen; **his ~ of English** s-e Englischkenntnisse; **~ of language** Sprachbeherrschung f, Redegewandtheit f 5 MIL Kommando n: a (Ober)Befehl m, Führung f: **be in ~** das Kommando führen, den Befehl haben; **in ~ of** befehligend; **the officer in ~** der befehlshabende Offizier; **be under sb's ~** j-m unterstellt sein; **take ~ of an army** das Kommando über e-e Armee übernehmen; **the higher ~** Br die höhere Führung b (volle) Kommandogewalt, Befehlsbefugnis f c Befehl m: **~ of execution** Ausführungskommando d Befehlsbereich m 6 MIL Kommandobehörde f, Führungsstab m, Oberkommando n 7 (strategische) Beherrschung (e-s Gebiets etc) 8 Sichtweite f, Aussicht f 9 Br königliche Einladung

commandant [ˌkɒmən'dænt; -'dɑːnt; US 'kɑmən,d-] → commander 1 b

command car S MIL US Befehlsfahrzeug n, Kübelwagen m

commandeer [ˌkɒmən'dıə(r); US ˌkɑ-] VT 1 zum Militärdienst zwingen 2 MIL requirieren, beschlagnahmen 3 umg a organisieren b mit Beschlag belegen

commander [kə'mɑːndə(r); US -'mæn-] S 1 MIL Truppen-, Einheitsführer m: a Kommandeur m (vom Bataillon bis einschließlich Korps), Befehlshaber m (e-r Armee) b Kommandant m (e-r Festung od e-s Panzers od Flugzeugs) c (Zug)Führer m, (Kompanie) Chef m d **~ in chief** (pl **~s in chief**) Oberbefehlshaber m; **be ~ in chief of** den Oberbefehl haben über (akk) 2 SCHIFF US Fregattenkapitän m 3 ≈ **of the Faithful** HIST Beherrscher m der Gläubigen (Sultan der Türkei) 4 Komtur m, Kommandeur m (e-s Verdienstordens) 5 HIST Komtur m (e-s Ritterordens): **Grand** ≈ Großkomtur; **commandery** S 1 MIL Kommandantur f (Bezirk) 2 HIST Komturei f

command| file S IT Kommando-, Befehlsdatei f; **~ function** S IT: Kommandofunktion f

commanding [kə'mɑːndıŋ; US -'mænd-] ADJ (ADV ~ly) 1 herrschend, dominierend, gebietend, befehlend 2 achtungsgebietend, imponierend, eindrucksvoll 3 herrisch, gebieterisch 4 SCHIFF, MIL kommandierend, befehlshabend: **~ general** kommandierender General, (Armee)Befehlshaber m; **~ officer** Kommandeur m, Einheitsführer m 5 (die Gegend) beherrschend 6 weit (Aussicht)

command| key S COMPUT Befehlstaste f; **~ language** S IT Kommando-, Befehlssprache f

commandment [kə'mɑːndmənt; US -'mænd-] S 1 Gebot n, Gesetz n, Vorschrift f: **the Ten** ≈**s** BIBEL die Zehn Gebote 2 Befehlsgewalt f

command| menu S COMPUT Befehlsmenü n; **~ module** S Raumfahrt: Kommandokapsel f

commando [kə'mɑːndəʊ; US -'mæn-] pl -dos, -does S MIL 1 Kommando n: **~ attack** Kommandounternehmen n; **~ squad** (od **unit**) Kommandotrupp m, -einheit f 2 Angehörige(r) m/f(m) e-s Kommandos

command| paper S PARL Br (dem Parlament vorgelegter) Kabinettsbeschluss; **~ performance** S THEAT königliche Galavorstellung; **~ post** S MIL Befehls-, Gefechtsstand m

commata ['kɒmətə; US 'kɑ-] pl von comma 2

comme il faut [ˌkɒmiːl'fəʊ; US kʌm-] ADJ: **(not) be ~** sich (nicht) gehören

commemorate [kə'meməreıt] VT 1 erinnern an (akk): **a monument to ~ a victory** ein Denkmal zur Erinnerung an e-n Sieg 2 e-e Gedenkfeier abhalten für, j-s Gedächtnis feiern, (ehrend) gedenken (gen); **commemoration** S 1 (ehrendes) Gedenken, Erinnerung f: **in ~ of** zum Gedenken od Gedächtnis an (akk) 2 Gedenk-, Gedächtnisfeier f

commemorative [kə'memərətıv; -reıtıv], **commemoratory** [-rətərı; US -rəˌtəʊriː; -ˌtɔː-] ADJ 1 **be ~ of** erinnern an (akk) 2 Gedenk..., Gedächtnis..., Erinnerungs...: **~ coin** Gedenkmünze f; **~ issue** Gedenkausgabe f (Briefmarken etc); **~ plaque** Gedenktafel f

commence [kə'mens] A VI beginnen, anfangen: **~ doing** (od **to do**) **sth** beginnen, etwas zu tun B VT 1 beginnen od anfangen (mit) 2 JUR e-e Klage anhängig machen, e-n Prozess einleiten od anstrengen; **commencement** S 1 Anfang m, Beginn m 2 US (Tag m der) Feier f der Verleihung akademischer Grade; **commencing** ADJ Anfangs...: **~ salary**

commend [kə'mend] VT 1 empfehlen: **~ o.s.** sich (als geeignet) empfehlen (a. Sache); **~ me to your parents** empfehlen Sie mich Ihren Eltern 2 loben (**for** für, wegen) 3 (an)empfehlen, anvertrauen (beide: **to** dat): **~ one's soul to God** s-e Seele Gott befehlen; **commendable** ADJ (ADV commendably) 1 empfehlenswert 2 lobenswert, löblich

commendam [kə'mendæm] S REL, HIST

Kommende *f (nicht mit Amtspflichten verbundene Pfründe)*

commendation [ˌkɒmenˈdeɪʃn; *US* ˌkamən-ˈd-] S 1 Empfehlung *f* 2 Lob *n* 3 REL Sterbegottesdienst *m*, Toten-, Seelenmesse *f*; **commendator** [-tə(r)] S REL, HIST Verwalter *m* e-r Kommende; **commendatory** [kəˈmendətərɪ; *US* -dəˌtəʊriː; -ˌtɔː-] ADJ 1 empfehlend, Empfehlungs…: **~ letter** Empfehlungsbrief *m*, -schreiben *n* 2 lobend, anerkennend

commensal [kəˈmensl] A S 1 Tischgenosse *m*, -genossin *f* 2 BIOL Kommensale *m (mit e-m anderen in Ernährungsgemeinschaft lebender Organismus)* B ADJ 1 am gleichen Tisch essend 2 BIOL kommensal

commensurability [kəˌmenʃərəˈbɪlətɪ] S 1 Kommensurabilität *f* (*a.* MATH, PHYS), Vergleichbarkeit *f* 2 richtiges Verhältnis; **commensurable** A ADJ (ADV commensurably) 1 **(to, with)** kommensurabel (mit) (*a.* MATH, PHYS), vergleichbar (mit), mit demselben Maß messbar (wie) 2 angemessen, im richtigen Verhältnis B S MATH kommensurable Größe

commensurate [kəˈmenʃərət] ADJ (ADV **~ly**) 1 gleich groß, von gleicher Dauer, von gleichem Umfang *od* (Aus)Maß *(alle:* **with** wie*)* 2 **(with, to)** im Einklang stehend (mit), entsprechend *od* angemessen *(dat)* 3 → commensurable; **commensuration** S 1 Anpassung *f* 2 Gleichmaß *n* 3 richtiges Verhältnis

comment [ˈkɒment; *US* ˈka-] A S 1 **(on, upon)** Kommentar *m* (zu): a Bemerkung *f*, Erklärung *f*, Stellungnahme *f* (zu): **no ~!** kein Kommentar!; **without ~** kommentarlos b (kritische *od* erklärende) Erläuterung, Anmerkung *f* (zu), Deutung *f (gen)*: **fair ~ (on a matter of public interest)** JUR sachliche Kritik 2 Kritik *f*, kritische Bemerkungen *pl* 3 Gerede *n*: **give rise to much ~** viel von sich reden machen B V/I **(on, upon)** 1 e-n Kommentar abgeben (zu), Erläuterungen *od* Anmerkungen machen (zu), Stellung nehmen (zu): **~ on sth** etwas kommentieren; **without ~ing** kommentarlos 2 (kritische) Bemerkungen machen *od* sich kritisch äußern (über *akk*) 3 reden, klatschen *pej* (über *akk*) C V/T bemerken (**that** dass)

commentary [ˈkɒməntərɪ; -trɪ; *US* ˈkamənˌteriː] S 1 Kommentar *m* (**on, upon** zu *Texten etc*): **a ~ on the Bible** ein Bibelkommentar 2 Kommentar *m*, erläuternder Bericht: **radio ~** Rundfunkkommentar; **~ box** SPORT *etc* Sprecherkabine *f* 3 → comment A 1 4 *pl* Kommentare *pl*, tagebuchartige Bemerkungen *pl*, Denkschriften *pl*; **commentate** A V/T *US e-n Text etc* kommentieren B V/I **~ (up)on** (RADIO, TV) kommentieren *(akk)*; **commentation** S Kommentierung *f*; **commentator** [-menteɪtə(r); -mən-] S 1 Kommentator *m*, Kommentatorin *f*, Erläuterer *m*, Erläuterin *f* 2 RADIO, TV Kommentator *m*, Kommentatorin *f*, Reporter(in) 3 Berichterstatter(in)

commerce [ˈkɒmɜːs; *US* ˈkamərs; -ˌmɜrs] S 1 Handel *m*, Handelsverkehr *m* 2 (gesellschaftlicher) Verkehr, Umgang *m*: **have no ~ with** *fig* nichts zu tun haben mit 3 *obs* Geschlechtsverkehr *m* 4 (Gedanken)Austausch *m*

commercial [kəˈmɜːʃl; *US* -ˈmɜrʃəl] A ADJ (ADV **~ly**) 1 Handels…, Geschäfts…, kommerziell, kaufmännisch, geschäftlich 2 Handel treibend 3 für den Handel bestimmt, Handels… 4 a in großen Mengen erzeugt *od* vorkommend b abbauwürdig *(Ölvorkommen etc)* c mittlerer *od* niederer Qualität d nicht (ganz) rein *(Chemikalien)* 5 handelsüblich *(Qualität)* 6 RADIO, TV Werbe…, Reklame…: **~ broadcasting** a Werbefunk *m* b kommerzieller Rundfunk; **~ television** a Werbefernsehen *n* b kommerzielles Fernsehen 7 kommerziell: a auf finanziellen Gewinn abzielend: **a ~ drama** ein kommerzielles Stück b finanziell *(Erfolg etc)* B S RADIO, TV a (Werbe)Spot *m* b von e-m Sponsor finanzierte Sendung; **~ agency** S 1 *US* Handels-, Kreditauskunftei *f* 2 Handelsagentur *f*, -vertretung *f*; **~ alcohol** S handelsüblicher Alkohol, Sprit *m*; **~ arithmetic** S kaufmännisches Rechnen, Wirtschaftsrechnen *n*; **~ art** S Gebrauchs-, Werbegrafik *f*; **~ artist** S Gebrauchs-, Werbegrafiker(in); **~ attaché** S Handelsattaché *m*; **~ aviation** S Handels-, Verkehrsluftfahrt *f*; **~ bank** S Geschäftsbank *f*; **~ break** S RADIO, TV Werbeunterbrechung *f*; **~ center**, *bes Br* **~ centre** S Handelszentrum *n*; **~ college** S Handelsschule *f*; **~ correspondence** S Handels-, Geschäftskorrespondenz *f*; **~ court** S JUR Handelsgericht *n*; **~ credit** S Waren-, Handels-, Geschäftskredit *m*; **~ directory** S Handelsadressbuch *n*; **~ enterprise** S Geschäftsunternehmen *n*; **~ fertilizer** S Handelsdünger *m*; **~ geography** S Wirtschaftsgeografie *f*; **~ hotel** S Hotel *n* für Handlungsreisende

commercialism [kəˈmɜːʃəlɪzəm; *US* -ˈmɜr-] S 1 Handelsgeist *m* 2 Handelsgepflogenheit *f* 3 kommerzielle Ausrichtung: **pure ~** reiner Kommerz; **commercialist** S 1 Handeltreibende(r) *m/f(m)* 2 kommerziell denkender Mensch; **commercialization** [-laɪˈzeɪʃn; *US* -ləˈz-] S Kommerzialisierung *f*, Vermarktung *f*; **commercialize** V/T 1 kommerzialisieren, vermarkten 2 in den Handel bringen

commercial‖ law S JUR Handelsrecht *n*; **~ letter** S Geschäftsbrief *m*; **~ letter of credit** S Akkreditiv *n*; **~ loan** S Warenkredit *m*; **~ man** S *irr* Geschäftsmann *m*; **~ manager** S Geschäftsführer *m*; **~ paper** S *US* kurzfristiges Handelspapier *(bes Wechsel)*; **~ timber** S Nutzholz *n*; **~ travel(l)er** S Handlungsreisende(r) *m/f(m)*; **~ treaty** S Handelsvertrag *m*, -abkommen *n*; **~ usage** S Usance *f*, Handelsbrauch *m*; **~ value** S Handels-, Marktwert *m*; **~ vehicle** S Nutzfahrzeug *n*

commie, ♀ [ˈkɒmɪ; *US* ˈkamiː] S *bes US umg pej* Kommunist(in)

commination [ˌkɒmɪˈneɪʃn; *US* ˌka-] S 1 Androhung *f* von Strafe *od* Rache 2 REL *(anglikanische Kirche)* a Androhung *f* göttlicher Strafe b Bußgottesdienst *m*

commingle [kɒˈmɪŋgl; *US* ka-] V/T & V/I (sich) vermischen

comminute [ˈkɒmɪnjuːt; *US* ˈka-; *a.* -ˌnuːt] V/T 1 zerreiben, pulverisieren 2 zerkleinern, zersplittern: **~d fracture** MED Splitterbruch *m*; **comminution** S 1 Zerreibung *f*, Pulverisierung *f* 2 Zerkleinerung *f* 3 Abnutzung *f* 4 MED (Knochen)Splitterung *f*

commiserate [kəˈmɪzəreɪt] A V/T **(on, over)** a *j-n* bemitleiden, bedauern (wegen) b *j-m* sein Mitgefühl ausdrücken (zu) B V/I Mitleid empfinden (**with** mit): **~ with** → *a.* A; **commiseration** S Mitleid *n*, Bedauern *n*; **commiserative** [-rətɪv; *US* -ˌreɪtɪv] ADJ (ADV **~ly**) mitleidsvoll

commissar [ˌkɒmɪˈsɑː; ˈkɒmɪsɑː; *US* ˈkaməˌsɑːr] S *a.* **People's** ♀ POL, HIST Volkskommissar(in); **commissariat** [-ˈseərɪət] S 1 MIL a Intendantur *f* b Verpflegungsorganisation *f* 2 Lebensmittelversorgung *f* 3 POL, HIST Volkskommissariat *n*

commissary [ˈkɒmɪsərɪ; *US* ˈkaməˌseriː] S 1 REL bischöflicher Kommissar 2 *US* Laden *m (e-s Militärlagers etc)* 3 MIL *US* Verpflegungsoffizier *m* 4 *US* Kantine *f (e-s Filmstudios)*

commission [kəˈmɪʃn] A S 1 Übertragung *f* (**to** an *akk*) 2 Auftrag *m*, Anweisung *f* 3 Bevollmächtigung *f*, Beauftragung *f*, Vollmacht *f (a. als Urkunde)* 4 a Ernennungsurkunde *f* b MIL Offizierspatent *n*: **hold a ~** e-e Offiziersstelle innehaben 5 Kommission *f*, Ausschuss *m*: **be on the ~** Mitglied der Kommission sein; **~ of inquiry** Untersuchungsausschuss 6 kommissarische Stellung *od* Verwaltung: **in ~** a bevollmächtigt, beauftragt *(Person)* b in kommissarischer Verwaltung *(Amt etc)* 7 (übertragenes) Amt: **in ~** in amtlicher Stellung 8 übertragene Aufgabe, Auftrag *m* 9 WIRTSCH a (Geschäfts)Auftrag *m* b Kommission *f*, Geschäftsvollmacht *f*: **on ~** in Kommission (**for** für) c Provision *f*, Kommissions-, Vermittlungsgebühr *f*: **sell on ~** gegen Provision verkaufen; **on a ~ basis** auf Provisionsbasis; **~ agent** Kommissionär(in), Provisionsvertreter(in) d Courtage *f*, Maklergebühr *f* 10 Verübung *f*, Begehung *f (e-s Verbrechens etc)* 11 a SCHIFF Dienst *m (e-s Schiffes)* b *umg* Betrieb(s)fähigkeit) *m(f)*: **put** (*od* **place**) **in** (*od* **into**) **~** *ein Schiff* (wieder) in Dienst stellen; **put out of ~** *ein Schiff* außer Dienst stellen, *umg etwas* außer Gefecht setzen, kaputt machen; **out of ~** außer Betrieb, kaputt B V/T 1 bevollmächtigen, beauftragen 2 a *j-m* e-n Auftrag *od* e-e Bestellung geben b *etwas* in Auftrag *od* in Kommission geben; **~ed work** Auftragswerk *n*, -arbeit *f* 3 SCHIFF, MIL *j-m* ein Offizierspatent verleihen, *j-n* zum Offizier ernennen: **~ed officer** (durch Patent bestallter) Offizier 4 SCHIFF *ein Schiff* in Dienst stellen 5 *j-m* ein Amt übertragen

commissionaire [kəˌmɪʃəˈneə(r)] S *bes Br* (livrierter) Portier *(Theater, Hotel etc)*

commissioner [kəˈmɪʃnə(r)] S 1 Bevollmächtigte(r) *m/f(m)*, Beauftragte(r) *m/f(m)* 2 (Regierungs)Kommissar(in) 3 *bes US* Leiter(in) des Amtes (**of** für) *(das e-m Ministerium unterstellt ist)*: **~ of patents** Leiter des Patentamts; **~ of police** Polizeichef *m* 4 Kommissions-, Ausschussmitglied *n* 5 *pl* Regierungskommission *f* 6 **~ for oaths** JUR *Br (etwa)* Notar(in)

commission merchant S WIRTSCH Kommissionär(in)

commissure [ˈkɒmɪˌsjʊə; *US* ˈkaməˌʃʊər] S 1 Naht *f*, Verbindungsstelle *f* 2 ANAT Verbindung *f*, *bes* a Nervenverbindungsstrang *m* b Fuge *f*, (Knochen)Naht *f*

commit [kəˈmɪt] V/T 1 anvertrauen, übergeben, -tragen, -antworten *(alle:* **to** *dat)*: **~ sth to sb's care** etwas j-s Fürsorge anvertrauen; **~ one's soul to God** s-e Seele Gott befehlen; **~ to the grave** der Erde übergeben, beerdigen 2 festhalten (**to** auf, in *dat*): **~ to paper** (*od* **to writing**) zu Papier bringen; **~ to memory** a sich *etwas* einprägen b *etwas* auswendig lernen 3 JUR a *j-n* einweisen (**to prison** in e-e Strafanstalt; **to an institution** in e-e Heil- u. Pflegeanstalt) b *j-n* übergeben: **~ sb for trial** j-n dem zuständigen Gericht zur Hauptverhandlung überstellen 4 PARL *e-n Gesetzesvorlage etc* an e-n Ausschuss überweisen 5 *ein Verbrechen etc* begehen, verüben: **~ a sin (folly)** e-e Sünde (Dummheit) begehen; → foul C 3, suicide A 1 6 **(to)** *j-n* (**o.s.** sich) verpflichten (zu), binden (an *akk*), festlegen (auf *akk*): **~ o.s. to sth** sich e-r Sache verschreiben; **be ~ted** sich festgelegt haben; **~ted writer** engagierter Schriftsteller 7 kompromittieren, gefährden: **~ o.s.** sich e-e Blöße geben, sich kompromittieren 8 MIL *Truppen* einsetzen

commitment [kəˈmɪtmənt] S 1 Übertragung *f*, -antwortung *f*, Übergabe *f (alle:* **to** an *akk*) 2 JUR a → committal 2 b Verhaftung *f* c schriftlicher Haftbefehl 3 PARL Überweisung *f* an e-n Ausschuss 4 Begehung *f*, Verübung *f (e-s Verbrechens etc)* 5 **(to)** Verpflichtung *f* (zu), Festlegung *f* (auf *akk*), Bindung *f* (an *akk*), *a.* *(politisches etc)* Engagement: **undertake a ~** e-e Verpflichtung eingehen; **without any ~** ganz unverbindlich; **have film ~s** Filmverpflichtungen haben 6 WIRTSCH a Verbindlichkeit *f*, (finanzielle) Verpflichtung b *Börse: US* Engagement *n*

committable [kəˈmɪtəbl] ADJ leicht zu begehen(d) *(Fehler etc)*; **committal** S 1 → commitment 1, 2 b, 2 c, 3, 4, 5 2 JUR Einweisung *f* (**to prison** in e-e Strafanstalt; **to an institution** in e-e Heil- u. Pflegeanstalt): **~ order** Einweisungsbeschluss *m* 3 Beerdigung *f*: **~ service** Bestattungsfeier *f*

committee [kəˈmɪtɪ] S 1 Komitee *n*, Ausschuss *m*, Kommission *f* (*alle:* **on** für): **be** (*od* **sit**) **on a ~** in e-m Ausschuss sein; **standing ~** ständiger Ausschuss; **go into ≈** PARL in Einzelberatungen eintreten; **the House resolves itself into a ≈** PARL *Br* das (Unter)Haus konstituiert sich als Ausschuss; **≈ of the Whole House** PARL *Br* Plenarausschuss; **≈ of Supply** PARL *Br* Haushaltsausschuss; **≈ of Ways and Means** PARL *Br* Bewilligungsausschuss; **≈ stage** Stadium *n* der Ausschussberatung *(zwischen 2. u. 3. Lesung e-s Gesetzentwurfs)*; **the bill is in the ≈ stage** die Gesetzesvorlage liegt dem Ausschuss vor 2 [*Br* ˌkɒmɪˈtiː] JUR *obs* Vormund *m (e-s Entmündigten)*

committeeman [-mən] S *irr*, **committeewoman** S *irr bes US* Komitee-, Ausschuss-, Kommissionsmitglied *n*

commix [kɒˈmɪks; *US* kəˈm-; kɑˈm-] V/T & V/I (sich) (ver)mischen; **commixture** [-tʃə(r)] S 1 (Ver)Mischung *f* 2 Gemisch *n*

commode [kəˈməʊd] S 1 (Wasch-)Kommode *f* 2 hoher Nachtstuhl 3 HIST Faltenhaube *f*

commodious [kəˈməʊdjəs; -dɪəs] ADJ (ADV ~ly) 1 geräumig 2 *obs* (zweck-)dienlich, geeignet; **commodiousness** S 1 Geräumigkeit *f* 2 *obs* Zweckdienlichkeit *f*

commodity [kəˈmɒdətɪ; *US* -ˈmɑ-] S 1 WIRTSCH Ware *f*, (Handels)Artikel *m*, Gebrauchsgegenstand *m* 2 WIRTSCH Roh-, Grundstoff *m* 3 Vermögensgegenstand *m* 4 *obs* Vorteil *m*, Nutzen *m*; **~ exchange** S WIRTSCH Warenbörse *f*; **~ futures** SPL *Börse:* Warentermingeschäft *n*; **~ market** S WIRTSCH 1 Warenmarkt *m* 2 Rohstoffmarkt *m*; **~ paper** S WIRTSCH Dokumententratte *f*

commodore [ˈkɒmədɔː(r); *US* ˈkɑ-] S SCHIFF 1 Kommodore *m*: a *US Kapitän zur See mit Admiralsrang* b *Br Kapitän zur See, Geschwaderkommandant (kein offizieller Dienstgrad)* c *rangältester Kapitän mehrerer (Kriegs)Schiffe* d *Ehrentitel für verdiente Kapitäne der Handelsmarine* 2 Präsident *m (e-s Jachtklubs)* 3 Kommodoreschiff *n*

common [ˈkɒmən; *US* ˈkɑ-] A ADJ (ADV → commonly) 1 gemeinsam, gemeinschaftlich: **our ~ interest**; **~ to all** allen gemeinsam; **we are on ~ ground there** (*od* **on this point**) in diesem Punkt sind wir uns einig; **that was ~ ground in yesterday's debate** darüber waren sich in der gestrigen Debatte alle einig; **be ~ ground between the parties** JUR von keiner der Parteien bestritten werden; **they have sufficient ~ ground** sie haben genügend Gemeinsamkeiten; **there isn't much ~ ground** es gibt nicht viele Gemeinsamkeiten; → cause A 3, property 1 2 a allgemein b öffentlich: **by ~ consent** mit allgemeiner Zustimmung; **~ crier** *bes* HIST öffentlicher Ausrufer; → good A 2 3 Gemeinde…, Stadt… 4 notorisch, berüchtigt *(Verbrecher etc)* 5 a allgemein (bekannt), alltäglich, gewöhnlich, normal, vertraut b häufig: **be ~** häufig vorkommen; **it is a ~ belief** es wird allgemein geglaubt; **one of the ~est** (*od* **most ~**) **causes** e-e der häufigsten Ursachen; **it is ~ knowledge** (**usage**) es ist allgemein bekannt (üblich); **a very ~ name** ein sehr häufiger Name; **~ sight** alltäglicher *od* vertrauter Anblick; **~ talk** Stadtgespräch *n*; → practice A 1 6 üblich, allgemein gebräuchlich: **~ salt** gewöhnliches Salz, Kochsalz *n* 7 *bes* BIOL gemein *(die häufigste Art bezeichnend)*: **~ or garden** *bes Br umg* Feld-Wald-u.-Wiesen-…; → cold C 3 8 allgemein zugänglich, öffentlich 9 gewöhnlich, minderwertig, zweitklassig 10 abgedroschen *(Phrase etc)* 11 gewöhnlich, ordinär *(Br bes Person)* 12 gewöhnlich, ohne Rang: **the ~ man** der einfache Mann von der Straße; **the ~ people** das einfache Volk; **~ soldier** einfacher Soldat; → herd A 2 13 MATH gemeinsam: → denominator 1 B S 1 Allmende *f*, Gemeindeland *n (heute oft Parkanlage in der Ortsmitte)* 2 *a.* **right of ~** Mitbenutzungsrecht *n* (**of** an *dat*): **~ of pasture** Weiderecht; → fishery 5, piscary 1, turbary 1 3 Gemeinsamkeit *f*: **(act) in ~** gemeinsam (vorgehen); **in ~ with** (genau) wie; **with so much in ~** bei so vielen Gemeinsamkeiten; **have sth in ~ with** etwas gemein haben mit; **we have nothing in ~** wir haben nichts miteinander gemein; **they have many interests in ~** sie haben viele gemeinsame Interessen; **hold sth in ~** etwas gemeinsam besitzen 4 *(das)* Gewöhnliche, Norm *f*: **out of the ~** außergewöhnlich, -ordentlich 5 → commons

commonable [ˈkɒmənəbl; *US* ˈkɑ-] ADJ 1 in gemeinsamem Besitz *(Land)*, Gemeinde… 2 HIST Gemeindeweide…: **~ cattle**; **commonage** S 1 gemeinsames Nutzungsrecht *(von Weideland etc)* 2 gemeinsamer Besitz; **commonality** [-ˈnælətɪ] → commonalty 1; **commonalty** [-nltɪ] S 1 *(das)* einfache Volk 2 (Mitglieder *pl* e-r) Körperschaft *f*

common| carrier S 1 öffentliche Verkehrs- *od* Transportgesellschaft 2 Fuhrunternehmer *m*, Spediteur *m*, Spedition *f*; **~ council** S *US* Gemeinderat *m*; **~ divisor** S MATH gemeinsamer Teiler

commoner [ˈkɒmənə(r); *US* ˈkɑ-] S 1 Bürgerliche(r) *m/f(m)* 2 *Br* Student(in) ohne Stipendium

common| factor → common divisor; **~ fraction** S MATH gemeiner Bruch; **~ law** S JUR Common Law *n*: a *(ungeschriebenes englisches) Gewohnheitsrecht* (*Ggs* **statute law**) b *das gesamte angloamerikanische Rechtssystem* (*Ggs* **civil law**); **~-law** ADJ JUR Common-Law-…: **~ marriage** eheähnliches Zusammenleben; **his ~ wife** die Frau, mit der er in eheähnlicher Gemeinschaft lebt

commonly [ˈkɒmənlɪ; *US* ˈkɑ-] ADV gewöhnlich, im Allgemeinen, normalerweise

Common| Market S WIRTSCH, POL, HIST Gemeinsamer Markt; **≈ measure** S 1 → common divisor 2 MUS gerader Takt, *bes* Viervierteltakt *m*; **≈ multiple** S MATH gemeinsames Vielfaches; **≈ name** S WIRTSCH Common Name *m (Warenname, der nicht für e-n Hersteller od Verteiler geschützt ist)*

commonness [ˈkɒmənnɪs; *US* ˈkɑ-] S 1 Gemeinsamkeit *f* 2 Gewöhnlichkeit *f*, Alltäglichkeit *f*, Häufigkeit *f* 3 Gewöhnlichkeit *f*, ordinäre Art

common| nightshade S BOT Schwarzer Nachtschatten; **~ noun** S LING Gattungsbegriff *m*

commonplace [ˈkɒmənpleɪs; *US* ˈkɑ-] A S 1 Gemeinplatz *m*, Binsenwahrheit *f*, Platitüde *f* 2 Alltäglichkeit *f*, Abgedroschenheit *f pej* 3 alltägliche *(uninteressante)* Sache 4 Lesefrucht *f*, Aufzeichnung *f (aus e-m Buch)*: **~ book** Kollektaneenbuch *n* B ADJ alltäglich, Alltags…, abgedroschen *pej*, *präd a.* gang u. gäbe

common| pleas SPL JUR *Br* HIST Zivilrechtsklagen *pl*; **≈ Prayer** S REL anglikanische Liturgie: **Book of ~** Gebetbuch *n* der anglikanischen Kirche; **~ room** S SCHULE, UNIV *bes Br* a Gemeinschaftsraum *m* b Lehrer-, Dozentenzimmer *n*

commons [ˈkɒmənz; *US* ˈkɑ-] SPL 1 *(das)* einfache Volk 2 **the ≈** *(a. als sg konstruiert)* PARL das Unterhaus *(in GB u. Kanada)* 3 a *Br* Gemeinschaftsessen *n (bes in Colleges)*: **eat at ~** am gemeinsamen Mahl teilnehmen b tägliche Kost, Essen *n*, Ration *f*: **keep sb on short ~** j-n auf schmale Kost setzen 4 *(als sg konstruiert)* UNIV Mensa *f*

common| school S *US* staatliche Volksschule; **~ sense** S Common Sense *m*, gesunder Menschenverstand; **~-sense** ADJ vernünftig; **~ stock** S WIRTSCH *US* Stammaktien *pl*; **~ time** → common measure 2; **~weal** S 1 Gemeinwohl *n*, *(das)* allgemeine Wohl 2 *obs* → commonwealth 1, 2

commonwealth S 1 Gemeinwesen *n*, Staat *m*, Nation *f* 2 Republik *f* 3 **the ≈** *Br* HIST *die Republik unter Cromwell (1649-60)* 4 *US* a *offizielle Bezeichnung für e-n der Staaten Massachusetts, Pennsylvania, Virginia u. Kentucky* b HIST *Bundesstaat der USA* 5 Commonwealth *n*, Staatenbund *m*: **the ≈ of Nations** das Commonwealth; **the ≈ of Australia** der Australische Bund; **≈ Day** *Br* Commonwealth-Feiertag *m (am 24. Mai, dem Geburtstag der Queen Victoria)*; **≈ Games** SPORT *(die)* Commonwealth-Spiele 6 *obs* → commonweal 1

commotion [kəˈməʊʃn] S 1 heftige Bewegung, Erschütterung *f* 2 Erregung *f*, Aufregung *f* 3 POL *u. fig* Aufruhr *m* 4 Durcheinander *n*, Wirrwarr *m*

communal [ˈkɒmjʊnl; *bes US* kəˈmjuːnl; *US a.* ˈkɑmjənl] ADJ (ADV ~ly) 1 Gemeinde…, Kommunal… 2 gemeinschaftlich, Gemeinschafts…: **~ aerial** (*bes US* **antenna**) TV Gemeinschaftsantenne *f* 3 einfach, Volks…: **~ poetry** Volksdichtung *f* 4 **~ living** SOZIOL Leben *n* in Kommunen; **communalism** S Kommunalismus *m (Regierungssystem in Form von fast unabhängigen, verbündeten kommunalen Bezirken)*; **communalization** [-laɪˈzeɪʃn; *Am* -ləˈz-] S Kommunalisierung *f*; **communalize** [ˈkɒmjʊnlaɪz; *bes US* kəˈmjuːnl-; *US a.* ˈkɑmjənl-] V/T kommunalisieren, in Gemeindebesitz *od* -verwaltung überführen

communard [ˈkɒmjʊnɑːd; *US* ˌkɑmjʊˈnɑːrd] S SOZIOL Kommunarde *m*, Kommunardin *f*

commune[1] A V/I [kəˈmjuːn] 1 sich (vertraulich) unterhalten, sich besprechen, Gedanken austauschen (*alle:* **with** mit): **~ with o.s.** mit sich zu Rate gehen; **~ with nature** Zwiesprache mit der Natur halten 2 REL *bes US* das (heilige) Abendmahl empfangen, KATH kommunizieren B S [ˈkɒmjuːn; *US* ˈkɑ-] Gespräch *n*

commune[2] [ˈkɒmjuːn; *US* ˈkɑ-] S Gemeinde *f*, Kommune *f* (*a.* SOZIOL)

communicability [kəˌmjuːnɪkəˈbɪlətɪ] S 1 Mitteilbarkeit *f* 2 Übertragbarkeit *f* 3 *obs* Mitteilsamkeit *f*; **communicable** ADJ (ADV **communicably**) 1 mitteilbar *(Wissen etc)* 2 übertragbar: **~ disease** MED übertragbare *od* ansteckende Krankheit 3 *obs* kommunikativ, mitteilsam; **communicableness** → communicability; **communicant** [-kənt] A S 1 KATH a Kommunikant(in) b *(kommunizierendes)* Kirchenmitglied 2 Mitteilende(r) *m/f(m)*, Gewährsmann *m* B ADJ 1 mitteilend 2 teilhabend

communicate [kəˈmjuːnɪkeɪt] A V/T 1 mitteilen (**sth to sb** j-m etwas) 2 *e-e Krankheit etc* übertragen (to auf *akk*): ~ **itself** (**to**) sich mitteilen (*dat*) (*Erregung etc*) 3 *obs* teilnehmen an (*dat*) B V/I 1 kommunizieren, sich besprechen, Gedanken *od* Informationen *od* Briefe *etc* austauschen, in Verbindung stehen (*alle:* **with** mit) 2 sich in Verbindung setzen (**with** mit) 3 miteinander in Verbindung stehen *od* (durch e-e Tür *etc*) verbunden sein, zusammenhängen: **these two rooms ~** diese beiden Zimmer haben e-e Verbindungstür; **communicating door** Verbindungstür *f* 4 REL → commune[1] A 2

communication [kəˌmjuːnɪˈkeɪʃn] S 1 (**to**) *allg* Mitteilung *f* (an *akk*): a Verständigung *f* (*gen od* von) b Übermittlung *f* (*e-r Nachricht*) (an *akk*) c Nachricht *f*, Botschaft *f* (an *akk*) d Kommunikation *f* (*von Ideen etc*) 2 *a.* MED, PHYS Übertragung *f* (**to** auf *akk*): **~ of motion** Bewegungsfortpflanzung *f*; **~ of power** Kraftübertragung 3 Kommunikation *f*, Gedanken-, Meinungsaustausch *m*, (Brief-, Nachrichten)Verkehr *m*, Schriftwechsel *m*, Verbindung *f*: **be in ~ with sb** mit j-m in Verbindung stehen; **break off all ~** jeglichen Verkehr abbrechen 4 *meist pl* Verbindung *f*, Verkehrsweg *m* 5 *pl* Fernmeldewesen *n* 6 *pl* MIL Nachschublinien *pl*, Verbindungswege *pl* 7 Versammlung *f* (*e-r Freimaurerloge*); **~ cord** S BAHN *Br* Notbremse *f*: **pull the ~**; **~s engineering** S Fernmelde-, Nachrichtentechnik *f*; **~ skills** S PL kommunikative Fähigkeiten *pl*; **~s satellite** S Nachrichten-, Kommunikations-, Fernmeldesatellit *m*; **~s system** S Kommunikationssystem *n*; **~ theory** S Kommunikationstheorie *f*: a *Theorie, die sich mit den Gesetzmäßigkeiten des Kommunikationsprozesses befasst* b → information theory

communicative [kəˈmjuːnɪkətɪv; -keɪtɪv] ADJ (ADV ~ly) 1 kommunikativ, mitteilsam, gesprächig 2 Mitteilungs…: **~ competence** LING kommunikative Kompetenz; **communicativeness** S Mitteilsamkeit, Gesprächigkeit *f*; **communicator** [-keɪtə(r)] S 1 Mitteilende(r) *m/f(m)* 2 *Telegrafie:* (Zeichen)Geber *m*; **communicatory** [-kətərɪ; *US* -kəˌtəʊriː; -ˌtɔː-] ADJ mitteilend

communion [kəˈmjuːnjən] S 1 Teilhaben *n* 2 gemeinsamer Besitz: **~ of goods** (*od* **property**) Gütergemeinschaft *f* 3 Gemeinschaft *f* (*von Personen*): **~ of saints** Gemeinschaft der Heiligen 4 Verkehr *m*, Verbindung *f*, Umgang *m*, (enge) Gemeinschaft: **have** (*od* **hold**) **~ with sb** mit j-m Umgang pflegen; **hold ~ with o.s.** Einkehr bei sich selbst halten 5 REL Religionsgemeinschaft *f*: **receive into the ~ of the Church** in die Gemeinschaft der Kirche aufnehmen 6 ℒ REL (heiliges) Abendmahl, KATH (heilige) Kommunion: **go to ℒ** zum Abendmahl gehen; **ℒ cup** Abendmahlskelch *m*; **ℒ rail** Altargitter *n*; **ℒ service** Abendmahlsgottesdienst *m*; **ℒ table** Abendmahlstisch *m*

communiqué [kəˈmjuːnɪkeɪ] S Kommuniqué *n*

communism [ˈkɒmjʊnɪzəm; *US* ˈkɑmjə-] S 1 *a.* ℒ WIRTSCH, POL Kommunismus *m* 2 BIOL Kommensalismus *m* (*Ernährungsgemeinschaft mehrerer Organismen*); **communist**, ℒ A S Kommunist(in) B ADJ kommunistisch; **communistic** ADJ (ADV ~ally) kommunistisch

community [kəˈmjuːnətɪ] S 1 Gemeinschaft *f*: **~ of heirs** Erbengemeinschaft; **the ~ of saints** die Gemeinschaft der Heiligen; **~ singing** gemeinsames Singen; **~ spirit** Gemeinschaftsgeist *m* 2 (organisierte politische *od* soziale) Gemeinschaft 3 Kommune *f*, Gemeinde *f* 4 **the ~** die Allgemeinheit, die Öffentlichkeit, das Volk 5 Staat *m*, Gemeinwesen *n* 6 REL (*nach e-r bestimmten Regel lebende*) Gemeinschaft 7 in Gütergemeinschaft lebende (Personen)Gruppe 8 BOT, ZOOL Gemein-, Gesellschaft *f* 9 Gemeinschaft *f*, Gemeinsamkeit *f*, gemeinsamer Besitz: **~ of goods** (*od* **property**) Gütergemeinschaft; **~ of interests** Interessengemeinschaft; **~ property** JUR *US* (eheliches) Gemein-, Gesamtgut; **~ aerial** (*bes US* **antenna**) TV Gemeinschaftsantenne *f* 10 JUR eheliche Gütergemeinschaft; **~ center**, *bes Br* **~ centre** S Gemeinschaftszentrum *n*; **~ chest** S *US* Sozialfonds *m* (*e-r Kommune*); **~ home** S *Br* Jugendarrestanstalt *f*; **~ service** S sozialer Dienst

communization [ˌkɒmjʊnaɪˈzeɪʃn; *US* ˌkɑmjənəˈz-] S Überführung *f* in Gemeinbesitz; **communize** V/T 1 in Gemeinbesitz überführen, verstaatlichen 2 kommunistisch machen

commutable [kəˈmjuːtəbl] ADJ 1 austauschbar 2 umwandelbar (*a.* JUR), ablösbar

commutate [ˈkɒmjuːteɪt; *US* ˈkɑmjə-] V/T ELEK a *Strom* wenden, umpolen b *Wechselstrom* in Gleichstrom verwandeln, gleichrichten: **commutating pole** Wendepol *m*

commutation [ˌkɒmjuːˈteɪʃn; *US* ˌkɑmjə-] S 1 (Um-, Aus)Tausch *m*, Umwandlung *f* 2 a Ablösung *f* (*durch Geld*), Abfindung *f* b Ablöse(summe) *f* 3 JUR (Straf)Umwandlung *f*, (-)Milderung *f* 4 BAHN *etc* Pendeln *n*, Pendelverkehr *m*: **~ ticket** *US* Dauer-, Zeitkarte *f* 5 ELEK Kommutation *f*, Stromwendung *f* 6 ASTRON Kommutation *f* (*Winkel zweier Geraden, die von der Sonne zur Erde u. zu e-m anderen Planeten gehen*)

commutative [kəˈmjuːtətɪv; *Br a.* ˈkɒmjuːteɪtɪv; *US a.* ˈkɑmjəˌteɪtɪv] ADJ (ADV ~ly) 1 auswechselbar, Ersatz… 2 Tausch… 3 gegen-, wechselseitig 4 MATH kommutativ, vertauschbar

commutator [ˈkɒmjuːteɪtə(r); *US* ˈkɑmjə-] S ELEK a Kommutator *m*, Pol-, Stromwender *m* b Kollektor *m* c AUTO Zündverteiler *m*; **~ bar** S ELEK Kommutator-, Kollektorsegment *n*; **~ pitch** S ELEK Kommutatorteilung *f*; **~ switch** S ELEK Wendeschalter *m*

commute [kəˈmjuːt] A V/T 1 aus-, umtauschen, auswechseln 2 eintauschen (**for** für) 3 (**to, into**) JUR *e-e Strafe* umwandeln (in *akk*), mildern (zu) 4 *Verpflichtungen etc* umwandeln (**into** in *akk*), ablösen (**for, into** durch) 5 ELEK → commutate B V/I BAHN *etc* pendeln C S Pendlerfahrt *f*; **commuter** S 1 a *US* Zeitkarteninhaber(in) b Pendler(in): **~ belt** Einzugsgebiet *n* (*e-r Stadt*); **~ traffic** Pendlerverkehr *m*; **~ train** Pendler-, Vorort-, Nahverkehrszug *m* 2 → commutator

Comorian [kəˈmɔːrɪən] A S Komorer(in) B ADJ komorisch

comp [kɒmp; *US* kʌmp; kɑmp] *umg* A S 1 (Schrift)Setzer *m* 2 MUS a Begleiter(in) b Begleitung *f* 3 Wettbewerb *m* 4 Preisausschreiben *n* 5 *bes US* (Schaden[s])Ersatz *m*, Entschädigung *f* B V/T MUS begleiten

comp. ABK 1 comparative 2 compare 3 comparison 4 compilation 5 compiled 6 complete 7 composer

compact[1] [ˈkɒmpækt; *US* ˈkɑm-] S Vertrag *m*, Pakt *m*: **make a ~ to do sth** vertraglich vereinbaren, etwas zu tun

compact[2] [kəmˈpækt] A ADJ (ADV ~ly) 1 kompakt, fest, dicht gedrängt, Raum sparend: **~ camera** FOTO Kleinbildkamera *f*; **~ car** → C 4; **~ cassette** Compact Cassette *f*, Kompaktkassette *f*; **~ disc** Compact Disc *f*, CD *f* 2 GEOL dicht, massiv 3 gedrungen (*Gestalt*) 4 eng, klein (*Wohnung etc*) 5 *fig* knapp, gedrängt (*Stil*) B V/T 1 kompakt machen, zusammendrängen, -pressen, fest miteinander verbinden, verdichten: **~ed** → A; **~ed of** zusammengesetzt aus 2 konsolidieren, festigen C S [ˈkɒmpækt] 1 kompakte Masse 2 TECH Pressling *m* (*aus Metallstaub etc*) 3 Puderdose *f* 4 AUTO *US* Kompaktauto *n*, -wagen *m*; **compactness** [kəmˈpæktnɪs] S 1 Kompaktheit *f* 2 *fig* Knappheit *f*, Gedrängtheit *f*

companion[1] [kəmˈpænjən] A S 1 Begleiter(in) (*a.* ASTRON *u. fig*): **hunger was his daily ~** Hunger war sein täglicher Begleiter 2 Kamerad(in), Genosse *m*, Genossin *f*, Gefährte *m*, Gefährtin *f*: **~ in arms** Waffengefährte; **~ in misfortune** Leidensgefährte, -genosse 3 Gesellschafterin *f* 4 Gegenstück *n*, Pendant *n* (*beide:* **to** zu) 5 Handbuch *n*, Leitfaden *m* 6 Ritter *m* (*unterste Stufe*): **ℒ of the Bath** Ritter des Bath-Ordens B V/T *j-n* begleiten C V/I verkehren (**with** mit) D ADJ dazu passend, dazugehörig: **~ piece** → A 4; **~ volume** Begleitband *m*

companion[2] [kəmˈpænjən] S SCHIFF 1 *a.* **~ hatch** Kajütskappe *f* (*Überdachung der Kajütstreppe*) 2 *a.* **~ ladder** Kajütstreppe *f*, Niedergang *m* 3 Deckfenster *n*

companionable [kəmˈpænjənəbl] ADJ (ADV companionably) umgänglich, gesellig; **companionableness** S Umgänglichkeit *f*, Geselligkeit *f*

companionate [kəmˈpænjənɪt] ADJ kameradschaftlich: **~ marriage** Kameradschaftsehe *f*

companionship [kəmˈpænjənʃɪp] S 1 Begleitung *f*, Gesellschaft *f* 2 Gesellschaft *f*, Gemeinschaft *f* 3 TYPO *Br* Kolonne *f* (*von Setzern*)

companionway → companion[2] 2

company [ˈkʌmpənɪ; -pnɪ] A S 1 Gesellschaft *f*: **in ~ (with)** in Gesellschaft *od* Begleitung (*gen od* von), zusammen (mit); **be in good ~** sich in guter Gesellschaft befinden; **I sin in good ~** ich befinde mich in guter Gesellschaft (*wenn ich das tue*); **keep** (*od* **bear**) **sb ~** j-m Gesellschaft leisten; **cry for ~** mitweinen; **part ~ with** (*od* **from**) **sb** a sich von j-m trennen b *fig* sich von j-m lossagen c *fig* anderer Meinung sein als j-d (**over, on** in *dat*); **he is good ~** es ist nett, mit ihm zusammen zu sein; er ist ein guter Gesellschafter; **two is ~, three is none** (*od* **three is a crowd**) zu zweit ist es gemütlich, ein Dritter stört; → break[1] B 4 2 Gesellschaft *f*: **see a lot of ~** a viel in Gesellschaft gehen b oft Gäste haben; **be fond of ~** die Geselligkeit lieben; **be on one's ~ manners** s-e besten Manieren zur Schau tragen 3 Gesellschaft *f*, Umgang *m*, Verkehr *m*: **keep good ~** guten Umgang pflegen; **keep ~ with** verkehren *od* Umgang haben mit 4 Besuch *m*, Gast *m od* Gäste *pl*: **have ~ for tea** Gäste zum Tee haben; **present ~ excepted!** Anwesende ausgenommen! 5 WIRTSCH (Handels)Gesellschaft *f*, Firma *f*: **~ car** Firmenwagen *m*; **~ law** Gesellschaftsrecht *n*; **~ man** *US pej* Radfahrer *m*; **~ name** Firmenname *m*; **~-owned** firmeneigen; **~ pension** Betriebsrente *f*; **~ pension plan** betriebliche Altersversorgung; **~ physician** Betriebsarzt *m*, -ärztin *f*; **~ store** *US* firmeneigenes (Laden)Geschäft, Firmenladen; **do sth on ~ time** etwas (*Privates*) während der Arbeitszeit tun; **~ union** *bes US* Betriebsgewerkschaft *f* 6 WIRTSCH (*in Firmennamen*) Teilhaber *m od pl*: **Brown & ℒ** (*abk* **Co.**) Brown u. Kompanie *od* Kompagnon (*abk* & Co.) 7 *umg meist pej* Genossen *pl*, Kumpane *pl*, Konsorten *pl* 8 (*Theater*) Truppe *f* 9 MIL Kompanie *f*: **~ sergeant major** Hauptfeldwebel *m* 10 SCHIFF Mannschaft *f*, Besatzung *f* 11 Anzahl *f*, Menge *f* 12 HIST Zunft *f*, Innung *f* B V/I *obs* verkehren (**with** mit) C V/T *obs* begleiten

compar. ABK comparative

comparability [ˌkɒmpərəˈbɪlətɪ; *US* ˌkɑm-] → comparableness; **comparable** ADJ (ADV

comparably) vergleichbar (**to, with** mit);
comparableness S Vergleichbarkeit *f*

comparatist [kəm'pærətɪst] S Komparatist(in), vergleichende(r) Literaturwissenschaftler(in)

comparative [kəm'pærətɪv] A ADJ 1 vergleichend: **~ advertising** vergleichende Werbung; **~ (study of) literature** Komparatistik *f*, vergleichende Literaturwissenschaft; → law¹ 5 2 Vergleichs… 3 verhältnismäßig, relativ 4 beträchtlich, ziemlich: **with ~ speed** 5 LING komparativ, Komparativ…: **~ degree** → B B S LING Komparativ *m*, Vergleichsstufe *f*; **comparatively** ADV verhältnismäßig: a vergleichsweise b ziemlich

comparator [kəm'pærətə(r)] S Komparator *m* (*Gerät zum Vergleich u. zur genauen Messung von Längenmaßen*)

compare [kəm'peə(r)] A V/T 1 vergleichen (**with, to** mit): (**as** *od* **when**) **~d with** im Vergleich zu, gegenüber (*dat*), gemessen an (*dat*) 2 vergleichen, gleichsetzen, -stellen (*alle:* **to** mit): **not be ~d to** (*od* **with**) nicht zu vergleichen sein mit 3 Vergleiche anstellen zwischen (*dat*), miteinander vergleichen, nebeneinanderstellen: **~ notes** Meinungen *od* Erfahrungen austauschen, sich beraten (*alle:* **with** mit) 4 LING steigern B V/I sich vergleichen (lassen), e-n Vergleich aushalten (*beide:* **with** mit): **~ favo(u)rably with** den Vergleich mit … nicht zu scheuen brauchen, (noch) besser sein als C S Vergleich *m*: **beyond** (*od* **past, without**) **~** unvergleichlich

comparison [kəm'pærɪsn] S 1 Vergleich *m*: **by** (*od* **in**) **~** vergleichsweise, im Vergleich dazu; **by** (*od* **in**) **~ with** im Vergleich zu; **beyond (all) ~** unvergleichlich; **be beyond (all) ~** über jeden Vergleich erhaben sein; **there is no ~ between X and Y** X u. Y kann man nicht (miteinander) vergleichen; **bear** (*od* **stand**) **~ with** e-n Vergleich aushalten mit; **draw** (*od* **make**) **a ~** e-n Vergleich anstellen *od* ziehen (**between … and** zwischen *dat* … u.); **points of ~** Vergleichspunkte 2 LING Komparation *f*, Steigerung *f* 3 RHET Gleichnis *n*; **~ shopping** S preisbewusstes Einkaufen

compartment [kəm'pɑː(r)tmənt] A S 1 Fach *n* 2 BAHN Abteil *n* 3 Fläche *f*, Feld *n*, Abschnitt *m* 4 ARCH (abgeteiltes) Fach, Kassette *f* 5 SCHIFF → watertight 6 *fig* Sektor *m* B V/T aufteilen, unterteilen; **compartmental** [ˌkɒmpɑː(r)t'mentl; *US* ˌkɑm-] ADJ (ADV ~ly) 1 aufgeteilt 2 fach-, felderartig

compass ['kʌmpəs] A S 1 PHYS Kompass *m*: → box¹ B 10 2 *meist pl, a.* **pair of ~es** MATH, TECH Zirkel *m* 3 Umkreis *m*, Umfang *m*, Ausdehnung *f* (*a. fig*): **in ~** an Umfang; **within the ~ of a year** innerhalb e-s Jahres; **within the ~ of the law** im Rahmen des Gesetzes; **the ~ of the eye** der Gesichtskreis; **this is beyond my ~** das geht über m-n Horizont 4 *fig* Grenzen *pl*, Schranken *pl*: **keep within ~** in Schranken halten; **stay within the ~ of** sich im Rahmen (*gen*) halten; **narrow ~** enge Grenzen 5 *fig* Bereich *m*, Sphäre *f*: **the ~ of man's imagination** 6 MUS Umfang *m* (*der Stimme etc*) 7 *obs* Kreisbewegung *f* 8 **ℒes** *pl* ASTRON Zirkel *m* (*Sternbild*) 9 *obs* Umweg *m* B V/T 1 → encompass 2 herumgehen um, umkreisen 3 (*geistig*) begreifen, erfassen 4 vollbringen, *ein Ziel* erreichen, *ein Ergebnis* erzielen 5 *obs* planen 6 *obs e-n Plan* aushecken, *etwas* anzetteln; **~ bearing** S SCHIFF Kompasspeilung *f*; **~ box** S SCHIFF Kompassgehäuse *n*; **~ brick** S TECH Krummziegel *m*; **~ card** S SCHIFF Kompassrose *f*

compassion [kəm'pæʃn] A S Mitleid *n*, Mitgefühl *n* (*beide:* **for, on** mit): **out of ~** aus Mitleid; **feel** (*od* **have**) **~ for sb** Mitleid mit j-m empfinden *od* haben; **look at sb in** (*od* **with**) **~** j-n mitfühlend ansehen; **~ fatigue** Spendemüdigkeit *f* B V/T *obs* → compassionate B; **compassionate** A ADJ [-ʃənət] (ADV ~ly) mitfühlend, mitleidsvoll, mitleidig: **~ allowance** gesetzlich nicht verankerte Beihilfe in Härtefällen; **~ case** Härtefall *m*; **~ leave** Sonderurlaub *m* (*bei Todesfall etc*); **be ~ toward(s) sb** Mitleid mit j-m empfinden *od* haben B V/T [-neɪt] bemitleiden, Mitleid empfinden *od* haben mit; **compassionateness** S 1 mitfühlendes Wesen 2 Mitleid *n*

compass| needle S Kompass-, Magnetnadel *f*; **~ plane** S TECH Rund-, Schiffshobel *m*; **~ plant** S BOT Kompasspflanze *f*; **~ rose** S SCHIFF Windrose *f*; **~ saw** S TECH Schweif-, Loch-, Stichsäge *f*; **~ window** S ARCH Rundbogenfenster *n*

compatibility [kəmˌpætə'bɪlətɪ] S 1 Vereinbarkeit *f*, Kompatibilität *f* 2 Verträglichkeit *f*; **compatible** ADJ (ADV compatibly) 1 vereinbar: a widerspruchsfrei b kompatibel (*Ämter*) 2 verträglich: a zusammenpassend (*a. Personen*): **be ~ (with)** sich vertragen (mit), zusammenpassen, passen (zu) b MED kompatibel (*Blutgruppen, Arzneimittel*): **~ blood** Blut *n* der entsprechenden Gruppe 3 COMPUT, TECH kompatibel (*Datenträger, Programme, Übertragungssysteme etc*); **compatibleness** → compatibility

compatriot [kəm'pætrɪət; *US* -'peɪt-] A S Landsmann *m*, -männin *f* B ADJ landsmännisch; **compatriotic** [-'ɒtɪk; *US* -'ɑt-] → compatriot B

compeer [kɒm'pɪə; 'kɒmˌpɪə; *US* 'kɑmˌpɪər; kɑm'p-] S 1 Gleichgestellte(r) *m/f(m)*, Standesgenosse *m*, -genossin *f*: **have no ~** nicht seinesgleichen haben; **he has no ~** *a.* ihm kann niemand das Wasser reichen 2 Kamerad(in)

compel [kəm'pel] V/T 1 zwingen, nötigen: **be ~led to do sth** gezwungen sein, etwas zu tun; etwas tun müssen; **feel ~led to do sth** sich genötigt sehen, etwas zu tun 2 *etwas* erzwingen 3 *a. Bewunderung etc* abnötigen (**from sb** j-m): **~ sb's respect** j-m Respekt abnötigen 4 unterwerfen (**to** *dat*), bezwingen; **compellable** ADJ (ADV compellably) 1 zu zwingen(d) (**to** zu) 2 erzwingbar

compelling [kəm'pelɪŋ] ADJ (ADV ~ly) 1 zwingend (*Grund etc*) 2 unwiderstehlich

compend ['kɒmpend; *US* 'kɑm-] → compendium

compendia [kəm'pendɪə] *pl von* compendium

compendious [kəm'pendɪəs] ADJ (ADV ~ly) kurz (gefasst), gedrängt; **compendiousness** S Kürze *f*, Gedrängtheit *f*; **compendium** [-əm] *pl* -diums, -dia [-ə] S 1 Kompendium *n*, Leitfaden *m*, Handbuch *n* 2 Abriss *m*, Zusammenfassung *f*

compensate ['kɒmpenseɪt; -pən-; *US* 'kɑm-] A V/T 1 *j-n* entschädigen (**for** für) 2 → B 1 3 e-e Entschädigung *od* ein Ausgleich für *e-n Verlust etc* sein 4 PHYS, TECH a kompensieren, ausgleichen b ausbalancieren B V/I 1 **~ for** kompensieren (*a.* PSYCH), ausgleichen, wettmachen (*alle:* **with** durch, mit) 2 (Schaden[s])Ersatz leisten (**for** für): **~ for** (*Redew*) als Ausgleich für

compensating ['kɒmpenseɪtɪŋ; -pən-; *US* 'kɑm-] ADJ (ADV ~ly) ausgleichend, Ausgleichs…, Kompensations…: **~ errors** sich gegenseitig aufhebende Fehler

compensation [ˌkɒmpen'seɪʃn; -pən-; *US* ˌkɑm-] S 1 *a.* PHYS, TECH Kompensation *f*, Ausgleich *m*: **in ~ for** als Ausgleich für 2 (Schaden[s])Ersatz *m*, Entschädigung *f*: **pay ~** Schadenersatz leisten; **as** (*od* **by way of**) **~** als Ersatz; **£3,000 as ~** 3000 Pfund Schadenersatz; **~ insurance** *US* (Arbeiter)Unfallversicherung *f* 3 PSYCH Kompensation *f*: **(act of) ~** Ersatzhandlung *f*; **~ neurosis** Kompensationsneurose *f* (*übersteigertes Leistungs- od Geltungsstreben*); **compensational** [-ʃənl] → compensating

compensative [kəm'pensətɪv; *Br a.* 'kɒmpenseɪtɪv; -pən-; *US a.* 'kɑmpənˌseɪtɪv; -pen-] ADJ 1 → compensating 2 entschädigend, Entschädigungs…

compensator ['kɒmpenseɪtə(r); -pən-; *US* 'kɑm-] S PHYS, TECH Kompensator *m*; **compensatory** [kəm'pensətərɪ; *US* -ˌtəʊriː; -ˌtɔː-] ADJ 1 → compensative: **~ damages** *pl* JUR *US* kompensatorischer *od* entschädigender Schaden(s)ersatz; **~ finance** → deficit financing 2 **~ lengthening** LING, HIST Ersatzdehnung *f*

comper ['kɒmpə(r); *US* 'kɑm-] S *umg j-d, der regelmäßig an Preisausschreiben teilnimmt*

compère, **compere** ['kɒmpeə(r); *US* 'kɑm-] *bes Br* A S Conférencier *m*, Ansager(in) B V/T konferieren, ansagen C V/I konferieren, als Conférencier fungieren

compete [kəm'piːt] V/I 1 in Wettbewerb treten, sich (mit)bewerben (*beide:* **for sth** um etwas) 2 WIRTSCH *u. weitS.* konkurrieren (**with, against** mit): **I can't ~ with him** *a.* gegen ihn komme ich nicht an; **competing business (product)** Konkurrenzgeschäft *n* (-erzeugnis *n*) 3 wetteifern, sich messen (*beide:* **with** mit) 4 SPORT a (am Wettkampf) teilnehmen b *a. weitS.* kämpfen (**for** um; **against** gegen)

competence ['kɒmpɪtəns; *US* 'kɑmpə-], **competency** S 1 Fähigkeit *f*, Tüchtigkeit *f* 2 JUR a *a. weitS.* Zuständigkeit *f*, Kompetenz *f*, Amtsbereich *m* b Zulässigkeit *f* c Geschäftsfähigkeit *f* 3 (*gutes etc*) Auskommen: **enjoy a ~** sein Auskommen haben; **competent** ADJ (ADV ~ly) 1 fähig (**to do** zu tun), tüchtig 2 fach-, sachkundig, qualifiziert 3 gut (gemacht), gekonnt 4 JUR a *a. weitS.* kompetent, zuständig (*Gericht etc*): **a ~ judge** ein zuständiger Richter, *fig* ein sachkundiger Beurteiler, ein Kenner b zulässig (*Beweise, Zeuge*) c geschäftsfähig 5 (**for**) ausreichend (für), angemessen (*dat*): **a ~ answer** e-e zufriedenstellende Antwort 6 GEOL kompetent, tektonisch verformbar (*Gestein*)

competition [ˌkɒmpɪ'tɪʃn; *US* ˌkɑmpə-] S 1 *allg* Wettbewerb *m*, -kampf *m*, -streit *m* (*alle:* **for** um) 2 Konkurrenz *f*: a WIRTSCH Wettbewerb *m*, Konkurrenzkampf *m*: **free (unfair) ~** freier (unlauterer) Wettbewerb; **~ clause** Konkurrenzklausel *f*; **enter into ~ with** in Konkurrenz treten mit, konkurrieren mit b WIRTSCH Konkurrenzfirma *f*, -firmen *pl* c *weitS.* Gegner *pl*, Rivalen *pl* 3 SPORT Wettkampf *m*, Konkurrenz *f*, Veranstaltung *f*: **~ rules** Wettkampfbestimmungen 4 a Preisausschreiben *n* b Wettbewerb *m* 5 BIOL Existenzkampf *m*

competitive [kəm'petətɪv] ADJ (ADV ~ly) 1 konkurrierend, wetteifernd 2 Wettbewerbs…, Konkurrenz…, auf Wettbewerb eingestellt *od* beruhend, WIRTSCH *a.* konkurrenz-, wettbewerbsfähig: **~ advantage** Vorteil *m* gegenüber der Konkurrenz, Wettbewerbsvorteil *m*; **on a ~ basis** WIRTSCH auf Wettbewerbsgrundlage; **~ career** SPORT aktive Laufbahn; **~ disadvantage** Nachteil *m* gegenüber der Konkurrenz, Wettbewerbsnachteil *m*; **~ examination** Ausleseprüfung *f*; **~ position** (*od* **capacity**) WIRTSCH Konkurrenzfähigkeit *f*; **~ pressure** WIRTSCH Wettbewerbszwang *m*; **~ prices** WIRTSCH konkurrenzfähige Preise; **~ spirit** SPORT Kampfgeist *m*; **~ sports** *pl* Wett-

C

kampf-, Leistungssport *m*; ~ **sportsman** Leistungssportler *m*; **competitiveness** S WIRTSCH Konkurrenz-, Wettbewerbsfähigkeit *f*; **competitor** [-tɪtə(r)] S 1 Mitbewerber(in) (**for** um) 2 *bes* WIRTSCH Konkurrent(in), Konkurrenz(firma) *f* 3 *bes* SPORT (Wettbewerbs)Teilnehmer(in), Rivale *m*, Rivalin *f*

compilation [ˌkɒmpɪˈleɪʃn; *US* ˌkɑmpə-] S Kompilation *f*: a Zusammenstellen *n*, Sammeln *n* b Sammlung *f*, Sammelwerk *n* (*Buch*); **compilatory** [kəmˈpɪlətərɪ; -ˈpaɪl-; *US* -ˌtəʊriː; -ˌtɔː-] ADJ kompilatorisch

compile [kəmˈpaɪl] VT 1 *ein Verzeichnis etc* kompilieren, zusammenstellen, sammeln, *Material* zusammentragen 2 IT *ein Programm* kompilieren; **compiler** S 1 Kompilator *m*, Kompilatorin *f* 2 IT Compiler *m* (*Programm, das ein in e-r problemorientierten Programmiersprache geschriebenes Programm in die Maschinensprache der jeweiligen Rechenanlage übersetzt*)

comping [ˈkɒmpɪŋ; *US* ˈkɑm-] S *umg* regelmäßige Teilnahme an Preisausschreiben

complacence [kəmˈpleɪsns], **complacency** S 1 Selbstgefälligkeit *f* 2 *obs* a Zufriedenheit *f* b Quelle *f* der Zufriedenheit *f* 3 *obs* → complaisance; **complacent** ADJ (ADV ~ly) 1 selbstgefällig 2 *obs* zufrieden 3 *obs* → complaisant

complain [kəmˈpleɪn] VI 1 sich beklagen, sich beschweren, Klage *od* Beschwerde führen (*alle*: **of, about** über *akk*; **to** bei): **I can't ~, I have nothing to ~ of** ich kann nicht klagen, ich kann mich nicht beklagen; **~ing letter** Beschwerdebrief *m* 2 klagen (**of** über *akk*): **he ~ed of a sore throat** 3 JUR a klagen b (Straf)Anzeige erstatten 4 WIRTSCH reklamieren: ~ **about** *etwas* reklamieren *od* beanstanden; **complainant** S 1 Beschwerdeführer(in) 2 JUR Kläger(in); **complainer** S 1 Nörgler(in) 2 JUR *schott* Kläger(in)

complaint [kəmˈpleɪnt] S 1 Klage *f*, Beschwerde *f* (*beide*: **about** über *akk*): ~ **book** Beschwerdebuch *n*; **make** (*od* **lodge**) **a ~ (about)** → complain 1 (→ 3 e); **we have no cause** (*od* **grounds**) **for ~** wir können nicht klagen, wir können uns nicht beklagen 2 WIRTSCH Reklamation *f*, Beanstandung *f*, Mängelrüge *f* 3 JUR a (*Zivil*) Klage *f* b Klageschrift *f* c Beschwerde *f* d Beschwerdeschrift *f* e (Straf)Anzeige *f*: **make** (*od* **lodge**) **a ~** Anzeige erstatten (**against** gegen; **with** bei)(→ 1) 4 MED (chronisches) Leiden, *pl a.* Beschwerden *pl*

complaisance [kəmˈpleɪzəns; *US a.* -ˈpleɪs-; ˌkɑmpleɪˈzæns] S Gefälligkeit *f*, Entgegenkommen *n*, Höflichkeit *f*, Zuvorkommenheit *f*; **complaisant** ADJ (ADV ~ly) gefällig, höflich, zuvor-, entgegenkommend

complanate [ˈkɒmplənet; -nət; *US* ˈkɑm-] ADJ abgeplattet, abgeflacht

complement A S [ˈkɒmplɪmənt; *US* ˈkɑmplə-] 1 a Ergänzung *f* (**to** *gen*) b Vervollkommnung *f* (**to** *gen*) 2 Ergänzungsstück *n* 3 *obs* Vollkommenheit *f* 4 Vollständigkeit *f*, -zähligkeit *f* 5 *a.* **full ~** volle (An)Zahl *od* Menge *od* Besetzung, *bes* a SCHIFF vollzählige Besatzung b MIL (volle) Stärke, Sollstärke *f* 6 LING Ergänzung *f* 7 MATH Komplementwinkel *m* 8 MUS Ergänzung(sintervall) *f(n)* 9 *Serologie*: Komplement *n* (*Bestandteil des Blutserums, der die spezifische Wirkung e-s Antikörpers ergänzt od aktiviert*) B VT [-ment] a ergänzen b vervollkommnen, abrunden: **a wide range of wines to ~ your food**; **complemental** [-ˈmentl] → complementary

complementary [ˌkɒmplɪˈmentərɪ; -trɪ; *US* ˌkɑmplə-] ADJ (ADV complementarily) 1 ergänzend, komplementär: **be ~ to sth** etwas ergänzen 2 sich ergänzend; ~ **agreement** S Ergänzungsabkommen *n*; ~ **angle** S MATH Komplementwinkel *m*; ~ **colo(u)r** S Komplementär-, Ergänzungsfarbe *f*; ~ **medicine** S Alternativmedizin *f*

complete [kəmˈpliːt] A ADJ (ADV ~ly) 1 komplett, vollständig, vollkommen, völlig, ganz, total: ~ **beginner** blutiger Anfänger; ~ **combustion** vollständige Verbrennung; ~ **defeat** vollständige Niederlage; ~ **edition** Gesamtausgabe *f*; ~ **outfit** komplette Ausstattung; **he is a ~ stranger to me** er ist mir völlig unbekannt; **it was a ~ surprise to me** es war *od* kam für mich völlig überraschend; ~ **with** (mit)samt, komplett mit; **~ly unthinkable** völlig undenkbar 2 vollzählig, komplett 3 beendet, vollendet, fertig 4 vollkommen, perfekt (*Gastgeberin etc*) B VT 1 vervollständigen, ergänzen 2 vollenden, abschließen, beendigen, fertigstellen: ~ **a contract** e-n Vertrag erfüllen; ~ **one's sentence** JUR s-e Strafe verbüßen; ~ **one's studies** sein Studium absolvieren 3 *fig* vollenden, vervollkommnen: **that ~d his happiness** das machte sein Glück vollkommen 4 *ein Formular* ausfüllen 5 *e-e Telefonverbindung* herstellen; **completeness** S Vollständigkeit *f*, Vollkommenheit *f*; **completion** [-ʃn] S 1 Vervollständigung *f*, Ergänzung *f* 2 Vollendung *f*, Beendigung *f*, Fertigstellung *f*: **on ~** bei Fertigstellung; **bring to ~** zum Abschluss bringen; ~ **date** Fertigstellungstermin *m*; → near C 1 3 Erfüllung *f* (*e-s Vertrags*) 4 Ausfüllen *n* (*e-s Formulars*)

complex A ADJ [ˈkɒmpleks; *US* kɑmˈpleks; ˈkɑmˌpleks] (ADV ~ly) 1 zusammengesetzt (*Wort etc*): → sentence A 1 2 komplex, vielschichtig: ~ **part** (*od* **role**) THEAT *etc* Charakterrolle *f*; **actor of ~ parts** Charakterdarsteller *m* 3 MATH komplex: ~ **fraction** komplexer Bruch, Doppelbruch *m* B S [ˈkɒmpleks; *US* ˈkɑm-] 1 Komplex *m*, (*das*) Ganze, Gesamtheit *f* 2 (*Gebäude- etc*) Komplex *m*: ~ **of buildings** 3 PSYCH Komplex *m*: **have a ~ about** Komplexe haben wegen 4 CHEM Komplexverbindung *f*

complexion [kəmˈplekʃn] S 1 Gesichtsfarbe *f*, Teint *m* 2 *fig* Aussehen *n*, Charakter *m*, Zug *m*: **put a (whole) new ~ on sth** e-r Sache e-n (völlig) neuen Anstrich geben; **that puts a different ~ on it** dadurch bekommt die Sache ein (ganz) anderes Gesicht 3 allgemeines Aussehen, Farbe *f* 4 *fig* Couleur *f*, (politische) Richtung: **people of all political ~s**; **complexioned** ADJ (*meist in Zusammensetzungen*) mit (*hellem etc*) Teint, von (*blasser etc*) Gesichts- *od* Hautfarbe: **dark-~**

complexity [kəmˈpleksətɪ] S 1 Komplexität *f* (*a.* MATH), Vielschichtigkeit *f*: ~ **theory** Komplexitätstheorie *f* 2 (*etwas*) Komplexes

compliance [kəmˈplaɪəns] S 1 (**with**) a Einwilligung *f* (in *akk*), Gewährung *f*, Erfüllung *f* (*gen*) b Befolgung *f*, Einhaltung *f* (*gen*): **in ~ with** *e-r Vorschrift, e-m Wunsche etc* gemäß 2 Willfährigkeit *f*, Unterwürfigkeit *f*; **compliancy** → compliance 2; **compliant** ADJ (ADV ~ly) willfährig, unterwürfig

complicacy [ˈkɒmplɪkəsɪ; *US* ˈkɑm-] S Kompliziertheit *f*; **complicate** A ADJ [-kət] 1 kompliziert 2 BOT, ZOOL längs gefaltet B VT [-keɪt] komplizieren; **complicated** ADJ (ADV ~ly) 1 kompliziert 2 MATH verschlungen; **complicatedness** S Kompliziertheit *f*

complication S 1 Komplikation *f* (*a.* MED) 2 Kompliziertheit *f* 3 MATH Verschlingung *f*

complicit [kəmˈplɪsɪt] ADJ: **be ~ in** (mit)beteiligt sein an, verwickelt sein in; **complicity** [kəmˈplɪsətɪ] S Mitschuld *f*, Mittäterschaft *f*, Teilnahme *f* (*alle*: **in** an *dat*): ~ **in murder** JUR Beihilfe *f* zum Mord; **a look of ~** ein komplizenhafter *od* verständnisinniger Blick

compliment A S [ˈkɒmplɪmənt; *US* ˈkɑmplə-] 1 Kompliment *n*: **pay sb a ~** j-m ein Kompliment machen (**on** wegen); **return the ~** das Kompliment erwidern; **my ~s to the chef!** mein Kompliment dem Küchenchef!; → angle[2], fish B 3 2 Lob *n*, Ausdruck *m* der Bewunderung: **in ~ to** zu Ehren (*gen*); **he paid you a high ~** er hat dir ein großes Lob gespendet; **do** (*od* **pay**) **sb the ~ of doing sth** j-m die Ehre erweisen, etwas zu tun 3 *pl* Empfehlung(en) *f(pl)*, Grüße *pl*: **give her my ~s** bitte grüßen Sie sie von mir; **with the ~s of the season** mit den besten Wünschen zum Fest 4 *obs* Geschenk *n* B VT [-ment] 1 (**on**) a *j-m* ein Kompliment *od* Komplimente machen (wegen) b *j-m* gratulieren (zu) 2 *j-n* beehren, auszeichnen (*beide*: **with** mit); **complimentary** [-ˈmentərɪ; -trɪ] ADJ (ADV complimentarily) 1 höflich, Höflichkeits...: ~ **close** Gruß-, Schlussformel *f* (*in Briefen*) 2 schmeichelhaft 3 Ehren...: ~ **dinner** Festessen *n*; ~ **ticket** Ehren-, Freikarte *f* 4 Frei..., Gratis...: ~ **copy** Freiexemplar *n* (*Buch*), Werbenummer *f* (*Zeitschrift*)

complin [ˈkɒmplɪn; *US* ˈkɑm-], **compline** [-ɪn; -aɪn] S KATH Komplet *f* (*Tagesschlussgebet*)

complot *obs* A S [ˈkɒmplɒt; *US* ˈkɑmˌplɑt] Komplott *n*, Verschwörung *f* B VT [kəmˈplɒt; *US* -ˈplɑt] anzetteln C VI sich verschwören

comply [kəmˈplaɪ] VI (**with**) a einwilligen (in *akk*), sich fügen (*dat*) b (*e-m Wunsche od Befehl*) nachkommen *od* entsprechen *od* Folge leisten, erfüllen (*akk*) c (*e-e Anordnung*) befolgen, einhalten: ~ **with the law** sich an die Gesetze halten; **he complied** er fügte sich

compo [ˈkɒmpəʊ; *US* ˈkɑm-] *pl* -pos S 1 TECH Komposition *f*: a Metallkomposition *f* b Putz *m* (*aus Harz, Leim etc zu Wandverzierungen*) c Gips *m*, Mörtel *m* 2 *Aus umg* Abfindung(ssumme) *f* (*bes bei Verlust des Arbeitsplatzes*)

component [kəmˈpəʊnənt] A ADJ e-n Teil bildend, Teil...: ~ **sentence** Teilaussage *f*; ~ **part** Bestandteil *m* B S 1 (Bestand)Teil *m*, *a.* MATH, PHYS Komponente *f*, ELEK, TECH Bauelement *n* 2 *fig* Baustein *m*

comport [kəmˈpɔː(r)t] A VT ~ **o.s.** sich betragen, sich benehmen, sich verhalten: ~ **o.s. as if** *a.* auftreten, als ob B VI (**with**) sich vertragen (mit), passen (zu) C S *obs* → comportment; **comportment** S Betragen *n*, Benehmen *n*, Verhalten *n*

compose [kəmˈpəʊz] A VT 1 zusammensetzen *od* -stellen: **be ~d of** bestehen *od* sich zusammensetzen aus 2 *e-n Satz etc* bilden 3 *Schriften etc* ab-, verfassen, aufsetzen 4 dichten, *ein Gedicht etc* verfassen 5 MUS komponieren 6 *ein Gemälde etc* entwerfen 7 TYPO (ab)setzen 8 besänftigen: ~ **o.s.** sich beruhigen, sich fassen 9 *e-n Streit etc* beilegen, schlichten 10 a in Ordnung bringen, regeln b ordnen, zurechtlegen: ~ **one's thoughts** s-e Gedanken sammeln B VI MUS komponieren; **composed** ADJ ruhig, gelassen; **composedly** [-zɪdlɪ] ADV → composed; **composedness** [-ɪdnɪs] S Gelassenheit *f*, Ruhe *f*; **composer** S 1 MUS Komponist(in): ~ **of operas** Opernkomponist 2 Verfasser(in) 3 Schlichter(in)

composing [kəmˈpəʊzɪŋ] A S 1 Komponieren *n* 2 Schriftsetzen *n* B ADJ beruhigend, Beruhigungs...: ~ **draught** Schlaftrunk *m*; ~ **machine** S TYPO Setzmaschine *f*; ~ **room** S TYPO Setzerei *f*, Setzersaal *m*; ~ **rule** S TYPO Setzlinie *f*; ~ **stick** S TYPO Winkelhaken *m*

composite [ˈkɒmpəzɪt; *US* kɑmˈpɑzət; kəm-] A ADJ 1 zusammengesetzt (*a.* MATH *Zahl*), gemischt (*beide*: **of** aus): ~ **arch** ARCH Spitzbogen m; ~ **construction** TECH Gemischtbauweise *f* 2 BOT Kompositen…, Korbblütler… B S 1 Zusammensetzung *f*, Mischung *f* 2 BOT Komposite *f*, Korbblütler *m* 3 JUR *US* Phantombild *n*; ~ **connection** S TECH Doppelbetriebsschaltung *f*; ~ **index number** S MATH Hauptmesszahl *f*; ~ **material** S Verbund(werk)stoff *m*; ~ **metal** S Verbundmetall *n*; ~ **photograph** S Kompositfotografie *f* (*Fotomontage etc*)

composition [ˌkɒmpəˈzɪʃn; *US* ˌkɑm-] S 1 Zusammensetzung *f*, Bildung *f* 2 Abfassung *f*, Entwurf *m* (*e-r Schrift etc*) 3 Schrift(stück) *f(n)*, (Schrift-)Werk *n*, Dichtung *f* 4 SCHULE a (Schul)Aufsatz *m* b Stilübung *f* 5 LING a (Wort)Zusammensetzung *f* b Satzkonstruktion *f* 6 Komposition *f*: a Musikstück *n* b (künstlerische) Anordnung *od* Gestaltung, Aufbau *m* 7 Zusammensetzung *f*, Verbindung *f*, Struktur *f*, Synthese *f*: **chemical** ~ chemisches Präparat; ~ **metal** Kupferlegierung *f* 8 TYPO a Setzen *n*, Satz *m* b Walzenmasse *f* 9 Beschaffenheit *f*, Natur *f*, Anlage *f*, Art *f* 10 JUR Kompromiss *m*, Vergleich *m* (*mit Gläubigern etc*): ~ **in bankruptcy** Zwangsvergleich im Konkursverfahren; ~ **proceedings** *pl* (Konkurs)Vergleichsverfahren *n* 11 Übereinkunft *f*, Abkommen *n* 12 Ablöse(summe) *f*

compositor [kəmˈpɒzɪtə; *US* kəmˈpɑzətər] S (Schrift)Setzer(in)

compos mentis [ˌkɒmpəsˈmentɪs; *US* ˌkɑm-] ADJ *bes* JUR zurechnungsfähig

compost [ˈkɒmpɒst; *US* ˈkɑmˌpəʊst] A S Kompost *m*: ~ **heap** Komposthaufen *m* B V/T kompostieren: a zu Kompost verarbeiten b mit Kompost düngen; **compostable** ADJ kompostierbar

composure [kəmˈpəʊʒə(r)] S (Gemüts)Ruhe *f*, Fassung *f*, Gelassenheit *f*: **lose one's** ~ die Fassung verlieren

compote [ˈkɒmpɒt; -pəʊt; *US* ˈkɑmˌpəʊt] S Kompott *n*

compound[1] [ˈkɒmpaʊnd; *US* ˈkɑm-] S 1 (*Fabrik- etc*) Gelände *n* 2 (*Gefängnis- etc*) Hof *m* 3 (*Tier*) Gehege *n*

compound[2] [kəmˈpaʊnd; *US a.* kɑm-] A V/T 1 zusammensetzen, (ver)mischen 2 zusammensetzen, zusammenstellen 3 herstellen, bilden 4 a *e-n Streit* beilegen b *e-e Sache* gütlich *od* durch Vergleich regeln 5 WIRTSCH, JUR a *Schulden* durch Vergleich tilgen b *laufende Verpflichtungen* durch einmalige Zahlung ablösen c *Gläubiger* befriedigen d *Zinseszinsen* zahlen 6 JUR *e-e Straftat* wegen erhaltener Entschädigung nicht anzeigen 7 *US* steigern, *bes* verschlimmern B V/I 1 sich vergleichen, sich einigen (*beide:* **with** mit; **for** über *akk*) 2 *fig* sich vereinigen (**into** zu) C ADJ [ˈkɒmpaʊnd; *US* ˈkɑm-; *a.* kɑmˈpaʊnd] 1 *allg* zusammengesetzt 2 ELEK, TECH Verbund… D S [ˈkɒmpaʊnd; *US* ˈkɑm-] 1 Zusammensetzung *f*, Mischung *f* 2 Mischung *f*, Masse *f*: **cleaning** ~ Reinigungsmasse 3 CHEM Verbindung *f*, Präparat *n* 4 LING Kompositum *n*, zusammengesetztes Wort

compound| animal S ZOOL Tierstock *m*; ~**-complex sentence** S LING *zusammengesetzter Satz mit e-m Nebensatz od mehreren Nebensätzen*; ~ **duty** S WIRTSCH Mischzoll *m*; ~ **engine** S 1 FLUG Compoundtriebwerk *n* 2 TECH Verbund-, Compoundmotor *m*; ~ **eye** S ZOOL Netz-, Facettenauge *n*; ~ **flower** S BOT zusammengesetzte Blüte; ~ **fraction** S MATH komplexer Bruch, Doppelbruch *m*; ~ **fracture** S MED komplizierter Bruch; ~ **fruit** S BOT Sammelfrucht *f*; ~ **interest** S WIRTSCH Zinseszins(en) *m(pl)*; ~ **microscope** S PHYS Verbundmikroskop *n*; ~ **motor** S ELEK Verbund-, Compoundmotor *m*; ~ **noun** S LING Kompositum *n*, zusammengesetztes Hauptwort; ~ **nucleus** S *bes irr Atomphysik*: Verbund-, Compoundkern *m*; ~ **number** S MATH 1 zusammengesetzte Zahl (*keine Primzahl*) 2 benannte Zahl; ~ **oil** S Compoundöl *n*; ~ **option** S WIRTSCH Doppelprämiengeschäft *n*; ~ **sentence** S LING zusammengesetzter Satz; ~ **steel** S Verbundstahl *m*; ~ **tense** S LING zusammengesetzte Zeit (form); ~**-wound dynamo** [-waʊnd] S ELEK Verbunddynamo *m*

comprehend [ˌkɒmprɪˈhend; *US* ˌkɑm-] V/T 1 umfassen, einschließen, in sich fassen 2 begreifen, erfassen, verstehen; **comprehensibility** [-səˈbɪlətɪ] S Fasslichkeit *f*; **comprehensible** ADJ begreiflich, verständlich, fasslich; **comprehensibly** ADV verständlicherweise

comprehension [ˌkɒmprɪˈhenʃn; *US* ˌkɑm-] S 1 Einbeziehung *f* 2 Umfang *m* 3 → comprehensiveness 4 Begriffsvermögen *n*, Fassungskraft *f*, Verstand *m*, Einsicht *f*: **it is beyond my** ~ das geht über m-n Horizont; **past** ~ unfassbar, unfasslich 5 (**of**) Begreifen *n* (*gen*), Verständnis *n* (für): **be quick (slow) of** ~ schnell (langsam) begreifen 6 SCHULE Textverständnis *n* 7 PHIL Begriffsinhalt *m* 8 REL *Einbeziehung der Nonkonformisten in die anglikanische Kirche*; **comprehensive** [-sɪv] A ADJ (ADV ~ly) 1 umfassend, weit: ~ **law** allgemeines Gesetz; ~ **insurance** Vollkaskoversicherung *f*; ~ **school** *bes Br* Gesamtschule *f* 2 in sich fassend (**of** *akk*) 3 inhaltsreich 4 Begriffs…: ~ **faculty** Fassungskraft *f*, Begriffsvermögen *n* B S *bes Br* Gesamtschule *f*; **comprehensiveness** S Umfang *m*, Reichhaltigkeit *f*, (*das*) Umfassende; **comprehensivize** V/T *bes Br* a *e-e Schule* in e-e Gesamtschule umwandeln b *das Schulwesen* auf Gesamtschulen umstellen

compress A V/T [kəmˈpres] zusammendrücken, -pressen, PHYS, TECH komprimieren (*a. fig*), verdichten B S [ˈkɒmpres; *US* ˈkɑm-] MED Kompresse *f*

compressed [kəmˈprest] ADJ 1 zusammengedrückt, -gepresst, PHYS, TECH komprimiert (*a. fig*), verdichtet: ~ **air** Press-, Druckluft *f*; ~**-air brake** Druckluftbremse *f*; ~ **steel** Pressstahl *m* 2 BOT zusammengedrückt 3 ZOOL schmal

compressibility [kəmˌpresəˈbɪlətɪ] S Zusammendrückbarkeit *f*, PHYS, TECH Komprimierbarkeit *f*, Verdichtbarkeit *f*; **compressible** ADJ (ADV compressibly) zusammendrückbar, PHYS, TECH komprimier-, verdichtbar

compression [kəmˈpreʃn] S 1 Zusammenpressen *n*, -drücken *n* 2 *fig* knappe Formulierung 3 PHYS, TECH a (*Dampf- etc*) Druck *m* b Kompression *f*, Verdichtung *f* (*bei Explosionsmotoren*) c Druckbeanspruchung *f* 4 *Skisport*: Kompression *f* (*Teil e-r Abfahrtsstrecke, bei dem der aus dem Steilhang kommende Fahrer in e-n flachen Auslauf durch die Tempoverlangsamung hineingepresst wird*); ~ **bandage** S MED Druck-, Kompressionsverband *m*; ~ **chamber** S AUTO Kompressions-, Verdichtungsraum *m*; ~ **cup** S TECH Pressöler *m*, Schmierbüchse *f*; ~ **pressure** S TECH Verdichtungsdruck *m*; ~ **ratio** S TECH Verdichtungsverhältnis *n*; ~ **spring** S TECH Druckfeder *f*; ~ **stroke** S AUTO Verdichtungs-, Kompressionshub *m*

compressive [kəmˈpresɪv] ADJ (ADV ~ly) zusammendrückend, -pressend, Press…, Druck…: ~ **bandage** → compression bandage; ~ **strength** Druckfestigkeit *f*; ~ **stress** Druckspannung *f*

compressor [kəmˈpresə(r)] S 1 ANAT Press-, Schließmuskel *m* 2 MED a Gefäßklemme *f*, (Ader)Presse *f* b Druck-, Kompressionsverband *m* 3 TECH Kompressor *m*, Verdichter *m* 4 SCHIFF Kettenkneifer *m*

comprisal [kəmˈpraɪzl] S Umfassung *f*, Einschließung *f*; **comprise** A V/T 1 einschließen, umfassen, enthalten 2 sich zusammensetzen aus, bestehen aus B V/I ~ **of** *US* → A 2

compromise [ˈkɒmprəmaɪz; *US* ˈkɑm-] A S 1 Kompromiss *m*: **there can be no** ~ **on this** in dieser Angelegenheit kann es keinen Kompromiss geben; **make a** ~ e-n Kompromiss schließen; **settle sth by** ~ → B 1 2 JUR (gütlicher *od obs* schiedsrichterlicher) Vergleich 3 Konzession *f*, Zugeständnis *n* 4 Kompromiss *m*, Mittelding *n* B V/T 1 durch e-n Kompromiss regeln *od* beilegen *od* schlichten 2 *j-s Ruf, Leben etc* gefährden, aufs Spiel setzen 3 (**o.s.** sich) bloßstellen, kompromittieren C V/I 1 a e-n Kompromiss *od* (*a. fig pej*)Kompromisse schließen b JUR sich (gütlich) vergleichen (**on, over** über *akk*) 2 Entgegenkommen zeigen (**on** in *dat*); ~ **formula** S *a. irr* Kompromissformel *f*; ~ **settlement**, ~ **solution** S Kompromisslösung *f*

Compton effect [ˈkʌmptən; ˈkɒmp-; *US* ˈkɑmp-] S PHYS Comptoneffekt *m* (*mit e-r Änderung der Wellenlänge verbundene Streuung elektromagnetischer Wellen*)

comptroller [kənˈtrəʊlə(r)] S (staatlicher) Rechnungsprüfer (*Beamter*): ♀ **General** a *US* Präsident *m* des Rechnungshofes b *Br* Präsident *m* des Patentamtes; ♀ **of the Currency** *US* Kontrolleur *m* der Umlaufmittel

compulsion [kəmˈpʌlʃn] S 1 Zwang *m*: **under** ~ unter Zwang *od* Druck, gezwungen, zwangsweise; **be under no** ~ **to do sth** etwas keineswegs tun müssen 2 PSYCH Zwang *m*, unwiderstehlicher Drang: **be a** ~ **with** zwanghaft sein bei; ~ **neurosis** Zwangsneurose *f*; **compulsive** [-sɪv] ADJ (ADV ~ly) 1 zwingend, Zwangs… 2 PSYCH zwanghaft: ~ **buyer** Kaufsüchtige(r) *m/f(m)*; **be a** ~ **buyer** kaufsüchtig sein; ~ **eating** Esszwang *m*

compulsory [kəmˈpʌlsərɪ; -srɪ] ADJ (ADV compulsorily) 1 zwangsweise, gezwungen, Zwangs…: ~ **measures**; ~ **auction** Zwangsversteigerung *f*; ~ **purchase** *Br* Zwangsenteignung *f* 2 obligatorisch, zwingend (vorgeschrieben), Pflicht…: ~ **dives** (*Wasserspringen*) Pflichtsprünge; ~ **education** allgemeine Schulpflicht; ~ **military service** allgemeine Wehrpflicht; ~ **registration** (An)Meldepflicht *f*; ~ **subject** SCHULE, UNIV Pflichtfach *n*; → attendance 1, pilotage 1

compunction [kəmˈpʌŋkʃn] S a Gewissensbisse *pl* (**about doing** zu tun) b Reue *f* c Bedenken *pl*: **without** ~ *a.* bedenkenlos; **compunctious** ADJ (ADV ~ly) reuevoll, reuig

compurgation [ˌkɒmpɜːˈɡeɪʃn; *US* ˌkɑmˌpɜr-ˈɡ-; -pərˈɡ-] S JUR 1 Reinwaschung *f*, Schuldlossprechung *f*, Rechtfertigung *f* 2 HIST Reinigung *f* durch Eideshilfe; **compurgator** [-ɡeɪtə(r)] S JUR, HIST Eideshelfer *m*

computable [kəmˈpjuːtəbl] ADJ (ADV computably) berechenbar, zu berechnen(d)

computaholic [kəmˌpjuːtə(r)ˈhɒlɪk; *US* -ˈha-] S *umg* Computerfreak *m*

computation [ˌkɒmpjuːˈteɪʃn; *US* ˌkɑmpjʊˈt-] S 1 Rechnen *n* 2 Berechnung *f* 3 Schätzung *f*, Anschlag *m*; **computational** ADJ Computer…

compute [kəmˈpjuːt] A V/T 1 berechnen 2 schätzen, veranschlagen (*beide:* **at** auf *akk*) B V/I rechnen (**by** nach)

computer S 1 (Be)Rechner(in) 2 ELEK Computer *m*, Rechner *m*; ~ **age** S Computerzeitalter *n*

C

computer-aided ADJ → computer-assisted: ~ **design** rechnerunterstützte Konstruktion u. Arbeitsplanung

computer animation S Computeranimation *f*

computer-assisted ADJ computergestützt

computer| center, *bes Br* ~ **centre** S Rechenzentrum *n*

computer-controlled ADJ computergesteuert

computer| crash S Computerabsturz *m*; ~ **criminality** S Computerkriminalität *f*; ~ **dating** S *Heiratsvermittlung mit Hilfe e-s Computers*; ~ **diagnostics** SPL *(als sg konstruiert)* MED Computerdiagnostik *f*

computerese [kəm,pju:tə'ri:z] S Jargon *m* der Computerfachleute

computer| forecast S Hochrechnung *f*; ~ **game** S Computerspiel *n*; ~ **geek** → geek 5; ~ **graphics** SPL *(als sg konstruiert)* Computergrafik *f*

computerize [kəm'pju:təraɪz] A VT a *ein Werk, e-e Industrie etc* computerisieren, mit Computern ausstatten, auf Computer umstellen b *ein System, Verfahren etc* mit e-m Computer durchführen c computerisieren, mit Hilfe e-s Computers errechnen *od* zusammenstellen B VI sich auf Computer umstellen

computer language S Computersprache *f*

computer-literate ADJ mit Computerkenntnissen

computer| melt-down S Computer-GAU *m*; ~ **nerd** → nerd 2; ~ **prediction** S Hochrechnung *f*; ~ **program** S Computerprogramm *n*; ~ **projection** S Hochrechnung *f*; ~ **science** S Informatik *f*; ~ **scientist** S Informatiker(in); ~ **simulation** S Computersimulation *f*

computer-supported ADJ computergestützt

computer| system S Rechenanlage *f*; ~ **technology** S Computertechnologie *f*; ~ **tomogram** S MED Computertomogramm *n*; ~ **tomography** S MED Computertomografie *f*; ~ **typesetting** S TYPO Computersatz *m*; ~ **virus** S Computervirus *n, a. m*

computing speed [kəm'pju:tɪŋ] S Rechen-, Operationsgeschwindigkeit *f*

Comr ABK Commissioner

comrade ['kɒmreɪd; -rɪd; *US* 'kam,ræd] S 1 Kamerad(in), Genosse *m*, Genossin *f*, Gefährte *m*, Gefährtin *f*: ~ **in arms** Waffengefährte *m* 2 POL (Partei)Genosse *m*, (-)Genossin *f*; **comradely** ADJ kameradschaftlich; **comradeship** S Kameradschaft *f*

comsat ['kɒmsæt; *US* 'kam-] → communications satellite

Comstockery ['kɒm,stɑkəri:] S *US übertrieben strenge Zensur gegen Immoralität in Kunst u. Literatur*

Comtism ['kɑ:ntɪzəm; *Br a.* 'kɒnt-; *US a.* 'kɑm-] S PHIL Positivismus *m* (→ **positivism**)

con[1] [kɒn; *US* kɑn] VT *obs* lernen, sich *etwas* einprägen: ~ **by rate** auswendig lernen

con[2] → conn

con[3] [kɒn; *US* kɑn] A S *meist pl* 1 Neinstimme *f*, Stimme *f* dagegen 2 Gegenargument *n*: → pro[1] A 2 3 Gegner(in) B ADV dagegen

con[4] [kɒn; *US* kɑn] *umg* A ADJ betrügerisch: ~ **man** a Betrüger *m*, Bauernfänger *m* b Hochstapler *m*; ~ **game** a aufgelegter Schwindel, Bauernfängerei *f* b Hochstapelei *f* B VT reinlegen *umg*, betrügen (**out of** um): ~ **£2,000 from sb** von j-m 2000 Pfund ergaunern; ~ **sb into doing sth** j-n *(durch Betrug)* dazu bringen, etwas zu tun

con[5] [kɒn; *US* kɑn] S *sl* Sträfling *m*

con. ABK 1 MUS concerto 2 conclusion 3 connection 4 consolidated 5 continued

conation [kəʊ'neɪʃn] S PSYCH Konation *f* *(zielgerichtete Aktivität, Antrieb)*; **conative** ['kəʊnətɪv] ADJ konativ

conc. ABK 1 concentrate 2 concentrated 3 concentration 4 concerning

concatenate [kɒn'kætɪneɪt; *US* kɑn-] VT verketten, verknüpfen: ~**d connection** ELEK Kaskadenschaltung *f*; **concatenation** S 1 Verkettung *f* 2 Kette *f*, Folge *f*, Reihe *f*

concave A ADJ [,kɒn'keɪv; 'kɒnkeɪv; *US* kɑn'k-; 'kɑn,k-] (ADV ~ly) konkav: a hohl, ausgehöhlt b TECH hohlgeschliffen, Hohl…: ~ **brick** Hohlziegel *m*; ~ **lens** Zerstreuungslinse *f*; ~ **mirror** Hohlspiegel *m* B S [,kɒn'keɪv; 'kɒnkeɪv; *US* 'kɑn,k-] (Aus)Höhlung *f*, Wölbung *f*, Hohlrundung *f*, konkave Fläche C VT [,kɒn'keɪv; *US* kɑn'k-] aushöhlen, konkav formen; **concavity** [-'kævətɪ] S 1 hohle Beschaffenheit, Konkavität *f* 2 → concave B;

concavo-concave [kɒn,keɪvəʊkɒn'keɪv; *US* kɑn,keɪvəʊkɑn'keɪv] ADJ bikonkav, auf beiden Seiten hohl; **concavo-convex** [-kɒn'veks; *US* -kɑn'v-] ADJ konkavkonvex, hohlerhaben

conceal [kən'si:l] VT (**from** vor *dat*) 1 *allg* verbergen: a *a.* TECH verdecken, kaschieren: ~**ing power** Deckkraft *f* *(von Farben)* b verstecken c verborgen halten, geheim halten, verschleiern: ~**ed assets** WIRTSCH *(Konkursrecht)* verschleierte Vermögenswerte, *(Buchführung)* unsichtbare Aktiva; ~**ed damage** verborgener *od* latenter Schaden d verschweigen, verhehlen, verheimlichen 2 MIL verschleiern, tarnen: ~ **by smoke** vernebeln; **concealer** S Verberger(in), (Ver-)Hehler(in); **concealment** S 1 Verbergung *f*, Verheimlichung *f*, Verschweigung *f*, Geheimhaltung *f* 2 Verborgenheit *f*, Versteck *n*: **stay in** ~ sich verborgen halten 3 MIL Deckung *f*, Tarnung *f*

concede [kən'si:d] A VT 1 zugestehen, einräumen: a gewähren, bewilligen (**sb sth** j-m etwas): ~ **a privilege** ein Vorrecht einräumen b anerkennen, zugeben, zubilligen *(alle a.* **that** dass): ~ **the battle** MIL, SPORT → B 2; ~ **a right** ein Recht anerkennen; ~ **a goal** SPORT ein Tor hinnehmen müssen *od* zulassen; **win a game without conceding a goal** ein Spiel zu null gewinnen; ~ **a point** in e-m Punkt nachgeben, SPORT e-n Punkt abgeben (**to** gegen) 2 abtreten (**to** *dat*) 3 ~ **an election** s-e (Wahl)Niederlage eingestehen B VI 1 nachgeben, Zugeständnisse machen 2 MIL, POL, SPORT sich geschlagen geben; **concededly** [-dɪdlɪ] ADV zugestandenermaßen

conceit [kən'si:t] A S 1 Eingebildetheit *f*, Einbildung *f*, (Eigen)Dünkel *m*, Selbstgefälligkeit *f*, Eitelkeit *f*: **be full of** ~ völlig von sich eingenommen sein 2 günstige Meinung *(nur noch in)*: **out of** ~ **with** überdrüssig *(gen)*; **put sb out of** ~ **with** j-m die Lust nehmen an *(dat)* 3 *obs* Gedanke *m*, Vorstellung *f*, Idee *f* 4 *obs* guter Einfall, Witz *m* 5 a *obs* seltsamer Einfall, Marotte *f* b gesuchte Metapher 6 *obs* persönliche Meinung: **in my own** ~ m-r Ansicht nach 7 *obs* Begriffsvermögen *n* B VT *obs* glauben, denken *(beide:* **of** von): **well** ~**ed** gut ausgedacht; ~ **o.s. to be sth** sich einbilden, etwas zu sein; **conceited** ADJ (ADV ~ly) selbstgefällig, dünkelhaft, eitel, eingebildet (**about, of** auf *akk*)

conceivability [kən,si:və'bɪlətɪ] S Begreiflichkeit *f*; **conceivable** ADJ 1 begreiflich, fasslich 2 denkbar, vorstellbar: **the best plan** ~ der denkbar beste Plan; **it is hardly** ~ **to me that …** ich kann mir kaum vorstellen, dass …; **conceivableness** → conceivability; **conceivably** [-blɪ] ADV denkbar: **he may** ~ **be wrong** es ist durchaus denkbar, dass er sich irrt

conceive [kən'si:v] A VT 1 BIOL *ein Kind* empfangen 2 begreifen 3 sich *etwas* vorstellen, sich *etwas* denken, sich e-n Begriff *od* e-e Vorstellung machen von 4 planen, ersinnen, (sich) *etwas* ausdenken, entwerfen: ~ **an idea** auf e-n Gedanken kommen; **a badly** ~**d project** e-e Fehlplanung 5 *e-e Neigung etc* fassen (**for** zu): ~ **a desire** e-n Wunsch hegen 6 in Worten ausdrücken B VI 1 ~ **of** → A 3 2 BIOL a empfangen, schwanger werden *(Mensch)* b aufnehmen, trächtig werden *(Tier)*

concentrate ['kɒnsəntreɪt; *US* 'kɑn-] A VT 1 konzentrieren (**on, upon** auf *akk*): a zusammenziehen, zusammenballen, vereinigen, sammeln, massieren: ~ **troops**; ~**d fire** MIL konzentriertes *od* zusammengefasstes Feuer b *s-e Anstrengungen etc* richten: ~ **one's thoughts upon sth** s-e Gedanken auf etwas richten, sich auf etwas konzentrieren 2 *fig* zusammenfassen (**in** in *dat*) 3 CHEM *e-e Lösung etc* a sättigen, konzentrieren b verstärken, *bes* METALL anreichern B VI 1 sich konzentrieren *(etc; →* A 1): ~ **on the road** AUTO sich auf die Straße konzentrieren 2 sich *(an e-m Punkt)* sammeln C S CHEM Konzentrat *n*; **concentrated** ADJ konzentriert

concentration [,kɒnsən'treɪʃn; *US* ,kɑn-] S 1 Konzentrierung *f*, Konzentration *f*: a Zusammenfassung *f*, Zusammenziehung *f*, (Zusammen)Ballung *f*, Massierung *f*, (An)Sammlung *f (alle a.* MIL): ~ **area** MIL Bereitstellungsraum *m*, Aufmarschgebiet *n*; ~ **camp** POL Konzentrationslager *n* b Hinlenkung *f* auf einen Punkt c *fig* (geistige) Sammlung, gespannte Aufmerksamkeit: **lack of** ~ Konzentrationsmangel *m*, -schwäche *f* 2 CHEM Konzentration *f*, Dichte *f*, Sättigung *f* 3 METALL Anreicherung *f* 4 BIOL Konzentration *f* der erblichen Veranlagung

concentrative ['kɒnsəntreɪtɪv; *US* 'kɑn-] ADJ (ADV ~ly) konzentrierend

concentric [kɒn'sentrɪk; *bes US* kən-; *US a.* kɑn-] ADJ, **concentrical** ADJ (ADV ~ly) konzentrisch; **concentricity** [,kɒnsən'trɪsətɪ; *US* ,kɑn,sen-] S Konzentrizität *f*

concept ['kɒnsept; *US* 'kɑn-] S 1 PHIL *(allgemeiner logischer)* Begriff 2 Gedanke *m*, Auffassung *f*, Konzeption *f*; ~ **art** S Conceptart *f* *(moderne Kunstrichtung, in der das Konzept das fertige Kunstwerk ersetzt)*

conception [kən'sepʃn] S 1 BIOL Empfängnis *f*: **(statutory) period of** ~ JUR (gesetzliche) Empfängniszeit 2 a Begreifen *n* b Begriffsvermögen *n*, Verstand *m* c (PHIL logischer) Begriff, Vorstellung *f* (**of** von): **in my** ~ nach m-r Auffassung d Konzeption *f*, Idee *f* 3 Entwurf *m*, Konzept *n*, Plan *m*, Anlage *f* 4 (Geistes)-Schöpfung *f*; **conceptional** [-ʃənl] ADJ begrifflich, abstrakt; **conceptive** [-tɪv] ADJ 1 begreifend: ~ **power** Begriffsvermögen *n* 2 MED empfängnisfähig; **conceptual** [-tjʊəl; -tʃʊəl; *US* -tʃəwəl; -tʃəl] ADJ (ADV ~ly) begrifflich, Begriffs…: ~ **art** Conceptual Art *f* *(moderne Kunstrichtung, in der das Konzept das fertige Kunstwerk ersetzt)*; ~ **artist** → conceptualist 2; ~ **thinking** begriffliches Denken; **conceptualism** S PHIL Konzeptualismus *m* *(scholastische Lehre, die dem Allgemeinen nur ein Sein im Begriff, aber nicht in der Realität zugesteht)*; **conceptualist** S 1 PHIL Konzeptualist(in) 2 Künstler(in) auf dem Gebiet der Conceptual Art; **conceptualize** A VT begrifflich (er)fassen B VI begrifflich denken

concern [kən'sɜ:n; *US* -'sɜrn] A VT 1 betreffen, angehen, sich beziehen auf *(akk)*: **it does not** ~ **me** es betrifft mich nicht, es geht mich nichts an; **as far as I am ~ed** soweit es mich betrifft, was mich anbelangt; **to whom it may ~** an alle, die es angeht (*Überschrift auf Attesten etc*) 2 von Wichtigkeit *od* Belang *od* Interesse sein für, angehen: **this problem ~s us all** dieses Problem geht uns alle an *od* ist für uns alle wichtig; **your reputation is ~ed** es geht um d-n Ruf 3 beunruhigen: **don't let that ~ you** mache dir deswegen keine Sorgen; **be ~ed about** (*od* **at**) sich Sorgen machen wegen; **be ~ed for sb's safety** um j-s Sicherheit besorgt sein; → concerned 5 4 interessieren, beschäftigen: **~ o.s. with** (*od* **about**) sich beschäftigen *od* befassen mit; **be ~ed in a plot** in e-e Verschwörung verwickelt sein; → concerned 2, 3 B S 1 Angelegenheit *f*, Sache *f*: **that is your ~** das ist Ihre Sache; **that is no ~ of mine** das geht mich nichts an; **the ~s of the nation** die Belange der Nation 2 Geschäft *n*, Firma *f*, Unternehmen *n*: **first ~** Firma, die noch in den Händen der Gründer ist; **a going ~** a ein gut gehendes Unternehmen b *fig* e-e gut funktionierende Sache 3 Unruhe *f*, Sorge *f*, Besorgnis *f* (**at, about, for** wegen, um): **there is ~** es herrscht Besorgnis; **with deep ~** tief beunruhigt 4 Wichtigkeit *f*: **be of no small ~** nicht ganz unbedeutend sein, sehr wichtig sein; **a matter of national ~** ein nationales Anliegen 5 Beziehung *f* (**with** zu): **have no ~ with a matter** mit e-r Sache nichts zu tun haben 6 (**at, about, for, in, with**) Teilnahme *f* (an *dat*), Rücksicht *f* (auf *akk*), Anteil *m* (an *dat*), Interesse *n* (für): **feel a ~ for** Teilnahme empfinden für, sich interessieren für 7 *umg* Ding *n*, Sache *f*, Geschichte *f*

concerned [kən'sɜːnd; *US* -'sɜrnd] ADJ 1 betroffen, betreffend: **the matter ~** 2 (**in**) beteiligt, interessiert (an *dat*), *pej* verwickelt (in *akk*): **the parties ~** die Beteiligten 3 (**with, in**) a befasst *od* beschäftigt (mit) b handelnd (von) 4 bemüht (**to do** zu tun) 5 (**about, at, for**) a besorgt (um), beunruhigt (wegen), in Unruhe *od* Sorge (um, wegen) b bekümmert, betrübt (über *akk*) 6 (politisch *od* sozial) engagiert; **concernedly** [-nɪdlɪ] ADV → concerned; **concerning** PRÄP betreffs, hinsichtlich, bezüglich, wegen: **~ me** was mich (an)betrifft *od* anbelangt

concernment [kən'sɜːnmənt; *US* -'sɜrn-] S 1 Wichtigkeit *f*, Bedeutung *f*, Interesse *n*: **of general ~** 2 Beteiligung *f*, Anteil *m* 3 Besorgtheit *f*, Sorge *f* (*beide:* **for** um, wegen)

concert ['kɒnsət; *US* 'kɑnsərt; -ˌsɜrt] A S 1 MUS a Konzert *n*: **~ grand** Konzertflügel *m*; **~ hall** Konzertsaal *m*; **~ overture** Konzertouvertüre *f*; **~ performance** konzertante Aufführung (*e-r Oper etc*); **~ pianist** Konzertpianist(in); **~ pitch** Kammerton *m*; **beat ~ pitch** *umg* in Höchst- *od* Bestform sein; **~ platform** Konzertpodium *n*; **~ tour** Konzertreise *f*, -tournee *f* (**of** durch); *Rod Stewart* **in ~** in concert b harmonische Übereinstimmung 2 [*Br* 'kɒnsɜːt] Einvernehmen *n*, Einverständnis *n*, Übereinstimmung *f*, Harmonie *f*: **in ~ with** im Einvernehmen *od* in Übereinstimmung mit 3 [*Br* 'kɒnsɜːt] Zusammenwirken *n*: **act in ~ with sb** gemeinsam mit j-m vorgehen B V/T [kən'sɜːt; *US* -'sɜrt] 1 a *etwas* verabreden, abmachen, absprechen b *Maßnahmen etc* aufeinander abstimmen 2 planen C V/I zusammenarbeiten; **concerted** ADJ (ADV **~ly**) 1 gemeinsam (geplant *od* ausgeführt): **~ action** a gemeinsames Vorgehen b WIRTSCH, POL konzertierte Aktion; **take ~ action** gemeinsam vorgehen; **make a ~ effort** gemeinsame Anstrengungen unternehmen (**to do** zu tun) 2 MUS mehrstimmig (arrangiert)

concertgoer S Konzertbesucher(in)

concerti [kən'tʃeətɪ; *US* -'tʃertiː] *pl von* concerto

concertina [ˌkɒnsə'tiːnə; *US* ˌkɑnsər-] A S Konzertina *f* (*Handharmonika mit sechseckigem od quadratischem Gehäuse*): **~ door** Falttür *f* B V/T & V/I ziehharmonikaförmig zusammendrücken *od* -falten (zusammengedrückt *od* -gefaltet werden)

concertino [ˌkɒntʃə(r)'tiːnəʊ; *US* ˌkɑn-] *pl* -nos, -ni [-nɪ] S MUS Concertino *n*: a *kleines (Solo)Konzert* b *Solistengruppe im Concerto grosso*

concertize ['kɒnsətaɪz; *US* 'kɑnsər-] V/I Konzerte geben (*bes Solist od Dirigent*)

concertmaster S MUS US Konzertmeister *m*

concerto [kən'tʃeətəʊ; *US* -'tʃer-] *pl* -tos, -ti [-tɪ] S MUS (Solo)Konzert *n* (*mit Orchesterbegleitung*): **piano (violin) ~** Klavier-(Violin)konzert

concert of Europe S POL, HIST Europäisches Konzert

concerto grosso ['grɒsəʊ; *US* 'grəʊsəʊ] *pl* -ti -si [-sɪ], -to -sos S MUS Concerto *n* grosso (*Hauptgattung des barocken Instrumentalkonzerts*)

concession [kən'seʃn] S 1 a Konzession *f*, Entgegenkommen *n*, (WIRTSCH *a.* Zoll)Zugeständnis *n*: **make a ~ of a right** ein Recht einräumen; **make no ~(s)** keine Konzessionen machen (**to sb** j-m; **to** [*od* **on**] **sth** hinsichtlich *od* bei e-r Sache) b Preisermäßigung *f*, ermäßigter Preis 2 Anerkennung *f*, Zugeständnis *n* (*der Berechtigung e-s Standpunkts*) 3 Genehmigung *f*, Bewilligung *f* 4 (amtliche *od* staatliche) Konzession, Privileg *n*: **~ of a mine** Bergwerkskonzession 5 a behördliche Überlassung von Grund u. Boden b US Konzession *f*, Gewerbeerlaubnis *f* c überlassenes Stück Land 6 Überlassung *f* von Grund u. Boden an e-e fremde Macht; **concessionaire** [-ʃə'neə(r)] S WIRTSCH Konzessionsinhaber(in); **concessionary** [-ʃnərɪ; *US* -ʃəˌneriː] A ADJ 1 Bewilligungs..., Konzessions... 2 konzessioniert, bewilligt 3 verbilligt B S → concessionaire; **concessive** [-sɪv] ADJ (ADV **~ly**) 1 Zugeständnisse machend 2 LING konzessiv: **~ clause** Konzessivsatz *m*, einräumender Satz

conch [kɒntʃ; kɒŋk; *US* kɑŋk; kɑntʃ] *pl* -s [-ks] *od* conches ['kɒntʃɪz; *US* 'kɑn-] S 1 ZOOL Muschel(schale) *f* 2 ZOOL (*e-e*) See- *od* Schneckenmuschel 3 → concha 2 4 *US bes pej* Bewohner(in) der Key-Inseln; **concha** ['kɒŋkə; *US* 'kɑŋ-] *pl* -chae [-kiː] S 1 ANAT Koncha *f* (*muschelähnlicher Teil e-s Organs*) 2 ARCH Kuppeldach *n* (*e-r Apsis*); **conchoid** [-kɔɪd] S MATH Konchoide *f*, Schneckenlinie *f*

conchy ['kɒntʃɪ; *US* 'kɑntʃiː] *sl für* conscientious objector

conciliar [kən'sɪlɪə(r)] ADJ KATH Konzil...

conciliate [kən'sɪlɪeɪt] V/T 1 aus-, versöhnen, *j-n* versöhnlich stimmen 2 *j-s Gunst etc* gewinnen 3 in Einklang bringen, auf e-n gemeinsamen Nenner bringen; **conciliation** S Aus-, Versöhnung *f*: **~ committee** Schlichtungsausschuss *m*; **~ hearing** JUR Sühnetermin *m* (*in Scheidungssachen*); **conciliative** [-lɪətɪv; *US* -lɪˌeɪtɪv] ADJ (ADV **~ly**) → conciliatory; **conciliator** [-eɪtə(r)] S Schlichter(in), Vermittler(in); **conciliatory** [-lɪətərɪ; *US* -ljəˌtəʊriː; -ˌtɔː-] ADJ (ADV conciliatorily) versöhnlich, vermittelnd, Versöhnungs...: **~ gesture** Geste *f* der Versöhnung; **be in a ~ mood** versöhnlich gestimmt sein; **~ proposal** Vermittlungsvorschlag *m*

concise [kən'saɪs] ADJ (ADV **~ly**) kurz, bündig, prägnant, präzis(e), knapp: **~ dictionary** Handwörterbuch *n*; **conciseness** S Kürze *f*, Prägnanz *f*; **concision** [-'sɪʒn] S 1 → conciseness 2 *obs* Verstümmelung *f*

conclave ['kɒnkleɪv; *US* 'kɑn-] S 1 *obs* Beratungszimmer *n* 2 KATH Konklave *n* (*Versammlungsort der Kardinäle bei der Papstwahl*) 3 geheime Versammlung *od* Sitzung: **sit in ~** e-e geheime Versammlung *od* Sitzung abhalten

conclude [kən'kluːd] A V/T 1 *a. e-e Rede etc* beenden, (be-, ab)schließen (*beide:* **with** mit): **"to be ~d"** „Schluss folgt" 2 *e-n Vertrag etc* (ab)schließen, *ein Abkommen* treffen 3 *etwas* folgern, schließen (*beide:* **from** aus): **~ that ...** zu dem Schluss *od* der Überzeugung *od* der Ansicht *od* dem Ergebnis kommen, dass ... 4 beschließen, entscheiden B V/I 1 schließen, enden, aufhören (*alle:* **with** mit): **he ~d by saying** zum Schluss sagte er 2 sich entscheiden *od* entschließen (**to do** zu tun); **concluding** ADJ abschließend, End..., Schluss...: **~ scene** Schlussszene *f*; **~ words** Schlussworte

conclusion [kən'kluːʒn] S 1 (Ab)Schluss *m*, Ende *n*: **bring to a ~** zum Abschluss bringen; **in ~** zum (Ab)Schluss, schließlich, endlich 2 Abschluss *m* (*e-s Vertrages etc*): **~ of peace** Friedensschluss 3 (logischer) Schluss, (Schluss)Folgerung *f*: **come to** (*od* **arrive at**) **the ~ that ...** zu dem Schluss *od* der Überzeugung *od* der Ansicht *od* dem Ergebnis kommen, dass ...; **draw a ~** e-n Schluss ziehen; **jump** (*od* **leap**) **to ~s, rush at ~s** voreilig(e) Schlüsse ziehen 4 Beschluss *m*, Entscheidung *f*: → foregone 2 5 JUR a bindende Verpflichtung b (*prozesshindernde*) Einrede c Ausspruch *m*, Entscheidung *f* d Schlussausführungen *pl* 6 Erfolg *m*, Folge *f*, Ausgang *m* 7 **try ~s** *Br obs* es versuchen, sich *od* s-e Kräfte messen (*alle:* **with** mit) 8 LING Apodosis *f* (*Nachsatz e-s Bedingungssatzes*) 9 MATH Rückschluss *m*

conclusive [kən'kluːsɪv] ADJ (ADV **~ly**) 1 abschließend, Schluss... 2 endgültig 3 überzeugend, schlüssig (*Beweise etc*); **conclusiveness** S 1 Endgültigkeit *f* 2 (*das*) Entscheidende *od* Endgültige *od* Überzeugende 3 Schlüssigkeit *f*, Triftigkeit *f*, Beweiskraft *f*

concoct [kən'kɒkt; *US* -'kɑkt; *a.* kɑn-] V/T 1 (zusammen)brauen 2 *fig* aushecken, -brüten, sich *etwas* ausdenken; **concoction** S 1 (Zusammen)Brauen *n* 2 MED Absud *m*, zusammengemischter Trank 3 *a. pej u. fig* Gebräu *n* 4 *fig* Ausbrüten *n*, Aushecken *n* 5 *fig* (*das*) Ausgebrütete *od* Ausgeheckte

concomitance [kən'kɒmɪtəns; *US* -'kɑm-; *a.* kɑn'k-], **concomitancy** S 1 Zusammenbestehen *n*, gleichzeitiges Vorhandensein 2 REL Konkomitanz *f* (*Lehre, dass Christus mit Fleisch u. Blut in jeder der beiden konsekrierten Gestalten Brot u. Wein zugegen ist*); **concomitant** A ADJ (ADV **~ly**) begleitend, gleichzeitig: **~ circumstances** Begleitumstände B S Begleiterscheinung *f*, -umstand *m*: **be a ~ of** *a.* einhergehen mit

concord ['kɒŋkɔː(r)d; *US* 'kɑn-] S 1 Einmütigkeit *f*, Eintracht *f*, Einklang *m*, (LING syntaktische) Übereinstimmung: **live in ~** in Eintracht leben 2 MUS a Zusammenklang *m*, Harmonie *f* b Konsonanz *f* 3 Vertrag *m*, Übereinkommen *n*

concordance [kən'kɔː(r)dəns] S 1 Übereinstimmung *f* (**in** mit) 2 Konkordanz *f* (*alphabetisches Wörter- od Sachverzeichnis etc*): **~ to the Bible** Bibelkonkordanz 3 GEOL Konkordanz *f* (*gleichlaufende Lagerung mehrerer Gesteinsschichten übereinander*); **concordant** ADJ (ADV **~ly**) 1 (**with, to**) übereinstimmend (mit), entsprechend (*dat*) 2 harmonisch

concordat [kɒn'kɔː(r)dæt; *bes US* kən'k-] S 1 Übereinkommen *n*, Vertrag *m* 2 REL Konkordat *n* (*Vertrag zwischen e-m Staat u. dem Vatikan*)

concourse ['kɒŋkɔː(r)s; *US* 'kɑn-] S 1 a *allg* Zusammentreffen *n* b Zusammenfluss *m* (*von Flüssen etc*) 2 (Menschen)Auflauf *m*,

C

(-)Menge *f*, Ansammlung *f*, Gewühl *n* 3 a *bes US* Bahnhofshalle *f* b freier Platz (*für Versammlungen etc*) 4 JUR Konkurrenz *f*, Klagenhäufung *f*

concrescence [kən'kresns] S BIOL 1 Verwachsung *f* von Organen *od* Zellen 2 Zusammenwachsen *n* embryonaler Teile

concrete A V/T [kɒn'kriːt; *US* 'kɒn,kriːt; kɑn'k-] 1 zu e-r kompakten Masse formen *od* verbinden 2 *fig* vereinigen (**with** mit) 3 *fig* konkretisieren 4 *fig* festigen 5 [*Br* 'kɒnkriːt] TECH betonieren: **~ sth over** etwas zubetonieren B V/I sich zu e-r kompakten Masse vereinigen, fest werden C ADJ [*Br* 'kɒnkriːt] (ADV **~ly**) 1 fest, dicht, massig, kompakt 2 TECH betoniert, Beton...: **~ construction** Betonbau *m*; **~ jungle** Betonwüste *f*; **~ mixer** Betonmischmaschine *f*, -mischer *m*; **~ pile** Betonklotz *m*, -silo *m*; **~ steel** Stahlbeton *m* 3 konkret (*a.* LING, PHIL; *Ggs abstrakt*), greifbar, wirklich, gegenständlich, fest umrissen: **~ noun** LING Konkretum *n*; **~ proposals** konkrete Vorschläge 4 MATH benannt 5 MUS, *Literatur*: konkret: **~ poetry** konkrete Literatur *od* Dichtung D S [*Br* 'kɒnkriːt] 1 PHIL konkreter Gedanke *od* Begriff: **in the ~** im konkreten Sinne, in Wirklichkeit 2 feste *od* kompakte Masse 3 TECH Beton *m* 4 *US* Betondecke *f* (*e-r Straße etc*)

concreteness ['kɒnkriːtnɪs; *US* kɑn'k-; 'kɑn,k-] S Konkretheit *f*

concretion [kən'kriːʃn; *US a.* kɑn'k-] S 1 Zusammenwachsen *n*, Verwachsung *f* 2 Festwerden *n* 3 feste *od* kompakte Masse 4 Verhärtung *f*, Knoten *m* 5 GEOL Konkretion *f* (*meist knolliger, kugeliger mineralischer Körper in Gesteinen*) 6 MED Konkrement *n*, Stein *m*

concretism ['kɒnkriːtɪzəm; *US* kɑn'kriːt-; 'kɑn,k-] S Konkretismus *m*, konkrete Poesie; **concretist** S konkrete(r) Dichter(in)

concubinage [kɒn'kjuːbɪnɪdʒ; *US* kɑn-] S Konkubinat *n*, wilde Ehe; **concubinary** [-bɪnərɪ; *US* -,neriː] ADJ 1 Konkubinats... 2 im Konkubinat lebend; **concubine** ['kɒŋkjʊbaɪn; *US* 'kɑŋ-] S 1 *obs* Konkubine *f*, Mätresse *f* 2 Nebenfrau *f*

concupiscence [kən'kjuːpɪsəns; *US a.* kɑn-] S Lüsternheit *f*, sinnliche Begierde, Sinnlichkeit *f*; **concupiscent** ADJ lüstern

concur [kən'kɜː; *US* -'kɜr; *a.* kɑn-] V/I 1 zusammenfallen, -treffen (*Ereignisse etc*) 2 REL aufeinanderfallen (*Feste*) 3 (**with sb; in** [*od* **on**] **sth**) übereinstimmen (mit j-m; in e-r Sache), beipflichten, -stimmen (j-m; e-r Sache) 4 (**to**) mitwirken (bei), beitragen (zu) 5 zusammenwirken 6 JUR gemeinsam mit anderen Gläubigern Ansprüche auf e-e Konkursmasse erheben

concurrence [kən'kʌrəns; *US* -'kɜr-] S 1 Zusammentreffen *n* 2 Überein-, Zustimmung *f*, Einverständnis *n* 3 Mitwirkung *f* 4 Zusammenwirken *n* 5 MATH Schnittpunkt *m* 6 JUR Konflikt *m*, Kollision *f*: **~ of rights**; **concurrency** → concurrence 1, 2, 3, 4, 5

concurrent [kən'kʌrənt; *US* -'kɜr-] A ADJ (ADV **~ly**) 1 gleichlaufend, nebeneinander bestehend, gleichzeitig (*alle:* **with** mit) 2 zusammenfallend (**with** mit) 3 zusammen-, mitwirkend 4 JUR a gleichberechtigt b gleich zuständig c gleichzeitig abgeschlossen (*Pacht, Versicherung etc*) 5 übereinstimmend (**with** mit) 6 MATH durch denselben Punkt gehend (*Linien*) B S 1 mitwirkender Umstand, Begleitumstand *m* 2 *obs* Konkurrent(in)

concuss [kən'kʌs] V/T erschüttern: **he was ~ed** MED er erlitt e-e Gehirnerschütterung; **concussion** [-ʃn] S Erschütterung *f*: **~ (of the brain)** MED Gehirnerschütterung; **have** (*od* **be suffering from**) **~** e-e Gehirnerschütterung haben; **~ fuse** MIL Erschütterungszünder *m*; **~ spring** TECH Stoßdämpfer *m*; **concussive** [-sɪv] ADJ erschütternd

condemn [kən'dem] V/T 1 verdammen, verurteilen, verwerfen, missbilligen, tadeln (*alle:* **as** als; **for, on account of** wegen): **~ as untrustworthy** als unglaubwürdig verwerfen 2 a JUR *u. fig* verurteilen (**to death** zum Tode): **~ed cell** Todeszelle *f* b *fig* verdammen (**to** zu): **his own words ~ him** er hat sich selbst das Urteil gesprochen; **his very looks ~ him** sein bloßes Aussehen verrät ihn 3 JUR a *Schmuggelware etc* als verfallen erklären, beschlagnahmen b *US* enteignen 4 für unbrauchbar *od* unbewohnbar *od* gesundheitsschädlich erklären: **~ a building (a food product)**; **~ed house** Abbruchhaus *n* 5 SCHIFF a *ein Schiff* kondemnieren (*für seeuntüchtig erklären*) b als Prise erklären, mit Beschlag belegen 6 *e-n Kranken* aufgeben, für unheilbar erklären; **condemnable** [-'demnəbl; -'deməbl] ADJ (ADV **condemnably**) verdammenswert, zu verdammen(d)

condemnation [,kɒndem'neɪʃn; *US* ,kɑn-] S 1 JUR *u. fig* Verurteilung *f* 2 *fig* Verdammung *f*, Missbilligung *f*, Verwerfung *f*, Tadel *m*: **his conduct was sufficient ~** sein Betragen genügte (als Grund), um ihn zu verurteilen 3 SCHIFF Kondemnierung *f* 4 JUR a *a.* SCHIFF Beschlagnahme *f* b *US* Enteignung *f*; **condemnatory** [kən'demnətərɪ; *US* -,təʊriː; -,tɔː-] ADJ 1 JUR verurteilend 2 *fig* verdammend

condensability [kən,densə'bɪlətɪ] S PHYS Kondensierbarkeit *f*; **condensable** ADJ PHYS kondensierbar; **condensate** [kən'denseɪt; *US a.* 'kɑndən-] → condensation 1 b

condensation [,kɒnden'seɪʃn; *US* ,kɑn-] S 1 PHYS a Kondensation *f*, Verflüssigung *f* b Kondensat *n*, Kondenswasser *n*: **~ trail** FLUG Kondensstreifen *m* 2 CHEM Eindickung *f*, Konzentration *f* 3 PSYCH Wiedergabe *f* (*zweier od mehrerer Gedanken etc*) durch ein Wort *od* Wortbild (*in Allegorien, Träumen etc*) 4 Zusammendrängung *f*, Anhäufung *f*: **~ point** MATH Häufungspunkt *m* 5 *fig* Zusammenfassung *f*, (Ab)Kürzung *f*, gedrängte Darstellung 6 gekürzte Fassung (*e-s Romans etc*)

condense [kən'dens] A V/T 1 PHYS *Gase, Dämpfe* kondensieren, verflüssigen 2 CHEM *Milch etc* eindicken, konzentrieren 3 kürzen, zusammenfassen, gedrängt darstellen B V/I PHYS kondensieren, sich verflüssigen

condensed [kən'denst] ADJ 1 PHYS kondensiert, verflüssigt 2 gekürzt, zusammengedrängt; **~ milk** S Kondensmilch *f*; **~ type** S TYPO schmale Drucktype

condenser [kən'densə(r)] S 1 PHYS a Kondensator *m* (*a.* ELEK), Verflüssiger *m* b Vorlage *f* (*bei Destillationseinrichtungen*) 2 OPT Kondensor (-linse) *m(f)*, Sammellinse *f*; **~ aerial**, *bes US* **~ antenna** S RADIO Kondensatorantenne *f*; **~ microphone** S ELEK Kondensatormikrofon *n*

condensing| coil [kən'densɪŋ] S TECH Kühlschlange *f*; **~ lens** → condenser 2

condescend [,kɒndɪ'send; *US* ,kɑn-] V/I 1 *a. iron* sich herablassen, geruhen, belieben (*alle:* **to do sth** etwas zu tun): **~ to sth** sich zu etwas herablassen 2 *pej* sich (soweit) erniedrigen (**to do** zu tun) 3 gönnerhaft *od* herablassend sein (**to** gegen, zu) 4 **~ upon** *schott od obs* (besonders) erwähnen; **condescending** ADJ (ADV **~ly**) gönnerhaft, herablassend; **condescension** [-'senʃn] S Herablassung *f*, gönnerhafte Art

condign [kən'daɪn; *US a.* 'kɑn,d-] ADJ (ADV **~ly**) gebührend, angemessen (*bes Strafe*)

condiment ['kɒndɪmənt; *US* 'kɑndə-] S Würze *f*, Gewürz *n*

condition [kən'dɪʃn] A S 1 Bedingung *f*: a Abmachung *f* b JUR Bestimmung *f*, Klausel *f*, Vertragspunkt *m*, Vorbehalt *m*: **~s of carriage** Beförderungsbedingungen; **(up)on ~ that ...** unter der Bedingung, dass ...; vorausgesetzt, dass ...; **on ~** freibleibend; **on ~ of his leaving** unter der Bedingung, dass er abreist; **on no ~** unter keinen Umständen, keinesfalls; **make sth a ~** etwas zur Bedingung machen; **make sth a ~ for sb** j-m etwas zur Auflage machen; → precedent[2] 2 *a.* PHIL Voraussetzung *f*, (Vor)Bedingung *f* 3 LING Bedingung *f*, (vorgestellter) Bedingungssatz 4 Verfassung *f*: a Zustand *m*, Beschaffenheit *f*: **the ground was in splendid ~** der Platz war in ausgezeichnetem Zustand b (körperlicher *od* Gesundheits)Zustand, SPORT Kondition *f*, Form *f*: **in good ~** in gutem Zustand, SPORT in Form; **out of ~** in schlechter Verfassung, in schlechtem Zustand, SPORT außer Form; **the ~ of her health** ihr Gesundheitszustand 5 MED (*Herz- etc*) Krankheit *f*, (-)Leiden *n* 6 Lage *f*: **in every ~ of life** in jeder Lebenslage 7 Finanz-, Vermögenslage *f* 8 Rang *m*, (gesellschaftliche) Stellung, (*a.* Familien)Stand *m*: **persons of ~** hochgestellte Persönlichkeiten; **change one's ~** heiraten 9 SCHULE *US* (Gegenstand *m* der) Nachprüfung *f* (*bei Nichterreichen des Studienzieles*) 10 *pl* (*Lebens- etc*) Bedingungen *pl*, (*Witterungs- etc*) Verhältnisse *pl*: → imprisonment 1 a B V/T 1 zur Bedingung machen, sich ausbedingen, festsetzen, ausmachen, die Bedingung stellen (*alle:* **that** dass) 2 die Voraussetzung sein für, bedingen: **~ed by** bedingt durch 3 abhängig machen (**on** von): **be ~ed on** abhängen von 4 UNIV *US* a *e-m Studenten* e-e Nachprüfung auferlegen b e-e Nachprüfung in *e-m Fach* ablegen müssen 5 TECH *etwas* auf s-n Zustand *od* s-e Beschaffenheit prüfen, *Textilien* konditionieren 6 in den richtigen *od* gewünschten Zustand bringen: → air-condition 7 *fig* a formen b anpassen c beeinflussen 8 *fig j-n* programmieren (**to, for** auf *akk*)

conditional [kən'dɪʃənl] A ADJ (ADV **~ly**) 1 bedingt (**on, upon** durch), abhängig (**on, upon** von), eingeschränkt: **~ acceptance** WIRTSCH bedingte Annahme; **~ discharge** JUR bedingte Entlassung; **he was given a ~ discharge** er wurde bedingt entlassen; **~ offer** WIRTSCH bedingtes Angebot; **~ sale** WIRTSCH Verkauf *m* mit Eigentumsvorbehalt; **be ~ (up)on** abhängen von; **make ~ (up)on** abhängig machen von 2 LING konditional, Bedingungs...: **~ clause** (*od* **sentence**) → B 2 a; **~ mood** → B 2 b 3 PHIL a hypothetisch b e-e hypothetische Prämisse enthaltend: **~ proposition** → B 3 B S 1 bedingender Ausdruck 2 LING a Bedingungs-, Konditionalsatz *m*, Bedingung *f* b Bedingungsform *f*, Konditional(is) *m* c Bedingungspartikel *f* 3 PHIL hypothetischer Satz; **conditionality** [-'nælətɪ] S Bedingtheit *f*

conditioned [kən'dɪʃnd] ADJ 1 bedingt, abhängig: **~ response** (*od* **reflex**) PSYCH bedingter Reflex; → condition B 2, B 3 2 beschaffen, geartet 3 in gutem Zustand, in guter Verfassung; **conditioner** S 1 TECH Konditionierapparat *m* 2 Klimaanlage *f* 3 AGR Bodenverbesserer *m* 4 SPORT (Konditions)Trainer(in) 5 (*Haar-*) Pflegemittel *n*

condo ['kɑndəʊ] *pl* **-dos** S *US umg* Eigentumswohnung *f*

condolatory [kən'dəʊlətərɪ; *US* -,təʊriː; -,tɔː-] ADJ Beileid bezeigend, Beileids..., Kondolenz...; **condole** V/I sein Beileid bezeigen *od* ausdrücken, kondolieren (*alle:* **with sb on sth** j-m zu etwas); **condolence** S Beileid(s-bezeigung) *n(f)*, Kondolenz *f*: **please accept my ~s** mein herzliches *od* aufrichtiges Beileid (**on zu**); **letter of ~** Beileidsbrief *m*; **register of ~** Kondolenzliste *f*; **visit of ~** Kondolenzbesuch *m*

condom ['kɒndəm; *US* 'kʌn-; 'kɑn-] S MED Kondom *n/m*, Präservativ *n*

condominium [ˌkɒndə'mɪnɪəm; *US* ˌkɑn-] S 1 POL Kondominium *n*: a *Herrschaft mehrerer Staaten über dasselbe Gebiet* b *Gebiet, das unter der Herrschaft mehrerer Staaten steht* 2 *US* a Eigentumswohnanlage *f* b *a.* **~ apartment** Eigentumswohnung *f*

condonation [ˌkɒndəʊ'neɪʃn; *US* ˌkɑn-] S Verzeihung *f*, Vergebung *f*; **condone** [kən'dəʊn] V/T 1 verzeihen, vergeben: **she ~d his infidelity** sie verzieh ihm s-e Untreue 2 ausgleichen, wettmachen

condor ['kɒndɔː(r); -də(r); *US* 'kɑn-] S ORN Kondor *m*

conduce [kən'djuːs; *US a.* -'duːs] V/I (**to, toward[s]**) beitragen (zu), dienlich *od* förderlich sein, dienen (*dat*): **~ to good health** gesundheitsförderlich sein; **conducive** ADJ (**to**) dienlich, förderlich (*dat*), nützlich, ersprießlich (für): **be ~ (to)** → conduce

conduct A S ['kɒndʌkt; -dəkt; *US* 'kɑn-] 1 Führung *f*: a Leitung *f*, Verwaltung *f* b Handhabung *f*, Durchführung *f*: **~ of state** Staatsverwaltung; **~ of war** Krieg(s)führung 2 Geleit *n*, Begleitung *f*: → safe-conduct 3 *fig* Führung *f*, Betragen *n*, Benehmen *n*, Verhalten *n*, Haltung *f*: **good ~** gute Führung; → certificate A 1 4 *obs* Schutzgeleit *n* 5 MAL *etc* Ausführung *f* B V/T [kən'dʌkt] 1 führen, geleiten, begleiten: **~ed tour (of)** a Führung *f* (durch) b Gesellschaftsreise *f* (durch) 2 *ein Geschäft* führen, betreiben, leiten, verwalten: **~ a campaign (a lawsuit, negotiations)** e-n Feldzug (e-n Prozess, Verhandlungen) führen; **~ war** Krieg führen 3 MUS *ein Orchester* leiten, dirigieren 4 **~ o.s.** sich betragen, sich benehmen, sich (auf)führen, sich verhalten 5 PHYS *Wärme, Elektrizität etc* leiten C V/I 1 PHYS leiten, als Leiter wirken 2 MUS dirigieren 3 **~ on buses** Busschaffner(in) sein

conductance [kən'dʌktəns] S ELEK Leitfähigkeit *f*, Wirkleitwert *m*; **conductibility** S PHYS Leitvermögen *n*, -fähigkeit *f*; **conductible** ADJ PHYS leitfähig

conducting [kən'dʌktɪŋ] ADJ ELEK, PHYS leitfähig, leitend

conduction [kən'dʌkʃn] S 1 Leitung *f* (*a.* PHYS *von Wärme etc*) 2 PHYS Leitvermögen *n*, -fähigkeit *f* 3 PHYSIOL Übertragung *f* von Impulsen (*durch das Nervensystem*) 4 BOT Saftsteigen *n*; **conductive** ADJ (ADV **~ly**) 1 → conductible 2 **~ education** MED konduktive Förderung; **conductivity** [ˌkɒndʌk'tɪvətɪ; *US* ˌkɑn-] S PHYS (ELEK spezifisches) Leitvermögen

conductor [kən'dʌktə(r)] S 1 Führer *m*, (*a. Reise*) Leiter *m*, Begleiter *m* 2 Leiter *m*, Verwalter *m* 3 a (*Omnibus-, Straßenbahn*) Schaffner *m* b BAHN *US* Zugbegleiter *m* 4 MUS Dirigent *m*, (*Chor*) Leiter *m*: **~'s baton** Dirigentenstab *m* 5 PHYS Leiter *m*: **be a good ~ of heat** gut Wärme leiten 6 ELEK a (*Strom*) Leiter *m*, Leitung *f* b Blitzableiter *m* c (*Kabel*) Ader *f*, Seele *f*: **~ circuit** Leiterkreis *m*; **~ rail** Leit(ungs)schiene *f*; **conductorship** S 1 Amt *n od* Tätigkeit *f* e-s Leiters *od* Dirigenten *etc* 2 Leitung *f*; **conductress** [-trɪs] S 1 Leiterin *f*, Führerin *f* 2 Schaffnerin *f* 3 MUS Dirigentin *f*

conduit ['kɒndɪt; *US* 'kɑnˌduːət; -ˌdjuːət] S 1 (Leitungs)Rohr *n*, Röhre *f*, Rohrleitung *f*, Kanal *m* (*a. fig*) 2 [*Br a.* 'kɒndjʊɪt; -dwɪt] ELEK a Rohrkabel *n* b Isolierrohr *n* (*für Leitungsdrähte*) 3 GEOL Vulkanschlot *m*; **~ box** S ELEK Abzweigdose *f*; **~ pipe** S Leitungsrohr *n*

condyle ['kɒndɪl; *US* 'kɑnˌdaɪl] S ANAT Gelenkkopf *m*

cone [kəʊn] A S 1 MATH *u. fig* Kegel *m*: **blunt** (*od* **truncated**) **~** stumpfer Kegel, Kegelstumpf *m*; **~ of fire** Feuergarbe *f*; **luminous ~**, **~ of light** TECH Lichtkegel; **~ of silence** (*Radar*) Null-, Schweigekegel *m* 2 BOT (*Tannen- etc*) Zapfen *m* 3 *kegelförmiger Gegenstand, z. B.* a Waffeltüte *f* (*für Speiseeis*) b Pylon *m*, Pylone *f*, Leitkegel *m* 4 TECH Konus *m*, Kegel *m* 5 Bergkegel *m* 6 ANAT Zapfen *m*, Zäpfchen *n* (*in der Netzhaut des Auges*) B V/T 1 kegelförmig machen *od* ausschleifen *od* ausdrehen 2 **~ off** mit Leitkegeln absperren; **~ bearing** S TECH Kegellager *n*; **~ brake** S TECH Kegelbremse *f*; **~ clutch** S TECH Kegel-, Konuskupplung *f*

coned [kəʊnd] ADJ 1 kegelförmig 2 BOT Zapfen tragend

cone| pulley S TECH Stufenscheibe *f*; **~-shaped** ADJ kegelförmig; **~ shell** S ZOOL Kegelschnecke *f*, Tüte *f*; **~ speaker** S Konuslautsprecher *m*; **~ sugar** S Hutzucker *m*; **~ valve** S TECH Kegelventil *n*

coney → cony

conf. ABK 1 confer vgl., vergleiche 2 conference

confab ['kɒnfæb; kɒn'fæb; *US* kən'fæb; 'kɑnˌfæb] *umg für* confabulate, confabulation; **confabulate** [kən'fæbjʊleɪt] V/I sich unterhalten, plaudern (*beide:* **with** mit); **confabulation** S 1 Unterhaltung *f*, Plausch *m*: **have a ~ (with)** → confabulate 2 PSYCH Konfabulation *f* (*auf Erinnerungstäuschung beruhender Bericht über vermeintlich erlebte Vorgänge*)

confect A V/T [kən'fekt] 1 herstellen, (zu)bereiten, mischen 2 → confection B 2 3 *obs* einmachen, einpökeln B S ['kɒnfekt; *US* 'kɑn-] → confection A 2

confection [kən'fekʃn] A S 1 Zubereitung *f*, Mischung *f* 2 a (mit Zucker) Eingemachtes *n*: **~s** Konfitüren b Konfekt *n*, Süßwaren *pl* c PHARM Latwerge *f* 3 Damenmode-, Konfektionsartikel *m* B V/T 1 *Damenkleider etc* fabrikmäßig herstellen, konfektionieren 2 (mit Zucker) einmachen; **confectionary** [-ʃənərɪ; *US* -ˌneriː] A S 1 *bes US* Konditorei *f* 2 Konfekt *n* B ADJ 1 *bes US* Konditorei... 2 Konfekt...; **confectioner** S Konditor *m*, Konditorin *f*: **~'s sugar** *US* Puderzucker *m*; **confectionery** [-ʃənərɪ; *US* -ˌneriː] S 1 Süßigkeiten *pl*, Süß-, Konditoreiwaren *pl* 2 Konditoreigewerbe *n* 3 Konditorei *f*, Süßwarengeschäft *n*

confederacy [kən'fedərəsɪ; -drəsɪ] S 1 Bündnis *n*, Bund *m* 2 (Staaten)Bund *m*: ♀ *US* HIST Konföderation *f* (*der Südstaaten im Sezessionskrieg*) 3 Komplott *n*, Verschwörung *f*

confederate [kən'fedərət; -drət] A ADJ 1 verbündet, verbunden, konföderiert (*alle:* **with** mit), Bundes... 2 ♀ *US* HIST zu den Konföderierten Staaten von Amerika gehörig: **♀ States of America** B S 1 Verbündete(r) *m/f(m)*, Bundesgenosse *m*, -genossin *f* 2 Komplize *m*, Komplizin *f*, Mitschuldige(r) *m/f(m)*, Helfershelfer(in) 3 *US* HIST Konföderierte(r) *m/f(m)*, Südstaatler(in) C V/T & V/I [-reɪt] (sich) verbünden *od* (zu e-m Bund) vereinigen *od* zusammenschließen

confederation [kənˌfedə'reɪʃn] S 1 Bund *m*, Bündnis *n*, (föderativer) Zusammenschluss: **♀ of British Industry** *Spitzenverband der britischen Arbeitgeberverbände*; **Articles of ♀** *US* HIST Bundesartikel (*von 1777, die erste Verfassung der 13 Kolonien*) 2 (Staaten)Bund *m*: **Germanic ♀** Deutscher Bund; **Swiss ♀** (*die*) Schweizer Eidgenossenschaft; **confederative** [-dərətɪv; -drə-; *US a.* -dəˌreɪtɪv] ADJ föderativ, Bundes...

confer [kən'fɜː; *US* -'fɜr] A V/T 1 *ein Amt, e-n Titel etc* verleihen, übertragen, erteilen (*alle:* **on, upon** *dat*): **~ a degree (up)on sb** j-m e-n (akademischen) Grad verleihen; **~ a favo(u)r upon sb** j-m e-e Gefälligkeit erweisen 2 *im Imperativ:* vergleiche (*abk* **cf**) B V/I sich beraten, konferieren, Rücksprache nehmen (*alle:* **with** mit; **on** über *akk*); **conferee** [ˌkɒnfə'riː; *US* ˌkɑn-] S 1 Konferenzteilnehmer(in) 2 Empfänger(in) (*e-s Titels etc*)

conference ['kɒnfərəns; *US* 'kɑn-] S 1 Konferenz *f*: a Beratung *f*, Besprechung *f*, Verhandlung *f* b Tagung *f*, Zusammenkunft *f*, Kongress *m*: **♀ on Security and Cooperation in Europe** Konferenz über Sicherheit u. Zusammenarbeit in Europa; **~ call** TEL Sammel-, Konferenzgespräch *n*; **~ center** (*bes Br* **centre**) Kongresszentrum *n*; **~ facilities** Konferenzeinrichtungen (*e-s Hotels etc*); **~ interpreter** Konferenzdolmetscher(in); **~ room** Besprechungszimmer *n*, Sitzungssaal *m*; **~ table** Konferenztisch *m*; **at the ~** auf der Konferenz *od* Tagung; **in ~ with** in Beratung mit; **he is in ~** er ist in e-r Besprechung 2 PARL *Verhandlung zwischen Ausschüssen gesetzgebender Körperschaften:* **~ committee** *US* Vermittlungsausschuss *m* 3 SPORT *bes US* Liga *f*; **conferential** [-'renʃl] ADJ Konferenz...

conferment [kən'fɜːmənt; *US* -'fɜr-] S Verleihung *f* (**on, upon** an *akk*); **conferrable** ADJ übertragbar

confess [kən'fes] A V/T 1 bekennen, (ein)gestehen: **~ a debt** e-e Schuld anerkennen; **~ doing sth** (ein)gestehen, etwas getan zu haben; **~ o.s. guilty of sth** sich e-r Sache schuldig bekennen 2 zugeben, (zu)gestehen, einräumen (*alle a.* **that** dass) 3 *bes* REL a beichten b *j-s* Beichte abnehmen *od* hören: **~ s.o** 4 BIBEL *u. poet* offenbaren, kundtun B V/I 1 (**to**) (ein)gestehen (*akk*), sich schuldig bekennen (*gen*, an *dat*), beichten (*akk*), sich bekennen (zu): **~ to doing sth** (ein)gestehen, etwas getan zu haben; **he has ~ed** JUR er hat gestanden, er ist geständig 2 REL a beichten (**to sb** j-m) b die Beichte abnehmen *od* hören; **confessed** ADJ zugestanden, erklärt: **a ~ enemy** ein erklärter Gegner; **confessedly** [-ɪdlɪ] ADV zugestandenermaßen, eingestandenermaßen

confession [kən'feʃn] S 1 Geständnis *n* (*a.* JUR), Bekenntnis *n*, (*Zivilrecht*) (förmliches) Anerkenntnis: **make a (full) ~** ein (volles) Geständnis ablegen; **he has made a ~** *a.* er ist geständig; **by** (*od* **on**) **his own ~** nach s-m eigenen Geständnis 2 Einräumung *f*, Zugeständnis *n* 3 JUR Anerkenntnis *n*, Anerkennung *f* (*e-s Rechts etc*) 4 REL Beichte *f*, Sündenbekenntnis *n*: **go to ~** zur Beichte gehen; **hear sb's ~** j-m die Beichte abnehmen; → auricular 1, dying 2 5 REL Konfession *f*: a Glaubensbekenntnis *n* b Glaubensgemeinschaft *f* 6 ARCH, REL Grabmal *n od* Altar *m* e-s Bekenners; **confessional** [-ʃənl; -ʃnəl] A ADJ 1 konfessionell, Konfessions..., Bekenntnis...: **~ school** 2 Beicht... B S REL Beichtstuhl *m*: **secret of the ~** Beichtgeheimnis *n*; **confessionary** [-ʃnərɪ; *US* -ʃəˌneriː] ADJ REL Beicht...

confessor [kən'fesə(r)] S 1 REL Beichtvater *m* 2 Bekenner *m*, Glaubenszeuge *m*: **Edward the ♀** HIST *Br* Eduard der Bekenner

confetti [kən'fetɪ] SPL 1 (*als sg konstruiert*) Konfetti *n* 2 *bes US* a Bonbons *pl* b Konfekt *n*, Pralinen *pl*

confidant [ˌkɒnfɪ'dænt; *US* 'kɑnfəˌdænt] S Vertraute(r) *m*, Mitwisser *m*; **confidante**

C

[-ˈdænt] S Vertraute *f*, Mitwisserin *f*

confide [kənˈfaɪd] A V/I 1 sich anvertrauen (in *dat*) 2 vertrauen (in *dat od* auf *akk*): **~ in sb** j-m vertrauen, j-m Vertrauen schenken B V/T *j-m etwas* anvertrauen: a vertraulich mitteilen b zu treuen Händen übergeben c *j-n* mit *e-r Aufgabe etc* betrauen

confidence [ˈkɒnfɪdəns; *US* ˈkɑnfə-] S 1 **(in)** Vertrauen *n* (auf *akk*, zu), Zutrauen *n* (zu): **vote of ~** PARL Vertrauensvotum *n*; **vote of no ~** PARL Misstrauensvotum *n*; **pass a vote of no ~ in sb** PARL j-m das Misstrauen aussprechen; **in ~** im Vertrauen, vertraulich; **be in sb's ~** j-s Vertrauen genießen; **have (place) ~ in sb** zu j-m Vertrauen haben (in j-n Vertrauen setzen); **lose ~ in sb** das Vertrauen zu j-m verlieren; **take sb into one's ~** j-n ins Vertrauen ziehen; **treat sth in ~** etwas vertraulich behandeln; → strict 1 2 *a.* **~ in o.s.** Selbstvertrauen *n*, -bewusstsein *n*, Zuversicht *f* 3 Dreistigkeit *f* 4 vertrauliche Mitteilung, Geheimnis *n*, *pl a.* Vertraulichkeiten *pl* 5 feste Überzeugung; **~-building** ADJ vertrauensbildend (*Maßnahmen etc*); **~ building** S Vertrauensbildung *f*; **~ course** S MIL Hindernisbahn *f*; **~ game** *US* → confidence trick; **~ limits** SPL statistisches Zahlenpaar (*zur Feststellung e-r Bevölkerungseigenschaft*); **~ man** S irr a Betrüger *m*, Bauernfänger *m* b Hochstapler *m*; **~ trick** S a aufgelegter Schwindel, Bauernfängerei *f* b Hochstapelei *f*; **~ trickster** → confidence man

confident [ˈkɒnfɪdənt; *US* ˈkɑnfə-] A ADJ (ADV **~ly**) 1 **(of, that)** überzeugt (von, dass), gewiss, sicher (*gen*, dass): **~ of victory** (*od* **winning**) siegesgewiss, -sicher 2 zuversichtlich 3 *a.* **~ in o.s.** selbstsicher, -bewusst 4 anmaßend, dreist B S Vertraute(r) *m/f(m)*

confidential [ˌkɒnfɪˈdenʃl; *US* ˌkɑnfə-] ADJ 1 vertraulich, geheim, privat: **private and ~** streng vertraulich 2 Vertrauen genießend, vertraut, Vertrauens...: **~ agent** Geheimagent(in); **~ clerk** WIRTSCH Prokurist(in); **~ person** Vertrauensperson *f*; **~ secretary** Privatsekretär(in) 3 intim, vertraulich: **~ communication** JUR vertrauliche Mitteilung (*an e-e schweigepflichtige Person, z. B. e-n Anwalt*); **confidentially** [-ʃəlɪ] ADV vertraulich, im Vertrauen

confiding [kənˈfaɪdɪŋ] ADJ (ADV **~ly**) vertrauensvoll, zutraulich; **confidingness** S Zutraulichkeit *f*

configuration [kənˌfɪgjʊˈreɪʃn; *US* -ˌfɪgəˈr-; -gjəˈr-] S 1 (*äußere*) Bildung, Gestalt(ung) *f*, Bau *m*, *a.* GEOL Struktur *f*: **~ of the skull** Schädelbau 2 ASTRON, ASTROL a Konfiguration *f*, Aspekt(e) *m(pl)* b Sternbild *n* 3 PHYS Konfiguration *f*: a Atomanordnung *f* in Molekülen b Elektronenanordnung *f* 4 MATH Figur *f*, Zusammenstellung *f* 5 IT Konfiguration *f* 6 PSYCH Gestalt *f*; **configurationism** S Gestaltpsychologie *f*; **configure** [-ˈfɪgə(r)] V/T IT *ein Programm* konfigurieren (*an die vorhandene Hardware anpassen*)

confinable [kənˈfaɪnəbl] ADJ zu begrenzen(d), zu beschränken(d) (**to** auf *akk*)

confine A S [ˈkɒnfaɪn; *US* ˈkɑn-] S *meist pl* 1 Grenze *f*, Grenzgebiet *n*, *fig* Rand *m*, Schwelle *f*: **on the ~s of death** am Rande des Todes 2 [kənˈfaɪn] *obs* Gebiet *n* 3 a *poet* Gefangenschaft *f* b *obs* Gefängnis *n* B V/T [kənˈfaɪn] 1 begrenzen, be-, einschränken (*alle:* **to** auf *akk*): **~ o.s. to** sich beschränken auf 2 einschließen, einsperren 3 *j-s* Bewegungsfreiheit einschränken: **be ~d to bed** ans Bett gefesselt sein, bettlägerig sein; **be ~d to one's room** ans Zimmer gefesselt sein; **be ~d to barracks** Kasernenarrest haben; → quarter A 16 4 *passiv.* **(of)** niederkommen (mit), entbunden werden (von), entbinden (*akk*): **she was ~d of a boy**; **confineable** → confinable; **confined** ADJ 1 begrenzt, beschränkt, beengt: **live in ~ conditions** in beengten Verhältnissen leben 2 im Wochenbett liegend; **confinedness** [-ɪdnɪs] S Beschränktheit *f*, Eingeengtheit *f*, Enge *f*

confinement [kənˈfaɪnmənt] S 1 Ein-, Beschränkung *f*, Ein-, Beengung *f* 2 Bettlägerigkeit *f* 3 Beengtheit *f* 4 Niederkunft *f*, Entbindung *f* 5 Gefangenschaft *f*, Haft *f*, MIL Arrest (-strafe) *m(f)*: **~ to quarters** MIL Stubenarrest; **close ~** strenge Haft; **solitary ~** Einzelhaft; **place under ~** in Haft nehmen

confirm [kənˈfɜːm; *US* -ˈfɜrm] V/T 1 *e-e Nachricht*, WIRTSCH *e-n Auftrag*, JUR *ein Urteil etc* bestätigen: **~ by oath** eidlich bekräftigen; **this ~ed my suspicions** dies bestätigte m-n Verdacht; **she ~ed his words** sie bestätigte die Richtigkeit s-r Aussage 2 a *e-n Entschluss* bekräftigen b *j-n* bestärken (**in** in *dat*) 3 *j-s Macht etc* festigen 4 *j-n* bestätigen (**in office** im Amt) 5 REL a konfirmieren b KATH firmen; **confirmable** ADJ zu bestätigen(d), erweisbar; **confirmand** [ˈkɒnfə(r)mænd; *US* ˈkɑn-] S REL a Konfirmand(in) b KATH Firmling *m*

confirmation [ˌkɒnfə(r)ˈmeɪʃn; *US* ˌkɑn-] S 1 Bestätigung *f*: **in ~ of** in *od* zur Bestätigung (*gen*) 2 Bekräftigung *f*, (Be)Stärkung *f* 3 Festigung *f* 4 REL a Konfirmation *f* b KATH Firmung *f*: **~ candidate** → confirmand; **confirmative** [kənˈfɜːmətɪv; *US* -ˈfɜr-] ADJ (ADV **~ly**), **confirmatory** [-tərɪ; *US* -ˌtəʊriː; -ˌtɔː-] ADJ bestätigend, bekräftigend, Bestätigungs...

confirmed [kənˈfɜːmd; *US* -ˈfɜrmd] ADJ 1 bestätigt 2 bestärkt 3 a fest, eingewurzelt: **a ~ habit** e-e feste Gewohnheit b erklärt, überzeugt: **a ~ bachelor** ein eingefleischter Junggeselle 4 chronisch: **she is a ~ invalid** sie ist chronisch krank; **confirmedness** [-ɪdnɪs] S Eingewurzeltsein *n*

confiscable [kɒnˈfɪskəbl; *bes US* kən-] ADJ konfiszierbar, einziehbar

confiscate [ˈkɒnfɪskeɪt; *US* ˈkɑn-] A V/T beschlagnahmen, einziehen, konfiszieren B ADJ beschlagnahmt, konfisziert; **confiscated** → confiscate B; **confiscation** S Einziehung *f*, Beschlagnahme *f*, Konfiszierung *f*; **confiscatory** [kənˈfɪskətərɪ; *US* -ˌtəʊriː; -ˌtɔː-] ADJ 1 konfiszierend, Beschlagnahme... 2 *umg* räuberisch: **~ taxes** ruinöse Steuern

conflagrate [ˈkɒnfləgreɪt; *US* ˈkɑn-] A V/T in Flammen setzen B V/I Feuer fangen (*a. fig*); **conflagration** S (*bes* Groß)Brand *m*

conflate [kənˈfleɪt] V/T *bes zwei Textversionen* verschmelzen, vereinigen (*beide:* **into** in *akk*, zu); **conflation** S Verschmelzung *f*, Vereinigung *f*

conflict A S [ˈkɒnflɪkt; *US* ˈkɑn-] Konflikt *m* (*a. im Drama etc*): a (feindlicher) Zusammenstoß, Zusammenprall *m*, Auseinandersetzung *f*, Kampf *m*, Kontroverse *f*: **~ area** MIL Kampfgebiet *n*, Konfliktzone *f*; **~ research** Konfliktforschung *f*; **~ situation** Konfliktsituation *f*; → armed[2] 1, wordy 1 b Widerstreit *m*, -spruch *m*: **come into ~ with sb** mit j-m in Konflikt geraten; **~ of ideas** Ideenkonflikt; **~ of interests** Interessenkonflikt *m*, -kollision *f*; **~ of laws** JUR Gesetzeskollision *f*, *weitS.* internationales Privatrecht; **inner ~** innerer *od* seelischer Konflikt B V/I [kənˈflɪkt] **(with)** in Konflikt stehen, kollidieren (mit), im Widerspruch *od* Gegensatz stehen (zu): **~ing claim** (*Patentrecht*) entgegenstehender *od* kollidierender Anspruch; **~ing emotions** *pl* Widerstreit *m* der Gefühle; **~ing laws** einander widersprechende Gesetze; **conflicting** ADJ widersprüchlich: → conflict B

confluence [ˈkɒnflʊəns; *US* ˈkɑn-] S 1 Zusammenfluss *m*: **the ~ of two rivers** 2 Zusammenströmen *n*, Zustrom *m* (*von Menschen*) 3 (Menschen)Auflauf *m*, Gewühl *n*, Menge *f* 4 PHYSIOL Zusammenwachsen *n*; **confluent** A ADJ zusammenfließend B S Nebenfluss *m*; **conflux** [ˈkɒnflʌks; *US* ˈkɑn-] → confluence 1, 2, 3

conform [kənˈfɔː(r)m] A V/T 1 anpassen, -gleichen (*beide:* **to** *dat od* an *akk*): **~ o.s. (to)** → B 1 2 in Einklang bringen (**to** mit) B V/I 1 **(to)** sich anpassen *od* angleichen (*dat*), sich richten (nach) 2 übereinstimmen(**to** mit) 3 sich fügen (**to** *dat*) 4 REL *Br* sich in den Rahmen der anglikanischen Staatskirche einfügen;

conformability S Gleichförmigkeit *f*, Übereinstimmung *f*; **conformable** ADJ (ADV **conformably**) 1 **(to, with)** konform, übereinstimmend, gleichförmig (mit), entsprechend, gemäß (*dat*): **be ~ to** entsprechen (*dat*), übereinstimmen mit 2 vereinbar (**with** mit) 3 fügsam: **be ~ (to)** → conform B 3 4 GEOL gleichstreichend, gleich gelagert; **conformal** ADJ MATH konform, winkeltreu (*Projektion*); **conformance** S 1 Übereinstimmung *f*: **in ~ with** in Übereinstimmung mit, gemäß (*dat*) 2 Anpassung *f* (**to** an *akk*)

conformation [ˌkɒnfɔː(r)ˈmeɪʃn; -fə(r)ˈm-; *US* ˌkɑn-] S 1 Angleichung *f*, Anpassung *f* (*beide:* **to** an *akk*) 2 Gestaltung *f*: a Gestalt *f*, Struktur *f*, Anordnung *f*, (*a.* Körper)Bau *m* b Formgebung *f* 3 CHEM Konformation *f*; **conformational** ADJ CHEM Konformations...: **~ analysis**

conformer [kənˈfɔː(r)mə(r)] → conformist A; **conformism** S Konformismus *m* (*Haltung, die durch Anpassung an die bestehenden Verhältnisse sowie an die jeweils herrschenden Meinungen u. Normen gekennzeichnet ist*); **conformist** A S 1 Konformist(in) 2 REL *Br* Konformist(in) (*Anhänger[in] der anglikanischen Kirche*) B ADJ konformistisch; **conformity** S 1 Gleichförmigkeit *f*, Übereinstimmung *f* (*beide:* **with** mit): **be in ~ with sth** mit e-r Sache übereinstimmen; **in ~ with** in Übereinstimmung *od* übereinstimmend mit, gemäß (*dat*); *she always dresses* **in ~ with the latest fashion** nach der letzten Mode; **~ with law** MATH Gesetzlichkeit *f* 2 **(to)** Anpassung *f* (an *akk*), Fügsamkeit *f* (gegenüber), Befolgung *f* (*gen*) 3 übereinstimmender Punkt, Ähnlichkeit *f*: **conformities in style** Ähnlichkeiten des Stils 4 REL *Br* Konformismus *m* (*Befolgung der Vorschriften der anglikanischen Kirche*) 5 SOZIOL Konformität *f* (*Übereinstimmung des individuellen Verhaltens mit dem e-r Gruppe*)

confound [kənˈfaʊnd] V/T 1 verwechseln, durcheinanderbringen (*beide*: **with** mit) 2 *j-n od etwas* verwirren, durcheinanderbringen 3 vernichten, vereiteln 4 widerlegen, (*im Streitgespräch*) e-e Abfuhr erteilen (*dat*) 5 *bes* BIBEL *j-n* beschämen 6 *als Verwünschung: umg obs*; **~ him!** zum Teufel mit ihm!; **~ it!** zum Henker!, verdammt!; **~ his cheek!** so e-e Frechheit!; **confounded** ADJ (ADV **~ly**) 1 verwirrt, bestürzt 2 *umg obs* (*a. int & adv*) verdammt!: a verwünscht, verflucht, verflixt b (*als Verstärkung*) scheußlich: **~ly cold** verdammt *od* scheußlich kalt

confraternity [ˌkɒnfrəˈtɜːnətɪ; *US* ˌkɑnfrəˈtɜr-] S 1 *bes* REL Bruderschaft *f*, Gemeinschaft *f* 2 Brüderschaft *f*, brüderliche Gemeinschaft 3 (Berufs)Genossenschaft *f*; **confrere**, *Br* **confrère** [ˈkɒnfreə(r); *US* ˈkɑn-] S Kollege *m*, Kollegin *f*

confront [kənˈfrʌnt] V/T 1 (*oft feindlich*) gegenübertreten, -stehen (*dat*): **be ~ed with** *Schwie-*

rigkeiten etc gegenüberstehen, sich gegenüberstehen *(dat)* 2 mutig begegnen, sich stellen *(dat)* 3 *a.* JUR konfrontieren (**with** mit): **~ sb with sth** j-m etwas entgegenhalten 4 vergleichen; **confrontation** [ˌkɒnfrʌn'teɪʃn; -frən-; *US* ˌkɑn-] S Gegenüberstellung *f*, Konfrontation *f* (*a.* POL *etc*); **confrontational** ADJ auf Konfrontation ausgerichtet; **confrontationist** ADJ 1 die Konfrontation suchend 2 Konfrontations…; **confrontment** → confrontation

Confucian [kən'fjuːʃjən; *US* -ʃən] A ADJ konfuzianisch B S Konfuzianer(in); **Confucianism** S Konfuzianismus *m* (*auf der Lehre von Konfuzius beruhende Geisteshaltung*)

Confucius [kən'fjuːʃjəs; -ʃəs] EIGENN Konfuzius *m (551?-479 v.Chr.; Chinesischer Philosoph)*

confuse [kən'fjuːz] V/T 1 verwechseln, durcheinanderbringen (*beide:* **with** mit): **~ X and** (*od* **with**) **Y** X u. Y durcheinanderbringen; **I've got the two terms ~d** ich habe die beiden Ausdrücke durcheinandergebracht; **you've got me ~d with sb else** Sie verwechseln mich mit j-m 2 verwirren: a in Unordnung bringen b aus der Fassung bringen, verlegen machen 3 verworren *od* undeutlich machen; **confused** ADJ 1 verwirrt: a konfus, verworren, wirr b verlegen 2 undeutlich, verworren (*Geräusche etc*); **confusedly** [-ɪdlɪ] ADV → confused; **confusedness** [-ɪdnɪs] S Verworrenheit *f*, Durcheinander *n*; **confusing** ADJ (ADV **~ly**) verwirrend

confusion [kən'fjuːʒn] S 1 Verwirrung *f*, Durcheinander *n*, (heillose) Unordnung: **the room was in complete ~** im Zimmer herrschte e-e heillose Unordnung; **cause ~** Verwirrung stiften *od* anrichten; **throw everything into ~** alles durcheinanderbringen; **my things were lying in ~ on the floor** m-e Sachen lagen wild durcheinander auf dem Boden; → tongue A 3 2 Aufruhr *m*, Lärm *m* 3 Verwirrung *f*, Verlegenheit *f*: **in ~** verwirrt, verlegen; **put sb to ~** j-n in Verlegenheit bringen; **be in a state of ~** verwirrt *od* verlegen sein 4 Verwechs(e)lung *f*: **~ of names** Namensverwechslung 5 geistige Verwirrung 6 Verworrenheit *f* 7 JUR a Vereinigung *f (zweier Rechte)* b Verschmelzung *f (von Gütern)*

confutable [kən'fjuːtəbl] ADJ widerlegbar; **confutation** [ˌkɒnfjuː'teɪʃn; *US* ˌkɑnfjʊ-] S Widerlegung *f*; **confutative** [-ətɪv] ADJ widerlegend, Widerlegungs…

confute [kən'fjuːt] V/T 1 *etwas* widerlegen 2 *j-n* widerlegen, e-s Irrtums überführen 3 *obs etwas* zunichtemachen

Cong. ABK 1 *US* Congress 2 *US* Congressional

congé ['kɔ̃ːnʒeɪ; *US* kəʊn'ʒeɪ] S 1 Abschied *m*: a Verabschiedung *f* b Entlassung *f*: **give sb their ~** j-n verabschieden *od* entlassen; **make** (*od* **take**) **one's ~** sich verabschieden (**of** von) 2 (Abschieds)Verbeugung *f*

congeal [kən'dʒiːl] A V/T gefrieren *od* gerinnen *od* erstarren lassen (*a. fig*) B V/I 1 gefrieren, gerinnen, erstarren (*a. fig vor Entsetzen*) 2 *fig* feste Gestalt annehmen; **congealable** ADJ gerinnbar, gefrierbar; **congealment** → congelation

congee ['kɒndʒiː; *US* 'kɑn-] → congé 1

congelation [ˌkɒndʒɪ'leɪʃn; *US* ˌkɑn-] S 1 Gefrieren *n*, Gerinnen *n*, Erstarren *n* (*a. fig*): **point of ~** Gefrierpunkt *m* 2 gefrorene *od* geronnene *od* erstarrte Masse

congener ['kɒndʒɪnə(r); *US* 'kɑn-; *Br u. US a.* kən'dʒiːnə(r)] A S 1 *bes* BOT, ZOOL *gleichartiges, verwandtes Ding od Wesen*, Gattungsverwandte(r) *m*, -genosse *m* 2 Art-, Stammverwandte(r) *m* B ADJ (art-, stamm)verwandt (**to** mit); **congeneric** [-'nerɪk], **congenerical** ADJ gleichartig, verwandt

congenial [kən'dʒiːnjəl; -nɪəl] ADJ (ADV **~ly**) 1 gleichartig, kongenial, (geistes)verwandt (*alle:* **with** mit *od dat*) 2 sympathisch, angenehm (*beide:* **to** *dat*) 3 angenehm, zusagend, entsprechend (*alle:* **to** *dat*): **be ~ to sb** (*od* **to sb's taste**) j-m zusagen 4 zuträglich (**to** *dat od* für): **be ~ to one's health** gesund sein 5 freundlich; **congeniality** [-nɪ'ælətɪ] S 1 Geistesverwandtschaft *f* 2 Zuträglichkeit *f*

congenital [kən'dʒenɪtl; *US a.* kɑn-] ADJ BIOL angeboren (*a. fig*), ererbt, kongenital (*a.* BOT): **~ defect** Geburtsfehler *m*; **~ instinct** angeborener *od* natürlicher Instinkt; **a ~ liar** ein geborener Lügner; **congenitally** [-təlɪ] ADV 1 von Geburt (an): **~ deaf** 2 von Natur (aus): **~ sceptical**

congeries [kɒn'dʒɪəriːz; *US* 'kɑndʒəriːz] *pl* -ries S Anhäufung *f*, Masse *f*

congest [kən'dʒest] A V/T 1 ansammeln, anhäufen, zusammendrängen, stauen 2 verstopfen, blockieren, (MED mit Blut) überfüllen: **~ the market** WIRTSCH den Markt überschwemmen B V/I sich ansammeln (*etc;* → A); **congested** ADJ 1 überfüllt (**with** von): **~ area** übervölkertes Gebiet, Ballungsgebiet *n*; **~ed streets** verstopfte Straßen 2 MED mit Blut überfüllt

congestion [kən'dʒestʃən] S 1 Ansammlung *f*, Anhäufung *f*, Andrang *m*: **~ of population** Übervölkerung *f*; **~ of traffic** Verkehrsstockung *f*, -stauung *f*, -stau *m*; **there was so much ~ that …** die Straßen waren derart verstopft, dass … 2 MED Kongestion *f*, Blutandrang *m* (**of the brain** zum Gehirn)

conglobate ['kɒngləʊbeɪt; *US* kɑn'gləʊ-] A ADJ [*US a.* -bət] (zusammen)geballt, kug(e)lig B V/T & V/I (sich) (zusammen)ballen (**into** zu)

conglomerate A V/T & V/I [kən'glɒməreɪt; *US* -'glɑm-] (sich) zusammenballen: a (sich) fest verbinden (**to** zu) b (sich) anhäufen *od* ansammeln B ADJ [-rət] 1 (zusammen)geballt, geknäult 2 *fig* zusammengewürfelt C S [-rət] 1 Konglomerat *n*: a GEOL Trümmergestein *n* b *fig* Anhäufung *f*, zusammengewürfelte Masse, (*a.* PHYS) Gemisch *n* 2 WIRTSCH Mischkonzern *m*; **conglomeratic** [-'rætɪk] ADJ GEOL Konglomerat…: **~ rock** Trümmergestein *n*; **conglomeration** S 1 Anhäufung *f*, Zusammenwürfelung *f* 2 → conglomerate C 1 b 3 MATH Häufung *f* 4 GEOL Ballung *f*

conglutinate [kən'gluːtɪneɪt] A V/T zusammenleimen, -kitten B V/I zusammenkleben, -haften, sich miteinander vereinigen, MED konglutinieren, verkleben (*rote Blutkörperchen*); **conglutination** S Vereinigung *f*, MED Konglutination *f*

Congo ['kɒŋgəʊ; *US* 'kɑŋ-] S Kongo *m*: a *Republik Kongo* b *Fluss in Westafrika*

Congolese [ˌkɒŋgəʊ'liːz; *US* ˌkɑŋgə'liːz] A ADJ kongolesisch B S Kongolese *m*, Kongolesin *f*: **the ~** *koll* die Kongolesen *pl*

Congo| paper ['kɒŋgəʊ; *US* 'kɑŋ-] S Kongopapier *n*; **~ pink**, **~ red** S Kongorot *n*

congrats [kən'græts] INT *bes Br umg* a gratuliere! b alle Achtung!

congratulant [kən'grætjʊlənt; -tʃʊ-; *bes US* -tʃə-] A S Gratulant(in) B ADJ → congratulatory; **congratulate** [-leɪt] V/T *j-m* gratulieren, *j-n* beglückwünschen (*beide:* **on** zu): **~ o.s. on sth** sich zu etwas gratulieren; **congratulation** S Gratulation *f*, Glückwunsch *m*: **~s!** a ich gratuliere!, herzlichen Glückwunsch! b alle Achtung!; **congratulator** [-tə(r)] S Gratulant(in); **congratulatory** [-lətərɪ; *US* -ˌtəʊriː; -ˌtɔː-] ADJ Gratulations…, Glückwunsch…: **~ telegram**

congregate ['kɒŋgrɪgeɪt; *US* 'kɑŋ-] V/T & V/I (sich) (ver)sammeln

congregation [ˌkɒŋgrɪ'geɪʃn; *US* ˌkɑŋ-] S 1 (Ver)Sammeln *n* 2 Ansammlung *f*, Menge *f* 3 Versammlung *f* 4 REL (Kirchen)Gemeinde *f* 5 KATH a (*Kardinals-, Kurien*) Kongregation *f*: ꝶ **of the Faith** Glaubenskongregation b Kongregation *f*, Ordensgemeinschaft *f* 6 BIBEL Gemeinschaft *f* der Juden 7 UNIV *Br* a akademische Versammlung (*Oxford*) b Senatsversammlung *f* (*Cambridge*) 8 *US* HIST (Stadt)Gemeinde *f*, Niederlassung *f*; **congregational** [-ʃənl; -ʃnəl] ADJ (ADV **~ly**) REL 1 Gemeinde…, Versammlungs… 2 gottesdienstlich 3 ꝶ REL kongregationalistisch; **Congregationalism** S REL Kongregationalismus *m* (*evangelische Bewegung in GB und den USA, die e-e übergeordnete Kirchenstruktur ablehnt*); **Congregationalist** A S Kongregationalist(in) B ADJ kongregationalistisch

congress ['kɒŋgres; *US* 'kɑŋgrəs] S 1 Kongress *m*, Tagung *f*: **the ꝶ of Vienna** HIST der Wiener Kongress 2 Begegnung *f*, Zusammenkunft *f* 3 Geschlechtsverkehr *m* 4 ꝶ *US* der Kongress (*Senat u. Repräsentantenhaus*): **Member of ꝶ** → Congressman, Congresswoman 5 gesetzgebende Körperschaft (*bes e-r Republik*)

congressional [kəŋ'greʃənl; -ʃnəl; *US* kən'g-] ADJ 1 Kongress… 2 ꝶ *den amer. Kongress betreffend*: **ꝶ debate** Kongressdebatte *f*; **ꝶ district** *Wahlbezirk für die Abgeordneten des Repräsentantenhauses*; **ꝶ medal** Verdienstmedaille *f*; **ꝶ Medal of Honor** MIL *höchste Tapferkeitsauszeichnung*

Congress|man [-mən] S *irr* Mitglied *n* des amer. Repräsentantenhauses; **~woman** S *irr* (weibliches) Mitglied des amer. Repräsentantenhauses

congruence ['kɒŋgrʊəns; *US* kən'gruːəns; 'kɑŋgrəwəns] S 1 Übereinstimmung *f* 2 MATH Kongruenz *f* (*a. fig*): a Deckungsgleichheit *f*: **be in ~** sich decken, kongruent sein b Übereinstimmung *f (von zwei Zahlen, die, durch e-e dritte geteilt, gleiche Reste liefern)*; **congruent** ADJ (ADV **~ly**) 1 (**to, with**) übereinstimmend (mit), entsprechend, gemäß (*dat*) 2 (**to, with**) passend (zu), vereinbar (mit) 3 MATH kongruent (*a. fig*): a deckungsgleich b übereinstimmend; **congruity** [kɒŋ'gruːətɪ; *bes US* kən'g-; *US a.* kɑn-] S 1 Übereinstimmung *f* 2 Folgerichtigkeit *f* 3 Angemessenheit *f* 4 → congruence 2; **congruous** ['kɒŋgrʊəs; *US* 'kɑŋgrəwəs] ADJ (ADV **~ly**) 1 → congruent 1 2 folgerichtig 3 → congruent 2 4 → congruent 3; **congruousness** → congruity

conic ['kɒnɪk; *US* 'kɑ-] A ADJ (ADV **~ally**) → conical: **~ section** → B 2 B S 1 *pl (als sg konstruiert)* MATH Lehre *f* von den Kegelschnitten 2 MATH Kegelschnitt *m*

conical ['kɒnɪkl; *US* 'kɑ-] ADJ (ADV **~ly**) 1 konisch, kegelförmig: **~ projection** (*Kartografie*) Kegelprojektion *f* 2 verjüngt, keg(e)lig; **~ bearing** S TECH Spitzenlager *n*; **~ frustum** S *a. irr* MATH Kegelstumpf *m*

conicalness, **conicity** [kəʊ'nɪsətɪ] S Konizität *f*, Kegelform *f*; **conicoid** [-kɔɪd] A S MATH Fläche *f* zweiter Ordnung B ADJ kegelförmig, keg(e)lig

conifer ['kɒnɪfə(r); 'kəʊ-; *US* 'kɑ-] S BOT Konifere *f*, Nadelbaum *m*; **coniferous** [kəʊ'nɪfərəs] ADJ BOT a Zapfen tragend b Nadel…: **~ tree**; **~ wood**

coniform ['kəʊnɪfɔː(r)m] ADJ kegelförmig

conjecturable [kən'dʒektʃərəbl] ADJ (ADV conjecturably) zu vermuten(d); **conjectural** ADJ (ADV **~ly**) 1 auf Vermutungen beruhend, mutmaßlich 2 zu Mutmaßungen neigend

conjecture [kən'dʒektʃə(r)] A S 1 Vermutung *f*, Mutmaßung *f*, Annahme *f*: **make a ~** Mutmaßungen anstellen; **be reduced to ~** auf Vermutungen angewiesen sein; **this is a matter for pure ~** das kann man nur vermuten 2 Theorie *f*, (vage) Idee 3 Konjektur *f* (*Textverbesserung*) B V/T vermuten, mutmaßen (*beide a.* **that** dass) C V/I Vermutungen anstellen, mutmaßen (*beide:* **of, about** über *akk*)

conjoin [kən'dʒɔɪn] V/T & V/I (sich) verbinden *od* vereinigen; **conjoined** ADJ 1 verbunden, verknüpft 2 zusammentreffend (*Ereignisse*); **conjoint** ['kɒndʒɔɪnt; *bes US* kən'dʒ-] ADJ 1 verbunden, vereinigt, gemeinsam 2 Mit…: **~ minister** Mitminister *m* 3 MUS nebeneinanderliegend: **~ degree** Nachbarstufe *f*; **conjointly** ['kɒndʒɔɪntlɪ; *bes US* kən'dʒ-] ADV zusammen, gemeinsam (*beide:* **with** mit)

conjugal ['kɒndʒʊgl; *US* 'kandʒɪgəl; kən'dʒu:-] ADJ (ADV **~ly**) ehelich, Ehe…, Gatten…: **~ bed** Ehebett *n*; **~ life** Eheleben *n*; **~ rights** JUR eheliche Rechte; **conjugality** [-'gælətɪ] S Ehestand *m*

conjugate ['kɒndʒʊgeɪt; *US* 'kandʒə-] A V/T LING konjugieren, beugen B V/I 1 LING konjugiert *od* gebeugt werden 2 BIOL sich paaren C ADJ [-dʒʊgɪt; *US* -dʒɪgət] 1 (paarweise) verbunden, gepaart 2 LING stammverwandt 3 MATH (einander) zugeordnet, konjugiert (*Strecken, Zahlen etc*) 4 BOT paarweise stehend, paarig 5 CHEM, MED konjugiert, assoziiert D S [-dʒʊgɪt; *US* -dʒɪgət] 1 LING stammverwandtes Wort 2 CHEM konjugiertes Radikal; **conjugated** ADJ CHEM 1 durch Kopp(e)lung von Verbindungen *od* Radikalen gebildet 2 konjugierte Doppelbindungen enthaltend; **conjugation** S 1 Vereinigung *f* 2 LING Konjugation *f*: a Beugung *f* b Konjugationsgruppe *f*: **first ~** erste Konjugation; **have an irregular ~** unregelmäßig konjugiert *od* gebeugt werden 3 BIOL Konjugation *f* (*von Geschlechtszellen*) 4 CHEM Konjugation *f* (*der Doppelbindungen od p-Elektronen*)

conjunct [kən'dʒʌŋkt] ADJ (ADV **~ly**) 1 verbunden, vereint, gemeinsam (*alle:* **with** mit): **~ consonant** (*Sanskrit*) Ligatur *f*; **~ degree** MUS Nachbarstufe *f* 2 JUR befangen

conjunction [kən'dʒʌŋkʃn] S 1 Verbindung *f*, Vereinigung *f* (*a. fig*): **in ~ with** in Verbindung *od* zusammen mit; **taken in ~ with** zusammengenommen *od* -gefasst mit 2 Zusammentreffen *n* (*von Ereignissen*) 3 LING Konjunktion *f*, Bindewort *n* 4 ASTROL Konjunktion *f* (*Zusammentreffen mehrerer Planeten im gleichen Tierkreiszeichen*); **conjunctional** [-ʃənl] ADJ (ADV **~ly**) 1 ASTROL konjunktional 2 LING Konjunktions…

conjunctiva [ˌkɒndʒʌŋk'taɪvə; *US* ˌkan-] *pl* -vas, -vae [-vi:] S ANAT Konjunktiva *f*, Bindehaut *f*

conjunctive [kən'dʒʌŋktɪv] A ADJ 1 (eng) verbunden 2 verbindend, Verbindungs…: **~ tissue** ANAT Bindegewebe *n*; **~ word** LING Bindewort *n*, Konjunktion *f* 3 LING *US* konjunktivisch: **~ mood** → B 4 MATH konjunktiv B S LING *US* Konjunktiv *m*; **conjunctively** ADV gemeinsam, vereint

conjunctivitis [kənˌdʒʌŋktɪ'vaɪtɪs] S MED Konjunktivitis *f*, Bindehautentzündung *f*

conjuncture [kən'dʒʌŋktʃə(r)] S 1 Verbindung *f* 2 a Zusammentreffen *n* b Zusammentreffen *n* von (*bes ungünstigen*) Umständen

conjuration [ˌkɒndʒʊə'reɪʃn; *US* ˌkan-] S 1 Beschwörung *f*: a feierliche Anrufung (*von Geistern etc*) b Verzauberung *f* 2 Zauberformel *f* 3 Zauberei *f* 4 *obs* Verschwörung *f*

conjure ['kʌndʒə(r)] A V/T 1 [kən'dʒʊə(r)] beschwören, inständig bitten (*beide:* **to do** zu tun) 2 *den Teufel etc* beschwören, (an)rufen: **~ up** heraufbeschwören (*a. fig*), zitieren (→ A 3) 3 be-, verhexen: **~ away** wegzaubern, bannen; **~ up** hervorzaubern (*a. fig*)(→ A 2) B V/I 1 zaubern, hexen: **a name to ~ with** ein Name, der Wunder wirkt 2 Geister beschwören

conjurer ['kʌndʒərə(r)] S 1 Zauberer *m*, Zauberin *f*, Geisterbeschwörer(in): **I'm not a ~!** ich kann (auch) nicht hexen! 2 Zauberkünstler(in)

conjuring trick ['kʌndʒərɪŋ] S Zauberkunststück *n*, Zaubertrick *m*

conjuror[1] ['kʌndʒərə(r)] → conjurer

conjuror[2] [ˌkɒn'dʒʊərə(r); *US* ˌkan-] S *obs* Mitverschworene(r) *m/f(m)*

conk[1] [kɒŋk] *sl* A S a *Br* Riecher *m* (*Nase*) b Birne *f* (*Kopf*) B V/T 1 a *j-m* eins auf die Nase geben b *j-m* eins über die Birne ziehen 2 *US j-s Haar* entkräuseln

conk[2] [kaŋk; kɔ:ŋk] S BOT *US* 1 Holzfäule *f* 2 konsolenförmige Pilzfruchtkörper *pl* (*an fauligen Stämmen*)

conk[3] [kɒŋk; *US a.* kaŋk] V/I *umg meist* **~ out** 1 streiken, den Geist aufgeben (*Fernseher etc*), absterben (*Motor*) 2 a umkippen (*ohnmächtig werden*) b zusammenklappen (*vor Erschöpfung etc*) c *a.* **~ off** einpennen 3 den Löffel weglegen (*sterben*)

conker ['kɒŋkə(r); *US* 'ka-] S Kastanie *f*: **~s** *pl* (*als sg konstruiert*) *Br Spiel, bei dem die Teilnehmer mit e-r an e-r Schnur befestigten Kastanie versuchen die des Partners zu zerschlagen*

conkout S *US sl* (*Motor- etc*) Panne *f*

conn [kɒn; *US* kan] V/T SCHIFF *ein Schiff* führen

Conn. ABK Connecticut

Connacht ['kɒnət; -nəxt; *US* 'kanɔ:t], *hist* **Connaught** ['kɒnɔ:t; *US* 'ka-] S Connacht *n* (*Provinz in Irland*)

connate ['kɒneɪt; *US* ka'n-] ADJ 1 angeboren 2 gleichzeitig geboren *od* entstanden 3 (abstammungs-, art)verwandt 4 gleichgeartet 5 BIOL verwachsen

connatural [kɒ'nætʃrəl; *US* ka'n-] ADJ (ADV **~ly**) (**to**) von gleicher Natur (wie), ähnlich, verwandt (*dat*)

connect [kə'nekt] A V/T 1 *a. fig* verbinden, verknüpfen, e-e Verbindung herstellen (*alle:* **with** mit) 2 *fig* in Zusammenhang *od* in Verbindung bringen (*beide:* **with** mit): **~ ideas** Gedanken verknüpfen; **become ~ed (with)** a in Verbindung treten (mit) b in verwandtschaftliche Beziehungen treten (zu) 3 (**to**) TECH verbinden, koppeln, zusammenfügen (mit), *e-n Wagen etc* anhängen, ankuppeln (an *akk*) 4 (**to**) ELEK anschließen (an *akk*), verbinden (mit), (zu)schalten (*dat*), Kontakt herstellen zwischen (*dat*) 5 *j-n* (telefonisch) verbinden (**to, with** mit): **~ sb further** j-n weiterverbinden; **be ~ed** verbunden sein B V/I 1 in Verbindung treten *od* stehen: **are we ~ing?** *bes US umg* verstehen wir uns?, sind wir uns einig? 2 in (logischem) Zusammenhang stehen (**with** mit) 3 BAHN *etc* Anschluss haben (**with** an *akk*) 4 *Boxen etc: umg* treffen: **~ with a blow** e-n Schlag landen

connected [kə'nektɪd] ADJ 1 verbunden, verknüpft 2 (logisch) zusammenhängend: **the two deaths may be ~** zwischen den beiden Todesfällen besteht möglicherweise ein Zusammenhang 3 verwandt (**to, with** mit): **be well ~** einflussreiche Verwandte *od* gute Beziehungen haben; **~ by marriage** verschwägert 4 (**with**) verwickelt (in *akk*), beteiligt (an *dat*) 5 TECH gekoppelt 6 ELEK angeschlossen, (zu)geschaltet: **~ load** Anschlusswert *m*; **connectedly** ADV (logisch) zusammenhängend: **think ~**; **connectedness** S (logischer) Zusammenhang; **connecter** → connector

Connecticut [kə'netɪkət] S Connecticut *n* a *Staat im Nordosten der USA* b *Fluss im Nordosten der USA*

connecting [kə'nektɪŋ] ADJ Binde…, Verbindungs…, Anschluss…; **~ cord** S ELEK Verbindungsschnur *f*; **~ door** S Verbindungstür *f*; **~ flange** S TECH Anschlussflansch *m*; **~ flight** S Anschlussflug *m*; **~ link** S Binde-, Zwischenglied *n*; **~ membrane** S BIOL Verbindungshaut *f*; **~ piece** S TECH Verbindungs-, Anschlussstück *n*, Stutzen *m*; **~ plug** S ELEK Stecker *m*; **~ relay** S ELEK Durchschalterelais *n*; **~ rod** S TECH Pleuel-, Kurbelstange *f*; **~ shaft** S TECH Transmissionswelle *f*; **~ train** S Anschlusszug *m*

connection, *bes Br a.* **connexion** [kə'nekʃn] S 1 Verbindung *f* 2 TECH *allg* Verbindung *f*, Anschluss *m* (*beide a.* ELEK, BAHN, TEL *etc*), Verbindungs-, Bindeglied *n*, ELEK Schaltung *f*, Schaltverbindung *f*: **~ (piece)** → connecting piece; **~ fee** TEL Anschlussgebühr *f*; **hot-water ~s** *pl* Heißwasseranlage *f*; **pipe ~** Rohranschluss; **~ plug** Anschlussstecker *m* 3 Zusammenhang *m*, Beziehung *f*: **in this ~** in diesem Zusammenhang; **in ~ with** mit Bezug auf (*akk*); **in ~ with this** im Zusammenhang damit; **have no ~ with** (*od* **to**) nichts zu tun haben mit 4 persönliche Beziehung, Verbindung *f*: **enter into ~ with sb** mit j-m in Verbindung treten 5 a (*geschäftliche etc*) Verbindung, (*einflussreicher*) Bekannter *od* Verwandter b *pl* (*gute, nützliche, geschäftliche etc*) Beziehungen *pl od* Verbindungen *pl*, Bekannten-, Kundenkreis *m*, Verwandtschaft *f*: **business ~s**; **business with first-rate ~s** Geschäft *n* mit erstklassigem Kundenkreis 6 religiöse *od* politische Gemeinschaft 7 *nur* **connexion** *Br* Methodistengemeinschaft *f* 8 Geschlechtsverkehr *m*

connective [kə'nektɪv] A ADJ (ADV **~ly**) verbindend: **~ tissue** ANAT Binde-, Zellgewebe *n*; **~ word** → B B S LING Bindewort *n*

connector [kə'nektə(r)] S 1 TECH Verbindungsglied *n*, Anschlussstück *n* 2 ELEK Klemmverbindung *f*, Stecker *m*

connexion *bes Br für* connection

conning| bridge ['kɒnɪŋ; *US* 'ka-] S SCHIFF Kommandobrücke *f*; **~ tower** S SCHIFF, MIL Kommandoturm *m*

conniption [kə'nɪpʃən], *a.* **~ fit** S *US umg* Rappel *m* (*Wutanfall*): **throw a ~** e-n Anfall bekommen

connivance [kə'naɪvəns] S 1 stillschweigende Einwilligung *od* Duldung, bewusstes Übersehen (**at, in, with** *gen od* von) 2 JUR a Begünstigung *f*, strafbares Einverständnis b (*stillschweigende*) Duldung ehebrecherischer Handlungen des Ehepartners

connive [kə'naɪv] V/I 1 (**at**) ein Auge zudrücken (bei), stillschweigend dulden, geflissentlich übersehen (*akk*) 2 *a.* JUR (stillschweigend) Vorschub leisten (**with sb** j-m; **at sth** [bei] e-r Sache) 3 *a.* JUR im geheimen Einverständnis stehen, zusammenarbeiten (**with** mit) 4 *US* ein Komplott schmieden; **connivence** → connivance

connoisseur [ˌkɒnə'sɜ:; *US* ˌkanə'sɜr] S (*Kunst- etc*) Kenner(in): **~ of wines** Weinkenner; **connoisseurship** S Kennerschaft *f*

connotation [ˌkɒnəʊ'teɪʃn; *US* ˌkanə't-] S 1 Mitbezeichnung *f* 2 Konnotation *f*, Nebenbedeutung *f*, Beiklang *m* 3 LING, PHIL Begriffsinhalt *m*, (Wort)Bedeutung *f*; **connotative** ['kɒnəʊteɪtɪv; kə'nəʊtətɪv; *US* 'kanə-] ADJ (ADV **~ly**) 1 mitbedeutend 2 logisch umfassend 3 Nebenbedeutungen habend; **connote** [kɒ'nəʊt; *US* kə'nəʊt; ka-] V/T mitbezeichnen, (zugleich) bedeuten, in sich schließen, den Beiklang haben von

connubial [kəˈnjuːbjəl; US a. kəˈnuːbɪəl] ADJ (ADV **~ly**) ehelich, Ehe…: **~ bliss** Eheglück n; **connubiality** [-bɪˈælətɪ] S Ehestand m

conoid [ˈkəʊnɔɪd] A ADJ 1 kegelförmig 2 MATH konoidisch B S MATH a Konoid n b Konoide f (Fläche); **conoidal** ADJ (ADV **~ly**) → conoid A

conoscente [ˌkɒnəʊˈʃentɪ; US ˌkəʊnəˈʃ-; ˌkɑ-] → cognoscente

conquer [ˈkɒŋkə(r); US ˈkɑŋ-] A V/T 1 erobern: a ein Land etc einnehmen: **~ territories from sb** j-m Land abgewinnen b fig s-e Unabhängigkeit etc erringen, erkämpfen c fig j-n, j-s Herz gewinnen 2 a den Feind etc unterwerfen, besiegen b a. fig überwinden, -wältigen, bezwingen, Herr werden (gen): **~ one's fear**; **~ difficulties**; **~ a mountain** e-n Berg bezwingen B V/I 1 Eroberungen machen 2 siegen: **stoop to ~** sein Ziel durch Zugeständnisse zu erreichen trachten; **conquerable** ADJ 1 zu erobern(d) 2 a besiegbar b überwindlich; **conquering** ADJ (ADV **~ly**) erobernd, siegreich; **conqueror** [-rə(r)] S 1 Eroberer m, Eroberin f: **(William) the** ♀ HIST Wilhelm der Eroberer 2 (Be)Sieger(in)

conquest [ˈkɒŋkwest; US ˈkɑnˌkwest; ˈkɑŋ-] S 1 Eroberung f: a Einnahme f: **the** ♀ HIST die normannische Eroberung b erobertes Gebiet c fig Erringung f: **the ~ of liberty** 2 a Besiegung f b a. fig Überwindung f, Bezwingung f 3 fig umg Eroberung f (Person): **make a ~ of sb** j-n erobern od für sich gewinnen 4 JUR schott (Güter)Erwerb m

cons.[1] ABK 1 consecrated 2 consigned 3 consignment 4 WIRTSCH consolidated 5 LING consonant 6 constitution(al) 7 construction 8 consulting

Cons.[2] ABK POL Conservative

consanguine [kɒnˈsæŋgwɪn; US kɑn-] ADJ, **consanguineous** [-ɪəs] ADJ (ADV **~ly**) blutsverwandt; **consanguinity** S Blutsverwandtschaft f

conscience [ˈkɒnʃəns; US ˈkɑn-] S 1 Gewissen n: **a good (bad, guilty) ~** ein gutes od reines od ruhiges (schlechtes) Gewissen; **have no ~** kein Gewissen haben, gewissenlos sein 2 Gewissenhaftigkeit f 3 obs a Bewusstsein n b innerstes Denken

Besondere Redewendungen: **a good ~ is a soft pillow** (Sprichwort) ein gutes Gewissen ist ein sanftes Ruhekissen; **a matter of ~** e-e Gewissensfrage; **against one's ~** mit schlechtem Gewissen; **in (all) ~** a sicherlich, wahrhaftig b nach allem, was recht u. billig ist; **not in all ~** beim besten Willen nicht; **upon my ~** auf mein Wort, gewiss; **my ~!** mein Gott!; **for ~'s sake** um das Gewissen zu beruhigen; **act on ~** nach s-m Gewissen handeln, s-m Gewissen folgen; **have sth on one's ~** Gewissensbisse od ein schlechtes Gewissen haben wegen e-r Sache; **have the ~ to do sth** die Frechheit od Stirn besitzen, etwas zu tun; **speak one's ~** obs s-e Meinung (unverblümt) sagen

conscience| clause S JUR Gewissensklausel f; **~ money** S freiwillige (bes anonyme) Steuernachzahlung; **~-proof** ADJ abgebrüht umg, ohne Gewissen(sregungen); **~-smitten**, **~-stricken** ADJ von Gewissensbissen gepeinigt, reuevoll

conscientious [ˌkɒnʃɪˈenʃəs; US ˌkɑn-] ADJ (ADV **~ly**) 1 gewissenhaft (Arbeiter etc); **a ~ description** e-e genaue Beschreibung 2 Gewissens…: **on ~ grounds** aus Gewissensgründen; **conscientiousness** S Gewissenhaftigkeit f

conscientious objector S Kriegs-, Wehrdienstverweigerer m (aus Gewissensgründen)

conscionable [ˈkɒnʃnəbl; US ˈkɑn-] ADJ (ADV **conscionably**) obs 1 gewissenhaft 2 gerecht, billig

conscious [ˈkɒnʃəs; US ˈkɑn-] ADJ (ADV **~ly**) 1 präd bei Bewusstsein: **the patient is fully ~** der Patient ist bei vollem Bewusstsein 2 bewusst: **~ mind** Bewusstsein n; **be ~ of sth** sich e-r Sache bewusst sein, sich über e-e Sache im Klaren sein, von etwas wissen od Kenntnis haben; **be ~ that …** wissen, dass …; **she became ~ that …** es kam ihr zum Bewusstsein od sie wurde sich klar darüber, dass … 3 denkend: **man is a ~ being** 4 bewusst (schaffend) (Künstler) 5 dem Bewusstsein gegenwärtig, bewusst (Schuld etc) 6 befangen 7 bewusst, wissentlich, absichtlich (Lüge etc)

-conscious [kɒnʃəs; US kɑn-] Wortelement mit den Bedeutungen: a aufgeschlossen für, interessiert an (dat), …freudig: **art-~** b empfindlich gegen (etwas Schlechtes) c …bewusst: → class-conscious etc

consciousness [ˈkɒnʃəsnɪs; US ˈkɑn-] S 1 **(of)** Sichbewusstsein n (gen), Wissen n (von od um): → self A 3 2 Bewusstsein(szustand) n(m): **lose ~** das Bewusstsein verlieren; **regain** (od **recover**) **~** wieder zu sich kommen, das Bewusstsein wiedererlangen 3 (Gesamt)Bewusstsein n, Denken n, Empfinden n; **~-expanding** ADJ bewusstseinserweiternd (Droge); **~-raising** S Bewusstseinsentwicklung f, Selbsterfahrung f: **~ group** Selbsterfahrungsgruppe f

conscribe [kənˈskraɪb] → conscript B

conscript A ADJ [ˈkɒnskrɪpt; US ˈkɑn-] 1 zwangsweise verpflichtet (Krankenschwestern etc) 2 MIL einberufen, eingezogen 3 **~ fathers** Antike: (die) römischen Senatoren pl B V/T [kənˈskrɪpt] MIL a einziehen, -berufen b HIST Truppen etc ausheben C S [ˈkɒnskrɪpt; US ˈkɑn-] MIL a Wehr(dienst)pflichtige(r) m/f(m) b Einberufene(r) m/f(m)

conscription [kənˈskrɪpʃn] S 1 MIL Einberufung f, Einziehung f 2 **(universal) ~** MIL (allgemeine) Wehrpflicht 3 Arbeitsverpflichtung f 4 a. **~ of wealth** (Heranziehung f zur) Vermögensabgabe f

consecrate [ˈkɒnsɪkreɪt; US ˈkɑnsə-] A V/T allg weihen: a REL konsekrieren, einsegnen: → wafer A 3 b widmen (**to** dat): **~ one's life to an idea** c heiligen: **a custom ~d by tradition** B V/I REL konsekrieren, die Wandlung vollziehen (in der Messe) C ADJ a geweiht (**to** dat) b geheiligt; **consecration** S 1 REL a (a. Priester)Weihe f, Weihung f b Einsegnung f c Konsekration f, Wandlung f 2 Heiligung f 3 Widmung f, Hingabe f (**to** an akk)

consecution [ˌkɒnsɪˈkjuːʃn; US ˌkɑn-] S 1 (Aufeinander-, Reihen)Folge f: **~ of tenses** LING Zeitenfolge 2 logische Folge

consecutive [kənˈsekjʊtɪv; US a. -kətɪv] ADJ 1 aufeinanderfolgend: **for three ~ weeks** drei Wochen hintereinander; **~ interpreter** Konsekutivdolmetscher(in) 2 (fort)laufend (Nummern etc) 3 konsekutiv, abgeleitet: **~ clause** LING Konsekutiv-, Folgesatz m 4 MUS parallel (fortschreitend) (Intervalle) 5 Folge…: **~ symptom** MED Folgeerscheinung f; **consecutively** ADV nacheinander, (fort)laufend: **numbered ~** fortlaufend nummeriert; **consecutiveness** S Aufeinanderfolge f

consensual [kənˈsensjʊəl; -ʃʊəl; US -ˈsenʃəwəl; -ˈsenʃəl] ADJ (ADV **~ly**) 1 JUR auf bloßer mündlicher Übereinkunft beruhend: **~ contract** obligatorischer Vertrag 2 unwillkürlich, Reflex…: **~ motion**

consensus [kənˈsensəs] S a. **~ of opinion** (allgemein) übereinstimmende Meinung, (allgemeine) Übereinstimmung: **reach a ~** Übereinstimmung erreichen od erzielen (**on** in dat)

consent [kənˈsent] A V/I 1 **(to)** zustimmen (dat), einwilligen (in akk) 2 sich bereit erklären (**to do sth** etwas zu tun) 3 nachgeben 4 obs übereinstimmen B S **(to)** Zustimmung f, Einverständnis n (zu), Einwilligung f (in akk), Genehmigung f (gen od für): **give one's ~** s-e Einwilligung geben; **age of ~** JUR (bes Ehe)Mündigkeit f; **with one ~** einstimmig, einmütig; **with the ~ of** mit Genehmigung von (od gen); → common A 2, informed 1; **consentaneity** [-təˈniːətɪ] S 1 Übereinstimmung f 2 Einmütigkeit f; **consentaneous** [ˌkɒnsenˈteɪnɪəs; US ˈkɑn-], **consentient** [kənˈsenʃnt] ADJ (ADV **~ly**) 1 **(to, with)** zustimmend (dat), übereinstimmend (mit) 2 einmütig, einstimmig

consequence [ˈkɒnsɪkwəns; US ˈkɑn-; a. -səˌkwens] S 1 Folge f, Resultat n, Ergebnis n, Auswirkung f, Konsequenz f: **bad ~s** schlimme Folgen; **in ~** infolgedessen, folglich, daher; **in** (od **as a**) **~ of** infolge von (od gen); **have no ~s** ohne Folgen bleiben; **take the ~s** die Folgen tragen; **with the ~ that …** mit dem Ergebnis, dass …; → carry B 7 2 Folgerung f, Schluss (-satz) m 3 Bedeutung f, Wichtigkeit f: **of (no) ~** von (ohne) Bedeutung, (un)bedeutend, (un)wichtig (alle: **to** für); **it is of no ~** a. es hat nichts auf sich 4 Einfluss m, Ansehen n: **a person of great ~** e-e bedeutende od einflussreiche Persönlichkeit 5 Würde f 6 Wichtigtuerei f

consequent [ˈkɒnsɪkwənt; US ˈkɑn-; a. -səˌkwent] A ADJ (ADV → consequently) 1 **(on, upon)** a (nach)folgend (dat, auf akk): **be ~ on sth** die Folge von etwas sein, e-r Sache folgen b sich ergebend, resultierend, entstehend (aus): **the ~ trouble** a. die entstandenen Schwierigkeiten 2 → consequential 2 B S 1 Folge(erscheinung) f 2 PHIL logische Folge, Folgerung f, Schluss m 3 LING Nachsatz m 4 MATH Hinterglied n; **consequential** [-ˈkwenʃl] ADJ (ADV **~ly**) 1 a (logisch) folgend (**on, upon** auf akk) b → consequent A 1 2 folgerichtig, logisch richtig, konsequent 3 wichtigtuend, überheblich 4 mittelbar, indirekt: **~ damage** JUR Folgeschaden m 5 bedeutend, einflussreich; **consequentiality** [-ʃɪˈælətɪ] S Wichtigtuerei f, Überheblichkeit f; **consequently** ADV 1 als Folge, in der Folge 2 folglich, infolgedessen, daher, deshalb

conservable [kənˈsɜːvəbl; US -ˈsɜr-] ADJ konservierbar; **conservancy** S 1 Erhaltung f 2 → conservation 2 3 Br Kontrollbehörde f (für Flüsse, Häfen, Forste etc)

conservation [ˌkɒnsə(r)ˈveɪʃn; US ˌkɑn-] S 1 Erhaltung f, Bewahrung f: **~ of energy (mass, matter)** PHYS Erhaltung der Energie (Masse, Materie) 2 a Naturschutz m: **~ area** Naturschutzgebiet n b Umweltschutz m 3 Konservieren n, Haltbarmachen n; **conservationist** S a Naturschützer(in) b Umweltschützer(in)

conservatism [kənˈsɜːvətɪzəm; US -ˈsɜr-] S 1 a. POL Konservatismus m: a konservative Grundsätze pl od Einstellung b ♀ Br Grundsätze pl u. Ziele pl der Konservativen Partei 2 US Vorsicht f, Zurückhaltung f; **conservative** A ADJ (ADV **~ly**) 1 allg (POL meist ♀) konservativ: ♀ **Party** POL Br Konservative Partei 2 erhaltend, bewahrend, konservierend: **~ force** erhaltende Kraft 3 zurückhaltend, vorsichtig (Investitionen, Schätzung etc) B S 1 meist ♀ POL Konservative(r) m/f(m), Mitglied n der Konservativen Partei 2 konservativer Mensch

conservatoire [kənˈsɜːvətwɑː(r); US -ˈsɜr-] S MUS Konservatorium n, Musik(hoch)schule f

conservator [ˈkɒnsə(r)veɪtə(r), kənˈsɜːvətə(r);

US 'kɑn-, kən'sɜr-] S 1 Konservator m, Konservatorin f, Museumsdirektor m, -direktorin f 2 Br Mitglied n der Flusskontrollbehörde: ♀ of the River Thames *Titel des Lord Mayor von London als Vorsitzender der Conservancy*; → conservancy 3 3 Erhalter(in), Beschützer(in): ♀ of the Peace Erhalter des Friedens (*Titel des englischen Königs*) 4 JUR US Vormund m, Pfleger(in)

conservatory [kən'sɜːvətrɪ; US kən'sɜrvəˌtəʊriː; -ˌtɔː-] A S 1 Treib-, Gewächshaus n, bes Wintergarten m 2 → conservatoire 3 obs Aufbewahrungsort m B ADJ erhaltend

conserve A S [kən'sɜːv; 'kɒnsɜːv; US 'kɑnsɜrv] meist pl Eingemachtes n B V/T [kən'sɜːv; US -'sɜrv] 1 a erhalten, bewahren b sparsam umgehen mit 2 konservieren, haltbar machen, Obst etc einmachen 3 fig beibehalten, aufrechterhalten: **~ a custom** e-e Gewohnheit beibehalten

consider [kən'sɪdə(r)] A V/T 1 nachdenken über (akk) 2 betrachten od ansehen als, halten für: **~ sb (to be) a fool**; **~ sth (to be) a mistake**; **be ~ed rich** als reich gelten, für reich gehalten werden; **you may ~ yourself lucky** du kannst von Glück sagen od dich glücklich schätzen; **~ yourself at home** tun Sie so, als ob Sie zu Hause wären; **~ yourself dismissed** betrachten Sie sich als entlassen! 3 sich etwas überlegen, ins Auge fassen, in Erwägung ziehen, erwägen: **~ doing sth** erwägen, etwas zu tun; **~ buying a car** den Kauf e-s Wagens erwägen; → considered 4 berücksichtigen, in Betracht ziehen: **all things ~ed** alles in allem; **~ his age** bedenken Sie sein Alter; → considering A 5 Rücksicht nehmen auf (akk), denken an (akk): **he never ~s others** 6 achten, respektieren 7 finden, meinen, der Meinung sein, denken (alle: **that** dass) 8 (eingehend) betrachten 9 obs j-n entschädigen od belohnen B V/I nachdenken, überlegen; **considerable** A ADJ (ADV considerably) 1 beachtlich, beträchtlich, erheblich, ansehnlich 2 bedeutend, wichtig (a. Person) B S US umg e-e ganze Menge, viel: *he spent* **~ of his life** *abroad* e-n Großteil s-s Lebens; **considerableness** S 1 Beträchtlichkeit f 2 Bedeutung f

considerate [kən'sɪdərət; -drət] ADJ (ADV **~ly**) 1 aufmerksam, rücksichtsvoll (beide: **to, toward[s]** gegen): **be ~ of** a. Rücksicht nehmen auf (akk) 2 taktvoll 3 umsichtig, besonnen 4 (wohl)überlegt, besonnen; **considerateness** S 1 Rücksichtnahme f, Aufmerksamkeit f 2 Umsicht f, Besonnenheit f

consideration [kənˌsɪdə'reɪʃn] S 1 Erwägung f, Überlegung f: **on** (od **under**) **no ~** unter keinen Umständen; **the matter is under ~** die Angelegenheit wird (noch) erwogen; **give sth (one's) careful ~** e-e Sache sorgfältig erwägen; **take into ~** in Erwägung od in Betracht ziehen, berücksichtigen; **taking everything into ~** alles in allem; **leave a question out of ~** e-e Frage ausklammern 2 Berücksichtigung f: **in ~ of** in Anbetracht (gen)(→ 5) 3 Rücksicht(nahme) f (**for, of** auf akk): **lack of ~** Rücksichtslosigkeit f; **out of ~ for sb** aus Rücksicht auf j-n 4 (zu berücksichtigender) Grund: **that is a ~** das ist ein triftiger Grund, das ist von Belang; **money is no ~** Geld spielt keine Rolle od ist Nebensache 5 Entgelt n, Entschädigung f, Vergütung f: **in ~ of** als Entgelt für (→ 2); **for a ~** gegen Entgelt 6 JUR (vertragliche) Gegenleistung: **concurrent (executed) ~** gleichzeitige (vorher empfangene) Gegenleistung; **for valuable ~** entgeltlich 7 (Hoch)Achtung f: **a person of ~** e-e geachtete Persönlichkeit

considered [kən'sɪdə(r)d] ADJ a. **well-~** wohlüberlegt, -erwogen: **one's ~ opinion** s-e feste Überzeugung; **considering** A PRÄP in Anbetracht, angesichts, wenn man ... (akk) bedenkt B KONJ in Anbetracht der Tatsache, dass C ADV umg den Umständen entsprechend, alles in allem: **he is quite well ~** es geht ihm so weit ganz gut

consign [kən'saɪn] V/T 1 übergeben, ausliefern (beide: **to** dat): **~ to the flames** den Flammen übergeben, verbrennen 2 j-m etwas anvertrauen 3 JUR schott Geld hinterlegen 4 etwas vorsehen, bestimmen (beide: **for, to** für) 5 **(to)** WIRTSCH Waren a übersenden, zusenden (dat) b adressieren (an akk) c (Überseehandel) in Kommission od Konsignation geben (dat) 6 **~ (for sale)** (zur Auktion) einliefern

consignation [ˌkɒnsaɪ'neɪʃn; US ˌkɑn-; a. -sɪg'n-] S 1 → consignment 1 2 JUR Hinterlegung f

consignee [ˌkɒnsaɪ'niː; US ˌkɑnsə'niː; -ˌsaɪ-] S WIRTSCH 1 Empfänger(in), Adressat(in) 2 Überseehandel: Konsignatar(in), Verkaufskommissionär(in)

consigner [kən'saɪnə(r)] → consignor

consignment [kən'saɪnmənt] S 1 WIRTSCH a Übersendung f, Zusendung f: **~ note** Frachtbrief m b (Überseehandel) Konsignation f: **~ sale** Konsignations-, Kommissionsverkauf m; **in ~** in Konsignation od Kommission 2 WIRTSCH a (Waren)Sendung f b (Überseehandel) Konsignationsware(n) f(pl) 3 JUR schott Hinterlegung f

consignor [kən'saɪnə; ˌkɒnsaɪ'nɔː; US ˌkɑnsə'nɔːr; -ˌsaɪ'n-] S 1 WIRTSCH a Übersender(in) b (Überseehandel) Konsignant(in) 2 JUR schott Hinterleger(in) 3 Einlieferer m, Einlieferin f

consist [kən'sɪst] V/I 1 **~ of** bestehen od sich zusammensetzen aus 2 **~ in** bestehen in (dat): **his task ~s mainly in writing letters** s-e Arbeit besteht hauptsächlich darin, Briefe zu schreiben 3 übereinstimmen, vereinbar sein (beide: **with** mit)

consistence [kən'sɪstəns], **consistency** S 1 Konsistenz f, Beschaffenheit f, (Grad m der) Festigkeit f od Dichtigkeit f 2 fig a Konsequenz f, Folgerichtigkeit f b Gleichmäßigkeit f, Unbeirrbarkeit f 3 fig Übereinstimmung f, Einklang m 4 fig Widerspruchsfreiheit f, Konsistenz f; **consistent** ADJ 1 konsistent, fest, dicht 2 fig konsequent: a folgerichtig b gleichmäßig, unbeirrbar (a. Person): → thread A 6 3 fig übereinstimmend, vereinbar, in Einklang stehend (alle: **with** mit) 4 fig widerspruchsfrei, (bes Logik a.) konsistent 5 SPORT etc beständig (Leistung etc); **consistently** ADV 1 im Einklang (**with** mit) 2 durchweg

consistory [kən'sɪstərɪ; -strɪ] S 1 Kirchenrat m, geistliche Behörde, Konsistorium n 2 KATH Kardinalsversammlung f 3 a. ♀ **Court** bischöfliches Konsistorium der anglikanischen Kirche (Diözesangericht) 4 kirchliche Behörde, Presbyterkollegium n (einiger reformierter Kirchen) 5 obs Versammlungsort m, Beratungsraum m

consociate [kən'səʊʃɪət; -ʃɪeɪt; -sɪ-] A ADJ verbunden B S Genosse m, Teilhaber m C V/T & V/I [-ʃɪeɪt; -sɪ-] (sich) vereinigen, (sich) verbinden; **consociation** [-ʃɪ'eɪʃn; -sɪ-] S Vereinigung f, Bund m

consol. ABK WIRTSCH consolidated

consolation [ˌkɒnsə'leɪʃn; US ˌkɑn-] S Tröstung f, Trost m (beide: **to** für): **be a ~ to sb** j-m ein Trost sein; **poor ~** schwacher Trost; **a few words of ~** ein paar Worte des Trostes; **~ goal** SPORT Ehrentor n; **~ match** SPORT Spiel n um Platz 3 und 4; **~ prize** Trostpreis m

consolatory [kən'sɒlətərɪ; -trɪ; US kən'səʊləˌtəʊriː; -ˌtɔː-; -'sɑlə-] ADJ (ADV consolatorily) tröstend, tröstlich, Trost...: **a few ~ words** ein paar tröstliche Worte; **be ~ to sb** j-n trösten

console[1] ['kɒnsəʊl; US 'kɑn-] S 1 Konsole f: a ARCH Krag-, Tragstein m b Wandgestell n 2 a. **~ table** Konsoltischchen n 3 TECH Stütze f, Strebe f 4 MUS (Orgel) Spieltisch m 5 (Fernseh-, Musik)Truhe f, (Radio) Schrank m 6 COMPUT, ELEK: Konsole f, Schalt-, Steuerpult n

console[2] [kən'səʊl] V/T j-n trösten: **~ o.s. with sth** sich mit etwas trösten; **he may ~ himself that ...** er mag sich damit trösten, dass ...; **~ sb for sth** j-n über etwas hinwegtrösten

consoler [kən'səʊlə(r)] S Tröster(in)

consolidate [kən'sɒlɪdeɪt; US -'sɑlə-] A V/T 1 (ver)stärken, festigen (beide a. fig) 2 MIL a Truppen zusammenziehen b e-e Stellung ausbauen, verstärken 3 WIRTSCH a (bes Staats)Schulden konsolidieren, fundieren b Emissionen vereinigen, Aktien zusammenlegen c Gesellschaften zusammenschließen, -legen 4 JUR Klagen miteinander verbinden, zusammenlegen 5 TECH verdichten B V/I 1 TECH sich verdichten, fest werden 2 bes fig sich festigen: **~ into** sich kristallisieren zu e-m Ganzen 3 WIRTSCH sich zusammenschließen C ADJ → consolidated

consolidated [kən'sɒlɪdeɪtɪd; US -'sɑlə-] ADJ 1 TECH fest, dicht, kompakt 2 bes fig gefestigt 3 WIRTSCH vereinigt, konsolidiert; **~ annuities** → consols; **~ balance sheet** S WIRTSCH konsolidierte Bilanz, Konzernbilanz f; **~ bonds** SPL WIRTSCH konsolidierte Wertpapiere pl; ♀ **Fund** S WIRTSCH Br konsolidierter Staatsfonds

consolidation [kənˌsɒlɪ'deɪʃn; US -ˌsɑlə'd-] S 1 (Ver)Stärkung f, Festigung f (beide a. fig) 2 MIL a Zusammenziehung f b Ausbau m 3 WIRTSCH a Konsolidierung f, Fundierung f b Vereinigung f, Zusammenlegung f c Zusammenschluss m 4 JUR Verbindung f 5 TECH Verdichtung f 6 AGR Flurbereinigung f 7 MED Induration f, heilende Verhärtung (bei Tuberkulose etc) 8 TECH natürliche Bodenverdichtung, Sacken n

consols ['kɒnsəlz; -sɒlz] SPL WIRTSCH Br Konsols pl, konsolidierte Staatsanleihen pl

consommé [kən'sɒmeɪ; 'kɒnsɒmeɪ; US ˌkɑnsə'meɪ] S Consommé f (klare Kraftbrühe)

consonance ['kɒnsənəns; -snəns; US 'kɑn-] S 1 Zusammen-, Gleichklang m, Harmonie f, Übereinstimmung f: **~ of words** Gleichlaut m; **~ of opinions** Meinungsgleichheit f; **in ~ with** im Einklang mit 2 Konsonanz f: a MUS harmonischer Zusammenklang b PHYS Mitschwingen n; **consonant** A ADJ (ADV **~ly**) 1 MUS konsonant, harmonisch zusammenklingend 2 gleichlautend (Wörter) 3 übereinstimmend, vereinbar (beide: **with** mit) 4 **(to)** passend (zu), gemäß, entsprechend (dat) 5 LING konsonantisch B S LING Konsonant m, Mitlaut m: **~ shift(ing)** Lautverschiebung f; **consonantal** [-'næntl] ADJ (ADV **~ly**) LING konsonantisch, Konsonanten...

consort A S ['kɒnsɔː(r)t; US 'kɑn-] 1 Gemahl(in), Gatte m, Gattin f: **queen ~** Gemahlin des Königs, Königin f; **prince ~** Prinzgemahl 2 Gefährte m, Gefährtin f: **~s** pej Konsorten, Kumpane 3 SCHIFF Begleit-, Geleitschiff n 4 obs Übereinstimmung f: **in ~ with** im Einklang mit B V/I [kən'sɔː(r)t; US a. 'kɑnˌs-] 1 **(with)** verkehren, umgehen (mit), sich gesellen (zu) 2 paktieren 3 fig **(with)** übereinstimmen, harmonieren (mit), passen (zu); **consortium** [-tjəm; -tɪəm; -ʃəm] pl -tia [-ə] S 1 JUR (eheliche) Gemeinschaft 2 Vereinigung f, Konsortium n 3 WIRTSCH Konsortium n: **~ of banks** Bankenkonsortium

conspectus [kən'spektəs] S 1 (allgemeine) Übersicht 2 Zusammenfassung *f*
conspicuity [,kɒnspɪ'kju:ətɪ; *US* ,kɑn-] → conspicuousness
conspicuous [kən'spɪkjʊəs; *US* -jəwəs] ADJ (ADV ~ly) 1 deutlich sichtbar, in die Augen fallend 2 auffallend, auffällig (*a. pej*): **be ~** auffallen; **make o.s. ~** sich auffällig benehmen, auffallen; **~ consumption** WIRTSCH aufwendige Lebenshaltung aus Prestigegründen 3 *fig* bemerkenswert, hervorragend (*beide:* **for** wegen): **be ~ by one's absence** durch Abwesenheit glänzen (*Person*), völlig fehlen (*Sache*); **render o.s. ~** sich hervortun; **~ service** MIL hervorragende Dienste *pl*; **conspicuousness** S 1 Augenfälligkeit *f*, Deutlichkeit *f* 2 Auffälligkeit *f*
conspiracy [kən'spɪrəsɪ] S 1 Verschwörung *f*, Komplott *n*, Konspiration *f*: **~ (to commit a crime)** JUR Verabredung *f* zur Verübung e-r Straftat; **~ of silence** verabredetes Stillschweigen 2 *fig* Zusammenwirken *n*, Verkettung *f* (*von Umständen*); **conspirator** [-tə(r)] S Verschwörer(in), Konspirant(in); **conspiratorial** [-'tɔ:rɪəl; *US a.* -'təʊ-] ADJ (ADV ~ly) verschwörerisch, Verschwörungs…, konspirativ;
conspire [-'spaɪə(r)] A V/I 1 sich verschwören, ein Komplott schmieden, konspirieren (*alle:* **against** gegen) 2 JUR sich verabreden (**to do** zu tun) 3 *fig* zusammenwirken, -treffen, dazu beitragen, sich verschwören: **everything ~d against him** alles hatte sich gegen ihn verschworen; **all things ~d to make him happy** alles traf zu s-m Glück zusammen B V/T (heimlich) planen, anzetteln, aushecken *umg*
const. ABK 1 constant 2 constitution(al)
constable ['kʌnstəbl] S 1 *bes Br* a Polizist *m*, Wachtmeister *m*: → special B a b (höherer) Polizeibeamter: **high ~** (*bis 1869*) Befehlshaber *m* e-r Hundertschaft; → chief constable 2 HIST Konnetabel *m*, hoher Reichsbeamter: **≈ of France** 3 HIST Schlossvogt *m*
constabulary [kən'stæbjʊlərɪ; *US* -jə,leri:] *bes Br* A S 1 Polizei(truppe) *f* (*e-s Bezirks*) 2 (*Art*) Gendarmerie *f*, militärisch organisierte Schutztruppe B ADJ polizeilich, Polizei…
constancy ['kɒnstənsɪ; *US* 'kɑn-] S 1 Beständigkeit *f*, Unveränderlichkeit *f*, Konstanz *f* 2 Bestand *m*, Dauer *f* 3 *fig* Beständigkeit *f*, Unerschütterlichkeit *f*, Standhaftigkeit *f* 4 Treue *f*
constant ['kɒnstənt; *US* 'kɑn-] A ADJ (ADV ~ly) 1 beständig, unveränderlich, gleichbleibend, konstant: **drive at a ~ speed** gleichmäßig schnell fahren; → display B 8 a 2 (be)ständig, fortwährend, unaufhörlich, (an)dauernd, stet(ig): **~ change** stetiger Wechsel; **~ rain** anhaltender Regen 3 *fig* a beständig, standhaft, beharrlich, fest, unerschütterlich b verlässlich, treu: **~ companion** ständiger Begleiter 4 ELEK, MATH, PHYS konstant: **~ value** MATH fester Wert; **~ white** CHEM Permanentweiß *n* B S 1 (*das*) Beständige 2 MATH, PHYS konstante Größe, Konstante *f* (*beide a. fig*), Koeffizient *m*, Exponent *m*: **~ of friction** Reibungskoeffizient; **~ of gravitation** Gravitations- *od* Erdbeschleunigungskonstante
constellate ['kɒnstəleɪt; *US* 'kɑn-] A V/T *Sterne* (zu e-r Gruppe) vereinigen (*a. fig*) B V/I sich vereinigen; **constellation** S 1 Konstellation *f*: a ASTRON, ASTROL Sternbild *n* b Stellung *f* der Planeten zueinander c *fig* Anordnung *f*, Gruppierung *f* d Zusammentreffen *n* (*von Umständen*) 2 glänzende Versammlung
consternate ['kɒnstə(r)neɪt; *US* 'kɑn-] V/T konsternieren, bestürzen, aus der Fassung bringen; **consternation** S Bestürzung *f*: **my ~** zu m-r Bestürzung; **be filled with ~** konsterniert *od* bestürzt sein
constipate ['kɒnstɪpeɪt; *US* 'kɑn-] MED A V/T konstipieren, verstopfen: **be ~d** an Verstopfung leiden B V/I *umg* Verstopfung bekommen: **he ~s easily**; **constipation** S Konstipation *f*, Verstopfung *f*
constituency [kən'stɪtjʊənsɪ; *US* kən'stɪtʃəwənsi:] S 1 Wählerschaft *f* 2 Wahlbezirk *m*, -kreis *m* 3 *US umg* Kundenkreis *m*; **constituent** A ADJ (ADV ~ly) 1 e-n (Bestand)Teil bildend, zusammensetzend: **~ part** → B 1; **~ fact** JUR Tatbestandsmerkmal *n* 2 POL Wähler…, Wahl…: **~ body** Wählerschaft *f* 3 POL konstituierend, verfassunggebend: **~ assembly** verfassunggebende Versammlung B S 1 (wesentlicher) Bestandteil 2 JUR Vollmachtgeber(in) 3 WIRTSCH Auftraggeber(in) 4 POL Wähler(in) 5 LING Satzteil *m*, -element *n* 6 CHEM, PHYS Komponente *f*
constitute ['kɒnstɪtju:t; *US* 'kɑn-; *a.* -,tu:t] V/T 1 *j-n* ernennen, einsetzen (*in ein Amt etc*): **~ sb a judge** j-n als Richter einsetzen *od* zum Richter ernennen; **~ o.s. a judge of** sich zum Richter aufwerfen über (*akk*) 2 *ein Gesetz* erlassen, in Kraft setzen 3 einrichten, gründen, konstituieren: **~ a committee** e-n Ausschuss einsetzen; **they ~d themselves a committee** sie konstituierten sich als Ausschuss; **the ~d authorities** die verfassungsmäßigen Behörden 4 ausmachen, bilden, darstellen: **this ~s a precedent** dies stellt e-n Präzedenzfall dar; **be so ~d that …** so beschaffen sein, dass …
constitution [,kɒnstɪ'tju:ʃn; *US* ,kɑn-; *a.* -'tu:-] S 1 Zusammensetzung *f*, (Auf)Bau *m*, Struktur *f*, Beschaffenheit *f* 2 Konstitution *f*, körperliche Veranlagung, Natur *f*: **strong (weak) ~** starke (schwache) Konstitution; **~ type** Konstitutionstyp *m* 3 Natur *f*, (seelische) Veranlagung, Wesen *n*: **by ~** von Natur (aus) 4 Einsetzung *f*, Bildung *f*, Errichtung *f*, Gründung *f* 5 Erlass *m*, Verordnung *f*, Gesetz *n* 6 POL Verfassung *f*: **≈ State** *US* (*Beiname für den Staat*) Connecticut *n* 7 Satzung *f* (*e-s Verbands etc*); **constitutional** [-ʃənl] A ADJ (ADV ~ly) 1 MED konstitutionell, anlagebedingt: **a ~ disease** e-e Konstitutionskrankheit 2 gesundheitsfördernd 3 grundlegend, wesentlich 4 POL a verfassungsmäßig, Verfassungs…, konstitutionell: **~ amendment** Verfassungsänderung *f*; **~ charter** Verfassungsurkunde *f*; **~ government** verfassungsmäßige Regierung; **~ law** JUR Verfassungsrecht *n*; **~ liberty** verfassungsmäßig verbürgte Freiheit; **~ly** nach der *od* im Einklang mit der Verfassung; → monarchy 1 b rechtsstaatlich: **~ state** Rechtsstaat *m* 5 verfassungstreu B S *umg obs* (Gesundheits)-Spaziergang *m*: **take a ~** e-n Spaziergang machen; **constitutionalism** [-ʃnəlɪzəm] S POL Konstitutionalismus *m*, konstitutionelle Regierungsform; **constitutionalist** S POL 1 Anhänger(in) der konstitutionellen Regierungsform 2 Verfassungsrechtler(in); **constitutionality** [-ʃə'nælətɪ] S POL Verfassungsmäßigkeit *f*; **constitutionalize** [-ʃnəlaɪz] V/T POL konstitutionell machen
constitutive ['kɒnstɪtju:tɪv; kən'stɪtju:-; *US* 'kɑnstə-; *a.* -,tu:-; *a.* kən'stɪtʃətɪv] ADJ (ADV ~ly) 1 → constituent A 2 grundlegend, wesentlich 3 gestaltend, aufbauend, richtunggebend 4 PHIL konstitutiv, (*das Wesen e-r Sache*) bestimmend 5 begründend, konstituierend; **~ equation** S PHYS Materialgleichung *f*
constr. ABK construction
constrain [kən'streɪn] V/T 1 *j-n* zwingen, nötigen, drängen: **be (*od* feel) ~ed to do sth** gezwungen *od* genötigt sein *od* sich gezwungen fühlen, etwas zu tun 2 *etwas* erzwingen 3 beschränken, einengen 4 einsperren (**to** in *dat*);
constrained ADJ gezwungen, verlegen, verkrampft, unnatürlich, steif: **a ~ laugh** ein gezwungenes Lachen; **constrainedly** [-ɪdlɪ] ADV gezwungen
constraint [kən'streɪnt] S 1 Zwang *m*, Nötigung *f*: **under ~** unter Zwang, gezwungen 2 Beschränkung *f* (**on** *gen*) 3 *fig* a Befangenheit *f* b Gezwungenheit *f* 4 Zurückhaltung *f*, (Selbst)Beherrschung *f*
constrict [kən'strɪkt] V/T 1 zusammenziehen, -pressen, -schnüren, einengen (*a. fig*) 2 *fig* beschränken; **constricted** ADJ 1 zusammengezogen, -geschnürt 2 eingeengt, *fig a.* beschränkt, 3 BOT eingeschnürt; **constriction** S 1 Zusammenziehung *f*, Einschnürung *f* 2 Beengtheit *f*, Enge *f*; **constrictive** ADJ (ADV ~ly) zusammenziehend, -schnürend, einengend (*a. fig*); **constrictor** [-tə(r)] S 1 ANAT Schließmuskel *m* 2 ZOOL Riesenschlange *f*
construable [kən'stru:əbl] ADJ auszulegen(d), auslegbar
construct A V/T [kən'strʌkt] 1 errichten, bauen 2 TECH konstruieren, bauen 3 LING, MATH konstruieren 4 *fig* gestalten, entwerfen, formen, ausarbeiten B S ['kɒnstrʌkt; *US* 'kɑn-] 1 konstruiertes Gebilde 2 PHIL (*geistige*) Konstruktion; **constructer** → constructor;
constructible ADJ MATH konstruierbar
construction [kən'strʌkʃn] S 1 Konstruktion *f*, (Er)Bauen *n*, Bau *m*, Errichtung *f*: **~ of transformers** Transformatorenbau; **~ company** Baufirma *f*; **~ engineer** Bauingenieur(in); **~ industry** Baugewerbe *n*, -wirtschaft *f*; **~ magnate** Baulöwe *m*; **~ material** Baumaterial *n*, -stoff *m*; **~ site** Baustelle *f*, **under ~** im Bau (befindlich) 2 Bauweise *f*, Konstruktion *f*: **steel ~** Stahlbauweise, -konstruktion 3 Bau (-werk) *m(n)*, Baulichkeit *f*, Anlage *f* 4 *fig* Aufbau *m*, Anlage *f*, Gestaltung *f*, Konstruktion *f* 5 MATH Konstruktion *f* (*e-r Figur od Gleichung*) 6 LING Wort- *od* Satzkonstruktion *f* 7 *fig* Auslegung *f*, Deutung *f*: **put (*od* place) a favo(u)rable (wrong) ~ on sth** etwas günstig (falsch) auslegen; **on the strict ~ of** bei strenger Auslegung (*gen*); **constructional** [-ʃənl] ADJ (ADV ~ly) 1 TECH Konstruktions…, Bau…, baulich, konstruktionstechnisch: **~ details**; **~ engineer** Tiefbauingenieur(in) 2 GEOL aufbauend
constructive [kən'strʌktɪv] ADJ (ADV ~ly) 1 schöpferisch, konstruktiv (*Talent, Arbeit etc*) 2 konstruktiv (*Kritik*) 3 → constructional 1 4 a *a.* JUR gefolgert, abgeleitet, angenommen b JUR indirekt, mittelbar, formaljuristisch: **~ delivery** symbolische Übergabe (*z. B. e-s Schlüssels*); **~ fraud** Betrug *m* kraft gesetzlicher Vermutung; **~ possession** mittelbarer Besitz;
constructivism S KUNST Konstruktivismus *m* (*Kunstrichtung, die e-e Bildgestaltung mit Hilfe rein geometrischer Formen vornimmt*); **constructor** [-tə(r)] S Erbauer(in), Konstrukteur(in)
construe [kən'stru:] A V/T 1 LING a *e-n Satz* konstruieren, zergliedern, analysieren b *ein Wort* konstruieren, bilden: **be ~d with** mit *e-r Präposition etc* konstruiert werden c *obs* Wort für Wort übersetzen 2 auslegen, deuten, auffassen (*alle:* **as** als) B V/I LING a e-e Satzanalyse vornehmen, konstruieren b sich konstruieren lassen (*Satz etc*) C S ['kɒnstru:] *obs* wörtliche Übersetzung
consubstantial [,kɒnsəb'stænʃl; *US* ,kɑn-] ADJ REL eines Wesens: **~ unity** Wesenseinheit *f*; **consubstantialism** [-ʃəlɪzəm] S Lehre *f* von der Wesensgleichheit; **consubstantiality** [-ʃɪ'ælətɪ] S Konsubstantialität *f*, Wesensgleichheit *f* (*der drei göttlichen Personen*);

consubstantiation S Konsubstantiation *f* (*Mitgegenwart des Leibes u. Blutes Christi beim Abendmahl*)

consuetude ['kɒnswɪtjuːd; *US* 'kɑn-; *a.* -ˌtuːd] S Gewohnheit *f*, Brauch *m*; **consuetudinary** [-dɪnərɪ; *US* -dnˌeriː] ADJ gewohnheitsmäßig, Gewohnheits…: ~ **law** JUR Gewohnheitsrecht *n*

consul ['kɒnsəl; *US* 'kɑnsəl] S Konsul *m* (*a. römische Antike*), Konsulin *f*

consular ['kɒnsjʊlə; *US* 'kɑnsələr; -slər] ADJ Konsulats…, Konsular…, konsularisch: ~ **agency** Konsularagentur *f*; ~ **agent** Konsularagent(in); ~ **invoice** WIRTSCH Konsulatsfaktura *f*; ~ **officer** Konsularbeamte(r) *m*, -beamtin *f*, Konsul(in); ~ **relations** konsularische Beziehungen; ~ **service** Konsulatsdienst *m*

consulate ['kɒnsjʊlət; *US* 'kɑnsələt; -slət] S 1 Konsulat *n* 2 Konsulat(sgebäude) *n*; ~ **general** *pl* -lates -al S Generalkonsulat *n*

consul general *pl* -suls -al S Generalkonsul(in)

consulship S Amt *n* e-s Konsuls, Konsulat *n*

consult [kən'sʌlt] A V/T 1 um Rat fragen, zurate ziehen, konsultieren (*alle:* **about** wegen): ~ **one's doctor** s-n Arzt fragen; ~ **one's watch** auf die Uhr schauen 2 in *e-m Buch* nachschlagen *od* -sehen: ~ **an author** bei e-m Autor nachschlagen 3 berücksichtigen, in Erwägung ziehen, im Auge haben: **they ~ed his wishes** B V/I 1 (sich) beraten, beratschlagen (*beide:* **with** mit; **about** über *akk*) 2 ~ **with** → A 1

consultant [kən'sʌltənt] S 1 (fachmännische[r]) Berater(in), Gutachter(in): **firm of ~s** Beraterfirma *f* 2 MED a fachärztliche(r) Berater(in), hinzugezogener zweiter Arzt, hinzugezogene zweite Ärztin b Chefarzt *m*, -ärztin *f* 3 Ratsuchende(r) *m/f(m)*

consultation [ˌkɒnsəl'teɪʃn; *US* ˌkɑn-] S Beratung *f*, Rücksprache *f*, Konsultation *f* (*a.* MED): **on ~ with** nach Rücksprache mit; **be in ~ over** (*od* **on**) sich beraten über (*akk*); ~ **mechanism** POL Konsultationsmechanismus *m*

consultative [kən'sʌltətɪv] ADJ (ADV ~ly)

consultatory [-tətərɪ; -trɪ; *US* -ˌtəʊriː; -ˌtɔː-] ADJ beratend

consulter [kən'sʌltə(r)] S Ratsuchende(r) *m/f(m)*; **consulting** ADJ 1 beratend: ~ **engineer** technische(r) (Betriebs)Berater(in); ~ **fee** Beraterhonorar *n*; ~ **firm** Beraterfirma *f*; ~ **hours** *pl* Sprechstunde *f*; ~ **physician** beratender Arzt, beratende Ärztin; ~ **room** Sprechzimmer *n* 2 Rat suchend; **consultive** → consultative

consumable [kən'sjuːməbl; *bes US* -'suːm-] A ADJ 1 zerstörbar 2 verbrauchbar, Konsum…: ~ **goods** B SPL Konsumgüter *pl*

consume [kən'sjuːm; *bes US* -'suːm] A V/T 1 zerstören, vernichten: **be ~d by fire** ein Raub der Flammen werden 2 *fig* verzehren: **be ~d with** (*od* **by**) **desire** (**hatred**) von Begierde (Hass) verzehrt werden 3 auf-, verzehren, (auf)essen, trinken 4 auf-, verbrauchen, konsumieren: **this car ~s a lot of oil** dieser Wagen verbraucht viel Öl 5 verschwenden, vergeuden (*beide:* **on** für) 6 *Zeit* aufwenden, hinbringen 7 *j-s Aufmerksamkeit etc* in Anspruch nehmen B V/I *a.* ~ **away** sich abnutzen, sich verbrauchen, abnehmen, (dahin)schwinden;

consumedly [-ɪdlɪ] ADV *obs* höchst

consumer [kən'sjuːmə(r); *bes US* -'suː-] S 1 Verzehrer(in) 2 WIRTSCH Verbraucher(in), Konsument(in): ~ **advice center** (*bes Br* **centre**) Verbraucherzentrale *f*; ~ **behavio(u)r** Verbraucherverhalten *n*; ~ **cooperative** Verbrauchergenossenschaft *f*; ~ **credit** Verbraucher-, Kundenkredit *m*; ~ **demand** Verbrauchernachfrage *f*; ~ **durables** Gebrauchsgüter, langlebige Konsumgüter; ~ **education** Verbrauchererziehung *f*; ~ **goods** Konsumgüter; ~ **industry** Verbrauchsgüterindustrie *f*; ~ **market** Konsumgütermarkt *m*; ~ **prices** Verbraucherpreise; ~ **protection** Verbraucherschutz *m*; ~ **research** Verbraucherbefragung *f*, -forschung *f*; ~ **resistance** Kaufunlust *f*; ~ **society** Konsumgesellschaft *f*; ~ **terrorism** Produkterpressung *f*; ~ **terrorist** Produkterpresser(in); **consumerism** S 1 Konsumerismus *m* (*organisierter Schutz der Verbraucherinteressen*) 2 Konsumdenken *n*; **consumership** S Konsumenten(-zahl) *pl(f)*; **consuming** ADJ 1 *fig* verzehrend 2 WIRTSCH verbrauchend, Verbraucher…

consummate A V/T ['kɒnsəmeɪt; *US* 'kɑn-] 1 vollenden, -bringen, -ziehen, zum Abschluss bringen 2 *die Ehe* vollziehen 3 vollkommen machen B ADJ [kən'sʌmɪt; *US a.* 'kɑnsəmət] vollendet, vollkommen, vollständig: ~ **actor** vollendeter *od* meisterhafter Schauspieler; ~ **cruelty** äußerste Grausamkeit; ~ **fool** ausgemachter Narr; ~ **skill** höchstes Geschick; **with ~ art** mit künstlerischer Vollendung

consummation [ˌkɒnsə'meɪʃn; *US* ˌkɑn-] S 1 Vollendung *f*, Vollbringung *f* 2 (höchstes) Ziel, Ende *n* 3 JUR Vollziehung *f* (*der Ehe*); **consummator** [-tə(r)] S Vollender(in)

consumption [kən'sʌmpʃn] S 1 Verzehrung *f* 2 Zerstörung *f* 3 Verbrauch *m* (**of** an *dat*): **fuel ~** Brennstoffverbrauch 4 WIRTSCH Konsum *m*, Verbrauch *m* 5 Verzehr *m*: **(un)fit for human ~** für den menschlichen Verzehr (un)geeignet; **for public ~** *fig* für die Öffentlichkeit bestimmt 6 MED *obs* Schwindsucht *f*: **pulmonary ~** Lungenschwindsucht; **consumptive** A ADJ (ADV ~ly) 1 *fig* verzehrend (*Hass etc*) 2 zerstörend, verheerend (*Feuer etc*) 3 verschwendend: ~ **of time** zeitraubend 4 WIRTSCH Verbrauchs… 5 MED *obs* schwindsüchtig B S MED *obs* Schwindsüchtige(r) *m/f(m)*

cont. ABK 1 containing 2 contents PL 3 continent(al)

contact ['kɒntækt; *US* 'kɑn-] A S 1 a Kontakt *m*, Berührung *f* (*a.* MATH) b MIL Feindberührung *f*: **without ~** SPORT ohne gegnerische Einwirkung; **bring in(to) ~ with** in Berührung bringen mit; **come in ~ with** in Berührung kommen mit 2 *fig* Verbindung *f*, Fühlung *f*, Kontakt *m*: **be in close ~ with sb** enge Fühlung mit j-m haben; **lose ~ with reality** den Bezug zur Realität verlieren; **make ~s** Verbindungen anknüpfen *od* herstellen 3 ELEK Kontakt *m*: a Anschluss *m* b Kontakt-, Schaltstück *n*: **make (break) ~** Kontakt herstellen, einschalten (den Kontakt unterbrechen, ausschalten) 4 MED Kontaktperson *f*, ansteckungsverdächtige Person 5 Verbindungs-, Kontaktmann *m* (*a. Geheimagent*), Gewährsmann *m* 6 FLUG Bodensicht *f* B V/T [*a.* kən'tækt] 1 in Berührung bringen (**with** mit) 2 sich in Verbindung setzen mit, Kontakt aufnehmen mit, sich wenden an (*akk*) 3 Kontakt haben mit, berühren C V/I [*a.* kən'tækt] *bes* ELEK einander berühren, Kontakt haben

contact| acid S CHEM Kontaktsäure *f*; ~ **allergy** S MED Kontaktallergie *f*; ~ **breaker** S ELEK (Strom)Unterbrecher *m*, Ausschalter *m*; ~ **brush** S ELEK Kontaktbürste *f*; ~ **dermatitis** S MED Kontaktdermatitis *f* (*durch Hautkontakt mit schädlichen od e-e Allergie hervorrufenden Stoffen hervorgerufene Hautentzündung*); ~ **electricity** S ELEK Kontakt-, Berührungselektrizität *f*; ~ **flight** S FLUG Flug *m* mit Bodensicht *od* Sichtnavigation; ~ **fuse** S MIL Kontaktzünder *m*; ~ **lens** S Haftglas *n*, -linse *f*, -schale *f*, Kontaktglas *n*, -linse *f*, -schale *f*; ~ **maker** S ELEK Kontaktgeber *m*, Einschalter *m*, Schaltstück *n*; ~ **man** S *irr* → contact A 5; ~ **mine** S SCHIFF, MIL Kontaktmine *f*

contactor ['kɒntæktə(r); *US* 'kɑn-; *Br u. US a.* kən't-] S ELEK (Schalt)Schütz *n*: ~ **control** Schützensteuerung *f*; ~ **controller** Schalt-, Steuerwalze *f*

contact| paper S FOTO Gaslichtpapier *n*; ~ **poison** S Kontakt-, Berührungsgift *n*; ~ **print** S FOTO Kontaktabzug *m*; ~ **rail** S ELEK Kontaktschiene *f*

contagia [kən'teɪdʒɪə; -dʒə] *pl von* contagium

contagion [kən'teɪdʒən] S 1 MED a Ansteckung *f* (*durch Berührung*) b ansteckende Krankheit c Ansteckungsstoff *m* 2 *fig* Verseuchung *f*, Vergiftung *f*, verderblicher Einfluss: **a ~ of fear swept through the crowd** unter der Menge machte sich Furcht breit 3 *fig* a Übertragung *f* (*e-r Idee etc*) b (*das*) Ansteckende: **the ~ of enthusiasm** 4 *poet* Gift *n*

contagious [kən'teɪdʒəs] ADJ (ADV ~ly) 1 MED direkt übertragbar, ansteckend (*Krankheit*) 2 **be ~** e-e ansteckende Krankheit haben: **is he still ~?** ist er noch ansteckend? 3 *fig* ansteckend: **laughing is ~** Lachen steckt an 4 *obs* verderblich, schädlich; **contagium** [-dʒɪəm; -dʒəm] *pl* **-gia** [-ə] S MED Kontagium *n*, Ansteckungsstoff *m*

contain [kən'teɪn] V/T 1 enthalten: **be ~ed in** enthalten sein in (*dat*) 2 aufnehmen, fassen: **each bottle ~s the same quantity** 3 umfassen, einschließen 4 *fig Gefühle etc* zügeln, im Zaume halten, zurückhalten: ~ **one's rage** s-n Zorn bändigen; **he could hardly ~ his laughter** er konnte das Lachen kaum unterdrücken 5 ~ **o.s.** (an) sich halten, sich beherrschen 6 MATH enthalten, teilbar sein durch: **twenty ~s five four times** 5 ist in 20 viermal enthalten 7 enthalten, messen: **one yard ~s three feet** 8 a MIL *Feindkräfte* binden, fesseln: **~ing action** Fesselungsangriff *m* b *ein Feuer etc* eindämmen c *Kosten* dämpfen

container S 1 Behälter *m*, (*Benzin- etc*) Kanister *m* 2 WIRTSCH Container *m*, (genormter) Großbehälter; **containerize** V/T 1 auf Containerbetrieb umstellen 2 in Containern transportieren

container| port S Containerhafen *m*; ~ **ship** S Containerschiff *n*

containment S Eindämmung *f*, Dämpfung *f*: **(policy of) ~** *bes* HIST Containment *n*, Eindämmungspolitik *f*

contaminant [kən'tæmɪnənt] S *Atomphysik*: Verseuchungsstoff *m*

contaminate [kən'tæmɪneɪt] V/T 1 verunreinigen, *die Umwelt etc a.* belasten 2 infizieren, vergiften (*beide a. fig*), verseuchen, (*radioaktiv a.*) kontaminieren 3 LING kontaminieren; **contamination** S 1 Verunreinigung *f*, Belastung *f* 2 Infizierung *f*, Vergiftung *f* (*beide a. fig*), Verseuchung *f*, (*radioaktive a.*) Kontamination *f*: ~ **meter** Geigerzähler *m* 3 LING Kontamination *f* ([*fehlerhafte od absichtliche*] *Verschmelzung zweier bedeutungsverwandter Wörter od Wortteile zu e-m neuen Wort*)

contango [kən'tæŋgəʊ] WIRTSCH (*Londoner Börse*) A *pl* -gos, -goes S Report *m* (*Kurszuschlag beim Prolongationsgeschäft*) B V/I Reportgeschäfte abschließen

contd ABK continued

contemn [kən'tem] V/T *obs od poet* verachten; **contemnor** [-ə(r); -nə(r)] S JUR wegen Missachtung des Gerichts verurteilte Person

contemp. ABK contemporary

contemplate ['kɒntempleɪt; -təm-; *US* 'kɑn-] A V/T 1 (nachdenklich) betrachten 2 nachdenken *od* (nach)sinnen über (*akk*) 3 erwägen, ins Auge fassen, vorhaben, beabsichtigen (*alle:*

doing zu tun): ~ **suicide** sich mit Selbstmordgedanken tragen 4 erwarten, rechnen mit 5 *(geistig)* betrachten, sich befassen mit: → **navel** 1 B VI nachdenken, (nach)sinnen *(beide:* **about, on** über *akk)*

contemplation [ˌkɒntemˈpleɪʃn; -təm-; *US* ˌkɑn-] S 1 (nachdenkliche) Betrachtung 2 Nachdenken *n*, -sinnen *n*: **be lost in ~** in Gedanken versunken sein 3 *bes* REL Kontemplation *f*, Versunkenheit *f* 4 Erwägung *f (e-s Vorhabens)*: **be in ~** erwogen *od* geplant werden; **have in ~** → contemplate A 3 5 Absicht *f*

contemplative [ˈkɒntempleɪtɪv; -təm-; *US* ˈkɑn-; *Br u. US a.* kənˈtemplə-] A ADJ (ADV ~ly) 1 nachdenklich 2 *bes* REL kontemplativ, beschaulich B S *bes* REL kontemplativer Mensch; **contemplativeness** S Nachdenklichkeit *f*; **contemplator** [-tə(r)] S 1 nachdenklicher Mensch 2 Betrachter(in)

contemporaneity [kənˌtempərəˈniːətɪ; -ˈneɪ-; -prəˈn-] S Gleichzeitigkeit *f*; **contemporaneous** [-pəˈreɪnjəs; -nɪəs] ADJ (ADV ~ly) gleichzeitig: **be ~ with** zeitlich zusammenfallen mit; ~ **performance** JUR Erfüllung *f* Zug um Zug; **contemporaneousness** S Gleichzeitigkeit *f*

contemporary [kənˈtempərərɪ; -prərɪ; *US* -pəˌreriː] A ADJ (ADV contemporarily) 1 zeitgenössisch: a heutig, unserer Zeit: ~ **literature** Gegenwartsliteratur *f*; → history 1 b der damaligen Zeit 2 → contemporaneous 3 gleichalt(e)rig B S 1 Zeitgenosse *m*, -genossin *f* 2 Altersgenosse *m*, -genossin *f* 3 gleichzeitig erscheinende Zeitung, Konkurrenzblatt *n*; **contemporize** VT & VI zeitlich zusammenfallen (lassen) (**with** mit)

contempt [kənˈtempt; -ˈtemt] S 1 Verachtung *f*, Geringschätzung *f*: ~ **of death** Todesverachtung; **feel ~ for sb, hold sb in ~** j-n verachten (→ 4); **I feel nothing but ~ for him** ich habe nur Verachtung für ihn übrig; **bring into ~** verächtlich machen, der Verachtung preisgeben; **beneath ~** unter aller Kritik; **his accusations were beneath ~** s-e Anschuldigungen waren absolut *od* einfach lächerlich 2 Schande *f*, Schmach *f*: **fall into ~** in Schande geraten 3 Missachtung *f (e-r Vorschrift etc)* 4 JUR *a.* ~ **of court** Missachtung *f* des Gerichts: **hold sb in ~** j-n wegen Missachtung des Gerichts verurteilen; **contemptibility** S 1 Verächtlichkeit *f*, Nichtswürdigkeit *f* 2 Gemeinheit *f*; **contemptible** ADJ (ADV contemptibly) 1 verächtlich, verachtenswert, nichtswürdig 2 gemein, niederträchtig; **contemptuous** [-tjʊəs; *US* -tʃəwəs; -tʃəs] ADJ (ADV ~ly) verächtlich, verachtungsvoll, geringschätzig: **be ~ of sth** etwas verachten; **contemptuousness** S Verächtlichkeit *f*, Geringschätzigkeit *f*

contend [kənˈtend] A VI 1 kämpfen, ringen *(beide:* **with** mit; **for** um): ~ **with many difficulties** mit vielen Schwierigkeiten (zu) kämpfen (haben) 2 a *(mit Worten)* streiten, disputieren *(beide:* **about** über *akk)* b sich einsetzen (**for** für) 3 wetteifern, sich bewerben *(beide:* **for** um) B VT *a.* JUR behaupten, die Behauptung aufstellen (**that** dass); **contender** S 1 Kämpfer(in) 2 Bewerber(in) (**for** um), Konkurrent(in); **contending** ADJ (ADV ~ly) 1 streitend, kämpfend 2 konkurrierend 3 widerstreitend *(Ansprüche etc)*

content[1] [ˈkɒntent; *US* ˈkɑn-] S 1 (Raum)Inhalt *m*, Fassungsvermögen *n*, Volumen *n* 2 *meist pl (stofflicher)* Inhalt: **the ~s of my pockets** 3 *pl* Inhalt *m (e-s Buches etc)*: **table of ~s** Inhaltsverzeichnis *n* 4 CHEM *etc* Gehalt *m* (**of an** *dat*): ~ **of moisture** Feuchtigkeitsgehalt; **gold ~** Goldgehalt 5 *fig (geistiger)* Gehalt, Inhalt *m*, Substanz *f* 6 Wesen *n* 7 *fig* Materie *f*, Stoff *m*: ~ **stream** a Content Stream *m (Präsentation e-s gesuchten Inhalts im Internet)* b RADIO, TV Schwerpunktthema *n*

content[2] [kənˈtent] A PRÄD ADJ 1 zufrieden (**with** mit): **he had to be ~ with second place** SPORT *etc* er musste sich mit dem zweiten Platz begnügen; **not ~ with** nicht genug (damit), dass *er etc* 2 bereit, willens *(beide:* **to do sth** etwas zu tun) 3 PARL *(im brit. Oberhaus)* einverstanden: **declare o.s. (not) ~** mit Ja (Nein) stimmen B VT 1 befriedigen, zufriedenstellen 2 ~ **o.s.** zufrieden sein, sich zufriedengeben *od* begnügen *(alle:* **with** mit): ~ **o.s. with doing sth** sich damit zufriedengeben, etwas zu tun C S 1 Zufriedenheit *f*, Befriedigung *f*: → heart *Bes Redew* 2 PARL *(im brit. Oberhaus)* Jastimme *f*; **contented** ADJ (ADV ~ly) zufrieden (**with** mit): **a ~ mind is a perpetual feast** *(Sprichwort)* Zufriedenheit macht auf Dauer glücklich; **contentedness** S Zufriedenheit *f*

contention [kənˈtenʃn] S 1 Streit *m*, Zank *m*, Hader *m*: **bone of ~** *fig* Zankapfel *m* 2 Wettstreit *m*: **he is still very much in ~** er liegt noch sehr gut im Rennen; **he is out of ~** er ist aus dem Rennen 3 (Wort-, Meinungs)Streit *m*, Kontroverse *f*, Disput *m* 4 Argument *n*, Behauptung *f*: **my ~ is that …** ich behaupte, dass … 5 Streitpunkt *m*; **contentious** ADJ (ADV ~ly) 1 streitsüchtig, zänkisch 2 umstritten, *a.* JUR streitig, strittig: ~ **point** Streitpunkt *m*; ~ **jurisdiction** streitige *(Ggs freiwillige)* Gerichtsbarkeit; **contentiousness** S Streitsucht *f*

contentment [kənˈtentmənt] S Zufriedenheit *f*

conterminal [kənˈtɜːmɪnl; *US* kənˈtɜrmnəl; -mənl], **conterminous** ADJ (ADV ~ly) 1 (an)grenzend, anstoßend *(beide:* **with, to** an *akk)*: **be ~** e-e gemeinsame Grenze haben 2 zeitlich zusammenfallend 3 sich deckend

contest A S [ˈkɒntest; *US* ˈkɑn-] 1 *(Br a.* Wahl)-Kampf *m*, Streit *m* 2 Wettstreit *m*, *a.* SPORT *etc* Wettkampf *m*, -bewerb *m (alle:* **for** um) 3 Wortwechsel *m*, -streit *m* 4 Disput *m*, Kontroverse *f*, Auseinandersetzung *f* B VT [kənˈtest; *US a.* ˈkɑn-] 1 kämpfen um, streiten um: **14 titles were ~ed by 283 competitors** SPORT 283 Teilnehmer kämpften um 14 Titel 2 wetteifern um, sich bewerben um, kandidieren für: ~ **a seat in Parliament**; ~ **an election** POL für e-e Wahl kandidieren 3 bestreiten, *a.* JUR *e-e Aussage, ein Testament etc* anfechten: ~ **an election** POL ein Wahlergebnis *od* e-e Wahl anfechten; ~ **sb's right to do sth** j-m das Recht streitig machen, etwas zu tun C VI wetteifern (**with, against** mit); **contestable** ADJ (ADV contestably) anfechtbar; **contestant** S 1 Wettkämpfer(in), (Wettkampf-)Teilnehmer(in) 2 JUR a streitende Partei b Anfechter(in) *(a.* POL *e-r Wahl)* 3 (Wett-, Mit)Bewerber(in), Kandidat(in); **contestation** [ˌkɒntesˈteɪʃn; *US* ˌkɑn-] S 1 → contest A 1, A 4: **in ~** umstritten, strittig 2 Streitpunkt *m*; **contested** ADJ 1 umstritten *(Entscheidung etc)* 2 Streit…: ~ **case**; ~ **point** strittiger Punkt, Streitfrage *f*

context [ˈkɒntekst; *US* ˈkɑn-] S 1 Kontext *m*, Zusammenhang *m*: **take words from their ~** Worte aus ihrem Zusammenhang reißen; **in this ~** in diesem Zusammenhang; **out of ~** aus dem Zusammenhang gerissen 2 *fig* Rahmen *m*: **place sth in a broader ~** etwas in e-n breiteren Rahmen stellen

contextual [kɒnˈtekstjʊəl; -tʃʊəl; *US* kɑnˈtekstʃəwəl; -tʃəl] ADJ (ADV ~ly) kontextual, kontextuell; **contexture** [-tʃə(r)] S 1 Verwebung *f*, -knüpfung *f* 2 Gewebe *n* 3 Struktur *f*

contg ABK containing

contiguity [ˌkɒntɪˈgjuːətɪ; *US* ˌkɑn-] S 1 Aneinandergrenzen *n* 2 (**to**) Angrenzen *n* (an *akk*), Berührung *f* (mit) 3 Nähe *f*, Nachbarschaft *f* 4 (zusammenhängende) Masse, Reihe *f*; **contiguous** [kənˈtɪgjʊəs; *US* -jəwəs] ADJ (ADV ~ly) 1 (**to**) angrenzend, anstoßend (an *akk*), berührend *(akk)* 2 (**to**) nahe *(dat od* an *dat)*, benachbart *(dat)* 3 MATH anliegend *(Winkel)*

continence [ˈkɒntɪnəns; *US* ˈkɑntnəns], **continency** S 1 *(bes sexuelle)* Enthaltsamkeit, Mäßigkeit *f* 2 MED Kontinenz *f (Fähigkeit, Harn od Stuhl zurückzuhalten)*: ~ **of the f(a)eces, f(a)ecal** (*od* **rectal**) ~ Stuhlkontinenz; **urinary ~** Blasen-, Harnkontinenz

continent [ˈkɒntɪnənt; *US* ˈkɑntnənt] A S 1 Kontinent *m*, Erdteil *m*: **on the ~ of Australia** auf dem australischen Kontinent 2 Festland *n*: **the °~** a *Br* das (europäische) Festland b HIST der Kontinent *(die nordamer. Kolonien während des Unabhängigkeitskrieges)* B ADJ (ADV ~ly) 1 *(bes sexuell)* enthaltsam, mäßig 2 *obs* einschränkend

continental [ˌkɒntɪˈnentl; *US* ˌkɑntnˈentl] A ADJ 1 GEOG kontinental, Kontinental…, Festland(s)…: ~ **climate**; ~ **shelf** Festland(s)-, Kontinentalsockel *m* 2 *meist* °~ *Br* kontinental (-europäisch), *weitS.* ausländisch: ~ **breakfast** kleines Frühstück; ~ **quilt** Federbett *n*; ~ **tour** Europareise *f*; °~ **system** HIST Kontinentalsystem *n*, -sperre *f (Napoleons I.)* 3 °~ HIST *(während des Unabhängigkeitskrieges)* kontinental *(die nordamer. Kolonien betreffend)*: °~ **Congress** Kontinentalkongress *m (1774-83)* B S 1 Festländer(in), Bewohner(in) e-s Kontinents 2 °~ *Br* Bewohner(in) des europäischen Festlands, Kontinentaleuropäer(in) 3 HIST a °~ Soldat *m* der nordamer. Kontinentalarmee *(1776 bis 1783)* b *Banknote während des Unabhängigkeitskriegs*: **not worth a ~** *US umg* keinen Pfifferling wert; **continentalize** VT kontinental machen, kontinentalen Charakter geben *(dat)*: **~d**, *meist* **°~d** *Br* europäisiert

contingence [kənˈtɪndʒəns] S 1 Berührung *f*, Kontakt *m*: **angle of ~** MATH Berührungswinkel *m* 2 → contingency; **contingency** S 1 Zufälligkeit *f*, Abhängigkeit *f* vom Zufall 2 Möglichkeit *f*, Eventualität *f*, mögliches *od* zufälliges *od* unvorhergesehenes Ereignis: **be prepared for all contingencies** (*od* **every ~**) auf alle Möglichkeiten vorbereitet sein; ~ **fee** *US* Erfolgshonorar *n*; ~ **plan** Notplan *m* 3 JUR Bedingung *f (als Rechtskraft auslösendes Ereignis)* 4 *pl* WIRTSCH unvorhergesehene Ausgaben *pl*: ~ **reserve** Delkredererückstellung *f* 5 Neben-, Folgeerscheinung *f*; **contingent** A ADJ (ADV ~ly) 1 (**on, upon**) abhängig (von), bedingt (durch): **be ~ (up)on** abhängen von; ~ **claim** (*od* **right**) JUR bedingter Anspruch; → remainder A 7 2 möglich, eventuell, Eventual…, ungewiss: ~ **fee** *US* Erfolgshonorar *n*; ~ **liability** WIRTSCH Eventualverbindlichkeit *f* 3 zufallsbedingt, zufällig 4 PHIL kontingent *(nicht notwendig, unwesentlich)* B S 1 Kontingent *n*, Anteil *m*, Beitrag *m*, (Beteiligungs)Quote *f* 2 MIL (Truppen)Kontingent *n* 3 Zufall *m*, zufälliges Ereignis

continua [kənˈtɪnjʊə; *US* -jəwə] *pl von* continuum

continuable [kənˈtɪnjʊəbl; *US* -jəwəbəl] ADJ fortsetzbar; **continual** ADJ 1 fortwährend, ununterbrochen, (an)dauernd, unaufhörlich, anhaltend, (be)ständig 2 immer wiederkehrend, sich wiederholend: **a ~ knocking** ein wiederholtes Klopfen 3 MATH kontinuierlich, stetig *(Proportion)*; **continually** ADV 1 fort-

während (etc; → continual 1) 2 immer wieder
continuance [kən'tɪnjʊəns; US -jəwəns] S 1 → continuation 1, 2 2 Beständigkeit f 3 stetige Folge od Wiederholung 4 (Ver)Bleiben n: **his ~ in office** 5 JUR US Vertagung f; **continuant** S LING Dauerlaut m
continuation [kən,tɪnjʊ'eɪʃn; US -jə'w-] S 1 Fortsetzung f (a. e-s Romans etc), Weiterführung f 2 Fortbestand m, -dauer f 3 Verlängerung(sstück) f(n) 4 Erweiterung f 5 Br für contango A: **~ bill** Prolongationswechsel m; **~ school** S Fortbildungsschule f; **~ training** S berufliche Fortbildung
continue [kən'tɪnju:] A V/I 1 fortfahren, weitermachen: **~!** MIL weitermachen!; **~** (Redew) sodann, um fortzufahren 2 an-, fortdauern, sich fortsetzen, weitergehen, anhalten: **the rain ~d** der Regen hielt an 3 (fort)dauern, (fort)bestehen, von Dauer od Bestand sein 4 (ver)bleiben: **~ in a place** an e-m Ort bleiben; **~ in office** im Amt bleiben 5 be-, verharren (in in dat, bei) 6 a **~ to do, ~ doing** (auch) weiterhin tun: **~ to sing** weitersingen; **~ to be manufactured** weiterhin hergestellt werden; **the boat ~d downstream** das Boot fuhr weiter den Fluss hinab b **~ to be, ~ being** weiterhin od immer noch … sein, bleiben: **~ (to be) unconscious** weiterhin od immer noch bewusstlos sein B V/T 1 fortsetzen, -führen, fortfahren mit: **~ talking** weitersprechen; **"to be ~d"** „Fortsetzung folgt" 2 WIRTSCH (Londoner Börse) in Report nehmen 3 beibehalten, erhalten, (in e-m Zustand etc) belassen: **~ judges in their posts** Richter auf ihrem Posten belassen 4 Beziehungen etc aufrechterhalten 5 JUR US vertagen
continued ADJ 1 anhaltend, fortgesetzt, -laufend, stetig, unaufhörlich, kontinuierlich: **~ existence** Fortbestand m; **~ use** Weiterbenutzung f; **~ validity** Fortdauer f der Gültigkeit 2 in Fortsetzungen erscheinend (Roman etc); **~ bass** [beɪs] S MUS Generalbass m; **~ fraction** S MATH Kettenbruch m; **~ proportion** S MATH kontinuierliche od stetige Proportion; **~ quantity** S MATH stetige Größe
continuing ADJ (ADV ~ly) andauernd, weitergehend: **~ education** Weiterbildung f
continuity [,kɒntɪ'nju:ətɪ; US ,kantn'u:ətɪ; -'ju:-] S 1 Kontinuität f, Stetigkeit f, ununterbrochenes Fortdauern od -bestehen: **~ of the game** SPORT Spielfluss m 2 ununterbrochener Zusammenhang 3 zusammenhängendes Ganzes, kontinuierliche Reihe od Folge, a. roter Faden (e-r Erzählung etc) 4 FILM, TV Drehbuch n, (Rundfunk-)Manuskript n: **~ writer** a Drehbuchautor(in) b Textschreiber(in); **~ girl** Scriptgirl n 5 RADIO Zwischenansage f, verbindender Text 6 → continuum 2
continuo [kən'tɪnjʊəʊ; -nʊəʊ; US -nəwəʊ; -njəwəʊ] pl -os S MUS Generalbass m
continuous [kən'tɪnjʊəs; US -jəwəs] ADJ (ADV ~ly) 1 ununterbrochen, (fort-, an)dauernd, (fort)laufend, fortwährend, (be)ständig, stetig, unaufhörlich 2 a. MATH, PHYS, TECH kontinuierlich: **~ motion, ~ operation** Dauerbetrieb m, kontinuierliche Arbeitsweise 3 zusammenhängend, ununterbrochen (Linie etc) 4 LING progressiv: **~ form** Verlaufsform f; **~ creation** S fortdauernde Schöpfung; **~ current** S ELEK Gleichstrom m; **~ dash** S Telegrafie: Dauerstrich m; **~ fire** S MIL Dauerfeuer n
continuous-flow production S TECH Herstellung f nach dem Fließprinzip
continuous| function S MATH stetige Funktion; **~ industry** S WIRTSCH *Industrie, die sämtliche Arbeitsphasen (vom Rohprodukt bis zur Fertigware) durchführt*; **~ mill** S METALL kontinuierliches Walzwerk; **~ paper** S Endlospapier n; **~ performance** S Kino, Varieté etc: durchgehende Vorstellung; **~ spectrum** S irr PHYS kontinuierliches Spektrum; **~ text** S COMPUT Fließtext m; **~ wave** S PHYS ungedämpfte Welle
continuum [kən'tɪnjʊəm; US -jəwəm] pl -ua [-jʊə; US -jəwə], -uums S 1 → continuity 3 2 MATH Kontinuum n, kontinuierliche Größe 3 ununterbrochener Zusammenhang
conto ['kɒntəʊ; US 'kan-] pl -tos S Conto n de Reis (Rechnungsmünze): a *in Brasilien: 1000 Cruzeiros* b *in Portugal: 1000 Escudos*
contort [kən'tɔ:(r)t] A V/T 1 *die Glieder* verdrehen, verrenken 2 *das Gesicht* verzerren, verziehen 3 *fig Tatsachen etc* verdrehen B V/I sich verzerren od verziehen (**with** vor dat; **in a grimace** zu e-r Grimasse); **contorted** ADJ 1 verdreht, verrenkt 2 verzerrt: **~ with pain** schmerzverzerrt 3 BOT gedreht: **~ leaves in the bud** 4 fig verdreht; **contortion** S 1 Verrenkung f: **~s of the body** Körperverrenkungen; **mental ~s** geistige Verrenkungen 2 Verzerrung f 3 fig Verdrehung f; **contortionist** S 1 Schlangenmensch m 2 a. **verbal ~** fig Wortverdreher(in)
contour ['kɒn,tʊə(r); US 'kan-] A S 1 Kontur f, Umriss m (beide a. fig) 2 Umrisslinie f 3 MATH geschlossene Kurve 4 → contour line B V/T 1 konturieren, die Konturen zeichnen od andeuten von (a. fig) 2 *e-e Straße etc* der Landschaft anpassen; **~ chair** S körpergerecht geformter Stuhl od Sessel; **~ chasing** S FLUG, MIL Terrainfolge-, Konturenflug m; **~ farming** S AGR Anbau m längs der Höhenlinien (zur Verhütung der Bodenerosion); **~ feather** S ORN Konturfeder f; **~ line** S Kartografie: Höhenlinie f; **~ map** S GEOG Höhenlinienkarte f; **~ ploughing**, bes US **~ plowing** S AGR Konturpflügen n, Pflügen n längs der Höhenlinien; **~ sheet** S US Spannlaken n, -betttuch n
contr. ABK 1 contract 2 contracted 3 contraction 4 contralto 5 contrary
contra ['kɒntrə; US 'kan-] A PRÄP gegen, wider, kontra: **~ bonos mores** [,bəʊnəʊz'mɔ:r-eɪz] JUR sittenwidrig, unsittlich (Vertrag etc) B ADV dagegen, kontra C S 1 Gegen n, Wider n 2 WIRTSCH Kreditseite f: **(as) per ~** als Gegenleistung od -rechnung; **~ account** Gegenrechnung f, -konto n
contraband ['kɒntrəbænd; US 'kan-] A S 1 WIRTSCH unter Ein- od Ausfuhrverbot stehende Ware 2 Konterbande f: a Schmuggel-, Bannware f b a. **~ of war** Kriegskonterbande f 3 Schmuggel m, Schleichhandel m B ADJ 1 WIRTSCH unter Ein- od Ausfuhrverbot stehend 2 Schmuggel…, illegal: **~ trade** → A 3; **contrabandist** S Schmuggler(in)
contrabass [,kɒntrə'beɪs; '-beɪs; US 'kantrə,beɪs] MUS A S Kontrabass m, Bassgeige f B ADJ Kontrabass…, sehr tief; **contrabassist** S MUS Kontrabassist(in), Bassgeiger(in)
contrabassoon [,kɒntrəbə'su:n; US ,kan-] S MUS Kontrafagott n
contraception [,kɒntrə'sepʃn; US ,kan-] S MED Empfängnisverhütung f; **contraceptive** MED A S Kontrazeptivum n, empfängnisverhütendes Mittel: → oral A 2 B ADJ kontrazeptiv, empfängnisverhütend: **~ pill** Antibabypille f
contraclockwise US → anticlockwise
contract A S ['kɒntrækt; US 'kan-] 1 a JUR Vertrag m, Kontrakt m: **~ of employment** Arbeitsvertrag; **~ of sale** Kaufvertrag; **enter into (od make) a ~** e-n Vertrag (ab)schließen (**with** mit); **by ~** vertraglich; **be under ~** unter Vertrag stehen (**with, to** bei); **~ negotiations** Vertragsverhandlungen; → exchange A 3 b a. **~ to kill** Mordauftrag m: **~ killer** professioneller Killer 2 JUR Vertragsurkunde f 3 a Ehevertrag m b Verlöbnis n 4 WIRTSCH a (Liefer-, Werk) Vertrag m, (fester) Auftrag: **~ for services** Dienstvertrag; **under ~** in Auftrag gegeben b US Akkord m: **give out work by the ~** Arbeit im Akkord vergeben 5 Kartenspiel: a a. **~ bridge** Kontrakt-Bridge n b höchstes Gebot B V/T [kən'trækt] 1 *e-n Muskel etc* zusammenziehen: **~ one's forehead** die Stirn runzeln 2 LING zusammenziehen, verkürzen 3 *e-e Gewohnheit* annehmen 4 sich *e-e Krankheit* zuziehen 5 *Schulden* machen 6 *e-e Verpflichtung* eingehen: **~ marriage** die Ehe eingehen od schließen 7 [US 'kan,trækt] j-n unter Vertrag nehmen, j-n vertraglich verpflichten (**to do** zu tun): **be ~ed to** unter Vertrag stehen bei, vertraglich gebunden sein an (akk) 8 *Freundschaft* schließen, *e-e Bekanntschaft* machen C V/I 1 sich zusammenziehen, (Pupillen) sich verengen 2 sich verkleinern, kleiner werden 3 [US 'kan,trækt] JUR kontrahieren, e-n Vertrag schließen od eingehen (**with** mit; **for** über akk) 4 a sich vertraglich verpflichten (**to do sth** etwas zu tun; **for sth** zu etwas) b (**for sth**) sich (etwas) ausbedingen: **the fee ~ed for** das vertraglich festgesetzte Honorar
Phrasal Verbs: **contract| in** V/I bes Br sich (vertraglich) verpflichten (**to** zu); **~ out** A V/I 1 bes Br sich (vertraglich) befreien (**of** von) 2 bes Br umg aussteigen (**of** aus) B V/T WIRTSCH *Arbeit* a vergeben (**to** an akk) b außer Haus geben
contracted [kən'træktɪd] ADJ 1 zusammengezogen, LING a. verkürzt 2 gerunzelt (Stirn) 3 fig engstirnig; **contractibility** S Zusammenziehbarkeit f; **contractible** ADJ (ADV contractibly) zusammenziehbar; **contractile** [-taɪl, US bes -tl] ADJ bes BIOL kontraktil, zusammenziehbar; **contractility** [,kɒntræk'tɪlətɪ; US ,kan-] S bes BIOL Kontraktilität f, Zusammenziehungsvermögen n; **contracting** [kən'træktɪŋ] ADJ 1 (sich) zusammenziehend 2 [US 'kan,tr-] vertragschließend, Vertrags…: **~-out clause** (Völkerrecht) Freizeichnungsklausel f; → party A 5
contraction [kən'trækʃn] S 1 Kontraktion f, Zusammenziehung f: **~ of the pupil(s)** MED Pupillenverengung f 2 LING Zusammenziehung f, Verkürzung f (Wort), Kurzwort n 3 MED a Zuziehung f (e-r Krankheit) b Kontraktur f (dauernde Verkürzung) c Wehe f 4 WIRTSCH Kontraktion f (Einschränkung des Notenumlaufs); **contractive** [-tɪv] ADJ (ADV ~ly) zusammenziehend
contract| marriage S Ehe f auf Zeit; **~ note** S WIRTSCH Br (Börse) (von e-m **broker** ausgestellter) Schlussschein
contractor [kən'træktə(r)] S 1 [US 'kan,træktər] WIRTSCH a Kontrahent(in), Vertragschließende(r) m/f(m) b Unternehmer(in) (gemäß e-m Werk- od Dienstvertrag) c (Vertrags)Lieferant(in) 2 ANAT Schließmuskel m
contractual [kən'træktʃʊəl; -tjʊəl; US -tʃəwəl; -tʃəl] ADJ (ADV ~ly) vertraglich, vertragsgemäß, Vertrags…: **~ agreement** (od **arrangement**) vertragliche Vereinbarung; **~ capacity** Geschäftsfähigkeit f; **have ~ capacity** geschäftsfähig sein; **have a ~ duty to do sth** vertraglich verpflichtet sein, etwas zu tun; **~ penalty** Vertragsstrafe f
contracture [kən'træktʃə(r)] S MED Kontraktur f (dauernde Verkürzung)
contradict [,kɒntrə'dɪkt; US ,kan-] A V/T 1 j-m, *e-r Sache* widersprechen 2 widersprechen (dat), im Widerspruch stehen zu, unvereinbar sein mit: **his actions ~ his principles** B V/I wi-

dersprechen; **contradiction** S 1 Widerspruch *m*, -rede *f*: **spirit of ~** Widerspruchsgeist *m* 2 Widerspruch *m*, Unvereinbarkeit *f*: **be in ~ to** im Widerspruch stehen zu; **~ in terms** Widerspruch in sich (selbst); **contradictious** ADJ (ADV ~ly) zum Widerspruch geneigt, streitsüchtig; **contradictiousness** S Widerspruchsgeist *m*

contradictoriness [ˌkɒntrəˈdɪktərɪnɪs; -trɪ-; US ˌkɑn-] S **(to)** Widerspruch *m* (zu), Unvereinbarkeit *f* (mit); **contradictory** A ADJ (ADV contradictorily) 1 **(to)** widersprechend (*dat*), im Widerspruch stehend (zu), unvereinbar (mit) 2 einander *od* sich widersprechend, widersprüchlich, unvereinbar 3 PHIL kontradiktorisch, widersprechend 4 rechthaberisch, streitsüchtig B S 1 PHIL kontradiktorischer Begriff 2 Widerspruch *m*

contradistinction [ˌkɒntrədɪˈstɪŋkʃn; US ˌkɑn-] S (Unterscheidung *f* durch) Gegensatz *m*: **in ~ to** im Gegensatz *od* Unterschied zu; **contradistinctive** ADJ (ADV ~ly) 1 gegensätzlich 2 unterscheidend, Unterscheidungs…; **contradistinguish** [-ˈstɪŋgwɪʃ] V/T (*durch Gegensätze*) unterscheiden (**from** von)

contrail [ˈkɒntreɪl; US ˈkɑn-] S FLUG Kondensstreifen *m*

contraindicated [ˌkɒntrəˈɪndɪkeɪtɪd; US ˌkɑn-] ADJ MED kontraindiziert, nicht anwendbar; **contraindication** S MED Kontra-, Gegenindikation *f*, Gegenanzeige *f*

contralto [kənˈtræltəʊ] *pl* -tos S MUS Alt *m*: a Altstimme *f* b Altist(in) c Altpartie *f*

contraption [kənˈtræpʃn] S *umg* (neumodischer *od* komplizierter *od* komischer) Apparat

contrapuntal [ˌkɒntrəˈpʌntl; US ˌkɑn-] ADJ (ADV ~ly) MUS kontrapunktisch; **contrapuntist** S MUS Kontrapunktiker(in)

contrariety [ˌkɒntrəˈraɪətɪ; US ˌkɑn-] S 1 → contrariness 1, 2 2 Widerspruch *m*, Gegensatz *m* (*beide*: **to** zu)

contrarily [ˈkɒntrərəlɪ; US ˈkɑnˌtrer-; kənˈtrer-] ADV 1 entgegen (**to** *dat*) 2 andererseits; **contrariness** S 1 Gegensätzlichkeit *f*, Widerspruch *m*, Unvereinbarkeit *f* 2 Widrigkeit *f*, Ungunst *f* 3 [*a.* kənˈtreərɪnɪs] Widerspenstigkeit *f*, Aufsässigkeit *f*

contrarious [kənˈtreərɪəs] ADJ (ADV ~ly) widrig, widerwärtig

contrariwise [ˈkɒntrərɪwaɪz; US ˈkɑnˌtreri:-ˌwaɪz; kənˈtr-] ADV 1 im Gegenteil 2 umgekehrt 3 andererseits

contrarotating [ˌkɒntrərəʊˈteɪtɪŋ] ADJ TECH gegenläufig

contrary [ˈkɒntrərɪ; US ˈkɑnˌtreri:] A ADJ (ADV → contrarily) 1 konträr, entgegengesetzt, widersprechend (*alle*: **to sth** e-r Sache): **~ motion** MUS Gegenbewegung *f* 2 konträr, einander entgegengesetzt, gegensätzlich (*Meinungen etc*) 3 ander(er, e, es): **the ~ sex** 4 widrig, ungünstig (*Wind, Wetter*) 5 **(to)** verstoßend (gegen), im Widerspruch (zu): **~ to orders** befehlswidrig; **his conduct is ~ to rules** sein Benehmen verstößt gegen die Regeln 6 [*a.* kənˈtreərɪ] widerspenstig, -borstig, eigensinnig, aufsässig B ADV im Gegensatz, im Widerspruch (*beide*: **to** zu): **~ to expectations** wider Erwarten; **act ~ to nature** wider die Natur handeln; **~ to orders** befehlswidrig; **act ~ to one's principles** s-n Grundsätzen zuwiderhandeln; → law[1] 1 C S Gegenteil *n* (*a.* PHIL): **on the ~** im Gegenteil; **be the ~ to** das Gegenteil sein von (*od gen*); **go to contraries** schiefgehen *umg*; **the ~** gegenteilig; **despite protestations to the ~** trotz gegenteiliger Beteuerungen; **proof to the ~** Gegenbeweis *m*; **unless I hear (sth) to the ~** falls ich nichts Gegenteiliges höre

contrast A S [ˈkɒntrɑ:st; US ˈkɑnˌtræst] Kontrast *m* (*a.* TV *etc*), Gegensatz *m* (*beide*: **between** zwischen *dat*; **to** zu): **form a ~** e-n Kontrast bilden (**to** zu); **by ~** im Gegensatz dazu; **by ~ with** im Vergleich mit, verglichen mit; **in ~ to** (*od* **with**) im Gegensatz zu; **be in ~ to sth** zu etwas im Gegensatz stehen; **he is a great ~ to his brother** er ist völlig anders als sein Bruder; **~ bath** MED Wechselbad *n*; **~ control** TV Kontrastregler *m*; **~ medium** MED (*Röntgen*) Kontrastmittel *n* B V/T [kənˈtrɑ:st; US -ˈtræst; *a.* ˈkɑnˌtræst] **(with)** kontrastieren, vergleichen (mit), entgegensetzen, gegenüberstellen (*dat*) C V/I 1 **(with)** kontrastieren (mit), sich abheben, abstechen (von, gegen): **~ing colo(u)rs** kontrastierende Farben, Kontrastfarben 2 e-n Gegensatz bilden, im Gegensatz stehen (*beide*: **with** zu)

contrasty [kənˈtrɑ:stɪ; US ˈkɑnˌtræsti:] ADJ FOTO, TV kontrastreich

contravene [ˌkɒntrəˈvi:n; US ˌkɑn-] V/T 1 zuwiderhandeln (*dat*), *ein Gesetz etc* übertreten, verstoßen gegen, verletzen 2 im Widerspruch stehen zu 3 bestreiten; **contravention** [-ˈvenʃn] S **(of)** Übertretung *f* (von *od gen*), Zuwiderhandlung *f* (gegen): **in ~ of** entgegen (*dat*); **an act in ~ of the law** e-e gesetzeswidrige Handlung

contre-jour [ˈkɒntrəˌʒʊə(r); US ˈkɑn-] ADJ: **~ shot** FOTO Gegenlichtaufnahme *f*

contretemps [ˈkɔ̃:ntrətɑ̃:ŋ] *pl* -temps [-z] S Missgeschick *n*, Malheur *n*

contribute [kənˈtrɪbju:t; US -bjət] A V/T 1 beitragen, beisteuern (*beide*: **to, toward[s]** zu) 2 *e-n Artikel etc* beitragen (**to** zu *e-r Zeitung etc*): **~d work** US Sammelband *m*, -werk *n* (*mit Beiträgen verschiedener Autoren*) 3 spenden (**to** für) 4 WIRTSCH a *Kapital* (*in e-e Firma*) einbringen b *Br Geld* nachschießen (*bei Liquidation*): **~ cash** e-e Bareinlage leisten B V/I 1 **(to)** beitragen, e-n Beitrag leisten, beisteuern (zu), mitwirken (an *dat*): **~ to** (*od* **toward[s]**) **the expenses** sich an den Unkosten beteiligen; **~ to good health** gesundheitsförderlich sein; **~ to a newspaper** für e-e Zeitung schreiben 2 spenden (**to** für) 3 **liable to ~** WIRTSCH beitrags-, *Br* nachschusspflichtig

contribution [ˌkɒntrɪˈbju:ʃn; US ˌkɑn-] S 1 Beitragung *f*, Beisteuerung *f* (*beide*: **to** zu) 2 Beitrag *m* (*a. für Zeitschriften etc*), Beisteuer *f* (*beide*: **to** zu): **~ to** (*od* **toward[s]**) **the expenses** Unkostenbeitrag; **make a ~ to** e-n Beitrag leisten zu; **make a ~ to the costs** sich an den Kosten beteiligen 3 Spende *f* (**to** für): **a small ~, please**; **~ to a political party** Parteispende 4 WIRTSCH a Einlage *f*: **~ in cash (kind)** Bareinlage (Sacheinlage) b *Br* Nachschuss *m* 5 WIRTSCH Sozialversicherungsbeitrag *m*: **employer's ~** Arbeitgeberanteil *m* 6 WIRTSCH anteilmäßiger Beitrag bei Versicherungsschäden 7 MIL *bes* HIST Kontribution *f* (*für den Unterhalt der Besatzungstruppen erhobener Beitrag in e-m besetzten Gebiet*)

contributive [kənˈtrɪbjʊtɪv] ADJ (ADV ~ly) beisteuernd, mitwirkend; **contributor** [-tə(r)] S 1 Beisteuernde(r) *m/f(m)*, Beitragsleistende(r) *m/f(m)*, Beitragende(r) *m/f(m)* 2 Mitwirkende(r) *m/f(m)*, Mitarbeiter(in) (*beide*: **to a newspaper** bei *od* an e-r Zeitung); **contributory** [-tərɪ; -trɪ; US -ˌtəʊri:; -ˌtɔ:-] A ADJ 1 beitragend (**to** zu) 2 a beitragspflichtig (*Mitglieder*) b vom Arbeitgeber u. -nehmer zu gleichen Teilen getragen (*Versicherung*) c WIRTSCH *Br* nachschusspflichtig (*Aktionäre*) 3 mitwirkend, mitarbeitend (*beide*: **to** an *dat*) 4 *fig* mitwirkend, fördernd: **~ causes** *bes* JUR mitverursachende Umstände; **~ negligence** JUR mitwirkendes Verschulden, Mitverschulden *n* (*seitens des Geschädigten*) 5 HIST tributpflichtig B S 1 → contributor 1 2 fördernder Umstand 3 Beitrags- *od* (WIRTSCH *Br*) Nachschusspflichtige(r) *m/f(m)*

contrite [ˈkɒntraɪt; US ˈkɑn-; *a.* kənˈtraɪt] ADJ (ADV ~ly) zerknirscht, reuig, reumütig: **~ tears** Tränen der Reue; **contriteness**, **contrition** [kənˈtrɪʃn] S Zerknirschung *f*, Reue *f*

contrivable [kənˈtraɪvəbl] ADJ 1 erfind-, erdenkbar 2 durchführ-, herstellbar; **contrivance** S 1 TECH a Ein-, Vorrichtung *f*: **adjusting ~** Stellvorrichtung b Gerät *n*, Apparat *m* 2 Erfindung *f* 3 Erfindungsgabe *f*, Findigkeit *f* 4 Bewerkstelligung *f* 5 Plan *m* 6 Kunstgriff *m*, List *f*, Kniff *m*

contrive [kənˈtraɪv] A V/T 1 erfinden, ersinnen, (sich) *etwas* ausdenken, entwerfen: **~ ways and means** Mittel u. Wege finden 2 *etwas Böses* aushecken, *Pläne* schmieden 3 zustande bringen, bewerkstelligen 4 es fertigbringen, es verstehen, es einrichten: **he ~d to make himself popular** er verstand es *od* es gelang ihm, sich beliebt zu machen B V/I 1 Pläne schmieden 2 Ränke schmieden; **contrived** ADJ gekünstelt (*Freundlichkeit, Stil etc*)

control [kənˈtrəʊl] A V/T 1 beherrschen, die Herrschaft *od* Kontrolle haben über (*akk*), *etwas* in der Hand haben, gebieten über (*akk*): **the company ~s the entire industry** die Gesellschaft beherrscht die gesamte Industrie; **~ the race** SPORT das Rennen kontrollieren; **~ling company** WIRTSCH Muttergesellschaft *f*; **~ling interest** WIRTSCH maßgebliche Beteiligung, ausschlaggebender Kapitalanteil; **~ling shareholder** (*bes* US **stockholder**) WIRTSCH Besitzer(in) der Aktienmajorität, maßgebliche(r) Aktionär(in) 2 in Schranken halten, *e-r Sache* Herr werden, Einhalt gebieten (*dat*), (erfolgreich) bekämpfen, eindämmen: **~ o.s.** (*od* **one's temper**) sich beherrschen 3 kontrollieren: a überwachen, beaufsichtigen b (nach)prüfen: **~ an experiment** ein Experiment durch Gegenversuche kontrollieren 4 regeln: **vitamin D ~s bone growth** 5 leiten, lenken, führen, verwalten 6 WIRTSCH (staatlich) bewirtschaften, planen, dirigieren, *den Absatz, Konsum, die Kaufkraft etc* lenken, *die Preise* binden: **~led economy** gelenkte Wirtschaft, Planwirtschaft *f* 7 ELEK, TECH steuern, regeln, regulieren, *e-e Maschine etc* bedienen: **~led by compressed air** druckluftgesteuert; **~led rocket** gesteuerte Rakete; **~led ventilation** regulierbare Lüftung B S 1 **(of, over)** Beherrschung *f* (*gen*) (*a. fig*), Macht *f*, Gewalt *f*, Kontrolle *f*, Herrschaft *f* (über *akk*): **be in ~ of o.s.** sich in der Gewalt haben; **bring** (*od* **get**) **under ~** Herr werden (*gen*), unter Kontrolle bringen; **get ~ of one's life** sein Leben in den Griff bekommen; **get ~ over** in s-e Gewalt *od* in die Hand bekommen; **get beyond sb's ~** j-m über den Kopf wachsen; **get out of ~** außer Kontrolle geraten, (*Diskussion etc*) ausufern; **circumstances beyond our ~** unvorhersehbare Umstände, Fälle höherer Gewalt; **have ~ over** a → A 1 b Gewalt über *j-n* haben; **have the situation under ~** Herr der Lage sein, die Lage beherrschen; **keep under ~** im Zaum halten, fest in der Hand haben; **lose ~** die Herrschaft *od* Gewalt *od* Kontrolle verlieren (**over, of** über *e-e Partei, ein Auto etc*); **lose ~ of o.s.** die Beherrschung verlieren 2 Selbstbeherrschung *f*: **lose ~** 3 Körperbeherrschung *f* 4 **(of, over)** Aufsicht *f*, Kontrolle *f* (über *akk*), Überwachung *f* (*gen*): **government** (*od* **state**) **~** staatliche Aufsicht; **be in ~ of sth** etwas leiten *od* unter sich haben; **be under sb's ~** j-m unterstehen *od* unterstellt sein 5 Leitung *f*, Verwaltung *f* (e-s *Unternehmens etc*) 6 WIRTSCH a (*Kapital-, Konsum-, Kaufkraft- etc*) Lenkung *f* b (*Devisen- etc*) Bewirtschaftung *f* 7 JUR a Gewahrsam *m* b Verfügungsgewalt *f* (**of, over** über *akk*) c *a.* **parental ~** elterliche Gewalt (**of, over** über *akk*): **have the ~ of a child**; **place sb under ~** j-n unter Vormundschaft stellen 8 Bekämpfung *f*, Eindämmung *f* 9 ELEK, TECH Steuerung *f*, Bedienung *f* 10 TECH Bedienungselement *n*: **be at the ~s** *fig* das Sagen haben, an den (Schalt-)Hebeln der Macht sitzen 11 ELEK, TECH a Regelung *f*, Regulierung *f* b Regler *m* 12 *pl* FLUG Steuerung *f*, Leitwerk *n*, Steuerzüge *pl* 13 a Kontrolle *f*, Anhaltspunkt *m* b Vergleichswert *m* c → control experiment

control| and reporting S MIL Fliegerleit- u. Flugmeldedienst *m*; **~ center**, *bes Br* **~ centre** S Kontrollzentrum *n*; **~ character** S IT Steuerzeichen *n*; **~ chart** S 1 statistische Darstellung der Bevölkerungsdichte 2 TECH Steuerungsdiagramm *n*; **~ circuit** S ELEK Regler-, Steuerkreis *m*; **~ column** S FLUG Steuersäule *f*; **~ desk** S 1 ELEK Steuer-, Schaltpult *n* 2 RADIO, TV Regiepult *n*; **~ engineering** S Steuerungs-, Regeltechnik *f*; **~ experiment** S Kontroll-, Gegenversuch *m*; **~ gear** S 1 TECH Steuergestänge *n*, Schaltgetriebe *n* 2 ELEK Steuergerät *n*; **~ grid** S ELEK Steuergitter *n*; **~ group** S *bes* MED Kontrollgruppe *f*; **~ key** S COMPUT Steuerungstaste *f*; **~ knob** S TECH Bedienungsknopf *m*, -griff *m*

controllable [kən'trəʊləbl] ADJ (ADV controllably) 1 kontrollierbar 2 (**by**) der Aufsicht *od* Gewalt (*gen*) unterworfen, zu beaufsichtigen(d) (von) 3 ELEK, TECH steuer-, regel-, regulierbar

controller [kən'trəʊlə(r)] 1 a Kontrolleur(in), Aufseher(in) b Aufsichts-, Kontroll-, Prüfbeamte(r) *m*, -beamtin *f* c WIRTSCH Controller *m* (*Fachmann für Kostenrechnung u. -planung in e-m Betrieb*) 2 Führungsoffizier *m* (*e-s Agenten*) 3 ELEK, TECH Regler *m* 4 COMPUT Steuergerät *n*, -teil *n*

control| lever S 1 AUTO, TECH Schalthebel *m* 2 FLUG → control stick; **~ light** S Kontrolllampe *f*; **~ measures** SPL Überwachungsmaßnahmen *pl*; **~ panel** S ELEK Bedienungsfeld *n*; **~ rod** S *Kerntechnik*: Steuerstab *m*; **~ room** S ELEK, TECH 1 Kontrollraum *m*, (MIL Befehls)Zentrale *f* 2 RADIO, TV Regieraum *m*; **~ stick** S FLUG Steuerknüppel *m*; **~ surface** S FLUG Leit-, Steuerfläche *f*, Steuerruder *n*; **~ switch** S ELEK Steuerschalter *m*, -wähler *m*; **~ theory** S PHYS Steuer-, Kontrolltheorie *f*; **~ tower** S FLUG Kontrollturm *m*, (Control)Tower *m*; **~ unit** S COMPUT a Steuer-, Leitwerk *n* b → controller 4

controversial [,kɒntrə'vɜːʃl; US ,kɑntrə'vɜrʃəl; -sɪəl] ADJ (ADV ~ly) 1 strittig, umstritten, kontrovers: **a ~ book** ein umstrittenes Buch; **a ~ subject** e-e Streitfrage 2 polemisch 3 streitsüchtig; **controversialist** [-ʃəlɪst] S Polemiker(in); **controversy** [-sɪ] S 1 Kontroverse *f*: a (Meinungs)Streit *m*, Auseinandersetzung *f* b Disput *m*, Diskussion *f*, Debatte *f*: **beyond ~, without ~** fraglos, unstreitig; **cause a lot of ~** zu vielen Diskussionen führen 2 JUR Rechtsstreit *m*, (Zivil)Prozess *m*: → matter A 3 3 *a.* **point in ~** Streitfrage *f*, -punkt *m*

controvert ['kɒntrəvɜːt; US 'kɑntrə,vɜrt] V/T *etwas* bestreiten, anfechten, *a. j-m* widersprechen: **a ~ed doctrine** e-e umstrittene *od* angefochtene Doktrin; **controvertible** ADJ (ADV controvertibly) 1 streitig, strittig 2 anfechtbar

contumacious [,kɒntjuː'meɪʃəs; US ,kɑntjə'm-; -tə'm-] ADJ (ADV ~ly) 1 aufsässig, widerspenstig 2 JUR (*trotz Vorladung*) nicht erschienen; **contumaciousness**, **contumacy** ['kɒntjʊməsɪ; US kən'tjuː-; *a.* -'tuː-] S 1 Aufsässigkeit *f*, Widerspenstigkeit *f* 2 JUR (absichtliches) Nichterscheinen vor Gericht: **condemn for ~** gegen *j-n* ein Versäumnisurteil fällen

contumelious [,kɒntjuː'miːljəs; US ,kɒntjə-; *a.* -tə-] ADJ (ADV ~ly) 1 anmaßend, unverschämt, beleidigend 2 schändlich; **contumeliousness**, **contumely** ['kɒntjuːmlɪ; US kən'tjuːməlɪː; *a.* -'tuː-] S 1 Anmaßung *f*, Unverschämtheit *f* 2 Beleidigung *f*

contuse [kən'tjuːz; US *a.* -'tuːz] V/T MED sich *etwas* quetschen: **~d wound** Quetschwunde *f*; **contusion** [-'tjuːʒn; US *a.* -'tuːʒən] S MED Kontusion *f*, Quetschung *f*

conundrum [kə'nʌndrəm] S 1 (*auf e-m Wortspiel beruhendes*) Rätsel 2 *fig* Rätsel *n*

conurbation [,kɒnɜː'beɪʃn; US ,kɑn,ɜr'b-] S städtisches Ballungsgebiet

convalesce [,kɒnvə'les; US ,kɑn-] V/I gesund werden, genesen: **she is convalescing** es geht ihr (schon) besser; **convalescence** S Rekonvaleszenz *f*, Genesung *f*; **convalescent** A ADJ (ADV ~ly) 1 rekonvaleszent, genesend 2 Genesungs…: **~ home** Genesungsheim *n*; **~ leave** MIL Genesungsurlaub *m* B S Rekonvaleszent(in), Genesende(r) *m/f(m)*: **he is still a ~** er ist noch rekonvaleszent

convection [kən'vekʃn] S Konvektion *f*: a PHYS *Mitführung von Energie od elektrischer Ladung durch die kleinsten Teilchen e-r Strömung*: **~ current** Konvektionsstrom *m*; **~ heater** → convector 2 b METEO *Zufuhr von Luftmassen in senkrechter Richtung*; **convectional** [-ʃənl] ADJ Konvektions…; **convective** [-tɪv] ADJ (ADV ~ly) konvektiv, Konvektions…; **convector** [-tə(r)] S 1 PHYS Konvektions(strom)leiter *m* 2 Konvektor *m*, Heizungstruhe *f*

convenance ['kɔ̃ːnvənɑ̃ːns; US 'kəʊn-] S 1 Schicklichkeit *f* 2 *pl* Anstandsformen *pl*, Etikette *f*

convene [kən'viːn] A V/I 1 a zusammenkommen, sich versammeln b (*formell*) zusammentreten (*Parlament etc*) 2 *fig* zusammentreffen, -kommen (*Ereignisse*) B V/T 1 versammeln, zusammenrufen, *e-e Versammlung* einberufen 2 JUR vorladen (**before** vor *akk*); **convener** S *bes Br j-d, der Versammlungen einberuft, bes* Vorsitzende(r) *m/f(m)*

convenience [kən'viːnjəns] S 1 Angemessenheit *f* 2 Annehmlichkeit *f*, Bequemlichkeit *f*: **at your ~** nach Belieben, gelegentlich, wenn es Ihnen gerade passt; **at your earliest ~** so bald wie möglich; **suit your own ~** handeln Sie ganz nach Ihrem Belieben; **~ of operation** TECH leichte Handhabung; **~ outlet** ELEK Netzsteckdose *f* (*an e-m Gerät*); → sake[1] 3 Vorteil *m*: **he thinks only of his own ~**; **it is a great ~** es ist sehr vorteilhaft; **make a ~ of sb** j-n ausnutzen; → marriage 2 4 Bequemlichkeit *f*, Komfort *m*, (der Bequemlichkeit dienende) Einrichtung: **all (modern) ~s** alle Bequemlichkeiten *od* aller Komfort (der Neuzeit); **~ food** Fertignahrung *f*; **~ goods** WIRTSCH US Convenience-Goods *pl* (*Waren des täglichen Bedarfs, die der Verbraucher in s-r Nachbarschaft erhält*) 5 *bes Br* Klosett *n*, Toilette *f*: → public A a; **conveniency** → convenience; **convenient** ADJ 1 bequem, praktisch, gut geeignet (*alle:* **for** zu) 2 bequem, günstig, passend, gelegen: **it is not ~ for me** es passt mir schlecht; **when will it be ~ for me to call?** wann passt Ihnen mein Anruf? 3 bequem gelegen, leicht zu erreichen(d) (*Ort*): **~ to** in der Nähe von, nahe bei 4 handlich (*Werkzeug etc*) 5 *obs* geziemend, angemessen (*beide:* **to, for** für); **conveniently** ADV 1 bequem (*etc*; → convenient) 2 bequemerweise *etc*

convent ['kɒnvənt, -vent; US 'kɑn-] S (*bes* Nonnen)Kloster *n*: **~ (school)** Klosterschule *f*

conventicle [kən'ventɪkl] S 1 Konventikel *n*, heimliche Zusammenkunft (*bes der englischen Dissenters zur Zeit ihrer Unterdrückung*) 2 Versammlungshaus *n*, *bes* Andachtsstätte *f* (*der englischen Nonkonformisten od Dissenters*)

convention [kən'venʃn] S 1 Zusammenkunft *f*, Tagung *f*, Versammlung *f*, Treffen *n* 2 a POL US Parteiversammlung *f*, -tag *m*: → national convention b PARL verfassunggebende *od* -ändernde Versammlung c Kongress *m*, Tagung *f*: **~ center** (*bes Br* **centre**) Kongresszentrum *n* 3 PARL *Br* HIST aus eigenem Recht erfolgte Versammlung: 2 **Parliament** Freiparlament *n* (*das ohne den König zusammentrat; 1660 u. 1668*) 4 a (*bilaterales*) Abkommen b (*multilaterales*) Übereinkommen, Konvention *f* 5 Konvention *f* (*gesellschaftlicher Brauch*) 6 *meist pl* Tradition *f*

conventional [kən'venʃənl; -ʃnəl] ADJ (ADV ~ly) 1 konventionell, traditionell, herkömmlich (*alle a.* MIL, *Ggs atomar*), üblich: **~ society** bürgerliche Gesellschaft; **the ~ wisdom is that …** die landläufige Meinung geht dahin, dass … 2 *pej* schablonenhaft, unoriginell, abgedroschen 3 konventionell, förmlich 4 JUR a vertraglich vereinbart, vertragsgemäß, Vertrags… b gewohnheitsrechtlich; **conventionalism** [-ʃnəlɪzəm] S Konventionalismus *m*, Festhalten *n* an Konventionen *od* am Hergebrachten; **conventionalist** S Konventionalist(in); **conventionality** [-ʃə'nælətɪ] S 1 Konventionalität *f*, Herkömmlichkeit *f*, Üblichkeit *f* 2 *pej* Schablonenhaftigkeit *f* 3 → conventionalism; **conventionalize** V/T konventionell machen *od* (*a.* KUNST) darstellen, den Konventionen unterwerfen

conventioneer [kən,ventʃə'nɪər] S US Kongressteilnehmer(in)

conventual [kən'ventjʊəl; -tʃʊəl; US -tʃəwəl] A ADJ klösterlich, Kloster… B S Nonne *f*

converge [kən'vɜːdʒ; US -'vɜrdʒ] A V/I 1 zusammenlaufen (*Straßen, Flüsse*), MATH konvergieren (*a. fig*), konvergent verlaufen, *fig* sich annähern: **~ on** von überallher strömen nach 2 MATH, PHYS sich nähern (**to, toward[s]** *dat*) 3 BIOL einander ähnlich sein *od* werden B V/T MATH konvergieren lassen, *fig* einander annähern; **convergence**, **convergency** S 1 Zusammenlaufen *n* 2 MATH, *a. fig* a Konvergenz *f* (*a.* BIOL, PHYS) b Annäherung *f* (**to, toward[s]** an *akk*); **convergent** ADJ (ADV ~ly) MATH konvergent, *fig a.* sich annähernd: → squint C 1; **converging** ADJ (ADV ~ly) zusammenlaufend, MATH konvergierend (*a. fig*), *fig* sich annähernd

conversable [kən'vɜːsəbl; US -'vɜr-] ADJ (ADV conversably) unterhaltsam, gesprächig, umgänglich, gesellig

conversance [kən'vɜːsəns; US -'vɜr-], **conversancy** [-sɪ] S Vertrautheit *f* (**with** mit); **conversant** ADJ 1 bekannt, vertraut (*beide:* **with** mit) 2 (**with**) geübt, bewandert, erfahren (in *dat*), kundig (*gen*) 3 **be ~ in a foreign language** US sich in e-r Fremdsprache unterhalten können

conversation [,kɒnvə(r)'seɪʃn; US ,kɑn-] S 1 Konversation *f*, Unterhaltung *f*, Gespräch *n*: **by way of ~** gesprächsweise; **in ~ with** im Gespräch mit; **get into ~ with sb** ein Gespräch mit j-m anknüpfen, mit j-m ins Gespräch kommen; **have a ~ with sb** ein Gespräch mit j-m führen; **make ~** Konversation machen; **~ piece** Gesprächsthema *n* (→ 4); → subject A 1 2 Umgang *m*, Verkehr *m* 3 JUR Geschlechtsverkehr *m*: → criminal A 1 4 *a.* ~ **piece** a MAL Genrebild *n* b THEAT Konversationsstück *n* (→ 1) 5 (inoffizielles) diplomatisches Gespräch; **conversational** [-ʃənl] ADJ (ADV → conversationally) 1 gesprächig 2 Unterhaltungs..., Konversations..., Gesprächs...: ~ **English** Umgangsenglisch *n*; ~ **grammar** Konversationsgrammatik *f*; ~ **style** Gesprächsstil *m*; ~ **tone** Plauderton *m*; **conversationalist** S gute(r) Unterhalter(in) *od* Gesprächspartner(in); **conversationally** ADV 1 gesprächsweise, in der Unterhaltung 2 im Plauderton; **conversationist** → conversationalist

conversazione [ˌkɒnvəsætsɪˈəʊnɪ; *US* ˌkɑnvərˌsɑːt-] *pl* -ni [-niː], -nes [-nɪz] S literarischer *etc* Gesellschaftsabend

converse[1] A V/I [kənˈvɜːs; *US* -ˈvɜrs] 1 sich unterhalten, sprechen, ein Gespräch führen (*alle*: **with** mit; **on, about** über *akk*) 2 *obs* verkehren (**with** mit) B S [ˈkɒnvɜːs; *US* ˈkɑnˌvɜrs] 1 Gespräch *n* 2 *obs* Umgang *m*, Verkehr *m*

converse[2] [ˈkɒnvɜːs; *US* ˈkɑnˌvɜrs] A ADJ [*US a.* kənˈvɜrs] gegenteilig, umgekehrt: **hold the ~ opinion** gegenteiliger Meinung sein B S Umkehrung *f*, Gegenteil *n* (*beide*: **of** von)

conversely ADV umgekehrt

conversion [kənˈvɜːʃn; *US* -ˈvɜrʒən; -ʃən] S 1 *allg* Umwandlung *f*, Verwandlung *f* (**into, to** in *akk*) 2 ARCH, TECH Umbau *m* (**into** zu) 3 TECH, *a.* WIRTSCH Umstellung *f* (**to** auf *akk*): ~ **of gas to coke firing** Umstellung von Gas- auf Koksfeuerung 4 CHEM, PHYS Umsetzung *f* (*von Energie*) 5 ELEK Umformung *f* (*von Strom*) 6 MATH a Umrechnung *f* (**into, to** in *akk*): ~ **table** Umrechnungstabelle *f* b Umwandlung *f* c Umkehrung *f* (*von Proportionen*) d Reduktion *f* (*von Gleichungen*) 7 IT Konvertierung *f*, Umwandlung *f* 8 PHIL Umkehrung *f* (*von Behauptungen etc*) 9 WIRTSCH a Konvertierung *f*, Konversion *f*, Umwandlung *f* (*von Anleihen, Schulden etc*): ~ **loan** Konvertierungs-, Konversionsanleihe *f* b Zusammenlegung *f* (*von Aktien*) c Umstellung *f* (*e-r Währung*) d Umrechnung *f*, Umwechslung *f*: ~ **rate** Umrechnungskurs *m* e Umwandlung *f*, Umgründung *f* (*beide*: **into** in *akk*) 10 JUR a ~ **to one's own use** Veruntreuung *f*, Unterschlagung *f*, *a.* widerrechtliche Aneignung, Besitzentziehung *f* b (*Vermögens*) Umwandlung *f*: ~ **of real property into personal** 11 (**to**) Bekehrung *f* (zu): a REL Konversion *f*, *a.* POL *etc* Übertritt *m* (zu) b Meinungsänderung *f* (bezüglich): **his ~ to Shakespeare** 12 PSYCH Konversion *f* (*Umwandlung unbewältigter starker Erlebnisse in körperliche Symptome*) 13 SPORT Verwandlung *f* (*e-s Strafstoßes etc in ein Tor*)

convert A V/T [kənˈvɜːt; *US* -ˈvɜrt] 1 *allg*, *a.* CHEM umwandeln, verwandeln (**into, to** in *akk*), *a.* ELEK umformen (**into, to** zu): ~ **into power** PHYS in Energie umsetzen; ~ **into cash** flüssig *od* zu Geld machen 2 ARCH, TECH umbauen (**into** zu) 3 WIRTSCH, TECH *e-n Betrieb, e-e Maschine, die Produktion* umstellen (**to** auf *akk*) 4 TECH a verwandeln (**into** in *akk*): ~ **into coal** verkohlen; ~ **into steel** stählen, in Stahl verwandeln b METALL frischen, bessemern c *Tiegelgussstahl* zementieren 5 WIRTSCH a *Anleihen, Schulden etc* konvertieren, umwandeln b *Geld* um-, einwechseln (**into** in *akk*) c *Aktien* zusammenlegen d *e-e Währung* umstellen (**to** auf *akk*) 6 MATH a umrechnen (**into, to** in *akk*) b *Gleichungen* auflösen, reduzieren c *die Proportionen* umkehren 7 IT *Daten* konvertieren, umwandeln 8 *a.* ~ **to one's own use** JUR a unterschlagen, veruntreuen b sich *etwas* widerrechtlich aneignen, unrechtmäßig für sich verwenden 9 REL bekehren (**to** zu) 10 (**to**) (zu *e-r anderen Ansicht*) bekehren, zum Übertritt (in *e-e andere Partei etc*) veranlassen 11 SPORT *e-n Elfmeter etc* verwandeln B V/I 1 umgewandelt (*etc*; → A) werden 2 sich verwandeln *od* umwandeln (**into, to** in *akk*) 3 sich verwandeln (*etc*) lassen (**into, to** in *akk*): **the sofa ~s into a bed** das Sofa lässt sich zu e-m Bett umbauen 4 sich bekehren, REL *a.* konvertieren, (*a.* POL *etc*)übertreten (*alle*: **to** zu) 5 umstellen (**from** von; **to** auf *akk*) 6 SPORT verwandeln, einschießen C S [ˈkɒnvɜːt; *US* ˈkɑnˌvɜrt] Bekehrte(r) *m/f(m)*, REL *a.* Konvertit(in): **become a ~ (to)** → B 4; **converted** ADJ umgewandelt, verwandelt (*etc*; → convert A): ~ **cruiser** SCHIFF Hilfskreuzer *m*; ~ **apartment** (*bes Br* **flat**) in Teilwohnungen umgebaute große Wohnung; ~ **steel** Zementstahl *m*; **converter** S 1 Bekehrer(in) 2 METALL Konverter *m*, (Bessemer)Birne *f*: ~ **process** Thomasverfahren *n* 3 ELEK Umformer *m* 4 TECH Bleicher *m*, Appreteur *m* (*von Textilien*) 5 TV Wandler *m* 6 MIL Schlüssel-, Chiffriermaschine *f* 7 *a.* ~ **reactor** (*Kerntechnik*) Konverter *m* 8 COMPUT Konverter *m* (*Gerät od Programm zum Umwandeln von Daten*); **convertibility** S 1 Umwandelbarkeit *f* 2 WIRTSCH a Konvertierbarkeit *f*, Umwandelbarkeit *f* b Umwechselbarkeit *f* c Umstellbarkeit *f* 3 MATH Umrechenbarkeit *f*; **convertible** A ADJ (ADV convertibly) 1 umwandelbar, verwandelbar: ~ **aircraft** → convertiplane; ~ **husbandry** AGR Fruchtwechselwirtschaft *f*; **the sofa is ~ into a bed** das Sofa lässt sich zu e-m Bett umbauen 2 WIRTSCH a konvertierbar, umwandelbar: ~ **bond** Wandelschuldverschreibung *f* b um-, einwechselbar c umstellbar 3 MATH umrechenbar 4 AUTO mit Klappverdeck *od* Faltdach 5 bekehrbar (**to** zu) B S 1 umwandelbare Sache 2 AUTO Kabrio(lett) *n*; **convertibleness** → convertibility

convertiplane [kənˈvɜːtəpleɪn; *US* -ˈvɜr-] S FLUG Verwandlungsflugzeug *n*

convertor → converter 3

convex A ADJ [kɒnˈveks; *US* kɑn-] (ADV ~ly) 1 konvex, erhaben, nach außen gewölbt: ~ **lens** Konvex-, Sammellinse *f*; ~ **mirror** Konvex-, Wölbspiegel *m* 2 MATH ausspringend (*Winkel*) B S [ˈkɒnveks; *US* ˈkɑn-] a konvexer Körper b konvexe Fläche; **convexity** S konvexe Form *od* Eigenschaft, Wölbung *f*

convexo-concave ADJ PHYS konvex-konkav; **convexo-plane** ADJ PHYS plankonvex

convey [kənˈveɪ] V/T 1 *Waren etc* befördern, transportieren (*beide a.* TECH), (ver)senden, bringen 2 TECH zuführen, fördern: ~**ing capacity** Förderleistung *f* 3 *Grüße etc* überbringen, -mitteln, -senden 4 JUR *ein Grundstück* übertragen, abtreten (*beide*: **to** an *akk*) 5 PHYS *Schall etc* fortpflanzen, übertragen, *a. Elektrizität* leiten 6 *e-e Krankheit etc* übertragen 7 *fig Ideen etc* mitteilen, vermitteln, *e-e Meinung, e-n Sinn* ausdrücken: ~ **a certain meaning** e-n gewissen Sinn haben; **this word ~s nothing to me** dieses Wort sagt mir nichts

conveyance [kənˈveɪəns] S 1 (*a.* Ab)Transport *m*, Übersendung *f*, Beförderung *f*: ~ **by rail** Eisenbahntransport; **means of ~** → 2 2 Transport-, Verkehrsmittel *n*, Fahrzeug *n* 3 Überbringung *f*, -sendung *f* 4 *fig* Vermittlung *f*, Mitteilung *f* (*von Ideen etc*) 5 JUR a Übertragung *f*, Abtretung *f*, Auflassung *f* b *a.* **deed of ~** Abtretungs-, Auflassungsurkunde *f* 6 ELEK Leitung *f*: **open-air ~** Freileitung 7 PHYS Übertragung *f*, Fortpflanzung *f* (*von Schall*) 8 TECH a Zuführung *f*, Förderung *f* b → conveyer 3; **conveyancer** S JUR Notar(in) für Eigentumsübertragungen

conveyer [kənˈveɪə(r)] S 1 Beförderer *m*, Beförderin *f*, (Über)Bringer(in) 2 Vermittler(in) (*von Ideen etc*) 3 TECH a Förderer *m*, Förderrät *n*, -anlage *f*, Transporteinrichtung *f* b Förderband *n*; ~ **belt** → conveyer 3 b; ~ **bucket** S TECH Förderkübel *m*; ~ **chain** S TECH Becher-, Förderkette *f*; ~ **chute** S TECH Förderrutsche *f*

conveyer-line production S TECH Fließbandfertigung *f*

conveyor → conveyer

conveyorize [kənˈveɪəraɪz] V/T 1 mit Fördereinrichtung(en) versehen, für Fließbandarbeit einrichten 2 am Fließband herstellen

convict A V/T [kənˈvɪkt] 1 JUR a überführen, für schuldig erklären (*beide*: **sb of murder** j-n des Mordes): **stand ~ed of doing sth** überführt sein, etwas getan zu haben b verurteilen (**of** wegen) 2 überzeugen (**of** von *e-m Unrecht etc*): ~ **sb of an error** j-m e-n Irrtum zum Bewusstsein bringen B S [ˈkɒnvɪkt; *US* ˈkɑn-] 1 Verurteilte(r) *m/f(m)* 2 Strafgefangene(r) *m/f(m)*, Sträfling *m*: ~ **colony** Sträflingskolonie *f*; ~ **labo(u)r** Gefangenenarbeit *f*

conviction [kənˈvɪkʃn] S 1 JUR a Schuldigsprechung *f*, Schuldspruch *m* b Überführung *f* c Verurteilung *f*: **he has several ~s for** er ist mehrfach wegen ... vorbestraft; → previous A 1 2 (innere) Überzeugung: **by ~, from ~** aus Überzeugung; **in my ~** m-r Überzeugung nach; **it is my ~ that ...** ich bin der Überzeugung, dass ...; **be open to ~** sich gern überzeugen lassen; **we have every ~ that ...** wir sind voll u. ganz davon überzeugt, dass ...; → carry B 6 3 (*Schuld- etc*) Bewusstsein *n*, (innere) Gewissheit

convince [kənˈvɪns] V/T 1 (*a.* **o.s.** sich) überzeugen (**of** von; **that** dass) 2 zum Bewusstsein bringen (**sb of sth** j-m etwas) 3 *obs* a überführen b widerlegen c überwinden; **convincing** ADJ 1 überzeugend: ~ **proof** schlagender Beweis; ~ **performance** *fig* überzeugende Darstellung *od* Leistung; **be ~** überzeugen; **he is at his most ~ when** er ist am überzeugendsten, wenn 2 Überzeugungs...; **convincingly** ADV überzeugend, in überzeugender Weise *od* Manier: **play a role ~** THEAT *etc* e-e Rolle überzeugend spielen (*a. fig*); **convincingness** S Überzeugungskraft *f*

convivial [kənˈvɪvɪəl; -vjəl] ADJ (ADV ~ly) gesellig, lustig; **convivialist** S lustige(r) Gesellschafter(in); **conviviality** [-vɪˈælətɪ] S Geselligkeit *f*, Lustigkeit *f*

convocation [ˌkɒnvəʊˈkeɪʃn; -vəˈk-; *US* ˌkɑnvəˈk-] S 1 Einberufung *f* 2 Versammlung *f* 3 REL a Provinzialsynode *f* (*der anglikanischen Kirche, bes von Canterbury u. York*) b Episkopalsynode *f*, Kirchspielversammlung *f* (*der protestantischen Kirche*) 4 UNIV a gesetzgebende Versammlung (*Oxford u. Durham*) b außerordentliche Senatssitzung (*Cambridge*) c *US* Promotions- *od* Eröffnungsfeier *f*

convoke [kənˈvəʊk] V/T (*bes amtlich*) einberufen, zusammenrufen

convolute [ˈkɒnvəluːt; *US* ˈkɑn-] ADJ *bes* BOT (zusammen)gerollt, gewickelt, ringelförmig; **convoluted** ADJ (ADV ~ly) 1 *bes* BOT zusammengerollt, gewunden, spiralig 2 MED knäuelförmig 3 *fig* verwickelt, unübersichtlich; **convolution** S 1 Ein-, Zusammenrollung *f*, (Zusammen)Wick(e)lung *f* 2 TECH Windung *f*, Schrauben(um)gang *m* 3 ANAT (*bes* Gehirn)-Windung *f* 4 MATH Faltung *f*

convolvulus [kənˈvɒlvjʊləs; *US a.* -ˈvɑlv-] *pl* -luses *od* -li [-laɪ] S BOT Winde *f*

convoy [ˈkɒnvɔɪ; *US* ˈkɑn-] A S 1 Geleit *n*, Begleitung *f*, Schutz *m* 2 MIL a Eskorte *f*, Bedeckung *f* b *a. allg* (Wagen)Kolonne *f*, Konvoi *m* c (bewachter) Transport 3 SCHIFF Geleitzug *m*, Konvoi *m*: **sail under ~** im Geleitzug fahren B V/T [*a.* kənˈvɔɪ] Geleitschutz geben (*dat*), es-

C

kortieren

convulse [kən'vʌls] A V/T 1 erschüttern (*a. fig* POL *etc*), in Zuckungen versetzen: **be ~d with** → B 2 *Muskeln etc* krampfhaft zusammenziehen: **~d features** verzerrte Züge 3 in Lachkrämpfe versetzen B V/I **~ with** sich vor *Lachen, Schmerzen etc* krümmen; **convulsion** S 1 *bes med* Konvulsion *f*, Krampf *m*, Zuckung *f*: **nervous ~s** nervöse Zuckungen; **go into ~s, be seized with ~s** Krämpfe bekommen 2 *pl* Lachkrampf *m*: **they were all in ~s (of laughter)** sie krümmten sich alle vor Lachen 3 POL Erschütterung *f* 4 GEOL Erdstoß *m*, (Boden)Erschütterung *f*; **convulsionary** [-ʃnərı; *US* -ʃə,neri:] A S an Zuckungen *od* Krämpfen Leidende(r) *m/f(m)* B ADJ → convulsive 1

convulsive [kən'vʌlsıv] ADJ (ADV ~ly) 1 konvulsiv, krampfhaft, -artig 2 von Krämpfen befallen

Conwy ['kɒnwi; *US* 'kɑ:nwi:] S Conwy *n* *(Grafschaft u. Stadt in Nordwales)*

cony ['kəʊnı] S 1 ZOOL (*bes* Wild)Kaninchen *n*: **~ burrow** Kaninchenbau *m* 2 Kaninchenfell *n*, *bes* Sealkanin *n* *(Imitation von Sealskin)*

coo [ku:] A V/I ORN gurren (*a. fig*) B V/T *fig etwas* gurren C S Gurren *n* D INT *Br sl* Mensch!, Mann!

cooee, cooey ['ku:i; 'ku:i:] A S Huhu *n* (*Signalruf*): **within ~** *Aus umg* in Rufweite B V/I huhu rufen C INT huhu!

cook [kʊk] A S Koch *m*, Köchin *f*: **she's a good ~** *a.* sie kocht gut; **too many ~s spoil the broth** *(Sprichwort)* viele Köche verderben den Brei B V/T 1 *Speisen* kochen, zubereiten: **~ed breakfast** englisches Frühstück; **would you like a ~ed breakfast?** *(etwa)* möchtest du Ham and Eggs zum Frühstück?; **~ed meal** warme Mahlzeit; → goose 1 2 *bes* TECH der Hitze aussetzen, rösten 3 *meist* **~ up** *umg* a sich *e-e Geschichte etc* ausdenken, erfinden, erdichten b *e-n Plan etc* aushecken 4 *umg die Bücher etc* frisieren 5 *(durch Einführen in e-n Reaktor)* radioaktiv machen 6 **~ed** *umg* a erledigt, fertig *(erschöpft od ruiniert)* b *US* blau C V/I 1 kochen: **~ for sb** für j-n kochen, j-n bekochen; **~ out** *US* abkochen; **now you are ~ing with gas!** *sl* jetzt bist du auf dem richtigen Dampfer! 2 kochen, gekocht werden *(Speisen)*: **what's ~ing?** *umg* was ist los?, was tut sich? 3 sich *gut etc* kochen lassen

cookbook S *bes US* Kochbuch *n*

cooker ['kʊkə(r)] S 1 a Kocher *m*, Kochgerät *n* b *Br* Herd *m* 2 Kochgefäß *n* 3 *zum Kochen geeignete Frucht, z. B.* Kochapfel *m*: *these apples* **are good ~s** lassen sich gut kochen; **~ hood** S *Br* Abzugshaube *f*

cookery ['kʊkərı] S 1 Kochen *n* 2 Kochen *n*, Kochkunst *f* 3 *US* Kochstelle *f*; **~ book** S *bes Br* Kochbuch *n*; **~ course** S Kochkurs *m*; **~ demonstration** S Kochvorführung *f*

cook|-general *pl* cooks-general S *Br* HIST Mädchen *n* für alles; **~house** S *bes* MIL Feldküche *f*

cookie ['kʊkı] S 1 *bes US* a (süßer) Keks b Plätzchen *n*: **~ cutter** Ausstech(back)form *f*; **~ sheet** Backblech *n*; **that's the way the ~ crumbles** *umg* so gehts nun mal im Leben, so ists nun mal; **toss** (*od* **spill**) **one's ~s** *sl* Bröckchen husten *od* lachen *(sich übergeben)* 2 *schott* Brötchen *n*, Semmel *f* 3 *bes US umg* a Typ *m*: **he's a tough ~** mit ihm ist nicht gut Kirschen essen b sexy Mädchen 4 COMPUT Cookie *n* *(auf der Festplatte erzeugte kleine Datei)*

cooking ['kʊkıŋ] A S 1 Kochen *n* 2 Küche *f*, Art *f* zu kochen: **Italian ~** die italienische Küche B ADJ Koch…; **~ apple** S Kochapfel *m*; **~ facilities** SPL Kochgelegenheit *f*; **~ oil** S Speiseöl *n*; **~ plate** S ELEK Kochplatte *f*; **~ pot** S Kochtopf *m*; **~ range** S Kochherd *m*; **~ soda** S *umg* Natron *n*

cook|out S *US* Abkochen *n*; **~shop** S Speisehaus *n*; **~stove** S *US* Herd *m*

cooky → cookie

cool [ku:l] A ADJ (ADV ~ly) 1 kühl, frisch: **get ~** sich abkühlen; **keep ~** kühl *od* frisch bleiben (→ A 4) 2 kühl(end), Kühle ausstrahlend: **a ~ dress** ein leichtes Kleid 3 kühl(end), erfrischend 4 fieberfrei 5 ruhig, beherrscht, gelassen: **keep ~** e-n kühlen Kopf *od* die Nerven behalten (→ A 1); **keep ~** reg dich nicht auf!; → cucumber 1 6 kühl, gleichgültig, lau 7 kühl, kalt, abweisend: **a ~ reception** ein kühler Empfang 8 unverschämt, unverfroren, frech: **~ cheek** *fig* Frechheit *f* 9 *fig umg* glatt, rund: **a ~ thousand dollars** glatte *od* die Kleinigkeit von tausend Dollar 10 kalt *(Farben)* 11 *umg* cool *umg*, leidenschaftslos, nüchtern-sachlich 12 *umg* cool, klasse, *(Jugendsprache)* geil B S 1 Kühle *f*, Frische *f* *(der Luft)*: **in the ~ of the evening** in der Abendkühle 2 kühler Ort 3 kühle Tageszeit 4 *umg* (Selbst)Beherrschung *f*: **keep one's ~** e-n kühlen Kopf *od* die Nerven behalten; →blow[1] C 7, **lose** A 1 C V/T 1 *a.* **~ down** (ab)kühlen, kalt werden lassen: **~ a bearing** TECH ein *(heiß gelaufenes)* Lager abkühlen; **~ a liquid** e-e Flüssigkeit abkühlen lassen; **~ it** *umg* reg dich ab!; → heel[1] *Bes Redew* 2 (ab)kühlen, erfrischen 3 **~ down** (*od* **off**) *fig j-n* beruhigen, besänftigen, *j-s Begeisterung etc* abkühlen D V/I 1 *a.* **~ down** kühl werden, abkühlen: **let one's soup ~** s-e Suppe abkühlen lassen 2 **~ down** (*od* **off**) *fig* sich beruhigen, sich abregen *umg (Person)*, sich legen *(Begeisterung etc)*, sich abkühlen *(Beziehung etc)*: **her feelings for him have ~ed off** ihre Gefühle für ihn sind erkaltet

coolant ['ku:lənt] S TECH Kühlmittel *n*, *bes* AUTO Kühlwasser *n*

cool| bag S Kühltasche *f*; **~ box** S Kühlbox *f*

cooler S 1 *(Wein- etc)* Kühler *m* 2 a Kühlraum *m* b Kühlbehälter *m* 3 kühlendes Getränk 4 *US umg* Klimaanlage *f* 5 *sl* Knast *m* *(Gefängnis)*: **be in the ~** Knast schieben 6 *Eishockey*: *sl* Kühlbox *f* *(Strafbank)*

cool|-hammer V/T TECH kalthämmern, -schmieden; **~-headed** ADJ (ADV ~ly) ruhig, gelassen

coolie ['ku:lı] S Kuli *m*

cooling ['ku:lıŋ] A ADJ (ADV ~ly) 1 (ab)kühlend 2 kühlend, erfrischend 3 TECH Kühl…: **~ air** (**liquid, system, tower,** *etc*); **~ coil** Kühlschlange *f*; **~ plant** Kühlanlage *f*; **~ rib** Kühlrippe *f* B S (Ab)Kühlung *f*; **~-off** A S *bes fig* Abkühlung *f* B ADJ: **~ period** a WIRTSCH Abkühlungsfrist *f* b Rücktrittsfrist *f* *(von e-m Kaufvertrag)*

coolish ['ku:lıʃ] ADJ etwas kühl

coolness ['ku:lnıs] S 1 Kühle *f* 2 *fig* Beherrschtheit *f*, Gelassenheit *f* 3 Gleichgültigkeit *f*, Lauheit *f* 4 Kälte *f*, kalte Förmlichkeit 5 Unverschämtheit *f*, Unverfrorenheit *f*

cooly → coolie

coom [ku:m] S *Br dial* 1 Kohlenstaub *m*, Ruß *m* 2 a Schlacke *f* b Asche *f*

coomb(e) [ku:m] S *Br* enge Talmulde

coon [ku:n] S 1 ZOOL *umg* Waschbär *m*: **I haven't seen him in a ~'s age** *US* ich hab ihn schon seit e-r Ewigkeit nicht mehr gesehen 2 *sl pej* Neger(in)

cooncan ['ku:n,kæn] S *US (Art)* Rommee *n* *(Kartenspiel)*

coop[1] [ku:p] A S 1 Hühnerstall *m* 2 Fischkorb *m* *(zum Fischfang)* 3 *umg* Kabuff *n* 4 *umg* Knast *m* *(Gefängnis)*: **fly the ~** sich aus dem Staub machen B V/T *oft* **~ up** (*od* **in**) einsperren, einpferchen

co-op, coop[2] ['kəʊɒp; *US* 'kəʊ,ɑp; kəʊ'ɑp] S ABK cooperative (society) *umg* Co-op *m* *(Genossenschaft u. Laden)*

cooper ['ku:pə(r)] A S Fassbinder(in), Küfer(in), Böttcher(in) B V/T 1 *Fässer* a machen, binden b ausbessern 2 *meist* **~ up** a anbringen b einrichten; **cooperage** S 1 Böttcherei *f*, Küferei *f* 2 Böttcher-, Küferlohn *m*

cooperate [kəʊ'ɒpəreıt; *US* -'ɑp-] V/I 1 kooperieren, zusammenarbeiten *(beide:* **with** mit *j-m;* **in** bei *e-r Sache;* **to, toward[s]** zu *e-m Zweck)* 2 **(in)** mitwirken (an *dat*), helfen *od* behilflich sein (bei); **cooperation** S 1 Kooperation *f*, Zusammenarbeit *f* 2 Mitarbeit *f*, Mitwirkung *f*, Hilfe *f* 3 a genossenschaftlicher Zusammenschluss b auf Gegenseitigkeit begründete Zusammenarbeit e-r Genossenschaft; **cooperationist** → cooperator 2; **cooperative** [-rətıv; *US* -,reıtıv] A ADJ (ADV ~ly) 1 kooperierend, zusammenarbeitend 2 mitarbeitend, -wirkend 3 kooperativ, zur Mitarbeit bereit, hilfsbereit 4 WIRTSCH a Gemeinschafts… b genossenschaftlich, Genossenschafts…: **~ advertising** Gemeinschaftswerbung *f*; **~ bank** Genossenschaftsbank *f*; **~ building society** *Br* Bau(spar)genossenschaft *f*; **~ buying (marketing, selling) association** Einkaufs-(Absatz-, Verkaufs)genossenschaft *f*; **~ society** → B 1; **~ store** → B 2 B S 1 Co-op *m*: a Genossenschaft *f* b Konsumverein *m* 2 Co-op *m*, Konsumladen *m*; **cooperativeness** S 1 Bereitschaft *f* zur Zusammenarbeit 2 Hilfsbereitschaft *f*; **cooperator** [-reıtə(r)] S 1 Mitarbeiter(in), Mitwirkende(r) *m/f(m)* 2 Genossenschaftsmitglied *n*, Mitglied *n* e-s Konsumvereins

Cooper pair ['ku:pə(r)] S PHYS Cooper-Paar *n*

co-opt [kəʊ'ɒpt; *US* -'ɑpt] V/T hinzuwählen (**into, onto** zu); **co-optation** S Zuwahl *f*

coordinate [kəʊ'ɔ:(r)dıneıt; -dneıt] A V/T 1 koordinieren, bei-, gleichordnen, gleichschalten, einheitlich gestalten, (miteinander) in Einklang bringen, aufeinander abstimmen 2 ausrichten, richtig anordnen B V/I sich aufeinander abstimmen, harmonisch zusammenwirken C ADJ [-dnət; *US a.* -dn,eıt] (ADV ~ly) 1 koordiniert, bei-, gleichgeordnet, gleichrangig, -wertig, -artig: **~ clause** beigeordneter Satz; **~ court** JUR gleichgeordnetes Gericht 2 MATH Koordinaten…: **~ system**; **~ geometry** analytische Geometrie D S [-dnət; *US a.* -dn,eıt] 1 a gleichwertige Sache b Gleichgestellte(r) *m/f(m)* 2 MATH Koordinate *f* 3 *pl Mode*: Coordinates *pl* *(in Farbe, Material etc aufeinander abgestimmte Kleidungsstücke)*

coordination [kəʊ,ɔ:(r)dı'neıʃn; -dn'eıʃn] S 1 Koordination *f*, Koordinierung *f*, Gleich-, Beiordnung *f*, Gleichstellung *f*, -schaltung *f*, Abstimmung *f* (aufeinander) 2 Ausrichtung *f* 3 harmonisches Zusammenspiel, Zusammenarbeit *f*, Übereinstimmung *f* 4 PHYSIOL Koordination *f* *(harmonisches Zusammenwirken der Muskeln)*; **~ allowance** S WIRTSCH *US sich über mehrere Monate erstreckende Ausgleichszahlung bei Entlassung*; **~ compound** S CHEM Koordinationsverbindung *f*

coordinative [kəʊ'ɔ:(r)dınətıv; -dnətıv; *US a.* -dn,eıtıv] ADJ bei-, gleichordnend; **coordinator** [-dıneıtə(r); -dn-] S Koordinator *m*, Koordinatorin *f*

coot [ku:t] S 1 ORN Wasser-, *bes* Blässhuhn *n*: **he's (as) bald as a ~** *umg* er hat kein Haar mehr auf dem Kopf 2 *umg* Trottel *m*: **an old ~**

cooter ['ku:tə(r)] S ZOOL 1 *(e-e)* Dosenschildkröte 2 *(e-e)* Schmuckschildkröte 3 Alligatorschildkröte *f*

cootie ['ku:ti:] S US umg (Kleider-, Kopf)Laus f

cop¹ [kɒp; US kɑp] S 1 Spinnerei: a (Garn)Kötzer m, (Garn)Winde f b Garnwickel m, -spule f, -knäuel m 2 a Haufen m b (kleiner) Hügel

cop² [kɒp; US kɑp] sl A V/T 1 erwischen (at bei): **~ sb doing sth** j-n (dabei) erwischen, wie er etwas tut; **~ sb stealing** j-n beim Stehlen erwischen; **~ it** sein Fett (ab)kriegen; → packet A 5 2 klauen 3 **~ a plea** US a sich schuldig bekennen, um dadurch e-e mildere Strafe zu bekommen b sich wegen e-r kleinen Straftat schuldig bekennen, um nicht wegen e-r größeren vor Gericht gestellt zu werden B V/I **~ out** a e-n Rückzieher machen, aussteigen (beide umg) (**of, on** aus): **~ out on society** aussteigen a sich drücken (**of, on** von, vor dat) C S 1 Br **it's a fair ~** jetzt hats mich erwischt; **it wasn't much ~** es war nichts Besonderes 2 Bulle m pej (Polizist): **be on the ~s** bei der Polizei sein; **play ~s and robbers** Räuber und Gendarm spielen

copacetic [ˌkəʊpəˈsetɪk; -ˈsi:-] ADJ US sl klasse, prima

copal [ˈkəʊpəl; -pl; kəʊˈpæl] S TECH Kopal(-harz) m(n)

coparcenary [ˌkəʊˈpɑ:sənərɪ; US -ˈpɑ:rsnˌeri:] S JUR gemeinschaftliches Eigentum (gleichberechtigter gesetzlicher Erben an Grundbesitz); **coparcener** S Miterbe m, -erbin f, Miteigentümer(in)

copartner S Teilhaber(in), Mitinhaber(in); **copartnership**, **copartnery** S WIRTSCH 1 Teilhaberschaft f 2 Br Gewinn- od Mitbeteiligung f (**of labour** der Arbeitnehmer)

copayment S US Zuzahlung f (zu Medikamenten etc)

cope¹ [kəʊp] A V/I 1 kämpfen, sich messen, es aufnehmen (alle: **with** mit) 2 (**with**) gewachsen sein (dat), fertig werden (mit), bewältigen, meistern (akk): **~ with the situation** 3 zurechtkommen: **be able to ~ under pressure** belastbar sein B V/T Br obs j-m in der Schlacht begegnen

cope² [kəʊp] A S 1 REL Chor-, Vespermantel m, Chorrock m 2 fig Gewölbe n, Zelt n, Dach n: **the ~ of heaven** das Himmelszelt 3 → coping 4 Gießerei: obere Formhälfte B V/T 1 mit e-m Chorrock bekleiden 2 ARCH (be)decken

copeck → kope(c)k

copemate [ˈkəʊpmeɪt] S obs 1 Gegner(in) 2 Genosse m, Genossin f

Copenhagen [ˌkəʊpnˈheɪgən] S Kopenhagen n

copenhagen blue [ˌkəʊpnˈheɪgən] S Graublau n

copepod [ˈkəʊpɪpɒd; US -pəˌpɑd] S ZOOL Ruderfüßer m, Ruderfußkrebs m

coper [ˈkəʊpə(r)] S Br Pferdehändler(in)

Copernican [kəʊˈpɜ:nɪkən; US -ˈpɜr-] A ADJ kopernikanisch: **~ system** ASTRON kopernikanisches (Welt)System B S Kopernikaner(in)

copesetic → copacetic

copesmate [ˈkəʊpsmeɪt] → copemate

copestone S 1 ARCH Deck-, Kappenstein m 2 fig Krönung f, Abschluss m

cophasal [ˌkəʊˈfeɪzl] ADJ (ADV ~ly) ELEK gleichphasig

copier [ˈkɒpɪə(r); US ˈkɑ-] S 1 TECH Kopiergerät n, Kopierer m 2 → copyist

copilot S FLUG Kopilot(in)

coping [ˈkəʊpɪŋ] S ARCH Mauerkappe f, -krönung f; **~ saw** S Laubsäge f; **~ stone** → copestone

copious [ˈkəʊpjəs; -pɪəs] ADJ (ADV ~ly) 1 reich(-lich), ausgiebig: **a ~ supply** ein reichlicher Vorrat; **~ footnotes** pl e-e Fülle von Fußnoten; **~ tears** pl Tränenflut f; **bleed ~ly** stark bluten 2 gedankenreich 3 wortreich, weitschweifig, überschwänglich (Stil etc) 4 produktiv, fruchtbar (Schriftsteller etc); **copiousness** S 1 Reichlichkeit f, Ausgiebigkeit f 2 Weitschweifigkeit f, Wortreichtum m

coplaintiff S JUR Mitkläger(in)

copolymerization [kəʊˌpɒlɪməraɪˈzeɪʃn; US -ˌpɑləmərəˈz-] S CHEM Kopolymerisation f; **copolymerize** [ˌkəʊˈpɒlɪməraɪz; US -ˈpɑ-] V/T gleichzeitig polymerisieren

cop-out S sl 1 Rückzieher m 2 a *j-d, der e-n Rückzieher macht* b Drückeberger(in) pej

copper¹ [ˈkɒpə; US ˈkɑpər] A S 1 MINER Kupfer n: **~ in rolls** Rollenkupfer; **~ in sheets** Kupferblech n 2 umg Kupfermünze 3 Kupferbehälter m, -gefäß n 4 Br (Koch-, Wasch)Kessel m 5 pl WIRTSCH umg Kupferaktien pl, -werte pl 6 Kupferrot n B V/T TECH a verkupfern b mit Kupfer(blech) überziehen C ADJ 1 kupfern, aus Kupfer, Kupfer…: **~ coin** 2 kupferrot

copper² [ˈkɒpə; US ˈkɑpər] S sl Bulle m pej (Polizist)

copperas [ˈkɒpərəs; US ˈkɑ-] S CHEM Eisenvitriol n, Ferrosulfat n

copper| beech S BOT Blutbuche f; **~-bottomed** ADJ 1 mit Kupferboden 2 SCHIFF, HIST mit Kupferbeschlag od Kupferhaut 3 fig Br umg todsicher (Investition); **~ chloride** S CHEM Kupferchlorid n, Chlorkupfer n; **~ engraving** S Kupferstich m (Bild u. Technik); **~ glance** S MINER Kupferglanz m; **~head** S ZOOL Mokassinschlange f

copperize [ˈkɒpəraɪz; US ˈkɑ-] V/T TECH verkupfern, mit Kupfer überziehen

copper| loss S ELEK Kupferverlust m; **~ ore** S MINER Kupfererz n: **azure ~** Kupferlasur f; **green ~** Malachit m; **yellow ~** Kupferkies m; **~plate** A S TECH 1 Kupferplatte f 2 Kupferstichplatte f 3 Kupferstich m: **like ~** → B 2 4 gestochene Handschrift B ADJ 1 Kupferstich… 2 (wie) gestochen (Schrift); **~plated** ADJ TECH kupferplattiert, verkupfert; **~plating** S TECH (galvanische) Verkupferung, Kupferüberzug m; **~ pyrites** S MINER Kupferkies m; **~ rust** S Grünspan m; **~smith** S Kupferschmied(in)

coppery [ˈkɒpərɪ; US ˈkɑ-] ADJ kupferig: a kupferhaltig b kupferartig od -farbig

coppice [ˈkɒpɪs; US ˈkɑpəs] S 1 Niederwald m, Unterholz n, Gestrüpperf n, Dickicht n 2 geschlagenes Holz 3 niedriges Wäldchen, Gehölz n; **~ shoot** S BOT Wasser-, Nebenreis n

copra [ˈkɒprə; US ˈkəʊ-; ˈkɑ-] S Kopra f

coprolalia [ˌkɒprəʊˈleɪlɪə; US ˌkɑprəˈl-] S PSYCH Koprolalie f (krankhafte Neigung zum Aussprechen obszöner Wörter, meist aus dem Analbereich)

coprolite [ˈkɒprəlaɪt; US ˈkɑ-] S GEOL Koprolith m (versteinerter Kot fossiler Tiere)

coprophagan [kɒˈprɒfəgən; US kɑˈprɑ-] S ZOOL Koprophage m, Kotfresser m, bes Mistkäfer m; **coprophagist** [-dʒɪst] S MED, PSYCH Koprophage(r) m/f(m); **coprophagous** [-gəs] ADJ ZOOL koprophag, kot-, mistfressend; **coprophagy** [-dʒɪ] S 1 ZOOL Kot-, Mistfressen n 2 MED, PSYCH Koprophagie f, Kotessen n; **coprophilia** [ˌkɒprəʊˈfɪlɪə; US ˌkɑprəˈf-] S MED, PSYCH Koprophilie f (krankhaftes Interesse am Kot); **coprophilous** [-fɪləs] ADJ 1 BOT koprophil, auf Mist gedeihend (Pilze etc) 2 ZOOL koprophil, in Mist od Kot lebend 3 MED, PSYCH koprophil

copse [kɒps; US kɑps], **~wood** → coppice

Copt [kɒpt; US kɑpt] S Kopte m, Koptin f

copter [ˈkɒptə(r); US ˈkɑp-] S umg Hubschrauber m

Coptic [ˈkɒptɪk; US ˈkɑ-] A S LING Koptisch n, das Koptische B ADJ koptisch: **the ~ Church**

copula [ˈkɒpjʊlə; US ˈkɑ-] pl -las, a. -lae [-li:] S 1 Bindeglied n 2 Kopula f: a LING *Verbform, die die Verbindung zwischen Subjekt u. Prädikat herstellt* b (Logik) *Glied, das Subjekt u. Prädikat zu e-r Aussage verbindet* 3 MED a serologisches Bindeglied b Ambozeptor m, Immunkörper m

copulate [ˈkɒpjʊleɪt; US ˈkɑ-] V/I kopulieren: a koitieren b ZOOL sich paaren; **copulation** S 1 Verbindung f 2 LING Verbindung f (von Subjekt u. Prädikat) durch e-e Kopula 3 Kopulation f: a Koitus m b ZOOL Paarung f; **copulative** [-lətɪv; bes US -leɪtɪv] A ADJ (ADV ~ly) 1 verbindend, Binde… 2 LING kopulativ (Wort), verbindend 3 → copulatory B S → copula 2 a; **copulatory** [-lətərɪ; US -ləˌtəʊri:; -ˌtɔ:-] ADJ BIOL Kopulations…

copy [ˈkɒpɪ; US ˈkɑpi:] A S 1 Kopie f, Abschrift f: **certified** (od **exemplified**) **~** beglaubigte Abschrift; **fair** (od **clean**) **~** Reinschrift f; **rough** (od **foul**) **~** Rohentwurf m, Konzept n, Kladde f; **true ~** (wort)getreue Abschrift 2 Durchschlag m, -schrift f 3 Pause f, FOTO Abzug m 4 JUR a Ausfertigung f (e-r Urkunde) b Br HIST Abschrift f des Zinsbuchs e-s Lehnsherrn c → copyhold 5 Nachahmung f, -bildung f, Reproduktion f, Kopie f 6 Muster n, Modell n, Vorlage f 7 TYPO a (Satz)Vorlage f, druckfertiges Manuskript b Klischeevorlage f c Umdruck m d Abklatsch m 8 Exemplar n (e-s Buchs etc) 9 (Werbe-, Zeitungs- etc)Text m 10 (literarisches) Material, Stoff m: **it makes good ~** umg das gibt e-n guten Stoff ab; **he is good ~** umg er gibt was her (für die Presse) B V/T 1 abschreiben (**from, off** von), e-e Kopie anfertigen von, (Computer) Daten übertragen: **~ down from the blackboard** von der Tafel abschreiben; **~ out** ins Reine schreiben, abschreiben (**from** von) 2 a (durch-, ab)pausen b kopieren 3 FOTO kopieren, e-n Abzug machen von 4 nachbilden, reproduzieren 5 nachahmen, -machen, imitieren, kopieren: **~ from life** nach dem Leben od der Natur malen etc 6 j-n, etwas nachahmen, -machen, -äffen C V/I 1 kopieren, abschreiben (**from, off** von) 2 SCHULE (vom Nachbarn) abschreiben 3 nachahmen

copy|book A S 1 bes HIST (Schön-)Schreibheft n (mit Vorlagen): **blot one's ~** bes Br umg sich od s-m Ruf schaden; **blot one's ~ with sb** bes Br umg es sich mit j-m verderben 2 JUR US Kopialbuch n (Buch mit Abschriften von Urkunden) B ADJ alltäglich, abgedroschen; **~boy** S US Bürobote m (in e-m Zeitungsverlag); **~cat** umg A S (bes sklavische[r] od gedankenlose[r]) Nachahmer(in) od -macher(in): **~ criminal** Nachahmungstäter(in) B V/T (bes sklavisch od gedankenlos) nachahmen od -machen; **~ desk** S Redaktionstisch m; **~ editor** S a Zeitungsredakteur(in) b Lektor m, Lektorin f; **~girl** S US Bürobotin f (in e-m Zeitungsverlag); **~hold** S JUR Br HIST Zinslehen n, -gut n; **~holder** S 1 JUR Br HIST Zinslehensbesitzer m 2 TYPO a Manuskripthalter m b Korrektorgehilfe m, -gehilfin f

copying| ink S Kopiertinte f; **~ lathe** S TECH Kopierdrehmaschine f; **~ machine** S TECH Kopiergerät n; **~ paper** S Kopierpapier n; **~ pencil** S Tintenstift m; **~ press** S TECH, HIST Kopierpresse f

copyist [ˈkɒpɪɪst; US ˈkɑ-] S 1 Abschreiber(in), Kopist(in) 2 Nachahmer(in), Imitator m, Imitatorin f

copy| protection S COMPUT Kopierschutz m; **~reader** US → copy editor; **~right** JUR A S Urheberrecht n, Copyright n (**in, on, of, for** für, von): **~ in designs** WIRTSCH Br Urheberrecht an Mustern, Musterschutz m; **~ holder** (od **proprietor**) Inhaber(in) des Urheberrechts B V/T a das Urheberrecht erwerben für *od* von b urheberrechtlich schützen **C** ADJ urheberrechtlich geschützt; **~ test** S Copytest *m (nach dem Copytesting durchgeführte Untersuchung)*; **~ testing** S Copytesting *n (werbepsychologische Untersuchungsmethode, die die Qualität e-s Werbemittels durch die Reaktion e-r Personengruppe darauf feststellt)*; **~ typist** S Schreibkraft *f*; **~writer** S Werbetexter(in)

coquet [kɒˈket; *bes US* kəʊˈket] V/I 1 kokettieren (**with** mit) 2 *fig* tändeln, spielen, liebäugeln (*alle:* **with** mit); **coquetry** [ˈkɒkɪtrɪ; *bes US* ˈkəʊ-] S 1 Koketterie *f* 2 *fig* Tändelei *f*

coquette [kɒˈket; *bes US* kəʊˈket] S kokettes Mädchen, kokette Frau; **coquettish** ADJ (ADV ~ly) kokett

coquille [kɒˈkɪl; *bes US* kəʊˈkɪl; *a.* -ˈkiːl] S 1 Coquille *f*: a Muschelschale *f* b *darin angerichtete Speise*: **~ of turbot** Steinbutt *m* in Muschelschalen 2 Stichblatt *n (e-s Schwerts)* 3 Rüsche *f*

coquito [kɒˈkiːtəʊ; *bes US* kəʊˈk-] *pl* -tos S BOT Koquito-, Honigpalme *f*

cor [kɔː] INT *Br sl* Mensch!, Mann!

coracle [ˈkɒrəkl; *US a.* ˈkɑ-] S *Boot aus mit Häuten überzogenem Weidengeflecht*

coracoid [ˈkɒrəkɔɪd; *US a.* ˈkɑ-] ANAT, ZOOL **A** ADJ rabenschnabelförmig **B** S 1 *a.* **~ bone** Rabenschnabelbein *n* 2 *a.* **~ process** Rabenschnabelfortsatz *m*

coral [ˈkɒrəl; *US a.* ˈkɑ-] **A** S 1 ZOOL Koralle *f*: a *(einzelner)* Korallenpolyp b Korallenskelett *n* c Korallenstock *m* 2 Korallenstück *n (zu Schmuck verarbeitet)* 3 Beißring *m od* Spielzeug *n (für Babys)* aus Koralle 4 Korallenrot *n* 5 unbefruchteter Hummerrogen 6 *umg* → coral snake **B** ADJ 1 Korallen… 2 korallenrot; **~ bead** S 1 Korallenperle *f* 2 *pl* Korallenkette *f*; **~berry** S BOT Korallenbeere *f*; **~ fish** S FISCH Korallenfisch *m*; **~ island** S Koralleninsel *f*

coralliferous [ˌkɒrəˈlɪfərəs; *US a.* ˌkɑ-] ADJ ZOOL koralligen, Korallen bildend

corallin [ˈkɒrəlɪn; *US a.* ˈkɑ-] → coralline B 2

coralline [ˈkɒrəlaɪn; *US a.* ˈkɑ-] **A** ADJ 1 GEOL Korallen… 2 korallenähnlich 3 korallenrot **B** S 1 BOT Korallenalge *f* 2 [-liːn; -lɪn] CHEM Corallin *n*

corallite [ˈkɒrəlaɪt; *US* ˈkɑ-] S 1 ZOOL Korallenskelett *n* 2 GEOL a versteinerte Koralle b Korallenmarmor *m*; **coralloid** ADJ korallenförmig

coral| rag S GEOL Korallenkalk(stein) *m*; **~ reef** S Korallenriff *n*; **~root** S BOT Korallenwurz *f*; **~ snake** S ZOOL Korallenschlange *f*; **~ tree** S BOT Korallenbaum *m*; **~wort** S BOT 1 Zahnwurz *f* 2 → coralroot

cor anglais [ˌkɔːrˈɑ̃ːŋgleɪ; *US* -ɔːnˈgleɪ] S MUS Englischhorn *n*

corbeil [ˈkɔː(r)bəl; kɔː(r)ˈbeɪ] S ARCH Blumen-, Fruchtkorb *m (als Zierrat)*

corbel [ˈkɔː(r)bəl] ARCH **A** S Kragstück *n*, -stein *m*, Konsole *f*: **~ table** auf Kragsteinen ruhender Mauervorsprung, Bogenfries *m*; **pointed-arched ~ table** Spitzbogenfries *m* **B** V/T *prät u. pperf* -beled, *bes Br* -belled durch Kragsteine stützen; **corbel(l)ing** ARCH Vorkragung *f*

corbie [ˈkɔː(r)bɪ] S *schott* 1 Rabe *m* 2 Krähe *f*; **~ gable** S ARCH Staffelgiebel *m*; **~step** S ARCH Giebelstufe *f*

cor blimey → cor

cord [kɔː(r)d] **A** S 1 Leine *f*, Schnur *f*, Kordel *f*, Strick *m*, Strang *m*, Seil *n*: **~ fuse** Leitfeuer *n (Zündschnur)* 2 ELEK (Anschluss-, Verlängerungs)Kabel *n*, (-)Schnur *f* 3 Strang *m (des Henkers)* 4 ANAT a Band *n* b Strang *m* 5 a Rippe *f (e-s Tuches)* b gerippter Stoff, Rips *m*, *bes* → corduroy A 1 c *pl* → corduroy A 2 6 Klafter *n/f (Raummaß für Holz etc = 3,6 m³)* 7 TECH Messschnur *f* 8 Rippe *f*, Schnur *f*, Bund *m (am Buchrücken)* **B** V/T 1 *(mit Schnüren)* befestigen, festbinden 2 ver-, zuschnüren 3 mit Schnüren verzieren 4 *Holz* zu Klaftern aufschichten 5 *e-n Buchrücken* rippen; **cordage** S SCHIFF Tauwerk *n*

cordate [ˈkɔː(r)deɪt] ADJ BOT, ZOOL herzförmig *(Blatt, Muschel etc)*

corded [ˈkɔː(r)dɪd] ADJ 1 ge-, verschnürt 2 gerippt, gestreift *(Stoff)* 3 aus Stricken gemacht: **~ ladder** Strickleiter *f* 4 in Klaftern aufgestapelt *(Holz)*

Cordelier [ˌkɔː(r)dɪˈlɪə(r)] S REL Franziskaner(mönch) *m*

cord grass S BOT *(ein)* Spartgras *n*

cordial [ˈkɔːdjəl; *US* ˈkɔːrdʒəl] **A** ADJ (ADV ~ly) 1 herzlich, freundlich *(Empfang etc)* 2 herzlich, aufrichtig *(Dank etc)*: **take a ~ dislike to sb** e-e heftige Abneigung gegen j-n fassen; **be ~ly invited** herzlich eingeladen sein 3 MED belebend, stärkend **B** S 1 MED, PHARM belebendes Mittel, Stärkungsmittel *n* 2 Fruchtsaftgetränk *n* 3 Likör *m* 4 *fig* Wohltat *f*, Labsal *n (beide:* **to** für*)*; **cordiality** [ˌkɔːdɪˈælətɪ; *US* ˌkɔːrdʒɪˈælətiː; kɔːrˈdʒæl-], **cordialness** S Herzlichkeit *f*

cordierite [ˈkɔː(r)dɪəraɪt] S MINER Cordierit *m*

cordiform [ˈkɔː(r)dɪfɔː(r)m] → cordate

cordillera [ˌkɔːdɪˈljeərə; *US* ˌkɔːrdlˈjerə; kɔːrˈdɪlərə] S Kettengebirge *n*

Cordilleras [ˌkɔːdɪˈljeərəz; *US* ˌkɔːrdlˈj-; -diːˈerəz] SPL *(die)* Kordilleren *pl*

cordite [ˈkɔː(r)daɪt] S Kordit *m (fadenförmiges, rauchschwaches Schießpulver)*

cordless [ˈkɔː(r)dləs] ADJ schnurlos *(Telefon)*

cordoba [ˈkɔː(r)dəbə] S Cordoba *m (Münze u. Münzeinheit in Nicaragua)*

cordon [ˈkɔː(r)dn] **A** S 1 Litze *f*, Kordel *f* 2 Ordensband *n* 3 Kordon *m*: a MIL Postenkette *f*: **~ of sentries** b *(polizeiliche etc)* Absperrkette *f* 4 Kette *f*, Spalier *n (Personen)* 5 MIL Mauerkranz *m*: **~ of forts** Festungsgürtel *m* 6 ARCH Kranz(gesims) *m(n)* 7 AGR Kordon *m*, Schnurspalierbaum *m* 8 *Heraldik*: (Knoten)Strick *m* **B** V/T *a.* **~ off** (mit Posten *od* Seilen) absperren *od* abriegeln

cordon bleu [ˌkɔː(r)dɔ̃ːmˈblɜː] **A** *pl* -dons bleus [-dɔ̃ː(z)ˈblɜː] S 1 HIST Cordon bleu *m*: a *blaues Band des französischen Ordens vom Heiligen Geist* b Ritter *m* des Ordens vom Heiligen Geist 2 hohe Auszeichnung 3 Experte *m*, Expertin *f*, *bes* Meisterkoch *m*, -köchin *f* **B** ADJ **~ cook** Meisterkoch *m*, -köchin *f*; **~ cookery** feine Küche

cordovan [ˈkɔː(r)dəvən] S Korduan(leder) *n*

cord| re-wind S Kabelaufwick(e)lung *f*: **automatic ~**; **~ stitch** S TECH Kettenstich *m*

corduroy [ˈkɔː(r)dərɔɪ] **A** S 1 Kordsamt *m* 2 *pl*, *a.* **pair of ~s** Kord(samt)hose *f* 3 *a.* **~ road** Knüppeldamm *m* **B** ADJ Kordsamt…

cordwain [ˈkɔː(r)dweɪn] S *obs* Korduan(leder) *n*; **cordwainer** S *obs* Schuhmacher(in)

cordwood S Klafterholz *n*

core[1] [kɔː(r)] **A** S 1 BOT a Kerngehäuse *n* b Kern *m (e-r Frucht)* c Kernholz *n (vom Baum)* 2 *fig (das)* Innerste *(e-r Sache)*, Seele *f*, Herz *n*, Mark *n*, Kern *m*: **the ~ of the problem** der Kern des Problems; **to the ~** bis ins Innerste, zutiefst; **he is English to the ~** er ist ein Engländer durch u. durch; → rotten 1 3 ELEK a Kern *m (e-s Elektromagneten, e-r Spule etc)* b Ankerkern *m (e-s Dynamos)* c Kabelkern *m*, Seele *f (a. e-s Seils)* 4 TECH a *Furnierarbeit*: Blindholz *n* b *Bergbau etc*: Bohrkern *m*: **~ drill** Kernbohrer *m*; **~ drilling** Bohrprobe *f* c *Formerei*: (Form)Kern *m* 5 ARCH Kern *m*, Füllung *f (e-r Säule)* 6 PHYS a Rumpfatom *n* b Core *n*, Reaktorkern *m* 7 MED (Eiter)Pfropf *m (e-s Geschwürs)* **B** V/T *Obst* entkernen, das Kerngehäuse von *Äpfeln etc* entfernen

CORE[2] ABK *US* Congress of Racial Equality

cored [kɔː(r)d] ADJ 1 *a.* TECH mit Kern (versehen): **~ electrode** ELEK Seelenelektrode *f* 2 entkernt, ohne Kerngehäuse 3 TECH hohl: **~ hole** Kernloch *n*

corelate [ˌkəʊrɪˈleɪt], **corelation** *bes Br* → correlate, correlation

coreligionist S Glaubensgenosse *m*, -genossin *f*

core memory S COMPUT (Magnet)Kernspeicher *m*

coreopsis [ˌkɒrɪˈɒpsɪs; *US* ˌkəʊrɪˈɑp-] S BOT Mädchenauge *n*

corer [ˈkɔːrə(r)] S Fruchtentkerner *m (Person u. Gerät)*

corespondent [ˌkəʊrɪˈspɒndənt; *US* -ˈspɑn-] S JUR Mitbeklagte(r) *m/f(m) (bes im Ehescheidungsverfahren)*

core| time S *Br* Kernzeit *f (Ggs Gleitzeit)*; **~ vocabulary** S LING Grundwortschatz *m*

corf [kɔːf] *pl* corves [kɔːvz] S *Br* 1 *Bergbau*: Förderkorb *m*, Schlepptrog *m* 2 Fischkorb *m (im Wasser)*

corgi [ˈkɔː(r)gɪ] → Welsh corgi

coria [ˈkɔːrɪə; *US a.* ˈkəʊ-] *pl von* corium

coriaceous [ˌkɒrɪˈeɪʃəs; *US a.* ˌkəʊ-] ADJ ledern: a aus Leder, Leder… b zäh

coriander [ˌkɒrɪˈændə(r); *US a.* ˌkəʊ-] S BOT Koriander *m*

Corinthian [kəˈrɪnθɪən] **A** ADJ 1 korinthisch 2 *fig* a reich verziert b preziös *(Stil)* 3 *fig* ausschweifend **B** S 1 Korinther(in) 2 *pl (als sg konstruiert)* BIBEL (Brief *m* des Paulus an die) Korinther *pl* 3 Mann *m* von Welt

Coriolis force [ˌkɒrɪˈəʊlɪs; *US a.* ˌkəʊ-] S PHYS Corioliskraft *f (Trägheitskraft, die in e-m rotierenden Bezugssystem auf e-n sich bewegenden Körper einwirkt)*

corium [ˈkɔːrɪəm; *US a.* ˈkəʊ-] *pl* coria [-rɪə] S ANAT, ZOOL Lederhaut *f*

cork[1] [kɔː(r)k] **A** S 1 Kork(rinde) *m(f)*, Rinde *f* der Korkeiche 2 → cork oak 3 Korken *m*, Kork(stöpsel) *m*, Pfropfen *m* 4 *Gegenstand aus Kork, bes* Angelkork *m*, Schwimmer *m*: → bob[1] C 4 5 BOT Kork *m*, Periderm *n* **B** V/T 1 *oft* **~ up** zu-, verkorken 2 mit gebranntem Kork schwärzen

Cork[2] [kɔː(r)k] Cork *n (Grafschaft im südwestlichen Irland)*

corked [kɔː(r)kt] ADJ 1 verkorkt, zugekorkt, verstöpselt 2 korkig, nach Kork schmeckend *(Wein)*: **the wine is ~** der Wein ist *od* schmeckt korkig 3 *Br sl* blau *(betrunken)*; **corker** S 1 Verkorker(in) 2 *sl* entscheidendes Argument 3 *sl* a Knüller *m*, Schlager *m*, tolles Ding b Mordskerl *m*; **corking** ADJ *sl* prima, fantastisch

cork| jacket S Kork-, Schwimmweste *f*; **~ leg** S *umg* Holzbein *n*; **~ oak** S BOT Korkeiche *f*

corkscrew [ˈkɔː(r)kskruː] **A** S Korkenzieher *m* **B** V/T 1 (durch)winden, (-)schlängeln, spiralig bewegen 2 *umg* mühsam (heraus)ziehen (**out of** aus): **~ the truth out of sb** *fig* die Wahrheit aus j-m herausziehen **C** V/I sich winden, sich schlängeln **D** ADJ spiralig gewunden, korkenzieherförmig: **~ curl** Korkenzieherlocke *f*; **~ staircase** Wendeltreppe *f*

cork| sole S Korkeinlegesohle *f*; **~-tipped** ADJ mit Korkfilter *(Zigarette)*; **~ tree** → cork oak; **~wood** S BOT 1 a Korkholzbaum *m* b Korkholz *n* 2 → balsa 1

corky [ˈkɔː(r)kɪ] ADJ 1 korkartig, Kork… 2 → corked 2

corm [kɔː(r)m] S BOT Kormus *m (Körper der Sprosspflanzen)*

cormi ['kɔ:(r)maɪ] *pl von* cormus
cormophyte ['kɔ:(r)məfaɪt] S BOT Kormus-, Sprosspflanze *f*
cormorant ['kɔ:(r)mərənt] S 1 ORN Kormoran *m*, Scharbe *f* 2 *fig* a Vielfraß *m* b raffgierige Person
cormus ['kɔ:(r)məs] *pl* -mi [-maɪ] S 1 ZOOL Tierstock *m* 2 BOT → corm
corn[1] [kɔ:(r)n] A S 1 (Samen-, Getreide)Korn *n* 2 KOLL Korn(frucht) *n(f)*, Getreide *n*, *bes* a *Br* Weizen *m* b *schott u. Ir* Hafer *m*: **~ in the ear** Korn in Ähren 3 *bes US* Mais *m* 4 **~ on the cob** GASTR Maiskolben *m* 5 → corn whiskey 6 *umg* (sentimentaler) Kitsch, Schnulze *f* (*beide pej*) B V/T 1 mit Getreide *od US* Mais füttern 2 pökeln, einsalzen: → corned 1 3 **~ up** *sl* verkitschen C V/I Korn ansetzen (*Getreide*)
corn[2] [kɔ:(r)n] S MED Hühnerauge *n*: **step** (*od* **tread**) **on sb's ~s** *fig* j-m auf die Hühneraugen treten
Corn. ABK 1 Cornish 2 Cornwall
corn| belt S Maisgürtel *m* (*Gebiet in USA, bes Indiana, Illinois, Iowa, Kansas*); **~bind** [-baɪnd], *US* **~ bindweed** S BOT Ackerwinde *f*; **~brash** S GEOL Rogenstein *m*; **~ bread** S *US* Maisbrot *n*; **~cake** S *US* (Pfann)Kuchen *m* aus Maismehl; **~ chandler** S *Br* Korn-, Saathändler(in); **~ circle** S Korn(feld)kreis *m*; **~cob** S *US* 1 Maiskolben *m* 2 *a.* **~ pipe** *aus dem Strunk e-s Maiskolbens gefertigte Tabakspfeife*; **~ cockle** S BOT Kornrade *f*; **~ colo(u)r** S Maisgelb *n*; **~ crake** S ORN Wiesenknarre *f*; **~crib** S *US* luftiger Maisspeicher; **~ dodger** S *US dial* a hart gebackener Maiskuchen b Maiskloß *m*, -knödel *m*
cornea ['kɔ:(r)nɪə] *pl* -as, -ae [-i:] S ANAT Kornea *f*, Hornhaut *f* (*des Auges*); **corneal** ADJ korneal, Hornhaut…
corned [kɔ:(r)nd] ADJ 1 gepökelt, eingesalzen: **~ beef** Cornedbeef *n*, gepökeltes Rindfleisch 2 gekörnt, genarbt (*Leder*) 3 körnig
cornel ['kɔ:(r)nl] S BOT Kornelkirsche *f*
cornelian[1] [kɔ:(r)'ni:ljən] ADJ: **~ cherry** → cornel
cornelian[2] [kɔ:(r)'ni:ljən] S MINER Karneol *m*
corneous ['kɔ:(r)nɪəs] ADJ hornig
corner ['kɔ:(r)nə(r)] A S 1 (*Straßen-, Häuser*) Ecke *f*, *bes* AUTO Kurve *f*: **at** (*od* **on**) **the ~** an der Ecke; **just (a)round the ~** gleich um die Ecke; **take a ~** AUTO e-e Kurve nehmen; **turn the ~** um die (Straßen)Ecke biegen; **he's turned the ~** *fig* er ist über den Berg; **cut ~s** a AUTO die Kurven schneiden b *fig* die Sache *od* das Verfahren abkürzen 2 Winkel *m*, Ecke *f*: **~ of the mouth** Mundwinkel; **look at sb from the ~ of one's eye(s)** j-n aus den Augenwinkeln (heraus) ansehen; **put a child in the ~** ein Kind in die Ecke stellen 3 *fig* schwierige Lage, Klemme *f umg*: **drive** (*od* **force, put**) **sb into a ~** j-n in die Enge treiben; **be in a tight ~** in der Klemme sein *od* sitzen *od* stecken 4 entlegene Gegend: **from the four ~s of the earth** aus der ganzen Welt 5 *fig* Ecke *f*, Ende *n*, Seite *f*: **they came from all ~s** sie kamen von allen Ecken u. Enden 6 (verstärkte) Ecke, Eckenverstärkung *f*: **book ~** 7 SPORT a *Fußball etc*: Eckball *m*, Ecke *f* b *Boxen*: (Ring) Ecke *f* 8 WIRTSCH Corner *m*, Korner *m*: a Aufkäufergruppe *f*, (Spekulations)Ring *m* b (Aufkauf *m* zwecks) Monopolbildung *f*: **~ in cotton** Baumwollkorner 9 *fig* Monopol *n* (**on** auf *akk*): **a ~ on virtue** B V/T 1 mit Ecken versehen 2 in e-e Ecke stellen *od* legen 3 *fig j-n* in die Enge treiben 4 a WIRTSCH *Ware* (spekulativ) aufkaufen, cornern: **~ the market** den Markt aufkaufen b *fig* mit Beschlag belegen C V/I 1 *US* e-e Ecke *od* e-n Winkel bilden 2 *US* an e-r Ecke gelegen sein 3 AUTO e-e Kurve nehmen: **~ well** gut in der Kurve liegen, e-e gute Kurvenlage haben 4 WIRTSCH e-n Corner bilden
corner| chisel S TECH Kantbeitel *m*; **~ cupboard** S Eckschrank *m*
cornered ['kɔ:(r)nə(r)d] ADJ 1 eckig 2 *fig* in die Enge getrieben 3 *in Zusammensetzungen* …eckig
corner| flag S SPORT Eckfahne *f*; **~ hit** S *Hockey*: Eckschlag *m*; **~ house** S Eckhaus *n*
cornering ['kɔ:(r)nərɪŋ] S AUTO Kurvenfahren *n*: **~ stability** Kurvenstabilität *f*
corner| joint S TECH Winkelstoß *m*; **~ kick** S *Fußball*: Eckstoß *m*; **~ seat** S BAHN *etc* Eckplatz *m*; **~ shop** S *Br* Tante-Emma-Laden *m*; **~stone** S 1 ARCH a Eckstein *m* b Grundstein *m*: **lay the ~** den Grundstein legen (**of** zu); **~ ceremony** Grundsteinlegung *f* 2 *fig* Grundstein *m*, Eckpfeiler *m*; **~ tooth** S *irr* ZOOL Eck-, Hakenzahn *m* (*des Pferdes*); **~wise** ADV 1 mit der Ecke nach vorn 2 diagonal
cornet ['kɔ:nɪt; *US* kɔ:r'net] S 1 MUS a (Ventil-, Piston)Kornett *n* b HIST Zink *m* (*Holzblasinstrument*) c Kornett *n* (*Orgelstimme*) d Kornettist(in) 2 (spitze) Tüte 3 a *Br* Eistüte *f* b Cremerolle *f*, -törtchen *n* 4 Schwesternhaube *f* 5 HIST (*e-e*) reich verzierte Frauenhaube 6 MIL, HIST a Fähnlein *n*, Reitertrupp *m* b Kornett *m*, Fähnrich *m* (*der Kavallerie*); **~-à-pistons** [ˌkɔ:nɪtə'pɪstənz; *US* kɔ:rˌnetə'p-] *pl* cornets-à-pistons [ˌkɔ:nɪtsə'pɪstənz; *US* kɔ:rˌnetsə-] → cornet 1 a
cornetcy ['kɔ:(r)nɪtsɪ] S MIL, HIST Fähnrichs-, Kornettstelle *f*
cornetist ['kɔ:nɪtɪst; *US* kɔ:r'net-], **cornettist** [-'netɪst] S MUS Kornettist(in)
corn| exchange S WIRTSCH *Br* Getreidebörse *f*; **~ factor** S Kornhändler(in); **~-fed** ADJ 1 mit Getreide *od US* Mais gefüttert 2 *fig* gesund u. wohlgenährt; **~field** S 1 *Br* Korn-, Getreidefeld *n* 2 *US* Maisfeld *n*; **~ flag** S BOT 1 → gladiolus 2 Gelbe Schwertlilie; **~flakes** SPL Cornflakes *pl*; **~ flour** S *Br* Stärkemehl *n*; **~flower** S 1 BOT Kornblume *f* 2 BOT Kornrade *f* 3 Kornblumenblau *n*; **℞s Am** (**Beiname für den Staat**) Nebraska *n*
cornice ['kɔ:(r)nɪs] A S 1 ARCH (*Dach- od Säulen*) Gesims *n*, Sims *m*, Karnies *n* 2 Kranz-, Randleiste *f* (*an Möbelstücken etc*) 3 Bilderleiste *f* (*zum Bilderaufhängen*) 4 (*Schnee*) Wechte *f* B V/T mit e-m Sims *etc* versehen
corniche [kɔ:(r)'ni:ʃ] S Küstenstraße *f*
corniferous [kɔ:(r)'nɪfərəs] ADJ GEOL hornsteinhaltig; **cornific** ADJ Horn bildend; **cornigerous** [-'nɪdʒərəs] ADJ gehörnt: **~ animals** *pl* Hornvieh *n*
Cornish ['kɔ:(r)nɪʃ] A ADJ kornisch, aus Cornwall B S Kornisch *n*: a kornische Sprache b *in Cornwall gesprochener englischer Dialekt*; **~man** [-mən] S *irr* Einwohner *m* von Cornwall
Corn| Laws SPL HIST *Br* Korngesetze *pl*; **℞loft** S *Br* Getreidespeicher *m*; **℞ marigold** S BOT Gelbe Wucherblume; **℞ meal** S *US* Maismehl *n*; **℞ mill** S 1 *Br* Getreidemühle *f* 2 *US* Maisquetschmaschine *f*; **℞ picker** S AGR *US* Maiskolbenpflücker *m* (*Maschine*); **℞ plaster** S MED Hühneraugenpflaster *n*; **℞ pone** S *US dial* Maisbrot *n* (*oft ohne Milch u. Eier*); **℞ popper** S *US* Maisröster *m* (*Gerät*); **℞ poppy** S BOT Klatsch-, Feldmohn *m*; **℞ rose** S 1 *obs* → corn poppy 2 → corn cockle; **℞ salad** S BOT (*ein*) Feldsalat *m*; **℞ snow** S Firn(schnee) *m*; **℞stalk** S 1 *Br* Getreidehalm *m* 2 *US* Maisstängel *m* 3 *Aus umg* Bohnenstange *f* (*lange, dünne Person*); **℞starch** S *US* Stärkemehl *n*
cornu ['kɔ:(r)nju:; *US a.* -nu:] *pl* -nua [-njʊə; *US* -njəwə; -nəwə] S ANAT 1 Horn *n* 2 Dornfortsatz *m*
cornucopia [ˌkɔ:(r)njʊ'kəʊpjə; -pɪə; *US* -nə-] S 1 Füllhorn *n* (*a. fig*) 2 *fig* (**of**) Fülle *f* (von), Reichtum *m* (an *dat*), Überfluss *m* (an *dat*); **cornucopian** ADJ überreichlich
cornute [kɔ:(r)'nju:t; *US a.* -'nu:t] A ADJ BIOL 1 gehörnt 2 hornförmig, -artig B V/T *obs* zum Hahnrei machen; **cornuted** → cornute A
Cornwall ['kɔ:(r)nwəl; -wɔ:l] S Cornwall *n* (*Grafschaft in Südwestengland*)
corn| weevil S ZOOL 1 Kornkäfer *m* 2 *US* (*ein*) Getreiderüsselkäfer *m*; **~ whiskey** S *US* Maiswhiskey *m*
corny ['kɔ:(r)nɪ] ADJ 1 a *Br* Korn…, Getreide… b *US* aus Mais (hergestellt), Mais… 2 a *Br* korn-, getreidereich b *US* maisreich (*Gegend*) 3 körnig 4 *umg* a sentimental, schmalzig *pej* b kitschig c abgedroschen: **a ~ joke** ein Witz mit Bart
corolla [kə'rɒlə; *US* -'rɑ-] S BOT Blumenkrone *f*
corollary [kə'rɒlərɪ; *US* 'kɔ:rəˌleri:; 'kɑ-] A S 1 PHIL Korollar(ium) *n* (*Satz, der selbstverständlich aus e-m bewiesenen Satz folgt*) 2 logische *od* natürliche Folge, Ergebnis *n* (**of, to** von *od gen*): **as a ~ to this** als e-e Folge hiervon B ADJ 1 PHIL sich als Korollar(ium) ergebend 2 natürlich folgend, sich logischerweise ergebend
corollate ['kɒrələt; -leɪt; *US* kə'rɑleɪt; 'kɔ:rə-], **corollated** [-leɪtɪd] ADJ BOT e-e Blumenkrone tragend
corona [kə'rəʊnə] *pl* -nas *od* -nae [-ni:] S 1 ASTRON a Hof *m*, Kranz *m* (*um Sonne u. Mond*) b Korona *f* (*Strahlenkranz der Sonne*) 2 ARCH Kranzleiste *f*, -gesims *n* 3 ANAT Kranz *m* 4 MED (Zahn)Krone *f* 5 BOT Nebenkrone *f* 6 *a.* **~ discharge** ELEK Korona *f*, Glimm-, Sprühentladung *f* 7 PHON a Zungenspitze *f* b oberer Zahnrand 8 ringförmiger Kronleuchter (*in Kirchen*) 9 *e-e lange Zigarre*; **℞ Australis** [ɒ'streɪlɪs] *gen* Coronae Australis S ASTRON Südliche Krone (*Sternbild*); **℞ Borealis** [ˌbɔ:rɪ'eɪlɪs; *US* -'æləs] *gen* Coronae Borealis S ASTRON Nördliche Krone (*Sternbild*)
coronach ['kɒrənək] S *schott u. Ir* Totenklage *f*
coronae [kə'rəʊni:] *pl von* corona
coronal ['kɒrənl; *US a.* 'kɑ-] A S 1 *poet* Stirnreif *m*, Diadem *n* 2 (Blumen)Kranz *m* 3 *a.* **~ suture** MED Kranznaht *f* B ADJ [*a.* kə'rəʊnl] 1 *bes* ANAT Kron(en)…, Kranz…: **~ artery** → coronary artery; **~ suture** Kranznaht *f* 2 **~ sound** PHON Koronallaut *m*
coronary ['kɒrənərɪ; *US* -ˌneri:; *a.* 'kɑ-] A ADJ 1 Kronen…, Kranz… 2 ANAT a kranzartig angeordnet b koronar (*die Koronararterie betreffend*) B S *umg* → coronary thrombosis; **~ artery** S ANAT Koronar-, Kranzarterie *f*; **~ insufficiency** S MED Koronarinsuffizienz *f* (*ungenügende Durchblutung des Herzmuskels durch die Herzkranzgefäße*); **~ sclerosis** S *irr* MED Koronarsklerose *f*; **~ thrombosis** S *irr* MED Koronarthrombose *f*, *engS.* Herzinfarkt *m*; **~ vessel** S ANAT (Herz)Kranz-, Koronargefäß *n*
coronate ['kɒrəneɪt; *US a.* 'kɑ-] V/T krönen; **coronation** S a Krönung *f* b *a.* **~ ceremony** Krönungsfeier *f*: **~ oath** Krönungseid *m*; **~ robes** *pl* Krönungsornat *m*; **℞ Stone** Krönungsstein *m* (*im Krönungssessel der englischen Könige*)
coroner ['kɒrənə(r); *US a.* 'kɑ-] S JUR Coroner *m* (*richterlicher Beamter zur Untersuchung der Todesursache in Fällen gewaltsamen od unnatürlichen Todes*): **~'s inquest** *gerichtliches Verfahren zur Untersuchung der Todesursache*
coronet ['kɒrənɪt; *US bes* ˌkɔ:rə'net; ˌkɑ-] S 1 kleine Krone, Krönchen *n* 2 Adelskrone *f* 3 Diadem *n*, Kopfputz *m* (*für Frauen*) 4 Hufkrone *f* (*des Pferdes*); **coroneted**, *bes Br* **coronetted** ['kɒrənetɪd; ˌ-'netɪd; *US a.* 'kɑ-; ˌkɑ-] ADJ 1 e-e Krone *od* ein Diadem tragend 2 ad(e)lig 3 mit e-r Adelskrone (versehen) (*Briefpapier etc*)

C

corozo [kəˈrəʊzəʊ] *pl* -zos BOT 1 Elfenbeinpalme *f* 2 Acrocomie *f* 3 → cohune

corp. ABK 1 MIL corporal 2 corporation

corpora [ˈkɔː(r)pərə] *pl von* corpus

corporal¹ [ˈkɔː(r)pərəl; -prəl] A ADJ (ADV ~ly) 1 körperlich, leiblich: **~ punishment** körperliche Züchtigung, Prügelstrafe *f* 2 persönlich (*Eigentum etc*) B S KATH Korporale *n* (*Unterlage für Hostienteller u. Kelch*)

corporal² [ˈkɔː(r)pərəl; -prəl] S 1 MIL Unteroffizier *m*, SCHIFF *a.* Maat *m* 2 Obergefreite(r) *m* (*der US-Marineinfanterie*)

corporality [ˌkɔː(r)pəˈræləti] S Körperlichkeit *f*

corporate [ˈkɔː(r)pərət; -prət] ADJ 1 a JUR (*zur Körperschaft*) vereinigt, korporativ, körperschaftlich b JUR Körperschafts… c JUR zu e-r Körperschaft gehörig, inkorporiert d WIRTSCH *US* e-r (Kapital- *od* Aktien)Gesellschaft, Gesellschafts…, Firmen…: **~ body** → corporation 1; **~ counsel** *US* Syndikus *m* (*e-r Aktiengesellschaft*); **~ identity** (*od* **image**) Corporate Identity *f* (*Erscheinungsbild e-r Firma in der Öffentlichkeit*); **work one's way up the ~ ladder** *US* sich (in der Firma) hocharbeiten; **~ member** Vollmitglied *n* e-r Gesellschaft *od* juristischen Person; **~ name** a *Br* Name *m* e-r juristischen Person b *US* Firmenname *m*; **~ planning** *US* Unternehmensplanung *f*; **~ seal** a *Br* Siegel *n* e-r juristischen Person b *US* Firmensiegel *n*; **~ stock** *US* Aktien *pl* (*e-r Gesellschaft*); **~ tax** *US* Körperschaftssteuer *f* 2 → corporative 2 3 gemeinsam, kollektiv: **take ~ action** gemeinsam handeln; **corporately** ADV 1 als Körperschaft, korporativ 2 als Ganzes, gemeinsam

corporation [ˌkɔː(r)pəˈreɪʃn] S 1 JUR Korporation *f*, Körperschaft *f*, juristische Person: **~ aggregate** *juristische Person, die aus e-r Vereinigung mehrerer natürlicher Personen besteht*; **~ sole** *einzelne Person mit Rechtspersönlichkeit*; **~ tax** Körperschaftssteuer *f*; → public A a 2 Vereinigung *f*, Gesellschaft *f* 3 WIRTSCH *US* a Kapitalgesellschaft *f* b Aktiengesellschaft *f*: **~ counsel** Syndikus *m*; **~ law** Aktienrecht *n od* -gesetz *n*; → close corporation 1, private A 2 4 *Br* Gilde *f*, Zunft *f*, Innung *f*: **~ of merchants** (*od* **traders**) Handelsinnung 5 *Br* Stadtbehörde *f*, -verwaltung *f* 6 *umg pej od hum* Schmerbauch *m*

corporative [ˈkɔː(r)pərətɪv; *US a.* -pəˌreɪtɪv] ADJ 1 a JUR korporativ, körperschaftlich b WIRTSCH *US* Gesellschafts…: **~ investor** investierende Kapitalgesellschaft 2 POL korporativ, Korporativ…: **~ system**; **corporator** [-reɪtə(r)] S Mitglied *n* e-r **corporation**

corporeal [kɔː(r)ˈpɔːrɪəl; *US a.* -ˈpəʊ-] ADJ (ADV ~ly) 1 körperlich, leiblich 2 materiell, dinglich, greifbar: **~ hereditament** JUR a *Br* Grundbesitz *m* b *US* vererbliche Gegenstände *pl*; **corporeality** [-ˈæləti] → corporality; **corporealize** V/T verkörperlichen

corporeity [ˌkɔː(r)pəˈriːəti; *US a.* -ˈreɪəti] S Körperlichkeit *f*, körperliche Substanz

corposant [ˈkɔː(r)pəzænt; -zənt; *US bes* -ˌsænt] S Elmsfeuer *n*

corps [kɔː(r)] *pl* corps [-z] S 1 MIL a *a.* **army ~** (Armee)Korps *n* b Korps *n*, Truppe *f*: **~ of engineers** Pioniertruppe; **volunteer ~** Freiwilligenkorps, -truppe 2 Körperschaft *f*, Corps *n*: → diplomatic A 1; **~ de ballet** [ˌkɔː(r)dəˈbæleɪ; *US* -dəbæˈleɪ] S Corps *n* de Ballet, Ballettgruppe *f*; **~ diplomatique** [ˈkɔː(r)ˌdɪpləmæˈtiːk] S POL diplomatisches Korps

corpse [kɒ(r)ps] S Leichnam *m*, Leiche *f*: **look like a ~** wie e-e wandelnde Leiche aussehen

corpulence [ˈkɔː(r)pjʊləns], **corpulency** S Korpulenz *f*, Beleibtheit *f*; **corpulent** ADJ (ADV ~ly) korpulent, beleibt

corpus [ˈkɔː(r)pəs] *pl* corpora [-pərə] S 1 Korpus *n*, Sammlung *f*: **a literary ~**; **the ~ of English law** 2 Groß-, Hauptteil *m*, *bes* WIRTSCH Stammkapital *n* (*Ggs Zinsen u. Ertrag*) 3 *obs* a → corpse b ZOOL Kadaver *m*; ♀ **Christi** [ˈkrɪsti] S REL Fronleichnam(sfest) *m(n)*

corpuscle [ˈkɔː(r)pʌsl] S 1 BIOL (*Blut*) Körperchen *n* 2 CHEM, PHYS Korpuskel *n/f*, Elementarteilchen *n*; **corpuscular** [-ˈpʌskjʊlə(r)] ADJ CHEM, PHYS korpuskular: **~ theory (of light)** Korpuskulartheorie *f* (des Lichtes); **corpuscule** [-kjuːl] → corpuscle

corpus| delicti [dɪˈlɪktaɪ] S JUR Corpus *n* Delicti: a Tatbestand *m* b Tatbestandsverwirklichung *f* c (*nicht* JUR) Beweisstück *n*, *bes* Leiche *f* (des Ermordeten); **~ juris** [ˈdʒʊərɪs] S JUR Corpus *n* Juris Gesetzessammlung *f*

corr. ABK 1 corrected 2 correction 3 correspond 4 correspondence 5 correspondent 6 corresponding

corral [kɔːˈrɑːl; kə-; *US* kəˈræl] *bes US* A S 1 Korral *m*, Hürde *f*, Pferch *m* 2 HIST Wagenburg *f* (*von Siedlern*) B V/T 1 *Vieh* in e-n Pferch treiben 2 *fig* einpferchen, -sperren 3 HIST *Wagen* zu e-r Wagenburg zusammenstellen 4 *umg* mit Beschlag belegen, sich *etwas* aneignen *od umg* schnappen

correct [kəˈrekt] A V/T 1 (**o.s.** sich) korrigieren, verbessern, berichtigen, *e-e Zahl etc* bereinigen: **I must ~ this statement** ich muss das richtigstellen 2 (**for**) zurechtweisen (wegen), tadeln (für, wegen): **I stand ~ed** ich gebe m-n Fehler zu, *a.* ich nehme alles zurück 3 bestrafen (**for** für, wegen) 4 a *Fehler etc* abstellen, abschaffen b MIL *e-e Ladehemmung* beheben 5 CHEM, MED, PHYS ausgleichen, neutralisieren 6 ELEK, FOTO, TV entzerren 7 MATH, PHYS regulieren, justieren B ADJ (ADV ~ly) 1 korrekt, richtig: a fehlerfrei b wahr, zutreffend: **that is ~** das stimmt; **you are ~ (in saying)** Sie haben recht(, wenn Sie sagen) 2 genau (*Zeit etc*): **"please have the ~ fare ready"** „bitte Fahrgeld abgezählt bereithalten" 3 korrekt, einwandfrei (*Benehmen etc*): **it is the ~ thing (to do)** es gehört sich so; **it is the ~ thing to get up** es gehört sich aufzustehen

correction [kəˈrekʃn] S 1 Korrektur *f*, Berichtigung *f*, Verbesserung *f*, Richtigstellung *f*: **make a few ~s** ein paar Verbesserungen machen *od* anbringen; **I speak under ~** ich kann mich natürlich irren; **~ of a river** Flussregulierung *f*; **~ of visual defects** Korrektur von Sehfehlern 2 Korrektur *f*, Fehlerverbesserung *f*: **~ fluid** Korrekturflüssigkeit *f*; **~ tape** Korrekturband *n* (*e-r Schreibmaschine*) 3 Abstellung *f*, Abschaffung *f* 4 a Zurechtweisung *f*, Tadel *m* b Bestrafung *f*, Strafe *f* c JUR Besserung *f*: **house of ~** *US* (Jugend)Strafanstalt *f*, (-)Gefängnis *n* 5 MIL Behebung *f* (*e-r Ladehemmung*) 6 *Radar*: Beschickung *f* 7 MATH, PHYS Korrektionskoeffizient *m* 8 ELEK, FOTO, TV Entzerrung *f* 9 *Navigation*: Vorhalt *m* 10 CHEM, MED, PHYS Ausgleich *m*, Neutralisierung *f*; **correctional** [-ʃənl] → corrective A

correctitude [kəˈrektɪtjuːd; *US a.* -ˌtuːd] S Richtigkeit *f*, Korrektheit *f* (*bes des Benehmens*); **corrective** A ADJ (ADV ~ly) 1 korrigierend, verbessernd, berichtigend, Verbesserungs…, Berichtigungs…, Korrektur…: **~ action** (*od* **measure**) Abhilfemaßnahme *f* 2 MED korrektiv, lindernd 3 CHEM, MED ausgleichend, neutralisierend 4 JUR Besserungs…, Straf…: **~ training** *US* Unterbringung *f* in e-m (Jugend)Gefängnis B S 1 (**of, to**) Abhilfe *f* (für), Heil-, Gegenmittel *n* (gegen) 2 a MED Korrektiv *n*, Gegenmittel *n* (*beide*: **of** für) b PHARM (Geschmacks)Korrigens *n*; **correctness** S Korrektheit *f*, Richtigkeit *f*; **corrector** [-tə(r)] S 1 Korrektor *m*, Korrektorin *f* 2 Tadler(in)

correlate [ˈkɒrəleɪt; *US a.* ˈkɑ-] A V/T 1 in Wechselbeziehung bringen (**with** mit), aufeinander beziehen 2 in Übereinstimmung bringen (**with** mit), aufeinander abstimmen, einander angleichen B V/I 1 in Wechselbeziehung stehen (**with** mit), sich aufeinander beziehen 2 übereinstimmen, sich entsprechen: **~ with** übereinstimmen mit, entsprechen (*dat*) C ADJ [*a.* -lət] 1 korrelativ, aufeinander bezüglich 2 (einander) entsprechend, übereinstimmend: **be ~ to** entsprechen (*dat*) D S [*a.* -lət] 1 Korrelat *n*, Ergänzung *f*, Wechselbegriff *m* 2 Gegenstück *n* (**of** zu); **correlated** → correlate C

correlation [ˌkɒrəˈleɪʃn; *US a.* ˌkɑ-] S 1 Korrelation *f*, Wechselbeziehung *f*, -wirkung *f*, gegenseitige Abhängigkeit, Zusammenhang *m*: **~ computer** TECH Korrelationsrechner *m*; **~ function** MATH Korrelationsfunktion *f*; **~ ratio** (*Statistik*) Korrelationsverhältnis *n* 2 Übereinstimmung *f* (**with** mit), Entsprechung *f*

correlative [kɒˈrelətɪv; *bes US* kəˈr-] A ADJ (ADV ~ly) 1 korrelativ, in Wechselbeziehung stehend, wechselseitig bedingt, voneinander abhängig, sich gegenseitig ergänzend, aufeinander abgestimmt: **be ~ (with)** → correlate B 1 2 entsprechend B S → correlate D 1

corresp. ABK correspondence

correspond [ˌkɒrɪˈspɒnd; *US* ˌkɔːrəˈspɑnd; *a.* ˌkɑrə-] V/I 1 (**to, with**) entsprechen (*dat*), passen (zu), übereinstimmen (mit): **~ with sb's expectations** j-s Erwartungen entsprechen 2 übereinstimmen 3 (**to**) entsprechen (*dat*), das Gegenstück sein (von), analog sein (zu) 4 korrespondieren, in Briefwechsel stehen (*beide*: **with** mit) 5 WIRTSCH *obs* in Geschäftsbeziehungen stehen (**with** mit) 6 MATH korrespondieren

correspondence [ˌkɒrɪˈspɒndəns; *US* ˌkɔːrəˈspɑn-; *a.* ˌkɑrə-] S 1 Übereinstimmung *f* (**to, with** mit; **between** zwischen *dat*) 2 Angemessenheit *f*, Entsprechung *f*, Analogie *f*: **bear ~ to sth** e-r Sache angemessen *od* gemäß sein *od* entsprechen 3 Korrespondenz *f*: a Brief-, Schriftwechsel *m*: **be in ~ (with)** → correspond 4 b Briefe *pl* 4 *obs* (*bes* WIRTSCH) (Geschäfts)Verbindung *f*: **break off ~ with** die Verbindung abbrechen mit *od* zu 5 *Zeitungswesen*: Beiträge *pl* (*e-s Korrespondenten*) 6 MATH Zuordnung *f*; **~ chess** S Fernschach *n*; **~ column** S Leserbriefspalte *f*; **~ course** S Fernkurs *m*; **~ school** S Fernlehrinstitut *n*

correspondency [ˌkɒrɪˈspɒndənsi; *US* ˌkɔːrəˈspɑn-; *a.* ˌkɑrə-] → correspondence 1;

correspondent A S 1 Briefpartner(in): **be a good (bad) ~** fleißig schreiben (schreibfaul sein) 2 WIRTSCH (auswärtiger) Geschäftsfreund: **~ bank** Korrespondenzbank *f* 3 Korrespondent(in), Berichterstatter(in) (*e-r Zeitung etc*): **foreign ~** Auslandskorrespondent(in) 4 Gegenstück *n* (**of** zu) B ADJ (ADV ~ly) entsprechend, gemäß (**to** *dat*), übereinstimmend (**with** mit); **corresponding** ADJ 1 entsprechend, gemäß (*beide*: **to** *dat*) 2 korrespondierend, in Briefwechsel stehend (*beide*: **with** mit): **~ member** korrespondierendes Mitglied (*e-r Gesellschaft etc*) 3 MATH (einander) zugeordnet; **correspondingly** ADV entsprechend, demgemäß

corridor [ˈkɒrɪdɔː; *US* ˈkɔːrədər; ˈkɑ-] S 1 Korridor *m*, Gang *m*, Flur *m*: **the ~s of power** *fig* die Schaltzentralen der Macht 2 Galerie *f* 3 BAHN Korridor *m*, (Seiten)Gang *m*: **~ train** D-Zug *m*, Durchgangszug *m* 4 GEOG, POL Korridor *m* 5 FLUG Luftkorridor *m*

corrie ['kɒrɪ] S *schott* kleiner Talkessel

corrigendum [ˌkɒrɪ'dʒendəm; *US a.* ˌkɑrə-] *pl* -da [-də] S 1 a Druckfehler *m* b Berichtigung *f* 2 *pl* Korrigenda *pl*, Druckfehlerverzeichnis *n*

corrigibility [ˌkɒrɪdʒə'bɪlətɪ; *US a.* ˌkɑ-] S 1 Korrigierbarkeit *f* 2 Besserungsfähigkeit *f* 3 Lenksamkeit *f*; **corrigible** ADJ (ADV corrigibly) 1 korrigierbar, zu verbessern(d) 2 besserungsfähig 3 fügsam, lenksam *(Kind etc)*

corroborant [kə'rɒbərənt; *US* -'rɑ-] *obs* A ADJ 1 bekräftigend 2 stärkend, kräftigend *(a.* MED) B S 1 Bekräftigung *f* 2 Stärkungs-, Kräftigungsmittel *n (a.* MED); **corroborate** [-reɪt] V/T bekräftigen, bestätigen, erhärten; **corroboration** S Bekräftigung *f*, Bestätigung *f*, Erhärtung *f*: **in ~ of** zur Bekräftigung *od* Bestätigung von *(od gen)*; **corroborative** [-bərətɪv; -brə-; -bəreɪtɪv] ADJ (ADV **~ly**), **corroboratory** [-bərətərɪ; -brətrɪ; *US* -bərəˌtəʊriː; -ˌtɔː-] ADJ (ADV corroboratorily) bestätigend, bekräftigend, erhärtend: **be ~ of** → corroborate

corroboree, *a.* **corrobori** [kə'rɒbərɪ; *US* -'rɑ-] S *Aus* 1 Korrobori *m (nächtliches Fest der Eingeborenen)* 2 *fig* lärmende Festlichkeit

corrode [kə'rəʊd] A V/T 1 CHEM, TECH korrodieren, an-, zerfressen, angreifen, ätzen 2 TECH (weg)beizen 3 *fig* zerfressen, -stören, untergraben: **corroding care** nagende Sorge B V/I 1 TECH korrodieren 2 TECH rosten: **~d** rostig 3 TECH korrodierend wirken, ätzen, fressen (**into** an *dat)* 4 sich einfressen (**into** in *akk)* 5 zerstört werden, verfallen; **corrodent** → corrosive; **corrodible** ADJ korrodierbar

corrosion [kə'rəʊʒn] S 1 CHEM, TECH Korrosion *f* 2 *fig* Untergrabung *f* 3 TECH Rostfraß *m*, -bildung *f* 4 TECH Beizen *n* 5 Korrosionsprodukt *n*, Rost *m*; **~ fatigue** S TECH Korrosionsermüdung *f*; **~ pit** S TECH Rost-, Korrosionsnarbe *f*

corrosion-resistant ADJ TECH korrosionsbeständig, -fest

corrosive [kə'rəʊsɪv] A ADJ (ADV **~ly**) 1 CHEM, TECH korrodierend, zerfressend, angreifend, ätzend, Korrosions…: **~ sublimate** CHEM Ätz-, Quecksilbersublimat *n* 2 TECH beizend: **~ power** Beizkraft *f* 3 *fig* nagend, quälend 4 *fig* ätzend B S 1 CHEM, TECH Korrosions-, Ätzmittel *n* 2 TECH Beizmittel *n*, Beize *f*; **corrosiveness** S *fig* ätzende Schärfe

corrugate ['kɒrʊgeɪt; *US* 'kɔːrə-; 'kɑrə-] A V/T 1 runzeln, furchen 2 wellen, riefen B V/I 1 sich runzeln *od* furchen, runz(e)lig werden 2 sich wellen C ADJ [-gət; -geɪt] → corrugated; **corrugated** ADJ 1 gerunzelt, runz(e)lig, gefurcht 2 gewellt, gerippt, geriffelt, Well…: **~ brick** Wellstein *m*; **~ cardboard** Wellpappe *f*; **~ iron** Wellblech *n*; **~ lens** OPT Riffellinse *f*; **corrugation** S 1 Runzeln *n*, Furchen *n* 2 Runz(e)ligkeit *f*, Furchung *f* 3 Wellen *n*, Riffeln *n* 4 Welligkeit *f*, Gewelltheit *f* 5 Runzel *f*, Falte *f*, Furche *f (auf der Stirn)* 6 *(einzelne)* Welle, Rippe *f*

corrupt [kə'rʌpt] A ADJ (ADV **~ly**) 1 *(moralisch)* verdorben, verderbt, schlecht, verworfen 2 unredlich, unlauter 3 korrupt: a bestechlich, käuflich b Bestechungs…: **~ practices** Bestechungsmethoden, Korruption *f*; **2 Practices Act** POL *US* Bundesgesetz *n* zur Regulierung des Parteifinanzwesens 4 *obs* faul, verdorben, schlecht *(Lebensmittel)* 5 verfälscht: a unecht, unrein b verderbt, korrumpiert *(Text)* 6 IT fehlerhaft *(Programm etc)* B V/T 1 verderben, *(zu Schlechtem)* verleiten, -führen 2 korrumpieren, bestechen 3 zersetzen, untergraben, zugrunde richten 4 *bes fig* anstecken 5 *e-n Text* verderben, korrumpieren C V/I 1 *(moralisch)* verderben, -kommen 2 (ver)faulen, verderben *(Lebensmittel)*; **corrupted** → corrupt A; **corrupter** S 1 Verderber(in), Verführer(in) 2 Bestecher(in)

corruptibility S Korruptheit *f*, Bestechlichkeit *f*, Käuflichkeit *f*

corruptible A ADJ (ADV corruptibly) 1 verführbar 2 korrupt, bestechlich, käuflich 3 verderblich *(Lebensmittel)* B S **the ~** BIBEL das Vergängliche

corruption [kə'rʌpʃn] S 1 Verführung *f* 2 Verderbtheit *f*, Verdorbenheit *f*, Verworfenheit *f*: **~ of the blood** JUR, HIST Entrechtung *f* (als Folge e-s **attainder**) 3 Unredlichkeit *f*, Unlauterkeit *f* 4 verderblicher Einfluss 5 Korruption *f*: a Korruptheit *f*, Bestechlichkeit *f*, Käuflichkeit *f* b korrupte Methoden *pl*, Bestechung(spolitik) *f*: **~ of witnesses** Zeugenbestechung *f*; **~ scandal** Bestechungsskandal *m* 6 Verfälschung *f*, Korrumpierung *f (e-s Texts)* 7 Fäulnis *f (von Lebensmitteln)*

corruptive [kə'rʌptɪv] ADJ (ADV **~ly**) 1 verderblich *(Einfluss etc)* 2 *fig* ansteckend; **corruptness** → corruption 2, 4

corsage [kɔː(r)'sɑːʒ] S 1 Mieder *n* 2 Ansteckbukett *n*

corsair ['kɔː(r)seə(r)] S 1 HIST Korsar *m*, Seeräuber *m* 2 Kaperschiff *n*

corse [kɔː(r)s] S *obs od poet* Leichnam *m*

corselet ['kɔː(r)slɪt] S 1 [*US bes* ˌkɔː(r)sə'let] Korselett *n* 2 HIST Harnisch *m* 3 ZOOL Brustabschnitt *m (von Insekten)*; **corset** ['kɔː(r)sɪt] A S *a. pl* Korsett *n* B V/T 1 mit e-m Korsett einschnüren 2 *fig* in ein Korsett zwängen; **corseted** ADJ (ein)geschnürt; **corsetry** [-trɪ] S Miederwaren *pl*

Corsica ['kɔː(r)sɪkə] S Korsika *n*

Corsican ['kɔː(r)sɪkən] A ADJ korsisch B S 1 Korse *m*, Korsin *f* 2 LING Korsisch *n*, das Korsische

corslet → corselet

cortege, **cortège** [kɔː(r)'teɪʒ] S 1 Gefolge *n*, Kortege *n (e-s Fürsten)* 2 Zug *m*, Prozession *f*, *bes* Leichenzug *m*

cortex ['kɔː(r)teks] *pl* -tices [-tɪsiːz] S ANAT Kortex *m*, *(a.* BOT) Rinde *f*: **cerebral ~** Großhirnrinde; **cortical** ADJ ANAT, MED kortikal, Rinden…: **~ blindness** Rindenblindheit *f*; **corticate** [-tɪkət; -keɪt], **corticated** [-keɪtɪd] ADJ *bes* BOT berindet; **cortication** S BOT Rindenbildung *f*

corticosterone [ˌkɔː(r)tɪ'kɒstərəʊn; *US* -'kɑs-] S MED Kortikosteron *n (Hormon der Nebennierenrinde)*

cortisone ['kɔː(r)tɪzəʊn; -s-] S MED Kortison *n ([Präparat aus dem] Hormon der Nebennierenrinde)*

corundum [kə'rʌndəm] S MINER Korund *m*

coruscant [kə'rʌskənt] ADJ 1 aufblitzend 2 funkelnd

coruscate ['kɒrəskeɪt; *US a.* 'kɑ-] V/I 1 aufblitzen 2 funkeln, glänzen; **coruscation** S 1 (Auf)Blitzen *n* 2 Funkeln *n* 3 *fig* (Geistes-)Blitz(e) *m(pl)*

corveé ['kɔː(r)veɪ] S 1 HIST Frondienst *m* 2 Zwangsarbeit *f*

corves [kɔː(r)vz] *pl von* corf

corvette [kɔː(r)'vet], *a.* **corvet** ['kɔː(r)vet] S SCHIFF Korvette *f (leichtes Kriegsschiff)*

corvine ['kɔː(r)vaɪn] ADJ 1 rabenartig 2 zu den Rabenvögeln gehörend; **Corvus** [-vəs] *gen* -vi [-vaɪ] S ASTRON Rabe *m (Sternbild)*

corybantic [ˌkɒrɪ'bæntɪk; *US a.* ˌkɑ-] ADJ korybantisch, ausgelassen, wild

corydalis [kə'rɪdəlɪs] S BOT Lerchensporn *m*

Corydon ['kɒrɪdən; -dɒn; *US* 'kɑrɪˌdɑn] S *poet* Korydon *m (Schäfer in Idyllen)*

corymb ['kɒrɪmb; -rɪm; *US a.* 'kɑ-] S BOT Corymbus *m*, Ebenstrauß *m*

coryphaeus [ˌkɒrɪ'fiːəs; *US a.* ˌkɑrə-] *pl* -phaei [-'fiːaɪ] S 1 *Antike*: Koryphäe *m*, Chorführer *m (im Drama)* 2 *obs od poet* Führer *m*, führender Geist, Hauptvertreter *m (e-r philosophischen Richtung etc)*; **coryphée** ['kɒrɪfeɪ; ˌkɔːrɪ'feɪ] S Primaballerina *f*

coryza [kə'raɪzə] S MED Koryza *f*, Schnupfen *m*

cos[1] [kɒs; *US* kɑs] S BOT Römischer Salat, Bindesalat *m*

cos[2] [kɔːz; kəz; *US a.* kɑz] KONJ *sl* weil, da

cos[3] ABK MATH cosine

cos. ABK 1 companies PL 2 counties PL

Cosa Nostra [ˌkəʊzə'nɒstrə; *US a.* -'nɑs-] S Cosa *f* Nostra *(kriminelle Organisation in den USA, die vor allem aus Italienern u. Italoamerikanern besteht)*

cosec ABK MATH cosecant

cosecant S MATH Kosekans *m (Kehrwert des Sinus)*

cosh[1] [kɒʃ] *Br umg* A S 1 Totschläger *m (Waffe)* 2 Angriff *m* mit e-m Totschläger B V/T *j-m* eins mit dem Totschläger überziehen *umg*

cosh[2] [kɒʃ; *US* kɑʃ] S MATH hyperbolischer Kosinus

cosher ['kɒʃə(r); *US* 'kɑ-] V/T *Ir* verhätscheln, -päppeln, -wöhnen

cosignatory [ˌkəʊ'sɪgnətərɪ; -trɪ; *US* -ˌtəʊriː; -ˌtɔː-] A S Mitunterzeichner(in) B ADJ mitunterzeichnend

cosine ['kəʊsaɪn] S MATH Kosinus *m*: **~ law** Kosinussatz *m*

cosiness ['kəʊzɪnɪs] S Behaglichkeit *f*, Gemütlichkeit *f*

cos lettuce → cos[1]

cosm- [kɒzm; *US* kɑzm] → cosmo-

cosmetic [kɒz'metɪk; *US* kɑz-] A ADJ (ADV **~ally**) 1 kosmetisch, Schönheits…: **~ surgeon** Schönheitschirurg(in); **~ surgery** Schönheitschirurgie *f* 2 *fig* kosmetisch, (nur) oberflächlich B S 1 Kosmetikum *n*, kosmetisches Mittel, Schönheitsmittel *n* 2 *meist pl obs* Kosmetik *f*, Schönheitspflege *f* 3 *fig* Tünche *f*; **cosmetician** [-mə'tɪʃn] S Kosmetiker(in); **cosmeticize** [-saɪz] V/T 1 kosmetisch behandeln *(a. fig)* 2 *fig* übertünchen

cosmetologist [ˌkɒzmɪ'tɒlədʒɪst; *US* ˌkɑzmə'tɑ-] S 1 Kosmetologe *m*, Kosmetologin *f* 2 Kosmetiker(in); **cosmetology** S 1 Kosmetologie *f (Wissenschaft u. Lehre von der Kosmetik)* 2 Kosmetik *f*, Schönheitspflege *f*

cosmic ['kɒzmɪk; *US* 'kɑz-] ADJ (ADV **~ally**) kosmisch: a das Weltall betreffend, zum Weltall gehörend: **~ dust** Weltraumnebel *m*; **~ rays** kosmische Strahlen, Höhenstrahlen b ganzheitlich geordnet, harmonisch c weltumspannend d unermesslich, gewaltig; **cosmical** ADJ (ADV **~ly**) → cosmic a: **~ constant** PHYS kosmische Konstante

cosmo- [kɒzməʊ; -mə; *US* kɑz-] *Wortelement mit der Bedeutung* (Welt)Raum…

cosmodrome ['kɒzmədrəʊm; *US* 'kɑz-] S Kosmodrom *n ([russischer] Startplatz für Weltraumraketen)*

cosmogony [kɒz'mɒgənɪ; *US* kɑz'mɑ-] S Kosmogonie *f (wissenschaftliche Theorie über die Entstehung des Weltalls)*

cosmographer [kɒz'mɒgrəfə(r); *US* kɑz'mɑ-] S *obs* Kosmograf(in); **cosmographic** [-məʊ'græfɪk; -mə'gr-] ADJ, **cosmographical** ADJ (ADV **~ly**) *obs* kosmografisch; **cosmography** S *obs* Kosmografie *f (Beschreibung der Entstehung u. Entwicklung des Kosmos)*

cosmologic [ˌkɒzməʊ'lɒdʒɪk; *US* ˌkɑzmə'lɑ-] ADJ, **cosmological** ADJ (ADV **~ly**) kosmologisch; **cosmology** [-'mɒlədʒɪ; *US* -'mɑ-] S

Kosmologie *f (Lehre von der Entstehung u. Entwicklung des Weltalls)*
cosmonaut ['kɒzmənɔ:t; *US* 'kaz-; *a.* -,nat] S Kosmonaut(in); **cosmonautic** A ADJ (ADV ~ally) kosmonautisch B S **cosmonautics** *pl (als sg konstruiert)* Kosmonautik *f (Wissenschaft von der Raumfahrt in Russland)*
cosmopolis [kɒz'mɒpəlɪs; *US* kaz'ma-] S Weltstadt *f*; **cosmopolitan** [-mə'pɒlɪtən; *US* -'palətn] A ADJ kosmopolitisch (*a.* BIOL), weltbürgerlich, *weitS.* weltoffen: **~ city** Weltstadt *f* B S → cosmopolite; **cosmopolitanism** → cosmopolitism; **cosmopolite** [-'mɒpəlaɪt; *US* -'ma-] S 1 Kosmopolit(in), Weltbürger(in) 2 BIOL Kosmopolit *m (über die ganze Erde verbreitete Tier- od Pflanzenart)*; **cosmopolitism** [-laɪtɪzəm; -lət-] S 1 Kosmopolitismus *m*, Weltbürgertum *n* 2 Weltoffenheit *f*
cosmos ['kɒzmɒs; *US* 'kazməs] S 1 Kosmos *m*: a Weltall *n* b (Welt-)Ordnung *f* 2 in sich geschlossenes System, Welt *f* für sich 3 BOT Schmuckkörbchen *n*
Cosmotron ['kɒzmətrɒn; *US* 'kazmə,tran] S *Kernphysik*: Kosmotron *n (Gerät zur Erzeugung äußerst energiereicher Partikelstrahlungen)*
COSPAR ABK Committee on Space Research
Cossack ['kɒsæk; *US* 'ka-] A S Kosak(in) B ADJ Kosaken...: **~ dance**; **~ hat** Kosakenmütze *f*
cosset ['kɒsɪt; *US* 'kasət] A S 1 von Hand aufgezogenes Lamm 2 Haus-, Heimtier *n* B V/T *a.* **~ up** verhätscheln, -wöhnen, verpäppeln
cost [kɒst; *US* kɔ:st] A S 1 Kosten *pl*, Aufwand *m*, Preis *m*: **at a ~ of** für; **~ of living** Lebenshaltungskosten; → count[1] B 2 2 Kosten *pl*, Schaden *m*, Nachteil *m*: **I know to my ~** ich weiß (es) aus eigener (bitterer) Erfahrung; **at sb's ~** auf j-s Kosten; **at the ~ of his health** auf Kosten s-r Gesundheit 3 Opfer *n*, Preis *m*: **at all ~s, at any ~** um jeden Preis; **at a heavy ~** unter schweren Opfern 4 WIRTSCH (Selbst-, Gestehungs)Kosten *pl*, Einkaufs-, Einstands-, Anschaffungspreis *m*: **~ abatement** Kostendämpfung *f*; **~ accounting** → costing; **~ accountant** (Betriebs)Kalkulator(in); **~ book** a Kalkulationsbuch *n* b *Br* Kuxbuch *n*; **~ containment** Kostendämpfung *f*; **~ control** Kostenlenkung *f*; **~ estimate** Kosten(vor)anschlag *m*; **~ increase** Kostensteigerung *f*; **~ inflation** Kosteninflation *f*; **~ price** Selbstkostenpreis *m*; **at ~** zum Selbstkostenpreis; **~, insurance, freight** → C.I.F.; **~ of construction** Baukosten; **~ of manufacture** (*od* **production**) Produktions-, Herstellungskosten 5 *pl* (Un)Kosten *pl*, Auslagen *pl*, Spesen *pl* 6 *pl* JUR (Gerichts-, Prozess)Kosten *pl*, Gebühren *pl*: **with ~s** a kostenpflichtig b nebst Tragung der Kosten; **condemn sb in the ~s** j-n zu den Kosten verurteilen; → dismiss A 8 B V/T *prät u. pperf* **cost** 1 *e-n Preis* kosten: **what does it ~?** was kostet es?; **it ~ me one pound** es kostete mich ein Pfund; → arm[1] *Bes Redew*, earth A 1 2 kosten, bringen um: **it almost ~ him his life** es kostete ihn *od* ihm fast das Leben 3 *etwas Unangenehmes* verursachen, kosten: **it ~ me a lot of trouble** es verursachte mir *od* kostete mich große Mühe 4 *prät u. pperf* **costed** WIRTSCH den Preis *od* die Kosten kalkulieren von (*od gen*): **~ed at** mit e-m Kosten(vor)anschlag von C V/I 1 **it ~ him dear(ly)** *bes fig* es kam ihm *od* ihn teuer zu stehen; **it'll ~ you** *bes Br umg* das wird dich einiges kosten 2 **nowadays everything ~s** heutzutage gibt es nichts mehr umsonst
costa ['kɒstə; *US* 'ka-] *pl* **-tae** [-ti:] S 1 ANAT Costa *f*, Rippe *f* 2 BOT Mittelrippe *f (vom Blatt)* 3 ZOOL Ader *f (des Insektenflügels)*; **costal** [-tl] ADJ 1 ANAT kostal, Rippen... 2 BOT (Blatt)Rippen... 3 ZOOL (Flügel)Ader...
co-star ['kəʊsta:(r)] A S e-r der Hauptdarsteller: **X and Y were ~s** X u. Y spielten die Hauptrollen B V/T: **the film ~red X** X spielte in dem Film e-e der Hauptrollen; **~ring** in e-r weiteren Hauptrolle, in weiteren Hauptrollen C V/I *(mit andern)* zusammen (als Hauptdarsteller) auftreten: **~ with** die Hauptrolle spielen neben *(dat)*
costard ['kʌstəd; *US* 'kastərd] S 1 *e-e englische Apfelsorte* 2 *obs hum* Birne *f (Kopf)*
Costa Rica [,kɒstə'ri:kə; *US* ,ka-; ,kɔ:-] S Costa Rica *n*
Costa Rican [,kɒstə'ri:kən; *US a.* ,kas-; ,kəʊs-] A S Costaricaner(in) B ADJ costaricanisch
costate ['kɒsteɪt; *US* 'ka-] ADJ 1 ANAT mit Rippen (versehen) 2 BOT gerippt 3 ZOOL geädert
cost|-benefit analysis S *irr* WIRTSCH Kosten-Nutzen-Analyse *f*; **~-conscious** ADJ (ADV **~ly**) WIRTSCH kostenbewusst; **~-covering** ADJ WIRTSCH kostendeckend; **~-cutting** ADJ WIRTSCH kostensenkend, -dämpfend; **~-effective** → cost-efficient; **~ effectiveness** S WIRTSCH Kosteneffizienz *f*, Wirtschaftlichkeit *f*, Rentabilität *f*; **~-efficient** ADJ (ADV **~ly**) WIRTSCH kosteneffizient, wirtschaftlich, rentabel
coster(monger) ['kɒstə(,mʌŋə)] S *Br* Straßenhändler(in) für Obst, Gemüse *etc*
costing ['kɒstɪŋ] S WIRTSCH *Br* Kosten(be)rechnung *f*, Kalkulation *f*
costive ['kɒstɪv; *US* 'ka-] ADJ (ADV **~ly**) 1 MED an Verstopfung leidend 2 langsam *(Person)* 3 *obs* geizig, knaus(e)rig; **costiveness** S 1 MED Verstopfung *f* 2 Langsamkeit *f* 3 *obs* Geiz *m*, Knaus(e)rigkeit *f*
costliness ['kɒstlɪnɪs; *US* 'kɔ:st-] S 1 Kostspieligkeit *f* 2 Pracht *f*; **costly** ADJ 1 kostspielig, teuer 2 teuer erkauft *(Sieg etc)* 3 prächtig
costmary ['kɒstmeərɪ; *US a.* 'kast-] S BOT Marien-, Frauenblatt *n*
cost-of-living| allowance, **~ bonus** S WIRTSCH Teuerungszulage *f*; **~ index** S *a. irr* WIRTSCH Lebenshaltungsindex *m*
cost|-plus S WIRTSCH Gestehungskosten *pl* plus Unternehmergewinn; **~-saving** ADJ WIRTSCH kostensparend; **~-share** V/T *bes US* sich in die Kosten *(gen)* teilen
costume ['kɒstju:m; *US* 'ka-; *a.* -,tu:m] A S 1 Kostüm *n*, Kleidung *f*, Tracht *f* 2 (Masken-, Bühnen)Kostüm *n*: **in ~** kostümiert 3 *obs* Kostüm(kleid) *n (für Damen)* 4 Badeanzug *m* B ADJ Kostüm...: **~ ball** Kostümball *m*; **~ designer** THEAT *etc* Kostümbildner(in); **~ jewel(le)ry** Modeschmuck *m*; **~ piece** (*od* **drama**) THEAT Kostümstück *n* C V/T [*US* kas'tu:m; -'tju:m] 1 kostümieren 2 THEAT *etc* die Kostüme für *ein Stück etc* entwerfen; **costumer** [kɒ'stju:mə; *US* 'kas,tu:mər; -,tju:-] → costumier; **costumier** [-mɪə(r); *US a.* -mɪ,eɪ] S 1 Kostümverleiher(in) 2 Kostümier *m*, Theaterschneider(in)
cosurety [,kəʊ'ʃʊərətɪ] S JUR 1 Mitbürge *m*, -bürgin *f* 2 Mitbürgschaft *f*
cosy ['kəʊzɪ] A ADJ (ADV **cosily**) 1 behaglich, gemütlich 2 *oft pej* (für beide Seiten) vorteilhaft 3 **be ~** sich bedeckt halten (**about** über *akk*) B S Wärmer *m*: → egg cosy, tea cosy C V/T 1 **~ up** behaglicher *od* gemütlicher machen 2 **~ along** *j-n* in Sicherheit wiegen D V/I **~ up** *US umg* näher rücken: **~ up to the fire** es sich am Feuer gemütlich machen; **~ up to sb** *fig* sich bei j-m einschmeicheln
cot[1] [kɒt; *US* kat] S 1 Feldbett *n* 2 *Br* Kinderbett(chen) *n* 3 leichte Bettstelle 4 SCHIFF Schwingbett *n*
cot[2] [kɒt; *US* kat] A S 1 *obs od poet* Häuschen *n*, Hütte *f*, Kate *f* 2 Stall *m*, Häuschen *n* 3 *(schützendes)* Gehäuse 4 Überzug *m*, Futteral *n* 5 Fingerling *m* B V/T in den Stall bringen
cot[3] ABK MATH cotangent
cotangent S MATH Kotangens *m (Kehrwert des Tangens)*; **cotangential** [-'dʒenʃl] ADJ MATH kotangential
cot death S MED *Br* plötzlicher Kindstod
cote[1] [kəʊt] → cot[2]
cote[2] [kəʊt] V/T *obs* überholen, -treffen
cotemporaneous [kəʊ,tempə'reɪnjəs; -ɪəs], **cotemporary** [-pərərɪ; *US* -pə,reri:] → contemporaneous, contemporary
cotenancy S JUR Mitpacht *f*; **cotenant** S Mitpächter(in), -mieter(in)
coterie ['kəʊtərɪ] S 1 exklusiver *(literarischer etc)* Zirkel, erlesener Kreis 2 Koterie *f*, Klüngel *m*, Clique *f*
coterminous [,kəʊ'tɜ:mɪnəs; *US* -'tɜr-] → conterminal
cothurn ['kəʊθɜ:n; kəʊ'θɜ:n; *US* -ɜrn] → cothurnus; **cothurnus** [-nəs] *pl* **-ni** [-naɪ] S Kothurn *m*: a *Antike*, THEAT hochsohliger Bühnenschuh b erhabener, pathetischer Stil
cotidal ADJ: **~ lines** SCHIFF Isorrhachien *(Verbindungslinien zwischen Orten mit gleichzeitigem Fluteintritt)*
cotillion, *a.* **cotillon** [kə'tɪljən; *US* kəʊ-] S HIST Kotillon *m (ein Tanz)*
cotta ['kɒtə; *US* 'katə] S REL Chorhemd *n*
cottage ['kɒtɪdʒ; *US* 'ka-] S 1 Cottage *n*, (kleines) Landhaus 2 *US* Ferienhaus *n*, -häuschen *n* 3 *US* Wohngebäude *n*, *(e-s Krankenhauses etc)* Einzelgebäude *n*, *(e-s Hotels)* Dependance *f*; **~ cheese** S Hüttenkäse *m*; **~ hospital** S 1 *Br* kleines Krankenhaus *(bes auf dem Land)* 2 *US aus Einzelgebäuden bestehendes Krankenhaus*; **~ industry** S Heimindustrie *f*; **~ loaf** S *irr Br rundes, zweischichtiges Weißbrot*; **~ piano** S Pianino *n (kleines Klavier)*; **~ pie** S GASTR *Auflauf aus Hackfleisch u. Kartoffelbrei*
cottager ['kɒtɪdʒə(r); *US* 'ka-] S 1 Cottagebewohner(in) 2 *US* Urlauber(in) in e-m Ferienhaus
cottar → cotter[2]
cotter[1] ['kɒtə; *US* 'katər] TECH A S a (Quer-, Schließ)Keil *m* b → cotter pin B V/T versplinten
cotter[2] ['kɒtə; *US* 'katər] S *bes schott* a Kleinbauer *m*, -bäuerin *f* b Pachthäusler(in)
cotter| bolt S TECH a Bolzen *m* mit Splint b Vorsteckkeil *m*; **~ pin** S TECH Splint *m*, Vorsteckstift *m*; **~ slot** S Keilnut *f*
cottier ['kɒtɪə(r); *US* 'ka-] S 1 → cotter[2] 2 Pachthäusler(in) *(in Irland)*
cotton ['kɒtn; *US* 'katn] A S 1 Baumwolle *f*: → absorbent B 2 2 BOT *(e-e)* Baumwollpflanze 3 a Baumwollstoff *m*, -gewebe *n* b *pl* Baumwollwaren *pl*, -kleidung *f* 4 (Baumwoll)Garn *n*, (-)Zwirn *m* 5 BOT Wolle *f (Pflanzensubstanz)* B ADJ baumwollen, aus Baumwolle, Baumwoll... C V/I 1 **~ on (to sth)** *umg* (etwas) kapieren 2 **~ (up) to** *bes US umg* sich mit *j-m, etwas* anfreunden
cotton| belt S Baumwollzone *f (im Süden der USA)*; **~ cake** S Baumwollkuchen *m (Tierfutter)*; **~ candy** S *US* Zuckerwatte *f*; **~-covered** ADJ TECH baumwollumsponnen; **~ gin** S TECH Entkörnungsmaschine *f (für Baumwolle)*; **~ grass** S BOT Wollgras *n*; **~ grower** S Baumwollpflanzer(in)
cottonize ['kɒtnaɪz; *US* 'ka-] V/T TECH *Flachs, Hanf* cottonisieren, kotonisieren
cotton| mill S Baumwollspinnerei *f*; **~ pad** S Wattestäbchen *n*; **~ picker** S Baumwollpflücker(in); **~-picking** ADJ *US umg* verdammt, verflucht; **~ plant** S Baumwollstaude *f*; **~ press** S Baumwollballenpresse *f*

(*Gebäude od Maschine*); **~ print** S bedruckter Kattun; **~seed** S BOT Baumwollsame *m*: **~ cake** → cotton cake; **~ oil** Baumwollsamen-, Cottonöl *n*; **♀ State** S *US* (*Beiname für den Staat*) Alabama *n*; **~tail** S ZOOL (*ein*) amer. Wildkaninchen *n*; **~ waste** S **1** Baumwollabfall *m* **2** TECH Putzwolle *f*; **~wood** S **1** BOT (*e-e*) amer. Pappel, *bes* Dreieckblättrige Pappel **2** Pappelholz *n* (*von* 1); **~ wool** S **1** Rohbaumwolle *f* **2** *Br* (Verband)Watte *f*: **wrap sb in ~** *umg* j-n in Watte packen; **~-wool** ADJ: **~ ball** Wattebausch *m*; **~ cloud** Schäfchenwolke *f*

cottony ['kɒtnı; *US* 'ka-] ADJ **1** baumwollartig **2** weich, wollig, flaumig

cotyledon [ˌkɒtı'li:dən; *US* ˌkatl'i:dn] S **1** BOT Keimblatt *n* **2** BOT Nabelkraut *n* **3** ZOOL Plazentazotte *f*

cotyloid ['kɒtılɔıd; *US* 'katlˌɔıd] ADJ ANAT, ZOOL **1** schalenförmig **2** Hüftpfannen...: **~ cavity** Hüftpfanne *f*

couch[1] [kaʊtʃ] **A** S **1** Couch *f* (*a. des Psychiaters*), Liege(sofa) *f(n)* **2** *poet* Bett *n* **3** Lager (-stätte) *n(f)* **4** JAGD *obs* Lager *n*, Versteck *n* (*von Wild*) **5** TECH Grund(schicht) *m(f)*, Grundierung *f*, erster Anstrich (*von Farbe, Leim etc*) **B** V/T **1** **a** *etwas* (ab)fassen, formulieren: **his refusal was ~ed in rather unfriendly terms** s-e Ablehnung war ziemlich unfreundlich formuliert **b** *Gedanken etc* in Worte fassen *od* kleiden, ausdrücken **2** *die Lanze* senken, einlegen **3** **~ o.s.** sich niederlegen: **be ~ed** liegen **4** besticken (**with, of** mit): → couching **5** TECH *Papier* gautschen **6** MED **a** *den Star* stechen **b** *j-m* den Star stechen **7** *obs* **a** einbetten **b** verbergen **C** V/I **1** ruhen, liegen **2** sich (zur Ruhe) hinlegen **3** *obs* sich ducken, kauern **4** *obs* lauern

couch[2] [ku:tʃ; kaʊtʃ] → couch grass

couchant ['kaʊtʃənt] ADJ *Heraldik*: mit erhobenem Kopf liegend

couchette [ku:'ʃet] S BAHN **a** Liegeplatz *m*, -sitz *m* **b** Liegewagen *m*

couch grass S BOT Gemeine Quecke

couching ['kaʊtʃıŋ] S Plattstickerei *f*

couch potato S *umg* Couchpotato *f* (*j-d, der ständig vor der Glotze sitzt, statt sich aktiv zu betätigen*)

Couéism ['ku:eıızəm; *US bes* ku:'eı-] S MED, PSYCH Couéismus *m* (*Entspannung durch Autosuggestion*)

cougar ['ku:gə(r)] S ZOOL Kuguar *m*, Puma *m*, Berglöwe *m*

cough [kɒf; *US* kɔ:f] **A** S **1** MED Husten *m*: **have a (bad) ~** (e-n schlimmen) Husten haben **2** **a** Husten *n* **b** Huster *m*: **give a (nervous) ~** (nervös) hüsteln, sich (nervös) räuspern **3** AUTO Stottern *n* **4** Bellen *n* **B** V/I **1** husten **2** AUTO stottern, husten (*Motor*) **3** bellen, husten (*Geschütz etc*) **4** **~ up** *sl* **a** beichten, mit der Wahrheit herausrücken **b** blechen (**for** für) **C** V/T **1** *meist* **~ up** aushusten: **~ up blood** Blut husten **2** **~ down** *e-n Redner* niederhusten, durch (absichtliches) Husten zum Schweigen bringen **3** **~ up** *sl* **a** mit *der Wahrheit etc* herausrücken **b** *Geld* herausrücken, ausspucken, lockermachen (*alle*: **for** für); **~ button** S Räuspertaste *f* (*am Mikrofon*); **~ drop** S **1** Hustenbonbon *m/n* **2** *pl* Hustentropfen *pl*

coughing bout ['kɒfıŋ; *US* 'kɔ:-] S Hustenanfall *m*

cough| sweet S Hustenbonbon *m/n*; **~ syrup** S Hustensaft *m*, -sirup *m*

could [kʊd; *unbetont* kəd] V/AUX (*von* can[1]) **1** *prät ich, er, sie, es* konnte, *du* konntest, *wir, Sie, sie* konnten, *ihr* konntet: **he ~ not come** **2** (*konditional, vermutend od fragend*) *ich, er, sie, es* könnte, *du* könntest, *wir, Sie, sie* könnten, *ihr* könntet: **I ~ have killed him** ich hätte ihn umbringen können; **that ~ be right** das könnte stimmen

couldn't ['kʊdnt] *Zusammenziehung von* **could not**

couldst [kʊdst] *obs od poet 2. sg von* could: **thou ~**

coulee ['ku:lı], *a.* **coulée** ['ku:leı] S **1** *US* **a** (Felsen)Schlucht *f* **b** *oft ausgetrockneter Bach* **2** GEOL (erstarrter) Lavastrom

coulisse [ku:'li:s] S **1** TECH **a** Falz *m*, Schnurrinne *f* **b** Kulisse *f*, Gleitbahn *f* **2** THEAT Kulisse *f*

couloir ['ku:lwa:; *US* ku:l'wa:r] S **1** Bergschlucht *f* **2** TECH Baggermaschine *f*

coulomb ['ku:lɒm; *US* -ˌlam; ku:'lam] S ELEK Coulomb *n*, Amperesekunde *f*: **♀'s law** coulombsches Gesetz; **coulombmeter**, **coulometer** [ku:'lɒmıtə(r); *US* -'la-] S ELEK Coulombmeter *n*, Coulometer *n*, Voltameter *n*

coulter *bes Br für* colter

council ['kaʊnsl; -sıl] S **1** Ratsversammlung *f*, -sitzung *f*: **be in ~** zu Rate sitzen; **meet in ~** e-e (Rats)Sitzung abhalten **2** Rat *m*, beratende Versammlung: **be on the ~** im Rat sitzen, Ratsmitglied sein; **~ of physicians** Ärztekollegium *n*; **hold a ~ of war** Kriegsrat halten **3** Rat *m* (*als Körperschaft*): **~ of elders** Ältestenrat; **♀ of Europe** Europarat; **♀ of Ministers** *EU* Ministerrat; **♀ of State** Staatsrat **4** **♀** *Br* Geheimer Kronrat: **the King (Queen, Crown) in ♀** der König (die Königin, die Krone) u. der Kronrat **5** Gemeinderat *m*: **~ elections** Kommunalwahlen **6** Vorstand(skomitee) *m(n)* (*e-r Gesellschaft*) **7** Gewerkschaftsrat *m* **8** REL Konzil *n*, Synode *f*, Kirchenversammlung *f*: → ecumenical **9** BIBEL Hoher Rat (*der Juden*); **~ board** S **1** Sitzungstisch *m* **2** Ratsversammlung *f*; **~ estate** S *Br* gemeindeeigene Wohnsiedlung (*mit niedrigen Mieten*); **~ flat** S *Br* gemeindeeigene Wohnung (*mit niedriger Miete*); **~ house** S *Br* gemeindeeigenes Wohnhaus (*mit niedrigen Mieten*)

councillor(ship) *bes Br für* councilor

councilman [-mən] S *irr bes US* Stadtrat *m*, -verordnete(r) *m*

councilor ['kaʊnsələr; -slər] S *US* Ratsmitglied *n*, -herr *m*, (Stadt)Rat *m*, (-)Rätin *f*; **councilorship** S *US* Ratsherrnwürde *f*

council school S *Br bes* HIST staatliche Schule

counsel ['kaʊnsl; -səl] **A** S **1** Rat(schlag) *m*: **ask ~ of sb** j-n um Rat fragen; **take ~ of sb** von j-m (e-n) Rat annehmen; **~ of perfection** **a** ausgezeichneter, aber unrealistischer Rat (-schlag) **b** *iron* schlauer Rat(-schlag); → pillow A1 **2** (gemeinsame) Beratung, Beratschlagung *f*: **hold** (*od* **take**) **~ with sb** **a** sich mit j-m beraten **b** sich bei j-m Rat holen; **take ~ together** zusammen beratschlagen, sich gemeinsam beraten **3** Ratschluss *m*, Entschluss *m*, Absicht *f*, Plan *m*: **be of ~ with** die gleichen Pläne haben wie **4** persönliche Meinung *od* Absicht (*obs außer in*): **keep one's (own) ~** s-e Meinung *od* Absicht für sich behalten; **divided ~s** geteilte Meinungen **5** *pl* counsel JUR **a** *Br* (Rechts)Anwalt *m*, (-)Anwältin *f* (*bes* **barrister**) **b** *US* Rechtsberater(in), -beistand *m*: **be represented by ~** durch e-n Anwalt vertreten sein; **~ for the plaintiff** *Br* Anwalt des Klägers; **~ for the prosecution** Anklagevertreter(in); **♀ for the Crown** *Br* öffentliche(r) Ankläger(in); **~ for the defence** (*US* **defense**) (*Zivilprozess*) Anwalt *od* Prozessbevollmächtigte(r) *m/f(m)* des Beklagten, (*Strafprozess*) Verteidiger(in); **~'s opinion** Rechtsgutachten *n*; **~'s speech** *Br* Anwaltsplädoyer *n*; **leading ~** → leader 4 a **6** (*als pl konstruiert*) JUR *US koll* juristische Berater *pl* im Prozess **7** Berater(in), Ratgeber(in) **B** V/T *prät u. pperf* -seled, *bes Br* -selled **1** *j-m* raten, *j-m* e-n Rat geben *od* erteilen: **~ sb against sth** j-m von etwas abraten **2** zu etwas raten: **~ sth to sb** j-m etwas raten *od* empfehlen; **~ delay** e-n Aufschub empfehlen **3** **~ and procure** JUR Beihilfe zu *e-r Straftat* leisten **C** V/I **~ against** abraten von

counsel(l)ing service ['kaʊnslıŋ] S Beratungsdienst *m*

counselor ['kaʊnslə(r); -sələ(r)], *bes Br* **counsellor** S **1** Berater(in), Ratgeber(in) **2** Rat *m*, Rätin *f*, Ratsmitglied *n* **3** *a.* **~-at-law** JUR *US* (Rechts)Anwalt *m*, (-)Anwältin *f* **4** Rechtsberater(in) (*e-r diplomatischen Vertretung*): **~ of embassy** Botschaftsrat *m* 1. Klasse **5** (*Studien-, Berufs*) Berater(in)

count[1] [kaʊnt] **A** S **1** Zählen *n*, (Be)Rechnung *f*, (Auf-, Aus-, Ab)Zählung *f*: **at the latest ~** bei der letzten Zählung; **by this ~** nach dieser Zählung *od* Berechnung; **~ of the ballots** Stimmenzählung; **keep ~ of sth** **a** etwas genau zählen **b** *fig* die Übersicht über etwas behalten; **lose ~** **a** sich verzählen **b** *fig* die Übersicht verlieren (**of** über *akk*): **he has lost ~ of his books** er kann s-e Bücher schon nicht mehr zählen; **make** (*od* **do**) **a ~ (of sth)** (etwas) (nach)zählen; **take ~ of sth** etwas zählen **2** *Boxen*: **a** Auszählen *n* **b** Anzählen *n*: **take the ~, be out for the ~** ausgezählt werden; **take a ~ of eight** bis acht am Boden bleiben *od* angezählt werden; **take** (*od* **be given**) **a standing ~** stehend angezählt werden; **beat the ~** rechtzeitig hochkommen; **he got up on the ~ of five** er stand bei fünf auf **3** An-, Endzahl *f*, Ergebnis *n* **4** JUR (An)Klagepunkt *m*: **the accused was found guilty on all ~s** der Angeklagte wurde in allen Anklagepunkten für schuldig befunden; **on this ~** *fig* in dieser Hinsicht, in diesem Punkt **5** Berücksichtigung *f*: **leave out of ~** unberücksichtigt *od* außer Acht lassen; **take no ~ of sth** etwas nicht berücksichtigen *od* zahlen **6** SPORT *etc* Punktzahl *f*, (erzielte) Punkte *pl* **7** TECH Zähleranzeige *f*, -stand *m* **8** TECH (Feinheits)Nummer *f* (*von Garn*) **9** → count-out **B** V/T **1** (ab-, auf-, aus-, zusammen)zählen: **~ again** nachzählen; **~ one's change** sein Wechselgeld nachzählen; **you can ~ them on your fingers (on the fingers of one hand)** man kann sie an den Fingern (an den Fingern einer Hand) abzählen; → penny 1, sheep 1 **2** aus-, berechnen: **~ the cost** **a** die Kosten berechnen **b** *fig* die Folgen bedenken **c** *fig* die Risiken erwägen **3** *US* zählen bis: **~ ten** **4** (mit)zählen, mit einrechnen, einschließen, berücksichtigen: **without** (*od* **not**) **~ing** ohne ... mitzurechnen, abgesehen von; **(not) ~ing the persons present** die Anwesenden (nicht) mitgerechnet **5** halten für, betrachten als, zählen (**among** zu): **~ sb one's enemy** j-n für s-n Feind halten; **~ sb among one's best friends** j-n zu s-n besten Freunden zählen *od* rechnen; **~ o.s. lucky** (*od* **fortunate**) sich glücklich schätzen; **you may ~ yourself lucky that ...** du kannst von Glück reden, dass ...; **~ sth for** (*od* **as**) **lost** etwas als verloren betrachten *od* abschreiben; **~ of no importance** für unwichtig halten; **~ it a great hono(u)r** es als große Ehre betrachten **C** V/I **1** zählen: **~ again** nachzählen; **~ (up) to ten** bis 10 zählen; **he ~s among my friends** *fig* er zählt zu m-n Freunden **2** rechnen: **~ing from today** von heute an (gerechnet) **3** (**on, upon**) zählen, sich verlassen (auf *akk*), sicher rechnen (mit), bauen auf (*akk*): **I ~ on your being in time** ich verlasse mich darauf, dass Sie pünktlich sind **4** zählen: **a** von Wert *od* Gewicht sein, ins Gewicht fallen **b** gelten: **every minute ~s** jede Minute zählt, es kommt auf jede Minute an; **this does not ~** das zählt *od* gilt nicht, das ist ohne Belang, das fällt nicht ins Gewicht; **he simply doesn't ~** er zählt überhaupt nicht; **~ for much** viel gelten *od* wert sein, große Bedeutung haben; **~ against** sprechen gegen; sich nachteilig auswirken auf *(akk)* 5 zählen, sich belaufen auf *(akk)*: **they ~ed ten** sie waren zehn an der Zahl

Phrasal Verbs: **count| down** V/T 1 *Geld* hinzählen 2 *(a.* V/I*)* den Countdown durchführen (für *e-e Rakete etc)*, *a. weitS.* letzte (Start)Vorbereitungen treffen (für); **~ in** V/T → count¹ B 4: **count me in!** ich bin dabei!, da mache ich mit!; **~ off** V/I MIL *bes US* abzählen; **~ out** V/T 1 *Münzen etc* (langsam) abzählen 2 ausschließen, außer Acht *od* unberücksichtigt lassen: **count me out!** ohne mich!, da mache ich nicht mit! 3 PARL *Br* a *e-e Gesetzesvorlage* durch Vertagung zu Fall bringen b **count the House out** e-e Sitzung des Unterhauses wegen Beschlussunfähigkeit vertagen 4 POL *US sl j-n* durch Manipulation bei der Stimmenzählung um s-n Wahlsieg betrügen 5 *j-n (beim Boxen od Kinderspiel)* auszählen: **be counted out on one's feet** stehend ausgezählt werden; **~ over** V/T nachzählen; **~ up** V/T zusammenzählen

count² [kaʊnt] S Graf *m (nicht brit. außer in)*: → count palatine

countable ['kaʊntəbl] ADJ (ADV countably) (ab)zählbar, berechenbar, LING zählbar *(Substantiv)*

countdown S Countdown *m/n (beim Abschuss e-r Rakete etc)*, *a. weitS.* letzte (Start)Vorbereitungen *pl*: **in the ~ to** im unmittelbaren Vorfeld von *(od gen)*

countenance ['kaʊntənəns; *US a.* -ntnəns] A S 1 Gesichtsausdruck *m*, Miene *f*: **change one's ~** s-n Gesichtsausdruck verändern; **keep one's ~** e-e ernste Miene *od* die Fassung bewahren 2 Fassung *f*, Haltung *f*, Gemütsruhe *f*: **in ~** gefasst; **put sb out of ~** j-n aus der Fassung bringen; **stare sb out of ~** j-n so lange anstarren, bis er die Fassung verliert; **out of ~** fassungslos 3 *obs* Gesicht *n*, Antlitz *n* 4 Ermunterung *f*, (moralische) Unterstützung: **give** (*od* **lend**) **~ to sb** j-n ermutigen, j-n unterstützen 5 Bekräftigung *f*: **lend ~ to sth** e-r Sache Glaubwürdigkeit verleihen, etwas bekräftigen 6 *obs* Benehmen *n* B V/T 1 *j-n* ermutigen, ermuntern, *a. etwas* unterstützen 2 *etwas* gutheißen

counter¹ ['kaʊntə(r)] A S 1 Ladentisch *m*: **sell over the ~** a *Feuerwerkskörper etc* frei verkaufen b *Medikamente* rezeptfrei verkaufen c *Börse: US* im freien Verkehr *od* freihändig verkaufen; **under the ~** a unter dem Ladentisch, im Schleichhandel b unter der Hand, heimlich 2 Theke *f (im Wirtshaus etc)* 3 Schalter *m (in der Bank, Post)*: **~ clerk** Schalterangestellte(r) *m/f(m)*, -beamte(r) *m*, -beamtin *f* 4 WIRTSCH Schranke *f (an der Börse)* 5 HIST *od obs* (Schuld)Gefängnis *n* B ADJ rezeptfrei *(Medikament)*

counter² ['kaʊntə(r)] S 1 Zähler(in) 2 TECH Zähler *m*, Zählgerät *n*, -vorrichtung *f*, -werk *n* 3 → scaler 2 4 Spielmarke *f*, Jeton *m* 5 Zählperle *f*, -kugel *f (e-r Kinderrechenmaschine)*

counter³ ['kaʊntə(r)] A ADV 1 in entgegengesetzter Richtung, verkehrt 2 *fig* im Widerspruch, im Gegensatz *(beide:* **to** zu*)*: **~ to** wider *(akk)*, zuwider *(dat)*, entgegen *(dat)*; **run** (*od* **go**) **~ to sth** e-r Sache zuwiderlaufen; **run** (*od* **go**) **~ to a plan** e-n Plan durchkreuzen B ADJ Gegen…, entgegengesetzt C S 1 Gegenteil *n* 2 *Boxen:* a Kontern *n* b Konter *m* 3 *Fechten:* Konterparade *f* 4 *Eis-, Rollkunstlauf:* Gegenwende *f* 5 SCHIFF Gilling *f*, Gillung *f* 6 TYPO Bunze *f* 7 VET, ZOOL Brustgrube *f (des Pferdes)* 8 → countershaft 9 → countertenor 10 → counterbalance A 1 D V/T 1 entgegenwirken *(dat)*, *e-n Plan* durchkreuzen 2 zuwiderhandeln *(dat)* 3 entgegentreten *(dat)*, widersprechen *(dat)*, entgegnen *(dat)*, bekämpfen 4 MIL abwehren 5 *bes* SPORT *e-n Schlag, Zug etc* mit e-m Gegenschlag *od* -zug beantworten, kontern *(a. fig:* **that** dass*)* 6 → counterbalance B 1 E V/I *bes* SPORT kontern (**with** mit) *(a. fig)*

counter⁴ ['kaʊntə(r)] *obs für* encounter

counter- [kaʊntə(r)] *Wortelement mit der Bedeutung* a Gegen…, (ent)gegen… b gegenseitig c Vergeltungs…

counteract V/T 1 entgegenwirken *(dat)*: **~ing forces** Gegenkräfte 2 *e-e Wirkung* kompensieren, neutralisieren 3 entgegenarbeiten *(dat)*, Widerstand leisten *(dat)*, bekämpfen 4 durchkreuzen, vereiteln; **counteraction** S 1 Gegenwirkung *f* 2 Opposition *f*, Widerstand *m* 3 Gegenmaßnahme *f* 4 Durchkreuzung *f*, Vereit(e)lung *f*; **counteractive** ADJ (ADV ~ly) entgegenwirkend, Gegen…

counterargument S Gegenargument *n*

counterattack A S ['kaʊntərə,tæk] Gegenangriff *m (a. fig)*, SPORT *a.* Konter *m* B V/T *[a.* ,-'tæk*]* e-n Gegenangriff richten gegen C V/I e-n Gegenangriff durchführen, SPORT e-n Konter fahren, kontern

counterattraction S 1 PHYS entgegengesetzte Anziehungskraft 2 *fig* Gegenattraktion *f* (**to** zu)

counterbalance A S ['kaʊntə(r),bæləns] 1 *fig* Gegengewicht *n* (**to** zu): **act as a ~ to** → B 1 2 TECH Ausgleich-, Gegengewicht *n* 3 WIRTSCH Gegensaldo *m* B V/T [,-'bæləns] 1 *fig* ein Gegengewicht bilden zu, ausgleichen, aufwiegen, *(dat)* die Waage halten 2 TECH ausgleichen, *Räder etc* auswuchten 3 WIRTSCH (durch Gegenrechnung) ausgleichen

counterblast S *fig* heftige Reaktion (**to** auf *akk*)

counterblow S Gegenschlag *m (a. fig)*

counterbore TECH A S ['kaʊntə(r)bɔː(r)] a (Kopf-, Hals)Senker *m* b Zapfenfräser *m* B V/T *[a.* ,-'bɔː(r)*]* 1 ansenken, ausfräsen 2 versenken

countercharge A S ['kaʊntə(r)tʃɑː(r)dʒ] 1 JUR Wider-, Gegenklage *f* 2 MIL Gegenstoß *m*, -angriff *m* B V/T *[US a.* ,-'tʃɑːrdʒ*]* 1 JUR (e-e) Widerklage erheben gegen (**with** wegen) 2 MIL e-n Gegenstoß führen gegen

countercheck A S ['kaʊntə(r)tʃek] 1 Gegenwirkung *f* 2 *fig* Hindernis *n*: **be a ~ to sth** e-r Sache im Wege stehen 3 Gegen-, Nachprüfung *f* B V/T *[US a.* ,-'tʃek*]* 1 aufhalten, verhindern 2 *e-r hemmenden Kraft* entgegenwirken 3 gegen-, nachprüfen

counter check S WIRTSCH *US* Blankobank-, Kassenscheck *m*

counterclaim A S ['kaʊntə(r)kleɪm] 1 WIRTSCH, JUR Gegenanspruch *m* 2 → countercharge A 1 B V/T *[US a.* ,-'kleɪm*]* *e-e Summe* als Gegenforderung beanspruchen C V/I 1 Gegenforderungen stellen 2 JUR (e-e) Widerklage erheben

counterclockwise *US* → anticlockwise

countercriticism S Gegenkritik *f*

counterculture S Gegenkultur *f*

countercurrent S *bes* ELEK Gegenstrom *m*

countercyclical ADJ (ADV ~ly) WIRTSCH konjunkturdämpfend

counterdemonstrate V/I 1 an e-r Gegendemonstration teilnehmen, sich an e-r Gegendemonstration beteiligen 2 e-e Gegendemonstration veranstalten; **counterdemonstration** S Gegendemonstration *f*; **counterdemonstrator** S Gegendemonstrant(in)

countereffect S Gegenwirkung *f*

counterelectromotive force S PHYS gegenelektromotorische Kraft, Gegen-EMK *f*

counterespionage S Gegenspionage *f*, Spionageabwehr *f*

counterevidence S JUR Gegenbeweis *m*

counterexample S Gegenbeispiel *n*

counterfeit ['kaʊntə(r)fɪt; *Br a.* -fiːt] A ADJ 1 nachgemacht, gefälscht, unecht, falsch: **~ money** Falschgeld *n* 2 *fig* vorgetäuscht, falsch B S 1 Fälschung *f* 2 *obs* Nachbildung *f* 3 *obs* Betrüger(in) C V/T 1 *Geld, Unterschrift etc* fälschen 2 heucheln, vorgeben, vortäuschen, simulieren D V/I fälschen, Fälschungen *(bes* Falschgeld*)* herstellen; **counterfeiter** S 1 (Banknoten)Fälscher(in), Falschmünzer(in) 2 Heuchler(in); **counterfeiting** S 1 Banknotenfälschung *f*, Falschmünzerei *f* 2 Heuchelei *f*

counterflow engine S TECH Gegenstrommaschine *f*, -stromotor *m*

counterfoil S *bes Br* 1 (Kontroll-)Abschnitt *m*, (-)Zettel *m*, Kupon *m (an Scheckheften etc)* 2 a Kupon *m*, Zins- *od* Dividendenschein *m (bei Aktien etc)* b Talon *m (Erneuerungsschein)*

counterfort S ARCH Strebe-, Verstärkungspfeiler *m*

counterfugue S MUS Gegenfuge *f*

counterglow S ASTRON Gegenschein *m*

countergovernment S POL Gegenregierung *f*

counterinsurance S Gegen-, Rückversicherung *f*

counterintelligence S Spionageabwehr (-dienst) *f(m)*

counterirritant MED A S 1 Gegenreizmittel *n* 2 Gegenmittel *n (gegen Reizgifte)* B ADJ e-n Gegenreiz hervorrufend

counterjumper S *umg pej obs* Ladenschwengel *m (Verkäufer)*

countermand [,kaʊntə(r)'mɑːnd; *US* '--,mænd] A V/T 1 *e-n Befehl etc* widerrufen, rückgängig machen, umstoßen, WIRTSCH *e-n Auftrag* zurückziehen, stornieren: **payment ~ed** Zahlung gesperrt *(bei Schecks; Anweisung an die Bank)*; **until ~ed** bis auf Widerruf 2 *e-e Ware* abbestellen B S 1 Gegenbefehl *m* 2 Widerrufung *f*, Aufhebung *f (e-r Anordnung)*, Stornierung *f (e-s Auftrags)*

countermarch A S 1 *bes* MIL Rückmarsch *m* 2 *fig* völlige Umkehr, Kehrtwendung *f* B V/I & V/T *bes* MIL zurückmarschieren (lassen)

countermark A S Gegen-, Kontrollzeichen *n (für die Echtheit etc)* B V/T mit e-m Gegen- *od* Kontrollzeichen versehen

countermeasure S Gegenmaßnahme *f* (**against** gegen)

countermine A S 1 MIL Gegenmine *f* 2 *fig* Gegenanschlag *m* B V/T 1 MIL konterminieren 2 *fig* durch e-n Gegenschlag vereiteln

countermotion S 1 Gegenbewegung *f* 2 PARL Gegenantrag *m*

countermove S *bes fig* Gegenzug *m*

countermovement S *bes fig* Gegenbewegung *f*

counternut S TECH Kontermutter *f*

counteroffensive S MIL Gegenoffensive *f*

counteroffer S Gegenangebot *n*

counterorder S 1 *bes* MIL Gegenbefehl *m* 2 WIRTSCH a Gegenauftrag *m* b (Auftrags)Stornierung *f* c Abbestellung *f*

counterpane S Tagesdecke *f*

counterpart S 1 Gegen-, Seitenstück *n (beide:* **of, to** zu*)* 2 Pendant *n*, genaue Entsprechung 3 Ebenbild *n (Person)* 4 JUR Kopie *f*, Duplikat *n*, zweite Ausfertigung 5 MUS Gegenstimme *f*, -part *m* 6 WIRTSCH Gegenwert *m*

counterplea S JUR *US* Gegeneinwand *m*

C

counterplot **A** S Gegenanschlag *m* **B** V/T entgegenarbeiten (*dat*) **C** V/I e-n Gegenanschlag planen *od* ausführen
counterpoint **A** S Kontrapunkt *m* **B** ADJ kontrapunktisch **C** V/T **1** kontrapunktieren **2** *etwas* dagegenstellen
counterpoise **A** S **1** Gegengewicht *n* (**to** zu) (*a. fig*) **2** Gleichgewicht(szustand) *n(m)*: **be in ~** im Gleichgewicht sein **3** *Reiten*: fester Sitz im Sattel **4** ELEK künstliche Erde, Gegengewicht *n* **B** V/T **1** als Gegengewicht wirken zu, ausgleichen (*beide a. fig*) **2** *fig* im Gleichgewicht halten, aufwiegen, kompensieren **3** ins Gleichgewicht bringen
counterproductive ADJ (ADV **~ly**) kontraproduktiv: **be ~** *a.* das Gegenteil bewirken; **be ~ to** *e-r Sache* entgegenwirken
counterproof S **1** TECH Gegenprobe *f* **2** TYPO Konterabdruck *m*
counterpropaganda S Gegenpropaganda *f*
counterproposal S Gegenvorschlag *m*
counterpunch S **1** TYPO, TECH Gegenpunzen *m* **2** *Boxen*: Konter *m*; **counterpuncher** S Konterboxer(in)
counterreaction S Gegenreaktion *f* (**to** auf *akk*)
counterrecoil S MIL, TECH (Rohr)Vorlauf *m*: **~ cylinder** Vorholzylinder *m*
counterreconnaissance S MIL Gegenaufklärung *f*
Counter-Reformation S REL, HIST Gegenreformation *f*
counterrevolution S POL Gegen-, Konterrevolution *f*
counterriposte S *Fechten*: Contra-, Gegenriposte *f*
countersecurity S WIRTSCH **1** Rückbürgschaft *f* **2** Rückbürge *m*, -bürgin *f*
countershaft S TECH Vorgelegewelle *f*; **~ gear** S TECH Vorgelege(getriebe) *n*
countersign **A** S **1** *bes* MIL Parole *f*, Losungswort *n* **2** Gegenzeichen *n* **3** → countersignature **B** V/T gegenzeichnen
countersignature S Gegenunterschrift *f*
countersink TECH **A** S **1** Spitzsenker *m*, Versenkbohrer *m*, Krauskopf *m* **2** An-, Versenkung *f* (*für Schraubenköpfe etc*) **3** Senkschraube *f* **B** V/T *irr* **1** *ein Loch* ansenken, (aus)fräsen **2** *den Schraubenkopf* versenken
counterstatement S Gegenerklärung *f*
counterstrike S *fig* Gegenschlag *m*
counterstroke S Gegenschlag *m*
countersue V/I & V/T JUR Gegenklage erheben (gegen), gegenklagen (gegen)
countersunk ADJ TECH **1** versenkt, Senk…: **~ screw** **2** angesenkt (*Loch*)
countertenor S MUS, HIST Contra-, Kontratenor *m*
countervail [ˈkaʊntə(r)veɪl; ˌ-ˈveɪl] **A** V/T **1** aufwiegen, ausgleichen **2** entgegenwirken (*dat*) **B** V/I (**against**) das Gleichgewicht herstellen (zu), stark genug sein, ausreichen (gegen): **~ing duty** WIRTSCH Ausgleichszoll *m*; **~ing powers** ausgleichende Gegenkräfte
counterviolence S Gegengewalt *f*
countervoltage S ELEK Gegenspannung *f*
counterweigh → counterbalance B 1; **counterweight** S Gegengewicht *n* (**to** zu) (*a. fig*)
counterword S verblasstes Allerweltswort
counterwork **A** S **1** Gegenanstrengung *f* **2** MIL Gegenbefestigung *f* **B** V/T **1** entgegenarbeiten, -wirken (*dat*) **2** vereiteln **C** V/I Gegenanstrengungen machen, dagegenarbeiten
countess [ˈkaʊntɪs] S **1** *Br* Gräfin *f* (*aus eigenem Recht od als Gemahlin e-s Earls*) **2** **a** (*nicht brit.*) Gräfin *f* **b** Komtess *f*, Komtesse *f* (*unverheiratete Tochter e-s nichtbrit. Grafen*)
counting [ˈkaʊntɪŋ] **A** S **1** Zählen *n*, Rechnen *n* **2** (Ab)Zählung *f* **B** ADJ Zähl…, Rechen…; **~ circuit** S ELEK (Impuls)Zählschaltung *f*, Zählkreis *m*; **~ glass** S TECH Zählglas *n*, -lupe *f*; **~house** S *bes Br obs* Kontor *n*, Büro *n*, Buchhaltung(sabteilung) *f*; **~ tube** S TECH Zählrohr *n*
countless [ˈkaʊntlɪs] ADJ (ADV **~ly**) zahllos, unzählig
count| noun S LING zählbares Substantiv; **~-out** S PARL *Br* Vertagung *f* e-r Unterhaussitzung wegen Beschlussunfähigkeit; **~ palatine** S *Br* HIST Pfalzgraf *m*
countrified [ˈkʌntrɪfaɪd] ADJ **1** ländlich, bäuerlich **2** *pej* verbauert, bäurisch
country [ˈkʌntrɪ] **A** S **1** Gegend *f*, Landstrich *m*, Landschaft *f*, Gebiet *n*: **flat ~** Flachland *n*; **wooded ~** waldige Gegend; **unknown ~** unbekanntes Gebiet (*a. fig*); **this is unknown ~ to me** in dieser Gegend bin ich noch nie gewesen; **that's quite new ~ to me** *fig* das ist ein ganz neues Gebiet *od* völliges Neuland für mich **2** Land *n*, Staat *m*: **from all over the ~** aus dem ganzen Land; **in this ~** hierzulande; **~ of birth** Geburtsland; **~ of origin** WIRTSCH Ursprungsland; → destination 1 **3** Heimat(land) *f(n)*, Vaterland *n*: **~ of adoption** Wahlheimat **4** Bevölkerung *f* (*e-s Staates*), (*die*) Öffentlichkeit, Volk *n*, Nation *f*: **trial by the ~** JUR *US* Geschworenenverhandlung *f*; → appeal B 2, C 5, go[1] C 1 **5** (*das*) Land (*Ggs Stadt*): **in the ~** auf dem Lande; **to the ~** aufs Land **6** Gelände *n*, Terrain *n*: **hilly ~** Hügelland *n* **7** *Bergbau*: **a** Feld *n*, Revier *n* **b** Nebengestein *n*, Gebirge *n* **B** ADJ **1** ländlich, vom Lande, Land… **2** *pej* bäurisch, ungehobelt **3** MUS Country…
country| air S Landluft *f*; **~-bred** ADJ auf dem Land erzogen *od* aufgewachsen; **~ bumpkin** S Bauerntölpel *m*, Bauer *m* (*beide pej*); **~ club** S Sport- u. Gesellschaftsklub *m* auf dem Land (*für Städter*); **~ cousin** S Landei *n*, (*Frau a.*) Landpomeranze *f* (*beide pej*); **~ doctor** S Landarzt *m*, -ärztin *f*
countryfied → countrified
country|folk S (*als pl konstruiert*) Landbevölkerung *f*, Leute *pl* vom Land; **~ gentleman** S *irr* Gutsbesitzer *m*; **~ house** S **1** Landhaus *n* **2** Landsitz *m*; **~ life** S Landleben *n*; **~man** [-mən] S *irr* **1** Landsmann *m* **2** **a** Landbewohner *m* **b** Bauer *m*; **~ mile** S *US*: **a ~** weit; **miss sth by a ~** etwas weit verfehlen; **~ music** S Countrymusic *f* (*Volksmusik [der Südstaaten in den USA]*); **~ people** → countryfolk; **~ road** S Landstraße *f*; **~ rock** S **1** → country A 7 b **2** MUS Countryrock *m* (*mit Rockelementen durchsetzte Countrymusic*); **~ seat** S Landsitz *m*; **~side** S **1** Landstrich *m*, (ländliche) Gegend **2** Landschaft *f* **3** Bevölkerung *f* e-s Landstrichs; **~ store** S *US* Gemischtwarenhandlung *f* (*bes auf dem Land*); **~-wide** ADJ & ADV landesweit, im ganzen Land; **~woman** S *irr* **1** Landsmännin *f* **2** **a** Landbewohnerin *f* **b** Bäuerin *f*
countship [ˈkaʊntʃɪp] S Grafenwürde *f*
county[1] [ˈkaʊntɪ] **A** S **1** *Br* County *f*: **a** Grafschaft *f* (*Verwaltungsbezirk*) **b** (*die*) (Bewohner *pl* e-r) Grafschaft **2** *Br obs* (*die*) Aristokratie e-r Grafschaft **3** *US* County *f*: **a** (Land)Kreis *m* (*einzelstaatlicher Verwaltungsbezirk*) **b** Kreis(-bevölkerung) *m(f)* **B** ADJ *Br umg bes pej* vornehm
county[2] [ˈkaʊntɪ] S *obs* Graf *m*
county| borough S *Br* HIST Grafschaftsstadt *f* (*Stadt mit über 50 000 Einwohnern, die e-e eigene Grafschaft bildet*); **~ council** S *Br* Grafschaftsrat *m* (*Verwaltungsbehörde*); **~ court** S JUR **1** *Br* Grafschaftsgericht *n* (*erstinstanzliches Zivilgericht*) **2** *US* Kreisgericht *n* (*für Zivil- u. Strafsachen geringerer Bedeutung*); **~ palatine** S *Br* HIST Pfalzgrafschaft *f*; **~ seat** S *US* Kreis(haupt)stadt *f*; **~ town** S *Br* Grafschaftshauptstadt *f*
coup [kuː] S **1** Coup *m* (*erfolgreiches Unternehmen*): **make** (*od* **score**, *umg* **pull off**) **a ~** e-n Coup landen **2** *a.* **~ d'état** Coup *m* d'État, Staatsstreich *m* **3** Bravourstück *n* **4** *Billard*: direktes Einlochen des Balles **5** einmalige Umdrehung des Roulettrades; **~ de grâce** [ˌkuːdəˈgrɑːs] *pl* coups de grâce [ˌkuːz-] S Gnaden-, Todesstoß *m* (*beide a. fig*): **give the ~ to** den Gnaden- *od* Todesstoß versetzen (*dat*); **~ de main** [ˌkuːdəˈmɑ̃ːŋ; *US* -ˈmæŋ] *pl* coups de main [ˌkuːz-] S *bes* MIL Coup *m* de Main, Handstreich *m*; **~ de maître** [ˌkuːdəˈmeɪtə(r)] *pl* coups de maître [ˌkuːz-] S Meisterstück *n*; **~ d'état** [ˌkuːdeɪˈtɑː; -dəˈtɑː] *pl* coups d'état [ˌkuːz-] → coup 2; **~ de théâtre** [ˌkuːdəteɪˈɑːtr] *pl* coups de théâtre [ˌkuːz-] S THEAT *u. fig* überraschende Wendung
coupé [ˈkuːpeɪ; *US* kuːˈpeɪ] S **1** Coupe *n*: **a** [*US a.* kuːp] AUTO *zweitürige u. meist zweisitzige Limousine* **b** *geschlossene vierrädrige Kutsche* **c** BAHN *Br* Halbabteil *n* **2** *Fechten*: Abhebestoß *m*
couple [ˈkʌpl] **A** S **1** Paar *n*: **a ~ of** **a** zwei **b** *umg* ein paar; **in ~s** paarweise; **a ~ of times** *umg* ein paar Mal **2** (*bes Ehe-, Braut-, Liebes*) Paar *n*, Pärchen *n* **3** Verbindungs-, Bindeglied *n* **4** Koppel *n*, Riemen *m*: **go** (*od* **run**) **in ~s** *fig* aneinander gebunden sein; **hunt** (*od* **go**) **in ~s** *fig* stets gemeinsam handeln **5** (*pl koll oft* **couple**) Paar *n*, *bes* Koppel *f* (*Jagdhunde*) **6** PHYS, TECH (*Kräfte*) Paar *n*: **~ of forces** **7** ELEK Elektrodenpaar *n* **8** ARCH Dachbund *m*: **main ~** Hauptgebinde *n* **B** V/T **1** (zusammen)koppeln, verbinden: **~ on** ankoppeln **2** ZOOL paaren **3** *umg zwei Menschen* verheiraten **4** TECH (an-, ver)kuppeln: **~ in** einkuppeln **5** ELEK *Kreise* koppeln: **~ back** rückkoppeln; **~ out** auskoppeln **6** MUS *Oktaven etc* koppeln **7** *fig* verbinden, in Verbindung bringen (*beide*: **with** mit) **C** V/I **1** ZOOL sich paaren **2** *umg* heiraten
coupled [ˈkʌpld] ADJ **1** *a. fig* gepaart, verbunden (*beide*: **with** mit) **2** TECH gekuppelt **3** ELEK verkoppelt (*Kreis*); **~ column** S ARCH gekoppelte Säule
coupler [ˈkʌplə(r)] S **1** *j-d, der od etwas, was (zu e-m Paar) verbindet* **2** MUS Koppel *f* (*der Orgel*) **3** TECH Kupplung *f* **4** ELEK **a** Koppel (-glied) *f(n)*, Kopplungsspule *f* **b** (Leitungs)Muffe *f*; **~ plug** S ELEK Kupplungs-, Gerätestecker *m*; **~ socket** S ELEK Gerätesteckdose *f*
couples therapy S PSYCH Paartherapie *f*
couplet [ˈkʌplɪt] S Vers-, *bes* Reimpaar *n*
coupling [ˈkʌplɪŋ] S **1** Verbindung *f*, -einigung *f* **2** ZOOL Paarung *f* **3** TECH **a** Verbindungs-, Kupplungsstück *n*, Rohrmuffe *f* **b** Kupplung *f*: **direct ~** kraftschlüssige Kupplung **4** ELEK **a** Kopplung *f* (*von Kreisen*) **b** *a.* **~ attenuation** Kopplungsdämpfung *f* **5** ZOOL Mittelhand *f* (*des Pferdes*); **~ box** S TECH Kupplungsmuffe *f*; **~ coil** S ELEK Kopplungsspule *f*; **~ disk** S TECH Kupplungsscheibe *f*; **~ gear** S TECH Einrückvorrichtung *f*; **~ grab** S TECH Klauenkette *f*; **~ nut** S TECH Spannmutter *f*; **~ pin** S TECH Kupplungsbolzen *m*, Mitnehmerstift *m*; **~ rod** S TECH Kupplungsstange *f*
coupon [ˈkuːpɒn; *US* -ˌpɑn] S **1** WIRTSCH **a** Coupon *m*, Kupon *m*, Zinsschein *m* **b** → dividend coupon: **~ bond** *US* Inhaberschuldverschreibung *f* mit Zinsschein; **~ sheet** Coupon-

bogen *m* 2 a Gutschein *m*, Bon *m* b Berechtigungs-, Bezugsschein *m* 3 Kupon *m*, Gutschein *m*, Bestellzettel *m* (*in Zeitungsinseraten etc*) 4 *Br* Abschnitt *m* (*der Lebensmittelkarte etc*): **~ goods** markenpflichtige Waren 5 Kontrollabschnitt *m* 6 *Br* Tippzettel *m* (*Fußballtoto*)

courage ['kʌrɪdʒ; *US* 'kɜr-] S Mut *m*, Beherztheit *f*, Kühnheit *f*, Tapferkeit *f*: **have the ~ of one's (own) convictions** für s-e Überzeugung einstehen, Zivilcourage haben; **lose ~** den Mut verlieren; **muster up** (*od* **pluck up, take**) **~** Mut *od* sich ein Herz fassen; **screw up** (*od* **summon up**) **all one's ~, take one's ~ in both hands** s-n ganzen Mut zusammennehmen, sein Herz in beide Hände nehmen; **take ~ from sth** durch etwas ermutigt werden; **courageous** [kə'reɪdʒəs] ADJ (ADV **~ly**) mutig, beherzt, tapfer

courgette [ˌkʊə'ʒet] S BOT *Br* Zucchini *f*

courier ['kʊrɪə; 'kʌ-; *US* 'kʊrɪər; 'kɜr-] S 1 Eilbote *m*, (*a. diplomatischer*) Kurier: **send sth by ~** etwas durch *od* mit Kurier schicken 2 *bes Br* Reiseleiter(in) 3 *US* Kurierflugzeug *n*

courlan ['kʊə(r)lən] S ORN Riesenralle *f*

course [kɔː(r)s] A S 1 a Fahrt *f*, Reise *f* b Lauf *m*, Weg *m*, (eingeschlagene) Richtung: **take one's ~** s-n Weg verfolgen *od* gehen (*a. fig*); **keep to one's ~** beharrlich s-n Weg verfolgen (*a. fig*) 2 FLUG, SCHIFF Kurs *m*: **direct (magnetic, true) ~** gerader (missweisender, rechtweisender) Kurs; **~ made good** FLUG richtiger Kurs; **on (off) ~** (nicht) auf Kurs; **be on ~ for** zusteuern auf (*akk*) (*a. fig*); **be on ~ to do sth** *fig* auf dem besten Weg sein, etwas zu tun; **change one's ~** s-n Kurs ändern (*a. fig*); **stand upon the ~** den Kurs halten; **steer a ~** e-n Kurs steuern (*a. fig*); **~ computer** FLUG Kursrechner *m*; **~ correction** Kurskorrektur *f*; **~ recorder** Kursschreiber *m*; **~-setting device** Kursgeber *m* 3 *fig* Kurs *m*, Weg *m*, Methode *f*, Verfahren *n*: **adopt a new ~** e-n neuen Kurs *od* Weg einschlagen; **take one's own ~** s-n eigenen Weg gehen; → action 1 4 Verhaltens-, Lebensweise *f*: **(evil) ~s** üble Gewohnheiten 5 (zurückgelegter) Weg, Strecke *f* 6 a (*Fluss*) Lauf *m*: **the ~ of the river** b SPORT (*Renn*) Bahn *f*, (-)Strecke *f*, (*Golf*) Platz *m*, (*Pferdesport*) Parcours *m*: **~ inspection** (*Skisport*) Kurs-, Streckenbesichtigung *f*; Parcoursbesichtigung *f*; **~ record** Bahnrekord *m*; Platzrekord *m*; **~ setter** (*Skisport*) Kurssetzer(in); Parcoursbauer(in); → stay[1] B 4 7 (Ver)Lauf *m* (*zeitlich*): **in the ~ of** im (Ver)Lauf (*gen*), während (*gen*); **in (the) ~ of time** im Laufe der Zeit 8 Lebenslauf *m*, -bahn *f*, Karriere *f* 9 (natürlicher) Lauf, Ab-, Verlauf *m*, (Fort)Gang *m*: **~** *umg*, **of ~** natürlich, selbstverständlich; *he's very generous*, **but of ~ he's got lots of money** aber er hat natürlich auch jede Menge Geld; **the ~ of events** der Gang der Ereignisse, der Lauf der Dinge; **in the ordinary ~ of things** (*od* **events**) normalerweise; **the ~ of nature** der natürliche Verlauf der Dinge; **the ~ of a disease** der Verlauf e-r Krankheit; **the ~ of history** der Lauf der Geschichte; **the sickness will take its ~** die Krankheit wird ihren Lauf nehmen; **let things run** (*od* **take**) **their ~** den Dingen ihren Lauf lassen; **let nature take its ~** der Natur ihren Lauf lassen; **in ~ of construction** im Bau (befindlich); → matter A 3 10 üblicher Gang *od* Verlauf: **~ of business** WIRTSCH (regelmäßiger *od* normaler) Geschäftsgang; **~ of law** Rechtsgang, -weg *m*; → due A 9 11 (Reihen-, Aufeinander)Folge *f* 12 Turnus *m*, regelmäßiger Wechsel (*der Dienstzeiten etc*) 13 Gang *m* (*Teil e-r Speisenfolge*): **a four-~ meal** e-e Mahlzeit mit vier Gängen 14 Zyklus *m*, Reihe *f*, Folge *f*: **a ~ of lectures** e-e Vortragsreihe 15 *a.* **~ of instruction** Kurs *m*, Lehrgang *m*: **German ~** Deutschkurs; **~ for beginners** Anfängerkurs; **~ of study** UNIV a Kurs b Lehrplan *m*; **be on** (*US* **in**) **a ~** e-n Kurs (mit)machen 16 MED Kur *f*: **undergo a ~ of (medical) treatment** sich e-r Kur *od* e-r längeren Behandlung unterziehen 17 WIRTSCH *obs* (*Geld-, Wechsel*) Kurs *m* 18 WIRTSCH Marktlage *f*, Tendenz *f* 19 SCHIFF unteres großes Segel 20 ARCH Lage *f*, Schicht *f* (*Ziegel etc*): **~ of archstones** Wölbschicht 21 *Stricken*: Maschenreihe *f* 22 *pl* PHYSIOL Menstruation *f*, Periode *f*, Regel *f* 23 HIST Gang *m* (*im Turnier etc*) 24 GEOL Streichen *n* (*Lagerstätte*) 25 *Bergbau*: Ader *f*, Gang *m*, stehendes Flöz: **~ of ore** Erzgang 26 TECH Bahn *f*, Strich *m*, Schlag *m* B V/T 1 durcheilen, jagen durch *od* über (*akk*) 2 *Wild, bes Hasen* (mit Hunden) hetzen C V/I 1 rennen, eilen, jagen, stürmen: **~ through sth** *fig* etwas durcheilen 2 strömen (*Tränen etc*): **tears ~d down her cheeks** Tränen liefen ihr über die Wangen

courser[1] ['kɔː(r)sə(r)] S *poet* Renner *m* (*schnelles Pferd*)

courser[2] ['kɔː(r)sə(r)] S JAGD 1 Jäger *m* (*bei der Hetzjagd*) 2 Jagdhund *m*

courser[3] ['kɔː(r)sə(r)] S ORN Rennvogel *m*

coursing ['kɔː(r)sɪŋ] S Hetzjagd *f*

court [kɔː(r)t] A S 1 (Innen-, Vor)Hof *m*: **in the ~** auf dem Hof 2 *bes Br* stattliches Wohngebäude 3 a kurze Straße *od* Sackgasse b kleiner Platz 4 SPORT a (*Tennis- etc*) Platz *m* b (Spiel)Feld *n*: → ball[1] *Bes Redew* 5 (*fürstlicher etc*) Hof: **be presented at ~** bei Hofe vorgestellt *od* eingeführt werden; **have a friend at ~** *fig* e-n einflussreichen Fürsprecher haben 6 a fürstlicher Hof *od* Haushalt b fürstliche Familie c Hofstaat *m*: **hold ~** Hof halten; **keep ~** herrschen 7 königliche *od* fürstliche Regierung 8 (Empfang *m* bei) Hof *m* 9 *fig* Hof *m*, Aufwartung *f*: **pay (one's) ~ to sb** a j-m (*bes e-r Dame*) den Hof machen b j-m s-e Aufwartung machen 10 JUR Gericht *n*: a Gerichtshof *m* b (*die*) Richter *pl* c Gerichtssaal *m*: **~ of law, ~ of justice** Gerichtshof; ♀ **of Auditors** Europäischer Rechnungshof; **~ of hono(u)r** Ehrengericht; **appear in ~** vor Gericht erscheinen; **the ~ will not sit tomorrow** morgen findet keine Gerichtssitzung statt; **bring into ~** vor Gericht bringen, verklagen; **come to ~** vor Gericht *od* zur Verhandlung kommen (*Klage*); **go to ~** vor Gericht gehen, klagen; **take a case to ~** e-n Fall vor Gericht bringen; **in and out of ~** gerichtlich u. außergerichtlich; **out of ~** *fig* a nicht zur Sache gehörig b indiskutabel; **be laughed out of ~** verlacht werden; **put o.s. out of ~** sich disqualifizieren; **settle a matter out of ~** e-e Sache außergerichtlich *od* auf gütlichem Wege beilegen; **settle out of ~** sich außergerichtlich einigen; → appeal C 1, arbitration 2, assize 4 a, equity 3 a, *etc* 11 JUR (Gerichts)Sitzung *f*: → open B 7 12 PARL (gesetzgebende) Versammlung 13 Rat *m*, Versammlung *f*, Kuratorium *n*: **~ of assistance** Kirchenrat (*e-r Pfarrei*); **~ of directors** Direktion *f*, Vorstand *m* 14 Ortsgruppe *f*, *a.* (*Freimaurer*) Loge *f* B V/T 1 *j-m* (*bes e-r Dame*) den Hof machen, umwerben (*a.* ZOOL *u. fig*), werben um 2 *fig* um *j-s Gunst* buhlen *od* werben 3 *fig* sich bemühen um, suchen: **~ death** mit s-m Leben spielen; **~ disaster** das Schicksal herausfordern, mit dem Feuer spielen; **~ sleep** Schlaf suchen C V/I 1 miteinander gehen: **go ~ing** auf Freiersfüßen gehen; **~ing couple** Liebespaar *n* 2 ORN balzen

court| ball S Hofball *m*; **~ battle** S JUR Rechtsstreit *m*, gerichtliche Auseinandersetzung; **~ card** S *Kartenspiel*: Bild(karte) *n*(*f*); **~ circles** SPL Hofkreise *pl*; **~ circular** S *Br* (*tägliche*) Hofnachrichten *pl*; **~ cupboard** S HIST Kredenztisch *m*; **~ day** S Gerichtstag *m*; **~ dress** S (vorschriftsmäßige) Hofkleidung, Hoftracht *f*

courteous ['kɜːtjəs; *a.* 'kɔː-; *US* 'kɜrtɪəs] ADJ (ADV **~ly**) höflich, liebenswürdig; **courteousness** → courtesy A 1

courtesan [ˌkɔːtɪ'zæn; *US* 'kɔːrtəzən; 'kəʊr-] S *bes* HIST Kurtisane *f*

courtesy ['kɜːtɪsɪ; *a.* 'kɔː-; *US* 'kɜr-] A S 1 (*beide a. Äußerung etc*) Höflichkeit *f*, Liebenswürdigkeit *f* (*beide*: **to, toward[s]** gegen): **by ~** aus Höflichkeit (→ A 2); **be in ~ bound to do sth** anstandshalber verpflichtet sein, etwas zu tun; **~ on the road** Höflichkeit im Straßenverkehr; **~ of the port** *US* Recht *n* auf sofortige Zollabfertigung; **~ light** AUTO Innenbeleuchtung *f*; **~ visit** Höflichkeits-, Anstandsbesuch *m* 2 Gefälligkeit *f*: **by ~** aus Gefälligkeit (→ A 1); **~ title** Höflichkeitstitel *m*; **(by) ~ of** a mit freundlicher Genehmigung von (*od gen*) b durch, mittels; *the picture was lent to us* **by ~ of** *the National Art Collection* freundlicherweise von; **~ coach** (*bes US* **bus**) Zubringerbus *m* (*mit dem z. B. Fluggäste vom Flughafen zum Hotel befördert werden*) 3 → curts(e)y A B V/I → curts(e)y B

courtezan → courtesan

court| fees SPL JUR Gerichtsgebühren *pl*, -kosten *pl*; **~ guide** S Hof-, Adelskalender *m* (*Verzeichnis der hoffähigen Personen*); **~ hand** S HIST gotische Kanzleischrift; **~house** S 1 Gerichtsgebäude *n* 2 *US* Kreis(haupt)stadt *f*

courtier ['kɔː(r)tjə(r); -tɪə(r); *US a.* -tʃər] S Höfling *m*

court| intrigue S Hofintrige *f*; **~like** ADJ 1 höfisch 2 höflich

courtliness ['kɔː(r)tlɪnɪs] S Vornehmheit *f*;

courtly A ADJ 1 höfisch: **~ love** HIST ritterliche Minne 2 vornehm, gepflegt, elegant 3 höflich 4 schmeichlerisch B ADV *bes US* höflich

court| martial *pl* court martials, courts martial S Kriegsgericht *n*: **he was tried by ~** er wurde vor ein Kriegsgericht gestellt; **he was shot by sentence of ~** er wurde standrechtlich erschossen; **~-martial** *prät u. pperf* -martialed, *bes Br* -martialled V/T vor ein Kriegsgericht stellen; **~ mourning** S Hoftrauer *f*; **~ order** S JUR Gerichtsbeschluss *m*, gerichtliche *od* richterliche Verfügung; **~-ordered** ADJ gerichtlich verfügt; **~ painter** S Hofmaler *m*; **~ plaster** S HIST *ein Heftpflaster aus Fischleim u. Seide*; **~ reporter** S Gerichtsstenograf(in); **~room** S Gerichtssaal *m*

courtship ['kɔː(r)tʃɪp] S 1 Hofmachen *n*, Freien *n*, Werben *n*: **days** *pl* **of ~** Zeit *f* der jungen Liebe 2 *fig* **(of)** Werben *n* (um), Umwerben *n* (*gen*) 3 ZOOL Werben *n*, ORN Balz *f*

court shoe S *Br* Pumps *m*

courtyard S Hof *m*: **in the ~** auf dem Hof

cousin ['kʌzn] S 1 a Cousin *m*, Vetter *m* b Cousine *f*, Kusine *f*, Base *f*: **first** (*od* **full**) **~** → cousin-german; **be (look) first ~ to** *fig* sehr ähnlich sein (sehen) (*dat*); **second ~** a Cousin *od* Cousine zweiten Grades b *Kind e-s Cousins od e-r Cousine*; **she is my second ~** sie ist die Tochter m-s Cousins *od* m-r Cousine; → removed 2 2 *weitS.* Verwandte(r) *m/f(m)*: **call ~s** sich auf die Verwandtschaft berufen (**with** mit); **forty-second ~** entfernter Verwandter; *the two languages* **are ~s** sind (eng) miteinander verwandt; **cousin-german** *pl* cousins-german S Cousin *m od* Cousine *f* ersten Grades

cousinly ['kʌznlɪ] ADJ cousin-, cousinenhaft

couture [kuː'tjʊə; *US* -'tʊər] S (Haute) Couture *f*; **couturier** [kuː'tjʊərɪeɪ; *US* -'tʊriːər] S (Haute) Couturier *m*, Modeschöpfer *m*; **cou-**

turière [ku:ˈtjʊərɪeə; *US* ku:ˈtʊri:ər] S Modeschöpferin *f*

couvade [ku:ˈvɑ:d] S *Völkerkunde*: Couvade *f*, Männerkindbett *n*

covalence [ˌkəʊˈveɪləns], **covalency** S CHEM Kovalenz *f*

cove[1] [kəʊv] A S 1 kleine Bucht 2 Schlupfwinkel *m* 3 *schott* Höhle *f* 4 ARCH a Wölbung *f* b Gewölbebogen *m* B V/T ARCH (über)wölben

cove[2] [kəʊv] S *Br sl obs* Kerl *m*

coven [ˈkʌvn; *US a.* ˈkəʊvən] S Hexensabbat *m*

covenant [ˈkʌvənənt] A S 1 feierliches Abkommen *od* (REL) Bündnis 2 JUR a (*in e-r Urkunde niedergelegte*) Vertragsabrede b bindendes Versprechen c Vertragsbestimmung *f* d (*vertragliche*) Zusicherung (*bes bei Grundstücksgeschäften*): **full ~ deed** *US* Grundstücksübertragungsurkunde *f* mit bestimmten Zusicherungen; **negative ~** (*vertragliches*) Unterlassungsversprechen; → warranty 5 3 ♀ HIST Covenant *m* (*Name mehrerer Bündnisse der schottischen Presbyterianer zur Verteidigung ihres Glaubens, bes*): **The National ♀** (*1638*); **The Solemn League and ♀** (*1643*) 4 BIBEL a Bund *m* (*Gottes mit den Menschen*): **the Old (New) ♀** der Alte (Neue) Bund; → ark 3 b (göttliche) Verheißung: **the land of the ~** das Gelobte Land 5 JUR, POL Satzung *f*, Statut *n*: **♀ of the League of Nations** Völkerbundspakt *m* (*1919*) B V/I 1 e-n Vertrag schließen, übereinkommen (*beide:* **with** mit; **for** über *akk*) 2 sich (vertraglich) verpflichten (**to do** zu tun) C V/T 1 (vertraglich) vereinbaren *od* zusichern 2 bindend versprechen 3 feierlich geloben; **covenanted** ADJ 1 vertraglich festgelegt, vertragsmäßig 2 vertraglich gebunden; **covenantee** [-nənˈti:; *US a.* -ˌnænˈti:] S JUR (*der, die*) (aus e-m Vertrag) Berechtigte; **covenanter**, **covenantor** [-nəntə; *US* -ˌnæntər] S (*der, die*) (aus einem Vertrag) Verpflichtete

Coventry [ˈkɒvəntrɪ; *US* ˈkʌv-] EIGENN: **send sb to ~** *fig* a j-n gesellschaftlich ächten b j-n schneiden

cover [ˈkʌvə(r)] A S 1 Decke *f* 2 *weitS.* (*Pflanzen-, Schnee-, Wolken- etc*) Decke *f* 3 Deckel *m*: **under ~** GASTR zugedeckt 4 a (*Buch*) Decke(l) *f(m)*, Einband *m*: **from ~ to ~** von der ersten bis zur letzten Seite b Umschlag- *od* Titelseite *f* c (Schutz)Umschlag *m* 5 Umhüllung *f*, Hülle *f*, Futteral *n*, Kappe *f* 6 Überzug *m*, Bezug *m* 7 a TECH Schutzhaube *f od* -platte *f* b Abdeckhaube *f* (*e-s Plattenspielers etc*) c Schutzmantel *m* (*von elektrischen Röhren*) d AUTO (*Reifen*) Decke *f*, Mantel *m* 8 Briefumschlag *m*, Kuvert *n*: **under same ~** mit gleichem Schreiben, beiliegend; **under separate ~** mit getrennter Post; **under plain ~** in neutralem Umschlag 9 **under ~ of** unter der (Deck)Adresse von (→ A 16) 10 Faltbrief *m* 11 *Philatelie*: Ganzsache *f* 12 Schutz *m*, Obdach *n*, Dach *n*: **get under ~** sich unterstellen 13 Schutz *m* (**from** gegen, vor *dat*): **under ~ of night** im Schutze der Nacht 14 MIL a *a. allg* Deckung *f* (**from** vor *dat*): **take ~** in Deckung gehen, Deckung nehmen; **take ~!** (in) Deckung! b Sicherung *f*, Abschirmung *f* 15 JAGD a Lager *n* (*von Wild*) b (schützendes) Dickicht: **break ~** ins Freie treten 16 *fig* Tarnung *f*, Deckmantel *m*, Vorwand *m*: **under ~ of** unter dem Deckmantel (*gen*), getarnt als (→ A 9); **blow one's ~** auffliegen *umg* (*Agent etc*) 17 Gedeck *n* (*bei Tisch*) 18 WIRTSCH Deckung *f*, Sicherheit *f*: **~ funds** Deckungsmittel; **~ ratio** Deckungsverhältnis *n* (*e-r Währung*) 19 *Versicherungsrecht*: Abdeckung *f*, Versicherungsschutz *m* (**against** gegen) B V/T 1 ab-, be-, zudecken (*alle:* **with** mit): **~ed with** voll von; **~ed with dust** staubbedeckt; **~ed in sweat** schweißbedeckt, -gebadet; **remain ~ed** den Hut aufbehalten; **~ o.s. with glory** *fig* sich mit Ruhm bedecken *od* bekleckern; **~ a roof** ein Dach decken; → glory A 1 2 *e-e Fläche* bedecken, einnehmen, sich über *e-e Fläche, a. e-e Zeitspanne* erstrecken 3 *Papier, Seiten* vollschreiben 4 überziehen, umwickeln, umhüllen, umspinnen: **~ed buttons** überzogene Knöpfe 5 einhüllen, -wickeln, -schlagen (*alle:* **in, with** in *akk*) 6 a verdecken, -bergen (*a. fig*) b *oft* **~ up** *fig* verhüllen, -hehlen, bemänteln: **~ (up) one's mistakes**; **~ up a scandal** e-n Skandal vertuschen 7 *a. fig* (**o.s.** sich) decken, schützen (*beide:* **from, against** vor *dat*, gegen): **~ o.s.** *fig* sich absichern 8 MIL a *den Rückzug etc* decken, schützen, abschirmen, sichern b *a. allg j-n* decken, *j-m* Deckung geben c *ein Gebiet* beherrschen, im Schussfeld haben d *ein Gelände* bestreichen, (mit Feuer) belegen 9 zielen auf (*akk*), in Schach halten: **~ sb with a pistol** 10 WIRTSCH *Kosten* decken, bestreiten: **~ a loss** e-n Verlust decken; **~ debts** Schulden (ab)decken 11 WIRTSCH versichern, abdecken (*beide:* **against** gegen): **be ~ed** Versicherungsschutz haben *od* genießen 12 decken, genügen *od* ausreichen für: **~ a requirement** 13 umfassen, umschließen, einschließen, beinhalten, enthalten, behandeln: **the book does not ~ that period** 14 (*statistisch, mit Radar, Werbung etc*) erfassen 15 *ein Thema* erschöpfend behandeln 16 *Presse*, RADIO, TV berichten über (*akk*): **~ the elections** 17 *e-e Strecke* zurücklegen: **~ three miles**; **~ the ground** *fig* alles (gründlich) durchnehmen *od* bearbeiten *od* behandeln; **~ a lot of ground** a e-e große Strecke zurücklegen b *fig* viel umfassen, weit gehen *od* reichen 18 *e-n Bezirk* bereisen, bearbeiten: **this salesman ~s Utah** 19 *ein Gebiet* versorgen, operieren in (*dat*): **the bus line ~s a vast area** 20 SPORT *e-n Gegenspieler* decken 21 *j n* beschatten, beobachten 22 ZOOL *ein Weibchen* decken, bespringen, *e-e Stute* beschälen 23 BIBEL *e-e Sünde* vergeben, auslöschen C V/I 1 TECH decken: **this paint does not ~** 2 SPORT decken 3 **~ for** einspringen für, vertreten

Phrasal Verbs: **cover| in** V/T 1 *ein Grab etc* zuschütten, auffüllen 2 a *ein Haus* decken, bedachen b *e-e Terrasse etc* überdachen; **~ into** V/T 1 transferieren auf (*akk*), übertragen (*dat*) 2 unterstellen (*dat*), einbeziehen in (*akk*); **~ over** V/T 1 überziehen, -decken 2 → cover up A 1; **~ up** A V/T 1 (ganz) zudecken *od* verdecken 2 *fig* verbergen, -heimlichen, -tuschen B V/I 1 **~ for sb** j-n decken 2 *Boxen*: die Deckung hochnehmen

cover address S Deckadresse *f*

coverage [ˈkʌvərɪdʒ] S 1 (*statistische etc*) Erfassung 2 erschöpfende Behandlung (*e-s Themas*) 3 a erfasstes Gebiet, erfasste Menge b Streuungsdichte *f* c Geltungsbereich *m*, Verbreitung *f* d erfasster Personenkreis (*e-r Werbung*) 4 Ausstrahlung *f*, Reichweite *f* (*e-s Senders, e-r Werbung etc*) 5 *Radar*: Auffassbereich *m* 6 WIRTSCH Umfang *m* (*e-r Versicherung*), Versicherungsschutz *m*, Abdeckung *f* 7 WIRTSCH Deckung *f* (*e-r Währung*): **a twenty-per-cent gold ~** 8 *Presse*, RADIO, TV Berichterstattung *f* (**of** über *akk*) 9 MIL Luftunterstützung *f* 10 TECH Ergiebigkeit *f* (*e-s Lacks etc*) 11 Pflanzendecke *f*

cover|all S *US* Overall *m*; **~ charge** S pro Gedeck berechneter Betrag, Gedeck *n*; **~ crop** S AGR Deck-, Schutzfrucht *f*; **~ design** S Titelbild *n*

covered [ˈkʌvə(r)d] ADJ be-, gedeckt: **~ bridge** gedeckte Brücke; **~ cable** TECH umhülltes Kabel; **~ court** SPORT Hallenplatz *m*; **~ electrode** TECH Mantelelektrode *f*; **~ job** *US* pflichtversicherte Tätigkeit; **~ market** Markthalle *f*; **~ storage space** überdachter Lagerraum; **~ track** SPORT Hallenbahn *f*; **~ wag(g)on** a *US* HIST Planwagen *m* b BAHN *Br* geschlossener Güterwagen; **~ wire** TECH umsponnener Draht

cover| girl S Covergirl *n*, Titelblattmädchen *n*; **~ glass** S 1 Deckglas *n* (*e-s Diaprojektors etc*) 2 Deckgläs-chen *n* (*e-s Mikroskops*)

covering [ˈkʌvərɪŋ; -vrɪŋ] A S 1 → cover A 5 2 (Be)Kleidung *f* 3 Umhüllung *f* 4 FLUG Bespannung *f* 5 (*Fußboden*) Belag *m* 6 WIRTSCH Deckungskauf *m* 7 MIL Abschirmung *f*, Sicherung *f* B ADJ 1 (be)deckend, Deck… 2 Schutz… 3 MIL Deckungs…, Sicherungs…; **~ agreement** S Mantelvertrag *m*; **~ fire** S MIL Deckungsfeuer *n*, *a. allg* Feuerschutz *m*: **give sb ~** *a.* j-m Deckung geben; **~ force** S MIL Sicherungs-, Deckungstruppen *pl*; **~ letter** S Begleitbrief *m*, -schreiben *n*; **~ note** S WIRTSCH *Br* Deckungszusage *f* (*für e-e Versicherung*); **~ power** S 1 TECH Deckkraft *f* (*von Farbe*) 2 FOTO Bildwinkel *m*

coverlet [ˈkʌvə(r)lɪt] S Tagesdecke *f*

cover| letter *US* → covering letter; **~ note** → covering note; **~ page** S (*von Buch etc*) Titelseite *f*, Umschlagseite *f*; (*von Fax etc*) Deckblatt *n*; **~ plate** S TECH 1 Abdeckplatte *f* 2 Lasche *f*, Verstärkungsplatte *f*; **~ shot** S FOTO Totale *f*; **~ story** S Coverstory *f*, Titelgeschichte *f*

covert A ADJ [ˈkʌvə(r)t; *US a.* ˈkəʊ-] (ADV **~ly**) 1 *obs* geschützt 2 heimlich, verborgen, -steckt, -schleiert 3 JUR verheiratet (*Frau*): → feme covert B S [*a.* ˈkʌvə(r)] 1 Deckung *f*, Schutz *m*, Obdach *n* 2 Versteck *n*, Schlupfwinkel *m* 3 JAGD a Lager *n* (*von Wild*) b Dickicht *n* 4 [ˈkʌvə(r)t] ORN Deckfeder *f*

coverture [ˈkʌvə(r)ˌtjʊə(r); *bes US* -ˌtʃʊə(r); -tʃə(r)] S 1 Decke *f*, Hülle *f* 2 Obdach *n*, Schutz *m* 3 JUR Ehestand *m* (der Frau)

cover|-up S Vertuschung *f* (**for** *gen*); **~ version** S Coverversion *f* (*Fassung e-s älteren Schallplattentitels mit e-m anderen Interpreten*)

covet [ˈkʌvɪt] V/T begehren: **he ~s sth** es gelüstet ihn nach etwas; **covetable** ADJ begehrenswert; **coveting** ADJ (ADV **~ly**) (be)gierig, lüstern; **covetous** ADJ (ADV **~ly**) 1 begehrlich, (be)gierig, lüstern: **be ~ of sth** etwas begehren 2 habsüchtig; **covetousness** S 1 heftiges Verlangen, Gier *f*, Begierde *f* 2 Habsucht *f*

covey [ˈkʌvɪ] S 1 ORN Brut *f* (*Vogelmutter mit Jungen*) 2 JAGD Volk *n*, Kette *f* (*Rebhühner*) 3 *fig* Schwarm *m*, Schar *f*

covin [ˈkʌvɪn] S JUR geheimes Einverständnis, betrügerische Absprache

coving [ˈkəʊvɪŋ] S ARCH 1 Wölbung *f* 2 überhängendes Obergeschoss 3 schräge Seitenwände *pl* (*e-s Kamins*)

cow[1] [kaʊ] *pl* cows, *obs* kine [kaɪn] S ZOOL 1 Kuh *f* (*a. fig sl pej*): **till the ~s come home** *umg* bis in alle Ewigkeit; **have a ~** *bes US umg* Zustände kriegen 2 Kuh *f*, Weibchen *n* (*bes des Elefanten, Wals*)

cow[2] [kaʊ] V/T einschüchtern: **~ sb into** j-n durch Einschüchterung bringen zu; **~ sb into doing sth** j-n so einschüchtern, dass er etwas tut

cowage [ˈkaʊɪdʒ] S BOT Afrikanische Juckbohne

coward [ˈkaʊə(r)d] A S Feigling *m*: **be too much of a ~ to do sth** zu feig sein, etwas zu tun B ADJ feig(e); **cowardice** [-dɪs], **cowardliness** S Feigheit *f*; **cowardly** ADJ *u.* (*US*) ADV feig(e)

cow|bane S BOT Wasserschierling *m*; **~bell**

C

S 1 Kuhglocke *f* 2 BOT US Gemeines Leimkraut; **~berry** S BOT Preiselbeere *f*; **~boy** A S 1 Cowboy *m*: **play ~s and Indians** Cowboy u. Indianer spielen 2 *Aus* Kuhjunge *m*, Kuhhirt *m* 3 *Br umg* (Berufs)Pfuscher *m pej*: **a firm of ~ builders** e-e windige Baufirma B ADJ Cowboy…: **~ boots (film, hat,** *etc*) C V/I AUTO *Br umg* rücksichtslos fahren; **~catcher** S US Schienenräumer *m*; **~ dung** S Kuhmist *m*

cower ['kaʊə(r)] V/I 1 kauern, (zusammengekauert) hocken 2 *a.* **~ down** sich (*furchtsam etc*) ducken

cow|fish S 1 *ein kleiner Wal* 2 (*ein*) Kofferfisch *m* 3 (*e-e*) Rundschwanzseekuh, (*ein*) Lamantin *m*; **~girl** S Cowgirl *n*; **~ hand** → cowboy A 1, cowgirl; **~herb** S BOT Kuhnelke *f*; **~herd** S Kuhhirt *m*; **~hide** S 1 Kuhhaut *f* 2 Rind(s)leder *n* 3 US Ochsenziemer *m* (*Peitsche*) 4 *pl* US *umg* (schwere) Rind(s)lederschuhe *pl od* -stiefel *pl*; **~house** S Kuhstall *m*

cowl [kaʊl] S 1 Mönchskutte *f* (*mit Kapuze*) 2 Kapuze *f* 3 TECH (drehbare) Schornsteinkappe 4 BAHN Rauchhaube *f* 5 TECH Funkenrost *m*, Sieb *n* 6 TECH a AUTO Haube *f*, Winddach *n*: **~ panel** Hauben-, Verkleidungsblech *n* b → cowling c Verkleidung *f*

cowled [kaʊld] ADJ 1 mit e-r Mönchskutte *od* Kapuze bekleidet 2 BOT, ZOOL kapuzenförmig

cowling ['kaʊlɪŋ] S FLUG (*stromlinienförmige, abnehmbare*) Motorhaube

cowl| neck S Kapuzenausschnitt *m*; **~-neck** ADJ mit Kapuzenausschnitt; **~ neckline** → cowl neck

cowman [-mən; *US a.* -ˌmæn] S *irr* 1 US Rinderzüchter *m* 2 Kuhhirt *m*

coworker ['kəʊ-] S Arbeitskollege *m*, -kollegin *f*

cow| parsnip S BOT Bärenklau *m/f*; **~pat** S Kuhfladen *m*; **~pea** S BOT Langbohne *f*

Cowper's glands ['kaʊpə(r)z; 'ku:-] SPL ANAT Cowper-Drüsen *pl*

cow| pie S US *sl* Kuhfladen *m*; **~ pony** S US *von Cowboys gerittenes Pony*; **~pox** S MED Kuh-, Impfpocken *pl*; **~puncher** US *umg* → cowboy A 1, cowgirl

cowrie, cowry ['kaʊrɪ; 'kaʊərɪ] S 1 ZOOL (*e-e*) Porzellanschnecke, *bes* Kaurischnecke *f* 2 Kauri(muschel) *f*, Muschelgeld *n*

cow| shark S FISCH Kuhhaifisch *m*; **~shed** S Kuhstall *m*; **~skin** → cowhide 1, 2; **~slip** S BOT 1 *Br* Schlüsselblume *f*, Himmelsschlüssel *m* 2 US Sumpfdotterblume *f*

cox¹ [kɒks; US kɑks] → coxswain

Cox² [kɒks; US kɑks] → Cox's Orange Pippin

coxa ['kɒksə; US 'kɑ-] *pl* -ae [-i:] S 1 ANAT Coxa *f*: a Hüfte *f*, Hüftbein *n* b Hüftgelenk *n* 2 ZOOL Hüftglied *n* (*von Spinnen etc*); **coxal** ADJ ANAT koxal, Hüft…

coxcomb ['kɒkskəʊm; US 'kɑ-] S 1 *obs* Geck *m*, Stutzer *m* 2 → cockscomb 3 *obs* (Hahnenkamm *m* der) Narrenkappe *f*

coxed [kɒkst; US kɑkst] ADJ *Rudern: Zweier etc* mit (Steuermann *od* Steuerfrau): **~ pair**

coxless ['kɒksləs; US 'kɑ-] → coxswainless

Cox's Orange Pippin S Cox' Orange *f* (*e-e Apfelsorte*)

coxswain ['kɒksn; 'kɒksweɪn; US 'kɑ-] A S 1 *Rudern*: Steuermann *m*, -frau *f* 2 Boot(s)führer(in) B V/T & V/I steuern; **coxswainless** ADJ *Rudern: Zweier etc* ohne (Steuermann *od* Steuerfrau): **~ pair**

coxy ['kɒksɪ; US 'kɑ-] → cocky

coy [kɔɪ] ADJ (ADV ~ly) 1 schüchtern, scheu: **~ of speech** wortkarg 2 neckisch-verschämt; **coyness** S 1 Schüchternheit *f*, Scheu *f* 2 neckisch-verschämtes Getue

coyote [kɔɪ'əʊtɪ; 'kɔɪəʊt; US kaɪ'əʊti:; 'kaɪəʊt] S ZOOL Kojote *m*, Prärie-, Steppenwolf *m*; ♀ **State** S US (*Beiname für den Staat*) South Dakota *n*

coypu ['kɔɪpu:] *pl* -pus, *bes koll* -pu S 1 ZOOL Koipu *m*, Nutria *f* 2 Nutriapelz *m*

coz [kʌz] S *obs* 1 Vetter *m* 2 Base *f*

cozen ['kʌzn] V/T *obs* a betrügen b täuschen; **cozener** S *obs* Betrüger(in)

coziness, *etc US für* cosiness *etc*

CP ABK 1 Canadian Press 2 Communist Party

cp. ABK compare

c.p. ABK 1 WIRTSCH carriage paid 2 chemically pure

CPA ABK certified public accountant

CPI ABK WIRTSCH consumer price index

C plus S ELEK Pluspol *m* (*e-r Gitterbatterie*)

c.p.m. ABK ELEK PHYS cycles per minute

CPR ABK MED cardiopulmonary resuscitation

c.p.s. ABK ELEK PHYS cycles per second

CPSA ABK *Br* Civil and Public Services Association

CPU ABK COMPUT central processing unit

CR ABK Community of the Resurrection

cr. ABK WIRTSCH credit(or)

crab¹ [kræb] A S 1 ZOOL a Krabbe *f* b Taschenkrebs *m*: **catch a ~** (*Rudern*) e-n Krebs fangen (*mit dem Blatt im Wasser hängen bleiben*) 2 ♀ ASTROL Krebs *m* (*Tierkreiszeichen*) 3 FLUG Schieben *n* (*durch Seitenwind*) 4 TECH a Hebezeug *n*, Winde *f* b Laufkatze *f* c Befestigungsklammer *f* (*für transportable Maschinen*) 5 *pl* (*manchmal als sg konstruiert*) niedrigster Wurf (*beim Würfelspiel*): **turn out ~s** *umg* schiefgehen 6 → crab louse B V/I 1 Krabben fangen 2 SCHIFF dwars abtreiben C V/T 1 *ein Flugzeug* schieben, im Seitenwind gegensteuern 2 *Textilwesen*: krabben, einbrennen

crab² [kræb] S 1 → crab apple 2 Knotenstock *m*

crab³ [kræb] *umg* A S a Nörgler(in) b Nörgelei *f* B V/I nörgeln C V/T 1 (herum)nörgeln an (*dat*) 2 *bes* US verderben, verpatzen *umg*: **~ one's act** sich alles verderben

crab⁴ [kræb] A V/T kratzen, krallen (*Falke*) B V/I raufen (*Falken*)

crab| angle S FLUG Vorhaltewinkel *m*; **~ apple** S 1 BOT (*ein*) Holzapfelbaum *m* 2 Holzapfel *m*

crabbed ['kræbɪd] ADJ (ADV ~ly) 1 griesgrämig, mürrisch, verdrießlich 2 bitter, boshaft 3 halsstarrig 4 verworren, unklar, kraus (*Stil etc*) 5 kritz(e)lig, unleserlich (*Handschrift*); **crabbedness** S 1 Griesgrämigkeit *f* 2 Boshaftigkeit *f* 3 Halsstarrigkeit *f* 4 Verworrenheit *f* 5 Unleserlichkeit *f*; **crabber** S US *umg* Nörgler(in); **crabbing** S *Textilwesen*: Krabben *n*, Einbrennen *n*: **~ machine** Krabb-, Einbrennmaschine *f*; **crabby** → crabbed 1, 2

crab| claw S TECH Klaue *f*, Greifer *m*; **~ louse** S *irr* ZOOL Filzlaus *f*

crack [kræk] A S 1 Krach *m*, Knall *m* (*e-r Peitsche, e-s Gewehrs etc*), (*Donner*) Schlag *m*, Knacks *m*, Knacken *n*: **a ~ of thunder**; **in a ~** *umg* im Nu; **at the ~ of dawn** im Morgengrauen, in aller Frühe; **the ~ of doom** die Posaunen des Jüngsten Gerichts; **till the ~ of doom** *umg* bis zum Jüngsten Tag; **give sb a fair ~ of the whip** *Br umg* j-m e-e faire Chance geben 2 *umg* (heftiger) Schlag: **give sb a ~ on the head** j-m eins auf den Kopf geben 3 Sprung *m*, Riss *m*: **the glass has got a ~** das Glas hat e-n Sprung *od* ist gesprungen; **paper over the ~s** *fig* die Differenzen übertünchen 4 Spalte *f*, Spalt *m*, Schlitz *m*, Ritz *m*, Ritze *f*: **the door was open a ~** die Tür stand e-n Spalt (breit) offen 5 *umg* a Knacks *m* (*geistiger Defekt*) b → crackpot A 6 Stimmbruch *m* 7 *umg* Versuch *m*: **have a ~ at** sich versuchen an (*dat*) 8 *sl* a Witz *m* b Seitenhieb *m*, Stichelei *f*: **make ~s about** Witze machen über (*akk*); sticheln gegen *j-n* 9 *Br umg* Crack *m*, Kanone *f*, As *n* (*bes Sportler*) 10 *sl obs* a Einbruch *m* b Einbrecher *m* 11 *sl* Crack *n* (*synthetische Droge auf Kokainbasis*): **~ house** *Bar etc, in der mit Crack gehandelt wird* B ADJ *umg* erstklassig, Elite…, Meister…: **a ~ player** ein Meisterspieler; **a ~ shot** ein Meisterschütze; **a ~ team** SPORT e-e Spitzen- *od* Topmannschaft; **~ regiment** Eliteregiment *n* C INT krach!, knacks! D V/I 1 krachen, knallen, knacken 2 (zer)springen, (-)platzen, (-)bersten, (-)brechen, rissig werden, (auf)reißen, e-n Sprung *od* Sprünge bekommen 3 überschnappen (*Stimme*): **his voice is ~ing** er ist im Stimmbruch 4 *fig* zusammenbrechen (**under** unter *dat*) 5 *sl* kaputtgehen, in die Brüche gehen 6 *sl* nachlassen, erlahmen 7 **get ~ing** *umg* loslegen (**on** mit): **~ing speed** *umg* tolles Tempo 8 *bes schott* plaudern 9 CHEM sich (durch Hitze) zersetzen E V/T 1 knallen mit, knacken *od* krachen lassen: **~ one's fingers** mit den Fingern knacken; **~ the whip** a mit der Peitsche knallen b *fig* zeigen, wer der Herr ist; **~ a smile** *umg* lächeln; → joke A 1 2 zerbrechen, (zer)spalten, (zer)sprengen: **~ an egg** ein Ei aufschlagen; → bottle¹ A 1 3 a e-n Sprung machen in (*dat*) b MED sich *etwas* anbrechen: **~ a rib** 4 *umg* a schlagen, hauen: **~ sb over the head** j-m eins auf den Kopf geben b *e-e Scheibe etc* ein-, zerschlagen 5 *e-e Nuss* (auf)knacken 6 *umg e-n Safe, e-n Code*, SPORT *die Abwehr* knacken: **~ a gang** e-e Verbrecherbande auffliegen lassen; **~ a problem** ein Problem lösen 7 *umg* kaputt machen, ruinieren (*beide a. fig*) 8 *umg j-s Stolz etc* erschüttern, anknacksen *umg* 9 TECH *Erdöl* kracken

Phrasal Verbs: **crack| down** V/I *umg* (**on**) scharf vorgehen (gegen), durchgreifen (bei); **~ on** A V/T SCHIFF *mehr Segel* setzen B V/I 1 SCHIFF unter vollem Zeug laufen (*Segelschiff*) 2 *Br umg* weitermachen; **~ up** *umg* A V/I 1 (*körperlich od seelisch*) zusammenbrechen 2 auseinanderbrechen *od* -fallen (*Maschine, a. fig Organisation etc*) 3 sich vor Lachen krümmen B V/T 1 *ein Fahrzeug* zu Schrott fahren 2 **the story cracked them up** sie krümmten sich vor Lachen bei der Geschichte 3 hochjubeln: **he's not as good as he's cracked up to be** so gut ist er auch wieder nicht

crackajack ['krækəˌdʒæk] US → crackerjack

crack|brained ADJ *umg* bescheuert (*Person*), hirnrissig (*Idee etc*); **~down** S *umg* (**on**) scharfes Vorgehen (gegen), Durchgreifen *n* (bei)

cracked [krækt] ADJ 1 gesprungen, rissig, geborsten: **the cup is ~** die Tasse hat e-n Sprung 2 zersprungen, -brochen 3 *umg* angeknackst (*Stolz etc*) 4 *umg* übergeschnappt

cracker ['krækə(r)] S 1 Cracker *m*, Kräcker *m*: a *ungesüßtes, keksartiges Kleingebäck* b Schwärmer *m*, Frosch *m* (*Feuerwerkskörper*) c Knallbonbon *m/n* 2 TECH Brecher *m*, Brechwalze *f* 3 *Br umg* toller Kerl, *bes* tolle Frau

crackerjack *umg* A S 1 prima *od* toller Kerl, Mordskerl *m*, Kanone *f* 2 prima *od* tolle Sache, Mordsding *n*, Knüller *m* B ADJ prima, toll, bombig

crackers ['krækəz] ADJ *Br umg.* übergeschnappt: **drive sb ~** j-n verrückt machen; **go ~** überschnappen

cracking ['krækɪŋ] A S 1 TECH Cracking *n*, Krackverfahren *n* (*für Öl*) 2 TECH Haarrissbildung *f* B ADJ & ADV *umg* prima, fabelhaft: **~ good** fantastisch

crackjaw *umg* A ADJ zungenbrecherisch B S Zungenbrecher *m*
crackle ['krækl] A V/I 1 knistern, krachen, prasseln(*alle, a.* RADIO *etc*), knattern: **~ with** *fig* knistern vor *Spannung etc*, sprühen vor *Witz etc*, pulsieren von *Aktivität etc* 2 Risse bilden B V/T 1 knistern *od* krachen lassen 2 TECH *Glas, die Glasur* krakelieren C S 1 Krachen *n*, Knistern *n*, Prasseln *n*, Knattern *n* 2 Craquelé *n*, Krakelee *n* (*feine Haarrisse in der Glasur von Keramiken od auf Glas*): **~ china** Krakeleeporzellan *n*; **~ glass** Krakeleeglas *n* 3 TECH a Haarrissbildung *f* b Rissigkeit *f*
crackled ['krækld] ADJ 1 krakeliert 2 rissig 3 mit knuspriger Kruste (*Schweinebraten*)
crackle finish S TECH Eisenblumenlackierung *f*
crackling ['kræklıŋ] S 1 → crackle C 1 2 a knusprige Kruste (*des Schweinebratens*) b *meist pl US* Schweinegrieben *pl*; **crackly** ADJ knusprig
cracknel ['kræknl] S 1 Knusperkeks *m/n* 2 *pl* → crackling 2 b
crackpot *umg* A S Spinner(in) *pej* B ADJ hirnrissig (*Idee etc*)
cracksman ['kræksmən] S *irr umg* 1 Einbrecher *m* 2 Schränker *m*, Geldschrankknacker *m*
crack-up S *umg* 1 (*körperlicher od seelischer*) Zusammenbruch 2 Auseinanderbrechen *n*, -fallen *n* (*e-r Maschine, a. fig e-r Organisation etc*)
cracky ['krækı] → cracked 1, 4
-cracy [krəsı] *Wortelement mit der Bedeutung* Herrschaft
cradle ['kreıdl] A S 1 Wiege *f* (*a. fig*): **the ~ of civilization**; **from the ~ to the grave** von der Wiege bis zur Bahre 2 *fig* Wiege *f*, Kindheit *f*, Anfang(sstadium) *m(n)*: **from the ~** von Kindheit *od* Kindesbeinen an; **in the ~** in den ersten Anfängen 3 *wiegenartiges Gerät, bes* TECH a Hängegerüst *n*, Schwebebühne *f* (*für Bauarbeiter*) b Gründungseisen *n* (*des Graveurs*) c Räderschlitten *m* (*für Arbeiten unter Autos*) d Schwingtrog *m* (*der Goldwäscher*) e TEL Gabel *f*: **put the receiver in the ~** den Hörer auf die Gabel legen 4 AGR (*Sensen*) Korb *m* 5 SCHIFF (*Stapel-*) Schlitten *m* 6 MIL Rohrwiege *f*: **~ carriage** Wiegenlafette *f* 7 MED a (Draht)Schiene *f* b Schutzgestell *n* (*zum Abhalten des Bettzeuges von Wunden*) c VET Halsgestell *n* (*für Tiere*) B V/T 1 wiegen, schaukeln: **~ to sleep** in den Schlaf wiegen 2 in die Wiege legen 3 (*zärtlich*) halten (**in one's arms** in den Armen) 4 betten: **~ one's head on one's arms** 5 a hegen b pflegen c auf-, großziehen 6 AGR mit der Gerüstsense mähen 7 *ein Schiff* durch e-n Stapelschlitten stützen *od* befördern 8 *goldhaltige Erde* im Schwingtrog waschen 9 TEL *den Hörer* auflegen, auf die Gabel legen; **~ cap** S MED Kopfschorf *m* (*bei Kindern*); **~ snatcher** → baby snatcher 2; **~song** S Wiegenlied *n*; **~ vault** S ARCH Tonnengewölbe *n*
craft [krɑ:ft; *US* kræft] A S; *pl* crafts (*1-3*), craft (*5-7*); 1 (Hand- *od* Kunst)Fertigkeit *f*, Geschicklichkeit *f*, Kunst *f*: → art¹ A 4, stagecraft 2 Gewerbe *n*, Beruf *m*, Handwerk *n*: **~ union** Fachgewerkschaft *f* 3 Innung *f*, Gilde *f*, Zunft *f*: **be one of the ~** ein Mann vom Fach sein 4 → craftiness 5 SCHIFF Boot *n*, Schiff *n* 6 FLUG Flugzeug *n* 7 (Welt)Raumfahrzeug *n* B V/T *bes US* (*bes* mit der Hand) fertigen
craftiness ['krɑ:ftınıs; *US* 'kræf-] S Schlauheit *f*, Schläue *f*, List(igkeit) *f*
craftsman ['krɑ:ftsmən; *US* 'kræfts-] S *irr* 1 (gelernter) Handwerker 2 Kunsthandwerker *m*; **craftsmanship** S Kunstfertigkeit *f*, (handwerkliches) Können *od* Geschick; **craftswoman** S *irr* 1 (gelernte) Handwerkerin 2 Kunsthandwerkerin *f*
crafty ['krɑ:ftı; *US* 'kræf-] ADJ (ADV craftily) 1 schlau, listig: (**as**) **~ as a fox** fuchsschlau; **be as ~ as they come** es faustdick hinter den Ohren haben *umg* 2 *obs* geschickt
crag [kræg] S Felsenspitze *f*, Klippe *f*; **cragged** ['krægıd] ADJ (ADV **~ly**) *US* → craggy; **craggedness** *US* → cragginess; **cragginess** S Felsigkeit *f*, Schroffheit *f*; **craggy** ADJ (ADV craggily) 1 felsig, schroff 2 zerfurcht (*Gesicht*)
cragsman ['krægzmən] S *irr* Kletterer *m*, geübter Bergsteiger
crake [kreık] S ORN (*e-e*) Ralle, *bes* → corn crake
cram [kræm] A V/T 1 vollstopfen *umg*, anfüllen, überfüllen, *a. fig* vollpacken *od* -pfropfen (*alle*: **with** mit): **~med** zum Bersten *od* zum Brechen *od* brechend voll; **a ~med schedule** ein übervoller Terminkalender 2 (*mit Speisen*) überfüttern, vollstopfen *umg* 3 *Geflügel* stopfen, mästen 4 (hinein-)stopfen, (-)zwängen (*beide*: **into** in *akk*): **~ one's food (down)** das Essen hinunterschlingen *od* in sich hineinstopfen; **~ down** hineinstopfen, -zwängen 5 *umg* a mit *j-m* pauken *od* büffeln b *meist* **~ up** *ein Fach* pauken, büffeln B V/I 1 sich (gierig) vollessen, sich vollstopfen *umg* 2 *umg* pauken, büffeln (*beide*: **for** für): **~ up on** → A 5 b C S 1 *umg* Gedränge *n* 2 *umg* Pauken *n*, Büffeln *n*: **~ course** Paukkurs *m*
crambo ['kræmbəʊ] *pl* -boes S 1 Reimspiel *n* 2 holpriger Reim
cram-full ADJ vollgestopft (**of** mit), zum Bersten *od* zum Brechen *od* brechend voll
crammer ['kræmə(r)] S *umg* 1 Paukstudio *n* 2 Einpauker(in) 3 Paukbuch *n* 4 *j-d, der für e-e Prüfung paukt*
cramoisy, *a.* **cramoisie** ['kræmɔızı] S *obs* Purpurtuch *n*
cramp¹ [kræmp] MED A S Krampf *m*: **~ in the calf** Wadenkrampf; **get ~** *bes Br* e-n Krampf *od* Krämpfe bekommen; **get a ~** *bes US* e-n Krampf bekommen; **~s** Magen-, *US* Unterleibskrämpfe B V/T Krämpfe verursachen *od* auslösen in (*dat*)
cramp² [kræmp] A S 1 TECH Krampe *f*, Klammer *f*, Schraubzwinge *f* 2 Gießzange *f* 3 *Schuh- u. Lederfabrikation*: Formholz *n* 4 *fig* Einengung *f* B V/T 1 TECH mit Klammern *etc* befestigen, anklammern, ankrampen 2 *Leder* auf dem Formholz zurichten 3 a *a.* **~ up** einzwängen, zusammenpferchen: **be ~ed for space** (zu) wenig Platz haben, räumlich beschränkt sein b *fig* einengen: **~ sb's style** j-n einengen c *fig* behindern C ADJ → cramped 2
cramped [kræmpt] ADJ 1 verkrampft 2 eng, beengt: **live in ~ conditions** in beengten Verhältnissen leben
crampet(te) ['kræmpıt] S MIL Ortband *n* (*der Säbelscheide*)
cramp|fish S (*ein*) Zitterrochen *m*; **~ iron** S 1 Haspe *f*, eiserne Klammer, Krampe *f* 2 ARCH Steinanker *m*
crampon ['kræmpən], *a.* **crampoon** [-'pu:n] S 1 TECH a Lastengreiferzange *f* b Maueranker *m* 2 *Bergsteigen*: Steigeisen *n*
cranberry ['krænbərı; -brı; *US bes* -ˌberi:] S BOT Vaccinium *n*: *bes* a *a.* **small ~, European ~** Moosbeere *f* b *a.* **large ~, American ~** Kranbeere *f* c Preiselbeere *f* d *a.* **~ tree** (*od* **bush**) Gewöhnlicher Schneeball
crane [kreın] A S 1 ORN Kranich *m* 2 ♀ ASTRON Kranich *m* (*Sternbild*) 3 TECH Kran *m*: **~ truck** Kranwagen *m* 4 TECH a Aufzug *m* b Winde *f* 5 TECH Arm *m*, Ausleger *m* B V/T 1 mit e-m Kran heben *od* hochwinden 2 **~ one's neck** e-n langen Hals machen, sich (fast) den Hals verrenken, den Hals recken C V/I 1 *a.* **~ forward** den Hals recken 2 JAGD ein Hindernis vor dem Überspringen abschätzen 3 zögern, zaudern; **~ driver** S TECH Kranführer(in); **~ fly** S ZOOL (*e-e*) (Erd)Schnake
cranesbill ['kreınzbıl] S BOT Storchschnabel *m*
crania ['kreınjə; -nıə] *pl von* cranium; **cranial** ADJ ANAT kranial, Schädel...: **~ index** Schädelindex *m*
craniology [ˌkreını'ɒlədʒı; *US* -'ɑl-] S Kraniologie *f*, Schädellehre *f*; **craniometer** [-'ɒmıtə; *US* -'ɑmətər] S Kraniometer *n* (*Gerät zur Schädelmessung*); **craniometric** [-nıəʊ'metrık; -nıə'm-] ADJ, **craniometrical** ADJ (ADV **~ly**) kraniometrisch; **craniometry** [-'ɒmıtrı; *US* -'ɑmə-] S Kraniometrie *f*, Schädelmessung *f*
cranium ['kreınjəm; -nıəm] *pl* -nia [-ə], -niums S ANAT 1 Cranium *n*, (*vollständiger*) Schädel 2 Hirnschale *f*
crank [kræŋk] A S 1 TECH a Kurbel *f* b Kurbelkröpfung *f* (*e-r Welle*) c Schwengel *m* 2 HIST Tretmühle *f* (*Strafinstrument*) 3 *umg* a Spinner(in) b *US* Miesepeter *m* 4 *umg* fixe Idee, Marotte *f*, Grille *f* 5 Wortspiel *n*, -verdrehung *f* B V/T 1 TECH kröpfen 2 a *oft* **~ up** ankurbeln, *den Motor* anwerfen, anlassen: **~ing speed** Anlassdrehzahl *f* b *den Motor, e-e Maschine* durchdrehen C V/I 1 kurbeln 2 **~ up** *US umg* sich fertig machen D ADJ 1 → cranky 1 2 SCHIFF rank, leicht kenterbar; **~ axle** S TECH Kurbelachse *f*, -welle *f*; **~ brace** S TECH Bohrkurbel *f*; **~case** S AUTO, TECH Kurbelgehäuse *n*
cranked [kræŋkt] ADJ TECH 1 gekröpft 2 mit e-r Kurbel (versehen *od* betrieben), Kurbel...
crankiness ['kræŋkınıs] S 1 *umg* Verschrobenheit *f*, Wunderlichkeit *f* 2 *US umg* Reizbarkeit *f* 3 *umg* Wack(e)ligkeit *f*, Unsicherheit *f* 4 SCHIFF Rankheit *f*
crank|pin S TECH Kurbelzapfen *m*; **~ plane** S 1 TECH Kurbelhobel(maschine) *m(f)* 2 PHYS Kurbelebene *f*; **~shaft** S TECH Kurbelwelle *f*; **~ web** S TECH Kurbelarm *m*
cranky ['kræŋkı] ADJ (ADV crankily) 1 *umg* verschroben, wunderlich, grillenhaft, kauzig 2 *US umg* reizbar, schlecht gelaunt 3 *umg* wack(e)lig, unsicher, baufällig 4 SCHIFF → crank D 2
crannied ['krænıd] ADJ rissig
crannog ['krænəg], **crannoge** [-nədʒ] S HIST *schott u. Ir* Pfahlbau *m*
cranny ['krænı] S Ritze *f*, Spalt(e) *m(f)*, Riss *m*: → nook 1
crap¹ [kræp] A S 1 *vulg* Scheiße *f* (*a. fig*): **~!** Scheiße!; **a load of ~** große Scheiße 2 *vulg* Scheißen *n*: **have (go for) a ~** scheißen (gehen) 3 *fig vulg* Scheiß *m* (*Unsinn*): **talk ~** B V/I 1 *vulg* scheißen 2 *fig vulg* Scheiß machen *od* reden 3 **~ out** *US sl* den Geist aufgeben (*Wagen etc*) 4 **~ out** *US sl* (**of**) sich drücken (vor *dat*, von) kneifen (vor *dat*) C V/T 1 *fig vulg* bescheißen 2 **~ up** *vulg e-e Arbeit etc* versauen
crap² [kræp] *US* A S a Fehlwurf *m beim* craps b → craps B V/I e-n Fehlwurf machen
crape [kreıp] A S 1 Krepp *m* 2 Trauerflor *m* B V/T mit e-m Trauerflor versehen; **~ cloth** S Wollkrepp *m*; **~hanger** S *US umg* Schwarzseher(in)
crapper ['kræpə(r)] S *vulg* Scheißhaus *n*; **crappy** ADJ *vulg* beschissen, Scheiß...
craps [kræps] SPL (*meist als sg konstruiert*) *US ein Spiel mit 2 Würfeln*: **shoot ~ craps** spielen
crapulence ['kræpjʊləns], **crapulency** S Unmäßigkeit *f*, *bes* unmäßiger Alkoholgenuss;

crapulent, crapulous ADJ (ADV ~ly) unmäßig *(bes im Alkoholgenuss)*

crases ['kreɪsiːz] *pl von* crasis

crash¹ [kræʃ] A V/T 1 zertrümmern, -schmettern 2 sich krachend *e-n Weg* bahnen 3 FLUG → crash-land A 4 a e-n Unfall haben mit: **~ one's car into a wall** mit dem Auto gegen e-e Mauer krachen b FLUG abstürzen mit 5 *umg* uneingeladen kommen zu, hineinplatzen in *(akk)*: **~ a party**; **~ the gate** → gate-crash A 6 *fig umg* e-n Einbruch erzielen in *(akk)*, *etwas* schaffen: **~ a market**; **~ the headlines** Schlagzeilen machen B V/I 1 (krachend) zerbersten, zerbrechen, zerschmettert werden 2 krachend einstürzen, zusammenkrachen *umg*: **his whole world came ~ing about his ears** für ihn brach e-e Welt zusammen 3 *bes* WIRTSCH zusammenbrechen 4 krachen (**against, into** gegen): **~ into** *a.* auffahren auf *(akk)*; **~ down** herunterkrachen; **~ open** krachend auffliegen *(Tür)* 5 stürmen, platzen *umg*: **~ in(to the room)** hereinplatzen; **~ in on a party** in e-e Party hineinplatzen 6 AUTO zusammenstoßen, verunglücken 7 FLUG a abstürzen *(a. Computer)* b → crash-land B 8 *sl (vorübergehend)* schlafen *od* übernachten: **he ~ed at friends'** C S 1 Krach(en) *m(n)* 2 Unfall *m*, Zusammenstoß *m*, *(bes Autorennen)* Crash *m* 3 *bes* WIRTSCH Crash *m*, Zusammenbruch *m*, (Börsen)Krach *m* 4 FLUG Crash *m*: a Absturz *m (a. von Computer)*: **be killed in a ~** bei e-m Absturz ums Leben kommen b Bruchlandung *f* 5 *pl* RADIO Krachgeräusche *pl*, atmosphärische Störungen *pl* D ADJ Schnell…, Sofort…: **~ course** Schnell-, Intensivkurs *m*; **~ program(me)** Sofortprogramm *n* E INT krach!

crash² [kræʃ] S grober Leinendrell

crash| barrier S *Br* Leitplanke *f*; **~ boat** S SCHIFF *Spezialboot zur Rettung der Passagiere e-s ins Meer gestürzten Flugzeugs*; **~ diet** S radikale Schlankheitskur; **~ dive** S SCHIFF Schnelltauchen *n (U-Boot)*; **~-dive** V/I schnelltauchen *(U-Boot)*; **~ halt** S AUTO Vollbremsung *f*; **~ helmet** S Sturzhelm *m*

crashing ADJ *umg* fürchterlich: **he's a ~ bore**; *the film was* **a ~ bore** stinklangweilig

crash| job S brandeilige Arbeit; **~-land** FLUG A V/T e-e Bruchlandung machen mit *e-m Flugzeug* B V/I Bruch machen, e-e Bruchlandung machen, bruchlanden; **~ landing** S FLUG Bruchlandung *f*; **~ pad** S *sl Ort, an dem man (vorübergehend) schlafen od wohnen kann*; **~ test** S AUTO Crashtest *m*; **~-test** V/T *e-n Wagen* e-m Crashtest unterziehen

crasis ['kreɪsɪs] *pl* -ses [-siːz] S LING Krasis *f (Zusammenziehung von Vokalen)*

crass [kræs] ADJ (ADV ~ly) 1 grob, krass *(Fehler etc)*: **a ~ materialist** ein krasser Materialist 2 derb, unfein *(Benehmen etc)*; **crassitude** [-ɪtjuːd; *US a.* -ˌtuːd], **crassness** S 1 Krassheit *f* 2 Derbheit *f*

cratch [krætʃ] S Futterkrippe *f*

crate [kreɪt] A S 1 (Latten)Kiste *f* 2 *(Bier- etc)* Kasten *m* 3 großer Weidenkorb 4 *umg* Kiste *f (Auto od Flugzeug)* B V/T in e-e (Latten)Kiste (ver)packen

crater¹ ['kreɪtə(r)] S Packer(in)

crater² ['kreɪtə(r)] S 1 GEOL Krater *m*: **~ lake** Kratersee *m* 2 Krater *m (a. MED)*, *(Bomben-, Granat)* Trichter *m* 3 ELEK Krater *m (der positiven Kohle)*

craunch [krɔːntʃ; krɑːntʃ] *dial für* crunch

cravat [krə'væt] S 1 Halstuch *n (für Männer)* 2 MED Dreieck(s)tuch *n*

crave [kreɪv] A V/T 1 *etwas* ersehnen 2 (inständig) bitten *od* flehen um: **may I ~ your attention?** darf ich Sie um Ihre (werte) Aufmerksamkeit bitten? 3 (dringend) benötigen, verlangen: **the stomach ~s food** B V/I 1 sich sehnen (**for, after** nach) 2 **~ for** → A 2

craven ['kreɪvən] A ADJ (ADV ~ly) 1 feig(e), ängstlich 2 **cry ~** sich ergeben B S Feigling *m*, Memme *f*

craving ['kreɪvɪŋ] S heftiges Verlangen, Sehnsucht *f (beide:* **for** nach)

craw [krɔː] S 1 ORN Kropf *m* 2 ZOOL Magen *m*

crawfish ['krɔːfɪʃ] A S *bes US für* crayfish B V/I *meist* **~ (of)** *US umg* sich drücken (vor *dat*, von), kneifen (vor *dat*), e-n Rückzieher machen

crawl¹ [krɔːl] A V/I 1 kriechen: a krabbeln: **~ through** durchkriechen (durch) b *a.* **~ along** *fig* sich dahinschleppen, schleichen *(Arbeit, Zeit etc)*: **the hours ~ed by** die Stunden schlichen dahin c im Kriech- *od* Schneckentempo gehen *od* fahren: **~ along** dahinkriechen d *umg* unterwürfig sein: **~ to sb** vor j-m kriechen 2 wimmeln (**with** von): **the town is ~ing with tourists** in der Stadt wimmelt es von Touristen 3 kribbeln: **his flesh was ~ing** er bekam e-e Gänsehaut, es überlief ihn kalt; **the sight made her flesh ~** bei dem Anblick bekam sie e-e Gänsehaut 4 (zer)fließen *(Farbe)* 5 *Schwimmen*: kraulen B V/T *Schwimmen: e-e Strecke* kraulen C S 1 Kriechen *n*: **go at a ~** → A 1 c 2 *Schwimmen*: Kraulen *n*: **swim (the)** (*od* **do the**) **~** kraulen

crawl² [krɔːl] S Schildkröten-, Fisch-, Krebsreservoir *n (am Ufer)*

crawler ['krɔːlə(r)] S 1 Kriecher(in): **~ lane** AUTO *Br* Kriechspur *f* 2 Kriechtier *n* 3 *umg pej* Kriecher(in) 4 *Br umg* (leeres) Taxi auf Fahrgastsuche 5 TECH a *a.* **~ crane** Gleiskettenkran *m* b *a.* **~ tractor** Raupen-, Gleiskettenfahrzeug *n* 6 *Schwimmen*: Krauler(in) 7 *pl*, *a.* **pair of ~s** (einteiliger) Spielanzug *(für Kleinkinder)*

crawlway S niedriger Durchgang

crawly ADJ *umg* grus(e)lig, unheimlich

crayfish ['kreɪfɪʃ] S ZOOL 1 *(ein)* Fluss-, Panzerkrebs *m* 2 Languste *f*

crayon ['kreɪən; *Br a.* -ɒn; *US a.* -ˌɑn; kræn] A S 1 Zeichenkreide *f* 2 Zeichen-, Bunt-, Pastellstift *m*: **blue ~** Blaustift; **in ~** in Pastell 3 Kreide- *od* Pastellzeichnung *f*: **~ board** Zeichenkarton *m* B V/T mit Kreide *etc* zeichnen

craze [kreɪz] A V/T 1 zum Wahnsinn treiben 2 *Töpferei*: krakelieren 3 *obs* zerschmettern B S 1 a Manie *f* b Fimmel *m*, Spleen *m*, fixe Idee: **it is the ~ now** es ist gerade große Mode; **the latest ~** der letzte (Mode)Schrei 2 Wahn(sinn) *m*; **crazed** ADJ 1 → crazy 1, 2 2 krakeliert *(Glasur)*; **craziness** [-ɪnɪs] S Verrücktheit *f*: **love sb to ~** j-n bis zum Wahnsinn lieben; **crazing** S *Töpferei*: Krakelierung *f*

crazy ['kreɪzɪ] ADJ (ADV crazily) 1 *a. fig* verrückt, wahnsinnig *(beide:* **with pain** vor Schmerzen): **drive sb ~** j-n verrückt *od* wahnsinnig machen; **go ~** verrückt *od* wahnsinnig werden 2 *umg* **(about)** a (wild) begeistert (von), besessen *od* hingerissen (von), vernarrt (in *akk*) b versessen *od umg* scharf (auf *akk*), wild *od umg* verrückt (nach): **be ~ to do sth** versessen darauf sein, etwas zu tun; **be ~ about** (*od* **over, for**) **sb** ganz verrückt nach j-m sein; **a soccer-~ country** ein fußballverrücktes Land 3 *sl* fantastisch, toll 4 *obs* a rissig, voller Risse b baufällig, wack(e)lig 5 schief 6 krumm, gewunden 7 wirr *(Haufen etc)* 8 Flicken…, zusammengesetzt, zusammengestückelt *(Decke etc)*; **~ bone** *US für* funny bone; **~ golf** S *Br* Minigolf *n*: **~ course** Minigolfplatz *m*, -anlage *f*; **~ house** S 1 *bes US sl* Klapsmühle *f* 2 → fun house; **~ pavement**, **~ paving** S Mosaikpflaster *n*; **~ quilt** S Flickendecke *f*

creak [kriːk] A V/I 1 knarren *(Treppe etc)*, quietschen *(Bremsen etc)* 2 **~ along** sich dahinschleppen *(Handlung etc)* B S Knarren *n*, Quietschen *n*; **creaky** ADJ (ADV creakily) knarrend, quietschend

cream [kriːm] A S 1 Rahm *m*, Sahne *f (der Milch)* 2 a Creme(speise) *f* b Cremesuppe *f* c Rahmsoße *f* 3 *(Haut-, Schuh- etc)* Creme *f*: **put some ~ on** sich eincremen; **put some ~ on sb's back** j-m den Rücken eincremen 4 Sahnebonbon *m/n* 5 Cremefarbe *f* 6 *fig* Creme *f*, Auslese *f*, Elite *f*: **the ~ of society** die Creme der Gesellschaft; **the ~ of the ~** → crème de la crème; **the ~ of the players** die besten Spieler B V/I 1 Sahne ansetzen *od* bilden 2 schäumen 3 *vulg* spritzen *(ejakulieren)* C V/T 1 *a.* **~ off** a abrahmen, absahnen, den Rahm abschöpfen von *(a. fig)* b *die besten Mitarbeiter etc* abziehen 2 *Milch* Sahne ansetzen lassen 3 a zu Schaum schlagen b schaumig rühren 4 *e-e Speise* mit Sahne *od* Rahmsoße zubereiten 5 *dem Kaffee od Tee* Sahne zugießen 6 sich *das Gesicht etc* eincremen: **~ one's face** 7 SPORT *bes US sl* vernaschen, überfahren *(hoch gewinnen)* D ADJ 1 Sahne…, Rahm… 2 creme(farben); **~ cake** S Creme- *od* Sahnetorte *f*; **~ cheese** S Rahm-, Vollfettkäse *m*; **~-colo(u)red** → cream D 2

creamer ['kriːmə(r)] S 1 *bes US* Sahnekännchen *n*, -gießer *m* 2 Milchschleuder *f*, -zentrifuge *f*; **creamery** S 1 Molkerei *f* 2 Milchgeschäft *n*

cream|-faced ADJ blass, bleich; **~-laid** ADJ *bes Br* cremefarben u. gerippt *(Papier)*; **~ nut** S BOT Paranuss *f*; **~ of tartar** S CHEM Weinstein *m*; **~-of-tartar tree** S BOT Australische Adansonie; **~ puff** S 1 Windbeutel *m (Sahnegebäck)* 2 *umg* Waschlappen *m pej*; **~ sauce** S Rahmsoße *f*; **~ soda** S *bes US ein kohlensäurehaltiges Vanillegetränk*; **~-wove** ADJ *bes Br* cremefarben u. ungerippt *(Papier)*

creamy ['kriːmɪ] ADJ 1 sahnig 2 weich 3 creme(farben)

crease [kriːs] A S 1 *(a.* Haut)Falte *f* 2 Bügelfalte *f*, Kniff *m* 3 Falz *m*, Knick *m*, *a.* Eselsohr *n (in Papier)* 4 *Eishockey*: Torraum *m* B V/T 1 falten, knicken, kniffen, umbiegen 2 zerknittern 3 Falten in *e-e Hose* bügeln 4 a JAGD *US ein Tier* krellen *(durch Streifschuss zeitweilig lähmen)* b *allg* streifen, anschießen C V/I 1 Falten bekommen, knittern 2 sich falten lassen 3 **~ up (laughing** *od* **with laughter)** *Br umg* sich vor Lachen krümmen, sich (vor Lachen) kringeln *umg*

creased [kriːst] ADJ 1 in Falten gelegt, gefaltet 2 mit e-r Bügelfalte, gebügelt 3 zerknittert

crease|-proof, ~-resistant ADJ knitterfrei, -fest *(Stoff)*

creasy ['kriːsɪ] ADJ zerknittert

create [kriː'eɪt; krɪ-] V/T 1 (er)schaffen: **God ~d man** 2 schaffen, ins Leben rufen, hervorbringen, erzeugen: **~ jobs** Arbeitsplätze schaffen 3 *e-n Skandal etc* hervorrufen, verursachen: **~ a demand** e-n Bedarf wecken; **~ an impression** e-n Eindruck machen; **~ an opportunity (a situation)** e-e Gelegenheit (e-e Lage) schaffen; **~ a scoring chance** SPORT e-e Torchance herausspielen 4 WIRTSCH, JUR a *e-e Gesellschaft* gründen, errichten, ins Leben rufen b *e-e Haftung etc* begründen c *e-e Hypothek* bestellen d *Geld, Kredit* schöpfen 5 THEAT *etc, Mode*: kreieren 6 *j-n* ernennen: **~ a peer** 7 *j-n* erheben zu, machen zu: **~ sb a peer**

creatine ['kriːətiːn; -tɪn] S CHEM, PHYSIOL Kreatin *n*

creation [kriːˈeɪʃn; krɪ-] S 1 (Er)Schaffung *f* 2 Erzeugung *f*, Hervorbringung *f* 3 **the** ≈ REL die Schöpfung, die Erschaffung *(der Welt)* 4 a Schöpfung *f*, Welt *f*: **the whole ~** alle Geschöpfe, die ganze Schöpfung *od* Welt; → lord A 1 b Geschöpf *n*, Kreatur *f* 5 Verursachung *f* 6 WIRTSCH, JUR a Gründung *f*, Errichtung *f* b Begründung *f* c Bestellung *f* d Schöpfung *f*: **~ of credit** Kreditschöpfung 7 THEAT *etc*, *Mode*: Kreierung *f* 8 (Kunst-, Mode)Schöpfung *f*, (KUNST *a.*) Werk *n*, *(Mode a.)* Kreation *f* 9 Ernennung *f*: **an earl of recent ~** ein neu ernannter Graf; **creational** ADJ Schöpfungs…; **creationism** S REL 1 Lehre *f* von der Weltschöpfung durch e-n allmächtigen Schöpfer 2 Kreatianismus *m (Lehre von der Neuerschaffung jeder Einzelseele)*

creative [kriːˈeɪtɪv; krɪ-] A ADJ (ADV **~ly**) 1 (er)schaffend, Schöpfungs… 2 schöpferisch, kreativ: **~ urge** Schaffensdrang *m* 3 **(of sth** etwas) hervorrufend, verursachend, erzeugend B S US kreativer Mensch; **creativeness**, **creativity** S schöpferische Kraft, Kreativität *f*; **creator** [-tə(r)] S 1 (Er)Schöpfer(in) 2 Erzeuger(in) 3 Urheber(in). Verursacher(in) 4 **the** ≈ der Schöpfer *(Gott)*

creature [ˈkriːtʃə(r)] S 1 Geschöpf *n*, (Lebe)Wesen *n*, Kreatur *f*: **~ of habit** *fig* Gewohnheitstier *n* 2 Kreatur *f*, Tier *n (Ggs Mensch)*: **dumb ~** stumme Kreatur 3 Geschöpf *n*, Ding *n*: **good ~** gute Haut *umg (Person)*; **lovely ~** süßes Geschöpf *(Frau)*; **poor (silly) ~** armes (dummes) Ding 4 *j-s* Kreatur *f*: a Günstling *m* b Handlanger(in), Werkzeug *n* 5 Produkt *n*: **a ~ of the imagination** ein Fantasieprodukt; **~ comforts** SPL *(die)* leiblichen Genüsse *pl*, *(das)* leibliche Wohl

creaturely [ˈkriːtʃə(r)lɪ] ADJ kreatürlich, menschlich

crèche [kreɪʃ; kreʃ] S 1 *Br* (Kinder)Krippe *f* 2 *US* (Weihnachts)Krippe *f*

credence [ˈkriːdəns; -dns] S 1 Glaube *m* (**of** an *akk*): **give** (*od* **attach**) **~ to sth** e-r Sache Glauben schenken 2 *a.* **~ table** Kredenz *f* (*a.* REL)

credendum [krɪˈdendəm] *pl* -**da** [-də] S REL Glaubensartikel *m*

credentials [krɪˈdenʃlz] SPL 1 POL Beglaubigungsschreiben *n* 2 Empfehlungsschreiben *n*, Referenzen *pl* 3 (Leumunds)Zeugnis *n*, Zeugnisse *pl* 4 Ausweis(papiere) *m(pl)*

credibility [ˌkredɪˈbɪlətɪ] S Glaubwürdigkeit *f*: **~ gap** Mangel *m od* Verlust *m* an Glaubwürdigkeit; **~ gap ahead** *umg* wer's glaubt, wird selig!; **credible** ADJ (ADV **credibly**) glaubwürdig *(Informationen, Zeuge etc)*: **show credibly** JUR glaubhaft machen

credit [ˈkredɪt] A S 1 Glaube(n) *m*: **give ~ to sth** e-r Sache Glauben schenken; **place ~ in** Zutrauen haben zu, vertrauen *(dat)*; → worthy A 2 2 Ansehen *n*, Achtung *f*, guter Ruf: **be in high ~ with** in hohem Ansehen stehen bei; **gain ~** an Ansehen gewinnen 3 Glaubwürdigkeit *f* 4 Einfluss *m* 5 Ehre *f*: **be a ~ to sb, be to sb's ~, do sb ~, reflect ~ on sb** j-m Ehre machen *od* einbringen, j-m zur Ehre gereichen; **he has not done you ~** mit ihm haben Sie keine Ehre eingelegt; **to his ~ it must be said that …** zu s-r Ehre muss man sagen, dass …; **with ~** ehrenvoll; **~ where ~ is due** Ehre, wem Ehre gebührt 6 Anerkennung *f*, Lob *n*: **get ~ for sth** Anerkennung finden für etwas; **that's very much to his ~** das ist sehr anerkennenswert *od* verdienstvoll von ihm 7 Verdienst *n*: **give sb (the) ~ for sth** a j-m etwas hoch *od* als Verdienst anrechnen b j-m etwas zutrauen c sich j-m für etwas (dankbar) verpflichtet fühlen; **he is cleverer than we give him ~ for** er ist klüger, als wir glauben; **take ~ to o.s. for sth, take (the) ~ for sth** sich etwas als Verdienst anrechnen, den Ruhm *od* das Verdienst für etwas in Anspruch nehmen 8 WIRTSCH a Kredit *m* b Zeit *f*, Ziel *n* c Akkreditiv *n*: **on ~** auf Kredit *od* Ziel; **at one month's ~** auf einen Monat Ziel; **~ on goods** Warenkredit; **~ on real estate** Realkredit; **give sb ~ for £1,000** j-m e-n Kredit von 1000 Pfund geben; **open a ~** e-n Kredit *od* ein Akkreditiv eröffnen 9 WIRTSCH Kredit(würdigkeit) *f*, -fähigkeit *f* 10 WIRTSCH a Guthaben *n*, Kreditposten *m* b Kredit(seite) *m(f)*, Haben *n*: **your ~** Saldo zu Ihren Gunsten; **enter** (*od* **place, put**) **a sum to sb's ~** j-m e-n Betrag gutschreiben; **have sth to one's ~** *fig* etwas aufzuweisen haben 11 WIRTSCH, PARL *Br* Vorgriff *m* auf das Budget 12 *US* (Steuer)Freibetrag *m*, abzugsfähiger Betrag 13 UNIV *US* a Anrechnungspunkt *m (auf ein für den Erwerb e-s akademischen Grades zu erfüllendes Pensum)* b → credit hour 14 *pl* FILM, TV Vorspann *m od* Ab-, Nachspann *m* B V/T 1 Glauben schenken *(dat)*, *j-m od e-e Sache* glauben: **would you ~ it!** ist es denn die Möglichkeit!, man sollte es nicht für möglich halten! 2 *j-m* (ver)trauen 3 **~ sb with sth** a j-m etwas zutrauen b j-m etwas zuschreiben 4 WIRTSCH a *e-n Betrag* gutschreiben, kreditieren *(beide: to sb j-m)*: **~ an account with an amount, ~ an amount to an account** e-n Betrag e-m Konto gutschreiben b *j-n* erkennen (**with, for** für): **~ sb with a sum** 5 **~ sb with three hours in history** UNIV *US* j-m für e-n Geschichtskurs drei Punkte (aufs Pensum) anrechnen

creditable [ˈkredɪtəbl] ADJ (ADV **creditably**) (**to**) rühmlich, ehrenvoll (für), lobens-, anerkennenswert (von), achtbar: **be ~ to sb** j-m Ehre machen

credit| account S WIRTSCH 1 Konto *n* mit Kreditsaldo 2 *Br* Kundenkreditkonto *n* 3 *Br* Abzahlungskonto *n (bei Teilzahlungen)*; **~ agency** S WIRTSCH Auskunftei *f (über Kreditwürdigkeit)*; **~ balance** S WIRTSCH Kreditsaldo *m*, Guthaben *n*; **~ bank** S WIRTSCH Kreditbank *f*, -anstalt *f*; **~ card** S Kreditkarte *f*; **~-card** ADJ: **~ company** Kreditkartengesellschaft *f*; **~ holder** Kreditkarteninhaber(in); **~ crunch** → credit squeeze; **~ currency** → credit money 1; **~ entry** S WIRTSCH Gutschrift *f*; **~ hour** S UNIV *US* anrechenbare (Vorlesungs)Stunde; **~ instrument** S WIRTSCH Kreditinstrument *n (Wechsel etc)*; **~ insurance** S WIRTSCH Kreditversicherung *f*; **~ interest** S WIRTSCH Habenzinsen *pl*; **~ limit** S WIRTSCH Kreditrahmen *m*; **~ line** S 1 *US* → credit limit 2 Herkunfts-, Quellenangabe *f*; **~ memorandum** *US* → credit slip 2; **~ money** S WIRTSCH 1 nicht voll gedeckte Währung 2 Kreditgeld *n*; **~ note** S WIRTSCH *Br* Gutschriftsanzeige *f*

creditor [ˈkredɪtə(r)] S WIRTSCH 1 Gläubiger(in): **~ of a bankrupt's estate** Massegläubiger; **~s' committee** Gläubigerausschuss *m*; **~s' petition** Konkurseröffnungsantrag *m* der Gläubiger 2 a Kredit(seite) *m(f)*, Haben *n* b *pl Bilanz*: *Br* Kreditoren *pl*, Verbindlichkeiten *pl*

credit| rating S WIRTSCH (Einschätzung *f* der) Kreditfähigkeit *od* -würdigkeit; **~ report** S WIRTSCH Kreditauskunft *f*; **~ risk** S WIRTSCH Kreditrisiko *n*; **~ sale** S WIRTSCH Kredit(ver)kauf *m*, Abzahlungskauf *m*; **~ side** S WIRTSCH Kredit-, Habenseite *f*; **~ slip** S 1 *Br* Einzahlungsschein *m* 2 WIRTSCH Gutschriftsanzeige *f*; **~ squeeze** S WIRTSCH Kreditrestriktion *f*; **~ standing** S WIRTSCH Kreditwürdigkeit *f*; **~ titles** → credit A 14; **~worthiness** S WIRTSCH Kreditwürdigkeit *f*; **~worthy** ADJ WIRTSCH kreditwürdig

credo [ˈkriːdəʊ; ˈkreɪ-] *pl* -**dos** S → creed 1 a, 2

credulity [krɪˈdjuːlətɪ; *US a.* -ˈduː-] S Leichtgläubigkeit *f*

credulous [ˈkredjʊləs; *US* -dʒələs] ADJ (ADV **~ly**) leichtgläubig; **credulousness** → credulity

creed [kriːd] S 1 REL a Glaubensbekenntnis *n* b Glaube *m*, Bekenntnis *n*, Konfession *f*: **the (Apostles')** ≈ das Apostolische Glaubensbekenntnis 2 *fig* Überzeugung *f*, Kredo *n*, Weltanschauung *f*

creek [kriːk; *US a.* krɪk] S 1 *US* Bach *m* 2 *bes Br* kleine Bucht 3 **be up the ~** *umg* a in der Klemme sein *od* sitzen *od* stecken b falsch sein *(Information etc)*

creel [kriːl] S Weiden-, Fischkorb *m (des Anglers)*

creep [kriːp] A V/I *prät u. pperf* **crept** [krept] 1 kriechen: a krabbeln b *a.* **~ along** *fig* sich dahinschleppen, schleichen *(Arbeit, Zeit etc)*: **the hours crept by** die Stunden schlichen dahin c im Kriech- *od* Schneckentempo gehen *od* fahren: **~ up** langsam steigen *(Preise etc)* d unterwürfig sein: **~ back** *(demütig)* wieder angekrochen kommen; **~ into sb's favo(u)r** sich bei j-m einschmeicheln 2 schleichen: **~ in(to)** a (sich) hinein- *od* hereinschleichen (in *akk*) b sich einschleichen (in *akk*) *(Fehler etc)*; **~ over sb** j-n beschleichen *od* überkommen *(Gefühl)*; **~ up** (sich) heranschleichen (**on** an *akk*); **old age ~s upon us** wir werden alt, ohne es zu merken 3 kribbeln: **his flesh was ~ing** er bekam e-e Gänsehaut, es überlief ihn kalt; **the sight made her flesh ~** bei dem Anblick bekam sie e-e Gänsehaut 4 BOT a kriechen b klettern, sich ranken 5 TECH a kriechen, (ver)rutschen, wandern b sich dehnen *od* verziehen 6 ELEK nacheilen B V/T *obs* kriechen über *(akk)* C S 1 Kriechen *n*: **go at a ~** → A 1 c 2 *pl umg* Gänsehaut *f*: **the sight gave me the ~s** bei dem Anblick überlief es mich kalt *od* bekam ich e-e Gänsehaut 3 GEOL Rutsch *m*, Bodenkriechen *n* 4 TECH a Kriechdehnung *f* b Kriechen *n*, Wandern *n* 5 ELEK Nacheilen *n* 6 *umg pej* Kriecher(in) 7 *sl* Widerling *m* 8 *US sl* Spion(in)

creepage [ˈkriːpɪdʒ] S 1 ELEK Kriechen *n*: **~ path** Kriechweg *m*, -strecke *f* 2 → creep C 4

creeper [ˈkriːpə(r)] S 1 Kriechtier *n* 2 *obs umg pej* Kriecher(in) 3 *pl*, *a.* **pair of ~s** *US* (einteiliger) Spielanzug *(für Kleinkinder)* 4 BOT a Kriechpflanze *f* b Kletterpflanze *f* 5 ORN *(ein)* Baumläufer *m* 6 SCHIFF Dragganker *m*, Dragge *f* 7 *Bergsteigen*: Steigeisen *n* 8 TECH a Förderband *n* b Transportschnecke *f* 9 *umg* Leisetreter *m (Schuh mit weicher Sohle)*; **~ lane** S AUTO *US* Kriechspur *f*; **~ title** → creeping title

creephole S Schlupfloch *n (a. fig)*

creeping [ˈkriːpɪŋ] A ADJ (ADV **~ly**) 1 kriechend: **~ inflation** WIRTSCH schleichende Inflation; **~ Jesus** *sl pej* Betbruder *m*, -schwester *f*, Frömmler(in) 2 BOT a kriechend b kletternd 3 kribbelnd: **~ sensation** grus(e)liges Gefühl, Gänsehaut *f* B S 1 Kriechen *n* 2 → creep C 4; **~ barrage** S MIL Feuerwalze *f*; **~ current** S ELEK Kriechstrom *m*; **~ disk** S ZOOL Kriechsohle *f (der Schnecken etc)*; **~ title** S FILM Fahrtitel *m*

creepy [ˈkriːpɪ] ADJ (ADV **creepily**) 1 kriechend: a krabbelnd b schleichend, sehr langsam 2 grus(e)lig, unheimlich; **~crawly** *Br umg* A S Krabbeltier *n* B ADJ 1 krabbelnd 2 → creeping A 3

creese [kriːs] → kris

cremains [krɪˈmeɪnz] SPL Asche *f (e-r eingeäscherten Leiche)*

C

C

cremate [krɪˈmeɪt; *US bes* ˈkriːˌm-] V/T *bes Leichen* verbrennen, einäschern; **cremation** [krɪˈmeɪʃn] S (*bes* Leichen)Verbrennung *f*, Einäscherung *f*, Feuerbestattung *f*; **cremator** [krɪˈmeɪtə(r); *US bes* ˈkriːˌm-] S 1 Leichenverbrenner(in) 2 *bes Br* Leichenverbrennungsofen *m* 3 *US* Krematorium *n*

crematorium [ˌkreməˈtɔːrɪəm; *US* ˌkriːməˈtəʊ-] *pl* -riums, -ria [-ə] S Krematorium *n*; **crematory** [ˈkremətərɪ; *US* ˈkriːməˌtəʊriː] *bes US* A S 1 Krematorium *n* 2 Leichenverbrennungsofen *m* B ADJ Feuerbestattungs…

crème [kreɪm; *bes US* krem; kriːm] S 1 Creme *f* 2 Creme(speise) *f* 3 Cremelikör *m*; **~ de la crème** S *fig* a (*das*) Beste vom Besten b (*die*) Crème de la Crème; **~ de menthe** [-dəˈmɑːnt; *US bes* -ˈmɪnt; -ˈmentθ] S Pfefferminzlikör *m*

crenate [ˈkriːneɪt], **crenated** ADJ ANAT, BOT gekerbt, gefurcht; **crenation** [krɪˈneɪʃn], **crenature** [ˈkrenəˌtjʊə; ˈkriː-; *US* -tʃər] S Furchung *f*, Kerbung *f*

crenel [ˈkrenl] A S MIL Schießscharte *f* B V/T → crenellate A

crenelate, *etc US* → crenellate *etc*

crenellate [ˈkrenəleɪt] A V/T 1 krenelieren, mit Zinnen versehen 2 ARCH mit e-m zinnenartigen Ornament versehen B ADJ [*a.* -nlət] → crenellated; **crenellated** ADJ 1 kreneliert, mit Zinnen (versehen) 2 ARCH mit e-m zinnenartigen Ornament (versehen) 3 → crenulate; **crenellation** S 1 Krenelierung *f* 2 Zinne *f* 3 Auskerbung *f*, Kerbe *f* 4 → crenulation

crenulate [ˈkrenjʊlət; -leɪt], **crenulated** [-leɪtɪd] ADJ BOT fein gekerbt; **crenulation** S BOT feine Kerbung

creole [ˈkriːəʊl] A S 1 Kreole *m*, Kreolin *f* 2 LING Kreolisch *n*, das Kreolische B ADJ kreolisch, Kreolen…

creosol [ˈkriːəsɒl; -səʊl] S CHEM Kreosol *n*

creosote [ˈkrɪəsəʊt] S 1 PHARM Kreosot *n* (*aus Buchenholzteer gewonnenes Öl*) 2 CHEM Steinkohlenteerkreosot *n*

crepe, **crêpe** [kreɪp] A S 1 Krepp *m* 2 Trauerflor *m* 3 → crepe paper 4 → crepe rubber B V/T mit Krepp verzieren; **~ de Chine** [-dəˈʃiːn] S Crêpe *m* de Chine (*feinnarbiges Gewebe aus Natur- od Kunstseide*); **~hanger** S *US umg* Schwarzseher(in); **~ paper** S Krepppapier *n*; **~ rubber** S Kreppgummi *m/n*; **~ suzette** [suːˈzet] *pl* crepes suzette [kreɪps], crepe suzettes [suːˈzets] S Crêpe *f* Suzette (*dünner Eierkuchen, mit Weinbrand od Likör flambiert*)

crepitant [ˈkrepɪtənt] ADJ knisternd, knackend, Knack…; **crepitate** [-teɪt] V/I knistern, knacken; **crepitation** S Knistern *n*, Knacken *n*

crept [krept] *prät u. pperf von* creep

crepuscle [krɪˈpʌsl; *Br a.* ˈkrepəsl] → crepuscule; **crepuscular** [-kjʊlə(r)] ADJ 1 Dämmerungs… 2 dämmerig, Dämmer… 3 ZOOL im Zwielicht aktiv; **crepuscule** [ˈkrepəskjuːl; *US bes* krɪˈpʌskjuːl] S Zwielicht *n*, (Morgen- *od* Abend)Dämmerung *f*

Cres. ABK Crescent (*in Straßennamen*)

crescendo [krɪˈʃendəʊ; krə-] A *pl* -dos S MUS Crescendo *n* (*a. weitS.*) B ADJ anschwellend, stärker werdend C ADV 1 MUS crescendo 2 anschwellend, mit zunehmender Lautstärke D V/I anschwellen, stärker werden

crescent [ˈkresnt] A S 1 Halbmond *m*, Mondsichel *f* 2 POL Halbmond *m* (*Symbol der Türkei od des Islams*) 3 *etwas Halbmondförmiges, bes Br halbmondförmiger Straßenzug*: **Pelham** ♀ 4 MUS Schellenbaum *m* 5 *a.* **~ roll** *US* Hörnchen *n* (*Gebäck*) B ADJ 1 halbmond-, sichelförmig 2 *obs od poet* zunehmend, wachsend

cress [kres] S BOT Kresse *f*

cresset [ˈkresɪt] S HIST Stocklaterne *f*, Kohlen-, Pechpfanne *f*

crest [krest] A S 1 ORN a (*Feder-, Haar-*) Büschel *n*, Haube *f* b (*Hahnen*) Kamm *m* 2 ZOOL Kamm *m* (*des Pferdes etc*) 3 ZOOL (*Pferde- etc*) Mähne *f* 4 Helmbusch *m*, -schmuck *m* (*a. Heraldik*) 5 *Heraldik*: a Verzierung *f* über dem (Familien)Wappen b Wappen *n*: **family ~** 6 Helm *m* 7 Gipfel *m* (*e-s Berges etc*) 8 (*Berg*) Kamm *m*, Grat *m* 9 (*Wellen*) Kamm *m*: **he's riding (along) on the ~ of a wave** *fig* er schwimmt im Augenblick ganz oben; **he's riding the ~ of a wave of success** er schwimmt *od* reitet auf e-r Erfolgswelle; **she's riding the ~ of a wave of popularity** sie wird von e-r Woge der Popularität getragen 10 *fig* Krone *f*, Gipfel *m*, Scheitelpunkt *m*: **at the ~ of his fame** auf dem Gipfel s-s Ruhms 11 *fig* Höchst-, Scheitelwert *m*, Gipfel *m*, Spitze *f*: **~ factor** PHYS Scheitelfaktor *m*; **~ voltage** ELEK Spitzenspannung *f* 12 a Stolz *m* b Mut *m* c Hochgefühl *n* 13 ANAT (*Knochen*) Leiste *f*, Kamm *m* 14 ARCH Krone *f*, Firstkamm *m*: **~ tile** Kamm-, Firstziegel *m* B V/T 1 mit e-m Kamm *etc* versehen 2 *fig* krönen 3 erklimmen C V/I hoch aufwogen (*Welle*); **~ clearance** S TECH Kopf-, Spitzenspiel *n*

crested [ˈkrestɪd] ADJ mit e-m Kamm *etc* (versehen), Schopf…: **~ lark** ORN Haubenlerche *f*

crestfallen [ˈkrestˌfɔːlən] ADJ 1 *fig* niedergeschlagen, geknickt 2 mit seitwärts hängendem Hals (*Pferd*)

cresylic [krɪˈsɪlɪk] ADJ CHEM Kresol…: **~ acid**; **~ resin** Kresolharz *n*

cretaceous [krɪˈteɪʃəs] A ADJ (ADV ~ly) 1 kreidig, kreideartig *od* -haltig, Kreide… 2 ♀ GEOL Kreide…: ♀ **formation** → B; ♀ **period** → B B S ♀ GEOL a Kreide(formation) *f* b Kreidezeit *f*

Cretan [ˈkriːtn] A ADJ kretisch, aus Kreta B S Kreter(in); **Crete** [kriːt] S Kreta *n*; **cretic** S LIT Kretikus *m* (*ein Versfuß*)

cretin [ˈkretɪn; *bes US* ˈkriː-] S MED Kretin *m* (*a. fig pej*); **cretinism** S MED Kretinismus *m* (*auf Unterfunktion der Schilddrüse beruhendes Zurückbleiben der körperlichen u. geistigen Entwicklung*); **cretinous** ADJ kretinhaft

cretonne [ˈkretɒn; kreˈtɒn; *US* ˈkriːˌtɑn; krɪˈtɑn] S Cretonne *f/m*, Kretonne *f/m* (*Baumwollgewebe in Leinenbindung*)

Creutzfeldt-Jakob disease [ˌkrɔɪtsfeltˈjækɒb; *US* -ˈjɑːkəʊb] S MED Creutzfeld-Jakobsche Krankheit *f*, Jakob-Creutzfeldsche Krankheit *f*

crevasse [krəˈvæs] A S 1 tiefer Spalt *od* Riss 2 Gletscherspalte *f* 3 *US* Bruch *m* im Deich *od* Schutzdamm B V/T tiefe Risse verursachen in (*dat*)

crevice [ˈkrevɪs] S Riss *m*, Spalt *m*, (Fels)Spalte *f*; **~ nozzle** S Fugendüse *f* (*e-s Staubsaugers*)

crew[1] [kruː] S 1 (*Arbeits*) Gruppe *f*, (*Bau- etc*) Trupp *m*, (*Arbeiter*) Kolonne *f* 2 *allg* TECH (*Bedienungs*) Mannschaft *f* 3 a FLUG, SCHIFF Besatzung *f* b SCHIFF *engS.* Mannschaft *f* (*Ggs Offiziere*) 4 SPORT a (*Boots*) Mannschaft *f* b *US umg* (*das*) Rudern 5 *US* Pfadfindergruppe *f* 6 Belegschaft *f*, (Dienst)Personal *n*: **~ of a train** Zugpersonal 7 (*obs* bewaffneter) Haufe, Schar *f* 8 *bes pej* Bande *f*

crew[2] [kruː] *prät von* crow[2]

crew cut S Bürstenschnitt *m* (*Frisur*)

crewel [ˈkruːəl] S Crewelgarn *n*

crew| neck S runder Ausschnitt; **~-neck** ADJ mit rundem Ausschnitt

crib [krɪb] A S 1 Kinderbettchen *n* 2 a Hürde *f*, Pferch *m*, Stall *m* b Stand *m*, Box *f* (*in Ställen*) c (Futter)Krippe *f* 3 *bes Br* (Weihnachts)Krippe *f* 4 Hütte *f*, Kate *f* 5 kleiner, enger Raum 6 Geräteraum *m* 7 *umg* Bude *f* 8 *umg* Puff *m/n* (*Bordell*) 9 *obs* Weidenkorb *m* (*Fischfalle*) 10 TECH a Senkkiste *f* b Latten-, Holzgerüst *n* c Kranz *m* (*zum Schachtausbau*) d Holzfütterung *f* (*e-s Schachts*) e Bühne *f* 11 *umg* a kleiner Diebstahl b Anleihe *f*, Plagiat *n* 12 SCHULE *umg* a Eselsbrücke *f*, Klatsche *f* (*Übersetzungshilfe*) b Spickzettel *m* c *his answer* **was a ~** war gespickt 13 a *Cribbage*: für den Geber abgelegte Karten *pl* b *umg* → cribbage B V/T 1 ein-, zusammenpferchen 2 TECH a mit e-m Holzgerüst stützen b *e-n Schacht* auszimmern 3 *umg* klauen (*a. fig plagiieren*) 4 SCHULE *umg* abschreiben, spicken (*beide*: **off, from** von) C V/I 1 *umg* klauen (*a. fig plagiieren*) 2 SCHULE *umg* abschreiben, spicken (*beide*: **of, from** von)

cribbage [ˈkrɪbɪdʒ] S Cribbage *n* (*ein Kartenspiel*): **~ board** Markierbrett *n*

crib|-biter S Krippensetzer *m* (*Pferd*); **~ biting** S Krippensetzen *n*; **~ death** S MED plötzlicher Kindstod

cribrate [ˈkrɪbrət; -reɪt] ADJ BOT, ZOOL siebartig durchlöchert; **cribriform** [-rɪfɔː(r)m] ADJ ANAT, ZOOL siebförmig

cribwork S TECH 1 (*Bau- od Stapel*)*Konstruktion mit längs u. quer übereinanderliegenden Träger*(*balken*)*lagen* 2 *Bergbau*: Ring- *od* Kranzausbau *m*

crick [krɪk] MED A S: **a ~ in one's back (neck)** ein steifer Rücken (Hals) B V/T: **~ one's back (neck)** sich e-n steifen Rücken (Hals) holen

cricket[1] [ˈkrɪkɪt] S ZOOL (*bes* Haus)Grille *f*, Heimchen *n*: **(as) lively as a ~** putzmunter

cricket[2] [ˈkrɪkɪt] SPORT A S Kricket *n*: **not be ~** *umg* nicht fair *od* anständig sein B V/I Kricket spielen

cricket[3] [ˈkrɪkɪt] S Schemel *m*

cricketer [ˈkrɪkɪtə(r)] S SPORT Kricketspieler *m*

cricoid [ˈkraɪkɔɪd] ANAT A ADJ ringförmig: **~ cartilage** → B B S Ringknorpel *m*

crier [ˈkraɪə(r)] S 1 Schreier(in), Schreihals *m pej* 2 HIST (öffentlicher) Ausrufer 3 Marktschreier(in)

crikey [ˈkraɪkɪ] INT *sl* Mensch!, Mann!

crim. ABK criminal

crime [kraɪm] S 1 JUR a Verbrechen *n*, Straftat *f*: **~ against humanity** Verbrechen gegen die Menschlichkeit; **~ prevention** Verbrechensverhütung *f*; **~ rate** Zahl *f* der Verbrechen; **~ sheet** MIL Vorstrafenregister *n*; **~ syndicate** Verbrechersyndikat *n*; **~ thriller** Krimi *m* (*Film, Roman*); **~ wave** Welle *f* von Verbrechen b *koll* Verbrechen *pl*: **~ doesn't pay** Verbrechen zahlen sich nicht aus 2 → criminality 1 3 Frevel *m*: a Übel-, Untat *f* b schwere Sünde 4 *umg* a Verbrechen *n*: **it would be a ~ to waste such an opportunity** b Jammer *m*, Zumutung *f*: **it is a ~ to have to listen to that**

Crimea [kraɪˈmɪə] S Krim *f*; **Crimean** [kraɪˈmɪən; krɪˈm-] ADJ Krim…, die Krim betreffend: **~ War** Krimkrieg *m* (*1853-56*)

criminal [ˈkrɪmɪnl] A ADJ (ADV → criminally) 1 JUR *u. allg* kriminell (*a. fig umg*), verbrecherisch: **that is not ~** das ist kein Verbrechen; **~ act** (*od* **offence**, *US* **offense**) Straftat *f*, strafbare Handlung; **~ association** kriminelle Vereinigung; **~ conversation** Ehebruch *m*; **~ intent** verbrecherische Absicht; **~ negligence** grobe Fahrlässigkeit; → assault A 3, record C 5 2 JUR strafrechtlich, Straf…, Kriminal…: **~ action** Strafprozess *m*, -verfahren *n*; **~ appeal** Berufung *f od* Revision *f* in Strafsachen; **~ capacity** strafrechtliche Verantwortlichkeit, Schuldfähigkeit *f*; **~ code** (*US* Bundes)Strafgesetzbuch *n*; ~ **discretion** Strafmündigkeit *f*; ♀ **Investigation Department** Kriminalpolizei *f*; ~ **jurisdiction** Strafgerichtsbarkeit *f*, Zuständigkeit *f* in Strafsachen; ~ **justice** Strafrechtspflege *f*; ~ **law** Strafrecht *n*; ~ **lawyer** a Anwalt *m od* Anwältin *f* für Strafsachen b Strafverteidiger(in); ~ **liability** strafrechtliche Verantwortlichkeit, Schuldfähigkeit *f*; **incur ~ liability** sich strafbar machen; ~ **proceedings** *pl* Strafprozess *m*, -verfahren *n* B S Verbrecher(in), Kriminelle(r) *m/f(m)*: **become a ~** kriminell werden

criminalist ['krɪmɪnlɪst] S 1 Kriminalist(in), Strafrechtler(in) 2 Kriminologe *m*, Kriminologin *f*; **criminalistics** SPL *(als sg konstruiert)* Kriminalistik *f (Lehre von der Aufklärung u. Verhinderung von Verbrechen)*; **criminality** [-'nælətɪ] S 1 Kriminalität *f*, Verbrechertum *n* 2 Strafbarkeit *f*; **criminalize** V/T 1 *etwas* unter Strafe stellen 2 *j-n, etwas* kriminalisieren

criminally ['krɪmɪnəlɪ] ADV 1 → criminal A 1 2 in verbrecherischer Weise *od* Absicht 3 strafrechtlich: ~ **liable** strafrechtlich verantwortlich, schuldfähig

criminate ['krɪmɪneɪt] V/T 1 anklagen, e-s Verbrechens beschuldigen 2 *etwas* scharf tadeln, verurteilen 3 in ein Verbrechen verwickeln 4 für schuldig erklären; **crimination** S JUR Anklage *f*, An-, Beschuldigung *f*; **criminative** [-nətɪv; *US* -ˌneɪ-], **criminatory** [-nətərɪ; *US* -nəˌtəʊriː; -ˌtɔː-] ADJ anklagend, beschuldigend

criminologist [ˌkrɪmɪ'nɒlədʒɪst; *US* -'nɑl-] S Kriminologe *m*, Kriminologin *f*; **criminology** S Kriminologie *f (Wissenschaft von der Aufklärung u. Verhütung von Verbrechen)*

crimp[1] [krɪmp] A V/T 1 kräuseln, kreppen, knittern, wellen 2 falten, fälteln 3 *das Haar (bes* mit der Brennschere*)* wellen *od* locken 4 *Leder* zurechtbiegen 5 TECH bördeln, randkehlen, sicken: ~ **over** umfalzen; **~ed joint** Sickenverbindung *f* 6 *den Rand der Patronenhülse (nach Einbringen der Ladung)* anwürgen 7 GASTR *Fisch, Fleisch* (auf)schlitzen *(um das Fleisch fester zu machen)* 8 *US umg* behindern, stören B S 1 Kräuselung *f*, Welligkeit *f* 2 Krause *f*, Falte *f* 3 Welle *f*, Locke *f (im Haar)* 4 TECH Falz *m* 5 *US umg* Hindernis *n*, Behinderung *f*: **put a ~ in** → A 8

crimp[2] [krɪmp] V/T *bes* HIST *Matrosen, Soldaten* a durch List anwerben b (zum Dienst) pressen

crimper ['krɪmpə(r)] S TECH 1 Bördel-, Rändel-, Sickenmaschine *f* 2 Lederpresse *f* 3 *Arbeiter, der kräuselt etc*; ~ **iron** S TECH a Stellschere *f* b Rillenstempel *m*; ~ **press** S TECH Bördelpresse *f*

crimpy ['krɪmpɪ] ADJ lockig, wellig

crimson ['krɪmzn] A S Karmesin-, Karmin-, Hochrot *n* B ADJ 1 karmesin-, karmin-, hochrot 2 puterrot (**with** vor *Scham, Zorn etc*) C V/T hochrot färben D V/I puterrot werden (*[im] Gesicht*) (**with** vor *dat*)

cringe [krɪndʒ] A V/I 1 sich *(bes furchtsam od unterwürfig)* ducken: ~ **(at)** a zusammenzucken (bei) b zurückschrecken (vor *dat*) 2 *fig* kriechen, katzbuckeln *(beide pej) (beide:* **before, to** vor *dat)* B S a kriecherische Höflichkeit b kriecherische Verbeugung; **cringing** A ADJ (ADV ~ly) kriecherisch, unterwürfig B S Kriechen *n*: ~ **and fawning** kriecherische Schmeichelei

crinite ['kraɪnaɪt] ADJ BIOL behaart

crinkle ['krɪŋkl] A V/I 1 sich kräuseln 2 Falten werfen 3 knittern 4 rascheln, knistern B V/T 1 krümmen, (wellenförmig) biegen 2 faltig machen 3 zerknittern 4 kräuseln C S Falte *f*, *(im Gesicht)* Fältchen *n*

crinkly ['krɪŋklɪ] ADJ 1 gekräuselt, kraus 2 faltig 3 zerknittert 4 raschelnd, knisternd

crinoid ['kraɪnɔɪd; 'krɪn-] A ADJ 1 lilienartig 2 ZOOL Seelilien... B S ZOOL Seelilie *f*, Haarstern *m*

crinoline ['krɪnəliːn; -lɪn; *US* 'krɪnlən] S 1 leichtes Steifleinen 2 HIST Krinoline *f*, Reifrock *m* 3 SCHIFF Torpedoabwehrnetz *n*

cripes [kraɪps] INT *sl* Mensch!, Mann!

cripple ['krɪpl] A S *pej* 1 Krüppel *m (a. fig)*: **a mental ~** 2 *fig US* kaputte *od* verpfuschte Sache B V/T 1 a zum Krüppel machen b lähmen 2 *fig* lähmen, lahmlegen 3 TECH außer Funktion setzen; **crippled** [-pld] ADJ 1 a verkrüppelt b gelähmt 2 *fig* gelähmt, lahmgelegt; **crippling** A ADJ (ADV ~ly) lähmend *(a. fig)* B S 1 *fig* Lähmung *f*, Lahmlegung *f* 2 ARCH Stützbalken *pl*

crisis ['kraɪsɪs] *pl* -ses [-siːz] S 1 Krise *f*, Krisis *f (beide a.* MED*)*: ~ **of confidence** Vertrauenskrise; ~ **of identity** Identitätskrise; ~ **center** *(bes Br* **centre***)* Krisenherd *m*; ~ **management** Krisenmanagement *n* 2 Krise *f*, Krisis *f*, Wende-, Höhepunkt *m (alle a.* THEAT*)*; **~-battered** ADJ krisengeschüttelt

crisp [krɪsp] A ADJ (ADV ~ly) 1 knusp(e)rig, mürbe *(Gebäck etc)* 2 bröck(e)lig, spröde 3 a drahtig b kraus *(Haar)* 4 neu, steif *(Papier)* 5 frisch, knackig, fest *(Gemüse)* 6 forsch, schneidig *(Art etc)* 7 flott, lebhaft 8 knapp, treffend *(Antwort etc)* 9 a lebendig, flott *(Dialog etc)* b klar *(Stil etc)* 10 scharf, frisch *(Brise etc)* B S 1 *(etwas)* Knusp(e)riges 2 *pl bes Br (Kartoffel)* Chips *pl* 3 Knusp(e)rigkeit *f*: **done to a ~** a knusp(e)rig gebacken *od* gebraten b verbrannt *(Toast etc)* C V/T 1 knusp(e)rig backen *od* braten, braun rösten 2 *j-s Haar etc* kräuseln D V/I 1 knusp(e)rig werden 2 sich kräuseln

crispate ['krɪspeɪt], **crispated** ADJ gekräuselt, kraus; **crispation** S 1 Kräuselung *f* 2 MED leichtes Muskelzucken

crispbread S Knäckebrot *n*

crispen ['krɪspn] → crisp C, D; **crisper** S Gemüsefach *n (im Kühlschrank)*

crispness ['krɪspnɪs] S 1 Knusp(e)rigkeit *f* 2 Frische *f*, Festigkeit *f* 3 Forschheit *f*, Schneidigkeit *f* 4 Knappheit *f* 5 Lebendigkeit *f* 6 Schärfe *f*; **crispy** ADJ (ADV crispily) → crisp A 1, A 2, A 3, A 4

crisscross ['krɪskrɒs] A ADJ gekreuzt, kreuzweise, kreuz u. quer laufend, Kreuz... B S 1 Netz *n* sich schneidender Linien, Gewirr *n* 2 *US* → noughts and crosses C ADV 1 (kreuz u.) quer, kreuzweise, in die Quere, durcheinander 2 **go ~** *fig* schiefgehen D V/T 1 (wiederholt durch-)kreuzen, kreuz u. quer durchstreichen 2 kreuz u. quer durch *die Welt etc* ziehen E V/I 1 sich kreuzen, sich überschneiden 2 kreuz u. quer (ver)laufen

cristobalite [krɪs'təʊbəlaɪt] S MINER Cristobalit *m*

crit. ABK 1 critical 2 criticism

criterion [kraɪ'tɪərɪən] *pl* -ria [-ə], -rions S Kriterium *n*, Prüfstein *m*, Maßstab *m*, Richtschnur *f*, (Unterscheidungs)Merkmal *n*: **that is no ~** das ist nicht maßgebend (**for** für); **what criteria do you use when …?** welche Maßstäbe legen Sie an, wenn …?, nach welchen Kriterien …?

critic ['krɪtɪk] S Kritiker(in): a Beurteiler(in): **he is his own severest ~** er ist selbst sein strengster Kritiker b Rezensent(in) c Krittler(in)

critical ['krɪtɪk] ADJ (ADV ~ly) kritisch: a (streng) prüfend, sorgfältig (prüfend), anspruchsvoll b missbilligend, tadelnd *(beide:* **of** *akk)*: **be ~ of (***od* **about) sth** an e-r Sache etwas auszusetzen haben, e-r Sache kritisch gegenüberstehen, etwas kritisieren; sich kritisch mit etwas auseinandersetzen c wissenschaftlich erläuternd: ~ **edition** kritische Ausgabe d kunstverständig (urteilend): **his novel failed ~ly** sein Roman fiel bei der Kritik durch e entscheidend: **the ~ moment** f gefährlich, bedenklich, ernst, brenzlig *(Situation etc)*: ~ **altitude** FLUG kritische Höhe; ~ **angle** PHYS kritischer Winkel; ~ **angle (of attack)** FLUG kritischer Anstellwinkel; **he is in (a) ~ condition** MED sein Zustand ist kritisch, er schwebt in Lebensgefahr; ~ **constants** PHYS kritische Konstanten; **be ~ly injured** lebensgefährlich verletzt werden; ~ **load** Grenzbelastung *f*; ~ **path planning** WIRTSCH Netzplantechnik *f*; ~ **speed** FLUG kritische Geschwindigkeit, TECH kritische Drehzahl; ~ **temperature** *(Thermodynamik)* kritische Temperatur g schwierig: ~ **supplies** Mangelgüter h *(Kernphysik) in e-m Zustand, in dem ebenso viel Neutronen erzeugt werden wie aus dem Reaktor ausfließen u. absorbiert werden, sodass die Kettenreaktion gerade aufrechterhalten wird (Reaktor)*: **go ~** kritisch werden; ~ **mass** kritische Masse; **criticalness** S *(das)* Kritische

criticaster [ˌkrɪtɪ'kæstə(r); 'krɪtɪk-] S Kritikaster(in)

criticism ['krɪtɪsɪzəm] S 1 Kritik *f* (**of** an *dat*): a kritische Beurteilung b Tadel *m*, Vorwurf *m*: **open to ~** anfechtbar; **above ~** über jede Kritik *od* jeden Tadel erhaben; **make veiled ~ of** verhüllte Kritik üben an *(dat)* c → critique 1 d kritische Untersuchung *(der Bibel etc)* 2 PHIL Kritizismus *m (Verfahren, vor dem Aufstellen e-s neuen philosophischen Systems, e-r Weltanschauung etc die Möglichkeiten u. Grenzen menschlicher Erkenntnis festzustellen)*

criticizable ['krɪtɪsaɪzəbl] ADJ kritisierbar; **criticize** A V/I kritisieren: a Kritik üben b kritteln B V/T kritisieren: a kritisch beurteilen b Kritik üben an *(dat)*, bekritteln, bemängeln, tadeln, rügen: ~ **sb for doing sth** j-n kritisieren, weil er etwas tut *od* getan hat c besprechen, rezensieren

critique [krɪ'tiːk] S 1 Kritik *f*, Rezension *f*, kritische Abhandlung *od* Besprechung 2 kritische Untersuchung, Kritik *f*

critter ['krɪtər] *US dial für* creature

croak [krəʊk] A V/I 1 quaken *(Frosch)* 2 krächzen *(Rabe etc, a. fig Mensch)* 3 *fig* a murren b unken, schwarzsehen 4 *sl* abkratzen B V/T 1 *etwas* krächzen(d sagen) 2 *sl* abmurksen C S 1 Quaken *n*, Gequake *n* 2 Krächzen *n*, Gekrächze *n*; **croaker** S 1 Unke *f*, Schwarzseher(in) 2 *US sl* Doktor *m*, Doktorin *f*; **croaky** ADJ (ADV croakily) 1 quakend 2 krächzend

Croat ['krəʊæt; *US a.* krəʊt] S Kroate *m*, Kroatin *f*; **Croatia** [krəʊ'eɪʃə] S Kroatien *n*; **Croatian** [krəʊ'eɪʃjən; *bes US* -'eɪʃn] A ADJ kroatisch B S 1 → Croat 2 LING Kroatisch *n*, das Kroatische

crochet ['krəʊʃeɪ; -ʃɪ; *US* krəʊ'ʃeɪ] A S a. ~ **work** Häkelarbeit *f*, Häkelei *f*: ~ **hook** Häkelnadel *f* B V/T & V/I häkeln

crock[1] [krɒk; *US* krɑk] S 1 irdener Topf *od* Krug: **~s** *pl* → crockery 2 Tonscherbe *f*

crock[2] [krɒk; *US* krɑk] *sl* A S 1 Klepper *m*, alter Gaul 2 a Wrack *n (Person od Sache)* b Klapperkasten *m (Auto)* 3 *US* eingebildete(r) Kranke(r) B V/I *oft* ~ **up** zusammenbrechen C V/T kaputt machen

crock[3] [krɒk; *US* krɑk] A S 1 *bes Br dial* a Ruß *m* b Schmutz *m* 2 abgehende Farbe B V/T *bes Br dial* beschmutzen

crocked [krɑkt] ADJ *US sl* blau *(betrunken)*

crockery ['krɒkərɪ; *US* 'krɑ-] S KOLL irdenes Geschirr, Steingut *n*, Töpferware *f*

crocket ['krɒkɪt; *US* 'krɑ-] S ARCH Kriechblume *f*, Krabbe *f (Ornament)*

C

crocodile ['krɒkədaɪl; *US* 'krɑ-] A S 1 ZOOL Krokodil *n* 2 *bes Br umg* Schulkinder *pl* in Zweierreihen 3 Krokodilleder *n* B ADJ krokodilledern (*Schuhe etc*); **~ clip** S TECH Krokodilklemme *f*; **~ tears** SPL Krokodilstränen *pl*

crocodilian [ˌkrɒkə'dɪljən; -ɪən; *US* ˌkrɑ-] ZOOL A S Krokodil *n* B ADJ 1 zu den Krokodilen gehörig 2 krokodilartig

crocus ['krəʊkəs] S 1 BOT Krokus *m* 2 TECH Polierrot *n*

Croesus ['kriːsəs] S Krösus *m* (*?-546 v.Chr.; König von Lydien*): **(as) rich as ~** steinreich

croft [krɒft] S *Br* (*bes in Schottland*) 1 kleines Stück Land *od* kleines Pachtgrundstück (*beim Haus*) 2 kleiner Bauernhof; **crofter** S a Kleinbauer *m*, -bäuerin *f* b Kleinpächter(in)

Crohn's disease [krəʊnz] S MED Crohn-Krankheit *f* (*Erkrankung des unteren Krummdarms*)

croissant ['krwɑːsɑ̃ːŋ; *US* krəˌwɑː'sɑːŋ] S Croissant *n*, Hörnchen *n*

Cro-Magnon man [krəʊ'mænjɔ̃ːŋ; -jɒn; *bes US* -'mægnən; -'mænjən] S Cromagnonmensch *m* (*Mensch in der jüngeren Altsteinzeit*)

cromlech ['krɒmlek; *US* 'krɑm-] S 1 Kromlech *m*, druidischer Steinkreis 2 → dolmen

Cromwellian [krɒm'welɪən; *US* krɑm-] A ADJ Cromwell betreffend, aus *od* zu Cromwells Zeit B S Anhänger(in) Cromwells

crone [krəʊn] S *pej* altes Weib

crony ['krəʊnɪ] S *oft pej* alter Freund, Kumpel *m umg*; **cronyism** S Vetternwirtschaft *f*

crook [krʊk] A S 1 Häkchen *n*, Haken *m* 2 (*Schirm*) Krücke *f* 3 Hirtenstab *m* 4 REL Bischofs-, Krummstab *m* 5 Kniestück *n* 6 Krümmung *f*, Biegung *f*: **~ of one's arm** Armbeuge *f* 7 *umg* a Gauner(in), Betrüger(in), Schwindler(in) b Gaunerei *f*, Betrug *m*, Schwindel *m*: **on the ~** auf betrügerische Weise, unehrlich, hintenherum *umg* 8 MUS (Stimm)Bogen *m* (*bei Blechblasinstrumenten*) B V/T 1 krümmen, biegen 2 *US umg* a *j-n* betrügen b *etwas* ergaunern C V/I sich krümmen, sich biegen D ADJ 1 *Aus umg* a krank b miserabel c kaputt 2 *Aus umg* **go (off) ~** hochgehen *umg* (*wütend werden*); **go ~ at** (*od* **on**) **sb** a j-m Vorwürfe machen b j-n anfahren *umg*; **~backed** ADJ buck(e)lig

crooked ['krʊkɪd] ADJ (ADV **~ly**) 1 gekrümmt, gebogen, gewunden, krumm 2 (vom Alter) gebeugt 3 buck(e)lig 4 *umg* unehrlich, betrügerisch: **~ ways** krumme Wege *od umg* Touren 5 *umg* unehrlich erworben, ergaunert; **crookedness** S 1 Gekrümmtheit *f* 2 Krümmung *f* 3 Buck(e)ligkeit *f* 4 *umg* Unehrlichkeit *f*, (*das*) Betrügerische

Crookes| glass [krʊks] S TECH Crookesglas *n* (*ein Filterglas*); **~ space** S PHYS crookesscher Dunkelraum

croon [kruːn] A V/T & V/I 1 schmachtend singen 2 leise singen *od* summen: **she ~ed her baby to sleep** sie summte ihr Baby in den Schlaf B S 1 leises Singen *od* Summen 2 a. **~ song** Schnulze *f pej*, sentimentaler Schlager; **crooner** S Schnulzensänger(in) *pej*

crop [krɒp; *US* krɑp] A S 1 (Feld)Frucht *f*, *bes* Getreide *n* auf dem Halm 2 Ernte(ertrag) *f(m)*: **the ~s** *pl* die (Gesamt)Ernte; **a heavy ~** e-e reiche Ernte 3 *fig* a Ertrag *m*, Ernte *f*, Ausbeute *f* (*alle*: **of** an *dat*) b große Menge, Masse *f*, Haufen *m*, Schwung *m* (*beide umg*): **a ~ of questions** e-e ganze Reihe von Fragen 4 Bebauung *f*: **a field in ~** ein bebautes Feld 5 (*Peitschen*) Stock *m* 6 kurze Reitpeitsche mit Schlaufe 7 a. **~ hide** (*ganzes*) gegerbtes (Rinder)Fell 8 Stutzen *n*, Abschneiden *n* 9 Erkennungszeichen *n* am Ohr (*von Tieren; durch Stutzen entstanden*) 10 a kurzer Haarschnitt b kurz geschnittenes Haar 11 abgeschnittenes Stück 12 *Bergbau*: a (*das*) Anstehende b Scheideerz *n* 13 ZOOL a Kropf *m* (*der Vögel od Insekten*) b Vormagen *m* B V/T 1 abschneiden 2 ernten 3 (ab)mähen 4 *e-e Wiese etc* abfressen, abweiden 5 stutzen, beschneiden 6 *das Haar* kurz scheren 7 *j-n* kahl scheren 8 *e-m Tier* die Ohren stutzen 9 *fig* zurechtstutzen 10 *ein Feld* bebauen C V/I 1 Ernte tragen: **~ heavily** reichen Ertrag bringen, gut tragen 2 *meist* **~ up, ~ out** GEOL zutage ausgehen, anstehen 3 *meist* **~ up, ~ out** *fig* (plötzlich) auftauchen *od* zutage treten, sich zeigen, sich ergeben 4 grasen, weiden; **~ circle** S Korn(feld)kreis *m*; **~ dusting** S Schädlingsbekämpfung *f* (*bes unter Einsatz von Flugzeugen*); **~-eared** ADJ 1 mit gestutzten Ohren 2 mit kurz geschorenem Haar; **~ failure** S Missernte *f*

cropper ['krɒpə; *US* 'krɑpər] S 1 Be-, Abschneider(in) 2 Schnitter(in) 3 a Bebauer(in) (*von Ackerland*) b *US* → sharecropper 4 Ertrag liefernde Pflanze, Träger *m*: **a good ~** e-e gut tragende Pflanze 5 *umg* schwerer Sturz: **come a ~** schwer stürzen (→ 6) 6 *umg* Misserfolg *m*, Fehlschlag *m*: **come a ~** Schiffbruch erleiden (→ 5) 7 TECH Schermaschine *f* 8 ORN Kropftaube *f*; **croppy** S *Br* HIST Geschorene(r) *m* (*irischer Aufständischer 1798*)

crop| rotation S AGR Fruchtfolge *f*, -wechsel *m*; **~ spraying** → crop dusting

croquet ['krəʊkeɪ; -kɪ; *US* krəʊ'keɪ] SPORT A S 1 Krocket *n* 2 Krockieren *n* B V/T & V/I krockieren

croquette [krɒ'ket; *bes US* krəʊ-] S GASTR Krokette *f*

croquis [krəʊ'kiː] *pl* -quis [-'kiːz] S (grobe) Skizze

crore [krɔː(r)] S *IndEng* Karor *m* (*10 Millionen, bes Rupien*)

crosier ['krəʊʒə(r)] S REL Bischofs-, Krummstab *m*

cross [krɒs; *US bes* krɔːs] A S 1 Kreuz *n*: **be nailed on** (*od* **to**) **the ~** ans Kreuz geschlagen *od* gekreuzigt werden 2 **the** ♀ das Kreuz (Christi): a das Christentum b das Kruzifix: **~ and crescent** Kreuz u. Halbmond, Christentum u. Islam 3 Kruzifix *n* (*als Bildwerk*) 4 Kreuzestod *m* (*Christi*) 5 *fig* Kreuz *n*, Leiden *n*: **bear** (*od* **carry**) **one's ~** sein Kreuz tragen; **have a heavy ~ to bear** (*od* **carry**) ein schweres Kreuz zu tragen haben; **everyone has a ~ to bear in life** wir haben alle unser Kreuz zu tragen; **take up one's ~** sein Kreuz auf sich nehmen 6 (Gedenk)Kreuz *n* (*Denkmal etc*) 7 Kreuz(zeichen) *n*: **make the sign of the ~** sich bekreuzigen 8 Kreuz(zeichen) *n* (*als Unterschrift*) 9 Kreuz *n*, Merkzeichen *n*: **mark with a ~, put a ~ against** ankreuzen, mit e-m Kreuz bezeichnen 10 *Heraldik etc*: Kreuz *n*: **~ potent** Krückenkreuz 11 (*Ordens-, Ehren*) Kreuz *n*: **Grand** ♀ Großkreuz 12 Kreuz *n*, kreuzförmiger Gegenstand 13 TECH Kreuzstück *n*, kreuzförmiges Röhrenstück 14 TECH Fadenkreuz *n* 15 ELEK Querschuss *m* 16 a Kreuzung *f* b Kreuzungspunkt *m* 17 Widerwärtigkeit *f*, Unannehmlichkeit *f*, Schwierigkeit *f* 18 BIOL a Kreuzung *f* b Kreuzung(sprodukt) *f(n)* (**between** zwischen *dat*) 19 *fig* Mittel-, Zwischending *n* (*beide*: **between** zwischen *dat*) 20 Querstrich *m* 21 SPORT Cross *m*: a (*Tennis*) *diagonal über den Platz geschlagener Ball* b (*Boxen*) *Schlag, der über den abwehrenden Arm des Gegners auf dessen entgegengesetzte Körperhälfte führt* 22 *Fußball*: Flanke *f* 23 *sl* Gaunerei *f*, Schwindel *m*: **on the ~** auf betrügerische Weise, unehrlich, hintenherum *umg* 24 *bes* SPORT *sl* Schiebung *f* 25 ♀ ASTRON → a southern 1 b northern 1 B V/T 1 bekreuz(ig)en, das Kreuzzeichen machen auf (*akk*) *od* über (*dat*): **~ o.s.** sich bekreuzigen; **~ sb's hand** (*od* **palm**) (**with silver**) j-m (*bes e-r Wahrsagerin*) Geld in die Hand drücken; → heart *Bes Redew* 2 kreuzen, übers Kreuz legen: **~ one's arms** a die Arme kreuzen *od* verschränken b *fig* die Hände in den Schoß legen; **~ one's legs** die Beine kreuzen *od* übereinanderschlagen; → finger A 1, sword 3 *e-e Grenze, ein Meer, e-e Fahrbahn etc* überqueren, *ein Land etc* durchqueren, (hinüber)gehen *od* (-)fahren über (*akk*): **~ the floor** (**of the House**) PARL *Br* zur Gegenpartei übergehen; **~ sb's path** *fig* j-m in die Quere kommen, j-m über den Weg laufen; **~ the street** die Straße überqueren, über die Straße gehen; **it ~ed me** (*od* **my mind**) es fiel mir ein, es kam mir in den Sinn; → bridge[1] A 1 4 *fig* überschreiten 5 sich erstrecken über (*akk*) 6 hinüberschaffen, -transportieren 7 kreuzen, schneiden: **~ each other** sich kreuzen *od* schneiden *od* treffen 8 sich kreuzen mit: **your letter ~ed mine** 9 ankreuzen 10 a *oft* **~ off, ~ out** aus-, durchstreichen: **~ sb's name off the list** j-s Namen von der Liste streichen b **~ off** *fig* abschreiben *umg* (**as** als) 11 e-n Querstrich ziehen durch: **~ a cheque** *Br* e-n Scheck kreuzen (*als Verrechnungsscheck kennzeichnen*); **~ a t** im (Buchstaben) t den Querstrich ziehen 12 SCHIFF *die Rahen* kaien 13 a *e-n Plan etc* durchkreuzen, vereiteln b *j-m* entgegentreten, *j-m* in die Quere kommen: **be ~ed** auf Widerstand stoßen; **be ~ed in love** Pech in der Liebe haben 14 **~ up** *US umg j-n* reinlegen 15 **~ up** *US umg etwas* platzen lassen, vermasseln 16 BIOL kreuzen 17 *ein Pferd* besteigen C V/I 1 quer liegen *od* verlaufen 2 sich kreuzen, sich schneiden: **their paths ~ed again** *fig* ihre Wege kreuzten sich wieder 3 *oft* **~ over** (**to**) a hinübergehen, -fahren (zu), übersetzen (nach) b hinüberreichen (bis) c SPORT flanken 4 sich kreuzen (*Briefe*) 5 BIOL sich kreuzen (lassen) 6 **~ over** a BIOL Gene austauschen b THEAT die Bühne überqueren D ADJ (ADV **~ly**) 1 sich kreuzend, sich (über)schneidend, kreuzweise angelegt *od* liegend, quer liegend *od* laufend, Quer... 2 schräg, Schräg... 3 wechsel-, gegenseitig (*Zahlungen etc*) 4 **be ~ to** entgegengesetzt sein (*dat*), im Widerspruch stehen zu 5 Gegen..., Wider... 6 widerwärtig, unangenehm, ungünstig 7 *umg* (**with**) ärgerlich (mit), mürrisch (gegen), böse (auf *akk*, mit), brummig *umg* 8 BIOL Kreuzungs... 9 *Statistik etc*: Querschnitts..., vergleichend 10 *Br sl* unehrlich E ADV 1 quer 2 über Kreuz, kreuzweise 3 falsch, verkehrt

crossable ['krɒsəbl] ADJ 1 überschreitbar, über-, durchquerbar 2 BIOL kreuzungsfähig

cross| acceptance S WIRTSCH Wechselreiterei *f*; **~ action** S JUR Gegen-, Widerklage *f*: **file a ~** Gegenklage erheben, gegenklagen (*beide*: **against** gegen); **~ appeal** S JUR Anschlussberufung *f*; **~ axle** S TECH Querhebelachse *f*, durchlaufende Achse; **~bar** S 1 Querholz *n*, -riegel *m*, -schiene *f*, -stange *f*: **~ transducer** ELEK Jochwandler *m* 2 TECH a Traverse *f*, Querträger *m*, -strebe *f* b *Weberei*: Querstock *m* 3 a Querlatte *f* b Sprosse *f* 4 Riegel *m* (*e-r Fachwand*) 5 TECH oberes Rahmenrohr (*am Fahrrad*) 6 Querstreifen *m*, -linie *f* 7 SPORT a Tor-, Querlatte *f* b Latte *f* (*beim [Stab]Hochsprung*); **~beam** S 1 TECH Querträger *m*, -balken *m* 2 SCHIFF Dwarsbalken *m*; **~ bearing** S ELEK, SCHIFF Kreuzpeilung *f*; **~-bedded** ADJ GEOL kreuzweise geschichtet; **~belt** S quer über die Brust laufender Gürtel, *bes* MIL Kreuzbandelier *n*; **~bench** S PARL *Br* Querbank *f* der **crossbenchers**; **~bencher** [ˌ-'bentʃə(r); '-,b-] S PARL *Br* *Mit-*

glied, das weder der Regierungspartei noch der offiziellen Oppositionspartei angehört; **~bill** S ORN *(ein)* Kreuzschnabel *m*; **~ bill** S 1 JUR Klagebeantwortung *f* 2 WIRTSCH Gegenwechsel *m*; **~bones** SPL gekreuzte Knochen *pl (unter e-m Totenkopf)*: → skull 2; **~bow** [-bəʊ] S Armbrust *f*; **~ brace** S TECH Kreuz-, Querverstrebung *f*; **~bred** BIOL A ADJ durch Kreuzung erzeugt, gekreuzt, hybrid B S Hybride *f*, *a. m*, Mischling *m*, Kreuzung *f*; **~breed** BIOL A S 1 → crossbred B 2 Mischrasse *f* B V/T *irr* kreuzen: → crossbred A; **~buck** S AUTO *US* Warnkreuz *n (an Bahnübergängen)*; **~ bun** *bes Br für* hot cross bun; **~-buttock** S *Ringen*: Hüftschwung *m* mit Kopfgriff; **~-Channel** ADJ den (Ärmel)Kanal überquerend: **~ steamer** Kanaldampfer *m*; **~check** A V/T 1 die Gegenprobe machen bei 2 *Eishockey*: crosschecken B S 1 Gegenprobe *f* 2 *Eishockey*: Crosscheck *m*; **~ claim** S JUR Gegenanspruch *m*; **~ complaint** *US* → cross action; **~-connection** S 1 TECH Querverbindung *f* 2 ELEK Querschaltung *f*; **~-country** [ˌ-ˈkʌntrı; ˈ-ˌk-] A ADJ Querfeldein…, Gelände…, AUTO *a.* geländegängig: **~ mobility** Geländegängigkeit *f*; **~ skiing** Skilanglauf *m*; **~ tire** *(bes Br* **tyre***)* Geländereifen *m*; **~ vehicle** Geländefahrzeug *n*, -wagen *m*; **~ race** → C B ADV querfeldein C S a *Radsport*: Querfeldeinrennen *n* b *Leichtathletik*: Querfeldein-, Gelände-, Crosslauf *m*; **~ coupling** S ELEK Übersprechkopplung *f*; **~-cultural** ADJ (ADV ~ly) interkulturell; **~current** S Gegenströmung *f (a. fig)*

crosscut A ADJ 1 TECH a quer schneidend, Quer… b quer geschnitten 2 quer durchschnitten B S 1 Abkürzungsweg *m* 2 quer verlaufender Einschnitt, Querweg *m* 3 *Bergbau*: Querschlag *m* 4 *Holzbearbeitung*: Hirnschnitt *m* 5 → a crosscut chisel b crosscut file c crosscut saw C V/T & V/I *irr* TECH quer durchschneiden, quersägen; **~ chisel** S TECH Kreuzmeißel *m*; **~ end** S TECH Hirn-, Stirnfläche *f (bes von Holz)*; **~ file** S TECH Doppel-, Kreuzhiebfeile *f*; **~ saw** S TECH Ablängsäge *f*; **~ wood** S TECH Hirn-, Stirnholz *n*

cross|-dresser S Transvestit *m*; **~-dressing** S Transvestismus *m*, Transvestitismus *m*

crosse [krɒs] S *Lacrosse*: Schläger *m*

crossed [krɒst; *US a.* krɑst] ADJ gekreuzt: **~ cheque** WIRTSCH *Br* gekreuzter Scheck, Verrechnungsscheck *m*; **~ generally (specially)** *Br* ohne (mit) Angabe e-r bestimmten Bank u. an e-e beliebige (nur an diese) Bank zahlbar *(Verrechnungsscheck)*

cross| entry S WIRTSCH Gegen-, Umbuchung *f*; **~-examination** S JUR Kreuzverhör *n*; **~-examine** JUR A V/T ins Kreuzverhör nehmen B V/I ein Kreuzverhör vornehmen; **~-eye** S MED Innenschielen *n*; **~-eyed** ADJ (nach innen) schielend: **be ~** schielen; **~-fade** *(* FILM, TV *etc)* A V/T überblenden B S Überblendung *f*; **~-fertilization** S 1 BOT, ZOOL Kreuzbefruchtung *f* 2 *fig* gegenseitige Befruchtung, Wechselspiel *n*; **~-fertilize** V/I sich kreuzweise befruchten; **~field** ADJ: **~ pass** *(Fußball, Hockey)* Querpass *m*; **~fire** S 1 MIL Kreuzfeuer *n (a. fig)* 2 TEL (Induktions-)Störung *f*; **~footing** S MATH Querrechnen *n*; **~ grain** S Querfaserung *f*; **~-grained** ADJ 1 a quer gefasert b unregelmäßig gefasert 2 *fig* a widerspenstig *(a. Sache)* b eigensinnig c kratzbürstig; **~ hairs** SPL OPT Fadenkreuz *n*; **~hatch** V/T & V/I mit Kreuzlagen schraffieren; **~hatching** S Kreuzschraffierung *f*; **~head** S 1 TECH Kreuzkopf *m* 2 TECH Pressholm *m* 3 → cross heading 1; **~ heading** S 1 Zwischenüberschrift *f* 2 *Bergbau*: Wettertür *f*; **~-immunity** S MED Kreuzimmunität *f*; **~-index** → a cross reference b cross-refer

crossing S 1 Kreuzen *n*, Kreuzung *f* 2 Durchquerung *f* 3 Überquerung *f (e-r Straße etc)*: **~ the line** a Überquerung des Äquators b Äquatortaufe *f* 4 SCHIFF Überfahrt *f*: **rough ~** stürmische Überfahrt 5 *(Straßen- etc)* Kreuzung *f* 6 a Straßenübergang *m* b *Br* Fußgängerüberweg *m*: → grade A 7, level B 3 7 Übergangs-, Überfahrtstelle *f (über e-n Fluss etc)* 8 BAHN, TECH Kreuzungs-, Herzstück *n* 9 ARCH Vierung *f* 10 BIOL Kreuzung *f*; **~-over** S BIOL Crossing-over *n*, Cross-over *n*, Kopp(e)lungsbruch *m*; **~ point** S Grenzübergang *m*

cross| kick S *Rugby*: Flanke *f*; **~-legged** ADJ & ADV mit übereinandergeschlagenen *od* gekreuzten Beinen, *(am Boden a.)* im Schneidersitz; **~ liability** S JUR beiderseitige Haftpflicht; **~ license** S *US Lizenz, die (von e-m Patentinhaber) im Austausch gegen e-e andere erteilt wird*; **~light** S schräg einfallendes Licht: **throw a ~ on** *etwas* indirekt erhellen; **~-link, ~-linkage** S CHEM Vernetzung *f*; **~ matching** S MED Kreuzprobe *f*, -versuch *m*; **~ motion** S JUR Gegenantrag *m*

crossness S *umg* Mürrischkeit *f*, Brummigkeit *f umg*, schlechte Laune

crossover S 1 → crossing 3, 6, 7 2 BAHN Kreuzungsweiche *f* 3 BIOL a → crossing-over b ausgetauschtes Gen 4 ELEK a Überkreuzung *f (von Leitungen)* b *a.* OPT, TV Bündelknoten *m*; **~ network** S ELEK Frequenzweiche *f*

cross|patch S *umg* Brummbär *m (mürrischer Mensch)*; **~piece** S 1 TECH Querstück *n*, -balken *m* 2 SCHIFF a Dwarsbalken *m* b Netzbaum *m* c Nagelbank *f*; **~ply tire**, *bes Br* **~ply tyre** S AUTO Diagonalreifen *m*; **~-pollinate** V/T BOT durch Fremdbestäubung befruchten; **~-pollination** S BOT Fremdbestäubung *f*; **~-purposes** SPL: **be at ~** a sich uneins sein b sich missverstehen; **talk at ~** aneinander vorbeireden; **~ quarters** SPL ARCH Vierblatt *n*; **~-question** A S Frage *f* im Kreuzverhör B V/T → cross-examine A; **~ rate** S WIRTSCH Kreuznotierung *f*, Kreuzkurs *m*; **~-refer** V/T & V/I (durch e-n Querverweis) verweisen (**to** auf *akk*); **~ reference** S Kreuz-, Querverweis *m*; **~road** S *US* 1 Querstraße *f* 2 Seitenstraße *f*; **~roads** *pl* crossroads S 1 (Straßen)Kreuzung *f*: **at a ~** an e-r Kreuzung 2 *fig* Scheideweg *m*: **be at a** *(od* **the***)* **~** am Scheideweg stehen; **~ruff** S *Bridge, Whist*: Zwickmühle *f*; **~ section** S 1 MATH, TECH a Querschnitt *m* b Querschnittzeichnung *f*, Querriss *m* 2 *fig* Querschnitt *m* (**of** durch) 3 *Atomphysik*: Reaktionswahrscheinlichkeit *f*; **~-section** A V/T 1 e-n Querschnitt machen durch 2 im Querschnitt darstellen 3 quer durchschneiden B ADJ Querschnitts…: **~ paper** kariertes Papier, Millimeterpapier *n*; **~-sectional** ADJ Querschnitts…: **~ view** → cross section 1 b; **~ spider** S ZOOL Kreuzspinne *f*; **~-stitch** A S Kreuzstich *m* B V/T & V/I im Kreuzstich sticken; **~ street** S Querstraße *f*; **~ suit** S JUR *US* Widerklage *f*; **~ sum** S MATH Quersumme *f*; **~ talk** S 1 TEL *etc* Über-, Nebensprechen *n* 2 Kopiereffekt *m (auf Tonbändern)* 3 *Br* Wortgefecht *n*; **~tie** S TECH 1 Traverse *f*, Querschwelle *f* 2 Eisenbahnschwelle *f*; **~town** ADJ & ADV *US* 1 quer durch die Stadt (gehend *od* fahrend *od* reichend) 2 am jeweils anderen Ende der Stadt (wohnend); **~tree** S SCHIFF Dwarssaling *f*; **~ vault, ~ vaulting** S ARCH Kreuzgewölbe *n*; **~ vein** S 1 GEOL Kreuzflöz *n*, Quergang *m* 2 ZOOL Querader *f*; **~-voting** S POL Abstimmung *f* über Kreuz *(wobei einzelne Abgeordnete mit der Gegenpartei stimmen)*; **~walk** S *US* Fußgängerüberweg *m*; **~way** → crossroad; **~ways** → crosswise; **~ wind** S FLUG Seitenwind *m*; **~ wires** → cross hairs; **~wise** A ADJ kreuzweise B ADV 1 quer, kreuzweise 2 *obs* kreuzförmig; **~word (puzzle)** S Kreuzworträtsel *n*: **do a ~** ein Kreuzworträtsel lösen *od* machen

crotch [krɒtʃ; *US* krɑtʃ] S 1 gegabelte Stange 2 Gab(e)lung *f* 3 a Schritt *m (der Hose od des Körpers)* b Zwickel *m*

crotchet [ˈkrɒtʃıt; *US* ˈkrɑ-] S 1 Haken *m*, Häkchen *n* 2 ZOOL Hakenfortsatz *m* 3 *fig* Grille *f*, Marotte *f* 4 *US* Trick *m* 5 MUS *bes Br* Viertelnote *f*: **~ rest** Viertelpause *f*; **crotchetiness** S 1 Grillenhaftigkeit *f* 2 *umg* Brummigkeit *f (Mürrischkeit)*; **crotchety** ADJ 1 grillenhaft 2 *umg* brummig *(mürrisch)*

croton [ˈkrəʊtən] S BOT Kroton *m*: **~ oil** Krotonöl *n (ein Abführmittel)*; **~ bug** S ZOOL *US* Küchenschabe *f*

crouch [kraʊtʃ] A V/I 1 *a.* **~ down** sich niederkauern 2 **sich** *(bes furchtsam od unterwürfig)* ducken B V/T ducken C S 1 Ducken *n* 2 geduckte Haltung: **in a ~** geduckt; **~ start** *(Leichtathletik)* Tiefstart *m*

croup[1] [kru:p] S Kruppe *f*, Kreuz *n*, Hinterteil *n (bes von Pferden)*

croup[2] [kru:p] S MED Krupp *m (Entzündung u. Schwellung der Kehlkopfschleimhaut u. der Stimmbänder)*

croupade [kru:ˈpeıd] S *Hohe Schule*: Kruppade *f (Sprungfigur, bei der das Pferd die Beine an den Körper zieht)*

croupe → croup[1]

croupier [ˈkru:pıə(r); -pıeı] S Croupier *m*

crouton [ˈkru:tɒn; *US* -ˌtɑn] S Croûton *m (gerösteter Weißbrotwürfel)*

crow[1] [krəʊ] S 1 ORN *(e-e)* Krähe: **as the ~ flies** Luftlinie; **eat ~** *bes US umg* zu Kreuze kriechen; **have a ~ to pluck** *(od* **pull, pick***)* **with sb** *US umg* mit j-m ein Hühnchen zu rupfen haben; **stone the ~s!** *Br sl* Mensch!, Mann! 2 ORN *(ein)* Rabenvogel *m od* rabenähnlicher Vogel 3 → crowbar

crow[2] [krəʊ] A V/I *prät* crowed *u. (für 1)* crew [kru:], *pperf* crowed, *obs* crown [krəʊn] 1 krähen *(Hahn)* 2 *(fröhlich)* krähen 3 jubeln, frohlocken, triumphieren *(alle:* **over** über *akk)* 4 protzen *umg*, prahlen *(beide:* **over, about** mit*)* B V/T *etwas* krähen C S 1 Krähen *n* 2 Jubel (-schrei) *m*

crow[3] [krəʊ] S ZOOL Gekröse *n*

Crow[4] [krəʊ] *pl* Crows, *bes koll* Crow S 1 Krähenindianer(in): **the ~** die Crow 2 LING Crow *n (e-e Sioux-Sprache)*

crow|bait S *US umg pej* Klepper *m (alter Gaul)*; **~bar** S TECH Brecheisen *n*, -stange *f*; **~berry** [-bərı; -brı; *US* -ˌberi:] S BOT Schwarze Krähenbeere; **~bill** S MED Kugelzange *f*

crowd[1] [kraʊd] A S 1 dichte (Menschen)Menge, Masse *f*, Gedränge *n*: **~s of people** Menschenmassen; **he would pass in a ~** er ist nicht schlechter als andere; **before a ~ of 70,000** vor 70 000 Zuschauern 2 **the ~** die Masse, das (gemeine) Volk; **one of the ~** ein Mann aus dem Volk; **follow** *(od* **go with, move with***)* **the ~** mit der Masse gehen; **raise o.s.** *(od* **rise***)* **above the ~** sich aus der Masse herausheben 3 *umg* Haufen *m*, Verein *m* 4 große Menge: **a ~ of books** B V/I 1 a zusammenströmen b strömen (**into** in *akk*), sich drängen (**into** in *akk*; **round sb** um j-n) 2 *US* vorwärtsdrängen C V/T 1 *die Straßen etc* bevölkern 2 a sich drängen in *(akk od dat)* b sich drängen um 3 zusammendrängen, -pressen: **~ (on) sail** SCHIFF prangen, alle Segel beisetzen; **~ on speed** Tempo zulegen 4 hineinpressen, -stopfen, -pferchen (*alle:* **into** in *akk*) **5** vollstopfen (**with** mit) **6** **a** (vorwärts)schieben, stoßen **b** antreiben, hetzen **c** *US ein Auto etc* abdrängen **d** *j-m* im Nacken sitzen *od* dicht auf den Fersen folgen **e** *US* fast erreichen: **~ing thirty** an die Dreißig (*Alter*) **7** *US fig* **a** erdrücken, überhäufen (*beide:* **with** mit) **b** *j-s Geduld, sein Glück etc* strapazieren **8** *umg j-n* drängen: **~ sb for** j-n unter Druck setzen wegen; **~ sb with** j-n bedrängen mit

Phrasal Verbs: **crowd| in** VI hinein-, hereinströmen, (sich) hinein- *od* hereindrängen: **~ (up)-on sb** auf j-n eindrängen *od* einstürmen (*Erinnerungen etc*); **~ out** **A** VI hinaus-, herausdrängen, sich hinausdrängen **B** VT **1** **a** hinausdrängen **b** *fig* verdrängen (**of the market** vom Markt) **2** (wegen Platzmangels) aussperren; **~ up** **A** VI hinauf-, heraufströmen, sich hinaufdrängen **B** VT *US die Preise* in die Höhe treiben

crowd² [kraʊd] S MUS, HIST Crwth *f*, Crewth *f*, Crotta *f* (*altkeltisches lyraähnliches Saiteninstrument*)

crowded [ˈkraʊdɪd] ADJ **1** (**with**) überfüllt, vollgestopft (mit), voll, wimmelnd (von): **~ to overflowing** zum Bersten *od* zum Brechen *od* brechend voll; **~ profession** überlaufener Beruf; **~ program(me)** übervolles Programm; **~ street** stark befahrene *od* verkehrsreiche Straße **2** übervölkert **3** zusammengepfercht **4** (zusammen)gedrängt, beengt **5** *fig* **a** voll ausgefüllt, arbeits-, ereignisreich (*Stunden etc*) **b** voll (*Terminkalender*)

crowd| puller S Zuschauer-, Publikumsmagnet *m*; **~ scene** S FILM, TV Massenszene *f*

crow|foot *pl* -feet, *für 1*-foots S **1** BOT **a** Hahnenfuß *m* **b** (*ein*) Storchschnabel *m* **2** SCHIFF Hahnepot *f* **3** TECH Halterung *f* **4** TECH Merkzeichen *n* (*in Zeichnungen*) **5** → crow's-foot

crown¹ [kraʊn] **A** S **1** *Antike:* Sieger-, Lorbeerkranz *m* (*a. fig*), Ehrenkrone *f*: **the ~ of glory** *fig* die Ruhmeskrone **2** Krone *f*, Kranz *m*: **martyr's ~** Märtyrerkrone **3** *fig* Krone *f*, Palme *f*, ehrenvolle Auszeichnung, SPORT *a.* (Meister)Titel *m* **4** **a** (*Königs- etc*) Krone *f* **b** Herrschermacht *f*, -würde *f*: **succeed to the ~** den Thron besteigen, die Thronfolge antreten **5** **the** ♀ **a** die Krone, der Souverän, der König, die Königin **b** der Staat, der Fiskus: **~ cases** JUR *Br* Strafsachen; **~ property** *Br* fiskalisches Eigentum **6** Krone *f*: **a** HIST Crown *f* (*englisches Fünfschillingstück*): **half a ~** e-e halbe Krone; 2 Schilling, 6 Pence **b** *Währungseinheit in Schweden, Tschechien etc* **7** BOT **a** (*Baum*) Krone *f* **b** Haarkrone *f* **c** Wurzelhals *m* **d** Nebenkrone *f* (*bei Narzissen etc*) **8** Scheitel *m*, Wirbel *m* (*des Kopfes*) **9** Kopf *m*, Schädel *m*: **break one's ~** sich den Schädel einschlagen **10** ORN Kamm *m*, Schopf *m*, Krönchen *n* **11** **a** ANAT (*Zahn*) Krone *f* **b** *Zahnmedizin:* Krone *f* **12** höchster Punkt, Scheitel(punkt) *m*, Gipfel *m* **13** *fig* Krönung *f*, Krone *f*, Höhepunkt *m*, Gipfel (-punkt) *m*, Schlussstein *m*: **the ~ of his life** die Krönung s-s Lebens **14** ARCH **a** Scheitelpunkt *m* (*e-s Bogens*) **b** Bekrönung *f* **15** SCHIFF **a** (Anker)Kreuz *n* **b** Kreuzknoten *m* **16** TECH **a** Haube *f* (*e-r Glocke*) **b** Gichtmantel *m*, Ofengewölbe *n* **c** Kuppel *f* (*e-s Glasofens*) **d** Schleusenhaupt *n* **e** (Aufzugs)Krone *f* (*der Uhr*) **f** (Hut)Krone *f* **g** → crown cap, crown glass, crown lens, crown saw **17** Krone *f* (*oberer Teil des Brillanten*) **18** Kronenpapier *n* (*USA: 15 x 19 Zoll, GB: 15 x 20 Zoll*) **B** VT **1** (be)krönen, bekränzen: **be ~ed king** zum König gekrönt werden **2** *fig allg* krönen: **a** ehren, auszeichnen: **~ sb athlete of the year** j-n zum Sportler des Jahres krönen *od* küren **b** schmücken, zieren **c** den Gipfel *od* den Höhepunkt bilden von (*od gen*): **~ all** alles überbieten, allem die Krone aufsetzen (*a. iron*); **~ it all** (*Redew*) zu allem Überfluss *od* Unglück **d** erfolgreich *od* glorreich abschließen: **~ed with success** von Erfolg gekrönt; *to open a bottle of champagne* **to ~ the feast** zur Krönung *od* zum krönenden Abschluss des Festes **3** *Damespiel:* zur Dame machen **4** MED *e-n Zahn* überkronen **5** mit e-m Kronenverschluss versehen **6** *sl j-m* eins aufs Dach geben: **~ sb with a beer bottle** j-m e-e Bierflasche über den Schädel schlagen

crown² [krəʊn] *obs pperf von* crow²

crown| antler S ZOOL oberste Sprosse (*e-s Hirschgeweihs*); **~ bit** S TECH Kronenbohrer *m*; **~ cap** S Kronenverschluss *m*; **~ colony** S *Br* Kronkolonie *f*; **~ cork** S Kronenkorken *m*; **~ court** S JUR *Br* *Gericht für Strafsachen höherer Ordnung u. einige Zivilsachen*

crowned [kraʊnd] ADJ **1** gekrönt: **~ heads** gekrönte Häupter **2** mit e-m Kamm, Schopf *etc* (versehen): **~ heron** ZOOL Schopfreiher *m* **3** *in Zusammensetzungen:* **a high-~ hat** ein Hut mit hohem Kopf

crown| escapement S TECH Spindelhemmung *f* (*der Uhr*); **~ glass** S **1** TECH Mondglas *n*, Butzenscheibe *f* **2** OPT Kronglas *n*; **~ head** S *Damespiel:* Damenreihe *f*

crowning [ˈkraʊnɪŋ] **A** ADJ krönend, alles überbietend, glorreich, Glanz… **B** S Krönung *f* (*a. fig*)

crown| jewels SPL Kronjuwelen *pl*, Reichskleinodien *pl*; **~ land** S **1** Krongut *n*, königliche *od* kaiserliche Domäne **2** Staatsländereien *pl*; ♀ **law** S JUR *Br* Strafrecht *n*; **~ lens** S Kronglaslinse *f*; **~ prince** S Kronprinz *m* (*a. fig*); **~ princess** S Kronprinzessin *f*; **~ rust** S BOT Kronenrost *m*; **~ saw** S TECH Zylinder-, Trommelsäge *f*; **~ wheel** S TECH **1** Kronrad *n* (*der Uhr etc*) **2** Kammrad *n* **3** AUTO Antriebskegelrad *n*; **~ witness** S JUR *Br* Belastungszeuge *m*, -zeugin *f*

crow quill S **1** (Raben)Kielfeder *f* **2** feine Stahlfeder

crow's|-foot S *irr* **1** *pl* Krähenfüße *pl*, Fältchen *pl* (*an den Augen*) **2** FLUG, TECH Gänsefuß *m* (*e-e Seilverspannung*) **3** *Schneiderei:* Fliege *f* **4** MIL Fußangel *f* **5** → crowfoot 1, 2, 3, 4; **~ nest** S SCHIFF Ausguck *m*, Krähennest *n*

crozier → crosier

CRT ABK ELEK cathode-ray tube

cru [kruː] S *Weinbau:* Cru *n*, Lage *f*

cruces [ˈkruːsiːz] *pl von* crux

crucial [ˈkruːʃl] ADJ (ADV ~ly) **1** kritisch, entscheidend (*beide:* **to, for** für): **~ point** springender Punkt; **~ test** Feuerprobe *f* **2** schwierig (*Problem etc*) **3** kreuzförmig, Kreuz… **4** *sl* fantastisch

cruciate [ˈkruːʃɪət; *bes US* -ʃɪeɪt] ADJ (ADV ~ly) kreuzförmig: **~ ligament** ANAT Kreuzband *n*

crucible [ˈkruːsɪbl] S **1** TECH (Schmelz)Tiegel *m* **2** TECH Herd *m* (*e-s Gebläseofens*) **3** *fig* Feuerprobe *f*; **~ furnace** S TECH Tiegelofen *m*; **~ steel** S TECH Tiegel(guss)stahl *m*

cruciferous [kruːˈsɪfərəs] ADJ BOT zu den Kreuzblütlern gehörend: **~ plant** Kreuzblütler *m*

crucifix [ˈkruːsɪfɪks] S Kruzifix *n*; **crucifixion** [-ˈfɪkʃn] S **1** Kreuzigung *f* **2** ♀ Kreuzigung *f* Christi **3** Kreuzestod *m* **4** *fig* Martyrium *n*; **cruciform** [-fɔː(r)m] ADJ kreuzförmig; **crucify** [-faɪ] VT **1** kreuzigen, ans Kreuz schlagen **2** *fig Begierden* abtöten **3** martern, quälen **4** *umg j-n, ein Stück etc* verreißen

cruciverbalist [ˌkruːsɪˈvɜː(r)bəlɪst] S Kreuzworträtsellöser(in)

crud [krʌd] S *bes US umg* **1** Dreck *m* **2** Scheißkerl *m pej*; **cruddy** ADJ *bes US umg* dreckig

crude [kruːd] **A** ADJ (ADV ~ly) **1** roh, ungekocht **2** roh, unverarbeitet, unbearbeitet, Roh…: **~ materials (metal, oil, ore, rubber, steel, sugar)** Rohstoffe (-metall *n*, -öl *n*, -erz *n*, -gummi *m/n*, -stahl *m*, -zucker *m*); **~ lead** Werkblei *n* **3** unfertig, grob, nicht ausgearbeitet, undurchdacht **4** *fig* roh, unreif **5** *fig* roh, grob, ungehobelt, unfein **6** primitiv: **a** grob, plump, unelegant **b** barbarisch **c** simpel (*Konstruktion etc*): **a ~ sketch** e-e rohe Skizze **7** *fig* nackt, ungeschminkt (*Fakten etc*) **8** grell, geschmacklos **9** *Statistik:* roh, Roh…, nicht aufgeschlüsselt (*Sterblichkeitsziffern*) **B** S **1** Rohprodukt *n* **2** TECH **a** Rohöl *n* **b** Rohdestillat *n* des Steinkohlenteers (*Benzol etc*); **crudeness** → crudity

crudity [ˈkruːdɪtɪ] S **1** Rohheit *f* (*a. fig*) **2** Unfertigkeit *f* **3** *fig* Unreife *f* **4** Grobheit *f*, Plumpheit *f* **5** *fig* Ungeschminktheit *f* **6** (*etwas*) Unfertiges

cruel [ˈkrʊəl] ADJ **1** grausam (**to** zu, gegen) **2** **a** unmenschlich, hart, unbarmherzig, roh, gefühllos: **I'm only being ~ to be kind** ich versuche nur, Ihnen *etc* zu helfen (*auch wenn es nicht so aussieht*) **b** gemein **3** schrecklich, mörderisch (*beide umg*) (*Hitze etc*); **cruelly** ADV **1** grausam **2** *umg* grausam, schrecklich, scheußlich: **~ hot**; **cruelness** → cruelty 1 a, 2

cruelty [ˈkrʊəltɪ] S **1** (**to**) Grausamkeit *f* (zu, gegen): **a** Unmenschlichkeit *f* (gegen[über]) **b** grausame Tat **c** Misshandlung *f*, Quälerei *f* (*gen*): **~ to animals** Tierquälerei; **Society for the Prevention of** ♀ **to Animals** Tierschutzverein *m*; **~ to children** Kindesmisshandlung **2** JUR → mental cruelty; **~-free** ADJ nicht an Tieren getestet (*Kosmetika etc*)

cruet [ˈkruːɪt] S **1** **a** Essig-, Ölfläschchen *n* **b** *a.* **~ stand** Menage *f* **2** KATH Messkännchen *n*

cruise [kruːz] **A** VI **1** SCHIFF kreuzen, e-e Kreuzfahrt *od* Seereise machen **2** FLUG, AUTO mit Reisegeschwindigkeit fliegen *od* fahren: **~ at …** mit e-r Reisegeschwindigkeit von … fliegen **3** herumfahren, -reisen: **cruising taxi** → cruiser 3 a **B** VT kreuzen in (*dat*), herumfahren in (*dat*) **C** S **1** Kreuzen *n* **2** Kreuz-, Vergnügungsfahrt *f*, Seereise *f*: **~ ship** → cruiser 2 b **3** Herumfahren *n*; **~ control** S AUTO Temporegler *m*, Tempostat *m*; **~ missile** S FLUG, MIL Cruise-Missile *n*, Marschflugkörper *m*

cruiser S **1** herumfahrendes Fahrzeug, *bes* kreuzendes Schiff **2** SCHIFF **a** MIL Kreuzer *m* (*a. allg*) **b** Kreuzfahrtschiff *n* **3** *US* **a** herumfahrendes Taxi auf Fahrgastsuche **b** (Funk)-Streifenwagen *m* **4** → timber cruiser **5** *US sl* Strichmädchen *n* **6** *Boxen: Br* Cruisergewicht (-ler) *n(m)*; **~weight** → cruiser 6

cruising ADJ FLUG, SCHIFF, AUTO Reise…: **~ altitude** *bes Br* Reiseflughöhe *f*; **~ gear** AUTO Schongang *m*; **~ radius** (*od* **range**) FLUG, SCHIFF Aktionsradius *m*; **~ speed** **a** FLUG, AUTO Dauer-, Reisegeschwindigkeit *f* **b** SCHIFF Marschfahrt *f*

cruller [ˈkrʌlə(r)] S *US* (*Art*) Krapfen *m*

crumb [krʌm] **A** S **1** Krume *f*: **a** Krümel *m*, Brösel *m* **b** *weicher Teil des Brotes* **2** *pl* GASTR Streusel *m/n* **3** *fig* Brocken *m*: **a few ~s of information** ein paar Informationsbrocken; **~ of comfort** Trostpflaster *n*, -pflästerchen *n* **4** *bes US umg* Scheißkerl *m* **B** VT **1** GASTR panieren **2** zerkrümeln

crumble [ˈkrʌmbl] **A** VT zerkrümeln, -bröckeln **B** VI **1** *a.* **~ away** zerbröckeln, -fallen **2** *fig* **a** zerfallen, zugrunde gehen: **~ to dust** (*od* **nothing**) sich in nichts auflösen **b** auseinanderbröckeln (*Verteidigung etc*), abbröckeln (*Streik etc*) **3** WIRTSCH abbröckeln (*Kurse*); **crumbling** → crumbly A; **crumbly** **A** ADJ **1** krüm(e)lig, bröck(e)lig **2** zerbröckelnd, -fallend **B** S *umg, oft hum od pej* Grufti *m*

crumbs [krʌmz] INT *Br sl* Mensch!, Mann!

crumby ['krʌmı] ADJ **1** voller Krumen **2** weich, krüm(e)lig **3** → crummy

crumhorn ['krʌmhɔː(r)n] S MUS, HIST Krummhorn *n*

crummy ['krʌmı] ADJ (ADV crummily) *umg* lausig, miserabel

crumpet ['krʌmpıt] S *bes Br* **1** *Hefegebäck, das heiß u. mit Butter bestrichen gegessen wird* **2** *umg* **a** **the ~** *koll* die Miezen *pl pej* **b** **a bit** (*od* **piece**) **of ~** e-e Mieze *pej*

crumple ['krʌmpl] **A** V/T **1** *a.* **~ up** zerknittern, -knüllen **2** zerdrücken **3** *fig j-n* umwerfen *umg* **B** V/I **1** faltig *od* zerdrückt werden, knittern, zusammenschrumpeln **2** *a.* **~ up** zusammenbrechen (*a. fig*) **C** S (Knitter)Falte *f*; **~ zone** S AUTO Knautschzone *f*

crunch [krʌntʃ] **A** V/T **1** knirschend (zer)kauen **2** zermalmen **B** V/I **1** knirschend kauen: **~ on** → A 1 **2** knirschen **3** sich knirschend bewegen **C** S **1** Knirschen *n* **2** *umg* Klemme *f*: **be caught in a ~** in der Klemme sein *od* sitzen *od* stecken **3** *umg* kritischer Moment: **when** (*od* **if**) **it comes to the ~, when** (*od* **if**) **the ~ comes** wenn es darauf ankommt, wenn es hart auf hart geht

crupper ['krʌpə(r); *US a.* 'krʊ-] S **1** Schwanzriemen *m* (*des Pferdegeschirrs*) **2** Kruppe *f* (*des Pferdes*)

crura ['krʊərə] *pl von* crus

crural ['krʊərəl] ADJ ANAT krural, (Unter)Schenkel...

crus [krʌs] *pl* crura ['krʊərə] S ANAT Crus *n*, (Unter)Schenkel *m*

crusade [kruː'seıd] **A** S HIST Kreuzzug *m*, *fig a.* Feldzug *m* **B** V/I HIST e-n Kreuzzug unternehmen, *fig a.* zu Felde ziehen, kämpfen (*alle:* **for** für; **against** gegen); **crusader** S **1** HIST Kreuzfahrer *m*, -ritter *m* **2** *fig* Kämpfer(in)

crush [krʌʃ] **A** S **1** (Zer)Quetschen *n*: **~ syndrome** MED Quetschsyndrom *n* **2** (zermalmender) Druck **3** Gedränge *n*, Gewühl *n* **4** *umg Party etc, auf der es eng zugeht* **5** *bes Br Getränk aus ausgepressten Früchten*: **orange ~** **6** *umg* **a** Schwarm *m* **b** Schwärmerei *f*: **have a ~ on sb** in j-n verknallt *od* verliebt sein **B** V/T **1** zerquetschen, -malmen, -drücken: **he was ~ed to death** er wurde zerquetscht *od* erdrückt **2** zerdrücken, -knittern **3** quetschen, heftig drücken **4** TECH zerkleinern, -mahlen, -stoßen, schroten, *Erz etc* brechen: **~ed coke** Brechkoks *m*; **~ed stone** Schotter *m* **5** (hinein)quetschen, (-)pressen (*beide:* **into** in *akk*) **6** auspressen, -drücken, -quetschen (*alle:* **from** aus): **~ the juice from a lemon** e-e Zitrone auspressen **7** *fig* **a** nieder-, zerschmettern, überwältigen, vernichten: **~ sb's spirit** j-m den Schwung nehmen; → crushing 3 **b** *e-n Aufstand etc* niederwerfen, unterdrücken **C** V/I **1** zerquetscht *od* zerdrückt werden **2** zerbrechen **3** sich drängen (**into** in *akk*) **4** (zer)knittern

Phrasal Verbs: **crush| down** → crush B 1, B 7; **~ out** V/T **1** *e-e Zigarette etc* ausdrücken, auspressen **2** *fig* zertreten; **~ up** V/T **1** → crush B 1, B 4 **2** zerknüllen

crush| bar S Bar *f* (*im Foyer e-s Theaters*); **~ barrier** S *Br* Absperrgitter *n*

crusher ['krʌʃə(r)] S **1** TECH **a** Zerkleinerungsmaschine *f*, Brecher *m*, Brechwerk *n* **b** Presse *f*, Quetsche *f* **2** *umg* **a** vernichtender Schlag **b** (*etwas*) Umwerfendes, dicker Hund (*beide umg*)

crushing ['krʌʃıŋ] ADJ (ADV ~ly) **1** zermalmend **2** TECH Brech..., Mahl...: **~ cylinder** Brech-, Quetschwalze *f*; **~ mill** Brech(walz)-, Quetschwerk *n*; **~ strength** Druckfestigkeit *f* **3** *fig* niederschmetternd, vernichtend: **a ~ blow** ein vernichtender Schlag; **a ~ burden of debts** e-e erdrückende Schuldenlast; **a ~ defeat** e-e vernichtende *od* haushohe Niederlage; **a ~ majority** e-e erdrückende Mehrheit

crush|proof, ~-resistant ADJ knitterfest, -frei (*Stoff*), stabil (*Karton etc*)

crust [krʌst] **A** S **1** Kruste *f* **2** (*Brot*) Kruste *f*, (-)Rinde *f* **3** Knust *m*, hartes *od* trockenes Stück Brot: **earn one's ~** *Br umg* s-n Lebensunterhalt verdienen **4** Kruste *f*, Teig *m* (*e-r Pastete*) **5** BOT, ZOOL Schale *f* **6** GEOL (*Erd*) Kruste *f*, (*Erd*) Rinde *f* **7** MED Kruste *f*, Schorf *m* **8** Niederschlag *m* (*in Weinflaschen*) **9** *fig* Kruste *f*, (harte) Schale **10** *sl* Unverschämtheit *f* **B** V/T **1** *a.* **~ over** mit e-r Kruste überziehen **2** verkrusten **C** V/I: *a.* **~ over** **1** verkrusten, e-e Kruste bilden: → crusted **2** verharschen (*Schnee*)

crustacea [krʌ'steıʃjə; -ʃıə; -ʃə] SPL ZOOL Krebs-, Krustentiere *pl*; **crustacean** ZOOL **A** ADJ zu den Krebstieren gehörig, Krebs... **B** S Krustazee *f*, Krebs-, Krustentier *n*; **crustaceous** [-ʃjəs; -ʃıəs; -ʃəs] ADJ **1** krustenartig **2** → crustacean A

crusted ['krʌstıd] ADJ **1** mit e-r Kruste überzogen, verkrustet, krustig: **~ snow** Harsch (-schnee) *m* **2** abgelagert (*Wein*) **3** *fig* alt: **a** althergebracht **b** eingefleischt: **a ~ Conservative**

crustiness ['krʌstınıs] S **1** Krustigkeit *f* **2** *fig* Barschheit *f*; **crusty** ADJ (ADV crustily) **1** → crusted 1, 2 **2** *fig* barsch

crutch [krʌtʃ] **A** S **1** Krücke *f*: **walk on ~es** an Krücken gehen **2** krückenartige *od* gabelförmige Stütze **3** TECH **a** Gabel *f* **b** Krücke *f* (*beim Puddeln*) **4** Gabelung *f* **5** → crotch 3 **6** *fig* Stütze *f*, Hilfe *f* (*beide:* **to** für): **be a ~ to sb** j-m e-e Stütze sein **B** V/T *fig* stützen

Crutched Friar ['krʌtʃıd; krʌtʃt] S REL, HIST (*ein*) Kreuzbruder *m*

crux [krʌks] *pl* cruxes, cruces ['kruːsiːz] S **1** Kern *m*, springender Punkt: **the ~ of the matter is that ...** der springende Punkt ist der, dass ... **2** **a** Krux *f*, Schwierigkeit *f*, Haken *m umg* **b** schwieriges Problem, harte Nuss *umg* **3** *bes Heraldik*: Kreuz *n* **4** ♎ ASTRON Kreuz *n* des Südens

cry [kraı] **A** S **1** Schrei *m*, Ruf *m* (*beide:* **for** nach): **give a ~** e-n Schrei ausstoßen, aufschreien; **a ~ for help** ein Hilferuf; **a ~ of joy** ein Freudenschrei; **a ~ of pain** ein Schmerzensschrei; **within ~ (of)** in Rufweite (von); **a far ~ from** *fig* **a** (himmel)weit entfernt von **b** etwas ganz anderes als; **that's still a far ~** das ist noch in weiter Ferne *od* noch Zukunftsmusik **2** *obs* Geschrei *n*: **the popular ~** die Stimme des Volkes **3** Weinen *n*: **have a good ~** sich richtig ausweinen **4** Bitten *n*, Flehen *n* **5** Ausrufen *n*, Geschrei *n* (*der Straßenhändler*): **(all) the ~** *US fig* der letzte Schrei **6** **a** (*Schlacht*) Ruf *m* **b** Schlag-, Losungswort *n* **7** JAGD Anschlagen *n*, Gebell *n* (*der Meute*): **in full ~** in wilder Jagd *od* Verfolgung **8** JAGD Meute *f*, Koppel *f* **9** TECH (*Zinn*) Geschrei *n* **B** V/I **1** schreien (**with** vor *dat*) **2** schreien, (laut) rufen, dringend verlangen (*alle:* **for** nach): **~ for help** um Hilfe rufen; → moon A 1 **3** **~ for** *fig* schreien nach, dringend erfordern (*Sache*): **the situation cries for swift action**; **~ for vengeance** nach Rache schreien **4** **a** weinen (**for joy** vor Freude; **with rage** vor Wut): **~ into one's pillow** in sein Kissen weinen; **~ on sb's shoulder** *bes fig* sich an j-s Schulter *od* bei j-m ausweinen **b** heulen, jammern (**over** wegen, über *akk*; **for** um): → milk A 1 **5** **(against)** murren (gegen), schimpfen (auf *akk*), sich beklagen (über *akk*) **6** JAGD anschlagen, bellen **C** V/T **1** *etwas* schreien, (aus)rufen: → shame A 2, wolf A 1 **2** *Waren etc* ausrufen, -bieten, -schreien **3** flehen um, erflehen **4** *Tränen* weinen: **~ o.s. to sleep** sich in den Schlaf weinen

Phrasal Verbs: **cry| down** V/T **1** niederschreien **2** *fig* heruntersetzen, -machen; **~ off** **A** V/T **1** → head *Bes Redew* **2** rückgängig machen, zurücktreten von, (plötzlich) absagen **B** V/I *bes Br* zurücktreten, (plötzlich) absagen; **~ out** **A** V/T **1** ausrufen **2** → eye A 1, heart *Bes Redew* **B** V/I aufschreien (**with** vor *dat*): **~ against** heftig protestieren gegen; **~ (for)** → cry B 2, B 3; **for crying out loud!** **a** es ist zum Aus-der-Haut-Fahren **b** verdammt nochmal!; **~ up** V/T rühmen, hochjubeln *umg*: **he's not all he's cried up to be** so gut ist er auch wieder nicht

crybaby S **1** kleiner Schreihals **2** *pej* Heulsuse *f*

crying ['kraııŋ] ADJ **1** weinend (*etc*; → cry B): → jag² 3 **2** *fig* **a** (himmel)schreiend (*Unrecht etc*): **be a ~ shame** e-e wahre Schande sein; **it's a ~ shame that ...** es ist jammerschade, dass ... **b** dringend (*Bedürfnis etc*)

cryo- [kraıəʊ; kraıə] *Wortelement mit der Bedeutung* Tieftemperatur..., Kälte...

cryobiology S Kryobiologie *f* (*Teilgebiet der Biologie, das sich mit der Einwirkung sehr tiefer Temperaturen auf Organismen, Organe etc befasst*)

cryogen ['kraıədʒən] S TECH Kältemischung *f*, -mittel *n*; **cryogenic** [-'dʒenık] **A** ADJ (ADV ~ally) TECH Kälte erzeugend **B** S **cryogenics** *pl* (*meist als sg konstruiert*) PHYS Kryogenik *f* (*Wissenschaft vom Verhalten der Stoffe bei extrem niedrigen Temperaturen*)

cryolite ['kraıəlaıt] S MINER Kryolith *m*

cryometer [kraı'ɒmıtə; *US* -'ɑmətər] S PHYS Kryometer *n* (*Thermometer für tiefe Temperaturen*)

cryonic [kraı'ɒnık; *US* -'ɑn-] **A** ADJ: **~ suspension** → B **B** S **cryonics** *pl* (*als sg konstruiert*) *Einfrieren von Toten in der Hoffnung auf spätere Wiedererweckung u. Heilung*

cryoscopy [kraı'ɒskəpı; *US* -'ɑs-] S CHEM Kryoskopie *f* (*Analyseverfahren, bei dem durch Messung des Erstarrungsverhaltens von chemischen Verbindungen deren Reinheit bestimmt wird*)

cryostat ['kraıəstæt] S PHYS Kryostat *m* (*Thermostat für tiefe Temperaturen*)

cryosurgery S MED Kryochirurgie *f*, Kälte-, Gefrierchirurgie *f*

cryotherapy S MED Kryotherapie *f* (*Anwendung von Kälte zur Zerstörung von krankem Gewebe*)

cryotron ['kraıətrɒn; *US* -ˌtrɑn] S COMPUT Kryotron *n* (*Tieftemperatur-Schaltelement aus zwei verschiedenen Supraleitern*)

crypt [krıpt] S **1** ARCH Krypta *f*, Gruft *f* **2** ANAT, ZOOL Krypta *f*, Grube *f*

cryptanalysis [ˌkrıptə'næləsıs] S Entzifferung *f* von Geheimschriften; **cryptanalyze** V/T entziffern

cryptic ['krıptık] ADJ, **cryptical** ADJ (ADV ~ly) **1** geheim, verborgen **2** mysteriös, rätselhaft, dunkel (*Bemerkungen etc*) **3** ZOOL Schutz...: **~ colo(u)ring** Schutzfärbung *f*

crypto- [krıptəʊ] *Wortelement mit der Bedeutung* krypto..., geheim

crypto ['krıptəʊ] *sl* **A** *pl* -tos S verkappter Anhänger, heimliches Mitglied **B** ADJ heimlich

cryptogam ['krıptəʊgæm; -ptəgæm] S BOT Kryptogame *f*, Sporenpflanze *f*

cryptogenic [-'dʒenık] ADJ MED kryptogen, kryptogenetisch (*unbekannten Ursprungs*)

cryptogram [-græm] S Text *m* in Geheimschrift, verschlüsselter Text

cryptograph ['krıptəʊgrɑːf; -tə-; *bes US* -græf] S **1** → cryptogram **2** Verschlüsselungsgerät *n*; **cryptographer** [-'tɒgrəfə(r); *US* -'tɑg-] S Ver- *od* Entschlüsseler(in); **cryptographic**

[-'græfɪk] ADJ (ADV ~ally) 1 Verschlüsselungs... 2 verschlüsselt; **cryptography** S 1 Geheimschrift *f* 2 → cryptanalysis 3 PSYCH Kryptografie *f* (*absichtslos entstandene Kritzelzeichnung*); **cryptologist** [-'tɒlədʒɪst; *US* -'tɑl-] → cryptographer

crystal ['krɪstl] A S 1 Kristall *m* (*a.* CHEM, MINER, PHYS): **(as) clear as ~** a kristallklar b *fig* sonnenklar 2 Bergkristall *m* 3 *a.* **~ glass** TECH a Kristall(glas) *n* b *koll* Kristall *n*, Glaswaren *pl* aus Kristallglas 4 Uhrglas *n* 5 ELEK a (*Detektor*) Kristall *m* b → crystal detector c (*Steuer-, Schwing*) Quarz *m* B ADJ 1 kristallen: a Kristall... b kristallklar, -hell 2 ELEK Kristall..., piezoelektrisch (*Mikrofon etc*); **~ ball** S Kristallkugel *f* (*e-r Hellseherin*); **~-clear** ADJ a kristallklar b *fig* sonnenklar: **make sth ~** etwas unmissverständlich klarstellen; **~-controlled** ADJ ELEK quarzgesteuert, Quarz...; **~ detector** S RADIO *hist* (Kristall)Detektor *m*; **~-gazer** S Hellseher(in) (*mit Hilfe e-r Kristallkugel*); **~ gazing** S Kristallomantie *f*, Hellsehen *n*

crystalline ['krɪstəlaɪn; *US bes* -lən] ADJ kristallinisch (*a.* GEOL), kristallen, kristallartig, Kristall...: **~ lens** ANAT (Augen)Linse *f*; **crystallite** [-laɪt] S MINER Kristallit *m*

crystallizable ['krɪstəlaɪzəbl] ADJ kristallisierbar; **crystallization** [-laɪ'zeɪʃn; *US* -lə'z-] S Kristallisation *f*, Kristallisierung *f*, Kristallbildung *f*; **crystallize** A VT 1 kristallisieren 2 *fig* konkrete *od* feste Form geben (*dat*) 3 *Früchte* kandieren B VI 1 kristallisieren 2 *fig* konkrete *od* feste Form annehmen, sich kristallisieren (**into** zu): **~ out** sich herauskristallisieren

crystallographer [ˌkrɪstə'lɒgrəfə(r); *US* -'lɑ-] S Kristallograf(in); **crystallography** S Kristallografie *f* (*Wissenschaft von den chemischen u. physikalischen Eigenschaften der Kristalle*)

crystalloid ['krɪstəlɔɪd] A ADJ kristallähnlich B S BOT, CHEM Kristalloid *n*

crystal‖ set S RADIO *hist* (Kristall)Detektorempfänger *m*; **~-tuned** ADJ RADIO quarzgesteuert

CS ABK 1 civil service 2 chartered surveyor staatlich geprüfte(r) Landvermesser(in) 3 Christian Science

cs. ABK WIRTSCH case(s PL)

CSC ABK Civil Service Commission

CSCE ABK Conference on Security and Cooperation in Europe

CSE ABK *Br* Certificate of Secondary Education

C section *umg* → Caesarean B

CS gas [ˌsiː'es] S *Br* Reiz-, Tränengas *n*

CSIRO ABK Commonwealth Scientific and Industrial Research Organization (*in Australien*)

CST ABK *US* Central Standard Time

C supply S ELEK Gitterstromversorgung *f*

CT ABK Connecticut

ct. ABK 1 carat(s PL) 2 cent(s PL) 3 certificate 4 county 5 court

ctenoid ['tiːnɔɪd; 'te-] ADJ 1 kammartig 2 FISCH ktenoid, kammschuppig: **~ fish** Kammschupper *m*

ctenophoran [tɪ'nɒfərən; *US* -'nɑ-] ZOOL A ADJ Rippenquallen... B S Ktenophore *f*, Rippenqualle *f*

C 3 ADJ *Br umg* 1 **I'm ~** mir geht's (*gesundheitlich*) nicht besonders (gut) 2 minderwertig

ctn ABK MATH cotangent

cts ABK 1 cents PL 2 certificates PL

CTT ABK capital transfer tax

cu. ABK cubic

cub [kʌb] A S 1 Junge *n* (*des Fuchses, Bären etc*) 2 grüner Junge 3 a Anfänger(in): **~ reporter** (unerfahrener) junger Reporter b *US* Lehrling *m*, Auszubildende(r) *m/f(m)* 4 ♀, *a.* ♀ **Scout** Wölfling *m* (*Jungpfadfinder*) B VT *Junge* werfen C VI 1 (Junge) werfen 2 junge Füchse jagen

cub. ABK cubic

Cuba ['kjuːbə] S Kuba *n*

cubage ['kjuːbɪdʒ] → cubature 2

Cuba libre [ˌkjuːbə'liːbrə] S *bes US* Cuba *n* libre (*Getränk aus Rum, Cola, Limonensaft u. Eis*)

Cuban ['kjuːbən] A ADJ kubanisch: **she's ~** sie ist Kubanerin B S Kubaner(in)

cubature ['kjuːbəˌtjʊə(r); -ˌtʃʊə(r); -tʃə(r)] S MATH 1 Kubatur *f*, Raum(inhalts)berechnung *f* 2 Kubik-, Rauminhalt *m*

cubby(hole) ['kʌbɪ(həʊl)] S 1 Abstellkammer *f* 2 Kabuff *n umg*, Kämmerchen *n*, winziger Raum

cube [kjuːb] A S 1 Würfel *m*: **~ ore** MINER Würfelerz *n*; **~ sugar** Würfelzucker *m* 2 MATH a Würfel *m*, Kubus *m*: **~ root** Kubikwurzel *f*, dritte Wurzel b Kubikzahl *f*, dritte Potenz 3 TECH (*Pflaster*) Würfel *m*, (-)Stein *m* 4 FOTO (*Blitz*) Würfel *m* B VT 1 MATH kubieren: a zur dritten Potenz erheben: **two ~d** zwei hoch drei (2^3) b den Rauminhalt messen von (*od gen*) 2 würfeln, in Würfel schneiden *od* pressen 3 TECH (mit Würfeln) pflastern

cubeb ['kjuːbeb] S 1 BOT Kubebenpfeffer *m* 2 MED, PHARM Kubebe *f* (*getrocknete Frucht von* 1)

cubic ['kjuːbɪk] A ADJ (ADV ~ally) 1 Kubik..., Raum...: **~ capacity** AUTO Hubraum *m* (*e-s Motors*); **~ content** → cubature 2; **~ foot** Kubikfuß *m*; **~ meter** (*bes Br* **metre**) Kubik-, Raum-, Festmeter *m/n*; **~ number** → cube A 2 b; → measure A 1 2 kubisch, würfelförmig, Würfel...: **~ niter** (*bes Br* **nitre**) CHEM Würfel-, Natronsalpeter *m* 3 MATH kubisch: **~ equation** kubische Gleichung, Gleichung *f* dritten Grades 4 MINER isometrisch (*Kristall*) B S MATH kubische Größe *od* Gleichung; **cubical** ADJ (ADV ~ly) → cubic A

cubicle ['kjuːbɪkl] S 1 kleiner abgeteilter (Schlaf)Raum 2 Kabine *f* 3 ELEK Schaltzelle *f*

cubiform ['kjuːbɪfɔː(r)m] ADJ würfelförmig

cubism ['kjuːbɪzəm] S KUNST Kubismus *m* (*Kunstrichtung, bei der die Landschaften u. Figuren in geometrische Formen aufgelöst sind*); **cubist** A S Kubist(in) B ADJ kubistisch

cubit ['kjuːbɪt] S Cubitus *m* (*altrömisches Längenmaß*); **cubital** ADJ ANAT kubital: a Ell(en)bogen... b Unterarm...; **cubitus** [-təs] *pl* -ti [-taɪ] S ANAT a Ell(en)bogen *m* b Unterarm *m*

cuboid ['kjuːbɔɪd] ADJ 1 annähernd würfelförmig 2 ANAT Würfel...: **~ bone** Würfelbein *n*

cucking stool ['kʌkɪŋ] S HIST Schandstuhl *m* (*Art Pranger*)

cuckold ['kʌkəʊld; *bes US* -əld] *obs* A S gehörnter Ehemann B VT hörnen, *j-m* Hörner aufsetzen

cuckoo ['kʊkuː] A S 1 ORN Kuckuck *m*: **a ~ in the nest** *fig* ein Kuckucksei 2 Kuckucksruf *m* 3 *umg* Blödmann *m*, Spinner(in) B VI kuckuck rufen C ADJ *umg* bekloppt *pej*; **~ clock** S Kuckucksuhr *f*; **~flower** S BOT 1 Wiesenschaumkraut *n* 2 Kuckucksnelke *f*; **~ fly** S ZOOL Goldwespe *f*; **~pint** [-pɪnt] S BOT Gefleckter Aronstab; **~ spit** S ZOOL 1 Kuckucksspeichel *m* 2 Schaumzikade *f*

cu. cm. ABK *US* cubic centimeter(s PL)

cucumber ['kjuːkʌmbə(r)] S 1 Gurke *f* (*Frucht von* 2): **(as) cool as a ~** *umg* kühl u. gelassen 2 BOT Gartengurke *f*, Echte Gurke 3 → cucumber tree; **~ slicer** S Gurkenhobel *m*; **~ tree** S BOT (*e-e*) amer. Magnolie

cucurbit [kjuː'kɜːbɪt; *US* -'kɜr-] S BOT Kürbisgewächs *n*

cud [kʌd] S 1 Klumpen *m* wiedergekäuten Futters: **chew the ~** a wiederkäuen b *fig* überlegen, nachdenken 2 *umg* a Priem *m* (*Kautabak*) b Streifen *m* (*Kaugummi*)

cudbear ['kʌdbeə(r)] S Orseille *f* (*roter Pflanzenfarbstoff*)

cuddle ['kʌdl] A VT 1 an sich drücken, hätscheln, knuddeln *umg* 2 schmusen mit *umg* B VI 1 **~ up** sich kuscheln *od* schmiegen (**to** an *akk*): **~ up together** sich aneinanderkuscheln 2 schmusen *umg* C S enge Umarmung, Liebkosung *f*; **cuddlesome** [-səm], **cuddly** ADJ kusch(e)lig, knudd(e)lig: **cuddly toy** Stofftier *n*, *engS.* Kuscheltier *n*

cuddy[1] ['kʌdɪ] S 1 SCHIFF a kleine Kajüte b Kombüse *f* (*e-s kleinen Boots*) 2 kleiner Raum *od* Schrank

cuddy[2] ['kʌdɪ] S *bes schott* Esel *m* (*a. fig*)

cudgel ['kʌdʒəl] A S 1 Knüppel *m*: **take up the ~s** vom Leder ziehen; **take up the ~s for sb** (*od* **on sb's behalf**) *fig* für j-n eintreten *od* e-e Lanze brechen *od* auf die Barrikaden gehen 2 *pl*, *a.* **~ play** Stockfechten *n* B VT *prät u. pperf* -eled, *bes Br* -elled prügeln: → brain A 2

cue[1] [kjuː] A S 1 THEAT *etc*, *a. fig* Stichwort *n*, MUS Einsatz *m*: **~ card** TV Neger *m* (*Texttafel*); **~ light** TV Kontrolllicht *n*, Signallampe *f*; **~ sheet** TV Mischplan *m*; **give sb their ~** j-m sein Stichwort *od* (MUS) den Einsatz geben; **miss one's ~** sein Stichwort *od* (MUS) den Einsatz verpassen; **(dead) on ~** a genau aufs Stichwort b *fig* genau zum rechten Zeitpunkt, wie gerufen 2 Wink *m*, Fingerzeig *m*: **give sb their ~** j-m die Worte in den Mund legen; **take up the ~** den Wink verstehen; **take the ~ from sb** sich nach j-m richten 3 Anhaltspunkt *m* 4 Rolle *f*, Aufgabe *f* 5 *obs* Stimmung *f*, Laune *f* 6 MUS Kustos *m* (*kleine Orientierungsnote*) B VT 1 *a.* **~ in** THEAT *etc*, *a. fig j-m* das Stichwort geben, MUS *j-m* den Einsatz geben 2 *a.* **~ in** FILM, TV: *e-e Szene* abfahren lassen

cue[2] [kjuː] A S 1 Queue *n*, Billardstock *m*: **~ ball** Spiel-, Stoßball *m* 2 → queue A 1 3 *US* → queue A 2 B VI *US* → queue B

cueist ['kjuːɪst] S Billardspieler(in)

cuesta ['kwestə] S GEOL Schicht-, Landstufe *f*

cuff[1] [kʌf] S 1 (*Ärmel-, US a. Hosen*)Aufschlag *m*, Stulpe *f* (*a. vom Handschuh*), Manschette *f* (*a.* TECH): **~ link** Manschettenknopf *m*; **off the ~** *umg* aus dem Handgelenk (heraus), aus dem Stegreif; **on the ~** *US umg* a auf Pump b gratis 2 *pl umg* Manschetten *pl*, Handschellen *pl*

cuff[2] [kʌf] A VT a *j-n* (mit der flachen Hand) schlagen: **~ sb's ears** j-n ohrfeigen b *j-m* e-n Klaps geben B S a Schlag *m* (mit der flachen Hand): **give sb a ~ round the ear** j-m e-e Ohrfeige geben b Klaps *m*

cu. ft. ABK *US* cubic foot (*od pl*feet)

cu. in. ABK *US* cubic inch(es PL)

cuirass [kwɪ'ræs] A S 1 MIL, HIST Kürass *m*, (Brust)Harnisch *m*, Panzer *m* 2 Panzerplatte *f* 3 ZOOL Panzer *m* 4 MED Gipsverband *m* um den Rumpf u. Hals B VT 1 MIL, HIST mit e-m Kürass bekleiden 2 panzern; **cuirassier** [ˌkwɪrə'sɪə(r)] S MIL, HIST Kürassier *m*

cuish [kwɪʃ] → cuisse

cuisine [kwiː'ziːn] S Küche *f* (*Kochkunst*): **French ~** die französische Küche; *this hotel* **has excellent ~** hat e-e ausgezeichnete Küche

cuisse [kwɪs] S MIL, HIST 1 Beinschiene *f* 2 *pl* Beinharnisch *m*

culch → cultch

cul-de-sac [ˌkʊldə'sæk; 'kʌldəsæk; *US a.* ˌkʌldɪ'sæk] *pl* cul-de-sacs, culs-de-sac S 1 Sackgasse *f* (*a. fig*) 2 ANAT Blindsack *m*

culet ['kjuːlɪt] S 1 Külasse *f* (*Unterteil des Brillan-*

ten) 2 MIL, HIST Gesäßharnisch *m*
culex ['kju:leks] *pl* **culices** [-lısi:z] S ZOOL Stechmücke *f*
culinary ['kʌlınəri; *US* -ˌneri:; *a.* 'kju:-] ADJ (ADV culinarily) kulinarisch, Koch..., Küchen...: **~ art** Kochkunst *f*; **~ delight** kulinarische Köstlichkeit; **~ herbs** Küchenkräuter
cull [kʌl] A VT 1 pflücken 2 auslesen, -suchen 3 *Minderwertiges* aussortieren 4 das Merzvieh aus *e-r Herde* aussondern B S 1 *(etwas)* (als minderwertig) Ausgesondertes 2 *pl* a Ausschuss *m* b Merzvieh *n* 3 *US* Ausschussholz *n*
cullender ['kʌləndə(r); -lən-] → colander
cullet ['kʌlıt] S Bruchglas *n*
cullis ['kʌlıs] S ARCH Dachrinne *f*
cully ['kʌlı] S *umg* Kumpel *m*
culm[1] [kʌlm] S 1 Kohlenstaub *m*, -klein *n*, Grus *m*: **~ coke** Fein-, Perlkoks *m* 2 *a.* **~ measures** *pl* GEOL Kulm *n*, unterer Kohlenkalk
culm[2] [kʌlm] S BOT 1 *(bes* Gras)Halm *m*, Stängel *m* 2 *pl Br* Malzkeime *pl*
culminant ['kʌlmınənt] ADJ 1 ASTRON kulminierend 2 *fig* auf dem Höhepunkt stehend
culminate ['kʌlmıneıt] A VI 1 ASTRON kulminieren: **culminating point** Kulminations-, *fig a.* Höhepunkt *m* 2 *fig* a s-n Höhepunkt erreichen b kulminieren, gipfeln *(beide:* **in** in *dat)* B VT 1 krönen, den Höhepunkt bilden von *(od gen)* 2 auf den Höhepunkt bringen; **culmination** S 1 ASTRON Kulmination *f* 2 *fig* Gipfel *m*, Höhepunkt *m*: **reach the ~ of one's career** den Höhepunkt s-r Laufbahn erreichen
culottes [kju:'lɒts; *US* 'ku:ˌlɑts; 'kju:-] SPL *a.* **pair of ~** Hosenrock *m*
culpability [ˌkʌlpə'bılətı] S 1 Sträflichkeit *f* 2 JUR Schuldhaftigkeit *f*; **culpable** ADJ (ADV culpably) 1 tadelnswert, sträflich 2 JUR strafbar, schuldhaft: **~ negligence** grobe Fahrlässigkeit
culprit ['kʌlprıt] S 1 JUR a Angeklagte(r) *m/f(m)*, Angeschuldigte(r) *m/f(m)* b Täter(in), Schuldige(r) *m/f(m)* 2 *allg* Missetäter(in)
cult [kʌlt] A S 1 REL Kult(us) *m*: **the Mithras ~, the ~ of Mithras** der Mithra(s)kult 2 *fig* Kult *m* 3 Kultgemeinschaft *f* 4 REL Sekte *f* B ADJ Kult...: **~ figure** (**film**, *etc*)
cultch [kʌltʃ] S Steine *pl etc* als Austernbett
cultic ['kʌltık] ADJ kultisch, Kult...
cultism ['kʌltızəm] S Kultbegeisterung *f*; **cultist** S Anhänger(in) e-s Kults, Kultbegeisterte(r) *m/f(m)*
cultivable ['kʌltıvəbl] ADJ 1 kultivierbar: a bebaubar, bestellbar *(Boden etc)* b anbaufähig, züchtbar *(Pflanzen)* c zivilisierbar 2 entwicklungsfähig; **cultivar** [-vɑ:(r)] S BOT Kulturvarietät *f*; **cultivatable** [-veıtəbl] → cultivable
cultivate ['kʌltıveıt] VT 1 AGR a *den Boden* kultivieren, bebauen, bestellen, bearbeiten, urbar machen b *engS.* mit dem Kultivator bearbeiten c *Pflanzen* züchten, ziehen, (an)bauen 2 zivilisieren 3 veredeln, fort-, ausbilden, *e-e Kunst etc* fördern 4 *e-e Kunst etc* pflegen, betreiben, sich widmen *(dat)* 5 sich befleißigen *(gen)*, Wert legen auf *(akk)*: **~ good manners** 6 a *e-e Freundschaft, Beziehungen etc* pflegen b freundschaftlichen Verkehr suchen *od* pflegen mit, sich *j-m* widmen, sich *j-n* warmhalten *umg*; **cultivated** ADJ 1 bebaut, bestellt, kultiviert, Kultur... 2 gezüchtet, Kultur...: **~ plant** Kulturpflanze *f* 3 zivilisiert, verfeinert 4 kultiviert, gebildet
cultivation [ˌkʌltı'veıʃn] S 1 Kultivierung *f*, Bearbeitung *f*, Bestellung *f*, Bebauung *f*, Urbarmachung *f*: **~ of the soil**; **area under ~** Anbau-, Kulturfläche *f* 2 Ackerbau *m*, Anbau *m* 3 Züchtung *f* 4 *fig* Pflege *f* 5 → culture A 7;

cultivator [-tə(r)] S 1 Landwirt(in), Bauer *m*, Bäuerin *f* 2 Pflanzer(in), Züchter(in) 3 AGR Kultivator *m*, Eggenpflug *m* 4 *fig* Pfleger(in)
cultural ['kʌltʃərəl; 'kʌltʃrəl] ADJ 1 a kulturell *(Aktivitäten)* b Kultur...: **~ agreement** (**attaché, exchange, heritage** *od* **inheritance, life, pessimism, revolution, scene,** *etc*); **~ center** *(bes Br* **centre**) Kulturzentrum *n*; ♀ **Heritage of the World** Weltkulturerbe *n*; **~ lag** → culture lag 2 gezüchtet, Kultur...: **~ variety** Kulturvarietät *f*; **culturally** ADV in kultureller Hinsicht, kulturell
culture ['kʌltʃə(r)] A S 1 → cultivation 1, 2 2 Anbau *m*, *(Pflanzen)* Zucht *f*: **fruit ~** Obstbau *m* 3 Züchtung *f*, *(Tier)* Zucht *f*: **~ of bees** Bienenzucht 4 Kultur *f (angebaute Pflanzen)* 5 BIOL a Züchtung *f (von Bakterien, Gewebe etc)* b Kultur *f*: **~ of mo(u)lds** Pilzkultur 6 → cultivation 4 7 *(geistige)* Kultur: a (Geistes)Bildung *f* b Kultiviertheit *f*, verfeinerte Lebensweise: **he is a man of ~** er hat Kultur, er ist kultiviert 8 Kultur *f*: a Kulturkreis *m* b Kulturform *f*, -stufe *f* B VT BIOL a *Bakterien etc* züchten b e-e Kultur züchten in *(dat)*; **~ area** S Kulturraum *m*; **~ center**, *bes Br* **~ centre** S Kulturzentrum *n*; **~ complex** S Komplex *m* mehrerer gleichgerichteter Kulturerscheinungen u. -tendenzen
cultured ['kʌltʃə(r)d] ADJ 1 kultiviert: a AGR bebaut *(Felder etc)* b *fig* gebildet 2 gezüchtet, Zucht...: **~ pearl**
culture| factor S SOZIOL Kulturfaktor *m*; **~ lag** S SOZIOL partielle Kulturrückständigkeit; **~ medium** S *a. irr* BIOL Kultursubstrat *n*, (künstlicher) Nährboden; **~ pearl** S Zuchtperle *f*; **~ shock** S SOZIOL Kulturschock *m*; **~ vulture** S *umg* Kulturhyäne *f*
culturist ['kʌltʃərıst] S 1 Züchter(in) 2 Kulturbeflissene(r) *m/f(m)* 3 *Anhänger(in) e-r bestimmten Kultur*
culver ['kʌlvə(r)] S ORN *Br obs od poet* Taube *f*
culverin ['kʌlvərın] S MIL, HIST Feldschlange *f*
culvert ['kʌlvə(r)t] S TECH 1 *(Bach)* Durchlass *m* 2 überwölbter Abzugskanal 3 unterirdische (Wasser)Leitung
cum[1] [kʌm; kʊm] PRÄP 1 (zusammen) mit, samt: **~ dividend** WIRTSCH mit Dividende; **~ rights** WIRTSCH mit Bezugsrecht *(auf neue Aktien)* 2 gleichzeitig *od* in einem mit: **kitchen--cum-dining room** Essküche *f*
cum[2] [kʌm] S *vulg* Soße *f (Sperma)*
cum. ABK WIRTSCH cumulative
cumber ['kʌmbə(r)] A VT 1 *obs* zur Last fallen *(dat)* 2 hemmen, (be)hindern, belasten B S 1 Behinderung *f* 2 Last *f*, Hindernis *n*, Bürde *f*; **cumbersome** [-səm] ADJ (ADV ~ly) 1 lästig, hinderlich, beschwerlich 2 plump, klobig, schwerfällig: **a ~ parcel** ein unhandliches Paket; **cumbersomeness** S 1 Lästigkeit *f* 2 Schwerfälligkeit *f*, Plumpheit *f*
cumbrance ['kʌmbrəns] S 1 Last *f*, Bürde *f* 2 Schwierigkeit *f*
Cumbria ['kʌmbrıə] S Cumbria *n (Grafschaft im nordwestlichen England)*
Cumbrian ['kʌmbrıən] A ADJ kumbrisch B S Bewohner(in) von Cumbria
cumbrous ['kʌmbrəs] ADJ (ADV ~ly) → cumbersome
cumin ['kʌmın] S BOT Kreuzkümmel *m*
cummerbund ['kʌmə(r)bʌnd] S 1 *IndEng* Schärpe *f*, Leibgurt *m* 2 *Mode*: Kummerbund *m*
cummin → cumin
cumulate ['kju:mjʊleıt] A VT 1 (an-, auf)häufen 2 *bes* JUR *mehrere Klagen* vereinigen B VI sich (an-, auf)häufen C ADJ [*Br* -lət] (an-, auf)gehäuft; **cumulation** S (An)Häufung *f*

cumulative ['kju:mjʊlətıv; *US* -ˌleıtıv] ADJ (ADV ~ly) 1 kumulativ, Sammel..., Gesamt...: **~ effect** Gesamtwirkung *f* 2 sich (an)häufend *od* summierend, anwachsend, sich steigernd 3 zusätzlich, (noch) hinzukommend, verstärkend, Zusatz... 4 WIRTSCH kumulativ: **~ dividend** Dividende *f* auf kumulative Vorzugsaktien; **~ preferred stock**, *Br* **~ preference shares** kumulative Vorzugsaktien; **~ evidence** S JUR verstärkender Beweis; **~ frequency** S *Statistik etc*: Summenhäufigkeit *f*: **~ curve** Summenkurve *f*; **~ legacy** S JUR Zusatzvermächtnis *n*; **~ sentence** S JUR *US* zusätzliche Strafzumessung; **~ voting** S Kumulierungssystem *n (bei Wahlen)*
cumuli ['kju:mjʊlaı] *pl von* cumulus
cumulo|nimbus [ˌkju:mjʊləʊ-] S *a. irr* METEO Kumulonimbus *m*, Cumulonimbus *m (massige, dichte Wolke in Form e-s hohen Berges od mächtigen Turmes)*; **~stratus** S *irr* METEO Stratokumulus *m (tief hängendes, aus ein- od mehrschichtigen Wolken bestehendes Wolkenfeld)*
cumulus ['kju:mjʊləs] *pl* **-li** [-laı] S 1 Haufen *m* 2 METEO Kumulus *m*, Haufenwolke *f*
cuneiform ['kju:nııfɔ:(r)m; -nıf-; *US a.* kjʊ'ni:ə-] A ADJ 1 keilförmig, Keil... 2 Keilschrift...: **~ characters** Keilschrift(zeichen) *f(pl)* B S 1 Keilschrift *f* 2 ANAT a Keilbein *n* b Dreiecksbein *n (an Fuß u. Hand)*
cuniform ['kju:nıfɔ:(r)m] → cuneiform
cunnilingus [ˌkʌnı'lıŋgəs] S Cunnilingus *m (orale Befriedigung e-r Frau)*
cunning ['kʌnıŋ] A ADJ (ADV ~ly) 1 *obs* geschickt 2 schlau, listig, gerissen: (**as**) **~ as a fox** fuchsschlau; → bird 3 3 *US umg* niedlich, süß *(Baby etc)* B S 1 *obs* Geschicklichkeit *f* 2 Schlauheit *f*, List(igkeit) *f*, Gerissenheit *f* 3 SPORT Spielwitz *m*
cunt [kʌnt] S *vulg* 1 Fotze *f*, Möse *f (Vagina)* 2 Nummer *f (Koitus)*: **have a ~** e-e Nummer machen *od* schieben 3 Frau *f* fürs Bett 4 a Arschloch *n*, Scheißkerl *m (beide pej)* b *allg* Kerl *m*: **poor ~** arme Sau
cup [kʌp] A S 1 Schale *f (a. des Weinglases etc)*, Napf *m* 2 *(Wein- etc)* Becher *m*, Kelch *m*: **be fond of the ~** gern trinken *od umg* bechern; → dreg 1 3 a Tasse *f* b *(e-e)* Tasse(voll): **a ~ of tea** e-e Tasse Tee; **that's not my ~ of tea** *Br umg* das ist nicht mein Fall; **that's another ~ of tea** *Br umg* das ist etwas (ganz) anderes 4 SPORT Cup *m*, Pokal *m*: **~ final** Pokalendspiel *n*; **~ holder** Pokalverteidiger(in); **~ tie** Pokalspiel *n*, -paarung *f*; **~ winner** Pokalsieger(in) 5 Bowle *f* 6 REL a Abendmahlskelch *m* b Abendmahlswein *m* 7 Schicksal *n*, Kelch *m*: **the ~ of happiness** der Kelch *od* Becher der Freude; **the ~ of bitterness** (*od* **sorrow**) der Kelch des Leidens; **his ~ is full** das Maß s-r Leiden *od* Freuden ist voll 8 *pl obs* a Zechen *n*, Trinken *n* b Zechgelage *n* c (Be)Trunkenheit *f*: **be in one's ~s** betrunken sein, zu tief ins Glas geschaut haben 9 schalen- *od* becher- *od* kelchförmiger Gegenstand 10 BOT Blüten-, Fruchtbecher *m*, (Blumen)-Kelch *m* 11 ZOOL Kelch *m* 12 *Golf*: a Metallfütterung *f* des Loches b Loch *n* 13 MED → cupping glass 14 ANAT *(Gelenk)* Pfanne *f* 15 SPORT Unterleibsschutz *m*, *(Boxen)* Tiefschutz *m* 16 Körbchen *n*, Schale *f (des Büstenhalters)* 17 Mulde *f* 18 → cupful 2 B VT 1 in e-e Schale *etc* legen *od* gießen 2 (mit e-m Becher) schöpfen 3 a *die Hand* hohl machen, wölben: **~ped hand** hohle Hand b *das Kinn etc* in die (hohle) Hand legen *od* schmiegen c die Hand wölben über *(akk)* 4 MED schröpfen
cup|-and-ball joint S TECH Kugelgelenk *n*; **~-and-cone bearing** S TECH Kegelkugel-

C

lager *n*; ~ **barometer** S Gefäßbarometer *n*; **~bearer** S Mundschenk *m*
cupboard ['kʌbə(r)d] S *(Geschirr-, Speise-, bes Br a. Wäsche-, Kleider-)* Schrank *m*; ~ **bed** S Schrankbett *n*; ~ **love** S berechnende Liebe
cupcake S *in e-r Form aus Folie od Papier gebackener kleiner Kuchen*
cupel ['kju:pl; kju:'pel] CHEM, TECH A S 1 (Scheide-, Treib)Kapelle *f*, Kupelle *f* 2 Treibherd *m* B V/T *prät u. pperf* -peled, *bes Br* -pelled kupellieren, abtreiben
cupful ['kʌpfʊl] *pl* -fuls S 1 *(e-e)* Schale(voll), *(ein)* Becher(voll) *m*, *(e-e)* Tasse(voll) 2 GASTR *Br* 0,3 Pints, *US* 0,5 Pints
cup grease S TECH Staufferfett *n*
Cupid ['kju:pɪd] S 1 *Antike*: Kupido *m*, Amor *m (a. fig Liebe)* 2 ♀ Amorette *f*
cupidity [kju:'pɪdətɪ] S 1 Habgier *f* 2 Gier *f*, Begierde *f*, Gelüst(e) *n*
Cupid's bow ['kju:pɪdz] S 1 Amorsbogen *m (die klassische Bogenform)* 2 e-m klassischen Bogen ähnliche Linienführung *(bes der Lippen)*
cup insulator S ELEK Glockenisolator *m*
cupola ['kju:pələ] S 1 ARCH Kuppel (-dach *n*, -gewölbe *n*) *f* 2 *a.* ~ **furnace** TECH Kupol-, Kuppelofen *m* 3 SCHIFF, MIL Panzerturm *m*
cuppa, **cupper** ['kʌpə] S *Br umg* Tasse *f* Tee
cupping ['kʌpɪŋ] S MED Schröpfen *n*; ~ **glass** S MED Schröpfglas *n*, -kopf *m*
cupreous ['kju:prɪəs; *US a.* 'ku:-] ADJ 1 kupfern 2 kupferhaltig 3 kupferartig
cupric ['kju:prɪk; *US a.* 'ku:-] ADJ CHEM Kupfer..., Cupri... *(zweiwertiges Kupfer enthaltend)*: ~ **oxide** Kupferoxyd *n*; **cupriferous** [-'prɪfərəs] ADJ MINER kupferhaltig, Kupfer...; **cuprite** [-praɪt] S MINER Cuprit *m*, Rotkupfer (-erz) *n*
cupronickel [ˌkju:prəʊ'nɪkl; *US a.* ˌku:-] S TECH Kupfernickel *n*, Nickelkupfer *n*
cuprous ['kju:prəs; *US a.* 'ku:-] ADJ CHEM Kupfer..., Cupro... *(einwertiges Kupfer enthaltend)*
cupulate ['kju:pjʊlət; -leɪt], **cupular** [-lə(r)] ADJ 1 becherförmig, -artig 2 BOT Becher tragend
cupule ['kju:pju:l] S 1 BOT Blütenbecher *m* 2 ZOOL Saugnäpfchen *n*
cupuliferous [ˌkju:pjʊ'lɪfərəs] ADJ BOT 1 zu den Becherfrüchtlern gehörend 2 Becher tragend
cur [kɜ:; *US* kɜr] S 1 Köter *m* 2 *fig pej* (Schweine)Hund *m*, Schwein *n*
cur. ABK 1 WIRTSCH currency 2 current
curability [ˌkjʊərə'bɪlətɪ] S MED Heilbarkeit *f*; **curable** ADJ (ADV curably) heilbar; **curableness** → curability
curacy ['kjʊərəsɪ] S REL Amt *n* e-s Hilfspfarrers *od* Kuraten
curare, **curari** [kjʊ'rɑ:rɪ; *US a.* kʊ-] S Kurare *n (ein Pfeilgift)*
curate[1] ['kjʊərət] S REL a Hilfspfarrer *m*, -geistliche(r) *m* b *a.* **~-in-charge** Kurat *m*: **it's like the ~'s egg** *fig Br* es ist teilweise gar nicht so übel
curate[2] [kjʊ'reɪt] V/T *e-e Ausstellung etc* organisieren (u. betreuen)
curative ['kjʊərətɪv] A ADJ (ADV ~ly) heilend, Heil... B S Heilmittel *n* (**for** gegen)
curator [ˌkjʊə'reɪtə(r); *US a.* 'kjʊrətər] S 1 *e-s Museums etc*: a Kustos *m (wissenschaftlicher Sachbearbeiter)* b Direktor *m*, Direktorin *f* 2 JUR *bes schott* Vormund *m*, Pfleger(in) 3 JUR Verwalter(in), Pfleger(in); **curatorship** S Amt *n* e-s Kustos *etc*
curb [kɜ:b; *US* kɜrb] A S 1 a Kandare *f* b Kinnkette *f (Pferdezaum)* 2 *fig* Zaum *m*, Zügel (-ung) *m(f)*: **put a ~ (up)on** → B 1 3 *bes US* Bordkante *f*, -rand *m*, -schwelle *f*, -stein *m* 4 *US* (steinerne) Einfassung 5 *Br* (schwellenartiger) Kaminvorsatz 6 ARCH a Auskleidung *f* b Kranz *m (am Kuppeldach)* 7 TECH a Betonkasten *m* b Kranz *m (der Turbine od e-r Gussform)* c *(oberer)* Mühlenkranz 8 WIRTSCH *US* a Straßenmarkt *m* b Freiverkehrsbörse *f*: ~ **broker** Freiverkehrsmakler(in) 9 VET Spat *m*, Hasenfuß *m* B V/T 1 *fig* Zügel anlegen *(dat)*, zügeln, im Zaum halten, bändigen: ~ **one's imagination**; ~ **smuggling** dem Schmuggelunwesen Einhalt gebieten; ~ **a boom** e-e Konjunktur dämpfen *od* drosseln; ~ **production** die Produktion einschränken *od* drosseln 2 *ein Pferd* an die Kandare nehmen 3 a *bes US e-n Gehweg* mit Randsteinen einfassen b *US e-n Brunnen etc* einfassen 4 *bes US e-n Hund* zum Geschäftmachen in den Rinnstein führen; ~ **bit** S Kandarenstange *f*; ~ **market** → curb A 8; ~ **pin** S Rückerstift *m (Uhr)*; ~ **prices** SPL WIRTSCH *US* Freiverkehrskurse *pl*; ~ **roof** S ARCH Mansard(en)dach *n*; ~ **service** S WIRTSCH *US* Bedienung *f* im Auto; ~ **stocks** SPL WIRTSCH *US* an der Freiverkehrsbörse notierte Aktien *pl*; **~stone** A S (einzelner) Bordstein B ADJ 1 WIRTSCH *US* Straßen..., Winkel...: ~ **broker** Straßenmakler(in) 2 *US umg* Schmalspur...: ~ **engineer**; ~ **opinions** unmaßgebliche Ansichten
curcuma ['kɜ:kjəmə; *US* 'kɜrkjəmə] S BOT Kurkume *f*, Gelbwurz *f*
curd [kɜ:d; *US* kɜrd] S 1 *meist pl* geronnene *od* dicke Milch, Quark *m*: ~ **cheese** Weiß-, Quarkkäse *m* 2 Gerinnsel *n*: ~ **soap** Kernseife *f*
curdle ['kɜ:dl; *US* 'kɜrdl] A V/T 1 *Milch* gerinnen lassen 2 ~ **sb's blood** *fig* j-m das Blut in den Adern erstarren lassen B V/I 1 gerinnen, dick werden *(Milch)* 2 *fig* erstarren: **the sight made my blood ~** bei dem Anblick erstarrte mir das Blut in den Adern
curdy ADJ 1 geronnen, dick 2 klumpig 3 CHEM (flockig)käsig
cure [kjʊə(r)] A S 1 MED Kur *f*, Heilverfahren *n*, Behandlung *f (alle:* **for** *gegen)*: **be on** *(od* **take) a ~** e-e Kur machen; **go for a ~** zur *od* auf *od* in Kur gehen; **under ~** in Behandlung 2 MED Heilung *f*: **past ~** a unheilbar krank *(Person)* b unheilbar *(Krankheit)* c *fig* hoffnungslos *(Lage etc)* 3 MED (Heil)Mittel *n* (**for** gegen) 4 *fig* Mittel *n*, Abhilfe *f*, Rezept *n (alle:* **for** *gegen)* 5 Haltbarmachung *f*: a Räuchern *n* b Einpökeln *n*, -salzen *n* c Trocknen *n* d Beizen *n* e (Aus)Härtung *f* 6 TECH Vulkanisieren *n* 7 REL a *a.* ~ **of souls** Seelsorge *f* b Pfarrei *f (Amt u. Bezirk)* B V/T 1 a MED *j-n* heilen, kurieren *(beide:* **of** *von) (a. fig)*: ~ **sb of lying** j-m das Lügen abgewöhnen; ~ **sb of an idea** j-n von e-r Idee abbringen b MED *e-e Krankheit* heilen c *fig Missstände etc* abstellen 2 haltbar machen: a räuchern b trocknen c beizen d einpökeln, -salzen e TECH *Kunststoffe* (aus)härten 3 TECH vulkanisieren C V/I 1 Heilung bringen, heilen 2 geheilt werden
cure-all S Allheilmittel *n (a. fig)*
cureless ['kjʊə(r)lɪs] ADJ (ADV ~ly) unheilbar
curettage [kjʊə'retɪdʒ; ˌkjʊərɪ'tɑ:ʒ; *US* ˌkjʊrə'tɑ:ʒ] S MED Auskratzung *f*, Ausschabung *f*; **curette** [-'ret] MED A S Kürette *f* B V/T auskratzen, ausschaben; **curettement** → curettage
curfew ['kɜ:fju:; *US* 'kɜr-] S 1 HIST a Abendläuten *n* b Zeit *f* des Abendläutens c *a.* ~ **bell** Abendglocke *f* 2 MIL Ausgangsverbot *n*, -sperre *f*: **the town was placed under a ~** über die Stadt wurde ein Ausgangsverbot verhängt 3 Sperrstunde *f*
curia ['kjʊərɪə; *US a.* 'kʊ-] *pl* -ae [-i:] S 1 *Antike*, HIST, KATH Kurie *f* 2 HIST königlicher Gerichts- *od* Verwaltungshof *(in England)*
curie ['kjʊərɪ; *US a.* kjʊ'ri:] S CHEM, PHYS Curie *f (Strahlungseinheit)*; ♀ **constant** S PHYS Curiesche Konstante
Curie's law S PHYS Curiesches Gesetz
curio ['kjʊərɪəʊ] *pl* -os → curiosity 2 a, 2 c
curiosity [ˌkjʊərɪ'ɒsətɪ; *US* -'ɑs-] S 1 Neugier *f (a. pej)*, Wissbegierde *f*: **out of ~** aus Neugier; **~ killed the cat** sei nicht so neugierig!, wie gut, dass du nicht neugierig bist! 2 Kuriosität *f*: a Rarität *f* b Sehenswürdigkeit *f* c Kuriosum *n*, komische Sache *od* Person 3 *obs* peinliche Genauigkeit; ~ **shop** S Raritätenladen *m*
curious ['kjʊərɪəs] ADJ (ADV ~ly) 1 neugierig *(a. pej)*, wissbegierig: **I am ~ to know if** ich möchte gern wissen, ob; **be ~ about** neugierig sein auf *(akk)* 2 kurios, seltsam, merkwürdig: **~ly enough** merkwürdigerweise 3 *umg* komisch, wunderlich 4 *obs* genau, sorgfältig, peinlich, streng
curl [kɜ:l; *US* kɜrl] A V/T 1 *j-s Haar etc* a locken b kräuseln: **it's enough to ~ your hair** *umg* da stehen e-m ja die Haare zu Berge 2 *(spiralförmig)* winden, zusammenrollen: ~ **o.s. up** → B 5; **with legs ~ed** mit übereinandergeschlagenen Beinen 3 *Wasser* kräuseln 4 *die Nase* krausziehen, *die Lippen* (verächtlich) schürzen 5 TECH bördeln B V/I 1 sich locken *od* kräuseln *(Haar)*: **it's enough to make your hair ~** *umg* da stehen e-m ja die Haare zu Berge 2 sich wellen: ~ **up** in Ringen hochsteigen *(Rauch)* 3 sich *(spiralförmig)* winden 4 sich kräuseln, kleine Wellen schlagen *(Wasser)* 5 *a.* ~ **up** sich ein- *od* zusammenrollen: ~ **up on the sofa** es sich auf dem Sofa gemütlich machen 6 SPORT Curling spielen C S 1 Locke *f*: **in ~s** gelockt 2 *(Rauch)* Ring *m*, Kringel *m* 3 Windung *f* 4 *a.* MATH, PHYS Wirbel *m* 5 Kräuseln *n*, Krausziehen *n* 6 BOT Kräuselkrankheit *f*
curl cloud S METEO Cirrus-, Federwolke *f*
curled [kɜ:ld; *US* kɜrld] ADJ a gelockt, lockig b gekräuselt, kraus
curler ['kɜ:lə; *US* 'kɜrlər] S 1 SPORT Curlingspieler(in) 2 Lockenwickel *m*, -wickler *m*: **put one's hair in ~s** sich die Haare aufdrehen
curlew ['kɜ:lju:; -lu:; *US* 'kɜr-] S ORN *(ein)* Brachvogel *m*, *bes* a *a.* **common ~** Großer Brachvogel, Brachhuhn *n* b *a.* **~ jack** Kleiner Brachvogel
curlicue ['kɜ:lɪkju:; *US* 'kɜr-] S Schnörkel *m*
curling ['kɜ:lɪŋ; *US* 'kɜr-] S 1 a Locken *n* b Kräuseln *n* 2 Winden *n* 3 SPORT Curling(spiel) *n*: **play ~** Curling spielen; **~ stone** Curlingstein *m* 4 TECH Bördeln *n*; ~ **iron** S *a. pl* a Brennschere *f* b ELEK Curlingstab *m*; ~ **machine** S TECH Bördelmaschine *f*; ~ **tongs** SPL *a.* **pair of ~** → curling iron a
curlpaper S Papierhaarwickel *m*, -wickler *m*
curly ['kɜ:lɪ; *US* 'kɜr-] ADJ 1 → curled 2 wellig gemasert *(Holz)* 3 Locken tragend; **~head** S Locken- *od* Krauskopf *m (Person)*; **~headed** ADJ a lockenköpfig b krausköpfig
curmudgeon [kɜ:'mʌdʒən; *US* kɜr-] S Brummbär *m (mürrischer Mensch)*; **curmudgeonly** ADJ brummig, bärbeißig
currach, **curragh** ['kʌrəx; 'kʌrə] *schott od Ir für* coracle
currant ['kʌrənt; *US* 'kɜr-] S 1 Korinthe *f (kleine Rosine)* 2 BOT Johannisbeere *f*
currency ['kʌrənsɪ; *US* 'kɜr-] S 1 Umlauf *m*, Zirkulation *f*: **give ~ to a rumo(u)r** ein Gerücht in Umlauf setzen *od* verbreiten; **gain ~** sich (immer mehr) verbreiten 2 a (Allgemein)Gültigkeit *f*, allgemeine Geltung b Gebräuchlichkeit *f*, Geläufigkeit *f (e-s Worts etc)* c Verbreitung *f (e-r Nachricht etc)* 3 WIRTSCH a Geldumlauf *m* b umlaufendes Geld c Zahlungsmittel *pl* d Devisen *pl* e Währung *f* 4 WIRTSCH Laufzeit *f (e-s Wechsels, a. e-s Vertrags etc)*, Gültigkeitsdauer *f*; ~ **account** S

C

WIRTSCH Währungs-, Devisenkonto *n*; ~ **arbitrage** S WIRTSCH Devisenarbitrage *f*; ~ **bill** S WIRTSCH *Br* Devisenwechsel *m*, Wechsel *m* in ausländischer Währung; ~ **bond** S WIRTSCH Fremdwährungsschuldverschreibung *f*; ~ **control** S WIRTSCH 1 Währungskontrolle *f* 2 *US* Devisenkontrolle *f od* -bewirtschaftung *f*; ~ **dealer** S WIRTSCH Devisenhändler(in); ~ **hopping** S WIRTSCH Währungshüpfen *n*; ~ **note** S WIRTSCH *Br* Schatzanweisung *f (1914-28)*; ~ **reform** S WIRTSCH Währungsreform *f*; ~ **snake** S WIRTSCH Währungsschlange *f*

current ['kʌrənt; *US* 'kɜr-] A ADJ (ADV → currently) 1 laufend *(Jahr, Monat etc)*: ~ **business** laufende Geschäfte *pl* 2 gegenwärtig, jetzig, augenblicklich, aktuell: ~ **events** Tagesereignisse, -geschehen *n*, -politik *f*; ~ **value** WIRTSCH gegenwärtiger Marktwert 3 umlaufend, kursierend *(Geld, Gerücht etc)*: **be** ~ kursieren, in Umlauf sein 4 allgemein bekannt *od* verbreitet 5 üblich, geläufig, gebräuchlich: **not in ~ use** nicht allgemein üblich; **the word is no longer in ~ use** das Wort wird nicht mehr verwendet 6 **(pass)** ~ allgemein gültig *od* anerkannt (sein) 7 WIRTSCH a (markt)gängig *(Ware)* b gültig *(Geld)* c kurs-, verkehrsfähig 8 *obs* fließend, flüssig, leicht B S 1 Strömung *f*, Strom *m (beide a. fig)*: **against the** ~ gegen den Strom; ~ **of air** Luftstrom *od* -zug *m* 2 *fig* a Trend *m*, Tendenz *f* b (Ver)Lauf *m*, Gang *m* 3 ELEK Strom *m*; ~ **account** S WIRTSCH 1 laufendes Konto, Kontokorrent-, Girokonto *n* 2 *Zahlungsbilanz*: Leistungsbilanz *f*; ~ **assets** SPL WIRTSCH laufende Aktiva *pl*, Umlaufvermögen *n*; **~-carrying** ADJ ELEK Strom führend; ~ **coin** S WIRTSCH gängige Münze; ~ **collector** S ELEK Stromabnehmer *m*, (Strom)Sammelschiene *f*; ~ **density** S ELEK Stromdichte *f*; ~ **exchange** S WIRTSCH Tageskurs *m*: **at the** ~ zum Tageskurs; ~ **expenses** SPL WIRTSCH laufende Ausgaben *pl od* Unkosten *pl*; ~ **liabilities** SPL WIRTSCH laufende Verpflichtungen *pl*; ~ **limiter** S ELEK Strombegrenzer *m*; **~-limiting** ADJ ELEK Strom begrenzend *(Sicherung etc)*

currently ['kʌrəntlı; *US* 'kɜr-] ADV 1 gegenwärtig, zurzeit, jetzt, im Augenblick 2 *fig* fließend, flüssig: **read sth** ~

current| meter S ELEK Stromzähler *m*; ~ **price** S WIRTSCH Tages-, Marktpreis *m*, *(Börse)* Tageskurs *m*; ~ **receivables** SPL WIRTSCH *US* Umlaufvermögen *n*

curricle [*Br* 'kʌrıkl; *US* 'kɜrəkl] S Karriol(e) *n(f) (zweirädrige Kutsche mit 2 Pferden)*

curricula [kə'rıkjʊlə] *pl von* **curriculum**

curricular [kə'rıkjʊlə(r)] ADJ curricular, Lehrplan…

curriculum [kə'rıkjʊləm] *pl* -la [-lə], -lums S Curriculum *n*, Studien-, Lehrplan *m*; ~ **vitae** ['vi:taı; 'vaıti:] S *irr* Curriculum *n* Vitae, Lebenslauf *m*

currier ['kʌrıə; *US* 'kɜrıər] S 1 (Pferde)Striegler(in) 2 Lederzurichter(in)

curry[1] ['kʌrı; *US* 'kɜri:] V/T 1 *ein Pferd* striegeln, abreiben 2 TECH *Leder* zurichten, gerben 3 *umg* verdreschen, verprügeln 4 ~ **favo(u)r with sb**, ~ **sb's favo(u)r** sich bei j-m einschmeicheln (wollen), sich bei j-m lieb Kind machen (wollen)

curry[2] ['kʌrı; *US* 'kɜri:] A S 1 Curry *n*, *a. m (Gewürz)* 2 Curry *n (Gericht)* B V/T mit Curry (-soße) zubereiten: **curried chicken** Curryhuhn *n* C ADJ Curry…: ~ **powder**; ~ **sauce**

currycomb A S Striegel *m* B V/T striegeln

curse [kɜ:s; *US* kɜrs] A S 1 Fluch *m*: **lay a ~ (up)on** → B 1 a; **there is a ~ (up)on the house, the house is** *(od* **lies) under a** ~ auf dem Haus lastet ein Fluch 2 REL a Verdammung *f* b HIST Bann(fluch) *m* 3 Fluch *m*, Verwünschung *f*: ~ **word** Fluch(wort) *m(n)*, Kraftausdruck *m*; → tinker A 1 4 **(to)** Fluch *m*, Unglück *n* (für), Geißel *f (gen)* 5 **she's got the** ~ *umg* sie hat ihre Tage B V/T *prät u. pperf* **cursed**, *obs* **curst** [kɜ:st; *US* kɜrst] 1 verfluchen: a mit e-m Fluch belegen b verwünschen, fluchen auf *(akk) od* über *(akk)*: ~ **it!** hol's der Teufel!; ~ **him!** der Teufel soll ihn holen! 2 *(meist passiv)* strafen, quälen: **be ~d with sth** mit etwas bestraft *od* geplagt sein 3 REL a verdammen b HIST mit dem Bannfluch belegen C V/I fluchen (**at** auf *akk*, über *akk*), Flüche ausstoßen

cursed ['kɜ:sıd; *US* 'kɜr-] ADJ (ADV ~ly) verflucht, -wünscht *(beide a. umg)*

cursive ['kɜ:sıv; *US* 'kɜr-] A ADJ (ADV ~ly) kursiv, Kursiv… *(Handschrift)*: **in ~ characters** TYPO in Schreibschrift (gedruckt) B S TYPO Schreibschrift *f*

cursor ['kɜ:sə; *US* 'kɜrsər] S 1 MATH, TECH Läufer *m*, Schieber *m (am Rechenstab etc)* 2 Zeiger *m (am Messgerät)* 3 *Radar*: Peilzeiger *m* 4 COMPUT Cursor *m (Positionsanzeiger auf dem Bildschirm)*; **cursorial** [-'sɔ:rıəl; *US a.* -'səʊ-] ADJ ZOOL Lauf…: ~ **bird**

cursoriness ['kɜ:sərınıs; -srı-; *US* 'kɜr-] S Flüchtigkeit *f*, Oberflächlichkeit *f*; **cursory** ADJ (ADV cursorily) flüchtig, oberflächlich

curst [kɜ:st; *US* kɜrst] *obs prät u. pperf von* **curse**

curt [kɜ:t; *US* kɜrt] ADJ (ADV ~ly) 1 kurz (gefasst), knapp *(Bericht etc)* 2 **(with)** barsch, schroff (gegen), kurz angebunden (zu)

curtail [kɜ:'teıl; *US* kɜr-] V/T 1 (ab-, ver)kürzen: **~ed word** Kurzwort *n* 2 beschneiden, stutzen 3 *fig Ausgaben etc* kürzen, *Preise etc* herabsetzen, *a. j-s Rechte etc* beschneiden, be-, einschränken: ~ **wages** (die) Löhne kürzen *od* herabsetzen; **curtailment** S 1 (Ab-, Ver)Kürzung *f* 2 *fig* Kürzung *f*, Beschneidung *f* 3 *fig* Be-, Einschränkung *f*, Herabsetzung *f (alle:* **in** *gen)*

curtain ['kɜ:tn; *US* 'kɜrtn] A S 1 Vorhang *m*, Gardine *f*: **draw the ~s** die Vorhänge auf- *od* zuziehen (→ A 3) 2 *fig* Vorhang *m*, *(a. Regen-, Wolken- etc)* Wand *f*: **a ~ of rain**; ~ **of fire** → curtain fire; ~ **of smoke** Rauchvorhang 3 *fig* Vorhang *m*, Schleier *m*, Hülle *f*: **behind the** ~ hinter den Kulissen; **draw the ~ over sth** über etwas den Schleier des Vergessens breiten; **lift the** ~ den Schleier lüften 4 THEAT a Vorhang m: **the ~ rises** der Vorhang geht auf *od* hoch; **the ~ falls** der Vorhang fällt *(a. fig) od* senkt sich; **(b)ring the (final) ~ down** *fig* e-n Schlusspunkt unter das Gewesene setzen; **(b)ring the (final) ~ on** ein Ende bereiten *(dat)*, e-n Schlusspunkt setzen unter *(akk)* b Auf- *od* Hochgehen *n* des Vorhangs, Aktbeginn *m* c Fallen *n* des Vorhangs, Aktschluss *m* d Tableau *n (effektvolle Schlussszene)* e Hervorruf *m*: **get** *(od* **take) ten ~s** zehn Vorhänge haben 5 Schlussmusik *f (e-r Radiosendung etc)* 6 *pl umg* das Ende: **it was ~s for him** da war es Sense *od* aus mit ihm B V/T 1 mit Vorhängen versehen: ~ **off** mit Vorhängen abteilen *od* abschließen 2 *fig* verhüllen, -schleiern; ~ **call** → curtain A 4 e; ~ **fall** → curtain A 4 c; ~ **fire** S MIL Sperrfeuer *n*, Feuervorhang *m*; ~ **hook** S Vorhang-, Gardinenhaken *m*; ~ **lecture** S Gardinenpredigt *f*: **give sb a** ~ j-m e-e Gardinenpredigt halten; ~ **rail** S Vorhang-, Gardinenstange *f*; ~ **raiser** S 1 THEAT kurzes Vorspiel 2 *fig* Auftakt *m* (**for** zu); ~ **ring** S Vorhang-, Gardinenring *m*; ~ **rod** → curtain rail; ~ **runner** S Vorhang-, Gardinenröllchen *n*; ~ **track** S Vorhang-, Gardinenleiste *f*; ~ **wall** S ARCH Curtainwall *m (Außenwand e-s Gebäudes, die keine tragende Funktion hat)*

curtana [kɜ:'tɑ:nə; -'teınə; *US* kɜr-] S Curtane *f (Schwert ohne Spitze, das dem englischen König bei der Krönung vorangetragen wird)*

curtesy ['kɜrtəsi:] S JUR *US Nießbrauch des Witwers am Grundbesitz der verstorbenen Ehefrau*

curtilage ['kɜ:tılıdʒ; *US* 'kɜrtl-] S *zum Haus gehöriger (umfriedeter) Hof etc*

curtness ['kɜ:tnıs; *US* 'kɜrt-] S 1 Kürze *f*, Knappheit *f* 2 Barschheit *f*, Schroffheit *f*

curts(e)y ['kɜ:tsı; *US* 'kɜrt-] A S Knicks *m*: **drop a ~ (to)** → B B V/I e-n Knicks machen, knicksen *(beide:* **to** vor *dat)*

curvaceous [kɜ:'veıʃəs; *US* kɜr-] ADJ (ADV ~ly) *umg* kurvenreich *(Frau)*

curvature ['kɜ:vətʃə; *US* 'kɜrvə,tʃʊr; -tʃər] S Krümmung *f (a.* MATH): **have more ~ than** gekrümmter sein als; ~ **of the earth** Erdkrümmung; ~ **of field** TV Bildfeldwölbung *f*; ~ **of the spine** MED Rückgratverkrümmung *f*

curve [kɜ:v; *US* kɜrv] A S 1 Kurve *f (a.* MATH): a Krümmung *f*, Biegung *f* b (Straßen)Kurve *f*, (-)Biegung *f* c Rundung *f (pl umg a. e-r Frau)* d *Statistik etc*: Schaulinie *f* e *fig* Tendenz *f*: ~ **of pursuit** MATH Verfolgungskurve; ~ **fitting** MATH Angleichung *f* e-r Kurve 2 TECH Kurvenlineal *n* 3 *pl US* runde Klammern *pl* 4 **throw sb a** ~ *US fig* a j-n auf dem falschen Fuß erwischen b j-n übers Ohr hauen B V/T 1 biegen, krümmen 2 schweifen, runden, wölben C V/I 1 sich biegen *od* krümmen *od* wölben 2 kurven, e-e Kurve beschreiben; **curved** [kɜ:vd; *US* kɜrvd] ADJ 1 gekrümmt, gebogen, krumm: ~ **space** MATH gekrümmter Raum 2 ARCH gewölbt, Bogen… 3 geschweift, geschwungen 4 MIL Steil…: ~ **fire**

curvet [kɜ:'vet; *US* kɜr-] *(Hohe Schule)* A S Kurbette *f*, Bogensprung *m* B V/I *prät u. pperf* -vetted, -veted kurbettieren

curviform ['kɜ:vıfɔ:m; *US* 'kɜrvə-,fɔ:rm] ADJ bogen-, kurvenförmig

curvilinear [,kɜ:vı'lınıə(r); *US* ,kɜrvə-], *a.* **curvilineal** [-əl] ADJ (ADV ~ly) krummlinig

curvy ['kɜ:vı; *US* 'kɜr-] ADJ 1 → curved 1 2 → curvaceous

cusec ['kju:sek] S Kubikfuß *m* pro Sekunde

cushat ['kʌʃət] S ORN Ringeltaube *f*

cushion ['kʊʃn] A S 1 Kissen *n*, Polster *n*: ~ **of moss** Mooskissen, -polster 2 *fig* Polster *n*: **a ~ against unemployment**; **sit on one's two-goal** ~ SPORT sich auf s-m Zweitorevorsprung ausruhen 3 Wulst *m (für die Frisur)* 4 Bande *f (e-s Billardtisches)*: **three-~ billiards** *pl (als sg konstruiert)* Dreibandbillard *n* 5 TECH a Puffer *m*, Dämpfer *m* b Vergolder-, Blattkissen *n* c Zwischenlage *f*, Polsterschicht *f od* -streifen *m (bei Luftreifen)* d Felgenring *m* e *(Gas-, Dampf- etc)* Polster *n*, *(Luft)* Kissen *n* 6 ARCH a Kämpferschicht *f* b Kissen *n*, Ruhestein *m* 7 ZOOL a Fettpolster *n (des Pferdehufes)* b wulstige Oberlippe *(bestimmter Hunde)* 8 RADIO, TV *US* (Programm)Füllsel *n* B V/T 1 mit Kissen versehen 2 durch Kissen schützen 3 weich betten 4 polstern *(a. fig)* 5 *e-n Stoß, e-n Fall etc* dämpfen, abmildern *(a. fig)* 6 *fig* vertuschen 7 TECH abfedern, dämpfen; ~ **capital** S ARCH 1 Wulstkapitell *n* 2 Würfelkapitell *n*; **~craft** S *irr* Luftkissenfahrzeug *n*

cushioned ['kʊʃnd] ADJ 1 gepolstert, Polster… 2 *fig* bequem, behaglich 3 kissen-, polsterförmig 4 TECH federnd, stoßgedämpft

cushy ['kʊʃı] ADJ *umg* bequem, gemütlich: **a ~ job** *(od* **number)** ein ruhiger Job

cusp [kʌsp] S 1 Spitze *f*, spitzes Ende 2 ANAT, ZOOL *(Zahn)* Höcker *m* 3 ANAT Zipfel *m (der Herzklappe)* 4 MATH Scheitelpunkt *m (e-r Kurve)* 5 ARCH Nase *f (am gotischen Maßwerk)* 6 ASTRON Spitze *f*, Horn *n (des Halbmonds)*

cuspate ['kʌspət; -peıt], **cuspated** [-peıtıd],

C

cusped [kʌspt] ADJ spitz (zulaufend)
cuspid ['kʌspɪd] S ANAT Eckzahn *m*
cuspidal ['kʌspɪdl] ADJ MATH Spitzen...: ~ curve; **cuspidate** [-deɪt] ADJ 1 spitz (zulaufend) 2 BOT (stachel)spitzig
cuspidor ['kʌspɪdɔ:(r)] S *bes* HIST *bes* US Spucknapf *m*
cuss [kʌs] *umg* A S 1 Fluch *m*, Verwünschung *f*: ~ **box** US → swear box; ~ **word** Fluch(wort) *m(n)*, Kraftausdruck *m*; → tinker A 1 2 *oft pej* Kerl *m*: **a queer old** ~ ein komischer alter Kauz B V/T *a.* ~ **out** verfluchen, fluchen auf *(akk) od* über *(akk)* C V/I fluchen (**at** auf *akk*, über *akk*); **cussed** [-ɪd] ADJ *umg* 1 verflucht 2 stur, bockbeinig *umg*; **cussedness** S *umg* Sturheit *f*, Bockbeinigkeit *f umg*
custard ['kʌstə(r)d] S *(etwa)* Vanillesoße *f*; ~ **apple** S BOT *(e-e)* Annone; ~ **pie** S Sahnetorte *f (bes in Slapstickkomödien)*
custodial [kʌ'stəʊdjəl; -dɪəl] A ADJ 1 Aufsichts...: ~ **care** Obhut *f*; ~ **sentence** JUR Freiheitsstrafe *f* 2 JUR US vormundschaftlich B S KATH a Custodia *f (Gefäß, in dem die große Hostie für die Aussetzung des Allerheiligsten in der Monstranz aufbewahrt wird)* b Reliquienkästchen *n*; **custodian** S 1 Aufseher(in), Wächter(in) 2 *(Haus- etc)* Verwalter(in) 3 Hüter(in) *(der öffentlichen Moral etc)* 4 Verwahrer(in) *(a.* JUR*)* 5 JUR (Vermögens)Verwalter(in) 6 JUR US Vormund *m*; **custodianship** S 1 Amt *n* e-s Verwalters *etc* 2 Verwaltung *f* 3 JUR US Vormundschaft *f*
custody ['kʌstədɪ] S 1 Obhut *f*, Schutz *m*, Bewachung *f*: **in sb's** ~ in j-s Obhut 2 Aufsicht *f* (**of** über *akk*) 3 *(Vermögens etc)* Verwaltung *f* 4 JUR Gewahrsam *m*: a tatsächlicher Besitz b *(a.* Untersuchungs)Haft *f*: **take into** ~ verhaften, in Gewahrsam nehmen; → remand A 1 a, B 1 a 5 JUR elterliche Sorge *od* Gewalt, Sorgerecht *n*: **he was given** ~ **of the children** ihm wurde das Sorgerecht für die Kinder zugesprochen, ihm wurden die Kinder zugesprochen 6 WIRTSCH US Depot *n*: ~ **receipt** Depotschein *m*
custom ['kʌstəm] A S 1 a Brauch *m*, Sitte *f*, *pl a.* Brauchtum *n* b (An)Gewohnheit *f*: **it is the** ~ es ist üblich (**to do** zu tun); **this is not the** ~ **here** das ist hier nicht üblich; **as was the** ~ wie es Sitte *od* Brauch war; **it was his** ~ (*od* **his** ~ **was**) **to go for a walk after dinner** er pflegte nach dem Essen e-n Spaziergang zu machen, er machte nach dem Essen gewöhnlich e-n Spaziergang; ~ **of** (*od* **in**) **trade** WIRTSCH Handelssitte, -brauch, Usance *f*; ~ **of the port** WIRTSCH Hafenbrauch, -usance *f*; ~ **of the Realm** *Br* Landesbrauch; → once B 1 2 KOLL Sitten *pl* u. Gebräuche *pl* 3 *a.* ~ **and practice** JUR a fester Brauch b Gewohnheitsrecht *n* 4 HIST *(durch Gewohnheitsrecht festgelegte)* Abgabe *od* Dienstleistung 5 WIRTSCH Kundschaft *f*: a Kunden(kreis) *pl(m)* b Kundesein *n*: **draw** (*od* **get**) **a lot of** ~ **from** ein gutes Geschäft machen mit; **get sb's** ~ j-n als Kunden gewinnen; **lose a great deal of** ~ viele Kunden verlieren; **take one's** ~ **elsewhere** woanders hingehen *od* (ein)kaufen, anderswo Kunde werden; **have withdrawn one's** ~ **from** nicht mehr Kunde sein *od* (ein)kaufen bei 6 *pl* Zoll *m*: **get sth through the ~s** etwas durch den Zoll bekommen; **~s authorities** → A 7 7 *pl* Zollbehörde *f*, -amt *n* B ADJ 1 *bes* US a → custom-made: ~ **shoes** Maßschuhe; ~ **work** Maßarbeit *f* b auf Bestellung *od* für Kunden arbeitend: ~ **tailor** Maßschneider(in) 2 IT benutzerdefiniert *(Programm etc)*
customarily ['kʌstəmərəlɪ; US ˌ-'merəli:] ADV üblicherweise, herkömmlicherweise; **customary** A ADJ 1 gebräuchlich, gewöhnlich, herkömmlich, üblich: **as is** ~ wie es üblich ist, wie üblich 2 gewohnt, Gewohnheits... 3 JUR gewohnheitsrechtlich: ~ **law** Gewohnheitsrecht *n* B S (Sammlung *f* der) Gewohnheitsrechte *pl*
custom-built ADJ *bes* US nach Kundenangaben gefertigt, einzeln angefertigt *(Auto etc)*
customer ['kʌstəmə(r)] S 1 Kunde *m*, Kundin *f*, Abnehmer(in), Käufer(in): **the** ~ **is always right** der Kunde ist König; **~'s check** US Barscheck *m*; ~ **country** Abnehmerland *n*; **~'s loan** Kundenkredit *m* 2 *umg* Bursche *m*, Kerl *m*, Kunde *m*, Zeitgenosse *m*: → awkward 5 a, tough A 5 3 Freier *m (e-r Prostituierten)*; ~ **agent** S WIRTSCH Kundenvertreter(in) *(im Exportgeschäft)*; ~ **ownership** S WIRTSCH US Aktienbesitz *m* der Kundschaft von Versorgungsbetrieben; ~ **support** S Kundenservice *m*, -betreuung *f*
custom|house S Zollamt *n*: ~ **agent** (*od* **broker**) Zollagent(in); ~ **invoice** S WIRTSCH Zollfaktura *f*
customize V/T 1 *ein Versicherungsprogramm etc* auf den Kundenbedarf zuschneiden 2 *sein Auto etc* individuell herrichten *od* ausstatten
custom-made ADJ *bes* US nach Maß *od* auf Bestellung *od* speziell angefertigt, maßgefertigt, Maß...: ~ **suit**
customs| clearance, *a.* ~ **clearing** S Zollabfertigung *f*, Verzollung *f*; ~ **declaration** S Zolldeklaration *f*, -erklärung *f*; ~ **examination**, ~ **inspection** S Zollkontrolle *f*; ~ **officer**, ~ **official** S Zollbeamte(r) *m*, -beamtin *f*; ~ **union** S Zollunion *f*, -verein *m*; ~ **warehouse** S Zolllager *n*; ~ **warrant** S WIRTSCH Zollauslieferungsschein *m*
cut [kʌt] A S 1 a Schnitt *m* b Schnittwunde *f* 2 Hieb *m*: ~ **and thrust** a *(Fechten)* Hieb u. Stoß *m* b *fig (feindseliges)* Hin u. Her, Widerstreit *m*; **rhetorical** ~ **and thrust** Wortgefecht *n* 3 *fig* Stich *m*, (Seiten)Hieb *m*, Bosheit *f* 4 *umg* Schneiden *n*: **give sb the** ~ **direct** j-n ostentativ schneiden 5 *(Spaten)* Stich *m* 6 *(Haar)* Schnitt *m* 7 TECH Ein-, Anschnitt *m*, Kerbe *f* 8 TECH Schnittfläche *f* 9 TECH Schrot *m/n* 10 a Einschnitt *m*, Durchstich *m (im Gelände)* b Graben *m* 11 Schnitte *f*, Stück *n (bes Fleisch)*: **cold ~s** *pl* Aufschnitt *m* 12 US *umg* Imbiss *m* 13 *umg* Anteil *m* (**of, in** an *dat*): **my** ~ **is 20%** 14 *bes* US a Mahd *f (Gras)* b Schlag *m (Holz)* c Schur *f (Wolle)* 15 FILM, TV Schnitt *m* 16 FILM, RADIO, TV: scharfe Überblendung, Schnitt *m* 17 Abkürzung(sweg) *f(m)*, direkter Weg 18 *Tennis etc*: Schnitt *m* 19 Stück *n*, Länge *f (von Stoff, Tuch)* 20 (Zu)Schnitt *m*, Fasson *f (bes von Kleidung)* 21 Schnitt *m*, Schliff *m (von Edelsteinen)* 22 *fig* Art *f*, Schlag *m*: **of quite a different** ~ aus ganz anderem Holz geschnitzt 23 Gesichtsschnitt *m* 24 *umg (soziale etc)* Stufe: **a** ~ **above** e-e Stufe höher als 25 TYPO a *(Kupfer)* Stich *m* b Druckstock *m* c Klischee *n* 26 Holzschnitt *m* 27 *(modischer)* Schlitz *(im Kleid)* 28 Streichung *f*, Auslassung *f*, Kürzung *f (in e-m Buch etc)* 29 WIRTSCH Kürzung *f*, Senkung *f*: ~ **in prices** Preissenkung *od* -herabsetzung *f*; ~ **in salary** Gehaltskürzung 30 SCHULE, UNIV *umg* Schwänzen *n* 31 *Kartenspiel*: a Abheben *n* b abgehobene Karte(n *pl*) 32 *umg* Strohhalm *m (zum Losen)*: **draw ~s** Strohhalme ziehen, losen 33 *Golf*: Cut *m (maximale Schlagzahl, mit der sich ein Spieler für die letzten beiden Runden e-s Turniers qualifiziert)*: **make the** ~ den Cut schaffen B ADJ 1 beschnitten, (zu)geschnitten, gestutzt, gespalten, zersägt: ~ **flowers** Schnittblumen; ~ **glass** geschliffenes Glas 2 BOT (ein)gekerbt 3 gemeißelt, geschnitzt, behauen 4 verschnitten, kastriert: **a** ~ **horse** ein Wallach 5 WIRTSCH herabgesetzt, ermäßigt *(Preise)* 6 *Br sl* blau, besoffen C V/T *prät u. pperf* **cut** 1 (be-, zer)schneiden, ab-, durchschneiden, e-n Schnitt machen in *(akk)*: ~ **sb sth** j-m etwas abschneiden; ~ **to pieces** zerstückeln; ~ **one's teeth** Zähne bekommen, zahnen; → cable A 1, eyetooth 2 abhacken, abschneiden, absägen, SCHIFF kappen: ~ **a book** ein Buch aufschneiden; ~ **coal** Kohle(n) hauen; ~ **grass** Gras mähen; ~ **trees** Bäume fällen; ~ **turf** Rasen stechen; ~ **wood** Holz hacken 3 *e-e Hecke etc* (be)schneiden, stutzen: ~ **sb's hair** j-m die Haare schneiden; → story[1] 4 4 e-e Schnittwunde beibringen *(dat)*, verletzen: ~ **one's finger** sich in den Finger schneiden; **he** ~ **himself on the lid** er schnitt sich am Deckel 5 schlagen: ~ **a horse with a whip** 6 *Tiere* kastrieren, verschneiden 7 *ein Kleid, e-n Teppich etc* zuschneiden, *etwas* zurechtschneiden, *e-n Schlüssel* anfertigen, *e-n Braten* vorschneiden *od* zerlegen 8 *e-n Stein* behauen, *Glas, Edelsteine* schleifen 9 (ein)schnitzen, einschneiden, -ritzen 10 *e-n Weg* ausgraben, -hauen, *e-n Graben* stechen, *e-n Tunnel* bohren: ~ **one's way** sich e-n Weg bahnen 11 AGR *Land* umackern, pflügen 12 MATH *etc* durchschneiden, kreuzen 13 AUTO a *e-e Kurve* schneiden: → corner A 1 b *ein Verkehrszeichen etc* überfahren 14 *e-n Text etc, a. e-n Betrag etc* kürzen, beschneiden, zusammenstreichen (**to** auf *akk*): ~ **film** e-n Film schneiden; ~ **the wages** die Löhne kürzen; ~ **production** die Produktion einschränken *od* drosseln; → bone[1] A 1 15 WIRTSCH *die Preise* herabsetzen, senken 16 *die Geschwindigkeit* herabsetzen, verringern 17 ~ **one's losses** WIRTSCH weiteren (finanziellen) Verlusten vorbeugen 18 a CHEM, TECH verdünnen, auflösen b *umg* verwässern 19 TECH abstoßen, *Metall, a. Gewinde* schneiden, beschroten, fräsen, scheren, schleifen 20 ELEK, TEL *e-e Verbindung* trennen 21 ELEK, AUTO, TECH a *den Motor etc* ab-, ausschalten b *den Motor* drosseln 22 FILM, RADIO, TV: abbrechen 23 *(auf Tonband etc)* mitschneiden 24 *fig e-e Verbindung* abbrechen, aufgeben 25 *fig* a betrüben: **it** ~ **him to the heart** es tat ihm in der Seele weh, es schnitt ihm ins Herz b *j-m* wehtun, *j-n* kränken 26 *umg j-n* schneiden: ~ **sb dead** j-n völlig ignorieren 27 SCHULE, UNIV *umg e-e Stunde etc* schwänzen 28 *Karten* abheben 29 *Tennis etc: den Ball* (an)schneiden 30 *umg Gewinne* teilen 31 SPORT *e-n Rekord* brechen 32 → cut out A 9 D V/I 1 schneiden (**in, into** in *akk*), bohren, hauen, sägen, stechen: **the knife doesn't** ~ das Messer schneidet nicht; **it ~s both ways** *fig* a es ist ein zweischneidiges Schwert b das gilt für beide Teile (gleichermaßen) 2 einschneiden, drücken *(Kragen etc)* 3 sich *(gut etc)* schneiden lassen 4 durchbrechen *(Zähne)* 5 (auf dem kürzesten Wege) hindurchgehen, den kürzesten Weg einschlagen 6 *umg* a rasen, flitzen b abhauen: ~ **and run** Reißaus nehmen 7 wehtun, kränken 8 *Kartenspiel*: abheben 9 SPORT den Ball (an)schneiden 10 FILM *etc* a schneiden, überblenden: ~ **to** um- *od* hinüberblenden zu b abbrechen 11 SCHULE, UNIV *umg* (die Stunde *etc*) schwänzen 12 MAL stark hervortreten *(Farbe)* 13 *umg* die Gewinne teilen
Phrasal Verbs: **cut| across** V/I 1 quer durch ... gehen *(um abzukürzen)* 2 *fig* hinausgehen über *(akk)* 3 *fig* widersprechen *(dat)* 4 *fig* US einbeziehen, einschließen; ~ **along** V/I *Br umg* sich auf die Beine machen; ~ **at** V/I schlagen nach; ~ **back** A V/T → cut C 3, C 14, C 16 B V/I 1 *bes* US (zu)rückblenden (**to** auf *akk*) *(in Film, Roman etc)* 2 ~ **on** *etwas* einschränken: ~ **on smoking** *a.* weniger rauchen; ~ **down** A V/T 1 abhacken, abhauen, *Bäume* fällen, *e-n Wald* abholzen

2 zurechtschneiden, -stutzen (*a. fig*): → size¹ A 3 3 a niederschlagen b erschlagen 4 *fig* dahin-, wegraffen 5 *ein Kleidungsstück* kleiner machen, kürzen (*bes für ein jüngeres Familienmitglied*) 6 a *Ausgaben* verringern, *a. das Rauchen etc* einschränken: **~ smoking** *a.* weniger rauchen; → bone¹ A 1 b → cut C 14, C 15 7 *j-n* herunterhandeln (**by** um; **to** auf *akk*) 8 ELEK *die Spannung* reduzieren 9 TECH abdrehen B V/I sich einschränken: **~ on** *etwas* einschränken; **~ on smoking** *a.* weniger rauchen; *this machine* **cuts down on electricity** spart Strom; **~ in** A V/T 1 TECH *den Motor* einschalten 2 ELEK in e-n Stromkreis einschalten 3 FILM, TV *e-e Szene etc* einschalten, -fügen 4 *umg j-n* beteiligen (**on** an *dat*) B V/I 1 sich einmischen 2 AUTO sich direkt vor ein anderes Auto setzen: **~ on sb** j-n schneiden 3 *umg* (*beim Tanz*) abklatschen 4 *Kartenspiel*: (als Partner) einspringen 5 TECH, TEL sich einschalten; **~ into** V/I 1 *e-n Kuchen etc* anschneiden 2 einschneiden in (*akk*) (*a. fig*): **it ~ his time** es kostete ihn Zeit; **~ a market** WIRTSCH e-n Einbruch in e-n Markt erzielen; **it ~ the value of his house** es verringerte den Wert s-s Hauses; *the new car* **~ his savings** riss ein Loch in s-e Ersparnisse 3 a sich in *ein Gespräch etc* einmischen b TEL *etc* (zufällig) in *ein Gespräch* (hinein)geraten; **~ off** V/T 1 abschneiden, abhauen, absägen: **~ sb's head** j-n köpfen 2 *den Strom etc* absperren, abdrehen, *e-e Verbindung, die Versorgung, den Weg etc* abschneiden: **~ the enemy's retreat** dem Feind den Rückzug abschneiden; **he had his electricity ~** ihm wurde der Strom gesperrt; **be ~ from the outside world** von der Außenwelt abgeschnitten sein 3 TEL *Teilnehmer* trennen 4 ELEK, TECH ab-, ausschalten 5 *fig* a abschneiden, trennen b abbrechen, (abrupt) beenden 6 *a.* **cut** *sb* **off without a penny** *j-n* enterben 7 *j-n* dahinraffen; **~ out** A V/T 1 (her)ausschneiden 2 *ein Kleid* zuschneiden 3 *nur passiv* planen, vorbereiten, ausersehen: **be ~ for a job** für e-e Aufgabe wie geschaffen sein; **they seem to be ~ for each other** sie scheinen füreinander bestimmt zu sein; → work A 1 4 *e-n Rivalen* ausstechen, verdrängen 5 TECH a herausnehmen, abkuppeln b *a.* ELEK ab-, ausschalten 6 SCHIFF *ein Schiff* durch Abschneiden von der Küste kapern 7 US *ein Weidetier* von der Herde absondern 8 *umg etwas* abstellen, ausschalten, entfernen 9 *umg etwas* unterlassen, aufhören mit: **cut it out!** hör auf (damit)!, lass den Quatsch! 10 *umg j-n* betrügen (**of** um *s-n Anteil*) B V/I 1 AUTO ausscheren 2 *Kartenspiel*: ausscheiden 3 TECH a sich ausschalten b absterben (*Motor*); **~ over** V/T *Wald* ausforsten, abholzen; **~ through** V/T durchschneiden, -hauen, -stechen, -graben; **~ under** WIRTSCH A V/T unterbieten B V/I unter dem Marktpreis verkaufen; **~ up** A V/T 1 zerschneiden, -hauen, -sägen 2 zerlegen 3 zerreißen, aufschlitzen, *den Boden* zerwühlen 4 unterbrechen 5 vernichten, dezimieren 6 *umg* verreißen (*scharf kritisieren*) 7 *meist passiv* a tief betrüben: **be ~** tief betrübt sein b kränken B V/I 1 *Br umg* sich benehmen: **~ rough** massiv *od* grob werden 2 *US umg* a angeben b Unsinn treiben

cut|-and-come-again S BOT Sommerlevkoje *f*; **~-and-dried**, **~-and-dry** ADJ 1 planmäßig, festgelegt 2 routinemäßig; **~-and-try** ADJ empirisch

cutaneous [kjuːˈteɪnjəs; -nɪəs] ADJ (ADV ~ly) ANAT kutan, Haut…: **~ respiration** PHYSIOL Hautatmung *f*

cutaway A ADJ 1 schneidend 2 beschnitten 3 weggeschnitten 4 mit steigendem Revers (*Jacke*) 5 Schnitt…, im Ausschnitt: **~ model** Schnittmodell *n*; **~ view** Ausschnitt(-darstellung) *m(f)* B S *a.* **~ coat** Cut(away) *m*

cutback S 1 FILM, TV *bes US* Rückblende *f* 2 Kürzung *f*, Beschneidung *f*, Zusammenstreichung *f* 3 Herabsetzung *f*, Verringerung *f*

cute [kjuːt] ADJ (ADV ~ly) *umg* 1 schlau, clever 2 niedlich, süß; **cuteness** S *umg* 1 Schlauheit *f*, Cleverness *f* 2 Niedlichkeit *f*

cutey → cutie

cuticle [ˈkjuːtɪkl] S 1 Kutikula *f*: a ANAT (Ober)Häutchen *n*, Epidermis *f* b *zellfreie Abscheidung der Oberhaut* c BOT *äußerste Schicht der Oberhaut* 2 Deck-, Oberhaut *f*, *bes* Nagelhaut *f*: **(pair of) ~ scissors** *pl* Nagelschere *f* 3 Häutchen *n* (*auf Flüssigkeiten*)

cutie [ˈkjuːtɪ] S *umg* 1 *bes US* süße Biene 2 SPORT *US* Stratege *m*, alter Hase

cut-in A ADJ eingeschaltet B S 1 FILM, TV a Einschnitt(szene) *m(f)* b zwischengeschaltete Durchsage 2 FILM, *Zeitung*: Zwischentitel *m*

cutis [ˈkjuːtɪs] S ANAT Kutis *f*, Lederhaut *f*

cutlas(s) [ˈkʌtləs] S 1 SCHIFF, HIST Entermesser *n* 2 Machete *f*

cutler [ˈkʌtlə(r)] S Messerschmied(in); **cutlery** S 1 Messerschmiedehandwerk *n* 2 KOLL Messerwaren *pl* 3 (Tisch-, Ess)Besteck *n*: **~ box** Besteckkasten *m*

cutlet [ˈkʌtlɪt] S 1 a Schnitzel *n* b Kotelett *n* 2 Hacksteak *n*

cutoff S 1 *bes US* Abkürzung(sweg) *f(m)* 2 GEOL a Mäanderabschnürung *f* (*e-s Flusses*) b natürlich abgeschnürte Flussschlinge 3 *Wasserbau*: Stichkanal *m* 4 ELEK, TECH a (Ab)Sperrung *f*, Ab-, Ausschaltung *f* b Ausschalt(zeit)punkt *m* c Sperr-, Abschaltperiode *f*, -zeit *f* d Ausschalt-, Sperrvorrichtung *f* e *a.* **~ point** Sperrpunkt *m*, -stelle *f* (*in e-m Stromkreis*) 5 Brennschluss *m* (*bei Raketen*) 6 *fig* a (abrupte) Beendigung b letzter Termin, Stichtag *m*; **~ current** S ELEK Ausschaltspitzenstrom *m*; **~ key** S ELEK Trenntaste *f*; **~ valve** S TECH Absperrventil *n*

cut|out S 1 Ausschnitt *m* 2 Ausschneidefigur *f* (*bes für Kinder*) 3 ELEK, TECH a *a.* **~ switch** Ausschalter *m*, Unterbrecher *m* b Sicherung(sautomat) *f(m)*: **~ box** Schalt-, Sicherungskasten *m*; **~over** A ADJ abgeholzt (*Forstland*) B S 1 Kahlschlag *m* 2 *Fechten*: Abhebestoß *m*; **~-price** *Br für* cut-rate; **~purse** S *obs* Taschendieb(in); **~-rate** ADJ WIRTSCH a ermäßigt, herabgesetzt (*Preise, Ware*): **~ imports** Billigimporte; **~ offer** Billigangebot *n* b zu herabgesetzten Preisen verkaufend: **~ shop** (*bes US* **store**) Discountgeschäft *n*, -laden *m* c (Fahrpreis- *etc*)Ermäßigung(en) genießend

cutter [ˈkʌtə(r)] S 1 (*Blech-, Holz*) Schneider(in), Zuschneider(in) (*a. von Tuch*), (*Stein*) Hauer(in), (*Glas-, Diamant*) Schleifer(in) 2 TECH a Schneidemaschine *f*, -werkzeug *n* b Fräser *m* c Stichel *m*, Meißel *m*, Stahl *m* d Bohrer *m* e Parallelschere *f* 3 a Schneiddose *f* b Schneidstichel *m* (*für Schallplatten*) 4 *Bergbau*: a Schrämmmaschine *f* b Hauer *m* (*Person*) 5 GASTR Ausstechform *f* 6 TECH (*Art*) weicher Backstein 7 FILM, TV Cutter(in) 8 US leichter (Pferde-)Schlitten 9 SCHIFF a Kutter *m* b (Bei)Boot *n* (*von Kriegsschiffen*) c *a.* **coast guard ~** US Küstenwachboot *n*; **~ bar** S TECH 1 Bohrspindel *f*, -welle *f* 2 Schneidebalken *m*, -stange *f* (*e-r Mähmaschine*); **~head** S TECH 1 Bohr-, Messerkopf *m* 2 Fräs(spindel)kopf *m* 3 Hobelmesser *n*

cutthroat A S 1 Mörder *m* 2 *a.* **~ razor** *Br* Rasiermesser *n* B ADJ 1 mörderisch, grausam, Mörder… 2 *fig* halsabschneiderisch, mörderisch: **~ competition** mörderischer *od* unbarmherziger Konkurrenzkampf; **~ price** Wucherpreis *m* 3 zu dritt gespielt, Dreier…: **~ poker**

cutting [ˈkʌtɪŋ] A S 1 (Ab-, Aus, Be-, Zu)Schneiden *n* (*etc*; → cut C) 2 → cut A 7, A 15, A 16 3 *bes Br* (Zeitungs)Ausschnitt *m*: **a ~ from** ein Ausschnitt aus 4 TECH, *bes* BAHN *bes Br* Einschnitt *m*, Durchstich *m* 5 TECH a Fräsen *n*, Schneiden *n*, spanabhebende Bearbeitung, Zerspanung *f* b Kerbe *f*, Schlitz *m* c *pl* (*Dreh-, Hobel*) Späne *pl* d *pl* Abfälle *pl*, Schnitzel *pl* 6 BOT Ableger *m*, Steckling *m*, Setzling *m* B ADJ (ADV ~ly) 1 Schneid(e)…, Schnitt…, schneidend (*a. fig Schmerz, Wind*) 2 *fig* schneidend, beißend, scharf (*Bemerkung etc*); **~ angle** S TECH Schneide-, Schnittwinkel *m*; **~ blowpipe** S TECH Schneidbrenner *m*; **~ die** S TECH Schneideisen *n*, Stanzschablone *f*; **~ edge** S Schneide *f*, Schnittkante *f*; **~ machine** S TECH Fräsmaschine *f*; **~ nippers** SPL, *a.* **pair of ~** Kneifzange *f*; **~ oil** S TECH Kühlöl *n*; **~ press** S TECH Schnittpresse *f*; **~ punch** S TECH Locheisen *n*, Schnittstempel *m*; **~ room** S FILM, TV Schneideraum *m*; **~ stylus** S *a. irr* → cutter 3 b; **~ torch** → cutting blowpipe

cuttle [ˈkʌtl] → cuttlefish; **~bone** S FISCH Blackfischbein *n*, Kalkschulp *m*; **~fish** S (ein) Kopffüßer *m*, *bes* Gemeiner Tintenfisch, Kuttelfisch *m*

cutty [ˈkʌtɪ] *bes schott* A ADJ kurz (geschnitten) B S 1 Stummelpfeife *f* 2 a kleines untersetztes Mädchen b Flittchen *n pej*; **~ stool** S *bes schott* HIST Armesünderstuhl *m*

cutup S US *umg* 1 Angeber(in) 2 Kasper *m*, Witzbold *m*

cut| velvet S Voile- *od* Chiffonstoff *m* mit Samtmuster; **~water** S 1 SCHIFF Schegg *m* (*e-r Brücke*) 2 Pfeilerkopf *m*, Galion *n*; **~work** S *Stickerei*: Durchbrucharbeit *f*

CV ABK 1 MED cardiovascular 2 curriculum vitae

cv. ABK WIRTSCH US convertible

CVO ABK *Br* Commander of the Royal Victorian Order

cvt. ABK WIRTSCH US convertible

CW ABK 1 MIL chemical warfare 2 RADIO continuous wave(s PL)

Cwlth ABK Commonwealth

c.w.o., C.W.O. ABK WIRTSCH cash with order zahlbar bei Bestellung

CWS ABK Cooperative Wholesale Society

cwt ABK hundredweight

cyanamide [saɪˈænəmaɪd; -mɪd] S CHEM 1 Zyanamid *n* 2 Kalkstickstoff *m*; **cyanate** [-əneɪt] S CHEM Zyanat *n*

cyanic [saɪˈænɪk] ADJ 1 zyanblau 2 CHEM Zyan…: **~ acid**

cyanide [ˈsaɪənaɪd] A S CHEM Zyanid *n*: **~ of copper** Zyankupfer *n*; **~ of potash** Zyankali *n* B V/T METALL a zementieren b im Zyanidverfahren bearbeiten

cyanin [ˈsaɪənɪn] S CHEM Zyanin *n*; **cyanite** [-naɪt] S MINER Zyanit *m*, Kyanit *m*

cyanocobalamin [ˌsaɪənəʊkəʊˈbæləmɪn] S CHEM, MED Cyanocobalamin *n* (*Vitamin B_{12}*)

cyanogen [saɪˈænədʒɪn; -dʒen] S CHEM 1 Zyan *n* (*Radikal*) 2 Dizyan *n*

cyanosis [ˌsaɪəˈnəʊsɪs] S MED Zyanose *f*, Blausucht *f*

cybercafé [ˈsaɪbə(r)] S Internet-Café *n*

cybernetic [ˌsaɪbə(r)ˈnetɪk] A ADJ (ADV ~ally) kybernetisch B S **cybernetics** *pl* (*als sg konstruiert*) BIOL, SOZIOL, TECH Kybernetik *f* (*Wissenschaft von den Steuerungs- u. Regelungsvorgängen*); **cyberneticist** [-ɪsɪst], **cybernetician** [-nɪˈtɪʃn] S Kybernetiker(in)

cybersex [ˈsaɪbə(r)seks] S Cybersex *m* (*sexuelle Stimulation durch computergesteuerte Simulation*)

cyberspace ['saɪbə(r)speɪs] S Cyberspace *n* *(von Computern erzeugte Scheinwelt, die e-e fast perfekte Illusion räumlicher Tiefe u. realitätsnaher Bewegungsabläufe vermittelt)*

cyborg ['saɪbɔ:(r)g] S Cyborg *m* *(menschlicher Körper, in den technische Geräte als Ersatz od zur Unterstützung nicht ausreichend leistungsfähiger Organe integriert sind)*

cyclamate ['saɪkləmeɪt; 'sɪk-] S CHEM Zyklamat *n*

cyclamen ['sɪkləmən; *US bes* 'saɪk-] S BOT Alpenveilchen *n*

cyclamine ['saɪkləmi:n; -mɪn; 'sɪk-] S CHEM zyklisches Amin

cycle ['saɪkl] A S 1 Zyklus *m*, Kreis(lauf) *m*, Umlauf *m* 2 Periode *f*: **in ~s** periodisch (wiederkehrend) 3 ASTRON Himmelskreis *m* 4 Zeitalter *n*, Ära *f* 5 Zyklus *m*: a *(Gedicht-, Lieder-, Sagen)* Kreis *m* b Folge *f*, Reihe *f*, Serie *f* *(von Schriften)* 6 a Fahrrad *n*: **~ lane** *(od* **path***)* Rad(fahr)weg *m*; **~ race** SPORT Radrennen *n* b Dreirad *n* c Motorrad *n* 7 ELEK, PHYS (Schwingungs)Periode *f*: **~s per second** Hertz 8 TECH a (Arbeits)Spiel *n*, Arbeitsgang *m* b (Motor)Takt *m*: **four-stroke ~** Viertakt; **four-~ engine** Viertaktmotor *m*, Viertakter *m* c Programm *n* *(e-r Waschmaschine etc)* 9 *Thermodynamik*: Kreisprozess *m* 10 CHEM Ring *m* 11 MATH a Kreis *m* b → cyclic permutation 12 BOT Quirl *m*, Wirtel *m* 13 ZOOL Zyklus *m*, Entwicklungsgang *m* B V/I 1 e-n Kreislauf durchmachen 2 periodisch wiederkehren 3 a Rad fahren, mit dem Rad fahren b (mit dem) Motorrad fahren C V/T 1 e-n Kreislauf durchmachen lassen 2 *a.* TECH periodisch wiederholen; **~car** S *US* *(oft dreirädriges)* Kleinstauto, -wagen *m*

cycler ['saɪklər; 'sɪk-] *US für* cyclist

cycleway S Rad(fahr)weg *m*

cyclic ['saɪklɪk; 'sɪk-] ADJ, **cyclical** [-kl] ADJ (ADV ~ly) 1 zyklisch: a Kreislauf..., kreisläufig b periodisch c CHEM Zyklo..., Ring... d BOT wirtelig *(Blüte)* 2 WIRTSCH konjunkturpolitisch, -abhängig, -bedingt, konjunkturell, Konjunktur...: **~ policy** 3 *Literatur*: zyklisch: **~ poet** zyklischer Dichter, Zykliker *m* 4 PSYCH zyklisch: **~ insanity** zyklisches (manisch-depressives) Irresein

cyclic| permutation S MATH zyklische Permutation; **~ rate** S MIL Feuergeschwindigkeit *f*

cycling ['saɪklɪŋ; *US a.* 'sɪk-] S 1 Radfahren *n*: **~ tour** Radtour *f* 2 SPORT Radrennsport *m*; **cyclist** S a Radfahrer(in) b Motorradfahrer(in)

cyclo-cross ['saɪkləʊkrɒs; *US* -,krɔ:s] S *Radsport*: Querfeldeinfahren *n*: **~ rider** Querfeldeinfahrer *m*

cycloid ['saɪklɔɪd] A S 1 MATH Zykloide *f*, Radlinie *f*, -kurve *f* 2 PSYCH zykloider Mensch B ADJ 1 kreisähnlich 2 FISCH a zykloid-, rundschuppig *(Fisch)* b zykloid, rund 3 PSYCH zykloid *(regelmäßig zwischen Heiterkeit u. Traurigkeit schwankend)*; **cycloidal** ADJ 1 PHYS Zykloiden...: **~ pendulum** 2 → cycloid B

cyclometer [saɪ'klɒmɪtə; *US* -'klamətər] S 1 MATH Zyklometer *n*, Kreisberechner *m* *(Instrument)* 2 TECH Wegmesser *m*, Umdrehungszähler *m*

cyclone ['saɪkləʊn] S 1 METEO a Zyklon *m*, Wirbelsturm *m* b Zyklone *f*, Tief(druckgebiet) *n* c *fig* Orkan *m*: **a ~ of laughter** orkanartiges Gelächter 2 TECH a Zentrifuge *f*, Schleuder *f* b Zyklon(entstauber) *m* *(für Luft od Gas)*

cyclopaedia, *etc* → cyclopedia *etc*

Cyclopean [saɪ'kləʊpjən; -pɪən; ,saɪkləʊ'pi:ən] ADJ 1 Zyklopen... 2 *a.* ♀ zyklopisch, gigantisch 3 ♀ ARCH megalithisch *(aus großen Steinen bestehend)*

cyclopedia [,saɪkləʊ'pi:djə; -dɪə] S 1 Enzyklopädie *f* 2 allgemeines Lehrbuch *(e-r Wissenschaft)*; **cyclopedic** ADJ, **cyclopedical** ADJ (ADV ~ly) enzyklopädisch, universal, umfassend *(Wissen etc)*

Cyclopes [saɪ'kləʊpi:z] *pl von* Cyclops

Cyclopic [saɪ'klɒpɪk; *US* -'kla-] → Cyclopean

cyclo-pousse ['saɪkləʊpu:s] S a Fahrradrikscha *f* b Motorradrikscha *f*

Cyclops ['saɪklɒps; *US* -,klaps] *pl* -clopes [saɪ'kləʊpi:z] S MYTH Zyklop *m*

cyclorama [,saɪklə'rɑ:mə; *US a.* -'ræmə] S 1 Rundgemälde *n* 2 Rundhorizont *m*

cyclostyle ['saɪkləʊstaɪl] A S Zyklostyl *m* *(ein Schablonendrucker)* B V/T durch Zyklostyl vervielfältigen

cyclothymia [,saɪkləʊ'θaɪmɪə] S PSYCH Zyklothymie *f* *(extravertierte, gesellige, dabei aber Stimmungsschwankungen unterworfene Wesensart)*; **cyclothymic** A ADJ zyklothym B S Zyklothyme(r) *m/f(m)*

cyclotron ['saɪklətrɒn; *US* -,tran] S PHYS Zyklotron *n*, (Teilchen)Beschleuniger *m*

cyder *bes Br für* cider

cygnet ['sɪgnɪt] S ORN junger Schwan

cyl. ABK 1 cylinder 2 cylindrical

cylinder ['sɪlɪndə(r)] S 1 TYPO, TECH Zylinder *m*, Walze *f* *(beide a.* MATH*)*, Rolle *f*, Trommel *f*: **six-~ car** Sechszylinder(wagen) *m* 2 TECH a *(Revolver-)* Trommel *f* b Bohrung *f*, Seele *f* c *(Gas- etc)* Flasche *f* d Messzylinder *m* e Stiefel *m* *(e-r Pumpe)* 3 BOT Zentralzylinder *m* 4 *Archäologie*: Siegelzylinder *m*, Rollsiegel *n*; **~ barrel** S TECH Zylindermantel *m*; **~ block** S TECH Zylinderblock *m*; **~ bore** S TECH Zylinderbohrung *f*

cylindered ['sɪlɪndə(r)d] ADJ TECH ...zylindrig: **four-~ engine** Vierzylindermotor *m*

cylinder| escapement S TECH Zylinderhemmung *f* *(e-r Uhr)*; **~ glass** S TECH *US* geblasenes Flachglas; **~ head** S TECH Zylinderkopf *m*; **~ press** S TECH (Druck)Zylinder(schnell)presse *f*; **~ saw** S TECH Trommelsäge *f*

cylindrical [sɪ'lɪndrɪkl] ADJ (ADV ~ly) MATH zylindrisch, Zylinder..., TECH *a.* walzenförmig; **~ coordinates** SPL MATH Zylinderkoordinaten *pl*

cylindriform [sɪ'lɪndrɪfɔ:(r)m] ADJ zylinderförmig

cyma ['saɪmə] *pl* -mae [-mi:], -mas S 1 ARCH Kyma *n* *(Schmuckleiste)* 2 BOT → cyme

cymar → simar

cymbal ['sɪmbl] S MUS 1 Beckenteller *m*: **~s** Becken 2 Zimbel *f* *(Orgelregister)*; **cymbalist** [-bəlɪst] S MUS Beckenschläger(in); **cymbalo** [-bələʊ] *pl* -los S MUS Hackbrett *n*; **cymbalom** ['sɪmbələm] → cimbalom

cyme [saɪm] S BOT a Zyma *f*, Gabel-Blütenstand *m* b Trugdolde *f*

Cymric ['kɪmrɪk] A ADJ kymrisch, *bes* walisisch B S LING Kymrisch *n*, das Kymrische; **Cymry** S *(als pl konstruiert)* Kymren *pl*, *bes* Waliser *pl*

cynic ['sɪnɪk] A S 1 Zyniker(in) 2 ♀ *Antike*: PHIL Kyniker *m* B ADJ (ADV ~ally) 1 → cynical 2 ♀ *Antike*: PHIL kynisch; **cynical** ADJ (ADV ~ly) zynisch; **cynicism** [-sɪzəm] S 1 Zynismus *m* 2 Zynismus *m*, zynische Bemerkung 3 ♀ *Antike*: PHIL Kynismus *m* *(Lehre, die den Verzicht auf alle Kulturgüter u. völlige Bedürfnislosigkeit anstrebte)*; **cynicist** → cynic A 1

cynosure ['sɪnə,zjʊə; -,ʒʊə; 'saɪnə-; *US* 'saɪnə,ʃʊr; 'sɪnə-] S *fig* Anziehungspunkt *m*, Gegenstand *m* der Bewunderung

cypher → cipher

cy präs [,si:'preɪ; *US a.* ,saɪ-] S JUR *Regel, nach der bei e-r nicht durchführbaren letztwilligen Verfügung den Absichten des Erb-lassers so nahe wie möglich zu kommen ist*

cypress[1] ['saɪprəs; -prɪs] S BOT 1 Zypresse *f* 2 *(ein)* zypressenartiger Baum, *bes* a *(e-e)* Lebensbaum-, Scheinzypresse b Virginische Sumpfzypresse c Yaccabaum *m* *(Mittelamerika)* 3 Zypressenholz *n*

cypress[2] ['saɪprəs; -prɪs] S feiner Batist *(bes für Trauerkleidung)*

Cyprian ['sɪprɪən] A ADJ 1 zyprisch 2 *obs* lasterhaft B S 1 → Cypriote A 2 *obs* lasterhafte Person, *bes* Hure *f*

cyprinid [sɪ'praɪnɪd; 'sɪprɪ-] FISCH A S Karpfen *m* B ADJ karpfenartig

Cypriote ['sɪprɪəʊt], *a.* **Cypriot** [-ət] A S 1 Zyprer(in), Zypriot(in) 2 LING Zyprisch *n*, Zypriotisch *n*, zyprischer Dialekt B ADJ zyprisch, zypriotisch

cyprus[1] ['saɪprəs] → cypress[2]

Cyprus[2] ['saɪprəs] S Zypern *n*

Cyrillic [sɪ'rɪlɪk] ADJ kyrillisch

cyst [sɪst] S 1 Zyste *f*: a MED Sackgeschwulst *f* b BIOL Ruhezelle *f* c Blase *f* 2 Kapsel *f*, Hülle *f*

cystic ['sɪstɪk] ADJ 1 *bes* MED zystisch: **~ fibrosis** Mukoviszidose *f* *(Erbkrankheit mit Funktionsstörungen der sekretproduzierenden Drüsen)*; **~ kidney** Zystenniere *f* 2 ANAT (Gallen-, Harn)Blasen...

cystitis [sɪs'taɪtɪs] S MED Zystitis *f*, Blasenentzündung *f*, -katarrh *m*

cystocele ['sɪstəʊsi:l] S MED Zystozele *f*, Blasenvorfall *m*

cystoscope ['sɪstəskəʊp] S MED Zystoskop *n*, Blasenspiegel *m*; **cystoscopy** [-'stɒskəpɪ; *US* -'sta-] S MED Zystokopie *f*, Blasenspiegelung *f*; **cystotomy** [-'stɒtəmɪ; *US* -'sta-] S MED Zystotomie *f* *(operative Öffnung der Harnblase)*

cytoblast ['saɪtəʊblæst] S BIOL Zytoblast *m*, Zellkern *m*; **cytochrome** [-krəʊm] S BIOL Zytochrom *n*, Zellfarbstoff *m*

cytode ['saɪtəʊd] S BIOL Zytode *f* *(kernloses Protoplasmaklümpchen)*

cytogenetics [,saɪtəʊdʒɪ'netɪks] SPL *(als sg konstruiert)* BIOL Zytogenetik *f* *(Erforschung der zellphysiologischen Grundlagen der Vererbung)*; **cytogenous** [-'tɒdʒɪnəs; *US* -'ta-] ADJ BIOL zytogen *(von der Zelle gebildet)*

cytology [saɪ'tɒlədʒɪ; *US* -'ta-] S BIOL Zytologie *f*, Zellenlehre *f*

cytolysis [saɪ'tɒlɪsɪs; *US* -'ta-] S MED Zytolyse *f* *(Auflösung von Zellen)*

cytoplasm ['saɪtəʊplæzəm] S BIOL Zytoplasma *n*, Zellplasma *n*

czar [zɑ:(r)] S 1 *meist* ♀ HIST Zar *m* 2 *fig* Herrscher *m*, Diktator *m*

czardas ['tʃɑ:(r)dæʃ] S MUS Csárdás *m*

czardom ['zɑ:(r)dəm] S 1 Zarenreich *n* 2 Zarenwürde *f* 3 *fig* (autokratische) Herrschaft

czarevitch ['zɑ:rəvɪtʃ] S Zarewitsch *m*; **czarina** [-'ri:nə] S Zarin *f*; **czarism** S Zarentum *n*; **czarist** S Zarist(in); **czaristic** ADJ zaristisch, Zaren...; **czaritza** [-'rɪtsə] → czarina

Czech [tʃek] A S 1 Tscheche *m*, Tschechin *f* 2 LING Tschechisch *n*, das Tschechische B ADJ tschechisch

Czechia ['tʃekɪə] S Tschechien *n*

Czech(osl). ABK HIST Czechoslovakia(n)

Czechoslovak [,tʃekəʊ'sləʊvæk], *a.* **Czechoslovakian** [-sləʊ'vækɪən; -'vɑ:-] HIST A S Tschechoslowake *m*, -slowakin *f* B ADJ tschechoslowakisch

Czechoslovakia, **Czecho-Slovakia** [,tʃekəʊsləʊ'vækɪə; -'vɑ:-] S HIST Tschechoslowakei *f*

Czech Republic [tʃek] S Tschechische Republik, Tschechien *n*

D

D, d [diː] *pl* D's, Ds, d's, **ds** [diːz] S 1 D, d *n* *(Buchstabe)* 2 MUS D, d *n* *(Note)*: **D flat** Des, des *n*; **D sharp** Dis, dis *n* 3 **D** SCHULE, UNIV Vier *f*: **get a D in German** in Deutsch „ausreichend" *od* e-e Vier bekommen

d. ABK 1 date 2 daughter 3 day 4 deceased 5 **denarius**, **denarii** *pl*, = penny, pence PL 6 PHYS density 7 died 8 *US* dime

D. ABK 1 POL *US* Democrat(ic) 2 POL *US* Department 3 Doctor

'd [d] *umg für* had, should, would: **you'd**

d' [d] *umg für* do[1]: **d'you like her?**

DA ABK 1 Diploma of Art 2 *US* District Attorney

D/A, d.a. ABK WIRTSCH deposit account Termineinlagekonto *n*

dab[1] [dæb] A V/T 1 leicht schlagen *od* klopfen, antippen 2 be-, abtupfen 3 *e-e Fläche* bestreichen 4 *Farbe etc (leicht)* auftragen (**on** auf *akk*) 5 TYPO klischieren, abklatschen 6 *bes Br sl* Fingerabdrücke machen von B V/I **~ at** → A 1, A 2 C S 1 Klaps *m*, leichter Schlag 2 Klecks *m*, Spritzer *m* 3 → dabber 4 *bes Br sl* Fingerabdruck *m*

dab[2] [dæb] S FISCH 1 Dab *m*, Kliesche *f* 2 Scholle *f*

dab[3] [dæb] S *bes Br umg* Könner(in), Experte *m*, Expertin *f*: **be a ~ at sth** etwas aus dem Effeff können; **a ~ at tennis** ein Tennis-Ass

dabber ['dæbə(r)] S a TYPO Farbballen *m* b *Stereotypie*: Klopfbürste *f*

dabble ['dæbl] A V/T 1 besprengen, bespritzen 2 betupfen B V/I 1 *(im Wasser)* plan(t)schen, plätschern 2 *fig* sich oberflächlich *od* aus Liebhaberei *od pej* in dilettantischer Weise befassen *od* beschäftigen (**at, in** mit): **~ in writing** (so) nebenbei ein bisschen schriftstellern; **~ in politics** ein bisschen in der Politik mitmischen; **dabbler** S Amateur(in), *pej* Dilettant(in): **a ~ at** (*od* **in**) **writing** ein literarischer Dilettant

dab hand → dab[3]

dabster ['dæbstə(r)] S 1 *Br dial für* dab[3] 2 *US umg* Pfuscher(in), Stümper(in) *(beide pej)*

da capo [dɑː'kɑːpəʊ] ADV MUS da capo, noch einmal

dace [deɪs] *pl* daces, *bes koll* dace S FISCH 1 Hasel *m* 2 *ein nordamer. Süßwasserkarpfenfisch*

dacha ['dætʃə; *US* 'dɑː-] S Datscha *f* *(russisches Sommerhaus)*

dachshund ['dækshʊnd; *US* 'dɑːks,hʊnt] S ZOOL Dackel *m*

dacoit [də'kɔɪt] S Bandit *m* *(in Indien u. Birma)*

dactyl ['dæktɪl; *US* -tl] S 1 LIT Daktylus *m* *(Versfuß aus e-r langen, betonten u. zwei kurzen, unbetonten Silben)* 2 ZOOL a Finger *m* b Zehe *f*

dactylic [dæk'tɪlɪk] LIT A ADJ daktylisch B S daktylischer Vers

dactylogram [dæk'tɪləʊgræm] S *bes US* Daktylogramm *n*, Fingerabdruck *m*; **dactylology** [-'lɒlədʒɪ; *US* -'lɑ-] S Daktylologie *f* *(Finger- u. Gebärdensprache der Taubstummen u. Gehörlosen)*

dad [dæd] S *umg* Vati *m*, Papa *m*

Dadaism ['dɑːdəɪzəm; -dɑː-] S KUNST Dadaismus *m* *(literarische u. künstlerische Bewegung, die durch den bewussten Verstoß gegen ästhetische Traditionen der künstlerischen Artikulation neue Wege eröffnen wollte)*; **Dadaist** A S Dadaist(in) B ADJ dadaistisch

daddy ['dædɪ] S 1 → dad 2 → sugar daddy; **~ longlegs** *pl* -dy -legs S ZOOL *umg* 1 Schnake *f* 2 *US* Kanker *m*, Weberknecht *m*

dado ['deɪdəʊ] A *pl* -does *od* -dos S 1 ARCH Postamentwürfel *m* 2 a untere Wand b untere Wandverkleidung B V/T TECH auskehlen, langlochen

daedal ['diːdl], **Daedalean**, **Daedalian** [dɪ'deɪljən; -lɪən] ADJ 1 dädalisch: a geschickt b kunstvoll (gearbeitet) c reich gestaltet 2 ingeniös, sinnreich 3 kompliziert

daemon ['diːmən] A S 1 *Antike*: Dämon *m* *(niedere Gottheit)* 2 *fig* Geist *m*, Genius *m*, höhere Macht 3 Daimonion *n*, innere Stimme 4 *(das)* Dämonische *(im Menschen)* 5 → demon A 2, A 3 B ADJ → demon B 1, B 2

daff [dæf] *umg für* daffodil

daffodil ['dæfədɪl] S 1 BOT Gelbe Narzisse, Osterblume *f*, -glocke *f* 2 Kadmiumgelb *n*

daffy ['dæfɪ] → daft 1, 2

daft [dɑːft; *US* dæft] ADJ (ADV **~ly**) *umg* 1 doof, blöd 2 übergeschnappt, verrückt: **be ~ about** verrückt sein nach; **daftness** S *umg* 1 Doofheit *f*, Blödheit *f* 2 Verrücktheit *f*

dag [dæg] S 1 Zotte(l) *f*, Zipfel *m*, Fetzen *m* 2 *Br für* daglock

dagger ['dægə(r)] S 1 Dolch *m*: **be at ~s drawn** *fig* auf Kriegsfuß stehen (**with** mit); **look ~s at sb** j-n mit Blicken durchbohren; **speak ~s** scharfe u. verletzende Worte sprechen 2 TYPO Kreuz(zeichen) *n* (†)

daglock ['dæglɒk; *US* -,lɑk] S Wollklunker *f*

dago ['deɪgəʊ] *pl* -gos, -goes S *Schimpfwort für Italiener, Spanier u. Portugiesen*

daguerreotype [də'gerəʊtaɪp; -rə-; *US a.* -riːə-] FOTO, HIST A S 1 Daguerreotyp *n* *(Lichtbild auf Silberplatte)* 2 Daguerreotypie *f* B V/T daguerreotypieren; **daguerreotypy** → daguerreotype A 2

dahlia ['deɪljə; *US* 'dæljə; 'dɑːljə] S 1 BOT Dahlie *f*, Georgine *f* 2 Dahlia *n*, Methylviolett *n* *(Farbstoff)*

Dáil Eireann [,daɪl'eərən; ,dɔɪl-], *a.* **Dáil** S *das Unterhaus der Republik Irland*

daily ['deɪlɪ] A ADJ 1 täglich, Tage(s)...: **on a ~ basis** tageweise; **~ experience** alltägliche Erfahrung; **~ help** → C 2; **~ newspaper** → C 1; **~ press** Tagespresse *f*; **~ wages** *pl* Tag(e)lohn *m*; → bread A 2, dozen 2 *fig* alltäglich, ständig: **be a ~ occurrence** an der Tagesordnung sein; → grind C 1, routine A 1 B ADV 1 täglich 2 immer, ständig C S 1 Tageszeitung *f* 2 *Br* Putzfrau *f* *(die jeden Tag kommt)*

daintify ['deɪntɪfaɪ] V/T verfeinern, zierlich *(etc,* → dainty*)* machen; **daintiness** S 1 Zierlichkeit *f* 2 wählerisches Wesen, Verwöhntheit *f* 3 Zimperlichkeit *f*, Geziertheit *f* 4 Schmackhaftigkeit *f*

dainty ['deɪntɪ] A ADJ (ADV **daintily**) 1 zierlich, niedlich, fein, nett, reizend 2 exquisit, köstlich, erlesen 3 wählerisch, verwöhnt *(bes im Essen)* 4 zart(fühlend) 5 zart, sanft: **none too daintily** ziemlich unsanft, in wenig zarter Weise 6 geziert, zimperlich 7 delikat, schmackhaft, lecker B S Leckerbissen *m*, Delikatesse *f*

daiquiri ['daɪkɪrɪ] S *bes US Cocktail aus Rum, Limonen- od Zitronensaft u. Zucker*

dairy ['deərɪ] S 1 Molkerei *f* 2 Molkereibetrieb *m*, Milchwirtschaft *f* 3 Milchgeschäft *n* 4 *a.* **~ cattle** *koll* Milchvieh *n*; **~ farm** S auf Milchwirtschaft spezialisierter Bauernhof; **~ husbandry** S Milchwirtschaft *f*

dairying A S Milchwirtschaft *f*, Molkereiwesen *n* B ADJ Molkerei...

dairy|maid S 1 Melkerin *f* 2 Molkereiangestellte *f*; **~man** [-mən] S *irr* 1 Milchmann *m* 2 Melker *m*, Schweizer *m* 3 Molkereiangestellte(r) *m*; **~ produce** S, **~ products** SPL Milch-, Molkereiprodukte *pl*

dais ['deɪɪs] S 1 Podium *n* 2 *obs* Baldachin *m*

daisied ['deɪzɪd] ADJ voller Gänseblümchen

daisy ['deɪzɪ] A S 1 BOT Gänseblümchen *n*, Maßliebchen *n*: **be (as) fresh as a ~** sich quicklebendig fühlen, taufrisch *od* frisch u. munter sein; **push up the daisies** *umg* sich die Radies-chen *od* Kartoffeln von unten ansehen *od* betrachten 2 BOT Margerite *f* 3 *sl* a Prachtexemplar *n* b Prachtkerl *m* B ADJ *sl* erstklassig, prima; **~ chain** S 1 Gänseblumenkränzchen *n*, -kette *f* 2 *fig* Kette *f* *(von Ereignissen etc)*; **~ cutter** S *sl* 1 SPORT Flachschuss *m* 2 MIL *US* Splitterbombe *f*; **~ wheel** S TECH Typenscheibe *f* *(e-s Druckers)*, Typenrad *n* *(e-r Schreibmaschine)*

Dak. ABK Dakota

dal ABK decaliter(s PL); *bes Br* decalitre(s PL)

Dalai Lama [,dælaɪ'lɑːmə; ,dɑː-] S REL Dalai-Lama *m* *(weltliches Oberhaupt des Lamaismus)*

dale [deɪl] S *bes dial od poet* Tal *n*

dalesman ['deɪlzmən] S *irr* Talbewohner *m* *(bes der nordenglischen Flusstäler)*

dali ['dɑːlɪ] S BOT Talg-, Muskatnuss(baum) *f(m)*

dalliance ['dælɪəns] S 1 Trödelei *f*, Bummelei *f* 2 Verzögerung *f* 3 Tändelei *f*: a Spielerei *f* b Liebelei *f*, Geschäker *n*; **dallier** S 1 Bummler(in) 2 Tändler(in), Schäker(in)

dally ['dælɪ] A V/I 1 (**with** mit) a scherzen, schäkern b spielen: **~ with sb's affections** 2 spielen, liebäugeln *(beide:* **with** mit*)*: **~ with an idea**; **~ with danger** mit der Gefahr spielen 3 *a.* **~ about** (*od* **around**) herumtrödeln, bummeln, die Zeit vertun B V/T **~ away** a *die Zeit* vertun *od* vertrödeln b *e-e Gelegenheit* verpassen, verspielen; **dallying** ADJ (ADV **~ly**) 1 scherzend, schäkernd 2 tändelnd

Dalmatian [dæl'meɪʃjən; *bes US* -ʃən] A ADJ dalmatinisch, dalmatisch B S 1 Dalmatiner(in) 2 *a.* **~ dog** Dalmatiner *m* *(Hunderasse)*

dalmatic [dæl'mætɪk] S REL Dalmatik(a) *f* *(liturgisches Obergewand)*

dal segno [dæl'senjəʊ; dɑːl'seɪnjəʊ] ADV MUS dal segno, vom Zeichen an wiederholen

dalton ['dɔːltən] S CHEM, PHYS Dalton *n* *(Atommasseeinheit)*

daltonism ['dɔːltənɪzəm] S MED Daltonismus *m*, Farbenblindheit *f*

dam[1] [dæm] A S 1 (Stau)Damm *m*, Deich *m*, Wehr *n*, Talsperre *f* 2 Stausee *m*, -gewässer *n* 3 *fig* Damm *m* B V/T *a.* **~ up** a mit e-m Damm versehen b stauen, (ab-, ein)dämmen *(a. fig)*: **~ up feelings** Gefühle aufstauen c (ab)sperren, hemmen, blockieren *(a. fig)*: **~ back one's tears** die Tränen zurückhalten

dam[2] [dæm] S ZOOL Mutter(tier) *f(n)*

dam[3] ABK decameter(s PL); *bes Br* decametre(s PL)

damage ['dæmɪdʒ] A S 1 (**to**) Schaden *m* (an *dat*), Beschädigung *f* (*gen*): **do ~** Schaden anrichten; **do ~ to** → B; **the ~ is done now** jetzt ist es schon passiert; **~ by sea** SCHIFF Seeschaden, Havarie *f*; **suffer** (*od* **sustain**) **~ at sea** SCHIFF havarieren; **~ caused by fire** Brandschaden; **~ control** (*od* **limitation**) *bes fig* Schadensbegrenzung *f*; → personal A 1, property 1 2 Verlust *m*, Einbuße *f* 3 *pl* JUR a Schadensbetrag *m* b Schadenersatz *m*: **pay ~s** Schadenersatz leisten; **seek ~s** auf Schadenersatz klagen; **sue sb for ~s, seek ~s against sb** j-n auf Schadenersatz verklagen; → action 12, award A 1, exemplary 1, punitive 1 4 *umg* Preis *m*, Rechnung *f*: **what's the ~?** was kostet der Spaß? B V/T 1 beschädigen: **men ~d by war** Kriegsversehrte 2 *j-m, j-s Ruf etc* schaden, Schaden zufügen, *j-n* schädigen C V/I Schaden nehmen, beschädigt werden; **damageable** [-əbl] ADJ empfind-

D

lich, leicht zu beschädigen(d); **damaged** ADJ beschädigt, schadhaft, defekt: **in a ~ condition** in beschädigtem Zustand; **damaging** ADJ (ADV ~ly) schädlich, nachteilig (*beide:* **to** für)

Damascene ['dæməsi:n] A ADJ 1 damaszenisch, Damaszener 2 ♀ TECH Damaszener…, damasziert B S 1 Damaszener(in) 2 ♀ Damaszenerarbeit *f*, Damaszierung *f* 3 ♀ → damson C V/T ♀ *Metall* damaszieren

Damascus [də'mɑ:skəs; *bes US* -'mæs-] S Damaskus *n*: **be sb's road to ~** j-n erleuchten; **~ blade** S Damaszener Klinge *f*; **~ steel** → damask steel; **~ sword** S Damaszener Schwert *n*

damask ['dæməsk] A S 1 Damast *m* (*Stoff*) 2 Damast *m*, Damaszierung *f* (*Stahl*) 3 → damask steel 4 *a.* **~ rose** BOT Damaszener-, Portlandrose *f* 5 (*ein*) Rosa *n* (*Farbe*) B ADJ 1 → Damascene A 1 2 damasten 3 aus Damaststahl 4 mit Damast(muster), damasziert 5 rosarot C V/T 1 *Metall* damaszieren 2 *Stoff* damaszieren, mustern 3 (bunt) verzieren; **damaskeen** [,dæmə'ski:n] → damask C 1

damask steel S Damaststahl *m*

dame [deɪm] S 1 ♀ *Br* a Freifrau *f* (*Titel der Ehefrau e-s* **knight** *od* **baronet**) b *der dem* ***knight*** *entsprechende Titel der weiblichen Mitglieder des* ***Order of the British Empire*** (*vor dem Vornamen*): ♀ **Diana X**; **the** ♀ *weibliche Rolle in der* ***pantomime****, die von e-m Mann gespielt wird* 2 *obs* Matrone *f*, alte Dame: ♀ **Nature** Mutter Natur 3 SCHULE a Schulleiterin *f* b (*in Eton*) Heimleiterin *f* 4 *bes US sl pej* Weibsbild *n* 5 *obs od poet* gnädige Frau (*Anrede*) 6 HIST Lady *f* (*Ehefrau od Tochter e-s Lord*); **~ school** S HIST private Elementarschule unter Leitung e-r Direktorin

dame's| rocket, **~ violet** → damewort

damewort S BOT Frauenviole *f*

dammit ['dæmɪt] INT *umg* verflucht!, verdammt!: **as near as ~** *Br* so gut wie

damn [dæm] A V/T 1 REL *u. weitS.* verdammen 2 verurteilen, tadeln 3 verwerfen, ablehnen: → praise B 1 4 vernichten, verderben, ruinieren 5 *umg* **~ it!**, **~ me!** verflucht!, verdammt!; **~ you!** der Teufel soll dich holen!; **well, I'll be ~ed!** nicht zu glauben!, ich werd verrückt!; **I'll be ~ed if** a ich fress 'nen Besen, wenn … b es fällt mir nicht im Traum ein (*das zu tun*); **I'll be ~ed if I will!** ich denke gar nicht daran!; **~ the rain!** verdammter Regen! B V/I fluchen C S 1 Fluch *m*: → tinker A 1 2 *umg pej* Pfifferling *m*, Dreck *m*: **it's not worth a ~** es ist keinen Pfifferling wert; → care B 4 D INT *umg* verflucht, verdammt' E ADJ & ADV → damned A 2, B 1; **damnability** [-nə'bɪlətɪ] S Verdammungswürdigkeit *f*, Verwerflichkeit *f*; **damnable** ADJ (ADV damnably) 1 verdammungswürdig, verwerflich 2 abscheulich

damnation [dæm'neɪʃn] A S 1 Verdammung *f*: **what in ~ …?** *umg* was zum Teufel …? 2 Verurteilung *f* 3 Verwerfung *f*, Ablehnung *f* 4 REL Verdammnis *f* B INT → damn D; **damnatory** [-nətərɪ; *US* -,təʊri:; -,tɔ:-] ADJ verdammend, Verdammungs…

damned [dæmd] A ADJ 1 *bes* REL verdammt 2 *umg* verdammt, verwünscht, verflucht: **a ~ fool** ein Vollidiot; **~ nonsense** kompletter Unsinn 3 *umg als bekräftigendes Füllwort:* **a ~ sight better** viel besser; **every ~ one of them** jeder (einzelne) (von ihnen) B ADV 1 *umg* verdammt, schrecklich, furchtbar: **~ cold**; **~ funny** schrecklich komisch 2 *umg als bekräftigendes Füllwort:* **he ~ well ought to know it** das müsste er wahrhaftig wissen; **damnedest** [-ɪst] S: **do** (*od* **try**) **one's ~** *umg* sich alle Mühe geben (**to do** zu tun)

damnification [,dæmnɪfɪ'keɪʃn] S *bes* JUR Schädigung *f*; **damnify** [-faɪ] V/T *j-n* schädigen

damning ADJ *fig* erdrückend (*Beweismaterial etc*)

Damocles ['dæməkli:z] EIGENN Damokles *m*: **sword of ~** *fig* Damoklesschwert *n*; **hang over sb like a sword of ~** über j-m wie ein Damoklesschwert hängen

damosel, **damozel** ['dæməʊzel] → damsel

damp [dæmp] A ADJ (ADV ~ly) 1 feucht, (*Raum etc a.*) klamm: → squib A 1 2 *fig obs* niedergeschlagen B S 1 Feuchtigkeit *f*: **~ in the air** Luftfeuchtigkeit 2 *Bergbau:* a Schwaden *m* b *pl* Schlag-, Grubenwetter *n* 3 *fig obs* Niedergeschlagenheit *f* 4 *fig* Dämpfer *m*, Entmutigung *f*: **cast** (*od* **strike**) **a ~ on** (*od* **over**) **sth** etwas dämpfen *od* lähmen, auf etwas lähmend wirken C V/T 1 a an-, befeuchten b → damp down 3 2 a *j-s Begeisterung etc* dämpfen b *j-n* entmutigen, deprimieren 3 *ein Feuer* ersticken, (aus)löschen 4 ELEK, MUS, PHYS dämpfen D V/I 1 feucht werden 2 → damp out

Phrasal Verbs: **damp| down** V/T 1 *ein Feuer* dämpfen 2 TECH drosseln 3 *Wäsche* (zum Bügeln) einsprengen 4 → damp C 2; **~ off** V/I BOT an der Umfallkrankheit leiden (*Keimling*); **~ out** V/I ELEK abklingen

damp course S TECH Dichtungsbahn *f*, Feuchtigkeitsisolierschicht *f*

dampen ['dæmpən] → damp C 1, C 2, D 1

damper S 1 *bes fig* Dämpfer *m*: **cast** (*od* **put**, **strike**) **a ~ on sth** etwas dämpfen *od* lähmen, auf etwas lähmend wirken 2 TECH Luft-, Ofen-, Zugklappe *f*, Schieber *m* 3 MUS Dämpfer *m*: **~ pedal** Fortepedal *n*, rechtes Pedal 4 TECH (*Schwingungs*) Dämpfer *m* 5 TECH *Br* Stoßdämpfer *m* 6 *US sl* Registrierkasse *f* 7 *Aus flaches, ungesäuertes Brot* (*in glühender Asche gebacken*)

damping S ELEK, PHYS Dämpfung *f*: **~ resistor** ELEK Dämpfungswiderstand *m*

dampish ADJ (ADV ~ly) etwas feucht, (*Raum etc a.*) klamm

dampness S Feuchtigkeit *f*: **~ in the air** Luftfeuchtigkeit

dampproof ADJ feuchtigkeitsbeständig, -fest

damsel ['dæmzl] S *obs od poet* Maid *f*

damson ['dæmzən] S BOT Hafer-, Damaszenerpflaume *f*; **~ cheese** S steifes Pflaumenmus

Dan[1] [dæn] S *obs Ehrentitel vor Götter- u. Dichternamen:* **~ Cupid** Gott *m* Amor

dan[2] [dæn] S *Judo:* Dan *m*

Dan. ABK 1 BIBEL Daniel 2 Danish

Danaidean [,dæneɪ'ɪdɪən; -nɪ'ɪ-] ADJ danaidisch, Danaiden… (*frucht- u. endlos*): **~ job** Danaidenarbeit *f*

dance [dɑ:ns; *US* dæns] A V/I 1 tanzen: **~ to** (*od* **after**) **sb's pipe** (*od* **tune**, **whistle**) *fig* nach j-s Pfeife tanzen; **~ on air** (*od* **nothing**) *umg* baumeln (*gehängt werden*) 2 tanzen, hüpfen, herumspringen (*alle:* **with**, **for** *vor dat*): **~ for joy** Freudentänze aufführen 3 *fig* tanzen, sich wiegen: **leaves ~d in the air** B V/T 1 *e-n Tanz* tanzen: **~ a waltz**; **~ attendance on sb** *fig* um j-n scharwenzeln *umg od* herumtanzen 2 *e-n Bären etc* tanzen lassen 3 tanzen *od* hüpfen lassen, *ein Kind* schaukeln 4 **~ the night away** die Nacht durchtanzen; **~ o.s.** (*od* **one's way**) **into the hearts of the audience** sich in die Herzen der Zuschauer tanzen C S 1 Tanz *m* (*a.* MUS): **have a ~ with sb** mit j-m tanzen; **may I have the next ~?** darf ich um den nächsten Tanz bitten?; **lead the ~** den Reigen eröffnen (*a. fig*); **lead sb a (pretty) ~** *Br* a j-n zum Narren halten b j-m das Leben schwer machen; **join the ~** *fig* den Tanz mitmachen; ♀ **of Death** Totentanz 2 Tanz(veranstaltung) *m(f)*: **at a ~** auf e-m Tanz D ADJ Tanz…: **~ band** (**music**, **studio**, *etc*); **~ floor** Tanzfläche *f*; **~ hall** Tanzsaal *m*

dancer S Tänzer(in)

dancing S Tanzen *n*; **~ girl** S Tänzerin *f*; **~ lesson** S Tanzstunde *f*, *pl* Tanzunterricht *m*; **~ master** S Tanzlehrer *m*; **~ partner** S Tanzpartner(in); **~ school** S Tanzschule *f*; **~ step** S Tanzschritt *m*

dandelion ['dændɪlaɪən; *US* 'dændl-] S BOT Löwenzahn *m*; **~ clock** S *Br* Pusteblume *f*

dander[1] ['dændə(r)] S *umg:* **get sb's ~ up** j-n auf die Palme bringen; **get one's ~ up** auf die Palme gehen

dander[2] ['dændə(r)] *bes schott* A V/I bummeln, spazieren B S Bummel *m*

dandiacal [dæn'daɪəkl] → dandy B 1

dandified ['dændɪfaɪd] → dandy B 1

dandle ['dændl] V/T 1 *ein Kind* (in den Armen *od* auf den Knien) wiegen, schaukeln 2 hätscheln, (lieb)kosen 3 verhätscheln, verwöhnen

dandruff ['dændrʌf], *a.* **dandriff** [-drɪf] S (Kopf-, Haar)Schuppen *pl*; **dandruffy**, *a.* **dandriffy** ADJ schuppig

dandy ['dændɪ] A S 1 Dandy *m*, Geck *m*, Stutzer *m* 2 *umg* (*etwas*) Großartiges: **that's the ~** das ist genau das Richtige 3 SCHIFF a Heckmaster *m* b Besansegel *n* 4 → dandy roll B ADJ (ADV dandily) 1 stutzer-, geckenhaft, geschniegelt, Dandy… 2 *umg* erstklassig, prima, (*nur präd*) bestens; **~ brush** S Striegel *m*; **~ horse** S HIST Draisine *f*, Laufrad *n*

dandyish ADJ (ADV ~ly) → dandy B 1; **dandyism** S Gecken-, Stutzerhaftigkeit *f*, Dandytum *n*

dandy| roll, **~ roller** S *Papierfabrikation:* Dandyroller *m*, -walze *f* (*zur Einpressung des Wasserzeichens*)

Dane [deɪn] S 1 Däne *m*, Dänin *f* 2 ZOOL dänische Dogge; **~geld** [-geld] S *Br* HIST Danegeld *n* (*altenglische Grundsteuer*)

Danelaw, *a.* **Danelagh** ['deɪnlɔ:] S HIST 1 dänisches Recht (*in den ehemals von den Dänen besetzten Gebieten Englands*) 2 Gebiet *n* unter dänischem Recht

Danewort S BOT Zwergholunder *m*

dang [dæŋ] *bes US* → damn A 5, C 1, C 2, D

danger ['deɪndʒə(r)] A S 1 Gefahr *f* (**to** für): **be in great ~** in großer Gefahr sein *od* schweben; **be in ~ of falling** Gefahr laufen zu fallen; **be in ~ of one's life** in Lebensgefahr sein *od* schweben; **his life is in ~** sein Leben ist in Gefahr; **~ of fire** Feuer(s)gefahr; **~ of infection** MED Infektionsgefahr; **be out of ~** MED über den Berg sein *umg*; **without ~** gefahrlos; **there was no ~ to** es bestand keine Gefahr für; **there was never any ~ to their victory** SPORT ihr Sieg war niemals in Gefahr 2 (**to**) Bedrohung *f*, Gefährdung *f* (*gen*), Gefahr *f* (für): **be a ~** e-e Gefahr sein *od* darstellen 3 *a.* **~ signal** BAHN Not-, Haltezeichen *n* (→ B): **the signal is at ~** das Signal steht auf Rot B ADJ Gefahren…: **~ area**, **~ zone** Gefahrenzone *f*, -bereich *m*; **~ list** MED Liste *f* der kritischen Fälle; **be on (off) the ~ list** MED in Lebensgefahr schweben (über den Berg sein *umg*); **~ money** (*od* **pay**) Gefahrenzulage *f*; **~ point**, **~ spot** Gefahrenpunkt *m*, -stelle *f*; **~ signal** Warnsignal *n* (*a. fig*)(→ A 3); **dangerous** ADJ (ADV ~ly) 1 gefährlich (**to**, **for** für *od dat*), gefahrvoll: **~ play** SPORT gefährliches Spiel 2 riskant, bedenklich: **drive ~ly** riskant fahren 3 gefährlich (*Tier etc*): **he looks ~**; **he's ~ly ill** er ist sehr schwer krank; **dangerousness** S Gefährlichkeit *f*, Gefahr *f*

dangle ['dæŋgl] A V/I 1 baumeln, (herab)-

hängen, schlenkern: **keep sb dangling** *umg* j-n im Unklaren lassen **2** *fig* **(about, round)** herumhängen (um *j-n*), (*j-m*) nicht vom Leibe gehen **B** VT schlenkern, baumeln lassen: **~ sth before** (*od* **in front of) sb** *fig* j-m etwas verlockend in Aussicht stellen, j-m mit etwas winken; → carrot 1; **dangling** ADJ **1** baumelnd, schlenkernd **2 ~ participle** LING *US* Partizip *n* mit falschem Bezug

Daniel ['dænjəl] EIGENN & S BIBEL (das Buch) Daniel *m*

Danish ['deɪnɪʃ] **A** ADJ dänisch **B** S **1** LING Dänisch *n*, das Dänische **2 the ~** *koll* die Dänen *pl*; **~ blue** S (*ein*) dänischer Blauschimmelkäse; **~ pastry** S (*ein*) Blätterteiggebäck *n*

dank [dæŋk] ADJ (ADV **~ly**) (*unangenehm*) feucht, nass(kalt), dumpfig

Dano-Norwegian [ˌdeɪnəʊnɔː(r)'wiːdʒən] S LING Dänisch-Norwegisch *n* (*auf Dänisch beruhende norwegische Schriftsprache*)

danse macabre *pl* danses macabres [ˌdɑːnsmə'kɑːbrə] S Danse *m* macabre, Totentanz *m*

danseur [dɑːn'sɜː; *US* -'sɜr] S Balletttänzer *m*; **danseuse** [-'sɜːz] S Balletttänzerin *f*

Dantean ['dæntɪən] **A** ADJ **1** dantisch (*Dante betreffend*) **2** → Dantesque **B** S **a** Danteforscher(in) **b** Danteliebhaber(in); **Dantesque** [-'tesk] ADJ dantesk (*in Dantes Art*)

Danube ['dænjuːb] S Donau *f*; **Danubian** [dæ'njuːbjən; -bɪən] ADJ Donau...

dap [dæp] VI **1** *Angeln*: den Köder sanft ins Wasser fallen lassen **2** flink untertauchen (*Ente etc*) **3** hüpfen

daphne ['dæfnɪ] S BOT **1** Seidelbast *m* **2** Edler Lorbeer

dapper ['dæpə(r)] ADJ (ADV **~ly**) **1** adrett, elegant **2** flink, (*a. Benehmen*) gewandt **3** lebhaft

dapple ['dæpl] **A** VT tüpfeln, sprenkeln, scheckig machen **B** VI scheckig *od* bunt werden **C** S **1** Scheckigkeit *f* **2** Fleck *m*, Tupfen *m* **3** (*das*) Gescheckte *od* Bunte **4** ZOOL Scheck(e) *m*: **~ bay** Spiegelbraune(r) *m* **D** ADJ → dappled; **dappled** ADJ **1** gesprenkelt, gefleckt, scheckig: **~ shade** Halbschatten *m* **2** bunt

dapple|-gray, *bes Br* **~-grey** **A** ADJ: **~ horse** → B **B** S Apfelschimmel *m*

DAR ABK Daughters of the American Revolution

darbies ['dɑːbɪz] SPL *Br sl* Manschetten *pl* (*Handschellen*)

Darby and Joan [ˌdɑː(r)bɪən'dʒəʊn] S glückliches älteres Ehepaar; **~ club** S Seniorenklub *m*

dare [deə(r)] **A** VI *prät* dared, *obs* durst [dɜːst; *US* dɜrst], *pperf* dared es wagen, sich (ge)trauen, sich erdreisten, sich erkühnen, sich unterstehen: **who ~s wins** wer wagt, gewinnt; **~ too much** zu viel wagen; **how ~ you say that?** wie können Sie das sagen?; **how ~ you!** **a** untersteh dich! **b** was fällt dir ein!; **he ~d not ask, he did not ~ to ask** er traute sich nicht zu fragen; **don't (you) ~ (to) touch it!** rühr es ja nicht an!; **I ~ say** → daresay **B** VT **1** *etwas* wagen, riskieren, sich heranwagen an (*akk*) **2** *j-n* herausfordern: **I ~ you!** du traust dich ja nicht!; **I ~ you to deny it** wage nicht, es abzustreiten **3** *fig etwas* herausfordern, trotzen (*dat*), trotzig *od* mutig begegnen (*dat*) **C** S **1** Herausforderung *f*: **give the ~ to sb** j-n herausfordern; **accept** (*od* **take**) **the ~** die Herausforderung annehmen; **do sth for a ~** etwas tun, weil man dazu herausgefordert wurde **2** *obs* **a** Kühnheit *f* **b** Wagestück *n*

dare|devil **A** S Draufgänger(in), Teufelskerl *m* **B** ADJ tollkühn, waghalsig, verwegen; **~devil(t)ry** S Tollkühnheit *f*, Waghalsigkeit *f*, Verwegenheit *f*

daresay: **I ~** **a** ich vermute **b** schon möglich

daring ['deərɪŋ] **A** ADJ (ADV **~ly**) **1** wagemutig, tapfer, kühn **2** gewagt, verwegen (*beide a. fig*): **a ~ film** ein gewagter Film; **a ~ neckline** ein gewagtes Dekolleté **3** unverschämt, dreist **B** S (Wage)Mut *m*, Kühnheit *f*; **daringness** S **1** Wagemut *m* **2 a film of great ~** ein sehr gewagter Film

dark [dɑː(r)k] **A** ADJ (ADV → darkly) **1** **a** dunkel, finster: **it is getting ~** es wird dunkel; **the ~est hour is that** (*od* **comes) before dawn** (*Sprichwort*) (*etwa*) wenn die Not am größten ist, ist Gottes Hilf am nächsten **b** geschlossen (*Theater*) **2** dunkel (*Farbe*): **a ~ green** **3** brünett, dunkel (*Haar*) **4** *fig* düster, finster, freudlos, trostlos, trüb(e) (*Zukunft etc*): **the ~ side of things** *fig* die Schattenseite der Dinge; **one's ~est hour** s-e schwärzeste Stunde **5** düster, finster (*Blick etc*) **6** finster, unwissend, unaufgeklärt (*Zeitalter etc*) **7** böse, verbrecherisch, schwarz (*Gedanken*): **a ~ crime** ein finsteres Verbrechen; **~ powers** dunkle Mächte **8** geheim(nisvoll), verborgen, dunkel, unerforschlich: **keep sth ~** etwas geheim halten; **keep it ~** kein Wort darüber!; → dark horse **9** *fig* dunkel, unklar, mysteriös (*Worte etc*) **10** LING dunkel (*Vokal*) **B** S **1** Dunkel(heit) *n(f)*, Finsternis *f*: **in the ~** im Dunkel(n), in der Dunkelheit (→ B 3); **after ~** nach Einbruch der Dunkelheit; **at ~** bei Einbruch der Dunkelheit; **the ~ comes very early** es wird sehr früh dunkel **2** MAL dunkle Farbe, Schatten *m* **3** *fig* (*das*) Dunkle *od* Verborgene *od* Geheime: **in the ~** insgeheim (→ B 1) **4** *fig* (*das*) Ungewisse *od* Dunkle: **keep sb in the ~ about sth** j-n über etwas im Ungewissen lassen; **a leap in the ~** ein Sprung ins Ungewisse; **I am in the ~** ich tappe im Dunkeln; **~ adaptation** S MED Dunkeladaptation *f* (*des Auges*); **Ꝋ Ages** SPL (frühes *od* finsteres) Mittelalter; **~ chocolate** S *US* zart- *od* halbbittere Schokolade; **Ꝋ Continent** S HIST (*der*) dunkle Erdteil, Afrika *n*

darken ['dɑː(r)kən] **A** VT **1** verdunkeln (*a. fig*), dunkel *od* finster machen, verfinstern: **never ~ my door again!** komm mir nie wieder ins Haus!, lass dich hier nie wieder blicken! **2** dunkel *od* dunkler färben, schwärzen **3** *fig* verdüstern, trüben: **~ sb's name** j-s Ruf beeinträchtigen **4** *e-n Sinn* verdunkeln, unklar machen **5** die Sehkraft *der Augen* vermindern, blind machen **B** VI **1** dunkel werden, sich verdunkeln, sich verfinstern **2** sich dunkel *od* dunkler färben **3** *fig* sich verdüstern *od* trüben

darkey → darky

dark horse S **1** **a** SPORT (*auf der Rennbahn noch*) unbekanntes Rennpferd **b** unbekannte Größe (*Person*) **2** POL *US* (*in der Öffentlichkeit*) wenig bekannter Kandidat, unbeschriebenes Blatt *umg*

darkish ADJ **1** etwas dunkel **2** schwärzlich **3** dämm(e)rig

dark lantern S Blendlaterne *f*

darkling ['dɑː(r)klɪŋ] *poet* **A** ADJ **1** sich verdunkelnd **2** dunkel **B** ADV im Dunkeln

darkly ADV **1** dunkel **2** *fig* dunkel, geheimnisvoll, auf geheimnisvolle Weise **3** undeutlich **4** *fig* finster, böse

darkness S **1** Dunkelheit *f*, Finsternis *f*: **the room was in complete ~** der Raum war völlig dunkel **2** Heimlichkeit *f*, Verborgenheit *f* **3** dunkle Färbung **4** (*das*) Böse: **the powers of ~** die Mächte der Finsternis **5** *fig* (das Reich der) Finsternis *f*: → prince 4 **6** Blindheit *f* **7** *fig* (geistige) Blindheit, Unwissenheit *f* **8** *fig* Unklarheit *f*, Unverständlichkeit *f*

dark| reaction S BOT Dunkelreaktion *f*; **~-rimmed** ADJ schwarz gerändert (*Augen*); **~room** S FOTO Dunkelkammer *f*; **~ segment** S ASTRON Erdschatten *m*; **~-skinned** ADJ dunkelhäutig; **~ slide** S FOTO **1** Kassette *f* **2** Plattenhalter *m*

darksome ['dɑː(r)ksəm] ADJ *bes poet* **1** dunkel **2** finster, böse

darky S *sl pej* **1** Schwarze(r) *m/f(m)* **2** *Aus* Eingeborene(r) *m/f(m)*

darling ['dɑː(r)lɪŋ] **A** S Liebling *m*, *fig a.* Lieblingskind *n*: **~ of fortune** Glückskind *n*; **aren't you a ~** du bist doch ein Engel *od* ein lieber Kerl **B** ADJ **1** lieb, geliebt, Herzens... **2** reizend, entzückend, goldig, süß: **a ~ little hat**

darn[1] [dɑː(r)n] **A** VT *ein Loch, Strümpfe etc* stopfen, ausbessern **B** S gestopfte Stelle, (*das*) Gestopfte

darn[2] [dɑː(r)n] → damn A 5, C 2, D

darned [dɑː(r)nd] → damned

darnel ['dɑː(r)nl] S BOT Lolch *m*

darner S **1** Stopfer(in) **2** Stopfnadel *f* **3** Stopfei *n*, -pilz *m*

darning S **1** Stopfen *n* **2** *Sachen, die gestopft werden müssen*; **~ ball** S Stopfkugel *f*; **~ egg** S Stopfei *n*; **~ needle** S **1** Stopfnadel *f* **2** ZOOL *US* Libelle *f*; **~ yarn** S Stopfgarn *n*

dart [dɑː(r)t] **A** S **1** *obs* Wurfspeer *m*, -spieß *m* **2** (Wurf)Pfeil *m*: **(as) straight as a ~** pfeilgerade; **the ~ of sarcasm** *fig* der Stachel des Spotts **3** ZOOL Stachel *m* (*von Insekten*) **4** Satz *m*, Sprung *m*: **make a ~ for** losstürzen auf (*akk*) **5** *pl* (*als sg konstruiert*) Darts *n* (*Wurfpfeilspiel*) **6** *Schneiderei*: Abnäher *m* **B** VT **1** *e-n Speer* werfen, schleudern, *e-n Pfeil* schießen: **~ a look at sb** j-m e-n Blick zuwerfen **2** *s-n Kopf etc* blitzschnell bewegen **3** *Schneiderei*: e-n Abnäher machen in (*akk*) **C** VI **1** sausen, schießen, stürzen: **~ at sb** auf j-n losstürzen; **he ~ed off** er schoss davon **2** sich blitzschnell bewegen, zucken, schnellen (*Schlange, Zunge etc*), huschen (*Augen, Blick*); **~board** S Dartsscheibe *f*

darting ADJ (ADV **~ly**) blitzschnell

Dartmoor ['dɑː(r)tˌmʊə(r); -mɔː(r)], *a.* **~ Prison** S *englische Strafanstalt bei Princetown, Devon*

Darwinian [dɑː(r)'wɪnɪən] **A** ADJ darwinisch, darwinistisch: **~ theory** (*die*) darwinische Selektionstheorie **B** S Darwinist(in); **Darwinism** S Darwinismus *m*; **Darwinist** → Darwinian

dash [dæʃ] **A** VT **1** schlagen, heftig stoßen, schmettern: **~ to pieces** in Stücke schlagen, zerschlagen, zerschmettern **2** schleudern, schmeißen *umg*, schmettern, knallen *umg*: **~ to the ground** **a** zu Boden schmettern *od* schleudern **b** *fig j-s Hoffnungen etc* zunichtemachen **3** überschütten, begießen, an-, bespritzen **4** spritzen, klatschen, gießen, schütten: **~ water in sb's face**; **~ down** (*od* **off)** *ein Getränk* hinunterstürzen **5** (ver)mischen (**with** mit) (*a. fig*): **happiness ~ed with bitterness** **6** *fig* zerschlagen, zerstören, zunichtemachen: **~ sb's hopes** **7** niederdrücken, deprimieren **8** verwirren, aus der Fassung bringen **9** **~ off** (*od* **down)** *e-n Aufsatz, e-e Zeichnung etc* schnell hinwerfen *od umg* hinhauen **10** *etwas Ausgelassenes* durch Gedankenstriche ersetzen *od* kennzeichnen **11** → damn A 5 **B** VI **1** stürmen, (sich) stürzen: **~ off** davonjagen, -stürzen **2** (dahin-)stürmen, (-)jagen, (-)rasen **3** (heftig) aufschlagen, klatschen, prallen: **~ to pieces** (in 100 Stücke) zerspringen (**against the stone floor** auf dem Steinfußboden) **C** S **1** Schlag *m*: **at one ~** mit einem Schlag (*a. fig*) **2** Klatschen *n*, Prall(en) *m(n)*, Aufschlag *m* **3** Schuss *m*, Zusatz *m*, Spritzer *m*: **wine with a ~ of water** Wein mit e-m Schuss Wasser; **a ~ of salt**

e-e Prise Salz; **add a ~ of colo(u)r to** *fig* e-n Farbtupfer aufsetzen *(dat)* 4 Anflug *m* (**of** von *Traurigkeit etc*) 5 Stich *m* (**of green** ins Grüne) 6 a (Feder)Strich *m* b (Gedanken)Strich *m*, Strich *m* für etwas Ausgelassenes c *Telegrafie*: (Morse)Strich *m* 7 MUS a Staccatokeil *m* b *Generalbass*: Erhöhungsstrich *m* c Plicastrich *m* *(Ligatur)* 8 (An)Sturm *m*, Vorstoß *m*, Sprung *m*, stürmischer Anlauf: **make a ~ (at, for)** (los)stürmen, sich stürzen (auf *akk*) 9 Schwung *m*, Schmiss *m*, Elan *m* 10 Eleganz *f*, glänzendes Auftreten: **cut a ~** e-e gute Figur abgeben, Aufsehen erregen 11 → dashboard 12 *Leichtathletik*: Sprint *m*, Kurzstreckenlauf *m* D INT *bes Br für* damn D

dashboard S 1 AUTO Armaturenbrett *n*, -tafel *f*, FLUG *a.* Instrumentenbrett *n*, -tafel *f* 2 Spritzbrett *n* *(e-r Kutsche)*

dashed [dæʃt] → damned A 2, A 3, B

dasher S 1 *umg* elegante *od* flotte Erscheinung, flotter Kerl 2 Butterstößel *m* 3 *US für* dashboard 2; **dashing** ADJ (ADV ~ly) 1 schneidig, forsch, verwegen 2 flott, elegant, fesch 3 klatschend, schlagend

dash| light S AUTO Armaturenbrettbeleuchtung *f*; **~pot** S TECH Stoßdämpfer *m*, Puffer *m*

dastard ['dæstə(r)d] *obs* A S (gemeiner) Feigling, Memme *f* B ADJ → dastardly; **dastardliness** S *obs* 1 Feigheit *f* 2 Heimtücke *f*; **dastardly** ADJ *obs* 1 feig(e) 2 heimtückisch, gemein

data ['deɪtə; 'dɑːtə; *US a.* 'dætə] SPL 1 *pl von* datum 2 *(a. als sg konstruiert)* *(a. technische)* Daten *pl od* Einzelheiten *pl od* Angaben *pl*, Unterlagen *pl* 3 *(a. als sg konstruiert)* TECH Daten *pl*, (Mess- u. Versuchs)Werte *pl* 4 *(a. als sg konstruiert)* IT Daten *pl*; **~ abuse** S Datenmissbrauch *m*; **~ bank**, **~ base** S IT Datenbank *f*; **~ capture** S IT Datenerfassung *f*; **~ carrier** S COMPUT Datenträger *m*; **~ collection** S IT Datenerfassung *f*; **~ communication** S IT Datenübertragung *f*, -übermittlung *f*; **~ entry** S IT Dateneingabe *f*; **~ exchange** S IT Datenaustausch *m*; **~ file** S COMPUT Datei *f*; **~ flow** S IT Datenfluss *m*; **~ highway** S *Computer*: Datenautobahn *f*; **~ input** S IT Dateneingabe *f*; **~ medium** S *meist irr* → data carrier; **~ network** S IT Datennetz *n*; **~ output** S IT Datenausgabe *f*; **~ processing** S IT Datenverarbeitung *f*; **~ protection** S Datenschutz *m*; **~ switching** S IT Datenvermittlung *f*; **~ transfer** S IT Datentransfer *m*, Datenübertragung *f*; **~ transmission** S IT Datenübertragung *f*; **~ typist** S Datentypist(in)

datcha → dacha

date[1] [deɪt] S BOT 1 Dattel *f* 2 Dattelpalme *f*

date[2] [deɪt] A S 1 Datum *n*, Tag *m*: **what is the ~ today?** der Wievielte ist heute?, welches Datum haben wir heute?; **the "Times" of today's ~** *obs* die heutige „Times"; **the letter has no ~ on it** der Brief ist undatiert 2 Datum *n*, Zeit(punkt) *f(m)*: **of recent ~** neu(eren Datums), modern; **at an early ~** (möglichst) bald 3 Zeit(raum) *f(m)*, Epoche *f*: **of Roman ~** aus der Römerzeit 4 Datum *n*, Datums-(u. Orts)angabe *f* *(auf Briefen etc)*: **~ as per postmark** Datum des Poststempels; **~ of invoice** Rechnungsdatum 5 WIRTSCH, JUR Tag *m*, Termin *m*: **~ of delivery** Liefertermin; **~ of maturity** Fälligkeits-, Verfallstag; **fix a ~** e-n Termin festsetzen 6 WIRTSCH a Ausstellungstag *m* *(e-s Wechsels)* b Frist *f*, Sicht *f*, Ziel *n*: **at a long ~** auf lange Sicht 7 Date *n*, Verabredung *f*, Rendezvous *n*, Treffen *n*: **have a ~ with sb** mit j-m verabredet sein; **have a dinner ~** zum Essen verabredet sein; **make a ~** sich verabreden 8 Date *n* *(j-d, mit dem man verabredet ist)*: **who is your ~?** mit wem bist du verabredet? 9 heutiges Datum, heutiger Tag: **four weeks after ~** heute in vier Wochen; **to ~** bis heute, bis auf den heutigen Tag 10 neuester Stand: **out of ~** a veraltet, überholt b abgelaufen, verfallen; **go out of ~** a veralten b ablaufen, verfallen; **up to ~** zeitgemäß, modern; **be up to ~** auf dem Laufenden sein (**on** über *akk*); **bring up to ~** *j-n* über den neuesten Stand informieren (**on** *gen*), *Zahlen etc* auf den neuesten Stand bringen, aktualisieren; **bring sb up to ~ on the news** j-n über die neuesten Nachrichten informieren; → up-to-date 11 *pl* Lebensdaten *pl* B V/T 1 datieren: **the letter is ~d July 3rd** der Brief datiert *od* trägt das Datum vom 3. Juli; **~ ahead** (*od* **forward**) voraus-, vordatieren; **~ back** zurückdatieren 2 ein Datum *od* e-e Zeit *od* e-e Frist festsetzen *od* angeben für 3 herleiten (**from** aus *od* von) 4 als überholt *od* veraltet kennzeichnen 5 e-r bestimmten Zeit *od* Epoche zuordnen 6 a sich verabreden mit b ausgehen mit, *(regelmäßig)* gehen mit *umg* C V/I 1 datieren, datiert sein *(beide:* **from** von*)* 2 **~ from** (*od* **back to**) stammen *od* sich herleiten aus, s-n Ursprung haben *od* entstanden sein in *(dat)* 3 **~ back to** bis in *e-e Zeit* zurückreichen, auf *e-e Zeit* zurückgehen 4 veralten, sich überleben 5 miteinander gehen *umg*

date|block S (Abreiß-, Termin)Kalender *m*; **~book** S *US* Terminkalender *m*

dated ['deɪtɪd] ADJ 1 datiert 2 befristet 3 veraltet, überholt 4 **~ up** *bes US umg* ausgebucht *(Person)*, voll besetzt *(Tag)*; **dateless** ADJ 1 undatiert 2 endlos 3 zeitlos: a nicht veraltend *(Mode)* b unsterblich *(Kunstwerk)* 4 frei, ohne Verabredung(en) *(Abend etc)*

dateline S 1 Datumszeile *f* *(der Zeitung etc)* 2 GEOG Datumsgrenze *f*

date| palm → date[1] 2; **~ plum** S BOT Götterpflaume *f*

dater ['deɪtə(r)] S 1 Datierapparat *m* 2 Datumsstempel *m*

date| rape S *Vergewaltigung nach e-r (ersten) Verabredung*; **~ shell** S ZOOL Seedattel *f*; **~ stamp** S 1 Datumsstempel *m* 2 Datums-, Poststempel *m*; **~ sugar** S Palmzucker *m*

dating ['deɪtɪŋ] S Datierung *f*; **~ bar** S *US Lokal, in dem sich Singles zur Kontaktaufnahme treffen*

datival [də'taɪvl; deɪ't-] → dative A 1

dative ['deɪtɪv] A ADJ 1 LING dativisch, Dativ...: **~ case** → B; **~ termination** Dativendung *f* 2 JUR a vergebbar, verfügbar b widerruflich *(nicht erblich)*: **decree ~** Ernennungserlass *m* *(e-s Testamentsvollstreckers)*; **~ tutelage** übertragene Vormundschaft B S LING Dativ *m*, dritter Fall

datolite ['deɪtəlaɪt] S MINER Datolith *m*

datum ['deɪtəm; 'dɑːtəm; *US a.* 'dætəm] *pl* -ta [-tə] S 1 *(das)* Gegebene *od* Festgesetzte 2 gegebene Tatsache, Prämisse *f*, Voraussetzung *f*, Gegebenheit *f*, Grundlage *f* 3 MATH gegebene Größe; **~ level** → datum plane; **~ line** S *Landvermessung*: Bezugslinie *f*; **~ plane** S MATH, PHYS Bezugsebene *f*; **~ point** S 1 MATH, PHYS Bezugspunkt *m* 2 *Landvermessung*: Normalfixpunkt *m*

datura [də'tjʊərə; *US a.* də'tʊrə] S BOT Stechapfel *m*

daub [dɔːb] A V/T 1 be-, verschmieren, be-, überstreichen *(alle:* **with** mit*)*: **~ed with oil** ölverschmiert 2 (**on**) verstreichen, verschmieren (auf *dat*), streichen, schmieren (auf *akk*) 3 TECH *e-e Mauer etc* bewerfen, verputzen 4 besudeln, beschmutzen *(beide a. fig)* 5 *pej ein Bild* zusammenklecksen, zusammenschmieren B V/I MAL klecksen, schmieren *(beide pej)* C S 1 TECH grober Putz, Rauputz *m* 2 Geklecksе *n*, Geschmiere *n* *(beide pej)* 3 MAL *pej* schlechtes Gemälde, Geschmiere *n*, (Farb)Kleckserei *f*; **dauber** S 1 Schmierfink *m pej* 2 MAL *pej* Farbenkleckser(in) 3 TECH Gipser(in) 4 *bes* TECH a Tupfer *m*, Bausch *m* b Schmierbürste *f*; **daubery** [-ərɪ] → daub C 2, C 3; **daubster** [-stə(r)] → dauber 2; **dauby** ADJ 1 schmierig 2 **~ painting** → daub C 3

daughter ['dɔːtə(r)] S Tochter *f* *(a. fig)*: **&s of the American Revolution** *e-e patriotische Frauenvereinigung in den USA*; **~ cell** BIOL Tochterzelle *f*; **~ (company)** WIRTSCH Tochter(gesellschaft *f*); **~ language** Tochtersprache *f*; → Eve[1]; **~-in-law** *pl* daughters-in-law, daughter-in-laws S Schwiegertochter *f*

daughterly ['dɔːtə(r)lɪ] ADJ töchterlich

daunt [dɔːnt; *US a.* dɑːnt] V/T 1 einschüchtern, erschrecken: **nothing ~ed** unverzagt; **a ~ing task** e-e beängstigende Aufgabe 2 entmutigen; **dauntless** ADJ (ADV ~ly) unerschrocken, furchtlos; **dauntlessness** S Unerschrockenheit *f*, Furchtlosigkeit *f*

DAV ABK Disabled American Veterans

davenport ['dævnpɔː(r)t] S 1 *bes Br* *(ein)* Sekretär *m* *(Schreibtisch)* 2 *US* (*bes* Bett)Couch *f*

Davis Cup ['deɪvɪs] S *Tennis*: Davis-Cup *m*, -Pokal *m*: **~ player** Davis-Cup-Spieler *m*

davit ['dævɪt] S SCHIFF Davit *m* *(schwenk- od kippbarer eiserner Kranbalken)*

Davy Jones's locker [ˌdeɪvɪ'dʒəʊnzɪs] S SCHIFF Seemannsgrab *n*, Meeresgrund *m*: **go to ~** ertrinken

Davy lamp S *Bergbau*: Davysche Lampe

daw [dɔː] S ORN *obs od poet* Dohle *f*

dawdle ['dɔːdl] A V/I (herum)trödeln, (-)bummeln: **~ over one's work** bei der Arbeit trödeln B V/T *oft* **~ away** *die Zeit* vertrödeln C S 1 → dawdler 2 Trödelei *f*, Bummelei *f*; **dawdler** S Trödler(in), Bummler(in); **dawdling** ADJ (ADV ~ly) träge, bumm(e)lig *umg*: **~ race** SPORT verbummeltes Rennen, Bummelrennen *n*

dawn [dɔːn] A V/I 1 tagen, dämmern, grauen, anbrechen *(Morgen, Tag)* 2 *fig* (herauf)dämmern, aufgehen, erwachen, anfangen 3 *fig* **~ (up)on** *j-m* dämmern, aufgehen, klar werden, zum Bewusstsein kommen: **the truth ~ed (up)on him** ihm ging ein Licht auf 4 *fig* sich zu entwickeln *od* entfalten beginnen, erwachen *(Talent etc)* B S 1 (Morgen)Dämmerung *f*, Tagesanbruch *m*, Morgengrauen *n*: **at ~** beim Morgengrauen, bei Tagesanbruch; **the ~ chorus** das Vogelkonzert bei Tagesanbruch 2 *fig* Morgen *m*, Erwachen *n*, Anbruch *m*, Beginn *m*, Anfang *m*: **the ~ of a new era**; **the ~ of hope** ein erster Hoffnungsschimmer; **dawning** → dawn B

day [deɪ] S 1 Tag *m* *(Ggs Nacht)*: **it is broad ~** es ist heller Tag; **before ~** vor Tagesanbruch; **(as) clear as ~** a taghell b *a.* **(as) plain as ~** *fig* sonnenklar; **good ~!** *bes obs* guten Tag! 2 Tag *m* *(Zeitraum)*: **three ~s from London** drei Tage (-reisen) von London entfernt; **one-~** eintägig; **work a four-~ week** vier Tage in der Woche arbeiten; **five-~ week** Fünftagewoche *f*; **open 7 ~s per week** täglich geöffnet; **I haven't got all ~** *umg* ich hab nicht den ganzen Tag Zeit; **(as) happy as the ~ is long** wunschlos glücklich; **(as) merry as the ~ is long** quietschvergnügt *umg*; → honest A 1, respite A 1, rest[1] A 2 3 *(bestimmter)* Tag: **till the ~ of his death** bis zu s-m Todestag; **since the ~ dot** *umg* seit e-r Ewigkeit; **first ~ at** (*od* **of**) **school** erster Schultag; → departure 1 b, New Year's Day, *etc* 4 Empfangs-, Besuchstag *m* 5 a *(festgesetzter)*

Tag, Termin *m*: ~ **of delivery** Liefertermin, -tag; **keep one's ~** *obs* pünktlich sein **b** SPORT Spieltag *m* **6** *meist pl* (Lebens)Zeit *f*, Zeiten *pl*, Tage *pl*: **in my young ~s** in m-n Jugendtagen; **in those ~s** in jenen Tagen, damals; **in the ~s of old** vorzeiten, in alten Zeiten, einst; **end one's ~s** s-e Tage beschließen, sterben; **all the ~s of one's life** sein ganzes Leben lang; *she was the best actress* **of her ~** ihrer Zeit; **my dancing ~s are done** (*od* **over**) **a** das Tanzen habe ich aufgegeben **b** mit dem Tanzen geht es bei mir nicht mehr **7** *meist pl* (*beste*) Zeit (*des Lebens*), Glanzzeit *f*: **in our ~** zu unserer Zeit; **every dog has his ~** (*Sprichwort*) jedem lacht einmal das Glück; **have had one's ~** sich überlebt haben, am Ende sein; **he has had his ~** s-e beste Zeit ist vorüber; **the machine has had its ~** die Maschine hat ausgedient; **those were the ~s!** das waren noch Zeiten! **8** ARCH Öffnung *f*, Lichte *f* (*e-s Fensters etc*) **9** *Bergbau*: Tag *m*

Besondere Redewendungen: **~ after ~** Tag für Tag; **the ~ after** **a** tags darauf, am nächsten *od* folgenden Tag **b** der nächste Tag; **the ~ after tomorrow**, *US* **~ after tomorrow** übermorgen; **(~ and) ~ about** e-n um den andern Tag, jeden zweiten Tag; **~ and night** Tag u. Nacht *arbeiten etc*; **any ~** jeden Tag; **any ~ (of the week)** *umg* jederzeit; **the ~ before** **a** tags zuvor **b** der vorhergehende Tag; **the ~ before yesterday**, *US* **~ before yesterday** vorgestern; **it was ~s before he came** es vergingen *od* es dauerte Tage, ehe er kam; **by ~, during the ~** bei Tag(e); **by the ~** **a** tageweise **b** im Tagelohn *arbeiten*; **~ by ~** (tag)täglich, Tag für Tag, jeden Tag wieder; **call it a ~** *umg* (für heute) Schluss machen; **let's call it a ~!** Feierabend!, Schluss für heute!; **carry** (*od* **win**) **the ~** **a** den Sieg davontragen **b** *fig* die Oberhand gewinnen; **lose the ~** den Kampf verlieren; **fall on evil ~s** ins Unglück geraten; **from ~ to ~** **a** von Tag zu Tag, zusehends **b** von e-m Tag zum anderen; **~ in, ~ out** tagaus, tagein; immerfort; **ask sb the time of ~** j-n nach der Uhrzeit fragen; **give sb the time of ~** j-m guten Tag sagen; **know the time of ~** wissen, was die Glocke geschlagen hat; Bescheid wissen; **live for the ~** sorglos in den Tag hinein leben; **that made my ~** *umg* damit war der Tag für mich gerettet; **save the ~** die Lage retten; **(in) these ~s, in this ~ and age** heutzutage; **one of these (fine) ~s** demnächst, nächstens (einmal), e-s schönen Tages; **this ~ week** *bes Br* **a** heute in e-r Woche **b** heute vor e-r Woche; **to this ~** bis auf den heutigen Tag; **to a ~** auf den Tag genau

day| bed S Bettcouch *f*; **~ blindness** S MED Tagblindheit *f*; **~ bloomers** SPL BOT Tagblüher *pl*; **~book** S **1** *obs* Tagebuch *n* **2** WIRTSCH **a** Journal *n* **b** Verkaufsbuch *n* **c** Kassenbuch *n*; **~boy** S *bes Br* Externe(r) *m* (*e-s Internats*); **~break** S Tagesanbruch *m*: **at ~** bei Tagesanbruch; **~-by-~** ADJ (tag)täglich; **~-care center** S *US* Tagesheim *n*, -stätte *f*; **~ coach** S BAHN *US* (*normaler*) Personenwagen; **~ cream** S *Kosmetik*: Tagescreme *f*; **~dream** **A** S **1** Tag-, Wachtraum *m*, Träumerei *f* **2** Luftschloss *n* **B** V/I *a. irr* **1** (mit offenen Augen) träumen **2** Luftschlösser bauen; **~dreamer** S Träumer(in); **~ excursion** S Tagesausflug *m*; **~flower** S BOT **1** Commeline *f* **2** Tradescantie *f* **3** Harzige Zistrose; **~fly** S ZOOL Eintagsfliege *f*; **~girl** S *bes Br* Externe *f* (*e-s Internats*); **~ hospital** S Tagesklinik *f*; **~ labo(u)rer** S Tagelöhner(in); **~ letter** S *US* Brieftelegramm *n*

daylight S **1** Tageslicht *n*: **by** (*od* **in**) **~** bei Tag(eslicht); **in broad ~** am helllichten Tag; **(as) clear as ~** **a** taghell **b** *fig* sonnenklar; *when I awoke* **it was broad ~** war es schon heller Tag; **beat** (*od* **knock**) **the (living) ~s out of sb** *umg* j-n fürchterlich verdreschen; **let ~ into sb** *sl* j-n durchlöchern (*erstechen od erschießen*); **let ~ into sth** *fig* **a** etwas der Öffentlichkeit zugänglich machen **b** etwas aufhellen *od* klären; **light sth up like ~** etwas taghell erleuchten; **scare the (living) ~s out of sb** *umg* j-m e-n fürchterlichen Schrecken einjagen; **throw ~ on sth** *fig* Licht in e-e Sache bringen; **he sees ~ at last** *fig* **a** endlich geht ihm ein Licht auf **b** endlich sieht er Land **2** Tagesanbruch *m*: **at ~** bei Tagesanbruch **3** Zwischenraum *m*; **~ lamp** S Tageslichtlampe *f*; **~ robbery** S *umg* Halsabschneiderei *f pej*: **it's ~** das ist der reinste Wucher; **~-saving time** S Sommerzeit *f*

day| nursery S Tagesheim *n*, -stätte *f*; **~ person** S Tagmensch *m*; **~ pupil** S Externe(r) *m/f(m)* (*e-s Internats*); **~ rate** S WIRTSCH Tageslohn *m*; **~ release** S *Br bezahlte Freistellung von der Arbeit zur beruflichen Fortbildung*; **~ return (ticket)** S *Br* Tagesrückfahrkarte *f*; **~room** S Tagesraum *m* (*in Internaten etc*)

days [deɪz] ADV *bes US* tagsüber

day| school S **1** Externat *n*, Schule *f* ohne Internat **2** Tagesschule *f* (*Ggs Abendschule*); **~ shift** S Tagschicht *f*, -dienst *m*: **be on ~** Tagschicht *od* -dienst haben

daysman ['deɪzmən] S *irr obs* **a** Schiedsrichter *m* **b** Vermittler *m*

day|spring S *poet* Tagesanbruch *m*; **~star** S **1** ASTRON Morgenstern *m* **2** *poet* Sonne *f*

day's work S **1** Tagewerk *n*: **that's all in the** (*od* **a**) **~** *fig* das ist nichts Besonderes, das gehört alles mit dazu **2** WIRTSCH Arbeitstag *m* **3** SCHIFF Etmal *n* (*nautischer Tag von Mittag bis Mittag*)

day| ticket S *Br* Tagesrückfahrkarte *f*; **~time** S Tageszeit *f*, (*heller*) Tag: **in the ~** am Tag, bei Tag(e); **~ flight** FLUG Tagesflug *m*; **one's ~ telephone number** die Telefonnummer, unter der man tagsüber zu erreichen ist; **~times** ADV *US* am Tag, bei Tag(e); **~-to-day** ADJ (tag)täglich: **~ life** Alltagsleben *n*; **~ money** WIRTSCH tägliches Geld, Tagesgeld *n*; **~ necessities** Artikel des täglichen Bedarfs; **live an aimless ~ existence** in den Tag hinein leben; **~trader** S BÖRSE Daytrader *m*, Tagesspekulant(in); **~ trip** S Tagesausflug *m*; **~ tripper** S Tagesausflügler(in)

daze [deɪz] **A** V/T **1** betäuben, lähmen (*beide a. fig*) **2** *fig* blenden, verwirren **B** S **1** Betäubung *f*, Lähmung *f*, Benommenheit *f* (*alle a. fig*): **in a ~** benommen, betäubt **2** MINER Glimmer *m*; **dazed** ADJ **1** betäubt, benommen (*beide a. fig*) **2** *fig* geblendet, verwirrt; **dazedly** [-ɪdlɪ] ADV → dazed

dazzle ['dæzl] **A** V/T **1** blenden (*a. fig*) **2** *fig* verwirren, verblüffen **B** S **1** Blenden *n*: **be in a ~** geblendet sein; **~ lamp, ~ light** Blendlampe *f* **2** Leuchten *n*, blendender Glanz: **be a ~ of bright lights** im Lichterglanz erstrahlen; **dazzler** S *sl* **1** Blender(in), Angeber(in) (*beide pej*) **2** **a** tolle Frau **b** tolle Sache; **dazzling** ADJ (ADV **~ly**) **1** blendend, glänzend (*beide a. fig*) **2** strahlend (*Schönheit*) **3** verwirrend

dB, db ABK PHYS decibel(s PL)

DBE ABK Dame Commander of the (Order of the) British Empire

dbl. ABK double

DBS ABK direct broadcasting by satellite

DC ABK **1** MUS da capo **2** ELEK direct current **3** *US* District of Columbia *Bundesterritorium der USA, Gebiet der Hauptstadt Washington*

DCC ABK digital compact cassette

DCL ABK Doctor of Civil Law

DCM ABK MIL *Br* Distinguished Conduct Medal

DCVO ABK *Br* Dame Commander of the Royal Victorian Order

DD ABK **1** MIL *US* dishonorable discharge unehrenhafte Entlassung **2** WIRTSCH demand draft Sichtwechsel *m* **3** Doctor Divinitatis, Doctor of Divinity

D/D ABK WIRTSCH *US* days after date

D-day ['di:deɪ] S MIL, HIST *der Tag der alliierten Landung in der Normandie, 6. Juni 1944*

DDS ABK Doctor of Dental Surgery

DDT® ABK CHEM dichlorodiphenyltrichloroethane DDT® *n*

DEA ABK *US* Drug Enforcement Administration

deacon ['di:kən] **A** S **1** REL Diakon *m* **2** *anglikanische Kirche*: Geistliche(r) *m* dritten (*niedersten*) Weihegrades **3** *Freimaurerei*: Logenbeamte(r) *m* **B** V/T *US* **1** *obs jede Zeile e-s Chorals etc* vor dem Singen laut lesen **2** *umg Obst etc* so verpacken, dass die besten Stücke obenauf liegen; **deaconess** S REL **1** Diakonin *f* **2** Diakonissin *f*, Diakonisse *f*; **deaconry** [-rɪ] S REL Diakonat *n*

deactivate [ˌdi:'æktɪveɪt] V/T **1** MIL *e-e Einheit* auflösen **2** MIL *Munition* entschärfen **3** TECH *e-e Maschine* außer Betrieb stellen, stilllegen

dead [ded] **A** ADJ (ADV → deadly B) **1** tot, gestorben: **(as) ~ as mutton** (*od* **a doornail**) *umg* mausetot; **~ and gone** tot u. begraben (*a. fig*); **be ~ to the world** *umg* hinüber sein: **a** eingeschlafen sein **b** das Bewusstsein verloren haben **c** sinnlos betrunken sein; **play ~** sich tot stellen; **be ~ from the neck up** *umg* **a** gehirnamputiert sein *pej* **b** keinerlei geistige Interessen haben; **~ man's handle** BAHN Sicherheitsfahrschaltungstaster *m*, SIFA-Taster *m*; **wait for a ~ man's shoes** **a** auf e-e Erbschaft warten **b** warten, bis j-d stirbt, damit man in s-e Position nachrücken kann; **he is ~ of pneumonia** er ist an Lungenentzündung gestorben; **he is a ~ man** *fig* er ist ein Kind des Todes, er ist ein toter Mann; **~ men tell no tales** Tote reden nicht; → body A 2, shoot B 2 c, *etc* **2** tot, leblos: **~ matter** tote Materie (→ A 23) **3** totenähnlich, tief (*Schlaf*): **be in a ~ faint** in tiefer Ohnmacht liegen **4** *umg* restlos fertig, todmüde, zu Tode erschöpft **5** unzugänglich, unempfänglich (*beide*: **to** für): **be ~ to pity** keinerlei Mitleid haben **6** taub (**to advice** gegen Ratschläge) **7** gefühllos, abgestorben, erstarrt (*Finger etc*): **go ~** (j-m) einschlafen (→ A 11) **8** *fig* gefühllos, gleichgültig, abgestumpft (*alle*: **to** gegen) **9** tot, ausgestorben: **~ language** tote Sprache **10** überlebt, veraltet (*Sitten etc*) **11** erloschen (*Feuer, Vulkan, Leidenschaft etc*): **go ~** ausgehen (*Zigarette etc*)(→ A 7) **12** tot, geistlos **13** unfruchtbar, tot, leer, öde (*Gegend etc*) **14** tot, still, stehend: → dead water **15** JUR **a** ungültig (*Abmachung etc*) **b** bürgerlich tot **16** langweilig, öd(e) (*Party etc*) **17** tot, nichtssagend, farb-, ausdruckslos **18** *bes* WIRTSCH still, ruhig, flau (*Saison etc*): **~ market** flauer Markt **19** WIRTSCH tot (*a. allg Wissen etc*), gewinn-, umsatzlos: **~ assets** *pl* unproduktive (Kapital)Anlage; **~ capital (stock)** totes Kapital (Inventar) **20** TECH **a** außer Betrieb, tot: **~ track** totes Gleis **b** defekt (*Ventil etc*): **~ engine** ausgefallener *od* abgestorbener Motor **c** leer (*Batterie*) **21** TECH tot, starr, fest (*Achse*) **22** ELEK strom-, spannungslos, tot **23** TYPO abgelegt: **~ matter** Ablegesatz *m* (→ A 2) **24** *bes* ARCH blind, Blend...: **~ floor** Blend-, Blindboden *m*; **~ window** totes Fenster **25** Sack... (*ohne Ausgang*): **~ street** Sackgasse *f* **26** dumpf, klanglos, tot (*Ton*) **27** matt (*Augen,*

Farben etc): ~ **gilding** matte Vergoldung 28 schal, abgestanden (*Getränk*) 29 verwelkt, dürr, abgestorben (*Blumen etc*) 30 (akustisch) tot: ~ **room** toter *od* schalldichter Raum 31 völlig, absolut, restlos, total: ~ **certainty** absolute Gewissheit; ~ **silence** Totenstille *f*; ~ **stop** völliger Stillstand; **come to a ~ stop** schlagartig stehen bleiben *od* aufhören; → calm A 2, cert, earnest[1] B, loss 1, ringer[2] 4 32 todsicher *umg*, unfehlbar (*Schütze etc*) 33 äußerst(er, e, es) (*Anstrengung etc*): **a ~ push** ein verzweifelter, aber vergeblicher Stoß 34 SPORT tot, nicht im Spiel (*Ball*) B S 1 stillste Zeit: **in the ~ of night** mitten in der Nacht; **the ~ of winter** der tiefste Winter 2 **the ~** *koll* die Toten *pl*: **rise from the ~** von den Toten auferstehen; **the ~ and the living** die Lebenden u. die Toten C ADV 1 *umg* restlos, absolut, völlig, gänzlich, total: **the facts are ~ against him** alles spricht gegen ihn; **be ~ asleep** im tiefsten Schlaf liegen; **~ beat** *umg* wie erschlagen, fix u. fertig; **~ black** tiefschwarz; **~ drunk** sinnlos betrunken; **be ~ right** hundertprozentig recht haben; **"~ slow"** AUTO „Schritt fahren!"; **~ straight** schnurgerade; **~ tired** todmüde 2 plötzlich, abrupt: **stop ~ (in one's tracks)** abrupt stehen bleiben *od* aufhören 3 genau, direkt: **~ against** genau gegenüber von (*od dat*); **be ~ (set) against** ganz u. gar gegen *etwas* (eingestellt) sein; **be ~ set on** ganz scharf sein auf (*akk*) *umg*

dead| account S WIRTSCH umsatzloses *od* unbewegtes Konto; **~-(and-)alive** ADJ langweilig (*Party, Person etc*); **~ area** S MIL toter Schusswinkel(bereich); **~-ball** ADJ: **~ line** (*Rugby*) Malfeldauslinie *f*; **~ situation** (*Fußball*) Standardsituation *f*; **~ specialist** (*Fußball*) Freistoß- u. Eckenspezialist(in); **~beat** A ADJ ELEK, PHYS aperiodisch (gedämpft) B S 1 *umg* Faulenzer(in) 2 *bes US umg* Nassauer(in), Schmarotzer(in) (*beide pej*) 3 *bes US umg j-d, der s-e Schulden nicht zahlt*: **~ dad** *Vater, der s-r Unterhaltspflicht nicht nachkommt*; **~ center**, *bes Br* **~ centre** S 1 genaue Mitte: **hit sth ~** etwas genau in die Mitte treffen 2 TECH toter Punkt, Totlage *f*, -punkt *m* 3 TECH tote Spitze, Reitstockspitze *f* (*der Drehbank etc*) 4 TECH Körnerspitze *f*; **~ colo(u)ring** S MAL Grundierung *f*; **~ drop** S *Spionage*: toter Briefkasten; **~ duck** S: **be a ~** *umg* passé sein, keine Chance mehr haben; **~ earth** → dead ground 1

deaden ['dedn] V/T 1 *e-n Schall etc* dämpfen, (ab)schwächen, *e-n Schlag etc* mildern 2 *e-e Wand etc* schalldicht machen 3 *e-n Schmerz* stillen, *ein Gefühl* abtöten, abstumpfen (**to** gegen) 4 *Metall* mattieren, glanzlos machen 5 *s-e Geschwindigkeit* vermindern

dead| end S 1 Sackgasse *f* (*a. fig*): **come to a ~** in e-e Sackgasse geraten 2 *bes* TECH blindes Ende; **~-end** ADJ 1 ohne Ausgang, Sack...: **~ street** Sackgasse *f*; **~ station** BAHN Kopfbahnhof *m* 2 *fig* ausweglos 3 ohne Aufstiegschancen: **a ~ job** 4 verwahrlost, Slum...: **~ child** verwahrlostes Kind; **~eye** S 1 SCHIFF Jungfer(nblock) *f(m)* 2 *bes US umg* todsicherer *od* unfehlbarer Schütze; **~fall** S JAGD Prügel-, Baumfalle *f*; **~ file** S abgelegte Akte; **~ fire** S Elmsfeuer *n*; **~ freight** S SCHIFF Fehl-, Fautfracht *f*; **~ ground** S 1 ELEK Erdung *f* mit sehr geringem Übergangswiderstand 2 MIL → dead space; **~ hand** → mortmain; **~head** S 1 *US umg* Freikarteninhaber(in) 2 *US umg* Mitläufer(in) 3 *US umg* a Person *f* ohne jeden (*beruflichen*) Ehrgeiz b Blindgänger(in) *pej* 4 TECH verlorener (*Gieß*) Kopf; **~ heat** S SPORT totes Rennen; **~ latitude** S SCHIFF gegisste geografische Breite; **~ letter** S 1 toter Buchstabe (*noch bestehendes, aber nicht angewandtes Gesetz*) 2 unzustellbarer Brief; **~-letter office** S Abteilung *f* für unzustellbare Briefe; **~ lift** S Lastheben *n* ohne mechanische Hilfsmittel; **~light** S 1 SCHIFF Fensterblende *f* 2 feste Dachluke; **~line** S 1 *US* Sperrlinie *f*, Todesstreifen *m* (*im Gefängnis*) 2 Deadline *f*: a letzter (Ablieferungs-, Abgabe- *etc*)Termin, Anzeigen-, Redaktionsschluss *m*: **~ pressure** Termindruck *m*; **meet the ~** den Termin einhalten; **have difficulty** (*od* **trouble**) **meeting the ~** Terminschwierigkeiten haben b Stichtag *m* c äußerste Grenze: **set sb a 10-day ~** j-m e-e Frist von 10 Tagen setzen d Einsendeschluss *m*

deadliness ['dedlınıs] S tödliche Wirkung, (*das*) Tödliche

dead| load S TECH totes Gewicht, tote *od* ruhende Last, Eigengewicht *n*; **~lock** A S 1 TECH Einriegelschloss *n* 2 *fig* völliger Stillstand, Sackgasse *f*, toter Punkt: **break the ~** den toten Punkt (*in Verhandlungen etc*) überwinden; **come to** (*od* **reach**) **a ~** → C B V/T zum völligen Stillstand bringen C V/I sich festfahren, an e-m toten Punkt anlangen; **~locked** ADJ festgefahren (*Gespräche etc*)

deadly A ADJ 1 tödlich (*Gift etc*) 2 *fig* unversöhnlich, tödlich: **~ enemy** Todfeind *m*; **~ fight** mörderischer Kampf 3 *fig* tödlich, vernichtend, verderblich (*alle*: **to** für): → sin[1] A 1 4 tödlich, unfehlbar (*Präzision etc*) 5 totenähnlich, Todes...: **~ pallor** Leichen-, Todesblässe *f* 6 *umg* schrecklich, groß, äußerst(er, e, es): **in ~ haste** 7 *umg* sterbenslangweilig B ADV 1 totenähnlich, leichenhaft: **~ pale** toten-, leichenblass 2 *umg* tod..., sehr, äußerst, schrecklich: **be ~ afraid of** e-e Sterbensangst haben vor (*dat*); **~ boring** (*od* **dull**) sterbenslangweilig; **~ tired** todmüde; **~ agaric** S BOT Giftpilz *m*, *bes* Fliegenpilz *m*; **~ nightshade** S BOT 1 Tollkirsche *f* 2 Schwarzer Nachtschatten

dead|man [-mæn] S *irr* ARCH Anker *m*, Verankerung *f*; **~ march** S MUS Trauermarsch *m*; **~ marine** S *Aus umg* leere Bierflasche

deadness S 1 Leblosigkeit *f* 2 Gefühllosigkeit *f*, Abgestumpftheit *f*, Gleichgültigkeit *f* (*alle*: **to** gegen) 3 Leere *f*, Öde *f* 4 *bes* WIRTSCH Flauheit *f*, Flaute *f* 5 Mattheit *f*

dead| nettle S BOT Taubnessel *f*; **~ oil** S CHEM Schweröl *n*, Kreosot *n*; **~ pan** S *umg* ausdrucksloses *od* undurchdringliches Gesicht; **~pan** ADJ *umg* 1 unbewegt, ausdruckslos (*Gesicht*) 2 mit ausdruckslosem Gesicht (*Person*) 3 trocken (*Humor*); **~ point** → dead center 2, 3, 4; **~ reckoning** S SCHIFF gegisstes Besteck, Koppeln *n*; **~ rope** S SCHIFF 1 Holetau *n* ohne Block 2 *pl* stehendes Gut, festes Tauwerk; ♀ **Sea** S Totes Meer; **~ set** S 1 JAGD Stehen *n* (*des Hundes*) 2 verbissene Feindschaft 3 hartnäckiges Bemühen, *bes* beharrliches Werben (**at** um): **make a ~ at** sich hartnäckig bemühen um; **~ space** S MIL toter Winkel; **~ spot** S TEL Funkloch *n*; **~-stick landing** S FLUG Landung *f* mit abgestelltem Motor; **~ time** S PHYS, TECH Totzeit *f*; **~ water** S 1 stehendes *od* stilles Wasser 2 SCHIFF Kielwasser *n*, Sog *m*; **~ weight** S 1 ganze Last, volles Gewicht (*e-s ruhenden Körpers*) 2 *fig* schwere Bürde *od* Last 3 Leer-, Eigengewicht *n*, totes Gewicht; **~-weight capacity** S SCHIFF Tragfähigkeit *f*, Ladevermögen *n*; **~wood** S 1 totes Holz (*abgestorbene Äste od Bäume*) 2 *fig* (nutzloser) Ballast, nutzlose (Mit)Glieder *pl* (*e-r Gesellschaft*) 3 (*etwas*) Veraltetes *od* Überholtes 4 Plunder *m*, *bes* WIRTSCH Ladenhüter *pl* 5 *pl* SCHIFF Totholz *n*

deaerate [di:'eıəreıt; -'eər-] V/T & V/I entlüften; **deaerator** [-tə(r)] S Entlüfter *m*, Entlüftungsanlage *f*

deaf [def] A ADJ (ADV ~ly) 1 taub: **go ~** taub werden; **~ and dumb** taubstumm; **~ in one ear** auf einem Ohr taub; **(as) ~ as an adder** (*od* **a post**) stocktaub 2 schwerhörig 3 *fig* (**to**) taub (gegen), unzugänglich (für): → ear[1] *Bes Redew* B **the ~** *koll* die Tauben *pl*; **~ aid** *Br umg* → hearing aid; **~-and-dumb** ADJ 1 taubstumm 2 Taubstummen..., Finger...: **~ alphabet**; **~ language**

deafen ['defn] V/T 1 taub machen 2 betäuben (**with** durch) 3 *e-n Schall* dämpfen 4 ARCH *Wände etc* schalldicht machen; **deafening** ADJ (ADV ~ly) ohrenbetäubend (*Lärm etc*)

deaf|-mute A ADJ taubstumm B S Taubstumme(r) *m/f(m)*: **the ~** *koll* die Taubstummen *pl*; **~-muteness**, **~-mutism** S Taubstummheit *f*

deafness S 1 Taubheit *f* (*a. fig*: **to** gegen) 2 Schwerhörigkeit *f*

deal[1] [di:l] A V/I *prät u. pperf* **dealt** [delt] 1 **~ with** (*od* **in**) sich befassen *od* beschäftigen *od* abgeben mit *etwas* 2 **~ with** (*od* **in**) handeln von, sich befassen mit, *etwas* behandeln *od* zum Thema haben: **botany ~s with plants** 3 **~ with** sich mit *e-m Problem etc* befassen *od* beschäftigen *od* auseinandersetzen 4 **~ with** *etwas* erledigen, mit *etwas od j-m* fertig werden 5 **~ with** (*od* **by**) behandeln (*akk*), umgehen mit: **~ fairly with sb** sich fair gegen j-n verhalten, fair an j-m handeln 6 **~ with** mit *j-m* verkehren *od* zu tun haben 7 **~ with** WIRTSCH Handel treiben *od* Geschäfte machen *od* in Geschäftsverkehr stehen mit 8 WIRTSCH handeln, Handel treiben (*beide*: **in** mit): **~ in paper** Papier führen 9 *sl* dealen (*mit Rauschgift handeln*) 10 *Kartenspiel*: geben B V/T 1 *oft* **~ out** *Rationen etc* ver-, austeilen: **~ blows** Schläge austeilen; **~ sb (sth) a blow**, **~ a blow at sb (sth)** j-m (e-r Sache) e-n Schlag versetzen; → deathblow 2 *j-m etwas* zuteilen 3 a *a.* **~ out** *Karten* geben, austeilen b *j-m e-e Karte* geben C S 1 *umg* a Handlungsweise *f*, Verfahren *n*, Politik *f*: → New Deal b Behandlung *f* 2 *umg* Deal *m*, Geschäft *n*, Handel *m*: **it's a ~!** abgemacht!; **(a) good ~!** ein gutes Geschäft!; **square ~** a anständige Behandlung b reeller Handel; **what's the big ~?** *umg* was regst du dich denn so auf?; **big ~!** *iron* na und?; *I'll give you £5.* **big ~!** *iron* wie großzügig!, übernimm dich nicht!, → raw A 12 3 Abkommen *n*, Übereinkunft *f*: **make a ~** ein Abkommen treffen 4 *Kartenspiel*: a Blatt *n* b Geben *n*: **it is my ~** ich muss geben

deal[2] [di:l] S 1 Menge *f*, Teil *m*: **a great ~** sehr viel; **not by a great ~** bei Weitem nicht; **a good ~** e-e ganze Menge, ziemlich viel 2 *umg* e-e ganze Menge, ziemlich *od* sehr viel: **a ~ worse** weit(aus) *od* viel schlechter

deal[3] [di:l] S 1 *Br* a Brett *n*, Planke *f* (*aus Tannen- od Kiefernholz*) b Bohle *f*, Diele *f* 2 rohes Kiefernbrett (*mit bestimmten Abmessungen*) 3 Kiefern- *od* Tannenholz *n*

dealer S 1 WIRTSCH a Händler(in): **~ in antiques** Antiquitätenhändler b *Börse*: *Br* Dealer *m* (*Händler, der auf eigene Rechnung Geschäfte tätigt*) 2 *sl* Dealer(in) (*Rauschgifthändler[in]*) 3 *Kartenspiel*: Geber(in) 4 *Person von bestimmtem Verhalten*: **plain ~** aufrichtiger Mensch

dealing S 1 *meist pl* Umgang *m*, Verkehr *m*, Beziehungen *pl*: **have ~s with sb** mit j-m verkehren *od* zu tun haben; **there is no ~ with her** mit ihr ist nicht auszukommen 2 WIRTSCH a Geschäftsverkehr *m* b Handel *m*, Geschäft *n* (*beide*: **in** in *dat*, mit): **~ in real estate** Immobilienhandel 3 a Verfahren *n*, Verhalten *n*, Handlungsweise *f* b WIRTSCH

Geschäftsgebaren *n* 4 Austeilen *n*, Geben *n* (*von Karten*)

dealt [delt] *prät u. pperf von* deal[1]

dean[1] [di:n] S 1 UNIV a Dekan *m* (*Vorstand e-r Fakultät od e-s College*) b (*Oxford u. Cambridge*) *Fellow mit besonderen Aufgaben* 2 UNIV US a Vorstand *m* e-r Fakultät b Hauptberater(in), Vorsteher(in) (*der Studenten*) 3 REL Dechant *m*, Dekan *m*, Superintendent *m* 4 **~ of Arches** Laienrichter *m* des kirchlichen Appellationsgerichts (*Canterbury u. York*) 5 Vorsitzende(r) *m/f(m)*, Präsident(in): **~ of Faculty** *schott* Präsident der Anwaltskammer; **the ~ of the diplomatic corps** der Doyen des diplomatischen Korps

dean[2] → dene[2]

deanery ['di:nərɪ] S Dekanat *n*

dear[1] [dɪə(r)] A ADJ (ADV → dearly) 1 teuer, lieb (*beide:* **to sb** j-m): **~ Sir** (*in Briefen*) Sehr geehrter Herr (*Name*); **~ Mrs B.** (*in Briefen*) Sehr geehrte Frau B.; **those near and ~ to you** die dir lieb u. teuer sind; **run (work) for ~ life** um sein Leben rennen (arbeiten, als ob es ums Leben ginge) 2 teuer, kostspielig 3 hoch (*Preis*) 4 innig (*Liebe etc*): **my ~est wish** mein sehnlichster Wunsch, mein Herzenswunsch B S 1 Liebste(r) *m/f(m)*, Schatz *m*. **isn't she a ~?** ist sie nicht ein Engel?, **there's a ~** sei (so) lieb 2 (*Anrede*) Liebling, Schatz: **my ~s** m-e Lieben C ADV 1 teuer: **it will cost you ~** das wird dir *od* dich teuer zu stehen kommen 2 → dearly 1 D INT **(oh) ~!**, **~ me!** du liebe Zeit!, du m-e Güte!, ach je!

dear[2] [dɪə(r)] ADJ *obs* schwer, hart

dearie → deary

Dear John letter S *umg Brief, mit dem ein Mädchen e-e Beziehung beendet*

dearly ADV 1 innig, herzlich, von ganzem Herzen. **love sb ~**; **wish sth ~** etwas heiß ersehnen 2 teuer (*im Preis*): → buy B 4, pay[1] C 1;

dearness S 1 hoher Wert: **her ~ to me** was sie mir bedeutet 2 (*das*) Liebe(nswerte) 3 Innigkeit *f* 4 hoher Preis, Kostspieligkeit *f*

dearth [dɜ:θ; US dɜrθ] S 1 Mangel *m* (**of** an *dat*) 2 (Hungers)Not *f*

deary *umg* A S Liebling *m*, Schatz *m* B INT: **~ me!** du liebe Zeit!, du m-e Güte!, ach je!

death [deθ] S 1 Tod *m*: **to ~** zu Tode; **to (the) ~** bis zum Äußersten; **fight to the ~** Kampf *m* bis aufs Messer; **the house was (as) still as ~** im Haus herrschte e-e Totenstille; **(as) sure as ~** todsicher *umg*; **catch one's ~**, (*engS. durch Erkältung a.*) **catch one's ~ of cold** sich den Tod holen; **hold** (*od* **hang**) **on to sth like grim ~** sich verbissen an etwas festklammern, *fig a.* verbissen an etwas festhalten; **leap to one's ~** in den Tod springen; **look like ~ warmed up** wie der leibhaftige Tod aussehen; **put to ~** töten, *bes* hinrichten; **send sb to their ~** j-n in den Tod schicken; **~ in life** lebendiger Tod (*unheilbare Krankheit etc*); **be in at the ~** a JAGD bei der Tötung des Fuchses (*durch die Hunde*) dabei sein b *fig* das Ende miterleben; **it is ~ to do this** darauf steht der Tod (*die Todesstrafe*); **it is ~ to think of it** *fig* der bloße Gedanke ist entsetzlich 2 *a.* **~** der Tod: **at ~'s door** an der Schwelle des Todes; **~ comes to all of us** wir müssen alle einmal sterben; **~ is the greatest level(l)er** der Tod macht alle Menschen gleich; → pale[2] A 1 3 Ende *n*, Untergang *m*, Vernichtung *f* 4 Tod *m* (*Todesart*): **~ by accident** Unfalltod; **~ by hanging** Tod durch Erhängen *od* den Strang; **die an easy ~** e-n leichten Tod haben; → misadventure 1 5 Todesfall *m* 6 Tod *m* (*Todesursache*): **he will be the ~ of me** a er bringt mich noch ins Grab b ich lache mich noch tot über ihn; **it won't be the ~ of you** es wird dich schon nicht umbringen; **be ~ on sth** *umg* a etwas aus dem Effeff verstehen b etwas nicht riechen können 7 (Ab)Sterben *n*

death| agony S Todeskampf *m*; **~bed** S Sterbebett *n*: **on one's ~** auf dem Sterbebett; **be on one's ~** im Sterben liegen; **~ repentance** Reue *f* auf dem Sterbebett; **~ bell** S Toten-, Sterbeglocke *f*; **~ benefit** S bei Todesfall fällige Versicherungsleistung; **~blow** S 1 tödlicher Schlag 2 *fig* Todesstoß *m* (**to** für): **deal a ~ to sth** e-r Sache den Todesstoß versetzen; **~ camp** S Todeslager *n*; **~ cell** S Todeszelle *f*; **~ certificate** S Totenschein *m*, Sterbeurkunde *f*; **~ chair** → electric chair; **~ chamber** S 1 Sterbezimmer *n* 2 Hinrichtungsraum *m*; **~ cup** S BOT Grüner Knollenblätterpilz; **~day** S US Todestag *m* (*a. Jahrestag*); **~-dealing** ADJ tödlich; **~-defying** ADJ todesverachtend, -mutig; **~ duty** S JUR Br HIST Erbschaftssteuer *f*

deathful ADJ 1 tödlich 2 → deathlike

death| grant S Br Sterbegeld *n*; **~ house** S US Todestrakt *m* (*e-s Gefängnisses*); **~ instinct** S PSYCH Todestrieb *m*; **~ knell** → knell A

deathless ADJ (ADV ~ly) unsterblich, *fig a.* unvergänglich

deathlike ADJ totenähnlich, leichenartig: **~ pallor** Toten-, Leichenblässe *f*; **~ stillness** Totenstille *f*

deathly → deadly: **~ silence** eisiges Schweigen; **~ stillness** Totenstille *f*

death| march S Todesmarsch *m* (*von Kriegsgefangenen etc*); **~ mask** S Totenmaske *f*; **~ penalty** S Todesstrafe *f*; **~place** S US Sterbeort *m*; **~ rate** S Sterblichkeitsziffer *f*; **~ rattle** S Todesröcheln *n*; **~ ray** S Todesstrahl *m*; **~ row** → death house; **~ seat** S AUTO US *umg* Todessitz *m* (*Beifahrersitz*); **~ sentence** S JUR Todesurteil *n*

death's-head S 1 Totenkopf *m* (*bes als Symbol*) 2 *a.* **~ moth** ZOOL Totenkopf(schwärmer) *m*

death| spiral S *Eis-, Rollkunstlauf*: Todesspirale *f*; **~ squad** S Todesschwadron *f*; **~ tax** S US a Erbschaftssteuer *f* b Nachlasssteuer *f*; **~ threat** S Morddrohung *f*; **~ throes** SPL → death agony; **~ toll** S (Zahl *f* der) Opfer *pl*, (*die*) Toten *pl*: **there was a large ~ from the accident** der Unfall forderte viele Opfer; **~trap** S 1 Todesfalle *f*, Mausefalle *f umg* 2 lebensgefährliche Situation; **~ warrant** S 1 JUR Hinrichtungsbefehl *m* 2 *fig* Todesurteil *n* (**of** für): **sign one's (own) ~** sein (eigenes) Todesurteil unterschreiben; **~watch** S 1 Totenwache *f* 2 *a.* **~ beetle** ZOOL Totenuhr *f* (*verschiedene Klopfkäfer*); **~ wish** S Todeswunsch *m*, -sehnsucht *f*

deb [deb] *umg für* debutante

deb. ABK WIRTSCH debenture

debacle [deɪ'bɑ:kl], *Br a.* **débâcle** [deɪ'bɑ:kl] S 1 Debakel *n*, Katastrophe *f* 2 GEOL a Eisaufbruch *m* b Eisgang *m* c Murgang *m* 3 Wassersturz *m*

debag [,di:'bæg] V/T *Br umg j-m* die Hose ausziehen

debar [dɪ'bɑ:(r)] V/T 1 *j-n* ausschließen (**from** von *etwas*, aus *e-m Verein*) 2 *j-n* (daran) hindern (**from doing** zu tun) 3 *j-m etwas* versagen: **~ sb the crown** j-n von der Thronfolge ausschließen 4 *etwas* verhindern, verbieten

debark [dɪ'bɑ:(r)k], *etc* → disembark *etc*

debarment S Ausschließung *f*, Ausschluss *m* (*beide:* **from** von, aus)

debase [dɪ'beɪs] V/T 1 (charakterlich) verderben 2 (**o.s.** sich) entwürdigen, erniedrigen 3 *e-e Währung* im Wert mindern 4 *den Wert* (herab)mindern 5 verfälschen; **debased** ADJ 1 verderbt (*etc*) 2 minderwertig 3 abgegriffen (*Wort*); **debasement** S 1 Verderbtheit *f* 2 Entwürdigung *f*, Erniedrigung *f* 3 Wertminderung *f* 4 (Herab)Minderung *f* 5 Verfälschung *f*

debatable [dɪ'beɪtəbl] ADJ 1 diskutabel 2 fraglich, strittig, umstritten: **that is ~** darüber lässt sich streiten 3 JUR anfechtbar, streitig; **~ ground** S POL umstrittenes Land: **that is ~** *fig* darüber lässt sich streiten; **~ land** S POL umstrittenes Land

debate [dɪ'beɪt] A V/I 1 debattieren, diskutieren, Erörterungen anstellen (*alle:* **on, upon, about** über *akk*) 2 **~ with o.s.** hin u. her überlegen 3 *obs* kämpfen B V/T 1 *etwas* debattieren, diskutieren, erörtern 2 *etwas* erwägen, sich *etwas* überlegen, mit sich zu Rate gehen über (*akk*) 3 *obs* kämpfen um C S Debatte *f* (*a.* PARL), Diskussion *f*, Erörterung *f*: **after much ~** nach langen Diskussionen; **beyond ~** unbestreitbar; **be under ~** zur Debatte stehen; **be still under ~** noch umstritten sein; **~ on request** PARL Aktuelle Stunde; **debater** S 1 Debattierende(r) *m/f(m)* 2 PARL Redner(in); **debating** ADJ: **~ club**, **~ society** Debattierklub *m*

debauch [dɪ'bɔ:tʃ] A V/T 1 (*sittlich*) verderben 2 verführen, verleiten (*beide:* **to** zu) B V/I 1 (*sittlich*) herunterkommen, verkommen 2 schwelgen, schlemmen, prassen C S 1 Ausschweifung *f*, Orgie *f* 2 Schwelgerei *f*; **debauched** ADJ verderbt (*Person*), ausschweifend, zügellos (*Leben*); **debauchee** [,debɔ:'tʃi:; US dɪ-] S Wüstling *m*, Wollüstling *m*; **debaucher** S 1 Verderber(in) 2 Verführer(in); **debauchery** S 1 Ausschweifung *f*, Schwelgerei *f* 2 *pl* Ausschweifungen *pl*, Orgien *pl*; **debauchment** S 1 Ausschweifung *f*, Orgie *f* 2 Schwelgerei *f* 3 Verderbtheit *f*, Zügellosigkeit *f* 4 Verführung *f*

debenture [dɪ'bentʃə(r)] S 1 Schuldschein *m* 2 WIRTSCH a Obligation *f*, Schuldverschreibung *f* b Br Pfandbrief *m* 3 WIRTSCH Rückzollschein *m*; **~ bond** S WIRTSCH 1 Br Obligation *f*, Schuldverschreibung *f* 2 US (*ungesicherte*) Obligation; **~ certificate** → debenture bond 1

debentured ADJ WIRTSCH rückzollberechtigt: **~ goods** Rückzollgüter

debenture| debt S WIRTSCH 1 Obligationsschuld *f* 2 Br Pfandbriefschuld *f*; **~ holder** S WIRTSCH 1 Obligationär(in) 2 Br Pfandbriefinhaber(in); **~ stock** S WIRTSCH 1 Br Anleiheschuld *f* 2 US Aktien *pl* mit Vorrang vor den Vorzugsaktien

debilitate [dɪ'bɪlɪteɪt] V/T schwächen, entkräften; **debilitation** S Schwächung *f*, Entkräftung *f*; **debility** [-lətɪ] S 1 Schwäche *f*, Kraftlosigkeit *f* 2 MED Schwäche-, Erschöpfungszustand *m*

debit ['debɪt] WIRTSCH A S 1 Debet *n*, Soll (-wert) *n(m)*, Schuldposten *m* 2 (Konto)Belastung *f*: **the ~ of** zulasten von (*od gen*) 3 *a.* **~ side** Debetseite *f* (*im Hauptbuch*): **charge** (*od* **place**) **a sum to sb's ~** j-s Konto mit e-r Summe belasten; → enter A 10 B V/T 1 *j-n, ein Konto* debitieren, belasten (*beide:* **with** mit) 2 *etwas* debitieren, zur Last schreiben: **~ £100 against sb('s account)** j-n (j-s Konto) mit 100 Pfund belasten C ADJ Debet…, Schuld…: **~ account**; **~ balance** Debet-, Sollsaldo *m*; **your ~ balance** Saldo *m* zu Ihren Lasten; **~ entry** Lastschrift *f*, Debetbuchung *f*; **~ note** Lastschriftanzeige *f*; **~ and credit** S WIRTSCH Soll *n* u. Haben *n*

deblock [,di:'blɒk; US -'blɑk] V/T WIRTSCH *eingefrorene Konten* freigeben, entsperren

debonair(e) [,debə'neə(r)] ADJ (ADV debonairly) 1 liebenswürdig, höflich, charmant

2 heiter, unbefangen 3 lässig(-elegant)
debone [ˌdiːˈbəʊn] → bone[1] B 1
debouch [dɪˈbaʊtʃ; dɪˈbuːʃ] V/I 1 MIL hervorbrechen 2 sich ergießen, (ein)münden (*beide:* **into** in *akk*) (*Fluss*); **debouchment** S 1 MIL Hervorbrechen *n*, Ausfall *m* 2 Mündung *f*
debrief [ˌdiːˈbriːf] V/T sich von *e-m Piloten, Diplomaten etc* informieren lassen
debris, débris [ˈdeɪbriː; *Br a.* ˈdebriː; *US a.* dəˈbriː] S 1 Trümmer *pl*, Schutt *m* (*beide a.* GEOL) 2 *Bergbau:* Hau(f)werk *n*
debt [det] S 1 Schuld *f*, *bes* WIRTSCH, JUR Forderung *f*: **~ collector** JUR Inkassobeauftragte(r) *m/f(m)*; **~ counsel(l)ing** Schuldnerberatung *f*; **~ of hono(u)r** Ehren-, *bes* Spielschuld; **~ of gratitude** Dankesschuld; **owe sb a ~ of gratitude, be in sb's ~** j-m Dank schulden, in j-s Schuld stehen; **pay one's ~ to nature** den Weg alles Irdischen gehen, sterben; **be in ~** Schulden haben, verschuldet sein; **be in ~ to sb for £100** j-m 100 Pfund schulden; **be out of ~** schuldenfrei sein 2 *meist* **action of ~** JUR Schuldklage *f* 3 REL Sünde *f*; **debtor** [ˈdetə(r)] S 1 JUR Schuldner(in) 2 WIRTSCH Debitor *m*: **~ nation** Schuldnerland *n*
debug [ˌdiːˈbʌg] V/T 1 a entwanzen b *bes US Pflanzen* von Schädlingen befreien 2 TECH *umg* a Fehler *od umg* Mucken *e-r Maschine* beseitigen *od* beheben b IT *ein Programm* austesten: **~ging program** Debugprogramm *n* 3 *umg e-n Raum* entwanzen (*von Minispionen befreien*)
debunk [ˌdiːˈbʌŋk] V/T *umg* a entlarven b den Nimbus nehmen (*dat*); **debunker** S *umg* Entlarver(in)
debureaucratize [ˌdiːbjʊəˈrɒkrətaɪz; *US* -ˈrɑk-] V/T entbürokratisieren
debus [ˌdiːˈbʌs] V/I aus dem *od* e-m Bus aussteigen
debut, *Br a.* **début** [ˈdeɪbuː, -bjuː] A S Debüt *n*: a THEAT *etc* erstes Auftreten b Einführung *f* (*e-r jungen Dame*) in die Gesellschaft: **make one's ~** sein Debüt geben (**as** als) B V/I debütieren (**as** als); **debutant**, *Br a.* **débutant** [ˈdebjuːtɑ̃ːŋ; *US* ˈdebjʊˌtɑːnt] S Debütant *m*; **debutante**, *Br a.* **débutante** [ˈdebjuːtɑːnt] S Debütantin *f*
dec.[1] ABK 1 deceased verstorben 2 declaration 3 declension 4 decrease
Dec.[2] ABK December
decadal [ˈdekədl] ADJ (ADV **~ly**) dekadisch
decade [ˈdekeɪd] S Dekade *f*: a *Anzahl von 10 Stück, Zehnergruppe* b Jahrzehnt *n*: **during the past ~** während der letzten zehn Jahre
decadence [ˈdekədəns] S 1 Dekadenz *f*, Entartung *f*, Verfall *m*, Niedergang *m* 2 *oft* ♀ Dekadenzdichtung *f*; **decadent** A ADJ (ADV **~ly**) 1 dekadent 2 Dekadenz... B S 1 dekadenter Mensch 2 *oft* ♀ Dekadenzdichter(in)
decadic [dɪˈkædɪk] ADJ MATH dekadisch, Dezimal..., Zehner...
decaf [ˈdiːkæf] *umg* A ADJ koffeinfrei B S koffeinfreier Kaffee
decaffeinate [ˌdiːˈkæfɪneɪt] V/T *Kaffee* entkoffeinieren: **~d** *a.* koffeinfrei
decagon [ˈdekəgən; *US* -ˌgɑn] S MATH Dekagon *n*, Zehneck *n*; **decagonal** [dɪˈkægənl] ADJ (ADV **~ly**) dekagonal, dekagonisch, zehneckig
decagram(me) [ˈdekəgræm] S Dekagramm *n* (*10 Gramm*)
decahedron [ˌdekəˈhedrən; *bes US* -ˈhiː-] *pl* -drons, -dra [-drə] S MATH Dekaeder *n*, Zehnflächner *m*
decal [dɪˈkæl; *US a.* ˈdiːˌkæl] S *bes US* Abziehbild *n*
decalcification [ˈdiːˌkælsɪfɪˈkeɪʃn] S Entkalkung *f*; **decalcify** [-faɪ] V/T entkalken
decalcomania [dɪˌkælkəʊˈmeɪnɪə] S Abziehbild(verfahren) *n*
Decalogue, *US a.* **Decalog** [ˈdekəlɒg; *US a.* -ˌlɑg] S BIBEL Dekalog *m*, (*die*) Zehn Gebote *pl*
decameter, *bes Br* **decametre** [ˈdekəˌmiːtə(r)] S Dekameter *m*, *a. n* (*10 Meter*)
decamp [dɪˈkæmp] V/I 1 *bes* MIL das Lager abbrechen 2 *umg* sich aus dem Staub machen, verschwinden; **decampment** S 1 *bes* MIL Abbruch *m* des Lagers 2 (plötzliches) Verschwinden
decanal [dɪˈkeɪnl; *US a.* ˈdekənl] ADJ (ADV **~ly**) 1 Dekans... 2 → decani
decane [ˈdekeɪn] S CHEM Dekan *n*
decani [dɪˈkeɪnaɪ] ADJ südseitig, auf der Südseite (*des Kirchenchors*)
decant [dɪˈkænt] V/T 1 dekantieren, vorsichtig abgießen 2 ab-, umfüllen; **decantation** [ˌdiːkænˈteɪʃn] S 1 Dekantation *f* 2 Umfüllung *f*; **decanter** S 1 Dekantiergefäß *n*, Klärflasche *f* 2 Karaffe *f*
decapitate [dɪˈkæpɪteɪt] V/T enthaupten, köpfen; **decapitation** S Enthauptung *f*
decarbonate [ˌdiːˈkɑː(r)bəneɪt] V/T CHEM Kohlensäure *od* Kohlendioxyd entziehen (*dat*); **decarbonator** [-tə(r)] S TECH Entrußungsmittel *n od* -gerät *n*; **decarbonize** V/T & V/I dekarbonisieren, entkohlen
decartelization [ˈdiːˌkɑː(r)təlaɪˈzeɪʃn; *US* -ləˈz-] S WIRTSCH Entkartellisierung *f*, (Konzern)Entflechtung *f*; **decartelize** [-laɪz] V/T entkartellisieren, entflechten
decasyllabic [ˌdekəsɪˈlæbɪk] ADJ zehnsilbig; **decasyllable** [-ˈsɪləbl] S zehnsilbiger Vers, Zehnsilber *m*
decathlete [dɪˈkæθliːt] S *Leichtathletik:* Zehnkämpfer *m*; **decathlon** [-lɒn; *US* -lən; -ˌlɑn] S Zehnkampf *m*
decatize [ˈdekətaɪz] V/T *Seide etc* dekatieren (*gegen nachträgliches Einlaufen behandeln*)
decay [dɪˈkeɪ] A V/I 1 verfallen, in Verfall geraten, zugrunde gehen 2 schwach *od* kraftlos werden 3 abnehmen, schwinden 4 verwelken, absterben 5 zerfallen, vermodern 6 verfaulen, verwesen 7 MED faulen, kariös *od* schlecht werden (*Zahn*) 8 GEOL verwittern 9 PHYS zerfallen (*Radium etc*) B S 1 Verfall *m*: **fall** (*od* **go**) **(in)to ~** → A 1 2 Verfall *m*, (Alters)Schwäche *f* 3 Nieder-, Untergang *m*, Ruin *m* 4 (ständiger) Rückgang 5 Verwelken *n* 6 Zerfall *m*, Vermodern *n* 7 Verfaulen *n*, Verwesung *f* 8 MED Faulen *n*, Schlechtwerden *n* (*der Zähne*) 9 GEOL Verwitterung *f* 10 PHYS Zerfall *m* (*von Radium etc*): **~ product** Zerfallsprodukt *n*; **decayed** ADJ 1 verfallen: **~ circumstances** zerrüttete (Vermögens)Verhältnisse; **~ with age** altersschwach 2 heruntergekommen 3 verwelkt 4 vermodert, morsch 5 verfault 6 MED faul, kariös, schlecht (*Zahn*) 7 GEOL verwittert
decd ABK deceased verstorben
decease [dɪˈsiːs] A V/I sterben, verscheiden B S Tod *m*, Ableben *n*; **deceased** A ADJ ver-, gestorben B S **the ~** a der *od* die Verstorbene b *koll* die Verstorbenen *pl*
decedent [dɪˈsiːdnt] S JUR *bes US* Verstorbene(r) *m/f(m)*, Erb-lasser(in): **~ estate** Nachlass *m*
deceit [dɪˈsiːt] S 1 Betrug *m*, Betrügerei *f*, (bewusste) Täuschung: **practice ~ on sb** j-n betrügen 2 Falschheit *f*, Hinterlist *f* 3 List *f*, Ränke *pl*; **deceitful** ADJ (ADV **~ly**) 1 betrügerisch 2 falsch, hinterlistig 3 ränkevoll; **deceitfulness** → deceit 2
deceivable [dɪˈsiːvəbl] ADJ (ADV deceivably) leicht zu täuschen(d)
deceive [dɪˈsiːv] A V/T 1 täuschen (*Person, Sache*), trügen (*Sache*): **be ~d** sich täuschen (lassen); **be ~d in sb** sich in j-m täuschen; **~ o.s.** sich etwas vormachen; **we were ~d into the belief** (*od* **into believing**) **that …** wir wurden zu der Annahme verleitet, dass …; **do my eyes ~ me or …?** täuschen mich m-e Augen oder …? 2 *obs* (*meist passiv*) *e-e Hoffnung etc* enttäuschen, zunichtemachen: **his hopes were ~d** B V/I täuschen, trügen (*Sache*); **deceiver** S Betrüger(in)
decelerate [ˌdiːˈseləreɪt] A V/T 1 verzögern, verlangsamen 2 die Geschwindigkeit herabsetzen von (*od gen*) B V/I 1 sich verlangsamen 2 s-e Geschwindigkeit verringern; **deceleration** S Verlangsamung *f*, Verzögerung *f*, Geschwindigkeitsabnahme *f*, Langsamerwerden *n*
December [dɪˈsembə(r)] S Dezember *m*: **in ~** im Dezember
decemvirate [dɪˈsemvɪrət] S *Antike:* Dezemvirat *n* (*aus zehn Männern bestehendes Beamten- od Priesterkollegium im alten Rom*)
decency [ˈdiːsnsɪ] S 1 Anstand *m*, Schicklichkeit *f*: **for ~'s sake** anstandshalber 2 Anständigkeit *f*: **he had the ~ to leave** er war so anständig zu gehen 3 *pl* a geziemende Form b Anstand(sregeln) *m(pl)*: **observe the decencies** den Anstand wahren 4 *pl* Annehmlichkeiten *pl* (*des Lebens*)
decennary [dɪˈsenərɪ] → decennium
decennial [dɪˈsenjəl; -nɪəl] A ADJ 1 zehnjährig, zehn Jahre dauernd 2 alle zehn Jahre wiederkehrend B S a zehnter Jahrestag b Zehnjahr(es)feier *f*; **decennially** ADV alle zehn Jahre; **decennium** [-jəm; -nɪəm] *pl* -niums, -nia [-njə; -nɪə] S Dezennium *n*, Jahrzehnt *n*
decent [ˈdiːsnt] ADJ 1 anständig: a schicklich b sittsam c ehrbar, ordentlich 2 dezent, unaufdringlich 3 (ganz) anständig *umg*, passabel, annehmbar: **a ~ effort** e-e ansprechende Leistung 4 *Br umg* nett, anständig: **it was very ~ of him** 5 **are you ~?** *umg* hast du was an?; **decently** ADV 1 anständig (*etc*, → decent) 2 anständigerweise
decentralization [diːˌsentrəlaɪˈzeɪʃn; *US* -ləˈz-] S Dezentralisierung *f*; **decentralize** V/T dezentralisieren
deception [dɪˈsepʃn] S 1 Täuschung *f* 2 Betrug *m* 3 Irrtum *m*, (Selbst)Täuschung *f* 4 List *f*, Kniff *m* 5 Sinnestäuschung *f*, Trugbild *n*; **deceptive** ADJ (ADV **~ly**) 1 täuschend: **be ~** täuschen, trügen (*Sache*); **~ package** Mogelpackung *f*; → appearance *Bes Redew* 2 trügerisch, Trug…; **deceptiveness** S (*das*) Trügerische
decibel [ˈdesɪbel] S 1 PHYS Dezibel *n* 2 *pl umg hum* Krach *m*, Lärm *m*
decidable [dɪˈsaɪdəbl] ADJ entscheidbar, zu entscheiden(d)
decide [dɪˈsaɪd] A V/T 1 *e-e Schlacht etc* entscheiden 2 *j-n* bestimmen *od* veranlassen *od* zu dem Entschluss bringen *od* dazu bringen (**to do** zu tun): **that ~d me** das gab für mich den Ausschlag, damit war die Sache für mich entschieden; **that ~d me against it** aufgrund dieser Tatsache entschied ich mich dagegen; **the weather ~d me against going** aufgrund des Wetters entschloss ich mich, nicht zu gehen 3 *etwas* bestimmen, festsetzen: **the winner has already been ~d** der Sieger steht bereits fest 4 entscheiden, bestimmen (*beide:* **that** dass) 5 feststellen, zu der Ansicht *od* zu dem Schluss *od* zu der Überzeugung kommen (*alle:* **that** dass) B V/I 1 entscheiden, die Entscheidung treffen 2 sich entscheiden, sich entschließen, beschließen (*alle:* **to go, on going** zu gehen; **against going** nicht zu gehen): **I haven't ~d yet** ich habe mich noch nicht ent-

schieden; ~ **in favo(u)r of** (**against**) sich entscheiden für (gegen); ~ **on sth** a *a.* ~ **about sth** e-e Entscheidung treffen hinsichtlich e-r Sache b sich für etwas entscheiden 3 (die Sache) entscheiden, den Ausschlag geben; **decided** ADJ 1 entschieden, eindeutig, unzweifelhaft, deutlich 2 entschieden, entschlossen, fest, bestimmt (*Haltung etc*): **a ~ opponent of** ein entschiedener Gegner von (*od gen*); **decidedly** ADV 1 entschieden, zweifellos, fraglos 2 sicher, bestimmt; **decider** S 1 *j-d, der e-e Entscheidung trifft* 2 **the ~** a das Entscheidende b die Entscheidung: **the ~ came in the last minute** SPORT die Entscheidung fiel in der letzten Minute 3 SPORT Stechen *n*, Entscheidungskampf *m*; **deciding** ADJ (ADV ~ly) (SPORT *a.* spiel)entscheidend, ausschlaggebend

deciduous [dɪˈsɪdjʊəs; *US* -dʒəwəs] ADJ 1 BOT Laub wechselnd: ~ **trees** Laubbäume 2 BOT (jedes Jahr) abfallend (*Blätter*) 3 ZOOL abfallend (*Geweih etc*): ~ **tooth** ANAT Milchzahn *m* 4 *fig* vergänglich

decigram(me) [ˈdesɪɡræm] S Dezigramm *n* ($^1/_{10}$ *Gramm*)

decile [ˈdesɪl; -aɪl] S *Statistik*: Dezil *n*, Zehntelwert *m*

deciliter, *bes Br* **decilitre** [ˈdesɪˌliːtə(r)] S Deziliter *m*, *a. n* ($^1/_{10}$ *Liter*)

decillion [dɪˈsɪljən] S MATH 1 *Br* Dezillion *f* (10^{60}) 2 *US* Quintilliarde *f* (10^{33})

decimal [ˈdesɪml] A ADJ (ADV → decimally) dezimal, Dezimal…: **go ~** auf das Dezimalsystem umstellen, das Dezimalsystem einführen; → numeration 1 B S 1 *a.* ~ **fraction** Dezimalbruch *m* 2 Dezimalzahl *f* 3 Dezimale *f*, Dezimalstelle *f*; ~ **arithmetic** S MATH 1 auf dem Dezimalsystem aufgebaute Arithmetik 2 Dezimalrechnung *f*; ~ **classification** S Dezimalklassifikation *f*; ~ **currency** S Dezimalwährung *f*

decimalize [ˈdesɪməlaɪz] V/T dezimalisieren, auf das Dezimalsystem umstellen; **decimally** ADV 1 nach dem Dezimalsystem 2 in Dezimalzahlen (ausgedrückt)

decimal| notation S 1 Dezimalzahlensystem *n* 2 dekadisches Zahlensystem; ~ **place** S Dezimalstelle *f*; ~ **point** S Komma *n* (*in Großbritannien u. den USA ein Punkt*) vor der ersten Dezimalstelle; ~ **resistance** S ELEK Dekadenwiderstand *m*; ~ **scale** S MATH Dezimalreihe *f*; ~ **system** S Dezimalsystem *n*

decimate [ˈdesɪmeɪt] V/T 1 MIL *bes* HIST *e-e Truppe etc* dezimieren (*jeden zehnten Mann töten*) 2 *fig* dezimieren, stark schwächen *od* vermindern; **decimation** S Dezimierung *f* (*a. fig*)

decimeter, *bes Br* **decimetre** [ˈdesɪˌmiːtə(r)] S Dezimeter *m*, *a. n*

decipher [dɪˈsaɪfə(r)] V/T 1 entziffern 2 *e-n Code* dechiffrieren 3 *fig* enträtseln; **decipherable** ADJ (ADV decipherably) 1 entzifferbar 2 dechiffrierbar 3 *fig* enträtselbar; **decipherment** 1 Entzifferung *f* 2 Dechiffrierung *f* 3 *fig* Enträtselung *f*

decision [dɪˈsɪʒn] S 1 Entscheidung *f* (*e-r Streitfrage etc*): **make** (*od* **take**) **a ~** e-e Entscheidung treffen (**on, over** über *akk*); **get the ~** SPORT den Sieg zugesprochen erhalten; ~ **table** IT Entscheidungstabelle *f* 2 JUR (gerichtliche) Entscheidung, Urteil *n* (*a. Boxen*) 3 Entschluss *m*: **arrive at a ~, come to a ~** zu e-m Entschluss kommen; **take a ~** e-n Entschluss fassen 4 Entschlusskraft *f*, Entschlossenheit *f*: **a man of ~** ein entschlossener Mann; ~ **of character** Charakterstärke *f*; **decision-maker** S Entscheidungsträger(in): **she's the ~ in the family** sie trifft in der Familie die Entscheidungen; **decision-making** ADJ a entscheidungstragend b Entscheidungs…: ~ **process**

decisive [dɪˈsaɪsɪv] ADJ 1 (SPORT *a.* spiel)entscheidend, Entscheidungs…: ~ **battle** Entscheidungsschlacht *f*; **be ~ of** *etwas* entscheiden 2 bestimmend, ausschlag-, maßgebend (*beide:* **to** für): **be ~ (in)** maßgebend sein (in *dat*, bei), maßgebend mitwirken (bei) 3 endgültig 4 entschlossen, entschieden; **decisively** ADV entscheidend, in entscheidender Weise; **decisiveness** S 1 entscheidende Kraft 2 Maßgeblichkeit *f* 3 Endgültigkeit *f* 4 Entschlossenheit *f*, Entschiedenheit *f*

deck [dek] A S 1 SCHIFF (Ver)Deck *n*: **on ~** a auf Deck b *bes US umg* auf dem Posten c *US umg* anstehend; **what's on ~?** was steht an?; **all hands on ~!** alle Mann an Deck!; **below ~** unter Deck; **hit the ~** *umg* a sich hinwerfen b (*Boxen*) auf die Bretter gehen; → clear D 12 2 FLUG Tragdeck *n*, -fläche *f* 3 BAHN *US* (*Waggon*) Deck *n* 4 Stock(werk) *m(n)*, (*e-s Busses a.*) Deck *n* 5 *bes US* Spiel *n*, Pack *m* (Spiel)Karten 6 a Laufwerk *n* (*e-s Plattenspielers*) b → tape deck c → cassette deck 7 *sl* Briefchen *n* (*Rauschgift*) B V/T *oft* ~ **out** a *j-n* herausputzen b schmücken (**with** mit); ~ **beam** S SCHIFF Deck(s)balken *m*; ~ **cargo** S SCHIFF Deckladung *f*; ~**chair** S *Br* Liegestuhl *m*

decker [ˈdekə(r)] S *in Zusammensetzungen* …decker *m*: → double-decker *etc*

deck| feather S ORN Deckfeder *f*; ~ **game** S Bordspiel *n*; ~ **hand** S SCHIFF (gemeiner) Matrose; ~**house** S SCHIFF Deckhaus *n* (*Ruder- u. Kartenhaus*)

deckle [ˈdekl] S (*Papierherstellung*) 1 nutzbare Siebbreite 2 → deckle edge; ~ **edge** S Büttenrand *m*; ~**-edged** ADJ 1 mit Büttenrand: ~ **paper** Büttenpapier *n* 2 unbeschnitten (*Buch*)

deck| log S SCHIFF Logbuch *n*; ~ **officer** S SCHIFF Offizier *m* an Deck; ~ **roof** S ARCH flaches Dach ohne Brüstung; ~ **tennis** S SCHIFF Decktennis *n*; ~ **watch** S SCHIFF Deckswache *f*

declaim [dɪˈkleɪm] A V/I 1 (bombastisch *od* theatralisch) reden, e-e Rede halten (*beide:* **on** über *akk*) 2 losziehen, eifern, wettern (*alle:* **against** gegen) 3 deklamieren B V/T 1 *Gedichte etc* deklamieren, vortragen 2 in bombastischer *od* theatralischer Weise vortragen

declamation [ˌdekləˈmeɪʃn] S 1 (bombastische *od* theatralische) Rede 2 Deklamation *f* (*a.* MUS) 3 Tirade *f* (**against** gegen) 4 Vortragsübung *f*; **declamatory** [dɪˈklæmətərɪ; *US* -ˌtəʊriː; -ˌtɔː-] ADJ (ADV declamatorily) 1 Rede…, Vortrags… 2 deklamatorisch 3 bombastisch, theatralisch

declarable [dɪˈkleərəbl] ADJ zollpflichtig

declarant [dɪˈkleərənt] S 1 Erklärende(r) *m/f(m)* 2 *US* Einbürgerungsanwärter(in)

declaration [ˌdekləˈreɪʃn] S 1 Erklärung *f*, Aussage *f*: **make a ~** e-e Erklärung abgeben; ~ **of intent** Absichtserklärung 2 (offizielle) Erklärung, Verkündung *f*: ~ **of independence** Unabhängigkeitserklärung; ~ **of war** Kriegserklärung 3 Manifest *n*, Proklamation *f* 4 JUR a *US* Klageschrift *f* b *US* (*feierliche*) Zeugenaussage anstelle des Eides c *Br* Versicherung *f* an Eides statt 5 WIRTSCH (*Zoll*) Deklaration *f*, (-)Erklärung *f*: **make a ~** die Waren deklarieren; **make a ~ of** *etwas* deklarieren 6 WIRTSCH (offizielle) Erklärung: ~ **of bankruptcy** Konkurserklärung; ~ **of value** Wertangabe *f* 7 *Bridge*: Ansage *f*

declarative [dɪˈklærətɪv] ADJ (ADV ~ly) 1 → declaratory 1, 2 2 LING Aussage…: ~ **sentence**; **declaratory** [-tərɪ; *US* -ˌtəʊriː; -ˌtɔː-] ADJ (ADV declaratorily) 1 (klar) feststellend, erklärend: **be ~ of** feststellen, darlegen 2 JUR interpretierend, das gültige Recht feststellend: → statute 1 3 JUR (*die Rechte der Parteien*) feststellend, Feststellungs…: ~ **judg(e)ment** (*od* **decree**) Feststellungsurteil *n*

declare [dɪˈkle(r)] A V/T 1 erklären, verkünden, (formell) bekannt geben: ~ **one's bankruptcy**, ~ **o.s. bankrupt** Konkurs anmelden; ~ **open** für eröffnet erklären 2 (offiziell) erklären, proklamieren, verkünden: → emergency A, war A 1 3 (*oft mit doppeltem akk*) erklären: ~ **sb the winner** j-n zum Sieger erklären; ~ **sb (to be) one's friend** j-n für s-n Freund erklären 4 bekannt geben *od* machen: ~ **sth for sale** etwas zum Kauf anbieten 5 eindeutig feststellen, erklären 6 erklären, aussagen (*beide:* **that** dass) 7 a behaupten, versichern (**sth to be false** dass etwas falsch ist) b JUR *Br* an Eides statt versichern 8 ~ **o.s.** a sich erklären (*a. durch Heiratsantrag*), sich offenbaren (*a. Sache*), s-e Meinung kundtun, Farbe bekennen *umg* b s-n wahren Charakter zeigen, sich im wahren Licht zeigen; ~ **o.s. for sth** sich zu e-r Sache bekennen 9 deklarieren, verzollen: **have you anything to ~?** haben Sie etwas zu verzollen? 10 a *Vermögen etc* anmelden b *e-n Wert* angeben, deklarieren c *Einkünfte* versteuern, angeben 11 *e-e Dividende* festsetzen, beschließen 12 *Kartenspiel*: a *Punkte* ansagen b *e-e Farbe* als Trumpf ansagen 13 *Pferdesport*: die Nennung *e-s Pferdes* zurückziehen B V/I 1 e-e Erklärung abgeben: **well, I ~!** ich muss schon sagen!, nanu! 2 sich erklären *od* entscheiden (**for** für; **against** gegen) 3 *Kartenspiel*: (Trumpf) ansagen 4 ~ **off** a absagen b zurücktreten, sich zurückziehen, sich lossagen (*alle:* **from** von); **declared** ADJ (offen) erklärt, zugegeben: **a ~ enemy** (*od* **opponent**) **of** ein entschiedener Gegner von (*od gen*); ~ **aim** erklärtes Ziel; **declaredly** [-rɪdlɪ] ADV erklärtermaßen, offen, ausgesprochen

declass [ˌdiːˈklɑːs; *US* -ˈklæs] V/T deklassieren, in e-e niedrigere (soziale *od* ökonomische) Klasse verweisen; **déclassé**, Ⓕ **déclassée** [deɪˈklæseɪ; *bes US* ˌdeɪklæˈseɪ; deklɑse] ADJ heruntergekommen, sozial abgesunken

declassify [ˌdiːˈklæsɪfaɪ] V/T die Geheimhaltung aufheben für (*od gen*), *Dokumente etc* freigeben

declension [dɪˈklenʃn] S 1 Neigung *f*, Abfall *m*, Abhang *m* 2 LING Deklination *f* 3 → declination 2 4 → declination 3 5 → declination 5 6 → declination 6; **declensional** [-ʃənl] ADJ 1 Neigungs… 2 Abweichungs… 3 LING Deklinations…

declinable [dɪˈklaɪnəbl] ADJ (ADV declinably) LING deklinierbar

declination [ˌdeklɪˈneɪʃn] S 1 Neigung *f*, Schräglage *f*, Abschüssigkeit *f* 2 Abweichung *f* (**from** von) (*a. fig*) 3 (höfliche) Ablehnung (**of** *gen*) 4 ASTRON Deklination *f*, Abweichung *f* 5 *Geophysik*: Deklination *f*, Missweisung *f*: ~ **compass** SCHIFF Deklinationsbussole *f* 6 *fig* Niedergang *m*, Verfall *m*

declinatory [dɪˈklaɪnətərɪ; *US* -ˌtəʊriː; -ˌtɔː-] ADJ (höflich) ablehnend

decline [dɪˈklaɪn] A V/I 1 sich neigen, sich senken, abschüssig sein, abfallen 2 sich neigen, zur Neige gehen, dem Ende zugehen: **declining age** vorgerücktes Alter; **declining years** *pl* Lebensabend *m*; **he is in his declining years** sein Leben neigt sich dem Ende zu 3 verfallen, in Verfall geraten 4 sich verschlechtern, abnehmen, zurückgehen (*Geschäfte etc*) 5 sinken, fallen (*Preise*) 6 verfallen (*alter Mensch etc*) 7 sich herbeilassen (**to** zu) 8 (höflich) ablehnen 9 LING dekliniert werden B V/T 1 neigen, senken 2 ausschlagen, (höflich) ablehnen: ~ **with thanks** *oft iron* dankend ablehnen 3 es ablehnen (**to do** zu tun) 4 LING deklinieren C S 1 Neigung *f*, Senkung *f* 2 Abhang *m* 3 Neige *f*, Ende *n*: ~ **of life** vorgerücktes Alter, Lebensabend *m* 4 Sinken *n*, Untergang *m* (*der Sonne*) 5 Niedergang *m*, Verfall *m*: **be on the ~** a zur Neige gehen b im Niedergang begriffen sein, sinken 6 Verschlechterung *f*, Abnahme *f*, Rückgang *m*: ~ **in performance** SPORT Leistungsabfall *m*; ~ **of** (*od* **in**) **strength** Kräfteverfall *m*; ~ **in sales** WIRTSCH Absatzrückgang; ~ **in value** Wertminderung *f*; → **birthrate** 7 (*Preis*) Rückgang *m*: ~ **of** (*od* **in**) **prices** 8 MED a (körperlicher u. geistiger) Verfall b *obs* Siechtum *n*, *bes* Lungentuberkulose *f*

D

declinometer [ˌdeklɪˈnɒmɪtə; *US* -ˈnɑmətər] S *Geophysik*: Deklinometer *n*, Deklinator *m* (*Gerät zur Bestimmung der Deklination*)

declivitous [dɪˈklɪvɪtəs] ADJ (ADV ~ly) abschüssig; **declivity** [-vətɪ] S 1 Abschüssigkeit *f* 2 (Ab)Hang *m*; **declivous** [dɪˈklaɪvəs] ADJ (ADV ~ly) abschüssig

declutch [ˌdiːˈklʌtʃ] VI AUTO auskuppeln

decoct [dɪˈkɒkt; *US* dɪˈkɑkt] VT abkochen, absieden; **decoction** [-kʃn] S 1 Abkochen *n*, Absieden *n* 2 PHARM Dekokt *n*, Absud *m*

decode [ˌdiːˈkəʊd] VT decodieren (*a.* IT, LING), dechiffrieren, entschlüsseln; **decoder** [-də(r)] S Decoder *m* (*a.* COMPUT, RADIO *etc*)

decollate [dɪˈkɒleɪt; *US* -ˈkɑ-] VT *obs j-n* enthaupten, köpfen; **decollation** [ˌdiːkɒˈleɪʃn; *US* -kɑ-] S *obs* Enthauptung *f*

décolletage, *US a.* **decolletage** [ˌdeɪkɒlˈtɑːʒ; *US* deɪˌkɑləˈtɑːʒ] S Dekolleté *n*; **décolleté**, *US a.* **decollete** [deɪˈkɒlteɪ; *US* deɪˌkɑləˈteɪ] ADJ 1 dekolletiert, tief ausgeschnitten (*Kleid*) 2 dekolletiert (*Frau*)

decolonization [diːˌkɒlənaɪˈzeɪʃn; *US* -ˌkɑlənəˈz] S Dekolonisation *f*, Dekolonisierung *f*; **decolonize** [-naɪz] VT dekolonisieren, in die Unabhängigkeit entlassen

decolor, *bes Br* **decolour** [diːˈkʌlə(r)] → decolorize; **decolorant** A ADJ entfärbend, bleichend B S Bleichmittel *n*; **decolorate**, **decoloration** → decolorize, decolorization; **decolorization** [-raɪˈzeɪʃn; *US* -rəˈz-] S Entfärbung *f*, Bleichung *f*; **decolorize** VT entfärben, bleichen

decolour *bes Br für* decolorize

decommission [ˌdiːkəˈmɪʃn] VT *ein Kraftwerk etc* stilllegen, *ein Kriegsschiff etc* außer Dienst nehmen *od* stellen; **decommissioning** S Stilllegung *f*, Außerdienstnahme *f*, -stellung *f*

decompensation [diːˌkɒmpenˈseɪʃn; *US* -ˌkɑm-] S MED Kompensationsstörung *f* (*des Herzens*)

decompose [ˌdiːkəmˈpəʊz] A VT 1 CHEM, PHYS zerlegen, spalten, scheiden 2 zersetzen B VI 1 sich auflösen, zerfallen (*beide:* **into** in *akk*) 2 sich zersetzen, verwesen, verfaulen; **decomposed** ADJ 1 verfault, verwest, faul 2 verdorben (*Lebensmittel*)

decomposition [ˌdiːkɒmpəˈzɪʃn; *US* -ˌkɑm-] S 1 CHEM, PHYS Zerlegung *f*, Spaltung *f*: ~ **of forces** (**light**) Zerlegung der Kräfte (des Lichtes); ~ **potential** (*od* **voltage**) Zerlegungspotenzial *n* 2 Zersetzung *f*, Zerfall *m* (*a.* GEOL) 3 Verwesung *f*, Fäulnis *f*

decompound [ˌdiːkəmˈpaʊnd; *US a.* -ˌkɑm-] A VT → decompose A B ADJ doppelt *od* mehrfach zusammengesetzt

decompress [ˌdiːkəmˈpres] VT 1 TECH dekomprimieren, den Druck herabmindern in (*dat*) 2 vom Druck befreien (*a.* MED); **decompression** [-ˈpreʃn] S 1 TECH Dekompression *f*, (allmähliche) Druckverminderung: ~ **chamber** Dekompressionskammer *f*; ~ **sickness** (*od* **illness**) MED Dekompressions-, Caissonkrankheit *f* 2 Druckentlastung *f* (*a.* MED)

deconcentrate [ˌdiːˈkɑnsənˌtreɪt] VT *US* 1 WIRTSCH entflechten 2 POL dezentralisieren

deconsecrate [ˌdiːˈkɒnsɪkreɪt; *US* -ˈkɑn-] VT säkularisieren, verweltlichen

decontaminate [ˌdiːkənˈtæmɪneɪt] VT dekontaminieren, entgasen, entseuchen, entstrahlen; **decontamination** S Dekontamination *f*, Entgasung *f*, Entseuchung *f*, Entstrahlung *f*

decontrol [ˌdiːkənˈtrəʊl] A VT 1 von der Kontrolle befreien 2 WIRTSCH freigeben, die Zwangsbewirtschaftung aufheben von (*od gen*) B S 1 Aufhebung *f* der Kontrolle 2 WIRTSCH Freigabe *f*, Aufhebung *f* der Zwangsbewirtschaftung

décor, **decor** [ˈdeɪkɔː(r); *US bes* deɪˈkɔːr] S 1 Ausstattung *f* (*e-s Raums*) 2 THEAT Dekor *m/n*, Ausstattung *f*, Dekoration *f*

decorate [ˈdekəreɪt] VT 1 schmücken, verzieren 2 ausschmücken, dekorieren 3 a tapezieren b (an)streichen 4 dekorieren, (*mit Orden etc*) auszeichnen (*beide:* **for** wegen); **Decorated architecture**, **Decorated style** S dekorierter Stil (*englische Hochgotik, 14. Jh.*);

decoration S 1 (Aus)Schmückung *f*, Dekorierung *f* 2 a Tapezieren *n* b (An)Streichen *n* 3 Schmuck *m*, Dekoration *f*, Verzierung *f* 4 Orden *m*, Ehrenzeichen *n*: ♀ **Day** → Memorial Day; **decorative** [-kərətɪv; *US a.* -kəˌreɪtɪv] ADJ (ADV ~ly) dekorativ, schmückend, Schmuck…, Zier…: ~ **plant** Zierpflanze *f*; **decorativeness** S dekorativer Charakter, dekorative Wirkung; **decorator** [-reɪtə(r)] S 1 Dekorateur(in) 2 **interior** ~ → interior A 1 3 Maler(in) u. Tapezierer(in)

decorous [ˈdekərəs] ADJ (ADV ~ly) schicklich, anständig; **decorousness** S Schicklichkeit *f*, Anstand *m*

decorticate [ˌdiːˈkɔː(r)tɪkeɪt] VT 1 ab-, entrinden 2 (ab)schälen 3 *Getreide etc* enthülsen 4 MED ausschälen, entkapseln; **decortication** S 1 Entrindung *f* 2 (Ab)Schälung *f* 3 Enthülsung *f* 4 MED Ausschälung *f*, Entkaps(e)lung *f*

decorum [dɪˈkɔːrəm] S 1 Dekorum *n*, Anstand *m*, Schicklichkeit *f*: **behave with ~** sich anständig benehmen; **maintain one's** (*od* **preserve**) ~ das Dekorum wahren 2 Etikette *f*, Anstandsformen *pl*

decouple [ˌdiːˈkʌpl] VT ELEK entkoppeln

decoy A S [ˈdiːkɔɪ] 1 Köder *m* (*a. fig*) 2 *a.* ~ **duck** JAGD Lockvogel *m* (*a. fig*) 3 JAGD Vogel-, *bes* Entenfalle *f* 4 MIL a Scheinanlage *f*: ~ **airfield** Scheinflugplatz *m* b *a.* ~ **ship** SCHIFF U-Boot-Falle *f* B VT [dɪˈkɔɪ] 1 (an)locken, ködern (*beide a. fig*) 2 locken (**into** in *akk*) (*a. fig*) 3 *fig* verlocken, verleiten (*beide:* **into** zu)

decrease [diːˈkriːs] A VI (allmählich) abnehmen, sich vermindern, sich verringern: **the days ~ in length** die Tage werden kürzer; **decreasing series** MATH fallende Reihe B VT vermindern, -ringern, -kleinern, -kürzen, herabsetzen, reduzieren C S [*a.* ˈdiːkriːs] Abnahme *f*, Verminderung *f*, Verringerung *f*, Verkleinerung *f*, Verkürzung *f*, Reduzierung *f*, Rückgang *m* (*alle:* **in** *gen*): **be on the ~** → A; ~ **in prices** Preisrückgang; ~ **in value** Wertminderung *f*; **decreasingly** ADV in ständig abnehmendem Maße, immer weniger

decree [dɪˈkriː] A S 1 Dekret *n*, Erlass *m*, Verfügung *f*, Verordnung *f*: ~ **law** Verordnung mit Gesetzeskraft; **by ~** auf dem Verordnungsweg 2 JUR Entscheid *m*, Urteil *n*: ~ **absolute** *Br* rechtskräftiges Scheidungsurteil; → nisi, nullity 2 3 Ratschluss *m* (*Gottes*), Fügung *f* (*des Schicksals*) B VT 1 dekretieren, verfügen, verordnen (*alle a.* **that** dass) 2 bestimmen (*Schicksal*) 3 JUR entscheiden, verfügen (*beide a.* **that** dass) C VI 1 Dekrete erlassen, Verordnungen herausgeben 2 bestimmen, entscheiden

decrement [ˈdekrɪmənt] S 1 Abnahme *f*, Verringerung *f* 2 MATH, PHYS Dekrement *n* (*kleinere Abnahme e-r Größe*)

decrepit [dɪˈkrepɪt] ADJ (ADV ~ly) altersschwach (*Person, Möbel etc*), (*Haus etc a.*) verfallen, baufällig, (*Wagen etc*) schrottreif

decrepitate [dɪˈkrepɪteɪt] CHEM A VT *Salz* verknistern B VI dekrepitieren (*unter Austritt von Wasserdampf zerplatzen*); **decrepitation** S 1 Verknistern *n* 2 Dekrepitation *f*

decrepitude [dɪˈkrepɪtjuːd; *US a.* -ˌtuːd] S Altersschwäche *f*

decrescendo [ˌdiːkrɪˈʃendəʊ; *US* ˌdeɪkrə-] A *pl* -**dos** S MUS Decrescendo *n* (*a. weitS.*) B ADV 1 MUS decrescendo 2 mit abnehmender Lautstärke

decrescent [dɪˈkresnt] ADJ abnehmend (*Mond*)

decretal [dɪˈkriːtl] A ADJ Dekretal…, ein Dekret enthaltend: ~ **epistle** Dekretalbrief *m* B S KATH 1 Dekretale *n* (*Entscheid des Papstes*) 2 ♀**s** *pl* Dekretalien *pl* (*als Teil des Kirchenrechts*); **decretive** ADJ (ADV ~ly) 1 → decretory 1 2 → decretal A; **decretory** [dɪˈkriːtərɪ; *US a.* ˈdekrəˌtəʊriː; -ˌtɔː-] ADJ 1 dekretorisch, gesetzgebend 2 *obs* endgültig (entscheidend)

decrier [dɪˈkraɪə(r)] S Schlechtmacher(in)

decriminalize [ˌdiːˈkrɪmɪnlaɪz] VT 1 *etwas* außer Strafe stellen 2 *j-n, etwas* entkriminalisieren

decry [dɪˈkraɪ] VT schlechtmachen, herabsetzen

decrypt [dɪˈkrɪpt] VT dechiffrieren, entschlüsseln

decubitus ulcer [dɪˈkjuːbɪtəs] S MED Dekubitus *m* (*durch längeres Liegen verursachte Wundstelle*)

decuman [ˈdekjʊmən] ADJ riesig (*bes Welle*)

decuple [ˈdekjʊpl] A ADJ zehnfach B (*das*) Zehnfache C VT verzehnfachen

decussate A VT & VI [dɪˈkʌseɪt; *US a.* ˈdekəˌ-] (sich) kreuzweise schneiden B ADJ [*a.* dɪˈkʌsət] 1 sich kreuzend *od* schneidend 2 BOT kreuzgegenständig; **decussation** [ˌdiːkʌˈseɪʃn; *US a.* ˌdekə-] S Kreuzung *f* (*a.* ANAT)

dedicate [ˈdedɪkeɪt] VT 1 weihen, widmen (*beide:* **to** *dat*): ~ **sth to God** 2 *s-e Zeit, sein Leben etc* widmen (**to** *dat*): ~ **o.s.** sich widmen *od* hingeben; **be ~d to a cause** sich e-r Sache verschrieben haben 3 *ein Buch etc* widmen, zueignen (*beide:* **to sb** j-m) 4 *US* feierlich eröffnen *od* einweihen 5 a der Öffentlichkeit zugänglich machen b dem öffentlichen Verkehr übergeben 6 übergeben (**to** *dat*): ~ **a paper to the flames**; ~ **a body to the grave** e-n Leichnam der Erde übergeben; **dedicated** ADJ (ADV ~ly) 1 treu sorgend (*Vater etc*), einsatzfreudig (*Angestellter etc*), engagiert (*Verfechter etc*) 2 IT ~ **data processing system** dediziertes Datensystem; ~ **line** Standleitung *f*; **dedicatee** [-kəˈtiː] S *j-d, dem etwas gewidmet ist od wird*; **dedication** S 1 Weihung *f*, Widmung *f* 2 (**to**) (Sich-)Widmen *n* (*dat*), Hingabe *f* (*an akk*) 3 Widmung *f*, Zueignung *f* 4 *US* feierliche Eröffnung *od* Einweihung 5 Übergabe *f* an den öffentlichen Verkehr; **dedicative** [-kətɪv; -keɪ-] →dedicatorial; **dedicator** [-tə(r)] S Widmende(r) *f*, Zueigner(in); **dedicatorial** [-kəˈtɔːrɪəl], **dedicatory** [-kətərɪ; *US* -kəˌtəʊriː; -ˌtɔː] ADJ Widmungs…, Zueignungs…

deduce [dɪˈdjuːs; *US a.* dɪˈduːs] VT 1 folgern, schließen (*beide:* **from** aus): ~ **that …** zu dem Schluss kommen, dass … 2 deduzieren, ab-, herleiten *(alle:* **from** von); **deducible** ADJ 1 zu folgern(d) 2 herzuleiten(d), ab-, herleitbar

deduct [dɪˈdʌkt] V/T **(from)** *e-n Betrag* a abziehen, abrechnen (von): **charges ~ed, after ~ing charges** nach Abzug der Kosten; **~ing (our) expenses** abzüglich (unserer) Unkosten b einbehalten (von) c (von *der Steuer*) absetzen; **deductible** ADJ a abzugsfähig b (**from** von *der Steuer*) absetzbar

deduction [dɪˈdʌkʃn] S 1 **(from)** a Abzug *m*, Abziehen *n*, Abrechnung *f* (von): **all ~s made** unter Berücksichtigung aller Abzüge b Einbehaltung *f* (von) c Absetzung *f* (von *der Steuer*) 2 WIRTSCH Abzug *m*, Rabatt *m*, (Preis)Nachlass *m* 3 a Folgern *n*, Schließen *n* b PHIL Deduktion *f* (*Erkenntnis des Einzelfalls durch ein allgemeines Gesetz*) c (Schluss)Folgerung *f*, Schluss *m*: **draw a ~** e-n Schluss ziehen; **deductive** ADJ (ADV **~ly**) 1 PHIL deduktiv, Deduktions... 2 folgernd, schließend 3 ab-, herleitbar

deed [diːd] A S 1 Tat *f*, Handlung *f*: **do a good ~** e-e gute Tat vollbringen; **I've done my good ~ for the day** *oft hum* ich habe heute schon m-e gute Tat vollbracht; → will[2] A 3, word *Bes Redew* 2 Helden-, Großtat *f* 3 JUR (Vertrags-, *bes* Übertragungs)Urkunde *f*, Dokument *n*: **~ of gift** (*od* **donation**) Schenkungsurkunde; → conveyance 5 b, partnership 2 B V/T JUR *US* urkundlich übertragen (**to** *dat od* auf *akk*); **~ poll** *pl* deed polls, deeds poll S JUR einseitige (*gesiegelte*) Erklärung (*e-r Vertragspartei*)

deejay [ˈdiːdʒeɪ] S *umg* Discjockey *m*

deem [diːm] A V/I denken: **~ well of sth** von etwas e-e gute Meinung haben B V/T halten für, erachten für, betrachten als: **~ sth a duty**; **~ it right to do sth** es für richtig halten, etwas zu tun; **be ~ed to have been accepted** als angenommen gelten

de-emotionalize [ˌdiːɪˈməʊʃənlaɪz; -ʃnəl-] V/T *e-e Diskussion etc* versachlichen

de-emphasis [ˌdiːˈemfəsɪs] S *Funkwesen:* Deemphasis *f* (*Entzerrung der Vorverzerrung*); **de-emphasize** V/T 1 weniger Wert *od* Gewicht legen auf (*akk*) 2 bagatellisieren, herunterspielen *umg*

deemster [ˈdiːmstə(r)] S Richter *m* (*auf der Insel Man*)

de-energize [ˌdiːˈenə(r)dʒaɪz] V/T ELEK stromlos machen, ausschalten

deep [diːp] A ADJ (ADV → deeply) 1 tief (*in vertikaler Richtung*): **ten feet ~** zehn Fuß tief; **a ~ plunge** ein Sprung in große Tiefe; **in ~ water(s)** *fig* in Schwierigkeiten; → end *Bes Redew* 2 tief (*in horizontaler Richtung*): **a ~ wardrobe**; **~ forests; ~ border** breiter Rand; **~ kiss** Zungenkuss *m*; **they marched four ~** sie marschierten in Viererreihen; **three men ~** drei Mann hoch, zu dritt 3 niedrig gelegen 4 tief (*Atemzug*): **take a ~ breath** tief Atem holen 5 tief (versunken), versunken, vertieft: **~ in thought** tief in Gedanken (versunken) 6 tief (steckend *od* verwickelt): **be ~ in debt** tief in Schulden stecken; **~ in love** schwer verliebt 7 dunkel, unergründlich, schwer verständlich, tief(sinnig): **a ~ problem** ein schwieriges Problem; **that is too ~ for me** das ist mir zu hoch, da komme ich nicht mit 8 gründlich, eingehend (*Studie etc*): **~ learning** fundiertes Wissen 9 verborgen, versteckt, geheim, dunkel (*Motive etc*) 10 tief (gehend), mächtig, stark, groß: **make a ~ impression**; **~ disappointment** tiefe *od* schwere *od* bittere Enttäuschung; **~ gratitude** tiefe *od* aufrichtige *od* innige Dankbarkeit; **~ mourning** tiefe Trauer; **~ prayer** inbrünstiges Gebet 11 tief, schwer (-wiegend): **~ wrongs** *pl* schweres Unrecht 12 tief, vollkommen: **~ night** tiefe Nacht; **~ silence** tiefes *od* völliges Schweigen; **~ sleep** tiefer Schlaf, Tiefschlaf *m* 13 stark, intensiv: **~ interest** starkes Interesse; **~ love** leidenschaftliche Liebe 14 tiefst(er, e, es), äußerst(er, e, es) (*Armut etc*) 15 tief, scharfsinnig (*Denker etc*): **~ intellect** scharfer Verstand 16 durchtrieben, schlau: **he is a ~ one** *umg* er ist ein ganz durchtriebener Bursche, er hat es faustdick hinter den Ohren 17 tief, satt, dunkel (*Farben*) 18 tief, dunkel (*Stimme*) 19 MED subkutan, unter der Haut 20 PSYCH unbewusst B ADV 1 tief: **~ in the woods** tief (drinnen) im Wald; **he looked ~ into her eyes** er sah ihr tief in die Augen; **~ down** s-m innersten Wesen nach; → water *Bes Redew* 2 tief, spät: **~ into the night** (bis) tief in die Nacht (hinein); **~ in winter** im tiefen Winter 3 stark, gründlich, heftig: **drink ~** unmäßig trinken C S 1 Tiefe *f*, tiefer Teil (*e-s Gewässers*) 2 Tiefe *f*, Abgrund *m* 3 tief gelegene Stelle 4 **the ~** *poet* a das Meer b das Firmament c die Unterwelt d der unendliche Raum e die unendliche Zeit 5 Mitte *f*: **in the ~ of night** in tiefer Nacht, mitten in der Nacht; **in the ~ of winter** im tiefsten Winter

deep|-draw V/T *irr* TECH tiefziehen; **~-drawing** ADJ SCHIFF tief gehend (*Schiff*); **~-drawn** ADJ 1 TECH tiefgezogen, Tiefzieh... 2 tief (*Seufzer etc*); **~-dyed** ADJ *fig* eingefleischt, unverbesserlich, Erz...: **a ~ villain**

deepen [ˈdiːpən] A V/T 1 tief(er) machen 2 vertiefen 3 verbreitern 4 *fig* vertiefen, verstärken, steigern 5 *Farben* dunkler machen, vertiefen 6 *Töne* tiefer stimmen 7 *die Stimme* senken B V/I 1 tiefer werden, sich vertiefen 2 *fig* sich vertiefen, sich steigern, stärker werden 3 dunkler werden, (nach-)dunkeln (*Farbe*)

deep|-felt ADJ tief empfunden; **~ freeze** S Tiefkühlgerät *n*, Gefriergerät *n*: **put sth in(to) the ~** *fig umg* etwas auf Eis legen; **~-freeze** A ADJ Tiefkühl..., Gefrier...: **~ cabinet** Tiefkühl-, Gefriertruhe *f* B V/T *prät* -froze, -freezed, *pperf* -frozen, -freezed tiefkühlen, einfrieren; **~ freezer** → deep freeze; **~-frozen** A *pperf von* deep-freeze B B ADJ: **~ food** Tiefkühlkost *f*; **~-fry** V/T frittieren, in schwimmendem Fett braten; **~ fryer, ~-frying pan** S Fritteuse *f*

deep-laid ADJ 1 schlau (angelegt) 2 verborgen, geheim

deeply ADV tief (*etc*, → deep A): **~ devised** reiflich überlegt; **~ disappointed** tief *od* schwer *od* bitter enttäuscht; **~ hurt** schwer gekränkt; **~ indebted** äußerst dankbar; **~ offended** tief beleidigt; **~ religious** tief religiös; **~ versed** gründlich bewandert; **drink ~** unmäßig trinken; → rooted

deepness S 1 Tiefe *f* (*a. fig*) 2 Schwerverständlichkeit *f* 3 Gründlichkeit *f* 4 Verstecktheit *f* 5 Stärke *f* 6 Scharfsinn *m* 7 Durchtriebenheit *f*

deep|-rooted ADJ tief verwurzelt (*Tradition etc*), tief sitzend (*Argwohn etc*); **~-sea** ADJ Tiefsee..., Hochsee...: **~ fish** Tiefseefisch *m*; **~ fishing** Hochseefischerei *f*; **~-seated** → deep-rooted; **~-set** ADJ tief liegend (*Augen*); **~-six** V/T *US sl Dokumente etc* vernichten; ≈ **South** S *US* (*der*) tiefe Süden (*bes Georgia, Alabama, Mississippi u. Louisiana*); **~ structure** S LING Tiefenstruktur *f*; **~ therapy** S MED Tiefenbehandlung *f*, -bestrahlung *f*

deer [dɪə(r)] *pl* deer, *a.* deers ZOOL S a Hirsch *m* b Reh *n* c *koll* Hoch-, Rotwild *n*; **~ forest** S JAGD Hochwildgehege *n*, Jagdschutzgebiet *n*; **~hound** S schottischer Hirschhund, Deerhound *m* (*Wildhundrasse*); **~ hunt** S Rotwildjagd *f*; **~ laurel** S BOT Große Alpenrose; **~ lick** S Salzlecke *f* für Rotwild; **~ park** S Wildpark *m*; **~ shot** S Rehposten *m* (*Schrotsorte*); **~skin** S 1 Hirsch-, Rehhaut *f*, -fell *n* 2 (Kleidungsstück *n* aus) Hirsch- *od* Rehleder *n*; **~stalker** S 1 JAGD Pirschjäger *m* 2 *vorne u. hinten spitz zulaufende Mütze mit aufgestellten Ohrenschützern*; **~stalking** S Rotwild-, Rehpirsch *f*

D

de-escalate [ˌdiːˈeskəleɪt] A V/T 1 *e-n Krieg etc* deeskalieren 2 *Erwartungen etc* herunterschrauben B V/I deeskalieren; **de-escalation** S Deeskalation *f*

def. ABK 1 defective 2 defence; *US* defense 3 JUR defendant 4 WIRTSCH deferred 5 definite 6 definition

deface [dɪˈfeɪs] V/T 1 entstellen, verunstalten 2 aus-, durchstreichen, unleserlich machen 3 *Briefmarken etc* entwerten; **defacement** S 1 Entstellung *f*, Verunstaltung *f* 2 Ausstreichung *f* 3 Entwertung *f*

de facto [diːˈfæktəʊ] A ADV de facto, tatsächlich B ADJ De-facto-...: **~ government**

defalcate [ˈdiːfælkeɪt; *bes US* dɪˈfæl-] V/I Veruntreuungen *od* Unterschlagungen begehen; **defalcation** S 1 Veruntreuung *f*, Unterschlagung *f* 2 veruntreuter Betrag, Unterschlagungssumme *f*; **defalcator** [-tə(r)] S Veruntreuer(in)

defamation [ˌdefəˈmeɪʃn] S a Verleumdung *f*, Diffamierung *f* (*beide a.* JUR) b JUR (verleumderische) Beleidigung: **~ of character** Ehrabschneidung *f*; **defamatory** [dɪˈfæmətərɪ; *US* -ˌtəʊriː; -ˌtɔː-] ADJ (ADV defamatorily) verleumderisch, diffamierend: **be ~ of** → defame

defame [dɪˈfeɪm] V/T verleumden, diffamieren; **defamer** S Verleumder(in); **defaming** ADJ (ADV **~ly**) → defamatory

default [dɪˈfɔːlt] A S 1 Unterlassung *f*, (Pflicht)Versäumnis *n*, Nachlässigkeit *f* 2 WIRTSCH Nichterfüllung *f*, (*Leistungs-, Zahlungs*) Verzug *m*: **be in ~** im Verzug sein (**on** mit); **~ of interest** Zinsverzug; **on ~ of payment** wegen Nichtzahlung 3 JUR Nichterscheinen *n* vor Gericht: **judg(e)ment by ~** Versäumnisurteil *n*; **be sentenced by ~** in Abwesenheit verurteilt werden; **make ~** nicht (vor Gericht) erscheinen 4 SPORT Nichtantreten *n*: **by ~** kampflos 5 Mangel *m*, Fehlen *n*: **in ~ of** in Ermangelung von (*od gen*), mangels (*gen*); **in ~ whereof** widrigenfalls 6 IT Default *m*, Voreinstellung *f*; **~ value** Standardwert *m* B V/I 1 s-n Verpflichtungen nicht nachkommen: **~ on sth** etwas vernachlässigen *od* versäumen, mit etwas im Rückstand sein 2 WIRTSCH s-n (*Zahlungs*) Verpflichtungen nicht nachkommen, im Verzug sein: **~ on a debt** e-e Schuld nicht bezahlen 3 JUR a nicht (vor Gericht) erscheinen b durch Nichterscheinen vor Gericht den Prozess verlieren 4 SPORT a nicht antreten b durch Nichtantreten den Kampf *etc* verlieren C V/T 1 *e-r Verpflichtung* nicht nachkommen, in Verzug geraten mit, *e-n Vertrag* brechen: **~ed bonds** *US* Not leidende Obligationen; **~ed mortgage** in Verzug befindliche Hypothek 2 JUR das Nichterscheinen feststellen von, wegen Nichterscheinens (vor Gericht) verurteilen 3 SPORT nicht zu *e-m Kampf etc* antreten; **defaulter** S 1 Säumige(r) *m/f(m)* 2 WIRTSCH a säumige(r) Zahler(in) *od* Schuldner(in) b Zahlungsunfähige(r) *m/f(m)* 3 JUR vor Gericht nicht Erscheinende(r) *m/f(m)* 4 MIL *Br* Delinquent *m*: **~ book** Strafbuch *n*

defeasance [dɪˈfiːzns] S JUR 1 Annullierung *f*, Nichtigkeitserklärung *f*, Aufhebung *f* 2 (zusätzliche Urkunde mit e-r) Nichtigkeitsklausel *f*; **defeasanced** → defeasible

defeasibility [dɪˌfiːzəˈbɪlətɪ] S JUR Annullierbarkeit *f*; **defeasible** ADJ annullierbar; **de-**

feasibleness → defeasibility

defeat [dɪˈfiːt] A V/T 1 *e-n Gegner* besiegen, schlagen: **he felt ~ed** *fig* er war niedergeschlagen; **it ~s me** *fig* das ist mir zu hoch; **it ~s me why …** *fig* ich begreife nicht, warum …; **it ~s me to do so** *fig* das geht über m-e Kraft 2 *e-n Angriff* nieder-, ab-, zurückschlagen, abweisen 3 PARL *e-n Antrag etc* zu Fall bringen: **~ by vote** niederstimmen 4 *e-e Hoffnung, e-n Plan etc* vereiteln, zunichtemachen, durchkreuzen 5 JUR *e-n Anspruch etc* null u. nichtig machen B S 1 Besiegung *f* 2 Niederlage *f*: **acknowledge** (*od* **admit**) **~** s-e Niederlage eingestehen; **learn from ~** aus Niederlagen lernen 3 Nieder-, Zurückschlagung *f*, Abweisung *f* 4 PARL Ablehnung *f* (*e-s Antrags*) 5 Vereit(e)lung *f*, Durchkreuzung *f* 6 Misserfolg *m*, Fehlschlag *m*; **defeater** S Besieger(in); **defeatism** S Defätismus *m*, Schwarzseherei *f*; **defeatist** A S Defätist(in), Schwarzseher(in) B ADJ defätistisch, schwarzseherisch

defecate [ˈdefɪkeɪt] A V/T 1 *e-e Flüssigkeit* reinigen, klären 2 *fig* reinigen, läutern (*beide:* **of** von) B V/I Stuhl(gang) haben, den Darm entleeren; **defecation** S 1 Reinigung *f*, Klärung *f* 2 Darmentleerung *f*, Stuhl(gang) *m*

defect A S [ˈdiːfekt; dɪˈfekt] 1 Defekt *m*, Fehler *m*, schadhafte Stelle (*alle:* **in** an *dat*, in *dat*): **a ~ in character** ein Charakterfehler; **~ of vision** Sehfehler 2 Mangel *m*, Unvollkommenheit *f*, Schwäche *f*: **~ of judg(e)ment** Mangel an Urteilskraft; **~ of memory** Gedächtnisschwäche; **~ in title** JUR Fehler *m* im Recht 3 (*geistiger od psychischer*) Defekt 4 MED Gebrechen *n* B V/I [dɪˈfekt] 1 **(from)** abfallen (von), abtrünnig werden (*dat*) 2 **(to)** flüchten (zu, nach), (zum *Feind*) übergehen *od* -laufen; **defection** S 1 Abfall *m* 2 Überlaufen *n*, -gehen *n*

defective [dɪˈfektɪv] A ADJ (ADV ~ly) 1 mangelhaft, unzulänglich: **~ hearing** mangelhaftes Hörvermögen; **he is ~ in** es mangelt *od* gebricht ihm an (*dat*) 2 schadhaft, defekt (*Motor etc*) 3 (*geistig od psychisch*) defekt: **mentally ~** schwachsinnig 4 LING unvollständig, defektiv (*Verb etc*) B S Kranke(r) *m/f(m)*: **mental ~** Schwachsinnige(r) *m/f(m)*; **defectiveness** S 1 Mangelhaftigkeit *f*, Unzulänglichkeit *f* 2 Schadhaftigkeit *f*

defector [dɪˈfektə(r)] S 1 Abtrünnige(r) *m/f(m)* 2 Überläufer(in)

defence, *US* **defense** [dɪˈfens] S 1 Verteidigung *f*, Schutz *m*: **in ~ of** zur Verteidigung *od* zum Schutze von (*od gen*); **~ in depth** MIL Verteidigung aus der Tiefe, Tiefengliederung *f*; **~ economy** Wehrwirtschaft *f*; **~ production** Rüstungsproduktion *f*; **~ spending** Verteidigungsausgaben *pl*; **~ technology** Wehrtechnik *f*; **come to sb's ~** j-m zu Hilfe kommen; **in ~ of life** in Notwehr 2 Verteidigung *f*, Gegenwehr *f*: **make a good ~** sich tapfer zur Wehr setzen; **his body has no ~s left** sein Körper hat keine Abwehrkräfte mehr 3 MIL a Verteidigung *f*, (*taktisch*) Abwehr *f* b *meist pl* Verteidigungsanlage *f*, Befestigung *f*, Abwehrstellung *f* 4 (*a.* stichhaltige *od* gültige) Verteidigung, Rechtfertigung *f* 5 JUR a Verteidigung *f* b Verteidigungsmittel *n*, *bes* Einrede *f*, Verteidigungsschrift *f* c beklagte *od* angeklagte Partei (*bes deren Verteidiger*): **conduct sb's ~** j-n als Verteidiger vertreten; **conduct one's own ~** sich selbst verteidigen; **in his ~** zu s-r Verteidigung; **put up a clever ~** sich geschickt verteidigen; → counsel A 5, witness A 1 6 Verteidigungsmittel *n*, -waffe *f* 7 SPORT Verteidigung *f* (*Hintermannschaft od deren Spielweise*): **in ~** in der Abwehr 8 *US* Verbot *n*: **be in ~** verboten sein; **defenceless**, *US* **defenseless** ADJ (ADV ~ly) 1 schutz-, wehr-, hilflos 2 MIL unverteidigt, unbefestigt, offen; **defencelessness**, *US* **defenselessness** S Schutz-, Wehrlosigkeit *f*

defence|man, *US* **defense|man** [-mən] S *irr Eishockey:* Verteidiger *m*; **~ mechanism**, **~ reaction** S BIOL 1 Abwehrmechanismus *m* (*e-s Organismus, a.* PSYCH) 2 Abwehrmaßnahme *f* (*des Körpers*); **~ system** S BIOL Abwehrsystem *n*: **the body's natural ~**; **~ third** S *Eishockey:* Verteidigungsdrittel *n*; **~ witness** S JUR Entlastungszeuge *m*, -zeugin *f*

defend [dɪˈfend] V/T 1 **(from, against)** verteidigen (gegen), schützen (vor *dat*, gegen) 2 *e-e Meinung etc* verteidigen, rechtfertigen 3 *Interessen* schützen, wahren 4 JUR a *j-n* verteidigen b sich auf *e-e Klage* einlassen: **~ the suit** (*od* **claim**) den Klageanspruch bestreiten; **defendable** ADJ verteidigungsfähig, zu verteidigen(d); **defendant** JUR A S 1 Beklagte(r) *m/f(m)* (*im Zivilprozess*): **~ counterclaiming** Widerkläger(in) 2 Angeklagte(r) *m/f(m)* (*im Strafprozess*) B ADJ a beklagt b angeklagt; **defender** S 1 Verteidiger(in), (Be)Schützer(in): **ℒ of the Faith** Verteidiger(in) des Glaubens (*ein Titel der engl. Könige u. Königinnen seit 1521*) 2 SPORT Abwehrspieler(in); **defending** ADJ: **~ champion** SPORT Titelverteidiger(in); **~ zone** (*Eishockey*) Verteidigungszone *f*, -drittel *n*

defenestration [diːˌfenɪˈstreɪʃn] S Fenstersturz *m*

defense, *etc US für* defence *etc*

defensible [dɪˈfensəbl] ADJ (ADV **defensibly**) 1 zu verteidigen(d), verteidigungsfähig 2 zu rechtfertigen(d)

defensive [dɪˈfensɪv] A ADJ (ADV ~ly) 1 defensiv: a verteidigend, schützend, abwehrend, Verteidigungs…, Schutz…, Abwehr… (*a.* SPORT): **~ alliance** MIL Defensiv-, Verteidigungsbündnis *n*; **~ battle** Abwehrschlacht *f*; **~ midfielder** (*Fußball*) defensiver Mittelfeldspieler; **~ mistake** (*od* **error**) Abwehrfehler *m*; **~ rebound** (*Basketball*) Defensivrebound *m* b sich verteidigend c SPORT defensiv eingestellt 2 *fig* abwehrend (*Geste etc*) B S Defensive *f*, Verteidigung *f*, (*taktisch, a.* BIOL) Abwehr *f* (*alle a.* SPORT); **be (stand) on the ~** sich in der Defensive befinden (halten); **throw sb on the ~** j-n in die Defensive drängen; **~ activity** S *bes* BIOL Abwehrtätigkeit *f*; **~ glands** SPL ZOOL Schutzdrüsen *pl*; **~ post** S MIL Widerstandsnest *n*; **~ protein** S CHEM, MED Schutzprotein *n*, Antikörper *m*; **~ strike** S WIRTSCH Abwehrstreik *m*

defer[1] [dɪˈfɜː; *US* dɪˈfɜr] V/T 1 auf-, verschieben (*beide:* **to** auf *akk*) 2 MIL *US* (vom Wehrdienst) zurückstellen

defer[2] [dɪˈfɜː; *US* dɪˈfɜr] V/I sich beugen, sich fügen (*beide:* **to** *dat*)

deferable → deferrable

deference [ˈdefərəns] S 1 Ehrerbietung *f*, (Hoch)Achtung *f* (*beide:* **to** gegenüber, vor *dat*): **in ~ to, out of ~ to** aus Achtung vor (*dat*)(→ 2); **with all due ~ to** bei aller Hochachtung vor (*dat*); **pay** (*od* **show**) **~ to sb** j-m Achtung zollen 2 Rücksicht(nahme) *f* (**to** auf *akk*): **in ~ to, out of ~ to** mit *od* aus Rücksicht auf (*akk*)(→ 1) 3 (höfliche) Nachgiebigkeit (**to sb** j-m gegenüber), Unterwerfung *f* (**to** unter *akk*)

deferent[1] [ˈdefərənt] → deferential

deferent[2] [ˈdefərənt] ADJ ANAT 1 → efferent 2 Samenleiter…

deferential [ˌdefəˈrenʃl] ADJ (ADV ~ly) 1 ehrerbietig, achtungsvoll 2 rücksichtsvoll

deferment [dɪˈfɜːmənt; *US* dɪˈfɜr-] S 1 Aufschub *m*, Verschiebung *f* 2 MIL *US* Zurückstellung *f* (vom Wehrdienst)

deferrable [-rəbl] ADJ 1 aufschiebbar 2 MIL *US* a zurückstellbar (*bei der Musterung*) b e-e Zurückstellung bewirkend

deferred [dɪˈfɜːd; *US* dɪˈfɜrd] ADJ auf-, hinausgeschoben; **~ annuity** S hinausgeschobene Rente; **~ asset** S WIRTSCH zeitweilig nicht einlösbarer Aktivposten; **~ bond** S WIRTSCH *US* Obligation *f* mit aufgeschobener Zinszahlung; **~ dividend** S WIRTSCH Dividende *f* mit aufgeschobener Fälligkeit; **~ payment** S WIRTSCH 1 Zahlungsaufschub *m* 2 *US* Ab-, Ratenzahlung *f*; **~ shares** SPL WIRTSCH *Br* Nachzugsaktien *pl*; **~ terms** SPL *US* Abzahlungssystem *n*: **on ~** auf Abzahlung *od* Raten

defiance [dɪˈfaɪəns] S 1 Trotz *m*, Widerstand *m*: **bid ~ to sb, set sb at ~** j-m Trotz bieten, j-m trotzen 2 Trotz *m*, Hohn *m*: **in ~ of** ungeachtet, trotz (*gen*), (*e-m Gebot etc*) zuwider, unter Missachtung (*gen*); **in ~ of sb** j-m zum Trotz *od* Hohn; **bid ~ to common sense** dem gesunden Menschenverstand Hohn sprechen 3 Herausforderung *f*; **defiant** ADJ (ADV ~ly) 1 trotzig 2 herausfordernd

defibrillate [dɪˈfaɪbrɪleɪt; -fɪb-] V/T MED defibrillieren; **defibrillation** S Defibrillation *f* (*Beseitigung von Herzrhythmusstörungen durch Medikamente od Elektroschocks*); **defibrillator** [-tə(r)] S Defibrillator *m* (*Gerät zur Defibrillation*)

deficiency [dɪˈfɪʃnsɪ] S 1 Unzulänglichkeit *f*, Mangelhaftigkeit *f*, Unvollkommenheit *f*, Schwäche *f* 2 **(of)** Mangel *m* (an *dat*), Fehlen *n* (von): **from ~ of means** aus Mangel an Mitteln; **~ of blood** Blutarmut *f* 3 Defekt *m*, Mangel *m* 4 Fehlbetrag *m*, Manko *n*, Defizit *n*: **~ in weight** Gewichtsmanko; **make good a ~** das Fehlende ergänzen; **~ account** S WIRTSCH Verlustkonto *n*; **~ disease** S MED Mangelkrankheit *f*, *bes* Avitaminose *f*; **~ guarantee** S WIRTSCH Ausfallbürgschaft *f*; **~ payment** S WIRTSCH Ausgleichszahlung *f*; **~ report** S MIL Fehlmeldung *f*

deficient [dɪˈfɪʃnt] ADJ (ADV ~ly) 1 unzulänglich, unzureichend, mangelhaft, ungenügend 2 Mangel leidend (**in** an *dat*): **be ~ in** es fehlen lassen an (*dat*), ermangeln (*gen*), arm sein an (*dat*); **the country is ~ in means** dem Land fehlt es an Mitteln; **be ~ in vitamins** nicht genügend Vitamine haben, an Vitaminmangel leiden 3 fehlend: **the amount ~** der Fehlbetrag

deficit [ˈdefɪsɪt] S 1 WIRTSCH Defizit *n*, Fehlbetrag *m*, Verlust *m*, Ausfall *m*, Unterbilanz *f* 2 Mangel *m* (**in** an *dat*); **~ financing**, **~ spending** S WIRTSCH Defizitfinanzierung *f*, DeficitSpending *n*

defier [dɪˈfaɪə(r)] S 1 Verhöhner(in), Verächter(in): **~ of the laws** Gesetzesverächter 2 Herausforderer *m*, Herausforderin *f*

defile[1] [dɪˈfaɪl] V/T 1 beschmutzen, besudeln (*beide a. fig*) 2 (*moralisch*) verderben, beflecken 3 verunglimpfen, mit Schmutz bewerfen 4 *ein Heiligtum etc, a. e-e Frau* schänden

defile[2] A S [ˈdiːfaɪl] 1 Engpass *m*, Hohlweg *m* 2 MIL Vorbeimarsch *m* B V/I [dɪˈfaɪl] MIL defilieren, (parademäßig) vorbeimarschieren

defilement S 1 Beschmutzung *f*, Besud(e)lung *f* (*beide a. fig*) 2 Befleckung *f* 3 Schändung *f*; **defiler** S 1 Beschmutzer(in), Besud(e)ler(in) 2 Schänder(in)

definable [dɪˈfaɪnəbl] ADJ (ADV **definably**) 1 definierbar, (genau) erklärbar, bestimmbar, festlegbar 2 (genau) abgrenzbar

define [dɪˈfaɪn] V/T 1 definieren: a *ein Wort etc* (genau) erklären b *e-n Begriff etc* bestimmen, genau bezeichnen c *ein Recht etc* (klar) umreißen, festlegen 2 (genau) abgrenzen, be-, umgrenzen 3 scharf abzeichnen *od* hervortreten lassen: **it ~s itself against the background** es hebt sich scharf *od* deutlich vom *od* gegen den

Hintergrund ab 4 charakterisieren, kennzeichnen

definite ['defınıt] ADJ 1 bestimmt, präzis, klar, eindeutig *(Vorstellung etc)* 2 bestimmt, fest *od* klar umrissen, eindeutig festgelegt: **~ plans** feste Pläne 3 (genau) festgesetzt *od* -gelegt, bestimmt *(Zeitraum etc)*: **~ integral** MATH bestimmtes Integral 4 endgültig, definitiv *(Antwort etc)* 5 LING bestimmt *(Artikel)*; **definitely** ADV 1 bestimmt *(etc,* → definite) 2 zweifellos, absolut, entschieden, ausgesprochen: **~ not!** ganz bestimmt nicht!; **definiteness** S Bestimmtheit *f*, Eindeutigkeit *f*

definition [ˌdefı'nıʃn] S 1 Definition *f*: a Definierung *f*, Bestimmung *f* b Begriffsbestimmung *f*, (genaue) Erklärung 2 a RADIO Trennschärfe *f*: **have** (*od* **give**) **good ~** trennscharf sein b TV Bild-, FOTO *a.* Konturenschärfe *f*: **lack ~** unscharf sein 3 OPT *etc* Präzision *f*

definitive [dı'fınıtıv] A ADJ (ADV **~ly**) 1 definitiv, endgültig 2 (genau) definierend *od* unterscheidend 3 → definite 2 4 ausdrücklich, entschieden 5 tatsächlich, ausgesprochen 6 maßgeblich, Standard…: **a ~ book** 7 entschieden, fest *(in s-r Meinung)* B S LING Bestimmungswort *n*

deflagrate ['defləgreıt] V/I & V/T CHEM rasch abbrennen (lassen); **deflagration** S CHEM Verpuffung *f*

deflate [dı'fleıt] A V/T 1 (die) Luft *od* (das) Gas ablassen aus, entleeren 2 WIRTSCH *den Geldumlauf etc* deflationieren, herabsetzen 3 *fig* a klein u. hässlich machen b ernüchtern, enttäuschen B V/I 1 Luft *od* Gas ablassen 2 WIRTSCH deflationieren, e-e Deflation herbeiführen 3 einschrumpfen *(a. fig)*; **deflation** S 1 Ablassung *f od* Entleerung *f* von Luft *od* Gas 2 WIRTSCH Deflation *f* 3 GEOL Deflation *f*, Winderosion *f*; **deflationary** [-ʃnərı; *US* -ʃəˌneri:] ADJ WIRTSCH Deflations…, deflatorisch, deflationistisch: **~ policy** Deflationspolitik *f*; **deflationist** WIRTSCH A S Befürworter(in) e-r Deflationspolitik B ADJ deflationistisch

deflect [dı'flekt] A V/T 1 a ablenken (**from** von): **~ing electrode** ELEK Ablenkelektrode *f* b SPORT *e-n Schuss etc* abfälschen: **he ~ed the shot into his own net** 2 TECH a umbiegen b durchbiegen B V/I 1 abweichen (**from** von) *(a. fig)* 2 ausschlagen *(Zeiger etc)* 3 **~ off sb** SPORT von j-m abgefälscht werden *(Schuss etc)*

deflection, *bes Br* **deflexion** [dı'flekʃn] S 1 Ablenkung *f* 2 Abweichung *f (a. fig)* 3 Biegung *f*, Krümmung *f* 4 a Ausschlag *m (e-s Zeigers etc)* b TV, *Radar*: Ablenkung *f*, Steuerung *f (e-s Elektronenstrahls)* 5 PHYS Beugung *f (von Lichtstrahlen)* 6 TECH Durchbiegung *f* 7 SCHIFF Abtrift *f* 8 MIL a Seitenabweichung *f*, -streuung *f* b Seitenvorhalt *m*

deflective [dı'flektıv] ADJ ablenkend

deflector [dı'flektə(r)] S 1 TECH Deflektor *m*, Ablenkvorrichtung *f*: **~ coil** ELEK Ablenkspule *f* 2 FLUG Ablenk-, Leitfläche *f*

deflexion *bes Br für* deflection

deflicted [dı'flıktıd] ADJ deformiert, missgestaltet

deflocculate [dı'flɒkjʊleıt; *US* -'flɑk-] V/T & V/I CHEM (sich) entflocken

defloration [ˌdi:flɔ:'reıʃn; ˌdef-; *US* -flə'r-] S Defloration *f*, Entjungferung *f*

deflower [ˌdi:'flaʊə(r)] V/T 1 deflorieren, entjungfern 2 *fig e-r Sache* die Schönheit *od* den Reiz nehmen

defog [ˌdi:'fɒg; *US a.* -'fɑg], **defogger** *US* → demist, demister

defoliant [ˌdi:'fəʊlıənt] S CHEM, MIL Entlaubungsmittel *n*; **defoliate** [-eıt] A V/T entblättern, entlauben B V/I sich entlauben, die Blätter verlieren; **defoliation** S Entblätterung *f*, Entlaubung *f*

deforce [dı'fɔ:(r)s] V/T JUR 1 gewaltsam *od* widerrechtlich vorenthalten (**sth from sb** j-m etwas) 2 *j-n* widerrechtlich s-s Besitzes berauben

deforest [ˌdi:'fɒrıst; *US a.* -'fɑr-] V/T 1 entwalden 2 abforsten, abholzen; **deforestation** S 1 Entwaldung *f* 2 Abforstung *f*, Abholzung *f*

deform [dı'fɔ:(r)m] V/T 1 *a.* PHYS, TECH deformieren, verformen 2 verunstalten, entstellen, deformieren: **a face ~ed by anger** ein wutverzerrtes Gesicht 3 umformen, umgestalten 4 MATH, PHYS verzerren 5 *den Charakter* verderben; **deformable** ADJ TECH verformbar

deformation [ˌdi:fɔ:(r)'meıʃn] S 1 *a.* PHYS, TECH Deformation *f*, Verformung *f* 2 Entstellung *f*, Verunstaltung *f* 3 Umgestaltung *f* 4 MATH, PHYS Verzerrung *f*

deformed [dı'fɔ:(r)md] ADJ 1 *a.* PHYS, TECH deformiert, verformt 2 verunstaltet, entstellt, hässlich 3 MATH, PHYS verzerrt 4 verdorben *(Charakter)*; **deformedly** [-ıdlı] ADV → deformed; **deformedness** → deformity 1; **deformity** S 1 Entstelltheit *f*, Hässlichkeit *f* 2 Missbildung *f*, Auswuchs *m* 3 missgestaltete Person *od* Sache 4 Verdorbenheit *f (des Charakters)*

defraud [dı'frɔ:d] A V/T betrügen (**sb of sth** j-n um etwas): **~ the revenue (the customs)** Steuern (den Zoll) hinterziehen B V/I betrügen: **with intent to ~** JUR in betrügerischer Absicht, arglistig,; **defraudation** [ˌdi:-] S *(Steuer- etc)* Hinterziehung *f*, Betrug *m*; **defrauder** S Betrüger(in), *bes* Steuerhinterzieher(in)

defray [dı'freı] V/T *Kosten* bestreiten, tragen, bezahlen; **defrayal**, **defrayment** S Bestreitung *f*

defrock [ˌdi:'frɒk; *US* -'frɑk] → unfrock

defrost [ˌdi:'frɒst] A V/T von Eis befreien, enteisen, *die Windschutzscheibe etc* entfrosten, *den Kühlschrank etc* abtauen, *Tiefkühlkost etc* auftauen B V/I ab-, auftauen; **defroster** S Defroster *m*, Entfroster *m*; **defrosting** ADJ: **~ rear window** AUTO heizbare Heckscheibe

deft [deft] ADJ (ADV **~ly**) flink, geschickt, gewandt; **deftness** S Flink-, Geschickt-, Gewandtheit *f*

defunct [dı'fʌŋkt] A ADJ 1 ver-, gestorben 2 ausgestorben 3 *fig* a überholt *(Brauch etc)*, veraltet *(Gesetz etc)* b stillgelegt *(Betrieb etc)*, eingegangen *(Zeitung etc)* B S **the ~** a der *od* die Verstorbene b *koll* die Verstorbenen *pl*

defuse [ˌdi:'fju:z] V/T *e-e Bombe etc, fig e-e Krise etc* entschärfen

defy [dı'faı] V/T 1 trotzen *(dat)*, Trotz *od* die Stirn bieten *(dat)* 2 sich hinwegsetzen über *(akk)* 3 sich widersetzen *(dat)*, Schwierigkeiten machen *(dat)*: **~ description** unbeschreiblich sein, jeder Beschreibung spotten; **~ scientific explanation** sich wissenschaftlich nicht erklären lassen; **~ translation** (fast) unübersetzbar sein, sich nicht übersetzen lassen 4 herausfordern: **I ~ anyone to do it** ich möchte den sehen, der das tut; **I ~ him to do it** ich weiß genau, dass er es nicht (tun) kann 5 *obs* (zum Kampf) herausfordern

deg. ABK degree

dégagé [ˌdeıgɑ:'ʒeı] ADJ 1 ungezwungen, zwanglos 2 unbeteiligt

degas [ˌdi:'gæs] V/T MIL, TECH entgasen

degauss [ˌdi:'gaʊs] V/T *ein Schiff* entmagnetisieren

degeneracy [dı'dʒenərəsı] S Degeneration *f*, Entartung *f*; **degenerate** A V/I [-reıt] (**into**) entarten (zu): a BIOL *etc* degenerieren (zu) b *allg* ausarten (zu, in *akk*), herabsinken (zu, auf die Stufe *gen*) B ADJ [-rət] degeneriert, entartet; **degenerateness** S Degeneriertheit *f*, Entartung *f*; **degeneration** S 1 Degeneration *f*, Entartung *f (a.* BIOL, MED): **~ of tissue** MED Gewebsentartung 2 Degeneriertheit *f* 3 Ausartung *f*; **degenerative** [-rətıv; -reıtıv] ADJ 1 Degenerations…, Entartungs…: **~ disease** MED Entartungsleiden *n* 2 degenerierend, entartend

degerm [ˌdi:'dʒɜ:m; *US* -'dʒɜrm], **degerminate** [-mıneıt] V/T entkeimen

degradable [dı'greıdəbl] ADJ CHEM abbaubar

degradation [ˌdegrə'deıʃn] S 1 MIL Degradierung *f*, *a.* KATH Degradation *f* 2 (Ab)Sinken *n* 3 Entartung *f* 4 Degradierung *f*, Herabwürdigung *f*, Erniedrigung *f* 5 Verminderung *f*, Schwächung *f* 6 PHYS Degradation *f* 7 BIOL Degeneration *f* 8 GEOL Abtragung *f*, Erosion *f* 9 CHEM Zerlegung *f*, Abbau *m*

degrade [dı'greıd] A V/T 1 MIL, KATH degradieren 2 verderben, korrumpieren, entarten lassen 3 degradieren, herabwürdigen, erniedrigen *(alle:* **into, to** zu), in Schande bringen 4 vermindern, herabsetzen, schwächen 5 verschlechtern 6 PHYS *Energie* degradieren *(in Wärme umwandeln)* 7 GEOL abtragen, erodieren 8 CHEM zerlegen, abbauen B V/I 1 (ab)sinken 2 BIOL degenerieren, entarten; **degrading** ADJ 1 degradierend, erniedrigend, herabwürdigend 2 herabsetzend, geringschätzig

degrease [ˌdi:'gri:s] V/T entfetten

degree [dı'gri:] S 1 Grad *m*, Stufe *f*, Schritt *m*: **~ of priority** Dringlichkeitsgrad, -stufe; **by ~s** stufenweise, allmählich, nach u. nach; **by many ~s** bei Weitem; **by slow ~s** ganz allmählich; → murder A 2 (Verwandtschafts-)Grad *m*: **forbidden** (*od* **prohibited**) **~** *(für e-e Heirat)* verbotener Verwandtschaftsgrad 3 Rang *m*, Stufe *f*, *(gesellschaftlicher)* Stand: **of high ~** von hohem Rang; **military ~ of rank** militärische Rangstufe 4 Grad *m*, Ausmaß *n*: **~ of hardness** TECH Härtegrad; **~ of probability** *(bes Statistik)* Wahrscheinlichkeitsgrad; **~ of saturation** CHEM Sättigungsgrad 5 *fig* Grad *m*, (Aus)Maß *n*: **to a ~** a in hohem Maße, sehr b einigermaßen, in gewissem Grade; **to some** (*od* **a certain**) **~** ziemlich, bis zu e-m gewissen Grade; **to a high ~** in hohem Maße; **in the highest ~, to the last ~** in höchstem Grade, aufs Höchste; **to what ~ can he be trusted?** wie weit kann man ihm trauen?; **not in the slightest ~** nicht im Geringsten; **in no ~** keineswegs; **in no small ~** in nicht geringem Grade 6 ASTRON, GEOG, MATH, PHYS Grad *m*: **an angle of ninety ~s** ein Winkel von 90 Grad; **an equation of the third ~** e-e Gleichung dritten Grades; **ten ~s Fahrenheit** 10 Grad Fahrenheit; **~ of latitude** Breitengrad; **~ of longitude** Längengrad; **a 360-~ view** ein Rundblick (**of** auf *akk*) 7 Gehalt *m* (**of** an *dat*): **of high ~** hochgradig 8 (akademischer) Grad, Würde *f*, *weitS.* Hochschulabschluss *m*: **the ~ of doctor** der Doktorgrad, die Doktorwürde; **take one's ~** e-n akademischen Grad erwerben, promovieren; **~ day** Promotionstag *m* 9 *a.* **~ of comparison** LING Steigerungsstufe *f* 10 MUS Tonstufe *f*, Intervall *n* 11 *obs* Stufe *f (e-r Treppe etc)*: **song of ~s** BIBEL Graduale *n*, Stufenpsalm *m*

degression [dı'greʃn] S 1 *Steuerrecht*: Degression *f (Verminderung des jährlichen Abschreibungsbetrages)* 2 Absteigen *n*, Abstieg *m*; **degressive** [-sıv] ADJ (ADV **~ly**) 1 WIRTSCH degressiv:

~ **depreciation** degressive Abschreibung 2 absteigend
dehire [ˌdiːˈhaɪər] VT US j-n von s-n Funktionen entbinden
dehisce [dɪˈhɪs] VI BOT aufplatzen, -springen; **dehiscent** ADJ aufplatzend, -springend: ~ **fruit** Springfrucht f

D

dehumanize [ˌdiːˈhjuːmənaɪz; US a. -ˈjuː-] VT entmenschlichen
dehumidify [ˌdiːhjuːˈmɪdəfaɪ; US a. -juːˈm-] VT der Luft etc die Feuchtigkeit entziehen
dehydrate [ˌdiːˈhaɪdreɪt] A VT 1 CHEM dehydratisieren, (dat) das Wasser entziehen: ~**d vegetables** pl Trockengemüse n 2 MED entwässern B VI Wasser verlieren od abgeben; **dehydration** S 1 CHEM Dehydratation f, Wasserabspaltung f, -entzug m 2 MED Entwässerung f
dehydrogenization [diːˌhaɪdrədʒənaɪˈzeɪʃn; US -əˈzeɪʃən; US a. -haɪˌdrɑdʒənəˈz-] S CHEM Dehydrierung f, Wasserstoffabspaltung f, -entzug m; **dehydrogenize** [ˌdiːˈhaɪdrədʒənaɪz; US a. -haɪˈdrɑ-] VT dehydrieren, (dat) Wasserstoff entziehen
dehypnotize [ˌdiːˈhɪpnətaɪz] VT aus der Hypnose erwecken
de-ice [ˌdiːˈaɪs] VT enteisen; **de-icer** S Enteiser m, Enteisungsmittel n, -anlage f, -gerät n
deicide [ˈdiːɪsaɪd] S 1 Gottesmord m 2 Gottesmörder(in)
deictic [ˈdaɪktɪk] ADJ (ADV ~**ally**) deiktisch: a PHIL auf Beispiele begründet b LING hinweisend
de-ideologize [ˈdiːˌaɪdɪɒlədʒaɪz; US -ˈɑlə-] VT entideologisieren, von ideologischen Interessen frei machen
deific [diːˈɪfɪk] ADJ 1 vergöttlichend 2 gottähnlich, göttlich; **deification** S 1 Vergötterung f, Apotheose f 2 (etwas) Vergöttlichtes; **deiform** [-fɔː(r)m] ADJ gottähnlich, göttlich; **deify** [-faɪ] VT 1 zum Gott erheben, vergöttlichen 2 als Gott verehren, anbeten (a. fig)
deign [deɪn] A VI sich (dazu) herablassen, sich bequemen, geruhen (alle: **to do** zu tun) B VT sich herablassen zu: **he ~ed no answer** er ließ sich nicht einmal zu e-r Antwort herab
deil [diːl] S schott Teufel m (a. fig)
deinstall, bes US a. **deinstal** [ˌdiːɪnˈstɔːl] VT IT ein Programm deinstallieren
deionize [ˌdiːˈaɪənaɪz] VT PHYS entionisieren
deism [ˈdiːɪzəm] S Deismus m (Auffassung, nach der Gott zwar die Welt erschaffen hat, aber in keiner Weise in ihren Lauf eingreift); **deist** A S Deist(in) B ADJ deistisch; **deistic** ADJ, **deistical** ADJ (ADV ~**ly**) deistisch
deity [ˈdiːɪtɪ] S Gottheit f: **the** ♀ REL die Gottheit, Gott m
déjà vu [ˌdeɪʒɑːˈvuː] S PSYCH Déjà-vu-Erlebnis n
deject [dɪˈdʒekt] A VT mutlos machen B ADJ obs für dejected; **dejecta** [-tə] SPL Exkremente pl; **dejected** ADJ (ADV ~**ly**) niedergeschlagen, mutlos, deprimiert; **dejectedness** → dejection 1
dejection [dɪˈdʒekʃn] S 1 Niedergeschlagenheit f, Mutlosigkeit f, Deprimiertheit f 2 MED a Kotentleerung f, Stuhlgang m b Stuhl m, Kot m
de jure [ˌdiːˈdʒʊərɪ; ˌdeɪˈjʊərɪ] A ADV de jure, von Rechts wegen B ADJ De-jure-…
dekko [ˈdekəʊ] pl **-kos** S Br sl: **have a ~ at** e-n Blick werfen auf (akk); **let's have a ~** zeig mal her!
Del. ABK Delaware
delactation [ˌdiːlækˈteɪʃn] S MED Entwöhnung f, Abstillen n
delaine [dəˈleɪn] S leichter Musselin aus Wolle (u. Baumwolle)
delaminate [diːˈlæmɪneɪt] VI in Schichten abblättern
delate [dɪˈleɪt] VT Br j-n, obs etwas anzeigen; **delation** S Anzeige f
Delawarean [ˌdeləˈweərɪən] A ADJ Delaware…, aus od von Delaware B S Bewohner(in) des Staates Delaware (USA)
delay [dɪˈleɪ] A VT 1 a ver-, auf-, hinausschieben b verzögern, verschleppen (beide: **for** um): ~ **the game** SPORT das Spiel verzögern; **he ~ed seeing his doctor** er schob s-n Arztbesuch hinaus; **be ~ed** sich verzögern; **not be ~ed** unaufschiebbar sein 2 aufhalten, hemmen, (be)hindern: **be ~ed (for two hours)** BAHN etc (zwei Stunden) Verspätung haben B VI 1 Zeit zu gewinnen suchen, SPORT auf Zeit spielen, das Spiel verzögern 2 zögern: **don't ~** a. verlieren Sie keine Zeit! C S 1 a Verschiebung f, Aufschub m b Verzögerung f, Verschleppung f: ~ **in delivery** WIRTSCH Lieferverzug m; **without ~** unverzüglich; **the matter bears no ~** die Sache duldet keinen Aufschub 2 BAHN etc Verspätung f 3 WIRTSCH Aufschub m, Stundung f: ~ **of payment** Zahlungsaufschub
delayed [dɪˈleɪd] ADJ 1 a ver-, auf-, hinausgeschoben b verzögert, verschleppt; 2 BAHN etc verspätet 3 Spät…: ~ **ignition** TECH Spätzündung f 4 RADIO, TV zeitversetzt (Übertragung etc); **delayed-action** ADJ Verzögerungs…: ~ **bomb** MIL Bombe f mit Verzögerungszünder; ~ **device** FOTO Selbstauslöser m; ~ **fuse** a MIL Verzögerungszünder m b ELEK träge Sicherung
delayer S 1 j-d, der Zeit zu gewinnen sucht 2 Verzögerungsgrund m; **delaying** ADJ 1 a aufschiebend b verzögernd 2 hinhaltend: ~ **tactics** pl Hinhalte-, Verzögerungstaktik f
del credere [ˌdelˈkredərɪ; -ˈkreɪ-] WIRTSCH A S Delkredere n (Garantie für den Eingang e-r Forderung): **stand ~** Delkredere stehen (**for** für) B ADJ Delkredere…: ~ **agent** Delkrederevertreter(in)
dele [ˈdiːliː] TYPO A VT tilgen, streichen B S Deleatur(zeichen) n
delectable [dɪˈlektəbl] ADJ (ADV **delectably**) köstlich (bes Speise)
delectation [ˌdiːlekˈteɪʃn] S Ergötzen n, Vergnügen n, Genuss m: **for the ~ of** zum Ergötzen von (od gen)
delegable [ˈdelɪgəbl] ADJ delegierbar; **delegacy** [-gəsɪ] S 1 Delegierung f 2 delegierte Vollmacht 3 Delegation f, Abordnung f
delegate A S [ˈdelɪgət; -geɪt] Delegierte(r) m/f(m), Abgeordnete(r) m/f(m), Bevollmächtigte(r), Vertreter(in), Beauftragte(r) m/f(m) B VT [-geɪt] 1 abordnen, delegieren, als Delegierten entsenden 2 j-n bevollmächtigen, Vollmachten etc übertragen, anvertrauen (**to sb** j-m): ~ **authority to sb** j-m Vollmacht erteilen C ADJ [-gət; -geɪt] delegiert, abgeordnet, beauftragt
delegation [ˌdelɪˈgeɪʃn] S 1 Delegierung f, Abordnung f (e-r Person) 2 Bevollmächtigung f, Übertragung f: ~ **of powers** Vollmachtsübertragung 3 Delegation f, Abordnung f 4 WIRTSCH a Kreditbrief m b Schuldüberweisung f c Vollmachtsübertragung f; **delegatory** [-gətərɪ; -geɪ-; US -gəˌtəʊriː; -ˌtɔː-] ADJ 1 → delegate c 2 Vollmachts…
delete [dɪˈliːt] A VT tilgen, (aus)streichen, ausradieren, IT Daten löschen: ~ **a name from a list** e-n Namen von e-r Liste streichen B VI: "~ **where inapplicable**" „Nichtzutreffendes bitte streichen"; ~ **key** S COMPUT Löschtaste f
deleterious [ˌdelɪˈtɪərɪəs] ADJ (ADV ~**ly**) 1 gesundheitsschädlich, giftig 2 schädlich, verderblich
deletion [dɪˈliːʃn] S a Tilgung f, (Aus)Streichung f, Ausradierung f, IT Löschung f b (das) (Aus)Gestrichene od Gelöschte
delft [delft], a. **delf** [delf], **delftware** S 1 Delfter Fayencen pl od Zeug n 2 allg glasiertes Steingut
deli [ˈdelɪ] umg für delicatessen
Delian [ˈdiːljən; -lɪən] ADJ delisch, aus Delos: ~ **problem** MATH delisches Problem; **the ~ god** Apollo m
deliberate A ADJ [dɪˈlɪbərət] (ADV ~**ly**) 1 überlegt 2 bewusst, absichtlich, vorsätzlich: ~**ly** a. mit Absicht; **a ~ lie** e-e bewusste od vorsätzliche Lüge; **a ~ misrepresentation** e-e bewusst falsche Darstellung 3 bedächtig, bedachtsam, vorsichtig, besonnen 4 gemächlich (Tempo etc) B VT [-reɪt] überlegen, erwägen (beide: **what to do** was man tun soll) C VI 1 nachdenken (**on, upon, about** über akk), überlegen 2 beratschlagen, sich beraten (beide: **on, upon, about** über akk); **deliberateness** [-rət-] S 1 Vorsätzlichkeit f 2 Bedächtigkeit f, Bedachtsamkeit f, Besonnenheit f 3 Gemächlichkeit f
deliberation [dɪˌlɪbəˈreɪʃn] S 1 Überlegung f: **on careful** (od **after much**) ~ nach reiflicher Überlegung 2 Beratung f: **come under ~** zur Beratung kommen, zur Sprache gebracht werden 3 Bedächtigkeit f, Vorsicht f, Bedachtsamkeit f; **deliberative** [-bərətɪv; US bes -bəreɪtɪv] ADJ (ADV ~**ly**) 1 beratend: ~ **assembly** beratende Versammlung 2 überlegend 3 überlegt
delicacy [ˈdelɪkəsɪ] S 1 Zartheit f: a Feinheit f b Zierlichkeit f c Zerbrechlich-, Schwächlich-, Empfindlich-, Anfälligkeit f 2 Fein-, Zartgefühl n, Takt m 3 Feinheit f, Empfindlichkeit f (e-s Messgeräts etc) 4 (das) Heikle, heikler Charakter: **negotiations of great ~** sehr heikle Besprechungen 5 wählerisches Wesen 6 Delikatesse f, Leckerbissen m 7 Schmackhaftigkeit f, Köstlichkeit f
delicate [ˈdelɪkət] ADJ (ADV ~**ly**) 1 zart: a fein (Farben etc) b zierlich, grazil (Figur, Mädchen etc) c zerbrechlich, empfindlich: **be of** (od **in**) ~ **health** von zarter Gesundheit sein; **be in a ~ condition** in anderen Umständen sein d sanft, leise: **a ~ hint** ein zarter Wink 2 kitzlig, delikat, heikel (Thema etc) 3 fein gesponnen, schlau (Plan etc) 4 fein, empfindlich (Instrument etc): ~ **cycle** Schon(wasch)gang m 5 feinfühlig, zartfühlend, taktvoll 6 fein, vornehm (Manieren etc) 7 feinfühlig, empfindsam (Seele etc) 8 delikat, schmackhaft, lecker, köstlich, wohlschmeckend 9 verwöhnt (Geschmack)
delicatessen [ˌdelɪkəˈtesn] S 1 (als pl konstruiert) Delikatessen pl, Feinkost f 2 Delikatessen-, Feinkostgeschäft n
delicious [dɪˈlɪʃəs] A ADJ (ADV ~**ly**) köstlich: a wohlschmeckend b herrlich c ergötzlich B S ♀ Delicious m (e-e Apfelsorte); **deliciousness** S Köstlichkeit f
delict [ˈdiːlɪkt; bes US dɪˈl-] S JUR Delikt n
delight [dɪˈlaɪt] A S Vergnügen n, Freude f, Wonne f, Lust f, Entzücken n: **to my ~** zu m-r Freude; **to the ~ of** zum Ergötzen von (od gen); **take ~ in sth** an e-r Sache s-e Freude haben, an etwas Vergnügen finden; **take a ~ in doing sth** sich ein Vergnügen daraus machen, etwas zu tun B VT ergötzen, erfreuen, entzücken: **be ~ed** hocherfreut sein (**that** dass; **with, at, by** über akk), entzückt sein (**with, at, by** über akk, von); **I shall be ~ed to come** ich komme mit dem größten Vergnügen; **be ~ed with sb** von j-m entzückt sein; **be ~ed in doing sth** sich ein Vergnügen daraus machen, etwas zu tun C VI 1 sich

(er)freuen, entzückt sein, schwelgen: **~ in** (große) Freude haben an *(dat)*, Vergnügen finden an *(dat)*, sich ein Vergnügen machen aus, schwelgen in *(dat)* **2** Vergnügen bereiten; **delighted** ADJ (ADV ~ly) entzückt, (hoch)erfreut, begeistert; **delightedness** S Entzücktsein *n*; **delightful** ADJ (ADV ~ly) entzückend, köstlich, herrlich, wunderbar, reizend; **delightfulness** S Köstlich-, Herrlichkeit *f*; **delightsome** [-səm] → delightful

Delilah [dɪˈlaɪlə] EIGENN BIBEL Delila *f (a. fig heimtückische Verführerin)*

delime [ˌdiːˈlaɪm] V/T CHEM entkalken

delimit [diːˈlɪmɪt], **delimitate** [-teɪt] V/T abgrenzen; **delimitation** [dɪ-] S Abgrenzung *f*; **delimitative** [-tətɪv; -teɪ-] ADJ abgrenzend

delineable [dɪˈlɪnɪəbl] ADJ **1** skizzierbar **2** zeichnerisch darstellbar **3** beschreibbar

delineate [dɪˈlɪnɪeɪt] V/T **1** skizzieren, entwerfen **2** zeichnen, (zeichnerisch *od weitS.* genau) darstellen **3** (genau) beschreiben *od* schildern; **delineation** S **1** Skizzierung *f* **2** Zeichnung *f*, (zeichnerische *od weitS.* genaue) Darstellung **3** (genaue) Beschreibung *od* Schilderung: **~ of character** Charakterzeichnung *f*, -beschreibung **4** Skizze *f*, Entwurf *m*; **delineator** [-tə(r)] S **1** Skizzierer(in) **2** Zeichner(in) **3** Beschreiber(in)

delinquency [dɪˈlɪŋkwənsɪ] S **1** Pflichtvergessenheit *f* **2** Gesetzesverletzung *f*, Straftat *f* **3** Kriminalität *f*: → juvenile A 2; **delinquent** **A** ADJ (ADV ~ly) **1** pflichtvergessen **2** straffällig, verbrecherisch: **~ minor** jugendliche(r) Straffällige(r) **3** US rückständig, nicht (rechtzeitig) bezahlt *(Steuern etc)* **B** S **1** *obs* Pflichtvergessene(r) *m/f(m)* **2** Delinquent(in), Straffällige(r) *m/f(m)*: → juvenile A 2

deliquesce [ˌdelɪˈkwes] V/I **1** weg-, zerschmelzen **2** CHEM zerfließen, zergehen; **deliquescence** S **1** Weg-, Zerschmelzen *n* **2** CHEM Zerfließen *n* **3** Schmelzprodukt *n*; **deliquescent** ADJ **1** zerschmelzend **2** CHEM zerfließend

deliria [dɪˈlɪrɪə] *pl von* delirium

delirious [dɪˈlɪrɪəs] ADJ (ADV ~ly) **1** MED deliriös, im Delirium, fantasierend: **be ~** im Delirium liegen *od* sein; **be ~ with fever** Fieberfantasien haben **2** *fig* rasend, wahnsinnig *(beide:* **with** vor *dat)*: **be ~ with joy** in e-m Freudentaumel *od* in e-m Freudenrausch *od* freudetrunken sein; **be ~ly happy** vor Glück außer sich sein, in e-m Glückstaumel *od* -rausch sein

delirium [dɪˈlɪrɪəm] *pl* -iums, -ia [-ɪə] S **1** MED Delirium *n*, (Fieber)Wahn *m*, Verwirrtheit *f* **2** *fig* Raserei *f*, Wahnsinn *m*, Taumel *m*: **~ of joy** Freudenrausch *m*, -taumel; **~ tremens** [ˈtriːmenz] S MED Delirium *n* tremens, Säuferwahnsinn *m*

delist [ˌdiːˈlɪst] V/T (von e-r Liste) streichen

deliver [dɪˈlɪvə(r)] **A** V/T **1** *a.* **~ up, ~ over** übergeben, -liefern, -tragen, -reichen, -antworten, ausliefern, -händigen, abtreten, JUR *a.* herausgeben: **~ in trust** in Verwahrung geben; **~ o.s. up to sb** sich j-m stellen *od* ergeben; **~ to posterity** der Nachwelt überliefern **2** *bes* WIRTSCH liefern (**to** *dat od* **an** *akk*): **be ~ed in a month** in e-m Monat lieferbar sein; **~ the goods** *umg* → B 1 **3** **a** *e-n Brief etc* befördern, zustellen *(a.* JUR*)*, austragen **b** *Ware* ausliefern **4** *e-e Nachricht etc* überbringen, bestellen, ausrichten **5** JUR *ein Urteil* verkünden, aussprechen **6** *e-e Meinung* äußern, von sich geben, *ein Urteil* abgeben: **~ o.s. of** *etwas* äußern; **~ o.s. on** sich äußern über *(akk)* *od* zu **7** vortragen, zum Vortrag bringen, *e-e Rede, e-n Vortrag* halten (**to sb** vor j-m) **8** *e-n Schlag etc* austeilen: **~ a kick to sb's shinbone** j-n vors Schienbein treten **9** MIL abfeuern, *e-e Salve etc* abgeben **10** *ein Versprechen* (ein)halten, *e-e Hoffnung* erfüllen **11** befreien, erlösen *(beide:* **from** aus, von*)*: **~ us from evil** erlöse uns von dem Bösen **12** *(meist im passiv gebraucht)* **a** *e-e Frau* entbinden **b** *ein Kind* gebären **c** *ein Kind* holen *(Arzt)*: **be ~ed** entbinden; **be ~ed of a boy** von e-m Knaben entbunden werden, e-n Knaben gebären **13** POL *bes US die erwarteten od erwünschten Stimmen* bringen **B** V/I **1** liefern **2** **a** Wort halten **b** die Erwartungen erfüllen **c** die Sache schaukeln, es schaffen *(beide umg)*: **~ on** → A 10

deliverable [dɪˈlɪvərəbl] ADJ WIRTSCH lieferbar, zu liefern(d); **deliverance** S **1** Befreiung *f*, Erlösung *f (beide:* **from** aus, von*)* **2** Äußerung *f*: **a** Verkündung *f* **b** (geäußerte) Meinung **3** JUR *schott* (Zwischen)Entscheid *m*, Beschluss *m*; **deliverer** S **1** Befreier(in), Erlöser(in) **2** Überbringer(in) **3** Austräger(in)

delivery [dɪˈlɪvərɪ] S **1** WIRTSCH **a** (Aus)Lieferung *f*, Zusendung *f (beide:* **to** an *akk)* **b** Lieferung *f (das Gelieferte)*: **on ~** bei Lieferung, bei Empfang; **cash** *(US* **collect***)* **on ~** per Nachnahme; **take ~ of** *etwas* in Empfang nehmen **2** Überbringung *f*, Beförderung *f*, Ablieferung *f* **3** *Postwesen:* Zustellung *f* **4** (JUR formelle) Aushändigung, Übergabe *f* **5** JUR Auslieferung *f (e-s Verbrechers)*: **~ of hostages** Stellung *f* von Geiseln **6** **a** Halten *n (e-r Rede etc)* **b** Vortragsweise *f*, -art *f*, Vortrag *m* **7** SPORT Vorlage *f* **8** → deliverance 1 **9** Entbindung *f*, Niederkunft *f* **10** TECH **a** Zuleitung *f*, Zuführung *f*: **~ of fuel** Brennstoffzufuhr *f* **b** Ausstoß *m*, Förderleistung *f (e-r Pumpe etc)* **c** Ab-, Ausfluss *m*, Ableitung *f*; **~ charge** S **a** *Postwesen:* Zustellgebühr *f* **b** *pl* Lieferkosten *pl*; **~ cock** S TECH Ablasshahn *m*; **~ contract** S WIRTSCH Liefervertrag *m*; **~ driver** S Ausfahrer(in)

delivery|man [-mən] S *irr* **1** Ausfahrer *m* **2** Verkaufsfahrer *m*; **~ note** S WIRTSCH Lieferschein *m*; **~ order** S WIRTSCH Lieferauftrag *m*; **~ output** S TECH Förderleistung *f*; **~ pipe** S TECH Ausfluss-, Druckrohr *n*, Ableitungsröhre *f*; **~ room** S MED Kreißsaal *m*; **~ service** S *Postwesen:* Zustelldienst *m*; **~ ticket** S WIRTSCH Schlusszettel *m (bei Börsengeschäften)*; **~ valve** S TECH Ablassventil *n*; **~ van** S *Br* Lieferwagen *m*

dell [del] S kleines, bewaldetes Tal

delouse [ˌdiːˈlaʊs; -z] V/T entlausen

Delphian [ˈdelfɪən], **Delphic** ADJ **1** delphisch: **the ~ oracle** das Delphische Orakel **2** *a.* ♀ *fig* delphisch, dunkel, zweideutig

delphinium [delˈfɪnɪəm] *pl* -iums, -ia [-ɪə] S BOT Rittersporn *m*

delta [ˈdeltə] S **1** Delta *n (griechischer Buchstabe)*: **~ rhythm** *(od* **wave***)* PHYSIOL Deltarhythmus *m* **2** Delta *n*, Dreieck *n*: **~ connection** ELEK Dreieckschaltung *f*; **~ current** ELEK Dreieckstrom *m*; **~ rays** PHYS Deltastrahlen; **~ wing** FLUG Deltaflügel *m* **3** GEOG (Fluss)Delta *n*; **deltaic** [-ˈteɪɪk] ADJ **1** Delta... **2** deltaförmig

deltiology [ˌdeltɪˈɒlədʒɪ; US -ˈɑl-] S Ansichtskartensammeln *n*

deltoid [ˈdeltɔɪd] **A** S ANAT Deltamuskel *m* **B** ADJ **1** ANAT Delta...: **~ muscle** **2** deltaförmig

delude [dɪˈluːd; *Br a.* -ˈljuːd] V/T **1** täuschen, irreführen, (be)trügen: **~ o.s.** sich Illusionen hingeben, sich etwas vormachen; **~ o.s. with false hopes** sich falschen Hoffnungen hingeben **2** verleiten (**into** zu): **~ sb into doing sth** j-n dazu verleiten, etwas zu tun

deluge [ˈdeljuːdʒ] **A** S **1** Überschwemmung *f*: **the** ♀ BIBEL die Sintflut **2** starker (Regen-, Wasser)Guss **3** *fig* Flut *f*, (Un)Menge *f* **B** V/T überschwemmen, -fluten *(beide a. fig)*: **be ~d with letters** mit Briefen überschüttet werden; **be ~d with questions** mit Fragen eingedeckt werden

delusion [dɪˈluːʒn; *Br a.* -ˈljuːʒn] S **1** Irreführung *f*, Täuschung *f* **2** Wahn *m*, Selbsttäuschung *f*, Verblendung *f*, Irrtum *m*, Irrglaube(n) *m*: **be under a ~** e-r Täuschung unterliegen; **be** *(od* **labo[u]r***)* **under the ~ that ...** in dem Wahn leben, dass ... **3** PSYCH Wahn *m*: **~s** *pl* **of grandeur** Größenwahn; → persecution 1; **delusional** [-ʒənl] ADJ eingebildet, wahnhaft, Wahn...: **~ idea** Wahnidee *f*; **delusive** [-sɪv] ADJ (ADV ~ly) **1** täuschend, irreführend, trügerisch: **~ belief** trügerischer Glaube, Irrglaube(n) *m* **2** → delusional; **delusiveness** S *(das)* Trügerische; **delusory** [-sərɪ; -z-] → delusive

de luxe [dəˈlʊks; -ˈlʌks; dɪˈl-] ADJ luxuriös *(bes US a. adv)*, Luxus..., De-Luxe-...: **~ edition** Luxusausgabe *f*

delve [delv] **A** V/I **1** graben **2** *fig* angestrengt suchen, forschen, graben *(alle:* **for** nach*)*: **~ among books** in Büchern stöbern; **~ into** → B 2 **3** plötzlich abfallen *(Gelände)* **B** V/T **1** *obs* (aus-, um)graben **2** **a** erforschen, ergründen **b** sich vertiefen in *(akk)* **C** S *obs* **a** Grube *f* **b** Höhle *f*

Dem. ABK POL US Democrat(ic)

demagnetize [ˌdiːˈmægnɪtaɪz] V/T entmagnetisieren

demagog US → demagogue

demagogic [ˌdeməˈgɒgɪk; -dʒɪk; US -ˈgɑ-] ADJ, **demagogical** ADJ (ADV ~ly) **1** demagogisch, aufwieglerisch **2** Demagogen...; **demagogism** [-gɒgɪzəm; US -ˌgɑg-] S Demagogie *f*, Aufwieg(e)lung *f*, Volksverführung *f*

demagogue [ˈdeməgɒg; US -ˌgɑg] S POL Demagoge *m*: **a** *pej* Volksverführer *m* **b** *bes Antike:* Volksführer *m*; **demagoguery** [-ərɪ], **demagoguism**, **demagogy** [-gɒgɪ; -gɒdʒɪ; US -ˌgɑ-] → demagogism

demand [dɪˈmɑːnd; US dɪˈmænd] **A** V/T **1** fordern, verlangen *(beide:* **of sb** von j-m*)*: **~ an explanation** e-e Erklärung verlangen; **~ to be given sth** verlangen, etwas zu bekommen; **~ that sth (should) be done** verlangen, dass etwas getan wird **2** (gebieterisch *od* dringend) fragen nach **3** *fig* erfordern, verlangen: **this task ~s great skill** **4** JUR beanspruchen **B** V/I **if the situation ~s** falls es die Situation erfordert **C** S **1** Forderung *f*, Verlangen *n (beide:* **for** nach*)*: **make ~s on sb** Forderungen an j-n stellen; **~ for payment** Zahlungsaufforderung; **(up)on ~** **a** auf Verlangen *od* Antrag **b** WIRTSCH bei Vorlage, auf Sicht **2** **(on)** Anforderung *f (an akk)*, Inanspruchnahme *f*, Beanspruchung *f (gen)*: **make great ~s on** *j-s Zeit etc* stark in Anspruch nehmen, große Anforderungen stellen an *(akk)*; → exorbitant **3** *obs* Frage *f* **4** JUR **a** (Rechts)Anspruch *m* (**against sb** gegen j-n) **b** Forderung *f* (**on** an *akk)* **5** WIRTSCH *u. allg* **(for)** Nachfrage *f* (nach), Bedarf *m (an dat)*: **be in great** *(od* **big***)* **~, be much in ~** sehr gefragt *od* begehrt *od* beliebt sein, Konjunktur haben; **demandant** S JUR Kläger(in)

demand| bill S WIRTSCH US Sichtwechsel *m*; **~ deposit** S WIRTSCH US Sichteinlage *f*, kurzfristige Einlage; **~ draft** → demand bill

demander S **1** Fordernde(r) *m/f(m)* **2** (Nach)-Frager(in) **3** WIRTSCH Gläubiger(in) **4** WIRTSCH Käufer(in)

demanding ADJ (ADV ~ly) **1** fordernd **2** anspruchsvoll *(a. fig Musik etc)* **3** schwierig *(Aufgabe etc)*: **be ~** hohe Anforderungen stellen

demand| loan S WIRTSCH US täglich kündbares Darlehen; ~ **management** S WIRTSCH Nachfragesteuerung *f*; ~ **note** S WIRTSCH 1 *Br* Zahlungsaufforderung *f* 2 Sichtwechsel *m*

demand-pull inflation S WIRTSCH Nachfrageinflation *f*

demarcate [ˈdiːmɑː(r)keɪt] V/T *a. fig* abgrenzen (**from** gegen, von); **demarcation** S Abgrenzung *f*, Grenzfestlegung *f*, Demarkation *f*: **line of ~, ~ line** a Grenzlinie *f* b POL Demarkationslinie *f* c *fig* Trennungslinie *f*, -strich *m*; ~ **dispute** WIRTSCH Kompetenzstreit *m* (*zwischen Gewerkschaften*)

démarche [ˈdeɪmɑː(r)ʃ] S Demarche *f*, diplomatischer Schritt

demarkation → demarcation

dematerialize [ˌdiːməˈtɪərɪəlaɪz] V/T & V/I 1 (sich) entmaterialisieren 2 (sich) auflösen

demean[1] [dɪˈmiːn] V/T (*meist* **o.s.** sich) erniedrigen *od* herabwürdigen (**by doing sth** dadurch, dass man etwas tut)

demean[2] [dɪˈmiːn] V/T: ~ **o.s.** sich benehmen, sich verhalten

demeanor, *bes Br* **demeanour** [dɪˈmiːnə(r)] S Benehmen *n*, Verhalten *n*, Betragen *n*, Auftreten *n*

dement [dɪˈment] V/T wahnsinnig machen; **demented** ADJ (ADV ~ly) wahnsinnig

démenti [deɪˈmɑ̃ːntɪ] S POL Dementi *n*

dementia [dɪˈmenʃɪə; *bes US* -ʃə] S MED Dementia *f*, Demenz *f*, Schwachsinn *m*; ~ **praecox** [ˈpriːkɒks; *US* -ˌkɑks] S MED *obs* Dementia *f* praecox (*Schizophrenie*)

demerara (sugar) [ˌdeməˈreərə] S *ein brauner Rohrzucker*

demerit [ˌdiːˈmerɪt] S 1 Schuld *f*, Verschulden *n*, tadelnswertes Verhalten 2 Mangel *m*, Fehler *m*, Nachteil *m*, schlechte Seite 3 Unwürdigkeit *f*, Unwert *m* 4 *a.* ~ **mark** SCHULE *US* Tadel *m* (*bes für schlechtes Betragen*) 5 *obs* Verdienst *n*; **demeritorious** [diːˌmerɪˈtɔːrɪəs] ADJ (ADV ~ly) tadelnswert

demersal [dɪˈmɜːsl; *US* -ˈmɜr-] ADJ auf dem Meeresboden vorkommend *od* lebend

demesne [dɪˈmeɪn; -ˈmiːn] S 1 JUR freier Grundbesitz, Eigenbesitz *m*: **hold land in ~** Land als freies Grundeigentum besitzen 2 JUR Landsitz *m*, -gut *n* 3 JUR vom Besitzer selbst verwaltete Ländereien *pl* 4 JUR Domäne *f*: ~ **of the Crown, Royal ~** Krongut *n*; ~ **of the state** Staatsdomäne 5 *fig* Domäne *f*, Gebiet *n*

demi- [demɪ] *Wortelement mit der Bedeutung* Halb…

demigod S Halbgott *m* (*a. fig*); **demigoddess** S Halbgöttin *f*

demijohn S Demijohn *m*, Korbflasche *f*

demilitarization [ˈdiːˌmɪlɪtəraɪˈzeɪʃn; *US* -rəˈz-] S Entmilitarisierung *f*; **demilitarize** V/T 1 entmilitarisieren 2 in Zivilverwaltung überführen

demilune [ˈdemɪluːn] S 1 PHYSIOL Halbmond *m* 2 MIL, HIST Lünette *f* (*Festungsschanze*)

demimondaine [ˌdemɪmɔ̃ːnˈdeɪn] S Halbweltdame *f*; **demimonde** [ˌdemɪˈmɔ̃ːnd; *US* ˈ-ˌmɑːnd] S Demimonde *f*, Halbwelt *f*

demineralize [ˌdiːˈmɪnərəlaɪz] V/T demineralisieren, entsalzen

demi-pension [-ˈpɑ̃ːŋsɪɔ̃ːŋ] S Halbpension *f*

demirelief S Halbrelief *n*

demirep [ˈdemɪrep] S Frau *f* von zweifelhaftem Ruf

demise [dɪˈmaɪz] A S 1 Ableben *n*, Hinscheiden *n*, Tod *m* 2 JUR Grundstücksübertragung *f*, *bes* Verpachtung *f* 3 (Herrschafts)Übertragung *f*: ~ **of the Crown** Übertragung der Krone (*an den Nachfolger*) B V/T 1 JUR *ein Grundstück* übertragen, *bes* verpachten (*beide:* **to** *dat*) 2 *die Herrschaft, Krone etc* übertragen, -geben (*beide:* **to** *dat*) 3 (*testamentarisch*) vermachen (**to** *dat*)

demisemiquaver [ˈdemɪsemɪˌkweɪvə(r); *US* ˌ-ˈsemɪˌkw-] S MUS *bes Br* Zweiunddreißigstel(-note) *n(f)*

demission [dɪˈmɪʃn] S 1 Niederlegung *f* (*e-s Amtes*) 2 Demission *f*, Rücktritt *m* 3 Abdankung *f*

demist [ˌdiːˈmɪst] V/T *bes Br e-e Windschutzscheibe* frei machen; **demister** S AUTO *bes Br* Defroster *m*, Gebläse *n*

demitasse [ˈdemɪtæs] S 1 Tässchen *n* Mokka 2 Mokkatasse *f*

demiurge [ˈdiːmɪɜːdʒ; *US* ˈdemɪˌɜrdʒ] S PHIL Demiurg *m*, Weltbaumeister *m*

demivolt(e) [ˈdemɪvɒlt; *US bes* -ˌvəʊlt] S *Pferdesport*: halbe Volte

demiworld S Halbwelt *f*

demo [ˈdeməʊ] *umg* A *pl* -os S 1 Demo *f* (*Demonstration*) 2 a Demo *n* (*Demonstrationsaufnahme*) b *US* Vorführwagen *m* B ADJ Demo…: ~ **disk** Demodiskette *f*

demob [ˌdiːˈmɒb; *US* -ˈmɑb] *bes Br umg* A S 1 → demobilization 2 entlassener Soldat B V/T → demobilize

demobilization [ˈdiːˌməʊbɪlaɪˈzeɪʃn; *US* -ləˈz-] S 1 Demobilisierung *f*, Abrüstung *f* 2 Demobilmachung *f* 3 Entlassung *f* aus dem Militärdienst; **demobilize** V/T 1 demobilisieren, abrüsten 2 *Soldaten* entlassen, *ein Heer* auflösen 3 *ein Kriegsschiff* außer Dienst stellen

democracy [dɪˈmɒkrəsɪ; *US* -ˈmɑ-] S 1 Demokratie *f* 2 das Volk (*als Träger der Souveränität*)

democrat [ˈdeməkræt] S 1 Demokrat(in) 2 ≈ POL *US* Demokrat(in), Mitglied *n* der Demokratischen Partei 3 *US leichter offener Wagen*; **democratic** ADJ (ADV ~ally) 1 demokratisch: **a ~ally elected government** e-e demokratisch gewählte Regierung 2 *meist* ≈ POL *US* demokratisch (*die Demokratische Partei betreffend*): **the ≈ Party**

democratization [dɪˌmɒkrətaɪˈzeɪʃn; *US* dɪˌmɑkrətəˈz-] S Demokratisierung *f*; **democratize** [-taɪz] A V/T demokratisieren B V/I demokratisch werden

démodé [ˌdeɪməʊˈdeɪ], **demoded** [ˌdiːˈməʊdɪd] ADJ altmodisch, unmodern: **be ~** *a.* aus der Mode sein

demodulate [ˌdiːˈmɒdjʊleɪt; *US* -ˈmɑdʒə-] V/T ELEK demodulieren; **demodulation** S ELEK Demodulation *f*, HF-Gleichrichtung *f*; **demodulator** [-tə(r)] S ELEK Demodulator *m*

demographer [diːˈmɒgrəfə(r); *US* dɪˈmɑ-] S Demograf(in); **demographic** [ˌdiːməˈgræfɪk; ˌdemə-] ADJ (ADV ~ally) demografisch: ~ **policy** Bevölkerungspolitik *f*; ~ **situation** Bevölkerungsstand *m*; **demography** S Demografie *f*: a *Beschreibung der wirtschafts- u. sozialpolitischen Bevölkerungsbewegungen* b Bevölkerungswissenschaft *f*

demolish [dɪˈmɒlɪʃ; *US* -ˈmɑ-] V/T 1 demolieren, ab-, ein-, niederreißen, abbrechen 2 *bes* HIST *e-e Festung* schleifen 3 *fig* a *j-s Hoffnungen, e-e Legende etc* vernichten, zerstören b *a. j-n* ruinieren 4 *umg* verdrücken (*aufessen*) 5 SPORT *umg* auseinandernehmen (*vernichtend schlagen*); **demolition** [ˌdeməˈlɪʃn; ˌdiː-] A S 1 Demolierung *f*, Niederreißen *n*, Abbruch *m*: ~ **ball** TECH Abrissbirne *f*; ~ **contractor** Abbruchunternehmer(in) 2 *bes* HIST Schleifen *n* (*e-r Festung*) 3 *fig* Vernichtung *f*, Zerstörung *f* 4 *pl bes* MIL Sprengstoffe *pl* B ADJ *bes* MIL Spreng…: ~ **bomb**; ~ **charge** Sprengladung *f*, geballte Ladung; ~ **squad** (*od* **team**) Sprengtrupp *m*

demon [ˈdiːmən] A S 1 → daemon A 1, A 2, A 3, A 4 2 Dämon *m*: a böser Geist, Teufel *m* (*beide a. fig*): → envy A 1 b *fig* Unhold *m*, Bösewicht *m* 3 Teufelskerl *m*: **a ~ for work** ein Arbeitsfanatiker; **a ~ at tennis** ein leidenschaftlicher Tennisspieler B ADJ 1 dämonisch (*a. fig*) 2 *fig* wild, besessen

demoness [ˈdiːmənɪs] S Dämonin *f*, (weiblicher) Dämon, Teufelin *f*

demonetization [diːˌmʌnɪtaɪˈzeɪʃn; *US* -təˈz] S Außerkurssetzung *f*, Entwertung *f*; **demonetize** V/T außer Kurs setzen, entwerten

demoniac [dɪˈməʊnɪæk] A ADJ (ADV ~ally) 1 dämonisch, teuflisch 2 (vom Teufel) besessen 3 *fig* besessen, wild, rasend B S (vom Teufel) Besessene(r) *m/f(m)*; **demoniacal** [ˌdiːməʊˈnaɪəkl] ADJ (ADV ~ly) → demoniac A

demonic [diːˈmɒnɪk; *US* dɪˈmɑ-] ADJ (ADV ~ally) dämonisch: a teuflisch b überirdisch, übernatürlich; **demonism** [ˈdiːmənɪzəm] S 1 Dämonismus *m*, Dämonenglaube *m* 2 → demonology; **demonize** V/T 1 dämonisieren, dämonisch machen 2 zu e-m Dämon machen

demonolater [ˌdiːməˈnɒlətə(r); *US* -ˈnɑ-] S Dämonen-, Teufelsanbeter(in); **demonolatry** [-trɪ] S Dämonen-, Teufelsverehrung *f*, Teufelsdienst *m*; **demonologist** [-ˈnɒlədʒɪst; *US* -ˈnɑ-] S Dämonologe *m*, Dämonologin *f*; **demonology** [-dʒɪ] S Dämonologie *f* (*Lehre von den Dämonen*)

demonstrability [ˌdemənstrəˈbɪlətɪ; *Br a.* dɪˌmɒn-; *US a.* dɪˌmɑn-] S Demonstrierbar-, Beweisbar-, Nachweisbarkeit *f*; **demonstrable** ADJ (ADV demonstrably) 1 demonstrierbar, beweisbar, nachweisbar 2 offensichtlich; **demonstrableness** → demonstrability; **demonstrant** S Demonstrant(in)

demonstrate [ˈdemənstreɪt] A V/T 1 demonstrieren: a beweisen b dartun, -legen, zeigen, anschaulich machen, veranschaulichen 2 *ein Auto etc* vorführen 3 *s-e Abneigung etc* offen zeigen, an den Tag legen, bekunden B V/I 1 demonstrieren (**for** für; **against** gegen): a e-e Demonstration veranstalten b an e-r Demonstration teilnehmen 2 MIL e-e Demonstration durchführen; **demonstration** S 1 Demonstrierung *f*, (anschauliche) Darstellung, Veranschaulichung *f*, praktisches Beispiel: ~ **material** Anschauungsmaterial *n* 2 a Demonstration *f*, (unzweifelhafter) Beweis (*beide:* **of** für): **to ~** überzeugend b Beweismittel *n* c Beweisführung *f* 3 (öffentliche) Vorführung, Demonstration *f* (*beide:* **to** vor *j-m*): ~ **car** Vorführwagen *m* 4 Demonstration *f*, Bekundung *f*: ~ **of gratitude** Dankesbezeigung *f* 5 Demonstration *f*, Kundgebung *f*: **at a ~** bei e-r Demonstration, auf e-r Kundgebung 6 (politische *od* militärische) Demonstration 7 MIL Ablenkungs-, Scheinmanöver *n*

demonstrative [dɪˈmɒnstrətɪv; *US* -ˈmɑn-] A ADJ (ADV ~ly) 1 (eindeutig) beweisend, überzeugend, anschaulich *od* deutlich (zeigend): **be ~ of** *etwas* eindeutig beweisen *od* anschaulich zeigen 2 **be ~** s-e Gefühle (offen) zeigen; *he says he loves me* **and is very ~** u. er zeigt *od* beweist es mir auch immer wieder 3 demonstrativ, auffällig, betont (*Herzlichkeit etc*) 4 LING demonstrativ, hinweisend: ~ **pronoun** → B B S LING Demonstrativpronomen *n*, hinweisendes Fürwort; **demonstrativeness** S 1 Beweiskraft *f* 2 Betontheit *f*, Auffälligkeit *f*

demonstrator [ˈdemənstreɪtə(r)] S 1 Beweisführer(in), Darleger(in), Erklärer(in) 2 Beweis(mittel) *m(n)* 3 Demonstrant(in) 4 a Vorführer(in), Propagandist(in) b *US* Vorführmodell *n*, *bes* Vorführwagen *m*; **demonstratory** [dɪˈmɒnstrətərɪ; *US* dɪˈmɑnstrəˌtəʊriː; -ˌtɔː-] → demonstrative A 1

demoralization [dɪˌmɒrəlaɪˈzeɪʃn; *US* -ləˈz-; *a.*

-ˌmɑr-] S Demoralisierung *f*; **demoralize** V/T demoralisieren: a (sittlich) verderben b zersetzen c zermürben, entmutigen, erschüttern, die (Kampf)Moral *od* die Disziplin *e-r Truppe etc* untergraben; **demoralizing** ADJ (ADV ~ly) demoralisierend

demote [ˌdiːˈməʊt] V/T **1** degradieren (**to,** MIL **to the rank of** zu) **2** SCHULE *US* zurückstufen

demothball [ˌdiːˈmɒθbɔːl] V/T *ein Kriegsschiff etc* wieder in Dienst stellen

demotic [diːˈmɒtɪk; *US* dɪˈmɑ-] ADJ demotisch, volkstümlich: ~ **characters** demotische Schriftzeichen *(vereinfachte altägyptische Schrift)*

demotion [ˌdiːˈməʊʃn] S **1** Degradierung *f* **2** SCHULE *US* Zurückstufung *f*

demotivation [ˈdiːˌməʊtɪˈveɪʃn] S Demotivation *f*; **demotivate** V/T demotivieren

demount [ˌdiːˈmaʊnt] V/T TECH **1** abmontieren, abnehmen **2** auseinandernehmen, zerlegen; **demountable** ADJ **1** abmontierbar **2** zerlegbar

demur [dɪˈmɜː; *US* dɪˈmɜr] **A** V/I **1** Einwendungen machen, Bedenken äußern *(beide:* **at, to** gegen) **2** zögern, zaudern **3** JUR e-n Rechtseinwand erheben (**at, to** gegen) **B** S **1** Einwand *m*, Widerspruch *m*, Bedenken *n*: **with no** (*od* **without**) ~ anstandslos **2** Zögern *n*, Zaudern *n*, Unentschlossenheit *f*

demure [dɪˈmjʊə(r)] ADJ (ADV ~ly) **1** zimperlich, geziert, spröde **2** prüde, sittsam **3** gesetzt, ernst, zurückhaltend; **demureness** S **1** Zimperlichkeit *f* **2** Gesetztheit *f* **3** Zurückhaltung *f*

demurrage [dɪˈmʌrɪdʒ; *US* -ˈmɜr-] S WIRTSCH **1** a SCHIFF Überliegezeit *f* b BAHN zu langes Stehen *(bei Entladung)*: **be on** ~ die Liegezeit überschritten haben **2** a SCHIFF (Über)Liegegeld *n* b BAHN Wagenstandgeld *n* **3** *umg* Lagergeld *n* **4** *Bankwesen: Br* Spesen *pl* für Goldeinlösung

demurrer [dɪˈmʌrə; *US* dɪˈmɜrər] S **1** JUR Einrede *f*, Einwendung *f*, Rechtseinwand *m (alle:* **to** gegen): ~ **to action** prozesshindernde Einrede **2** Einwand *m* **3** [*Br* dɪˈmɜːrə] Einsprucherhebende(r) *m/f(m)*

demy [dɪˈmaɪ] S *ein Papierformat (16 × 21 Zoll in USA; in GB 15 ½ × 20 Zoll für Schreibpapier, 17 ½ × 22 ½ Zoll für Druckpapier)*

demystify [ˌdiːˈmɪstɪfaɪ] V/T entmystifizieren

den [den] **A** S **1** Höhle *f*, Bau *m (e-s wilden Tieres)*: → lion 1 **2** Höhle *f*, Versteck *n*, Nest *n*: ~ **of robbers** Räuberhöhle; ~ **of thieves** BIBEL Mördergrube *f*; ~ **of vice** (*od* **iniquity**) Lasterhöhle **3** *fig pej* Höhle *f*, Loch *n pej (unwirtliche Behausung)* **4** a (gemütliches) Zimmer, Bude *f umg* b Arbeitszimmer *n* **B** V/I ~ **up** ZOOL *US* sich in s-e Höhle zurückziehen *(bes zum Winterschlaf)*

Den. ABK Denmark

denary [ˈdiːnərɪ; *US a.* ˈden-] ADJ **1** zehnfach, Zehn… **2** Dezimal…

denationalization [ˈdiːˌnæʃnəlaɪˈzeɪʃn; *US* -ləˈz] S **1** Entnationalisierung *f* **2** WIRTSCH Entstaatlichung *f*, Reprivatisierung *f*; **denationalize** V/T **1** entnationalisieren, *(dat)* den nationalen Charakter nehmen **2** der Herrschaft e-r (einzelnen) Nation entziehen **3** *j-m* die Staatsangehörigkeit aberkennen **4** WIRTSCH entstaatlichen, reprivatisieren

denaturalization [ˈdiːˌnætʃrəlaɪˈzeɪʃn; *US* -ləˈz-] S **1** Naturentfremdung *f* **2** Denaturalisation *f*, Ausbürgerung *f*; **denaturalize** V/T **1** unnatürlich machen **2** s-r wahren Natur entfremden **3** denaturalisieren, ausbürgern

denaturant [ˌdiːˈneɪtʃərənt] S CHEM Denaturierungs-, Vergällungsmittel *n*; **denature** V/T denaturieren: a *Alkohol etc* vergällen, ungenießbar machen b *Eiweiß* gerinnen lassen

denazification [diːˌnɑːtsɪfɪˈkeɪʃn; -ˌnæt-] S POL, HIST Entnazifizierung *f*: ~ **tribunal** Spruchkammer *f*; **denazify** [-faɪ] V/T entnazifizieren

Denbighshire [ˈdenbɪʃə(r); -ʃɪə(r)] S Denbighshire *n (Grafschaft in Nordwales)*

dendra [ˈdendrə] *pl von* dendron

dendriform [ˈdendrɪfɔː(r)m] ADJ baumförmig, verzweigt

dendrite [ˈdendraɪt] S **1** MINER Dendrit *m* **2** → dendron; **dendritic** [-ˈdrɪtɪk] ADJ, **dendritical** ADJ (ADV ~ly) **1** ANAT, MINER dendritisch **2** (baumähnlich) verästelt

dendrochronology [ˌdendrəʊkrəˈnɒlədʒɪ; *US* -ˈnɑ-] S Dendrochronologie *f*, Jahresringforschung *f*

dendrology [denˈdrɒlədʒɪ; *US* -ˈdrɑ-] S Dendrologie *f*, Gehölzkunde *f*

dendron [ˈdendrən] *pl* -drons, -dra [-drə] S ANAT Dendrit *m*, Dendron *n (Protoplasmafortsatz der Nervenzellen)*

dene[1] [diːn] S *Br dial* (Sand)Düne *f*

dene[2] [diːn] S *Br* (*bes* schmales bewaldetes) Tal

denegation [ˌdenɪˈgeɪʃn] S **1** (Ab)Leugnung *f* **2** Ablehnung *f*

dene hole S *prähistorische Bodenhöhle (bes in Essex u. Kent)*

dengue [ˈdeŋgɪ; *US a.* -geɪ] S *a.* ~ **fever** MED Denguefieber *n*

deniable [dɪˈnaɪəbl] ADJ (ADV deniably) bestreitbar

denial [dɪˈnaɪəl] S **1** Ab-, Bestreitung *f* **2** Ablehnung *f*, Absage *f*, Verweigerung *f*: **get a ~, meet with a ~** e-e abschlägige Antwort erhalten; **take no ~** sich nicht abweisen lassen **3** Verneinung *f*: **official** ~ Dementi *n* **4** (Ver)Leugnung *f*: ~ **of God** Gottesleugnung **5** Selbstverleugnung *f*

denier[1] [dɪˈnaɪə(r)] S **1** Ab-, Bestreiter(in) **2** (Ab)Leugner(in)

denier[2] S **1** [ˈdenɪə(r); -jə(r)] Denier *m (0,05 g; Gewichtseinheit zur Bestimmung des Titers von Seidengarn etc)*: **a pair of 20-~ tights** e-e 20-den-Strumpfhose **2** [dɪˈnɪə(r)] HIST Denier *m (alte französische Münze)*

denigrate [ˈdenɪgreɪt] V/T **1** schwärzen **2** *fig* anschwärzen, verunglimpfen; **denigration** S Verunglimpfung *f*, Anschwärzung *f*

denim [ˈdenɪm] **A** S **1** *Textilwesen:* Denim *m/n (blauer Jeansstoff)* **2** *pl* Overall *m od* Jeans *pl* (aus Denim) **B** ADJ Jeans…: ~ **jacket**; ~ **suit**

denitrate [ˌdiːˈnaɪtreɪt] V/T CHEM denitrieren; **denitrify** [-trɪfaɪ] V/T CHEM denitrifizieren

denizen [ˈdenɪzn] **A** S **1** Bürger(in), Bewohner(in), Einwohner(in) *(a. fig)* **2** (teilweise) eingebürgerter Ausländer **3** Stammgast *m* **4** *(etwas)* Eingebürgertes, *bes* eingebürgertes Wort *od* Tier **B** V/T (teilweise) einbürgern

Denmark [ˈdenmɑː(r)k] S Dänemark *n*

denominate **A** V/T [dɪˈnɒmɪneɪt; *US* -ˈnɑmə-] **1** benennen, bezeichnen **2** nennen, bezeichnen als: ~ **sth a crime** **B** ADJ [-nɪt; -neɪt] *bes* MATH benannt *(Menge etc)*

denomination [dɪˌnɒmɪˈneɪʃn; *US* -ˌnɑmə-] S **1** Benennung *f* **2** Bezeichnung *f*, Name *m* **3** Gruppe *f*, Klasse *f*, Kategorie *f* **4** REL a Glaubensgemeinschaft *f* b Konfession *f*, Bekenntnis *n* **5** *(Maß-, Gewichts-, Wert)* Einheit *f* **6** WIRTSCH Nennwert *m (von Banknoten etc)*: **shares** *(bes US* **stocks**) **in small ~s** Aktien in kleiner Stückelung; **denominational** ADJ (ADV ~ly) REL konfessionell, Konfessions…, Bekenntnis…: ~ **school**; **denominationalism** S *Lehre e-r bestimmten Glaubensgemeinschaft*

denominative [dɪˈnɒmɪnətɪv; *US* -ˈnɑmə-] ADJ **1** benennend, Nenn… **2** a benannt b benennbar **3** LING von e-m Substantiv abgeleitet

denominator [dɪˈnɒmɪneɪtə(r); *US* -ˈnɑmə-] S **1** MATH Nenner *m (e-s Bruchs)*: **common ~** gemeinsamer Nenner *(a. fig)*; **reduce to a common ~** auf e-n gemeinsamen Nenner bringen **2** Namengeber(in)

denotation [ˌdiːnəʊˈteɪʃn] S **1** Bezeichnung *f* **2** Bedeutung *f (e-s Wortes)* **3** *Logik:* Begriffsumfang *m*; **denotative** [dɪˈnəʊtətɪv; *US a.* ˈdiːnəʊˌteɪ-] ADJ (ADV ~ly) an-, bedeutend, bezeichnend: **be ~ of sth** etwas bedeuten *od* bezeichnen

denote [dɪˈnəʊt] V/T **1** an-, bedeuten, anzeigen: ~ **that …** bedeuten *od* anzeigen, dass … **2** anzeigen, angeben **3** kennzeichnen, bezeichnen

denouement, *Br a.* **dénouement** [deɪˈnuːmɑ̃ːŋ] S **1** Lösung *f* (des Knotens) *(im Drama etc)* **2** *fig* Ausgang *m*, Resultat *n*

denounce [dɪˈnaʊns] V/T **1** (öffentlich) anprangern *od* verurteilen, brandmarken **2** *j-n* anzeigen, *pej j-n* denunzieren *(beide:* **to** bei) **3** *e-n Vertrag* kündigen **4** *obs* verkünden, (drohend) ankündigen; **denouncement** S **1** (öffentliche) Anprangerung *od* Verurteilung, Brandmarkung *f* **2** Anzeige *f*, *pej* Denunziation *f* **3** Kündigung *f*

dense [dens] ADJ (ADV ~ly) **1** *allg, a.* PHYS dicht *(Nebel, Wald etc)*: **~ly populated** dicht bevölkert; ~ **print** enger Druck **2** *fig* beschränkt, schwerfällig, begriffsstutzig: **be ~** *a.* schwer von Begriff sein **3** FOTO dicht, gut belichtet *(Negativ)*: **too ~** überbelichtet; **denseness** S **1** Dichtheit *f*, Dichte *f* **2** *fig* Beschränktheit *f*, Schwerfälligkeit *f*, Begriffsstutzigkeit *f*; **densify** [-səfaɪ] V/T & V/I (sich) verdichten

densimeter [denˈsɪmɪtə(r)] S CHEM, PHYS Densimeter *n*, Dichtemesser *m*; **densitometer** [-sɪˈtɒmɪtə(r); *US* -ˈtɑmə-] S **1** → densimeter **2** FOTO Densitometer *n*, Schwärzungsmesser *m*

density [ˈdensətɪ] S **1** Dichte *f*, Dichtheit *f*: ~ **of population** Bevölkerungsdichte; ~ **of traffic** Verkehrsdichte **2** *fig* → denseness 2 **3** PHYS Densität *f*, Dichte *f*, Dichtigkeit *f*: ~ **of field** Feld(linien)dichte **4** FOTO Densität *f*, Dichte *f*, Schwärzung *f*

dent[1] [dent] **A** S Beule *f*, Delle *f*, Einbeulung *f*: **make a ~** *fig* Eindruck machen, Wirkung zeigen; **make a ~ in** *fig* a ein Loch in *j-s Ersparnisse etc* reißen b *j-s Ruf etc* schaden c *j-s Stolz etc* verletzen **B** V/T & V/I (sich) einbeulen

dent[2] [dent] S **1** Kerbe *f*, Einschnitt *m* **2** TECH Zahn *m*

dent. ABK **1** dental **2** dentist **3** dentistry

dental [ˈdentl] **A** ADJ **1** MED dental, Zahn…: ~ **caries** Zahnkaries *f*; ~ **clinic** Zahnklinik *f*; ~ **filling** Zahnfüllung *f*; ~ **floss** Zahnseide *f*; ~ **formula** Zahnformel *f*; ~ **hygiene** Zahnpflege *f*; ~ **hygenist** Zahnhygieniker(in); ~ **laboratory** Zahnlabor *n*; ~ **plaque** Zahnbelag *m*; ~ **plate** Zahnprothese *f*; ~ **prosthesis** Zahnprothese *f*; ~ **student** Zahnmediziner(in); ~ **surgeon** Zahnarzt *m*, -ärztin *f*; ~ **technician** Zahntechniker(in); ~ **treatment** Zahnbehandlung *f*; → pulp A 4 **2** MED zahnärztlich: ~ **assistant** Zahnarzthelferin *f*; ~ **bill** Zahnarztrechnung *f* **3** LING Dental…, dental: ~ **consonant** → B **B** S LING Dental(laut) *m*, Zahnlaut *m*

dentary [ˈdentərɪ] ZOOL **A** ADJ Zahn(bein)… **B** S *a.* ~ **bone** Zahnbein *n*; **dentate** [-teɪt] ADJ BOT, ZOOL gezähnt; **dentation** S **1** ZOOL Bezahnung *f* **2** BOT Zähnung *f* **3** zahnartiger Fortsatz

dented [ˈdentɪd] ADJ angeknackst *umg (Selbstbewusstsein etc)*

denticle [ˈdentɪkl] S Zähnchen *n*; **denticulate** [-ˈtɪkjʊlət; -leɪt], *a.* **denticulated**

[-leɪtɪd] ADJ 1 BOT gezähnelt 2 gezackt; **denticulation** S 1 BOT Zähnelung *f* 2 Auszackung *f* 3 ARCH Zahnschnitt *m*

dentiform ['dentɪfɔː(r)m] ADJ zahnförmig;

dentifrice [-frɪs] S Zahnputzmittel *n*

dentil ['dentɪl] S ARCH Zahn *m* (*einzelner Vorsprung beim Zahnschnitt*)

dentin ['dentɪn] → dentine; **dentinal** ['dentɪnl; *US* den'tiːnl] ADJ ANAT Zahnbein...;

dentine [-tiːn] S ANAT Dentin *n*, Zahnbein *n*

dentist ['dentɪst] S Zahnarzt *m*, -ärztin *f*: **~'s chair** Zahnarztstuhl *m*; **dentistry** [-trɪ] S Zahnheilkunde *f*, -medizin *f*

dentition [den'tɪʃn] S 1 ANAT, ZOOL Zahnsystem *n*, Gebiss *n* 2 MED Zahnen *n* (*der Kinder*)

dentoid ['dentɔɪd] ADJ zahnartig

denture ['dentʃə(r)] S *meist pl* 1 ANAT Gebiss *n* 2 (künstliches) Gebiss, Zahnprothese *f*

denuclearization ['diː,njuːklɪəraɪ'zeɪʃn; *US* -,nuː-; -rə'z-] S Denuklearisierung *f*; **denuclearize** V/T denuklearisieren, atomwaffenfrei machen, e-e atomwaffenfreie Zone schaffen in (*dat*)

denudation [,diːnjuː'deɪʃn; *US a.* -nuː'd-; *a.* ,denjʊ'd-] S 1 Entblößung *f* 2 GEOL Denudation *f*

denude [dɪ'njuːd; *US a.* dɪ'nuːd] V/T 1 **(of)** entblößen (von *od gen*), *fig a.* berauben (*gen*) 2 GEOL *die Erdoberfläche* flächenhaft abtragen (*Wasser, Wind etc*)

denunciate [dɪ'nʌnsɪeɪt] → denounce; **denunciation** → denouncement; **denunciative** [-sɪətɪv; -sɪeɪtɪv] → denunciatory; **denunciator** [-eɪtə(r)] S Denunziant(in); **denunciatory** [-sɪətərɪ; *US* -,təʊriː; -,tɔː-] ADJ 1 denunzierend 2 (öffentlich) anprangernd *od* verurteilend, brandmarkend

Denver boot ['denver] S AUTO *US* Park-, Radkralle *f*

deny [dɪ'naɪ] A V/T 1 ab-, bestreiten, in Abrede stellen, dementieren, (ab-)leugnen: **~ a charge** e-e Beschuldigung zurückweisen; **I ~ saying** (*od* **that I said**) **so** ich bestreite, dass ich das gesagt habe; **it cannot be denied, there is no ~ing (the fact)** es lässt sich nicht bestreiten, es ist nicht zu leugnen (*beide:* **that** dass) 2 *etwas* verneinen, negieren 3 *e-e Lehre etc* (*als falsch od irrig*) ablehnen, verwerfen 4 *e-e Bitte etc* ablehnen, *j-m etwas* abschlagen, verweigern, versagen: **~ o.s. any pleasure** sich jedes Vergnügen versagen; **~ a plea** JUR e-n Antrag abweisen; **they were denied a penalty** (*Fußball*) ihnen wurde ein Elfmeter verweigert 5 *j-n* zurück-, abweisen, *j-m* e-e Bitte abschlagen *od* versagen: **she was hard to ~** es war schwer, sie zurückzuweisen; **~ o.s.** Selbstverleugnung üben 6 *e-r Neigung etc* widerstehen, entsagen 7 nichts zu tun haben wollen mit 8 *s-n Glauben, s-e Unterschrift etc* verleugnen, nicht anerkennen 9 *e-n Besucher etc* abweisen, nicht zu- *od* vorlassen 10 *j-n* verleugnen, *j-s Anwesenheit* leugnen B V/I 1 leugnen 2 verneinen

deoch-an-doruis [,dɒxən'dɒrɪs] S *schott* Abschiedstrunk *m*

deodand ['diːəʊdænd] S JUR, HIST *Br* Deodand *n* (*Sache, die den Tod e-s Menschen verursacht hatte u. der Krone anheimfiel*)

deodorant [diː'əʊdərənt] A S de(s)odorierendes *od* de(s)odorisierendes Mittel, Desodorans *n*, Deodorant *n*, Deo *n umg* B ADJ de(s)odorierend, de(s)odorisierend, geruchtilgend: **~ spray** Deospray *m/n*; **deodorization** [-raɪ'zeɪʃn; *US* -rə'z-] S De(s)odorierung *f*, De(s)odorisierung *f*; **deodorize** V/T & V/I de(s)odorieren, de(s)odorisieren;

deodorizer → deodorant A

deontology [,diːɒn'tɒlədʒɪ; *US* -,ɑn'tɑ-] S Deontologie *f* (*Ethik als Pflichtenlehre*)

deoxidization [-daɪ'zeɪʃn; *US* -də'z-] S CHEM Desoxydation *f*, Reduktion *f*; **deoxidize** V/T CHEM desoxydieren, reduzieren

deoxyribonucleic acid [diː'ɒksɪ,raɪbəʊnjuː'kliːɪk; *US* -'ɑk-; *a.* -nʊ'k-] S *Biochemie*: Desoxyribonukleinsäure *f*

dep. ABK 1 *US* department 2 departs 3 departure 4 LING deponent 5 deposed 6 deposit 7 depot 8 deputy

depart [dɪ'pɑː(r)t] A V/I 1 weg-, fortgehen, *bes* abreisen, abfahren (*beide:* **for** nach) 2 BAHN *etc* abgehen, abfahren, FLUG abfliegen 3 **(from)** abweichen (von *e-r Regel, der Wahrheit etc*), (*s-n Plan etc*) ändern: **~ from one's word** sein Wort brechen 4 hinscheiden, verscheiden: **~ from life** aus dem Leben scheiden 5 JUR vom Gegenstand der Klage abweichen B V/T verlassen (*obs außer in*): **~ this life** sterben; **departed** ADJ 1 tot, verstorben: **the ~** a der *od* die Verstorbene b *koll* die Verstorbenen *pl* 2 vergangen: **his ~ fame**

department S 1 Fach *n*, Gebiet *n*, Ressort *n*, Geschäftsbereich *m*: **that's your ~** *bes Br umg* das ist dein Ressort, dafür bist du zuständig 2 WIRTSCH Branche *f*, Geschäftszweig *m* 3 Abteilung *f*: **~ of German** UNIV germanistische Abteilung, germanistischer Fachbereich; **export ~** WIRTSCH Exportabteilung; **furniture ~** Möbelabteilung (*im Warenhaus*) 4 Departement *n*, (Verwaltungs)Bezirk *m* (*in Frankreich*) 5 Dienst-, Geschäftsstelle *f* 6 Amt *n* 7 POL Ministerium *n*: **♀ of Defense** *US*, **♀ of National Defense** *Can* Verteidigungsministerium; **♀ of the Environment** *Br* Umwelt(schutz)ministerium; **♀ of the Interior** *US* Innenministerium; **♀ of State** *US* Außenministerium 8 MIL Bereich *m*, Zone *f*

departmental [,diːpɑː(r)t'mentl] ADJ (ADV ~ly) 1 Abteilungs...: **~ head** (*od* **manager**) Abteilungsleiter(in) 2 Fach..., Branchen... 3 Bezirks... 4 POL ministeriell, Ministerial...; **departmentalize** V/T in (unzählige) Abteilungen gliedern

department store S Kauf-, Warenhaus *n*

departure [dɪ'pɑː(r)tʃə(r)] S 1 a Weggang *m* b Abreise *f*: **take one's ~** sich verabschieden, weg-, fortgehen; **day of ~** Abreisetag *m* c Ausscheiden *n* (**from** aus *der Regierung etc*) 2 BAHN *etc* Abfahrt *f*, FLUG Abflug *m* (*beide:* **for** nach): **"~s"** „Abfahrt"; „Abflug"; **(time of) ~** Abfahrts-, Abflugzeit *f* 3 *fig* Anfang *m*, Beginn *m*, Start *m*: **a new ~** a ein neuer Anfang b ein neuer Weg, ein neues Verfahren; **point of ~** Ausgangspunkt *m* (**for** für) 4 Abweichen *n*, Abweichung *f* (*beide:* **from** von): **a ~ from official procedure**; **a ~ from one's principles** 5 SCHIFF a Längenunterschied *m* (*bei der gegissten Besteckrechnung*) b Abfahrtspunkt *m* (*Beginn der Besteckrechnung*) 6 JUR Abweichung *f* (*vom Gegenstand der Klage*), Klageänderung *f* 7 Tod *m*, Hinscheiden *n*; **~ gate** S FLUG Flugsteig *m*; **~ lounge** S FLUG Abflughalle *f*

depasture [diː'pɑːstʃə(r); *US* -'pæs-] A V/T 1 abweiden 2 *Vieh* weiden B V/I weiden (*Vieh*)

depend [dɪ'pend] V/I 1 sich verlassen (**on, upon** auf *akk*): **you may ~ on it (on him)** Sie können sich darauf (auf ihn) verlassen; **~ on sb to do sth** sich darauf verlassen, dass j-d etwas tut 2 **(on, upon)** abhängen, abhängig sein (von): a angewiesen sein (auf *akk*): **children ~ on their parents**; **he ~s on my help** b ankommen (auf *akk*): **it ~s on you**; **it ~s on his permission** es hängt von s-r Erlaubnis ab; **it ~s on the circumstances** es kommt auf die Umstände an, es hängt von den Umständen ab; **that ~s** das kommt darauf an, je nachdem; **~ing on the quantity used** je nach (der verwendeten) Menge; **~ing on whether** je nachdem, ob 3 untergeordnet sein (**on, upon** *dat*) 4 *bes* JUR schweben, in der Schwebe *od* noch unentschieden *od* anhängig sein 5 herabhängen (**from** von); **dependability** S Verlässlichkeit *f*, Zuverlässigkeit *f*; **dependable** ADJ (ADV dependably) verlässlich, zuverlässig; **dependableness** → dependability

dependance, **dependancy** *US* → dependence, dependency; **dependant** A S Abhängige(r) *m/f(m)*, *bes* (Familien)Angehörige(r) *m/f(m)* B ADJ *US* → dependent A

dependence [dɪ'pendəns] S 1 **(on, upon)** Abhängigkeit *f* (von), Angewiesensein *n* (auf *akk*): **bring under the ~ of** abhängig machen von 2 Untergeordnetsein *n* 3 Vertrauen *n* (**on, upon** auf *od* in *akk*): **put (***od* **place) ~ on sb** sich auf j-n verlassen, Vertrauen in j-n setzen 4 *fig* Stütze *f*: **he was her sole ~** 5 *bes* JUR Schweben *n*, Anhängigsein *n*: **in ~** in der Schwebe; **dependency** S 1 → dependence 1, 2 2 (*etwas*) Untergeordnetes 3 POL abhängiges Gebiet, Schutzgebiet *n*, Kolonie *f* 4 ARCH Nebengebäude *n*, Dependance *f*; **dependent** A ADJ (ADV ~ly) 1 **(on, upon)** abhängig, abhängend (von): a angewiesen (auf *akk*) b bedingt (durch): **~ on weather conditions** wetter-, witterungsbedingt 2 vertrauend, sich verlassend (*beide:* **on, upon** auf *akk*) 3 **(on, upon)** untergeordnet (*dat*), abhängig (von): **~ clause** LING Nebensatz *m* 4 herabhängend (**from** von) B S *bes US* → dependant A

depeople [,diː'piːpl] V/T entvölkern

depersonalization [diː,pɜːsnəlaɪ'zeɪʃn; *US* -,pɜrsnələ'z-] S PSYCH Entpersönlichung *f*; **depersonalize** V/T 1 PSYCH entpersönlichen 2 unpersönlich machen

dephlogisticate [,diːflɒ'dʒɪstɪkeɪt; *US* -fləʊ'dʒ-] V/T CHEM dephlogistieren, oxydieren

depict [dɪ'pɪkt] V/T 1 (ab)malen, zeichnen, (bildlich) darstellen 2 schildern, beschreiben, veranschaulichen, anschaulich darstellen; **depiction** S 1 Malen *n*, Zeichnen *n* 2 bildliche Darstellung, Zeichnung *f*, Bild *n* 3 Schilderung *f*, Beschreibung *f*, anschauliche Darstellung; **depictive** ADJ schildernd, veranschaulichend

depilate ['depɪleɪt] V/T MED depilieren, enthaaren: **~ one's legs** sich die Beine enthaaren; **depilation** S Depilation *f*, Enthaarung *f*; **depilatory** [dɪ'pɪlətərɪ; *US* -,təʊriː; -,tɔː-] A ADJ enthaarend: **~ cream** Enthaarungscreme *f* B S Depilatorium *n*, Enthaarungsmittel *n*

deplane [,diː'pleɪn] *bes US* A V/T aus dem Flugzeug ausladen B V/I aus dem Flugzeug (aus)steigen, von Bord gehen

deplete [dɪ'pliːt] V/T 1 leeren, leer machen (*beide:* **of** von) 2 MED *e-m Organ etc* Flüssigkeit entziehen 3 *fig* Raubbau treiben mit, *s-e Kräfte, Vorräte etc* erschöpfen, *e-n Bestand etc* dezimieren: **~ a lake of fish** e-n See abfischen; **depletion** [-ʃn] S 1 Entleerung *f* 2 *fig* Raubbau *m*, Erschöpfung *f*: **~ of capital** WIRTSCH Kapitalentblößung *f* 3 MED a Flüssigkeitsentzug *m* b Flüssigkeitsarmut *f* c Erschöpfungszustand *m*; **depletive** [dɪ'pliːtɪv] A ADJ 1 (ent)leerend 2 erschöpfend 3 MED Flüssigkeit entziehend B S MED Flüssigkeit entziehendes Mittel; **depletory** → depletive A

deplorable [dɪ'plɔːrəbl] ADJ 1 bedauerlich, bedauerns-, beklagenswert 2 erbärmlich, jämmerlich, kläglich; **deplorably** ADV 1 bedauerlich (*etc,* → deplorable) 2 bedauerlicherweise

deplore [dɪ'plɔː(r)] V/T 1 beklagen: a bedauern b betrauern, beweinen 2 missbilligen

deploy [dɪ'plɔɪ] A VT 1 MIL *(taktisch)* Gefechtsformation annehmen lassen: a entwickeln b entfalten 2 MIL *u. allg* verteilen, einsetzen 3 MIL *Truppen* stationieren, *Raketen etc a.* aufstellen 4 *fig* a *Argumente* vorbringen, geltend machen b *Geschick etc* anwenden B VI 1 MIL sich entwickeln, sich entfalten, ausschwärmen, (die) Gefechtsformation annehmen 2 SCHIFF in die Gefechtslinie übergehen 3 sich ausbreiten C S → deployment; **deployment** S 1 MIL Aufmarsch *m*, Entfaltung *f*, Entwicklung *f*: **~ in depth** Tiefengliederung *f*; **~ in width** Seitenstaffelung *f* 2 MIL *u. allg* Verteilung *f*, Einsatz *m* 3 MIL Stationierung *f*, Aufstellung *f*

deplume [ˌdiː'pluːm] VT rupfen

depolarization ['diːˌpəʊləraɪ'zeɪʃn; *US* -rə'z-] S ELEK, PHYS Depolarisierung *f*; **depolarize** VT depolarisieren

depoliticize [ˌdiːpə'lɪtɪsaɪz] VT entpolitisieren

depollute [ˌdiːpə'luːt] VT *ein Gewässer* reinigen

depolymerize [ˌdiː'pɔlɪməraɪz; *US* -'pɑl-] VT & VI CHEM depolymerisieren

depone [dɪ'pəʊn] → depose A 3, B

deponent [dɪ'pəʊnənt] A ADJ LING *mit passiver Form u. aktiver Bedeutung*: **~ verb** → B 1 B S 1 LING Deponens *n* 2 JUR a unter Eid aussagender Zeuge *od* aussagende Zeugin b *(in Urkunden) der od die* Erschienene

depopulate [ˌdiː'pɒpjʊleɪt; *US* -'pɑpjə-] VT & VI (sich) entvölkern; **depopulation** S Entvölkerung *f*

deport [dɪ'pɔː(r)t] VT 1 (zwangsweise) fortschaffen 2 deportieren 3 des Landes verweisen, ausweisen, *Ausländer a.* abschieben, HIST verbannen 4 **~ o.s.** sich *gut etc* benehmen *od* betragen; **deportation** [ˌdiː-] S 1 Deportation *f* 2 Ausweisung *f*, Landesverweisung *f*, Abschiebung *f*, HIST Verbannung *f*; **deportee** [-'tiː] S Deportierte(r) *m/f(m)*; **deportment** S 1 Benehmen *n*, Betragen *n*, (a. PHYS, TECH) Verhalten *n* 2 (Körper)Haltung *f*

deposable [dɪ'pəʊzəbl] ADJ absetzbar; **deposal** → deposition 1

depose [dɪ'pəʊz] A VT 1 *j-n* absetzen: **~ sb from office** j-n s-s Amtes entheben; **~ sb from first place** SPORT *etc* j-n vom ersten Platz verdrängen 2 entthronen 3 JUR unter Eid aussagen *od* zu Protokoll geben, eidlich bezeugen *od* erklären B VI JUR *(bes* in Form e-r schriftlichen, beeideten Erklärung) aussagen, e-e beeidete Erklärung abgeben: **~ to sth** → A 3

deposit [dɪ'pɒzɪt; *US* -'pɑ-] A VT 1 ab-, niedersetzen, -stellen, -legen, *weitS. etwas od j-n* (sicher) unterbringen 2 CHEM, GEOL, TECH ablagern, absetzen, sedimentieren 3 *Eier* (ab)legen 4 deponieren: a *e-e Sache* hinterlegen (**with** bei) b *Geld* hinterlegen, einzahlen 5 WIRTSCH *e-n Betrag* anzahlen B VI 1 CHEM sich absetzen *od* ablagern *od* niederschlagen 2 e-e Einzahlung machen C S 1 *bes* GEOL Ablagerung *f*, *(bes Bergbau)* Lager (-stätte *f*) *n*: **~ of ore** Erzlager 2 CHEM, TECH Ablagerung *f*, (Boden)Satz *m*, Niederschlag *m*, Sediment *n* 3 ELEK (galvanischer) (Metall)Überzug 4 WIRTSCH Deponierung *f*, Hinterlegung *f* 5 Depot *n (hinterlegter Wertgegenstand)*: **(up)on** (*od* **in**) **~** in Depot, deponiert; **place on ~** → A 4 6 *Bankwesen*: a Einzahlung *f* b (Geld)Einlage *f (meist pl)*: **~s** Depositen(gelder, -einlagen); **~ account** *Br* Termineinlagekonto *n*; **~ receipt** (*od* **slip**) Einzahlungsbeleg *m* 7 JUR Pfand *n (a. allg)*, Hinterlegung *f*, Sicherheit *f*: **"no ~ - no return"** *(auf Flaschen)* „kein Pfand, keine Rückgabe" 8 WIRTSCH Anzahlung *f*: **make** (*od* **leave, pay**) **a ~** e-e Anzahlung leisten (**on** für); **pay a ~ of £100** eine Anzahlung von 100 Pfund leisten, 100 Pfund anzahlen 9 → depository 1

depositary [dɪ'pɒzɪtərɪ; *US* dɪ'pɑzəˌteriː] S WIRTSCH 1 Depositar(in), Verwahrer(in): **~ bank** Depotbank *f*; **~ state** POL Verwahrerstaat *m* 2 → depository 1

deposit| bank S WIRTSCH Depositenbank *f*; **~ banking** S WIRTSCH Depositengeschäft *n*; **~ bill** S WIRTSCH Depotwechsel *m*; **~ copy** S Belegexemplar *n (für öffentliche Bibliotheken)*; **~ currency** S WIRTSCH *US* Buch-, Giralgeld *n*

deposition [ˌdepə'zɪʃn; ˌdiː-] S 1 Absetzung *f*: a Amtsenthebung *f* b Entthronung *f* c REL Deposition *f (e-s Geistlichen)* 2 CHEM, GEOL, TECH a Ablagerungs-, Sedimentbildung *f* b → deposit C 1, C 2 3 → deposit C 4, C 5, C 6 4 JUR (zu Protokoll gegebene) eidliche Aussage 5 MAL Kreuzabnahme *f*

depositor [dɪ'pɒzɪtə; *US* dɪ'pɑzətər] S 1 WIRTSCH a Hinterleger(in), Deponent(in), Deponenteninhaber(in) b Einzahler(in), (Spar)Einleger(in) c Kontoinhaber(in), Bankkunde *m*, -kundin *f* 2 TECH Galvaniseur(in); **depository** [-tərɪ; *US* -ˌtəʊriː; -ˌtɔː-] S 1 Verwahrungsort *m*, Hinterlegungsstelle *f* 2 → depot 1 3 → depositary 1

depot ['depəʊ] S 1 Depot *n (bes Br a. für Busse, Züge)*, Lagerhaus *n*, Niederlage *f*, Magazin *n* 2 ['diːpəʊ] *US* Bahnhof *m* 3 MIL Depot *n*: a Gerätepark *m* b Sammelplatz *m* c Ersatztruppenteil *m* 4 MED Depot *n*: **~ effect** Depotwirkung *f*

depravation [ˌdeprə'veɪʃn] S 1 → depravity 2 Verderben *n*

deprave [dɪ'preɪv] VT 1 *(moralisch)* verderben 2 *obs* diffamieren; **depraved** ADJ verderbt, verdorben, verworfen, (sittlich) schlecht, lasterhaft; **depravedly** [-vɪdlɪ] ADV → depraved; **depravity** [-'prævətɪ] S 1 Verderbtheit *f*, Verdorbenheit *f*, Verworfenheit *f*, Lasterhaftigkeit *f* 2 REL *(das)* Böse im Menschen, Erbsünde *f* 3 schlimme Tat, Schlechtigkeit *f*

deprecate ['deprɪkeɪt] VT 1 missbilligen, verurteilen 2 → depreciate A 2 3 *obs etwas* durch Gebete abzuwenden suchen; **deprecating** ADJ (ADV ~ly) 1 missbilligend 2 entschuldigend; **deprecation** S Missbilligung *f*; **deprecative** [-kətɪv; -keɪ-] → deprecating; **deprecator** [-keɪtə(r)] S Gegner(in); **deprecatory** [-kətərɪ; -keɪ-; *US* -kəˌtəʊriː; -ˌtɔː-] → deprecating

depreciable [dɪ'priːʃəbl; -ʃɪəbl] ADJ WIRTSCH abschreibbar

depreciate [dɪ'priːʃɪeɪt] A VT 1 gering schätzen, unterschätzen, verachten 2 herabsetzen, -würdigen 3 WIRTSCH a *(im Wert od Preis)* herabsetzen b abschreiben: **~ a machine by 10 per cent** 10% des Maschinenwerts abschreiben 4 WIRTSCH *e-e Währung* abwerten B VI 1 an Achtung *od* Wert verlieren 2 WIRTSCH a *(im Wert od Preis)* sinken b abgeschrieben werden 3 schlechter werden, sich verschlechtern; **depreciating** ADJ (ADV ~ly) geringschätzig, verächtlich

depreciation [dɪˌpriːʃɪ'eɪʃn] S 1 Unterschätzung *f*, Geringschätzung *f*, Verachtung *f* 2 Herabsetzung *f*, -würdigung *f* 3 Verschlechterung *f* 4 WIRTSCH a Wertminderung *f*, -verlust *m* b Abschreibung *f* c Abwertung *f (e-r Währung)*: **~ charge** Abschreibungssatz *m*, -betrag *m*; **~ fund** Abschreibungsfonds *m*

depreciative [dɪ'priːʃjətɪv; -ʃɪeɪtɪv] ADJ (ADV ~ly), **depreciatory** [-ʃjətərɪ; *US* -ʃəˌtəʊriː; -ˌtɔː-] ADJ (ADV depreciatorily) geringschätzig, verächtlich

depredate ['deprɪdeɪt] VT 1 plündern 2 verwüsten; **depredation** S 1 Plünderung *f* 2 Verwüstung *f* 3 *fig* Raubzug *m*; **depredator** [-tə(r)] S Plünderer *m*, Plünderin *f*; **depredatory** [dɪ'predətərɪ; *US* -ˌtəʊriː; -ˌtɔː-] ADJ 1 plündernd 2 verwüstend

depress [dɪ'pres] VT 1 a *j-n* deprimieren, niederdrücken, bedrücken b *die Stimmung* drücken 2 *e-e Tätigkeit, bes den Handel* niederdrücken, abflauen lassen 3 *die Leistung etc* herabsetzen, schwächen 4 *den Preis, Wert* (herab)drücken, senken: **~ the market** WIRTSCH die Kurse drücken 5 *ein Pedal, e-e Taste etc* (nieder)drücken 6 MATH *e-e Gleichung* reduzieren; **depressant** A ADJ 1 MED, PHARM beruhigend 2 deprimierend, niederdrückend, bedrückend B S MED, PHARM Beruhigungsmittel *n*

depressed [dɪ'prest] ADJ 1 deprimiert, niedergeschlagen, -gedrückt, bedrückt *(Person)* 2 gedrückt *(Stimmung; a.* WIRTSCH *Börse)* 3 eingedrückt, vertieft 4 flau, matt, schwach: **~ industry** Not leidende *od* darniederliegende *od* von e-r Krise betroffene Industrie 5 gedrückt *(Preis)*, verringert, vermindert *(Wert)* 6 unterdurchschnittlich 7 BOT, ZOOL abgeflacht, abgeplattet; **~ area** S Notstandsgebiet *n*

depressible [dɪ'presəbl] ADJ niederzudrücken(d); **depressing** ADJ (ADV ~ly) → depressant A 2

depression [dɪ'preʃn] S 1 Depression *f*, Niedergeschlagenheit *f*, Ge-, Bedrücktheit *f*: **suffer from ~(s)** an Depressionen leiden 2 (Ein)Senkung *f*, Vertiefung *f*: **~ of the ground** Bodensenke *f* 3 GEOL Depression *f*, Landsenke *f* 4 WIRTSCH a Depression *f*, Flaute *f*, Tiefstand *m*, Wirtschaftskrise *f*: ≗ → Great Depression b *Börse*: Baisse *f* c Fallen *n (der Preise)*: **~ of the market** Preisdruck *m*, Baissestimmung *f* 5 (Nieder)Drücken *n* 6 Herabsetzung *f*, Schwächung *f* 7 MED Entkräftung *f*, Schwäche *f* 8 ASTRON Depression *f*, negative Höhe 9 METEO Depression *f*, Tief(druckgebiet) *n* 10 MATH Reduktion *f*

depressive [dɪ'presɪv] ADJ (ADV ~ly) 1 → depressant A 2 2 PSYCH depressiv

depressor [dɪ'presə(r)] S 1 ANAT a Senker *m*, Niederzieher *m (Muskel)* b *a.* **~ nerve** Nervus *m* depressor, Verlangsamer *m* 2 MED a blutdrucksenkendes Mittel b *Instrument zum Niederdrücken, bes* Zungenspatel *m/f* 3 CHEM Inhibitor *m*

deprival [dɪ'praɪvl] → deprivation; **deprivation** [ˌdeprɪ'veɪʃn; *a.* ˌdiːpraɪ'v-] S 1 Beraubung *f*, Entzug *m*, Entziehung *f*: **~ of freedom** Freiheitsentzug 2 (empfindlicher) Verlust 3 a Mangel *m*, Entbehrung *f* b PSYCH Deprivation *f (fehlende Zuneigung der Mutter, Liebesentzug etc)* 4 Absetzung *f*, REL Deprivation *f*

deprive [dɪ'praɪv] VT 1 **(of sth)** *j-n od etwas* (e-r Sache) berauben, *j-m* (etwas) entziehen *od* nehmen: **~ sb of a right**; **be ~d of sth** etwas entbehren (müssen); **he was ~d of his title** SPORT ihm wurde der Titel aberkannt 2 **(of sth)** *j-m* (etwas) vorenthalten 3 ausschließen, fern halten *(beide:* **of sth** von etwas) 4 absetzen; **deprived** ADJ 1 benachteiligt, unterprivilegiert 2 PSYCH unter Deprivation leidend

dept ABK department

depth [depθ] S 1 Tiefe *f*: **at a ~ of** in e-r Tiefe von; **eight feet in ~** 8 Fuß tief; **what is the ~ of ...?** wie tief ist ...?; **it is beyond** (*od* **out of**) **his ~** *fig* das geht über s-n Horizont; **get out of one's** *a. fig* den Boden unter den Füßen verlieren; **be out of one's ~** a nicht mehr stehen können b *a.* **feel out of one's ~** *fig* ratlos *od* unsicher sein, schwimmen *umg*; **swim out of one's ~** so weit hinausschwimmen, bis man nicht mehr stehen kann **2** Tiefe *f (als dritte Dimension)*: **~ of column** MIL Marschtiefe **3** PHYS **a** *a.* **~ of field** (*od* **focus**) Schärfentiefe *f* **b** *bes* FOTO Tiefenschärfe *f* **4** *meist pl* Tiefe *f*, Mitte *f*, (*das*) Innerste (*a. fig*): **in the ~s of the slums** mitten in den Slums; **in the ~ of night** in tiefer Nacht, mitten in der Nacht; **in the ~ of winter** im tiefsten Winter **5** *meist pl* Tiefe *f*, Abgrund *m* (*a. fig*): **from the ~s of misery** aus tiefstem Elend **6** *fig* **a** Tiefe *f (der Bedeutung etc)* **b** tiefer Sinn, tiefe Bedeutung **c** Tiefe *f*, Intensität *f*: **in ~** bis in alle Einzelheiten, eingehend, ausführlich; **with great ~ of feeling** sehr gefühlvoll **d** Tiefe *f*, Ausmaß *n (der Schuld etc)* **e** (Gedanken)Tiefe *f*, Tiefgründigkeit *f*, -gang *m* **f** Scharfsinn *m* **g** Dunkelheit *f*, Unklarheit *f*, Unergründlichkeit *f* **7** Tiefe *f (e-s Tones etc)* **8** Stärke *f*, Tiefe *f (von Farben)* **9** *Bergbau*: Teufe *f* **10** PSYCH Unterbewusstsein *n*: **~ analysis** tiefenpsychologische Analyse; **~ interview** Tiefeninterview *n*; **~ psychology** Tiefenpsychologie *f*; **~ bomb**, **~ charge** S MIL Wasserbombe *f*; **~ ga(u)ge** S TECH Tiefenmesser *m*, -lehre *f*

depthless ADJ *fig* unermesslich tief, unendlich

depurate ['depjʊreɪt] V/T reinigen; **depurative** [-rətɪv; *bes US* -reɪ-] **A** ADJ reinigend **B** S Reinigungsmittel *n*

deputation [ˌdepjʊ'teɪʃn] S Abordnung *f*: **a** Absendung *f* **b** (*a. als pl konstruiert*) Deputation *f*, Deputierte *pl*

depute [dɪ'pju:t] V/T **1** deputieren, delegieren, abordnen, bevollmächtigen **2** *e-e Aufgabe etc* übertragen (**to** *dat*); **deputize** ['depjʊtaɪz] **A** V/T abordnen, (als Vertreter) ernennen **B** V/I als Abgeordneter *od* Vertreter fungieren: **~ for sb** j-n vertreten

deputy ['depjʊtɪ] **A** S **1** (Stell)Vertreter(in), Beauftragte(r) *m/f(m)*, Bevollmächtigte(r) *m/f(m)*: **by ~** durch Stellvertreter; **he will be my ~ while I am away** er wird mich während m-r Abwesenheit vertreten **2** PARL Abgeordnete(r) *m/f(m)* **3** *Bergbau*: *Br* Steiger *m* **4** *a.* **~ sheriff** *US* Hilfssheriff *m* **B** ADJ stellvertretend, Vize...: **~ chairman** Vizepräsident *m*, stellvertretender *od* zweiter Vorsitzender

deracinate [dɪ'ræsɪneɪt] V/T **1** (mit der Wurzel) ausrotten, vernichten **2** entwurzeln (*a. fig*)

derail [dɪ'reɪl] **A** V/T **1** entgleisen lassen, zum Entgleisen bringen: **be ~ed** → B **2** *fig* **a** zum Scheitern bringen **b** beeinträchtigen **c** verzögern **B** V/I entgleisen; **derailment** S Entgleisung *f*

derange [dɪ'reɪndʒ] V/T **1** in Unordnung bringen, durcheinanderbringen **2** die Funktion *e-s Organs etc od* den Betrieb *e-r technischen Anlage etc* stören **3** geistig verwirren **4** unterbrechen, stören; **deranged** ADJ **1** in Unordnung, durcheinander **2** gestört **3** geistesgestört; **derangement** S **1** Unordnung *f*, Durcheinander *n* **2** Störung *f* **3** Geistesgestörtheit *f*, -störung *f*

derate [ˌdi:'reɪt] V/T *Br* die Kommunalsteuern senken für

deration [ˌdi:'ræʃn] → decontrol A 2

Derby ['dɑ:bɪ; *US* 'dɜrbi:] S **1** *Pferderennsport*: **a** **the ~** *Br* das Derby (*in Epsom*): **~ Day** der Tag des Derbys **b** *Name einiger Rennen*: **the Kentucky ~** **2** ♀ SPORT Derby *n (Spiel zweier eng benachbarter Vereine)*: → local A 1 **3** ♀ *bes US Rennen od Wettbewerb, an dem jeder teilnehmen kann* **4** ♀ *US* Bowler *m*, Melone *f (Hut)*

Derbyshire ['dɑ:(r)bɪʃə(r); -ˌʃɪə(r); *US bes* 'dɜr-] S Derbyshire *n (Grafschaft in Mittelengland)*

deregulate [ˌdi:'regjʊleɪt] → decontrol A 2; **deregulation** → decontrol B 2

derelict ['derɪlɪkt] **A** ADJ **1** *meist* JUR herrenlos, aufgegeben, verlassen **2** nachlässig: **~ in duty** pflichtvergessen **3** heruntergekommen, baufällig, zerfallen **B** S **1** JUR herrenloses Gut **2** SCHIFF **a** aufgegebenes Schiff **b** treibendes Wrack **3** JUR verlandete Strecke **4** **a** menschliches Wrack, heruntergekommener Mensch, *pl a.* Strandgut *n* des Lebens: **~ of society** (von der Gesellschaft) Ausgestoßene(r) *m/f(m)* **b** Obdachlose(r) *m/f(m)* **5** Pflichtvergessene(r) *m/f(m)*; **dereliction** [-kʃn] S **1** schuldhafte Vernachlässigung, schuldhaftes Versäumis: **~ of duty** Pflichtverletzung *f* **2** JUR Besitzaufgabe *f*, Preisgabe *f* **3** Verlassen *n*, Aufgeben *n* **4** JUR Verlandung *f*, Landgewinn *m* infolge Rückgangs des Wasserspiegels

derequisition ['di:ˌrekwɪ'zɪʃn] V/T *beschlagnahmtes Gut* freigeben, *bes* wieder der Zivilverwaltung zuführen

derestrict [ˌdi:rɪ'strɪkt] V/T die Einschränkungsmaßnahmen aufheben für, *bes* die Geschwindigkeitsbegrenzung aufheben für; **derestriction** [-ʃn] S Aufhebung *f* der Einschränkungsmaßnahmen, *bes* der Geschwindigkeitsbegrenzung

deride [dɪ'raɪd] V/T verlachen, verhöhnen, verspotten; **derider** S Spötter(in), Verspotter(in); **deriding** ADJ (ADV **~ly**) spöttisch, höhnisch

de rigueur [dərɪ'gɜ:; *US* -'gɜr] ADJ *präd* unerlässlich

derision [dɪ'rɪʒn] S **1** Hohn *m*, Spott *m*: **hold in ~** verspotten; **be in ~** verspottet werden; **bring into ~** zum Gespött machen **2** *a.* **object of ~** Gespött *n*, Zielscheibe *f* des Spottes: **be a ~ to sb** j-m zum Gespött dienen; **derisive** [dɪ'raɪsɪv] ADJ (ADV **~ly**), **derisory** [-sərɪ] ADJ **1** spöttisch, höhnisch, Hohn...: **~ laughter** Hohngelächter *n* **2** lächerlich (*Angebot etc*)

derivable [dɪ'raɪvəbl] ADJ (ADV **derivably**) **1** zu gewinnen(d), erreichbar (*beide*: **from** aus) **2** ab-, herleitbar: **be ~ from** sich herleiten lassen von; **derivate** ['derɪveɪt] → derivative A 1, B 3

derivation [ˌderɪ'veɪʃn] S **1** Ab-, Herleitung *f* (*beide*: **from** von) **2** Herkunft *f*, Ursprung *m*, Abstammung *f* **3** LING, MATH Derivation *f*, Ableitung *f* **4** LING etymologische Ableitung, Etymologie *f*

derivative [dɪ'rɪvətɪv] **A** ADJ (ADV **~ly**) **1** abgeleitet (**from** von): **~ language** Tochtersprache *f* **2** sekundär **3** unoriginell **B** S **1** (*etwas*) Ab- *od* Hergeleitetes, Ab-, Herleitung *f* **2** LING Derivat *n*, abgeleitetes Wort **3** CHEM Derivat *n* **4** MATH Derivierte *f*, abgeleitete Funktion

derive [dɪ'raɪv] **A** V/T **1** herleiten, übernehmen (*beide*: **from** von): **be ~d (from)**, **~ itself (from)** → B; **~ one's name from** s-n Namen herleiten von; **~d income** WIRTSCH abgeleitetes Einkommen **2** *Nutzen* ziehen, *Gewinn* schöpfen (*beide*: **from** aus) **3** *etwas* gewinnen, erhalten (*beide*: **from** aus): **~ pleasure from sth** Freude an e-r Sache finden *od* haben **4** **(from)** **a** *etwas* herleiten *od* schließen (aus) **b** *e-n Schluss* ziehen (aus) **5** LING ab-, herleiten: **~d meaning** abgeleitete Bedeutung **6** CHEM, MATH ableiten: **~d function** → derivative B 4 **7** ELEK abzweigen, ableiten: **~d circuit** Abzweigkreis *m* **B** V/I **(from)** **a** ab-, herstammen, herkommen, -rühren (von, aus), ausgehen (von), s-n Ursprung haben (in *dat*), sich herschreiben (von) **b** sich her- *od* ableiten (von)

derm [dɜ:m; *US* dɜrm], **derma** [-mə] S ANAT **1** Corium *n*, Lederhaut *f* **2** Derma *n*, Haut *f*; **dermal** [-ml] ADJ ANAT **1** Lederhaut... **2** dermal, Dermal..., Haut...

dermatic [dɜ:'mætɪk; *US* dɜr-] ADJ dermatisch, Haut...; **dermatitis** [-mə'taɪtɪs] S MED Dermatitis *f*, Hautentzündung *f*

dermatogen [də(r)'mætədʒən] S BOT Dermatogen *n (Bildungsgewebe der Pflanzenoberhaut)*

dermatologic [ˌdɜ:mətə'lɒdʒɪk; *US* ˌdɜrmətl'ɑdʒɪk] ADJ, **dermatological** [-kl] ADJ (ADV **~ly**) dermatologisch; **dermatologist** [-'tɒlədʒɪst; *US* -'tɑ-] S Dermatologe *m*, Dermatologin *f*, Hautarzt *m*, -ärztin *f*; **dermatology** S MED Dermatologie *f (Lehre von den Hautkrankheiten)*

dermatophyte ['dɜ:mətəʊfaɪt; *US* 'dɜrmətəˌf-] S MED Dermatophyt *m*, Hautpilz *m*; **dermatophytosis** [-'təʊsɪs] S MED Dermatophytose *f (Pilzerkrankung der Haut)*; **dermatoplasty** [-ˌplæstɪ] S MED Dermatoplastik *f (operativer Ersatz von kranker od verletzter Haut durch gesunde)*

dermatosis [ˌdɜ:mə'təʊsɪs; *US* ˌdɜr-] *pl* -ses [-si:z] S MED Dermatose *f*, Hautkrankheit *f*

dermic ['dɜ:mɪk; *US* 'dɜr-] ADJ Haut...; **dermis** [-ɪs] → derm

derogate ['derəʊgeɪt] **A** V/I **1** **(from)** Abbruch tun, abträglich sein, schaden (*dat*), beeinträchtigen, schmälern (*akk*) **2** abweichen (**from** von *e-r Norm etc*): **~ from o.s.** sich zu s-m Nachteil verändern **B** V/T herabsetzen, verächtlich machen; **derogation** S **1** Beeinträchtigung *f*, Schmälerung *f*: **be a ~ from** (*od* **of**, **to**) → derogate A 1 **2** Herabsetzung *f* (**to** *gen*) **3** JUR teilweise Aufhebung (**of**, **to** *gen*)

derogatory [dɪ'rɒgətərɪ; *US* dɪ'rɑgəˌtəʊri:; -ˌtɔ:-] ADJ (ADV **derogatorily**) **1** **(from, to)** nachteilig (für), abträglich (*dat*), schädlich (*dat od* für): **be ~ from** (*od* **to**) **sth** e-r Sache abträglich sein, etwas beeinträchtigen **2** abfällig, geringschätzig, abschätzig (*Bemerkung etc*) **3** herabsetzend: **~ to him** seiner unwürdig

deromanticize [ˌdi:rəʊ'mæntɪsaɪz] V/T entromantisieren

derrick ['derɪk] S **1** TECH **a** *a.* **~ crane** Derrickkran *m*, Mastenkran *m* **b** Dreibockgestell *n (e-s Hebekrans)* **c** (fester *od* beweglicher) Ausleger **2** TECH Bohrturm *m* **3** SCHIFF Ladebaum *m*

derrière, *US a.* **derriere** [ˌderɪ'eə(r)] S Gesäß *n*, Hinterteil *n*

derring-do [ˌderɪŋ'du:] S *obs od poet* **1** Verwegenheit *f*, Tollkühnheit *f* **2** verwegene *od* tollkühne Taten *pl*

derringer ['derɪndʒə(r)] S Derringer *m/f (kurze Pistole mit großem Kaliber)*

derry[1] ['derɪ] S: **have a ~ on** *Aus* **a** *j-n, etwas* nicht mögen **b** voreingenommen sein gegen

derry[2] ['derɪ] S *Br sl* abbruchreifes Haus (*bes eines, in dem Obdachlose, Drogensüchtige etc hausen*)

derv [dɜ:v] S *Br* Diesel(kraftstoff) *m*

dervish ['dɜ:vɪʃ; *US* 'dɜr-] S Derwisch *m*: **whirling ~** tanzender Derwisch; **howling ~** heulender Derwisch

DES ABK *Br* Department of Education and Science

desalinate [ˌdi:'sælɪneɪt] V/T *bes Meerwasser* entsalzen; **desalination** S Entsalzung *f*: **~ plant** Entsalzungsanlage *f*; **desalinator** [-tə(r)] S Entsalzungsanlage *f*

desalinization [di:ˌsælɪnaɪ'zeɪʃn; *US* -nə'z-] → desalination; **desalinize** → desalinate

desalt [ˌdi:'sɔ:lt] → desalinate

descale [ˌdi:'skeɪl] V/T TECH *e-n Boiler etc* entkalken

descant **A** S ['deskænt] **1** MUS Diskant *m*: **a** Gegenstimme *f (über e-m Choral etc)* **b** Oberstimme *f*, Sopran *m*: **~ clef** Diskantschlüssel *m* **2** MUS **a** Variierung *f* **b** variierte Melodie **3** *poet* Melodie *f*, Weise *f* **B** V/I [dɪ'skænt; de-] **1** MUS diskantieren **2** sich auslassen *od* verbreiten (**on, upon** über *akk*)

descend [dɪˈsend] **A** VI **1** herab-, hinab-, herunter-, hinunter-, niedergehen, -kommen, -steigen, -fahren, -fließen, -sinken: **~ to hell** zur Hölle niederfahren; **~ into a mine** *(Bergbau)* einfahren **2** FLUG **a** niedergehen **b** (mit dem Fallschirm) abspringen **3** abfallen *(Straße etc)* **4** eingehen, zu sprechen kommen *(beide:* **to** auf *akk)* **5** herkommen, ab-, herstammen *(alle:* **from** von *j-m*, aus *e-r Familie)* **6** **(to)** übergehen, sich vererben (auf *akk*), zufallen *(dat)* **7** **(on, upon)** **a** herfallen (über *akk*), sich stürzen (auf *akk*), überfallen *(akk)*, einfallen (in *akk)* **b** *fig* hereinbrechen, kommen (über *akk*), überfallen *(akk) hum* **8** *fig* sich herabwürdigen, sich erniedrigen, sich hergeben *(alle:* **to** zu) **9** *(moralisch)* sinken **10** ASTRON **a** absteigen, sich dem Süden nähern **b** sinken *(Sonne)* **11** MUS tiefer werden, absteigen **B** VT **1** *e-e Treppe etc* hinab-, hinunter-, herab-, heruntersteigen, -gehen **2** *e-n Fluss etc* hinunter-, herunterfahren **3** **be ~ed (from)** → A 5

descendable → descendible

descendant [dɪˈsendənt] S **1** Nachkomme *m*, Abkömmling *m*, *(Genealogie)* Deszendent *m*: **be a direct ~ of** in gerader Linie abstammen von **2** ASTRON Deszendent *m*, Untergangspunkt *m (e-r Gestirnbahn)*: **his star is in the ~** *fig* sein Stern ist im Sinken (begriffen); **descendible** ADJ **(to)** vererbbar *(dat)*, übertragbar *(dat od* auf *akk)*

descending| aorta S MED absteigende Aorta; **~ diphthong** S LING fallender Diphthong; **~ letter** S TYPO Buchstabe *m* mit Unterlänge; **~ line** S Deszendenz *f*, absteigende Linie *(Verwandtschaft)*; **~ rhythm** S LIT fallender Rhythmus

descent [dɪˈsent] S **1** Herab-, Herunter-, Hinunter-, Hinabsteigen *n*, Abstieg *m*, Tal-, Abfahrt *f*, *(Bergbau)* Einfahrt *f*: **~ of the Holy Ghost** BIBEL Ausgießung *f* des Heiligen Geistes; **~ from the cross** MAL Kreuzabnahme *f* **2** FLUG **a** Höhenaufgabe *f*, Sinkflug *m*, Niedergehen *n (des Flugzeugs vor der Landung)* **b** (Fallschirm)Absprung *m* **3** Abhang *m*, Abfall *m*, Senkung *f*, Gefälle *n*: **make a sharp ~** scharf abfallen **4** *(der)* Weg hinunter *od* herunter **5** *fig* **a** Sinken *n* **b** Niedergang *m*, Abstieg *m* **6** Deszendenz *f*: **a** Abstammung *f*, Geburt *f*, Ab-, Herkunft *f*: **of French ~** französischer Herkunft **b** Nachkommenschaft *f* **c** absteigende Linie **7** JUR Vererbung *f*, Übertragung *f*, Übergang *m (alle:* **to** auf *akk)* **8** **(on, upon)** Einfall *m* (in *akk*), feindliche Landung (in *dat od* auf *dat*), Angriff *m* (auf *akk*), *(a. iron)* Überfall *m* (auf *akk)*

describable [dɪˈskraɪbəbl] ADJ zu beschreiben(d), beschreibbar

describe [dɪˈskraɪb] VT **1** beschreiben, schildern *(beide:* **sth to sb** j-m etwas) **2** **(as)** bezeichnen (als), nennen *(akk)*: **~ sb as a fool** **3** *bes* MATH *e-n Kreis, e-e Kurve* beschreiben; **describer** S Beschreiber(in), Schilderer *m*, Schilderin *f*

description [dɪˈskrɪpʃn] S **1** *(a. technische)* Beschreibung, Schilderung *f*: **beautiful beyond (all) ~** unbeschreiblich schön; **give a ~ of sth** etwas beschreiben; **know sb by ~** j-n der Beschreibung nach kennen; **take sb's ~** j-s Signalement aufnehmen; → beggar B 2, defy 3 **2** Bezeichnung *f*, Beschreibung *f*: **goods by ~** WIRTSCH Gattungsware(n) *f(pl)*; **purchase by ~** Gattungskauf *m* **3** Art *f*, Sorte *f*: **of every ~** jeder Art u. Beschreibung; **of the worst ~** von der schlimmsten Art, übelster Sorte **4** *bes* MATH Beschreibung *f (e-s Kreises, e-r Kurve)*

descriptive [dɪˈskrɪptɪv] ADJ (ADV **~ly**) **1** beschreibend, schildernd, darstellend, erläuternd, deskriptiv *(a.* LING): **~ grammar**; **~ geometry** MATH darstellende Geometrie; **~ science** deskriptive *od* beschreibende Wissenschaft; **be ~ of sth** etwas beschreiben *od* bezeichnen **2** anschaulich (geschrieben *od* schreibend); **descriptiveness** S Anschaulichkeit *f*

descry [dɪˈskraɪ] VT **1** gewahren, wahrnehmen **2** erspähen, entdecken

desecrate [ˈdesɪkreɪt] VT entweihen, schänden; **desecration** S Entweihung *f*, Schändung *f*: **~ of graves** Grabschändung; **desecrator** S Schänder(in): **~ of graves** Grabschänder(in)

desegregate [ˌdiːˈsegrɪgeɪt] VT POL die Rassentrennung in *e-r Schule etc* aufheben; **desegregation** S POL Aufhebung *f* der Rassentrennung (**of** in *dat*)

deselect [ˌdiːsɪˈlekt] VT **1** POL *Br e-n Unterhausabgeordneten* nicht wieder als Kandidat vorsehen **2** *US j-n* während der Ausbildung entlassen

desensitize [ˌdiːˈsensɪtaɪz] VT **1** MED desensibilisieren, unempfindlich *od* immun machen *(alle:* **to** gegen) **2** **a** PSYCH *j-n* von neurotischen Spannungen befreien **b** *j-n* abstumpfen **3** FOTO desensibilisieren, lichtunempfindlich machen; **desensitizer** S FOTO Desensibilisator *m*

desert[1] [dɪˈzɜːt; *US* dɪˈzɜrt] **A** VT **1** verlassen, im Stich lassen: **his courage ~ed him** **2** JUR *s-n Ehegatten* (böswillig) verlassen **3** abtrünnig *od* untreu werden *(dat)*, abfallen von: **~ the colo(u)rs** MIL fahnenflüchtig werden **B** VI **1** MIL fahnenflüchtig werden, desertieren (**from** aus *der Armee etc*) **2** überlaufen, -gehen *(beide:* **to** zu)

desert[2] [dɪˈzɜːt; *US* dɪˈzɜrt] S **1** Verdienst *n* **2** Wert *m*, Verdienst *n*: **be judged according to one's ~** nach s-m Verdienst eingeschätzt werden **3** **get one's just ~s** s-n (gerechten) Lohn bekommen

desert[3] [ˈdezə(r)t] **A** S **1** Wüste *f* **2** Ödland *n*, Öde *f*: **our town is a cultural ~** in unserer Stadt tut sich kulturell überhaupt nichts **B** ADJ **1** Wüsten…: **~ fox**; **a hot ~ wind**; **~ (bob)cat** ZOOL amer. Rotluchs *m*; **~ lynx** ZOOL Wüstenluchs *m* **2** öde, wüst, verödet, verlassen: **~ island** einsame Insel

deserted [dɪˈzɜːtɪd; *US* -ˈzɜr-] ADJ **1** verlassen, unbewohnt *(Insel etc)*, (wie) ausgestorben, menschenleer *(Straßen etc)* **2** verlassen, einsam *(Person)*; **deserter** S **1** MIL **a** Deserteur *m*, Fahnenflüchtige(r) *m* **b** Überläufer *m (a. allg)* **2** Abtrünnige(r) *m/f(m)*

desertification [ˌdezə(r)tɪfɪˈkeɪʃn] S Desertifikation *f (allmähliche Ausbreitung der Wüste auf zuvor fruchtbares Land)*

desertion [dɪˈzɜːʃn; *US* -ˈzɜr-] S **1** Verlassen *n* **2** Verlassenheit *f* **3** JUR (böswilliges) Verlassen **4** MIL Desertion *f*, Fahnenflucht *f*

deserve [dɪˈzɜːv; *US* -ˈzɜrv] **A** VT **1** verdienen *(akk)*, würdig sein *(gen)*, Anspruch haben auf *(akk)*: **~ praise** Lob verdienen; **he ~s a special mention** er verdient es, besonders erwähnt zu werden **2** *Strafe etc* verdienen, verdient haben: **he ~d to win** er hatte den Sieg verdient **B** VI **~ well of sb (sth)** sich um j-n (etwas) verdient gemacht haben; **~ ill of sb** j-m e-n schlechten Dienst erwiesen haben; **deserved** ADJ (wohl)verdient; **deservedly** [-ɪdlɪ] ADV verdientermaßen, mit Recht; **deserving** ADJ (ADV **~ly**) **1** verdienstvoll, verdient *(Person)* **2** verdienstlich, -voll *(Tat)* **3** verdient *(Sieger etc)*: **be ~ of sth** etwas verdienen, e-r Sache wert *od* würdig sein

deshabille [ˌdezəˈbiːl], *bes Br* **déshabillé** [ˌdezəˈbiːeɪ] S: **in (a state of) ~** **a** nachlässig gekleidet **b** im Negligee

desiccant [ˈdesɪkənt] **A** ADJ (aus)trocknend **B** S (aus)trocknendes Mittel

desiccate [ˈdesɪkeɪt] VT & VI (aus-)trocknen, (aus)dörren: **~d fruit** Dörrobst *n*; **~d milk** Trockenmilch *f*; **desiccation** S (Aus)Trocknen *n*, (Aus-)Dörren *n*; **desiccative** [deˈsɪkətɪv; *US* ˈdesɪˌkeɪ-] → desiccant; **desiccator** [-keɪtə(r)] S **1** CHEM Exsikkator *m*, Entfeuchter *m* **2** TECH Trockenapparat *m*; **desiccatory** [deˈsɪkətərɪ; *US* ˈdesɪkəˌtəʊriː; -ˌtɔː-] ADJ (aus-)trocknend

D

desiderate [dɪˈzɪdəreɪt; -ˈsɪd-] VT **1** bedürfen *(gen)*, nötig haben **2** ersehnen; **desideration** S Bedürfnis *n*; **desiderative** [-rətɪv; *US a.* -ˌreɪtɪv] LING **A** ADJ desiderativ *(ein Verlangen od Bedürfnis ausdrückend)*: **~ verb** → B **B** S Desiderativum *n*; **desideratum** [-ˈreɪtəm; -ˈrɑː-] *pl* **-ta** [-tə] S Desiderat *n*, *(etwas)* Erwünschtes, Bedürfnis *n*, Erfordernis *n*: **be a ~ for** erforderlich sein für

design [dɪˈzaɪn] **A** VT **1** entwerfen, aufzeichnen, skizzieren, TECH konstruieren: **~ a dress** ein Kleid entwerfen **2** gestalten, ausführen, anlegen: **beautifully ~ed** **3** *fig* entwerfen, ausdenken, ersinnen **4** im Sinne haben, vorhaben, planen *(alle:* **doing, to do** zu tun) **5** bestimmen, vorsehen *(beide:* **for** für *j-n od etwas*; **as** als): **be ~ed to do sth** dafür bestimmt *od* darauf angelegt sein, etwas zu tun *(Sache)* **6** **(for)** *j-n* bestimmen (zu), ausersehen, vorsehen (zu, für): **he was ~ed for service in the navy**; **~ sb to be a priest** j-n dazu ausersehen, Priester zu werden **B** VI Pläne entwerfen, Entwürfe machen *(beide:* **for** für) **C** S **1** Design *n*, Entwurf *m*, Zeichnung *f*, Plan *m*, Skizze *f* **2** Design *n*, Muster(zeichnung) *n(f)*: → **copyright** A, **protection** 2, **registered** 2 **3** TECH **a** Baumuster *n*, Konstruktionszeichnung *f* **b** Bauart *f*, Bau(-weise) *m(f)*, Konstruktion *f*, Ausführung *f*: **~ engineer** Konstrukteur(in); → **industrial design** **4** Design *n*, (dekoratives) Muster **5** (künstlerische *od* äußere) Gestaltung, Formgebung *f* **6** Plan *m*, Anlage *f*, Anordnung *f* **7** Plan *m*, Vorhaben *n*, Absicht *f*: **by ~** mit Absicht, absichtlich; **with the ~ of doing** mit der Absicht *od* dem Vorsatz zu tun **8** Ziel *n*, (End)Zweck *m* **9** Anschlag *m* (**[up]on sb's life** auf j-s Leben), böse Absicht: **have ~s (up)on** *(od* **against)** etwas (Böses) im Schilde führen gegen, es abgesehen haben auf *(akk)*, *a. hum* e-n Anschlag vorhaben auf *(akk)* **10** Zweckmäßigkeit *f*: **argument from ~** REL Beweis *m* aus der Zweckmäßigkeit, teleologischer Gottesbeweis

designate **A** VT [ˈdezɪgneɪt] **1** *etwas* bezeichnen, kennzeichnen **2** *a.* **~ as** *etwas od j-n* bezeichnen als, (be)nennen **3** *etwas* bestimmen, festlegen **4** *j-n (im Voraus)* designieren, bestimmen, ausersehen *(alle:* **to, for** für *ein Amt etc*, zu *e-m Amtsträger etc)* **5** *etwas* bestimmen, vorsehen *(beide:* **for** für) **6** MIL *ein Schussziel* ansprechen **B** ADJ [-neɪt; -nət] *(nachgestellt)* designiert, vorgesehen, ausersehen: **president ~** designierter Präsident; **designation** S **1** Bezeichnung *f*: **a** Kennzeichnung *f* **b** Name *m*, Benennung *f* **2** Bestimmung *f*, Festlegung *f*, -setzung *f (e-r Sache)* **3** **(to, for)** Designation *f*, Bestimmung *f od* Ernennung *f (im Voraus)* (für *ein Amt etc*, zu *e-m Amtsträger etc*), Berufung *f* (auf *e-n Posten*, in *ein Amt*, zu *e-m Amtsträger*) **4** Bedeutung *f*, Sinn *m*

designed [dɪˈzaɪnd] ADJ **1** bestimmt *(etc*, → design A) **2** absichtlich, vorsätzlich; **designedly** [-ɪdlɪ] ADV → designed 2; **designer** S **1** Entwerfer(in): **a** (Muster)Zeichner(in) **b** Designer(in), (Form)Gestalter(in) **c** TECH Konstrukteur(in) **d** Erfinder(in) **e** *(Mode)* Designer(in), (-)Schöpfer(in): **~ dress** Designerkleid n; ~ **drug** Designerdroge f; ~ **stubble** Dreitagebart m 2 fig Ränkeschmied(in), Intrigant(in); **designing** ADJ (ADV ~ly) ränkevoll, intrigant

desilicify [ˌdiːsɪˈlɪsɪfaɪ] V/T CHEM entkieseln

desinence [ˈdesɪnəns] S 1 Ende n, Schluss m 2 LING a Endung f b Suffix n, Nachsilbe f

desirability [dɪˌzaɪərəˈbɪlətɪ] S Erwünschtheit f; **desirable** A ADJ (ADV desirably) 1 wünschenswert, erwünscht 2 angenehm 3 begehrenswert (Frau) B S 1 a ~ etwas Wünschenswertes 2 begehrenswerte Frau; **desirableness** → desirability

desire [dɪˈzaɪə(r)] A V/T 1 wünschen, begehren, wollen (alle: **sth of sb** etwas von j-m): ~ **to see sb** j-n zu sehen wünschen; ~ **sth (to be) done** wünschen, dass etwas getan wird od geschieht; **he ~s that you (should) come at once, he ~s you to come at once** er will, dass Sie sofort kommen; **leave much (nothing) to be ~d** viel (nichts) zu wünschen übrig lassen; **as ~d** wie gewünscht; **if ~d** auf Wunsch, wenn gewünscht 2 etwas ersehnen, (sehnlich) begehren 3 e-e Frau etc begehren 4 j-n bitten, ersuchen (beide: **to do** zu tun) B V/I den Wunsch hegen C S 1 Wunsch m, Verlangen n, Begehren n (alle: **for** nach): ~ **for knowledge** Wissensdurst m; **feel a ~ for doing** (od **to do**) **sth** den Wunsch verspüren, etwas zu tun; ~ **to eat** Esslust f; ~ **to smoke** Rauchverlangen 2 Wunsch m, Bitte f: **at his** ~ auf s-e Bitte od s-n Wunsch 3 Sehnsucht f, Verlangen n (beide: **for** nach) 4 (sinnliche) Begierde 5 (das) Gewünschte od Ersehnte, Wunsch m: **what is your greatest ~?** was ist dein größter Wunsch?, was wünschst du dir am meisten?; **desired** ADJ 1 er-, gewünscht: ~ **value** TECH Sollwert m 2 ersehnt; **desirous** [-ˈzaɪərəs] ADJ (ADV ~ly) 1 begierig, verlangend (beide: **of** nach) 2 wünschend, begehrend: **be ~ of sth** etwas wünschen od begehren; **be ~ of doing sth** danach trachten od verlangen, etwas zu tun; **be ~ to learn** (od **to know**) **sth** etwas (sehr) gern wissen wollen; **the parties are ~** (in Verträgen) die Vertragsparteien beabsichtigen

desist [dɪˈzɪst; -ˈsɪst] V/I ablassen, Abstand nehmen (beide: **from** von): ~ **from doing sth** davon Abstand nehmen, etwas zu tun; **desistance**, **desistence** S Ablassen n

desk [desk] A S 1 Schreibtisch m 2 (Lese-, Schreib-, Noten-, TECH Schalt)Pult n 3 Kasse f (im Restaurant etc): **pay at the** ~ 4 (Zeitungs)Redaktion f 5 Empfang m, Anmeldung f, Rezeption f (im Hotel): ~ **clerk** US Empfangschef m, -dame f 6 Auskunft(sschalter) f(m) B ADJ 1 (Schreib)Tisch...: ~ **book** Handbuch n; ~ **calculator** Tischrechner; ~ **calendar** Tischkalender m; ~ **lamp** Schreibtischlampe f; ~ **pad** Schreibtischunterlage f; ~ **set** Schreibzeug n; ~ **strategist** iron Schreibtischstratege m, -strategin f; ~ **sergeant** diensthabender Polizist 2 Schreib(tisch)..., Büro...: ~ **work**; ~ **research** (Markt- u. Meinungsforschung) Sekundär-, Schreibtischforschung f

deskill [ˌdiːˈskɪl] V/T WIRTSCH Arbeitsvorgänge etc so vereinfachen, dass ihre Ausführung nur noch geringe oder gar keine Fachkenntnisse erfordert

desktop A S Desktop m, Schreibtischplatte f B ADJ: ~ **computer** Desktop m, Tischcomputer m; ~ **copier** Tischkopierer m; ~ **publishing** Desktop-Publishing n (das Erstellen von Satz u. Layout e-s Textes am Schreibtisch mithilfe der elektronischen Datenverarbeitung)

desolate A ADJ [ˈdesələt] (ADV ~ly) 1 wüst, verwüstet 2 einsam, verlassen: a unbewohnt b allein (nur präd), vereinsamt: **a ~ old woman** 3 trostlos: a traurig (Gedanken etc) b öde (Gegend, Stunden etc) B V/T [-leɪt] 1 verwüsten 2 entvölkern 3 verlassen, einsam zurücklassen 4 trostlos od elend machen; **desolateness** [-lət-] → desolation; **desolation** S 1 Verwüstung f 2 Entvölkerung f 3 Einsamkeit f, Verlassenheit f 4 Trostlosigkeit f: a Elend n, Traurigkeit f b Öde f

despair [dɪˈspeə(r)] A V/I (**of**) verzweifeln (an dat), ohne Hoffnung sein, alle Hoffnung aufgeben od verlieren (für, auf akk): ~ **of mankind** an der Menschheit verzweifeln; **he ~ed of ever seeing his children again** er gab alle Hoffnung auf, s-e Kinder noch einmal zu sehen B S 1 Verzweiflung f (**at** über akk), Hoffnungslosigkeit f: **drive sb to ~** j-n zur Verzweiflung bringen; **a look of ~** ein verzweifelter Blick; **his ~ of ever seeing his children again made him commit suicide** da er keinerlei Hoffnung mehr hatte, s-e Kinder noch einmal zu sehen, beging er Selbstmord; **be in ~ of finding sth** etwas verzweifelt suchen 2 Ursache f (od Gegenstand) m der Verzweiflung: **be the ~ of sb** j-n zur Verzweiflung bringen; **despairing** ADJ (ADV ~ly) verzweifelt, voll Verzweiflung

despatch, etc → dispatch etc

desperado [ˌdespəˈrɑːdəʊ; -ˈreɪ-] pl -does, -dos S Desperado m

desperate [ˈdespərət] A ADJ (ADV ~ly) 1 verzweifelt: **a ~ deed** e-e Verzweiflungstat; **a ~ effort** e-e verzweifelte Anstrengung; **be ~ for sth, be in ~ need of sth** etwas verzweifelt od dringend od bitter nötig haben; **be ~ to do sth** etwas unbedingt od unter allen Umständen tun wollen 2 verzweifelt, hoffnungs-, ausweglos, desperat (Situation etc): → strait A 2 3 heftig (Abneigung etc) 4 umg furchtbar, schrecklich B ADV umg: **desperately** ill etc schrecklich, äußerst, sehr; **desperateness** → desperation 2; **desperation** S 1 Verzweiflung f: **drive to ~** zur Verzweiflung bringen 2 Hoffnungs-, Ausweglosigkeit f

despicable [ˈdespɪkəbl; dɪˈspɪk-] ADJ (ADV despicably) verächtlich, verachtenswert, verabscheuungswürdig

despise [dɪˈspaɪz] V/T verachten, e-e Speise etc a. verschmähen: **that is not to be ~d** das ist nicht zu verachten; **despiser** S Verächter(in)

despite [dɪˈspaɪt] A PRÄP trotz (gen od dat), ungeachtet (gen) B S 1 obs Schimpf m, (angetane) Schmach 2 **in ~ of** → A; **in ~ of him** ihm zum Trotz; **in my (his,** etc) ~ obs mir (ihm etc) zum Trotz; **in ~ of o.s.** unwillkürlich 3 obs Boshaftigkeit f, Bosheit f, Gehässigkeit f; **despiteful** ADJ (ADV ~ly) obs boshaft, gehässig

despoil [dɪˈspɔɪl] V/T j-n ausrauben, e-n Ort etc a. (aus)plündern

despoliation [dɪˌspəʊlɪˈeɪʃn], **despoilment** S Raub m, Plünderung f

despond [dɪˈspɒnd; US -ˈspand] A V/I verzagen, verzweifeln, den Mut verlieren B S obs → despondence; **despondence**, **despondency** S Verzagtheit f, Mutlosigkeit f, Verzweiflung f; **despondent** ADJ (ADV ~ly) mutlos, verzagt, verzweifelt: **become ~** → despond A; **be ~ about** (od **at**) bedrückt sein über (akk) od wegen

despot [ˈdespɒt; US -ˌpat] S Despot m, Tyrann m; **despotic** [deˈspɒtɪk; US -ˈpa-] ADJ, **despotical** ADJ (ADV ~ly) despotisch, tyrannisch, fig a. herrisch; **despotism** [-pə-] S a Despotismus m (System) b Despotie f, Tyrannei f

despumate [dɪˈspjuːmeɪt; ˈdespjʊ-] TECH A V/T abschöpfen B V/I sich abschäumen

desquamate [ˈdeskwəmeɪt] V/I MED 1 sich abschuppen (Haut etc) 2 sich häuten, sich schuppen (Person); **desquamation** S MED Abschuppung f

dessert [dɪˈzɜːt; US dɪˈzɜrt] A S Dessert n, Nachtisch m B ADJ Dessert..., Nachtisch...: ~ **fork** Dessertgabel f; ~ **knife** Dessertmesser n; ~ **wine** Dessertwein m; **dessertspoon** S Dessertlöffel m

destabilization [ˈdiːˌsteɪbəlaɪˈzeɪʃn; US diːˌsteɪbləˈz-] S Destabilisierung f; **destabilize** V/T die Wirtschaft e-s Landes etc destabilisieren

de-Stalinization, **destalinization** [ˈdiːˌstɑːlɪnaɪˈzeɪʃn; -ˌstæ-; US -nəˈz-] S POL, HIST Entstalinisierung f; **de-Stalinize**, **destalinize** V/T entstalinisieren

destination [ˌdestɪˈneɪʃn] S 1 (WIRTSCH a. **place of ~**) Bestimmungsort m: **country of ~** Bestimmungsland n 2 a Adresse f: **send sth to the wrong ~** etwas an die falsche Adresse schicken b Reiseziel n 3 Bestimmung f, (End)Zweck m, Ziel n

destine [ˈdestɪn] V/T 1 etwas bestimmen, vorsehen (beide: **for** für e-n Zweck): **be ~d to** (inf) dazu bestimmt od dafür vorgesehen sein zu (inf) 2 j-n bestimmen, prädestinieren, ausersehen (bes durch Umstände od Schicksal): **he was ~d to** (inf) er sollte (früh sterben etc), es war ihm beschieden zu (inf); **destined** ADJ unterwegs (**for** nach): **a ship ~ for Liverpool**

destiny [ˈdestɪnɪ] S 1 Schicksal n: a Geschick n, Los n b Verhängnis n: **he met his ~** sein Schicksal ereilte ihn; **the destinies of Europe** die Geschicke Europas 2 (unvermeidliches) Ende, Schicksal n 3 ♀ das Schicksal (personifiziert): **the Destinies** die Schicksalsgöttinnen, die Parzen

destitute [ˈdestɪtjuːt; US a. -ˌtuːt] A ADJ 1 mittellos, (völlig) verarmt, Notleidend 2 (**of**) bar (gen), ohne (akk): ~ **of all power** völlig machtlos, ohne jede Macht; **I am ~ of words** mir fehlen die Worte; ~ **of children** kinderlos 3 fig entblößt, beraubt (beide: **of** gen): ~ **of all authority** B S **the ~** koll die Mittellosen pl, die Armen pl; **destitution** S 1 (äußerste) Armut, (bittere) Not, Elend n 2 (völliger) Mangel (**of** an dat)

destrier [ˈdestrɪə(r)] S obs Streitross n

destroy [dɪˈstrɔɪ] V/T 1 zerstören, vernichten 2 zertrümmern, ein Gebäude etc ab-, niederreißen 3 etwas ruinieren, unbrauchbar machen 4 j-n, e-e Armee, Insekten etc vernichten 5 töten, umbringen, ein Tier a. einschläfern 6 fig j-n, j-s Ruf, Gesundheit etc ruinieren, zugrunde richten, Hoffnungen etc zunichtemachen, zerstören 7 umg j-n kaputtmachen (strapazieren): **I was absolutely ~ed** ich war fix u. fertig; **destroyable** ADJ zerstörbar; **destroyer** S 1 Zerstörer(in), Vernichter(in) 2 SCHIFF, MIL Zerstörer m: ~ **escort** Geleitzerstörer

destruct [dɪˈstrʌkt] A V/T s-e eigene Weltraumrakete, sein eigenes Kriegsmaterial etc aus Sicherheitsgründen zerstören B V/I 1 aus Sicherheitsgründen zerstört werden 2 sich selbst zerstören C S 1 Zerstörung f, aus Sicherheitsgründen 2 Selbstzerstörung f

destructibility [dɪˌstrʌktɪˈbɪlətɪ] S Zerstörbarkeit f; **destructible** ADJ (ADV destructibly) zerstörbar

destruction [dɪˈstrʌkʃn] S 1 Zerstörung f, Vernichtung f 2 Zertrümmerung f (e-s Gebäudes etc), Ab-, Niederriss m 3 Tötung f, (e-s Tiers a.) Einschläferung f; **destructionist** S 1 Zerstörungswütige(r) m/f(m) 2 bes POL Umstürzler(in)

destructive [dɪˈstrʌktɪv] ADJ (ADV ~ly) 1 zerstörend, vernichtend: → distillation 1 2 fig destruktiv, zerstörerisch, zerrüttend, verderblich, schädlich: ~ **to health** gesundheitsschädlich; **be ~ of sth** etwas zerstören od untergraben 3 destruktiv ([rein] negativ): ~ **criticism**; **destructiveness**, **destructivity**

[ˌdiːstrʌkˈtɪvətɪ] S 1 zerstörende *od* vernichtende Wirkung 2 *(das)* Destruktive, destruktive Eigenschaft; **destructor** [-tə(r)] S TECH *Br* Müllverbrennungsofen *m*

desuetude [dɪˈsjuːɪtjuːd; *US* -ˈsuːə-; *a.* -ˌtuːd; ˈdeswɪtjuːd; *US a.* -ˌtuːd] S Ungebräuchlichkeit *f*: **fall** (*od* **pass**) **into ~** außer Gebrauch kommen

desulfur [ˌdiːˈsʌlfə(r)], **desulfurate** [-fjʊreɪt; -fə-], **desulfurize** [-fjʊraɪz; -fə-] V/T CHEM entschwefeln; **desulphur**, *etc bes Br für* desulfur *etc*

desultoriness [ˈdesəltərɪnɪs; *US* -ˌtəʊriː-; -ˌtɔː-] S 1 Zusammenhanglosigkeit *f*, Plan-, Ziellosigkeit *f* 2 Flüchtigkeit *f*, Oberflächlichkeit *f*, Sprunghaftigkeit *f* 3 Unstetigkeit *f*; **desultory** ADJ (ADV desultorily) 1 unzusammenhängend, planlos, ziellos: **~ talk** wirres Gerede 2 abschweifend *(Bemerkungen etc)* 3 oberflächlich, flüchtig, sprunghaft 4 unruhig, unstet 5 vereinzelt

detach [dɪˈtætʃ] A V/T 1 (ab-, los)trennen, (los)lösen, losmachen, *a.* TECH abnehmen, BAHN *e-n Waggon* abhängen *(alle:* **from** von*)*: **~ o.s.** sich befreien 2 absondern, frei machen 3 SCHIFF, MIL abkommandieren B V/I sich (los)lösen, sich absondern *(beide:* **from** von*)*; **detachable** ADJ (ADV detachably) abnehmbar (*a.* TECH), loslösbar, (ab)trennbar, *(Futter)* ausknöpfbar; **detached** ADJ 1 (ab)getrennt, (ab-, los)gelöst: **become ~** sich (los)lösen 2 einzeln, frei *od* alleinstehend: **~ house** Einzelhaus *n* 3 separat, gesondert 4 SCHIFF, MIL abkommandiert 5 *fig* a objektiv, unvoreingenommen b **(about)** uninteressiert (an *dat*), gleichgültig (gegen) c distanziert *(Haltung etc)*; **detachedly** [-ɪdlɪ] ADV → detached; **detachedness** → detachment 2, 3, 4

detachment S 1 (Ab)Trennung *f*, (Los)Lösung *f (beide:* **from** von*)*: **~ of the retina** MED Netzhautablösung *f* 2 *fig* (innerer) Abstand, Distanz *f*, Losgelöstsein *n*, (innere) Freiheit 3 *fig* Objektivität *f*, Unvoreingenommenheit *f* 4 Gleichgültigkeit *f* (**from** gegen) 5 MIL → detail A 7 a, A 7 b

detail [ˈdiːteɪl; dɪˈteɪl] A S 1 Detail *n*: a Einzelheit *f*, einzelner Punkt b *a. pl koll* (nähere) Einzelheiten *pl*, Näheres *n*: **(down) to the smallest ~** bis ins kleinste Detail; **a wealth of ~** e-e Fülle von Einzelheiten; **go** (*od* **enter**) **into ~** ins Einzelne *od* ins Detail gehen, auf Einzelheiten eingehen; **in ~** ausführlich, in allen Einzelheiten, Punkt für Punkt, im Einzelnen 2 Einzelteil *n/m*: **~ drawing** TECH Stück-, Teilzeichnung *f* 3 Detailbehandlung *f*, ausführliche Behandlung *(e-s Themas etc)* 4 ausführliche Darstellung 5 KUNST Detail *n*: a Detailarbeit *f* b Ausschnitt *m* 6 Nebensache *f*, -umstand *m* 7 MIL a (Sonder)Kommando *n*, Abteilung *f*, Trupp *m* b Abkommandierung *f* c Sonderauftrag *m* d Tagesbefehl *m* B V/T 1 detaillieren, ausführlich behandeln *od* berichten, genau beschreiben 2 *Tatsachen etc* einzeln aufzählen *od* aufführen, einzeln eingehen auf *(akk)* 3 MIL abkommandieren, einteilen *(beide:* **for** zu*)*; **detailed** ADJ detailliert, ausführlich, eingehend, genau

detain [dɪˈteɪn] V/T 1 *j-n* aufhalten 2 *j-n* warten lassen 3 *a.* **~ in custody** JUR *j-n* in (Untersuchungs)Haft (be)halten 4 *obs etwas* (widerrechtlich) zurückhalten 5 SCHULE nachsitzen lassen 6 *fig j-n* fesseln *(Buch etc)*; **detainee** [ˌdiːteɪˈniː] S Inhaftierte(r) *m/f(m)*; **detainer** S JUR 1 *a.* **wrongful ~** widerrechtliche Vorenthaltung 2 Anordnung *f* der Haftfortdauer

detect [dɪˈtekt] V/T 1 entdecken, (heraus)finden, ermitteln, feststellen 2 erspähen, wahrnehmen 3 *ein Geheimnis* enthüllen 4 *ein Verbrechen etc* aufdecken, aufklären 5 *j-n* entlarven 6 *j-n* ertappen (**in** bei): **~ sb doing sth** j-n dabei ertappen, wie er etwas tut; **~ sb cheating** j-n beim Betrügen ertappen 7 MIL *Gas, Minen* spüren, *ein Ziel* erfassen 8 RADIO gleichrichten, demodulieren; **detectable** ADJ feststellbar, entdeckbar; **detectible** → detectable

detection [dɪˈtekʃn] S 1 Entdeckung *f*, Entdecken *n*, Feststellung *f*, Ermittlung *f* 2 Enthüllung *f* 3 Aufdeckung *f*, Aufklärung *f* 4 Entlarvung *f* 5 RADIO Gleichrichtung *f*, Demodulation *f* 6 MIL Zielerfassung *f*; **detective** A ADJ Detektiv…, Kriminal…: **~ agency** Detektei *f*, Detektivbüro *n*; **~ fiction** Kriminalromane *pl*; **~ novel** (*od* **story**) Kriminalroman *m*, Krimi *m*; **do ~ work** *bes fig* Detektivarbeit leisten B S 1 Kriminalbeamte(r) *m*, -beamtin *f* 2 *(Kaufhaus-, Privat)* Detektiv(in)

detector [dɪˈtektə(r)] S 1 Auf-, Entdecker(in), Enthüller(in) 2 TECH a Anzeigevorrichtung *f* b Angeber *m (an Geldschränken)* 3 ELEK Detektor *m*, HF-Gleichrichter *m*, Demodulator *m* 4 MIL a Spürgerät *n (für radioaktive Stoffe etc)* b SCHIFF Ortungsgerät *n (gegen U-Boote)* c SCHIFF Torpedosuchgerät *n*

detent [dɪˈtent] S TECH Sperrklinke *f*, -kegel *m*, -haken *m*, Sperre *f*, Arretierung *f*

détente [deɪˈtɑ̃ːnt] S *bes* POL Entspannung *f*

detention [dɪˈtenʃn] S 1 Inhaftierung *f*, Festnahme *f* 2 Haft *f*, Gewahrsam *m*: **~ (pending trial)** Untersuchungshaft; **~ centre** *Br*, **~ home** *US* Jugendstrafanstalt *f* 3 Aufhaltung *f* 4 Vorenthaltung *f*, Einbehaltung *f (von Löhnen etc)* 5 SCHULE Arrest *m*, Nachsitzen *n*: **keep** *sb* **in ~**, **give** *sb* **~** → detain 5; **be kept in ~** nachsitzen müssen

deter [dɪˈtɜː; *US* dɪˈtɜr] V/T abschrecken, abhalten *(beide:* **from** von*)*: **~ sb from doing sth** j-n davon abschrecken, etwas zu tun

deterge [dɪˈtɜːdʒ; *US* -ˈtɜrdʒ] V/T *bes e-e Wunde* reinigen; **detergent** A ADJ reinigend B S 1 *a.* MED Reinigungsmittel *n* 2 Waschmittel *n* 3 Geschirrspülmittel *n*

deteriorate [dɪˈtɪərɪəreɪt] A V/I 1 sich verschlechtern, schlechter werden, *(Material)* verderben, *(Tierrasse etc)* entarten: **his health ~d** sein Gesundheitszustand verschlechterte sich 2 verfallen, herunterkommen 3 WIRTSCH an Wert verlieren B V/T 1 verschlechtern, verschlimmern, beeinträchtigen 2 *den Wert* (ver)mindern 3 im Wert (ver)mindern, herabsetzen; **deterioration** S 1 Verschlechterung *f*, Verschlimmerung *f*, Verderb *m*, Entartung *f*: **the ~ of his health** die Verschlechterung s-s Gesundheitszustandes 2 Wertminderung *f*; **deteriorative** [-rətɪv; *US bes* -ˌreɪ-] ADJ verschlechternd

determent S 1 Abschreckung *f* (**from** von) 2 Abschreckungsmittel *n*

determinable [dɪˈtɜːmɪnəbl; *US* -ˈtɜr-] ADJ (ADV determinably) 1 bestimmbar, entscheidbar, festsetzbar 2 JUR befristet: **~ contract** kündbarer Vertrag; **determinant** A ADJ bestimmend, entscheidend B S 1 Determinante *f*, bestimmender *od* entscheidender Faktor *(alle:* **in** bei*)* 2 MATH Determinante *f (Hilfsmittel der Algebra zur Lösung e-s Gleichungssystems)*

determinate [dɪˈtɜːmɪnət; *US* -ˈtɜr-] ADJ (ADV ~ly) 1 bestimmt, festgelegt 2 entschieden, beschlossen 3 endgültig 4 entschlossen, entschieden, bestimmt; **determinateness** S 1 Bestimmtheit *f* 2 Entschlossenheit *f*, Entschiedenheit *f*

determination [dɪˌtɜːmɪˈneɪʃn; *US* -ˌtɜr-] S 1 Entschluss *m*, Entscheidung *f* 2 Beschluss *m* 3 Bestimmung *f*, Festsetzung *f* 4 Feststellung *f*, Ermittlung *f*, Bestimmung *f*: **~ of calorific value** Heizwertbestimmung 5 Bestimmt-, Entschlossen-, Entschiedenheit *f*, Zielstrebigkeit *f*: **a man of ~** ein entschlossener *od* zielstrebiger Mensch 6 Ziel *n*, Zweck *m*, feste Absicht 7 Tendenz *f*, Neigung *f* 8 Abgrenzung *f* 9 *bes* JUR Ablauf *m*, Ende *n (e-s Vertrags etc)* 10 *Logik*: Determination *f*, Bestimmung *f*; **determinative** [-nətɪv; *US bes* -ˌneɪ-] A ADJ (ADV ~ly) 1 (näher) bestimmend, einschränkend, Bestimmungs… 2 bestimmend, entscheidend B S 1 *(etwas)* Bestimmendes *od* Charakteristisches 2 bestimmender *od* entscheidender Faktor 3 LING Bestimmungswort *n*: **~ compound** Determinativkompositum *n (Zusammensetzung, bei der das erste Glied das zweite näher bestimmt)*

determine [dɪˈtɜːmɪn; *US* -ˈtɜr-] A V/T 1 *e-e Streitfrage etc* entscheiden 2 *etwas* beschließen (*a.* **to do** zu tun), *e-n Zeitpunkt etc* bestimmen, festsetzen 3 *etwas* feststellen, ermitteln, bestimmen 4 bedingen, bestimmen, maßgebend sein für: **demand ~s the price** 5 *j-n* bestimmen, veranlassen *(beide:* **to do** zu tun*)* 6 *bes* JUR *e-n Vertrag etc* beend(ig)en, aufheben, ablaufen lassen 7 *Logik*: determinieren, bestimmen B V/I 1 **(on)** sich entscheiden (für), sich entschließen (zu): **~ on doing sth** sich dazu entschließen, etwas zu tun 2 *bes* JUR enden, ablaufen *(Vertrag etc)*; **determined** ADJ (ADV ~ly) 1 (fest) entschlossen: **be ~ to do sth**; **he was ~ to know** er wollte es unbedingt wissen 2 entschieden 3 bestimmt, festgelegt; **determiner** S LING Bestimmungswort *n*

determinism [dɪˈtɜːmɪnɪzəm; *US* -ˈtɜr-] S PHIL Determinismus *m*: a *Lehre von der kausalen (Vor)Bestimmtheit alles Geschehens* b *die der Willensfreiheit widersprechende Lehre von der Bestimmung des Willens durch innere u. äußere Ursachen*; **determinist** A S Determinist(in) B ADJ deterministisch

deterrence [dɪˈterəns; *US bes* -ˈtɜr-] S Abschreckung *f*: **nuclear ~**; **deterrent** A ADJ (ADV ~ly) abschreckend, Abschreckungs…: **~ effect** B S Abschreckungsmittel *n*, abschreckendes Beispiel *(beide:* **to** für*)*: **act as a ~** abschreckend wirken (**to** auf *akk*)

detest [dɪˈtest] V/T verabscheuen, hassen: **~ having to do sth** es hassen, etwas tun zu müssen; **detestable** ADJ (ADV detestably) abscheulich, verabscheuenswert; **detestation** [ˌdiː-] S 1 **(of)** Verabscheuung *f (gen)*, Abscheu *m* (vor *dat*, gegen) 2 **be the ~ of** *j-s* Abscheu erregen, verabscheut werden von

dethrone [dɪˈθrəʊn] V/T entthronen (*a. fig*); **dethronement** S Entthronung *f (a. fig)*

detinue [ˈdetɪnjuː; *US bes* ˈdetnˌuː] S JUR Vorenthaltung *f*: **action of ~** Vindikationsklage *f*

detonate [ˈdetəneɪt] A V/T 1 detonieren *od* explodieren lassen, zur Detonation bringen, zünden 2 *fig etwas* auslösen B V/I 1 detonieren, explodieren 2 AUTO klopfen; **detonating** ADJ TECH Detonations…, Spreng…, Zünd…, Knall…: **~ explosive** (*od* **powder**) Brisanzsprengstoff *m*; **~ gas** CHEM Knallgas *n*; **~ tube** CHEM Verpuffungsröhre *f*; **detonation** S 1 a Detonation *f*, Explosion *f* b Zündung *f* 2 AUTO Klopfen *n*; **detonator** [-tə(r)] S TECH 1 Zünd-, Sprengkapsel *f*, Sprengzünder *m* 2 (Signal)Knallkapsel *f*

detour [ˈdiːˌtʊə(r)] A S 1 Umweg *m*: **make a ~** 2 (Verkehrs)Umleitung *f* 3 *fig* Umschweif *m* B V/I e-n Umweg machen C V/T 1 *den Verkehr etc* umleiten 2 e-n Umweg machen um

detox *umg* A [diːˈtɒks; *US* -ˈtɑ-] V/T → detoxicate B [ˈdiːtɒks; *US* -tɑ-] S → detoxication

detoxicate [ˌdiːˈtɒksɪkeɪt; *US* -ˈtɑ-] VT entgiften; **detoxication** S Entgiftung *f*

detoxification [diːˌtɒksɪfɪˈkeɪʃn; *US* -ˌtɑ-] → detoxication; **detoxify** [-faɪ] → detoxicate

detract [dɪˈtrækt] A VT 1 *j-s Aufmerksamkeit etc* ablenken (**from** von) 2 *obs* verunglimpfen B VI (**from**) (*e-r Sache*) Abbruch tun, beeinträchtigen, herabsetzen, schmälern (*akk*): **~ from sb's reputation** j-s Ruf schaden; **detraction** S 1 Beeinträchtigung *f*, Herabsetzung *f*, Schmälerung *f* (*alle*: **from** *gen*) 2 Verunglimpfung *f*; **detractive** ADJ (ADV **~ly**) 1 beeinträchtigend 2 verunglimpfend; **detractor** [-tə(r)] S 1 Kritiker(in), Herabsetzer(in) 2 Verunglimpfer(in); **detractory** → detractive

detrain [ˌdiːˈtreɪn] BAHN A VT 1 *Personen* aussteigen lassen 2 *Güter, a. Truppen* ausladen B VI aussteigen; **detrainment** S 1 Aussteigen *n* 2 Ausladen *n*

detribalize [ˌdiːˈtraɪbəlaɪz] VT a *Eingeborenen* ihre Stammeskultur nehmen b *Eingeborene* zivilisieren

detriment [ˈdetrɪmənt] S Nachteil *m*, Schaden *m* (*beide* **to** für): **to the ~ of sb** zu j-s Nachteil *od* Schaden; **without ~ to** ohne Schaden für; **be a ~ to health** gesundheitsschädlich sein; **detrimental** [-ˈmentl] ADJ (ADV **~ly**) (**to**) nachteilig, schädlich (für), abträglich (*dat*): **be ~ to sth** e-r Sache schaden; **have a ~ effect on** sich nachteilig auswirken auf (*akk*)

detrital [dɪˈtraɪtl] ADJ GEOL detritisch, Geröll…, Schutt…; **detrited** ADJ 1 abgenützt, abgegriffen (*Münze etc*) 2 GEOL verwittert, Geröll…; **detrition** [-ˈtrɪʃn] S Abreibung *f*, Abnützung *f*; **detritus** [-ˈtraɪtəs] S GEOL Detritus *m*, Geröll *n*, Schutt *m*

de trop [dəˈtrəʊ] ADJ überflüssig, fehl am Platz

detruncate [ˌdiːˈtrʌŋkeɪt] VT stutzen, beschneiden (*a. fig*)

detumescence [ˌdiːtjuːˈmesns; *US* ˌdetjuː-ˈm-; ˌdetuːˈm-] S MED, PHYSIOL Detumeszenz *f*, Abschwellen *n*

deuce [djuːs; *US a.* duːs] S 1 *Kartenspiel, Würfeln*: Zwei *f* 2 *Tennis*: Einstand *m* 3 *umg obs* (*als Ausruf od intensivierend*) Teufel *m*: **how** (**who**, *etc*) **the ~ …?** wie (wer *etc*) zum Teufel …?; **~ take it!** der Teufel soll es holen!; **~ knows** weiß der Teufel; **the ~ he can!** nicht zu glauben, dass er es kann!; **~ a bit** nicht im Geringsten; **a ~ of a row** ein Mordskrach (*Lärm od Streit*); **play the ~ with** Schindluder treiben mit; **there will be the ~ to pay** das dicke Ende kommt noch (nach); **deuced** [-sɪd; -st] ADJ, **deucedly** [-sɪdlɪ] ADV *bes Br umg obs* verteufelt, verflixt

deus ex machina [ˈdeɪʊsˌeksˈmækɪnə; -ˈmɑː-] S Deus *m* ex Machina (*unerwarteter Helfer aus e-r Notlage*)

deuterium [djuːˈtɪərɪəm; *US a.* duː-] S CHEM Deuterium *n*, schwerer Wasserstoff; **~ oxide** S CHEM Deuteriumoxyd *n*, schweres Wasser

deutero- [djuːtərəʊ; -rə; *US a.* duː-] *Wortelement mit der Bedeutung* zweit(er, e, es)

deuteron [ˈdjuːtərɒn; *US* -ˌrɑn; *a.* ˈduː-] S CHEM Deuteron *n*

Deuteronomist [ˌdjuːtəˈrɒnəmɪst; *US* -ˈrɑ-; *a.* ˌduː-] S Deuteronomist *m*; **Deuteronomy** S das Deuteronomium, das fünfte Buch Mose

deutoplasm [ˈdjuːtəʊplæzəm; *US a.* ˈduː-] S BIOL Deutoplasma *n* (*Nährplasma im Ei*)

Deutschmark [ˈdɔɪtʃmɑː(r)k] S Deutsche Mark

devaluate [ˌdiːˈvæljʊeɪt; *US* -jəˌweɪt] VT WIRTSCH abwerten (**against** gegenüber); **devaluation** S Abwertung *f*; **devalue** [-juː] → devaluate

devastate [ˈdevəsteɪt] VT 1 verwüsten, vernichten 2 *fig* a überwältigen, -mannen b am Boden zerstören *umg*; **devastating** ADJ (ADV **~ly**) 1 verheerend, vernichtend (*beide a. fig*): **~ criticism**; **a ~ diagnosis** e-e niederschmetternde Diagnose; **~ losses** *bes* POL erdrutschartige Verluste 2 *umg* toll, fantastisch 3 *umg* umwerfend (*Charme etc*); **devastation** S Verwüstung *f*; **devastator** [-tə(r)] S Verwüster(in)

develop [dɪˈveləp] A VT 1 *e-e Theorie etc* entwickeln: **~ faculties** Fähigkeiten entwickeln *od* entfalten; **~ muscles** Muskeln entwickeln *od* bilden 2 *etwas* werden lassen, gestalten (*beide*: **into** zu) 3 sich *e-e Krankheit* zuziehen: **~ bladder cancer** (**a fever**) Blasenkrebs (Fieber) bekommen 4 *e-e hohe Geschwindigkeit etc* entwickeln, erreichen 5 *e-e Industrie etc* fördern, entwickeln, ausbauen 6 *Naturschätze, a. Bauland* erschließen, nutzbar machen, *e-e Altstadt etc* sanieren 7 *e-n Gedanken, Plan etc, a. ein Verfahren* entwickeln, ausarbeiten 8 MATH a *e-e Gleichung etc* entwickeln b *e-e Fläche* abwickeln 9 MUS *ein Thema* entwickeln, durchführen 10 FOTO entwickeln 11 MIL *e-n Angriff* eröffnen B VI 1 sich entwickeln (**from** aus): **~ into** sich entwickeln *od* auswachsen *od* ausweiten *od* gestalten zu, zu *etwas* werden 2 (langsam) werden, entstehen, sich entfalten 3 zutage treten, sich zeigen,; **developable** ADJ 1 *allg* entwicklungsfähig 2 *fig* ausbaufähig (*Position etc*) 3 erschließbar 4 FOTO entwickelbar 5 MATH abwickelbar (*Fläche*); **developer** S 1 FOTO Entwickler(in) 2 FOTO Entwickler (flüssigkeit) *m(f)* 3 **late ~** *bes* SCHULE Spätentwickler(in) 4 Bauunternehmer(in); **developing** ADJ Entwicklungs…: **~ bath** FOTO Entwicklerbad *n*; **~ company** Bauträger *m*; **~ country** WIRTSCH Entwicklungsland *n*

development S 1 *a.* BIOL, MATH Entwicklung *f*: **a new ~ in electronics** e-e Neuentwicklung auf dem Gebiet der Elektronik; **stage of ~** Entwicklungsstufe *f*; **~ engineer** TECH Entwicklungsingenieur(in); **~ race** SPORT Aufbaurennen *n* 2 Entfaltung *f*, (Aus)Bildung *f*, Wachstum *n*, Werden *n*, Entstehen *n*: **~ aid** WIRTSCH Entwicklungshilfe *f*; **~ country** WIRTSCH Entwicklungsland *n* 3 Ausbau *m*, Förderung *f* (*e-r Industrie etc*) 4 Erschließung *f*, Nutzbarmachung *f* (*von Naturschätzen, a. von Bauland*): **~ area** a Entwicklungsgebiet *n* b Erschließungsgebiet *n* c Sanierungsgebiet *n*; **~ company** Bauträger *m*; → ripe A 8 5 *Bergbau*: Aufschließung *f* 6 Entwicklung *f*, Ausarbeitung *f* (*e-s Gedankens, Plans etc, a. e-s Verfahrens*) 7 MUS a Entwicklung *f*, Durchführung *f* (*e-s Themas*) b Durchführung(steil) *f(m)*; **developmental** [-ˈmentl] ADJ Entwicklungs…: **~ aid**; **~ disease** MED, **~ disorder** MED, PSYCH Entwicklungsstörung *f*; **~ program(me)** Aufbauprogramm *n*

deviant [ˈdiːvjənt; -vɪənt] → deviate C

deviate [ˈdiːvɪeɪt] A VI *a. fig* abweichen, abgehen (*beide*: **from** von) B VT ablenken C ADJ & S [-ət; -eɪt] PSYCH vom Durchschnitt abweichend(es Individuum); **deviation** S 1 *a. fig* Abweichung *f*, Abweichen *n* (*beide*: **from** von): **~ from the norm** Normabweichung 2 *a.* OPT, PHYS Ablenkung *f* 3 PHYS, TECH Deviation *f*, Abweichung *f* (*beide*: **from** von) 4 FLUG, SCHIFF Deviation *f*, Abweichung *f*, Ablenkung *f*, Fehlweisung *f* (*der Kompassnadel*) 5 a FLUG (Kurs)Versetzung *f* b SCHIFF Kursabweichung *f* c *Seeversicherung*: unerlaubte Deviation *od* Kursabweichung 6 POL → deviationism; **deviationism** S POL Abweichlertum *n*; **deviationist** POL A S Abweichler(in) B ADJ abweichlerisch; **deviator** [-tə(r)] S Abweichende(r) *m/f(m)*

device [dɪˈvaɪs] S 1 Vor-, Einrichtung *f*, Gerät *n* 2 Erfindung *f* 3 (*etwas*) kunstvoll Erdachtes, Einfall *m* 4 Plan *m*, Projekt *n*, Vorhaben *n* 5 Kunstgriff *m*, Kniff *m*, Trick *m* 6 Anschlag *m*, böse Absicht 7 *pl* Neigung *f*, Wille *m*: **be left to one's own ~s** sich selbst überlassen sein 8 Devise *f*, Motto *n*, Sinn-, Wahlspruch *m* 9 *Heraldik*: Sinnbild *n* 10 Zeichnung *f*, Plan *m*, Entwurf *m*, Muster *n*

devil [ˈdevl] A S 1 Teufel *m*: a **the ~**, *a.* **the** ♀ der Satan b Höllengeist *m* c Dämon *m* d *fig* Unhold *m*: **a ~ in petticoats** *umg* ein Weibsteufel; **little ~** kleiner Racker; **lucky ~** *umg* Glückspilz *m*; **poor ~** *umg* armer Teufel; **be a ~** *umg hum* a genier dich nicht!, lang zu! b gönn dir was!; **be (caught) between the ~ and the deep blue sea** *fig* sich zwischen zwei Feuern befinden, in e-r Zwickmühle sein *od* sitzen; **talk** (*od* **speak**) **of the ~ (and he will appear)** *umg* wenn man vom Teufel spricht, dann kommt er; **like the ~** *umg* wie der Teufel, wie verrückt; **go to the ~** *umg* a vor die Hunde gehen b zum Teufel gehen, sich zum Teufel scheren; **the ~ take the hindmost** den letzten beißen die Hunde; **the ~ and all** *umg* a alles denkbar Schlechte b alles Mögliche; **there will be the ~ to pay** *umg* das dicke Ende kommt noch (nach); **play the ~ with** *umg* Schindluder treiben mit; **the ~!** *umg* a (*verärgert*) zum Teufel!, zum Kuckuck! b (*erstaunt*) Donnerwetter!, da hört (sich) doch alles auf!; **the ~ take it** (**him**, *etc*) *umg* der Teufel soll es (ihn *etc*) holen!; **what** (**where**, **how**, *etc*) **the ~ …?** *umg* was (wo, wie *etc*) zum Teufel …?; **~s on horseback** GASTR *gegrillte, in Speck gewickelte Backpflaumen*; **give the ~ his due** jedem das Seine lassen; **raise ~** *umg* e-n Mordskrach schlagen 2 *a.* **~ of a fellow** *umg* Teufelskerl *m* 3 *umg* Draufgängertum *n*, Schneid *m* 4 *fig* Laster *n*, Übel *n*: **the ~ of drink** 5 **a** (*od* **the**) **~** *umg intensivierend* a e-e verteufelte Sache b ein Mordsding, e-e Mordssache: **a** (*od* **the**) **~ of a mess** ein Mordsdurcheinander; **the ~ of a job** e-e Mords- *od* Heidenarbeit; **isn't it the ~** das ist doch e-e verflixte Sache; **the ~ of it** das Vertrackte an der Sache; **the ~ of a good joke** ein verdammt guter Witz 6 *umg intensivierend* (*als Verneinung*) nicht der (die, das) Geringste: **~ a bit** überhaupt nicht, nicht die Spur; **~ a one** nicht ein einziger 7 Handlanger(in): → printer 1 8 JUR *Br* Assessor *m*, Assessorin *f* (*bei e-m* **barrister**) 9 scharf gewürztes Pfannen- *od* Grillgericht 10 Sprühteufel *m* (*Feuerwerk*) 11 TECH a Zerkleinerungsmaschine *f*, *bes* Reißwolf *m*, Holländer *m* b Holzgewindedrehbank *f* B VT *prät u. pperf* deviled, *bes Br* devilled 1 *umg j-n* plagen, schikanieren, piesacken *umg* 2 TECH *Lumpen etc* zerfasern, wolfen 3 *Speisen* scharf gewürzt grillen *od* braten: → deviled C VI 1 Handlangerdienste tun (**for** für) 2 JUR *Br* als Assessor *od* Assessorin (*bei e-m* **barrister**) arbeiten

deviled, *bes Br* **devilled** [ˈdevld] ADJ GASTR fein zerhackt u. scharf gewürzt (*Schinken etc*): **~ eggs** gefüllte Eier

devilfish S FISCH 1 (*bes* Flügel)Rochen *m*, Teufelsfisch *m* 2 Krake *m* 3 Seeteufel *m*

devilish A ADJ (ADV **~ly**) 1 teuflisch: **his ~ grin** sein diabolisches Grinsen 2 *umg* verteufelt, verdammt, höllisch B ADV → A 2; **devilishness** S 1 (*das*) Teuflische 2 → devilry 1

devilled *bes Br für* deviled

devil-may-care ADJ 1 leichtsinnig 2 rücksichtslos 3 verwegen

devilment S 1 Unfug *m*, Schelmerei *f* 2 böser Streich, Schurkenstreich *m*; **devilry** [-rɪ] S 1 Teufelei *f*, Untat *f* 2 Schlechtigkeit *f* 3 wilde Ausgelassenheit *f*, Übermut *m* 4 Teufelskunst *f*, schwarze Magie

devil's| advocate S Advocatus *m* Diaboli: a KATH *Geistlicher, der in e-m Heilig- od Seligsprechungsprozess die Gründe gegen die Heilig- od Seligsprechung darlegt* b *fig j-d, der in e-r Diskussion bewusst Gegenargumente hervorbringt, um dadurch zu weiterer Diskussion anzuregen;* **~ darning needle** S 1 ZOOL Libelle *f* 2 BOT a Nadelkerbel *m* b → devil's-hair; **~ food cake** S *bes US* schwere Schokoladentorte; **~-hair** S BOT Virginische Waldrebe; **~-milk** S BOT 1 Gartenwolfsmilch *f* 2 Sonnenwolfsmilch *f*

deviltry ['devltrı] → devilry

devil worship S Teufelsanbetung *f*

devious ['di:vjəs; -vıəs] ADJ (ADV **~ly**) 1 abwegig, irrig, falsch (*Argumente etc*): **~ step** Fehltritt *m* 2 gewunden (*a. fig*): **take a ~ route** e-n Umweg machen 3 umherirrend 4 verschlagen, unaufrichtig, falsch: **by ~ means** auf krummen Wegen, hintenherum (*beide umg*) 5 abgelegen (*Küsten etc*); **deviousness** S 1 Abwegigkeit *f* 2 Gewundenheit *f* 3 Verschlagenheit *f*, Unaufrichtigkeit *f*

devisable [dı'vaızəbl] ADJ 1 erdenkbar, erdenklich 2 JUR vermachbar

devise [dı'vaız] A V/T 1 erdenken, (sich) *etwas* ausdenken, ersinnen, erfinden: **~ ways and means** Mittel u. Wege ersinnen 2 JUR *bes Grundbesitz* (letztwillig) vermachen, hinterlassen (*beide:* **to sb** j-m) 3 *obs* trachten nach 4 *obs* a sich *etwas* vorstellen, begreifen b ahnen B S JUR a Hinterlassung *f* b Vermächtnis *n* c Testament *n*; **devisee** [,devı'zi:; dıvaı'zi:] S JUR Vermächtnisnehmer(in), Testamentserbe *m*, -erbin *f* (*bes von Grundbesitz*); **deviser** S 1 Erfinder(in) 2 → devisor; **devisor** [,devı'zɔ:(r); dıvaı'zɔ:(r)] S JUR Erb-lasser(in) (*bes von Grundbesitz*)

devitalization [di:,vaıtəlaı'zeıʃn; *US* -tlə'z-] S *bes fig* Schwächung *f*; **devitalize** V/T *bes fig* schwächen

devitrify [,di:'vıtrıfaı] V/T entglasen

devocalization [di:,vəʊkəlaı'zeıʃn; *US* -lə'z-] S LING Stimmlosmachen *n*; **devocalize** V/T LING *e-n Laut* stimmlos machen

devoice [,di:'vɔıs] → devocalize

devoid [dı'vɔıd] ADJ: **~ of** ohne (*akk*), bar (*gen*), frei von: **~ of feeling** gefühllos

devoir [də'vwa:(r); *US a.* 'dev-] S 1 Pflicht *f*: **do one's ~** 2 *pl* Höflichkeitsbezeigungen *pl*: **pay one's ~s to sb** j-m s-e Aufwartung machen

devolution [,di:və'lu:ʃn; ,dev-] S 1 Ab-, Verlauf *m* (*beide:* **of** von *Ereignissen, Zeit etc*) 2 JUR a Erbfolge *f* b Übertragung *f*, Übergang *m* (*beide:* **on, upon** auf *akk*) c Heimfall *m* (**on upon** an *akk*) 3 a Übertragung *f* b PARL Überweisung *f* (**upon a committee** an e-n Ausschuss) c POL Dezentralisierung *f* 4 BIOL Degeneration *f*, Entartung *f*

devolve [dı'vɒlv; *US a.* -'valv] A V/T (**on, upon**) *Rechte, Pflichten etc* übertragen (*dat od* auf *akk*), *pej* abwälzen (auf *akk*) B V/I (**on, upon, to**) übergehen (auf *akk*), übertragen werden (*dat od* auf *akk*), zufallen (*dat*) (*Rechte, Pflichten, Besitz etc*): **it ~d (up)on him to do** es wurde ihm übertragen *od* fiel ihm zu *od* oblag ihm zu tun

Devon[1] ['devn], **Devonshire** ['devnʃə(r); -ʃıə(r)] S Devon(shire) *n* (*Grafschaft im südwestlichen England*)

Devon[2] ['devn] S ZOOL Devon(vieh) *n*

Devonian [de'vəʊnjən; -nıən; dı'v-] A ADJ 1 devonisch (*Devonshire betreffend*) 2 GEOL devonisch B S 1 Bewohner(in) von Devonshire 2 GEOL Devon *n* (*e-e Formation des Paläozoikums*)

devote [dı'vəʊt] V/T 1 *s-e Zeit, Gedanken, Anstrengungen etc* widmen, *etwas* hingeben, opfern (*alle:* **to** *dat*): **~ o.s. to a cause** sich e-r Sache widmen *od* verschreiben; **~ o.s. to sb** sich j-m widmen 2 weihen, übergeben (*beide:* **to** *dat*); **devoted** ADJ (ADV **~ly**) 1 hingebungsvoll: a aufopfernd, treu b anhänglich, zärtlich c eifrig, begeistert 2 *obs* dem Untergang geweiht, todgeweiht

devotee [,devəʊ'ti:] S 1 eifrige(r) *od* begeisterte(r) Anhänger(in): **he's a jazz ~** 2 glühende(r) Verehrer(in) *od* Verfechter(in) 3 *bes* REL Eiferer, Eiferin *f*, Fanatiker(in) 4 *pej* Betbruder *m*, -schwester *f*

devotion [dı'vəʊʃn] S 1 Widmung *f* 2 Hingabe *f*: a Ergebenheit *f*, Treue *f*: **~ to duty** Pflichttreue b Aufopferung *f* c Eifer *m*, Hingebung *f* d Liebe *f*, Verehrung *f*, (innige) Zuneigung 3 REL a Andacht *f*, Hingebung *f*, Frömmigkeit *f* b *pl* Gebet *n*, Andacht(sübung) *f*; **devotional** [-ʃənl] A ADJ (ADV **~ly**) 1 andächtig, fromm 2 Andachts…, Erbauungs…: **~ book** B S Andacht *f*, kurzer Gebetsgottesdienst; **devotionalist** S 1 Andächtige(r) *m/f(m)* 2 *pej* Frömmler(in)

devour [dı'vaʊə(r)] V/T 1 (gierig) verschlingen 2 vernichten (*Flammen etc*) 3 *fig ein Buch etc* verschlingen 4 *fig* (mit Blicken) verschlingen 5 *fig j-n* verzehren (*Leidenschaft etc*): **be ~ed by** *a.* sich verzehren vor (*dat*); **devouring** ADJ (ADV **~ly**) 1 gierig 2 *fig* verzehrend

devout [dı'vaʊt] ADJ (ADV **~ly**) 1 fromm 2 andächtig 3 innig, inbrünstig 4 herzlich 5 eifrig; **devoutness** S 1 Frömmigkeit *f* 2 Andacht *f*, Hingabe *f* 3 Innigkeit *f*, Inbrunst *f* 4 Herzlichkeit *f* 5 Eifer *m*

dew [dju:; *US a.* du:] A S 1 Tau *m*: **wet with ~** taunass 2 *fig* Frische *f*: **the ~ of youth** die Jugendfrische 3 a Tränen *pl* b Schweiß(perlen) *pl*, -tropfen *pl* B V/T *poet* betauen, benetzen

DEW ABK MIL distant early warning (*Radar-Frühwarnsystem, das schon in großer Entfernung reagiert*)

dewan [dı'wa:n] S POL *IndEng* a Premierminister *m* (*e-s indischen Staates*) b HIST Finanzminister *m*

dewater [,di:'wɔ:tə(r)] V/T entwässern

dew|berry [-berı] S BOT (*e-e*) Brombeere; **~claw** S ZOOL Afterklaue *f*; **~drop** S 1 Tautropfen *m* 2 *Br hum* Nasentropfen *m*; **~fall** S Taufall *m*

dewiness ['dju:ınıs; *US a.* 'du:-] S (Tau)Feuchtigkeit *f*

dew|lap S 1 a ZOOL Wamme *f* b ORN Hautlappen *m* 2 (*altersbedingte*) Halsfalte; **~ point** S PHYS Taupunkt *m*; **~ pond** S *Br kleiner, flacher Teich aus Tau;* **~ worm** S *Angeln:* Tauwurm *m*

dewy ADJ (ADV **dewily**) 1 taufeucht, *a. fig* taufrisch 2 feucht, benetzt 3 *poet* erfrischend (*Schlaf*); **~-eyed** ADJ blauäugig, naiv

dexter ['dekstə(r)] ADJ 1 *obs* recht(er, e, es), rechts(seitig) 2 *Heraldik:* rechts (*vom Beschauer aus links*); **dexterity** [-'sterətı] S 1 Gewandtheit *f*, Geschicklichkeit *f*, Fingerfertigkeit *f* 2 Rechtshändigkeit *f*; **dexterous** ADJ (ADV **~ly**) 1 gewandt, geschickt, fingerfertig 2 rechtshändig

dextral ['dekstrəl] ADJ (ADV **~ly**) 1 rechts(-seitig), recht(er, e, es) 2 rechtshändig

dextran ['dekstræn; -trən], **dextrane** [-treın] S CHEM Dextran *n*; **dextrin** [-trın], **dextrine** [-tri:n] S CHEM Dextrin *n*

dextro ['dekstrəʊ] → dextrorotatory

dextro- [dekstrəʊ; -trə] *Wortelement mit der Bedeutung* rechts

dextrogyration, **dextrorotation** S CHEM, PHYS Rechtsdrehung *f*; **dextrorotatory** ADJ CHEM, PHYS rechtsdrehend

dextrose ['dekstrəʊs] S CHEM Dextrose *f*, Traubenzucker *m*

dextrous ['dekstrəs] → dexterous; **dextrousness** → dexterity

DF ABK FLUG MIL direction finder (*od* finding)

DFC ABK MIL Distinguished Flying Cross

DFM ABK MIL Distinguished Flying Medal

DG ABK 1 Dei gratia, by the grace of God 2 Director General Generaldirektor(in)

dharma ['da:(r)mə; *US a.* 'dɜrmə] S Dharma *n*: a (*Hinduismus*) *die jeweils in der Kaste gegebene Pflicht* b (*Buddhismus*) *die das Dasein bestimmenden Kräfte, aus denen e-e Persönlichkeit u. die von ihr erlebte Welt zustande kommt*

dhooti ['du:tı], **dhoti** ['dəʊtı] S (*in Indien*) Lendentuch *n* (*der Männer*)

dhow [daʊ] S SCHIFF D(h)au *f* (*arabisches Zweimastschiff mit Trapezsegeln*)

DHSS ABK *Br* Department of Health and Social Security

di [di:] S MUS di *n* (*Tonsilbe in der Solfège-Methode*)

di-[1] [daı] *Vorsilbe mit der Bedeutung* zwei, doppelt

di-[2] [daı; dı] → dis-[1]

di-[3] [daı] → dia-

dia- [daıə] *Vorsilbe mit den Bedeutungen* a durch b vollständig c sich trennend d entgegengesetzt

diabase ['daıəbeıs] S MINER 1 *US* Diabas *m* 2 *Br* (*Art*) Basalt *m*

diabetes [,daıə'bi:ti:z] S MED Diabetes *m*, Zuckerkrankheit *f*, Zucker *m umg*: **he has ~** er hat Zucker; **diabetic** [-'betık] A ADJ diabetisch: a zuckerkrank: **he's ~** er ist Diabetiker b Diabetes…: **~ diet** Diabeteskost *f*; **~ chocolate** Diabetikerschokolade *f* B S Diabetiker(in), Zuckerkranke(r) *m/f(m)*: **he's a ~** er ist Diabetiker

diablerie [dı'a:blərı], *a.* **diablery** [-'æb-] S 1 Teufelskunst *f*, schwarze Magie 2 → demonology 3 Teufelei *f*, Untat *f*

diabolic [,daıə'bɒlık; *US* -'ba-] ADJ, **diabolical** [-kl] ADJ (ADV **~ly**) 1 diabolisch, teuflisch 2 *umg* scheußlich, widerlich

diabolism [daı'æbəlızəm] S 1 Teufelswerk *n*, Teufelei *f* 2 teuflische Besessenheit 3 Teufelslehre *f* 4 Teufelskult *m*; **diabolize** V/T 1 teuflisch machen 2 als Teufel darstellen

diabolo [dı'a:bələʊ; *bes US* -'æbə-; *a.* daı-] *pl* -los S Diabolo(spiel) *n*: **play ~** Diabolo spielen

diachronic [,daıə'krɒnık; *US* -'kra-] ADJ (ADV **~ally**) diachron(isch) (*entwicklungsmäßig betrachtet*)

diacid [daı'æsıd] CHEM A ADJ zweisäurig (*Basen*) B S Disäure *f*

diaconal [daı'ækənl] ADJ REL Diakons…; **diaconate** [-neıt; -nət] S REL Diakonat *n*

diacritic [,daıə'krıtık] A ADJ (ADV **~ally**) → diacritical B S LING diakritisches Zeichen; **diacritical** [-kl] ADJ (ADV **~ly**) diakritisch, unterscheidend: **~ mark** → diacritic B

diactinic [,daıæk'tınık] ADJ PHYS die aktinischen Strahlen durchlassend

diadelphous [,daıə'delfəs] ADJ BOT diadelphisch, zweibrüd(e)rig

diadem ['daıədem] S 1 Diadem *n* 2 *fig* Hoheit *f*, Herrscherwürde *f*

diaeresis [daı'ıərısıs; *bes US* -'er-] *pl* -ses [-si:z] 1 LING a Diärese *f*, Diäresis *f* (*getrennte Aussprache zweier Vokale*) b Trema *n* (*zwei Punkte über einem von zwei getrennt auszusprechenden Vokalen*) 2 LIT Diärese *f*, Diäresis *f* (*Verseinschnitt*)

diag. ABK diagram

diageotropic ['daıə,dʒi:ə'trɒpık; *US* -'trəʊ-; -'tra-] ADJ BOT diageotrop (*schräg stehend, herabhängend*)

diagnose ['daıəgnəʊz; *US bes* -,nəʊs] A V/T 1 MED diagnostizieren (**as** als) (*a. fig*) 2 *fig* beurteilen B V/I MED e-e Diagnose stellen (*a. fig*); **diagnosis** [-'nəʊsıs] *pl* -ses [-si:z] S 1 MED Diagnose *f* (*a. fig*): **make** (*od* **give**) **a ~** → diag-

D

nose B 2 *fig* Beurteilung *f*; **diagnostic** [-ˈnɒstɪk; *US* -ˈnɑs-] MED A ADJ (ADV ~ally) diagnostisch (*a. fig*): **~ error** Fehldiagnose *f*; **be ~ of** symptomatisch sein für; **his condition is ~ of pneumonia** sein Zustand lässt auf e-e Lungenentzündung schließen B S 1 Symptom *n*, charakteristisches Merkmal (*beide a. fig*) 2 *meist pl* (*als sg konstruiert*) Diagnostik *f* (*Lehre von der Diagnose*) 3 → diagnosis 1; **diagnosticate** [-keɪt] → diagnose; **diagnostician** [-nɒsˈtɪʃn; *US* -ˌnɑs-] S MED Diagnostiker(in)

diagonal [daɪˈægənl] A ADJ (ADV ~ly) 1 MATH, TECH diagonal: **~ pass** SPORT Diagonalpass *m*; **~ stride** (*Skilanglauf*) Diagonalschritt *m*; **~ surface** Diagonalfläche *f*; **~ cloth** → B 2; **~ line** → B 1 2 schräg (laufend), über Kreuz, Kreuz… B S 1 MATH Diagonale *f* 2 schräg geripptes Gewebe, Diagonalgewebe *n* 3 Schrägstrich *m* 4 *Landvermessung*: Schrägluftbild *n*

diagram [ˈdaɪəgræm] A S 1 Diagramm *n*, grafische Darstellung, Schema *n*, TECH *a.* Schau-, Kurvenbild *n* 2 BOT Blütendiagramm *n* B V/T *prät u. pperf* -gramed, *bes Br* -grammed grafisch darstellen; **diagrammatic** [-grəˈmætɪk] ADJ, **diagrammatical** [-kl] ADJ (ADV ~ly) grafisch, schematisch

diagraph [ˈdaɪəgrɑːf; *bes US* -græf] S TECH Diagraf *m* (*Zeichengerät*)

diakinesis [ˌdaɪəkɪˈniːsɪz; -kaɪ-] S BIOL Diakinese *f* (*Stadium der Zellteilung, in dem die Chromosomen den größten Grad der Verkürzung erreichen*)

dial [ˈdaɪəl] A S 1 *a.* **~ plate** Zifferblatt *n* (*der Uhr*) 2 *a.* **~ plate** TECH Skala *f*, Skalenblatt *n*, -scheibe *f*: **~ ga(u)ge** Messuhr *f*; **~ light** RADIO *etc* Skalenbeleuchtung *f* 3 TEL Wähl-, Nummernscheibe *f* 4 *Bergbau*: Markscheide(r)-kompass *m* 5 *Br umg* Visage *f pej* (*Gesicht*) B V/T *prät u. pperf* -aled, *bes Br* -alled 1 TEL *e-e Nummer* wählen: **~ a wrong number** sich verwählen; **the number you have just ~led is not available** *Br* kein Anschluss unter dieser Nummer; **~ London** London anwählen 2 *e-n Sender etc* einstellen 3 mit e-r Skala bestimmen *od* messen C V/I TEL wählen: **~ direct** (*od* **through**) durchwählen (**to** nach)

dialcohol [daɪˈælkəhɒl] S CHEM Dialkohol *m*

dialdehyde [daɪˈældɪhaɪd] S CHEM Dialdehyd *n*

dialect [ˈdaɪəlekt] S 1 Dialekt *m*: a Mundart *f* b Sprachzweig *m*: **~ atlas** Sprachatlas *m*; **~ geography** Sprachgeografie *f* 2 Jargon *m*; **dialectal** [-tl] ADJ (ADV ~ly) dialektisch, mundartlich, Dialekt…

dialectic [ˌdaɪəˈlektɪk] A ADJ (ADV ~ally) 1 PHIL dialektisch 2 spitzfindig 3 LING → dialectal B S 1 *meist pl* (*oft als sg konstruiert*) PHIL Dialektik *f* 2 PHIL dialektische Auseinandersetzung 3 Spitzfindigkeit *f*

dialectical [ˌdaɪəˈlektɪkl] ADJ (ADV ~ly) → dialectic A; **~ materialism** S PHIL dialektischer Materialismus; **~ theology** S dialektische Theologie

dialectician [ˌdaɪəlekˈtɪʃn] S 1 PHIL Dialektiker(in) 2 → dialectologist; **dialecticism** [-tɪsɪzəm] S 1 PHIL (*praktische*) Dialektik 2 LING a Mundartlichkeit *f* b Dialektausdruck *m*; **dialectologic** [-təˈlɒdʒɪk; *US* -tlˈɑdʒ-] ADJ, **dialectological** [-ɪkl] ADJ (ADV ~ly) dialektologisch; **dialectologist** [-ˈtɒlədʒɪst; *US* -ˈtɑ-] S Dialektologe *m*, Dialektologin *f*, Mundartforscher (-in); **dialectology** S LING Dialektologie *f*, Mundartforschung *f*

dialling| code S TEL *Br* Vorwählnummer *f*, Vorwahl(nummer) *f*; **~ tone** S TEL *Br* Freizeichen *n*, Wählton *m*, -zeichen *n*

dialog *US für* dialogue

dialogic [ˌdaɪəˈlɒdʒɪk; *US* -ˈlɑ-] ADJ (ADV ~ally) dialogisch, in Dialogform

dialogism [daɪˈælədʒɪzəm] S RHET Dialogismus *m* (*Fragen, die ein Redner an sich selbst richtet u. auch selbst beantwortet*); **dialogist** S 1 Dialogpartner(in) 2 Verfasser(in) e-s Dialogs; **dialogize** V/I e-n Dialog führen

dialogue, *US a.* **dialog** [ˈdaɪəlɒg; *US a.* -ˌlɑg] S 1 Dialog *m* (*a.* POL *etc*), (Zwie)Gespräch *n* 2 Dialog-, Gesprächsform *f*: **written in ~** 3 Werk *n* in Dialogform; **~ box** S IT Dialogfeld *n*, -fenster *n*

dial tone S TEL *US* Freizeichen *n*, Wählton *m*, -zeichen *n*

dialyse [ˈdaɪəlaɪz], **dialyser** *bes Br für* dialyze, dialyzer

dialysis [daɪˈælɪsɪs] *pl* -ses [-siːz] S 1 CHEM Dialyse *f* 2 MED Dialyse *f*, Blutwäsche *f*

dialyze [ˈdaɪəˌlaɪz] V/T CHEM *US* dialysieren; **dialyzer** S *US* 1 CHEM Dialysator *m* 2 MED Dialyseapparat *m*, künstliche Niere

diam. ABK diameter

diamagnetic [ˌdaɪəmægˈnetɪk] ADJ (ADV ~ally) PHYS diamagnetisch

diameter [daɪˈæmɪtə(r)] S 1 MATH Diameter *m*, Durchmesser *m*: **in ~** im Durchmesser; **be … in ~** e-n Durchmesser von … haben 2 Durchmesser *m*, Dicke *f*, Stärke *f*; **diametral** [-trəl] → diametrical

diametric [ˌdaɪəˈmetrɪk] ADJ (ADV ~ally) → diametrical 1

diametrical [ˌdaɪəˈmetrɪkl] ADJ (ADV ~ly) 1 diametrisch 2 *fig* diametral, (genau) entgegengesetzt: **~ opposites** diametrale Gegensätze; **~ly opposed** diametral entgegengesetzt (**to** zu); **be ~ly opposed to sb's ideas** völlig andere Vorstellungen haben als j-d

diamine [ˈdaɪəmiːn; daɪˈæmɪn] S CHEM Diamin(overbindung) *n(f)*

diamond [ˈdaɪəmənd] A S 1 MINER Diamant *m*, (*geschliffener a.*) Brillant *m*: **it was (a case of) ~ cut ~** die beiden standen sich in nichts nach; **a ~ of the first water** ein wahres Juwel (*Person od Sache*); → rough B 2 2 TECH Diamant *m*, Glasschneider *m* 3 MATH Raute *f*, Rhombus *m* 4 *Kartenspiel*: a *pl* (*a. als sg konstruiert*) Karo *n* (*Farbe*): **~s is trump**; **queen of ~s** Karodame *f* b Karo(karte) *n(f)* 5 TYPO, HIST Diamant *f* (*Schriftgrad*) B V/T (wie) mit Diamanten schmücken C ADJ 1 diamanten: → jubilee A 1 2 Diamant…, Brillant… 3 rhombisch, rautenförmig; **~back rattlesnake** S ZOOL Diamantklapperschlange *f*; **~back terrapin** S ZOOL Diamantschildkröte *f*; **~ cutter** S Diamantschleifer(in); **~ drill** S TECH Diamantbohrer *m*: a *Bohrer für Diamanten* b *Bohrer mit Diamantspitze*; **~ field** S Diamantfeld *n*; **~ lane** S *US mittels Raute gekennzeichnete Fahrspur, auf der nur Busse, Taxis und Privatautos mit mehr als einem Insassen fahren dürfen*; **~ mine** S Diamantmine *f*; **~ pane** S rautenförmige Fensterscheibe; **~ pencil** S TECH Glaserdiamant *m*; **~ saw** S TECH Diamantsäge *f*; **~ wedding** S diamantene Hochzeit

diandrous [daɪˈændrəs] ADJ BOT diandrisch, zweimännig

dianetics [ˌdaɪəˈnetɪks] SPL (*als sg konstruiert*) Dianetik *f* (*medizinische Theorie, dass alle Krankheiten mit psychotherapeutischen Mitteln geheilt werden können*)

dianthus [daɪˈænθəs] S BOT Nelke *f*

diapason [ˌdaɪəˈpeɪsn; -zn] S 1 *Antike*: MUS Diapason *m/n*, Oktave *f* 2 MUS a gesamter Tonbereich b Tonumfang *m* 3 MUS Mensur *f* (*e-s Instruments*) 4 MUS a 8-Fuß-Ton *m* b *a.* **open ~** Prinzipal *n* (*der Orgel*) 5 *a.* **~ normal** MUS Normalstimmung *f*, Kammerton *m* 6 MUS Stimmgabel *f* 7 ZusammenKlang *m*, Harmonie *f* 8 *fig* Umfang *m*, Bereich *m*

diapause [ˈdaɪəpɔːz] S ZOOL Diapause *f* (*klimatisch od erblich bedingter Ruhezustand während der Entwicklung*)

diapedesis [ˌdaɪəpəˈdiːsɪs] S MED Diapedese *f* (*Durchtritt von Blutkörperchen durch e-e unverletzte Gefäßwand*)

diaper [ˈdaɪəpə(r)] A S 1 Diaper *m*, Gänseaugenstoff *m* (*Jacquardgewebe aus Leinen od Baumwolle*) 2 *a.* **~ pattern** Diaper-, Kantenmuster *n* 3 *US* Windel *f*: **~ rash** MED Windelekzem *n* B V/T mit (e-m) Diapermuster verzieren

diaphanometer [daɪˌæfəˈnɒmɪtə; *US* -ˈnɑmətər] S Diaphanometer *n*, Transparenzmesser *m*; **diaphanous** ADJ (ADV ~ly) durchsichtig, transparent

diaphoretic [ˌdaɪəfəˈretɪk] MED, PHARM A ADJ diaphoretisch, schweißtreibend B S Diaphoretikum *n*, schweißtreibendes Mittel

diaphragm [ˈdaɪəfræm] S 1 ANAT Diaphragma *n*: a Scheidewand *f* b Zwerchfell *n* 2 PHYS halbdurchlässige Schicht *od* Scheidewand *od* Membran(e) 3 TEL *etc* Membran(e) *f* 4 OPT, FOTO Blende *f* 5 BOT Diaphragma *n* (*Querwand in hohlen Pflanzenteilen*) 6 MED Diaphragma *n* (*mechanisches Empfängnisverhütungsmittel*); **~ pump** S TECH Membranpumpe *f*; **~ shutter** S FOTO Blendenverschluss *m*; **~ valve** S TECH Membranventil *n*

diapositive [ˌdaɪəˈpɒzɪtɪv; *US* -ˈpɑ-] S FOTO Diapositiv *n*

diarchy [ˈdaɪɑː(r)kɪ] S Diarchie *f*, Doppelherrschaft *f*

diarial [daɪˈeərɪəl], **diarian** ADJ Tagebuch…

diarist [ˈdaɪərɪst] S Tagebuchschreiber(in); **diarize** A V/T ins Tagebuch eintragen B V/I (ein) Tagebuch führen

diarrh(o)ea [ˌdaɪəˈrɪə] S MED Diarrhö(e) *f*, Durchfall *m*; **diarrh(o)eal**, **diarrh(o)eic** ADJ MED diarrhöisch, Durchfall…

diarthrosis [ˌdaɪɑː(r)ˈθrəʊsɪs] *pl* -ses [-siːz] S ANAT Diarthrose *f*, Kugelgelenk *n*

diary [ˈdaɪərɪ] S 1 Tagebuch *n*: **~ entry** Tagebucheintrag *m* 2 Notizbuch *n*, Taschenkalender *m* 3 Terminkalender *m*

Diaspora [daɪˈæspərə] S Diaspora *f*: a HIST *die seit dem babylonischen Exil außerhalb Palästinas lebenden Juden* b *Gebiet, in dem die Anhänger e-r Konfession (a. Nation) gegenüber e-r anderen in der Minderheit sind* c *e-e konfessionelle (a. nationale) Minderheit*

diastase [ˈdaɪəsteɪs] S BIOL, CHEM Diastase *f*

diastole [daɪˈæstəlɪ] S Diastole *f*: a MED *die mit der Zusammenziehung rhythmisch abwechselnde Erweiterung des Herzens* b LIT *Dehnung e-s kurzen Vokals*; **diastolic** [ˌdaɪəˈstɒlɪk; *US* -ˈstɑl-] ADJ diastolisch (*Blutdruck*)

diastrophism [daɪˈæstrəfɪzəm] S GEOL Veränderung *f* der Erdoberfläche

diathermic [ˌdaɪəˈθɜːmɪk; *US* -ˈθɜr-] ADJ 1 PHYS diatherm, diatherman, ultrarot-, wärmedurchlässig 2 MED diathermisch; **diathermize** V/T MED diathermisch behandeln; **diathermous** → diathermic; **diathermy** S MED Diathermie *f* (*Heilverfahren mit Hochfrequenzströmen*)

diathesis [daɪˈæθɪsɪs] *pl* -ses [-siːz] S MED Diathese *f* (*besondere Empfänglichkeit für e-e Krankheit*)

diatom [ˈdaɪətəm; -tɒm; *US* -ˌtɑm] S BOT Diatomee *f*, Kieselalge *f*; **diatomaceous** [-təˈmeɪʃəs] ADJ Diatomeen…: **~ earth** GEOL Diatomeenerde *f*, Kieselgur *f*

diatomic [ˌdaɪəˈtɒmɪk; *US* -ˈtɑ-] ADJ CHEM 1 zweiatomig 2 zweiwertig

diatonic [ˌdaɪəˈtɒnɪk; *US* -ˈtɑ-] ADJ (ADV ~ally) MUS diatonisch (*in der Tonfolge e-r Dur- od Molltonleiter folgend*): **~ scale** diatonische Tonleiter

diatribe ['daɪətraɪb] S Ausfall *m*, gehässiger Angriff, Hetz- *od* Schmähschrift *f od* -rede *f*
dib [dɪb] V/I *Angeln*: den Köder *(im Wasser)* auf u. ab hüpfen lassen
dibasic [daɪ'beɪsɪk] ADJ CHEM zweibasisch
dibber ['dɪbə(r)] *bes Br* → dibble¹ A
dibble¹ ['dɪbl] AGR **A** S Dibbelstock *m*, Pflanz-, Setzholz *n* **B** V/T **1** mit e-m Setzholz pflanzen **2** *(mit dem Setzholz)* Löcher machen in *(akk)* **C** V/I dibbeln
dibble² ['dɪbl] → dib
dibranchiate [daɪ'bræŋkɪeɪt; -kɪət] ADJ FISCH zweikiemig
dibs [dɪbz] SPL **1** *umg* Recht *n*, Anspruch *m (beide:* **on** auf *akk)*: **I have ~ on that piece of cake** das Stück Kuchen steht mir zu **2** *sl* Knete *f (Geld)*
dice [daɪs] **A** S **1** *pl von* die² 1, 2 **2** *pl* dice → die² 1, 2 **B** V/T **1** GASTR in Würfel schneiden, würfeln **2** mit *j-m* würfeln *od* knobeln (**for** um): **~ away** beim Würfeln verlieren **3** würfeln, mit e-m Würfel- *od* Karomuster verzieren **C** V/I würfeln, knobeln *(beide:* **for** um): **~ with death** mit s-m Leben spielen; **~ box**, **~ cup** S Würfel-, Knobelbecher *m*
dicentra [daɪ'sentrə] S BOT Tränendes Herz
dicephalous [daɪ'sefələs] ADJ doppel-, zweiköpfig
dicer S **1** Würfelspieler(in) **2** Würfelschneidmaschine *f*
dicey ['daɪsɪ] ADJ *umg* prekär, heikel *(Situation etc)*
dich- [daɪk] → dicho-
dichloride [daɪ'klɔːraɪd], *a.* **dichlorid** [-rɪd] S CHEM Dichlorid *n*
dicho- [daɪkəʊ] *Wortelement mit der Bedeutung* in zwei Teilen, paarig
dichogamy [daɪ'kɒgəmɪ; *US* -'kɑ-] S BOT Dichogamie *f (zeitlich getrenntes Reifwerden der weiblichen u. männlichen Geschlechtsorgane innerhalb e-r Zwitterblüte, wodurch e-e Selbstbefruchtung verhindert wird)*
dichotomize [daɪ'kɒtəmaɪz; *US* -'kɑ-] V/T **1** aufspalten **2** BOT, ZOOL, *a. Logik*: dichotomisch anordnen **3** *Systematik*: auf e-n zweigabeligen Bestimmungsschlüssel verteilen **4** ASTRON *bes den Mond* halb beleuchten; **dichotomy** [-mɪ] S Dichotomie *f*: **a** (Zwei)Teilung *f*, (Auf)Spaltung *f* **b** *Logik*: Diärese *f*, Zweiteilung *f (Begriffsanordnung)* **c** BOT, ZOOL (wiederholte) Gabelung **d** ASTRON Halbsicht *f*
dichroic [daɪ'krəʊɪk] ADJ **1** MINER dichroitisch *(Kristall)* **2** → dichromatic; **dichroism** S **1** MINER Dichroismus *m (Eigenschaft vieler Kristalle, Licht nach 2 Richtungen in verschiedenen Farben zu zerlegen)* **2** → dichromatism; **dichroitic** → dichroic
dichromate [daɪ'krəʊmeɪt] S CHEM Dichromat *n*, doppelchromsaures Salz; **dichromatic** [-'mætɪk] ADJ **1** dichromatisch, zweifarbig **2** MED **a** dichromat **b** die Dichromasie *od* Dichromatopsie betreffend; **dichromatism** [-mətɪzəm] S **1** Zweifarbigkeit *f* **2** MED Dichromasie *f*, Dichromatopsie *f (Farbenblindheit, bei der nur 2 der 3 Grundfarben erkannt werden)*
dichromic¹ [daɪ'krəʊmɪk] ADJ **1** → dichroic 1 **2** → dichromatic 2 b
dichromic² [daɪ'krəʊmɪk] ADJ CHEM zwei Radikale der Chromsäure enthaltend
dichromic| acid S CHEM Dichromsäure *f*; **~ vision** → dichromatism 2
dick [dɪk] S **1** *Br sl* Kerl *m*: → clever 1 **2** *bes US sl* Schnüffler *m*, Kriminaler *m (beide pej)*: **private ~** Privatschnüffler *m* **3** *vulg* Schwanz *m (Penis)*
dickens ['dɪkɪnz] S *umg* Teufel *m*: **what (how,** *etc)* **the ~ …?** was (wie *etc*) zum Teufel …?
Dickensian [dɪ'kenzɪən] ADJ dickenssch(er, e, es)
dicker¹ ['dɪkə(r)] **A** S **1** Schacher *m*, Kuhhandel *m umg* **2** Tauschhandel *m* **B** V/I **1** feilschen, schachern *(beide:* **with** mit; **for** um) **2** tauschen, Tauschgeschäfte machen
dicker² ['dɪkə(r)] S WIRTSCH *US* zehn Stück *(Zählmaß bes für Felle)*
dickey¹ ['dɪkɪ] S **1** Hemdbrust *f* **2** (Blusen)Einsatz *m* **3** *a.* **~ bow** *Br* (Frack)Schleife *f*, Fliege *f* **4** *Br umg* Esel *m* **5** → dickeybird **6** AUTO, HIST Not-, Klappsitz *m*
dickey² ['dɪkɪ] ADJ *umg* schwach *(Herz)*, wack(e)lig *(Leiter etc)*: **I feel a bit ~ today** ich fühl mich heute nicht wohl
dickeybird S *Kindersprache*: Piepmatz *m*, Vögelchen *n*: **I didn't see a ~** *umg* ich hab keinen Menschen gesehen; **he didn't say a ~** *umg* er sagte keinen Piep
dickhead S *sl* Idiot *m*
dicky¹ ['dɪkɪ] → dickey¹
dicky² ['dɪkɪ] → dickey²
dickybird → dickeybird
diclinism ['daɪklɪnɪzəm; *US* daɪ'klaɪ-] S BOT Diklinie *f*, Getrenntgeschlechtigkeit *f*
dicotyledon [ˌdaɪkɒtɪ'liːdən; *US* -ˌkɑtl'iːdn] S BOT Dikotyle *f*, zweikeimblättrige Pflanze; **dicotyledonous** [-dənəs] ADJ BOT dikotyl, zweikeimblättrig
dicrotic [daɪ'krɒtɪk; *US* -'krɑ-] ADJ MED dikrot (-isch), doppelschlägig *(Puls)*
dicta ['dɪktə] *pl von* dictum
dictate [dɪk'teɪt; *US bes* 'dɪkteɪt] **A** V/T (**to** *dat*) **1** *e-n Brief etc* diktieren **2** diktieren: **a** vorschreiben, gebieten: **necessity ~s it** die Not gebietet es **b** auferlegen, aufzwingen **c** SPORT *das Spiel* bestimmen **3** *fig* eingeben, -flößen **B** V/I **1** diktieren (**to** *dat*), ein Diktat geben: **dictating machine** Diktiergerät *n* **2** diktieren, befehlen, herrschen: **~ to sb** j-n beherrschen, j-m Befehle geben; **he will not be ~d to** er lässt sich keine Vorschriften machen; **as the situation ~s** wie es die Lage gebietet *od* erfordert **C** S ['dɪkteɪt] Gebot *n*, Befehl *m*, Diktat *n*: **the ~s** *pl* **of conscience (reason)** das Gebot des Gewissens (der Vernunft); **follow the ~s of one's conscience (heart)** s-m Gewissen (Herzen) folgen; **dictation** S **1** Diktat *n*: **a** Diktieren *n* **b** Diktatschreiben *n* **c** diktierter Text **2** Befehl *m*
dictator [dɪk'teɪtə(r); *US bes* 'dɪkˌt-] S **1** Diktator *m (a. fig)* **2** Diktierende(r) *m/f(m)*; **dictatorial** [-tə'tɔːrɪəl] ADJ (ADV **~ly**) diktatorisch: **a** gebieterisch, autoritär **b** absolut, unumschränkt *(Gewalt etc)*; **dictatorship** S Diktatur *f (a. fig)*: **the ~ of the proletariat** POL die Diktatur des Proletariats; **dictatress** [-trɪs] S Diktatorin *f (a. fig)*
diction ['dɪkʃn] S **1** Diktion *f*, Ausdrucks-, Redeweise *f*, Sprache *f*, Stil *m* **2** (deutliche) Aussprache
dictionary ['dɪkʃənrɪ; *US* -ʃəˌneriː] S **1** Wörterbuch *n* **2** *(bes* einsprachiges) enzyklopädisches Wörterbuch **3** Lexikon *n*, Enzyklopädie *f*: **a walking** (*od* **living**) **~** *fig* ein wandelndes Lexikon **4** *fig* Vokabular *n*, Terminologie *f*; **~ catalog(ue)** S Kreuzkatalog *m (in dem Verfasser- u. Schlagwortkatalog in einem Alphabet zusammengefasst sind)*
dictum ['dɪktəm] *pl* -ta [-tə], -tums S **1** autoritativer Ausspruch *od* Entscheid **2** JUR richterlicher Ausspruch **3** Diktum *n*, Ausspruch *m*, Maxime *f*
did [dɪd] *prät von* do¹
didactic [dɪ'dæktɪk; daɪ'd] **A** ADJ (ADV **~ally**) **1** didaktisch: **a** *die Didaktik betreffend* **b** lehrhaft, belehrend: **~ play** Lehrstück *n*; **~ poem** Lehrgedicht *n* **2** *pej* belehrend, schulmeisterhaft **B** S *pl (als sg konstruiert)* Didaktik *f*, Unterrichtslehre *f*; **didactical** [-kl] ADJ (ADV **~ly**) → didactic A; **didacticism** [-tɪsɪzəm] S **1** didaktische Methode **2** *(das)* Didaktische, Lehrhaftigkeit *f*
diddle¹ ['dɪdl] V/T *umg* beschwindeln, betrügen, übers Ohr hauen *umg*: **~ sb out of sth** j-n um etwas betrügen; **~ sth out of sb** j-m etwas abgaunern
diddle² ['dɪdl] *dial* **A** V/I wippen, hüpfen **B** V/T hüpfen lassen
didn't ['dɪdnt] *Zusammenziehung von* **did not**
dido ['daɪdəʊ] *pl* -dos, -does S *umg* Streich *m*
didst [dɪdst] *obs 2. sg prät von* do¹: **thou ~**
didymous ['dɪdɪməs] ADJ BOT, ZOOL didymisch, doppelt, gepaart, Zwillings…
didynamian [ˌdɪdɪ'neɪmɪən; *US* ˌdaɪdə-], **didynamous** [daɪ'dɪnəməs] ADJ BOT didynamisch, zweimächtig
die¹ [daɪ] **A** V/I *ppr* dying ['daɪɪŋ] **1** sterben: **~ by one's own hand** von eigener Hand sterben; **~ of old age** an Altersschwäche sterben; **~ of hunger (thirst)** verhungern (verdursten); **~ for one's country** für sein (Vater)Land sterben; **~ from a wound** an e-r Verwundung sterben, e-r Verwundung erliegen; **~ of boredom** *fig* vor Langeweile (fast) umkommen; **~ of** (*od* **with**) **laughter** *fig* sich totlachen; **~ game** kämpfend sterben *(a. fig)*; **~ hard a** zählebig sein *(a. Sache)*, nicht tot zu kriegen sein *umg* **b** *fig* nicht nachgeben wollen; **~ in one's boots** (*od* **shoes**), **~ with one's boots** (*od* **shoes**) **on a** MIL im Kampf fallen **b** in den Sielen sterben; **never say ~!** nur nicht nachgeben!, *od* aufgeben!; **his secret ~d with him** er nahm sein Geheimnis mit ins Grab; → ditch A 1, fly² 1, harness A 1 a, martyr A 1, A 2 **2** eingehen *(Pflanze, Tier)*, verenden *(Tier)* **3** *bes fig* vergehen, erlöschen, ausgelöscht werden, aufhören **4** → die away 1 **5** → die out 2 **6** vergessen werden, in Vergessenheit geraten **7** nachlassen, schwächer werden, abflauen *(Wind etc)* **8** absterben *(Motor)* **9** (**to, unto**) sich lossagen (von), den Rücken kehren *(dat)*: **~ to the world**; **~ unto sin** sich von der Sünde lossagen **10** (dahin)schmachten **11** *meist* **be dying (for; to do sth)** schmachten, sich sehnen (nach; danach, etwas zu tun), brennen (auf *akk*; darauf, etwas zu tun): **he was dying for a drink** er brauchte unbedingt etwas zu trinken; **I am dying to see it** ich möchte es schrecklich gern sehen; **I am not exactly dying to do it** ich reiße mich nicht darum, es zu tun; **be dying for sb to do sth** darauf brennen, dass j-d etwas tut **B** V/T *e-s Todes* sterben: → natural A 1, violent 2
Phrasal Verbs: **die| away** V/I **1** sich legen *(Wind)*, verhallen, verklingen *(Ton)* **2** sich verlieren: **~ into the darkness** sich im Dunkel verlieren **3** *US* ohnmächtig werden; **~ back** → die down 2; **~ down** V/I **1** → die away 1 **2** sich legen *(Aufregung etc)* **3** BOT (von oben) absterben; **~ off** V/I hin-, wegsterben; **~ out** V/I **1** (allmählich) aufhören, vergehen **2** ausgehen, erlöschen *(Feuer)* **3** aussterben *(a. fig)*
die² [daɪ] *pl (1 u. 2)* **dice** [daɪs] *od (3 u. 4)* **dies** S **1** Würfel *m*: **the ~ is cast** *fig* die Würfel sind gefallen; **play (at) dice** würfeln, knobeln; **(as) straight as a ~ a** schnurgerade **b** *fig* grundehrlich, -anständig; **venture on the cast of a ~** auf e-n Wurf setzen; **no ~!** *bes US umg* nichts zu machen!, da läuft nichts!; → load B 7, loaded 2, shoot B 13 c, throw B 11 a **2** *bes* GASTR Würfel *m*, würfelförmiges Stück **3** ARCH Würfel *m (e-s Sockels)* **4** TECH **a** TYPO Prägestock *m*, -stempel *m* **b** Schneideisen *n*, -kluppe *f* **c** (Draht)Zieheisen *n* **d** Gesenk *n*, Gussform *f*, Kokille *f*: **(female** *od* **lower) ~** Matrize *f*; **up-**

D

per ~ Patrize *f*

die|-away ADJ *obs* schmachtend *(Blick)*; **~-cast** V/T *irr* TECH spritzgießen, spritzen; **~ casting** S TECH Spritzguss(stück) *m(n)*; **~ chuck** → die head; **~-cut** V/T *irr* TECH stempelschneiden; **~-hard** A S 1 Dickschädel *m umg*, zäher u. unnachgiebiger Mensch 2 zählebige Sache 3 POL hartnäckige(r) Reaktionär(in), *bes* extreme(r) Konservative(r) B ADJ hartnäckig, zäh u. unnachgiebig: **a ~ optimist** ein unverbesserlicher Optimist; **~ head**, **~ holder** S TECH 1 Schneidkopf *m* 2 Setzkopf *m (e-s Niets)*

dieldrin ['di:ldrɪn] S CHEM Dieldrin *n*

dielectric [ˌdaɪɪ'lektrɪk] ELEK A S Dielektrikum *n (Substanz, in der ein elektrisches Feld ohne Ladungszufuhr erhalten bleibt)* B ADJ (ADV ~ally) dielektrisch, nicht leitend: **~ constant** Dielektrizitätskonstante *f*; **~ strength** Durchschlagsfestigkeit *f*

diencephalon [ˌdaɪen'sefəlɒn; *US* -ˌlɑn] S ANAT Dienzephalon *n*, Zwischenhirn *n*

dieresis → diaeresis

diesel ['di:zl] A S Diesel *m*: a Dieselmotor *m* b Fahrzeug *n* mit Dieselmotor c Dieselkraftstoff *m* B ADJ Diesel...: **~ engine**; **~ oil**; **~ cycle** Dieselkreisprozess *m*; **~ fuel** Dieselkraftstoff *m* C V/I *US* nachdieseln *(Motor)*; **~-electric** ADJ dieselelektrisch

dieselization [ˌdi:zlaɪ'zeɪʃn; *US* -lə'z-] S Umstellung *f* auf Dieselbetrieb; **dieselize** V/T auf Dieselbetrieb umstellen

dieses ['daɪɪsi:z] *pl von* diesis

diesinker S Werkzeugmacher(in) *(bes für spanabhebende Werkzeuge u. Stanzwerkzeuge)*

diesis ['daɪɪsɪs] *pl* -ses [-si:z] S 1 TYPO Doppelkreuz *n* 2 MUS Kreuz *n*, Erhöhungszeichen *n*

dies non [ˌdaɪi:z'nɒn; *US* -'nɑn] S JUR gerichtsfreier Tag

die stock S TECH Schneidkluppe *f*

diet[1] ['daɪət] A S 1 Nahrung *f*, Ernährung(s-)-weise) *f*, *(a. fig geistige)* Kost: **live on a ~ of** sich ernähren von 2 Diät *f*: a MED Schonkost *f* b Schlankheitskur *f*: **be on a ~** → C b; **put** *sb* **on a ~** → B; **~ pill** MED, PHARM *US* Schlankheitspille *f*; **~ plan** Diätplan *m* B V/T *j-n* auf Diät setzen C V/I a Diät halten, Diät leben b e-e Diät machen, *engS.* e-e Schlankheitskur machen

diet[2] ['daɪət] S 1 POL a Unterhaus *n (in Japan etc)* b HIST Reichstag *m*: **the ~ of Worms** der Reichstag zu Worms 2 JUR *schott* a Gerichtstermin *m* b Gerichtssitzung *f*

dietary ['daɪətərɪ; *US* -ˌteri:] A S 1 MED Diätzettel *m*, -vorschrift *f* 2 Speisezettel *m* 3 (Essen)Ration *f (in Gefängnissen etc)* B ADJ MED Diät..., diätetisch; **dietetic** [-'tetɪk] MED A ADJ (ADV ~ally) diätetisch, Diät... B S **dietetics** *pl (als sg konstruiert)* Diätetik *f*, Diät-, Ernährungslehre *f*; **dietetical** [-kl] ADJ (ADV ~ly) → dietetic A

diethyl [daɪ'eθɪl] ADJ CHEM Diäthyl...

dietitian, *a.* **dietician** [ˌdaɪə'tɪʃn] S MED 1 Diätist(in), Diätassistent(in) 2 Ernährungswissenschaftler(in)

diff. ABK 1 difference 2 different

differ ['dɪfə(r)] V/I 1 sich unterscheiden, verschieden sein, abweichen *(alle:* **from** von*)*: **we ~ very much in that** wir sind darin sehr verschieden; **it ~s in being smaller** es unterscheidet sich dadurch, dass es kleiner ist 2 auseinandergehen *(Meinungen)*: **opinions ~ on this** darüber gehen die Meinungen auseinander 3 **(from, with)** nicht übereinstimmen (mit), anderer Meinung sein (als): → agree A 3, beg B 3 4 differieren, sich nicht einig sein *(beide:* **on, about, over** über *akk)*

difference ['dɪfrəns] A S 1 Unterschied *m*, Unterscheidung *f*: **make no ~ between** keinen Unterschied machen zwischen *(dat)*; **that makes a great** *(od* **big)** ~ a das macht viel aus b das ändert die Sach(lag)e c das ist von großer Bedeutung **(to** für*)*; **good manners still make a ~ to most of us** Anstand bedeutet den meisten von uns noch etwas; **it makes no ~ (to me)** es ist (mir) gleich(gültig), es macht (mir) nichts aus; **make all the ~** von entscheidender Bedeutung sein; **it made all the ~** es änderte die Sache vollkommen, es gab der Sache ein ganz anderes Gesicht; **what's the ~?** was macht das schon aus?; **with one ~** mit einem Unterschied 2 Unterschied *m*, Verschiedenheit *f*: **~ of opinion** Meinungsverschiedenheit (→ A 5); **~ in meaning** Bedeutungsunterschied 3 Differenz *f (a. Börse)*, Unterschied *m (in Menge, Grad etc)*: **~ in price, price ~** Preisunterschied; → split A 3 4 MATH Differenz *f*: a Rest *m* b Änderungsbetrag *m (e-s Funktionsgliedes)*: **~ equation** Differenzengleichung *f* 5 *meist* **~ of opinion** Meinungsverschiedenheit *f*, Differenz *f*, Unstimmigkeit *f* (→ A 2) 6 Streitpunkt *m* 7 Unterscheidungsmerkmal *n* 8 Besonderheit *f*: **a film with a ~** ein Film (von) ganz besonderer Art; **a car with a ~** ein Wagen, der einmal etwas anderes ist; **holidays** *(bes US* **vacation)** **with a ~** Urlaub *m* mal ganz anders; **salads with a ~** Salate mit Pfiff *umg* 9 → differentia B V/T 1 unterscheiden **(from** von*)* 2 e-n Unterschied machen zwischen *(dat)*

different ['dɪfrənt] ADJ (ADV → differently) 1 verschieden(artig): **in three ~ places** an drei verschiedenen Orten 2 **(from,** *US* **than,** *Br* **to)** verschieden (von), anders (als): **he's ~** er ist anders; **that's ~** das ist etwas and(e)res; **it looks ~** es sieht anders aus 3 ander(er, e, es): **that's a ~ matter** das ist etwas and(e)res 4 besonder(er, e, es), individuell

differentia [ˌdɪfə'renʃɪə] *pl* -ae [-ʃii:] S *Logik:* spezifischer Unterschied

differential [ˌdɪfə'renʃl] A ADJ (ADV ~ly) 1 unterscheidend, Unterscheidungs..., besonder(er, e, es), charakteristisch 2 unterschiedlich, verschieden 3 ELEK, MATH, PHYS, TECH Differenzial...: **~ equation**; **~ geometry**; **~ screw** 4 WIRTSCH gestaffelt, Differenzial...: **~ tariff** Differenzial-, Staffeltarif *m* 5 GEOL selektiv B S 1 Unterscheidungsmerkmal *n* 2 MATH Differenzial *n* 3 AUTO Differenzial *n* 4 WIRTSCH a Fahrpreisdifferenz *f* b → differential rate c Lohn- *od* Gehaltsdifferenz *f*, -gefälle *n*; **~ brake** S TECH Differenzialbremse *f*; **~ calculus** S MATH Differenzialrechnung *f*; **~ compound winding** S ELEK Gegenverbundwicklung *f*; **~ duties** SPL WIRTSCH Differenzialzölle *pl*; **~ gear** S AUTO Differenzial-, Ausgleichsgetriebe *n*; **~ piston** S TECH Stufen-, Differenzialkolben *m*; **~ rate** S BAHN *etc* Ausnahmetarif *m*

differentiate [ˌdɪfə'renʃɪeɪt] A V/T 1 unterscheiden **(from** von*)*: **I can't ~ these two books** ich kann diese beiden Bücher nicht voneinander unterscheiden 2 unterscheiden, e-n Unterschied machen zwischen *(dat)* 3 voneinander abgrenzen 4 *a.* BIOL differenzieren, spezialisieren: **be ~d** → B 1 5 MATH differenzieren, *e-e Funktion* ableiten B V/I 1 sich differenzieren, sich unterscheiden, sich verschieden entwickeln *(alle:* **from** von*)* 2 differenzieren, e-n Unterschied machen, unterscheiden *(alle:* **between** zwischen *dat)*: **I can't ~ between these two books** ich kann diese beiden Bücher nicht voneinander unterscheiden; **differentiation** S Differenzierung *f*: a Unterscheidung *f* b Spezialisierung *f*: **~ of labo(u)r** Arbeitsteilung *f* c MATH Differenziation *f*, Ableitung *f*

differently ADV **(from)** anders (als), verschieden (von), unterschiedlich: **~ abled** *bes US euph* (körper)behindert

difficult ['dɪfɪkəlt; *US a.* -ˌkʌlt] ADJ (ADV ~ly) 1 schwierig, schwer *(beide:* **for** für*)*: **~ problem**; **~ text**; **~ times**; **a ~ climb** ein schwieriger *od* mühsamer *od* beschwerlicher Aufstieg; **it was quite ~ for me to ignore his rudeness** es fiel mir schwer, s-e Unverschämtheit zu ignorieren 2 schwierig *(Person)*; **difficulty** [-tɪ] S 1 Schwierigkeit *f*: a Mühe *f*: **with ~** mühsam, (nur) schwer; **he speaks with ~** er hat Schwierigkeiten beim Sprechen; **have ~ (in) doing sth** Mühe *od* Schwierigkeiten haben, etwas zu tun b schwierige Sache, Problem *n* c Hindernis *n*, Widerstand *m*: **make** *(od* **raise)** **difficulties** Schwierigkeiten bereiten *(Sache) od* machen *(a. Person)* 2 *meist pl* schwierige Lage, *(a.* Geld)Schwierigkeiten *pl*, Verlegenheit *f*

diffidence ['dɪfɪdəns] S Schüchternheit *f*, mangelndes Selbstvertrauen; **diffident** ADJ (ADV ~ly) schüchtern, ohne Selbstvertrauen: **be ~ about doing sth** etwas nur zögernd *od* zaghaft tun

diffract [dɪ'frækt] V/T PHYS beugen; **diffraction** [-kʃn] S Diffraktion *f*, Beugung *f*; **diffractive** ADJ beugend

diffuse [dɪ'fju:z] A V/T 1 ausgießen, -schütten 2 *bes fig Wärme, Gerüchte etc* verbreiten: **a widely ~d opinion** e-e weitverbreitete Meinung 3 *fig s-e Kraft etc* verzetteln 4 CHEM, PHYS diffundieren: a zerstreuen: **~d light** diffuses Licht, Streulicht *n* b vermischen: **be ~d** sich vermischen c durchdringen B V/I 1 *bes fig* sich verbreiten 2 CHEM, PHYS diffundieren: a sich zerstreuen b sich vermischen c (ein)dringen **(into** in *akk)* C ADJ [-'fju:s] ADJ (ADV ~ly) 1 diffus: a weitschweifig, langatmig *(Stil, Autor)* b unklar, ungeordnet *(Gedanken etc)* c CHEM, PHYS zerstreut, ohne genaue Abgrenzung: **~ light** diffuses Licht, Streulicht *n* 2 *bes fig* verbreitet

diffusibility [dɪˌfju:zə'bɪlətɪ] S CHEM, PHYS Diffusionsvermögen *n*; **diffusible** ADJ (ADV diffusibly) diffusionsfähig

diffusion [dɪ'fju:ʒn] S 1 Ausgießen *n*, -schütten *n* 2 *bes fig* Verbreitung *f* 3 Weitschweifigkeit *f* 4 CHEM, PHYS Diffusion *f* 5 SOZIOL Diffusion *f (Ausbreitung von Kulturerscheinungen)*; **diffusive** [-sɪv] ADJ (ADV ~ly) 1 *bes fig* sich verbreitend 2 weitschweifig 3 CHEM, PHYS Diffusions...; **diffusiveness** S 1 Weitschweifigkeit *f* 2 CHEM, PHYS Diffusionsfähigkeit *f*; **diffusivity** [-'sɪvətɪ] S CHEM, PHYS Diffusionsvermögen *n*

dig [dɪg] A S 1 Graben *n*, Grabung *f* 2 *umg* a (archäologische) Ausgrabung b Ausgrabungsstätte *f* 3 Puff *m*, Stoß *m*: **~ in the ribs** Rippenstoß *m* 4 **(at)** sarkastische Bemerkung (über *akk*), (Seiten)Hieb (auf *j-n*) 5 SCHULE *US umg* Büffler(in) 6 *pl Br umg* Bude *f*: **live in ~s** möbliert wohnen B V/T *prät u. pperf* dug [dʌg], *obs* digged 1 graben in *(dat)*: **~ the ground** 2 *oft* **~ up** *den Boden* umgraben 3 *oft* **~ up, ~ out** a ausgraben: → mire A b *fig etwas* ausgraben, aufdecken, ans Tageslicht bringen: **~ the truth out of sb** die Wahrheit aus j-m herausholen c auftreiben, finden 4 *ein Loch etc* graben: **~ a pit** a e-e (Fall)Grube ausheben b *fig* e-e Falle stellen **(for** *dat)*; **~ one's way through sth** sich e-n Weg durch etwas graben *od* bahnen *(a. fig)*; → grave[1] 1 5 eingraben, bohren *(beide:* **into** in *akk)*: **~ one's teeth into sth** die Zähne in etwas graben *od* schlagen 6 e-n Stoß geben *(dat)*, stoßen, puffen: **~ one's spurs into a horse** e-m Pferd die Sporen geben; **~ sb in the ribs** j-m e-n Rippenstoß geben 7 *umg* a kapieren *umg*, verstehen b stehen *od* abfahren auf *(akk) umg*, etwas übrighaben für c *US* sich *etwas* anschauen *od* anhören C V/I 1 graben, schürfen *(beide:* **for** nach) 2 *fig* a forschen (**for** nach) b sich gründlich beschäftigen (**into** mit) 3 ~ **into** a *e-m Pferd* die Sporen geben b *umg* in *e-n Kuchen etc* reinhauen c *umg* sich einarbeiten in *(akk)* 4 SCHULE *US umg* a büffeln, ochsen b schwitzen (**at** über *dat*) 5 *bes Br umg* s-e Bude haben, wohnen 6 ~ **at** *umg j-n* anmotzen

Phrasal Verbs: **dig| in** A V/T 1 eingraben: **dig o.s. in** a → B 1 b *fig* sich verschanzen, feste Stellung beziehen; **dig one's heels in** *umg* sich auf die Hinterbeine stellen *od* setzen 2 **dig o.s. in** *umg* sich einarbeiten B V/I 1 MIL sich eingraben, sich verschanzen 2 *umg* reinhauen *(in e-n Kuchen etc)*; ~ **out** → dig B 3; ~ **over** V/T *umg* überdenken; ~ **up** → dig B 2, B 3

digallic [daɪ'gælɪk] ADJ CHEM tanninsauer: ~ **acid** Tanninsäure *f*

digest [dɪ'dʒest; daɪ-] A V/T 1 *Speisen* verdauen 2 MED *etwas* verdauen helfen *(Medikament etc)* 3 *fig* verdauen, (innerlich) verarbeiten 4 *fig* überlegen, durchdenken 5 *fig* ordnen, in ein System bringen, klassifizieren 6 CHEM digerieren, aufschließen, -lösen B V/I 1 (s-e Nahrung) verdauen 2 sich verdauen lassen, verdaulich sein: ~ **well** leicht verdaulich sein C S ['daɪdʒest] 1 Digest *m/n*, Auslese *f (a. Zeitschrift)*, Auswahl *f (alle:* **of** aus *Veröffentlichungen)* 2 (**of**) a Abriss *m (gen)*, Überblick *m* (über *akk*) b Auszug *m* (aus) 3 JUR a systematische Sammlung von Gerichtsentscheidungen b **the** ♀ die Digesten *pl*, die Pandekten *pl (Hauptbestandteil des Corpus juris civilis)*; **digestant** S MED, PHARM verdauungsförderndes Mittel; **digester** S 1 → digestant 2 CHEM Autoklav *m*; **digestibility** S Verdaulichkeit *f*; **digestible** ADJ (ADV digestibly) verdaulich

digestion [dɪ'dʒestʃən; daɪ-] S 1 PHYSIOL Verdauung *f*: a Verdauungstätigkeit *f* b *koll* Verdauungsorgane *pl*: **be easy (hard) of** ~ leicht (schwer) verdaulich sein 2 *fig* Verdauung *f*, (innerliche) Verarbeitung 3 *fig* Klassifizierung *f*, Ordnen *n*; **digestive** [-tɪv] A ADJ (ADV ~ly) 1 MED, PHARM digestiv, verdauungsfördernd 2 ANAT, PHYSIOL Verdauungs...: ~ **apparatus** (*od* **system**) Verdauungsapparat *m*; ~ **biscuit** → B 2; ~ **canal** (*od* **tract**) Verdauungstrakt *m*; ~ **enzyme** Verdauungsenzym *n*; ~ **juice** Verdauungssaft *m*; ~ **process** Verdauungsvorgang *m* B S 1 MED, PHARM Digestivum *n*, verdauungsförderndes Mittel 2 *Br* Vollkornkeks *m/n*

digger ['dɪgə(r)] A S 1 *j-d, der gräbt, z. B.* Erdarbeiter *m* 2 *in Zusammensetzungen* ...gräber(in): → gold digger 1 3 Grabgerät *n* 4 TECH a Grabmaschine *f (bes Löffelbagger, Rodemaschine etc)* b Ventilnadel *f* 5 AGR Kartoffelroder *m* 6 *a.* ~ **wasp** ZOOL Grabwespe *f* 7 *oft* ♀ *sl* Australier *m*, Neuseeländer *m*, *bes* australischer *od* neuseeländischer Soldat B ADJ *oft* ♀ *sl* a australisch b neuseeländisch

diggings ['dɪgɪŋz] SPL 1 Schurf *m*, Schürfung *f* 2 *(a. als sg konstruiert)* Goldbergwerk *n* 3 Aushub *m*, ausgeworfene Erde 4 → dig A 6

dight [daɪt] *prät u. pperf* dight, dighted V/T *obs* zurichten, schmücken

digit ['dɪdʒɪt] S 1 ANAT, ZOOL a Finger *m* b Zehe *f* 2 Fingerbreite *f (¾Zoll = 1,9 cm)* 3 ASTRON astronomischer Zoll *(1/12 des Sonnen- od Monddurchmessers)* 4 MATH a e-e der Ziffern von 0-9, Einer *m*: **bring the inflation to single ~s** die Inflation auf unter 10% senken b Stelle *f*: **three-~** dreistellig; **one-~ adder** IT Halbaddierer *m*; **two-~ group** IT Bigramm *n*; **digital** A ADJ 1 digital: a Finger... b Zehen... 2 digital, Digital...: ~ **clock (watch)**; ~ **computer** TECH Digitalrechner *m*; ~ **projector** TECH, COMPUT Beamer *m*; ~ **recording** Digital Recording *n (Tonaufnahme, bei der die Töne nicht als Schwingungen, sondern digitalisiert aufgenommen werden)*; ~ **signal** TECH Digitalsignal *n*; ~ **technology** Digitaltechnik *f* B S MUS Taste *f*

digitalin [,dɪdʒɪ'teɪlɪn; *US bes* -'tæ-] S MED, PHARM Digitalin *n (ein Digitalispräparat)*

digitalis [,dɪdʒɪ'teɪlɪs; *US bes* -'tæ-] S 1 BOT Digitalis *f*, Fingerhut *m* 2 MED, PHARM Digitalis *n (aus den Blättern des Fingerhutes gewonnenes Herzmittel)*; **digitalism** [-təlɪzəm] S MED Digitalismus *m*, Digitalisvergiftung *f*; **digitalize** V/T 1 MED digitalisieren, mit Digitalis behandeln 2 → digitize

digital projector S Beamer *m*

digitate ['dɪdʒɪteɪt], *a.* **digitated** [-ɪd] ADJ 1 BOT gefingert *(Blatt)* 2 ZOOL mit Fingern *od* fingerförmigen Fortsätzen 3 fingerförmig

digitigrade ['dɪdʒɪtɪgreɪd] ZOOL A ADJ auf den Zehen gehend B S Zehengänger *m*

digitize ['dɪdʒɪtaɪz] V/T 1 IT *Daten etc* digitalisieren *(in Ziffern darstellen)* 2 *Signale* digitalisieren *(in Digitalsignale umsetzen)*

diglossia [daɪ'glɒsɪə; *US* -'glɑ-] S LING Diglossie *f (Zweisprachigkeit, bei der eine Sprachform die Hochsprache, die andere die Konversationssprache darstellt)*

diglot ['daɪglɒt; *US* -,glɑt] A ADJ zweisprachig B S zweisprachige Ausgabe

dignified ['dɪgnɪfaɪd] ADJ würdevoll, würdig; **dignify** [-faɪ] V/T 1 ehren, auszeichnen 2 zieren, schmücken 3 Würde verleihen *(dat)* 4 *pej* hochtrabend benennen (**with** mit)

dignitary ['dɪgnɪtərɪ; *US* -,teri:] S Würdenträger(in)

dignity ['dɪgnətɪ] S 1 Würde *f*, würdevolles Auftreten 2 Würde *f*, Rang *m*, (hohe) Stellung 3 Größe *f*, Würde *f*: ~ **of soul** Seelengröße, -adel *m* 4 Würde *f*, Ansehen *n*: **not stand on one's ~** nicht auf dem hohen Ross sitzen; → beneath B

digraph ['daɪgrɑ:f; *bes US* -græf] S LING Digraph *m (Verbindung von 2 Buchstaben zu einem Laut)*

digress [daɪ'gres; dɪ-] V/I abschweifen (**from** von; **into** in *akk*); **digression** [-ʃn] S Abschweifung *f*: **make a ~** abschweifen; **digressional** [-ʃənl] ADJ, **digressive** [-sɪv] ADJ (ADV ~ly) abschweifend

dihedral [daɪ'hedrl; *bes US* -'hi:-] A ADJ 1 MATH diedrisch, zweiflächig: ~ **angle** a Flächenwinkel *m* b → B 2 2 FLUG V-förmig *(Tragflächen)* B S 1 MATH Dieder *m*, Zweiflach *n*, -flächner *m* 2 FLUG V-Stellung *f (der Tragflächen)*; **dihedron** [-drən] → dihedral B 1

dike[1] [daɪk] A S 1 Deich *m*, Damm *m* 2 a Graben *m*, Kanal *m* b *(natürlicher)* Wasserlauf 3 Erdwall *m* 4 erhöhter Fahrdamm 5 *schott* Grenz-, Schutzmauer *f* 6 a Schutzwall *m (a. fig)* b *fig* Bollwerk *n* 7 *a.* ~ **rock** GEOL Gangstock *m (erstarrten Eruptivgesteins)* 8 *Aus umg* Klo *n*, Lokus *m* B V/T eindämmen, eindeichen

dike[2] [daɪk] S *sl* Lesbe *f (Lesbierin)*

diker ['daɪkə(r)] S Deich-, Dammarbeiter *m*

dikey ['daɪkɪ] ADJ *sl* lesbisch

diktat ['dɪktɑ:t; *US* dɪk'tɑ:t] S *bes* POL Diktat *n*

dilapidate [dɪ'læpɪdeɪt] A V/T 1 *ein Haus etc* verfallen lassen 2 *obs ein Vermögen etc* vergeuden, verschleudern B V/I verfallen, baufällig werden; **dilapidated** ADJ verfallen, baufällig *(Haus etc)*, klapp(e)rig *(Auto etc)*; **dilapidation** S 1 Baufälligkeit *f*, Verfall *m* 2 *pl Br* a notwendige Reparaturen *pl (die ein Mieter ausführen lassen muss)* b *die dabei anfallenden Kosten*

dilatability [daɪ,leɪtə'bɪlətɪ; dɪ-] S PHYS Dehnbarkeit *f*, (Aus)Dehnungsvermögen *n*; **dilatable** ADJ PHYS dilatabel, (aus)dehnbar; **dilatant** ADJ PHYS dilatant

dilatation [,daɪleɪ'teɪʃn; ,dɪlə-] S 1 PHYS Dilatation *f*, Ausdehnung *f* 2 MED a *(Herz- etc)* Erweiterung *f*: ~ **of the heart** b (künstliche) Erweiterung

dilate [daɪ'leɪt; dɪ-] A V/T (aus)dehnen, (aus)weiten, erweitern: **with ~d eyes** mit aufgerissenen Augen B V/I 1 sich (aus)dehnen *od* (aus)weiten, sich erweitern: **his eyes ~d with terror** s-e Augen weiteten sich vor Entsetzen 2 *fig* sich (ausführlich) verbreiten *od* auslassen (**on, upon** über *akk*); **dilation** → dilatation

dilatometer [,daɪlə'tɒmɪtə(r); ,dɪ-; *US* -'tɑ-] S PHYS Dilatometer *n*, (Aus)Dehnungsmesser *m*

dilator [daɪ'leɪtə(r); dɪ-] S Dilator *m*: 1 ANAT Dehnmuskel *m* 2 MED Dehnsonde *f*

dilatoriness ['dɪlətərɪnɪs; *US* -,təʊri:-; -,tɔ:-] S Langsamkeit *f*; **dilatory** ADJ (ADV dilatorily) 1 verzögernd, hinhaltend: ~ **policy** (*od* **tactics** *pl*) Verzögerungs-, Verschleppungs-, Hinhaltetaktik *f* 2 langsam: **be ~ in doing sth** sich mit etwas Zeit lassen 3 JUR dilatorisch, aufschiebend: ~ **defence** (*US* **defense**), *US* ~ **plea** dilatorische *od* prozesshindernde Einrede

dildo ['dɪldəʊ] *pl* -dos S Dildo *m*, Godemiché *m (Nachbildung e-s erigierten Penis)*

dilemma [dɪ'lemə; daɪ-] S 1 Dilemma *n*, Zwangslage *f*: **be on the horns of a ~** in e-r Zwickmühle sein *od* sitzen 2 *Logik*: Dilemma *n*, Wechselschluss *m*

dilettante [,dɪlɪ'tæntɪ; *US a.* -'tɑ:n-] A *pl* -ti [-ti:], -tes S 1 Dilettant(in): a Amateur(in) *(bes in der Kunst)*, Nichtfachmann *m* b *pej* Stümper(in) 2 Kunstliebhaber(in) B ADJ dilettantisch: a amateurhaft b *pej* stümperhaft; **dilettantish** → dilettante B; **dilettantism** S Dilettantismus *m*

diligence[1] ['dɪlɪdʒəns] S 1 Fleiß *m*, Eifer *m*, Emsigkeit *f* 2 Sorgfalt *f*: **due ~** JUR (im Verkehr) erforderliche Sorgfalt

diligence[2] ['dɪlɪdʒəns] S HIST Postkutsche *f*

diligent ['dɪlɪdʒənt] ADJ (ADV ~ly) 1 fleißig, eifrig, emsig 2 sorgfältig, gewissenhaft

dill [dɪl] S 1 BOT Dill *m*, Gurkenkraut *n* 2 *bes Aus sl* Idiot *m*; ~ **pickle** S mit Dill eingelegte Gurke

dillydally ['dɪlɪdælɪ] V/I *umg* 1 die Zeit vertrödeln, (herum)trödeln 2 zaudern, schwanken

diluent ['dɪljʊənt; *US* -jəw-] CHEM A ADJ verdünnend B S Verdünnungsmittel *n*

dilute [daɪ'lju:t; dɪ-; *bes US* -'lu:t] A V/T 1 verdünnen, verwässern, strecken, CHEM diluieren 2 *fig e-e Aussage etc* verwässern, abschwächen, mildern: ~ **labo(u)r** Facharbeit in Arbeitsgänge zerlegen, deren Ausführung nur geringe Fachkenntnisse erfordert B ADJ 1 verdünnt 2 blass, wäss(e)rig *(Farben)* 3 *fig* verwässert, abgeschwächt; **diluted** → dilute B; **dilutee** [-'ti:] S *zwischen dem angelernten u. dem Facharbeiter stehender Beschäftigter*; **diluteness** → dilution 3; **dilution** S 1 Verdünnung *f*, CHEM Dilution *f* 2 *fig* Verwäss(e)rung *f*, Abschwächung *f*: ~ **of labo(u)r** Zerlegung *f* von Facharbeit in Arbeitsgänge, deren Ausführung nur geringe Fachkenntnisse erfordert 3 Wäss(e)rigkeit *f* 4 (verdünnte) Lösung

diluvial [daɪ'lu:vjəl; -vɪəl; dɪ-], **diluvian** ADJ 1 GEOL diluvial, Eiszeit... 2 Überschwemmungs... 3 (Sint)Flut..., sintflutlich; **diluvianism** S GEOL Diluvianismus *m (e-e Erdbildungstheorie)*; **diluvium** [-əm] *pl* -via [-ə] S GEOL fluvioglazialer Schotter

dim [dɪm] A ADJ (ADV ~ly) 1 (halb)dunkel, düster: ~ **prospects** *fig* trübe Aussichten; → view C 8 2 undeutlich, verschwommen *(beide a. fig)*

3 trüb(e), blass, matt *(Farbe)* 4 schwach, trüb *(Licht)*: **~ly lit** schwach erleuchtet 5 getrübt, trübe 6 *umg* beschränkt B V/T 1 verdunkeln, verdüstern 2 trüben *(a. fig)*: **~ sb's love** 3 TECH mattieren 4 *a.* **~ out** *ein Licht* abblenden, dämpfen: **~ the headlights** AUTO *US* abblenden 5 **~ out** MIL teilweise verdunkeln C V/I 1 sich verdunkeln *od* verdüstern 2 sich trüben *(a. fig)*, matt *od* trüb(e) werden 3 undeutlich werden 4 verblassen *(a. fig)*

dime [daɪm] S Dime *m*, Zehncentstück *n (in den USA u. in Kanada)*: **they are a ~ a dozen** *US umg* a sie sind spottbillig, man bekommt sie nachgeworfen b es gibt sie wie Sand am Meer; **~ novel** S *US bes* HIST Groschenroman *m*

dimension [dɪˈmenʃn; daɪ-] A S 1 Dimension *f (a.* MATH*)*: a Ausdehnung *f*, Aus-, Abmessung *f*, Maß *n* b *pl oft fig* Ausmaß *n*, Größe *f*, Grad *m*: **of vast ~s** riesengroß, von riesenhaftem Ausmaß *od* Umfang 2 *pl* PHYS Dimension *f (Maß physikalischer Größen)* B V/T 1 dimensionieren, bemessen 2 TECH mit Maßangaben versehen: **~ed sketch** Maßskizze *f*; **dimensional** [-ʃənl] ADJ (ADV ~ly) dimensional: → three-dimensional; **dimensionless** ADJ winzig klein

dimeric [daɪˈmerɪk] ADJ 1 → dimerous 2 CHEM dimer, zweiglied(e)rig

dimerous [ˈdɪmərəs] ADJ 1 ZOOL zweiteilig 2 BOT zweiglied(e)rig

dime store S *US* billiger Laden, billiges Kaufhaus

dimeter [ˈdɪmɪtə(r)] S LIT Dimeter *m (aus zwei gleichen Metren bestehender Vers)*

dimethyl [daɪˈmeθɪl; *Br* -ˈmiːθaɪl] S CHEM Äthan *n*; **dimethylamine** [daɪˈmeθɪləˌmiːn; *Br a.* ˌdaɪmiːˈθaɪləmiːn] S CHEM Dimethylamin *n*

dimidiate [dɪˈmɪdɪeɪt] A V/T 1 halbieren 2 *Heraldik*: halb darstellen B ADJ 1 BOT, ZOOL halbiert, halb ausgebildet 2 BOT an e-r Seite gespalten

diminish [dɪˈmɪnɪʃ] A V/T 1 verringern, (ver)mindern: **~ed responsibility** JUR verminderte Zurechnungsfähigkeit 2 verkleinern 3 reduzieren, herabsetzen 4 (ab)schwächen 5 *fig* herabwürdigen, -setzen 6 ARCH verjüngen: **a ~ed column** 7 MUS a *Notenwerte, ein Thema* verkleinern b *ein Intervall, e-n Akkord* vermindern B V/I 1 sich vermindern, sich verringern: **~ in numbers** weniger werden; **~ in value** an Wert verlieren 2 abnehmen; **diminishable** ADJ reduzierbar

diminuendo [dɪˌmɪnjʊˈendəʊ; *US* -jəˈw-; -nəˈw-] A *pl* **-dos** S MUS Diminuendo *n* B ADJ abnehmend, schwächer werdend C ADV 1 MUS diminuendo 2 mit abnehmender Lautstärke

diminution [ˌdɪmɪˈnjuːʃn; *US a.* -ˈnuː-] S 1 (Ver)Minderung *f*, Verringerung *f*: **~ of value** Wertminderung 2 Verkleinerung *f (a.* MUS*)* 3 Herabsetzung *f (a. fig)* 4 Abnahme *f* 5 ARCH Verjüngung *f*

diminutival [dɪˌmɪnjʊˈtaɪvl] → diminutive A 2

diminutive [dɪˈmɪnjʊtɪv] A ADJ (ADV ~ly) 1 klein, winzig 2 LING diminutiv, Diminutiv…, Verkleinerungs…: **~ suffix** Diminutivsuffix *n* B S LING Diminutiv *n*, Verkleinerungsform *f od* -silbe *f*; **diminutiveness** S Winzigkeit *f*

dimity [ˈdɪmɪtɪ] S *Textilwesen*: Barchent *m*, Baumwollflanell *m*

dimmer [ˈdɪmə(r)] S 1 TECH Dimmer *m (stufenloser Helligkeitseinsteller)* 2 *pl* AUTO *US* a Abblendlicht *n*: **~ switch** Abblendschalter *m* b Stand-, Parklicht *n*

dimness S 1 Düsterkeit *f*, Dunkelheit *f* 2 Undeutlichkeit *f* 3 Trübheit *f*, Mattheit *f*

dimorphic [daɪˈmɔː(r)fɪk] ADJ dimorph, zweigestaltig; **dimorphism** S BIOL, MINER Dimorphismus *m*, Zweigestaltigkeit *f*; **dimorphous** → dimorphic

dim-out S MIL Teilverdunk(e)lung *f*

dimple [ˈdɪmpl] A S 1 Grübchen *n (in der Wange etc)* 2 Delle *f*, Vertiefung *f* 3 Kräuselung *f (im Wasser)* B V/T 1 Grübchen machen in *(akk)*: **a smile ~d her cheeks** als sie lächelte, bekam sie Grübchen in den Wangen 2 *das Wasser* kräuseln C V/I 1 Grübchen bekommen 2 sich kräuseln *(Wasser)*; **dimpled** ADJ 1 mit Grübchen: **be ~** Grübchen haben 2 gekräuselt *(Wasser)*; **dimply** [-plɪ] ADJ 1 voll(er) Grübchen 2 → dimpled 2

dim|wit S *umg* Blödmann *m*; **~witted** ADJ *umg* dämlich, blöd

din [dɪn] A S Lärm *m*, Getöse *n*: **kick up** *(od* **make)** **a ~** Krach machen B V/T 1 *(durch Lärm)* betäuben 2 dauernd (vor)predigen, (immer wieder) einhämmern *(beide:* **sth into sb** j-m etwas*)* C V/I lärmen, *(Motoren etc)* dröhnen: **~ in sb's ears** j-m in den Ohren dröhnen

dinar [ˈdiːnɑː(r)] S WIRTSCH Dinar *m (Währungseinheit)*

Dinaric [dɪˈnærɪk] ADJ dinarisch *(Rasse)*

dine [daɪn] A V/I speisen, essen *(beide:* **off sth, on sth** etwas*)*: **~ in (out)** zu Hause (auswärts) essen; **he has been dining out on his adventure for weeks** sein Abenteuer bringt ihm schon seit Wochen Einladungen zum Essen ein; → wine C B V/T 1 *j-n* bewirten, (bei sich) zu Gast haben: → wine B 2 *e-e bestimmte Anzahl Personen* fassen *(Speisezimmer)*: **this room ~s 20** in diesem Zimmer kann für 20 Personen gedeckt werden; **diner** S 1 Speisende(r) *m/f(m)* 2 Gast *m (im Restaurant)* 3 BAHN *bes US* Speisewagen *m* 4 *US* Gaststätte *f*, Lokal *n (früher meist in Form e-s Speisewagens)*

dinergate [daɪˈnɜːgət; *US* -ˈnɜr-] S ZOOL Soldat *m (der Ameisen)*

diner-out *pl* diners-out S *j-d, der auswärts isst*

dinette [daɪˈnet] S Essecke *f*

ding [dɪŋ] A V/T 1 *e-e Glocke* läuten 2 → din B 2 B V/I läuten

dingbats [ˈdɪŋbæts] SPL *Aus sl* 1 Säuferwahn *m* 2 **give sb the ~** j-n nervös machen

dingdong [ˌdɪŋˈdɒŋ; *US* ˈdɪŋˌ-; -ˌdɑŋ] A S 1 Bimbam *n* 2 *Br umg* a wüste Rauferei b Krach *m (Streit)* B ADJ *Br umg* **~ argument** → A 2 b; **~ fight** → A 2 a

dinghy [ˈdɪŋgɪ] S 1 SCHIFF a Ding(h)i *n (kleines Sportsegelboot)* b Beiboot *n* 2 Schlauchboot *n*

dinginess [ˈdɪndʒɪnɪs] S 1 Schmutzigkeit *f*, Schmudd(e)ligkeit *f umg pej* 2 trübe *od* schmutzige Farbe 3 Schäbigkeit *f (a. fig)* 4 *fig* Anrüchigkeit *f*

dingle [ˈdɪŋgl] S enges, waldiges Tal

dingo [ˈdɪŋgəʊ] *pl* **-goes** S 1 ZOOL Dingo *m (australischer Windhund)* 2 *Aus sl* a Gauner(in) b Feigling *m*

dingus [ˈdɪŋgəs] S *US sl* 1 Dingsda *n* 2 Ding *n (Penis)*

dingy[1] [ˈdɪndʒɪ] ADJ (ADV dingily) 1 schmutzig, schmudd(e)lig *umg pej* 2 trüb, schmutzigfarben 3 schäbig *(a. fig)* 4 *fig* zweifelhaft, dunkel, anrüchig

dingy[2] *bes obs* → dinghy

dinicotinic acid [ˌdaɪnɪkəˈtɪnɪk] S CHEM Dinikotinsäure *f*

dining| car S BAHN Speisewagen *m*; **~ hall** S Speisesaal *m*; **~ room** S Speise-, Esszimmer *n*; **~ saloon** S Speisesaal *m*; **~ set** S Essgruppe *f*, Esstisch *m* mit Stühlen; **~ table** S Esstisch *m*

dinitro- [daɪnaɪtrəʊ] CHEM *Wortelement mit der Bedeutung* mit 2 Nitrogruppen

dinitrocellulose [daɪˌnaɪtrəʊˈseljʊləʊs] S CHEM Dinitrozellulose *f*; **dinitrotoluene** [-ˈtɒljʊiːn; *US* -ˈtɑljəˌwiːn] S CHEM Dinitrotoluol *n*

dink [dɪŋk] S *US sl* Idiot *m*

dinkey [ˈdɪŋkiː] S BAHN *US* kleine Verschiebelokomotive

dinkum [ˈdɪŋkəm] ADJ *Aus umg* 1 *meist* **fair ~** reell *(Angebot etc)* 2 **~ oil** die (volle) Wahrheit

dinky[1] [ˈdɪŋkɪ] ADJ *umg* 1 *Br* zierlich, niedlich, nett 2 *US* klein, unbedeutend

dinky[2] → dinkey

dinky-di [ˌdɪŋkɪˈdaɪ] ADJ *Aus umg* typisch

dinner [ˈdɪnə(r)] S 1 Dinner *n*, (Mittag-, Abend)Essen *n (Hauptmahlzeit)*: **after ~** nach dem Essen, nach Tisch; **at ~** bei Tisch; **what are we having for ~?** was gibt es zum Essen?; **ask sb to ~** j-n zum Essen einladen; → stay[1] A 1 2 Diner *n*, Dinner *n*, Festessen *n*: **at a ~** auf *od* bei e-m Diner; **~ bell** S Gong *m*, Essensglocke *f*; **~ card** S Tischkarte *f*; **~ dance** S Abendgesellschaft *f* mit Tanz; **~ dress** S kleines Abendkleid; **~ jacket** S Smoking(jacke) *m(f)*; **~ lady** S *Br* Köchin *f od* Küchenhilfe *f (in e-r Schulkantine)*; **~ party** S Diner *n*, Abendgesellschaft *f*; **~ service**, **~ set** S Speiseservice *n*, Tafelgeschirr *n*; **~ table** S Esstisch *m*: **at the ~** bei Tisch; **~time** S Essens-, Tischzeit *f*

dinosaur [ˈdaɪnəʊsɔː(r)] S ZOOL Dinosaurier *m*

dint [dɪnt] A S 1 *obs* a Schlag *m* b Kraft *f (bes in)*: **by ~ of** kraft *(gen)*, mittels *(gen)* 2 a Delle *f*, Beule *f*, Vertiefung *f* b Strieme *f* B V/T einbeulen

diocesan [daɪˈɒsɪsn; *US* daɪˈɑsəsən] REL A ADJ Diözesan… B S (Diözesan)Bischof *m*; **diocese** [ˈdaɪəsɪs; -siːs; -siːz] S Diözese *f*

diode [ˈdaɪəʊd] S ELEK 1 Diode *f*, Zweipolröhre *f* 2 Kristalldiode *f*, -gleichrichter *m*: **~ detector** Diodengleichrichter

dioecious [daɪˈiːʃəs] ADJ diözisch: a BIOL getrenntgeschlechtlich b BOT zweihäusig

Diogenes [daɪˈɒdʒɪniːz; *US* -ˈɑdʒə-] EIGENN Diogenes *m (412?-323 v.Chr.; Griechischer Philosoph)*

Dionysia [ˌdaɪəˈnɪzɪə; -ʒɪə; -sɪə] SPL *Antike*: Dionysien *pl*, Dionysosfest *n*; **Dionysiac** [-æk] ADJ, **Dionysiacal** [-ˈsaɪəkl] ADJ (ADV ~ly) dionysisch; **Dionysian** ADJ 1 → Dionysiac 2 ♀ *fig* dionysisch, orgiastisch

Diophantine [ˌdaɪəʊˈfæntaɪn] ADJ MATH diophantisch *(Gleichung)*

diopside [daɪˈɒpsaɪd; *US* -ˈɑp-] S MINER Diopsid *m*; **dioptase** [-teɪs] S MINER Dioptas *m*

diopter, *bes Br* **dioptre** [daɪˈɒptə; *US* -ˈɑptər] S PHYS Dioptrie *f (Maßeinheit für die Brechkraft von Linsen)*; **dioptric** [-trɪk] A ADJ (ADV **~ally**) 1 PHYS dioptrisch, lichtbrechend 2 durchsichtig B S *pl (als sg konstruiert)* PHYS Lehre *f* von der Lichtbrechung; **dioptrical** [-kl] ADJ (ADV ~ly) → dioptric A

diorama [ˌdaɪəˈrɑːmə; *US a.* -ˈræmə] S Diorama *n (plastisch wirkendes Schaubild, bei dem räumliche Gegenstände vor e-m gemalten od fotografierten Hintergrund aufgestellt sind)*; **dioramic** [-ˈræmɪk] ADJ dioramisch

diorite [ˈdaɪəraɪt] S GEOL Diorit *m (ein körniges Tiefengestein)*

Dioscuri [ˌdaɪɒsˈkjʊəraɪ; *US* -əsˈkj-; daɪˈɑskjəˌraɪ] SPL Dioskuren *pl (Castor u. Pollux)*

dioxide [daɪˈɒksaɪd; *US* -ˈɑk-] S CHEM 1 Dioxyd *n* 2 → peroxide A 1

dioxin [daɪˈɒksɪn; *US* -ˈɑk-] S CHEM Dioxin *n*

dip [dɪp] A V/T *prät u. pperf* dipped, *obs* dipt 1 (ein)tauchen, (ein)tunken *(in, into* in *akk)*: **~ one's hand into one's pocket** in die Tasche greifen 2 *oft* **~ up** schöpfen **(from, out of** aus)

3 *den Kopf* rasch senken: ~ **the flag** SCHIFF die Flagge (zum Gruß) dippen; ~ **the headlights** AUTO *bes Br* abblenden; **~ped headlights** *pl* AUTO *bes Br* Abblendlicht *n* 4 REL durch Untertauchen taufen 5 färben, in e-e Farblösung tauchen 6 *Schafe etc* dippen, in desinfizierender Lösung baden 7 *Kerzen* ziehen B V/I 1 unter-, eintauchen 2 hineinfahren, -langen, -greifen: ~ **into one's pocket** (*od* **purse**) *fig* tief in die Tasche greifen 3 sinken (**below the horizon** unter den Horizont) 4 a sich neigen, sich senken (*Gelände, Waage, Magnetnadel etc*) b GEOL einfallen (*Schichten*) 5 WIRTSCH (leicht) fallen, sinken (*Preise etc*) 6 sich flüchtig befassen (**in, into** mit): ~ **into a book** e-n Blick in ein Buch werfen; ~ **into politics** e-n Ausflug in die Politik machen 7 ~ **into** *die Vergangenheit etc* erforschen 8 ~ **into** *Reserven, e-n Vorrat etc* angreifen 9 a nieder- u. wieder auffliegen b FLUG vor dem Steigen plötzlich tiefer gehen C S 1 (Unter-, Ein)Tauchen *n* 2 kurzes Bad: **have a** ~ mal schnell ins Wasser springen 3 geschöpfte Flüssigkeit, Schöpfprobe *f* 4 *bes* TECH (Tauch)Bad *n*, Lösung *f* 5 Sinken *n* (*a.* WIRTSCH) 6 Neigung *f*, Senkung *f*, Gefälle *n* 7 Fallwinkel *m* 8 SCHIFF Depression *f*, Kimmtiefe *f* (*des Horizontes*) 9 *Geophysik*: Inklination *f* (*Winkel zwischen den erdmagnetischen Feldlinien u. der Horizontalen*) 10 GEOL Einfallen *n* 11 Vertiefung *f*, Bodensenke *f* 12 Tiefgang *m* (*e-s Schiffes*), Tiefe *f* des Eintauchens 13 *a.* ~ **candle** gezogene Kerze 14 a schnelles Hinab(- u. Hinauf)fliegen b FLUG plötzliches Tiefergehen vor dem Steigen c **take a** ~ (*Fußball*) aufsetzen 15 SCHIFF Dippen *n* (*e-r Flagge*) 16 *Turnen*: Streck-, Beugestütz *m* (*am Barren*) 17 GASTR Dip *m* (*Soße zum Eintauchen von Chips etc*) 18 Angreifen *n* (**into** *e-r Reserve, e-s Vorrats etc*) 19 *sl* Langfinger *m*, Taschendieb(in) 20 flüchtiger Blick (**in, into** in *akk*): **a ~ into politics** ein Ausflug in die Politik

dip. ABK diploma

DipAD ABK *Br* Diploma in Art and Design

dip| brazing S TECH Tauchlöten *n*; ~ **circle** S TECH Neigungskreis *m*

DipCom ABK Diploma of Commerce

dip-dye V/T TECH im Stück färben

DipEd ABK *Br* Diploma in Education

dipetalous [daɪˈpetələs] ADJ BOT mit 2 Kronblättern

diphase [ˈdaɪfeɪz] ADJ ELEK 1 zweiphasig 2 Zweiphasen…

diphead S *Bergbau*: Hauptstrecke *f*

diphenyl [daɪˈfenɪl] S CHEM Diphenyl *n*

diphtheria [dɪfˈθɪərɪə; dɪpˈθ-] S MED Diphtherie *f*; **diphtherial**, **diphtheric** [-ˈθerɪk], **diphtheritic** [-θəˈrɪtɪk] ADJ diphtherisch; **diphtheroid** [-θərɔɪd] ADJ diphtheroid, diphtherieartig

diphthong [ˈdɪfθɒŋ; ˈdɪp-] S LING 1 Diphthong *m*, Doppelvokal *m* 2 *die Ligatur* æ *od* œ; **diphthongal** [-ŋgl], **diphthongic** ADJ diphthongisch; **diphthongization** [-gaɪˈzeɪʃn; *US* -gəˈz-] S Diphthongierung *f*; **diphthongize** V/T diphthongieren

diplegia [daɪˈpliːdʒɪə; -dʒə] S MED Diplegie *f*, doppelseitige Lähmung

diplex [ˈdaɪpleks] ADJ ELEK Diplex…, doppelt: ~ **operation** Diplexbetrieb *m*; ~ **telegraphy** Diplexsystem *n*

diploid [ˈdɪplɔɪd] BIOL A ADJ diploid (*mit doppelter Chromosomenzahl*) B S diploide Zelle, diploider Organismus

diploma [dɪˈpləʊmə] S 1 SCHULE, UNIV a Diplom *n* b Abschlusszeugnis *n* 2 (Ehren)Urkunde *f* 3 POL, HIST Diplom *n*, Urkunde *f*

diplomacy [dɪˈpləʊməsɪ] S 1 POL Diplomatie *f* 2 *fig* Diplomatie *f*, diplomatisches Geschick

diplomaed [dɪˈpləʊməd] ADJ diplomiert, Diplom…

diplomat [ˈdɪpləmæt] S POL *u. fig* Diplomat(in); **diplomatic** A ADJ (ADV ~ally) 1 POL diplomatisch: ~ **agent** (*od* **representative**) diplomatische(r) Vertreter(in), Diplomat(in); ~ **career** Diplomatenlaufbahn *f*; ~ **corps**, *a.* ~ **body** diplomatisches Korps; ~ **immunity** diplomatische Immunität; ~ **relations** diplomatische Beziehungen; ~ **service** diplomatischer Dienst; → **rupture** A 3 b 2 *fig* diplomatisch, klug, taktisch geschickt B S **diplomatics** *pl* (*als sg konstruiert*) 1 Diplomatik *f*, Urkundenlehre *f* 2 POL Diplomatie *f*

diplomatist [dɪˈpləʊmətɪst] → diplomat; **diplomatize** A V/I diplomatisch handeln *od* vorgehen B V/T diplomatisch behandeln

diplopia [dɪˈpləʊpjə; -pɪə] S MED Diplopie *f* (*gleichzeitiges Sehen zweier Bilder von e-m einzigen Gegenstand*)

dip| needle → dipping needle; ~ **net** S *Fischerei*: Streichnetz *n*

dipnoan [dɪpˈnəʊən; *US* ˈdɪpnəwən] FISCH A ADJ zu den Lungenfischen gehörig, Lungenfisch… B S Lungenfisch *m*

dipody [ˈdɪpədɪ] S LIT Dipodie *f* (*Gruppe aus 2 gleichen Versfüßen*)

dipolar [daɪˈpəʊlə(r)] ADJ PHYS zweipolig; **dipole** [-pəʊl] S 1 ELEK, PHYS Dipol *m* 2 *a.* ~ **aerial** (*bes US* **antenna**) (RADIO, TV) Dipolantenne *f*

dipper [ˈdɪpə(r)] S 1 a Färber(in) b Kerzenzieher(in) 2 Schöpfer *m*, Schöpflöffel *m* 3 TECH a Baggereimer *m* b Bagger *m* 4 ♌ ASTRON *US* a **Big** ♌ → bear[2] A 4 a b *a.* **Little** ♌ → bear[2] A 4 b 5 ORN Taucher *m*; ~ **dredge**, ~ **dredger** S TECH Löffelbagger *m*; ~ **gourd** S BOT Flaschenkürbis *m*

dipping [ˈdɪpɪŋ] S 1 Eintauchen *n* 2 TECH a Färben *n* b Kerzenziehen *n* 3 Dippen *n*, Baden *n* in desinfizierender Lösung 4 TECH (Tauch)Bad *n*; ~ **battery** S ELEK Tauchbatterie *f*; ~ **compass** S PHYS Inklinations-, Neigungskompass *m*; ~ **electrode** S ELEK Tauchelektrode *f*; ~ **needle** S SCHIFF Inklinationsnadel *f*; ~ **rod** S Wünschelrute *f*; ~ **shot** S *Fußball*: Aufsetzer *m*; ~ **varnish** S TECH Tauchlack *m*

dippy [ˈdɪpɪ] ADJ *umg* übergeschnappt: **go (clean)** ~ (völlig) überschnappen

dipso [ˈdɪpsəʊ] *pl* -sos S *umg für* dipsomaniac

dipsomania [ˌdɪpsəʊˈmeɪnjə; -nɪə] S MED Dipsomanie *f* (*periodisch auftretende Trunksucht*); **dipsomaniac** [-æk] S Dipsomane *m*, Dipsomanin *f*

dip|stick S TECH (*Öl- etc*) Messstab *m*; ~ **switch** S AUTO *Br* Abblendschalter *m*

dipt [dɪpt] *obs prät u. pperf von* dip

dipteral [ˈdɪptərəl] ADJ 1 → dipterous 2 2 ARCH mit doppeltem Säulenumgang; **dipteran** ZOOL A ADJ → dipterous 2 B S → dipteron

dipteron [ˈdɪptərɒn; *US* -ˌrɑn] S ZOOL Diptere *m*, Zweiflügler *m*; **dipterous** ADJ 1 BOT, ZOOL zweiflügelig 2 ZOOL zu den Zweiflüglern gehörend

dip trap S TECH Schwanenhals *m*, U-Rohrkrümmer *m*

diptych [ˈdɪptɪk] S Diptychon *n*: a *Antike*: *zusammenklappbare Schreibtafel* b MAL *zweiflügeliges Altarbild*

dir. ABK director

dire [ˈdaɪə(r)] ADJ 1 grässlich, entsetzlich, schrecklich: ~ **sisters** Furien 2 unheilvoll: ~ **consequences** böse *od* fatale Folgen 3 äußerst(er, e, es), höchst(er, e, es): **be in ~ need of sth** etwas verzweifelt *od* dringend *od* bitter nötig haben; → strait A 2

direct [dɪˈrekt; daɪ-] A V/T 1 *s-e Aufmerksamkeit etc* richten, lenken (*beide*: **to, toward[s]** auf *akk*): **a method ~ed to doing sth** ein Verfahren, das darauf abzielt, etwas zu tun; **be ~ed against** sich richten gegen; ~ **away** *j-n, etwas* ablenken (**from** von) 2 *ein Fahrzeug* lenken 3 *e-n Betrieb etc* führen, leiten, lenken 4 *Worte* richten (**to** an *akk*): **this remark was ~ed at you** diese Bemerkung war an d-e Adresse gerichtet 5 *e-n Brief etc* adressieren, richten (*beide*: **to** an *akk*) 6 anweisen, beauftragen, *j-m* Anweisung geben (*alle*: **to do** zu tun): ~ **the jury as to the law** JUR den Geschworenen Rechtsbelehrung erteilen 7 anordnen, verfügen, bestimmen: ~ **sth to be done** etwas anordnen; anordnen, dass etwas geschieht; **as ~ed** laut Verfügung, nach Vorschrift 8 a *j-m* den Weg zeigen *od* sagen (**to** zu, nach) b *fig j-n* verweisen (**to** an *akk*) 9 a *ein Orchester* dirigieren b Regie bei *e-m Film od Stück* führen: **~ed by** unter der Regie von B V/I 1 befehlen, bestimmen 2 a MUS *bes US* dirigieren b THEAT *etc* Regie führen: **~ing debut** Regiedebüt *n* C ADJ (ADV → directly A) 1 direkt, gerade 2 direkt, unmittelbar (*Steuern etc*): ~ **descent** geradlinige Abstammung; ~ **elimination** (*Fechten*) Direktausscheidung *f*; ~ **flight** Direktflug *m*; ~ **labo(u)r** Fertigungslöhne *pl*; ~ **mail** *US* Postwurfsendung *f*; ~ **primary** POL *US* Vorwahl *f* durch direkte Wahl; ~ **selling** WIRTSCH Direktverkauf *m*; ~ **train** BAHN durchgehender Zug; ~ **voting** POL direkte Wahl; → descendant 1, direct method 3 unmittelbar, persönlich (*Verantwortung etc*) 4 WIRTSCH spezifisch, direkt: ~ **costs** direkte Kosten, Einzelkosten 5 a klar, unzwei-, eindeutig b offen, ehrlich (*Antwort etc*) 6 direkt, genau: **the ~ contrary** das genaue Gegenteil 7 LING direkt: ~ **speech** (*bes US* **discourse**) direkte Rede; ~ **object** Akkusativobjekt *n* 8 ASTRON rechtläufig 9 ELEK a Gleichstrom… b Gleich… D ADV direkt, unmittelbar: **I wrote to him** ~ ich schrieb ihm direkt; **the next flight goes ~ to London** der nächste Flug geht direkt nach London; → dial c

direct| access S IT direkter Zugriff, Direktzugriff *m*; ~ **action** S POL direkte Aktion (*bes Kampfmaßnahmen der Arbeiterschaft*); ~ **advertising** S WIRTSCH Werbung *f* beim Konsumenten; ~ **carving** S *Bildhauerei*: Behauen *n* ohne Verwendung e-s Leitmodells; ~ **costing** S WIRTSCH Direct Costing *n* (*Kalkulationsverfahren auf Teilkostenbasis*); ~ **current** S ELEK Gleichstrom *m*; ~ **debit mandate** S WIRTSCH Abbuchungsauftrag *m*

direct-dial TEL A V/T & V/I *US* durchwählen (nach) B ADJ Durchwahl…

direct| dial(l)ing S TEL Durchwahl *f*; ~ **distance dialing** S TEL *US* Selbstwählfernverkehr *m*; ~ **drive** S TECH direkter Antrieb; ~ **evidence** S JUR unmittelbarer Beweis, Beweis *m* aus eigener Wahrnehmung (*Ggs Indizienbeweis*); ~ **fire** S MIL direkter Beschuss; ~ **hit** S MIL Volltreffer *m*

direction [dɪˈrekʃn; daɪ-] S 1 Richtung *f*: **take a ~** e-e Richtung einschlagen; **in the ~ of** in (der) Richtung auf (*akk*) *od* nach; *he drove away* **in the ~ of London** Richtung London; **from (in) all ~s** aus (nach) allen Richtungen, von (nach) allen Seiten; **sense of ~** Orts-, Orientierungssinn *m*; ~ **of rotation** PHYS, TECH Drehrichtung, -sinn *m* 2 *fig* Richtung *f*, Tendenz *f*, Strömung *f*: **new ~s in drama**; **give another ~ to** in e-e neue Richtung *od* in andere Bahnen lenken; **in many ~s** in vieler(lei) Hinsicht 3 Leitung *f*, Lenkung *f*, Führung *f* (*e-s Betriebs etc*): **under his ~** unter s-r Leitung 4 Anweisung *f*,

Anleitung *f*: **~s** *pl* **for use** Gebrauchsanweisung **5** (An)Weisung *f*, Anordnung *f*, Befehl *m*: **by** (*od* **at**) **~ of** aufAnweisung von (*od gen*) **6** Vorschrift *f*, Richtlinie *f* **7** Adresse *f*, Aufschrift *f* (*e-s Briefes etc*) **8** WIRTSCH Direktorium *n*, Direktion *f*, Leitung *f* **9** FILM, TV *etc* Regie *f* **10** MUS **a** Spielanweisung *f* (*über Tempo etc*) **b** Stabführung *f*, Leitung *f*

directional [dɪˈrekʃənl; daɪ-] ADJ **1** Richtungs…: **~ sense** MATH Richtungssinn *m* **2** ELEK **a** Richt…, gerichtet **b** Peil…; **~ aerial**, *bes US* **~ antenna** S ELEK Richtantenne *f*, -strahler *m*; **~ calculus** S *a. irr* MATH Rechnung *f* mit gerichteten Größen; **~ coefficient** S MATH Richtungsfaktor *m*; **~ filter** S ELEK Bandfilter *n/m*; **~ gyro** S FLUG Kurs-, Richtkreisel *m*; **~ microphone** S Richtmikrofon *n*; **~ radio** S ELEK **1** Richtfunk *m* **2** Peilfunk *m*; **~ transmitter** S ELEK **1** Richtfunksender *m* **2** Peilsender *m*

direction| finder S ELEK (Funk)Peiler *m*, Peilempfänger *m*; **~ finding** S ELEK **1** (Funk)Peilung *f*, Richtungsbestimmung *f* **2** Peilwesen *n*; **~ gate** S *Skisport*: Richtungstor *n*; **~ indicator** S **1** AUTO (Fahrt)Richtungsanzeiger *m*: **a** HIST Winker *m* **b** Blinker *m* **2** FLUG Kursweiser *m*

directive [dɪˈrektɪv; daɪ-] **A** ADJ lenkend, leitend, richtunggebend, -weisend: **~ rule** → B **B** S Direktive *f*, Verhaltungsmaßregel *f*, (An)Weisung *f*, Vorschrift *f*; **~ aerial**, *bes US* **~ antenna** S ELEK Richtantenne *f*, -strahler *m*; **~ power** S ELEK Richtvermögen *n*

directly **A** ADV **1** direkt, gerade, in gerader Richtung **2** unmittelbar, direkt (*a.* TECH): **~ proportional** direkt proportional; **~ in the middle** direkt *od* genau in der Mitte; **~ opposed** genau entgegengesetzt **3** *bes Br* [*umg a.* ˈdreklɪ] **a** sofort, sogleich **b** gleich, bald: **I am coming ~** **4** unzweideutig, klar **5** offen, ehrlich **B** KONJ [*Br a.* ˈdreklɪ] sowie, sobald

direct| marketing S WIRTSCH Direct Marketing *n*, Direktmarketing *n* (*Form des Vertriebs u. der Kommunikation, bei der sich Anbieter direkt an die Bedarfsträger wenden*); **~ method** S direkte Methode (*Fremdsprachenunterricht ohne Verwendung der Muttersprache u. ohne theoretische Grammatik*)

directness S **1** Geradheit *f*, Geradlinigkeit *f*, gerade Richtung **2** Unmittelbarkeit *f* **3** Unzweideutigkeit *f*, Klarheit *f* **4** Offenheit *f*

director [dɪˈrektə(r); daɪ-] S **1** Direktor *m*, Leiter *m*, Vorsteher *m*: **♀ of Public Prosecutions** JUR *Br* Leiter der Anklagebehörde; **~ of program(me)s** (RADIO, TV) Programmdirektor; **~'s secretary** Chefsekretärin *f* **2** WIRTSCH **a** Direktor *m* **b** Mitglied *n* des Verwaltungsrats (*e-r Aktiengesellschaft*): → **board**[1] A 4 **3** FILM, TV *etc* Regisseur *m* **4** MUS *bes US* Dirigent *m* **5** MIL Kommandogerät *n* **6** MED Leitungssonde *f*; **directoral** → directorial; **directorate** [-rət] S **1** Direktorat *n*, Direktor-, Direktorenposten *m*, -stelle *f* **2** Direktorium *n* **3** WIRTSCH **a** Direktorium *n* **b** Verwaltungsrat *m*

director-general *pl* directors-general S Generaldirektor *m*

directorial [dɪˌrekˈtɔːrɪəl; daɪ-] ADJ (ADV **~ly**) **1** Direktor…, Direktoren…: **~ position** → directorate 1 **2** → directive A

directorship → directorate 1

directory [dɪˈrektərɪ; daɪ-] **A** S **1** **a** Adressbuch *n* **b** Telefonbuch *n*: **~ inquiries** *pl Br* Auskunft *f* **c** Branchenverzeichnis *n*: → trade directory **d** IT Dateiverzeichnis *n* **2** REL Gottesdienstordnung *f* **3** Leitfaden *m*, Richtschnur *f* **4** Direktorium *n* **5** ♀ HIST Directoire *n*, Direktorium *n* (*in Frankreich*) **B** ADJ → directive A

direct|-process steel S TECH Rennstahl *m*; **~ product** S MATH Skalarprodukt *n*

directress [dɪˈrektrɪs; daɪ-] S **1** Direktorin *f*, Vorsteherin *f*, Leiterin *f* **2** FILM, TV *etc* Regisseurin *f* **3** MUS *bes US* Dirigentin *f*

directrix [dɪˈrektrɪks; daɪ-] *pl* -trixes, -trices [-trɪsiːz] S **1** → directress **2** MATH Direktrix *f*, Leitlinie *f* **3** MIL Nullstrahl *m*

direct-writing company S WIRTSCH Rückversicherungsgesellschaft *f*

direful → dire 1

dirge [dɜːdʒ; *US* dɜrdʒ] S Klage-, Trauerlied *n*

dirigibility [ˌdɪrɪdʒəˈbɪlətɪ] S Lenkbarkeit *f*; **dirigible** **A** ADJ lenkbar **B** S lenkbares Luftschiff

dirigisme [ˌdɪrɪʒɪzəm] S WIRTSCH, POL Dirigismus *m* (*staatliche Wirtschaftslenkung*); **dirigiste** [-ˈʒiːst] ADJ dirigistisch

diriment [ˈdɪrɪmənt] ADJ unwirksam machend, aufhebend: **~ impediment** JUR trennendes Ehehindernis

dirk [dɜːk; *US* dɜrk] *bes* HIST **A** S Dolch *m* **B** V/T erdolchen

dirndl [ˈdɜːndl; *US* ˈdɜrndl] S **1** Dirndl(kleid) *n* **2** Dirndlrock *m*

dirt [dɜːt; *US* dɜrt] S **1** Schmutz *m*, Kot *m*, Dreck *m umg* **2** (lockere) Erde **3** *fig* Plunder *m*, Schund *m* (*beide pej*) **4** *fig* (*moralischer*) Schmutz **5** *fig* Schmutz *m*: **a** unflätiges Reden **b** üble Verleumdungen *pl*, Gemeinheit(en) *f(pl)*
Besondere Redewendungen: **hard ~** Schutt *m*; **soft ~** Müll *m*, Kehricht *m/n*; **they are (as) common as ~** **a** es gibt sie wie Sand am Meer **b** sie sind schrecklich gewöhnlich; **do sb ~** *sl* j-n in gemeiner Weise reinlegen; **eat ~** sich widerspruchslos demütigen lassen; **make sb eat ~** j-n demütigen; **fling** (*od* **throw**) **~ at sb** j-n mit Dreck bewerfen, j-n in den Schmutz ziehen; **treat sb like ~** j-n wie (den letzten) Dreck behandeln; → cheap A 1

dirt|-cheap ADJ & ADV *umg* spottbillig; **~ farmer** S *US Farmer, der sein Land selbst bestellt*

dirtiness [ˈdɜːtɪnɪs; *US* ˈdɜr-] S **1** Schmutz(igkeit) *m(f)* **2** Gemeinheit *f*, Niedertracht *f* **3** (*moralische*) Schmutzigkeit **4** Unfreundlichkeit *f* (*des Wetters*)

dirt| road S *bes US* unbefestigte Straße; **~ track** S *Motorradsport*: Aschenbahn *f*

dirty **A** ADJ (ADV dirtily) **1** schmutzig, dreckig, Schmutz…: **~-brown** schmutzig braun; **~ marks** Schmutzspuren; **~ water** schmutziges Wasser, Schmutzwasser *n*; **~ work** Dreck(s)arbeit *f*: **a** *Schmutz verursachende Arbeit* **b** *niedere Arbeit, für die sich andere zu schade sind*; **~-work allowance, ~ money** WIRTSCH Schmutzzulage *f*; **give sb a ~ look** j-m e-n bösen Blick zuwerfen; → linen A 2 **2** *fig* gemein, niederträchtig: **a ~ lie** e-e gemeine Lüge; **a ~ lot** *umg* ein Lumpenpack; → dog A 3, trick A 2 **3** *fig* (*moralisch*) schmutzig, unflätig, unanständig: **a ~ old man** ein alter Lustmolch; **a ~ mind** **a** schmutzige Gedanken *pl* **b** e-e schmutzige Fantasie; **~ weekend** Liebeswochenende *n*; **~ word** Reizwort *n* **4** schlecht, unfreundlich, *bes* SCHIFF stürmisch (*Wetter*) **5** schmutzig (grau) (*Farbe*) **6** *sl* dirty (*drogenabhängig*) **B** ADV *Br sl* wahnsinnig: **a ~ big house** **C** S **do the ~ on sb** *Br umg* j-n gemein *od* unfreundlich behandeln **D** V/T beschmutzen, besudeln (*beide a. fig*): **~ one's hands** sich die Hände schmutzig machen (*a. fig*) **E** V/I schmutzig werden, schmutzen

Dis [dɪs] S *poet* Unterwelt *f*

dis-[1] [dɪs] VORSILBE **1** auseinander, ab-, dis-, ent-, un-, weg-, ver-, zer- **2** *Verneinung*: → disaccord *etc*

dis-[2] [dɪs] → di-[1]

disability [ˌdɪsəˈbɪlətɪ] S **1** Unvermögen *n*, Unfähigkeit *f* **2** JUR Geschäfts-, Rechtsunfähigkeit *f*: **lie under a ~** rechtsunfähig sein **3** Arbeits-, Erwerbsunfähigkeit *f*, Invalidität *f* **4** MIL **a** Dienstuntauglichkeit *f* **b** Kampfunfähigkeit *f* **5** MED Gebrechen *n*; **~ benefit** S Invaliditätsrente *f*; **~ clause** S WIRTSCH Erwerbsunfähigkeitsklausel *f*; **~ insurance** S WIRTSCH Invaliditätsversicherung *f*; **~ pension** → disability benefit

disable [dɪsˈeɪbl] V/T **1** unfähig machen, außerstand setzen (*beide*: **from doing sth** etwas zu tun) **2** unbrauchbar *od* untauglich machen (**for** für, zu) **3** JUR geschäfts- *od* rechtsunfähig machen **4** arbeits- *od* erwerbsunfähig machen **5** MIL **a** dienstuntauglich machen **b** kampfunfähig machen **6** verkrüppeln; **disabled** **A** ADJ **1** JUR geschäfts-, rechtsunfähig **2** arbeits-, erwerbsunfähig, invalid(e) **3** MIL **a** dienstuntauglich **b** kriegsversehrt: **a ~ ex-soldier** ein Kriegsversehrter **c** kampfunfähig **4** **a** (*körperlich od geistig*) behindert **b** behindertengerecht, Behinderten… **5** unbrauchbar, untauglich **6** **a** SCHIFF manövrierunfähig, seeuntüchtig **b** AUTO fahruntüchtig, nicht mehr verkehrssicher **B** S **the ~** *koll* die Behinderten *pl*; **disablement** S **1** Arbeits-, Erwerbsunfähigkeit *f*, Invalidität *f*: **~ annuity** *Br* → disability benefit; **~ insurance** → disability insurance **2** → disability 4 **3** (*körperliche od geistige*) Behinderung

disabuse [ˌdɪsəˈbjuːz] V/T **1** aus dem Irrtum befreien, e-s Besseren belehren, aufklären (**of** über *akk*) **2** befreien, erleichtern (*beide*: **of** von): **~ o.s.** (*od* **one's mind**) **of sth** sich von etwas (*Irrtümlichem*) befreien, etwas ablegen

disaccord [ˌdɪsəˈkɔː(r)d] **A** V/I nicht übereinstimmen **B** S **1** Uneinigkeit *f*, Nichtübereinstimmung *f* **2** Widerspruch *m*

disaccustom [ˌdɪsəˈkʌstəm] V/T: **~ sb to sth** j-m etwas abgewöhnen

disadvantage [ˌdɪsədˈvɑːntɪdʒ; *US* -ˈvæn-] **A** S **1** Nachteil *m* (**to** für): **be at a ~, labo(u)r under a ~** im Nachteil *od* benachteiligt sein; **put sb at a ~** j-n benachteiligen; **put o.s. at a ~ with sb** sich j-m gegenüber in den Nachteil setzen; **to sb's ~** zu j-s Nachteil *od* Schaden **2** ungünstige Lage: **take sb at a ~** j-s ungünstige Lage ausnutzen **3** Schade(n) *m(n)*, Verlust *m* (*beide*: **to** für): **sell to** (*od* **at a**) **~** mit Verlust verkaufen **B** V/T benachteiligen; **disadvantageous** [-ædvɑːnˈteɪdʒəs; *US* -ˌvæn-; -vən-] ADJ (ADV **~ly**) nachteilig, ungünstig, unvorteilhaft, schädlich (*alle*: **to** für): **be ~** *a.* von Nachteil sein

disaffect [ˌdɪsəˈfekt] V/T unzufrieden machen, verstimmen, verärgern, verdrießen; **disaffected** ADJ (ADV **~ly**) (**to, toward[s]**) unzufrieden (mit), abgeneigt (*dat*), missvergnügt (über *akk*), verdrossen; **disaffectedness**, **disaffection** S (**to, toward[s]**) Unzufriedenheit *f* (mit), Abgeneigtheit *f* (gegen), (POL *a.* Staats)-Verdrossenheit *f*

disaffirm [ˌdɪsəˈfɜːm; *US* -ˈfɜrm] V/T **1** (ab)leugnen **2** JUR **a** *e-e Gerichtsentscheidung* aufheben, umstoßen **b** von *e-m Vertrag* zurücktreten

disafforest [ˌdɪsəˈfɒrɪst; *US a.* -ˈfɑr-] V/T **1** JUR *Br e-m Wald* den Schutz durch das Forstrecht nehmen **2** abforsten, abholzen; **disafforestation**, **disafforestment** S **1** JUR *Br* Erklärung *f* zu gewöhnlichem Land (*das nicht dem Forstrecht untersteht*) **2** Abforstung *f*, Abholzung *f*

disagio [dɪsˈædʒɪəʊ] S WIRTSCH Disagio *n*, Abschlag *m*

disagree [ˌdɪsəˈgriː] V/I **1** (**with**) nicht übereinstimmen (mit), im Widerspruch stehen (zu, mit): **the witnesses ~** die Zeugen widersprechen einander 2 **(with sb)** anderer Meinung sein (als j-d), uneinig sein (mit j-m), (j-m) nicht zustimmen 3 (sich) streiten (**on, about, as to** über *akk*) 4 **(with sth)** nicht einverstanden sein (mit etwas), gegen (e-e Sache) sein, (etwas) ablehnen 5 schlecht *od* nicht bekommen, nicht zuträglich sein (*alle*: **with** *dat*): **this fruit ~s with me**; **disagreeable** ADJ (ADV disagreeably) unangenehm: a widerlich b unliebenswürdig, eklig c lästig; **disagreeableness** S 1 Widerlichkeit *f* 2 Unliebenswürdigkeit *f* 3 Lästigkeit *f*; **disagreement** S 1 Verschiedenheit *f*, Unterschied *m*, Unstimmigkeit *f*: **in ~ from** a zum Unterschied von b abweichend von; **be in ~ (with)** → disagree 1 2 Widerspruch *m* (**between** zwischen *dat*) 3 Meinungsverschiedenheit *f* (**on, over** über *akk*) 4 Streitigkeit *f*, Misshelligkeit *f*

disallow [ˌdɪsəˈlaʊ] V/T 1 nicht gestatten *od* zugeben *od* erlauben, missbilligen, verbieten, verweigern 2 nicht anerkennen, nicht gelten lassen, SPORT *a.* annullieren, nicht geben; **disallowable** ADJ nicht zu billigen(d); **disallowance** S 1 Missbilligung *f* 2 Nichtanerkennung *f*, SPORT *a.* Annullierung *f*

disambiguate [ˌdɪsæmˈbɪɡjʊeɪt] V/T *e-e sprachliche Äußerung* disambiguieren, eindeutig machen

disappear [ˌdɪsəˈpɪə(r)] V/I 1 verschwinden (**from** von, aus; **to** nach): → blue B 5 b 2 verloren gehen (*Gebräuche etc*); **disappearance** [-ˈpɪərəns] S 1 Verschwinden *n* 2 TECH Schwund *m*; **disappearing** ADJ 1 verschwindend 2 versenkbar, Versenk…: **~ bed** Klappbett *n*

disappoint [ˌdɪsəˈpɔɪnt] V/T 1 *j-n* enttäuschen: **be ~ed** enttäuscht sein (**about, in, at sth** von, über etwas; **in, with sb** von j-m); **be ~ed of sth** um etwas betrogen *od* gebracht werden 2 *j-s Hoffnungen etc* enttäuschen, zunichtemachen; **disappointed** ADJ (ADV **~ly**) enttäuscht; **disappointing** ADJ (ADV **~ly**) enttäuschend; **disappointment** S 1 Enttäuschung *f*: **in great ~** tief enttäuscht; **to sb's ~** zu j-s Enttäuschung; **suffer a ~** e-e Enttäuschung erleben, enttäuscht werden 2 Enttäuschung *f* (*von Hoffnungen etc*) 3 Enttäuschung *f* (*Person od Sache, die enttäuscht*): **be a ~ to sb** j-n enttäuschen

disapprobation [ˌdɪsæprəʊˈbeɪʃn] → disapproval; **disapprobative**, **disapprobatory** [-beɪtərɪ; *US* -bəˌtəʊriː; -ˌtɔː-] → disapproving

disapproval [ˌdɪsəˈpruːvl] S **(of)** Missbilligung *f* (*gen*), Missfallen *n* (über *akk*): *to shake one's head* **in ~** missbilligend; **to my ~** zu m-m Missfallen; **disapprove** [-ˈpruːv] A V/T 1 missbilligen, sein gegen 2 ablehnen B V/I dagegen sein: **~ of** → A; **disapproving** ADJ (ADV **~ly**) missbilligend

disarm [dɪsˈɑː(r)m] A V/T 1 entwaffnen (*a. fig freundlich stimmen*) 2 unschädlich machen 3 *Bomben etc* entschärfen 4 *fig j-s Zorn etc* besänftigen B V/I MIL, POL abrüsten; **disarmament** S 1 Entwaffnung *f* 2 MIL, POL Abrüstung *f*; **disarmer** S Abrüstungsbefürworter(in); **disarming** ADJ (ADV **~ly**) *fig* entwaffnend (*Lächeln etc*): **he's ~ly honest** er ist von entwaffnender Ehrlichkeit

disarrange [ˌdɪsəˈreɪndʒ] V/T in Unordnung bringen, durcheinanderbringen (*beide a. fig*); **disarrangement** S Unordnung *f* (*a. fig*)

disarray [ˌdɪsəˈreɪ] A V/T 1 in Unordnung bringen (*a. fig*) 2 *obs* entkleiden (**of** *gen*) (*a. fig*) B S Unordnung *f* (*a. fig*): **be in ~** a in Unordnung sein b MIL in Auflösung begriffen sein c in unordentlichem Zustand sein (*Kleidung*); **throw into ~** → A 1

disarticulate [ˌdɪsɑː(r)ˈtɪkjʊleɪt] A V/T 1 zergliedern, trennen 2 MED *ein Glied* exartikulieren (*im Gelenk abtrennen*) B V/I aus den Fugen gehen; **disarticulation** S 1 Zergliederung *f* 2 MED Exartikulation *f*

disassemble [ˌdɪsəˈsembl] V/T auseinandernehmen, zerlegen, demontieren; **disassembly** S 1 Zerlegung *f*, Demontage *f* 2 zerlegter Zustand

disassimilate [ˌdɪsəˈsɪmɪleɪt] V/T PHYSIOL abbauen; **disassimilation** S Abbau *m*

disassociate [ˌdɪsəˈsəʊʃɪeɪt; -sɪeɪt] → dissociate A; **disassociation** → dissociation

disaster [dɪˈzɑːstə; *US* dɪzˈæstər] A S 1 Unglück *n* (**to** für), Unheil *n*, Verderben *n*: **bring down ~ on** Unglück bringen über (*akk*) 2 Unglück *n*, Katastrophe *f* 3 Desaster *n*, Fiasko *n*: **end in ~** in e-m Desaster enden B ADJ Katastrophen…: **~ film**; **~ area** Katastrophen-, Notstandsgebiet *n*; **his private life is a ~ area** sein Privatleben ist e-e einzige Katastrophe; **~ control** Katastrophenbekämpfung *f*; **~ unit** (Katastrophen)Einsatzgruppe *f*; **disastrous** [-trəs] ADJ (ADV **~ly**) 1 unglücklich, unglückselig, unheilvoll, verhängnisvoll (*alle*: **to** für): **be ~ to sb** *a.* sich verhängnisvoll für j-n auswirken 2 katastrophal, verheerend

disavow [ˌdɪsəˈvaʊ] V/T 1 desavouieren, nicht anerkennen 2 a nichts zu tun haben wollen mit b abrücken von 3 desavouieren, in Abrede stellen, ableugnen; **disavowal** S 1 Nichtanerkennung *f* 2 Ableugnen *n*

disband [dɪsˈbænd] A V/T *bes* MIL a *obs Truppen* entlassen b *e-e Einheit* auflösen B V/I MIL sich auflösen; **disbandment** S *bes* MIL Auflösung *f*

disbar [dɪsˈbɑː(r)] V/T *US allg e-n Anwalt, Br e-n Barrister* aus der Anwaltschaft ausschließen, von der Anwaltsliste streichen; **disbarment** S Ausschluss *m* aus der Anwaltschaft, Streichung *f* von der Anwaltsliste

disbelief [ˌdɪsbɪˈliːf] S 1 Unglaube *m*: *to shake one's head* **in ~** ungläubig 2 Zweifel *m* (**in** an *dat*); **disbelieve** [-ˈliːv] A V/T keinen Glauben schenken (*dat*): a *etwas* bezweifeln, nicht glauben b *j-m* nicht glauben B V/I nicht glauben (**in** an *akk*); **disbeliever** S Ungläubige(r) *m/f(m)* (*a.* REL), Zweifler(in); **disbelieving** ADJ (ADV **~ly**) ungläubig

disbranch [dɪsˈbrɑːntʃ; *US* -ˈbræntʃ] V/T entasten, entästen

disbud [dɪsˈbʌd] V/T von (überschüssigen) Knospen *od* Schösslingen befreien

disburden [dɪsˈbɜːdn; *US* -ˈbɜrdn] A V/T 1 (von e-r Bürde) befreien, entlasten (**of, from** von): **~ one's mind** sein Herz ausschütten *od* erleichtern 2 *e-e Last, Sorgen etc* loswerden, abladen (**on, upon** auf *akk*) B V/I (e-e Last) ab- *od* ausladen

disbursable [dɪsˈbɜːsəbl; *US* -ˈbɜrsəbl] ADJ auszahlbar; **disbursal** → disbursement; **disburse** [-ˈbɜːs; *US* -ˈbɜrs] V/T 1 *Geld* aus(be)zahlen 2 *Geld* auslegen, verauslagen; **disbursement** S 1 Auszahlung *f* 2 Auslage *f*, Verauslagung *f*

disbursing officer S MIL Zahlmeister *m*

disc, *etc* → disk *etc*

disc. ABK 1 WIRTSCH discount 2 discovered

discalceate [dɪsˈkælsɪət] A ADJ → discalced B S REL Barfüßer(in) (*Mönch, Nonne*); **discalced** [-ˈkælst] ADJ 1 barfuß 2 REL Barfüßer…

discant [ˈdɪskænt; dɪˈskænt] → descant

discard [dɪˈskɑː(r)d] A V/T 1 *Karten* a ablegen b abwerfen 2 *alte Kleidung etc* ablegen, ausrangieren 3 ad ˈacta legen 4 *e-e Gewohnheit etc* ablegen, aufgeben: **~ a method** ein Verfahren aufgeben 5 *e-n Freund etc* fallen lassen 6 COMPUT *Änderungen in Datei* verwerfen B V/I a (Karten) ablegen b (Karten) abwerfen C S [ˈdɪskɑː(r)d] 1 *Kartenspiel*: a Ablegen *n*, Abwerfen *n* b abgeworfene *od* abgelegte Karte(n *pl*) 2 *etwas* Abgelegtes, abgelegte Sache 3 **go into the ~** *US* a in Vergessenheit geraten b außer Gebrauch kommen

discern [dɪˈsɜːn; -ˈz-; *US* -ˈsɜrn] V/T 1 (*sinnlich od geistig*) wahrnehmen, erkennen, feststellen, bemerken 2 *obs* unterscheiden (können): **~ good and** (*od* **from**) **evil** zwischen Gut u. Böse unterscheiden (können); **discernible** ADJ (ADV discernibly) wahrnehmbar, erkennbar, sichtbar; **discerning** ADJ (ADV **~ly**) urteilsfähig, scharfsichtig, kritisch (urteilend): **the ~ customer** der kritische Kunde; **discernment** S 1 Scharfblick *m*, Urteil(skraft) *n(f)*: **show great ~** großen Scharfblick beweisen (**in** bei) 2 Einsicht *f* (**of** in *akk*) 3 Wahrnehmen *n*, Erkennen *n* 4 Wahrnehmungsvermögen *n*

discerptible [dɪˈsɜːptəbl; *US* -ˈsɜr-] ADJ (zer)trennbar

discharge [dɪsˈtʃɑː(r)dʒ] A V/T 1 *allg* entlasten (*a.* ARCH), entladen (*a.* ELEK) 2 ausladen: a *ein Schiff etc* entladen b *e-e Ladung* löschen c *Passagiere* ausschiffen 3 *ein Gewehr, Geschoss etc* abfeuern, abschießen 4 *Wasser etc* ablassen, ablaufen *od* abströmen lassen: **the river ~s itself into a lake** der Fluss ergießt sich *od* mündet in e-n See 5 TECH *Produkte etc* abführen, ausstoßen (*Maschine*) 6 *Dämpfe etc* von sich geben, ausströmen, -stoßen 7 MED, PHYSIOL absondern: **~ saliva**; **the ulcer ~s matter** das Geschwür eitert 8 *s-n Gefühlen* Luft machen, *s-n Zorn* auslassen (**on** an *dat*) 9 *j-n* befreien, entbinden (*beide*: **of, from** von *Verpflichtungen etc*; **from doing sth** davon, etwas zu tun) 10 JUR *j-n* freisprechen *od* entlasten (**of** von) 11 *e-n Angestellten, Patienten etc* entlassen (**from** aus) 12 *s-e Verpflichtungen* erfüllen, nachkommen (*dat*), *Schulden* bezahlen, begleichen, tilgen 13 *e-n Wechsel* einlösen 14 JUR a *e-n Schuldner* entlasten: **~ a bankrupt** e-n Gemeinschuldner entlasten b *obs e-n Gläubiger* befriedigen 15 *ein Amt* verwalten, ausüben 16 *s-e Pflicht* erfüllen, sich *e-r Aufgabe* entledigen: **~ one's duty** *a.* s-r Pflicht nachkommen 17 THEAT *obs e-e Rolle* spielen 18 JUR *ein Urteil etc* aufheben 19 *Färberei*: (aus)bleichen 20 *obs od schott* verbieten B V/I 1 sich e-r Last entledigen 2 hervorströmen 3 abfließen 4 sich ergießen, münden (*beide*: **into** in *akk*) (*Fluss*) 5 Flüssigkeit ausströmen lassen 6 MED eitern 7 losgehen, sich entladen (*Gewehr etc*) 8 ELEK sich entladen 9 ver-, auslaufen (*Farbe*) C S [*a.* ˈdɪstʃɑː(r)dʒ] 1 Entladung *f* (*e-s Schiffes etc*) 2 Löschung *f* (*e-r Ladung*) 3 Abfeuern *n* (*e-s Gewehrs etc*) 4 Aus-, Abfluss *m* 5 TECH a Ab-, Auslass *m*: **~ cock** Ablasshahn *m*; **~ pipe** Abflussrohr *n* b Auslauf *m* (*e-r Verpackungsmaschine etc*): **~ chute** Auslaufrutsche *f* 6 Abflussmenge *f* 7 MED, PHYSIOL a Absonderung *f* (*von Speichel etc*) b (*Augen- etc*) Ausfluss *m*: **a ~ from the eyes** 8 a Ausstoßen *n* (*von Dämpfen etc*) b ELEK Entladung *f*: **~ potential** Entladungspotenzial *n*, -spannung *f* 9 Befreiung *f*, Entbindung *f* (*beide*: **of, from** von *Verpflichtungen etc*) 10 JUR Freisprechung *f* (**from** von) 11 Entlassung *f* (*e-s Angestellten, Patienten etc*) (**from** aus) 12 JUR Aufhebung *f* (*e-s Urteils etc*) 13 JUR Entlastung *f* (*e-s Schuldners*): **~ of a bankrupt** Entlastung e-s Gemeinschuldners 14 a Erfüllung *f* (*e-r Verpflichtung etc*) b Bezahlung *f*, Tilgung *f* (*e-r Schuld*): **in ~ of** zur Begleichung von (*od gen*) c Einlösung *f* (*e-s Wechsels*) 15 Erfüllung *f* (*e-r Pflicht etc*) 16 Verwaltung *f*, Ausübung *f* (*e-s Amtes*) 17 Quittung *f*: **~ in full** vollständige

D

D

Quittung **18** *Färberei:* (Aus)Bleichung *f* **19** ARCH Entlastung *f*, Stütze *f*

discharger S **1** Entlader(in) **2** Entladevorrichtung *f* **3** ELEK **a** Entlader *m* **b** Funkenstrecke *f* **4** FLUG Abwurfbehälter *m*

discharging| arch S ARCH Entlastungsbogen *m*, Ablastbogen *m*; **~ current** S ELEK Entladestrom *m*; **~ pipe** S TECH (Aus)Blasrohr *n*; **~ vault** S ARCH Leibungsbogen *m*

disci [ˈdɪskaɪ; ˈdɪsaɪ] *pl von* discus

disciple [dɪˈsaɪpl] S **1** BIBEL Jünger *m* **2** REL Apostel *m* **3** Schüler *m*, Jünger *m*

Disciples of Christ SPL REL Disciples *pl* of Christ, Jünger *pl* Christi *(kongregationalistische Freikirche)*

disciplinable [ˈdɪsɪplɪnəbl] ADJ **1** folg-, fügsam, erziehbar **2** strafbar

disciplinal [ˈdɪsɪplɪnl] ADJ **1** Disziplin... **2** erzieherisch; **disciplinant** [-plɪnənt] S **1** *j-d, der sich e-r (strengen) Disziplin unterwirft* **2** *oft* ♀ KATH, HIST Flagellant *m*, Geißler *m*

disciplinarian [ˌdɪsɪplɪˈneərɪən] **A** S **1** Zuchtmeister *m (a. fig)* **2** strenger Lehrer *od* Vorgesetzter **3** ♀ HIST kalvinistischer Puritaner *(in England)* **B** ADJ → disciplinary; **disciplinary** [-nərɪ; *US* -ˌneriː] ADJ **1** erzieherisch, die Disziplin fördernd **2** disziplinarisch, Disziplinar...: **~ measures**; **~ action** Disziplinarmaßnahme *f*, -verfahren *n*; **take ~ action against sb** disziplinarisch gegen j-n vorgehen; **~ power(s** *pl*) Disziplinargewalt *f* **3** Straf...: **~ barracks** *pl (meist als sg konstruiert)* MIL Militärstrafanstalt *f*; **~ transfer** Strafversetzung *f*

discipline [ˈdɪsɪplɪn] **A** S **1** Schulung *f*, Ausbildung *f* **2** MIL Drill *m* **3** Bestrafung *f*, Züchtigung *f* **4** Kasteiung *f* **5** Disziplin *f*: **keep ~** Disziplin halten **6** Selbstdisziplin *f* **7** Vorschriften *pl*, Regeln *pl*, Kodex *m* von Vorschriften **8** REL Disziplin *f (Regeln der kirchlichen Verwaltung, Liturgie etc)* **9** Disziplin *f*, Wissenschaftszweig *m* **B** VT **1** schulen, (aus)bilden, erziehen, unterrichten **2** MIL drillen **3** an Selbstdisziplin gewöhnen **4** disziplinieren, an Disziplin gewöhnen: **(well) ~d** diszipliniert; **badly ~d** disziplinlos, undiszipliniert **5** bestrafen

disclaim [dɪsˈkleɪm] **A** VT **1** *etwas* in Abrede stellen, ab-, bestreiten **2** **a** jede Verantwortung ablehnen für **b** *e-e Verantwortung* ablehnen **c** *etwas* nicht anerkennen **3** widerrufen, dementieren **4** JUR Verzicht leisten auf *(akk)*, keinen Anspruch erheben auf *(akk)*, *e-e Erbschaft* ausschlagen **B** VI JUR Verzicht leisten, verzichten; **disclaimer** S **1** JUR **(of)** Verzicht(-leistung) *m(f)* (auf *akk*), Ausschlagung *f (gen)* **2** Widerruf *m*, Dementi *n*

disclose [dɪsˈkləʊz] **A** VT **1** bekannt geben *od* machen **2** *Pläne etc* enthüllen, aufdecken **3** zeigen, verraten: **his books ~ great learning** **4** *Patentrecht: e-e Erfindung* offenbaren **B** S *obs für* disclosure; **disclosure** [-ʒə(r)] S **1** Enthüllung *f*: **a** Aufdeckung *f* **b** *(das)* Enthüllte **2** *Patentrecht:* Offenbarung *f*

disco [ˈdɪskəʊ] **A** *pl* -cos S **1** Disco *f (Diskothek u. Veranstaltung)* **2** Discomusik *f* **B** ADJ Disco...: **~ music**; **~ sound** Discosound *m*

discography [dɪsˈkɒgrəfɪ; *US* -ˈkɑ-] S Diskografie *f*, Schallplattenkatalog *m*

discoid [ˈdɪskɔɪd] **A** ADJ scheibenförmig, Scheiben... **B** S scheibenförmiger Gegenstand; **discoidal** **1** → discoid A **2** MED diskoidal

discolor [dɪsˈkʌlə(r)] *US* **A** VT **1** verfärben **2** bleichen, entfärben **3** *fig* entstellen **B** VI **1** sich verfärben **2** die Farbe verlieren, verblassen; **discoloration** S **1** Verfärbung *f* **2** Bleichung *f*, Entfärbung *f*, Farbverlust *m* **3** Fleck *m*, *bes* entfärbte *od* verschossene Stelle;

discolored ADJ *US* **1** verfärbt **2** fleckig **3** blass, entfärbt, verschossen, ausgebleicht

discolour, **discoloured** *bes Br für* discolor, discolored

discomfit [dɪsˈkʌmfɪt] VT **1** MIL *obs* schlagen, besiegen **2** *j-s* Pläne durchkreuzen: **~ s.o** **3** **a** aus der Fassung bringen, verwirren **b** in Verlegenheit bringen; **discomfiture** [-tʃə(r)] S **1** MIL *obs* **a** Besiegung *f* **b** Niederlage *f* **2** Durchkreuzung *f* **3** **a** Verwirrung *f* **b** Verlegenheit *f*

discomfort [dɪsˈkʌmfə(r)t] **A** S **1** Unannehmlichkeit *f*, Verdruss *m* **2** Unbehagen *n* **3** *(körperliche)* Beschwerde **4** Sorge *f*, Qual *f* **B** VT **1** *j-m* Unbehagen verursachen, unbehaglich sein **2** beunruhigen, quälen; **discomforted** ADJ **1** missvergnügt **2** beunruhigt

discommode [ˌdɪskəˈməʊd] VT **1** *j-m* Unannehmlichkeiten verursachen **2** belästigen, *j-m* zur Last fallen

discommon [dɪsˈkɒmən; *US* -ˈkɑ-] VT JUR *Gemeindeland* der gemeinsamen Nutzung entziehen, einfried(ig)en

discompose [ˌdɪskəmˈpəʊz] VT **1** in Unordnung bringen, *(a. fig j-n)* durcheinanderbringen **2** *j-n* (völlig) aus der Fassung bringen, verwirren; **discomposedly** [-zɪdlɪ] ADV verwirrt; **discomposure** [-ʒə(r)] S Fassungslosigkeit *f*, Verwirrung *f*

disconcert [ˌdɪskənˈsɜːt; *US* -ˈsɜrt] VT **1** aus der Fassung bringen, verwirren **2** beunruhigen **3** durcheinanderbringen **4** *e-n Plan etc* zunichtemachen, vereiteln; **disconcerted** ADJ (ADV ~ly) **1** aus der Fassung gebracht, verwirrt **2** beunruhigt

disconformity [ˌdɪskənˈfɔː(r)mətɪ] S **1** Nichtübereinstimmung *f* **(to, with** mit) **2** GEOL diskordante Lagerung

disconnect [ˌdɪskəˈnekt] VT **1** trennen, loslösen *(beide:* **with, from** von) **2** TECH **a** ent-, auskuppeln **b** *die Kupplung* ausrücken **3** ELEK **a** trennen: **~ing switch** Trennschalter *m* **b** *ein Gerät, e-n Stecker etc* ausstecken **4** *das Gas, den Strom, das Telefon* abstellen: **we have been ~ed** uns ist das Gas *etc* abgestellt worden (→ 5) **5** TEL *ein Gespräch* unterbrechen: **we have been ~ed** unser Gespräch ist unterbrochen worden, wir sind getrennt worden (→ 4); **disconnected** ADJ (ADV ~ly) **1** (ab)getrennt, losgelöst **2** unzusammenhängend, zusammenhang(s)los; **disconnection** [-kʃn] S **1** Abgetrenntheit *f*, Losgelöstheit *f* **2** Zusammenhang(s)losigkeit *f* **3** Trennung *f* **4** ELEK Trennung *f* **5** Abstellung *f* **6** TEL Unterbrechung *f*; **disconnector** [-tə(r)] S ELEK Trennschalter *m*

disconnexion *bes Br für* disconnection

disconsolate [dɪsˈkɒnsələt; *US* -ˈkɑn-] ADJ (ADV ~ly) trostlos: **a** untröstlich, verzweifelt, tieftraurig *(alle:* **about, at, over** über *akk)* **b** deprimierend *(Wetter etc)* **c** öd(e), hässlich *(Landschaft etc)*; **disconsolateness**, **disconsolation** [-səˈleɪʃn] S Trostlosigkeit *f*: **a** Untröstlichkeit *f* **b** Öde *f*, Ödheit *f*

discontent [ˌdɪskənˈtent] **A** ADJ unzufrieden **(with** mit) **B** S **1** Unzufriedenheit *f* **(with** mit): **his various ~s** die verschiedenen Gründe s-r Unzufriedenheit **2** Unzufriedene(r) *m/f(m)*; **discontented** ADJ (ADV ~ly) unzufrieden **(with** mit); **discontentedness**, **discontentment** → discontent B 1

discontinuance [ˌdɪskənˈtɪnjʊəns; *US* -jəwəns], **discontinuation** [-jʊˈeɪʃn; *US* -jəˈweɪʃən] S **1** Unterbrechung *f* **2** Einstellung *f* **3** Aufgeben *n (e-r Gewohnheit etc)* **4** Abbruch *m (von Beziehungen)* **5** Aufhören *n* **6** JUR **a** Einstellung *f (e-s Verfahrens)* **b** Absetzung *f (e-s Prozesses)* **c** Zurückziehung *f (e-r Klage)*; **discontinue** [-ˈtɪnjuː] **A** VT **1** aussetzen, unterbrechen **2** einstellen, nicht weiterführen: **~ a contract** ein Vertragsverhältnis auflösen; **~d line** WIRTSCH auslaufende Serie **3** *e-e Gewohnheit etc* aufgeben **4** *Beziehungen* abbrechen **5** *e-e Zeitung* abbestellen **6** aufhören **(doing** zu tun) **7** JUR **a** *ein Verfahren* einstellen **b** *e-n Prozess* absetzen **c** *e-e Klage* zurückziehen **B** VI aufhören

discontinuity [ˌdɪskɒntɪˈnjuːətɪ; *US* -ˌkɑntnˈuːətiː] S **1** Unterbrochensein *n* **2** Zusammenhang(s)losigkeit *f* **3** Unterbrechung *f*

discontinuous [ˌdɪskənˈtɪnjʊəs; *US* -jəwəs] ADJ (ADV ~ly) **1** unterbrochen, mit Unterbrechungen **2** unzusammenhängend, zusammenhang(s)los **3** MATH, PHYS diskontinuierlich, unstetig **4** sprunghaft *(Entwicklung)*

discophile [ˈdɪskəʊfaɪl] S Diskophile(r) *m/f(m)*, Schallplattensammler(in)

discord **A** S [ˈdɪskɔː(r)d] **1** Nichtübereinstimmung *f*: **be at ~ with** im Widerspruch stehen mit *od* zu **2** Uneinigkeit *f* **3** Zwietracht *f*, Zwist *m*, Streit *m*, Zank *m*: **apple of ~** Zankapfel *m* **4** MUS Missklang *m*, Dissonanz *f* **5** *fig* Missklang *m*, -ton *m* **6** *(bes* Streit)Lärm *m* **B** VI [dɪˈskɔː(r)d] **1** uneins sein **2** nicht übereinstimmen **(with, from** mit); **discordance**, **discordancy** S **1** → discord A 1, A 2, A 3, A 4, A 5 **2** GEOL Diskordanz *f (ungleichförmige Lagerung zweier Gesteinsverbände)*; **discordant** ADJ (ADV ~ly) **1** **(with)** nicht übereinstimmend (mit), widersprechend *(dat)* **2** sich widersprechend, entgegengesetzt *(Ansichten etc)* **3** MUS **a** unharmonisch, misstönend *(beide a. weitS. u. fig)*, dissonant **b** verstimmt

discotheque [ˈdɪskəʊtek] S Diskothek *f*

discount [ˈdɪskaʊnt] **A** S **1** WIRTSCH Preisnachlass *m*, Rabatt *m*, Skonto *m/n (alle:* **on** auf *akk)* **2** WIRTSCH **a** Diskont *m*, Wechselzins *m* **b** → discount rate **3** WIRTSCH Abzug *m (vom Nominalwert)*: **at a ~** **a** unter pari **b** *fig* unbeliebt, nicht geschätzt **c** *fig* nicht gefragt; **sell at a ~** mit Verlust verkaufen **4** WIRTSCH Diskont *m*, Zinszahlung *f* im Voraus **5** Vorbehalt *m (wegen Übertreibung)* **B** VT [*a.* dɪˈskaʊnt] **1** WIRTSCH abziehen, abrechnen **2** WIRTSCH *e-n* Abzug auf *e-e Rechnung etc* gewähren **3** WIRTSCH *e-n Wechsel etc* diskontieren **4** *fig* unberücksichtigt lassen, nicht mitrechnen **5** im Wert vermindern, beeinträchtigen **6** nur teilweise glauben, mit Vorsicht *od* Vorbehalt aufnehmen **C** VI WIRTSCH diskontieren, Diskontdarlehen gewähren; **discountable** ADJ WIRTSCH diskontfähig, diskontierbar

discount| bank S WIRTSCH Diskontbank *f*; **~ bill** S WIRTSCH Diskontwechsel *m*; **~ broker** S WIRTSCH Wechselmakler(in); **~ company** S WIRTSCH Diskontgesellschaft *f*; **~ day** S WIRTSCH Diskonttag *m*

discountenance [dɪˈskaʊntɪnəns] VT **1** aus der Fassung bringen **2** missbilligen

discounter [ˈdɪskaʊntə(r); dɪˈsk-] S WIRTSCH **1** Diskontgeber(in), Diskontierer(in) **2** *bes US* Discounter *m (j-d, der Waren mit Preisnachlass verkauft)*

discount| house S WIRTSCH **1** *Br* Discount House *n*, Diskontbank *f* **2** *bes US* Discountgeschäft *n*, -laden *m*; **~ man** → discounter 2; **~ market** S WIRTSCH Diskontmarkt *m*; **~ rate** S WIRTSCH Diskontsatz *m*; **~ store** → discount house 2

discourage [dɪˈskʌrɪdʒ; *US* dɪsˈkɜr-] VT **1** entmutigen: **become ~d** den Mut verlieren, mutlos werden **2** abschrecken, abhalten, *j-m* abraten *(alle:* **from** von; **from doing** [davon,] *etwas* zu tun) **3** abschrecken von **4** hemmen, beeinträchtigen **5** missbilligen, verurteilen; **discouragement** S **1** Entmutigung *f* **2** Abschreckung *f* **3** Abschreckung(smittel) *f(n)* **4** Hemmung *f*, Beeinträchtigung *f* **5** Hindernis *n*, Schwierigkeit *f (beide:* **to** für); **discouraging** ADJ (ADV ~ly) entmutigend

discourse **A** S [ˈdɪskɔː(r)s; dɪˈskɔː(r)s] **1** Unterhaltung *f*, Gespräch *n* **2** a Darlegung *f* b (mündliche *od* schriftliche) Abhandlung, *bes* Vortrag *m*, Predigt *f* **3** a logisches Denken b Fähigkeit *f* zu logischem Denken **B** V/I [dɪˈskɔː(r)s] **1** sich unterhalten (**on** über *akk*) **2** s-e Ansichten darlegen **3** e-n Vortrag halten (**on** über *akk*) **4** *meist fig* dozieren, predigen (*beide:* **on** über *akk*) **C** V/T *poet Musik* vortragen, spielen

discourteous [dɪsˈkɜːtjəs; *US* -ˈkɜrtɪəs] ADJ (ADV ~ly) unhöflich, unzuvorkommend; **discourteousness**, **discourtesy** S Unhöflichkeit *f*

discover [dɪˈskʌvə(r)] V/T **1** *Land, a. e-n Künstler etc* entdecken **2** wahrnehmen, erspähen, entdecken **3** *fig* entdecken, (heraus)finden, (plötzlich) erkennen, feststellen: **~ sb to be sth** feststellen, dass j-d etwas ist **4** *fig* enthüllen, aufdecken; **discoverable** ADJ **1** entdeckbar **2** wahrnehmbar **3** feststellbar; **discoverer** S Entdecker(in)

discovert [dɪsˈkʌvə(r)t] ADJ JUR *Frau:* a unverheiratet b verwitwet c geschieden

discovery [dɪˈskʌvərɪ] S **1** Entdeckung *f*: **make a ~**; **~ channel** TV Schnupperkanal *m*; **voyage of ~** Entdeckungsfahrt *f*, Forschungsreise *f* **2** Entdeckung *f*, Fund *m*: **this is my ~** das ist m-e Entdeckung **3** *fig* Feststellung *f* **4** *fig* Enthüllung *f*, Aufdeckung *f* **5** **~ of documents** JUR Offenlegung *f* prozesswichtiger Urkunden vor dem Prozess

discredit [dɪsˈkredɪt] **A** V/T **1** diskreditieren, in Verruf *od* Misskredit bringen (*alle:* **with** bei), ein schlechtes Licht werfen auf (*akk*) **2** anzweifeln, keinen Glauben schenken (*dat*) **B** S **1** Zweifel *m*: **cast** (*od* **throw**) **~ on sth** etwas zweifelhaft erscheinen lassen **2** Misskredit *m*, schlechter Ruf, Schande *f*: **bring into ~**, **bring ~ on** → A 1 **3** Schande *f*; **discreditable** ADJ (ADV discreditably) schändlich; **discredited** ADJ **1** verrufen, diskreditiert **2** unglaubwürdig

discreet [dɪˈskriːt] ADJ (ADV ~ly) **1** um-, vorsichtig, besonnen **2** diskret: a taktvoll b verschwiegen c dezent, unaufdringlich; **discreetness** S **1** Besonnenheit *f* **2** Diskretheit *f*: a Verschwiegenheit *f* b dezente Art, Unaufdringlichkeit *f*

discrepancy [dɪsˈkrepənsɪ], *a.* **discrepance** S **1** Diskrepanz *f*, Widerspruch *m*, Unstimmigkeit *f* **2** Zwiespalt *m*; **discrepant** ADJ (ADV ~ly) **1** diskrepant, sich widersprechend **2** abweichend

discrete [dɪˈskriːt] ADJ (ADV ~ly) **1** getrennt (*a.* BOT), einzeln **2** aus einzelnen Teilen bestehend **3** MATH diskret, unstetig **4** PHIL abstrakt

discretion [dɪˈskreʃn] S **1** Verfügungsfreiheit *f*, Machtbefugnis *f* **2** (*a.* JUR freies) Ermessen, Gutdünken *n*, Belieben *n*: **at ~** nach Belieben; **at one's (own) ~** nach eigenem Ermessen; **it is at** (*od* **within**) **your ~** es steht Ihnen frei; **it is entirely within your ~ whether ...** es liegt völlig in Ihrem Ermessen, ob ...; **leave sth to sb's ~** etwas in j-s Ermessen stellen, j-m etwas anheimstellen; **use your own ~** handle nach eigenem Gutdünken *od* Ermessen **3** Klugheit *f*, Besonnenheit *f*, Um-, Vorsicht *f*: **years** *pl* (*od* **age**) **of ~** JUR Alter *n* der freien Willensbestimmung, Strafmündigkeit *f (14 Jahre)*; **~ is the better part of valo(u)r** *(Sprichwort)* Vorsicht ist die Mutter der Weisheit **4** Diskretion *f*: a Verschwiegenheit *f*, Takt *m* b Zurückhaltung *f*; **discretionary** [-ʃnərɪ; *US* -ʃəˌneriː] ADJ (ADV discretionarily) dem eigenen Gutdünken überlassen, ins freie Ermessen gestellt, beliebig, wahlfrei: **~ income** frei verfügbares Einkommen; **~ powers** *pl* unumschränkte Vollmacht, Handlungsfreiheit *f*

discriminant [dɪˈskrɪmɪnənt] S MATH Diskriminante *f (Ausdruck, der bei Gleichungen zweiten u. höheren Grades die Eigenschaft der Wurzel angibt)*

discriminate [dɪˈskrɪmɪneɪt] **A** V/I (scharf) unterscheiden, e-n Unterschied machen (**between** zwischen *dat*): **Death does not ~** der Tod macht keinen Unterschied; **~ between** *Personen* unterschiedlich behandeln; **~ against sb** j-n benachteiligen *od* diskriminieren (**on account of** wegen); **~ in favo(u)r of sb** j-n begünstigen *od* bevorzugen **B** V/T **1** (voneinander) unterscheiden, auseinanderhalten (**from** von) **2** absondern, abtrennen (*beide:* **from** von) **3** unterscheiden, abheben (*beide:* **from** von) **C** ADJ [-nət] (ADV ~ly) scharf unterscheidend, feine Unterschiede machend; **discriminating** [-neɪtɪŋ] ADJ (ADV ~ly) **1** unterscheidend, auseinanderhaltend **2** scharfsinnig, urteilsfähig, kritisch **3** anspruchsvoll (*Käufer etc*) **4** WIRTSCH Differenzial...: **~ duty** **5** ELEK Selektiv...: **~ relay** Rückstromrelais *n*

discrimination [dɪˌskrɪmɪˈneɪʃn] S **1** Unterscheidung *f* **2** Unterschied *m* **3** unterschiedliche Behandlung: **~ against** Benachteiligung *f (gen)*, Diskriminierung *f (gen)*; **~ in favo(u)r of** Begünstigung *f (gen)*, Bevorzugung *f (gen)* **4** Scharfblick *m*, Urteilskraft *f*, -fähigkeit *f*, Unterscheidungsvermögen *n* **5** Unterscheidungsmerkmal *n*; **discriminative** [-nətɪv; -neɪ-] ADJ (ADV ~ly) **1** charakteristisch, unterscheidend: **~ features** Unterscheidungsmerkmale **2** Unterschiede machend, unterschiedlich behandelnd, *bes* diskriminierend **3** → discriminating 4; **discriminator** [-tə(r)] S **1** Unterscheidende(r) *m/f(m)* **2** *Hochfrequenztechnik:* Diskriminator *m*, Modulationsumwandler *m*; **discriminatory** [-nətərɪ; -nəˌtɔːriː; -ˌtɔː-] → discriminative

discursive [dɪˈskɜːsɪv; *US* dɪsˈkɜr-] ADJ (ADV ~ly) **1** weitschweifig (*Stil, Person*), sprunghaft (*Gedanken, Person*) **2** PHIL diskursiv, folgernd

discus [ˈdɪskəs] *pl* -cuses, disci [ˈdɪskaɪ; ˈdɪsaɪ] S *Leichtathletik:* a Diskus *m*: **~ throw** Diskuswerfen *n*; **~ thrower** Diskuswerfer(in) b Diskuswerfen *n*

discuss [dɪˈskʌs] V/T **1** diskutieren, besprechen, erörtern **2** sprechen über (*akk*), sich unterhalten über (*akk*) **3** *ein Thema* behandeln **4** *hum* sich *e-e Flasche Wein etc* zu Gemüte führen; **discussable** ADJ diskutabel; **discussant** S *US* Diskussionsteilnehmer(in); **discussible** ADJ diskutabel

discussion [dɪˈskʌʃn] S **1** Diskussion *f*, Besprechung *f*, Erörterung *f*: **be under** (*od* **up for**) **~** zur Diskussion *od* Debatte stehen, erörtert werden; **enter into** (*od* **on, upon**) **a ~** in e-e Diskussion eintreten; **a matter for ~** ein Diskussionsgegenstand; → come up 5 **2** Behandlung *f (e-s Themas)* **3** *hum* Genuss *m (e-r Flasche Wein etc)*; **~ group** S Diskussionsgruppe *f*

disdain [dɪsˈdeɪn] **A** V/T **1** verachten, gering schätzen **2** *a. e-e Speise etc* verschmähen, es für unter s-r Würde halten (**doing, to do** zu tun) **B** S **1** Verachtung *f*, Geringschätzung *f*: **in ~** verächtlich, geringschätzig **2** Hochmut *m*; **disdainful** ADJ (ADV ~ly) **1** verächtlich, geringschätzig: **be ~ of** (*od* **toward[s]**) → disdain A 1 **2** hochmütig

disease [dɪˈziːz] **A** S BIOL, BOT, MED Krankheit *f (a. fig)*: **~-producing** krankheitserregend **B** V/T krank machen; **diseased** ADJ **1** krank, erkrankt: **~ in body and mind** krank an Leib u. Seele **2** krankhaft (*Fantasie etc*)

disembark [ˌdɪsɪmˈbɑː(r)k] **A** V/T FLUG, SCHIFF *Passagiere* von Bord gehen lassen, SCHIFF *a.* ausschiffen, *Waren* ausladen **B** V/I FLUG, SCHIFF von Bord gehen, SCHIFF *a.* sich ausschiffen; **disembarkation** [-em-], **disembarkment** S SCHIFF Ausschiffung *f (von Passagieren, Waren)*, *(von Waren a.)* Ausladung *f (a.* FLUG), FLUG Aussteigen *n (von Passagieren)*

disembarrass [ˌdɪsɪmˈbærəs] V/T **1** *j-m* aus e-r Verlegenheit helfen **2** (**o.s.** sich) befreien, erlösen (*beide:* **of** von); **disembarrassment** S **1** Befreiung *f* aus e-r Verlegenheit **2** Befreiung *f*, Erlösung *f*

disembodied [ˌdɪsɪmˈbɒdɪd; *US* -ˈbɑ-] ADJ entkörpert, körperlos: **~ voice** geisterhafte Stimme; **disembodiment** S **1** Entkörperlichung *f* **2** Befreiung *f* von der körperlichen Hülle; **disembody** V/T **1** entkörperlichen **2** *die Seele etc* von der körperlichen Hülle befreien

disembogue [ˌdɪsɪmˈbəʊg] **A** V/I sich ergießen, münden, fließen (*alle:* **into** in *akk*) **B** V/T fließen lassen: **the river ~s itself** (*od* **its waters**) **into the sea** der Fluss ergießt sich ins Meer

disembosom [ˌdɪsɪmˈbʊzəm] → unbosom

disembowel [ˌdɪsɪmˈbaʊəl] V/T *prät u. pperf* -eled, *bes Br* -elled **1** ausnehmen, *ein erlegtes Tier a.* ausweiden **2** *j-m* den Bauch aufschlitzen

disenchant [ˌdɪsɪnˈtʃɑːnt; *US* ˌdɪsnˈtʃænt] V/T ernüchtern, desillusionieren: **be ~ed with** sich keinen Illusionen mehr hingeben über (*akk*); **disenchantment** S Ernüchterung *f*, Desillusionierung *f*

disencumber [ˌdɪsɪnˈkʌmbə(r); *US* ˌdɪsn-] V/T **1** befreien (**of, from** von *e-r Last etc*) (*a. fig*) **2** JUR entschulden, *ein Grundstück etc* hypothekenfrei machen

disenfranchise [ˌdɪsɪnˈfræntʃaɪz; *US* ˌdɪsn-] → disfranchise

disengage [ˌdɪsɪnˈgeɪdʒ; *US* ˌdɪsn-] **A** V/T **1** losmachen, frei machen, befreien (*alle:* **from** von) **2** befreien, entbinden (*beide:* **from** von *Verbindlichkeiten etc*) **3** MIL a *Truppen etc* abziehen b **~ o.s.** → B 2 **4** TECH los-, entkuppeln, ausrücken: **~ the clutch** auskuppeln; **~ the gears** in den Leergang schalten, den Gang herausnehmen **B** V/I **1** sich frei machen, loskommen (*beide:* **from** von) **2** MIL sich absetzen *od* zurückziehen (**from** von) **3** *Fechten:* e-e Kavation ausführen; **disengaged** ADJ **1** frei, unbeschäftigt **2** frei, nicht besetzt (*Leitung etc*) **3** ungebunden; **disengagement** S **1** Befreiung *f* (**from** von) **2** Entbindung *f* (**from** von *Verbindlichkeiten etc*) **3** Freisein *n* **4** Entlobung *f* **5** Ungebundenheit *f* **6** Muße(stunden) *f(pl)* **7** CHEM Entbindung *f*, Freiwerden *n* **8** MIL a Abzug *m (von Truppen etc)* b Rückzug *m* (**from** von) **9** POL *bes* HIST Disengagement *n (Auseinanderrücken der Machtblöcke)* **10** *Fechten:* Kavation *f*, Umgehungshieb *m*, -stoß *m*

disentail [ˌdɪsɪnˈteɪl; *US* ˌdɪsn-] V/T JUR die Erbfolge *e-s Grundbesitzes* aufheben

disentangle [ˌdɪsɪnˈtæŋgl; *US* ˌdɪsn-] **A** V/T **1** herauslösen (**from** aus) **2** entwirren, entflechten (*beide a. fig*) **3** befreien (**from** von, aus) **B** V/I **1** sich frei machen, sich loslösen **2** sich befreien; **disentanglement** S **1** Herauslösung *f* **2** Entwirrung *f (a. fig)* **3** Befreiung *f*

disenthral(l) [ˌdɪsɪnˈθrɔːl; *US* ˌdɪsn-] V/T befreien (**from** von, aus); **disenthral(l)ment** S Befreiung *f (aus der Knechtschaft)*

disentitle [ˌdɪsɪnˈtaɪtl; *US* ˌdɪsn-] V/T *j-m* e-n Rechtsanspruch nehmen: **be ~d to** keinen An-

spruch haben auf (*akk*)
disentomb [ˌdɪsɪnˈtuːm; *US* ˌdɪsn-] V/T *e-e Leiche* exhumieren
disequilibrium [ˌdɪsekwɪˈlɪbrɪəm; -iːkwɪ-] S *bes* WIRTSCH gestörtes Gleichgewicht, Ungleichgewicht *n*
disestablish [ˌdɪsɪˈstæblɪʃ] V/T 1 abschaffen 2 *e-e Kirche* entstaatlichen; **disestablishment** S 1 Abschaffung *f* 2 Disestablishment *n*, Entstaatlichung *f*
disesteem [ˌdɪsɪˈstiːm] A V/T gering schätzen, missachten B S Geringschätzung *f*, Missachtung *f*
disfavo(u)r [ˌdɪsˈfeɪvə(r)] A S 1 Missbilligung *f*, -fallen *n*: **look (up)on sth with ~** etwas missbilligend *od* mit Missfallen betrachten 2 Ungnade *f*: **be in (fall into) ~** in Ungnade stehen (fallen) (**with** bei) 3 → disservice B V/T 1 ungnädig behandeln 2 missbilligen
disfeature [dɪsˈfiːtʃə(r)] → disfigure 1
disfiguration [dɪsˌfɪgjʊəˈreɪʃn; *US* -ˌfɪgjəˈr-] → disfigurement; **disfigure** [dɪsˈfɪgə; *US* -ˈfɪgjər] V/T 1 entstellen, verunstalten (*beide:* **with** durch): **a disfiguring scar** e-e entstellende Narbe 2 beeinträchtigen, Abbruch tun (*dat*); **disfigurement** S Entstellung *f*, Verunstaltung *f*
disforest [dɪsˈfɒrɪst; *US a.* -ˈfɑr-] → disafforest
disfranchise [ˌdɪsˈfræntʃaɪz] V/T entrechten, *bes j-m* die Bürgerrechte *od* das Wahlrecht entziehen; **disfranchisement** [-tʃɪzmənt; *US a.* -tʃaɪz-] S Entrechtung *f*, *bes* Entzug *m* der Bürgerrechte *od* des Wahlrechts
disfrock [ˌdɪsˈfrɒk; *US* -ˈfrɑk] → unfrock
disgorge [dɪsˈgɔː(r)dʒ] A V/T 1 *Essen* ausspeien, *Lava* speien 2 fließen lassen: **the river ~s its waters into the sea** der Fluss ergießt sich *od* fließt ins Meer 3 (widerwillig) wieder herausgeben *od umg* herausrücken B V/I sich ergießen, fließen (*beide:* **into** in *akk*)
disgrace [dɪsˈgreɪs] A S 1 Schande *f*: **bring ~ on** → B 1 2 Schande *f*, Schandfleck *m* (*beide:* **to** *gen*): **he is a ~ to the party** 3 Ungnade *f*: **be in (fall into) ~** in Ungnade stehen (fallen) (**with** bei) B V/T 1 Schande bringen über (*akk*), *j-m* Schande bereiten 2 *j-m* s-e Gunst entziehen: **be ~d** in Ungnade fallen; **disgraceful** ADJ (ADV ~ly) schändlich, schimpflich; **disgracefulness** S Schändlichkeit *f*, Schande *f*
disgruntle [dɪsˈgrʌntl] V/T verärgern, verstimmen; **disgruntled** ADJ verärgert, verstimmt (*beide:* **at, with** über *akk*)
disguise [dɪsˈgaɪz] A V/T 1 verkleiden (**as** als): **he ~d himself as a policeman** 2 *s-e Handschrift, Stimme* verstellen 3 *Absichten, Fakten etc* verschleiern, *Gefühle etc* verbergen: **there is no disguising the fact that ...** die Tatsache lässt sich nicht verschleiern, dass ... B S 1 Verkleidung *f*: **as a ~** als Verkleidung; **in ~** a verkleidet b *fig* verkappt; **in the ~ of** verkleidet als (→ B 2); → blessing 2 *fig* Maske *f*: **in the ~ of** unter der Maske *od* dem Deckmantel (*gen*)(→ B 1) 3 Verstellung *f* 4 Verschleierung *f*: **make no ~ of** kein Hehl machen aus; **disguisedly** [-ɪdlɪ] ADV 1 verkleidet 2 verschleiert
disgust [dɪsˈgʌst] A V/T 1 (an)ekeln, anwidern, mit Ekel *od* Abscheu erfüllen: **be ~ed at** (*od* **with**) angeekelt *od* angewidert sein von (→ A 2); **be ~ed with life** lebensüberdrüssig sein 2 empören, entrüsten: **be ~ed at** (*od* **with**) **sb** empört *od* entrüstet sein über j-n, sich sehr über j-n ärgern (→ A 1) B S (**at, for**) Ekel *m*, Abscheu *m* (vor *dat*), Widerwille *m* (gegen): **in ~** mit Abscheu: **fill with ~** → A 1; **disgustful** ADJ (ADV ~ly) 1 → disgusting 2 von Ekel erfüllt; **disgusting** ADJ ekelhaft, widerlich; **disgustingly** ADV 1 → disgusting 2 *umg* schrecklich: **~ rich** stinkreich
dish [dɪʃ] A S 1 a flache Schüssel b (Servier)Platte *f* c *pl* Geschirr *n*: **do** (*od* **wash**) **the ~es** abspülen 2 Schüssel *f* (voll) 3 GASTR Gericht *n*: **that's not my ~** *umg* das ist nichts für mich; → made B 1 4 schüsselartige Vertiefung 5 Konkavität *f*: **the ~ of the wheel** TECH der Radsturz 6 RADIO, TV *umg* Schüssel *f* (*Parabolantenne*) 7 *umg* a dufte Puppe b toller Typ B V/T 1 **~ up** a *Essen* auftragen, servieren b *umg e-e Geschichte etc* auftischen 2 **~ out** a *Essen* austeilen b *umg* aus-, verteilen: **~ out a beating to sb** j-n verprügeln; **~ it out** austeilen 3 *a.* TECH konkav machen, schüsselartig vertiefen, (nach innen) wölben 4 TECH *ein Rad* stürzen 5 *umg Hoffnungen, Pläne etc* zunichtemachen: **~ one's chances** sich s-e Chancen vermasseln C V/I sich konkav austiefen
dishabille [ˌdɪsæˈbiːl] → deshabille
dish| aerial, *bes US* **~ antenna** S RADIO, TV Parabolantenne *f*
disharmonious [ˌdɪshɑː(r)ˈməʊnjəs; -nɪəs] ADJ (ADV ~ly) disharmonisch; **disharmonize** [-mənaɪz] A V/T disharmonisch machen B V/I disharmonieren; **disharmony** S Disharmonie *f*: **bring ~ into** für Disharmonie sorgen in (*dat*)
dish|cloth S 1 Spültuch *n*, -lappen *m* 2 *Br* Geschirrtuch *n*; **~cloth gourd** S BOT Schwammkürbis *m*, Schwamm-, Netzgurke *f*; **~ drainer** S Abtropfständer *m*
dishearten [dɪsˈhɑː(r)tn] V/T entmutigen, mutlos machen; **disheartening** ADJ (ADV ~ly) entmutigend; **disheartenment** S Entmutigung *f*
dished [dɪʃt] ADJ 1 konkav gewölbt 2 TECH gestürzt (*Räder*) 3 *umg* fertig (*erschöpft*), (*a. ruiniert*) erledigt
disherison [dɪsˈherəsən] *US* → disinheritance
disherit [ˌdɪsˈherɪt] *US* → disinherit
dishevel [dɪˈʃevl] V/T *prät u. pperf* -eled, *bes Br* -elled *das Haar* a unordentlich herabhängen lassen b zerzausen; **dishevel(l)ed** ADJ 1 zerzaust, aufgelöst, wirr (*Haar*) 2 mit zerzaustem Haar 3 schlampig, unordentlich, ungepflegt
dishonest [dɪsˈɒnɪst; *US* -ˈɑnəst] ADJ (ADV ~ly) unehrlich, unredlich: **by ~ means** auf unehrliche Weise; **dishonesty** S Unredlichkeit *f*: a Unehrlichkeit *f* b unredliche Handlung
dishonor [dɪsˈɒnə; *US* -ˈɑnər] *US* A S 1 Unehre *f*, Schande *f*: **bring ~ on** → B 1 2 Schandfleck *m*, Schande *f* (*beide:* **to** *gen*): **he is a ~ to the club** 3 WIRTSCH Nichthonorierung *f*, Nichteinlösung *f* (*e-s Wechsels etc*) B V/T 1 entehren: a Schande bringen über (*akk*) b *e-e Frau* schänden 2 beleidigen(d behandeln) 3 WIRTSCH *e-n Wechsel etc* nicht honorieren *od* einlösen 4 *ein Versprechen etc* nicht einlösen; **dishonorable** ADJ (ADV dishonorably) *US* 1 schändlich, unehrenhaft: **~ discharge** MIL unehrenhafte Entlassung 2 gemein, niederträchtig 3 ehrlos; **dishonorableness** S *US* 1 Schändlichkeit *f*, Unehrenhaftigkeit *f* 2 Gemeinheit *f* 3 Ehrlosigkeit *f*
dishonour, **dishonourable**, **dishonourableness** *bes Br für* dishonor *etc*
dish|pan S *bes US* Abwaschschüssel *f*; **~ rack** S 1 Geschirrständer *m* 2 Geschirrwagen *m* (*e-r Geschirrspülmaschine*); **~rag** → dishcloth 1; **~ towel** S *bes US* Geschirrtuch *n*; **~washer** S 1 Tellerwäscher(in), Spüler(in) 2 Geschirrspülmaschine *f*, Geschirrspüler *m*: **~-proof**, **~-safe** spülmaschinenfest; **~water** S Abwasch-, Spülwasser *n*: **this tea tastes like** (*od* **is** [**as**] **weak as**) **~** dieser Tee schmeckt wie Spülwasser
dishy [ˈdɪʃɪ] ADJ *bes Br umg* appetitlich (*Mädchen etc*)
disillusion [ˌdɪsɪˈluːʒn] A S Ernüchterung *f*, Desillusion *f* B V/T ernüchtern, desillusionieren, von Illusionen befreien, *j-m* s-e Illusionen nehmen: **be ~ed with** sich keinen Illusionen mehr hingeben über (*akk*); **disillusionize** → disillusion B; **disillusionment** → disillusion A; **disillusive** [-sɪv] ADJ (ADV ~ly) ernüchternd, desillusionierend
disincentive [ˌdɪsɪnˈsentɪv; *US* ˌdɪsn-] A S 1 Abschreckungsmittel *n*: **be a ~ to** abschreckend wirken auf (*akk*) 2 WIRTSCH leistungshemmender Faktor B ADJ 1 abschreckend 2 WIRTSCH leistungshemmend
disinclination [ˌdɪsɪnklɪˈneɪʃn] S Abneigung *f*, Abgeneigtheit *f* (*beide:* **for, to** gegen; **to do** zu tun): **~ to buy** Kaufunlust *f*; **disincline** [-ˈklaɪn] A V/T abgeneigt machen (**from** gegen) B V/I abgeneigt sein; **disinclined** ADJ abgeneigt
disinfect [ˌdɪsɪnˈfekt; *US* ˌdɪsn-] V/T desinfizieren, keimfrei machen; **disinfectant** A S Desinfektionsmittel *n* B ADJ desinfizierend, keimtötend; **disinfection** S Desinfektion *f*, Desinfizierung *f*; **disinfector** [-tə(r)] S Desinfektor *m*, Desinfektionsapparat *m*
disinfest [ˌdɪsɪnˈfest; *US* ˌdɪsn-] V/T von Ungeziefer befreien, entwesen
disinflation [ˌdɪsɪnˈfleɪʃn; *US* ˌdɪsn-] S WIRTSCH Disinflation *f* (*längere Zeit anhaltender deutlicher Rückgang der Inflationsrate*)
disinformation [ˌdɪsɪnfə(r)ˈmeɪʃn] S Desinformation *f*, gezielte Falschinformation
disingenuous [ˌdɪsɪnˈdʒenjʊəs; *US* ˌdɪsnˈdʒenjəwəs] ADJ (ADV ~ly) 1 unaufrichtig, unehrlich 2 hinterhältig, arglistig; **disingenuousness** S 1 Unaufrichtigkeit *f*, Unehrlichkeit *f* 2 Hinterhältigkeit *f*, Arglistigkeit *f*
disinherit [ˌdɪsɪnˈherɪt; *US* ˌdɪsn-] V/T enterben; **disinheritance** S Enterbung *f*
disinhibition [ˌdɪsɪnhɪˈbɪʃn] S PSYCH Enthemmung *f*
disintegrate [ˌdɪsˈɪntəgreɪt] A V/T 1 *a.* PHYS (*in s-e Bestandteile*) auflösen, aufspalten 2 zerkleinern 3 zertrümmern, zerstören 4 *fig* auflösen, zersetzen B V/I 1 sich aufspalten *od* auflösen 2 ver-, zerfallen (*beide a. fig*) 3 GEOL verwittern; **disintegration** S 1 Auflösung *f*, Aufspaltung *f* 2 Zerkleinerung *f* 3 Zertrümmerung *f*, Zerstörung *f* 4 Zerfall *m* (*a. fig*): **~ of the nucleus** PHYS Kernzerfall; **~ of personality** PSYCH Desintegration *f*, Persönlichkeitszerfall 5 GEOL Verwitterung *f*; **disintegrator** [-tə(r)] S TECH Desintegrator *m*, Zerkleinerer *m*
disinter [ˌdɪsɪnˈtɜː; *US* ˌdɪsnˈtɜr] V/T 1 *e-e Leiche* exhumieren 2 *fig* ausgraben
disinterest [dɪsˈɪntrɪst] A S 1 Uneigennützigkeit *f* 2 Interesselosigkeit *f*, Desinteresse *n* 3 Nachteil *m*: **the ~ of** zum Nachteil von (*od gen*) B V/T *j-m* das Interesse nehmen; **disinterested** [-trəstɪd] ADJ (ADV ~ly) 1 uneigennützig, selbstlos 2 objektiv, unvoreingenommen 3 un-, desinteressiert (*beide:* **in** an *dat*); **disinterestedness** S 1 Uneigennützigkeit *f* 2 Objektivität *f* 3 Uninteressiertheit *f*, Desinteresse *n*
disinterment S 1 Exhumierung *f* 2 *fig* Ausgrabung *f*
disinvestment [ˌdɪsnˈvestmənt] S WIRTSCH Zurückziehung *f* von Anlagekapital
disinvite [ˌdɪsɪnˈvaɪt; *US* ˌdɪsn-] V/T *j-n* ausladen
disjoin [dɪsˈdʒɔɪn] V/T trennen
disjoint [dɪsˈdʒɔɪnt] V/T 1 auseinandernehmen, zerlegen, zerstückeln, zergliedern 2 → dislocate 3 3 *Geflügel etc* zerlegen 4

(ab)trennen (**from** von) 5 *fig* in Unordnung *od* aus den Fugen bringen 6 den Zusammenhang zerstören von (*od gen*); **disjointed** ADJ (ADV **~ly**) 1 zerstückelt 2 (ab)getrennt 3 *fig* aus den Fugen geraten 4 a abgehackt (*Redeweise etc*) b zusammenhang(s)los; **disjointedness** S Zusammenhang(s)losigkeit *f*

disjunction [dɪsˈdʒʌŋkʃn] S 1 Trennung *f*, Absonderung *f* 2 *Logik*: Disjunktion *f*: a *Verknüpfung zweier Aussagen durch das ausschließende „entweder — oder"* b *Verknüpfung zweier Aussagen durch das nicht ausschließende „oder"*; **disjunctive** A ADJ (ADV **~ly**) 1 (ab)trennend 2 LING, *a. Logik*: disjunktiv: **~ conjunction** → B 1; **~ proposition** → B 2 B S 1 LING disjunktive Konjunktion, ausschließendes Bindewort 2 *Logik*: Disjunktivsatz *m*

disk [dɪsk] S 1 *allg* Scheibe *f* 2 TECH a Scheibe *f* b Lamelle *f* c Kurbelblatt *n* d Drehscheibe *f*, Teller *m* e Signalscheibe *f* 3 TEL Wählscheibe *f* 4 (Schall)Platte *f* 5 Scheibe *f* (*der Sonne etc*) 6 Parkscheibe *f* 7 ANAT, ZOOL Scheibe *f*: **articular ~** Gelenkscheibe, Diskus *m*; **optic ~** Papille *f* 8 BOT a Scheibe *f* (*Mittelteil des Blütenköpfchens der Kompositen*) b Blattspreite *f* c Fruchtscheibe f d Haftscheibe *f* 9 *Eishockey*: Scheibe *f* (*Puck*) 10 Teller *m* (*am Skistock*) 11 COMPUT a Platte *f* b Diskette *f*; **~ brake** S TECH Scheibenbremse *f*; **~ clutch** S TECH Scheibenkupplung *f*; **~ drive** S COMPUT Diskettenlaufwerk *n*

diskette [ˈdɪsket; dɪˈsket] S COMPUT Diskette *f*

disk| flower S BOT Scheibenblüte *f*; **~ harrow** S AGR Scheibenegge *f*; **~ jockey** S Disk-, Discjockey *m*; **~ pack** S COMPUT Plattenstapel *m*; **~ saw** S TECH Kreissäge *f*; **~ valve** S TECH Tellerventil *n*; **~ wheel** S TECH (Voll-)Scheibenrad *n*; **~ winding** S ELEK Scheibenwicklung *f*

dislike [dɪsˈlaɪk] A V/T nicht leiden können, nicht mögen: **I ~ having to go** ich mag nicht (gern) gehen, ich gehe (nur) ungern; **I ~ being treated like that** ich mag es nicht, wenn man mich so behandelt; **get o.s. ~d** sich unbeliebt machen B S Abneigung *f*, Widerwille *m* (*beide*: **of, for** gegen): **take a ~ to sb** gegen j-n e-e Abneigung fassen

dislimn [dɪsˈlɪm] V/T *poet* auslöschen (*a. fig*)

dislocate [ˈdɪsləʊkeɪt] V/T 1 verrücken, verschieben 2 *e-e Industrie*, MIL *Truppen* verlagern 3 MED sich *den Arm etc* ver- *od* ausrenken *od* luxieren: **~ one's arm** 4 *fig* erschüttern 5 GEOL verwerfen; **dislocation** S 1 Verrückung *f*, Verschiebung *f* 2 Verlagerung *f* 3 MED a Verrenkung *f*, Luxation *f* b Dislokation *f* (*Verschiebung der Bruchenden gegeneinander*) 4 *fig* Erschütterung *f* 5 GEOL Verwerfung *f*

dislodge [dɪsˈlɒdʒ; US -ˈlɑdʒ] A V/T 1 aufjagen, -stöbern 2 a entfernen: **~ from power** entmachten b vertreiben, verjagen 3 MIL *den Feind* aus der Stellung werfen 4 ausquartieren B V/I aus-, wegziehen; **dislodg(e)ment** S 1 Vertreibung *f*, Verjagung *f* 2 Ausquartierung *f*

disloyal [ˌdɪsˈlɔɪəl] ADJ (ADV **~ly**) (**to**) untreu (*dat*), treulos, illoyal (gegen); **disloyalty** [-tɪ] S Untreue *f*, Treulosigkeit *f*

dismal [ˈdɪzməl] A ADJ 1 düster, trüb(e), trostlos, bedrückend: **the ~ science** *hum* die Volkswirtschaft 2 furchtbar, schrecklich, grässlich 3 *obs* unheilvoll B S US (Küsten)Sumpf *m*; **dismally** ADV 1 düster (*etc*, → dismal) 2 schmählich; **dismalness** S 1 Düsterkeit *f*, Trostlosigkeit *f* 2 Schrecklichkeit *f*

dismantle [dɪsˈmæntl] A V/T 1 demontieren, abbauen 2 *ein Gebäude* abbrechen, niederreißen 3 entkleiden (**of** *gen*) (*a. fig*) 4 (vollständig) ausräumen 5 SCHIFF a abtakeln b abwracken 6 *e-e Festung* schleifen 7 zerlegen, auseinandernehmen 8 unbrauchbar machen B V/I sich *leicht etc* zerlegen lassen; **dismantlement** S 1 Demontage *f*, Abbruch *m* 2 SCHIFF Abtakelung *f* 3 Schleifung *f* (*e-r Festung*) 4 Zerlegung *f*

dismast [ˌdɪsˈmɑːst; US -ˈmæst] V/T *ein Schiff* entmasten

dismay [dɪsˈmeɪ; dɪz-] A V/T erschrecken, entsetzen, in Schrecken versetzen, bestürzen: **be ~ed at** (*od* **by**) entsetzt sein über (*akk*) B S Schreck(en) *m*, Entsetzen *n*, Bestürzung *f* (*alle*: **at** über *akk*): **in** (*od* **with**) **~** bestürzt; **one's ~** zu s-m Entsetzen

dismember [dɪsˈmembə(r)] V/T 1 a *e-e Leiche etc* zerstückeln b *bes* MED zergliedern 2 *ein Land etc* zersplittern, aufteilen; **dismemberment** S Zerstückelung *f*

dismiss [dɪsˈmɪs] A V/T 1 entlassen, gehen lassen: **the teacher ~ed the class five minutes early** 2 fortschicken, verabschieden 3 MIL wegtreten lassen 4 entlassen (**from** aus *e-m Amt etc*) 5 *ein Thema etc* als erledigt betrachten, fallen lassen, aufgeben 6 *a.* **~ from one's mind** (aus s-n Gedanken) verbannen, aufgeben 7 abtun, hinweggehen über (*akk*): **~ a question as irrelevant** e-e Frage als unwesentlich abtun 8 *a.* JUR abweisen: **~ an action with costs** e-e Klage kostenpflichtig abweisen B V/I MIL wegtreten: **~!** weg(ge)treten!; **dismissal** [-sl] S 1 Entlassung *f*: → redundancy 2 2 Aufgabe *f* 3 Abtun *n* 4 *a.* JUR Abweisung *f*; **dismissible** ADJ 1 entlassbar 2 abweisbar 3 unbedeutend, nebensächlich (*Frage etc*); **dismissive** ADJ (ADV **~ly**) 1 abweisend 2 **be ~ of** → dismiss A 7

dismount [ˌdɪsˈmaʊnt] A V/I 1 absteigen, absitzen (*beide*: **from** von *Pferd, Fahrrad etc*): **~!** MIL *etc* absitzen! 2 *poet* herabsteigen, -sinken B V/T 1 a aus dem Sattel heben, vom Pferd schleudern b *den Reiter* abwerfen (*Pferd*) 2 *obs* absteigen *od* absitzen von: **~ a horse** 3 *e-e Reitertruppe* a der Pferde berauben b absitzen lassen 4 demontieren, abmontieren, ausbauen 5 zerlegen, auseinandernehmen

disobedience [ˌdɪsəˈbiːdjəns; -dɪəns] S 1 Ungehorsam *m*, Unfolgsamkeit *f* 2 *bes* MIL Gehorsamsverweigerung *f* 3 Nichtbefolgung *f* (*e-s Gesetzes*), *bes* MIL Verweigerung *f* (*e-s Befehls*); **disobedient** ADJ (ADV **~ly**) ungehorsam (**to** gegen[über]): **be ~ to sb** *a.* j-m nicht gehorchen; **disobey** [-ˈbeɪ] A V/T 1 *j-m* nicht gehorchen, ungehorsam sein gegen *j-n* 2 *bes* MIL *j-m* den Gehorsam verweigern 3 *ein Gesetz etc* nicht befolgen, übertreten, missachten, *bes* MIL *e-n Befehl* verweigern: **I will not be ~ed** ich dulde keinen Ungehorsam B V/I nicht gehorchen, ungehorsam sein

disoblige [ˌdɪsəˈblaɪdʒ] V/T 1 ungefällig sein gegen *j-n* 2 *j-n* kränken, verletzen; **disobliging** ADJ (ADV **~ly**) ungefällig, unzuvorkommend; **disobligingness** S Ungefälligkeit *f*

disorder [dɪsˈɔː(r)də(r)] A S 1 Unordnung *f*, Durcheinander *n* (*beide a. fig*): **be in (a state of) ~** in Unordnung *od* durcheinander sein; **throw into ~** → B 1 2 Systemlosigkeit *f* 3 (öffentliche) Ruhestörung, Aufruhr *m*, Unruhen *pl* 4 ungebührliches Benehmen 5 MED Störung *f*, Erkrankung *f*: **mental ~** Geistesstörung B V/T 1 in Unordnung bringen, durcheinanderbringen (*beide a. fig*) 2 MED Störungen hervorrufen in (*dat*), *bes den Magen* verderben; **disordered** ADJ 1 in Unordnung, durcheinander (*beide a. fig*) 2 MED gestört, (*a.* geistes)krank: **my stomach is ~** ich habe mir den Magen verdorben; **disorderliness** [-lɪnɪs] S 1 Unordentlichkeit *f* 2 Schlampigkeit *f*, Liederlichkeit *f* 3 unbotmäßiges Verhalten; **disorderly** A ADJ 1 unordentlich 2 schlampig, (*a. Leben etc*) liederlich 3 gesetzwidrig, aufrührerisch, unbotmäßig 4 JUR Ärgernis erregend, ordnungswidrig: **~ conduct** ordnungswidriges Verhalten; **~ house** a Bordell *n* b Spielhölle *f*; **~ person** a Ruhestörer(in), Störer(in) der öffentlichen Ordnung b Erreger(in) öffentlichen Ärgernisses B ADV *bes US* 1 unordentlich (*etc*, → A) 2 in unordentlicher *od* gesetzeswidriger *etc* Weise

disorganization [dɪsˌɔː(r)gənaɪˈzeɪʃn; US -nəˈz-] S 1 Desorganisation *f*, Auflösung *f*, Zerrüttung *f* 2 → disorder A 1; **disorganize** [-naɪz] V/T 1 desorganisieren, auflösen, zerrütten 2 → disorder B 1

disorient [dɪsˈɔːrɪent] V/T 1 *j-n* desorientieren, verwirren (*beide a.* PSYCH) 2 in die Irre führen; **disorientate** [-teɪt] → disorient; **disorientation** S Desorientiertheit *f*, Verwirrtheit *f* (*beide a.* PSYCH)

disown [dɪsˈəʊn] V/T 1 nichts zu tun haben wollen mit, ablehnen 2 ableugnen 3 *ein Kind* verstoßen 4 nicht (als gültig) anerkennen

disparage [dɪˈspærɪdʒ] V/T 1 in Verruf bringen 2 herabsetzen, verächtlich machen *od* behandeln 3 verachten, gering schätzen; **disparagement** S 1 Herabsetzung *f*, Verächtlichmachung *f*: **without ~ to you** ohne Ihnen zu nahe treten zu wollen 2 Verruf *m* 3 Verachtung *f*, Geringschätzung *f*; **disparaging** ADJ (ADV **~ly**) verächtlich, geringschätzig, herabsetzend, abschätzig

disparate [ˈdɪspərət; US *a.* dɪsˈpærət] A ADJ (ADV **~ly**) disparat, ungleich(artig), (grund)verschieden, unvereinbar B S (*etwas*) (Grund)Verschiedenes: **~s** unvereinbare Dinge; **disparateness**, **disparity** [dɪˈspærətɪ] S Disparität *f*, Verschiedenheit *f*, Unvereinbarkeit *f*: **~ in** (*od* **of**) **age** (zu großer) Altersunterschied

dispassion [dɪˈspæʃn] S 1 Leidenschaftslosigkeit *f* 2 Unvoreingenommenheit *f*; **dispassionate** [-nət] ADJ (ADV **~ly**) 1 leidenschaftslos, kühl, sachlich 2 unvoreingenommen

dispatch [dɪˈspætʃ] A V/T 1 *j-n* (ab)senden, (ab)schicken, MIL *Truppen* in Marsch setzen: **~ sb to buy some beer** j-n zum Bierholen schicken 2 *etwas* absenden, versenden, abschicken, befördern, spedieren, abfertigen (*a.* BAHN), *ein Telegramm* aufgeben 3 ins Jenseits befördern *umg*, töten 4 rasch *od* prompt erledigen *od* ausführen 5 *umg* wegputzen (*schnell aufessen*) B V/I *obs* sich beeilen C S 1 (Ab)Sendung *f* 2 Absendung *f*, Versand *m*, Abfertigung *f*, Beförderung *f*: **~ by rail** Bahnversand; **~ of mail** Postabfertigung 3 Tötung *f* 4 rasche Erledigung 5 Eile *f*, Schnelligkeit *f*: **with ~** eilends, eiligst 6 (*oft* verschlüsselte) (Eil)Botschaft 7 Bericht *m* (*e-s Korrespondenten*) 8 *pl Br* Kriegsberichte *pl*: **be mentioned in ~es** in den Kriegsberichten erwähnt werden 9 WIRTSCH Spedition *f*; **~ boat** S Kurierboot *n*; **~ box**, **~ case** S 1 Kuriertasche *f* 2 *bes Br* Aktenkoffer *m*

dispatcher S 1 BAHN Fahrdienstleiter(in) 2 WIRTSCH US Abteilungsleiter(in) für Produktionsplanung u. -kontrolle

dispatch| goods SPL US Eilgut *n*; **~ money** S WIRTSCH Eilgeld *n* (*beim Unterschreiten der vereinbarten Hafenliegezeit*); **~ note** S 1 Versandanzeige *f* 2 Paketkarte *f* (*für Auslandspakete*); **~ rider** S MIL 1 Meldereiter *m* 2 Meldefahrer *m*

dispel [dɪˈspel] V/T *e-e Menge etc, a. fig Befürchtungen etc* zerstreuen, *den Nebel* zerteilen

dispensability [dɪˌspensəˈbɪlətɪ] S 1 Entbehrlichkeit *f* 2 Verteilbarkeit *f* 3 Erlässlichkeit *f*; **dispensable** ADJ (ADV dispensably) 1 entbehrlich 2 verteilbar 3 erlässlich; **dispensary** [-sərɪ] S Werks-, Krankenhaus-, MIL Lazarettapotheke *f*

dispensation [ˌdispenˈseɪʃn] S 1 Aus-, Verteilung *f* 2 Zuteilung *f*, Gabe *f* 3 Lenkung *f*, Reg(e)lung *f* 4 Ordnung *f*, System *n* 5 Einrichtung *f*, Vorkehrung *f* 6 REL a göttliche Lenkung (der Welt) b *a.* **divine** (*od* **heavenly**) ~ (göttliche) Fügung: **the ~ of Providence** das Walten der Vorsehung 7 (religiöses) System 8 **(with, from)** Dispens *m*: a REL Dispensation *f* (von), Erlass *m* (*gen*) b JUR Befreiung *f* (von), Ausnahmebewilligung *f* (für) 9 Verzicht *m* (**with** auf *akk*); **dispensator** [-seɪtə(r)] S 1 Verteiler(in), Spender(in) 2 Verwalter(in), Lenker(in); **dispensatory** [-sətərɪ; *US* -ˌtəʊriː; -ˌtɔː-] A S PHARM Dispensatorium *n*, Arzneibuch *n* B ADJ → dispensing 4

dispense [dɪˈspens] A V/T 1 aus-, verteilen 2 *das Sakrament* spenden 3 *Recht* sprechen: ~ **justice** 4 PHARM *Arzneien* dispensieren, (nach Rezept) zubereiten u. abgeben 5 dispensieren, *j-m* Dispens gewähren 6 entheben, befreien, entbinden (*alle:* **from** von) B V/I 1 Dispens erteilen 2 ~ **with** a verzichten auf (*akk*) b entbehren (*akk*), auskommen ohne c überflüssig machen (*akk*) d *ein Gesetz* nicht anwenden e auf die Einhaltung *e-s Versprechens etc* verzichten: **it may be ~d with** man kann darauf verzichten, es ist entbehrlich; **dispenser** S 1 Aus-, Verteiler(in) 2 Spender(in) 3 ~ **of justice** Rechtsprecher(in) 4 TECH Spender *m*, (*für Klebestreifen etc a.*) Abroller *m*, (*Briefmarken- etc*) Automat *m* 5 Apotheker(in); **dispensing** ADJ 1 austeilend 2 spendend 3 PHARM dispensierend: ~ **chemist** *Br* Apotheker(in) 4 Dispens gewährend, befreiend: ~ **power** JUR richterliche Befugnis, e-e Gesetzesvorschrift außer Acht zu lassen

dispergate [ˈdɪspə(r)geɪt] V/T CHEM, PHYS dispergieren, verteilen

dispermous [dɪˈspɜːrməs; *US* -ˈspɜr-] ADJ BOT zweisamig

dispersal [dɪˈspɜːsl; *US* dɪsˈpɜrsəl] S 1 Zerstreuung *f* (*a. fig*), Zerteilung *f* (*von Nebel*): **after the ~ of the crowd** nachdem die Menge zerstreut worden war 2 Verbreitung *f* 3 Zersplitterung *f* 4 *a.* MIL Auflockerung *f*: ~ **of industry** Verteilung *f* der Industrie, industrielle Auflockerung; ~ **of ownership** Eigentumsstreuung *f*; ~ **apron** S FLUG (auseinandergezogener) Abstellplatz; ~ **area** S 1 FLUG → dispersal apron 2 MIL Auflockerungsgebiet *n*

disperse [dɪˈspɜːs; *US* dɪsˈpɜrs] A V/T 1 verstreuen: **be ~d over** verstreut sein über (*akk*) 2 → dispel 3 *Nachrichten etc* verbreiten 4 CHEM, PHYS dispergieren, zerstreuen, fein(st) verteilen: **~d phase** Dispersionsphase *f* 5 MIL a *e-e Formation* auflockern b *Truppen* versprengen B V/I 1 sich zerstreuen, auseinandergehen (*Menge etc*) 2 sich auflösen (*Nebel*) 3 sich verteilen *od* zersplittern; **dispersedly** [-ɪdlɪ] ADV verstreut, vereinzelt

dispersion [dɪˈspɜːʃn; *US* dɪsˈpɜrʒən; -ʃən] S 1 → dispersal 1 2 Verbreitung *f* 3 ♀ → Diaspora a 4 CHEM, PHYS a Dispersionsphase *f* b Dispersion *f*, (Zer)Streuung *f*: ~ **medium** (*od* **agent**) Dispersionsmittel *n*, Dispergens *n* 5 MATH, MIL Streuung *f*: ~ **error** MIL Streu(ungs)fehler *m*; ~ **pattern** MIL Trefferbild *n* 6 → dispersal 4; **dispersive** [-sɪv] ADJ (ADV ~ly) 1 zerstreuend 2 CHEM, PHYS Dispersions..., (Zer)Streuungs..., dispergierend

dispirit [dɪˈspɪrɪt] V/T entmutigen, mutlos machen; **dispirited** ADJ (ADV ~ly) entmutigt, mutlos, niedergeschlagen

displace [dɪsˈpleɪs] V/T 1 versetzen, -rücken, -lagern, -schieben 2 verdrängen (*a.* SCHIFF, PHYS, SPORT): ~ **sb from first place** j-n vom ersten Platz verdrängen 3 *j-n* ablösen (**as** als) 4 ersetzen (*a.* CHEM) 5 verschleppen, -treiben, deportieren: **~d person** Vertriebene(r) *m/f(m)*, Zwangsumsiedler(in); **displacement** S 1 Verlagerung *f*, -schiebung *f*, -rückung *f*: ~ **of funds** WIRTSCH anderweitige Kapitalverwendung; ~ **of values** Wertverschiebung 2 Verdrängung *f* (*a.* SCHIFF, PHYS): → ton¹ 2 3 Ablösung *f* 4 Ersetzung *f* (*a.* CHEM), Ersatz *m* 5 Verschleppung *f* 6 TECH Kolbenverdrängung *f* 7 GEOL Dislokation *f*, Versetzung *f* 8 PSYCH Affektverlagerung *f*: ~ **activity** ZOOL Übersprunghandlung *f*

display [dɪˈspleɪ] A V/T 1 *e-e Fahne etc* entfalten, ausbreiten 2 (her)zeigen 3 *fig* zeigen, entfalten, offenbaren, an den Tag legen: ~ **activity** Aktivität zeigen *od* entfalten 4 WIRTSCH *Waren* auslegen, ausstellen 5 (protzig) zur Schau stellen, protzen mit, hervorkehren, *sein Wissen etc a.* anbringen 6 TYPO hervorheben B S 1 Entfaltung *f* 2 (Her)Zeigen *n* 3 *fig* Entfaltung *f*: ~ **of energy** Entfaltung von Tatkraft; ~ **of power** Machtentfaltung 4 WIRTSCH Display *n*, Ausstellung *f*, Auslage *f*: **be on ~** ausgestellt *od* zu sehen sein 5 (protzige) Zurschaustellung: **make a great ~ of** → A 5; **put sth on public ~** etwas öffentlich zur Schau stellen 6 Aufwand *m*, Pomp *m*, Prunk *m*: **make a great ~** großen Prunk entfalten 7 TYPO Hervorhebung *f* (*a. Textstelle*) 8 Display *n*: a (Sichtbild)Anzeige *f*: **constant ~ of hours and minutes** Daueranzeige von Stunden u. Minuten (*e-r Digitaluhr*) b *a.* ~ **unit** Sichtbildgerät *n* C ADJ 1 WIRTSCH Ausstellungs..., Auslage...: ~ **advertising** Displaywerbung *f*; ~ **artist** (Werbe)Dekorateur(in); ~ **box** Schaupackung *f*; ~ **cabinet**, ~ **case** Schaukasten *m*, Vitrine *f*; ~ **type** TYPO Auszeichnungsschrift *f*; ~ **window** Auslage(n)-, Schaufenster *n* 2 ~ **behavio(u)r** (*Verhaltensforschung*) Imponiergehabe *n* (*a. fig*)

displease [dɪsˈpliːz] A V/T 1 *j-m* missfallen: **be ~d at** (*od* **with, by**) unzufrieden sein mit, ungehalten sein über (*akk*) 2 *j-n* ärgern, verstimmen 3 *das Auge etc* beleidigen, *den Geschmack* verletzen B V/I missfallen, Missfallen erregen; **displeasing** ADJ (ADV ~ly) unangenehm: **be ~ to** → displease A

displeasure [dɪsˈpleʒə(r)] S Missfallen *n* (**at** über *akk*)

displume [dɪsˈpluːm] V/T rupfen

disport [dɪˈspɔː(r)t] V/I & V/T: ~ **o.s.** a sich vergnügen, sich amüsieren b herumtollen, sich (ausgelassen) tummeln

disposability [dɪˌspəʊzəˈbɪlətɪ] S (freie) Verfügbarkeit; **disposable** A ADJ 1 disponibel, (frei) verfügbar: ~ **income** verfügbares Einkommen 2 a Einweg...: ~ **lighter** (**package, syringe,** *etc*) b Wegwerf...: ~ **lighter** (**package,** *etc*); ~ **diaper** (*bes Br* **napkin**) Wegwerfwindel *f*; (**pair of**) ~ **panties** *pl* Wegwerfschlüpfer *m* c Einmal...: ~ **package** (**razor, towel,** *etc*) B S Einweg-, Wegwerfgegenstand *m*

disposal [dɪˈspəʊzl] S 1 Erledigung *f* (**of sth** e-r Sache) 2 Beseitigung *f*, (*von Müll a.*) Entsorgung *f*: **after the ~ of it** nachdem man es losgeworden war 3 Erledigung *f*, Vernichtung *f*: **the ~ of all enemy aircraft** 4 a Übergabe *f*, Übertragung *f* b *a.* ~ **by sale** Veräußerung *f*, Verkauf *m*: **for ~** zum Verkauf 5 Verfügung(srecht) *f(n)* (**of** über *akk*): **be at sb's ~** j-m zur Verfügung stehen; **place** (*od* **put**) **sth at sb's ~** j-m etwas zur Verfügung stellen; **have the ~ of sth** über etwas verfügen (können) 6 Leitung *f*, Reg(e)lung *f* 7 Anordnung *f*, Aufstellung *f* (*a.* MIL)

dispose [dɪˈspəʊz] A V/T 1 anordnen, ein-, verteilen, einrichten, aufstellen: ~ **in depth** MIL nach der Tiefe gliedern 2 zurechtlegen 3 *j-n* geneigt machen, bewegen, veranlassen (*alle:* **to** zu; **to do** zu tun) 4 *etwas* regeln, bestimmen B V/I 1 Verfügungen treffen: → propose B 1 2 ~ **of** a (frei) verfügen *od* disponieren über (*akk*) b lenken c *e-e Angelegenheit etc* (endgültig) erledigen d *j-n od etwas* abtun, abfertigen e loswerden, sich entledigen (*gen*) f beseitigen, *Müll a.* entsorgen g *e-n Gegner etc* erledigen, unschädlich machen, vernichten h MIL *Bomben etc* entschärfen i trinken, (auf)essen: ~ **of a meal** a übergeben, übertragen: ~ **of by will** testamentarisch vermachen, letztwillig verfügen über (*akk*); **disposing mind** JUR Testierfähigkeit *f* k verkaufen, veräußern, WIRTSCH *a.* absetzen, abstoßen

disposed [dɪˈspəʊzd] ADJ 1 gesinnt: **be well ~ to(ward[s])** a *j-m* wohlgesinnt sein, *j-m* wohlwollen b *e-m Plan etc* wohlwollend gegenüberstehen; → ill-disposed 1 2 geneigt, bereit (*beide:* **to do** zu tun): **feel ~ to do sth** etwas tun wollen; *you can help me* **if you feel ~ to** wenn du willst 3 **easily ~ of** a leicht zu beseitigen(d) b leicht verkäuflich 4 MED anfällig (**to** für): **be ~ to** *a. allg* neigen zu; **disposedly** [-zɪdlɪ] ADV → disposed

disposition [ˌdɪspəˈzɪʃn] S 1 a Disposition *f*, Veranlagung *f* b Art *f*: **her cheerful ~** 2 a Neigung *f*, Hang *m* (*beide:* **to** zu): **he has a ~ to jealousy** er neigt zur Eifersucht b MED Anfälligkeit *f* (**to** für): **have a ~ to** anfällig sein für 3 Stimmung *f*, Laune *f* 4 Anordnung *f*, Aufstellung *f* (*a.* MIL) 5 **(of)** a Erledigung *f* (*gen*) b *bes* JUR Entscheidung *f* (über *akk*) 6 (*bes* göttliche) Lenkung 7 Übergabe *f*, Übertragung *f*: → testamentary 8 → disposal 5 9 *pl* Dispositionen *pl*, Vorkehrungen *pl*, Vorbereitungen *pl*: **make (one's) ~s** (s-e) Vorkehrungen treffen, disponieren

dispossess [ˌdɪspəˈzes] V/T 1 a enteignen, aus dem Besitz (**of** *gen*) setzen b *e-n Mieter, Pächter* zur Räumung zwingen 2 berauben (**of** *gen*) 3 vertreiben 4 SPORT *j-m* den Ball abnehmen; **dispossession** S 1 Enteignung *f* 2 Beraubung *f* 3 Vertreibung *f*; **dispossessory** [-sərɪ] ADJ Enteignungs...

dispraise [dɪsˈpreɪz] A V/T 1 tadeln 2 herabsetzen B S 1 Tadel *m* 2 Herabsetzung *f*: **in ~** geringschätzig

disproof [ˌdɪsˈpruːf] S Widerlegung *f*: **the ~ of his story was the fact that …** was s-e Geschichte widerlegte, war die Tatsache, dass …

disproportion [ˌdɪsprəˈpɔː(r)ʃn] A S Missverhältnis *n*: ~ **of supply to demand** Missverhältnis zwischen Angebot u. Nachfrage; ~ **in age** (zu großer) Altersunterschied B V/T in ein Missverhältnis setzen *od* bringen

disproportionate [ˌdɪsprəˈpɔː(r)ʃnət] ADJ (ADV ~ly) 1 unverhältnismäßig (groß *od* klein), in keinem Verhältnis stehend (**to** zu) 2 unangemessen 3 übertrieben (*Erwartungen etc*) 4 unproportioniert

disproval [dɪsˈpruːvl] → disproof; **disprove** V/T widerlegen

disputable [dɪˈspjuːtəbl] ADJ (ADV disputably) disputabel, strittig; **disputant** [-tənt] A ADJ disputierend B S Disputant(in), Gegner(in)

disputation [ˌdɪspjuːˈteɪʃn] S 1 Disput *m*, Wortwechsel *m*, Streitgespräch *n* 2 Disputation *f*, wissenschaftliches Streitgespräch 3 *obs* Unterhaltung *f*; **disputatious** ADJ (ADV ~ly) streitsüchtig; **disputative** [dɪˈspjuːtətɪv] →

disputatious

dispute [dɪ'spjuːt] A V/I 1 streiten, (*Wissenschaftler a.*) disputieren (*beide:* **on, about** über *akk*): **there is no disputing about tastes** über Geschmack lässt sich nicht streiten 2 (sich) streiten, zanken B V/T 1 streiten über (*akk*), (*Wissenschaftler a.*) disputieren über (*akk*) 2 in Zweifel ziehen, bezweifeln: **a ~d decision** SPORT e-e umstrittene Entscheidung 3 kämpfen um, sich bemühen um: **~ the victory to sb** j-m den Sieg streitig machen; **~ the victory** um den Sieg kämpfen 4 (an)kämpfen gegen C S [*a.* 'dɪspjuːt] 1 Disput *m*, Kontroverse *f*: **in** (*od* **under**) **~** umstritten; **beyond** (*od* **past, without**) **~** unzweifelhaft, fraglos, unbestritten; **a matter of ~** e-e strittige Sache; **be beyond ~** außer Frage stehen; **his reputation is beyond ~** sein Ruf ist über jeden Zweifel erhaben 2 (heftiger) Streit: **be in ~** im Streit liegen (**with** mit; **on, about** über *akk*)

disqualification [dɪsˌkwɒlɪfɪ'keɪʃn; *US* -ˌkwɑ-] S 1 Disqualifikation *f*, Disqualifizierung *f*, Untauglichkeitserklärung *f* 2 Untauglichkeit *f*, Ungeeignetheit *f*, mangelnde Eignung *od* Befähigung (*alle:* **for** für) 3 SPORT Disqualifikation *f*, Ausschluss *m* 4 disqualifizierender Umstand, SPORT *a.* Grund *m* zum Ausschluss: **his quick temper is a ~ for this job** sein aufbrausendes Temperament macht ihn untauglich für diesen Posten; **disqualify** [-faɪ] V/T 1 ungeeignet *od* unfähig *od* untauglich machen (**for** für): **be disqualified for** ungeeignet (*etc*) sein für 2 für unfähig *od* untauglich *od* nicht berechtigt erklären (**for** zu): **~ sb from (holding) public office** j-m die Fähigkeit zur Ausübung e-s öffentlichen Amtes absprechen *od* nehmen; **~ sb from driving** j-m die Fahrerlaubnis entziehen 3 SPORT disqualifizieren, ausschließen (*beide:* **for** wegen)

disquiet [dɪs'kwaɪət] A V/T beunruhigen, mit Besorgnis erfüllen B S Unruhe *f*, Besorgnis *f*; **disquieting** ADJ (ADV **~ly**) beunruhigend, besorgniserregend; **disquietude** [-tjuːd; *US a.* -ˌtuːd] → disquiet B

disquisition [ˌdɪskwɪ'zɪʃn] S ausführliche Abhandlung *od* Rede (**on** über *akk*); **disquisitional** [-ʃənl] ADJ (ADV **~ly**) ausführlich, eingehend

disrate [dɪs'reɪt] V/T SCHIFF degradieren

disregard [ˌdɪsrɪ'gɑː(r)d] A V/T 1 nicht beachten, keine Beachtung schenken (*dat*), ignorieren, sich hinwegsetzen über (*akk*), nicht achten auf (*akk*) 2 *etwas* außer Acht lassen, ausklammern, absehen von 3 *e-e Gefahr etc* missachten B S 1 Nichtbeachtung *f*, Ignorierung *f* (*beide:* **of, for** *gen*) 2 Missachtung *f* (**of, for** *gen*) 3 Gleichgültigkeit *f* (**of, for** gegenüber); **disregardful** ADJ (ADV **~ly**) a nicht achtend (**of** auf *akk*), unachtsam b nachlässig c missachtend: **be ~ of** → disregard A 1, A 3

disrelish [dɪs'relɪʃ] A S Abneigung *f*, Widerwille *m* (**for** gegen) B V/T e-n Widerwillen haben gegen

disremember [ˌdɪsrɪ'membə(r)] V/T *bes US umg* a nicht mehr wissen, sich nicht erinnern können an (*akk*) b vergessen

disrepair [ˌdɪsrɪ'peə(r)] S Baufälligkeit *f*, schlechter baulicher Zustand: **be in (a state of) ~** baufällig sein; **fall into ~** baufällig werden

disreputability [dɪsˌrepjʊtə'bɪlətɪ] S schlechter Ruf, Verrufenheit *f*; **disreputable** ADJ (ADV **disreputably**) verrufen, übel beleumundet, (*a. Geschäft etc*) anrüchig; **disrepute** [ˌdɪsrɪ'pjuːt] S Verruf *m*, schlechter Ruf, Verrufenheit *f*: **be in ~** verrufen sein; **bring** (**fall** *od* **sink**) **into ~** in Verruf bringen (kommen)

disrespect [ˌdɪsrɪ'spekt] A S 1 Respektlosigkeit *f* (**to, for** gegenüber) 2 Unhöflichkeit *f* (**to, for** gegenüber) B V/T 1 sich respektlos benehmen gegenüber 2 unhöflich behandeln; **disrespectful** ADJ (ADV **~ly**) 1 respektlos (**to** gegenüber) 2 unhöflich (**to** zu, gegenüber); **disrespectfulness** → disrespect A

disrobe [ˌdɪs'rəʊb] A V/T entkleiden (*a. fig:* **of** *gen*) B V/I 1 sich entkleiden 2 s-e Robe *od* Amtstracht ablegen

disroot [dɪs'ruːt] V/T 1 entwurzeln 2 (*aus der Heimat etc*) vertreiben

disrupt [dɪs'rʌpt] A V/T 1 auseinanderbrechen, zerbrechen, sprengen, zertrümmern 2 auseinanderreißen, zerreißen, (zer)spalten 3 *ein Gespräch, den Verkehr etc* unterbrechen 4 a *ein Land etc* zerrütten b *e-e Koalition etc* sprengen B V/I 1 auseinanderbrechen 2 zerreißen 3 ELEK durchschlagen; **disruption** [-'rʌpʃn] S 1 Zerbrechung *f* 2 Zerreißung *f* 3 Zerrissenheit *f*, Spaltung *f* 4 Bruch *m* 5 Riss *m* 6 Unterbrechung *f* 7 a Zerrüttung *f* b Sprengung *f* 8 **the ♀** REL die Spaltung (*der Kirche von Schottland 1843*)

disruptive [dɪs'rʌptɪv] ADJ (ADV **~ly**) 1 zerbrechend, zertrümmernd 2 zerreißend 3 zerrüttend 4 ELEK disruptiv: **~ discharge** Durch-, Überschlag *m*; **~ strength** Durchschlagfestigkeit *f*; **~ voltage** Durchschlagsspannung *f* 5 MIL brisant, hochexplosiv

diss [dɪs] V/T *umg j-n* blöd anreden

dissatisfaction ['dɪsˌsætɪs'fækʃn] S Unzufriedenheit *f*; **dissatisfactory** [-tərɪ] ADJ unbefriedigend (**to** für), nicht zufriedenstellend; **dissatisfied** [-faɪd] ADJ (ADV **~ly**) unzufrieden (**at, with** mit); **dissatisfy** V/T 1 unzufrieden machen, nicht befriedigen, verdrießen 2 *j-m* missfallen

dissect [dɪ'sekt] V/T 1 zergliedern, zerlegen 2 a MED sezieren b BOT, MED, ZOOL präparieren 3 *fig* zergliedern, (genau) analysieren 4 GEOG zerschneiden, zertalen 5 WIRTSCH *Konten etc* aufgliedern; **dissecting** ADJ 1 zergliedernd 2 MED Sezier…: **~ instruments** *pl* Seziersbesteck *n*; **~ room** Anatomiesaal *m* 3 BOT, MED, ZOOL Präparier…; **dissection** [-kʃn] S 1 Zergliederung *f*: a Zerlegung *f* b *fig* (genaue) Analyse 2 MED Sezieren *n* 3 BOT, MED, ZOOL a Präparierung *f* b Präparat *n* 4 WIRTSCH Aufgliederung *f* (*von Konten etc*); **dissector** [-tə(r)] S 1 Zergliederer *m*, Zergliederin *f*, Zerleger(in): **~ tube** TV *bes hist* Bildzerlegerröhre *f* 2 MED Sezierer(in) 3 BOT, MED, ZOOL Präparator *m*, Präparatorin *f*

disseise, *etc* → disseize *etc*

disseize [ˌdɪs'siːz] V/T JUR *j-m* widerrechtlich den (Immobiliar)Besitz entziehen; **disseizin** [-zɪn] S JUR widerrechtliche Entziehung des (Immobiliar)Besitzes

dissemblance[1] [dɪ'sembləns] S Unähnlichkeit *f*, Verschiedenheit *f*

dissemblance[2] [dɪ'sembləns] S 1 Verstellung *f* 2 Vortäuschung *f*

dissemble [dɪ'sembl] A V/T 1 verhehlen, verbergen, sich *etwas* nicht anmerken lassen 2 vortäuschen, simulieren 3 *obs* unbeachtet lassen, nicht beachten B V/I 1 heucheln, sich verstellen 2 simulieren; **dissembler** S 1 Heuchler(in) 2 Simulant(in); **dissembling** A ADJ (ADV **~ly**) heuchlerisch B S Heuchelei *f*, Verstellung *f*

disseminate [dɪ'semɪneɪt] V/T 1 *Saat* ausstreuen (*a. fig*) 2 *e-e Lehre etc* verbreiten; **disseminated** ADJ 1 MINER eingesprengt (**through** in *akk*) 2 **~ sclerosis** MED multiple Sklerose; **dissemination** S 1 Ausstreuung *f* (*a. fig*) 2 *fig* Verbreitung *f* 3 GEOL Einsprengung *f*; **disseminator** [-tə(r)] S 1 Ausstreuer(in) (*a. fig*) 2 *fig* Verbreiter(in)

dissension [dɪ'senʃn] S 1 Meinungsverschiedenheit(en) *f(pl)*, Differenz(en) *f(pl)* 2 Uneinigkeit *f*

dissent [dɪ'sent] A V/I 1 (**from**) anderer Meinung sein (als), nicht übereinstimmen (mit), nicht zustimmen (*dat*) 2 REL von der Staatskirche abweichen B S 1 Meinungsverschiedenheit *f* 2 REL a Abweichung *f* von der Staatskirche b *koll* (*die*) Dissenters *pl*; **dissenter** S 1 Andersdenkende(r) *m/f(m)* 2 REL a Dissident(in) (*j-d, der die Autorität e-r Staatskirche nicht anerkennt*) b *oft* ♀ Dissenter *m*, Nonkonformist(in) (*j-d, der sich nicht zur anglikanischen Kirche bekennt*); **dissentient** [-ʃɪənt; -ʃənt] A ADJ (ADV **~ly**) andersdenkend, nicht (mit der Mehrheit) übereinstimmend, abweichend: **without a ~ vote** ohne Gegenstimme, einstimmig B S 1 Andersdenkende(r) *m/f(m)* 2 Gegenstimme *f*: **with no ~** ohne Gegenstimme; **dissenting** ADJ (ADV **~ly**) 1 → dissentient A 2 REL a von der Staatskirche abweichend, dissidierend, Dissidenten… b *Br* nonkonformistisch

dissert [dɪ'sɜːt; *US* dɪs'ɜrt], **dissertate** ['dɪsə(r)teɪt] V/I e-n Vortrag halten *od* e-e Abhandlung schreiben (**on** über *akk*); **dissertation** S 1 (wissenschaftliche) Abhandlung 2 Diplomarbeit *f* 3 (wissenschaftlicher) Vortrag

disserve [ˌdɪs'sɜːv; *US* -'sɜrv] V/T *obs j-m* e-n schlechten Dienst erweisen; **disservice** [-vɪs] S schlechter Dienst: **do sb a ~** j-m e-n schlechten Dienst erweisen

dissever [dɪs'sevə(r)] V/T 1 trennen, spalten, absondern (*alle:* **from** von) 2 (zer)teilen, (zer)trennen (*beide:* **into** in *akk*); **disseverance**, **disseverment** S Trennung *f*, Spaltung *f*

dissidence ['dɪsɪdəns] S 1 Meinungsverschiedenheit *f* 2 POL, REL Dissidententum *n*; **dissident** A ADJ (ADV **~ly**) (**from**) andersdenkend (als), nicht übereinstimmend (mit), abweichend (von) B S 1 Andersdenkende(r) *m/f(m)* 2 → dissenter 2 a 3 POL Dissident(in), Regime-, Systemkritiker(in)

dissimilar [ˌdɪ'sɪmɪlə(r)] ADJ (ADV **~ly**) verschieden (**to, from** von), unähnlich (**to** *dat*), ungleich(artig); **dissimilarity** [-'lærətɪ] S 1 Verschiedenheit *f*, Unähnlichkeit *f*, Ungleichheit *f*, Ungleichartigkeit *f* 2 Unterschied *m*

dissimilate [dɪ'sɪmɪleɪt] V/T 1 unähnlich machen 2 LING dissimilieren 3 BIOL dissimilieren; **dissimilation** S 1 LING Dissimilation *f* (*lautlicher Vorgang, bei dem gleiche od ähnliche Laute sich unähnlicher werden*) 2 BIOL Dissimilation *f* (*Energie liefernder Abbau körpereigener Substanz in lebenden Zellen der Organismen*); **dissimilitude** [-'mɪlɪtjuːd; *US a.* -ˌtuːd] → dissimilarity

dissimulate [dɪ'sɪmjʊleɪt] A V/T sich *etwas* nicht anmerken lassen, verbergen, verhehlen, *e-e Krankheit* dissimulieren B V/I sich verstellen, heucheln; **dissimulation** S 1 Verheimlichung *f* 2 Verstellung *f* 3 MED Dissimulation *f*; **dissimulator** [-tə(r)] S Heuchler(in)

dissipate ['dɪsɪpeɪt] A V/T 1 zerstreuen (*a.* PHYS): **~ the enemy forces** 2 *den Nebel* zerteilen 3 *j-s Sorgen etc* zerstreuen, verscheuchen, vertreiben 4 *s-e Kräfte* verzetteln, vergeuden: **~ one's energies** s-e Kräfte *od* sich verzetteln 5 *ein Vermögen etc* durchbringen, verprassen, verschwenden 6 PHYS a *Hitze* ableiten b *mechanische Energie etc* dissipieren, in Wärmeenergie umwandeln B V/I 1 sich zerstreuen (*a. fig*) 2 sich zerteilen (*Nebel*) 3 ein ausschweifendes *od* zügelloses Leben führen; **dissipated** ADJ (ADV **~ly**) ausschweifend: a zügellos (*Leben*) b leichtlebig (*Mensch*); **dissipater** S 1 Ver-

D

schwender(in), Prasser(in) 2 ausschweifender *od* leichtlebiger Mensch

dissipation [ˌdɪsɪˈpeɪʃn] S 1 Zerstreuung *f (a.* PHYS *u. fig)* 2 Zerteilung *f (von Nebel)* 3 Verzett(e)lung *f*, Vergeudung *f* 4 Durchbringen *n*, Verprassen *n* 5 Ausschweifung *f*: **a life of ~** ein ausschweifendes *od* zügelloses Leben 6 PHYS a Ableitung *f* b Dissipation *f*; **dissipative** ADJ PHYS a ableitend b dissipativ

dissociable [dɪˈsəʊʃjəbl; -ʃɪəbl] ADJ (ADV dissociably) 1 (ab)trennbar 2 unvereinbar 3 [-ʃəbl] ungesellig, nicht umgänglich 4 CHEM dissoziierbar

dissocial [dɪˈsəʊʃl] ADJ asozial, gesellschaftsfeindlich

dissociate [dɪˈsəʊʃɪeɪt; -sɪ-] A V/T 1 (ab)trennen, loslösen, absondern *(alle:* **from** von) 2 **~ o.s.** sich trennen, sich lossagen, sich distanzieren, abrücken *(alle:* **from** von) 3 CHEM dissoziieren, in Ionen *od* Atome aufspalten B V/I 1 sich (ab)trennen, sich loslösen *(beide:* **from** von) 2 CHEM dissoziieren, in Ionen zerfallen

dissociation [dɪˌsəʊsɪˈeɪʃn; -ʃɪ-] S 1 (Ab)Trennung *f*, Loslösung *f* 2 Abrücken *n* 3 CHEM Dissoziation *f* 4 PSYCH Dissoziation *f (Zerfall von zusammengehörigen Denk-, Handlungs- od Verhaltensabläufen in Einzelheiten)*

dissolubility [dɪˌsɒljʊˈbɪlətɪ; US dɪsˌɑljə-] S 1 Löslichkeit *f* 2 *fig* Auflösbarkeit *f*; **dissoluble** ADJ 1 löslich 2 JUR auflösbar, aufhebbar *(Ehe etc)*; **dissolubleness** → dissolubility

dissolute [ˈdɪsəluːt] ADJ (ADV ~ly) ausschweifend: a zügellos *(Leben)* b leichtlebig *(Person)*; **dissoluteness** S Ausschweifung *f*, Zügellosigkeit *f*, Leichtlebigkeit *f*

dissolution [ˌdɪsəˈluːʃn] S 1 Auflösung *f (a. fig)* 2 JUR Annullierung *f*, Aufhebung *f* 3 Zersetzung *f* 4 Zerstörung *f*, Vernichtung *f* 5 CHEM Lösung *f*

dissolvable [dɪˈzɒlvəbl; US a. dɪzˈɑl-] → dissoluble

dissolve [dɪˈzɒlv; US a. dɪzˈɑlv] A V/T 1 *Zucker, das Parlament etc* auflösen: **~ a marriage** e-e Ehe (auf)lösen *od* scheiden; **~ in the mouth** *e-e Tablette etc* im Mund zergehen lassen; **~d in tears** in Tränen aufgelöst 2 schmelzen, verflüssigen 3 JUR annullieren, aufheben 4 auflösen, zersetzen 5 zerstören, vernichten 6 *ein Geheimnis, e-n Zauber* lösen 7 FILM, TV überblenden, ineinander übergehen lassen B V/I 1 sich auflösen *(a. fig)*: **~ in the mouth** im Mund zergehen; **~ in(to) tears** in Tränen zerfließen 2 zerfallen 3 sich (in nichts) auflösen 4 FILM, TV überblenden, allmählich ineinander übergehen C S FILM, TV Überblendung *f*; **dissolvent** A ADJ 1 (auf)lösend 2 zersetzend B S CHEM, TECH Lösungsmittel *n*: **act as a ~ (up)on** *(od* **to)** *fig* auflösend wirken auf *(akk)*

dissolving ADJ (ADV ~ly) 1 (auf)lösend 2 sich auflösend 3 löslich; **~ shutter** S FOTO Überblendverschluss *m*, Überblendungsblende *f*

dissonance [ˈdɪsənəns], *a.* **dissonancy** S Dissonanz *f*: a MUS Missklang *m (a. fig)* b *fig* Disharmonie *f*, Unstimmigkeit *f*; **dissonant** ADJ (ADV ~ly) 1 MUS dissonant *(a. fig)*, dissonierend 2 misstönend 3 *fig* disharmonisch, unstimmig

dissuade [dɪˈsweɪd] V/T 1 *j-m* abraten **(from** von): **~ sb from doing sth** j-m (davon) abraten, etwas zu tun 2 *j-n* abbringen **(from** von): **~ sb from doing sth** j-n davon abbringen, etwas zu tun 3 von *etwas* abraten; **dissuader** S Abratende(r) *m/f(m)*; **dissuasion** [-ʒn] S 1 Abraten *n* 2 Abbringen *n* 3 warnender Rat; **dissuasive** [-sɪv] ADJ (ADV ~ly) abratend

dissyllabic, **dissyllable** → disyllabic, disyllable

dissymmetric [ˌdɪsɪˈmetrɪk] ADJ, **dissymmetrical** ADJ (ADV ~ly) 1 asymmetrisch, unsymmetrisch 2 enantiomorph *(Kristall)*; **dissymmetry** [-ˈsɪmɪtrɪ] S Asymmetrie *f*

dist. ABK 1 distance 2 distant 3 distinguish(ed) 4 district

distaff [ˈdɪstɑːf; US -ˌtæf] S 1 (Spinn)Rocken *m*, Kunkel *f* 2 *fig* Frauenarbeit *f*; **~ side** S weibliche Linie *(e-r Familie)*

distal [ˈdɪstl] ADJ ANAT distal *(weiter von der Körpermitte entfernt liegend als andere Körperteile)*

distance [ˈdɪstəns] A S 1 Entfernung *f* **(from** von): **at a ~** a in einiger Entfernung b von Weitem, von fern; **a good ~ off** ziemlich weit entfernt; **at an equal ~** gleich weit (entfernt); **from a ~** aus einiger Entfernung; **it is no ~** es ist gar nicht weit **(to** [bis] zu); **what is the ~ to London?** wie weit ist es bis nach London? 2 Ferne *f*: **from (in) the ~** aus (in) der Ferne 3 Zwischenraum *m*, Abstand *m (beide:* **between** zwischen *dat)*: **keep one's ~** AUTO *etc* Abstand halten **(from** von)(→ A 7) 4 Entfernung *f*, Strecke *f*: **the ~ covered** die zurückgelegte Strecke; **~ of vision** Sehweite *f*; **inside** *(od* **within)** **the ~** *(Boxen)* vorzeitig; **go the ~** *fig* a durchhalten, über die Runden kommen b *(Boxen)* über die volle Distanz gehen; **they had travel(l)ed long ~s** sie waren von weit her gekommen; **stay the ~ with** über die volle Distanz gehen gegen *(Boxer)* 5 *(zeitlicher)* Abstand, Zeitraum *m*: *I can hardly remember him* **at this ~ of** *(od* **in)** **time** nach all dieser Zeit 6 *fig* Abstand *m*, Entfernung *f*, Entferntheit *f* 7 *fig* Distanz *f*, Abstand *m*, Zurückhaltung *f*: **keep sb at a ~** j-m gegenüber reserviert sein, sich j-n vom Leib halten; **keep one's ~** zurückhaltend sein, (die gebührende) Distanz wahren (→ A 3); **know one's ~** wissen, wie weit man gehen darf 8 MAL *etc* a Perspektive *f* b *a. pl* Hintergrund *m* c Ferne *f* 9 MUS Intervall *n* 10 SPORT a Distanz *f*, Strecke *f* b *Boxen, Fechten*: Distanz *f (zwischen den Gegnern)* c *Leichtathletik*: Langstrecke *f*: **~ race** Langstreckenlauf *m*; **~ runner** Langstreckenläufer(in), Langstreckler(in) B V/T 1 überholen, (weit) hinter sich lassen, SPORT *a.* distanzieren 2 *fig* überflügeln, -treffen 3 **~ o.s from** abrücken *od* sich distanzieren von; **distanced** ADJ *fig* distanziert *(Haltung etc)*

distance| glasses SPL, *a.* **pair of ~** Fernbrille *f*; **~ scale** S TECH Entfernungsskala *f (an Messgeräten)*; **~ shot** S FOTO Fernaufnahme *f*; **~ university** S *Can* Fernuniversität *f*

distant [ˈdɪstənt] ADJ (ADV ~ly) 1 entfernt, weit *(beide:* **from** von): **some miles ~**; **~ relation** entfernte(r) *od* weitläufige(r) Verwandte(r); **they are ~ relatives** sie sind weitläufig miteinander verwandt; **~ resemblance** entfernte *od* schwache Ähnlichkeit; **a ~ dream** ein vager Traum, e-e schwache Aussicht 2 fern *(a. zeitlich)*: **~ countries**; **~ times** 3 (weit) voneinander entfernt 4 **(from)** abweichend (von), ander(er, e, es) (als) 5 kühl, abweisend, zurückhaltend, distanziert *(Höflichkeit etc)* 6 weit, in große(r) Ferne: **~ voyage** Fernreise *f* 7 Fern...: **~ action** Fernwirkung *f*; **~ (block) signal** BAHN Vorsignal *n*; **~ control** Fernsteuerung *f*; **~ heating** Fernheizung *f*; **~ reading** Fernablesung *f*; **~ reconnaissance** MIL strategische Aufklärung, Fernaufklärung *f*

distaste [ˌdɪsˈteɪst] S 1 Ekel *m* **(for** vor *dat)* 2 *fig* Widerwille *m*, Abneigung *f (beide:* **for** gegen); **distasteful** ADJ (ADV ~ly) 1 ekelerregend 2 *fig* unangenehm: **be ~ to sb** j-m zuwider sein

distemper[1] [dɪˈstempə(r)] A S 1 *obs* üble Laune 2 VET a Staupe *f (bei Hunden)* b Druse *f (bei Pferden)* 3 *obs* Krankheit *f*, Unpässlichkeit *f* 4 *obs* (politische) Unruhe(n *pl*) B V/T 1 *obs körperliche Funktionen* stören, *den Geist* zerrütten, *j-n* krank machen 2 *obs j-n* verstimmen

distemper[2] [dɪˈstempə(r)] A S Leimfarbe *f*: **paint in ~** → B B V/T mit Leimfarbe malen

distend [dɪˈstend] A V/T 1 (aus)dehnen 2 *den Bauch etc* aufblähen 3 *fig* übertreiben, übertrieben darstellen B V/I 1 sich (aus)dehnen 2 sich aufblähen 3 sich weiten **(with** vor *dat) (Augen)*

distensibility [dɪˌstensəˈbɪlətɪ] S (Aus)Dehnbarkeit *f*; **distensible** ADJ (aus)dehnbar; **distension**, **distention** [-ʃn] S 1 (Aus)Dehnung *f* 2 Aufblähung *f*

distich [ˈdɪstɪk] S LIT 1 Distichon *n (Verspaar)* 2 gereimtes Verspaar; **distichous** ADJ BOT distich, zweireihig

distil, *US* **distill** [dɪˈstɪl] A V/T 1 CHEM, TECH a (um)destillieren, abziehen b entgasen, schwelen c ab-, herausdestillieren *(beide:* **from** aus) d **~ off**, **~ out** ausdestillieren, abtreiben 2 *Branntwein* brennen **(from** aus) 3 *a.* **~ out** *fig das Wesentliche etc* herausdestillieren, -arbeiten *(beide:* **from** aus) 4 herabtropfen *od* -tröpfeln lassen: **be distilled** sich niederschlagen **(on** auf *dat)* B V/I 1 CHEM, TECH destillieren 2 sich (allmählich) kondensieren 3 herabtröpfeln, -tropfen 4 sich in Tropfen ausscheiden 5 *fig* sich herauskristallisieren; **distillable** ADJ CHEM, TECH destillierbar

distillate [ˈdɪstɪlət; -leɪt] S CHEM, TECH Destillat *n* **(from** aus) *(a. fig)*; **distillation** [-ˈleɪʃn] S 1 CHEM, TECH Destillation *f*: **destructive ~** Zersetzungsdestillation; **dry ~** Trockendestillation; **vacuum ~** Vakuumdestillation; **~ flask** Destillierkolben *m* 2 CHEM, TECH Destillat *n* 3 Brennen *n (von Branntwein)* 4 Extrakt *m*, Auszug *m* 5 *fig* Quintessenz *f*, Wesen *n*, Kern *m*; **distiller** S 1 CHEM, TECH Destillierapparat *m* 2 Destillateur(in), Branntweinbrenner(in); **distillery** [-ərɪ] S 1 (Branntwein)Brennerei *f* 2 Destillieranlage *f*

distilling flask S CHEM, TECH Destillierkolben *m*

distinct [dɪˈstɪŋkt] ADJ (ADV → distinctly) 1 ver-, unterschieden *(beide:* **from** von): **as ~ from** im Unterschied zu, zum Unterschied von 2 einzeln, (voneinander) getrennt, (ab)gesondert 3 verschiedenartig 4 ausgeprägt, charakteristisch: **~ personality** ausgeprägte Persönlichkeit 5 klar, deutlich, eindeutig, bestimmt, entschieden, ausgesprochen: **have the ~ feeling that ...** das bestimmte Gefühl haben, dass ...; **have a ~ preference for** e-e ausgesprochene Vorliebe haben für; **a ~ pronunciation** e-e deutliche Aussprache 6 **~ vision** scharfe Augen *pl*

distinction [dɪˈstɪŋkʃn] S 1 Unterscheidung *f*: **a ~ without a difference** e-e spitzfindige Unterscheidung, ein nur nomineller Unterschied 2 Unterschied *m*: **in ~ from** im Unterschied zu, zum Unterschied von; **draw** *(od* **make)** **a ~ between** e-n Unterschied machen *od* unterscheiden zwischen *(dat)*; **without ~** ohne Unterschied, unterschiedslos; **without ~ of person(s)** ohne Unterschied der Person 3 Unterscheidungsmerkmal *n*, Kennzeichen *n* 4 Auszeichnung *f*: a Ehrung *f* b Ehrenzeichen *n* 5 Ruf *m*, Ruhm *m*, Ehre *f* 6 hervorragende Eigenschaft 7 (hoher) Rang: **of ~** von Rang (u. Namen) 8 Vornehmheit *f*, Würde *f* 9 → distinctiveness

distinctive [dɪˈstɪŋktɪv] ADJ (ADV ~ly) 1 unterscheidend, Unterscheidungs..., Erkennungs...: → **feature** A 3, **mark**[1] A 3 2 kennzeichnend, bezeichnend, charakteristisch *(alle:*

of für), besonder(er, e, es), ausgeprägt, spezifisch, unverwechselbar: **be ~ of sth** etwas kennzeichnen; **distinctiveness** S 1 charakteristische Eigenart, Besonderheit *f* 2 Deutlichkeit *f*, Klarheit *f*; **distinctly** ADV deutlich, eindeutig, ausgesprochen; **distinctness** S 1 Deutlichkeit *f*, Klarheit *f*, Bestimmtheit *f* 2 Verschiedenheit *f* (**from** von) 3 Getrenntheit *f* 4 Verschiedenartigkeit *f*

distingué [dɪˈstæŋgeɪ] ADJ distinguiert, vornehm

distinguish [dɪˈstɪŋgwɪʃ] A V/T 1 unterscheiden (**from** von): **as ~ed from** im Unterschied zu, zum Unterschied von; **only their clothes ~ them** sie unterscheiden sich nur durch ihre Kleidung 2 unterscheiden, auseinanderhalten (*beide:* **by** aufgrund *gen*): **he can't ~ right from** (*od* **and**) **wrong** er kann Recht nicht von Unrecht unterscheiden, er kann Recht u. Unrecht nicht auseinanderhalten 3 (deutlich) wahrnehmen, erkennen, ausmachen 4 einteilen (**into** in *akk*) 5 kennzeichnen, charakterisieren: → distinguishing 6 auszeichnen: **~ o.s.** sich auszeichnen (*a. iron*), sich profilieren; **be ~ed by sth** sich durch etwas auszeichnen B V/I unterscheiden, Unterschiede *od* e-n Unterschied machen (**between** zwischen *dat*): **he can't ~ between right and wrong** er kann Recht nicht von Unrecht unterscheiden, er kann Recht u. Unrecht nicht auseinanderhalten; **distinguishable** ADJ (ADV distinguishably) 1 unterscheidbar (**from** von) 2 wahrnehmbar, erkennbar, auszumachen(d) 3 kenntlich (**by** an *dat*, durch) 4 einteilbar (**into** in *akk*); **distinguished** [-gwɪʃt] ADJ 1 sich unterscheidend (**by** durch) 2 kenntlich (**by** an *dat*, durch) 3 bemerkenswert (**for** wegen; **by** durch) 4 hervorragend, ausgezeichnet 5 berühmt (**for** wegen) 6 distinguiert, vornehm; **distinguishing** ADJ (ADV ~ly) charakteristisch, kennzeichnend, Unterscheidungs...: **~ mark** Kennzeichen *n*; **~ marks** (*Reisepass*) besondere Kennzeichen

distort [dɪˈstɔː(r)t] V/T 1 verdrehen, verbiegen, verrenken 2 *das Gesicht etc* verzerren: **~ed with** (*od* **by**) **pain** (**anger**) schmerzverzerrt (wutverzerrt); **~ing mirror** Vexier-, Zerrspiegel *m* 3 TECH verdrehen, verwinden, verspannen, verzerren 4 *Tatsachen etc* verdrehen, entstellen, verzerren; **distortedly** ADV entstellt, verdreht

distortion [dɪˈstɔː(r)ʃn] S 1 Verdrehung *f* 2 Verzerrung *f* (*a.* ELEK): **~ corrector** ELEK Entzerrer *m*; **~ factor** ELEK Klirrfaktor *m*; **~ of competition** WIRTSCH Wettbewerbsverzerrung 3 TECH Formänderung *f*, Verwindung *f* 4 OPT Verzeichnung *f* 5 *fig* Verdrehung *f*, Entstellung *f*

distract [dɪˈstrækt] V/T 1 *j-s Aufmerksamkeit, e-e Person etc* ablenken (**from** von) 2 *j-n* zerstreuen 3 verwirren 4 aufwühlen, erregen 5 beunruhigen, quälen 6 *meist pperf* rasend machen, zur Raserei treiben: → distracted 3; **distracted** ADJ (ADV ~ly) 1 verwirrt 2 beunruhigt, besorgt 3 (**with, by**) a außer sich (vor *dat*) b wahnsinnig (vor *Schmerzen etc*); **distraction** [-kʃn] S 1 Ablenkung *f* 2 *meist pl* Zerstreuung *f*, Ablenkung *f*, Unterhaltung *f* 3 Zerstreutheit *f* 4 Verwirrung *f* 5 (heftige) Erregung 6 Verzweiflung *f* 7 Wahnsinn *m*, Raserei *f*: **to ~** bis zur Raserei; **drive sb to ~** j-n zur Raserei *od* zum Wahnsinn treiben; **find sb boring to ~** j-n wahnsinnig langweilig finden *umg*; **love to ~** rasend *od* bis zum Wahnsinn lieben

distrain [dɪˈstreɪn] V/T & V/I: **~ on** *od* **upon** JUR *bewegliche Sachen* a (*als Sicherheit für die Bezahlung e-r Schuld*) in Besitz nehmen b (*im Wege der Selbsthilfe*) mit Beschlag belegen; **distrainable** ADJ JUR mit Beschlag belegbar; **distrainee** [-ˈniː] S JUR *j-d, dessen bewegliche Sachen mit Beschlag belegt werden*; **distrainer** [-nə(r)], **distrainor** [ˌdɪstreɪˈnɔː(r)] S JUR *j-d, der bewegliche Sachen mit Beschlag belegt*; **distraint** [dɪˈstreɪnt] S JUR a Inbesitznahme *f* b Beschlagnahme *f*

distrait [dɪˈstreɪ] ADJ zerstreut

distraught [dɪˈstrɔːt] → distracted

distress [dɪˈstres] A S 1 Qual *f*, Pein *f*, Schmerz *m* 2 Leid *n*, Kummer *m*, Sorge *f* 3 Not *f*, Elend *n*: → brother A 3 4 Notlage *f*, Notstand *m*: **~ merchandise** *US* im Notverkauf abgesetzte Ware; **~ sale** *US* Notverkauf *m* 5 SCHIFF Seenot *f*: **in ~** in Seenot; **~ call** (See)Notruf *m*, SOS-Ruf *m*; **~ flag** Notflagge *f*; **~ rocket** Notrakete *f*; **~ signal** Notsignal *n*, -zeichen *n* 6 JUR a → distraint b mit Beschlag belegte bewegliche Sache B V/T 1 quälen, peinigen 2 bedrücken, mit Sorge erfüllen, beunruhigen: **~ o.s. about** sich sorgen um 3 betrüben 4 ins Elend bringen 5 *j-n* erschöpfen 6 → distrain; **distressed** [-ˈstrest] ADJ 1 (**about**) beunruhigt (über *akk*, wegen), besorgt (um) 2 betrübt 3 Not leidend, in Not: **~ area** *Br* Notstandsgebiet *n*; **~ ships** Schiffe in Seenot 4 erschöpft; **distressful** ADJ (ADV ~ly) → distressing; **distressing** ADJ (ADV ~ly) 1 quälend 2 bedrückend

distributable [dɪˈstrɪbjʊtəbl] ADJ 1 verteilbar, austeilbar 2 zu verteilen(d); **distributary** [-tərɪ; *US* -ˌteriː] S GEOG abzweigender Flussarm, *bes* Deltaarm *m*; **distribute** [-bjuːt; *US* -jət] V/T 1 ver-, austeilen (*beide:* **among** unter *dat od akk*; **to** an *akk*): **~d charge** MIL gestreckte Ladung; **~d data processing** IT verteilte Datenverarbeitung 2 zuteilen (**to** *dat*): **~ justice** *fig* Recht sprechen 3 WIRTSCH a *Waren* vertreiben, absetzen b *Filme* verleihen c *e-e Dividende, Gewinne* ausschütten 4 *Post* zustellen 5 ver-, ausbreiten, *Samen etc* ausstreuen, *Farbe etc* verteilen 6 ab-, einteilen (*beide:* **into** in *akk*), MIL *Truppen* gliedern 7 TYPO a *den Satz* ablegen b *Farbe* auftragen 8 PHIL *e-n Ausdruck* in s-r vollen logischen Ausdehnung anwenden; **distributee** [-jʊˈtiː] S 1 *j-d, dem etwas zugeteilt wird* 2 JUR *bes US* Erbe *m*, Erbin *f*; **distributer** → distributor

distributing| agent S WIRTSCH (Großhandels)Vertreter(in); **~ box** S ELEK Verteilerkasten *m*, Abzweigkasten *m*, -dose *f*; **~ lever** S TECH Steuerhebel *m*; **~ pipe** S TECH Verteilungsrohr *n*; **~ table** S TYPO Farb(e)tisch *m*

distribution [ˌdɪstrɪˈbjuːʃn] S 1 Ver-, Austeilung *f*: **~ of prizes** Preisverteilung; **~ of seats** PARL Sitzverteilung 2 ELEK, PHYS, TECH a Verteilung *f* b Verzweigung *f*: **~ of current** Stromverteilung 3 Ver-, Ausbreitung *f* (*beide a.* BIOL) 4 Einteilung *f*, *a.* MIL Gliederung *f* 5 a Zuteilung *f* b Gabe *f*, Spende *f*: **charitable ~s** milde Gaben 6 WIRTSCH a Vertrieb *m*, Absatz *m*: **~ area** Absatzgebiet *n*; **~ channel** Absatzweg *m*; **~ network** Vertriebsnetz *n* b Verleih *m* (*von Filmen*) c Ausschüttung *f* (*von Dividenden, Gewinn*) 7 Ausstreuen *n* (*von Samen etc*), Verteilen *n*, Verteilung *f* (*von Farben etc*) 8 PHIL Anwendung *f* (*e-s Begriffes*) in s-r vollen logischen Ausdehnung 9 TYPO a Ablegen *n* (*des Satzes*) b Auftragen *n* (*von Farbe*); **~ curve** S Verteilungskurve *f*; **~ function** S MATH Verteilungsfunktion *f*

distributive [dɪˈstrɪbjʊtɪv] A ADJ 1 aus-, zu-, verteilend, Verteilungs...: **~ agency** WIRTSCH Vertriebsagentur *f*, Vertretung *f*; **~ share** JUR *US* gesetzliches Erbteil; **~ justice** ausgleichende Gerechtigkeit 2 jeden Einzelnen betreffend 3 LING, MATH distributiv, Distributiv... 4 PHIL in s-r vollen logischen Ausdehnung angewendet (*Begriff*) B S LING Distributivum *n*, Verteilungszahlwort *n*; **distributively** ADV im Einzelnen, auf jeden bezüglich; **distributor** [-tə(r)] S 1 Verteiler(in): **~ of the ball** SPORT Ballverteiler(in) 2 WIRTSCH a Großhändler(in) b Generalvertreter(in) c *pl* (Film)Verleih *m* 3 TECH Verteiler *m* (*Gerät*) 4 ELEK, TECH (Zünd)Verteiler *m*: **~ cable** Zündkabel *n*; **~ shaft** Verteilerwelle *f* 5 TECH Verteilerdüse *f*

district [ˈdɪstrɪkt] S 1 Distrikt *m*, (*Verwaltungs*) Bezirk *m*, Kreis *m* 2 (*Stadt*) Bezirk *m*, (-)Viertel *n* 3 Gegend *f*, Gebiet *n*, Landstrich *m*; **~ attorney** S JUR *US* Staatsanwalt *m*, -anwältin *f*; **~ council** S *Br od Aus* Bezirksrat *m*; **~ court** S JUR *US* (Bundes)Bezirksgericht *n*; **~ heating** S Fernheizung *f*; **~ judge** S JUR *US* Richter(in) an e-m (Bundes)Bezirksgericht; **~ manager** S WIRTSCH Bezirksdirektor *m*; **~ nurse** S Gemeindeschwester *f*

distrust [dɪsˈtrʌst] A S Misstrauen *n*, Argwohn *m* (*beide:* **of** gegen): **have a ~ of sb** Misstrauen gegen j-n hegen, j-m misstrauen; **with ~** misstrauisch, argwöhnisch B V/T misstrauen (*dat*), misstrauisch *od* argwöhnisch sein gegenüber; **distrustful** ADJ (ADV ~ly) misstrauisch, argwöhnisch (*beide:* **of** gegenüber): **be ~ of** → distrust B; **be ~ of o.s.** gehemmt sein, kein Selbstvertrauen haben; **distrustfulness** → distrust A

disturb [dɪˈstɜːb; *US* dɪsˈtɜrb] A V/T *allg* stören (*a.* ELEK, MATH, METEO, TECH): a *den Verkehr etc* behindern b belästigen c beunruhigen: **~ed at** beunruhigt über (*akk*) d aufschrecken, aufscheuchen e durcheinanderbringen, in Unordnung bringen: **~ the peace** JUR die öffentliche Sicherheit u. Ordnung stören; → privacy 1 B V/I stören: **"please do not ~"** „bitte nicht stören"; **disturbance** S 1 Störung *f* (*a.* ELEK, TECH *etc*): a Behinderung *f*: **~ of circulation** MED Kreislaufstörung b Belästigung *f* c Beunruhigung *f* d PSYCH (seelische) Erregung, Aufregung *f* e Aufscheuchen *n* 2 a (*politische etc*) Unruhe b Ruhestörung *f*: **cause** (*od* **create**) **a ~** für Unruhe sorgen; ruhestörenden Lärm machen 3 **~ of the peace** JUR Störung *f* der öffentlichen Sicherheit u. Ordnung 4 Durcheinander *n*, Unordnung *f* 5 GEOL Faltung *f* 6 **~ of possession** JUR Besitzstörung *f*; **disturber** S 1 Störer(in), Störenfried *m* 2 Unruhestifter(in); **disturbing** ADJ (ADV ~ly) 1 störend 2 beunruhigend (**to** für)

disulfate [daɪˈsʌlfeɪt] S CHEM 1 Pyrosulfat *n* 2 Bisulfat *n*; **disulfide** [-faɪd] S CHEM Bisulfid *n*; **disulphate**, *etc bes Br für* disulfate *etc*

disunion [ˌdɪsˈjuːnjən; *US a.* dɪʃ-] S 1 Trennung *f*, Spaltung *f* 2 Uneinigkeit *f*, Zwietracht *f*; **disunionism** S POL Spaltungsbewegung *f*; **disunionist** S POL 1 Befürworter(in) e-r Spaltung 2 HIST *US* Sezessionist(in)

disunite [ˌdɪsjuːˈnaɪt; *US a.* ˌdɪʃ-] A V/T trennen, spalten, entzweien: **~d** entzweit, verfeindet, in Unfrieden lebend B V/I sich trennen, sich entzweien; **disunity** [-nətɪ] S Uneinigkeit *f*, Zwietracht *f*

disuse A S [ˌdɪsˈjuːs; *US a.* ˌdɪʃ-] a Nichtgebrauch *m*, -verwendung *f*, -benutzung *f* b Aufhören *n* (*e-s Brauchs*): **fall into ~** außer Gebrauch kommen, ungebräuchlich werden B V/T [-z] nicht mehr gebrauchen *od* benutzen; **disused** [-zd] ADJ nicht mehr benutzt (*Maschine etc*), stillgelegt (*Bergwerk etc*), leer stehend (*Haus*)

disyllabic [ˌdɪsɪˈlæbɪk; ˌdaɪ-] ADJ zweisilbig

disyllable [dɪˈsɪləbl; daɪ-] S zweisilbiges Wort

ditch [dɪtʃ] A S 1 Graben *m*: **die in the last ~** bis zum letzten Atemzug kämpfen (*a. fig*) 2 Abzugs-, Dräniergraben *m* 3 Straßengraben *m* 4 Bewässerungs-, Wassergraben *m* 5 FLUG *sl* Bach *m (Meer, Gewässer)* B V/T 1 mit e-m Graben umgeben *od* versehen 2 Gräben ziehen durch *od* in *(dat)* 3 durch Abzugsgräben entwässern 4 *ein Fahrzeug* in den Straßengraben fahren: **be ~ed** a im Straßengraben landen b *bes US* entgleisen *(Zug)* 5 *sl* a *e-n Wagen etc* stehen lassen b *j-m* entwischen c *dem Freund etc* den Laufpass geben: **she ~ed him for another man** sie ließ ihn wegen e-s anderen Mannes sitzen d *etwas* wegschmeißen e *US die Schule* schwänzen: **~ school** 6 FLUG *sl die Maschine* im Bach landen C V/I 1 e-n Graben *od* Gräben ziehen 2 FLUG *sl* im Bach landen

ditcher S 1 Grabenbauer(in) 2 TECH Grabmaschine *f*, Tieflöffelbagger *m*

ditch| moss S BOT Wasserpest *f*; **~water** S abgestandenes (fauliges) Wasser: **(as) dull as ~** *umg* stinklangweilig

dither ['dɪðə(r)] A V/I 1 *(bes* vor Kälte*)* zittern 2 schwanken, sich nicht entscheiden können *(beide:* **between** zwischen *dat)* 3 a nervös werden, durcheinanderkommen b sich aufregen B S 1 Schwanken *n* 2 a Nervosität *f* b Aufregung *f*: **throw into a ~** in Aufregung versetzen; nervös machen; **be all of a ~, be in a ~,** *bes Br umg* **have the ~s** ganz durcheinander sein; aufgeregt sein

dithyramb ['dɪθɪræmb; -ræm] S 1 *Antike*: Dithyrambe *f*, Dithyrambus *m (kultisches Weihelied auf Dionysos)* 2 Lobeshymne *f*: **go into ~s over** Lobeshymnen anstimmen auf *(akk)*; **dithyrambic** [-bɪk] ADJ (ADV **~ally**) 1 *Antike*: dithyrambisch 2 enthusiastisch, überschwänglich

ditokous ['dɪtəkəs] ADJ ZOOL 1 a Zwillinge werfend b zwei Eier legend 2 zwei Arten Junge werfend

dittany ['dɪtənɪ] S BOT Kretischer Diptam, Diptamdost *m*

ditto ['dɪtəʊ] A *pl* -tos S 1 Dito *n*, *(das)* Besagte *od* Erwähnte *od* Gleiche, dasselbe: **~ marks** Dito-, Wiederholungszeichen; **say ~ to sb** *umg* j-m beipflichten 2 *umg* Duplikat *n*, Kopie *f*: **he's the ~ of his father** er ist ganz der Vater B ADV 1 dito, desgleichen 2 ebenso, ebenfalls: *I'm hungry.* **~** *umg* ich auch C V/T *umg* 1 vervielfältigen 2 wiederholen D V/I *umg* dasselbe tun *od* sagen

dittography [dɪ'tɒgrəfɪ; *US* -'tɑ-] S Dittografie *f (fehlerhafte Wiederholung von Buchstaben od Buchstabengruppen in Texten)*

ditty ['dɪtɪ] S Liedchen *n*

ditty| bag S SCHIFF Utensilienbeutel *m*; **~ box** S SCHIFF Utensilienkasten *m*

diuresis [ˌdaɪjʊ'ri:sɪz; *US a.* ˌdaɪə-] S MED Diurese *f*, (übermäßige) Harnausscheidung; **diuretic** [-'retɪk] MED A ADJ (ADV **~ally**) diuretisch, harntreibend: **~ tea** Blasentee *m* B S Diuretikum *n*, harntreibendes Mittel

diurnal [daɪ'ɜ:nl; *US* -'ɜrnl] A ADJ (ADV **~ly**) 1 täglich (wiederkehrend), Tag(es)… 2 BOT sich nur bei Tag entfaltend 3 ZOOL tagaktiv B S 1 KATH Diurnale *n (Brevier für die Tageszeiten)* 2 *obs* Tagebuch *n*; **~ arc** S ASTRON Tagbogen *m*; **~ circle** S 1 ASTRON Tagkreis *m* 2 SCHIFF Abweichungsparallel *m*

div. ABK 1 divided 2 WIRTSCH dividend 3 division 4 MATH divisor 5 divorced

diva ['di:və] *pl* -vas, -ve [-vɪ; *US* -ˌveɪ] S Diva *f*, Primadonna *f*

divagate ['daɪvəgeɪt] V/I 1 herumwandern 2 abschweifen **(from** von), nicht bei der Sache bleiben 3 sich abkehren **(from** von); **divagation** S 1 Abschweifung *f*, Exkurs *m* 2 Abkehr *f* **(from** von)

divalent ['daɪˌveɪlənt] → bivalent

divan [dɪ'væn; 'daɪvæn] S 1 a Diwan *m* b *a.* **~ bed** Bettcouch *f* 2 *(im Orient)* Diwan *m*: a *Staatsrat* b *Ratszimmer* c *Regierungskanzlei* d *Gerichtssaal* e *Empfangshalle* f *großes öffentliches Gebäude* 3 Diwan *m*, orientalische Gedichtsammlung

dive[1] [daɪv] A V/I *prät* dived, *US a.* dove [dəʊv], *pperf* dived 1 tauchen **(for** nach; **into** in *akk*): **~ into a book** *umg* sich in ein Buch vertiefen; **~ into the crowd** *umg* in der Menge untertauchen *od* verschwinden; **~ into one's pocket** *umg* (mit der Hand) in die Tasche fahren; **~ into a new profession** *umg* sich in e-n neuen Beruf stürzen 2 (unter)tauchen *(a. U-Boot)* 3 a e-n Hecht- *od* Kopfsprung machen b *Wasserspringen*: springen c *bes* SPORT sich werfen, hechten **(for the ball** nach dem Ball): **~ at sb's feet** sich j-m vor die Füße werfen *(Tormann)*; **~ for cover** sich in Deckung werfen; **~ for safety** sich durch e-n Hechtsprung in Sicherheit bringen d *bes Fußball*: *sl* e-e Schwalbe bauen 4 FLUG e-n Sturzflug machen 5 *umg* fallen, absacken *(beide:* **to** auf *akk) (Thermometer etc)* 6 **~ in** *umg (beim Essen)* reinhauen B V/T **~ one's hand into one's pocket** *umg* mit der Hand in die Tasche fahren C S 1 (Unter)Tauchen *n*, SCHIFF *a.* Unterwasser-, Tauchfahrt *f*: **take a ~** *sl* a *(Boxen)* e-n K. o. *od* Niederschlag vortäuschen b → A 3 d 2 a Kopfsprung *m*, Hechtsprung *m (a. des Torwarts etc)*: **make a ~ for the ball** nach dem Ball hechten; **make a ~ for cover** sich in Deckung werfen b *Wasserspringen*: Sprung *m* 3 FLUG Sturzflug *m* 4 *umg* Spelunke *f*

dive[2] ['di:vɪ; *US* -ˌveɪ] *pl von* diva

dive|-bomb V/T & V/I im Sturzflug mit Bomben angreifen; **~ bomber** S Sturzkampfflugzeug *n*, Sturzbomber *m*, Stuka *m*

diver S 1 Taucher(in) 2 SPORT Wasserspringer(in) 3 *bes Fußball*: *sl* Schwalbenspieler(in) 4 ZOOL a *(ein)* Seetaucher *m* b *(ein)* Tauchvogel *m*, *bes* Steißfuß *m*, Alk *m*, Pinguin *m*

diverge [daɪ'vɜ:dʒ; dɪ-; *US* -'vɜrdʒ] A V/I 1 divergieren *(a.* MATH, PHYS*)*, auseinandergehen *od* -laufen, sich (voneinander) trennen: **diverging lens** OPT Zerstreuungslinse *f* 2 abzweigen **(from** von) 3 abweichen **(from** von), voneinander abweichen 4 verschiedener Meinung sein B V/T 1 divergieren lassen 2 ablenken; **divergence, divergency** S 1 BOT, MATH, OPT, PHYS Divergenz *f* 2 Auseinandergehen *n*, -laufen *n* 3 Abzweigung *f* 4 Abweichung *f* **(from** von) 5 Meinungsverschiedenheit *f*; **divergent** ADJ (ADV **~ly**) 1 divergierend *(a.* MATH, PHYS*)*: → **squint** C 1 2 OPT Zerstreuungs… 3 auseinandergehend *od* -laufend 4 abweichend **(from** von)

divers ['daɪvɜ:s; *US* -vərz] ADJ *obs* 1 diverse, etliche, mehrere 2 → diverse 1

diverse [daɪ'vɜ:s; *US* -'vɜrs] ADJ (ADV **~ly**) 1 verschieden, ungleich, andersartig 2 mannigfaltig

diversification [daɪˌvɜ:sɪfɪ'keɪʃn; dɪ-; *US* -ˌvɜr-] S 1 Verschiedenartigkeit *f* 2 abwechslungsreiche Gestaltung: **~ of products** WIRTSCH Verbreiterung *f* des Produktionsprogramms 3 *a.* **~ of risk** Risikoverteilung *f* 4 **~ of capital** WIRTSCH verteilte Kapitalanlage, Anlagenstreuung *f* 5 WIRTSCH Diversifikation *f*, Diversifizierung *f*; **diversified** [-faɪd] ADJ 1 verschieden(artig) 2 verteilt *(Risiko)* 3 **~ company** WIRTSCH Gesellschaft *f* mit breitem Produktionsprogramm 4 WIRTSCH verteilt angelegt *(Kapital)*

diversiform [daɪ'vɜ:sɪfɔ:(r)m; dɪ-; *US* -ˌvɜr-] ADJ vielgestaltig; **diversify** [-faɪ] A V/T 1 verschieden(artig) gestalten 2 abwechslungsreich gestalten: **~ products** WIRTSCH das Produktionsprogramm erweitern 3 *ein Risiko* verteilen 4 WIRTSCH *Kapital* verteilt anlegen 5 WIRTSCH *ein Unternehmen* diversifizieren, auf neue Produktions- *od* Produktbereiche umstellen B V/I WIRTSCH sich auf neue Produktions- *od* Produktbereiche umstellen

diversion [daɪ'vɜ:ʃn; dɪ-; *US* -'vɜrʒən] S 1 Ablenkung *f* **(from** von) 2 Abzweigung *f (von Geldmitteln)* 3 Zerstreuung *f*, Zeitvertreib *m*, Unterhaltung *f*: **in our town there are many ~s** in unserer Stadt gibt es viele Möglichkeiten, sich die Zeit zu vertreiben 4 Ablenkungsmanöver *n*, MIL *a.* Ablenkungsangriff *m* 5 *Br (Verkehrs)* Umleitung *f*; **diversional** ADJ 1 Ablenkungs… 2 Unterhaltungs…; **diversionary** [-nərɪ; *US* -ˌneri:] ADJ *bes* MIL Ablenkungs…

diversity [daɪ'vɜ:sətɪ; dɪ-; *US* -'vɜr-] S 1 Verschiedenheit *f*, Ungleichheit *f*: **~ of opinion** Meinungsverschiedenheit 2 Mannigfaltigkeit *f*: **have a great ~ of interests** viele verschiedene Interessen haben

divert [daɪ'vɜ:t; dɪ-; *US* -'vɜrt] V/T 1 ablenken, ableiten, abwenden *(alle:* **from** von; **to** nach), lenken **(to** auf *akk)* 2 abbringen **(from** von) 3 *Geld etc* abzweigen **(to** für) 4 *Br den Verkehr* umleiten 5 zerstreuen, unterhalten *(beide:* **with** mit, durch) 6 *e-n Verdacht etc* von sich ablenken

diverticulitis [ˌdaɪvə(r)tɪkjʊ'laɪtɪs] S MED Divertikulitis *f (Entzündung e-s Divertikels)*; **diverticulum** [-ləm] *pl* -la [-lə] S ANAT Divertikel *n (Ausbuchtung e-s Hohlorgans)*

divertimento [dɪˌvɜ:tɪ'mentəʊ; *US* -ˌvɜrtə-] *pl* -ti [-tɪ] S MUS Divertimento *n* (→ divertissement)

diverting ADJ (ADV **~ly**) 1 ablenkend: **~ attack** MIL Ablenkungsangriff *m* 2 unterhaltsam, amüsant

divertissement [ˌdi:veə'ti:smɑ̃:ŋ; *US* dɪ'vɜrtəsmənt] S MUS Divertimento *n*, Divertissement *n*: a *suitenähnliche Zusammenstellung kurzer Tonstücke in unverbindlicher Satzfolge* b *Tanzeinlage in Opern* c *Potpourri* d *musikalisches Zwischenspiel*

Dives ['daɪvi:z] S 1 BIBEL der reiche Mann 2 Reiche(r) *m*

divest [daɪ'vest; dɪ'v-] V/T 1 entkleiden **(of** *gen) (a. fig)* 2 *fig* entblößen, berauben *(beide:* **of** *gen)*: **~ sb of** j-m *ein Recht etc* entziehen *od* nehmen; **~ o.s. of** *etwas* ablegen, *etwas* ab- *od* aufgeben, sich *e-s Rechtes etc* begeben *od* entäußern; **divestible** ADJ JUR einziehbar *(Vermögen)*, aufhebbar *(Recht)*; **divestiture** [-tʃə(r)], **divestment** S Entkleidung *f*, *fig a.* Entblößung *f*, Beraubung *f*

divi → divvy

dividable [dɪ'vaɪdəbl] ADJ teilbar

divide [dɪ'vaɪd] A V/T 1 teilen: **~ in halves** halbieren; **~ sth with sb** etwas mit j-m teilen 2 (zer)teilen, spalten, *fig a.* entzweien, auseinanderbringen *od* dividieren: **~ opinion** unterschiedlich beurteilt werden; → divided 1 3 (ab)trennen, scheiden *(beide:* **from** von) 4 aufteilen **(among, between** unter *akk)* 5 WIRTSCH *e-e Dividende* ausschütten 6 gliedern, einteilen *(beide:* **into, in** in *akk)* 7 MATH a dividieren, teilen *(beide:* **by** durch): **30 ~d by 5 is 6** 30 (geteilt) durch 5 ist 6; **~ 5 into 30** 30 durch 5 teilen b ohne Rest teilen, aufgehen in *(dat)* 8 MATH, TECH graduieren, mit e-r Gradeinteilung versehen 9 *Br das Parlament etc* im Hammelsprung abstimmen lassen **(on** über *akk)* B V/I 1 sich teilen 2 sich aufteilen, zerfallen *(beide:* **into** in *akk)* 3 sich auflösen **(into** in *akk)* 4 sich trennen **(from** von) 5 MATH a dividieren, teilen b sich dividieren *od* teilen lassen **(by** durch) c aufgehen **(into** in *dat)* 6 PARL *Br* im Hammelsprung abstimmen 7 verschiedener Meinung sein **(on, upon** über *akk)* C S GEOG Wasserscheide *f*: → great divide

divided [dɪˈvaɪdɪd] ADJ 1 geteilt (*a. fig*): **opinion is ~** die Meinungen sind geteilt (**on** über *akk*); **people are deeply ~ over this issue** es gibt tiefe Meinungsverschiedenheiten in dieser Frage; **his mind** (*od* **he**) **was ~** er war unentschlossen, er schwankte, er war mit sich selbst uneins; **they were ~ against themselves** sie waren untereinander uneinig; **~ highway** *US* Schnellstraße *f*; **~ skirt** Hosenrock *m* 2 Teil…: **~ circle** TECH Teil-, Einstellkreis *m*
dividend [ˈdɪvɪdend] S 1 MATH Dividend *m* (*zu teilende Zahl*) 2 WIRTSCH Dividende *f*, Gewinnanteil *m*: **~ on** *US* mit Dividende; **~ on account** Abschlagsdividende; **pay ~s** *fig* sich bezahlt machen 3 JUR Quote *f* (*e-r Konkursmasse*) 4 Anteil *m*; **~ coupon**, **~ warrant** S WIRTSCH Gewinnanteil-, Dividendenschein *m*
divider S 1 Teiler(in) 2 Verteiler(in) 3 *pl*, *a.* **pair of ~s** Stech-, Teilzirkel *m* 4 Trennwand *f*
dividing A S (Ver)Teilung *f* B ADJ Trennungs…: **~ line** Trenn-, Trennungslinie *f*; **~ plate** S TECH Teilscheibe *f*
dividual [dɪˈvɪdjʊəl; -dʒʊəl; *US* -dʒəwəl] ADJ (ADV **~ly**) *obs* 1 (ab)getrennt, einzeln 2 trenn-, teilbar 3 verteilt
divination [ˌdɪvɪˈneɪʃn] S 1 Wahrsagerei *f* 2 Weissagung *f*, Prophezeiung *f* 3 (Vor)Ahnung *f*; **divinatory** [-nətərɪ; *US* -ˌtəʊriː; -ˌtɔː-] ADJ seherisch
divine [dɪˈvaɪn] A ADJ (ADV **~ly**) 1 göttlich, Gottes…: **~ judg(e)ment**; **~ right of kings** HIST Königstum *n* von Gottes Gnaden, Gottesgnadentum *n*; **♀ Will** der göttliche Wille; → afflatus, dispensation 6 b 2 geweiht, geistlich, heilig: **~ service** Gottesdienst *m*; **~ worship** Anbetung *f* Gottes; → office 11 3 *umg* göttlich, himmlisch 4 theologisch B S 1 Geistliche(r) *m/f(m)* 2 Theologe *m*, Theologin *f* C V/T 1 (er)ahnen, (intuitiv) erkennen 2 (voraus)ahnen 3 weissagen, prophezeien 4 mit der Wünschelrute suchen (nach) D V/I 1 wahrsagen 2 (Vor)Ahnungen haben 3 mit der Wünschelrute suchen (**for** nach); **diviner** S 1 Wahrsager(in) 2 (Wünschel)Rutengänger(in)
diving [ˈdaɪvɪŋ] A S 1 Tauchen *n* 2 SPORT Wasserspringen *n* B ADJ 1 tauchend 2 Tauch…, Taucher… 3 FLUG Sturzflug…: **~ brake**; **~ attack** Sturzangriff *m*; **~ bell** S TECH Taucherglocke *f*; **~ bird** S Taucher *m*; **~ board** S SPORT Sprungbrett *n*; **~ dress** → diving suit; **~ duck** S ORN Tauchente *f*; **~ header** S *Fußball*: Flug-, Hechtkopfball *m*; **~ helmet** S Taucherhelm *m*; **~ save** S SPORT Flugparade *f*; **~ suit** S Taucheranzug *m*; **~ tower** S SPORT Sprungturm *m*
divining rod S Wünschelrute *f*
divinity [dɪˈvɪnətɪ] S 1 Göttlichkeit *f*, göttliches Wesen: **the ~ of Jesus** 2 Gottheit *f*: **the ♀** die Gottheit, Gott *m* 3 göttliches Wesen 4 Theologie *f*: **a lesson in ~** e-e Religionsstunde; → doctor A 3 5 *a.* **~ fudge** *US ein Schaumgebäck*
divinize [ˈdɪvɪnaɪz] V/T vergöttlichen
divisibility [dɪˌvɪzɪˈbɪlətɪ] S Teilbarkeit *f* (*a.* MATH); **divisible** [-zəbl] ADJ (ADV **divisibly**) teilbar: **be ~** sich teilen lassen (**by** durch); **~ surplus** WIRTSCH verteilbarer Überschuss; **divisibleness** S Teilbarkeit *f*
division [dɪˈvɪʒn] S 1 Teilung *f* 2 Zerteilung *f*, Spaltung *f*, *fig a.* Entzweiung *f* 3 (Ab)Trennung *f* (**from** von): **~ of property** JUR Gütertrennung 4 (Ver)Teilung *f*: **~ of labo(u)r** Arbeitsteilung 5 Verteilung *f*, Aus-, Aufteilung *f* 6 WIRTSCH Ausschüttung *f* (*e-r Dividende*) 7 Gliederung *f*, Einteilung *f* (*beide:* **into** in *akk*) 8 MATH a Division *f*: **long ~** ungekürzte Division; **~ sign** Teilungszeichen *n* b Schnitt *m* 9 Trenn(ungs)linie *f*: **~ wall** Trennwand *f* 10 Grenze *f*, Grenzlinie *f* 11 Abschnitt *m*, Teil *m* 12 Spaltung *f*, Kluft *f*, Uneinigkeit *f* 13 PARL *Br* (Abstimmung *f* durch) Hammelsprung *m*: **go into ~** zur Abstimmung schreiten; **take a ~** e-e Abstimmung vornehmen; **upon a ~** nach Abstimmung; **~ bell** *Glocke, die die Abgeordneten zur Abstimmung ruft*; → lobby A 2 b 14 Abteilung *f* (*a.* UNIV *u. e-s Ministeriums*) 15 JUR *Br* Kammer *f* (*des* **High Court of Justice**) 16 (*Verwaltungs-, Gerichts-, Br a. Wahl*)Bezirk *m* 17 MIL Division *f* (*a.* SCHIFF) 18 Gruppe *f*, Klasse *f*, Kategorie *f* 19 BIOL (Unter)Gruppe *f*, (Unter)Abteilung *f* 20 SPORT a Liga *f*, Spielklasse *f* b (*Boxen etc*) (*Gewichts*) Klasse *f* 21 a Fachgruppe *f* (*der Industrie*) b Industriezweig *m*; **divisional** [-ʒənl] ADJ 1 Trenn…, Trennungs…: **~ line** 2 MIL Divisions…: **~ headquarters** 3 Abteilungs…: **~ head** Abteilungsleiter(in); **~ court** → division 15 4 Bezirks… 5 Scheide…: **~ coin** WIRTSCH Scheidemünze *f*; **divisionism** S MAL Divisionismus *m* (*e-e Maltechnik des Neoimpressionismus*)
divisive [dɪˈvaɪsɪv] ADJ (ADV **~ly**) 1 teilend 2 *fig* entzweiend: **be ~** Uneinigkeit stiften
divisor [dɪˈvaɪzə(r)] S MATH Divisor *m*, Teiler *m*: **~ chain** Teilerkette *f*
divorce [dɪˈvɔː(r)s] A S 1 JUR a (Ehe)Scheidung *f*: **~ action** Scheidungsklage *f*; **~ case** (*od* **suit**) Scheidungsprozess *m*; **~ court** Scheidungsgericht *n*; **they ended up in a ~ court** sie landeten vor dem Scheidungsrichter; **~ lawyer** (*Br a.* **solicitor**) Scheidungsanwalt *m*, -anwältin *f*; **cause of** (*od* **ground for**) **~** Scheidungsgrund *m*; **his first marriage ended in ~** s-e erste Ehe wurde geschieden; **get** (*od* **obtain**) **a ~** geschieden werden, sich scheiden lassen (*beide:* **from** von); **she granted** (*od* **gave**) **him a ~** sie willigte in die Scheidung ein; → seek A 5 b *US* **limited ~** gestattetes Getrenntleben; **~ from bed and board** Trennung *f* von Tisch u. Bett 2 *fig* (völlige) Trennung (**from** von; **between** zwischen *dat*) B V/T 1 JUR a *j-n* scheiden (**from** von): **~ sb** j-s Ehe scheiden; **he has ~d his wife** er hat sich (von s-r Frau) scheiden lassen; **they have been ~d** sie haben sich scheiden lassen; **they are being ~d** sie leben in Scheidung b *e-e Ehe* scheiden 2 *fig* (völlig) trennen, (los)lösen (*beide:* **from** von): **~ a word from its context** ein Wort aus dem Zusammenhang reißen C V/I JUR sich scheiden lassen; **divorcé** [-seɪ] S Geschiedene(r) *m*; **divorcée** [-ˈsiː] S Geschiedene *f*; **divorcement** → divorce A
divot [ˈdɪvət] S 1 *schott* Sode *f*, Rasen-, Torfstück *n* 2 *Golf*: Divot *n*, Kotelett *n*
divulgation [ˌdɪvʌlˈgeɪʃn; ˌdaɪ-] S Enthüllung *f*, Preisgabe *f*
divulge [daɪˈvʌldʒ; dɪˈv-] V/T *ein Geheimnis etc* enthüllen, preisgeben; **divulgement**, **divulgence** → divulgation
divulsion [daɪˈvʌlʃn; dɪˈv-] S Losreißung *f*, gewaltsame Trennung
divvy [ˈdɪvɪ] *umg* A V/T *oft* **~ up** *bes US* aufteilen (**among** unter *akk*) B S 1 *bes US* (Auf)Teilung *f* 2 WIRTSCH *Br* Dividende *f* (*bes e-r Verbrauchergenossenschaft*)
dixie[1] [ˈdɪksɪ] S *bes* MIL *Br sl* Gulaschkanone *f*, Feldkessel *m*
Dixie[2] [ˈdɪksɪ] A S *Bezeichnung für den Süden der USA* B ADJ aus den Südstaaten: **a ~ lullaby**
Dixie|crat [ˈdɪksɪkræt] S POL *bes* HIST *Mitglied e-r Splittergruppe der Demokratischen Partei im Süden der USA*; **~land** S 1 → Dixie[2] A 2 *a.* ♀ MUS Dixieland(jazz) *m*
DIY [ˌdiːaɪˈwaɪ] S do-it-yourself *bes Br* Heimwerken *n*: **~ centre** (*od* **shop**) Heimwerkermarkt *m*
dizygotic [ˌdaɪzaɪˈgɒtɪk; *US* -ˈgɑ-] ADJ BIOL dizygot, zweieiig (*Zwillinge*)
dizziness [ˈdɪzɪnɪs] S 1 Schwindel *m*, Schwind(e)ligkeit *f* 2 Schwindelanfall *m* 3 Benommenheit *f*
dizzy [ˈdɪzɪ] A ADJ (ADV **dizzily**) 1 schwind(e)lig: **I am** (*od* **feel**) **~** mir ist schwindlig 2 verwirrt, benommen 3 schwindelnd, schwindelerregend (*Höhe*) 4 schwindelnd hoch (*Gebäude*) 5 wirr, konfus 6 *umg* blöd B V/T 1 schwind(e)lig machen 2 verwirren

D

DJ ABK 1 dinner jacket 2 disc jockey 3 *US* District Judge
Djibouti [dʒɪˈbuːtɪ] S Dschibuti *n*: a *Staat in Nordostafrika* b *Hauptstadt von* a
Djiboutian [dʒɪˈbuːtɪən] A S Einwohner(in) Dschibutis B ADJ aus Dschibuti
djinn [dʒɪn] S 1 *pl von* djinni 2 → jinnee; **djinni**, **djinny** [dʒɪˈniː; ˈdʒɪnɪ] *pl* djinn [dʒɪn] → jinnee
DLitt. ABK Doctor Litterarum, Doctor of Letters
dm ABK decimeter; *bes Br* decimetre
DMA ABK IT direct memory access
D major S MUS D-Dur *n*; **D minor** S MUS d-Moll *n*
DMS ABK *Br* Diploma in Management Studies
DMV ABK *US* Department of Motor Vehicles
DMZ ABK demilitarized zone
DNA [ˌdiːenˈeɪ] ABK deoxyribonucleic acid BIOL DNS *f*; **~ fingerprint** S genetischer Fingerabdruck
do[1] [duː; *unbetont* dʊ; də] *prät* did [dɪd], *pperf* done [dʌn], *3. sg präs* does [dʌz; *unbetont* dəz] A V/T 1 tun, machen: **what can I ~ (for you)?** was kann ich (für Sie) tun?, womit kann ich (Ihnen) dienen?; **do sth for sb** etwas für j-n erledigen; **what does he ~?** was macht er beruflich?, was ist er von Beruf?; **are you ~ing anything tonight?** hast du heute Abend (schon) etwas vor?; **~ sth about** etwas tun gegen; **what is to be done** (*od* **to do**)**?** was ist zu tun?, was soll geschehen?; **if it were to ~ again** wenn es noch einmal getan werden müsste; **you can't ~ this to me!** das kannst du nicht mit mir machen!; **you couldn't ~ that to me!** das kannst du mir (doch) nicht antun!; **what have you done to my suit?** was haben Sie mit m-m Anzug gemacht?; **he promised to ~ sth** er versprach, etwas zu unternehmen; **she did no more than look at him** sie sah ihn nur an; **he does not know what to ~ with his time** er weiß nicht, was er mit s-r Zeit anfangen soll; **~ sth together** etwas gemeinsam *od* zusammen unternehmen; **don't ~ anything I wouldn't ~** *hum* bleib sauber!; → do with 2 tun, ausführen, vollbringen, *Arbeiten* verrichten, *Verbrechen* begehen: **~ one's lessons** SCHULE s-e (Haus)Aufgaben machen; **he did all the writing** er hat alles allein geschrieben; **he did all the talking** er führte die Unterhaltung ganz allein, *a.* ich bin überhaupt nicht zu Wort gekommen; **let me ~ the talking** lass mich sprechen; **it can't be done** es geht nicht, es ist undurchführbar; **the machine does the rest** die Maschine erledigt den Rest; **the storm did a lot of material damage** der Sturm richtete großen Sachschaden an; **~ you think he did it?** glaubst du, dass er es getan hat *od* dass er es war?; → done B 1, B 2 3 tätigen, machen: → business A 3, A 13 4 tun, leisten, vollbringen: **~ one's best** sein Bestes tun, sich alle Mühe geben 5 anfertigen, herstellen, *ein Kunstwerk etc a.* schaffen: **~ a portrait** ein Porträt malen; **~ a translation** e-e Übersetzung machen *od* an-

fertigen 6 *j-m etwas* (an)tun, zufügen, erweisen: → favor B 2, good A 1, A 2, harm A 1, honor B 1, *etc* 7 einbringen: → credit A 5 8 erzielen, erreichen: **I did it!** ich habe es geschafft!; **now you have done it!** *iron* nun hast du es glücklich geschafft! 9 sich beschäftigen mit, arbeiten an *(dat)* 10 *Speisen* zubereiten, *bes* kochen *od* braten 11 in Ordnung bringen, *z. B.* a *das Geschirr* abwaschen: → dish A 1 c b *das Zimmer* aufräumen, machen *umg* 12 herrichten, dekorieren, schmücken 13 (her)richten: **she is having her nails done** sie lässt sich maniküren; **he had his teeth done** er ließ sich die Zähne richten; → face A 1, hair *Bes Redew* 14 a *e-e Fremdsprache etc* lernen b *e-n Autor etc* durchnehmen, behandeln 15 *e-e Aufgabe* lösen 16 *obs* übersetzen, -tragen *(beide:* **into German** ins Deutsche) 17 a *e-e Rolle etc* spielen, *e-n Charakter* darstellen: **~ Othello** den Othello spielen; **~ the polite** den höflichen Mann spielen *od* markieren; **~ the host** den Gastgeber spielen b nachahmen: **he can ~ all his friends** 18 zurücklegen, machen, schaffen *umg:* **they did 20 miles** sie legten 20 Meilen zurück; **the car does 100 m.p.h.** der Wagen fährt 160 km/h 19 *umg* besichtigen, die Sehenswürdigkeiten besichtigen von *(od gen):* **~ Rome in three days** Rom in drei Tagen besichtigen *od umg* machen 20 *umg* genügen *(dat):* **it will ~ us for the moment** 21 *umg* erschöpfen, erledigen *umg:* **they were pretty well done** sie waren am Ende (ihrer Kräfte) 22 *umg* a *j-n* erledigen, fertigmachen: **I'll ~ him in three rounds** b drannehmen *(Friseur etc):* **I'll ~ you next, sir** 23 *sl* reinlegen, übers Ohr hauen, anschmieren: **~ sb out of sth** j-n um etwas erleichtern *od* betrügen *od* bringen; → brown A 24 *sl e-e Strafe* abbrummen: **he did two years in prison** er hat zwei Jahre abgerissen; **he did three months for theft** er saß drei Monate wegen Diebstahls 25 *umg* a bewirten b unterbringen: **they ~ you very well here** hier werden Sie gut bewirtet; hier sind Sie gut untergebracht 26 behandeln: → well[1] A 1 27 bringen *(obs außer in):* **~ to death** töten, umbringen 28 *sl* e-n Bruch machen in *(dat)*, einbrechen in *(akk od dat)*, *ein Auto etc* aufbrechen 29 *umg* bumsen *(schlafen mit)* **B** V/I 1 handeln, vorgehen, tun, sich verhalten: **the premier would ~ wisely to resign** der Premier würde klug handeln *od* wäre gut beraten, wenn er zurückträte; → well[1] A 1, A 2 2 *(tätig)* handeln, wirken: **~ or die** kämpfen od untergehen; **it's ~ or die now!** jetzt gehts ums Ganze! 3 weiter-, vorankommen: **~ well** a vorwärtskommen, Erfolge haben *(beide:* **with** bei, mit), gut abschneiden (**in** bei, in *dat*) b gut gedeihen *(Getreide etc)*(→ B 4, B 5); **~ better** sich verbessern 4 Leistungen vollbringen: **~ well** a s-e Sache gut machen b viel Geld verdienen (→ B 3, B 5); **he did better than expected** er schnitt besser als erwartet ab; **his son is ~ing well at school** s-m Sohn geht es in der Schule gut 5 sich befinden: **~ well** a gesund sein b in guten Verhältnissen leben c sich gut erholen (→ B 3, B 4); **how ~ you ~?** guten Tag! *(bei der Vorstellung)* 6 auskommen, zurande kommen 7 genügen, (aus)reichen, passen, dem Zweck entsprechen *od* dienen: **that will (not) ~** das genügt *od* reicht (nicht); **it will ~ tomorrow** es hat Zeit bis morgen; **we'll make it ~** wir werden schon damit auskommen 8 angehen, recht sein, sich schicken, passen: **that won't ~!** a das geht nicht (an)! b das wird nicht gehen!; **it won't ~ to be rude** mit Grobheit kommt man nicht weit(er), man darf nicht unhöflich sein 9 *(im pperfect)* aufhören: **have done!** hör auf!, genug (davon)!; **let us have done with it!** hören wir auf damit!; → done B 5 **C** *Ersatzverb zur Vermeidung von Wiederholungen* V/T & V/I tun *(bleibt meist unübersetzt):* **he treats his children as I ~ my dogs** er behandelt s-e Kinder wie ich m-e Hunde; **you know it as well as I ~** du weißt es so gut wie ich; **he sang better than he had ever done before** er sang besser, als (er) je zuvor (gesungen hatte); *she likes cats.* **so ~ I** ich auch; **he does not work hard, does he?** er arbeitet nicht viel, nicht wahr?; **he works hard, doesn't he?** er arbeitet viel, nicht wahr?; *did he buy it?* **he did** ja (-wohl); *do you understand?* **I don't** nein; *he sold his car.* **did he?** wirklich?, so?; **I wanted to go there, and I did so** ich wollte hingehen u. tat es auch **D** *Hilfsverb* 1 *zur Umschreibung in Fragesätzen:* **~ you know him?** kennen Sie ihn? 2 *zur Umschreibung in mit* ***not*** *verneinten Sätzen:* **I ~ not believe it** ich glaube es nicht; **~ not go there** gehen Sie nicht hin!; **don't** tun Sie es nicht!, lassen Sie das! 3 *zur Verstärkung:* **I ~ apologize** tut mir wirklich leid; **you ~ ask questions** du stellst vielleicht Fragen; **~ sit down** nehmen Sie doch bitte Platz; **I ~ like it** mir gefällt es wirklich; **but I ~ see it!** aber ich sehe es doch!; **I did see it, but** ich sah es wohl *od* zwar, aber; **~ try to understand it** versteh das doch; **be quiet, ~** sei doch still! 4 *iron* **I ~ enjoy a quiet evening at home** es geht doch nichts über e-n ruhigen Abend zu Hause 5 *bei Umkehrung der normalen Wortstellung nach voranstehendem* ***hardly, little, rarely*** *etc:* **rarely does one see such things** solche Dinge sieht man (nur) selten

Phrasal Verbs: **do| away** V/T *obs* beseitigen; **~ away with** V/I 1 beseitigen: a wegschaffen b abschaffen 2 loswerden, *Geld* durchbringen 3 umbringen, töten: **~ o.s.** sich umbringen; **~ by** V/I handeln an *(dat)*, sich verhalten gegen, behandeln: **do well by sb** j-n gut *od* anständig behandeln; **do ([un]to others) as you would be done by** *(Sprichwort)* was du nicht willst, dass man dir tu, das füg auch keinem andern zu!; **~ down** V/T *Br umg* 1 heruntermachen, schlechtmachen 2 reinlegen, übers Ohr hauen, anschmieren; **~ for** V/I *umg* 1 erledigen, zugrunde richten, ruinieren: **he is done for** er ist erledigt 2 töten, umbringen 3 a *j-m* den Haushalt führen b putzen bei *od* für 4 sorgen für, Vorsorge treffen für 5 ausreichen für 6 passen *od* sich eignen für; **~ in** V/T *umg* 1 erledigen *umg:* a erschöpfen, ermüden: **I'm done in** ich bin geschafft b zugrunde richten, ruinieren c um die Ecke bringen, umbringen 2 → do[1] A 23; **~ out** V/T *bes Br umg sein Zimmer etc* sauber machen, *s-n Schrank etc* aufräumen; **~ over** V/T 1 *ein Zimmer etc* neu streichen 2 *US* wieder *od* neu machen 3 *US* wiederholen 4 *sl* angreifen u. verletzen; **~ to, ~ unto** → do by; **~ up A** V/T 1 a zusammenschnüren b *ein Päckchen* zurechtmachen *od* verschnüren c einpacken d *ein Kleid, e-n Reißverschluss etc* zumachen: **do sb up** j-m das Kleid *etc* zumachen 2 sich *das Haar* hochstecken: **~ one's hair** 3 herrichten, instand setzen, wieder in Ordnung bringen 4 **do o.s. up** sich zurechtmachen: → face A 1 5 *umg* erledigen: a erschöpfen, ermüden: **I'm done up** ich bin geschafft b *US* zugrunde richten, ruinieren **B** V/I zugemacht werden, zugehen *(Kleid etc)*; **~ with** V/T & V/I 1 *etwas* tun *od* anfangen mit: **I can't do anything with it (him)** ich kann nichts damit (mit ihm) anfangen; **I won't have anything to ~ it (you)** ich will nichts damit (mit dir) zu tun *od* zu schaffen haben; **it has nothing to ~ you** es hat nichts mit dir zu tun; **he didn't know what to ~ himself** er wusste nicht, was er mit sich anfangen sollte; → done B 5 2 auskommen mit, sich begnügen mit: **we can ~ it** wir können damit auskommen 3 **could ~** *umg* (sehr gut) brauchen können: **he could ~ the money; I could ~ a glass of beer** ich könnte ein Glas Bier vertragen; **he could ~ a haircut** er müsste sich mal (wieder) die Haare schneiden lassen; **~ without** V/I 1 auskommen *od* sich behelfen ohne: **can you ~ your dictionary for an hour?** kannst du dein Wörterbuch e-e Stunde entbehren? 2 verzichten auf *(akk):* **~ breakfast** nicht frühstücken

do[2] [du:] *pl* dos, do's [du:z] S 1 *sl* Schwindel *m*, Gaunerei *f* 2 *bes Br umg* Fete *f*, Feier *f* 3 **fair do's!** a sei nicht unfair! b gleiches Recht für alle! 4 *pl umg* Gebote *pl:* **do's and don'ts** Gebote u. Verbote, (Spiel)Regeln

do[3] [dəʊ] S MUS do *n (Solmisationssilbe)*

do. ABK ditto

DOA ABK dead on arrival bei Ankunft *od* Einlieferung bereits verstorben

doable ['du:əbl] ADJ ausführbar, machbar

do-all S *obs* Faktotum *n*

doat → dote

d.o.b. ABK date of birth

dobbin ['dɒbɪn; *US* 'dɑbən] S (frommes) Arbeits- *od* Zugpferd

Doberman (pinscher) ['dəʊbə(r)mən] S ZOOL Dobermann(pinscher) *m*

doc [dɒk; *US* dɑk] *umg für* doctor A 1

doc. ABK document

docent ['dəʊsnt; dəʊ'sent] S *US* 1 UNIV (Privat)Dozent(in) 2 Führer(in) *(durch Museen etc)*; **docentship** S *US* Dozentur *f*

doch-an-doris [ˌdɒxən'dɒrɪs] → deoch-an-doruis

docile ['dəʊsaɪl; *US* 'dɑsəl] ADJ (ADV ~ly) 1 fügsam, gefügig 2 gelehrig 3 fromm *(Pferd)*; **docility** [dəʊ'sɪlətɪ; *US a.* dɑ's-] S 1 Fügsamkeit *f* 2 Gelehrigkeit *f*

dock[1] [dɒk; *US* dɑk] **A** S 1 Dock *n:* **put a ship in ~** → B 1; **be in ~** *Br umg* a im Krankenhaus liegen b in der Werkstatt sein *(Wagen etc);* → dry dock, *etc* 2 Hafenbecken *n*, Anlegeplatz *m (zwischen 2 Kais etc):* **~ authorities** *pl* Hafenbehörde *f* 3 Kai *m*, Pier *m* 4 *pl* Docks *pl*, Hafenanlagen *pl:* **~ crane** Werftkran *m:* **~ strike** Dockarbeiterstreik *m* 5 BAHN *bes US* Laderampe *f* 6 → hangar 7 THEAT Kulissenraum *m* **B** V/T 1 *ein Schiff* (ein)docken, ins Dock bringen 2 BAHN *bes US e-n Zug* zur Laderampe bringen 3 *Raumschiffe* koppeln, *ein Raumschiff* docken, ankoppeln **C** V/I 1 a ins Dock gehen b docken, im Dock liegen 2 im Hafen *od* am Kai anlegen 3 (an)docken *(Raumschiff)*

dock[2] [dɒk; *US* dɑk] **A** S 1 ZOOL (Schwanz)Rübe *f (fleischiger Teil des Schwanzes)* 2 ZOOL (Schwanz)Stummel *m* 3 Schwanzriemen *m* 4 *(Lohn- etc)* Kürzung *f* **B** V/T 1 *den Schwanz* stutzen, kupieren 2 den Schwanz stutzen *od* kupieren *(dat)* 3 a *j-s Lohn etc* kürzen b **~ £5 off** (*od* **from**) **sb's wages** j-s Lohn um 5 Pfund kürzen 4 berauben (**of** *gen*): **~ the entail** JUR *US* die Erbfolge aufheben

dock[3] [dɒk; *US* dɑk] S JUR Anklagebank *f:* **be in the ~** auf der Anklagebank sitzen; **put in the ~** *bes fig* auf die Anklagebank setzen (**for** wegen)

dock[4] [dɒk; *US* dɑk] S BOT Ampfer *m*

dockage[1] ['dɒkɪdʒ; *US* 'dɑ-] S SCHIFF 1 Dock-, Hafengebühren *pl*, Kaigebühr *f* 2 Docken *n*, Unterbringung *f* im Dock 3 Dockanlagen *pl*

dockage[2] ['dɒkɪdʒ; *US* 'dɑ-] S *(Lohn- etc)* Kürzung *f*

dock| brief S JUR *Br* *Beauftragung e-s im Gericht anwesenden Barristers mit der Verteidigung (durch den Angeklagten, gegen e-e sehr niedrige Gebühr)*; **~ dues** SPL → dockage[1] 1

docker S Docker m, Dock-, Hafenarbeiter m, Schauermann m

docket ['dɒkıt; US 'dakət] A S 1 JUR a US Prozessliste f, Terminkalender m: **clear the ~** die anhängigen Fälle erledigen b bes Br Urteilsregister n 2 US Tagesordnung f: **be on the ~** auf der Tagesordnung stehen 3 Inhaltsangabe f, -vermerk m (auf Akten etc) 4 WIRTSCH a Warenadresszettel m b Etikett n c Br Zollquittung f d Br Bestell-, Lieferschein m B V/T 1 JUR a US in die Prozessliste eintragen b bes Br in das Urteilsregister eintragen 2 US auf die Tagesordnung setzen 3 Akten etc mit e-m Inhaltsvermerk versehen 4 WIRTSCH Waren a mit e-m Adresszettel versehen b etikettieren, beschriften

dock gate S SCHIFF Docktor n

docking S Docking n, (An-)Kopp(e)lung f (von Raumschiffen); **~ station** S (Welt)Raumstation f

dock|land S Hafenviertel n; **~master** S SCHIFF Hafenkapitän m, Dockmeister m; **~ receipt** S WIRTSCH, SCHIFF US Kaiempfangs-, Übernahmeschein m; **~ sorrel** S BOT Sauerampfer m; **~ warrant** S WIRTSCH, SCHIFF Br Docklagerschein m; **~ worker** → docker; **~yard** S SCHIFF 1 Werft f 2 bes Br Marinewerft f

doctor ['dɒktə; US 'daktər] A S 1 Doktor m, Arzt m, Ärztin f, (als Anrede) Herr od Frau Doktor: **~'s assistant** Arzthelfer(in); **~'s certificate** ärztliches Attest, ärztliche Bescheinigung; **~'s stuff** umg Medizin f; **~'s surgery** Arztpraxis f; **~'s wife** Arztfrau f; **be under the ~** umg in Behandlung sein (**for** wegen); **that's just what the ~ ordered** umg das ist genau das Richtige; **you are the ~** umg Sie müssen es ja schließlich wissen 2 US a Zahnarzt m, -ärztin f b Tierarzt m, ärztin f 3 UNIV Doktor m: **≗ of Divinity (Laws, Medicine)** Doktor der Theologie (Rechte, Medizin); **~'s degree** Doktorgrad m; **take one's ~'s degree** den od s-n Doktor machen, promovieren; **Dear ≗** Sehr geehrter Herr Doktor ...; **Dr Smith** Herr od Frau Dr. Smith; **Dr and Mrs B.** Herr Dr. B. u. Frau 4 Gelehrte(r) m/f(m) (obs außer in): **≗ of the Church** Kirchenvater m 5 umg j-d, der etwas (berufsmäßig) repariert: **doll ~** Puppendoktor m; **radio ~** Rundfunkmechaniker(in) 6 sl Koch m, Köchin f, SCHIFF a. Smutje m 7 TECH ein Hilfsmittel, bes a Schaber m, Abstreichmesser n b Lötkolben m c → donkey engine d a. **~ blade** Rakelmesser n (e-r Druckwalze) 8 Angeln: (e-e) künstliche Fliege 9 umg kühle Brise B V/T 1 (ärztlich) behandeln, verarzten umg 2 umg ein Tier kastrieren 3 a herumdoktern an (dat) pej b zusammenflicken, (notdürftig) ausbessern pej 4 j-m die Doktorwürde verleihen 5 j-n mit Doktor anreden 6 a. **~ up** umg a Wein etc (ver)pan(t)schen b Abrechnungen etc frisieren umg, (ver)fälschen C V/I umg als Arzt praktizieren

doctoral ['dɒktərəl; US 'dak-] ADJ Doktor(s)...: **~ candidate** Doktorand(in); **~ cap** Doktorhut m; **~ degree** Doktorgrad m; → thesis 3 a; **doctorate** [-rıt] S Doktorat n, Doktorwürde f, -titel m: **do a** (od **one's**) **~** promovieren, den od s-n Doktor machen; **doctorial** [-'tɔːrıəl] → doctoral; **doctorship** → doctorate

doctrinaire [ˌdɒktrı'neə(r); US ˌdak-] pej A S Doktrinär(in) (j-d, der sich engstirnig auf e-e Meinung versteift) B ADJ doktrinär

doctrinal [dɒk'traınl; US 'daktrənl] ADJ (ADV ~ly) 1 doktrinell, lehrmäßig, Lehr...: **~ proposition** Lehrsatz m 2 → dogmatic A

doctrinarian [ˌdɒktrı'neərıən; US ˌdak-] → doctrinaire A

doctrine ['dɒktrın; US 'dak-] S 1 Doktrin f, Lehre f, Lehrmeinung f: **~ of descent** Abstammungslehre f 2 bes POL Doktrin f, Grundsatz m

docudrama ['dɒkjʊˌdrɑːmə; US 'dakjə-] S TV Dokumentarspiel n

document ['dɒkjʊmənt; US 'dakjə-] A S 1 a Dokument n, Urkunde f, Belegstück n, Unterlage f: **~ of title** JUR Urkunde über e-n Rechtsanspruch (bes über [Grund]Eigentum); **supported by ~s** urkundlich belegt b COMPUT Dokument n, Datei f 2 Dokument n, amtliches Schriftstück, pl Akten pl, PARL Drucksache f 3 pl WIRTSCH a Verladepapiere pl b Schiffspapiere pl: **~s against acceptance (payment)** Dokumente gegen Akzept (Bezahlung) B V/T [-ment] 1 WIRTSCH mit den notwendigen Papieren versehen 2 dokumentieren, dokumentarisch od urkundlich belegen 3 in e-m Buch etc genaue Hinweise auf Belege geben; **documental** [-'mentl] ADJ (ADV ~ly) → documentary A 1

documentary [ˌdɒkjʊ'mentərı; US ˌdakjə-] A ADJ (ADV documentarily) 1 dokumentarisch, urkundlich: **~ bill** (od **draft**) WIRTSCH Dokumententratte f; **~ evidence** Urkundenbeweis m 2 auf Belegen od Urkunden od (historischen) Dokumenten aufbauend 3 FILM, LIT etc dokumentarisch, Dokumentar...: **~ film** → B; **~ play** Dokumentarstück n; **~ novel** Tatsachenroman m; **~ theater** (bes Br **theatre**) Dokumentartheater n B S Dokumentar-, Tatsachenfilm m

documentation [ˌdɒkjʊmen'teıʃn; US ˌdakjə-] S Dokumentation f: a Heranziehung f von Dokumenten od Urkunden, Urkunden-, Quellenbenutzung f b dokumentarischer Nachweis od Beleg: **be without ~** dokumentarisch nicht belegt sein

DOD ABK US Department of Defense

dodder[1] ['dɒdə; US 'dadər] V/I umg 1 (bes vor Altersschwäche) zittern 2 wack(e)lig gehen, wackeln

dodder[2] ['dɒdə; US 'dadər] S BOT Teufelszwirn m, Seide f

doddered ADJ umg 1 astlos (alter od kranker Baum) 2 → doddering; **dodderer** S umg Tattergreis m pej; **doddering, doddery** ADJ umg tatterig umg, altersschwach

doddle ['dɒdl] S Br umg Kinderspiel n: **be a ~** kinderleicht sein; **be a real ~** das reinste Kinderspiel sein; **the game was a ~** SPORT das Spiel war ein Spaziergang; **it's a ~ to use** es ist kinderleicht anzuwenden

dodecagon [dəʊ'dekəgən; US -ˌgan] S MATH Dodekagon n, Zwölfeck n; **dodecagonal** [ˌdəʊde'kægənl] ADJ MATH dodekagonal, zwölfeckig; **dodecahedral** [-'hedrl; bes US -'hiːdrəl] ADJ MATH dodekaedrisch, zwölfflächig; **dodecahedron** [-drən] S MATH Dodekaeder n, Zwölfflächner m

dodecaphonic [ˌdəʊdekə'fɒnık; US -'fa] ADJ (ADV ~ally) MUS dodekafonisch, zwölftönig, Zwölfton...: **~ composer**; **~ music**; **dodecaphonist** [-'fɒnıst; US a. dəʊ'dekəfənıst] S MUS Dodekafonist(in), Zwölftonkomponist(in); **dodecaphony** [dəʊ'dekəfənı] S MUS 1 Dodekafonie f, Zwölftonmusik f 2 Zwölftonkomposition f

dodecasyllable [ˌdəʊdekə'sıləbl] S zwölfsilbiger Vers

dodge [dɒdʒ; US dadʒ] A V/I 1 (rasch) zur Seite springen, ausweichen 2 a schlüpfen (**about** um ... herum; **behind** hinter akk) b sich verstecken (**behind** hinter dat) 3 a sich rasch hin und her bewegen b sausen, flitzen 4 Ausflüchte gebrauchen 5 sich drücken umg (vor e-r Pflicht etc) 6 Winkelzüge machen B V/T 1 e-m Schlag, e-m Verfolger etc ausweichen 2 sich drücken vor (dat) umg, umgehen (akk), aus dem Weg gehen (dat): **~ doing sth** es vermeiden, etwas zu tun; **~ a question** (e-r Frage) ausweichen C S 1 Sprung m zur Seite, rasches Ausweichen 2 Kniff m, Trick m: **be up to all the ~s** mit allen Wassern gewaschen sein umg

dodgem (car) ['dɒdʒəm; US 'da-] S (Auto)Skooter m

dodger S 1 verschlagener Mensch 2 Schwindler(in), Gauner(in) 3 Drückeberger(in) 4 US Reklame-, Handzettel m, Flugblatt n 5 SCHIFF Brückenkleid n 6 → corn dodger; **dodgery** [-ərı] S 1 Schwindelei f 2 Kniff m, Trick m; **dodgy** ADJ umg 1 gerieben, verschlagen 2 Br unsicher: a wack(e)lig b riskant 3 Br windig pej (Person, Firma etc)

dodo ['dəʊdəʊ] pl -does, -dos S 1 ORN Dodo m, Dronte f (ausgestorbene Riesentaube): **(as) dead as a ~** a schon lange tot b schon lange nicht mehr modern od aktuell 2 umg verbohrte(r) Rückschrittler(in)

doe[1] [dəʊ] S ZOOL 1 Damhirschkuh f 2 *Weibchen der Ziegen, Kaninchen u. anderer Säugetiere, deren Männchen allg als **buck** bezeichnet werden*, bes (Reh-)Geiß f

DOE[2] ABK 1 Br Department of the Environment 2 US Department of Energy

doer ['duːə(r)] S 1 Handelnde(r) m/f(m): **a ~ of good** j-d, der Gutes tut 2 Tatmensch m, Mann m der Tat, Macher(in) umg 3 (gut od schlecht) gedeihendes Tier: **those steers are good (poor) ~s**

does [dʌz; unbetont dəz] 3. sg präs von do[1]

doeskin S 1 a Rehfell n b Rehleder n 2 Doeskin n (ein Wollstoff)

doesn't ['dʌznt] Zusammenziehung von **does not**

doest ['duːıst] obs od poet 2. sg präs von do[1]: **thou ~**

doeth ['duːıθ] obs od poet 3. sg präs von do[1]

doff [dɒf; US a. daf] V/T Kleider etc ablegen, ausziehen, bes den Hut lüften, ziehen (beide: **to** vor dat)

dog [dɒg] A S 1 ZOOL Hund m 2 ZOOL Rüde m (männlicher Hund, Wolf, Fuchs etc) 3 pej Hund m, Schuft m: **dirty ~** gemeiner Schuft, Mistkerl m 4 umg Kerl m: **lazy ~** fauler Hund; **lucky ~** Glückspilz m; **sly ~** schlauer Fuchs 5 **Greater (Lesser) ≗** ASTRON Großer (Kleiner) Hund 6 ≗ → Dog Star 7 Bergbau: Hund m, Förderwagen m 8 TECH e-e Befestigungsvorrichtung, bes a (Bau-, Gerüst)Klammer f b Klaue f, Knagge f c Anschlag m d Mitnehmer m, Nase f 9 → firedog 10 → fogdog, sundog 11 umg für hot dog A 12 **the ~s** pl Br umg das Windhundrennen 13 pl sl Quanten pl (Füße) 14 THEAT etc US sl Flop m, Durchfall m B V/T 1 j-n beharrlich verfolgen, j-m nachspüren: **~ sb's (foot)steps** a j-m hart auf den Fersen bleiben b fig j-n verfolgen (Pech etc), j-m treu bleiben (Glück etc) 2 fig verfolgen: **be ~ged by bad luck** von od vom Pech verfolgt sein 3 (wie) mit Hunden hetzen 4 TECH mit e-r Klammer befestigen

Besondere Redewendungen: **~ in the manger** *j-d, der anderen etwas missgönnt, womit er selbst gar nichts anfangen kann*; **the ~s of war** die Kriegsfurien; **not a ~'s chance** umg nicht die geringste Chance od Aussicht; **not in a ~'s age** umg seit e-r Ewigkeit nicht; **go to the ~s** vor die Hunde gehen, zugrunde gehen; **give** (od **throw**) **to the ~s** a den Hunden vorwerfen b fig opfern c wegwerfen **~'s dinner** (od **breakfast**) umg a Pfusch(arbeit) m(f) b heilloses Durcheinander **make a ~'s dinner** (od **breakfast**) **of** umg a etwas verpfuschen b für ein heilloses Durcheinander sorgen in (dat) **be dressed** (od **done**) **up like a ~'s dinner** (od **breakfast**) umg aufgetakelt sein wie e-e Fregatte; **lead a ~'s life** ein Hundeleben

D

führen; **lead sb a ~'s life** j-m das Leben zur Hölle machen; **help a lame ~ over a stile** j-m in der Not beistehen; **put on the ~** *bes US umg* angeben; **let sleeping ~s lie** *fig* a schlafende Hunde soll man nicht wecken, lass die Finger davon b lass den Hund begraben sein, rühr nicht alte Geschichten auf **it was (a case of) ~ eat ~** a es war ein Kampf jeder gegen jeden b jeder dachte nur an sich selbst **~ does not eat ~** *(Sprichwort)* e-e Krähe hackt der anderen kein Auge aus; **love me, love my ~** man muss mich so nehmen, wie ich bin; **he was (as) sick as a ~** *umg* a er kotzte wie ein Reiher b er war völlig down **(as) tired as a ~** *umg* hundemüde; → day 7, hair *Bes Redew*, name *Bes Redew*, teach A 4, word *Bes Redew*

dogbane S BOT Hundstod *m*, -gift *n*

dogberry[1] S BOT Hundsbeere *f*

Dogberry[2] S dummer u. geschwätziger kleiner Beamter

dog| biscuit S Hundekuchen *m*; **~cart** S Dogcart *m* *(leichter zweirädriger Einspänner)*; **~catcher** S *bes US* (offizielle[r]) Hundefänger(in); **~-cheap** ADJ & ADV *umg* spottbillig; **~ clutch** S TECH Klauenkupplung *f*; **~ collar** S 1 Hundehalsband *n* 2 *umg* steifer, hoher Kragen *(e-s Geistlichen)*; **~ days** SPL Hundstage *pl*

doge [dəʊdʒ] S HIST Doge *m* *(Oberhaupt der Republiken Venedig od Genua)*

dog|-ear A S Eselsohr *n umg* B V/T Eselsohren machen in *(akk) umg*; **~-eared** ADJ mit Eselsohren *umg*; **~-eat-~** ADJ: **a ~ business** ein Gewerbe, in dem jeder gegen jeden kämpft; **a ~ world** e-e Welt, in der jeder nur an sich selbst denkt; **~ end** S *Br umg* 1 (Zigaretten)Kippe *f* 2 wertloses Überbleibsel; **~fight** S 1 Handgemenge *n* 2 FLUG, MIL Luftgefecht *n*, -kampf *m*; **~fish** S FISCH *(ein)* kleiner Hai, *bes* a **spiny ~** Gemeiner Dornhai b **smooth ~** Hundshai *m*; **~ fox** S ZOOL Fuchsrüde *m*

dogged ['dɒgɪd] ADJ (ADV ~ly) verbissen, hartnäckig, zäh; **doggedness** S Verbissenheit *f*, Hartnäckigkeit *f*, Zähigkeit *f*

dogger[1] ['dɒgə(r)] S SCHIFF Dogger *m* *(zweimastiges Fischerboot)*

Dogger[2] ['dɒgə(r)] S GEOL Dogger *m* *(mittlere Juraformation)*

doggerel ['dɒgərəl; *US a.* 'dɑ-] A ADJ holp(e)rig, *bes* Knittel...: **~ verse** B S holp(e)riger Vers, *bes* Knittelvers *m*

doggie → doggy

doggish ['dɒgɪʃ] ADJ (ADV ~ly) 1 hundeartig, Hunde... 2 a bissig b mürrisch

doggo ['dɒgəʊ] ADV: **lie ~** *sl* a sich nicht rühren, sich mäus-chenstill verhalten b sich versteckt halten

doggone [,dɑg'gɑn] *US umg* → damn A 5, C 2, D, damned A 2, A 3, B

dog grass S BOT Hundsquecke *f*

doggrel ['dɒgrəl] → doggerel

doggy ['dɒgɪ] A S Hündchen *n*, *(Kindersprache)* Wauwau *m*: **~ bag** *Beutel für Essensreste, die aus e-m Restaurant mit nach Hause genommen werden* B ADJ 1 hundeartig, Hunde... 2 hundeliebend: **a ~ person** ein Hundenarr 3 *US umg* todschick, supervornehm

doghouse S 1 *US* Hundehütte *f* 2 **he's in the ~** *umg* a er ist in Ungnade **(with** bei**)** b bei ihm hängt der Haussegen schief

dogie ['dəʊgiː] S *US* mutterloses Kalb

dog| Latin S Küchenlatein *n*; **~ lead** [liːd] S Hundeleine *f*; **~leg** A S *Golf*: Dogleg *n* *(Loch, dessen Fairway nach links od rechts abbiegt)* B ADJ → doglegged; **~legged** ADJ gekrümmt, gebogen: **~ stairs** *pl* Treppe *f* mit Absätzen

dogma ['dɒgmə; *US a.* 'dɑgmə] *pl* -mas, -mata [-mətə] S 1 REL Dogma *n*: a Glaubenssatz *m* b Lehrsystem *n* 2 Dogma *n*, Grundsatz *m* 3 *oft pej* Dogma *n*, (starrer) Lehrsatz; **dogmatic** [-'mætɪk] A ADJ (ADV ~ally) 1 REL dogmatisch: **~ theology** → B 2 *pej* dogmatisch: a *starr an e-r Ideologie od Lehrmeinung festhaltend* b *hartnäckig u. unduldsam e-n bestimmten Standpunkt vertretend* B S **dogmatics** *pl* *(meist als sg konstruiert)* REL Dogmatik *f* *(wissenschaftliche Darstellung der Glaubenslehre)*

dogmatism ['dɒgmətɪzəm; *US a.* 'dɑg-] S *pej* Dogmatismus *m*; **dogmatist** S REL Dogmatiker(in) *(a. pej)*; **dogmatize** A V/I *bes pej* dogmatisieren, dogmatische Behauptungen aufstellen *(beide:* **on** über *akk)* B V/T dogmatisieren, zum Dogma erheben

do-gooder [,duː'gʊdə(r); *US* 'duː,-] S *umg meist pej* Weltverbesserer *m*, -verbesserin *f*

dog| paddle S *Schwimmen*: Paddeln *n*; **~-paddle** V/I (wie ein Hund) paddeln; **~-poor** ADJ *umg* bettelarm; **~ rose** S BOT Wilde Rose, Hecken-, Hundsrose *f*; **~ salmon** S FISCH Ketalachs *m*

dogsbody S *bes Br umg j-d, der die Dreck(s)-arbeit machen muss*

dog's|-ear, **~-eared** → dog-ear, dog-eared

dog| show S Hundeausstellung *f*; **~sled** *bes US* A S Hundeschlitten *m* B V/I mit dem Hundeschlitten fahren; **~ sledge**, *bes Br* **~ sleigh** → dogsled A

dog's letter S *(der)* Buchstabe r, *(das)* (gerollte) R

Dog Star S ASTRON Sirius *m*, Hundsstern *m*

dog| tag S 1 Hundemarke *f* 2 MIL *US sl* Hundemarke *f* *(Erkennungsmarke)*; **~ tax** S Hundesteuer *f*; **~-tired** ADJ *umg* hundemüde; **~tooth** S *irr* ARCH Hundszahnornament *n*; **~tooth violet** S BOT Gemeiner Hundszahn; **~trot** S leichter Trab; **~ violet** S BOT Hundsveilchen *n*; **~watch** S SCHIFF Plattfuß *m*: **first ~** 1. Plattfuß *(16-18 Uhr)*; **second ~** 2. Plattfuß *(18-20 Uhr)*; **~ whelk** S ZOOL *e-e dickschalige Meermuschel*; **~ whip** S Hundepeitsche *f*; **~wood** S BOT Hartriegel *m*

dogy → dogie

doily ['dɔɪlɪ] S (Zier)Deckchen *n*

doing ['duːɪŋ] S 1 Tun *n*, Tat *f*: **it was your ~** a Sie haben es getan, das war Ihr Werk, das geht auf Ihr Konto b es war Ihre Schuld **(that** dass**)**; **this will want some ~** das will erst getan sein 2 *pl* a Handlungen *pl*, Taten *pl*, Tätigkeit *f*: **tell me about your ~s in London** erzähl mir, was du in London gemacht hast b Begebenheiten *pl*, Vorfälle *pl* c Treiben *n*, Betragen *n*: **fine ~s these!** *iron* das sind mir schöne Geschichten!

doings ['duːɪŋz] *pl* -ings S *Br umg* Dingsbums *n*

doit [dɔɪt] S *fig* Deut *m*: **I don't care a ~** ich kümmere mich keinen Deut darum; **not worth a ~** keinen Pfifferling wert *umg*

do-it-yourself A S Heimwerken *n* B ADJ Heimwerker...: **~ kit** a *a.* **~ equipment** Heimwerkerausrüstung *f* b Bausatz *m* *(für Radiogerät etc)*; **~ movement** Do-it-yourself-Bewegung *f*; **do-it-yourselfer** S Heimwerker(in)

dol [dɒl; *US* dəʊl] S MED Dol *n* *(Messeinheit für die Intensität e-r Schmerzempfindung)*

dol. ABK dollar

Dolby® ['dɒlbɪ; *US a.* 'dəʊlbiː] S Dolby® (-system) *n* *(elektronisches Verfahren zur Rauschunterdrückung bei Tonaufnahmen)*

dolce vita [,dɒltʃɪ'viːtə; *US* ,dəʊl-] S Dolce Vita *n/f*

doldrums ['dɒldrəmz; *US a.* 'dəʊl-; 'dɑl-] SPL 1 GEOG a Kalmengürtel *m*, -zone *f* b Kalmen *pl*, äquatoriale Windstillen *pl* 2 *fig* a Niedergeschlagenheit *f*, Depression *f*, Trübsinn *m* b WIRTSCH Flaute *f*: **be in the ~** deprimiert *od* niedergeschlagen sein, Trübsal blasen *umg*; WIRTSCH e-e Flaute durchmachen

dole[1] [dəʊl] A S 1 milde Gabe, Almosen *n* 2 Almosenverteilung *f* 3 *a.* **~ money** *Br umg* Stütze *f* *(Arbeitslosengeld)*: **be (***od* **go) on the ~** auf Stütze leben 4 *obs* Schicksal *n*, Geschick *n* B V/T 1 *oft* **~ out** als Almosen verteilen **(to** an *akk)* 2 **~ out** sparsam ver- *od* austeilen

dole[2] [dəʊl] S *obs* 1 Kummer *m* 2 Trauer *f*

doleful ADJ (ADV ~ly) 1 traurig, *(Gesicht etc a.)* trübselig 2 klagend *(Lied etc)*; **dolefulness** S Traurigkeit *f*, Trübseligkeit *f*

dolichocephalic [,dɒlɪkəʊse'fælɪk; *US* ,dɑ-] A ADJ dolichozephal, langköpfig, -schädelig B S Dolichozephale(r) *m/f(m)*; **dolichocephalism** [-'sefəlɪzəm] S Dolichozephalie *f*, Langköpfigkeit *f*; **dolichocephalous** → dolichocephalic A; **dolichocephaly** → dolichocephalism

doll [dɒl; *US a.* dɑl] A S 1 Puppe *f*: **~'s house** *Br* Puppenhaus *n* *(a. hum kleines Haus)*; **~'s face** *fig* Puppengesicht *n*; **~'s pram** *bes Br umg* Puppenwagen *m*; → doctor A 5, hospital 5 2 *umg* Puppe *f* *(hübsches, aber dummes Mädchen)* 3 *bes US sl* a *allg* Mädchen *n*, Frau *f* b prima Kerl *(Mann od Frau)* B V/T **~ up** *umg j-n* fein machen, herausputzen: **~ o.s. up** → C C V/I **~ up** *umg* sich fein machen, sich in Schale werfen

dollar ['dɒlə; *US* 'dɑlər] S 1 Dollar *m* *(Währungseinheit der USA, Kanadas etc)*: **the almighty ~** das Geld, der Mammon; **~ diplomacy** *bes US* Dollardiplomatie *f*; **~ gap** WIRTSCH Dollarlücke *f* 2 HIST Taler *m* *(alte deutsche Münze)* 3 (mexikanischer) Peso 4 Juan *m* *(chinesischer Silberdollar)* 5 HIST *Br umg* Krone *f* *(Fünfschillingstück)*

dollars-and-cents ADJ *US*: **from a ~ viewpoint** finanziell gesehen

doll| buggy S *US umg*, **~ carriage** S *US* Puppenwagen *m*; **~house** S *US* Puppenhaus *n* *(a. hum kleines Haus)*

dollish ADJ (ADV ~ly) puppenhaft

dollop ['dɒləp; *US* 'dɑ-] S *umg* 1 Klumpen *m* 2 a Schlag *m* *(Essensportion)* b *US* Schuss *m* *(a. fig)*: **a ~ of brandy (irony)**

dolly A S 1 *Kindersprache*: Püppchen *n* 2 TECH a niedriger Transportwagen b fahrbares Montagegestell c Schmalspurlokomotive *f* *(bes an Baustellen)* d FILM, TV Kamerawagen *m* 3 MIL Munitionskarren *m* 4 TECH a Niethammer *m* b Gegen-, Vorhalter *m* 5 Rammschutz *m* *(e-r Pfahlramme)* 6 *Bergbau*: Rührer *m* 7 (Wäsche)Stamper *m*, Stößel *m* 8 *US* Anhängerblock *m* *(des Sattelschleppers)* 9 *a.* **~ bird** *bes Br umg* Püppchen *n* *(hübsches, aber dummes Mädchen)* B ADJ puppenhaft C V/T **~ in (out)** (FILM, TV) *die Kamera* vorfahren (zurückfahren) D V/I **~ in (out)** (FILM, TV) vorfahren (zurückfahren); **~ shot** S FILM, TV Fahraufnahme *f*; **~ tub** S Waschfass *n*; ♀ **Varden** ['vɑː(r)dn] S 1 HIST breitrandiger, blumengeschmückter Damenhut 2 HIST bunt geblümtes Damenkleid 3 *a.* **~ trout** FISCH *e-e große nordamer. Forelle*

dolman ['dɒlmən; *US a.* 'dəʊl-; 'dɑl-] *pl* -mans S 1 Damenmantel *m* mit capeartigen Ärmeln: **~ sleeve** capeartiger Ärmel 2 *a.* **~ jacket** Dolman *m* *(Husarenjacke)*

dolmen ['dɒlmen; *US* 'dəʊlmən; 'dɔːl-; 'dɑl-] S Dolmen *m* *(vorgeschichtliche große Steingrabkammer)*

dolomite ['dɒləmaɪt; *US* 'dəʊl-; 'dɑl-] S 1 MINER Dolomit *m* 2 GEOL Dolomit(gestein) *m(n)*

Dolomites ['dɒləmaɪts; *US* 'dəʊ-; 'dɑ-] SPL *(die)* Dolomiten *pl*

dolor, *bes Br* **dolour** ['dɒlə; *US* 'dəʊlər; 'dɑl-] S *poet* Leid *n*, Pein *f*, Qual *f*, Schmerz *m*: **the**

♀s of Mary REL die Schmerzen Mariä

dolorimetry [ˌdɒləˈrɪmətrɪ; US ˌdəʊlə-; ˌdɑlə-] S MED *Methode zur Messung der Intensität e-r Schmerzempfindung*

dolorous [ˈdɒlərəs; US ˈdəʊl-; ˈdɑl-] ADJ (ADV ~ly) schmerzlich: a qualvoll b traurig

dolour *bes Br für* dolor

dolphin [ˈdɒlfɪn; US a. ˈdɑl-] S 1 ZOOL Delfin *m* 2 FISCH Goldmakrele *f* 3 SCHIFF a Ankerboje *f* b Dalbe *f*, (Anlege)Pfahl *m*; **~ fly** S ZOOL Schwarze Bohnen(blatt)laus

dols. ABK dollars PL

dolt [dəʊlt] S Dummkopf *m*, Tölpel *m*; **doltish** ADJ (ADV ~ly) tölpelhaft, dumm

dom [dɒm; US dɑm] S Dom *m*: a HIST *Titel für Vornehme in Portugal u. Brasilien* b *a.* ♀ *Anrede für Angehörige mancher geistlicher Orden, bes Benediktiner*

dom. ABK 1 domain 2 domestic

domain [dəʊˈmeɪn] S 1 JUR Verfügungsrecht *n*, -gewalt *f (über Landbesitz etc)*: **(right** [*od* **power**] **of) eminent ~** US Enteignungsrecht *n (des Staates)* 2 a Landbesitz *m*, Ländereien *pl* b Land-, Herrengut *n* 3 Herrschaftsgebiet *n* 4 Domäne *f*, Staats-, Krongut *n* 5 *fig* a Domäne *f*, Bereich *m*, Sphäre *f*, *(Arbeits-, Wissens)* Gebiet *n*, Reich *n* b *Internet*: Domain *f*, (Geltungs)Bereich *m*

dome [dəʊm] A S 1 ARCH Kuppel(dach) *f(n)*, (Kuppel)Gewölbe *n*: **~ of the sky** Himmelsgewölbe 2 Wölbung *f* 3 Dom *m*: a *obs* Kathedrale *f* b *poet* (stolzer) Bau 4 Kuppel *f*, kuppelförmige Bildung: **~ of pleura** MED Pleurakuppel 5 TECH a Dampfdom *m* b Staubdeckel *m* 6 GEOL Dom *m* 7 Doma *n (Kristallform)* 8 *sl* Birne *f (Kopf)* B V/T 1 mit e-r Kuppel versehen 2 kuppelartig formen: **~d** → dome-shaped; **~d roof** Kuppeldach *n*; **~d forehead** gewölbte Stirn C V/I sich (kuppelförmig) wölben; **~ car** S BAHN Aussichtswagen *m*; **~ light** S AUTO US Innenbeleuchtung *f*

domesday [ˈduːmzdeɪ] → doomsday; ♀ **Book** S Domesday Book *n (im 11. Jh. erstellte Landesbeschreibung Englands)*

dome-shaped ADJ kuppelförmig, gewölbt

domestic [dəʊˈmestɪk] A ADJ (ADV ~ally) 1 häuslich, Haus…, Haushalts…, Familien…, Privat…: **~ affairs** häusliche Angelegenheiten (→ A 5); **~ appliance** *(bes* elektrisches) Haushaltsgerät; **~ architecture** Häuser-, Wohnungsbau *m*; **~ bliss** häusliches Glück; **~ coal** Hausbrandkohle *f*; **~ difficulties** häusliche Schwierigkeiten; **~ drama** THEAT bürgerliches Drama; **~ economy** Hauswirtschaft *f*, Haushaltskunde *f*; **~ life** Familienleben *n*; **~ prelate** KATH Hausprälat *m*, päpstlicher Prälat; **~ relations** US Familienbeziehungen; **court of ~ relations, ~-relations court** US Familiengericht *n*; **law of ~ relations** JUR US Familienrecht *n*; **~ science** SCHULE Hauswirtschaftslehre *f*; **~ servant** (*od* **help**) → B 1; **~ system** Heimindustrie-System *n*; **~ virtues** häusliche Tugenden 2 häuslich (veranlagt) *(Mann etc)* 3 Haus…, zahm: **~ animals** Haustiere; **~ fowl** ZOOL Haushuhn *n* 4 inländisch, im Inland erzeugt, einheimisch, Inlands…, Landes…, Innen…, Binnen…: **~ bill** WIRTSCH Inlandswechsel *m*; **~ commerce** US Binnenhandel *m*; **~ flight** FLUG Inlandsflug *m*; **~ goods** Inlandswaren, einheimische Waren; **~ mail** US Inlandspost *f*; **~ market** inländischer Markt, Binnenmarkt *m*; **~ products** → B 2; **~ trade** Binnenhandel *m* 5 inner(er, e, es), Innen…: **~ affairs** innere *od* innenpolitische Angelegenheiten (→ A 1); **in the ~ field** innenpolitisch; **~ interference** POL Einmischung *f* in innere Angelegenheiten; **a ~ political issue** e-e innenpolitische Frage; **~ policy** Innenpolitik *f* B S 1 Hausangestellte(r) *m/f(m)*, Dienstbote *m*, *pl a.* (Dienst)Personal *n* 2 *pl* WIRTSCH Landesprodukte *pl*, inländische Erzeugnisse *pl*; **domesticable** ADJ zähmbar; **domesticate** [-tɪkeɪt] V/T 1 domestizieren: a zu Haustieren machen, zähmen b BOT zu Kulturpflanzen machen, kultivieren 2 an häusliches Leben gewöhnen, *hum* zähmen: **~ one's husband**; **he's very ~d** er ist sehr häuslich 3 *Wilde* zivilisieren 4 *Bräuche etc* einbürgern, heimisch machen; **domestication** S 1 Domestikation *f*, Domestizierung *f*: a Zähmung *f* b BOT Kultivierung *f* 2 Gewöhnung *f* an häusliches Leben 3 Einbürgerung *f*

domesticity [ˌdəʊmeˈstɪsətɪ] S 1 (Neigung *f* zur) Häuslichkeit *f* 2 häusliches Leben 3 *pl* häusliche Angelegenheiten *pl*; **domesticize** [dəʊˈmestɪsaɪz] → domesticate

domicil [ˈdɒmɪsɪl; US ˈdɑmə-] → domicile A

domicile [ˈdɒmɪsaɪl; -sɪl; US ˈdɑmə-] A S 1 Domizil *n*, Wohnsitz *m*, -ort *m* 2 Wohnung *f*: **breach of ~** Hausfriedensbruch *m* 3 JUR (ständiger *od* bürgerlich-rechtlicher) Wohnsitz: **~ of choice** Wahlwohnsitz; **~ of origin** Geburtswohnsitz 4 WIRTSCH Sitz *m (e-r Gesellschaft)* 5 WIRTSCH Zahlungsort *m (für e-n Wechsel)* B V/T 1 ansässig *od* wohnhaft machen, ansiedeln 2 WIRTSCH *e-n Wechsel* domizilieren, *(auf e-n bestimmten Ort)* zahlbar stellen: **~d bill** Domizilwechsel *m*; **domiciled** ADJ ansässig, wohnhaft; **domiciliary** [-ˈsɪljərɪ; US -lɪˌeriː] ADJ Haus…, Wohnungs…: **~ right** Hausrecht *n*; **~ visit** *(polizeiliche etc)* Haussuchung; **domiciliate** [-ˈsɪlɪeɪt] → domicile B; **domiciliation** S WIRTSCH Domizilierung *f (e-s Wechsels)*

dominance [ˈdɒmɪnəns; US ˈdɑmə-] S 1 (Vor)Herrschaft *f*, (Vor)Herrschen *n* 2 Macht *f*, Einfluss *m* 3 BIOL Dominanz *f (Eigenschaft von Erbfaktoren, sich gegenüber schwächeren sichtbar durchzusetzen)*; **dominant** A ADJ (ADV ~ly) 1 dominierend, (vor)herrschend: **~ tenement** JUR herrschendes Grundstück 2 beherrschend: a bestimmend, tonangebend: **the ~ factor** der entscheidende Faktor b emporragend, weithin sichtbar 3 BIOL dominant, überlagernd *(Erbfaktoren)* 4 MUS Dominant…: **~ seventh chord** Dominantseptakkord *m (Dreiklang auf der Dominante mit kleiner Septime)* B S 1 BIOL dominante Erbanlage, vorherrschendes Merkmal 2 MUS Dominante *f (fünfte Stufe der diatonischen Tonleiter)* 3 *fig* beherrschendes Element

dominate [ˈdɒmɪneɪt; US ˈdɑmə-] A V/T beherrschen *(a. fig)*: a herrschen über *(akk)* b emporragen über *(akk)* c dominieren *od* (vor)herrschen in *(dat)* B V/I dominieren, (vor)herrschen: **~ over** herrschen über *(akk)*; **domination** S (Vor)Herrschaft *f*; **dominatrix** [-trɪks] *pl* -trices [-trɪsiːz] S Domina *f (Prostituierte, die an e-m Masochisten sadistische Handlungen vornimmt)*

domineer [ˌdɒmɪˈnɪə(r); US ˌdɑmə-] V/I 1 (over) despotisch herrschen (über *akk*), tyrannisieren *(akk)* 2 den Herrn spielen, anmaßend sein *od* auftreten; **domineering** ADJ (ADV ~ly) 1 tyrannisch, despotisch 2 herrisch, gebieterisch 3 anmaßend

dominical [dəˈmɪnɪkl] ADJ 1 REL des Herrn (Jesu): **~ day** Tag *m* des Herrn *(Sonntag)*; **~ letter** Sonntagsbuchstabe *m (im Kirchenkalender)*; **~ prayer** Gebet *n* des Herrn *(das Vaterunser)* 2 sonntäglich

Dominican [dəˈmɪnɪkən] A ADJ 1 REL dominikanisch, Dominikaner…: **~ friar** → B 1 a; **~ nun** → B 1 b; **~ order** Dominikanerorden *m* 2 dominikanisch B S 1 REL a Dominikaner *m* b Dominikanerin *f* 2 Dominikaner(in) *(Einwohner[in] der Dominikanischen Republik)*

Dominican Republic [dəˈmɪnɪkən] S Dominikanische Republik

dominie [ˈdɒmɪnɪ; US ˈdɑməni:] S 1 *schott* Lehrer *m* 2 [US *bes* ˈdəʊ-] Pfarrer *m*, Pastor *m*, *(als Anrede)* Herr Pfarrer *od* Pastor

dominion [dəˈmɪnjən] S 1 a (Ober)Herrschaft *f* b Regierungsgewalt *f* c *fig* Herrschaft *f*, Einfluss *m (alle:* **over** über *akk)* 2 (Herrschafts)Gebiet *n* 3 Ländereien *pl (e-s Feudalherrn etc)* 4 Dominion *n (sich selbst regierendes Land des Brit. Reiches; seit 1947* **Country of the Commonwealth** *genannt)*: **the ♀ of Canada** das Dominion Kanada 5 **the ♀** Neuseeland *n* 6 JUR a unbeschränktes Eigentum(srecht) b (tatsächliche) Gewalt (**over** über *eine Sache)*

domino [ˈdɒmɪnəʊ; US ˈdɑ-] *pl* -noes, -nos S 1 Domino *m (Maskenkostüm u. Person)* 2 Halbmaske *f* 3 a *pl (als sg konstruiert)* Domino(spiel) *n*: **play ~(e)s** Domino spielen b Dominostein *m*; **~ effect** S *bes* POL Dominoeffekt *m*; **~ theory** S POL *bes* HIST Dominotheorie *f*

don[1] [dɒn; US dɑn] S 1 ♀ Don *m (spanischer Höflichkeitstitel)* 2 Grande *m*, spanischer Edelmann 3 Spanier *m* 4 a *obs* Mann *m* von Stand b *Aus umg* Fachmann *m* (**at** für, auf dem Gebiet *gen)* 5 UNIV *Br* Universitätslehrer *m (bes in Oxford u. Cambridge)*

don[2] [dɒn; US dɑn] V/T *etwas* anziehen, *den Hut* aufsetzen

Don. ABK Donegal

donate [dəʊˈneɪt; US *bes* ˈdəʊˌ-] V/T schenken *(a.* JUR*)*, als Schenkung überlassen, stiften, *a. Blut etc* spenden *(alle:* **to sb** j-m*)*; **donation** S Schenkung *f (a.* JUR*)*, Gabe *f*, Geschenk *n*, Stiftung *f*, Spende *f*: **make a ~ of sth to sb** j-m etwas zum Geschenk machen; **make a ~ of £1,000 to an institution** e-r Einrichtung 1000 Pfund stiften

donative [ˈdəʊnətɪv] A S 1 Schenkung *f* 2 REL durch Schenkung übertragene Pfründe B ADJ 1 Schenkungs… 2 geschenkt 3 REL durch bloße Schenkung übertragen *(Pfründe)*; **donator** [dəʊˈneɪtə(r); US *bes* ˈdəʊˌ-] → donor 1

done [dʌn] A *pperf von* do[1] B ADJ 1 getan: **it isn't ~, it isn't the ~ thing** so etwas tut man nicht, das gehört sich nicht; **it isn't the ~ thing for sb to do sth** es gehört *od* schickt sich nicht für j-n, etwas zu tun; **it is ~, it is the ~ thing** es gehört zum guten Ton; → harm A 1, well[1] A 2 2 erledigt: **get sth ~** etwas erledigen (lassen); **he gets things ~** er bringt etwas zuwege 3 WIRTSCH bezahlt 4 GASTR gar: **well ~** durchgebraten 5 *umg* fertig: **I am ~ with it** ich bin fertig damit; **have ~ with** a fertig sein mit *(a. fig mit j-m)* b nichts mehr zu tun haben wollen mit c nicht mehr brauchen; → do for 1 6 → do[1] A 21, do in 1 a, do up A 5 a 7 *in Urkunden*: gegeben, ausgefertigt: **~ at New York** 8 **~!** abgemacht!, topp!

donee [dəʊˈniː] S JUR Schenkungsempfänger(in), Beschenkte(r) *m/f(m)*

dong [dɔːŋ; dɑŋ] S *bes US vulg* Schwanz *m (Penis)*

dongle [ˈdɒŋgl; US ˈdɑ-] S COMPUT Dongle *m*, Kopierschutzgerät *n*

donjon [ˈdɒndʒən; US ˈdɑn-] S Donjon *m*, Hauptturm *m (der normannischen Burg)*

Don| Juan [ˌdɒnˈdʒuːən; US dɑnˈwɑːn] S Don Juan *m*, Frauenheld *m*; **~ Juanism** S PSYCH Donjuanismus *m (Störung im männlichen Sexualverhalten, das sich in hemmungslosem Verlangen äußert, häufig die Partnerin zu wechseln)*

donkey [ˈdɒŋkɪ; US *a.* ˈdɑŋ-] A S 1 Esel *m (a. fig pej Dummkopf)*: **~'s years** *umg* e-e Ewigkeit, lange Zeit 2 *umg für* donkey engine 3 US Esel *m (Symbol der Demokratischen Partei der USA)* B ADJ Hilfs…: **~ boiler** Donkey *m*, Hilfskessel *m*; **~ engine** S TECH Hilfsmaschine *f*; **~ jacket** S *Br* dicke (Arbeits)Jacke; **~work** S *umg*

Dreck(s)arbeit *f*: **do the ~** die Dreck(s)arbeit machen
donnish ['dɒnɪʃ; *US* 'dɑ-] ADJ (ADV ~ly) 1 gelehrt, wissenschaftlich 2 belehrend (*Ton etc*)
donnybrook ['dɒnɪbrʊk; *US* 'dɑ-] S 1 wüste Rauferei 2 heftige Auseinandersetzung (*in der Presse etc*)

donor ['dəʊnə(r)] S 1 Schenker(in) (*a.* JUR), Spender(in), Stifter(in) 2 MED (*bes Blut-, Organ*) Spender(in); **~('s) card** S Organspenderausweis *m*
do-nothing A S Faulenzer(in), Nichtstuer(in) B ADJ nichtstuerisch, faul
Don Quixote [ˌdɒn'kwɪksət; ˌdɒnkɪ'həʊtɪ; *US* ˌdɑn-] S Don Quichotte *m* (*weltfremder Idealist*)
don't [dəʊnt] A 1 *Zusammenziehung von* **do not** 2 *sl Zusammenziehung von* **does not** B S *pl umg* Verbote *pl*: → do² 4; **~ know** S a *j-d, der (bei e-r Umfrage) keine Meinung hat* b Unentschiedene(r) *m/f(m)*, *bes* unentschiedener Wähler
doodad ['du:dæd] S *US umg*, **doodah** ['du:dɑ:] S *Br umg* Dingsbums *n*
doodle ['du:dl] A S Kritzelei *f*, *pl a.* Gekritzel *n*: **make ~s** → B B V/I doodeln, Männchen malen
doodlebug ['du:dlbʌg] S 1 Wünschelrute *f* 2 *Br umg* V 1 *f (im 2. Weltkrieg)* 3 ZOOL *US* Ameisenlöwe *m* (*Larve der Ameisenjungfern*)
doohickey ['du:ˌhɪki:] S *US umg* Dingsbums *n*
doom [du:m] A S 1 Schicksal *n*, Los *n*, (*bes* böses) Geschick, Verhängnis *n*: **he met his ~** sein Schicksal ereilte ihn 2 a Verderben *n*, Untergang *m*: **send sb to their ~** j-n ins Verderben stürzen b Tod *m* 3 a HIST Gesetz *n*, Erlass *m* b *obs* Urteilsspruch *m*, (*bes* Verdammungs)Urteil *n* c *fig* Todesurteil *n* 4 *a.* ♀ das Jüngste Gericht: → crack A 1 B V/T *a. fig* verurteilen, verdammen (*beide*: **to** zu; **to do** zu tun); **doomed** ADJ 1 verloren, dem Untergang geweiht: **the ~ train** der Unglückszug 2 *fig* verurteilt, verdammt (*beide*: **to** zu; **to do** zu tun): **~ (to failure** *od* **to fail)** zum Scheitern verurteilt
doomsday ['du:mzdeɪ] S *a.* ♀ der Jüngste Tag: **till ~** *umg* bis zum Jüngsten Tag, bis in alle Ewigkeit; ♀ **Book** → Domesday Book
doomster ['du:mstə(r)] S Weltuntergangsprophet(in)
door [dɔ:(r)] S 1 Tür *f*: **who was at the ~?** wer war an der Tür?; **three-~ wardrobe** dreitüriger Schrank 2 *a. fig* Tor *n*, Pforte *f* (*beide*: **to** zu): **the ~ to success** 3 a Ein-, Zugang *m* b Ausgang *m*
Besondere Redewendungen: **from ~ to ~** von Haus zu Haus; **sell sth from ~ to ~** etwas an der Haustür verkaufen; **out of** (*od* **without**) **~s** a nach draußen, ins Freie, hinaus b im Freien, draußen; **within ~s** a im Haus, drinnen b ins Haus, hinein; **the enemy is at our ~** der Feind steht vor den Toren; **he lives two ~s down the street** er wohnt zwei Türen *od* Häuser weiter; **next ~** nebenan, im nächsten Haus *od* Raum; **next ~ to** *fig* beinahe, fast, so gut wie; **this is next ~ to a miracle** das ist beinahe ein Wunder, das grenzt an ein Wunder; **lay sth at sb's ~** j-m etwas zur Last legen; **lay the blame at sb's ~** j-m die Schuld zuschieben; **the fault lies at his ~** er trägt die Schuld; **bang** (*od* **close, shut**) **the ~ on** a *j-n* abweisen b *etwas* unmöglich machen; **show sb the ~, turn sb out of ~s** j-m die Tür weisen, j-n hinauswerfen; **open the ~ to sb** j-n hereinlassen, j-m (die Tür) öffnen; **open a ~ to** (*od* **for**) **sth** etwas ermöglichen *od* möglich machen, *pej a. e-m Missbrauch etc* Tür u. Tor öffnen; **shut the ~** (*Autorennsport*) zumachen; **throw the ~ open to** *fig* alle Türen öffnen (*dat*); **packed to the ~s** voll (besetzt); → darken A 1, death 2, face A 1
door|bell S Türklingel *f*, -glocke *f*: → ring² B 5; **~case** S TECH Türeinfassung *f*, -futter *n*, -zarge *f*; **~ chain** S Sicherheitskette *f*; **~ closer** S Türschließer *m*
do-or-die ADJ: **~ spirit** Entschlossenheit *f* bis zum Äußersten
door|frame S Türrahmen *m*; **~ handle** S Türgriff *m*, -klinke *f*; **~keeper** S Pförtner(in); **~-key child** S *irr obs* Schlüsselkind *n*; **~knob** S Türknopf *m*, -griff *m*; **~knocker** S Türklopfer *m*; **~man** [-mæn; -mən] S *irr* (livrierter) Portier; **~ mat** S 1 Fußmatte *f* 2 *fig* Fußabtreter *m*; **~ money** S Eintrittsgeld *n*; **~nail** S Türnagel *m*: → dead A 1; **~ opener** S Türöffner *m* (*Vorrichtung*); **~plate** S Türschild *n*; **~post** S Türpfosten *m*; **~ scraper** S Fußabstreifer *m* (*aus Metall*); **~step** S 1 Stufe *f* vor der Haustür, Türstufe *f*: **on sb's ~** vor j-s Tür (*a. fig*) 2 *Br umg* dicke Scheibe Brot; **~stop, ~stopper** S Türstopper *m*; **~-to-door** ADJ von Haus zu Haus: **~ collection** Haussammlung *f*; **~ salesman** a Hausierer *m* b Vertreter *m*; **~ selling** Verkauf *m* an der Haustür; **~way** S 1 Torweg *m* 2 Türöffnung *f*, (Tür)Eingang *m* 3 *fig* Weg *m* (**to** zu): **be a ~ to** führen zu; **~yard** S *US* Vorgarten *m*
dope [dəʊp] A S 1 dicke Flüssigkeit, Schmiere *f* 2 a TECH Wirkstoff *m*, Additiv *n*, Zusatzmittel *n* b ELEK Dotiermittel *n* 3 *Textiltechnik*: Spannlack *m* 4 *umg* Stoff *m* (*Rauschgift*) 5 a SPORT Dopingmittel *n*: **take ~** sich dopen b SPORT leistungshemmendes Präparat c Betäubungsmittel *n* 6 *sl* Idiot *m*, Trottel *m* (*beide pej*) 7 *sl* a *oft* **inside ~** (vertrauliche) Informationen *pl*, Geheimtipp(s) *m(pl)* b *allg* Information(en) *f(pl)*, Material *n*: **get (all) the ~ on** alles in Erfahrung bringen über (*akk*) B V/T 1 ELEK dotieren 2 e-n Wirkstoff zusetzen (*dat*), *dem Benzin* ein Zusatzmittel beigeben 3 *umg j-m* Stoff geben 4 a SPORT dopen b *bes e-m Pferd* ein leistungshemmendes Präparat geben c *ein Getränk etc* präparieren, (*dat*) ein Betäubungsmittel untermischen d *fig* einschläfern, -lullen 5 *meist* **~ out** *US sl* a herausfinden, ausfindig machen b ausknobeln c ausarbeiten; **~ addict** S *umg* Junkie *m*, Rauschgiftsüchtige(r) *m/f(m)*; **~ dealer** S *umg* Dealer(in); **~ fiend** → dope addict; **~sheet** S SPORT *sl Veröffentlichung mit Informationen über Rennpferde u. Jockeys*; **~ test** S *Sportmedizin*: *umg* Dopingkontrolle *f*
dopey ['dəʊpɪ] ADJ 1 *umg* benebelt, benommen 2 *sl* blöd, dämlich
doping S SPORT Doping *n*
doppelgänger ['dɒpl͵gæŋə(r)] S Doppelgänger(in): a PSYCH *halluzinatorisch od visionär wahrgenommene eigene Person in der Außenwelt* b (*Okkultismus*) *Erscheinung der eigenen Person, die als Teil der vom Körper zeitweilig losgetrennten verstofflichten Seele aufgefasst wird*
Doppler effect ['dɒplə; *US* 'dɑplər] S PHYS Dopplereffekt *m* (*bei der Bewegung e-s Wellenerzeugers beobachtbare Änderung der Frequenz gegenüber der vom Erzeuger ausgestrahlten*)
dopy ADJ (ADV dopily) → dopey
dor [dɔ:(r)] → dorbeetle
dorado [də'rɑ:dəʊ] S 1 *pl* -dos, *bes koll* -do FISCH Goldmakrele *f* 2 ♀ ASTRON Schwertfisch *m* (*südliches Sternbild*)
dorbeetle ['dɔ:(r)͵bi:tl] S ZOOL 1 Mistkäfer *m*, *engS*. Rosskäfer *m*, *bes* Waldmistkäfer *m* 2 *brummender Käfer, z. B.* Maikäfer *m*
Dorian ['dɔ:rɪən] A ADJ dorisch: **~ mode** MUS dorischer Kirchenton, dorische Tonart B S HIST Dorier(in)
Doric ['dɒrɪk; *US a.* 'dɑrɪk] A ADJ 1 dorisch: **~ order** ARCH dorische (Säulen)Ordnung 2 ländlich(-derb) (*Dialekt etc*) B S HIST Dorisch *n*, dorischer Dialekt
dork [dɔ:rk] S *US sl* Idiot *m*, Trottel *m*; **dorky** ADJ *US sl* blöd, dämlich (*beide a. Grinsen etc*)
Dorking ['dɔ:(r)kɪŋ] S ZOOL Dorkinghuhn *n*
dorm [dɔ:(r)m] *umg für* dormitory
dormancy ['dɔ:(r)mənsɪ] S Schlaf(zustand) *m*, (*a.* BOT Knospen- *od* Samen)Ruhe *f*; **dormant** ADJ 1 schlafend (*a. Heraldik*) 2 *fig* ruhend (*a.* BOT), untätig: **~ volcano** untätiger Vulkan; **lie ~** ruhen (→ 5, 7) 3 ZOOL Winterschlaf haltend 4 träge, schläfrig 5 *fig* schlummernd, verborgen, latent: **~ talent** schlummerndes Talent; **lie ~** schlummern, verborgen liegen (→ 2, 7) 6 JUR ruhend, nicht ausgenutzt *od* beansprucht (*Rechtstitel*) 7 *a.* WIRTSCH ungenutzt, brachliegend (*Fähigkeiten etc*): **~ account** umsatzloses Konto; **~ capital** totes Kapital; **lie ~** a brachliegen b WIRTSCH sich nicht verzinsen (→ 2, 5); → partner A 2, partnership 1
dormer ['dɔ:(r)mə(r)] S ARCH a (Dach)Gaupe *f*, (-)Gaube *f* b *a.* **~ window** stehendes Dachfenster
dormitory ['dɔ:mɪtrɪ; *US* 'dɔ:rmə͵təʊri:; -͵tɔ:-] S 1 Schlafsaal *m* 2 *US* (*bes* Studenten)Wohnheim *n*; **~ suburb, ~ town** S Schlafstadt *f*
dormouse ['dɔ:(r)maʊs] S *irr* ZOOL Bilch *m*, Schlafmaus *f*, *bes* Haselmaus *f*: → sleep A 1
dorp [dɔ:p] S *SAfr* a Kleinstadt *f* b Dorf *n*
Dors. ABK Dorset
dors- [dɔ:(r)s] → dorsi-
dorsa ['dɔ:(r)sə] *pl von* dorsum
dorsal ['dɔ:(r)sl] A ADJ (ADV ~ly) 1 ANAT, ZOOL dorsal, Dorsal…, Rücken…: **~ fin** a → B 2 b FLUG Seitenflosse *f*; **~ vertebra** → B 1 a 2 BOT dorsal, rückenständig 3 PHON dorsal, Dorsal…: **~ sound** → B 3 B S 1 ANAT a Rückenwirbel *m* b Rückennerv *m* 2 FISCH, ZOOL Rückenflosse *f* 3 PHON Dorsal *m* (*mit dem Zungenrücken gebildeter Laut*)
Dorset ['dɔ:(r)sɪt], **Dorsetshire** ['dɔ:(r)sɪtʃə(r); -͵ʃɪə(r)] S Dorset(shire) *n* (*Grafschaft in Südengland*)
dorsi- [dɔ:(r)sɪ] *Wortelement mit der Bedeutung* Rücken…
dorsiferous [dɔ:(r)'sɪfərəs] ADJ 1 BOT die Sporen auf der Blattunterseite tragend 2 ZOOL die Eier *od* Jungen auf dem Rücken tragend; **dorsiventral** [-'ventrəl] ADJ (ADV ~ly) 1 BOT, ZOOL dorsiventral, einachsig symmetrisch 2 → dorsoventral 1
dorso- [dɔ:(r)səʊ] → dorsi-
dorsoventral [͵dɔ:(r)səʊ'ventrəl] ADJ (ADV ~ly) 1 ANAT, BIOL dorsoventral (*vom Rücken zum Bauch hin gelegen*) 2 → dorsiventral 1
dorsum ['dɔ:(r)səm] *pl* -sa [-sə] S ANAT, ZOOL Rücken *m*: **~ of the foot (hand, nose)** Fuß-(Hand-, Nasen)rücken
dory¹ ['dɔ:rɪ] S SCHIFF Dory *n* (*flachbodiges kleines Angelboot*)
dory² ['dɔ:rɪ] → John Dory
DOS ABK IT disk operating system Betriebssystem *n*
dosage ['dəʊsɪdʒ] S 1 Dosierung *f* 2 → dose A 1, A 2 3 Dosage *f*, Zuckerzusatz *m* (*zum Sekt etc*)
dose [dəʊs] A S 1 MED Dosis *f*, Gabe *f*: **~ of radiation** Strahlen-, Bestrahlungsdosis; **like a ~ of salts** *Br umg* in Null Komma nichts 2 *fig* Dosis *f*, Portion *f*: **a heavy ~ of sarcasm** e-e kräftige Dosis Sarkasmus; **he's got a ~ of flu** er hat die Grippe 3 → dosage 3 4 MED *sl* Tripper *m* B V/T 1 *e-e Arznei etc* dosieren, in Dosen verabreichen 2 *j-m* Dosen verabreichen, Arznei geben: **~ sb (up) with** a j-n behandeln *od* kurieren mit b j-m *e-e Strafe etc* verpassen *umg*; **~ o.s. (up)** a Medikamente schlu-

cken b (s)ein Medikament nehmen 3 *dem Sekt etc* Zucker zusetzen

dosh [dɒʃ] S *Br sl* Knete *f (Geld)*

dosimeter [dəʊˈsɪmɪtə(r)] S MED Dosimeter *n (Gerät zur Bestimmung der Bestrahlungsdosis)*; **dosimetry** [-trɪ] S MED Dosimetrie *f (Bestimmung der Bestrahlungsdosis)*

doss [dɒs; *US* dɑs] *bes Br sl* A S 1 Schlafplatz *m* 2 Schlaf *m* 3 → dosshouse B V/I *umg oft* ~ **down** pennen *(schlafen)*

dosser[1] [ˈdɒsə; *US* ˈdɑsər] S Rücken(trag)korb *m*

dosser[2] [ˈdɒsə; *US* ˈdɑsər] S *bes Br umg pej* 1 Penner(in), Pennbruder *m* 2 → dosshouse

dosshouse S *bes Br umg* Penne *f (billige Pension), bes* Obdachlosenheim *n*

dossier [ˈdɒsɪeɪ; *US* ˈdɑ-] S Dossier *n*, Akte *f*: **keep a ~ on** ein Dossier angelegt haben über *(akk)*

dost [dʌst] *obs od poet 2. sg präs von* do[1]: **thou ~**

dot[1] [dɒt; *US* dɑt] S JUR Dos *f*, Mitgift *f*

dot[2] [dɒt; *US* dɑt] A S 1 Punkt *m (a.* MUS *u. Morsen)*, Pünktchen *n*, Tüpfelchen *n*: *the car moved away* **until it became only a ~ in the distance** bis er nur noch als Punkt zu sehen war; **correct to a ~** *umg* aufs Haar *od* bis aufs i-Tüpfelchen (genau); **come on the ~** *umg* auf die Sekunde pünktlich kommen; **at eight o'clock on the ~, on the ~ of eight** *umg* Punkt 8 Uhr; → day 3, year 1 2 Tupfen *m*, kleiner Fleck 3 → decimal point B V/T 1 punktieren, pünkteln: **~ted line** punktierte Linie *(für Unterschrift)*; **sign on the ~ted line** a unterschreiben b (formell *od* bedingungslos) zustimmen 2 *i u. j* mit dem i-Punkt versehen, den i-Punkt machen auf *(akk)*: **~ the** (*od* **one's**) **i's** (**and cross the** [*od* **one's**] **t's**) *fig* penibel *od* peinlich genau sein 3 *fig* sprenkeln, übersäen: **a meadow ~ted with flowers** 4 verstreuen

dotage [ˈdəʊtɪdʒ] S 1 *(geistige)* Senilität: **be in one's ~** senil sein 2 Vernarrtheit *f* (**on, upon** in *akk*)

dotard [ˈdəʊtə(r)d] S seniler Mensch

dote [dəʊt] V/I 1 (**on, upon**) vernarrt sein (in *akk*): a abgöttisch lieben *(akk)* b schwärmen (für) 2 senil sein

doth [dʌθ] *obs od poet 3. sg präs von* do[1]

doting [ˈdəʊtɪŋ] ADJ (ADV ~ly) 1 vernarrt (**on, upon** in *akk*): **he is a ~ husband** er liebt s-e Frau abgöttisch 2 senil

dot matrix printer S COMPUT Nadeldrucker *m*

dotterel [ˈdɒtrəl; *US* ˈdɑtərəl] S 1 ORN Morinell(regenpfeifer) *m* 2 *Br dial* a Gimpel *m pej* b Trottel *m pej*

dottle [ˈdɒtl; *US* ˈdɑtl] S Tabakrest *m (im Pfeifenkopf)*

dottrel [ˈdɒtrəl; *US* ˈdɑ-] → dotterel

dotty [ˈdɒtɪ; *US* ˈdɑ-] ADJ 1 punktiert 2 gepünktelt, getüpfelt 3 *umg* unsicher, wack(e)lig *(beide:* **on one's legs** *auf den Beinen)* 4 *umg* a bekloppt *pej* b (**about**) verrückt (nach), vernarrt (in *akk*)

double [ˈdʌbl] A ADJ (ADV → doubly) 1 a doppelt, Doppel…, zweifach: **~ bottom** doppelter Boden, SCHIFF Doppelboden *m*; **~ the value** der zweifache *od* doppelte Wert; **give a ~ knock** zweimal klopfen; **~ period** SCHULE Doppelstunde *f*; → jeopardy, rhyme A 1 b doppelt so groß wie: **produced in quantities ~ the prewar output** c MED doppelseitig *(Lungenentzündung etc)* 2 Doppelt…, verdoppelt, verstärkt: **~ beer** Starkbier *n* 3 Doppel…, für zwei bestimmt: **~ bed** Doppelbett *n*; **~ room** Doppel-, Zweibettzimmer *n* 4 gepaart, Doppel…: **~ door** a Doppeltür *f* b Flügeltür *f*; **~ nozzle** TECH Doppel-, Zweifachdüse *f* 5 BOT gefüllt, doppelt 6 MUS e-e Oktave tiefer (klingend), Kontra… 7 zweideutig 8 unaufrichtig, falsch 9 gekrümmt B ADV 1 doppelt, noch einmal: **~ as long** 2 doppelt, zweifach: **10 is ~ five** 10 ist zweimal 5; **~ or quits** (*US a.* **nothing**) doppelt od nichts; **play ~ or quits** *fig* alles auf eine Karte setzen; **see ~** (alles) doppelt sehen 3 paarweise, zu zweit: **sleep ~** *a.* in einem Bett schlafen 4 unaufrichtig, falsch C S 1 *(das)* Doppelte *od* Zweifache 2 Gegenstück *n*: a Ebenbild *n* b Doppel *n*, Duplikat *n (a. Abschrift)* 3 a Double *n*, Doppelgänger(in) b → doppelgänger 4 a Falte *f* b Windung *f* 5 a plötzliche Kehrtwendung b Haken *m*: **give sb the ~** j-m durch die Lappen gehen *umg* 6 MIL Schnellschritt *m*: **at the ~** a *a. allg* im Schnellschritt b *allg* auf der Stelle 7 Trick *m*, Winkelzug *m* 8 a THEAT zweite Besetzung b FILM, TV Double *n* c THEAT *etc Schauspieler, der e-e Doppelrolle spielt* 9 *pl Tennis etc*: a Doppel *n (Wettbewerb)* b *(als sg konstruiert) a.* **~s match** Doppel *n*: **~s court** Doppelfeld *n*; **~s partner** Doppelpartner(in); **~s player** Doppelspieler(in); **~s team** Doppel; **men's ~s** Herrendoppel 10 SPORT a Doppelsieg *m* b Doppelniederlage *f* c Double *n (Meisterschaft u. Pokalsieg)* 11 *Bridge etc*: a Doppeln *n* b *Karte, die Doppeln gestattet* 12 Doppelwette *f* 13 ASTRON Doppelstern *m* 14 *Springreiten*: zweifache Kombination D V/T 1 verdoppeln (*a.* MUS), verzweifachen 2 um das Doppelte übertreffen 3 *oft* **~ up** a *Papier etc* kniffen, falten, *e-e Bettdecke etc* um-, zurückschlagen b zusammenfalten, -legen c *die Faust* ballen: → double up A 2 4 umsegeln, umschiffen 5 *Bridge etc: das Gebot* doppeln 6 a FILM, TV als Double einspringen für, *j-n* doubeln b **~ the parts of … and …** THEAT *etc* … … u. … in e-r Doppelrolle spielen 7 *Spinnerei*: doublieren E V/I 1 sich verdoppeln 2 sich (zusammen)falten (lassen) 3 a plötzlich kehrtmachen b e-n Haken schlagen 4 Winkelzüge machen 5 doppelt verwendbar sein: **the chair ~s as a bed** der Sessel lässt sich auch als Bett verwenden 6 a **~ for** → D 6 a b THEAT *etc* e-e Doppelrolle spielen: **~ as … and …** → D 6 b; *allg* sowohl als … als auch als … fungieren c **he ~s as a waiter** er hat noch e-n Job als Kellner 7 MUS zwei Instrumente spielen: **he ~s on … and …** er spielt … u. … 8 *Bridge etc*: doppeln 9 den Einsatz verdoppeln 10 a MIL im Schnellschritt marschieren b laufen

Phrasal Verbs: **double| back** A V/T → double D 3 B V/I kehrtmachen: **he doubled back to the house** er machte kehrt u. ging zum Haus zurück; **~ up** A V/T 1 → double D 3 2 zusammenkrümmen: **the pain doubled him up** er krümmte sich vor Schmerzen; **be doubled up (with)** → B 2 B V/I 1 → double E 2 2 sich krümmen (**with** vor *dat*): **~ with pain**; **~ with laughter** sich vor Lachen biegen *od* krümmen 3 das Zimmer *etc* gemeinsam benutzen, sich das Zimmer teilen (**with** mit), in einem Bett schlafen (**with** mit): **~ on sth** sich etwas teilen

double|-acting ADJ TECH doppelt wirkend: **~ door** Schwingtür *f*; **~ fuse** MIL Doppelzünder *m*; **~ action** S TECH Doppelwirkung *f*; **~-action** → double-acting; **~ agent** S Doppelagent(in); **~ album** S MUS Doppelalbum *n*; **~ bar** S MUS Doppel-, Schlussstrich *m*; **~-barrel(l)ed** ADJ 1 doppelläufig: **~ gun** Doppelflinte *f*, Zwilling *m* 2 doppelt, zweifach: **~ surname** *Br* Doppelname *m* 3 zweideutig *(Bemerkung etc)*, zweifelhaft *(Kompliment)*; **~ bass** [beɪs] → contrabass; **~ bassoon** S MUS Kontrafagott *n*; **~-bedded room** S Zweibettzimmer *n*; **~ bend** S 1 S-Kurve *f* 2 TECH Doppelkrümmer *m*; **~ bill** S Doppelveranstaltung *f*; **~ bind** S ausweglose (Konflikt)Situation; **~-blind experiment** (*od* **test**) S PHARM, PSYCH Doppelblindversuch *m*; **~ boiler** S Wasserbadtopf *m*; **~ bond** S CHEM Äthylenbindung *f*; **~-breasted** ADJ doppel-, zweireihig *(Anzug etc)*; **~ check** S Nachprüfung *f*; **~-check** V/T & V/I nachprüfen, noch einmal prüfen; **~ chin** S Doppelkinn *n*; **~-chinned** ADJ mit Doppelkinn; **~ click** S COMPUT Doppelklick *m*; **~-click** V/T & V/I: **~ (on) an icon** COMPUT ein Icon doppelt anklicken; **~ cloth** S Doppelgewebe *n*; **~-clutch** V/I AUTO *US* mit Zwischengas schalten; **~ column** S Doppelspalte *f (in der Zeitung)*: **in ~s** zweispaltig; **~ consciousness** S PSYCH Doppelbewusstsein *n*; **~ cream** S Sahne *f* mit hohem Fettgehalt; **~ cross** S 1 *umg* doppeltes *od* falsches Spiel 2 BIOL Doppelkreuzung *f*; **~-cross** V/T *umg* ein doppeltes *od* falsches Spiel treiben mit; **~-crosser** S *umg* falscher Kerl; **~-cut file** S TECH Doppelhiebfeile *f*; **~ dagger** S TYPO Doppelkreuz *n*; **~ date** S Doppelrendezvous *n (zweier Paare)*; **~-dealer** S Betrüger(in); **~-dealing** A ADJ betrügerisch B S Betrug *m*; **~-decker** S 1 a FLUG *bes hist* Doppeldecker *m* b Doppelstockbus *m*, Doppeldecker *m umg* 2 *umg* a Doppeldecker *n umg (Doppelsandwich)* b *bes US* Etagenbett *n*; **~-declutch** *Br* → double-clutch; **~-dotted** ADJ MUS doppelt punktiert *(Note)*; **~ Dutch** S *umg* Kauderwelsch *n*: **talk ~**; **it was all ~ to me** das waren für mich böhmische Dörfer; **~-dyed** ADJ 1 zweimal gefärbt 2 *fig* eingefleischt, Erz…: **~ villain** Erzgauner(in); **~ eagle** S 1 *Heraldik*: Doppeladler *m* 2 *US* HIST *goldenes 20-Dollar-Stück*; **~-edged** ADJ 1 zweischneidig (*a. fig*) 2 *fig* zweideutig *(Bemerkung etc)*, zweifelhaft *(Kompliment)*; **~ entendre** [ˌduːblɑ̃ːnˈtɑ̃ːndrə] S Doppel-, Zweideutigkeit *f*, *bes* Anzüglichkeit *f*: a doppel- *od* zweideutiger, *bes* anzüglicher Sinn b doppel- *od* zweideutige, *bes* anzügliche Äußerung *etc*; **~ entry** S WIRTSCH 1 doppelte Buchung 2 doppelte Buchführung; **~ exposure** S FOTO 1 Doppelbelichtung *f* 2 doppelt belichtetes Foto; **~-faced** ADJ 1 doppelseitig, wendbar *(Stoff etc)* 2 *fig* heuchlerisch, unaufrichtig, falsch; **~ fault** S *Tennis*: Doppelfehler *m*; **~-fault** V/I *Tennis*: e-n Doppelfehler machen: **he ~ed** ihm unterlief ein Doppelfehler; **~ feature** S FILM Doppelprogramm *n (2 Spielfilme in jeder Vorstellung)*; **~ figures** SPL zweistellige Zahlen: **be in ~** zweistellig sein; **~ first** S UNIV *Br mit Auszeichnung od „sehr gut" erworbener* ***honours degree*** *in zwei Fächern*; **~ foul** S *Basketball*: Doppelfoul *n*; **~ fugue** S MUS Doppelfuge *f*; **~ganger** → doppelgänger; **~-glaze** V/T 1 *ein Fenster* doppelt verglasen: **~d window** Doppelfenster *n* 2 mit Doppelfenstern versehen; **~ glazing** S 1 Doppelverglasung *f* 2 KOLL Doppelfenster *pl*; **~ harness** S Doppelgespann *n*: **be in ~** *umg* verheiratet sein; **~header** S 1 von zwei Lokomotiven gezogener Zug 2 SPORT *US* Doppelveranstaltung *f*; **~ helix** S CHEM Doppelhelix *f*; **~ indemnity** S *US* Verdopp(e)lung *f* der Versicherungssumme *(bei Unfalltod)*; **~ jeopardy** S JUR *US* (Verbot *n* der) doppelte(n) Strafverfolgung e-s Täters wegen derselben Tat; **~-jointed** ADJ mit Gummigelenken *(Artist etc)*: **be ~** Gummigelenke haben; **~ jump** S *Eis-, Rollkunstlauf*: zweifacher Sprung, Doppelsprung *m*; **~ life** S *irr* Doppelleben *n*; **~-lock** V/T zweimal abschließen; **~ magnum** S große Weinflasche, *(etwa)* Dreiliterflasche *f*; **~ meaning** → double entendre; **~-minded** ADJ (ADV ~ly) wankelmütig,

D

unentschlossen; ~ **murder** S Doppelmord *m*; ~ **negative** S LING doppelte Verneinung; ~ **nelson** S *Ringen*: Doppelnelson *m*
doubleness S 1 *(das)* Doppelte, Duplizität *f* 2 Zweideutigkeit *f* 3 Unaufrichtigkeit *f*, Falschheit *f*
double|-page ADJ doppelseitig *(Anzeige etc)*; **~-park** V/T & V/I AUTO in zweiter Reihe parken; ~ **point** S MATH Doppelpunkt *m (e-r Kurve)*; **~-pole push** S *Skisport*: Doppelstockschub *m*; **~-quick** A S → double time 1 B ADJ: **in ~ time** → C C ADV *umg* im Eiltempo, fix
doubler S 1 Verdoppler(in) 2 ELEK (Frequenz)Verdoppler *m* 3 *Spinnerei*: a Dublierer(in) b Dubliermaschine *f* c Drucktuch *n*
double| reed S MUS doppeltes Rohrblatt; ~ **salt** S CHEM Doppelsalz *n*; ~ **sculls** SPL *Rudern*: Doppelzweier *m*; **~-seater** *bes* FLUG A S Zweisitzer *m* B ADJ Zweisitzer…, zweisitzig; ~ **sharp** S MUS Doppelkreuz *n*; **~-space** V/T & V/I mit zweizeiligem Abstand schreiben *od* tippen: **~d** mit doppeltem Zeilenabstand, zweizeilig; **~speak** S *bes US* ausweichende *od* doppeldeutige Worte *pl (die täuschen od in die Irre führen sollen)*; ~ **standard** S *oft pl* Doppelmoral *f*, doppelbödige Moral: **apply ~s** mit zweierlei Maß messen; **there is a ~ in our firm** in unserer Firma wird mit zweierlei Maß gemessen; ~ **star** S ASTRON Doppelstern *m*; **~-stop** MUS A S Doppelgriff *m (auf der Geige etc)* B V/T Doppelgriffe spielen auf *(dat)*
doublet ['dʌblɪt] S 1 HIST Wams *n* 2 Paar *n (Dinge)* 3 Dublette *f*: a Duplikat *n*, Doppelstück *n* b TYPO Doppelsatz *m* c *Edelstein aus 2 verkitteten Teilen* 4 Doppelform *f (e-s zweifach entlehnten Wortes)* 5 *pl* Pasch *m (beim Würfeln)* 6 PHYS, TECH Doppellinie *f* 7 OPT Doppellinse *f* 8 ELEK *US* Dipol(antenne) *m(f)*
double| take S THEAT *etc* verzögerte Reaktion *(in e-r unwahrscheinlichen od überraschenden Situation)*: **we did a ~ when …** wir mussten zweimal hinschauen, als …; wir konnten es zuerst gar nicht glauben, als …; ~ **talk** S a hinhaltendes *od* nichtssagendes Gerede b doppelzüngiges Gerede c Augen(aus)wischerei *f umg*; ~ **taxation** S WIRTSCH Doppelbesteuerung *f*; **~think** S *die Fähigkeit, zwei einander widersprechende Gesinnungen zu haben*; ~ **thread** S TECH Doppelgewinde *n*; **~-threaded** ADJ TECH 1 gezwirnt 2 doppelgängig *(Schraube)*; ~ **time** S 1 MIL *US* a Schnellschritt *m* b langsamer Laufschritt: **in ~** *umg* im Eiltempo, fix 2 doppelter Lohn *(für Feiertagsarbeit etc)*; **~-tongued** ADJ doppelzüngig, falsch; **~-tracked** ADJ BAHN zweigleisig; ~ **vision** S MED Doppeltsehen *n*: **have ~** (alles) doppelt sehen; ~ **whammy** S *US umg* doppeltes Pech
doubling S 1 Verdopp(e)lung *f* 2 (Zusammen)Faltung *f* 3 a Hakenschlagen *n* b Haken *m* 4 Winkelzug *m*, Kniff *m*
doubloon [dʌb'lu:n] S HIST Dublone *f (spanische Goldmünze)*
doubly ['dʌblɪ] ADV doppelt, zweifach
doubt [daʊt] A V/I 1 zweifeln (**of sth** an e-r Sache) 2 zögern, schwanken, Bedenken haben B V/T 1 (es) bezweifeln, (daran) zweifeln, nicht sicher sein *(alle:* **whether, if** ob; **that** dass; *in verneinten u. fragenden Sätzen:* **that, but, but that** dass): **I ~ whether he will come** ich zweifle, ob er kommen wird; **I ~ that he can come** ich bezweifle es, dass er kommen kann; **I don't ~ that he will come** ich zweifle nicht daran, dass er kommen wird 2 bezweifeln, anzweifeln, zweifeln an *(dat)*: **I almost ~ it** ich möchte es fast bezweifeln 3 misstrauen *(dat)*, keinen Glauben schenken *(dat)*: ~ **sb's words** 4 *obs od dial* fürchten C S 1 Zweifel *m* (**of** an *dat*; **about, over** hinsichtlich; **that** dass): **no ~, without ~, beyond ~** zweifellos, ohne Zweifel, zweifelsohne, fraglos, sicher (-lich); **no ~ you would like a cup of tea** du willst doch sicher e-e Tasse Tee; **it is beyond ~ that …** es steht außer Zweifel, dass …; **in ~** im *od* in Zweifel, im Ungewissen (→ C 3); **be in ~ about** Zweifel haben an *(dat)*; **I'm in no ~ that …** für mich gibt es keinen Zweifel, dass …; **leave sb in no ~ about** j-n nicht im Ungewissen *od* Zweifel lassen über *(akk)*; **there is no (not the smallest, little) ~ (that)** es besteht kein (nicht der geringste, kaum ein) Zweifel darüber(, dass); **there are ~s that …** es wird bezweifelt, dass …; **have no ~** *(od* **not a ~)** **of** nicht zweifeln an *(dat)*; **have no ~ that …** nicht bezweifeln, dass …; **I've no ~ who did it** für mich ist klar *od* steht fest, wer es war; **have one's ~s** (so) s-e Zweifel haben; **have one's ~s about** *j-m od e-r Sache* skeptisch gegenüberstehen; **leave no ~(s) about** keinen Zweifel lassen an *(dat)*; **make no ~** sicher sein, keinen Zweifel hegen; **it is not in any ~** darüber besteht kein Zweifel 2 a Bedenken *n*, Besorgnis *f (beide:* **about** wegen) b Argwohn *m*: **have some ~s left** noch einige Bedenken hegen; **put in ~** fraglich *od* fragwürdig erscheinen lassen; **raise ~s** Zweifel aufkommen lassen 3 Ungewissheit *f*: **in ~** a ungewiss b unschlüssig (→ C 1); **if** *(od* **when)** **in ~** im Zweifelsfall, wenn Sie sich nicht sicher sind; → benefit A 4 4 *obs* Schwierigkeit *f*, Problem *n*
doubter S Zweifler(in)
doubtful ADJ (ADV **~ly**) 1 zweifelhaft: a unsicher, unklar b bedenklich, fragwürdig c ungewiss, unsicher: **he's ~ for tomorrow's game** SPORT sein Einsatz im morgigen Spiel ist fraglich; **~ debts** WIRTSCH Dubiosa, Dubiosen, zweifelhafte Forderungen d verdächtig, dubios *(Person)* 2 zweifelnd, unsicher, unschlüssig: **be ~ of** *(od* **about)** zweifeln an *(dat)*, im Zweifel sein über *(akk)*; **be ~ that …** bezweifeln, dass …; **doubtfulness** S 1 Zweifelhaftigkeit *f*: a Unsicherheit *f* b Fragwürdigkeit *f* c Ungewissheit *f* 2 Unschlüssigkeit *f*; **doubting** ADJ (ADV **~ly**) 1 zweifelnd, misstrauisch, argwöhnisch: ~ **mania** Zweifelsucht *f*; → Thomas B 2 schwankend, unschlüssig; **doubtless** ADV 1 zweifellos, ohne Zweifel, sicherlich 2 (höchst)wahrscheinlich
douceur [du:'sɜ:; *US* -'sɜr] S 1 a (Geld)Geschenk *n* b Trinkgeld *n* 2 Bestechung(sgeld) *f(n)* 3 *obs* Freundlichkeit *f*
douche [du:ʃ] A S 1 Dusche *f*, Brause *f (beide a. Vorrichtung)* 2 MED a *(bes Scheiden)*Spülung *f* b Spülapparat *m*, Irrigator *m* B V/T 1 (ab)duschen 2 MED (aus)spülen C V/I 1 (sich) duschen 2 MED e-e Spülung machen
dough [daʊ] S 1 Teig *m* 2 *weitS.* Teig *m*, teigartige Masse 3 *bes US sl* Knete *f (Geld)*; **~boy** S *umg* 1 GASTR (gekochter) Mehlkloß 2 MIL *US bes* HIST Infanterist *m*; **~foot** *pl* -feet, -foots → doughboy 2; ~ **hook** S GASTR Knethaken *m*; **~nut** S Krapfen *m*, Berliner (Pfannkuchen) *m*; **~nutting** S PARL *Br umg Situation, in der sich die wenigen Abgeordneten, die sich im Unterhaus befinden, um e-n Redner gruppieren, um im Fernsehen den Eindruck e-s voll besetzten Hauses zu vermitteln*
dought [daʊt] *prät von* dow
doughtiness ['daʊtɪnɪs] S *obs od poet* Mannhaftigkeit *f*; **doughty** ADJ (ADV doughtily) *obs od poet* mannhaft, kühn, tapfer
doughy ['dəʊɪ] ADJ 1 teigig, teigartig, weich 2 klitschig, nicht durchgebacken *(Brot etc)* 3 *fig* teigig, wächsern *(Gesicht etc)*
Douglas| fir ['dʌgləs], ~ **hemlock**, ~ **pine**, ~ **spruce** S BOT Douglastanne *f*, -fichte *f*
douma → duma
dour [dʊə; *US* 'dʊər; 'daʊər] ADJ (ADV **~ly**) 1 mürrisch 2 hart, streng 3 hartnäckig, halsstarrig, eigensinnig
douse [daʊs] V/T 1 a ins Wasser tauchen, eintauchen (**in** in *akk*), *Wäsche etc* einweichen b Wasser schütten über *(akk)*, übergießen (**with** mit) 2 *umg das Licht etc* auslöschen, ausmachen 3 SCHIFF a *das Segel* laufen lassen b *das Tauende* loswerfen c *e-e Luke* schließen
douzepers ['du:zpeə(r)z] SPL 1 *(die)* zwölf Paladine *(Karls des Großen)* 2 HIST *(die)* zwölf Pairs Frankreichs
dove[1] [dʌv] S 1 ORN Taube *f*: **(as) gentle as a ~** lammfromm; ~ **of peace** *fig* Friedenstaube 2 REL a Taube *f (Symbol des Heiligen Geistes)* b ♀ Heiliger Geist 3 Täubchen *n*, Liebling *m (Kosewort)* 4 POL Taube *f (gemäßigter Politiker)*
dove[2] [dəʊv] *US prät von* dive[1]
dove| colo(u)r [dʌv] S Taubengrau *n*; **~-colo(u)red** ADJ taubengrau; **~-cot(e)** S Taubenschlag *m*: **flutter the ~s** für einige Aufregung *od* für einigen Wirbel sorgen (**of** in *dat*)
dove's-foot S *irr* BOT *(ein)* Storchschnabel *m*
dovetail ['dʌvteɪl] A S TECH a Schwalbenschwanz *m*, Zinken *m* b Schwalbenschwanzverbindung *f* B V/T 1 TECH verschwalben, verzinken 2 einfügen, -passen *(beide:* **into** in *akk)* 3 *fig* abstimmen (**to** auf *akk)* C V/I 1 **(into)** genau passen (in *akk*), genau angepasst sein *(dat)* 2 genau ineinanderpassen *od* -greifen; **dovetailed** ADJ TECH a durch Schwalbenschwanz verbunden b mit Zinken versehen c schwalbenschwanzförmig
dovetail| joint → dovetail A b; ~ **mo(u)lding** S ARCH Schwalbenschwanzverzierung *f*; ~ **plane** S TECH Grathobel *m*; ~ **saw** S TECH Zinkensäge *f*
dow [daʊ; dəʊ] *prät u. pperf* dowed, dought [daʊt] *schott od Br dial* A V/AUX können B V/I blühen, gedeihen
dowager ['daʊədʒə(r)] S 1 Witwe *f (bes von vornehmem Stand)*: **queen ~** Königinwitwe; ~ **duchess** Herzoginwitwe 2 Matrone *f*, würdevolle ältere Dame
dowdiness ['daʊdɪnɪs] S a Uneleganz *f* b Schäbigkeit *f* c Schlampigkeit *f*; **dowdy** A ADJ (ADV dowdily) a schlecht *od* nachlässig gekleidet, schlampig b unelegant c unmodern d schäbig B S 1 nachlässig gekleidete Frau 2 GASTR *US (ein)* Apfelauflauf *m*; **dowdyish** ADJ ziemlich schlampig *od* schäbig
dowel ['daʊəl] TECH A S 1 (Holz)Dübel *m*, Holzpflock *m* 2 (Wand)Dübel *m* B V/T (ver)dübeln; ~ **pin** → dowel A 1
dower ['daʊə(r)] A S 1 JUR Wittum *n*, Witwenleibgedinge *n* 2 *obs* Mitgift *f* 3 Gabe *f*, Begabung *f*: **have a ~ of good health** mit guter Gesundheit gesegnet sein B V/T 1 ausstatten *(a. fig)* 2 JUR *j-m* ein Wittum geben
dowie ['daʊɪ; 'dəʊɪ] ADJ *Br dial* schwermütig, melancholisch
Dow Jones| Average, ~ **Index** [ˌdaʊ'dʒəʊnz] S WIRTSCH Dow-Jones-Index *m (Aktienindex der New Yorker Börse)*
down[1] [daʊn] A ADV 1 nach unten, herunter, hinunter, herab, hinab, ab-, niederwärts, zum Boden, zum Grund, *(in Kreuzworträtseln)* senkrecht: **three ~**; **~ from** fort von, von … herab; **paralysed from the waist ~** von der Hüfte abwärts gelähmt; **~ to** bis hinunter *od* hinab zu; **~ to our times** bis in unsere Zeit; **~ to the last detail** bis ins letzte Detail; **~ to the last man** bis zum letzten Mann; **from … ~ to** von … bis hinunter zu; **~ to the ground** *umg* vollständig,

absolut, ganz u. gar; **suit sb ~ to the ground** *umg* genau das Richtige für j-n sein; **be ~ on sb** *umg* a über j-n herfallen b j-n auf dem Kieker haben *umg* 2 nieder…: → burn down, *etc* 3 (in) bar, sofort: **ten dollars ~** 10 Dollar (in) bar; → pay down 4 zu Papier, nieder…: → take down 8, *etc* 5 vorgemerkt, angesetzt: **the bill is ~ for the third reading today** heute steht die dritte Lesung der Gesetzesvorlage auf der Tagesordnung; **be ~ for Friday** für Freitag angesetzt sein 6 von e-r großen Stadt (*in England*: von London) weg: **go ~ to the country** aufs Land fahren; → go down 12 7 *bes US* a zu e-r großen Stadt hin b zur Endstation hin c ins Geschäftsviertel 8 (nach Süden) hinunter 9 a mit dem Strom, flussabwärts b mit dem Wind 10 *Br* von der Universität: → go down 10, send down 2 11 nieder!: **~ with the capitalists!** nieder mit den Kapitalisten!; **~ on your knees!** auf die Knie (mit dir)! 12 (dr)unten: **~ there** dort unten; **~ under** *umg* in *od* nach Australien *od* Neuseeland 13 unten (im Hause), aufgestanden: **he is not ~ yet** er ist noch oben *od* im Schlafzimmer 14 untergegangen (*Sonne*) 15 a heruntergegangen, gefallen (*Preise*) b billiger (*Waren*) 16 gefallen (*Thermometer etc*): **be ~ by 10 degrees** um 10 Grad gefallen sein 17 *Br* a nicht in London b nicht an der Universität 18 a nieder-, hingestreckt, am Boden (liegend) b *Boxen*: am Boden, unten *umg*: **~ and out** k. o., *fig* (*a. physisch od psychisch*) erledigt *umg*, ruiniert c erschöpft, kaputt, fix u. fertig (*beide umg*) d deprimiert, niedergeschlagen, down *umg*: → mouth A 1 e heruntergekommen, in elenden Verhältnissen (lebend): → come down 4, heel[1] *Bes Redew* f außer Betrieb (*Computer*) 19 bettlägerig: **be ~ with influenza** mit Grippe im Bett liegen 20 SPORT (*um Punkte etc*) zurück: **he was two points ~** er war *od* lag 2 Punkte zurück; **they are 1-4 ~** sie liegen mit 1:4 im Rückstand (**to** gegen) B ADJ 1 nach unten *od* abwärtsgerichtet, Abwärts…: **a ~ jump** ein Sprung nach unten 2 unten befindlich 3 deprimiert, niedergeschlagen 4 *Br* von London abfahrend *od* kommend (*Zug*): **~ platform** Abfahrtsbahnsteig *m* (*in London*) 5 *bes US* a in Richtung nach e-r großen Stadt b zum Geschäftsviertel (hin), in die Stadtmitte 6 Bar…: → down payment 7 *bes US sl* deprimierend C PRÄP 1 herunter, hinunter, herab, hinab, entlang: **~ the hill** den Hügel hinunter; **~ the river** den Fluss hinunter, flussab(wärts); **~ the middle** durch die Mitte; **~ the street** die Straße entlang *od* hinunter 2 (in derselben Richtung) mit: **~ the wind** mit dem Wind 3 a hinunter in (*akk*) b hinein in (*akk*) 4 unten an (*dat*): **further ~ the Rhine** weiter unten am Rhein 5 *zeitlich*: durch … (hindurch): → age A 4 D S 1 *fig* a Abstieg *m* b Nieder-, Rückgang *m* 2 Tiefpunkt *m*, -stand *m* 3 Depression *f*, (seelischer) Tiefpunkt 4 *umg* Groll *m*: **have a ~ on sb** j-n auf dem Kieker haben 5 → downer 1 E V/T 1 zu Fall bringen (*a.* SPORT *u. fig*) 2 niederschlagen 3 niederlegen: **~ tools** die Arbeit niederlegen, in den Streik treten 4 *ein Flugzeug* abschießen, runterholen *umg* 5 *e-n Reiter* abwerfen 6 *umg ein Getränk* runterkippen F V/I 1 *umg* a hinunterrutschen (*Speise*) b (gut) schmecken 2 *bes US sl* Beruhigungsmittel nehmen

down[2] [daʊn] S 1 ORN a Daunen *pl*, flaumiges Gefieder: **dead ~** Raufdaunen; **live ~** Nestdaunen; **~ quilt** Daunendecke *f* b Daune *f*, Flaumfeder *f*: **in the ~** noch nicht flügge 2 (*a.* Bart)Flaum *m*, feine Härchen *pl* 3 BOT a feiner Flaum b haarige Samenkrone, Pappus *m* 4 weiche, flaumige Masse

down[3] [daʊn] S 1 *obs* a Hügel *m* b Sandhügel *m*, *bes* Düne *f* 2 *pl* waldloses, *bes* grasbedecktes Hügelland: **the ≈s** a *Hügelland entlang der Süd- u. Südostküste Englands* b *Reede an der Südostküste Englands, vor der Stadt Deal*

Down[4] [daʊn] S Down *n* (*Grafschaft in Nordirland*)

down|-and-out A ADJ (*a. physisch u. psychisch*) erledigt *umg*, ruiniert B S a erledigter Mensch, Wrack *n* b Penner(in) *umg pej*; **~-and-outer** → down-and-out B; **~-at-heel(s)**, **~-at-the-heel(s)** ADJ heruntergekommen (*Person, Hotel etc*); **~beat** A S 1 MUS Niederschlag *m* (*beim Dirigieren*) 2 MUS erster Schlag (*e-s Taktes*) 3 *fig* Rückgang *m*: **on the ~** im Rückgang (begriffen) B ADJ *umg* pessimistisch; **~bow** [-bəʊ] S MUS Abstrich *m*; **~cast** A ADJ niedergeschlagen: a gesenkt (*Blick*) b deprimiert B S *a.* **~ shaft** (*Bergbau*) Wetterschacht *m*, einziehender Schacht; **~draft**, *bes Br* **~draught** S 1 TECH Fallstrom *m*: **~ carburet(t)or** Fallstromvergaser *m* 2 Abwind *m*

downer S *sl* 1 Beruhigungsmittel *n* 2 deprimierendes Erlebnis *etc*

down|fall S 1 *fig* Sturz *m*: **be sb's ~** j-s Ruin sein 2 starker Regenguss, Platzregen *m*, *a.* starker Schneefall 3 JAGD Schlagfalle *f*; **~fallen** ADJ 1 verfallen, baufällig (*Haus etc*) 2 *fig* gestürzt; **~grade** ['-greɪd] A S 1 *bes US* Gefälle *n* 2 *fig* Niedergang *m*: **on the ~** im Niedergang (begriffen) B ADJ [*a.* ,-'greɪd] *bes US* abschüssig C ADV [,-'greɪd] *bes US* bergab D V/T [*a.* ,-'greɪd] 1 niedriger einstufen 2 (im Rang) herabsetzen, degradieren 3 WIRTSCH (die Qualität *gen*) verschlechtern 4 MIL die Geheimhaltungsstufe (*gen*) heruntersetzen; **~hearted** ADJ (ADV **~ly**) niedergeschlagen, entmutigt; **~heartedness** S Niedergeschlagenheit *f*; **~hill** [,-'hɪl] A ADV abwärts, bergab (*beide a. fig*), den Berg hinunter: **he is going ~** *fig* es geht bergab mit ihm; **the rest was ~ (all the way)** *fig* alles andere ging wie von selbst B ADJ [*a.* '-hɪl] 1 abschüssig 2 *Skisport*: Abfahrts…: **~ course**, **~ run** Abfahrtsstrecke *f*; **~ race** Abfahrtslauf *m*; **~ racer** Abfahrtsläufer(in) C S ['-hɪl] 1 Abhang *m*: **the ~ of life** *fig* die absteigende Hälfte des Lebens 2 *Skisport*: Abfahrt *f*; **~hiller** S *Skisport*: Abfahrer(in); **~-home** ADJ US bodenständig

Downing Street ['daʊnɪŋ] S Downing Street *f*: a *Londoner Straße mit dem Amtssitz des Premierministers* b *fig die Regierung von Großbritannien*

down|-in-the-mouth ADJ *umg* deprimiert; **~-lead** [-li:d] S ELEK Niederführung *f* (*e-r Hochantenne*); **~lighter** S Deckenstrahler *m*; **~load** A S IT *von Programm* Download *m*, Herunterladen *n* B V/T IT *ein Programm etc* downloaden, herunterladen; **~-market** ADJ *bes Br* weniger anspruchsvoll; **~most** [-məʊst; -məst] A ADJ unterst(er, e, es), niedrigst(er, e, es) (*beide a. fig*): **be ~** an letzter Stelle stehen B ADV ganz unten, zuunterst; **~ payment** S WIRTSCH 1 Bar-, Sofortzahlung *f* 2 Anzahlung *f* (*bei Ratenkäufen*); **~pipe** S *Br* (Regen)Fallrohr *n* (*der Dachrinne*); **~play** V/T bagatellisieren, herunterspielen; **~pour** S Platzregen *m*, Regenguss *m*; **~right** A ADJ 1 völlig, absolut, ausgesprochen, hundertprozentig *umg*: **a ~ lie** e-e glatte Lüge; **a ~ moralist** ein ausgesprochener Moralist; **~ nonsense** völliger *od* kompletter Unsinn 2 offen(herzig), ehrlich, unverblümt (*Antwort etc*) B ADV 1 völlig, ganz u. gar, durch u. durch, gänzlich: **~ lovely** ausgesprochen hübsch; **refuse ~** glatt ablehnen 2 offen, geradeheraus; **~river** → downstream; **~shift** V/I AUTO herunterschalten (**into second gear** in den 2. Gang); **~side** S 1 Unterseite *f* 2 *fig* Kehrseite *f*; **~size** V/T 1 verkleinern, reduzieren 2 *Arbeitsplätze etc* abbauen; **~spout** S US (Regen)Fallrohr *n* (*der Dachrinne*)

Down's syndrome [daʊnz] S MED Down-Syndrom *n*, Mongolismus *m*

down|stage [,-'steɪdʒ] THEAT A ADV zum *od* im Vordergrund der Bühne B ADJ [*a.* '-steɪdʒ] a zum Bühnenvordergrund gehörig b im Vordergrund der Bühne C S ['-steɪdʒ] Bühnenvordergrund *m*; **~stairs** A ADV 1 die Treppe herunter *od* hinunter, nach unten 2 e-e Treppe tiefer 3 unten, in e-m unteren Stockwerk B ADJ [*bes* '-steə(r)z] im unteren Stockwerk (gelegen), unter(er, e, es) C S [*a.* '-steə(r)z] *pl* (*als sg konstruiert*) unteres Stockwerk, Untergeschoss *n*; **~state** US A ADJ & ADV im *od* in den Süden (*e-s Bundesstaates*) B S Süden *m* (*e-s Bundesstaates*); **~stream** A ADV fluss-, stromab(wärts) B ADJ [*a.* '-stri:m] 1 fluss- *od* stromabwärts gerichtet 2 (weiter) fluss- *od* stromabwärts vorkommend *od* gelegen; **~stroke** S 1 Grund-, Abstrich *m* (*beim Schreiben*) 2 TECH Abwärts-, Leerhub *m* (*des Kolbens etc*); **~swing** S (WIRTSCH Konjunktur) Rückgang *m*, Abschwung *m*; **~-the-line** ADJ vorbehaltlos; **~throw** S 1 *fig* Sturz *m* 2 GEOL Schichtensenkung *f*; **~time** S 1 Ausfallzeit *f* (*e-s Computers etc*) 2 US a Pause *f* b Freizeit *f*; **~-to-earth** ADJ realistisch (*a. Preise etc*); **~town** US A ADV [,-'taʊn] in der *od* die Stadtmitte B ADJ ['-,taʊn] 1 in der Stadtmitte (gelegen *od* tätig): **a ~ store**; **a ~ broker**; **in ~ Los Angeles** in der Innenstadt von Los Angeles 2 in *od* durch die Stadtmitte (fahrend *etc*) C S ['-,taʊn] Stadtmitte *f*, Innenstadt *f*, City *f*; **~trend** S Abwärtstrend *m*, sinkende Tendenz; **~trodden** ADJ 1 zertreten, zertrampelt 2 *fig* unterdrückt, (mit Füßen) getreten; **~turn** → downswing; **~ under** S *umg* a Australien *n* b Neuseeland *n*

downward ['daʊnwə(r)d] A ADV 1 hinab, abwärts, nach unten, hinunter: **face ~** mit dem Gesicht nach unten 2 fluss-, stromab(wärts) 3 *fig* abwärts, bergab: **he went ~ in life** es ging bergab mit ihm 4 **from … ~** (*zeitlich*) von … ab, seit: **~ from Shakespeare to the twentieth century** von Shakespeare (herab) bis zum 20. Jahrhundert B ADJ (ADV **~ly**) 1 Abwärts…, sich neigend, nach unten gerichtet *od* führend: **~ acceleration** PHYS Fallbeschleunigung *f*; **~ compatibility** IT Abwärtskompatibilität *f*; **~ current** FLUG, PHYS Abwind *m*; **~ movement** Abwärtsbewegung *f* (*a. fig*); **~ prices** sinkende Preise; **~ stroke** → downstroke 2; **~ trend** → downtrend 2 *fig* bergab *od* zum Abgrund führend 3 absteigend (*Linie e-s Stammbaums etc*) 4 bedrückt, pessimistisch; **downwards** [-wə(r)dz] → downward A

downwind A S 1 Rückenwind *m* 2 Fallwind *m* B ADJ dem Wind abgekehrt (*Seite*) C ADV mit dem Wind

downy[1] ['daʊnɪ] ADJ 1 ORN mit Daunen bedeckt 2 BOT feinstflaumig 3 mit Flaum *od* feinen Härchen bedeckt, flaumig (*Haut*) 4 Daunen…: **~ pillow** 5 sanft, weich 6 *sl* gerieben, gerissen

downy[2] ['daʊnɪ] ADJ sanft gewellt u. mit Gras bewachsen (*Gelände etc*)

dowry ['daʊərɪ] S 1 Mitgift *f*, Ausstattung *f*, -steuer *f* 2 *obs* Morgengabe *f* 3 *fig* Gabe *f*, Begabung *f*

dowse[1] → douse

dowse[2] [daʊz] A V/I mit der Wünschelrute suchen (**for** nach) B V/T *bes US* mit der Wünschel-

D

D

rute suchen (nach)

dowser ['daʊzə(r)] S 1 Wünschelrute f 2 (Wünschel)Rutengänger(in)

dowsing rod S Wünschelrute f

doxology [dɒk'sɒlədʒɪ; US dɑk'sɑl-] S REL Doxologie f, Lobpreisung f Gottes od der Dreifaltigkeit (bes im Gloria): **Greater (Lesser) ~** großes (kleines) Gloria

doxy¹ ['dɒksɪ; US 'dɑksi:] S Meinung f (bes in religiösen Dingen)

doxy² ['dɒksɪ; US 'dɑksi:] S obs sl 1 Mätresse f, Geliebte f 2 Dirne f

doyen ['dɔɪən] S 1 Rangälteste(r) m 2 Doyen m (des diplomatischen Korps) 3 Nestor m; **doyenne** [dɔɪ'ɛn] S 1 Rangälteste f 2 Nestorin f

doyley, doyly → doily

doz. ABK dozen(s PL)

doze [dəʊz] A VI dösen, ein Nickerchen machen od halten: **~ off** eindösen, einnicken B VT oft **~ away** die Zeit etc verdösen C S a Dösen n b Nickerchen n: **have a ~** → A

dozen ['dʌzn] S Dutzend n (a. weitS.): **three ~ apples** drei Dutzend Äpfel; **several ~ eggs** mehrere Dutzend Eier; **a ~ bottles of beer** ein Dutzend Flaschen Bier; **~s of birds** Dutzende von Vögeln; **some ~s of children** einige Dutzend Kinder; **~s of people** umg e-e Menge Leute; **~s of times** umg x-mal, hundertmal; **in ~s, by the ~** zu Dutzenden, dutzendweise; **cheaper by the ~** im Dutzend billiger; **a baker's ~** obs 13 Stück; **fifty pence a ~** 50 Pence das Dutzend; **talk nineteen** (od **twenty, forty**) **to the ~** Br umg wie ein Wasserfall reden; **do one's daily ~** Br Früh- od Morgengymnastik machen

dozenth ['dʌznθ] ADJ zwölft(er, e, es): **for the ~ time** umg zum hundertsten Mal

dozer ['dəʊzə(r)] S 1 Dösende(r) m/f(m) 2 → bulldozer 1

doziness ['dəʊzɪnɪs] S Schläfrigkeit f, Verschlafenheit f; **dozy** ADJ (ADV dozily) 1 schläfrig, verschlafen, dösig umg 2 angefault (Holz, Obst etc) 3 Br umg begriffsstutzig, schwer von Begriff

DP ABK 1 data processing 2 displaced person Vertriebene(r) m/f(m)

D/P ABK WIRTSCH documents against payment

DPh(il) ABK Doctor of Philosophy

DPP ABK Br Director of Public Prosecutions

dpt ABK department

DPW ABK Department of Public Works

dr¹ ABK WIRTSCH debtor

Dr² ABK Doctor

dr. ABK 1 HIST drachma(s PL) 2 dram(s PL) 3 drawer

d.r. ABK SCHIFF dead reckoning

drab¹ [dræb] A S 1 Beige n, Graubraun n 2 dicker, graubrauner Wollstoff 3 fig (graue) Eintönigkeit B ADJ 1 beige, graubraun, sandfarben 2 fig trist: a grau (Stadt etc) b düster (Farben etc) c langweilig (Abend etc) d freudlos (Dasein etc)

drab² [dræb] S obs 1 Schlampe f pej 2 Dirne f, Hure f

drabbet ['dræbɪt] S Br grober, graubrauner Leinenstoff

drabble ['dræbl] A VT → draggle A B VI im Schmutz waten

drabness ['dræbnɪs] S Langweiligkeit f, Freudlosigkeit f

drachm [dræm] S 1 → drachma 1 2 → dram

drachma ['drækmə] pl -mas, -mae [-mi:] S 1 Drachme f: a altgriechische Gewichts- u. Rechnungseinheit b Währungseinheit im heutigen Griechenland 2 → dram

Draco ['dreɪkəʊ] gen Draconis [-'kəʊnɪs] S ASTRON Drache m (Sternbild)

Draconian [drə'kəʊnjən; dreɪ'k-; -nɪən] ADJ, **Draconic** [-'kɒnɪk; US -'kɑ-] ADJ (ADV ~ally) a. ~ drakonisch, hart, sehr streng (Gesetze, Maßnahmen etc)

draff [dræf] S 1 Bodensatz m 2 Abfall m 3 Vieh-, Schweinetrank m 4 Brauerei: Trester pl

draft, bes Br (für 3, 5, 14, 22, 23) **draught** [drɑ:ft; US dræft] A S 1 Skizze f, Zeichnung f 2 Entwurf m: a Skizze f (für e-e künstlerische Arbeit) b Riss m (für Bauten, Maschinen etc) c Konzept n (für ein Schriftstück etc): **~ agreement** Vertragsentwurf; **~ law** Gesetzentwurf 3 (Luft-, Kessel-, Ofen)Zug m: **there is an awful ~** es zieht fürchterlich; **feel the draught** Br umg den Wind im Gesicht spüren fig, in finanziellen Nöten sein; **sit in a ~** im Zug sitzen; **protect a plant from ~s** e-e Pflanze vor Zugluft schützen 4 TECH Zugreguliervorrichtung f (an e-m Ofen etc) 5 a Ziehen n b gezogene Menge od Last 6 fig Heranziehen n, Inanspruchnahme f, starke Beanspruchung (alle: **on, upon** gen): **make a ~ on** Hilfsmittel etc heranziehen, in Anspruch nehmen; **make a ~ on sb's friendship** j-s Freundschaft in Anspruch nehmen 7 Abhebung f (von Geld): **make a ~ on one's account** Geld von s-m Konto abheben 8 WIRTSCH a schriftliche Zahlungsanweisung b Scheck m c Tratte f, (trassierter) Wechsel d Ziehung f, Trassierung f: **~ (payable) at sight** Sichttratte, -wechsel; **make out a ~ on sb** auf j-n e-n Wechsel ziehen 9 Abordnung f, Auswahl f, (von Personen) 10 MIL US a Einberufung f, Einziehung f b Aufgebot n, Wehrdienstpflichtige pl 11 MIL a (Sonder)Kommando n, (abkommandierte) Abteilung b Ersatz(truppe) m(f) 12 WIRTSCH a Überschlag m (der Waage) b Gutgewicht n (für Verluste beim Auswiegen etc) 13 Gießerei: Verjüngung f, Konizität f (des Modells) 14 SCHIFF Tiefgang m 15 → draught A B VT 1 entwerfen, skizzieren, ein Schriftstück aufsetzen, abfassen 2 (fort-, ab-, weg)ziehen 3 Personen (zu e-m bestimmten Zweck) auswählen 4 MIL a US (zum Wehrdienst) einberufen, einziehen (**into** zu) b Truppen abkommandieren 5 bes Eishockey: US e-n Spieler draften, sich die Rechte sichern an (dat) 6 Aus Schafe etc aussortieren C VI bes Automobilsport: im Windschatten fahren D ADJ 1 Zug…: **~ animal; ~ horse; ~ ga(u)ge** TECH Zugmesser m 2 MIL a US Einberufungs…: **~ act** Rekrutierungsgesetz n; **~ board** Musterungskommission f; **~ dodger** pej Drückeberger m b US einberufen c abkommandiert

draftee [dræf'ti:] S US 1 (zu e-r bestimmten Aufgabe) Ausgewählte(r) m/f(m) 2 MIL zum Wehrdienst Eingezogene(r) m/f(m), Einberufene(r) m/f(m), Wehr(dienst)pflichtige(r) m/f(m)

drafter S 1 → draftsman 2 Zugpferd n

draftiness ['drɑ:ftɪnɪs; US 'dræf-] S Zugigkeit f

drafting| board S Zeichenbrett n; **~ paper** S Zeichenpapier n; **~ room** S TECH US Zeichensaal m, -büro n

draftsman [-mən] S irr 1 TECH (Konstruktions-, Muster)Zeichner m 2 j-d, der etwas entwirft od abfasst

drafty ADJ (ADV draftily) zugig

drag [dræg] A S 1 Schleppen n, Zerren n 2 SCHIFF a Dragge f, Such-, Dregganker m b Schleppnetz n 3 AGR a schwere Egge b Mistrechen m 4 TECH a starker Roll- od Blockwagen b Last-, Transportschlitten m 5 schwere (vierspännige) Kutsche 6 Schlepp-, Zugseil n 7 Schleife f (zum Steintransport etc) 8 TECH Baggerschaufel f, Erdräumer m 9 Hemmschuh m, Schleife f: **put on the ~** den Hemmschuh ansetzen 10 TECH Hemmzeug n, -vorrichtung f 11 fig Hemmschuh m, Hemmnis n, Belastung f (**on** für): **be a ~ on sb's career** j-s Karriere im Weg stehen 12 FLUG, PHYS Luft-, Strömungswiderstand m 13 TECH (Faden)Zug m (bei Wickelmaschinen etc) 14 umg (etwas) Mühsames: **what a ~ up these stairs!** diese Treppen sind vielleicht ein Schlauch! 15 schleppendes Verfahren, Verschleppung f 16 umg a (etwas) Langweiliges od Fades: **be a ~** langweilig sein b (etwas) Unangenehmes od Lästiges: **what a ~!** so ein Mist! 17 umg a Langweiler(in), fader Kerl b lästiger Kerl 18 JAGD Streichnetz n (zum Vogelfang) 19 JAGD a Fährte f, Witterung f b Schleppe f (künstliche Witterung) c Schleppjagd f 20 Angeln: a Spulenbremse f b seitlicher Zug (an der Angelschnur) 21 US umg Einfluss m, Beziehungen pl: **use one's ~** s-e Beziehungen spielen lassen 22 umg Zug m (**at, on** an e-r Zigarette etc): **give me a ~** lass mich mal ziehen; **take a ~** e-n Zug machen 23 umg (von Männern, bes von Transvestiten, getragene) Frauenkleidung: **in ~** in Frauenkleidung 24 bes US umg Straße f 25 umg für drag race B VT 1 schleppen, zerren, schleifen, ziehen: **~ the anchor** SCHIFF vor Anker treiben; → dust A 1, mire A, mud A 2 nachschleifen: **~ one's feet** a (mit den Füßen) schlurfen b a. **~ one's heels** fig sich Zeit lassen (**over, in, on, about** mit, bei) 3 a mit e-m Schleppnetz absuchen (**for** nach) b mit e-m Schleppnetz finden od fangen 4 fig absuchen (**for** nach) 5 e-n Teich etc ausbaggern 6 eggen 7 fig hineinziehen (**into** in akk): **he was ~ged into the affair; he must ~ sex into every conversation** er muss in jedes Gespräch (unbedingt) Sex hineinbringen 8 umg a j-n langweilen b j-m unangenehm od lästig sein C VI 1 geschleppt od geschleift werden 2 (am Boden) schleifen: **~ (along) on the floor** am Boden schleifen (Kleid etc); **the anchor ~s** SCHIFF der Anker findet keinen Halt 3 sich schleppen 4 schlurfen (Füße) 5 fig a sich dahinschleppen: **time ~s on his hands** die Zeit wird ihm lang b → drag on B 6 WIRTSCH schleppend od flau gehen 7 a. **~ behind** zurückbleiben, nachhinken 8 MUS zu langsam spielen od gespielt werden 9 dreggen, mit e-m Schleppnetz suchen od fischen (alle: **for** nach) 10 zerren, heftig ziehen (beide: **at** an dat) 11 umg ziehen (**at, on** an e-r Zigarette etc)

Phrasal Verbs: **drag| along** A VT wegschleppen, wegzerren B VI sich dahinschleppen; **~ away** VT wegschleppen, wegzerren: **he could not drag himself away from the television** er konnte sich nicht vom Fernseher losreißen; **~ behind** → drag C 7; **~ down** VT 1 a herunterziehen b fig in den Schmutz ziehen 2 fig a j-n zermürben (Krankheit etc) b j-n entmutigen; **~ in** VT 1 hineinziehen, 2 fig (mit) hineinziehen: **I don't want to be dragged in** ich möchte da nicht mit hineingezogen werden; **~ off** VT wegschleppen, wegzerren: **drag sb off to a party** umg j-n auf e-e Party schleppen; **~ on** A VT weiterschleppen B VI fig a sich dahinschleppen b sich in die Länge dehnen od ziehen: **the speech dragged on for two hours** die Rede zog sich über zwei Stunden hin; **~ out** VT 1 herausziehen 2 fig hinausziehen, in die Länge ziehen 3 **drag sth out of sb** fig aus j-m etwas herausholen; **~ up** VT 1 hochziehen 2 umg ein Kind lieblos aufziehen 3 umg e-n Skandal etc ausgraben

drag| anchor S SCHIFF Treib-, Schleppanker m; **~ artist** S umg Travestiekünstler m; **~bar** S BAHN Kupp(e)lungsstange f; **~ chain** S TECH Hemm-, Sperrkette f

dragée [dræ'ʒeɪ] S Dragee n (a. PHARM)

dragging ['drægɪŋ] ADJ (ADV ~ly) schleppend

(*a. fig langsam*)

draggle ['drægl] A V/T 1 beschmutzen, besudeln 2 im Schmutz schleifen lassen B V/I 1 (nach)schleifen 2 beschmutzt werden 3 zurückbleiben, nachhinken; **~tail** S *pej obs* Schlampe *f*; **~tailed** ADJ *obs* schlampig

drag|hound S JAGD Jagdhund *m* für Schleppjagden; **~ hunt** S Schleppjagd *f*; **~lift** S Schlepplift *m*; **~line** S 1 TECH Schleppleine *f* 2 FLUG Schleppseil *n* 3 *a.* **~ dredge, ~ excavator** TECH Schürfkübelbagger *m*; **~ link** S TECH Kupp(e)lungsglied *n*; **~net** S 1 *Fischerei*: Schleppnetz *n* 2 JAGD Streichnetz *n* 3 *fig* Netz *n* (*der Polizei etc*): **he was caught in the police ~** er ging der Polizei ins Netz; **~ operation** Schleppnetzfahndung *f*

dragoman ['drægəʊmən] *pl* -mans, -men [-mən] S HIST Dragoman *m* (*Dolmetscher im Nahen Osten*)

dragon ['drægən] S 1 MYTH Drache *m*, Lindwurm *m*: **chase the ~** *sl* a Opium rauchen b sich Heroin *od* Opium spritzen 2 BIBEL Drache *m*, Untier *n*, *a.* Wal-, Haifisch *m*, Schlange *f*: **the old** ♎ der Satan 3 *umg pej* Drachen *m* (*zänkische Frau*) 4 *a.* **flying ~** ZOOL Fliegender Drache 5 (*e-e*) Brieftaube 6 BOT (*ein*) Aronstabgewächs *n* 7 MIL, HIST a kurze (mit e-m Drachenkopf verzierte) Muskete b Dragoner *m* 8 ♎ → Draco

dragonet ['drægənɪt] S FISCH Spinnenfisch *m*

dragon|fly S ZOOL Libelle *f*, Wasserjungfer *f*; **~head** S BOT (*bes* Kleinblütiger) Drachenkopf

dragon's| blood S BOT Drachenblut *n* (*mehrere rote Harze*); **~-head** → dragonhead; **~ teeth** SPL 1 MIL *bes* HIST Höckerhindernis *n*, Panzerhöcker *pl* 2 *fig* Drachensaat *f*: **sow ~** Zwietracht säen

dragon tree S BOT Echter Drachenbaum

dragoon [drə'guːn] A S 1 MIL, HIST Dragoner *m* 2 → dragon 5 B V/T 1 (durch Truppen) unterdrücken *od* verfolgen 2 *fig* zwingen (**into** zu; **into doing** zu tun)

drag| queen S *umg* Transvestit *m*; **~ race** S *Automobilsport*: Dragsterrennen *n*; **~rope** S 1 Schlepp-, Zugseil *n* 2 FLUG a Ballastleine *f* b Leitseil *n* c Vertäuungsleine *f*; **~ show** S *umg* Travestieshow *f*

dragster ['drægstə(r)] S *Automobilsport*: Dragster *m* (*hochgezüchteter, formelfreier Spezialrennwagen*)

drail [dreɪl] S *Angeln*: Grundangel *f*

drain [dreɪn] A V/T 1 *a.* **~ off** (*od* **away**) *e-e Flüssigkeit* abfließen lassen, ablassen: **~ off** a *Gemüse* abgießen b abtropfen lassen 2 MED *e-e Wunde etc* drainieren, *Eiter etc* abziehen 3 austrinken, leeren: → dreg 1 a 4 *Land* entwässern, dränieren, trockenlegen 5 das Wasser von *Straßen etc* ableiten 6 *ein Gebäude etc* kanalisieren 7 ab- *od* austrocknen lassen 8 *fig* erschöpfen: a *Vorräte etc* aufbrauchen, -zehren b *j-n* ermüden, *j-s* Kräfte aufzehren 9 (**of**) arm machen (an *dat*), berauben (*gen*) 10 *ein Land etc* völlig ausplündern, ausbluten lassen 11 filtrieren B V/I 1 **~ off, ~ away** abfließen, ablaufen 2 sickern 3 leerlaufen, allmählich leer werden (*Gefäße etc*) 4 abtropfen 5 austrocknen 6 sich entwässern (**into** in *akk*), entwässert *od* trocken werden 7 *a.* **~ away** *fig* dahinschwinden C S 1 → drainage 1, 2, 3, 7 2 a Abzugskanal *m*, Entwässerungsgraben *m*, Drän *m* b (Abzugs)Rinne *f* c Straßenrinne *f*, Gosse *f* d Sickerrohr *n* e Kanalisationsrohr *n* f Senkgrube *f*: **pour down the ~** *umg Geld* zum Fenster hinauswerfen; **go down the ~** *umg* a vor die Hunde gehen b verpuffen; **three months' work down the ~** *umg* drei Monate Arbeit für die Katz 3 *pl* Kanalisation *f* 4 MED Drain *m* (*Gummiröhrchen mit seitlichen Öffnungen zur Durchführung e-r Drainage*) 5 *fig* Abfluss *m*, Aderlass *m*: **foreign ~** Kapitalabwanderung *f*, Abfluss von Geld ins Ausland 6 (ständige) Inanspruchnahme, Beanspruchung *f*, Belastung *f* (*alle*: **on** *gen*), Aderlass *m*: **a great ~ on the purse** e-e schwere finanzielle Belastung 7 *umg obs* Schlückchen *n*

drainage ['dreɪnɪdʒ] S 1 Ableitung *f* (*von Wasser*) 2 Abfließen *n*, Ablaufen *n* 3 Entwässerung *f*, Dränage *f*, Trockenlegung *f* 4 Entwässerungssystem *n* 5 Kanalisation *f* 6 Entwässerungsanlage *f*, -graben *m*, -röhre *f* 7 abgeleitete Flüssigkeit, *bes* Abwasser *n* 8 MED Drainage *f*; **~ area, ~ basin** S GEOG Strom-, Einzugsgebiet *n*; **~ tube** → drain C 4

drain|board S *US* Abtropfbrett *n*; **~ cock** S TECH Ablass-, Entleerungshahn *m*

drainer S 1 a Dränierer *m*, Dränagearbeiter *m* b Kanalisationsarbeiter *m* 2 a Abtropfgefäß *n* b Abtropfbrett *n*, -ständer *m*

drain hose S Abflussschlauch *m* (*e-r Waschmaschine etc*)

draining| board *Br für* drainboard; **~ engine** S Dräniermaschine *f*; **~ stand** S Abtropfständer *m*

drainless ADJ 1 *poet* unerschöpflich 2 ohne Kanalisation 3 nicht trockenlegbar

drainpipe S 1 TECH Abflussrohr *n*, Abzugsröhre *f*: **~ trousers** → 3 2 (Regen)Fallrohr *n* (*der Dachrinne*) 3 *pl*, *a.* **pair of ~s** *umg* Röhrenhose *f*

drake[1] [dreɪk] S ORN Enterich *m*, Erpel *m*

drake[2] [dreɪk] S 1 MYTH *obs* Drache *m* 2 HIST a MIL Feldschlange *f* b SCHIFF Drache *m* (*Wikingerschiff*) 3 *Angeln*: (Eintags)Fliege *f* (*als Köder*)

dram [dræm] S 1 Dram *n*, Drachme *f* (*Apothekergewicht = 3,888 g, Handelsgewicht = 1,772 g*) 2 → fluid drachm 3 *umg* Schluck *m*, Schlückchen *n*: **he's fond of a ~** er trinkt gern e-n 4 Quäntchen *n*

drama ['drɑːmə; *US a.* 'dræmə] S 1 Drama *n*, Schauspiel *n*: **~ critic** Theaterkritiker(in); **~ school** Schauspielschule *f*; **~ student** Schauspielschüler(in) 2 Drama *n*, dramatische Dichtung *od* Literatur, Dramatik *f* 3 Schauspielkunst *f* 4 *fig* Drama *n*, erschütterndes *od* trauriges Geschehen

dramatic [drə'mætɪk] A ADJ (ADV **~ally**) 1 dramatisch, Schauspiel…: → unity 1 2 Schauspiel(er)…, Theater…: **~ critic** Theaterkritiker(in); **~ rights** Aufführungs-, Bühnenrechte 3 bühnengerecht 4 MUS dramatisch (*Sopran etc*): **~ tenor** Heldentenor *m* 5 *fig* dramatisch, spannend, auf-, erregend 6 *fig* a drastisch, einschneidend (*Veränderungen etc*): *their number* **has increased ~ally** hat sich drastisch erhöht b aufsehenerregend (*Rede, Schrift etc*) c drastisch, besonders anschaulich (*Beispiel*) B SPL 1 (*a. als sg konstruiert*) Dramaturgie *f* (*Lehre von den Regeln für die äußere Bauform u. die Gesetzmäßigkeiten der inneren Struktur des Dramas*) 2 Theater-, *bes* Liebhaberaufführungen *pl* 3 *fig* theatralisches Benehmen *od* Getue, Theatralik *f*

dramatis personae [ˌdrɑːmətɪspɜː'səʊnaɪ; ˌdræmətɪspɜː'səʊniː; *US* -pər's-] SPL 1 THEAT Personen *pl* der Handlung 2 *allg* Hauptpersonen *pl*

dramatist ['dræmətɪst] S Dramatiker(in); **dramatization** [-taɪ'zeɪʃn; *US* -tə'z-] S Dramatisierung *f* (*a. fig*): **~ of a novel** Bühnenbearbeitung *f* e-s Romans; **dramatize** A V/T 1 dramatisieren: a für die Bühne bearbeiten b *fig* aufbauschen, übertreiben 2 *fig* anschaulich zeigen, nachdrücklich veranschaulichen B V/I *fig* übertreiben

dramaturg ['dræmətɜːdʒ; *US* -ˌtɜrdʒ] → dramaturge 1; **dramaturge** S 1 Dramaturg(in) (*literatur- u. theaterwissenschaftliche[r] Berater[in] am Theater*) 2 Dramatiker(in) (*bes für ein bestimmtes Theater*); **dramaturgic** ADJ (ADV **~ally**) 1 dramaturgisch 2 → dramatic A 1, A 2; **dramaturgist** → dramaturge 2; **dramaturgy** → dramatic B 1

drank [dræŋk] *prät u. US pperf von* drink

drape [dreɪp] A V/T 1 drapieren (**with** mit), (mit Stoff) behängen *od* (aus)schmücken 2 drapieren, in (dekorative) Falten legen 3 *s-n Mantel, Pelz etc* hängen (**over** über *akk*) 4 (ein)hüllen (**in** in *akk*) B V/I in (dekorativen) Falten herabfallen, (schön) fallen C S Draperie *f*, Behang *m*, *meist pl* Vorhang *m*; **draper** S *Br* Textilkaufmann *m*, -kauffrau *f*, Tuch-, Stoffhändler(in): **~'s (shop)** Textilgeschäft *n*; **draperied** [-rɪd] ADJ drapiert; **drapery** S 1 Draperie *f*: a dekorativer Behang, Drapierung *f* b Faltenwurf *m* 2 KOLL Textilien *pl*, Webwaren *pl*, (*bes* Woll)Stoffe *pl*, Tuch(e) *n(pl)* 3 *Br* Textil-, Tuch-, Stoffhandel *m* 4 *bes US* Vorhänge *pl*, Vorhangstoffe *pl*

drastic ['dræstɪk] A ADJ (ADV **~ally**) 1 MED drastisch, stark (*bes Abführmittel*) 2 drastisch, durchgreifend, gründlich, rigoros B S MED Drastikum *n*, starkes Abführmittel

drat [dræt] *umg obs* A INT verflucht!, verdammt B V/T der Teufel soll *es, ihn etc* holen! *umg*: **~ it (him)!**; **~ it** → *a.* A; **dratted** ADJ *umg obs* verflucht, verdammt

draught [drɑːft; *US* dræft] A S 1 Fischzug *m*: a Fischen *n* mit dem Netz b (Fisch)Fang *m* 2 Zug *m*, Schluck *m*: **at a ~** in einem Zug, ohne abzusetzen; **a ~ of beer** ein Schluck Bier 3 MED Arzneitrank *m* 4 Abziehen *n* (aus dem Fass *etc*): **beer on ~, ~ beer** Bier *n* vom Fass, Fassbier 5 *Br* a *pl* (*als sg konstruiert*) Dame(spiel) *f(n)*: **play (at) ~s** Dame spielen b → draughtsman 1 6 a *bes Br für* draft A 3, A 5, A 14 b *selten bes Br für* draft A 2, A 8, A 11 B V/T *selten bes Br für* draft B 1

draughtboard S *Br* Damebrett *n*

draughtiness ['drɑːftɪnɪs; *US* 'dræf-] *bes Br für* draftiness

draught net S *Fischerei*: Zugnetz *n*

draughtsman [-mən] S *irr* 1 *Br* Damestein *m* 2 *selten bes Br für* draftsman

draughty *bes Br für* drafty

drave [dreɪv] *obs prät von* drive

draw [drɔː] A S 1 Ziehen *n*: **quick** (*od* **fast**) **on the ~** a schnell (mit der Pistole) b *fig* schlagfertig, fix *umg* 2 Zug *m* (*a.* **on the pipe,** *etc* an der Pfeife *etc*) 3 *fig* Zug-, Anziehungskraft *f* 4 *fig* Attraktion *f* (*a. Person*), *bes* Zugstück *n*, Schlager *m* 5 Ziehen *n* (*e-s Loses etc*) 6 a Auslosen *n*, Verlosen *n* b Verlosung *f*, Ziehung *f* 7 gezogene Spielkarte(n *pl*) 8 abgehobener Betrag 9 *US* Aufzug *m* (*e-r Zugbrücke*) 10 SPORT Unentschieden *n*: **end in** (*od* **be**) **a ~** unentschieden ausgehen *od* enden 11 *umg* Vorteil *m*: **have the ~ over** im Vorteil sein gegenüber 12 → draw poker 13 TECH a (*Draht*) Ziehen *n* b Walzen *n* c Verjüngung *f* B V/T *prät* drew [druː], *pperf* drawn [drɔːn] 1 ziehen, zerren: **~ sb into** *fig* j-n hineinziehen in (*akk*); **~ sb into talk** j-n ins Gespräch ziehen 2 ab-, an-, auf-, fort-, herab-, wegziehen: **~ a drawbridge** e-e Zugbrücke aufziehen; **~ the nets** die Netze einziehen *od* -holen; **~ rein** die Zügel anziehen (*a. fig*); → curtain A 1, A 3 3 *e-n Bogen* spannen 4 nach sich ziehen, bewirken, zur Folge haben 5 bringen (**on, upon** über *akk*): **~ sb's anger on o.s.** sich j-s Zorn zuziehen; **~ ruin upon o.s.** sich ins Unglück stürzen 6 *Atem* holen: **~ a sigh** aufseufzen; → breath 1 7 (heraus)ziehen: **~ a tooth** e-n Zahn zie-

D

hen; → fang A 1 a, tooth A 1 **8** *Karten* **a** (vom Geber) erhalten **b** abheben, ziehen **c** herausholen: ~ **the opponent's trumps** dem Gegner die Trümpfe herausholen **9** *e-e Waffe* ziehen **10** **a** *Lose* ziehen **b** (durch Los) gewinnen, *e-n Preis* erhalten **c** auslosen: ~ **bonds** WIRTSCH Obligationen auslosen; **be ~n with** SPORT ausgelost werden gegen **11** *Wasser* heraufpumpen, -holen, schöpfen, *ein Bad* einlaufen lassen **12** *Bier etc* abziehen, abzapfen (*beide:* **from** von, aus) **13** MED *Blut* entnehmen (**from** *dat*) **14** *Tränen* **a** hervorlocken **b** *a. ein Lächeln etc* entlocken (**from sb** j-m) **15** *Tee* ziehen lassen **16** *fig* anziehen, an sich ziehen, fesseln: **feel ~n to** (*od* **toward[s]**) **sb** sich zu j-m hingezogen fühlen **17** *Kunden etc* anziehen, anlocken: ~ **a full house** THEAT das Haus füllen **18** *bes Fußball: den Torhüter* herauslocken **19** *j-s Aufmerksamkeit* lenken (**to** auf *akk*) **20** *j-n* (dazu) bewegen (**to do sth** etwas zu tun) **21** *e-e Linie, Grenze etc* ziehen: → line[1] A 12 **22** *die Finger, Feder etc* gleiten lassen (**across** über *akk*) **23** zeichnen, malen, entwerfen (*alle:* **from** nach) **24** (in Worten) schildern, beschreiben, zeichnen: ~ **it fine** *umg* es ganz genau nehmen; ~ **it mild** *umg* mach mal halblang!, du übertreibst! **25** *a.* ~ **up** *ein Schriftstück* ab-, verfassen, aufsetzen **26** *e-n Vergleich* anstellen, *a. e-e Parallele etc* ziehen **27** *e-n Schluss, e-e Lehre* ziehen: ~ **one's own conclusions** s-e eigenen Schlüsse ziehen **28** *Zinsen etc* einbringen, abwerfen: ~ **a good price** e-n guten Preis erzielen **29** WIRTSCH *Geld* abheben (**from** von *e-m Konto*) **30** WIRTSCH *e-n Wechsel etc* ziehen, trassieren, ausstellen: ~ **a bill of exchange on sb** e-n Wechsel auf j-n ziehen; ~ **a check** (*Br* **cheque**) e-n Scheck ausstellen **31** *ein Gehalt etc, a. Nachrichten etc* beziehen, bekommen **32** *fig* entlocken (**from** *dat*): ~ **applause** Beifall hervorrufen; ~ **applause from an audience** e-m Publikum Beifall abringen; ~ **(information from) sb** j-n ausholen, -fragen, -horchen; ~ **no reply from sb** aus j-m keine Antwort herausbringen **33** *umg j-n* aus s-r Reserve herauslocken **34** entnehmen (**from** *dat*): ~ **consolation from** Trost schöpfen aus; → advantage A 2, inspiration 1 **35** *ein geschlachtetes Tier* ausnehmen, *ein erlegtes Tier a.* ausweiden **36** *ein Gewässer* **a** trockenlegen **b** (mit dem Netz) abfischen **37** **a** JAGD *ein Dickicht* (nach Wild) durchstöbern *od* -suchen **b** *Wild* aufstöbern **38** TECH **a** *Draht, Röhren, Kerzen* ziehen **b** *Blech etc* auswalzen, (st)recken, ziehen **39** *das Gesicht* verziehen: **his face was ~n with pain** sein Gesicht war schmerzverzerrt **40** e-m *den Mund* zusammenziehen: **lemons ~ the mouth** **41** MED *ein Geschwür etc* ausziehen, -trocknen **42** SCHIFF e-n Tiefgang haben von: **the ship ~s eight feet** **43** SPORT **to ~ the match** unentschieden spielen, sich unentschieden trennen; **the game was ~n 5-5** das Spiel endete unentschieden 5:5 **44** *Golf: den Ball* nach links verziehen **C** VI **1** ziehen (*a.* **on the pipe**, *etc* an der Pfeife *etc*) **2** *fig* ziehen (*Theaterstück etc*) **3** (sein Schwert *etc*) ziehen (**on** gegen) **4** sich *leicht etc* ziehen lassen, laufen: **the wag(g)on ~s easily** **5** fahren, sich bewegen: ~ **into the station** BAHN (in den Bahnhof) einfahren **6** (**to**) sich nähern (*dat*), herankommen (an *akk*): → close C 1, end *Bes Redew* **7** sich versammeln (**round, about** um) **8** sich zusammenziehen, (ein)schrumpfen (*beide:* **into** zu) **9** sich (aus)dehnen **10** SCHIFF schwellen (*Segel*) **11** ziehen (*Tee, a.* MED *Pflaster, Salbe etc*) **12** ziehen, Zug haben (*Kamin etc*) **13** zeichnen, malen **14** (**on, upon**) in Anspruch nehmen (*akk*), Gebrauch machen (von), heranziehen (*akk*), (*sein Kapital, s-e Vorräte etc*) angreifen: ~ **on sb** **a** WIRTSCH j-m e-e Zahlungsaufforderung zukommen lassen **b** WIRTSCH auf j-n (e-n Wechsel) ziehen **c** *fig* j-n *od* j-s Kräfte in Anspruch nehmen; ~ **on sb's generosity** j-s Großzügigkeit ausnützen; ~ **on one's imagination** sich etwas einfallen lassen *od* ausdenken **15** SPORT (**with**) unentschieden kämpfen *od* spielen (gegen), sich unentschieden trennen (von) **16** losen (**for** um)

Phrasal Verbs: **draw| alongside** VI heranfahren, -kommen; ~ **apart** **A** VT auseinanderziehen **B** VI **1** **a** sich entfernen (**from** von) **b** sich voneinander entfernen (*beide a. fig*) **2** *fig* sich auseinanderleben; ~ **aside** **A** VT *j-n* beiseitenehmen, *a. etwas* zur Seite ziehen **B** VI zur Seite gehen *od* treten; ~ **away** **A** VT **1** weg-, zurückziehen **2** *j-s Aufmerksamkeit* ablenken **B** VI **1** sich entfernen: ~ **from sb** von j-m abrücken **2** *bes* SPORT (**from**) e-n Vorsprung gewinnen (vor *dat*), sich lösen (von); ~ **back** **A** VT **1** *a. Truppen* zurückziehen **2** WIRTSCH (*bei Wiederausfuhr*) e-e Zollrückvergütung erhalten für **B** VI **1** sich zurückziehen **2** zurückweichen: ~ **from sb** von j-m abrücken; ~ **down** VT **1** herabziehen, *Jalousien* herunterlassen **2** → draw B 5; ~ **in** **A** VT **1** *Luft* einziehen, *a. Atem* holen **2** *fig j-n* (mit) hineinziehen **3** *Ausgaben* einschränken **B** VI **1** einfahren (*Zug*) **2** vorfahren (*Wagen etc*) **3** **a** zu Ende gehen (*Tag*) **b** abnehmen, kürzer werden (*Tage*); **4** sich einschränken **5** *fig* e-n Rückzieher machen *umg*; ~ **near** VI (**to**) sich nähern (*dat*), heranrücken (*a. fig*), näher herankommen (an *akk*); ~ **off** **A** VT **1** *Handschuhe etc* ausziehen **2** *Truppen* ab-, zurückziehen **3** → draw away A 2 **4** CHEM ausziehen, ausdestillieren **5** abzapfen **B** VI **1** sich zurückziehen (*Truppen etc*) **2** sich abwenden (**from** von); ~ **on** **A** VT **1** *s-e Handschuhe etc* anziehen **2** *fig* anziehen, anlocken **3** *e-e Katastrophe etc* verursachen, herbeiführen **B** VI → draw near; ~ **out** **A** VT **1** herausziehen, -holen (*beide:* **from** aus) **2** *fig* **a** *e-e Aussage, die Wahrheit* herausholen, -locken, -bringen (*alle:* **of, from** aus) **b** *j-n* ausfragen, -holen, -horchen; **3** *fig j-n* aus s-r Reserve locken **4** *Truppen* **a** abkommandieren **b** aufstellen; **5** verlängern, ausziehen **6** *fig* ausdehnen, hinausziehen, in die Länge ziehen **7** → draw B 25 **8** WIRTSCH *Geld* abheben **B** VI länger werden (*Tage*); ~ **together** **A** VT zusammenziehen **B** VI **1** sich zusammenziehen **2** zusammenkommen, sich (ver)sammeln; ~ **up** **A** VT **1** hinaufziehen, aufrichten: **draw o.s. up** sich (stolz, entrüstet *etc*) aufrichten; **draw o.s. up one's full height** sich zu voller Höhe aufrichten **2** **a** *e-n Stuhl etc* heranziehen **b** *die Knie etc* anziehen; **3** *Truppen etc* aufstellen, aufmarschieren lassen **4** → draw B 25 **5** *e-e Bilanz etc* aufstellen **6** *Vorschläge, e-n Plan etc* entwerfen, ausarbeiten **7** *sein Pferd etc* zum Stehen bringen **B** VI **1** (an)halten (*Wagen etc*) **2** vorfahren (**to, at** vor *dat*) **3** aufmarschieren (*Truppen etc*) **4** herankommen (**with, to** an *akk*) **5** aufholen: ~ **with sb** j-n einholen *od* überholen

draw|back S **1** (**to**) Nachteil *m* (für), Beeinträchtigung *f* (*gen*), Hindernis *n* (für) **2** Nachteil *m*, Schattenseite *f*, (*der*) Haken (an der Sache) *umg* **3** Abzug *m* (**from** von) **4** WIRTSCH Zollrückvergütung *f* (*bei Wiederausfuhr*); **~bar** S **1** BAHN Zugstange *f* **2** US Zuglatte *f* (*im Zaun*); **~bench** S TECH (Draht)Ziehbank *f*; **~bridge** S Zugbrücke *f*; **~card** → drawing card

drawee [drɔːˈiː] S WIRTSCH Bezogene(r) *m/f(m)*, Trassat(in) (*e-s Wechsels*)

drawer [*für 1-3:* drɔː(r); *für 4-6:* ˈdrɔːə(r)] S **1** Schublade *f*, -fach *n* **2** *pl* Kommode *f* **3** *pl, a.* **pair of ~s** *obs* Unterhose *f*, (Damen)Schlüpfer *m* **4** Zieher(in) **5** Zeichner(in) **6** WIRTSCH Aussteller(in), Zieher(in), Trassant(in) (*e-s Wechsels*)

draw|file VT TECH mit der Feile glätten; **~gear** S BAHN *Br* Kupplungsvorrichtung *f*

drawing [ˈdrɔːɪŋ] S **1** Ziehen *n* **2** Zeichnen *n*: **in ~** **a** richtig gezeichnet **b** *fig* zusammenstimmend; **out of ~** **a** unperspektivisch, verzeichnet **b** *fig* nicht zusammenstimmend **3** Zeichenkunst *f* **4** **a** Zeichnung *f* (*a.* TECH) **b** (Zeichen)Skizze *f*, Entwurf *m* **5** Verlosung *f*, Ziehung *f* **6** Abhebung *f* (*von Geld*) **7** *pl* **a** Bezüge *pl* **b** WIRTSCH *Br* Einnahmen *pl*; **~ account** S WIRTSCH **a** Girokonto *n* **b** Konto *n* für Privatentnahmen (*e-s Gesellschafters*) **c** Spesen- *od* Vorschusskonto *n*; ~ **block** S Zeichenblock *m*; ~ **board** S Reiß-, Zeichenbrett *n*: **go back to the ~** *fig* noch einmal von vorne anfangen; ~ **card** S US Zugnummer *f*: **a** zugkräftiges Stück **b** zugkräftige(r) Schauspieler(in); ~ **compasses** SPL *a.* **pair of ~** Reiß-, Zeichenzirkel *m*; ~ **ink** S Zeichentinte *f*, Ausziehtusche *f*; ~ **knife** → drawknife; ~ **master** S Zeichenlehrer *m*; ~ **office** S *Br* Zeichenbüro *n*; ~ **paper** S Zeichenpapier *n*; ~ **pen** S Zeichen-, Reißfeder *f*; ~ **pencil** S Zeichenstift *m*; ~ **pin** S *Br* Reißzwecke *f*, -nagel *m*, Heftzwecke *f*; ~ **power** S *fig* Zugkraft *f*; ~ **room** S **1** Gesellschafts-, Empfangszimmer *n*, Salon *m*: **not fit for the ~** nicht salonfähig (*Witz etc*) **2** *obs* Empfang *m* (*bes Br* bei Hofe): **hold a ~** e-n Empfang geben **3** BAHN US Salon *m*, Privatabteil *n*; **~-room** ADJ **1** Salon…, vornehm, gepflegt: ~ **manners** *pl* feines Benehmen; ~ **car** BAHN US Salonwagen *m* **2** ~ **music** Salonmusik *f*; ~ **set** S Reißzeug *n*; ~ **table** S Zeichentisch *m*

drawknife S *irr* TECH (Ab)Ziehmesser *n*

drawl [drɔːl] **A** VT & VI gedehnt *od* schleppend sprechen **B** S gedehntes Sprechen; **drawling** ADJ (ADV ~ly) gedehnt, schleppend

drawn [drɔːn] **A** *pperf von* draw **B** ADJ **1** abgespannt: **look ~** **2** SPORT unentschieden: ~ **match** Unentschieden *n*; ~ **butter** S GASTR Buttersoße *f*; ~ **work** S Hohlsaumarbeit *f*

draw|plate S TECH (Draht)Zieheisen *n*, Lochplatte *f*; **~point** S **1** Radier-, Reißnadel *f* (*des Graveurs*) **2** Spitzbohrer *m*; ~ **poker** S Draw Poker *n* (*Form des Pokers, bei der nach e-m ersten Einsatz Karten abgelegt u. durch andere ersetzt werden dürfen*); **~shave** US → drawknife; **~string** S **1** Zugband *n*, -schnur *f* **2** Vorhangschnur *f*; ~ **well** S Ziehbrunnen *m*

dray[1] [dreɪ] S **1** Roll-, Tafelwagen *m* **2** Lastschlitten *m*

dray[2] [dreɪ] S Eichhörnchennest *n*

dray| horse S Zugpferd *n*; **~man** [-mən] S *irr* Rollkutscher *m*

dread [dred] **A** VT **1** *etwas, j-n* sehr fürchten, sich fürchten (**to do, doing** zu tun), (große) Angst haben vor (*dat*), sich fürchten vor (*dat*): **I ~ to think what …** ich mag gar nicht daran denken, was … **2** *obs* Ehrfurcht haben vor (*dat*) **B** S **1** (große) Angst, Furcht *f* (*beide:* **of** vor *dat*; **of doing** zu tun): **suffer from (a) ~ of heights** Höhenangst haben **2** *obs* Ehrfurcht *f* **3** *j-d od etwas, vor dem man (große) Angst hat:* **illness is the great ~ of his life** am meisten fürchtet er sich vor Krankheiten **C** ADJ *poet* → dreadful A 1, A 2; **dreadful** **A** ADJ (ADV ~ly) **1** fürchterlich, furchtbar, schrecklich (*alle a. fig umg*) **2** *obs* ehrwürdig, erhaben, hehr **3** *umg* **a** grässlich, scheußlich **b** furchtbar groß, kolossal, entsetzlich lang **B** S → penny dreadful; **dreadless** ADJ (ADV ~ly) furchtlos

dreadlocks SPL Dreadlocks *pl* (*dünne zusammengedrehte Haarsträhnen als Kennzeichen der Rastafaris*)

dreadnought, *a.* **dreadnaught** [-nɔːt] S

1 SCHIFF, MIL, HIST Dreadnought *m* (*Schlachtschiff mit Geschützen einheitlichen Kalibers*) 2 *dicker, wetterfester Stoff od Mantel* 3 *Boxen: sl* Schwergewichtler *m*

dream [driːm] A S 1 Traum *m*: **everybody has ~s** jeder träumt; **have a ~ about** träumen von; **have a bad ~** schlecht träumen; **~s go by contraries** (*Sprichwort*) (*etwa*) Träume sind Schäume; **pleasant ~s** träum was Schönes! 2 Traum(zustand) *m*: **as in a ~** wie im Traum; **live in a ~** in e-r Traumwelt leben 3 Traumbild *n* 4 (Tag)Traum *m*, Träumerei *f* 5 (Wunsch)Traum *m*: **that's beyond my wildest ~s** das übertrifft m-e kühnsten Träume; **his ~ is to** *inf* sein Traum ist es zu *inf*; **the girl of his ~s** das Mädchen s-r Träume 6 *fig* Traum *m*, Ideal *n*: **a ~ of a hat** ein Gedicht von e-m Hut, ein traumhaft schöner Hut; **it is a perfect ~** es ist wunderschön B V/I *prät u. pperf* dreamed, dreamt [dremt] 1 träumen (**of, about** von) (*a. fig*): **~ of doing sth** davon träumen, etwas zu tun (→ B 3); *I never said that,* **you must have been ~ing** du musst *od* das musst du geträumt haben 2 träumen, verträumt *od* träumerisch sein 3 **~ of** *meist neg* a ahnen (*akk*) b daran denken (**doing** zu tun): **I never ~ed of it** ich habe es mir nie träumen lassen; **we did not ~ of going there** wir dachten nicht im Traum daran hinzugehen; **more things than we ~ of** mehr Dinge, als wir uns denken können C V/T 1 träumen (*a. fig*): **~ a dream** e-n Traum träumen *od* haben; **I ~ed that …** ich *od* mir träumte, dass … 2 erträumen, ersehnen 3 sich träumen lassen, ahnen: **without ~ing that …** ohne zu ahnen, dass … 4 **~ away** verträumen 5 **~ up** *umg* a zusammenträumen, -fantasieren b sich *etwas* ausdenken, sich *etwas* einfallen lassen

dream| analysis S *irr* PSYCH Traumanalyse *f*; **~boat** S *sl* Schwarm *m* (*a. Auto etc*); **~ book** S Traumbuch *n*

dreamer ['driːmə(r)] S 1 Träumer(in) (*a. fig*), Träumende(r) *m/f(m)* 2 Fantast(in)

dream factory S Traumfabrik *f* (*Filmwelt*)

dreaminess ['driːmɪnɪs] S 1 Verträumtheit *f*, träumerisches Wesen 2 Traumhaftigkeit *f*, Verschwommenheit *f*; **dreaming** ADJ (ADV ~ly) verträumt

dreamland S Traumland *n*

dreamless ADJ (ADV ~ly) traumlos

dream|like ADJ traumhaft, -ähnlich; **~ psychology** S Traumpsychologie *f*; **~ reader** S Traumdeuter(in)

dreamsicle ['driːmsɪkl] S Traumgebilde *n*

dreamt [dremt] *prät u. pperf von* dream

dream world S Traumwelt *f*

dreamy ['driːmɪ] ADJ (ADV dreamily) 1 verträumt (*a. Augen*), träumerisch 2 traumhaft, dunkel, verschwommen (*Erinnerung etc*) 3 zum Träumen: **~ music** 4 *umg* traumhaft (schön)

drear [drɪə(r)] *poet für* dreary

dreariness ['drɪərɪnɪs] S 1 Trübseligkeit *f* 2 Langweiligkeit *f*; **dreary** ADJ (ADV drearily) 1 trübselig (*Ort etc*) 2 trüb (*Tag etc*) 3 langweilig (*Person, Arbeit etc*)

dredge[1] [dredʒ] A S 1 TECH a Bagger(-maschine) *m(f)* b Nass-, Schwimmbagger *m* 2 SCHIFF a Schleppnetz *n* b Dregganker *m* B V/T 1 TECH ausbaggern: **~d material** Baggergut *n*; **~ away** mit dem Bagger wegräumen; **~ up** a mit dem Bagger heraufholen b *umg* (wieder) ausgraben 2 mit dem Schleppnetz fangen *od* heraufholen 3 *fig* durchforschen, -forsten C V/I 1 TECH baggern 2 mit dem Schleppnetz suchen *od* fischen (**for** nach)

dredge[2] [dredʒ] V/T 1 bestreuen (**with** mit) 2 *Mehl etc* streuen (**over** über *akk*)

dredger[1] ['dredʒə(r)] S 1 TECH a Baggerarbeiter *m* b Bagger *m*: **~ bucket** Baggereimer *m* 2 Dregger *m*, Schleppnetzfischer *m*

dredger[2] ['dredʒə(r)] S (*Mehl- etc*) Streubüchse *f*, (-)Streuer *m*

dredging machine ['dredʒɪŋ] S TECH Bagger(maschine) *m(f)*

dree [driː] V/T *schott poet* erdulden: **~ one's weird** sich in sein Schicksal fügen

dreg [dreg] S 1 *meist pl* a (Boden)Satz *m*: **drain a cup to the ~s** e-n Becher bis auf den letzten Tropfen *od* bis zur Neige leeren b Verunreinigungen *pl* 2 *meist pl fig* Abschaum *m*, Hefe *f*: **the ~s of mankind (society)** der Abschaum der Menschheit (Gesellschaft) 3 *meist pl* Unrat *m*, Abfall *m* 4 a (kleiner) Rest b kleine Menge: **not a ~** gar nichts; **he didn't show a ~ of pity** er zeigte nicht das geringste Mitleid;

dreggy ADJ hefig, trüb

drench [drentʃ] A V/T 1 durchnässen, (durch)tränken: **~ed in blood** blutgetränkt, -triefend; **~ed with rain** vom Regen durchnässt; **~ed in tears** in Tränen aufgelöst; → skin A 1 2 VET *e-m Tier* Arznei einflößen B S 1 → drencher 1 2 VET Arzneitrank *m*;

drencher S 1 (Regen)Guss *m*, (-)Schauer *m* 2 VET Gerät *n* zum Einflößen von Arzneien;

drenching A ADJ strömend (*Regen*) B S: **get a (good) ~** bis auf die Haut nass werden

Dresden china ['drezdən] S Meiß(e)ner Porzellan *n*

dress [dres] A S 1 a Kleidung *f* b (Damen)-Kleid *n*: **summer ~** Sommerkleid; **birds in winter ~** *fig* Vögel im Winterkleid 2 a Toilette *f* (*e-r Dame*) b Abend-, Gesellschaftskleidung *f* 3 *fig* Gewand *n*, Kleid *n*, Gestalt *f*, Form *f* B V/T 1 an-, bekleiden, anziehen: **~ o.s., get ~ed** sich anziehen; **be ~ed in sth** etwas anhaben; **~ the part** sich entsprechend anziehen *od* kleiden; **be ~ed for the part** entsprechend angezogen *od* gekleidet sein; → black B 1, kill B 2, *etc* 2 einkleiden 3 *j-n* (fein) herausputzen 4 THEAT mit Kostümen ausstatten, kostümieren 5 *e-n Christbaum etc* schmücken, *ein Schaufenster* dekorieren: **~ ship** SCHIFF über die Toppen flaggen 6 zurechtmachen, (her)richten, *bes* a *Speisen* zubereiten b *e-n Salat* anmachen c *Hühner etc* brat- *od* kochfertig machen d *j-m das Haar* frisieren: **~ sb's hair**; **~ one's hair** sich frisieren 7 *ein Pferd* striegeln 8 TECH zurichten, nach(be)arbeiten, behandeln, aufbereiten, *bes* a *Balken etc* hobeln *od* abputzen b *Häute* gerben, zurichten c *Tuch* appretieren, glätten d *Weberei*: schlichten e *Erz* aufbereiten f *Stein* behauen g be-, zuschneiden h glätten, *a. Edelsteine* polieren, schleifen i *Flachs* hecheln 9 *Land, e-n Garten etc* a bebauen b düngen 10 *Pflanzen* zurechtstutzen, beschneiden 11 *Saatgut* beizen 12 MED *Wunden etc* behandeln, verbinden 13 gerade ausrichten, ordnen 14 **~ ranks** MIL die Front ausrichten C V/I 1 sich ankleiden, sich anziehen: **~ for supper** sich zum Abendessen umkleiden *od* umziehen; **~ well (badly)** *weitS.* sich geschmackvoll (geschmacklos) kleiden 2 Abendkleidung anziehen, sich festlich kleiden, sich in Gala werfen *umg* 3 MIL sich (aus)richten: **~!** richt euch!

Phrasal Verbs: **dress| down** A V/T 1 *ein Pferd* striegeln 2 *umg j-m* e-e Standpauke halten, *j-m* aufs Dach steigen, *j-m* eins auf den Deckel geben B V/I sich unauffällig kleiden; **~ up** A V/T 1 fein machen: **we were all dressed up and (***od* **with) nowhere to go** unser ganzer Aufwand war umsonst 2 herausputzen, auftakeln *pej* 3 *Fakten etc* a verpacken *euph* (**in** in *akk*) b beschönigen c ausschmücken (**with** mit) B V/I 1 sich fein machen, sich in Gala werfen *umg* 2 sich herausputzen *od pej* auftakeln 3 sich kostümieren *od* verkleiden (**as** als) (*bes Kinder*): **she dressed up in her mother's clothes** sie zog sich die Kleider ihrer Mutter an

dressage ['dresɑːʒ; US drə'sɑːʒ] S (*Pferdesport*) A S Dressur(reiten) *f(n)* B ADJ Dressur…: **~ horse**; **~ rider**; **~ test** Dressurprüfung *f*

dress| circle S THEAT *etc* erster Rang; **~ coat** S Frack *m*; **~ designer** S Modedesigner(in), -schöpfer(in)

dresser[1] S 1 THEAT Garderobier *m*, Garderobiere *f* 2 *j-d, der sich (sorgfältig etc) kleidet:* **a careful ~**; **she's a fashionable ~** sie ist immer modisch gekleidet 3 MED *bes Br* Operationsassistent(in) 4 (*Schaufenster*) Dekorateur(in) 5 TECH a Zurichter(in), Aufbereiter(in) b Appretierer(in) c Schlichter(in) 6 TECH Gerät *n* zum Zurichten, Nachbearbeiten *etc*

dresser[2] S 1 a *obs* (Küchen)Anrichte *f* b Küchen-, Geschirrschrank *m* 2 US → dressing table

dress| form S Schneiderpuppe *f*; **~ goods** SPL US (Damen)Kleiderstoffe *pl*

dressiness ['dresɪnɪs] S *umg* 1 Eleganz *f* 2 aufgetakelte Erscheinung *pej*

dressing S 1 Ankleiden *n* 2 (Be)Kleidung *f* 3 TECH Aufbereitung *f*, Nachbearbeitung *f*, Zurichtung *f* 4 TECH a Appretur *f* b Schlichte *f* 5 TECH a Verkleidung *f*, Verputz *m* b Schotterbelag *m* (*e-r Straße*) 6 Zubereitung *f* (*von Speisen*) 7 Dressing *n* (*Salatsoße*) 8 US Füllung *f* (*von Geflügel etc*) 9 MED a Verbinden *n* (*e-r Wunde etc*) b Verband *m* 10 AGR *etc* a Düngung *f* b Dünger *m*; **~ case** S Kosmetikkoffer *m*; **~-down** S *umg* Standpauke *f*: **give** *sb* **a ~** → dress down A 2; **get a ~** eins aufs Dach *od* auf den Deckel bekommen *od* kriegen; **~ gown** S 1 Morgenmantel *m*, (*für Damen a.*) Morgenrock *m* 2 SPORT *etc* Bademantel *m*; **~ machine** S TECH Zurichtemaschine *f*; **~ room** S 1 Um-, Ankleidezimmer *n* 2 (Künstler)Garderobe *f* 3 SPORT (Umkleide)Kabine *f*; **~ station** S MED, MIL (Feld)Verbandsplatz *m*; **~ table** S Toilettentisch *m*, Frisierkommode *f*

dress|maker S (*bes* Damen)Schneider(in): **~'s dummy** Schneiderpuppe *f*; **~making** S Schneidern *n*; **~ parade** S MIL Parade *f* in Galauniform; **~ pattern** S Schnittmuster *n*; **~ rehearsal** S THEAT a Generalprobe *f* (*a. fig*) b Kostümprobe *f*; **~ shield** S Arm-, Schweißblatt *n* (*im Kleid etc*); **~ shirt** S Frackhemd *n*; **~ suit** S Abend-, Gesellschaftsanzug *m*; **~ uniform** S MIL Paradeuniform *f*

dressy ['dresɪ] ADJ (ADV dressily) *umg* 1 (auffällig) elegant gekleidet 2 geschniegelt, aufgetakelt (*beide pej*) 3 modebewusst 4 elegant, schick, modisch, fesch

drew [druː] *prät von* draw

drey [dreɪ] S Eichhörnchennest *n*

dribble ['drɪbl] A V/I 1 tröpfeln: **~ away** *fig* allmählich zu Ende gehen (*Geld etc*) 2 sabbern, geifern 3 SPORT dribbeln: **~ past sb** j-n aus- *od* umdribbeln B V/T 1 (herab)tröpfeln lassen, träufeln: **~ away** *fig* nach u. nach vertun 2 **~ the ball** SPORT dribbeln C S 1 Getröpfel *n* 2 Tropfen *m* 3 *fig* → drib(b)let 4 *umg* feiner Regen, Nieseln *n* 5 SPORT Dribbling *n*

drib(b)let ['drɪblɪt] S kleine Menge *od* Summe: **in (***od* **by) ~s** in kleinen Mengen *od* Raten

dribs and drabs [drɪbz] SPL: **in ~** *umg* kleckerweise: **he's paying me back in ~**

drice [draɪs] S CHEM Trockeneis *n*

dried [draɪd] ADJ Dörr…, getrocknet: **~ cod** Stockfisch *m*; **~ flower** Trockenblume *f*; **~ fruit** Dörrobst *n*; **~ milk** Trockenmilch *f*; **~ plasm** BIOL Trockenplasma *n*

D

drier[1] [ˈdraɪə(r)] S 1 Trockenmittel *n* 2 Trockenapparat *m*, Trockner *m*
drier[2] [ˈdraɪə(r)] *komp von* dry
driest [ˈdraɪɪst] *sup von* dry
drift [drɪft] A S 1 Treiben *n* 2 FLUG, SCHIFF Abtrift *f*, Abtrieb *m*, (Kurs)Versetzung *f* 3 *Ballistik*: Seitenabweichung *f* 4 GEOG Drift (-strömung) *f (im Meer)* 5 (Strömungs)Richtung *f* 6 *fig* a Strömung *f*, Tendenz *f*, Lauf *m*, Richtung *f*: **~ away from** allmähliches Abgehen von b Absicht *f*: **the ~ of what he said** was er meinte *od* sagen wollte, worauf er hinauswollte c Gedankengang *m*: **if I get** (*od* **catch**) **your ~** wenn ich Sie richtig verstehe d Sinn *m*, Bedeutung *f* 7 *etwas Dahingetriebenes, bes* a Treibholz *n* b Treibeis *n* c Wolkenfetzen *pl* d *(Schnee)* Gestöber *n* 8 *(Schnee)* Verwehung *f*, *(Schnee-, Sand)* Wehe *f* 9 → driftage 2 10 GEOL Geschiebe *n* 11 Abwanderung *f*: **industrial ~**; **~ from the country** Landflucht *f* 12 *fig* a treibende Kraft b (bestimmender) Einfluss 13 *fig* (Sich)Treibenlassen *n*, Ziellosigkeit *f* 14 TECH a Lochräumer *m*, -hammer *m* b Austreiber *m*, Dorn *m* c Punzen *m*, Durchschlag *m* 15 *Bergbau*: Strecke *f*, Stollen *m* B V/I 1 *a. fig* getrieben werden, treiben (*beide:* **into** in *e-n Krieg etc*): **~ apart** sich auseinanderleben; **~ away** a abwandern b sich entfernen (**from** von); **let things ~** den Dingen ihren Lauf lassen 2 (*bes* ziellos) (herum)wandern 3 *fig* sich (willenlos) treiben lassen 4 *fig* gezogen werden, geraten (*beide:* **into** in *akk*): **he ~ed into a marriage** er schlitterte in e-e Ehe 5 sich häufen, Verwehungen bilden: **~ing sand** Flugsand *m* C V/T 1 (dahin)treiben, (-)tragen 2 wehen 3 aufhäufen, zusammentreiben 4 TECH *ein Loch* ausdornen
driftage [ˈdrɪftɪdʒ] S 1 Abtrift *f*, Abtrieb *m* *(durch Strömung od Wind)* 2 a Treibgut *n* b Strandgut *n*
drift| anchor S SCHIFF Treibanker *m*; **~ angle** S 1 FLUG Abtriftwinkel *m* 2 SCHIFF Derivationswinkel *m*; **~ avalanche** S Staublawine *f*
drifter S 1 ziellos herumwandernder Mensch 2 SCHIFF Drifter *m*, Treibnetzfischdampfer *m*
drift| ice S Treibeis *n*; **~ meter** S FLUG Abtriftmesser *m*; **~ net** S Treibnetz *n*; **~wood** S Treibholz *n*
drill[1] [drɪl] A S 1 TECH Bohrer *m*, Bohrmaschine *f* 2 MIL a formale Ausbildung, Drill *m* b Exerzieren *n* 3 Drill(en) *m(n)*, strenge Schulung 4 Drill *m*, Ausbildungsmethode *f* 5 **what's the ~ for getting it?** *Br umg* wie bekommt man es am besten? B V/T 1 *ein Loch* bohren (**in, into** in *akk*) 2 durchbohren: **~ a tooth** MED e-n Zahn an- *od* ausbohren 3 MIL *u. allg* drillen, einexerzieren 4 drillen, (gründlich) ausbilden (*beide:* **in** in *dat*) 5 eindrillen, einpauken (*beide:* **into sb** j-m) 6 *umg j-m* e-e Kugel verpassen C V/I 1 (TECH *engS.* ins Volle) bohren: **~ for oil** nach Öl bohren 2 MIL a exerzieren b *a. allg* gedrillt *od* ausgebildet werden (**in** in *dat*)
drill[2] [drɪl] AGR A S 1 (Saat)Rille *f*, Furche *f* 2 Reihensämaschine *f*, Drillmaschine *f* 3 Drillsaat *f* B V/T 1 *Saat* in Reihen säen *od* pflanzen 2 *Land* in Reihen besäen *od* bepflanzen
drill[3] [drɪl] S Drill(ich) *m*, Drell *m*
drill[4] [drɪl] S ZOOL Drill *m (ein Affe)*
drill| bit S TECH 1 Bohrspitze *f*, -eisen *n* 2 Einsatzbohrer *m*; **~ book** S MIL Exerzierreglement *n*; **~ cartridge** S MIL Exerzierpatrone *f*; **~ chuck** S TECH Bohr-, Spannfutter *n*; **~ ga(u)ge** S TECH Bohr(er)lehre *f*; **~ ground** S MIL Exerzierplatz *m*
drilling[1] S 1 TECH Bohren *n*, Bohrung *f* 2 *pl* TECH Bohrspäne *pl* 3 → drill[1] A 2, A 3
drilling[2] S AGR Drillen *n*, Säen *n* mit der Drillmaschine
drilling| bit S TECH 1 Bohrspitze *f*, -eisen *n* 2 (Gesteins)Bohrer *m*; **~ capacity** S TECH 1 Bohrleistung *f* 2 Bohrdurchmesser *m (e-r Maschine)*; **~ hammer** S TECH Bohr-, Drillhammer *m*; **~ jig** S TECH Bohrvorrichtung *f*, -futter *n*; **~ machine** S TECH Bohrmaschine *f*; **~ platform** S Bohrturmplattform *f*; **~ rig** S Bohrinsel *f*
drill|master S 1 MIL Ausbilder *m* 2 *fig* Einpauker *m pej*; **~ plough**, *bes US* **~ plow** → drill[2] A 2; **~ press** S (Säulen-)Bohrmaschine *f*; **~ sergeant** S MIL Ausbildungsunteroffizier *m*; **~ ship** S SCHIFF 1 Schulschiff *n* 2 Bohrschiff *n*
drily → dryly
drink [drɪŋk] A S 1 Getränk *n*: **give sb a ~** j-m etwas zu trinken geben; **a ~ of water** ein Glas Wasser (→ A 5) 2 Drink *m*, alkoholisches Getränk: **have a ~ with sb** mit j-m ein Glas trinken; **be fond of a ~** gern mal e-n trinken; **when he's had a ~ he's ...** wenn er etwas getrunken hat, ist er ...; **I need a ~** ich brauch etwas zu trinken *od* e-n Schnaps 3 Alkohol *m*: **there's no ~ in the house** wir haben nichts Alkoholisches im Haus; **be fond of ~** gern trinken; **be in ~** a angetrunken sein b betrunken sein; *I didn't believe him,* **I thought it was the ~ talking** ich hielt es für das Gerede e-s Betrunkenen 4 *fig* das Trinken, der Alkohol: **drive sb into ~** j-n in den Alkoholismus treiben; **take to ~** zu trinken anfangen; **have a ~ problem** Alkoholprobleme haben 5 Schluck *m*, Zug *m*: **a ~ of water** ein Schluck Wasser (→ A 1); **take a long ~ from** e-n großen Schluck nehmen aus 6 **the ~** FLUG, SCHIFF *umg* der Bach *(das Meer)* B V/T *prät* drank [dræŋk], *pperf* drunk [drʌŋk], *US a.* drank 1 *Tee etc* trinken: **~ one's soup** s-e Suppe essen; **I don't ~ wine** ich bin kein Weintrinker; → table A 2, toast[2] A 1 2 trinken, saufen *(Tier)* 3 → drink in 1 4 → drink in 2, 3 5 → drink off 6 trinken *od* anstoßen auf *(akk)*: → health 3 C V/I 1 trinken (**from, out of** aus; *poet* **of** von) 2 trinken, saufen *(Tier)* 3 trinken, *weitS. a.* (ein) Trinker sein: **~ and drive** angetrunken *od* betrunken Auto fahren; → fish A 1, hard B 2 4 trinken, anstoßen (*beide:* **to** auf *akk*): **~ to sb** *a.* j-m zuprosten *od* zutrinken; → health 3
Phrasal Verbs: **drink| away** V/T 1 *sein Geld etc* vertrinken 2 *s-e Sorgen etc* im Alkohol ertränken; **~ down** V/T 1 hinuntertrinken 2 *j-n* unter den Tisch trinken; **~ in** V/T 1 aufsaugen 2 *fig j-s Worte etc* (gierig) in sich aufnehmen, verschlingen 3 *Luft etc* einsaugen, einatmen; **~ off**, **~ up** V/T austrinken (*a. v/i*), leeren
drinkable ADJ (ADV drinkably) trinkbar, Trink...
drink| driver S *Br* Alkohol-, Promillesünder(in); **~ driving** S *Br* Alkohol *m* am Steuer; **~-driving limit** S *Br* Promillegrenze *f*
drinker S 1 Trinkende(r) *m/f(m)* 2 Trinker(in): → hard A 7
drinking A S 1 Trinken *n*: **after heavy ~** nach exzessivem Alkoholgenuss 2 das Trinken, der Alkohol B ADJ 1 trinkend: **a ~ man** ein Trinker 2 Trink...; **~ bout** S Trinkgelage *n*; **~ companion** S Zechgenosse *m*, -genossin *f*, Zechkumpan(in); **~ cup** S Trinkbecher *m*; **~ fountain** S Trinkbrunnen *m*; **~ glass** S Trinkglas *n*; **~ song** S Trinklied *n*; **~ station** S *Marathonlauf*: Verpflegungsstation *f*; **~ straw** S Trinkhalm *m*; **~-up time** S *Br Zeit, innerhalb derer Gäste ihre Getränke nach Schließung des Lokals austrinken können*; **~ water** S Trinkwasser *n*
drink offering S REL Trankopfer *n*
drinks machine S Getränkeautomat *m*
drip [drɪp] A V/T *prät u. pperf* dripped, *US a.* dript [drɪpt] 1 (herab)tröpfeln *od* (-)tropfen lassen: **his hand was ~ping blood** von s-r Hand tropfte (das) Blut 2 **he was ~ping sweat** er triefte von *od* vor Schweiß B V/I 1 triefen (**with** von, vor *dat*) (*a. fig*): **he was ~ping with sweat**; **the play ~s with sentimentality** 2 (herab)tröpfeln, (-)tropfen (*beide:* **from** von): **the tap is ~ping** der Hahn tropft C S 1 → dripping A 1, A 2 2 ARCH Trauf-, Kranzleiste *f* 3 TECH a Tropfrohr *n* b Tropfenfänger *m* 4 MED a Tropf *m*: **be on a ~** am Tropf hängen; **put sb on a ~** j-m e-n Tropf anlegen b Tropfinfusion *f* 5 *umg* a Nulpe *f pej* b Schlappschwanz *m pej*; **~ cock** S TECH Entwässerungshahn *m*; **~ coffee** S *US* Filterkaffee *m*; **~-dry** A ADJ bügelfrei *(Hemd etc)* B V/T tropfnass aufhängen C V/I knitterfrei trocknen; **~-feed** V/T *irr* MED parenteral *od* künstlich ernähren; **~ feed(ing)** S 1 TECH Tropfölschmierung *f* 2 MED parenterale *od* künstliche Ernährung; **~ oiler** S TECH Tropföler *m*; **~ pan** S 1 *bes* TECH Abtropfblech *n*, -schale *f* 2 → dripping pan
dripping A S 1 (Herab)Tröpfeln *n*, (-)Tropfen *n*, *(Geräusch)* Tropfen *n* 2 *meist pl* (herab)tröpfelnde Flüssigkeit 3 (abtropfendes) Bratenfett B ADJ 1 (herab)tröpfelnd, (-)tropfend, *(Hahn etc)* tropfend 2 triefend (**with** von, vor *dat*) (*a. fig*): **~ with sweat** schweißtriefend 3 triefend (nass), tropf-, triefnass C ADV **~ wet** → B 3; **~ pan** S GASTR Fettpfanne *f*
dripproof ADJ TECH tropfwassergeschützt
drippy [ˈdrɪpɪ] ADJ 1 tropfend *(Hahn etc)* 2 *US* regnerisch, feucht *(Wetter etc)* 3 *umg* a geistlos b langweilig c rückgratlos
dripstone S 1 ARCH Trauf-, Kranzleiste *f* 2 MINER Tropfstein *m*
dript [drɪpt] *US prät u. pperf von* drip
drive [draɪv] A S 1 Fahrt *f*, *bes* Ausfahrt *f*, Spazierfahrt *f*, Ausflug *m*: **take a ~**, **go for a ~** → drive out A 2; **the ~ back** die Rückfahrt; **an hour's ~ away** e-e Autostunde entfernt 2 a Treiben *n (von Vieh, Holz etc)* b Zusammentreiben *n (von Vieh)* c zusammengetriebene Tiere *pl* 3 JAGD Treibjagd *f* 4 *bes Tennis, Golf*: Drive *m*, Treibschlag *m* 5 MIL Vorstoß *m (a. fig)* 6 *fig* Kampagne *f*, *(bes Werbe)* Feldzug *m*, *(bes Sammel)* Aktion *f* 7 *fig* Schwung *m*, Elan *m*, Dynamik *f* 8 *fig* Druck *m*: **I'm in such a ~ that ...** ich stehe so sehr unter Druck, dass ... 9 a Tendenz *f*, Neigung *f (a.* PSYCH*)* b PSYCH Trieb *m*: → sexual 10 a Fahrstraße *f*, -weg *m* b (private) Auffahrt *(zu e-r Villa etc)* c Zufahrtsstraße *f*, -weg *m* 11 a TECH Antrieb *m* b COMPUT Laufwerk *n* 12 AUTO *(Links- etc)* Steuerung B V/T *prät* drove [drəʊv], *obs* drave [dreɪv], *pperf* driven [ˈdrɪvn] 1 (vorwärts)treiben, antreiben: **~ all before one** *fig* jeden Widerstand überwinden, unaufhaltsam sein 2 *fig* treiben: **~ sb to death (suicide)** j-n in den Tod (zum *od* in den Selbstmord) treiben; → bend A 1, corner A 3, crazy 1, desperation 1, mad A 1, wall *Bes Redew*, wild A 9 3 *e-n Nagel etc* treiben, schlagen, *e-n Pfahl* rammen (*alle:* **into** in *akk*): **~ sth into sb** *fig* j-m etwas einbläuen; → home C 3, wedge A 1 4 (zur Arbeit) antreiben, hetzen: **~ sb hard** a j-n schinden b j-n in die Enge treiben 5 *j-n* veranlassen (**to, into** zu; **to do** zu tun), bringen (**to, into** zu), dazu bringen *od* treiben (**to do** zu tun): **be driven by hunger** vom Hunger getrieben werden 6 *j-n* nötigen, zwingen (*beide:* **to, into** zu; **to do** zu tun) 7 zusammentreiben 8 vertreiben, verjagen (*beide:* **from** von) 9 JAGD treiben, hetzen, jagen 10 *ein Auto etc* lenken, steuern, fahren: **~ one's own car** s-n eigenen Wagen fahren 11 (im Auto etc) fahren, befördern, bringen (*alle:* **to** nach)

12 TECH (an)treiben: **driven by steam** mit Dampf betrieben, mit Dampfantrieb 13 zielbewusst durchführen: **~ a good bargain** ein Geschäft zu e-m vorteilhaften Abschluss bringen; **~ a hard bargain** a hart verhandeln b überzogene Forderungen stellen; **he ~s a hard bargain** *a.* mit ihm ist nicht gut Kirschen essen 14 *ein Gewerbe* (zielbewusst) (be)treiben 15 *e-n Tunnel etc* bohren, vortreiben 16 *bes Tennis, Golf: den Ball* driven C V/I 1 (dahin)treiben, (dahin)getrieben werden: **~ before the wind** vor dem Wind treiben 2 rasen, brausen, jagen, stürmen 3 a (Auto) fahren, chauffieren, e-n *od* den Wagen steuern b kutschieren: **can you ~?** können Sie (Auto) fahren?; **he drove into a wall** er fuhr gegen e-e Mauer; **~ above the speed limit** das Tempolimit überschreiten 4 (spazieren) fahren 5 sich *gut etc* fahren lassen: **my car ~s easily** 6 *bes Tennis, Golf:* driven, e-n Treibschlag spielen 7 zielen (**at** auf *akk*): → let¹ *Bes Redew* 8 ab-, hinzielen (*beide:* **at** auf *akk*): **what is he driving at?** worauf will er hinaus?, was meint *od* will er eigentlich? 9 schwer arbeiten (**at** an *dat*)

Phrasal Verbs: **drive| away** A V/T 1 *a. fig Sorgen etc* vertreiben, verjagen 2 *fig Bedenken etc* zerstreuen B V/I fort-, wegfahren; **~ back** A V/T 1 zurücktreiben 2 zurückfahren, -bringen 3 **drive sb back on sth** j-n veranlassen *od* zwingen, auf etwas zurückzugreifen B V/I zurückfahren; **~ in** A V/T 1 *e-n Nagel etc* einschlagen, *e-n Pfahl* einrammen 2 hineintreiben B V/I hineinfahren; **~ off** A V/T vertreiben, verjagen B V/I 1 wegfahren 2 *Golf:* abschlagen; **~ on** A V/T 1 antreiben, vorwärtstreiben 2 *fig ein Projekt etc* vorantreiben B V/I weiterfahren; **~ out** A V/T 1 aus-, vertreiben, verjagen: **drive sb out of the market** WIRTSCH j-n vom Markt verdrängen; → mind A 2 2 (*a.* V/I) ausfahren, spazieren fahren B V/I herausfahren; **~ up** A V/T *die Preise etc* in die Höhe treiben B V/I (**to**) vorfahren (vor *dat*), heranfahren (an *akk*)

drive|-by ADJ aus dem fahrenden Auto heraus (begangen) (*Verbrechen, bes Mordanschlag*); **~-in** A ADJ Auto...: **~ bank** → B d; **~ cinema** (*US* **motion-picture theater**) → B a; **~ restaurant** → B b; **~ window** → B c B S a Autokino *n*, Drive-in-Kino *n* b Drive-in-Restaurant *n*, -Lokal *n* c Autoschalter *m*, Drive-in-Schalter *m* (*e-r Bank*) d Bank *f* mit Autoschalter

drivel ['drɪvl] A V/I *prät u. pperf* -eled, *bes Br* -elled 1 sabbern, geifern 2 (dummes Zeug) schwatzen, plappern, faseln (*alle pej*) B V/T 1 daherschwatzen 2 *a.* **~ away** vertändeln, vertrödeln C S 1 Geifer *m* 2 Geschwätz *n*, Gefasel *n* (*beide pej*); **drivel(l)er** S Schwätzer(in), Faselhans *m* (*beide pej*)

drive mechanism S TECH Transportwerk *n* (*e-s Tonbandgeräts etc*)

driven ['drɪvn] A *pperf von* drive B ADJ 1 angetrieben, vorwärtsgetrieben, zusammengetrieben: → snow A 1 2 (*in die Erde etc*) (hinein)getrieben, hineingebohrt 3 TECH angetrieben, betrieben: → drive B 12

driver ['draɪvə(r)] S 1 (An)Treiber(in) 2 a (Auto)Fahrer(in), Kraftfahrer(in), Chauffeur(in) b (*Kran-, Fahrzeug- etc, Br Lokomotiv*)Führer(in) c Kutscher(in) 3 (*Vieh*) Treiber(in) 4 *umg* Antreiber(in), (Leute)Schinder(in) 5 TECH a Treib-, Triebrad *n*, Ritzel *n* b Mitnehmer *m* c COMPUT Driver *m*, Treiber *m*, Signalverstärker *m*; **~ ant** S ZOOL Treiber-, Wanderameise *f*

driver's| cab S 1 Führerhaus *n* (*e-s Lastwagens od Krans*) 2 BAHN *Br* Führerstand *m*; **~ license** S *US* Führerschein *m*: **do** (*od* **take**) **one's ~** den Führerschein machen; **~ seat** S Fahrer-, Führersitz *m*: **be** (*od* **sit**) **in the ~** *fig* am Ruder *od* an der Macht sein

drive| screw S TECH Schlagschraube *f*; **~ shaft** S TECH Antriebswelle *f*; **~way** S 1 *bes US* → drive A 10 b, A 10 c 2 (Vieh)Trift *f*; **~ wheel** S TECH Antriebsrad *n*

driving A ADJ 1 (an)treibend: **~ force** treibende Kraft (**behind** hinter *dat*) 2 TECH Antriebs..., Treib..., Trieb... 3 AUTO Fahr... 4 ungestüm, stürmisch: **~ rain** strömender Regen B S 1 Treiben *n* 2 Autofahren *n* 3 AUTO Fahrweise *f*, -stil *m*; **~ axle** S TECH Antriebsachse *f*; **~ behavio(u)r** S Fahrverhalten *n*; **~ belt** S TECH Treibriemen *m*; **~ characteristics** SPL AUTO Fahreigenschaften *pl*; **~ comfort** S AUTO Fahrkomfort *m*; **~ distance** S: **be within easy ~** mit dem Auto leicht erreichbar sein; **we are within comfortable ~ of the shops** wir können die Geschäfte bequem mit dem Auto erreichen; **~ experience** S Fahrpraxis *f*; **~ gear** S TECH Antrieb *m*, Triebwerk *n*; **~ instructor** S Fahrlehrer(in); **~ iron** S 1 TECH Bohreisen *n* (*für Erdbohrungen*) 2 *Golf:* Driving-Iron *m* (*Eisenschläger Nr. 1*); **~ lesson** S Fahrstunde *f*: **take ~s** Fahrunterricht nehmen, den Führerschein machen; **~ licence** *Br* → driver's license; **~ mirror** S AUTO Rückspiegel *m*; **~ power** S TECH Antriebskraft *f*, -leistung *f*; **~ range** S *Golf:* Driving-Range *n* (*Übungsfläche zum Schlagen*); **~ school** S Fahrschule *f*; **~ seat** → driver's seat; **~ shaft** → drive shaft; **~ spring** S Trieb-, Gangfeder *f* (*der Uhr*); **~ style** S Fahrweise *f*; **~ test** S Fahrprüfung *f*: **take one's ~** die Fahrprüfung *od* den Führerschein machen; **~ wheel** S TECH Trieb-, Antriebsrad *n*

drizzle ['drɪzl] A V/UNPERS nieseln B V/T 1 in winzigen Tröpfchen versprühen 2 mit winzigen Tröpfchen benetzen C S Sprüh-, Nieselregen *m*; **drizzly** ADJ 1 Sprüh..., Niesel...: **~ rain** 2 **it was a ~ day** es nieselte den ganzen Tag

drogue [drəʊg] S 1 FLUG Wasseranker *m* 2 FLUG a Fangtrichter *m* b *a.* **~ parachute** Bremsfallschirm *m* 3 FLUG, PHYS Luftsack *m*

droit [drɔɪt; drwɑː] S JUR Recht(sanspruch) *n(m)*; **~ de suite** [ˌ-də'swiːt] S *Urheberrecht:* Folgerecht *n*

droll [drəʊl] A ADJ (ADV **drolly**) drollig, spaßig, komisch, possierlich B S Possenreißer(in); **drollery** [-ərɪ] S 1 drollige Sache 2 Schwank *m*, Spaß *m* 3 Posse *f* 4 Spaßigkeit *f*, Komik *f*

-drome [drəʊm] *Wortelement mit der Bedeutung* a (Renn)Bahn: → motordrome, *etc* b (*Flug*) Platz *m*: → aerodrome, airdrome

dromedary ['drɒmədərɪ; *US* 'drɑməˌderiː] S ZOOL Dromedar *n*

drone¹ [drəʊn] S 1 *a.* **~ bee** ZOOL Drohn(e) *m(f)* 2 *fig* Drohne *f*, Schmarotzer(in) 3 MIL Drone *f* (*unbemanntes*) *Aufklärungsflugzeug*

drone² [drəʊn] A V/I 1 brummen, summen 2 murmeln 3 leiern, eintönig sprechen *od* lesen 4 **~ on** (*od* **away**) *fig* sich hinziehen: **the meeting ~d on for hours**; **~ on and on** endlos reden (**about** über *akk*) B V/T her-, herunterleiern C S 1 MUS a Bordun *m* b Basspfeife *f* (*des Dudelsacks*) 2 Brummen *n*, Summen *n* 3 *fig* Geleier *n* 4 *fig* leiernde(r) Redner(in)

dronish ['drəʊnɪʃ] ADJ (ADV **~ly**) drohnenhaft; **drony** ADJ 1 → dronish 2 brummend, summend

drool [druːl] A V/I 1 → drivel A 2 **~ over** (*od* **about**) sich begeistern für, vernarrt sein in (*akk*) B V/T *etwas* salbungsvoll von sich geben *od* versprechen C S → drivel C 2

droop [druːp] A V/I 1 (schlaff) herabhängen *od* -sinken 2 ermatten, erschlaffen (*beide:* **from, with** vor *dat*, infolge) 3 sinken (*Mut etc*), erlahmen (*Interesse etc*) 4 den Kopf hängen lassen (*a. Blume*) 5 WIRTSCH abbröckeln, fallen (*Preise*) 6 *poet* sich neigen (*Sonne etc*) B V/T 1 (schlaff) herabhängen lassen 2 *den Kopf* hängen lassen C S 1 (Herab)Hängen *n* 2 Erschlaffen *n*; **droopy** ADJ (ADV **droopily**) 1 erschlafft, ermattet, schlaff, matt 2 niedergeschlagen, mutlos

drop [drɒp; *US* drɑp] A S 1 Tropfen *m*: **a ~ of blood** ein Blutstropfen; **empty the glass to the last ~** das Glas bis auf den letzten Tropfen leeren; **a ~ in the bucket** (*od* **ocean**) *fig* ein Tropfen auf den heißen Stein; **the last ~ which made the cup run over** der Tropfen, der das Fass zum Überlaufen brachte 2 *pl* MED Tropfen *pl* 3 *fig* Tropfen *m*, Tröpfchen *n*: **~ by ~**, **in ~s** tropfen-, tröpfchenweise 4 *fig* Glas *n*, Gläschen *n*: **he has had a ~ too much** er hat ein Glas *od* eins *od* e-n über den Durst getrunken; **he likes a ~** er trinkt gern e-n 5 *tropfenähnliches Gebilde, bes* a Ohrgehänge *n* b (herabhängendes) Prisma (*am Glaslüster*) 6 Bonbon *m/n*: → fruit drop 7 a Fallen *n*, Fall *m* (**from** aus): **at the ~ of a hat** *umg* beim geringsten Anlass; mir nichts, dir nichts; **get** (*od* **have**) **the ~ on sb** *umg* j-m (*beim Ziehen der Waffe*) zuvorkommen, *fig* j-m überlegen sein, j-m (weit) voraus sein b → airdrop A 8 *fig* Fall *m*, Sturz *m*: **~ in prices** WIRTSCH Preissturz; **~ in (the) temperature** Temperatursturz, -abfall; **~ in the voltage** ELEK Spannungsabfall 9 Fall(tiefe) *m(f)*: **a ~ of ten feet** ein Fall aus 10 Fuß Höhe 10 (plötzliche) Senkung, (steiler) Abfall, Gefälle *n* 11 a Fallvorrichtung *f* b Vorrichtung *f* zum Herablassen (*von Lasten etc*) 12 Falltür *f* 13 a Fallbrett *n* (*am Galgen*) b Galgen *m* 14 (Fall)Klappe *f* (*am Schlüsselloch etc*) 15 *bes US* (*Brief- etc*) Einwurf *m* 16 → drop curtain B V/I *prät u. pperf* **dropped**, *obs* **dropt** [drɒpt; *US* drɑpt] 1 (herab)tropfen, herabtröpfeln 2 triefen (**with** von, vor *dat*) 3 (herab-, herunter)fallen (**from** von; **out of** aus): **let sth ~** etwas fallen lassen; **these words ~ped from his lips** *fig* diese Worte kamen von s-n Lippen 4 (nieder)sinken, fallen: **~ on one's knees** auf die Knie sinken *od* fallen; **~ into a chair** in e-n Sessel sinken, sich in e-n Sessel fallen lassen 5 a (ohnmächtig) zu Boden sinken, umfallen: **be fit** (*od* **ready**) **to ~ (with fatigue)** zum Umfallen müde sein, sich vor Müdigkeit kaum mehr auf den Beinen halten können b *a.* **~ dead** tot umfallen: **~ dead!** *fig sl* geh zum Teufel! 6 *fig* aufhören, im Sande verlaufen, einschlafen: **our correspondence ~ped** 7 (ver)fallen: **~ into a habit** in e-e Gewohnheit verfallen, sich etwas angewöhnen 8 (ab)sinken, sich senken 9 sinken, fallen, heruntergehen (*Preise, Thermometer etc*) 10 leiser werden (*Stimme*) 11 sich legen (*Wind*) 12 zufällig *od* unerwartet kommen *od* gehen: **~ into the room** unerwartet ins Zimmer kommen, ins Zimmer schneien *umg*; **~ across sb (sth)** zufällig auf j-n (etwas) stoßen 13 *umg* herfallen (**on, across, into** über *j-n*) 14 → drop back: **~ behind** a zurückfallen hinter (*akk*) b sich zurückfallen lassen hinter (*akk*); **~ to the rear** zurückbleiben, ins Hintertreffen geraten; **~ four places** SPORT *etc* um vier Plätze zurückfallen 15 ZOOL Junge werfen, *bes* a lammen b kalben c fohlen 16 abfallen (*Gelände etc*) C V/T 1 (herab)tropfen *od* (-)tröpfeln lassen 2 tropfenweise eingießen 3 *e-e Träne* vergießen, fallen lassen 4 a senken, herablassen b *die Hose* herunterlassen 5 fallen lassen, (*Golf*) *den Ball* droppen, *sein Taschentuch etc* verlieren: **~ everything** alles liegen u. stehen lassen; → potato 6 (hinein)werfen (**into** in *akk*)

7 a *Bomben etc* (ab)werfen b → airdrop B 8 SCHIFF *den Anker* auswerfen 9 *e-e Bemerkung* fallen lassen: ~ **sb a line** (*od* **note**) j-m ein paar Zeilen schreiben; ~ **names** → name-drop 10 *ein Thema, e-e Absicht etc* fallen lassen: **let's ~ the matter** sprechen wir von etwas anderem!; → charge C 9 11 *e-e Tätigkeit* aufgeben, aufhören mit, SCHULE *ein Fach* abwählen: ~ **writing** aufhören zu schreiben; ~ **the correspondence** die Korrespondenz einschlafen lassen; ~ **it!** hör auf damit!, lass das! 12 a *j-n* fallen lassen b *a.* ~ **from the team** SPORT *e-n Spieler* aus der Mannschaft nehmen c *e-n Film etc* absetzen 13 *bes US j-n* entlassen 14 ZOOL *Junge, bes Lämmer* werfen 15 *e-e Last, a. Passagiere* absetzen 16 *bes US umg Geld* verlieren, *bes* verspielen 17 *Buchstaben etc* auslassen: → aitch, H[1] 1 18 a zu Fall bringen b zu Boden schlagen, *(Boxen a.)* auf die Bretter schicken 19 a *e-n Vogel* abschießen b *umg j-n* abknallen 20 *die Augen od die Stimme* senken: ~ **one's voice to a whisper** 21 SPORT *e-n Punkt etc* abgeben (**to** gegen): ~ **a shot** *(Golf)* e-n Schlag verlieren, ein Bogey spielen

Phrasal Verbs: **drop| away** V/I immer weniger werden: **the onlookers dropped away** die Zuschauer gingen einer nach dem anderen weg; **his supporters were dropping away** s-e Anhänger wurden immer weniger; ~ **back**, ~ **behind** V/I 1 zurückfallen: **he dropped back to last place** SPORT *etc* er fiel auf den letzten Platz zurück 2 sich zurückfallen lassen; ~ **down** A V/I 1 herabtröpfeln 2 herunterfallen B V/T fallen lassen; ~ **in** V/I 1 hereinkommen *(a. fig Aufträge etc)* 2 einlaufen, eingehen *(Aufträge)* 3 (kurz) hereinschauen, auf e-n Sprung vorbeikommen *umg (beide:* **on** bei), hereinschneien *umg*; ~ **off** A V/I 1 abfallen *(a.* ELEK) 2 zurückgehen *(Umsatz etc)*, nachlassen *(Interesse etc)* 3 a einschlafen b einnicken 4 aussteigen B V/T → drop C 15; ~ **out** V/I 1 herausfallen (**of** aus) 2 a aussteigen *umg* (**of** aus): ~ **of politics**; **he dropped out in the third lap** b *a.* ~ **of (conventional) society** aussteigen *umg*, aus der (bürgerlichen) Gesellschaft ausbrechen c *a.* ~ **of school (university)** die Schule (das Studium) abbrechen

drop| arch S ARCH flacher *od* gedrückter Spitzbogen; ~ **ball** S *Fußball:* Schiedsrichterball *m*; ~ **bottom** S Bodenklappe *f*; ~ **ceiling** S ARCH Zwischen-, Unterdecke *f*; ~ **cloth** *US* → dust cover 2; ~ **curtain** S THEAT Vorhang *m*; **~-dead** ADJ *u* ADV *US umg* umwerfend; **~-down menu** S COMPUT: Dropdown-Menü *n*; ~ **forge** S TECH Fallhammer *m*; **~-forge** V/T TECH im Gesenk schmieden; ~ **forging** S TECH 1 Gesenkschmieden *n* 2 Gesenkschmiedestück *n*; ~ **hammer** → drop forge; ~ **handle** S TECH Klappgriff *m*; **~head** S 1 TECH Versenkvorrichtung *f (für e-e Nähmaschine etc)* 2 *a.* ~ **coupé** AUTO *Br* Kabrio(lett) *n*; **~-in centre** S *Br Treffpunkt für Arbeitsuchende, Obdachlose etc*; ~ **kick** S *Fußball:* Dropkick *m*, *(Rugby a.)* Sprungtritt *m*; ~ **leaf** S *irr* herunterklappbares Seitenteil; **~-leaf table** S Tisch *m* mit herunterklappbaren Seitenteilen

droplet ['drɒplɪt; *US* 'drɑplət] S Tröpfchen *n*; ~ **infection** S MED Tröpfcheninfektion *f*

drop| letter S *US* 1 postlagernder Brief 2 Ortsbrief *m*; **~off** S 1 *(Rückgang)* (starke) Abnahme 2 *von Gelände:* Steilabfall *m* 3 *von Mietwagen etc:* Rückgabe *f*, Ablieferung *f*; ~ **location** Rückgabestation *f*, Ort *m* der Rückgabe; **~out** A S 1 Dropout *m*, Aussteiger(in) *(aus der Gesellschaft)* 2 (Schul-, Studien)Abbrecher(in) 3 *Rugby:* Dropout *m*, Lagertritt *m* 4 IT Dropout *m*, Signalausfall *m* 5 TECH Dropout *m (durch unbeschichtete Stellen im Band od durch Schmutz zwischen Band u. Tonkopf verursachtes Aussetzen in der Schallaufzeichnung)* B ADJ 1 Aussteiger...: **the ~ rate** a die Zahl der Aussteiger *od* Abbrecher b SPORT die Ausfallquote 2 Abbrecher... 3 ~ **current** ELEK Auslöse-, Abschaltstrom *m*

dropper ['drɒpə; *US* 'drɑpər] S MED *etc* Tropfglas *n*, Tropfenzähler *m*: **eye** ~ Augentropfer *m*

dropping ['drɒpɪŋ; *US* 'drɑ-] S 1 Tropfen *n*, Tröpfeln *n* 2 Abwurf *m*, Abwerfen *n (von Bomben etc)* 3 (Herab)Fallen *n* 4 *pl* (Tier)Kot *m* 5 *pl* (Ab)Fallwolle *f*; ~ **ground** → drop zone

drop| pit S TECH Arbeitsgrube *f*; ~ **scene** S THEAT 1 (Zwischen)Vorhang *m* 2 Schlussszene *f*, Finale *n*; ~ **seat** S Klappsitz *m*; ~ **shipment** S WIRTSCH Streckengeschäft *n*; ~ **shot** S *Tennis etc:* Stoppball *m*; ~ **shutter** S FOTO, HIST Fallverschluss *m*

dropsical ['drɒpsɪkl; *US* 'drɑp-] ADJ (ADV ~ly), **dropsied** [-sɪd] ADJ MED 1 wassersüchtig 2 ödematös

drop stitch S Fallmasche *f*

dropsy ['drɒpsɪ; *US* 'drɑpsi:] S MED 1 Wassersucht *f* 2 Ödem *n*

dropt [drɒpt; *US* drɑpt] *obs prät u. pperf von* drop

drop| table S Klapptisch *m*; ~ **tank** S FLUG Abwurfbehälter *m*; ~ **test** S TECH Schlagprobe *f*; **~wise** ADV tropfenweise; **~wort** S BOT 1 Mädesüß *n* 2 Rebendolde *f*; ~ **zone** S FLUG, MIL 1 Absprunggebiet *n* 2 Abwurfgelände *n*

dross [drɒs; *US a.* drɑs] S 1 METALL a (Ab)-Schaum *m* b Schlacke *f*, Gekrätz *n* 2 Abfall *m*, Unrat *m* 3 wertloses Zeug *(a. fig)*; **drossy** ADJ 1 unrein 2 schlackig 3 wertlos *(a. fig)*

drought [draʊt] S 1 Trockenheit *f*, Dürre *f* 2 Dürre(periode) *f* 3 *fig* Mangel *m*: **a ~ of intellect** mangelnder Verstand; ~ **of thought** Gedankenarmut *f* 4 *obs* Durst *m*; **droughty** ADJ 1 trocken, dürr 2 regenlos 3 *obs* durstig

drouth [draʊθ], **drouthy** *obs* → drought, droughty

drove[1] [drəʊv] *prät von* drive

drove[2] [drəʊv] S 1 (getriebene) Herde *(Vieh)* 2 Schar *f (Menschen)*: **in ~s** in (großen *od* hellen) Scharen, scharenweise

drover ['drəʊvə(r)] S Viehtreiber(in) *(bes zum Markt)*

drown [draʊn] A V/I ertrinken: **a ~ing man will catch at a straw** ein Ertrinkender greift nach e-m Strohhalm; **death by ~ing** Tod *m* durch Ertrinken; **I'm ~ing in work** ich ertrinke in Arbeit B V/T 1 (**o.s.** sich) ertränken: **be ~ed** ertrinken; **his speech was ~ed in the tumult** s-e Rede ging im Tumult unter; ~ **one's sorrows (in drink)** s-e Sorgen im Alkohol ertränken 2 überschwemmen, -fluten: **be ~ed in tears** in Tränen schwimmen *od* zerfließen; **a face ~ed in tears** ein tränenüberströmtes Gesicht; **like a ~ed rat** wie e-e gebadete Maus 3 *a.* ~ **out** *bes j-s Stimme* übertönen

drowse [draʊz] A V/I dösen: ~ **off** eindösen B V/T 1 schläfrig machen 2 *meist* ~ **away** *die Zeit etc* verdösen C S Dösen *n*; **drowsiness** S Schläfrigkeit *f*; **drowsy** ADJ (ADV drowsily) 1 a schläfrig b verschlafen 2 einschläfernd 3 *fig* verschlafen, verträumt *(Dorf etc)*

drub [drʌb] V/T *umg* 1 (ver)prügeln: ~ **sth into (out of) sb** j-m etwas einbläuen (austreiben) 2 SPORT überfahren, vernaschen *(besiegen)*; **drubbing** S *umg* (Tracht *f*) Prügel *pl*: **give** *sb* **a good ~** a *j-m* e-e Tracht Prügel verpassen b → drub 2

drudge [drʌdʒ] A S 1 *fig* a Kuli *m*, Lastesel *m* b Arbeitstier *n* 2 → drudgery B V/I sich (ab)plagen, schuften, sich (ab)schinden; **drudgery** [-ərɪ] S (stumpfsinnige) Schinderei *od* Plagerei; **drudging** ADJ (ADV ~ly) 1 mühsam 2 stumpfsinnig

drug [drʌg] A S 1 Arzneimittel *n*, Medikament *n* 2 a Droge *f*, Rauschgift *n*: **be on (off) ~s** rauschgift- *od* drogensüchtig (clean) sein; → addicted 1, addiction 2 b SPORT Dopingmittel *n*: **be on ~s** gedopt sein; **take ~s** sich dopen 3 Betäubungsmittel *n (a. fig)* 4 *fig* Droge *f*, *(etwas)* Berauschendes: **music is a ~** 5 ~ **on** *(US a.* **in) the market** WIRTSCH schwer verkäufliche Ware, *(im Laden a.)* Ladenhüter *m* B V/T 1 *j-m* Medikamente geben: **he's ~ged up to the eyeballs** *umg* er ist mit Medikamenten vollgepumpt 2 *j-n* unter Drogen setzen: **be ~ged** unter Drogen stehen 3 ein Betäubungsmittel beimischen *(dat)*: **his drink was ~ged** in s-m Getränk war ein Betäubungsmittel 4 betäuben *(a. fig)*: **~ged with sleep** schlaftrunken C V/I Drogen *od* Rauschgift nehmen; ~ **abuse** S 1 Drogenmissbrauch *m* 2 Arzneimittel-, Medikamentenmissbrauch *m*; ~ **addict** S 1 Drogen-, Rauschgiftsüchtige(r) *m/f(m)* 2 Arzneimittel-, Medikamentensüchtige(r) *m/f(m)*; **~-addicted** ADJ 1 drogen-, rauschgiftsüchtig 2 arzneimittel-, medikamentensüchtig; ~ **addiction** S 1 Drogen-, Rauschgiftsucht *f* 2 Arzneimittel-, Medikamentensucht *f*; ~ **baron** S Drogenbaron *m*; ~ **clinic** S Drogenklinik *f*; **~-counsel(l)ing service** S Drogenberatungsdienst *m*; ~ **dealer** S Dealer(in), Drogen-, Rauschgifthändler(in); ~ **dependence** S 1 Drogenabhängigkeit *f* 2 Arzneimittel-, Medikamentenabhängigkeit *f*

drugget ['drʌgɪt] S Drogett *m (ein grober Wollstoff)*

druggie ['drʌgɪ] S *bes US umg* Drogi *m (Drogensüchtiger)*

druggist ['drʌgɪst] S *US* a Apotheker(in) b Inhaber(in) e-s Drugstores

druggy → druggie

drug| industry S Arzneimittelindustrie *f*; ~ **misuse** *Br* → drug abuse; ~ **peddler**, *bes Br* ~ **pedlar** → drug dealer; **~pusher** S *umg* Pusher *m (Rauschgifthändler)*; ~ **rehabilitation** S Rehabilitation *f* von Drogenabhängigen: ~ **center** *(bes Br* **centre**) Rehabilitationszentrum *n* für Drogenabhängige; **~-related** ADJ: ~ **crime** Beschaffungskriminalität *f*; ~ **scene** S Drogenszene *f*

drugs squad S Rauschgiftdezernat *n*

drugstore S *US* a Apotheke *f* b Drugstore *m (oft mit e-r Schnellgaststätte kombiniertes Geschäft für Medikamente sowie für alle Artikel des täglichen Bedarfs)*

drug| test S *Sportmedizin:* Dopingkontrolle *f*; ~ **traffic** S Drogenhandel *m*; ~ **trafficker** → drug dealer; ~ **treatment** S MED medikamentöse Behandlung

Druid ['dru:ɪd] S HIST Druide *m*; **Druidess** S HIST Druidin *f*; **druidic**, **druidical** ADJ HIST druidisch, Druiden...

drum[1] [drʌm] A S 1 MUS Trommel *f*: → bang[1] B 1, beat[1] C 3 2 *pl* MUS Schlagzeug *n* 3 Trommeln *n (a. weitS.)*: **the ~ of hooves**; **the ~ of the rain against the window** das Trommeln des Regens an das Fenster 4 *obs* Trommler *m* 5 TECH *(a. Förder-, Misch-, Seil)* Trommel *f*, Walze *f*, Zylinder *m* 6 TECH Scheibe *f* 7 MIL Trommel *f (automatischer Feuerwaffen)* 8 ELEK Trommel *f*, (Eisen)Kern *m (e-s Ankers)* 9 Trommel *f*, *(Öl- etc)* Fass *n* 10 ANAT a Mittelohr *n* b Trommelfell *n* 11 ARCH *(Säulen)* Trommel *f* 12 *Aus sl* Puff *m*, *a. n (Bordell)* B V/T 1 *e-n Rhyth-*

mus trommeln: **~ sth into sb** *fig* j-m etwas einhämmern; **~ it into sb that they should do sth** j-m einhämmern, dass er etwas tun soll **2** **a** trommeln auf (*akk*): **~ the table** **b** trommeln mit (**on** auf *akk*): **~ one's fingers on the table** **3** **~ up** *fig* **a** Personen zusammentrommeln **b** *Kunden, Unterstützung etc* auftreiben, *Interesse etc* erwecken: **~ up business** die Werbetrommel rühren (**for** für) **c** sich *etwas* einfallen lassen *od* ausdenken **4** **~ out** *j-n* ausstoßen (**of** aus) **C** V/I **1** *a. weitS.* trommeln (**at** an *akk*; **on** auf *akk*): **~ on the table with one's fingers** mit den Fingern auf den Tisch trommeln; **the rain was ~ming against the window** der Regen trommelte an das Fenster **2** (rhythmisch) dröhnen **3** burren, mit den Flügeln trommeln (*Federwild*)

drum² [drʌm] S *schott od Ir* langer, schmaler Hügel

drum|beat S Trommelschlag *m*; **~beater** S *fig j-d, der die Trommel rührt* (**for** für); **~ brake** S TECH Trommelbremse *f*; **~fire** S MIL Trommelfeuer *n*; **~fish** S FISCH Trommelfisch *m*

drumhead S MUS, *a.* ANAT Trommelfell *n*; **~ court martial** S MIL Standgericht *n*

drumlin ['drʌmlɪn] S GEOL Drumlin *m* (*elliptisch gestreckte, von Eiszeitgletschern geformte Aufschüttung von Grundmoränenmaterial*)

drum| major S Tambourmajor *m*; **~ majorette** S *bes US* Tambourmajorin *f*; **~ membrane** S ANAT Trommelfell *n*

drummer ['drʌmə(r)] S **1** MUS **a** Trommler(in) **b** Drummer *m*, Schlagzeuger(in) **2** WIRTSCH *bes US umg* Vertreter(in), Handlungsreisende(r) *m/f(m)*

Drummond light ['drʌmənd] S PHYS drummondsches Licht

drum|stick S **1** Trommelstock *m*, -schlegel *m* **2** GASTR Keule *f*, Schenkel *m* (*von Geflügel*); **~ winding** S ELEK Trommelwick(e)lung *f*

drunk [drʌŋk] **A** *pperf von* drink **B** ADJ (*meist präd*) **1** betrunken: **~ and disorderly** JUR betrunken; **be ~ in charge** JUR betrunken ein Fahrzeug lenken; **get ~ (on)** **a** betrunken werden (von) **b** sich betrinken (mit); **he got ~ on only two drinks** er war schon nach zwei Drinks betrunken; **get ~ on words** sich an Worten berauschen; **get** (*od* **make**) **sb ~** j-n betrunken machen; **(as) ~ as a lord** (*od* **fiddler, newt**) *umg* sternhagelvoll, blau wie ein Veilchen; **~ driver** *US* Alkohol-, Promillesünder(in); **~ driving** *US* Trunkenheit *f* am Steuer **2** *fig* berauscht (**with** von): **~ with joy** freudetrunken; **he was ~ with power** er befand sich in e-m Machtrausch **3** *obs* durchtränkt (**with** von) **C** S **1** **a** Betrunkene(r) *m/f(m)* **b** → drunkard **2** *umg* Sauferei *f*; **drunkard** [-ə(r)d] S (Gewohnheits)Trinker(in), Säufer(in); **drunken** ADJ (*meist attr*) (ADV **~ly**) **1** betrunken: **a ~ man** ein Betrunkener **2** trunksüchtig **3** Sauf…: **a ~ party** **4** rauschbedingt, im Rausch: **a ~ quarrel** ein im Rausch angefangener Streit, ein Streit zwischen Betrunkenen; → stupor 3 a; **drunkenness** S **1** (Be)Trunkenheit *f* **2** Trunksucht *f*

drunkometer [drʌŋ'kɑmətər] *US* → breathalyser

drupaceous [druː'peɪʃəs] ADJ BOT Steinfrucht…; **drupe** [druːp] S BOT Steinfrucht *f*; **drupelet** [-lɪt], *a.* **drupel** [-pl] S BOT Steinfrüchtchen *n*

Druse¹ [druːz] S Druse *m*, Drusin *f* (*Mitglied e-r kleinasiatisch-syrischen Sekte*)

druse² [druːz] S GEOL, MINER (Kristall-)Druse *f*

Druze → Druse¹

dry [draɪ] **A** ADJ *komp* drier, *a.* dryer, *sup* driest, *a.* dryest (ADV → dryly, drily) **1** trocken: **(as) ~ as a bone** **a** völlig trocken **b** *a.* **(as) ~ as dust** *pej* knochen-, staub-, strohtrocken; **I'm (as) ~ as dust** *umg* m-e Kehle ist vollkommen ausgedörrt (→ A 14); **feel ~** Durst haben; **"keep ~"** „vor Nässe schützen!"; **rub sth ~** etwas trocken reiben; **not yet ~ behind the ears** *umg* noch nicht trocken hinter den Ohren; **a ~ cough** ein trockener Husten; → run C 30 **2** Trocken…: **~ fruit** Dörrobst *n*; **~ milk** Trockenmilch *f*, Milchpulver *n*; **~ process** TECH Trockenverfahren *n* **3** trocken, niederschlagsarm *od* -frei (*Gegend, Sommer etc*): **~ season** Trockenzeit *f* **4** dürr, ausgedörrt **5** ausgetrocknet, versiegt: **go ~** austrocknen, versiegen; **a ~ fountain pen** ein leerer Füllhalter **6** trockenstehend (*Kuh etc*): **the cow is ~** die Kuh steht trocken *od* gibt keine Milch **7** tränenlos (*Auge*): *at the end of the performance* **there wasn't a ~ eye in the house** waren alle in Tränen aufgelöst; **with ~ eyes** *fig* trockenen Auges, ungerührt **8** durstig machend (*Arbeit etc*): **gardening is ~ work** Gartenarbeit macht durstig **9** trocken, ohne Aufstrich (*Brot*) **10** *obs* unblutig, ohne Blutvergießen (*Krieg etc*) **11** MAL *etc* streng, nüchtern **12** unproduktiv (*Künstler etc*) **13** nüchtern, nackt, ungeschminkt (*Fakten etc*) **14** trocken, langweilig: **(as) ~ as dust** *umg* stinklangweilig, furchtbar trocken (→ A 1) **15** trocken (*Humor*) **16** trocken, humorlos **17** kühl, gleichgültig, gelassen **18** trocken, herb (*Wein etc*) **19** *umg* **a** antialkoholisch: **~ law** Prohibitionsgesetz *n* **b** trocken, mit Alkoholverbot (*Land etc*): **go ~** ein Alkoholverbot einführen **c** trocken, ohne Alkohol (*Party etc*) **d** trocken, weg vom Alkohol **20** MIL *US* Übungs…, ohne scharfe Munition: **~ firing** Ziel- u. Anschlagübungen *pl* **B** V/T **1** trocknen **2** (**o.s. [off]** sich, **one's hands** sich die Hände) abtrocknen (**on** an *dat*): **~ one's hair** sich die Haare föhnen **3** *oft* **~ up** **a** *das Geschirr* abtrocknen **b** *a.* **~ out** austrocknen **a** *fig* erschöpfen **4** *Obst etc* dörren **C** V/I **1** *a.* **~ out** trocknen, trocken werden **2** verdorren **3** **~ up** **a** *a.* **~ out** ein-, aus-, vertrocknen **a** versiegen **b** keine Milch mehr geben (*Kuh etc*) **c** (das Geschirr) abtrocknen **d** *umg* versiegen, aufhören **e** *umg* den Mund halten: **~ up!** halt die Klappe! **f** *umg* stecken bleiben (*Schauspieler etc*) **4** **~ out** *umg* trocken werden (*keinen Alkohol mehr trinken*) **D** *pl* dries, drys [draɪz] S **1** POL *Br umg* kompromisslose(r) Konservative(r) **2** **the ~** *Aus umg* die Trockenzeit **3** *US umg* Prohibitionist(in)

dryad ['draɪəd; -æd] *pl* -ads, -ades [-ədiːz] S MYTH Dryade *f*

dry|-as-dust ADJ *umg* stinklangweilig, furchtbar trocken; **~ avalanche** S Staublawine *f*; **~ battery** S ELEK Trockenbatterie *f*; **~ capital** S WIRTSCH *umg* unverwässertes Gesellschaftskapital; **~ cell** S ELEK Trockenelement *n*; **~-clean** V/T chemisch reinigen; **~ cleaner('s)** S chemische Reinigung(sanstalt); **~ cleaning** S chemische Reinigung; **~ clutch** S TECH Trockenkupplung *f*; **~-cure** → dry-salt; **~ dock** S SCHIFF Trockendock *n*: **be in ~** im Trockendock liegen; **~-dock** V/T SCHIFF ins Trockendock bringen

dryer → drier¹

dry| farming S AGR Dryfarming *n*, Trockenfarmsystem *n*; **~ fly** S *Angeln*: Trockenfliege *f*; **~ goods** SPL WIRTSCH Textilien *pl*; **~-gulch** V/T *US umg j-n* aus dem Hinterhalt überfallen u. abmurksen; **~ ice** S CHEM Trockeneis *n*

drying| agent ['draɪɪŋ] S TECH Trockenmittel *n*; **~ oven** S TECH Trockenschrank *m*, -ofen *m*; **~ rack** S Trockengestell *n*; **~-up** S: **do the ~** → dry C 3 d

dry land S Festland *n*: **be back on ~** wieder festen Boden unter den Füßen haben

dryly ['draɪlɪ] ADV trocken (*etc*, → dry A)

dry measure S Trockenmaß *n*

dryness ['draɪnɪs] S Trockenheit *f*: **a** trockener Zustand **b** Dürre *f* **c** Humorlosigkeit *f* **d** Langweiligkeit *f*

dry| nurse S **1** Säuglingsschwester *f* **2** *obs* Kindermädchen *n*; **~-nurse** [ˌ-'nɜːs; *US* '--ˌnɜrs] V/T **1** *Säuglinge* pflegen **2** *umg* bemuttern; **~ plate** S FOTO Trockenplatte *f*; **~-plate process** S FOTO trockenes Kollodiumverfahren; **~ point** S **1** Kaltnadel *f* **2** Kaltnadelradierung *f* **3** Kaltnadelverfahren *n*; **~ rot** S **1** BOT Trockenfäule *f* **2** BOT (*ein*) Trockenfäule erregender Pilz **3** *fig* (Krebs)Geschwür *n*; **~ run** S **1** MIL Übungsschießen *n* ohne scharfe Munition **2** *umg* Probe *f* (**for** für): **do a ~ of sth** etwas proben; **~-salt** V/T dörren u. einsalzen; **~ shampoo** S Trockenshampoo *n*; **~-shod** ADJ *obs* mit trockenen Füßen: **cross ~** trockenen Fußes überqueren; **~ steam** S TECH trockener *od* überhitzter Dampf; **~ storage** S Lagerung *f* mit Kaltluftkühlung; **~ wall** S ARCH Trockenmauer *f*; **~ wash** S Trockenwäsche *f*; **~ weight** S Trockengewicht *n*

d.s., **D/S** ABK WIRTSCH days after sight

DSc ABK Doctor of Science

DSC ABK MIL *US* Distinguished Service Cross

DSM ABK MIL Distinguished Service Medal

DSO ABK MIL *Br* Distinguished Service Order (*e-e Auszeichnung*)

DST ABK *US* Daylight Saving Time Sommerzeit *f*

DTI ABK *Br* Department of Trade and Industry

DTP ABK desktop publishing DTP *n*

DT's ABK MED *umg* delirium tremens

Du. ABK **1** Duke **2** Dutch

dual ['djuːəl; *US a.* 'duːəl] **A** ADJ (ADV **~ly**) zweifach, doppelt, Doppel…, Zwei…, TECH *a.* Zwillings…: **~ airbag** AUTO doppelter Airbag; **~ life** Doppelleben *n*; **~ nature** Doppelnatur *f*; **~ carriageway** AUTO *Br* Schnellstraße *f*; **~ theorems** MATH duale Sätze **B** S LING Dual *m*, Dualis *m*, Zweizahl *f*; **≗ Alliance** S POL, HIST **1** Zweibund *m* (*Deutschland u. Österreich-Ungarn 1879-1918*) **2** Doppelentente *f* (*Frankreich u. Russland 1891-1917*); **~-circuit braking system** S AUTO Zweikreisbremssystem *n*; **~ citizenship** S doppelte Staatsbürgerschaft *od* Staatsangehörigkeit: **have ~** die doppelte Staatsbürgerschaft haben; **~ control** S FLUG, TECH Doppelsteuerung *f*; **~ ignition** S TECH Doppelzündung *f*; **~-income family** S Doppelverdiener *pl*

dualism ['djuːəlɪzəm; *US a.* 'duː-] S **1** Dualismus *m*: **a** PHIL, REL *Lehre, nach der es nur zwei voneinander unabhängige ursprüngliche Prinzipien im Weltgeschehen gibt* **b** POL *koordiniertes Nebeneinander zweier Machtfaktoren od Institutionen in e-r politischen Einheit* **2** → duality; **dualist** S Dualist(in); **dualistic** ADJ (ADV **~ally**) dualistisch; **duality** [-'ælətɪ] S Dualität *f*, Zweiheit *f*

Dual| Monarchy S POL, HIST Doppelmonarchie *f* (*Österreich-Ungarn 1867-1918*); **≗ nationality** → dual citizenship; **≗-purpose** ADJ Doppel…, Mehrzweck…; **≗ tires**, *bes Br* **≗ tyres** SPL TECH Zwillingsbereifung *f*

dub¹ [dʌb] V/T **1** **~ sb a knight** j-n zum Ritter schlagen **2** nennen, *j-m* den (Spitz)Namen … geben: **they ~bed him Fatty** **3** TECH **a** zurichten **b** *Leder* einfetten, schmieren **4** *Br e-e künstliche Angelfliege* herrichten **5** *Golf: den Ball* schlecht treffen **6** verpfuschen, verpatzen (*beide pej*)

dub² [dʌb] S *US umg* **a** Flasche *f*, Niete *f* (*Person*) **b** **be a ~** Mist sein (*Sache*)

dub[3] [dʌb] A V/T 1 *e-n Film* a *(in e-r anderen Sprache)* synchronisieren b (nach)synchronisieren, mit (zusätzlichen) Toneffekten *etc* untermalen 2 *meist* ~ **in** *Toneffekte etc* (in e-n Film) einsynchronisieren 3 *e-e Videocassette etc* überspielen B S Überspielung *f*

Dubai [duːˈbaɪ] S Dubai *n*

dubber [ˈdʌbə(r)] S FILM, TV Synchronsprecher(in)

dubbin [ˈdʌbɪn] → dubbing[1] 2

dubbing[1] [ˈdʌbɪŋ] S 1 Ritterschlag *m* 2 TECH (Leder)Schmiere *f*, Lederfett *n*

dubbing[2] [ˈdʌbɪŋ] FILM, TV A S (Nach)Synchronisation *f* B ADJ: ~ **actor** Synchronsprecher *m*

dubiety [djuːˈbaɪətɪ; *US a.* dʊ-], **dubiosity** [ˌdjuːbɪˈɒsətɪ; *US* -ˈɑ-; *a.* ˌduː-] S 1 Zweifelhaftigkeit *f* 2 Ungewissheit *f* 3 Fragwürdigkeit *f*; **dubious** [-bjəs; -bɪəs] ADJ (ADV ~ly) 1 zweifelhaft: a unklar, zweideutig b ungewiss, unbestimmt c fragwürdig, dubios: **a ~ pleasure** ein zweifelhaftes Vergnügen d unzuverlässig 2 a unschlüssig, schwankend b unsicher, im Zweifel (**of, about** über *akk*); **dubiousness** → dubiety

dubitative [ˈdjuːbɪtətɪv; *US* -ˌteɪtɪv; *a.* ˈduː-] ADJ (ADV ~ly) 1 → dubious 1 a 2 → dubious 2 a

Dublin [ˈdʌblɪn] Dublin *n* a *Grafschaft im östlichen Irland* b *Hauptstadt der Republik Irland*

ducal [ˈdjuːkl; *US a.* ˈduːkəl] ADJ (ADV ~ly) herzoglich, Herzogs…

ducat [ˈdʌkət] S 1 HIST Dukaten *m* 2 *pl obs sl* Moneten *pl* 3 *US sl für* ticket A 1

duchess [ˈdʌtʃɪs] S Herzogin *f*

duchy [ˈdʌtʃɪ] S Herzogtum *n*

duck[1] [dʌk] S 1 *pl* **ducks**, *bes koll* **duck** ORN Ente *f*: **feel like a ~ out of water** *umg* sich wie ein Fisch auf dem Trockenen fühlen; **look like a dying ~ (in a thunderstorm)** *umg* dumm aus der Wäsche schauen; **it ran off him** (*od* **it was**) **like water off a ~'s back** *umg* es lief an ihm ab, es ließ ihn völlig gleichgültig; **can a ~ swim?** *umg* dumme Frage!; **take to sth like a ~ (takes) to water** *umg* sich bei etwas sofort in s-m Element *od* wie zu Hause fühlen; **a fine day for (young) ~s** *umg* ein regnerischer Tag; **~'s disease** *hum* kurze Beine; → ducks and drakes 2 (weibliche) Ente 3 Ente(nfleisch) *f(n)*: **roast ~** gebratene Ente, Entenbraten *m* 4 *a. pl (als sg konstruiert) Br umg (bes von Frauen gebraucht)* a *(Anrede, oft unübersetzt)* Schatz *m*: **hello, ~!** hallo, Süßer! *(Prostituierte)* b Schatz *m*: **he's a nice old ~** er ist ein richtiger Schatz; **a ~ of a car** ein süßer Wagen 5 *umg* Vogel *m (Person)*: **an odd ~** 6 **break one's ~** *fig* s-n ersten Erfolg erzielen

duck[2] [dʌk] A V/I 1 (rasch) (unter)tauchen 2 *a. fig* sich ducken (**to sb** vor j-m), *(Boxen)* abducken: ~ **low** zu tief abducken 3 sich verbeugen (**to sb** vor j-m) 4 ~ **out** *umg* a verduften b *fig* sich drücken (**of** vor *dat*) B V/T 1 (unter)tauchen 2 ducken: ~ **one's head** den Kopf ducken *od* einziehen 3 a *e-n Schlag* abducken b *umg* sich drücken vor *(dat)*, *e-r Frage* ausweichen C S 1 rasches (Unter)Tauchen 2 Ducken *n* 3 (kurze) Verbeugung

duck[3] [dʌk] S 1 Segeltuch *n*, Sackleinwand *f* 2 *pl* Segeltuchkleider *pl*: *bes (a.* **pair of ~s***)* Segeltuchhose *f*

duck[4] [dʌk] S MIL, HIST Amphibien-Lastkraftwagen *m*

duck|bill S 1 ZOOL Schnabeltier *n* 2 BOT *Br* Roter Weizen; **~-billed platypus** → duckbill 1; **~board** S Laufbrett *n*; ~ **call** S JAGD Entenpfeife *f*

ducker[1] S ORN Tauchvogel *m*

ducker[2] S 1 Entenzüchter(in) 2 *US* Entenjäger(in)

duck hawk S ORN 1 Amer. Wanderfalke *m* 2 *Br* Rohrweihe *f*

duckie [ˈdʌkɪ] → duck[1] 4

ducking[1] S Entenjagd *f*

ducking[2] S rasches (Unter)Tauchen *n*: **give sb a ~** j-n untertauchen; **get a ~** *fig* bis auf die Haut durchnässt werden; ~ **stool** → tumbrel 4

duckling [ˈdʌklɪŋ] S Entchen *n*: **ugly ~** *fig* hässliches Entlein

duck pond S Ententeich *m*

ducks and drakes SPL: **play (at) ~** Steine (über das Wasser) hüpfen lassen; **play (at) ~ with sth, make ~ of sth** *fig* a etwas zum Fenster hinauswerfen b Schindluder treiben mit etwas

duck| shot S JAGD Entenschrot *m/n*; ~ **soup** S *US sl fig* Kinderspiel *n*: **be ~** ein Kinderspiel sein (**for** für); **~-walk** V/I watscheln; **~weed** S BOT Wasserlinse *f*

ducky [ˈdʌkɪ] *umg* A S → duck[1] 4 B ADJ goldig, süß

duct [dʌkt] S 1 TECH a Röhre *f*, Rohr *n*, Leitung *f* b *(a.* ELEK Kabel*)*Kanal *m* 2 ANAT, BOT Gang *m*, Kanal *m*

ductile [ˈdʌktaɪl; *US a.* -tl] ADJ (ADV ~ly) 1 PHYS, TECH a duktil, dehn-, streck-, hämmerbar b (aus)ziehbar c biegsam, geschmeidig; 2 *fig* lenksam, fügsam; **ductility** [-ˈtɪlətɪ] S PHYS, TECH a Duktilität *f*, Dehn-, Streckbarkeit *f* b (Aus)Ziehbarkeit *f*

ductless ADJ ohne (Ausführungs)Gang *od* (Abfluss)Kanal: ~ **gland** ANAT, ZOOL endokrine Drüse

dud [dʌd] S *umg* 1 *pl obs* Klamotten *pl (Kleider)* 2 *pl obs* Krempel *m*, Siebensachen *pl* 3 MIL Blindgänger *m (a. fig Person)* 4 Niete *f*, Versager(in) *(beide cenpt.) (Person)* 5 a *a.* ~ **check** *(Br* **cheque***)* ungedeckter Scheck b Blüte *f (gefälschter Geldschein)*

dude [duːd; djuːd] S *US umg* 1 Dandy *m*, Geck *m* 2 Stadtmensch *m* 3 Urlauber(in) auf e-r Ferienranch; ~ **ranch** S *US umg* Ferienranch *f (für Städter)*

dudgeon[1] [ˈdʌdʒən] S Unwille *m*, Groll *m*, Wut *f (obs außer in)*: **in high ~** sehr aufgebracht

dudgeon[2] [ˈdʌdʒən] S *obs* (Dolch *m* mit) Holzgriff *m*

due [djuː; *US a.* duː] A ADJ (ADV → duly) 1 WIRTSCH fällig, sofort zahlbar: **fall** (*od* **become**) **~** fällig werden; **when ~** bei Verfall *od* Fälligkeit; ~ **date** Verfallstag *m*, Fälligkeitstermin *m*; ~ **day** *US* (Geburts)Termin *m*; **debts ~ and owing** Aktiva u. Passiva; ~ **from** fällig seitens; → interest A 11 2 WIRTSCH geschuldet, zustehend *(beide:* **to** *dat)*: **be ~ to sb** j-m geschuldet werden 3 *zeitlich* fällig, erwartet: **the train is ~ at six** der Zug soll um 6 (Uhr) ankommen *od* abfahren; **we are ~ to leave in 10 minutes** unser Zug fährt in 10 Minuten ab; **I am ~ for dinner at eight** ich werde um 8 Uhr zum Abendessen erwartet; **he is ~ to return today** er soll heute zurückkommen, er wird heute zurückerwartet; **she is not ~ back until Monday** sie wird erst Montag zurückerwartet; **I'm ~ for an increase in pay** bei mir ist e-e Gehaltserhöhung fällig 4 verpflichtet: **be ~ to do sth** etwas tun müssen *od* sollen; **be ~ to go** gehen müssen 5 **(to)** zuzuschreiben(d) *(dat)*, veranlasst (durch): **his poverty is ~ to his laziness** s-e Armut ist auf s-e Faulheit zurückzuführen; **death was ~ to cancer** Krebs war die Todesursache; **it is ~ to him** es ist ihm zu verdanken 6 ~ **to** wegen *(gen)*, infolge *od* aufgrund *(gen od* von): ~ **to injury** SPORT verletzungsbedingt 7 gebührend, geziemend: **with ~ respect** mit gebührender Hochachtung; **with (all) ~ respect** bei allem gebotenen Respekt; **be ~ to sb** j-m gebühren *od* zukommen; **it is ~ to him to say that …** man muss ihm einräumen *od* zugestehen, dass …; → credit A 5, honor B 1 8 gehörig, gebührend, angemessen: **after ~ consideration** nach reiflicher Überlegung; **take all ~ measures** alle erforderlichen Maßnahmen ergreifen; → care A 2 9 passend, richtig, recht: **in ~ course** zur rechten *od* gegebenen Zeit; **in ~ time** rechtzeitig, termingerecht 10 vorschriftsmäßig: **in ~ form** ordnungsgemäß, vorschriftsmäßig, formgerecht: → process[1] A 8 b 11 *US umg* im Begriff sein (**to do** zu tun) B ADV direkt, genau: ~ **west** genau nach Westen; ~ **south of here** genau südlich von hier C S 1 *(das)* Zustehende, (rechtmäßiger) Anteil *od* Anspruch, Recht *n*: **it is his ~** es steht *od* kommt ihm (von Rechts wegen) zu, es gebührt ihm; **give everyone their ~** jedem das Seine geben; **give sb their ~** j-m Gerechtigkeit widerfahren lassen; **but, to give him his ~, he …** aber man muss ihm lassen, dass er …; **she never takes more than her ~** sie nimmt nie mehr, als ihr zusteht; → devil A 1 2 *pl* Schulden *pl*: **pay one's ~s**; **pay one's ~s with** *fig* sich alles hart erarbeiten müssen mit 3 *pl (Mitglieds- etc)* Beiträge *pl*, Gebühren *pl*

duel [ˈdjuːəl; *US a.* ˈduːəl] A S Duell *n (a. fig)*: **fight a ~** sich duellieren (**with** mit); **(students') ~** Mensur *f* B V/I *prät u. pperf* **-eled**, *bes Br* **-elled** sich duellieren (**with** mit); **duel(l)er** → duel(l)ist; **duel(l)ing** A S Duellieren *n* B ADJ Duell…: ~ **pistols**; **duel(l)ist** S Duellant *m*

duenna [djuːˈenə; *US a.* duː-] S Anstandsdame *f*

duet [djuːˈet; *US a.* duːˈet] A S 1 MUS Duett *n* 2 MUS Duo *n*: **play a ~** a ein Duo spielen b *(am Klavier)* vierhändig spielen 3 Duo *n*, Paar *n*: **they make a good ~** sie geben ein gutes Paar ab B V/I MUS a ein *od* im Duett singen b ein Duo spielen c vierhändig spielen

duff[1] [dʌf] S GASTR *(ein)* Mehlpudding m: **be up the ~** *bes Aus sl* ein Kind kriegen

duff[2] [dʌf] V/T *sl* 1 aufpolieren, frisieren *(beide umg)* 2 *Aus Vieh* stehlen u. mit neuen Brandzeichen versehen 3 ~ **up** *Br j-n* aufmischen *(zusammenschlagen)*

duff[3] [dʌf] S *sl* Hinterteil *n*, Hintern *m*

duffel [ˈdʌfl] S 1 Düffel *m (ein schweres Baumwollgewebe)* 2 *bes US (bes* Camping*)*Ausrüstung *f*; ~ **bag** S Matchbeutel *m*, -sack *m*; ~ **coat** S Dufflecoat *m*

duffer S *umg* 1 Hausierer(in) 2 a Schund *m*, Ramsch(ware) *m(f)* b Fälschung *f* 3 Stümper(in) (**at** in *dat*)

duffle → duffel

dug[1] [dʌg] *prät u. pperf von* dig

dug[2] [dʌg] S 1 Zitze *f* 2 Euter *n*

dugong [ˈduːgɒŋ; *US a.* -ˌgɑŋ] S ZOOL Dugong *m (Seekuh im Indischen Ozean)*

dugout S 1 a *bes* MIL Unterstand *m* b *bes Fußball*: Trainerbank *f* 2 Erd-, Höhlenwohnung *f* 3 *a.* ~ **canoe** Einbaum *m* 4 *Br sl* wieder ausgegrabener *(reaktivierter)* Beamter, Offizier *etc*

duh [dʌː, dɜː] INT *bes US iron* na klar!, logisch!, ach wirklich?

dui [ˈdjuːiː; *US a.* ˈduːiː] *pl von* duo

du jour [dəˈʒʊə; *US* -ˈʒʊr] ADJ GASTR Tages…: **the soup ~**

duke [djuːk; *US a.* duːk] S 1 Herzog *m* 2 *pl sl* Fäuste *pl*: **put up one's ~s** die Fäuste hochnehmen; **dukedom** S 1 Herzogtum *n* 2 Herzogswürde *f*

dulcet [ˈdʌlsɪt] A ADJ (ADV ~ly) 1 wohlklingend, melodisch, einschmeichelnd: **speak in ~ tones** säuseln 2 *obs* köstlich *(Speise etc)* B

S MUS Dulcet *n (ein Orgelregister)*
dulciana [ˌdʌlsɪˈɑːnə; *US bes* -ˈænə] S MUS Dulzian *m (ein Orgelregister)*
dulcify [ˈdʌlsɪfaɪ] V/T 1 (ver)süßen 2 *fig* besänftigen
dulcimer [ˈdʌlsɪmə(r)] S MUS a Hackbrett *n* b Zimbal *n*
dulcinea [ˌdʌlsɪˈnɪə] S *hum* Dulzinea *f*: a Freundin *f* b Geliebte *f*
dull [dʌl] A ADV (ADV dully) 1 schwer von Begriff, dumm 2 abgestumpft, teilnahmslos, gleichgültig 3 träge, schwerfällig, langsam 4 gelangweilt: **feel ~** sich langweilen 5 langweilig, fad(e): **never a ~ moment** hier ist was los, hier ist's nie langweilig 6 WIRTSCH flau, lustlos, schleppend: **~ season** tote Jahreszeit, stille Saison 7 stumpf *(Klinge etc)* 8 blind *(Spiegel etc)* 9 matt, stumpf, glanzlos *(Augen, Farben)* 10 dumpf *(Geräusch, Schmerz)* 11 trüb(e) *(Tag, Wetter etc)* 12 schwach *(Licht)* B V/T 1 *e-e Klinge etc* stumpf machen 2 *fig* abstumpfen 3 mattieren 4 *e-n Spiegel etc* blind machen, *a. den Blick* trüben 5 (ab)schwächen 6 mildern, dämpfen 7 *Schmerzen* betäuben C V/I 1 stumpf werden, abstumpfen *(a. fig)* 2 träge werden 3 matt *od* glanzlos werden 4 sich abschwächen
dullard [ˈdʌlə(r)d] S Dummkopf *m*; **dullish** ADJ ziemlich dumm *od* langweilig *(etc, → dull* A*)*; **dullness** S 1 Dummheit *f* 2 Abgestumpftheit *f* 3 Trägheit *f* 4 Langweiligkeit *f* 5 WIRTSCH Flaute *f* 6 Stumpfheit *f* 7 Blindheit *f* 8 Mattheit *f* 9 Dumpfheit *f* 10 Trübheit *f*; **dullwitted** → dull A 1; **dulness** → dullness
dulse [dʌls] S BOT Speiserotalge *f*
duly [ˈdjuːlɪ; *US a.* ˈduːliː] ADV 1 ordnungsgemäß, vorschriftsmäßig, gehörig, richtig, wie es sich gehört: **~ authorized representative** ordnungsgemäß ausgewiesene(r) Vertreter(in) 2 gebührend 3 rechtzeitig, pünktlich
duma, ♀ [ˈduːmə] S POL Duma *f (russisches Parlament)*
dumb [dʌm] A ADJ (ADV ~ly) 1 stumm 2 stumm, ohne Sprache: **~ animals** stumme Geschöpfe 3 sprachlos, stumm: **strike sb ~** j-m die Sprache verschlagen *od* rauben; **struck ~ with amazement** sprachlos vor Erstaunen 4 schweigsam 5 stumm *(Geste)* 6 stumm: **the ~ masses** *pl* die stumme *od* kritiklose Masse 7 *ohne das übliche Merkmal*: **~ vessel** SCHIFF Fahrzeug *n* ohne Eigenantrieb; **~ note** MUS nicht klingende Note 8 *bes US umg* doof, blöd, dumm B S **the ~** *koll* die Stummen *pl*; **~bell** S 1 SPORT Hantel *f* 2 *bes US sl* Blödmann *m*, Dummkopf *m*
dumbfound V/T verblüffen; **dumbfounded** ADJ verblüfft, sprachlos *(beide:* **at, by** über *akk)*; **dumbfounder** → dumbfound
dumbness S 1 Stummheit *f* 2 Sprachlosigkeit *f* 3 Schweigsamkeit *f*
dumbo [ˈdʌmbəʊ] *pl* -bos S *umg* Doofi *m*, Blödi *m*
dumb| piano S MUS stummes (Übungs)Klavier; **~ show** S 1 Gebärdenspiel *n*, Pantomimik *f*: **in ~** pantomimisch 2 Dumbshow *f*, Pantomime *f (im älteren englischen Drama)*; **~waiter** S 1 stummer Diener, Serviertisch *m* 2 Speisenaufzug *m*
dumdum [ˈdʌmdʌm] S 1 *a.* **~ bullet** Dumdum(geschoss) *n* 2 *bes US umg* Blödmann *m*, Dummkopf *m*
dumfound, *etc* → dumbfound *etc*
Dumfries and Galloway [dʌmˌfriːsndˈgæləweɪ] S Dumfries and Galloway *n (Verwaltungsregion im südwestlichen Schottland)*
dummy [ˈdʌmɪ] A S 1 Attrappe *f*, WIRTSCH *a.* Leer-, Schaupackung *f (in Schaufenstern etc)*: **sell sb a ~** SPORT j-n austricksen 2 a Schaufensterpuppe *f*: → dressmaker b Dummy *m*, Puppe *f (bei Crashtests)* 3 WIRTSCH, JUR Strohmann *m* 4 *Kartenspiel*: a Strohmann *m* b Whistspiel *n* mit Strohmann: **double ~** Whistspiel mit zwei Strohmännern 5 *Br* Schnuller *m* 6 Puppe *f*, Figur *f (als Zielscheibe)* 7 *umg* Dummkopf *m*, Blödmann *m* 8 *umg j-d, der den Mund nicht aufmacht* 9 *US* vierseitige Verkehrsampel 10 TYPO Dummy *m*, *a. n*: a Blindband *m* b Stärkeband *m* 11 TECH *(e-e)* Rangierlokomotive B ADJ 1 fiktiv, vorgeschoben, Schein…: **~ candidates**; **~ cartridge** MIL Exerzierpatrone *f*; **~ concern** WIRTSCH Scheinunternehmen *n*; **~ grenade** MIL Übungshandgranate *f*; **~ gun** Gewehrattrappe *f*; **~ run** *fig* Probelauf *m* 2 unecht, nachgemacht; **~ whist** → dummy A 4 b
dump [dʌmp] A V/T 1 (hin)fallen *od umg* (hin)plumpsen lassen, hinwerfen 2 (heftig) absetzen *od* abstellen 3 a auskippen, abladen, schütten: **~ into the ocean** verklappen; **~ sth on sb** *umg* j-m etwas unterjubeln b *e-n Karren etc* (um)kippen, entladen 4 MIL lagern, stapeln 5 WIRTSCH *Waren* zu Dumpingpreisen verkaufen 6 *umg* a loswerden, *ein Tier* aussetzen b sich von *j-m* lossagen B V/I 1 plumpsen *umg* 2 (s-n) Schutt abladen 3 **~ on** *US umg* schlechtmachen C S 1 Plumps *m umg*, dumpfer Fall *od* Schlag 2 a Schutt-, Abfallhaufen *m* b (Schutt-, Müll)Abladeplatz *m*, Müllkippe *f*, -halde *f* 3 *Bergbau*: (Abraum)Halde *f* 4 abgeladene Masse *od* Last 5 MIL Depot *n*, Lager (-platz) *n(m)*, Stapelplatz *m* 6 *sl* a verwahrlostes Nest *pej (Ortschaft)* b Dreckloch *n pej (Wohnung, Zimmer)* c Bruchbude *f pej (Wohnung, Haus)* 7 → dumps; **~cart** S Kippwagen *m*, -karren *m*
dumper (truck) S AUTO, TECH Dumper *m*, Kipper *m*
dumping S 1 WIRTSCH Dumping *n (Ausfuhr zu Schleuderpreisen)* 2 (Schutt-)Abladen *n*; **~ ground** S 1 → dump C 2 b 2 *fig* Abstellplatz *m*; **~ price** S WIRTSCH Dumpingpreis *m*
dumpling [ˈdʌmplɪŋ] S 1 Knödel *m*, Kloß *m* 2 *(Apfel- etc)* Tasche *f* 3 *umg* Dickerchen *n*, (kleiner) Mops *(Person)*
dumps [dʌmps] SPL: **be (down) in the ~** *umg* down *od* niedergeschlagen sein
dump truck → dumper (truck)
dumpy ADJ (ADV dumpily) 1 untersetzt, plump 2 unförmig
dun¹ [dʌn] A V/T 1 *bes Schuldner* mahnen, drängen: **~ning letter** → B 3 2 belästigen, bedrängen B S 1 Plagegeist *m pej*, *bes* drängende(r) Gläubiger(in) 2 Schuldeneintreiber(in) 3 *(schriftliche)* Mahnung, Zahlungsaufforderung *f*
dun² [dʌn] A ADJ 1 graubraun, mausgrau 2 dunkel *(a. fig)* B S 1 Braune(r) *m/f(m) (Pferd)* 2 *(e-e)* (künstliche) Angelfliege
dunbird S ORN 1 Tafelente *f* 2 Bergente *f*
dunce [dʌns] S Dummkopf *m*: **~('s) cap, ~'s hat** HIST Narrenkappe *f (für e-n dummen Schüler)*
Dundee [dʌnˈdiː; ˈdʌndiː] S Dundee *n (Verwaltungsregion u. Stadt in Ostschottland)*
dunderhead [ˈdʌndə(r)hed] S Dummkopf *m*; **dunderheaded** ADJ dumm
dune [djuːn, *US a.* duːn] S Düne *f*; **~ buggy** S AUTO Strandbuggy *m*
dung [dʌŋ] A S 1 Mist *m*, Dung *m* 2 *fig* Schmutz *m* B V/T & V/I (mit Mist) düngen
dungaree [ˌdʌŋgəˈriː] S 1 grober Baumwollstoff 2 *pl* a *a.* **pair of ~s** Latzhose *f* b *US* (schwere) Jeans *pl*
dung| beetle S ZOOL Mistkäfer *m*; **~ cart** S Mistkarren *m*
dungeon [ˈdʌndʒən] A S 1 → donjon 2 (Burg)Verlies *n*, Kerker *m* B V/T einkerkern
dung| fly S ZOOL Dung-, Mistfliege *f*; **~ fork** S Mistgabel *f*
dunghill S 1 Misthaufen *m* 2 *fig* Kloake *f*; **~ fowl** S Hausgeflügel *n*
duniewassal [ˈduːnɪˌwæsl] S *schott* niederer Adliger
dunite [ˈdʌnaɪt] S GEOL Dunit *m (ein Tiefengestein)*
dunk [dʌŋk] A V/T 1 *Brot etc* eintunken, stippen 2 eintauchen B S → dunk shot
Dunkirk [dʌnˈkɜːk; *US* -ˈkɜrk] S Dünkirchen *n*
dunk shot S *Basketball*: Dunking *n (Korbwurf, bei dem ein Spieler im Sprung den Ball von oben in den Korb wirft)*
dunnage [ˈdʌnɪdʒ] A S 1 SCHIFF Stau-, Garnierholz *n* 2 Gepäck *n* B V/T SCHIFF mit Stauholz füllen, garnieren
dunno [dəˈnəʊ]: **I ~** *sl* weiß nicht!
dunt [dʌnt; dʊnt] *schott* A S 1 Schlag *m* 2 Platzwunde *f* B V/T schlagen
duo [ˈdjuːəʊ; *US a.* ˈduːəʊ] *pl* -os, dui [-iː] → duet A
duo- [djuːəʊ; -ə; *US a.* duː-] *Wortelement mit der Bedeutung* zwei
duodecillion S MATH 1 *US* Sextilliarde *f* (10^{39}) 2 *Br* Duodezillion *f* (10^{72})
duodecimal MATH A ADJ (ADV ~ly) duodezimal, dodekadisch: **~ system** Duodezimalsystem *n*, Dodekadik *f*, Zwölfersystem *n* B S zwölfter Teil, Zwölftel *n*; **duodecimo** TYPO *bes hist* A *pl* -mos S a Duodez(format) *n (Zwölftelbogengröße)* b Duodezband *m* B ADJ Duodez…: **~ volume** Duodezband *m*
duodena [ˌdjuːəʊˈdiːnə; *US a.* ˌduː-] *pl von* duodenum; **duodenal** [-ˈdiːnl] ADJ MED duodenal, Zwölffingerdarm…: **~ ulcer** Duodenalulkus *m*, Zwölffingerdarmgeschwür *m*; **duodenary** ADJ MATH 1 zwölffach, zwölf enthaltend 2 die n-te Wurzel 12 habend; **duodenum** [-nəm] *pl* -na [-nə], -nums S ANAT Duodenum *n*, Zwölffingerdarm *m*
duologue [ˈdjuːəlɒg; *US a.* -ˌlɑg; *a.* ˈduː-] S 1 Dialog *m*, Zwiegespräch *n* 2 THEAT Duodrama *n*, Zweipersonenstück *n*
duopoly [djʊˈɒpəlɪ; *US* -ˈɑ-; *a.* dʊ-] S WIRTSCH Duopol *n*, Dyopol *n (Marktform, bei der nur zwei Anbieter miteinander konkurrieren)*
duotone ADJ zweifarbig
dupable [ˈdjuːpəbl; *US a.* ˈduː-] ADJ vertrauensselig, leicht zu täuschen(d)
dupe [djuːp; *US a.* duːp] A S 1 Düpierte(r) *m/f(m)*, Dumme(r) *m/f(m)* 2 Leichtgläubige(r) *m/f(m)*, Gimpel *m pej* B V/T *j-n* düpieren, übertölpeln: **I was ~d into buying it** ich ließ mich übertölpeln u. kaufte es; **dupery** [-ərɪ] S Düpierung *f*, Übertölp(e)lung *f*
duple [ˈdjuːpl; *US a.* ˈduː-] ADJ doppelt, zweifach; **~ measure** → duple time; **~ ratio** S MATH doppeltes Verhältnis; **~ time** S MUS Zweiertakt *m*
duplex [ˈdjuːpleks; *US a.* ˈduː-] A ADJ 1 doppelt, Doppel…, zweifach 2 ELEK, TECH Duplex… B S a → duplex apartment b → duplex house; **~ apartment** S *US* Maiso(n)nette *f*; **~ gas burner** S TECH Zweidüsen(gas)brenner *m*; **~ house** S *US* Doppel-, Zweifamilienhaus *n*; **~ lathe** S TECH Zweimeißeldrehmaschine *f*; **~ telegraphy** S TECH Gegensprech-, Duplextelegrafie *f*; **~ telephony** S ELEK Duplextelefonie *f*, Gegensprechverkehr *m*
duplicate [ˈdjuːplɪkət; *US a.* ˈduː-] A ADJ (ADV ~ly) 1 Doppel…, zweifach, doppelt: **~ proportion, ~ ratio** → duple ratio; **~ socket** ELEK Doppelbuchse *f*, -steckdose *f* 2 genau gleich *od* entsprechend: **~ key** → B 3; **~ part** Ersatzteil *n*, Austauschstück *n*; **~ production**

D

Reihen-, Serienfertigung *f* **B** S **1** Duplikat *n*, Ab-, Zweitschrift *f*, Kopie *f*: **in ~** in zweifacher Ausfertigung *od* Ausführung, in 2 Exemplaren, doppelt **2** (genau gleiches) Seitenstück, Kopie *f* **3** a Zweitschlüssel *m* b Nachschlüssel *m* **4** WIRTSCH a Sekunda-, Duplikatwechsel *m* b Pfandschein *m* **C** V/T [-keɪt] **1** im Duplikat herstellen **2** ein Duplikat anfertigen von, kopieren, e-e Abschrift von *e-m Brief etc* machen, vervielfältigen **3** zusammenfalten **4** **~ a key for sb** j-m e-n Nachschlüssel machen **5** *ein Experiment etc* (beliebig) wiederholen; **duplication** [-'keɪʃn] S **1** → duplicate B 1 **2** Vervielfältigung *f* **3** Wiederholung *f*; **duplicator** [-keɪtə(r)] S Vervielfältigungsapparat *m*

duplicity [dju:'plɪsətɪ; *US a.* dʊ-] S **1** *fig* Doppelzüngigkeit *f*, Falschheit *f* **2** Duplizität *f*, doppeltes Vorhandensein *od* Vorkommen

Dur. ABK Durham

durability [,djʊərə'bɪlətɪ; *US a.* ,dʊ-] S a Haltbarkeit *f* b Dauerhaftigkeit *f*; **durable** **A** ADJ (ADV **durably**) a haltbar, strapazierfähig, WIRTSCH langlebig: **~ goods** → B b dauerhaft (*Friede etc*) **B** SPL WIRTSCH Gebrauchsgüter *pl*; **durableness** → durability

Duralumin® [djʊə'ræljʊmɪn; *US a.* dʊ'r-] S TECH Duralumin® *n* (*e-e härtbare Aluminiumlegierung*)

duramen [djʊə'reɪmen; *US a.* dʊ'r-] S BOT Kern-, Herzholz *n*

durance ['djʊərəns; *US a.* 'dʊr-] S *obs od poet* Haft *f* (*meist in*): **in ~ vile** hinter Schloss u. Riegel

duration [djʊə'reɪʃn; *US a.* dʊ'r-] S (Fort-, Zeit-)Dauer *f*: **of short ~** von kurzer Dauer; **~ of life** Lebensdauer, -zeit *f*; **for the ~ of** für die Dauer von (*od gen*); **for the ~** für die Dauer des Krieges; **durative** [-rətɪv] LING **A** ADJ durativ: **~ aspect** → B a **B** S Durativ *n/m*, Durativum *n*: a durative Aktionsart (*Aktionsart e-s Verbs, die die Dauer e-s Vorgangs od Zustands bezeichnet*) b Verb in a

durbar ['dɜ:bɑ:] S *IndEng* S **1** Hof *m* (*e-s indischen Fürsten*) **2** Durbar *m/n* (*offizieller Empfang bei e-m indischen Fürsten*)

duress(e) [djʊə'res; *US a.* dʊ'r-] S **1** Druck *m*, Zwang *m* **2** JUR Freiheitsberaubung *f*: **be under ~** in Haft sein **3** JUR Zwang *m*, Nötigung *f*: **act under ~** unter Zwang handeln

Durh. ABK Durham

Durham[1] ['dʌrəm; *US bes* 'dɜrəm] S Durham *n* a *Grafschaft in Nordengland* b *Hauptstadt von* a

Durham[2] ['dʌrəm; *US* 'dɜrəm] S ZOOL Durhamrind *n*

during ['djʊərɪŋ; *US a.* 'dʊrɪŋ] PRÄP während (*gen*), im Laufe von (*od gen*), in (*e-m Zeitraum*): **~ the night**

durmast (oak) ['dɜ:mɑ:st; *US* 'dɜr,mæst] S BOT Steineiche *f*

duro ['djʊərəʊ] *pl* **-ros** S Duro *m* (*spanische u. südamer. Silbermünze*)

durst [dɜ:st; *US* dɜrst] *obs prät von* dare

durum (wheat) ['djʊərəm; *US a.* 'dʊrəm] S BOT Hartweizen *m*

dusk [dʌsk] **A** S (Abend)Dämmerung *f*: **at ~** bei Einbruch der Dunkelheit; **~-to-dawn curfew** nächtliche Ausgangssperre **B** ADJ *poet* dunkel, düster, dämmerig **C** V/T *poet* verdunkeln **D** V/I *poet* dunkel werden; **dusky** ADJ (ADV **duskily**) **1** dämmerig, düster (*a. fig*) **2** schwärzlich, dunkel **3** *obs od pej* dunkelhäutig

dust [dʌst] **A** S **1** Staub *m*: **in ~ and ashes** *fig* in Sack u. Asche; **be ~ (and ashes) to sb** *fig* j-m nichts bedeuten; **blow the ~ off** *fig e-n Plan etc* wieder aus der Schublade holen; **be humbled in(to) the ~** *fig* gedemütigt werden; **drag in the ~** *fig j-n, etwas* in den Staub ziehen *od* zerren; **lick the ~** *umg* ins Gras beißen (*sterben*); **shake the ~ off one's feet** den Staub von den Füßen schütteln, *fig a.* verärgert *od* entrüstet weggehen; **throw** (*od* **cast**) **~ in sb's eyes** *fig* j-m Sand in die Augen streuen, j-m blauen Dunst vormachen; → bite A 1, dry A 1, A 14 kiss B 1 **2** Staubwolke *f*: **raise a ~** a e-e Staubwolke aufwirbeln b *a.* **kick up a ~** *fig* viel Staub aufwirbeln; **the ~ has settled** *fig* die Aufregung hat sich gelegt, die Wogen haben sich geglättet **3** *fig* a Staub *m*, Erde *f* b sterbliche Überreste *pl* c menschlicher Körper, Mensch *m*: **turn to ~ and ashes** zu Staub u. Asche werden, zerfallen **4** *Br* a Müll *m*, Abfall *m* b Kehricht *m*, *a. n* **5** BOT Blütenstaub *m* **6** (*Gold- etc*) Staub *m* **7** Bestäubungsmittel *n*, (*Insekten- etc*) Pulver *n* **8** → dustup **B** V/T **1** a *Möbel etc* abstauben b abstauben *od* Staub wischen in (*dat*): **~ off** *fig e-n Plan etc* wieder aus der Schublade holen **2** *a.* **~ down** ausstauben, ausbürsten, ausklopfen: **~ sb's jacket** *umg* j-m die Jacke vollhauen **3** bestreuen, bestäuben (*beide:* **with** mit): **~ sb's eyes** *fig* j-m Sand in die Augen streuen, j-m blauen Dunst vormachen **4** *Pulver etc* stäuben, streuen (*beide:* **over** über *akk*) **5** *obs* staubig machen, einstauben **C** V/I **1** abstauben, Staub wischen **2** *obs* staubig werden, ein-, verstauben **3** im Staub baden (*bes Vogel*)

dust| bag S Staubbeutel *m* (*e-s Staubsaugers*); **~ bath** S Staubbad *n*; **~bin** S *Br* **1** Abfall-, Mülleimer *m*: **~ liner** Müllbeutel *m* **2** Abfall-, Mülltonne *f*: **~ man** Müllmann *m*; **~ bowl** S GEOG *Trockengebiet mit Bodenerosionserscheinungen u. Staubstürmen*; **~cart** S *Br* Müllwagen *m*; **~ chamber** S TECH (Flug)Staubkammer *f*; **~cloth** S *US* **1** → duster 1 a **2** → dust cover 2; **~ coat** S *bes Br* **1** AUTO, HIST Staubmantel *m* **2** Hauskittel *m*; **~ cover** S **1** Schutzumschlag *m* (*um Bücher*) **2** Staubdecke *f*, Schutzbezug *m* (*für Möbel*) **3** Haube *f* (*e-s Plattenspielers*)

duster S **1** a Staubtuch *n*, -lappen *m* b Staubwedel *m* **2** *US* → dust coat **3** *US umg* Staubsturm *m*

dust| exhaust S TECH Staubabsaugung *f*; **~ heap** S *Br* Müll-, Abfallhaufen *m*

dusting S **1** Abstauben *n*, Staubwischen *n*: **give a room a ~** in e-m Zimmer Staub wischen **2** Bestäuben *n*

dust| jacket → dust cover 1; **~man** [-mən] S *irr Br* Müllmann *m*; **~off** S MIL *US sl* Sanitätshubschrauber *m*; **~pan** S Kehrschaufel *f*; **~ particle** S Staubpartikel *n*, *a. f*, -korn *n*, -teilchen *n*; **~proof** ADJ staubdicht; **~ sheet** → dust cover 2; **~ shot** S JAGD Vogeldunst *m*; **~ storm** S Staubsturm *m*; **~ trap** S Staubfänger *m*; **~up** S *umg* **1** Krach *m* (*Streit*) **2** handgreifliche Auseinandersetzung

dusty ADJ (ADV **dustily**) **1** staubig, voll Staub **2** staubförmig, -artig **3** sandfarben **4** *fig* fad(e), trocken **5** *fig* vag(e), unklar, nichtssagend (*Antwort etc*) **6** **not so ~** *Br umg* gar nicht so übel; **~ miller** S BOT **1** Filziges Hornkraut **2** (*ein*) Beifuß *m*

Dutch[1] [dʌtʃ] **A** ADJ **1** holländisch, niederländisch: **she's ~** sie ist Holländerin *od* Niederländerin; **talk to sb like a ~ uncle** *umg* j-m e-e Standpauke halten **2** *US sl* deutsch **B** ADV **go ~** *umg* getrennte Kasse machen **C** S **1** LING Holländisch *n*, das Holländische, Niederländisch *n*, das Niederländische: → double Dutch **2** *US sl* Deutsch *n*, das Deutsche **3** **the ~** *koll* a die Holländer *pl*, die Niederländer *pl* b *US sl* die Deutschen *pl* **4** *umg* **be in ~** in Schwulitäten sein; **be in ~ with sb** bei j-m unten durch sein; **put sb in ~** j-n in Schwulitäten bringen

dutch[2] [dʌtʃ] S *Br sl* Alte *f pej* (*Ehefrau*)

Dutch| auction S *Auktion, bei der der Preis so lange erniedrigt wird, bis sich ein Käufer findet*; **~ bargain** S *umg mit e-m Drink besiegeltes Geschäft*; **~ cap** S **1** Holländerhaube *f* **2** MED Pessar *n*; **~ clover** S BOT Weißer Klee; **~ courage** S *umg* angetrunkener Mut: **he needed some ~** er musste sich Mut antrinken; **~ doll** S hölzerne Gliederpuppe; **~ door** S *US* quer geteilte Tür; **~ elm disease** S BOT Ulmenkrankheit *f*, -sterben *n*; **~ foil**, **~ gold** S unechtes Blattgold, Rauschgold *n*; **~ leaf** → Dutch foil; **~man** [-mən] S *irr* **1** Holländer *m*, Niederländer *m*: **and I'm a ~** *umg* u. ich bin der Kaiser von China; **or I'm a ~** *umg* od ich will Emil heißen; **I'm a ~ if ...** *umg* ich fress e-n Besen, wenn ... **2** *US sl* Deutsche(r) *m* **3** SCHIFF Holländer *m* (*Schiff*); **~ metal** → Dutch foil; **~ oven** S **1** Schmortopf *m* **2** Backsteinofen *m* **3** Röstblech *n* (*vor offenem Feuer*); **~ tile** S glasierte Ofenkachel; **~ treat** S *umg Essen etc, bei dem jeder für sich bezahlt*; **~woman** S *irr* Holländerin *f*, Niederländerin *f*

duteous ['dju:tjəs; -ɪəs; *US a.* 'du:-] ADJ (ADV **~ly**) → dutiful

dutiable ['dju:tjəbl; -ɪəbl; *US a.* 'du:-] ADJ a abgabenpflichtig b zollpflichtig

dutiful ADJ (ADV **~ly**) **1** pflichtgetreu, -bewusst **2** gehorsam **3** pflichtgemäß; **dutifulness** S **1** Pflichttreue *f* **2** Gehorsam *m*

duty ['dju:tɪ; *US a.* 'du:-] **A** S **1** Pflicht *f*: a Schuldigkeit *f* (**to, toward[s]** gegen[über]) b Aufgabe *f*, Amt *n*: **~ to report** Anzeigepflicht; **do one's ~** s-e Pflicht tun (**by sb** an j-m); **be under a ~ to do sth** verpflichtet sein, etwas zu tun; **make it one's ~ to do sth** es sich zur Pflicht machen, etwas zu tun; **breach of ~** Pflichtverletzung *f*; **(as) in ~ bound** pflichtgemäß, -schuldig(st); **be in ~ bound to do sth** → duty-bound **2** Dienst *m*: **on ~** a diensttuend, diensthabend, im Dienst b dienstbereit (*Apotheke etc*); **be on ~** Dienst haben, im Dienst sein; **be off ~** nicht im Dienst sein, dienstfrei haben; **do ~ for** a *fig* als *etwas* benutzt werden *od* dienen b *j-n* vertreten **3** Ehrerbietung *f*, Respekt *m*: **in ~ to** aus Ehrerbietung gegen; **~ call** Höflichkeits-, Pflichtbesuch *m* **4** WIRTSCH a Abgabe *f* b Gebühr *f* c Zoll *m*: **~ on increment value** Wertzuwachssteuer *f*; **~ on exports** Ausfuhrzoll; **liable to ~** zollpflichtig; **pay ~ on sth** etwas verzollen *od* versteuern **5** TECH a (Nutz-, Wirk-)Leistung *f* b Arbeitsweise *f* c Funktion *f* **6** *meist* **~ of water** nötige Bewässerungsmenge **B** ADJ Bereitschafts...: **~ doctor**; **~ chemist** *Br* dienstbereite Apotheke; **~ officer** MIL Offizier *m* vom Dienst; **~-bound** ADJ: **be ~ to do sth** etwas pflichtgemäß tun müssen; **he is ~ to tell you** es ist s-e Pflicht *od* er ist verpflichtet, es Ihnen zu sagen; **~-free** **A** ADJ & ADV abgaben-, zollfrei: **~ shop** Duty-free-Shop *m* **B** SPL *umg* zollfreie Ware(n *pl*); **~-paid** ADJ verzollt, nach Verzollung: **~ entry** Zollerklärung *f*

duumvir [dju:'ʌmvə(r); *US a.* dʊ-] *pl* **-viri** [-vɪraɪ], **-virs** S *Antike:* Duumvir *m* (*e-r der aus zwei Beamten bestehenden römischen Behörde für verschiedene Aufgaben*); **duumvirate** [-vɪrət] S Duumvirat *n*

duvet ['du:veɪ; *US* dʊ'veɪ] S Federbett *n*

dux [dʌks] *pl* **duxes, duces** ['dju:si:z] S *bes schott* Erste(r) *m*, Primus *m* (*e-r Klasse*)

DV ABK Deo volente, God willing so Gott will

DVD [,di:vi:'di:] S DVD *f*; **~ player** S DVD--Spieler *m*; **~ recorder** S DVD-Rekorder *m*

DVM ABK *US* Doctor of Veterinary Medicine

dwale [dweɪl] → belladonna a

dwarf [dwɔ:(r)f] **A** *pl* **dwarfs, dwarves** [-vz] S **1** Zwerg(in) (*a. fig*) **2** a ZOOL Zwergtier *n* b BOT Zwergpflanze *f* **3** → dwarf star **B** ADJ zwergenhaft, *bes* BOT, ZOOL Zwerg... C VT 1 *bes fig* verkümmern lassen, im Wachstum *od* an der Entfaltung hindern 2 verkleinern 3 klein erscheinen lassen, zusammenschrumpfen lassen 4 *fig* in den Schatten stellen: **be ~ed by** verblassen neben *(dat)* D VI 1 *bes fig* verkümmern 2 zusammenschrumpfen; **dwarfish** ADJ (ADV ~ly) 1 zwergenhaft, winzig 2 MED unter-, unentwickelt

dwarf|palm S BOT Zwergpalme *f*; **~ partition** S ARCH Klein-, Zwergtrennwand *f*; **~ star** S ASTRON Zwergstern *m*

dwarves [dwɔː(r)vz] *pl von* dwarf

dweeb [dwiːb] S *US sl* a Trottel *m pej* b Flasche *f pej*

dwell [dwel] A VI *prät u. pperf* dwelt [dwelt], dwelled 1 wohnen, leben 2 *fig* bleiben, (ver)weilen: **~ (up)on** a (im Geiste) bei *etwas* verweilen, über *etwas* nachdenken b auf *etwas* Nachdruck legen; **~ (up)on a subject** bei e-m Thema verweilen, auf ein Thema näher eingehen; **~ on a note** MUS e-n Ton aushalten 3 *fig* begründet sein (**in** in *dat*) B S TECH Haltezeit *f*, Stillstandsperiode *f*: **~ angle** AUTO Schließwinkel *m*; **dweller** S *(meist in Zusammensetzungen)* Bewohner(in); **dwelling** S 1 Wohnung *f* 2 Wohnen *n*: **~ house** Wohnhaus *n*; **~ unit** Wohneinheit *f* 3 Wohnsitz *m*: **~ place** Aufenthalts-, Wohnort *m*

DWEM ABK *US* dead white European male

dwindle ['dwɪndl] A VI abnehmen, schwinden, (zusammen)schrumpfen: **~ away** dahinschwinden B VT vermindern

DX ABK *(Funk)* distance

dyad ['daɪæd] S 1 SOZIOL Dyade *f*, Paarverhältnis *n* 2 MATH Dyade *f (Zusammenfassung von zwei Einheiten in der Vektorrechnung)*; **dyadic** ADJ dyadisch

Dyak ['daɪæk] *pl* -aks, *bes koll* -ak S Dajak *m (Eingeborener Borneos)*

dyarchy → diarchy

dye [daɪ] A S 1 Farbstoff *m* 2 TECH Färbeflüssigkeit *f*: **~ bath** Färbebad *n*, Flotte *f* 3 Färbung *f*, Farbe *f*, Tönung *f*: **of the deepest** (*od* **blackest**) **~** *fig* von der übelsten Sorte B VT *bes* TECH färben: **~ one's hair (red)** sich die Haare (rot) färben; **~ in the wool** TECH in der Wolle *od* waschecht färben; **~ in the grain** TECH *Fasern* im Rohzustand färben, waschecht färben C VI sich färben (lassen)

dyed-in-the-wool ADJ TECH in der Wolle gefärbt, *fig a.* eingefleischt, *(nachgestellt a.)* durch u. durch

dyeing S 1 Färben *n* 2 Färbereigewerbe *n*

dyer ['daɪə(r)] S 1 Färber(in) 2 Farbstoff *m*

dyer's|-broom ['daɪə(r)zbruːm] S BOT Färberginster *m*; **~ oak** S BOT Färbereiche *f*; **~ weed** S BOT Gelbkraut *n*, Färber-Wau *m*; **~ woad** S BOT Färberwaid *m*

dye|stuff S Farbstoff *m*; **~wood** S TECH Färbe-, Farbholz *n*; **~works** SPL *(oft als sg konstruiert)* Färberei *f*

Dyfed ['dʌvɪd; -ed] S HIST Dyfed *n (ehemalige Grafschaft im südwestlichen Wales)*

dying ['daɪɪŋ] ADJ 1 sterbend: **a ~ man** ein Sterbender; **be ~** im Sterben liegen; **~ forests** *pl* Waldsterben *n*; **act the ~ swan** SPORT *pej* den sterbenden Schwan spielen; **a ~ tradition** e-e aussterbende Tradition 2 Sterbe...: **~ confession** Beichte *f* auf dem Sterbebett; **~ hour** Todesstunde *f*; **~ wish** letzter Wunsch; **~ words** letzte Worte; **to one's ~ day** bis zu s-m Tod, bis an sein Lebensende; → breath 1 3 zu Ende gehend *(Jahr etc)* 4 *fig* a ersterbend *(Stimme)* b verhallend *(Töne etc)* 5 schmachtend *(Blick)*

dyke → dike[1], dike[2]

dyn(am). ABK dynamics PL

dynameter [daɪ'næmɪtə(r)] S PHYS Dynameter *n (Gerät zur Bestimmung der Vergrößerungsleistung von Fernrohren)*

dynamic [daɪ'næmɪk] A ADJ (ADV ~ally) *allg u. fig* dynamisch: **~ force (geology, personality, policy, psychology,** *etc)*; **~ pressure** PHYS dynamischer Druck, Staudruck *m* B S **dynamics** *pl (als sg konstruiert)* 1 Dynamik *f*: a PHYS *Lehre von den bewegenden Kräften* b MUS *Lehre von den Abstufungen der Tonstärke* c *fig* Schwung *m* 2 *fig* Triebkraft *f*, treibende Kraft;

dynamical → dynamic A

dynamism ['daɪnəmɪzəm] S 1 PHIL Dynamismus *m (Theorien, die das Sein nicht statisch, sondern als Bewegtheit u. Werden verstehen)* 2 *fig* Dynamik *f*, Schwung *m*

dynamite ['daɪnəmaɪt] A S 1 Dynamit *n* 2 *umg* a Zündstoff *m* b gefährliche *od* umwerfende Sache *od* Person: **be ~** e-e Wucht sein *(Schauspieler etc)*, hochbrisant sein *(Buchthema etc)*, wie e-e Bombe einschlagen *(Nachricht etc)* B VT *(mit Dynamit)* (in die Luft) sprengen; **dynamiter** S Sprengstoffattentäter(in); **dynamiting** S 1 Dynamitsprengung *f* 2 Zerstörung *f* durch Dynamit 3 Sprengstoffattentat *n*

dynamo ['daɪnəməʊ] *pl* -mos S 1 ELEK Dynamo(maschine) *m(f)*, AUTO Lichtmaschine *f*, *(e-s Fahrrads)* Dynamo *m* 2 *umg* Energiebündel *n*

dynamoelectric [ˌdaɪnəməʊɪ'lektrɪk] ADJ, **dynamoelectrical** ADJ (ADV ~ly) PHYS dynamoelektrisch, elektrodynamisch

dynamometer [ˌdaɪnə'mɒmɪtə(r); *US* -'mɑ-] S TECH Dynamometer *n*, Kraftmesser *m*

dynamotor ['daɪnəˌməʊtə(r)] S ELEK Umformer *m*, Motorgenerator *m*

dynast ['dɪnəst; *bes US* 'daɪnæst] S Dynast(in), Herrscher(in); **dynastic** [-'næstɪk] ADJ (ADV ~ally) dynastisch; **dynasty** [-nəstɪ] S Dynastie *f (a. weitS.)*, Herrschergeschlecht *n*, -haus *n*

dynatron ['daɪnətrɒn; *US* -ˌtrɑn] S ELEK Dynatron *n (Triode zur Erzeugung von Schwingungen in e-m Schwingkreis)*

dyne [daɪn] S PHYS Dyn *n (Maßeinheit der [Gewichts]Kraft)*

dynode ['daɪnəʊd] S ELEK Dynode *f (zusätzliche Elektrode e-r Elektronenröhre zur Beeinflussung des Stroms)*

Dyophysite [daɪ'ɒfəsaɪt; *US* -'ɑf-] S REL Dyophysit(in); **Dyophysitism** [-sɪtɪzəm] S Dyophysitismus *m (Lehre, nach der Christus wahrer Gott u. wahrer Mensch ist)*

dys- [dɪs] *Vorsilbe mit den Bedeutungen:* a schwierig b BIOL ungleich(artig) c mangelhaft d krankhaft

dysautonomia [ˌdɪsɔːtə'nəʊmɪə] S MED Dysautonomie *f (angeborene Entwicklungsstörung des vegetativen Nervensystems)*

dysenteric ADJ MED 1 dysenterisch, Ruhr..., ruhrartig 2 ruhrkrank

dysentery ['dɪsntrɪ] S MED Dysenterie *f*, Ruhr *f*

dysfunction S MED Dysfunktion *f*, Funktionsstörung *f*

dysgenics [dɪs'dʒenɪks] SPL *(als sg konstruiert)* Dysgenik *f (Erforschung von Erbschädigungen)*

dysgraphia [dɪs'græfɪə] S MED Schreibstörung *f*

dyslalia [dɪs'leɪlɪə] S MED Dyslalie *f*, Stammeln *n*

dyslexia [dɪs'leksɪə] S MED Dyslexie *f*, Lesestörung *f*, *weitS.* Legasthenie *f*; **dyslexic** A ADJ legasthenisch B S Legastheniker(in)

dyslogistic ADJ (ADV ~ally) abfällig, herabsetzend

dysmenorrh(o)ea [ˌdɪsmenə'rɪə] S MED Dysmenorrhö(e) *f (gestörte, schmerzhafte Monatsblutung)*

dyspepsia [dɪs'pepsɪə; *US a.* -ʃə], **dyspepsy** [-sɪ] S MED Dyspepsie *f*, Verdauungsstörung *f*; **dyspeptic** [-tɪk] A ADJ 1 MED dyspeptisch 2 *fig* schlecht gelaunt, mürrisch B S MED Dyspeptiker(in)

dysphagia [dɪs'feɪdʒɪə] S MED Dysphagie *f (schmerzhafte Störung des Schluckvermögens)*

dysphasia [dɪs'feɪzɪə; *bes US* -ʒɪə; -ʒə] S MED Dysphasie *f (Erschwerung des Sprechens)*

dysphonia [dɪs'fəʊnjə; -nɪə] S MED Dysfonie *f*, Stimmstörung *f (z. B. bei Heiserkeit)*

dysphoria [dɪs'fɔːrɪə] S MED, PSYCH Dysphorie *f*, Übellaunigkeit *f*, Gereiztheit *f*

dysplasia [dɪs'pleɪzɪə; *bes US* -'pleɪʒɪə; -ʒə] S MED Dysplasie *f*, Fehl-, Unterentwicklung *f*

dyspn(o)ea [dɪs'pniːə; *US* 'dɪsp-] S MED Dyspnoe *f*, Atemnot *f*, Kurzatmigkeit *f*

dysrhythmia [dɪs'rɪðmɪə] S MED Dysrhythmie *f*, Rhythmusstörung *f*

dysteleology [ˌdɪstelɪ'ɒlədʒɪ; *US* -'ɑ-] S PHIL Dysteleologie *f (Lehre von der Unzweckmäßigkeit u. Ziellosigkeit biologischer Bildungskräfte in der Natur)*

dystonia [dɪs'təʊnjə; -nɪə] S MED Dystonie *f (Störung des normalen Spannungszustandes der Muskeln u. der Gefäße)*

dystopia [dɪs'təʊpɪə] S MED Dystopie *f*, Fehllagerung *f*

dystrophia [dɪs'trəʊfɪə] → dystrophy; **dystrophic** [-'trɒfɪk; *US* -'trəʊ-] ADJ 1 MED dystroph 2 BIOL dystroph *(durch Humusstoffe u. Torfschlamm braun gefärbt)*: **~ lake** *a.* Braunwassersee *m*; **dystrophy** [-trəfɪ] S MED Dystrophie *f*, Ernährungsstörung *f*

dz. ABK dozen(s PL)

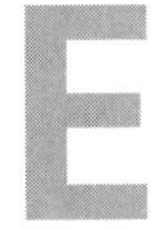

E[1], **e** [iː] *pl* E's, Es, e's, **es** [iːz] S 1 E, e *n (Buchstabe)* 2 MUS E, e *n (Note)*: **E flat** Es, es *n*; **E sharp** Eis, eis *n* 3 **e** PHYS a e *(Elementarladung)* b → erg 4 **E** SCHULE, UNIV Fünf *f*: **get an E in German** in Deutsch „mangelhaft" *od* e-e Fünf bekommen 5 **E** *US* Auszeichnung *f* für hervorragende Leistung(en) (= **excellence**)

E[2] ABK 1 PHYS energy 2 TECH electromotive force

e.[1] ABK 1 engineering 2 engineer 3 entrance

E.[2] ABK 1 Earl 2 Earth 3 east(ern) 4 English

e- [ɪ] *für* ex- *vor Konsonanten (außer c, f, p, q, s, t)*

ea. ABK each

each [iːtʃ] A ADJ jeder, jede, jedes (Einzelne) *(aus e-r bestimmten Zahl od Gruppe)*: **~ man** jeder (Mann); **~ one** jede(r) Einzelne; **~ and every one** alle u. jeder; **put £10 ~ way on XY** mit 10 Pfund (Pferd *od* Hund) XY auf Platz wetten B PRON (ein) jeder, (e-e) jede, (ein) jedes: **~ of us** jede(r) von uns; **we help ~ other** wir helfen einander *od* uns (gegenseitig); **they speak English to ~ other** sie sprechen englisch miteinander, sie unterhalten sich auf Englisch; **they think of ~ other** sie denken aneinander; **they ~ want to have sth different** sie wollen alle etwas anderes haben C ADV je, pro Person *od* Stück: **they cost fifty pence ~** sie kosten 50 Pence (das Stück); **we had one room ~** wir hatten jeder ein Zimmer; **a point ~ would have been a fair result** SPORT e-e Punkteteilung wäre ein gerechtes Ergebnis gewesen; *X and Y* **were suspended for two games ~** SPORT wurden für jeweils zwei Spiele gesperrt

eager[1] ['iːgə(r)] ADJ (ADV ~ly) 1 eifrig: **~ beaver**

umg Übereifrige(r) *m/f(m)* 2 **(for)** begierig (nach), erpicht (auf *akk*): **~ for knowledge** wissbegierig; **be ~ to swim** erpicht darauf sein zu schwimmen; **I am ~ for you to do it** mir ist sehr daran gelegen, dass du es tust 3 begierig, ungeduldig, gespannt: **be ~ to do sth** darauf brennen, etwas zu tun; **be ~ for news** ungeduldig auf Nachricht warten; **an ~ look** ein gespannter *od* erwartungsvoller Ausdruck; **with ~ attention** mit gespannter Aufmerksamkeit

E

eager² → eagre

eagerness ['iːgə(r)nɪs] S 1 Eifer *m* 2 Begierde *f*

eagle ['iːgl] A S 1 ORN, *a. Heraldik*: Adler *m* 2 *US* HIST Eagle *m (10-Dollar-Goldmünze)* 3 *pl* MIL Adler *pl (Rangabzeichen e-s Obersten in der US-Armee)* 4 ♀ ASTRON Adler *m (Sternbild)* 5 *Golf*: Eagle *n (zwei Schläge unter Par)* B V/T **~ the 12th hole** *(Golf)* am 12. Loch ein Eagle spielen; **~-eyed** ADJ 1 adleräugig, scharfsichtig 2 *fig* sehr aufmerksam: **an ~ watcher** ein Beobachter, dem nichts entgeht; **~ owl** S ORN Uhu *m*, Adlereule *f*

eaglet ['iːglɪt] S ORN junger Adler

eagle vulture S ORN Geierseeadler *m*

eagre ['eɪgə(r); 'iːgə(r)] S Flutwelle *f*

E. & O.E. ABK errors and omissions excepted Irrtümer u. Auslassungen vorbehalten

ear¹ [ɪə(r)] S 1 ANAT Ohr *n*: **have good ~s** *fig* ein feines Gehör *od* gute Ohren haben; **it sounds wrong to my ~s** für m-e Ohren klingt das falsch 2 *fig* Gehör *n*, Ohr *n*: **have a good ~** ein feines Gehör *od* gute Ohren haben; **have an ~ for music** a musikalisches Gehör haben b Sinn für Musik haben; **play by ~** nach dem Gehör spielen; → *Bes Redew* 3 *fig* Gehör *n*, Aufmerksamkeit *f*: **give** (*od* **lend**) **sb an ~** (*od* **one's ~[s]**) j-m Gehör schenken, j-n anhören; **she has his ~** er hört auf sie; **it came to** (*od* **reached**) **my ~(s)** es kam mir zu Ohren 4 Henkel *m*, Griff *m* 5 Öhr *n*, Öse *f* 6 TECH Tragöse *f* 7 Titelbox *f (in Zeitungen)*

Besondere Redewendungen: **be all ~s** ganz Ohr sein; **be all ~s for sth** sich etwas genau anhören; **be on one's ~s** *umg* blau sein; **be out on one's ~s** *umg* auf der Straße sitzen *(entlassen worden sein)*; **be up to the** (*od* **one's**) **~s in debt (work)** bis über die Ohren in Schulden (Arbeit) sitzen *od* stecken; **not believe** (*od* **trust**) **one's ~s** s-n Ohren nicht trauen; **I couldn't believe** (*od* **trust**) **my ~s** ich traute m-n Ohren nicht; **bend sb's ~s** *umg* a j-m die Ohren vollquatschen b sich bei j-m auskotzen *(aussprechen)*; **his ~s were burning** ihm klangen die Ohren; **fall on deaf ~s** auf taube Ohren stoßen; **find a sympathetic ~** ein offenes Ohr finden; **he'd give his ~s** *umg* er würde alles geben (**for** für), er würde alles dafür geben (**to be**, *etc* zu sein *etc*); **it goes in (at) one ~ and out (at) the other** das geht zum e-n Ohr herein u. zum andern wieder hinaus; **have** (*od* **keep**) **an** (*od* **one's**) **~ to the ground** die Ohren offenhalten; **have a word in sb's ~** j-m etwas im Vertrauen sagen; **have a sympathetic ~ for** a sein Ohr leihen *(dat)* b ein offenes Ohr haben für **play it by ~** improvisieren, von Fall zu Fall entscheiden; **he set them by the ~s** er brachte sie gegeneinander auf; **smile from ~ to ~** von e-m Ohr zum andern strahlen; **turn a deaf ~ to** die Ohren verschließen vor *(dat)*; → bend B 1, block B 5, box² A, B, clip¹ A 10, flea A, music 1, prick B 6, thick A 4, wall *Bes Redew*, wet A 1

ear² [ɪə(r)] S a *(Getreide)* Ähre *f*: → corn¹ A 2 b *(Mais)* Kolben *m*

ear|ache S Ohrenschmerzen *pl*: **have (an) ~** Ohrenschmerzen haben; **~ conch** S ANAT Ohrmuschel *f*; **~drop** S 1 Ohrgehänge *n* 2 *pl* MED Ohrentropfen *pl*; **~drum** S ANAT Trommelfell *n*

eared¹ [ɪə(r)d] ADJ 1 mit (...) Ohren, ...ohrig: → long-eared 1, *etc* 2 mit Henkel *od* Öse (versehen)

eared² [ɪə(r)d] ADJ mit (...) Ähren

ear|flap S Ohrenschützer *m*; **~ful** [-fʊl] S: **get an ~** *umg* etwas zu hören bekommen (**from** von); **get an ~ of this!** hör dir das mal an!

earing ['ɪərɪŋ] S SCHIFF Nockhorn *n*

earl [ɜːl; *US* ɜrl] S Graf *m (dritthöchste brit. Adelsstufe zwischen* **marquis** *u.* **viscount**): ♀ **Marshal** Großzeremonienmeister *m*; **earldom** S 1 HIST Grafschaft *f* 2 Grafenwürde *f*

earless ['ɪə(r)lɪs] ADJ 1 ohrlos, ohne Ohren 2 henkellos 3 **be ~** kein (musikalisches) Gehör haben

earlier ['ɜːlɪə; *US* 'ɜrlɪər] A *komp von* early B ADV früher, zuvor, vorher C ADJ früher, vergangen: **in ~ times**

earliest ['ɜːlɪɪst; *US* 'ɜr-] A *sup von* early B ADV 1 am frühesten 2 frühestens C ADJ frühest(er, e, es): **at the (very) ~** *ellipt* (aller)frühestens; → convenience 2

earliness ['ɜːlɪnɪs; *US* 'ɜr-] S 1 Frühe *f*, Frühzeitigkeit *f* 2 Frühaufstehen *n*

earlobe S ANAT Ohrläppchen *n*

early ['ɜːlɪ; *US* 'ɜrliː] A ADV 1 früh, (früh)zeitig; **~ in the day (year)** früh am Tag (im Jahr); **~ in the morning** früh am Morgen, am frühen Morgen, frühmorgens; **~ in life** früh im Leben; **~ in May** Anfang Mai; **~ in 1996** Anfang 1996; **~ last week** Anfang letzter Woche; **as ~ as May** schon im Mai; **as ~ as the times of Chaucer** schon zu Chaucers Zeiten; **~ to bed and ~ to rise makes a man healthy, wealthy, and wise** *(Sprichwort)* Morgenstunde hat Gold im Munde; → afternoon A 2 bald: **as ~ as possible** so bald wie möglich 3 am Anfang: **~ on** a schon früh(zeitig) b bald; **~ on in** anfangs *(gen)* 4 a zu früh: **he arrived an hour ~** b früher: **he left a few minutes ~** B ADJ 1 früh, (früh)zeitig: **~ riser**, *hum* **~ bird** Frühaufsteher(in); **be an ~ riser** *a.* früh aufstehen; **the ~ bird catches** (*od* **gets**) **the worm** *(Sprichwort)* Morgenstunde hat Gold im Munde; **keep ~ hours** früh aufstehen u. früh zu Bett gehen; **at this ~ stage** schon jetzt; **the ~ summer** der Frühsommer; **at an ~ hour** zu früher Stunde; **it is still ~ days** es ist noch zu früh am Tage; **in the ~ eighties** (am) Anfang der Achtzigerjahre; **he's in his ~ forties** er ist Anfang der Vierziger 2 a vorzeitig, früh: **her ~ death**; **his ~ release** s-e vorzeitige Entlassung; **~ school leaver** Schulabbrecher(in) b vorgezogen *(Wahl)* 3 zu früh: **you are ~ today** du bist heute (etwas) zu früh (daran); **he was born two months ~** er kam zwei Monate zu früh auf die Welt 4 früh, Jugend...: **in his ~ days** in seiner Jugend 5 früh (reifend): **~ fruit** Frühobst *n* 6 anfänglich, Früh..., früh, erst(er, e, es): **~ Christian** frühchristlich; **the ~ Christians** die ersten Christen, die Frühchristen; **~ history** Frühgeschichte *f*, frühe Geschichte; **~ pace** SPORT Anfangstempo *n* 7 baldig *(Antwort etc)*

early| closing S WIRTSCH früher Geschäftsschluss: **Thursday is ~** am Donnerstag schließen die Geschäfte früher; ♀ **English (style)** S ARCH frühgotischer Stil *(in England, etwa 1180-1270)*; **~ identification** S MED Früherkennung *f*; **~ retirement** S Vorruhestand *m*, Frührente *f*: **take** (*od* **go into**) **~** in den Vorruhestand treten, in Frührente gehen, sich pensionieren lassen; **~ shift** S WIRTSCH Frühschicht *f*, -dienst *m*: **be on ~** Frühschicht *od* -dienst haben; **~ warning system** S MIL Frühwarnsystem *n*

ear|mark A S 1 Ohrmarke *f (der Haustiere)* 2 Kennzeichen *n* 3 *fig* Merkmal *n*, Kennzeichen *n*, Stempel *m* B V/T 1 kennzeichnen (**as** als) 2 *bes* WIRTSCH bestimmen, vorsehen, zurückstellen, -legen (*alle*: **for** für): **~ed funds** zweckbestimmte *od* -gebundene Mittel; **~-minded** ADJ PSYCH auditiv *(vorwiegend mit Gehörsinn begabt)*; **~muff** S Ohrenschützer *m*

earn [ɜːn; *US* ɜrn] V/T 1 *Geld etc* verdienen: **~ed income** Arbeits-, Erwerbseinkommen *n*; **~ed surplus** Geschäftsgewinn *m*; → bread A 2, honest A 2, living B 4 2 *Zinsen etc* einbringen: → interest A 11 3 *fig j-m etwas* einbringen, -tragen: **it ~ed him a promotion (a warning)** 4 *fig Lob, Tadel etc* a verdienen b ernten, erhalten; **earner** S Verdiener(in): **be a nice little ~** *umg* ganz schön was einbringen (**for** *dat*); → salary earner, wage earner

earnest¹ ['ɜːnɪst; *US* 'ɜr-] A ADJ (ADV **~ly**) 1 ernst 2 ernst-, gewissenhaft 3 ernstlich: a ernst (gemeint) b dringend c ehrlich, aufrichtig B S Ernst *m*: **in ~** a im Ernst, ernst b ernst-, gewissenhaft; **in good** (*od* **dead, perfect**) **~** in vollem Ernst; **you are not in ~** das ist doch nicht Ihr Ernst!; **be in ~ about sth** es mit etwas ernst meinen; **he was in ~ about it** es war ihm ernst damit; **it was snowing in real ~** es schneite ganz schön *umg*

earnest² ['ɜːnɪst; *US* 'ɜr-] S 1 An-, Auf-, Draufgeld *n*, Anzahlung *f* (**of** auf *akk*): **in ~** als Anzahlung 2 *fig* Zeichen *n*: **as an ~ of my good intentions** als Zeichen m-s guten Willens 3 *fig* Vorgeschmack *m* (**of** auf *akk*)

earnest money → earnest² 1

earnestness ['ɜːnɪstnɪs; *US* 'ɜr-] S Ernst (-haftigkeit) *m(f)*: **in all ~** in allem *od* vollem Ernst

earning ['ɜːnɪŋ; *US* 'ɜr-] S WIRTSCH 1 (Geld)-Verdienen *n* 2 *pl* Verdienst *m*: a Einkommen *n*, Lohn *m*, Gehalt *n* b Gewinn *m*, Einnahmen *pl*, Ertrag *m*; **~ power** S WIRTSCH 1 Erwerbskraft *f*, -vermögen *n*, -fähigkeit *f* 2 Ertragswert *m*, -fähigkeit *f*, Rentabilität *f*

earnings-related ADJ verdienstbezogen

earning value S WIRTSCH Ertragswert *m*

EAROM ABK IT electrically alterable read only memory

ear|phone S 1 a Ohrmuschel *f* b Ohrhörer *m* c *pl*, *a.* **pair of ~s** Kopfhörer *m*: **~ socket** Kopfhöreranschluss *m* 2 a Haarschnecke *f* b *pl* Schneckenfrisur *f*; **~pick** S MED Ohrlöffel *m*; **~piece** S 1 Ohrenklappe *f* 2 a TEL Hörmuschel *f* b → earphone 1 3 (Brillen)Bügel *m*; **~-piercing** → earsplitting; **~plug** S Wattepfropf *m*; **~ring** S Ohrring *m*; **~shot** S: **within (out of) ~** in (außer) Hörweite; **we are out of his ~** er kann uns nicht mehr hören; **~splitting** ADJ ohrenbetäubend

earth [ɜːθ; *US* ɜrθ] A S 1 Erde *f*: a *a.* ♀ Erdball *m* b Welt *f*: **the ♀'s atmosphere** die Erdatmosphäre; **on ~** auf Erden; **how (what, why) on ~ ...?** wie (was, warum) in aller Welt ...?; **there is no reason on ~ for it** es gibt nicht den geringsten Grund dafür; **cost the ~** *umg* ein Vermögen kosten; **promise sb the ~** *umg* j-m das Blaue vom Himmel versprechen 2 Erde *f*, (Erd)Boden *m*: **down to ~** *fig* realistisch; **come back** (*od* **down**) **to ~** *fig* auf den Boden der Wirklichkeit zurückkehren 3 (Fest)-Land *n (Ggs Meer)* 4 *fig* irdische Dinge *pl*, irdisches Dasein 5 *fig* Erde *f*, Staub *m*: **of the ~** erdgebunden, naturhaft 6 *(Fuchs- etc)* Bau *m*: → run D 8 7 CHEM Erde *f*: **rare ~s** seltene Erden 8 ELEK *bes Br* Erde *f*, Erdung *f*, Masse *f*: **~ cable** Massekabel *n*; **~ fault** Erdfehler *m*, -schluss *m*; **~ potential** Erdpotenzial *n*; **~**

wire Blitzerdung *f* B V/T 1 *meist* ~ **up** AGR (an)häufeln, mit Erde bedecken 2 *e-n Fuchs etc* in den Bau treiben 3 ELEK *bes Br* erden, an Masse legen: **~ed conductor** Schutzleiter *m*; **~ing contact** Schutzkontakt *m* C V/I sich (in s-n Bau) verkriechen *(Fuchs etc)*; ~ **art** → land art; **~born** ADJ *poet* staubgeboren, irdisch, sterblich; **~bound** ADJ 1 erdgebunden 2 *fig* prosaisch, trocken, langweilig 3 auf dem Weg *od* Rückflug zur Erde *(Raumfahrzeug)*; ~ **closet** S *bes Br* Trockenklosett *n*; ~ **connection** S ELEK Erdleitung *f*, Erder *m*; ~ **current** S ELEK *bes Br* Erdstrom *m*

earthen ['ɜːθn; US 'ɜrθən; 'ɜrðən] ADJ irden, tönern, Ton...; **~ware** A S 1 (grobes) Steingut (-geschirr), Töpferware *f*, irdenes Geschirr 2 grobes Steingut, Ton *m* B ADJ irden, Steingut...

earthiness ['ɜːθɪnɪs; US 'ɜr-] S 1 Erdigkeit *f* 2 weltliche *od* materielle Einstellung 3 *fig* a Grobheit *f* b Derbheit *f*

earthlight → earthshine

earthliness ['ɜːθlɪnɪs; US 'ɜrθ-] S *(das)* Irdische, Weltlichkeit *f*; **earthling** [-lɪŋ] S 1 a Erdenbürger(in) b *bes Sciencefiction*: Erdling *m*, Erdbewohner(in) 2 Weltkind *n*

earthly ['ɜːθlɪ; US 'ɜrθliː] ADJ 1 irdisch, weltlich: → paradise 1 2 *umg* denkbar: **there is no ~ reason for it** es gibt nicht den geringsten Grund dafür; **of no ~ use** völlig unnütz; **not have an ~ (chance)** nicht die geringste Chance haben

earth|man [-mæn] S *irr bes Sciencefiction*: Erdbewohner *m*; **~-moving machine** S TECH Erdbewegungsmaschine *f*; **~-nut** S BOT 1 *e-e Knolle(npflanze), bes* a Französische Erdkastanie b Erdeichel *f* c Erdnuss *f* d Erdmandel *f* 2 Echte Trüffel; ~ **orbit** S Erdumlaufbahn *f*; **~person** S *bes Science-Fiction*: Erdbewohner(in); **~quake** S Erdbeben *n*; **~quake-proof** ADJ erdbebensicher; ~ **science** S Geowissenschaft *f*; **~shaking**, **~shattering** ADJ *fig* welterschütternd; **~shine** S ASTRON Erdlicht *n*; ~ **station** S *Raumfahrt*: Bodenstation *f*, Erdfunkstelle *f*; ~ **tremor** S leichtes Erdbeben

earthward(s) ADV erdwärts

earth| wave S 1 Bodenwelle *f* 2 GEOL Erdbebenwelle *f*; ~ **wax** S GEOL Ozokerit *m*, Erdwachs *n*; **~woman** S *irr bes Science-Fiction*: Erdbewohnerin *f*; **~work** S 1 TECH a Erdarbeiten *pl* b Erdwall *m* c *Bahn- u. Straßenbau*: Unterbau *m* 2 MIL Feldschanze *f*; **~worm** S ZOOL Regenwurm *m*

earthy ['ɜːθɪ; US 'ɜrθiː] ADJ (ADV earthily) 1 erdig, Erd... 2 erdfarben 3 weltlich *od* materiell (eingestellt) 4 *fig* a grob b derb *(Humor etc)*

earth zone S Erdraumsphären *pl*

ear| trumpet S MED Hörrohr *n*; **~wax** S PHYSIOL Ohrenschmalz *n*; **~wig** S ZOOL Ohrwurm *m*; **~witness** S Ohrenzeuge *m*, -zeugin *f (beide:* **to** *gen)*

ease [iːz] A S 1 Bequemlichkeit *f*, Behaglichkeit *f*, Behagen *n*, Wohlgefühl *n*: **take one's ~** es sich gemütlich machen; **at ~** bequem, behaglich (→ A 2, A 4, A 5) 2 *a.* **~ of mind** (Gemüts)Ruhe *f*, Ausgeglichenheit *f*, (Seelen)Friede *m*: **at (one's) ~** a ruhig, entspannt, gelöst b unbefangen; **be** (*od* **feel**) **at ~** sich wohlfühlen *od* wie zu Hause fühlen; **put** (*od* **set**) **sb at (their) ~, put** (*od* **set**) **sb's mind at ~** a j-n beruhigen b j-m die Befangenheit nehmen; **ill at ~** a unruhig b befangen; **be** (*od* **feel**) **ill at ~** *a.* sich in s-r Haut nicht wohlfühlen 3 Sorglosigkeit *f*: **live at ~** in guten Verhältnissen leben 4 *a.* MAL *etc* Leichtigkeit *f*, Mühelosigkeit *f*: **with ~** mühelos, leicht; **~ of operation** leichte Bedienungsweise, einfache Bedienung 5 *a.* **~ of manner** Ungezwungenheit *f*, Natürlichkeit *f*, Ungeniertheit *f*: **at (one's) ~** ungezwungen, ungeniert; **be at ~ with sb** ungezwungen mit j-m verkehren; **be at ~ with the press** ein normales *od* unbelastetes Verhältnis zur Presse haben; **(stand) at ~!** MIL rührt euch!; **at ~, march!** MIL ohne Tritt marsch! 6 Erleichterung *f*, Befreiung *f (beide:* **from** von): **give sb ~** j-m Erleichterung verschaffen 7 WIRTSCH a Nachgeben *n (der Preise)*, (Kurs)Abschwächung *f* b Flüssigkeit *f (des Kapitals)* B V/T 1 *sein Gewissen* erleichtern, beruhigen: **~ one's mind** sich befreien *od* erleichtern 2 bequem(er) *od* leichter machen, *die Arbeit etc* erleichtern 3 *Schmerzen* lindern: **~ o.s.** (*od* **nature**) *obs* sich erleichtern, s-e Notdurft verrichten 4 *e-r Sache* abhelfen 5 befreien, entlasten, erlösen *(alle:* **of** von) 6 *hum j-n* erleichtern *(etwas abnehmen)* (**of** um): **she ~d him of quite a nice sum** 7 lockern, entspannen *(beide a. fig)*: **~ off** *fig* abschwächen; **~ taxes** die Steuern senken 8 sacht *od* vorsichtig bewegen *od* manövrieren: **~ o.s. into a chair** sich vorsichtig in e-m Sessel niederlassen; **~ one's foot inthe shoe** vorsichtig in den Schuh fahren 9 *meist* **~ down** a *die Fahrt etc* vermindern, -langsamen b die Fahrt *od* Geschwindigkeit *(gen)* vermindern C V/I 1 Erleichterung *od* Entspannung verschaffen 2 *meist* **~ off, ~ up** a nachlassen, sich abschwächen, abklingen *(Schmerz etc)* b sich entspannen *(Lage)* c (bei der Arbeit) kürzertreten d weniger streng sein (**on** zu) 3 WIRTSCH fallen, abbröckeln *(Kurse, Preise)* 4 *meist* **~ down** langsamer fahren

easeful ADJ (ADV ~ly) 1 behaglich, wohlig 2 gemächlich 3 ruhig, friedlich 4 erleichternd

easel ['iːzl] S 1 MAL Staffelei *f* 2 Tafelständer *m*

easement S 1 *obs* Erleichterung *f* 2 JUR Grunddienstbarkeit *f*

easily ['iːzɪlɪ] ADV 1 leicht, mühelos, mit Leichtigkeit, bequem, glatt: **~ digestible** leicht verdaulich 2 a ohne Zweifel: **that may ~ be the case** das kann durchaus passieren b mit Abstand, bei Weitem c ohne Weiteres: **he could ~ be her father** er könnte leicht ihr Vater sein

easiness S 1 Leichtigkeit *f*, Mühelosigkeit *f* 2 Ungezwungenheit *f*, Ungeniertheit *f* 3 Leichtfertigkeit *f*

east [iːst] A S 1 Osten *m*: **in the ~ of** im Osten von *(od gen)*; **to the ~ of** → C 3; **from the ~** aus dem Osten 2 *a.* ♀ Osten *m*, östlicher Landesteil: **the ♀** a *Br* Ostengland *n* b *US* der Osten, die Oststaaten *pl* c POL *bes* HIST der Osten d der Orient e HIST das Oströmische Reich 3 *poet* Ost(wind) *m* B ADJ Ost..., östlich: **~ wind** Ostwind *m* C ADV 1 ostwärts, nach Osten 2 *obs* aus dem Osten *(bes* Wind) 3 **~ of** östlich von *(od gen)*

East Anglia ['æŋglɪə] S Ostanglien *n*

East Ayrshire [ˌiːst'eə(r)ʃə(r); -ʃɪə(r)] S Ost-Ayrshire *n (Verwaltungsregion in Südwestschottland)*

east|bound ADJ nach Osten gehend *od* fahrend: **the ~ traffic** der Verkehr in Richtung Osten; **~ by north** S SCHIFF Ost *m* zu Nord

East Dunbartonshire [ˌiːstdʌn'bɑː(r)tnʃə(r); -ʃɪə(r)] S Ost-Dunbartonshire *n (Verwaltungsregion im westlichen Zentralschottland)*

East| End S East End *n (ärmlicher Stadtteil im Osten Londons)*; **~ Ender** S Bewohner(in) des East End

Easter ['iːstə(r)] A S Ostern *n od pl*, Osterfest *n*: **at ~** zu Ostern; **happy ~!** frohe Ostern! B ADJ Oster...: **~ egg**; **~ Monday; ~ basket** *US* Osternest *n*; **~ bunny** *US* Osterhase *m*; **~ Sunday** (*od* **Day**) Ostersonntag *m*; → sepulcher A 2 a

Easter Island ['iːstə(r),aɪlənd] S Osterinsel *f*

easterly A ADJ östlich, Ost... B ADV von *od* nach Osten C S Ostwind *m*

eastern ['iːstə(r)n] ADJ 1 östlich, Ost...: **the ♀ Church** die griechisch-orthodoxe Kirche; **the ♀ Empire** HIST das Oströmische Reich; **♀ Front** MIL, HIST Ostfront *f* 2 ostwärts, Ost...: **~ course** Ostkurs *m*; **the ~ expansion of Nato** MIL die Nato-Osterweiterung

easterner ['iːstə(r)nə(r)] S 1 Bewohner(in) des Ostens *(e-s Landes)* 2 ♀ *US* Oststaatler(in)

easternmost ADJ östlichst(er, e, es)

Easter|tide, **~ time** S Osterzeit *f*

East| India Company S HIST Ostindische Kompanie *(1600-1858)*; **~ Indiaman** ['ɪndɪəmən] S *irr* SCHIFF, HIST Ostindienfahrer *m (Schiff)*

East Indies [ˌiːst'ɪndɪz] SPL Ostindien *n*; a *alter Name für Vorder- u. Hinterindien sowie den Malaiischen Archipel* b *die Inseln Indonesiens*

easting ['iːstɪŋ] S 1 SCHIFF Weg *m od* Distanz *f* nach Osten 2 ASTRON östliche Deklination *(e-s Planeten)*

East Lothian [ˌiːst'ləʊðjən; -ɪən] S Ost-Lothian *n (Verwaltungsregion in Zentralschottland)*

east-northeast A ADJ ostnordöstlich, Ostnordost... B ADV nach *od* aus Ostnordosten C S Ostnordost(en) *m*

East Renfrewshire [ˌiːst'renfruːʃə(r); -ʃɪə(r)] S Ost-Renfrewshire *n (Verwaltungsregion im westlichen Zentralschottland)*

East Riding of Yorkshire ['iːst,raɪdɪŋəv'jɔː(r)kʃə(r)] S East Riding of Yorkshire *n (Grafschaft in Nordostengland)*

East Side S East Side *f (Ostteil von Manhattan)*

East Sussex [ˌiːst'sʌsɪks] S Ost-Sussex *n (Grafschaft im südöstlichen England)*

eastward ADJ & ADV östlich, ostwärts, nach Osten: **in an ~ direction** in östlicher Richtung, Richtung Osten; **eastwards** ADV → eastward

East-West ADJ POL *bes* HIST Ost-West-...: **~ relations**

easy ['iːzɪ] A ADJ (ADV → easily) 1 leicht, mühelos *(Sieg etc)*: **an ~ victim** (*od* **mark**) a e-e leichte Beute b ein leichtgläubiger Mensch; **be ~ meat** *Br umg* a e-e leichte Beute sein b ein leichtgläubiger Mensch sein c ein Kinderspiel sein d leicht ins Bett zu kriegen sein *(Frau)*; **~ of access** leicht zugänglich *od* erreichbar; **it is ~ for him to talk** er hat gut reden; **an ~ 200 pounds** glatt *od* gut 200 Pfund 2 leicht, einfach (**for** für) *(Aufgabe, Sprache etc)*: **~ money** leicht verdientes Geld (→ A 12 c); **~ reading** leicht verständliche Lektüre; **be ~ for sb** j-m leichtfallen; **it was not ~ for me to ignore his rudeness** es fiel mir schwer, s-e Unverschämtheit zu ignorieren; **make sth ~ for sb** j-m etwas leicht machen; → ABC A 1, find B 3 3 *a.* **~ in one's mind** ruhig, unbesorgt (**about** um), unbeschwert, sorglos 4 bequem, leicht, behaglich, angenehm *(Leben etc)*: **an ~ fit** ein loser *od* bequemer Sitz *(der Kleidung)*; **live in ~ circumstances**, *umg* **be on ~ street** in guten Verhältnissen leben, wohlhabend sein; **be ~ on the ear (eye)** *umg* nett anzuhören (anzusehen) sein; **be ~ on the eyes (nerves)** die Augen (Nerven) schonen 5 beschwerdefrei, schmerzfrei: **feel easier** sich besser fühlen 6 gemächlich, gemütlich *(Spaziergang, Tempo etc)*: → stage A 7 7 nachsichtig (**on** mit) 8 günstig, erträglich, leicht, mäßig: **an ~ penalty** e-e leichte Strafe; **on ~ terms** zu günstigen Bedingungen; **be ~ on the pock-**

et den Geldbeutel nicht belasten 9 nachgiebig, gefügig: **I'm ~** *bes Br umg* ich bin mit allem einverstanden, mir ist alles recht 10 a leichtfertig b locker, frei *(Moral etc)*: → virtue 1 11 ungezwungen, natürlich, frei, unbefangen *(Benehmen etc)*: **free and ~** (ganz) zwanglos, ohne Formalitäten; **he is free and ~** er benimmt sich ganz ungezwungen; **an ~ style** ein leichter *od* flüssiger Stil 12 WIRTSCH a flau, lustlos *(Markt)* b wenig gefragt *(Ware)* c billig *(Geld)* B ADV leicht, bequem: **~ to dispose of** leicht verkäuflich; **~ to follow** leicht verständlich; **~ to use** leicht zu handhaben(d), pflegeleicht; **go ~, take it** (*od* **things**) **~** a sich Zeit lassen, langsam tun b sich nicht aufregen; **take it ~** a immer mit der Ruhe! b keine Bange!; **go ~ on** a *j-n od etwas* sachte anfassen b schonen *od* sparsam umgehen mit; **go ~ on the mustard** *(im Restaurant etc)* (bitte) nicht zu viel Senf; **go ~ on the pocket** den Geldbeutel nicht belasten; **~**, *umg* **~ does it** sachte!, langsam!; **~ all!** *(Rudern)* halt!; **stand ~!** MIL rührt euch!; **easier said than done** leichter gesagt als getan; **~ come, ~ go** wie gewonnen, so zerronnen; → care B 2

easy|-care ADJ pflegeleicht; **~ chair** S Sessel *m*, Lehnstuhl *m*; **~going** ADJ 1 gelassen 2 unbeschwert; **~-on-the-pocket** ADJ erschwinglich *(Reise etc)*; **~-peasy** [-'pi:zɪ] ADJ *Br umg* ganz leicht *od* einfach

eat [i:t] A S *pl umg* Fressalien *pl*: **there were plenty of ~s** es gab reichlich zu futtern B V/T *prät* ate [et; *bes US* eɪt], *pperf* eaten ['i:tn] 1 essen *(Mensch)*, fressen *(Tier)*: *some people get a nettle rash* **from ~ing fish** nach dem Genuss von Fisch, auf Fisch; **I couldn't ~ another thing** ich bring keinen Bissen mehr hinunter; **~ o.s. sick on** a sich *Schokolade etc* überessen b so viel *Schokolade etc* essen, dass e-m schlecht wird; **~ one's words** alles(, was man gesagt hat,) zurücknehmen; **~ sb out of house and home** *umg* j-m die Haare vom Kopf fressen, j-n arm essen; **don't ~ me** *umg* friss mich nur nicht (gleich) auf!; **what's ~ing him?** *umg* was (für e-e Laus) ist ihm über die Leber gelaufen?, was hat er denn?; → boot[1] A 1, cake A 1, crow[1] 1, dirt *Bes Redew*, dog *Bes Redew*, hat *Bes Redew*, heart *Bes Redew*, humble A a, salt[1] A 1 2 zerfressen, -nagen, zehren *od* nagen an *(dat)*: **~en by acid** von Säure zerfressen; **~en by worms** wurmstichig 3 *Löcher etc* fressen, nagen *(beide:* **into** in *akk)* 4 → eat up 5 *vulg* a *j-n* lecken *(Frau)* b *j-m* e-n blasen *(Mann)* C V/I 1 essen *(Mensch)*, fressen *(Tier)*: **~ like a bird** *bes US* wie ein Spatz essen; **~ well** gut essen, e-n guten Appetit haben; **~ out of sb's hand** *bes fig* j-m aus der Hand fressen 2 fressen, nagen *(beide a. fig)*: **~ into** a sich (hin)einfressen in *(akk)* b *fig s-e Reserven etc* angreifen, ein Loch reißen in *(akk)*; **~ through sth** sich durch etwas hindurchfressen 3 sich *gut etc* essen (lassen)

Phrasal Verbs: **eat| away** A V/T GEOL a erodieren, auswaschen b abtragen B V/I 1 (tüchtig) zugreifen *od* zulangen 2 **~ at** → A; **~ out** A V/I auswärts *od* im Restaurant essen, essen gehen B V/T *US umg j-n* zusammenstauchen; **~ up** V/T 1 aufessen *(Mensch)*, auffressen *(Tier) (beide a v/i)* 2 *s-e Reserven etc* verschlingen, völlig aufbrauchen 3 *Schritte* schlucken: **the thick carpet ate up her footsteps** 4 *j-n* verzehren *(Gefühl)*: **be eaten up with** sich verzehren vor *(dat)*, zerfressen werden von; **be eaten up with curiosity (envy)** vor Neugierde (Neid) platzen 5 *j-n* auffressen *umg (Arbeit)* 6 *umg* fressen, schlucken *(kritiklos glauben)* 7 *umg* a *j-s Worte* verschlingen b *etwas* mit den Augen verschlingen c sich aufgeilen an *(dat) umg*

eatable ['i:təbl] A ADJ essbar, genießbar B SPL Esswaren *pl*

eat| art S Eat-Art *f (Kunstrichtung, die Kunstobjekte als Gegenstände zum Verzehr produziert)*; **~-by date** S (Mindest)Haltbarkeitsdatum *n*

eaten *pperf von* eat; **eater** S 1 Esser(in) *(Mensch)*, Fresser *(Tier)*: → big A 11, heavy A 5 2 a Ess-, Speiseapfel *m*: **these apples are excellent ~s** das sind ausgezeichnete Speiseäpfel b *pl* Tafelobst *n*; **eatery** [-əri:] S *US umg* Speiselokal *n*, -wirtschaft *f*

eating ['i:tɪŋ] A S 1 Essen *n* 2 Speise *f*: **make excellent ~** a ausgezeichnet schmecken b sich hervorragend zum Essen eignen; **there is no better ~ than …** es gibt nichts Besseres als … B ADJ 1 essend 2 Ess…: **~ apple** Ess-, Speiseapfel *m*; **~ disorder** MED, PSYCH Ernährungsstörung *f*; **~ habits** Essgewohnheiten; **~ pear** Tafelbirne *f*; **~ room** Esszimmer *n* 3 *fig* nagend *(Sorgen etc)*; **~ house**, **~ place** S *(oft* billiges) Speiselokal

eau| de Cologne [ˌəʊdəkə'ləʊn] S Eau *n/f* de Cologne, Kölnischwasser *n*; **~ de Javelle** [ˌəʊdəʒæ'vel] S Javellewasser *n*, Eau *n/f* de Javel *(ein Bleich- u. Desinfektionsmittel)*; **~ de nil** [ˌəʊdə'ni:l] S Nilgrün *n (Farbe)*; **~ de toilette** [ˌəʊdətwɑ:'let] S Eau *n/f* de Toilette, Toilettenwasser *n*; **~ de vie** [ˌəʊdə'vi:] S Eau *n/f* de Vie, Branntwein *m*, Weinbrand *m*

eaves [i:vz] SPL 1 Haupt-, Dachgesims *n* 2 Traufe *f*, Dachfuß *m*; **~drop** V/I (heimlich) lauschen *od* horchen: **~ on sb** a j-n belauschen b j-n *od* j-s Telefon abhören; **~dropper** S Horcher(in), Lauscher(in): **~s hear what they deserve** *(Sprichwort)* der Lauscher an der Wand hört s-e eigne Schand; **~dropping** S (heimliches) Lauschen *od* Horchen: **electronic ~ (on)** *bes* POL Lauschangriff *m* (auf *akk*), Lauschoperation *f* (gegen)

ebb [eb] A S 1 Ebbe *f*: **on the ~** mit der Ebbe, bei Ebbe; **the tide is on the ~** es ist Ebbe; **~ and flow** Ebbe u. Flut; **the ~ and flow of the battle** das Hin u. Her der Schlacht; **the ~s and flows of business** das Auf u. Ab der Wirtschaft 2 *fig* a Ebbe *f*, Tiefstand *m*: **be at a low ~** auf e-m Tiefpunkt angelangt sein b Abnahme *f* B V/I 1 zurückgehen *(a. fig)*: **~ and flow** steigen u. fallen *(a. fig)* 2 *a.* **~ away** *fig* abnehmen, verebben: **~ back** (allmählich) wieder steigen *od* zunehmen; **~ tide** → ebb A 1, A 2

EBIT ['ebɪt; 'i:bɪt] ABK earnings before interest and tax WIRTSCH Betriebsergebnis *n* vor Zinsen u. Ertragsteuern; **EBITA** ABK earnings before interest, tax, and amortization WIRTSCH Betriebsergebnis *n* vor Zinsen, Ertragsteuern u. Firmenwertabschreibung; **EBITDA** ABK earnings before interest, tax, amortization, and depreciation WIRTSCH Betriebsergebnis *n* vor Zinsen, Steuern, Abschreibungen auf Firmenwert u. auf das sonstige Anlagevermögen

E-boat S SCHIFF *Br* HIST feindliches *(bes* deutsches) Torpedoboot

Ebola| fever [i:'bəʊlə; ə'b-] S MED Ebolafieber *n*; **~ virus** S MED Ebolavirus *n/m*

ebon ['ebən] *poet für* ebony; **ebonite** S CHEM Ebonit *n*, Hartgummi *n/m*; **ebonize** V/T schwarz beizen; **ebony** A S 1 BOT Ebenholzbaum *m* 2 Ebenholz *n* B ADJ 1 aus Ebenholz, Ebenholz… 2 schwarz

EBU ABK European Broadcasting Union

ebullience [ɪ'bʌljəns; ɪ'bʊl-], *a.* **ebulliency** S 1 Aufwallen *n (a. fig)* 2 *fig* a Überschäumen *n (der Leidenschaft etc)*, (Gefühls)Ausbruch *m* b Überschwänglichkeit *f*; **ebullient** ADJ (ADV **~ly**) 1 siedend, aufwallend 2 überfließend, -kochend 3 *fig* a sprudelnd, überschäumend *(beide:* **with** von) b überschwänglich

ebullism ['ebəlɪzəm] S MED Ebullismus *m (durch den Druck frei werdender Gasblasen im Gewebe entstehende Krankheitserscheinungen bei Druckabfall)*

ebullition [ˌebə'lɪʃn] → ebullience 1, 2 a

EC ABK 1 European Community EG *f* 2 *Postwesen:* East Central 3 WIRTSCH Executive Committee Vorstand *m*

ECB ABK European Central Bank EZB *f*

ecbolic [ek'bɒlɪk; *US* -'bɑ-] MED, PHARM A ADJ 1 wehenfördernd 2 abortiv, abtreibend B S 1 Wehenmittel *n* 2 Abortivum *n*, Abtreibungsmittel *n*

eccentric [ɪk'sentrɪk; ek-] A ADJ (ADV **~ally**) 1 exzentrisch: a überspannt, verschroben, spleenig b ausgefallen, ungewöhnlich 2 MATH, TECH exzentrisch: a ohne gemeinsamen Mittelpunkt b nicht zentral c die Achse nicht im Mittelpunkt habend d nicht durch den Mittelpunkt gehend *(Achse)*: **~ chuck** exzentrisches Spannfutter 3 TECH Exzenter…: **~ wheel** Exzenterscheibe *f* 4 ASTRON nicht rund B S 1 Exzentriker(in), exzentrischer Mensch 2 TECH Exzenter *m* 3 MATH exzentrische Figur, *bes* exzentrischer Kreis; **eccentrical** [-kl] ADJ (ADV **~ly**) → eccentric A

eccentricity [ˌeksen'trɪsətɪ] S 1 Exzentrizität *f*, Überspanntheit *f*, Verschrobenheit *f* 2 verschrobener Einfall 3 MATH, TECH Exzentrizität *f*

ecchymosis [ˌekɪ'məʊsɪs] S MED Ekchymose *f (flächenhafter Bluterguss)*

ecclesiast [ɪ'kli:zɪæst] S REL 1 → ecclesiastic B 2 ♀ BIBEL Verfasser *m* des Predigers Salomo; **Ecclesiastes** [-ti:z] S BIBEL Ekklesiastes *m*, der Prediger Salomo; **ecclesiastic** A ADJ (ADV **~ally**) → ecclesiastical B S Ekklesiast *m*, Geistliche(r) *m*; **ecclesiastical** [-kl] ADJ (ADV **~ly**) ekklesiastisch, kirchlich, Kirchen…, geistlich: **~ court** geistliches Gericht; **~ history** Kirchengeschichte *f*; **~ law** Kirchenrecht *n*; **~ modes** Kirchentonarten; **~ music** Kirchenmusik *f*

ecclesiasticism [ɪˌkli:zɪ'æstɪsɪzəm] S 1 Kirchentum *n*, Kirchlichkeit *f* 2 *(bes* übertriebener) Kirchenglaube

ECG ABK 1 MED electrocardiogram EKG *n* 2 MED electrocardiograph

echelon ['eʃəlɒn; *US* -ˌlɑn] A S 1 SCHIFF, MIL Staffelung *f*: **in ~** staffelförmig (aufgestellt) 2 FLUG Staffelflug *m*, -formation *f* 3 MIL a Staffel *f (Voraus-, Sicherungs- od Nachschubabteilung)* b Stabsteil *m* c (Befehls)Ebene *f* d (Instandhaltungs)Stufe *f* e (Angriffs)Welle *f* 4 Rang *m*, Stufe *f*: **the upper ~s** die höheren Ränge B ADJ SCHIFF, MIL gestaffelt, Staffel… C V/T SCHIFF, MIL staffeln, staffelförmig gliedern D V/I SCHIFF, MIL sich staffeln, sich staffelförmig aufstellen

echini [e'kaɪnaɪ; ɪ'k-] *pl von* echinus

echinoderm [e'kaɪnəʊdɜ:m; ɪ'k-; *US* -ˌdɜrm] S ZOOL Echinoderme *m*, Stachelhäuter *m*

echinus [e'kaɪnəs; ɪ'k-] *pl* -ni [-naɪ] S 1 ZOOL Echinus *m*, Seeigel *m* 2 ARCH Echinus *m (Wulst des Kapitells e-r dorischen Säule zwischen der Deckplatte u. dem Säulenschaft)*

echo ['ekəʊ] A *pl* -oes S 1 Echo *n*, Widerhall *m (beide a. fig)*: **he was applauded to the ~** *Br* er erhielt stürmischen Beifall 2 *fig* Echo *n*, Nachbeter(in), -ahmer(in) 3 genaue Nachahmung 4 Nachwirkung *f*, *pl a.* Nachhall *m* 5 MUS a Echo *n*, leise Wiederholung b → echo organ c → echo stop 6 → echo verse 7 ELEK Echo *n (Reflektierung e-r Radiowelle)*: a TV Geisterbild *n* b *Radar:* Schattenbild *n* B V/I 1 echoen, widerhallen (**with** von) 2 nach-, widerhallen, zurückgeworfen werden *(Ton)* 3 tönen, hallen *(Ton)* C V/T 1 *a.* **~ back** *e-n Ton* zurückwerfen, widerhallen lassen **2** a *Worte etc* echoen, nachbeten b *j-m* alles nachbeten c *Worte etc (zustimmend)* wiederholen **3** nachahmen; ~ **chamber** S (Nach-)Hallraum *m*; ~ **effect** S **1** Echo-, Halleffekt *m* **2** TV Doppelkontur *f*; ~ **encephalography** S MED Echoenzephalografie *f (auf dem Prinzip des Echolots beruhendes Verfahren zur Feststellung raumfordernder Krankheitsprozesse im Gehirn)*

echoer → echo A 2

echoic [e'kəʊɪk; ɪ'k-] ADJ **1** echoartig, Echo… **2** LING lautmalend, schallnachahmend

echoism S LING Lautmalerei *f*

echokinesia [ˌekəʊkɪ'niːzɪə; -kaɪ'n-; *US* -ʒɪə] → echopraxia

echolalia [ˌekəʊ'leɪlɪə] S PSYCH Echolalie *f*: a *sinnlos-mechanisches Nachsprechen gehörter Wörter od Sätze bei Geisteskranken* b *Wiederholung e-s Wortes od Wortteils bei Kindern vom 9. bis 12. Lebensmonat*

echo organ S MUS Echo-, Fernwerk *n (bei großen Orgeln)*

echopraxia [ˌekəʊ'præksɪə] S PSYCH Echopraxie *f*, Echokinese *f (Trieb gewisser Geisteskranker, gesehene Bewegungen mechanisch nachzuahmen)*

echo| sounder S SCHIFF Echolot *n*; ~ **sounding** S SCHIFF Echolotung *f*; ~ **stop** S MUS Echoregister *n*, -zug *m (der Orgel)*; ~ **verse** S LIT Echovers *m*

echovirus, ECHO virus ['ekəʊ] S MED ECHO-Virus *n/m (Virus, das für zahlreiche fieberhafte Erkrankungen der Atemwege u. des Magen-Darm-Kanals, aber u. a. auch für Hirnhautentzündungen verantwortlich ist)*

éclair [eɪ'kleə(r)] S Eclair *n (mit Creme gefülltes, längliches Gebäck)*

eclampsia [ɪ'klæmpsɪə] S MED Eklampsie *f (meist im letzten Schwangerschaftsmonat, vor allem unmittelbar vor od während der Geburt auftretende, mit Bewusstlosigkeit einhergehende, lebensbedrohende Krampfanfälle)*

éclat ['eɪklɑː; eɪ'klɑː] S **1** durchschlagender Erfolg **2** (allgemeiner) Beifall **3** *fig* Auszeichnung *f*, Geltung *f* **4** brillanter Effekt **5** Glanz *m*, Pomp *m*

eclectic [e'klektɪk; ɪ'k-] **A** ADJ (ADV ~ally) eklektisch: a PHIL *in der Art des Eklektikers verfahrend* b auswählend, prüfend c *pej in unschöpferischer Weise nur Ideen anderer verwendend* **B** S Eklektiker(in): a PHIL *j-d, der weder ein eigenes System aufstellt noch ein anderes übernimmt, sondern aus verschiedenen Systemen das ihm Passende auswählt* b *pej j-d, der fremde Ideen nebeneinanderstellt, ohne eigene Gedanken dazu zu entwickeln*; **eclecticism** [-sɪzəm] S Eklektizismus *m*: a (KUNST, *Literatur*) *Rückgriff auf die Stilmittel verschiedener Künstler früherer Epochen mangels eigenschöpferischer Leistung* b *pej unoriginelle, unschöpferische Arbeitsweise, bei der Ideen anderer übernommen od zu e-m System zusammengetragen werden*

eclipse [ɪ'klɪps] **A** S **1** ASTRON Eklipse *f*, Finsternis *f*, Verfinsterung *f*: ~ **of the moon (sun)** Mond-(Sonnen)finsternis **2** Verdunkelung *f*, Dunkelheit *f* **3** *fig* Sinken *n*, Niedergang *m*: **be in ~** a im Schwinden *od* Sinken sein b in der Versenkung verschwunden sein **B** V/T **1** ASTRON verfinstern **2** *fig* in den Schatten stellen, übertragen: **be ~d by** verblassen neben *(dat)*; **ecliptic** [-tɪk] ASTRON **A** S Ekliptik *f (scheinbare Sonnenbahn)* **B** ADJ (ADV ~ally) ekliptisch

eclogite ['ekləd͡ʒaɪt] S GEOL Eklogit *m (ein metamorphes Gestein mit hoher Dichte)*

eclogue ['eklɒg; *US a.* -ˌlɑg] S Ekloge *f*, Hirtengedicht *n*

eco- [iːkəʊ; ekəʊ] *Wortelement mit der Bedeutung* ökologisch, Öko…, Umwelt…

ecocatastrophe S Umweltkatastrophe *f*

ecocidal ['iːkəsaɪdl; 'ekə-] ADJ (ADV ~ly) umweltzerstörend; **ecocide** ['iːkəsaɪd; 'ekə-] S Umweltzerstörung *f*

ecocrisis S *irr* Umweltkrise *f*

ecofreak S *sl* Ökofreak *m pej*, Umweltfanatiker(in)

ecofriendly ADJ umweltfreundlich

ecohome S Ökohaus *n*

ecological [ˌiːkə'lɒd͡ʒɪkl; ˌekə-; *US* -'lɑ-] ADJ (ADV ~ly) ökologisch: ~ **art** Ökokunst *f*; ~ **artist** Ökokünstler(in); ~ **balance** ökologisches Gleichgewicht; ~ **menace** Umweltgefahr *f*, Gefahr für die Umwelt; ~ **movement** Ökologiebewegung *f*; ~ **relief** Umweltentlastung *f*; ~ **system** Ökosystem *n* (→ ecosystem); ~**ly beneficial** umweltfreundlich; ~**ly harmful** (*od* **noxious**) umweltfeindlich; → aware 1, awareness 1; **ecologist** [iː'kɒləd͡ʒɪst; *US* ɪ-'kɑl-] S Ökologe *m*, Ökologin *f*; **ecology** [-d͡ʒɪ] S BIOL Ökologie *f*: a *Wissenschaft von den Wechselbeziehungen zwischen den Lebewesen u. ihrer Umwelt, Lehre vom Haushalt der Natur* b *die Wechselbeziehungen zwischen den Lebewesen u. ihrer Umwelt, der ungestörte Haushalt der Natur*

econ. ABK **1** economic **2** economics PL **3** economy

econometrics [ɪˌkɒnə'metrɪks; *US* ɪˌkɑ-] SPL *(als sg konstruiert)* WIRTSCH Ökonometrie *f (Teilgebiet der Wirtschaftswissenschaft, auf dem mit mathematisch-statistischen Methoden wirtschaftstheoretische Hypothesen auf ihren Realitätsgehalt untersucht werden)*

economic [ˌiːkə'nɒmɪk; ˌekə-; *US* -'nɑ-] **A** ADJ (ADV ~ally) **1** (staats-, volks)wirtschaftlich, (national)ökonomisch, Wirtschafts…: ~ **aid** Wirtschaftshilfe *f*; ~ **blockade** Wirtschaftsblockade *f*; ~ **conditions** a Wirtschaftslage *f* b Erwerbsverhältnisse; ~ **crisis** Wirtschaftskrise *f*; ~ **development** wirtschaftliche Entwicklung; ~ **geography** Wirtschaftsgeografie *f*; ~ **growth** Wirtschaftswachstum *n*; ~ **policy** Wirtschaftspolitik *f*; ~ **refugee** Asylbewerber(in) mit der Motivation, e-n besseren Lebensstandard zu erzielen; ~ **science** → B; ~ **structure** Wirtschaftsstruktur *f*; → miracle 1 **2** wirtschaftswissenschaftlich **3** praktisch, angewandt *(Botanik etc)* **4** a rentabel, wirtschaftlich, gewinnbringend: ~ **pack** Sparpackung *f*; **sell sth at an ~ price** etwas gewinnbringend verkaufen; → rent[1] A 3 b → economical 1 **B** S **economics** *pl (als sg konstruiert)* a Volkswirtschaft(slehre) *f*, Nationalökonomie *f* b → economy A 4; **economical** ADJ (ADV ~ly) **1** wirtschaftlich, sparsam, *(Person a.)* haushälterisch, *(Gerät etc a.)* sparsam im Verbrauch: **be ~ with sth** mit etwas haushalten *od* sparsam umgehen; **be ~ with the truth** *euph* sparsam mit der Wahrheit umgehen **2** Spar… **3** → economic A

economism [ɪ'kɒnəmɪzəm; *US* ɪ'kɑ-] S Ökonomismus *m (Betrachtung der Gesellschaft allein unter ökonomischen Gesichtspunkten)*; **economist** S **1** Volkswirt(in), -wirtschaftler(in), Nationalökonom(in) **2** gute(r) Haushälter(in), sparsame(r) Wirtschafter(in); **economize** [-maɪz] **A** V/T **1** sparsam anwenden, sparsam umgehen *od* wirtschaften mit, haushalten mit **2** (wirtschaftlich) nutzbar machen **B** V/I **1** sparen, sparsam wirtschaften, sich einschränken: ~ **on** → A 1 **2** Einsparungen machen; **economizer** S **1** sparsamer *od* haushälterischer Mensch **2** TECH Economiser *m*, Wasservorwärmer *m*

economy [ɪ'kɒnəmɪ; *US* ɪ'kɑ-] **A** S **1** Sparsamkeit *f*, Wirtschaftlichkeit *f* **2** *fig* a sparsame Anwendung (**of** *gen*) b Sparsamkeit *f* in den (künstlerischen) Mitteln: **dramatic ~** dramatische Knappheit **3** a Sparmaßnahme *f* b Einsparung *f* c Ersparnis *f* **4** WIRTSCH a Wirtschaft(ssystem) *f(n)* b Wirtschaftslehre *f* **5** organisches System, Anordnung *f*, Aufbau *m* **6** REL a göttliche Weltordnung b verständige Handhabung *(e-r Doktrin)* **7** **go** (*od* **travel**) ~ FLUG in der Economyklasse fliegen **B** ADJ Spar…: ~ **bottle**; ~ **car** Wagen *m* mit geringen Betriebskosten; ~ **class** FLUG Economyklasse *f*; **in ~ class** in der Economyklasse; **go** (*od* **travel**) ~ **class** in der Economyklasse fliegen; ~ **drive** Sparmaßnahmen *pl*; ~ **price** günstiger *od* niedriger Preis; ~**-priced** billig, preisgünstig

ecopolicy S Umweltpolitik *f*

ecosystem S BIOL Ökosystem *n (aus Organismen u. unbelebter Umwelt bestehende natürliche Einheit, die durch deren Wechselwirkung ein gleichbleibendes System bildet)*

ecotype S BIOL Ökotypus *m (an die Bedingungen e-s bestimmten Lebensraums angepasste Sippe e-r Pflanzen- od Tierart)*

ecru, *a.* **écru** ['eɪkruː; *US a.* 'ekruː] **A** ADJ ekrü, naturfarben, ungebleicht *(Stoff)*: ~ **silk** Ekrüseide *f* **B** S Ekrü *n*, Naturfarbe *f*

ECS ABK European Communications Satellite

ECSC ABK European Coal and Steel Community EGKS *f*

ecstasize ['ekstəsaɪz] **A** V/T in Ekstase versetzen **B** V/I in Ekstase geraten

ecstasy ['ekstəsɪ] S **1** Ekstase *f*: a (Gefühls-, Sinnen)Taumel *m*, Raserei *f*: **be in an ~** außer sich sein (**of** vor *dat*); **be in an ~ of joy** in e-m Freudentaumel sein b (*a.* dichterische *od* religiöse) Verzückung, Rausch *m*, (Taumel *m* der) Begeisterung *f*: **go into ecstasies over** in Verzückung geraten über *(akk)*, hingerissen sein von c MED krankhafte Erregung **2** Aufregung *f* **3** Ecstasy *f (e-e halluzinogene Designerdroge)*

ecstatic [ɪk'stætɪk; ek-] ADJ (ADV ~ally) **1** ekstatisch (*a. fig*) **2** *fig* a schwärmerisch, überschwänglich b ent-, verzückt, begeistert, hingerissen **3** *fig* entzückend, hinreißend

ECT ABK MED electroconvulsive therapy

ecthyma ['ekθɪmə; ek'θaɪmə] S MED Ekthym *n (Hauteiterung mit nachfolgender Geschwürbildung)*

ectoblast ['ektəʊblæst], **ectoderm** [-dɜː(r)m] S BIOL, MED Ektoblast *m*, Ektoderm *m (äußeres Keimblatt des menschlichen u. tierischen Embryos)*

ectogenic [ˌektəʊ'd͡ʒenɪk] ADJ (ADV ~ally), **ectogenous** [ek'tɒd͡ʒɪnəs; *US* -'tɑ-] ADJ (ADV ~ly) MED ektogen (→ exogenous a)

ectomorphic [ˌektəʊ'mɔː(r)fɪk] ADJ MED ektomorph; **ectomorphy** S Ektomorphie *f (Konstitution e-s Menschentypus von hagerer, hoch aufgeschossener Gestalt)*

ectoparasite [ˌektəʊ'pærəsaɪt] S BIOL, MED Ektoparasit *m (auf der Körperoberfläche s-s Wirts schmarotzender Parasit)*

ectopia [ek'təʊpɪə] S MED Ektopie *f (meist angeborene Lageveränderung e-s Organs)*

ectopic [ek'tɒpɪk; *US* -'tɑ-] ADJ: ~ **pregnancy** MED ektopische Schwangerschaft, Extrauterinschwangerschaft *f*

ectoplasm ['ektəʊplæzəm] S Ektoplasma *n*: a BIOL *äußerer Teil des Zellplasmas* b *(Spiritismus) Substanz, die aus dem Körper des Mediums austritt u. die Materialisation bildet*

ectozoon [ˌektəʊ'zəʊɒn; *US* ˌektə'zəʊˌɑn] *pl* -**zoa** [-ə] S ZOOL Ektozoon *n (Parasit, der auf der Körperoberfläche lebt)*

ectype ['ektaɪp] S **1** Nachbildung *f*, Reproduktion *f*, Kopie *f* **2** Abdruck *m (e-s Stempels etc)*; **ectypography** [-tɪ'pɒgrəfɪ; *US* -'pɑ-] S TECH Reliefätzung *f*

ECU ['ekju:; 'eɪ-; *US* 'eɪku:; eɪ'ku:] S European Currency Unit HIST Ecu *m/f*, ECU *m/f* (*europäische Währungseinheit*)

Ecuador ['ekwədɔ:(r)] S Ecuador *n*

Ecuadoran [ˌekwə'dɔ:rən], **Ecuadorian** [-'rɪən] A S Ecuadorianer(in) B ADJ ecuadorianisch

ecumenic [ˌi:kju:'menɪk; *US* ˌekjə-] ADJ (ADV ~ally) → ecumenical; **ecumenical** ADJ (ADV ~ly) ökumenisch, allgemein, weltumfassend: ~ **council** a KATH ökumenisches Konzil b REL Weltkirchenrat *m*; **ecumenicalism**, **ecumenicism** [-sɪzəm] S KATH Ökumenismus *m* (*Bestrebungen der katholischen Kirche, alle christlichen Konfessionen zu einigen*)

eczema ['eksɪmə; *US a.* ɪg'zi:mə] S MED Ekzem *n*; **eczematous** [ek'semətəs; *US* ɪg'zem-] ADJ ekzematös

ED ABK emergency department Unfallambulanz *f*, -station *f*

ed. ABK 1 edited 2 edition 3 editor 4 education 5 educational

edacious [ɪ'deɪʃəs] ADJ (ADV ~ly) *bes hum* gefräßig, gierig

Edam (cheese) ['i:dæm] S Edamer (Käse) *m*

Edda ['edə] S Edda *f*: **Elder (Poetic)** ~ ältere (poetische) Edda; **Younger (Prose)** ~ jüngere (Prosa-)Edda

eddy ['edɪ] A S 1 (Wasser)Wirbel *m*, Strudel *m*: **the eddies and flurries** *fig* das wild bewegte Durcheinander 2 (*Luft-, Staub*) Wirbel *m* 3 *fig* a (unbedeutende) Gegenströmung b Nebenströmung *f* B V/T & V/I (herum)wirbeln; ~ **current** S ELEK Wirbelstrom *m*

edelweiss ['eɪdlvaɪs] S BOT Edelweiß *n*

edema [i:'di:mə] *pl* -mata [-mətə] S MED *US* Ödem *n*, Wassersucht *f*: ~ **of the lungs** Lungenödem; **edematous** [i:'demətəs], *a.* **edematose** [-təʊs] ADJ *US* ödematös, Ödem…

Eden ['i:dn] S BIBEL (der Garten) Eden *n*, das Paradies (*a. fig*)

edentate [i:'denteɪt] A ADJ 1 ZOOL zahnarm 2 BOT, ZOOL zahnlos B S ZOOL Edentate *m*, zahnarmes Säugetier

edge [edʒ] A S 1 a Schneide *f* b Schärfe *f*: **the knife has no** ~ das Messer ist stumpf *od* schneidet nicht; **take** (*od* **blunt**) **the** ~ **off** *e-e Klinge* stumpf machen, *fig e-r Sache* die Spitze *od* Schärfe *od* Wirkung nehmen, *etwas* abschwächen *od* entschärfen; **put an** ~ **on sth** etwas schärfen *od* schleifen; **he had an** ~ **to his voice, his voice had an** ~ **to it** s-e Stimme klang nervös *od* gereizt; **give sb the (sharp)** ~ **of one's tongue** *umg* j-n zusammenstauchen 2 *fig* Schärfe *f*, Spitze *f*: **give an** ~ **to sth** a etwas verschärfen b etwas in Schwung bringen; **not put too fine an** ~ **(up)on it** kein Blatt vor den Mund nehmen 3 Ecke *f*, scharfe Kante, (Berg)Grat *m* 4 (äußerster) Rand, Saum *m*: ~ **of the woods** Waldrand; **on the** ~ **of** *fig* kurz vor (*dat*); **be on the** ~ **of despair** *fig* am Rande der Verzweiflung sein; **be on the** ~ **of doing sth** kurz davor stehen *od* im Begriff sein, etwas zu tun 5 Grenze *f*, Grenzlinie *f* 6 Kante *f*, Schmalseite *f*: **the** ~ **of the table** die Tischkante; **set (up) on** ~ hochkant stellen; **on** ~ *fig* nervös; gereizt; **set sb's teeth on** ~ a j-n nervös *od umg* kribb(e)lig machen b j-m durch Mark u. Bein gehen; **catch an** ~ (*Skilauf*) verkanten 7 Schnitt *m* (*e-s Buchs*): → gilt-edge(d) 1 8 *umg* Vorteil *m*: **give sb an** ~ j-m e-n Vorteil verschaffen; **have the** ~ **on sb** e-n Vorteil gegenüber j-m haben, j-m über sein 9 *Eiskunstlauf:* (*Einwärts-, Auswärts*) Bogen *m* B V/T 1 schärfen, schleifen 2 umsäumen, umranden, begrenzen, einfassen 3 TECH a beschneiden, abkanten b *Blech* bördeln 4 (*langsam*) schieben, rücken, drängen (**through** durch): ~ **o.s.** (*od* **one's way**) **into** sich (hin)eindrängen in (*akk*) 5 *die Ski* kanten 6 SPORT knapp besiegen *od* schlagen: ~ **sb into second place** j-n knapp auf den zweiten Platz verweisen C V/I sich schieben *od* drängen

Phrasal Verbs: **edge| away** V/I wegschleichen, sich davonstehlen; ~ **down** V/I SCHIFF zuhalten (**on** auf *akk*); ~ **in** A V/T *e-e Bemerkung etc* einschieben, -werfen B V/I sich hineindrängen *od* -schieben; ~ **off** → edge away; ~ **on** V/T antreiben, drängen; ~ **out** A V/T 1 hinausdrängen (*a. fig*) 2 *fig* verdrängen B V/I 1 sich hinausdrängen 2 → edge away

edged [edʒd] ADJ 1 mit e-r Schneide, schneidend, scharf 2 *in Zusammensetzungen* a …schneidig: → double-edged, *etc* b …kantig: → sharp-edged, *etc* 3 eingefasst, gesäumt 4 *in Zusammensetzungen* …randig, …gerändert: **black-**~

edge tool S TECH Schneidewerkzeug *n*

edge|ways, ~**wise** ADV hochkant, auf der *od* die Schmalseite: **I could hardly get a word in** ~ *fig* ich bin kaum zu Wort gekommen

edging ['edʒɪŋ] S Rand *m*, Besatz *m*, Einfassung *f*, Borte *f*: **(pair of)** ~ **shears** *pl* Kantenschneider *m*; **edgy** ADJ (ADV edgily) 1 a scharfkantig b MAL *etc* scharflinig 2 a nervös b gereizt: **tempers became** ~ die Stimmung wurde gereizt

edh [eð] S LING durchstrichenes D (*altenglischer Buchstabe zur Bezeichnung des interdentalen Spiranten*)

edibility [ˌedɪ'bɪlətɪ] S Ess-, Genießbarkeit *f*; **edible** A ADJ ess-, genießbar: ~ **fat** Speisefett *n*; ~ **oil** Speiseöl *n* B SPL Esswaren *pl*; **edibleness** → edibility

edict ['i:dɪkt] S Erlass *m*, HIST Edikt *n*

edification [ˌedɪfɪ'keɪʃn] S *fig* Erbauung *f*

edifice ['edɪfɪs] S 1 Gebäude *n* (*a. fig*) 2 *fig* Gefüge *n*; **edify** [-faɪ] V/T *fig* a erbauen b aufrichten c (geistig *od* moralisch) bessern; **edifying** ADJ (ADV ~ly) erbaulich

Edinburgh ['edɪnbərə; -brə; *US bes* 'edn͵bɜrə; *a.* -͵bʌrə] S Edinburgh *n* a *Hauptstadt von Schottland* b *Verwaltungsregion in Südostschottland*

edit ['edɪt] V/T 1 *Texte, Schriften* a herausgeben b redigieren, druckfertig machen c zur Veröffentlichung fertig machen d zur Herausgabe sammeln, ordnen u. korrigieren 2 *ein Buch etc* (redaktionell) bearbeiten, *bes* kürzen, *e-n Film* schneiden: ~ **out** a herausstreichen b herausschneiden 3 *e-e Zeitung etc* als Herausgeber leiten 4 IT *Daten* editieren, ändern 5 *fig* zurechtstutzen

editing| room ['edɪtɪŋ] S FILM, TV Schneideraum *m*; ~ **table** S FILM, TV Schneidetisch *m*; ~ **terminal** S COMPUT Redaktionsterminal *n*

edition [ɪ'dɪʃn] S 1 Ausgabe *f* (*e-s Buches etc*): **the morning** ~ die Morgenausgabe (*e-r Zeitung*) 2 *fig* (*kleinere etc*) Ausgabe: **he is a miniature** ~ **of his father** *hum* er ist ganz der Papa 3 Auflage *f*: **run into 20** ~**s** 20 Auflagen erleben

editor ['edɪtə(r)] S 1 *a.* ~ **in chief** Herausgeber(in) (*e-s Buchs etc*) 2 *Zeitung:* a *a.* ~ **in chief** Chefredakteur(in): → letter[1] A 2 a b Redakteur(in): **the** ~**s** *pl a.* die Redaktion 3 FILM, TV Cutter(in) 4 IT Editor *m* (*Hilfsprogramm zur Erstellung u. Bearbeitung von Textdateien*); **editorial** [-'tɔ:rɪəl; *US a.* -'təʊ-] A ADJ (ADV → editorially) 1 Herausgeber… 2 redaktionell, Redaktions…: ~ **conference**; ~ **department** (*od* **office**) Redaktion *f*; → staff[1] A 8 d B S Leitartikel *m*; **editorialize** V/I 1 sich in e-m Leitartikel äußern (**on, about** über *akk*, zu) 2 s-e persönliche Meinung einbringen 3 sich äußern (**on, about** über *akk*, zu); **editorially** ADV 1 redaktionell 2 in Form e-s Leitartikels; **editorship** S Position *f* e-s Herausgebers *od* (Chef)Redakteurs: **have the** ~ **of** herausgeben, als Herausgeber leiten; **under his** ~ unter ihm als Chefredakteur; **editress** [-trɪs] S 1 Herausgeberin *f* 2 (Chef)Redakteurin *f*

EDP ABK electronic data processing EDV *f*

EDT ABK *US* Eastern Daylight Time (*Sommerzeit in der Zeitzone Eastern der USA*)

educate ['edju:keɪt; *US* 'edʒə-] V/T 1 erziehen, unterrichten, (aus)bilden: ~ **o.s.** sich bilden; **he was** ~**d at X** er besuchte die (Hoch)Schule in X; **she** ~**d her children at the best schools** sie schickte ihre Kinder auf die besten Schulen 2 *weitS.* **(to)** a erziehen (zu) b gewöhnen (an *akk*) 3 verbessern 4 *Tiere* abrichten, dressieren; **educated** ADJ 1 gebildet 2 **an** ~ **guess** mehr als e-e bloße Vermutung, e-e auf gewisse (Sach)Kenntnisse gestützte Vermutung

education [ˌedju:'keɪʃn; *US* ˌedʒə-] S 1 Erziehung *f* (*a. weitS.*: **to** zu), (Aus)Bildung *f*: → compulsory 2, university B 2 (*erworbene*) Bildung, Bildungsstand *m*: → general A 3 3 Bildungs-, Schulwesen *n*: → higher education, *etc* 4 (Aus)Bildungsgang *m* 5 Pädagogik *f*, Erziehungswissenschaft *f*: **department of** ~ UNIV pädagogisches Seminar 6 Dressur *f*, Abrichtung *f* (*von Tieren*); **educational** [-ʃənl] ADJ (ADV ~ly) 1 a erzieherisch, Erziehungs…, pädagogisch, Unterrichts…: ~ **experience** lehrreiche Erfahrung; ~ **film** Lehrfilm *m*; ~ **institution** Bildungs-, Lehranstalt *f*; ~ **psychology** Schulpsychologie *f*; ~ **tariff** WIRTSCH Erziehungszoll *m*; ~ **television** Schulfernsehen *n*; ~**ly subnormal** lernbehindert b pädagogisch wertvoll (*Spielzeug etc*) 2 Bildungs…: ~ **deficiency** Bildungsdefizit *n*; ~ **leave** Bildungsurlaub *m*; ~ **level** (*od* **standard**) Bildungsniveau *n*; ~ **misery** Bildungsmisere *f*, -notstand *m*; ~ **opportunities** Bildungschancen; → background 3 d; **educationalist**, **educationist** S Pädagoge *m*, Pädagogin *f*, Erziehungswissenschaftler(in)

educative ['edju:kətɪv; *US* 'edʒə͵keɪ-] ADJ 1 erzieherisch, Erziehungs… 2 bildend, Bildungs… 3 lehrreich (*Erfahrung*); **educator** [-keɪtə(r)] S Pädagoge *m*, Pädagogin *f*: a Erzieher(in), Lehrer(in) b Erziehungswissenschaftler(in)

educe [i:'dju:s; *US a.* ɪ'du:s] V/T 1 *fig* herausholen, entwickeln: ~ **sth from sb** j-m etwas entlocken 2 *Logik: e-n Begriff* ableiten, *e-n Schluss* ziehen (*beide:* **from** aus) 3 CHEM ausziehen, extrahieren; **educible** ADJ 1 ableitbar 2 zu entwickeln(d); **educt** ['i:dʌkt] S 1 CHEM Edukt *n*, Auszug *m* 2 → eduction 2

eduction [i:'dʌkʃn] S 1 *fig* Herausholen *n*, Entwicklung *f* 2 *Logik:* a Ableitung *f* (*e-s Begriffs*) b (Schluss-)Folgerung *f* 3 CHEM a Ausziehen *n* b → educt 1; ~ **pipe** S TECH Abzugsrohr *n*

Edwardian [ed'wɔ:(r)djən; -dɪən] ADJ aus der Regierungszeit *od* charakteristisch für das Zeitalter König Eduards (*bes* Eduards VII.): ~ **car** AUTO *Br* Oldtimer *m* (*Baujahr 1906-16*)

EE ABK 1 Early English 2 electrical engineer (-ing)

e.e. ABK WIRTSCH errors excepted Irrtümer vorbehalten

EEC ABK HIST European Economic Community EWG *f*

EEG ABK 1 MED electroencephalogram EEG *n* 2 MED electroencephalograph

eel [i:l] S 1 FISCH a Aal *m*: **(as) slippery as an** ~ *fig* aalglatt b aalähnlicher Fisch: **nine-eyed** ~ Flussneunauge *n* 2 ZOOL (*ein*) Fadenwurm *m*, *bes* Essigälchen *n*; **~ buck**, **~pot** S Aalreuse *f*; **~pout** S FISCH **1** Hammelfleischfisch *m* **2** Quappe *f*; **~spear** S Aalspeer *m*, -gabel *f*; **~worm** → eel 2

e'en [iːn] ADV *poet für* even[1], even[3]

e'er [eə(r)] ADV *poet für* ever

eerie ['ɪərɪ] ADJ (ADV eerily) unheimlich, *(Schrei etc)* schaurig; **eeriness** S Unheimlichkeit *f*, Schaurigkeit *f*

eery → eerie

EETPU ABK *Br* Electrical, Telecommunications, Electronic, and Plumbing Union *(e-e Gewerkschaft)*

eff [ef] V/I *vulg euph* **1** **~ off** *(meist als imp)* sich verpissen *(verschwinden)* **2** **~ and blind** (herum)fluchen

efface [ɪ'feɪs] V/T **1** wegwischen, wegreiben, *a. fig* (aus)löschen: **~ unpleasant memories** unangenehme Erinnerungen auslöschen **2** **~ o.s.** sich *(bescheiden)* zurückhalten, sich im Hintergrund halten; **effaceable** ADJ (aus)löschbar *(a. fig)*; **effacement** S (Aus)Löschung *f (a. fig)*

effect [ɪ'fekt] **A** S **1** Wirkung *f* (**on** auf *akk*): **have a stimulating ~** anregend wirken; → calm C, *etc* **2** Wirkung *f*, Erfolg *m*, Folge *f*, Konsequenz *f*, Ergebnis *n*, Resultat *n*: **of no ~**, **without ~** ohne Erfolg *od* Wirkung, erfolglos, wirkungslos, vergeblich; **take ~** wirken (→ A 8) **3** Auswirkung(en) *f(pl)* (**on, upon** auf *akk*), Folge(n) *f(pl)*: **he was feeling the ~ of the beer** er spürte das Bier **4** Einwirkung *f*, -fluss *m (beide:* **on, upon** auf *akk)* **5** Effekt *m*, Wirkung *f*, Eindruck *m (alle:* **on, upon** auf *akk)*: **it was calculated** (*od* **meant**) **for ~** es sollte Eindruck machen, es war auf Effekt angelegt; **have an ~ on** wirken auf *(akk)*, e-n Eindruck hinterlassen bei; → strain[1] B 1 **6** Inhalt *m*, Sinn *m*: **a letter to the ~ that ...** ein Brief des Inhalts, dass ...; **the same ~** desselben Inhalts; **this ~** diesbezüglich, in diesem Sinn; **inform sb to that ~** j-n entsprechend informieren **7** Wirklichkeit *f*: **carry into** (*od* **bring to**) **~**, **give ~ to** verwirklichen, ausführen; **in ~** in Wirklichkeit, tatsächlich, praktisch **8** (Rechts)Wirksamkeit *f*, (-)Kraft *f*, Gültigkeit *f*: **be in ~** in Kraft sein, gültig *od* wirksam sein; **take ~**, **go** (*od* **come**) **into ~** in Kraft treten, gültig *od* wirksam werden (→ A 2); **with ~ from** mit Wirkung vom **9** TECH (Nutz)Leistung *f (e-r Maschine)* **10** ELEK, PHYS induzierte Leistung, Sekundärleistung *f* **11** *pl* WIRTSCH **a** Effekten *pl* **b** bewegliches Eigentum, Vermögen(swerte) *n(pl)* **c** persönliche Habe **d** Barbestand *m* **e** Aktiva *pl*, (Bank)Guthaben *n od pl*: **no ~s** ohne Guthaben *od* Deckung *(Scheckvermerk)* **B** V/T **1** be-, erwirken, bewerkstelligen, verursachen, veranlassen **2** ausführen, tätigen, vornehmen, besorgen, erledigen, vollbringen, -ziehen: **~ payment** WIRTSCH Zahlung leisten **3** WIRTSCH **a** *ein Geschäft, e-e Versicherung* abschließen **b** *e-e Police* ausfertigen

effective [ɪ'fektɪv] **A** ADJ (ADV **~ly**) **1** effektiv, wirksam, erfolgreich: **be ~** wirken, Erfolg haben (→ A 3); **~ range** MIL wirksame Schussweite **2** eindrucks-, wirkungs-, effektvoll **3** JUR (rechts)wirksam, (-)gültig, rechtskräftig: **be ~** in Kraft sein, gültig *od* wirksam sein (→ A 1); **become ~** in Kraft treten, gültig *od* wirksam werden; **~ date** Tag *m* des Inkrafttretens; **~ from** (*od* **as of**) mit Wirkung vom **4** tatsächlich, wirklich, effektiv: **~ money** Bargeld *n*; **~ salary** Effektivgehalt *n*; **~ strength** MIL Ist-Stärke *f* **5** MIL diensttauglich, kampffähig, einsatzbereit **6** TECH effektiv, tatsächlich, wirklich, Nutz...: **~ output** tatsächliche Leistung; **~ resistance** ELEK Wirkwiderstand *m* **B** S MIL **a** einsatzfähiger Soldat **b** Ist-Stärke *f*; **effectiveness** S Effektivität *f*, Wirksamkeit *f*; **effector** [-tə(r)] S **1** PHYSIOL Effektor *m (Nerv, der e-n Reiz vom Zentralnervensystem zu den Organen weiterleitet u. dort e-e Reaktion auslöst)* **2** Ausführer(in), Vollbringer(in)

effectual [ɪ'fektʃʊəl; *US* -tʃəwəl] ADJ (ADV **~ly**) **1** effektiv, wirksam: **be ~** wirken **2** wirklich, tatsächlich, eigentlich **3** → effective A 3 **4** WIRTSCH vorhanden: **~ demand** durch vorhandenes Bargeld gedeckte Nachfrage; **effectuality** [-tjʊ'ælətɪ; *US* -tʃə'wæləti:], **effectualness** S Effektivität *f*, Wirksamkeit *f*; **effectuate** [-eɪt] V/T **1** verwirklichen, ausführen **2** bewerkstelligen, bewirken; **effectuation** S **1** Verwirklichung *f*, Ausführung *f* **2** Bewerkstelligung *f*, Bewirkung *f*

effeminacy [ɪ'femɪnəsɪ] S **1** Weichlichkeit *f*, Verweichlichung *f* **2** unmännliches *od* weibisches Wesen

effeminate **A** ADJ [ɪ'femɪnət] (ADV **~ly**) **1** weibisch, unmännlich **2** verweichlicht, weichlich **B** V/T & V/I [-neɪt] **1** weibisch machen (werden) **2** verweichlichen **C** S [-nət] Weichling *m*, weibischer Mensch; **effeminateness** → effeminacy

efferent ['efərənt] ADJ (ADV **~ly**) ANAT efferent *(von e-m Organ wegführend)*

effervesce [ˌefə(r)'ves] V/I **1** sprudeln, schäumen, moussieren *(Sekt etc)* **2** *fig* (über)sprudeln, überschäumen *(beide:* **with** vor *dat)*; **effervescence**, **effervescency** S **1** Schäumen *n*, Moussieren *n* **2** *fig* (Über)Sprudeln *n*, Überschäumen *n*; **effervescent** ADJ **1** sprudelnd, schäumend, moussierend: **~ powder** Brausepulver *n* **2** *fig* (über)sprudelnd, überschäumend

effete [ɪ'fiːt; e'fiːt] ADJ (ADV **~ly**) **1** *fig* ausgelaugt **2** verweichlicht

efficacious [ˌefɪ'keɪʃəs] ADJ (ADV **~ly**) effektiv, wirksam; **efficaciousness**, **efficacy** [-kəsɪ] S Effektivität *f*, Wirksamkeit *f*

efficiency [ɪ'fɪʃənsɪ] S **1** Effizienz *f*, Tüchtigkeit *f*, (Leistungs)Fähigkeit *f*: **~ rating** Leistungsbewertung *f*; **~ report** Leistungsbericht *m*; **~ wages** *pl* leistungsbezogener Lohn; → principle 1 **2** Effizienz *f*, Wirksamkeit *f* **3** Effizienz *f*, Tauglichkeit *f*, Brauchbarkeit *f* **4** Effizienz *f*, rationelle Arbeitsweise, Wirtschaftlichkeit *f*: **~ engineer** (*od* **expert**) WIRTSCH Rationalisierungsfachmann *m* **5** *a.* **~ apartment** *US* Einzimmerappartement *n* **6** Effizienz *f*, PHYS, TECH Leistung(sfähigkeit) *f*, Wirkungsgrad *m*, Nutzleistung *f*, Ausbeute *f* **7** wirkende Ursächlichkeit; **efficient** ADJ (ADV **~ly**) **1** effizient, tüchtig, (leistungs)fähig **2** effizient, wirksam **3** zügig, rasch u. sicher, gewandt **4** gründlich **5** effizient, rationell, wirtschaftlich **6** effizient, brauchbar, tauglich, gut funktionierend, TECH *a.* leistungsstark **7** (be)wirkend: **~ cause** wirkende Ursache

effigy ['efɪdʒɪ] S **1** **a** Steinplastik *f* **b** Bildnis *n (auf e-r Münze)* **2** Puppe *od* bildhafte Darstellung *e-r verhassten Person*: **burn** (**hang**) **sb in ~** j-n in effigie verbrennen (hängen)

effing ['efɪŋ] ADJ *vulg euph* verdammt, verflucht

EFL ABK English as a foreign language

effloresce [ˌeflɔː'res; *bes US* ˌeflə-] V/I **1** aufblühen, *fig a.* sich entfalten **2** CHEM ausblühen, auskristallisieren, auswittern; **efflorescence** S **1** (Auf)Blühen *n*, Blüte(zeit) *f (beide a. fig)* **2** MED Effloreszenz *f (krankhafte Hautveränderung)* **3** CHEM Effloreszenz *f*: **a** Ausblühen *n* **b** Beschlag *m*, Ausblühung *f*; **efflorescent** ADJ **1** (auf)blühend *(a. fig)* **2** CHEM effloreszierend, ausblühend

effluence ['eflʊəns] S **1** Ausfließen *n*, -strömen *n* **2** Aus-, Abfluss *m*; **effluent** **A** ADJ ausfließend, -strömend **B** S **1** Aus-, Abfluss *m* **2** Abwasser *n*, Abwässer *pl*: **~ disposal** Abwasserbeseitigung *f*

effluvium [ɪ'fluːvjəm; *US* e'fluːvɪəm] *pl* -via [-ə], -viums S **1** Effluvium *n*, Ausdünstung *f* **2** PHYS Ausfluss *m (kleinster Partikel)*

efflux ['eflʌks] S **1** **a** Abfließen *n*, Ausströmen *n* **b** Ausströmung *f*, -fluss *m*: **~ of gold** WIRTSCH Goldabfluss *m* **2** *fig* Ablauf *m (der Zeit)*

effort ['efə(r)t] S **1** Anstrengung *f*: **a** Bemühung *f*, (angestrengter) Versuch **b** Mühe *f*, harte Arbeit: **make an ~** sich bemühen, sich anstrengen *(beide:* **to do** zu tun); **make every ~** sich alle Mühe geben, sich nach Kräften bemühen; **make massive ~s** gewaltige Anstrengungen unternehmen; **put a lot of ~ into** sich gewaltige Mühe geben bei; **spare no ~** keine Mühe scheuen; **with an ~** mühsam; **without ~** mühelos, ohne Anstrengung; **~ of will** Willensanstrengung *f*; **a good ~!** immerhin!, nicht schlecht (für den Anfang)! **2** SPORT *etc* Leistung *f* **3** PHYS Sekundärkraft *f*, Potenzialabfall *m*; **effortless** ADJ (ADV **~ly**) **1** mühelos, ohne Anstrengung **2** müßig, untätig

effrontery [ɪ'frʌntərɪ; e'f-] S Frechheit *f*, Unverschämtheit *f*: **have the ~** die Unverschämtheit haben *od* besitzen (**to do** zu tun)

effulgence [ɪ'fʌldʒəns; e'f-] S Glanz *m*; **effulgent** ADJ (ADV **~ly**) strahlend, glänzend

effuse [ɪ'fjuːz; e'f-] **A** V/T **1** **a** *Flüssigkeit* aus-, vergießen **b** *Gas etc* ausströmen lassen **2** *fig* ausstrahlen, verbreiten: **~ an atmosphere of happiness** **B** V/I **a** ausfließen **b** ausströmen **C** ADJ [-s] BOT ausgebreitet *(Blütenstand)*

effusion [ɪ'fjuːʒn; e'f-] S **1** Aus-, Vergießen *n* **2** Ausströmen *n* **3** *fig* **a** Erguss *m* **b** → effusiveness **4** MED Erguss *m*: **~ of blood** Bluterguss **5** PHYS Effusion *f (das Austreten von Gasen durch kleine Öffnungen)*; **effusive** [-sɪv] ADJ (ADV **~ly**) **1** überschwänglich **2** **~ rock** GEOL Effusivgestein *n (Gestein, das sich bei der Erstarrung des Magmas an der Erdoberfläche bildet)*; **effusiveness** S Überschwänglichkeit *f*

eft[1] [eft] S ZOOL Wassermolch *m*

eft[2] [eft] ADV *obs* **1** wiederum, nochmals **2** nachher

EFTA ABK European Free Trade Association EFTA *f*

eftsoon(s) [eft'suːn(z)] ADV *obs* **1** bald darauf **2** wiederholt

e.g., **eg** ABK **exempli gratia**, for example z. B.

egad [iː'gæd] INT *obs* o Gott!

egalitarian [ɪˌgælɪ'teərɪən] **A** S Verfechter(in) des Egalitarismus **B** ADJ egalitär; **egalitarianism** S Egalitarismus *m (Sozialtheorie von der [möglichst] vollkommenen Gleichheit in der menschlichen Gesellschaft bzw von ihrer Verwirklichung)*

egest [iː'dʒest] V/T PHYSIOL ausscheiden; **egesta** [-tə] S PL Ausscheidungen *pl*

egg[1] [eg] **A** S **1** Ei *n*: **in the ~** *fig* im Anfangsstadium, im Entstehen; (**as**) **sure as ~s is ~s** *umg* so sicher wie das Amen in der Kirche, todsicher; **have ~ on** (*od* **all over**) **one's face** *umg* dumm aus der Wäsche schauen; **lay an ~** *bes US umg* nicht ankommen *(Witz etc)*, *(Theaterstück etc a.)* durchfallen; **put all one's ~s in one basket** *umg* alles auf eine Karte setzen; **he's teaching his grandmother to suck ~s!** *umg* das Ei will klüger sein als die Henne!; → like[1] A 5 **2** BIOL Eizelle *f* **3** Ei *n (eiförmiger Gegenstand)*: **~ and dart** (*od* **anchor, tongue**) ARCH Eierstab(ornament) *m(n)* **4** MIL *sl* Ei *n (Fliegerbombe)*: **drop an ~** ein Ei legen **5** *obs umg* **a** **a bad** (**good**) **~** ein übler (feiner) Kerl **b** **good ~!** prima! **B** V/T **1** GASTR in geschlagenem Ei wenden: **~ and crumb** panieren **2** *bes US umg* mit (faulen) Eiern bewerfen

E

egg² [eg] V/T *meist* ~ **on** anstacheln, aufhetzen *(beide:* **to** zu; **to do** zu tun*)*

egg|-and-spoon race S Eierlauf *m*; **~beater** S 1 Schneebesen *m* 2 *bes US umg* Hubschrauber *m*; **~ bird** S ORN Rußseeschwalbe *f*; **~ case** S ZOOL Eiertasche *f*, -beutel *m*; **~ cell** → egg¹ A 2; **~ coal** S Nusskohle *f*; **~ cosy**, *US* **~ cozy** S Eierwärmer *m*; **~cup** S Eierbecher *m*; **~ dance** S Eiertanz *m*

egger ['egə(r)] S ZOOL *(e-e)* Glucke *(Nachtschmetterling)*

egg| flip S Eierflip *m*; **~head** S *umg* Eierkopf *m (Intellektueller)*; **~ membrane** S ZOOL 1 Eimembran *f* 2 Eihaut *f*; **~nog** S Eierflip *m*; **~plant** S BOT *bes US* Eierfrucht *f*, Aubergine *f*; **~ rack** S Eierleiste *f (e-s Kühlschranks)*; **~ roll** S GASTR *US* Frühlingsrolle *f*; **~ shampoo** S Eiershampoo *n*; **~-shaped** ADJ eiförmig: **~ hand grenade** Eierhandgranate *f*; **~shell** A S 1 Eierschale *f* 2 *a.* **~ china**, **~ porcelain** Egg-shell-Porzellan *n*, Eierschalenporzellan *n* 3 Eierschalenfarbe *f* B ADJ 1 eierschalenfarben 2 dünn u. zerbrechlich 3 **~ landing** FLUG Eierlandung *f*; **~ slice** S Heber *m*, Wender *m (für Omeletts etc)*; **~ slicer** S Eierschneider *m*; **~ spoon** S Eierlöffel *m*; **~ timer** S Eieruhr *f*; **~ tooth** S *irr* ZOOL Eizahn *m*; **~ whisk** → eggbeater 1; **~ white** S Eiweiß *n*; **~ yolk** → yolk 1

egis → aegis

eglandular [iː'glændjʊlə; *US* -dʒələr], **eglandulose** [-ləʊs] ADJ BIOL drüsenlos

eglantine ['egləntaɪn] S BOT Schottische Zaunrose

ego ['egəʊ; 'iːgəʊ] *pl* -gos S 1 PHIL, PSYCH Ich *n*, Selbst *n*, Ego *n* 2 Selbst(wert)gefühl *n*: **boost sb's ~**, **give sb an ~ boost** *umg* j-s Selbstwertgefühl (an)heben *od* steigern, j-s Selbstbewusstsein stärken, j-m Selbstbestätigung geben; **it feeds his ~** er braucht das zu s-r Selbstbestätigung; **his ~ was low** s-e Moral war auf Null 3 *umg* Selbstsucht *f*, -gefälligkeit *f*; **egocentric** [-'sentrɪk] A ADJ (ADV **~ally**) egozentrisch, ichbezogen B S Egozentriker(in); **egocentrism** S Egozentrik *f*, Ichbezogenheit *f*

ego ideal S PSYCH Ego-, Ich-Ideal *n*

egoism ['egəʊɪzəm; *US* 'iːgəˌwɪzəm; 'egə-] S 1 Egoismus *m*, Selbstsucht *f* 2 → egotism 2; **egoist** S 1 Egoist(in) 2 → egotist 1; **egoistic** ADJ, **egoistical** ADJ (ADV **~ly**) 1 egoistisch, selbstsüchtig 2 → egotistic 1; **egomania** S PSYCH Egomanie *f (krankhafter Egoismus)*

egotism ['egəʊtɪzəm; 'iːg-] S 1 übertriebener Gebrauch des Wortes „Ich" *(in Rede und Schrift)* 2 Egotismus *m (Neigung, sich selbst in den Vordergrund zu stellen)* 3 → egoism 1; **egotist** S 1 Egotist(in) 2 → egoist 1; **egotistic** ADJ, **egotistical** ADJ (ADV **~ly**) 1 egotistisch 2 → egoistic 1

ego| trip S *umg* Egotrip *m ([Akt] geistige[r] Selbstbefriedigung)*: **be off on an ~** auf e-m Egotrip sein; **~-trip** V/I *umg* auf e-n Egotrip gehen

egregious [ɪ'griːdʒəs; -dʒɪəs] ADJ (ADV **~ly**) 1 unerhört, ungeheuerlich 2 *obs* hervorragend

egress ['iːgres] S 1 Hinausgehen *n*, Herauskommen *n* 2 Ausgang *m* 3 Ausgangsrecht *n* 4 → emersion 2; **egression** [iː'greʃn] → egress 1

egret ['iːgret] S 1 ORN Silberreiher *m* 2 Reiherfeder *f* 3 BOT Federkrone *f*, Pappus *m*

Egypt ['iːdʒɪpt] S Ägypten *n*; **Egyptian** [ɪ'dʒɪpʃn] A ADJ ägyptisch: **she's ~** sie ist Ägypterin; **~ darkness** BIBEL *u. fig* ägyptische Finsternis B S 1 Ägypter(in) 2 LING, HIST Ägyptisch *n*, das Ägyptische 3 *obs für Sinti od Roma*; **~ printing type** S Egyptienne *f (Druckschrift)*

Egyptological [ɪˌdʒɪptə'lɒdʒɪkl; *US* -'lɑ-] ADJ ägyptologisch; **Egyptologist** [ˌiːdʒɪp'tɒlədʒɪst; *US* -'tɑ-] S Ägyptologe *m*, Ägyptologin *f*; **Egyptology** S Ägyptologie *f*

eh [eɪ; e] INT 1 *(fragend)* a wie?, was? b nicht wahr?, wie?, oder? 2 *(überrascht)* ei!, sieh da!

EHF ABK ELEK extremely high frequency

EIB ABK European Investment Bank

eider ['aɪdə(r)] S 1 → eider duck 2 → eiderdown 1; **~down** S 1 KOLL Eiderdaunen *pl* 2 Daunendecke *f*; **~ duck** S ORN Eiderente *f*

eidetic [aɪ'detɪk] PSYCH A S 1 *pl (als sg konstruiert)* Eidetik *f (Fähigkeit, sich Objekte od Situationen so vorzustellen, als ob sie real seien)* 2 Eidetiker(in) B ADJ (ADV **~ally**) eidetisch

eigenfunction ['aɪgən-] S MATH Eigenfunktion *f*

eigenvalue ['aɪgən-] S MATH Eigenwert *m*

eight [eɪt] A ADJ acht: **there were ~ of us** wir waren zu acht B S 1 Acht *f (Zahl, Spielkarte etc)*: **the ~ of hearts** die Herzacht; **have had** *(od* **be)** **one over the ~** *umg* e-n über den Durst getrunken haben 2 *Rudern*: Achter *m (Boot, Mannschaft)* 3 AUTO, TECH *US umg* Achtzylinder *m (Motor u. Wagen)*; **~ball** S: **be behind the ~** *US umg* in e-r bösen Klemme sein *od* sitzen *od* stecken

eighteen [ˌeɪ'tiːn] A ADJ achtzehn B S Achtzehn *f*; **eighteenth** [-nθ] A ADJ 1 achtzehnt(er, e, es) 2 achtzehntel B S 1 *(der, die das)* Achtzehnte 2 Achtzehntel *n*

eighteen-yard box S FUSSB Sechzehnmeterraum *m*

eightfold A ADJ & ADV achtfach B S *(das)* Achtfache

eighth [eɪtθ] A ADJ 1 acht(er, e, es): **~ note** MUS *US* Achtelnote *f*; **in the ~ place** achtens, an achter Stelle; **~ rest** MUS *US* Achtelpause *f* 2 achtel B S 1 *(der, die, das)* Achte: **the ~ of May** der 8. Mai; **it's the ~ today** heute ist der Achte 2 Achtel *n (a.* MUS*)*; **eighthly** ADV achtens

eightieth ['eɪtɪɪθ] A ADJ 1 achtzigst(er, e, es) 2 achtzigstel B S 1 *(der, die das)* Achtzigste 2 Achtzigstel *n*

eightsome ['eɪtsəm] S *meist* **~ reel** *ein schottischer Tanz für 8 Tänzer*

eighty ['eɪtɪ] A ADJ achtzig B S Achtzig *f*: **he is in his eighties** er ist in den Achtzigern; **in the eighties** in den Achtzigerjahren *(e-s Jahrhunderts)*

Einstein ['aɪnstaɪn] S *fig* mathematisches Genie; **~ equation** S MATH, PHYS einsteinsche Gleichung

Einsteinian [aɪn'staɪnɪən] ADJ MATH, PHYS einsteinsch(er, e, es)

einsteinium [aɪn'staɪnɪəm] S CHEM Einsteinium *n*

Eire ['eərə] S → Ireland

eirenic → irenic A

eisteddfod [aɪs'teðvɒd; eɪs-] *pl* -fods, -fodau [-daɪ] S Eisteddfod *n (walisisches Sänger- u. Dichterfest)*

either [*bes Br* 'aɪðə(r); *bes US* 'iːðə(r)] A ADJ 1 jeder, jede, jedes *(von zweien)*, beide: **on ~ side** auf beiden Seiten; **in ~ case** in jedem der beiden Fälle, in beiden Fällen; **he can shoot with ~ foot** *(Fußball)* er kann beidbeinig *od* -füßig schießen; **there is nothing in ~ bottle** beide Flaschen sind leer 2 irgendein(er, e, es) *(von zweien)*: **~ way** auf die e-e od die andere Art; **you may sit at ~ end of the table** Sie können am oberen od unteren Ende des Tisches sitzen B PRON 1 irgendein(er, e, es) *(von zweien)*: **~ of you can come** (irgend)einer von euch (beiden) kann kommen; **I haven't seen ~** ich habe beide nicht gesehen, ich habe keinen (von beiden) gesehen 2 beides: **~ is possible** C KONJ 1 entweder: **~ … or** entweder … oder; **~ be quiet or go** entweder sei still oder geh; **~ you are right or I am** entweder hast du recht oder ich 2 **~ … or** weder … noch *(im verneinenden Satz)*: **it is not enough ~ for you or for me** es reicht weder für dich noch für mich D ADV 1 **not ~** auch nicht; **nor … ~** (und) auch nicht, noch; **she could not hear nor speak ~** sie konnte weder hören noch sprechen; **if he does not dance she will not ~** wenn er nicht tanzt, wird sie es auch nicht tun; **she sings, and not badly ~** sie singt, u. gar nicht schlecht 2 *unübersetzt*: **without ~ good or bad intentions** ohne gute oder schlechte Absichten

ejaculate [ɪ'dʒækjʊleɪt] A V/T 1 PHYSIOL Samen ausstoßen 2 *Worte etc* aus-, hervorstoßen B V/I PHYSIOL ejakulieren, e-n Samenerguss haben C S [-lɪt] PHYSIOL Ejakulat *n*; **ejaculation** S 1 a Ausruf *m* b Stoßseufzer *m*, -gebet *n* 2 Aus-, Hervorstoßen *n (von Worten etc)* 3 PHYSIOL Ejakulation *f*, Samenerguss *m*; **ejaculatory** [-lətərɪ; *US* -ləˌtəʊriː; -ˌtɔː-] ADJ 1 hastig (ausgestoßen), Stoß…: **~ prayer** Stoßgebet *n* 2 PHYSIOL Ejakulations…

eject [ɪ'dʒekt] A V/T 1 **(from)** a *j-n* hinauswerfen (aus) b vertreiben (aus, von) c JUR *Mieter, Pächter* zur Räumung *(gen)* zwingen 2 entlassen, entfernen *(beide:* **from** aus *e-m Amt etc)* 3 *bes* TECH ausstoßen, -werfen 4 *Materie* ejizieren, ausschleudern *(Vulkan)* B V/I FLUG a den Schleudersitz betätigen b sich mit dem Schleudersitz retten; **ejecta** [-tə] SPL *(aus e-m Vulkan)* ausgeschleuderte Materie; **ejection** [-kʃn] S 1 **(from)** a Hinauswurf *m* (aus) b Vertreibung *f* (aus, von) 2 Entlassung *f*, Entfernung *f* **(from** aus*)* 3 *bes* TECH Ausstoßen *n*, -werfen *n*: **~ seat** FLUG Schleudersitz *m* 4 Ejektion *f (Ausschleudern von Materie aus e-m Vulkan)*; **ejectment** S 1 → ejection 1 2 JUR *US* Herausgabeklage *f*; **ejector** [-tə(r)] S 1 Vertreiber(in) 2 TECH Ejektor *m*: a *automatischer Patronenauswerfer (bei Jagdgewehren)* b *Strahlpumpe mit Absaugvorrichtung* 3 **~ seat** FLUG Schleudersitz *m*

eke¹ [iːk] V/T: **~ out** a *Flüssigkeiten, Vorräte etc* strecken b *sein Einkommen* aufbessern **(with** mit*)* c **~ out a living** sich (mühsam) durchschlagen

eke² [iːk] ADV & KONJ *obs* auch

ekistics [ɪ'kɪstɪks] SPL *(als sg konstruiert)* Ekistik *f (die Wissenschaft von den menschlichen Siedlungen)*

EKG ABK *US* → ECG

el [el] S 1 L, l *n (Buchstabe)* 2 BAHN *US umg* Hochbahn *f* 3 → ell¹

el. ABK elevation

elaborate A ADJ [ɪ'læbərɪt] 1 sorgfältig *od* kunstvoll gearbeitet *od* ausgeführt, (in allen Einzelheiten) vollendet *(Ornament etc)* 2 (wohl) durchdacht, (sorgfältig) ausgearbeitet *(Bericht etc)* 3 a kunstvoll, kompliziert b umständlich *(Beschreibung etc)* B V/T [-reɪt] 1 sorgfältig *od* bis ins Einzelne ausarbeiten, vervollkommnen 2 *e-e Theorie etc* entwickeln 3 (mühsam) herausarbeiten 4 BIOL a umbilden b *organische Verbindungen* entwickeln C V/I [-reɪt] nähere Angaben machen: **~ (up)on** sich verbreiten über *(akk)*, ausführlich behandeln *(akk)*, näher eingehen auf *(akk)*; **elaborately** ADV 1 sorgfältig, mit Genauigkeit, bis ins Einzelne 2 ausführlich; **elaborateness** S 1 sorgfältige *od* kunstvolle Ausführung 2 a Sorgfalt *f* b sorgfältige Ausarbeitung 3 Kompliziertheit *f*; **elaboration** S 1 → elaborateness 1, 2 2 Entwicklung *f (e-r Theorie etc)*; **elaborative** [-rətɪv; *US* -ˌreɪtɪv] ADJ entwickelnd: **be ~ of sth** etwas entwickeln

elaeomargaric acid [ˌelɪəʊmɑː(r)'gærɪk] S

CHEM Oleomargarinsäure *f*; **elaeometer** [-ˈɒmɪtə; *US* -ˈɑmətər] S TECH Öläräometer *n*, Ölwaage *f*
elaidate [ɪˈleɪɪdeɪt] S CHEM elaidinsaures Salz; **elaidic** [ˌeleɪˈɪdɪk; -lɪˈɪd-] ADJ CHEM Elaidin…: ~ **acid** Elaidinsäure *f*; **elaidin** [ɪˈleɪɪdɪn] S CHEM Elaidin *n*
élan [eɪˈlɑ̃ːŋ] S Elan *m*, Schwung *m*
eland [ˈiːlənd] *pl* elands, *bes koll* eland S ZOOL Elenantilope *f*
elaphine [ˈeləfaɪn] ADJ ZOOL hirschartig, Hirsch…
elapse [ɪˈlæps] V/I vergehen, -streichen *(Zeit)*, ablaufen *(Frist)*
elastic [ɪˈlæstɪk] A ADJ (ADV ~ally) 1 elastisch: a federnd, spannkräftig *(beide a. fig)* b dehnbar, biegsam, geschmeidig *(a. fig)*: ~ **conscience** weites Gewissen; ~ **currency** WIRTSCH elastische Währung; **an ~ term** ein dehnbarer Begriff c *fig* anpassungsfähig 2 PHYS a elastisch (verformbar) b (unbegrenzt) expansionsfähig *(Gase)* c inkompressibel *(Flüssigkeiten)*: ~ **deformation** elastische Verformung; ~ **force** Elastizität *f*; ~ **scattering** elastische Streuung 3 Gummi…: ~ **band** *Br* Gummiring *m*, -band *n*, (Dichtungs)Gummi *m*; ~ **stocking** Gummistrumpf *m* B S *bes US* Gummistoff *m*, -gewebe *n*; **elasticated** [-keɪtɪd] ADJ mit Gummizug
elasticity [ˌelæˈstɪsətɪ; *US* ɪˌlæ-] S Elastizität *f*: a Spannkraft *f (a. fig)* b Dehnbarkeit *f*, Biegsamkeit *f*, Geschmeidigkeit *f (a. fig)* c *fig* Anpassungsfähigkeit *f*
elastomer [ɪˈlæstəmə(r)] S CHEM Elastomer(e) *n*
elate [ɪˈleɪt] A V/T 1 mit Hochstimmung erfüllen, begeistern 2 *j-m* Mut machen, *j-n* optimistisch stimmen 3 stolz machen B ADJ → elated; **elated** ADJ (ADV ~ly) 1 in Hochstimmung, begeistert (**at** von) 2 stolz (**at** auf *akk*); **elatedness** → elation
elater [ˈelətə(r)] S 1 BOT Elatere *f*, (Sporen-)Schleuderer *m* 2 → elaterid
elaterid [ɪˈlætərɪd] S ZOOL Schnellkäfer *m*, Schmied *m*
elation [ɪˈleɪʃn] S 1 Hochstimmung *f*, Begeisterung *f* 2 Stolz *m*
E layer S PHYS E-Schicht *f (der Ionosphäre)*
elbow [ˈelbəʊ] A S 1 Ell(en)bogen *m*: **at one's** ~ a in Reichweite, bei der Hand b *bes fig* an s-r Seite, um sich herum; **out at ~(s)** a schäbig, abgetragen *(Kleidung)* b schäbig gekleidet c *US* knapp bei Kasse *umg*; **be up to the** (*od* **one's**) **~s in work** bis über beide Ohren in Arbeit sitzen *od* stecken; **bend** (*od* **crook, lift, raise, tip**) **an** (*od* **one's, the**) ~ *umg* e-n heben *(trinken)*; **she gave him the** ~ sie gab ihm den Laufpass 2 (scharfe) Biegung *od* Krümmung, Ecke *f*, Knie *n*, Knick *m (der Straße etc)* 3 TECH a (Rohr)Knie *n*, (-)Krümmer *m*, Kniestück *n*, Winkel(stück) *m(n)* b Seitenlehne *f (e-s Stuhls etc)* B V/T *(mit dem Ellbogen)* stoßen, drängen *(a. fig)*: ~ **sb out** j-n hinausdrängen *od* -stoßen; ~ **o.s. through** sich durchdränge(l)n; ~ **one's way** → C 2 C V/I 1 *(rücksichtslos)* die Ellbogen gebrauchen *(a. fig)* 2 sich *(mit den Ellbogen)* e-n Weg bahnen (**through** durch); ~ **grease** S *hum (körperliche)* Anstrengung
elbowing S *Eishockey*: Ellbogencheck *m*
elbow| joint S 1 Ell(en)bogengelenk *n* 2 TECH Kniegelenk *n*, -stück *n*; ~ **pipe** S TECH Knierohr *n*; **~room** S 1 Ellbogenfreiheit *f* 2 *fig* Bewegungsfreiheit *f*, Spielraum *m*; ~ **telescope** S Winkelfernrohr *n*
eld [eld] S *obs* 1 (Greisen)Alter *n* 2 alte Zeiten *pl*
elder[1] [ˈeldə(r)] A ADJ 1 älter(er, e, es) *(bes unter den Angehörigen e-r Familie)*: **my ~ brother**; **Brown the ~** Brown senior; **Holbein the** ♀ Holbein der Ältere 2 *obs* älter *(an Rang etc)*: ~ **officer** MIL rangältester Offizier; ~ **title** JUR älterer Anspruch; → elder statesman 3 *poet* früher: **in ~ times** B S 1 *(der, die)* Ältere: **my ~s** Leute, die älter sind als ich; **he is my ~ by two years** er ist zwei Jahre älter als ich 2 *(Stammes-, Gemeinde)* Älteste(r) *m* 3 REL *(Kirchen)* Älteste(r) *m*
elder[2] [ˈeldə(r)] S BOT Holunder *m*
elderberry S BOT 1 Holunderbeere *f* 2 → elder[2]
elderly [ˈeldə(r)lɪ] ADJ nicht mehr ganz jung, älter(er, e, es) *(Dame etc)*
elder statesman S *irr* 1 Elder Statesman *m* *(Staatsmann im Ruhestand, der die politischen Führer inoffiziell berät)* 2 *weitS.* großer alter Mann *(e-r Berufsgruppe etc)*
eldest [ˈeldɪst] ADJ ältest(er, e, es) *(bes unter den Angehörigen e-r Familie)*: **my ~ brother**
ELDO ABK European Launcher Development Organization
El Dorado, Eldorado [ˌeldəˈrɑːdəʊ] *pl* -dos S (El)Dorado *n*, Traum-, Wunschland *n*, Paradies *n*
eldritch [ˈeldrɪtʃ] ADJ *poet* unheimlich, *(Schrei etc)* schauerlich
Eleatic [ˌelɪˈætɪk] PHIL A ADJ eleatisch B S Eleate *m*; **Eleaticism** [-sɪzəm] S Eleatismus *m (e-e altgriechische Lehre)*
elect [ɪˈlekt] A V/T 1 *j-n* wählen: ~ **sb to an office** j-n in ein Amt wählen; **they ~ed him** (**to be** *od* **as**) **their president** sie wählten ihn zum Präsidenten 2 *etwas* wählen, sich entscheiden für: ~ **to do sth** sich (dazu) entschließen *od* es vorziehen, etwas zu tun 3 REL auserwählen B ADJ 1 *(meist nach Substantiv)* designiert, zukünftig: **the bride** ~ die Verlobte, die Zukünftige *umg*; **the president** ~ der designierte Präsident 2 erlesen 3 REL *(von Gott)* auserwählt C S **the** ~ *koll* die Auserwählten *pl*
election [ɪˈlekʃn] A S 1 Wahl *f*: → stand for 4 2 REL (Aus)Erwählung *f*, Gnadenwahl *f* B ADJ POL Wahl…: ~ **day** (**defeat, speech, victory, year,** *etc*); ~ **campaign** Wahlkampf *m*, -kampagne *f*; ~ **district** Wahlbezirk *m*; ~ **manifesto** Wahlmanifest *n*; ~ **meeting** Wahlversammlung *f*; ~ **platform** Wahlplattform *f*; ~ **pledge** Wahlversprechen *n*; ~ **poster** Wahlplakat *n*; ~ **returns** Wahlergebnisse; ~ **rigging** Wahlmanipulation *f*; ~ **turnout** Wahlbeteiligung *f*
electioneer [ɪˌlekʃəˈnɪə(r)] V/I POL Wahlkampf betreiben: ~ **for sb** für j-n als Wahlhelfer arbeiten, für j-n Wahlpropaganda treiben; **electioneerer** S POL Wahlhelfer(in); **electioneering** POL A S a Wahlkampf *m*, -kampagne *f* b Wahlpropaganda *f* B ADJ Wahl…: ~ **campaign** → A a
elective [ɪˈlektɪv] A ADJ 1 gewählt, durch Wahl, Wahl… *(Funktionär etc)* 2 Wahl…, durch Wahl zu vergebe(n)d *(Amt)* 3 wahlberechtigt 4 SCHULE, UNIV *bes US* fakultativ: ~ **subject** Wahlfach *n* 5 CHEM Wahl…: ~ **affinity** Wahlverwandtschaft *f (a. fig)* B S SCHULE, UNIV *bes US* Wahlfach *n*; **electively** ADV durch Wahl;
elector [-tə(r)] S 1 Wähler(in) 2 *oft* ♀ HIST Kurfürst *m* 3 POL Wahlmann *m (bei der Präsidentenwahl in den USA)*; **electoral** [-ərəl] ADJ 1 Wahl…, Wähler…: ~ **college** POL *US* Wahlmännergremium *n*; ~ **district** POL Wahlbezirk *m*; ~ **fraud** Wahlbetrug *m*; ~ **register** (*od* **roll**) Wahl-, Wählerliste *f*; ~ **system** Wahlsystem *n* 2 HIST kurfürstlich, Kurfürsten…: ~ **crown** Kur(fürsten)hut *m*; **electorate** [-ərɪt] S 1 POL Wähler(schaft) *pl(f)* 2 HIST Elektorat *n*: a Kurfürstenwürde *f* b Kurfürstentum *n*
Electra complex [ɪˈlektrə] S PSYCH Elektrakomplex *m*
electress [ɪˈlektrɪs] S 1 Wählerin *f* 2 *oft* ♀ HIST Kurfürstin *f*
electric [ɪˈlektrɪk] A ADJ (ADV ~ally) 1 a elektrisch: ~ **cable** (**charge, current, light, locomotive,** *etc*); ~ **bill** Stromrechnung *f*; → screen A 12 b, torch A 2 b Elektro…: ~ **fence** (**motor,** *etc*) c Elektrizitäts…: ~ **works** d elektrotechnisch 2 *fig* a elektrisierend *(Wirkung etc)* b spannungsgeladen *(Atmosphäre)*: **the atmosphere in the hall was** ~ der Saal knisterte vor Spannung B S 1 PHYS elektrostatischer Körper, Nichtleiter *m* 2 *umg* a Elektrische *f (Straßenbahn)* b O(berleitungs)bus *m* 3 *Br umg* Strom *m* 4 *pl Br umg* Elektrik *f (elektrische Anlage etc)*
electrical [ɪˈlektrɪkl] ADJ (ADV ~ly) → electric A; ~ **engineer** S a Elektroingenieur(in) b Elektrotechniker(in); ~ **engineering** S Elektrotechnik *f*
electric| arc S Lichtbogen *m*; ~ **art** S Lichtkunst *f*; ~ **blanket** S Heizdecke *f*; ~ **blue** S Stahlblau *n*
electric-blue ADJ stahlblau
electric| chair S elektrischer Stuhl: **in the** ~ auf dem elektrischen Stuhl; **get the** ~ auf dem elektrischen Stuhl hingerichtet werden; ~ **cushion** S Heizkissen *n*; ~ **eel** S FISCH Zitteraal *m*; ~ **eye** S ELEK 1 Fotozelle *f*, fotoelektrische Zelle 2 magisches Auge; ~ **guitar** S elektrische Gitarre, Elektrogitarre *f*, E-Gitarre *f*
electrician [ˌɪlekˈtrɪʃn; *US* ɪˌlek-] S Elektrotechniker(in), -mechaniker(in), Elektriker(in);
electricity [-sətɪ] S PHYS 1 a Elektrizität *f* b Strom *m*: ~ **bill** Stromrechnung *f*; ~ **consumption** Stromverbrauch *m*; ~ **generator** Stromerzeuger *m*; ~ **meter** Stromzähler *m*; ~ **production** Stromerzeugung *f* 2 Elektrizitätslehre *f*
electric| meter S elektrisches Messgerät, *bes* Stromzähler *m*; ~ **ray** S FISCH *(ein)* Zitterrochen *m*; ~ **razor** S Elektrorasierer *m*; ~ **shock** S 1 elektrischer Schlag, Stromschlag *m* 2 MED *etc* Elektroschock *m*: ~ **treatment** Elektroschockbehandlung *f*; ~ **storage stove** S Nachtspeicherofen *m*; ~ **storm** S Gewittersturm *m*
electrification [ɪˌlektrɪfɪˈkeɪʃn] S 1 a Elektrisierung *f (a. fig)* b *fig* Begeisterung *f* 2 Elektrifizierung *f*; **electrified** [-faɪd] ADJ 1 elektrisiert: a elektrisch geladen: ~ **obstacle** MIL Starkstromsperre *f* b *fig* hingerissen 2 elektrifiziert; **electrify** [-faɪ] V/T 1 elektrisieren: a elektrisch (auf)laden b *j-m* e-n elektrischen Schlag versetzen c *fig* begeistern, hinreißen 2 *e-e Bahnlinie etc* elektrifizieren, auf elektrischen Betrieb umstellen
electro [ɪˈlektrəʊ] *pl* -tros S 1 → electroplate B 2 → electrotype A 1
electro- [ɪlektrəʊ] *Wortelement mit den Bedeutungen* a Elektro…, elektro…, elektrisch b elektronisch c elektrolytisch d elektromagnetisch e Galvano…
electroacoustics SPL *(als sg konstruiert)* PHYS, TECH Elektroakustik *f (Wissenschaft, die sich mit der Umwandlung von Schallschwingungen in elektrische Spannungsschwankungen u. umgekehrt befasst)*; **electroanalysis** S CHEM Elektroanalyse *f (Untersuchungsmethode mit Hilfe der Elektrolyse)*; **electrobiology** S Elektrobiologie *f*; **electrocardiogram** S MED Elektrokardiogramm *n (Aufzeichnung des Verlaufs der Herzströme)*; **electrocardiograph** S MED Elektrokardiograf *m (Gerät)*; **electrochemistry** S Elektrochemie *f (Wissenschaft von den Zusammenhängen zwischen elektrischen Vorgängen u. chemi-*

schen Reaktionen); **electroconductive** ADJ Strom leitend; **electroconvulsive therapy** S MED Elektroschockbehandlung *f*
electrocute [ɪˈlektrəkjuːt] V/T 1 auf dem elektrischen Stuhl hinrichten 2 durch elektrischen Strom töten: **he was ~d** er erhielt e-n tödlichen Stromschlag; **electrocution** [-ʃn] S 1 Hinrichtung *f* auf dem elektrischen Stuhl 2 Tod *m* durch elektrischen Strom
electrode [ɪˈlektrəʊd] S ELEK Elektrode *f*: **~ potential** Elektrodenspannung *f*
electrodynamics SPL *(meist als sg konstruiert)* PHYS Elektrodynamik *f (Wissenschaft von der bewegten Elektrizität u. ihren Wirkungen)*; **electroencephalogram** S MED Elektroenzephalogramm *n (Aufzeichnung des Verlaufs der Hirnströme)*; **electroencephalograph** S MED Elektroenzephalograf *m (Gerät)*; **electroengineering** S Elektrotechnik *f*
electrograph [ɪˈlektrəʊgrɑːf, *bes US* -græf] S 1 a registrierendes Elektrometer b Elektrometerdiagramm *n* 2 elektrischer Gravierapparat 3 Apparat *m* zur elektrischen Bildübertragung 4 MED Röntgenbild *n*
electrokinetics SPL *(als sg konstruiert)* PHYS Elektrokinetik *f (Lehre von der Erzeugung elektrischen Stroms durch bewegte Isolatoren)*
electrolysis [ˌɪlekˈtrɒlɪsɪs; *US* ɪˌlekˈtrɑ-] S 1 CHEM Elektrolyse *f (Zersetzung chemischer Verbindungen durch elektrischen Strom)* 2 MED *Zerstörung von Haarwurzeln, Tumoren etc durch elektrischen Strom*
electrolyte [ɪˈlektrəʊlaɪt] S CHEM Elektrolyt *m (Stoff, der elektrischen Strom leiten kann)*
electrolyze [ɪˈlektrəʊlaɪz] V/T elektrolysieren
electromagnet S Elektromagnet *m (Weicheisenkern mit aufgewickelter Spule, der bei Stromdurchfluss stark magnetisch wird)*; **electromagnetic** ADJ (ADV **~ally**) elektromagnetisch: **~ field (pump,** *etc*); **electromagnetism** S PHYS Elektromagnetismus *m (durch elektrischen Strom erzeugter Magnetismus)*; **electromechanical** ADJ (ADV **~ly**) elektromechanisch *(auf dem Zusammenwirken von elektrischen u. mechanischen Vorgängen beruhend)*; **electrometallurgy** S Elektrometallurgie *f (Anwendung der Elektrolyse bei der Metallgewinnung)*
electrometer [ˌɪlekˈtrɒmɪtə; *US* ɪˌlekˈtrɑmətər] S Elektrometer *n (Gerät zum Messen elektrischer Ladungen u. Spannungen)*; **electromotive** ADJ elektromotorisch: **~ force** PHYS elektromotorische Kraft
electron [ɪˈlektrɒn; *US* -ˌtrɑn] PHYS A S Elektron *n* B ADJ Elektronen...: **~ avalanche (camera, cloud, gas, microscope, ray)**; **~ emission** Elektronenaustritt *m*, -emission *f*; **~ gun** Elektronenkanone *f*; **~ tube** Elektronenröhre *f*
electronegative ADJ CHEM, PHYS elektronegativ, negativ elektrisch *od* geladen
electronic [ˌɪlekˈtrɒnɪk; *US* ɪˌlekˈtrɑ-] A ADJ (ADV **~ally**) elektronisch, Elektronen...: **~ banking** Electronic Banking *n (kundenbezogene, EDV-gestützte Bankdienstleistungen)*; **~ brain** *umg* Elektronengehirn *n (Computer)*; **~ commerce** elektronischer Handel; **~ data processing** elektronische Datenverarbeitung; **~ flash** FOTO Elektronenblitz (-gerät *n*) *m*; **~ mail** elektronische Post; **~ music** elektronische Musik; **~ point of sale** elektronische Verkaufsstelle; **~ publishing** Electronic Publishing *n (Herausgabe von Verlagserzeugnissen auf elektronischen Medien)*; **~ tag** JUR elektronische Fußfessel; → eavesdropping B SPL a *(als sg konstruiert)* Elektronik *f (Zweig der Elektrotechnik)* b Elektronik *f (e-s Geräts)*
electrooptics SPL *pl (als sg konstruiert)* PHYS Elektrooptik *f (Teilgebiet der Physik, das sich mit dem Zusammenhang zwischen elektrischen u. optischen Erscheinungen befasst)*
electrophone [ɪˈlektrəfəʊn] S MUS Elektrofon *n*, elektronisches Instrument
electrophoresis [ɪˌlektrəʊfəˈriːsɪs] S CHEM, PHYS Elektrophorese *f (Bewegung elektrisch geladener Teilchen in nicht leitender Flüssigkeit unter dem Einfluss elektrischer Spannung)*
electrophorous [ˌɪlekˈtrɒfərəs; *US* ɪˌlekˈtrɑ-] *pl* -ri [-raɪ] S PHYS Elektrophor *m (zur Aufladung e-s elektrischen Leiters dienende Vorrichtung)*
electroplate A V/T elektroplattieren, galvanisieren B S elektroplattierte Ware
electropositive ADJ CHEM, PHYS elektropositiv, positiv elektrisch *od* geladen
electroscope [ɪˈlektrəskəʊp] S PHYS Elektroskop *n (Gerät zum Nachweis elektrischer Ladungen)*; **electroscopic** [-ˈskɒpɪk; *US* -ˈskɑ-] ADJ (ADV **~ally**) elektroskopisch
electroshock therapy S MED Elektroschockbehandlung *f*
electrostatic A ADJ (ADV **~ally**) PHYS elektrostatisch B S **electrostatics** *pl (als sg konstruiert)* Elektrostatik *f (Wissenschaft von den unbewegten elektrischen Ladungen)*
electrostimulation S MED elektrische Reizung; **electrostriction** [-ˈstrɪkʃn] S PHYS Elektrostriktion *f (Dehnung od Zusammenziehung e-s Körpers durch Anlegen e-r elektrischen Spannung)*; **electrosurgery** S MED Elektrochirurgie *f (Anwendung elektrischer Energie zu chirurgischen Zwecken)*
electrotechnic A ADJ (ADV **~ally**) elektrotechnisch B S **electrotechnics** *pl (als sg konstruiert)* Elektrotechnik *f*; **electrotechnical** ADJ (ADV **~ly**) → electrotechnic A; **electrotechnology** → electrotechnic B; **electrotherapeutics** SPL *(als sg konstruiert)* MED Elektrotherapeutik *f (Teilgebiet der Medizin, das sich mit der Anwendung von Elektrotherapie beschäftigt)*; **electrotherapy** S MED Elektrotherapie *f (Heilbehandlung mit Hilfe elektrischer Ströme)*
electrotype [ɪˈlektrəʊtaɪp] TYPO A S 1 Galvano *n*, Elektrotype *f (Kopie e-r Druckplatte)* 2 mit Galvano hergestellter Druckbogen 3 → electrotypy B ADJ → electrotypic C V/T galvanoplastisch vervielfältigen, (galvanisch) klischieren; **electrotypic** [-ˈtɪpɪk] ADJ galvanoplastisch, Galvano...; **electrotypist** [-ˌtaɪpɪst] S Galvanoplastiker(in); **electrotypy** S Galvanoplastik *f*, Elektrotypie *f*
electrum [ɪˈlektrəm] S Elektrum *n*, Elektron *n (natürlich vorkommende Gold-Silber-Legierung)*
electuary [ɪˈlektjʊərɪ; *US* -tʃəˌweriː] S MED, PHARM Electuarium *n*, Latwerge *f*
eleemosynary [ˌeliːˈmɒsɪnərɪ; *US* ˌelɪˈmɑsnˌeriː] ADJ wohltätig, mild(tätig)
elegance [ˈelɪgəns], **elegancy** S 1 Eleganz *f* 2 a *(etwas)* Elegantes, elegante Form *od* Erscheinung b elegante *od* luxuriöse Ausstattung 3 feine Sitte; **elegant** [-gənt] ADJ (ADV **~ly**) 1 elegant: a fein, geschmackvoll, vornehm u. schön b gewählt, gepflegt *(Manieren etc)* c anmutig d geschickt, gekonnt 2 feinen Geschmack besitzend, von (feinem) Geschmack 3 *umg* prima, erstklassig
elegiac [ˌelɪˈdʒaɪæk; *US a.* ɪˈliːdʒɪˌæk] A ADJ (ADV **~ally**) 1 elegisch: **~ distich, ~ couplet** elegisches Distichon 2 elegisch, schwermütig, klagend, Klage... B S 1 elegischer Vers, *bes* Pentameter *m* 2 elegisches Gedicht; **elegist** [ˈelɪdʒɪst] S Elegiendichter(in); **elegize** [ˈelɪdʒaɪz] A V/I e-e Elegie schreiben (**on, upon** auf *akk*) B V/T e-e Elegie schreiben auf *(akk)*; **elegy** [ˈelɪdʒɪ] S Elegie *f*, Klagegedicht *n*, -lied *n*
elem. ABK 1 elementary 2 element(s PL)
element [ˈelɪmənt] S 1 Element *n*: a PHIL Urstoff *m*: **the four ~s** die vier Elemente b Grundbestandteil *m*, wesentlicher Bestandteil c CHEM Grundstoff *m* d TECH Bauteil *n* e Ursprung *m*, Grundlage *f* 2 *pl* Anfangsgründe *pl*, Anfänge *pl*, Grundlage(n) *f(pl)*: **the ~s of geometry** 3 Grundtatsache *f*, grundlegender Umstand, wesentlicher Faktor: **~ of uncertainty** Unsicherheitsfaktor; **~ of surprise** Überraschungsmoment *n* 4 JUR Tatbestandsmerkmal *n* 5 *fig* Körnchen *n*, Fünkchen *n*: **an ~ of truth; there is an ~ of risk in it, it involves an ~ of risk** es ist ein gewisses Risiko damit verbunden; **there is an ~ of luck in research** bei der Forschung spielt ein gewisses Maß an Glück mit 6 (Bevölkerungs)Teil *m*, *(kriminelle etc)* Elemente *pl*: **the criminal ~ in a city** 7 (Lebens-)Element *n*, Sphäre *f*, gewohnte Umgebung: **be in one's ~** in s-m Element sein; **be out of one's ~** nicht in s-m Element sein, sich unbehaglich *od* fehl am Platz fühlen 8 *pl* Elemente *pl*, Naturkräfte *pl*, -gewalten *pl*: → war A 2 9 MATH a Element *n (e-r Menge etc)* b Erzeugende *f (e-r Kurve etc)* 10 ASTRON Element *n*, Bestimmungsstück *n* 11 ELEK a Element *n*, Zelle *f* b Elektrode *f (e-r Elektronenröhre)* 12 PHYS Element *n (e-s Elementenpaars)* 13 MIL Element *n*, Truppenkörper *m*, (Teil)Einheit *f* 14 FLUG Rotte *f* 15 *pl* REL Brot *n* u. Wein *m (beim Abendmahl)*
elemental [ˌelɪˈmentl] A ADJ (ADV **~ly**) 1 elementar: a ursprünglich, natürlich b urgewaltig c wesentlich, grundlegend 2 Elementar..., Ur...: **~ force; ~ cell** Urzelle *f*; **~ spirit** → B 3 → elementary 2, 3, 4, 5, 6 B S Elementargeist *m*
elementary [ˌelɪˈmentərɪ] ADJ (ADV elementarily) 1 → elemental A 1, A 2 2 elementar, Elementar..., Einführungs..., Anfangs..., einführend, grundlegend 3 elementar, einfach 4 CHEM elementar, unvermischt, nicht zerlegbar 5 CHEM, MATH, PHYS Elementar...: **~ particle** Elementarteilchen *n* 6 unentwickelt, rudimentär; **~ education** S a *US* Grundschul-, *Br obs* Volksschul(aus)bildung *f* b *US* Grundschul-, *Br obs* Volksschulwesen *n*; **~ school** S a *US* Grundschule *f* b *Br obs* Volksschule *f*
elemi [ˈelɪmɪ] S TECH Elemi(harz) *n*
elephant [ˈelɪfənt] S 1 ZOOL Elefant *m* 2 *US* Elefant *m*: a *Symbol der Republikanischen Partei der USA* b *fig Bezeichnung dieser Partei* 3 *bes Br* **ein Papierformat (28 × 23 Zoll)**
elephantiasis [ˌelɪfənˈtaɪəsɪs; -fæn-] S MED Elefantiasis *f (durch Lymphstauungen bedingte, unförmige Verdickung des Haut- u. Unterhautzellgewebes)*
elephantine [ˌelɪˈfæntaɪn; *US a.* -ˌtiːn] ADJ 1 elefantenartig 2 Elefanten...: **an ~ memory** ein Gedächtnis wie ein Elefant 3 riesenhaft 4 plump, schwerfällig; **elephantoid** ADJ elefantenartig, Elefanten...
elephant seal S ZOOL *(ein)* See-Elefant *m*
elephant's-ear S BOT Begonie *f*
Eleusinian [ˌeljuːˈsɪnɪən] ADJ *Antike:* eleusinisch *(aus Eleusis stammend)*; **~ mysteries** SPL *Antike:* REL Eleusinische Mysterien *pl (nur Eingeweihten zugängliche kultische Feiern zu Ehren der Fruchtbarkeitsgöttin Demeter)*
elev. ABK elevation
elevate [ˈelɪveɪt] A V/T 1 *e-e Last etc* (hoch-, empor-, auf)heben 2 erhöhen 3 a *den Blick etc* erheben b *die Stimme* (er)heben 4 MIL a *das Geschützrohr* erhöhen b *das Geschütz* der Höhe nach richten 5 a *e-n Mast etc* aufrichten b *ein Gebäude* errichten 6 befördern (**to** zu): **~ sb to peerage (to the throne)** j-n in den Adelsstand (auf den Thron) erheben 7 *j-n (seelisch)* erheben, erbauen 8 *das Niveau etc* heben, steigern, verbessern 9 erheitern B ADJ *obs für* el-

evated A; **elevated** A ADJ 1 erhöht 2 gehoben *(Position, Stil etc)*, erhaben *(Gedanken)* 3 übersteigert: **have an ~ opinion of o.s** 4 a erheitert b *umg* angeheitert, beschwipst 5 hoch, Hoch…: **~ aerial** *(bes US* antenna*)* ELEK Hochantenne *f*; **~ railroad** *US* Hochbahn *f*; **~ road** Hochstraße *f* B S BAHN *US umg* Hochbahn *f*; **elevating** ADJ (ADV **~ly**) 1 *bes* TECH hebend, Hebe…, Aufzugs…, Höhen…: **~ gear** MIL Höhenrichtmaschine *f*; **~ screw** Richtschraube *f* 2 erhebend, erbaulich 3 erheiternd

elevation [ˌelɪˈveɪʃn] S 1 (Hoch-, Empor-, Auf)heben *n* 2 Erhöhung *f* 3 Höhe *f*, (Grad *m* der) Erhöhung *f* 4 (Boden)Erhebung *f*, (An)Höhe *f* 5 GEOG Höhe *f* über dem Meeresspiegel: **be at an ~ of 1,000 yards** 1000 Yards über Meereshöhe liegen 6 MIL, TECH Richthöhe *f*: **~ quadrant** Libellenquadrant *m*; **~ range** Höhenrichtbereich *m*; **~ setter** Höhenrichtkanonier *m* 7 KATH Elevation *f*, Erhebung *f (von Hostie u. Kelch)* 8 ASTRON Elevation *f*, Höhe *f* 9 a Aufrichten *n (e-s Mastes etc)* b Errichtung *f (von Gebäuden)* 10 Beförderung *f* (**to** zu), Erhebung *f* (**to peerage** in den Adelsstand; **to the throne** auf den Thron) 11 gehobene Position 12 *(seelische)* Erhebung, Erbauung *f* 13 Hebung *f*, Steigerung *f*, Verbesserung *f (des Niveaus etc)* 14 Gehobenheit *f*, Erhabenheit *f* 15 ARCH, MATH Aufriss *m*, Vertikalprojektion *f*: **front ~** Vorderansicht *f*, Längsriss *m*

elevator [ˈelɪveɪtə(r)] S 1 TECH a Elevator *m*, Förderwerk *n* b *US* Lift *m*, Fahrstuhl *m*, Aufzug *m*: **~ shaft** Aufzugsschacht *m*; **take the ~** den Fahrstuhl nehmen, mit dem Fahrstuhl fahren c Hebewerk *n*: **~ dredge** Eimerbagger *m* 2 AGR Getreidesilo *m/n* 3 FLUG Höhensteuer *n*, -ruder *n* 4 MED a Hebel *m* b *Zahnmedizin*: Wurzelheber *m* 5 ANAT Hebemuskel *m*

eleven [ɪˈlevn] A ADJ elf B S 1 Elf *f* 2 *Fußball, Hockey*: Elf *f*; **eleven-plus** S SCHULE *Br* HIST *im Alter von ungefähr 11 Jahren abgelegte Prüfung, die über die schulische Weiterbildung entschied*

elevenses [ɪˈlevnzɪz] SPL *(a. als sg konstruiert) Br umg* zweites Frühstück

eleventh [ɪˈlevnθ] A ADJ 1 elft(er, e, es): **at the ~ hour** *fig* in letzter Minute, fünf Minuten vor zwölf 2 elftel B S 1 *(der, die, das)* Elfte 2 Elftel *n*; **eleventh-hour** ADJ in letzter Minute

elevon [ˈelɪvɒn; *US* -ˌvɑn] S FLUG Elevon *n (kombiniertes Höhen- u. Querruder)*

elf [elf] *pl* elves [elvz] S 1 Elf *m*, Elfe *f* 2 Kobold *m* 3 *fig* a Zwerg *m*, Knirps *m* b (kleiner) Racker *od* Kobold

ELF ABK ELEK extremely low frequency

elfin [ˈelfɪn] A ADJ 1 Elfen… 2 → elfish B S → elf

elfish [ˈelfɪʃ] ADJ (ADV **~ly**) 1 elfisch, elfenhaft, Elfen… 2 koboldhaft, schelmisch

elflock S Weichselzopf *m*

elicit [ɪˈlɪsɪt] V/T 1 *etwas* entlocken (**from** *dat*): **~ a reply from sb**; **~ harmonious sounds from an instrument** 2 *e-e Aussage, die Wahrheit* herausholen, -locken, -bringen *(alle*: **from** aus*)* 3 *Applaus, Gelächter etc* hervorrufen 4 *etwas* ans (Tages-)Licht bringen

elide [ɪˈlaɪd] V/T LING *e-n Vokal od e-e Silbe* elidieren, auslassen

eligibility [ˌelɪdʒəˈbɪlətɪ] S 1 Eignung *f*: **his eligibilities** s-e Vorzüge 2 Berechtigung *f* 3 Wählbarkeit *f*; **eligible** A ADJ (ADV **eligibly**) 1 (**for**) infrage kommend (für): a geeignet, annehmbar, akzeptabel (für): **~ bachelor** begehrter Junggeselle b berechtigt, befähigt (zu), qualifiziert (für): **be ~ for** Anspruch haben auf *(akk)*; **~ for a pension** pensions-, rentenberechtigt; **~ to vote** wahlberechtigt c teilnahmeberechtigt (an *dat*), SPORT *a.* startberechtigt (für), spielberechtigt d wählbar (für) 2 wünschenswert, vorteilhaft 3 WIRTSCH bank-, diskontfähig B S *umg* infrage kommende Person *od* Sache

eliminable [ɪˈlɪmɪnəbl] ADJ eliminierbar; **eliminate** [-neɪt] V/T 1 beseitigen, entfernen, *(a.* MATH*)* eliminieren, *weitS.* ausklammern *(alle*: **from** aus*)* 2 CHEM, PHYSIOL ausscheiden 3 eliminieren: a SPORT *e-n Gegner* ausschalten: **be ~d** ausscheiden b *umg j-n* beseitigen

elimination [ɪˌlɪmɪˈneɪʃn] S 1 Beseitigung *f*, Entfernung *f*, Eliminierung *f* 2 MATH Elimination *f* 3 CHEM, PHYSIOL, *a.* SPORT Ausscheidung *f*: **~ contest** Ausscheidungs-, Qualifikationswettbewerb *m* 4 Ausschaltung *f*; **eliminator** [-tə(r)] S 1 ELEK Sieb-, Sperrkreis *m* 2 *Boxen*: Ausscheidungskampf *m*

elision [ɪˈlɪʒn] S LING Elision *f*, Auslassung *f (e-s Vokals od e-r Silbe)*

elite, *a.* **élite** [eɪˈliːt; ɪˈliːt] S 1 *(a. als pl konstruiert)* Elite *f*: a Auslese *f*, *(das)* Beste, *(die)* Besten *pl* b Führungs-, Oberschicht *f* c MIL Elite-, Kerntruppe *f* 2 *e-e Typengröße auf der Schreibmaschine (10 Punkt)*; **elitism** S Elitedenken *n*, elitäres Denken; **elitist** ADJ elitär: **~ thinking** → elitism

elixir [ɪˈlɪksə(r)] S 1 Elixier *n*, Zaubertrank *m*: **~ of life** Lebenselixier 2 Allheilmittel *n* 3 Quintessenz *f*, Kern *m* 4 *Alchimie*: Auflösungsmittel *n (zur Verwandlung unedler Metalle in Gold)*

Elizabethan [ɪˌlɪzəˈbiːθn] A ADJ elisabethanisch B S Elisabethaner(in), Zeitgenosse *m od* -genossin *f* Elisabeths I. von England

elk [elk] S 1 *pl* elks, *bes koll* elk ZOOL a *a.* **European ~** Elch *m* b *a.* **American ~** Elk *m*, Wapiti *m* 2 a HIST Elchleder *n* b *zur Schuhherstellung verwendetes Kalbs- od Pferdeleder*; **~hound** S ZOOL *(ein)* Elchhund *m*; **~ test** S AUTO Elchtest *m*

ell[1] [el] S *(meist rechtwinklig angebauter)* Flügel *(e-s Gebäudes)*

ell[2] [el] S Elle *f (früheres Längenmaß)*

ellfish → menhaden

ellipse [ɪˈlɪps] S MATH Ellipse *f (geometrischer Ort aller Punkte, die von zwei festen Punkten die gleiche Summe der Abstände haben)*; **ellipsis** [-sɪs] *pl* -ses [siːz] S 1 LING Ellipse *f (Weglassen von Satzgliedern, die zum Verständnis nicht unbedingt notwendig sind)* 2 TYPO *(durch Punkte etc angedeutete)* Auslassung; **ellipsoid** S MATH Ellipsoid *n (Körper, der von e-r Ebene in Form e-r Ellipse geschnitten wird)*

ellipsoidal [ˌelɪpˈsɔɪdl; *US* ɪˌlɪpˈs-] ADJ MATH ellipsoid, ellipsenähnlich, -förmig: **~ coordinates** elliptische Koordinaten

elliptic [ɪˈlɪptɪk] ADJ (ADV **~ally**) → elliptical; **elliptical** [-kl] ADJ (ADV **~ly**) 1 MATH elliptisch: **~ function**; **~ geometry** 2 LING elliptisch, unvollständig *(Satz)* 3 kryptisch *(Bemerkung etc)*

ellipticity [ˌelɪpˈtɪsətɪ; *US* ɪˌlɪpˈt-] S ASTRON Elliptizität *f*, Abplattung *f*

elm [elm] S BOT Ulme *f*, Rüster *f*; **elmy** ADJ 1 ulmenreich 2 Ulmen…

elocution [ˌeləˈkjuːʃn] S 1 Vortrag(sweise) *m(f)*, Diktion *f* 2 Vortrags-, Redekunst *f* 3 Sprechtechnik *f*; **elocutionary** [-ʃnərɪ; *US* -ʃəˌneriː] ADJ rednerisch, Vortrags…; **elocutionist** S 1 Vortrags-, Redekünstler(in) 2 Sprecherzieher(in)

elongate [ˈiːlɒŋgeɪt; *US* ɪˈlɔːŋ-] A V/T 1 verlängern 2 *bes* TECH strecken, dehnen B V/I 1 sich verlängern 2 BOT a in die Länge wachsen b spitz zulaufen C ADJ → elongated; **elongated** ADJ 1 verlängert: **~ charge** MIL gestreckte Ladung 2 lang u. dünn, in die Länge gezogen; **elongation** [ˌiːlɒŋˈgeɪʃn; *US* ɪˌlɔːŋ-] S 1 Verlängerung *f*, (Längen)Ausdehnung *f* 2 TECH Dehnung *f*, Streckung *f* 3 ASTRON Elongation *f (Winkel zwischen Sonne u. Planet)* 4 PHYS Elongation *f (Betrag, um den ein Körper aus e-r stabilen Gleichgewichtslage entfernt wird)*

elope [ɪˈləʊp] V/I (von zu Hause) durchbrennen *umg* (**with** mit) *(um zu heiraten)*; **elopement** S Durchbrennen *n umg*; **eloper** S Durchbrenner(in) *umg*

eloquence [ˈeləkwəns] S 1 Eloquenz *f*, Beredsamkeit *f*, Redegewandtheit *f* 2 Rhetorik *f*, Redekunst *f*; **eloquent** ADJ (ADV **~ly**) 1 eloquent, beredt, redegewandt 2 *fig* a ausdrucksvoll b vielsagend, beredt *(Blick, Schweigen)*

else [els] ADV 1 *(in Fragen u. Verneinungen)* sonst, weiter, außerdem: **anything ~?** sonst noch etwas?; **what ~ can we do?** was können wir sonst noch tun?; **no one ~**, **nobody ~** niemand sonst *od* anders; **nothing ~** sonst nichts; **it is nobody ~'s business** es geht sonst niemanden etwas an; **where ~?** wo anders?, wo sonst (noch); **nowhere ~** sonst nirgends 2 ander(e, e, es): **that's something ~** das ist etwas anderes; **everybody ~** alle anderen *od* Übrigen; **somebody** (*od* **sb**) **~** j-d anderes; **somebody ~'s seat** der (Sitz)Platz e-s anderen 3 *meist* **or ~** oder, sonst, andernfalls: **hurry, (or) ~ you will be late** beeile dich, oder du kommst zu spät *od* sonst kommst du zu spät; **or ~!** *(drohend)* oder (es passiert was)!, sonst (passiert was)!; **~where** ADV 1 sonstwo, anderswo, anderwärts 2 anderswohin, woandershin

ELT ABK English language teaching

elucidate [ɪˈluːsɪdeɪt; *Br a.* ɪˈljuː-] A V/T *e-n Text, Gründe etc* erklären, *ein Geheimnis etc* aufklären, aufhellen B V/I: **could you please ~?** können Sie mir *etc* das bitte erklären?; **elucidation** S 1 Erklärung *f*, Aufhellung *f*, Aufklärung *f* 2 Aufschluss *m* (**of** über *akk*); **elucidative** ADJ erklärend, aufhellend, aufklärend; **elucidator** [-tə(r)] S Erklärer(in); **elucidatory** [-deɪtərɪ; *US* -dəˌtəʊriː; -ˌtɔː-] → elucidative

elude [ɪˈluːd; *Br a.* ɪˈljuːd] V/T 1 (geschickt) entgehen *od* ausweichen *(dat)*, sich entziehen *(dat)*: **~ an obligation** sich e-r Verpflichtung entziehen 2 *das Gesetz etc* umgehen 3 *j-m* entgehen, *j-s* Aufmerksamkeit entgehen: **~ observation** nicht bemerkt werden 4 sich nicht (er)fassen lassen von, sich entziehen *(dat)*: **a sense that ~s definition** ein Sinn, der sich nicht definieren lässt; **~ sb's understanding** sich j-s Verständnis entziehen 5 *j-m* nicht einfallen: **his name ~s me for the moment**

elusion [ɪˈluːʒn; *Br a.* ɪˈljuːʒn] S 1 (geschicktes) Ausweichen *od* Entkommen (**of** vor *dat*) 2 Umgehung *f (e-s Gesetzes etc)* 3 Ausflucht *f*, List *f*; **elusive** [-sɪv] ADJ (ADV **~ly**) 1 schwer fassbar *(Dieb etc)*, ausweichend *(Antwort)* 2 schwer (er)fassbar *od* bestimmbar *od* definierbar 3 unzuverlässig, schlecht *(Gedächtnis)*; **elusiveness** S 1 Ausweichen *n* (**of** vor *dat*), ausweichendes Verhalten 2 Unbestimmbarkeit *f*, Undefinierbarkeit *f*; **elusory** [-sərɪ] ADJ 1 täuschend, trügerisch 2 → elusive

elutriate [ɪˈluːtrɪeɪt; *Br a.* ɪˈljuː-] V/T (aus)schlämmen

eluvial [ɪˈluːvjəl; -vɪəl; *Br a.* ɪˈljuː-] ADJ GEOL eluvial, Eluvial…; **eluviation** [-vɪ-] S Auslaugung *f (des Bodens)*; **eluvium** [-əm] S Eluvium *n (Verwitterungsboden, der sich unmittelbar aus dem darunter noch zutage liegenden Gestein entwickelt hat)*

elver [ˈelvə(r)] S FISCH junger Aal

elves [elvz] *pl von* elf; **elvish** → elfish

Elysian [ɪˈlɪzɪən; *US* -ʒən] ADJ 1 MYTH elysisch *(a. fig)* 2 *fig* paradiesisch, himmlisch; **Elysium** [-zɪəm] *pl* -siums, -sia [-ə] S 1 Elysium

E

n (a. fig) 2 fig Paradies n, Himmel m (auf Erden)
elytron ['elıtrɒn; US -ˌtrɑn], **elytrum** [-trəm] pl -tra [-trə] S ZOOL Elytron n, Deckflügel m
Elzevir ['elzıˌvıə(r)] TYPO A S 1 Elzevir (-schrift) f 2 Elzevirdruck m, -ausgabe f B ADJ Elzevir…
em[1] [em] A S 1 M, m n (Buchstabe) 2 TYPO Geviert n B ADJ TYPO Geviert…
EM[2] ABK MIL US enlisted man (od men)
'em [əm] umg für them: **let ~ go**

E

emaciate [ı'meıʃıeıt] A V/T 1 ab-, auszehren, ausmergeln 2 den Boden auslaugen B ADJ [-ıt] → emaciated; **emaciated** ADJ 1 abgemagert, ab-, ausgezehrt, ausgemergelt 2 ausgelaugt (Boden); **emaciation** [-sı'eıʃn; -ʃı-] S 1 Auszehrung f, Abmagerung f 2 Auslaugung f
e-mail A S E-Mail f: a elektronische Post: **be on ~** E-Mail haben; **there were three messages on my ~** ich hatte drei E-Mails erhalten b Nachricht über a B ADJ E-Mail-…: **~ account (address, etc)** C V/T a mit od per E-Mail schicken b j-m e-e E-Mail schicken
emanate ['eməneıt] A V/I 1 ausströmen (Gas etc), ausstrahlen (Licht) (beide: **from** von) 2 stammen, ausgehen (beide: **from** von) B V/T ausströmen, ausstrahlen (beide a. fig); **emanation** S 1 Ausströmen n 2 Ausströmung f, Ausstrahlung f (beide a. fig) 3 Auswirkung f 4 PSYCH Emanation f (Ausstrahlung psychischer Energie)
emancipate [ı'mænsıpeıt] V/T 1 emanzipieren, selbstständig od unabhängig machen (**from** von): **~ o.s.** sich emanzipieren 2 Sklaven freilassen 3 befreien (**from** von): **the new machine has ~d us from a lot of hard work** 4 JUR US aus der elterlichen Gewalt entlassen; **emancipated** ADJ 1 emanzipiert: **an ~ woman; a politically ~ mass society; an ~ citizen** ein mündiger Bürger 2 freigelassen (Sklave); **emancipation** S 1 Emanzipation f 2 Freilassung f (von Sklaven) 3 Befreiung f (**from** von) 4 JUR US Entlassung f aus der elterlichen Gewalt; **emancipationist** S Verteidiger(in) od Befürworter(in) der Emanzipation od der Sklavenfreilassung; **emancipatory** [ı'mænsıpətərı; -peı-; US -pəˌtəʊriː; -ˌtɔː-] ADJ emanzipatorisch
emasculate A V/T [ı'mæskjʊleıt] 1 entmannen, kastrieren 2 verweichlichen 3 a entkräften, schwächen b ein Gesetz abschwächen, verwässern 4 j-s Sprache kraft- od farblos machen B ADJ [-lıt] → emasculated; **emasculated** ADJ 1 entmannt, kastriert 2 unmännlich, weibisch, verweichlicht 3 a entkräftet, geschwächt b abgeschwächt, verwässert 4 kraft-, farblos; **emasculation** S 1 Entmannung f, Kastrierung f 2 Verweichlichung f 3 a Entkräftung f, Schwächung f b Abschwächung f, Verwässerung f 4 Unmännlichkeit f 5 Kraft-, Farblosigkeit f; **emasculative** [-lətıv; US -ˌleıtıv], **emasculatory** [-lətərı; US -ləˌtəʊriː; -ˌtɔː-] ADJ verweichlichend
embalm [ım'bɑːm] V/T 1 e-n Leichnam (ein)balsamieren 2 meist pej Lebensmittel mit Konservierungsstoffen behandeln 3 poet durchduften 4 etwas vor der Vergessenheit bewahren, j-s Andenken (sorgsam) bewahren od pflegen: **be ~ed in** fortleben in (dat); **embalmer** S Balsamierer(in); **embalmment** S (Ein)Balsamierung f
embank [ım'bæŋk] V/T eindämmen, -deichen; **embankment** S 1 Eindämmung f, -deichung f 2 (Erd)Damm m 3 (Bahn-, Straßen) Damm m
embarcation → embarkation
embargo [em'bɑː(r)gəʊ; ım-] A pl -goes S 1 SCHIFF Embargo n: a (Schiffs)Beschlagnahme f (durch den Staat) b Hafensperre f: **civil (hostile) ~** staatsrechtliches (völkerrechtliches) Embargo; **be under an ~** unter Beschlagnahme stehen; **lay (od place, put) an ~ on** → B 2 WIRTSCH a Embargo n, Handelssperre f, -verbot n b a. allg Sperre f, Verbot n (on auf dat od akk): **~ on imports** Einfuhrembargo, -sperre B V/T a den Handel, e-n Hafen sperren, ein Embargo verhängen über (akk) b (bes staatsrechtlich) beschlagnahmen, mit Beschlag belegen
embark [ım'bɑː(r)k; em-] A V/T 1 FLUG, SCHIFF Passagiere an Bord nehmen, SCHIFF a. einschiffen, Waren a. verladen (**for** nach) 2 (**in**) Geld anlegen (in dat), investieren (in akk od dat) B V/I 1 FLUG, SCHIFF an Bord gehen, SCHIFF a. sich einschiffen (**for** nach) 2 (**on, upon**) sich einlassen (in akk od auf akk), (etwas) anfangen od unternehmen: **~ on a new way of life** ein neues Leben beginnen; **embarkation** [ˌembɑː(r)'keıʃn], **embarkment** S SCHIFF Einschiffung f (von Passagieren), (von Waren a.) Verladung f (a. FLUG), FLUG Einsteigen n (von Passagieren)
embarras de richesses [ɑ̃baradərıʃɛs] S Qual f der Wahl
embarrass [ım'bærəs] V/T 1 in Verlegenheit bringen (a. SPORT), verlegen machen, blamieren 2 obs j-n behindern, j-m lästig sein 3 in Geldverlegenheit od Zahlungsschwierigkeiten bringen 4 obs etwas (be)hindern, erschweren, komplizieren; **embarrassed** ADJ 1 verlegen (a. Schweigen etc), peinlich berührt, in Verlegenheit: **their conversation was full of ~ silences** in ihrer Unterhaltung gab es immer wieder Verlegenheitspausen 2 a. **financially ~** in Geldverlegenheit, in Zahlungsschwierigkeiten; **embarrassing** ADJ (ADV ~ly) unangenehm, peinlich (beide: **to** dat): **~ silence** verlegenes Schweigen; **their conversation was full of ~ silences** in ihrer Unterhaltung gab es immer wieder Verlegenheitspausen; **embarrassment** S 1 Verlegenheit f: **be an ~ to sb** a j-n in Verlegenheit bringen b j-m peinlich sein 2 a. **financial ~** Geldverlegenheit f, Zahlungsschwierigkeiten pl 3 MED (Funktions)Störung f: **respiratory ~** Atemstörung
embassy ['embəsı] S 1 Botschaft f: a (a. als pl konstruiert)Botschaftspersonal n b a. **~ building** Botschaftsgebäude n 2 Botschafteramt n, -würde f 3 diplomatische Mission: **on an ~** in diplomatischer Mission
embattle [ım'bætl] V/T MIL 1 in Schlachtordnung aufstellen 2 e-e Stadt etc befestigen, zur Festung ausbauen; **embattled** ADJ 1 kampfbereit (a. fig) 2 mit Zinnen (versehen)
embed [ım'bed] V/T 1 (ein)betten (**in** in akk): **~ded in concrete** einbetoniert 2 (a. fig im Gedächtnis etc) verankern, fest einmauern (**in** in akk od dat): **be firmly ~ded** fest verankert sein; **this day will be for ever ~ded in my memory** an diesen Tag werde ich mein ganzes Leben lang denken 3 (fest) umschließen
embellish [ım'belıʃ] V/T 1 verschöne(r)n, (aus)schmücken, verzieren 2 fig e-e Erzählung etc ausschmücken, die Wahrheit beschönigen; **embellishment** S 1 Verschönerung f, Schmuck m 2 fig a Ausschmückung f, Beschönigung f b MUS Verzierung f
ember[1] ['embə(r)] S 1 glühendes Stück Holz od Kohle 2 pl Glut(asche) f 3 pl fig letzte Funken pl: **the ~s of his love; revive the ~s of** die verblassende Erinnerung an (akk) neu beleben
ember[2] ['embə(r)] S ORN Eistaucher m
Ember days ['embə(r)] SPL REL Quatember pl (liturgisch begangene Fasttage)
embergoose S irr → ember[2]
embezzle [ım'bezl] V/T 1 veruntreuen, unterschlagen 2 obs vergeuden; **embezzlement** S Veruntreuung f, Unterschlagung f; **embezzler** S Veruntreuer(in)
embitter [ım'bıtə(r)] V/T 1 bitter(er) machen 2 fig a j-n verbittern b die Lage etc (noch) verschlimmern; **embitterment** S fig a Verbitterung f b Verschlimmerung f
emblazon [ım'bleızn] V/T 1 Heraldik: heraldisch schmücken od darstellen 2 schmücken, verzieren 3 fig feiern, verherrlichen: **his feat was ~ed on the front page** s-e Leistung wurde auf der Titelseite groß herausgestellt 4 ausposaunen umg pej; **emblazonment** S heraldische Bemalung, Wappenschmuck m; **emblazonry** [-rı] S 1 Wappenmalerei f 2 Wappenschmuck m
emblem ['embləm] A S 1 Emblem n, Symbol n, Sinnbild n 2 Kennzeichen n 3 Verkörperung f (e-r Idee etc) 4 obs Emblem n (Mosaik- od Einlegearbeit) B V/T → emblematize; **emblematic** [-blı'mætık] ADJ, **emblematical** ADJ (ADV ~ly) emblematisch, symbolisch, sinnbildlich: **be ~ of** → emblematize; **emblematize** [-'blemətaız] V/T etwas versinnbildlichen, symbolisieren, sinnbildlich darstellen
emblements ['emblmənts] SPL JUR 1 Ernteertrag m 2 Ernte-, Feldfrüchte pl, Ernte f
embodiment [ım'bɒdımənt; US -'bɑ-] S 1 Verkörperung f 2 Darstellung f, Verkörpern n 3 TECH Anwendungsform f 4 Einfügung f, Aufnahme f (beide: **in** in akk)
embody [ım'bɒdı; US -'bɑ-] V/T 1 körperliche Gestalt geben (dat) 2 verkörpern: a darstellen, konkrete Form geben (dat) b personifizieren: **virtue embodied** verkörperte Tugend 3 einfügen, aufnehmen (beide: **in** in akk) 4 umfassen, (in sich) vereinigen: **be embodied in** enthalten od vereinigt sein in (dat)
embolden [ım'bəʊldən] V/T ermutigen, j-m Mut machen (beide: **to do** zu tun)
embolectomy [ˌembə'lektəmı] S MED Embolektomie f (operative Entfernung e-s Embolus); **embolic** [-'bɒlık; US -'bɑ-] ADJ embolisch; **embolism** [-bəlızəm] S Embolie f; **embolus** [-ləs] pl -li [-laı] S Embolus m, Gefäßpfropf m
embonpoint [ˌɔ̃ːmbɔ̃ːm'pwæ̃ːŋ] S Embonpoint m/n, (Wohl)Beleibtheit f, Körperfülle f: **have a tendency to ~** zur Fülle neigen
embosom [ım'bʊzəm] V/T obs od poet 1 umarmen, ans Herz drücken 2 fig ins Herz schließen 3 hegen u. pflegen 4 fig umschließen, einhüllen, umgeben: **~ed in (od with)** umgeben von, eingeschlossen od eingehüllt in (akk)
emboss [ım'bɒs; US a. ım'bɑs] V/T TECH 1 a bosseln, bossieren, erhaben od in Relief ausarbeiten, (hohl)prägen b e-e erhabene Arbeit (mit dem Hammer) treiben, hämmern 2 mit erhabener Arbeit schmücken 3 Stoffe gaufrieren (Muster aufprägen auf) 4 reich verzieren; **embossed** ADJ 1 TECH a erhaben gearbeitet, getrieben, bossiert b gepresst, geprägt c gaufriert (Stoffe): **~ stamp** Prägestempel m 2 BOT mit e-m Buckel auf der Mitte des Hutes (Pilz) 3 hoch stehend, hervorstehend; **embossment** S 1 erhabene Arbeit, Reliefarbeit f 2 Erhebung f, Wulst m
embouchure [ˌɒmbʊ'ʃʊə(r); ˌɑːm-] S 1 (Fluss)Mündung f 2 MUS Embouchure f: a Mundstück n (e-s Blasinstruments) b Ansatz m (des Bläsers)
embowed [ım'bəʊd] ADJ 1 ARCH gewölbt 2 konvex, gebogen
embowel [ım'baʊəl] V/T obs 1 → disembowel 2 (tief) einbetten
embrace[1] [ım'breıs] A V/T 1 a umarmen, in die Arme schließen b umfassen, umklammern c umgeben: **be ~d by the sea** 2 fig ein-

schließen, umfassen 3 *fig* a bereitwillig annehmen, sich *etwas* zu eigen machen b *e-e Gelegenheit* ergreifen c *ein Angebot, a. e-e Religion* annehmen d *e-n Beruf* ergreifen, *e-e Laufbahn* einschlagen e *e-e Hoffnung* hegen 4 in sich aufnehmen, erfassen B V/I sich umarmen C S Umarmung *f*

embrace² [ɪm'breɪs] V/T JUR *Geschworene etc* a bestechen b zu bestechen versuchen

embraceor, embracer [ɪm'breɪsə(r)] S JUR *j-d, der Geschworene etc besticht od zu bestechen versucht*; **embracery** [-sərɪ] S JUR Bestechung(sversuch) *f(m)*

embranchment [ɪm'brɑːntʃmənt; US -'bræntʃ-] S Gabelung *f*, Verzweigung *f*

embrasure [ɪm'breɪʒə(r)] S 1 ARCH Laibung *f* 2 MIL (Schieß)Scharte *f*

embrocate ['embrəʊkeɪt] V/T MED einreiben; **embrocation** S 1 Einreibung *f* 2 Einreibemittel *n*

embroider [ɪm'brɔɪdə(r)] A V/T 1 *ein Muster* sticken 2 *Stoff* besticken, mit Stickerei verzieren 3 *fig e-n Bericht etc* ausschmücken B V/I 1 sticken 2 ~ (up)on → A 3; **embroiderer** S Sticker(in); **embroidery** S 1 Sticken *n*: ~ **cotton** Stickgarn *n*; ~ **frame** Stickrahmen *m*; ~ **needle** Sticknadel *f* 2 Stickerei(arbeit) *f*: **do** ~ sticken 3 *fig* Ausschmückung *f*

embroil [ɪm'brɔɪl] V/T 1 *j-n* verwickeln, hineinziehen: **~ed in a war** in e-n Krieg verwickelt 2 *j-n* in Konflikt bringen (**with** mit) 3 verwirren, durcheinanderbringen; **embroilment** S 1 Verwicklung *f* 2 Verwirrung *f*

embryo ['embrɪəʊ] A *pl* -os S 1 BIOL a Embryo *m* b (Frucht)Keim *m*: ~ **sac** BOT Embryosack *m* 2 *fig* Keim *m*: **in** ~ im Keim, im Entstehen, im Werden B ADJ → embryonic

embryogenesis [ˌembrɪəʊ'dʒenɪsɪs], **embryogeny** [-'ɒdʒɪnɪ; US -'ɑdʒə-] S BIOL Embryogenese *f*, Embryogenie *f*: a *Entstehung u. Entwicklung des Embryos* b *Keimesentwicklung*; **embryology** [-'ɒlədʒɪ; US -'ɑl-] S BIOL Embryologie *f* (*Lehre von der vorgeburtlichen Entwicklung der Lebewesen*)

embryonal ['embrɪənl; em'braɪənl] ADJ (ADV ~ly) → embryonic; **embryonate** [-brɪəneɪt], **embryonated** ADJ BIOL Embryonen *od* e-n Embryo enthaltend; **embryonic** [-brɪ'ɒnɪk; US -'ɑn-] ADJ (ADV ~ally) 1 BIOL embryonal (*a. fig*), Embryo... 2 *fig* (noch) unentwickelt, rudimentär

embus [ɪm'bʌs] MIL A V/T auf Kraftfahrzeuge verladen B V/I auf Kraftfahrzeuge verladen werden, aufsitzen

embusqué [ˌɑːmbuː'skeɪ] S MIL Drückeberger *m*

emcee [ˌem'siː] *umg* A S a Zeremonienmeister *m* b THEAT *etc bes US* Conférencier *m* B V/T & V/I als Zeremonienmeister *od* Conférencier leiten (fungieren)

emend [iː'mend] V/T *bes Texte* emendieren, verbessern, korrigieren

emendation [ˌiːmen'deɪʃn] S Emendation *f*, Verbesserung *f*, Korrektur *f*; **emendator** [-tə(r)] S (Text)Verbesserer *m*, (-)Verbesserin *f*, Korrektor *m*, Korrektorin *f*; **emendatory** [iː'mendətərɪ; US -ˌtəʊriː; -ˌtɔː-] ADJ (text)verbessernd, Verbesserungs...

emerald ['emərəld; 'emrəld] A S 1 MINER Smaragd *m* 2 Smaragdgrün *n* 3 HIST Insertie *f* (*Schriftgrad von etwa 6½ Punkt*) B ADJ 1 Smaragd...: ~ **ring** 2 smaragdgrün: **the** ♀ **Isle** die Grüne Insel (*Irland*); ~ **green** → emerald A 2; **~-green** → emerald B 2

emerge [ɪ'mɜːdʒ; US ɪ'mɜrdʒ] V/I 1 auftauchen: a an die (Wasser)Oberfläche kommen b *a. fig* zum Vorschein kommen, sich zeigen c *fig* sich erheben (*Frage, Problem*) d *fig* auftreten, in Erscheinung treten 2 hervor-, herauskommen: **the sun ~d from behind the clouds** die Sonne kam hinter den Wolken hervor 3 *fig* sich herausstellen *od* ergeben (*Tatsache*): **it ~d that ...** es stellte sich heraus, dass ... 4 (*als Sieger etc*) hervorgehen (**from** aus) 5 *fig* aufstreben;

emergence [iː'm-; ɪ'm-] S 1 Auftauchen *n* (*a. fig*) 2 BOT Emergenz *f*, Auswuchs *m* 3 → emergent evolution

emergency [ɪ'mɜːdʒənsɪ; US -'mɜr-] A S (*plötzlich eintretende*) Not(lage), (*a. nationaler*) Notstand, unvorhergesehenes Ereignis, kritische Lage: **in an ~, in case of ~** im Ernst- *od* Notfall; **state of ~** Notstand, POL *a.* Ausnahmezustand *m*; **declare a state of ~** den Notstand ausrufen B ADJ Not(stands)..., (Aus)Hilfs..., Behelfs...: ~ **aid (program(me))** Soforthilfe (-programm) *f(n)*; ~ **brake** S 1 TECH Notbremse *f* 2 AUTO *US* Feststell-, Handbremse *f*; ~ **cable** S ELEK Hilfskabel *n*; ~ **call** S TEL Notruf *m*; ~ **clause** S Dringlichkeits-, Notklausel *f*; ~ **cord** S BAHN *US* Notbremse *f*; ~ **decree** S Notverordnung *f*; ~ **exit** S Notausgang *m*, (*in Bus etc*) Notausstieg *m*; ~ **flasher** S AUTO *US* Warnblinkanlage *f*; ~ **hospital** S Akutkrankenhaus *n*; ~ **landing** S FLUG Notlandung *f*: **make an ~** notlanden; ~ **landing field** S FLUG Notlande-, Hilfslandeplatz *m*; ~ **laws** SPL Notstandsgesetze *pl*; ~ **light(ing)** S Notbeleuchtung *f*; ~ **measure** S Not(stands)maßnahme *f*; ~ **meeting** S Dringlichkeitssitzung *f*; ~ **number** S TEL Notruf(nummer) *m(f)*; ~ **operation** S MED Notoperation *f*; ~ **powers** SPL POL Vollmachten *pl* aufgrund von Notstandsgesetzen; ~ **ration** S eiserne Ration; ~ **room** *US* → emergency ward; ~ **services** SPL *Br* Rettungsdienste *pl*; ~ **stop** S AUTO Vollbremsung *f*, BAHN *a.* Notbremsung *f*: **do** (*od* **make**) **an** ~ e-e Vollbremsung machen; ~ **ward** S MED Notaufnahme *f*, Unfallstation *f*

emergent [iː'mɜːdʒənt; US ɪ'mɜr-] ADJ (ADV ~ly) 1 auftauchend (*a. fig*) 2 *fig* (jung u.) aufstrebend: **the ~ countries of Africa** die Schwellenländer Afrikas 3 akut (*Gefahr*); ~ **evolution** S PHIL Emergenz *f* (*Theorie, wonach höhere Seinsstufen durch neu auftauchende Qualitäten aus niederen entstehen*)

emeritus [iː'merɪtəs] A *pl* -ti [-taɪ] S Emeritus *m* (*im Ruhestand befindlicher, entpflichteter Hochschullehrer*) B ADJ emeritiert: **an ~ professor, a professor ~**

emersed [iː'mɜːst; US iː'mɜrst] ADJ BOT emers, (*aus dem Wasser*) herausragend; **emersion** [-ʃn; US *a.* -ʒən] S 1 *obs für* emergence 1 2 ASTRON Emersion *f*, Austritt *m* (*e-s Gestirns aus dem Schatten e-s anderen*)

emery ['emərɪ] A S MINER körniger Korund, Schmirgel *m*: **rub with ~** → B 2 B V/T 1 mit Schmirgel bedecken 2 (ab)schmirgeln C ADJ Schmirgel...: ~ **paper**; ~ **powder**; ~ **stone**; ~ **board** S Papier(nagel)feile *f*; ~ **cake** S TECH Schmirgelkuchen *m*; ~ **cloth** S Schmirgelleinen *n*

emesis ['emɪsɪs] S MED Emesis *f*, Erbrechen *n*

emetic [ɪ'metɪk] MED, PHARM A ADJ (ADV ~ally) emetisch, Brechreiz erregend B S Emetikum *n*, Brechmittel *n*

EMF ABK, **emf** TECH electromotive force

emigrant ['emɪgrənt] A S Auswanderer *m*, Auswanderin *f*, *bes* POL Emigrant(in) B ADJ 1 auswandernd, *bes* POL emigrierend 2 Auswanderungs..., Auswanderer..., *bes* POL Emigranten...

emigrate ['emɪgreɪt] V/I auswandern, *bes* POL emigrieren (*beide:* **from** aus, von; **to** nach); **emigration** S 1 Auswanderung *f*, *bes* POL Emigration *f* 2 (*a. als pl konstruiert*) *koll* Auswanderer *pl* 3 → diapedesis

émigré ['emɪgreɪ] S POL Emigrant(in)

eminence ['emɪnəns] S 1 Erhöhung *f*, (An)Höhe *f* 2 a hohe Stellung, Würde *f*, hoher Rang b Ruhm *m*, Berühmtheit *f*, Bedeutung *f*: **reach** (*od* **win**) ~ Bedeutung erlangen (**as** als) 3 ♀ KATH Eminenz *f* (*Titel der Kardinäle*): **His** ♀

éminence grise, *pl* -nences grises [eminɑ̃sgriz] S graue Eminenz

eminent ['emɪnənt] ADJ 1 hervorragend, ausgezeichnet, berühmt 2 a eminent, bedeutend, hervorragend b vornehm, erhaben 3 überragend, außergewöhnlich (*Erfolg etc*) 4 hoch (-ragend) (*Vorgebirge etc*) 5 → domain 1; **eminently** ADV in hohem Maße, überaus, äußerst

emir [e'mɪə(r); ɪ'm-] S Emir *m*; **emirate** [e'mɪərət; US ɪ'mɪrət] S Emirat *n* (*Würde od Herrschaftsgebiet e-s Emirs*)

emissary ['emɪsərɪ; US -ˌseriː] 1 Emissär(in), Abgesandte(r) *m/f(m)* 2 Geheimagent(in), Spion(in) 3 Bote *m*, Botin *f*

emission [ɪ'mɪʃn] S 1 Ausstoß *m* (*von Rauch etc*), Ausstrahlung *f* (*von Licht etc*), Aus-, Verströmen *n* (*von Gas etc*), PHYS Emission *f*, Aussendung *f* (*von Elektronen etc*): **Newton's theory of ~** PHYS die newtonsche Emissionstheorie; ~ **spectrum** PHYS Emissionsspektrum *n* 2 PHYSIOL Ausfluss *m*, *bes* (nächtlicher) Samenerguss 3 WIRTSCH Ausgabe *f* (*von Banknoten*), (*von Wertpapieren a.*) Emission *f* 4 Ausdünstung *f* 5 *obs* Veröffentlichung *f*; **emissivity** [ˌemɪ'sɪvətɪ; ˌɪmɪ-] S PHYS Emissionsvermögen *n*

emit [ɪ'mɪt] V/T 1 *Lava, Rauch* ausstoßen, *Licht, Wärme* ausstrahlen, *Gas, Wärme* aus-, verströmen, PHYS *Elektronen etc* emittieren, aussenden 2 *e-e Verfügung* ergehen lassen 3 a *e-n Ton, a. e-e Meinung* von sich geben, äußern b *e-n Schrei, Fluch etc* ausstoßen 4 *Banknoten* ausgeben, *Wertpapiere a.* emittieren 5 *obs* veröffentlichen

emmenagogue [ɪ'menəgɒg; US -ˌgɑg] S MED, PHARM Emmenagogum *n* (*den Eintritt der Menstruation förderndes Mittel*)

Emment(h)al ['eməntɑːl], **Emment(h)aler** [-lə(r)] S Emmentaler *m* (*Käse*)

emmet ['emɪt] S ZOOL *obs od dial* Ameise *f*

emmetropia [ˌemɪ'trəʊpɪə] S Emmetropie *f*, Normalsichtigkeit *f*

Emmy ['emɪ] *pl* -mys, -mies S *a.* ~ **Award** TV Emmy *f* (*jährlich in den USA verliehene Statuette für die beste schauspielerische Leistung od die beste Produktion*)

emollient [ɪ'mɒlɪənt; US ɪ'mɑljənt] A ADJ 1 MED, PHARM lindernd (*Creme etc*) 2 *fig* beruhigend, sanft B S linderndes Mittel

emolument [ɪ'mɒljʊmənt; US ɪ'mɑljə-] S Bezüge *pl*, Vergütung *f*

emote [ɪ'məʊt] V/I *umg* e-n Gefühlsausbruch erleiden *od* mimen; ~ **icon** S COMPUT Emoticon *n* (*kleines Symbol zur Darstellung e-r Gefühlsregung*)

emotion [ɪ'məʊʃn] S 1 Emotion *f*, Gefühl *n*, Gemütsbewegung *f*, (Gefühls)Regung *f* 2 Gefühlswallung *f*, Erregung *f*, Leidenschaft *f* 3 Rührung *f*, Ergriffenheit *f*; **emotionable** ADJ erregbar; **emotional** [-ʃənl] ADJ (ADV → emotionally) 1 emotional, emotionell: a gefühlsmäßig, -bedingt b gefühlsbetont c leicht erregbar, empfindsam: **get ~ about** sich aufregen über (*akk*) d Gemüts..., Gefühls..., seelisch: ~ **balance** inneres *od* seelisches Gleichgewicht; ~ **blackmail** psychologische Erpressung; ~ **development** seelische Entwicklung; ~ **life** Gefühlsleben *n*; ~ **stability** emotionelle Stabilität; → experience A 2, state

E

A 5 a, **turmoil** 2 gefühlvoll, rührselig; **emotionalism** S 1 Gefühlsbetontheit *f*, Empfindsamkeit *f* 2 Gefühlsduselei *f pej* 3 Gefühlsäußerung *f* 4 Emotionalismus *m* (*Auffassung, nach der alles Psychische durch Emotionen bestimmt ist*); **emotionalist** S Gefühlsmensch *m*; **emotionality** [-ʃnˈælətɪ] S Emotionalität *f*, emotionale Verhaltensweise *od* Äußerungsform; **emotionalize** [-ʃənlaɪz] A VT *j-n, e-e Rede etc* emotionalisieren B VI in Gefühlen schwelgen; **emotionally** [-ʃnəlɪ] ADV emotional, emotionell, gefühlsmäßig, seelisch: **behave ~** s-n Gefühlen freien Lauf lassen; **~ charged** emotionsgeladen; **~ disturbed** seelisch gestört; **~ ill** gemütskrank; **emotionless** ADJ 1 unbewegt, ungerührt 2 gefühllos

emotive [ɪˈməʊtɪv] ADJ (ADV **~ly**) 1 emotiv, gefühlsbedingt 2 gefühlvoll (*Rede etc*) 3 gefühlsbetont (*Sprache etc*): **~ term** (*od* **word**) a emotionsgeladenes Wort b Reizwort *n*; **emotivity** [ˌiːməʊˈtɪvətɪ] S Emotivität *f*, Gefühlsbedingtheit *f*

Emp. ABK 1 Emperor 2 Empire 3 Empress

empale [ɪmˈpeɪl] → impale

empanel [ɪmˈpænl] → impanel

empathic [emˈpæθɪk] ADJ (ADV **~ally**) empathisch, einfühlend; **empathize** [ˈempəθaɪz] A VI Einfühlungsvermögen haben *od* zeigen: **~ with** → B B VT sich einfühlen *od* hineinversetzen in (*akk*); **empathy** [ˈempəθɪ] S Empathie *f*, Einfühlung(svermögen) *f(n)*: **feel ~ for** sich einfühlen *od* hineinversetzen in (*akk*)

empennage [emˈpenɪdʒ; *US* ˌɑːmpəˈnɑːʒ] S FLUG Leitwerk *n*

emperor [ˈempərə(r)] S 1 Kaiser *m* 2 → purple emperor; **~ boa** S ZOOL Kaiserboa *f*; **~ fish** S Kaiserfisch *m*; **~ moth** S ZOOL Kleines Nachtpfauenauge; **~ penguin** S ZOOL Kaiserpinguin *m*

empery [ˈempərɪ] S *poet* 1 Kaiserreich *n* 2 absolute Herrschaft

emphasis [ˈemfəsɪs] *pl* **-ses** [-siːz] S 1 Betonung *f*: a LING Ton *m*, Akzent *m* (*beide*: **on** auf *dat*) b RHET Emphase *f*, Hervorhebung *f* 2 *fig* Betonung *f*: a Gewicht *n*, Schwerpunkt *m* b Nachdruck *m*: **lay** (*od* **place, put**) **~ on** → emphasize; **give ~ to sth** e-r Sache Nachdruck verleihen; **the ~ of the reform was on discipline** der Nachdruck *od* der Schwerpunkt *od* das Schwergewicht der Reform lag auf Disziplin; **with ~** nachdrücklich, mit Nachdruck; **he spoke with special ~ on** er legte in s-r Rede besonderen Nachdruck auf (*akk*) 3 MAL *etc* Deutlichkeit *f*, Schärfe *f*: **the sunlight gave ~ to the shape of the mountain** das Sonnenlicht hob die Konturen des Berges hervor; **emphasize** [-saɪz] VT 1 (nachdrücklich) betonen, Nachdruck legen auf (*akk*), hervorheben, unterstreichen 2 besonderen Wert legen auf (*akk*)

emphatic [ɪmˈfætɪk; em-] ADJ (ADV **~ally**) 1 nachdrücklich: a emphatisch, betont, ausdrücklich, deutlich b bestimmt, (ganz) entschieden: **it is my ~ opinion that ...** ich bin der festen Meinung, dass ... 2 emphatisch, eindringlich

emphysema [ˌemfɪˈsiːmə] S MED Emphysem *n*: a *Luftansammlung im Gewebe* b *Aufblähung von Organen od Körperteilen, bes bei e-m vermehrten Luftgehalt in den Lungen*

empire [ˈempaɪə(r)] A S 1 Reich *n*, Imperium *n* (*beide a.* WIRTSCH *u. fig*): **the (British) ♀** HIST das Empire, das britische Weltreich 2 Kaiserreich *n* 3 (Ober)Herrschaft *f*, Gewalt *f* (*beide*: **over** über *akk*) B ADJ 1 ♀ Empire..., im Empirestil: **~ furniture** 2 Reichs...: **~ building** a Schaffung *f* e-s Weltreichs b *fig* Bildung *f* e-r Hausmacht, Schaffung *f* e-s eigenen (kleinen) Imperiums; **♀ Day** S *obs brit. Staatsfeiertag am 24. Mai, dem Geburtstag der Königin Victoria*; **♀ State** S *US* (*Beiname für den Staat*) New York *n*; **♀ State of the South** S *US* (*Beiname für den Staat*) Georgia *n*

empiric [emˈpɪrɪk] A S 1 *wissenschaftlich*: Empiriker(in) 2 *obs* Kurpfuscher(in) B ADJ (ADV **~ally**) → empirical; **empirical** ADJ (ADV **~ly**) 1 *wissenschaftlich*: empirisch, erfahrungsmäßig, Erfahrungs...: **~ formula** CHEM empirische Formel, Summen-, Bruttoformel *f* 2 *obs* kurpfuscherhaft

empiricism [emˈpɪrɪsɪzəm] S 1 PHIL Empirismus *m* (*Lehre, dass alle Erkenntnis nur auf Erfahrung beruhen kann*) 2 *wissenschaftlich*: Empirie *f*, Erfahrungsmethode *f* 3 *obs* Kurpfuscherei *f*; **empiricist** A S 1 PHIL Empirist(in) 2 → empiric A B ADJ 1 PHIL empiristisch 2 → empirical

emplace [ɪmˈpleɪs] VT 1 aufstellen 2 MIL *Geschütze* in Stellung bringen; **emplacement** S 1 Aufstellung *f* 2 MIL a Geschütz-, Feuerstellung *f* b Bettung *f*

emplane [ɪmˈpleɪn] FLUG A VT *Passagiere* an Bord nehmen, *Waren a.* verladen (**for** nach) B VI an Bord gehen

employ [ɪmˈplɔɪ] A VT 1 *j-n* beschäftigen (**as** als): **the firm ~s 50 men** 2 *j-n* an-, einstellen 3 an-, verwenden, gebrauchen: **~ force** Gewalt anwenden; **~ sb's services** j-s Dienste in Anspruch nehmen 4 (**in**) *Energie etc* widmen (*dat*), *Zeit* verbringen (mit): **~ all one's energies in sth** e-r Sache s-e ganze Kraft widmen; **be ~ed in doing sth** damit beschäftigt sein, etwas zu tun 5 **~ a lot of time** viel Zeit kosten B S Dienst(e) *m(pl)*, Beschäftigung(sverhältnis) *f(n)*: **in ~** beschäftigt; **out of ~** ohne Beschäftigung, stellen-, arbeitslos; **be in sb's ~** in j-s Dienst(en) stehen, bei j-m beschäftigt *od* angestellt sein; **employable** ADJ 1 arbeitsfähig 2 an-, einstellbar, zu beschäftigen(d) 3 an-, verwendbar, verwendungsfähig; **employe** [ɪmˌplɔɪˈiː] *US für* employee; **employee** [ˌemplɔɪˈiː; *US bes* ɪmˌplɔɪˈiː] S Arbeitnehmer(in), *engS.* Angestellte(r) *m/f(m)*, Arbeiter(in): **the ~s** *pl* a die Arbeitnehmer(schaft) b die Belegschaft (*e-s Betriebes*); **~'s contribution** Arbeitnehmeranteil *m* (*zur Sozialversicherung*); **employer** S a Arbeitgeber(in) b Unternehmer(in): **~s' association** Arbeitgeberverband *m*; **~'s contribution** Arbeitgeberanteil *m* (*zur Sozialversicherung*); **~'s insurance** Betriebshaftpflichtversicherung *f*; **~'s liability** Unternehmerhaftpflicht *f*

employment S 1 Beschäftigung *f* (*a. allg*), Arbeit *f*, (An)Stellung *f*: **in ~** beschäftigt; **out of ~** ohne Beschäftigung, stellen-, arbeitslos; **give ~ to sb** j-n beschäftigen (→ 2) 2 Ein-, Anstellung *f*: **give ~ to sb** j-n ein- *od* anstellen (→ 1) 3 Beruf *m*, Tätigkeit *f* 4 An-, Verwendung *f*; **~ agency** S *Br* private Arbeits- *od* Stellenvermittlung; **~ contract** S Arbeitsvertrag *m*; **~ exchange** S *Br obs* Arbeitsamt *n*; **~ market** S Arbeits-, Stellenmarkt *m*; **~ office** S *Br* Arbeitsamt *n*; **~ permit** S Arbeitserlaubnis *f*; **~ program(me)** S Beschäftigungsprogramm *n*

empoison [ɪmˈpɔɪzn] VT 1 *obs* vergiften (*a. fig*) 2 → embitter 2

emporium [emˈpɔːrɪəm; *US a.* ɪmˈpəʊ-] *pl* **-riums, -ria** [-rɪə] S 1 a Handelszentrum *n* b Markt *m* (*Stadt*) 2 Warenhaus *n*

empower [ɪmˈpaʊə(r)] VT 1 bevollmächtigen, ermächtigen (*beide*: **to do** zu tun): **be ~ed** *a.* befugt sein 2 befähigen (**to do** zu tun)

empress [ˈemprɪs] S 1 Kaiserin *f* 2 *fig* Beherrscherin *f* (*Land*): **the ~ of the seas**

emprise [emˈpraɪz] S *obs* Unternehmen *n*, Wagnis *n*

emptiness [ˈemptɪnɪs] S 1 Leerheit *f*, Leere *f* 2 *fig* Hohlheit *f*, (innerliche *od* inhaltliche) Leere 3 Mangel *m* (**of** an *dat*)

empty [ˈemptɪ] A ADJ (ADV **emptily**) 1 leer: **feel ~** a sich (innerlich) leer fühlen b *umg* Kohldampf schieben; **~ nesters** Eltern, deren Kinder (erwachsen u.) aus dem Haus sind; **~-nest syndrome** PSYCH *Syndrom, das dann auftritt, wenn die Kinder (erwachsen u.) aus dem Haus sind*; → stomach A 1, vessel 1 2 leer (stehend), unbewohnt: **stand ~** leer stehen 3 leer, unbeladen: **~ weight** Eigen-, Leergewicht *n* 4 **~ of** ohne (*akk*): **~ of joy** freudlos; **~ of meaning** nichtssagend; **~ of traffic** leer 5 *fig* leer, nichtssagend, inhaltslos: **~ promises** leere Versprechungen; **~ talk** leeres *od* hohles Gerede B VT 1 (aus)leeren, entleeren, leer machen, *ein Fach etc* ausräumen, *e-n Lastwagen etc* abladen, *e-e Pfeife* ausklopfen: **~ one's bladder** die Blase entleeren 2 *ein Glas etc* leeren, leer trinken, austrinken, *e-n Teller etc* leeren, leer essen 3 *ein Haus etc* räumen 4 schütten, leeren, gießen (*alle*: **into** in *akk*) 5 **~ itself** → C 2 6 berauben (**of** *gen*): **~ sth of its importance** e-r Sache ihre Bedeutung nehmen C VI 1 leer werden, sich leeren 2 sich ergießen, münden (*beide*: **into the sea** ins Meer) D S leerer Behälter, *bes* leere Flasche, *pl a.* Leergut *n*; **~-handed** ADJ mit leeren Händen; **~-headed** ADJ hohlköpfig

emu[1] [ˈiːmjuː] S ORN Emu *m*

EMU[2], **e.m.u.** ABK electromagnetic unit(s PL)

EMU[3] ABK European Monetary Union EWU *f*

emulate [ˈemjʊleɪt] VT 1 wetteifern mit 2 *j-m* nacheifern, es *j-m* gleichtun wollen 3 IT *e-n Computer* emulieren (*in s-n Funktionen nachahmen*); **emulation** S 1 Wetteifer *m* 2 Nacheifern *n*: **in ~ of sb** in dem Bestreben, es j-m gleichzutun 3 IT Emulation *f*; **emulative** [-lətɪv; *US* -ˌleɪ-] ADJ: **be ~ of** → emulate; **emulator** [-tə(r)] S 1 Wetteiferer *m*, Wetteiferin *f* 2 Nacheiferer *m*, Nacheiferin *f* 3 IT Emulator *m* (*Emulationsprogramm*)

emulsifiable [ɪˈmʌlsɪfaɪəbl] ADJ CHEM emulgierbar; **emulsification** [-fɪˈkeɪʃn] S Emulgierung *f*; **emulsifier** [-faɪə(r)] S Emulgator *m*; **emulsify** [-faɪ] VT & VI emulgieren

emulsion [ɪˈmʌlʃn] S CHEM, MED, FOTO Emulsion *f*: **~ (paint)** Emulsionsfarbe *f*; **emulsionize** → emulsify; **emulsive** [-sɪv] ADJ emulsionsartig, Emulsions...

en [en] A S 1 N, n *n* (*Buchstabe*) 2 TYPO Halbgeviert *n* B ADJ TYPO Halbgeviert...

enable [ɪˈneɪbl] VT 1 *j-n* berechtigen, ermächtigen: **~ sb to do sth** j-n dazu ermächtigen, etwas zu tun; **enabling act** POL Ermächtigungsgesetz *n* 2 *j-n* befähigen, *j-n* in den Stand setzen, *j-n* in die Lage versetzen, es *j-m* möglich machen *od* ermöglichen: **this ~d me to come** dies machte es mir möglich zu kommen 3 *etwas* möglich machen, ermöglichen: **~ sth to be done** es ermöglichen, dass etwas geschieht; **this ~s the housing to be detached** dadurch kann das Gehäuse abgenommen werden

enact [ɪˈnækt] VT 1 JUR a *ein Gesetz* erlassen b *Maßnahmen etc* gesetzlich anordnen *od* verfügen c *e-m Parlamentsbeschluss* Gesetzeskraft verleihen, *etwas* zum Gesetz erheben: **be ~ed** Gesetzeskraft erlangen (→ 2 c); **~ing clause** Einführungsklausel *f* 2 a THEAT *etc ein Stück* aufführen, inszenieren b THEAT *etc e-e Person od Rolle* darstellen, spielen c *fig* in Szene setzen: **be ~ed** über die Bühne gehen, sich abspielen (→ 1); **enactment** S 1 JUR a Erlassen *n* (*e-s Gesetzes*) b Erlass *m* c gesetzliche Anordnung *od* Verfügung (*von Maßnahmen etc*) 2 THEAT *etc*

Spiel *n*, Darstellung *f* (*e-r Rolle*)

enamel [ɪ'næml] A S 1 Email(le) *n(f)*, Schmelzglas *n* (*auf Metall*) 2 Glasur *f* (*auf Töpferwaren*) 3 Email- *od* Glasurmasse *f* 4 Emailgeschirr *n* 5 MAL Emailmalerei *f* 6 TECH Lack *m*, (Schmelz)Glasur *f*, Schmelz *m* 7 ANAT (Zahn)Schmelz *m*: **~ cell** innere Schmelzzelle 8 Nagellack *m* B V/T *prät u. pperf* **-eled**, *bes Br* **-elled** 1 emaillieren 2 glasieren 3 lackieren: **~ one's nails** sich die Nägel lackieren 4 in Email malen 5 in leuchtenden Farben schmücken C V/I in Email arbeiten *od* malen D ADJ 1 a Email…: **~ painting** → A 5; **~ ware** → A 4 b Emaillier…: **~ kiln** Emaillierofen *m* 2 ANAT (Zahn)Schmelz…; **enameler**, *bes Br* **enameller** S Emailleur(in), Emaillierer(in)

enamor, *bes Br* **enamour** [ɪ'næmə(r)] V/T: **be ~ed of** (*od* **with**) a verliebt sein in (*akk*) b *fig* gefesselt *od* bezaubert *od* angetan sein von

enarthrosis [ˌenɑː(r)'θrəʊsɪs] *pl* -ses [-siːz] S ANAT Enarthrose *f*, Nussgelenk *n*

enation [ɪ'neɪʃn] S BOT Auswuchs *m*

en bloc [ɑ̃blɔk] ADV en bloc, im Ganzen, als Ganzes

enc. ABK 1 enclosed 2 enclosure

encaenia [en'siːnjə] S Gründungs-, Stiftungsfest *n*

encage [ɪn'keɪdʒ] V/T (in e-n Käfig) einsperren, einschließen

encamp [ɪn'kæmp] A V/I 1 sein Lager aufschlagen 2 MIL lagern B V/T MIL lagern lassen: **be ~ed** lagern; **encampment** S MIL 1 (Feld)Lager *n* 2 Lagern *n*

encapsulate [ɪn'kæpsjʊleɪt; *US* -psəˌleɪt] V/T 1 ein-, verkapseln 2 *Fakten etc* zusammenfassen

encarpus [en'kɑː(r)pəs] *pl* -pi [-paɪ] S ARCH Fruchtgirlande *f*

encase [ɪn'keɪs] V/T 1 einschließen 2 umschließen, (um)hüllen: **~d in** gehüllt in (*akk*), umhüllt von; **encasement** S 1 Einschließung *f* 2 Umschließung *f*, -hüllung *f*, Hülle *f*

encash [ɪn'kæʃ] V/T *Br e-n Scheck etc* einlösen; **encashable** ADJ *Br* einlösbar; **encashment** S *Br* Einlösung *f*

encaustic [en'kɔːstɪk; ɪn-] MAL A ADJ (ADV **~ally**) enkaustisch: a eingebrannt b *die Enkaustik betreffend*: **~ tile** buntglasierte Kachel B S a. **~ painting** Enkaustik *f*, enkaustische Malerei

enceinte[1] [ɑ̃ːŋ'sæːnt] ADJ schwanger: **be five months ~** im 5. Monat schwanger sein

enceinte[2] [ɑ̃ːŋ'sæːnt] S 1 MIL Enceinte *f*, Umwallung *f* 2 ummauerter Stadtteil

encephala [en'kefələ; *US* ɪn'sefələ] *pl von* encephalon

encephalic [ˌenkə'fælɪk; ˌensɪ'f-] ADJ ANAT, MED Gehirn…; **encephalitic** [ˌenkefə'lɪtɪk; *US* ɪnˌsefə'l-] ADJ MED enzephalitisch

encephalitis [ˌenkefə'laɪtɪs; *US* ɪnˌsefə'l-] S MED Enzephalitis *f*, Gehirnentzündung *f*; **~ lethargica** [le'θɑː(r)dʒɪkə; -lɪ-] S epidemische Enzephalitis, Kopfgrippe *f*

encephalocele [en'sefələʊsiːl; ɪn-] S MED Enzephalozele *f*, Hirnbruch *m*; **encephalogram** [-ləʊgræm], **encephalograph** [-ləʊgrɑːf; *bes US* -græf] S MED Enzephalogramm *n* (*Röntgenbild der Gehirnkammern*); **encephalography** [-'lɒgrəfɪ; *US* -'lɑ-] S MED Enzephalografie *f*; **encephaloma** [ˌenkefə'ləʊmə; *US* ɪnˌsefə'l-] *pl* -mas, -mata [-tə] S MED (Ge)Hirntumor *m*; **encephalomyelitis** [-ləʊˌmaɪə'laɪtɪs] S MED, VET Enzephalomyelitis *f* (*Entzündung von Hirn u. Rückenmark*); **encephalon** [en'kefəlɒn; *US* ɪn'sefəˌlɑn] *pl* -la [-lə] S ANAT Enzephalon *n*, Gehirn *n*; **encephalopathy** [-'lɒpəθɪ; *US* -'lɑ-] S MED Enzephalopathie *f* (*organische Erkrankung des Gehirns*)

enchain [ɪn'tʃeɪn] V/T 1 in Ketten legen 2 **be ~ed in** *fig* gefangen sein in (*dat*) 3 *fig die Aufmerksamkeit* fesseln

enchant [ɪn'tʃɑːnt; *US* ɪn'tʃænt] V/T 1 verzaubern: **~ed wood** Zauberwald *m* 2 *fig* bezaubern, entzücken: **be ~ed** entzückt sein (**by, with** von); **enchanter** S Zauberer *m*; **enchanting** ADJ (ADV **~ly**) bezaubernd, entzückend, hinreißend; **enchantment** S 1 Verzauberung *f*, 2 Zauber(bann) *m* 3 Zauberei *f* 4 *fig* a Zauber *m* b Bezauberung *f*, Entzücken *n*; **enchantress** [-trɪs] S 1 Zauberin *f* 2 *fig* bezaubernde Frau

enchase [ɪn'tʃeɪs] V/T 1 *e-n Edelstein* fassen 2 ziselieren, ausmeißeln: **~d work** getriebene Arbeit 3 *Muster* (ein)gravieren (**on** in *akk*); **enchaser** S 1 Ziseleur(in) 2 Graveur(in)

enchiridion [ˌenkaɪə'rɪdɪən] *pl* -ions, -ia [-ə] S Handbuch *n*, Leitfaden *m*

enchondroma [ˌenkən'drəʊmə] *pl* -mas, -mata [-mətə] S MED Enchondrom *n*, Knorpelgeschwulst *f*

encipher [ɪn'saɪfə(r)] → encode

encircle [ɪn'sɜːkl; *US* ɪn'sɜrkəl] V/T 1 umgeben: **~d by** (*od* **with**) **trees** von Bäumen umgeben *od* umstanden 2 umfassen, umschlingen, umschließen: **he ~d her in his arms** er legte *od* schlang s-e Arme um sie 3 einkreisen (*a.* POL), umzingeln, MIL *a.* einkesseln; **encirclement** S Einkreisung *f* (*a.* POL), Umzing(e)lung *f*, MIL *a.* Einkesselung *f*: **policy of ~** Einkreisungspolitik *f*

encl. ABK 1 enclosed 2 enclosure

enclasp [ɪn'klɑːsp; *US* ɪn'klæsp] V/T umfassen, umschließen

enclave ['enkleɪv] A V/T *ein Gebiet* einschließen, umgeben B S Enklave *f*

enclisis ['eŋklɪsɪs] *pl* -ses [-siːz] S LING Enklisis *f*, Enklise *f* (*Verschmelzung e-s unbetonten Wortes mit e-m vorangehenden betonten*); **enclitic** [ɪn'klɪtɪk; *bes US* en-] A ADJ (ADV **~ally**) enklitisch B S Enklitikon *n* (*unbetontes Wort, das mit e-m vorangehenden betonten verschmilzt*)

enclose [ɪn'kləʊz] V/T 1 einschließen, TECH *a.* einkapseln (in *dat od akk*), umgeben (mit): **~d motor** geschlossener Motor 2 *Land* einfried(ig)en, umzäunen 3 umringen 4 (*mit der Hand etc*) umfassen 5 beilegen, -fügen (*beide:* **in** *dat*): **I ~d a cheque in my last letter**; **enclosed** [-zd] ADJ anbei, beiliegend, in der Anlage: **~ please find …** in der Anlage erhalten Sie *od* senden wir Ihnen …

enclosure [ɪn'kləʊʒə(r)] S 1 Einschließung *f* 2 a Einfried(ig)ung *f*, Umzäunung *f* b Einfassung *f*, Zaun *m*, Mauer *f* 3 Anlage *f* (*zu e-m Brief etc*)

enclothe [ɪn'kləʊð] → clothe

encode [en'kəʊd; ɪn-] V/T *e-n Text* verschlüsseln, chiffrieren; **encodement** S Verschlüsselung *f*, Chiffrierung *f*

encomium [en'kəʊmɪəm] *pl* -miums, -mia [-ə] S (**of**) Enkomion *n*, Enkomium *n*, Lobrede *f*, Loblied *n* (auf *akk*), Lobpreisung *f* (*gen*)

encompass [ɪn'kʌmpəs] V/T 1 umgeben (**with** mit) 2 *fig* umfassen 3 *fig j-s Ruin etc* herbeiführen

encore [ɒŋ'kɔː; *US* 'ɑːnˌkəʊr; -ˌkɔːr] A INT a da capo! b Zugabe! B S 1 Dakapo(ruf) *n(m)* 2 a Wiederholung *f* (*e-r Arie etc*) b Zugabe *f*: **he gave several ~s; he got an ~** er musste e-e Zugabe geben C V/T a die Wiederholung *e-r Arie etc* verlangen *od* erzwingen b von *j-m* e-e Zugabe verlangen *od* erzwingen; **~ presentation** S TV (einfallslose) Fernsehwiederholung

encounter [ɪn'kaʊntə(r)] A V/T 1 *j-m od e-r Sache* begegnen, *j-n* treffen, auf *j-n*, *a. Widerstand, Schwierigkeiten etc* stoßen, in *Gefahr* geraten 2 mit *j-m* (*feindlich*) zusammenstoßen *od* aneinandergeraten 3 *j-m* entgegentreten B V/I sich begegnen, sich treffen C S 1 (*feindliche*) Begegnung, Zusammenstoß *m* 2 Begegnung *f*, zufälliges Zusammentreffen (*beide:* **of, with** mit) 3 *Sensitivitätstraining:* Trainingsgruppensitzung *f*: **~ group** Trainingsgruppe *f*, T-Gruppe *f*; **~ grouper** Mitglied *n* e-r Trainingsgruppe

encourage [ɪn'kʌrɪdʒ; *US bes* ɪn'kɜr-] V/T 1 ermutigen, ermuntern (*beide:* **to** zu; **to do** zu tun), *j-m* Mut machen 2 *e-e Mannschaft etc* anfeuern 3 *j-n* unterstützen, bestärken (*beide:* **in** in *dat*) 4 *etwas* fördern, unterstützen 5 *etwas* fördern, begünstigen; **encouragement** S 1 Ermutigung *f*, Ermunterung *f*: **I gave him no ~ to do so** ich habe ihn nicht dazu ermutigt 2 Anfeuerung *f*: **cries of ~** Anfeuerungsrufe 3 Unterstützung *f*, Bestärkung *f* 4 Förderung *f* 5 Begünstigung *f*; **encouraging** ADJ (ADV **~ly**) 1 ermutigend 2 hoffnungsvoll, vielversprechend

encroach [ɪn'krəʊtʃ] A V/I 1 (**on, upon**) eingreifen (in *j-s Besitz od Recht*), unberechtigt eindringen (in *akk*), sich Übergriffe leisten (in, auf *akk*), (*j-s Recht*) verletzen 2 über Gebühr in Anspruch nehmen, missbrauchen (*beide:* **on, upon** *akk*): **~ (up)on sb's kindness** 3 schmälern, beeinträchtigen (*beide:* **on, upon** *akk*): **~ (up)on sb's rights** B S *obs für* encroachment; **encroachment** S 1 (**on, upon**) Eingriff *m* (in *akk*), Übergriff *m* (in, auf *akk*), Verletzung *f* (*gen*) 2 Schmälerung *f*, Beeinträchtigung *f* (**on, upon** *gen*) 3 Übergreifen *n*, Vordringen *n*: **~ of swamps** GEOG Versumpfung *f*

encrust [ɪn'krʌst] → incrust

encrypt [ɪn'krɪpt] V/T *e-n Text* verschlüsseln, chiffrieren; **encryption** S Verschlüsselung *f*, Chiffrierung *f*

enculturation [enˌkʌltʃə'reɪʃn; ɪn-] S Enkulturation *f* (*das Hineinwachsen des Einzelnen in die Kultur der ihn umgebenden Gesellschaft*)

encumber [ɪn'kʌmbə(r)] V/T 1 (be-)hindern 2 beladen, belasten (*beide:* **with** mit) 3 (dinglich) belasten: **~ed estate** belastetes Grundstück; **~ed with debts** (völlig) verschuldet; **~ed with mortgages** hypothekarisch belastet 4 *Räume* vollstopfen, überladen (*beide:* **with** mit); **encumberment** S 1 Behinderung *f* 2 Belastung *f*; **encumbrance** S 1 Last *f*, Belastung *f*, Hindernis *n*, Behinderung *f*, Beschwerde *f*: **~ in walking** Behinderung beim Gehen; **be an ~ to sb** j-n behindern, e-e Belastung für j-n sein 2 (Familien)Anhang *m*, *bes* Kinder *pl* 3 WIRTSCH, JUR (Grundstücks)Belastung *f*, Hypotheken-, Schuldenlast *f*; **encumbrancer** S JUR Hypothekengläubiger(in)

encyclical [en'sɪklɪkl; ɪn-] *a.* **encyclic** A ADJ: **encyclical letter** a Rundschreiben *n* b → B B S KATH Enzyklika *f* (*päpstliches Rundschreiben*)

encyclop(a)edia [enˌsaɪkləʊ'piːdjə; -dɪə; ɪn-] S Enzyklopädie *f*; **encyclop(a)edic** ADJ, **encyclop(a)edical** [-kl] ADJ (ADV **~ly**) enzyklopädisch, universal, umfassend (*Wissen etc*); **encyclop(a)edism** S 1 enzyklopädischer Charakter 2 enzyklopädisches Wissen; **encyclop(a)edist** S Enzyklopädiker *m*

encyst [en'sɪst; ɪn-] V/T MED, ZOOL ab-, einkapseln; **encysted** ADJ abgekapselt, verkapselt: **~ tumo(u)r** MED abgekapselter Tumor; **encystment** S MED, ZOOL Ein-, Verkapselung *f*

end [end] A V/T 1 *a.* **~ off** beenden, zu Ende bringen *od* führen, *e-r Sache* ein Ende machen: **~ it all** *umg* Schluss machen (*sich umbringen*) 2 töten, umbringen 3 a *a.* **~ up** *etwas* ab-, be-

E

schließen *(beide:* **with** mit) **b** *den Rest s-r Tage* zu-, verbringen, *s-e Tage* beschließen **4** übertreffen: **the dictionary to ~ all dictionaries** das beste Wörterbuch aller Zeiten; **he's a husband to ~ all husbands** er ist ein absoluter Mustergatte **B** V/I **1** enden, aufhören, zu Ende kommen, schließen: **when the war ~ed** bei Kriegsende; **all's well that ~s well** Ende gut, alles gut; **where is all this going to ~?** wo soll das alles nur hinführen? **2** *a.* **~ up** enden, ausgehen *(beide:* **by, in, with** damit, dass): **the story ~s happily** die Geschichte geht gut aus; **~ in disaster** (*od* **a fiasco**) mit e-m Fiasko enden; **it ~ed with** (*od* **in**) **sb getting hurt** schließlich führte es dazu, dass j-d verletzt wurde; **he will ~ by marrying her** er wird sie schließlich heiraten **3** sterben **4** **~ up** **a** enden, landen *umg (beide:* **in prison** im Gefängnis) **b** enden (**as** als): **he ~ed up as an actor** er wurde schließlich Schauspieler **C** S **1** *(örtlich)* Ende *n*: **at the ~ of the back straight** SPORT eingangs der Zielkurve; **begin at the wrong ~** am falschen Ende anfangen; **from one ~ to another, from ~ to ~** von e-m Ende zum anderen, vom Anfang bis zum Ende **2** Ende *n*, (entfernte) Gegend: **to the ~ of the world** bis ans Ende der Welt; **the other ~ of the street** das andere Ende der Straße **3** Ende *n*, Endchen *n*, Rest *m*, Stück(chen) *n*, Stummel *m*, Stumpf *m* **4** Ende *n*, Spitze *f (e-s Bleistifts etc)* **5** SCHIFF *(Kabel-, Tau)* Ende *n* **6** *a.* TECH Stirnseite *f*, -fläche *f*, Ende *n*: **the two trains hit each other ~ on** die beiden Züge stießen frontal zusammen; **put two tables ~ to ~** zwei Tische mit den Schmalseiten *od* Enden aneinanderstellen **7** *(zeitlich)* Ende *n*, Schluss *m*: **"the ~"** (FILM *etc)* „Ende"; **in the ~** am Ende, schließlich; **at the ~ of May** Ende Mai; **at the ~ of the season** am Saisonende; **to the ~ of time** bis in alle Ewigkeit; **without ~** unaufhörlich, endlos, immer u. ewig; **there is no ~ in sight** es ist kein Ende abzusehen; **there is no ~ to it** es hat *od* nimmt kein Ende **8** Tod *m*, Ende *n*, Untergang *m*: **be near one's ~** dem Tod nahe sein; **you will be the ~ of me!** du bringst mich noch ins Grab! **9** Resultat *n*, Ergebnis *n*, Folge *f*: **the ~ of the matter was that …** die Folge (davon) war, dass … **10** *meist pl* Absicht *f*, (End)Zweck *m*, Ziel *n*: **~ in itself** Selbstzweck; **the ~ justifies** (*od* **sanctifies**) **the means** der Zweck heiligt die Mittel; **to this ~** zu diesem Zweck; **gain one's ~s** sein Ziel erreichen; **for one's own ~** zum eigenen Nutzen; **private ~s** Privatinteressen; **to no ~** vergebens

Besondere Redewendungen: **no ~ of applause** *umg* nicht enden wollender Beifall; **no ~ of trouble** *umg* endlose Scherereien; **he is no ~ of a fool** *umg* er ist ein Vollidiot; **we had no ~ of fun** *umg* wir hatten e-n Mordsspaß; **no ~ disappointed** *umg* maßlos enttäuscht; **on ~** **a** ununterbrochen, hintereinander **b** aufrecht stehend, hochkant **for hours on ~** stundenlang; **place** (*od* **put**) **sth on (its) ~** etwas aufrecht *od* hochkant stellen; **hy hair stood on ~** mir standen die Haare zu Berge; **~ to ~** der Länge nach, hintereinander; **at our** (*od* **this**) **~** *umg* hier bei uns; **at your ~** *umg* bei Ihnen, dort, in Ihrer Stadt; **how are things at your ~?** *umg* was tut sich bei Ihnen?; **be at an ~** **a** zu Ende sein, aus sein **b** mit s-n Mitteln *od* Kräften am Ende sein **my patience is at an ~** m-e Geduld ist zu Ende; **you are the (absolute) ~** *umg* **a** du bist (doch) das Letzte **b** du bist (echt) zum Brüllen **that's the (absolute) ~** *umg* **a** das ist (doch) das Letzte **b** das ist (einfach) sagenhaft *iron.* **bring to an ~** *e-e Versammlung etc* beenden; **come** (*od* **draw**) **to an ~** ein Ende nehmen *od* finden, zu Ende gehen; **come to a bad ~** ein schlimmes *od* böses Ende nehmen, bös enden; **you'll come to a bad ~** mit dir wird es (noch einmal) ein schlimmes Ende nehmen; **get one's ~ away** *Br vulg sl* bumsen *(Geschlechtsverkehr haben)*; **go off (at) the deep ~** *umg* hochgehen, wütend werden; **have an ~** ein Ende haben *od* nehmen; **have sth at one's finger's ~** *umg* etwas aus dem Effeff beherrschen, etwas *(Kenntnisse)* parat haben; **keep one's ~ up** *umg* **a** s-n Mann stehen **b** sich nicht unterkriegen lassen **make (both) ~s meet** durchkommen, (finanziell) über die Runden kommen *(beide:* **on** mit); **make an ~ of** (*od* **put an ~ to**) **sth** Schluss machen mit etwas, e-r Sache ein Ende setzen; **put an ~ to o.s.** s-m Leben ein Ende machen *od* setzen; → loose A 3 b, sharp A 1

end| abutment S TECH Landpfeiler *m (e-r Brücke)*; **~-all** → be-all

endamage [ɪn'dæmɪdʒ] V/T *j-m, e-r Sache* schaden, *j-s Ruf* schädigen

endanger [ɪn'deɪndʒə(r)] V/T gefährden, in Gefahr bringen: **~ a country** die Sicherheit e-s Landes gefährden; **endangered** ADJ gefährdet: **a** in Gefahr **b** BOT, ZOOL vom Aussterben bedroht

end|brain S ANAT Endhirn *n*; **~ consumer** S WIRTSCH End-, Letztverbraucher(in)

endear [ɪn'dɪə(r)] V/T beliebt machen (**to sb** bei j-m): **~ o.s. to sb** **a** j-s Zuneigung gewinnen **b** sich bei j-m lieb Kind machen *pej*; **endearing** ADJ (ADV **~ly**) **1** gewinnend *(Lächeln etc)* **2** liebenswert *(Eigenschaften etc)*; **endearment** S: **(term of) ~** Kosename *m*, -wort *n*; **words of ~, ~s** liebe *od* zärtliche Worte

endeavor, *bes Br* **endeavour** [ɪn'devə(r)] **A** V/I **(after)** sich bemühen (um), streben, trachten (nach) **B** V/T (ver)suchen, bemüht *od* bestrebt sein *(alle:* **to do sth** etwas zu tun) **C** S (eifrige) Bemühung, Anstrengung *f*, Bestreben *n*: **in the ~ to do sth** in dem Bestreben, etwas zu tun; **make every ~** sich nach Kräften bemühen, alles Erdenkliche versuchen; **do one's best ~s** sich alle Mühe geben

endemic [en'demɪk] **A** ADJ (ADV **~ally**) endemisch: **a** (ein)heimisch **b** MED *örtlich begrenzt auftretend (Infektionskrankheit)* **c** BOT, ZOOL *in e-m bestimmten Gebiet verbreitet* **B** S **1** MED endemische (Infektions)Krankheit **2** BOT, ZOOL endemische Pflanze, endemisches Tier: **~s** Endemiten; **endemical** → endemic A; **endemicity** [ˌendə'mɪsətɪ], **endemism** ['endəmɪzəm] S **1** MED Endemie *f (örtlich begrenztes Auftreten e-r Infektionskrankheit)* **2** BOT, ZOOL Endemismus *m (Verbreitung in e-m bestimmten Gebiet)*

endermic [en'dɜːmɪk; *US* -'dɜr-] ADJ (ADV **~ally**) MED endermal: **a** in der Haut (befindlich) **b** in die Haut (eingeführt)

end| game S Schlussphase *f (e-s Spiels)*, *(Schach)* Endspiel *n*; **~gate** S AUTO *etc US* Ladeklappe *f*; **~-grain** ADJ TECH Hirnholz…

ending ['endɪŋ] S **1** Beendigung *f*, Abschluss *m* **2** Ende *n*, Schluss *m*: **happy ~** Happy End *n*; **the play has a happy (tragic) ~** das Stück geht gut aus (endet tragisch) **3** Tod *m*, Ende *n* **4** LING Endung *f*

endive ['endɪv; -daɪv] S BOT (Winter-)Endivie *f*

endless ['endlɪs] ADJ (ADV **~ly**) **1** *bes* MATH endlos, ohne Ende, unendlich **2** endlos, unendlich lang *(Rede etc)*: **the wait seemed ~** das Warten schien kein Ende zu nehmen **3** ununterbrochen, unaufhörlich, ewig *umg*, ständig *(Streitereien etc)* **4** TECH endlos, Endlos…: **~ belt** endloses Band, Transmissionsband *n*; **~ chain** geschlossene *od* endlose Kette; **~ form** TYPO Endlosformular *n*; **~ paper** Endlos-, Rollenpapier *n*; **~ saw** Bandsäge (-maschine) *f*; **~ screw** Schnecke *f*; **endlessness** S Unendlichkeit *f*, Endlosigkeit *f*

end| line S SPORT Endlinie *f*; **~ matter** S TYPO Endbogen *m*; **~ mill** S TECH Schaft-, Fingerfräser *m*; **~most** [-məʊst] ADJ entferntest(er, e, es), hinterst(er, e, es)

endo- [endəʊ; -də] *Wortelement mit den Bedeutungen* **a** innen, innerhalb, das Innere betreffend **b** aufnehmend, absorbierend

endoblast ['endəʊblæst] → entoblast

endocannibalism S Endokannibalismus *m (Verzehren von Angehörigen des eigenen Stammes)*

endocardial, **endocardiac** ADJ ANAT endokardial *(das innere Herz betreffend)*; **endocarditis** S MED Endokarditis *f*, Herzinnenhautentzündung *f*; **endocardium** [-'kɑː(r)dɪəm] *pl* -dia [-dɪə] S ANAT Endokard *n*, Herzinnenhaut *f*

endocarp ['endəʊkɑː(r)p] S BOT Endokarp *n (innerste Schicht der Fruchtwand)*

endocranium [ˌendəʊ'kreɪnjəm; -nɪəm] *pl* -nia [-ə] S ANAT Endokranium *n (harte [äußere] Hirnhaut)*

endocrine ['endəʊkraɪn; -krɪn] PHYSIOL **A** ADJ endokrin *(mit innerer Sekretion)*: **~ glands** **B** S **1** innere Sekretion **2** endokrine Drüse; **endocrinology** [-kraɪ'nɒlədʒɪ; -krɪ'n-; *US* -'nɑ-] S MED Endokrinologie *f (Lehre von den endokrinen Drüsen)*

endoderm ['endəʊdɜːm; *US* -ˌdɜrm] → entoblast; **endodermis** [-mɪs] S BOT Endodermis *f (innerste Zellschicht der Pflanzenrinde)*

end-of-term ADJ UNIV *Br* Trimesterabschluss…, *US* Semesterabschluss…: **~ examination**

endogamy [en'dɒgəmɪ; *US* -'dɑ-] S Endogamie *f (Heiratsordnung, nach der nur innerhalb e-r bestimmten sozialen Gruppe geheiratet werden darf)*

endogastric ADJ BIOL, MED das Mageninnere betreffend

endogenous [en'dɒdʒɪnəs; *US* -'dɑ-] ADJ endogen: **a** MED *im Körperinnern entstehend, von innen kommend (Stoffe, Krankheitserreger)*: **~ depression** PSYCH endogene Depression **b** BOT *innen entstehend (Pflanzenteile)* **c** GEOL *von Kräften im Erdinnern erzeugt*

endolymph ['endəʊlɪmf] S ANAT Endolymphe *f (Flüssigkeit im Labyrinth des Innenohrs)*

endometritis [ˌendəʊmɪ'traɪtɪs] S MED Endometritis *f (Entzündung der Gebärmutterschleimhaut)*; **endometriosis** [-ˌmiːtrɪ'əʊsɪs] S MED Endometriose *f (Auftreten verschleppten Gebärmutterschleimhautgewebes außerhalb der Gebärmutter)*; **endometrium** [-'miːtrɪəm] *pl* -tria [-ə] S ANAT Endometrium *n*, Gebärmutterschleimhaut *f*

endomitosis S BIOL Endomitose *f (Chromosomenverdoppelung im Zellkern ohne Spindelbildung u. ohne anschließende Zellteilung)*

endomorphic [ˌendəʊ'mɔː(r)fɪk] ADJ MED endomorph; **endomorphy** S MED Endomorphie *f (Konstitution e-s Menschentyps von untersetzter Gestalt und starker Neigung zum Fettansatz)*

endoparasite S BIOL, MED Endo-, Entoparasit *m (Parasit, der in den Geweben s-s Wirtes siedelt)*

endoplasm ['endəʊplæzəm] S BIOL Endo-, Entoplasma *n (innerer Teil des Zellplasmas)*

endorphin [en'dɔː(r)fɪn] S *Biochemie*: Endorphin *n (schmerzstillend wirkendes Hormon)*

endorsable [ɪn'dɔː(r)səbl] ADJ WIRTSCH indossierbar, girierbar

endorse [ɪn'dɔː(r)s] V/T **1** **a** *ein Dokument etc* auf der Rückseite beschreiben **b** *e-e Erklärung etc* vermerken (**on** auf *dat*) **c** *bes Br e-e Strafe* auf *e-m Führerschein* vermerken **2** WIRTSCH **a** *e-n Scheck etc* indossieren, girieren **b** *a.* **~ over** (durch Indossament) übertragen *od* -weisen (**to**

j-m) c *e-e Zahlung* auf der Rückseite des Wechsels *od* Schecks bestätigen d Zinszahlung(en) auf *e-m Wechsel etc* vermerken: **~ in blank** in blanko indossieren 3 a *e-n Plan etc* billigen b sich *e-r Ansicht etc* anschließen: **~ sb's opinion** j-m beipflichten; **endorsee** [ˌendɔː(r)ˈsiː; ɪnˌdɔː(r)ˈsiː] S WIRTSCH Indossat(in), Indossatar(in), Girat(in); **endorsement** S 1 a Aufschrift *f*, Vermerk *m*, Zusatz *m (auf der Rückseite von Dokumenten)* b *bes Br* Strafvermerk *m (auf e-m Führerschein)* 2 WIRTSCH a Giro *n*, Indossament *n* b Übertragung *f*: **~ in blank** Blankogiro; **~ in full** Vollgiro; **~ without recourse** Giro ohne Verbindlichkeit 3 *fig* Billigung *f* 4 WIRTSCH Nachtrag *m (zu e-r Versicherungspolice)*; **endorser** S WIRTSCH Indossant(in), Girant(in)

endoscope [ˈendəʊskəʊp] S MED Endoskop *n (Instrument zur Untersuchung von Körperhöhlen u. Hohlorganen)*; **endoscopy** [enˈdɒskəpɪ; *US* -ˈdɑ-] S Endoskopie *f*

endoskeleton S BIOL Endoskelett *n (aus Knorpel od Knochen bestehendes Innenskelett der Wirbeltiere)*

endosmosis [ˌendɒsˈməʊsɪs; *US* -ɑs-] S PHYS Endosmose *f (Bewegung positiv elektrisch geladener Teilchen auf Trägermaterial in Richtung der Kathode)*

endosperm [ˈendəʊspɜːm; *US* -ˌspɜrm] S BOT Endosperm *n*, Nährgewebe *n (des Samens)*

endow [ɪnˈdaʊ] V/T 1 e-e Stiftung machen *(dat)* 2 *etwas* stiften: **~ sb with sth** j-m etwas stiften 3 *fig* ausstatten (**with** mit): **nature ~ed him with good eyesight**; **endowed** ADJ 1 gestiftet: **~ school** mit Stiftungsgeldern finanzierte Schule 2 **be ~ with** *fig* ausgestattet sein mit: **be ~ by nature with many talents** viele natürliche Begabungen haben; **she is ~ with both beauty and brains** sie ist nicht nur schön, sondern auch intelligent; **endowment** S 1 a Stiftung *f* b *meist pl* Stiftungsgeld *n* 2 *fig* Begabung *f*, Talent *n* 3 **~ insurance** (*Br* **assurance, policy**) Kapitalversicherung *f* mit Rentenwahlrecht

end| paper S *Buchbinderei*: Vorsatzblatt *n*; **~ plate** S 1 ANAT Nervenendplatte *f* 2 TECH Endplatte *f*; **~ play** S TECH Längsspiel *n*; **~ product** S 1 WIRTSCH, TECH Endprodukt *n* 2 *fig* (End)Produkt *n*; **~ rhyme** S Endreim *m*; **~ stone** S TECH Deckstein *m*; **~ table** S *US* (kleiner) Tisch *(am Sofaende etc)*; **~ terrace** S *Br* Reiheneckhaus *n*; **~ thrust** S TECH Längs-, Axialdruck *m*

endue [ɪnˈdjuː; *US a.* ɪnˈduː] V/T 1 *Kleider etc* anlegen 2 bekleiden (**with** mit), kleiden (**in** in *akk*) 3 → endow 3 4 ausstatten, versehen *(beide:* **with** mit); **endued** → endowed 2

endurable [ɪnˈdjʊərəbl; *US a.* -ˈdʊ-] ADJ (ADV endurably) erträglich, leidlich

endurance [ɪnˈdjʊərəns; *US a.* -ˈdʊ-] A S 1 Dauer *f* 2 Dauerhaftigkeit *f* 3 a Ertragen *n*, Erdulden *n*, Aushalten *n* b Ausdauer *f*, Standhaftigkeit *f*, Durchhaltevermögen *n*, SPORT *a.* Stehvermögen *n*: **beyond** (*od* **past**) **~** unerträglich, nicht auszuhalten(d) 4 Strapaze *f* 5 TECH Dauerleistung *f*, *bes* FLUG Maximalflugzeit *f* B ADJ Dauer…; **~ firing test** S MIL Dauerschussbelastung *f*; **~ flight** S FLUG Dauerflug *m*; **~ limit** S TECH Belastungsgrenze *f*; **~ ratio** S TECH Belastungsverhältnis *n*; **~ record** S Ausdauerrekord *m*; **~ run** S Dauerlauf *m*; **~ strength** S TECH Widerstandsfähigkeit *f (bei Belastung)*; **~ test** S TECH Belastungsprobe *f*, Ermüdungsversuch *m*

endure [ɪnˈdjʊə(r); *US a.* ɪnˈdʊr] A V/I 1 an-, fortdauern, Bestand haben 2 durchhalten: **~ to the bitter end** bis zum bitteren Ende ausharren B V/T 1 aushalten, ertragen, erdulden, durchmachen: **not be ~d** unerträglich; **I can't ~ seeing** (*od* **to see**) **animals cruelly treated** ich kann es nicht mit ansehen, wenn Tiere grausam behandelt werden 2 *fig (nur neg)* ausstehen, leiden: **I cannot ~ him**; **enduring** ADJ (ADV ~ly) 1 an-, fortdauernd, *(Erinnerungen etc)* bleibend 2 geduldig

end user S WIRTSCH End-, Letztverbraucher(in)

endways, *bes US* **endwise** ADV 1 mit dem Ende nach vorn *od* nach oben 2 aufrecht, gerade 3 hintereinander 4 der Länge nach 5 auf das Ende *od* die Enden zu

enema [ˈenɪmə; ɪˈniːmə] *pl* -mas, -mata [-mətə] S MED Klistier *n*, Einlauf *m*: **give sb an ~** j-m e-n Einlauf machen, j-m ein Klistier geben, j-n klistieren; **~ syringe** S Klistierspritze *f*

enemy [ˈenəmɪ] A S 1 MIL Feind *m (a. weitS. feindliches Heer etc)*: **the ~ was** (*od* **were**) **driven back** 2 Gegner *m*, Feind *m (beide:* **of, to** *gen)*: **be one's own ~** sich selbst schaden *od* im Wege stehen; **make an ~ of sb** sich j-n zum Feind machen; **make many enemies** sich viele Feinde machen; **the article made him many enemies** mit dem Artikel machte er sich viele Feinde; **an ~ to reform** ein Reformgegner 3 BIBEL a **the** ♀, **the old ~** der böse Feind, der Teufel b **the ~** der Tod B ADJ feindlich, Feindes…, Feind…: **~ action** Feind-, Kriegseinwirkung *f*; **~ agent** feindlicher Agent; **~ country** Feindesland *n*; **~ property** Feindvermögen *n*; → alien B 1

energetic [ˌenə(r)ˈdʒetɪk] A ADJ (ADV ~ally) 1 energisch: a tatkräftig b nachdrücklich 2 (sehr) wirksam 3 PHYS energetisch B S **energetics** *pl (als sg konstruiert)* PHYS Energetik *f (Lehre von der Umwandlung u. industriellen Nutzung der Energie)*; **energetical** ADJ (ADV ~ly) → energetic A

energic [ɪˈnɜːdʒɪk; e-; *US* -ˈnɜr-] ADJ PHYS Energie…; **energid** [ˈenə(r)dʒɪd] S BIOL Energide *f (Funktionseinheit e-s einzelnen Zellkerns mit dem ihn umgebenden Zellplasma)*

energize [ˈenə(r)dʒaɪz] A V/I energisch wirken *od* handeln B V/T 1 *etwas* kräftigen *od* kraftvoll machen, *e-r Sache* Energie verleihen, *j-n* anspornen, mit Tatkraft erfüllen, *die Wirtschaft* beleben 2 ELEK, PHYS, TECH erregen: **~d** ELEK unter Spannung (stehend); **energizer** S Energiespender *m*

energumen [ˌenɜːˈgjuːmen; *US* ˌenərˈgjuː-mən] S 1 REL Besessene(r) *m/f(m)* 2 *fig* Enthusiast(in), Fanatiker(in)

energy [ˈenə(r)dʒɪ] S 1 Energie *f*: a Kraft *f*, Nachdruck *m*: **apply** (*od* **devote**) **all one's energies to sth** s-e ganze Kraft für etwas einsetzen b Tatkraft *f* 2 Wirksamkeit *f*, Durchschlagskraft *f (e-s Arguments etc)* 3 PHYS Energie *f*, (innewohnende) Kraft, Arbeitsfähigkeit *f*, Leistung *f*: **~ balance** Energiehaushalt *m (des Körpers)*; **~ budget** Energiehaushalt *m (der Erde etc)*; **~-conscious** energiebewusst; **~ crisis** Energiekrise *f*; **~-efficient** energiesparend; **~ gap** Energielücke *f*; **~-intensive** energieintensiv; **~-saving** energiesparend; **~-saving light bulb** Energiesparlampe *f*; **~-saving measures** Energiesparmaßnahmen; **~ supply** Energieversorgung *f*; **~ theorem** MATH Energiesatz *m* 4 Kraftaufwand *m*

enervate A V/T [ˈenɜːveɪt; *US* ˈenər-] a entkräften, schwächen *(beide a. fig)* b entnerven B ADJ [ɪˈnɜːvət; *US* ɪˈnɜr-] → enervated; **enervated** ADJ a entkräftet, geschwächt *(beide a. fig)* b entnervt; **enervation** S 1 a Entkräftung *f*, Schwächung *f (beide a. fig)* b Entnervung *f* 2 Schwäche *f*, Entkräftung *f*

enface [ɪnˈfeɪs] V/T 1 *etwas* auf die Vorderseite *(e-s Wechsels etc)* schreiben *od* drucken 2 *ein Schriftstück* auf der Vorderseite beschreiben *od* bedrucken (**with** mit); **enfacement** S Aufschrift *f*, -druck *m*

en famille [ɑ̃famij] ADV en famille, in engem Kreis

enfant terrible *pl* -fants -bles [ˌɑ̃ːŋfɑ̃ːŋtəˈriːbl] S Enfant *n* terrible

enfeeble [ɪnˈfiːbl] V/T entkräften, schwächen *(beide a. fig)*; **enfeeblement** S 1 Entkräftung *f*, Schwächung *f (beide a. fig)* 2 Schwäche *f*, Entkräftung *f*

enfeoff [ɪnˈfef; ɪnˈfiːf] V/T JUR belehnen (**with** mit); **enfeoffment** S JUR 1 Belehnung *f* 2 Lehnsbrief *m* 3 Lehen *n*

enfetter [ɪnˈfetə(r)] V/T fesseln

enfilade [ˌenfɪˈleɪd] A S 1 MIL Flankenfeuer *n*, Längsbestreichung *f* 2 Enfilade *f*, Zimmerflucht *f* B V/T MIL enfilieren, (mit Flankenfeuer) bestreichen

enfold [ɪnˈfəʊld] V/T 1 einhüllen (**in** in *akk*), umhüllen (**with** mit) *(beide a. fig)*: **he was ~ed in a thick coat** er war in e-n dicken Mantel gehüllt 2 umfassen: **~ sb in one's arms** j-n in die Arme schließen 3 falten

enforce [ɪnˈfɔː(r)s; *US a.* ɪnˈfəʊərs] V/T 1 a *ein Argument etc* (mit Nachdruck) geltend machen b zur Geltung bringen, *e-r Sache* Geltung verschaffen, *ein Gesetz etc* durchführen c WIRTSCH, JUR *Forderungen* (gerichtlich) geltend machen: **~ a contract** Rechte aus e-m Vertrag geltend machen, aus e-m Vertrag klagen; **~ payment of a debt** e-e Schuld beitreiben; **~ one's rights** s-e Rechte einklagen d JUR *ein Urteil* vollstrecken 2 durchsetzen, erzwingen: **~ obedience (up)on sb** von j-m Gehorsam erzwingen, sich bei j-m Gehorsam verschaffen 3 auferlegen, aufzwingen: **~ one's will (up)on sb** j-m s-n Willen aufzwingen; **enforceable** ADJ a WIRTSCH, JUR (gerichtlich) geltend zu machen(d), einklagbar b JUR vollstreckbar, durchsetzbar, erzwingbar; **enforced** ADJ erzwungen, aufgezwungen: **~ sale** Zwangsverkauf *m*; **enforcedly** [-sɪdlɪ] ADV 1 notgedrungen 2 zwangsweise, gezwungenermaßen; **enforcement** S 1 a WIRTSCH, JUR (gerichtliche) Geltendmachung b JUR Vollstreckung *f*: **~ officer** Vollzugsbeamte(r) *m* 2 Durchsetzung *f*, Erzwingung *f*

enframe [ɪnˈfreɪm] V/T *ein Bild etc* (ein-)rahmen

enfranchise [ɪnˈfræntʃaɪz] V/T 1 *Sklaven* befreien, freilassen 2 befreien (**from** aus *dem Gefängnis*, von *e-r Verpflichtung*) 3 a *j-m* die Bürgerrechte verleihen b *j-m* das Wahlrecht verleihen: **be ~d** das Wahlrecht erhalten; wahlberechtigt sein 4 *e-r Stadt* politische Rechte gewähren 5 *Br e-m Ort* Vertretung im Unterhaus verleihen; **enfranchisement** [-tʃɪzmənt] S 1 Freilassung *f*, Befreiung *f* 2 Verleihung *f* der Bürgerrechte *od* des Wahlrechts (**of** an *akk*): **before the ~ of women** bevor die Frauen wahlberechtigt waren 3 Gewährung *f* politischer Rechte (**of** an *akk*)

eng. ABK 1 engine 2 engineer(ing) 3 engraved 4 engraver 5 engraving

engage [ɪnˈgeɪdʒ] A V/T 1 (**o.s.** sich) *(vertraglich etc)* verpflichten *od* binden (**to do sth** etwas zu tun) 2 **become** (*od* **get**) **~d** sich verloben (**to** mit) 3 *j-n* ein-, anstellen, *Künstler etc* engagieren (**as** als) 4 a *e-n Platz etc* (vor)bestellen b *etwas* mieten, *Zimmer* belegen 5 *fig j-n* fesseln, *j-n*, *j-s Kräfte etc* in Anspruch nehmen: **~ sb's attention** j-s Aufmerksamkeit in Anspruch nehmen *od* auf sich lenken; **~ sb in conversation** a ein Gespräch mit j-m anknüpfen b ein Gespräch mit j-m führen 6 MIL a *Truppen* einsetzen b *den Feind* angreifen, *Feindkräfte* binden 7 *Fechten: die Klingen* binden

8 TECH einrasten lassen, *die Kupplung etc* einrücken, *e-n Gang* einlegen, -schalten: ~ **the clutch** (ein)kuppeln 9 *j-n* für sich einnehmen, (für sich) gewinnen 10 ARCH a festmachen, einlassen b verbinden B V/I 1 Gewähr leisten, einstehen, garantieren, sich verbürgen (*alle:* **for** für) 2 sich verpflichten, es übernehmen (*beide:* **to do sth** etwas zu tun) 3 ~ **in** sich einlassen auf (*akk*) *od* in (*akk*), sich beteiligen an (*dat*) 4 ~ **in** sich abgeben *od* beschäftigen mit: ~ **in politics** (*od* **political activity**) sich politisch betätigen 5 MIL den Kampf eröffnen, angreifen (**with** *akk*) 6 *Fechten:* die Klingen binden 7 TECH einrasten, ineinandergreifen, eingreifen

engagé [ɑ̃gaʒe] ADJ engagiert (*Schriftsteller etc*)

engaged ADJ 1 verpflichtet, gebunden 2 *a.* ~ **to be married** verlobt: **be ~ to** verlobt sein mit; **the ~ couple** das Brautpaar, die Verlobten 3 beschäftigt, nicht abkömmlich, besetzt *umg:* **are you ~?** sind Sie frei?; **be ~ in** (*od* **on**) beschäftigt sein mit, arbeiten an (*dat*); **be ~ in doing sth** damit beschäftigt sein, etwas zu tun 4 in Anspruch genommen: **be deeply ~ in conversation** in ein Gespräch vertieft sein; **my time is fully ~** ich bin zeitlich völlig ausgelastet 5 TEL *Br* **the line is ~** es ist besetzt, es wird gesprochen; ~ **tone** (*od* **signal**) Besetztton *m*, -zeichen *n* 6 "~" „besetzt" (*Toilette*) 7 TECH eingerückt, im Eingriff (stehend)

engagement S 1 Verpflichtung *f*: **be under an ~ to sb** j-m (gegenüber) verpflichtet *od* gebunden sein; **~s** WIRTSCH Zahlungsverpflichtungen; **without ~** unverbindlich, WIRTSCH *a.* freibleibend 2 Verabredung *f*: **have an ~ for the evening** abends verabredet sein *od* etwas vorhaben; ~ **diary** Terminkalender *m* 3 Verlobung *f*, Verlöbnis *n* (*beide:* **to** mit): ~ **ring** Verlobungsring *m* 4 Beschäftigung *f*, Stelle *f*, Posten *m*, (An)Stellung *f* 5 THEAT *etc* Engagement *n* 6 Beschäftigung *f*, Tätigkeit *f* 7 MIL Gefecht *n*, Kampf(handlung) *m(f)* 8 *Fechten:* Klingenbindung *f* 9 TECH Eingriff *m*

engaging ADJ (ADV ~ly) 1 einnehmend (*Wesen etc*), gewinnend (*Lächeln etc*) 2 TECH Ein- *od* Ausrück...: ~ **gear**, ~ **mechanism** Ein- u. Ausrückvorrichtung *f*; **engagingness** S einnehmendes Wesen

engender [ɪnˈdʒendə(r)] A V/T 1 *fig Neid etc* erzeugen, hervorrufen (*beide:* **in** bei) 2 *obs* zeugen B V/I entstehen, (*Gewitter etc*) sich zusammenbrauen

engine [ˈendʒɪn] A S 1 a Maschine *f*, mechanisches Werkzeug b *a.* ~ **of torture** HIST Folterwerkzeug *n* 2 TECH (*Antriebs-, Kraft-, Dampf*) Maschine *f*, (*bes Verbrennungs*) Motor *m* 3 BAHN Lokomotive *f* 4 TECH Holländer *m*, Stoffmühle *f* B V/T mit e-m Motor versehen; ~ **beam** S TECH Balancier *m* (*Dampfmaschine*); ~ **block** S TECH Motorblock *m*; ~ **breakdown** S TECH Motorpanne *f*, -schaden *m*; ~ **builder** S Maschinenbauer(in); ~ **capacity** S TECH Motoren-, Maschinenleistung *f*; ~ **company** S *US* Löschzug *m* (*der Feuerwehr*); ~ **compartment** S TECH Motorraum *m*; ~ **control** S TECH 1 Maschinen-, Motorsteuerung *f* 2 Bedienungshebel *m*; ~ **driver** S BAHN *Br* Lokomotivführer(in)

engineer [ˌendʒɪˈnɪə(r)] A S 1 a Ingenieur(in) b Techniker(in) c Mechaniker(in): **~s** *pl* TEL Stördienst *m* 2 *a.* SCHIFF Maschinist(in) 3 BAHN *US* Lokomotivführer(in) 4 MIL Pionier *m*: ~ **combat battalion** leichtes Pionierbataillon; ~ **construction battalion** schweres Pionierbataillon; ~ **group** Pionierregiment *n* 5 *Bergbau:* Kunststeiger *m* B V/T 1 *Straßen, Brücken etc* (er)bauen, anlegen, konstruieren, errichten 2 *fig* (geschickt) in die Wege leiten, organisieren, deichseln, einfädeln (*beide umg*) C V/I als Ingenieur *etc* tätig sein; **engineering** S 1 *allg* Technik *f*, *engS.* Ingenieurwesen *n*, Maschinenbau *m*: ~ **department** technische Abteilung, Konstruktionsbüro *n*; ~ **director** technischer Direktor; ~ **facilities** technische Einrichtungen; ~ **sciences** technische Wissenschaften; ~ **specialist** Fachingenieur *m*; ~ **standards committee** Fachnormenausschuss *m* 2 MIL Pionierwesen *n*

engine| fitter S Maschinenschlosser(in), Monteur(in); **~house** S 1 Maschinenhaus *n* 2 BAHN Lokomotivschuppen *m* 3 *Feuerwehr:* Spritzenhaus *n*; ~ **lathe** S TECH Leitspindel-, Spitzendrehbank *f*; **~man** [-mən; -mæn] S *irr* 1 Maschinist *m* 2 BAHN Lokomotivführer *m*; ~ **number** S AUTO Motornummer *f*; ~ **oil** S AUTO Motoröl *n*; ~ **operator** S Maschinist(in); ~ **room** S Maschinenraum *m*: ~ **of the attack** SPORT Angriffsmotor *m*

enginery [ˈendʒɪnərɪ; *US* -nriː] S 1 *fig* Maschinerie *f* 2 KOLL (*bes* Kriegs)Maschinen *pl*

engine| shaft S TECH 1 Motorwelle *f* 2 Pumpenschacht *m*; ~ **speed** S TECH Motordrehzahl *f*; ~ **trouble** S TECH Motorpanne *f*, -schaden *m*

engird [ɪnˈgɜːd; *US* ɪnˈgɜrd] → gird[1]; **engirdle** [-dl] → girdle[1] B

England [ˈɪŋglənd] S England *n* (*Teil des Vereinigten Königreichs*)

English [ˈɪŋglɪʃ] A ADJ englisch: ~ **breakfast**; **she's ~** sie ist Engländerin B S 1 **the ~** *koll* die Engländer *pl* 2 LING Englisch *n*, das Englische: **in ~** a auf Englisch b im Englischen; **into ~** ins Englische; **from (the) ~** aus dem Englischen; **in plain ~** a unverblümt b auf gut Deutsch *umg* 3 TYPO a HIST Mittel *f* (*Schriftgrad; 14 Punkt*) b *e-e gotische Schrift* C V/T 1 *obs* ins Englische übersetzen 2 *obs ein Wort etc* anglisieren; ~ **bond** S ARCH Blockverband *m*; ~ **Channel** S Ärmelkanal *m*; ~ **disease** S WIRTSCH englische Krankheit; ~ **elm** S BOT Feldulme *f*; ~ **English** S LING britisches Englisch; ~ **flute** S MUS Blockflöte *f*; ~ **horn** S MUS Englischhorn *n*

Englishism [ˈɪŋglɪʃɪzəm] S *bes US* 1 LING Britizismus *m* 2 englische Eigenart, (*etwas*) typisch Englisches 3 Anglophilie *f*, Englandfreundlichkeit *f*

Englishman [ˈɪŋglɪʃmən] *pl* -men [-mən; -men] S Engländer *m*

Englishry [ˈɪŋglɪʃrɪ] S 1 englische Abkunft 2 Leute *pl* englischer Abkunft (*bes in Irland*)

English| setter S ZOOL Englischer Setter; ~ **sickness** S WIRTSCH englische Krankheit; ~ **sparrow** S ORN *US* Hausspatz *m*, -sperling *m*; ~ **studies** SPL Anglistik *f*; **~woman** S *irr* Engländerin *f*

englut [ɪnˈglʌt] V/T gierig verschlingen

engorge [ɪnˈgɔː(r)dʒ] V/T 1 gierig verschlingen 2 MED *ein Gefäß etc* anschoppen: **~d** prall, gefüllt, geschwollen; **~d kidney** Stauungsniere *f*; **engorgement** S MED 1 Anschoppung *f* 2 Schwellung *f*

engraft [ɪnˈgrɑːft; *US* -ˈgræft] V/T 1 BOT aufpfropfen (**into, on, upon** auf *akk*) 2 *fig Prinzipien etc* verankern (**into** in *dat*)

engrail [ɪnˈgreɪl] V/T *ein Wappen* auszacken, *e-e Münze* rändeln

engrain [ɪnˈgreɪn] V/T TECH *obs* im Garn *od* in der Faser färben; **engrained** ADJ *fig* 1 eingewurzelt: **his fear is deeply ~** s-e Furcht sitzt tief; **it is deeply ~ in him** es ist ihm in Fleisch u. Blut übergegangen 2 eingefleischt, (*nachgestellt*) durch u. durch

engram [ˈengræm] S PSYCH Engramm *n*, Gedächtniseindruck *m*

engrave [ɪnˈgreɪv] V/T 1 (*in Metall, Stein etc*) (ein)gravieren, (ein)meißeln, (*in Holz*) (ein)schnitzen (**on, upon** in *akk*) 2 ~ **a tombstone with a name** e-n Namen in e-n Grabstein (ein)meißeln 3 **it is ~d (up)on** (*od* **in**) **his memory** (*od* **mind**) es hat sich ihm tief *od* unauslöschlich eingeprägt; **engraver** S Graveur(in): ~ **of music** Notenstecher(in); ~ **on copper** Kupferstecher(in); ~ **on steel** Stahlstecher(in); ~ **on wood** Holzschneider(in), Xylograf(in); **engraving** S 1 Gravieren *n*, Gravierkunst *f*: ~ **cylinder** Bildwalze *f*; ~ **establishment** Gravieranstalt *f*; ~ **machine** TECH Graviermaschine *f*; ~ **needle** Graviernadel *f* 2 Druckplatte *f* 3 Gravierung *f*, (*Kupfer-, Stahl*) Stich *m*, (*Holz*) Schnitt *m*

engross [ɪnˈgrəʊs] V/T 1 JUR a *e-e Urkunde* ausfertigen b e-e Reinschrift anfertigen von c in gesetzlicher *od* rechtsgültiger Form ausdrücken d PARL *e-m Gesetzentwurf* die endgültige Fassung (zur dritten Lesung) geben 2 WIRTSCH a *Ware* spekulativ aufkaufen b *den Markt* monopolisieren 3 *fig j-s Aufmerksamkeit etc* in Anspruch nehmen, *die Macht etc* an sich reißen: ~ **the conversation** das große Wort führen, die Unterhaltung an sich reißen; **engrossed** ADJ (**in**) (voll) in Anspruch genommen (von), vertieft, versunken (in *akk*); **engrosser** S 1 a Ausfertiger(in) e-r Urkunde b Anfertiger(in) e-r Reinschrift 2 WIRTSCH spekulative(r) Aufkäufer(in); **engrossing** ADJ 1 fesselnd, spannend 2 voll(auf) in Anspruch nehmend; **engrossment** S 1 a Ausfertigung *f* (*e-r Urkunde*): **two ~s of this contract have been prepared** dieser Vertrag ist in zwei Urkunden ausgefertigt b Reinschrift *f* 2 WIRTSCH a spekulativer Aufkauf (*von Ware*) b Monopolisierung *f* (*des Markts*) 3 Inanspruchnahme *f* (**with** durch)

engulf [ɪnˈgʌlf] V/T 1 überfluten 2 verschlingen (*a. fig*): **snakes ~ their food whole**; **the boat was ~ed by the stormy sea**; **he was ~ed by his debts** er wurde von s-n Schulden aufgefressen

enhance [ɪnˈhɑːns; *bes US* ɪnˈhæns] V/T 1 *den Wert etc* erhöhen, vergrößern, steigern, heben 2 *etwas* (vorteilhaft) zur Geltung bringen 3 WIRTSCH *den Preis* erhöhen, in die Höhe treiben: ~ **the price of sth** etwas verteuern; **enhancement** S Steigerung *f*, Erhöhung *f*, Vergrößerung *f*; **enhancive** [-sɪv] ADJ erhöhend, steigernd, vergrößernd

enharmonic [ˌenhɑː(r)ˈmɒnɪk; *US* -ˈmɑ-] MUS A ADJ (ADV ~ally) enharmonisch (*harmonisch vertauschbar*): ~ **change** enharmonische Verwechslung; ~ **modulation** enharmonische Modulation B S enharmonischer Ton *od* Akkord

enigma [ɪˈnɪgmə] S Rätsel *n*, rätselhafte Sache *od* Person; **enigmatic** [ˌenɪgˈmætɪk] ADJ, **enigmatical** ADJ (ADV ~ly) rätselhaft, dunkel, geheimnisvoll; **enigmatize** A V/I in Rätseln sprechen, orakeln B V/T *etwas* in Dunkel hüllen, verschleiern

enjamb(e)ment [ɪnˈdʒæmmənt; -ˈdʒæmb-] S LIT Enjambement *n* (*Übergreifen des Satzes in den nächsten Vers*)

enjoin [ɪnˈdʒɔɪn] V/T 1 auferlegen, zur Pflicht machen, vorschreiben (*alle:* **on sb** j-m) 2 *j-m* auftragen, befehlen, einschärfen (*alle:* **to do** zu tun) 3 bestimmen, Anweisung(en) erteilen (*beide:* **that** dass) 4 JUR (durch gerichtliche Verfügung *etc*) untersagen (**sth on sb** j-m etwas; **sb from doing sth** j-m, etwas zu tun)

enjoy [ɪnˈdʒɔɪ] A V/T 1 Vergnügen *od* Gefallen finden *od* Freude haben an (*dat*), sich erfreuen an (*dat*): ~ **doing sth** daran Vergnügen finden (*etc*), etwas zu tun; sich e-n Spaß daraus machen, etwas zu tun; **I (don't) ~ doing it** es macht mir (keine) Freude, es zu tun; **I ~ dancing** ich tanze gern, Tanzen macht mir Spaß; **I ~ it** es macht mir Spaß; **did you ~ the play?** hat dir das (Theater)Stück gefallen?; **~ o.s.** sich amüsieren, sich gut unterhalten; **~ yourself** viel Spaß!; **are you ~ing yourself?** gefällt es dir hier?; **did you ~ yourself in London?** hat es dir in London gefallen?; **enjoy yourself in Glasgow** viel Spaß in Glasgow! **2** genießen, sich *etwas* schmecken lassen: **I ~ my food** das Essen schmeckt mir **3** sich *e-s Besitzes* erfreuen, *etwas* haben, besitzen, *j-s Vertrauen etc* genießen: **~ (good) credit** (guten) Kredit genießen; **~ good health** sich e-r guten Gesundheit erfreuen; **~ a right** ein Recht genießen *od* haben **B** V/I **~** *umg* viel Spaß!; **enjoyable** ADJ (ADV **enjoyably**) **1** brauch-, genießbar **2** angenehm, erfreulich, schön; **enjoyment** S **1** Genuss *m*, Vergnügen *n*, Gefallen *n*, Freude *f* (**of** an *dat*; **to** für): **he found great ~ in** er fand großen Gefallen an (*dat*); **with ~** mit Genuss, genüsslich **2** Genuss *m* (*e-s Besitzes od Rechts*), Besitz *m*: **the ~ of good health** gute Gesundheit; **be in the ~ of** → enjoy A 3 **3** JUR Ausübung *f* (*e-s Rechts*)

enkindle [ɪn'kɪndl] V/T *meist fig* entflammen, -zünden, -fachen

enl. ABK enlarged

enlace [ɪn'leɪs] V/T **1** ein-, zusammenschnüren **2** → entangle 3

enlarge [ɪn'lɑː(r)dʒ] **A** V/T **1** vergrößern, *s-e Kenntnisse etc a.* erweitern, *s-n Einfluss etc a.* ausdehnen: **reading ~s the mind** Lesen erweitert den Gesichtskreis **2** FOTO vergrößern **3** *obs* freilassen (**from** aus) **B** V/I **1** sich vergrößern, sich erweitern, sich ausdehnen, zunehmen **2** sich verbreiten *od* (weitläufig) auslassen (**on, upon** über *akk*) **3** FOTO sich vergrößern lassen; **enlarged** ADJ erweitert: **~ and revised edition** erweiterte u. verbesserte Auflage; **enlargement** S **1** Vergrößerung *f*, Erweiterung *f*, Ausdehnung *f*: **~ of the heart (tonsils)** MED Herzerweiterung (Mandelschwellung *f*) **2** Erweiterungsbau *m*, Anbau *m* **3** FOTO Vergrößerung *f* **4** *obs* Freilassung *f* (**from** aus); **enlarger** S FOTO Vergrößerungsgerät *n*; **enlarging** ADJ FOTO Vergrößerungs...

enlighten [ɪn'laɪtn] V/T **1** (*geistig*) erleuchten, aufklären, belehren (*alle:* **on, as to** über *akk*) **2** *obs od poet* erhellen; **enlightened** ADJ **1** *fig* erleuchtet, aufgeklärt (*beide:* **on** über *akk*) **2** verständig (*Urteil etc*); **enlightenment** S Aufklärung *f*, Erleuchtung *f*: → age A 4

enlink [ɪn'lɪŋk] V/T verketten, fest verbinden (*beide:* **to, with** mit) (*beide a. fig*)

enlist [ɪn'lɪst] **A** V/T **1** *Soldaten* anwerben, *Rekruten* einstellen: **~ed grade** US Unteroffiziers- *od* Mannschaftsdienstgrad *m*; **~ed men** US Unteroffiziere u. Mannschaften **2** *fig* heranziehen, engagieren, zur Mitarbeit (*an e-r Sache*) gewinnen: **~ sb's services** j-s Dienste in Anspruch nehmen; **~ sb in a cause** j-n für e-e Sache gewinnen **B** V/I **1** MIL sich anwerben lassen, Soldat werden, sich freiwillig melden (**to zu**) **2** (**in**) mitwirken (bei), sich beteiligen (an *dat*); **enlistment** S **1** MIL (An)Werbung *f*, Einstellung *f*: **~ allowance** US Treueprämie *f* **2** *bes US* Eintritt *m* in die Armee **3** US (Dauer *f* der) (Wehr)Dienstverpflichtung *f* **4** Gewinnung *f* (*zur Mitarbeit*), Heran-, Hinzuziehung *f* (*von Helfern*)

enliven [ɪn'laɪvn] V/T beleben, in Schwung bringen, ankurbeln: **~ a party** Stimmung in e-e Party bringen

en masse [ɑ̃ːŋ'mæs] ADV **1** in der Masse, in Massen **2** im Großen **3** zusammen **4** als Ganzes

enmesh [ɪn'meʃ] V/T **1** in e-m Netz fangen **2** *fig* verstricken: **he was ~ed in his own lies** er hatte sich in s-n eigenen Lügen verstrickt *od* verfangen; **enmeshment** S Verstrickung *f*

enmity ['enmətɪ] S Feindschaft *f*, Feindseligkeit *f*: **be at ~ with** verfeindet sein *od* in Feindschaft leben mit; **bear sb no ~** j-m nichts nachtragen

ennead ['enɪæd] S Gruppe *f od* Satz *m od* Serie *f* von 9 Personen *od* Dingen

ennoble [ɪ'nəʊbl] V/T adeln: **a** in den Adelsstand erheben **b** *fig* veredeln, erhöhen; **ennoblement** S Ad(e)lung *f*: **a** Erhebung *f* in den Adelsstand **b** *fig* Vered(e)lung *f*

ennui [ɑ̃ː'nwiː] S Ennui *m/n*: **a** Langeweile *f* **b** Überdruss *m*

ENO ABK English National Opera (*ein Londoner Opernhaus*)

enol ['iːnɒl; *US a.* -ˌnəʊl] S CHEM Enol *n*; **enolic** [-'nɒlɪk; *US* -'nəʊ-; -'nɑ-] ADJ Enol...

enormity [ɪ'nɔː(r)mətɪ] S Ungeheuerlichkeit *f*: **a** Enormität *f* **b** Frevel *m*, Gräuel *m*, Untat *f*; **enormous** ADJ (ADV **~ly**) **1** enorm, ungeheuer(lich), gewaltig, riesig **2** *obs* abscheulich; **enormousness** S ungeheure Größe, Monumentalität *f*

enough [ɪ'nʌf] **A** ADJ ausreichend, hinlänglich, genug: **~ bread, bread ~** genug Brot, Brot genug; **five are ~** fünf reichen *od* langen *od* sind genug; **this is ~ (for us)** das genügt (uns); **it is ~ for me to know** es genügt mir zu wissen; **it is ~ to weep (throw up)** *umg* es ist zum Heulen (Kotzen); **as if** (*od* **though**) **this were not ~** als ob das noch nicht genügte; **he was not man ~** (*od* **~ of a man**) er war nicht Manns genug (**to do** zu tun); **I was fool ~** (*od* **~ of a fool**) **to believe her** ich war so dumm u. glaubte ihr; **this is reason ~** das ist Grund genug (**to do** zu tun) **B** S genügende Menge: **have (quite) ~** (völlig) genug haben; **I have had ~, thank you** danke, ich bin satt!; **I have had (more than) ~ of it** ich bin *od* habe es (mehr als) satt, ich bin (restlos) bedient *umg*; **~ of that!** genug davon!, Schluss damit!; **cry ~** sich geschlagen geben, aufhören; **~ is ~!** jetzt ist aber Schluss!, jetzt reicht es (mir) aber!; **~ and to spare** mehr als genug, übergenug; **~ is as good as a feast** allzu viel ist ungesund **C** ADV genug, genügend, hinlänglich: **it's a good ~ story** die Geschichte ist nicht übel; **he does not sleep ~** er schläft nicht genug; **be kind** (*od* **good**) **~ to do this for me** sei so gut *od* freundlich u. erledige das für mich, erledige das doch bitte für mich; **he was kind ~ to do it** er hat es liebenswürdigerweise getan; **be good ~ to hold your tongue** halt gefälligst d-n Mund; **easy ~** gar nicht schwer; **safe ~** durchaus sicher; **true ~** nur zu wahr; **he writes well ~** **a** er schreibt recht gut **b** er schreibt (zwar) ganz leidlich *od* schön (**but** aber); **you know well ~ that this is untrue** Sie wissen sehr wohl *od* ganz gut, dass das unwahr ist; **you know well ~!** du weißt es ganz genau!; **that's not good ~** das lasse ich nicht gelten, das genügt nicht; → curious 2 *etc* **D** INT genug!, aufhören!

enounce [iː'naʊns; ɪ'n-] V/T **1** verkünden **2** aussprechen, äußern; **enouncement** S **1** Verkündung *f* **2** Äußerung *f*

enow [ɪ'naʊ] ADJ & ADV *obs* genug

en passant [ɑ̃ːm'pæsɑ̃ːŋ; *US* ˌɑːˌpɑː'sɑ̃ː] ADV en passant, beiläufig, nebenher

enplane [ɪn'pleɪn] V/I FLUG an Bord gehen

en prise [ɑ̃priz] ADJ *Schach*: bedroht

enquire [ɪn'kwaɪə(r)], **enquiry** → inquire, inquiry

enrage [ɪn'reɪdʒ] V/T wütend machen; **enraged** ADJ wütend, aufgebracht (*beide:* **at, by** über *akk*): **he was ~ to see that ...** er war wütend, als er sah, dass ...

enrapt [ɪn'ræpt] → enraptured; **enrapture** [-tʃə(r)] V/T hinreißen, entzücken; **enraptured** ADJ hingerissen, entzückt (*beide:* **at, by** von)

enregister [ɪn'redʒɪstə(r)] V/T eintragen, registrieren, aufzeichnen

enrich [ɪn'rɪtʃ] V/T **1** (**o.s.** sich) bereichern (*a. fig*) **2** reich *od* wertvoll machen **3** anreichern: **a** AGR *den Boden* ertragreich(er) machen **b** CHEM, TECH veredeln **c** CHEM den Nährwert erhöhen von (*od gen*) **4** (aus)schmücken, reich verzieren **5** *fig* **a** *den Geist* bereichern, befruchten **b** *den Wert etc* erhöhen, steigern; **enrichment** S **1** Bereicherung *f* **2** Anreicherung *f* **3** Verzierung *f*, Ausschmückung *f* **4** *fig* Befruchtung *f*

enrobe [ɪn'rəʊb] V/T bekleiden (**with, in** mit)

enrol(l) [ɪn'rəʊl] **A** V/T **1** *j-n, j-s Namen* einschreiben, -tragen (*beide:* **in** in *dat od akk*), UNIV *j-n* immatrikulieren: **~ o.s.** → B 1 **2** **a** MIL (an)werben **b** SCHIFF anmustern, anheuern **c** *Arbeiter* einstellen: **be enrolled** eingestellt werden, (*in e-e Firma*) eintreten **3** aufnehmen (**in** in *e-n Verein etc*): **~ o.s. in** → B 2 **4** JUR amtlich aufzeichnen, registrieren, (gerichtlich) protokollieren **B** V/I **1** sich einschreiben (lassen), UNIV sich immatrikulieren: **~ for a course** e-n Kurs belegen **2** **~ in** beitreten (*dat*); **enrol(l)ment** S **1** **a** Eintragung *f*, -schreibung *f*, UNIV Immatrikulation *f* **b** (Gesamt)Zahl *f* der Eingetragenen *od* UNIV Immatrikulierten **2** **a** MIL Anwerbung *f* **b** SCHIFF Anheuerung *f* **c** Einstellung *f* **3** Aufnahme *f* **4** Beitrittserklärung *f* **5** JUR Register *n*, Verzeichnis *n*

en route [ɑ̃ːn'ruːt] ADV unterwegs, en route (*beide:* **for** nach), auf der Reise (**from ... to** von ... nach)

ens [enz] *pl* **entia** ['enʃɪə] S PHIL Ens *n*, (*das*) Seiende, Wesen *n*

ensanguine [ɪn'sæŋgwɪn] V/T *poet* **1** mit Blut beflecken **2** blutrot färben: **the setting sun ~d the sky**; **ensanguined** ADJ **1** blutbefleckt **2** blutrot

ensconce [ɪn'skɒns; *US* ɪn'skɑns] V/T **1** (*meist* **o.s.** sich) verbergen, verstecken **2** **~ o.s.** es sich bequem machen (**in** in *dat*)

ensemble [ɑ̃ːn'sɑ̃ːmbl] S **1** (*das*) Ganze, Gesamteindruck *m* **2** MUS, THEAT Ensemble (-spiel) *n* **3** *Mode*: Ensemble *n* (*Kleid mit passender Jacke od passendem Mantel*)

enshrine [ɪn'ʃraɪn] V/T **1** (*in e-n Schrein etc*) einschließen **2** (als Heiligtum) bewahren **3** als Schrein dienen für: **her heart ~s his memory** sie bewahrt die Erinnerung an ihn in ihrem Herzen

enshroud [ɪn'ʃraʊd] V/T einhüllen, (ver)hüllen (*beide a. fig*): **~ed in mist** in Nebel gehüllt

ensiform ['ensɪfɔː(r)m] ADJ BOT schwertförmig

ensign ['ensaɪn; *bes* SCHIFF, MIL 'ensn] S **1** Fahne *f*, Standarte *f* **2** SCHIFF (Schiffs)Flagge *f*, *bes* Nationalflagge *f* **3** ['ensaɪn] *Br* HIST Fähnrich *m* **4** SCHIFF US Leutnant *m* zur See **5** Abzeichen *n* (*e-s Amts od e-r Würde*), Sinnbild *n*

ensilage ['ensɪlɪdʒ] AGR **A** S **1** Silierung *f* **2** Silofutter *n* **B** V/T → ensile; **ensile** [en'saɪl; 'ensaɪl] V/T AGR *Futterpflanzen* silieren

enslave [ɪn'sleɪv] V/T zum Sklaven machen (*a. fig*), versklaven: **drugs that ~ the will** Drogen, die den Willen lähmen *od* zerstören; **his alcoholism has completely ~d him** er ist vollständig dem Alkohol verfallen; **enslavement** S **1** Sklaverei *f*, Versklavung *f* **2** *fig* (**to**) sklavi-

sche Abhängigkeit (von) *od* Bindung (an *akk*)
ensnare [ɪn'sneə(r)] VT 1 (*in e-r Schlinge etc*) fangen: **he became ~d in his own lies** er verfing *od* verstrickte sich in s-n eigenen Lügen 2 *fig* bestricken, umgarnen
ensorcell, *US a.* **ensorcel** [ɪn'sɔː(r)sl] VT bezaubern
ensue [ɪn'sjuː; *bes US* ɪn'suː] A VT *obs ein Ziel* verfolgen, *e-m Vorbild* nachstreben B VI 1 (darauf, nach)folgen, danach kommen: **the ensuing years** die (darauf)folgenden *od* nächsten Jahre 2 folgen, sich ergeben (*beide:* **from** aus)
en suite [ˌɑ̃ːŋ'swiːt; ˌɒn-] ADJ *Br* a **~ room** Zimmer *n* mit (eigenem) Bad b **have a bathroom ~** (*od* **an ~ bathroom**) ein eigenes Bad haben (*Hotelzimmer etc*)
ensure [ɪn'ʃʊə(r)] VT 1 **(against, from)** sichern (vor *dat*, gegen), schützen (vor *dat*) 2 sicherstellen, garantieren (*beide:* **sth** etwas; **that** dass; **sb being** dass j-d ist), Gewähr bieten für: **~ sth to** (*od* **for**) **sb**, **~ sb sth** j-m etwas sichern 3 für *etwas* sorgen: **~ that ...** dafür sorgen, dass ... 4 *obs etwas* versichern
ENT ABK MED ear, nose, and throat HNO-...
entablature [en'tæblətʃə; *US* ɪn'tæbləˌtʃʊər] S ARCH (Säulen)Gebälk *n*; **entablement** [ɪn'teɪblmənt] S ARCH 1 → entablature 2 horizontale Plattform (*über dem Sockel e-r Statue*)
entail [ɪn'teɪl] A VT 1 JUR a in ein Erbgut umwandeln b als Erbgut vererben c die Erbfolge für *ein Gut* bestimmen: **~ed estate** Erb-, Familiengut *n*; **~ed interest** *Br* beschränktes Eigentumsrecht 2 *fig Schande etc* bringen (**on, upon** über *akk*): **~ ridicule (up)on sb** j-n der Lächerlichkeit preisgeben 3 *fig etwas* mit sich bringen, zur Folge haben, nach sich ziehen, *Kosten etc* verursachen, erfordern B S 1 JUR a Umwandlung *f* in ein Erbgut b Vererbung *f* als Erbgut c Erb-, Familiengut *n* d festgelegte Erbfolge: **bar** (*od* **cut off**) **the ~** die Erbfolge aufheben 2 *fig* Folge *f*, Konsequenz *f*; **entailment** → entail B 1 a, B 1 b, B 1 c
entangle [ɪn'tæŋgl] VT 1 *Haare, Garn etc* verwirren, verfitzen *umg* 2 (**o.s.** sich) verwickeln, -heddern (*beide:* **in** in *dat*): **his legs got ~d in** (*od* **with**) **the ropes** er verhedderte sich mit den Beinen in den Seilen 3 *fig* verwickeln, verstricken (*beide:* **in** in *akk*): **~ o.s. in sth**, **become ~d in sth** in e-e Sache verwickelt werden; **become ~d with** sich mit *j-m* einlassen 4 *etwas* verwirren, verwickelt *od* verworren machen: **~d** verwickelt, verworren; **entanglement** S 1 Verwick(e)lung *f*, -wirrung *f* (*beide a. fig*): **unravel an ~** e-e Verwirrung lösen 2 *fig* Verworrenheit *f* 3 *fig* Hindernis *n* 4 Liebschaft *f*, Liaison *f* 5 MIL Drahtverhau *m*
entasis ['entəsɪs] *pl* -ses [-siːz] S ARCH Entase *f* (*Ausbauchung des Säulenschafts*)
entelechy [en'telɪkɪ] S PHIL Entelechie *f*: a *etwas, was sein Ziel in sich selbst hat; die sich im Stoff verwirklichende Form* b *die im Organismus liegende Kraft, die s-e Entwicklung u. Vollendung bewirkt*
entente [ɑ̃ːn'tɑ̃ːnt] S Bündnis *n*, Entente *f*: ≈ **Cordiale** POL, HIST Entente *f* cordiale (*zwischen Frankreich u. Großbritannien*)
enter ['entə(r)] A VT 1 gehen *od* kommen *od* (ein)treten *od* steigen *od* fließen in (*akk*), betreten: **~ a country** in ein Land einreisen; **~ the straight** SPORT in die Gerade einbiegen 2 a SCHIFF, BAHN einlaufen *od* einfahren in (*akk*) b FLUG einfliegen in (*akk*) 3 sich begeben in (*akk*), *etwas* aufsuchen: **~ a hospital** 4 eindringen *od* einbrechen in (*akk*) 5 eindringen in (*akk*): **the bullet ~ed the skull**; **the thought ~ed my head** *fig* mir kam der Gedanke; **it ~ed his mind** es kam ihm in den Sinn 6 *fig* eintreten in (*akk*), beitreten (*dat*): **~ a club**; **~ the army** Soldat werden; **~ politics** in die Politik eintreten; **~ sb's service** in j-s Dienst treten; **~ the university** zu studieren beginnen; **~ the war** in den Krieg eintreten; → church A 5 7 *fig etwas* antreten, beginnen, *e-n Zeitabschnitt, ein Werk* anfangen 8 a *e-n Namen etc* eintragen, -schreiben, *j-n* aufnehmen, zulassen: **~ one's name** (*od* **o.s.**) → B 2 a; **be ~ed** UNIV immatrikuliert werden; **~ sb at a school** j-n zur Schule anmelden; **~ sth into the minutes** etwas protokollieren *od* ins Protokoll aufnehmen b COMPUT *ein Wort etc* eingeben (**into** in *akk*) 9 SPORT melden, nennen (*beide:* **for** für): **~ o.s.** → B 2 b 10 WIRTSCH (ver)buchen, eintragen: **~ sth to sb's debit** j-m etwas in Rechnung stellen, j-n mit etwas belasten; **~ sth on the invoice** etwas auf die Rechnung setzen 11 WIRTSCH, SCHIFF *Waren* deklarieren, *Schiffe* einklarieren: **~ inwards (outwards)** *die Fracht e-s Schiffes* bei der Einfahrt (Ausfahrt) anmelden 12 JUR *ein Recht* durch amtliche Eintragung wahren: **~ an action** e-e Klage anhängig machen 13 JUR *bes US* Rechtsansprüche geltend machen auf (*akk*) 14 *e-n Vorschlag etc* einreichen, ein-, vorbringen: **~ a protest** Protest erheben *od* einlegen; **~ a motion** PARL e-n Antrag einbringen 15 JAGD *ein Tier* abrichten 16 TECH einfügen, -führen 17 **~ up** a WIRTSCH *e-n Posten* regelrecht buchen b JUR *ein Urteil* protokollieren (lassen) B VI 1 eintreten, herein-, hineinkommen, -gehen, (*in ein Land*) einreisen: **I don't ~ in it** *fig* ich habe damit nichts zu tun 2 a sich eintragen *od* einschreiben *od* anmelden (**for** für) b SPORT melden, nennen (*beide:* **for** für) 3 THEAT auftreten: ≈ **a servant** ein Diener tritt auf (*Bühnenanweisung*)
Phrasal Verbs: **enter| into** VI 1 → enter A 1, A 4, A 5, A 6 2 a anfangen, beginnen b sich einlassen auf (*akk*), teilnehmen *od* sich beteiligen an (*dat*) c eingehen auf (*akk*): **~ a plan (an arrangement)** auf e-n Plan (Vergleich) eingehen; **~ the conversation** sich an der Unterhaltung beteiligen; **~ correspondence** in Briefwechsel treten (**with** mit); **~ details** ins Einzelne *od* ins Detail gehen 3 *e-e Verpflichtung, Partnerschaft etc* eingehen 4 sich hineindenken in (*akk*): **~ sb's feelings** sich in j-n hineinversetzen, j-m etwas nachempfinden; **~ the spirit of Christmas** in e-e weihnachtliche Stimmung versetzt werden; **~ the spirit of the game** mitmachen 5 e-e Rolle spielen bei; **not ~ sb's calculations** nicht vorgesehen *od* eingeplant sein; **his accident did not ~ our plans** sein Unfall war nicht eingeplant; **~ on, ~ upon** VT 1 JUR Besitz ergreifen von: **~ an inheritance** e-e Erbschaft antreten 2 a *ein Thema* anschneiden b eintreten *od* sich einlassen in *ein Gespräch etc* 3 a *ein Amt* antreten b beginnen: **~ a career** e-e Laufbahn einschlagen; **~ a new phase** in ein neues Stadium treten
entera ['entərə] *pl von* enteron
enteral ['entərəl] ADJ ANAT, MED enteral, Darm...
enteric [en'terɪk] ADJ 1 ANAT, MED enteral, Darm...: **~ fever** (Unterleibs)Typhus *m* 2 MED, PHARM darmlöslich, magensaftresistent (*Tablette*)
enteritis [ˌentə'raɪtɪs] S MED Enteritis *f*, Darmkatarrh *m*
enter key S COMPUT Eingabetaste *f*, Enter-Taste *f*
enterocele ['entərəʊsiːl] S MED Enterozele *f*, Darmbruch *m*; **enterogastritis** [-gæ'straɪtɪs] S MED Gastroenteritis *f*, Magen-Darm-Katarrh *m*; **enterolith** [-rəʊlɪθ] S MED Enterolith *m*, Kotstein *m*; **enteron** [-rɒn; *US* -ˌrɑn] *pl* -tera [-rə] S ANAT Enteron *n*, (*bes* Dünn)Darm *m*
enterprise ['entə(r)praɪz] S 1 Unternehmen *n*, -nehmung *f* 2 WIRTSCH a Unternehmen *n*, Betrieb *m*: **~ allowance** *Br* staatlicher Zuschuss für e-e Unternehmensgründung b Unternehmertum *n*: **free ~** 3 Wagnis *n* 4 Unternehmungsgeist *m*, -lust *f*, Initiative *f*: **a man of ~** ein Mann mit Unternehmungsgeist; **enterprising** ADJ (ADV ~ly) 1 unternehmend, -nehmungslustig, mit Unternehmungsgeist: **~ spirit** → enterprise 4 2 wagemutig, kühn
entertain [ˌentə(r)'teɪn] A VT 1 *j-n* (*od* **o.s.** sich) (angenehm) unterhalten, amüsieren 2 a *j-n* gastlich aufnehmen, bewirten: **be ~ed at** (*Br a.* **to**) **dinner by sb** bei j-m zum Essen eingeladen sein; **~ angels unawares** außerordentliche Gäste haben, ohne es zu wissen b SPORT *j-n* zu Gast haben, empfangen 3 *Furcht, Hoffnung etc* hegen 4 *e-n Vorschlag etc* in Betracht *od* Erwägung ziehen, *e-r Sache* Raum geben, eingehen auf (*akk*): **~ an idea** sich mit e-m Gedanken tragen B VI Gäste empfangen *od* haben: **they ~ a great deal** sie haben oft Gäste; **entertainer** S 1 Gastgeber(in) 2 Unterhalter(in), *engS.* Entertainer(in), Unterhaltungskünstler(in); **entertaining** A ADJ (ADV ~ly) unterhaltend, amüsant, unterhaltsam B S: **they do a great deal of ~** sie haben oft Gäste; **entertainment** S 1 Unterhaltung *f*: **for sb's ~** zu j-s Unterhaltung; **much to his ~** sehr zu s-r Belustigung 2 (*öffentliche*) Unterhaltung, (*professionell dargeboten a.*) Entertainment *n*: **a place of ~** e-e Vergnügungsstätte; **~ industry** Unterhaltungsindustrie *f*; **~ tax** Vergnügungssteuer *f*; **~ value** Unterhaltungswert *m* 3 gastliche Aufnahme, Gastfreundschaft *f*, Bewirtung *f*: **~ allowance** WIRTSCH Aufwandsentschädigung *f* 4 Fest *n*, Gesellschaft *f* 5 Erwägung *f*
enthral(l) [ɪn'θrɔːl] VT 1 *fig* bezaubern, fesseln, in s-n Bann schlagen 2 *obs* unterjochen; **enthralling** ADJ *fig* fesselnd, bezaubernd; **enthral(l)ment** S 1 Bezauberung *f* 2 *obs* Unterjochung *f*
enthrone [ɪn'θrəʊn] VT 1 *e-n Monarchen, Bischof etc* inthronisieren: **be ~d** *fig* thronen 2 *fig* erheben (**as** zu); **enthronement** S Inthronisation *f*, Inthronisierung *f*
enthuse [ɪn'θjuːz; *US a.* -'θuːz] *umg* A VT begeistern B VI (**about, over**) begeistert sein (von), schwärmen (von, für): **~ to sb about** j-m etwas vorschwärmen von; **enthusiasm** [-zɪæzəm] S 1 Enthusiasmus *m*, Begeisterung *f* (*beide:* **for** für; **about** über *akk*) 2 Schwärmerei *f* (**for** für) 3 Leidenschaft *f*, Passion *f*: **his ~ is tennis** 4 REL *obs* Verzückung *f*; **enthusiast** [-zɪæst] S 1 Enthusiast(in): **tennis ~** Tennisbegeisterte(r) *m/f(m)*, leidenschaftliche(r) Tennisspieler(in) 2 Schwärmer(in); **enthusiastic** ADJ (ADV ~ally) 1 enthusiastisch, begeistert (**about, over** von): **~ applause** begeisterter Applaus; **become** (*od* **get**) **~** in Begeisterung geraten 2 schwärmerisch
entia ['enʃɪə] *pl von* ens
entice [ɪn'taɪs] VT 1 locken (**into** in *akk*): **~ sb away** a j-n weglocken (**from** von) b WIRTSCH j-n abwerben; **my friend has ~d my wife away** mein Freund hat mir m-e Frau abspenstig gemacht 2 verlocken, -leiten, -führen (*alle:* **into sth** zu etwas): **~ sb to do** (*od* **into doing**) **sth** j-n dazu verleiten, etwas zu tun; **enticement** S 1 (Ver)Lockung *f*, (An)Reiz *m*: **have great ~ for sb** von großem Reiz für j-n sein 2 Verführung *f*, -leitung *f*; **enticer** S Verführer(in); **enticing** ADJ (ADV ~ly) verlockend, verführerisch
entire [ɪn'taɪə(r); *US a.* 'enˌtaɪr] A ADJ 1 ganz,

völlig, vollkommen, -zählig, -ständig, komplett 2 ganz, unvermindert, Gesamt…: ~ **proceeds** *pl* Gesamtertrag *m* 3 ganz, unversehrt, unbeschädigt 4 nicht kastriert: ~ **horse** Hengst *m* 5 *fig* uneingeschränkt, ungeteilt, voll, ungeschmälert: **he enjoys our ~ confidence** er genießt unser volles *od* uneingeschränktes Vertrauen; **I am in ~ agreement with you** ich stimme voll u. ganz *od* völlig mit Ihnen überein 6 aus einem Stück, zusammenhängend 7 JUR ungeteilt: ~ **tenancy** Pachtung *f* in einer Hand B S 1 *(das)* Ganze 2 nicht kastriertes Pferd, Hengst *m* 3 *Postwesen, Philatelie*: Ganzsache *f*; **entirely** ADV 1 völlig, gänzlich, durchaus, ganz u. gar: **I am ~ of your opinion**; **it is ~ possible** es ist durchaus *od* ohne Weiteres möglich; ~ **satisfied** restlos zufrieden 2 ausschließlich: **it is ~ his fault**; **entireness** → entirety 1; **entirety** S 1 *(das)* Ganze, Ganzheit *f*, Vollständigkeit *f*, Gesamtheit *f*: **in its ~** in s-r Gesamtheit, als (ein) Ganzes 2 JUR ungeteilter Besitz

entitle [ɪnˈtaɪtl] V/T 1 *ein Buch etc* betiteln: **a book ~d …** ein Buch mit dem Titel … 2 *j-n* betiteln, anreden, ansprechen: **how does one ~ a queen?** 3 **(to)** *j-n* berechtigen (zu), *j-m* ein Anrecht geben (auf *akk*): **be ~d to** (ein) Anrecht *od* (e-n) Anspruch haben auf *(akk)*; **be ~d to do sth** (dazu) berechtigt sein *od* das Recht haben, etwas zu tun; **be ~d to expect sth** etwas erwarten können; **~d to vote** wahl-, stimmberechtigt; **she is ~d to maintenance** sie ist unterhaltsberechtigt, ihr steht Unterhalt zu; **party ~d** Berechtigte(r) *m/f(m)*; **entitlement** S 1 Betitelung *f* 2 a (berechtigter) Anspruch: ~ **to benefits** *(Versicherung)* Leistungsanspruch b zustehender Betrag

entity [ˈentətɪ] S 1 PHIL a Dasein *n*, Wesen *n* b (reales) Ding, Gebilde *n* c Wesenheit *f* 2 Einheit *f* 3 JUR Rechtspersönlichkeit *f*: **legal ~** juristische Person

entoblast [ˈentəʊblæst], **entoderm** [-dɜːm; US -,dɜrm] S BIOL, MED Entoblast *n*, Entoderm *n (inneres Keimblatt des menschlichen u. tierischen Embryos)*

entomb [ɪnˈtuːm] V/T 1 begraben, beerdigen, bestatten, beisetzen 2 verschütten, lebendig begraben 3 als Grab(stätte) dienen für: **this church ~s many great men** in dieser Kirche sind viele große Männer beigesetzt; **entombment** S Begräbnis *n*, Beerdigung *f*, Bestattung *f*, Beisetzung *f*

entomic [enˈtɒmɪk; US -ˈtɑ-] ADJ ZOOL Insekten…

entomological [,entəməˈlɒdʒɪkl; US -ˈlɑ-] ADJ (ADV ~ly) entomologisch; **entomologist** [-ˈmɒlədʒɪst; US -ˈmɑ-] S Entomologe *m*, Entomologin *f*; **entomologize** V/I 1 Entomologie studieren 2 Insekten sammeln; **entomology** S Entomologie *f*, Insektenkunde *f*

entomophagous [,entəˈmɒfəgəs; US -ˈmɑ-] ADJ insektenfressend; **entomophilous** [-fɪləs] ADJ BOT entomophil; **entomophily** S BOT Entomophilie *f (Bestäubung durch Insekten)*

entoparasite [,entəʊˈpærəsaɪt] → endoparasite

entoplasm [ˈentəʊplæzəm] → endoplasm

entoptic [enˈtɒptɪk; US ,entˈɑp-] ADJ ANAT, MED entoptisch *(das Augeninnere betreffend)*

entourage [,ɒntʊˈrɑːʒ; US ,ɑn-] S Entourage *f*: a Umgebung *f* b *(a. als pl konstruiert)* Gefolge *n*

entozoon [,entəʊˈzəʊɒn; US -,ɑn] *pl* -zoa [-ə] S ZOOL Entozoon *n (Parasit, der im Körperinnern lebt)*

entr'acte [ˈɒntrækt; US ˈɑn-] S Entreakt *m*, Zwischenakt(musik) *m(f)*, -tanz *m*

entrails [ˈentreɪlz; US a. -trəlz] SPL 1 ANAT Eingeweide *pl* 2 *fig* (das) Innere: **the ~ of the earth** das Erdinnere

entrain[1] [ɪnˈtreɪn] BAHN A V/I einsteigen B V/T verladen (**for** nach)

entrain[2] [ɪnˈtreɪn] V/T 1 mit sich fortziehen 2 *fig* nach sich ziehen, zur Folge haben

entrainment S BAHN 1 Einsteigen *n* 2 Verladung *f*

entrance[1] [ˈentrəns] S 1 a Eintreten *n*, Eintritt *m*: *we could not talk about the matter* **because of Peter's ~s and exits** weil Peter ständig hereinkam b SCHIFF, BAHN Einlaufen *n*, Einfahrt *f* c FLUG Einflug *m*: ~ **duty** WIRTSCH Eingangszoll *m*; ~ **zone** FLUG Einflugzone *f*; **make one's ~** eintreten, erscheinen (→ 6) 2 a Ein-, Zugang *m (beide:* **to** zu) b Zufahrt *f*: ~ **hall** (Eingangs-, Vor)Halle *f*, (Haus)Flur *m*; **at the ~** am Eingang, an der Tür 3 SCHIFF (Hafen)Einfahrt *f* 4 *fig* Antritt *m*: ~ **(up)on an office** Amtsantritt; ~ **(up)on an inheritance** Antritt e-r Erbschaft 5 Eintritt(serlaubnis) *m(f)*, Zutritt *m*, Einlass *m*: ~ **fee** a Eintritt(sgeld) *m(n)* b Aufnahmegebühr *f*; **have free ~** freien Zutritt haben; **"no ~"** „Zutritt verboten!"; **"no ~ except on business"** „Zutritt für Unbefugte verboten!" 6 THEAT Auftritt *m*: **make one's ~** auftreten (→ 1) 7 Beginn *m* (**to** *gen*)

entrance[2] [ɪnˈtrɑːns; US ɪnˈtræns] V/T 1 *j-n* in Verzückung versetzen, entzücken, hinreißen: **~d** entzückt, hingerissen *(beide:* **at, by** von) 2 überwältigen: **~d** außer sich (**with** vor *dat*); **~d with joy** freudetrunken 3 in Trance versetzen

entrancement S Verzückung *f*; **entrancing** ADJ (ADV ~ly) bezaubernd, hinreißend

entrant [ˈentrənt] S 1 Eintretende(r) *m/f(m)* 2 (Berufs)Anfänger(in) (**to** in *dat*) 3 neues *od* neu eintretendes Mitglied 4 SPORT Teilnehmer(in) *(a. allg an e-m Wettbewerb)*, Konkurrent(in)

entrap [ɪnˈtræp] V/T 1 (in e-r Falle) fangen 2 verführen, -leiten *(beide:* **to sth** zu etwas; **into doing** zu tun) 3 in Widersprüche verwickeln

entreat [ɪnˈtriːt] A V/T 1 *j-n* inständig *od* dringend bitten *od* ersuchen, anflehen *(alle:* **for** um; **to do** zu tun) 2 *etwas* erflehen 3 BIBEL *od obs j-n* behandeln B V/I bitten, flehen: ~ **of sb to do sth** j-n inständig bitten, etwas zu tun; **entreating** ADJ (ADV ~ly) flehentlich; **entreaty** S dringende *od* inständige Bitte, Flehen *n*: **at sb's ~** auf j-s dringende Bitte (hin); **she gave him a look of ~** sie warf ihm e-n flehenden Blick zu

entrechat [ˈɒntrəʃɑː; US ˈɑn-] *pl* -chats S *Ballett*: Entrechat *m (Kreuzsprung, bei dem die Füße schnell über- u. auseinandergeschlagen werden)*

entrecôte [ˈɒntrəkəʊt; US ˈɑn-] S GASTR Entrecote *n*, Rippenstück *n (vom Rind)*

entrée, *US a.* **entree** [ˈɒntreɪ; US ˈɑn-] S 1 *bes fig* Zutritt *m* (**into** zu): **she has ~ into the best society**; *his wealth* **gave him ~** *into the best society* verschaffte ihm Zutritt 2 GASTR a Entree *n*, Zwischengericht *n* b *bes US* Hauptgericht *n* 3 MUS Entree *n*, Eröffnungsmusik *f (e-s Balletts)*

entremets [ˈɒntrəmeɪ; US ,ɑntrəˈmeɪ] *pl* -mets [-eɪz] S GASTR Entremets *n*: a Zwischengericht *n* b Süßspeise *f*

entrench [ɪnˈtrentʃ] A V/I übergreifen (**on, upon** auf *akk*) B V/T 1 MIL mit Schützengräben versehen, befestigen, verschanzen: ~ **o.s.** sich verschanzen, sich festsetzen *(beide a. fig)*; ~ **o.s. behind a newspaper (a principle)** sich hinter e-r Zeitung (e-m Prinzip) verschanzen; **~ed** *fig* eingewurzelt, verwurzelt 2 *fig Rechte etc* festschreiben: **~ed provisions** *Bestimmungen (e-r Verfassung), die nur in e-m besonderen Verfahren geändert werden können*; **entrenchment** S MIL 1 Verschanzung *f* 2 *pl* Schützengräben *pl*

entrepôt [ˈɒntrəpəʊ; US ˈɑn-] S Entrepot *n*: a Lager-, Stapelplatz *m* b WIRTSCH (Waren-, Zoll)Niederlage *f*

entrepreneur [,ɒntrəprəˈnɜː; US ,ɑntrəprəˈnɜr] S 1 WIRTSCH Unternehmer(in) 2 Vermittler(in), Mittelsmann *m*; **entrepreneurial** ADJ Unternehmer…: ~ **income** Einkommen *n* aus Unternehmertätigkeit; ~ **risk** unternehmerisches Risiko; ~ **spirit** Unternehmergeist *m*; **entrepreneurship** S 1 Unternehmertum *n* 2 Unternehmensleitung *f*, -führung *f*

entresol [ˈɒntrəsɒl; US ˈɑntrə,sɑl; -,sɔːl] S ARCH Entresol *n*, Zwischen-, Halbgeschoss *n*

entropy [ˈentrəpɪ] S Entropie *f*: a PHYS *Größe, die die Verlaufsrichtung e-s Wärmeprozesses kennzeichnet* b *Größe des Nachrichtengehalts e-r nach statistischen Gesetzen gesteuerten Nachrichtenquelle* c *Maß für den Grad der Ungewissheit über den Ausgang e-s Versuchs*

entrust [ɪnˈtrʌst] V/T 1 *etwas* anvertrauen (**to sb** j-m): ~ **a child to sb's care** ein Kind j-s Obhut anvertrauen 2 *j-n* betrauen (**with a task** mit e-r Aufgabe): ~ **sb with doing sth** j-n damit betrauen, etwas zu tun

entry [ˈentrɪ] S 1 → entrance[1] 1: ~ **(into the water)** *(Wasserspringen)* Eintauchen *n* 2 Einreise *f*, Zuzug *m*: ~ **permit** Einreiseerlaubnis *f*; ~ **and residence permit** Zuzugsgenehmigung *f*; ~ **visa** Einreisevisum *n* 3 → entrance[1] 6 4 Einfall(en) *m(n) (in ein Land)*, Eindringen *n*, JUR Einbruch *m* 5 ~ **(up)on office** Amtsantritt *m* 6 Beitritt *m* (**into** zu): **Britain's ~ into the Common Market** 7 Einlass *m*, Zutritt *m*: **gain** (*od* **obtain**) ~ Einlass finden; **force an ~ into**, **make a forcible ~ into** gewaltsam eindringen in *(akk)*, sich gewaltsam Zugang *od* Zutritt verschaffen zu; **"no ~"** „Zutritt verboten!", AUTO „keine Einfahrt!" 8 a Zu-, Eingang(stür) *m(f)*, Einfahrt(stor) *f(n)* b Flur *m*, (Eingangs-, Vor)Halle *f* 9 a Eintrag(ung) *m(f)*, Vormerkung *f*: ~ **in a diary** Tagebucheintrag(ung) b *a.* ~ **word** Stichwort *n (im Lexikon)* c *(von Daten)* Eingabe *f* 10 WIRTSCH a Eintragung *f*, Buchung *f*: **make an ~ of sth** etwas (ver)buchen *od* eintragen b (gebuchter) Posten 11 WIRTSCH Eingang *m (von Geldern etc)*: **(up)on ~** nach Eingang 12 WIRTSCH, SCHIFF Einklarierung *f*, Zolldeklaration *f*: ~ **inwards (outwards)** Einfuhr-(Ausfuhr)deklaration 13 *Bergbau*: Fahr-, Hauptförderstrecke *f* 14 JUR Besitzantritt *m*, -ergreifung *f (beide:* **upon** *gen)* 15 GEOG (Fluss)Mündung *f* 16 SPORT a Nennung *f*, Meldung *f*: ~ **fee** Startgeld *n*; ~ **form** *allg* Teilnahmeschein *m* b → entrant 4 c *koll* Teilnehmer(zahl) *pl(f) (a. allg e-s Wettbewerbs)*: **a good** (*od* **large**) ~ viele Nennungen *od* Meldungen 17 a Beitrag *m (zu e-m Filmfestival etc)* b Lösung *f (e-s Preisausschreibens)*: **"(have your) entries in by …"** „Einsendeschluss …"; **~phone** S (Tür)Sprechanlage *f*; **~way** S *US* Eingang *m*, AUTO Einfahrt *f*

ENT specialist [,iːenˈtiː] S HN'O-Arzt *m*, -Ärztin *f*

entwine [ɪnˈtwaɪn] A V/T 1 flechten 2 winden, flechten, schlingen *(alle:* **[a]round** um), umwinden (**with** mit) 3 ineinanderschlingen: **with their fingers ~d** mit ineinandergeschlungenen Händen B V/I sich ineinanderschlingen

entwist [ɪnˈtwɪst] → entwine A 2, A 3

enucleate [iːˈnjuːklɪeɪt; US a. -ˈnuː-] V/T 1 *obs* enukleieren, deutlich machen, aufklären, erläutern 2 MED *e-n Tumor* enukleieren, ausschälen

enumerate [ɪˈnjuːməreɪt; US a. -ˈnuː-] V/T 1

enumerieren, aufzählen **2** spezifizieren: **~d powers** JUR US speziell in Gesetzen erwähnte Machtbefugnisse; **enumeration** S **1** Enumeration *f*, Aufzählung *f* **2** Liste *f*, Verzeichnis *n*; **enumerative** [-rətɪv; US *bes* -ˌreɪtɪv] ADJ enumerativ, aufzählend; **enumerator** [-tə(r)] S Zähler(in) *(bei Volkszählungen)*

enunciate [ɪˈnʌnsɪeɪt] **A** V/T **1** ausdrücken, -sprechen, (*a.* öffentlich) erklären **2** formulieren **3** behaupten, *e-n Grundsatz etc* aufstellen **4** (*bes* deutlich) aussprechen **B** V/I **~ clearly** e-e deutliche Aussprache haben, deutlich sprechen; **enunciation** S **1** (*a.* öffentliche) Erklärung **2** Formulierung *f* **3** Behauptung *f*, Aufstellung *f* **4** (*bes* deutliche) Aussprache; **enunciative** [-ʃɪətɪv; US -sɪˌeɪtɪv] ADJ **1** be **~ of sth** etwas ausdrücken **2** Ausdrucks…

enure → inure

enuresis [ˌenjʊəˈriːsɪs] S MED Enurese *f*, unwillkürliches Harnlassen, *bes* Bettnässen *n*

env. ABK envelope

envelop [ɪnˈveləp] **A** V/T **1** einschlagen, -wickeln, (ein)hüllen (*alle:* **in** in *akk*): **~ o.s. in a thick coat** sich in e-n dicken Mantel hüllen; **~ed in flames (mist)** in Flammen (Nebel) gehüllt **2** *fig* ver-, einhüllen, umhüllen, umgeben: **~ed in mystery** geheimnisumhüllt **3** MIL *den Feind* umfassen, umklammern **B** S US → envelope

envelope [ˈenvələʊp] S **1** Hülle *f*, Umschlag *m*, Umhüllung *f* **2** Briefumschlag *m*, Kuvert *n* **3** FLUG Hülle *f (e-s Ballons)*, Außenhaut *f (e-s Luftschiffs)* **4** MIL Vorwall *m* **5** ASTRON Nebelhülle *f* **6** BOT Kelch *m* **7** ANAT Hülle *f*, Schale *f* **8** MATH Umhüllungskurve *f*, Einhüllende *f*

envelopment S **1** Einhüllung *f*, Umhüllung *f*, Hülle *f* **2** MIL Umfassung(sangriff) *f(m)*, Umklammerung *f*

envenom [ɪnˈvenəm] V/T **1** vergiften (*a. fig*) **2** *fig* mit Hass erfüllen: **~ed** giftig, hasserfüllt

enviable [ˈenvɪəbl] ADJ (ADV enviably) beneidenswert, zu beneiden(d): **be in an ~ position** in e-r beneidenswerten Lage sein; **enviableness** S (*das*) Beneidenswerte; **envier** S Neider(in); **envious** ADJ (ADV **~ly**) neidisch (**of** auf *akk*): **make sb (feel) ~; he's ~ of my new car** er beneidet mich um m-n neuen Wagen; **an ~ look** ein scheeler *od* neiderfüllter Blick; **enviousness** S Neid *m*

environ [ɪnˈvaɪərən] V/T umgeben (*a. fig*): **~ed by** (*od* **with**) **trees** von Bäumen umstanden; **environment** S **1** Umgebung *f*, SOZIOL *a.* Milieu *n*: **a happy home ~** ein glückliches Zuhause; **in a natural ~** in e-r natürlichen Umgebung **2** Umwelt *f* (*a.* SOZIOL): **~-friendly** umweltfreundlich; **~-saving** umweltschonend **3** KUNST Environment *n (illusionistisches Kunstobjekt, das Gegenstände alltäglicher Lebens- u. Arbeitsbereiche in neue Beziehungen zueinander setzt)*; **environmental** [-ˈmentl] ADJ (ADV → environmentally) **1** SOZIOL Milieu… **2** Umwelt…: **~ crisis** (**pollution, preservation, protection, psychology, quality, research,** *etc*); **~ collapse** ökologischer Zusammenbruch; **~ compatibility** Umweltverträglichkeit *f*; **~ compatibility assessment** Umweltverträglichkeitsprüfung *f*; **~ crime** Umweltkriminalität *f*; **~ disaster** Umweltkatastrophe *f*; **~ law** Umweltschutzgesetz *n*; **~ science** → ecology a; **~ stress** Umweltbelastung *f*; → awareness 1 **3** KUNST environmental; **environmentalism** S **1** Umweltschutz(bewegung) *m(f)* **2** SOZIOL Environmentalismus *m (geografisch orientierte soziologische Richtung, nach der der spezifische geografische u. soziale Lebensraum des Menschen dessen Handeln u. Erleben bestimmt)*; **environmentalist** S Umweltschützer(in); **environmentally** ADV **1** in Bezug auf *od* durch die Umwelt: **~ beneficial** (*od* **friendly**) (**harmful** *od* **noxious**) umweltfreundlich (umweltfeindlich); **~ compatible** umweltverträglich; → aware 1 **2** KUNST environmental; **environs** [ɪnˈvaɪərənz; ˈenvɪrənz] SPL Umgebung *f (e-s Ortes etc)*

envisage [ɪnˈvɪzɪdʒ] V/T **1** in Aussicht nehmen, ins Auge fassen, gedenken, (*alle:* **doing** zu tun) **2** sich *etwas* vorstellen, für möglich halten **3** *j-n, etwas* begreifen, verstehen (**as** als) **4** *obs e-r Gefahr etc* (mutig) ins Auge sehen

envision [ɪnˈvɪʒn] → envisage 2

envoi [ˈenvɔɪ] S Zueignungs-, Schlussstrophe *f (e-s Gedichts)*

envoy[1] [ˈenvɔɪ] → envoi

envoy[2] [ˈenvɔɪ] S **1** *a.* **~ extraordinary and minister plenipotentiary** POL Gesandte(r) *m/f(m) (Missionschef[in] der 2. Rangklasse)* **2** Abgesandte(r) *m/f(m)*, Bevollmächtigte(r) *m/f(m)*

envy [ˈenvɪ] **A** S **1** Neid *m* (**of** auf *akk*): **demon of ~** Neidteufel *m*; → green A 6 **2** *Gegenstand des Neides*: **be the ~ of** beneidet werden von; **his garden is the ~ of everybody** alle beneiden ihn um s-n Garten **B** V/T *j-n* beneiden: **~ sb sth**, *umg* **~ sb for sth** j-n um etwas beneiden; **we ~ (you) your nice house** wir beneiden Sie um Ihr schönes Haus

enwind [ɪnˈwaɪnd] V/T *irr* umwinden (**with** mit)

enwrap [ɪnˈræp] → wrap A

enzootic (disease) [ˌenzəʊˈɒtɪk; US ˌenzəˈwɑtɪk] S VET Enzootie *f (Tierseuche mit beschränkter Ausbreitung)*

enzyme [ˈenzaɪm] S *Biochemie*: Enzym *n*, Ferment *n*; **enzymology** [ˌenzaɪˈmɒlədʒɪ; US ˌenzəˈmɑ-] S Enzymologie *f (Lehre von den Enzymen)*

eobiont [ˌiːəʊˈbaɪənt] S BIOL Eobiont *m (Urzelle als erstes Lebewesen mit Zellstruktur)*

EOC ABK Equal Opportunities Commission

Eocene [ˈiːəʊsiːn] GEOL **A** ADJ eozän **B** S Eozän *n (zweitälteste Stufe des Tertiärs)*

eolian, *etc* → aeolian *etc*

eolith [ˈiːəʊlɪθ] S Eolith *m (aus dem Tertiär od Pleistozän stammender Feuerstein, dessen Kanten wie bearbeitet wirken, sodass man ihn irrtümlich für ein vorgeschichtliches Werkzeug hielt)*; **Eolithic** ADJ GEOL eolithisch: **~ period** Eolithikum *n (aufgrund der Eolithen angenommene früheste Stufe der Kulturgeschichte)*

e.o.m. ABK end of the month

eon → aeon

Eozoic [ˌiːəʊˈzəʊɪk] GEOL **A** ADJ eozoisch **B** S Eozoikum *n (erdgeschichtliche Frühzeit)*

EP[1] [ˌiːˈpiː] **A** ABK S (= *extended play*) Maxisingle *f* **B** ADJ: **~ record** → A

EP[2] ABK European Parliament EP *n*

EPA ABK US Environmental Protection Agency Umweltschutzbehörde *f*

epact [ˈiːpækt] S ASTRON Epakte *f (Anzahl der Tage, die vom letzten Neumond des alten Jahres bis zum Beginn des neuen Jahres vergangen sind)*

eparch [ˈepɑː(r)k] S **1** *Antike*: Eparch *m*, Statthalter *m* **2** REL *Bischof e-r Eparchie* **3** *oberster Verwaltungsbeamter e-r Eparchie*; **eparchy** S Eparchie *f*: **a** *Antike*: *oströmische Provinz* **b** REL *Amtsbezirk e-s Bischofs in der orthodoxen Kirche* **c** *kommunalpolitische Verwaltungseinheit im heutigen Griechenland*

epaulet(te) [ˈepəʊlet; ˌepəˈlet] S MIL Epaulett *n*, Epaulette *f*, Schulterstück *n*: **win one's ~s** zum Offizier befördert werden

épée [ˈepeɪ] S *Fechten*: Degen *m*: **~ fencing** Degenfechten *n*; **épéeist** S Degenfechter(in)

epencephalon [ˌepenˈsefəlɒn; US ˌepɪnˈsefəˌlɑn] *pl* **-la** [-lə] S ANAT Nachhirn *n*

epenthesis [eˈpenθɪsɪs; ɪˈp-] *pl* **-ses** [-siːz] S LING Epenthese *f*, Epenthesis *f (Einschaltung e-s Lautes zur Erleichterung der Aussprache)*

epergne [ɪˈpɜːn; US ɪˈpɜrn] S Tafelaufsatz *m*

epexegesis [eˌpeksɪˈdʒiːsɪs] *pl* **-ses** [-siːz] S LING Epexegese *f (erklärender Zusatz)*

ephemera[1] [ɪˈfemərə] *pl* **-as, -ae** [-iː] S **1** ZOOL Eintagsfliege *f* **2** *fig* Eintagsfliege *f*, kurzlebige Erscheinung

ephemera[2] [ɪˈfemərə] *pl von* ephemeron

ephemeral [ɪˈfemərəl] **A** ADJ (ADV **~ly**) ephemer: **a** MED, ZOOL eintägig, Eintags… **b** *fig* flüchtig, kurzlebig, (sehr) vergänglich **B** S **1** → ephemera[1] **2** BOT kurzlebige Pflanze

ephemeris [ɪˈfemərɪs] *pl* ephemerides [ˌefɪˈmerɪdiːz] S **1** ASTRON Ephemeride *f (Tabelle über die tägliche Stellung der Himmelskörper)* **2** *obs* Tagebuch *n*

ephemeron [ɪˈfemərɒn; US -ˌrɑn] *pl* **-a** [-ə], **-ons** → ephemera[1]

Ephesian [ɪˈfiːʒjən; US -ʒən] **A** ADJ ephesisch **B** S **1** Epheser(in) **2** *pl* BIBEL Brief *m* (des Paulus) an die Epheser

epiblast [ˈepɪblæst] S BIOL, MED Epiblast *n (äußeres Keimblatt des menschlichen und tierischen Embryos)*

epic [ˈepɪk] **A** ADJ (ADV **~ally**) **1** episch, erzählend: **~ drama** episches Drama; **~ poem** Epos *n* **2** heldenhaft, heldisch, heroisch: **~ achievements** Heldentaten; **~ laughter** homerisches Gelächter **B** S **1** Epos *n*, Heldengedicht *n* **2** *allg* episches Werk; **epical** [-kl] ADJ (ADV **~ly**) → epic A

epicalyx [ˌepɪˈkeɪlɪks; -ˈkæ-] S *a. irr* BOT Außenkelch *m*; **epicarp** [-kɑː(r)p] S BOT Epikarp *n*, äußere Fruchthaut

epicene [ˈepɪsiːn] **A** ADJ **1** beiderlei Geschlechts (*a.* LING) **2** **a** für beide Geschlechter **b** geschlechtslos, zwitterhaft **B** S LING Epicönum *n (Substantiv, das ein Wesen mit natürlichem Geschlecht bezeichnet, aber mit einem Genus sowohl vom männlichen als vom weiblichen Wesen gebraucht wird)*

epicenter, *bes Br* **epicentre** [ˈepɪsentə(r)] S **1** Epizentrum *n (senkrecht über e-m Erdbebenherd liegendes Gebiet der Erdoberfläche)* **2** *fig* Mittelpunkt *m*

epicist [ˈepɪsɪst] S Epiker(in)

epicotyl [ˌepɪˈkɒtɪl; US ˈepɪˌkɑtl] S BOT Epikotyl *n (erster, blattloser Sprossabschnitt der Keimpflanze)*

epicure [ˈepɪˌkjʊə(r)] S **1** Epikureer *m*, Genussmensch *m* **2** Feinschmecker *m*; **epicurean** [-kjʊəˈriːən] **A** ADJ **1** ♀ PHIL epikureisch **2** epikureisch, genusssüchtig **3** feinschmeckerisch **B** S **1** ♀ PHIL Epikureer *m (Anhänger der Lehre Epikurs)* **2** → epicure; **Epicureanism**, **Epicurism** S **1** PHIL Epikureismus *m*, Lehre *f* Epikurs **2** ♀ Epikureismus *m*, Genusssucht *f* **3** ♀ Feinschmeckertum *n*

epicycle [ˈepɪsaɪkl] S ASTRON, MATH Epizykel *m (Kreis, dessen Mittelpunkt e-n Kreis um e-n anderen Punkt beschreibt od der auf dem Umfang e-s anderen Kreises abrollt)*; **epicyclic** [-ˈsaɪklɪk; -ˈsɪk-] ADJ epizyklisch: **~ gear** TECH Planeten-, Umlaufgetriebe *n*

epicycloid [ˌepɪˈsaɪklɔɪd] S MATH Epizykloide *f (Kurve, die von e-m auf e-m Kreis befindlichen Punkt beschrieben wird, wenn dieser Kreis auf e-m festen Kreis abrollt)*

epidemic [ˌepɪˈdemɪk] MED **A** ADJ (ADV **~ally**) epidemisch, seuchenartig (*beide a. fig*): **reach ~ levels** epidemische Formen annehmen, zur Seuche werden; **~ parotitis** → parotiditis b **B** S Epidemie *f*, Seuche *f* (*beide a. fig*); **epidemical** ADJ (ADV **~ly**) → epidemic A; **epidemiologist** [-ˌdiːmɪˈɒlədʒɪst; US -ˈɑl-] S MED Epidemiologe *m*, Epidemiologin *f*; **epidemiology** [-diːmɪˈɒlədʒɪ; US -ˈɑl-] S MED Epidemiologie *f (Lehre von den Epidemien)*

epidermal [ˌepɪˈdɜːml; US -ˈdɜrməl], **epidermic**, **epidermical** [-kl] ADJ epidermal, Epidermis...; **epidermis** [-mɪs] S ANAT, ZOOL Epidermis f, Oberhaut f
epidiascope [ˌepɪˈdaɪəskəʊp] S Epidiaskop n *(Projektor zum Abbilden durchsichtiger u. undurchsichtiger Bilder auf e-r Wand)*
epididymis [ˌepɪˈdɪdɪmɪs] pl -dymides [-dɪˈdɪmɪdiːz] S ANAT Epididymis f, Nebenhoden m
epidote [ˈepɪdəʊt] S MINER Epidot m
epidural [ˌepɪˈdjʊərəl; US a. -ˈdʊ-] **A** ADJ ANAT epidural *(auf od außerhalb der harten Hirnhaut gelegen)*: ~ **an(a)esthesia** → B **B** S MED Epiduralanästhesie f *(Betäubung durch Einspritzen von Mitteln in den Raum zwischen harter Hirnhaut u. Wirbelkanal)*
epigastrium [ˌepɪˈgæstrɪəm] pl -a [-ə] S ANAT Epigastrium n, Oberbauchgegend f, Magengrube f
epigene [ˈepɪdʒiːn] ADJ **1** pseudomorph *(Kristalle)* **2** GEOL auf der Erdoberfläche gebildet: ~ **agents** Oberkräfte
epigenesis [ˌepɪˈdʒenəsɪs] S **1** BIOL Epigenese f *(Entwicklung e-s jeden Organismus durch aufeinanderfolgende Neubildungen)* **2** GEOL Epigenese f *(nachträgliche Entstehung e-s Flusslaufs in früher abgelagerten Schichten)*
epiglottis [ˌepɪˈglɒtɪs; US -ˈglɑ-] pl -tises, -tides [-tɪdiːz] S ANAT Epiglottis f, Kehldeckel m
epigone [ˈepɪgəʊn] S Epigone m: **a** *unbedeutender Nachfolger bedeutender Vorgänger* **b** *Nachahmer ohne eigene Ideen*
epigram [ˈepɪgræm] S **1** Epigramm n *(kurzes Sinn- od Spottgedicht)* **2** epigrammatischer (Aus-)Spruch; **epigrammatic** [-grəˈmætɪk] ADJ (ADV ~ally) epigrammatisch, kurz u. treffend, scharf pointiert; **epigrammatist** S Epigrammatiker(in); **epigrammatize** **A** V/T **1** kurz u. treffend ausdrücken **2** ein Epigramm verfassen über od auf *(akk)* **B** V/I Epigramme verfassen
epigraph [ˈepɪgrɑːf; bes US -græf] S **1** Epigraf n, (bes antike) Inschrift **2** Sinnspruch m, Motto n; **epigraphic** [ˌepɪˈgræfɪk] ADJ (ADV ~ally) epigrafisch; **epigraphist** [eˈpɪgrəfɪst; ɪˈp-] S Epigrafiker(in), Inschriftenforscher(in); **epigraphy** S Epigrafik f, Inschriftenkunde f
epilepsy [ˈepɪlepsɪ] S MED Epilepsie f; **epileptic** [-tɪk] **A** ADJ (ADV ~ally) epileptisch: ~ **fit** epileptischer Anfall **B** S Epileptiker(in)
epilogist [eˈpɪləʊdʒɪst] S Verfasser(in) od Sprecher(in) e-s Epilogs; **epilogize** **A** V/I e-n Epilog schreiben od sprechen **B** V/T e-n Epilog schreiben zu
epilogue, US a. **epilog** [ˈepɪlɒg; US a. -ˌlɑg] S **1** Epilog m: **a** Nachwort n *(e-s Buchs etc)* **b** fig Nachspiel n, Ausklang m **2** THEAT **a** Epilog m, Schlussrede f **b** Epilogsprecher(in) **3** RADIO, TV Br Programm n vor Sendeschluss *(meist religiösen Inhalts)*
Epiphany [ɪˈpɪfənɪ] S **1** REL Epiphanias n, Epiphanien-, Dreikönigsfest n **2** ♀ Epiphanie f *(Erscheinung e-r Gottheit, bes Christi, unter den Menschen)*
epiphenomenon [ˌepɪfəˈnɒmɪnən; US -ˈnɑ-] S irr **1** Begleiterscheinung f, PHIL a. Epiphänomen n **2** MED atypisches od plötzlich auftretendes Symptom
epiphysis [ɪˈpɪfɪsɪs] pl -ses [-siːz] S ANAT, ZOOL Epiphyse f: **a** *Zirbeldrüse der Wirbeltiere* **b** *Gelenkstück der Röhrenknochen von Wirbeltieren u. vom Menschen*
epiphyte [ˈepɪfaɪt] S BOT Epiphyt m *(Pflanze, die auf anderen Pflanzen wächst, sich aber selbstständig ernährt)*
Epis(c). ABK REL Episcopal
episcopacy [ɪˈpɪskəpəsɪ] S REL Episkopat m/n: **a** Episkopalverfassung f **b** Gesamtheit f der Bischöfe **c** Amtstätigkeit f e-s Bischofs **d** Bischofsamt n, -würde f; **episcopal** [-kəpl] ADJ (ADV ~ly) REL episkopal, bischöflich, Bischofs...: ♀ **Church** Episkopalkirche f; ~ **see** Bischofssitz m; **episcopalian** [-kəʊˈpeɪljən] **A** ADJ **1** bischöflich **2** meist ♀ zu e-r *(bes der englischen)* Episkopalkirche gehörig **B** S **1** Episkopale m, Anhänger m der Episkopalverfassung **2** meist ♀ Mitglied n e-r Episkopalkirche
episcopate [ɪˈpɪskəʊpət; -peɪt] S REL Episkopat m/n: **a** Bischofsamt n, -würde f **b** Bistum n, Bischofssitz m **c** Gesamtheit f der Bischöfe
episcope [ˈepɪskəʊp] S Episkop n *(Projektor für undurchsichtige Bilder)*
episode [ˈepɪsəʊd] S **1** Episode f: **a** Neben-, Zwischenhandlung f *(im Drama etc)* **b** eingeflochtene Erzählung **c** Abschnitt m von Ereignissen *(aus e-m größeren Ganzen)* **d** (Neben)Ereignis n **e** MUS Zwischenspiel n *(in der Fuge)*, Zwischensatz m *(im Rondo)* **2** RADIO, TV etc Folge f; **episodic** [-ˈsɒdɪk; US -ˈsɑ-] ADJ, **episodical** ADJ (ADV ~ly) **1** episodisch **2** episodenhaft
epistaxis [ˌepɪˈstæksɪs] S MED Epistaxis f, Nasenbluten n
epistemology [eˌpɪstiːˈmɒlədʒɪ; US ɪˌpɪstəˈmɑ-] S PHIL Epistemologie f, Erkenntnislehre f
epistle [ɪˈpɪsl] S **1** Epistel f, (bes langer) Brief **2** ♀ BIBEL Epistel f, Sendschreiben n: ♀ **to the Romans** Römerbrief m **3** REL Epistel f *(Lesung aus den Episteln)*; **epistler** [-lə(r)] S **1** Brief-, Epistelschreiber(in) **2** REL Epistelverleser(in); **epistolary** [-təlɑrɪ; US -təˌleriː] ADJ **1** Briefe od das Briefschreiben betreffend **2** brieflich, Brief...; **epistoler** [-tələ(r)] → epistler; **epistolography** [-təˈlɒgrəfɪ; US -ˈlɑ-] S Epistolografie f, Kunst f des Briefschreibens
epistrophe [ɪˈpɪstrəfɪ] S *Rhetorik*: Epiphora f *(Wiederholung e-s od mehrerer Wörter am Ende aufeinanderfolgender Sätze od Satzteile)*
epistyle [ˈepɪstaɪl] S ARCH Epistyl n, Quer-, Tragbalken m
epitaph [ˈepɪtɑːf; bes US -tæf] **A** S **1** Epitaph n, Grabschrift f **2** Totengedicht n **B** V/T e-e Grabschrift für j-n schreiben
epitasis [ɪˈpɪtəsɪs] pl -ses [-siːz] S Epitasis f *(Steigerung der Handlung zur dramatischen Verwicklung in e-m Drama)*
epithalamion [ˌepɪθəˈleɪmjən; -mɪən] pl -a [-ə] S, **epithalamium** [-əm] pl -ums, -a [-ə] S *Antike*: Epithalamium n, Epithalamion n, Hochzeitsgedicht n
epithelial [ˌepɪˈθiːljəl; -lɪəl] ADJ Epithel...; **epithelioma** [-θiːlɪˈəʊmə] pl -mas, -mata [-mətə] S MED Epitheliom n *(Hautgeschwulst aus Epithelzellen)*; **epithelium** [-jəm; -lɪəm] S **1** ANAT Epithel n *(oberste Zellschicht des Hautgewebes)* **2** BOT Deckgewebe n
epithet [ˈepɪθet] S **1** LING Epitheton n *(als Attribut gebrauchtes Adjektiv od Partizip)* **2** Beiname m **3** Schimpfname m **4** BIOL Epitheton n *(zweiter Teil des Namens, der die Unterabteilung der Gattung bezeichnet)*; **epithetic**, **epithetical** [-kl] ADJ epithetisch
epitome [ɪˈpɪtəmɪ] S **1** Epitome f: **a** Auszug m, Abriss m **b** kurze Darstellung od Inhaltsangabe: **in** ~ auszugsweise; in gedrängter Form **2** fig Verkörperung f, Inbegriff m: **he is the ~ of laziness** er ist die Faulheit in Person, er ist die leibhaftige Faulheit; **epitomize** **A** V/T **1** e-n Auszug machen aus od von **2** e-e gedrängte Darstellung od e-n Abriss geben von **3** fig verkörpern **B** V/I Auszüge machen; **epitomizer** S Epitomator m, Verfasser(in) von Epitomen
epizoon [ˌepɪˈzəʊɒn; US -ˌɑn] pl -a [-ə] S ZOOL Epizoon n *(Tier, das auf anderen Lebewesen siedelt, ohne an ihnen zu schmarotzen)*
epizootic (disease) [ˌepɪzəʊˈɒtɪk; US -zəˈwɑ-] S VET Epizootie f *(Tierseuche mit größerer Ausbreitung)*
EPNS ABK electroplated nickel silver
epoch [ˈiːpɒk; US ˈepək; ˈepˌɑk] S Epoche f: **a** Zeitalter n (a. GEOL), Zeitabschnitt m: **make an ~** Epoche machen, Epoche machend sein; **this makes** (od **marks**) **an ~ in the history (of)** dies ist ein Markstein od Wendepunkt in der Geschichte *(gen)* **b** ASTRON *Zeitpunkt des Standortes e-s Gestirns*; **epochal** [ˈepɒkl; US ˈepəkəl] ADJ (ADV ~ly) epochal: **a** Epochen... **b** Epoche machend
epoch|-making, **~-marking** ADJ Epoche machend
epode [ˈepəʊd] S Epode f: **a** *Gedichtform, bei der auf e-n längeren Vers ein kürzerer folgt* **b** Abgesang m *(in antiken Gedichten, bes in den Chorliedern der altgriechischen Tragödie)*; **epodic** [eˈpɒdɪk; bes US əˈpəʊ-] ADJ epodisch
eponym [ˈepəʊnɪm] S Eponym n *(Gattungsbezeichnung, die auf e-n Personennamen zurückgeht)*; **eponymous** [ɪˈpɒnɪməs; US ɪˈpɑ-] ADJ: ~ **hero** Titelheld m
epopee, bes Br **épopée** [ˈepəʊpiː] S **1** → epos **2** epische Dichtung
epos [ˈepɒs; US -ˌɑs] S **1** Epos n, Heldengedicht n **2** *(mündlich überlieferte)* epische Dichtung
EPOS ABK electronic point of sale elektronisches Verkaufsterminal, elektronische Kasse
EPROM ABK COMPUT erasable programmable read only memory
epsilon [epˈsaɪlən; US ˈepsəˌlɑn] S Epsilon n *(griechischer Buchstabe)*
Epsom salts [ˈepsəm] SPL *(a. als sg konstruiert)* PHARM Epsomer Bittersalz n
Epstein-Barr virus [ˌepstaɪnˈbɑː(r)] S MED Epstein-Barr-Virus n/m
eq. ABK **1** equal **2** equalizer **3** equalizing **4** equation **5** equivalent
equability [ˌekwəˈbɪlətɪ] S **1** Ausgeglichenheit f, Gleichmut m **2** Gleichförmigkeit f; **equable** ADJ (ADV equably) **1** ausgeglichen *(a. Klima)*, gleichmütig **2** gleich(förmig)
equal [ˈiːkwəl] **A** ADJ (ADV → equally) **1** *(an Größe, Rang etc)* gleich: **be ~ to** gleichen, gleich sein *(dat)*(→ A 3, A 4, A 5); **twice three is ~ to six** zweimal drei ist gleich sechs; ~ **to new** wie neu; **not ~ to** geringer als; ~ **opportunities** pl Chancengleichheit f; ~ **in all respects** MATH kongruent *(Dreieck)*; ~ **rights** pl **for women** die Gleichberechtigung der Frau; ~ **in size**, **of ~ size** (von) gleicher Größe, gleich groß; ~ **time** US **a** (RADIO, TV) gleich lange Sendezeit *(für e-e gegnerische politische Partei etc)* **b** fig die gleiche Chance *(zur Entgegnung auf e-e Beschuldigung etc)*; **of ~ value** gleichwertig **2** obs gleichmütig, gelassen: ~ **mind** Gleichmut m **3** angemessen, entsprechend, gemäß *(alle:* **to** *dat)*: ~ **to your merit** Ihrem Verdienst entsprechend; **be ~ to sth** e-r Sache entsprechen od gleichkommen **4** imstande, fähig *(beide:* **to** zu): **(not) be ~ to a task** e-r Aufgabe (nicht) gewachsen sein **5** aufgelegt (**to** zu): **be ~ to a glass of wine** e-m Glas Wein nicht abgeneigt sein **6** eben, plan *(Fläche)* **7** ausgeglichen (a. SPORT) **8** BOT symmetrisch, auf beiden Seiten gleich **9** gleichmäßig, -förmig **10** ebenbürtig (**to** *dat*), gleichwertig: ~ **in strength** gleich stark; **on ~ terms** unter gleichen Bedingungen; **be on ~ terms (with)** **a** auf gleicher Stufe stehen (mit) **b** gleichberechtigt sein *(dat)* **B** S Gleichgestellte(r) m/f(m), -berechtigte(r) m/f(m): **among ~s** unter Gleichgestellten; **your ~s** deinesgleichen; **~s in age** Altersgenossen; **he has no ~, he is**

without ~ er hat nicht *od* er sucht seinesgleichen; **be sb's ~** j-m ebenbürtig sein, *bes* SPORT *a.* ein gleichwertiger Gegner für j-n sein; **treat sb as (one's) ~** j-n wie seinesgleichen behandeln; → first c 1 **C** VT *prät u. pperf* -qualed, *bes Br* -qualled **1** *j-m, e-r Sache* gleichen, entsprechen, gleich sein, gleichkommen, es aufnehmen mit (**in** an *dat*): **not be ~(l)ed** nicht seinesgleichen haben, seinesgleichen suchen; *two plus two* **~s four** ist gleich vier **2** SPORT *e-n Rekord* einstellen

E

equalitarian [ɪˌkwɒlɪˈteərɪən; *US* ɪˌkwɑlə-] → egalitarian *etc*

equality [iːˈkwɒlətɪ; *US* ɪˈkwɑ-] S **1** Gleichheit *f*: **~ (of rights)** Gleichberechtigung *f*; **~ of opportunity** (*od* **opportunities**) Chancengleichheit; **political ~** politische Gleichberechtigung; **be on an ~ with a** auf gleicher Stufe stehen mit *j-m* **b** gleich(bedeutend) sein mit *e-r Sache*; **treat sb on a footing of ~** mit j-m wie mit seinesgleichen verkehren; ♀ **State** *US* (*Beiname für den Staat*) Wyoming *n* **2** MATH Gleichförmigkeit *f*

equalization [ˌiːkwəlaɪˈzeɪʃn; *US* -ləˈz-] S **1** Gleichstellung *f*, -machung *f* **2** *bes* WIRTSCH Ausgleich(ung) *m(f)*: **~ fund** Ausgleichsfonds *m*; **~ payment** Ausgleichszahlung *f* **3 a** TECH Abgleich *m* **b** ELEK, FOTO Entzerrung *f*; **equalize A** VT **1** gleichmachen, -stellen, -setzen, angleichen **2** ausgleichen, kompensieren **3 a** TECH abgleichen **b** ELEK, FOTO entzerren **B** VI SPORT ausgleichen, den Ausgleich erzielen *od* schaffen; **equalizer** S **1** TECH Stabilisator *m* **2** ELEK, FOTO Entzerrer *m* **3** SPORT Ausgleich *m*, Ausgleichstor *n*, -punkt *m* **4** *US sl* Kanone *f* (*Pistole*); **equalizing** ADJ ELEK, SPORT, TECH Ausgleichs...: **~ goal**; **~ coil** Ausgleichspule *f*

equally ADV **1** ebenso, in gleicher Weise, gleich: **~ distant** gleich weit entfernt **2** zu gleichen Teilen, in gleichem Maße, gleichermaßen: **we ~ with them** wir ebenso wie sie **3** gleichmäßig; **equalness** → equality

equal(s) sign S MATH Gleichheitszeichen *n*

equanimity [ˌekwəˈnɪmətɪ; ˌiːk-] S Gleichmut *m*, Ausgeglichenheit *f*: **with ~** mit Gleichmut, gleichmütig

equate [ɪˈkweɪt] **A** VT **1** gleichmachen **2** ausgleichen: **~ exports and imports 3** (**with, to**) *j-n, etwas* gleichstellen, -setzen (*dat*), auf die gleiche *od* auf eine Stufe stellen (mit) **4** in die Form e-r Gleichung bringen **5** als gleich (-wertig) ansehen *od* behandeln **B** VI gleichen, entsprechen (*beide:* **with** *dat*); **equated** ADJ WIRTSCH Staffel...: **~ calculation of interest** Staffelzinsrechnung *f*

equation [ɪˈkweɪʒn; -ʃn] S **1** Ausgleich *m*: **~ of exchange** WIRTSCH Währungsausgleich **2** Gleichheit *f*: **~ of supply and demand** WIRTSCH Gleichgewicht *n* von Angebot u. Nachfrage **3** ASTRON, CHEM, MATH Gleichung *f*: **~ formula** Gleichungsformel *f*; **~ of state** PHYS Zustandsgleichung; **solve (form) an ~** e-e Gleichung auflösen (ansetzen) **4** Gleichstellung *f*, -setzung *f* **5** SOZIOL *Gesamtkomplex der Faktoren u. Motive menschlichen Verhaltens*; **equational** [-ʒənl; -ʃənl] ADJ **1** Gleichungs... **2** ELEK, TECH Ausgleichs...

equator [ɪˈkweɪtə(r)] S **1** ASTRON, GEOG Äquator *m* **2** Teilungskreis *m*

equatorial [ˌekwəˈtɔːrɪəl; ˌiː-; *US a.* -ˈtəʊ-] **A** ADJ (ADV ~ly) ASTRON, GEOG äquatorial, Äquator... **B** S ASTRON Refraktor *m*, Äquatorial (-instrument) *n*; **~ circle** S ASTRON Stundenkreis *m* am Äquatorial; **~ current** S SCHIFF Äquatorialströmung *f*

Equatorial Guinea [ekwəˌtɔːrɪəlˈgɪnɪ] S Äquatorialguinea *n*

equerry [ˈekwərɪ; ɪˈkwerɪ] S **1** HIST königlicher Stallmeister **2** persönlicher Diener (*e-s Mitglieds der königlichen Familie*)

equestrian [ɪˈkwestrɪən] **A** ADJ **1** Reiter..., Reit...: **~ sports** *pl* Reit-, Pferdesport *m*; **~ statue** Reiterstatue *f*, -standbild *n* **2** beritten **B** S (*a.* Kunst)Reiter(in); **equestrianism** S (*a.* Kunst)Reiten *n*; **equestrienne** [-ˈen] S (*a.* Kunst)Reiterin *f*

equiangular [ˌiːkwɪˈæŋgjʊlə(r)] ADJ MATH gleichwink(e)lig; **equiaxed** [-ækst] ADJ gleichachsig; **equidistant** [-ˈdɪstənt] ADJ (ADV ~ly) **1** gleich weit entfernt, in gleichem Abstand (*beide:* **from** von), parallel (*Linie*) **2** GEOG, MATH abstandstreu; **equilateral** [-ˈlætərəl] *bes* MATH **A** ADJ (ADV ~ly) gleichseitig (*Dreieck etc*) **B** S gleichseitige Figur

equilibrant [iːˈkwɪlɪbrənt] S PHYS gleich große, entgegengesetzte Kraft; **equilibrate** [ˌiːkwɪˈlaɪbreɪt; iːˈkwɪlɪ-] **A** VT **1** ins Gleichgewicht bringen (*a. fig*) **2** im Gleichgewicht halten (*a. fig*) **3** TECH auswuchten **4** ELEK abgleichen **B** VI sich das Gleichgewicht halten (**with** mit) (*a. fig*); **equilibration** [ˌiːkwɪlaɪˈbreɪʃn; *bes US* ɪˌkwɪlə-] S **1** Gleichgewicht *n* (**with** mit; **to** zu) (*a. fig*) **2** Herstellung *f od* Aufrechterhaltung *f* des Gleichgewichts (*a. fig*)

equilibria [ˌiːkwɪˈlɪbrɪə; ˌek-] *pl von* equilibrium

equilibrist [iːˈkwɪlɪbrɪst; ˌiːkwɪˈlɪ-] S Äquilibrist(in), Equilibrist(in), *bes* Seiltänzer(in); **equilibristic** ADJ äquilibristisch, equilibristisch

equilibrium [ˌiːkwɪˈlɪbrɪəm; ˌek-] *pl* -ums, -a [-ə] S Gleichgewicht *n* (*a. fig*): **political ~**; **be in ~** im Gleichgewicht sein; **state of ~** Gleichgewichtszustand *m*; **maintain one's ~** das Gleichgewicht halten; **lose one's ~** das Gleichgewicht verlieren, aus dem Gleichgewicht kommen; **restore one's ~** das Gleichgewicht wiederfinden

equimolecular [ˌiːkwɪməʊˈlekjʊlə(r)] ADJ CHEM äquimolekular

equine [ˈekwaɪn; ˈiː-] ADJ pferdeartig, Pferde...: **~ antelope** Blaubock *m*; **~ distemper** VET Druse *f*

equinoctial [ˌiːkwɪˈnɒkʃl; ˌe-; *US* -ˈnɑkʃəl] **A** ADJ Äquinoktial... (*die Tagundnachtgleiche betreffend*): **~ point** → equinox 2 **B** S **1 a. ~ circle** (*od* **line**) Himmels-, Erdäquator *m* **2** *pl, a.* **~ gale** Äquinoktialsturm *m*

equinox [ˈiːkwɪnɒks; ˈe-; *US* -ˌnɑks] S ASTRON **1** Äquinoktium *n*, Tagundnachtgleiche *f*: **autumnal (vernal) ~** Herbst-(Frühlings)-tagundnachtgleiche **2** Äquinoktialpunkt *m*

equip [ɪˈkwɪp] VT **1** (**o.s.** sich) ausrüsten, -statten (*a.* SCHIFF, MIL, TECH)(**with** mit), *ein Krankenhaus etc* einrichten **2** *fig* ausrüsten (**with** mit), *j-m* das (geistige *od* nötige) Rüstzeug vermitteln *od* geben (**for** für): **be well ~ped for** das nötige Rüstzeug haben für

equip. ABK equipment

equipage [ˈekwɪpɪdʒ] S **1** → equipment 1, 2 a, 2 b **2** *obs* **a** Geschirr *n*, Service *n* **b** Gebrauchsgegenstände *pl* **3** Equipage *f* (*elegante Kutsche, a. mit Dienern*)

equipment S **1** SCHIFF, MIL Ausrüstung *f*, (Kriegs)Gerät *n*: **~ depot** Zeugamt *n* **2 a** *a.* TECH Ausrüstung *f*, -stattung *f* **b** *meist pl* Ausrüstung(sgegenstände) *f(pl)*, Ausstattung(sgegenstände) *f(pl)* **c** TECH Einrichtung *f*, (Betriebs)Anlage(n) *f(pl)*, Maschine(n) *f(pl)*, Apparatur *f*, Gerät *n* **d** BAHN *US* rollendes Material **3** *fig* (geistiges *od* nötiges) Rüstzeug (**for** für)

equipoise [ˈekwɪpɔɪz; ˈiː-] **A** S **1** Gleichgewicht *n* (*a. fig*) **2** *meist fig* Gegengewicht *n* (**to** zu) **B** VT **1** im Gleichgewicht halten (*a. fig*) **2** *meist fig* ein Gegengewicht bilden zu

equipollent [ˌiːkwɪˈpɒlənt; *US* -ˈpɑ-] **A** ADJ (ADV ~ly) **1** gleich **2** äquivalent, gleichbedeutend, -wertig (*alle:* **with** mit) **3** PHIL gleichbedeutend (*Sätze*) **B** S Äquivalent *n*, (*etwas*) Gleichwertiges

equiponderant [ˌiːkwɪˈpɒndərənt; *US* -ˈpɑn-] ADJ **1** gleich schwer **2** *fig* von gleichem Gewicht, von gleicher Kraft; **equiponderate** [-reɪt] **A** VI **1** gleich schwer sein (**to, with** wie) **2** *fig* das gleiche Gewicht *od* die gleiche Kraft haben (**to, with** wie) **B** VT im Gleichgewicht halten (*a. fig*)

equipotential [ˌiːkwɪpəʊˈtenʃl] ADJ **1** → equiponderant 2 **2** CHEM, PHYS äquipotential: **~ line a** MATH Niveaulinie *f* **b** PHYS Äquipotentiallinie *f* **3** ELEK auf gleichem Potential (befindlich), Spannungsausgleich(s)...

equitable [ˈekwɪtəbl] ADJ (ADV → equitably) **1** gerecht, (recht u.) billig **2** unparteiisch, unparteilich **3** JUR **a** *das Billigkeitsrecht betreffend od auf ihm beruhend* **b** billigkeitsgerichtlich: **~ estate** *US durch Billigkeitsrecht geschütztes dingliches Recht an Immobilien*; **~ mortgage** WIRTSCH Hypothek *f* nach dem Billigkeitsrecht; **equitableness** → equity 1; **equitably** ADV **1** gerecht (*etc*; → equitable) **2** gerechter-, billigerweise **3** JUR nach dem Billigkeitsrecht

equitation [ˌekwɪˈteɪʃn] S Reiten *n*

equity [ˈekwətɪ] S **1** Billigkeit *f*, Gerechtigkeit *f* **2** Unparteilichkeit *f* **3** JUR **a** *a.* **~ law** (*ungeschriebenes*) Billigkeitsrecht (*Ggs* **common law**): **in ~** → equitably 3; **~ court** Billigkeitsgericht *n* **b** Billigkeitsgerichtsbarkeit *f* **c** *a.* **claim in ~** Anspruch *m* nach dem Billigkeitsrecht **4** WIRTSCH, JUR Wert *m* nach Abzug aller Belastungen, reiner Wert (*e-s Hauses etc*) **5** WIRTSCH **a** *a.* **~ capital** Eigenkapital *n* (*e-r Gesellschaft*) **b** *a.* **~ security** Dividendenpapier *n*: **~ investment** Investitionen *pl* in (*nicht festverzinslichen*) Anteilspapieren **6** ♀ *Br* (= *Actors' Equity Association*) Gewerkschaft *f* der Schauspieler; **~ of redemption** S JUR **1** Ablösungsrecht *n* des Hypothekenschuldners (*a. nach Ablauf der Ablösungsfrist*) **2** Wert *m* e-s Grundstücksanteils nach Abzug aller Belastungen

equiv. ABK equivalent

equivalence [ɪˈkwɪvələns], **equivalency** S **1** Gleichwertigkeit *f* **2** gleichwertiger Betrag, Gegenwert *m* **3** CHEM **a** Äquivalenz *f*, Gleichwertigkeit *f* (*a.* MATH, PHYS) **b** Wertigkeit *f*; **equivalent A** ADJ (ADV ~ly) **1** gleichbedeutend (**to** mit) **2** gleichwertig, entsprechend, äquivalent (*a.* MATH)(*alle:* **to** *dat*): **be ~ to** gleichkommen, entsprechen (*dat*); **~ amount** → B 2 **3** CHEM äquivalent (*a.* MATH, PHYS), von gleicher Wertigkeit: **~ number** Valenzzahl *f* **4** GEOL (*im Ursprung*) gleichzeitig **B** S **1** (**of**) Äquivalent *n* (für), (genaue) Entsprechung, Gegen-, Seitenstück *n* (zu) **2** gleicher Betrag, Gegenwert *m*

equivocal [ɪˈkwɪvəkl] ADJ (ADV ~ly) **1** zweideutig, doppelsinnig **2** unbestimmt, ungewiss, zweifelhaft, fraglich: **~ success** zweifelhafter Erfolg **3** fragwürdig, verdächtig; **equivocality** [-ˈkælətɪ], **equivocalness** S Zweideutigkeit *f*; **equivocate** [-keɪt] VI **1** zweideutig *od* doppelzüngig reden *od* handeln, Worte verdrehen **2** Ausflüchte machen; **equivocation** S **1** Zweideutigkeit *f* **2** Wortverdrehung *f*; **equivocator** [-tə(r)] S Wortverdreher(in)

equivoke, **equivoque** [ˈekwɪvəʊk] S **1** Zweideutigkeit *f* **2** Wortspiel *n*

ER ABK **1** *Br* Elizabeth Regina, Queen Elizabeth **2** HIST *Br* Eduardus Rex, King Edward

3 *US* emergency room Not(fall) aufnahme *f*
era ['ɪərə] S 1 Ära *f*: a Zeitrechnung *f* b Zeitalter *n*, Zeitabschnitt *m*, Epoche *f*: **mark an ~** e-e Epoche einleiten 2 denkwürdiger Tag *(an dem ein neuer Zeitabschnitt beginnt)*
ERA ABK *US* Equal Rights Amendment *(Nachtragsgesetz zur Gleichberechtigung von Frauen u. Männern)*
eradiate [ɪ'reɪdɪeɪt] → radiate A, B; **eradiation** → radiation
eradicable [ɪ'rædɪkəbl] ADJ (ADV eradicably) ausrottbar, auszurotten(d) *(beide a. fig)*; **eradicate** [-keɪt] V/T 1 (mit den Wurzeln) ausreißen, *e-n Baum etc* entwurzeln 2 ausrotten *(a. fig)*; **eradication** S 1 Entwurz(e)lung *f* 2 Ausrottung *f (a. fig)*; **eradicative** [-kətɪv; *US* -də,keɪtɪv] ADJ ausrottend *(a. fig)*
erasable [ɪ'reɪzəbl; *US* -s-] ADJ (ADV erasably) (aus)löschbar
erase [ɪ'reɪz; *US* -s] V/T 1 a *Farbe etc* ab-, auskratzen b *e-e Schrift etc* ausstreichen, ausradieren, löschen *(alle:* **from** von*)* 2 *ein(e) Tonband (-aufnahme) etc*, SCHULE *US a. die Tafel* löschen 3 *fig* auslöschen, (aus)tilgen *(beide:* **from** aus*)*: **~ sth from one's memory** (*od* **mind**) etwas aus dem Gedächtnis löschen 4 *US sl j-n* kaltmachen; **eraser** S a Radiermesser *n* b Radiergummi *m* c SCHULE *US* Tafelschwamm *m*; **erasing** ADJ Radier…: **~ shield** Radierschablone *f*; **~ head** TECH Löschkopf *m*; **erasion** [-ʒn] S 1 → erasure 2 MED Auskratzung *f*; **erasure** [-ʒə(r)] S 1 a Ab-, Auskratzen *n* b Ausstreichen *n*, Ausradieren *n* 2 Löschen *n* 3 ausradierte Stelle 4 gelöschte Stelle
ere [eə(r)] A PRÄP *(zeitlich)* vor *(dat)*: **~ this** zuvor, schon vorher B KONJ ehe, bevor
erect [ɪ'rekt] A V/T 1 aufrichten, in die Höhe richten, aufstellen: **~ o.s.** sich aufrichten 2 a *ein Gebäude etc* errichten, bauen b TECH *Maschinen* aufstellen, montieren 3 *fig e-e Theorie etc* aufstellen, *ein Horoskop* stellen 4 MATH *das Lot, e-e Senkrechte* fällen, errichten 5 JUR einrichten, gründen 6 **~ into** *fig j-n od etwas* machen *od* erheben zu B ADJ (ADV **~ly**) 1 aufgerichtet, aufrecht: **with head ~** erhobenen Hauptes 2 gerade: **stand ~** a gerade *od* aufrecht stehen b *fig* standhaft bleiben *od* sein, standhalten 3 PHYSIOL erigiert, steif *(Penis etc)*: **become ~** erigieren; **erectile** [-taɪl; *US bes* -tl] ADJ 1 aufrichtbar 2 aufgerichtet 3 PHYSIOL erektil, schwellfähig: **~ tissue** Schwellgewebe *n*; **erecting** S 1 TECH Montage *f*: **~ crane** Montagekran *m*; **~ shop** Montagehalle *f* 2 OPT Bildumkehrung *f*: **~ glass** *Linse zum Umdrehen der seitenverkehrten Bilder e-s Mikroskops*; **erection** S 1 Errichtung *f* 2 Bau *m*, Gebäude *n* 3 TECH Montage *f*: **~ pit** Montagegrube *f* 4 PHYSIOL Erektion *f*: **have an ~** 5 JUR Gründung *f*; **erectness** S 1 aufrechte Haltung 2 Geradheit *f*; **erector** [-tə(r)] S 1 Errichter(in), Erbauer(in) 2 ANAT Aufrichtmuskel *m*
erelong ADV *poet* bald
eremite ['erɪmaɪt] S Eremit *m*, Einsiedler *m*; **eremitic** [-'mɪtɪk], **eremitical** [-kl] ADJ eremitisch, Einsiedler…
erepsin [ɪ'repsɪn] S PHYSIOL Erepsin *n (Eiweiß spaltendes Enzymgemisch des Darm- u. Bauchspeicheldrüsensekrets)*
erethism ['erɪθɪzəm] S MED Erethismus *m*, Übererregbarkeit *f*
erewhile(s) ADV *poet* vor Kurzem
erg [ɜːg; *US* ɜrg] S PHYS Erg *n (Maßeinheit der Energie)*
ergatocracy [,ɜːgə'tɒkrəsɪ; *US* ,ɜrgə'tɑ-] S Arbeiterherrschaft *f*
ergo ['ɜːgəʊ; *US* 'ergəʊ; 'ɜr-] KONJ ergo, also, folglich
ergograph ['ɜːgəgrɑːf; *US* 'ɜrgə,græf] S Ergograf *m (Gerät zur Aufzeichnung der Muskelarbeit)*
ergometer [ɜː'gɒmɪtə; *US* ɜr'gɑmətər] S Ergometer *n (Gerät zur Messung der Arbeitsleistung von Muskeln)*
ergonomic [,ɜːgəʊ'nɒmɪk; *US* ,ɜrgə'nɑ-] A ADJ (ADV **~ally**) ergonomisch B S **ergonomics** *pl (als sg konstruiert)* Ergonomie *f*, Ergonomik *f (Teilgebiet der Arbeitswissenschaft, das sich mit der Anpassung der Arbeit an die Eigenschaften des menschlichen Organismus befasst)*
ergot ['ɜːgət; *US* 'ɜr-] S BOT Mutterkorn *n*; **ergotism** S Ergotismus *m*: a BOT Mutterkornbefall *m* b MED Kornstaupe *f*, Mutterkornvergiftung *f*
erica ['erɪkə] S BOT Erika *f*, Heidekraut *n*
Erin ['ɪərɪn; 'erɪn] EIGENN *poet* Erin *n*, Irland *n*
eringo → eryngo
Erinys [ɪ'rɪnɪs; -'raɪ-] *pl* Erinyes [ɪ'rɪnɪiːz] S MYTH Erinnye *f*, Rachegöttin *f*
eristic [e'rɪstɪk; *US a.* ɪ'r-] A ADJ (ADV **~ally**) eristisch B S 1 Eristiker(in) 2 Eristik *f (Kunst des [wissenschaftlichen] Streitgesprächs)*; **eristical** ADJ (ADV **~ly**) → eristic A
Eritrea [,erɪ'treɪə; *US a.* -'triːə] S Eritrea *n*
Eritrean [,erɪ'treɪən; *bes US* -'triː-] A S Eritreer(in) B ADJ eritreisch
erlking ['ɜːlkɪŋ; *US* 'ɜrl-] S MYTH Erlkönig *m*
ERM ABK WIRTSCH exchange-rate mechanism
ermine ['ɜːmɪn; *US* 'ɜr-] S 1 ZOOL Hermelin *n* 2 Hermelin(pelz) *m*
ern(e) [ɜːn; *US* ɜrn] S ORN *(bes* See*)*Adler *m*
Ernie ['ɜːnɪ; *US* 'ɜr-] ABK *Br* electronic random number indicator equipment
erode [ɪ'rəʊd] A V/T 1 an-, zer-, wegfressen, ätzen 2 GEOL auswaschen, erodieren, abtragen 3 TECH verschleißen *(a. fig)* 4 *fig* (allmählich) aushöhlen, untergraben B V/I *a.* **~ away** GEOL erodieren; **eroded** A *pperf von* erode B ADJ → erose; **erodent** A ADJ ätzend B S ätzendes Mittel
erogenic [,erəʊ'dʒenɪk] → erogenous
erogenous [ɪ'rɒdʒɪnəs; *US* ɪ'rɑ-] ADJ PHYSIOL erogen *(erotisch reizbar)*: **~ zones**
erose [ɪ'rəʊs] ADJ BOT ausgezackt; **erosion** [-ʒn] S 1 Zerfressen *n*, -fressung *f* 2 GEOL Erosion *f*, Auswaschung *f*, Abtragung *f* 3 angefressene Stelle 4 TECH Verschleiß *m (a. fig)* 5 *fig* Aushöhlung *f*, Untergrabung *f*; **erosional** [-ʒənl] ADJ GEOL Erosions…: **~ debris** Abtragungsschutt *m*; **~ surface** Verebnungsfläche *f*; **erosive** [-sɪv] ADJ ätzend, zerfressend
erotic [ɪ'rɒtɪk; *US* ɪ'rɑ-] A ADJ (ADV **~ally**) erotisch B S Erotiker(in); **erotica** [-kə] SPL Erotika *pl (Bücher erotischen Inhalts)*; **erotical** ADJ (ADV **~ly**) → erotic A; **eroticism** [-sɪzəm] S 1 Erotik *f* 2 Erotismus *m*, Erotizismus *m (Überbetonung des Erotischen)*; **eroticization** [-saɪ'zeɪʃn; *US* -sə'z-] S Erotisierung *f*; **eroticize** V/T erotisieren; **erotism** ['erətɪzəm] *bes US* → eroticism
erotogenic [ɪ,rɒtə'dʒenɪk; *US* ɪ,rəʊ-; ɪ,rɑ-] → erogenous; **erotology** [,erə'tɒlədʒɪ; *US* -'tɑ-] S Erotologie *f*: a *wissenschaftliche Beschäftigung mit den verschiedenen Erscheinungsformen der Erotik* b Liebeslehre *f*; **erotomania** [-'meɪnɪə] S MED, PSYCH Erotomanie *f (krankhaft übersteigertes sexuelles Verlangen)*
err [ɜː; *US* er; ɜr] V/I 1 (sich) irren: **to ~ is human** *(Sprichwort)* Irren ist menschlich; **~ on the side of caution** übervorsichtig sein 2 falsch *od* unrichtig sein, fehlgehen *(Urteil etc)* 3 *(moralisch)* auf Abwege geraten
errancy ['erənsɪ] S Fehlbarkeit *f*
errand ['erənd] S (Boten)Gang *m*, Besorgung *f*, Auftrag *m*: **go on** (*od* **run**) **an ~** e-n Auftrag ausführen, e-n (Boten)Gang *od* e-e Besorgung machen; → fool's errand; **~ boy** S Laufbursche *m*
errant ['erənt] A ADJ (ADV **~ly**) 1 (umher)ziehend, (-)wandernd: **~ knight** → B 2 *fig* fehlbar 3 *(moralisch)* auf Abwege geratend, *a.* ehebrecherisch B S HIST fahrender Ritter; **errantry** [-rɪ] S 1 Umherziehen *n*, Wandern *n* 2 HIST fahrendes Rittertum
errata [e'rɑːtə; -'reɪ-] *pl von* erratum
erratic [ɪ'rætɪk] A ADJ (ADV **~ally**) 1 (umher)ziehend, (-)wandernd 2 MED erratisch, *(im Körper)* umherwandernd *(bes Schmerzen)* 3 GEOL erratisch: **~ block**, **~ boulder** → B 4 ungleich-, unregelmäßig, regel-, ziellos *(Bewegung)* 5 unstet, sprunghaft, launenhaft, unberechenbar B S GEOL erratischer Block, Findling *m*
erratum [e'rɑːtəm; -'reɪ-] *pl* -ta [-tə] S 1 Erratum *n*, Druckfehler *m* 2 *pl* Errata *pl*, Druckfehlerverzeichnis *n*
erring ADJ (ADV **~ly**) → errant A 3
erroneous [ɪ'rəʊnjəs; -ɪəs; e'r-] ADJ irrig, irrtümlich, unrichtig, falsch: **~ belief** Irrglaube(n) *m*; **erroneously** ADV irrtümlicher-, fälschlicherweise, fälschlich, aus Versehen; **erroneousness** S Unrichtigkeit *f*
error ['erə(r)] S 1 Irrtum *m*, Fehler *m (a.* COMPUT*)*, Versehen *n*: **in ~** aus Versehen, irrtümlicher-, fälschlicherweise; **be in ~** sich irren, sich im Irrtum befinden, im Irrtum sein; **~ of judg(e)ment** Trugschluss *m*, irrige Ansicht, falsche Beurteilung; **"~s (and omissions) excepted"** WIRTSCH „Irrtümer (u. Auslassungen) vorbehalten"; **and no ~** *umg* daran besteht kein Zweifel; **I was scared and no ~ when …** *umg* ich hatte vielleicht Angst, als …; **~ message** COMPUT Fehlermeldung *f* 2 ASTRON, MATH Fehler *m*, Abweichung *f*: **~ in range** *a.* MIL Längenabweichung; **~ integral** Fehlerintegral *n*; **~ law** gaußsches Fehlergesetz; **~ margin** Fehlerspanne *f* 3 JUR Formfehler *m*, Verfahrensmangel *m*: **plaintiff in ~** Kläger *m* im Revisionsverfahren; **writ of ~** Revisionsbefehl *m* 4 *(moralischer)* Fehltritt, Vergehen *n* 5 Fehldruck *m (Briefmarke)* 6 SCHIFF Missweisung *f*, Fehler *m*; **~ in composition** S TYPO Satzfehler *m*; **~ in fact** S JUR Tatsachenirrtum *m*; **~ in form** S JUR Formfehler *m*; **~ in law** S JUR Rechtsirrtum *m*
errorless ADJ fehlerlos, -frei
ERS ABK WIRTSCH earnings-related supplement
ersatz ['eə(r)zæts; *US* -,zɑːts] A S Ersatz *m (a. fig)* B ADJ Ersatz…: **~ religion**; **~ coffee** Kaffee-Ersatz *m*
Erse [ɜːs; *US* ɜrs] A ADJ ersisch, gälisch. irisch B S LING Ersisch *n*, Gälisch *n (Sprache des schottischen Hochlandes)*
erst [ɜːst; *US* ɜrst] ADV *obs* 1 → erstwhile A 2 zuerst; **erstwhile** *obs* A ADV ehedem, vormals, weiland B ADJ ehemalig, früher
eruct [ɪ'rʌkt], *a.* **eructate** [-teɪt] A V/I *formal* aufstoßen, rülpsen *umg* B V/T *Feuer etc* speien *(Vulkan)*; **eructation** [,iːrʌk-] S 1 *formal* Aufstoßen *n*, Rülpsen *n umg* 2 Speien *n*
erudite ['eruːdaɪt; *US* 'erə-] ADJ (ADV **~ly**) gelehrt *(a. Abhandlung etc)*, gebildet; **eruditeness**, **erudition** S Gelehrsamkeit *f*
erupt [ɪ'rʌpt] A V/I 1 a ausbrechen *(Ausschlag, Krieg, Vulkan etc)*: **~ into flames** in Flammen aufgehen; **his whole face ~ed in spots, spots ~ed all over his face** er bekam im ganzen Gesicht Pickel b explodieren *(Fahrzeug etc)* 2 GEOL eruptieren, hervorbrechen *(beide:* **from** aus*)* *(Lava, Dämpfe etc)* 3 **~ in** (*od* **with**) **anger** e-n Wutanfall bekommen 4 *fig*

E

(plötzlich od überraschend) entstehen (*neue Situation etc*) 5 durchbrechen, -kommen (*Zähne*) B V/T *Dämpfe, Flüche etc* ausstoßen, *Lava etc a.* auswerfen; **eruption** S 1 Ausbruch *m* (*e-s Kriegs, Vulkans etc*) 2 GEOL Eruption *f*, Hervorbrechen *n* 3 *fig* Ausbruch *m*: **angry ~** Wutausbruch 4 MED Eruption *f*: a *Ausbruch e-s Ausschlags* b Ausschlag *m* 5 Durchbruch *m* (*der Zähne*); **eruptive** ADJ (ADV **~ly**) 1 ausbrechend, MED *a.* eruptiv (*Ausschlag*) 2 GEOL eruptiv, Eruptiv...: **~ rock** Eruptivgestein *n*

E

eryngo [ɪ'rɪŋɡəʊ] S BOT Mannstreu *n*

erysipelas [ˌerɪ'sɪpɪləs] S MED Erysipelas *n*, Erysipel *n*, (Wund)Rose *f*

erysipeloid [ˌerɪ'sɪpɪlɔɪd] S MED Erysipeloid *n*, (Schweine)Rotlauf *m*

erythema [ˌerɪ'θiːmə] S MED Erythem(a) *n* (*Rötung der Haut*)

erythrism [ɪ'rɪθrɪzəm; US 'erəˌθrɪ-] S Erythrismus *m*: a *Rotfärbung bei Tieren* b *Rothaarigkeit bei Menschen*

erythrocyte [ɪ'rɪθrəʊsaɪt] S PHYSIOL Erythrozyt *m*, rotes Blutkörperchen

ESA ABK European Space Agency ESA *f*, Europäische Weltraumbehörde

escadrille [ˌeskə'drɪl] S 1 SCHIFF Geschwader *n* (*meist 8 Schiffe*) 2 FLUG *bes* HIST Staffel *f* (*meist 6 Flugzeuge*)

escalade [ˌeskə'leɪd] MIL, HIST A S (**of**) Eskalade *f* (*gen*), (Mauer)Ersteigung *f* (mit Leitern) (*gen*), Erstürmung *f* (*gen*), Sturm *m* (auf *akk*) B V/T mit Sturmleitern ersteigen, erstürmen

escalate ['eskəleɪt] A V/T 1 *e-n Krieg etc* eskalieren 2 *Erwartungen etc* höherschrauben B V/I 1 eskalieren: **~ into** sich ausweiten zu 2 steigen, in die Höhe gehen (*Preise etc*); **escalation** S 1 Eskalation *f* 2 WIRTSCH US *Anpassung der Preise od Löhne an gestiegene (Lebenshaltungs)Kosten*; **escalator** [-tə(r)] S 1 Rolltreppe *f* 2 *a.* **~ clause** WIRTSCH (Preis-, Lohn)Gleitklausel *f*

escallop [ɪ'skɒləp; e'sk-; US ɪs'kɑləp; -'kæ-] S ZOOL Kammmuschel *f*

escalope ['eskəlɒp; US -ˌləʊp] S GASTR (*bes* Wiener) Schnitzel *n*

escapable [ɪ'skeɪpəbl] ADJ vermeidbar

escapade [ˌeskə'peɪd; 'eskəpeɪd] S Eskapade *f*: a mutwilliger Streich b Seitensprung *m*

escape [ɪ'skeɪp] A V/T 1 *j-m* entfliehen, -kommen, -rinnen, -wischen 2 *e-r Sache* entgehen: **~ destruction** der Zerstörung entgehen; **~ detection** a unaufgeklärt bleiben b nicht entdeckt werden; **~ being laughed at** der Gefahr entgehen, ausgelacht zu werden; **there is no escaping the fact that ...** man kommt um die Tatsache nicht herum, dass ...; **he narrowly ~d death, he just ~d being killed** er entging knapp dem Tode; **she narrowly ~d being drowned** sie wäre um ein Haar ertrunken; **I cannot ~ the impression that ...** ich kann mich des Eindrucks nicht erwehren, dass ...; **~ sb's attention** j-s Aufmerksamkeit entgehen; → notice A 1 3 *j-m* entgehen, übersehen *od* nicht verstanden werden von *j-m*: **that mistake ~d me** dieser Fehler entging mir; **the sense ~s me** der Sinn leuchtet mir nicht ein 4 *dem Gedächtnis* entfallen: **his name ~s me** sein Name ist mir entfallen *od* fällt mir im Moment nicht ein 5 *j-m* entschlüpfen, -fahren (*Fluch etc*) B V/I 1 (ent)fliehen, entrinnen, entwischen, -laufen, -weichen, -kommen (*alle*: **from** aus, *dat*): **~ from reality** vor der Wirklichkeit fliehen; **there was no escaping** es gab kein Entrinnen 2 sich retten (**from** vor *dat*), (ungestraft *od* mit dem Leben) davonkommen: **he ~d with a fright (with his life)** er kam mit dem Schrecken (mit dem Leben) davon; → scot-free 1, 2 3 a ausfließen (*Flüssigkeit etc*) b entweichen, ausströmen, austreten (*alle*: **from** aus) (*Gas etc*) 4 verwildern (*Pflanzen*) C S 1 Entrinnen *n*, -weichen *n*, -kommen *n*, Flucht *f* (**from** aus, vor *dat*): **~ from reality** Wirklichkeitsflucht; **there were two ~s from this prison yesterday** gestern sind aus diesem Gefängnis zwei Gefangene entwichen; **there is no ~ from this place** von hier gibt es kein Entrinnen; **have a narrow** (*od* **near**) **(hairbreadth) ~** mit knapper Not (um Haaresbreite) davonkommen *od* entkommen; **that was a narrow ~** das ist gerade noch einmal gut gegangen!, das hätte ins Auge gehen können!, das war knapp!; **make one's ~** entweichen, sich aus dem Staub machen *umg* 2 Rettung *f*, Bewahrtwerden *n* (**from** vor *dat*): **(way of) ~** Ausweg *m* 3 a Fluchtmittel *n* b Fluchtweg *m* 4 a Ausfluss *m* b Entweichen *n*, Ausströmen *n*, Austritt *m* (*alle*: **from** aus): **~ of gas** Gasaustritt 5 BIOL verwilderte Gartenpflanze, Kulturflüchtling *m* 6 *fig* Unterhaltung *f*, (Mittel *n* der) Entspannung *f od* Zerstreuung *f od* Ablenkung *f*: **as an ~** zur Entspannung; **~ reading, ~ literature** Unterhaltungsliteratur *f* 7 → escape valve

escape| artist S 1 Entfesselungs-, Entfesslungskünstler(in) 2 Ausbrecherkönig *m*; **~ car** S Fluchtwagen *m*; **~ chute** S FLUG Notrutsche *f*; **~ clause** S JUR Vorbehalts-, Rücktrittsklausel *f*; **~ detector** S TECH Lecksucher *m*

escapee [ɪˌskeɪ'piː] S entwichene(r) Strafgefangene(r), Ausbrecher(in), Flüchtige(r) *m/f(m)*

escape| hatch S 1 SCHIFF Notluke *f* 2 FLUG Notausstieg *m* 3 *fig* Schlupfloch *n*, Ausweg *m*; **~ key** S COMPUT Escapetaste *f*; **~ mechanism** S PSYCH Abwehrmechanismus *m*

escapement [ɪ'skeɪpmənt] S TECH 1 Hemmung *f* (*der Uhr*) 2 Auslösemechanismus *m*, Vorschub *m* (*der Schreibmaschine*); **~ spindle** S TECH Hemmungswelle *f* (*der Uhr*); **~ wheel** S TECH 1 Hemmungsrad *n* (*der Uhr*) 2 Schaltrad *n* (*der Schreibmaschine*)

escape pipe S TECH 1 Abflussrohr *n* 2 Abzugsrohr *n* (*für Gase etc*)

escape-proof ADJ ausbruchsicher

escape| route S Fluchtweg *m*; **~ shaft** S *Bergbau*: Rettungsschacht *m*; **~ valve** S TECH Sicherheitsventil *n*; **~ velocity** S ASTR *Raumfahrt*: Fluchtgeschwindigkeit *f*; **~ wheel** S TECH → escapement wheel 1

escapism [ɪ'skeɪpɪzəm] S PSYCH Eskapismus *m*, Wirklichkeitsflucht *f*; **escapist** A S *j-d, der vor der Wirklichkeit zu fliehen sucht* B ADJ eskapistisch, *weitS.* Zerstreuungs..., Unterhaltungs...: **~ literature**

escapologist [ˌeskeɪ'pɒlədʒɪst; US -'pɑ-] S *bes Br* 1 Entfess(e)lungskünstler(in) 2 *j-d, der sich geschickt aus schwierigen Situationen herauswindet*

escarp [ɪ'skɑː(r)p] MIL A S 1 Böschung *f*, Abdachung *f* 2 vordere Grabenwand, innere Grabenböschung (*e-s Wallgrabens*) B V/T mit e-r Böschung versehen, abdachen; **escarpment** S 1 → escarp A 1 2 GEOL Steilabbruch *m*

eschalot ['eʃəlɒt; US -ˌlɑt] → shallot

eschar ['eskɑː(r)] S MED (Brand-, Ätz-)Schorf *m*

eschatological [ˌeskətə'lɒdʒɪkl; US -'lɑ-] ADJ (ADV **~ly**) eschatologisch; **eschatologist** [-'tɒlədʒɪst; US -'tɑ-] S Eschatologe *m*, Eschatologin *f*; **eschatology** S REL Eschatologie *f* (*Lehre vom Endschicksal des einzelnen Menschen u. der Welt*)

escheat [ɪs'tʃiːt] JUR A S 1 Heimfall *m* (*e-s Guts, in England früher an die Krone od den Lehnsherrn, in Amerika an den Staat nach dem Tode aller Erben*) 2 Heimfallsgut *n* 3 → escheatage B V/I anheimfallen (**to** *dat*) C V/T (als Heimfallsgut) einziehen; **escheatage** S Heimfallsrecht *n*

eschew [ɪs'tʃuː] V/T *etwas* (ver)meiden, scheuen

escort A S ['eskɔː(r)t] 1 MIL Eskorte *f*, Bedeckung *f*, Begleitmannschaft *f* 2 a FLUG, SCHIFF Geleit(schutz) *n(m)*: **under ~** unter Geleitschutz b SCHIFF Geleitschiff *n* 3 *fig* a Geleit *n*, Schutz *m* b Gefolge *n*, Begleitung *f* c Begleiter(in) d (*Reise- etc*) Führer(in) B V/T [ɪ'skɔː(r)t] 1 MIL eskortieren 2 FLUG, SCHIFF *j-m* Geleit(schutz) geben 3 *fig* a geleiten b begleiten; **~ agency** S Begleitagentur *f*, -service *m*; **~ carrier** S SCHIFF Geleitflugzeugträger *m*; **~ fighter** S FLUG Begleitjäger *m*

escribe [ɪ'skraɪb] V/T MATH *e-n Kreis etc* anschreiben

escritoire [ˌeskriː'twɑː; US 'eskrəˌtwɑːr] S Schreibpult *n*

escrow ['eskrəʊ; e'skrəʊ] JUR A S 1 *etwas (Dokument, Geld, Ware) bei e-m Dritten (als Treuhänder) bis zur Erfüllung e-r (Vertrags)-Bedingung Hinterlegtes* 2 **give** (*od* **place**) **in ~** → B; **hold in ~** treuhänderisch verwalten B V/T bei e-m Dritten (*als Treuhänder*) bis zur Erfüllung e-r (Vertrags)Bedingung hinterlegen

escudo [e'skuːdəʊ; ɪ'sk-] *pl* -dos S Eskudo *m* (*portugiesische u. chilenische Währungseinheit*)

esculent ['eskjʊlənt] A ADJ essbar, genießbar B S Nahrungsmittel *n*

escutcheon [ɪ'skʌtʃən] S 1 *Heraldik*: (Wappen)Schild *m/n*, Wappen *n*: **~ of pretence** (US **pretense**) Beiwappen; **a blot on sb's ~** *fig* ein Fleck auf j-s (weißer) Weste 2 SCHIFF a Namensbrett *n* b Spiegel *m* (*der Plattgattschiffe*) 3 TECH a (Deck)Schild *n* (*e-s Schlosses*) b Abdeckung *f* (*e-s Schalters*) 4 BOT (Pfropf)Schild *n* 5 ZOOL Schild *m*, Spiegel *m* (*bei Dam- u. Rotwild*)

eskar ['eskɑː(r)], **esker** [-kə(r)] S GEOL Esker *m*, Wallberg *m*

Eskimo ['eskɪməʊ] *pl* -mos, *bes koll* -mo A S 1 Eskimo *m* 2 Eskimosprache *f* B ADJ Eskimo...: **~ dog** Eskimohund *m* (*Schlittenhund*); **~ roll** (*Kanusport*) Eskimorolle *f*

ESL ABK English as a second language Englisch als Zweitsprache

ESN ABK educationally subnormal lernbehindert (*Schüler*)

ESOL ABK US English for speakers of other languages

esophageal, esophagus US *für* oesophageal, oesophagus

esoteric [ˌesəʊ'terɪk] ADJ (ADV **~ally**) 1 esoterisch (*nur für Eingeweihte zugänglich od begreiflich*) 2 privat, vertraulich; **esotericism** [-sɪzəm], **esoterism** [ˌesəʊ'terɪzəm], **esotery** ['esətərɪ; US -ˌteriː] S 1 Esoterik *f*: a Geheimlehre *f* b esoterischer Charakter 2 privater *od* vertraulicher Charakter

ESP ABK extrasensory perception

esp. ABK especially

espalier [ɪ'spæljə(r)] A S 1 Spalier *n* 2 Spalierbaum *m* B V/T spalieren

esparto (grass) [e'spɑː(r)təʊ; ɪ'sp-] S BOT Esparto-, Spartgras *n*

especial [ɪ'speʃl] ADJ besonder(er, e, es): a hervorragend, vorzüglich b Haupt..., hauptsächlich, speziell; **especially** [-ʃəlɪ] ADV besonders, hauptsächlich, vornehmlich: **more ~** ganz besonders

Esperantism [ˌespə'ræntɪzəm] S Esperantobewegung *f*; **Esperantist** S Esperantist(in); **Esperanto** [-təʊ] S Esperanto *n* (*Welthilfssprache*)

espial [ɪ'spaɪəl] S *obs* Erspähen *n*

espionage [ˌespɪə'nɑːʒ; *bes* US 'es-] S Spionage *f*

esplanade [ˌesplə'neɪd; *US* 'esplə,nɑːd; -,neɪd] S 1 (*bes* Strand-, Ufer)Promenade *f* 2 Esplanade *f* (*a.* MIL, HIST), großer freier Platz

espousal [ɪ'spaʊzl] S 1 (**of**) Annahme *f* (von), Eintreten *n*, Parteinahme *f* (für) 2 *meist pl obs* a Vermählung *f* b Verlobung *f*; **espouse** [-z] V/T 1 Partei ergreifen für, eintreten *od* sich einsetzen für, sich *e-r Sache* verschreiben, *e-n Glauben* annehmen 2 *obs* a zur Frau nehmen, sich vermählen mit b (**to**) zur Frau geben (*dat*), vermählen (mit) c (**o.s.** sich) verloben (**to** mit)

espresso [e'spresəʊ] *pl* -sos S 1 Espresso *m* 2 Espressomaschine *f*; **~ bar**, **~ café** S Espresso(bar) *n(f)*

esprit ['espriː; *US* ɪs'priː] S Esprit *m*, Geist *m*, Witz *m*; **~ de corps** [-də'kɔː(r)] S Korps-, Gemeinschaftsgeist *m*

espy [ɪ'spaɪ] V/T erspähen, entdecken

Esq. ABK *Br* Esquire

Esquimau ['eskɪməʊ] *pl* -maux [-məʊz], *bes koll* -mau *obs für* Eskimo

Esquire [ɪ'skwaɪə(r); *US a.* 'es,kw-] S *bes Br auf Briefen dem Namen nachgestellter Titel, ohne Mr, Dr etc, abk* ***Esq.***: **C. A. Brown, Esq.** Herrn C. A. Brown

ESRO ABK European Space Research Organization

ess [es] S 1 S, s *n* (*Buchstabe*) 2 S *n*, S-förmiger Gegenstand

Ess. ABK Essex

essay A V/T [e'seɪ] versuchen, (aus)probieren, es versuchen *od* e-n Versuch machen mit B S ['eseɪ] 1 Versuch *m* (**at sth** [mit] e-r Sache; **at doing** zu tun): **she made her first ~s at cooking** sie machte ihre ersten Kochversuche 2 Essay *m/n*, (*kurze literarische etc*) Abhandlung, *a.* SCHULE Aufsatz *m* (**about, on** über *akk*) 3 *Philatelie*: Essay *m/n* (*zu Versuchszwecken hergestellte Marke, die für die Herstellung von Postwertzeichen nicht angenommen worden ist*); **essayist** S Essayist(in); **essayistic** ADJ essayistisch

essence ['esns] S 1 PHIL a Essenz *f*, Wesen *n*, innere Natur b Substanz *f*, absolutes Sein 2 elementarer Bestandteil 3 *fig* Essenz *f*, (*das*) Wesen(tliche), Kern *m* (*der Sache*): **in ~** im Wesentlichen; **of the ~** von entscheidender Bedeutung, ausschlaggebend 4 Essenz *f*, Auszug *m*, Extrakt *m*, ätherisches Öl: → bergamot 2 5 a Parfüm *n* b Wohlgeruch *m*

essential [ɪ'senʃl] A ADJ (ADV → essentially) 1 wesentlich: a grundlegend, fundamental b inner(er, e, es), eigentlich, (lebens)wichtig, unentbehrlich, unbedingt erforderlich (**to, for** für): **~ to life** lebensnotwendig, -wichtig; **it is ~ for both of them to come** es ist unbedingt erforderlich, dass sie beide kommen; **~ condition of life** BIOL Lebensbedingung *f*; **~ goods** lebenswichtige Güter; **the ~ vows** REL die drei wesentlichen Mönchsgelübde (*Keuschheit, Armut, Gehorsam*) 2 CHEM rein, destilliert: **~ oil** ätherisches Öl 3 MUS Haupt…, Grund…: **~ chord** Grundakkord *m* B S *meist pl* 1 (*das*) Wesentliche *od* Wichtigste, Hauptsache *f*, wesentliche Umstände *pl od* Punkte *pl od* Bestandteile *pl*: **the bare ~s** das Allernotwendigste 2 (wesentliche) Voraussetzung (**to** für): **an ~ to success** 3 unentbehrliche Person *od* Sache; **essentiality** [-ʃɪ'ælətɪ] S 1 (*das*) Wesentliche 2 → essential B 1; **essentially** [-ʃəlɪ] ADV 1 im Wesentlichen, in der Hauptsache 2 im Grunde 3 **not ~** nicht unbedingt

Essex ['esɪks] S Essex *n* (*Grafschaft in Südostengland*)

EST ABK 1 *US* Eastern Standard Time (*e-e Zeitzone Nordamerikas*) 2 MED electric shock treatment

est. ABK 1 established 2 estate 3 WIRTSCH, MATH estimated 4 GEOG estuary

establish [ɪ'stæblɪʃ] V/T 1 festsetzen, einrichten, errichten, etablieren: **~ an account** ein Konto eröffnen; **~ a law** ein Gesetz einführen *od* erlassen; **~ a republic** e-e Republik gründen; **~ a theory** e-e Theorie aufstellen 2 a *j-n* einsetzen, ernennen b *e-n Ausschuss etc* bilden, einsetzen, schaffen c *ein Geschäft* etablieren, (be)gründen, errichten d *s-n Wohnsitz* begründen 3 **~ o.s.** WIRTSCH sich etablieren, sich niederlassen (*beide a. beruflich*), *engS.* ein Geschäft eröffnen 4 *fig j-s Ruhm, Rechte etc* begründen: **~ one's reputation as a surgeon** sich als Chirurg e-n Namen machen 5 *e-e Ansicht, Forderung etc* durchsetzen, Geltung verschaffen (*dat*) 6 *Ordnung* schaffen, *e-e Verbindung etc* herstellen, *diplomatische Beziehungen etc* aufnehmen: **~ contact with sb** mit j-m Fühlung aufnehmen 7 *e-n Rekord* aufstellen 8 be-, erweisen, (einwandfrei) nachweisen; **~ the fact that …** die Tatsache beweisen, dass … 9 *die Kirche* verstaatlichen: → established 5; **established** ADJ 1 bestehend (*Gesetze etc*) 2 etabliert, eingeführt (*Geschäft*) 3 feststehend, unzweifelhaft, anerkannt (*Tatsache etc*) 4 zum festen Personal gehörend: **~ official** planmäßiger Beamter; **~ staff** (*a. als pl konstruiert*) Stammpersonal *n* 5 **≈ Church** Staatskirche *f*

establishment S 1 Einrichtung *f*, Errichtung *f* 2 a Einsetzung *f* b Bildung *f* c Etablierung *f*, (Be)Gründung *f* 3 Durchsetzung *f* 4 Herstellung *f*, Aufnahme *f* 5 Aufstellung *f* 6 Versorgung *f*, Einkommen *n* 7 REL staatskirchliche Verfassung 8 organisierte Körperschaft *od* Staatseinrichtung: **civil ~** Beamtenschaft *f*; **military ~** (*das*) Militär; **naval ~** (*die*) Flotte 9 **the ≈** (*a. als pl konstruiert*) das Establishment: a *die Oberschicht der politisch, wirtschaftlich od gesellschaftlich einflussreichen Personen* b *die etablierte bürgerliche Gesellschaft, die auf Erhaltung des Status quo bedacht ist* 10 SCHIFF, MIL Personal-, Mannschaftsbestand *m*, (Soll)Stärke *f*: **peace (war) ~** Friedens-(Kriegs)stärke 11 Anstalt *f*, (öffentliches) Institut 12 WIRTSCH a Firma *f*, Geschäft *n*, Unternehmen *n* b Niederlassung *f* 13 Haushalt *m*: **keep up a large ~** ein großes Haus führen 14 Nachweis *m*, Feststellung *f*: **~ of paternity** JUR Vaterschaftsnachweis

establishmentarian [ɪ,stæblɪʃmən'teərɪən] A ADJ 1 staatskirchlich 2 ≈ zum Establishment gehörend B S 1 Anhänger(in) des Staatskirchentums 2 ≈ *j-d, der zum Establishment gehört*

estate [ɪ'steɪt] S 1 Stand *m*, Klasse *f*: **the (Three) ≈s of the Realm** *Br* die drei gesetzgebenden Stände (**Lords Spiritual, Lords Temporal, Commons**); → first estate, *etc* 2 JUR a Besitz(tum) *m(n)*, Vermögen *n*: → personal A 6, real[1] A 4 b (Erb-, Konkurs-)Masse *f*, Nachlass *m* c Besitzrecht *n* 3 (großes) Grundstück, Besitzung *f*, Landsitz *m*, Gut *n* 4 *obs* (Zu)Stand *m*: **man's ~** Mannesalter *n*; **the holy ~ of matrimony** der heilige Stand der Ehe 5 *Br* a (Wohn)Siedlung *f* b Industriegebiet *n*; **~ agency** S *Br* Immobilienbüro *n*; **~ agent** S *Br* 1 Grundstücksverwalter(in) 2 Grundstücks-, Immobilienmakler(in)

estate-bottled ADJ vom Erzeuger abgefüllt (*Wein*): "~" „Erzeugerabfüllung"

estate| car S *Br* Kombi(wagen) *m*; **~ duty** S JUR *Br* HIST Erbschaftssteuer *f*; **~ (in) fee simple** S JUR unbeschränkt vererbliches *od* veräußerliches Grundeigentum; **~ (in) fee tail** S JUR beschränkt vererbliches Grundeigentum; **~ manager** → estate agent 1; **~ tax** S JUR *US* Erbschaftssteuer *f*

esteem [ɪ'stiːm] A V/T 1 achten, (hoch) schätzen: **~ highly (little)** hoch (gering) schätzen 2 erachten *od* ansehen als, *etwas* halten für: **~ it an hono(u)r; they did not ~ him (to be) worthy of trust** sie hielten ihn nicht für vertrauenswürdig; **we would ~ it a favo(u)r if you …** wir wären Ihnen sehr verbunden, wenn Sie … B S (**for, of**) Wertschätzung *f* (*gen*), Achtung *f* (vor *dat*): **hold in (high) ~** → A 1; **hold in little** (*od* **light**) **~** gering schätzen

ester ['estə(r)] S CHEM Ester *m*; **esterify** [e'sterəfaɪ] A V/T in Ester verwandeln, zu Ester machen B V/I sich in Ester verwandeln; **esterization** [-raɪ'zeɪʃn; *US* -rə'z-] S Verwandlung *f* in Ester

Esther ['estə(r)] EIGENN & S BIBEL (das Buch) Esther *f*

esthete, *etc US* → aesthete *etc*

Esthonian → Estonian

estimable ['estɪməbl] ADJ (ADV estimably) 1 achtens-, schätzenswert 2 (ab)schätzbar

estimate ['estɪmeɪt] A V/T 1 (ab-, ein-)schätzen, beziffern, taxieren, veranschlagen (*alle*: **at** auf *akk*, zu): **she ~d my age at 40** sie schätzte mein Alter *od* mich auf 40; **he is ~d at £2 million** er wird auf 2 Millionen Pfund geschätzt; **~ that …** schätzen, dass …; **it is ~d that …** schätzungsweise …; **~d income** geschätztes Einkommen; **~d time of arrival** FLUG voraussichtliche Ankunftszeit; **~d value** Schätzwert *m*; **an ~d 200 buyers** schätzungsweise 200 Käufer 2 *etwas* beurteilen, bewerten, sich e-e Meinung bilden über (*akk*) B V/I 1 schätzen 2 e-n Kosten(vor)anschlag machen (**for** für) C S [-mət] 1 Schätzung *f*, Veranschlagung *f*, (*unverbindlicher*) Kosten(vor)anschlag: **get an ~** e-n Kostenvoranschlag einholen; **fair (rough) ~** reiner (grober) Überschlag; **at a rough ~** grob geschätzt, über den Daumen gepeilt *umg*; **~s** *pl* POL der (Staats)Haushaltsvoranschlag 2 Bewertung *f*, Beurteilung *f*: **form an ~ of** → A 2

estimation [ˌestɪ'meɪʃn] S 1 → estimate C 1 2 Meinung *f*, Ansicht *f*, Urteil *n*: **in my ~** nach m-r Ansicht 3 (Wert)Schätzung *f*, (Hoch)Achtung *f*, guter Ruf: **hold in ~** hoch schätzen; **he has lowered himself in my ~** er ist in m-r Achtung gesunken

estival ['estəvəl] ADJ *US* sommerlich, Sommer…; **estivate** [-,veɪt] V/I *US* übersommern: a ZOOL Sommerschlaf halten b den Sommer verbringen; **estivation** S *US* 1 ZOOL Sommerschlaf *m* 2 BOT Knospendeckung *f*

Estonia [e'stəʊnjə; es'θəʊ-; -nɪə] S Estland *n*; **Estonian** [e'stəʊnjən; -nɪən] A S 1 Este *m*, Estin *f*, Estländer(in) 2 LING Estnisch *n*, das Estnische B ADJ estnisch

estop [ɪ'stɒp; *US* e'stɑp] V/T JUR Rechtsverwirkung geltend machen gegen, rechtshemmenden Einwand erheben gegen: **be ~ped** (*durch sein früheres Verhalten*) gehindert sein (*e-e Tatsache zu behaupten od zu verneinen od ein Recht geltend zu machen*); **estoppel** [-pl] S JUR 1 Rechtsverwirkung *f* 2 rechtshemmender Einwand

estrade [e'strɑːd] S Podium *n*

estragon ['estrəgɒn; *US* -,gɑn] S BOT Estragon *m*

estrange [ɪ'streɪndʒ] V/T 1 fernhalten (**from** von) 2 *j-n* entfremden (**from** *dat*): **his behavio(u)r ~d his friends** sein Verhalten entfremdete ihn s-n Freunden; **become ~d** a sich entfremden (**from** *dat*) b sich auseinanderleben *od* fremd werden; **estranged** ADJ 1 **an ~ couple** ein Paar, das sich entfremdet *od* auseinandergelebt hat; **his ~ daughter** s-e Tochter, die sich ihm entfremdet hat 2 getrennt lebend: **his ~ wife** s-e von ihm getrennt lebende Frau; **she is ~ from her hus-**

E

band sie lebt von ihrem Mann getrennt; **estrangement** S Entfremdung *f* (**from** von; **between** zwischen *dat*)

estray [ɪ'streɪ] S verirrtes *od* entlaufenes Haustier

estreat [ɪ'stri:t] JUR A S beglaubigte Abschrift aus e-m Gerichtsprotokoll (*bes im Zusammenhang mit Geldstrafen*) B V/T 1 Protokollauszüge *e-s Urteils etc* machen (*u. dem Vollstreckungsbeamten übermitteln*) 2 a *j-m* e-e Geldstrafe auferlegen b *etwas* eintreiben

estriol *US für* oestriol

estrogen *US für* oestrogen

estrone *US für* oestrone

estrous *US für* oestrous

estuary ['estjʊərɪ; *US* 'estʃə,weri:] S 1 (*den Gezeiten ausgesetzte*) Flussmündung: ♀ (**English**) *das in London gesprochene Englisch, von dem der Süden Englands sehr stark beeinflusst wird* 2 Meeresbucht *f*, -arm *m*

ESU, e.s.u. ABK electrostatic unit

E.T. ABK 1 extraterrestrial 2 *US* Eastern Time (*Zeitzone Nordamerikas*)

eta[1] ['i:tə] S Eta *n* (*griechischer Buchstabe*)

ETA[2] ABK estimated time of arrival voraussichtliche Ankunft(szeit)

et al. ABK 1 et alia, and other things 2 et alibi, and elsewhere 3 et alii, and other persons

etamin ['etəmɪn; *US* 'eɪ-], **etamine** [-mi:n] S Etamin(e) *n(f)* (*gitterartiges, durchsichtiges Gewebe*)

etc, etc. ABK et cetera

et cetera [ɪt'setərə; et's-] et cetera, u. so weiter; **etceteras** SPL allerlei Dinge *pl*

etch [etʃ] V/T 1 TECH *Metall, Glas etc* ätzen 2 a in Kupfer stechen b radieren 3 kratzen (**on** in *akk*): **he ~ed his name on the table** 4 *fig* a schneiden: **sharply ~ed features** scharf geschnittene Gesichtszüge b herausarbeiten: **a sharply ~ed character in a book** e-e gut herausgearbeitete Figur in e-m Buch 5 **the event was ~ed on** (*od* **in**) **her memory** das Ereignis hatte sich ihrem Gedächtnis eingeprägt; **etcher** S a Kupferstecher(in) b Radierer(in); **etching** S 1 Ätzen *n*: **~ bath** Ätzbad *n* 2 a Radieren *n*: **~ needle** Radiernadel *f* b Kupferstechen *n* 3 a Radierkunst *f* b Kupferstecherei *f* 4 a Radierung *f* b Kupferstich *m*: **come up and see my ~s** *euph hum* wollen Sie sich m-e Briefmarken(sammlung) ansehen?

ETD ABK estimated time of departure voraussichtliche Abfahrt(szeit); FLUG voraussichtlicher Abflug

eternal [i:'tɜ:nl; *US* ɪ'tɜrnl] A ADJ (ADV **~ly**) 1 ewig: a zeitlos: → triangle 6 b immerwährend: **the** ♀ **City** die Ewige Stadt (*Rom*); **~ life** das ewige Leben; **be ~ly grateful sb** j-m ewig dankbar sein c unabänderlich (*Wahrheit etc*) 2 unveränderlich, bleibend: **an ~ optimist** ein unverbesserlicher Optimist 3 *umg* ewig *umg*, unaufhörlich: **her ~ chatter** B S **the** ♀ der Ewige (*Gott*); **eternalize** [-nəlaɪz] V/T verewigen: a unsterblich *od* unvergesslich machen b ewig fortdauern lassen

eternity [i:'tɜ:nətɪ; *US* ɪ'tɜr-] S 1 Ewigkeit *f*: **all ~** bis in alle Ewigkeit; **~ ring** Memoire-Ring *m*; → here A 1 2 *fig* Ewigkeit *f*, sehr lange Zeit: **it seemed an ~ before …** es schien e-e Ewigkeit zu dauern, bis …; **after an ~ of waiting** nach endlos langem Warten 3 REL a Ewigkeit *f*, Jenseits *n*: **send sb to ~** j-n ins Jenseits befördern b *pl* ewige Wahrheit(en *pl*); **eternize** → eternalize

etesian [ɪ'ti:ʒjən; *US* -ʒən] ADJ: **~ winds** Etesien (*von April bis Oktober gleichmäßig wehende, trockene Nordwestwinde im östlichen Mittelmeer*)

ethane ['eθeɪn; *Br a.* 'i:-] S CHEM Äthan *n*;

ethanol [-ənɒl; *US a.* -,nəʊl] S CHEM Äthanol *n*, Äthylalkohol *m*; **ethene** ['eθi:n] S CHEM Äthen *n*, Äthylen *n*; **ethenol** ['eθənɒl; *US a.* -,nəʊl] S CHEM Vinylalkohol *m*; **ethenyl** ['eθənɪl] S CHEM Äthyliden *n*

ether ['i:θə(r)] S 1 *poet* Äther *m*, Himmel *m* 2 CHEM a Äther *m* b Ätherverbindung *f* 3 PHYS, HIST (Licht-)Äther *m* (*bis um 1900 angenommener Stoff im freien Raum*); **ethereal** [i:'θɪərɪəl] ADJ (ADV **~ly**) ätherisch: a *poet* himmlisch b erdentrückt, vergeistigt c CHEM ätherartig, flüchtig; **ethereality** [-'ælətɪ] → etherealness; **etherealize** V/T 1 *fig* ätherisch machen, vergeistigen, der Erde entrücken 2 CHEM ätherisieren, mit Äther behandeln; **etherealness** S ätherisches Wesen; **ethereous, etheric** [i:'θerɪk] ADJ ätherisch, Äther…; **etherify** [-faɪ] V/T in Äther verwandeln; **etherism** S MED Äthervergiftung *f*; **etherization** [-raɪ'zeɪʃn; *US* -rə'z-] S MED Ätherbetäubung *f*, -narkose *f*; **etherize** V/T 1 → etherify 2 MED mit Äther betäuben *od* narkotisieren

ethic ['eθɪk] A ADJ (ADV **~ally**) → ethical B S 1 *pl* (*als sg konstruiert*) Moralphilosophie *f*, Sittenlehre *f*, Ethik *f* (*als Wissenschaft*) 2 a *pl* Sittlichkeit *f*, Moral *f*, sittliche Haltung b *meist pl* (*Berufs- etc*) Ethos *n*, ethische Grundsätze *pl*; **ethical** [-kl] ADJ (ADV **~ly**) 1 ethisch: a *die Ethik betreffend*: **~ literature** b moralisch, sittlich 2 moralisch einwandfrei, von ethischen Grundsätzen (geleitet) 3 dem Berufsethos entsprechend: **not ~ for physicians** dem Berufsethos der Ärzte widersprechend 4 PHARM rezeptpflichtig (*Medikament*); **ethicist** ['eθɪsɪst] S Ethiker(in), Moralist(in)

ethine ['eθaɪn] → acetylene

Ethiopia [,i:θɪ'əʊpjə; -pɪə] S Äthiopien *n*; **Ethiopian** [,i:θɪ'əʊpjən; -pɪən] A ADJ äthiopisch B S 1 Äthiopier(in) 2 *obs* Angehörige(r) *m/f(m)* der äthiopischen Rasse; **Ethiopic** [-'ɒpɪk; *US* -'ɑ-; -'əʊ-] A ADJ äthiopisch B S LING Äthiopisch *n*, das Äthiopische

ethmoid ['eθmɔɪd] ANAT A ADJ zum Siebbein gehörig: **~ bone** → B B S Siebbein *n*

ethnic ['eθnɪk] A ADJ (ADV **~ally**) 1 ethnisch: a *e-r sprachlich u. kulturell einheitlichen Volksgruppe angehörend*: **~ cleansing** ethnische Säuberung; **~ German** Volksdeutsche(r) *m/f(m)*; **~ group** Volksgruppe *f*; **~ minority** ethnische Minderheit b *die Kultur u. Lebensgemeinschaft e-r Volksgruppe betreffend*: **~ joke** *Witz auf Kosten e-r bestimmten Volksgruppe* 2 ausländisch: **a restaurant serving ~ food** ein Restaurant, in dem es ausländische Spezialitäten gibt B S *bes US Angehörige(r) e-r sprachlich u. kulturell einheitlichen Volksgruppe*; **ethnical** [-kl] ADJ (ADV **~ly**) → ethnic A

ethnogeny [eθ'nɒdʒɪnɪ; *US* -'nɑ-] S Ethnogenese *f* (*Teilgebiet der Völkerkunde, das sich mit dem Ursprung e-s Volkes beschäftigt*)

ethnographer [eθ'nɒgrəfə(r); *US* -'nɑ-] S Ethnograf(in); **ethnographic** [,eθnəʊ'græfɪk] ADJ, **ethnographical** [-kl] ADJ (ADV **~ly**) ethnografisch; **ethnography** S Ethnografie *f* (*Teilgebiet der Völkerkunde, das sich mit dem stofflichen u. geistigen Kulturbesitz von Völkern befasst*)

ethnologic [,eθnəʊ'lɒdʒɪk; *US* -nə'lɑ-] ADJ, **ethnological** [-kl] ADJ (ADV **~ly**) ethnologisch; **ethnologist** [-'nɒlədʒɪst; *US* -'nɑ-] S Ethnologe *m*, Ethnologin *f*; **ethnology** S Ethnologie *f*: a Völkerkunde *f* b *Wissenschaft, die sich mit Sozialstruktur u. Kultur der primitiven Gesellschaften beschäftigt* c *in den USA betriebene Wissenschaft, die sich mit Sozialstruktur u. Kultur aller Gesellschaften beschäftigt*

ethologic [,i:θəʊ'lɒdʒɪk; *US* -'lɑ-] ADJ, **ethological** [-kl] ADJ (ADV **~ly**) ethologisch; **ethologist** [i:'θɒlədʒɪst; *US* -'θɑ-] S Ethologe *m*, Ethologin *f*; **ethology** S ZOOL Ethologie *f*, vergleichende Verhaltensforschung

ethos ['i:θɒs; *US* 'i:,θɑs] S 1 Ethos *n*, Charakter *m*, Geist *m*, Wesensart *f*, sittlicher Gehalt (*e-r Kultur*) 2 Ethos *n*, sittliche Lebensgrundsätze *pl* 3 ethischer Wert (*e-s Kunstwerks*)

ethyl ['eθɪl; 'i:θaɪl] S CHEM Äthyl *n*; **~ acetate** S CHEM Äthylacetat *n*; **~ alcohol** S CHEM Äthylalkohol *m*

ethylamine [,eθɪlə'mi:n; -'æmɪn] S CHEM Äthylamin *n*; **ethylate** [-leɪt] CHEM A S Äthylist *n*, Äthylverbindung *f* B V/T mit Äthyl verbinden, äthylieren

ethylene ['eθɪli:n] S CHEM Äthylen *n*; **~ chloride** S CHEM Äthylenchlorid *n*

etiolate ['i:tɪəʊleɪt] V/T 1 AGR etiolieren, vergeilen 2 bleichsüchtig machen 3 *fig* verkümmern lassen; **etiolation** S 1 AGR Etiolement *n*, Vergeilung *f* 2 Bleichsucht *f* 3 *fig* Verkümmern *n*

etiology [,i:tɪ'ɑlədʒi:] S *bes US* Ätiologie *f*: a *Lehre von den Ursachen* (*bes der Krankheiten*) b *zugrunde liegender ursächlicher Zusammenhang* (*bes von Krankheiten*)

etiquette ['etɪket] S Etikette *f*: a Zeremoniell *n* b Anstands-, Verhaltensregeln *pl*, (gute) Umgangsformen *pl*: **legal ~** das Berufsethos der Anwälte

Etna ['etnə] S Ätna *m*

Eton| collar ['i:tn] S breiter, steifer Umlegekragen (*e-r* **Eton jacket**); **~ College** S *berühmte englische Public School*; **~ crop** S HIST Herrenschnitt *m*

Etonian [i:'təʊnjən; -nɪən] A ADJ Eton… B S Schüler(in) des **Eton College**

Eton jacket S HIST schwarze, kurze Jacke (*der Etonschüler*)

Etrurian [ɪ'trʊərɪən], **Etruscan** [ɪ'trʌskən] HIST A ADJ etruskisch B S 1 Etrusker(in) 2 LING Etruskisch *n*, das Etruskische

et seq. ABK 1 et sequens, and the following 2 → et seqq.

et seqq. ABK et sequentes, et sequentia, and those that follow

étude [eɪ'tju:d; 'eɪtju:d; *US a.* -,tu:d] S MUS Etüde *f*, Übungsstück *n*

etui, *bes Br* **étui** [e'twi:; *US* eɪ-], *US a.* **etwee** [e'twi:] S Etui *n*

etym. ABK 1 LING etymological 2 LING etymology

etyma ['etɪmə] *pl von* etymon

etymic [e'tɪmɪk] ADJ LING etymisch (*das Etymon betreffend*)

etymol. ABK 1 LING etymological 2 LING etymology

etymologic [,etɪmə'lɒdʒɪk; *US* -'lɑ-] ADJ, **etymological** [-kl] ADJ (ADV **~ly**) etymologisch

etymologist [,etɪ'mɒlədʒɪst; *US* -'mɑ-] S Etymologe *m*, Etymologin *f*; **etymologize** A V/T etymologisch erklären, *Wörter* etymologisieren, auf ihren Ursprung untersuchen B V/I Etymologie treiben; **etymology** S LING Etymologie *f*: a *Wissenschaft von der Herkunft, Geschichte u. Grundbedeutung der Wörter* b *Herkunft, Geschichte u. Grundbedeutung e-s Wortes*

etymon ['etɪmɒn; *US* -,mɑn] *pl* **-mons, -ma** [-mə] S LING Etymon *n*, Wurzel-, Stammwort *n*

EU [,i:'ju:] ABK S European Union EU *f*: **~ country** EU-Land *n*; **~ regulation** EU-Bestimmung *f*; **~ standard** EU-Norm *f*

eucalyptus [,ju:kə'lɪptəs] *pl* **-ti** [-taɪ], **-tuses** S BOT Eukalyptus *m*: **~ oil** CHEM Eukalyptusöl *n*

eucharis ['ju:kərɪs] S BOT Eucharis *f*

Eucharist ['ju:kərɪst] S REL 1 Eucharistie *f*: a *die Feier des heiligen Abendmahls* b *die*

eucharistische Gabe (*Brot u. Wein*) **2** *Christian Science*: Verbindung *f* zu Gott; **Eucharistic** ADJ (ADV ~ally) eucharistisch: **~ Congress** KATH Eucharistischer Kongress
euchre ['ju:kər] V/T *US umg* betrügen, prellen (*beide:* **out of** um)
Euclid ['ju:klɪd] S **1** Euklid *m* (*um 300 v.Chr.; Griechischer Mathematiker*) **2** Euklids Werke *pl* **3** (euklidische) Geometrie: **know one's ~** in Geometrie gut beschlagen sein; **Euclidean** [ju:'klɪdɪən] ADJ euklidisch
eudaemonic [,ju:dɪ'mɒnɪk; *US* -'mɑ-] **A** ADJ Glück bringend **B** SPL **1** Mittel *pl* zum Glück **2** (*als sg konstruiert*) → eudaemonism; **eudaemonism** [ju:'di:mənɪzəm] S PHIL Eudämonismus *m* (*Lehre, die im Glück des Einzelnen od der Gemeinschaft die Sinnerfüllung menschlichen Daseins sieht*); **eudaemonist** S PHIL Eudämonist(in)
eudemonic, *etc* → eudaemonic *etc*
eugenic [ju:'dʒenɪk] **A** ADJ (ADV ~ally) eugenisch **B** S **eugenics** *pl* (*als sg konstruiert*) Eugenik *f* (*Erbhygiene mit dem Ziel, erbschädigende Einflüsse u. die Verbreitung von Erbkrankheiten zu verhüten*); **eugenicist** [-sɪst], **eugenist** ['ju:dʒɪnɪst; *US a.* jʊ'dʒen-] S Eugeniker(in)
euhemerism [ju:'hi:mərɪzəm] S Euhemerismus *m* (*[rationalistische] Deutung von Mythen u. Religionen*); **euhemerist** S Euhemerist(in); **euhemeristic** ADJ (ADV ~ally) euhemeristisch
eulogia[1] [ju:'ləʊdʒjə; -ɪə] S REL Eulogie *f* (*in der orthodoxen Kirche das nicht zur Eucharistie benötigte Brot, das als „Segensbrot" nach dem Gottesdienst verteilt wird*)
eulogia[2] [ju:'ləʊdʒjə; -ɪə] *pl von* eulogium
eulogist ['ju:lədʒɪst] S Lobredner(in); **eulogistic** ADJ (ADV ~ally) (lob-)preisend, lobend, rühmend: **be ~ of** → eulogize; **eulogium** [ju:'ləʊdʒjəm; -ɪəm] *pl* -giums, -gia [-dʒjə; -dʒɪə] *obs für* eulogy; **eulogize** V/T loben, preisen, rühmen; **eulogy** S **1** Lob(preisung) *n(f)* **2** (**on, of, to** auf *akk*) **a** Lobrede *f*, Laudatio *f*: **deliver** (*od* **hold**) **a ~** e-e Laudatio halten **b** Lobschrift *f*
Eumenides [ju:'menɪdi:z] SPL *Antike:* Eumeniden *pl* (*Rachegöttinnen*)
eunuch ['ju:nək] S **1** Eunuch *m*: **a** Haremswächter *m* **b** Kastrat *m* **2** *fig* Niemand *m*: **a political ~**
eupepsia [ju:'pepsɪə; *US a.* -ʃə] S PHYSIOL gute Verdauung
euphemism ['ju:fɪmɪzəm] S Euphemismus *m*: **a** (sprachliche) Beschönigung *od* Verhüllung **b** beschönigender *od* verhüllender Ausdruck; **euphemistic** ADJ (ADV ~ally) euphemistisch, beschönigend, verhüllend; **euphemize** **A** V/T *etwas* euphemistisch *od* beschönigend *od* verhüllend ausdrücken **B** V/I Euphemismen verwenden
euphonic [ju:'fɒnɪk; *US* jʊ'fɑ-] ADJ (ADV ~ally), **euphonious** [-'fəʊnjəs; -nɪəs] ADJ (ADV ~ly) eufonisch: **a** wohllautend, -klingend **b** LING *des Wohlklangs od der Sprecherleichterung wegen eingeschoben* (*Laut*); **euphonium** [-njəm; -nɪəm] S MUS Eufonium *n*, Baritonhorn *n*; **euphony** ['ju:fənɪ] S Eufonie *f*, Wohlklang *m*, -laut *m*
euphorbia [ju:'fɔ:(r)bjə; -bɪə] S BOT Wolfsmilch *f*
euphoria [ju:'fɔ:rɪə; *US a.* jʊ'fəʊ-] S Euphorie *f*: **a** Hochgefühl *n*, -stimmung *f* **b** subjektives Wohlbefinden (*Schwerkranker*); **euphoriant** [-rɪənt] **A** ADJ euphorisierend: **~ drug** → B **B** S Euphorikum *n*; **euphoric** [-'fɒrɪk; *US a.* -'fɑ-] ADJ (ADV ~ally) euphorisch; **euphorigenic** [-rɪ'dʒenɪk] ADJ euphorisierend
euphrasy ['ju:frəsɪ] S BOT Augentrost *m*
euphroe ['ju:frəʊ] S SCHIFF Jungfernblock *m*
euphuism ['ju:fju:ɪzəm; *US* -fjə,wɪzəm] S Euphuismus *m*: **a** schwülstiger Stil **b** schwülstiges Stilelement; **euphuist** S Euphuist(in); **euphuistic** ADJ (ADV ~ally) euphuistisch, schwülstig
eupn(o)ea [ju:'pnɪə; 'ju:pnɪə] S PHYSIOL Eupnoe *f* (*regelmäßiges, ruhiges Atmen*)
Eur. ABK **1** Europe **2** European
Eurailpass ['jʊəreɪlpɑ:s; *US* -,pæs] S Eurailpass *m* (*Dauerfahrkarte, die außerhalb Europas lebende Personen zur Benutzung aller westeuropäischen Eisenbahnen berechtigt*)
Eurasia [jʊə'reɪʃə; -ʒə] S Eurasien *n*; **Eurasian** [jʊə'reɪʒjən; *US* -ʒən] **A** ADJ eurasisch **B** S Eurasier(in)
EURATOM, **Euratom** ABK European Atomic Energy Community Euratom *f*
eureka [jʊə'ri:kə] INT heureka!, ich habs (gefunden)!
eurhythmic, *etc bes Br für* eurythmic *etc*
Euripides [jʊə'rɪpɪdi:z; jʊ'r-] EIGENN Euripides *m* (*480?–406? v.Chr.; Griechischer Tragödiendichter*)
Euro, *a.* **2** ['jʊərəʊ] *pl* -ros S WIRTSCH Euro *m*
Euro- [jʊərəʊ] *Wortelement mit der Bedeutung* europäisch, Euro…
Eurocheque S WIRTSCH *Br* Eurocheque *m*; **~ card** S Eurochequekarte *f*
Eurocommunism S Eurokommunismus *m*; **Eurocommunist** **A** S Eurokommunist(in) **B** ADJ eurokommunistisch
Eurocrat ['jʊərəkræt] S Eurokrat(in) (*[leitender] Beamter/ [leitende] Beamtin der Europäischen Union*)
Eurodollar S WIRTSCH Eurodollar *m*
Euro-elections SPL Europawahlen *pl*
Euroland S (*das*) Euroland *n*
Europe ['jʊərəp] S Europa *n*
European [,jʊərə'pi:ən] **A** ADJ europäisch: **~ Central Bank** Europäische Zentralbank; **~ champion** SPORT Europameister(in); **~ championship** SPORT Europameisterschaft *f*; **~ Coal and Steel Community** Europäische Gemeinschaft für Kohle u. Stahl; **~ Commission** Europäische Kommission; **~ (Economic) Community** HIST Europäische (Wirtschafts)Gemeinschaft; **~ Court of Justice** Europäischer Gerichtshof; **~ cup** SPORT Europacup *m*, -pokal *m*; **~ Currency Unit** Europäische Währungseinheit; **~ Economic Area** Europäischer Wirtschaftsraum; **~ elections** → Euro-elections; **~ Free Trade Area** Europäische Freihandelszone; **~ Investment Bank** Europäische Investitionsbank; **~ Monetary Union** Europäische Währungsunion; **~ Parliament** Europäisches Parlament, Europaparlament *n*; **~ plan** *US* Hotelzimmervermietung *f* ohne Verpflegung; **~ record** SPORT Europarekord *m*; **~ Union** Europäische Union **B** S Europäer(in); **Europeanism** S **1** Europäertum *n* **2** europäischer Gedanke; **Europeanize** V/T **1** europäisieren **2** *ein Land etc* in die Europäische Union integrieren
Eurosceptic S *Br* Euroskeptiker(in)
Euro symbol S WIRTSCH Eurosymbol *n*
Eurovision TV **A** S Eurovision *f* **B** ADJ Eurovisions…: **~ transmission**
eurythmic [ju:'rɪðmɪk] **A** ADJ (ADV ~ally) eurhythmisch: **a** *die Harmonie* (*der Teile*) *betreffend* **b** ARCH proportioniert, harmonisch ([an]geordnet) **B** S **eurythmics** *pl* (*als sg konstruiert*) rhythmische, harmonische Bewegung, *bes* Ausdruckstanz *m*; **eurythmical** [-kl] ADJ (ADV ~ly) → eurythmic A; **eurythmy** S Eurhythmie *f*: **a** ARCH Ebenmaß *n*, Harmonie *f* **b** MED Regelmäßigkeit *f* des Pulses **c** *Anthroposophie*: Eurythmie *f* (*Bewegungskunst u. -therapie, bei der Gesprochenes sowie Vokal- u. Instrumentalmusik in Ausdrucksbewegungen umgesetzt werden*)
Eustachian tube [ju:'steɪʃjən; -ʃɪən] S ANAT eustachische Röhre, Ohrtrompete *f*
eutectic [ju:'tektɪk] TECH **A** ADJ **1** eutektisch: **~ point** eutektischer Punkt (*niedrigster Schmelz- bzw Erstarrungspunkt bei Gemischen*) **2** Legierungs… **B** S Eutektikum *n* (*feines kristallines Gemisch zweier od mehrerer Kristallarten, das aus e-r erstarrten, einheitlichen Schmelze entstanden ist u. den niedrigsten möglichen eutektischen Punkt zeigt*)
euthanasia [,ju:θə'neɪzjə; *bes US* -ʒə] S Euthanasie *f*, Sterbehilfe *f*: **active (passive) ~**
euthenics [ju:'θenɪks] SPL (*als sg konstruiert*) *Lehre von der Steigerung der Lebenskraft durch Verbesserung der Umweltbedingungen*
eutrophic [ju:'trɒfɪk; *US* jʊ'trəʊ-] ADJ BIOL eutroph: **a** nährstoffreich (*Böden, Gewässer*) **b** an nährstoffreiche Umgebung gebunden (*Pflanzen*) **c** überdüngt (*Gewässer*); **eutrophicate** [-keɪt] V/I BIOL eutrophieren; **eutrophication** S BIOL Eutrophierung *f* (*unerwünschte Zunahme der Nährstoffe in e-m Gewässer u. damit verbundenes nutzloses u. schädliches Pflanzenwachstum*);
eutrophy ['ju:trəfɪ] S MED, PHYSIOL Eutrophie *f*: **a** *guter Ernährungszustand*, *bes von Säuglingen* **b** *regelmäßige u. ausreichende Versorgung e-s Organs mit Nährstoffen*
EVA ABK (*Raumfahrt*) extravehicular activity Tätigkeit *f* außerhalb des Raumfahrzeugs
evacuant [ɪ'vækjʊənt; *US* -jəwənt] MED, PHARM **A** ADJ abführend **B** S Abführmittel *n*
evacuate [ɪ'vækjʊeɪt; *US* -jə,weɪt] **A** V/T **1** aus-, entleeren: **~ the bowels** **a** → B 2 **b** abführen **2** **a** *die Luft etc* herauspumpen **b** *ein Gefäß* luftleer pumpen **3** **a** *Personen* evakuieren **b** MIL *Truppen* verlegen, *Verwundete etc* abtransportieren **c** *Dinge* verlagern **d** *ein Gebiet etc* evakuieren, *a. ein Haus etc* räumen **4** *fig* berauben (**of** *gen*) **B** V/I **1** das Gebiet *etc* evakuieren, das Haus räumen, *bes* MIL sich zurückziehen **2** PHYSIOL den Darm entleeren, Stuhl(-gang) haben; **evacuation** S **1** Aus-, Entleerung *f* **2** **a** Evakuierung *f* **b** MIL Verlegung *f*, Abtransport *m*: **~ hospital** *US* Feldlazarett *n* **c** Räumung *f* **3** PHYSIOL **a** *a.* **~ of the bowels** Darmentleerung *f*, Stuhl(gang) *m* **b** Stuhl *m*
evacuee [ɪ,vækju:'i; *US* -jə'wi:] S Evakuierte(r) *m/f(m)*
evade [ɪ'veɪd] V/T **1** *e-m Schlag etc* ausweichen, *j-m* entkommen **2** sich *e-r Sache* entziehen, *e-r Sache* entgehen, *etwas* umgehen, vermeiden, JUR *Steuern* hinterziehen: **~ doing sth** es vermeiden, etwas zu tun; **~ (answering) a question** e-r Frage ausweichen; **~ detection** der Entdeckung entgehen; **~ a duty** sich e-r Pflicht entziehen; **~ definition** sich nicht definieren lassen; **evader** S *j-d, der sich e-r Sache entzieht od der etwas umgeht*: → tax evader
evaluate [ɪ'væljʊeɪt; *US* -jə,weɪt] V/T **1** *den Wert etc* schätzen, *den Schaden etc* festsetzen (*beide:* **at** auf *akk*) **2** abschätzen, bewerten, beurteilen **3** berechnen, (zahlenmäßig) bestimmen **4** auswerten; **evaluation** S **1** Schätzung *f*, Festsetzung *f* **2** Bewertung *f*, Beurteilung *f* **3** Berechnung *f*, (zahlenmäßige) Bestimmung **4** Auswertung *f*
evanesce [,i:və'nes; *bes US* ,evə-] V/I sich auflösen, sich verflüchtigen (*Nebel etc*); **evanescence** [-'nesns] S **1** Auflösung *f*, Verflüchtigung *f* **2** Vergänglichkeit *f*; **evanescent** [-'nesnt] ADJ (ADV ~ly) **1** sich auflösend, sich verflüchtigend **2** vergänglich
evangel [ɪ'vændʒel] S REL Evangelium *n* (*a. fig*)
evangelic [,i:væn'dʒelɪk; ,evən-] ADJ (ADV ~ally) **1** die vier Evangelien betreffend, Evangelien… **2** evangelisch; **evangelical** [-kl] **A**

E

ADJ (ADV ~ly) → evangelic B S Anhänger(in) *od* Mitglied *n* e-r evangelischen Kirche, Evangelische(r) *m/f(m)*; **evangelicalism** [-kəlɪzəm] S 1 Evangeliumsgläubigkeit *f (Ggs Werkgläubigkeit)* 2 evangelischer Glaube; **evangelism** [ɪ'vændʒəlɪzəm] S Verkündigung *f* des Evangeliums; **evangelist** S 1 ♀ BIBEL Evangelist *m* 2 Evangelist(in), Erweckungs-, Wanderprediger(in) 3 Patriarch *m (der Mormonenkirche)*; **evangelize** A V/I das Evangelium predigen, evangelisieren B V/T für das Evangelium gewinnen, (zum Christentum) bekehren

evanish [ɪ'vænɪʃ] V/I *meist poet* (dahin)schwinden

evaporable [ɪ'væpərəbl] ADJ verdunstbar; **evaporate** [-reɪt] A V/T 1 evaporieren, zur Verdampfung bringen, verdampfen *od* verdunsten lassen 2 evaporieren, ab-, eindampfen: **~d milk** Kondensmilch *f* 3 *fig* schwinden lassen B V/I 1 evaporieren, verdampfen, -dunsten 2 *fig* verschwinden *(a. umg abhauen)*, sich verflüchtigen, verfliegen; **evaporation** S 1 Evaporation *f*, Verdampfung *f*, -dunstung *f* 2 Ab-, Eindampfen *n* 3 *fig* Verflüchtigung *f*, Verfliegen *n*; **evaporative** [-rətɪv; *US* -ˌreɪtɪv] ADJ Verdunstungs..., Verdampfungs...; **evaporator** [-reɪtə(r)] S TECH Abdampfvorrichtung *f*, Verdampfer *m*; **evaporimeter** [-'rɪmɪtə(r)], **evaporometer** [-'rɒmɪtə(r); *US* -'rɑ-] S PHYS Evaporimeter *n*, Verdunstungsmesser *m*

evasion [ɪ'veɪʒn] S 1 Entkommen *n* 2 Umgehung *f*, Vermeidung *f*: → tax evasion 3 Ausflucht *f*, Ausrede *f*, ausweichende Antwort; **evasive** [-sɪv] ADJ (ADV ~ly) 1 ausweichend *(Antwort)*: **be ~** ausweichen 2 aalglatt, gerissen *umg* 3 schwer feststell- *od* fassbar; **evasiveness** S ausweichendes Verhalten

Eve[1] [iːv] EIGENN BIBEL Eva *f*: **a daughter of ~** e-e Evastochter

eve[2] [iːv] S 1 *poet* Abend *m* 2 *meist* ♀ Vorabend *m*, -tag *m (e-s Festes)*: → Christmas Eve, *etc* 3 *fig* Vorabend *m*: **on the ~ of** am Vorabend von *(od gen)*, kurz *od* unmittelbar vor *(dat)*; **be on the ~ of** kurz *od* unmittelbar vor *(dat)* stehen

evection [ɪ'vekʃn] S ASTRON Evektion *f (durch die Sonne hervorgerufene Störung der Mondbewegung)*

even[1] ['iːvn] ADV 1 sogar, selbst, auch *(verstärkend)*: **~ the king**; **~ in winter; not ~ he** nicht einmal er; **I never ~ read it** ich habe es nicht einmal gelesen; **~ then** selbst dann; **~ though, ~ if** selbst wenn, wenn auch; **without ~ looking** ohne auch nur hinzusehen 2 noch *(vor komp)*: **~ better** (sogar) noch besser; **~ more** noch mehr 3 bereits, nur 4 gerade *(zeitlich)*: **~ now** a *obs* eben *od* gerade jetzt b selbst jetzt *od* heutzutage; **not ~ now** nicht einmal jetzt, selbst *od* auch jetzt noch nicht 5 eben, ganz, gerade *(verstärkend)*: **~ as I expected** *obs* gerade *od* genau, wie ich (es) erwartete; **~ as he spoke** *obs* gerade als er sprach; **~ so** immerhin, dennoch, trotzdem, selbst dann 6 *obs* nämlich, das heißt: **God, ~ our own God** 7 **or ~** oder auch (nur), oder gar

even[2] ['iːvn] A ADJ 1 eben, flach, glatt, gerade: **~ with the ground** dem Boden gleich 2 auf *od* in gleicher Höhe (**with** mit) 3 *fig* ausgeglichen, ruhig, gelassen: **of an ~ temper** ausgeglichen; **an ~ voice** e-e ruhige Stimme 4 gleichmäßig: **~ breathing (rhythm,** *etc*); **~ features** regelmäßige (Gesichts)Züge 5 waag(e)recht, horizontal: → keel[1] A 1 6 WIRTSCH a ausgeglichen *(a.* SPORT *Runde etc)*, schuldenfrei b ohne (Gewinn od) Verlust: **be ~ with sb** mit j-m quitt sein *umg, a. fig*(→ A 10); **get ~ with sb** mit j-m abrechnen, mit j-m quitt werden *umg (beide a. fig)*; → break even 7 im Gleichgewicht *(a. fig)* 8 gerecht, unparteiisch *(Gesetz etc)* 9 gleich, identisch *(Teile etc)*: **~ bet** Wette *f* mit gleichem Einsatz; **~ chances** gleiche Chancen; **it's ~ chances that ...** *umg* die Chancen stehen fifty-fifty, dass ...; **he stands an ~ chance of winning** er hat e-e echte Chance zu gewinnen; **meet on ~ ground** mit gleichen Chancen kämpfen; **~ money** gleicher (Wett)Einsatz; **your letter of ~ date** Ihr Schreiben gleichen Datums 10 gleich *(im Rang etc)*: **be ~ with sb** mit j-m gleichstehen (→ A 6) 11 gerade *(Zahl)*: **~ page** Buchseite *f* mit gerader Zahl; **end ~** TYPO mit voller Zeile abschließen 12 rund, voll *(Summe)* 13 präzise, genau: **an ~ dozen** genau ein Dutzend B V/T 1 *a.* **~ out** (ein)ebnen, glätten 2 *a.* **~ out** a ausgleichen b (gleichmäßig) verteilen 3 **~ up** *e-e Rechnung* aus-, begleichen: **~ up accounts** Konten abstimmen; **~ matters** (*od* **things) up** sich revanchieren C V/I 1 *meist* **~ out** eben werden *(Gelände)* 2 *a.* **~ out** a sich ausgleichen b sich (gleichmäßig) verteilen 3 **~ up on sb** mit j-m quitt werden *umg, a. fig*

even[3] ['iːvn] S *poet* Abend *m*

even|fall S *poet* Hereinbrechen *n* des Abends; **~handed** ADJ (ADV ~ly) unparteiisch

evening ['iːvnɪŋ] A S 1 Abend *m*: **in the ~** abends, am Abend; **last (this, tomorrow) ~** gestern (heute, morgen) Abend; **on the ~ of the same day** am Abend desselben Tages; **good ~!** guten Abend! 2 *dial* später Nachmittag 3 *fig* Ende *n*: *bes (a.* **~ of life**) Lebensabend *m* 4 Abend(unterhaltung) *m(f)*, Gesellschaftsabend *m*: **musical ~** musikalischer Abend B ADJ abendlich, Abend...; **~ classes** SPL SCHULE Abendunterricht *m*; **~ dress** S 1 Abendkleid *n* 2 Abend-, Gesellschaftsanzug *m*, *bes* a Frack *m* b Smoking *m*; **~ meal** S *Br* Abendessen *n*, -mahlzeit *f*; **~ paper** S Abendzeitung *f*; **~ performance** S THEAT *etc* Abendvorstellung *f*; **~ prayer** → evensong; **~ primrose** S BOT Nachtkerze *f*

evenings ['iːvnɪŋz] ADV *bes US* abends

evening| school → night school; **~ shirt** S Frackhemd *n*; **~ star** S ASTRON Abendstern *m*

evenness S 1 Ebenheit *f*, Geradheit *f* 2 *fig* Ausgeglichenheit *f* 3 Gleichmäßigkeit *f* 4 Unparteilichkeit *f* 5 Gleichheit *f*

evens ['iːvnz] ADJ: **it's ~ that ...** *umg* die Chancen stehen fifty-fifty, dass ...

evensong S REL Abendandacht *f*, -gottesdienst *m*

event [ɪ'vent] S 1 Fall *m*: **at all ~s** auf alle Fälle, jedenfalls; **in the ~ of death** im Todesfalle; **in the ~ of his death** im Falle s-s Todes, falls er sterben sollte; **in any ~** auf jeden Fall 2 Ereignis *n*, Vorfall *m*, -kommnis *n*: **before the ~** vorher, im Voraus; **after the ~** hinterher, im Nachhinein; **in the course of ~s** im (Ver)Lauf der Ereignisse; **this was (quite) an ~ in her life** das war ein großes Ereignis in ihrem Leben; **~s calendar** Veranstaltungskalender *m* 3 SPORT a Disziplin *f* b Wettbewerb *m* 4 Ausgang *m*, Ergebnis *n*: **in the ~** schließlich, letzten Endes

even-tempered ADJ ausgeglichen, gelassen, ruhig

eventful ADJ (ADV ~ly) 1 ereignisreich, *(Zeiten, Leben a.)* bewegt 2 wichtig, bedeutend

eventide S *poet* Abend(zeit) *m(f)*: **at ~** zur Abendzeit

eventual [ɪ'ventʃʊəl; *US* -tʃəwəl] ADJ (ADV → eventually) 1 **the ~ success of his efforts made him happy** es machte ihn glücklich, dass s-e Bemühungen schließlich Erfolg hatten; **this led to his ~ dismissal** das führte schließlich *od* letzten Endes zu s-r Entlassung 2 *obs* möglich, eventuell; **eventuality** [-tʃʊ'ælətɪ; *US* -tʃə'wæl-] S Möglichkeit *f*, Eventualität *f*; **eventually** ADV 1 schließlich, endlich, 2 e-s Tages, irgendwann (einmal)

eventuate [ɪ'ventʃʊeɪt; *US* -tʃəˌweɪt] V/I 1 ausgehen, enden: **~ well** gut ausgehen; **~ in** enden in *(dat)*, führen zu 2 die Folge sein (**from** *gen*)

ever ['evə(r)] ADV 1 immer (wieder), fortwährend, ständig, unaufhörlich: **~ after(wards), ~ since** von der Zeit an, seit der Zeit, seitdem; **~ and again** (*od obs* **anon**) dann u. wann, hin u. wieder; **Yours ~, ...** Viele Grüße, Dein(e) *od* Ihr(e) ... *(Briefschluss)*; **~ recurrent** immer *od* ständig wiederkehrend; **as ... as ~** unverändert ...; → forever 2 immer *(vor komp)*: **~ larger** immer größer (werdend) 3 je, jemals *(bes in fragenden, verneinenden u. bedingenden Sätzen)*: **no hope ~ to return**; **do you ~ see him?**; **have you ~ been to London?** bist du schon einmal in London gewesen?; **scarcely ~, hardly ~, seldom if ~** fast nie; **the best I have ~ seen** das Beste, was ich je gesehen habe; **did you ~?** *umg* hast du Töne?; na so was! 4 den *od* die *od* das es je gegeben hat: **the nicest thing ~**; **for the first time ~** zum allerersten Mal 5 irgend, überhaupt, nur: **as soon as I ~ can** sobald ich nur kann, sobald es mir irgend möglich ist; **how ~ did he manage?** wie hat er das nur fertiggebracht? 6 **~ so** *bes Br umg* sehr, noch so: **~ so long** e-e Ewigkeit, ewig lange *(beide umg)*; **~ so much** noch so sehr, so viel wie nur irgend möglich, sehr viel; **thank you ~ so much!** tausend Dank!; **~ so many** unendlich viele; **~ so simple** ganz einfach; **let him be ~ so rich** mag er auch noch so reich sein 7 *umg* denn, überhaupt *(zur Verstärkung der Frage)*: **what ~ does he want?** was will er denn überhaupt?; **what ~ do you mean?** was (in aller Welt) meinst du denn eigentlich?

ever|glade S *US* sumpfiges Flussgebiet; **~green** A ADJ 1 immergrün: ♀ **State** *US (Beiname für den Staat)* Washington *n* 2 unverwüstlich, nie veraltend, *bes* immer wieder gern gehört: **~ song** Evergreen *m/n* B S 1 BOT a immergrüne Pflanze b Immergrün *n* 2 (Tannen)Reisig *n*, (-)Grün *n (zur Dekoration)*

everlasting [ˌevə(r)'lɑːstɪŋ; *US* -'læstɪŋ] A ADJ (ADV ~ly) 1 immerwährend, ewig: **~ flower** → B 2; **the ~ God** der ewige Gott; **~ life** das ewige Leben; **the ~ snow** der ewige Schnee 2 *fig* unaufhörlich, endlos, ständig: **her ~ complaints** 3 dauerhaft, unverwüstlich, unbegrenzt haltbar B S 1 Ewigkeit *f*: **for ~** auf ewig, für alle Zukunft; **from ~** seit Urzeiten 2 BOT *(e-e)* Immortelle, *(e-e)* Strohblume 3 Lasting *m (starker Wollstoff)*; **everlastingness** S 1 Ewigkeit *f* 2 *fig* Endlosigkeit *f*

evermore ADV 1 a immer(fort), ewig, allezeit b *meist* **for ~** in (alle) Ewigkeit, für immer 2 je(mals) wieder

every ['evrɪ] ADJ 1 jeder, jede, jedes: **~ minute** 2 jeder (jede, jedes) (Einzelne *od* Erdenkliche), aller, alle, alles: **her ~ wish** jeder ihrer Wünsche, alle ihre Wünsche 3 vollständig: **have ~ confidence in sb** volles Vertrauen zu j-m haben; **their ~ liberty** ihre ganze Freiheit

Besondere Redewendungen: **~ two days** jeden zweiten Tag, alle zwei Tage; **~ bit (of it)** *umg* völlig, ganz u. gar; **~ bit as much** ganz genau so viel *od* sehr; **~ day** jeden Tag, alle Tage, täglich; **~ once in a while, ~ so often** *umg* gelegentlich, hin u. wieder; **have ~ reason** allen Grund haben (**to do** zu tun); **~ time** a jederzeit b jedes Mal c völlig, ganz; **~ which way** *US umg* in alle (Himmels)Richtungen; → now[1] *Bes Redew*, other A 6, second[1] A 1

every|body → everyone; **~day** ADJ 1 (all)täglich: ~ **occurrence** Alltäglichkeit *f* 2 Alltags…: ~ **clothes**; ~ **language; in ~ situations; in ~ English** in der englischen Alltagssprache; **in ~ life** im Alltag 3 gewöhnlich, Durchschnitts…: ~ **people**; **~how** ADV *US obs* in jeder Weise; **~man** [-mən; *US* -ˌmæn] S der Durchschnittsbürger; **~one** PRON jeder(mann): **in ~'s mouth** in aller Munde; ~ **else** alle anderen; **where's ~?** wo sind denn alle?; **is ~ here?** sind alle da?; **good night, ~!** gute Nacht allerseits!; *in this village* ~ **knows** ~ **else** kennt jeder jeden; **to ~'s amazement (surprise)** zum allgemeinen Erstaunen (zur allgemeinen Überraschung); ~ **one** PRON jeder (jede, jedes) Einzelne; **~place** *US umg für* everywhere; **~thing** PRON 1 alles (**that** was): ~ **good** alles Gute 2 *umg* alles, das Allerwichtigste, die Hauptsache: **speed is ~ to them** Geschwindigkeit bedeutet für sie alles 3 *umg* sehr viel, alles: **she was ~ to him** sie bedeutete ihm alles; **think ~ of sb** sehr viel von j-m halten; **art is his ~** Kunst ist sein ein u. alles 4 **and ~** *umg* und so; **~where** ADV a überall: ~ **looks so dirty** es sieht überall so schmutzig aus b überallhin: ~ **he goes** wo er auch hingeht

evg ABK evening

evict [ɪ'vɪkt] V/T 1 JUR a *e-n Mieter od Pächter (im Wege der Zwangsvollstreckung)* zur Räumung zwingen, heraussetzen b *(aufgrund e-s Räumungsurteils)* von *s-m Grundeigentum* wieder Besitz ergreifen 2 *j-n* gewaltsam vertreiben; **eviction** S JUR 1 a Zwangsräumung *f* b Heraussetzung *f (e-s Mieters od Pächters)*: **action for ~** *US* Räumungsklage *f*; ~ **order** *US* Räumungsurteil *n* 2 Wiederinbesitznahme *f*

evidence ['evɪdəns] A S 1 Augenscheinlichkeit *f*, Klarheit *f*, Offenkundigkeit *f*: **be (much) in ~** (deutlich) sichtbar *od* feststellbar sein, (stark) in Erscheinung treten 2 JUR a Beweis(-mittel) *m(n)*, -stück *n*, -material *n*, Beweise *pl*: **a piece of ~** ein Beweisstück; ~ **for the prosecution** Belastungsmaterial; ~ **of ownership** Eigentumsnachweis *m*; **for lack of ~** mangels Beweises *od* Beweisen; **in ~ of** zum Beweis *(gen)*; **on the ~** aufgrund des Beweismaterials; **admit in ~** als Beweis zulassen; **furnish ~ of** Beweise liefern *od* erbringen für; **have you any ~ for this statement?** können Sie diese Behauptung beweisen?; **offer in ~** als Beweis vorlegen; **offer in ~** Beweisantritt *m* b (Zeugen)Aussage *f*, Zeugnis *n*, Bekundung *f*: **(testimonial) ~** Zeugenbeweis *m*; **medical ~** Aussage *f od* Gutachten *n* des medizinischen Sachverständigen; **give ~** (als Zeuge) aussagen, e-e Aussage machen *(beide:* **for** für; **against** gegen); **give ~ of** aussagen über *(akk)*, *fig* zeugen von; **refuse to give ~** die Aussage verweigern; **refusal to give ~** Aussageverweigerung *f*; **hear ~** Zeugen vernehmen; **take sb's ~** j-n (als Zeugen) vernehmen; **hearing** (*od* **taking**) **of ~** Beweisaufnahme *f*; ~ **(taken** *od* **heard)** Ergebnis *n* der Beweisaufnahme c Zeuge *m*, Zeugin *f*: **call sb in ~** j-n als Zeugen benennen; **turn King's** (*od* **Queen's**, *US* **State's**) ~ als Kronzeuge auftreten (**against** gegen); → bear¹ A 16 3 (An)Zeichen *n*, Spur *f* (*beide:* **of** von *od gen*): **there is no ~** es ist nicht ersichtlich *od* feststellbar, nichts deutet darauf hin B V/T dartun, be-, nachweisen, zeigen, zeugen von

evident ['evɪdənt] ADJ (ADV → evidently) evident, augenscheinlich, offensichtlich, -kundig, klar (ersichtlich); **evidential** [-'denʃl] ADJ (ADV ~ly), **evidentiary** [-ʃərɪ] ADJ 1 **be ~ of** (klar) beweisen *(akk)* 2 JUR beweiserheblich, Beweis…: ~ **value** Beweiswert *m*; **evidently** ADV augenscheinlich, offensichtlich

evil ['iːvl] A ADJ (ADV ~ly) 1 übel, böse, schlecht, schlimm: ~ **eye** böser Blick; **the** ♀ **One** der Böse *(Teufel)*; **of ~ repute** übel beleumdet, berüchtigt; ~ **smell** übler Geruch; ~ **spirit** böser Geist; → fame 1 b 2 böse, gottlos, boshaft, übel, schlecht: ~ **tongue** böse Zunge, Lästerzunge *f* 3 unglücklich: ~ **day** Unglückstag *m*; **fall on ~ days** ins Unglück geraten B ADV in böser *od* schlechter Weise: **speak ~ of sb** schlecht über j-n reden C S 1 Übel *n*, Unheil *n*, Unglück *n*: **the lesser ~** das kleinere Übel; **choose the lesser of two ~s** von zwei Übeln das kleinere wählen 2 *(das)* Böse, Sünde *f*: **the powers of ~** die Mächte der Finsternis; **do ~** Böses tun, sündigen; **return ~ for good** Gutes mit Bösem vergelten 3 Unglück *n*: **wish sb ~**; → good A 2 4 *obs* Krankheit *f*, *bes* Skrofulose *f*, Lymphknotentuberkulose *f*; **~doer** S Übeltäter(in); **~-minded** ADJ (ADV ~ly) bösartig; **~-mindedness** S Bösartigkeit *f*

evince [ɪ'vɪns] V/T dartun, be-, erweisen, bekunden, an den Tag legen, zeigen; **evincive** ADJ beweisend, bezeichnend (**of** für): **be ~ of sth** etwas beweisen *od* zeigen

eviscerate [ɪ'vɪsəreɪt] V/T 1 ausnehmen, *erlegtes Tier a.* ausweiden 2 *fig* inhalts- *od* bedeutungslos machen, des Kerns *od* Wesens berauben; **evisceration** S Ausnehmen *n*, Ausweidung *f*

evocation [ˌevəʊ'keɪʃn; ˌiː-] S 1 (Geister)Beschwörung *f* 2 *fig* Wachrufen *n* 3 a plastische Schilderung b lebensechte Darstellung 4 JUR Ansichziehen *n*; **evocative** [ɪ'vɒkətɪv; *US* ɪ'vɑ-] ADJ (ADV ~ly) 1 **be ~ of** erinnern an *(akk)* 2 sinnträchtig, beziehungsreich

evoke [ɪ'vəʊk] V/T 1 *Geister* beschwören, herbeirufen 2 a *Bewunderung etc* hervorrufen b *Erinnerungen* wachrufen, wecken 3 a plastisch schildern, e-e plastische Schilderung geben von b lebensecht darstellen *(Maler, Bildhauer etc)* 4 ~ **a case** JUR e-e *(noch nicht erledigte)* Rechtssache an sich ziehen *(übergeordnetes Gericht)*

evolute ['iːvəluːt; *bes US* 'evə-] S MATH Evolute *f (der geometrische Ort der Krümmungsmittelpunkte e-r Kurve)*

evolution [ˌiːvə'luːʃn; *bes US* ˌevə-] S 1 Entfaltung *f*, -wicklung *f*: **the ~ of events** die Entwicklung (der Dinge) 2 MATH Wurzelziehen *n*, Radizieren *n* 3 BIOL Evolution *f (Entwicklung von niederen zu höheren Formen)* 4 MIL Manöver *n*, *(a. von Tänzern etc)* Bewegung *f* 5 PHYS Entwicklung *f (von Gas, Hitze etc)* 6 TECH Umdrehung *f*, Bewegung *f*; **evolutional** [-ʃənl] ADJ Entwicklungs…; **evolutionary** [-ʃnərɪ; *US* -ʃəˌneriː] ADJ 1 Entwicklungs… 2 BIOL Evolutions… 3 MIL Manövrier…, Bewegungs…; **evolutionist** [-ʃənɪst] S A S Anhänger(in) der Evolutionstheorie B ADJ *die Evolutionstheorie betreffend*

evolve [ɪ'vɒlv; *US a.* ɪ'vɑlv] A V/T 1 entwickeln, -falten 2 *Gas, Wärme etc* verströmen B V/I 1 sich entwickeln *od* -falten (**into** zu) 2 entstehen (**from** aus); **evolvement** S Entwicklung *f*, -faltung *f*

evulsion [ɪ'vʌlʃn] S *(gewaltsames)* Ausreißen *od* Ausziehen

ewe [juː] S ZOOL Mutterschaf *n*; ~ **lamb** S ZOOL Schaflamm *n*; **~-neck** S Hirschhals *m (bei Pferden u. Hunden)*

ewer ['juːə(r)] S (Wasser)Krug *m*

ex¹ [eks] PRÄP 1 WIRTSCH aus, ab, von: ~ **factory** ab Fabrik; ~ **works** ab Werk 2 *(bes von Börsenpapieren)* ohne, exklusive: ~ **all** ausschließlich aller Rechte; ~ **dividend** ausschließlich Dividende 3 → ex cathedra *etc*

ex² [eks] S X, x *n (Buchstabe)*

ex³ [eks] S *umg* Ex *m od f*, Verflossene(r) *m/f(m)*

ex. ABK 1 examination 2 examined 3 example 4 except 5 exception 6 WIRTSCH *US* exchange 7 *US* executed 8 *US* executive 9 exercise

ex- [eks] *Vorsilbe mit den Bedeutungen* a aus…, heraus… b ex…, ehemalig

exacerbate [ek'sæsə(r)beɪt; ɪg'zæs-] V/T 1 *j-n* verärgern 2 *e-e Krankheit, Schmerzen* verschlimmern, *e-e Situation* verschärfen; **exacerbation** S 1 Verärgerung *f* 2 Verschlimmerung *f*, Verschärfung *f*

exact [ɪg'zækt] A ADJ (ADV → exactly) 1 exakt, genau, (genau) richtig: "~ **fare, please**" *Br (im Bus)* „bitte Fahrgeld abgezählt bereithalten"; **the ~ time** die genaue Zeit; **the ~ sciences** die exakten Wissenschaften; **be ~** *(Redew)* genau gesagt 2 streng (umrissen), genau *(Regeln etc)* 3 genau, tatsächlich *(Worte etc)* 4 methodisch, gewissenhaft, sorgfältig *(Person)* B V/T 1 *Gehorsam, Geld etc* fordern, verlangen *(beide:* **from** von) 2 *e-e Zahlung* eintreiben, einfordern *(beide:* **from** von) 3 *Geschick etc* erfordern; **exactable** ADJ eintreibbar; **exacter** S Eintreiber(in), Einforderer *m*, Einforderin *f*; **exacting** ADJ (ADV ~ly) 1 streng, genau 2 aufreibend, mühevoll, anstrengend, hart *(Arbeit etc)* 3 anspruchsvoll *(Kunde etc)*: **be ~** hohe Anforderungen stellen; **exaction** S 1 Fordern *n* 2 Eintreiben *n* 3 (unmäßige) Forderung; **exactitude** [-ɪtjuːd; *US a.* -ˌtuːd] → exactness; **exactly** ADV 1 exakt, genau 2 sorgfältig 3 *als Antwort*: ganz recht, genau(, wie Sie sagen), eben: **not ~** a nicht ganz b nicht direkt *od* gerade *od* eben 4 *wo, wann etc* eigentlich; **exactness** S 1 Genauigkeit *f*, Exaktheit *f*, Richtigkeit *f* 2 Sorgfalt *f*; **exactor** [-tə(r)] → exacter

exaggerate [ɪg'zædʒəreɪt] A V/T 1 übertreiben, übertrieben darstellen 2 überbetonen B V/I übertreiben: **one can say without exaggerating that …** man kann ohne Übertreibung sagen, dass …; **exaggerated** ADJ (ADV ~ly) 1 übertrieben: **have an ~ opinion of o.s.** e-e übertrieben hohe Meinung von sich haben 2 überbetont 3 MED stark vergrößert *(Milz etc)*; **exaggeration** S 1 Übertreibung *f*: **I can say without ~ that …** 2 Überbetonung *f*; **exaggerative** [-rətɪv; -reɪtɪv] ADJ (ADV ~ly) 1 übertreibend 2 übertrieben

exalt [ɪg'zɔːlt] V/T 1 *obs* erheben 2 *(im Rang etc)* erheben, erhöhen *(beide:* **to** zu) 3 *Farben etc* verstärken 4 *die Fantasie etc* beleben, anregen 5 (lob)preisen: ~ **to the skies** in den Himmel heben; **exaltation** [ˌegzɔː'leɪʃn; ˌeks-] S 1 Erhebung *f*, Erhöhung *f*: ♀ **of the Cross** REL Kreuzeserhöhung 2 Begeisterung *f*, Hochstimmung *f*: **fill sb with ~** j-n in Begeisterung versetzen; **exalted** [ɪg'zɔːltɪd] ADJ 1 hoch *(Ideal, Rang etc)* 2 gehoben *(Stil etc)* 3 begeistert 4 *umg* übertrieben hoch: **have an ~ opinion of o.s**

exam [ɪg'zæm] S 1 → examination 2 2 MED *US umg* Untersuchung *f*

exam. ABK 1 examination 2 examined 3 examinee 4 examiner

examination [ɪgˌzæmɪ'neɪʃn] S 1 Untersuchung *f (a.* MED*)*, Prüfung *f* (**of** [*od* **into**] **sth** e-r Sache): ~ **board** MIL Musterungskommission *f*; **not bear** (*od* **stand**) **close ~** e-r näheren Prüfung nicht standhalten; **hold an ~ into a matter** e-e eingehende Untersuchung e-r Sache anstellen; **be under ~** geprüft *od* untersucht werden (→ 3); **(up)on ~** bei näherer Prüfung; ~ **of the books** WIRTSCH Prüfung *od* Revision *f* der Bücher 2 SCHULE *etc* Prüfung *f*, *bes*

E

UNIV Examen *n*: ~ **nerves** *pl* Prüfungsangst *f*; **he's got ~ nerves** *a.* er ist kein Prüfungstyp; ~ **paper** a schriftliche Prüfung b Prüfungsarbeit *f*; **it's all part of the ~ paper** *fig* das gehört alles mit dazu; ~ **results** Prüfungsergebnisse 3 JUR a *Zivilprozess: (meist eidliche)* Vernehmung: **be under ~** vernommen werden (→ 1) b *Strafprozess:* Verhör *n*; **examinational** [-ʃənl] ADJ Prüfungs...

examine [ɪg'zæmɪn] A V/T 1 prüfen, untersuchen (*a.* MED)(*beide:* **for** auf *akk*): ~ **the books** WIRTSCH die Bücher durchsehen *od* prüfen; ~ **one's conscience** sein Gewissen prüfen *od* erforschen 2 wissenschaftlich untersuchen, erforschen 3 JUR a *Zivilprozess: (meist eidlich)* vernehmen b *Strafprozess:* verhören 4 SCHULE *etc* prüfen (**in** in *dat*; **on** über *akk*): **examining board** Prüfungsausschuss *m* B V/I ~ **into sth** etwas prüfen *od* untersuchen; **examinee** [-'niː] S SCHULE *etc* Prüfling *m*, (Prüfungs-, *bes* UNIV Examens)Kandidat(in); **examiner** S 1 SCHULE *etc* Prüfer(in) 2 JUR *bes Br* beauftragte(r) Richter(in) (*für Zeugenvernehmungen*) 3 *Patentrecht:* (Vor)Prüfer(in): ~ **in chief** *US* Hauptprüfer

example [ɪg'zɑːmpl; *US* ɪg'zæmpəl] S 1 Muster *n*, Probe *f* 2 Beispiel *n* (**of** für): **for ~** zum Beispiel; **beyond ~**, **without ~** beispiellos; **by way of ~** um ein Beispiel zu geben; ~ **sentence** Beispielsatz *m* 3 Vorbild *n*, vorbildliches Verhalten, (gutes *etc*) Beispiel (**to** für): **set a good (bad) ~** ein gutes (schlechtes) Beispiel geben, mit gutem (schlechtem) Beispiel vorangehen; **take ~ by**, **take as an ~** sich ein Beispiel nehmen an (*dat*); → hold up A 5 4 (warnendes) Beispiel: **make an ~ (of sb)** (an j-m) ein Exempel statuieren; **let this be an ~ to you** lass dir das e-e Warnung sein 5 MATH Exempel *n*, Aufgabe *f*

exanimate [ɪg'zænɪmət; eg'z-] ADJ 1 entseelt, leblos 2 *fig* mutlos

exanthema [ˌeksæn'θiːmə; *bes US* ˌegzæn-] *pl* -**mata** [-'θiːmətə; *US bes* -'θemətə], -**mas** S MED Exanthem *n*, (Haut)Ausschlag *m*

exasperate [ɪg'zæspəreɪt] V/T wütend machen, aufbringen (**against** gegen); **exasperated** ADJ (ADV ~ly) wütend, aufgebracht (*beide:* **at, by** über *akk*); **exasperating** ADJ (ADV ~ly) ärgerlich, zum Verzweifeln; **exasperation** S Wut *f*: **in ~** wütend

exc. ABK 1 excellent 2 except(ed) 3 exception 4 excursion

ex cathedra [ˌekskə'θiːdrə] A ADV ex cathedra, autoritativ B ADJ autoritativ, maßgeblich

excavate ['ekskəveɪt] A V/T 1 aushöhlen 2 TECH ausgraben (*a. Archäologie*), ausschachten, -baggern, *Erde* abtragen, *e-n Tunnel* graben 3 *Zahnmedizin: kariöses Zahnbein* exkavieren (*mit dem Exkavator entfernen*) B V/I TECH ausgraben, (*Archäologie a.*) Ausgrabungen machen; **excavation** S 1 Aushöhlung *f* 2 Höhle *f*, Vertiefung *f* 3 TECH Ausgrabung *f* (*a. Archäologie*), Ausschachtung *f*, Aushub *m* 4 BAHN Durchstich *m* 5 GEOL Auskolkung *f* 6 *Zahnmedizin:* Exkavation *f*; **excavator** [-tə(r)] S 1 *Archäologie:* Ausgräber(in) 2 Erdarbeiter *m* 3 TECH (Trocken)Bagger *m* 4 *Zahnmedizin:* Exkavator *m (Instrument)*

exceed [ɪk'siːd] A V/T 1 *s-e Anweisungen, das Tempolimit etc* überschreiten 2 *fig* hinausgehen über (*akk*): ~ **the limit** den Rahmen sprengen 3 *etwas, j-n* übertreffen (**in** an *dat*): ~ **all expectations**; ~ **sb's worst fears** j-s schlimmste Befürchtungen übertreffen B V/I herausragen; **exceeding** A ADJ 1 übersteigend, (von) mehr als: **not ~** (von) höchstens 2 übermäßig, außerordentlich, äußerst B ADV *obs für* exceedingly; **exceedingly** ADV außerordentlich, überaus, äußerst

excel [ɪk'sel] A V/T übertreffen, -ragen: **not be ~led** nicht zu übertreffen sein; ~ **o.s.** sich selbst übertreffen B V/I herausragen, sich hervortun, sich auszeichnen (*alle:* **in, at** in *dat;* **as** als); **excellence** ['eksələns] S 1 Vortrefflichkeit *f*, Vorzüglichkeit *f*: **the ~ of her cooking** ihre vorzügliche Küche 2 vorzügliche Leistung 3 *pl* Vorzüge *pl*; **excellency** S 1 ♀ Exzellenz *f* (*Titel für* **governors, ambassadors** *etc*): **Your (His, Her)** ♀ Eure (Seine, Ihre) Exzellenz 2 *selten für* excellence 1; **excellent** ADJ (ADV ~ly) ausgezeichnet, hervorragend, vorzüglich

excelsior [ek'selsɪɔː; *bes US* ɪk'selsɪə(r)] S 1 *US* Holzwolle *f* 2 TYPO Brillant *f* (*Schriftgrad; 3 Punkt*)

except [ɪk'sept] A V/T 1 ausnehmen, -schließen (*beide:* **from** von): **present company ~ed** Anwesende ausgenommen; **nobody ~ed** ohne Ausnahme 2 sich *etwas* vorbehalten: → error 1 B V/I 1 protestieren, Einwendungen machen (*beide:* **to** gegen) 2 JUR *US* Einspruch *od* Beschwerde (*als Rechtsmittelvorbehalt*) einlegen (**to** gegen) C PRÄP ausgenommen, außer, mit Ausnahme von (*od gen*): ~ **for** bis auf (*akk*), abgesehen von D KONJ es sei denn, dass; außer, wenn: ~ **that ...** außer, dass ...; **excepting** PRÄP (*fast nur nach* **always, not, nothing, without**) ausgenommen, außer, mit Ausnahme von (*od gen*): **not ~ my brother** mein Bruder nicht ausgenommen

exception [ɪk'sepʃn] S 1 Ausnahme *f*, -schließung *f*: **by way of ~** ausnahmsweise; **with the ~ of** mit Ausnahme von (*od gen*), außer, ausgenommen, bis auf (*akk*); **with one ~** mit einer Ausnahme; **without ~** ohne Ausnahme, ausnahmslos; **admit of no ~(s)** keine Ausnahme zulassen; **he is no ~** er macht keine Ausnahme; **make an ~ (in sb's case)** (bei j-m *od* in j-s Fall) e-e Ausnahme machen; **an ~ to the rule** e-e Ausnahme von der Regel; **this is the ~, not the rule** das ist die Ausnahme, nicht die Regel; **the ~ proves the rule** (*Sprichwort*) die Ausnahme bestätigt die Regel 2 Einwendung *f*, Einwand *m* (*beide:* **to** gegen): **take ~ to** a protestieren *od* Einwendungen machen gegen b Anstoß nehmen an (*dat*) 3 JUR *US* Einspruch *m*, Beschwerde *f* (*als Rechtsmittelvorbehalt*); **exceptionable** ADJ 1 anfechtbar, bestreitbar 2 anstößig; **exceptional** [-ʃənl] ADJ 1 Ausnahme..., Sonder...: ~ **case (tariff**, *etc*); ~ **offer** WIRTSCH Vorzugsangebot *n* 2 außer-, ungewöhnlich (*Umstände etc*); **exceptionally** [-ʃnəlɪ] ADV 1 außergewöhnlich, ausnehmend 2 ausnahmsweise

exceptive [ɪk'septɪv] ADJ (ADV ~ly) 1 e-e Ausnahme machend: ~ **law** Ausnahmegesetz *n* 2 überkritisch, spitzfindig

excerpt A V/T [ek'sɜːpt; *US* ek'sɜrpt] exzerpieren, ausziehen (*beide:* **from** aus) B S ['eksɜːpt; *US* -ˌsɜrpt] 1 Exzerpt *n*, Auszug *m* (*beide:* **from** aus) 2 Separat-, Sonder(ab)druck *m*; **excerption** [-pʃn] S 1 Exzerpieren *n*, Ausziehen *n* 2 Auszug *m*

excess [ɪk'ses] A S 1 Übermaß *n*, -fluss *m* (*beide:* **of** an *dat*): **in ~** im Übermaß; **in ~ of** mehr als, über (*akk*) (... hinaus); **be in ~ of sth** etwas übersteigen *od* überschreiten, über etwas hinausgehen; ~ bis zum Übermaß, übermäßig; ~ **in birthrate** Geburtenüberschuss *m*; → carry B 10 2 *meist pl* Exzess *m*: a Ausschreitung(en) *f(pl)* b Unmäßigkeit *f*, Ausschweifung(en) *f(pl)* 3 Überschuss *m* (*a.* CHEM, MATH), Mehrbetrag *m*: **be in ~** WIRTSCH überschießen; ~ **of age** Überalterung *f*; ~ **of exports** Ausfuhrüberschuss; ~ **of purchasing power** Kaufkraftüberhang *m* 4 *bes Br* Selbstbeteiligung *f* (*an e-r Versicherung*) B ADJ [*a.* 'ekses] überschüssig, Über...: ~ **amount** Mehrbetrag *m* C V/T *Br* e-n Zuschlag bezahlen für *etwas od* erheben von *j-m*; ~ **baggage** S FLUG Übergepäck *n*; ~ **fare** S (Fahrpreis)Zuschlag *m*; ~ **freight** S Überfracht *f*

excessive [ɪk'sesɪv] ADJ (ADV ~ly) 1 übermäßig, übertrieben, unangemessen hoch (*Strafe etc*): ~ **demand** a Überforderung *f* b WIRTSCH Überbedarf *m*, Nachfrageüberschuss *m*; ~ **drinking** Alkoholmissbrauch *m*; ~ **indebtedness** WIRTSCH Überschuldung *f*; ~ **supply** WIRTSCH Überangebot *n*, Angebotsüberschuss *m*; → purchasing power 2 MATH überhöht; **excessiveness** S Übermäßigkeit *f*

excess| postage S Nachporto *n*, Nachgebühr *f*; ~ **pressure** S TECH Überdruck *m*; ~ **profits duty** S *Br*, ~ **profits tax** S *US* Mehrgewinnsteuer *f*; ~ **switch** S ELEK Überstromschalter *m*; ~ **voltage** S ELEK Überspannung *f*; ~ **weight** S WIRTSCH Mehrgewicht *n*

exchange [ɪks'tʃeɪndʒ] A V/T 1 (**for**) *etwas* aus-, umtauschen (gegen), (ver)tauschen (mit) 2 eintauschen, *Geld a.* (um)wechseln (*beide:* **for** gegen) 3 *Blicke, Küsse, die Plätze etc* tauschen, *Blicke, Worte* wechseln, *Briefe, Erinnerungen, Grüße, Gedanken, Gefangene* austauschen: **Bob ~d seats with Tom** Bob tauschte mit Tom den Platz; **they ~d blows** sie schlugen aufeinander ein; **they ~d words** sie hatten e-n Wortwechsel; ~ **contracts** *Br* e-n Vertrag (*über Grundstücksverkauf*) abschließen; **he's looking for sb to ~ stamps with** er sucht e-n Briefmarkentauschpartner 4 TECH auswechseln, aus-, vertauschen: **~d engine** AUTO Austauschmotor *m* 5 *Schachspiel: Figuren* austauschen 6 ersetzen (**for sth** durch etwas) B V/I 1 tauschen 2 (**for**) als Gegenwert bezahlt werden (für), (*etwas*) wert sein: **one mark ~s for less than one Swiss franc** für e-e Mark bekommt man weniger als e-n Schweizer Franken 3 MIL sich versetzen lassen (**into** in *akk*) C S 1 a (Aus-, Um)Tausch *m*, Auswechs(e)lung *f*, Tauschhandel *m*: **in ~ for** (im Austausch) gegen, (als Entgelt) für; ~ **of blows** (*Boxen*) Schlagabtausch *m*; ~ **of letters** Brief-, Schriftwechsel *m*; ~ **of prisoners** Gefangenenaustausch; ~ **of shots** Schuss-, Kugelwechsel *m*; ~ **of views** Gedanken-, Meinungsaustausch (*beide:* **on** über *akk*); **give (take) in ~** in Tausch geben (nehmen); → note A 5 b Wortgefecht *n*, -wechsel *m* 2 eingetauschter Gegenstand 3 WIRTSCH a (Um)Wechseln *n*, Wechselverkehr *m* b Geld-, Wertumsatz *m* c *meist* **bill of ~** Tratte *f*, Wechsel *m* d → exchange rate e Devisen *pl*: **at the ~ of** zum Kurs von; **with a high (low) ~** valutastark (-schwach); ~ **restrictions** devisenrechtliche Beschränkungen 4 WIRTSCH Börse *f*: **at the ~** an der Börse; **quoted at the ~** börsengängig 5 Wechselstube *f* 6 (Fernsprech)Amt *n*, Vermittlung *f*

exchangeability [ɪksˌtʃeɪndʒə'bɪlətɪ] S Aus-, Umtauschbarkeit *f*; **exchangeable** ADJ 1 aus-, umtauschbar (*beide:* **for** gegen) 2 Tausch...: ~ **value**

exchange| broker S WIRTSCH 1 a Wechselmakler(in) b Devisenmakler(in) 2 Börsenmakler(in); ~ **control** S WIRTSCH Devisenbewirtschaftung *f*, -kontrolle *f*; ~ **dealer** S WIRTSCH *Br* Devisenhändler(in); ~ **embargo** S WIRTSCH Devisensperre *f*; ~ **line** S TEL Amtsleitung *f*; ~ **list** S WIRTSCH (Devisen)Kurszettel *m*; ~ **office** S Wechselstube *f*; ~ **rate** S WIRTSCH Umrechnungs-, Wechselkurs *m*: ~ **mechanism** Wechselkursmechanismus *m*; ~ **student** S Austauschstudent(in); ~ **teacher** S Austauschlehrer(in); ~

transfusion S MED Blutaustausch *m*
exchequer [ɪksˈtʃekə(r); US *a.* ˈeksˌ-] S 1 *Br* Staatskasse *f*, Fiskus *m*: **the** ≈ das Finanzministerium 2 **(Court of)** ≈ HIST Finanzgericht *n* 3 WIRTSCH *Br* Geldmittel *pl*, Finanzen *pl*, Kasse *f* (*e-r Firma*); ~ **bill** S WIRTSCH *Br obs* (*kurzfristiger*) Schatzwechsel; ~ **bond** S WIRTSCH *Br* (*langfristige*) Schatzanweisung
excisable [ekˈsaɪzəbl; ɪk-; *bes US* ˈekˌ-] ADJ WIRTSCH (be)steuerbar, verbrauchssteuerpflichtig
excise[1] [ekˈsaɪz; ɪk-] V/T 1 MED herausschneiden, entfernen 2 *fig* ausmerzen
excise[2] A V/T [ekˈsaɪz; ɪk-] *j-n* besteuern B S [ˈeksaɪz] *a.* ~ **duty** Verbrauchssteuer *f* (*auf inländischen Waren*)
excise| licence S *Br* Schankkonzession *f*; ~**man** [-mæn] S *irr Br* HIST Steuereinnehmer *m*; ~ **tax** S *US* 1 → excise[2] B 2 Gewerbesteuer *f*
excision [ekˈsɪʒn; ɪk-] S 1 MED Exzision *f*, Herausschneiden *n*, Entfernung *f* 2 *fig* Ausmerzung *f*
excitability [ɪkˌsaɪtəˈbɪlətɪ] S Reiz-, Erregbarkeit *f*, Nervosität *f*; **excitable** ADJ (ADV excitably) reizbar, (leicht) erregbar, nervös; **excitableness** → excitability; **excitant** [ˈeksɪtənt; ɪkˈsaɪt-] A ADJ erregend: ~ **drug** → B B S MED, PHARM Reizmittel *n*, Stimulans *n*; **excitation** [ˌeksɪˈteɪʃn; *US a.* ˌekˌsaɪ-] S 1 *a.* CHEM, ELEK An-, Erregung *f*: ~ **energy** PHYS Anregungsenergie *f*; ~ **voltage** ELEK Erregerspannung *f* 2 MED Reiz *m*, Stimulus *m*
excite [ɪkˈsaɪt] V/T 1 er-, aufregen: ~ **o.s.**, **get** ~**d** sich aufregen, sich ereifern (*beide:* **about** über *akk*) 2 *j-n* (an-, auf)reizen, aufstacheln 3 *j-s Interesse etc* erregen, (er)wecken, hervorrufen, *den Appetit, die Fantasie* anregen 4 MED *e-n Nerv* reizen 5 (*sexuell*) erregen 6 FOTO lichtempfindlich machen, präparieren 7 ELEK erregen 8 *Atomphysik: den Kern* anregen; **excited** ADJ (ADV ~ly) erregt, aufgeregt; **excitement** S 1 Er-, Aufregung *f* (**about** über *akk*) 2 MED Reizung *f* 3 Aufgeregtheit *f*; **exciter** S 1 MED, PHARM Reizmittel *n*, Stimulans *n* 2 ELEK Erreger(maschine) *m(f)*: ~ **circuit** Erreger(strom)kreis *m*; ~ **lamp** Erregerlampe *f*; **exciting** ADJ (ADV ~ly) 1 anregend 2 erregend, aufregend, spannend 3 ELEK Erreger…: ~ **current**; **excitor** [-tə(r)] S ANAT Reiznerv *m*
excl. ABK 1 exclamation 2 excluding 3 exclusive
exclaim [ɪkˈskleɪm] A V/I aufschreien (**in surprise** überrascht): ~ **in delight** e-n Freudenschrei ausstoßen B V/T *etwas* (aus)rufen, aus-, hervorstoßen
exclamation [ˌekskləˈmeɪʃn] S 1 Ausruf *m*, (Auf)Schrei *m*: ~ **of pain** Schmerzensschrei; ~**s** *pl* **of delight** Freudengeschrei *n* 2 LING Interjektion *f*, Ausrufewort *n*; ~ **mark**, *US a.* ~ **point** S Ausrufe-, Ausrufungszeichen *n*
exclamatory [ekˈsklæmətərɪ; *US* ɪksˈklæməˌtəʊriː; -ˌtɔː-] ADJ (ADV exclamatorily) 1 exklamatorisch (*Stil etc*) 2 Ausrufe…: ~ **sentence**
exclave [ˈekskleɪv] S Exklave *f* (*von fremdem Staatsgebiet eingeschlossener Teil e-s eigenen Staatsgebietes*)
exclosure [ekˈskləʊʒə(r)] S eingezäuntes (Wald)Gebiet
exclude [ɪkˈskluːd] V/T *j-n, e-e Möglichkeit etc* ausschließen (**from** von, aus); **excluding** PRÄP ausgenommen, nicht inbegriffen: **not** ~ **myself** ich selbst nicht ausgenommen
exclusion [ɪkˈskluːʒn] S 1 Ausschließung *f*, Ausschluss *m* (**from** von, aus): **to the** ~ **of** unter Ausschluss von (*od gen*); **he studied history, to the** ~ **of all other subjects** er studierte ausschließlich Geschichte; ~ **principle** a PHYS Äquivalenzprinzip *n* b MATH Prinzip *n* der Ausschließung; ~ **zone** Sperrzone *f* 2 Ausnahme *f* 3 TECH (Ab)Sperrung *f*; **exclusionism** [-ʒənɪzəm] S exklusive Grundsätze *pl*
exclusive [ɪkˈskluːsɪv] A ADJ 1 ausschließend: ~ **of** ausschließlich, abgesehen von, ohne; **be** ~ **of sth** etwas ausschließen; **be mutually** ~ einander ausschließen 2 a ausschließlich, alleinig, Allein…: ~ **agent** Alleinvertreter(in); ~ **jurisdiction** JUR ausschließliche Zuständigkeit; **be** ~ **to** beschränkt sein auf (*akk*), allein vorkommen in (*dat*) *od* bei b Exklusiv…: ~ **contract** (**interview, report, rights,** *etc*) 3 exklusiv: a vornehm b anspruchsvoll 4 unnahbar B S 1 Exklusivbericht *m* 2 **a(n)** … ~ ein nur bei … erhältlicher Artikel; **exclusively** ADV nur, ausschließlich: ~ **for men, for men** ~; **exclusiveness** S 1 Ausschließlichkeit *f* 2 Exklusivität *f*
excogitate [eksˈkɒdʒɪteɪt; *US* ekˈskɑdʒə-] V/T (sich) *etwas* ausdenken, erdenken, ersinnen; **excogitation** S 1 Ersinnen *n* 2 Plan *m*
excommunicate KATH A V/T [ˌekskəˈmjuːnɪkeɪt] exkommunizieren, aus der Kirche ausschließen, HIST mit dem Bannfluch belegen B ADJ [-kət] exkommuniziert C S [-kət] Exkommunizierte(r) *m/f(m)*; **excommunication** S Exkommunikation *f*, HIST Bannfluch *m*; **excommunicative** [-kətɪv; *US bes* -ˌkeɪtɪv], **excommunicatory** [-kətərɪ; *US* -ˌtəʊriː; -ˌtɔː-] ADJ exkommunizierend, Exkommunikations…
excoriate [eksˈkɔːrɪeɪt; *US a.* ekˈskəʊ-] V/T 1 *die Haut* ritzen, wund reiben, abschürfen 2 die Haut abziehen von 3 *fig* heftig angreifen, vernichtend kritisieren (*beide:* **for** wegen); **excoriation** S 1 (Haut)Abschürfung *f* 2 Wundreiben *n* 3 vernichtende Kritik
excorticate [eksˈkɔː(r)tɪkeɪt] V/T ab-, entrinden
excrement [ˈekskrɪmənt] S Kot *m*, Exkremente *pl*; **excremental** [-ˈmentl] ADJ (ADV ~ly), **excrementitious** [-menˈtɪʃəs] kotartig, Kot…
excrescence [ɪkˈskresns] S 1 (*normaler*) (Aus)Wuchs 2 (*anomaler*) Auswuchs (*a. fig*), Wucherung *f*; **excrescent** ADJ (ADV ~ly) 1 e-n Auswuchs darstellend 2 auswachsend 3 *fig* überflüssig 4 LING eingeschoben (*Konsonant*)
excreta [ɪkˈskriːtə] SPL Exkrete *pl* (*Schweiß, Urin, Kot etc*); **excrete** [ekˈskriːt; ɪk-] V/T absondern, ausscheiden; **excretion** S 1 Exkretion *f*, Absonderung *f*, Ausscheidung *f* 2 Exkret *n*; **excretive** ADJ absondernd, ausscheidend; **excretory** [ekˈskriːtərɪ; *US* ˈekskrəˌtəʊriː; -ˌtɔː-] BIOL, MED A ADJ 1 Exkretions…, Ausscheidungs… 2 exkretorisch, absondernd, abführend B S Ausscheidungsorgan *n*
excruciate [ɪkˈskruːʃɪeɪt] V/T 1 *obs* martern, foltern 2 *fig* quälen; **excruciating** ADJ (ADV ~ly) 1 qualvoll, peinigend (*beide:* **to** für) 2 *umg* schauderhaft, unerträglich; **excruciation** S 1 *obs* Marter *f* 2 *fig* Qual *f*
exculpable [eksˈkʌlpəbl] ADJ entschuldbar, zu rechtfertigen(d)
exculpate [ˈekskʌlpeɪt] V/T 1 reinwaschen, rechtfertigen, entlasten, freisprechen (*alle:* **from** von) 2 *j-m* als Entschuldigung dienen; **exculpation** S Entschuldigung *f*, Entlastung *f*, Rechtfertigung *f*; **exculpatory** [-pətərɪ; *US* -ˌtəʊriː; -ˌtɔː-] ADJ rechtfertigend, entlastend, Rechtfertigungs…
excursion [ɪkˈskɜːʃn; *US* ɪkˈskɜrʒən] S 1 *fig* Exkurs *m*, Abschweifung *f* 2 Ausflug *m*: **go on an** ~ e-n Ausflug machen; **scientific** ~ wissenschaftliche Exkursion; **an** ~ **into politics** *fig* ein Ausflug *od* Abstecher in die Politik; ~ **ticket** BAHN (Sonntags)Ausflugskarte *f*; ~ **train** Sonder-, Ausflugszug *m* 3 Streifzug *m* 4 ASTRON Abweichung *f* 5 PHYS Ausschlag *m* (*des Pendels etc*) 6 TECH Weg *m* (*e-s Maschinenteils*), *z. B.* (Kolben)Hub *m*; **excursionist** S Ausflügler(in)
excursive [ekˈskɜːsɪv; *US* ɪkˈskɜr-] ADJ (ADV ~ly) 1 umherschweifend 2 *fig* a abschweifend b sprunghaft c weitschweifig; **excursus** [-səs] *pl* suses, -sus S Exkurs *m*: a *Erörterung e-s Sonderproblems in e-r wissenschaftlichen Abhandlung* b Abschweifung *f*
excusable [ɪkˈskjuːzəbl] ADJ (ADV excusably) entschuldbar, verzeihlich; **excusatory** [-tərɪ; *US* -ˌtəʊriː; -ˌtɔː-] ADJ entschuldigend, Rechtfertigungs…
excuse A V/T [ɪkˈskjuːz] 1 *j-n od etwas* entschuldigen, rechtfertigen, *j-m od etwas* verzeihen: ~ **me** a entschuldigen Sie!, Verzeihung! b darf ich mal durch *od* vorbei? c entschuldigen Sie mich! d (*als Widerspruch*) keineswegs!, aber erlauben Sie mal!; ~ **me for being late**, ~ **my being late** verzeihen Sie, dass ich zu spät komme *od* mein Zuspätkommen; ~ **my interrupting you** entschuldigen Sie die Unterbrechung; ~ **me for living** *umg* entschuldigen Sie, dass es mich gibt!; **please** ~ **my mistake** bitte entschuldigen Sie m-n Irrtum; ~ **o.s.** sich entschuldigen *od* rechtfertigen; **may I be** ~**d?** SCHULE darf ich mal austreten? 2 Nachsicht mit *j-m* haben 3 *neg* für *etwas* e-e Entschuldigung finden: **I cannot** ~ **his conduct** ich kann sein Verhalten nicht gutheißen 4 *meist passiv* (**from**) *j-n* befreien (von), entheben (*gen*), *j-m* erlassen (*akk*): **be** ~**d from attendance** von der Teilnahme befreit sein *od* werden; **be** ~**d from duty** dienstfrei bekommen; **I must be** ~**d from doing this** ich muss es leider ablehnen, dies zu tun; **I beg to be** ~**d** ich bitte, mich zu entschuldigen; **he begs to be** ~**d** er lässt sich entschuldigen 5 *j-m etwas* erlassen B S [ɪkˈskjuːs] 1 Entschuldigung *f*: **offer** (*od* **make**) **an** ~ e-e Entschuldigung vorbringen, sich entschuldigen; **in** ~ **of** als *od* zur Entschuldigung für; **make my** ~**s to her** entschuldige mich bei ihr 2 Entschuldigungs-, Milderungsgrund *m*, Rechtfertigung *f*: **there is no** ~ **for his conduct** für sein Verhalten gibt es keine Entschuldigung *od* Rechtfertigung; **without (good)** ~ unentschuldigt 3 Ausrede *f*, -flucht *f*, Vorwand *m* (*alle:* **for** für): **make** ~**s** Ausflüchte machen 4 *fig umg* dürftiger Ersatz: **a poor** ~ **for a car** e-e armselige Kutsche
excuse-me S Tanz *m* mit Abklatschen
ex-directory ADJ TEL *Br:* ~ **number** Geheimnummer *f*; **go** ~ s-e Nummer aus dem Telefonbuch streichen lassen
exeat [ˈeksɪæt] S 1 REL Exeat *n* (*Erlaubnisschein e-s Bischofs für e-n Geistlichen, in e-m anderen Sprengel Amtshandlungen vorzunehmen*) 2 *Br* Urlaub *m* (*für Schüler od Studenten*)
exec [ɪgˈzek] *umg* → executive B 2
execrable [ˈeksɪkrəbl] ADJ (ADV execrably) abscheulich, scheußlich (*Verbrechen, Geschmack etc*); **execrate** [-kreɪt] A V/T 1 verwünschen, verfluchen 2 verabscheuen B V/I fluchen; **execration** S 1 Verwünschung *f*, Fluch *m* 2 Abscheu *m*: **hold in** ~ verabscheuen; **execrative** [-kreɪtɪv], **execratory** [-kreɪtərɪ; *US a.* -krəˌtəʊriː] ADJ verwünschend, Verwünschungs…
executable [ˈeksɪkjuːtəbl] ADJ 1 durch-, ausführbar 2 vollziehbar; **executant** [ɪgˈzekjʊtənt; *US a.* -kətənt] S Ausführende(r) *m/f(m)*, *bes* MUS Vortragende(r) *m/f(m)*
execute [ˈeksɪkjuːt] A V/T 1 *e-n Auftrag, Plan etc* aus-, durchführen, *e-n Vertrag* erfüllen: ~ **a dance step** e-n Tanzschritt machen; **a statue** ~**d in bronze** e-e in Bronze ausgeführte Sta-

E

tue 2 *ein Amt etc* ausüben 3 MUS vortragen, spielen 4 JUR a *e-e Urkunde etc* (rechtsgültig) ausfertigen; durch Unterschrift, Siegel *etc* vollziehen b *e-e Vollmacht* ausstellen c *ein Testament* (rechtsgültig) errichten d *ein Urteil* vollziehen, vollstrecken e *j-n* hinrichten (**for** wegen) B V/I IT ablaufen *(Programm etc)*; **executer** → executor

execution [ˌeksɪˈkjuːʃn] S 1 Aus-, Durchführung *f*: **carry** (*od* **put**) **sth into ~** etwas ausführen; **in the ~ of one's duty** in Ausübung s-r Pflicht 2 *(Art u. Weise der)* Ausführung: a MUS Vortrag *m*, Spiel *n*, Technik *f* b (KUNST, *Literatur*) Darstellung *f*, Stil *m* 3 JUR a (rechtsgültige) Ausfertigung *(e-r Urkunde)* b Ausstellung *f (e-r Vollmacht)* c (rechtsgültige) Errichtung *(e-s Testaments)* d Vollziehung *f*, -streckung *f (e-s Urteils)* e Hinrichtung *f*: **place of ~** Richtplatz *m* f Zwangsvollstreckung *f*, Pfändung *f*: **levy ~ against a company** die Zwangsvollstreckung in das Vermögen e-r Gesellschaft betreiben; **sale under ~** Zwangsversteigerung *f*; **take in ~** *etwas* pfänden; **writ of ~** Vollstreckungsbefehl *m* 4 **do ~** Verheerungen anrichten *(Waffen)* 5 IT Ablauf *m (e-s Programms etc)*; **executioner** S 1 Henker *m*, Scharfrichter *m* 2 SPORT Vollstrecker(in)

executive [ɪɡˈzekjʊtɪv; *US a.* -kətɪv] A ADJ (ADV **~ly**) 1 ausführend, vollziehend, POL Exekutiv...: **~ power**, **~ authority** → B 1; **~ officer** *Br* Verwaltungsbeamte(r) *m*, -beamtin *f* (→ A 2); **~ order** *US (vom Präsidenten erlassene)* Durchführungsverordnung; **~ session** PARL *US* Geheimsitzung *f* 2 WIRTSCH geschäftsführend, leitend: **~ board** Vorstand *m (e-r Gesellschaft)*; **~ committee** Exekutivausschuss *m*; **~ floor** Chefetage *f*; **~ officers** *pl* Geschäfts-, Unternehmensleitung *f* (→ A 1); **~ post** (*od* **position**) leitende Stellung; **~ secretary** *US* Geschäftsführer(in) *(e-s Vereins, e-r Gesellschaft)*; **~ staff** *(a. als pl konstruiert)* leitende Angestellte *pl* 3 für gehobene *od* hohe Ansprüche *(Auto etc)* B S 1 POL Exekutive *f*, vollziehende Gewalt *(im Staat)* 2 WIRTSCH Führungskraft *f*, leitende(r) Angestellte(r)

executor [ɪɡˈzekjʊtə(r); *US a.* -kətər] S JUR *(durch Testament eingesetzter)* Erbschaftsverwalter *od (ungenau:)* Testamentsvollstrecker: **literary ~** Nachlassverwalter *m* e-s Autors; **executorial** [-ˈtɔːrɪəl; *US a.* -ˈtəʊ-] ADJ Verwaltungs...; **executorship** S Amt *n* e-s Erbschaftsverwalters *od (ungenau:)* Testamentsvollstreckers; **executory** [-tərɪ; *US* -ˌtəʊriː; -ˌtɔː-] ADJ 1 WIRTSCH, JUR erfüllungsbedürftig, (aufschiebend) bedingt *(Vertrag etc)*: **~ purchase** Bedingungskauf *m* 2 Ausführungs..., Vollziehungs...; **executrix** [-trɪks] *pl* -trices [ɪɡˌzekjʊˈtraɪsiːz; *US* -kə-], -trixes S JUR *(durch Testament eingesetzte)* Erbschaftsverwalterin *od (ungenau:)* Testamentsvollstreckerin

exegesis [ˌeksɪˈdʒiːsɪs] *pl* -ses [-siːz] S Exegese *f*, *(bes* Bibel)Auslegung *f*

exegete [ˈeksɪdʒiːt] S Exeget(in); **exegetic** [-ˈdʒetɪk] A ADJ (ADV **~ally**) exegetisch, erklärend, auslegend B S **exegetics** *pl (a. als sg konstruiert)* Exegetik *f (Wissenschaft der Exegese)*; **exegetical** [-kl] ADJ (ADV **~ly**) → exegetic A; **exegetist** → exegete

exemplar [ɪɡˈzemplə(r); -lɑː(r)] S 1 Muster(-beispiel) *n*, Vorbild *n* 2 typisches Beispiel (**of** für) 3 TYPO (Druck)Vorlage *f*; **exemplariness** [-plərɪnɪs] S Musterhaftigkeit *f*; **exemplary** (ADV exemplarily) 1 exemplarisch: a beispiel-, musterhaft b warnend, abschreckend *(Strafe etc)*: **~ damages** *pl* JUR Strafe einschließender Schadenersatz 2 typisch, Muster...

exemplification [ɪɡˌzemplɪfɪˈkeɪʃn] S 1 Erläuterung *f od* Belegung *f* durch Beispiele, Veranschaulichung *f*: **in ~ of** zur Erläuterung *(gen)* 2 Beleg *m*, Beispiel *n*, Muster *n* 3 JUR beglaubigte Abschrift; **exemplify** [-faɪ] V/T 1 veranschaulichen: a durch Beispiele erläutern, an Beispielen illustrieren b als Beispiel dienen für 2 JUR a e-e (beglaubigte) Abschrift machen von b durch beglaubigte Abschrift nachweisen

exempli gratia [ɪɡˌzemplaɪˈɡreɪʃɪə; -plɪˈɡrɑːtɪɑː] zum Beispiel

exempt [ɪɡˈzempt] A V/T 1 *j-n* befreien (**from** von *Steuern, Verpflichtungen etc*): **be ~ed from sth** von etwas ausgenommen werden *od* sein; **~ sb from liability** j-s Haftung ausschließen; **~ed amount** WIRTSCH (Steuer)Freibetrag *m* 2 freistellen (**from military service** vom Wehrdienst) B ADJ befreit, ausgenommen, frei *(alle:* **from** von): **~ from taxation** steuerfrei C S *(von Steuern etc)* Befreite(r) *m/f(m)*; **exemption** [-pʃn] S 1 Befreiung *f*, Freisein *n (beide:* **from** von): **~ from liability** JUR Haftungsausschluss *m*; **~ from taxes** Steuerfreiheit *f*; **~ clause** Freizeichnungsklausel *f*; **get an ~ from** befreit werden von 2 Freistellung *f* (**from military service** vom Wehrdienst) 3 Sonderstellung *f*, Vorrechte *pl* 4 *pl* JUR unpfändbare Gegenstände *pl* 5 WIRTSCH *US* (Steuer)Freibetrag *m*

exenterate [ɪɡˈzentəreɪt] V/T ausnehmen, *ein erlegtes Tier a.* ausweiden

exequatur [ˌeksɪˈkweɪtə(r)] S Exequatur *n*: a *amtliche Anerkennung e-s Konsuls durch den Empfangsstaat* b *staatliche Erlaubnis zur Publikation kirchlicher Akte*

exequies [ˈeksɪkwɪz] SPL Exequien *pl*, Begräbnisfeier *f*, Totenmesse *f*

exercisable [ˈeksə(r)saɪzəbl] ADJ ausübbar, anwendbar

exercise [ˈeksə(r)saɪz] A S 1 Ausübung *f (e-r Kunst, der Macht, e-r Pflicht, e-s Rechts etc)*, Geltendmachung *f (von Einfluss, Rechten etc)*, Anwendung *f*, Gebrauch *m*: **~ of an office** Ausübung e-s Amtes; **in the ~ of their powers** in Ausübung ihrer Machtbefugnisse 2 *(körperliche od geistige)* Übung, *(körperliche)* Bewegung: **do one's ~s** Gymnastik machen; **he doesn't get enough** (**bodily** *od* **physical**) **~** er bewegt sich nicht genug; **take ~** sich Bewegung machen *(im Freien)*; **~ on the horizontal bar** *(Turnen)* Reckübung; **~ bicycle** Zimmerfahrrad *n*; **~ therapy** MED Bewegungstherapie *f* 3 *meist pl* MIL a Exerzieren *n* b Übung *f*, (Übungs)Manöver *n*: **the aim** (*od* **object**) **of the ~** *fig* der Zweck des Ganzen; **the whole ~** *fig* die ganze Geschichte *umg* 4 Übung(sarbeit) *f*, Schulaufgabe *f*: **~ book** Schul-, Schreibheft *n* 5 MUS Übung(sstück) *f(n)* 6 Andacht(sübung) *f*, Gottesdienst *m* 7 *meist pl US* Feierlichkeiten *pl* B V/T 1 *ein Amt, ein Recht, Macht, e-n Einfluss* ausüben, *ein Recht, Einfluss, Macht* geltend machen, von *e-m Recht etc* Gebrauch machen, *etwas* anwenden: **~ care** Sorgfalt walten lassen; **~ functions** Tätigkeiten ausüben, Aufgaben wahrnehmen 2 *den Körper, Geist* üben, trainieren 3 *j-n* üben, drillen, ausbilden, *s-e Glieder, Pferde* bewegen 4 **~ sb** (*od* **sb's mind**) j-n stark beschäftigen *od* plagen *od* beunruhigen; **be ~d by** (*od* **about**) beunruhigt sein über *(akk)* 5 *fig Geduld etc* üben, an den Tag legen C V/I 1 sich Bewegung machen: **he doesn't ~ enough** er bewegt sich nicht genug 2 SPORT *etc* üben, trainieren 3 MIL exerzieren; **exerciser** S Trainingsgerät *n*

exercitation [eɡˌzɜːsɪˈteɪʃn; *US* ɪɡˌzɜrsəˈt-] *obs für* exercise A

exergue [ekˈsɜːɡ; *US* ˈekˌsɜrɡ] S Exergue *m (durch e-e Linie unter dem Münzbild abgesonderter Abschnitt)*

exert [ɪɡˈzɜːt; *US* ɪɡˈzɜrt] V/T 1 (ge)brauchen, anwenden, *Einfluss*, PHYS *e-e Kraft* ausüben: **~ one's authority** s-e Autorität geltend machen; **~ pressure on sb** auf j-n Druck ausüben, j-n unter Druck setzen 2 **~ o.s.** sich anstrengen, sich bemühen (**for** um; **to do** zu tun); **exertion** S 1 Ausübung *f*, Anwendung *f* 2 Anstrengung *f*: a Strapaze *f*: **avoid all ~** alle Anstrengungen meiden b Bemühung *f*

exeunt [ˈeksɪʌnt] THEAT *Bühnenanweisung*: (sie gehen) ab: **~ omnes** alle ab

exfoliate [eksˈfəʊlɪeɪt] A V/T 1 (in Schuppen) abwerfen 2 MED *die Haut* (in Schuppen) ablegen, *die Knochenoberfläche* abschälen 3 *fig* entfalten, entwickeln B V/I 1 abblättern, sich abschälen 2 GEOL sich abschiefern 3 *fig* sich entfalten *od* entwickeln; **exfoliation** S Abblätterung *f*

exhalation [ˌekshəˈleɪʃn] S 1 Exhalation *f*, Ausatmen *n* 2 Verströmen *n* 3 a Gas *n* b Geruch *m* c Rauch *m*

exhale [eksˈheɪl; ɪɡˈzeɪl] A V/T 1 exhalieren, ausatmen 2 *Gas, Geruch etc* verströmen, *Rauch* ausstoßen B V/I 1 ausströmen (**from** aus) 2 exhalieren, ausatmen

exhaust [ɪɡˈzɔːst] A V/T 1 *bes* TECH a (ent)leeren, *a.* luftleer pumpen b *Luft, Wasser etc* herauspumpen, *Gas* auspuffen c absaugen 2 *allg* erschöpfen: a AGR *den Boden* ausmergeln b *Bergbau: ein Lager* völlig abbauen c *Vorräte* ver-, aufbrauchen d *j-n* ermüden, entkräften: **~ o.s.** sich verausgaben e *j-s Kräfte* strapazieren: **~ sb's patience** j-s Geduld erschöpfen f *ein Thema* erschöpfend ab- *od* behandeln: **~ all possibilities** alle Möglichkeiten ausschöpfen B V/I 1 sich entleeren 2 ausströmen *(Dampf etc)* C S TECH a Dampfaustritt *m* b Abgase *pl*, Auspuffgase *pl* c Auspuff *m* d → exhauster; **~ brake** S Motorbremse *f*

exhausted ADJ 1 verbraucht, erschöpft, aufgebraucht *(Vorräte)*, vergriffen *(Auflage)* 2 erschöpft, entkräftet 3 WIRTSCH abgelaufen *(Versicherung)*; **exhauster** S TECH (Ent)Lüfter *m*, Absaugevorrichtung *f*, Exhaustor *m*

exhaust fumes SPL → exhaust C b

exhaustible ADJ erschöpfbar; **exhausting** ADJ (ADV **~ly**) erschöpfend, ermüdend, anstrengend, strapaziös

exhaustion [ɪɡˈzɔːstʃən] S 1 *bes* TECH (Ent)Leerung *f* 2 TECH a Herauspumpen *n (von Luft, Wasser etc)*, Auspuffen *n (von Gas)* b Absaugung *f* 3 Ausströmen *n (von Dampf etc)* 4 *allg* Erschöpfung *f*: a AGR Ausmergelung *f (des Bodens)* b *Bergbau*: völliger Abbau *(e-s Lagers)* c völliger Verbrauch *(von Vorräten)* d Ermüdung *f*, MED *a.* nervöser Erschöpfungszustand; **exhaustive** [-tɪv] ADJ (ADV **~ly**) 1 → exhausting 2 *fig* erschöpfend: **cover in ~ detail** *ein Thema* erschöpfend ab- *od* behandeln; **exhaustless** ADJ (ADV **~ly**) unerschöpflich

exhaust| nozzle S TECH Schubdüse *f*; **~ pipe** S TECH Auspuffrohr *n*; **~ pollution** S Luftverschmutzung *f* durch Abgase; **~ steam** S TECH Abdampf *m*; **~ stroke** S TECH Auspuffhub *m*; **~ system** S TECH Auspuffanlage *f*; **~ valve** S TECH Auslassventil *n*

exhibit [ɪɡˈzɪbɪt] A V/T 1 ausstellen, zeigen 2 *fig* a zeigen, an den Tag legen b zur Schau stellen 3 JUR *e-e Urkunde* vorlegen, vorzeigen, *Beweise* beibringen B V/I ausstellen (**at a fair** auf e-r Messe) C S 1 Ausstellungsstück *n*, Exponat *n* 2 JUR a Beweisstück *n* b als Beweis vorgelegte Urkunde 3 *US* Ausstellung *f*: **be on ~** ausgestellt *od* zu sehen sein

exhibition [ˌeksɪˈbɪʃn] S 1 a Ausstellung *f*: **at the ~** auf der Ausstellung; **be on ~** ausgestellt *od* zu sehen sein b Vorführung *f*: **~ con-**

test SPORT Schaukampf *m*; **make an ~ of o.s.** sich lächerlich *od* zum Gespött machen; sich unmöglich aufführen *umg* c (*Eis-, Rollkunstlauf*) Schaulaufen *n* 2 *fig* Zurschaustellung *f*: **what an ~ of bad manners!** der *etc* hat vielleicht ein Benehmen!; **an opportunity for the ~ of one's knowledge** e-e Möglichkeit, sein Wissen zu zeigen 3 JUR Vorlage *f* (*e-r Urkunde*), Beibringung *f* (*von Beweisen*) 4 UNIV *Br* Stipendium *n*; **exhibitioner** S UNIV Stipendiat(in);
exhibitionism S PSYCH *u. fig* Exhibitionismus *m*; **exhibitionist** PSYCH *u. fig* A S Exhibitionist *m* B ADJ exhibitionistisch; **exhibitionistic** ADJ (ADV ~ally) → exhibitionist B;
exhibitor [ɪɡ'zɪbɪtə(r)] S 1 Aussteller(in) 2 Kinobesitzer(in)
exhilarant [ɪɡ'zɪlərənt] ADJ 1 auf-, erheiternd 2 belebend, erfrischend; **exhilarate** [-reɪt] V/T 1 auf-, erheitern: **be ~d by** (*od* **at**) aufgeheitert werden durch 2 beleben, erfrischen; **exhilarating** ADJ (ADV ~ly) → exhilarant; **exhilaration** S 1 Erheiterung *f* 2 Heiterkeit *f*; **exhilarative** [-rətɪv; *US* -ˌreɪtɪv] → exhilarant
exhort [ɪɡ'zɔː(r)t] V/T *j-n* ermahnen (**to** zu; **to do** zu tun); **exhortation** [ˌeɡzɔː(r)'teɪʃn; ˌeks-] S Ermahnung *f*; **exhortative** [ɪɡ'zɔː(r)tətɪv] ADJ (ADV ~ly), **exhortatory** [-tərɪ; *US* -ˌtəʊriː; -ˌtɔː-] ADJ (ADV exhortatorily) (er)mahnend
exhumation [ˌekshjuː'meɪʃn] S Exhumierung *f*; **exhume** [eks'hjuːm; *US* ɪɡz'uːm; -'juːm] V/T 1 *e-e Leiche* exhumieren 2 *fig* ausgraben
exigence S 1 Dringlichkeit *f* 2 Not(lage) *f* 3 Erfordernis *n*; **exigent** ADJ (ADV ~ly) 1 dringend, drängend 2 anspruchsvoll: **be ~** hohe Anforderungen stellen
exigible ['eksɪdʒəbl] ADJ eintreibbar, einzutreiben(d)
exiguity [ˌeksɪ'ɡjuːətɪ; *US* ˌeɡzɪ-] S Dürftigkeit *f*; **exiguous** [eɡ'zɪɡjʊəs; *US* ɪɡ'zɪɡjəwəs] ADJ (ADV ~ly) dürftig (*Einkommen, Mahlzeit etc*)
exile ['eksaɪl; 'eɡzaɪl] A S 1 a Exil *n* b Verbannung *f*: **go into ~** ins Exil gehen; **live in ~** im Exil *od* in der Verbannung leben; **send into ~** → B; **government in ~** Exilregierung *f*; **place of ~** Exil, Verbannungsort *m* 2 a Verbannte(r) *m/f(m)* b im Exil Lebende(r) *m/f(m)* 3 **the** ♀ BIBEL die Babylonische Gefangenschaft B V/T a exilieren, ins Exil schicken b verbannen (**from** aus), in die Verbannung schicken;
exilian [eɡ'zɪlɪən] ADJ 1 BIBEL die Babylonische Gefangenschaft betreffend 2 Exil..., exilisch
ex int. ABK WIRTSCH ex interest, without interest
exist [ɪɡ'zɪst] V/I 1 existieren, vorhanden sein, sich finden, vorkommen (*alle:* **in** in *dat*): **~ as** existieren in Form von; **do such things ~?** gibt es so etwas?; **the right to ~** die Existenzberechtigung; **if he did not ~, it would be necessary to invent him** wenn es ihn nicht schon gäbe, müsste man ihn erfinden 2 existieren, leben (*beide:* **on** von) 3 existieren, bestehen; **existence** S 1 Existenz *f*, Vorhandensein *n*, Vorkommen *n*: **call into ~** ins Leben rufen; **come into ~** entstehen; **be in ~** bestehen, existieren; **remain in ~** weiter bestehen 2 Existenz *f*, Leben *n*, Dasein *n*: **a wretched** (*od* **miserable**) **~** ein kümmerliches Dasein 3 Existenz *f*, (Fort)Bestand *m*; **existent** ADJ 1 existierend, bestehend, vorhanden 2 gegenwärtig, augenblicklich (bestehend *od* lebend)
existential [ˌeɡzɪ'stenʃl] ADJ (ADV ~ly) 1 Existenz... 2 PHIL existenziell, Existenzial...; **existentialism** [-ʃəlɪzəm] S PHIL Existenzialismus *m* (*Form der Existenzphilosophie, die unter anderem von der Absurdität des Daseins sowie von der Existenzangst des Menschen ausgeht*); **existentialist** S PHIL Existenzialist(in)
exit ['eksɪt; 'eɡzɪt] A S 1 Abgang *m*: a Abtreten *n* (*von der Bühne*): → entrance[1] 1 b *fig* Tod *m*: **make one's ~** → B 1 2 (*a. Not*) Ausgang *m* (*im Kino etc*): **~ polling** Nachfrage *f* (*bei Wahlen*) 3 (*Autobahn*) Ausfahrt *f* 4 TECH Austritt *m*: **port of ~** Ausström-, Ausflussöffnung *f*; **~ gas** Abgas *n*; **~ heat** Abzugswärme *f* 5 Ausreise *f*: **~ permit** Ausreiseerlaubnis *f*; **~ visa** Ausreisevisum *n* B V/I 1 THEAT *Bühnenanweisung:* (er, sie, es geht) ab. **~ Macbeth** Macbeth ab 2 **~ from** *e-n Raum etc* verlassen 3 **~ from** COMPUT *ein Programm etc* beenden C V/T 1 → B 2 2 → B 3
exitus ['eksɪtəs] S MED Exitus *m*, Tod *m*
ex libris [eks'laɪbrɪs; *US* ek'sliːbrəs] *pl* **-bris** S Exlibris *n*, Bücherzeichen *n*
exo- [eksəʊ] *Vorsilbe mit der Bedeutung* außerhalb, äußerlich, außen
exobiology S Exo-, Ektobiologie *f* (*Wissenschaft vom außerirdischen [biologischen] Leben*)
exocannibalism S Exokannibalismus *m* (*Verzehren von Angehörigen fremder Stämme*)
exocarp ['eksəʊkɑː(r)p] S BOT Exokarp *n* (*äußerste Schicht der Fruchtwand*)
exocrine ['eksəʊkraɪn; -krɪn] PHYSIOL A ADJ exokrin (*mit äußerer Sekretion*): **~ glands** B S 1 äußere Sekretion 2 exokrine Drüse
exoderm ['eksəʊdɜːm; *US* -ˌdɜrm] → ectoblast; **exodermis** [-mɪs] S BOT Exodermis *f* (*äußerste Zellschicht der Pflanzenrinde*)
exodontia [ˌeksəʊ'dɒnʃɪə; -ʃə; *US* -'dɑn-] S, **exodontics** [-tɪks] SPL (*als sg konstruiert*) MED Zahnchirurgie *f*; **exodontist** [-tɪst] S Zahnchirurg(in)
exodus ['eksədəs] S 1 Auszug *m* (*bes der Juden aus Ägypten*) 2 *fig* Ab-, Auswanderung *f*: **general ~** allgemeiner Aufbruch; **~ of capital** WIRTSCH Kapitalabwanderung; **rural ~** Landflucht *f* 3 ♀ BIBEL Exodus *m*, Zweites Buch Mose
ex officio [ˌeksə'fɪʃɪəʊ] A ADV ex officio, von Amts wegen B ADJ: **the president is an ~ member of the committee** der Präsident gehört von Amts wegen dem Ausschuss an
exogamy [ek'sɒɡəmɪ; *US* -'sɑ-] S Exogamie *f* (*Heiratsordnung, nach der nur außerhalb e-r bestimmten sozialen Gruppe geheiratet werden darf*)
exogenous [ek'sɒdʒɪnəs; *US* -'sɑ-] ADJ exogen: a MED *außerhalb des Körpers entstehend, von außen kommend (Stoffe, Krankheitserreger)* b BOT *außen entstehend (Pflanzenteile)* c GEOL *von Kräften erzeugt, die auf die Erdoberfläche einwirken*
exon ['eksɒn; *US* 'ekˌsɑn] S *e-r der 4 Offiziere der* **yeomen of the guard**
exonerate [ɪɡ'zɒnəreɪt; *US* -'zɑn-] V/T 1 *e-n Angeklagten, a. e-n Schuldner* entlasten (**from** von) 2 befreien, entbinden (*beide:* **from** von *e-r Pflicht etc*) 3 reinigen, freisprechen (*beide:* **from** von *e-m Verdacht etc*); **exoneration** S 1 Entlastung *f* 2 Befreiung *f*; **exonerative** [-rətɪv; *US* -ˌreɪtɪv] ADJ 1 entlastend 2 befreiend
exophthalmia [ˌeksɒf'θælmɪə; *US* -ɑf-] S MED Exophthalmie *f* (*krankhaftes Hervortreten des Augapfels*)
exoplasm → ectoplasm
exorbitance [ɪɡ'zɔː(r)bɪtəns], *a.* **exorbitancy** [-sɪ] S Unverschämtheit *f*, Maßlosigkeit *f*; **exorbitant** ADJ (ADV ~ly) unverschämt: a astronomisch: **~ price** Fantasiepreis *m* b übertrieben, maßlos (*Forderung etc*): **make ~ demands on** *j-s Zeit etc* ungebührlich in Anspruch nehmen
exorcise ['eksɔː(r)saɪz] V/T 1 *böse Geister* exorzieren, austreiben, bannen, beschwören 2 *j-n, e-n Ort* (durch Beschwörung) von bösen Geistern befreien, *j-m* den Teufel austreiben 3 **~ the memory of sth** etwas aus s-r Erinnerung tilgen *od* streichen; **exorcism** S Exorzismus *m*, Geisterbeschwörung *f*, Teufelsaustreibung *f*; **exorcist** S Exorzist(in), Geisterbeschwörer(in), Teufelsaustreiber(in); **exorcize** → exorcise
exordial [ek'sɔːdjəl; *US* eɡ'zɔːrdɪəl] ADJ einleitend; **exordium** [-əm] *pl* -ums, -a [-ə] S Exordium *n*, Einleitung *f* (*e-r Rede, Abhandlung etc*)
exoskeleton S BIOL Ekto-, Exoskelett *n* (*äußeres, den Körper umschließendes Skelett*)
exosmosis [ˌeksɒz'məʊsɪs; *US* ˌeksɑs'm-] S BIOL, CHEM Exosmose *f* (*Wasseraustritt aus e-r lebenden Pflanzenzelle, der durch e-e sie umgebende Lösung mit hoher Konzentration verursacht wird*)
exosphere S Exosphäre *f* (*an die Ionosphäre angrenzende oberste Schicht der Atmosphäre*)
exospore S BOT Exospor *n* (*äußere Schicht der Sporenzellwand*)
exostosis [ˌeksɒ'stəʊsɪs; *US* -ɑs'-] *pl* -ses [-siːz] S MED Exostose *f*, Knochenauswuchs *m*
exoteric [ˌeksəʊ'terɪk] ADJ (ADV ~ally) exoterisch: a für Außenstehende *od* die Öffentlichkeit bestimmt b allgemein verständlich
exotic [ɪɡ'zɒtɪk; *US* -'zɑ-] A ADJ (ADV ~ally) exotisch: a ausländisch, fremd(ländisch) b *fig* fremdartig, bizarr B S Exot(in), fremdländischer *od* -artiger Mensch *od* Gegenstand (*Pflanze, Sitte, Wort etc*); **exotica** [-kə] SPL Exotika *pl* (*fremdländische Kunstwerke*); **exoticism** [-sɪzəm] S 1 ausländische Art 2 (*das*) Exotische 3 ausländisches Idiom 4 Vorliebe *f* für das Exotische
exp. ABK 1 expenses PL 2 experiment 3 experimental 4 expired 5 export 6 exportation 7 exported 8 exporter 9 express
expand [ɪk'spænd] A V/T 1 ausbreiten, -spannen, entfalten 2 WIRTSCH, PHYS *etc, a. fig* ausdehnen, -weiten, erweitern: **~ed program(me)** erweitertes Programm 3 *e-e Abkürzung* (voll) ausschreiben 4 MATH *e-e Gleichung* entwickeln B V/I 1 PHYS *etc, a. fig* sich ausdehnen *od* erweitern, WIRTSCH *a.* expandieren: **his heart ~ed with joy** sein Herz schwoll vor Freude 2 *fig* sich entwickeln, aufblühen (*beide:* **into** zu) 3 *fig* a (*vor Stolz, Freude etc*) aufblühen b aus sich herausgehen 4 **~ (up)on** → expatiate 1; **expanded** ADJ 1 erweitert *etc* (→ expand A) 2 **~ metal** Streckmetall *n*; **~ plastics** Schaumkunststoffe; **expander** S SPORT Expander *m*; **expanding** ADJ WIRTSCH, PHYS *etc, a. fig* sich ausdehnend *od* erweiternd, WIRTSCH *a.* expandierend: **~ brake** TECH Innenbackenbremse *f*; **~ mandrel** TECH Aufnahme-, Spanndorn *m*; **~ universe** expandierender Kosmos
expanse [ɪk'spæns] S 1 ausgedehnter Raum, weite Fläche, Ausdehnung *f*, Weite *f* 2 ORN Spannweite *f*, Spanne *f*; **expansibility** S (Aus)Dehnbarkeit *f*; **expansible** ADJ (aus)dehnbar; **expansile** [-saɪl, *US bes* -sl] ADJ (aus)dehnbar, Ausdehnungs...
expansion [ɪk'spænʃn] S 1 Ausbreitung *f* 2 PHYS Ausdehnen *n*, -dehnung *f*, Aufweitung *f*: **~ due to heat** Wärmeausdehnung 3 *fig* a (*a.* WIRTSCH Geschäfts)Erweiterung *f*, (*a.* WIRTSCH *Export-, Kapital-, Industrie-, Produktions- etc*) Ausweitung *f* b WIRTSCH Expansion *f*, Konjunkturaufschwung *m* c POL Expansion *f*: **~ of the ego** PSYCH gesteigertes Selbstgefühl 4 (weiter) Umfang, Raum *m*, Weite *f* 5 MATH Entwicklung *f* (*e-r Gleichung etc*); **~ circuit breaker** S ELEK Expansionsschalter *m*; **~ engine** S TECH Expansionsmaschine *f*
expansionism [ɪk'spænʃənɪzəm] S POL Ex-

pansionismus *m*, Expansionspolitik *f*; **expansionist** A S Anhänger(in) der Expansionspolitik B ADJ expansionistisch; **expansionistic** ADJ (ADV ~ally) → expansionist B
expansion| joint S TECH Dehn(ungs)fuge *f*; ~ **ring** S TECH Spannring *m*; ~ **screw** S TECH Spreizschraube *f*; ~ **stroke** S TECH Arbeitshub *m*, -takt *m*
expansive [ɪk'spænsɪv] ADJ (ADV ~ly) 1 ausdehnend, Ausdehnungs..., expansiv: ~ **force** TECH Expansions-, (Aus)Dehnungskraft *f* 2 ausdehnungsfähig 3 weit, umfassend, ausgedehnt, breit 4 *fig* mitteilsam, aufgeschlossen: **become** ~ aus sich herausgehen 5 *fig* überschwänglich 6 PSYCH größenwahnsinnig; **expansiveness** S 1 Ausdehnung *f* 2 Ausdehnungsvermögen *n* 3 *fig* Mitteilsamkeit *f*, Aufgeschlossenheit *f* 4 *fig* Überschwänglichkeit *f* 5 PSYCH Größenwahn *m*
ex parte [,eks'pɑː(r)tɪ] ADJ JUR einseitig, (seitens) einer Partei
expatiate [ek'speɪʃɪeɪt] V/I 1 sich auslassen, sich verbreiten (*beide:* **on, upon** über *akk*) 2 (*ziellos*) herumwandern (*a. fig*); **expatiation** S langatmige Auslassung, weitläufige Ausführung *od* Erörterung
expatriate [eks'pætrɪeɪt; *US* ek'speɪ-] A V/T *j-n* expatriieren, ausbürgern, *j-m* die Staatsangehörigkeit aberkennen: ~ **o.s.** → B 1, B 2 B V/I 1 s-e Staatsangehörigkeit aufgeben 2 auswandern C ADJ [-ət; -eɪt] a ausgebürgert b (ständig) im Ausland lebend D S [-ət; -eɪt] a Ausgebürgerte(r) *m/f(m)* b freiwillig im Exil *od* (ständig) im Ausland Lebende(r) *m/f(m)*; **expatriation** S 1 Expatriierung *f*, Ausbürgerung *f*, Aberkennung *f* der Staatsangehörigkeit 2 Auswanderung *f* 3 Aufgabe *f* s-r Staatsangehörigkeit
expect [ɪk'spekt] A V/T 1 *j-n* erwarten (**to dinner** zum Essen): ~ **back** zurückerwarten; → baby A 1 2 *etwas* erwarten: a hoffen: **I ~ to see you soon**; **I ~ you to come** ich erwarte (von dir), dass du kommst b *etwas* gewärtigen: **this is just what I ~ed of** (*od* **from**) **him** genau das habe ich von ihm erwartet; **the total number is ~ed to rise to 400** es wird damit gerechnet, dass sich die Gesamtzahl auf 400 erhöht; **~ed value** → expectation 4 c vorhersehen, *e-r Sache* entgegensehen d rechnen auf (*akk*), verlangen: **that is not ~ed of you** das wird nicht von dir erwartet *od* verlangt e *oft neg* gefasst sein auf (*akk*): **I had not ~ed such a reply** 3 *umg* vermuten, denken, annehmen, glauben (*alle:* **that** dass) B V/I 1 **I ~ so** *umg* ich nehme es an 2 **be ~ing** *umg* in anderen Umständen sein; **expectance** → expectancy
expectancy [ɪk'spektənsɪ] S 1 (**of**) Erwartung *f* (*gen*), Hoffnung *f*, Aussicht *f* (auf *akk*): **a look of** ~ ein erwartungsvoller Blick; **in a state of happy** ~ in freudiger Erwartung 2 *Gegenstand der Erwartung* 3 WIRTSCH, JUR Anwartschaft *f*: **estate in** ~ dingliches Anwartschaftsrecht auf Liegenschaften; **tables of** ~ (*Versicherungswesen*) Lebenserwartungstafeln; **expectant** A ADJ (ADV ~ly) 1 erwartend: **be ~ of sth** etwas erwarten; ~ **heir** a JUR Erb(schafts)anwärter *m* b Thronanwärter *m* 2 erwartungsvoll 3 zu erwarten(d) 4 MED abwartend (*Methode*) 5 schwanger, in anderen Umständen: ~ **mother** werdende Mutter, Schwangere *f*; ~ **father** *hum* Vater *m* in spe, werdender Vater B S Anwärter(in)
expectation [,ekspek'teɪʃn] S 1 Erwartung *f*, Erwarten *n*: **in ~ of** in Erwartung (*gen*); **beyond (all) ~(s)** über Erwarten; **on tiptoes with ~** gespannt vor Erwartung; **against all** (*od* **contrary to [all]**) **~(s)** wider Erwarten; **according to ~(s)** erwartungsgemäß; **come** (*od* **live**) **up to ~s** den Erwartungen entsprechen; **fall short of sb's ~s** hinter j-s Erwartungen zurückbleiben 2 *Gegenstand der Erwartung*: **have great ~s** einmal viel (*durch Erbschaft etc*) zu erwarten haben 3 Hoffnung *f*, Aussicht *f* (*beide:* **of** auf *akk*): ~ **of life** Lebenserwartung *f*; **in** ~ zu erwarten(d) 4 MATH Erwartungswert *m*; ♀ **Week** S REL *die 10 Tage zwischen Himmelfahrt u. Pfingsten*
expectative [ɪk'spektətɪv] ADJ 1 ab-, erwartend 2 Anwartschafts...; **expectedly** [-ɪdlɪ] ADV erwartungsgemäß
expectorant [ek'spektərənt; *bes US* ɪk-] MED, PHARM A ADJ schleimlösend B S Expektorans *n*, schleimlösendes Mittel; **expectorate** [-reɪt] A V/T a *Schleim* auswerfen, aushusten, *Blut* spucken b ausspucken B V/I a Schleim auswerfen *od* aushusten, Blut spucken b (aus)spucken; **expectoration** S 1 Auswerfen *n*, Aushusten *n* 2 (Aus)Spucken *n* 3 Auswurf *m*
expedience [ɪk'spiːdjəns; -dɪəns], **expediency** [-sɪ] S 1 Ratsamkeit *f* 2 Zweckdienlichkeit *f*, Nützlichkeit *f* 3 Eigennutz *m*, -nützigkeit *f*; **expedient** A ADJ (ADV → expediently) 1 ratsam, angebracht 2 zweckdienlich, -mäßig, nützlich, praktisch, vorteilhaft 3 eigennützig B S 1 (Hilfs)Mittel *n*, (Not)Behelf *m*: **by way of** ~ behelfsmäßig 2 Ausweg *m*; **expediential** [-dɪ'enʃl] ADJ Zweckmäßigkeits..., Nützlichkeits...; **expediently** ADV zweckmäßigerweise
expedite ['ekspɪdaɪt] V/T 1 beschleunigen, vorantreiben: ~ **matters** die Dinge beschleunigen, der Sache nachhelfen; **~d service** BAHN Expressdienst *m* 2 schnell ausführen *od* vornehmen 3 expedieren, absenden, befördern; **expedition** [-'dɪʃn] S 1 Eile *f*, Schnelligkeit *f* 2 Expedition *f*: **on an** ~ auf e-r Expedition 3 (*a. als pl konstruiert*) (Mitglieder *pl* e-r) Expedition *f* 4 MIL Feldzug *m*; **expeditionary** [-'dɪʃənərɪ; *US* -,neriː] ADJ Expeditions...: ~ **force** Expeditionsstreitkräfte *pl*
expeditious [,ekspɪ'dɪʃəs] ADJ (ADV ~ly) schnell, rasch, zügig, prompt
expel [ɪk'spel] V/T (**from**) 1 vertreiben, wegjagen (von, aus) 2 ausweisen (aus), verweisen (*des Landes*), verbannen (von, aus) 3 hinauswerfen, ausstoßen (aus), ausschließen (aus, von) 4 *Rauch etc* ausstoßen 5 MED austreiben; **expellant** MED, PHARM A ADJ austreibend B S austreibendes Mittel; **expellee** [,ekspe'liː] S (Heimat)Vertriebene(r) *m/f(m)*; **expellent** → expellant
expend [ɪk'spend] V/T 1 *Zeit, Mühe etc* auf-, verwenden, *Geld* ausgeben (*alle:* **on** für) 2 verbrauchen: ~ **o.s.** *fig* sich verausgaben; **expendable** A ADJ 1 verbrauchbar, Verbrauchs... 2 MIL entbehrlich, (dem Feind) (*im Notfall*) zu opfern(d) B S (*etwas*) Entbehrliches; **expenditure** [-dɪtʃə(r)] S 1 Aufwand *m*, Verbrauch *m* (*beide:* **of** an *dat*) 2 Ausgabe *f* 3 (Geld)Ausgabe(n) *f(pl)*, (Kosten)Aufwand *m*, Aufwendung(en) *f(pl)*, Auslage(n) *f(pl)*, Kosten *pl*
expense [ɪk'spens] S 1 → expenditure 3 2 *pl* (Un)Kosten *pl*, Spesen *pl*: ~ **account** a Spesenkonto *n* b Spesen(ab)rechnung *f*; ~ **allowance** Aufwandsentschädigung *f* 3 Aufwand *m* (**of** an *dat*)
Besondere Redewendungen: **~s covered** kostenfrei; **~s deducted** nach Abzug der Kosten; **fixed** (*od* **ordinary, running**) **~s** laufende Ausgaben; **general** ~ Gemeinkosten *pl*; **spare no** ~ keine Kosten scheuen, es sich etwas kosten lassen; **at any** ~ um jeden Preis; **at an ~ of** mit e-m Aufwand von; **at the ~ of** a auf Kosten von (*od gen*) (*a. fig*) b *fig* zum Schaden *od* Nachteil von (*od gen*); **at my** ~ auf m-e Kosten, für m-e Rechnung; **they laughed at my** ~ sie lachten auf m-e Kosten; **at one's own** ~ auf eigene Kosten; **at the ~ of one's health** auf Kosten s-r Gesundheit; **at the ~ of the State** auf Staatskosten; **at the ~ of a corner** (*bes Fußball*) auf Kosten e-r Ecke; **at great** ~ mit großen Kosten; **go to great** ~ sich in große Unkosten stürzen; **go to the ~ of buying sth** so weit gehen, etwas zu kaufen; **put sb to great** ~ j-m große Kosten verursachen; → working expenses
expensive [ɪk'spensɪv] ADJ (ADV ~ly) teuer, kostspielig: **it is too ~ for me (to buy)** es ist mir zu teuer; **it will come** ~ es wird teuer sein *od* kommen; **expensiveness** S Kostspieligkeit *f*
experience [ɪk'spɪərɪəns] A S 1 Erfahrung *f*, (Lebens)Praxis *f*: **by** (*od* **from**) **my own** ~ aus eigener Erfahrung; **speak from (bitter)** ~ aus (bitterer) Erfahrung sprechen; **based on** ~ auf Erfahrung begründet; **I know (it) by** ~ ich weiß (es) aus Erfahrung; **in my** ~ nach m-n Erfahrungen, m-s Wissens 2 Erlebnis *n*: **I had a strange** ~ ich hatte ein seltsames Erlebnis, ich habe etwas Seltsames erlebt; **he had an unpleasant** ~ er machte e-e unangenehme Erfahrung; **emotional ~ of success** Erfolgserlebnis 3 Erfahrenheit *f*, (praktische) Erfahrung, Fach-, Sachkenntnis *f*, Routine *f*: **have a lot of ~ doing sth** viel Erfahrung darin haben, etwas zu tun; ~ **is the best teacher** (*Sprichwort*) Erfahrung ist die beste Lehrmeisterin 4 REL a Erfahrungsreligion *f* b *US* religiöse Erweckung: ~ **meeting** Erweckungsversammlung *f* B V/T erfahren: a kennenlernen b erleben: ~ **sth personally** etwas am eigenen Leibe erfahren; ~ **difficulties** auf Schwierigkeiten stoßen c *Schmerzen, Verluste etc* erleiden, *etwas* durchmachen, *Vergnügen etc* empfinden: ~ **an advance** WIRTSCH e-e Kurssteigerung erfahren; ~ **religion** *US umg* erweckt *od* bekehrt werden; **experienced** ADJ erfahren, bewandert, (fach-, sach)kundig, bewährt, erprobt, routiniert: **be** ~ (*a. sexuelle*) Erfahrung haben; **she only likes ~ men** sie mag nur Männer mit Erfahrung
experiential [ɪk,spɪərɪ'enʃl] ADJ (ADV ~ly) auf Erfahrung beruhend, Erfahrungs...: ~ **philosophy** → experientialism; **experientialism** [-ʃəlɪzəm] S PHIL Empirismus *m* (*Lehre, die als einzige Erkenntnisquelle die Sinneserfahrung, die Beobachtung u. das Experiment gelten lässt*); **experientialist** S PHIL Empiriker(in)
experiment A S [ɪk'sperɪmənt] Versuch *m*, Experiment *n* (*beide:* **on** an *dat*; **with** mit): ~ **on animals** Tierversuch; **prove sth by** ~ etwas experimentell nachweisen B V/I [-ment] experimentieren, Versuche anstellen (**on** an *dat*; **with** mit): ~ **on animals** Tierversuche machen; ~ **with sth** etwas erproben *od* versuchen
experimental [ek,sperɪ'mentl; ɪk-] ADJ (ADV → experimentally) 1 Versuchs..., experimentell, Experimental...: ~ **animal** Versuchstier *n*; ~ **engineer** TECH Versuchsingenieur(in); ~ **farm** landwirtschaftliche Experimentierstation; ~ **physics** *pl* (*als sg konstruiert*) Experimentalphysik *f*; ~ **psychology** Experimentalpsychologie *f*; ~ **station** Versuchs-, Experimentierstation *f*; ~ **theater** (*bes Br* **theatre**) experimentelles Theater; → stage A 8 2 experimentierfreudig 3 → experiential; **experimentalist** [-təlɪst] → experimenter; **experimentalize** V/I experimentieren (**on** an *dat*; **with** mit); **experimentally** ADV a experimentell, auf experimentellem Wege b versuchsweise; **experimentation** S Experimentieren *n*; **experimenter**, **experi-**

mentor [-tə(r)] S Experimentator *m*, Experimentatorin *f*

expert ['ekspɜːt; *US* -ɜrt] A ADJ [*präd a.* ɪk'sp-] ADJ (ADV **~ly**) 1 erfahren: **be ~ in** (*od* **at**) Erfahrung haben in (*dat*) 2 fachmännisch, fach-, sachkundig, sachverständig, gekonnt: **~ work** fachmännische Arbeit; **~ engineer** Fachingenieur(in); **~ knowledge** Sach-, Fachkenntnis *f*; **under ~ supervision** unter fachmännischer Aufsicht; **~ system** IT Expertensystem *n* 3 Sachverständigen…: **~ opinion** (Sachverständigen)Gutachten *n*, Expertise *f*; **an ~ opinion** die Meinung e-s Fachmanns; **what's your ~ opinion?** was meinen Sie als Fachmann dazu?; **~ witness** JUR sachverständiger Zeuge, (*etwa*) Sachverständige(r) *m/f(m)* 4 geschickt, gewandt (*beide:* **at, in** in *dat*) B S a Fachmann *m*, -frau *f*, Experte *m*, Expertin *f* b Sachverständige(r) *m/f(m)*, Gutachter(in) (*alle:* **at, in** in *dat*; **on** [auf dem Gebiet] *gen*): **~ on disarmament** Abrüstungsexperte; **be an ~ at doing sth** es meisterlich verstehen, etwas zu tun

expertise [ˌekspɜː'tiːz; *US* -pɜr-] S 1 Expertise *f*, (Sachverständigen)Gutachten *n* 2 Fach-, Sachkenntnis *f*, Sachverstand *m* 3 fachmännisches Können

expertness S 1 Erfahrenheit *f* 2 Geschicklichkeit *f*

expiable ['ekspɪəbl] ADJ sühnbar; **expiate** [-eɪt] V/T sühnen, (ab)büßen; **expiation** S Sühne *f*, (Ab)Büßung *f*, Buße *f*: **make ~ for** → expiate; **in ~ of sth** um etwas zu sühnen, als Sühne für etwas, **Feast of** ≗ REL (jüdisches) Versöhnungsfest; **expiatory** [-təri; *US* -ˌtəʊriː; -ˌtɔː-] ADJ sühnend, Sühn…, Buß…: **~ sacrifice** Sühnopfer *n*; **be ~ of** → expiate

expiration [ˌekspɪ'reɪʃn] S 1 Ausatmen *n*, -atmung *f* 2 *obs* letzter Atemzug, Tod *m* 3 *fig* Ablauf *m*, Erlöschen *n*, Ende *n*: **at** (*od* **on**) **the ~ of** nach Ablauf von (*od gen*) 4 Verfall *m*: **at the time of ~** zur Verfallszeit; **~ date** Verfallstag *m*, -datum *n*; **what is the ~ date of …?** wann verfällt …? 5 WIRTSCH Fälligwerden *n*; **expiratory** [ɪk'spaɪərətəri; *US* -ˌtəʊriː; -ˌtɔː-] ADJ Ausatmungs…

expire [ɪk'spaɪə(r); ek-] A V/T *Luft* ausatmen B V/I 1 ausatmen 2 sein Leben *od* s-n Geist aushauchen 3 ablaufen (*Frist, Pass, Vertrag etc*), erlöschen (*Konzession, Patent, Recht, Titel etc*), enden 4 ungültig werden, verfallen, s-e Gültigkeit verlieren 5 WIRTSCH fällig werden; **expiry** → expiration 3

explain [ɪk'spleɪn] V/T 1 erklären, erläutern, klarlegen: **~ sth to sb** *a.* j-m etwas auseinandersetzen *od* klarmachen *od* verständlich machen; **~ sth away** a e-e einleuchtende Erklärung für etwas finden b sich aus etwas herausreden 2 erklären, begründen, rechtfertigen: **I cannot ~ it to myself** ich kann es mir selbst nicht erklären; **~ o.s.** a sich erklären b sich rechtfertigen; **explainable** ADJ erklärbar, erklärlich

explanation [ˌeksplə'neɪʃn] S 1 Erklärung *f*, Erläuterung *f* (*beide:* **for, of** für *od gen*): **give an ~ of sth** etwas erklären; **in ~ of** zur Erklärung von (*od gen*), als Erklärung für, um *etwas* zu erklären; **make some ~** e-e Erklärung abgeben 2 Begründung *f*, Rechtfertigung *f* (*beide:* **for, of** für *od gen*) 3 Er-, Aufklärung *f*, Aufhellung *f*: **find an ~ of** (*od* **for**) **a mystery** ein Geheimnis aufklären 4 Verständigung *f*: **come to an ~ with sb** sich mit j-m verständigen; **explanatory** [ɪk'splænətəri; *US* -ˌtəʊriː; -ˌtɔː-] ADJ (ADV **explanatorily**) erklärend, erläuternd

expletive [ek'spliːtɪv; ɪk-; *US* 'eksplətɪv] A ADJ ausfüllend, (Aus)Füll…, LING *a.* expletiv: **~ word** → B 1 B S 1 LING Expletiv *n*, Füllwort *n* 2 *euph* a Fluch *m* b Kraftausdruck *m*; **expletory** [ek'spliːtəri; ɪk-; *US* 'ekspləˌtəʊriː; -ˌtɔː-] → expletive A

explicable [ɪk'splɪkəbl; *US* ek-] ADJ erklärbar, erklärlich; **explicate** [-keɪt] V/T 1 explizieren, erklären, erläutern 2 *e-e Theorie etc* entwickeln, *s-e Gedanken etc* entfalten; **explication** S 1 Erklärung *f*, Erläuterung *f* 2 Entfaltung *f*, Entwicklung *f*; **explicative** [ek'splɪkətɪv; 'eksplɪkeɪtɪv] ADJ (ADV **~ly**), **explicatory** [ek'splɪkətəri; *US* -ˌtəʊriː; -ˌtɔː-] ADJ erklärend, erläuternd

explicit [ɪk'splɪsɪt] ADJ (ADV **~ly**) 1 ausdrücklich, deutlich, bestimmt 2 ausführlich 3 a offen, deutlich (*beide:* **about, on** in Bezug auf *akk*) (*Person*) b freizügig (*Film etc*) 4 MATH explizit (*Funktion*); **explicitness** S Deutlichkeit *f*, Bestimmtheit *f*

explode [ɪk'spləʊd] A V/T 1 a zur Explosion bringen, explodieren lassen b (in die Luft) sprengen 2 beweisen, dass *etwas* falsch *od* unhaltbar *od* widersinnig ist: **~ a myth** e-n Mythos zerstören; **~ rumo(u)rs** Gerüchten den Boden entziehen; **~ a theory** e-e Theorie widerlegen 3 LING als Explosivlaut aussprechen B V/I 1 a explodieren, (*Granate etc*) krepieren b in die Luft fliegen 2 *fig* ausbrechen (**into, with** in *akk*), platzen (**with, in** vor *dat*): **~ with fury** vor Wut platzen, explodieren; **~ with laugther** in schallendes Gelächter ausbrechen, losplatzen 3 *fig* sprunghaft ansteigen, sich explosionsartig vermehren (*bes Bevölkerung*)

exploded view S TECH in Einzelteile aufgelöste Darstellung

exploder S TECH Zündmaschine *f*

exploit A S ['eksplɔɪt] 1 (Helden)Tat *f* 2 Großtat *f*, große Leistung: **perform an ~** e-e große Leistung vollbringen B V/T [ɪk'splɔɪt] 1 *etwas* auswerten, *ein Patent etc* (*kommerziell*) verwerten, *Erzvorkommen etc* ausbeuten, abbauen, *Land* kultivieren 2 *fig pej j-n, etwas* ausnutzen, ausbeuten, *etwas* ausschlachten, Kapital schlagen aus; **exploitation** [ˌeks-] S 1 Auswertung *f*, Verwertung *f*, Ausbeutung *f*, Abbau *m*: **right of ~** Verwertungsrecht *n*; **wasteful ~** Raubbau *m* 2 *fig pej* Ausnutzung *f*, Ausschlachtung *f*; **exploitative** [ɪk'splɔɪtətɪv] ADJ *pej* ausnutzend, Ausbeutungs…; **exploiter** S Ausbeuter(in) (*a. fig pej*)

exploration [ˌeksplə'reɪʃn] S 1 Erforschung *f* (*e-s Landes*) 2 Untersuchung *f*, MED *a.* Exploration *f*

explorative [ek'splɒrətɪv; *US* ɪk'spləʊrətɪv; -'splɔː-] ADJ (ADV **~ly**) → exploratory; **exploratory** [-rətəri; *US* -ˌtəʊriː; -ˌtɔː-] ADJ 1 (er)forschend, Forschungs… 2 Erkundungs…, untersuchend: **~ drilling** Versuchs-, Probebohrungen *pl*; **~ incision** MED Probeinzision *f* 3 Sondierungs…, sondierend: **~ talks** Sondierungsgespräche

explore [ɪk'splɔː(r); *US a.* -'spləʊr] A V/T 1 *ein Land* erforschen 2 erforschen, erkunden, untersuchen (*a.* MED *e-n Patienten explorieren*), sondieren: → avenue 3 a B V/I eingehende Untersuchungen anstellen, forschen; **explorer** S Forscher(in), Forschungsreisende(r) *m/f(m)*

explosion [ɪk'spləʊʒn] S 1 a Explosion *f* b Knall *m*, Erschütterung *f*, Detonation *f* c Sprengung *f* 2 *fig* Zerstörung *f*, Widerlegung *f* 3 *fig* Ausbruch *m*: **~ of (loud) laughter** Lachsalve *f* 4 *fig* sprunghafter Anstieg, explosionsartige Vermehrung 5 LING Explosion *f* (*Verschlusssprengung bei Explosivlauten*); **explosion-proof** ADJ explosionsgeschützt

explosive [ɪk'spləʊsɪv] A ADJ (ADV **~ly**) 1 explosiv (*a. fig Atmosphäre etc*), Spreng…: **~ combustion engine** Explosions-, Verpuffungsmotor *m*; **~ effect** Sprengwirkung *f*; **~ problem** *fig* brisantes Problem 2 Explosions… 3 *fig* aufbrausend: **have an ~ temper** 4 *fig* sprunghaft ansteigend, sich explosionsartig vermehrend B S 1 a Explosiv-, Sprengstoff *m* b *pl* MIL Munition *f u.* Sprengstoffe *pl* 2 LING Explosiv-, Verschlusslaut *m*; **~ bomb** S MIL Sprengbombe *f*; **~ charge** S MIL, TECH Sprengladung *f*; **~ cotton** S TECH Schießbaumwolle *f*; **~ flame** S TECH Stichflamme *f*; **~ force** S MIL, TECH Brisanz-, Sprengkraft *f*; **~ rivet** S TECH Sprengniet *m*; **~ thrust** S Verbrennungsdruck *m* (*e-r Rakete*); **~ train** S Zündsatz *m*

expo ['ekspəʊ] *pl* -pos S → exposition 1

exponent [ek'spəʊnənt; ɪk-] S 1 MATH Exponent *m*, Hochzahl *f* 2 *fig* Exponent(in): a Repräsentant(in), Vertreter(in) b Verfechter(in) 3 *fig* Interpret(in); **exponential** [ˌekspəʊ'nenʃl] MATH A ADJ exponentiell, Exponential…: **~ equation** (**function**, *etc*); **~ series** Exponentialreihe *f* B S Exponentialgröße *f*

export [ek'spɔː(r)t; ɪk-; *US a.* -'spəʊrt] WIRTSCH A V/T a *a.* V/I exportieren, ausführen: **~ing country** Ausfuhrland *n*; **~ing firm** Exportfirma *f*; **~ed articles** (*od* **commodities**) → B 3 b b IT *Daten* exportieren (**from … to** von … nach) B S ['ek-] 1 Export *m*, Ausfuhr(handel) *f(m)* 2 Export-, Ausfuhrartikel *m* 3 *pl* a (Gesamt-)Export *m*, (-)Ausfuhr *f* b Exportgüter *pl*, Ausfuhrware *f* C ADJ ['ek-] Ausfuhr…, Export…: **~ order**; **exportable** ADJ exportfähig, ausführbar, Ausfuhr…; **exportation** S 1 → export B 1 2 *bes US* → export B 2

export| ban ['ekspɔː(r)t; *US a.* -ˌspəʊrt] S WIRTSCH Ausfuhrverbot *n*, -sperre *f*; **~ bounty** S Export-, Ausfuhrprämie *f*; **~ declaration** S Exportdeklaration *f*, Ausfuhrerklärung *f* (*bei Seetransport*); **~ duty** S Ausfuhrzoll *m*

exporter S WIRTSCH Exporteur(in)

export| licence, *bes US* **~ license** S WIRTSCH Ausfuhrbewilligung *f*, Exportlizenz *f*; **~ permit** S Ausfuhrbewilligung *f*; **~ regulations** SPL Ausfuhrbestimmungen *pl*; **~ trade** S Exportgeschäft *n*, Ausfuhrhandel *m*

exposal [ɪk'spəʊzl] → exposure

expose [ɪk'spəʊz] V/T 1 *ein Kind* aussetzen 2 *fig* aussetzen (**to** *e-r Gefahr, dem Wetter etc*), preisgeben (**to** *der Lächerlichkeit etc*): **~ o.s.** sich exponieren, sich e-e Blöße geben (→ 3 a); **~ o.s. to ridicule** sich lächerlich machen, sich dem Gespött (der Leute) aussetzen 3 *fig* a (**o.s.** sich) bloßstellen (→ 2) b *j-n* entlarven, *e-n Spion a.* enttarnen c *etwas* aufdecken, entlarven, enthüllen: **~ sb's limitations** j-s *od* j-m s-e Grenzen aufzeigen 4 a entblößen (*a.* MIL), enthüllen, zeigen: **he ~d himself** *in front of the little girls* er entblößte sich b MED bloß-, freilegen 5 *Waren* ausstellen (**for sale** zum Verkauf): **~ for inspection** zur Ansicht auslegen 6 a PHYS, TECH aussetzen (**to** *e-r Einwirkung*) b FOTO belichten 7 *fig* darlegen, erklären, auseinandersetzen (*alle:* **sth to sb** j-m etwas)

exposé [ek'spəʊzeɪ; *US* ˌekspəʊ'zeɪ] S 1 Exposé *n*, Darlegung *f* 2 Aufdeckung *f*, Enthüllung *f*, Entlarvung *f*

exposed [ɪk'spəʊzd] ADJ 1 a offen liegend, unverdeckt b frei verlegt, auf Putz (*Leitung*) 2 ungeschützt (*Haus, Lage etc*), (*a. fig Stellung etc*) exponiert; **exposedness** [-zɪdnɪs] S Ausgesetztsein *n*

exposition [ˌekspəʊ'zɪʃn] S 1 Ausstellung *f* 2 Darlegung(en) *f(pl)*, Erklärung(en) *f(pl)*, Ausführung(en) *f(pl)* 3 Exposition *f* (*einführender, vorbereitender Teil im Drama*) 4 MUS Exposition *f*: a Themenaufstellung *f* (*in e-r Sonate*) b erste Durchführung (*in e-r Fuge*) 5 → exposure 1

expositive [ek'spɒzɪtɪv; US ɪk'spɑzə-] ADJ (ADV ~ly) erklärend: **be ~ of sth** etwas erklären; **expositor** [-tə(r)] S Erklärer(in); **expository** [-tərɪ; US -ˌtəʊri:; -ˌtɔ:-] ADJ (ADV expositorily) → expositive

ex post facto [ˌekspəʊst'fæktəʊ] ADJ & ADV rückwirkend *(Gesetz etc)*

expostulate [ɪk'spɒstjʊleɪt; US ɪk'spɑstʃəˌleɪt] V/I: **~ with** *j-m* (ernste) Vorhaltungen machen, *j-n* zur Rede stellen, *j-n* zurechtweisen *(alle:* **about, on** wegen); **expostulation** S (ernste) Vorhaltung; **expostulative** [-lətɪv; US -ˌleɪtɪv], **expostulatory** [-lətərɪ; US -ləˌtəʊri:; -ˌtɔ:-] ADJ zurechtweisend

E

exposure [ɪk'spəʊʒə(r)] S 1 *(Kindes)* Aussetzung *f* 2 Aussetzen *n*, Preisgabe *f*: **~ to light** Belichtung *f*; **~ to rays** Bestrahlung *f* 3 **(to)** Ausgesetztsein *n*, Preisgegebensein *n (dat)*, Gefährdung *f* (durch): **~ to infection**; **death by ~** Tod *m* durch Erfrieren; **die of ~** an Unterkühlung sterben, erfrieren 4 *fig* a Bloßstellung *f* b Entlarvung *f*, Enttarnung *f* c Aufdeckung *f*, Enthüllung *f* 5 a Entblößung *f (a.* MIL): **indecent ~** JUR (Erregung *f* öffentlichen Ärgernisses durch) unsittliches Entblößen b MED Frei-, Bloßlegung *f* 6 ungeschützte *od* exponierte Lage 7 FOTO a Belichtung(szeit) *f*: **~ control** Belichtungsaussteuerung *f*; **~ meter** Belichtungsmesser *m*; **~ value** Lichtwert *m* b Aufnahme *f*: **~ against the sun** Gegenlichtaufnahme; **have two ~s left on the film** noch zwei Bilder auf dem Film haben 8 Ausstellung *f (von Waren)* 9 Lage *f (e-s Gebäudes)*: **southern ~** Südlage; **have a southern ~** nach Süden liegen

expound [ɪk'spaʊnd] A V/T 1 erklären, erläutern, *e-e Theorie etc* entwickeln *(alle:* **to sb** j-m) 2 *e-n Text* auslegen B V/I Erläuterungen geben **(on, upon** über *akk*, zu)

express [ɪk'spres] A V/T 1 *Saft etc* auspressen **(from, out of** aus) 2 *e-e Ansicht etc* ausdrücken, äußern, zum Ausdruck bringen: **~ the hope that ...** der Hoffnung Ausdruck geben, dass ...; **~ o.s.** a sich äußern, sich erklären b sich ausdrücken; **be ~ed** zum Ausdruck kommen; **I can't ~ how glad I am** ich kann gar nicht sagen, wie froh ich bin 3 bezeichnen, bedeuten, vor-, darstellen 4 *Gefühle etc* zeigen, offenbaren, an den Tag legen, bekunden 5 a durch Eilboten *od* als Eilgut schicken b *bes US* durch ein Schnelltransportunternehmen befördern lassen B ADJ (ADV expressly) 1 ausdrücklich, bestimmt, deutlich: **without sb's ~ permission** ohne j-s ausdrückliche Erlaubnis 2 Express..., Schnell..., Eil...: **~ messenger (letter)** *Br* Eilbote *m* (-brief *m*); **~ delivery** a *Br* Eilzustellung *f* b *bes US* Beförderung *f* durch ein Schnelltransportunternehmen 3 besonder(er, e, es): **for this ~ purpose** eigens zu diesem Zweck C ADV 1 express 2 eigens 3 a durch Eilboten, per Express, als Eilgut: **send sth ~** b *bes US* durch ein Schnelltransportunternehmen D S 1 *Br* Eilbote *m*, Eilbotin *f* 2 a Eilbeförderung *f* b *bes US* Beförderung *f* durch ein Schnelltransportunternehmen 3 a Eil-, Expressbrief *m*, -gut *n* b → express goods 2 4 BAHN D-Zug *m*, Schnellzug *m*, *US a.* Eilgüterzug *m* 5 → express rifle; **expressage** S *bes US* 1 Sendung *f* durch ein Schnelltransportunternehmen 2 Eilfrachtgebühr *f*

express| company S *bes US* Schnelltransportunternehmen *n*; **~ goods** SPL WIRTSCH 1 *Br* Eilfracht *f*, -gut *n* 2 *bes US* durch ein Schnelltransportunternehmen beförderte Fracht

expressible [ɪk'spresəbl] ADJ ausdrückbar

expression [ɪk'spreʃn] S 1 Auspressen *n* 2 *fig* Ausdruck *m*, Äußerung *f*: **find ~ in** sich ausdrücken *od* äußern in *(dat)*, s-n Niederschlag finden in *(dat)*; **give ~ to sth** e-r Sache Ausdruck verleihen; **beyond** (*od* **past**) **~** unsagbar 3 Redensart *f*, Ausdruck *m* 4 Ausdrucksweise *f*, Diktion *f* 5 Ausdruck(skraft) *m(f)*: **with ~** mit Gefühl, ausdrucksvoll 6 *(Gesichts)* Ausdruck *m*: **a serious ~ on one's face** ein ernster Gesichtsausdruck 7 Tonfall *m* 8 MATH Ausdruck *m*, Formel *f*; **expressional** [-ʃənl] ADJ Ausdrucks...; **expressionism** S KUNST Expressionismus *m (Kunstrichtung, deren Vertreter im bewussten Gegensatz zum Impressionismus standen)*; **expressionist** KUNST A S Expressionist(in) B ADJ expressionistisch; **expressionistic** [-ʃə'n-] ADJ (ADV ~ally) → expressionist B; **expressionless** ADJ ausdruckslos

expressive [ɪk'spresɪv] ADJ (ADV ~ly) 1 **be ~ of sth** etwas ausdrücken *od* zum Ausdruck bringen 2 ausdrucksvoll *(Augen etc)* 3 aussagekräftig; **expressiveness** S 1 Ausdruckskraft *f* 2 *(das)* Ausdrucksvolle 3 Aussagekraft *f*; **expressly** ADV 1 ausdrücklich 2 besonders, eigens

express|man [-ˌmæn] S *irr US* Angestellte(r) *m* e-s Schnelltransportunternehmens; **~ rifle** S *US* Jagdgewehr *n (für Patronen mit hoher Brisanz)*; **~ train** → express D 4

expressway S *bes US* Schnellstraße *f*

expropriate [eks'prəʊprɪeɪt] V/T JUR *j-n, etwas* enteignen: **~ the owner of their land** j-s Grundstück *od* Grundbesitz enteignen; **expropriation** S JUR Enteignung *f*

exptl ABK experimental

expulsion [ɪk'spʌlʃn] S 1 Vertreibung *f* **(from** von, aus) 2 **(from)** Ausweisung *f* (aus), Verbannung *f* (von, aus): **~ order** Ausweisungsbefehl *m* 3 **(from)** Ausstoßung *f* (aus), Ausschließung *f* (aus, von): **~ from school** Verweisung *f* von der Schule; **~ from the party** Parteiausschluss *m* 4 MED Expulsion *f*, Austreibung *f*; **expulsive** [-sɪv] ADJ 1 Ausweisungs... 2 MED expulsiv, austreibend

expunction [ek'spʌŋkʃn; ɪk-] S Ausstreichung *f*; **expunge** [ek'spʌndʒ; ɪk-] V/T 1 aus-, durchstreichen, (aus)löschen: **~ from a list** aus e-r Liste streichen; **~ memories from one's mind** Erinnerungen aus s-m Gedächtnis löschen 2 *etwas* aufgeben 3 vernichten

expurgate ['ekspɜ:geɪt; US -pərˌgeɪt] V/T *ein Buch etc* (von anstößigen Stellen) reinigen: **~d version** gereinigte Version; **expurgation** S Reinigung *f*

exquisite ['ekskwɪzɪt; ek'skwɪzɪt] A ADJ (ADV ~ly) 1 köstlich, vorzüglich, ausgezeichnet, (aus)erlesen, exquisit: **his ~ taste** sein erlesener Geschmack; **~ sense of humo(u)r** köstlicher Humor 2 fein, gepflegt, erlesen *(Wein)* 3 äußerst empfindlich: **he has an ~ ear** er hat ein äußerst feines Ohr *od* Gehör 4 heftig, intensiv *(Schmerz etc)*: **~ pleasure** großes Vergnügen 5 äußerst(er, e, es), höchst(er, e, es) B S *obs* Stutzer *m*; **exquisiteness** S 1 Vorzüglichkeit *f*, Köstlichkeit *f*, Erlesenheit *f* 2 Feinheit *f* 3 Heftigkeit *f*

exscind [ek'sɪnd] V/T MED exzidieren, herausschneiden, entfernen

exsect [ek'sekt] → exscind

exsert [ek'sɜ:t; US ek'sɜrt] A V/T BOT, MED vortreiben: **be ~ed** vorstehen B ADJ hervorgestreckt

ex-serviceman [ˌeks'sɜ:vɪsmən; US -'sɜr-] S *irr bes Br* ehemaliger Soldat, Veteran *m*: **ex-servicemen's association** Veteranenbund *m*; **ex-servicewoman** S *irr bes Br* ehemalige Soldatin, Veteranin *f*

exsiccate ['eksɪkeɪt] V/T & V/I austrocknen; **exsiccative** ['eksɪkətɪv; *bes US* ek'sɪkətɪv] ADJ austrocknend; **exsiccator** [-keɪtə(r)] Trockenapparat *m*

ext. ABK 1 extension 2 external(ly) 3 extinct 4 extra 5 extract

extant [ek'stænt; 'ekstənt] ADJ (noch) vorhanden *od* bestehend *od* existierend, erhalten geblieben

extemporaneous [ekˌstempə'reɪnjəs; -nɪəs] ADJ (ADV ~ly), **extemporary** [ɪk'stempərərɪ; US -ˌreri:] ADJ (ADV extemporarily) improvisiert, extemporiert, aus dem Stegreif: **~ translation** Stegreifübersetzung *f*, Vom-Blatt-Übersetzung *f*; **extempore** [-pərɪ] A ADV ex tempore, unvorbereitet, aus dem Stegreif B ADJ → extemporaneous C S Extempore *n*, Improvisation *f*, unvorbereitete Rede, Stegreifrede *f*, -gedicht *n*; **extemporization** S Extemporieren *n*, Improvisation *f*

extemporize [ɪk'stempəraɪz] A V/T extemporieren, improvisieren, aus dem Stegreif *od* unvorbereitet darbieten *od* vortragen *od* dichten *od* spielen B V/I extemporieren, improvisieren; **extemporizer** S Improvisator *m*, Improvisatorin *f*, Stegreifdichter(in)

extend [ɪk'stend] A V/T 1 (aus)dehnen, (-)weiten 2 a verlängern b *e-e Leiter etc* ausziehen 3 *e-e Produktionsanlage etc* vergrößern, erweitern, ausbauen: **~ one's horizons** s-n Horizont erweitern; **~ one's lead** SPORT s-n Vorsprung ausbauen 4 *ein Seil etc* ziehen, führen, spannen *(alle:* **round** um) 5 ausstrecken **(one's hand** die Hand) 6 *Nahrungsmittel etc* strecken **(with** mit) 7 *fig* fort-, weiterführen, *e-n Besuch, s-e Macht* ausdehnen **(to** auf *akk*), *e-e Frist, e-n Pass, e-n Vertrag etc* verlängern, WIRTSCH *a.* prolongieren, *ein Angebot etc* aufrechterhalten: **have one's passport ~ed** s-n Pass verlängern lassen; → bedtime 8 **(to, toward[s]** *dat)* a *e-e Gunst, Hilfe* gewähren, *Gutes* erweisen b *s-n Dank, Glückwunsch etc* aussprechen: **~ an invitation to(wards) sb** j-m e-e Einladung schicken, j-n einladen c *e-n Gruß* entbieten 9 JUR *verschuldeten Besitz* a gerichtlich abschätzen b pfänden 10 *Abkürzungen* (voll) ausschreiben, *Kurzschrift* (in Langschrift) übertragen 11 SPORT das Letzte aus *e-m Pferd* herausholen, voll ausreiten: **~ o.s.** sich völlig ausgeben *od* verausgaben 12 FLUG *das Fahrgestell* ausfahren 13 MIL ausschwärmen lassen 14 *Buchhaltung:* übertragen B V/I 1 sich ausdehnen, sich erstrecken, reichen *(alle:* **over** über *akk*; **to** bis zu) 2 sich *(zeitlich)* erstrecken *od* hinziehen **(for** über *akk*) 3 a hinausgehen **(beyond** über *akk*) b (heraus)ragen 4 MIL ausschwärmen; **extended** ADJ 1 ausgedehnt *(a. fig Zeitraum etc)* 2 ausgestreckt *(Hände etc)* 3 erweitert *(a.* MATH) 4 verlängert: **~-play record** Maxisingle *f* 5 groß, umfassend: **~ family** SOZIOL Großfamilie *f* 6 ausgebreitet: **~ formation** MIL auseinandergezogene Formation; **~ order** MIL geöffnete Ordnung 7 TYPO breit 8 *Reitsport:* stark *(Trab etc)*; **extending** ADJ ausziehbar, Auszieh...: **~ ladder**

extensibility [ɪkˌstensə'bɪlətɪ] S (Aus)Dehnbarkeit *f*; **extensible** ADJ 1 (aus)dehnbar 2 ausziehbar, Auszieh...: **~ table** 3 ANAT aus-, vorstreckbar

extensimeter [ˌeksten'sɪmɪtə(r)] → extensometer

extension [ɪk'stenʃn] S 1 Ausdehnung *f (a. fig:* **to** auf *akk*) 2 Erweiterung *f*, Vergrößerung *f* 3 MED a Strecken *n (e-s gebrochenen Gliedes)* b Vorstrecken *n (der Zunge etc)* 4 (Frist)Verlängerung *f*, WIRTSCH *a.* Prolongation *f*: **~ of credit** Kreditverlängerung; **~ of leave** Nachurlaub *m* 5 ARCH Erweiterung *f*, Anbau *m (Gebäude)* 6 PHIL Extension *f*, Umfang *m (e-s Begriffs)* 7 BIOL Streckungswachstum *n* 8 ELEK, TECH Nebenanschluss *m*, TEL *a.* Apparat *m*: **what's your ~?** welche Durchwahl haben Sie?; **~ bandage** S MED Streckverband *m*; **~ cable** S ELEK *bes Br* Verlängerungsschnur *f*; **~ cord** *US* → extension cable; **~ course** S UNIV a *(etwa)* Volkshochschulkurs *m* b Fernkurs *m*; **~ ladder** S Ausziehleiter *f*; **~ lead** [li:d] *Br* → extension cable; **~ piece** S Verlängerungsstück *n*; **~ ring** S FOTO Zwischenring *m*; **~ spring** S TECH Zugfeder *f*; **~ tube** → extension ring

extensive [ɪk'stensɪv] ADJ (ADV **~ly**) 1 ausgedehnt *(Farmen, Reisen etc)*, weit *(Blick)*: **travel ~ly** ausgedehnte Reisen unternehmen 2 geräumig, weitläufig 3 *fig* a umfassend *(Wissen etc)* b eingehend *(Bericht etc)* c zahlreich *(Beispiele etc)* d beträchtlich *(Anstrengungen, Schaden etc)* e weitreichend *(Einfluss, Reformen etc)* f umfangreich *(Arbeiten etc)* 4 PHIL räumlich, Raum... 5 AGR extensiv *(mit verhältnismäßig geringem Aufwand auf großen Flächen betrieben)*; **extensiveness** S Ausdehnung *f*, Weite *f*, Größe *f*, Umfang *m*

extensometer [ˌeksten'sɒmɪtə; *US* -'sɑmətər] S PHYS Dehnungsmesser *m*

extensor [ɪk'stensə(r)] S ANAT Extensor *m*, Streckmuskel *m*

extent [ɪk'stent] S 1 Ausdehnung *f*, Länge *f*, Weite *f*, Höhe *f*, Größe *f* 2 MATH *u. fig* Bereich *m* 3 *fig* Umfang *m*, (Aus)Maß *n*, Grad *m*: **~ of damage** Ausmaß des Schadens, Schadenshöhe *f*; **the ~ of** bis zum Betrag *od* zur Höhe von; **a large ~** in hohem Grade, weitgehend; **some** (*od* **a certain**) **~** bis zu e-m gewissen Grade, einigermaßen; **the full ~** in vollem Umfang, völlig; **such an ~ that ...** so sehr, dass ... 4 Raum *m*, Strecke *f*: **a vast ~ of marsh** ein ausgedehntes Sumpfgebiet

extenuate [ek'stenjʊeɪt; *US* ɪk'stenjəˌweɪt] V/T 1 abschwächen, mildern 2 beschönigen, bemänteln: **extenuating circumstances** JUR mildernde Umstände 3 *obs* a schwächen b verdünnen c herabsetzen; **extenuation** S 1 Abschwächung *f*, Milderung *f*: **in ~ of sth** zur Milderung e-r Sache, um etwas zu mildern 2 Beschönigung *f*; **extenuative** [-jʊətɪv; *US* -jəˌweɪtɪv], **extenuatory** [-jʊətərɪ; *US* -jəwəˌtəʊri:; -ˌtɔ:-] ADJ 1 mildernd, abschwächend 2 beschönigend

exterior [ek'stɪərɪə(r)] A ADJ (ADV **~ly**) 1 äußerlich, äußer(er, e, es), Außen...: **~ aerial** *(bes US* **antenna**) RADIO, TV) Außenantenne *f*; **~ angle** MATH Außenwinkel *m*; **~ ballistics** *pl (meist als sg konstruiert)* äußere Ballistik; **~ shot** → B 3; **~ view** Außenansicht *f*; **~ wall** Außenwand *f*; **~ to** abseits von *(od gen)*, außerhalb *(gen)* 2 von außen (ein)wirkend *od* kommend 3 POL auswärtig *(Angelegenheiten etc)* B S 1 *(das)* Äußere: a Außenseite *f* b äußere Erscheinung *(e-r Person)* 2 POL auswärtige Angelegenheiten *pl* 3 FILM, TV Außenaufnahme *f*; **exteriority** [-'ɒrətɪ; *US a.* -'ɑr-] S 1 *(das)* Äußere 2 Äußerlichkeit *f*; **exteriorize** V/T 1 → externalize 2 MED *ein Organ etc* nach außen legen *od* bringen

exterminant [ɪk'stɜ:mɪnənt; *US* -'stɜr-] S Vertilgungsmittel *n*

exterminate [ɪk'stɜ:mɪneɪt; *US* -'stɜr-] V/T ausrotten *(a. fig)*, vernichten, *Ungeziefer, Unkraut etc a.* vertilgen; **extermination** S Ausrottung *f (a. fig)*, Vernichtung *f*, Vertilgung *f*: **~ camp** Vernichtungslager *n*; **exterminative** [-nətɪv; *US* -ˌneɪtɪv] → exterminatory; **exterminator** [-neɪtə(r)] S 1 Kammerjäger(in) 2 → exterminant; **exterminatory** [-nətərɪ; *US* -nəˌtəʊri:; -ˌtɔ:-] ADJ Ausrottungs..., Vernichtungs..., Vertilgungs...

extern A ADJ [ek'stɜ:n; *US* ek'stɜrn; 'ek-] *obs für* external B S [ek'stɜ:n; *US* 'ekˌstɜrn] 1 *US* Externe(r) *m/f(m) (e-s Internats)* 2 *bes US Krankenhausarzt, der nicht im Krankenhaus wohnt*

external [ek'stɜ:nl; *US* ek'stɜrnl] A ADJ (ADV → externally) 1 äußer(er, e, es), äußerlich, Außen...: **~ aerial** *(bes US* **antenna**)(RADIO, TV) Außenantenne *f*; **~ angle** MATH Außenwinkel *m*; **~ ballistics** *pl (meist als sg konstruiert)* äußere Ballistik; **~ ear** ANAT äußeres Ohr; **~ evidence** JUR Beweis, der nicht aus der Urkunde selbst hervorgeht; **~ fertilization** MED Befruchtung *f* außerhalb des Mutterleibs; **~ remedy** äußerliches (Heil)Mittel; **for ~ use** MED zum äußerlichen Gebrauch, äußerlich; **~ to** außerhalb *(gen)* 2 von außen (ein)wirkend *od* kommend 3 a *(äußerlich)* wahrnehmbar, sichtbar b PHIL Erscheinungs...: **~ world** 4 (rein) äußerlich, (nur) oberflächlich 5 WIRTSCH, POL ausländisch, Außen...: **~ affairs** POL auswärtige Angelegenheiten; **~ assets** *pl* Auslandsvermögen *n*; **~ debt** auswärtige Schuld; **~ loan** Auslandskredit *m*; **~ trade** Außenhandel *m* 6 WIRTSCH außerbetrieblich, Fremd...: → auditing 7 **~ student** UNIV Fernstudent(in) B S 1 *meist pl (das)* Äußere 2 *pl* Äußerlichkeiten *pl*

externalism [ek'stɜ:nəlɪzəm; *US* -'stɜr-] S 1 PHIL Phänomenalismus *m (Anschauung, nach der die Gegenstände nur so erkannt werden können, wie sie uns erscheinen, nicht, wie sie an sich sind)* 2 Hang *m* zu Äußerlichkeiten; **externality** [ˌekstɜ:'nælətɪ; *US* -stɜr-] S 1 Äußerlichkeit *f* 2 PHIL Existenz *f* außerhalb des Wahrnehmenden 3 a äußere Eigenschaft b *pl* äußere Dinge *pl*; **externalization** [-nəlaɪ'zeɪʃn; *US* -lə'z-] S 1 Objektivierung *f* 2 PSYCH Externalisierung *f*; **externalize** V/T 1 *Wahrnehmungsprozesse etc* objektivieren 2 PSYCH *Konflikte etc* externalisieren, nach außen verlagern; **externally** ADV 1 äußerlich, von außen 2 außen

exterritorial [ˈeksˌterɪ'tɔ:rɪəl; *US a.* -'təʊ-] → extraterritorial

extinct [ɪk'stɪŋkt] ADJ 1 erloschen *(Vulkan, fig Titel etc)*: **become ~** erlöschen (→ 2) 2 ausgestorben *(Pflanze, Tier etc)*, untergegangen *(Reich etc)*: **become ~** aussterben (→ 1) 3 abgeschafft, aufgehoben *(Gesetze etc)*; **extinction** [-kʃn] S 1 Erlöschen *n* 2 Aussterben *n*, Untergang *m* 3 (Aus)Löschen *n* 4 Erstickung *f*, Zunichtemachung *f* 5 Vernichtung *f*, Zerstörung *f* 6 Abschaffung *f*, Aufhebung *f* 7 Tilgung *f* 8 ELEK, PHYS (Aus)Löschung *f*: **~ voltage** Löschspannung *f*

extinguish [ɪk'stɪŋgwɪʃ] V/T 1 *ein Feuer, Lichter* (aus)löschen, *e-e Zigarette* ausmachen 2 *fig obs* in den Schatten stellen 3 *Leben, Gefühle etc* auslöschen, ersticken, töten, *Hoffnungen, Pläne etc* zunichtemachen 4 *j-n* zum Schweigen bringen 5 *ein Gesetz etc* abschaffen, aufheben 6 *e-e Schuld* tilgen; **extinguishable** ADJ 1 (aus)löschbar 2 tilgbar; **extinguisher** S 1 (Feuer)Löschgerät *n*, (-)Löscher *m* 2 Lösch-, Lichthütchen *n* 3 Glut-, Zigarettentöter *m*; **extinguishment** → extinction 1, 2, 3, 4, 5, 6, 7

extirpate ['ekstɜ:peɪt; *US* -tərˌpeɪt] V/T 1 (mit den Wurzeln) ausreißen 2 *fig* ausmerzen, ausrotten 3 MED extirpieren, entfernen; **extirpation** S 1 Ausrottung *f* 2 MED Extirpation *f*, Entfernung *f*; **extirpator** [-tə(r)] S Ausrotter(in)

extol, *US a.* **extoll** [ɪk'stəʊl] V/T (lob)preisen, rühmen

extort [ɪk'stɔ:(r)t] V/T 1 **(from)** *etwas* erpressen, erzwingen (von), *a. Bewunderung etc* abringen, abnötigen *(dat)*: **~ money (a confession)** Geld (ein Geständnis) erpressen 2 *fig den Sinn* gewaltsam herausholen **(from** aus *Wörtern)*; **extorter** → extortioner; **extortion** S 1 Erpressung *f*: **obtain sth by ~** etwas erpressen *od* erzwingen 2 Wucher *m*; **extortionate** [-ʃnət] ADJ (ADV **~ly**) 1 erpresserisch 2 unmäßig, überhöht, Wucher...: **~ price**; **extortioner**, **extortionist** S 1 Erpresser(in) 2 Wucherer *m*, Wucherin *f*

extra ['ekstrə] A ADJ 1 zusätzlich, Extra..., Sonder..., Neben...: **be ~** gesondert berechnet werden; **~ charge** Zuschlag *m*, Aufpreis *m*; **~ charges** Nebenkosten; **at no ~ cost** ohne zusätzliche Kosten; **~ discount** Sonderrabatt *m*; **~ dividend** Extra-, Zusatzdividende *f*; **~ pay** Zulage *f*; **if you pay an ~ two pounds** wenn Sie noch zwei Pfund dazulegen; **~ work** Extraarbeit *f*, zusätzliche Arbeit, SCHULE Strafarbeit *f* 2 besonder(er, e, es), außergewöhnlich, besonders gut: **it is nothing ~** es ist nichts Besonderes B ADV extra, besonders: **arrive ~ late**; **an ~ high price**; **charge ~ for sth** etwas gesondert berechnen C S 1 *(etwas)* Außergewöhnliches *od* Zusätzliches, *bes* a Sonderarbeit *f*, -leistung *f* b *bes* AUTO Extra *n*, *pl a.* Sonderausstattung *f*: → optional 1 c Sonderberechnung *f*, Zuschlag *m*: **be an ~** gesondert berechnet werden 2 (besonderer) Zusatz 3 *pl* Sonder-, Nebenausgaben *pl od* -einnahmen *pl* 4 Extrablatt *n*, -ausgabe *f (Zeitung)* 5 Aushilfskraft *f*, Aushilfe *f (Arbeiter etc)* 6 FILM, TV Komparse *m*, Komparsin *f*, Statist(in)

extract A V/T [ɪk'strækt] 1 herausziehen, -holen *(beide:* **from** aus) 2 extrahieren: a MED *e-n Zahn* ziehen b CHEM ausziehen, -scheiden c MATH *die Wurzel* ziehen 3 *Honig etc* schleudern 4 METALL *etc* gewinnen **(from** aus): **~ing plant** Gewinnungsanlage *f* 5 a *Beispiele etc* ausziehen, exzerpieren *(beide:* **from a text** aus e-m Text) b *ein Buch etc* in Auszügen veröffentlichen *od* wiedergeben, e-n Auszug aus *e-m Buch etc* veröffentlichen 6 *fig* **(from)** *Informationen, Geld etc* herausholen (aus), entlocken, abringen *(dat)* 7 *fig e-e Lehre etc* ab-, herleiten *(beide:* **from** von) B S ['ekstrækt] a CHEM, GASTR Extrakt *m*: **~ of meat** Fleischextrakt b Auszug *m* **(from** aus *e-m Buch etc)*: **~ of account** Kontoauszug; **extractable**, **extractible** ADJ 1 herausziehbar 2 ausziehbar *(a.* CHEM)

extraction [ɪk'strækʃn] S 1 Herausziehen *n* 2 Extraktion *f*: a MED Ziehen *n (e-s Zahns)*: **she had two ~s** ihr wurden zwei Zähne gezogen b CHEM Ausziehen *n*, -scheidung *f* c MATH Ziehen *n (e-r Wurzel)* 3 METALL *etc* Gewinnung *f* 4 TECH *(Dampf)* Entnahme *f* 5 → extract B a 6 *fig* Entlockung *f* 7 Ab-, Herkunft *f*, Abstammung *f*: **of English ~** englischer Abstammung; **extractive** [-tɪv] A ADJ 1 (her)ausziehend: **~ industry** Industrie *f* zur Gewinnung von Naturprodukten 2 CHEM extraktiv, Extraktiv...: **~ distillation** B S CHEM Extrakt *m*; **extractor** [-tə(r)] S 1 TECH *(a.* MIL *Patronen-, Hülsen)*Auszieher *m*, Auswerfer *m*: **~ hook** Auszieherkralle *f* 2 MED *(Geburts-, Zahn)* Zange *f* 3 Trockenschleuder *f* 4 *a.* **~ fan** TECH Abzugsgebläse *n*: **~ hood** Abzugshaube *f*

extracurricular ADJ 1 SCHULE, UNIV außerhalb des Stunden- *od* Lehrplans 2 außerplanmäßig

extraditable ['ekstrədaɪtəbl] ADJ *(Völkerrecht)* 1 Auslieferung nach sich ziehend, auslieferungsfähig *(Verbrechen etc)* 2 auszuliefern(d) *(Verbrecher etc)*; **extradite** V/T *(Völkerrecht)* 1 ausliefern 2 *j-s* Auslieferung erwirken; **extradition** [-'dɪʃn] S *Völkerrecht*: Auslieferung *f*: → application 6, request A 1

extrados [eks'treɪdɒs; *US* 'ekstrəˌdɑs; -ˌdəʊs] *pl* **-dos** [-dəʊz], **-doses** S ARCH Gewölbe-, Bogenrücken *m*

extra|judicial ADJ (ADV **~ly**) JUR außergerichtlich; **~marital** ADJ außerehelich: **have ~ relations with s.o**; **~mundane** ADJ PHIL extramundan, außerweltlich; **~mural** ADJ (ADV ~ly) **1** außerhalb der Mauern (*e-r Stadt etc od Universität*): **~ courses** (*od* **classes**) **a** Hochschulkurse außerhalb der Universität **b** Fernkurse **2** ANAT extramural (*außerhalb der Wand e-s Hohlraums gelegen*)

extraneous [ekˈstreɪnjəs; -nɪəs] ADJ (ADV ~ly) **1** äußer(er, e, es), Außen… **2** fremd (**to** *dat*): **~ to reality** realitätsfremd **3** **a** unwesentlich **b** nicht dazugehörig: **be ~ to sth** nicht zu etwas gehören

extraordinarily [ɪkˈstrɔːdnrəlɪ; *US* ɪkˌstrɔːrdnˈerəliː] ADV außerordentlich, besonders: **~ cheap**; **extraordinariness** [-rɪnɪs; *US* -ˌeriːnɪs] S (*das*) Außerordentliche; **extraordinary** [-rɪ; *US* -ˌeriː] ADJ **1** außerordentlich, -gewöhnlich **2** ungewöhnlich, seltsam, merkwürdig **3** besonder(er, e, es) **4** WIRTSCH, POL *etc* außerordentlich, Sonder… (*a. von Beamten*): **~ powers**; **~ meeting**; → ambassador 1

extrapolate [ekˈstræpəʊleɪt; *bes US* ɪk-] V/T & V/I MATH extrapolieren (*Funktionswerte außerhalb e-s Intervalls aufgrund der innerhalb dieses Intervalls bekannten Funktionswerte näherungsweise bestimmen*); **extrapolation** S Extrapolation *f*

extra|professional ADJ außerberuflich, nicht zum Beruf gehörig; **~sensory** ADJ außersinnlich: **~ perception** außersinnliche Wahrnehmung; **~terrestrial** **A** ADJ extraterrestrisch, außerirdisch **B** S außerirdisches Wesen; **~territorial** ADJ (ADV ~ly) exterritorial, den Landesgesetzen nicht unterworfen; **~territoriality** S Exterritorialität *f*; **~ time** S SPORT (Spiel)Verlängerung *f*: **after ~** nach Verlängerung; **the game went into ~** das Spiel ging in die Verlängerung; **~uterine** ADJ: **~ pregnancy** MED Bauchhöhlenschwangerschaft *f*

extravagance [ɪkˈstrævəgəns, -vɪ-], **extravagancy** [-sɪ] S **1** Verschwendung(ssucht) *f* **2** Übermaß *n*, Übertriebenheit *f*, Extravaganz *f* **3** Ausschweifung *f*, Zügellosigkeit *f*; **extravagant** ADJ (ADV ~ly) **1** verschwenderisch **2** übermäßig, übertrieben, -spannt, verstiegen, extravagant **3** ausschweifend, zügellos; **extravaganza** [ekˌstrævəˈgænzə; *bes US* ɪk-] S **1** fantastische *od* überspannte Dichtung *od* Komposition **2** Ausstattungsstück *n*, -film *m*, -revue *f*

extravagate [ɪkˈstrævəgeɪt] V/I *obs* **1** umher-, abschweifen **2** zu weit gehen, das Maß überschreiten

extravasate [ekˈstrævəseɪt; *bes US* ɪk-] MED **A** V/T *Blut etc* (aus e-m Gefäß) austreten lassen **B** V/I (aus e-m Gefäß) austreten; **extravasation** S **1** Extravasation *f* **2** Extravasat *n* (*aus e-m Gefäß ausgetretenes Blut etc*)

extraversion [ˌekstrəˈvɜːʃn; *US* -ˈvɜrʒən; -ʃən], *etc* → extroversion *etc*

extreme [ɪkˈstriːm] **A** ADJ (ADV → extremely) **1** äußerst(er, e, es), weitest(er, e, es), End…, *a.* TECH extrem: **~ border** äußerster Rand; **~ value** Extremwert *m* **2** letzt(er, e, es): → unction 3 c **3** äußerst(er, e, es), höchst(er, e, es) (*Gefahr etc*): **~ penalty** **a** Höchststrafe *f* **b** Todesstrafe *f*; **~ old age** hohes Greisenalter; **~ climber** Extremkletterer *m*, -kletterin *f*; **~ climbing** Extremklettern *n* **4** außergewöhnlich, hochgradig, übertrieben, Not…: **~ case** **a** äußerster Notfall **b** besonders schwerwiegender Fall **5** *a.* POL extrem, radikal: **~ measure** drastische *od* radikale Maßnahme; **take ~ action** (*od* **measures**) zum Äußersten greifen; **~ Left** POL äußerste Linke **6** dringend(st): **~ necessity** zwingende Notwendigkeit **7** MUS übermäßig (*Intervall*) **B** S **1** äußerstes Ende, äußerste Grenze **2** (*das*) Äußerste, höchster Grad, Extrem *n* **3** Übermaß *n*, Übertreibung *f* **4** Gegensatz *m* **5** MATH **a** die größte *od* kleinste Größe **b** Außenglied *n* (*e-r Gleichung etc*): **the ~s and the means** die äußeren u. inneren Glieder e-r Proportion **6** PHIL äußerstes Glied (*e-s logischen Schlusses*)

Besondere Redewendungen: **at the other ~** am entgegengesetzten Ende; **in the ~**, **to an ~** übermäßig, äußerst, aufs Äußerste, höchst, extrem; **difficult in the ~** äußerst schwierig; **carry sth to an ~** etwas zu weit treiben; **be driven to ~s** zum Äußersten getrieben werden; **fly to the opposite ~** in das entgegengesetzte Extrem verfallen; **go to ~s** vor nichts zurückschrecken, **go from one ~ to the other** aus *od* von e-m Extrem ins andere fallen; **~s meet** die Extreme berühren sich; → rush[1] A 1

extremely ADV äußerst, höchst, ungemein, hochgradig: **~ favo(u)rable** äußerst günstig; **~ rare** äußerst *od* ganz selten; **extremeness** S Maßlosigkeit *f*; **extremism** S *bes* POL Extremismus *m*; **extremist** *bes* POL **A** S Extremist(in) **B** ADJ extremistisch

extremity [ɪkˈstremətɪ] S **1** **a** äußerstes Ende, äußerste Grenze **b** *fig* (*das*) Äußerste: **the last ~** bis zum Äußersten; **drive sb to extremities** j-n zum Äußersten treiben **2** *fig* höchster Grad: **~ of joy** Übermaß *n* der Freude **3** *fig* äußerste Not, verzweifelte Situation: **be reduced to extremities** in größter Not sein **4** *obs* äußerste Maßnahme: **go to extremities against sb** drastische Maßnahmen gegen j-n ergreifen **5** *fig* verzweifelter Entschluss *od* Gedanke **6** Gliedmaße *f*, Extremität *f* **7** MATH Ende *n*

extricable [ˈekstrɪkəbl; *US bes* ɪkˈstrɪk-] ADJ (**from**) herausziehbar (aus), zu befreien(d) (aus, von); **extricate** [-keɪt] V/T **1** (**from**) *etwas, j-n* (**o.s.** sich) herauswinden, -ziehen (aus), frei machen (von), befreien (aus, von) **2** CHEM *Gas* freisetzen; **extrication** S **1** Befreiung *f* **2** CHEM Freimachen *n*

extrinsic [ekˈstrɪnsɪk; *US a.* -zɪk] ADJ (ADV ~ally) **1** äußer(er, e, es): **a** außen gelegen **b** von außen (wirkend *etc*), *bes* SCHULE, PSYCH extrinsisch (*Motivation*) **2** **a** nicht zur Sache gehörig: **be ~ to sth** nicht zu etwas gehören **b** unwesentlich; **~ evidence** S JUR Beweis, der nicht aus der Urkunde selbst hervorgeht

extrorse [ekˈstrɔː(r)s; *US* ˈekˌst-] ADJ BOT extrors, auswärts gewendet (*Staubbeutel*)

extroversion [ˌekstrəʊˈvɜːʃn; *US* -ˈvɜrʒən; -ʃən] S PSYCH Extraversion *f*, Extravertiertheit *f*; **extrovert** [-vɜːt; *US* -ˌvɜrt] **A** S extravertierter Mensch **B** ADJ extra-, extrovertiert (*nach außen gerichtet*)

extrude [ekˈstruːd; *bes US* ɪk-] **A** V/T **1** ausstoßen (*a. fig*), (her)auspressen **2** TECH strangpressen, *Schläuche* spritzen **B** V/I vorstehen; **extruder** S TECH Strangpresse *f*; **extrusion** [-ʒn] S **1** Ausstoßung *f* (*a. fig*) **2** TECH **a** Strangpressen *n* **b** Spritzen *n* **c** Strangpressling *m*: **~ die** Strangpressform *f*, (Schlauch)Spritzform *f* **3** GEOL Extrusion *f* (*Herausquellen des Magmas aus Vulkanen*); **extrusive** [-sɪv] ADJ **1** ausstoßend **2** GEOL extrusiv (*an der Erdoberfläche erstarrt*): **~ rocks** Extrusivgestein *n*

exuberance [ɪgˈzjuːbərəns; *bes US* -ˈzuː-] S **1** (**of**) Fülle *f* (von *od gen*), Reichtum *m* (an *dat*) **2** Überschwang *m*, Ausgelassenheit *f* **3** (Rede)Schwall *m*; **exuberant** ADJ (ADV ~ly) **1** üppig, (über)reich **2** *fig* **a** überschwänglich **b** (über)sprudelnd, ausgelassen: **~ spirits** *pl* sprudelnde Laune **3** *fig* fruchtbar, (sehr) produktiv; **exuberate** [-reɪt] V/I **1** strotzen (**with** von) **2** schwelgen (**in** in *dat*)

exudate [ˈeksjuːdeɪt; *US a.* -sʊ-] S MED Exsudat *n*, Ausschwitzung *f*; **exudation** S **1** Exsudation *f* (*Absonderung e-s Exsudats*) **2** → exudate

exude [ɪgˈzjuːd; *US* ɪgˈzuːd] **A** V/T **1** *Schweiß etc* ausschwitzen, absondern **2** *Duft, fig Charme etc* verströmen, *Selbstbewusstsein etc* ausstrahlen **B** V/I **1** hervorkommen, austreten (*beide:* **from** aus) **2** ausströmen (**from** aus, von) (*a. fig*)

exult [ɪgˈzʌlt] V/I frohlocken, jubeln (*alle:* **at, over, in** über *akk*); **exultant** ADJ (ADV ~ly) frohlockend, jubelnd; **exultation** [ˌegzʌlˈteɪʃn, ˌeks-] S Jubel *m*, Frohlocken *n*: **a cry of ~** ein Jubelschrei; **exulting** ADJ (ADV ~ly) → exultant

exurb [ˈekˌsɜrb; ˈegˌz-] S *US* (vornehmes) Einzugsgebiet (*e-r Großstadt*); **exurbanite** [-bəˌnaɪt] S *US* Bewohner(in) e-s (vornehmen) Einzugsgebiets; **exurbia** [-bɪə] S die (vornehmen) Einzugsgebiete *pl*

exuviae [ɪgˈzjuːvɪiː; *bes US* -ˈzuː-] SPL ZOOL Exuvien *pl* (*tierische Körperhüllen, die beim Wachstumsprozess abgestreift werden*); **exuviate** [-eɪt] **A** V/T *die Haut* abstreifen, abwerfen **B** V/I sich häuten; **exuviation** S Abstreifen *n*, Abwerfen *n*

eyas [ˈaɪəs] S ORN Nestling *m*, Nestfalke *m*

eye [aɪ] **A** S **1** Auge *n*: **the ~s are the mirror of the soul** die Augen sind der Spiegel der Seele; **the ~s** *pl* **of the law** *hum* das Auge des Gesetzes (→ A 4); **an ~ for an ~** BIBEL Auge um Auge; **~s right (front, left)!** MIL Augen rechts (geradeaus, die Augen links)!; **all my ~s (and Betty Martin)!** *sl* so ein Blödsinn!; **my ~(s)!** *umg* **a** ach, du Schreck! **b** von wegen!, dass ich nicht lache!; **all ~s were on her** alle Augen ruhten auf ihr *od* waren auf sie gerichtet; **be up to the ~s in work** *umg* bis über die Ohren in Arbeit sitzen *od* stecken; **his ~s were bigger than his belly** (*od* **stomach**) s-e Augen waren größer als sein Magen; **not believe** (*od* **trust**) **one's ~s** s-n Augen nicht trauen; **I couldn't believe** (*od* **trust**) **my ~s** ich traute m-n Augen nicht; **close** (*od* **shut**) **one's ~s to** die Augen verschließen vor (*dat*); **cry** (*od* **sob, weep**) **one's ~s out** sich die Augen ausweinen; **do sb in the ~** *sl* j-n reinlegen, j-n übers Ohr hauen; **haven't you got ~s in your head?** hast du keine Augen im Kopf?; **as far as the ~ can see** so weit das Auge reicht; **with one's ~s shut** mit geschlossenen Augen (*a. fig*); → cast A 5, meet B 2, mind A 2, open B 1, peel[1] A 1, skin C 1 **2** *fig* Gesichtssinn *m*, Blick *m*, Auge(nmerk) *n*: **before** (*od* **under**) **my ~s** vor m-n Augen; **with an ~ to** im Hinblick auf (*akk*); **be all ~s** ganz Auge sein, gespannt zusehen; **wait all ~s** gespannt warten; **cast an ~ over** e-n Blick werfen auf (*akk*); **give an ~ to** ein Auge werfen auf (*akk*), *etwas* anblicken; **have no ~s for** kein Auge haben für; **he had ~s only for her** er hatte nur Augen für sie; **have an ~ to** **a** ein Auge haben auf (*akk*), es abgesehen haben auf (*akk*) **b** achten auf (*akk*); **if he had half an ~** wenn er nicht völlig blind wäre; **keep an ~ on** ein (wachsames) Auge haben auf (*akk*), *etwas* im Auge behalten; **see sth with half an ~** etwas mit einem Blick sehen; **you can see that with half an ~!** das sieht doch ein Blinder!; **set** (*od* **lay**) **~s on sth** etwas erblicken *od* zu Gesicht bekommen; → catch B 5, clap[1] B 4, strike B 8 **3** *fig* Sinn *m*, Auge *n* (*beide:* **for** für): **have an ~ for sth** Sinn *od* ein (offenes) Auge *od* e-n Blick für etwas haben **4** Ansicht *f*: **in my ~s** in m-n Augen, aus m-r Sicht, m-r Ansicht nach, (so) wie ich es sehe; **in the ~s of the law** in den Augen des Gesetzes, vom Standpunkt des Gesetzes aus (→ A 1); **see ~ to ~ with sb (in sth)** mit j-m völlig (in e-r Sache) übereinstimmen 5 *fig* (einladender) Blick: **make ~s at sb** j-m (schöne) Augen machen, mit j-m kokettieren; **give sb the (glad) ~** j-m e-n einladenden Blick zuwerfen 6 *fig* Brennpunkt *m*: **the ~ of day** *poet* die Sonne; **~ of a hurricane** Auge *n od* windstilles Zentrum e-s Wirbelsturms 7 ZOOL Krebsauge *n (Kalkkörper im Krebsmagen)* 8 a Öhr *n*: **~ of a needle** Nadelöhr b Auge *n*, Öhr *n*, Stielloch *n (e-s Hammers etc)* c Öse *f (am Kleid)* d BOT Auge *n*, Knospe *f* e ZOOL Auge *n (Fleck auf e-m Schmetterling, Pfauenschweif etc)* f ZOOL Kennung *f (Fleck am Pferdezahn)* g Loch *n (im Käse, Brot)* h Hahnentritt *m*, Narbe *f (im Ei)* i ARCH rundes Fenster j SCHIFF Auge *n*: **~ of an anchor** Ankerauge; **the ~s of a ship** die Klüsen *(am Bug)* k Zentrum *n (der Zielscheibe)* B VT *ppr* eyeing, eying anschauen, betrachten, (scharf) beobachten, ins Auge fassen: **~ sb up and down** j-n von oben bis unten mustern C VI *obs* erscheinen

eye| appeal S attraktive Gestaltung, optische Wirkung; **~ball** A S ANAT Augapfel *m*: **they were ~ to ~** sie standen sich Auge in Auge gegenüber; **they were sitting ~ to ~** sie saßen sich direkt gegenüber B VT *US umg* → eye B; **~ bank** S MED Augenbank *f*; **~bath** S MED Augenschälchen *n*; **~black** S Wimperntusche *f*; **~bolt** S TECH Aug-, Ringbolzen *m*; **~bright** S BOT Augentrost *m*; **~brow** S (Augen)Braue *f*: **~ pencil** Augenbrauenstift *m*; **be up to one's ~s in work** *umg* bis über die Ohren in Arbeit sitzen *od* stecken; **raise one's ~s** (*od* **an ~**) a die Stirn runzeln (**at** über *akk*) b hochnäsig dreinschauen; **cause raised ~s** Missfallen *od* Aufsehen erregen; **~-catcher** S Blickfang *m*, *umg* Hingucker *m*; **~-catching** ADJ ins Auge fallend, auffallend; **~ clinic** S MED Augenklinik *f*; **~ contact** S Blickkontakt *m*: **maintain ~** Blickkontakt halten; **~cup** S MED *US* Augenschälchen

eyed [aɪd] ADJ 1 mit Ösen *etc* (versehen) 2 *in Zusammensetzungen* ...äugig: → green-eyed 1, *etc*

eye|ful ['aɪfʊl] S *umg* 1 toller Anblick: **get an ~** was zu sehen bekommen; **get an ~ of this!** sieh dir das mal an! 2 tolle Frau: **she's quite an ~** sie hat e-e Menge zu bieten; **~glass** S 1 Monokel *n* 2 *pl*, *a.* **pair of ~es** *bes US* Brille *f* 3 OPT Okular *n (dem Auge zugewandte Linse)*; **~ground** S MED Augenhintergrund *m*; **~hole** S 1 Guckloch *n* 2 TECH kleine, runde Öffnung 3 ANAT Augenhöhle *f*; **~lash** S Augenwimper *f*; **~ lens** S OPT Okularlinse *f*

eyeless ['aɪlɪs] ADJ 1 augenlos 2 blind

eyelet ['aɪlɪt] S 1 Öse *f* 2 a kleine, runde Öffnung b Guckloch *n*

eye| level S Augenhöhe *f*: **at ~** in Augenhöhe; **~lid** S ANAT Augenlid *n*, -deckel *m*: → bat[3]; **~liner** S Eyeliner *m (flüssiges Kosmetikum zum Ziehen e-s Lidstrichs)*; **~-minded** ADJ PSYCH visuell *(vorwiegend mit Gesichtssinn begabt)*; **~ opener** S *umg* 1 aufklärender Umstand: **it was an ~ to me** es hat mir die Augen geöffnet 2 *US (bes* alkoholischer) Muntermacher; **~ patch** S Augenklappe *f*; **~piece** → eyeglass 3; **~shade** S Augenschirm *n*, Sonnenschild *m*; **~ shadow** S Lidschatten *m*; **~shot** S Sicht-, Sehweite *f*: **within (out of) ~** in (außer) Sichtweite; **we are out of his ~** er kann uns nicht (mehr) sehen; **~sight** S Sehkraft *f*, Augen(licht) *pl(n)*: **have good (poor) ~** gute (schwache *od* schlechte) Augen haben; **~ test** Sehprüfung *f*, -test *m*; **~ socket** S ANAT Augenhöhle *f*; **~sore** S *(etwas)* Unschönes, Schandfleck *m*: **it is an ~** es ist hässlich, es beleidigt das Auge; **~strain** S Ermüdung *f od* Überanstrengung *f* der Augen; **~tooth** S *irr* ANAT Augen-, Eckzahn *m*: **he'd give his eyeteeth** *umg* er würde alles geben (**for** für), er würde alles dafür geben (**to be,** *etc* zu sein *etc*); **cut one's eyeteeth** *fig* flügge werden *umg*, den Kinderschuhen entwachsen; **~-turner** S → eye-catcher; **~wash** S 1 PHARM Augenwasser *n* 2 *umg* a leeres Geschwätz, Quatsch *m*, Gewäsch *n (alle pej)* b Augen(aus)wischerei *f compt.*; **~water** S 1 MED, PHARM Augenwasser *n* 2 PHYSIOL Augenflüssigkeit *f*; **~witness** A S Augenzeuge *m*, -zeugin *f (beide:* **to** *gen)*: **~ account** Augenzeugenbericht *m* B VT Augenzeuge sein *od* werden von *(od gen)*, mit eigenen Augen sehen

eyot [eɪt] S *Br* Flussinselchen *n*

eyrie, eyry ['aɪərɪ; 'ɪərɪ; 'eərɪ] S ORN Horst *m*

Ezekiel, Ezechiel [ɪ'zi:kjəl] EIGENN & S BIBEL (das Buch) Hesekiel *m od* Ezechiel *m*

Ezra ['ezrə] EIGENN & S BIBEL (das Buch) Esra *m od* Esdras *m*

F

F[1], f [ef] *pl* F's, Fs, f's, **fs** [efs] S 1 F, f *n (Buchstabe)* 2 MUS F, f *n (Note)*: **F flat** Fes, fes *n*; **F sharp** Fis, fis *n* 3 **F** MATH f *(Funktion von)* 4 **F** SCHULE, UNIV Sechs *f*: **get an F in German** in Deutsch „ungenügend" *od* e-e Sechs bekommen

F[2] ABK 1 Fahrenheit 2 PHYS force 3 French 4 MATH function

f.[1] ABK 1 SCHIFF fathom 2 feet PL 3 LING female 4 feminine 5 following 6 foot 7 PHYS frequency 8 from

F.[2] ABK 1 Fahrenheit 2 ELEK farad 3 Fellow

F:, F/, f, f:, f/ ABK FOTO F number

fa[1] [fɑ:] S MUS fa *n*: a *Solmisationssilbe* b *Tonsilbe in der Solfège-Methode*

FA[2] ABK *Br* Football Association

FAA ABK *US* Federal Aviation Administration Bundesluftfahrtbehörde *f*

fab [fæb] *bes Br umg für* fabulous 2 b

Fabian ['feɪbjən; -bɪən] A ADJ 1 Hinhalte..., Verzögerungs...: **~ tactics** 2 *die* **Fabian Society** *betreffend* B S → Fabianist; **Fabianism** S Fabianismus *m*, Politik *f* der **Fabian Society**; **Fabianist** S Fabier(in), Mitglied *n* der **Fabian Society**

Fabian Society S Fabian Society *f (1884 in London gegründete sozialistische Gesellschaft)*

fable ['feɪbl] A S 1 a (Tier)Fabel *f* b Sage *f* 2 KOLL a Fabeln *pl* b Sagen *pl* 3 *fig* Märchen *n pej*, erfundene Geschichte, Lüge *f* 4 Geschwätz *n pej*: **old wives' ~s** *pl* Altweibergewäsch *n* 5 *obs* Fabel *f*, Handlung *f (e-s Dramas)* B VT **it is ~d that ...** der Sage zufolge ...; **fabled** [-bld] ADJ 1 sagenhaft, der Sage angehörend 2 (frei) erfunden 3 *umg* sagenhaft *(unvorstellbar)*: **his ~ luck**; **fabler** [-blə(r)] → fabulist

fabric ['fæbrɪk] S 1 Zusammensetzung *f*, Bau *m* 2 Gebilde *n* 3 ARCH Gebäude *n*, Bau *m (a. fig)* 4 Bauerhaltung *f (bes von Kirchen)* 5 *fig* Bau *m*, Gefüge *n*, Struktur *f*: **the ~ of society** das gesellschaftliche Gefüge, die Gesellschaftsstruktur 6 *fig* System *n* 7 Stoff *m*, Gewebe *n*: **silk ~s** Seidenstoffe; **~ conditioner** Weichspüler *m*, -spülmittel *n*; **~ gloves** Stoffhandschuhe 8 TECH Leinwand *f*, Reifengewebe *n* 9 GEOL Textur *f (räumliche Anordnung u. Verteilung der Gemengteile e-s Gesteins)* 10 *obs* Fabrikat *n*

fabricate ['fæbrɪkeɪt] VT 1 fabrizieren, (an)fertigen, herstellen 2 (er)bauen, errichten, *engS. (aus vorgefertigten Teilen)* zusammenbauen 3 *fig* fabrizieren *umg*: a erfinden b *Beweise etc* fälschen 4 *fig ein Dokument* fälschen; **fabrication** S 1 Fabrikation *f*, Herstellung *f*, (An)Fertigung *f* 2 (Zusammen)Bau *m*, Errichtung *f* 3 *fig* Erfindung *f*, Märchen *n pej*, Lüge *f*: **be (a) pure ~** völlig frei erfunden sein 4 Fälschung *f*; **fabricator** [-tə(r)] S 1 Hersteller(in) 2 *fig* Erfinder(in), Urheber(in) *(von Lügen etc)*, Schwindler(in) 3 Fälscher(in)

fabulist ['fæbjʊlɪst] S 1 Fabeldichter(in) 2 Schwindler(in); **fabulosity** [-'lɒsətɪ; *US* -'lɑ-] → fabulousness; **fabulous** ADJ (ADV ~ly) 1 sagenhaft, der Sage angehörend: **~ beast** (*od* **creature**) Fabel-, Sagentier *n* 2 a fabelhaft *(außergewöhnlich)*: **~ wealth** sagen- *od* märchenhafter Reichtum b *umg* fabelhaft, toll *(Party etc)*; **fabulousness** S *umg* Fabelhaftigkeit *f*

fac. ABK 1 facsimile 2 factor 3 factory

façade, facade [fə'sɑ:d; fæ-] S ARCH Fassade *f (a. fig)*, Vorderseite *f*

face [feɪs] A S 1 Gesicht *n*, *bes poet* Angesicht *n*, Antlitz *n (beide a. fig)*: **~ down (upwards)** mit dem Gesicht nach unten (oben); **for your fair ~** um d-r schönen Augen willen; **~ to ~** von Angesicht zu Angesicht, direkt; **they were sitting ~ to ~** sie saßen sich (direkt) gegenüber; **bring persons ~ to ~** Personen (einander) gegenüberstellen; **~ to ~ with** Auge in Auge mit, gegenüber, vor *(dat)*; **she's not just a ~ in the crowd** a sie hat kein Dutzendgesicht b sie ist nicht irgendjemand; **do (up) one's ~**, *umg* **put one's ~ on** sich schminken, sich anmalen *pej*; **fly in the ~ of** a *j-m* ins Gesicht springen b sich (offen) widersetzen *(dat)*, *a. der Gefahr* trotzen; **laugh into sb's ~** j-m ins Gesicht lachen; **look sb in the ~** j-m ins Gesicht sehen; **say sth to sb's ~** j-m etwas ins Gesicht sagen; **shut** (*od* **slam**) **the door in sb's ~** j-m die Tür vor der Nase zuschlagen; → flat[1] C 1, show B 1, write A 2 2 Gesicht(sausdruck) *n(m)*, Aussehen *n*, Miene *f*: **have a ~ as long as a fiddle** *umg* ein Gesicht machen wie drei Tage Regenwetter; **put a good ~ on the matter** gute Miene zum bösen Spiel machen; **make** (*od* **pull**) **a ~** ein Gesicht *od* e-e Grimasse *od* e-e Fratze machen *od* schneiden (**at sb** j-m); **pull a long ~** ein langes Gesicht machen; **put a bold ~ on sth** sich etwas *(Unangnehmes etc)* nicht anmerken lassen, e-r Sache gelassen entgegensehen; → set against 1 3 *umg* Stirn *f*, Dreistigkeit *f*, Unverschämtheit *f*: **have the ~ to do sth** die Stirn haben *od* so unverfroren sein, etwas zu tun 4 *fig* Gegenwart *f*, Anblick *m*, Angesicht *n*: **before his ~** vor s-n Augen, in s-r Gegenwart; **in (the) ~ of** a angesichts *(gen)*, gegenüber *(dat)* b trotz *(gen od dat)*; **in the ~ of danger** angesichts der Gefahr; **in the very ~ of day** am helllichten Tage 5 *fig* (das) Äußere, (äußere) Gestalt *od* Erscheinung, Anschein *m*: **the ~ of affairs** die Sachlage; **on the ~ of it** auf den ersten Blick, oberflächlich (betrachtet); **put a new ~ on sth** etwas in neuem *od* anderem Licht erscheinen lassen 6 *fig* Gesicht *n*, Ansehen *n*: **save (one's) ~, preserve ~** das Gesicht wahren; **lose ~** das Gesicht verlieren 7 WIRTSCH, JUR Nenn-, Nominalwert *m (e-s Wertpapiers etc)*, Wortlaut *m (e-s Dokuments)* 8 Ober-, Außenfläche *f*, Vorderseite *f*: **~ (of a clock)** Zifferblatt *n*; **lie on its ~** nach unten gekehrt *od* auf dem Gesicht liegen; **wipe off the ~ of the earth** *e-e Stadt etc* ausradieren, dem Erdboden gleichmachen 9 → façade 10 rechte Seite *(Stoff, Leder etc)* 11 Bildseite *f (e-r Spielkarte)*, *(e-r Münze a.)* Vorderseite *f*, *(e-r Münze)* Avers *m* 12 MATH *(geometrische)* Fläche: **~ of a crystal** Kristallfläche 13 TECH a Stirn-

F

seite *f*, -fläche *f* **b** Amboss-, Hammerbahn *f* **c** Breite *f* (*e-s Zahnrades etc*) **d** Brust *f* (*e-s Bohrers, Zahns etc*) **e** Schneide *f* **14** TYPO Bild *n* (*der Type*) **15** *Bergbau*: Streb *m*, Ort *n*, Wand *f*: **~ of a gangway** Ort e-r Strecke, Ortsstoß *m*; **~ of a shaft** Schachtstoß *m*; **at the ~** vor Ort **16** (Fels)Wand *f*: **the north ~ of the Eiger** die Eigernordwand **B** V/T **1** *j-m* das Gesicht zuwenden, *j-n* ansehen, *j-m* ins Gesicht sehen **2 a** *j-m, e-r Sache* gegenüberstehen, -liegen, -sitzen: **the man facing me** der Mann mir gegenüber **b** blicken *od* liegen nach (*Raum etc*): **the house ~s the sea** das Haus liegt (nach) dem Meer zu; **the windows ~ the street** die Fenster gehen auf die Straße (hinaus) **3** *etwas* umkehren, umwenden: **~ a card** e-e Spielkarte aufdecken **4** *j.m, e-r Sache* mutig entgegentreten *od* begegnen, sich stellen, die Stirn *od* Spitze bieten, trotzen: **~ death** dem Tod ins Auge blicken; **~ it out** die Sache durchstehen; **~ sb off** US es auf e-e Kraft- *od* Machtprobe mit j-m ankommen lassen; → music 1 **5** *oft* **be ~d with** *fig* sich *j-m od e-r Sache* gegenübersehen, gegenüberstehen, entgegenblicken, ins Auge sehen (*dat*): **he was ~d with ruin** er stand vor dem Nichts; **he is facing imprisonment** er muss mit e-r Gefängnisstrafe rechnen **6** *etwas* hinnehmen: **~ the facts** sich mit den Tatsachen abfinden; **let's ~ it** seien wir ehrlich, machen wir uns nichts vor **7** TECH **a** *e-e Oberfläche* verkleiden, verblenden **b** plandrehen, fräsen, *Stirnflächen* bearbeiten **c** *Schneiderei*: besetzen, einfassen, unterlegen: **~d with red** mit roten Aufschlägen **8** ARCH **a** (mit Platten *etc*) verblenden **b** verputzen **c** *Steine* glätten **9** WIRTSCH *e-e Ware* verschönen, attraktiver machen: **~ tea** Tee färben **10** MIL e-e Wendung machen lassen **C** V/I **1** das Gesicht wenden, sich drehen, e-e Wendung machen (*alle*: **to, toward[s]** nach): **~ about** sich umwenden, kehrtmachen (*a. fig*); **about ~!** MIL US ganze Abteilung kehrt!; **left ~!** MIL US linksum!; **right about ~!** MIL US rechtsum kehrt!; **~ away** sich abwenden **2** blicken, liegen (**to, toward[s]** nach) (*Raum etc*): **~ east** nach Osten liegen; **south-facing balcony** Südbalkon *m* **3 ~ up to** → B 4 **4 ~ up to** → B 6 **5 ~ off** (*Eishockey*) das Bully ausführen

face|-about → about-face A; **~ache** S **1** MED Gesichtsschmerz *m*, Trigeminusneuralgie *f* **2** *umg* **a** Vogelscheuche *f* (*hässliche Person*) **b** Jammergestalt *f*; **~ amount** S WIRTSCH Nenn-, Nominalwert *m*; **~ angle** S MATH Flächenwinkel *m*; **~ brick** S ARCH Verblendstein *m*; **~ card** S *Kartenspiel*: US Bild(karte) *n(f)*; **~-centered**, *bes Br* **~-centred** ADJ CHEM, MINER, PHYS flächenzentriert; **~cloth** S Waschlappen *m*; **~ cream** S Gesichtscreme *f*

faced [feɪst] ADJ *in Zusammensetzungen* mit (e-m) ... Gesicht: **black-~**

face|down S *US umg* Kraft-, Machtprobe *f*; **~ flannel** S *Br* Waschlappen *m*; **~ hammer** S TECH Bahnschlägel *m*; **~-harden** V/T TECH die Oberfläche härten von (*od gen*); **~-hardening** S TECH Oberflächenhärtung *f*; **~ lathe** S TECH Plandreh-, Scheibendrehbank *f*

faceless ADJ **1** gesichtslos **2** *fig* anonym

face|-lift **A** S **1** MED Facelifting *n* (*operative Beseitigung von Gesichtsfalten*): **have a ~** sich das Gesicht liften lassen, sich liften lassen **2** *fig* Verschönerung *f*, Renovierung *f*: **give** *sth* **a ~** → B 2 **B** V/T **1** MED *j-m* das Gesicht liften, *j-n* liften **2** *fig* verschönern, *e-m Wagen etc* ein neues Aussehen geben, *ein Gebäude etc* renovieren; **~-lifting** → face-lift A; **~ mask** S **1** SPORT Gesichtsmaske *f* **2** Schutzmaske *f*; **~ mill** S TECH Stirnfräser *m*; **~-off** S **1** *Eishockey*: Bully *n*: **~ circle** Anspielkreis *m*; **~ spot** Anspielpunkt *m* **2** US Kraft-, Machtprobe *f*; **~ pack** S *Kosmetik*: Gesichtsmaske *f*, -packung *f*; **~plate** S TECH **1** Planscheibe *f* (*der Drehbank*) **2** Schutzplatte *f*; **~ powder** S Gesichtspuder *m*, *umg n*

facer S **1** *umg* Schlag *m* ins Gesicht **2** *Br umg* harte Nuss (*Problem*) **3** TECH Plandreher(in)

face|-saver S Ausrede *f etc*, um das Gesicht zu wahren: **he was allowed the ~ of resigning** zur Wahrung s-s Gesichts räumte man ihm die Möglichkeit ein zurückzutreten; **~-saving** ADJ zur Wahrung des Gesichts: **~ excuse** → face-saver

facet [ˈfæsɪt] **A** S **1** Facette *f* (*am Edelstein*) **2** MINER, TECH Rauten-, Schliff-, Kristallfläche *f* **3** ZOOL Facette *f* (*e-s Facettenauges*) **4** ARCH Grat *m*, Steg *m* (*an e-r Säule*) **5** ANAT Gelenkfläche *f* (*e-s Knochens*) **6** *fig* Seite *f*, Aspekt *m* **B** V/T *prät u. pperf* -eted, -etted facettieren; **facet(t)ed** [-tɪd] ADJ facettiert, Facetten...: **~ eye** ZOOL Facettenauge *n*

facetiae [fəˈsiːʃiː] S PL Fazetien *pl*: **a** witzige Aussprüche *pl* **b** derbkomische Werke *pl* (*Bücher*)

face time S Face Time *f* (*Zeit, in der man mit j-m von Angesicht zu Angesicht kommuniziert*)

facetious [fəˈsiːʃəs] ADJ (ADV **~ly**) witzig, spaßig, spaßhaft; **facetiousness** S Witzigkeit *f*

face| tissue S Kosmetiktuch *n*; **~-to-face** ADJ **1** persönlich (*Treffen etc*) **2** direkt (*Konfrontation etc*); **~ towel** S (Gesichts)Handtuch *n*; **~ value** S **1** WIRTSCH Nenn-, Nominalwert *m* **2** *fig* scheinbarer Wert, (*das*) Äußere: **at ~** oberflächlich betrachtet; **take sth at (its) ~** etwas unbesehen glauben; **I took his words at their ~** ich nahm s-e Worte für bare Münze; **~ wall** S ARCH Stirnmauer *f*; **~ worker** S *Bergbau*: Hauer *m*

facia [ˈfeɪʃə] S *Br* **1** Firmen-, Ladenschild *n* **2** → dashboard 1

facial [ˈfeɪʃl] **A** ADJ (ADV **~ly**) **a** Gesichts...: **~ cream (expression**, *etc*) **b** des Gesichts, im Gesicht: **~ cuts** Schnittwunden im Gesicht **B** S *Kosmetik*: Gesichtsbehandlung *f*; **~ index** S *a. irr Schädellehre*: Gesichtsindex *m*; **~ neuralgia** S MED Gesichtsneuralgie *f*, -schmerz *m*; **~ pack** S *Kosmetik*: Gesichtsmaske *f*, -packung *f*

-facient [ˈfeɪʃnt] *Endsilbe mit der Bedeutung* machend, verursachend

facies [ˈfeɪʃiːiːz; -ʃiːz] S **1** MED, ZOOL Gesicht (sausdruck) *n(m)* **2** (*das*) Äußere, äußere Erscheinung **3** MED, ZOOL allgemeiner Typus **4** GEOL Fazies *f* (*die verschiedene Ausbildung von Sedimentgesteinen gleichen Alters*)

facile [ˈfæsaɪl; *US* -səl] ADJ (ADV **~ly**) **1** leicht (zu tun *od* zu meistern *od* zu erringen): **a ~ victory** ein leichter Sieg **2** oberflächlich, (*Gefühle, Roman etc a.*) ohne Tiefgang **3** flüssig (*Stil*) **4** gelassen

facilitate [fəˈsɪlɪteɪt] V/T *etwas* erleichtern; **facilitation** S Erleichterung *f*

facility [fəˈsɪlətɪ] S **1** Leichtigkeit *f* (*der Ausführung etc*) **2** Oberflächlichkeit *f* **3** Flüssigkeit *f* (*des Stils*) **4** Gelassenheit *f* **5** (günstige) Gelegenheit, Möglichkeit *f* (*beide*: **for** für) **6** Einrichtung *f*, (*Produktions- etc*) Anlage *f* **7** Erleichterung *f*, Vorteil *m*, Vergünstigung *f*, Annehmlichkeit *f*: **facilities of payment** Zahlungserleichterungen

facing [ˈfeɪsɪŋ] S **1** MIL Wendung *f*, Schwenkung *f*: **go through one's ~s** *fig* zeigen (müssen), was man kann; **put sb through his ~s** *fig* j-n auf Herz u. Nieren prüfen **2** TECH Verkleidung *f* **3** TECH **a** Plandrehen *n* **b** Planflächenschliff *m*: **~ lathe** Plandrehbank *f* **4** *a.* **~ sand** (*Gießerei*) fein gesiebter Formsand **5** TECH Futter *n*, (*Brems-, Kupplungs*) Belag *m* **6** ARCH **a** Verblendung *f*: **~ brick** Blendstein *m* **b** Bewurf *m*, Verputz *m* **c** Stirnmauer *f* **7** *Zahntechnik*: Verblendung *f* (*e-r Krone etc*) **8** *Schneiderei*: **a** Aufschlag *m* **b** Einfassung *f*, Besatz *m*: **~s** MIL (Uniform)Aufschläge

facsimile [fækˈsɪmɪlɪ] **A** S **1** Faksimile *n*, genaue Nachbildung, Reproduktion *f*: **~ signature** Faksimileunterschrift *f* **2** (Tele)Fax *n* (*Fernkopie*) **B** V/T faksimilieren

fact [fækt] S **1** Tatsache *f*, Faktum *n*, Wirklichkeit *f*, Wahrheit *f*: **~ and fancy** Dichtung u. Wahrheit; **in (point of) ~** in der Tat, tatsächlich, faktisch, in Wirklichkeit, genau genommen; **it is a ~** es ist e-e Tatsache, es ist tatsächlich so, es stimmt; **it is a ~ that ...** Tatsache ist, dass ...; **the ~ (of the matter) is** Tatsache ist *od* die Sache ist die (**that** dass); **and that's a ~!** glaube mir!; *however many gallons you say you put in this morning*, **the tank is empty now, and that's a ~!** jetzt ist der Tank auf jeden Fall *od* jedenfalls leer!; **be based** (*od* **founded) on ~** auf Tatsachen beruhen; **know sth for a ~** etwas (ganz) sicher wissen; **be a ~ of life** die harte *od* raue Wirklichkeit sein; **the ~s of life** das Geheimnis des Lebens, die Tatsachen über die Entstehung des Lebens; **explain the ~s of life to sb, tell sb the ~s of life** j-n (*sexuell*) aufklären; **she doesn't know the ~s of life yet** sie ist noch nicht aufgeklärt; → matter A 3 **2** JUR **a** Tatsache *f*: **in ~ and law** in tatsächlicher u. rechtlicher Hinsicht; **the ~s (of the case)** der Tatbestand, die Tatumstände, der Sachverhalt; **(statement of) ~s** Tatbestand *m*, -bericht *m*, Darstellung *f* des Tatbestandes **b** Tat *f*: **before (after) the ~** vor (nach) begangener Tat; → accessory B 4; **~-based** ADJ auf Tatsachen beruhend; **~-finding** ADJ Untersuchungs...: **~ committee** Untersuchungsausschuss *m*

faction [ˈfækʃn] S *bes* POL **1** Splittergruppe *f*: **the party split into ~s** die Partei spaltete sich in Splittergruppen **2** Parteihader *m*; **factional** [-ʃənl] ADJ **1** eigennützig **2** Splittergruppen...

factious [ˈfækʃəs] ADJ (ADV **~ly**) **1** andersdenkend: **~ group** Dissidentengruppe *f* **2** parteiintern (*Streitigkeiten etc*)

factitious [fækˈtɪʃəs] ADJ (ADV **~ly**) künstlich, (*Freundlichkeit etc a.*) gekünstelt; **factitiousness** S Künstlichkeit *f*

factitive [ˈfæktɪtɪv] ADJ (ADV **~ly**) LING faktitiv, bewirkend (*Verb*)

factor [ˈfæktə(r)] **A** S **1** WIRTSCH Kommissionär(in) **2** *fig* Faktor *m* (*a.* MATH), (mitwirkender) Umstand, Moment *n*: **the determining ~ of** (*od* **in**) **sth** der bestimmende Umstand e-r Sache; **~ of merit** TECH Gütefaktor; **~s of production** WIRTSCH Produktionsfaktoren **3** BIOL Erbfaktor *m* **4** FOTO Multiplikationsfaktor *m* **5** *schott* (Guts)Verwalter(in) **B** V/T → factorize 1

factorable ADJ MATH zerlegbar

factorage S Provision *f* (*e-s Kommissionärs*)

factor analysis S *Statistik*: Faktorenanalyse *f*

factorial [fækˈtɔːrɪəl; *US a.* -ˈtəʊ-] MATH **A** ADJ (ADV **~ly**) faktoriell, nach Faktoren aufgeschlüsselt, in Faktoren zerlegt **B** S Fakultät *f* (*Funktion, die einer natürlichen Zahl das Produkt aller natürlichen Zahlen kleiner oder gleich dieser Zahl zuordnet*)

factoring S WIRTSCH Factoring *n* (*Methode der Absatzfinanzierung, bei der die Lieferfirma ihre Forderungen aus Warenlieferungen e-m Finanzierungsinstitut verkauft, das meist auch das volle Kreditrisiko übernimmt*); **factorize** V/T **1** MATH in Faktoren zerlegen, nach Faktoren aufschlüsseln **2** JUR *US Drittschuldner* pfänden

factory [ˈfæktərɪ] **A** S WIRTSCH **1** Fabrik (-gebäude) *f(n)*, -anlage *f* **2** Faktorei *f*, Handelsniederlassung *f* (*in Übersee*) B ADJ Fabrik…: **Factories Acts** *Br* Arbeiterschutzgesetze, **~ cost** Herstellungskosten *pl*; **~ farm** voll automatisierter Tierhaltungsbetrieb, *pej* Massentierhaltungsbetrieb *m*; **~ floor** → shop floor; **~-fresh** fabrikneu; **~-gate price** Fabrikpreis *m*; **~ hand** (*od* **worker**) Fabrikarbeiter(in); **~-made** fabrikmäßig hergestellt; **~-made goods** *pl* Fabrikware *f*; **~ ship** Fabrikschiff *n*

factotum [fæk'təʊtəm] S Faktotum *n*, Mädchen *n* für alles *umg*

factual ['fæktʃʊəl; *US* -tʃəwəl] ADJ (ADV **~ly**) 1 tatsächlich, auf Tatsachen beruhend, Tatsachen…: **~ error** Sachfehler *m*; **~ knowledge** Faktenwissen *n*; **~ report** Tatsachenbericht *m*; **~ situation** Sachlage *f*, -verhalt *m* 2 sich an die Tatsachen haltend, genau 3 sachlich

facultative ['fækltətɪv; *US* 'fækəl,teɪ-] ADJ (ADV **~ly**) 1 berechtigend 2 fakultativ, freigestellt: **~ subject** SCHULE, UNIV Wahlfach *n* 3 **~ parasite** BIOL fakultativer Parasit (*Lebewesen, das nur gelegentlich als Parasit auftritt*)

faculty ['fækltɪ] S 1 Fähigkeit *f*, Vermögen *n*: **~ of hearing** Hörvermögen 2 Kraft *f*, Geschicklichkeit *f*, Gewandtheit *f* 3 (natürliche) Gabe, Anlage *f*, Talent *n*, Fähigkeit *f*: **(mental) faculties** Geisteskräfte; **be in full possession of all one's faculties** im Vollbesitz s-r geistigen Kräfte sein; **have a ~ for** (*od* **of**) **doing sth** das Talent *od* die Fähigkeit haben, etwas zu tun 4 UNIV a Fakultät *f*, Wissenszweig *m*: **the medical ~** die medizinische Fakultät, *weitS.* die Mediziner *pl* b (Mitglieder *pl* e-r) Fakultät, Lehrkörper *m* c *bes US* Lehr-, Verwaltungspersonal *n* (*a. e-r Schule*) 5 JUR a Ermächtigung *f*, Befugnis *f* (**for** zu, für) b *meist pl* Vermögen *n*, Eigentum *n* 6 REL Befugnis *f*, Dispens *m/f*

fad [fæd] S a Mode(erscheinung, -torheit) *f* b (vorübergehende) Laune; **faddish, faddy** ADJ a Mode…, vorübergehend b **a ~ woman** e-e Frau, die jede Mode(torheit) mitmacht

fade [feɪd] A VI 1 (ver)welken 2 verschießen, verblassen, ver-, ausbleichen (*Farbe etc*) 3 *a.* **~ away** sich auflösen (*Menge*), immer weniger werden (*Personen*), MED immer schwächer werden (*Person*), verklingen (*Lied etc*), verblassen (*Erinnerung*), verrauchen (*Zorn etc*), zerrinnen (*Hoffnungen*): **see one's hopes of victory ~** s-e Siegeshoffnungen schwinden sehen 4 RADIO schwinden (*Ton, Sender*) 5 nachlassen (*Bremsen*), (*Sportler a.*) abbauen 6 *a.* **~ out** (FILM, RADIO, TV) aus- *od* abgeblendet werden (*Ton, Bild*): **~ in** (*od* **up**) auf- *od* eingeblendet werden B VT 1 (ver)welken lassen 2 *e-e Farbe etc* ausbleichen 3 *a.* **~ out** *e-n Ton, ein Bild* aus- *od* abblenden: **~ in (up)** aufblenden (einblenden)

faded ['feɪdɪd] ADJ (ADV **~ly**) 1 welk 2 ausgeblichen, ausgebleicht (*Farbe etc*)

fade-in S FILM, RADIO, TV Auf-, Einblendung *f*

fadeless ADJ (ADV **~ly**) 1 licht-, farbecht 2 *fig* unvergänglich

fade-out S 1 FILM, RADIO, TV Aus-, Abblendung *f* 2 PHYS Ausschwingen *n*: **~ time** Ausschwingzeit *f*

fader S FILM, TV Aufblend-, Abblendregler *m*; **fading** A ADJ 1 (ver)welkend 2 ausbleichend (*Farbe etc*) 3 *fig* vergänglich B S 1 (Ver-)Welken *n* 2 Ausbleichen *n* 3 RADIO Fading *n*, Schwund *m*: **~ control** Schwundreg(e)lung *f* 4 TECH Fading *n* (*Nachlassen der Bremswirkung*)

faecal, *bes US* **fecal** ['fi:kl] ADJ fäkal, Kot…: **~ matter** Kot *m*; → continence, incontinence 2; **faeces**, *bes US* **feces** ['fi:si:z] SPL 1 Fäkalien *pl*, Kot *m* 2 Rückstände *pl*, (Boden)Satz *m*

faerie, faery ['feɪərɪ; 'feərɪ] *obs od poet* A S 1 → fairy A 1 2 Feen-, Märchenland *n* B ADJ Feen…, Märchen…

Faeroe Islands ['feərəʊ,aɪləndz], **Faeroes** [-z] SPL Färöer (Inseln) *pl*

faff [fæf] VI *Br umg* **~ about** *od* **around** herumtrödeln

fag[1] [fæg] S *umg* Glimmstängel *m* (*Zigarette*)

fag[2] [fæg] A VI 1 *umg* sich abarbeiten, sich plagen, sich (ab)schinden (*alle:* **at** mit) 2 SCHULE *Br bes* HIST den älteren Schülern Dienste leisten B VT 1 *a.* **~ out** *umg j-n* schaffen, fertigmachen: **be completely ~ged out** vollkommen ausgepumpt *od* fertig *od* geschafft sein 2 SCHULE *Br bes* HIST sich von *e-m jüngeren Schüler* bedienen lassen C S 1 SCHULE *Br bes* HIST *Schüler, der für e-n älteren Dienste verrichtet* 2 *bes Br umg* Plagerei *f*, Schinderei *f*

fag[3] [fæg] → faggot[2]

fag end S 1 Salband *n*, -leiste *f* (*Gewebekante am Tuch*) 2 SCHIFF aufgedrehtes Tauende 3 *fig* Ende *n*, Schluss *m* 4 letzter *od* schäbiger Rest: **the ~ of the term** die letzten paar Tage des Semesters 5 *Br umg* Kippe *f* (*Zigarettenstummel*)

faggot[1], *bes US* **fagot** ['fægət] A S 1 Holz-, Reisigbündel *n* 2 TECH Schweißpaket *n*, Paket *n* Eisenstäbe 3 GASTR Frikadelle *f* (*bes aus Schweineleber*) B VT bündeln, zu e-m Bund zusammenbinden

faggot[2] ['fægət] S *bes US sl pej* Schwule(r) *m*; **faggotry** S *bes US sl pej* Schwulheit *f*; **faggoty** ADJ *bes US sl pej* schwul

faggy ['fægɪ] → faggoty

fagot *bes US* → faggot[1]

Fah. ABK Fahrenheit

fahlband ['fɑ:lbænd] S GEOL, MINER Fahlband *n*

Fahr. ABK Fahrenheit

Fahrenheit ['færənhaɪt] S *in GB u. USA gebräuchliches Thermometersystem*: **10°** zehn Grad Fahrenheit; **~ thermometer** Fahrenheitthermometer *n*

faience [faɪ'ɑ:ns; feɪ'ɑ:ns] S Fayencen *pl* (*mit Zinnglasur bemalte Tonwaren*)

fail [feɪl] A VI 1 ermangeln (**of, in** *gen*): **he ~s in perseverance** es fehlt *od* mangelt ihm an Ausdauer 2 nachlassen, schwinden (*Kräfte etc*), ausbleiben, versiegen (*Quellen etc*): **our supplies ~ed** unsere Vorräte gingen aus *od* zu Ende 3 missraten (*Ernte*), nicht aufgehen (*Saat*) 4 abnehmen, schwächer werden: **his eyesight ~ed** s-e Sehkraft ließ nach 5 versagen: **the engine ~ed**; **he ~ed in front of the goal** 6 fehlschlagen, scheitern, misslingen, s-n Zweck verfehlen, Misserfolg haben, Schiffbruch erleiden, es nicht fertigbringen (**to do** zu tun): **he (the plan) ~ed** er (der Plan) scheiterte; **if everything else ~s** wenn alle Stricke reißen *umg*; **it never ~s** das wirkt immer; **he ~ed in all his attempts** alle s-e Versuche schlugen fehl; **the prophecy ~ed** die Prophezeiung traf nicht ein; **I ~ to see** ich sehe nicht ein; *I tried to do it*, **but I ~ed** aber es gelang mir nicht 7 **~ to do sth** es versäumen *od* unterlassen, etwas zu tun: **he ~ed to come** er kam nicht; **he never ~s to come** er kommt immer; **don't ~ to come** komme ja *od* ganz bestimmt; **he cannot ~ to win** er muss einfach gewinnen; **he ~s in his duty** er vernachlässigt s-e Pflicht 8 fehlgehen, irren: **~ in one's hopes** sich in s-n Hoffnungen täuschen 9 WIRTSCH Bankrott machen *od* gehen, in Konkurs geraten *od* gehen 10 SCHULE durchfallen (**in an examination** in e-r Prüfung) B VT 1 *j-m* versagen: **his courage ~ed him** ihn verließ der Mut; **words ~ me** mir fehlen die Worte (**to** *inf* um zu *inf*) 2 a *j-n* im Stich lassen, enttäuschen b *j-n* verlassen (*Glück*): **his luck ~ed him** das Glück verließ ihn 3 SCHULE a *j-n* durchfallen lassen (**in** in *e-r Prüfung etc*) b in *e-r Prüfung etc* durchfallen: **he ~ed chemistry** C S 1 **he got a ~ in biology** SCHULE er ist in Biologie durchgefallen 2 **without ~** mit Sicherheit, ganz bestimmt

failing A ADJ nachlassend (*Kräfte etc*) B PRÄP 1 in Ermang(e)lung (*gen*): **~ a purchaser**; **~ instructions** da es keine Anweisungen gibt 2 im Falle des Ausbleibens *od* Misslingens *od* Versagens (*gen*): **~ this** wenn nicht, andernfalls; **~ which** widrigenfalls C S Fehler *m*, Schwäche *f*

faille [feɪl; *US* faɪl] S Faille *f*, Ripsseide *f*

fail-safe ADJ störungssicher, *a. fig* pannensicher, (*Kerntechnik*) folgeschadensicher

failure ['feɪljə(r)] S 1 Fehlen *n*, Nichtvorhandensein *n* 2 Ausbleiben *n*, Versagen *n*, Versiegen *n* 3 Unterlassung *f*, Versäumnis *n*: **~ to comply with instructions** Nichtbefolgung *f* von Vorschriften; **~ to pay** Nichtzahlung *f*; **his ~ to report** die Tatsache, dass er keinen Bericht erstattete *od* dass er es unterließ, Bericht zu erstatten; → performance 7 4 Ausbleiben *n*, Nichteintreten *n* (*e-s Ereignisses*) 5 Fehlschlag(en) *m(n)*, Misslingen *n*, Misserfolg *m*, Scheitern *n*: **~ of crops** Missernte *f* 6 Nachlassen *n* (*der Kräfte etc*) 7 MED Versagen *n*, Störung *f* (*der Herztätigkeit etc*) 8 TECH Versagen *n*, Störung *f*, Defekt *m* 9 *fig* Schiffbruch *m*, Zusammenbruch *m*: **meet with ~** → fail A 6 10 WIRTSCH Bankrott *m*, Konkurs *m* 11 Versager *m* (*Person od Sache*), verkrachte Existenz (*Person*), Reinfall *m* (*Sache*), SPORT Ausfall *m*: **he was a complete ~** er war ein Totalausfall 12 SCHULE Durchfallen *n* (**in** in *e-r Prüfung*): **~ rate** Durchfallquote *f*

fain [feɪn] *obs* A ADJ *präd* 1 froh 2 bereit 3 genötigt (**to do** zu tun) B ADV gern: **I would ~ do it** ich würde *od* möchte es gern tun

faineance ['feɪnɪəns], **faineancy** [-sɪ] S Nichtstun *n*, Müßiggang *m*; **fainéant** A ADJ müßig, faul B S Müßiggänger(in), Faulenzer(in)

faint [feɪnt] A ADJ (ADV **~ly**) 1 schwach, matt, kraftlos (*alle:* **with** vor *dat*): **feel ~** sich matt *od* e-r Ohnmacht nahe fühlen 2 schwach, matt (*Ton, Farbe etc, a. fig*): **I haven't the ~est (idea** *od* **notion)** ich habe nicht die leiseste Ahnung; **~ hope** schwache Hoffnung; **have a ~ recollection of sth** sich (nur) schwach *od* undeutlich an etwas erinnern (können) 3 (drückend) schwül, drückend 4 zaghaft, furchtsam, kleinmütig, feig(e): **~ heart never won fair lady** (*Sprichwort*) wer nicht wagt, der nicht gewinnt B S Ohnmacht *f*: **in a ~** ohnmächtig; → dead A 3 C VI 1 ohnmächtig werden, in Ohnmacht fallen (*beide:* **with, from** vor *dat*), *weitS. a.* e-n Kreislaufkollaps erleiden: **~ing fit** Ohnmachtsanfall *m* 2 *obs* verzagen

faintheart S Feigling *m*; **fainthearted** ADJ (ADV **~ly**) feig(e), furchtsam; **faintheartedness** S Feigheit *f*, Furchtsamkeit *f*

faintish ADJ schwächlich; **faintness** S 1 Schwäche(gefühl) *f(n)*, -zustand *m*, Mattigkeit *f* 2 *fig* Schwäche *f* (*e-s Tons etc*) 3 **~ of heart** *fig* Feigheit *f*, Furchtsamkeit *f*

faints → feints

fair[1] [feə(r)] A ADJ (ADV → fairly) 1 schön, hübsch, nett: → sex A 2 2 a hell (*Haut, Haar, Teint*), blond (*Haar*), zart (*Teint, Haut*) b hellhäutig 3 rein, sauber, makellos, unbescholten: **~ name** guter Ruf 4 schön, gefällig: **give sb ~ words** j-n mit schönen Worten abspeisen 5 klar, heiter (*Himmel*), schön, trocken (*Wetter, Tag*): **set ~** beständig 6 rein, klar (*Wasser, Luft*) 7 sauber, deutlich, leserlich: → copy A 1 8

F

frei, offen, ungehindert *(Aussicht etc)*: **~ game** a jagdbares Wild b *fig* Freiwild *n*; *his speech was* **~ game** *for his opponents* ein gefundenes Fressen 9 günstig, aussichtsreich, vielversprechend: **~ chance** reelle Chance; → way[1] *Bes Redew* 10 (ganz) schön, ansehnlich, nett *umg (Summe etc)* 11 anständig: a *bes* SPORT fair b ehrlich, offen, aufrichtig *(alle:* **with** gegen) c unparteiisch, gerecht: **~ and square** offen u. ehrlich, anständig; **by ~ means** auf ehrliche Weise; **by ~ means or foul** a so oder so b mit allen Mitteln; **be ~** *(Redew)* fairerweise; **that's only ~** das ist nur recht u. billig; **~ is ~** Gerechtigkeit muss sein; **~ competition** WIRTSCH redlicher Wettbewerb; **all's ~ in love and war** *(Sprichwort)* im Krieg u. in der Liebe ist alles erlaubt; → comment A 1 b, play A 3, warning A 1 12 leidlich, ziemlich *od* einigermaßen gut: **be a ~ judge of** ein ziemlich gutes Urteil abgeben können über *(akk)*; **~ business** leidlich gute Geschäfte; **pretty ~** nicht übel, recht *od* ziemlich gut; → middling A 1 13 angemessen *(Lohn, Preis etc)* 14 typisch *(Beispiel)* 15 berechtigt: **~ question!** gute Frage! B ADV 1 schön, gut, freundlich, höflich: **speak sb ~** j-m schöne *od* freundliche Worte sagen 2 rein, sauber, leserlich: **write** *(od* **copy) out ~** ins Reine schreiben 3 günstig *(nur noch in)*: **bid** *(od* **promise) ~** a sich gut anlassen, zu Hoffnungen berechtigen b (gute) Aussicht haben, versprechen (**to be** zu sein); **bid ~ to succeed** gute Erfolgsaussichten haben; **the wind sits ~** SCHIFF der Wind ist günstig 4 anständig, fair: **play ~** fair spielen, *a. fig* sich an die Spielregeln halten 5 unparteiisch, gerecht 6 aufrichtig, offen, ehrlich: **~ and square** offen u. ehrlich 7 auf gutem Fuß (**with** mit): **keep** *(od* **stand) ~ with sb** gut mit j-m stehen 8 direkt, genau: **~ in the face** mitten ins Gesicht 9 völlig: **the question caught him ~ off his guard** die Frage traf ihn völlig unvorbereitet 10 *Aus* ganz schön: **~ tired** C S *obs* Schönheit *f (a. Frau)* D V/T 1 TECH glätten, zurichten: **~ into** einpassen in *(akk)* 2 *ein Flugzeug etc* verkleiden E V/I *a.* **~ off, ~ up** *dial* sich aufheitern *(Wetter)*

fair[2] [feə(r)] S 1 a Jahrmarkt *m* b Volksfest *n*: **at the ~** auf dem Jahrmarkt; **(a day) after the ~** *fig* (e-n Tag) zu spät 2 Ausstellung *f*, Messe *f*: **at the ~** auf der Messe 3 Basar *m*

fair| catch S *Rugby*: Freifang *m*; **~-faced** ADJ glatt *(Mauerwerk)*; **~ground** S 1 Ausstellungs-, Messegelände *n* 2 Rummel-, Vergnügungsplatz *m*: **~ showman** Schausteller *m*; **~-haired** ADJ 1 blond, hellhaarig 2 **~ boy** *US umg* Liebling *m (des Chefs etc)*

fairing[1] ['feərɪŋ] S FLUG *etc* Verkleidung *f*

fairing[2] ['feərɪŋ] S *obs* Jahrmarktsgeschenk *n*

fairish ADJ ziemlich (gut *od* groß), leidlich, passabel

fairly ADV 1 ehrlich 2 anständig(erweise) 3 gerecht(erweise) 4 ziemlich 5 leidlich 6 gänzlich, völlig 7 geradezu, sozusagen 8 klar, deutlich 9 genau 10 günstig

fair-minded ADJ aufrichtig, gerecht (denkend); **fair-mindedness** S Aufrichtigkeit *f*

fairness S 1 Schönheit *f* 2 a Blondheit *f* b Hellhäutigkeit *f* 3 Klarheit *f (des Himmels)* 4 Anständigkeit *f*: a *bes* SPORT Fairness *f* b Ehrlichkeit *f*, Aufrichtigkeit *f* c Gerechtigkeit *f*: **in ~** gerechterweise; **in ~ to him** um ihm Gerechtigkeit widerfahren zu lassen

fair|-spoken ADJ freundlich, höflich; **~ trade** S WIRTSCH *US* Preisbindung *f*; **~-trade** WIRTSCH *US* A ADJ Preisbindungs…: **~ agreement** B V/T *Ware* in Übereinstimmung mit e-m Preisbindungsvertrag verkaufen; **~way** S 1 SCHIFF Fahrwasser *n*, -rinne *f*: **~ buoy** Anseglungsboje *f* 2 *Golf*: Fairway *n (kurz gemähte Spielbahn zwischen Abschlag u. Grün)*; **~-weather** ADJ Schönwetter…: **~ friends** *fig* Freunde nur in guten Zeiten, unzuverlässige Freunde

fairy ['feəri] A S 1 Fee *f*, Elf *m*, Elfe *f* 2 *umg pej* Schwule(r) *m*, *bes* Schwuchtel *f pej*, Tunte *f ([weibischer] Homosexueller)* B ADJ 1 Feen… 2 feenhaft: a märchenhaft, zauberhaft b anmutig-zart; **~ cycle** S Kinder(fahr)rad *n*; **~ godmother** S gute Fee *(a. fig)*; **~land** [-lænd] S 1 Feen-, Märchenland *n* 2 Fantasiewelt *f*; **~ lights** SPL bunte Lichterkette *(bes am Weihnachtsbaum)*; **~ ring** S BOT Feenreigen *m*, -kreis *m*; **~ story, ~ tale** S Märchen *n*, *fig a.* Ammenmärchen *n*; **~-tale** ADJ Märchen…, märchenhaft *(beide a. fig)*

fait accompli *pl* faits accomplis [ˌfeɪtə'kɒmpliː] S vollendete Tatsache: **present sb with a ~** j-n vor vollendete Tatsachen stellen

faith [feɪθ] S 1 (**in**) Glaube(n) *m (an akk)*, Vertrauen *n (auf akk*, **zu**): **~ in God** Gottvertrauen; **have** *(od* **put) ~ in** a *e-r Sache* Glauben schenken, glauben an *(akk)* b zu *j-m* Vetrauen haben, *j-m* vertrauen; **pin one's ~ on** *(od* **to)** sein (ganzes) Vertrauen setzen auf *(akk)*; **have full ~ and credit** JUR als Beweis gelten *(Urkunde)*; **break ~ with sb** j-s Vertrauen enttäuschen *od* missbrauchen; **on the ~ of** im Vertrauen auf *(akk)* 2 REL a (überzeugter) Glaube(n) b Glaube(nsbekenntnis) *m(n)*: **the Christian ~** 3 (Pflicht)Treue *f*, Redlichkeit *f*: **in good ~** in gutem Glauben, gutgläubig *(a.* JUR); **third party acting in good ~** JUR gutgläubiger Dritter; **in bad ~** in böser Absicht, JUR bösgläubig; **in ~!, upon my ~!** *obs* auf Ehre!, m-r Treu!, fürwahr! 4 Versprechen *n*: **give (pledge) one's ~** sein Wort geben (verpfänden); **keep one's ~** sein Wort halten; **break** *(od* **violate) one's ~** sein Versprechen *od* Wort brechen; **~ cure** S Heilung *f* durch Gesundbeten

faithful A ADJ 1 treu (**to** *dat*): **a ~ friend; ~ to one's promise** s-m Versprechen getreu 2 ehrlich, aufrichtig 3 gewissenhaft 4 genau: a wahrheitsgetreu *(Beschreibung etc)* b originalgetreu *(Übersetzung etc)* c originalgetreu *(Nachbildung)* 5 glaubwürdig, zuverlässig *(Aussage etc)* 6 REL gläubig B S 1 **the ~** *koll* REL die Gläubigen *pl*: **Father of the ♀** *(Islam)* Beherrscher *m* der Gläubigen *(der Kalif)* 2 treue(r) Anhänger(in); **faithfully** ADV 1 treu, ergeben: **Yours ~** Hochachtungsvoll *(als Briefschluss)* 2 → faithful A 2, A 3, A 4, A 5 3 *umg* nachdrücklich: **promise ~** hoch u. heilig versprechen; **faithfulness** S 1 Treue *f* 2 Ehrlichkeit *f* 3 Gewissenhaftigkeit *f* 4 Genauigkeit *f* 5 Glaubwürdigkeit *f*

faith| healer S Gesundbeter(in); **~ healing** S Gesundbeten *n*

faithless ADJ (ADV **~ly**) 1 treulos (**to** gegenüber) 2 unehrlich, unaufrichtig 3 REL ungläubig; **faithlessness** S 1 Treulosigkeit *f* 2 Unehrlichkeit *f* 3 REL Ungläubigkeit *f*

fake[1] [feɪk] SCHIFF A S Bucht *f (Tauwindung)* B V/T *meist* **~ down** *ein Tau* winden

fake[2] [feɪk] A V/T 1 *a.* **~ up** *e-e Bilanz etc* frisieren *umg* 2 *ein Gemälde, e-n Pass etc* fälschen, *Schmuck* imitieren, nachmachen 3 *Interesse etc* vortäuschen, *e-e Krankheit a.* simulieren, *e-n Einbruch etc a.* fingieren: **~ illness** sich krank stellen 4 SPORT a *e-n Gegenspieler* täuschen b *e-n Schuss etc* antäuschen 5 MUS, THEAT improvisieren B V/I sich verstellen, so tun als ob, simulieren C S 1 Fälschung *f*, Nachahmung *f*, Imitation *f* 2 Schwindel *m*, Betrug *m* 3 a Schwindler(in), Betrüger(in), Hochstapler(in) b Simulant(in), Schauspieler(in) D ADJ 1 gefälscht, imitiert, nachgemacht: **~ money** Falschgeld *n* 2 falsch *(Arzt etc)*: **~ asylum seeker** Scheinasylant(in) 3 vorgetäuscht

fakement *umg für* fake[2] C 1; **faker** S 1 Fälscher(in) 2 → fake[2] C 3 3 *US umg (bes betrügerische[r])* Straßenhändler(in) *od* Jahrmarktsschreier(in)

fakir ['feɪkɪə; *bes US* fə'kɪə(r)] S 1 REL Fakir *m* 2 ['feɪkər] *US umg* → fake[2] C 3, faker 3

falbala ['fælbələ] S Falbel *f*, Rüsche *f*

falcate ['fælkeɪt; *US a.* 'fɔːl-] → falciform

falchion ['fɔːltʃən] S 1 HIST Krummschwert *n* 2 *obs od poet* Schwert *n*

falciform ['fælsɪfɔː(r)m; *US a.* 'fɔːl-] ADJ ANAT, BOT, ZOOL sichelförmig, Sichel…

falcon ['fɔːlkən; 'fɔːkən; *US bes* 'fæl-] S 1 ORN Falke *m* 2 JAGD Jagdfalke *m* 3 MIL, HIST Falkaune *f (ein Geschütz)*; **falconer** S JAGD Falkner(in): a Abrichter(in) von Jagdfalken b Falken-, Beizjäger(in)

falconet ['fɔːlkənet; *US* ˌfælkə'net] S MIL, HIST Falkonett *n (ein kleines Geschütz)*

falcon-gentle S ORN (Wander)Falkenweibchen *n*

falconry ['fɔːlkənri; 'fɔːk-; *US bes* 'fæl-] S JAGD 1 Falknerei *f*, Falkenzucht *f* 2 Falkenbeize *f*, -jagd *f*

falderal [ˌfældə'ræl; *US* 'fɑːldəˌrɑːl] S 1 MUS (Valleri)Vallera *n (Kehrreim)* 2 *pej* Firlefanz *m*

faldstool ['fɔːldstuːl] S a Bischofsstuhl *m* b Bet-, Krönungsschemel *m* c *anglikanische Kirche*: Litaneipult *n*

Falkirk ['fɔːlkɜːk; *US* -ˌkɜrk] S Falkirk *n (Verwaltungsregion u. Stadt in Zentralschottland)*

Falkland Islands ['fɔːlklənd,aɪləndz; 'fɔːklənd,aɪləndz] SPL *(die)* Falklandinseln *pl*

fall [fɔːl] A S 1 Fall *m*, Sturz *m*, Fallen *n*: **~ from** *(od* **out of) the window** Sturz aus dem Fenster; **have a bad** *(od* **heavy) ~** schwer stürzen; **ride for a ~** a verwegen reiten b *a.* **head for a ~** *fig* das Schicksal *od* Unheil herausfordern, ins Unglück rennen; **take the ~ for sb** *umg* für j-n den Kopf hinhalten 2 a (Ab)Fallen *n (der Blätter etc)* b *bes US* Herbst *m*: **in ~** im Herbst; **~ weather** Herbstwetter *n* 3 Fall *m*, Herabfallen *n*, Faltenwurf *m (von Stoff)* 4 Fallen *n (des Vorhangs)* 5 TECH Niedergang *m (des Kolbens etc)* 6 Zusammenfallen *n*, Einsturz *m (e-s Gebäudes)* 7 PHYS a → free fall b Fallhöhe *f*, -strecke *f* 8 a *(Regen-, Schnee)* Fall *m* b Regen-, Schnee-, Niederschlagsmenge *f* 9 Fallen *n*, Sinken *n (der Flut, Temperatur etc)*: **~ in demand** WIRTSCH Nachfragerückgang *m*; **(heavy** *od* **sudden) ~ in prices** Preis-, Kurssturz *m*; **speculate for a ~** auf Baisse *od* à la baisse spekulieren; → operate A 4 10 Abfall(en) *m(n)*, Gefälle *n*, Neigung *f (des Geländes)*: **a sharp ~** ein starkes Gefälle 11 *(Wasser)* Fall *m*: **the Niagara ♀s** 12 An-, Einbruch *m (der Nacht etc)* 13 Fall *m*, Sturz *m*, Nieder-, Untergang *m*, Verfall *m*, Ende *n*: **the ~ of Troy** der Fall von Troja; **~ of life** *fig* Herbst *m* des Lebens 14 a *(moralischer)* Verfall b Fall *m*, Fehltritt *m*: **the ♀, the ~ of man** BIBEL der *(erste)* Sündenfall 15 JAGD a Fall *m*, Tod *m (von Wild)* b Falle *f* 16 AGR, ZOOL Wurf *m (Lämmer etc)* 17 *Ringen*: Niederwurf *m*: **win by ~** Schultersieg *m*; **try a ~ with sb** *fig* sich mit j-m messen B V/I *prät* fell [fel], *pperf* fallen ['fɔːlən] 1 fallen: **the curtain ~s** der Vorhang fällt 2 (ab)fallen *(Blätter etc)* 3 (herunter)fallen, abstürzen: **he fell to his death** er stürzte tödlich ab 4 (um-, hin-, nieder)fallen, stürzen, zu Fall kommen, zu Boden fallen *(Person)*: **he fell badly** *(od* **heavily)** er stürzte schwer; → flat[1] C 1 5 umfallen, -stürzen *(Baum etc)* 6 *(in Locken od Falten etc)* (herab)fallen 7 *fig* fallen: a *(im Krieg)* umkommen b erobert werden *(Stadt)* c gestürzt werden *(Regierung)* d *(moralisch)* sinken e die Unschuld verlieren, e-n Fehltritt begehen (*Frau*) 7 SPORT gebrochen werden (*Rekord etc*) 8 *fig* fallen, sinken (*Flut, Preis, Temperatur etc*): **the temperature has ~en (by) 10 degrees** die Temperatur ist um 10 Grad gesunken; **the wind ~s** der Wind legt sich *od* lässt nach; **his courage fell** sein Mut sank; **his voice (eyes) fell** er senkte die Stimme (den Blick); **his face fell** er machte ein langes Gesicht; **~ing visitor numbers** zurückgehende Besucherzahlen; → birthrate 9 abfallen (**toward[s] zu … hin**) (*Gelände etc*) 10 *a.* **~ apart** zerfallen: **~ apart** (*od* **asunder, in two**) auseinanderfallen, entzweigehen; → piece A 2 11 (*zeitlich*) eintreten, fallen: **Easter ~s late this year** Ostern ist *od* fällt *od* liegt dieses Jahr spät 12 sich ereignen 13 hereinbrechen (*Nacht etc*) 14 *fig* fallen (*Worte etc*): **the remark fell from him** er ließ die Bemerkung fallen 15 *krank, fällig etc* werden: **~ heir to sth** etwas erben

Phrasal Verbs: **fall| about** VI: **~ (laughing** *od* **with laughter)** *umg* sich (vor Lachen) kugeln; **~ among** VI fallen *od* geraten unter (*akk*): **~ thieves** BIBEL unter die Räuber fallen (*a. fig*); **~ apart** → fall B 10; **~ astern** VI SCHIFF zurückbleiben; **~ away** VI 1 → fall B 9 2 → fall off 2, 3; **~ back** VI 1 zurückweichen: **they forced the enemy to ~** MIL sie zwangen den Feind zum Rückzug 2 **~ (up)on** *fig* zurückgreifen auf (*akk*); **~ behind** VI zurückbleiben hinter (*dat*), zurückfallen hinter (*akk*) (*beide a. fig*): **~ with** (*od* **on**) in Rückstand *od* in Verzug geraten mit; **~ down** VI 1 *die Treppe etc* hinunter-, herunterfallen 2 umfallen, einstürzen 3 (*ehrfürchtig*) niederfallen, auf die Knie sinken 4 *umg* (**on**) a enttäuschen, versagen (bei) b Pech haben (mit); **~ for** VI 1 auf *j-n, etwas* hereinfallen 2 *umg* sich in *j-n* verknallen; **~ from** VI abfallen von, *j-m od e-r Sache* abtrünnig *od* untreu werden: **~ grace** a sündigen b *a.* **~ favo(u)r** in Ungnade fallen; **~ in** VI 1 einfallen, -stürzen 2 MIL antreten, ins Glied treten 3 *fig* sich anschließen (*Person*), sich einfügen (*Sache*) 4 fällig werden (*Wechsel etc*), ablaufen (*Pacht etc*) 5 **~ with** zufällig treffen (*akk*), stoßen auf (*akk*) 6 **~ with** a beipflichten, zustimmen (*dat*) b sich anpassen (*dat*) c passen zu, entsprechen (*dat*) 7 **~ for** sich zuziehen, abbekommen *umg*; **~ into** VI 1 kommen *od* geraten in (*akk*): **~ difficulties**; **~ conversation** ins Gespräch kommen; **~ place** sich zusammenfügen; **~ a deep sleep** in e-n tiefen Schlaf fallen; → line[1] A 15, trap[1] A 1 2 a verfallen (*dat*), verfallen in (*akk*): **~ error** e-m Irrtum verfallen b sich *etwas* angewöhnen: **~ a habit** e-e Gewohnheit annehmen; **~ the habit of doing sth** (es) sich angewöhnen *od* in die Gewohnheit verfallen, etwas zu tun; **~ the habit of smoking** sich das Rauchen angewöhnen 3 zerfallen *od* sich aufteilen in (*akk*): **~ ruin** zerfallen, in Trümmer gehen 4 münden in (*akk*) 5 in *ein Fach od Gebiet* fallen, zu *e-m Bereich* gehören; **~ off** VI 1 abfallen (*Blätter etc*) 2 zurückgehen (*Geschäfte, Zuschauerzahlen etc*), nachlassen (*Begeisterung etc*), SPORT abbauen 3 *fig* (**from**) abfallen (von), abtrünnig werden (*dat*), verlassen (*akk*) 4 SCHIFF vom Strich abfallen 5 FLUG abrutschen; **~ on** VI 1 fallen auf (*akk*): **his glance fell on me**; **Christmas falls on a Monday this year**; → ear[1] *Bes Redew*, foot A 1 2 herfallen über (*akk*) 3 geraten in (*akk*): **~ evil times** e-e schlimme Zeit mit- *od* durchmachen müssen 4 → fall to 2; **~ out** VI 1 herausfallen 2 *fig* ausfallen, -gehen, sich erweisen als: **~ well** 3 sich ereignen, geschehen 4 MIL a wegtreten b e-n Ausfall machen 5 (sich) streiten (**with** mit; **over** über *akk*); **~ out of** VI sich *etwas* abgewöhnen: **~ a habit** e-e Gewohnheit ablegen; **~ the habit of doing sth** (es) sich abgewöhnen, etwas zu tun; **~ the habit of smoking** sich das Rauchen abgewöhnen; **~ outside** VI: **~ sb's responsibility** nicht in j-s Zuständigkeit fallen; **~ over** VI 1 hinfallen, stürzen (*Person*), umfallen, umkippen (*Vase etc*): **~ backward(s)** *od* **o.s. to do sth** *umg* sich fast umbringen, etwas zu tun 2 fallen über (*akk*): **~ one's own feet** über die eigenen Füße stolpern; **~ short** VI 1 knapp werden, ausgehen 2 MIL zu kurz gehen (*Geschoss*) 3 es fehlen lassen (**in** an *dat*): **he fell short as a husband** als Ehemann war er ein Versager; → expectation 1; **~ through** VI 1 durchfallen (*a. fig*) 2 *fig* missglücken, ins Wasser fallen: **it fell through** *a.* es wurde nichts daraus; **~ to** VI 1 beginnen mit: **~ work**; **~ doing sth** sich daranmachen, etwas zu tun; **~ brooding** anfangen zu grübeln, ins Grübeln geraten 2 *j-m* obliegen, *j-m* zufallen (**to do** zu tun) 3 auf *j-n* entfallen (*Anteil etc*) 4 fallen auf (*akk*): → ground[1] A 1, knee A 1 5 zufallen (*Tür*) 6 reinhauen *umg*, (tüchtig) zugreifen (*beim Essen*) 7 handgemein werden; **~ under** VI 1 unter *ein Gesetz etc* fallen, zu *e-r Kategorie etc* gehören 2 *der Kritik etc* unterliegen; **~ upon** → fall on; **~ within** → fall into 5

fallacious [fəˈleɪʃəs] ADJ (ADV **~ly**) 1 trügerisch, irreführend 2 falsch, irrig; **fallaciousness** S Irrigkeit *f*

fallacy [ˈfæləsi] S 1 Trugschluss *m*, Irrtum *m*: **a popular ~** ein weitverbreiteter Irrtum 2 Unlogik *f* 3 Täuschung *f*, Irreführung *f*

fallal [ˌfæˈlæl] S protziges Schmuck- *od* Kleidungsstück

fallen [ˈfɔːlən] A *pperf von* fall B ADJ gefallen: a gestürzt (*a. fig*) b entehrt (*Frau*) c (im Krieg) getötet d erobert (*Stadt*) C S: **the ~** *koll* die Gefallenen *pl*; **~ arches** SPL MED Senkfüße *pl*

fall guy S *bes US umg* 1 a Opfer *n* (*e-s Betrügers*) b Gimpel *m pej* (*leichtgläubiger Mensch*) 2 Sündenbock *m*

fallibility [ˌfæləˈbɪləti] S Fehlbarkeit *f*; **fallible** ADJ (ADV **fallibly**) fehlbar: **everybody is** (*od* **all men are**) **~** niemand ist unfehlbar

falling| sickness S MED *obs* Fallsucht *f*; **~ star** S ASTRON Sternschnuppe *f*

fall line S *Skisport*: Falllinie *f*

Fallopian tube [fəˈləʊpiən] S ANAT Eileiter *m*

fallout S 1 PHYS Fallout *m*, radioaktiver Niederschlag 2 *fig* Neben-, Abfallprodukt *n* 3 *fig* (negative) Auswirkungen *pl*: *if there's trouble on the executive floor* **we get the ~ down here** dann bekommen wir es hier unten zu spüren; **~ shelter** S Atom-, Strahlenschutzraum *m*

fallow[1] [ˈfæləʊ] AGR A ADJ brach(liegend) (*a. fig*): **be** (*od* **lie**) **~** brachliegen B S Brache *f*: a Brachfeld *n* b Brachliegen *n*: **~ crop** Brach(-ernte *f*; **~ pasture** Brachwiese *f* C VT brachen, stürzen

fallow[2] [ˈfæləʊ] ADJ falb, fahl, braungelb: **~ buck, ~ deer** ZOOL Damhirsch *m*, -wild *n*

fall|-plow VT AGR US im Herbst pflügen; **~ trap** S (Klappen-, Gruben)Falle *f*; **~ wind** S METEO Fallwind *m*

false [fɔːls] A ADJ (ADV **~ly**) falsch: a unwahr: **~ evidence** (*od* **testimony**) JUR falsche (Zeugen)Aussage, Falschaussage *f*; **~ name** Falschname *m*; **~ oath**, **~ swearing** JUR Falsch-, Meineid *m* b unrichtig, fehlerhaft, irrig c unaufrichtig, hinterhältig: **be ~ to sb** falsch gegen j-n *od* gegenüber j-m sein d irreführend, vorgetäuscht: **give a ~ impression** e-n falschen Eindruck vermitteln, ein falsches Bild geben e gefälscht, unecht: **~ coin** Falschgeld *n*; **~ hair (teeth)** falsche *od* künstliche Haare (Zähne), (*Zähne a.*) Gebiss *n*, dritte Zähne f BIOL, MED (*in Namen*) *fälschlich so genannt*: **~ acacia** falsche Akazie, Robinie *f*; **~ fruit** Scheinfrucht *f* g ARCH, TECH Schein…, zusätzlich, verstärkend: **~ bottom** doppelter Boden; **~ door** blinde Tür h unbegründet: **~ modesty (shame)** falsche Bescheidenheit (Scham) i JUR widerrechtlich: **~ accusation** falsche Anschuldigung; **~ claim** unberechtigter Anspruch; **~ imprisonment** Freiheitsberaubung *f* B ADV falsch, unaufrichtig. **play sb ~** ein falsches Spiel mit j-m treiben

false| alarm S falscher *od* blinder Alarm (*a. fig*): **it was a ~** es war blinder Alarm; **~ beginner** S *Lernender mit Vorkenntnissen, der noch einmal ganz von vorne anfängt*; **~ card** S *bes Bridge*: irreführende Karte; **~ ceiling** S ARCH Zwischen-, Unterdecke *f*; **~ coiner** S Falschmünzer(in); **~ colo(u)rs** SPL falsche Flagge: → color A 12; **~ face** S (Gesichts)Maske *f*; **~ floor** S TECH Zwischenboden *m*, Einschub *m*; **~ front** S *US* 1 ARCH falsche Fassade (*a. fig*) 2 *fig* bloße Fassade, Mache *f pej*; **~ galena** S MINER Zinkblende *f*; **~hearted** ADJ (ADV **~ly**) treulos; **~heartedness** S Treulosigkeit *f*

falsehood S 1 Unwahrheit *f*, Lüge *f*: → injurious 2 2 Falschheit *f*, Unehrlichkeit *f*

false| horizon S PHYS künstlicher Horizont; **~ keel** S SCHIFF Vor-, Loskiel *m*; **~ key** S TECH Dietrich *m*, Nachschlüssel *m*

falseness S Falschheit *f*: a Unwahrheit *f* b Unrichtigkeit *f* c Unehrlichkeit *f* d Unechtheit *f*

false| pregnancy S MED Scheinschwangerschaft *f*; *US* **~ pretences**, *US* **~ pretenses** SPL JUR Vorspiegelung *f* falscher Tatsachen: **under ~**; → obtain A 1; **~ quantity** S LING, LIT falsche Vokal- *od* Silbenlänge; **~ rib** S ANAT falsche *od* kurze Rippe; **~ start** S SPORT Fehlstart *m* (*a. fig*), Frühstart *m*: **make a ~** e-n Fehlstart verursachen; **~ step** S Fehltritt *m* (*a. fig*); **~ take-off** S FLUG Fehlstart *m*

falsetto [fɔːlˈsetəʊ] A *pl* **-tos** S 1 Fistelstimme *f*, MUS *a.* Falsett(stimme) *n(f)* 2 MUS Falsettist(in) B ADJ Fistel…, MUS *a.* Falsett… C ADV **sing ~** falsettieren, mit Fistelstimme *od* (im) Falsett singen

false| umbel S BOT Schein-, Trugdolde *f*; **~ verdict** S JUR Fehlurteil *n*

falsies [ˈfɔːlsɪz] SPL *umg* Schaumgummieinlagen *pl* (*im Büstenhalter*)

falsification [ˌfɔːlsɪfɪˈkeɪʃn] S (Ver)Fälschung *f*: **~ of accounts** Bücherfälschung

falsify [ˈfɔːlsɪfaɪ] VT 1 fälschen 2 verfälschen, falsch *od* irreführend darstellen *od* wiedergeben 3 *Hoffnungen* enttäuschen, vereiteln, zunichtemachen 4 widerlegen; **falsity** [-əti] S 1 Falschheit *f*, Unrichtigkeit *f* 2 Lüge *f*, Unwahrheit *f*

faltboat [ˈfæltbəʊt; *US* ˈfɑːltˌbəʊt; *a.* ˈfɔːlt-] S Faltboot *n*

falter [ˈfɔːltə(r)] A VI 1 schwanken: a taumeln b zögern, zaudern c stocken (*a. Stimme*) 2 versagen: **his courage ~ed** der Mut verließ ihn; **his memory ~ed** sein Gedächtnis ließ ihn im Stich B VT *etwas* stammeln; **faltering** ADJ (ADV **~ly**) 1 schwankend: a taumelnd b zögernd 2 stammelnd, stockend

fam. ABK 1 familiar 2 family

fame [feɪm] S 1 a Ruhm *m*, guter Ruf, Berühmtheit *f*: **bring instant ~ to sb** j-n mit einem Schlag berühmt machen; **find ~** berühmt werden; **win overnight ~** über Nacht berühmt werden; **~ and fortune** Ruhm u. Geld *n* b Ruf *m*: **of ill** (*od* **evil**) **~** von schlechtem Ruf, übel beleumdet, berüchtigt; **house of ill ~** Freudenhaus *n* 2 *obs* Gerücht *n*; **famed** ADJ

F

berühmt, bekannt (*beide:* **for** für, wegen *gen*): **be ~ worldwide** weltweiten Ruhm genießen, weltberühmt sein

familial [fəˈmɪljəl] ADJ Familien...: **a ~ disease**

familiar [fəˈmɪljə(r)] A ADJ (ADV ~ly) 1 vertraut: a gewohnt (*Anblick etc*) b bekannt (*Gesicht*) c geläufig (*Ausdruck etc*): **~ quotations** geflügelte Worte 2 vertraut, bekannt (*beide:* **with** mit): **be ~ with** *a.* sich auskennen in (*dat*), Bescheid wissen über (*akk*); **make o.s. ~ with** a sich mit *j-m* bekannt machen b sich mit *e-r Sache* vertraut machen; **the name is quite ~ to me** der Name ist mir völlig vertraut *od* geläufig 3 familiär, vertraulich, ungezwungen (*Ton etc*) 4 eng, vertraut (*Freund etc*): **be on ~ terms with sb** mit j-m auf vertrautem Fuß stehen *od* freundschaftlich verkehren 5 *a.* **too ~** *pej* plump-vertraulich, aufdringlich 6 zutraulich (*Tier*) 7 *obs* leutselig B S 1 Vertraute(r) *m/f(m)* 2 *a.* **~ spirit** Schutzgeist *m* 3 KATH Familiaris *m*: a HIST *Inquisitionsbeamter* b *Hausgenosse e-s Prälaten*; **familiarity** [-lɪˈærətɪ] S 1 Vertrautheit *f*, Bekanntschaft *f* (*beide:* **with** mit) 2 a familiärer Ton, Ungezwungenheit *f*, Vertraulichkeit *f* b *pej* plumpe Vertraulichkeit, Aufdringlichkeit *f*; **familiarization** [-jəraɪˈzeɪʃn; *US* -rəˈz-] S (**with**) Bekanntmachen *n* (mit), Gewöhnen *n* (an *akk*); **familiarize** V/T (**with**) vertraut *od* bekannt machen (mit), gewöhnen (an *akk*)

family [ˈfæməlɪ] A S 1 (*a. als pl konstruiert*) Familie *f* (*a. der Cosa Nostra u. der Mafia*): **a ~ of four** e-e vierköpfige Familie; **a teacher's ~** e-e Lehrer(s)familie; **have you any ~?** haben Sie Familie?; **she was living as one of the ~** sie hatte Familienanschluss, sie gehörte zur Familie; **~ of nations** Völkerfamilie; **that can** (*od* **will**) **happen in the best-regulated families** das kommt in den besten Familien vor; → start C 3 2 Familie *f*: a Geschlecht *n*, Sippe *f* b *fig* Her-, Abkunft *f*: **of (good) ~** aus guter *od* vornehmer Familie, aus gutem Haus 3 BIOL Familie *f* 4 LING (*Sprach*) Familie *f*: **~ of languages** 5 MATH Schar *f*: **~ of characteristics** Kennlinienfeld *n* B ADJ Familien...: **~ album** (**Bible, hotel, tradition,** *etc*); **~ accommodation** Unterbringung *f* in Familien; **~ allowance** *Br obs* Kindergeld *n*; **~ business** Familienunternehmen *n*; **~ council** Familienrat *m*; **~ court** JUR Familiengericht *n*; **~ credit** *Br* Familienzulage *f*; ♀ **Division** JUR *Br Abteilung des High Court of Justice* für Ehesachen, *Adoptionen etc*; **~ difficulties** familiäre Schwierigkeiten; **~ doctor** Hausarzt *m*; **~ environment** häusliches Milieu; **~ film** Film *m* für die ganze Familie; **~ firm** Familienbetrieb *n*; **~ hour** TV *US* (*etwa*) (*für die ganze Familie geeignetes*) Vorabendprogramm *n*; **~ occasion** Familienereignis *n*; **~ pack** Familien-, Haushaltspackung *f*; **~ planning** Familienplanung *f*; **~ problems** familiäre Probleme; **~ reunion** Familientreffen *n*; **~-run hotel** Familienhotel *n*; **~ skeleton** streng gehütetes Familiengeheimnis; **~ status** Familienstand *m*; **~ tensions** familiäre Spannungen; **~ therapist** Familientherapeut(in); **~ therapy** PSYCH Familientherapie *f*; **~ togetherness** Familienzusammengehörigkeit *f*; **~ tree** Stammbaum *m*; **~ warmth** Nestwärme *f*; **in a ~ way** zwanglos; **be in the ~ way** *umg* in anderen Umständen sein; **put a girl in the ~ way** *umg* e-m Mädchen ein Kind machen; **~ circle** S 1 Familienkreis *m*: **in the close ~** im engsten Familienkreis 2 THEAT *US* oberer Rang; **~ man** S *irr* 1 Mann *m* mit Familie, Familienvater *m* 2 häuslicher Mensch; **~ name** S Familien-, Zuname *m*: **what's your ~?** wie heißt du mit Familiennamen?

famine [ˈfæmɪn] S 1 Hungersnot *f*: **~ relief** die Hungerhilfe 2 Knappheit *f* (**of** an *dat*) 3 *obs* Hunger *m* (*a. fig*: **for** nach): **die of ~** verhungern

famish [ˈfæmɪʃ] A V/I 1 verhungern (*obs außer in*): **be ~ing** *umg* am Verhungern sein 2 *obs* darben, große Not leiden 3 *fig obs* hungern (**for** nach) B V/T 1 verhungern lassen (*obs außer in Wendungen wie*): **he ate as if ~ed** *umg* er aß, als ob er am Verhungern wäre 2 *obs e-e Stadt etc* aushungern

famous [ˈfeɪməs] ADJ (ADV ~ly) 1 berühmt (**for** wegen, für) 2 *umg* ausgezeichnet, famos, prima: **a ~ dinner** ein großartiges Essen; **famousness** S Berühmtheit *f*

famulus [ˈfæmjʊləs] *pl* -li [-laɪ] S *obs* a Famulus *m*, Assistent *m* (*e-s Hochschullehrers*) b Gehilfe *m* (*e-s Zauberers*)

fan[1] [fæn] A S 1 Fächer *m*: **~ dance** Fächertanz *m* 2 TECH Ventilator *m*, Lüfter *m*: **~ blade** Ventilatorflügel *m* 3 TECH Gebläse *n*: a → fan blower b Zyklon *m*, Windfang *m* 4 TECH Flügel *m*: a *e-r Windmühle* b SCHIFF Schraubenblatt *n* 5 AGR a HIST Wurfschaufel *f* b (Worfel)Schwinge *f* 6 *etwas Fächerartiges*: a *a. poet* Schwanz *m*, Schweif *m*, Schwinge *f* (*e-s Vogels*) b GEOL Schwemmkegel *m*: **~ delta** Schwemmdelta *n* c **~ aerial** (*bes US* **antenna**) ELEK Fächerantenne *f* B V/T 1 *Luft* fächeln 2 umfächeln, (an)wedeln, *j-m* Luft zuwedeln *od* zufächeln 3 *ein Feuer* anfachen: **~ the flame** *fig* Öl ins Feuer gießen 4 *fig* entfachen, -flammen: **~ sb's passion** j-s Leidenschaft anfachen 5 fächerförmig ausbreiten 6 AGR worfeln, schwingen 7 *US sl* a vermöbeln b filzen, durchsuchen C V/I *oft* **~ out** a sich fächerförmig ausbreiten b (fächerförmig) ausschwärmen

fan[2] [fæn] S (*Sport- etc*) Fan *m*: **~ club** Fanklub *m*; **~ mail** Fan-, Verehrerpost *f*

fanatic [fəˈnætɪk] A S Fanatiker(in): **be a cleaning ~** e-n Putzfimmel haben *pej* B ADJ (ADV ~ally) fanatisch; **fanatical** [-kl] ADJ (ADV ~ly) fanatisch; **fanaticism** [-sɪzəm] S Fanatismus *m*; **fanaticize** [-saɪz] A V/T fanatisieren, aufhetzen B V/I fanatisch werden

fan| belt S TECH Keilriemen *m*; **~ blower** S TECH Flügel(rad)gebläse *n*; **~ brake** S TECH Luftbremse *f*

fancier [ˈfænsɪə(r)] S 1 (*Tier-, Blumen- etc*) Liebhaber(in) *od* (-)Züchter(in): **a dog ~** 2 Fantast(in)

fanciful ADJ (ADV ~ly) 1 (allzu) fantasiereich, voller Fantasien, schrullig, wunderlich (*Person*) 2 bizarr, kurios, ausgefallen (*Sache*) 3 eingebildet, unwirklich 4 fantastisch, wirklichkeitsfremd; **fancifulness** S 1 Fantasterei *f* 2 Wunderlichkeit *f*

fancy [ˈfænsɪ] A S 1 Fantasie *f*: **that's mere ~** das ist reine Fantasie; → tickle A 1 2 Idee *f*, plötzlicher Einfall: **I have a ~ that ...** ich habe so e-e Idee, dass ...; **when the ~ takes him** wenn ihm danach ist 3 Laune *f*, Grille *f* 4 (bloße) Einbildung. **it was only a ~ of mine** ich habe es mir nur eingebildet 5 (individueller) Geschmack 6 *Ästhetik*: Einbildungskraft *f* 7 (**for**) Neigung *f* (zu), Vorliebe *f* (für), (plötzliches) Gefallen (an *dat*), (lebhaftes) Interesse (an *dat od* für): **have a ~ for** a gernhaben (*akk*) b Lust haben auf (*akk*); **take a ~ to** (*od* **for**) Gefallen finden an (*dat*), sympathisch finden (*akk*); **catch sb's ~** j-s Interesse erwecken, j-m gefallen 8 Tierzucht *f* (aus Liebhaberei) 9 **the ~** *koll obs* die (*Sport- etc*) Liebhaber *pl*, *bes* die Boxsportanhänger *pl* B ADJ 1 Fantasie..., fantastisch, ausgefallen, übertrieben: **~ name** Fantasiename *m*; **~ price** Fantasie-, Liebhaberpreis *m* 2 Mode...: **~ article** 3 Fantasie..., fantasievoll, ausgefallen, reich verziert, kunstvoll, bunt 4 *US* Delikatess..., extrafein: **~ cakes** feines Gebäck, Konditoreiware *f* 5 aus e-r Liebhaberzucht: **a ~ dog** C V/T 1 sich *j-n od etwas* vorstellen: **~ him to be here** stell dir vor, er wäre hier; **~ that!** a stell dir vor!, denk nur! b sieh mal einer an!, nanu!; **~ meeting you here** komisch, dass ich Sie hier treffe; **~ her losing** wer hätte gedacht, dass sie verliert 2 annehmen, glauben (*beide:* **that** dass) 3 **~ o.s.** sich einbilden (**to be** zu sein): **~ o.s. (very important)** sich sehr wichtig vorkommen; **~ o.s. (as) a great scientist** sich für e-n großen Wissenschaftler halten 4 gernhaben *od* gern mögen, angetan sein von: **I don't ~ this picture** dieses Bild gefällt mir nicht; **what do you ~ for breakfast?** was möchtest *od* hättest du gern zum Frühstück? 5 Lust haben auf (*akk*): **~ doing sth** Lust haben, etwas zu tun; **I ~ going for a walk** ich habe Lust, e-n Spaziergang zu machen; **I'd ~ an ice cream** ich hätte Lust auf ein Eis 6 *Tiere, Pflanzen* (aus Liebhaberei) züchten 7 **~ up** *US umg ein Auto etc* aufmotzen

fancy| ball S Kostümfest *n*, Maskenball *m*; **~ dress** S (Masken)Kostüm *n*; **~-dress** ADJ (Masken)Kostüm...: **~ ball** → fancy ball; **~-free** ADJ frei u. ungebunden; **~ goods** SPL 1 Modeartikel *pl*, -waren *pl* 2 a kleine Geschenkartikel *pl* b Nippes *pl*; **~ man** S *irr obs* 1 Liebhaber *m* 2 Zuhälter *m*; **~ stocks** SPL WIRTSCH *US* unsichere Spekulationspapiere *pl*; **~ woman** S *irr obs* 1 Geliebte *f* 2 Prostituierte *f*; **~work** S feine Handarbeit

fandangle [fænˈdæŋgl] S *umg* 1 fantastische Verzierung 2 *fig* Firlefanz *m*, Quatsch *m* (*beide pej*)

fandango [fænˈdæŋgəʊ] *pl* -gos S 1 Fandango *m* (*Tanz*) 2 *US* Ball *m*, Tanz(veranstaltung) *m(f)*

fane [feɪn] S *obs od poet* Tempel *m*

fanfare [ˈfænfeə(r)] S 1 MUS Fanfare *f*, Tusch *m* 2 *fig pej* Trara *n*, Tamtam *n*

fanfaronade [ˌfænfærəˈnɑːd; -ˈneɪd] S Aufschneiderei *f*, Prahlerei *f* (*beide pej*)

fang [fæŋ] A S 1 a Reiß-, Fangzahn *m*, Fang *m* (*des Raubtiers etc*), Hauer *m* (*des Ebers*), Giftzahn *m* (*der Schlange*): **draw the ~s of** *j-n* beruhigen; *j-n* ungefährlich machen; *e-r Sache* die Spitze nehmen, *etwas* entschärfen b *pl Br umg* Beißer *pl* (*Zähne*) 2 ANAT Zahnwurzel *f* 3 spitz zulaufender Teil, *bes* TECH a Dorn *m* (*der Gürtelschnalle*) b Heftzapfen *m* c Klaue *f* (*am Schloss*) d Bolzen *m* B V/T 1 (mit den Fangzähnen) packen 2 *e-e Pumpe* anlassen; **fanged** ADJ ZOOL mit Reißzähnen *etc* (versehen)

fango [ˈfæŋgəʊ] S Fango *m* (*vulkanischer Mineralschlamm, der zu Heilzwecken verwendet wird*): **~ pack** Fangopackung *f*

fan| heater S Heizlüfter *m*; **~jet** S FLUG Mantel-, Zweistromtriebwerk *n*; **~light** S ARCH (fächerförmiges) (Tür)Fenster, Lünette *f*, Oberlicht *n*

fanner [ˈfænə(r)] → fan blower

fanny [ˈfænɪ] S 1 *bes US umg* Arsch *m*, Hintern *m* 2 *Br vulg sl* Fotze *f*, Möse *f* (*Vulva*); **~ adams** [ˈædəmz] S *meist* **sweet ~** *Br sl* überhaupt nichts; **~ bag** S *bes US sl* Wimmerl *n*, Gürteltasche *f*

fanon [ˈfænən] S KATH 1 Manipel *m/f* (*am linken Unterarm getragenes gesticktes Band des Messgewandes*) 2 Fanon *m* (*liturgischer Schulterkragen des Papstes*)

fan| oven S Heißluftherd *m*; **~ palm** S BOT (*e-e*) Fächerpalme; **~-shape(d)** ADJ fächerförmig; **~tail** S 1 ORN Pfau(en)taube *f* 2 FISCH Schleierschwanzgoldfisch *m*

fantabulous [fən'tæbjʊləs] ADJ (ADV ~ly) *umg* supertoll, *(Jugendsprache)* end-, megageil
fan-tan ['fæntæn] S **1** *ein chinesisches Glücksspiel* **2** *ein Kartenspiel*
fantasia [fæn'teɪzjə; *US a.* -ʒə] S MUS Fantasie *f*, Fantasia *f*: **a** *Musikstück in freier Form* **b** *(Opern- etc)* Potpourri *n*
fantasize ['fæntəsaɪz] **A** V/T sich *j-n od etwas* vorstellen: **~ that …** sich vorstellen, dass … **B** V/I **1** fantasieren, Fantasievorstellungen haben *(beide:* **about** von) **2** (mit offenen Augen) träumen
fantast ['fæntæst] S Fantast(in)
fantastic [fæn'tæstɪk] ADJ (ADV ~ally) fantastisch: **a** auf Fantasie beruhend, unwirklich **b** absurd, aus der Luft gegriffen **c** verstiegen, überspannt **d** *umg* toll, großartig; **fantasticality** [-'kælətɪ] S *(das)* Fantastische; **fantasticalness** [-klnɪs] S **1** Fantasterei *f* **2** → fantasticality
fantasy ['fæntəsɪ; -zɪ] **A** S **1** Fantasie *f*: **a** Einbildungskraft *f* **b** Fantasiegebilde *n*, -vorstellung *f*: **live in a world of ~** in e-r Fantasiewelt leben **c** Tag-, Wachtraum *m*, Hirngespinst *n* **2** *(das)* Fantasieren **3** → fantasia **B** V/T & V/I → fantasize
fantom *obs* → phantom
fan| tracery S ARCH Fächermaßwerk *n*; **~ training** S *Obstbau:* Spalierziehen *n* in Fächerform; **~ vaulting** S ARCH Fächergewölbe *n*; **~ ventilator** S TECH Flügelgebläse *n*; **~ wheel** S TECH Flügelrad *n (des Ventilators)*, Windrad *n (des Anemografen)*; **~ window** S ARCH Fächerfenster *n*
fanzine ['fænzi:n] S Fanmagazin *n*
FAO ABK Food and Agriculture Organization FAO *f*
f.a.q. ABK *Aus* fair average quality
FAQ, FAQs [fæk(s)] ABK frequently asked questions PL FAQ(s) *pl*
far [fɑ:(r)] *komp.* farther ['fɑ:(r)ðə(r)], further ['fɜ:ðə; *US* 'fɜrðər], *sup* farthest ['fɑ:(r)ðɪst], furthest ['fɜ:ðɪst; *US* 'fɜr-] **A** ADJ **1** fern, (weit) entfernt, weit, entlegen **2** *(vom Sprecher aus)* entfernter, abliegend: **at the ~ end** am anderen Ende; **the ~ side** die andere Seite **3** weit vorgerückt, fortgeschritten *(beide:* **in** in *dat)* **B** ADV **1** fern, weit: **~ away**, **~ off** weit weg *od* entfernt; **his thoughts were ~ away** er war mit s-n Gedanken ganz woanders **2** *fig* weit entfernt (**from** von): **~ from rich** alles andere als reich; **~ from completed** noch lange *od* längst nicht fertig; **I am ~ from believing it** ich bin weit davon entfernt, es zu glauben; **~ be it from me (to deny it)** es liegt mir fern(, es zu leugnen), ich möchte (es) keineswegs (abstreiten); **~ from it!** ganz u. gar nicht!, keineswegs! **3** weit(hin), fern(hin): **~ into** weit *od* hoch *od* tief in *(akk)*; **~ into the night** bis spät *od* tief in die Nacht (hinein); **it went ~ to convince him** das hat ihn beinahe überzeugt **4** *a.* **~ and away**, **by ~** weit(aus), bei Weitem, um vieles, wesentlich *(bes mit komp u. sup)*: **~ better**; **(by) ~ the best** **a** weitaus *od* mit Abstand der (die, das) beste **b** bei Weitem am besten
Besondere Redewendungen: **as ~ as** **a** so weit *od* so viel (wie), insofern als **b** bis (nach *od* zu *od* an *akk)*, nicht weiter als **~ and near** fern u. nah; **~ and wide** weit u. breit; **~ back** weit zurück *od* hinten; **as ~ back as 1800** schon (im Jahre) 1800; **from ~** von Weitem; **go ~** **a** weit gehen *od* reichen **b** *fig* weit kommen, es weit bringen **ten pounds don't go ~** mit 10 Pfund kommt man nicht weit; **as ~ as that goes** was das (an)betrifft; **it is a very good book as ~ as it goes** es ist insgesamt ein sehr gutes Buch; **she is quite nice as ~ as she goes** sie ist so weit ganz nett; **I'll go so ~ as to say that …** ich möchte *od* würde sogar behaupten, dass…; **go too ~** zu weit gehen; **in so ~ (as)** insofern, -weit (als); **so ~** bis hierher, bisher, bis jetzt; **so ~ so good** so weit, so gut; **~ out** **a** weit draußen **b** weit hinaus **c** → far-out **be ~ out** weit daneben liegen *(mit e-r Vermutung etc)*; **~ up** hoch oben; → between B, cry A 1
farad ['færəd] S PHYS Farad *n (Maßeinheit für Kapazität)*
Faraday cage ['færədeɪ] S PHYS Faradaykäfig *m*
faradic [fə'rædɪk] ADJ PHYS faradisch *(Strom)*
faradize ['færədaɪz] V/T MED faradisieren, mit faradischem Strom behandeln
faraway ADJ **1** → far A 1 **2** *fig* (geistes)abwesend, verträumt
farce [fɑ:(r)s] **A** S **1** THEAT Posse *f*, Schwank *m*, Farce *f* **2** *fig* Farce *f*, Theater *n umg pej*, Possenspiel *n* **3** → forcemeat **B** V/T **1** GASTR farcieren, füllen **2** *e-e Rede etc* würzen (**with** mit); **~meat** → forcemeat
farceur [fɑ:(r)'sɜ:; *US* -'sɜr] S **1** Farcendichter *m od* -spieler *m* **2** Possenreißer *m*, Spaßvogel *m*; **farceuse** [-'sɜ:z] S **1** Farcendichterin *f od* -spielerin *f* **2** Possenreißerin *f*, Spaßvogel *m*
farcical ['fɑ:(r)sɪkl] ADJ (ADV ~ly) **1** Farcen…, farcen-, possenhaft **2** *fig* absurd, lächerlich; **farcicality** [-'kælətɪ], **farcicalness** S **1** Possenhaftigkeit *f* **2** *fig* Absurdität *f*
farcy ['fɑ:(r)sɪ] S VET Rotz *m*
fardel ['fɑ:(r)dl] S *obs* **1** Bündel *n* **2** Bürde *f*, Last *f*
fare [feə(r)] **A** S **1** **a** Fahrpreis *m*, -geld *n* **b** Flugpreis *m*: **what's the ~?** was kostet die Fahrt *od* der Flug?; **any more ~s, please?** noch j-d zugestiegen?; **~ dodger** *(od* **evader)** Schwarzfahrer(in); **~ stage** *Br* Fahrpreiszone *f*, Teilstrecke *f* **2** Fahrgast *m (bes e-s Taxis)* **3** Kost *f (a. fig)*, Nahrung *f*, Verpflegung *f*: **ordinary ~** Hausmannskost; **slender ~** magere *od* schmale Kost; **literary ~** *fig* literarische Kost; → bill[2] A 5 **4** *US* Fang *m (e-s Fischerboots)* **B** V/I **1** sich befinden, (er)gehen: **we ~d well** es ging uns gut; **how did you ~ in London?** wie ist es dir in London ergangen?; **he ~d badly** *(od* **ill)**, **it ~d ill with him** es ist ihm schlecht ergangen, er war schlecht d(a)ran; **~ alike** in der gleichen Lage sein, Gleiches erleben **2** *obs* reisen: **~ forth** sich aufmachen; **~ thee well!** leb wohl!, viel Glück! **3** *obs* essen, speisen
Far East S *(der)* Ferne Osten: **in the ~** *a.* in Fernost
fare-thee-well S: **to a ~** *umg* **a** ausgezeichnet *(kochen etc)* **b** wie verrückt *(arbeiten etc)*
farewell [ˌfeə(r)'wel] **A** INT lebe(n Sie) wohl!, lebt wohl! **B** S **1** Lebewohl *n*, Abschiedsgruß *m*: **bid sb ~** j-m Lebewohl sagen; **make** *(od* **say) one's ~s** sich verabschieden **2** Abschied *m*: **take one's ~ of** Abschied nehmen von *(a. fig)*; **~ to …!** *fig* genug von …!, nie wieder …! **C** ADJ Abschieds…: **~ letter** (**party, performance**, *etc)*
fare-you-well → fare-thee-well
far|-famed ADJ weithin berühmt; **~-fetched** ADJ *fig* weit hergeholt, an den Haaren herbeigezogen *umg*; **~-flung** ADJ **1** ausgedehnt *(a. fig)* **2** weit entfernt; **~-going** → far-reaching; **~-gone** ADJ **a** weit fortgeschritten *(Nacht etc)* **b** erschöpft, schwach *(Person)* **c** abgenutzt, *(Kleidung a.)* abgetragen, *(Schuhe a.)* abgetreten
farina [fə'raɪnə; *bes US* fə'ri:nə] S **1** (feines) Mehl **2** *bes Br* (*bes* Kartoffel)Stärke *f* **3** BOT *Br* Blütenstaub *m*; **farinaceous** [ˌfærɪ'neɪʃəs] ADJ **1** Mehl…, mehlartig **2** stärkehaltig **3** mehlig; **farinose** ['færɪnəʊs] ADJ **1** stärkehaltig **2** BOT, ZOOL mehlig bestäubt
farl(e) [fɑ:l] S *schott od Ir* kleiner (Hafermehl)Fladen
farm [fɑ:(r)m] **A** S **1** Farm *f*, (Land)Gut *n*, Bauernhof *m*, landwirtschaftlicher Betrieb: **buy the ~** MIL *US sl* draufgehen *(im Krieg fallen)* **2** *(Geflügel- etc)* Farm *f* **3** *obs* Bauernhaus *n* **4** Landpacht(system) *f(n)* **5** *verpachteter Bezirk zur Einziehung des Pachtzinses* **6** *a.* **~ team** *(Baseball etc)* Fohlenmannschaft *f* **7** → baby farm **B** V/T **1** *Land* bebauen, *a. e-n Hof* bewirtschaften **2** *Geflügel etc* züchten **3** *Land etc* gegen Pachtzins übernehmen **4** *oft* **~ out** verpachten, in Pacht geben (**to sb** j-m *od* an j-n) **5** *Kinder etc* (gewerbsmäßig) in Pflege nehmen **6** *meist* **~ out** **a** *Kinder etc* in Pflege geben (**on, to** *dat od* bei) **b** WIRTSCH *Arbeit* vergeben (**to** an *akk*); außer Haus geben **C** V/I (e-e) Landwirtschaft betreiben, Landwirt sein
farm| animals SPL Tiere *pl* auf dem Bauernhof; **~ belt** S Gebiet *n* mit intensiver Landwirtschaft; **~ building** S landwirtschaftliches Gebäude; **~ egg** S Landei *n*; **~ equipment** S landwirtschaftliches Gerät
farmer S **1** Bauer *m*, Bäuerin *f*, Landwirt(in), Farmer(in): **~'s wife** Bäuerin **2** *(Geflügel- etc)* Züchter(in) **3** Pächter(in)
farm| hand S Landarbeiter(in); **~horse** S Ackergaul *m*; **~house** S Bauernhaus *n*: **~ bread** Land-, Bauernbrot *n*; **~ butter** Landbutter *f*; **~ holidays** *(bes US* **vacation)** Ferien *pl od* Urlaub *m* auf dem Bauernhof
farming **A** S **1** Landwirtschaft *f*, Acker-, Landbau *m* **2** *(Geflügel- etc)* Zucht *f* **3** Verpachtung *f* **B** ADJ landwirtschaftlich, Acker(bau)…, Land…
farm| labo(u)rer → farm hand; **~land** S Ackerland *n*, landwirtschaftlich genutzte Fläche; **~ loan** S WIRTSCH *US* Agrarkredit *m*; **~ prices** SPL Agrarpreise *pl*; **~stead** S Bauernhof *m*, Gehöft *n*; **~ worker** → farm hand; **~yard** S (Innen)Hof *m* e-s Bauernhofs, Wirtschaftshof *m*
faro ['feərəʊ] S Phar(a)o *n (ein Kartenglücksspiel)*
Faroe Islands ['feərəʊˌaɪləndz], **Faroes** ['feərəʊz] → Faeroe Islands
far-off ADJ **1** → far A 1 **2** *fig* (geistes)abwesend, verträumt
farouche [fə'ru:ʃ] ADJ **1** mürrisch **2** scheu
far-out ADJ **1** *umg* toll, super **2** exzentrisch
farraginous [fə'rædʒɪnəs] ADJ (bunt) gemischt, kunterbunt; **farrago** [fə'rɑ:gəʊ; -'reɪ-] *pl* -goes, -gas S (buntes) Gemisch, Kunterbunt *n (beide:* **of** aus, von)
far-reaching ADJ (ADV ~ly) **1** weitreichend *(a. fig)* **2** *fig* folgenschwer, schwerwiegend, tief greifend
farrier ['færɪə(r)] S *bes Br* **1** Hufschmied *m* **2** MIL Beschlagmeister *m (Unteroffizier)* **3** Tierarzt *m*; **farriery** [-ərɪ] S *bes Br* **1** Hufschmiedehandwerk *n* **2** Hufschmiede *f*
farrow[1] ['færəʊ] **A** S AGR Wurf *m* Ferkel: **ten at one ~** zehn (Ferkel) mit einem Wurf; **with ~** trächtig *(Sau)* **B** V/I ferkeln *(Sau)*, frischen *(Wildsau)* **C** V/T *Ferkel* werfen
farrow[2] ['færəʊ] ADJ gelt, nicht tragend *(Kuh)*
far|seeing ADJ *fig* weitblickend, umsichtig; **~sighted** ADJ (ADV ~ly) **1** → farseeing **2** MED weitsichtig; **~sightedness** S **1** *fig* Weitblick *m*, Umsicht *f* **2** MED Weitsichtigkeit *f*
fart [fɑ:(r)t] *umg* **A** S **1** Furz *m* **2** *fig* Arschloch *n pej* **B** V/I furzen: **~ about** *(od* **around)** *fig* **a** herumblödeln **b** herumgammeln
fartlek ['fɑ:(r)tlek] S SPORT Intervalltraining *n*
farther ['fɑ:(r)ðə(r)] **A** ADJ **1** *komp von* far **2** weiter weg liegend, *(vom Sprecher)* abgewendet,

entfernter: **the ~ shore** das gegenüberliegende Ufer **3** → further B 1 **B** ADV **1** weiter: **so far and no ~** bis hierher u. nicht weiter **2** → further A 2, A 3; **farthermost** ADJ **1** weitest(er, e, es), entferntest(er, e, es) **2** → furthermost 1

farthest ['fɑː(r)ðɪst] **A** ADJ **1** *sup von* far **2** weitest(er, e, es), entferntest(er, e, es) **3** → furthest A 2 **B** ADV **1** am weitesten, am entferntesten **2** → furthest B 1

farthing ['fɑːðɪŋ] S *Br* HIST Farthing *m (¼ Penny)*: **not be worth a (brass) ~** *fig* keinen (roten) Heller wert sein; **he doesn't care a brass ~ what …** es ist ihm vollkommen egal, was …; **it doesn't matter a ~** es macht gar nichts

farthingale ['fɑː(r)ðɪŋgeɪl] S HIST Reifrock *m*, Krinoline *f*

Far West S *US Gebiet der Rocky Mountains u. der pazifischen Küste*

f.a.s. ABK WIRTSCH free alongside ship frei Längsseite Schiff

fasces ['fæsiːz] SPL *Antike:* Faszes *pl (Amtszeichen der römischen Liktoren)*

fascia ['feɪʃə; -ʃɪə] *pl* -ciae [-ʃiː] S **1** Binde *f*, (Quer)Band *n* **2** ZOOL Farbstreifen *m* **3** ['fæʃɪə] ANAT Faszie *f (dünne, sehnenartige Muskelhaut)* **4** ARCH Faszie *f (e-r der von unten nach oben leicht vorspringenden Streifen, die den Hauptbalken der Säule waagerecht unterteilen)* **5** ['fæʃɪə] MED Faszie *f*, *(Bauch- etc)* Binde *f* **6** → facia

fasciate ['fæʃɪeɪt], *a.* **fasciated** [-tɪd] ADJ **1** BOT verbändert, zusammengewachsen **2** ZOOL bandförmig gestreift

fascicle ['fæsɪkl] S **1** Bündel *n* **2** Faszikel *m*: **a** (Teil)Lieferung *f*, (Einzel)Heft *n (e-s Buches)* **b** Aktenbündel *n* **3** → fasciculus 1 **4** BOT **a** (dichtes) Büschel **b** Faszikel *m*, Leitbündel *n*; **fascicled** ADJ BOT in Bündeln *od* Büscheln gewachsen, gebündelt, gebüschelt; **fascicular** [fə'sɪkjʊlə(r)] ADJ büschelförmig; **fasciculate** [-lət; -leɪt], **fasciculated** [-leɪtɪd] → fascicled; **fascicule** [-kjuːl] → fascicle; **fasciculus** [-ləs] *pl* -li [-laɪ] S **1** ANAT Faszikel *m (kleines Bündel von Muskel- od Nervenfasern)* **2** → fascicle 2

fascinate ['fæsɪneɪt] V/T **1** faszinieren: **a** bezaubern, bestricken **b** fesseln, packen, gefangen nehmen, in s-n Bann ziehen: **~d** fasziniert (**by, with** von), (wie) gebannt **2** hypnotisieren *(Schlange etc)*; **fascinating** ADJ (ADV **~ly**) faszinierend: **a** bezaubernd, hinreißend **b** fesselnd, spannend; **fascination** S Faszination *f*: **a** Anziehungskraft *f* **b** Zauber *m*, Reiz *m*: **have a ~ for sb** faszinierend auf j-n wirken, von j-m fasziniert sein **c** Fasziniertheit *f*: **in ~** fasziniert; **his ~ with old cars** der Reiz, den alte Autos auf ihn ausüben; **fascinator** [-tə(r)] S **1** faszinierende Person *od* Sache **2** (Häkel-, Spitzen)Kopftuch *n*, Theaterschal *m*

fascine [fæ'siːn] S ARCH, MIL Faschine *f (Reisiggeflecht für Befestigungsbauten)*

fascism, *oft* ♀ ['fæʃɪzəm] S POL Faschismus *m*; **fascist**, *a.* ♀ **A** S Faschist *m* **B** ADJ faschistisch

fash[1] [fæʃ] *schott* **A** V/I sich ärgern *od* aufregen **B** V/T (**o.s.** sich) ärgern, aufregen

fash[2] [fæʃ] *sl für* fashionable A

fashion ['fæʃn] **A** S **1** Mode *f*: **it is (all) the ~** es ist (große) Mode, es ist (hoch)modern; **there is a ~ for** *ger* es ist jetzt Mode zu *inf*; **be back in ~** wieder modern *od* aktuell sein; **it became the ~** es wurde (große) Mode; **bring (come) into ~** in Mode bringen (kommen); **come back into ~** wieder in Mode kommen, wieder modern *od* aktuell werden; **dress after the latest ~** sich nach der neuesten Mode kleiden; **go out of ~** aus der Mode kommen, unmodern werden; **set the ~** **a** die Mode vorschreiben **b** *fig* den Ton angeben; **~ designer** Modedesigner(in), -zeichner(in); **~ house** Modegeschäft *n*, Mode(n)haus *n*; **~ journal** (*od* **magazine**) Modejournal *n*; **~ model** **a** Mannequin *n* **b** Dressman *m*; **~ parade** Mode(n)schau *f*; **~ photographer** Modefotograf(in); **~ plate** **a** Modebild *n* **b** *fig* Modepuppe *f*, (Mode)Geck *m (beide pej)*; **~ show** Mode(n)schau *f*; **~ student** Modeschüler(in); **~ stylist** Modeschöpfer(in); **~ victim** Modefreak *m* **2** (feine) Lebensart, (gepflegter) Lebensstil, Vornehmheit *f*: **a man of ~** ein Mann von Lebensart **3** Art *f* u. Weise *f*, Methode *f*, Manier *f*, Stil *m*: **after one's ~** auf s-e Art *od* Weise; **after** (*od* **in**) **a ~** schlecht u. recht, einigermaßen, so lala *umg*; **an artist after a ~** so etwas wie ein Künstler; **after the ~ of** im Stil *od* nach Art von (*od gen*) **4** Fasson *f*, (Zu)Schnitt *m*, Form *f*, Modell *n*, Machart *f* **5** Sorte *f*, Art *f*: **men of all ~s** Menschen aller Art **B** V/T **1** herstellen, machen **2** formen, bilden, gestalten, machen, arbeiten (*alle:* **according to, after** nach; **out of, from** aus; **to, into** zu) **3** (**to**) anpassen (*dat*, an *akk*), zurechtmachen (für) **C** ADV wie, nach Art von (*od gen*): **American-~** im amerikanischen Stil, auf amerikanisch

fashionable **A** ADJ (ADV fashionably) **1** modisch, modern **2** vornehm, elegant **3** **a** in Mode: **be very ~** große Mode sein (**with** bei; **to** *inf* zu *inf*); **be ~ again** wieder modern *od* aktuell sein **b** Mode…: **~ complaint** Modekrankheit *f*; **~ writer** Modeschriftsteller(in) **B** S eleganter Herr, elegante Dame: **the ~s** *pl* die Schickeria; **fashionableness** S *(das)* Modische, Eleganz *f*

fashion|-colo(u)red ADJ in Modefarben; **~-conscious** ADJ (ADV **~ly**) modebewusst; **~wear** S Modeartikel *pl*

fast[1] [fɑːst; *US* fæst] **A** ADJ **1** schnell, geschwind, rasch: **a ~ car** ein schneller Wagen; **~ forward** schneller Vorlauf *(e-s Videorekorders etc)*; **~ train** Schnell-, D-Zug *m*; **pull a ~ one on sb** *umg* j-n reinlegen *od* übers Ohr hauen; **my watch is (ten minutes) ~** m-e Uhr geht (10 Minuten) vor; **~ worker** *umg* Draufgänger *m (bei Frauen)*; **he's a ~ worker** **a** er arbeitet schnell **b** *umg* er geht scharf ran *(bei Frauen)*; → draw A 1 **2** → fast-moving **3** schnell *(hohe Geschwindigkeit gestattend)*: **~ road**; **~ tennis court** **4** *fig* flott, leichtlebig: → liver[2] **5** FOTO **a** hochempfindlich *(Film)* **b** lichtstark *(Objektiv)* **B** ADV **1** schnell, geschwind, rasch **2** zu schnell: **run ~** vorgehen *(Uhr)* **3** **live ~** ein flottes Leben führen **4** *obs od poet* nahe: **~ by** (*od* **beside**) (ganz) nahe bei; **follow ~ upon** dicht folgen auf *(akk)*

fast[2] [fɑːst; *US* fæst] **A** ADJ **1** fest, befestigt, sicher, festgemacht, unbeweglich: **make ~** festmachen, befestigen, *e-e Tür* verschließen **2** fest *(Griff, Knoten etc)*: **~ sleep** fester *od* tiefer Schlaf; **take ~ hold of** fest packen **3** *fig* fest *(Freundschaft etc)*: **~ friends** unzertrennliche *od* treue Freunde **4** (**to**) widerstandsfähig (gegen), beständig (gegen[über]): **~ colo(u)r** (wasch)echte Farbe; **~ to light** lichtecht **B** ADV **1** fest: **hold ~** festhalten; **hold ~ to** *fig* festhalten an *(dat)*; **be ~ asleep** fest *od* tief schlafen; **play ~ and loose** *fig* Schindluder treiben *umg* (**with** mit); **stuck ~** **a** fest eingeklemmt **b** festgefahren **2** stark: **it's raining ~**

fast[3] [fɑːst; *US* fæst] *bes* REL **A** V/I fasten **B** S **1** Fasten *n*. **break one's ~** das Fasten brechen **2** **a** Fastenzeit *f* **b** *a.* **~ day** Fast(en)tag *m*

fast|back S AUTO (Wagen *m* mit) Fastback *n od* Fließheck *n*; **~ break** S *Basketball*: Fast Break *m/n*, Steilangriff *m*; **~ breeder**, **~-breeder reactor** S PHYS Schneller Brüter

fasten ['fɑːsn; *US* 'fæsn] **A** V/T **1** (**to**) befestigen, anbringen (an *dat*), anheften, anbinden, ankleben (an *akk*): → seat belt **2** *a.* **~ up** *e-e Tür etc* (fest) zumachen, (ab-, ver)schließen, verriegeln, *e-e Jacke etc* zuknöpfen, *ein Paket etc* zu-, verschnüren: **~ with nails** zunageln; **~ with plaster** zugipsen; **~ down** **a** befestigen, fest zumachen **b** *umg j-n* festnageln *(festlegen)* (**to** auf *akk*) **3** **~ (up)on** *fig* **a** *j-m e-n Spitznamen etc* geben, anhängen *umg*: **~ a nickname upon sb** **b** *j-m e-e Straftat etc* zuschieben, in die Schuhe schieben *umg*, anhängen *umg*: **they ~ed the crime upon him** **4** *fig den Blick, s-e Gedanken* heften, *a. s-e Aufmerksamkeit* richten, *Erwartungen* setzen (*alle:* **on** auf *akk*) **B** V/I **1** **~ (up)on** **a** sich heften *od* klammern an *(akk) (a. fig)* **b** *fig* sich stürzen auf *(akk)*, herausgreifen *(akk)*, aufs Korn nehmen *(akk) umg* **2** sich fest- *od* zumachen *od* schließen lassen; **fastener** S **1** Befestigungsmittel *n* **2** Schließer *m*, Halter *m*, Verschluss *m* **3** *Färberei*: Fixiermittel *n*; **fastening** **A** S **1** Festmachen *n*, Befestigung *f* **2** TECH Befestigung(svorrichtung) *f*, Sicherung *f*, Halterung *f*, Verankerung *f* **3** → fastener 2 **B** ADJ TECH Befestigungs…, Schließ…, Verschluss…

fast| food S Fastfood *n (in Schnellgaststätten angebotenes Essen)*; **~-food restaurant** S Schnellgaststätte *f*, -restaurant *n*

fastidious [fə'stɪdɪəs; fæ-] ADJ (ADV **~ly**) anspruchsvoll, wählerisch, heikel (*alle:* **about** in *dat*); **fastidiousness** S anspruchsvolles Wesen

fasting *bes* REL **A** ADJ fastend, Fasten…: **~ cure** Hunger-, Fastenkur *f*; **~ day** Fast(en)tag *m* **B** S Fasten *n*

fast| lane S AUTO Überholspur *f*: **live one's life in the ~** *umg* sein Leben in vollen Zügen genießen; **~-moving** ADJ **1** schnell (fahrend) **2** *fig* tempogeladen, spannend *(Film etc)*

fastness[1] S **1** *obs* Schnelligkeit *f* **2** *fig* Leichtlebigkeit *f*

fastness[2] S **1** **a** Feste *f*, Festung *f* **b** Schlupfwinkel *m*, stiller Ort, Zufluchtsort *m* **2** (**to**) Widerstandsfähigkeit *f* (gegen), Beständigkeit *f* (gegen[über]), Echtheit *f (von Farben)*: **~ to light** Lichtechtheit

fast|-paced → fast-moving 2; **~-talk** V/T *bes US umg* **1** *j-n* beschwatzen (**into doing sth** etwas zu tun) **2** **~ sb out of sth** j-m etwas abschwatzen; **~ track** S *(der)* schnellste Weg(, *ein [berufliches] Ziel zu erreichen)*; **~-track** ADJ: **a ~ job** ein Job für e-e schnelle Karriere

fastuous ['fæstjʊəs; *US* -tʃəwəs] ADJ (ADV **~ly**) **1** arrogant **2** prunkvoll, protzig

fat [fæt] **A** ADJ (ADV → fatly) **1** dick, beleibt, korpulent, fett *pej*, feist *pej*: **~ stock** Mast-, Schlachtvieh *n* **2** fett, fettig, fett-, ölhaltig: **~ coal** Fettkohle *f*, bituminöse Kohle **3** *fig* dick *(Brief, Brieftasche etc)*: **~ type** TYPO Fettdruck *m* **4** *fig* fett, einträglich, ergiebig, reich(lich): **a ~ bank account** ein dickes Bankkonto; **a ~ job** ein lukrativer Posten; **~ soil** fetter *od* fruchtbarer Boden; **~ wood** harzreiches Holz; **the ~ years and the lean (years)** die fetten u. die mageren Jahre; **a ~ chance** *umg iron* herzlich wenig Aussicht; **a ~ lot of good that is!** *umg iron* das ist aber e-e große Hilfe!; → lot B **5** *umg* **a** dumm **b** leer: **get that into your ~ head!** kapier das doch endlich mal! **B** S **1** **a** *a.* BIOL, CHEM Fett *n*: **~s** CHEM einfache Fette; **the ~ is in the fire** der Teufel ist los; **chew the ~** *umg* quatschen, plaudern **b** GASTR Speck *m* **2** Fett(ansatz) *n(m)*: **run to ~** Fett ansetzen **3** **the ~** das Beste: **live on** (*od* **off**) **the ~ of the land** in Saus u. Braus *od* wie Gott in Frankreich *od* wie die Made im Speck leben 4 THEAT *etc* dankbar(st)e Rolle C V/T *a.* ~ **up** mästen: **kill the ~ted calf** *fig* ein Willkommensfest geben

fatal ['feɪtl] ADJ (ADV ~ly) 1 tödlich, mit tödlichem Ausgang: **a ~ accident** ein tödlicher Unfall; **~ly wounded** tödlich verwundet 2 fatal, unheilvoll, verhängnisvoll (*alle:* **to** für); (*Fehler in Computeranwendung*) schwer: **be ~ to sb's plans** j-s Pläne zunichtemachen 3 (über Wohl u. Wehe) entscheidend, schicksalhaft 4 unvermeidlich 5 Schicksal(s)...: **the ~ thread** der Schicksals- *od* Lebensfaden; → **sister** A 1; **fatalism** [-təl-] S Fatalismus *m*, Schicksalsglaube *m*; **fatalist** [-təl-] S Fatalist(in), Schicksalsgläubige(r) *m/f(m)*; **fatalistic** [-tə'l-] ADJ (ADV ~ally) fatalistisch, schicksalsgläubig

fatality [fə'tæləti; *US a.* feɪ-] S 1 Verhängnis *n*: a Geschick *n* b Schicksalsschlag *m*, Unglück *n* 2 Schicksalhaftigkeit *f* 3 tödlicher Verlauf (*e-r Krankheit*) 4 a tödlicher Unfall: **bathing ~** tödlicher Badeunfall b (Todes)Opfer *n*: **there were no fatalities in the accident** bei dem Unfall kam niemand ums Leben *od* gab es keine Toten

fat|back S GASTR Rückenspeck *m*; **~ cat** S *bes US sl* 1 *reiche Person, von der hohe Parteispenden erwartet werden* 2 a Geldsack *m pej* b Neureiche(r) *m/f(m)* 3 großes *od* hohes Tier *umg*; **~-cat** ADJ *bes US umg pej* a stinkreich b neureich

fate [feɪt] S 1 *a.* ≈ Schicksal(smacht) *n(f)*: **~ decided otherwise** das Schicksal wollte es anders 2 Geschick *n*, Los *n*, Schicksal *n*: **he met his ~** das Schicksal ereilte ihn; **he met his ~ calmly** er sah s-m Schicksal ruhig entgegen; **(as) sure as ~** garantiert, mit Sicherheit; **be a ~ worse than death** das Allerschlimmste sein; **she suffered** (*od* **met with**) **a ~ worse than death** *obs od hum* sie wurde verführt; → **tempt** 4 3 Verhängnis *n*, Verderben *n*, Untergang *m*: **go to one's ~** a untergehen b den Tod finden 4 ≈ MYTH Schicksalsgöttin *f*: **the (three) Fates** die Parzen; **fated** ADJ 1 (vom Schicksal) dazu bestimmt (**to do** zu tun): **they were ~ to meet, it was ~ that they should meet** es war ihnen bestimmt, sich zu begegnen 2 dem Untergang geweiht 3 → **fateful** 3; **fateful** ADJ (ADV ~ly) 1 verhängnisvoll 2 schicksalsschwer 3 schicksalhaft, Schicksals...; **fatefulness** S (*das*) Schicksalhafte *od* Verhängnisvolle

fat embolism S MED Fettembolie *f*

fath. ABK SCHIFF fathom

fat|head S *umg* Dummkopf *m*, Schafskopf *m pej*; **~headed** ADJ (ADV ~ly) *umg* dumm, dämlich, doof

father ['fɑːðə(r)] A S 1 Vater *m*: **he became a ~ yesterday** er wurde gestern Vater; **a ~ of three** ein Vater von drei Kindern; **like ~ like son** der Apfel fällt nicht weit vom Stamm; **≈'s Day** Vatertag *m* 2 *meist* ≈ REL Gott(vater) *m*: → **our** 3 *pl* Ahnen *pl*, Vorfahren *pl*: **be gathered to one's ~s** zu s-n Vätern versammelt werden; **rest with one's ~s** bei s-n Vätern ruhen 4 *umg* Schwieger-, Stief-, Adoptivvater *m* 5 *fig* Vater *m*, Urheber *m*, Begründer *m*: **the ≈ of lies** der Satan; **the wish was ~ to the thought** der Wunsch war der Vater des Gedankens 6 → **city father** 7 väterlicher Beschützer *od* Freund (**to** *gen*) 8 *oft* ≈, *a.* **≈ of the Church** REL, HIST Kirchenvater *m* 9 REL a Vater *m* (*Bischofs- od Abttitel*): → **Holy Father** b → **father confessor** c Pater *m* 10 ≈ *poet* Vater *m*: **≈ Time** Chronos *m* 11 *Br* (Dienst)Älteste(r) *m* B V/T 1 *ein Kind* zeugen 2 *etwas* ins Leben rufen, hervorbringen 3 wie ein Vater sein zu *j-m* 4 die Vaterschaft (*gen*) anerkennen 5 *fig* a die Urheberschaft (*gen*) anerkennen b die Urheberschaft (*gen*) zuschreiben (**on, upon sb** j-m): **~ a novel on sb** j-m e-n Roman zuschreiben 6 **~ sth (up)on sb** j-m die Schuld für etwas zuschreiben, j-n für etwas verantwortlich machen

Father| Christmas S *Br* der Weihnachtsmann, der Nikolaus; **≈ confessor** S 1 REL Beichtvater *m* 2 Vertraute(r) *m/f(m)*; **≈ figure** S PSYCH Vaterfigur *f*; **≈ fixation** S PSYCH Vaterbindung *f*, -fixierung *f*: **have a ~** auf s-n Vater fixiert sein

fatherhood S 1 Vaterschaft *f* 2 KOLL (*die*) Väter *pl*

father|-in-law *pl* fathers-in-law, father-in--laws S Schwiegervater *m*; **~land** S Vaterland *n*

fatherless ADJ vaterlos: **be ~** keinen Vater haben; **fatherliness** [-lɪnɪs] S Väterlichkeit *f*; **fatherly** A ADJ 1 väterlich 2 Vater... B ADV *obs* väterlich, in väterlicher Weise

father| tie S PSYCH Vaterbindung *f*; **~-to--be** *pl* fathers-to-be S angehender Vater

fathom ['fæðəm] A S (*pl nach Maßzahl oft* ~) Fathom *n*: a SCHIFF Faden *m* (*Tiefenmaß; 6 Fuß = 1,83 m*) b (*Bergbau*) *Raummaß; 6 Kubikfuß = 0,17 Kubikmeter* B V/T 1 SCHIFF ausloten (*a. fig*), loten 2 *fig* ergründen: **~ out** *umg e-e Antwort etc* finden; **I can't ~ out ...** *umg* ich kann mir auch beim besten Willen nicht erklären, ...; **fathomable** ADJ 1 SCHIFF auslotbar (*a. fig*), lotbar 2 *fig* ergründbar; **fathomless** ADJ (ADV ~ly) unergründlich (*a. fig*)

fathom line S SCHIFF Lotleine *f*

fatigue [fə'tiːg] A S 1 Ermüdung *f*, Ermattung *f*, Erschöpfung *f* 2 mühselige Arbeit, Strapaze *f* 3 Übermüdung *f*, -anstrengung *f*: **~ products** MED Ermüdungsstoffe 4 AGR Erschöpfung *f* (*des Bodens*) 5 TECH (Werkstoff)Ermüdung *f*: **~ behavio(u)r** Ermüdungsverhalten *n*; **~ crack** Ermüdungs-, Dauerriss *m*; **~ failure** Ermüdungs-, Dauerbruch *m*; **~ limit** Ermüdungsgrenze *f*; **~ strength** Dauerfestigkeit *f*; **~ test** Ermüdungsprobe *f*, Dauerprüfung *f* 6 MIL a *a.* **~ duty** Arbeitsdienst *m*: **~ detail, ~ party** Arbeitskommando *n* b *pl*, *a.* **~ clothes** *pl*, **~ dress, ~ uniform** Drillich-, Arbeitsanzug *m* B V/T ermüden (*a.* TECH), erschöpfen C V/I 1 ermüden (*a.* TECH) 2 MIL Arbeitsdienst machen; **fatiguing** ADJ (ADV ~ly) ermüdend, anstrengend, strapaziös

fatless ['fætlɪs] ADJ 1 fettlos 2 ohne Fett, mager; **fatling** [-lɪŋ] S junges Masttier

fatly ADV reichlich, ausgiebig; **fatness** S 1 Dicke *f*, Beleibtheit *f*, Korpulenz *f*, *pej* Fettheit *f*, Feistheit *f* 2 Fettigkeit *f*, Fett-, Ölhaltigkeit *f* 3 Fruchtbarkeit *f* (*des Bodens*)

fatso ['fætsəʊ] *pl* -sos, -soes S *umg pej* Fettsack *m*

fat-soluble ADJ CHEM fettlöslich

fatten ['fætn] A V/T 1 *a.* **~ up** a dick *od pej* fett machen b auf-, herausfüttern *umg* (*beide:* **with** mit) 2 *Tiere, umg a. Personen* mästen 3 *Land* fruchtbar machen, düngen B V/I 1 *a.* **~ up** dick *od pej* fett werden 2 sich mästen (**on** an *dat*) 3 dick *od pej* fett machen; **fattener** S Dickmacher *m*; **fattening** ADJ dick *od pej* fett machend: **~ food(s** *pl*) Dickmacher *pl*; **fattish** ADJ ziemlich fett *od* dick; **fatty** A ADJ (ADV fattily) 1 *a.* CHEM fettig, fetthaltig, Fett...: **~ acid** Fettsäure *f* 2 MED Fett bildend, Fett...: **~ degeneration** Verfettung *f*; **~ degeneration of the heart** Herzverfettung *f*; **~ heart** Fettherz *n*; **~ tissue** Fettgewebe *n*; **~ tumo(u)r** Fettgeschwulst *f* (*unter der Haut*) B S *umg* Dicke(r) *m/f(m)*, Dickerchen *n*

fatuitous [fə'tjuːɪtəs; *US a.* -'tuː-] → **fatuous**; **fatuity** [-ətɪ] S Torheit *f*, Albernheit *f* (*a. törichte Bemerkung, Tat etc*)

fatuous ['fætjʊəs; *US* 'fætʃəwəs] ADJ (ADV ~ly) töricht, albern; **fatuousness** S Torheit *f*, Albernheit *f*

fat-witted → fatheaded

faubourg ['fəʊ,bʊəg; *US* fəʊ'bʊr] S Vorort *m*

faucal ['fɔːkl] ADJ ANAT Kehl... (*a.* LING), Rachen...; **fauces** [-siːz] *pl* -ces S Rachen *m*, Schlund *m*

faucet ['fɔːsət] S TECH *US* 1 a (Wasser)Hahn *m* b (Fass)Zapfen *m* 2 Muffe *f* (*e-r Röhrenleitung*)

faugh [fɔː] INT pfui!

fault [fɔːlt] A S 1 Schuld *f*, Verschulden *n*: **it's not her ~, the ~ is not hers, it's no ~ of hers** sie hat *od* trägt *od* trifft keine Schuld, es ist nicht ihre Schuld, es liegt nicht an ihr; **be at ~** schuld sein, die Schuld tragen (**with** an *dat*)(→ A 4 a, A 8) 2 Fehler *m*, (JUR *a.* Sach)Mangel *m*: **sold with all ~s** ohne Mängelgewähr (verkauft); **find ~** nörgeln, kritteln; **find ~ with** etwas auszusetzen haben an (*dat*), herumnörgeln an (*dat*); **to a ~** a ausgesprochen b *pej* allzu, übertrieben 3 (Charakter)Fehler *m*, (-)Mangel *m* 4 a Fehler *m*, Irrtum *m*: **be at ~** sich irren (→ A 1, A 8); **if my memory is not at ~** wenn mich m-e Erinnerung nicht täuscht; **commit a ~** e-n Fehler machen b Vergehen *n*, Fehltritt *m* 5 GEOL (Schichten)Bruch *m*, Verwerfung *f* 6 TECH Defekt *m*: a Fehler *m*, Störung *f* b ELEK Erd-, Leitungsfehler *m*, fehlerhafte Isolierung 7 *Tennis, Springreiten etc*: Fehler *m* 8 JAGD a Verlieren *n* der Spur b verlorene Fährte: **be at ~** auf der falschen Fährte sein (*a. fig*) (→ A 1, A 4 a) B V/T 1 etwas auszusetzen haben an (*dat*) 2 GEOL *Schichten* verwerfen 3 *obs* verpfuschen, verpatzen C V/I 1 GEOL sich verwerfen 2 e-n Fehler machen; **~finder** S Nörgler(in), Kritt(e)ler(in); **~finding** A S Krittelei *f*, Nörgelei *f* B ADJ kritt(e)lig, nörglerisch

faultiness ['fɔːltɪnɪs] S Fehlerhaftigkeit *f*; **faulting** S GEOL Verwerfung *f*; **faultless** ADJ (ADV ~ly) fehlerfrei, -los, einwandfrei, untadelig; **faultlessness** S Fehler-, Tadellosigkeit *f*

faulty ADJ (ADV faultily) fehlerhaft, TECH *a.* defekt, (*Argumentation etc a.*) falsch: **~ design** Fehlkonstruktion *f*

faun [fɔːn] S MYTH Faun *m*

fauna ['fɔːnə] *pl* -nas, -nae [-niː] S ZOOL Fauna *f*: a Tierwelt *f* (*e-s bestimmten Gebiets*) b *Bestimmungsbuch für die Tiere e-s bestimmten Gebiets*; **faunal** ADJ Fauna...

fauteuil ['fəʊtɜːɪ] S Fauteuil *m*, Armstuhl *m*, Lehnsessel *m*

faux [fəʊ] ADJ unecht, Imitations...

faux pas [,fəʊ'pɑː] *pl* faux pas [-'pɑːz] S Fauxpas *m*, Taktlosigkeit *f*: **commit a ~** e-n Fauxpas begehen

faveolate [fə'viːələt; -leɪt] ADJ bienenzellenförmig, wabenförmig

favor, *bes Br* **favour** ['feɪvə(r)] A V/T 1 *j-m, e-r Sache* günstig gesinnt sein, *j-m* gewogen sein, wohlwollen 2 begünstigen: a favorisieren, bevorzugen, vorziehen b günstig sein für, fördern c eintreten *od* sprechen für, unterstützen, für *etwas* sein 3 *bes* SPORT favorisieren, zum Favoriten erklären 4 einverstanden sein mit 5 bestätigen 6 *j-n* beehren (**with** mit): **~ sb with sth** j-m etwas schenken *od* verehren, j-n mit etwas erfreuen 7 *umg j-m* ähnlich sehen: **he ~s his father** 8 *sein verletztes Bein etc* schonen B S 1 Gunst *f*, Wohlwollen *n*: **find ~** Gefallen *od* Anklang finden; **find ~ with sb** (*od* **in sb's eyes**) Gnade vor j-s Augen finden, j-m gefallen; **grant sb a ~** j-m e-e Gunst gewähren; **look with ~ on sb** j-n mit Wohlwollen betrachten; **win sb's ~** j-n für sich gewinnen; **by ~ of** a mit gütiger Erlaubnis von *(od gen)* b überreicht von *(Brief)*; **be in ~ with sb** a bei j-m gut angeschrieben sein b *a.* **be in sb's ~** bei j-m beliebt *od* gefragt *od* begehrt sein; **be** (*od* **stand) high in sb's ~** bei j-m hoch in der Gunst stehen; **in ~ of** für, *a.* WIRTSCH zugunsten von *(od gen)*; **in my ~** zu m-n Gunsten; **speak in ~ of** für *etwas* sprechen *od* eintreten; **who is in ~ (of it)?** wer ist dafür *od* (damit) einverstanden?; **vote in ~** dafür *od* mit Ja stimmen; **be out of ~ with sb** a bei j-m in Ungnade (gefallen) sein b *a.* **be out of sb's ~** bei j-m nicht mehr beliebt *od* gefragt *od* begehrt sein; → curry[1] 4, fall from **2** Gefallen *m*, Gefälligkeit *f*: **ask sb a ~** (*od* **a ~ of sb**) j-n um e-n Gefallen bitten; **do sb a ~**, **do a ~ for sb** j-m e-n Gefallen tun; **do me a ~ and …** tu mir den Gefallen u. …, sei so nett u. …; **we request the ~ of your company** wir laden Sie höflich ein **3** Bevorzugung *f*, Begünstigung *f*: **show ~ to sb** j-n bevorzugen *od* begünstigen; **he doesn't ask for ~s** er stellt keine besonderen Ansprüche; **without fear or ~** unparteiisch **4** **grant sb one's ~s** (*od* **one's ultimate ~**) j-m s-e Gunst geben *od* gewähren *(Frau)* **5** *obs* Schutz *m*: **under ~ of night** im Schutze der Nacht **6** a kleines *(auf e-r Party etc verteiltes)* Geschenk b *(auf e-r Party etc verteilter)* Scherzartikel **7** *(Partei- etc)* Abzeichen *n* **8** WIRTSCH *obs* Schreiben *n*: **your ~ of the 3rd of the month** Ihr Geehrtes vom 3. des Monats **9** *obs* a Anmut *f* b Aussehen *n* c Gesicht *n*

favorable, *bes Br* **favourable** ADJ (ADV favo[u]rably) **1** a wohlgesinnt, gewogen, geneigt *(alle:* **to** *od* für) b wohlwollend **2** *allg* günstig: a vorteilhaft (**to, for** für): **~ conditions**; **~ trade balance** aktive Handelsbilanz b befriedigend, gut *(Eindruck etc)* c positiv, zustimmend *(Antwort etc)* d vielversprechend; **favorableness**, *bes Br* **favourableness** S günstige Bedingungen *pl*: **the ~ of the court's decision** das günstige Urteil

favored, *bes Br* **favoured** ['feɪvə(r)d] ADJ **1** begünstigt: **highly ~** sehr begünstigt; **most ~** meistbegünstigt; → most-favo(u)red-nation clause **2** beliebt, gefragt, begehrt *(alle:* **with** bei) **3** bevorzugt, Lieblings… **4** *bes* SPORT favorisiert: **be highly ~ (to win)** hoher Favorit sein **5** *in Zusammensetzungen* …gestaltet, …aussehend: → ill-favo(u)red, well-favo(u)red

favorite, *bes Br* **favourite** ['feɪvərɪt] **A** S **1** Liebling *m (a. fig Schriftsteller etc)*, *pej* Günstling *m*: **~s** *(Internet)* Favoriten; **~ with the fans** Publikumsliebling; **play ~s** *US* parteiisch sein; **be the ~ of** (*od* **a ~ with** *od* **of**) **sb** bei j-m beliebt *od* gefragt *od* begehrt sein; **this book is one of my ~s** dies ist eins m-r Lieblingsbücher **2** *bes* SPORT Favorit(in): **start ~** als Favorit an den Start gehen **B** ADJ Lieblings…: **my ~ composer**; **~ dish** Lieblingsgericht *n*, Leibspeise *f*; **favoritism**, *bes Br* **favouritism** S **1** Günstlings-, Vetternwirtschaft *f* **2** Bevorzugung *f*, Begünstigung *f*: **show ~ to sb** j-n bevorzugen *od* begünstigen

favour, **favourable**, **favourableness**, **favoured**, **favourite**, **favouritism** *bes Br für* favor *etc*

favus ['feɪvəs] S MED Favus *m (e-e ansteckende, chronische Pilzerkrankung der Haut)*

Fawkes, Guy [fɔːks, gaɪ] EIGENN Guy Fawkes *(1570-1606; Einer der Hauptteilnehmer an der engl. Pulververschwörung)*

fawn[1] [fɔːn] **A** S **1** ZOOL (Dam)Kitz *n*, einjähriges Rehkalb: **in ~** trächtig **2** Rehbraun *n* **B** ADJ rehfarben, -braun **C** V/T & V/I (ein Kitz) setzen *(Reh)*

fawn[2] [fɔːn] V/I **1** schwänzeln, (mit dem Schwanz) wedeln *(als Zeichen der Zuneigung) (Hund)*: **~ (up)on sb** a sich an j-n anschmiegen b an j-m hochspringen c j-n ablecken **2** *fig* **(on, upon)** katzbuckeln (vor *dat*), scharwenzeln (um) *umg*; **fawning** ADJ (ADV **~ly**) **1** schwänzelnd, schwanzwedelnd **2** *fig* schmeichlerisch, kriecherisch

fax [fæks] **A** S **1** Fax *n (Fernkopie)* **2** Fax(gerät) *n* **B** V/T faxen: **~ sb sth, ~ sth (through) to sb** j-m etwas faxen; **~ machine** → fax A 2; **~ number** S Faxnummer *f*

fay[1] [feɪ] V/T & V/I *Schiffbau:* (sich) zusammenfügen (**in, into, with** mit)

fay[2] [feɪ] *poet für* fairy A 1, B 1, B 2

faze [feɪz] V/T *umg j-n* durcheinanderbringen, aus der Fassung bringen

FBA ABK Fellow of the British Academy

FBI [ˌefbiːˈaɪ] ABK S Federal Bureau of Investigation *US* FB'I *m/n*: **~ agent** FBI-Agent(in)

FC ABK *Br* Football Club

FCA ABK *Br* Fellow of the Institute of Chartered Accountants

fcap ABK foolscap

FCC ABK *US* Federal Communications Commission *(e-e Medienkontrollbehörde)*

FCO ABK *Br* Foreign and Commonwealth Office

FD ABK Fidei Defensor, Defender of the Faith Verteidiger *m* des Glaubens

FDA ABK *US* Food and Drug Administration Nahrungsmittel- u. Medikamentenbehörde *f*

FE ABK *Br* further education Fort-, Weiterbildung *f*

feal [fiːl] ADJ *obs* treu

fealty ['fiːəltɪ] S **1** HIST Lehenstreue *f* **2** Treue *f*, Loyalität *f (beide:* **to** zu)

fear [fɪə(r)] **A** S **1** Furcht *f*, Angst *f (beide:* **of** vor *dat*; **that** dass): **for ~** vor Angst; **for ~ that …** aus Furcht, dass …; **be in ~ (of sb)** sich (vor j-m) fürchten, (vor j-m) Angst haben; **~ of death** Todesangst; **~ of flying** Flugangst; **~ of heights** Höhenangst; **go in ~ of one's life** in ständiger Todesangst leben, Todesängste ausstehen; **be without ~ (of sb)** sich (vor j-m) nicht fürchten, (vor j-m) keine Angst haben; **no ~** sei(en Sie) unbesorgt!, keine Bange; → favor B 3, green A 6, reproach B 1 **2** Befürchtung *f*, Besorgnis *f*, Sorge *f*, *pl a.* Bedenken *pl*: **for ~ of** a in der Befürchtung, dass … b um nicht, damit nicht; um zu verhüten, dass …; *he didn't come near me* **for ~ of infection** aus Angst, sich anzustecken; **for ~ of hurting him** um ihn nicht zu verletzen; **there are ~s that …** man befürchtet, dass …; **it confirmed his worst ~s** es bestätigte s-e schlimmsten Befürchtungen **3** Scheu *f*, Ehrfurcht *f (beide:* **of** vor *dat*): **~ of God** Gottesfurcht *f*; **put the ~ of God into sb** j-m e-n heiligen Schrecken einjagen **4** Gefahr *f*, Risiko *n*: **there is not much ~ of that** das ist kaum zu befürchten **B** V/T **1** fürchten, sich fürchten *od* Angst haben vor *(dat)* **2** *Gott* fürchten, Ehrfurcht haben vor *(dat)* **3** *das Schlimmste etc* (be)fürchten: **he is ~ed to be dead** es ist zu befürchten *od* es wird befürchtet, dass er tot ist **4** **~ o.s.** *obs* sich fürchten **C** V/I **1** sich fürchten, Furcht *od* Angst haben: **never ~** keine Angst! **2** **(for)** fürchten (für *od* um), bangen (um)

fearful ADJ (ADV **~ly**) **1** furchtbar, fürchterlich, schrecklich *(alle a. fig umg)* **2** **be ~** in (großer) Sorge sein, sich ängstigen *(beide:* **of, for** um; **that** dass) **3** furchtsam, angsterfüllt: **~ of** aus Angst vor *(dat)*; **be ~ of** sich fürchten *od* Angst haben vor *(dat)* **4** ehrfürchtig; **fearfulness** S **1** Furchtbarkeit *f* **2** Furchtsamkeit *f*; **fearless** ADJ (ADV **~ly**) furchtlos, unerschrocken: **be ~ of** sich nicht fürchten *od* keine Angst haben vor *(dat)*; **fearlessness** S Furchtlosigkeit *f*; **fearnaught**, **fearnought** [-nɔːt] S Flausch *m*: a *dicker, weicher Wollstoff mit gerauter Oberfläche* b Flauschmantel *m*; **fearsome** [-səm] ADJ (ADV **~ly**) **1** *meist hum* schrecklich, grässlich (anzusehen[d]) **2** Furcht einflößend **3** ängstlich

feasibility [ˌfiːzəˈbɪlətɪ] S Machbarkeit *f*, Durchführbarkeit *f*: **~ study** Feasibility-Studie *f*; **feasible** ADJ (ADV feasibly) **1** machbar, *(Plan etc)* durchführbar **2** passend, geeignet *(beide:* **to** für) **3** plausibel, wahrscheinlich

feast [fiːst] **A** S **1** REL Fest *n*, Fest-, Feiertag *m*: **℞ of Dedication** (*od* **Lights**) Lichterfest **2** Festessen *n*, -mahl *n*: **give a ~**; **hold a ~** ein Festessen veranstalten **3** *fig* Fest *n*, (Hoch)Genuss *m*: **a ~ for the eyes** e-e Augenweide, ein Augenschmaus **B** V/T **1** festlich bewirten (**on** mit) **2** ergötzen (**on** mit): **~ one's eyes on** s-e Augen weiden an *(dat)*; **~ one's mind on** sich weiden an *(dat)* **C** V/I **1** a ein Festessen veranstalten b sich gütlich tun (**on** an *dat*) **2** sich weiden (**on** an *dat*)

feat[1] [fiːt] S **1** Helden-, Großtat *f* **2** a Kunst-, Meisterstück *n* b Kraftakt *m*: **it was quite a ~** es war ganz schön anstrengend **3** *(technische etc)* Großtat, große Leistung

feat[2] [fiːt] ADJ (ADV **~ly**) *obs* geschickt

feather ['feðə(r)] **A** S **1** Feder *f*, *pl* Gefieder *n*: **fur and ~** Wild u. Federvieh *n*; **fine ~s make fine birds** *(Sprichwort)* Kleider machen Leute; **birds of a ~** Leute vom gleichen Schlag; **they are birds of a ~** sie sind vom gleichen Schlag; **birds of a ~ flock together** *(Sprichwort)* Gleich u. Gleich gesellt sich gern; **in fine** (*od* **full, high**) **~** *umg* a (bei) bester Laune b bei bester Gesundheit c in Hochform; **you could have knocked me down with a ~** *umg* ich war einfach platt; **make the ~s fly** *umg* Stunk machen *(Person)*, *(a. Sache)* für helle Aufregung sorgen; *when she got furious* **the ~s flew** *umg* flogen die Fetzen; → light[2] A 1, white feather **2** Schmuck-, Hutfeder *f*: **a ~ in one's cap** e-e Ehre *od* Auszeichnung; **that is a ~ in his cap** darauf kann er stolz sein **3** hoch- *od* abstehendes Haarbüschel **4** Pfeilfeder *f* **5** *Rudern:* Flachdrehen *n (der Riemen)* **6** TECH (Strebe)Band *n* **7** TECH Feder(keil) *f(m)* **8** SCHIFF Schaumkrone *f (U-Boot-Periskop)* **9** *(etwas)* Federleichtes **B** V/T **1** mit Federn versehen *od* schmücken *od* polstern, *e-n Pfeil* fiedern: **~ one's nest** *fig* sein(e) Schäfchen ins Trockene bringen **2** *Rudern: die Riemen* flach drehen **3** TECH mit Nut u. Feder versehen **4** FLUG *den Propeller* auf Segelstellung fahren **C** V/I **1** Federn bekommen, sich befiedern **2** federartig wachsen, sich federartig ausbreiten *od* bewegen **3** *Rudern:* die Riemen flach drehen

feather| bed S **1** Matratze *f* mit Feder- *od* Daunenfüllung **2** *fig* a gemütliche Sache b angenehmer Posten; **~bed** **A** V/T **1** *j-n* verhätscheln, *die Landwirtschaft etc* übersubventionieren **2** *e-e Arbeitsstelle* überbesetzen **B** V/I unnötige Arbeitskräfte einstellen; **~bedding** S *(gewerkschaftlich geforderte)* Überbesetzung mit Arbeitskräften; **~brain** S **1** Hohlkopf *m* **2** leichtsinniger Mensch; **~brained** ADJ **1** hohlköpfig **2** leichtsinnig; **~ duster** S Staubwedel *m*

feathered ['feðə(r)d] ADJ be-, gefiedert: **~ tribe(s** *pl*) Vogelwelt *f*; **our ~ friends** unsere gefiederten Freunde

feather|edge TECH **A** S dünne *od* scharfe Kante **B** ADJ mit dünner Kante (versehen); **~ grass** S BOT Federgras *n*; **~head** → featherbrain; **~headed** → featherbrained

feathering S **1** Gefieder *n*, ORN Befiederung

f 2 FLUG Segelstellung *f* (*des Propellers*)
feather| key S TECH Federkeil *m*, Passfeder *f*; **~ moss** S BOT Ast-, Schlafmoos *n*; **~ ore** S MINER Federerz *n*; **~ palm** S BOT Fiederpalme *f*; **~ pillow** S Federkissen *n*; **~ shot** S TECH Federkupfer *n*; **~stitch** A S Hexenstich *m* B V/T mit Hexenstich verzieren; **~weight** A S 1 SPORT Federgewicht(ler) *n(m)*: **at ~** im Federgewicht 2 Leichtgewicht *n umg* (*Person*) 3 *fig* a unbedeutende Person b (*etwas*) Belangloses B ADJ 1 SPORT Federgewichts… 2 leichtgewichtig 3 *fig* a unbedeutend b belanglos
feathery ADJ 1 ge-, befiedert 2 a feder(n)artig b federleicht 3 locker (*Teig*)
feature ['fiːtʃə(r)] A S 1 (Gesichts)Zug *m*, *pl* Gesicht(szüge) *n(pl)*, Züge *pl*, Aussehen *n* 2 charakteristischer *od* wichtiger (Bestand)Teil, Grundzug *m* 3 Merkmal *n* (*a.* JUR *e-r Erfindung*), Charakteristikum *n*, (Haupt)Eigenschaft *f*, Hauptpunkt *m*, Besonderheit *f*: **~ of construction** TECH Konstruktionsmerkmal; **distinctive ~** Unterscheidungsmerkmal; **make a ~ of sth** etwas besonders hervorheben 4 (Haupt)Attraktion *f* 5 Feature *n*: a *a.* **~ program(me)** (RADIO, TV) *Sendung in Form e-s aus Reportagen, Kommentaren u. Dialogen zusammengesetzten (Dokumentar)Berichtes* b *a.* **~ article** (*od* **story**) (*Zeitung*) *zu e-m aktuellen Anlass herausgegebener, besonders aufgemachter Text- od Bildbeitrag* c *a.* **~ film** Haupt-, Spielfilm *m* B V/T 1 charakterisieren, in den Grundzügen schildern 2 als (Haupt)Attraktion zeigen *od* bringen, groß herausbringen *od* -stellen 3 in der Hauptrolle zeigen: **a film featuring X** ein Film mit X in der Hauptrolle 4 kennzeichnen, bezeichnend sein für 5 (als Besonderheit) haben *od* aufweisen, sich auszeichnen durch 6 *US umg* sich *etwas* vorstellen 7 *umg j-m* ähnlich sehen C V/I *sl* bumsen (*Geschlechtsverkehr haben*) (**with** mit); **featured** ADJ 1 mit … (Gesichts)Zügen: **sharp-~** 2 hervorgehoben, herausgestellt
feature-length ADJ mit Spielfilmlänge
featureless ADJ 1 ohne bestimmte Merkmale 2 3 WIRTSCH flau (*Börse*)
feaze[1] [fiːz] V/I (sich aus)fasern
feaze[2] [fiːz] → faze
Feb. ABK February
febrifacient [ˌfebrɪˈfeɪʃnt] MED A ADJ Fieber erregend B S *etwas Fiebererregendes*; **febriferous** [fɪˈbrɪfərəs], **febrific** [fɪˈbrɪfɪk] ADJ MED 1 Fieber erregend 2 fieb(e)rig, fieberhaft, Fieber…; **febrifugal** [fɪˈbrɪfjʊgl; ˌfebrɪˈfjuːgl] ADJ MED a fiebersenkend b Fieber vertreibend; **febrifuge** [ˈfebrɪfjuːdʒ] S MED Fiebermittel *n*
febrile [ˈfiːbraɪl; *US a.* ˈfeb-] ADJ MED febril, fieb(e)rig, fieberhaft, Fieber…; **febrility** [fɪˈbrɪlətɪ] S Fieberhaftigkeit *f*
February [ˈfebrʊərɪ; *US* ˈfebjəˌweriː] S Februar *m*: **in ~** im Februar
fecal, **feces** *bes US für* faecal, faeces
feckless [ˈfeklɪs] ADJ (ADV **~ly**) 1 schwach, kraftlos 2 hilflos 3 wertlos 4 wirkungs-, zwecklos 5 unzuverlässig
fecula [ˈfekjʊlə] *pl* -lae [-liː] S CHEM Stärke (-mehl) *f(n)*, Satz-, Bodenmehl *n*; **feculence** [-ləns] S 1 Schlammigkeit *f*, Trübheit *f* 2 Bodensatz *m*, Hefe *f* 3 MED Kotartigkeit *f*; **feculent** ADJ 1 schlammig, trübe 2 MED fäkulent, kotartig, kotig
fecund [ˈfiːkənd; ˈfek-] ADJ fruchtbar, produktiv (*beide a. fig = schöpferisch*); **fecundate** [-deɪt] V/T fruchtbar machen, befruchten (*a.* BIOL); **fecundation** S Befruchtung *f* (*a.* BIOL); **fecundatory** [fɪˈkʌndətɔːrɪ; *US a.* -ˌtəʊriː] ADJ befruchtend (*a.* BIOL); **fecundity** S Fruchtbarkeit *f*, Produktivität *f* (*beide a. fig*)
fed[1] [fed] *prät u. pperf von* feed
fed[2] [fed] S *US umg* 1 FB'I-Agent(in) 2 ℞ → Federal Reserve Board
fed. ABK 1 federal 2 federated 3 federation
fedayee [fɪˈdɑːjiː, ˌfedəˈjiː; *US* fɪˌdæˈjiː] *pl* -yeen S Fedajin *m*: a *arabischer Freischärler* b *Angehöriger e-r arabischen politischen Untergrundorganisation*
Fed Cup [ˈfedkʌp] S *Tennis*: Fed Cup *m* (*internationaler Mannschaftswettbewerb für Damen*): **~ player** Fed-Cup-Spielerin *f*
federacy [ˈfedərəsɪ] S Föderation *f*, (Staaten)Bund *m*
federal [ˈfedərəl] A ADJ (ADV **~ly**) 1 föderativ, bundesmäßig 2 *meist* ℞ POL Bundes…: a bundesstaatlich b (*Schweiz*) eidgenössisch c (*USA*) zentralistisch, Zentral…, Unions…, National…: **~ case** *US* Fall *m* fürs FBI; **make a ~ case of sth** *US fig umg* e-e Staatsaffäre aus etwas machen; **~ government** Bundesregierung *f*; **~ jurisdiction** JUR *US* Zuständigkeit *f* der Bundesgerichte, Bundesgerichtsbarkeit *f*; → highway 3 ℞ *US* HIST die Unionsgewalt *od* die Zentralregierung *od* die Nordstaaten unterstützend 4 REL den (Alten u. Neuen) Bund Gottes mit dem Menschen betreffend (*Theologie etc*) B S 1 Föderalist(in), Befürworter(in) der Bundes(staats)idee 2 ℞ *US* HIST Föderalist *m*: a Unionist *m* im Bürgerkrieg b Soldat *m* der Bundesarmee; ℞ **Bureau of Investigation** S amer. Bundeskriminalpolizei *f*
federalism [ˈfedərəlɪzəm] S POL Föderalismus *m*: a (*außer USA*) Selbstständigkeitsbestrebung *f* der Gliedstaaten, Partikularismus *m* b (*USA*) Unitarismus *m*, Zentralismus *m*; **federalist** A ADJ föderalistisch B S 1 Föderalist(in) 2 ℞ *US* HIST Mitglied *n* der zentralistischen Partei (*etwa 1790 bis 1816*); **federalization** [-laɪˈzeɪʃn; *US* -ləˈz-] S Föderalisierung *f*; **federalize** → federate A
Federal Republic of Germany [ˈfedərəlrɪˌpʌblɪkəvˈdʒɜːmənɪ; -mnɪ; *US* -ˈdʒɜr-] S Bundesrepublik *f* Deutschland
Federal| Reserve Board S amer. Zentralbankrat *m*; **~ Trade Commission** S *amer. Bundesbehörde zur Bekämpfung des unlauteren Wettbewerbs u. zur Durchführung der Kartellgesetze*
federate [ˈfedəreɪt] *bes* POL A V/T föderalisieren, zu e-m (Staaten)Bund vereinigen B V/I sich föderieren, sich zu e-m (Staaten)Bund zusammenschließen C ADJ [-rət] föderiert, verbündet; **federation** S 1 Föderation *f*, (politischer) Zusammenschluss, Vereinigung *f* 2 WIRTSCH Föderation *f*, (Zentral-, Dach)Verband *m* 3 POL a Bundesstaat *m* b Föderation *f*, Staatenbund *m* 4 (*Sport- etc*) Verband *m*; **federative** [-rətɪv; -reɪtɪv] → federal A 1
fedora [fɪˈdɔːrə; fɪˈdɔːrə] S *bes US* Filzhut *m*
fee [fiː] A S 1 Gebühr *f*: a (*Anwalts- etc*) Honorar *n*, Bezahlung *f*, Vergütung *f*: **doctor's ~** Arztrechnung *f*; **director's ~** WIRTSCH Vergütung *od* Tantieme *f* (*e-s Verwaltungsratsmitglieds*) b amtliche Gebühr, Taxe *f*: → licence A 2, school fees c (*Mitglieds*) Beitrag *m* d Eintritt(sgeld) *m(n)* e Aufnahmegebühr 2 JUR a HIST Lehn(s)gut *n* b Eigentum(srecht) *n* (*an Grundbesitz*): **hold land in ~** Land zu eigen haben c *Art des Grundbesitzes*: **~ simple** (unbeschränktes) Eigentumsrecht, Grundeigentum *n*; **~ tail** erbrechtlich gebundenes Grundeigentum; → estate (in) fee simple, estate (in) fee tail B V/T 1 *j-m* e-e Gebühr *od* ein Honorar bezahlen, e-e Gebühr entrichten an (*akk*) 2 **~ a lawyer** *bes schott* e-n Anwalt engagieren, sich e-n Anwalt nehmen
feeble [ˈfiːbl] ADJ (ADV **feebly**) *allg* schwach: **~ attempts** schwache *od pej* (lenden)lahme Versuche; **~ excuse** lahme Ausrede *pej*; **~ joke** schwacher Witz; **~ smile** schwaches *od* mattes Lächeln; **~ moan** schwaches *od* leises Ächzen; **~-minded** ADJ (ADV **~ly**) schwachsinnig, geistesschwach; **~-mindedness** S Schwachsinn *m*
feebleness S Schwäche *f*
feed [fiːd] A V/T *prät u. pperf* fed [fed] 1 Nahrung zuführen (*dat*), *Tiere, a. Kinder, Kranke* füttern (**on, with** mit), *e-m Tier* zu fressen geben, *Kühe* weiden lassen: **~ (at the breast)** stillen, *e-m Baby* die Brust geben; **~ by force** zwangsernähren; **he cannot ~ himself** er kann nicht ohne Hilfe essen; **~ a cold** tüchtig essen, wenn man erkältet ist; **~ up** a *Vieh* mästen b *j-n* auf-, hochpäppeln *umg*; **~ the fish(es)** *umg* a die Fische füttern (*sich infolge von Seekrankheit übergeben*) b ertrinken; **I'm fed up** *umg* ich hab die Nase voll, mir reichts; **be fed up with** (*od* **of**) **sth** *umg* genug *od* die Nase voll haben von etwas, etwas satthaben; **I'm fed up to the teeth** (*od* **up to here**) **with him** *umg* er steht mir bis hierher; **be fed up doing sth** *umg* es satthaben, etwas zu tun 2 *e-e Familie etc* ernähren, unterhalten 3 *ein Feuer* unterhalten 4 TECH a *e-e Maschine* speisen, beschicken, *a. j-n* (laufend) versorgen (*alle*: **with** mit) b *Material* zuführen, transportieren, *ein Werkzeug* vorschieben: **~ sth into a computer** etwas in e-n Computer eingeben *od* einspeisen 5 **~ back** a ELEK, *Kybernetik*: rückkoppeln b *Informationen etc* zurückleiten (**to** an *akk*) 6 *fig* a *ein Gefühl* nähren, Nahrung geben (*dat*) b *s-n Stolz etc* befriedigen: **~ one's eyes on** s-e Augen weiden an (*dat*) 7 *fig j-n* hinhalten, (ver)trösten (*beide*: **with** mit) 8 *a.* **~ close**, **~ down** AGR *e-e Wiese* abweiden lassen 9 a (**to**) *etwas* verfüttern (an *akk*), zu fressen geben (*dat*) b als Nahrung dienen für 10 THEAT *umg e-m Komiker* Stichworte liefern 11 SPORT *e-n Spieler* mit Bällen füttern *umg* B V/I 1 a Nahrung zu sich nehmen, fressen, weiden (*Tiere*) b *umg* futtern (*Menschen*): **~ at the high table** tafeln; **~ out of sb's hand** j-m aus der Hand fressen 2 sich (er)nähren, leben (*beide*: **on, upon** von) (*beide a. fig*) C S 1 (Vieh)Futter *n*, Nahrung *f*: **out at ~** auf der Weide 2 (Futter)Ration *f* 3 Füttern *n*, Fütterung *f* 4 *umg* Mahlzeit *f*: **be off one's ~** keinen Appetit (mehr) haben 5 TECH a Speisung *f*, Beschickung *f* b (*Material*) Aufgabe *f*, Zuführung *f*, Transport *m* c Beschickungsmenge *f* d (*Werkzeug*) Vorschub *m* e *von Drucker*: (*Papier*)Vorschub *m* 6 a Beschickungsgut *n* b Ladung *f* c → feeder 6 a 7 THEAT *umg* a Stichwort *n* (*für e-n Komiker*) b Stichwortgeber(in)
feed|back S 1 *Kybernetik*: Feedback *n*, Rückkopp(e)lung *f* 2 ELEK Rückkopp(e)lung *f* 3 Feedback *n*, Rückkopp(e)lung *f*, Rückmeldung *f*; **~ bag** S *US* Fress-, Futterbeutel *m* (*für Pferde*): **put on the ~** *umg* (los)futtern (*Mensch*); **~ belt** S MIL (Maschinengewehr)Patronengurt *m*; **~ boiler** S TECH Speisekessel(anlage) *m(f)*; **~ cock** S TECH Speisehahn *m*; **~ current** S ELEK 1 Speisestrom *m* 2 (Anoden)Ruhe-, Gleichstrom *m*
feeder S 1 a Fütterer *m*, Fütterin *f* b *a.* **automatic ~** Futterautomat *m* 2 **be a heavy ~** a ein starker Fresser sein (*Tier*) b *umg* ein starker Esser sein (*Mensch*) 3 a Viehmäster(in) b *bes US* Masttier *n* 4 TECH a Beschicker *m* b Zuführer *m* 5 TYPO Anleger(in) 6 TECH a Aufgabe-, Beschickungsvorrichtung *f* b ELEK Feeder *m*, Speiseleitung *f* c TYPO An-, Einlegeapparat *m* d → feed mechanism 7 *Berg-*

F

bau: Kreuzkluft *f* **8** Zuflussgraben *m* **9** **a** Zubringer *m* (*Straße*) **b** → feeder line 1 **c** → feeder service **10** → feeding bottle **11** *Br* Lätzchen *n* **12** GEOG Nebenfluss *m* **13** THEAT *US umg* Stichwortgeber(in) (*für e-n Komiker*); **~ bus** S Zubringerbus *m*; **~ line** S **1** FLUG, BAHN Zubringerlinie *f*, -strecke *f* **2** ELEK Speiseleitung *f*; **~ road** S Zubringerstraße *f*; **~ service** S Zubringerdienst *m*, -verkehr *m*

feed|head → riser 5; **~ heater** S TECH Vorwärmer *m* (*der Dampfmaschine*)

feeding **A** S **1** Füttern *n*, Fütterung *f*: **when did the baby have his last ~?** wann wurde das Baby zuletzt gefüttert?; **the ℒ of the Five Thousand** BIBEL die Speisung der Fünftausend **2** BIOL, MED (Er)Nähren *n* **3** → feed C 5 **4** Weide(land) *f(n)* **B** ADJ **1** weidend **2** TECH speisend, versorgend, Zufuhr…, MIL Lade…; **~ bottle** S Saugflasche *f*; **~ cup** S Schnabeltasse *f*; **~ ground** S Futterplatz *m*

feed| mechanism S **1** TECH Vorschubmechanismus *m*, Nachschubvorrichtung *f* **2** MIL Munitionszuführung *f*, Zuführer *m* (*am Maschinengewehr*); **~ pipe** S TECH Zuleitungsrohr *n*; **~ pump** S TECH Speisepumpe *f* (*e-s Kessels*); **~ table** S TECH Auflegetisch *m*; **~ water** S TECH Speisewasser *n*

feel [fi:l] **A** V/T *prät u. pperf* **felt** [felt] **1** anfassen, (be)fühlen, anfühlen: **~ up** *umg j-n* befummeln; **~ one's way** **a** sich tasten(d zurechtfinden) **b** *fig* vorsichtig vorgehen; **~ one's way through the dark** sich durch das Dunkel tasten; → pulse[1] A 1 **2** **a** *die Kälte etc* fühlen, (ver)spüren, wahrnehmen, merken: **~ one's age** sein Alter spüren; **I felt myself blush** ich spürte, wie ich rot wurde; **make itself felt** spürbar werden, sich bemerkbar machen; → presence 1 a **b** *j-s Zorn etc* zu spüren *od* zu fühlen bekommen **3** *Vergnügen etc* empfinden: **~ sth for sb**; **he felt the loss deeply** der Verlust ging ihm sehr zu Herzen **4** **a** ahnen, spüren: → bone[1] A 1 **b** das Gefühl *od* den Eindruck haben, glauben (*alle*: **that** dass): **I ~ that …** ich finde, dass …; es scheint mir, dass …; **it is felt in London that …** in London ist man der Ansicht, dass … **c** halten für: **I ~ it (to be) my duty** ich halte es für m-e Pflicht; **it was felt to be unwise** man erachtete es für unklug **5** *a.* **~ out** *umg etwas* sondieren, *j-m* auf den Zahn fühlen **B** V/I **1** fühlen: **he has lost all ability to ~ in his left hand** er hat in s-r linken Hand keinerlei Gefühl mehr **2** *a.* **~ to see** fühlen, durch Fühlen *od* Tasten festzustellen suchen *od* feststellen (**whether, if** ob; **how** wie) **3** **~ for** **a** tasten nach: **~ along the wall for the** Wand abtasten nach **b** vorsichtig Ausschau halten nach **b** suchen nach *e-r Ausrede etc* **c** herausfinden; versuchen, *etwas* herauszufinden: **in the absence of a book of instructions we had to ~ for the best way to operate the machine** **4** gefühlsmäßig reagieren *od* handeln **5** sich fühlen, sich befinden, sich vorkommen, sein: **~ ill** sich krank fühlen; **I ~ warm** mir ist warm; **I don't ~ quite myself** ich bin nicht ganz auf dem Posten; **~ up to sth** **a** sich e-r Sache gewachsen fühlen **b** sich in der Lage fühlen zu etwas **c** in (der) Stimmung sein zu etwas; **~ like a new man (woman)** sich wie neugeboren fühlen; **~ 40** sich wie 40 fühlen; **~ like (doing) sth** Lust haben zu e-r *od* auf e-e Sache(, etwas zu tun); **~ like** *a.* Appetit haben auf (*akk*); **don't ~ compelled** fühlen Sie sich nicht gezwungen; → bad[1] A 15, certain 1, cold A 2, warm A 1 **6** Mitgefühl *od* Mitleid haben (**for, with** mit): **we ~ with you** wir fühlen mit euch **7** **~ strongly about** **a** entschiedene Ansichten haben über (*akk*) **b** sich erregen über (*akk*); **how do you ~ about it?** was meinst du dazu? **8** sich anfühlen: **velvet ~s soft** **9** *unpers* sich fühlen: **they know how it ~s to be hungry** sie wissen, was es heißt, hungrig zu sein **C** S **1** Gefühl *n* (*Art u. Weise, wie sich etwas anfühlt*): **a sticky ~** **2** (An)Fühlen *n*: **it is soft to the ~, it has a soft ~** es fühlt sich weich an; **let me have a ~** lass mich mal fühlen **3** Gefühl *n*: **a** Empfindung *f*, Eindruck *m* **b** Stimmung *f*, Atmosphäre *f* **c** Feingefühl *n*, (feiner) Instinkt, Riecher *m umg* (*alle*: **for** für): **clutch ~** AUTO Gefühl für richtiges Kuppeln

feel-bad factor S *umg* Frustfaktor *m*

feeler S **1** ZOOL Fühler *m*: **put** (*od* **throw**) **out ~s** (*od* **a ~**) *fig* s-e Fühler ausstrecken **2** TECH **a** Dorn *m*, Fühler *m*: **~ ga(u)ge** Fühlerlehre *f* **b** Taster *m*: **~ pin** Tasterstift *m* **c** Tasthebel *m* (*am Webstuhl*)

feel-good factor S *umg* Wohlfühlfaktor *m*

feeling **A** S **1** Gefühl *n*, Gefühlssinn *m*: **~ of hunger** Hungergefühl **2** Gefühlszustand *m*, Stimmung *f*: **bad** (*od* **ill**) **~** Groll *m*, Feindseligkeit *f*, böses Blut, Ressentiment *n*; **good ~** Wohlwollen *n*; **no hard ~s** **a** nicht böse sein! **b** (das) macht nichts!; **I know the ~** das kann ich dir nachfühlen **3** Rührung *f*, Auf-, Erregung *f*: **with ~** **a** mit Gefühl, gefühlvoll **b** mit Nachdruck **c** erbittert; → high B 1 **4** (Gefühls)Eindruck *m*: **I have a ~ that …** ich habe das Gefühl, dass … **5** Gefühl *n*, Gesinnung *f*, Ansicht *f*, Einstellung *f*, Empfindung *f*; **strong ~s** *pl* **a** starke Überzeugung **b** Erregung *f*; **have strong ~s about** **a** entschiedene Ansichten haben über (*akk*) **b** sich erregen über (*akk*); **~s of guilt** Schuldgefühle; **regardless of one's ~s about abortion** unabhängig davon, wie man zu Abtreibung steht **6** Fein-, Mitgefühl *n*, Empfindsamkeit *f*: **have a ~ for** Gefühl haben für **7** (Vor)Gefühl *n*, Ahnung *f* **8** *pl* Empfindlichkeit *f*, Gefühle *pl*: **hurt sb's ~s** j-s Gefühle *od* j-n verletzen **B** ADJ (ADV **~ly**) **1** fühlend, empfindend, Gefühls… **2** gefühlvoll, mitfühlend **3** lebhaft (empfunden), voll Gefühl

feet [fi:t] *pl von* foot

FEFC ABK *Br* Further Education Funding Council

feign [feɪn] **A** V/T **1** *Interesse etc* vortäuschen, *e-e Krankheit a.* simulieren: **~ death** (*od* **to be dead**) sich tot stellen; **with ~ed surprise** mit gespielter Überraschung **2** *e-e Ausrede etc* erfinden **B** V/I sich verstellen, so tun als ob, simulieren; **feignedly** [-ɪdlɪ] ADV zum Schein; **feigner** S Simulant(in), Schauspieler(in)

feint[1] [feɪnt] **A** S **1** SPORT Finte *f* (*a. fig*): **make a ~ of doing sth** so tun, als wolle man etwas tun **2** MIL Ablenkungs-, Scheinangriff *m*, Täuschungsmanöver *n* (*a. fig*) **B** V/I SPORT fintieren: **~ at** *j-n* (durch e-e Finte) täuschen **C** V/T SPORT *ein Abspiel etc* antäuschen

feint[2] [feɪnt] ADJ TYPO dünn, fein (*Linierung*)

feints [feɪnts] SPL *Whiskeybrennerei*: unreiner Rückstand

feisty ['faɪsti:] ADJ (ADV **feistily**) *bes US umg* **1** lebhaft, munter **2** reizbar **3** kniff(e)lig (*Problem etc*)

feldspar ['feldspɑ:(r)] S MINER Feldspat *m*; **feldspathic** [-'spæθɪk] ADJ feldspathaltig, -artig, Feldspat…

felicitate [fə'lɪsɪteɪt] V/T **1** beglückwünschen, *j-m* gratulieren (*beide*: **on, upon** zu) **2** *obs* beglücken; **felicitation** S Glückwunsch *m*: **~s!** ich gratuliere!, herzlichen Glückwunsch!; **felicitous** ADJ (ADV **~ly**) **1** glücklich **2** *fig* glücklich (gewählt), treffend (*Ausdruck etc*); **felicity** S **1** Glück(seligkeit) *n(f)* **2** Wohltat *f*, Segen *m* **3** **a** glücklicher Einfall **b** glücklicher Griff **c** treffender Ausdruck

felid ['fi:lɪd] → feline B; **feline** [-laɪn] **A** ADJ (ADV **~ly**) **1** ZOOL zur Familie der Katzen gehörig, Katzen… **2** katzenartig, -haft **3** *fig* **a** falsch, tückisch **b** verstohlen **B** S ZOOL Katze *f*, Katzentier *n*, *pl a.* Feliden *pl*; **felinity** [fɪ'lɪnətɪ] S Katzennatur *f*, Katzenhaftigkeit *f*

fell[1] [fel] *prät von* fall

fell[2] [fel] **A** V/T **1** *e-n Baum* fällen **2** *e-n Gegner etc* fällen, niederstrecken **3** *e-e Kappnaht* (ein)säumen **B** S **1** **a** *US* gefällte Holzmenge **b** (Holz)Fällen *n* **2** Kappnaht *f*, Saum *m*

fell[3] [fel] ADJ (ADV **felly**) *obs od poet* **1** grausam, wild, mörderisch, grimmig **2** tödlich

fell[4] [fel] S **1** Balg *m*, (rohes Tier)Fell **2** **a** ZOOL (Unter-, Fett)Haut *f* **b** (Menschen)Haut *f* **3** Vlies *n*, dickes, zottiges Fell **4** struppiges Haar

fell[5] [fel] S *Br* **1** Hügel *m*, Berg *m* **2** Moorland *n*

fellah ['felə] *pl* -lahs, -lahin, -laheen [-hi:n] S Fellache *m*, Fellachin *f* (*Angehörige[r] der Ackerbau treibenden Landbevölkerung in arabischen Ländern*)

fellate ['feleɪt] V/T fellationieren, fellieren; **fellatio** [fɪ'leɪʃɪəʊ; fe-], **fellation** S Fellatio *f* (*orale Befriedigung e-s Mannes*)

feller ['felə(r)] *umg od hum für* **fellow** A 1, A 2, A 3, A 4, A 5, A 6

felling ['felɪŋ] S **1** (Holz)Fällen *n* **2** Schlagfläche *f*, (Kahl)Schlag *m*

felloe ['feləʊ] S TECH Felge *f*

fellow ['feləʊ] **A** S **1** Gefährte *m*, Gefährtin *f*, Genosse *m*, Genossin *f*, Kamerad(in): **~s in misery** Leidensgenossen **2** Mitmensch *m*, Zeitgenosse *m*, -genossin *f* **3** *umg* Kerl *m*, Bursche *m*, Typ *m*: **good ~** guter Kerl, netter Mensch; **a jolly ~** ein fideles Haus; **my dear ~** mein lieber Freund!; **old ~** alter Knabe *iron*; **the ~** *pej* der *od* dieser Kerl; **a ~** man, einer; **a ~ can't be too careful** man kann nicht vorsichtig genug sein **4** *umg* Typ *m*, Kerl *m*, Freund *m* (*e-s Mädchens*) **5** Gegenstück *n*, (*der, die, das*) Dazugehörige, (*der, die, das*) andere (*e-s Paares*): **be ~s** zusammengehören; **where is the ~ to this glove?** wo ist der andere Handschuh? **6** Gleichgestellte(r) *m/f(m)*, Ebenbürtige(r) *m/f(m)*: **he will never find his ~** er wird nie seinesgleichen finden **7** UNIV Fellow *m*: **a** *Br* Mitglied *n* e-s College (*Dozent, der im College wohnt u. unterrichtet*) **b** Inhaber(in) e-s Forschungsstipendiums **c** *US* Student(in) höheren Semesters **8** Fellow *m*, Mitglied *n* (*e-r gelehrten etc Gesellschaft*): **a ℒ of the British Academy** **B** ADJ Mit…: **~ being** (*od* **creature**) Mitmensch *m*; **~ Christian** Mitchrist(in), Glaubensbruder *m*, -schwester *f*; **~ citizen** Mitbürger(in); **~ countryman** Landsmann *m*; **~ countrywoman** Landsmännin *f*; **~ feeling** **a** Mitgefühl *n* **b** Zusammengehörigkeitsgefühl *n*; **~ student** Studienkollege *m*, -kollegin *f*, Kommilitone *m*, Kommilitonin *f*; **~ sufferer** Leidensgefährte *m*, -gefährtin *f*; **~ travel(l)er** **a** *a.* **~ passenger** Mitreisende(r) *m/f(m)*, Reisegefährte *m*, -gefährtin *f* **a** POL Mitläufer(in) **b** *Anhänger(in) u. Verfechter(in) (kommunistischer) politischer Ideen, der (die) nicht eingeschriebenes Parteimitglied ist*; **~ worker** Arbeitskollege *m*, -kollegin *f*; **consult one's ~ doctors (teachers,** *etc*) s-e Kollegen um Rat fragen; → townsman 2, townswoman 2

fellowship S **1** *oft* **good ~** **a** Kameradschaft (-lichkeit) *f* **b** Geselligkeit *f* **2** (*geistige etc*) Gemeinschaft, Zusammengehörigkeit *f*, (gegenseitige) Verbundenheit **3** Religions-, Glaubensgemeinschaft *f* **4** Gesellschaft *f*, Gruppe *f* **5** UNIV **a** die Fellows *pl* **b** *Br* Stellung *f* e-s Fellows **c** Stipendienfonds *m* **d** Forschungsstipendium *n*

felly[1] ['felɪ] → felloe
felly[2] ['felɪ] *adv von* fell[3]
felo-de-se [ˌfi:ləʊdi:'si:] *pl* felones-de-se [ˌfi:ləʊni:z-], felos-de-se [-ləʊz-] S JUR 1 Selbstmörder(in) 2 Selbstmord *m*
felon[1] ['felən] A S 1 JUR a *US* Verbrecher(in) b *Br obs* Schwerverbrecher(in) 2 *obs* Schurke *m*, Schurkin *f* B ADJ → fell[3]
felon[2] ['felən] S MED Umlauf *m*, Nagelgeschwür *n*
felonious [fə'ləʊnɪəs] ADJ JUR *US* verbrecherisch: → homicide 1; **feloniously** ADV JUR *US* in verbrecherischer Absicht, vorsätzlich
felonry ['felənrɪ] S KOLL a *US* Verbrecher *pl* b *obs* Schwerverbrecher *pl*; **felony** S 1 JUR a *US* Verbrechen *n* b *Br obs* Schwerverbrechen *n* 2 HIST Felonie *f* (*Bruch der Lehnstreue*)
felsite ['felsaɪt] S MINER Felsit *m*; **felspar** [-spɑ:(r)] → feldspar; **felstone** → felsite
felt[1] [felt] *prät u. pperf von* feel
felt[2] [felt] A S 1 Filz *m* 2 Filzhut *m* 3 TECH Papiertransporttuch *n* 4 TECH Dachpappe *f* 5 ELEK Isolierpressmasse *f* B ADJ aus Filz, Filz…: ~ **carpeting** Teppichfilz *m* C V/T 1 filzen, zu Filz machen 2 mit Filz überziehen 3 verfilzen D V/I filzen, (sich) verfilzen
felt grain S Längsfaser *f* des Holzes
felting S 1 Filzen *n* 2 Filzstoff *m*
felt| tip, **~-tip(ped) pen** S Filzschreiber *m*, -stift *m*
fem [fem] ADJ *US sl* weibisch, unmännlich
female ['fi:meɪl] A S 1 a Frau *f* b Mädchen *n* c *pej* Weib *n*, Weibsbild *n*, -stück *n* 2 ZOOL Weibchen *n* 3 BOT weibliche Pflanze B ADJ 1 BIOL weiblich: ~ **cat** *a.* Kätzin *f*; ~ **child** Mädchen *n*; ~ **dog** Hündin *f*; ~ **student** Studentin *f*; → rhyme A 1, talent 3 2 von *od* für Frauen, Frauen…, weiblich: ~ **choir** Frauenchor *m*; ~ **dress** Frauenkleid *n*; ~ **impersonator** THEAT Frauendarsteller *m*; ~ **labo(u)r** a Frauenarbeit *f* b weibliche Arbeitskräfte *pl*; → suffrage 1 3 TECH Hohl…, Steck…, (Ein)Schraub…: ~ **key** Hohlschlüssel *m*; ~ **screw** Schraubenmutter *f*; ~ **thread** Innen-, Muttergewinde *n*; → mold[1] A 4 b 4 BOT fruchttragend
feme [fi:m; fem] S JUR (Ehe)Frau *f*; ~ **covert** S JUR verheiratete Frau; ~ **sole** S JUR 1 unverheiratete Frau: a ledige Frau b verwitwete Frau c geschiedene Frau 2 vermögensrechtlich selbstständige Ehefrau: **~-sole trader** (*od* **merchant**) selbstständige Geschäftsfrau
femic ['femɪk] ADJ MINER femisch
femineity [ˌfemɪ'ni:ətɪ; -'neɪ-] → femininity
feminine ['femɪnɪn] A ADJ (ADV ~ly) 1 weiblich, Frauen…: ~ **voice** 2 LING, LIT weiblich, feminin: → rhyme A 1 3 fraulich, sanft, zart 4 weibisch, feminin B S LING Femininum *n*: a weibliches Substantiv *od* Pronomen b weibliches Geschlecht
femininity [ˌfemɪ'nɪnətɪ] S 1 Weiblichkeit *f* 2 Fraulichkeit *f*, Sanftheit *f*, Zartheit *f* 3 weibische *od* feminine Art 4 KOLL (*die*) (holde) Weiblichkeit, (*die*) Frauen *pl*; **feminism** S 1 MED, ZOOL Feminismus *m*, Verweiblichung *f* 2 Feminismus *m*, Frauenrechtsbewegung *f*; **feminist** A S Feminist(in), Frauenrechtler(in) B ADJ feministisch, frauenrechtlerisch; **feminity** [fe'mɪnətɪ] → femininity
feminize ['femɪnaɪz] A V/T 1 weiblich machen 2 e-e frauliche Note verleihen (*dat*) 3 MED, ZOOL feminieren, verweiblichen 4 zu e-m höheren Frauenanteil führen in (*dat*) B V/I 1 weiblich werden 2 MED, ZOOL feminieren, verweiblichen
Fem Lib ['femlɪb], **Femlib** S *umg* Frauenemanzipationsbewegung *f*
femme fatale [ˌfemfə'tæl; -'tɑ:l] *pl* femmes fatales [ˌfemfə'tælz; -'tɑ:lz] S Femme *f* fatale (*Frau, die ihren Partnern häufig zum Verhängnis wird*)
femora ['femərə] *pl von* femur
femoral ['femərəl] ADJ ANAT, MED femoral, Oberschenkel(knochen)…
femur ['fi:mə(r)] *pl* -murs, femora ['femərə] S Femur *n*: a ANAT Oberschenkel(knochen) *m* b ZOOL drittes Beinglied (*von Insekten*)
fen [fen] S Fenn *n*: a Sumpf-, Marschland *n* b (Nieder-, Flach)Moor *n*: **the ~s** GEOG die Niederungen in East Anglia
fenberry S BOT Moosbeere *f*
fence [fens] A S 1 Zaun *m*, Einzäunung *f*, Gehege *n*: **come down on the right side of the ~** *umg* aufs richtige Pferd setzen; **mend one's ~s** *bes* POL *bes US* a s-n Ruf wiederherstellen b s-e angeschlagene Position festigen; **rush one's ~s** die Dinge überstürzen; **sit on the ~** a sich neutral verhalten b unentschlossen sein 2 *Pferdesport*: Hindernis *n*: **have one ~ down** einen Abwurf haben 3 TECH Reguliervorrichtung *f*, Zuhaltung *f* (*am Türschloss*), Führung *f* (*der Hobelmaschine etc*) 4 FLUG Grenzschichtzaun *m* 5 SPORT Fechten *n* 6 *sl* a Hehler(in) b Hehlernest *n* B V/T 1 *a.* ~ **in** einzäunen, einfried(i)gen: ~ **off** abzäunen 2 *oft* ~ **in** (*od* **round, up**) umgeben, umzäunen (*beide*: **with** mit) 3 ~ **in** einsperren 4 verteidigen, schützen, sichern (*a.* WIRTSCH, JUR)(*alle*: **from, against** gegen); **~d community** bewachtes Wohnviertel, bewachte Wohnanlage 5 *a.* ~ **off** *Fragen etc* abwehren, parieren 6 *sl gestohlene Ware* an e-n Hehler verkaufen C V/I 1 SPORT fechten 2 *fig* Ausflüchte machen, sich nicht festlegen (wollen): ~ **(with a question)** (e-r Frage) ausweichen 3 *Pferdesport*: das Hindernis nehmen 4 *sl* Hehlerei treiben; **fenceless** ADJ 1 offen, uneingezäunt 2 *obs* schutz-, wehrlos
fence| lizard S ZOOL *e-e amer. Eidechse*; **~-off** S *Fechten*: Stichkampf *m*
fencer ['fensə(r)] S SPORT 1 Fechter(in) 2 Springpferd *n*
fencible ['fensəbl] A ADJ *schott für* defensible B S HIST Landwehrsoldat *m*
fencing ['fensɪŋ] A S 1 SPORT Fechten *n* 2 *fig* ausweichendes Verhalten 3 a Zaun *m* b Einzäunung *f*, Zäune *pl* c Zaunmaterial *n* 4 *sl* Hehlerei *f* B ADJ SPORT Fecht…: ~ **mask**; ~ **master** Fechtmeister *m*; ~ **measure** Mensur *f*
fend [fend] A V/T *oft* ~ **off** abwehren B V/I sorgen (**for** für): ~ **for o.s.** a für sich selbst sorgen b sich ganz allein durchs Leben schlagen
fender ['fendə(r)] S 1 TECH Schutzvorrichtung *f* 2 *US* a AUTO Kotflügel *m*: ~ **bender** *umg* Unfall *m* mit (geringem) Blechschaden b Schutzblech *n* (*am Fahrrad etc*) 3 BAHN *etc* a Rammbohle *f* b Puffer *m* 4 SCHIFF Fender *m*, Wieling *f* 5 Kaminvorsetzer *m*, -gitter *n*
fenestella [ˌfenɪ'stelə] *pl* -lae [-li:] S ARCH 1 Fensterchen *n* 2 fensterartige Wandnische (*an der Südseite des Altars*)
fenestra [fɪ'nestrə] *pl* -trae [-tri:] S 1 ANAT Fenster *n* (*im Mittelohr*) 2 MED Fenster *n*, Fensterung *f* (*im Gipsverband*); **fenestral** ADJ fensterartig, Fenster…; **fenestrate** [-treɪt], **fenestrated** ADJ 1 ARCH mit Fenster(n) (versehen) 2 a gefenstert b netzartig; **fenestration** [ˌfenɪ'streɪʃn] S 1 ARCH Fensteranordnung *f* 2 MED Fenestration *f*, Fensterungsoperation *f*
fen fire S Irrlicht *n*
Fenian ['fi:njən; -nɪən] HIST A S Fenier *m*: a *Mitglied e-s irischen Geheimbunds zum Sturz der englischen Herrschaft (1858-80)* b *schottisch-irischer Freiheitskämpfer gegen die Römer* B ADJ fenisch; **Fenianism** S Feniertum *n*
fennel ['fenl] S BOT Fenchel *m*; **~flower** S BOT Schwarzkümmel *m*
fenny ['fenɪ] ADJ sumpfig, Moor…
feoff [fef; fi:f] JUR A S → fief B V/T → enfeoff; **feoffee** [-'fi:] S JUR Belehnte(r) *m/f(m)*: ~ **in** (*od* **of**) **trust** Treuhänder(in); **feoffer** → feoffor; **feoffment** S JUR Belehnung *f*; **feoffor** [fe'fɔ:(r); 'fefə(r)] S JUR Lehnsherr(in)
FEPC ABK *US* Fair Employment Practices Committee
feral ['fɪərəl; 'ferəl] ADJ 1 wild (lebend) 2 *fig* wild, barbarisch
fere [fɪə(r)] S *obs* 1 Gefährte *m*, Gefährtin *f* 2 Ehegemahl(in)
Feretory ['ferɪtərɪ; *US* 'ferəˌtəʊri:; -ˌtɔ:-] S *bes* KATH Heiligen-, Reliquienschrein *m*
feria ['fɪərɪə; 'fe-] *pl* -ae [-rɪi:], -as S KATH Feria *f*, Wochentag *m*; **ferial** ADJ Wochentags…
ferine ['fɪəraɪn] → feral
Ferm. ABK Fermanagh
fermata [fə'mɑ:tə; *US* fer-] *pl* -tas, -te [-tɪ] S MUS Fermate *f*, Haltezeichen *n*, Ruhepunkt *m*
Fermat's principle [fɜ:'mæts; *US* fer'mɑ:z] S PHYS fermatsches Prinzip (*Prinzip der schnellsten Ankunft*)
ferment [fə(r)'ment] A V/T a CHEM in Gärung bringen (*a. fig*), vergären, gären lassen b *fig* in Wallung bringen, erregen B V/I CHEM gären, in Gärung sein (*beide a. fig*) C S ['fɜ:ment; *US* 'fɜr-] 1 CHEM Gärstoff *m*, Ferment *n* 2 a CHEM Gärung *f* (*a. fig*) b *fig* innere Unruhe, Wallung *f*, Aufruhr *m*: **the whole country was in a state of ~** es gärte im ganzen Land; **fermentable** ADJ gär(ungs)fähig
fermentation [ˌfɜ:men'teɪʃn; *US* ˌfɜr-] S 1 CHEM Gärung *f* (*a. fig*), Gärungsprozess *m*, Fermentation *f* 2 → ferment C 2 b; **fermentative** [fə(r)'mentətɪv] ADJ (ADV ~ly) CHEM 1 Gärung bewirkend 2 gärend, Gärungs…; **fermenting** ADJ CHEM 1 gärend 2 Gärungs…, Gär…
fermi ['fɜ:mɪ; *US* 'fermi:; 'fɜr-] S Fermi *n* (*in der Kernphysik verwendete Längeneinheit*)
Fermi-Dirac statistics [ˌfɜ:mɪdɪ'ræk; *US* ˌfermi:-; ˌfɜr-] SPL (*als sg konstruiert*) PHYS Fermi-Dirac-Statistik *f* (*e-e Quantenstatistik*)
fermion ['fɜ:mɪɒn; *US* 'fermɪˌɑn; 'fɜr-] S PHYS Fermion *n* (*Teilchen mit halbzahligem Spin*)
fermium ['fɜ:mɪəm; *US* 'fer-; 'fɜr-] S CHEM Fermium *n*
fern [fɜ:n; *US* fɜrn] S BOT Farn(kraut) *m(n)*; **fernery** [-ərɪ] S Farn(kraut)pflanzung *f*; **ferny** ADJ Farn…: a farnartig b voller Farnkraut
ferocious [fə'rəʊʃəs] ADJ (ADV ~ly) 1 wild (*Tier etc*) 2 *fig* wild, grimmig (*Blick etc*), grausam (*Strafe etc*), heftig, scharf (*Auseinandersetzung etc*) 3 *US umg* a wild, toll (*Treiben etc*) b furchtbar, fürchterlich (*Langweiler etc*); **ferociousness**, **ferocity** [fə'rɒsətɪ; *US* -'rɑ-] S Wildheit *f*, Grausamkeit *f*, Heftigkeit *f*
-ferous [fərəs] *Wortelement mit der Bedeutung* …tragend, …haltig, …erzeugend: → coniferous *etc*
ferrate ['fereɪt] S CHEM eisensaures Salz
ferreous ['ferɪəs] ADJ eisenhaltig
ferret[1] ['ferɪt] A S 1 ZOOL Frettchen *n* 2 *fig* Spürhund *m* (*Person*) B V/T 1 JAGD mit Frettchen jagen 2 *meist* ~ **out** *etwas* aufspüren, -stöbern, *die Wahrheit* herausfinden, hinter *ein Geheimnis* kommen C V/I 1 JAGD mit Frettchen jagen, frettieren 2 *meist* ~ **about** (*od* **around**) herumstöbern (**among** in *dat*; **for** nach)
ferret[2] ['ferɪt] S schmales (Baum)Woll- *od* Seidenband
ferriage ['ferɪɪdʒ] S 1 Fährgeld *n* 2 Überfahrt *f* (*mit e-r Fähre*)
ferric ['ferɪk] ADJ CHEM Eisen…, Ferri…: ~ **acid** Eisensäure *f*
ferricyanide [ˌferɪ'saɪənaɪd] S CHEM Cyanei-

senverbindung *f*; **ferriferous** [-fərəs] ADJ CHEM eisenhaltig

Ferris wheel ['ferɪs] S Riesenrad *n*: **go on the ~** Riesenrad fahren

ferrite ['feraɪt] S CHEM, MINER Ferrit *m*

ferroconcrete [ˌferəʊ-] S Stahlbeton *m*; **ferrocyanic** ADJ CHEM eisenblausauer; **ferromagnetic** ADJ (ADV **~ally**) PHYS ferromagnetisch; **ferromanganese** S CHEM Eisenmangan *n*

ferrotype S FOTO Ferrotypie *f* (*Verfahren zur Herstellung von Bildern auf lichtempfindlich beschichteten, schwarz gelackten Eisenblechen*)

ferrous ['ferəs] ADJ CHEM eisenhaltig, -artig, Eisen…, Ferro…: **~ chloride** Eisenchlorür *n*

ferruginous [fe'ru:dʒɪnəs; fə-] ADJ **1** CHEM, MINER eisenhaltig, Eisen… **2** rostfarbig

ferrule ['feru:l; -rəl] TECH **A** S **1** Stockzwinge *f*, Ringbeschlag *m* **2** **a** Bundring *m* (*für Rohre*) **b** Muffe *f* **B** V/T mit e-r Stockzwinge *etc* versehen

ferry ['ferɪ] **A** S **1** Fähre *f*, Fährschiff *n*, -boot *n* **2** Fährdienst *m*, -betrieb *m* **3** JUR Fährgerechtigkeit *f* **4** FLUG Überführungsdienst *m* (*von der Fabrik zum Flugplatz*) **B** V/T **1** (in e-r Fähre) übersetzen **2** befördern **3** *ein Flugzeug* (*von der Fabrik zum Flugplatz*) überführen **C** V/I **1** Fähr(en)dienst versehen **2** (in e-r Fähre) übersetzen *od* fahren (**across** über *akk*); **~boat** → ferry A 1; **~ bridge** S **1** Trajekt *m/n*, Eisenbahnfähre *f* **2** Fähr-, Landungsbrücke *f*; **~man** [-mən] S *irr* Fährmann *m*; **~ service** → ferry A 2

fertile ['fɜ:rtaɪl; *US* 'fɜrtl] ADJ (ADV **~ly**) **1** fruchtbar, ergiebig, reich (*alle*: **in, of** an *dat*) **2** *fig* fruchtbar, produktiv, schöpferisch: **a ~ imagination** e-e fruchtbare *od* reiche Fantasie **3** BIOL **a** befruchtet **b** fortpflanzungsfähig: **the ~ period** die fruchtbaren Tage (*der Frau*); **~ shoot** BOT Blütenspross *m* **4** *Kernphysik*: brütbar (*Nuklide*); **fertility** [fə(r)'tɪlətɪ] S **1** Fruchtbarkeit *f*, Ergiebigkeit *f*, Reichtum *m* (*alle*: **of** an *dat*): **~ cult** Fruchtbarkeitsritus *m*, -zauber *m*; **~ rate** (*Statistik*) Fruchtbarkeitsziffer *f*; **~ symbol** Fruchtbarkeitssymbol *n* **2** *fig* Produktivität *f*; **fertilization** [ˌfɜ:təlaɪ'zeɪʃn; *US* ˌfɜrtlə'z-] S **1** Fruchtbarmachen *n* **2** BIOL *u. fig* Befruchtung *f*: **~ tube** BOT Pollenschlauch *m* **3** AGR Düngen *n*, Düngung *f*; **fertilize** V/T **1** fruchtbar machen **2** BIOL *u. fig* befruchten **3** AGR düngen; **fertilizer** S **1** Befruchter *m* (*a. fig*) **2** AGR **a** Dünger *m*, Düngemittel *n* **b** Kunstdünger *m*

ferula ['ferʊlə; -jʊ-] *pl* -las, -lae [-li:] S **1** BOT Steckenkraut *n* **2** → ferule¹ A

ferule¹ ['feru:l; *US* -rəl] **A** S (flaches) Lineal (*zur Züchtigung*), Zuchtrute *f* **B** V/T züchtigen

ferule² → ferrule

fervency ['fɜ:vənsɪ; *US* 'fɜr-] → fervor 1; **fervent** ADJ (ADV **~ly**) **1** *fig* glühend, leidenschaftlich (*Hass, Verehrer etc*), inbrünstig (*Gebet, Verlangen etc*) **2** *obs od poet* (glühend) heiß

fervid ['fɜ:vɪd; *US* 'fɜr-] ADJ (ADV **~ly**) → fervent; **fervor**, *bes Br* **fervour** [-və(r)] S **1** *fig* Leidenschaft *f*, Inbrunst *f* **2** Glut(hitze) *f*

Fescennine ['fesɪnaɪn; *US* 'fesnaɪn] ADJ feszenninisch, schlüpfrig, zotig

fescue ['feskju:] S **1** *a.* **~ grass** BOT Schwingelgras *n* **2** SCHULE Zeigestab *m*

fess¹ [fes] S *Heraldik*: (horizontaler Quer-)Balken

fess² [fes] V/I: **~ up** *US umg* es zugeben: **~ up to doing sth** zugeben, etwas getan zu haben

fesse [fes] → fess¹; **~ point** → fess point

fess point S Herzstelle *f* (*im Wappenschild*)

festal ['festl] ADJ (ADV **~ly**) festlich, Fest…

fester ['festə(r)] **A** V/I **1** eitern **2** verwesen, verfaulen **3** *fig* gären: **~ in sb's mind** in j-m gären, an j-m nagen *od* fressen **B** V/T **1** zum Eitern bringen **2** *fig* gären in (*dat*), nagen *od* fressen an (*dat*) **C** S **a** Geschwür *n* **b** eiternde Wunde

festival ['festəvl] **A** S **1** Fest(tag) *n(m)* **2** Festival *n*, Festspiele *pl*: **the Edinburgh ~** das Edinburgh-Festival **B** ADJ **1** festlich, Fest… **2** Festspiel…; **festive** [-tɪv] ADJ (ADV **~ly**) **1** festlich, Fest…: **~ board** Festtafel *f*; **~ mood** Fest(tags)stimmung *f*, -freude *f*; **~ season** Fest-, *bes* Weihnachtszeit *f* **2** **a** gesellig **b** fröhlich; **festiveness** S **1** Festlichkeit *f* **2** **a** Geselligkeit *f* **b** Fröhlichkeit *f*; **festivity** S **1** Feier *f*, *pl* Feierlichkeiten *pl* **2** festliche Stimmung, Fest(tags)stimmung *f*, -freude *f*

festoon [fe'stu:n] **A** S **1** Girlande *f* **2** ARCH, KUNST Feston *m* (*Schmuckmotiv aus bogenförmig durchhängenden Gewinden aus Blumen, Blättern od Früchten*) **3** ANAT Schwellung *f* des Zahnfleischrandes **B** V/T **1** **a** mit Girlanden schmücken **b** schmücken, behängen (*beide*: **with** mit) **2** ARCH, KUNST festonieren **3** zu Girlanden (ver)binden; **festoonery** [-ərɪ] S Girlanden (-schmuck *m*) *pl*

festschrift ['festʃrɪft] *pl* -schriften [-ˌʃrɪftən], -schrifts S Festschrift *f* (*bes zu Ehren e-s Gelehrten*)

fetal ['fi:tl] ADJ MED fötal, fetal, Fötus…, Fetus…: **~ distress** Fetal Distress *n* (*Gefährdungen, die dem Fetus vor u. während der Geburt drohen*); **~ position** Kindslage *f*; **fetation** S MED Schwangerschaft *f*

fetch [fetʃ] **A** V/T **1** (herbei)holen, (her)bringen: (**go and**) **~ a doctor** e-n Arzt holen; **~ back** zurückbringen; **~ down** JAGD runterholen (*abschießen*); **~ sb round** *umg* j-n rumkriegen **2** abholen **3** *Atem* holen: **~ a breath** **4** *e-n Seufzer etc* ausstoßen: **~ a sigh** *a.* (auf)seufzen **5** hervorlocken (**from** von): **~ a laugh** Gelächter hervorrufen; **~ tears** (ein paar) Tränen hervorlocken; **~ the tears to sb's eyes** j-m das Wasser in die Augen treiben **6** *e-n Preis etc* erzielen, einbringen **7** *umg* für sich einnehmen, fesseln, anziehen **8** *umg j-m e-n Schlag od Tritt* versetzen: **~ sb one** *umg* j-m e-e langen *od* kleben *od* runterhauen **9** SCHIFF erreichen **10** *bes* JAGD apportieren (*Hund*) **11** **~ up** *obs ein Kind, Tier* auf-, großziehen **12** **~ up** *Br etwas* (er)brechen **B** V/I **1** **~ and carry for sb** für j-n den Laufburschen machen *od* spielen **2** SCHIFF Kurs nehmen (**to** nach): **~ about** vieren **3** *bes* JAGD apportieren: **~!** apport! **4** **~ up** *umg* **a** ankommen (**at, in** in *dat*) **b** landen (**at, in** in *dat*; **against** an *dat*): **the car ~ed up against a wall** **5** **~ away** (*od* **way**) SCHIFF verrutschen, sich verlagern **C** S **1** (Herbei)Holen *n*, (Her)Bringen *n* **2** TECH Strecke *f*, Weg *m* **3** Trick *m*, Kniff *m* **4** Geistererscheinung *f* **5** (**of**) Gegenstück *n* (zu), (genaues) Abbild (von *od gen*)

fetching ADJ *umg* bezaubernd: **a** reizend, entzückend (*Kleid etc*) **b** gewinnend, einnehmend (*Lächeln etc*)

fetch-up S: **he was injured in the ~ of his car against a wall** *umg* er wurde verletzt, als sein Wagen an e-r Mauer landete

fête, **fete** [feɪt] **A** S **1** Fest *n*, Feier *f* **2** *Br* Wohltätigkeitsbasar *m* (*bes im Freien*) **B** V/T **1** *j-n, ein Ereignis* feiern **2** *j-n* festlich bewirten; **fête champêtre** *pl* fêtes champêtres [ˌfeɪtʃɑ̃:m'peɪtr] S Gartenfest *n*, Fest *n* im Freien

fetich, *etc* → fetish *etc*

feticide ['fi:tɪsaɪd] S JUR, MED Abtötung *f* der Leibesfrucht

fetid ['fetɪd] ADJ (ADV **~ly**) übel riechend, stinkend: **~ odo(u)r** Gestank *m*; **fetidness** S Gestank *m*

fetish ['fi:tɪʃ; *bes US* 'fetɪʃ] S Fetisch *m* (*a.* PSYCH): **make a ~ of sth** etwas zum Fetisch erheben, aus etwas e-n Fetisch machen; **she makes a ~ of tidiness, she has a ~ about tidiness** sie hat e-n Sauberkeitsfimmel *umg pej*; **fetishism** S Fetischismus *m* (*a.* PSYCH), Fetischkult *m*; **fetishist** S Fetischist(in) (*a.* PSYCH): **leather ~**; **fetishistic** ADJ (ADV **~ally**) fetischistisch (*a.* PSYCH)

fetlock ['fetlɒk; *US* -ˌlɑk] S ZOOL **a** Behang *m*, Kötenhaar *n* **b** *a.* **~ joint** Fessel(gelenk) *f(n)* (*des Pferdes*)

fetor ['fi:tə(r); -tɔ:(r)] S Gestank *m*

fetter ['fetə(r)] **A** S **1** Fußfessel *f* **2** *pl fig* Fesseln *pl*: **escape from the ~s of marriage** sich aus den Fesseln der Ehe befreien **B** V/T **1** *j-m* Fußfesseln anlegen **2** *fig* behindern; **fetterless** ADJ *fig* unbehindert, unbeschränkt, frei; **fetterlock** S **1** (D-förmige) Pferdefußfessel (*a. Heraldik*) **2** → fetlock

fettle ['fetl] S Verfassung *f*, Zustand *m*: **in fine** (*od* **good**) **~** (gut) in Form

fetus ['fi:təs] S MED Fötus *m*, Fetus *m*, Leibesfrucht *f*

feu [fju:] JUR *schott* **A** S Lehen(sbesitz) *n(m)* **B** V/T in Lehen geben *od* nehmen; **feuar** [-ə] S JUR *schott* Lehenspächter(in)

feud¹ [fju:d] **A** S Fehde *f* (*a. fig*): **be at (deadly) ~ with sb** mit j-m in (tödlicher) Fehde liegen **B** V/I sich befehden, in Fehde liegen (*beide*: **with** mit) (*beide a. fig*)

feud² [fju:d] S JUR Lehen *n*, Lehn(s)gut *n*

feudal ['fju:dl] ADJ (ADV **~ly**) feudal, Feudal…, Lehns…: **~ system** → feudalism; **~ tenure** Lehen *n*

feudalism ['fju:dəlɪzəm] S Feudalismus *m*, Feudal-, Lehnssystem *n*; **feudalist** S Anhänger(in) des Feudalsystems; **feudality** [-'dælətɪ] S **1** Lehnbarkeit *f* **2** Lehnswesen *n*; **feudalize** V/T lehnbar machen; **feudatory** ['fju:dətərɪ; *US* -ˌtəʊri:; -ˌtɔ:-] **A** S Lehnsmann *m*, Vasall *m* **B** ADJ lehnspflichtig, Lehns…

feudist ['fju:dɪst] S JUR Feudalrechtsgelehrte(r) *m/f(m)*

feuilleton ['fɜ:ɪtɔ̃:ŋ] S Feuilleton *n*, kultureller Teil (*e-r Zeitung*)

fever ['fi:və(r)] **A** S **1** MED Fieber *n*: **have a ~** Fieber haben; **~ blister** Fieberbläs-chen *n*; **~ heat** **a** Fieberhitze *f* **b** *fig* fieberhafte Auf-, Erregung; **~ sore** Lippen-, Gesichtsherpes *m*, Fieberbläs-chen *pl* **2** MED Fieberzustand *m*, -krankheit *f* **3** *fig* Fieber *n*: **a** fieberhafte Auf- *od* Erregung: **in a ~ (of excitement)** in fieberhafter Aufregung; **the crowd was at ~ pitch** die Menge fieberte vor Erregung; **our excitement reached ~ pitch** unsere Aufregung erreichte ihren Höhepunkt; **work at ~ pitch** fieberhaft arbeiten **b** Sucht *f*, Rausch *m*: **gold ~** **B** V/I fiebern (*a. fig*: **for** nach) **C** V/T **1** Fieber hervorrufen bei **2** *fig* in fieberhafte Auf- *od* Erregung versetzen; **fevered** ADJ **1** fiebernd, fieb(e)rig **2** *fig* fieberhaft, aufgeregt

feverfew S BOT Mutterkraut *n*

feverish ['fi:vərɪʃ] ADJ (ADV **~ly**) **1** **a** fieberkrank: **be ~** Fieber haben **b** fieb(e)rig, Fieber…: **~ cold** fieberhafte *od* fiebrige Erkältung; **~ dream** Fiebertraum *m*; **~ eyes** fieberglänzende Augen **2** Fieber hervorrufend **3** *fig* fieberhaft, aufgeregt: **~ activity** fieberhafte Betriebsamkeit; **be ~ with excitement** vor Aufregung fiebern; **await sth ~ly** e-r Sache entgegenfiebern; **feverishness** ADJ Fieberhaftigkeit *f* (*a. fig*)

few [fju:] **A** ADJ & PRON **1** wenige: **~ persons**; **he is a man of ~ words** er macht nicht viele Worte, er ist ein schweigsamer Mensch; **some ~** einige wenige; **his friends are ~** er hat (nur) wenige Freunde; **~ and far between** sehr vereinzelt, dünn gesät; **no ~er than** nicht weniger als **2** a ~ einige, ein paar: **he told me a ~ things** er hat mir einiges erzählt; **a good ~**, **quite a ~** ziemlich viele, e-e ganze Menge; **a faithful ~** ein paar Getreue; **every ~ days** alle paar Tage; **not a ~** nicht wenige, viele; **only a ~** nur wenige; **a very ~** sehr wenige; **have a ~** *umg* ein paar *(Schnäpse etc)* kippen; **he's had a ~** *umg* er hat schon einiges intus **B** S **the ~** die wenigen *pl*, die Minderheit: **the happy ~** die wenigen Glücklichen; **the chosen ~** die Auserwählten; **appeal to the ~** nur e-n kleinen Kreis ansprechen; **fewness** S geringe (An)Zahl

fey [feɪ] ADJ **1** *bes schott* todgeweiht **2** *bes schott* übermütig **3** hellseherisch

fez [fez] *pl* fezzes [-ɪz] S Fes *m*

ff. ABK **1** folios PL **2** following **3** MUS fortissimo

FHA ABK *US* Federal Housing Administration

FI ABK Falkland Islands

fiacre [fɪ'ɑːkrə] S Fiaker *m*

fiancé [fɪ'ɑ̃ːŋseɪ; *US* ˌfiːˌɑːn'seɪ] S Verlobte(r) *m*; **fiancée** [fɪ'ɑ̃ːŋseɪ; *US* ˌfiːˌɑːn'seɪ] S Verlobte *f*

Fianna Fáil [ˌfiːənə'fɔɪl] S POL *Ir* Fianna Fáil *f* *(Partei de Valeras)*

fiasco [fɪ'æskəʊ] *pl* -cos, *US a.* -coes S Fiasko *n*: **end in ~** mit e-m Fiasko enden

fiat ['faɪæt; -ət; *US a.* 'fiː-] S **1** Befehl *m*, Erlass *m* **2** JUR *Br* richterliche Verfügung **3** Ermächtigung *f*, Zulassung *f*; **~ money** S *bes US* Papiergeld *n* ohne Deckung

fib [fɪb] *umg* **A** S Flunkerei *f*, Schwindelei *f*: **tell a ~** → B; **tell sb a ~** j-n anflunkern *od* anschwindeln **B** VI flunkern, schwindeln; **fibber** S *umg* Flunkerer *m*, Flunkerin *f*, Schwindler(in)

fiber, *bes Br* **fibre** ['faɪbə(r)] S **1** BIOL, TECH Faser *f*, Fiber *f* **2** KOLL Faserstoff *m*, -gefüge *n*, Textur *f* **3** *fig* **a** Struktur *f* **b** Schlag *m*, Charakter *m*: **of coarse ~** grobschlächtig **c** Kraft *f*: **moral ~** Charakterstärke *f*, Rückgrat *n*; **give ~ to** Kraft verleihen *(dat)* **4** BIOL Ballaststoffe *pl*; **~board** S TECH Faserstoff-, Holzfaserplatte *f*; **~glass** S TECH Fiberglas *n*

fiberless, *bes Br* **fibreless** ADJ **1** BIOL, TECH faserlos **2** *fig* kraftlos

fiber optics, *bes Br* **fibre optics** SPL *(als sg konstruiert)* PHYS Faser-, Fiberoptik *f*

Fibonacci| sequence, **~ series** [ˌfɪbə'nɑːtʃɪ] S MATH Fibonacci-Folge *f*, -Reihe *f*

fibre, **~board**, **~glass** *bes Br für* fiber, fiberboard, fiberglass

fibreless *bes Br für* fiberless

fibre optics *bes Br für* fiber optics

fibriform ['faɪbrɪfɔː(r)m] ADJ faserförmig, -artig, fas(e)rig

fibril ['faɪbrɪl] S **1** BIOL, TECH Fibrille *f*, Fäserchen *n* **2** BOT Wurzelfaser *f*; **fibrilla** [faɪ'brɪlə] *pl* -lae [-liː] → fibril; **fibrillar**, **fibrillary** [-lərɪ; *US* -brəˌleriː] ADJ feinfas(e)rig; **fibrillate** ['faɪbrɪleɪt; faɪ'brɪlət] ADJ fas(e)rig; **fibrillation** S **1** Faserbildung *f* **2** MED Kammerflattern *n*, -flimmern *n*; **fibrilliform** [-lɪfɔː(r)m] ADJ faserförmig

fibrin ['faɪbrɪn] S **1** CHEM Fibrin *n*, Blutfaserstoff *m* **2** BOT Pflanzenfaserstoff *m*; **fibrinous** ADJ fibrinös, Fibrin…

fibroelastosis ['faɪbrəʊˌelə'stəʊsɪs] S MED Fibroelastose *f (übermäßiges Wachstum des fasrigen u. elastischen Bindegewebes)*

fibroid ['faɪbrɔɪd] **A** ADJ faserartig, Faser… **B** S → fibroma

fibroma [faɪ'brəʊmə] *pl* -mata [-mətə], -mas S MED Fibrom *n (gutartige Geschwulst aus Bindegewebe)*; **fibrosis** [-sɪs] S MED Fibrose *f (Vermehrung des Bindegewebes)*; **fibrositis** [-'saɪtɪs] S MED Fibrositis *f*, Bindegewebsentzündung *f*

fibrous ['faɪbrəs] ADJ **1** fas(e)rig, fibrös: **~ glass** → fiberglass **2** TECH sehnig *(Metall)*

fibula ['fɪbjʊlə] *pl* -lae [-liː], -las S **1** ANAT Fibula *f*, Wadenbein *n* **2** *Antike*: Fibula *f*, Fibel *f*, Spange *f*

fiche [fiːʃ] S Fiche *m/n (mit e-r lichtempfindlichen Schicht überzogene Karte, auf der in Form fotografischer Verkleinerungen Daten von Originalen gespeichert sind, die mit speziellen Geräten gelesen werden)*

fichu ['fiːʃuː] S HIST Fichu *n*, Hals-, Schultertuch *n*

fickle ['fɪkl] ADJ launenhaft, launisch, unbeständig *(Wetter)*, *(Person a.)* wankelmütig; **fickleness** S Launenhaftigkeit *f*, Unbeständigkeit *f*, Wankelmut *m*

fict. ABK fiction

fictile ['fɪktaɪl; *US a.* -tl] ADJ **1** formbar, plastisch **2** tönern, irden, Ton…, Töpferei…: **~ art** Töpferei *f*, Keramik *f*; **~ ware** Steingut *n*

fiction ['fɪkʃn] S **1** Fiktion *f*, (freie) Erfindung, Dichtung *f*: **be a complete ~** völlig frei erfunden sein **2** KOLL Prosa-, Romanliteratur *f*, Belletristik *f*: **work of ~** Roman *m* **3** KOLL Romane *pl*, Prosa *f (e-s Autors)* **4** Fiktion *f*: **a** PHIL *als wissenschaftliches Verfahren erlaubte od nötige Annahme od Unterstellung* **b** JUR *Annahme e-s Sachverhaltes, der in Wirklichkeit nicht besteht, um die Anwendung e-s sonst nicht zutreffenden Gesetzes zu ermöglichen* **5** *pej* Märchen *n (erfundene Geschichte)*; **fictional** [-ʃənl] ADJ **1** erdichtet, erfunden **2** Roman…, Erzähl(ungs)…; **fictionalize** VT fiktionalisieren, als Fiktion darstellen; **fictioneer** [-ʃə'nɪə(r)], **fictioner**, **fictionist** [-ʃənɪst] S Roman-, Prosaschriftsteller(in)

fictitious [fɪk'tɪʃəs] ADJ (ADV ~ly) **1** (frei) erfunden, fiktiv **2** unwirklich, Fantasie… **3** romanhaft, Roman… **4** JUR *etc* fiktiv: **a** *a.* PHIL (bloß) angenommen **b** *oft pej* fingiert, falsch, unecht: **~ bill** WIRTSCH Kellerwechsel *m*; **~ contract** Scheinvertrag *m*; **~ name** angenommener Name, Deckname *m*; **fictitiousness** S **1** *(das)* Fiktive **2** Unechtheit *f*

fictive ['fɪktɪv] ADJ (ADV ~ly) **1** erdichtet, angenommen, fiktiv, imaginär **2** schöpferisch begabt, Roman…, Erzähl(er)…

fid. ABK WIRTSCH fiduciary

Fid.Def. ABK Fidei Defensor, Defender of the Faith Verteidiger *m* des Glaubens

fiddle ['fɪdl] **A** S **1** MUS *umg* Fiedel *f*, Geige *f*: **play (on) the ~** Geige spielen; **play first (second) ~** *fig* die erste (zweite) Geige spielen; **play second ~ to** in *j-s* Schatten stehen; **hang up one's ~ when one comes home** s-e gute Laune an den Nagel hängen, wenn man heimkommt; **(as) fit as a ~** *umg* gesund (u. munter) wie ein Fisch im Wasser; → face A 2 **2** SCHIFF Schlingerbord *n* **3** *Br umg* **a** Gaunerei *f* **b** Manipulation *f* **B** VI **1** *a.* **~ away** *umg* fiedeln, geigen **2** *oft* **~ about** *(od* **around)** *umg* herumtrödeln **3** *a.* **~ about** *(od* **around) (with)** *umg* **a** herumfummeln (an *dat*), spielen (mit) **b** herumbasteln *od* -pfuschen *(beide umg)* (an *dat*), sich zu schaffen machen (an *dat od* mit) **C** VT **1** *umg e-e Melodie etc* fiedeln **2** *meist* **~ away** *umg die Zeit* vertrödeln **3** *Br umg Konten etc* frisieren *pej*, manipulieren **D** INT *umg* Unsinn!, dummes Zeug!; **~-de-dee** [-dɪ'diː] → fiddle D; **~-faddle** [-ˌfædl] *umg* **A** S **1** Lappalie *f* **2** Unsinn *m* **B** VI **1** dummes Zeug schwatzen **2** die Zeit vertrödeln **C** ADJ läppisch **D** INT → fiddle D

fiddler S **1** *umg* Fiedler(in), Geiger(in): **pay the ~** *bes US* blechen; → drunk B 1 **2** *a.* **~ crab** ZOOL Winkerkrabbe *f* **3** *Br umg* Gauner(in)

fidlestick *umg* **A** S **1** MUS Fiedel-, Geigenbogen *m* **2** *fig* wertloses Zeug **B** INT **~s!** Unsinn!, dummes Zeug!

fiddling ADJ *umg* läppisch, geringfügig

fiddly ['fɪdlɪ] ADJ *umg* kniff(e)lig

Fidei Defensor [ˌfaɪdɪaɪdɪ'fensɔː(r); fɪˌdeiː-] S Verteidiger *m* des Glaubens *(Titel der englischen Könige)*

fideism ['fiːdeɪɪzəm; 'faɪdɪ-] S Fideismus *m*: **a** PHIL *Haltung, die den Glauben als einzige Erkenntnisgrundlage betrachtet u. ihn über die Vernunft stellt* **b** REL *Lehre, nach der nicht der Glaubensinhalt, sondern nur der Glaube an sich entscheidend ist*

fidelity [fɪ'delətɪ; faɪ-] S **1** *(a. eheliche)* Treue (**to** gegenüber, zu) **2** Genauigkeit *f (a. e-r Übersetzung)*, genaue Übereinstimmung *(mit den Tatsachen)*: **with ~** wortgetreu **3** ELEK Wiedergabe-, Klangtreue *f*

fidget ['fɪdʒɪt] **A** S **1** *meist pl* nervöse Unruhe, Zappelei *f umg*: **give sb the ~s** j-n nervös *od umg* zapp(e)lig machen; **have the ~s** → C 1 **2** Zappelphilipp *m umg*, Zapp(e)ler(in) **B** VT nervös *od umg* zapp(e)lig machen **C** VI **1** herumzappeln *umg*, unruhig *od* nervös sein, nicht still sitzen können **2** **~ with** herumspielen *od* -fuchteln mit; **fidgetiness** S Zapp(e)ligkeit *f umg*, Nervosität *f*; **fidgety** ADJ zapp(e)lig *umg*, nervös

fiducial [fɪ'djuːʃjəl; *US* fə'duːʃəl] ADJ (ADV ~ly) **1** ASTRON, PHYS Vergleichs…: **~ point** **2** vertrauensvoll **3** → fiduciary B; **fiduciary** [-ʃjərɪ; *US* -ʃiːˌeriː; -ʃəriː] **A** S JUR Treuhänder(in) **B** ADJ (ADV fiduciarily) **1** JUR treuhänderisch, Treuhand…, Treuhänder… **2** WIRTSCH ungedeckt *(Noten)*

fie [faɪ] INT *obs od hum oft* **~ (up)on you!** pfui!, schäm dich!

fief [fiːf] S JUR Lehen *n*, Lehn(s)gut *n*

field [fiːld] **A** S **1** AGR Feld *n*: **in the ~** auf dem Feld; **~ of barley** Gerstenfeld **2** MINER **a** *(Gold- etc)* Feld *n* **b** (Gruben)Feld *n*, Revier *n*, *(Kohlen)* Flöz *n* **3** *fig* Bereich *m*, (Sach-, Fach-)Gebiet *n*: **in the ~ of art** auf dem Gebiet der Kunst; **in his ~** auf s-m Gebiet, in s-m Fach; **~ of activity** Arbeitsgebiet, Tätigkeitsbereich; **~ of application** Anwendungsbereich; **~ of law** Rechtsgebiet **4** **a** (weite) Fläche **b** MATH, PHYS Feld *n*: **~ of force** Kraftfeld; **~ of vision** Blick- *od* Gesichtsfeld, *fig* Gesichtskreis *m*, Horizont *m* **c** *(elektrisches od magnetisches)* Feld **5** *Heraldik*: Feld *n*, Grundfläche *f* **6** SPORT **a** *(Sport)* Platz *m*: **~ (of play)** Spielfeld *n*, -fläche *f*; **take the ~** einlaufen, auf den Platz kommen (→ A 7); **play the ~** *umg* sich nicht festlegen (wollen); alle gebotenen Chancen wahrnehmen, *engS.* nichts anbrennen lassen *umg (sich keine Chancen bei Jungen bzw Mädchen entgehen lassen)* **b** Feld *n (geschlossene Gruppe von Läufern etc)*: **finish down the ~** im geschlagenen Feld enden **c** Teilnehmer(feld) *pl(n)*, Besetzung *f*, *fig* Wettbewerbsteilnehmer *pl*: **good ~** starke Besetzung; **fair ~ and no favo(u)r** gleiche Bedingungen für alle **7** MIL **a** *meist poet* Schlachtfeld *n*, (Feld)Schlacht *f* **b** Feld *n*, Front *f*: **the ~ of hono(u)r** das Feld der Ehre; **in the ~** im Felde, an der Front; **hold** *(od* **keep)** **the ~** sich *od* das Feld behaupten; **take the ~** ins Feld rücken, den Kampf eröffnen (→ A 6 a); **win the ~** den Sieg davontragen **8** → airfield **9** MED Operationsfeld *n* **10** TV Feld *n*, Rasterbild *n* **11** *bes* PSYCH, SOZIOL Praxis *f*, Wirklichkeit *f* **12** WIRTSCH Außendienst *m*, (praktischer) Einsatz: **agent in the ~** Vertreter(in) im Außendienst **B** VT **1** **a** SPORT *e-e Mannschaft* aufs Feld schicken, *e-n Spieler a.* bringen **b** *e-n Kandidaten etc* ins Rennen schicken **2** *e-e Frage etc* kontern

field| ambulance S MIL Sanka *m*, Sanitätswagen *m*; **~ artillery** S MIL Feldartillerie *f*; **~ coil** S ELEK Feldspule *f*; **~ corn** S AGR *US*

Mais *m* (*als Viehfutter*); ~ **current** S ELEK Feldstrom *m*; ~ **day** S 1 MIL a Felddienstübung *f* b Truppenschau *f*, -parade *f* 2 SCHIFF Reinschifftag *m* 3 a SCHULE Sportfest *n* b Exkursionstag *m* c Ausflugstag *m* 4 **have a** ~ *umg* a riesigen Spaß haben (**with** mit) b s-n großen Tag haben: **the press had a** ~ es rauschte im Blätterwald; ~**-effect transistor** S ELEK Feldeffekttransistor *m*; ~ **emission** S ELEK Feldemission *f*; ~ **equipment** S MIL feldmarschmäßige Ausrüstung; ~ **events** SPL *Leichtathletik*: Sprung- u. Wurfdisziplinen *pl*; ~ **executive** S WIRTSCH leitende(r) Angestellte(r) e-r Außenstelle; ~ **exercise** S MIL Felddienstübung *f*; ~ **glasses** SPL, *a.* **pair of** ~ Feldstecher *m*, Fernglas *n*; ~ **goal** S *Basketball*: Feldkorb *m*; ~ **gun** S MIL Feldgeschütz *n*; ~ **hockey** S SPORT *bes US* (Feld)Hockey *n*; ~ **hospital** S MIL Feldlazarett *n*; ~ **intensity** S MATH, PHYS Feldstärke *f*; ~ **investigation** S 1 Nachforschung *f* an Ort u. Stelle 2 → field research; ~ **investigator** → field worker 2; ~**-ion microscope** S OPT Feldionenmikroskop *n*; ~ **kitchen** S MIL Feldküche *f*; ~ **lark** S ORN Feldlerche *f*; ~ **lock** S TV Bildfang *m*; ~ **map** S Flurkarte *f*; ~ **marshal** S MIL Feldmarschall *m*; ~ **mouse** S *irr* ZOOL Feldmaus *f*; ~ **office** S Außenstelle *f*; ~ **officer** S MIL Stabsoffizier *m* (*Major bis Oberst*); ~ **pack** S MIL Marschgepäck *n*, Tornister *m*; ~ **poppy** S BOT Klatschmohn *m*; ~ **research** S *Markt-, Meinungsforschung*: Feldforschung *f*, Primärerhebung *f*; ~ **service** S WIRTSCH Außendienst *m*; ~ **sports** SPL *Sport od Vergnügungen im Freien, z. B. Jagen, Fischen*; ~ **staff** S (*a. als pl konstruiert*) WIRTSCH Außendienstmitarbeiter *pl*; ~ **strength** S PHYS Feldstärke *f*; ~ **study** S Feldstudie *f*; ~ **test** S praktischer Versuch; ~ **theory** S PHYS Feldtheorie *f*; ~ **training** S MIL Geländeausbildung *f*; ~ **trip** S Exkursion *f*; ~ **winding** S ELEK Erreger-, Feldwicklung *f*; ~**work** S 1 MIL Feldbefestigung *f*, -schanze *f* 2 praktische (wissenschaftliche) Arbeit, (*Archäologie etc a.*) Arbeit *f* im Gelände 3 WIRTSCH Außendienst *m* 4 *Markt-, Meinungsforschung*: Feldarbeit *f*, Primärerhebung *f*; ~ **worker** S 1 WIRTSCH Außendienstmitarbeiter(in) 2 *Markt-, Meinungsforschung*: Befrager(in), Interviewer(in)

fiend [fi:nd] S 1 a Satan *m*, Teufel *m* (*beide a. fig*) b Dämon *m*, *fig a.* Unhold *m* 2 *umg bes in Zusammensetzungen* a Süchtige(r) *m/f(m)*: **an opium** ~ b Narr *m*, Närrin *f*, Fanatiker(in): **a golf** ~, **a** ~ **for golf** ein besessener *od* leidenschaftlicher Golfspieler; → fresh-air 1 c Größe *f*, Kanone *f* (*beide umg*) (*beide*: **at** in *dat*); **fiendish** ADJ (ADV ~ly) 1 teuflisch, unmenschlich 2 *umg* verteufelt, höllisch, scheußlich, mies: **a** ~ **job** e-e höllische Arbeit; **fiendishness** S teuflische Bosheit

fierce [fɪə(r)s] ADJ (ADV ~ly) 1 wild (*Tier etc*) 2 böse, grimmig (*Gesicht etc*), wild (*Blick, Hass etc*) 3 glühend (*Hitze*) 4 a scharf (*Rede, Wettbewerb etc*) b heftig (*Angriff, Schmerz etc*) c grell (*Licht etc*) 5 *umg* fies, widerlich; **fierceness** S 1 Wildheit *f* 2 Grimmigkeit *f* 3 a Schärfe *f* b Heftigkeit *f* c Grellheit *f* 4 *umg* Widerlichkeit *f*

fieri facias [ˌfaɪəraɪˈfeɪʃɪæs; *US* -riːˈf-] S JUR Pfändungs-, Vollstreckungsbefehl *m*

fieriness [ˈfaɪərɪnɪs] S Feurigkeit *f*, Hitzigkeit *f*, Leidenschaftlichkeit *f*; **fiery** ADJ (ADV fierily) 1 brennend, glühend: ~ **tongues were playing about the roof** Flammen umzüngelten das Dach 2 feuerrot, glutrot 3 feurig, hitzig (*Person, Temperament*) 4 feurig, scharf (*Gewürz etc*) 5 leidenschaftlich (*Rede, Affäre etc*) 6 MED entzündet 7 *Bergbau*: schlagwetterführend

fiesta [fɪˈestə] S Fiesta *f*, Feier-, Festtag *m*

FIFA ABK Fédération Internationale de Football Association, International Football Federation FIFA *f*

fife[1] [faɪf] MUS A S Querpfeife *f* B V/T & V/I (*auf der Querpfeife*) pfeifen

Fife[2] [faɪf] S Fife *n* (*Verwaltungsregion im östlichen Mittelschottland*)

fifer [ˈfaɪfə(r)] S (Quer)Pfeifer(in)

fifteen [ˌfɪfˈtiːn] A ADJ fünfzehn B S 1 Fünfzehn *f* 2 *Rugby*: Fünfzehn *f*; **fifteenth** [-ˈtiːnθ] A ADJ 1 fünfzehnt(er, e, es) 2 fünfzehntel B S 1 (*der, die, das*) Fünfzehnte 2 Fünfzehntel *n*

fifth [fɪfθ] A ADJ 1 fünft(er, e, es): **in the** ~ **place** fünftens, an fünfter Stelle; → rib A 1 2 fünftel B S 1 (*der, die, das*) Fünfte: **the** ~ **of May** der 5. Mai; **it's the** ~ **today** heute ist der Fünfte 2 Fünftel *n* 3 MUS Quinte *f*; ~ **column** S POL fünfte Kolonne; ~ **columnist** S POL Mitglied *n* der fünften Kolonne

fifthly ADV fünftens

fifth wheel S 1 Ersatzrad *n* 2 AUTO a Dreh(schemel)ring *m* der Vorderachse b Drehschemel *m* (*beim Sattelschlepper*) 3 *fig umg* fünftes Rad am Wagen

fiftieth [ˈfɪftɪɪθ] A ADJ 1 fünfzigst(er, e, es) 2 fünfzigstel B S 1 (*der, die, das*) Fünfzigste 2 Fünfzigstel *n*

fifty [ˈfɪftɪ] A ADJ fünfzig: **I have** ~ **things to tell you** ich habe dir hunderterlei zu erzählen B S Fünfzig *f*: **he is in his fifties** er ist in den Fünfzigern; **in the fifties** in den Fünfzigerjahren (*e-s Jahrhunderts*); ~**-fifty** ADJ & ADV *umg* fifty-fifty, halbe-halbe: **it is** ~ **that …** die Chancen stehen fifty-fifty, dass …; **he has a** ~ **chance to live** s-e Überlebenschancen stehen fifty-fifty; **go** ~ halbe-halbe machen (**with** mit)

fig[1] [fɪg] S 1 BOT a Feige *f* b Feigenbaum *m* 2 *fig e-e verächtliche Geste* 3 *fig* Deut *m*: → care B 4

fig[2] [fɪg] *umg* A S 1 Kleidung *f*, Aufmachung *f*: **in full** ~ in vollem Staat 2 Form *f*, Verfassung *f*: **in fine** ~ (gut) in Form B V/T 1 *meist* ~ **out**, ~ **up** herausputzen, ausstatten 2 *ein Pferd* aufputschen

fig ABK 1 figurative(ly) 2 figure(s PL)

fight [faɪt] A S 1 Kampf *m*: a MIL Gefecht *n* b Konflikt *m*, Streit *m* c Ringen *n* (**for** um): **give sth up without a** ~ etwas kampflos aufgeben; **lose the** ~ **over** den Kampf verlieren um; **make (a)** ~ **(for sth)** (um etwas) kämpfen; **put up a (good)** ~ e-n (guten) Kampf liefern, sich tapfer schlagen; ~ **against drugs** Drogenbekämpfung *f*; **the** ~ **against unemployment** der Kampf gegen die Arbeitslosigkeit 2 *Boxen*: Kampf *m*, Fight *m*: ~ **record** Kampfrekord *m* 3 Schlägerei *f*, Rauferei *f*: **have a** ~ **(with)** → C 3 4 Kampffähigkeit *f*, Kampf(es)lust *f*: **show** ~ a sich zur Wehr setzen b kampflustig sein; **there was no** ~ **left in him** er war kampfmüde *od umg* fertig; **he still had a lot of** ~ **in him** er war noch lange nicht geschlagen B V/T *prät u. pperf* **fought** [fɔːt] 1 *j-n, etwas* bekämpfen, bekriegen, kämpfen gegen 2 *e-n Krieg, e-n Prozess* führen, *e-e Schlacht* schlagen *od* austragen, *e-e Sache* ausfechten: ~ **it out** es (untereinander) ausfechten; → battle *Bes Redew*, duel A, losing A 3 3 *etwas* verfechten, sich einsetzen für 4 kämpfen gegen *od* mit, sich schlagen mit, SPORT *a.* boxen gegen *j-n*: ~ **back** (*od* **down**) *s-e Enttäuschung, Tränen etc* unterdrücken; ~ **off** *j-n, etwas* abwehren, *e-n Vertreter etc* abwimmeln *umg*; ~ **off a cold** a gegen e-e Erkältung ankämpfen b e-e Erkältung bekämpfen; → windmill A 1 5 raufen *od* sich prügeln mit 6 erkämpfen: ~ **one's way** a sich durchkämpfen (**through** durch) (*a. fig*) b *fig* s-n Weg machen, sich durchschlagen; ~ **one's way to sth** sich etwas erkämpfen 7 *Hunde etc* kämpfen lassen, zum Kampf an- *od* aufstacheln 8 *Truppen, Geschütze etc* kommandieren, (im Kampf) führen C V/I 1 kämpfen (**with** *od* **against** mit *od* gegen; **for** um): ~ **against sth** gegen etwas ankämpfen; ~ **back** sich zur Wehr setzen *od* wehren, zurückschlagen; → go down 2, shy[1] A 3, A 5 2 SPORT boxen 3 sich raufen *od* schlagen *od* prügeln (**with** mit)

fighter S 1 Kämpfer(in), Streiter(in) 2 SPORT Boxer(in) 3 Schläger *m*, Raufbold *m* 4 *a.* ~ **plane** FLUG, MIL Jagdflugzeug *n*, Jäger *m*: ~ **cover** (*od* **escort**) Jagdschutz *m*; ~ **group** *Br* Jagdgeschwader *n*, *US* Jagdtruppe *f*; ~ **pilot** Jagdflieger *m*; ~ **wing** *Br* Jagdgruppe *f*, *US* Jagdgeschwader *n*; ~**-bomber** S FLUG, MIL Jagdbomber *m*; ~**-interceptor** S FLUG, MIL Abfangjäger *m*

fighting A S Kampf *m*, Kämpfe *pl*, Kämpfen *n*: **heavy** ~ schwere Kämpfe B ADJ (ADV ~ly) 1 Kampf…: → trim C 1 2 kampf-, streitlustig, kämpferisch; ~ **chance** S reelle Chance (*wenn man sich anstrengt*); ~ **cock** S Kampfhahn *m* (*a. fig*): **live like a** ~ *obs* in Saus u. Braus leben; ~ **forces** SPL MIL Kampftruppe *f*; ~ **spirit** S Kampfgeist *m*; ~ **weight** S *Boxen*: Kampfgewicht *n*

fight night S *Boxen*: Kampfabend *m*

fig leaf S *irr* Feigenblatt *n* (*a. fig*)

figment [ˈfɪgmənt] S 1 *oft* ~ **of the imagination** Fantasiegebilde *n*, reine Einbildung: **it's just a** ~ **of his imagination** das existiert nur in s-r Einbildung 2 *pej* Märchen *n* (*erfundene Geschichte*)

fig tree S Feigenbaum *m*

figurant [ˈfɪgjʊrənt; *US* ˈfɪgjəˌrɑːnt] S Figurant *m*: a *Ballett*: Chortänzer *m* b THEAT Statist *m*; **figurante** [ˌfɪgjʊˈrɑ̃ːnt; *US* ˈfɪgjəˌrɑːnt] S Figurantin *f*: a *Ballett*: Chortänzerin *f* b THEAT Statistin *f*

figurate [ˈfɪgjʊrɪt] ADJ (ADV ~ly) MUS figuriert, verziert; **figuration** S 1 Gestaltung *f* 2 Form *f*, Gestalt *f* 3 bildliche Darstellung 4 Verzierung *f*, MUS *a.* Figuration *f*; **figurative** [-gjʊrətɪv; -gər-] ADJ (ADV ~ly) 1 figurativ, bildlich, übertragen: ~**ly** *a.* im übertragenen Sinn; ~**ly speaking** bildlich gesprochen 2 bilderreich (*Stil*) 3 symbolisch: **be** ~ **of** symbolisch stehen für; **figurativeness** S 1 Bildlichkeit *f* 2 Bilderreichtum *m*

figure [ˈfɪgə; *US* ˈfɪgjər] A S 1 Zahl(zeichen) *f(n)*, Ziffer *f*: **he is good at** ~**s** er ist ein guter Rechner, er kann gut rechnen; **the cost runs into three** ~**s** die Kosten gehen in die Hunderte; **his income is in five** ~**s**, **he has a five-**~ **income** er hat ein fünfstelliges Einkommen; → double figures 2 a Preis *m*, Betrag *m*, Summe *f* b Zahl *f*: **at a low (high)** ~ billig (teuer); **put a** ~ **on** *etwas* beziffern 3 Figur *f*: **keep one's** ~ schlank bleiben; **lose one's** ~ dick werden 4 Gestalt *f* (*nur undeutlich wahrgenommener Mensch*) 5 *fig* Figur *f*, bemerkenswerte Erscheinung, wichtige Person, Persönlichkeit *f*: ~ **of fun** komische Figur, *pej* Witzfigur; **cut** (*od* **make**) **a poor** ~ e-e traurige Figur abgeben; **make a brilliant** ~ e-e hervorragende Rolle spielen; → public A a 6 Darstellung *f* (*des menschlichen Körpers*), Bild *n*, Statue *f* 7 Symbol *n* 8 *a.* ~ **of speech** Redefigur *f*, rhetorische Figur 9 (*Stoff*) Muster *n* 10 *Tanz, Eiskunstlauf etc*: Figur *f*: ~ **(of) eight** a (*Kunstflug*) Acht *f* b (*Eis-, Rollkunstlauf*) Achter *m* 11 MUS a Figur *f* b (*Bass*) Bezifferung *f* 12 Figur *f*, Diagramm *n*, Zeichnung *f* 13 Illustration *f* (*im Buch*) 14 *Logik*: Schlussfigur *f* 15 PHYS Krümmung *f (e-r Linse), bes* Spiegel *m (e-s Teleskops)* **B** VT **1** formen, gestalten **2** abbilden, bildlich darstellen **3** *oft* **~ to o.s.** sich *etwas* vorstellen *od* ausmalen **4** verzieren, MUS *a.* figurieren **5** *Stoff* mustern **6** MUS beziffern **7** **~ out** *umg* **a** ausrechnen **b** ausknobeln, rauskriegen, *ein Problem* lösen **c** kapieren, verstehen: **I can't ~ him out** ich werd' aus ihm nicht klug *od* schlau **8** **~ up** zusammenzählen **9** *US umg* meinen, glauben *(beide:* **that** dass): **I ~ him (to be) honest** ich halte ihn für ehrlich **C** VI **1** rechnen: **~ out at** sich belaufen auf *(akk)* **2** **~ on** *bes US umg* **a** rechnen mit **b** sich verlassen auf *(akk)*: **~ on sb to do sth** sich darauf verlassen, dass j-d etwas tut **c** beabsichtigen (**doing** *etwas* zu tun) **3** erscheinen, auftauchen, vorkommen: **~ in a play** in e-m Stück auftreten; **~ large** e-e große Rolle spielen; **~ on a list** auf e-r Liste stehen **4** *umg* hinhauen, (genau) passen: **that ~s!** **a** das wundert mich gar nicht **b** völlig klar!; **it ~s that he didn't come** es ist typisch für ihn, dass er nicht kam

figure-conscious ADJ (ADV **~ly**) figurbewusst: **she's very ~** *a.* sie achtet sehr auf ihre Figur

figured ADJ **1** geformt, gestaltet **2** verziert, gemustert, geblümt **3** MUS **a** figuriert, verziert **b** beziffert: **~ bass** Generalbass *m* **4** *Sprache:* **a** bildhaft **b** bilderreich **5** Figuren…: **~ dance**

figure| dance S Figurentanz *m*; **~head** S SCHIFF Galionsfigur *f*, *fig a.* Aushängeschild *n*; **~-hugging** ADJ eng anliegend; **~ problems** SPL Figurprobleme *pl*; **~ skater** S SPORT Eiskunstläufer(in); **~ skating** S SPORT Eiskunstlauf *m*

figurine ['fɪgjʊriːn; *US* ˌfɪgjə'riːn] S Statuette *f*, Figurine *f*

figwort S BOT Braunwurz *f*

Fiji [ˌfiː'dʒiː; *bes US* 'fiːdʒiː] S Fidschi *n*

Fijian [fiː'dʒiːən] **A** S **1** Fidschianer(in) **2** LING Bauan *n* **B** ADJ fidschianisch

Fiji Islands [ˌfiːdʒiː'aɪləndz; *bes US* 'fiːdʒiːˌaɪləndz] SPL *(die)* Fidschiinseln *pl*

filagree ['fɪləgriː], *etc* → filigree *etc*

filament ['fɪləmənt] S **1** **a** Faden *m (a.* ANAT), Fädchen *n* **b** Faser *f* **2** BOT Filament *n*, Staubfaden *m* **3** ELEK (Glüh-, Heiz)Faden *m*: **~ battery** Heizbatterie *f*; **~ circuit** Heizkreis *m*; **~ lamp** Glühlampe *f* **4** TECH feiner Draht

filamentous [ˌfɪlə'mentəs] ADJ **1** fas(e)rig, faserartig **2** Fasern… **3** BOT Staubfäden tragend, Faden…: **~ fungus** Fadenpilz *m*

filaria [fɪ'leərɪə] *pl* -iae [-ɪiː] S ZOOL Filaria *f*, Fadenwurm *m*

filariasis [ˌfɪlə'raɪəsɪs] S MED Filiarose *f*, Filarienkrankheit *f (durch Fadenwürmer hervorgerufene Krankheit)*

filature ['fɪlətʃə(r); -ˌtʃʊə(r)] S TECH **1** (Faden)Spinnen *n*, Abhaspeln *n* der Seide **2** (Seiden)Haspel *f* **3** Seidenspinnerei *f*

filbert ['fɪlbə(r)t] S BOT **1** Haselnussstrauch *m* **2** Haselnuss *f*

filch [fɪltʃ] VT stibitzen; **filcher** S Dieb(in)

file[1] [faɪl] **A** S **1** *(Akten-, Brief-, Dokumenten)* Ordner *m*, Karteikasten *m* **2** **a** Akte(nstück) *f(n)*: **keep** (*od* **have**) **a ~ on** Kartei *od* e-e Akte führen über *(akk)* **b** Akten(bündel) *pl(n)*, -stoß *m* **c** Akten *pl*, Ablage *f*, abgelegte Briefe *pl od* Dokumente *pl*: **be on ~** bei den Akten sein *od* liegen; **place** (*od* **put**) **on ~** → B 1 **3** COMPUT Datei *f* **4** Aufreihfaden *m*, -draht *m* **5** Reihe *f*: → Indian file, single file **6** MIL Rotte *f* **7** Reihe *f (Personen od Sachen hintereinander)* **8** Liste *f*, Verzeichnis *n* **B** VT **1** **a** *a.* **~ away** *Briefe etc* ablegen, (ein)ordnen, ab-, einheften, zu den Akten nehmen: **"to be ~d"** „zu den Akten!" **b** IT *Daten* abspeichern **2** **~ off** (in e-r Reihe ab)marschieren lassen **3** *e-n Antrag etc* einreichen, *e-e Forderung* anmelden, *Berufung* einlegen: → action 12, application 6, 8, suit A 4 **C** VI in e-r Reihe *od* hintereinander *(hinein-, hinaus- etc)* marschieren: **~ in (out)**; **~ past** vorbeidefilieren (an *dat*)

file[2] [faɪl] **A** S **1** TECH Feile *f* **2** *Br sl* schlauer Fuchs, geriebener Kerl **B** VT **1** TECH (zu-, be)feilen: **~ one's fingernails** sich die Fingernägel feilen; **~ away** (*od* **down**) abfeilen **2** *fig s-n Stil etc* (zurecht)feilen

file| card S **1** TECH Feilenbürste *f* **2** Karteikarte *f*; **~ clerk** S *US* Registrator *m*, Registratorin *f*; **~ copy** S Ablage(stück) *f(n)*; **~ manager** S COMPUT Dateimanager *m*; **~ name** S COMPUT Dateiname *m*; **~ number** S Aktenzeichen *n*; **~ server** S COMPUT Fileserver *m (Rechner, der Dateien für das Internet bereithält)*

filet ['fɪlɪt; -leɪ; *US bes* fɪ'leɪ] S **1** GASTR Filet *n* **2** *a.* **~ lace** Filet *n*, Netz(arbeit) *n(f)*, Netzstickerei *f*; **~ mignon** [ˌfɪleɪ'miːnjɒn; *US* -miːn'jəʊn] S GASTR Filet *n* mignon *(kleines gebratenes od gegrilltes Filet)*

filial ['fɪljəl; -ɪəl] ADJ (ADV **~ly**) **1** kindlich, Kindes…, Tochter…, Sohnes…: **~ duty** Kindespflicht *f*; **~ piety** kindliche Ergebenheit **2** *Genetik:* Filial…: **~ generation** Filialgeneration *f (die direkten Nachkommen e-s Elternpaares bzw e-s sich durch Parthenogenese fortpflanzenden Lebewesens)*

filiate ['fɪlɪeɪt] VT **1** JUR *US od schott* die *(bes* außereheliche) Vaterschaft von *(od gen)* feststellen **2** → affiliate A; **filiation** S **1** Kindschaft(sverhältnis) *f(n)* **2** Abstammung *f* **3** JUR *US od schott* Feststellung *f* der *(bes* außerehelichen) Vaterschaft: **~ proceeding** Vaterschaftsprozess *m* **4** Feststellung *f* der Herkunft *od* Quelle *(von Manuskripten etc)* **5** Verzweigung *f*

filibeg ['fɪlɪbeg] → kilt A

filibuster ['fɪlɪbʌstə(r)] **A** S **1** HIST Filibuster *m*, Flibustier *m*, Freibeuter *m* **2** PARL *bes US* **a** Filibuster *n*, Obstruktion *f*, Verschleppungstaktik *f (bes durch Dauerreden zur Verhinderung e-r Abstimmung)* **b** Obstruktionspolitiker(in), Verschleppungstaktiker(in) **B** VI PARL *bes US* filibustern, Obstruktion treiben **C** VT PARL *bes US e-e Gesetzesvorlage etc* durch Obstruktion zu Fall bringen

filicide ['fɪlɪsaɪd] S **1** Kindesmord *m* **2** Kindesmörder(in)

filiform ['fɪlɪfɔː(r)m; 'faɪ-] ADJ filiform, fadenförmig: **~ gill** FISCH Fadenkieme *f*

filigree ['fɪlɪgriː] S **1** Filigran(arbeit) *n(f)* **2** *(etwas)* sehr Zartes *od* Gekünsteltes; **filigreed** ADJ mit Filigran geschmückt, Filigran…

filing[1] ['faɪlɪŋ] S **1** Ablegen *n (von Briefen etc)*: **~ cabinet** Aktenschrank *m*, Ablage *f*; **~ card** → file card 2; **~ clerk** *bes Br* Registrator(in); **~ department** Registratur *f* **2** Einreichung *f (e-s Antrags etc)*, Anmeldung *f (e-r Forderung)*

filing[2] ['faɪlɪŋ] S TECH **1** Feilen *n* **2** *pl* Feilspäne *pl*

Filipino [ˌfɪlɪ'piːnəʊ] **A** *pl* -nos S Filipino *m*, Filipina *f* **B** ADJ philippinisch

fill [fɪl] **A** S **1** **eat one's ~** sich satt essen; **have had one's ~ of** *fig* von *etwas, j-m* genug haben, *etwas, j-n* satthaben; **weep one's ~** sich ausweinen **2** Füllung *f (Material od Menge)*: **a ~ of gasoline** (*Br* **petrol**) e-e Tankfüllung **3** *US* Erd-, Steindamm *m* **B** VT **1** (an-, aus)füllen, vollfüllen, *die Segel* (auf)blähen: **~ sb's glass** j-m einschenken **2** *Flüssigkeit etc* ab-, einfüllen *(beide:* **into** in *akk)* **3** *die Pfeife* stopfen **4** *(mit Nahrung)* sättigen **5** *die Straßen etc* bevölkern, füllen **6** *a. fig* erfüllen (**with** mit): **smoke ~ed the room**; **grief ~ed his heart**; **~ed with fear (envy)** angsterfüllt (neiderfüllt); **be ~ed with admiration for** voller Bewunderung sein für; → indignation **7** *e-n Posten, ein Amt* **a** besetzen **b** ausfüllen, bekleiden: **~ the next two places** SPORT *etc* die nächsten beiden Plätze belegen; **~ sb's place** j-s Stelle einnehmen, j-n ersetzen **8** **a** *e-n Auftrag, e-e Bestellung* ausführen **b** *ein Rezept* ausfertigen **9** **~ the bill** *umg* allen Ansprüchen genügen *(a. Person)*, genau das Richtige sein **10** MED *e-n Zahn* füllen, plombieren **C** VI sich füllen *(Segel)*, sich (auf)blähen: **the sails ~ed with wind** die Segel blähten sich im Wind

Phrasal Verbs: **fill| away** VI SCHIFF vollbrassen; **~ in** **A** VT **1** *ein Loch etc* auf-, ausfüllen **2** *Br ein Formular etc ausfüllen* **3** *e-n Namen etc* einsetzen **4** *Fehlendes* ergänzen **5** *umg j-n* informieren, ins Bild setzen *(beide:* **on** über *akk)* **6** *Br sl j-n* zusammenschlagen, krankenhausreif schlagen **B** VI einspringen (**for** für); **~ out** **A** VT **1** *bes US ein Formular etc* ausfüllen **2** *e-n Bericht etc* abrunden **B** VI fülliger werden *(Figur)*, *(Person a.)* zunehmen, *(Gesicht etc)* runder *od* voller werden; **~ up** **A** VT **1** vollfüllen, *s-n Wagen etc* auftanken: **fill her up** *umg* volltanken, bitte! **2** → fill in A 1 **3** → fill in A 2 **B** VI sich füllen

filler S **1** Füller(in) **2** TECH **a** Füllvorrichtung *f* **b** Abfüllmaschine *f* **c** Trichter *m* **3** ARCH Füllung *f* **4** Füllstoff *m*, Zusatz-, Füll-, Streckmittel *n* **5** Sprengladung *f* **6** MAL Spachtel (-masse) *m(f)*, Füller *m* **7** FILM, TV, *Zeitungswesen*: Füller *m*, Füllsel *n* **8** LING Füll-, Flickwort *n*; **~ cap** S AUTO Tankdeckel *m*, -verschluss *m*

fillet ['fɪlɪt] **A** S **1** Haar-, Stirnband *n* **2** Leiste *f*, Band *n*, Streifen *m* **3** **a** Filet *n*, (Gold)Zierstreifen *m (an Buchrücken)* **b** Filete *f (Gerät zum Anbringen von a)* **4** ARCH Leiste *f*, Reif *m*, Rippe *f* **5** GASTR Filet *n*: **~ of veal** Kalbsfilet; **~ steak** Filetsteak *n* **6** *Heraldik: schmaler Saum des Wappenschildes* **B** VT **1** mit e-m Haarband *od* e-r Leiste *etc* schmücken **2** GASTR **a** filetieren, Filets herauslösen aus **b** als Filet zubereiten; **~ weld** S TECH Kehlnaht *f*

fill-in **A** S Aushilfe *f*, Aushilfskraft *f* **B** ADJ: **~ test** PSYCH Lückentest *m*

filling **A** S **1** Füllung *f*, Füllmasse *f*, Einlage *f*, Füllsel *n* **2** *a.* **~ material** TECH Füllmaterial *n* **3** MED (Zahn)Plombe *f*, (-)Füllung *f* **4** Voll-, Aus-, Anfüllen *n*, Füllung *f*: **~ machine** Abfüllmaschine *f* **5** MIL **a** Füllung *f (bei chemischer Munition)* **b** Filterfüllung *f (e-r Gasmaske)* **B** ADJ sättigend; **~ station** S Tankstelle *f*

fillip ['fɪlɪp] **A** S **1** Schnalzer *m*, Schnipser *m (mit Finger u. Daumen)* **2** Klaps *m* **3** *fig* Ansporn *m*, Auftrieb *m*: **give a ~ to** → B 3 **4** unbedeutender Zusatz **B** VT **1** **a** schnippen, schnipsen: **~ crumbs off the table** **b** **~ one's fingers** mit den Fingern schnalzen *od* schnippen *od* schnipsen **2** *j-m* e-n Klaps geben **3** *fig* anspornen, in Schwung bringen

fillister ['fɪlɪstə(r)] S TECH **1** Falz *m* **2** *a.* **~ plane** Falzhobel *m*

filly ['fɪlɪ] S **1** Stutenfohlen *n* **2** *umg* wilde Hummel *(Mädchen)*

film [fɪlm] **A** S **1** Membran(e) *f*, dünnes Häutchen, Film *m* **2** FOTO Film *m*: **put on ~** *etwas* ablichten **3** **a** Film *m* **b** *meist pl* Film *m*, Filmindustrie *f*: **be in ~s** beim Film sein; **go into ~s** zum Film gehen **4** (hauch)dünne Schicht, Überzug *m*, *(Zellophan- etc)* Haut *f*, (-)Film *m*, *(Plastik)* Folie *f* **5** **a** (hauch)dünnes Gewebe **b** Faser *f* **6** MED Trübung *f* des Auges, Schleier *m* **B** VT **1** *(mit e-m Häutchen etc)* überziehen **2** **a** *e-n Roman etc* verfilmen **b** *e-e Szene etc* filmen **C** VI **1** *a.* **~ over** sich mit e-m Häutchen überziehen **2** **a** sich verfilmen lassen, sich zum Verfilmen eignen: **this story ~s well** **b** e-n Film drehen, filmen

filmable ADJ 1 a verfilmbar b filmbar 2 fotogen

film| base S CHEM, FOTO Blankfilm *m*, Emulsionsträger *m*; **~ card** S Filmkarte *f*; **~ festival** S Filmfestival *n*; **~goer** S Kinogänger(in), -besucher(in)

filmic ADJ (ADV ~ally) filmisch, Film...

filminess ['fɪlmɪnɪs] S (hauch)dünne Beschaffenheit

film| library S Filmarchiv *n*; **~ maker** S Filmemacher(in), Filmer(in): **young ~** Jungfilmer

filmography [fɪl'mɒgrəfɪ; *US* -'mɑ-] S Filmografie *f* (*Verzeichnis aller Filme e-s Regisseurs od Schauspielers*)

film| pack S FOTO Filmpack *m*; **~ poster** S Filmposter *m/n*, -plakat *n*; **~ reel** S FOTO Filmspule *f*; **~set** V/T *irr* TYPO *Br* im Foto- *od* Filmsatz herstellen; **~setter** S *Br* Foto-, Filmsetzmaschine *f*; **~setting** S *Br* Foto-, Filmsatz *m*; **~ speed** S FOTO 1 Lichtempfindlichkeit *f* (*des Films*) 2 Laufgeschwindigkeit *f* (*des Films in der Kamera*); **~ star** S Filmstar *m*; **~strip** S 1 Filmstreifen *m* 2 Bildband *n*; **~ test** S Probeaufnahme(n) *f(pl)*; **~ threading** S Filmeinfäd(e)lung *f*: **automatic ~**; **~ version** S Verfilmung *f*

filmy ADJ (ADV filmily) 1 mit e-m Häutchen bedeckt 2 häutchenartig 3 trübe, verschleiert (*Auge*) 4 zart, duftig, (hauch)dünn

filter ['fɪltə(r)] A S 1 Filter *m*, Seihtuch *n*, Seiher *m* 2 CHEM, FOTO, PHYS, TECH Filter *n/m* 3 ELEK Filter *n/m*, Sieb *n* 4 AUTO *Br* grüner Pfeil (*für Abbieger*) B V/T filtern: a (durch)seihen b filtrieren: **~ off** abfiltern; **~ sth out of sth** etwas aus etwas herausfiltern C V/I 1 a durchsickern (**through** durch) (*Flüssigkeit*) b durchscheinen, -sickern (**through** durch) (*Licht*) 2 sich langsam bewegen: **~ out** grüppchenweise *od* e-r nach dem andern herauskommen (**of** aus) 3 **~ into** sich einschleusen in (*akk*) (*Agent etc*) 4 *fig* a **~ out** (*od* **through**) durchsickern (*Nachrichten etc*) b **~ into** einsickern *od* langsam eindringen in (*akk*) 5 AUTO *Br* a die Spur wechseln b sich einordnen (**to the left** links) c abbiegen (*wenn der grüne Pfeil aufleuchtet*); **filterability** S Filtrierbarkeit *f*; **filterable** ADJ filtrierbar

filter| bag S Filtertüte *f*; **~ basin** S TECH Sickerbecken *n*; **~ bed** S TECH 1 Filtrierbett *n*, Kläranlage *f* 2 Filterschicht *f*; **~ charcoal** S TECH Filterkohle *f*; **~ choke** S ELEK Filter-, Siebdrossel *f*; **~ circuit** S ELEK Siebkreis *m*; **~ coffee** S Filterkaffee *m*

filtering A S Filtern *n*: a (Durch)Seihen *n* b Filtrieren *n* B ADJ Filtrier..., Filter...: **~ basin** TECH Filtrierbecken *n*; **~ paper** Filter-, Filtrierpapier *n*

filter| lane S AUTO *Br* Abbiegespur *f*; **~ paper** S Filter-, Filtrierpapier *n*; **~ tip** S 1 Filter (-mundstück) *m(n)* 2 Filterzigarette *f*; **~-tipped** ADJ Filter...: **~ cigarette**

filth [fɪlθ] S 1 Schmutz *m*, Dreck *m* 2 *fig* Schmutz *m*, Schweinerei *f* 3 a unflätige Sprache b unflätige Ausdrücke *pl*; **filthiness** S 1 Schmutzigkeit *f* (*a. fig*) 2 Unflätigkeit *f*; **filthy** A ADJ (ADV filthily) 1 schmutzig, dreckig: → **lucre** 2 2 *fig* schmutzig, schweinisch 3 *fig* unflätig 4 *bes Br umg* ekelhaft, scheußlich: **~ weather** Sauwetter *n umg* B ADV *umg* unheimlich, furchtbar (*sehr*): **~ rich** stinkreich

filtrable ['fɪltrəbl] → filterable

filtrate ['fɪltreɪt] A V/T → filter B B S Filtrat *n*; **filtration** S Filtration *f*

fimbriate ['fɪmbrɪɪt; -brɪeɪt], *a.* **fimbriated** [-brɪeɪtɪd] ADJ BOT, ZOOL befranst

fin[1] [fɪn] S 1 ZOOL Flosse *f*, Finne *f* 2 SCHIFF Kiel-, Ruderflosse *f* 3 FLUG a (Seiten)Flosse *f* b MIL Steuerschwanz *m* (*e-r Bombe*) 4 TECH a Grat *m*, (Guss)Naht *f* b Rippe *f* 5 Schwimmflosse *f* 6 *sl* Flosse *f pej* (*Hand*)

fin[2] [fɪn] S *US sl* Fünfdollarschein *m*

fin.[1] ABK 1 finance 2 financial 3 finish

Fin.[2] ABK 1 Finland 2 Finnish

finable ['faɪnəbl] ADJ e-r Geldstrafe unterliegend: **this is ~** darauf steht e-e Geldstrafe

finagle [fɪ'neɪgl] *umg* A V/T 1 *etwas* herausschinden, -schlagen 2 (sich) *etwas* ergaunern 3 *j-n* begaunern: **~ sb out of sth** j-n um etwas betrügen B V/I gaunern; **finagler** [-glə(r)] S *umg* Gauner(in)

final ['faɪnl] A ADJ (ADV → finally) 1 letzt(er, e, es): **during his ~ illness** 2 endgültig, End..., Schluss...: **~ account** Schlussabrechnung *f*; **~ assembly** TECH Endmontage *f*; **~ bend** SPORT Zielkurve *f*; **~ curtain** THEAT *etc* Schlussvorhang *m*; **~ date** Schlusstermin *m*, äußerster Termin; **~ disposal** (*od* **storage**) Endlagerung *f* (*von Atommüll etc*); **~ disposal site** Endlager *n*; **~ dividend** WIRTSCH Schlussdividende *f*; **~ examination** (Ab)Schlussprüfung *f*; **is that your ~ offer?** ist das dein letztes Angebot?; **~ phase** Endphase *f*, -stadium *n*; **~ placing** SPORT Endplatzierung *f*; **~ quotation** WIRTSCH Schlusskurs *m*, -notierung *f*; **~ result** Endresultat *n*, -ergebnis *n*; **~ run** SPORT Endlauf *m*; **~ score** SPORT End-, Schlussstand *m*; **~ speech** JUR Schlussplädoyer *n*; **~ straight** (*od* **stretch**) SPORT Zielgerade *f*; **~ table** SPORT Abschlusstabelle *f*; **~ training** SPORT Abschlusstraining *n*; **~ velocity** Endgeschwindigkeit *f*; **~ whistle** SPORT Schluss-, Abpfiff *m*; **blow the ~ whistle** SPORT abpfeifen; → **curtain** A 4 a 3 endgültig: a unwiderruflich: **his decision is ~** b entscheidend c JUR rechtskräftig: **~ judg(e)ment** Endurteil *n*; **after ~ judg(e)ment** nach Rechtskraft des Urteils; **become ~** rechtskräftig werden, Rechtskraft erlangen; → **say**[1] C 3 4 perfekt, vollkommen 5 LING a auslautend, End...: **~ s** Schluss-s *n* b Absichts..., Final...: **~ clause** B S 1 SPORT Finale *n*: a Endkampf *m* b Endlauf *m*: **~ A** (*Schwimmen*) A-Finale c Endrunde *f* d Endspiel *n* 2 *meist pl bes* UNIV (Ab)Schlussexamen *n*, -prüfung *f* 3 *umg* Spätausgabe *f* (*e-r Zeitung*); **~ cause** S PHIL Urgrund *m* (u. Endzweck *m*) aller Dinge

finale [fɪ'nɑːlɪ; *US a.* fə'næ-] S Finale *n*: a MUS Schlusssatz *m* b THEAT Schluss(szene) *m(f)* (*bes e-r Oper*) c *fig* (dramatisches) Ende

finalism ['faɪnəlɪzəm] S PHIL Finalismus *m* (*Lehre, nach der alles Geschehen von Zwecken bestimmt ist bzw zielstrebig verläuft*); **finalist** S 1 SPORT Finalist(in), Endkampfteilnehmer(in) *etc* (→ **final** B 1): **he was twice a ~** er stand zweimal im Endlauf 2 *bes* UNIV Examenskandidat(in); **finality** [-'nælətɪ] S 1 Endgültigkeit *f*: **the ~ of death** 2 Entschiedenheit *f*: **with ~** (ganz) entschieden 3 abschließende Handlung *od* Äußerung 4 PHIL Finalität *f* (*Bestimmung e-s Geschehens nicht durch s-e Ursachen, sondern durch s-e Zwecke*); **finalize** V/T 1 be-, vollenden, (endgültig) erledigen, abschließen 2 endgültige Form geben (*dat*); **finally** ADV 1 endlich, schließlich, zuletzt: **~!** (na) endlich! 2 zum (Ab)Schluss 3 endgültig

finance [faɪ'næns; fɪ'n-; 'faɪnæns] A S 1 Finanzwesen *n*, -wissenschaft *f*, -wirtschaft *f*, -welt *f*, Finanz *f* 2 *pl* Finanzen *pl*: a Vermögenslage *f* b Einkünfte *pl* B V/T finanzieren C V/I Geldgeschäfte machen; **~ act** S *Br* Finanzgesetz *n*; **~ bill** S 1 PARL Finanzvorlage *f* 2 WIRTSCH Finanzwechsel *m*; **~ company** S WIRTSCH Finanzierungsgesellschaft *f*; **~ director** S Finanzdirektor *m*; **~ house** S WIRTSCH *Br* Teilzahlungs-, Kundenkreditbank *f*; **~ plan**, **~ scheme** S Finanzierungsplan *m*

financial [faɪ'nænʃl; fɪ-] ADJ (ADV ~ly) finanziell, Finanz..., Geld..., Fiskal...: **~ adjustment** Finanzausgleich *m*; **~ adviser** Finanzberater(in); **~ backer** Geldgeber(in); **~ circles** Finanzkreise; **~ columns** *pl* Handels-, Wirtschaftsteil *m*; **~ condition** (*od* **situation**) Finanz-, Vermögenslage *f*; **~ independence** finanzielle Unabhängigkeit; **~ institution** Geldinstitut *n*; **~ investment** Geldanlage *f*; **~ market** Finanzmarkt *m*; **~ newspaper** Börsen-, Handelsblatt *n*; **~ plan** Finanzierungsplan *m*; **~ policy** Finanzpolitik *f*; **~ standing** (*od* **status**) Finanz-, Vermögenslage *f*; **~ year** *Br* a Geschäftsjahr *n* b PARL Haushalts-, Rechnungsjahr *n*; → embarrassed 2, embarrassment 2, position A 11

financier [ˌfɪnən'sɪə(r); ˌfaɪ-] A S [*Br* faɪ'nænsɪə; fɪ-] 1 Finanzier *m* 2 Finanzfachmann *m*, -fachfrau *f* B V/T finanzieren C V/I (*bes* skrupellose) Geldgeschäfte machen

financing S WIRTSCH Finanzierung *f*, Kapitalbeschaffung *f*

finback (whale) S ZOOL Finnwal *m*

finch [fɪntʃ] S ORN Fink *m*; **~ creeper** S ORN (*ein*) amer. Baumläufer *m*

find [faɪnd] A S Fund *m*, Entdeckung *f*: a Finden *n*, Entdecken *n* b *etwas Gefundenes od Entdecktes* B V/T *prät u. pperf* found [faʊnd] 1 finden: **he was found murdered** er wurde ermordet aufgefunden 2 finden, (an)treffen, stoßen auf (*akk*): **be found** zu finden sein, vorkommen; **we found him in** wir trafen ihn zu Hause an; **~ a good reception** e-e gute Aufnahme finden; **~ sth empty** etwas leer vorfinden 3 sehen, bemerken, feststellen, entdecken, (heraus)finden: **he found that ...** er stellte fest *od* fand *od* machte die Erfahrung, dass ...; **I ~ it easy** ich finde es leicht (**doing, to do** zu tun); **~ one's way** den Weg finden (**to** nach, zu), sich zurechtfinden (**in** in *dat*); **I'll ~ out my way all right** ich finde schon allein hinaus; **~ o.s.** sich finden, zu sich selbst finden, s-e Fähigkeiten erkennen, sich voll entfalten (→ B 7); **I found myself surrounded** ich sah *od* fand mich umzingelt; **I found myself telling a lie** ich ertappte mich bei e-r Lüge 4 (wieder)erlangen: → **tongue** A 1 5 finden: a beschaffen, auftreiben b erlangen, sich *etwas* verschaffen c *Zeit etc* aufbringen 6 JUR erklären *od* befinden für: **~ a person guilty** 7 *j-n* versorgen, ausstatten (*beide:* **in** mit), *j-m etwas* verschaffen, stellen, liefern: **well found in clothes** mit Kleidung gut ausgestattet; **all found** freie Station, freie Unterkunft u. Verpflegung; **~ o.s.** sich selbst versorgen (→ B 3) 8 **~ out** a *etwas* entdecken, herausfinden, -bekommen, in Erfahrung bringen b *j-n* ertappen c *j-n, etwas* durchschauen, *j-m* auf die Schliche kommen C V/I 1 **~ out** es herausfinden: **I won't tell you, you must ~ out for yourself**; **how did you ~ out about him?** wie bist du ihm auf die Schliche gekommen? 2 JUR **~ against the defendant** a (*Zivilprozess*) den Beklagten verurteilen, der Klage stattgeben b (*Strafprozess*) den Angeklagten verurteilen; **~ for the defendant** a (*Zivilprozess*) zugunsten des Beklagten entscheiden, die Klage abweisen b (*Strafprozess*) den Angeklagten freisprechen

finder S 1 Finder(in), Entdecker(in): **~s keepers** *umg* wer etwas findet, darf es behalten; **~'s fee** Vermittlungsgebühr *f*; **~'s reward** Finderlohn *m*; **"~ will be rewarded"** „Finderlohn" 2 FOTO Sucher *m* 3 ELEK, PHYS Peil(funk)gerät *n*

fin de siècle [fɛ̃dəsjɛkl(ə)] S Fin *n* de Siècle (*gesellschaftliche, künstlerische u. literarische Deka-*

denz am Ende des letzten Jahrhunderts)

finding S 1 → find A: **~ the means** WIRTSCH Geldbeschaffung *f*; **~'s keeping** *umg* wer etwas findet, darf es behalten 2 *meist pl wissenschaftlich etc*: Befund *m* (*a.* MED), Feststellung(en) *f(pl)*, Erkenntnis(se) *f(pl)* 3 JUR Feststellung *f* (*des Gerichts od der Geschworenen*), Spruch *m* (*der Geschworenen*): **~ of facts** Tatsachenfeststellung 4 *pl US* Werkzeuge *pl od* Material *n* (*e-s [Kunst]-Handwerkers*)

find the lady S *Br* Kümmelblättchen *n* (*Bauernfängerspiel*)

fine[1] [faɪn] A ADJ (ADV ~ly) 1 *allg* fein: a dünn, zart (*Porzellan etc*) b scharf (*Kante etc*) c *aus kleinsten Teilchen bestehend* (*Sand etc*) d schön (*Schiff etc*): **one of these ~ days, one ~ day** e-s schönen Tages e vornehm, edel (*Mensch*) f geschmackvoll, gepflegt, elegant g angenehm, lieblich (*Duft etc*) h feinsinnig, subtil: **~ distinction** feiner Unterschied 2 großartig, ausgezeichnet, glänzend (*Musiker etc*): **a ~ view** e-e herrliche *od* prächtige Aussicht; **a ~ guy** *umg* ein feiner *od* prächtiger Kerl 3 rein, pur: **~ silver** Feinsilber *n*; **~ gold** Feingold *n*; **gold 24 carats ~** 24-karätiges Gold 4 geziert, affektiert (*Sätze etc*) 5 *umg, a. iron* fein, schön: **that's all very ~, but ...** das ist ja alles gut u. schön, aber ...; **a ~ friend you are!** *pej* du bist mir ein schöner Freund! 6 WIRTSCH erstklassig (*Bankwechsel etc*) B ADV 1 *umg* fein: a vornehm (*a. pej*): **talk ~** b sehr gut, bestens: **that will suit me ~** das passt mir ausgezeichnet 2 knapp: **cut** (*od* **run**) **it ~** ins Gedränge (*bes* in Zeitnot) kommen C V/T 1 **~ away, ~ down** fein(er) machen, abschleifen, zuspitzen 2 *oft* **~ down** *Wein etc* läutern, klären 3 METALL frischen D V/I 1 **~ away, ~ down, ~ off** fein(er) werden, abnehmen, sich abschleifen 2 sich klären

fine[2] [faɪn] A S 1 Geldstrafe *f*, Bußgeld *n* 2 JUR, HIST Abstandssumme *f* 3 Ende *n* (*obs außer in*): **in ~** a schließlich, endlich b kurz(um) B V/T mit e-r Geldstrafe belegen, zu e-r Geldstrafe verurteilen: **he was ~d £50** er musste 50 Pfund Strafe bezahlen, er wurde zu e-r Geldstrafe von 50 Pfund verurteilt

fine[3] ['fiːneɪ] S MUS Fine *n*, Ende *n*

fineable → finable

fine| adjustment [faɪn] S TECH Feineinstellung *f*; **~-adjustment screw** S TECH Feineinstellschraube *f*; **~ arts** SPL (*die*) schönen Künste *pl*; **~-bore** V/T TECH präzisions-, feinbohren; **~ chemicals** SPL Feinchemikalien *pl*; **~ cut** S Feinschnitt *m* (*Tabak*); **~ darning** S Kunststopfen *n*; **~-draw** V/T *irr* 1 fein zusammennähen, kunststopfen 2 TECH *Draht* fein ausziehen; **~-drawn** → fine-spun; **~-grained** ADJ TECH feinkörnig, (*Leder*) feinnarbig; **~ gravel** S TECH Feinkies *m*; **~ mechanics** SPL (*als sg konstruiert*) Feinmechanik *f*

fineness S *allg* Feinheit *f*: a Zartheit *f* b Schärfe *f* c Reinheit *f*, Feingehalt *m* d Schönheit *f* e Vornehmheit *f* f Gepflegtheit *f*, Eleganz *f* g Lieblichkeit *f* h Subtilität *f*

fine print → small print

finer → refiner; **finery** [-ərɪ] S 1 Staat *m* 2 Pracht *f*

fines [faɪnz] SPL TECH fein gesiebtes Material, Abrieb *m*, Grus *m*

fines herbes [finzɛrb] SPL GASTR Fines herbes *pl* (*fein gehackte Kräuter*)

fine| sight S MIL Feinkorn *n* (*Visier*); **~-spun** ADJ fein gesponnen, *fig a.* subtil

finesse [fɪ'nes] A S 1 Finesse *f*: a Spitzfindigkeit *f* b (*kleiner*) Kunstgriff, Kniff *m* 2 Raffinesse *f*, Schlauheit *f* 3 *Kartenspiel*: Schneiden *n* B V/T 1 *Kartenspiel*: schneiden mit 2 *etwas* deichseln, drehen (*beide umg*) (*manipulieren*) C V/I 1 *Kartenspiel*: schneiden 2 Kniffe anwenden, tricksen *umg*

fine| thread S TECH Feingewinde *n*; **~-tooth(ed)** ADJ fein (gezahnt): **~ comb** Staubkamm *m*; **go over** (*od* **through**) **sth with a ~ comb** a etwas genau durchsuchen b etwas genau unter die Lupe nehmen; **~ tuning** S RADIO Feinabstimmung *f*

fin|fish → finback (whale); **~-footed** ADJ ZOOL mit Schwimmfüßen (versehen)

finger ['fɪŋgə(r)] A S 1 Finger *m*: **first** (**second, third**) **~** Zeige-(Mittel-, Ring)finger; **fourth** (*od* **little**) **~** kleiner Finger; **get** (*od* **pull, take**) **one's ~ out** *Br umg* a Dampf dahinter machen, sich ranhalten b sich am Riemen reißen; **give sb the ~** *US umg* j-m den Stinkefinger zeigen; **have a** (*od* **one's**) **~ in the pie** die Hand im Spiel haben, mitmischen *umg*; **have a ~ in every pie** überall die Finger drinhaben; **keep one's ~s crossed for sb** j-m die Daumen drücken *od* halten; **I'll keep my ~s crossed** ich halt dir *etc* die Daumen; **lay** (*od* **put**) **one's ~ on** den Finger legen auf (*akk*); **not lay a ~ on sb** j-m kein Härchen krümmen, j-n nicht anrühren; **not lift** (*od* **raise, stir**) **a ~** keinen Finger rühren; **~s were made before forks** (*Sprichwort*) Finger gibt es schon länger als Gabeln; **put the ~ on** *sb* → B 3; **twist** (*od* **wrap, wind**) **sb** (**a**)**round one's little ~** j-n um den (kleinen) Finger wickeln; **work one's ~s to the bone** (**for sb**) sich (für j-n) die Finger abarbeiten; **five-~ exercise** MUS Fünffingerübung *f*; → burn[1] C 2, count[1] B 1, itch B 1, point B 3, slip[1] B 1, snap B 4, thumb A, till[3] 2 Finger(-ling) *m* (*e-s Handschuhs*) 3 Fingerbreit *m* 4 schmaler Streifen, schmales Stück 5 (*Uhr*) Zeiger *m* 6 TECH Daumen *m*, Greifer *m* 7 → finger man B V/T 1 a betasten, befühlen, befingern *umg* b herumfingern an (*dat*) *umg*, spielen mit 2 MUS a *ein Stück od Instrument* mit den Fingern spielen b *Noten* mit Fingersatz versehen 3 *bes US umg* a *j-n* verpfeifen *sl* b *j-n* (*bei e-r Gegenüberstellung*) identifizieren c *j-n* beschatten C V/I herumfingern *umg* (**at** an *dat*), spielen (**with** mit)

finger| alphabet S Fingeralphabet *n*; **~board** S 1 MUS a Griffbrett *n* b Klaviatur *f* c Manual *n* (*der Orgel*) 2 *US* → finger post; **~ bowl** S Fingerschale *f*; **~breadth** S Fingerbreit *m*

-fingered [fɪŋgə(r)d] ADJ *in Zusammensetzungen* mit ... Fingern, ...fing(e)rig

finger|flower S BOT Roter Fingerhut; **~ food** S *Nahrungsmittel, die mit den Fingern gegessen werden*; **~ glass** S Fingerschale *f* (*bei Tisch*); **~ grass** S BOT Finger-, Bluthirse *f*; **~ hole** S 1 MUS Griffloch *n* (*e-r Flöte etc*) 2 TEL Fingerloch *n*

fingering[1] ['fɪŋgərɪŋ] S 1 Betasten *n*, Befühlen *n*, Befingern *n umg* 2 MUS Fingersatz *m*: **~ chart** Grifftabelle *f* (*e-s Blasinstruments*)

fingering[2] ['fɪŋgərɪŋ] S *a.* **~ yarn** Strumpfgarn *n*

fingerling ['fɪŋgə(r)lɪŋ] S 1 kleiner Fisch 2 (*etwas*) Winziges

finger| man S *irr bes US umg* Spitzel *m* (*e-r Gangsterbande*); **~mark** S Fingerabdruck *m* (*Schmutzfleck*); **~nail** S Fingernagel *m*; **~ nut** S TECH Flügelmutter *f*; **~ paint** S Fingerfarbe *f*; **~-paint** V/T & V/I mit Fingerfarben malen; **~ post** S 1 Wegweiser *m* 2 *fig* Fingerzeig *m*, Hinweis *m* (*beide*: **to** auf *akk*); **~print** A S 1 Fingerabdruck *m*: **take** *sb's* **~s** → B 2 *fig* a Handschrift *f* b (unverwechselbares) Kennzeichen B V/T *j-m* Fingerabdrücke abnehmen, von *j-m* Fingerabdrücke machen; **~stall** S Fingerling *m*; **~tip** S 1 Fingerspitze *f*, -kuppe *f*: **have at one's ~s** a *Kenntnisse* parat haben b *etwas* aus dem Effeff beherrschen; **to the** (*od* **one's**) **~s** bis in die Fingerspitzen, durch u. durch 2 Fingerling *m*

finial ['faɪnɪəl; *bes US* 'fɪn-] S ARCH Kreuzblume *f*, Blätterknauf *m*

finical ['fɪnɪkl] ADJ (ADV ~ly), **finicking** [-ɪkɪŋ], **finicky** ADJ 1 pedantisch, übertrieben genau 2 wählerisch (**about** in *dat*) 3 geziert, affektiert

finish ['fɪnɪʃ] A V/T 1 beenden, aufhören mit: **~ reading** aufhören zu lesen; **let sb ~ speaking** j-n ausreden lassen 2 *a.* **~ off** *e-e Arbeit etc* vollenden, beendigen, fertig machen *od* fertigstellen, zu Ende führen, erledigen: **~ a book** ein Buch auslesen *od* fertig lesen *od* zu Ende lesen; **have you ~ed the book?** hast du das Buch schon durch? 3 *a.* **~ off** (*od* **up**) a *Vorräte* verbrauchen, erschöpfen b aufessen, austrinken 4 *a.* **~ off** a *j-n* erledigen, fertigmachen (*beide umg*) (*erschöpfen od ruinieren*): **that ~ed him off** *a.* das gab ihm den Rest a *bes e-m Tier* den Gnadenschuss *od* -stoß geben 5 a *a.* **~ off, ~ up** vervollkommnen, den letzten Schliff geben (*dat*) b *j-m* feine Lebensart beibringen 6 TECH nach-, fertig bearbeiten, *Papier* glätten, *Zeug* zurichten, appretieren, *Möbel etc* polieren B V/I 1 *a.* **~ off** (*od* **up**) enden, schließen, aufhören (*alle*: **with** mit): **have you ~ed?** bist du fertig?; **he ~ed by saying** abschließend *od* zum Abschluss sagte er (**that** dass); **let sb ~** j-n ausreden lassen 2 enden: **he ~ed in prison** er landete im Gefängnis 3 enden, zu Ende gehen 4 a **~ with** mit *j-m, etwas* Schluss machen, *etwas* aufgeben: **I am ~ed with him** ich bin mit ihm fertig *umg*; **everything is ~ed between us** zwischen uns ist alles *od* es aus b **have ~ed with** *j-n, etwas* nicht mehr brauchen: **have you ~ed with the dictionary?** brauchst du das Wörterbuch noch? c **I haven't ~ed with you yet!** ich bin noch nicht fertig mit dir!, wir sprechen uns noch einmal! 5 SPORT einlaufen, durchs Ziel gehen: **~ third** a *a.* **~ in third place** Dritter werden, den dritten Platz belegen a *allg* als Dritter fertig sein C S 1 Ende *n*, Schluss *m* 2 SPORT a Endspurt *m*, Finish *n* b Ziel *n* c Endkampf *m*, Entscheidung *f*: **be in at the ~** in die Endrunde kommen, *fig* das Ende miterleben; **fight to the ~** bis zur Entscheidung kämpfen 3 Vollendung *f*, Eleganz *f*, letzter Schliff, Finish *n* 4 gute Ausführung, feine Qualität 5 TECH a äußerliche Ausführung, Oberflächenbeschaffenheit *f*, -güte *f*, Bearbeitung(sgüte) *f* b (Deck)Anstrich *m*, (*Lack- etc*) Überzug *m* c Politur *f* d Appretur *f* (*von Stoffen*) 6 ARCH a Ausbau(en) *m(n)* b Verputz *m*

finished ADJ 1 beendet, fertig, abgeschlossen: **~ business** erledigte Tagesordnungspunkte; **~ goods** (*od* **products**) Fertigwaren, -erzeugnisse; **~ part** Fertigteil *n* 2 *fig* vollendet, vollkommen; **finisher** S 1 TECH Fertigbearbeiter(in) 2 TECH a Fertiggesenk *n* b Feinzeugholländer *m* c Polierwalze *f* 3 **strong ~** (*Leichtathletik*) Spurtläufer(in) 4 **he's a good ~** SPORT er ist gut im Abschluss

finishing A S 1 Vollenden *n*, Fertigmachen *n*, -stellen *n* 2 ARCH Schlusszierrat *m* 3 TECH a Fertig-, Nachbearbeitung *f* b (abschließende) Oberflächenbehandlung, *z. B.* Hochglanzpolieren *n* c Vered(e)lung *f* 4 *Buchbinderei*: Verzieren *n* der Einbände 5 *Tuchfabrikation*: Appretur *f*, Zurichtung *f* 6 SPORT Abschluss *m*, Chancenverwertung *f* B ADJ abschließend: → touch A 5; **~ agent** S CHEM Appreturmittel *n*; **~ cut** S TECH Schlichtspan *m*; **~ industry** S WIRTSCH, TECH Vered(e)lungswirtschaft *f*, verarbeitende Industrie; **~ lathe** S TECH

Fertigdrehbank *f*; ~ **line** S SPORT Ziellinie *f*; ~ **mill** S TECH 1 Fertigstraße *f*, Feinwalzwerk *n* 2 Schlichtfräser *m*; ~ **mortar** S TECH Putzmörtel *m*; ~ **post** S SPORT Zielpfosten *m*; ~ **process** S WIRTSCH, TECH Vered(e)lungsverfahren *n*; ~ **school** S Mädchenpensionat *n* (*zur Erlernung feiner Lebensart*); ~ **tool** S TECH Schlichtstahl *m*

finite ['faɪnaɪt] ADJ 1 begrenzt, endlich (*a.* MATH) 2 LING finit, bestimmt: ~ **verb** finites Verb, Verbum *n* finitum; **finiteness**, **finitude** ['faɪnɪtjuːd; *US a.* -ˌtuːd] S Endlichkeit *f*, Begrenztheit *f*

fink [fɪŋk] *bes US umg* A S 1 Streikbrecher *m* 2 Spitzel *m* 3 Fiesling *m* B VI 1 trotz des Streiks arbeiten 2 ~ **on** *j-n* verpfeifen 3 ~ **out** aussteigen *umg* (*aufhören*)

Finland ['fɪnlənd] S Finnland *n*

Finn [fɪn] S 1 Finne *m*, Finnin *f* 2 *Segeln*: Finn *m* (*Einmannjolle*)

finnan haddie [ˌfɪnən'hædɪ], *a.* **finnan haddock** S geräucherter Schellfisch

finned [fɪnd] ADJ 1 FISCH mit Flossen (versehen) 2 TECH gerippt; **finner** S ZOOL Finnwal *m*

Finnic ['fɪnɪk] → Finnish B; **Finnish** A S LING Finnisch *n*, das Finnische B ADJ finnisch: **she's** ~ sie ist Finnin; **Finno-Ugrian** [ˌfɪnəʊ'juːgrɪən; *US a.* -'uːg-], *a.* **Finno-Ugric** [-grɪk] LING A ADJ finno-ugrisch B S Finno-Ugrisch *n*, das Finno-Ugrische

finny ['fɪnɪ] ADJ 1 → finned 1 2 Flossen… 3 Fisch…

fin ray S BIOL Flossenstachel *m*

fiord [fjɔːd; *US* fɪ'ɔːrd] S GEOG Fjord *m*

fiorin ['faɪərɪn] S BOT *Br* (*ein*) Fioran-, Straußgras *n*

fir [fɜː; *US* fɜr] S BOT 1 Tanne *f* 2 a Kiefer *f* b Föhre *f* 3 Tannenholz *n*; ~ **cone** S BOT Tannenzapfen *m*

fire ['faɪə(r)] A S 1 Feuer *n*, Flamme *f*: **(as) red as** ~ feuerrot (*vor Verlegenheit*); ~ **and brimstone** a BIBEL Feuer u. Schwefel *m* b REL Hölle *f* u. Verdammnis *f* c *fig* Tod *m* u. Verderben *n*; **with ~ and sword** mit Feuer u. Schwert; **be on** ~ a in Flammen stehen, brennen b *fig* Feuer u. Flamme sein; **his cheeks were on** ~ s-e Wangen glühten; **catch** ~ a anbrennen b Feuer fangen (*a. fig*), in Brand geraten; **go through ~ and water for sb** *fig* für j-n durchs Feuer gehen; **play with** ~ *fig* mit dem Feuer spielen; **pull sth out of the** ~ *fig* etwas aus dem Feuer reißen; **set on** ~ a *a.* **set ~ to** anzünden, in Brand stecken b *fig* Furore machen in (*dat*); **strike** ~ Funken schlagen; → chestnut A 1, Thames, world *Bes Redew* 2 Feuer *n* (*im Ofen etc*): **on a slow** ~ bei langsamem Feuer (*kochen*); **an evening by the** ~ a ein Abend am Kamin b ein Abend zu Hause 3 Brand *m*, (Groß)Feuer *n*: ~! Feuer!, es brennt! (→ A 9); **die in the** ~ bei dem Brand ums Leben kommen; **where's the ~?** *umg* wo brennts? 4 *Br* Heizgerät *n* 5 Feuersglut *f* 6 Feuer *n*, Glanz *m* (*e-s Edelsteins*) 7 *fig* Feuer *n*, Glut *f*, Leidenschaft *f*, Begeisterung *f* 8 MED Fieber *n*, Hitze *f* 9 MIL Feuer *n*, Beschuss *m*: ~! Feuer! (→ A 3); **between two ~s** zwischen zwei Feuern (*a. fig*); **be under** ~ unter Beschuss stehen; **come under** ~ unter Beschuss geraten, *fig a.* ins Kreuzfeuer der Kritik geraten; **come under ~ from sb** in j-s Schusslinie geraten; **hang** ~ a schwer losgehen (*Schusswaffe*) b *fig* auf sich warten lassen (*Sache*); **hold one's** ~ *fig* sich zurückhalten; **miss** ~ a versagen (*Schusswaffe*) b *fig* fehlschlagen B VT 1 anzünden, in Brand stecken 2 *e-n Kessel* heizen, *e-n Ofen* (be)feuern, beheizen 3 *Ziegel* brennen: **~d lime** gebrannter Kalk 4 *Tee* feuern 5 *j-n, j-s Gefühle* entflammen: ~ **sb with enthusiasm** j-n in Begeisterung versetzen; ~ **sb's imagination** j-s Fantasie beflügeln; ~ **up inflation** die Inflation anheizen 6 *a.* ~ **off** a *e-e Schusswaffe* abfeuern, abschießen b *e-n Schuss* (ab)feuern, abgeben (*beide*: **at, on** auf *akk*): → salute C 2, shot[1] A 1 c *Fragen* abschießen: ~ **questions at sb** j-n mit Fragen bombardieren 7 a *e-e Sprengladung, e-e Rakete* zünden b *e-n Motor* anlassen 8 *umg* feuern, rausschmeißen (*entlassen*) 9 *umg* feuern, schmeißen (*werfen*) C VI 1 a Feuer fangen b anbrennen 2 *oft* ~ **up** *fig* wütend werden 3 feuern, schießen (*beide*: **at** auf *akk*): ~ **away!** *umg* schieß los!, fang an! 4 AGR brandig werden (*Getreide*) 5 zünden (*Motor*)

fire| alarm S 1 Feueralarm *m* 2 Feuermelder *m* (*Gerät*); **~arm** S Schusswaffe *f*: **illegal possession of ~s** unerlaubter Waffenbesitz; **~s certificate** Waffenschein *m*; **~back** S ORN Glanzfasan *m*; **~ball** S 1 MIL, HIST Feuer-, Brandkugel *f* 2 Feuerball *m* (*Sonne etc; a. e-r Atombombenexplosion*) 3 ASTRON Feuerkugel *f* 4 Kugelblitz *m* 5 *umg* Energiebündel *n*; ~ **balloon** S FLUG Heißluftballon *m*; **~bird** S ORN *bes US* (*ein*) Feuervogel *m*; ~ **blight** S BOT Feuerbrand *m*; **~boat** S SCHIFF Feuerlöschboot *n*; ~ **bomb** S Brandbombe *f*; **~box** S 1 TECH Feuerbuchse *f*, Feuerungsraum *m* 2 Feuermelder *m* (*Gerät*); **~brand** S 1 brennendes Holzscheit 2 *fig* Unruhestifter(in), Aufwiegler(in); **~break** S Feuerschneise *f*; **~brick** S TECH feuerfester Ziegel, Schamottestein *m*; ~ **bridge** S TECH Feuerbrücke *f*; ~ **brigade** S (*a. als pl konstruiert*) 1 *Br* Feuerwehr *f* 2 *US* a freiwillige Feuerwehr b Werksfeuerwehr *f*; **~bug** S *umg* Feuerteufel *m* (*Brandstifter*); ~ **clay** S TECH feuerfester Ton, Schamotte *f*; ~ **company** S 1 (*a. als pl konstruiert*) *US* Feuerwehr *f* 2 Feuerversicherungsgesellschaft *f*; ~ **control** S 1 MIL Feuerleitung *f* 2 a Brandschutz *m* b Brandbekämpfung *f*; **~cracker** S Frosch *m* (*Feuerwerkskörper*); **~-cure** VT TECH *Tabak* über offenem Feuer trocknen; **~damp** S *Bergbau*: Schlagwetter *n*, Grubengas *n*; ~ **department** S (*a. als pl konstruiert*) *US* Feuerwehr *f*; ~ **direction** → fire control 1; **~dog** S Kaminbock *m*; ~ **door** S 1 Ofen-, Heiztür *f* 2 TECH Schürloch *n* 3 Feuerschutztür *f*; **~dragon**, **~drake** S Feuerdrache *m*, Feuer speiender Drache; ~ **drill** S 1 Feueralarmübung *f* 2 Feuerwehrübung *f* 3 HIST Reibholz *n* (*zum Feueranzünden*); **~-eater** S 1 Feuerschlucker(in), -fresser(in) 2 *fig* aggressiver Mensch; **~-eating** ADJ *fig* aggressiv; ~ **engine** S 1 TECH Feuer-, Motorspritze *f* 2 Feuerwehrauto *n*, Löschfahrzeug *n*; ~ **escape** S 1 Feuerleiter *f*, -treppe *f* 2 *Br* Feuerwehrleiter *f*; ~ **extinguisher** S TECH Feuerlöscher *m*; ~ **fighter** S 1 Feuerwehrmann *m*, -frau *f* 2 Angehörige(r) *m/f(m)* e-r Löschmannschaft *od* e-s Löschtrupps (*bei Waldbränden*); ~ **fighting** S Brandbekämpfung *f*; **~-fighting** ADJ Lösch…, Feuerwehr…; **~fly** S ZOOL (*ein*) Leuchtkäfer *m*, (*ein*) Glühwurm *m*; **~guard** S 1 Kamingitter *n* 2 Brand-, Feuerwache *f* (*Person*) 3 Feuerschneise *f*; ~ **hat** S Feuerwehr-, Feuerschutzhelm *m*; ~ **hazard** S Brandrisiko *n*; ~ **hose** S Feuerwehrschlauch *m*; **~house** *US* → fire station; ~ **hydrant** S Hydrant *m*; ~ **insurance** S Feuerversicherung *f*; **~-insurance company** S Feuerversicherungsgesellschaft *f*; ~ **irons** SPL Kaminbesteck *n*; ~ **lane** S *US* Feuerschneise *f*

fireless ADJ 1 feuerlos, ohne Feuer: ~ **cooker** Kochkiste *f* 2 *fig* ohne Feuer, leidenschaftslos

fire|light S Schein *m* des Feuers: **in the** ~ beim Schein des Feuers; **~lighter** S *Br* Feueranzünder *m*; **~lock** S MIL, HIST 1 Zündschloss *n* 2 Muskete *f*; ~ **main** S Wasserrohr *n*; **~man** [-mən] S *irr* 1 Feuerwehrmann *m*, *pl* Löschtrupp *m* 2 Heizer *m* 3 *Bergbau*: Wetterwart *m*; ~ **marshal** S *US* Branddirektor *m*; ~ **opal** S MINER Feueropal *m*; **~place** S (offener) Kamin; **~plug** S *US* Hydrant *m*; ~ **point** S PHYS Flammpunkt *m*; ~ **policy** S *Br* Feuerversicherungspolice *f*; ~ **power** S MIL Feuerkraft *f*; ~ **prevention** S Brandschutz *m*, -verhütung *f*; **~proof** A ADJ feuerfest, -sicher: ~ **curtain** THEAT eiserner Vorhang B VT feuerfest machen; **~proofing** S 1 Feuerfestmachen *n* 2 Feuerschutzmittel *n od pl*

firer ['faɪərə(r)] S 1 Schütze *m* 2 Heizer *m* 3 Schusswaffe *f*

fire| raiser S *Br* Brandstifter(in); ~ **raising** S *Br* Brandstiftung *f*; **~-resistant** ADJ feuerbeständig; **~-retardant** ADJ feuerhemmend; ~ **risk** S Brandrisiko *n*; ~ **safety regulations** SPL Feuerschutzbestimmungen *pl*; ~ **screen** S Ofenschirm *m*; ~ **ship** S SCHIFF Brander *m*; **~side** S 1 (offener) Kamin: **sit by the** ~ am Kamin sitzen; **an evening by the** ~ ein Abend zu Hause; ~ **chat** Plauderei *f* am Kamin 2 häuslicher Herd, Daheim *n*; ~ **station** S Feuerwache *f*; **~stone** S feuerfester Sandstein; **~storm** S 1 Feuersturm *m* 2 *fig* Sturm *m*: **a ~ of indignation**; ~ **of protest** Proteststurm; ~ **support** S MIL Feuerschutz *m*, -unterstützung *f*; **~trap** S Mausefalle *f* (*Gebäude, aus dem es im Brandfall kaum ein Entrinnen gibt*); ~ **truck** *US* → fire engine 2; ~ **tube** S TECH 1 Heizkanal *m* 2 Flammröhre *f* 3 Heiz-, Siederohr *n*; ~ **walking** S *bes* REL Laufen *n* über glühende Kohlen; ~ **wall** S Brandmauer *f*; **~warden** S *US* 1 Brandmeister *m* 2 Brand-, Feuerwache *f*; ~ **watcher** S *bes* MIL *Br* Brandwart *m*; **~water** S *umg* Feuerwasser *n*; **~wood** S Brennholz *n*; **~work** S 1 Feuerwerkskörper *m* 2 *pl* Feuerwerk *n* (*a. fig; a. als sg konstruiert*): **a ~s of wit** ein Feuerwerk geistreicher Einfälle 3 *pl* (*a. als sg konstruiert*) *fig umg*: *when his mother heard about it* **there were ~s** gab es e-n gehörigen Krach; *if these two get together* **there will be ~s** fliegen die Fetzen; ~ **worship** S Feueranbetung *f*

firing ['faɪərɪŋ] S 1 Feuern *n* 2 Heizen *n* 3 Feuerung *f* 4 Brennmaterial *n* 5 (Ab)Feuern *n*, (Ab)Schießen *n* 6 Zünden *n*; ~ **bolt** S MIL Schlagbolzen *m* (*e-r Mine*); ~ **data** SPL MIL Schusswerte *pl*; ~ **line** S MIL Feuer-, Frontlinie *f*: **be in** (*US* **on**) **the** ~ *fig* a an vorderster Front stehen b in der Schusslinie stehen; ~ **order** S 1 AUTO Zündfolge *f* 2 MIL Schießbefehl *m*; ~ **party** S MIL 1 Ehrensalutkommando *n* 2 Exekutionskommando *n*; ~ **pin** S TECH Schlagbolzen *m*; ~ **position** S MIL 1 Anschlag(sart) *m(f)* 2 *Artillerie*: Feuerstellung *f*; ~ **range** S MIL 1 Schuss-, Reichweite *f* 2 Feuerbereich *m* 3 Schießplatz *m*, -stand *m*, -anlage *f*; ~ **squad** → firing party; ~ **stroke** S AUTO Arbeitshub *m*; ~ **wire** S ELEK Zünd-, Sprengkabel *n*

firkin ['fɜːkɪn; *US* 'fɜrkən] S 1 (Holz)Fässchen *n* 2 *Br* Viertelfass *n* (*Hohlmaß = etwa 40 l*)

firm[1] [fɜːm; *US* fɜrm] A ADJ (ADV ~ly) 1 fest (*a. Tomaten etc*), hart, GASTR steif: ~ **ground** fester Boden; ~ **grip** fester Griff 2 *bes* TECH (stand)fest, stabil, fest stehend, sicher befestigt 3 ruhig, sicher (*Hand etc*) 4 *fig* fest, beständig, standhaft: ~ **friends** enge Freunde; **be a ~ believer in** fest glauben an (*akk*) 5 entschlossen, bestimmt, fest (*Haltung etc*): **be ~ with sb** j-n hart anfassen 6 *fig* stark, fest: **she needs a ~ hand**; → hand *Bes Redew* 7 *fig* fest, sicher *(Beweise etc)* **8** *bes* WIRTSCH, JUR fest: **~ offer** festes *od* bindendes Angebot; **~ prices** feste *od* stabile Preise; **make a ~ booking** fest buchen **B** VT **1** *a.* **~ up** fest *od* hart machen, GASTR steif schlagen **2** *obs* bestätigen **C** VI **1** *a.* **~ up** fest *od* hart werden, sich festigen, GASTR steif werden **2** *a.* **~ up** WIRTSCH anziehen *(Preise)*, sich erholen *(Markt)* **D** ADV fest: **sell ~**; **stand ~** *fig* festbleiben, e-e feste Haltung einnehmen *(beide:* **on** bezüglich *gen)*; **hold ~ to one's beliefs** an s-n Überzeugungen festhalten

firm² [fɜːm; *US* fɜrm] S Firma *f*, Betrieb *m*, Unternehmen *n*: **~ of auctioneers** Auktionshaus *n*; **~ name** Firmenname *m*

firmament [ˈfɜːməmənt; *US* ˈfɜr-] S Firmament *n*, Himmelsgewölbe *n*

firman [fɜːˈmɑːn; *US* fɜr-; fər-] *pl* -mans S HIST Ferman *m (Erlass e-s islamischen Herrschers)*

firmer (chisel) [ˈfɜːmə; *US* ˈfɜrmər] S TECH Stechbeitel *m*

firmness S **1** Festigkeit *f*, WIRTSCH, TECH *a.* Stabilität *f* **2** Standhaftigkeit *f* **3** Entschlossenheit *f*

fir moss S BOT Tannenbärlapp *m*

firmware S IT Firmware *f (fest gespeicherte Standardprogramme)*

firn (snow) [ˈfɪə(r)n] S Firn(schnee) *m*

first [fɜːst; *US* fɜrst] **A** ADJ (ADV → firstly) **1** erst(er, e, es): **~ edition** Erstausgabe *f*; **~ film** Erst(lings)film *m*; **at ~ hand** a aus erster Hand b direkt; **~ letter** Anfangsbuchstabe *m*; **~ novel** Erstlingsroman *m*; **~ thing (in the morning)** (morgens) als Allererstes; **that's the ~ thing I've heard about it** das ist das Erste, was ich davon höre; **put ~ things ~** Dringendem den Vorrang geben; **he does not know the ~ thing about it** er hat keine blasse Ahnung davon; **he doesn't know the ~ thing about me** er weiß überhaupt nichts von mir; → base¹ A 10, bid¹ A 1, blush B 4, instalment¹ 1, offender 1, place A 17, prize¹ A 2, rehearsal 1, release B 4, showing 3, sight A 2, view B **2** *fig* erst(er, e, es): a best(er, e, es), bedeutendst(er, e, es) b erstklassig, -rangig: **~ cabin** Kabine *f* erster Klasse; **the ~ men in the country** die führenden Persönlichkeiten des Landes; **~ officer** SCHIFF Erster Offizier; → fiddle A 1, water C 10 **B** ADV **1** zuerst, voran: **go ~** vorangehen; → foot A 1, head *Bes Redew*, heel¹ *Bes Redew* **2** zum ersten Mal: → meet A 2 **3** eher, lieber: → hang B 4 **4** *umg a.* **~ off** (zu)erst (einmal): **I must ~ do my homework**; **~ off, let's see where …** schauen wir doch erst einmal, wo … **5** zuerst, als erst(er, e, es), an erster Stelle: **come in** (*od* **finish**) **~** SPORT als Erster durchs Ziel gehen, Erster werden; **~ come, ~ served** *(Sprichwort)* wer zuerst kommt, mahlt zuerst; **~ or last** früher oder später, über kurz oder lang; **~ and last** a vor allen Dingen b im großen Ganzen; **~ of all** vor allen Dingen, zu allererst, in erster Linie; → foremost B a **C** S **1** *(der, die, das)* Erste *od (fig)* Beste: **be ~ among equals** Primus inter pares sein **2** Anfang *m*: **from the (very) ~** von (allem) Anfang an; **from ~ to last** durchweg, von A bis Z; **at ~** im *od* am Anfang, anfangs, (zu)erst, zunächst, im ersten Moment **3** MUS erste Stimme **4** AUTO *(der)* erste Gang **5** *(der)* (Monats)Erste: **the ~ of June** der 1. Juni **6** **~ of exchange** WIRTSCH Primawechsel *m* **7** *pl* WIRTSCH Ware(n) *f(pl)* erster Qualität *od* Wahl, die erste Wahl **8** UNIV *Br* → first class 3 **9** *umg* BAHN *etc (die)* erste Klasse

first| aid S Erste Hilfe: **render** (*od* **give**) **~** Erste Hilfe leisten; **he had to get ~** er musste Erste Hilfe in Anspruch nehmen; **~-aid** ADJ Erste-Hilfe-…: **~ kit** (*od* **box**) Verband(s)kasten *m*, -zeug *n*, AUTO Autoapotheke *f*; **~ post** (*od* **station**) Unfallstation *f*, Sanitätswache *f*; **~ room** Sanitätsraum *m*; **~ balance sheet** S WIRTSCH Eröffnungsbilanz *f*; **~-born** **A** ADJ erstgeboren(er, e, es), ältest(er, e, es) **B** S *(der, die, das)* Erstgeborene; ♀ **Cause** S PHIL Urgrund *m* aller Dinge, Gott *m*; **~ class** S **1** BAHN *etc* erste Klasse: **in ~** in der ersten Klasse **2** erste Kategorie, WIRTSCH Klasse *f* A **3** UNIV *Br akademischer Grad erster Klasse* **4** *Postwesen* a *Br* bevorzugt beförderte Post b *US* Briefpost *f*; **~-class** **A** ADJ **1** erstklassig, -rangig: **~ honours degree** → first class 3; **~ mail** → first class 4 **2** BAHN *etc* Erste(r)-Klasse-…, erster Klasse **B** ADV **1** BAHN *etc* erster Klasse: **travel ~** **2** **send sth ~** *Postwesen Br* etwas bevorzugt befördern lassen; **~ coat** S TECH **1** Rohputz *m* **2** Grundanstrich *m*; **~ cost** S Selbstkosten(preis) *pl(m)*, Gestehungskosten *pl*, Einkaufspreis *m*; ♀ **day** S Sonntag *m (der Quäker)*; **~-day cover** S *Philatelie*: Ersttagsbrief *m*; **~-degree** ADJ ersten Grades: **~ burns**; → murder A; **~ estate** S HIST erster Stand *(Klerus)*; **~ floor** S **1** *Br* erster Stock **2** *US* Erdgeschoss *n*; **~-floor** ADJ im ersten Stock (*US* im Erdgeschoss) (gelegen); **~-foot (-er)** S *irr schott* erster Besucher am Neujahrsmorgen; **~ fruits** SPL **1** BOT Erstlinge *pl* **2** *fig* erste Erfolge *pl od* Ergebnisse *pl*; **~hand** ADJ & ADV **1** aus erster Hand **2** direkt; **~ hinge** S *Philatelie*: Erstfalz *m*; **~ lady** S First Lady *f*: a *Gattin e-s Staatsoberhauptes, in den USA a. e-s Gouverneurs* b *auf e-m bestimmten Gebiet führende Frau*: **the ~ of jazz**; **~ language** S Muttersprache *f*; **~ lieutenant** S MIL Oberleutnant *m*; **~ light** S: **at ~** beim *od* im Morgengrauen

firstling [ˈfɜːstlɪŋ; *US* ˈfɜrst-] S Erstling *m*

First Lord of the Admiralty S Erster Seelord *(brit. Marineminister)*

firstly ADV erstens, zuerst (einmal)

first| meridian S GEOG Nullmeridian *m*; **~ name** S Vorname *m*: **what's your ~?** wie heißt du mit Vornamen?; **~-name** ADJ: **we are on ~ terms** wir sprechen uns mit dem Vornamen an; **~ night** S **1** Premiere *f*, Uraufführung *f* **2** Premierenabend *m*; **~-night** ADJ Premieren…: **~ nerves** *pl* Premierenfieber *n*; **~-nighter** S *(bes* regelmäßige[r]) Premierenbesucher(in); **~ papers** SPL *US umg Antrag e-s Ausländers auf amer. Staatsangehörigkeit*; **~ person** S **1** LING erste Person **2** Ich-Form *f (in Romanen etc)*: **a novel written in the ~** ein Roman in der Ich-Form; **~ principle** S Grundprinzip *n*; **~-rate** **A** ADJ **1** erstklassig, -rangig **2** *umg* ausgezeichnet, großartig **B** ADV *umg* ausgezeichnet, großartig; **~ refusal** S *Br* Vorkaufsrecht *n*: **give sb (the) ~** j-m das Vorkaufsrecht einräumen; **have (the) ~ on** das Vorkaufsrecht haben für; **~ school** S SCHULE *Br* Grundschule *f*; **~ sergeant** S MIL *US* Haupt-, Kompaniefeldwebel *m*; ♀ **State** S *US (Beiname für den Staat)* Delaware *n*; **~ strike** S MIL Erst-, Präventivschlag *m*; **~-strike** ADJ MIL Erstschlags…: **~ weapons**; **~ capability** Präventivschlagkapazität *f*; **~-time** ADJ: **~ buyer** *j-d, der zum ersten Mal ein Haus od e-e Wohnung kauft*; **~ director** *(FILM etc)* Regiedebutant *m*; **~ pass** *(bes Fußball)* Direktpass *m*; **~ voter** Erstwähler(in); **take the ball ~** *(Fußball)* den Ball volley nehmen; **~ visit** S Antrittsbesuch *m*

firth [fɜːθ; *US* fɜrθ] S Meeresarm *m*, Förde *f*

fir tree S Tanne(nbaum) *f(m)*

fiscal [ˈfɪskl] **A** ADJ (ADV **~ly**) fiskalisch, steuerlich, Fiskal…, Finanz…: **~ fraud** Steuerhinterziehung *f*; **~ immunity** Steuerfreiheit *f*; **~ officer** *US* Finanzbeamte(r) *m*, -beamtin *f*; **~ policy** Fiskalpolitik *f*; **~ provisions** Steuerbestimmungen; **~ stamp** Banderole *f*, Steuermarke *f*; **~ year** a *US* Geschäftsjahr *n* b PARL *US* Haushalts-, Rechnungsjahr *n* c *Br* Steuerjahr *n* **B** S JUR *schott* Staatsanwalt *m*

fish [fɪʃ] **A** *pl* fish, *(bes Fischarten)* fishes S **1** Fisch *m*: **~ of prey** Raubfisch; **there are as good ~ in the sea as ever came out of it** es gibt noch mehr (davon) auf der Welt; **all's ~ that comes to his net** er nimmt (unbesehen) alles (mit); **he drinks like a ~** *umg* ‚er säuft wie ein Loch'; **he feels like a ~ out of water** *umg* er fühlt sich wie ein Fisch auf dem Trockenen; **I have other ~ to fry** *umg* ich habe Wichtigeres *od* Besseres zu tun; **neither ~, nor flesh nor good red herring** *umg*, **neither ~ nor fowl** *umg* weder Fisch noch Fleisch, nichts Halbes u. nichts Ganzes; **there are plenty more ~ in the sea** *umg* es gibt noch mehr Jungen *od* Mädchen auf der Welt; **can a ~ swim?** *umg* dumme Frage!; → feed A 1, kettle 1 **2** ♀**es** *pl* ASTROL Fische *pl (Tierkreiszeichen)* **3** *umg* Vogel *m pej*, Kerl *m*: **a loose ~** ein lockerer Vogel; **a queer ~** ein komischer Kauz **4** BAHN, TECH Lasche *f* **B** VT **1** fischen, *(mit der Angel)* angeln **2** a fischen *od* angeln in *(dat)*: **~ a river** b *e-n Fluss etc* abfischen, absuchen: **~ out** (*od* **dry**) abfischen, leer fischen (→ B 3); **~ up** *j-n* auffischen, retten **3** *fig* fischen, holen, ziehen *(alle:* **from, out of** aus): **~ out** heraus-, hervorholen *od* -ziehen (→ B 2) **4** BAHN, TECH verlaschen **C** VI **1** fischen, Fische fangen, angeln: **~ for** fischen *od* angeln (auf *akk*); **~ or cut bait!** *US umg* entweder - oder!; → muddy A 1, troubled 1 **2** *a.* **~ about** (*od* **around**) kramen (**for** nach): **he ~ed in his pocket** **3** **~ for** *fig* a fischen nach: **~ for compliments** b aus sein auf *(akk)*: **~ for information**

fishable ADJ fischbar, zum Fischen geeignet

fish|-and-chip ADJ *Br* Fish-and-Chips-…: **~ shop**; **~ and chips** S *Br* Fish and Chips *(paniertes Fischfilet mit Pommes frites)*; **~ ball** S GASTR Fischklops *m*, -frikadelle *f*; **~ basket** S (Fisch)Reuse *f*; **~bed** S GEOL Schicht *f* mit fossilen Fischen; **~bone** S (Fisch)Gräte *f*; **~ bowl** S Goldfischglas *n*; **~ cake** S GASTR Fischklops *m*, -frikadelle *f*

fisher [ˈfɪʃə(r)] S **1** Fischer(in), Angler(in) **2** ZOOL Fischfänger *m* **3** ZOOL Fischermarder *m*; **~man** [-mən] S *irr* **1** (*a.* Sport)Fischer *m*, (-)Angler *m*: **~'s bend** Fischerstek *m*, -knoten *m*; **~'s ring** KATH Fischerring *m (des Papstes)*; **~'s story** (*od* **tale**) a *pl* Anglerlatein *n* b *weitS.* abenteuerliche *od* erfundene *od* (stark) übertriebene Geschichte; **spin ~'s yarns** *umg* Seemannsgarn spinnen **2** Fischdampfer *m*

fishery [ˈfɪʃərɪ] S **1** Fischerei *f*, Fischfang *m* **2** Fischwirtschaft *f* **3** Fischzuchtanlage *f* **4** Fischgründe *pl*, Fanggebiet *n*, -platz *m*: **fisheries agreement** Fischereiabkommen *n* **5** *a.* **common of ~** Fischereiberechtigung *f (in fremden Gewässern)*

fish|-eye (lens) S FOTO Fischauge(nobjektiv) *n*; **~ farm** S Fischzuchtanlage *f*; **~ farmer** S Fischzüchter(in); **~ farming** S Fischzucht *f*; **~ finger** S GASTR *Br* Fischstäbchen *n*; **~ flour** S Fischmehl *n*; **~ fork** S Fischgabel *f*; **~gig** S Fischspeer *m*; **~ glue** S Fischleim *m*; **~ guano** S Fischguano *m*, -dünger *m*; **~ hawk** S ORN *bes US* Fischadler *m*; **~hook** S **1** Angelhaken *m* **2** SCHIFF Penterhaken *m*

fishiness [ˈfɪʃɪnɪs] S **1** *(das)* Fischartige **2** *umg (das)* Faule *od* Verdächtige

fishing S **1** Fischen *n*, Angeln *n*: **do some ~** fischen, angeln **2** → fishery 1, 2, 4 **3** BAHN, TECH Laschenverbindung *f*; **~ boat** S Fischerboot *n*; **~ cutter** S Fischkutter *m*; **~ ex-**

F

pedition S 1 Fangfahrt *f* 2 *fig umg* Schnüffeltour *f*; ~ **fleet** S Fischereiflotte *f*; ~ **gear** S Angelgerät *n*, -zeug *n*; ~ **grounds** SPL → fishery 4; ~ **limit** S Fischereigrenze *f*; ~ **line** S Angelschnur *f*; ~ **net** S Fisch(er)netz *n*; ~ **pole** S Angelrute *f*; ~ **port** S Fischereihafen *m*; ~ **rod** S Angelrute *f*; ~ **tackle** S Fischerei-, Angelgerät(e) *n(pl)*; ~ **village** S Fischerdorf *n*

fish| joint S BAHN, TECH Laschen-, Stoßverbindung *f*; ~ **knife** S *irr* Fischmesser *n*; ~ **ladder** S Fischleiter *f*, -pass *m*, -treppe *f*; **~line** S *bes US* Angelschnur *f*; ~ **maw** S FISCH Schwimmblase *f*; ~ **meal** S Fischmehl *n*; **~monger** S *bes Br* Fischhändler(in); **~net** A S *bes US* Fisch(er)netz *n* B ADJ Netz...: ~ **shirt**; ~ **oil** S Fischtran *m*; **~plate** S BAHN, TECH (Fuß-, Schienen)Lasche *f*; ~ **poisoning** S MED Fischvergiftung *f*; ~ **pole** S *bes US* Angelrute *f*; ~ **pomace** S Fischdünger *m*; **~pond** S Fischteich *m*; **~pot** S Fischreuse *f*; **~skin disease** S MED Fischschuppenkrankheit *f*; ~ **slice** S *Br* Bratenwender *m*; ~ **stick** S GASTR *US* Fischstäbchen *n*; ~ **story** S *US umg* abenteuerliche *od* erfundene *od* (stark) übertriebene Geschichte; ~ **supper** *schott* → fish and chips; ~ **tackle** S SCHIFF Ankertalje *f*; **~tail** A S 1 Fischschwanz *m* 2 FLUG *Abbremsen durch wechselseitige Seitenruderbetätigung* 3 TECH Fischschwanzbrenner *m* B ADJ fischschwanzartig: ~ **bit** TECH Fischschwanzmeißel *m*; ~ **burner** → A 3 C V/I 1 FLUG durch wechselseitige Seitenruderbetätigung abbremsen 2 schwänzeln (*Anhänger etc*); ~ **tank** S Aquarium *n*; **~wife** S *irr* Fischhändlerin *f*, -frau *f*: **scold like a** ~ keifen wie ein Fischweib; ~ **wire** S TECH Rohrdrahtleitung *f*; **~worm** S Angelwurm *m*

fishy ADJ (ADV fishily) 1 fischähnlich, -artig, fischig 2 Fisch...: ~ **smell**; **there's a ~ smell in here** hier riecht es nach Fisch 3 fischreich 4 *umg* faul, verdächtig: **there's sth ~ about that** daran ist irgendetwas faul 5 ausdruckslos, kalt: ~ **eyes** Fischaugen

fissile ['fɪsaɪl; *US bes* 'fɪsəl] ADJ spaltbar, PHYS *a.* fissil: ~ **material** PHYS spaltbares Material, Spaltmaterial *n*

fission ['fɪʃn] A S 1 Spaltung *f* (*a. fig*), PHYS *a.* Fission *f*: ~ **bomb** MIL, PHYS Atombombe *f*; ~ **capture** PHYS Spaltungseinfang *m*; ~ **product** PHYS Spaltungsprodukt *n*; ~ **of uranium** PHYS Uranspaltung 2 BIOL Fission *f*, (Zell)Teilung *f* B V/T & V/I 1 (sich) spalten 2 BIOL (sich) teilen; **fissionable** → fissile

fissiparous [fɪ'sɪpərəs] ADJ (ADV ~ly) ZOOL sich durch Teilung vermehrend

fissiped ['fɪsɪped] ZOOL A ADJ spaltfüßig B S Spaltfüßer *m*

fissure ['fɪʃə(r)] A S 1 Spalt(e) *m(f)*, Riss *m* (*a. fig*), Ritz(e) *m(f)*, Sprung *m* 2 ANAT (*Bauch-, Lid- etc*) Spalte *f*, (*Gehirn*) Furche *f* 3 MED Fissur *f*, (*Knochen- etc*) Riss *m*, (-)Spalte *f*: ~ **of the lip** Hasenscharte *f* 4 *fig* Spaltung *f* B V/T spalten, sprengen C V/I 1 rissig werden, sich spalten 2 ~ **into** *fig* sich aufteilen *od* spalten in (*akk*); **fissured** ADJ 1 gespalten, rissig (*a.* TECH) 2 MED aufgesprungen, schrundig

fist [fɪst] A S 1 Faust *f*: ~ **fight** Schlägerei *f*; 2 *hum* a Pfote *f* (*Hand*) b Klaue *f* (*Handschrift*) B V/T 1 mit der Faust schlagen 2 ~ **one's hand** die Hand zur Faust ballen, e-e Faust machen 3 packen

fisted ADJ 1 geballt: ~ **hands** geballte Fäuste 2 *in Zusammensetzungen* mit (e-r) ... Faust *od* Hand, mit ... Fäusten

fistful S (*e-e*) Handvoll

fistic ['fɪstɪk] ADJ Box...; **fisticuff** [-kʌf] S 1 Faustschlag *m* 2 *pl* Handgreiflichkeiten *pl*

fistula ['fɪstjʊlə; *US* 'fɪstʃələ] *pl* -las, -lae [-liː] S MED Fistula *f*, Fistel *f*; **fistulous**, *a.* **fistular** ADJ fistulös, fistelartig

fit¹ [fɪt] A ADJ (ADV ~ly) 1 passend, geeignet 2 geeignet, fähig, tauglich: ~ **for service** *bes* MIL dienstfähig, (-)tauglich; ~ **for transport** transportfähig; ~ **for work** arbeits-, erwerbsfähig; ~ **to drink** trinkbar; ~ **to eat** ess-, genießbar; ~ **to drive** fahrtüchtig; ~ **to fight** (*Boxen*) kampffähig; **laugh (yell) ~ to burst** vor Lachen beinahe platzen (schreien wie am Spieß); **I was ~ to scream** ich hätte schreien können; ~ **to kill** *umg* wie verrückt; **dressed ~ to kill** *umg* mächtig aufgedonnert; **he was ~ to be tied** *US umg* er hatte e-e Stinkwut (im Bauch); → consumption 5, drop B 5 a 3 angemessen, angebracht: **see** (*od* **think**) ~ es für richtig *od* angebracht halten (**to do** zu tun); **more than (is)** ~ über Gebühr 4 schicklich, geziemend: **it is not ~ for us to do so** es gehört sich *od* ziemt sich nicht, dass wir dies tun 5 würdig, wert: **a dinner ~ for a king** ein königliches Mahl; **not ~ to be seen** nicht vorzeigbar *od* präsentabel 6 a gesund b SPORT *etc* fit, (gut) in Form: **keep** ~ sich fit halten; → fiddle A 1, flea A B S 1 a Passform *f*, Sitz *m* b passendes Kleidungsstück: **it is a perfect** ~ es passt genau, es sitzt tadellos; **it is a tight** ~ es sitzt stramm, *fig* es ist sehr knapp bemessen 2 TECH Passung *f*, Sitz *m*: **fine (coarse)** ~ Fein-(Grob)passung; **sliding** ~ Gleitsitz 3 Zusammenpassen *n*, Übereinstimmung *f* C V/T 1 passend *od* geeignet machen (**for** für), anpassen (**to** an *akk*) 2 *a.* TECH ausrüsten, -statten, einrichten, versehen (*alle*: **with** mit) 3 *j-m* passen, sitzen (*Kleid, etc*) 4 passen für *od* auf *j-n, e-r Sache* angemessen *od* angepasst sein: **the key ~s the lock** der Schlüssel passt (ins Schloss); **the description ~s him, he ~s the description** die Beschreibung trifft auf ihn zu; **the name ~s him** der Name passt zu ihm; ~ **the bill** *umg* allen Ansprüchen genügen (*a. Person*), genau das Richtige sein; ~ **the facts** (mit den Tatsachen überein)stimmen; ~ **the occasion** (*Redew*) dem Anlass entsprechend 5 sich eignen für 6 *j-n* befähigen (**for** für; **to do** zu tun) 7 *j-n* vorbereiten, ausbilden (**for** für) 8 TECH a einpassen, -bauen (*beide*: **into** in *akk*) b anbringen (**to** an *dat*) c → fit up 2 9 a an *j-m* Maß nehmen b *ein Kleid etc* anprobieren (**on sb** j-m): ~ **a coat on sb** j-m e-n Mantel anpassen D V/I 1 passen: a die richtige Größe haben, sitzen (*Kleidungsstück*) b angemessen sein c sich eignen: *I didn't say you were a fool,* **but if the cap** (*bes US* **shoe**) **~s (wear it)** aber wenn du meinst *od* dich angesprochen fühlst(, bitte) 2 ~ **into** passen in (*akk*), sich anpassen (*dat*), sich einfügen in (*akk*)

Phrasal Verbs: **fit| in** A V/T 1 einfügen, -schieben, -passen 2 *j-m* e-n Termin geben, *j-n, etwas* einschieben B V/I (**with**) passen (in *akk*, zu), übereinstimmen (mit); ~ **on** V/T 1 *ein Kleid etc* anprobieren 2 (**to**) anbringen (an *dat*), (an)montieren (an *akk*); ~ **out** V/T → fit¹ C 2; ~ **together** V/T & V/I ineinanderpassen; ~ **up** V/T 1 → fit¹ C 2 2 TECH aufstellen, montieren, installieren 3 **fit sb up for sth** *Br umg* j-m etwas anhängen (*belasten*)

fit² [fɪt] S 1 MED Anfall *m*, Ausbruch *m*: ~ **of coughing** Hustenanfall; ~ **of anger** (*od* **temper**) Wutanfall, Zornausbruch; ~ **of laughter** Lachkrampf *m*; ~ **of perspiration** Schweißausbruch; **give sb a** ~ *umg* a j-m e-n Schock verpassen b j-n auf die Palme bringen; **my aunt had** (*od* **threw**) **a** ~ *umg* m-e Tante bekam Zustände 2 *fig* (plötzliche) Anwandlung *od* Laune: ~ **of generosity** Anwandlung von Großzügigkeit, Spendierlaune *umg*; **by** (*od* **in**) **~s (and starts)** a stoß-, ruckweise b dann u. wann, sporadisch; **when the ~ was on him** wenn es ihn gepackt hatte

fit³ [fɪt] S *obs* Fitte *f*, Liedabschnitt *m*

f.i.t. ABK free of income tax einkommensteuerfrei

fitch [fɪtʃ] S 1 ZOOL Iltis *m* 2 Iltishaar *n*; **fitchet** [-ɪt], **fitchew** [-uː] *obs* → fitch 1

fitful ADJ (ADV ~ly) 1 unruhig (*Schlaf*) 2 unregelmäßig auftretend, veränderlich, sporadisch 3 unstet, sprunghaft, launenhaft; **fitfulness** S Sprung-, Launenhaftigkeit *f*

fitment ['fɪtmənt] S 1 Einrichtungsgegenstand *m* 2 *pl* Ausstattung *f*, Einrichtung *f*; **fitness** S 1 Eignung *f*, Fähigkeit *f*, Tauglichkeit *f*: ~ **for service** *bes* MIL Dienstfähigkeit, (-)Tauglichkeit; ~ **for work** Arbeits-, Erwerbsfähigkeit; ~ **to drive** Fahrtüchtigkeit *f*; ~ **to fight** (*Boxen*) Kampffähigkeit; ~ **test** Eignungsprüfung *f* (→ 4) 2 Angemessenheit *f* 3 Schicklichkeit *f* 4 a Gesundheit *f* b SPORT *etc* Fitness *f*, (gute) Form: ~ **program(me)** Fitnessprogramm *n*; ~ **room** Fitnessraum *m*; ~ **test** Fitnesstest *m* (→ 1); ~ **trail** *US* Trimmpfad *m*; **fitted** ADJ 1 passend, geeignet 2 befähigt (**for** für) 3 zugeschnitten, nach Maß (gearbeitet): ~ **carpet** Spannteppich *m*, Teppichboden *m*; ~ **coat** taillierter *od* auf Taille gearbeiteter Mantel; ~ **sheet** Spannbetttuch *n*, -laken *n* 4 Einbau...: ~ **kitchen**; **fitter** S 1 Ausrüster(in), Einrichter(in) 2 Schneider(in) 3 TECH Monteur(in), Mechaniker(in), (Maschinen-)Schlosser(in), Installateur(in); **fitting** A ADJ (ADV ~ly) 1 passend, geeignet 2 angemessen 3 schicklich: **it is not ~ for sb to do sth** es gehört *od* ziemt sich nicht für j-n, etwas zu tun 4 ~ **room** Anprobekabine *f*, -raum *m* B S 1 TECH Einpassen *n*, -bauen *n* 2 Anprobe *f*: **go for a ~** zur Anprobe gehen 3 TECH Montieren *n*, Montage *f*, Installieren *n*, Installation *f*, Aufstellung *f*: ~ **shop** Montagehalle *f* 4 *pl* Beschläge *pl*, Zubehör *n*, Armaturen *pl*, Ausstattungs-, Ausrüstungsgegenstände *pl* 5 TECH a Passarbeit *f* b Passteil *n*, -stück *n* c Bau-, Zubehörteil *n* d (*Rohr*) Verbindung *f*, (-)Muffe *f* e (*Schmier*) Nippel *m* 6 a Zubehörteil *n* b *pl* Ausstattung *f*, Einrichtung *f* 7 *Br* (*Kleider-, Schuh*) Größe *f*; **fittingness** S 1 Eignung *f* 2 Angemessenheit *f* 3 Schicklichkeit *f*

fit-up S THEAT *Br umg* a provisorische Bühne b provisorische Requisiten *pl*

five [faɪv] A ADJ fünf: **take** ~ *bes US umg* e-e kurze Pause machen B S 1 Fünf *f* (*Zahl, Spielkarte etc*): **the ~ of hearts** die Herzfünf; **by ~s** immer fünf auf einmal 2 *Basketball*: Fünf *f*; **~-and-ten** S *US* billiger Laden, billiges Kaufhaus; **~-a-side** S (*bes* Hallen)Fußball *m* (*für Fünfermannschaften*)

fivefold ['faɪvfəʊld] A ADJ & ADV fünffach B S (*das*) Fünffache

five-oclock shadow S *umg erste Bartstoppeln am späten Nachmittag*

fiver ['faɪvə(r)] S *umg* a *Br* Fünfpfundschein *m* b *US* Fünfdollarschein *m*: **it costs a ~** es kostet e-n Fünfer

fives [faɪvz] SPL (*als sg konstruiert*) SPORT *ein dem Squash ähnliches Spiel*

five|-seater S AUTO Fünfsitzer *m*; **~-spot** S *US* 1 Fünf *f* (*Spielkarte etc*) 2 *sl* Fünfdollarschein *m*

fix [fɪks] A V/T 1 (**to**) befestigen, festmachen (an *dat*), anheften (an *akk od dat*), anbringen (an *dat, a. akk*): → bayonet A 2 *fig* verankern: ~ **sth in sb's mind** j-m etwas einprägen 3 *e-n Preis etc* festsetzen, -legen (*beide*: **at** auf *akk*) 4 *a.* ~ **up** *e-n Termin etc* anberaumen, an-, festsetzen 5 *den Blick, s-e Aufmerksamkeit etc* richten (**on, upon** auf *akk*): ~ **one's gaze on sb** j-n anstarren 6 *j-s Aufmerksamkeit etc* fesseln 7 *j-n, etwas* fixieren, anstarren: **~ sb with an angry stare** j-n wütend anstarren 8 FLUG, SCHIFF die Position bestimmen von (*od gen*) 9 CHEM *e-e Flüssigkeit* zum Erstarren bringen, fest werden lassen 10 FOTO fixieren 11 zur mikroskopischen Untersuchung präparieren 12 TECH *Werkstücke* a fest stellen b normieren 13 *die Schuld etc* zuschieben (**on, upon** *dat*) 14 reparieren, instand setzen 15 *bes US etwas* zurechtmachen, *ein Essen* zubereiten: **~ sb a drink** j-m etwas zu trinken machen; **~ one's face** sich schminken; **~ one's hair** sich frisieren 16 *a.* **~ up** arrangieren, regeln 17 *umg* a *e-n Wettkampf etc* manipulieren b *j-n* schmieren (*bestechen*) 18 *umg* a es *j-m* besorgen *od* geben b es *j-m* heimzahlen 19 *meist* **~ up** *j-n* unterbringen (**in** in *dat*): **~ sb up with sth, ~ sth up with sb** j-m etwas besorgen 20 *meist* **~ up** a *e-n Vertrag* abschließen b *etwas* in Ordnung bringen, regeln, *e-n Streit* beilegen B V/I 1 CHEM fest werden, erstarren 2 sich niederlassen *od* festsetzen 3 **~ (up)on** a sich entscheiden *od* entschließen für *od* zu, wählen (*akk*) b → A 3 4 **we ~ed for the meeting to take place on Monday** wir setzten das Treffen auf Montag fest 5 *US umg* vorhaben, planen (*beide:* **to do** zu tun): **it's ~ing to rain** es wird gleich regnen 6 *sl* fixen (*sich e-e Droge injizieren*) C S 1 *umg* Klemme *f*, Patsche *f*: **be in a ~** in der Klemme *od* Patsche sein *od* sitzen *od* stecken 2 *umg* a abgekartete Sache, Schiebung *f* b Bestechung *f* 3 FLUG, SCHIFF a Standort *m*, Position *f* b Ortung *f* 4 *sl* Fix *m* (*Drogeninjektion*): **give o.s. a ~** sich e-n Schuss setzen

fixate ['fɪkseɪt] A V/T 1 → fix A 1 2 *bes US j-n, etwas* fixieren 3 *fig* erstarren *od* stagnieren lassen: **become ~d with** verharren bei, hängen bleiben an (*dat*) 4 **be ~d on** PSYCH fixiert sein an *od* auf (*akk*) B V/I 1 **~ (up)on** → A 2 2 (*in e-m gewissen Stadium*) stecken bleiben, verharren, stagnieren; **fixation** S 1 Festsetzung *f*, -legung *f* 2 PSYCH a → fixed idea 1 b (*Mutter- etc*) Bindung *f*, (-)Fixierung *f*: **have a ~ on** (*od* **about**) → fixate A 4

fixative ['fɪksətɪv] FOTO A S Fixativ *n*, Fixiermittel *n* B ADJ Fixier…; Haft…: **~ cream** Haftcreme *f* (*für künstliches Gebiss*)

fixed [fɪksd] ADJ (ADV → fixedly) 1 befestigt, fest angebracht 2 TECH fest (eingebaut), ortsfest, stationär, Fest…: **~ aerial** (*bes US* **antenna**) Festantenne *f*; **~ gun** MIL starres Geschütz: **~ coupling** starre Kupplung; **~ landing gear** FLUG festes Fahrwerk 3 CHEM gebunden, nicht flüchtig (*Öl*) 4 unverwandt, starr (*Blick*): **with ~ attention** gebannt 5 fest, beständig: **of ~ purpose** zielstrebig 6 fest(gesetzt, -gelegt, -stehend), bestimmt, unveränderlich: **~ assets** *pl* WIRTSCH Anlagevermögen *n*; **~ capital** WIRTSCH Anlagekapital *n*; **~ charges, ~ costs** feste Kosten, Fixkosten, gleichbleibende Belastungen; **~ day** (festgesetzter) Termin; **~ exchange rate** WIRTSCH fester Wechselkurs; **~ income** WIRTSCH festes Einkommen, feste Einkünfte; **~ liability** WIRTSCH feste (langfristige) Verbindlichkeit; **~ price** fester Preis, Festpreis *m*, WIRTSCH *a.* gebundener Preis; **~ sum** fest(gesetzt)er Betrag, Fixum *n*; → abode[2] 2 a, residence 1 7 *umg* manipuliert, abgekartet 8 *umg* (*gut etc*) versorgt *od* versehen (**for** mit): **how are you ~ for money?** wie stehts bei dir mit Geld?; **~-focus lens** FOTO Fixfokusobjektiv *n*; **~ idea** S 1 PSYCH fixe Idee, Zwangsvorstellung *f* 2 **have ~s** starre Ansichten haben (**on** von, über *akk*); **~-interest (-bearing)** ADJ WIRTSCH festverzinslich

fixedly ['fɪksɪdlɪ] ADV starr, unverwandt; **fixedness** → fixity

fixed| point S 1 PHYS Fixpunkt *m* (*a.* MATH), Festpunkt *m* 2 COMPUT Festkomma *n*; **~-price meal** S Menü *n*; **~ sight** S MIL Standvisier *n*; **~ star** S ASTRON Fixstern *m*; **~-term contract** S befristeter Vertrag, Zeitvertrag *m*; **~-wing aircraft** S *irr* FLUG, MIL Starrflügler *m*, -flügelflugzeug *n*

fixer S 1 FOTO Fixierbad *n*, -flüssigkeit *f* 2 *umg j-d, der Angelegenheiten durch s-n Einfluss od durch Bestechung arrangiert* 3 *sl* Dealer(in) (*Drogenhändler[in]*); **fixing** S 1 Befestigen *n*, Anbringen *n*: **~ agent** Befestigungsmittel *n*; **~ bolt** Haltebolzen *m*; **~ screw** Stellschraube *f* 2 Reparatur *f*, Instandsetzung *f* 3 FOTO Fixieren *n*: **~ bath** Fixierbad *n* 4 *pl bes US* a Geräte *pl* b Zubehör *n* c GASTR Beilagen *pl*; **fixity** S Festigkeit *f*, Beständigkeit *f*: **~ of purpose** Zielstrebigkeit *f*

fixture ['fɪkstʃə(r)] S 1 a feste Anlage, Inventarstück *n*, Installationsteil *n*: **be a (permanent) ~** *hum* zum (lebenden) Inventar gehören (*Person*) b JUR festes Inventar *od* Zubehör: **~s and fittings** bewegliche u. unbewegliche Einrichtungsgegenstände 2 TECH Spannvorrichtung *f*, -futter *n* 3 *bes* SPORT *bes Br* (Termin *m* für e-e) Veranstaltung *f*

fizgig ['fɪzgɪg] S 1 *obs* flatterhaftes Mädchen, leichtfertiges Ding 2 Schwärmer *m* (*Feuerwerkskörper*) 3 Fischspeer *m*

fizz [fɪz] A V/I 1 zischen 2 sprudeln, moussieren (*Getränk*) 3 *fig* sprühen (**with** vor *dat*) B S 1 Zischen *n* 2 Sprudeln *n*, Moussieren *n* 3 a Sprudel *m* b Fizz *m* (*alkoholisches Mischgetränk mit Früchten od Fruchtsäften*) 4 *umg* Schampus *m* (*Sekt*) 5 *fig* Schwung *m*, Schmiss *m*

fizzle ['fɪzl] A S 1 → fizz B 1, B 2 2 *umg* Pleite *f*, Misserfolg *m* B V/I 1 → fizz A 1, A 2 2 *a.* **~ out** *fig* verpuffen, im Sand verlaufen

fizzy ['fɪzɪ] ADJ 1 zischend 2 sprudelnd, moussierend: **~ drink** Brause(limonade) *f*

fjord → fiord

fl. ABK 1 floor 2 fluid

Fla. ABK Florida

flab [flæb] S *umg* Speck *m*: **fight the ~** *hum* abspecken (*abnehmen*)

flabbergast ['flæbəgɑ:st; *US* -bərˌgæst] V/T *umg* verblüffen: **I was ~ed** ich war platt, mir blieb die Spucke weg

flabbiness ['flæbɪnɪs] S 1 Schlaffheit *f* 2 Schwammigkeit *f* 3 *fig* Schwachheit *f*; **flabby** ADJ (ADV flabbily) 1 schlaff (*Muskeln etc*) 2 schwammig (*Person etc*) 3 *fig* schwach (*Charakter etc*)

flabellate [flə'belɪt], **flabelliform** [-lɪfɔ:(r)m] ADJ BOT, ZOOL fächerförmig, Fächer…

flaccid ['flæksɪd] ADJ (ADV ~ly) → flabby 1; **flaccidity, flaccidness** → flabbiness 1

flack[1] [flæk] → flak

flack[2] [flæk] *US umg* A S Presseagent(in) B V/I: **~ for** als Presseagent(in) tätig sein für

flackery ['flækərɪ] S *US umg* Reklamerummel *m*

flacon [flakõ] S Flakon *m/n*, Fläschchen *n*

flag[1] [flæg] A S 1 Fahne *f*, Flagge *f*: **~ of convenience** SCHIFF Billigflagge; **~ of truce** MIL Parlamentärflagge; **strike** (*od* **lower**) **one's ~** die Flagge streichen (*a. fig*); **keep the ~ flying** *fig* die Fahne hochhalten; **show the ~** *fig* a Flagge zeigen b sich zeigen, sich sehen lassen 2 SCHIFF (Admirals)Flagge *f*: **hoist (strike) one's ~** das Kommando übernehmen (abgeben) 3 → flagship 4 SPORT (Markierungs)Fähnchen *n* 5 a (Kartei)Reiter *m* b *allg* Markierung(szeichen) *f(n)* c Lesezeichen *n* 6 ORN Kielfeder *f* (*des Vogelschwanzes*) 7 JAGD Fahne *f* (*Schwanz e-s Vorstehhundes od Rehs*) 8 TYPO Druckvermerk *m*, Impressum *n* (*e-r Zeitung*) 9 MUS Fähnchen *n* (*e-r Note*) 10 TV (Licht)Blende *f* B V/T 1 beflaggen 2 SPORT *e-e Rennstrecke* ausflaggen 3 *etwas* (mit Flaggen *od* durch Winkzeichen) signalisieren: **~ offside** (*Fußball*) Abseits winken 4 a *oft* **~ down** *ein Fahrzeug* anhalten: **~ down a taxi** ein Taxi herbeiwinken b **~ down** SPORT *ein Rennen, e-n Fahrer* abwinken 5 *e-e Buchseite etc* markieren C V/I *Fußball*: die Fahne heben (*Linienrichter*)

flag[2] [flæg] S BOT a Gelbe Schwertlilie b (*e-e*) blaue Schwertlilie c Breitblättriger Rohrkolben

flag[3] [flæg] V/I 1 schlaff herabhängen 2 *fig* nachlassen, ermatten, erlahmen (*Interesse etc*), abbauen (*Sportler*) 3 langweilig werden

flag[4] [flæg] A S 1 (Stein)Platte *f*, (*Fußbodenbelag*) Fliese *f* 2 *pl* mit (Stein)Platten belegte Terrasse *etc*, mit Fliesen belegter *od* gefliester Fußboden B V/T mit (Stein)Platten *od* Fliesen belegen, fliesen

flag| captain S Kommandant *m* e-s Flaggschiffs; **~ day** S 1 *Br Tag, an dem auf der Straße kleine Papierfähnchen für wohltätige Zwecke verkauft werden* 2 **Flag Day** *US* Jahrestag *m* der Nationalflagge (*14. Juni*)

flagella [flə'dʒelə] *pl von* flagellum

flagellant ['flædʒələnt; flə'dʒelənt] A S REL, *bes* HIST Geißler(in), Flagellant(in) (*beide a.* PSYCH) B ADJ geißelnd (*a. fig*): **a ~ attack on the opposition party**

flagellate ['flædʒəleɪt] A V/T geißeln (*a. fig*): **~ the opposition party** B ADJ [-lət] 1 ZOOL geißelförmig, Geißel… 2 BOT Schösslinge treibend, Schösslings… C S ZOOL Flagellat *m*, Geißeltierchen *n*; **flagellation** S Geiß(e)lung *f* (*a. fig*), PSYCH Flagellation *f*

flagelliform [flə'dʒelɪfɔ:(r)m] ADJ BOT, ZOOL geißel-, peitschenförmig; **flagellum** [-ləm] *pl* -la [-lə], -lums S 1 ZOOL Flagellum *n*, Flagelle *f*, Geißel *f* 2 BOT Ausläufer *m*, Schössling *m*

flageolet[1] [ˌflædʒəʊ'let] S MUS Flageolett *n* (*e-e besonders hohe Flöte*): **~ tone** MUS, PHYS Flageoletton *m*

flageolet[2] [ˌflædʒəʊ'let] S BOT *e-e französische grüne Bohne*

flagging[1] ['flægɪŋ] ADJ nachlassend, ermattend, erlahmend (*Interesse etc*)

flagging[2] ['flægɪŋ] S 1 KOLL (Stein)Platten *pl*, (*Fußbodenbelag*) Fliesen *pl* 2 → flag[4] A 2

flagitious [flə'dʒɪʃəs] ADJ (ADV ~ly) 1 verworfen, verderbt 2 abscheulich, schändlich

flag| lieutenant S SCHIFF Flaggleutnant *m*; **~ officer** S SCHIFF Flaggoffizier *m*

flagon ['flægən] S 1 (*bauchige*) (Wein)Flasche 2 (Deckel)Krug *m*

flagpole → flagstaff

flagrancy ['fleɪgrənsɪ] S 1 Schamlosigkeit *f*, Schändlichkeit *f*, Ungeheuerlichkeit *f* 2 Krassheit *f*; **flagrant** ADJ (ADV ~ly) 1 schamlos, schändlich, ungeheuerlich 2 eklatant, krass

flag|ship S 1 SCHIFF Flaggschiff *n* (*a. fig*) 2 *fig* Aushängeschild *n*; **~staff, ~stick** S Fahnenstange *f*, -mast *m*, Flaggenmast *m*, SCHIFF Flaggenstock *m*; **~ station** S BAHN *US* Bedarfshaltestelle; **~stone** → flag[4]; **~ stop** S *US* Bedarfshaltestelle *f*; **~-waver** S *umg* Hurrapatriot(in); **~-waving** S A S *umg* Hurrapatriotismus *m* B ADJ 1 fahnenschwenkend 2 *umg* hurrapatriotisch

flail [fleɪl] A S 1 AGR Dreschflegel *m* 2 MIL, HIST *dreschflegelähnliche Waffe, z. B.* Morgenstern *m* B V/T 1 dreschen 2 eindreschen *od* wild einschlagen auf *j-n* 3 **~ one's arms** wild mit den Armen fuchteln C V/I **~ away at** → B 2

flair [fleə(r)] S 1 Veranlagung *f*: **have a ~ for art** künstlerisch veranlagt sein; **~ for lan-**

F

guages Sprachbegabung *f* 2 Hang *m*, Neigung *f* (*beide:* **for** zu) 3 (feines) Gespür (**for** für) 4 *umg* Eleganz *f*: **dress with ~** sich modisch *od* elegant kleiden 5 JAGD Witterung *f*

flak [flæk] S 1 MIL a Flak *f*, Flugabwehr-, Flakartillerie *f* b Flakfeuer *n* 2 *umg* scharfe Kritik: **take ~ from** scharf kritisiert werden von 3 *umg* heftige Auseinandersetzung: **run into ~** zu heftigen Auseinandersetzungen führen

flake[1] [fleɪk] A S 1 a (*Schnee-, Seifen-, Hafer- etc*) Flocke *f* b (*Haut*) Schuppe *f* 2 dünne Schicht, Lage *f*, Blättchen *n*: **~ white** MAL, TECH Schieferweiß *n* 3 Steinsplitter *m*: **~ tool** Steinwerkzeug *n* 4 (*Feuer*) Funke *m* 5 METALL Flockenriss *m* 6 *US umg* Spinner(in) 7 *US sl* Schnee *m* (*Kokain*) B VT 1 abblättern 2 flockig machen 3 (wie) mit Flocken bedecken 4 *e-n Fisch* zerlegen C VI 1 a *meist* **~ off** abblättern, sich abschälen b schuppen (*Haut*) 2 in Flocken fallen 3 flocken 4 METALL verzundern 5 **~ out** *umg* a einpennen b zusammenklappen (*vor Erschöpfung etc*) c umkippen (*ohnmächtig werden*) d sich dünn machen

flake[2] [fleɪk] S 1 TECH Trockengestell *n* 2 SCHIFF Stellage *f*, Stelling *f*

flaked [fleɪkt] ADJ flockig, Blättchen…: **~ gunpowder** Blättchenpulver *n*

flakiness ['fleɪkɪnɪs] S flockige Beschaffenheit

flak jacket S kugelsichere Weste

flaky ['fleɪkɪ] ADJ 1 a flockig b schuppig (*Haut*) 2 blätt(e)rig: **~ pastry** GASTR Blätterteig *m* 3 METALL zund(e)rig, flockenrissig 4 *US umg* spinnig

flam [flæm] A S 1 Schwindel *m*, Betrug *m* 2 Unsinn *m* B VT & VI betrügen

flambé ['flɑːmbeɪ; flɑː'm'beɪ] GASTR A VT flambieren B ADJ flambiert

flambeau ['flæmbəʊ] *pl* -beaux, -beaus [-bəʊz] S 1 Fackel *f* 2 Leuchter *m*

flambéed ['flɑːmbeɪd; *bes US* flɑː'm'beɪd] → flambé B

flamboyance [flæm'bɔɪəns], **flamboyancy** [-sɪ] S 1 Extravaganz *f* 2 überladener Schmuck 3 Grellheit *f*; **flamboyant** A ADJ (ADV ~ly) 1 ARCH wellenförmig, flammenähnlich, wellig: **~ style** Flamboyant-, Flammenstil *m* 2 extravagant 3 grell, leuchtend 4 farbenprächtig 5 *fig* flammend 6 auffallend 7 überladen (*a. Stil*) 8 pompös, bombastisch B S BOT Flamboyant *m*

flame [fleɪm] A S 1 Flamme *f*: **be in ~s** in Flammen stehen 2 *fig* Flamme *f*, Glut *f*, Leidenschaft *f*, Heftigkeit *f* 3 *umg* Flamme *f* (*Freundin*): **an old ~ of mine** 4 Leuchten *n*, Glanz *m* 5 grelle Färbung 6 COMPUT Flame *n*, beleidigende E-Mail B VT TECH flammen C VI 1 lodern: **~ up** a auflodern b in Flammen aufgehen 2 (rot) glühen, leuchten: **~ up** aufbrausen, in Wut geraten; **her eyes ~d with anger** ihre Augen flammten *od* funkelten vor Wut; **her cheeks ~d red** ihre Wangen färbten sich rot; **~-colo(u)red** ADJ feuerfarben, -rot; **~ cutting** S TECH Brennschneiden *n*; **~ hardening** S TECH Brennhärten *n*; **~ mail** → flame A 6

flamenco [flə'meŋkəʊ] *pl* -cos S MUS Flamenco *m*

flame|out S FLUG (*e-s Triebwerks*) a Aussetzen *n* b Ausfall *m*; **~proof** A ADJ 1 flammensicher, feuerfest, -sicher 2 explosionsgeschützt B VT flammensicher machen; **~-retardant** ADJ feuerhemmend; **~ test** S TECH Flammprobe *f*; **~thrower** S *bes* MIL Flammenwerfer *m*

flaming ['fleɪmɪŋ] A ADJ (ADV ~ly) 1 lodernd, brennend (*a. Sonne*) 2 a feuerrot b farbenprächtig 3 *fig* a glühend (*Leidenschaft etc*) b flammend, leidenschaftlich, feurig (*Rede etc*) 4 *Br umg* verdammt, verflucht: **you ~ idiot** du Vollidiot! B ADV **~ red** flammend rot

flamingo [flə'mɪŋgəʊ] *pl* -goes, -gos S ORN Flamingo *m*

flammable ['flæməbl] → inflammable

flamy ['fleɪmɪ] ADJ 1 lodernd 2 feuerrot

flan[1] [flæn] S Obst-, Käsekuchen *m*

flan[2] [flæn] S TECH 1 Münzplatte *f* 2 (Münz)-Metall *n*

Flanders ['flɑːndəz; *US* 'flændərz] S Flandern *n*

Flanders poppy ['flɑːndəz; *US* 'flændərz] S BOT Klatsch-, Feldmohn *m*

flânerie [flɑnri] S Flanieren *n*, Bummeln *n*; **flâneur** [flɑnœr] S Flaneur *m*, Bummler(in)

flange [flændʒ] TECH A S 1 Flansch *m* 2 Spurkranz *m* (*des Rades*) B VT 1 a *ein Rohrende etc* flanschen b anflanschen (**to** an *akk*): **~d motor** Flanschmotor *m* 2 *Blech* (um)bördeln; **~ coupling** S TECH Flanschkupplung *f*

flanging ['flændʒɪŋ] S TECH 1 Flanschen *n* 2 Bördeln *n*: **~ machine** Bördelmaschine *f*

flank [flæŋk] A S 1 Flanke *f*, Weiche *f* (*e-s Tieres*) 2 Seite *f* (*e-r Person*) 3 Seite *f* (*e-s Gebäudes etc*) 4 MIL Flanke *f*, Flügel *m* (*beide a.* SPORT): **turn the ~ (of)** die Flanke (*gen*) aufrollen 5 TECH Flanke *f*, Schenkel *m*: **~ clearance** Flankenspiel *n* B VT 1 flankieren, seitlich stehen von *od* begrenzen, säumen, umgeben 2 MIL flankieren: a die Flanke (*gen*) decken b *j-m* in die Flanke fallen 3 flankieren, (seitwärts) umgehen C VI 1 angrenzen, (an)stoßen (*beide:* **on** an *akk*), seitlich liegen 2 MIL die Flanke *od* den Flügel bilden; **flanking** ADJ MIL Flanken…, Flankierungs…: **~ fire**; **~ movement**; **~ march** Flankenmarsch *m*

flank vault S *Turnen*: Flanke *f*

flannel ['flænl] A S 1 Flanell *m* 2 *pl* Kleidung *f* aus Flanell, *bes* (*a.* **pair of ~s**) Flanellhose *f* 3 *pl* Flanellunterwäsche *f*: *bes* (*a.* **pair of ~s**) lange Flanellunterhose 4 *Br* Waschlappen *m* 5 *Br umg* Schmus *m*, Gelaber *n pej* B ADJ flanellen, Flanell… C VT *prät u. pperf* -neled, *bes Br* -nelled 1 in Flanell kleiden 2 mit e-m Flanelltuch (ab)reiben *od* polieren D VI *Br umg* Schmus reden, labern *pej*

flannelet(te) [ˌflænl'et] S Baumwollflanell *m*; **flannelly** ADJ 1 flanellartig 2 dumpf (*Stimme*)

flannelmouthed ADJ *US* glattzüngig

flap [flæp] A S 1 Flattern *n* (*a. von Segeln etc*), (*Flügel*) Schlag *m* 2 Schlag *m*, Klaps *m* 3 a Platte *f*, Klappe *f* (*an e-r Manteltasche etc*) b (weiche) (*Hut*) Krempe 4 Klappe *f*, Falltür *f* 5 (Verschluss)Klappe *f* (*e-r Handtasche, e-s Briefumschlags, e-s Ventils etc*), Lasche *f* (*e-s Kartons*): **~ valve** TECH Klappventil *n* 6 FLUG (*Lande*) Klappe *f* 7 Klappe *f* (*e-s Buchumschlags*) 8 Lasche *f* (*am Schuh*) 9 (*etwas*) lose Herabhängendes, *z. B.* a Lappen *m* b (*Tisch*) Klappe *f* c MED (*Haut*) Lappen *m*: **~ of the ear** Ohrläppchen *n* 10 *umg* helle Aufregung: **be in a ~** in heller Aufregung sein; **don't get into a ~, we'll find it** nur keine Panik, wir werden es schon finden B VT 1 auf u. ab *od* hin u. her bewegen, mit *den Flügeln etc* schlagen: **the bird ~ped its wings**; **she ~ped a newspaper at the fly** sie schlug mit e-r Zeitung nach der Fliege 2 *j-m* e-n Schlag *od* Klaps geben 3 werfen: **~ down** hinwerfen; **~ the door** die Tür zuwerfen C VI 1 flattern: **the sails ~ped in the wind** 2 mit den Flügeln schlagen, flattern: **~ off** davonflattern 3 klatschen, schlagen (*beide:* **against** gegen) 4 *umg* paniken a in heller Aufregung sein b in helle Aufregung geraten: **don't ~, we'll find it** nur keine Panik, wir werden es schon finden 5 *US umg* quasseln; **~doodle** S *umg* Unsinn *m*, Quatsch *m*, Mumpitz *m pej*; **~-eared** ADJ schlappohrig; **~jack** S *bes US* Pfannkuchen *m*

flappable ['flæpəbl] ADJ: **be ~** *umg* leicht aus der Fassung zu bringen sein

flapper ['flæpə(r)] S 1 Fliegenklappe *f*, -klatsche *f* 2 Klappe *f*; breites, flaches herabhängendes Stück 3 ZOOL (breite) Flosse 4 *sl* Flosse *f pej* (*Hand*) 5 (*in den 20er-Jahren*) *Mädchen, das sich in Verhalten u. Kleidung über die Konventionen hinwegsetzte*

flare [fleə(r)] A S 1 aufflammendes Licht, plötzlicher Lichtschein 2 Flackern *n*, Lodern *n*, Leuchten *n* 3 a Leuchtfeuer *n* b Licht-, Feuersignal *n* 4 a Leuchtkugel *f* b MIL Leuchtbombe *f* 5 *fig* → flare-up 2 6 *Mode:* a Schlag *m*: **with a ~** ausgestellt (*Rock*), (*Hose a.*) mit Schlag b *pl*, *a.* **pair of ~s** *umg* ausgestellte Hose, Hose *f* mit Schlag 7 OPT Streulicht *n* 8 FOTO Reflexionsfleck *m* B VT 1 *e-e Kerze etc* flackern lassen 2 flattern lassen: **the wind ~d her skirt** 3 zur Schau stellen, protzen mit *pej* 4 aufflammen lassen 5 mit Licht *od* Feuer signalisieren 6 (*meist pperf*) *Mode:* ausstellen: **~d** ausgestellt (*Rock*), (*Hose a.*) mit Schlag C VI 1 flackern (*Kerze etc*), (*Feuer etc a.*) lodern, (*Licht*) leuchten 2 *meist* **~ up** aufflammen, -flackern, -lodern (*alle a. fig*), aufleuchten 3 *meist* **~ up, ~ out** *fig* aufbrausen, auffahren: **~ up at sb** j-n anfahren 4 *Mode:* ausgestellt sein 5 flattern; **~ angle** S PHYS Erweiterungswinkel *m*; **~back** S 1 TECH Flammenrückschlag *m* 2 *fig* unerwartete, kurze Rückkehr: **a ~ of winter in April**; **~ path** S FLUG Leuchtpfad *m*; **~ pistol** S MIL Leuchtpistole *f*; **~-up** [ˌ-'ʌp; '-ʌp] S 1 Aufflackern *n*, -lodern *n*, -flammen *n* (*alle a. fig*), Aufleuchten *n* 2 *fig* Ausbruch *m*: **~ of fury** Wutausbruch

flaring ['fleərɪŋ] ADJ (ADV ~ly) 1 flackernd, lodernd, leuchtend 2 *fig* protzig *pej* 3 *Mode:* ausgestellt (*Rock*), (*Hose a.*) mit Schlag

flash [flæʃ] A S 1 Aufblitzen *n*, -leuchten *n*, Blitz *m*: **like a ~** wie der Blitz; **(as) quick as a ~** blitzschnell; **answer (as) quick as a ~** wie aus der Pistole geschossen antworten; **~ of fire** Feuergarbe *f*; **~ of hope** Hoffnungsstrahl *m*; **~ of lightning** Blitz(strahl) *m*; **~ of wit** Geistesblitz; **give sb a ~** AUTO j-n anblinken 2 Stichflamme *f*: **a ~ in the pan** *fig* a e-e Eintagsfliege b ein Strohfeuer 3 Augenblick *m*: **in a ~** im Nu, sofort; **for a ~** e-n Augenblick lang 4 kurzer Blick: **catch a ~ of** e-n Blick erhaschen von 5 RADIO *etc* Kurzmeldung *f* 6 SCHIFF Schleusenwassersturz *m* 7 MIL *Br* (Uniform)Abzeichen *n* 8 FOTO *umg* Blitz *m* (*Blitzlicht*) 9 *bes US umg* Taschenlampe *f* 10 *sl* Flash *m* (*Augenblick, in dem sich e-e gespritzte Droge mit demBlut verbindet u. der Rauschzustand eintritt*) B VT 1 *a.* **~ on** aufleuchten *od* (auf)blitzen lassen: **he ~ed a light in my face** er leuchtete mir plötzlich ins Gesicht; **~ one's lights** AUTO die Lichthupe betätigen; **~ one's lights at sb** j-n anblinken; **his eyes ~ed fire** *fig* s-e Augen blitzten *od* sprühten Feuer 2 (*bes mit Licht*) signalisieren 3 **~ sb** AUTO j-n anblinken; **~ sb a glance** j-m e-n Blick zuwerfen; **she ~ed him an angry glance** sie blitzte ihn wütend an; **~ a smile at sb** j-m kurz zulächeln 4 *umg* schnell hervorziehen, kurz sehen lassen: **~ sth at sb** j-m etwas kurz zeigen 5 *umg* zur Schau tragen, protzen mit *pej* 6 *e-e Nachricht* durchgeben: a telegrafieren b funken 7 TECH *Glas* überfangen, plattieren C VI 1 aufflammen, (auf)blitzen 2 zucken (*Blitz*) 3 blinken 4 sich blitzartig bewegen, rasen, flitzen *umg*, schießen (*a. Wasser*): **~ by** (*od* **past**) a vorbeirasen b *fig* wie im Flug(e) vergehen; **~ up a tree** blitzschnell auf e-n Baum klettern; **~ into**

action blitzschnell in Aktion treten *od* handeln; **it ~ed into** (*od* **across, through**) **his mind that …** plötzlich schoss es ihm durch den Kopf, dass … 5 *a.* **~ out** *fig* aufbrausen, -fahren: **~ out against** wettern auf (*akk*) *od* über (*akk*) *od* gegen 6 **~ back** zurückblenden (*in e-m Film, Roman etc*) (**to** auf *akk*) 7 **~ on** *US sl* sofort abfahren auf (*akk*) (*begeistert sein*) D ADJ 1 *umg für* flashy 2 *umg* a geschniegelt, aufgedonnert *pej* (*Person*) b protzig *pej* 3 falsch, gefälscht, unecht 4 *in Zusammensetzungen* Schnell… 5 *umg* Unterwelts…, unterweltlich

flash|back S 1 Rückblende *f* (*in e-m Film, Roman etc*) 2 TECH Rückschlag *m* der Flamme 3 *sl* Flashback *m* (*einige Wochen nach dem eigentlichen Drogenrausch wiederkehrender Rauschzustand infolge verzögerter Reaktion des Gehirns auf die Droge*); **~ bar** S FOTO Blitzleiste *f*; **~board** S TECH Staubrett *n*; **~ boiler** S TECH Schnellverdampfer *m*; **~ bulb** S FOTO Kolbenblitz *m*, Blitzbirnchen *n*, Blitz(licht)lampe *f*; **~ burn** S MED Lichtblitzverbrennung *f*; **~ card** S SCHULE Illustrationstafel *f* (*die Schülern kurz gezeigt wird*); **~ cube** S FOTO Blitzwürfel *m*

flasher S 1 AUTO a Blinkanlage *f* b Blinker *m* 2 *Br umg* Exhibitionist *m*

flash| flood S plötzliche Überschwemmung; **~ gun** S FOTO Blitzleuchte *f*

flashiness ['flæʃɪnɪs] S 1 Prunk *m*, Protzigkeit *f pej* 2 Auffälligkeit *f* 3 aufbrausendes Temperament; **flashing** ADJ 1 aufflammend: **~ point** PHYS Flammpunkt *m* 2 blinkend: **~ light** SCHIFF Blinkfeuer *n*

flash| lamp S FOTO Blitz(licht)lampe *f*; **~light** S 1 blinkendes Reklamelicht 2 SCHIFF Leuchtfeuer *n* 3 *bes US* Taschenlampe *f* 4 FOTO Blitzlicht *n*: **~ capsule** Kapselblitz *m*; **~ photograph** Blitzlichtaufnahme *f*; **~ photography** → flash photography; **~over** S ELEK Überschlag *m*: **~ voltage** Überschlagspannung *f*; **~ photography** S Blitzlichtfotografie *f*; **~ point** S PHYS Flammpunkt *m*; **~ tube** S FOTO (Elektronen)Blitzröhre *f*; **~ welding** S TECH Widerstandsabschmelzschweißen *n*

flashy ADJ (ADV flashily) 1 prunkvoll, protzig *pej* 2 auffallend, auffällig 3 aufbrausend (*Temperament*)

flask [flɑːsk; *US* flæsk] S 1 HIST Pulverhorn *n* 2 Taschenflasche *f* 3 Thermosflasche *f* 4 TECH Kolben *m*, Flasche *f* 5 TECH Formkasten *m*

flat[1] [flæt] A S 1 Fläche *f*, Ebene *f* 2 flache Seite: **~ of the hand** Handfläche *f*; **with the ~ of one's hand** mit der flachen Hand 3 a Flachland *n*, Niederung *f* b (*Skisport*) Flachstück *n* (*e-r Abfahrtsstrecke etc*) 4 Untiefe *f*, Flach *n* 5 MUS B *n* 6 THEAT Kulisse *f* 7 AUTO *bes US* Reifenpanne *f*, Plattfuß *m umg* 8 → flatboat 9 TECH Flacheisen *n* 10 → flatcar 11 *US* breitkrempiger Strohhut 12 **the ~** (*Pferdesport*) *bes Br* a *koll* (die) Flachrennen *pl* b die Flachrennsaison 13 *US* flacher Fest- *od* Umzugswagen 14 flacher Korb 15 *pl* flache Schuhe *pl*, Schuhe mit flachen Absätzen B ADJ (ADV → flatly) 1 flach, eben: **~ section** → A 3 b; **~ shore** Flachküste *f*; **(as) ~ as a pancake** (*od* **board**) *umg* a völlig flach b flach wie ein Bügelbrett (*Mädchen*) 2 TECH Flach…: **~ anvil** (**chisel, coil, rail, wire,** *etc*) 3 *Ballistik*: rasant (*Flugbahn*) 4 (aus-, hin)gestreckt, flach am Boden liegend 5 **~ on** eng an (*dat*) 6 dem Erdboden gleich: **lay a city ~** e-e Stadt dem Erdboden gleichmachen 7 flach, offen (*Hand*) 8 AUTO platt (*Autoreifen*) 9 stumpf, platt (*Nase*) 10 entschieden, kategorisch, glatt (*Ablehnung etc*): **and that's ~!** und damit basta! 11 a langweilig, fad(e) b flach, oberflächlich, banal 12 schal, fad(e) (*Bier*), flach (*Wein*) 13 WIRTSCH flau, lustlos (*Markt etc*) 14 WIRTSCH a einheitlich, Einheits… b Pauschal…: **~ fee** Pauschalgebühr *f*; **~ sum** Pauschalbetrag *m*, Pauschale *f*; → flat price, flat rate 15 MAL, FOTO a kontrastarm b matt, glanzlos 16 flach, dünn: *say sth* **in a ~ voice** mit ausdrucksloser Stimme 17 MUS a erniedrigt (*Note*) b mit B-Vorzeichen (*Tonart*) 18 leer (*Batterie*) C ADV 1 eben, flach: **fall ~** a der Länge nach hinfallen b *fig umg* danebengehen, missglücken c *fig umg* durchfallen (*Theaterstück etc*); **fall ~ on one's face** *fig umg* e-e Bauchlandung machen, auf den Bauch *od* auf die Nase fallen; → back[1] A 1 2 genau: **in ten seconds ~** 3 eindeutig: a entschieden: **he went ~ against the rules** er hat eindeutig gegen die Regeln verstoßen b kategorisch: **he told me ~ that …** 4 MUS a um e-n halben Ton niedriger b zu tief: **sing ~** 5 ohne (Berechnung der aufgelaufenen) Zinsen 6 *umg* völlig: **~ broke** total pleite 7 **~ out** *umg* auf Hochtouren: **my car does 100 miles ~ out** mein Auto fährt *od* macht 100 Meilen Spitze; **work ~ out** volle Pulle arbeiten 8 **~ out** *umg* fix u. fertig, total erledigt D V/T 1 TECH flach *od* eben machen, glätten 2 MUS *US* e-e *Note* um e-n halben Ton erniedrigen

flat[2] [flæt] A S *bes Br* Wohnung *f*: → block A 16 a B V/I *Aus umg* in Wohngemeinschaft leben (**with** mit)

flat| arch S ARCH Flachbogen *m*; **~-base rim** S TECH Flachbettfelge *f*; **~bed** S AUTO *bes US* Tieflader *m*; **~boat** S SCHIFF Prahm *m*, Flachboot *n*; **~-bottomed boat** → flatboat; **~-bottom flask** S CHEM Stehkolben *m*; **~car** S BAHN *US* Plattformwagen *m*; **~-chested** ADJ flachbrüstig; **~ cost** S Selbstkosten(preis) *pl(m)*; **~foot** S *irr* 1 MED Plattfuß *m* 2 *pl a.* -foots *obs umg.* Bulle *m pej* (*Polizist*); **~footed** ADJ 1 MED plattfüßig: **be ~** Plattfüße haben; **catch sb ~** *umg* j-n überrumpeln 2 TECH standfest 3 *umg* entschieden, kompromisslos, eisern 4 *Br umg* ungeschickt, unbeholfen, linkisch; **~hammer** V/T TECH glatt-, nachhämmern, richten; **~head** S TECH a Flachkopf *m* (*Niet*) b Flachkopfbolzen *m* c *a.* **~ screw** Senkschraube *f*; **~-hunt** V/I *bes Br* auf Wohnungssuche sein: **go ~ing** auf Wohnungssuche gehen; **~ hunter** S *bes Br* Wohnungssuchende(r) *m/f(m)*; **~ hunting** S *bes Br* Wohnungssuche *f*; **~iron** S 1 TECH Flacheisen *n* 2 Bügel-, Plätteisen *n*

flatlet ['flætlɪt] S *bes Br* a Kleinwohnung *f* b Appartement *n*

flatling ['flætlɪŋ] *obs* A ADJ mit der flachen Seite (gegeben) (*Schlag etc*) B ADV flach, der Länge nach; **flatlings** → flatling B; **flatly** ADV 1 mit ausdrucksloser Stimme 2 eindeutig, kategorisch

flatmate S *bes Br* Mitbewohner(in)

flatness S 1 Flach-, Ebenheit *f* 2 *Ballistik*: Rasanz *f* 3 Entschiedenheit *f* 4 Langweiligkeit *f*, Fadheit *f* 5 WIRTSCH Flauheit *f*, Lustlosigkeit *f*

flat|-nose pliers SPL, *a.* **pair of ~** TECH Flachzange *f*; **~ paint** S TECH Grundierfarbe *f*; **~plate collector** S *Sonnenenergie*: Flachkollektor *m*; **~ price** S WIRTSCH Einheits-, Pauschalpreis *m*; **~ race** S *Pferdesport*: Flachrennen *n*; **~-racing season** S *Pferdesport*: Flachrennsaison *f*; **~ rate** S WIRTSCH Pauschal-, Einheitssatz *m*; **~ roof** S Flachdach *n*; **~-roofed** ADJ mit Flachdach; **~ screen** S TV Flachbildschirm *m*; **~ search** S JUR *bes Br* Haussuchung *f*; **~ spring** S TECH Blattfeder *f*

flatten ['flætn] A V/T 1 eben *od* flach *od* glatt machen, (ein)ebnen: **~ o.s. against a wall** sich an e-e Mauer drücken 2 dem Erdboden gleichmachen 3 **~ out** FLUG *ein Flugzeug* a (*aus dem Gleitflug*) abfangen b (*vor der Landung*) aufrichten 4 *umg* a *Boxen*: flachlegen, auf die Bretter schicken b *Fußball*: legen c *e-n Gegner* niederringen, bezwingen d (finanziell) ruinieren e niederdrücken, entmutigen f *j-m, e-r Sache* e-n gehörigen Dämpfer aufsetzen 5 MUS *Br e-e Note* um e-n halben Ton erniedrigen 6 MAL *Farben* dämpfen 7 MAL, TECH grundieren 8 a MATH, TECH abflachen, abplatten b TECH ausbeulen 9 TECH nachhämmern, strecken B V/I 1 *a.* **~ out** flach(er) *od* eben werden 2 *fig* a fad(e) werden b verflachen, geistlos werden 3 **~ out** FLUG ausschweben

flattened ['flætnd] ADJ MATH, TECH abgeflacht, abgeplattet; **flattener** S TECH 1 Strecker *m* 2 METALL Blechrichtmaschine *f*; **flattening** S 1 MATH, TECH Abflachung *f*, Abplattung *f* 2 TECH Strecken *n*: **~ furnace** Streckofen *m*

flatter[1] ['flætə(r)] A V/T 1 *j-m* schmeicheln: **be ~ed** sich geschmeichelt fühlen (**at, by** durch); **they ~ed her on** (*od* **about**) **her cooking** sie machten ihr Komplimente über ihre Kochkunst; **~ sb into doing sth** j-n so lange umschmeicheln, bis er etwas tut 2 *fig j-m* schmeicheln (*Bild etc*) 3 wohltun (*dat*), schmeicheln (*dat*): **the breeze ~ed his skin** die Brise streichelte s-e Haut; **it ~ed his vanity** es schmeichelte s-r Eitelkeit 4 **~ o.s.** sich schmeicheln *od* einbilden (**that** dass): **I ~ myself that I am a good dancer** ich schmeichle mir, ein guter Tänzer zu sein 5 **~ o.s.** sich beglückwünschen (**on** zu) B V/I schmeicheln, Schmeicheleien sagen

flatter[2] ['flætə(r)] S TECH 1 Richt-, Streckhammer *m* 2 Plätt-, Streckwalze *f*

flatterer ['flætərə(r)] S Schmeichler(in); **flattering** ADJ (ADV ~ly) 1 schmeichelhaft, schmeichlerisch 2 geschmeichelt, schmeichelhaft (**to** für) (*Porträt etc*); **flattery** S Schmeichelei(en) *f(pl)*: → obtain A 1

flattie ['flætiː] S *US* 1 *umg* → flatboat 2 → flatfoot 2

flat tile S ARCH Biberschwanz *m* (*flacher Dachziegel*)

flatting ['flætɪŋ] S TECH Strecken *n*: **~ mill** Streckwerk *n*

flattish ['flætɪʃ] ADJ einigermaßen flach *od* eben

flat|top S 1 BOT a Wollknöterich *m* b *US* Vernonie *f* 2 SCHIFF *US umg* Flugzeugträger *m* 3 *a.* **~ haircut** *US umg* Bürstenschnitt *m* (*Frisur*); **~ tuning** S ELEK Grobabstimmung *f*

flatty → flattie

flatulence ['flætjʊləns; *US* -tʃə-], *a.* **flatulency** [-sɪ] S 1 MED a Blähung(en) *f(pl)*: **cause** (*od* **produce**) **~** blähen b Blähsucht *f* 2 *fig* a Leerheit *f*, Hohlheit *f* b Schwülstigkeit *f*; **flatulent** ADJ (ADV ~ly) 1 MED a blähend b blähsüchtig c aufgebläht 2 *fig* a leer, hohl (*Gerede etc*) b schwülstig, geschwollen (*beide pej*) (*Stil etc*)

flatus ['fleɪtəs] S MED Blähung *f*

flat|ware S *US* 1 (Tisch-, Ess)Besteck *n* 2 flaches (Ess)Geschirr (*Teller, Untertassen etc*) (*Ggs* **hollowware**); **~ways**, *US a.* **~wise** ADV mit der flachen *od* breiten Seite (nach) vorn *od* oben, platt, der Länge nach; **~work** S *bes US* Mangelwäsche *f*; **~worm** S ZOOL Plattwurm *m*

flaunt [flɔːnt] A V/T 1 zur Schau stellen, protzen mit *pej*: **~ o.s.** → B 1 2 *US* → flout A 2 B V/I 1 (herum)stolzieren, paradieren 2 a stolz wehen b prangen C S Zurschaustellung *f*, Protzerei *f pej*; **flaunty** ADJ (ADV flauntily) *bes US* protzig *pej*

flautist ['flɔːtɪst] S MUS Flötist(in)

flavone ['fleɪvəʊn] S CHEM Flavon *n*
flavoprotein [ˌfleɪvəʊ'prəʊtiːn; -tiːɪn] S CHEM Flavoprotein *n*
flavor, *bes Br* **flavour** ['fleɪvə(r)] A S 1 (Wohl)Geschmack *m*, Aroma *n*: **six different ~s** sechs verschiedene Geschmacksrichtungen *od* -sorten; **~ enhancer** Aromazusatz *m*; **~-enhancing** geschmacksverbessernd 2 Würze *f*, Aroma *n* (*beide a. fig*), aromatischer Geschmacksstoff, (Würz)Essenz *f* 3 *fig* a (besondere) Art b Beigeschmack *m* c Anflug *m* B V/T würzen, schmackhaft machen (*beide a. fig*), *e-r Sache* Geschmack geben: **chocolate-~ed** mit Schokoladengeschmack C V/I **~ of** schmecken nach, *fig a.* riechen nach; **flavored**, *bes Br* **flavoured** ADJ schmackhaft, würzig; **flavoring**, *bes Br* **flavouring** → flavor A 2; **flavorless**, *bes Br* **flavourless** ADJ fad(e), schal, ohne Geschmack; **flavorsome**, *bes Br* **flavoursome** [-səm] → flavored
flaw[1] [flɔː] A S 1 Fehler *m*: a Mangel *m*, Makel *m* b WIRTSCH, TECH fehlerhafte Stelle, Defekt *m* (*a. fig*), Fabrikationsfehler *m* 2 Sprung *m*, Riss *m*, Bruch *m* 3 Blase *f*, Wolke *f* (*im Edelstein*) 4 JUR a Formfehler *m* b Fehler *m* im Recht 5 *fig* schwacher Punkt, Mangel *m* B V/T 1 brüchig *od* rissig machen, brechen 2 Fehler aufzeigen in (*dat*): **his argumentation could not be ~ed** in s-r Argumentation war kein Fehler zu finden 3 verunstalten, entstellen: **the scar ~ed her face** C V/I brüchig *od* rissig werden, brechen
flaw[2] [flɔː] S Bö *f*, Windstoß *m*
flawless ADJ (ADV ~ly) fehlerlos, -frei, makellos, tadellos, einwandfrei, (*Edelstein*) lupenrein; **flawlessness** S Fehler-, Makellosigkeit *f*
flax [flæks] A S 1 BOT Flachs *m*, Lein(pflanze) *m(f)* 2 Flachs(faser) *m(f)* B ADJ Flachs…; **~ brake**, **~ break** S TECH Flachsbreche *f*; **~ comb** S TECH Flachshechel *f*, -kamm *m*; **~ cotton** S Flachs(baum)wolle *f*, Halbleinen *n*; **~ dodder** S BOT Flachsseide *f*
flaxen ['flæksən] ADJ 1 Flachs… 2 flachsartig 3 flachsen, flachsfarben
flax| mill S TECH Flachsspinnerei *f*; **~seed** S BOT Flachs-, Leinsame(n) *m*; **~weed** S BOT Leinkraut *n*
flaxy ['flæksɪ] → flaxen
flay [fleɪ] V/T 1 *ein Tier* abhäuten, JAGD abbalgen, *e-m Bock etc* die Decke abziehen: **~ sb alive** *umg* a kein gutes Haar an j-m lassen b j-m gehörig s-e Meinung sagen; **I'll ~ him alive!** *umg* der kriegt was von mir zu hören! 2 *etwas* schälen 3 *j-n* auspeitschen 4 *umg* a *j-n* ausplündern, -beuten b *j-n* ausnehmen, rupfen (*beim Spiel etc*)
F layer S PHYS F-Schicht *f* (*stark ionisierte Doppelschicht in der Ionosphäre*)
flea [fliː] A S ZOOL Floh *m*: **(as) fit as a ~** kerngesund; **send sb away with a ~ in their ear** *umg* j-m heimleuchten; **I'll put a ~ in his ear, if he comes again!** *umg* dem werd ich was erzählen, wenn er noch einmal kommt! B V/T flöhen, entflohen; **~bag** S *sl* 1 *US* a Flohkiste *f* (*Bett*) b Schlafsack *m* 2 *US* billiges dreckiges Hotel 3 *Br* Schlampe *f pej*; **~bane** S BOT (*ein*) Flohkraut *n*; **~ beetle** S ZOOL (*ein*) Erdfloh *m*; **~bite** S 1 Flohbiss *m* 2 *fig bes Br* Kleinigkeit *f*, Bagatelle *f*; **~-bitten** ADJ 1 von Flöhen zerbissen 2 rötlich gesprenkelt (*Pferd etc*); **~ circus** S Flohzirkus *m*; **~ collar** S Flohhalsband *n*; **~ louse** S *irr* ZOOL (*ein*) Blattfloh *m*; **~ market** S Flohmarkt *m*; **~pit** S *Br sl* billiges, dreckiges Kino *od* Theater
flèche [fleɪʃ] S 1 ARCH Spitzturm *m* 2 *Festungsbau*: Flesche *f*, Pfeilschanze *f*; **~ attack** S *Fechten*: Pfeilangriff *m*
fleck [flek] A S 1 Fleck(en) *m*, Tupfen *m*: **~ of colo(u)r** Farbtupfer *m* 2 a (Haut)Fleck *m* b Sommersprosse *f* 3 a (*Staub- etc*) Teilchen *n*: **~ of dust** b (*Schmutz- etc*) Spritzer *m*: **~ of mud** c (*Schnee- etc*) Flocke *f*: **~ of snow** B V/T → flecker; **flecker** V/T sprenkeln, tüpfeln
flection, *bes Br* **flexion** ['flekʃn] S 1 Biegen *n*, Beugen *n* 2 Biegung *f*, Beugung *f* 3 Krümmung *f* 4 LING Flexion *f*, Beugung *f*; **flectional**, *bes Br* **flexional** [-ʃənl] ADJ LING Beugungs…, Flexions…, flektiert
fled [fled] *prät u pperf von* flee
fledge [fledʒ] A V/T 1 *e-n Vogel* bis zum Flüggewerden aufziehen 2 *bes e-n Pfeil* befiedern, mit Federn versehen B V/I Federn bekommen, flügge werden (*Vogel*); **fledged** ADJ flügge; **fledg(e)ling** [-lɪŋ] A S 1 eben flügge gewordener Vogel 2 *fig* Grünschnabel *m*, Anfänger *m* B ADJ a jung, neu b unerfahren
flee [fliː] *prät u. pperf* **fled** [fled] A V/I 1 fliehen, flüchten (*beide:* **from** vor *dat;* **from** von, aus; **to** zu, nach), die Flucht ergreifen: **~ from justice** sich der Strafverfolgung entziehen 2 sich rasch verflüchtigen *od* auflösen (*Nebel etc*) 3 eilen: **~ past** rasch vorbeiziehen (*Landschaft etc*) 4 **~ from** → B 1 B V/T 1 meiden, aus dem Weg gehen (*dat*) 2 a aus *der Stadt etc* fliehen b vor *dem Feind etc* fliehen
fleece [fliːs] A S 1 Vlies *n*, *bes* Schaffell *n*: → Golden Fleece 2 Schur *f*, geschorene Wolle: **~ wool** Schurwolle *f* 3 dickes (Woll- *od* Kunstfaser)Gewebe 4 (Haar)Pelz *m* 5 (*Schnee-, Wolken- etc*) Decke *f*: **~ of snow**; **cloud ~** 6 *US* Rückenfleisch *n* e-s Büffels B V/T 1 *Schafe etc* scheren 2 *umg* abzocken, ausnehmen, rupfen, schröpfen (**of** um) 3 bedecken, überziehen; **fleecy** ADJ (ADV fleecily) 1 wollig weich 2 flockig: **~ clouds** Schäfchenwolken
fleet[1] [fliːt] S 1 SCHIFF (*bes* Kriegs)Flotte *f*: **~ admiral** *US* Großadmiral *m*; **♀ Air Arm** *Br* HIST Marineluftwaffe *f*, Flottenfliegerverbände *pl* 2 *Gruppe von Fahrzeugen od Flugzeugen*: **~ of cars** Wagenpark *m*; **~ policy** Kraftfahrzeugsammel-, Pauschalpolice *f* 3 SCHIFF (Netz)Fleet *n*
fleet[2] [fliːt] A ADJ (ADV ~ly) 1 schnell, flink, geschwind: **~ of foot** schnellfüßig 2 *poet* flüchtig, vergänglich B V/I 1 eilen 2 *obs* dahineilen, schnell vergehen C V/T 1 *obs* sich *die Zeit* vertreiben 2 SCHIFF verschieben, Position wechseln lassen
fleet[3] [fliːt] S *Br dial* kleine Bucht
fleet-footed ADJ schnellfüßig
fleeting ADJ (ADV ~ly) flüchtig (*Blick, Kontakt etc*), vergänglich (*Schönheit etc*): **catch a ~ glimpse of** a *j-n, etwas* kurz zu Gesicht bekommen b von *j-m, etwas* e-n flüchtigen Eindruck bekommen
fleetness S 1 Schnelligkeit *f*: **~ of foot** Schnellfüßigkeit *f* 2 *poet* Flüchtigkeit *f*, Vergänglichkeit *f*
Fleet Street S Fleet Street *f*: a *das Londoner Presseviertel* b *fig* die (Londoner) Presse
Fleming ['flemɪŋ] S Flame *m*, Flämin *f*
Flemish ['flemɪʃ] A S 1 LING Flämisch *n*, das Flämische 2 **the ~** *koll* die Flamen *pl* B ADJ flämisch: **she's ~** sie ist Flämin
flench [flentʃ] → flense
flense [flens] V/T 1 a *e-n Wal* flensen, aufschneiden (u. den Speck abziehen) b *den Walspeck* abziehen: **flensing deck** Flensdeck *n* 2 *e-n Seehund* abhäuten
flesh [fleʃ] A S 1 Fleisch *n*: **lose ~** abmagern, abnehmen; **put on ~** Fett ansetzen, zunehmen; **there was a lot of ~ to be seen on the stage** auf der Bühne gab es viel nackte Haut zu sehen; **press the ~** *sl* Hände schütteln (*Politiker etc*); **press the ~ with sb** *sl* j-m die Hand schütteln; → creep A 3, pound[2] 1 2 *obs* Fleisch *n* (*Nahrungsmittel, Ggs Fisch*): **~ diet** Fleischkost *f* 3 Körper *m*, Leib *m*, Fleisch *n*: **my own ~ and blood** mein eigen Fleisch u. Blut; **more than ~ and blood can bear** einfach unerträglich; **in the ~** a leibhaftig, höchstpersönlich b in natura, in Wirklichkeit; **become one ~** ein Leib u. eine Seele werden; → pleasure A 2 4 *obs od poet* a (sündiges) Fleisch b Fleischeslust *f* 5 Menschengeschlecht *n*, menschliche Natur: **after the ~** BIBEL nach dem Fleisch, nach Menschenart; **go the way of all ~** den Weg allen Fleisches gehen 6 (*Frucht*) Fleisch *n* B V/T 1 *e-e Waffe* ins Fleisch bohren 2 a JAGD *e-n Jagdhund* Fleisch kosten lassen b *obs od poet j-n* kampfgierig *od* lüstern machen 3 *obs od poet j-s Verlangen* befriedigen 4 *e-e Tierhaut* ausfleischen 5 *meist* **~ out** *e-m Roman etc* Substanz verleihen, *e-e Rede etc* anreichern (**with** mit), *e-e Romanfigur etc* mit Leben erfüllen C V/I *meist* **~ out**, **~ up** zunehmen, Fett ansetzen
flesh| colo(u)r S Fleischfarbe *f*; **~-colo(u)red** ADJ fleischfarben; **~-eating** ADJ BOT, ZOOL fleischfressend
flesher S 1 *schott* Fleischer(in), Metzger(in) 2 Ausfleischmesser *n*
flesh| fly S ZOOL Fleischfliege *f*; **~hook** S 1 Fleischerhaken *m*, Hängestock *m* 2 Fleischgabel *f*; **~ hoop** S Spannreif *m* (*der Trommel*)
fleshiness ['fleʃɪnɪs] S Fleischigkeit *f*; **fleshings** [-ɪŋz] SPL *a.* **pair of ~** fleischfarbene Strumpfhose, fleischfarbenes Trikot; **fleshliness** S Fleischlichkeit *f*, Sinnlichkeit *f*; **fleshly** ADJ 1 fleischlich: a leiblich b sinnlich 2 irdisch, menschlich
flesh|-meat → flesh A 2; **~pot** S 1 Fleischtopf *m*: **long for the ~s of Egypt** *fig* sich nach den Fleischtöpfen Ägyptens zurücksehnen 2 *pl* luxuriöses u. ausschweifendes Leben 3 Amüsierbetrieb *m*; **~ side** S Fleisch-, Aasseite *f* (*vom Fell*); **~ tints** SPL MAL Fleischtöne *pl*; **~ wound** S MED Fleischwunde *f*
fleshy ADJ 1 fleischig, korpulent, dick 2 fleischig (*a. Früchte etc*), fleischartig
fletch [fletʃ] V/T *bes e-n Pfeil* befiedern, mit Federn versehen
Fletcherism ['fletʃərɪzəm] S Fletschern *n* (*langsames u. gründliches Kauen, wodurch e-e bessere Ausnutzung der Nahrung erreicht werden soll*)
fleur-de-lis [ˌflɜːdə'liː; *US* ˌflɜr-] *pl* **fleurs-de-lis** [-'liːz] S 1 *Heraldik*: Lilie *f* 2 *königliches Wappen Frankreichs* 3 BOT Schwertlilie *f*
fleurette [flʊə'ret; flɜː'ret] S kleines Blumenornament
fleuron ['flʊərɒn; 'flɜː-; *US* 'flɜrˌɑn] S 1 ARCH, TYPO Fleuron *m*, Blumenornament *n* 2 GASTR Fleuron *m* (*zur Garnierung von Speisen verwendetes, ungesüßtes Blätterteigstückchen*)
flew [fluː] *prät von* fly[1]
flews [fluːz] SPL ZOOL Lefzen *pl*
flex[1] [fleks] *bes* ANAT A V/T biegen, beugen: **~ one's knees**; **~ one's muscles** a die Muskeln anspannen b s-e Muskeln spielen lassen (*a. fig*) B V/I sich biegen (lassen) C S Biegen *n*, Beugen *n*: **give one's muscles a ~** die Muskeln anspannen
flex[2] [fleks] S ELEK *bes Br* (Anschluss-, Verlängerungs)Kabel *n*, (-)Schnur *f*
flexibility [ˌfleksə'bɪlətɪ] S 1 Flexibilität *f*: a Biegsamkeit *f*, Elastizität *f* b *fig* Anpassungsfähigkeit *f*, Beweglichkeit *f* 2 *fig* Lenkbar-, Folgsam-, Fügsamkeit *f*; **flexible** ADJ (ADV flexibly) 1 flexibel: a biegsam, elastisch b *fig* anpassungsfähig, beweglich: **~ cable** AUTO biegsame Welle, ELEK biegsames Kabel; **~ coupling** TECH Gelenkkupplung *f*; **~ drive shaft** TECH Kardan(gelenk)welle *f*; **~ metal tube** Metallschlauch *m*; **~ policy** flexible Poli-

tik; **~ response** MIL flexible Reaktion; **~ shaft** TECH Gelenkwelle *f*, biegsame Welle; **~ working hours** *pl* gleitende *od* flexible Arbeitszeit; **be on ~ working hours** Gleitzeit haben; → pipe A 2 **2** *fig* lenkbar, folgsam, fügsam; **flexibleness** → flexibility; **flexile** [-aɪl; *US a.* -əl] → flexible; **flexion, flexional** *bes Br für* flection, flectional

flexitime ['fleksıtaım] *bes Br* → flextime

flexor ['fleksə(r)] S ANAT Beugemuskel *m*, Beuger *m*: **~ tendon** Beugesehne *f*

flextime S gleitende Arbeitszeit: **be on** (*od* **to work**) **~** Gleitzeit haben

flexuose ['fleksjʊəʊs; *US* -ʃəˌwəʊs] ADJ, **flexuous** ADJ (ADV **~ly**) **1** **a** kurvenreich **b** sich schlängelnd, sich windend **2** BOT, ZOOL geschlängelt

flexural ['flekʃərəl] ADJ TECH Biege…: **~ stress** Biegespannung *f*; **flexure** [-ʃə(r)] S **1** Biegen *n*, Beugen *n* **2** Biegung *f*, Beugung *f*, Krümmung *f*

flibbertigibbet [ˌflıbə(r)tı'dʒıbıt] S *umg* dumme, geschwätzige Frau

flick[1] [flık] **A** S **1** leichter Schlag, Klaps *m* **2** Knall *m*, Schnalzer *m* **3** schnellende Bewegung, Ruck *m* **4** Schnipser *m* **B** V/T **1** leicht schlagen, e-n Klaps geben (*dat*) **2** mit *den Fingern* schnalzen, mit *e-r Peitsche* schnalzen, knallen **3** ruckartig bewegen, *e-n Schalter* an- *od* ausknipsen: **~ a knife open** ein Messer aufschnappen lassen **4** schnippen, schnipsen: **he ~ed the ashes from his cigar**; **~ away** (*od* **off**) wegschnippen **C** V/I **1** schnellen **2** **~ through** *ein Buch etc* durchblättern, überfliegen: **~ through a book** *a.* in e-m Buch blättern

flick[2] [flık] S *umg* **a** Film *m*: **do a ~** sich e-n Film anschauen **b** *pl* Kintopp *m*, *a. n* (*Kino*): **at the ~s** im Kintopp

flicker[1] ['flıkə(r)] **A** S **1** flackerndes Licht **2** Flackern *n*: **the final ~ of a dying fire** das letzte Aufflackern e-s erlöschenden Feuers; **a ~ of hope** ein Hoffnungsfunke **3** Zucken *n* **4** COMPUT, TV Flimmern *n* **5** Flattern *n* **6** *bes US* → flick[2] **B** V/I **1** flackern (*Kerze, Augen etc*): **the candle ~ed out** die Kerze flackerte noch einmal auf u. erlosch; **the hope ~ed within her** *that her husband was still alive* in ihr flackerte immer wieder die Hoffnung auf **2** zucken (*Schatten, Augenlider etc*): **shadows ~ed on the wall** **3** COMPUT, TV: flimmern (*Bildschirm*) **4** flattern (*Vogel*) **5** huschen (**over** über *akk*) (*Augen*) **C** V/T **1** flackern lassen: **the wind ~ed the candle** **2** andeuten, signalisieren: **he ~ed a warning with a lifted brow**

flicker[2] ['flıkə(r)] S ORN (*ein*) nordamer. Goldspecht *m*

flicker-free ADJ COMPUT, TV flimmerfrei (*Bildschirm*)

flick knife S *irr bes Br* Schnappmesser *n*

flier ['flaıə(r)] S **1** *etwas, was fliegt, z. B. Vogel, Insekt etc* **2** FLUG Flieger *m*: **a** Pilot(in) **b** *umg* Vogel *m* (*Flugzeug*) **3** Flieger(in) (*Trapezkünstler[in]*) **4** *etwas sehr Schnelles, bes* **a** *US* Express(zug) *m* **b** *US* Schnell(auto)bus *m* **5** TECH Schwungrad *n*, Flügel *m* **6** ARCH → flight[1] 9 **7** Flüchtige(r) *m/f(m)* **8** *umg* **a** Riesensatz *m*: **take a ~** e-n Riesensatz machen; **take a ~ in politics** sich kopfüber in die Politik stürzen **b** *US* riskantes Unterfangen, *bes* WIRTSCH gewagte Spekulation: **take a ~** gewagt spekulieren **9** *US* **a** Flugblatt *n*, Reklamezettel *m* **b** Nachtragskatalog *m* **10** *umg für* flying start 2

flight[1] [flaıt] S **1** Flug *m*, Fliegen *n*: **in ~** im Flug; *the aircraft* **had to be refuel(l)ed in ~** musste in der Luft aufgetankt werden **2** FLUG Flug *m*, Luftreise *f* **3** Flug(strecke) *m(f)* **4** Schwarm *m* (*Vögel od Insekten*), Flug *m*, Schar *f* (*Vögel*): **in the first ~** *fig* in vorderster Front **5** FLUG, MIL **a** Schwarm *m* (*4 Flugzeuge*) **b** Kette *f* (*3 Flugzeuge*) **6** Flug *m*, Dahinsausen *n* (*e-s Geschosses etc*) **7** (*Geschoss-, Pfeil- etc*) Hagel *m*: **a ~ of arrows** **8** (*Gedanken- etc*) Flug *m*, Schwung *m*: **soaring ~s of intellect** geistige Höhenflüge **9** *a.* **~ of stairs** ARCH **a** Treppenlauf *n* **b** geradläufige Treppenflucht **c** Treppe *f*: **she lives two ~s up** sie wohnt zwei Treppen hoch **10** (*Zimmer*) Flucht *f* **11** *fig* Flug *m*, Verfliegen *n*: **the ~ of time** **12** → flight feather **13** Steuerfeder *f* (*e-s [Wurf]Pfeils*) **14** → flight arrow **15** *Golf*: Flight *m* (*Paarung, Gruppe*)

flight[2] [flaıt] S Flucht *f*: **in his ~** auf s-r Flucht; **put to ~** in die Flucht schlagen; **take (to) ~** die Flucht ergreifen; **~ of capital** WIRTSCH Kapitalflucht

flight| arrow S Langbogenpfeil *m*; **~ attendant** S Flugbegleiter(in); **~ bag** S **1** FLUG Reisetasche *f* (*bes e-e, die unter e-n Flugzeugsitz passt*) **2** (*Reise- etc*)*Tasche, auf der der Name e-r Fluggesellschaft aufgedruckt ist*; **~ capital** S WIRTSCH Fluchtgeld *n*, -kapital *n*; **~ case** S Bordcase *n/m*; **~ controller** S Fluglotse *m*, -lotsin *f*; **~ crew** S (*a. als pl konstruiert*) FLUG Bordpersonal *n*; **~ deck** S **1** SCHIFF Flugdeck *n* (*e-s Flugzeugträgers*) **2** **a** FLUG Cockpit *n* **b** *Raumfahrt*: Besatzungsraum *m*; **~ desk** S Flugschalter *m*; **~ engineer** S Flug-, Bordingenieur(in); **~ feather** S ZOOL Schwung-, Flugfeder *f*; **~ formation** S FLUG Flugformation *f*, fliegender Verband

flightiness ['flaıtınıs] S **1** Unbeständigkeit *f*, Flatterhaftigkeit *f* **2** Koketterie *f*

flight| instructor S Fluglehrer(in); **~ instrument** S Bord-, Fluginstrument *n*; **~ lane** S Flugschneise *f*

flightless ADJ ORN flugunfähig

flight| level S FLUG Flugfläche *f*; **~ lieutenant** S FLUG, MIL *Br* (Flieger)Hauptmann *m*; **~ mechanic** S Bordmechaniker(in); **~ path** S **1** FLUG Flugroute *f* **2** *Ballistik*: Flugbahn *f*; **~ pay** S FLUG, MIL *US* Fliegerzulage *f*; **~ personnel** S (*a. als pl konstruiert*) FLUG fliegendes Personal; **~ plan** S FLUG Flugplan *m*: **file a ~** e-n Flugplan aufgeben; **~ recorder** S Flugschreiber *m*; **~ safety** S FLUG Flugsicherheit *f*; **~ sergeant** S FLUG, MIL *Br* Oberfeldwebel *m* (*der Luftwaffe*); **~ simulator** S Flugsimulator *m*; **~ strip** S behelfsmäßige Start- u. Landebahn, Start- u. Landestreifen *m*; **~ surgeon** S MED, MIL *US* Fliegerarzt *m*; **~-test** V/T im Flug erproben: **~ed** flugerpobt; **~ ticket** S Flugticket *n*, -schein *m*; **~ weather** S Flugwetter *n*; **~-worthy** ADJ **1** flugtauglich (*Person*) **2** fluggeeignet (*Gerät*)

flighty ADJ (ADV **flightily**) **1** unbeständig, launisch, flatterhaft **2** kokett

flimflam ['flımflæm] *umg* **A** S **1** Unsinn *m*, Mumpitz *m pej* **2** Trick *m*, fauler Zauber *pej* **B** V/T *j-n* reinlegen

flimsiness ['flımzınıs] S **1** Dünnheit *f* **2** *fig* Fadenscheinigkeit *f* **3** Oberflächlichkeit *f*; **flimsy** **A** ADJ (ADV **flimsily**) **1** dünn: **a** zart, leicht: **~ dress** *pej* Fähnchen *n* **b** leicht zerbrechlich *od* gebaut: **~ house** windiges Haus **2** *fig* schwach, dürftig, fadenscheinig (*Ausrede etc*) **3** oberflächlich (*Sicherheit etc*) **B** S **1** *pl umg* Reizwäsche *f*, zarte Damenunterwäsche **2** **a** Durchschlagpapier *n* **b** Durchschlag *m*, Kopie *f*

flinch[1] [flıntʃ] V/I **1** zurückschrecken (**from, at** vor *dat*) **2** (zurück)zucken, zusammenfahren (*vor Schmerz etc*): **without ~ing** ohne mit der Wimper zu zucken, ohne e-e Miene zu verziehen

flinch[2] [flıntʃ] → flense

flinders ['flındə(r)z] SPL Splitter *pl*: **fly into ~** zersplittern

fling [flıŋ] **A** S **1** Wurf *m*: **give sth a ~** etwas wegwerfen; **(at) full ~** mit voller Wucht **2** Ausschlagen *n* (*des Pferdes*) **3** **a** Flirt *m* **b** Beziehung *f*: **just the usual ~s** nur das Übliche; **it was just a ~** es war nichts Ernstes; **have one's** (*od* **a**) **~** sich austoben, (*einmalig a.*) auf den Putz hauen, über die Stränge schlagen, (*über e-n längeren Zeitraum a.*) sich die Hörner abstoßen **4** *umg* Versuch *m*: **have** (*od* **take**) **a ~ at sth** es mit etwas versuchen *od* probieren **5** *fig* Hieb *m*, Stichelei *f*: **have** (*od* **take**) **a ~ at sb** gegen j-n sticheln **6** *ein lebhafter schottischer Tanz* **B** V/T *prät u. pperf* flung [flʌŋ] **1** *etwas* werfen, schleudern (*beide*: **at** nach): **~ open (to)** *e-e Tür etc* aufreißen (zuschlagen); **she flung him an angry look** sie warf ihm e-n wütenden Blick zu; **~ one's arms (a)round sb's neck** j-m die Arme um den Hals werfen, j-m um den Hals fallen; **~ o.s. at sb** **a** sich auf j-n werfen *od* stürzen **b** *fig* sich j-m an den Hals werfen; **~ o.s. into sb's arms** sich j-m in die Arme werfen (*a. fig*); **~ o.s. into a chair** sich in e-n Sessel werfen; **~ o.s. into sth** *fig* sich in *od* auf e-e Sache stürzen; **~ sb into prison** j-n ins Gefängnis werfen; → tooth A 1, wind[1] A 1 **2** *poet* aussenden, -strahlen, -strömen **3** **a** *e-e Bemerkung etc* heraus-, hervorstoßen **b** → fling off A 5 **C** V/I **1** eilen, stürzen (*beide*: **out of the room** aus dem Zimmer) **2** *oft* **~ out** ausschlagen (**at** nach) (*Pferd*)

Phrasal Verbs: **fling| away** V/T **1** fort-, wegwerfen **2** *Zeit, Geld* verschwenden, vergeuden (*beide*: **[up]on** an *j-n*, für *etwas*) **3** *Skrupel etc* über Bord werfen; **~ back** V/T zurückwerfen: **she flung back her head proudly**; **~ down** V/T auf den *od* zu Boden werfen: **~ a challenge to sb (to do sth)** j-m den Fehdehandschuh hinwerfen (u. ihn auffordern, etwas zu tun); → gauntlet[1] 2; **~ off** **A** V/T **1** *ein Kleidungsstück* abwerfen **2** **a** *ein Joch etc* abwerfen, abschütteln: **~ the chains of marriage** sich aus den Fesseln der Ehe befreien **b** → fling away 3 **3** *e-n Verfolger* abschütteln, *e-n Jagdhund* von der Fährte abbringen **4** *ein Gedicht etc* schnell hinwerfen, aus dem Ärmel schütteln **5** *e-e Bemerkung* hinwerfen, fallen lassen **B** V/I davonstürzen; **~ on** V/T (sich) *ein Kleidungsstück* überwerfen; **~ out** **A** V/T **1** *a. j-n, e-n Beamten etc* hinauswerfen **2** *Abfall etc* wegwerfen **3** → fling B 3 a **B** V/I → fling C 2; **~ up** V/T hochwerfen: **~ one's arms** (*od* **hands**) **in horror** entsetzt die Hände über dem Kopf zusammenschlagen

flint [flınt] S **1** MINER Flint *m*, Feuerstein *m*: **(as) hard as ~** *fig* gefühllos **2** Feuer-, Zündstein *m* (*e-s Feuerzeugs*) **3** → flint glass; **~ glass** S TECH Flintglas *n*

flintiness ['flıntınıs] S Härte *f*, Hartherzigkeit *f*

flint|lock S MIL, HIST Steinschloss(gewehr) *n*; **~ mill** S Flintmühle *f*; **~ paper** S TECH Flintpapier *n*

Flintshire ['flıntʃə(r); -ʃıə(r)] S Flintshire *n* (*Grafschaft in Nordostwales*)

flinty ADJ (ADV **flintily**) **1** aus Feuerstein, Feuerstein… **2** feuersteinhaltig **3** kieselhart **4** hart(herzig): **a ~ heart** ein Herz aus Stein

flip[1] [flıp] **A** V/T **1** schnippen, schnipsen: **~ away** (*od* **off**) wegschnippen **2** schnellen, mit e-m Ruck bewegen: **~ (over)** *e-n Pfannkuchen, e-e Schallplatte etc* wenden, *a. e-n Spion* umdrehen *sl*; **~ a coin** e-e Münze (*zum Losen*) hochwerfen **3** **~ one's lid** (*bes US a.* **wig**) *sl* ausflippen **B** V/I **1** schnippen, schnipsen **2** **~ through** *ein Buch etc* durchblättern **3** *sl* ausflippen **4** *US umg* sich verknallen (**for** in *akk*) **C** S

1 Schnipser *m*: **give sth a ~** etwas schnippen *od* schnipsen 2 Ruck *m* 3 SPORT Salto *m* 4 *Eis-, Rollkunstlauf*: Flip *m* 5 *Br umg* kurzer Rundflug D ADJ *umg für* **flippant**

flip² [flɪp] S Flip *m* (*alkoholisches Mischgetränk mit Ei*)

flip| chart S Flipchart *n* (*auf e-m Gestell befestigter großer Papierblock, dessen Blätter nach oben umgeschlagen werden können*); **~-flap** [-flæp] → flip--flop

flip-flop ['flɪpflɒp; *US* -,flɑp] A S 1 Klappern *n* (*von Fensterläden etc*) 2 *Turnen*: Flickflack *m*, Handstandüberschlag *m*: **do a ~** → B 2 3 *a.* **~ circuit** ELEK Flipflopschaltung *f* 4 Zehensandale *f* 5 *fig umg* Kehrtwendung *f*, Drehung *f* um hundertachtzig Grad: **do a ~** → B 3 B V/I 1 klappern, schlagen: **the shutters ~ped in the wind** 2 *Turnen*: e-n Flickflack machen 3 *fig umg* e-e Kehrtwendung machen, sich um hundertachtzig Grad drehen

flippancy ['flɪpənsɪ] S Respektlosigkeit *f*, Schnodd(e)rigkeit *f umg*; **flippant** ADJ (ADV ~ly) respektlos, schnodd(e)rig *umg*

flipper ['flɪpə(r)] S 1 ZOOL a (Schwimm)Flosse *f* b Paddel *n* (*von Seeschildkröten*) 2 SPORT Schwimmflosse *f* 3 *sl* Flosse *f pej* (*Hand*)

flipping ['flɪpɪŋ] ADJ & ADV *Br sl* verdammt, verflucht: **~ idiot** Vollidiot *m*; **~ cold** saukalt

flip| side S B-Seite *f* (*e-r Schallplatte*); **~ switch** S ELEK Kippschalter *m*

flirt [flɜːt; *US* flɜrt] A V/T 1 schnippen, schnipsen 2 schnell (hin u. her) bewegen, wedeln mit B V/I 1 herumsausen, (*Vögel etc*) herumflattern 2 flirten (**with** mit) (*a. fig*): **he was ~ing with left-wing groups**; **~ with death** mit s-m Leben spielen 3 *fig* spielen, liebäugeln (*beide*: **with** mit): **~ with the idea of leaving** C S 1 Schnipser *m* 2 a kokette Frau b Schäker *m*: **be a ~** gern flirten; **flirtation** S 1 Flirten *n* 2 Flirt *m* 3 *fig* Spielen *n*, Liebäugeln *n*; **flirtatious** ADJ (ADV ~ly) (gern) flirtend, kokett; **flirtatiousness** S kokettes Wesen; **flirter** → flirt C 2; **flirty** → flirtatious

flit [flɪt] A V/I 1 flitzen, huschen: **an idea ~ted through his mind** ein Gedanke schoss ihm durch den Kopf 2 flattern 3 verfliegen (*Zeit*) 4 *schott u. Br dial* um-, wegziehen 5 *Br umg* bei Nacht u. Nebel (*bes unter Hinterlassung von Mietschulden*) ausziehen B S 1 Flitzen *n*, Huschen *n* 2 Flattern *n* 3 *schott u. Br dial* Umzug *m* 4 *a.* **moonlight ~** *Br umg* Auszug *m* bei Nacht u. Nebel: **do a ~** → A 5 5 *bes US sl* Strichjunge *m*, Stricher *m*

flitch [flɪtʃ] A S 1 gesalzene *od* geräucherte Speckseite: **the ~ of Dunmow** *Speckseite, die jedes Jahr in Dunmow, Essex, an Ehepaare verteilt wird, die ein Jahr lang nicht gestritten haben* 2 Heilbuttschnitte *f* 3 Walspeckstück *n* 4 *Zimmerei*: a Beischale *f* b Schwarte *f* c Trumm *n* d Planke *f* B V/T in Stücke schneiden

flite [flaɪt] *schott u. Br dial* A V/T *j-n* auszanken (**for** wegen) B S Zank *m*

flittermouse ['flɪtə(r)maʊs] S *irr* ZOOL *dial* Fledermaus *f*

flivver ['flɪvər] S *US umg obs* 1 *obs* kleines, billiges Auto 2 Pleite *f* (*Misserfolg*)

float [fləʊt] A V/I 1 (auf dem Wasser) schwimmen, (im Wasser) treiben 2 SCHIFF flott sein *od* werden 3 schweben, ziehen: **fog ~ed across the road** Nebelschwaden zogen über die Straße; **various thoughts ~ed before his mind** *fig* ihm gingen verschiedene Gedanken durch den Kopf 4 umgehen, in Umlauf sein (*Gerücht etc*) 5 WIRTSCH umlaufen, in Umlauf sein 6 WIRTSCH gegründet werden (*Gesellschaft*) 7 in Gang gebracht *od* gesetzt werden (*Verhandlungen etc*) 8 *bes* POL nicht festgelegt sein 9 *US umg* häufig den Wohnsitz *od* den Arbeitsplatz wechseln 10 (*bes* ziellos) (herum)wandern 11 *Weberei*: flotten 12 *Leichtathletik*: *US* verhalten laufen B V/T 1 a schwimmen *od* treiben lassen b *Baumstämme* flößen 2 a SCHIFF flottmachen b *ein Boot* zu Wasser bringen 3 schwemmen, tragen (*Wasser*) (*a. fig*): **~ sb into power** j-n an die Macht bringen 4 unter Wasser setzen, überfluten, -schwemmen (*a. fig*) 5 bewässern 6 WIRTSCH a *Wertpapiere etc* in Umlauf bringen b *e-e Anleihe* auflegen, ausgeben c *e-e Gesellschaft* gründen 7 WIRTSCH *e-e Währung* floaten, den Wechselkurs (*gen*) freigeben 8 *Verhandlungen etc* in Gang bringen *od* setzen 9 *ein Gerücht etc* in Umlauf setzen C S 1 SCHIFF a Floß *n* b Prahm *m* c schwimmende Landebrücke 2 Angel-, Netzkork *m*, Korkschwimmer *m* 3 *US* Schwimm-, Rettungsgürtel *m* 4 TECH Schwimmer *m* 5 FLUG Schwimmer *m* 6 FISCH Schwimmblase *f* 7 a *bes Br* niedriger Transportwagen b flacher Plattformwagen, *bes* Festwagen *m* (*bei Umzügen etc*) 8 → floatboard 9 *meist pl* THEAT Rampenlicht *n* 10 TECH a einhiebige Feile b Reibebrett *n* 11 *Br* Wechselgeld *n* (*bei Geschäftsbeginn*) 12 *Br* Schwimm-, Gleitbrett *n*

floatable ADJ 1 schwimmfähig 2 flößbar (*Fluss etc*)

floatage, **floatation** *bes Br für* flotage, flotation

float|board S TECH (Rad)Schaufel *f*; **~ bridge** S Floßbrücke *f*; **~ chamber** S TECH 1 Schwimmergehäuse *n* 2 Flutkammer *f*

floater S 1 *j-d, der od etwas, was auf dem Wasser schwimmt od im Wasser treibt* 2 *US umg* Wasserleiche *f* 3 *US umg* Zugvogel *m* (*j-d, der häufig den Wohnsitz od den Arbeitsplatz wechselt*) 4 Springer(in) (*in e-m Betrieb*) 5 POL a Wechselwähler(in) b *US Wähler, der s-e Stimme illegal in mehreren Wahlbezirken abgibt* 6 WIRTSCH Gründer(in) (*e-r Gesellschaft*) 7 WIRTSCH *Br* erstklassiges Wertpapier 8 WIRTSCH *US* Pauschalpolice *f* 9 TECH Schwimmer *m* 10 *Br umg obs* Schnitzer *m* (*Fehler*)

float|-feed ADJ TECH mit e-r schwimmerregulierten Zuleitung; **~ glass** S TECH Floatglas *n*

floating A ADJ (ADV ~ly) 1 schwimmend, treibend, schwimm..., Treib...: **~ hotel** schwimmendes Hotel 2 lose, beweglich 3 WIRTSCH a umlaufend (*Geld etc*) b schwebend (*Schuld*) c flüssig (*Kapital*) d flexibel, frei (*Wechselkurs*) e frei konvertierbar (*Währung*) B S WIRTSCH Floating *n*; **~ anchor** S SCHIFF Treibanker *m*; **~ assets** SPL WIRTSCH flüssige Anlagen *pl od* Aktiva *pl*; **~ axle** S TECH Schwingachse *f*; **~ battery** S ELEK Pufferbatterie *f*, Notstrombatterie *f*; **~ bridge** S 1 Schiffs-, Floß-, Tonnenbrücke *f* 2 Kettenfähre *f*; **~ capital** S WIRTSCH Umlaufvermögen *n*; **~ cargo** S WIRTSCH schwimmende Fracht; **~ charge** S WIRTSCH *Br* schwebende *od* fließende Belastung am Gesamtunternehmen; **~ crane** S TECH Schwimmkran *m*; **~ decimal point** → floating point; **~ dock** S SCHIFF Schwimmdock *n*; **~ dredger** S TECH Schwimmbagger *m*; **~ dry dock** → floating dock; **~ ice** S Treibeis *n*; **~ island** S 1 schwimmende Insel 2 *US e-e Süßspeise aus Eiercreme u. Schlagsahne*; **~ kidney** S MED Wanderniere *f*; **~ light** S SCHIFF 1 Leuchtboje *f* 2 Leuchtschiff *n* 3 Warnlicht *n*; **~ mine** S SCHIFF, MIL Treibmine *f*; **~ point** S Gleit-, Fließkomma *n* (*e-s Taschenrechners etc*); **~ policy** S WIRTSCH, SCHIFF Pauschalpolice *f*; **~ rib** S ANAT falsche *od* kurze Rippe; **~ trade** S Seefrachthandel *m*; **~ vote** S KOLL POL Wechselwähler *pl*; **~ voter** S POL Wechselwähler(in)

float|plane S FLUG Schwimmerflugzeug *n*; **~stone** S 1 MINER Schwimmstein *m* 2 TECH Reibestein *m*; **~ switch** S ELEK Schwimmerschalter *m*; **~ valve** S TECH Schwimmerventil *n*

floc [flɒk; *US* flɑk] S CHEM Flöckchen *n*

flocci ['flɒksaɪ; *US* 'flɑk-] *pl von* floccus; **floccose** [-kəʊs] ADJ BOT, ZOOL flockig

floccular ['flɒkjʊlə; *US* 'flɑkjələr] ADJ flockig; **flocculate** [-leɪt] V/T & V/I *bes* CHEM ausflocken; **floccule** [-juːl] S Flöckchen *n*

flocculence ['flɒkjʊləns; *US* 'flɑk-] S flockige *od* wollige Beschaffenheit; **flocculent** ADJ (ADV ~ly) 1 flockig 2 wollig; **flocculus** [-ləs] *pl* -li [-laɪ] S 1 Flöckchen *n* 2 Büschel *n* 3 ASTRON (Sonnen)Flocke *f* 4 ANAT Flocculus *m* (*kleiner Lappen des Kleinhirns*)

floccus ['flɒkəs; *US* 'flɑ-] *pl* **flocci** ['flɒksaɪ; *US* 'flɑk-] S 1 Flocke *f* 2 ZOOL a Haarbüschel *n* b ORN Flaum *m*

flock¹ [flɒk; *US* flɑk] A S (*a. als pl konstruiert*) 1 (*bes Schaf-, Ziegen*) Herde *f*: **a ~ of sheep** 2 Schwarm *m*, JAGD Flug *m* (*Vögel*) 3 Menge *f*, Schar *f*: **come in ~s** in (hellen) Scharen herbeiströmen 4 Menge *f* (*Bücher etc*) 5 REL Herde *f*, Gemeinde *f* B V/I *fig* strömen: **~ to a place** zu e-m Ort (hin)strömen; **~ to sb** j-m zuströmen, in Scharen zu j-m kommen; **~ together** zusammenströmen, sich versammeln

flock² [flɒk; *US* flɑk] S 1 (*Woll*) Flocke *f* 2 (*Haar*) Büschel *n* 3 *a. pl* a Wollabfall *m*, (zerkleinerte) Stoffreste *pl* (*als Polstermaterial*) b Wollpulver *n* (*für Tapeten etc*) 4 *a. pl* CHEM flockiger Niederschlag

flock printing S *Textilwesen*: Flockdruck *m*, -print *m*

floe [fləʊ] S 1 Treibeis *n* 2 Eisscholle *f*

flog [flɒg; *US* flɑg] A V/T 1 prügeln, schlagen: **~ a dead horse** *fig* a offene Türen einrennen b s-e Zeit verschwenden; **~ sth to death** *fig* etwas zu Tode reiten 2 auspeitschen 3 antreiben: **~ along** vorwärtstreiben 4 *bes Br* **~ sth into sb** j-m etwas einbläuen; **~ sth out of sb** j-m etwas austreiben 5 *Br umg* verkaufen B V/I (hin u. her) schlagen: **the awnings were ~ging in the wind**; **flogging** S 1 Tracht *f* Prügel 2 Auspeitschen *n* 3 JUR Prügelstrafe *f*

flong [flɒŋ; *US* flɑŋ] S 1 TYPO Matrizenpapier *n* 2 *Journalismus*: *sl* weniger wichtiges Material

flood [flʌd] A S 1 Flut *f*, strömende Wassermasse 2 Überschwemmung *f* (*a. fig*), Hochwasser *n*: **be in ~** Hochwasser führen; **the** ♎ BIBEL die Sintflut 3 Flut *f* (*Ggs Ebbe*): **on the ~** mit der Flut, bei Flut 4 *poet* Flut *f*, Fluten *pl* (*See, Strom etc*) 5 *fig* Flut *f*, Strom *m*, Schwall *m*: **there was a ~ of complaints** es hagelte Beschwerden; **a ~ of letters** e-e Flut von Briefen; **a ~ of tears** ein Tränenstrom; **she was in ~s of tears** sie zerfloss in Tränen; **a ~ of words** ein Wortschwall B V/T 1 überschwemmen, -fluten (*beide a. fig*): **be ~ed under** unter Wasser stehen; **~ the market** WIRTSCH den Markt überschwemmen; **be ~ed out with letters** mit Briefen überschwemmt werden; **be ~ed with light** in Licht getaucht sein 2 unter Wasser setzen 3 **be ~ed out** a durch e-e Überschwemmung obdachlos werden b wegen e-r Überschwemmung evakuiert werden müssen 4 SCHIFF fluten 5 **~ the carburet(t)or** (*od* **engine**) AUTO den Motor absaufen lassen *umg* 6 *e-n Fluss etc* anschwellen *od* über die Ufer treten lassen (*Regen etc*) 7 mit Licht überfluten 8 *fig* strömen in (*akk*), sich ergießen über (*akk*) C V/I 1 fluten, strömen, sich ergießen (*alle a. fig*): **~ in** hereinströmen **2** (*Fluss etc*) **a** anschwellen **b** über die Ufer treten **3** überfließen, -laufen (*Bad etc*) **4** überschwemmt werden **5** MED an Gebärmutterblutung(en) *od* übermäßiger Monatsblutung leiden

flood|cock S SCHIFF Flutventil *n*; **~ control** S Hochwasserschutz *m*; **~ disaster** S Hochwasser-, Flutkatastrophe *f*

flooders SPL, *a.* **pair of ~** *US umg* Hochwasserhose(n) *f(pl)*

floodgate S TECH Schleusentor *n*: **open the ~s** *fig* e-n Stein ins Rollen bringen; **open the ~s to** (*od* **for**) *fig* Tür u. Tor öffnen (*dat*)

flooding S **1** Überfließen *n*, -laufen *n* **2** Überschwemmung *f*, -flutung *f* **3** MED **a** Gebärmutterblutung(en) *f(pl)* **b** übermäßige Monatsblutung

flood| insurance S Überschwemmungsversicherung *f*; **~light** **A** S **1** Scheinwerfer-, Flutlicht *n*: **by ~** unter Flutlicht; **~ installation** Flutlichtanlage *f* **2** *a.* **~ projector** Scheinwerfer *m*: **under ~s** bei Flutlicht; **play under ~s** unter Flutlicht spielen **B** V/T *irr* (mit Scheinwerfern) beleuchten *od* anstrahlen: **floodlit** **a** in Flutlicht getaucht **b** mit Flutlichtanlage (*Tennisplatz etc*); **floodlit match** SPORT Flutlichtspiel *n*; **~mark** S Hochwasserstandszeichen *n*; **~ tide** S Flut(zeit) *f*

flooey ['flu:i:] ADJ: **go ~** *US sl* schiefgehen, danebengehen

floor [flɔ:(r); *US a.* 'fləʊər] **A** S **1** (Fuß)Boden *m*: → mop¹ B 1, wipe B 1 **2** Tanzfläche *f*: **take the ~** auf die Tanzfläche gehen (→ A 9 b) **3** Grund *m*, (*Meeres- etc*) Boden *m*, (*Graben-, Fluss-, Tal- etc*) Sohle *f*: **the ~ of a valley**; **~ of the pelvis** ANAT Beckenboden **4** *Bergbau*: (Strecken)Sohle *f* **5** TECH Plattform *f*: **~ of a bridge** Fahrbahn *f*, Brückenbelag *m* **6** SPORT *US* Spielfläche *f*, -feld *n* (*in der Halle*) **7** (*Scheunen-, Dresch*) Tenne *f* **8** Stock(werk) *m(n)*, Geschoss *n*: → first (*etc*) floor **9** PARL **a** *Br a.* **~ of the House** Sitzungs-, Plenarsaal *m*: **cross the ~** zur Gegenpartei übergehen **b** (*das*) Wort (*das Recht zu sprechen*): **admit sb to the ~** j-m das Wort erteilen; **claim the ~** sich zu Wort melden; **get** (**have, hold** *od* **occupy**) **the ~** das Wort erhalten (haben); **order sb to relinquish the ~** j-m das Wort entziehen; **take the ~** das Wort ergreifen (→ A 2) **10** WIRTSCH Börsensaal *m*: → floor broker, floor trader **11** WIRTSCH Minimum *n*: **a price ~**; **a wage ~**; **cost ~** Mindestkosten *pl* **B** V/T **1** e-n (Fuß)Boden legen in (*dat*) **2** *umg* zu Boden schlagen, (*Boxen a.*) auf die Bretter schicken, (*Fußball*) legen **3** *umg* **a** *j-n* umhauen, *j-m* die Sprache verschlagen: **~ed** baff, platt, sprachlos **b** *j-n* schaffen: **that problem really ~ed me**; **be ~ed by two examination questions** mit zwei Prüfungsfragen überhaupt nicht zurechtkommen **4** SPORT *US e-n Spieler* aufs Feld schicken **5** *US das Gaspedal etc* (bis zum Anschlag) durchtreten

floorage → floor space

floor|board S (Fußboden)Diele *f*; **~ broker** S WIRTSCH *US Börsenhändler, der im Kundenauftrag Geschäfte tätigt*; **~cloth** S Scheuerlappen *m*, -tuch *n*; **~ covering** S Fußbodenbelag *m*; **~ debate** S PARL Plenardebatte *f*

floorer S **1** TECH Fußboden-, *bes* Parkettleger(in) **2** *Schlag, der j-n zu Boden streckt* **3** *umg etwas, was j-n umhaut od schafft*: **the news was a real ~** die Nachricht hat mich umgehauen

floor exercises SPL SPORT Bodenturnen *n*

flooring S **1** (Fuß)Boden *m* **2** Fußbodenbelag *m*; **~ tile** → floor tile

floor| lamp S *bes US* Stehlampe *f*; **~ leader** S PARL *US* Fraktionsführer(in); **~-length** ADJ bodenlang (*Kleid etc*); **~ manager** S **1** Abteilungsleiter *m* (*in e-m Kaufhaus*) **2** POL *US* Geschäftsführer *m* (*e-r Partei*) **3** TV Aufnahmeleiter *m*; **~ model** S (*verbilligtes*) Ausstellungsstück; **~ plan** S **1** TECH Grundriss *m* (*e-s Stockwerks*) **2** Raumverteilungsplan *m* (*bei e-r Messe etc*); **~ polish** S Bohnerwachs *n*; **~ polisher** S Bohnermaschine *f*; **~ sample** *US* → floor model; **~ show** S Varietévorstellung *f* (*in e-m Nachtklub etc*); **~ space** S Bodenfläche *f*; **~-through** S *US Wohnung, die sich über ein ganzes Stockwerk erstreckt*; **~ tile** S Fußbodenfliese *f*, -platte *f*; **~ trader** S *US Börsenhändler, der auf eigene Rechnung Geschäfte tätigt*; **~ trading** S *Börse*: Parketthandel *m*; **~ vase** S Bodenvase *f*; **~ waiter** S Etagenkellner *m*; **~walker** S *bes US* (Aufsicht führende[r]) Abteilungsleiter(in) (*in e-m Kaufhaus*); **~ wax** S Bohnerwachs *n*

floozie ['flu:zi:] S *umg* Flittchen *n pej*

flop [flɒp; *US* flɑp] **A** V/I **1** (hin-, nieder)plumpsen **2** sich plumpsen(d fallen) lassen (**into** in *akk*) **3** hin u. her *od* auf u. nieder schlagen **4** lose hin u. her schwingen, flattern **5** (hilflos) zappeln **6** *oft* **~ over** *US* umschwenken (**to** zu *e-r anderen Partei etc*) **7** *umg* **a** durchfallen (*Prüfling*), (*Theaterstück etc a.*) floppen **b** *allg* danebengehen, e-e Pleite *od* ein Reinfall sein **8** *US sl* sich in die Falle hauen (*schlafen*) **B** V/T (hin-, nieder)plumpsen lassen, hinwerfen **C** S **1** (Hin-, Nieder)Plumpsen *n* **2** Plumps *m* **3** *US* Umschwenken *n* **4** *umg* **a** THEAT *etc* Flop *m*, Durchfall *m*, Misserfolg *m* **b** Reinfall *m*, Pleite *f* **c** Versager(in), Niete *f* **5** *US sl* **a** Schlafplatz *m*, -stelle *f* **b** → dosshouse **D** ADV plumpsend, mit e-m Plumps **E** INT plumps

flophouse *US sl* → dosshouse

floppy ['flɒpɪ; *US* 'flɑpi:] **A** ADJ (ADV floppily) schlaff (herab)hängend, schlapp, schlott(e)rig: **~ ears** Schlappohren; **~ hat** Schlapphut *m* **B** S COMPUT *umg* Floppy *f*, Diskette *f*; **~ disk** S COMPUT Diskette *f*

flora ['flɔ:rə; *US a.* 'fləʊrə] *pl* -ras, -rae [-ri:] S **1** BOT Flora *f*: **a** Pflanzenwelt *f* (*e-s bestimmten Gebiets*) **b** *Bestimmungsbuch e-s bestimmten Gebiets* **2** MED (*Darm- etc*) Flora *f*

floral ['flɔ:rəl; *US a.* 'fləʊrəl] ADJ (ADV **~ly**) **1** Blumen…, Blüten…: **~ design** (*od* **pattern**) Blumenmuster *n* **2** mit Blumenmuster, geblümt; **~ clock** S Blumenuhr *f*; **~ emblem** S Wappenblume *f*; **~ envelope** S BOT Blütenhülle *f*, Perianth *n*; **~ leaf** S *irr* BOT Perianthblatt *n*

floreated → floriated

Florence ['flɒrəns; *US a.* 'flɑ:r-] S Florenz *n*

Florence Nightingale [ˌflɒrəns 'naɪtɪŋgeɪl; *US a.* ˌflɑr-] S hingebungsvolle Krankenschwester

Florentine ['flɒrəntaɪn; *US* 'flɔ:rənˌti:n] **A** S **1** Florentiner(in) **2** Florentiner Atlas *m* (*Seidenstoff*) **B** florentinisch, Florentiner

florescence [flɔ:'resns] S BOT Blüte(zeit) *f* (*a. fig*); **florescent** ADJ (auf)blühend (*a. fig*)

floret ['flɔ:rɪt; *US a.* 'fləʊrət] S BOT Blümchen *n*

floriated ['flɔ:rieɪtɪd; *US a.* 'fləʊ-] ADJ **1** mit blumenartigen Verzierungen (versehen) **2** Blumen…: **~ pattern**

floricultural [ˌflɔ:rɪ'kʌltʃərəl; *US a.* ˌfləʊrə-] ADJ Blumen(zucht)…; **floriculture** S Blumenzucht *f*; **floriculturist** S Blumenzüchter(in)

florid ['flɒrɪd; *US a.* 'flɑ-] ADJ (ADV **~ly**) **1** rot: **~ complexion** blühende *od* frische Gesichtsfarbe **2** überladen: **a** blumig (*Redeweise, Stil*) **b** ARCH *etc* übermäßig verziert **3** MUS figuriert, verziert **4** blühend (*Gesundheit*): **he is of a ~ old age** er ist für sein (hohes) Alter noch sehr rüstig **5** MED florid, voll entwickelt, stark ausgeprägt (*Krankheit*)

Florida ['flɒrɪdə; *US a.* 'flɑ:r-] S *Südöstlicher Staat der USA*; **Florida Keys** [ˌflɒrɪdə'ki:z; *US a.* ˌflɑ:r-] S Key-Inseln *pl*; **Floridan** ['flɒrɪdən; *US a.* 'flɑrədn] → Floridian

Floridian [flə'rɪdɪən] **A** ADJ aus *od* von Florida, Florida… **B** S Bewohner(in) von Florida

floridity [flɔ:'rɪdətɪ], **floridness** S **1** rote *od* blühende Gesichtsfarbe **2** Blumigkeit *f*, Überladenheit *f*

florigen ['flɒrɪdʒən; *US a.* 'fləʊ-] S BOT Florigen *n*, (*hypothetisches*) Blühhormon

florilegium [ˌflɔ:rɪ'li:dʒɪəm; *US a.* ˌfləʊ-] *pl* -gia [-dʒɪə] S Anthologie *f*, (*bes* Gedicht)Sammlung *f*

florin ['flɒrɪn; *US a.* 'flɑrən] S **1** *Br* HIST **a** Zweischillingstück *n* **b** *goldenes Sechsschillingstück aus der Zeit Eduards III* **2** *obs* (*bes niederländischer*) Gulden

florist ['flɒrɪst; *US a.* 'fləʊ-] S **1** **a** Blumenhändler(in): **~'s** Blumenladen *m* **b** Florist(in), Blumenbinder(in) **2** Blumenzüchter(in)

floristic [flɒ'rɪstɪk] BOT **A** ADJ (ADV **~ally**) floristisch: **a** *die Flora betreffend* **b** *die Floristik betreffend* **B** S **floristics** *pl* (*als sg konstruiert*) Floristik *f* (*Zweig der Botanik, der sich mit den verschiedenen Florengebieten der Erde befasst*)

floss¹ [flɒs; *US a.* flɑs] **A** S **1** Kokon-, Seidenwolle *f*, Außenfäden *pl* des Seidenkokons **2** Schappe-, Florettseide *f* **3** Florettgarn *n* **4** BOT Seidenbaumwolle *f*, Kapok *m* **5** weiche, seidenartige Substanz, Flaum *m* **6** (*Zahn*) Seide *f* **B** V/T *US* sich *die Zähne* mit Zahnseide reinigen

floss² [flɒs; *US a.* flɑs] S TECH **1** Glasschlacke *f* **2** *a.* **~ hole** Abstich-, Schlackenloch *n*

floss silk → floss¹ A 2, A 3

flossy ADJ **1** florettseiden **2** seidenweich, seidig **3** *US umg* todschick (*Kleid etc*)

flotage, *bes Br* **floatage** ['fləʊtɪdʒ] S **1** Schwimmen *n*, Treiben *n* **2** Schwimmfähigkeit *f* **3** (*etwas*) Schwimmendes *od* Treibendes (*Holz, Wrack*), Treibgut *n*

flotation, *bes Br* **floatation** [fləʊ'teɪʃn] S **1** → flotage 1 **2** Schweben *n* **3** WIRTSCH **a** Gründung *f* (*e-r Gesellschaft*) **b** Inumlaufbringung *f* (*von Wertpapieren etc*) **c** Auflegung *f* (*e-r Anleihe*) **4** TECH Flotation *f* (*Aufbereitungsverfahren zur Anreicherung von Mineralien, Gesteinen u. chemischen Stoffen*); **~ gear** S FLUG Schwimmergestell *n*

flotel [fləʊ'tel] S *umg* schwimmendes Hotel

flotilla [fləʊ'tɪlə] S SCHIFF Flotille *f*

flotsam ['flɒtsəm; *US a.* 'flɑt-] S *a.* **~ and jetsam** SCHIFF Treibgut *n*, treibendes Wrackgut: **~ and jetsam** **a** Strand-, Wrackgut **b** Überbleibsel *pl*, Reste *pl* **c** Krimskrams *m umg* **d** *fig* Strandgut *n* (*der Gesellschaft*)

flounce¹ [flaʊns] **A** V/I **1** erregt stürmen *od* stürzen: **~ off** davonstürzen **2** stolzieren **3** **a** sich herumwerfen **b** (herum)springen **c** zappeln **B** S Ruck *m*: **with a ~** ruckartig

flounce² [flaʊns] **A** S Volant *m*, Besatz *m*, Falbel *f* **B** V/T mit Volants besetzen; **flouncing** S (Material *n* für) Volants *pl*

flounder¹ ['flaʊndə(r)] V/I **1** **a** zappeln **b** strampeln **2** sich quälen (**through** durch) (*a. fig*) **3** *fig* sich verhaspeln, *a.* SPORT *etc* ins Schwimmen kommen *fig*

flounder² ['flaʊndə(r)] *pl* -ders, *bes koll* -der S FISCH Flunder *f*

flour ['flaʊə(r)] **A** S **1** Mehl *n* **2** feines Pulver, Staub *m*, Mehl *n*: **~ of emery** Schmirgelpulver; **~ gold** Flitter-, Staubgold *n* **B** V/T **1** (zu Mehl) mahlen, mahlen u. beuteln **2** mit Mehl bestreuen **C** V/I TECH sich in kleine Kügelchen auflösen (*Quecksilber*); **~ box**, **~ dredger** S

F

Mehlstreumaschine *f*

flourish ['flʌrɪʃ; *US bes* 'flɜrɪʃ] A V/I 1 gedeihen, *fig a.* blühen, florieren: **only few plants ~ without water**; *how are your family?* **they're ~ing!** prächtig 2 a auf der Höhe s-r Macht *od* s-s Ruhms stehen b s-e Blütezeit haben 3 tätig *od* erfolgreich sein, wirken *(Künstler etc)* 4 prahlen, aufschneiden 5 sich auffällig benehmen 6 sich geziert *od* geschraubt ausdrücken 7 Schnörkel *od* Floskeln machen 8 MUS a fantasieren b bravourös spielen c e-n Tusch blasen *od* spielen 9 *obs* blühen B V/T 1 *e-e Fahne etc* schwenken, *ein Schwert, e-n Stock etc* schwingen 2 zur Schau stellen, protzen mit *pej* 3 mit Schnörkeln verzieren 4 (aus)schmücken, verzieren 5 *Waren im Schaufenster* auslegen C S 1 Schwenken *n*, Schwingen *n* 2 schwungvolle Gebärde, Schwung *m* 3 Schnörkel *m* 4 Floskel *f* 5 MUS a bravouröse Passage b Tusch *m*: **~ of trumpets** Trompetenstoß *m*, Fanfare *f*, *fig* (großes) Trara *pej* 6 *obs* Blüte *f*, Blühen *n*; **flourishing** ADJ (ADV ~ly) blühend, gedeihend, florierend: **~ trade** schwunghafter Handel; **flourishy** ADJ auffällig, protzig *pej*

flour| mill S TECH *(bes* Getreide)Mühle *f*; **~ mite** S ZOOL Mehlmilbe *f*

floury ['flaʊərɪ] ADJ mehlig: a mehlartig b mehlbestreut, -bedeckt

flout [flaʊt] A V/T 1 verspotten, -höhnen 2 *e-n Befehl etc* missachten, sich hinwegsetzen über *(akk)*, *ein Angebot etc* ausschlagen B V/I spotten (**at** über *akk*), höhnen C S Spott *m*, Hohn *m*

flow [fləʊ] A V/I 1 fließen, strömen *(beide a. fig)*, rinnen *(alle:* **from** aus): **blood was ~ing from his wound**; **tears were ~ing down her cheeks** Tränen liefen ihr übers Gesicht; **~ in** herein-, hineinströmen; **~ into** münden in *(akk)*; **the river ~ed over its banks** der Fluss trat über die Ufer; **~ freely** in Strömen fließen *(Sekt etc)*; **begin to ~** in Schwung kommen *(Unterhaltung etc)*; → bridge[1] A 1, tear[1] 1 2 *fig* (**from**) herrühren (von), entspringen *(dat)* 3 wallen *(Haar, Kleid etc)*, lose herabhängen 4 *fig* a Überfluss haben, reich sein *(beide:* **with** an *dat)*: **~ with fish** fischreich sein b überfließen (**with** vor *dat)*: **her heart ~ed with gratitude** 5 PHYSIOL *umg* s-e Periode haben 6 SCHIFF steigen, hereinkommen *(Flut)* B V/T 1 überfluten, -schwemmen 2 unter Wasser setzen 3 **the wound ~ed blood** aus der Wunde floss *od* strömte *od* rann Blut C S 1 Fließen *n*, Strömen *n (beide a. fig)*, Rinnen *n*: **~ of the game** SPORT Spielfluss *m* 2 Fluss *m*, Strom *m (beide a. fig)*: **~ of blood** Blutstrom; **~ of information** Informationsfluss; **~ of investment** WIRTSCH Investitionsfluss; **~ of refugees** Flüchtlingsstrom; **~ of tears** Tränenstrom; **~ of thought** Gedankenfluss; **~ of traffic** Verkehrsfluss, -strom 3 Zu-, Abfluss *m* 4 SCHIFF Flut *f*: **the tide is on the ~** die Flut kommt herein *od* steigt 5 *fig (Wort- etc)* Schwall *m*, *(Gefühls)* Erguss *m* 6 PHYSIOL *umg* Periode *f* 7 TECH a Fluss *m*, Fließen *n*, Fließverhalten *n* b Durchfluss *m* c ELEK Stromfluss *m* d Flüssigkeit *f (e-r Farbe etc)* 8 PHYS Fließen *n (Bewegungsart)*

flowage S 1 (Über)Fließen *n* 2 Überschwemmung *f* 3 (über)fließende Flüssigkeit 4 GEOL, TECH Fließbewegung *f*

flow| chart, **~ diagram** S WIRTSCH, *Informatik:* Flowchart *n*, Flussdiagramm *n*

flower ['flaʊə(r)] A S 1 Blume *f*: **say it with ~s** lasst Blumen sprechen!; **be (as) welcome as (the) ~s in May** (*od* **spring**) a herzlich willkommen sein *(Person)* b wie gerufen kommen *(Gewinn etc)* 2 BOT Blüte *f* 3 Blütenpflanze *f* 4 Blüte(zeit) *f (a. fig)*: **be in ~** in Blüte stehen, blühen; **in the ~ of one's life** in der Blüte der Jahre 5 *(das)* Beste *od* Feinste, Auslese *f*, Elite *f* 6 Blüte *f*, Zierde *f*, Schmuck *m* 7 (Blumen)Ornament *n*, (-)Verzierung *f*: **~s of speech** *fig* Floskeln 8 TYPO Vignette *f* 9 *pl* CHEM pulv(e)riger Niederschlag, Blumen *pl*: **~s of sulfur** *(bes Br* **sulphur**) Schwefelblumen, -blüte *f* B V/I 1 blühen 2 *fig* blühen, in höchster Blüte stehen 3 *oft* **~ out** *fig* sich entfalten, sich voll entwickeln *(beide:* **into** zu) C V/T 1 mit Blumen (-mustern) verzieren *od* schmücken 2 BOT zur Blüte bringen

flowerage S 1 Blüten(pracht) *pl(f)*, Blumen (-meer) *pl(n)* 2 (Auf)Blühen *n*, Blüte *f*

flower| arrangement S Blumenarrangement *n*; **~ bed** S Blumenbeet *n*; **~ child** S *irr* HIST Blumenkind *n (Hippie)*; **~-deluce** [-də'lu:s] *pl* flowers-de-luce *obs für* fleur-de-lis 3

flowered ADJ 1 blühend 2 mit Blumen geschmückt 3 geblümt 4 *in Zusammensetzungen* a ...blütig b ...blühend; **flowerer** S 1 BOT Blüher *m*: **late ~** Spätblüher 2 Hersteller(in) von Blumenmustern; **floweret** [-rɪt] S Blümchen *n*

flower| garden S Blumengarten *m*; **~ girl** S 1 *Br* Blumenmädchen *n*, -verkäuferin *f* 2 *bes US* Blumen streuendes Mädchen *(bei e-r Hochzeit)*

floweriness ['flaʊərɪnɪs] S 1 Blumen-, Blütenreichtum *m* 2 *fig (das)* Blumenreiche, Blumigkeit *f (des Stils)*

flowering BOT A ADJ 1 blühend 2 Blüten tragend 3 Blumen..., Blüte... B S Blüte(zeit) *f*, (Auf)Blühen *n (beide a. fig)*

flowerless ADJ BOT blütenlos

flower| people SPL HIST Blumenkinder *pl (Hippies)*; **~ piece** S MAL Blumenstück *n*; **~pot** S Blumentopf *m*; **~ power** S HIST Flower-Power *f (Schlagwort der Hippies)*; **~ show** S Blumenausstellung *f*, -schau *f*; **~ stalk** S BOT Blütenstiel *m*

flowery ADJ 1 blumen-, blütenreich 2 geblümt: **~ pattern** Blumenmuster *n* 3 *fig* blumenreich, blumig *(Stil)*

flowing ADJ (ADV ~ly) 1 fließend, strömend 2 *fig* flüssig *(Stil etc)* 3 schwungvoll *(Handschrift etc)* 4 wallend *(Bart, Kleid)*, wehend, flatternd *(Haar etc)* 5 SCHIFF steigend, hereinkommend *(Flut)*

flowmeter S TECH Durchflussmesser *m*

flown[1] [fləʊn] *pperf von* fly[1]

flown[2] [fləʊn] ADJ 1 TECH mit flüssiger Farbe behandelt *(Porzellan etc)* 2 *obs* voll: **~ with wine** voll des Weines; **~ with anger** zornerfüllt

flow| pattern S PHYS Stromlinienbild *n*; **~ point** S PHYS 1 Fließpunkt *m (bei Schmierfetten)* 2 → melting point; **~ production** → flow system; **~ sheet** → flow chart; **~ system** S TECH Fließbandfertigung *f*

fl. oz. ABK fluid ounce(s PL)

flu [flu:] MED *umg* A S Grippe *f*: **he's got (the** *od* **a) ~** er hat Grippe; **she's in bed with (the) ~** sie liegt mit e-r Grippe im Bett B ADJ Grippe...: **~ epidemic (virus**, *etc)*; **~ jab** *Br umg* Grippeschutzimpfung *f*

flub [flʌb] *US umg* A S (grober) Fehler, Schnitzer *m* B V/I 1 e-n Bock schießen, e-n (groben) Fehler *od* Schnitzer machen 2 (grobe) Fehler *od* Schnitzer machen, pfuschen *pej*, stümpern *pej* C V/T verpfuschen, verpatzen *(beide pej)*

flub-dub ['flʌb,dʌb] S *US umg* Geschwafel *n*, Blech *n*, Quatsch *m (alle pej)*

fluctuant ['flʌktjʊənt; -tʃʊ-; *US* -tʃəwənt] ADJ schwankend: a fluktuierend *(a.* WIRTSCH) b *fig* unschlüssig; **fluctuate** [-eɪt] V/I schwanken: a fluktuieren *(a.* WIRTSCH), sich ständig (ver)ändern b *fig* unschlüssig sein: **~ between ... and** schwanken zwischen *(dat)* ... u; **fluctuation** S 1 Schwankung *f (a.* PHYS), Fluktuation *f (a.* BIOL, MED): **~ in prices** WIRTSCH Preisschwankung; **~ of the market** WIRTSCH Markt-, Konjunkturschwankungen *pl* 2 *fig* Schwanken *n*

flue[1] [flu:] S 1 TECH Rauchfang *m*, Esse *f* 2 TECH a Fuchs *m*, Rauch-, Zugkanal *m*: **~ ash** Flugasche *f*; **~ gas** Rauch-, Abgas *n* b (Feuerungs)Zug *m (als Heizkanal)* c Flammrohr *n*: **~ boiler** Flammrohrkessel *m* 3 MUS a → flue pipe b Kernspalt *m (e-r Orgelpfeife)*

flue[2] [flu:] S Flaum *m*, Staubflocken *pl*

flue[3] [flu:] S SCHIFF Schleppnetz *n*

flue[4] [flu:] *Br* A V/T aus-, abschrägen B V/I sich abschrägen

flue-cure V/T *Tabak* mit Heißluft trocknen

fluency ['flu:ənsɪ] S 1 Flüssigkeit *f (des Stils etc)* 2 (Rede)Gewandtheit *f*; **fluent** ADJ (ADV ~ly) 1 fließend *(a. fig)*: **in ~ English** in fließendem Englisch; **speak ~ German**, **be ~ in German**, **be a ~ speaker of German** fließend Deutsch sprechen 2 flüssig *(Stil etc)* 3 gewandt *(Redner etc)*

flue| pipe S MUS Lippenpfeife *f (der Orgel)*; **~ stop** S MUS Lippenregister *n (der Orgel)*; **~work** S MUS Flötenwerk *n (der Orgel)*

fluff [flʌf] A S 1 Staub-, Federflocke *f*, Fussel(n) *f(pl)* 2 Flaum *m (a. erster Bartwuchs)* 3 *bes* MUS, SPORT, THEAT *umg* Patzer *m* 4 *bes* THEAT *US umg* leichte Kost *pej* 5 *oft* **bit of ~** *umg* Mieze *f pej* B V/T 1 flaumig *od* flockig machen 2 **~ out**, **~ up** a *Federn* aufplustern b *ein Kissen etc* aufschütteln 3 *bes* MUS, SPORT, THEAT *umg* verpatzen: **~ one's lines** stecken bleiben C V/I 1 flaumig *od* flockig werden 2 sanft dahinschweben 3 *bes* MUS, SPORT, THEAT *umg* patzen; **fluffiness** S Flaumigkeit *f*, Flockigkeit *f*; **fluffy** ADJ (ADV fluffily) 1 flaumig: a flockig, locker, weich b mit Flaum bedeckt 2 *bes* THEAT *US umg* leicht, anspruchslos

flugelhorn ['flu:glhɔ:(r)n] S MUS Flügelhorn *n*

fluid ['flu:ɪd] A S Flüssigkeit *f*, CHEM *a.* Fluid *n* B ADJ (ADV ~ly) 1 flüssig *(a. Stil etc)*, CHEM *a.* fluid 2 nicht endgültig *(Meinung etc)*; **fluidal** ADJ (ADV ~ly) 1 Flüssigkeits... 2 GEOL fluidal, Fluidal...

fluid| bed S CHEM Fließbett *n*, Wirbelschicht *f*; **~ coupling**, **~ clutch** S TECH Flüssigkeitskupplung *f*, hydraulische Kupplung; **~ drachm**, **~ dram** S → fluid ounce *(US = 3,69 ccm; Br = 3,55 ccm)*; **~ drive** S TECH Flüssigkeitsgetriebe *n*; **~ extract** S Fluidextrakt *m (dünnflüssiger Extrakt aus pulverisierten Pflanzenteilen)*

fluidic [flu:'ɪdɪk] TECH A ADJ: **~ device** Fluidic *n (nach den Gesetzen der Hydromechanik arbeitendes Steuerelement)* B S **fluidics** *pl (als sg konstruiert)* Fluidik *f*, Steuertechnik *f*

fluidify [flu:'ɪdɪfaɪ] V/T & V/I (sich) verflüssigen; **fluidity** S Flüssigkeit *f (a. des Stils etc)*, CHEM *a.* Fluidität *f*; **fluidization** [-daɪ'zeɪʃn; *US* -də'z-] S 1 Verflüssigung *f* 2 CHEM Fluidisation *f* 3 GEOL Fluidisation *f (Bildung e-s Gas-Feststoff-Gemisches, das sich wie e-e Flüssigkeit verhält)*; **fluidize** V/T 1 verflüssigen 2 CHEM fluidisieren, in den Fließbettzustand überführen: **~d bed** → fluid bed

fluid| mechanics SPL *(als sg konstruiert)* TECH Strömungsmechanik *f*; **~ ounce** S *Hohlmaß:* a *Am* $^1/_{16}$ **pint** *(= 29,57 ccm)* b *Br* $^1/_{20}$ **imperial pint** *(= 28,4 ccm)*; **~ pressure** S PHYS, TECH hydraulischer Druck

fluke[1] [flu:k] S 1 SCHIFF Ankerhand *f*, -flügel *m* 2 TECH Bohrlöffel *m* 3 Widerhaken *m* 4 ZOOL Schwanzflosse *f (des Wals)* 5 ZOOL Saugwurm *m*, Leberegel *m* 6 FISCH Plattfisch *m*

fluke[2] [flu:k] S *umg* Dusel *m*, Schwein *n (glück-*

licher Zufall): **by a ~** durch *od* mit Dusel; **~ hit** Zufallstreffer *m*

fluk(e)y ['flu:kɪ] ADJ *umg* 1 glücklich, Glücks…, Zufalls… 2 unsicher, wechselhaft (*Wetter*)

flume [flu:m] A S 1 Klamm *f*, enge Bergwasserschlucht 2 künstlicher Wasserlauf, Kanal *m* B V/T 1 durch e-n Kanal flößen 2 *Wasser* durch e-n Kanal (ab)leiten C V/I e-n Kanal anlegen *od* benutzen

flummery ['flʌmərɪ] S 1 a (Hafer-)Mehl *n* b Flammeri *m* (*kalte Süßspeise aus Milch, Zucker, Stärkeprodukten u. Früchten*) 2 *umg* a leere Schmeichelei b Quatsch *m*

flummox ['flʌməks] V/T *umg* verwirren, aus der Fassung bringen

flump [flʌmp] *umg* A S Plumps *m* B V/T *a.* **~ down** (hin-, nieder)plumpsen lassen C V/I 1 *a.* **~ down** (hin-, nieder)plumpsen 2 sich plumpsen(d fallen) lassen (**into** in *akk*)

flung [flʌŋ] *prät u. pperf von* fling

flunk [flʌŋk] *bes US umg* A V/T SCHULE 1 *e-n Schüler* durchrasseln *od* durchrauschen lassen 2 *oft* **~ out** (*wegen ungenügender Leistungen*) von der Schule werfen 3 in *e-r Prüfung, e-m Fach* durchrasseln *od* durchrauschen, verhauen B V/I 1 SCHULE durchrasseln, durchrauschen 2 sich drücken, kneifen C S SCHULE Durchrasseln *n*, Durchrauschen *n*

flunk(e)y ['flʌŋkɪ] S 1 *oft pej* Lakai *m* 2 *pej* Kriecher(in), Speichellecker(in) 3 *US* a Handlanger(in) b Randfigur *f*; **flunkyism** S Speichelleckerei *f*

fluoborate [,flu:əʊ'bɔ:reɪt; *US a.* -'bəʊ-] S CHEM fluorborsaures Salz; **fluoboric** ADJ CHEM Fluorbor…: **~ acid**

fluor ['flu:ɔ:(r); -ə(r)] → fluorspar

fluoresce [,flʊə'res] V/I CHEM, PHYS fluoreszieren; **fluorescence** S Fluoreszenz *f*; **fluorescent** ADJ fluoreszierend: **~ lamp** Leuchtstofflampe *f*; **~ screen** Leuchtschirm *m*; **~ tube** Leucht(stoff)röhre *f*

fluorhydric [,flu:ə(r)'haɪdrɪk] ADJ CHEM fluorwasserstoffsauer: **~ acid** Fluorwasserstoffsäure *f*; **fluoric** [flu:'ɒrɪk; *US a.* -'ɑrɪk] ADJ CHEM Fluor…

fluoridate ['flʊərɪdeɪt] V/T CHEM *Trinkwasser* fluorieren, fluoridieren, fluorisieren, mit Fluor anreichern

fluoride ['flʊəraɪd] S CHEM Fluorid *n*; **fluoridize** [-rɪdaɪz] V/T *Zähne* mit e-m Fluorid behandeln; **fluorimeter** [-'rɪmɪtə(r)] → fluorometer; **fluorinate** [-rɪneɪt] V/T CHEM fluorieren, fluoridieren, fluorisieren, mit Fluor verbinden; **fluorite** [-raɪt] *US für* fluorspar

fluorometer [,flʊə'rɒmɪtə(r); *US a.* -'rɑ-] S CHEM, PHYS Fluorometer *n* (*Gerät zur Messung der Fluoreszenz*)

fluoroscope ['flʊərəskəʊp] S PHYS Röntgenbildschirm *m*; **fluoroscopic** [-'skɒpɪk; *US* -'skɑ-] ADJ Röntgen…; **fluoroscopy** [-'rɒskəpɪ; *US* -'rɑ-] S Röntgendurchleuchtung *f*

fluorosis [,flʊə'rəʊsɪs] S MED Fluorose *f* (*Gesundheitsschädigung durch Fluor*)

fluorspar ['flʊə(r)spɑ:(r)] S MINER Fluorit *m*, Flussspat *m*

fluosilicate [,flu:əʊ'sɪlɪkɪt; -keɪt] S CHEM, MINER Fluorsilikat *n*, Fluat *n*: **treat with ~** TECH fluatieren; **fluosilicic** [-'lɪsɪk] ADJ CHEM fluorkieselsauer

flurry ['flʌrɪ; *US bes* 'flɜri:] A S 1 Windstoß *m* 2 (*Regen-, Schnee-*) Schauer *m* 3 *fig* Hagel *m*, Wirbel *m*: **~ of blows** Schlaghagel 4 *fig* Aufregung *f*, Unruhe *f*: **in a ~** aufgeregt, unruhig; **put sb in a ~** j-n in Unruhe versetzen 5 Hast *f* 6 *Börse*: plötzliche, kurze Belebung 7 Todeskampf *m* (*des Wals*) B V/T aufregen, beunruhigen

flush[1] [flʌʃ] A S 1 a Erröten *n* b Röte *f* 2 (Wasser)Schwall *m*, Strom *m*, gewaltiger Wassersturz *od* -zufluss 3 a (Aus)Spülung *f*: **give** *sth* **a ~** → B 2 b (Wasser)Spülung *f* (*in der Toilette*): **~ toilet** Toilette *f* mit Wasserspülung 4 (*Gefühls*) Aufwallung *f*, Erregung *f*, Hochgefühl *n*: **~ of anger** Wutanfall *m*; **~ of success** Triumphgefühl *n*; **~ of victory** Siegesrausch *m*; **in the first ~ of victory** im ersten Siegestaumel 5 Glanz *m*, Blüte *f* (*der Jugend etc*): **he is no longer in his first ~** er hat s-e besten Jahre bereits hinter sich 6 MED Wallung *f*, Fieberhitze *f*: → hot flushes B V/T 1 erröten lassen: **the joke ~ed her** sie wurde rot bei dem Witz 2 *a.* **~ out** (aus)spülen, (-)waschen: **~ down** hinunterspülen; **~ sth down the toilet** etwas die Toilette hinunterspülen; **~ the toilet** spülen 3 unter Wasser setzen 4 *Pflanzen* zum Sprießen bringen 5 erregen, erhitzen: **~ed with anger** zornentbrannt; **~ed with happiness** überglücklich; **~ed with joy** außer sich vor Freude C V/I 1 *a.* **~ up** erröten, rot werden: **~ with shame** schamrot werden 2 spülen (*Toilette od Toilettenbenutzer*) 3 erglühen 4 strömen, schießen (*a. Blut*) 5 BOT sprießen

flush[2] [flʌʃ] A ADJ 1 eben, auf gleicher Ebene *od* Höhe (**with** mit) 2 TECH fluchtgerecht, glatt (anliegend), bündig (abschließend) (**with** mit): **~ right (left)** TYPO rechts-(links)bündig; **~ joint** bündiger Stoß 3 TECH versenkt, Senk…: **~ screw** 4 ELEK Unterputz…: **~ socket** 5 SCHIFF mit Glattdeck 6 TYPO stumpf, ohne Einzug 7 voll, direkt (*Schlag*) 8 (über)voll (**with** von) 9 *umg* a (**of**) reich (an *dat*): **~ (of money)** gut bei Kasse; **~ times** üppige Zeiten b verschwenderisch (**with** mit) c reichlich (vorhanden) (*Geld*) 10 frisch, blühend B ADV 1 → A 1, A 2 2 genau, direkt: **~ on the chin** C V/T 1 ebnen 2 TECH bündig machen 3 TECH *Fugen etc* ausfüllen, -streichen, dichten

flush[3] [flʌʃ] A V/T *Vögel* aufscheuchen B V/I plötzlich auffliegen

flush[4] [flʌʃ] S *Poker*: Flush *m* (*fünf beliebige gleichfarbige Karten*): → royal flush, straight flush

flush deck S SCHIFF Glattdeck *n*

flusher S Spreng-, Spritzwagen *m*

flushing S Spülung *f*

fluster ['flʌstə(r)] A V/T 1 a nervös machen, verwirren, durcheinanderbringen: **get ~ed** nervös werden b aufregen 2 benebeln: **~ed by drink** vom Alkohol erhitzt B V/I 1 a nervös werden, durcheinanderkommen b sich aufregen 2 nervös *od* aufgeregt (hin u. her) rennen C S a Nervosität *f*, Verwirrung *f*: **all in a ~** ganz durcheinander; **get in a ~** nervös werden b Aufregung *f*: **all in a ~** in heller Aufregung

flute [flu:t] A S 1 MUS a Flöte *f* b *a.* **~ stop** Flötenregister *n* (*e-r Orgel*) c → flutist 2 ARCH, TECH Rille *f*, Riefe *f*, Hohlkehle *f*, Kannelierung *f* 3 *Tischlerei*: Rinnleiste *f* 4 TECH (Span)Nut *f* 5 Rüsche *f* 6 *a.* **~ glass** Flöte(nglas) *f(n)* (*Weinglas*) B V/I flöten (*a. fig*), (auf der) Flöte spielen C V/T 1 *etwas* flöten (*a. fig*), auf der Flöte spielen 2 ARCH, TECH auskehlen, riffeln, riefen, kannelieren 3 *Stoff* kräuseln

fluted ADJ 1 flötenartig, (klar u.) sanft 2 ARCH, TECH ausgekehlt, gerieffelt, gerieft, kanneliert; **fluting** S 1 ARCH, TECH Kannelierung *f*, Riefe *f*, Riffelung *f* 2 Falten *pl*, Rüschen *pl* 3 Flöten *n* (*a. fig*), Flötenspiel *n*; **flutist** S *bes US* Flötist(in)

flutter ['flʌtə(r)] A V/I 1 flattern (*Fahne, Vogel etc, a.* MED *Herz, Puls*) 2 → fluster B 2 3 zittern 4 flackern (*Flamme*) B V/T 1 wedeln mit, schwenken: **~ one's eyelashes** mit den Wimpern klimpern; **~ its wings** mit den Flügeln schlagen 2 → fluster A 1 3 *Br umg e-n kleinen Betrag* verwetten C S 1 Flattern *n* (*a.* MED) 2 → fluster C a 3 *Br umg* kleine Wette: **have a ~ on the horses** beim Pferderennen ein paar Pfund riskieren 4 *a.* **~ kick** (*Schwimmen*) Kraul-Beinschlag *m* 5 RADIO, TV Ton-, Helligkeitsschwankung(en) *f(pl)*; **~board** S *US* Schwimm-, Gleitbrett *n*; **~ tongue** S MUS Flatterzunge *f*

fluty ['flu:tɪ] ADJ flötenartig

fluvial ['flu:vjəl; -ɪəl] ADJ 1 Fluss…, GEOL Fluvial… 2 BOT, ZOOL fluvial, in Flüssen vorkommend; **fluviatile** [-taɪl; -tɪl] ADJ fluvial, Fluss…

fluvioglacial [,flu:vɪəʊ'gleɪsjəl; *bes US* -ʃl] ADJ GEOL fluvioglazial (*von eiszeitlichem Schmelzwasser abgetragen od abgelagert*)

flux [flʌks] A S 1 Fließen *n*, Fluss *m* (*a.* ELEK, PHYS): **electrical ~** elektrischer Induktionsfluss 2 Ausfluss *m* (*a.* MED): **(bloody) ~** MED rote Ruhr 3 Strom *m* (*a. fig*) 4 Flut *f* (*a. fig*): **~ and reflux** Ebbe u. Flut (*a. fig*); **~ of words** Wortschwall *m* 5 *fig* beständiger Wechsel, ständige Bewegung, Wandel *m*: **in (a state of) ~** im Fluss, in Bewegung 6 TECH Fluss-, Schmelzmittel *n*, Zuschlag *m* B V/T schmelzen, in Fluss bringen C V/I 1 (aus)fließen, (-)strömen 2 a flüssig werden b (miteinander) verschmelzen; **~ density** S 1 PHYS (magnetische) Flussdichte 2 ELEK Stromdichte *f*

fluxion ['flʌkʃn] S 1 → flux A 1, A 5 2 MED *obs* Fluxion *f*, Blutandrang *m* 3 MATH *obs* Fluxion *f*: **method of ~s** Fluxionen-, Fluxionsrechnung *f*; **fluxional** [-ʃənl] ADJ (ADV ~ly), **fluxionary** [-ʃnərɪ; *US* -ʃə,neri:] ADJ 1 unbeständig, veränderlich, fließend 2 MATH *obs* Fluxionen…, Fluxions…

fluxmeter S 1 PHYS Flussmesser *m* 2 ELEK Strommesser *m*

fly[1] [flaɪ] A S 1 Fliegen *n*, Flug *m*: **on the ~** a im Fluge b ständig auf den Beinen; **change on the ~** (*Eishockey*) fliegend wechseln 2 TECH a Unruh(e) *f* (*der Uhr*) b Schwungstück *n*, -rad *n* 3 TYPO (Bogen)Ausleger *m* 4 → flyleaf 5 *Br* HIST Einspänner *m*, Droschke *f* 6 *pl* THEAT *über der Bühne gelegenes Kulissenmagazin* 7 a Klappe *f*, Platte *f* (*über e-r Knopfleiste etc*) b *a. pl* Hosenschlitz *m*, Hosenlatz *m* c Zeltklappe *f*, -tür *f* B V/I *prät* flew [flu:], *pperf* flown [fləʊn] 1 fliegen: **~ high** *fig* hoch hinauswollen, ehrgeizige Ziele haben; **the bird has (***od* **is) flown** *fig* der Vogel ist ausgeflogen; → let[1] *Bes Redew* 2 FLUG fliegen: **~ blind** (*od* **on instruments**) blindfliegen; **~ contact** mit Bodensicht fliegen 3 fliegen, stieben (*Funken etc*): **send things ~ing** Sachen herumwerfen; → feather A 1, fur A 1 4 (*nur präs, inf u. ppr*) → flee A 1 5 stürmen, stürzen, (*a. Auto etc*) sausen: **~ to arms** zu den Waffen eilen; **~ at sb** auf j-n losgehen; **~ at sb's throat** j-m an die Kehle gehen; **send sb ~ing** a j-n verjagen b j-n zu Boden schleudern; **I must ~** *umg* ich muss schleunigst weg; → passion 2, rage A 1, temper A 3 6 (ver)fliegen (*Zeit*): **the day simply flew (by)** der Tag verging (wie) im Flug(e) 7 zerrinnen (*Geld*): **make the money ~** das Geld mit vollen Händen ausgeben 8 flattern, wehen 9 JAGD mit e-m Falken jagen 10 *a.* **~ to pieces, ~ apart** zerspringen, bersten (*Glas etc*), reißen (*Saite, Segel etc*) C V/T 1 fliegen lassen: **~ hawks** JAGD mit Falken jagen; → kite A 1 2 *e-e Fahne* a führen b hissen, wehen lassen 3 FLUG a *ein Flugzeug* fliegen, führen b *j-n, etwas* im Flugzeug befördern, fliegen c *e-e Strecke* (be)fliegen d *den Ozean etc* überfliegen e mit *e-r Fluggesellschaft* fliegen 4 *e-n Zaun etc* im Sprung nehmen 5 (*nur präs, inf u. ppr*) → flee

B 2
Phrasal Verbs: **fly| about** VI 1 herumfliegen 2 sich verbreiten *(Gerücht etc)*; **~ apart** → fly¹ B 10; **~ by** → fly¹ B 6; **~ in** VI & VT einfliegen; **~ off** VI 1 fort-, wegfliegen 2 fortstürmen 3 abspringen *(Knopf)*; **~ out** A VI 1 ausfliegen 2 hinausstürzen 3 in Wut geraten: **~ at sb** auf j-n losgehen B VT ausfliegen

fly² [flaɪ] S 1 ZOOL Fliege *f*: **he would not hurt** *(od* **harm)** **a ~** er tut keiner Fliege etwas zuleide; **a ~ in the ointment** *fig* ein Haar in der Suppe; **a ~ on the wall** ein heimlicher Beobachter; **she likes to be a ~ on the wall** sie spielt gerne Mäuschen; **there are no flies on him** *umg* den legt man nicht so schnell rein; **they died like flies** sie starben wie die Fliegen; → wheel A 6 2 *Angeln*: (künstliche) Fliege: **cast a ~** e-e Angel auswerfen 3 BOT Fliege *f (Pflanzenkrankheit)*

fly³ [flaɪ] ADJ *bes Br umg* gerissen, raffiniert

flyable ADJ FLUG 1 flugtüchtig *(Flugzeug etc)* 2 zum Fliegen geeignet: **~ weather** Flugwetter *n*

fly| agaric, **~ amanita** [ˌæmə'naɪtə] S BOT Fliegenschwamm *m*, -pilz *m*; **~ ash** S Flugasche *f*; **~away** A ADJ 1 lose fallend, flatternd *(Haar, Kleidung)* 2 flatterhaft 3 US a flugbereit b fertig zum Lufttransport B S flatterhafter Mensch; **~back** S *Radar*, TV (Strahl)Rücklauf *m*; **~ball** S TECH US Pendelgewicht *n*: **~ governor** Zentrifugalregler *m*; **~bane** S BOT Leimkraut *n*; **~belt** S von Tsetsefliegen verseuchtes Gebiet; **~blow** A S (Schmeiß)Fliegenei *n*, -larve *f* B VT *irr* 1 Eier ablegen auf *(akk u. dat) od* in *(akk u. dat)* 2 *fig* besudeln; **~blown** ADJ 1 von (Schmeiß)Fliegeneiern *od* -larven verseucht 2 schäbig *(Möbelstück etc)* 3 *fig* besudelt 4 *fig* abgedroschen; **~boat** S SCHIFF *kleines, schnelles Boot*; **~ book** S *Angeln*: Büchse *f* für künstliche Fliegen; **~by** *pl* -bys S 1 FLUG Vorbeiflug *m* 2 *Raumfahrt*: Flyby *n (Technik, bei der die Freiflugbahn e-s Raumkörpers bei Annäherung an e-n Planeten durch dessen Gravitation u. Bewegung geändert wird)*; **~-by-night** *umg* A ADJ 1 WIRTSCH zweifelhaft, anrüchig 2 vorübergehend, kurzzeitig B S 1 a *Schuldner, der sich heimlich od bei Nacht aus dem Staub macht* b WIRTSCH zweifelhafter Kunde 2 Nachtschwärmer *m*, -falter *m*; **~-by-nighter** → fly-by-night B 1; **~ cap** S HIST Flügelhaube *f*; **~catcher** S ORN Fliegenschnäpper *m*

flyer → flier

fly|-fish VI mit (künstlichen) Fliegen angeln; **~flap** S a Fliegenwedel *m* b Fliegenklappe *f*, -klatsche *f*; **~ frame** S 1 *Spinnerei*: Spindelbank *f*, Vorspinnmaschine *f* 2 Schleif-, Poliermaschine *f (für Glas)*; **~ front** S *Mode*: verdeckte Knopfleiste; **~ half** S *Rugby*: Flügelhalbstürmer *m*

flying A ADJ 1 fliegend, Flug… 2 flatternd, wehend: → color A 11 3 schnell, Schnell…: **~ coach** 4 SPORT a fliegend: **~ lap** Runde *f* mit fliegendem Start; → flying start 1 b mit Anlauf *(Sprung)* c *Eis-, Rollkunstlauf*: eingesprungen *(Waagepirouette etc)* 5 hastig, eilig 6 flüchtig, kurz *(Eindruck etc)*: **~ visit** Stippvisite *f*, Blitzbesuch *m* 7 fliehend, flüchtend B S 1 a Fliegen *n* b Flug *m* 2 FLUG Fliegen *n*, Fliegerei *f*, Flugwesen *n*; **~ boat** S FLUG Flugboot *n*; **~ bomb** S MIL, HIST fliegende Bombe, Raketenbombe *f*; **~ boom** S FLUG Einfüllrohr *n (zum Auftanken in der Luft)*; **~ bridge** S 1 TECH Rollfähre *f* 2 SCHIFF Laufbrücke *f*; **~ buttress** S ARCH Strebebogen *m*; **~ circus** S FLUG 1 rotierende Staffelformation *(im Kampfeinsatz)* 2 Gruppe *f* von Schaufliegern; **~ column** S MIL fliegende *od* schnelle Kolonne; **~ doctor** S fliegender Arzt, fliegende Ärztin *(bes in Australien)*; ♀ **Dutchman** S 1 MYTH Fliegender Holländer 2 *Segeln*: Flying Dutchman *m (Zweimann-Einheitsjolle)*; **~ exhibition** S Wanderausstellung *f*; **~ field** S FLUG (kleiner) Flugplatz; **~ fish** S Fliegender Fisch; **~ fox** S 1 ZOOL Flughund *m* 2 *Aus* Lastenseilschwebebahn *f*; **~ hill** S Flugschanze *f*; **~ hour** S Flugstunde *f*; **~ instrument** S Bord-, Fluginstrument *n*; **~ jacket** S Fliegerjacke *f*; **~ jib** S SCHIFF Flieger *m*, Außenklüver *m*; **~ lane** S FLUG (Ein)Flugschneise *f*; **~ lemur** S ZOOL Flattermaki *m*; **~ machine** S FLUG Flugapparat *m*; **~ mare** S *Ringen*: Armdrehschwung *m*; **~ officer** S FLUG, MIL *Br* Oberleutnant *m (der Luftwaffe)*; **~ range** S FLUG Aktionsradius *m*; **~ saucer** S fliegende Untertasse; **~ school** S FLUG Flieger-, Flugschule *f*; **~ sparks** SPL Funkenflug *m*; **~ speed** S Fluggeschwindigkeit *f*; **~ squad** S *(a. als pl konstruiert) Br* Überfallkommando *n (der Polizei)*; **~ squadron** S *(a. als pl konstruiert)* 1 FLUG (Flieger)Staffel *f* 2 US a fliegende Kolonne b Rollkommando *n*; **~ squid** S ZOOL Seepfeil *m*; **~ squirrel** S ZOOL Flughörnchen *n*; **~ start** S 1 SPORT fliegender Start: **from a ~** mit fliegendem Start 2 **get off to a ~** a SPORT in den Schuss fallen b SPORT glänzend weg- *od* abkommen c *fig* e-n glänzenden Start *od* Einstand haben d *fig* sich glänzend anlassen 3 anfänglicher Vorteil: **give sb a ~** j-m e-n anfänglichen Vorteil verschaffen; **~ unit** S FLUG fliegender Verband; **~ weight** S FLUG Fluggewicht *n*; **~ wing** S FLUG Nurflügelflugzeug *n*

fly|leaf S *irr Buchbinderei*: Vorsatz-, Deckblatt *n*; **~ line** S 1 ORN Zuglinie *f* 2 Angelschnur *f* mit (künstlicher) Fliege; **~ loft** → fly¹ A 6; **~man** [-mən] S *irr Br* HIST Droschkenkutscher *m*; **~over** S 1 *bes US für* fly-past 2 *Br* Fly-over *m*, (Straßen)Überführung *f*; **~paper** S Fliegenfänger *m*; **~-past** S FLUG Luftparade *f*; **~ press** S TECH Spindelpresse *f*; **~ rod** S Angelrute *f (für [künstliche] Fliegen)*; **~ sheet** S 1 Flugblatt *n*, Reklamezettel *m* 2 Überdach *n (e-s Zelts)*; **~ spray** S Fliegen-, Insektenspray *m/n*; **~swatter** S Fliegenklappe *f*, -klatsche *f*

flyte → flite

fly|trap S 1 Fliegenfalle *f* 2 BOT Fliegenfänger *m*; **~way** → fly line 1; **~weight** SPORT A S Fliegengewicht(ler) *n(m)*: **at ~** im Fliegengewicht B ADJ Fliegengewichts…; **~wheel** S TECH Schwungrad *n*; **~whisk** S Fliegenwedel *m*

fm¹ ABK 1 fathom 2 from

FM² ABK 1 TECH frequency modulation 2 MIL *Br* Field Marshal

f-number S FOTO 1 Blende *f (Einstellung)* 2 Lichtstärke *f (vom Objektiv)*

fn ABK footnote

FO ABK 1 *Br* Foreign Office 2 MIL Field Officer Stabsoffizier(in) 3 MIL Flying Officer Oberleutnant *m (der Luftwaffe)*

fo. ABK folio

foal [fəʊl] ZOOL A S Fohlen *n*, Füllen *n*: **in ~**, **with ~** trächtig B VT *Fohlen* werfen C VI fohlen, werfen

foam [fəʊm] A S 1 Schaum *m (a.* TECH*)*: **he had ~ at the mouth** a er hatte Schaum vor dem Mund b *fig* er schäumte (vor Wut) 2 *umg* → foam rubber B VI 1 schäumen **(with rage** *fig* vor Wut**)**: **he was ~ing at the mouth** a er hatte Schaum vor dem Mund b *fig* er schäumte (vor Wut) 2 schäumend fließen C VT 1 schäumen: **~ed concrete** Schaumbeton *m*; **~ed plastic** Schaumstoff *m* 2 AUTO *Karosseriehohlräume* ausschäumen; **~ extinguisher** S Schaum(feuer)löscher *m*; **~ mattress** S Schaumgummimatratze *f*; **~ rubber** S Schaumgummi *m*

foamy ADJ (ADV foamily) 1 schäumend, schaumig 2 Schaum…

fob¹ [fɒb; US fɑb] S 1 Uhrtasche *f (in der Hose)* 2 *a.* **~ chain** a Uhrkette *f*, -band *n* b Uhrenanhänger *m*

fob² [fɒb; US fɑb] VT 1 **~ sth off on sb** j-m etwas andrehen *od* aufhängen 2 **~ sb off** j-n abspeisen, j-n abwimmeln *(beide:* **with** mit*)* 3 **~ sb off with sth** → 1

F.O.B., **f.o.b.** ABK WIRTSCH SCHIFF free on board frei Schiff

fob watch S Taschenuhr *f*

focal ['fəʊkl] ADJ (ADV **~ly**) 1 MATH, PHYS im Brennpunkt stehend *(a. fig)*, fokal, Brenn(-punkt)… 2 MED fokal, Fokal…, Herd…: **~ infection**

focal| distance S PHYS Brennweite *f*; **~ dose** S *Nuklearmedizin*: Herddosis *f*

focalization [ˌfəʊkəlaɪ'zeɪʃn; US -lə'z-] S 1 Vereinigung *f* in e-m Brennpunkt 2 OPT, FOTO Scharfeinstellung *f*; **focalize** A VT 1 → focus B 1, B 2 2 MED *e-e Infektion etc* auf e-n bestimmten Teil des Körpers beschränken B VI 1 → focus C 1, C 2 2 MED sich auf e-n bestimmten Teil des Körpers beschränken: **~ in** sich beschränken auf *(akk)*

focal| length S PHYS Brennweite *f*; **~ plane** S PHYS Brennebene *f*; **~-plane shutter** S FOTO Schlitzverschluss *m*; **~ point** S 1 PHYS Brennpunkt *m* 2 *fig* → focus A 2; **~ ratio** → f-number; **~ spot** S PHYS Brennpunkt *m*

foci ['fəʊsaɪ] *pl von* focus

focimeter [fəʊ'sɪmɪtə(r)], **focometer** [fəʊ'kɒmɪtə(r); US -'kɑ-] S PHYS Fokometer *n (Gerät zur Brennweitenmessung)*

fo'c's'le, **fo'c'sle** ['fəʊksl] → forecastle

focus ['fəʊkəs] *pl* -cuses, -ci [-saɪ] A S 1 a MATH, PHYS, TECH Brennpunkt *m*, Fokus *m* b TV Lichtpunkt *m* c PHYS Brennweite *f* d OPT, FOTO Scharfeinstellung *f*: **in ~** scharf eingestellt *(Kamera etc)*, scharf *(Foto etc)*; *fig* klar; **out of ~** unscharf eingestellt *(Kamera etc)*, unscharf *(Foto etc)*; *fig* unklar, verschwommen; **bring into ~** → B 1, B 2 (→ A 2); **~ control** Scharfeinstellung *f (Vorrichtung)* 2 *fig* Brenn-, Mittelpunkt *m*: **be the ~ of attention** im Brenn- *od* Mittelpunkt des Interesses stehen; **bring into ~** in den Brennpunkt rücken (→ A 1) 3 Herd *m (e-s Erdbebens, e-s Aufruhrs etc)*, MED *a.* Fokus *m* B VT *prät u. pperf* -cused, -cussed 1 OPT, FOTO fokussieren, scharf einstellen 2 PHYS im Brennpunkt vereinigen, sammeln, *Strahlen* bündeln 3 *fig s-e Aufmerksamkeit etc* konzentrieren, richten *(beide:* **on** auf *akk)*: **~ one's mind on** sich konzentrieren auf; **all eyes were focus(s)ed on her** alle Augen waren auf sie gerichtet C VI 1 PHYS sich in e-m Brennpunkt vereinigen 2 OPT, FOTO sich scharf einstellen 3 **~ on** *fig* sich konzentrieren *od* richten auf *(akk)* 4 *umg* klar denken

focus(s)ing| camera S FOTO Mattscheibenkamera *f*; **~ lens** S Sammellinse *f*; **~ scale** S FOTO Entfernungsskala *f*; **~ screen** S FOTO Mattscheibe *f*

FOD, **f.o.d.** ABK WIRTSCH free of damage unbeschädigt

fodder ['fɒdə; US 'fɑdər] A S AGR (Trocken)-Futter *n*, *hum* Futter *n (Essen)*: **that's ~ for the imagination** das regt die Fantasie an B VT *Vieh* füttern

foe¹ [fəʊ] S *poet* Feind *m (a.* MIL *u. fig)*, Widersacher *m (beide:* **to, of** *gen)*

FOE² ABK Friends of the Earth

foehn [fɜːn; US *a.* feɪn] A S Föhn *m (Wind)* B ADJ föhnig, Föhn…

foetal, **foetation**, **foeticide** → fetal, fetation, feticide

foetid, **foetidness**, **foetor** → fetid, fetidness, fetor

foetus → fetus

fog[1] [fɒg; *US a.* fɑg] A S 1 (dichter) Nebel: **there are often bad ~s in this area** in dieser Gegend herrscht oft dichter Nebel 2 a Trübheit *f*, Dunkelheit *f* b Dunst *m* 3 *fig* a Nebel *m*, Verschwommenheit *f* b Verwirrung *f*, Ratlosigkeit *f*: **be in a ~** sich im Unklaren sein (**about** über *akk*), im Dunkeln tappen 4 TECH Nebel *m* 5 FOTO Schleier *m* B V/T 1 in Nebel hüllen, umnebeln, einnebeln (*a.* TECH) 2 verdunkeln 3 *fig* a benommen machen, trüben b *e-e Sache* verworren *od* unklar machen c *j-n* ratlos machen: **~ged** ratlos 4 FOTO verschleiern 5 ein-, besprühen (*beide:* **with** mit) 6 **the steam has ~ged my glasses** durch den Dampf hat sich m-e Brille beschlagen C V/I 1 neb(e)lig werden 2 undeutlich werden, verschwimmen 3 *a.* **~ up** (sich) beschlagen (*Glas*) 4 FOTO schleiern

fog[2] [fɒg; *US a.* fɑg] A S 1 Spätheu *n*, Grum(me)t *n* 2 Wintergras *n* 3 *schott* Moos *n* B V/T 1 Wintergras stehen lassen auf (*dat*) 2 mit Wintergras füttern

fog| bank S Nebelbank *f*; **~ bell** S Nebelglocke *f*; **~bound** ADJ 1 in dichten Nebel gehüllt 2 **the planes (ships) were ~** die Flugzeuge (Schiffe) konnten wegen Nebels nicht starten (auslaufen); **the passengers were ~ at the airport** die Passagiere saßen wegen Nebels am Flughafen fest; **~bow** [-bəʊ] S METEO Nebelbogen *m*; **~dog** S heller Fleck (*in e-r Nebelbank*)

fogey → fogy

fogginess [ˈfɒgɪnɪs; *US* ˈfɑ-] S 1 Nebligkeit *f* 2 *fig* Verschwommenheit *f*, Unklarheit *f*; **foggy** ADJ (ADV foggily) 1 neb(e)lig: **it's ~** *a.* es nebelt; **~ day** Nebeltag *m* 2 trüb, dunstig 3 *fig* a nebelhaft, verschwommen, unklar: **I haven't got the foggiest (idea)** *umg* ich hab keinen blassen Schimmer (**about** von); **he hasn't got the foggiest (idea) about it** er hat keinen blassen Dunst davon b benebelt, benommen (*beide:* **with** vor *dat*) 4 FOTO verschleiert

fog|horn S Nebelhorn *n*: **he's got a voice like a ~** *umg* der hat vielleicht ein Organ; **~ lamp**, **~ light** S AUTO Nebelscheinwerfer *m*, -lampe *f*, -leuchte *f*

fogram [ˈfəʊgræm; -grəm], **fogrum** [-grəm] → fogy

fog signal S Nebelsignal *n*

fogy [ˈfəʊgɪ] S *meist* **old ~** verknöcherter (alter) Knacker *pej*; **fogyish** ADJ verknöchert *pej*, rückständig, altmodisch

föhn → foehn

foible [ˈfɔɪbl] S 1 *Fechten*: Schwäche *f* (*der Klinge*) 2 *fig* (kleine) Schwäche 3 *fig* (vorübergehende) Laune

foie gras → pâté de foie gras

foil[1] [fɔɪl] A V/T 1 *e-n Plan etc* vereiteln, durchkreuzen, zunichtemachen, *j-m* e-n Strich durch die Rechnung machen *umg*: **~ed again!** wieder alles umsonst! 2 JAGD *e-e Spur* verwischen 3 *obs e-n Angriff* zurückschlagen, *e-n Angreifer a.* besiegen B S *obs* Niederlage *f*

foil[2] [fɔɪl] A S 1 TECH (Metall)Folie *f*, Blattmetall *n* 2 TECH (Spiegel)Belag *m*, Folie *f* 3 Folie *f*, Unterlage *f* (*für Edelsteine*) 4 *fig* (**to, for**) a Folie *f*, Hintergrund *m* (für): **serve as a ~ to** → B 3 b Kontrastfigur *f* (zu) 5 ARCH a Nasenschwung *m* b Blattverzierung *f* B V/T 1 TECH mit Metallfolie belegen 2 ARCH mit Blätterwerk verzieren 3 *fig* als Folie *od* Hintergrund dienen (*dat*)

foil[3] [fɔɪl] S (*Fechten*) 1 Florett *n* 2 *pl* Florettfechten *n*

foilsman [ˈfɔɪlzmən] S *irr* Florettfechter *m*

foison [ˈfɔɪzn] S *obs od poet* Fülle *f*

foist [fɔɪst] V/T 1 **~ sth (off) on sb** a j-m etwas andrehen *od* aufhängen b j-m etwas aufhalsen c j-m etwas (*a. ein Kind*) unterschieben; **~ o.s. on sb**, **~ one's company on sb** sich j-m aufdrängen 2 *fig etwas* einschmuggeln (**into** in *akk*)

fol. ABK 1 folio 2 followed 3 following

folacin [ˈfɒləsɪn; *US* ˈfəʊ-] → folic acid

fold[1] [fəʊld] A V/T 1 *ein Tuch etc* falten: **~ one's arms** die Arme verschränken *od* kreuzen; **~ one's hands** die Hände falten; **~ back** *die Bettdecke etc* zurückschlagen, *die Stuhllehne etc* zurückklappen 2 *oft* **~ up** a zusammenlegen, -falten b zusammenklappen: **~ away** zusammenklappen (u. verstauen) 3 *a.* **~ down** herunterklappen 4 umbiegen, kniffen 5 TECH falzen, bördeln 6 a *etwas* einhüllen, -wickeln, -schlagen (*alle:* **in** in *akk*): **~ sb in one's arms** j-n in die Arme nehmen *od* schließen; **~ed in fog** in Nebel eingehüllt b *ein Stück Papier etc* wickeln (**[a]round** um) 7 *fig* einschließen (**into** in *akk*) 8 **~ in** GASTR einrühren, unterziehen: **~ an egg into** ein Ei einrühren in (*akk*) *od* unterziehen unter (*akk*) B V/I 1 sich (zusammen)falten *od* zusammenlegen *od* zusammenklappen (lassen): **~ back** sich zurückklappen lassen 2 *meist* **~ up** *umg* a zusammenbrechen (**with** vor *dat*) (*a. fig*): **~ with laughter** vor Lachen beinahe platzen *od* sterben b WIRTSCH eingehen, den Laden zumachen (müssen) (*beide umg*) C S 1 a Falte *f* b Windung *f* c Umschlag *m* 2 Falz *m*, Kniff *m*, Bruch *m* 3 TYPO Bogen *m* 4 Falz *m*, Bördel *m* 5 ANAT (*Haut*) Falte *f* 6 GEOL a (*Boden*) Falte *f* b Senkung *f*

fold[2] [fəʊld] A S 1 (*bes* Schaf)Hürde *f*, Pferch *m* 2 (eingepferchte) Schafherde 3 REL a (christliche) Gemeinde, Herde *f* b (Schoß *m* der) Kirche: **return to the ~** in den Schoß der Kirche *od* Familie *etc* zurückkehren B V/T *Schafe* einpferchen

-fold [fəʊld] *Suffix mit der Bedeutung* …fach, …fältig

fold|away ADJ zusammenklappbar, Klapp…: **~ bed** *a.* Schrankbett *n*; **~boat** S Faltboot *n*

folded mountains SPL GEOL Faltengebirge *n*

folder S 1 zusammenfaltbare Druckschrift, *bes* Faltprospekt *m*, -blatt *n*, Broschüre *f* 2 Aktendeckel *m*, Mappe *f* 3 Schnellhefter *m* 4 TECH Bördelmaschine *f* 5 TECH Falzbein *n*, (Papier)Falzmaschine *f* 6 Klapprad *n*

folderol [ˈfɒldərɒl; *US* ˈfɑldəˌrɑl] → falderal

folding ADJ 1 a zusammenlegbar, -faltbar, Falt… b zusammenklappbar, Klapp… 2 Falz…; **~ bed** S Klappbett *n*; **~ bicycle** S Klapprad *n*; **~ boat** S Faltboot *n*; **~ box** → folding carton; **~ camera** S Klapp-, Faltkamera *f*; **~ carton** S Faltschachtel *f*, -karton *m*; **~ chair** S Klappstuhl *m*, -sessel *m*; **~ door** S *a. pl* Falttür *f*; **~ hat** S Klapphut *m*; **~ ladder** S Klappleiter *f*; **~ machine** S TECH 1 Bördelmaschine *f* 2 (Papier-)Falz-, Faltmaschine *f*; **~ money** S *US umg* Papiergeld *n*; **~ press** S TECH Abkantmaschine *f*; **~ rule** S (zusammenlegbarer) Zollstock; **~ screen** S spanische Wand; **~ table** S Klapptisch *m*; **~ top** S AUTO Rolldach *n*; **~ umbrella** S Taschenschirm *m*

fold mountains SPL GEOL Faltengebirge *n*

fold-up → folding 1

foliaceous [ˌfəʊlɪˈeɪʃəs] ADJ 1 blattähnlich, -artig 2 blätt(e)rig, Blatt…, Blätter…

foliage [ˈfəʊlɪɪdʒ] S 1 Laub(werk) *n*, Blätter(-werk) *pl(n)*: **~ plant** Blattpflanze *f* 2 ARCH Blattverzierung *f*; **foliaged** ADJ 1 *in Zusammensetzungen* …blätt(e)rig 2 ARCH mit Blätterwerk verziert; **foliar** ADJ Blatt…, Blätter…

foliate [ˈfəʊlɪeɪt] A V/T 1 ARCH mit Blätterwerk verzieren: **~d capital** Blätterkapitell *n* 2 TECH a (Metall)Folie herstellen aus b mit Folie *od* Blattmetall belegen 3 TYPO *e-n* (*Druck*)*Bogen* foliieren B V/I 1 BOT Blätter treiben 2 sich in Blättchen spalten C ADJ [ˈfəʊlɪət; -lɪeɪt] 1 BOT belaubt 2 blattartig, blätt(e)rig; **foliation** S 1 BOT a Blattbildung *f*, Belaubung *f* b Blattstand *m*, -stellung *f* 2 TYPO Foliierung *f* 3 GEOL Schieferung *f* 4 ARCH Blattverzierung *f* 5 TECH a Herstellung *f* von (Metall)Folien b Belegen *n* mit Folie

folic acid [ˈfəʊlɪk] S *Biochemie*: Folsäure *f*

folio [ˈfəʊlɪəʊ] A *pl* -os S 1 Blatt *n* 2 TYPO a Folioblatt *n* (*einmal gefalteter Druckbogen*) b *a.* **~ volume** Foliant *m* c *a.* **~ size** Folio(format) *n* d nur auf der Vorderseite nummeriertes Blatt e Seitenzahl *f* (*e-s Buches*) 3 WIRTSCH a Kontobuchseite *f* b (*die*) zusammengehörenden rechten u. linken Seiten des Kontobuchs 4 JUR Einheitswortzahl *f* (*für die Längenangabe von Dokumenten; in Großbritannien 72 od, bei Testament, 90, in USA 100 Wörter*) B V/T *ein Buch etc* (nach Blättern) paginieren, mit Seitenzahl(en) versehen

foliole [ˈfəʊlɪəʊl] S BOT Blättchen *n* (*e-s zusammengesetzten Blatts*)

folk [fəʊk] A *pl* folk, folks S 1 *pl* Leute *pl*: **poor ~**; **some ~ are never satisfied**; **~s say** die Leute sagen, man sagt 2 *pl* (*nur* **folks**) *umg* a *m-e etc* Leute *pl od* Verwandten *pl od* Angehörigen *pl* b (*bes als Anrede*) Leute *pl*, Herrschaften *pl*: **well, ~s, shall we go tonight?** 3 Volk *n* (*Träger des Volkstums*) 4 *obs* Volk *n*, Nation *f* 5 Folk *m* (*Volksmusik*) B ADJ Volks…: **~ art** (**dance, etymology, hero, medicine, music,** *etc*); **~-etymological** volksetymologisch

folklore S Folklore *f*: a Volkskunde *f*, Folkloristik *f* b Volkstum *n* (*Gebräuche, Sagen etc*); **folkloric** → folkloristic; **folklorism** → folklore a; **folklorist** S Folklorist(in), Volkskundler(in); **folkloristic** ADJ (ADV ~ally) folkloristisch: a volkskundlich b volkstümlich

folk| memory S: **he lives on in ~** er lebt in der Erinnerung *od* im Gedächtnis des Volkes weiter; **~moot** [-muːt] S HIST Volksversammlung *f* (*der Angelsachsen*); **~-rock** S MUS Folkrock *m* (*Stilrichtung der modernen Musik, bei der Elemente des Folksongs mit Elementen des Rock verknüpft sind*); **~ singer** S Folksänger(in); **~ society** S SOZIOL Folk-Society *f* (*typische Gesellschaftsform e-r ursprünglichen, ländlich-einfachen Bevölkerung, die nicht von hoch entwickelter Technokratie beeinflusst ist*); **~ song** S 1 Volkslied *n* 2 Folksong *m* (*Lied mit meist sozialkritischem Inhalt, das Elemente von englischen, irischen u. schottischen Volksliedern sowie von Gospels aufgreift*); **~ story** → folk tale

folksy [ˈfəʊksɪ] ADJ *umg* 1 gesellig, umgänglich 2 *oft pej* volkstümlich: **act ~** volkstümeln, sich volkstümlich geben

folk| tale S Volkserzählung *f*, -sage *f*; **~ways** SPL traditionelle Lebensart *od* -form *od* -weise

follicle [ˈfɒlɪkl; *US* ˈfɑ-] S 1 BOT Fruchtbalg *m* 2 ANAT Follikel *m*: a Drüsenbalg *m* b Haarbalg *m*; **~-stimulating hormone** S BIOL follikelstimulierendes Hormon

follicular [fɒˈlɪkjʊlə(r); *US* fə-; fɑ-] ADJ 1 BOT balgfrüchtig 2 ANAT follikular, Follikel…: **~ hormone**; **~ phase** PHYSIOL Follikelphase *f* (*des Menstruationszyklus*) 3 BIOL Balg…; **folliculated** [-leɪtɪd] → follicular; **folliculin** [-lɪn] S BIOL, CHEM Östron *n*, Follikelhormon *n*

follow [ˈfɒləʊ; *US* ˈfɑ-] A S 1 *Billard*: Nachläufer *m* 2 → follow-up A 5 B V/T 1 *allg* folgen (*dat*): a (*zeitlich od räumlich*) nachfolgen (*dat*), folgen auf (*akk*), sich anschließen (*dat*) *od* an (*akk*): **a dinner ~ed by a dance** ein Essen mit anschließendem Tanz; **this story is ~ed by another** auf diese Geschichte folgt noch eine (andere) b nachfolgen, -laufen: **~ sb close** j-m auf dem Fuße folgen c *a.* MIL *j-n* verfolgen d sich *j-m* anschließen, *j-n* begleiten e *j-m im Amt etc* nachfolgen, *j-s* Nachfolger sein f *j-m* (als Führer *od* Vorbild) (nach)folgen, sich *j-m, e-r Partei etc* anschließen g *j-m* gehorchen h sich anpassen (*dat*) (*a. Sache*) i *e-e Mode etc* mitmachen j *e-n Rat, Befehl etc* befolgen, beachten k sich *e-r Ansicht* anschließen, teilen (*akk*) l *j-s Beispiel* folgen: **~ sb's example** *a.* es j-m gleichtun m *e-n Weg* verfolgen n entlanggehen, -führen (*akk*): **the road ~s the river** o (*mit dem Auge od geistig*) verfolgen, beobachten: **~ a game**; **~ events** p zuhören (*dat*) 2 *ein Ziel, e-n Zweck* verfolgen, anstreben 3 *e-r Beschäftigung etc* nachgehen, sich widmen (*dat*), *ein Geschäft etc* betreiben, *e-n Beruf* ausüben: **~ one's inclinations** s-n Neigungen nachgehen; das tun, wozu man Lust hat; **~ one's pleasure** s-m Vergnügen nachgehen; **~ the law** Jurist sein; → sea 1 4 folgen (können) (*dat*), verstehen: **do you ~ me?** können Sie mir folgen? 5 folgen aus, die Folge sein von (*od gen*) 6 **~ sth with sth** e-r Sache etwas folgen lassen C V/I 1 (*zeitlich od räumlich*) (nach)folgen, sich anschließen: **~ after sb** j-m nachfolgen; **~ (up)on** folgen auf (*akk*); **letter to ~** Brief folgt; **as ~s** wie folgt, folgendermaßen 2 *meist unpers* folgen, sich ergeben (*beide*: **from** aus): **it ~s from this** hieraus folgt (**that** dass); **it does not ~ that ...** dies besagt nicht, dass ...

Phrasal Verbs: **follow| about, ~ around** V/T überall(hin) folgen (*dat*); **~ on** V/I (*nach e-r Pause*) weitergehen; **~ out** V/T *e-n Plan etc* bis zum Ende durchführen, durchziehen *umg*; **~ round** → follow about; **~ through** A V/T → follow out B V/I *bes Golf*: durchschwingen; **~ up** A V/T 1 (beharrlich) verfolgen 2 a *e-r Sache* nachgehen b *e-e Sache* weiterverfolgen 3 *e-n Vorteil etc* ausnutzen 4 **~ a letter with a visit** auf e-n Brief e-n Besuch folgen lassen B V/I 1 MIL nachstoßen, -drängen 2 *fig* nachstoßen (**with** mit) 3 WIRTSCH (*in der Werbung*) nachfassen 4 **~ on** → A 2

follower [ˈfɒləʊə; *US* ˈfɑləwər] S 1 *obs* Verfolger(in) 2 a Anhänger(in) (*a. e-s Sportvereins, e-s Politikers etc*), Schüler(in), Jünger(in) b *pl* → following A 1 3 HIST Gefolgsmann *m* 4 Begleiter(in) 5 *Br obs* Verehrer *m* (*bes e-s Dienstmädchens*) 6 POL Mitläufer(in); **following** A S 1 a Gefolge *n*, Anhang *m* b Anhänger-, Gefolgschaft *f*, Anhänger *pl* 2 **the ~** a das Folgende b die Folgenden *pl* B ADJ folgend(er, e, es): **~ wind** Rückenwind *m* C PRÄP im Anschluss an (*akk*)

follow|-my-leader [-mɪˈliːdə(r)] S *Kinderspiel, bei dem die Spieler alles nachmachen müssen, was der Anführer vormacht*: **he wants us to play ~** *fig* er möchte, dass wir ihm alles nachmachen; **~-the-leader** *US* → follow-my-leader; **~-through** S 1 *bes Golf*: Durchschwung *m* 2 (endgültige) Durchführung; **~-up** A S 1 Weiterverfolgen *n* (*e-r Sache*) 2 Ausnutzung *f* (*e-s Vorteils*) 3 MIL Nachstoßen *n* (*a. fig*), -drängen *n* 4 WIRTSCH (*in der Werbung*) Nachfassen *n* 5 *Journalismus*, RADIO, TV Fortsetzung *f* (**to** *gen*) 6 MED Nachbehandlung *f*, -sorge *f* 7 SPORT Nachschuss *m* B ADJ weiter(er, e, es), Nach...: **~ advertising** WIRTSCH Nachfasswerbung *f*; **~ conference** Nachfolgekonferenz *f*; **~ file** Wiedervorlagemappe *f*; **~ letter** Nachfassschreiben *n*; **~ order** WIRTSCH Anschlussauftrag *m*; **~ question** Zusatzfrage *f*; **~ shot** → A 7

folly [ˈfɒlɪ; *US* ˈfɑliː] S 1 Narrheit *f*, Torheit *f*: a Verrücktheit *f* b Narretei *f*, törichte Handlung 2 sinnloser Prachtbau 3 *pl* THEAT Revue *f*

foment [fəʊˈment] V/T 1 MED bähen, mit warmen Umschlägen behandeln 2 *fig* pflegen, fördern 3 *fig Unruhen etc* anfachen, schüren, aufhetzen zu; **fomentation** S 1 MED Bähung *f* 2 MED Bähmittel *n* 3 *fig* Anfachung *f*, Schürung *f*; **fomenter** S Aufhetzer(in), Anstifter(in)

fomes [ˈfəʊmiːz] *pl* fomites [ˈfəʊmɪtiːz] S MED Ansteckungsträger *m*, infizierter Gegenstand

fond [fɒnd; *US* fɑnd] ADJ (ADV → fondly) 1 **be ~ of sb (sth)** j-n (etwas) mögen *od* gernhaben; **be ~ of doing sth** etwas gern tun; **be ~ of children** kinderlieb sein; **be ~ of smoking** gern rauchen; **be ~ of sports** sportbegeistert sein 2 zärtlich, liebevoll, innig 3 allzu nachsichtig (*Mutter etc*) 4 übertrieben zuversichtlich, (allzu) kühn (*Hoffnung etc*): **it went beyond my ~est dreams** es übertraf m-e kühnsten Träume

fondant [ˈfɒndənt; *US* ˈfɑn-] S GASTR Fondant *m, a. n* (*[Konfekt aus] Zuckermasse*)

fondle [ˈfɒndl; *US* ˈfɑndl] A V/T 1 (liebevoll) streicheln, (-)spielen mit 2 *obs* verhätscheln B V/I zärtlich sein

fondly ADV 1 liebevoll, herzlich 2 in törichtem Optimismus, allzu kühn: **I ~ hoped (imagined) that ...** ich war so töricht zu hoffen (anzunehmen), dass ...

fondness S 1 Zärtlichkeit *f*, Innigkeit *f* 2 Zuneigung *f* (**of** zu) 3 Vorliebe *f* (**for** für)

fondu(e) [ˈfɒndjuː; *US* fɑnˈduː; -ˈdjuː] S GASTR Fondue *n*: **~ fork** Fonduegabel *f*

font[1] [fɒnt; *US* fɑnt] S 1 REL Taufstein *m*, -becken *n* 2 Ölbehälter *m* (*e-r Lampe*) 3 *poet* a Quelle *f* b Brunnen *m*

font[2] [fɒnt; *US* fɑnt], *bes Br* **fount** [faʊnt] S 1 TECH Gießen *n*, Guss *m* 2 TYPO Schrift(art) *f*: **~ size** Schriftgrad *m*; **~ type** Schriftart *f*

fontal [ˈfɒntl; *US* ˈfɑntl] ADJ 1 ursprünglich, Ur... 2 REL Tauf(becken)...

fontanel(le) [ˌfɒntəˈnel; *US* ˌfɑn-] S ANAT Fontanelle *f* (*Knochenlücke am Schädel von Neugeborenen*)

font name S Taufname *m*

food [fuːd] S 1 Essen *n*, Kost *f*, Nahrung *f*, Verpflegung *f*: **~ conditions** Ernährungslage *f*; **~ court** Imbiss-Bereich *m*, -Straße *f* (*in e-m Einkaufszentrum etc*); **~ fish** Speisefisch *m*; **~ intake** Nahrungsaufnahme *f*; **~ plant** Nahrungspflanze *f*; **~-sensitive** ernährungsbewusst; **it was ~ and drink to him** *fig* a es war ein gefundenes Fressen für ihn *umg* b es ging ihm runter wie Öl *umg*; **be off one's ~** *umg* keinen Appetit haben; **he's gone off his ~** *umg* ihm ist der Appetit vergangen 2 Nahrungs-, Lebensmittel *pl*: **~ additives** chemische Zusätze; **℘ and Drug Act** *Br* Lebensmittel- u. Arzneimittelgesetz *n*; **℘ and Drug Administration** *US* Nahrungsmittel- u. Medikamentenbehörde *f*; **~ chain** BIOL Nahrungskette *f*; **~ chemist** Nahrungsmittelchemiker(in); **~ chemistry** Nahrungsmittelchemie *f*; **~ hygiene** Lebensmittelhygiene *f*; **~ industry** Lebensmittelindustrie *f*; **~ parcel** Lebensmittelpaket *n*; **~ poisoning** MED Lebensmittelvergiftung *f*; **~ processor** TECH Küchenmaschine *f*; **~ slicer** TECH Allesschneider *m*; **~ stamps** Lebensmittelmarken; **~ value** Nährwert *m* 3 Futter *n* 4 BOT Nährstoff(e) *m(pl)* 5 *fig* Nahrung *f*, Stoff *m*: **~ for thought** (*od* **reflection**) Stoff zum Nachdenken; **give sb ~ for thought** *a.* j-m e-n Denkanstoß *od* Denkanstöße geben

foodaholic [ˌfuːdəˈhɒlɪk; *US a.* -ˈhɑ-] S fressgierige *od* -süchtige Person

foodie [ˈfuːdɪ] S *umg* Feinschmecker(in) (*j-d, der gern gut kocht u./od isst*)

foodstuff → food 2

foody → foodie

fool[1] [fuːl] A S 1 Narr *m*, Närrin *f*, Dummkopf *m*: **feel like a ~** sich dumm vorkommen; **make a ~ of** a lächerlich machen, blamieren b → C 1; **make a ~ of o.s.** sich lächerlich machen, sich blamieren; **(there's) no ~ like an old ~** (*Sprichwort*) a die alten Narren sind die schlimmsten b Alter schützt vor Torheit nicht; **I am a ~ to him** ich bin ein Waisenknabe gegen ihn; **he is no ~** er ist nicht auf den Kopf gefallen 2 HIST Hofnarr *m*: **play** (*od* **act**) **the ~** → D 1 3 a Betrogene(r) *m/f(m)* b Gimpel *m pej*, leichtgläubiger Mensch: **he is nobody's** (*od* **no man's**) **~** er lässt sich nichts vormachen, er ist nicht von gestern *umg* 4 *obs* Schwachsinnige(r) *m/f(m)*, Idiot(in) 5 Närrchen *n*, dummes Ding 6 *US umg* a Fex *m*: **be a ~ for** verrückt sein auf (*akk*) *od* nach b Kanone *f*, toller Kerl: **a ~ for luck** ein Glückspilz *m* B ADJ *bes US umg* blöd, doof C V/T 1 zum Narren halten: **you could have ~ed me** *umg* was du nicht sagst! 2 betrügen (**out of** um), täuschen, reinlegen *umg*, verleiten (**into doing** zu tun): **he ~ed her into believing that ...** er machte ihr weis, dass ...; **you almost had me ~ed** ich habe dir fast geglaubt 3 **~ away** *Zeit, Geld etc* vergeuden D V/I 1 *a.* **~ about** (*od* **around**) herumalbern, -kaspern 2 *oft* **~ about** (*od* **around**) a spielen (**with** mit): **~ about with a woman** b sich herumtreiben c herumtrödeln 3 *US* nur so tun, als ob: **he was only ~ing**

fool[2] [fuːl] S GASTR *bes Br* *Süßspeise aus Obstpüree u. Sahne od Eiercreme*

foolery [ˈfuːlərɪ] → folly 1

fool|fish S FISCH 1 (*e-e*) Scholle 2 Langflossiger Hornfisch; **~hardiness** S Tollkühnheit *f*, Verwegenheit *f*; **~hardy** ADJ (ADV foolhardily) tollkühn, verwegen

fooling S 1 Albernheit *f*, Dummheit(en) *f(pl)* 2 Spielerei *f*; **foolish** ADJ (ADV ~ly) 1 dumm, töricht: a albern, läppisch: **feel ~** sich albern vorkommen b unklug: **a ~ thing to do** e-e Dummheit 2 lächerlich; **foolishness** S Dummheit *f*, Torheit *f*

foolproof ADJ 1 TECH betriebssicher 2 todsicher (*Plan etc*) 3 narren-, idiotensicher (*beide umg*) (*Gerät etc*)

foolscap [ˈfuːlzkæp; *US* ˈfuːlˌskæp] S 1 [*meist* ˈfuːlskæp] *bes Br* *Schreib- u. Druckpapierformat (34,2 × 43,1 cm)* 2 → fool's cap

fool's| cap [fuːlz] S HIST Narrenkappe *f*; **~ errand** S vergeblicher Gang, Metzgergang *m*: **go on a ~** e-n Metzgergang machen; **~ gold** S MINER Eisenkies *m*; **~ paradise** S Wolkenkuckucksheim *n*: **live in a ~** im Wolkenkuckucksheim leben

foot [fʊt] A S; *pl* feet [fiːt] 1 Fuß *m*: **feet first** mit den Füßen zuerst; **they took him out feet first** (*od* **foremost**) sie schafften ihn mit den Füßen zuerst (*tot*) hinaus; **my ~!** *umg* (so ein) Quatsch!; **at sb's feet** zu j-s Füßen; **be at sb's feet** *fig* j-m zu Füßen liegen; **she had the world at her feet** die Welt lag ihr zu Füßen; **on ~** zu Fuß; **be on ~** a im Gange sein b in Vorbereitung sein; **be on one's feet** a auf den Beinen sein b sich erheben, aufspringen (*um zu sprechen*); **be on one's feet again** wieder auf den Beinen sein (*nach e-r Krankheit*); *his speech* **brought the audience to their feet** riss die Zuhörer von den Sitzen; **catch sb on the wrong ~** SPORT j-n auf dem falschen Fuß erwischen (*a. fig*); **fall** (*od* **land**) **on one's feet** Glück haben; **he always falls** (*od* **lands**) **on his feet** er fällt immer wieder auf die Beine *od* Füße; **fall asleep on one's feet** im Stehen einschlafen; **find one's feet** a gehen *od* laufen lernen *(Baby)* b *fig* sich freischwimmen; lernen, selbstständig zu handeln c *fig* sich eingewöhnen; **get a ~ in the door** *fig* e-n Fuß in die Tür bekommen; **get a company back on its feet (again)** e-e Firma flottmachen *umg*; **have a ~ in the door** *fig* e-n Fuß in der Tür haben; **have feet of clay** auch s-e Schwächen haben, auch nur ein Mensch sein; **have both feet firmly on the ground** *fig* mit beiden Beinen im Leben stehen; **he had the crowd on their feet** er riss die Zuschauer von den Sitzen; **jump** *(od* **leap)** **to one's feet** aufspringen; **keep one's feet** sich auf den Beinen halten; **keep one's ~ down** AUTO mit Bleifuß fahren *umg*; **put one's ~ down** a AUTO (Voll)Gas geben b *fig* energisch werden, ein Machtwort sprechen; **put one's best ~ forward** a die Beine unter den Arm nehmen *fig* b sich gewaltig anstrengen *(bes um e-n guten Eindruck zu machen)*; **put one's ~ in it**, *US a.* **put one's ~ in one's mouth** ins Fettnäpfchen treten, sich in die Nesseln setzen *(beide fig)*; **put** *(od* **set)** **a** *(od* **one's)** **~ wrong** etwas Falsches sagen *od* tun; **put one ~ in front of the other** e-n Fuß vor den andern setzen; **rise** *(od* **get)** **to one's feet** sich erheben, aufstehen; **run** *(od* **rush)** **sb off his feet** j-n in Trab halten *umg*; **set ~ in** *(od* **on)** betreten; **set sb on their feet** j-n auf eigene Beine stellen; **set sth on ~** etwas in die Wege leiten *od* in Gang bringen; **shoot o.s. in the ~** sich selbst schaden; **stand on one's own (two) feet** auf eigenen Beinen stehen; **stay on one's feet** sich auf den Beinen halten; **step** *(od* **get)** **off on the right (wrong) ~** die Sache richtig (falsch) anpacken; → cold A 2, drag B 2, grave[1] 1, spring A 1, sweep A 5, *etc* 2 *(pl a.* **foot)** Foot *m*, Fuß *m (= 0,3048 m)*: **6 feet tall** 6 Fuß groß *od* hoch; **a ten-~ pole** e-e 10 Fuß lange Stange 3 *(kein pl)* MIL *bes Br* a Infanterie *f*: **the 4th ~** das Infanterieregiment Nr. 4, b HIST Fußvolk *n*: **500 ~** 500 Fußsoldaten; 4 Gang *m*, Schritt *m* 5 Fuß *m*, Füßling *m (am Strumpf)* 6 Fuß *m (e-s Berges, e-s Glases, e-r Säule, e-r Treppe etc)*, Fußende *n (des Bettes, Tisches etc)*, unteres Ende: **at the ~ of the page** unten an *od* am Fuß der Seite; **at the ~ of the table** SPORT am Tabellenende 7 *(adv* **foots)** Bodensatz *m*, Hefe *f* 8 LIT *(Vers)*Fuß *m* 9 MUS Refrain *m* 10 Stoffdrückerfuß *m (e-r Nähmaschine)* B V/I: **~ up to** *obs od dial* sich belaufen auf *(akk)* C V/T 1 **~ it** *umg* a marschieren, zu Fuß gehen b tanzen 2 e-n Fuß anstricken an *(akk)* 3 mit den Krallen fassen *(Raubvögel)* 4 *meist*; **~ up** *bes US* zusammenzählen, addieren 5 **~ the bill** *umg* blechen **(for** für)

footage S 1 Gesamtlänge *f od* Ausmaß *n* (in Fuß) 2 Filmmeter *pl* 3 *Bergbau*: Bezahlung *f* nach Fuß

foot-and-mouth disease S VET Maul- u. Klauenseuche *f*

foot|ball A S 1 SPORT a *Br* Fußball(spiel) *m(n)* b *US* Football(spiel) *m(n)* 2 SPORT a *Br* Fußball *m* b *US* Football-Ball *m* 3 *fig pej* **make an issue a political ~** e-e Sache zu e-m Politikum aufblähen; **he was made the ~ of the politicians** der Streit der Politiker wurde auf s-m Rücken ausgetragen B ADJ SPORT a *Br* Fußball…: **~ fan**; **~ hooligan** Hooligan *m*; **~ pools** *pl* Fußballtoto *n/m* b *US* Football…; **~baller** S a *Br* Fußballer(in), Fußballspieler(in) b *US* Footballspieler *m*; **~bath** S 1 Fußbad *n* 2 Fußwanne *f*; **~board** S 1 BAHN *etc* Trittbrett *n* 2 Fußbrett *n (e-s Bettes)* 3 Laufrahmen *m (e-r Lokomotive)*; **~boy** S 1 Laufbursche *m* 2 Page *m*; **~ brake** S TECH Fußbremse *f*; **~bridge** S Fußgängerbrücke *f*; **~-candle** S PHYS Footcandle *f (Einheit der Beleuchtungsstärke)*; **~cloth** S HIST Schabracke *f*; **~ control** S TECH Fußsteuerung *f*, -schaltung *f*; **~ drop** S MED Spitzfuß(stellung) *m(f)*

footed ADJ *meist in Zusammensetzungen* mit (…) Füßen, …füßig: → flatfooted 1, *etc*; **footer** S 1 *in Zusammensetzungen e-e … Fuß große od lange Person od Sache*: **a six-~** 2 *Br umg* Fußball(spiel) *m(n)* 3 COMPUT Fußzeile *f*

foot|fall S Schritt *m*, Tritt *m (Geräusch)*; **~fault** S *Tennis*: Fußfehler *m*; **~-fault** V/I *Tennis*: e-n Fußfehler begehen; **~gear** S Fußbekleidung *f*, Schuhwerk *n*; **~hill** S 1 Vorhügel *m*, -berg *m* 2 *pl* Ausläufer *pl* e-s Gebirges, Vorgebirge *n*: **be still in the ~s** *fig* erst am Anfang sein *od* stehen; **~hold** S 1 Stand *m*, Raum *m od* Platz *m* zum Stehen, *Bergsteigen*: Tritt *m*: **safe ~** fester Stand, sicherer Halt 2 *fig* a sichere Stellung, Halt *m* b (Ausgangs)Basis *f*, (Ausgangs)Position *f*: **gain** *(od* **get)** **a ~** (festen) Fuß fassen **(in** in *dat*; **as** als)

footing S 1 Stand *m (etc →* foothold): **lose** *(od* **miss)** **one's ~** ausgleiten, den Halt verlieren 2 Auftreten *n*, Aufsetzen *n* der Füße 3 ARCH Sockel *m*, Mauerfuß *m* 4 TECH Fundament *n* 5 *fig* a Basis *f*, Grundlage *f*: **place sth on a new ~** etwas auf neue Beine stellen b Zustand *m* c Stellung *f*, Position *f*: **place on a** *(od* **on the same)** **~** gleichstellen **(with** *dat*) d Verhältnis *n*, (wechselseitige) Beziehung(en) *f(pl)*: **be on a friendly ~** auf freundschaftlichem Fuße stehen **(with** mit) 6 a Eintritt *m* b Einstand(sgeld) *m(n)*: **pay (for) one's ~** s-n Einstand geben 7 Anstricken *n* e-s Fußes 8 *bes US* a End-, Gesamtsumme *f* b Addieren *n* einzelner Posten 9 *Mode*: Bauern-, Zwirnspitze *f*

foot-in-the-mouth disease S *bes US hum* ausgeprägtes Talent, immer wieder ins Fettnäpfchen zu treten

footle ['fuːtl] *umg* A V/I 1 *oft* **~ about** *(od* **around)** herumtrödeln 2 a Stuss reden b herumalbern, -kaspern B V/T **~ away** *Zeit, Geld etc* vergeuden, *e-e Chance etc* vertun C S Stuss *m*, dummes Gewäsch *pej*

footless ADJ 1 ohne Füße 2 *fig* wenig stichhaltig *od* fundiert *(Argumente etc)* 3 *US umg* a ungeschickt b sinnlos

footlights SPL THEAT 1 Rampenlicht(er) *n(pl)*: **get across the ~** beim Publikum ankommen *umg* 2 *fig (die)* Bühne, *(das)* Theater

footling ['fuːtlɪŋ] ADJ *umg* läppisch *(Sache)*, *(a. Person)* albern

foot|loose ADJ 1 frei, ungebunden, unbeschwert: **~ and fancy-free** frei u. ungebunden 2 a reiselustig b rastlos; **~man** [-mən] S *irr* Lakai *m*; **~mark** S Fußspur *f*; **~ muff** S Fußsack *m*; **~note** A S Fußnote *f* **(to** zu) *(a. fig)* B V/T mit Fußnoten versehen; **~-operated** ADJ mit Fußantrieb, Tret…, Fuß…: **~ switch** Fußschalter *m*; **~pace** S 1 Schritttempo *n*: **at a ~** im Schritt 2 ARCH Estrade *f*; **~pad** S *obs* Straßenräuber *m*, Wegelagerer *m*; **~ passenger** S *US* Fußgänger(in); **~path** S 1 (Fuß-)Pfad *m*, (-)Weg *m* 2 *bes Br* Geh-, Bürgersteig *m*; **~plate** S BAHN, *bes* HIST Stand *m* des Lokomotivführers u. Heizers; **~pound** S PHYS Foot-Pound *n (Einheit der Energie u. Arbeit)*; **~-poundal** S PHYS Foot-Poundal *n (= $^1/_{32}$ Foot-Pound)*; **~print** S 1 Fußabdruck *m*: **~s** *a.* Fußspur(en) *f(pl)* 2 Empfangsgebiet *n (e-s geostationären Satelliten)* 3 vorgesehenes Landegebiet *(e-s Raumschiffs)* 4 Stellfläche *f (e-s Computers auf e-m Schreibtisch)*; **~race** S Wettlauf *m*; **~rest** S 1 → footstool 2 Fußraste *f*, -stütze *f*; **~ rot** S 1 VET Fußfäule *f (der Schafe)* 2 BOT *Pflanzenkrankheit, die den Stängel in Bodennähe angreift*; **~ rule** S TECH Zollstab *m*, -stock *m*; **~ save** S SPORT Fußabwehr *f*; **~scraper** S Abtreter *m*, Fußabstreifer *m*

footsie ['fʊtsɪ] S: **play ~ (with)** *umg* a *(unter dem Tisch)* füßeln (mit) b *fig US* (heimlich) zusammenarbeiten (mit) c *fig US* sich einschmeicheln (bei)

Footsie EIGENN *umg* BÖRSE Footsie-Index *m (FTSE-100 Index)*

foot|slog V/I *umg* latschen *umg*, marschieren; **~ soldier** S MIL Infanterist *m*; **~sore** ADJ a fußwund, wund an den Füßen, *bes* MIL fußkrank b fußlahm; **~soreness** S Wundsein *n* der Füße, wunde Füße *pl*; **~ spar** S SCHIFF Stemmbrett *n*; **~ spray** S Fußspray *m/n*; **~stalk** S BOT, ZOOL Stängel *m*, Stiel *m*; **~stall** S 1 Damensteigbügel *m* 2 ARCH Postament *n*, Säulenfuß *m*; **~step** S 1 Tritt *m*, Schritt *m* 2 Fußstapfe *f*: **follow in sb's ~s** *fig* in j-s Fußstapfen treten 3 *fig* Spur *f*, Zeichen *n* 4 BAHN *etc* Trittbrett *n* 5 TECH Zapfenlager *n*; **~stone** S 1 Stein *m* am Fußende e-s Grabes 2 ARCH Grundstein *m*; **~stool** S Schemel *m*, Fußbank *f*; **~ switch** S TECH Fußschalter *m*; **~-ton** S PHYS Fußtonne *f (Einheit der Energie u. Arbeit)*; **~ valve** S TECH Fußventil *n*; **~wall** S *Bergbau*: Liegendschicht *f*, Liegendes *n*; **~way** S 1 Fußweg *m* 2 Laufsteg *m*; **~wear** → footgear; **~weary** → footsore; **~work** S 1 SPORT Beinarbeit *f* 2 Lauferei *f*; **~worn** ADJ 1 ausgetreten *(Stufen etc)*, abgetreten *(Teppich etc)* 2 → footsore

foozle ['fuːzl] *(bes Golf)* A V/T *e-n Schlag* verpatzen B V/I patzen C S Patzer *m*, verpatzter Schlag

fop [fɒp; *US* fɑp] S Geck *m*, Fatzke *m pej*; **foppery** [-ərɪ] S Geckenhaftigkeit *f*, Affigkeit *f pej*; **foppish** ADJ geckenhaft, affig *pej*; **foppishness** → foppery

for [fɔː(r); *unbetont* fə(r)] A PRÄP 1 *allg* für: **it is good (bad) ~ him**; **it was very awkward ~ her** es war sehr peinlich für sie, es war ihr sehr unangenehm; **he spoilt their holidays** *(bes US* **vacation)** **~ them** er verdarb ihnen den ganzen Urlaub; **she brought a letter ~ me to sign** sie brachte mir e-n Brief zur Unterschrift 2 für, zugunsten von: **a gift ~ him** ein Geschenk für ihn; **this letter is ~ me** dieser Brief ist an mich; **~ and against** für u. wider; → speak for 1 3 für, (mit der Absicht) zu, um (… willen): **apply ~ the post** sich um die Stellung bewerben; **die ~ a cause** für e-e Sache sterben; **come ~ dinner** zum Essen kommen 4 *(Wunsch, Ziel)* nach, auf *(akk)*: **a claim ~ sth** ein Anspruch auf e-e Sache; **the desire ~ sth** der Wunsch *od* das Verlangen nach etwas; **call ~ sb** nach j-m rufen; **wait ~ sth** auf etwas warten; **oh, ~ a car!** ach, hätte ich doch nur ein Auto! 5 a *(passend od geeignet)* für b *(bestimmt)* für *od* zu: **tools ~ cutting** Werkzeuge zum Schneiden, Schneidewerkzeuge; **the right man ~ the job** der richtige Mann für diesen Posten 6 *(Mittel)* gegen: **a remedy ~ lumbago**; **he took a couple of aspirins ~ his headache**; **treat sb ~ cancer** j-n gegen *od* auf Krebs behandeln; **there is nothing ~ it but to give in** es bleibt nichts (anderes) übrig, als nachzugeben 7 *(als Belohnung)* für: **a medal ~ bravery** 8 *(als Entgelt)* für, gegen, um: **I sold it ~ £10** ich verkaufte es für 10 Pfund 9 *(im Tausch)* für, gegen: **I exchanged the knife ~ a pencil** 10 *(Betrag, Menge)* über *(akk)*: **a postal order ~ £2** 11 *(Grund)* aus, vor *(dat)*, wegen: **~ this reason** aus diesem Grund; **die ~ grief** aus *od* vor Gram sterben; **weep ~ joy** aus *od* vor Freude weinen; **I can't see ~ the fog** ich kann nichts sehen wegen des Nebels *od* vor lauter Nebel; **she couldn't speak ~ laughing** sie konnte vor (lauter) Lachen nicht sprechen 12 *(als Strafe etc)* für, wegen: **he was**

F

punished ~ theft 13 dank, wegen: **were it not ~ his energy** wenn er nicht so energisch wäre, dank s-r Energie; **if it wasn't ~ him** wenn er nicht wäre, ohne ihn; *he would never have done it,* **if it hadn't been ~ me talking him into it** wenn ich ihn nicht dazu überredet hätte 14 für, in Anbetracht *(gen)*, im Hinblick auf *(akk)*, im Verhältnis zu: **he is tall ~ his age** er ist groß für sein Alter; **it is rather cold ~ July** es ist ziemlich kalt für Juli; **~ a foreigner he speaks English fairly well** für e-n Ausländer spricht er recht gut Englisch 15 *(Begabung, Neigung)* für, *(Hang)* zu: **an eye ~ beauty** Sinn für das Schöne 16 *(zeitlich)* für, während, auf *(akk)*, für die Dauer von, seit: **~ a week** e-e Woche (lang); **come ~ a week** komme auf *od* für e-e Woche; **~ hours** stundenlang; **~ a** *(od* **some) time past** seit längerer Zeit; **~ a long time past** schon seit Langem; **not ~ a long time** noch lange nicht; **the first picture ~ two months** der erste Film in *od* seit zwei Monaten; **~ months ahead** auf Monate (hinaus) 17 *(Strecke)* weit, lang: **run ~ a mile** e-e Meile (weit) laufen 18 nach, auf *(akk)*, in Richtung auf *(akk)*: **the train ~ London** der Zug nach London; **the passengers ~ Rome** die nach Rom reisenden Passagiere; **start ~ Paris** nach Paris abreisen; **now ~ it!** *Br umg* jetzt (nichts wie) los *od* drauf!, jetzt gilt's! 19 für, anstelle von *(od gen)*, (an)statt: **he appeared ~ his brother** 20 für, in Vertretung *od* im Auftrag *od* im Namen von *(od gen)*: **act ~ sb** in j-s Auftrag handeln 21 für, als: **books ~ presents** Bücher als Geschenk; **they were sold ~ slaves** sie wurden als Sklaven verkauft; **take that ~ an answer** nimm das als Antwort 22 trotz *(gen od dat)*, ungeachtet *(gen)*: **~ all that** trotz alledem; **~ all his wealth** trotz s-s ganzen Reichtums, bei allem Reichtum; **~ all you may say** sage, was du willst 23 **as ~** was … betrifft: **as ~ me** was mich betrifft *od* an(be)langt; **as ~ that matter** was das betrifft; **~ all I know** soviel ich weiß; **~ all of me** meinetwegen, von mir aus 24 *nach adj u. vor inf*: **it is too heavy ~ me to lift** es ist so schwer, dass ich es nicht heben kann; **it is impossible ~ me to come** es ist mir unmöglich zu kommen, ich kann unmöglich kommen; **it seemed useless ~ me to continue** es erschien mir sinnlos, noch weiterzumachen 25 *mit s od pron u. inf*: **it is time ~ you to go home** es ist Zeit, dass du heimgehst; es ist Zeit für dich heimzugehen; **it is ~ you to decide** die Entscheidung liegt bei Ihnen; **it is not ~ you to** *inf* a es ist nicht d-e Sache zu *inf* b es steht dir nicht zu *inf*; **he called ~ the girl to bring him some tea** er rief nach dem Mädchen u. bat es, ihm Tee zu bringen; **don't wait ~ him to turn up yet** wartet nicht darauf, dass er noch auftaucht; **there is no need ~ anyone to know** es braucht niemand zu wissen 26 *(ethischer Dativ)*: **that's a wine ~ you** das ist vielleicht ein Weinchen, das nenne ich e-n Wein 27 *US* nach: **he was named ~ his father** B KONJ denn, weil, nämlich

for. ABK 1 foreign 2 forestry

F.O.R., f.o.r. ABK WIRTSCH free on rail frei Waggon

fora ['fɔːrə; *US a.* 'fəʊrə] *pl von* forum

forage ['fɒrɪdʒ; *US a.* 'fɑr-] A S 1 (Vieh)Futter *n* 2 Nahrungs-, Futtersuche *f* 3 MIL Überfall *m* B V/I 1 (nach) Nahrung *od* Futter suchen 2 *a.* **~ about** *(od* **around)** (herum)stöbern, (-)wühlen, (-)kramen *(alle:* **in** in *dat*; **for** nach) 3 MIL e-n Überfall machen C V/T 1 mit Nahrung *od* Futter versorgen 2 *obs* (aus)plündern; **~ cap** S MIL Feldmütze *f*

foraging ant S ZOOL Treiberameise *f*

foramen [fɒ'reɪmən; *bes US* fə'reɪmən] *pl* -ramina [-'ræmɪnə], -mens S ANAT Foramen *n*, Loch *n*: **~ magnum** ANAT Hinterhauptloch

foraminifer [ˌfɒrə'mɪnɪfə(r); *US a.* ˌfɑ-] S ZOOL Foraminifere *f*, Wurzelfüßer *m*

forasmuch [fərəz'mʌtʃ; *US* 'fɔːrəzˌmʌtʃ] KONJ: **~ as** *obs od* JUR insofern als

foray ['fɒreɪ; *US* 'fɔː-; 'fɑ-] A S 1 Beute-, Raubzug *m* 2 *bes* MIL Ein-, Überfall *m* 3 *fig* Ausflug *m* **(into** in *akk*): **an unsuccessful ~ into politics** B V/T *obs* (aus)plündern C V/I 1 *obs* plündern 2 *bes* MIL einfallen **(into** in *akk*)

forbad [fə(r)'bæd], **forbade** [-'bæd; -'beɪd] *prät von* forbid

forbear[1] [fɔː(r)'beə(r)] *prät* -bore [-'bɔː(r); *US a.* -'bəʊr], *pperf* -borne [-'bɔː(r)n; *US a.* -'bəʊrn] A V/T 1 unterlassen, Abstand nehmen von, sich *e-r Sache* enthalten: **I cannot ~ doing** *(od* **to do) sth** ich kann nicht umhin, etwas zu tun; **~ a suit** JUR *US* Klageerhebung unterlassen 2 *obs* erdulden, ertragen B V/I 1 davon Abstand nehmen, es unterlassen *(beide:* **from doing** zu tun) 2 sich beherrschen, sich zurückhalten 3 geduldig *od* nachsichtig sein **(with** mit)

forbear[2] → forebear

forbearance [fɔː(r)'beərəns] S 1 Unterlassung *f (a.* JUR): **~ to sue** *US* Klageunterlassung 2 Geduld *f*, Nachsicht *f*; **forbearing** ADJ (ADV **~ly**) nachsichtig, geduldig

forbid [fə(r)'bɪd; fɔː(r)-] *prät* -bade [-'bæd; -'beɪd], -bad [-'bæd], *pperf* -bidden [-'bɪdn], -bid A V/T 1 verbieten, untersagen: **~ sb to do sth** j-m verbieten, etwas zu tun; **~ sb the house** j-m das Haus verbieten 2 ausschließen, unmöglich machen: **God** *(od* **heaven) ~ that we …** möge Gott uns davor behüten *od* bewahren, dass wir … B V/I **God** *(od* **heaven) ~!** Gott behüte *od* bewahre!; **if, God ~, …** falls, was Gott verhüten möge, …; **forbiddance** S Verbot *n*; **forbidden** ADJ verboten, untersagt: **the ≈ City** die Verbotene Stadt; **~ fruit** *fig* verbotene Früchte; → degree 2, ground[1] A 2; **forbidding** ADJ (ADV **~ly**) *fig* 1 abstoßend, abschreckend, widerwärtig 2 gefährlich, bedrohlich

forbore [fɔː(r)'bɔː(r); *US a.* -'bəʊr] *prät von* forbear[1]; **forborne** [-'bɔː(r)n; *US a.* -'bəʊrn] *pperf von* forbear[1]

force [fɔː(r)s; *US a.* 'fəʊərs] A S 1 Stärke *f*, Kraft *f*, Wucht *f (a. fig)*: **the ~ of an explosion**; **~ of gravity** PHYS Schwerkraft; **by ~ of** durch, kraft *(gen)*, vermittels *(gen)*; **by ~ of arms** mit Waffengewalt; **join ~s** a sich zusammentun **(with** mit) b MIL s-e Streitkräfte vereinigen **(with** mit) 2 *fig (a. politische etc)* Kraft: **~s of nature** Naturkräfte, -gewalten 3 Gewalt *f*: **by ~** gewaltsam, mit Gewalt (→ A 4) 4 *a.* JUR Zwang *m*, Gewalt(anwendung) *f*, Druck *m*: **by ~** zwangsweise (→ A 3); **the ~ of circumstances** der Zwang der Verhältnisse 5 JUR *(Rechts)* Kraft *f*, (-)Gültigkeit *f*, (-)Wirksamkeit *f*: **be in ~** in Kraft sein, gelten; **come** *(od* **enter)** **(put) into ~** in Kraft treten (setzen); **coming** *(od* **entry) into ~** Inkrafttreten *n* 6 Einfluss *m*, Macht *f*, Wirkung *f*, (Durchschlags-, Überzeugungs)Kraft *f*, Nachdruck *m*: **lend ~ to** Nachdruck verleihen *(dat)*; **the ~ of habit** die Macht der Gewohnheit; **from ~ of habit** aus Gewohnheit 7 *(geistige od moralische)* Kraft 8 *a.* LING Bedeutung *f*, Gehalt *m* 9 *umg* Menge *f*: **in ~** in großer Zahl *od* Menge 10 MIL a *oft pl* Streit-, Kriegsmacht *f* b *pl* (Gesamt)Streitkräfte *pl* c *pl* Truppe *f*, Verband *m* 11 Truppe *f*, Mannschaft *f*: **a strong ~ of police** ein starkes Polizeiaufgebot; **the police ~**, *Br a.* **the ≈** die Polizei B V/T 1 zwingen, nötigen: **~ sb to resign** j-n zum Rücktritt zwingen; **~ sb's hand** j-n zu handeln zwingen; **we were ~d to listen to their argument** wir mussten uns (notgedrungen) ihren Streit mit anhören 2 *etwas* erzwingen, durchsetzen, -drücken: **~ a smile** gezwungen *od* gequält lächeln, sich zu e-m Lächeln zwingen, sich ein Lächeln abquälen; **~ sth from sb** etwas von j-m erzwingen; **~ sb's release (from prison)** j-n freipressen; **~ a corner** SPORT e-e Ecke erzwingen; → entry 7 3 zwängen, drängen, drücken, pressen: **~ back (out, together)** zurücktreiben (herausdrücken, zusammenpressen); **she ~d back her tears** sie unterdrückte die Tränen; **~ down** *sein Essen* hinunterwürgen; **~ a passage** *(od* **one's way)** sich (durch)zwängen *od* (-)drängen **(through** durch); **~ one's way into** sich gewaltsam Zutritt verschaffen zu; **~ sb to the left** j-n nach links abdrängen; **an idea ~d itself into my mind** ein Gedanke drängte sich mir auf 4 **~ down** FLUG zur (Not)Landung zwingen 5 *a.* **~ up** WIRTSCH *die Preise* hochtreiben 6 aufzwingen, -drängen, -nötigen *(alle:* **sth [up]on sb** j-m etwas): **~ o.s. on sb** sich j-m aufdrängen 7 überwältigen 8 MIL erstürmen, erobern 9 *a.* **~ open** *e-e Tür etc* aufbrechen 10 *j-m, a. e-r Frau, a. fig dem Sinn etc* Gewalt antun 11 *fig e-n Ausdruck etc* zu Tode reiten, zerreden 12 *das Tempo* beschleunigen, forcieren 13 BOT rasch hochzüchten *od* zur Reife bringen 14 (an)treiben 15 MUS *Töne* forcieren: **~ one's voice** *(od* **the top notes)** pressen

force cup → plunger 8

forced ADJ 1 erzwungen, Zwangs…: **~ draft** *(bes Br* **draught)** TECH a künstlicher Zug b Fremdbelüftung *f*; **~ error** *(Tennis)* erzwungener Fehler; **~ lubrication** TECH Druckschmierung *f*; **~ heir** JUR *US* pflichtteilsberechtigter Erbe; **~ heirship** JUR *US* Pflichtteil *m/n*; **~ labo(u)r** Zwangsarbeit *f*; **~ landing** FLUG Notlandung *f*; **make a ~ landing** notlanden; **~ loan** WIRTSCH Zwangsanleihe *f*; **~ march** *bes* MIL a Eilmarsch *m* b Gewaltmarsch *m*; **~ sale** JUR Zwangs-, Vollstreckungsversteigerung *f*; **~ saving** Zwangssparen *n* 2 gezwungen, gequält *(Lächeln etc)* 3 gekünstelt, manieriert, forciert *(Stil etc)*; **forcedly** [-ɪdlɪ] ADV 1 → forced 2, 3 2 gezwungenermaßen

force| feed S TECH Druckschmierung *f*; **~-feed** V/T *irr* 1 zwangsernähren 2 **~ sb with** *(od* **on) sth** *fig* j-n mit etwas traktieren; **~ fit** S TECH Presssitz *m*

forceful ADJ (ADV **~ly**) 1 energisch, kraftvoll *(Person)* 2 eindrucksvoll, -dringlich *(Rede etc)* 3 zwingend, überzeugend *(Argument etc)*; **forcefulness** S 1 energische *od* kraftvolle Art 2 Eindringlichkeit *f* 3 *(das)* Überzeugende **(of** an *dat*)

force-land V/I & V/T FLUG notlanden

force majeure [ˌfɔːsmæ'ʒɜː; *US* ˌfəʊrsmɑː-'ʒɜr] S JUR höhere Gewalt *(Naturereignis, Krieg, Streik etc)*

forcemeat S GASTR Farce *f*, Füllung *f*

forceps ['fɔː(r)seps; *US* -səps] *pl* -ceps, -cipes [-sɪpiːz] S 1 ZOOL Zange *f*, MED *a.* Forzeps *m/f*, Forceps *m/f*: **~ baby** Zangengeburt *f*; **~ delivery** Zangengeburt *f*, -entbindung *f* 2 Pinzette *f*

force pump S TECH Druckpumpe *f*

forcer S TECH Kolben *m*

forcible ['fɔː(r)səbl; *US a.* 'fəʊr-] ADJ (ADV **forcibly**) 1 a gewaltsam: → entry 7 b zwangsweise: **~ repatriation** Zwangsrückführung *f*; **feed sb forcibly** j-n zwangsernähren; → collection 4 2 → forceful 3 **it reminded me forcibly of** es erinnerte mich stark an *(akk)*; **forcibleness** S 1 Gewaltsamkeit *f* 2 → forcefulness

forcing| bed, ~ frame S Früh-, Mistbeet *n*; **~ house** S Treibhaus *n*; **~ pump** → force pump

forcipate ['fɔː(r)sɪpeɪt; -pɪt], a. **forcipated** [-peɪtɪd] ADJ ZOOL zangenförmig

forcipes ['fɔː(r)sɪpiːz] *pl von* forceps

ford [fɔː(r)d; *US a.* fəʊrd] A S 1 Furt *f* 2 *poet* Fluss *m*, Strom *m* B V/T durchwaten C V/I durchwaten

fordable ADJ durchwatbar

fordo [fɔː(r)'duː] V/T *irr obs* 1 töten, vernichten 2 erschöpfen

fore [fɔː(r); *US a.* fəʊr] A ADJ 1 vorder(er, e, es), Vorder…, Vor… 2 früher(er, e, es) B ADV SCHIFF vorn C S 1 Vorderteil *n/m*, -seite *f*, Front *f*: **to the ~** *fig* a bei der *od* zur Hand, zur Stelle b am Leben c im Vordergrund; **come to the ~** sich hervortun 2 SCHIFF Fockmast *m* D INT *Golf*: Achtung!

fore|-and-aft ADJ SCHIFF in Kiellinie, längsschiffs: **~ sail** Stag-, Schonersegel *n*; **~-and-after** S SCHIFF Gaffelschoner *m*

forearm[1] S Unter-, Vorderarm *m*

forearm[2] V/T: **~ o.s.** a sich im Voraus bewaffnen b *fig* sich wappnen (**against** gegen): **forewarned is ~ed** (*Sprichwort*) gewarnt sein heißt gewappnet sein

forebear S Vorfahr *m*, Ahn *m*

forebode [fɔː(r)'bəʊd; *US a.* fəʊr-] A V/T 1 vorhersagen, prophezeien 2 ankündigen 3 *Schlimmes* ahnen, voraussehen 4 ein (böses) Vorzeichen *od* Omen sein für B V/I weissagen; **foreboding** S 1 Prophezeiung *f* 2 (*böse*) (Vor)Ahnung 3 (böses) Vorzeichen *od* Omen

fore|brace S SCHIFF Fockbrasse *f*; **~brain** S ANAT Vorderhirn *n*; **~cabin** S SCHIFF vordere Kajüte

forecast ['fɔːkɑːst; *US* 'fəʊrˌkæst; 'fɔːr-] A V/T *prät u. pperf* -cast, -casted 1 voraussagen, vorhersehen 2 im Voraus schätzen *od* planen, vorausberechnen 3 *das Wetter etc* vorhersagen: **rain has been ~ for tomorrow** B S 1 Voraus-, Vorhersage *f* 2 Vorausplanung *f* 3 (*Wetter*) Vorhersage *f*

forecastle ['fəʊksl] S SCHIFF 1 Vor(der)deck *n*, Back *f* 2 Logis *n*

forechecking S SPORT Forechecking *n*, frühzeitiges Stören

fore|close A V/T 1 **~ a mortgage** JUR a e-e Hypothekenforderung geltend machen b e-e Hypothek gerichtlich für verfallen erklären c *US* aus e-r Hypothek die Zwangsvollstreckung betreiben 2 ausschließen 3 verhindern 4 *e-e Frage etc* vorwegnehmen B V/I e-e Hypothek gerichtlich für verfallen erklären; **~closure** S JUR a gerichtliche Verfallserklärung (*e-r Hypothek*) b *US* Zwangsvollstreckung *f* (*in ein Grundstück*): **~ action** (*od* **suit**) Ausschlussklage *f* (*des Hypothekengläubigers*), *US* Zwangsvollstreckungsklage *f*; **~ sale** *US* Zwangsversteigerung *f*; **~course** S SCHIFF Fock(segel) *f(n)*; **~court** S 1 Vorhof *m* 2 Vorplatz *m* (*e-r Tankstelle etc*) 3 *Tennis etc*: *Teil des Spielfeldes zwischen Aufschlaglinie u. Netz*; **~deck** S SCHIFF Vor(der)deck *n*; **~do** → fordo; **~doom** V/T: **~ed** (**to failure** *od* **to fail**) von vornherein zum Scheitern verurteilt, totgeboren *umg*; **~ edge** S Außensteg *m* (*am Buch*); **~father** S Ahn *m*, Vorfahr *m*; **~feel** V/T *irr* vorausfühlen, -ahnen; **~fend** → forfend; **~field** S 1 Vorfeld *n* 2 *Bergbau*: *Br* Ort(sstoß) *n(m)*; **~finger** S Zeigefinger *m*; **~foot** S *irr* 1 ZOOL Vorderfuß *m* 2 SCHIFF Stevenanlauf *m*; **~front** S vorderste Reihe (*a. fig*): **fight in the ~ of the battle** MIL in vorderster Linie kämpfen; **live in the ~ of one's time** zu den Fortschrittlichsten s-r Zeit gehören; **be in the ~ of sb's mind** j-n nicht loslassen *od* immer wieder beschäftigen; **~gather** → forgather

forego[1] V/T & V/I *irr* vorangehen (*dat*), (*zeitlich a.*) vorhergehen (*dat*)

forego[2] → forgo

foregoer S 1 Vorgänger(in) 2 Vorfahr *m*; **foregoing** ADJ vorhergehend, vorerwähnt, vorstehend

fore|gone ADJ 1 vorhergegangen *od* -gehend, früher 2 **~ conclusion** ausgemachte Sache: **his victory was a ~ conclusion** sein Sieg stand von vornherein fest; **~ground** S Vordergrund *m* (*a. fig*); **~hammer** S TECH Vorschlaghammer *m*

forehand A ADJ 1 SPORT Vorhand… 2 vorweggenommen: **~ rent** *schott* im Voraus zahlbare Miete *od* Pacht B S 1 SPORT a Vorhand *f*: **he took the ball on his ~** er nahm den Ball mit der Vorhand b Vorhandschlag *m* 2 Vor(der)hand *f* (*vom Pferd*) C ADV mit der Vorhand; **forehanded** ADJ (ADV ~ly) 1 SPORT Vorhand… 2 *US* a sparsam b wohlhabend

forehead ['fɒrɪd; *US* 'fɔːrəd] S Stirn *f*

forehold S SCHIFF vorderer Laderaum

foreign ['fɒrən; *US a.* 'fɑ-] ADJ 1 fremd, ausländisch, Auslands…, Außen…: **he's ~** er ist Ausländer; **~ affairs** Außenpolitik *f*, auswärtige Angelegenheiten; **~ aid** POL Auslandshilfe *f*; **~ bill (of exchange)** WIRTSCH Auslandswechsel *m*; **~-born** im Ausland geboren; **~ commerce** *US* Außenhandel *m*; **~ control** WIRTSCH Überfremdung *f* (*neg!*), Kontrolle *f* durch e-e ausländische Firma; **~-controlled** WIRTSCH überfremdet (*neg!*), in der Hand e-r ausländischen Firma; **~ country**, **~ countries** *pl* Ausland *n*; **~ currency** a Fremdwährung *f*, ausländische Währung b WIRTSCH Devisen *pl*; **~ debts** WIRTSCH, POL Auslandsschulden; **~ department** Auslandsabteilung *f*; **~ domination** Fremdherrschaft *f*; **~ exchange** WIRTSCH Devisen *pl*; **~-exchange control** WIRTSCH Devisenbewirtschaftung *f*; **~-exchange dealer** WIRTSCH Devisenhändler(in); **~ experience** Auslandserfahrung *f*; **~-going vessel** SCHIFF Schiff *n* auf großer Fahrt *od* Auslandsfahrt; **~ language** Fremdsprache *f*; **~-language** a fremdsprachig b fremdsprachlich, Fremdsprachen…; **~-language teaching** Fremdsprachenunterricht *m*; **♀ Legion** MIL Fremdenlegion *f*; **~ loan** WIRTSCH Auslandsanleihe *f*; **~ minister** POL Außenminister(in); **~ ministry** POL Außenministerium *n*; **~ missionary** REL Missionar *m* im Ausland; **♀ Office** POL *Br* Außenministerium *n*; **~ order** WIRTSCH Auslands-, Exportauftrag *m*; **~-owned** in ausländischem Besitz (befindlich); **~ policy** Außenpolitik *f*; **~-policy** außenpolitisch; **♀ Secretary** POL *Br* Außenminister(in); **~ trade** WIRTSCH Außenhandel *m*, -wirtschaft *f*; **~ transaction** Auslandsgeschäft *n*; **~ visit** Auslandsbesuch *m*; **~ word** LING a Fremdwort *n* b Lehnwort *n*; **~ worker** ausländische(r) Arbeitnehmer(in); → correspondent A 3, drain C 5 2 WIRTSCH Devisen…: **~ assets** Devisenwerte 3 fremd (**to** *dat*): **that is ~ to his nature** das ist ihm wesensfremd; **~ body** (*od* **matter**) MED Fremdkörper *m* 4 nicht gehörig *od* passend (**to** zu) 5 seltsam, unbekannt, fremd

foreigner S *neg!* 1 Ausländer(in) 2 *etwas Ausländisches, bes* a ausländisches Schiff b ausländisches Produkt c *pl* (*Börse*) Auslandswerte *pl*; **foreignism** S 1 fremde Spracheigentümlichkeit *od* Sitte 2 Nachahmung *f* des Fremden

foreignness S Fremdheit *f*

fore|judge V/T 1 im Voraus *od* vorschnell beurteilen 2 → forjudge; **~know** V/T *irr* vorherwissen, vorherige Kenntnis haben von; **~knowledge** S Vorherwissen *n*, vorherige Kenntnis

fore|lady *US* → forewoman; **~land** [-lənd] S 1 Kap *n*, Vorgebirge *n*, Landspitze *f* 2 GEOL Vorland *n*; **~leg**, **~limb** S ZOOL Vorderbein *n*

forelock[1] S Stirnlocke *f*, -haar *n*: **take time by the ~** die Gelegenheit beim Schopf fassen *od* packen; **touch** (*od* **tug at**) **one's ~** *Br* sich unterwürfig benehmen

forelock[2] S TECH Splint *m*, Vorsteckkeil *m*

fore|man ['fɔː(r)mən; *US a.* 'fəʊr-] S *irr* 1 Vorarbeiter *m*, Aufseher *m*, (Werk)meister *m*, (*am Bau*) Polier *m*, (*Bergbau*) Steiger *m* 2 JUR Obmann *m* (*der Geschworenen*); **~mast** [-mɑːst; SCHIFF -məst; *US* -ˌmæst] S SCHIFF Fockmast *m*

foremost [-məʊst] A ADJ 1 vorderst(er, e, es), erst(er, e, es) 2 *fig* a vornehmst(er, e, es) b herausragendst(er, e, es) B ADV zuerst: a an erster Stelle: **first and ~** zu allererst b voran: → foot A 1, head *Bes Redew*, heel[1] *Bes Redew*

fore|name S Vorname *m*; **~noon** A S Vormittag *m* B ADJ Vormittags…

forensic [fə'rensɪk] ADJ JUR forensisch, Gerichts…: **~ chemistry (medicine, psychology)**

fore|ordain V/T vorherbestimmen: **he was ~ed to success** (*od* **to succeed**) sein Erfolg war ihm vorherbestimmt; **~ordainment**, **~ordination** S Vorherbestimmung *f*; **~part** S 1 Vorderteil *n/m* 2 Anfang *m*: **the ~ of the morning** der frühe Vormittag; **~paw** S ZOOL Vorderpfote *f*; **~play** S (*sexuelles*) Vorspiel; **~quarter** S Vorderviertel *n* (*e-s Tieres*); **~reach** V/T überholen; **~ rib** S GASTR Hochrippe *f*; **~run** V/T *irr* 1 vorauslaufen (*dat*) 2 *fig* ankündigen, der Vorbote (*gen*) sein; **~runner** S 1 *Skisport*: Vorläufer *m* (*a. fig*): **the ~s of modern science** 2 a Vorbote *m* (*a. fig*): **the ~s of spring** b *fig* (erstes) Anzeichen: **the ~ of a cold** 3 Vorfahr *m*

fore|said → aforementioned; **~sail** [-seɪl; SCHIFF -sl] S SCHIFF 1 Focksegel *n* 2 Stagfock *f*; **~see** V/T *irr* vorher-, voraussehen; **~seeable** ADJ vorauszusehen(d), absehbar, (*Folgen etc a.*) abschätzbar: **in the ~ future** in absehbarer Zeit; **~shadow** V/T ahnen lassen, andeuten; **~sheet** S SCHIFF Fockschot *f*; **~ship** S SCHIFF Vorderschiff *n*; **~shock** S *Geophysik*: Vorbeben *n*; **~shore** S 1 Strand *m* 2 Uferland *n*, (Küsten)Vorland *n*; **~shorten** V/T *Figuren* verkürzen, in Verkürzung *od* perspektivisch zeichnen; **~shortening** S (*zeichnerische*) Verkürzung; **~sight** S 1 *fig* a Weitblick *m*: **act with ~** weitblickend handeln b (weise) Voraussicht: → hindsight 2 c Blick *m* in die Zukunft 2 MIL (Visier)Korn *n* 3 TECH Vorwärtsvisieren *n*, -ablesen *n*; **~sighted** ADJ (ADV ~ly) vorausschauend; **~skin** S ANAT Vorhaut *f*

forest ['fɒrɪst; *US a.* 'fɑ-] A S 1 a (großer) Wald: **~ deaths** *pl* Waldsterben *n*; **~ fire** Waldbrand *m*; **~ ranger** *bes US* Förster(in); **he cannot see the ~ for trees** er sieht den Wald vor lauter Bäumen nicht b Forst *m* 2 *fig* (*Antennen- etc*) Wald *m* B V/T aufforsten; **forestal** ADJ a Wald… b Forst…

fore|stall [-'stɔːl] V/T 1 *j-m, e-r Sache* zuvorkommen 2 *e-r Sache* vorbeugen 3 *e-n Einwand etc* vorwegnehmen 4 WIRTSCH im Voraus aufkaufen: **~ the market** durch Aufkauf den Markt beherrschen; **~stay** S SCHIFF Fockstag *n*

forested ADJ bewaldet; **forester** S 1 Förster(in) 2 Waldbewohner(in) (*a. Tier*); **forestry** [-rɪ] S 1 Forstwirtschaft *f*, -wesen *n* 2 Waldgebiet *n*, Wälder *pl*

fore|tack S SCHIFF Fockhals *m*; **~taste** A S ['-teɪst] Vorgeschmack *m* (**of** von): **give sb a ~ of sth** B V/T [-'teɪst] e-n Vorgeschmack haben von; **~tell** V/T *irr* vorher-, voraussagen: **~ sb's future** j-m die Zukunft vorhersagen; **~thought** S 1 Vorsorge *f*, -bedacht *m* 2

F

(weise) Voraussicht; **~token** A S ['-ˌtəʊkən] Vor-, Anzeichen *n* B V/T [-'təʊkən] ein Vor- *od* Anzeichen sein für; **~tooth** S *irr* ANAT Vorderzahn *m*

fore|top [-tɒp; SCHIFF -təp; *US* -ˌtɑp] S SCHIFF Vorbramsegel *n*: **~ mast** Vorbramstenge *f*; **~-topmast** [-mɑːst; *bes US* -məst] S SCHIFF Fock-, Vormarsstenge *f*; **~-topsail** [-tɒpseɪl, SCHIFF -sl; *US a.* -ˌtɑpsəl] S SCHIFF Vormarssegel *n*

forever, *Br a.* **for ever** A ADV 1 *a.* **~ and ever** für *od* auf immer, für alle Zeit(en), *(im Vaterunser)* in Ewigkeit 2 *pej* ständig, (an)dauernd, unaufhörlich: **he is ~ asking questions** 3 *umg* endlos lang: **he was speaking ~** B S **it took him ~ to …** *umg* er brauchte endlos lang *od umg* e-e Ewigkeit um zu …; **forevermore**, *Br a.* **for evermore** ADV für immer u. ewig

fore|warn V/T vorher warnen (**of** vor *dat*): → forearm²; **~woman** S *irr* 1 Vorarbeiterin *f*, Aufseherin *f* 2 JUR Obmännin *f (der Geschworenen)*; **~word** S Vorwort *n* (**to** zu); **~yard** S SCHIFF Fockrahe *f*

forfeit ['fɔː(r)fɪt] A S 1 (Geld-, *a.* Vertrags)Strafe *f*, Buße *f*, Reugeld *n*: **pay the ~ of one's life** mit s-m Leben bezahlen; **his health was the ~ paid for …** er bezahlte mit s-r Gesundheit für … 2 Einbuße *f*, Verlust *m*: **~ of civil rights** *US* Aberkennung *f* der bürgerlichen Ehrenrechte 3 verwirktes Pfand 4 Pfand *n*: **pay a ~** ein Pfand geben 5 *pl (als sg konstruiert)* Pfänderspiel *n*: **play ~s** ein Pfänderspiel machen B V/T 1 *Eigentum, Rechte, sein Leben etc* verwirken, verlieren, *e-r Sache* verlustig gehen 2 *fig* einbüßen, verlieren, sich *etwas* verscherzen 3 einziehen C ADJ verwirkt, verfallen: **declare ~** für verfallen erklären

forfeitable ADJ 1 verwirkbar 2 einziehbar; **forfeiture** [-tʃə(r); *US a.* -ˌtʃʊər] S 1 → forfeit A 1, A 2 2 Einziehung *f*, Entzug *m*

forfend [fɔː(r)'fend] V/T 1 *US* schützen, sichern (*beide:* **from** vor *dat*) 2 verhüten *(obs außer in Wendungen wie)*: **may God ~ that …**

forgather V/I 1 zusammenkommen, sich treffen, sich versammeln 2 zufällig zusammentreffen 3 verkehren (**with** mit)

forge¹ [fɔː(r)dʒ; *US a.* fəʊrdʒ] A S 1 Schmiede *f* 2 TECH Esse *f*, Schmiedefeuer *n* 3 TECH Glühofen *m* 4 TECH Hammerwerk *n*, Puddelhütte *f*: **~ iron** Schmiedeeisen *n*; **~ scale** Hammerschlag *m*, Zunder *m* B V/T 1 schmieden 2 formen, schaffen 3 erdichten, erfinden, sich *etwas* ausdenken 4 *ein Dokument, e-e Unterschrift etc* fälschen C V/I schmieden

forge² [fɔː(r)dʒ; *US a.* fəʊrdʒ] V/I 1 a *meist* **~ ahead** sich (mühsam) vorankämpfen: **~ through the underwood** sich e-n Weg durchs Unterholz bahnen b **~ ahead** *fig* allmählich Fortschritte machen 2 **~ ahead** SPORT sich (durch e-n Zwischenspurt) an die Spitze setzen

forgeable ADJ schmiedbar; **forged** ADJ 1 geschmiedet, Schmiede… 2 gefälscht; **forger** S 1 (Grob-, Hammer)Schmied *m* 2 Erdichter(in), Erfinder(in) 3 Fälscher(in): **~ (of coin)** Falschmünzer(in); **~ (of documents)** Urkundenfälscher; **forgery** [-ərɪ] S 1 Fälschen *n*: **~ of a document** Urkundenfälschung *f*; **~-proof** fälschungssicher 2 Fälschung *f*, Falsifikat *n*

forget [fə(r)'get] *prät* forgot [-'gɒt; *US* -'gɑt], *pperf* forgotten [-'gɒtn; *US* -'gɑtn], *obs od dial* forgot A V/T 1 vergessen: a nicht denken an *(akk)*: **he forgot to post the letter** b sich nicht erinnern an *(akk)*: **I ~ his name** sein Name ist mir entfallen *od* fällt mir im Moment nicht ein; **never to be forgotten** unvergesslich; **I'll never ~ meeting my wife** ich werde niemals vergessen, wie ich m-e Frau kennenlernte; **don't ~ what you were going to say** vergessen Sie Ihre Rede nicht; **she's been ~ting a lot of things lately** sie ist in letzter Zeit sehr vergesslich c *sein Französisch etc* verlernen d *(aus Unachtsamkeit)* unterlassen: **she forgot to close the window** sie vergaß, das Fenster zuzumachen e hängen *od* liegen *od* stehen lassen: **I have forgotten my coat (keys, umbrella)**; → head *Bes Redew* 2 unbeachtet lassen: **~ it!** a schon gut!, vergiss es! *(beide a. verärgert)* b das kannst du vergessen!; **don't you ~ it!** merk dir das! 3 außer Acht lassen, übergehen: **don't ~ the waitress** vergiss nicht, der Bedienung ein Trinkgeld zu geben; **not ~ting** nicht zu vergessen 4 **~ o.s.** a sich vergessen, aus der Rolle fallen b sich selbst vergessen, (nur) an andere denken c sich *od* s-e Umwelt vergessen B V/I (es) vergessen: **don't ~** vergiss es nicht!; **she never ~s** sie vergisst nie etwas; *what is his name?* – **I ~** das ist mir entfallen *od* fällt mir im Moment nicht ein; *he went abroad* **to ~** um zu vergessen; **~ about** vergessen *(akk)*; **~ about it!** a reg dich nicht auf! b schon gut!, vergiss es! *(beide a. verärgert)* c das kannst du vergessen!; **forgetful** ADJ (ADV **~ly**) 1 vergesslich 2 achtlos, nachlässig (*beide:* **of** gegenüber): **~ of one's duties** pflichtvergessen; **forgetfulness** S 1 Vergesslichkeit *f* 2 Achtlosigkeit *f*, Nachlässigkeit *f*

forget-me-not S BOT *(ein)* Vergissmeinnicht *n*

forgettable ADJ (leicht) zu vergessen(d): **this film is absolutely ~** den Film kann man getrost vergessen

forge water S TECH Abschreck-, Löschwasser *n*

forging S 1 Schmieden *n*: **~ die** Schmiedegesenk *n*; **~ press** Schmiede-, Warmpresse *f* 2 Schmiedearbeit *f*, -stück *n* 3 Fälschen *n*

forgivable ADJ verzeihlich, verzeihbar

forgive [fə(r)'gɪv] *irr* A V/T 1 verzeihen, vergeben: **~ sb (for) sth** j-m etwas verzeihen; **~ sb for doing sth** j-m verzeihen, dass er etwas getan hat; **~n and forgotten** vergeben u. vergessen 2 *j-m e-e Schuld etc* erlassen B V/I vergeben, verzeihen: **~ and forget** vergeben u. vergessen; **forgiveness** S 1 Verzeihung *f*, Vergebung *f*: **ask for ~ of** um Verzeihung bitten für 2 Versöhnlichkeit *f*; **forgiving** ADJ (ADV **~ly**) 1 versöhnlich 2 verzeihend; **forgivingness** S Versöhnlichkeit *f*

forgo [fɔː(r)'gəʊ] V/T *irr* verzichten auf *(akk)*

forgot [fə'gɒt; *US* fər'gɑt] *prät u. obs od dial pperf von* forget; **forgotten** [-tn] *pperf von* forget

for-instance [fər'ɪnstəns] S *US umg* Beispiel *n*: **give sb a ~**

forjudge [fɔː(r)-; *US a.* fəʊr-] V/T: **~ sb (of** *od* **from) sth** JUR j-m etwas aberkennen

fork [fɔː(r)k] A S 1 *(Ess-, Heu-, Mist- etc)* Gabel *f* 2 MUS Stimmgabel *f* 3 Gabelstütze *f* 4 TECH Gabel *f* 5 Gab(e)lung *f (e-s Flusses), (e-r Straße a.)* Abzweigung *f* 6 *bes US* a ZusammenFluss *m* b *oft pl* Gebiet *n* an e-r Flussgabelung B V/T 1 gabelförmig machen, gabeln 2 mit e-r Gabel aufladen *od* wenden: **~ the soil over** den Boden mit e-r Gabel umgraben *od* lockern 3 *Schach: zwei Figuren* gleichzeitig angreifen 4 **~ out**, **~ over**, **~ up** *umg Geld* herausrücken, blechen, lockermachen C V/I 1 sich gabeln *(Fluss), (Straße a.)* abzweigen 2 sich gabelförmig teilen *od* spalten

forked ADJ 1 gegabelt, gabelförmig, gespalten: **~ tongue** gespaltene Zunge; **speak with a ~ tongue** *fig* mit gespaltener Zunge sprechen 2 zickzackförmig: **~ lightning** Linienblitz *m*

forklift (truck) S TECH Gabel-, Hubstapler *m*

forky → forked 1

forlorn [fə(r)'lɔː(r)n] ADJ 1 verlassen, einsam 2 verzweifelt, hoffnungs-, hilflos 3 unglücklich, elend 4 verzweifelt: **a last ~ attempt** 5 beraubt (**of** *gen*): **~ of all hope** aller Hoffnung beraubt; **~ hope** S 1 aussichtsloses *od* verzweifeltes Unternehmen 2 MIL *obs* verlorener Haufen 3 schwache *od* letzte (verzweifelte) *od* vergebliche Hoffnung

form [fɔː(r)m] A S 1 Form *f*, Gestalt *f*: **take ~** Form *od* Gestalt annehmen *(a. fig)*; **in the ~ of** in Form von *(od gen)*; **in tablet ~** in Tablettenform 2 TECH Form *f*: a Fasson *f* b Schablone *f* 3 Form *f*: a Art *f*: **~ of government** Regierungsform; **~s of life** Lebensformen; → address B 1 b Art *f* u. Weise *f*, Verfahrensweise *f* c System *n*, Schema *n*: → due A 10 4 Formular *n*, Vordruck *m*: **~ letter** Schemabrief *m* 5 *(literarische etc)* Form 6 Form *f (a.* LING*)*, Fassung *f (e-s Textes etc)*: **~ class** LING a Wortart *f* b morphologische Klasse 7 PHIL Form *f*: a Wesen *n*, Natur *f* b Gestalt *f* c *Platonismus:* Idee *f* 8 Erscheinungsform *f*, -weise *f* 9 Sitte *f*, Brauch *m* 10 (herkömmliche) gesellschaftliche Form, Manieren *pl*, Benehmen *n*: **good (bad) ~** guter (schlechter) Ton; **it is good (bad) ~** es gehört sich (nicht); **for ~'s sake** der Form halber 11 Formalität *f*: → matter A 3 12 Zeremonie *f* 13 MATH, TECH Formel *f*: **~ of oath** JUR Eidesformel 14 *(körperliche od geistige)* Verfassung, Form *f*: **on ~** der Form nach; **on** (*bes US* **in**) **(in bad, out of, off) ~** (nicht) in Form; **feel in good ~** sich gut in Form fühlen; **at the top of one's ~**, **in great ~** in Hochform; **be in very poor ~** in e-m Formtief stecken 15 a *(bes* lange) Bank (ohne Rückenlehne) b *Br obs (Schul)* Bank *f* 16 *bes Br (Schul)* Klasse *f*: **~ master (mistress)** Klassenlehrer(in) 17 *Br meist* **forme** TYPO (Druck)Form *f* 18 *Br sl* Vorstrafen(liste) *pl(f)*: **he's got ~** er ist vorbestraft B V/I 1 formen, gestalten (*beide:* **into** zu; **after, on, upon** nach): **~ a government** e-e Regierung bilden; **~ a company** e-e Gesellschaft gründen; **they ~ed themselves into groups** sie schlossen sich zu Gruppen zusammen; **they ~ed themselves into two groups** sie bildeten zwei Gruppen 2 *den Charakter etc* formen, bilden 3 a *e-n Teil etc* bilden, ausmachen, darstellen b dienen als 4 (an)ordnen, zusammenstellen 5 MIL **(into)** formieren (in *akk*), aufstellen (in *dat*) 6 *e-n Plan etc* fassen, entwerfen, ersinnen 7 sich *e-e Meinung* bilden: → idea 1 8 *Freundschaft etc* schließen 9 *e-e Gewohnheit* annehmen 10 LING *Wörter* bilden 11 TECH (ver)formen, fassonieren, formieren C V/I 1 Form *od* Gestalt annehmen, sich formen, sich gestalten, sich bilden, entstehen *(alle a. fig)* 2 *a.* **~ up** MIL antreten, sich formieren (**into** in *akk*)

-form [fɔː(r)m] *Wortelement mit der Bedeutung …* förmig

formal ['fɔː(r)ml] A ADJ (ADV → formally) 1 förmlich, formell: a offiziell: **~ call** Höflichkeitsbesuch *m* b feierlich: **~ event** → B 1; **~ dress** → B 2 c steif, unpersönlich d (peinlich) genau, pedantisch (die Form wahrend) e formgerecht, vorschriftsmäßig: **~ contract** JUR förmlicher Vertrag; **make a ~ apology** sich in aller Form entschuldigen 2 formal, formell: a (rein) äußerlich b (rein) gewohnheitsmäßig c scheinbar, Schein… 3 formal: a herkömmlich, konventionell *(Komposition, Stil etc)* b schulmäßig, streng methodisch: **~ training** formale Ausbildung c Form…: **~ defect** JUR Formfehler *m* 4 PHIL a formal b wesentlich 5 regelmäßig, symmetrisch (angelegt): **~ garden** architektonischer Garten B S *US* 1 *Veranstaltung, für* *die Gesellschaftskleidung vorgeschrieben ist* 2 Gesellschafts-, Abendkleid *n od* -anzug *m*

formaldehyd(e) [fɔː(r)'mældɪhaɪd] S CHEM Formaldehyd *n*; **formalin** [-məlɪn] S CHEM Formalin® *n*

formalism S Formalismus *m*: a *Überbetonung der Form od des Formalen* b *etwas rein äußerlich, mechanisch Vollzogenes* c MATH *Auffassung der Mathematik als Wissenschaft von rein formalen Strukturen* d *bes* HIST *in den Staaten des Ostblocks bekämpfte Richtung der Kunst u. Literatur, die die Rolle des ideologischen Inhalts verneint u. der Form e-e übertriebene Bedeutung beimisst*; **formalist** S Formalist(in); **formalistic** ADJ (ADV ~ally) formalistisch; **formality** [-'mælətɪ] S 1 Förmlichkeit *f*: a Herkömmlichkeit *f* b Feierlichkeit *f* c *(das)* Offizielle, offizieller Charakter d Steifheit *f* e Umständlichkeit *f*: **without ~** ohne (viel) Umstände (zu machen) 2 Formalität *f*: a Formsache *f* b Vorschrift *f*: **for the sake of ~** aus formellen Gründen; **a mere ~** e-e reine Formsache 3 Äußerlichkeit *f*, leere Geste; **formalize** [-məlaɪz] A V/T 1 zur Formsache machen, formalisieren 2 feste Form geben *(dat)*, in e-e feste Form bringen B V/I förmlich sein; **formally** ADV 1 → formal A 2 formell, in aller Form

formant ['fɔː(r)mənt] S Formant *m*: a *(Akustik) e-r der charakteristischen Teiltöne e-s Lautes* b LING Formans *n (grammatisches Bildungselement)*

format ['fɔː(r)mæt] A S 1 TYPO a Aufmachung *f* b Format *n* 2 Gestaltung *f (e-s Fernsehprogramms etc)* 3 COMPUT Format *n (Umfang u. Anordnung von Stellen für Ein- u. Ausgabe)* B V/T COMPUT formatieren

formate ['fɔː(r)meɪt] S CHEM Formiat *n*

formation [fɔː(r)'meɪʃn] S 1 Bildung *f*: a Formung *f*, Gestaltung *f* b Entstehung *f*, -wicklung *f*: **~ of character** Charakterbildung; **~ of gas** Gasbildung c Gründung *f (e-r Gesellschaft)* d Gebilde *n*: **new word ~s** neue Wortbildungen 2 Anordnung *f*, Struktur *f*, Zusammensetzung *f*, Bau *m*: **be irregular in ~** unregelmäßig geformt sein 3 FLUG, MIL, SPORT Formation *f*, Aufstellung *f*: **~ in depth** a MIL Tiefengliederung *f* b SPORT tiefe Staff(e)lung; **~ dancing** Formationstanz *m* 4 FLUG, MIL Formation *f*, Verband *m*: **~ flying**, *(konkret)* **~ flight** Formations-, Verbandsflug *m* 5 GEOL Formation *f (Folge von Gesteinsschichten, die sich in e-m größeren erdgeschichtlichen Zeitraum gebildet hat)*

formative ['fɔː(r)mətɪv] A ADJ (ADV ~ly) 1 formend, gestaltend, bildend 2 Entwicklungs…: **the ~ years of a child** 3 LING formbildend: **~ element** → B 4 BOT, ZOOL morphogen *(Wachstum)*: **~ stimulus** Neubildungsreiz *m*; **~ tissue** Bildungsgewebe *n* B S LING Formativ *n*: a → formant b b *kleinstes Element mit syntaktischer Funktion innerhalb e-r Kette*

form|book S: **according to the ~** SPORT *umg* nach der Papierform; **~ drag** S PHYS Form-, Druckwiderstand *m*

forme *Br für* form A 17

former[1] ['fɔː(r)mə(r)] S 1 Former(in), Gestalter(in) 2 TECH Former *m (Arbeiter)* 3 TECH Form-, Drückwerkzeug *n* 4 FLUG Spant *m* 5 SCHULE *bes Br in Zusammensetzungen* Schüler(in) der … Klasse

former[2] ['fɔː(r)mə(r)] ADJ 1 früher(er, e, es), vorig(er, e, es): **the ~ Mrs Smith** die frühere Frau Smith; **he is his ~ self again** er ist wieder (ganz) der Alte 2 vorhergehend, vorherig(er, e, es) 3 vergangen: **in ~ times** früher, in früheren Zeiten 4 ersterwähnt(er, e, es), erstgenannt(er, e, es) *(von zweien)*: **the ~ … the latter** Erster(er, e, es) … Letzter(er, e, es) 5 ehemalig(er, e, es): **a ~ president**

formerly ADV früher, ehemals: **Mrs Smith, ~ Brown** a Frau Smith, geborene Brown b Frau Smith, ehemalige Frau Brown

formfitting ADJ 1 eng anliegend *(Kleidungsstück)* 2 körpergerecht *(Sessel etc)*

Formica® [fɔː(r)'maɪkə] S *entspricht etwa* Resopal® *n (ein Kunststoff)*

formic acid ['fɔː(r)mɪk] S CHEM Ameisen-, Methansäure *f*

formicarium [ˌfɔː(r)mɪ'keərɪəm] *pl* -caria [-ə], **formicary** [-kərɪ; US -ˌkeriː] S ZOOL Ameisenhaufen *m*, -nest *n*, *bes* Formikarium *n (zum Studium des Verhaltens der Tiere künstlich angelegtes Ameisennest)*; **formication** [-'keɪʃn] S MED Formikatio *f*, Ameisenkriechen *n*, -laufen *n*, Kribbelgefühl *n*

formidable ['fɔː(r)mɪdəbl] ADJ (ADV formidably) 1 furchterregend *od* Furcht einflößend 2 gefährlich, ernst zu nehmend *(Gegner etc)*, gewaltig, riesig *(Schulden etc)*, schwierig, kniff(e)lig *(Frage etc)* 3 eindrucksvoll

forming S 1 Formen *n* 2 TECH Verformung *f*, Fassonierung *f*: **~ property** Verformbarkeit *f*

formless ADJ (ADV ~ly) formlos; **formlessness** S Formlosigkeit *f*

formula ['fɔː(r)mjʊlə] *pl* -las, -lae [-liː] S 1 CHEM, MATH *u. fig* Formel *f*: **seek a ~** *fig* e-e gemeinsame Formel suchen; **drinking alcohol and driving a car is a ~ for trouble** Autofahren nach Alkoholgenuss führt leicht zu Schwierigkeiten 2 PHARM Rezept *n (zur Anfertigung)* 3 REL *(Glaubens-, Gebets)* Formel *f* 4 a Formel *f*, fester Wortlaut b *pej* (leere) Phrase 5 *pej* Schema F, Schablone *f*: **a ~ work** e-e schablonenhafte Arbeit 6 AUTO Formel *f (für Rennwagen)*: ♀ **One car** Formel-1-Wagen *m* 7 US Säuglings-, Babynahrung *f*; **formularize** [-ləraɪz] V/T 1 → formulate 1 2 *fig* schablonisieren; **formulary** [-lərɪ; US -ˌleriː] A S 1 Formelsammlung *f*, -buch *n* 2 Formel *f* 3 Arzneimittel-, Rezeptbuch *n* 4 REL Ritualbuch *n* B ADJ 1 förmlich, formelhaft 2 vorschriftsmäßig 3 REL rituell 4 Formel…; **formulate** [-leɪt] V/T 1 formulieren: a (ab)fassen, darlegen b in e-r Formel ausdrücken, auf e-e Formel bringen 2 *ein Programm etc* aufstellen, festlegen; **formulation** S Formulierung *f*, Fassung *f*

formulism ['fɔː(r)mjʊlɪzəm] S Formelhaftigkeit *f*; **formulistic** ADJ (ADV ~ally) formelhaft; **formulize** → formulate

formwork S TECH (Ver)Schalung *f*

formyl ['fɔː(r)maɪl; *bes US* -mɪl] S CHEM Formyl *n*

fornicate ['fɔː(r)nɪkeɪt] V/I 1 *bes* BIBEL Unzucht treiben, huren 2 JUR außerehelichen Geschlechtsverkehr haben; **fornication** S 1 *bes* BIBEL Unzucht *f*, Hurerei *f* 2 JUR außerehelicher Geschlechtsverkehr; **fornicator** [-tə(r)] S 1 *bes* BIBEL Hurer *m* 2 JUR *j-d, der außerehelichen Geschlechtsverkehr hat*

fornix ['fɔː(r)nɪks] *pl* -nices [-nɪsiːs] S ANAT Fornix *m*, Gewölbe *n*, Bogen *m*

forsake [fə(r)'seɪk] *prät* forsook [-'sʊk], *pperf* forsaken [-kən] V/T 1 *j-n* verlassen, im Stich lassen 2 *etwas* aufgeben, entsagen *(dat)*; **forsaken** A *pperf von* forsake B ADJ (gott)verlassen, einsam; **forsook** *prät von* forsake

forsooth [fə(r)'suːθ] ADV *obs od iron* wahrlich, fürwahr

forswear [fɔː(r)'sweə(r)] V/T *irr* 1 eidlich bestreiten, unter Eid verneinen 2 unter Protest zurückweisen, ganz entschieden bestreiten 3 abschwören *(dat)*, unter Eid *od* feierlich entsagen *(dat)*: **he forswore never to do it again** er gelobte feierlich, es nie wieder zu tun 4 **~ o.s.** falsch schwören, e-n Meineid leisten; **forsworn** [-'swɔː(r)n; *US a.* -'swəʊrn] A *pperf von* forswear B ADJ meineidig

forsythia [fɔː'saɪθjə; *US* fər'sɪθɪə] S BOT Forsythie *f*

fort [fɔː(r)t; *US a.* fəʊrt] S 1 MIL Fort *n*, Feste *f*, Festung(swerk) *f(n)*: **hold the ~** *fig* die Stellung halten 2 HIST Handelsposten *m*

fortalice ['fɔːtəlɪs; *US* 'fɔːrtləs] S MIL a kleines Fort b Außenwerk *n*

forte[1] ['fɔː(r)teɪ; fɔː(r)t] S 1 *Fechten*: Stärke *f (der Klinge)* 2 [*US* fɔːrt; fəʊrt] *fig j-s* Stärke *f*, starke Seite

forte[2] ['fɔː(r)tɪ; -teɪ] MUS A S Forte *n*: **~ pedal** Fortepedal *n*, rechtes Pedal B ADJ & ADV forte, laut

fortes ['fɔː(r)tiːz] *pl von* fortis

forth [fɔː(r)θ; *US a.* fəʊrθ] A ADV 1 hervor…, vor…, her…: → back[1] C 1, bring forth, *etc* 2 heraus…, hinaus… 3 (dr)außen 4 voran…, vorwärts … 5 weiter, fort: **and so ~** und so fort *od* weiter; **from this time ~** von nun an; **from that day ~** von diesem Tag an 6 weg…, fort… B PRÄP *obs* fort von *od* aus

Forth Bridge [fɔː(r)θ] EIGENN: **it's like painting the ~** *Br* das ist e-e Arbeit, die nie aufhört

forth|coming ADJ 1 erscheinend: **be ~** erscheinen, zum Vorschein kommen (→ 4) 2 bevorstehend, kommend *(Wahlen etc)* 3 in Kürze erscheinend *(Buch) od* anlaufend *(Film)*: **~ books** (angekündigte) Neuerscheinungen 4 verfügbar: **be ~** bereitstehen, zur Verfügung stehen (→ 1) 5 a zuvor-, entgegenkommend b mitteilsam; **~right** *fig* A ADJ & ADV offen, freimütig, direkt B S *obs* direkter Weg; **~with** [-'wɪθ; -'wɪð] ADV sofort, umgehend, unverzüglich

fortieth ['fɔː(r)tɪɪθ] A S 1 *(der, die, das)* Vierzigste 2 Vierzigstel *n* B ADJ 1 vierzigst(er, e, es) 2 vierzigstel

fortifiable ['fɔː(r)tɪfaɪəbl] ADJ MIL zu befestigen(d); **fortification** [-fɪ'keɪʃn] S 1 MIL a Befestigen *n*, Befestigung *f* b Festungsbauwesen *n* c Festung *f* d *meist pl* Festungswerk *n*, Befestigung(sanlage) *f* 2 *(a. geistige od moralische)* Stärkung: **I need a little ~, pour me out some whisky** 3 a Verstärkung *f (a.* TECH*)* b Anreicherung *f* 4 *fig* Untermauerung *f*; **fortifier** [-faɪə(r)] S Stärkungsmittel *n*

fortify ['fɔː(r)tɪfaɪ] V/T 1 MIL befestigen 2 TECH *Gewebe etc* verstärken 3 stärken, kräftigen 4 *fig* geistig *od* moralisch stärken, ermutigen, bestärken: **~ o.s. against sth** sich gegen etwas wappnen 5 a *Wein etc (durch Alkoholzusatz)* verstärken: **fortified wine** Dessertwein *m* b *Nahrungsmittel (mit Vitaminen etc)* anreichern 6 *fig e-e Theorie* untermauern (**with** mit)

fortis ['fɔː(r)tɪs] *pl* -tes [-tiːz] S LING Fortis *f (mit großer Intensität gesprochener u. mit gespannten Artikulationsorganen gebildeter Konsonant)*

fortissimo [fɔː(r)'tɪsɪməʊ] ADJ & ADV MUS fortissimo, sehr stark *od* laut

fortitude ['fɔː(r)tɪtjuːd; *US a.* -ˌtuːd] S (innere) Kraft *od* Stärke, Seelenstärke *f*: **bear sth with ~** etwas mit Fassung *od* tapfer ertragen

fortnight ['fɔː(r)tnaɪt] S *bes Br* vierzehn Tage: **this day ~** a heute in 14 Tagen b heute vor 14 Tagen; **in a ~** in 14 Tagen; **a ~'s holiday** zwei Wochen Urlaub; **fortnightly** *bes Br* A ADJ vierzehntägig, halbmonatlich, Halbmonats…: **~ settlement** WIRTSCH Medioabrechnung *f* B ADV vierzehntäglich, alle 14 Tage C S Halbmonatsschrift *f*

FORTRAN, Fortran ['fɔː(r)træn] S formula translation FORTRAN *n (e-e Programmiersprache)*

fortress ['fɔː(r)trɪs] S 1 MIL Festung *f* 2 *fig* a

Bollwerk *n* **b** Hort *m*

fortuitism [fɔː(r)ˈtjuːɪtɪzəm; *US a.* -ˈtuː-] S PHIL Zufallsglaube *m*; **fortuitist** S Anhänger(in) des Zufallsglaubens; **fortuitous** ADJ (ADV ~ly) zufällig; **fortuity**, *a.* **fortuitousness** S **1** Zufall *m* **2** Zufälligkeit *f*

fortunate [ˈfɔː(r)tʃnət] ADJ **1** glücklich: **be ~** Glück haben; **be ~ in having sth, be ~ enough to have sth** das Glück haben, etwas zu besitzen; **he is ~ to have …** zum Glück hat er …; **it was ~ for her that the train hadn't left yet** zu ihrem Glück war der Zug noch nicht abgefahren; **how ~!** welch ein Glück!; → count[1] B 5 **2** Glück verheißend, günstig; **fortunately** ADV glücklicherweise, zum Glück: **~ for me** zu m-m Glück

fortune [ˈfɔːtʃuːn; -tʃən; *US* ˈfɔːrtʃən] S **1** Vermögen *n*, (großer) Reichtum: **a man of ~** ein vermögender *od* reicher Mann; **her beauty is her ~** ihre Schönheit ist ihr Kapital; **come into a ~** ein Vermögen erben; **make a ~** **a** sich ein Vermögen erwerben **b** ein Vermögen verdienen; **make one's ~** sein Glück machen; **marry a ~** e-e gute Partie machen, reich heiraten; **seek one's ~** sein Glück versuchen (**in** in *dat*); **spend a (small) ~ on sth** ein (kleines) Vermögen für etwas ausgeben **2** (glücklicher) Zufall, Glück(sfall) *n(m)*: **by sheer good ~** rein zufällig; **I had the ~ to have …, it was my good ~ to have …** zu m-m Glück hatte ich … **3** *meist pl* Geschick *n*, Schicksal *n*: **good ~** Glück *n*; **bad** (*od* **ill**) **~** Unglück *n*; **tell ~s** wahrsagen; **read sb's ~** **a** j-m die Karten legen **b** j-m aus der Hand lesen; **have one's ~ told** sich wahrsagen lassen; **by good ~** glücklicherweise, zum Glück; **the ~s of war** das Kriegsgeschick, der Krieg; **during his changing ~s** während s-s wechselvollen Lebens; **try one's ~** es darauf ankommen lassen **4** *oft* ☡ Fortuna *f*, das Glück, die Glücksgöttin: **~ favo(u)red him** Fortuna *od* das Glück war ihm hold; **~ favo(u)rs the brave** (*Sprichwort*) Glück hat nur der Tüchtige; **~ favo(u)rs fools** (*Sprichwort*) die Dummen haben das Glück; → smile A 2; **~ hunter** S Mitgiftjäger *m*; **~-teller** S Wahrsager(in); **~-telling** S Wahrsagen *n*, Wahrsagerei *f*

forty [ˈfɔː(r)tɪ] **A** S **1** Vierzig *f*: **he is in his forties** er ist in den Vierzigern; **in the forties** in den Vierzigerjahren (*e-s Jahrhunderts*) **2** **the roaring forties** der stürmische Teil des Ozeans (zwischen dem 39. u. 50. Breitengrad) **B** ADJ vierzig: **have ~ winks** *umg* ein Nickerchen *od* ein Schläfchen machen; **☡-Five** S HIST *Br die Jakobitische Erhebung im Jahre 1745*; **~-niner** S *US Goldgräber, der 1849 im Zuge des Goldrausches nach Kalifornien ging*

forum [ˈfɔːrəm; *US a.* ˈfəʊ-] *pl* -rums, -ra [-rə] S **1** *Antike*: Forum *n* (*a. fig*) **2** JUR **a** Gericht *n*, Tribunal *n* (*a. fig*) **b** *Br* Gerichtsstand *m*, örtliche Zuständigkeit **3** Forum *n*, (öffentliche) Diskussion(sveranstaltung)

forward [ˈfɔː(r)wə(r)d] **A** ADV vor…, nach vorn, vorwärts, voran…, voraus…: **from this day ~** von heute an; **freight ~** WIRTSCH Fracht gegen Nachnahme; **buy ~** WIRTSCH auf Termin kaufen; **go ~** *fig* Fortschritte machen; **help ~** weiterhelfen (*dat*); **~, march!** MIL im Gleichschritt, marsch!; →bring forward, carry forward, put forward *etc* **B** ADJ (ADV ~ly) **1** vorwärts *od* nach vorn gerichtet, Vorwärts…: **a ~ motion**; **~ area** MIL Kampfgebiet *n*; **~ defence** (*US* **defense**) MIL Vorwärtsverteidigung *f*; **~ planning** Voraus-, Zukunftsplanung *f*; **~ speed** AUTO Vorwärtsgang *m*; **~ strategy** MIL Vorwärtsstrategie *f*; **~ stroke** TECH Vorlauf *m* (*e-s Kolbens*) **2** vorder(er, e, es) **3** **a** BOT frühreif (*a. fig Kind*) **b** zeitig (*Jahreszeit etc*) **4** ZOOL **a** hochträchtig **b** gut entwickelt **5** *fig* fortschrittlich **6** *fig* fortgeschritten (**at** in *dat*; **with** mit) **7** *fig* vorlaut, dreist **8** *fig* vorschnell, -eilig **9** *fig* schnell bereit (**to do sth** etwas zu tun) **10** WIRTSCH auf Ziel *od* Zeit, für spätere Lieferung *od* Zahlung, Termin…: **~ business** (**market, sale,** *etc*); **~ exchange** Termindevisen *pl*; **~ exchange market** Devisenterminmarkt *m*; **~ operation** Termingeschäft *n*; **~ rate** Terminkurs *m*, Kurs *m* für Termingeschäfte **C** S SPORT Stürmer(in): **~ line** Stürmer-, Sturmreihe *f* **D** V/T **1** beschleunigen **2** fördern, begünstigen **3** **a** (ver)senden, schicken **b** befördern **4** *e-n Brief etc* nachsenden **E** V/I **"please ~"** „bitte nachsenden"

forwarder S Spediteur(in); **forwarding** S **1** **a** Versenden *n*, Versand *m* **b** Beförderung *f*: **~ agent** Spediteur(in); **~ charges** Versandspesen; **~ clerk** Expedient *m*; **~ note** Frachtbrief *m* **2** Nachsenden *n*, -sendung *f*: **~ address** Nachsendeadresse *f*

forward-looking ADJ vorausschauend, fortschrittlich

forwardness S **1** **a** Frühreife *f* **b** Frühzeitigkeit *f* **2** *fig* vorlaute Art, Dreistigkeit *f* **3** *fig* Voreiligkeit *f*

forwards [ˈfɔː(r)wə(r)dz] → forward A

forworn [fɔː(r)ˈwɔː(r)n] ADJ *obs* erschöpft

Fosbury (flop) [ˈfɒzbərɪ; -brɪ; *US* ˈfɑz-] S *Leichtathletik*: (Fosbury-)Flop *m*

foss → fosse

fossa [ˈfɒsə; *US* ˈfɑsə] *pl* -sae [-siː] S ANAT Fossa *f*, Grube *f*, Vertiefung *f*

fosse [fɒs; *US* fɑs] S **1** (Burg-, Wall)Graben *m* **2** Grube *f*, Vertiefung *f*

fossick [ˈfɒsɪk; *US* ˈfɑ-] *Aus umg* **A** V/I **1** herumstöbern, -suchen (*beide:* **for** nach) **2** in alten Minen *etc* (nach) Gold suchen **B** V/T herumstöbern *od* -suchen nach

fossil [ˈfɒsl; *US* ˈfɑsəl] **A** S **1** GEOL Fossil *n*, Versteinerung *f* **2** *umg* Fossil *n*: **a** verknöcherter *od* rückständiger Mensch *pej* **b** (*etwas*) Vorsintflutliches *pej* **B** ADJ **1** GEOL fossil, versteinert: **~ fuel** fossiler Brennstoff; **~ meal** Infusorienerde *f*; **~ oil** Erd-, Steinöl *n*, Petroleum *n* **2** *umg* fossil: **a** verknöchert, rückständig *pej* (*Person*) **b** vorsintflutlich *pej* (*Sache*); **fossiliferous** [-sɪˈlɪfərəs] ADJ fossilienhaltig, Fossil…; **fossilist** S Paläontologe *m*, Paläontologin *f* (*Wissenschaftler[in] auf dem Gebiet der Lehre von den Versteinerungen*); **fossilization** [-sɪlaɪˈzeɪʃn; *US* -ləˈz-] S **1** GEOL Fossilierung *f*, Versteinerung *f* **2** *umg* Verknöcherung *f*; **fossilize** **A** V/T **1** GEOL fossilieren, versteinern **2** *umg* verknöchern lassen: **~d** → fossil B 2 a **B** V/I **1** GEOL fossilieren, versteinern **2** *umg* verknöchern

fossorial [fɒˈsɔːrɪəl; *US* fɑ-; *a.* -ˈsəʊ-] ADJ ZOOL grabend, Grab…

foster [ˈfɒstə(r); *US a.* ˈfɑs-] **A** V/T **1** *ein Kind etc* auf-, großziehen **2** *ein Kind* **a** in Pflege haben *od* nehmen **b** *bes Br* in Pflege geben (**with** bei) **3** *Gefühle, e-n Plan etc* hegen **4** *ein Talent etc* fördern **5** *Erinnerungen etc* wachhalten **B** ADJ Pflege…: **~ child** (**parents,** *etc*); **~ home** Pflegestelle *f*; **~ mother** **a** Pflegemutter *f* **b** ZOOL Brutapparat *m*; **fosterage** S **1** Pflege *f* **2** *fig* Förderung *f*; **fosterer** S **1** Pflegevater *m*, -mutter *f* **2** *fig* Förderer *m*, Förderin *f*

fosterling [ˈfɒstə(r)lɪŋ; *US a.* ˈfɑs-] S Pflegekind *n*

Foucault current [fuːˈkəʊ] → eddy current

fought [fɔːt] *prät u. pperf von* fight

foul [faʊl] **A** ADJ (ADV ~ly) **1** stinkend, widerlich **2** **a** verpestet, schlecht (*Luft*): → air[1] A 3 **b** verdorben, faul (*Lebensmittel etc*) **3** übel riechend (*Atem*) **4** schmutzig, verschmutzt (*a. Schusswaffe*), verrußt (*Schornstein*), verstopft (*Rohr etc, a. Straße*), voll Unkraut (*Garten*), überwachsen (*Schiffsboden*) **5** **a** schlecht, stürmisch (*Wetter etc*), widrig (*Wind*) **b** gefährlich (*Küste*) **6** SCHIFF **a** unklar (*Taue etc*) **b** in Kollision (geratend) (**of** mit) **7** *fig* **a** widerlich, ekelhaft **b** abscheulich, gemein **c** gefährlich, schädlich: **~ tongue** böse Zunge, Lästerzunge *f* **d** schmutzig, zotig, unflätig (*Sprache*) **8** *umg* scheußlich **9** *fig* unehrlich, betrügerisch **10** SPORT regelwidrig, unfair: **~ throw** (*Fußball*) falscher Einwurf **11** TYPO **a** unsauber (*Druck etc*): → copy A 1 **b** voller Fehler *od* Änderungen: → proof B 5 **B** ADV **1** auf gemeine Art, gemein (*etc*, → A 7, A 8, A 9, A 10): **play ~** SPORT foul spielen; **play sb ~** j-m übel mitspielen **2** **fall ~ of** SCHIFF kollidieren mit, *a. fig* zusammenstoßen mit; **they fell ~ of each other** sie gerieten sich in die Haare; **fall ~ of the law** mit dem Gesetz in Konflikt geraten **C** S **1** (*etwas*) Widerliches *etc*: **through ~ and fair** durch dick u. dünn **2** SCHIFF Kollision *f*, Zusammenstoß *m* **3** SPORT Foul *n*, Regelverstoß *m*: **commit a ~ on** ein Foul begehen an (*dat*); → foul shot **D** V/T **1** *a.* **~ up** beschmutzen (*a. fig*), verschmutzen, verunreinigen: **~ one's (own) nest** das eigene *od* sein eigenes Nest beschmutzen **2** *a.* **~ up** verstopfen **3** SPORT foulen **4** SCHIFF kollidieren *od* zusammenstoßen mit **5** *a.* **~ up** sich verwickeln in (*dat*) *od* mit **6** **~ up** *umg* **a** durcheinanderbringen **b** verpatzen, versauen *umg* **E** V/I **1** schmutzig werden **2** SCHIFF kollidieren, zusammenstoßen (*beide:* **with** mit) **3** sich verwickeln **4** SPORT foulen, ein Foul begehen **5** **~ up** *umg* **a** durcheinanderkommen **b** patzen, Mist bauen

foul| line S **1** *Basketball: bes US* Freiwurflinie *f* **2** *Bowling*: Abwurflinie *f*; **~-mouthed** ADJ unflätig

foulness S **1** Verdorbenheit *f* **2** Schmutzigkeit *f* **3** Schmutz *m* **4** *fig* Abscheulichkeit *f*, Gemeinheit *f* **5** *Bergbau*: schlagende Wetter *pl*

foul| play S **1** unfaires Spiel, Unsportlichkeit *f* **2** (Gewalt)Verbrechen *n*, *bes* Mord *m*: **he met with ~** er fiel e-m Verbrechen zum Opfer; **~ shot** S *Basketball: bes US* Freiwurf *m*; **~-smelling** ADJ übel riechend; **~-spoken** → foul-mouthed; **~-tasting** ADJ übel schmeckend

foumart [ˈfuːmɑː(r)t; -mə(r)t] S ZOOL Iltis *m*

found[1] [faʊnd] *prät u. pperf von* find

found[2] [faʊnd] **A** V/T **1** bauen, errichten **2** *fig* gründen, errichten **3** *fig* begründen, einrichten, ins Leben rufen, *e-e Schule etc* stiften: **~ing father** Vater *m*; **☡ing Fathers** *US* Staatsmänner aus der Zeit der Unabhängigkeitserklärung **4** *fig* gründen, stützen (*beide:* **on, upon, in** auf *akk*): **~ed on documents** urkundlich; **be ~ed on** → B; **~ed (up)on fact(s)** auf Tatsachen beruhend, stichhaltig **B** V/I *fig* (**on, upon**) gründen *od* beruhen auf (*dat*), sich gründen *od* stützen (auf *akk*)

found[3] [faʊnd] V/T **1** METALL schmelzen u. in e-e Form gießen **2** TECH gießen

foundation [faʊnˈdeɪʃn] S **1** *meist pl* ARCH Fundament *n*: **lay the ~s of** **a** das Fundament legen für, fundamentieren **b** *fig* den Grundstein *od* den Grundstock legen zu; **shake sth to its ~s** *a. fig* etwas in s-n *od* bis in s-e Grundfesten erschüttern **2** *meist pl* TECH Unterbau *m*, -lage *f* (*e-r Straße etc*), Bettung *f* **3** Grundlegung *f* **4** *fig* Gründung *f*, Errichtung *f*: **☡ Day** Gründungstag *m* (*26. Januar; australischer Feiertag*) **5** (gemeinnützige) Stiftung: **be on the ~** Geld aus der Stiftung erhalten **6** **a** Unterlage *f* **b** steifes (Zwischen)Futter **c** *a.* **~ muslin** Steifleinen *n* **7** MAL Grundierung *f*, Grundanstrich *m* **8** *a.* **~ cream** (*Kosmetik*) Grundierung *f*

9 a → foundation garment 1 b *pl* → foundation garment 2 10 *fig* Grund(lage) *m(f)*, Basis *f*, Fundament *n*: **be completely without ~, have no ~ in fact** jeder Grundlage entbehren
foundation| garment S 1 a Mieder *n* b Korsett *n* 2 *pl* Miederwaren *pl*; **~ stone** S 1 ARCH Grundstein *m* (*a. fig*): **lay the ~ of** den Grundstein, *fig a.* den Grundstock legen zu 2 *fig* → foundation 10
founder¹ ['faʊndə(r)] S (Be)Gründer *m*, Stifter *m*: **~ member** Gründungsmitglied *n*; **~s' preference rights** WIRTSCH Gründerrechte; **~s' shares** WIRTSCH *bes Br* Gründeraktien, -anteile
founder² ['faʊndə(r)] S TECH Gießer *m*
founder³ ['faʊndə(r)] A V/I 1 SCHIFF sinken, untergehen 2 a einfallen, nachgeben (*Boden*) b einstürzen (*Gebäude*) 3 *fig* scheitern, (*Koalition etc a.*) zerbrechen, (*Ehe etc a.*) in die Brüche gehen 4 a VET lahmen b zusammenbrechen (*Pferd*) 5 stecken bleiben (**in** in *dat*) B V/T 1 *ein Schiff* zum Sinken bringen 2 *ein Pferd* lahm reiten C S VET a Hufentzündung *f* b Engbrüstigkeit *f*
foundling ['faʊndlɪŋ] S Findling *m*, Findelkind *n*: **~ hospital** HIST Findelhaus *n*
found object → objet trouvé
foundress ['faʊndrɪs] S (Be)Gründerin *f*, Stifterin *f*
foundry ['faʊndrɪ] S 1 METALL a Gießerei *f* b Gussstücke *pl* c Gießen *n* 2 TYPO Schriftgießerei *f*; **~ iron** S Gießereiroheisen *n*; **~man** [-mən] S *irr* TECH Gießer *m*; **~ pig** → foundry iron; **~ proof** S TYPO Revisionsabzug *m* (*vor dem Matern*)
fount¹ [faʊnt; *Br a.* fɒnt; *US a.* fɑnt] *bes Br für* font²
fount² [faʊnt] S 1 a Ölbehälter *m* (*e-r Lampe*) b Tintenraum *m* (*e-s Füllhalters*) 2 *poet* Quelle *f*, Born *m* (*beide a. fig Ursprung*)
fountain ['faʊntɪn; *US* -tn] S 1 Quelle *f*: ♀ **of Youth** Jungbrunnen *m* 2 *fig* Quelle *f*, Ursprung *m* 3 Fontäne *f*: a (*Wasser- etc*) Strahl *m* b Springbrunnen *m* 4 a Trinkbrunnen *m* b → soda fountain 2 5 TECH a Reservoir *n* b → fount² 1; **~head** S 1 Quelle *f* (*a. fig*) 2 *fig* Urquell *m*; **~ pen** S Füll(feder)halter *m*; **~ syringe** S MED Irrigator *m*, Spülapparat *m*
four [fɔː(r); *US a.* fəʊr] A ADJ vier: **within the ~ seas** in Großbritannien; **~ of a kind** (*Poker*) Viererpasch *m* B S 1 Vier *f* (*Zahl, Spielkarte etc*): **the ~ of hearts** die Herzvier; **by ~s** immer vier auf einmal; **on all ~s** auf allen vieren; **be on all ~s (with)** *bes US* übereinstimmen (mit), genau entsprechen (*dat*) 2 *Rudern*: Vierer *m* (*Boot, Mannschaft*) 3 AUTO, TECH *US umg* Vierzylinder *m* (*Motor, Wagen*); **~-ball (match)** S *Golf*: Vierball *m*
fourchette [fʊə(r)'ʃet] S 1 ANAT hinteres Scheidenhäutchen 2 ZOOL a Gabelbein *n* (*e-s Vogels*) b Strahl *m* (*am Huf*)
four|-colo(u)r ADJ 1 vierfarbig 2 TYPO Vierfarben…; **~-cornered** ADJ viereckig; **~-cycle** ADJ TECH *US* Viertakt…: **~ engine** Viertaktmotor *m*, Viertakter *m*; **~-dimensional** ADJ PHYS vierdimensional; **~eyes** *pl* -eyes S *umg, meist hum* Brillenträger(in), (*Frau a.*) Brillenschlange *f pej*; **~ flush** S *Poker*: unvollständige Hand (*4 Karten e-r Farbe*); **~-flush** V/I *US umg* bluffen; **~-flusher** S *US umg* Bluffer(in)
fourfold A ADJ & ADV vierfach B S (*das*) Vierfache
four|-footed ADJ vierfüßig; **~-four (time)** S MUS Viervierteltakt *m*; **~-handed** ADJ 1 ZOOL vierhändig (*Affe*) 2 MUS vierhändig, für vier Hände 3 für vier Personen: **~ game** Viererspiel *n*; **~-horse(d)** ADJ vierspännig: **~ coach** Vierspänner *m*; ♀ **Hundred** S: **the ~** *US* die Hautevolee (*e-r Gemeinde*)
Fourier| analysis ['fʊrɪeɪ] S *irr* MATH Fourier-Analyse *f*, harmonische Analyse; **~ series** S *irr* MATH Fourier-Reihe *f* (*Reihe zur Darstellung e-r periodischen Funktion*)
four|-leaf clover, ~-leaved clover S BOT vierblätt(e)riges Kleeblatt (*a. als Glücksbringer*); **~-legged** ADJ vierbeinig; **~-letter word** S *euph* unanständiges Wort; **~-man** ADJ: **~ bobsleigh** Viererbob *m*; **~-master** S SCHIFF Viermaster *m*; **~-part** ADJ MUS vierstimmig, für vier Stimmen; **~pence** [-pəns] S *Br* 1 (Wert *m* von) vier Pence 2 HIST Vierpencemünze *f*; **~penny** [-pənɪ] ADJ *Br* 1 Vierpence…, im Wert von vier Pence 2 **~ one** *sl* (*bes* Faust)Schlag *m*; **~plex** ['fɔːrpleks] S *US* Vierfamilienhaus *n*; **~-poster** S 1 a. **~ bed** Himmelbett *n* 2 SCHIFF *umg* Viermaster *m*; **~-pounder** S MIL, HIST Vierpfünder *m*; **~-power** ADJ POL, HIST Viermächte…: **the ~ status of Berlin**; **~score** ADJ *obs* achtzig; **~-seater** S AUTO Viersitzer *m*
foursome ['fɔː(r)səm; *US a.* 'fəʊr-] S 1 *Golf*: Vierer *m* 2 Satz *m* von vier (Dingen) 3 *hum* Quartett *n* (*4 Personen, 2 Paare*): **go out as a ~** zu viert ausgehen
four|square ADJ & ADV 1 quadratisch 2 *fig* a fest, standhaft b barsch, grob, unumwunden; **~ star** S *Br* Super(benzin) *n*; **~-stroke** *bes Br für* four-cycle
fourteen [ˌfɔː(r)'tiːn; *US a.* fəʊr-] A S Vierzehn *f* B ADJ vierzehn; **fourteenth** [-θ] A ADJ 1 vierzehnt(er, e, es) 2 vierzehntel B S 1 (*der, die, das*) Vierzehnte 2 Vierzehntel *n*
fourth [fɔː(r)θ; *US a.* fəʊrθ] A ADJ 1 viert(er, e, es): **in the ~ place** viertens, an vierter Stelle 2 viertel B S 1 (*der, die, das*) Vierte: **the ~ of May** der 4. Mai 2 Viertel *n* 3 MUS Quart(e) *f* 4 **the** ♀ **of July** *US* der Vierte Juli, der Unabhängigkeitstag; **~ class** S *US* Paketpost *f*; **~-class** *US* A ADJ: **~ mail** → fourth class B ADV: **send sth ~** etwas als Paketpost versenden; **~ estate** S *hum* (*die*) Presse
fourthly ADV viertens
four|-way ADJ TECH Vierwege…: **~ switch** Vierfach-, Vierwegeschalter *m*; **~-wheel** ADJ 1 vierräd(e)rig 2 Vierrad…: **~ drive** AUTO Vierradantrieb *m*
fovea ['fəʊvɪə] *pl* -veae [-vɪiː] S ANAT Fovea *f*, Vertiefung *f*, Grube *f*
fowl [faʊl] A *pl* fowls, *bes koll* fowl S 1 Haushuhn *n*, -ente *f*, Truthahn *m* 2 KOLL Geflügel *n*, Federvieh *n*, Hühner *pl*: **~ run** Auslauf *m*, Hühnerhof *m* 3 *selten* Vogel *m*, Vögel *pl*: **the ~(s) of the air** BIBEL die Vögel unter dem Himmel; → wildfowl 4 Geflügel(fleisch) *n* B V/I Vögel fangen *od* schießen; **~ cholera** S VET Geflügelcholera *f*
fowler S Vogelfänger(in), -steller(in), -jäger(in)
fowling S Vogelfang *m*, -jagd *f*; **~ piece** S JAGD Vogelflinte *f*; **~ shot** S JAGD Hühnerschrot *m/n*
fowl | plague S VET Geflügel-, Hühnerpest *f*; **~ pox** S VET Geflügelpocken *pl*
fox [fɒks; *US* fɑks] A *pl* foxes, *bes koll* fox S 1 ZOOL Fuchs *m*: **set the ~ to keep the geese** *fig* den Bock zum Gärtner machen; → crafty 1, cunning A 2 2 *oft* **sly old ~** *fig* (alter) Fuchs *umg* 3 Fuchspelz(kragen) *m* 4 SCHIFF Nitzel *m* 5 ♀ Fox(indianer) *m od pl* (*nordamer. Indianerstamm*) B V/T 1 verblüffen 2 täuschen, reinlegen *umg* 3 a *Schuhe* vorschuhen b *Oberleder* mit e-m Zierstreifen versehen C V/I 1 gerissen vorgehen 2 stockfleckig werden (*Papier*)
fox|bane S BOT Wolfs-Eisenhut *m*; **~ brush** S Lunte *f*, Fuchsschwanz *m*; **~glove** S BOT (*ein*) Fingerhut *m*; **~hole** S 1 Fuchsbau *m* 2 MIL Schützenloch *n*; **~ hunt(ing)** S Fuchsjagd *f*
foxiness ['fɒksɪnɪs; *US* 'fɑk-] S Gerissenheit *f*, Verschlagenheit *f*
fox| mark S Stockfleck *m* (*im Papier*); **~tail** S 1 Fuchsschwanz *m* 2 BOT (*ein*) Fuchsschwanz(-gras) *m(n)*; **~ terrier** S ZOOL Foxterrier *m*; **~trot** A S MUS Foxtrott *m* B V/I Foxtrott tanzen
foxy ADJ (ADV foxily) 1 *umg* gerissen, verschlagen 2 fuchsrot, fuchsig 3 stockfleckig (*Papier*) 4 *US umg* sexy
foyer ['fɔɪeɪ; *US a.* 'fɔɪər] S 1 Foyer *n*: a Halle *f* (*im Hotel*) b Wandelgang *m* (*im Theater*) 2 *US* Diele *f*
f.p. ABK 1 PHYS freezing point 2 fully paid
FPA ABK Family Planning Association
FPHA ABK *US* Federal Public Housing Authority
fpm ABK PHYS feet per minute
FPO ABK SCHIFF MIL *US* fleet post office
fps¹, **f.p.s.** ABK 1 PHYS feet per second 2 PHYS foot-pound-second 3 FOTO frames per second
FPS² ABK *Br* Fellow of the Pharmaceutical Society
fr.¹ ABK 1 fragment 2 franc 3 from
Fr.² ABK 1 REL Father 2 France 3 French
Fra [frɑː] S REL Fra *m* (*Bruder; vor Mönchsnamen*)
fracas ['frækɑː; *US* 'freɪkəs] *pl* -cas, *US* -cases S Aufruhr *m*, Tumult *m*
fractal ['fræktl] S PHYS *etc* Fraktal *n* (*komplexes, geometrisch strukturiertes Gebilde*)
fraction ['frækʃn] S 1 MATH a Bruch *m*: **~ bar** (*od* **line, stroke**) Bruchstrich *m* b *pl* Bruchrechnen *n* 2 Bruchteil *m*: **for a ~ of a second** für den Bruchteil e-r Sekunde; **in a ~ of a second** im Bruchteil e-r Sekunde; **~ of a share** (*bes US* **stock**) WIRTSCH Teilaktie *f* 3 Stückchen *n*, (*ein*) bisschen: **by a ~ of an inch** *fig* um ein Haar, beinah; **a ~ smaller** e-e Spur kleiner; **not (by) a ~** nicht im Geringsten 4 (Zer)Brechen *n* 5 ♀ REL Brechen *n* (*des Brotes*); **fractional** [-ʃənl] ADJ (ADV **~ly**) 1 MATH Bruch…, gebrochen: **~ amount** Teilbetrag *m*; **~ currency** *US* Kleingeld(noten) *n(pl)*; **~ part** Bruchteil *m* 2 *fig* unbedeutend, minimal, geringfügig 3 CHEM fraktioniert: **~ distillation**; **fractionalize** V/T in Bruchteile zerlegen; **fractionary** [-ʃnərɪ; *US* -ʃəˌneriː] ADJ Bruch(-stück)…, Teil…; **fractionate** [-neɪt] V/T CHEM fraktionieren; **fractionize** V/T & V/I (sich) teilen
fractious ['frækʃəs] ADJ (ADV **~ly**) 1 mürrisch, zänkisch, reizbar 2 widerspenstig, störrisch (*bes Tier*); **fractiousness** S 1 mürrisches Wesen, Reizbarkeit *f* 2 Widerspenstigkeit *f*
fracture ['fræktʃə(r)] A S 1 Bruch *m*, MED *a.* Fraktur *f* 2 MINER Bruch(fläche) *m(f)* 3 CHEM, TECH Bruchgefüge *n* 4 LING Brechung *f* 5 *fig* Bruch *m*, Zerwürfnis *n* B V/T 1 (zer)brechen: **~ one's arm** sich den Arm brechen; **~d pelvis** MED Beckenbruch *m*; **~d skull** MED Schädelbruch *m*; **speak ~d English** *fig* gebrochen Englisch sprechen 2 GEOL zerklüften C V/I (zer)brechen
frae [freɪ] *schott für* from
fragile ['frædʒaɪl; *US* -dʒəl] ADJ (ADV **~ly**) 1 zerbrechlich (*a. fig*): **happiness is ~** 2 TECH brüchig 3 a schwach, zart (*Gesundheit*) b gebrechlich (*Person*): **I'm feeling rather ~ today** *meist hum* ich bin heute nicht in bester Verfassung; **fragileness, fragility** [frə'dʒɪlətɪ] S 1 Zerbrechlichkeit *f* (*a. fig*) 2 TECH Brüchigkeit *f* 3 a Zartheit *f* b Gebrechlichkeit *f*
fragment ['frægmənt] A S 1 (*literarisches etc*) Fragment 2 Bruchstück *n*, -teil *m* 3 Überrest *m*, Stück *n* 4 Fetzen *m*, Brocken *m* 5 MIL Sprengstück *n*, Splitter *m* B V/T in Stücke schla-

F

gen, zerschlagen, *a. fig* zerstückeln, zersplittern C VI (in Stücke) zerspringen; **fragmental** [-'mentl] ADJ (ADV ~ly) 1 → fragmentary 2 2 GEOL aus Trümmergestein bestehend: ~ **rock** Trümmergestein *n*; **fragmentariness** [-tərɪnɪs; *US* -ˌteriːnəs] S *(das)* Fragmentarische, Unvollständigkeit *f*; **fragmentary** [-tərɪ; *US* -ˌteriː] ADJ (ADV fragmentarily) 1 aus Stücken bestehend, zerstückelt 2 fragmentarisch, unvollständig, bruchstückhaft; **fragmentation** S 1 BIOL Fragmentation *f*, Spaltung *f* 2 Zerstückelung *f*, Zersplitterung *f (beide a. fig)* 3 MIL Splitterwirkung *f*: ~ **bomb** Splitterbombe *f*; **fragmentize** *US* → fragment B, C

fragrance ['freɪgrəns], *a.* **fragrancy** S Wohlgeruch *m*, (süßer) Duft: *this soap is made* **in several ~s** in verschiedenen Duftnoten; **fragrant** ADJ (ADV ~ly) 1 wohlriechend, (süß) duftend: **be ~ with** duften nach 2 *fig* angenehm *(Erinnerungen etc)*

frail[1] [freɪl] ADJ (ADV ~ly) 1 zerbrechlich 2 a zart, schwach *(Gesundheit, Stimme etc)* b gebrechlich *(Person)* c *(charakterlich od moralisch)* schwach d seicht, oberflächlich *(Buch etc)*

frail[2] [freɪl] S 1 Binsenkorb *m (für getrocknete Früchte)* 2 Korb *m (Gewichtseinheit, etwa 75 Pfund)*

frailty ['freɪltɪ] S 1 Zerbrechlichkeit *f* 2 a Zartheit *f* b Gebrechlichkeit *f* 3 a *(charakterliche od moralische)* Schwachheit *od* Schwäche: **be free of human frailties** frei von menschlichen Schwächen sein b Fehltritt *m*

fraise[1] [freɪz] MIL A S Palisade *f* B VT durch Palisaden schützen

fraise[2] [freɪz] TECH A S Bohrfräse *f* B VT fräsen

framb(o)esia [fræm'biːzɪə; -ʒə] S MED Frambösie *f*, Himbeerpocken *pl*, -seuche *f*

frame [freɪm] A S 1 *(Bilder-, Fenster- etc)* Rahmen *m (a.* AUTO, TECH*)* 2 *(a. Brillen-, Schirm-, Wagen)* Gestell *n*, Gerüst *n* 3 Einfassung *f* 4 ARCH a Balkenwerk *n* b Gerippe *n*, Skelett *n*: **steel ~** c *(Tür- etc)* Zarge *f* 5 TYPO *(Setz)* Regal *n* 6 ELEK Stator *m (fest stehender Teil e-s Elektromotors od e-r Dynamomaschine)* 7 FLUG, SCHIFF a Spant *n* b Gerippe *n* 8 TV a Abtast-, Blickfeld *n* b Raster(bild) *m(n)* 9 a FILM Einzel-, Teilbild *n* b *Comic Strips*: Bild *n* 10 AGR verglastes Treibbeet, Frühbeetkasten *m* 11 *Weberei: (Spinn-, Web)* Maschine *f* 12 a Rahmen(erzählung) *m(f)* b Hintergrund *m* 13 Körper(bau) *m*, Gestalt *f*, Figur *f (obs außer in)*: **the mortal ~** die sterbliche Hülle 14 *fig* Rahmen *m*, Gefüge *n*, System *n*: **within the ~ of** im Rahmen *(gen)*; **~ of reference** a MATH Bezugs-, Koordinatensystem b *fig* Gesichtspunkt *m* 15 *bes* **~ of mind** (Gemüts)Verfassung *f*, (-)Zustand *m*: **in a cheerful ~ of mind** in fröhlicher Stimmung; **I'm not in the ~ of mind for dancing** *(od* **to dance***)* ich bin nicht in der Stimmung zu tanzen, mir ist nicht nach Tanzen zumute 16 → frame-up B VT 1 zusammenpassen, -setzen, -fügen 2 a *ein Bild etc* (ein)rahmen, (-)fassen b *fig* umrahmen 3 TYPO *den Satz* einfassen 4 *etwas* ersinnen, entwerfen, *e-n Plan* schmieden, *ein Gedicht etc* machen, verfertigen, *e-e Entschuldigung etc* formulieren, *e-e Politik etc* abstecken 5 gestalten, formen, bilden 6 anpassen (**to** *dat*) 7 *Worte* formen 8 *a.* **~ up** *sl* a *e-e Sache* drehen, schaukeln *(beide umg)*: **~ a charge** e-e falsche Beschuldigung erheben; **~ a match** ein Spiel (vorher) absprechen b *j-m* etwas anhängen *umg*: **I've been ~d** ich bin reingelegt worden C VI 1 *obs* sich anschicken (**to do** zu tun) 2 sich entwickeln, Form annehmen: **~ well** sich gut anlassen *(Sache)*

frame| aerial, *bes US* **~ antenna** S ELEK Rahmenantenne *f*; **~ counter** S FOTO Bildzähler *m*

framed ADJ 1 gerahmt 2 Fachwerk... 3 FLUG, SCHIFF in Spanten (stehend) 4 **~ rucksack** Rucksack *m* mit Tragegestell

frame| frequency S TV Bild(wechsel)frequenz *f*; **~ hold** S TV Bildfang *m*; **~ house** S 1 Holzhaus *n* 2 Fachwerkhaus *n*

framer S 1 *(Bilder)* Rahmer(in) 2 Gestalter(in) 3 Entwerfer(in)

frame| saw S TECH 1 Spannsäge *f* 2 Gattersäge *f*; **~ story**, **~ tale** S Rahmenerzählung *f*; **~ tent** S Steilwandzelt *n*; **~-up** S *sl* 1 Komplott *n*, Intrige *f* 2 abgekartetes Spiel; **~work** A S 1 TECH, *a.* FLUG, BIOL Gerüst *n*, Gerippe *n* 2 ARCH Fach-, Bindewerk *n*, Gebälk *n* 3 Gestell *n (von Eisenbahnwagen)* 4 *Bergbau*: Ausschalung *f* 5 *Handarbeit*: Rahmenarbeit *f* 6 *fig* Rahmen *m*, Gefüge *n*, System *n*: **the ~ of society** die Gesellschaftsstruktur; **within the ~ of** im Rahmen *(gen)* B ADJ Fachwerk..., Gerüst..., Rahmen...: **~ body** FLUG Fachwerkrumpf *m*; **~ fiber** *(bes Br* **fibre***)* BIOL Gerüstfaser *f*

framing S 1 (Ein)Rahmen *n*, (-)Fassen *n* 2 TECH Gestell *n*, Einfassung *f*, -rahmung *f*, Rahmen *m* 3 ARCH a Holzverbindung *f* b Holz-, Rahmen-, Zimmerwerk *n* 4 TV a Einrahmung *f* b Bildeinstellung *f*

franc [fræŋk] S 1 Franc *m (Währungseinheit Frankreichs etc)* 2 Franken *m (Währungseinheit der Schweiz etc)*

France [frɑːns; *US* fræns] S Frankreich *n*

franchise ['fræntʃaɪz] S 1 POL a Wahl-, Stimmrecht *n* b Bürgerrecht(e) *n(pl)* 2 *US* Vorrecht *n*, Privileg *n* 3 HIST Gerechtsame *f*, Vorrecht *n* 4 WIRTSCH *bes US* a Konzession *f* b Alleinverkaufsrecht *n*, -vertretung *f* c *(Verleihung f der)* Rechtspersönlichkeit *f*: **the ~ of a corporation** d Franchise *n*, Franchising *n (Vertrieb von Waren od Dienstleistungen unter dem Zeichen des Herstellers durch selbstständige Unternehmer in eigenem Namen u. für eigene Rechnung)* e *Firma, die das Franchise-Prinzip anwendet* 5 *Versicherung*: Franchise *f (unterhalb des vereinbarten Versicherungswertes liegender Prozentsatz e-s Schadens, der nicht ersetzt zu werden braucht)*

Franciscan [fræn'sɪskən] REL A S Franziskaner(mönch) *m* B ADJ franziskanisch, Franziskaner...

Franco- [fræŋkəʊ-] *Wortelement mit der Bedeutung* Franko..., franko..., französisch

Franconia [fræŋ'kəʊnjə; -nɪə] S Franken *n*; **Franconian** [fræŋ'kəʊnjən; -nɪən] A S 1 Franke *m*, Fränkin *f* 2 LING, HIST Fränkisch *n* B ADJ fränkisch

Francophile ['fræŋkəʊfaɪl], *a.* **Francophil** [-fɪl] A S Frankophile(r) *m/f(m)*, Franzosenfreund(in) B ADJ frankophil, franzosenfreundlich; **Francophobe** [-fəʊb] A S Frankophobe(r) *m/f(m)*, Franzosenfeind(in) B ADJ frankophob, franzosenfeindlich; **Francophone** [-fəʊn] A S Frankofone(r) *m/f(m)* B ADJ frankofon, französischsprachig

franger ['fræŋə] S *Aus sl* Pariser *m*, Gummi *m (Kondom)*

frangibility [ˌfrændʒɪ'bɪlətɪ] S Zerbrechlichkeit *f*; **frangible** ADJ (ADV frangibly) zerbrechlich; **frangibleness** → frangibility

frangipane ['frændʒɪpeɪn] S 1 *(e-e)* Mandelcreme 2 → frangipani; **frangipani** [-'pɑːnɪ; *US a.* -'pæniː] S 1 Jasmin(blüten)parfüm *n* 2 BOT Roter Jasminbaum

Franglais [frɑ̃glɛ] S *mit vielen englischen Ausdrücken durchsetztes Französisch*

Frank[1] [fræŋk] S HIST Franke *m*, Fränkin *f*

frank[2] [fræŋk] A ADJ (ADV → frankly) offen (herzig), aufrichtig, frei(mütig): **be ~** *(Redew)* offen gestanden *od* gesagt; **be ~ with sb** ehrlich zu j-m sein, j-m ehrlich s-e Meinung sagen B S *Postwesen* 1 a Freistempel *m* b Franko-, Freivermerk *m* 2 Portofreiheit *f* C VT 1 *Postwesen* a *bes Br* frankieren b mit der Maschine frankieren, freistempeln: **~ing machine** Frankiermaschine *f*, Freistempler *m* 2 *j-m* Zutritt verschaffen 3 *etwas* (amtlich) freigeben, befreien (**from, against** von)

frank[3] [fræŋk] *US umg für* frankfurter

Frankenstein ['fræŋkənstaɪn; *US a.* -ˌstiːn] S 1 *j-d, der etwas erschafft, was ihn ruiniert* 2 *a.* **~'s monster** *etwas, was s-n Erschaffer ruiniert*

frankfurter ['fræŋkfɜːtə; *US* -ˌfɜrtər; -fər-], *US a.* **frankfurt** [-fərt] S Frankfurter (Würstchen *n*) *f*

frankincense ['fræŋkɪnˌsens] S BOT, REL Weihrauch *m*

Frankish ['fræŋkɪʃ] HIST A ADJ fränkisch B S LING Fränkisch *n*

franklin ['fræŋklɪn] S HIST *Br* 1 Freisasse *m* 2 kleiner Landbesitzer

franklinite ['fræŋklɪnaɪt] S MINER Franklinit *m*

Franklin stove S *US frei stehender eiserner Kamin*

frankly ADV a → frank[2] A b frei heraus, frank u. frei c *a.* **~ speaking** offen gestanden *od* gesagt; **frankness** S Offenheit *f*, Freimütigkeit *f*

frankpledge ['fræŋkpledʒ] S JUR *Br* HIST a Bürgschaft *f* (innerhalb e-r Zehnerschaft) b (Mitglied *n* e-r) Zehnerschaft *f*

frantic ['fræntɪk] ADJ (ADV ~ally, ~ly) 1 außer sich, rasend *(beide:* **with** *vor dat)*: **drive sb ~** j-n zur Raserei bringen 2 verzweifelt *(Anstrengungen, Hilfeschreie etc)* 3 fieberhaft, hektisch *(Suche etc)*

frap [fræp] VT SCHIFF zurren

frappé ['fræpeɪ; *US* fræ'peɪ] A S Frappé *m (mit klein geschlagenem Eis serviertes alkoholisches Getränk)* B ADJ eisgekühlt

frass [fræs] S ZOOL 1 Kot *m* von Insekten (-larven) 2 Fraßmehl *n*

frat [fræt] *sl* → fraternity, fraternize

fratchy ['frætʃɪ] ADJ *Br umg* 1 reizbar 2 streitsüchtig

frater[1] ['freɪtə(r)] S REL Frater *m*: a *(Kloster)-Bruder vor der Priesterweihe* b *Laienbruder e-s Mönchsordens*

frater[2] ['freɪtə(r)] S REL, HIST Speisesaal *m (im Kloster)*

fraternal [frə'tɜːnl; *US* -'tɜrnl] A ADJ (ADV ~ly) 1 brüderlich, Bruder..., Brüder... 2 Bruderschafts... 3 BIOL zweieiig *(Zwillinge)* B S *a.* **~ association** *(od* **society***) US* Verein *m* zur Förderung gemeinsamer Interessen: **~ insurance** *US* mit e-m Unterstützungsverein auf Gegenseitigkeit abgeschlossene Versicherung; **fraternalism** S Brüderlichkeit *f*

fraternity [frə'tɜːnətɪ; *US* -'tɜr-] S 1 Brüderlichkeit *f* 2 Vereinigung *f*, Zunft *f*, Gilde *f*: **the angling ~** die Zunft der Angler; **the legal ~** die Juristen *pl*; **the medical ~** die Ärzteschaft 3 (geistliche *od* weltliche) Bruderschaft, Orden *m*: → rosary 2 4 UNIV *US* Studentenverbindung *f*

fraternization [ˌfrætə(r)naɪ'zeɪʃn; *US* -nə'z-] S 1 Verbrüderung *f* 2 Fraternisierung *f*; **fraternize** VI 1 sich verbrüdern (**with** mit), brüderlich verkehren 2 *(bes mit der feindlichen Zivilbevölkerung)* fraternisieren

fratricidal [ˌfrætrɪ'saɪdl] ADJ brudermörderisch: **~ war** Bruderkrieg *m*; **fratricide** S 1 Bruder-, Geschwistermord *m* 2 Bruder-, Geschwistermörder(in)

fraud [frɔːd] S 1 JUR a Betrug *m* (**on sb** an j-m) b arglistige Täuschung: **obtain sth by ~** sich etwas erschleichen; **~ squad** Betrugsdezernat *n* 2 Schwindel *m* (*a. Sache*) 3 *umg* Betrüger(in), Schwindler(in); **fraudulence** [-djʊləns; *US* -dʒə-] S Betrügerei *f*; **fraudulent** ADJ (ADV ~ly) betrügerisch, arglistig: ~ **bankruptcy** betrügerischer Bankrott; ~ **conversion** Unterschlagung *f*, Veruntreuung *f*; ~ **representation** Vorspiegelung *f* falscher Tatsachen; → abstraction 2, preference 6

fraught [frɔːt] A ADJ 1 ~ **with** *fig* voll(er): ~ **with danger** gefahrvoll, voller Gefahr; ~ **with meaning** bedeutungsschwer, -schwanger 2 *umg* besorgt: **she was looking very ~** 3 *obs* beladen B S *obs* Fracht *f*, Ladung *f*

fray[1] [freɪ] A S 1 laute Auseinandersetzung 2 a Rauferei *f*, Schlägerei *f* b MIL Kampf *m* (*a. fig*): **eager for the ~** kampflustig; **ready for the ~** a kampfbereit b *fig* startbereit; **rush into the ~** sich ins Kampfgetümmel stürzen 3 *obs* Schreck(en) *m* B V/I 1 *obs* e-e laute Auseinandersetzung haben 2 *obs* a raufen, sich schlagen b MIL kämpfen (*a. fig*) C V/T *obs* erschrecken

fray[2] [freɪ] A V/T 1 *a.* ~ **out** *e-n Stoff etc* abtragen, durchscheuern, ausfransen, *a. fig* verschleißen, abnutzen: **~ed nerves** verschlissene *od* strapazierte Nerven; **his nerves were becoming increasingly ~ed** sein Nervenkostüm wurde immer dünner; **~ed temper** gereizte Stimmung 2 *das Geweih* fegen (*Hirsch etc*) B V/I *a.* ~ **out** sich abnutzen *od* verschleißen (*a. fig*), (sich) ausfransen *od* ausfasern, sich durchscheuern: **tempers began to ~** die Gemüter erhitzten sich, die Stimmung wurde gereizt; **his patience was beginning to ~** er wurde allmählich ungeduldig

frazil [ˈfreɪzəl] S *US* Grundeis *n*

frazzle [ˈfræzl] A V/T 1 durchscheuern, ausfransen 2 *oft* ~ **out** *umg* fix u. fertig machen, völlig erschöpfen B V/I 1 sich durchscheuern *od* ausfransen 2 *oft* ~ **out** *umg* fix u. fertig sein C S 1 Franse *f* 2 *umg* völlige Erschöpfung: **he was worn to a ~** er war fix u. fertig; **my nerves are worn to a ~** ich bin mit den Nerven (völlig) herunter 3 **be burnt to a ~** *umg* vollkommen verbrannt *od* verkohlt sein

FRB ABK *US* Federal Reserve Board

FRCM ABK *Br* Fellow of the Royal College of Music

FRCP ABK *Br* Fellow of the Royal College of Physicians

FRCS ABK *Br* Fellow of the Royal College of Surgeons

FRCVS ABK *Br* Fellow of the Royal College of Veterinary Surgeons

freak[1] [friːk] A S 1 Missbildung *f* (*Pflanze*), (*Mensch, Tier a.*) Missgeburt *f*, Monstrosität *f*: ~ **of nature** Laune *f* der Natur 2 a etwas Außergewöhnliches b außergewöhnlicher Umstand 3 Grille *f*, Laune *f* 4 *umg* Freak *m*, irrer Typ 5 *sl* (*meist in Zusammensetzungen*) Freak *m umg*, Süchtige(r) *m/f(m)*: **pill ~** 6 *umg* (*meist in Zusammensetzungen*) Freak *m umg*, Narr *m*, Närrin *f*, Fanatiker(in): **jazz ~** B ADJ 1 → freakish 2 Monstrositäten…: ~ **show** C V/I ~ **out** *umg* ausflippen: a auf e-n Trip gehen (*Drogen nehmen*) b (*aus der Gesellschaft*) aussteigen c (*vor Begeisterung*) außer sich geraten (**for, over** bei) d durchdrehen D V/T ~ **out** *umg* a elektrisieren, in Begeisterung versetzen b aus der Fassung bringen: **the sight ~ed him out** bei dem Anblick flippte er aus

freak[2] [friːk] A S (Farb)Fleck *m* B V/T sprenkeln

freakish ADJ (ADV ~ly) 1 außergewöhnlich 2 launisch, wechselhaft, unberechenbar (*Verhalten, Wetter etc*) 3 *umg* irr, verrückt; **freakishness** S Wechselhaftigkeit *f*, Unberechenbarkeit *f*

freak-out S *umg* 1 Ausflippen *n* 2 Ausgeflippte(r) *m/f(m)* 3 Trip *m* (*Drogenrausch*)

freaky ADJ (ADV freakily) 1 → freakish 2 *umg* unheimlich

freckle [ˈfrekl] A S 1 Sommersprosse *f* 2 Fleck(chen) *m(n)* 3 PHYS Sonnenfleck *m* 4 *Aus sl* Arschloch *n pej* B V/T tüpfeln, sprenkeln C V/I Sommersprossen bekommen; **freckled**, **freckly** [-lɪ] ADJ sommersprossig

free [friː] A ADJ (ADV ~ly) 1 *allg* frei: a unabhängig b selbstständig c ungebunden d ungehindert e uneingeschränkt f in Freiheit (befindlich): **he left the court a ~ man, he walked ~ from court** er verließ das Gericht als freier Mann; **he's always ~** SPORT er ist immer anspielbar; **he is ~ to go, it is ~ for him to go** es steht ihm frei zu gehen; **please be ~ to ask questions** Sie können gerne Fragen stellen; **it's** (*od* **this is**) **a ~ country** *umg* ist das etwa verboten?, hier kann jeder tun u. lassen, was er will; *mind if I sit here?* - **it's a ~ country** ich kann dich nicht daran hindern; **give sb a ~ hand** j-m freie Hand lassen; → set C 2, swing C 1, will[2] A 3 2 frei: a unbeschäftigt: **he is ~ after 5 o'clock** b ohne Verpflichtungen (*Abend etc*) c nicht besetzt: **this room is ~** 3 frei: a *nicht wörtlich*: **a ~ translation** b *nicht an Regeln gebunden*: ~ **verse**; ~ **practice** (*Motorsport*) freies Training; ~ **skating** (*Eis-, Rollkunstlauf*) Kür(laufen) *f(n)*; ~ **skater** Kürläufer(in); ~ **technique** (*Skilanglauf*) freie Technik c frei gestaltet (*Version etc*) 4 (**from, of**) frei (von), ohne (*akk*): ~ **of alcohol** alkoholfrei; ~ **of damage** WIRTSCH unbeschädigt; ~ **from error** fehlerfrei; ~ **from infection** MED frei von ansteckenden Krankheiten; **stay ~ of injury** SPORT von Verletzungen verschont bleiben; ~ **from prejudice** (*od* **bias**) vorurteilsfrei, unvoreingenommen; **the judge wasn't ~ from prejudice** JUR der Richter war befangen 5 frei, befreit (*beide*: **from, of** von): ~ **from contradiction** widerspruchsfrei; ~ **of debt** schuldenfrei; ~ **from distortion** TECH verzerrungsfrei; ~ **of income tax** einkommensteuerfrei; ~ **of pain** schmerzfrei; ~ **of taxes** steuerfrei; ~ **and unencumbered** JUR unbelastet, hypothekenfrei; → charge C 7 6 gefeit, im'mun, gesichert (*alle*: **from** gegen) 7 CHEM nicht gebunden, frei 8 los(e), frei: **get one's arm ~** s-n Arm freibekommen 9 frei (stehend *od* schwebend) 10 ungezwungen, natürlich, unbefangen: ~ **manners**; → easy A 11 11 a offen(herzig), freimütig b unverblümt c dreist, plump-vertraulich: **make ~ with** sich Freiheiten herausnehmen gegen *j-n*; sich (ungeniert) gütlich tun an *e-r Sache* 12 allzu frei: ~ **talk** lockere Reden *pl* 13 freigebig, großzügig: **be ~ with** großzügig sein *od* umgehen mit 14 reichlich: → flow A 1 15 leicht, flott, zügig 16 a (kosten-, gebühren)frei, kostenlos, unentgeltlich, gratis: ~ **admission** freier Eintritt; ~ **copy** Freiexemplar *n*; ~ **fares** *pl* Nulltarif *m*; ~ **gift** (Werbe)Geschenk *n*, Zugabe *f*; ~ **sample** Gratisprobe *f*; ~ **ticket** Freikarte *f*, BAHN *etc* Freifahrkarte *f*, -schein *m*; ~ **transport** Beförderung *f* zum Nulltarif; **for ~** *umg* umsonst; **get sth for ~** *umg* etwas geschenkt bekommen; → pass C 2 b b TEL gebührenfrei, zum Nulltarif 17 WIRTSCH frei (*Handelsklausel*): ~ **alongside ship** frei Längsseite Schiff; ~ **on board** frei an Bord; ~ **on rail** frei Waggon; ~ **domicile** frei Haus 18 WIRTSCH zoll- *od* genehmigungsfrei (*Importe etc*) 19 WIRTSCH frei verfügbar (*Vermögenswerte etc*) 20 öffentlich, allen zugänglich: ~ **library** Volksbücherei *f*; **be (made) ~ of sth** freien Zutritt zu etwas haben 21 willig, bereit (*beide*: **to do** zu tun) 22 *Turnen*: ohne Geräte: ~ **gymnastics** Freiübungen 23 (frei) beweglich: ~ **balloon** Freiballon *m*; **be ~ of the harbo(u)r** aus dem Hafen heraus sein 24 TECH leer (*Maschine*): **run ~** leerlaufen 25 LING a in e-r offenen Silbe stehend (*Vokal*) b frei, nicht fest (*Wortakzent*) B V/T 1 befreien (**from** von, aus) (*a. fig*): ~ **o.s.** sich befreien; ~ **o.s. of** sich frei machen von 2 freilassen 3 entlasten (**from, of** von) 4 *a.* ~ **up** WIRTSCH *Preise* freigeben C ADV *allg* frei: **call us ~ on …** rufen Sie uns gebührenfrei *od* zum Nulltarif an unter …; **go ~** SCHIFF raumschots segeln

free| agent S 1 **be a ~** frei u. ungebunden sein, ein freier Mensch sein 2 SPORT *US Spieler, der nicht unter Vertrag steht u. sich deshalb dem Verein anschließen kann, der am besten zahlt*; ~ **area** S PSYCH, SOZIOL Freiraum *m*; ~ **association** S PSYCH freie Assoziation; ~ **back** S *bes Fußball*: Libero *m*

freebee, **freebie** [ˈfriːbiː] *bes US sl* A S *etwas, was es gratis gibt, z. B.* Freikarte *f* B ADJ Frei…, Gratis…

free|board S SCHIFF Freibord *m*: ~ **depth** Freibordhöhe *f*; **~booter** S Freibeuter *m*; **~born** ADJ frei geboren; ~ **church** S Freikirche *f*; ~ **city** S freie Stadt; ~ **climber** S Freikletterer *m*, -kletterin *f*; ~ **climbing** S Freiklettern *n*; ~ **companion** S MIL, HIST Söldner *m*; ~ **competition** S WIRTSCH freier Wettbewerb; ~ **currency** S WIRTSCH frei konvertierbare Währung; **~-cutting steel** S TECH Automatenstahl *m*

freedman [ˈfriːdmæn; -mən] S *irr* freigelassener Sklave

freedom [ˈfriːdəm] S 1 Freiheit *f*: ~ **of information** (**movement, opinion, speech, trade, religion** *od* **worship**) Informations- (Bewegungs-, Meinungs-, Rede-, Gewerbe-, Religions)Freiheit; ~ **of the press** Pressefreiheit; ~ **of the seas** Freiheit der Meere; ~ **of the will** → 4; ~ **fight** Freiheitskampf *m*; ~ **fighter** Freiheitskämpfer(in); **she gave her husband his ~** sie gab ihren Mann frei; **give an animal its ~** e-m Tier die Freiheit geben 2 Unabhängigkeit *f* 3 Vorrecht *n*, Privileg *n*: ~ **of a city** (*od* **town**) Ehrenbürgerrecht *n*; **he was given the ~ of the city** er wurde zum Ehrenbürger ernannt 4 *bes* PHIL, REL Willensfreiheit *f* 5 Ungebundenheit *f* 6 Freiheit *f*, Frei-, Befreitsein *n*: ~ **from contradiction** Widerspruchsfreiheit; ~ **from distortion** TECH Verzerrungsfreiheit; ~ **from pain** Schmerzfreiheit; **he had little ~ from pain** er war nur selten schmerzfrei; ~ **from taxation** Steuerfreiheit 7 Offenheit *f*, Freimütigkeit *f* 8 a Zwanglosigkeit *f* b Dreistigkeit *f*, (plumpe) Vertraulichkeit: **take ~s with sb** sich Freiheiten gegen j-n herausnehmen 9 (**of**) freier Zutritt (zu), freie Benutzung (*gen*)

freedwoman [ˈfriːdˌwʊmən] S *irr* freigelassene Sklavin

free| energy S PHYS freie *od* ungebundene Energie; ~ **enterprise** S freies Unternehmertum; ~ **fall** S FLUG, PHYS freier Fall; ~ **fight** S allgemeine Rauferei, Massenschlägerei *f*; **~-floating** ADJ 1 nicht gebunden, unabhängig 2 allgemein (*Feindseligkeit etc*); **~fone** [-fəʊn] S: **call ~ 8801** TEL *Br* rufen Sie zum Nulltarif *od* gebührenfrei 8801 an; ~ **number** Rufnummer *f* zum Nulltarif; **~-for-all** S *umg* 1 a allgemeine (hitzige) Diskussion b *fig* Gerangel *n* 2 → free fight; **~hand** A ADJ 1 freihändig, Freihand…: ~ **drawing** 2 *fig* frei (*Bearbeitung etc*) 3 *fig* ausschweifend (*Fantasie*) B ADV freihändig; **~handed** ADJ (ADV ~ly) 1 → freehand A 1 2 freigebig, großzügig; **~hearted** ADJ (ADV ~ly) 1 freimütig, offenherzig 2 → freehanded 2; ~ **hit** S *Hockey*: Freischlag *m* (**to** für); **~hold** S 1 ~ (es-

tate) *(zeitlich unbegrenztes)* Eigentumsrecht an Grundbesitz: **~ flat** *Br* Eigentumswohnung *f* 2 HIST Allod *n*, Freisassengut *n*; **~holder** S 1 Grundeigentümer(in), -besitzer(in) 2 HIST Freisass *m*, -sasse *m*; **~ house** S *Br Gaststätte, die an keine Brauerei gebunden ist*; **~ kick** S 1 *Fußball*: Freistoß *m* (**to** für): **(in)direct ~** 2 *Rugby*: Freitritt *m*; **~ labo(u)r** S nicht organisierte Arbeiter(schaft) *pl(f)*; **~lance** [-lɑːns; *US* -ˌlæns] A S 1 a freie(r) Schriftsteller(in), Journalist(in) *etc*, Freiberufler(in), Freischaffende(r) *m/f(m)* b freie(r) Mitarbeiter(in): **work as a ~** → D 2 POL Unabhängige(r) *m/f(m)*, Parteilose(r) *m/f(m)* 3 MIL, HIST Söldner *m* B ADJ frei(beruflich tätig), freischaffend C ADV freiberuflich: **work ~** → D D V/I freiberuflich arbeiten (**for** für): a freiberuflich tätig sein b als freier Mitarbeiter tätig sein; **~lancer** → freelance A 1; **~ list** S 1 WIRTSCH *bes US* (Zoll-)Freiliste *f* 2 Liste *f* der Empfänger von Freikarten *od* -exemplaren; **~ liver** S Schlemmer(in), Genießer(in); **~-living** ADJ 1 schlemmerisch 2 BIOL a frei lebend b nicht parasitär; **~load** V/I *US umg* schnorren (**off, on** bei), nassauern; **~loader** S *US umg* Schnorrer(in), Nassauer(in); **~ love** S freie Liebe; **~man** [-mən] S *irr* 1 [-mæn, -mən] freier Mann 2 Ehrenbürger *m*: **he was made ~ of the city** er wurde zum Ehrenbürger ernannt 3 freier Bürger; **~ market** S WIRTSCH 1 freier Markt 2 *Börse*: Freiverkehr *m*; **~ market economy** S freie Marktwirtschaft; **~martin** [-ˌmɑːtɪn; *US* -ˌmɑːrtn] S Zwitterrind *n*, *bes* unfruchtbares Kuhkalb; **♀mason** Freimaurer *m*: **~'s lodge** Freimaurerloge *f*; **♀masonic** ADJ freimaurerisch; **♀masonry** 1 Freimaurerei *f* 2 ♀ *fig* instinktives Zusammengehörigkeitsgefühl; **~phone** → freefone; **~ play** S 1 TECH Spiel(raum) *n(m)* 2 Freispiel *n (an e-m Spielautomaten)*; **~ port** S Freihafen *m*; **~post** S: **"~"** *Br* „Gebühr zahlt Empfänger"; **~-range** ADJ *bes Br*: **~ hens** Freilandhühner; **~ eggs** Freilandeier; **~ ride** S *bes US umg etwas, was man auf Kosten anderer umsonst erhält*: **get a ~ on sb's money** auf j-s Kosten leben; **~ rider** S *bes US umg* 1 *j-d, der etwas auf Kosten anderer umsonst erhält* 2 *Arbeitnehmer, der der für ihn zuständigen Gewerkschaft nicht angehört, jedoch ihre Vorteile genießt*; **~sheet** S kostenlos verteilte Zeitung

freesia ['friːzjə; *US bes* -ʒə] S BOT Freesie *f*

free| silver S WIRTSCH freie Silberprägung; **~ soil** S *US* HIST Freiland *n (in dem Sklaverei verboten war)*; **~-soil** ADJ *US* HIST gegen die Sklaverei gerichtet, Freiland...; **~ space** S 1 SCHIFF Freiraum *m* 2 TECH Spiel(raum) *n(m)*; **~ speech** S Redefreiheit *f*; **~-spoken** ADJ (ADV **~ly**) freimütig, offen; **~-spokenness** S Offenheit *f*; **~standing** ADJ frei stehend *(Wand etc)*: **~ sculpture** Freiplastik *f*; **~ state** S 1 *US hist Staat, in dem es vor dem Bürgerkrieg keine Sklaverei gab* 2 Freistaat *m*; **~stone** S 1 TECH Mauer-, Haustein *m*, Quader *m* 2 BOT Freistein-Obst *n*; **~style** A S 1 *Ringen, Schwimmen*: Freistil(kampf) *m*, -rennen *n*, -wettbewerb *m* 2 Freestyle *m (Trickskifahren)* B ADJ *Ringen, Schwimmen*: Freistil...: **~ relay**; **~thinker** S Freidenker(in), -geist *m*; **~thinking** A S → free thought B ADJ freidenkerisch, -geistig; **~ thought** S Freigeisterei *f*, -denkerei *f*; **~ throw** S *Basketball*: Freiwurf *m*; **~-throw line** S *Basketball*: Freiwurflinie *f*; **~ time** S WIRTSCH gebührenfreie (Ent)Ladezeit; **~ trade** S Freihandel *m*; **~-trade area** S WIRTSCH Freihandelszone *f*; **~ trader** S Befürworter(in) des Freihandels; **~ TV** S frei empfangbares Fernsehen *(Ggs Pay-TV)*; **~ vote** S PARL *bes Br* Abstimmung *f* ohne Fraktionszwang; **~ware** S *Internet*: Freeware *f (Software, die der Autor kostenlos zur Verfügung stellt)*; **~way** S *US* gebührenfreie Schnellstraße; **~wheel** TECH A S Freilauf *m* B V/I im Freilauf fahren; **~wheeling** ADJ *bes US umg* 1 frei u. ungebunden 2 sorglos

freezable ADJ gefrierbar

freeze [friːz] A V/I *prät* froze [frəʊz], *pperf* frozen ['frəʊzn] 1 *unpers* frieren: **it is freezing hard** es friert stark, es herrscht starker Frost 2 (sehr) frieren: **~ to death** erfrieren; **I am freezing** mir ist eiskalt 3 (ge)frieren, zu Eis werden: → blood A 1 4 hart *od* fest werden, erstarren 5 *a.* **~ up** (*od* **over**) zufrieren *(See etc)*, vereisen *(Windschutzscheibe etc)*: **~ (up)** einfrieren *(Türschloss etc)* 6 fest-, anfrieren *(beide:* **to** an *dat)* 7 haften (**to** an *dat*), TECH sich festfressen: **~ onto sb** sich wie e-e Klette an j-n hängen 8 sich einfrieren lassen: **meat ~s well** 9 *fig* a *(vor Schreck etc)* erstarren *(Person, Gesicht, Lächeln)*, eisig werden b erstarren: **~ in one's tracks** zur Salzsäule erstarren, wie angewurzelt stehen bleiben; **~!** halt, keine Bewegung! c **~ up** THEAT *(vor Nervosität)* kein Wort herausbringen, sich nicht bewegen können B V/T 1 zum Gefrieren bringen: **the north wind has frozen the water** durch den Nordwind ist das Wasser gefroren; **I was frozen** mir war eiskalt; → bone¹ A 1, marrow¹ 2 2 *a.* **~ up** (*od* **over**) *e-n See etc* zufrieren lassen, *e-e Windschutzscheibe etc* vereisen lassen: **~ (up)** *ein Türschloss etc* einfrieren lassen; **the cold has frozen the door lock** durch die Kälte ist das Türschloss eingefroren 3 *meist* **~ in, ~ up** *ein Schiff etc* in Eis einschließen 4 erfrieren lassen 5 *Fleisch etc* einfrieren, tiefkühlen 6 MED vereisen 7 erstarren lassen 8 *fig* a erstarren lassen: **the sight froze him to the spot** bei dem Anblick erstarrte er zur Salzsäule *od* blieb er wie angewurzelt stehen b zum Schweigen bringen: **the teacher froze his noisy class with a single look** 9 **~ out** *bes US umg j-n* ausschließen, kaltstellen *umg*, hinausekeln *umg* 10 WIRTSCH *Guthaben etc* sperren, blockieren 11 WIRTSCH *Preise etc*, POL *diplomatische Beziehungen* einfrieren 12 *umg e-n Zustand* verewigen 13 SPORT *den Ball* (in den eigenen Reihen) halten C S 1 (Ge)Frieren *n* 2 gefrorener Zustand 3 Frost(periode) *m(f)*, Kälte(periode) *f* 4 WIRTSCH, POL Einfrieren *n*: **~ on wages** Lohnstopp *m*; **put a ~ on** einfrieren

freeze|-dry V/T *Lebensmittel etc* gefriertrocknen; **~ dryer** S TECH Gefriertrockner *m*; **~ frame** S FILM *etc* Standbild *n*

freezer S 1 Gefriermaschine *f* 2 a Gefrierkammer *f* b Tiefkühl-, Gefriergerät *n*: **~ bag** Gefrierbeutel *m*; **~ burn** Gefrierbrand *m* c Gefrierfach *n (e-s Kühlschranks)*

freeze-up S starker Frost

freezing A ADJ 1 TECH Gefrier..., Kälte...: **~ compartment** → freezer 2 c; **~ mixture** Kältemischung *f*; **~ point** Gefrierpunkt *m*; **below ~ point** unter dem Gefrierpunkt, METEO unter Null; **~ process** Tiefkühlverfahren *n*; **~ temperatures** Temperaturen unter dem Gefrierpunkt 2 eisig kalt, eiskalt 3 **~ rain** Eisregen *m* B S 1 **be below ~** unter dem Gefrierpunkt sein 2 Einfrieren *n (a.* WIRTSCH, POL*)* 3 MED Vereisung *f* 4 Erstarrung *f*

F region S PHYS F-Schicht *f*, F-Gebiet *n (stark ionisierte Doppelschicht der Ionosphäre)*

freight [freɪt] A S 1 Fracht *f*, Beförderung *f* als Frachtgut 2 Fracht(gebühr) *f*, -kosten *pl* 3 SCHIFF (*US a.* FLUG, AUTO, BAHN) Fracht *f*, Ladung *f*: **~ and carriage** *Br* See- u. Landfracht; → forward A 4 BAHN *US* Güterzug *m* B V/T 1 *Schiffe, US a. Güterwagen etc* befrachten, beladen: **the ship was ~ed with coal** das Schiff hatte Kohle geladen 2 *Güter* verfrachten 3 als Frachtgut befördern; **freightage** S 1 Transport *m* 2 → freight A 2, A 3

freight| bill S *US* Frachtbrief *m*; **~ car** S BAHN *US* Güterwagen *m*

freighter S 1 SCHIFF Frachter *m*, Frachtschiff *n* 2 Fracht-, Transportflugzeug *n* 3 SCHIFF Befrachter(in)

freight| house S BAHN *US* Lagerhaus *n*; **~liner** S *Br* Containerzug *m*; **~ rate** S WIRTSCH, SCHIFF Frachtsatz *m*; **~ ship** → freighter 1; **~ station** S *US* Güterbahnhof *m*; **~ terminal** S FLUG Abfertigungsgebäude *n*; **~ ton** → ton¹ 2; **~ tonnage** S SCHIFF Frachtraum *m*; **~ train** S *US* Güterzug *m*

fremitus ['fremɪtəs] *pl* -tus S MED Fremitus *m (beim Sprechen fühlbare Erschütterung des Brustkorbs über verdichteten Lungen)*

French [frentʃ] A S französisch: **he's ~** er ist Franzose B S 1 **the ~** *koll* die Franzosen *pl* 2 LING Französisch *n*, das Französische: **pardon** (*od* **excuse**) **my ~** *hum* entschuldigen Sie die Ausdrucksweise C V/T *oft* ♀ *sl j-n* ‚französisch' *(oral)* befriedigen D V/I *oft* ♀ *bes US umg* sich leidenschaftlich küssen; **~ Academy** S Académie *f* française; **~ bean** S BOT *bes Br* 1 Feuerbohne *f* 2 Gartenbohne *f* 3 *pl* grüne Bohnen *pl*; **~ bread** S französisches Brot; **~ Canadian** S 1 Frankokanadier(in), Kanadier(in) französischer Abstammung 2 LING kanadisches Französisch; **~-Canadian** ADJ frankokanadisch, kanadisch-französisch; **~ chalk** S Schneiderkreide *f*; **~ cuff** S Umschlagmanschette *f (am Hemd)*; **~ curve** S TECH Kurvenlineal *n*; **~ disease** S MED *obs* Franzosenkrankheit *f (Syphilis)*; **~ door** S *US* Glastür *f*; **~ dressing** S GASTR 1 French Dressing *n (Salatsoße aus Essig, Öl, Senf u. Gewürzen)* 2 *dickes Dressing aus Mayonnaise u. Ketchup*; **~-fried potatoes, ~ fries** SPL *bes US* Pommes frites *pl*; **~-fry** V/T *bes US* frittieren; **~ heel** S Louis-XV-Absatz *m (am Damenschuh)*; **~ horn** S MUS (Wald)Horn *n*

Frenchify ['frentʃɪfaɪ] A V/T französieren, französisch machen B V/I französisch werden

French| kiss S Zungenkuss *m*; **~ leave** S: **take ~** *fig* sich (auf) französisch empfehlen, heimlich verschwinden; **~ letter** S *Br umg obs* Pariser *m (Kondom)*; **~ loaf** S *irr* Baguette *f*, *a. n*; **~man** [-mən] S *irr* Franzose *m*; **~ marigold** S BOT Samt-, Studentenblume *f*; **~ pastry** S gefülltes Gebäckstück; **~ polish** S Schellackpolitur *f*; **~-polish** V/T mit Schellackpolitur behandeln; **~ Revolution** S HIST *(die)* Französische Revolution; **~ roof** S ARCH Mansardendach *n*; **~ rose** S BOT Essigrose *f*; **~ seam** S *Schneiderei*: französische Naht; **~ stick** S *Br* Baguette *f*, *a. n*; **~ toast** S GASTR a *Br nur auf einer Seite gerösteter Toast* b *in Ei gewendeter u. gerösteter Toast*; **~ window** S *meist pl* Terrassen-, Balkontür *f*; **~woman** S *irr* Französin *f*

Frenchy A ADJ *umg, meist pej* (betont *od* typisch) französisch B S 1 *umg, meist pej* Franzmann *m (Franzose)* 2 *Br umg obs* Pariser *m (Kondom)*

frenetic [frəˈnetɪk; frɪ-] ADJ (ADV **~ally**) 1 a ausgelassen b → frenzied 2 2 → frenzied 3

frenzied ['frenzɪd] ADJ 1 außer sich, rasend *(beide:* **with** vor *dat)* 2 frenetisch *(Geschrei etc)*, *(Beifall a.)* rasend 3 wild, hektisch: **the room was full of ~ activity** im Zimmer herrschte hektische Aktivität; **frenzy** [-zɪ] A S 1 a wilde Aufregung: **in a ~** in heller Aufregung b Ekstase *f*, Verzückung *f*: **~ of enthusiasm** Begeisterungstaumel *m*; **he worked the audience up into a ~** er brachte das Publikum zum Rasen c Besessenheit *f*, Manie *f*

2 wildes *od* hektisches Treiben, Wirbel *m*: **there was a ~ of activity** es herrschte hektische Aktivität 3 Wahnsinn *m*, Raserei *f*: **in a ~ of hate** rasend vor Hass B V/T rasend machen, zum Rasen *od* zur Raserei bringen

freq. ABK 1 frequent(ly) 2 LING frequentative

frequency ['fri:kwənsı] S 1 Häufigkeit *f* (*a.* BIOL, MATH), häufiges Vorkommen: **with increasing ~** mit zunehmender Häufigkeit, immer häufiger 2 ELEK, PHYS Frequenz *f*, Schwingungszahl *f*; **~ band** S ELEK Frequenzband *n*; **~ changer**, **~ converter** S ELEK, PHYS Frequenzwandler *m*; **~ curve** S 1 BIOL, MATH Häufigkeitskurve *f* 2 BIOL Variationskurve *f*; **~ deviation** S ELEK Frequenzhub *m*; **~ distribution** S 1 *Statistik*: Häufigkeitsverteilung *f* 2 ELEK Frequenzverteilung *f*; **~ meter** S ELEK Frequenzmesser *m*; **~ modulation** S PHYS Frequenzmodulation *f*: **~ range** Bereich *m* der Frequenzmodulation; **~ multiplier** S ELEK Frequenzvervielfacher *m*; **~ range** S ELEK Frequenzbereich *m*

frequent A ADJ ['fri:kwənt] (ADV → frequently) 1 häufig (wiederkehrend), öfter vorkommend, (häufig) wiederholt 2 häufig, regelmäßig: **he is a ~ visitor** er kommt häufig zu Besuch 3 MED frequent, beschleunigt (*Puls*) B V/T [frı'kwent; *US a.* 'fri:kwənt] häufig besuchen *od* aufsuchen, frequentieren; **frequentation** [-kwen-] S häufiger Besuch; **frequentative** [frı'kwentətıv] LING A ADJ frequentativ: **~ aspect** frequentative Aktionsart (*Aktionsart, die e-e häufige Wiederholung von Vorgängen ausdrückt*) B S Frequentativ(um) *n* (*Verb mit frequentativer Aktionsart*); **frequenter** S häufige(r) Besucher(in), Stammgast *m*; **frequently** ADV häufig, oft

fresco ['freskəʊ] A *pl* -cos, -coes S 1 Freskomalerei *f* 2 Fresko(gemälde) *n* B V/T in Fresko malen

fresh [freʃ] A ADJ (ADV ~ly) 1 *allg* frisch, Frisch…: **sth is still ~ in sb's mind** etwas ist j-m noch frisch im Gedächtnis *od* noch in frischer Erinnerung; **the warning was still ~ in my ears** die Warnung klang mir noch in den Ohren 2 neu (*Beweise, Nachrichten etc*) 3 kürzlich *od* erst angekommen: **~ arrival** Neuankömmling *m*; **~ from the assembly line** direkt vom Fließband; **~ from the oven** ofenfrisch 4 neu, anders, verschieden: **take a ~ look at an affair** e-e Angelegenheit von e-r anderen Seite betrachten; → ground¹ A 1, start A 4 5 frisch: a zusätzlich, weiter (*Nachschub etc*) b nicht alt, unverdorben: **~ egg** frisches Ei, Frischei *n* c nicht eingemacht, ohne Konservierungsstoffe: **~ vegetables** frisches Gemüse, Frischgemüse *n*; **~ meat** Frischfleisch *n*; **~ butter** ungesalzene Butter; **~ herrings** grüne Heringe d sauber (*Hemd etc*) 6 frisch: a unverbraucht b erfrischend: → fresh air 7 frisch, kräftig (*Wind*) 8 *fig* frisch: a blühend, gesund (*Gesichtsfarbe*) b ausgeruht, erholt 9 *dial Br* angeheitert, beschwipst 10 *fig* grün, unerfahren: **be ~ to** noch keine Erfahrung haben in (*dat*) 11 *umg* a frech (**with** zu), pampig *pej*: **don't get ~ with me!** werd bloß nicht frech! b **get ~ with sb** j-m gegenüber zudringlich werden B ADV 1 frisch: **we are ~ out of lemons** *bes US umg* uns sind die Zitronen gerade ausgegangen 2 (*in Zusammensetzungen*) frisch: **~-laid eggs** frisch gelegte Eier C S 1 Anfang *m*: **the ~ of the day** der Tagesanfang 2 Frische *f*: **the ~ of the morning** die morgendliche Kühle 3 → freshet D V/T & V/I *US für* freshen A 1, A 2, A 3, A 4, B 1, B 2, B 4; **~ air** S 1 frische Luft: **in the ~** an der frischen Luft 2 TECH Frischluft *f*; **~-air** ADJ 1 Frischluft… (*a.* TECH): **~ breathing apparatus** (*Bergbau*) Schlauchgerät *n*; **~ fiend** *umg* Frischluftfanatiker(in) 2 an der frischen Luft: **~ work**; **~ breeze** S frische Brise (*Windstärke 5*)

freshen A V/T 1 *meist* **~ up** neu *od* schöner machen 2 *meist* **~ up** *j-n* erfrischen 3 **~ o.s. up** sich frisch machen 4 **~ sb (up)** j-m nachgießen *od* -schenken 5 *Fleisch* entsalzen 6 SCHIFF auffieren B V/I 1 *meist* **~ up** (wieder) frisch werden, aufleben (*Blumen etc*) 2 *meist* **~ up** sich frisch machen 3 *bes US* kalben (*Kuh*) 4 *meist* **~ up** SCHIFF auffrischen (*Wind*); **fresher** *Br umg für* freshman 1

freshet ['freʃıt] S 1 Hochwasser *n* 2 *fig* Flut *f*: **a ~ of letters**

fresh| gale S stürmischer Wind (*Windstärke 8*); **~man** [-mən] S *irr* 1 Erstsemester *n*, Student(in) im ersten Semester 2 *US* Neuling *m*, Anfänger *m*: **make one's ~ appearance in films** sein Filmdebüt geben

freshness S 1 Frische *f* 2 Neuheit *f* 3 Unerfahrenheit *f*; **~ date** S *US* (Mindest)Haltbarkeitsdatum *n*

fresh| water S 1 Süßwasser *n* 2 Frischwasser *n*; **~-water** ADJ 1 Süßwasser…: **~ fish**; **~ sailor** *bes hum* Süßwassermatrose *m* 2 *fig obs* unerfahren 3 *US umg* Provinz…: **a ~ college**

Fresnel lens ['freznəl; freı'nel] S OPT Fresnel-Linse *f*, Stufenlinse *f*

fret¹ [fret] A V/T 1 *j-m* Sorgen machen: **~ o.s.** → B 1 2 *j-n* ärgern, reizen 3 a abreiben, abscheuern, abnutzen b reiben *od* scheuern an (*dat*): **~ sb's nerves** an j-s Nerven zerren 4 CHEM, TECH an-, zerfressen, angreifen 5 GEOL sich *e-n Weg etc* bahnen: **the river ~ted an underground passage** 6 *Wasser* a kräuseln b aufwühlen B V/I 1 sich Sorgen machen, in Sorge sein (*beide:* **about, over** wegen) 2 sich ärgern (**about, over** über *akk*): **~ and fume** vor Wut schäumen 3 sich abreiben *od* abscheuern *od* abnutzen 4 aufbrechen (*Straßenbelag*) C S 1 **be in a ~** → B 1 2 Verärgerung *f*, Gereiztheit *f*: **be in a ~** verärgert *od* gereizt sein

fret² [fret] A S 1 verflochtene, durchbrochene Verzierung 2 geflochtenes Gitterwerk 3 *Heraldik*: gekreuzte Bänder *pl* B V/T 1 gitterförmig *od* durchbrochen verzieren 2 mit Streifen schmücken

fret³ [fret] S MUS Bund *m*, Griffleiste *f* (*an Zupfinstrumenten*)

fretful ADJ (ADV ~ly) verärgert, gereizt; **fretfulness** S Verärgerung *f*, Gereiztheit *f*

fret| saw S TECH Laubsäge *f*; **~work** S 1 Gitterwerk *n* 2 durchbrochene Arbeit 3 Laubsägearbeit *f*

Freudian ['frɔıdjən; -ıən] A ADJ freudianisch, freudsch(er, e, es): **~ slip** freudsche Fehlleistung B S Freudianer(in)

FRG ABK Federal Republic of Germany BRD *f*

FRGS ABK *Br* Fellow of the Royal Geographical Society

Fri. ABK Friday

friability [ˌfraıə'bılətı] S 1 Zerreibbarkeit *f* 2 Bröckligkeit *f*; **friable** ADJ 1 zerreibbar 2 bröck(e)lig, krümelig, mürbe: **~ ore** mulmiges Erz; **friableness** → friability

friar ['fraıə(r)] S REL (*bes* Bettel-)Mönch *m*, (Kloster)Bruder *m*: → Black Friar *etc*

friar's|-cap S BOT Blauer Eisenhut; **~-cowl** S BOT 1 Kohlaron *m* 2 → friar's-cap 3 Gefleckter Aronstab; **~ lantern** S Irrlicht *n*

friary ['fraıərı] S REL (Mönchs)Kloster *n*

fribble ['frıbl] A V/T *oft* **~ away** → fritter A 1 B V/I trödeln, in den Tag hinein leben

fricandeau ['frıkəndəʊ] *pl* -deaus, -deaux [-dəʊz] S GASTR Frikandeau *n* (*zarter Fleischteil an der inneren Seite der Kalbskeule*)

fricando ['frıkəndəʊ] *pl* -does → fricandeau

fricassee GASTR A S ['frıkəsi:] Frikassee *n*: **~ of chicken** Hühnerfrikassee B V/T [ˌfrıkə'si:] frikassieren, als Frikassee zubereiten

fricative ['frıkətıv] LING A ADJ frikativ, Reibe…: **~ consonant** → B B S Frikativ *m*, Reibelaut *m*

friction ['frıkʃn] S 1 PHYS, TECH Friktion *f*, Reibung *f* 2 *bes* MED Friktion *f*, Einreibung *f* 3 *fig* Reiberei(en) *f(pl)*; **frictional** [-ʃənl] ADJ 1 PHYS, TECH Friktions…, Reibungs…: **~ electricity** Reibungselektrizität *f* 2 **~ unemployment** WIRTSCH friktionelle *od* temporäre Arbeitslosigkeit

friction| brake S TECH Reibungsbremse *f*; **~ clutch** S TECH Reibungs-, Friktionskupplung *f*; **~ disk** S TECH Reibscheibe *f*; **~ drive** S TECH Friktionsantrieb *m*; **~ force** S PHYS 1 Reibungswiderstand *m* 2 zur Überwindung der (Haft)Reibung nötige Kraft; **~ gear(-ing)** S TECH Reib(rad)-, Friktionsgetriebe *n*

frictionless ADJ TECH reibungsfrei, -arm

friction| match S Streichholz *n*; **~ surface** S TECH Lauffläche *f*; **~ tape** S ELEK *US* Isolierband *n*; **~ wheel** S TECH Reib-, Friktionsrad *n*

Friday ['fraıdı; -deı] S Freitag *m*: **on ~** (am) Freitag; **on ~s** freitags

fridge [frıdʒ] S *umg* Kühlschrank *m*; **~-freezer** S *Br umg* Kühl- u. Gefrier-Kombination *f*

fried [fraıd] A *prät u. pperf von* fry¹ B ADJ *US sl* blau (*betrunken*); **~cake** S *US* Schmalzgebäck *n*, -gebackene(s) *n*

friend [frend] A S 1 Freund(in): **~ at court** einflussreicher Freund; **be ~s with sb** mit j-m befreundet sein; *must you quarrel all the time?* **can't you be ~s?** könnt ihr euch nicht vertragen?; **be best ~s with sb** eng mit j-m befreundet sein; **they are best ~s again** sie sind wieder die besten Freunde; **make a ~** e-n Freund gewinnen; **make a ~ of sb** sich j-n zum Freund machen; **make** (*od* **become**) **~s with** sich anfreunden mit, Freundschaft schließen mit; **let's make ~s again** komm, vertragen wir uns wieder!; **a ~ in need is a ~ indeed** (*Sprichwort*) der wahre Freund zeigt sich erst in der Not 2 Bekannte(r) *m/f(m)* 3 a Helfer(in), Freund(in): **a ~ of the poor** b Förderer *m*, Förderin *f*: **a ~ of the arts** c Befürworter(in): **he is no ~ of this policy** 4 (Herr *m*) Kollege *m*, (Frau *f*) Kollegin *f*: **my honourable ~** PARL *Br* mein Herr Kollege *od* Vorredner; **my learned ~** JUR *Br* mein verehrter Herr Kollege 5 JUR → next friend 6 ♀ Quäker *m*: → society 4 7 *umg* Freund(in), Schatz *m* B V/T *poet j-m* helfen; **friendless** ADJ freundlos, ohne Freund(e)

friendliness ['frendlınıs] S 1 Freundlichkeit *f* 2 Wohlwollen *n*, freundschaftliche Gesinnung

friendly A ADJ (ADV *US* **friendlily**) 1 a freundlich (*a. fig Zimmer etc*): **be ~ to sb** freundlich zu j-m sein b *a.* **~ to the environment** umweltfreundlich; **~ take-over (bid)** WIRTSCH freundliche Übernahme 2 freundschaftlich: **get ~ with sb** sich mit j-m anfreunden; **~ match** (*od* **game**) SPORT Freundschaftsspiel *n*; → term A 10 3 wohlwollend, freundlich gesinnt (**to sb** j-m): **~ fire** MIL (*versehentlicher*) Beschuss eigener Truppen; **~ neutrality** wohlwollende Neutralität; **~ troops** MIL eigene Truppen 4 befreundet (**with** mit): → alien B 1 5 günstig (**for, to** für) B ADV *US* 1 freundlich 2 freundschaftlich C S SPORT *umg* Freundschaftsspiel *n*; **~ society** S WIRTSCH *Br* Versicherungsverein *m* auf Gegenseitigkeit

friendship S 1 Freundschaft *f* 2 freundschaftliche Gesinnung 3 Freundschaftlichkeit

f

frier → fryer

fries [fraɪz] SPL US Pommes *pl* frites

Friesian ['fri:zjən; *bes US* -ʒən] → Frisian

frieze[1] [fri:z] A S 1 ARCH Fries *m* 2 Zierstreifen *m (e-r Tapete etc)* B V/T mit e-m Fries versehen

frieze[2] [fri:z] S Fries *m (dickes, flauschartiges Woll- od Mischgewebe)*

frig [frɪg] *vulg sl* A V/T ficken, vögeln *(koitieren)* B V/I 1 wichsen, sich e-n runterholen *vulg (masturbieren)* 2 ~ **about** (*od* **around**) a sich herumtreiben, herumlungern b herumblödeln

frigate ['frɪgɪt] S SCHIFF 1 Fregatte *f* 2 HIST Kreuzer(fregatte) *m(f)*; ~ **bird** S ORN Fregattvogel *m*

fright [fraɪt] A S 1 Schreck(en) *m*: **get** (*od* **have**) **a** ~ e-n Schreck bekommen, erschrecken; **get off with a** ~ mit dem Schrecken davonkommen; **get the** ~ **of one's life** den Schreck s-s Lebens bekommen; **give sb a** ~ j-m e-n Schreck einjagen, j-n erschrecken; **take** ~ (**at** vor *dat*) a erschrecken b scheuen *(Pferd)* 2 *umg* a Vogelscheuche *f*: **look a** ~ verboten *od* zum Abschießen aussehen *umg* b *etwas Hässliches* B V/T *poet* erschrecken

frighten ['fraɪtn] A V/T 1 a *j-n* erschrecken, *j-m* e-n Schrecken einjagen b *j-m* Angst einjagen *od* machen: ~ **sb into doing sth** j-n so einschüchtern, dass er etwas tut; ~ **sb out of doing sth** j-n davon abschrecken, etwas zu tun; ~ **sb out of his wits** (*od* **senses**) j-n furchtbar erschrecken *od* ängstigen; ~ **sb to death** j-n zu Tode erschrecken; **I was** ~**ed** ich erschrak *od* bekam Angst (**at, of** vor *dat*) 2 *meist* ~ **away** (*od* **off**) vertreiben, -scheuchen B V/I **he** ~**s easily** a er erschrickt leicht, er ist schreckhaft b man kann ihm leicht Angst einjagen *od* machen; **frightened** ADJ erschreckt, erschrocken: **in a** ~ **voice** mit angsterfüllter Stimme; **be** ~ **of** Angst haben *od* sich fürchten vor *(dat)*; **be** ~ **for one's life** Angst um sein Leben haben; **frightening** ADJ (ADV ~ly) erschreckend, schreckenerregend: ~ **dream** Angsttraum *m*

frightful ADJ schrecklich, furchtbar, grässlich, entsetzlich, scheußlich *(alle a. umg)*; **frightfully** ADV schrecklich, furchtbar *(beide a. umg sehr)*; **frightfulness** S Schrecklichkeit *f (a. umg)*

frigid ['frɪdʒɪd] ADJ (ADV ~ly) 1 kalt, frostig, eisig, kühl *(alle a. fig)*: **a** ~ **welcome**; ~ **zone** GEOG kalte Zone 2 *fig* förmlich, steif 3 ausdrucks-, schwunglos 4 PSYCH frigid, gefühlskalt

frigidity [frɪ'dʒɪdətɪ], **frigidness** S 1 Kälte *f*, Frostigkeit *f (beide a. fig)* 2 *fig* Steifheit *f* 3 PSYCH Frigidität *f*, Gefühlskälte *f*

frigorific [ˌfrɪgə'rɪfɪk] ADJ *obs* Kälte erzeugend: ~ **mixture** CHEM Kältemischung *f*

frill [frɪl] A S 1 *(Hals-, Hand)* Krause *f*, Rüsche *f*: ~ **collar** Rüschenkragen *m* 2 Papierkrause *f*, Manschette *f* 3 a ZOOL Haarkrause *f* b ORN Kragen *m*, Halsfedern *pl* c BOT Haarkranz *m* d BOT Manschette *f (am Hutpilz)* 4 ZOOL Gekröse *n*, Hautfalte *f* 5 FOTO Kräuseln *n* 6 *pl* Beiwerk *n*, *(e-r Rede etc)* Ausschmückungen *pl*: **with no** ~**s** ohne besondere Ausstattung *(Wohnung etc)*, *(a. Feier, Essen etc)* schlicht; **a car with no** (*od* **without the**) ~**s** a ein Wagen ohne Extras b ein Wagen ohne Schnickschnack *umg* B V/T 1 mit e-r Krause besetzen *od* schmücken 2 kräuseln C V/I FOTO sich kräuseln; **frilly** ADJ 1 mit Krausen besetzt 2 gekräuselt 3 *fig* blumig *(Stil etc)*

fringe [frɪndʒ] A S 1 Franse *f*, Besatz *m* 2 Rand *m*, Saum *m*, Einfassung *f*, Umrandung *f* 3 *bes Br* Ponyfrisur *f* 4 a Randbezirk *m*, äußerer Bezirk: **on the** ~**(s) of the forest** am Waldrand b *fig* Rand(gebiet) *m(n)*, Grenze *f*: **the** ~**s of civilization** die Randzonen der Zivilisation; **on the** ~**(s) of society** am Rande der Gesellschaft; → lunatic A a B V/T 1 mit Fransen besetzen 2 als Rand dienen für 3 umsäumen; ~ **area** S Randgebiet *n (a. fig)*; ~ **benefits** SPL WIRTSCH (Gehalts-, Lohn)Nebenleistungen *pl*, zusätzliche Leistungen *pl*

fringed ADJ gefranst

fringe| event S Randveranstaltung *f*; ~ **group** S SOZIOL Randgruppe *f*; ~ **theatre** S *Br* experimentelles Theater, Experimentiertheater *n*

fringy ADJ fransig

frippery ['frɪpərɪ] A S 1 Putz *m*, Flitterkram *m* 2 Plunder *m*, Firlefanz *m pej* 3 *fig* Kinkerlitzchen *pl pej* B ADJ wertlos, Flitter…

Frisbee® ['frɪzbi:] S Frisbee® *n (Wurfscheibe aus Plastik)*

Frisco ['frɪskəʊ] S *umg Kurzform für* **San Francisco**

frisé ['fri:zeɪ; *bes US* fri:'zeɪ] S Frisé *n (Kräusel- od Frottierstoff aus [Kunst]Seide)*

frisette [frɪ'zet] S Frisett *n (bes künstlicher Haaransatz für Frauen)*

Frisian ['frɪzɪən; *bes US* -ʒən] A S 1 Friese *m*, Friesin *f* 2 LING Friesisch *n*, das Friesische B ADJ friesisch; **Frisian Islands** ['frɪzɪən; -ʒjən; *bes US* -ʒən] SPL Friesische Inseln *pl*

frisk [frɪsk] A V/I herumtollen B V/T 1 wedeln mit: **the dog was** ~**ing its tail** 2 *umg* filzen: a *j-n, etwas* durchsuchen (**for** nach) b *j-n durchsuchen u. bestehlen od berauben* C S 1 a Freuden-, Luftsprung *m* b Ausgelassenheit *f* 2 *umg* Filzen *n*, Durchsuchen *n*

frisket ['frɪskɪt] S TYPO Maske *f*

friskiness ['frɪskɪnɪs] S Lustigkeit *f*, Ausgelassenheit *f*; **frisky** ADJ (ADV **friskily**) 1 lebhaft, munter, 2 lustig, ausgelassen

frisson ['fri:sɔ̃:ŋ; *US* fri:'səʊn] S Schauder *m*

frit [frɪt] TECH A S 1 Fritt-, Weich-, Knochenporzellanmasse *f* 2 Fritte *f*, Glasmasse *f* B V/T fritten, schmelzen

frit fly S ZOOL Frit-, Haferfliege *f*

frith [frɪθ] → firth

fritter ['frɪtə(r)] A V/T 1 *meist* ~ **away** *sein Geld, e-e Gelegenheit, s-e Zeit* vertun, *s-e Zeit* vertrödeln, *sein Geld, s-e Kräfte* vergeuden 2 a zerfetzen, in Fetzen reißen b in (schmale) Streifen schneiden, (GASTR *a.*) schnetzeln B S 1 a Fetzen *m* b (schmaler) Streifen 2 GASTR Beignet *m (Schmalzgebäck mit Füllung)*

Fritz[1] [frɪts] S *sl* Deutsche(r) *m*

fritz[2] [frɪts] *US umg* A S: **on the** ~ im Eimer, kaputt; **go on the** ~ → B B V/I ~ **out** kaputtgehen

frivol ['frɪvl] A V/I *prät u. pperf* -**oled**, *bes Br* -**olled** (herum)tändeln B V/T → fritter A 1

frivolity [frɪ'vɒlətɪ; *US* -'vɑ-] S 1 Frivolität *f*: a Leichtsinnigkeit *f*, -fertigkeit *f* b leichtfertige Rede *od* Handlung 2 Albernheit *f*; **frivolous** [-vələs] ADJ (ADV ~ly) 1 frivol, leichtfertig, -sinnig 2 nicht ernst zu nehmen(d) *(Vorschlag etc)* 3 albern, kindisch 4 ~ **plea** JUR schikanöser Einwand; **frivolousness** → frivolity

friz → frizz[1]

frizz[1] [frɪz] A V/T 1 sich *Haare* kräuseln 2 *Tuch* frisieren 3 *Leder* abreiben B V/I sich kräuseln *(Haar)* C S 1 gekräuseltes Haar 2 *(etwas)* Krauses

frizz[2] [frɪz] → frizzle[2] A

frizzle[1] ['frɪzl] → frizz[1] A 1, B, C 1

frizzle[2] ['frɪzl] A V/I brutzeln B V/T (braun) rösten, (knusprig) braten

frizzly ['frɪzlɪ], **frizzy** ['frɪzɪ] ADJ gekräuselt, kraus: ~ **hair** Kraushaar *n*

fro [frəʊ] ADV: → to C 4, to-and-fro, toing and froing

frock [frɒk; *US* frɑk] A S 1 *(Mönchs)* Kutte *f* 2 *(Kinder)* Kittel *m*, (-)Kleid *n* 3 *(Arbeits)* Kittel *m* 4 *(Damen)* Kleid *n*: **summer** ~ Sommerkleid 5 HIST Gehrock *m* B V/T 1 mit e-m Kittel bekleiden 2 REL mit e-m geistlichen Amt bekleiden; ~ **coat** → frock A 5

froe [frəʊ] S Spaltmesser *n*

frog[1] [frɒg; *US a.* frɑg] S 1 ZOOL Frosch *m*: **have a** ~ **in the** (*od* **one's**) **throat** *fig* e-n Frosch im Hals haben 2 Blumenigel *m* 3 ♀ *sl pej* Franzmann *m (Franzose)* 4 MUS Frosch *m (am Bogen)*

frog[2] [frɒg; *US a.* frɑg] A S 1 Schnurverschluss *m*, Verschnürung *f (am Rock etc)* 2 *pl* Schnurbesatz *m* 3 MIL, HIST a Bajonettschlaufe *f* b Säbeltasche *f* B V/T mit e-r Verschnürung befestigen

frog[3] [frɒg; *US a.* frɑg] S 1 BAHN Herz-, Kreuzungsstück *n* 2 ELEK Oberleitungsweiche *f*

frog[4] [frɒg; *US a.* frɑg] S ZOOL Strahl *m*, Gabel *f (am Pferdehuf)*

frogbit S BOT Froschbiss *m*

frogged ADJ mit Schnurverschluss *(Rock etc)*

froggy ['frɒgɪ; *US a.* 'frɑ-] A ADJ 1 froschreich 2 froschartig, Frosch… B S 1 Fröschlein *n* 2 ♀ → frog[1] 3

frog|hopper S ZOOL Schaumzirpe *f*; ~ **kick** S *Schwimmen*: Grätschstoß *m*; ~**man** [-mən; *US a.* -ˌmæn] S *irr* Froschmann *m*, MIL *a.* Kampfschwimmer *m*; ~**march** V/T 1 *j-n* zu viert an Händen u. Füßen (mit dem Gesicht nach unten) tragen 2 *j-n* im Polizeigriff führen; ~**'s legs** SPL GASTR Froschschenkel *pl*; ~ **spawn** S 1 ZOOL Froschlaich *m* 2 BOT a *(e-e)* Grünalge b Froschlaichalge *f*; ~ **spit**, ~ **spittle** → frog spawn 2 a; ~ **test** S MED Froschtest *m*

frolic ['frɒlɪk; *US* 'frɑ-] A S 1 Herumtoben *n*, -tollen *n*: **have a** ~ → B 2 Ausgelassenheit *f*, Übermut *m* 3 Streich *m*, Jux *m*: **he is always up to some** ~ er ist immer zu Streichen aufgelegt B V/I *prät u. pperf* **frolicked** a. ~ **about** (*od* **around**) herumtoben, -tollen C ADJ (ADV ~ly) *obs od poet* → frolicsome; **frolicsome** [-səm] ADJ (ADV ~ly) ausgelassen, übermütig; **frolicsomeness** → frolic A 2

from [frɒm; *unbetont* frəm; *US* frɑm; frəm] PRÄP 1 von, aus, von … aus *od* her, aus … heraus, von *od* aus … herab: ~ **the well** aus dem Brunnen; ~ **the sky** vom Himmel; **he is** (*od* **comes**) ~ **London** er ist *od* kommt aus London; ~ **crisis to crisis** von e-r Krise in die andere 2 von, von … an, seit: ~ **2 to 4 o'clock** von 2 bis 4 Uhr; ~ **day to day** von Tag zu Tag; **a month** ~ **today** heute in e-m Monat; ~ **Monday (onwards)** *Br*, ~ **Monday on** *US* ab Montag 3 von … an: **I saw** ~ **10 to 20 boats** ich sah 10 bis 20 Boote; **good wines** ~ **£5** gute Weine von 5 Pfund an (aufwärts) 4 (weg *od* entfernt) von: **ten miles** ~ **Rome** 10 Meilen von Rom (weg *od* entfernt) 5 von, aus, aus … heraus: **he took it** ~ **me** er nahm es mir weg; **stolen** ~ **the shop (the table)** aus dem Laden (vom Tisch) gestohlen; **they released him** ~ **prison** sie entließen ihn aus dem Gefängnis 6 von, aus *(Wandlung)*: **change** ~ **red to green** von Rot zu Grün übergehen; ~ **dishwasher to millionaire** vom Tellerwäscher zum Millionär; **an increase** ~ **5 to 8 per cent** e-e Steigerung von 5 auf 8 Prozent 7 von *(Unterscheidung)*: **he does not know black** ~ **white** er kann Schwarz u. Weiß nicht auseinanderhalten, er kann Schwarz u. *od* von Weiß nicht unterscheiden; → Adam, different 2, tell A 8 8 von, aus, aus … heraus *(Quelle)*: **draw a**

conclusion ~ the evidence e-n Schluss aus dem Beweismaterial ziehen; **~ what he said** nach dem, was er sagte; **a quotation ~ Shakespeare** ein Zitat aus Shakespeare; *he has three children* **~ previous marriages** aus früheren Ehen; **four points ~ four games** SPORT vier Punkte aus vier Spielen **9** von, von … aus (*Stellung*): **~ his point of view** von s-m Standpunkt (aus) **10** von (*Geben etc*): **a gift ~ his son** ein Geschenk s-s Sohnes *od* von s-m Sohn **11** nach: **painted ~ nature** nach der Natur gemalt; **~ a novel by …** (FILM, TV) nach e-m Roman von … **12** aus, vor (*dat*), wegen (*gen*), infolge von, an (*dat*) (*Grund*): **he died ~ fatigue** er starb vor Erschöpfung **13** *siehe die Verbindungen mit den einzelnen Verben etc*

from| above ADV von oben (herab); **~ across** ADV & PRÄP von jenseits (*gen*), von der anderen Seite (*gen*); **~ among** PRÄP aus der Zeit vor (*dat*); **~ beneath** **A** ADV von unten hervor *od* heraus **B** PRÄP unter … (*dat*) hervor *od* heraus; **~ between** PRÄP zwischen … (*dat*) hervor; **~ beyond** → from across; **~ inside** → from within; **~ on high** ADV aus der Höhe, von oben (herab); **~ out of** PRÄP aus … heraus; **~ under** → from beneath; **~ within** **A** ADV von innen (her *od* heraus) **B** PRÄP aus … heraus; **~ without** **A** ADV von außen (her) **B** PRÄP von außerhalb (*gen*)

fromenty ['fraʊməntɪ] → frumenty

frond [frɒnd; *US* frɑnd] S **1** BOT **a** (Farn)Wedel *m* **b** blattähnlicher Thallus **2** ZOOL blattähnliche Struktur

frondescence [frɒn'desns; *US* frɑn-] S BOT **1** Frondeszenz *f*, (Zeit *f* der) Blattbildung *f* **2** Laub *n*; **frondescent** ADJ blattbildend, sich belaubend

front [frʌnt] **A** S **1** *allg* Vorder-, Stirnseite *f*, Front *f*: **at the ~** auf der Vorderseite, vorn (→ A 4) **2** ARCH (Vorder)Front *f*, Fassade *f* **3** Vorderteil *n* **4** MIL **a** Front *f*, Kampf-, Frontlinie *f* **b** Frontbreite *f*: **at the ~** an der Front (→ A 1); **go to the ~** an die Front gehen; **on all ~s** an allen Fronten (*a. fig*); **on a broad ~** auf breiter Front (*a. fig*); **form a united ~ against** gemeinsam Front machen gegen **5** Vordergrund *m*: **in ~** an der *od* die Spitze, vorn, davor; **drive too close to the car in ~** zu wenig Abstand zum Vordermann lassen; **go in ~** (*Fußball etc*) in Führung gehen; **in ~ of** vor (*dat*), *a.* in j-s Gegenwart *od* Beisein; **he threw himself in ~ of a train** er warf sich vor e-n Zug; **to the ~** nach vorn, voraus, voran; **come to the ~** *fig* **a** in den Vordergrund treten **b** an Popularität gewinnen; **look to the ~** nach vorn schauen; **play up ~** SPORT Spitze spielen **6** **a** (*Straßen-, Wasser*) Front *f* **b** **the ~** *Br* die Strandpromenade **7** *fig* Front *f*: **a** (*bes politische*) *Organisation*: → people A 6 **b** Sektor *m*, Bereich *m*: **on the educational ~** im Erziehungsbereich, auf dem Erziehungssektor **8** **a** Strohmann *m* **b** Aushängeschild *n* (*e-r Interessengruppe od subversiven Organisation etc*) **9** *umg* Fassade *f*, äußerer Schein: **put up a ~** **a** auf vornehm machen, sich Allüren geben **b** Theater spielen; **put on** (*od* **show, express**) **a bold** (*od* **brave**) **~** kühn auftreten; **maintain a ~** den Schein wahren **10** *poet* **a** Stirn *f* **b** Antlitz *n*, Gesicht *n* **11** Frechheit *f*, Unverschämtheit *f*: **have the ~ to do sth** die Stirn haben *od* sich erdreisten, etwas zu tun **12** Hemdbrust *f*, Einsatz *m* **13** (falsche) Stirnlocken *pl* **14** METEO Front *f* **15** THEAT **a** Zuschauerraum *m*: **be out ~** *umg* im Publikum sitzen **b** Proszenium *n* (*Raum zwischen Vorhang u. Rampe*) **B** ADJ **1** Front…, Vorder…: **~ entrance** Vordereingang *m*; **the ~ nine** (*Golf*) die ersten 9 Löcher; **~ row** vorder(st)e Reihe; **~ surface** Stirnfläche *f*; **~ suspension** TECH Vorderradaufhängung *f*; **~ tooth** Vorderzahn *m*; → elevation 15 **2** **~ man** Strohmann *m* **3** LING Vorderzungen… **C** V/T **1** gegenüberstehen, -liegen (*dat*): **the house ~s the sea** das Haus liegt (nach) dem Meer zu; **the windows ~ the street** die Fenster gehen auf die Straße (hinaus) **2** *j-m* entgegen-, gegenübertreten, *j-m* die Stirn bieten **3** mit e-r Front *od* Vorderseite versehen **4** als Front *od* Vorderseite dienen für **5** LING *Konsonanten* palatalisieren (*durch Aussprache am vorderen Gaumen erweichen*) **6** MIL Front machen lassen **D** V/I **1** **~ on** (*od* **to, toward[s]**) → C 1 **2** **~ for** als Strohmann *od* Aushängeschild fungieren für **3** *meist* **~ up** *Aus umg* erscheinen: **he ~ed up at the police station**

frontage S **1** ARCH (Vorder)Front *f*: **have a ~ on the sea** (nach) dem Meer zu liegen; **a house with ~s on two streets** ein Haus mit zwei Straßenfronten; **~ line** (Bau)Fluchtlinie *f* **2** Land *n* an der Straßen- *od* Wasserfront **3** Grundstück *n* zwischen der Vorderfront e-s Hauses u. der Straße **4** MIL **a** Frontbreite *f* **b** *a.* **~ in attack** Angriffsbreite *f*

frontage road S *US Parallelstraße zu e-r Schnellstraße* (*mit Wohnhäusern, Geschäften etc*)

frontal **A** ADJ (ADV ~ly) **1** frontal, Vorder…: **~ attack** MIL Frontalangriff *m* **2** ANAT **a** Stirn…: **~ artery**; **~ vein** **b** Stirn(bein)…: **~ arch** Stirnbogen *m* **3** TECH Stirn… **4** METEO Front…: **~ thunderstorm** **B** S **1** REL Antependium *n*, Frontale *n* (*Altardecke, -verkleidung*) **2** ANAT **a** Stirnbein *n* **b** Stirnlappen *m* **3** ARCH **a** Fassade *f* **b** Ziergiebel *m* **4** Stirnband *n*; **~ bone** S ANAT Stirnbein *n*; **~ drag** S FLUG Stirnwiderstand *m*; **~ lobe** S ANAT Stirnlappen *m*; **~ sinus** S ANAT Stirn(bein)höhle *f*; **~ sinusitis** S MED Stirnhöhlenkatarrh *m*

front| axle S TECH Vorderachse *f*; **~ bench** S PARL *Br* **a** vordere Sitzreihe (*für Regierung u. Oppositionsführer*) **b** *koll* führende Fraktionsmitglieder; **~-bench** ADJ PARL *Br* der führenden Fraktionsmitglieder: **a ~ decision**; **~bencher** S PARL *Br* führendes Fraktionsmitglied; **~ burner** S *umg*: **be on sb's ~** für j-n an erster Stelle kommen; **keep sth on the ~** etwas vorrangig behandeln; **~ door** S Haus-, Vordertür *f*: **by** (*od* **through**) **the ~** *fig* **a** direkt, ohne Umschweife **b** legal, nicht durch die Hintertür; **he got in by the ~** er hat den Posten ganz legal bekommen; **~-door key** S Hausschlüssel *m*; **~ drive** S AUTO Frontantrieb *m*; **~ engine** S AUTO Frontmotor *m*; **~ foot** S *irr US Längenmaß für Grundstücke*

frontier ['frʌnˌtɪə(r); *bes US* frʌn'tɪə(r)] **A** S **1** (Landes)Grenze *f*: **on the ~** an der Grenze; **have ~s with** angrenzen an (*akk*) **2** *US* HIST Grenzland *n*, Gebiet *n* an der Siedlungsgrenze, Grenze *f* (zum Wilden Westen) **3** *fig* **a** Grenze *f*: **the ~s of drama and melodrama are vague** die Grenzen zwischen Drama u. Melodrama sind fließend; **the ~s of physics have been pushed back** (*od* **outwards**) auf dem Gebiet der Physik ist Neuland erschlossen worden **b** Grenzbereich *m*: **on the ~s of modern science** in den Grenzbereichen der modernen Wissenschaft **B** ADJ **1** Grenz…: **~ dispute** Grenzstreitigkeiten *pl*; **~ town** **a** Grenzstadt *f* **b** *US* HIST (neu gegründete) Stadt an der Siedlungsgrenze; **~ worker** Grenzgänger(in) **2** *fig* bahnbrechend, Pionier…: **~ research** bahnbrechende Forschungsarbeit

frontiersman [ˌfrʌn'tɪəzmən] S *irr US* HIST Grenzer *m*, Grenzbewohner *m*

frontispiece ['frʌntɪspiːs] S Frontispiz *n*: **a** ARCH Giebeldreieck *n* (*über e-m Gebäudevorsprung*) **b** TYPO *dem eigentlichen Titelblatt gegenüberstehende, meist mit e-m Kupferstich geschmückte Titelseite*

frontless ADJ (ADV ~ly) **1** ohne Front *od* Fassade **2** *obs* dreist; **frontlet** [-lɪt] S **1** ZOOL Stirn *f* **2** Stirnband *n* **3** Tuch *n* über der Altardecke

front| line S MIL Kampffront *f*, Front (-linie) *f*, vorderste Linie *od* Front (*a. fig*): **be in the ~** an vorderster Front stehen; **~-line** ADJ MIL Front…: **~ soldier** Frontkämpfer *m*; **~ trench** vorderster Schützengraben (*a. fig*); **~ loader** S Frontlader *m* (*Waschmaschine, bei der die Wäsche von vorn eingefüllt wird*); **~ man** S **1** *von Musikgruppe*: Leadsänger(in), Frontmann *m* **2** SPORT Angreifer(in) **3** TV Moderator(in) **4** *einer illegalen Organisation*: Strohmann *m*; **~ matter** S TYPO Titelei *f*; **~ money** S *US* Vorschuss *m*

fronto- [frʌntəʊ] *Wortelement mit der Bedeutung* Stirn(bein)…

frontogenesis S METEO Frontogenese *f* (*Bildung von Fronten*)

frontolysis [frʌn'tɒlɪsɪs; *US* frʌnt'ɑləsəs] S METEO Frontolyse *f* (*Auflösung von Fronten*)

fronton ['frɒntɒn; *US* 'frɑnˌtɑn] S ARCH Fronton *n*, Giebeldreieck *n* (*über e-m Gebäudevorsprung*)

front| page S erste Seite, Titelseite *f* (*e-r Zeitung*): **hit the ~s** Schlagzeilen machen; **wipe sth off the ~s** etwas von den Titelseiten verdrängen; **~-page** **A** ADJ wichtig, aktuell (*Nachrichten etc*) **B** V/T auf der Titelseite bringen, groß herausstellen; **~ passenger** S AUTO Beifahrer(in); **~-passenger seat** S AUTO Beifahrersitz *m*; **~ plate** S TECH Stirnblech *n*, -wand *f*; **~ pleat** S *Mode*: Vorderfalte *f*; **~ rank** S: **be in the ~** *fig* zur Spitze gehören *od* zählen; **~-rank** ADJ **a** höchst(er, e, es): **of ~ importance** **b** Spitzen…, führend: **a ~ university**; **~ runner** S **1** SPORT *etc* **a** Spitzenreiter(in) **b** Favorit(in) **2** POL Spitzenkandidat(in): **he was regarded as a ~ to succeed …** er galt als aussichtsreichster Nachfolger (*gen*) **3** *Leichtathletik*: Tempoläufer(in); **~ seat** S AUTO Vordersitz *m*; **~-seat passenger** S AUTO Beifahrer(in); **~ sight** S MIL Korn *n*; **~ spoiler** S AUTO Frontspoiler *m*; **~ view** S TECH Vorderansicht *f*, Aufriss *m*

frontwards ['frʌntwə(r)dz], *a.* **frontward** ADV nach vorn

front| wave S *Ballistik*: Kopfwelle *f*; **~-wheel** ADJ TECH Vorderrad…: **~ brake**; **~ drive** Vorderrad-, Frontantrieb *m*

frosh [frɑʃ] *pl* frosh *US umg für* freshman 1

frost [frɒst] **A** S **1** Frost *m*: **ten degrees of ~** *Br* 10 Grad Kälte **2** Reif *m* **3** Eisblumen *pl* **4** *fig* Kühle *f*, Kälte *f*, Frostigkeit *f* **5** *umg* Pleite *f*, Reinfall *m*, Misserfolg *m* **B** V/T **1** mit Reif *od* Eis überziehen **2** TECH *Glas* mattieren **3** GASTR *bes US* **a** glasieren, mit Zuckerguss überziehen **b** mit (Puder)Zucker bestreuen **4** **a** Frostschäden verursachen bei *od* unter (*dat*) **b** *a.* **~ to death** erfrieren lassen **5** *j-n* kühl *od* frostig behandeln **6** *poet die Haare* grau werden lassen **C** V/I *meist* **~ over** (*od* **up**) **a** sich bereifen **b** sich mit Eis(blumen) überziehen

frost|bite S Erfrierung(serscheinung) *f*, Frostschaden *m*: **get ~** Erfrierungen erleiden; **~bitten** ADJ erfroren: **get ~** Erfrierungen erleiden; **~bound** ADJ hart gefroren (*Boden*)

frosted **A** ADJ **1** bereift, überfroren **2** TECH mattiert, matt: **~ glass** Matt-, Milchglas *n* **3** GASTR *bes US* glasiert, mit Zuckerguss (überzogen) **4** *US* → frozen B 3 **B** S *US* Eisshake *m*

frost| heave, **~ heaving** S Frosthub *m*, -hebung *f*

frostiness ['frɒstɪnɪs] S 1 Frost *m*, Eiseskälte *f* 2 *fig* Frostigkeit *f*; **frosting** S 1 GASTR *bes US* Zuckerguss *m*, (Zucker)Glasur *f*: **the ~ on the cake** *fig* a schmückendes Beiwerk b das Tüpfelchen auf dem i (*a. pej*) 2 TECH a Mattieren *n* b matte Oberfläche (*von Glas etc*)

frost| injury S Frostschaden *m*; **~ line** S Frostgrenze *f*; **~-resistant** ADJ frostbeständig; **~ shake** S TECH Frostriss *m*; **~ smoke** S Raufrost *m*; **~ valve** S TECH Frost(schutz)-ventil *n*; **~work** S Eisblumen *pl*

frosty ADJ (ADV frostily) 1 eisig, frostig (*beide a. fig*) 2 mit Reif *od* Eis bedeckt 3 (eis)grau (*Haar*)

froth [frɒθ] A S 1 Schaum *m* (*von Bier etc*) 2 PHYSIOL (*Blasen*) Schaum *m* 3 *fig* Firlefanz *m pej* B V/T 1 mit Schaum bedecken 2 *a.* **~ up** a zum Schäumen bringen b zu Schaum schlagen C V/I schäumen: **he was ~ing at the mouth** a er hatte Schaum vor dem Mund b *fig* er schäumte (vor Wut); **frothiness** S 1 Schaumigkeit *f* 2 *fig* Seichtheit *f*; **frothing** S Schaumbildung *f*; **frothy** ADJ (ADV frothily) 1 a schaumig b schäumend 2 *fig* seicht (*Unterhaltung etc*)

froufrou ['fru:fru:] S 1 Knistern *n*, Rascheln *n* (*bes von Seide*) 2 Flitter *m* (*bes an Damenkleidung*)

frow → froe

froward ['frəʊə(r)d; *US a.* -wərd] ADJ (ADV ~ly) *obs* eigensinnig

frown [fraʊn] A V/I 1 die Stirn runzeln (**at** über *akk*) (*a. fig*): **~ (up)on sth** *fig* etwas missbilligen 2 finster (drein)schauen B V/T 1 zum Zeichen (*gen*) die Stirn runzeln: **he ~ed his displeasure** er runzelte missbilligend die Stirn 2 **~ sb down (into silence)** j-n durch finstere Blicke einschüchtern (zum Schweigen bringen) C S 1 Stirnrunzeln *n*: **with a ~** stirnrunzelnd 2 finsterer Blick 3 Ausdruck *m* des Missfallens *od* der Missbilligung; **frowning** ADJ (ADV ~ly) 1 stirnrunzelnd 2 a missbilligend b finster (*Blick*) 3 drohend, bedrohlich (*Felsen etc*)

frowsiness → frowziness

frowst [fraʊst] *bes Br umg* A S Mief *m*: **there's a ~ in here** hier mieft es B V/I im Mief sitzen: **~ in the office** im Büromief sitzen; **frowsty** ADJ (ADV frowstily) *bes Br umg* miefig, vermieft

frowsy → frowzy

frowziness ['fraʊzɪnɪs] S 1 Schlampigkeit *f*, ungepflegtes Äußeres 2 muffiger Geruch; **frowzy** ADJ (ADV frowzily) 1 schlampig, ungepflegt, unordentlich 2 muffig

froze [frəʊz] *prät von* freeze

frozen ['frəʊzn] A *pperf von* freeze B ADJ 1 (ein-, zu)gefroren (*Teich etc*) 2 erfroren (*Pflanzen*) 3 gefroren, Gefrier…: **~ food** Tiefkühlkost *f*; **~ meat** Gefrierfleisch *n*; **artificially ~ rink** (*Eiskunstlauf*) Kunsteisbahn *f* 4 (eis)kalt: **~ zone** kalte Zone 5 *fig* a kalt, frostig: **~ silence** eisiges Schweigen b gefühl-, teilnahmslos 6 WIRTSCH eingefroren (*Löhne, Preise*): **~ assets** eingefrorene Guthaben; **~ capital** festliegendes Kapital; **~ debts** Stillhalteschulden

FRS ABK 1 *Br* Fellow of the Royal Society 2 *US* Federal Reserve System

frs. ABK francs PL

frt ABK WIRTSCH freight

fructed ['frʌktɪd] ADJ *Heraldik:* mit Früchten; **fructiferous** [-'tɪfərəs] ADJ (ADV ~ly) BOT fruchttragend; **fructification** S BOT 1 Befruchtung *f* (*a. fig*) 2 Fruchtbildung *f* 3 Fruchtstand *m* 4 Befruchtungsorgane *pl*; **fructify** [-faɪ] BOT A V/I Früchte tragen B V/T befruchten (*a. fig*)

fructose ['frʌktəʊs; -z] S CHEM Fructose *f*, Fruchtzucker *m*

fructuous ['frʌktjʊəs; *US* -tʃəwəs] ADJ (ADV ~ly) fruchtbar (*a. fig*)

frugal ['fru:gl] ADJ (ADV ~ly) 1 sparsam: a haushälterisch (**of** mit, **in** *dat*) b wirtschaftlich (*Auto, Motor etc*) 2 genügsam, bescheiden 3 einfach, frugal (*Mahl etc*); **frugality** [-'gælətɪ] S 1 Sparsamkeit *f* 2 Genügsamkeit *f* 3 Einfachheit *f*, Frugalität *f*

frugivorous [fru:'dʒɪvərəs] ADJ ZOOL fruchtfressend

fruit [fru:t] A S 1 BOT a Frucht *f* b Samenkapsel *f* 2 KOLL a Früchte *pl*: **bear ~** Früchte tragen (*a. fig*) b Obst *n* 3 BIBEL Kind *n*, Nachkommenschaft *f*: **~ of the body** (*od* **loins, womb**) Leibesfrucht *f* 4 *meist pl fig* Frucht *f*, Früchte *pl*: a Resultat *n*, Ergebnis *n* b Erfolg *m*: **reap the ~(s) of one's work** die Früchte s-r Arbeit ernten c Gewinn *m*, Nutzen *m*: **the ~s of crime** 5 *bes US umg* Spinner(in) 6 *bes US pej* Schwule(r) *m* B V/I (Früchte) tragen C V/T zur Reife bringen

fruit acid S Fruchtsäure *f*

fruitage S 1 BOT (Frucht)Tragen *n* 2 KOLL a Früchte *pl* b Obst *n* 3 *fig* Früchte *pl*

fruitarian [fru:'teərɪən] A S *j-d, der sich nur von Obst ernährt* B ADJ Obst…: **~ diet**

fruit| bat S ZOOL Flederhund *m*; **~ body** S BIOL 1 Fruchtkörper *m* 2 Fruchtboden *m*; **~ bowl** S Obstschale *f*; **~cake** S 1 englischer Kuchen: **(as) nutty as a ~** *bes Br umg* total verrückt 2 *bes US umg* Spinner(in); **~ cocktail** S Früchtecocktail *m*; **~ cup** S Frucht-, Früchtebecher *m*; **~ drop** S Drops *m*, *a. n*

fruiter ['fru:tə(r)] S 1 SCHIFF Obstschiff *n* 2 Obstzüchter(in) 3 a Obstbaum *m* b Obststrauch *m*; **fruiterer** S *bes Br* Obsthändler(in)

fruitful ADJ (ADV ~ly) 1 fruchtbar (*a. fig*): **a ~ discussion** 2 *fig* erfolgreich: **be ~** Erfolg haben; **fruitfulness** S Fruchtbarkeit *f* (*a. fig*)

fruition [fru:'ɪʃn] S 1 Erfüllung *f*, Verwirklichung *f* (*von Hoffnungen etc*): **bring** (*od* **carry**) **to ~** verwirklichen; **come to ~** sich verwirklichen (→2) 2 Früchte *pl*: **the ~ of one's efforts**; **come to ~** Früchte tragen (→1) 3 (voller) Genuss (*e-s Besitzes etc*)

fruit| jar S Einweck-, Einmachglas *n*; **~ juice** S Frucht-, Obstsaft *m*; **~ knife** S *irr* Obstmesser *n*

fruitless ADJ (ADV ~ly) 1 unfruchtbar 2 *fig* fruchtlos, vergeblich, erfolglos: **be ~** keinen Erfolg haben; **fruitlessness** S Fruchtlosigkeit *f*, Erfolglosigkeit *f*

fruit| machine S *Br* (Geld)Spielautomat *m*; **~ pulp** S BIOL Fruchtfleisch *n*; **~ ranch** S *US* Obstfarm *f*; **~ salad** S 1 Frucht-, Obstsalat *m* 2 MIL *sl* Lametta *n*, Ordenspracht *f*; **~ sugar** S CHEM Fruchtzucker *m*; **~ tree** S Obstbaum *m*

fruity ADJ 1 frucht-, obstartig 2 fruchtig (*Wein*) 3 *Br umg* saftig, gepfeffert (*Witz etc*) 4 klangvoll, sonor (*Stimme*) 5 *US umg* schmalzig: **~ song** Schnulze *f pej* 6 *bes US umg* spinnig 7 *bes US sl pej* schwul

frumentaceous [,fru:mən'teɪʃəs] ADJ getreideartig, Getreide…

frumenty ['fru:məntɪ] S GASTR *süßer Brei aus Weizen, Milch u. Gewürzen*

frump [frʌmp] S *umg pej* Vogelscheuche *f*: **old ~** alte Schachtel; **frumpish** ADJ (ADV ~ly), **frumpy** ADJ (ADV frumpily) *umg pej* a altmodisch b ungepflegt, unelegant c abgedroschen (*Sache*)

frusta ['frʌstə] *pl von* frustum

frustrate [frʌ'streɪt; *bes US* 'frʌstreɪt] V/T 1 *e-n Plan etc* vereiteln, durchkreuzen 2 *Hoffnungen etc* zunichtemachen 3 *etwas* hemmen, (be)hindern 4 *j-n* hemmen, (*a.* am Fortkommen) hindern, einengen 5 *j-m* die *od* alle Hoffnung *od* Aussicht nehmen, *j-n* (*in s-n Ambitionen*) zurückwerfen: **I was ~d in my efforts** m-e Bemühungen wurden vereitelt 6 frustrieren: a *j-n* entmutigen, deprimieren b mit Minderwertigkeitsgefühlen erfüllen c *j-n* enttäuschen; **frustrated** ADJ 1 vereitelt, gescheitert (*Pläne etc*) 2 gescheitert (*Person*): **a ~ painter** ein verhinderter Maler 3 frustriert: a entmutigt, niedergeschlagen, deprimiert b voller Minderwertigkeitsgefühle c enttäuscht; **frustrating** ADJ (ADV ~ly) 1 hemmend 2 frustrierend: a entmutigend, deprimierend b enttäuschend

frustration [frʌ'streɪʃn] S 1 Vereit(e)lung *f*, Durchkreuzung *f* 2 Behinderung *f*, Hemmung *f* 3 Einengung *f* 4 Enttäuschung *f*, Rückschlag *m*, Misserfolg *m* 5 Frustration *f*: a PSYCH *Erlebnis e-r wirklichen od vermeintlichen Enttäuschung u. Zurücksetzung durch erzwungenen Verzicht od Versagung von Befriedigung* b *a.* **sense of ~** *weitS.* Niedergeschlagenheit *f* c *a.* **sense of ~** das Gefühl, ein Versager zu sein; Minderwertigkeitsgefühle *pl* d *a.* **sense of ~** Enttäuschung *f* 6 a Hindernis *n* b aussichtslose Sache (**to** für) 7 JUR objektive Unmöglichkeit (*der Leistung*): **~ of the contract** objektive Unmöglichkeit der Vertragsleistung; **~ tolerance** S PSYCH Frustrationstoleranz *f* (*individuell unterschiedlich ausgeprägte Fähigkeit, Frustrationen über e-n längeren Zeitraum zu ertragen*)

frustum ['frʌstəm] *pl* -tums, -ta [-tə] S MATH Stumpf *m*: **~ of a cone** Kegelstumpf

fry[1] [fraɪ] A V/T 1 braten: **fried eggs** Spiegeleier; **fried potatoes** Bratkartoffeln; → fish A 1 2 *US sl* auf dem elektrischen Stuhl hinrichten B V/I 1 braten 2 *umg* sich e-n Sonnenbrand holen 3 *US sl* auf dem elektrischen Stuhl hingerichtet werden C S 1 (*etwas*) Gebratenes, *bes* gebratene Innereien *pl*: **pig's ~** gebratene Innereien vom Schwein 2 *US* (*meist in Zusammensetzungen*) *Fest od Picknick, bei dem (etwas) gebraten wird*: **fish ~**

fry[2] [fraɪ] SPL 1 Fischrogen *m* 2 junge Fische *pl* 3 **small ~** *fig* a junges Gemüse *pej*, junges Volk b kleine (*unbedeutende*) Leute *pl* c kleine Fische *pl pej*, Lappalien *pl*

fryer S 1 *j-d, der (etwas) brät*: **he is a fish ~** er hat ein Fischrestaurant 2 (*oft in Zusammensetzungen*) Bratpfanne *f*: **fish ~** 3 *etwas zum Braten Geeignetes*, *bes* Brathühnchen *n*

frying pan S Bratpfanne *f*: **jump** (*od* **leap**) **out of the ~ into the fire** *fig* vom Regen in die Traufe kommen

fry| pan *US* → frying pan; **~-up** S *Br umg* 1 **do a ~** sich Reste in die Pfanne hauen 2 Resteessen *n* aus der Pfanne

f.s. ABK PHYS foot-second

FSA ABK *Br* Fellow of the Society of Antiquaries

ft ABK 1 foot 2 feet PL

Ft. ABK Fort

FTC ABK *US* Federal Trade Commission

ft-lb ABK PHYS foot-pound

fuchsia ['fju:ʃə] S BOT Fuchsie *f*

fuchsin ['fu:ksɪn; *US* 'fju:k-], **fuchsine** [-si:n] S CHEM Fuchsin *n*

fuchsite ['fu:ksaɪt; *US* 'fju:k-] S MINER Fuchsit *m*

fuci ['fju:saɪ] *pl von* fucus

fuck [fʌk] *vulg* A V/T 1 ficken, vögeln (*beide vulg*): **~ it!** Scheiße!; **~ him!** a dieser Scheißkerl! b der soll mich mal am Arsch lecken!; **~ you!, get ~ed!** leck mich (doch) am Arsch!; **~ the money!** scheiß auf das Geld! 2 **~ about** (*od* **around**) a *j-n* wie e-n Idioten behandeln b *j-n* verarschen *umg* 3 *meist* **~ up** *etwas* versauen *umg*: **(all) ~ed up** (total) im Arsch B V/I 1 ficken, vögeln (*beide vulg*) 2 **~ about** (*od* **around**) *bes Br* herumgammeln *umg* 3 **~ off**

(meist imp) sich verpissen 4 ~ up! halt die Fresse! C S 1 Fick m vulg: have a ~ ficken, e-e Nummer machen od schieben; I don't care (od give) a ~ das ist mir scheißegal; where the ~ …? wo zum Teufel …?; get the ~ out of here! verpiss dich! 2 she's a good ~ sie fickt gut D INT Scheiße!; **fucker** S vulg 1 Ficker m, Vögler m (beide vulg) 2 a Scheißkerl m, Wichser m vulg pej b allg Kerl m, Bursche m: a poor ~ ein armer Hund, ein armes Schwein; **fucking** vulg A ADJ Scheiß…, verfickt, verflucht, verdammt (oft nur verstärkend): I banged my ~ head against the ~ door ich bin mit dem Schädel gegen die verdammte Tür gerannt; you ~ fool! du Arschloch!; take your ~ fingers off my girl nimm d-e Wichsgriffel von m-m Mädchen!; ~ hell (verdammte) Scheiße! B ADV verflucht, verdammt (oft nur verstärkend): we had a ~ good time wir haben uns sagenhaft amüsiert; ~ cold arschkalt

fucus ['fju:kəs] pl -ci [-saı], -cuses S BOT Blasentang m

fuddle ['fʌdl] umg A V/T 1 berauschen: ~ o.s. → B b 2 verwirren, durcheinanderbringen B V/I a saufen b sich volllaufen lassen C S 1 Verwirrung f: get in a ~ durcheinanderkommen 2 Gewirr n; **fuddled** ADJ umg 1 benebelt 2 verwirrt, durcheinander

fuddy-duddy ['fʌdı,dʌdı] umg A S verknöcherter od verkalkter Kerl pej B ADJ a verknöchert pej b verkalkt pej

fudge [fʌdʒ] A V/T 1 oft ~ up zurechtpfuschen, zusammenstoppeln (beide pej) 2 frisieren umg, fälschen 3 e-m Problem etc ausweichen B V/I 1 ~ on → A 3 2 Unsinn reden C S 1 Unsinn m 2 Zeitung: a letzte Meldungen pl b Platte zum Einrücken letzter Meldungen c Maschine zum Druck letzter Meldungen d Spalte für letzte Meldungen 3 GASTR (Art) Fondant m D INT Mist!

Fuegian [fju:'i:dʒıən; 'fweıdʒıən; US fʊ'eıgıən; -'eıdʒən] A S Feuerländer(in) B ADJ feuerländisch

fuel ['fjʊəl] A V/T prät u. pperf -eled, bes Br -elled 1 mit Brennstoff versehen, FLUG a. betanken 2 die Inflation etc anheizen, Gerüchte etc schüren B V/I 1 Brennstoff nehmen 2 a. ~ up FLUG, AUTO (auf)tanken, SCHIFF Öl bunkern C S 1 Brennstoff m: a Heiz-, Brennmaterial n, Feuerung(smaterial) f(n) b AUTO etc Betriebs-, Treib-, Kraftstoff m: ~-air mixture Kraftstoff-Luft-Gemisch n; ~ cell ELEK Brennstoffzelle f; ~ consumption Kraftstoff-, Benzinverbrauch m; ~-efficient Benzin sparend (Motor etc); ~ element (Kernphysik) Brennelement n; ~ feed Brennstoffzuleitung f; ~ filter Kraftstoff-, Benzinfilter n/m; ~ gas Heiz- od Treibgas n; ~ ga(u)ge Benzinuhr f, Kraftstoffmesser m; ~-guzzling umg Benzin fressend (Motor etc); ~ injection Kraftstoffeinspritzung f; ~-injection engine Einspritzmotor m; ~ jet, ~ nozzle Kraftstoffdüse f; ~ oil Heizöl n; ~ pipe Benzinleitung f; ~ pump Kraftstoff-, Benzinpumpe f; ~ rod (Kernphysik) Brennstab m; ~-thrifty Benzin sparend (Motor etc) 2 fig Nahrung f: add ~ to → A 2; add ~ to the flames Öl ins Feuer gießen; **fuel(l)ed** ADJ: ~ by (od with) be- od getrieben mit

fug [fʌg] S bes Br umg Mief m: there's a ~ in here hier mieft es

fugacious [fju:'geıʃəs] ADJ (ADV ~ly) 1 BOT kurzlebig (a. fig) 2 CHEM flüchtig (a. fig) 3 fig vergänglich; **fugacity** [-'gæsətı] S 1 BOT Kurzlebigkeit f 2 CHEM Fugazität f, Flüchtigkeit f (a. fig) 3 fig Vergänglichkeit f

fugal ['fju:gl] ADJ (ADV ~ly) MUS fugiert, fugenartig, im Fugenstil

-fuge [fju:dʒ] Wortelement mit den Bedeutungen a fliehend b vertreibend

fuggy ['fʌgı] ADJ bes Br umg miefig, vermieft

fugitive ['fju:dʒıtıv] A S a Flüchtige(r) m/f(m): ~ from justice flüchtiger Rechtsbrecher b POL etc Flüchtling m c Ausreißer(in) (a. Radsport) B ADJ 1 flüchtig: a entflohen b fig vergänglich, kurzlebig 2 unbeständig, unecht: ~ dye unechte Färbung

fugleman ['fju:glmən] S irr (An-, Wort)Führer m

fugue [fju:g] A S 1 MUS Fuge f 2 PSYCH Fugue f (Verlassen der gewohnten Umgebung im Dämmerzustand) B V/T & V/I MUS fugieren

-ful [fʊl] Suffix mit der Bedeutung voll

fulcrum ['fʌlkrəm; 'fʊl-] pl -crums, -cra [-krə] S 1 PHYS Dreh-, Hebe-, Gelenk-, Stützpunkt m: ~ of moments PHYS Momentendrehpunkt; ~ pin Drehbolzen m, -zapfen m 2 fig Angelpunkt m 3 BIOL Beuge f

fulfil, US a. **fulfill** [fʊl'fıl] V/T 1 ein Versprechen, e-n Wunsch, e-e Bedingung etc erfüllen, s-n Verpflichtungen nachkommen, e-n Befehl ausführen: ~ o.s. sich (selbst) verwirklichen; be fulfilled sich erfüllen; his prophecy was fulfilled s-e Prophezeiung traf ein 2 vollbringen, -ziehen 3 beenden, abschließen 4 ausfüllen, befriedigen: my job doesn't ~ me; **fulfilment**, US **fulfillment** S 1 Erfüllung f, Ausführung f: come to ~ in Erfüllung gehen 2 Beendigung f, Abschluss m: reach ~ beendet od abgeschlossen werden

fulgent ['fʌldʒənt; US a. 'fʊl-] ADJ (ADV ~ly) poet strahlend

fulgurant ['fʌlgjʊərənt; US 'fʊlgərənt] ADJ (auf)blitzend; **fulgurate** [-reıt] V/I (auf)blitzen

fuliginous [fju:'lıdʒınəs] ADJ (ADV ~ly) 1 rußig, Ruß… 2 (ruß)schwarz 3 fig dunkel

full[1] [fʊl] A ADJ (ADV → fully) 1 a allg voll: ~ of voll von, voller Fische etc, angefüllt mit, reich an (dat); speak while one's mouth is ~ (od with one's mouth ~) mit vollem Mund sprechen; → beam A 6, stomach A 1, swing C 1, C 4 b fig (über)voll (Herz) 2 voll, ganz: a ~ mile; pay the ~ amount; in ~ court JUR vor dem voll besetzten Gericht; a ~ hour e-e volle od geschlagene Stunde; for a ~ three years für volle drei Jahre 3 weit (geschnitten) (Rock etc) 4 voll, rund (Gesicht), mollig, vollschlank (Figur): for the ~er figure für die vollschlanke Dame 5 voll, kräftig (Stimme) 6 schwer, vollmundig (Wein) 7 voll, besetzt: ~ up (voll) besetzt (Bus etc); "house ~" THEAT „ausverkauft!" 8 vollständig, ausführlich, genau (Einzelheiten etc): ~ statement umfassende Erklärung, vollständige Darlegung; → rehearsal 1 9 fig (ganz) erfüllt (of von): ~ of hatred hasserfüllt; he is ~ of plans er ist od steckt voller Pläne; he is ~ of his success er redet von nichts anderem als von s-m Erfolg; ~ of oneself (ganz) von sich eingenommen 10 reichlich (Mahlzeit) 11 voll, unbeschränkt: ~ power Vollmacht f; have ~ power to do sth bevollmächtigt sein, etwas zu tun; ~ power of attorney Generalvollmacht f; ~ membership volle Mitgliedschaft, Vollmitgliedschaft f; → knowledge 1 12 voll (berechtigt): ~ member Vollmitglied n 13 rein, echt: a ~ sister e-e leibliche Schwester 14 umg fig voll: a a. ~ up satt b Aus betrunken B ADV 1 völlig, gänzlich, ganz: know ~ well that … ganz genau wissen, dass … 2 gerade, direkt, genau: ~ in the face; the sun was shining ~ on her face die Sonne schien ihr voll ins Gesicht 3 ~ out mit Vollgas fahren, auf Hochtouren arbeiten C V/T Stoff raffen D V/I voll werden (Mond) E S 1 (das) Ganze: in ~ vollständig, ganz; print sth in ~ etwas in voller Länge abdrucken; spell (od write) in ~ ausschreiben; to the ~ vollständig, vollkommen, bis ins Letzte od Kleinste; live life to the ~ das Leben auskosten; pay in ~ voll od den vollen Betrag bezahlen; I cannot tell you the ~ of it ich kann Ihnen nicht alles ausführlich erzählen 2 Fülle f, Höhepunkt m: at ~ auf dem Höhepunkt od Höchststand; the moon is at the ~ es ist Vollmond; at the ~ of the tide beim höchsten Wasserstand 3 → full house 2

full[2] [fʊl] V/T TECH Tuch etc walken

full| age S JUR Mündigkeit f, Volljährigkeit f: of ~ mündig, volljährig; ~ and by ADV SCHIFF voll u. bei, scharf beim Wind; **~back** S a Fußball, Hockey: (Außen)Verteidiger(in) b Rugby: Schlussspieler m; ~ **binding** S Buchbinderei: Ganzleder-, Ganzleinenband m; ~ **blood** S 1 Vollblut n, Mensch m mit reiner Abstammung 2 Vollblut n (bes Pferd); **~-blooded** ADJ 1 reinblütig, -rassig, Vollblut… 2 fig vollblütig, Vollblut…: ~ socialist 3 eindringlich (Argumente etc); **~-blown** ADJ 1 BOT ganz aufgeblüht 2 fig voll entwickelt, ausgereift (Idee etc): the fighting developed into a ~ war die Kämpfe entwickelten sich zu e-m regelrechten Krieg 3 ausgemacht, handfest (Skandal); ~ **board** S Vollpension f; **~-bodied** ADJ 1 schwer, korpulent 2 schwer, vollmundig (Wein) 3 fig dicht, plastisch (Roman etc) 4 fig wichtig, bedeutend: play a ~ role; **~-bottomed** ADJ 1 breit, mit großem Boden: ~ wig Allongeperücke f 2 SCHIFF voll gebaut, mit großem Laderaum; **~-bound** ADJ Ganzleder…, Ganzleinen…: ~ book; **~-day** ADJ ganztätig, Ganztags…, Tages…: ~ tour; ~ **denture** S Zahnmedizin: Vollprothese f; ~ **dress** S 1 Gesellschaftsanzug m 2 MIL Galauniform f; **~-dress** ADJ 1 Gala…: ~ uniform 2 ~ rehearsal → dress rehearsal 3 fig a umfassend (Biografie, Debatte etc) b groß angelegt (Nachforschung etc); ~ **employment** S WIRTSCH Vollbeschäftigung f

fuller[1] ['fʊlə(r)] S TECH 1 (Tuch)Walker(in) 2 Stampfe f (e-r Walkmaschine)

fuller[2] ['fʊlə(r)] S TECH (halb)runder Setzhammer

fuller's earth S Walk-, Fuller-, Bleicherde f

full|face A S 1 En-face-Bild n, Vorderansicht f 2 TYPO (halb)fette Schrift B ADV 1 en face 2 TYPO (halb)fett; **~-faced** ADJ 1 mit vollem od rundem Gesicht 2 TYPO (halb)fett; **~-fashioned** bes US → fully fashioned; **~-fledged** bes US → fully fledged; ~ **frontal** S umg Oben-u.-unten-ohne-Darstellung f; **~-frontal** ADJ umg oben u. unten ohne; ~ **gallop** S: at ~ in vollem od gestrecktem Galopp; **~-grown** ADJ ausgewachsen; ~ **hand** → full house 2; **~-hearted** ADJ (ADV ~ly) ernsthaft, aufrichtig, rückhaltlos, voll, aus ganzem Herzen; ~ **house** S 1 THEAT etc volles Haus 2 Poker: Full House n (Dreierpasch u. ein Pärchen); **~-length** ADJ 1 in voller Größe, lebensgroß: ~ mirror Ganzfigurspiegel m; ~ portrait Ganzporträt n 2 bodenlang (Rock etc) 3 a abendfüllend (Film) b ausgewachsen (Roman etc) 4 durchgehend (Reißverschluss); ~ **load** S 1 ELEK Volllast f 2 TECH Gesamtgewicht n 3 FLUG Gesamtfluggewicht n; ~ **moon** S Vollmond m: at ~ bei Vollmond; **~-mouthed** ADJ 1 ZOOL mit vollem Gebiss (Vieh) 2 fig lautstark; ~ **nelson** S Ringen: Doppelnelson m

fullness S 1 Fülle f: feeling of ~ Völlegefühl n; in the ~ of time a BIBEL da die Zeit erfüllet war(d) b zur gegebenen Zeit 2 fig (Über)Fülle f (des Herzens) 3 Körperfülle f 4 weiter Schnitt 5 MUS Klangfülle f

full| orchestra S MUS großes Orchester;

~-page ADJ ganzseitig; ~ **pay** S WIRTSCH volles Gehalt, voller Lohn: **be retired on ~** mit vollem Gehalt pensioniert werden; ~ **point** → full stop 1; ~ **professor** S UNIV *US* Ordinarius *m*; **~-rigged** ADJ 1 SCHIFF voll getakelt 2 voll ausgerüstet; ~ **scale** S TECH natürliche Größe, Originalgröße *f*, Maßstab *m* 1:1; **~-scale** ADJ 1 in natürlicher Größe, in Originalgröße, im Maßstab 1:1 2 *fig* groß angelegt, umfassend: ~ **attack** Großangriff *m*; ~ **test** Großversuch *m*; *the quarrel between the two countries developed* **into a ~ war** zu e-m regelrechten Krieg; ~ **sight** S MIL Vollkorn *n*; **~-size** ADJ: ~ **dummy** TYPO Stärkeband *m*; ~ **stop** S 1 LING Punkt *m* 2 **come to a ~** zum völligen Stillstand kommen; **~-text search** S COMPUT Volltextsuche *f*; ~ **time** S SPORT Spielende *n*: **at ~** bei Spielende; **whistle for ~** abpfeifen; **20 minutes from ~** 20 Minuten vor Schluss; **~-time** A ADJ ganztägig, Ganztags...: ~ **coach** SPORT hauptamtlicher Trainer; ~ **job** Ganztagsbeschäftigung *f*; **have a ~ job** *a.* ganztägig beschäftigt sein; **it's a ~ job looking after three young children** *umg* wenn man drei kleine Kinder zu versorgen hat, hat man für nichts anderes mehr Zeit; ~ **mother** Hausfrau u. Mutter *f*; ~ **professional** SPORT Vollprofi *m*; ~ **worker** → full-timer B ADV ganztags: **work ~**; **~-timer** S ganztägig Beschäftigte(r) *m/f(m)*; **~-track** ADJ: ~ **vehicle** TECH Vollketten-, Raupenfahrzeug *n*; **~-view**, **~-vision** ADJ TECH Vollsicht...; **~-wave** ADJ: ~ **rectifier** ELEK Doppelweggleichrichter *m*

fully ['fʊlɪ] ADV voll, völlig, ganz: ~ **satisfied**; ~ **automatic** vollautomatisch; ~ **clothed** in voller Kleidung; ~ **entitled** voll berechtigt; ~ **two hours** volle *od* geschlagene zwei Stunden; → conscious 1; ~ **fashioned** ADJ mit (voller) Passform, formgestrickt, -gearbeitet; ~ **fledged** ADJ 1 flügge *(Vögel)* 2 *fig* richtig: **he feels like a ~ sailor**; ~ **grown** *bes Br* → full-grown

fulmar ['fʊlmə(r)] S ORN Fulmar *m*, Eissturmvogel *m*

fulminant ['fʌlmɪnənt; 'fʊl-] ADJ 1 donnernd, krachend 2 MED a plötzlich ausbrechend *(Krankheit)* b plötzlich auftretend *(Schmerzen)*; **fulminate** [-neɪt] A V/I 1 explodieren *(a. fig)* 2 *fig* donnern, wettern *(beide:* **against, at** gegen) 3 MED a plötzlich ausbrechen *(Krankheit)* b plötzlich auftreten *(Schmerzen)* B V/T 1 zur Explosion bringen 2 *fig Befehle etc* donnern C S CHEM Fulminat *n*, knallsaures Salz: ~ **of mercury** Knallquecksilber *n*; **fulminating** ADJ (ADV ~ly) 1 CHEM Knall...: ~ **gold (mercury, powder, silver)**; ~ **cotton** Schießbaumwolle *f* 2 *fig* donnernd, wetternd 3 → fulminant 2; **fulmination** S 1 Explosion *f* 2 *fig* a Donnern *n*, Wettern *n* b schwere Drohung

fulminic acid [fʌl'mɪnɪk; fʊl-] S CHEM Knallsäure *f*

fulminous ['fʌlmɪnəs; 'fʊl-] ADJ donnernd, Gewitter...

fulness *bes US* → fullness

fulsome ['fʊlsəm] ADJ (ADV ~ly) 1 übermäßig, übertrieben 2 überschwänglich *(Lob etc)* 3 vollständig, komplett: **have a ~ view of sth** sich ein vollständiges Bild von etwas machen 4 *obs* widerlich, ekelhaft; **fulsomeness** S Übertriebenheit *f*

fulvous ['fʌlvəs; 'fʊl-] ADJ rötlich gelb

fumaric acid [fju:'mærɪk] S CHEM Fumarsäure *f*

fumarole ['fju:mərəʊl] S Fumarole *f* *(Ausströmen von Gas u. Wasserdampf aus Erdspalten in vulkanischen Gebieten)*

fumble ['fʌmbl] A V/I 1 *a.* ~ **about** *(od* **around)** a herumtappen, -tasten b (herum)fummeln **(at** an *dat)* c ungeschickt umgehen **(with** mit) d tastend suchen **(for, after** nach): ~ **in one's pockets** in s-n Taschen (herum)wühlen; ~ **for words** nach Worten suchen 2 SPORT patzen *(a. allg)*: a den Ball fallen lassen b den Ball verhauen B V/T 1 ungeschickt umgehen mit 2 SPORT verpatzen *(a. allg), den Ball* fallen lassen *od* verhauen 3 ~ **out** *Worte* mühsam (hervor)stammeln C S 1 a Herumtappen *n*, -tasten *n* b (Herum)Fummeln *n* c ungeschickter Umgang d tastendes Suchen 2 SPORT Patzer *m (a. allg)*; **fumbler** S SPORT Patzer(in) *(a. allg)*; **fumbling** ADJ (ADV ~ly) ungeschickt

fume [fju:m] A S 1 *pl* Dämpfe *pl*, Dunst *m*, Rauch *m* 2 *(zu Kopf steigender)* Dunst, Nebel *m* *(des Weins etc)* 3 *fig* Wut *f*: **in a ~** wütend, aufgebracht B V/T 1 *Dämpfe etc* von sich geben, ausstoßen 2 *Holz* räuchern, beizen: **~d oak** dunkles Eichenholz 3 → fumigate C V/I 1 rauchen, dunsten, dampfen: ~ **away** verrauchen *(a. fig Zorn etc)* 2 *fig* **(at)** wüten (gegen), wütend sein (über *akk*, auf *akk*), aufgebracht sein (über *akk*, gegen): ~ **and fret** vor Wut kochen *od* schäumen; **fuming with anger** wutschäumend, -schnaubend

fumigant ['fju:mɪgənt] S Ausräucherungsmittel *n*

fumigate ['fju:mɪgeɪt] V/T ausräuchern: ~ **with sulphur** ausschwefeln; **fumigation** S Ausräucherung *f*; **fumigator** [-tə(r)] S 1 Ausräucherapparat *m* 2 → fumigant 3 Ausräucherer *m*, Ausräucherin *f*

fumy ['fju:mɪ] ADJ rauchig, dunstig

fun [fʌn] A S Spaß *m*: **for ~**, **for the ~ of it** aus *od* zum Spaß, spaßeshalber, zum Vergnügen; **in ~** im *od* zum Scherz; **like ~!** *US umg* von wegen!; **it is ~ (doing sth)** es macht Spaß(, etwas zu tun); **it is no ~** *(od* **there is no ~ in) doing sth** es macht keinen Spaß, etwas zu tun; **it (he) is great ~** es (er) ist sehr amüsant *od* lustig; **there is no ~ like ...** es geht nichts über ... *(akk)*; **have some ~** sich amüsieren; **have ~** viel Spaß *od* Vergnügen!; **have one's ~ and games** *umg* s-n Spaß *od* sein Vergnügen haben, sich amüsieren; **make ~ of sb** sich über j-n lustig machen; **make ~ of sth** *a.* etwas ins Lächerliche ziehen; **this is nothing to make ~ of** über so etwas spottet man nicht!; **I don't see the ~ of it** ich finde das (gar) nicht komisch; → figure A 5, poke[1] A 5 B ADJ lustig, spaßig: ~ **man** → funster; **a ~ sport** ein Sport, der Spaß macht; **have a ~ time** sich amüsieren

funambulist [fju:'næmbjʊlɪst] S Seiltänzer(in)

function ['fʌŋkʃn] A S 1 Funktion *f (a.* BIOL, LING, MATH, PHYS, TECH): a Aufgabe *f* b Zweck *m* c Tätigkeit *f* d Arbeits-, Wirkungsweise *f* e Amt *n* f (Amts)Pflicht *f*, Obliegenheit *f*: **scope of ~s** Aufgabenkreis *m*, Tätigkeitsbereich *m*; **out of ~** TECH außer Betrieb; **have** *(od* **serve) an important ~** e-e wichtige Funktion *od* Aufgabe haben, e-e wichtige Rolle spielen; **the ~ of a thermometer is to** *inf* ein Thermometer dient dazu, zu *inf*; ~ **analysis** MATH Funktionsanalysis *f*, Funktionalanalysis *f* 2 a Feier *f*, Zeremonie *f*, feierlicher *od* festlicher Anlass b (gesellschaftliche) Veranstaltung 3 **be a ~ of whether ...** davon abhängen, ob ... B V/I 1 **(as)** a tätig sein, fungieren (als), das Amt *od* die Tätigkeit *(e-s Direktors etc)* ausüben b dienen (als) *(Sache)* 2 PHYSIOL, TECH *etc* funktionieren, arbeiten

functional ['fʌŋkʃnəl] ADJ (ADV → functionally) 1 *allg, a.* MATH, PHYSIOL funktionell, Funktions...: ~ **analysis** MATH Funktionalanalysis *f*, Funktionsanalysis *f*; ~ **diagram** TECH Funktionsplan *m*, -diagramm *n*; ~ **disease** MED Funktionskrankheit *f*; ~ **disorder** MED Funktionsstörung *f*; ~ **group** CHEM funktionelle Gruppe; ~ **psychology** Funktionspsychologie *f (Wissenschaft von den Erscheinungen u. Funktionen der seelischen Erlebnisse)*; ~ **psychosis** funktionelle Psychose 2 PHYSIOL, TECH *etc* funktionsfähig: **a fully ~ model**; **be ~** → function B 2 3 zweckbetont, -mäßig, sachlich, praktisch: ~ **building** Zweckbau *m*; ~ **style** → functionalism 1; **functionalism** S 1 ARCH Funktionalismus *m (ausschließliche Berücksichtigung des Gebrauchszwecks bei der Gestaltung von Gebäuden)* 2 PSYCH Funktionalismus *m (Richtung, die die Bedeutung psychischer Funktionen für die Anpassung des Organismus an die Umwelt betont)*; **functionalist** S Funktionalist(in); **functionalize** V/T 1 funktionstüchtig machen, wirksam gestalten 2 CHEM in funktionelle Gruppen gliedern; **functionally** ADV in funktioneller Hinsicht; **functionary** [-ʃnərɪ; *US* -ʃə,neri:] S *bes* POL Funktionär(in)

function key S COMPUT Funktionstaste *f*

fund [fʌnd] A S 1 WIRTSCH a Kapital *n*, Vermögen *n*, Geldsumme *f* b Fonds *m* *(zweckgebundene Vermögensmasse)* 2 *pl* WIRTSCH (Geld)Mittel *pl*, Gelder *pl*: **sufficient ~s** genügende Deckung; **for lack of ~s** mangels Barmittel *od* Deckung; **"no ~s"** *(Scheck)* „keine Deckung"; **be in (out of) ~s** (nicht) bei Kasse sein, zahlungs(un)fähig sein 3 *pl* WIRTSCH a *Br* Staatspapiere *pl*, -anleihen *pl* b *US* Effekten *pl* 4 *fig* **(of)** Vorrat *m* (an *dat*), Schatz *m* (an *dat*, von): **he has quite a ~ of jokes** er weiß e-e Menge Witze B V/T 1 WIRTSCH *Br Gelder* in Staatspapieren anlegen 2 WIRTSCH *e-e Schuld* fundieren, konsolidieren: **~ed debt** fundierte Schuld, Anleiheschuld *f*

fundage ['fʌndɪdʒ] S *bes US sl* Knete *f (Geld)*

fundament ['fʌndəmənt] S 1 *euph od hum* vier Buchstaben *pl (Gesäß)* 2 ARCH Fundament *n (a. fig)*

fundamental [,fʌndə'mentl] A ADJ (ADV → fundamentally) 1 als Grundlage dienend, grundlegend, wesentlich, fundamental **(to** für), Haupt... 2 grundsätzlich, elementar 3 Grund..., Fundamental...: ~ **bass** → B 2 b; ~ **colo(u)r** Grundfarbe *f*; ~ **data** grundlegende Tatsachen; ~ **freedoms** Grundfreiheiten *pl*; ~ **frequency** ELEK Grundfrequenz *f*; ~ **idea** Grundbegriff *m*; ~ **law** MATH, PHYS Hauptsatz *m*; ~ **particle** PHYS Elementarteilchen *n*; ~ **research** Grundlagenforschung *f*; ~ **tone** → B 2 a; ~ **type** BIOL Grundform *f* B S 1 Grundlage *f*, -prinzip *n*, -begriff *m*, *pl a.* Grundzüge *pl*, Fundament *n* 2 MUS a Grundton *m* b Fundamentalbass *m* 3 PHYS Fundamentaleinheit *f* 4 ELEK Grundwelle *f*; **fundamentalism** S Fundamentalismus *m (kompromissloses Festhalten an politischen od religiösen Grundsätzen)*; **fundamentalist** S Fundamentalist(in); **fundamentally** ADV im Grunde, im Wesentlichen

fund|holder S WIRTSCH *Br* Inhaber(in) von Staatspapieren; ~ **raiser** S *Veranstaltung, deren Reinerlös wohltätigen Zwecken, e-r politischen Organisation etc zugutekommt*; **~-raising** ADJ: ~ **dinner** *Dinner, dessen Reinerlös wohltätigen Zwecken, e-r politischen Organisation etc zugutekommt*

fundus ['fʌndəs] *pl* **-di** [-daɪ] S ANAT Fundus *m*, (Hinter)Grund *m (e-s Hohlorgans)*

funebrial [fju:'ni:brɪəl] → funereal

funeral ['fju:nərəl] A S 1 Begräbnis *n*, Beerdigung *f*, Bestattung *f*, Beisetzung *f*: **he's at a ~** er ist auf e-m Begräbnis 2 Leichenzug *m* 3 *umg* Sorge *f*, Sache *f*: **that's your ~** das ist deine Sache *od* dein Problem; **it wasn't my ~** es ging mich nichts an **B** ADJ Begräbnis..., Leichen..., Trauer..., Grab...: **~ allowance** Sterbegeld *n*; **~ director** Bestattungsunternehmer(in); **~ home** US Leichenhalle *f*; **~ march** MUS Trauermarsch *m*; **~ oration** (*od* **speech**) Grabrede *f*; **~ parlo(u)r** Leichenhalle *f*; **~ pile** (*od* **pyre**) Scheiterhaufen *m* (*zur Feuerbestattung*); **~ procession** Leichenzug *m*; **~ service** Trauergottesdienst *m*; **~ urn** Graburne *f*; → honor B 2

funerary ['fju:nərərɪ; US -,reri:] → funereal: **~ urn** Graburne *f*; **funereal** [fju:'nɪərɪəl] ADJ (ADV **~ly**) **1** Begräbnis..., Leichen..., Trauer..., Grabes. **2** **a** an ein Begräbnis erinnernd: **there was a ~ atmosphere** es herrschte e-e Stimmung wie bei e-m Begräbnis; **they went along at a ~ rate** sie schritten dahin wie in e-m Leichenzug; **~ silence** Grabesstille *f* **b** düster, trübselig

fun|fair S *bes Br* Vergnügungspark *m*, Rummelplatz *m*; **~ fur** S Fun-Fur *m* (*Kleidungsstück aus e-m od mehreren weniger kostspieligen Pelzimitaten*)

fungal ['fʌŋgl] ADJ BOT pilzartig, Pilz...

fungi ['fʌŋgaɪ; 'fʌndʒaɪ] *pl von* fungus

fungible ['fʌndʒɪbl] JUR **A** ADJ fungibel, vertretbar (*Sache*): **~ goods** → B **B** SPL Fungibilien *pl*, vertretbare Sachen *pl*

fungicidal [,fʌndʒɪ'saɪdl] ADJ (ADV **~ly**) fungizid, Pilz tötend; **fungicide** S CHEM Fungizid *n*, Pilz tötendes Mittel; **fungiform** ADJ pilzförmig

fungoid ['fʌŋgɔɪd], **fungous** ADJ **1** pilz-, schwammartig, schwammig **2** MED **a** fungös, schwammig: **~ ulcer** → fungus 2 **b** Pilz...: **~ disease** **3** *fig* sich rasch vermehrend, rasch anwachsend

fungus ['fʌŋgəs] *pl* fungi ['fʌŋgaɪ; 'fʌndʒaɪ], -guses S **1** BOT Pilz *m*, Schwamm *m*: **a ~ of little ugly houses sprang up** hässliche kleine Häuser schossen wie Pilze aus dem Boden **2** MED Fungus *m*, schwammige Geschwulst

fun house S Lachkabinett *n*

funicular [fju:'nɪkjʊlə(r); fə-] **A** ADJ **1** Seil..., Ketten...: **~ polygon** Seileck *n*, -polygon *n*; **~ railway** → B **2** BIOL faserig, funikulär: **~ cell** Strangzelle *f* **B** S (Draht)Seilbahn *f*: **by ~** mit der Seilbahn; **funiculitis** [-'laɪtɪs] S MED Funikulitis *f*, Samenstrangentzündung *f*; **funiculus** [-ləs] *pl* -li [-laɪ] S Funiculus *m*: **a** ANAT, BIOL Faser *f*, (Gewebe)Strang *m*, *bes* Samenstrang *m* (*a.* BOT) *od* Nabelstrang *m* **b** BIOL Keimgang *m*

funk[1] [fʌŋk] *umg* **A** S **1** Schiss *m*, Bammel *m*: **be in a blue ~ of** mächtigen Bammel *od* Schiss haben vor (*dat*); **~ hole** MIL **a** Heldenkeller *m*, Unterstand *m* **b** *fig* Druckposten *m* **2** Niedergeschlagenheit *f*: **be in a blue ~** völlig down sein **3** feiger Kerl *od* Hund (*beide pej*) **4** Drückeberger(in) *pej* **B** V/I **1** Schiss *od* Bammel haben *od* kriegen **2** kneifen, sich drücken (*beide pej*) **C** V/T **1** Schiss *od* Bammel haben vor (*dat*) **2** *j-m* Bammel *od* Schiss einjagen **3** kneifen vor (*dat*), sich drücken vor (*dat*) *od* von (*beide pej*)

funk[2] [fʌŋk] *US sl* **A** S Gestank *m* **B** V/I stinken

funk[3] [fʌŋk] S Funk *m* (*meist von Schwarzen in Amerika gespielte Popmusik, die e-e Art Mischung aus Rock u. Jazz darstellt*)

funker → funk[1] A 3, A 4

funky[1] ADJ *umg* ängstlich, feig

funky[2] ADJ (ADV funkily) *US sl* stinkend, stinkig

funky[3] ADJ funkig (*in der Art des Funk*)

funnel ['fʌnl] **A** S **1** Trichter *m* **2** SCHIFF, BAHN Schornstein *m* **3** TECH Luftschacht *m* **4** GEOL Vulkanschlot *m* **B** V/T *prät u. pperf* -neled, *bes Br* -nelled **1** eintrichtern, -füllen (*beide:* **into** in *akk*) **2** zu e-m Trichter formen **3** *fig* **a** *Personen, Nachrichten, Verkehr etc* schleusen **b** *s-e Aufmerksamkeit etc* konzentrieren (**on** auf *akk*); **~-shaped** ADJ trichterförmig

funnies ['fʌnɪz] SPL *bes US umg Zeitung*: **a** Comics *pl* **b** Comic-Teil *m*; **funniness** S Spaßigkeit *f*

funny ['fʌnɪ] **A** ADJ (ADV funnily) **1** *a.* (*im Ggs zu 2 a*) **~ haha** spaßig, komisch, lustig: **I don't think that's ~** ich finde das gar nicht komisch; **are you being** (*od* **trying to be**) **~?** soll das ein Witz sein?; **very ~!** *iron* sehr komisch! **2** komisch: **a** *a.* (*im Ggs zu 1*) **~ peculiar** sonderbar, merkwürdig (*alle a. Person*): **there's sth ~ about the telephone** mit dem Telefon stimmt irgendetwas nicht; **the ~ thing is that ...** das Merkwürdige (dabei) ist, dass ...; **funnily enough** merkwürdiger-, komischerweise **b** *umg* mulmig (*unwohl*): **I feel ~** mir ist komisch *od* mulmig; **he felt quite ~ when he looked down** ihm war ganz komisch, als er hinuntersah **c** *umg* zweifelhaft, faul *umg*: **~ business** faule Sache, krumme Tour *umg.*; **don't get ~ with me!** komm mir bloß nicht auf diese Tour! **B** S **1** *umg* **a** witzige Bemerkung *od* Geschichte **b** Witz *m* **2** *pl* → funnies

funny| bone S ANAT Musikantenknochen *m*; **~ farm** S *umg* Klapsmühle *f*; **~man** [-mæn] S *irr* Komiker *m*, Humorist *m*; **~ paper** S US Comic-Teil *m od* -Beilage *f* (*e-r Zeitung*)

funster ['fʌnstə(r)] S Spaßvogel *m*

fur [fɜ:; US fɜr] **A** S **1** Pelz *m*, Fell *n*: **make the ~ fly** Stunk machen (*Person*), (*a. Sache*) für helle Aufregung sorgen; *when she got furious* **the ~ flew** flogen die Fetzen **2** **a** Pelzfutter *n*, -besatz *m*, -verbrämung *f*: **~ collar** Pelzkragen *m* **b** *a.* **~ coat** Pelzmantel *m* **c** *pl* Pelzwerk *n*, -kleidung *f*, Rauchwaren *pl* **3** KOLL Pelztiere *pl*: **~ farm** Pelztierfarm *f*; → feather A 1 **4** MED (Zungen)Belag *m* **5** Belag *m*, *bes* Kesselstein *m* **B** V/T **1** mit Pelz füttern *od* besetzen *od* verbrämen **2** *j-n* in Pelz kleiden **3** *a.* **~ up** mit e-m Belag überziehen **4** TECH ausfüllen, verkleiden **C** V/I *a.* **~ up** (*od* **over**) Kesselstein ansetzen

fur. ABK furlong(s PL)

furbelow ['fɜ:bɪləʊ; US 'fɜr-] **A** S **1** Faltensaum *m*, -besatz *m*, Falbel *f* **2** *meist pl umg* Firlefanz *m pej* **B** V/T falbeln, fälbeln

furbish ['fɜ:bɪʃ; US 'fɜr-] V/T **1** polieren, blank reiben **2** *oft* **~ up** herrichten, *ein Gebäude etc a.* renovieren **3** *oft* **~ up** *fig* auffrischen, aufpolieren: **~ up one's English**

furcate **A** ADJ ['fɜ:keɪt; -kət; US 'fɜr-] gabelförmig, gegabelt, gespalten **B** V/I [-keɪt] sich gabeln *od* teilen; **furcation** S Gab(e)lung *f*

furious ['fjʊərɪəs] ADJ (ADV **~ly**) **1** wütend, zornig (*beide:* **with** *sb* auf *od* über *akk*; **at** *sth* über *akk*) **2** aufbrausend (*Temperament*) **3** wild, heftig (*Kampf*), (*Sturm a.*) stark: **at a ~ pace** mit rasender Geschwindigkeit

furl [fɜ:l; US fɜrl] **A** V/T *e-e Fahne, ein Segel, ein Transparent etc* auf-, einrollen, *e-n Schirm* zusammenrollen **B** V/I **1** **a** aufgerollt *etc* werden **b** sich aufrollen *etc* lassen **2** dahingehen (*Zeit*)

furlong ['fɜ:lɒŋ; US 'fɜr-] S Achtelmeile *f* (*220 Yards = 201,168 m*)

furlough ['fɜ:ləʊ; US 'fɜr-] **A** S Urlaub *m* (*bes für im Ausland stationierte Soldaten od im Ausland tätige Staatsbedienstete*): **go home on ~** auf Heimaturlaub gehen **B** V/T beurlauben, *j-m* Urlaub geben

furme(n)ty ['fɜ:mə(n)tɪ; US 'fɜr-] → frumenty

furnace ['fɜ:nɪs; US 'fɜr-] **A** S **1** TECH (*Schmelz-, Hoch*) Ofen *m* **2** TECH (Heiz)Kessel *m*, Feuerung *f* **3** Backofen *m umg* (*glühend heißer Raum od Ort*): **this room's like a ~** dieses Zimmer ist der reinste Backofen **B** V/T in e-m Ofen erhitzen; **~ coke** S TECH Hochofenkoks *m*; **~ gas** S TECH Gichtgas *n*; **~ mouth** S TECH (Ofen)Gicht *f*

furnish ['fɜ:nɪʃ; US 'fɜr-] V/T **1** versorgen, ausstatten, -rüsten (*alle:* **with** mit): **~ sb with sth** *a.* j-m etwas liefern **2** *e-e Wohnung etc* ausstatten, einrichten, möblieren: **~ed rooms** möblierte Zimmer **3** liefern, ver-, beschaffen: **~ documents** Urkunden beibringen; **~ proof** den Beweis liefern *od* erbringen; **furnisher** S **1** Lieferant(in) **2** US Inhaber(in) e-s Herrenmodengeschäfts; **furnishing** S **1** Ausrüstung *f*, Ausstattung *f* **2** *pl* Einrichtung(sgegenstände) *f(pl)*, Mobiliar *n* **3** *pl US* Herrenbekleidungsartikel *pl* **4** *pl* TECH **a** Zubehör *n* **b** Beschlag *m*, Beschläge *pl*

furnit. ABK furniture

furniture ['fɜ:nɪtʃə(r); US 'fɜr-] S **1** Möbel *pl*, Einrichtung *f*, Mobiliar *n*: **piece of ~** Möbel(stück) *n*; **~ polish** Möbelpolitur *f*; **~ remover** *Br* **a** Spediteur(in) **b** (Möbel)Packer *m*; **~ van** Möbelwagen *m* **2** Ausrüstung *f*, -stattung *f* **3** *obs* (Pferde)Geschirr *n* **4** *obs* Inhalt *m*, Bestand *m* **5** *fig* Wissen *n*, (geistiges) Rüstzeug **6** → furnishing 4

furor ['fjʊərɔ:(r)] *bes US für* furore

furore [fjʊə'rɔ:rɪ; US 'fjʊər,əʊr; -,ɔ:r] S **1** Ekstase *f*, Begeisterungstaumel *m* **2** Wut *f*, Raserei *f* **3** Furore *f/n*, Aufsehen *n*: **create a ~** Furore machen **4** Aufruhr *m*

furphy ['fɜ:fɪ] S *Aus sl* **1** Gerücht *n* **2** Märchen *n*

furred [fɜ:d; US fɜrd] ADJ **1** mit Pelz (versehen), Pelz... **2** mit Pelz besetzt **3** mit (e-m) Pelz bekleidet **4** MED belegt (*Zunge*)

furrier ['fʌrɪə; US 'fɜrɪər] S **1** Kürschner(in) **2** Pelzhändler(in); **furriery** S **1** Pelzwerk *n* **2** Kürschnerei *f*

furrow ['fʌrəʊ; US 'fɜrəʊ] **A** S **1** (Acker)Furche *f*: → plough B 1 **2** Bodenfalte *f* **3** Graben *m*, Rinne *f* **4** TECH Rille *f*, Rinne *f* **5** BIOL Falz *m* **6** GEOL Dislokationslinie *f* **7** Runzel *f*, Furche *f* (*a.* ANAT) **8** SCHIFF Spur *f*, Bahn *f* **B** V/T **1** *Land* furchen **2** *das Wasser* durchfurchen **3** TECH riefen, auskehlen **4** *das Gesicht, die Stirn* furchen, runzeln **C** V/I sich furchen (*Stirn etc*); **furrowed**, **furrowy** ADJ runz(e)lig, gefurcht, durchfurcht: **with a ~ brow** stirnrunzelnd

furry ['fɜ:rɪ; US 'fɜri:] ADJ **1** **a** aus Pelz, Pelz... **b** pelzartig **2** MED belegt (*Zunge*)

fur seal S ZOOL (*ein*) Seebär *m*, (*e-e*) Bärenrobbe

further ['fɜ:ðə; US 'fɜrðər] **A** ADV **1** *komp von* far **2** *fig* mehr, weiter: **there was nothing ~ we could do** wir konnten nichts weiter tun **3** *fig* ferner, weiterhin, überdies, außerdem: **~ to our letter of** im Nachgang zu unserem Schreiben von **4** → farther B 1: **wish sb ~** *umg* j-n sonst wohin wünschen **B** ADJ **1** *fig* weiter(er, e, es) zusätzlich(er, e, es): **a ~ two days** weitere zwei Tage; **~ education** *Br* Fort-, Weiterbildung *f*; **~ particulars** Näheres, nähere Einzelheiten; **have no ~ use for sth** etwas nicht mehr brauchen können; **anything ~?** (sonst) noch etwas?; → information 3, notice A 4, order *Bes Redew* **2** → farther A 2 **C** V/T fördern, unterstützen: **~ one's education** sich weiterbilden; **furtherance** S Förderung *f*, Unterstützung *f*: **in ~ of sth** zur Förderung e-r Sache; **furtherer** S Förderer *m*, Förderin *f*; **furthermore** ADV → further A 3; **furthermost** ADJ **1** *fig* äußerst(er, e, es) **2** → farthermost 1; **furthest** [-ðɪst] **A** ADJ **1** *sup von* far **2** *fig* weitest(er, e, es), meist(er, e, es): **at (the) ~** höchstens **3** → farthest A 2 **B** ADV **1** *fig* am weitesten, am meisten **2** → farthest B 1

furtive ['fɜ:tɪv; US 'fɜr-] ADJ (ADV **~ly**) **1** heimlich, *(Blick a.)* verstohlen 2 heimlichtuerisch; **furtiveness** S 1 Heimlichkeit *f*, Verstohlenheit *f* 2 Heimlichtuerei *f*

furuncle ['fjʊərʌŋkl] S MED Furunkel *m/n*, Eiterbeule *f*; **furuncular** [fjʊ'rʌŋkjʊlə(r)] ADJ furunkulös, Furunkel...; **furunculosis** [-'ləʊsɪs] S MED Furunkulose *f (Krankheit, bei der mehrere Furunkel neben- oder nacheinander auftreten)*; **furunculous** → furuncular

fury ['fjʊərɪ] S 1 Wut *f*, Zorn *m*: **for ~** vor lauter Wut; **in ~** wütend, zornig; **fly into a ~** wütend *od* zornig werden; **he is in one of his furies** er hat wieder einmal e-n s-r Wutanfälle; → bring down 7, spit[1] B 2 2 aufbrausendes Temperament 3 Wildheit *f*, Heftigkeit *f (e-s Kampfes etc)*: **like ~** *umg* wie wild, wie verrückt 4 ♀ *Antike:* Furie *f*, Rachegöttin *f* 5 Furie *f (böses Weib)*

furze [fɜːz; *US* fɜrz] S BOT *(bes Stech-)*Ginster *m*; **furzy** ADJ Stechginster...

fusain [fjuː'zeɪn] S 1 Holzkohlenstift *m* 2 Kohlezeichnung *f*

fuscous ['fʌskəs] ADJ bräunlich grau

fuse [fjuːz] A S 1 Zünder *m*: **~ cap** a Zünderkappe *f* b Zündhütchen *n* 2 Zündschnur *f*: **~ cord** Abreißschnur *f* 3 ELEK a (Schmelz)Sicherung *f*: **~ box** Sicherungskasten *m*; **~ cartridge** Sicherungspatrone *f*; **~ element** Schmelzleiter *m*; **~ strip** Schmelzstreifen *m*; **~ wire** Sicherungs-, Abschmelzdraht *m*; → blow[1] C 7 b *umg* Kurzschluss *m* B V/T 1 e-n Zünder anbringen an *(dat) od* einsetzen in *(akk)* 2 TECH absichern 3 PHYS, TECH schmelzen 4 *fig* vereinigen, -schmelzen, WIRTSCH, POL *a.* fusionieren C V/I 1 ELEK *bes Br* durchbrennen 2 TECH schmelzen 3 *fig* sich vereinigen, verschmelzen, WIRTSCH, POL *a.* fusionieren

fusee [fjuː'ziː] S 1 Windstreichholz *n* 2 AUTO, BAHN *US* Warnungs-, Lichtsignal *n* 3 HIST Schnecke(nkegel) *f(m) (der Uhr)*

fuselage ['fjuːzɪlɑːʒ; -lɪdʒ] S FLUG (Flugzeug)Rumpf *m*

fusel (oil) ['fjuːzl] S CHEM Fuselöl *n*

fusibility [ˌfjuːzə'bɪlətɪ] S PHYS, TECH Schmelzbarkeit *f*; **fusible** ADJ (ADV fusibly) PHYS, TECH schmelzbar, -flüssig, Schmelz...: **~ metal** Schnelllot *n*; **~ cone** Schmelz-, Segerkegel *m*; **~ wire** Abschmelzdraht *m*

fusil[1] ['fjuːzɪl] S *Heraldik:* Raute *f*

fusil[2] ['fjuːzɪl] S MIL, HIST Steinschlossflinte *f*, Muskete *f*

fusil[3] ['fjuːzɪl], *a.* **fusile** [-saɪl; -zaɪl; *US a.* -zəl] ADJ 1 geschmolzen, gegossen 2 schmelzbar

fusilier, *US a.* **fusileer** [ˌfjuːzɪ'lɪə(r)] S MIL, HIST Füsilier *m*; **fusillade** [ˌfjuːzɪ'leɪd; *US* 'fjuːsəˌlɑːd; -ˌleɪd] A S 1 MIL a (Feuer)Salve *f* b Salvenfeuer *n* 2 MIL Exekutionskommando *n* 3 *fig* Hagel *m* (**of** von): **a ~ of questions** ein Schwall von Fragen B V/T 1 MIL a e-e Salve abgeben auf *(akk)* b unter Salvenfeuer nehmen 2 MIL füsilieren, standrechtlich erschießen

fusing ['fjuːzɪŋ] S PHYS, TECH Schmelzen *n*: **~ burner** Schneidbrenner *m*; **~ current** Abschmelzstromstärke *f (e-r Sicherung)*; **~ point** Schmelzpunkt *m*

fusion ['fjuːʒn] S 1 PHYS, TECH Schmelzen *n*: **~ electrolysis** ELEK Schmelzflusselektrolyse *f*; **~ point** Schmelzpunkt *m*; **~ welding** Schmelzschweißen *n* 2 TECH Schmelzmasse *f*, Fluss *m* 3 Fusion *f*: a BIOL *Verschmelzung von Zellen od Chromosomen*: **~ nucleus** Verschmelzungskern *m* b OPT *Vereinigung der Bilder des rechten u. des linken Auges zu e-m einzigen Bild* c PHYS *Verschmelzung zweier leichter Atomkerne, wobei Energie frei wird*: **~ bomb** Wasserstoffbombe *f*; **~ reactor** Fusionsreaktor *m* 4 *fig* Verschmelzung *f*, Vereinigung *f*, WIRTSCH, POL *a.* Fusion *f*

fuss [fʌs] A S 1 a (unnötige) Aufregung: **get into a ~** → B 1 b Hektik *f* 2 Wirbel *m*, Wind *m*, Theater *n (alle umg)*: **make a ~** a → B 2 b *a.* **kick up a ~** Krach machen *od* schlagen; **a lot of ~ about nothing** viel Lärm um nichts 3 Ärger *m*: **there's sure to be ~** es gibt mit Sicherheit Ärger 4 Streit *m*, Krach *m* B V/I 1 sich (unnötig) aufregen (**about** über *akk*): **don't ~** a nur keine Aufregung! b nur keine Hektik! 2 viel Wirbel machen (**about, of, over** um) 3 **~ about** (*od* **around**) herumfuhrwerken *umg* 4 **~ over** a *j-n* bemuttern b sich viel Umstände mit *e-m Gast* machen C V/T *j-n* nervös machen, aufregen; **~budget** *US umg für* fusspot

fussiness ['fʌsɪnɪs] S 1 a (unnötige) Aufregung b Hektik *f*, hektische Betriebsamkeit 2 Kleinlichkeit *f*, Pedanterie *f* 3 heikle *od* wählerische Art 4 Überladenheit *f*

fusspot S *umg* Kleinlichkeitskrämer(in), Pedant(in)

fussy ADJ (ADV fussily) 1 a (unnötig) aufgeregt b hektisch 2 kleinlich, pedantisch 3 heikel, wählerisch *(beide:* **about** *in dat)*: **he's a very ~ eater** er ist im Essen sehr heikel 4 überladen *(Kleidung, Möbel etc)*

fustanella [ˌfʌstə'nelə] S Fustanella *f (kurzer Männerrock der griechischen Nationaltracht)*

fustian ['fʌstɪən; *US* -tʃən] A S 1 Barchent *m*, Baumwollflanell *m* 2 *fig* Schwulst *m* B ADJ 1 Barchent... 2 *fig* bombastisch, schwülstig 3 *fig* nichtsnutzig

fustigate ['fʌstɪgeɪt] V/T *obs* (ver)prügeln; **fustigation** S *obs* Tracht *f* Prügel

fustiness ['fʌstɪnɪs] S 1 Moder(geruch) *m* 2 *fig* Rückständigkeit *f*; **fusty** ADJ (ADV fustily) 1 mod(e)rig, muffig, dumpfig 2 *fig* a verstaubt, veraltet b rückständig

fut. ABK future

futhark ['fuːθɑː(r)k], *a.* **futhorc**, **futhork** [-θɔː(r)k] S Futhark *n*, Runenalphabet *n*

futile ['fjuːtaɪl; *US bes* -tl] ADJ (ADV ~ly) 1 nutz-, zweck-, aussichts-, wirkungslos, vergeblich 2 unbedeutend, geringfügig 3 oberflächlich *(Person)*; **futilitarian** [-ˌtɪlɪ'teərɪən] ADJ & S menschliches Hoffen u. Streben als nichtig betrachtend(er Mensch); **futility** [-'tɪlətɪ] S 1 a Zweck-, Nutz-, Sinnlosigkeit *f* b zwecklose Handlung 2 Geringfügigkeit *f* 3 Oberflächlichkeit *f*

futon ['fuːtɒn; *US* -tɑn] S Futon *m (als Matratze dienende, relativ hart gepolsterte Matte e-s japanischen Bettes)*

futtock ['fʌtək] S SCHIFF Auflanger *m*, Sitzer *m (der Spanten)*; **~ plate** S SCHIFF Marspütting *f*

future ['fjuːtʃə(r)] A S 1 Zukunft *f*: **in (the) ~** in Zukunft, künftig, von jetzt ab *od* an; **for the ~** für die Zukunft, künftig; **it's all in the ~** das ist alles noch Zukunftsmusik; **there is no ~ in it** es hat keine Zukunft; **have a great ~ (ahead of one)** e-e große Zukunft haben; **think of the ~** an die Zukunft *od* an später denken 2 LING Futur *n*, Zukunft *f* 3 *pl* WIRTSCH a Termingeschäfte *pl* b Terminwaren *pl*: **~s contract** Terminvertrag *m* B ADJ 1 (zu)künftig, Zukunfts...: → reference A 8 2 LING futurisch 3 WIRTSCH Termin...: **~ delivery**; **futureless** ADJ ohne Zukunft, zukunftslos

future| life S Leben *n* nach dem Tode; **~ perfect** S LING Futurum *n* exaktum, zweites Futur; **~ shock** S Zukunftsschock *m*; **~ tense** → future A 2

futurism ['fjuːtʃərɪzəm] S Futurismus *m (literarische, künstlerische u. politische Bewegung des beginnenden 20. Jahrhunderts, die den völligen Bruch mit der Überlieferung u. ihren Traditionswerten forderte)*; **futurist** A ADJ futuristisch B S 1 Futurist(in) 2 REL *j-d, der an die Erfüllung der Prophezeiungen Christi in der Zukunft glaubt*; **futuristic** ADJ (ADV ~ally) 1 futuristisch 2 supermodern

futurity [fjuː'tjʊərətɪ; *US* fjʊ'tʊr-; -'tʃʊr-] S 1 Zukunft *f* 2 zukünftiges Ereignis 3 Zukünftigkeit *f* 4 → futurity race; **~ race** S *Pferdesport: US Rennen, meist für Zweijährige, das lange nach den Nennungen stattfindet*

futurological [ˌfjuːtʃərə'lɒdʒɪkl; *US* -'lɑ-] ADJ (ADV ~ly) futurologisch; **futurologist** [-'rɒlədʒɪst; *US* -'rɑ-] S Futurologe *m*, Futurologin *f*, Zukunftsforscher(in); **futurology** S Futurologie *f*, Zukunftsforschung *f*

fuze *bes US für* fuse

fuzz[1] [fʌz] A S 1 feiner Flaum 2 Fusseln *pl*, Fäserchen *pl* 3 Überzug *m od* Masse *f* aus feinem Flaum B V/T 1 (zer)fasern 2 *a.* **~ up** *fig* a verworren machen b *(bes durch Alkohol)* benebeln C V/I zerfasern

fuzz[2] [fʌz] S *sl* Bulle *m pej (Polizist)*: **the ~** *koll* die Bullen *pl pej (die Polizei)*

fuzziness ['fʌzɪnɪs] S 1 flaumige *od* flockige Beschaffenheit 2 Struppigkeit *f* 3 Unschärfe *f*, Verschwommenheit *f*

fuzzy ADJ (ADV fuzzily) 1 flockig, flaumig 2 fas(e)rig, fusselig 3 a kraus, wuschelig b struppig *(Haar)* 4 unscharf, verschwommen 5 benommen; **~-wuzzy** [-ˌwʌzɪ] S 1 MIL, HIST *umg* sudanesischer Soldat 2 *sl* Wuschelkopf *m*

f.v. ABK folio verso, on the back of the page

fwd ABK forward

f.w.d. ABK 1 TECH four-wheel drive 2 TECH front-wheel drive

f.w.h. ABK flexible working hours

FX ABK 1 WIRTSCH foreign exchange 2 FILM effects PL

FY ABK *US* fiscal year

FYI ABK for your information

fylfot ['fɪlfɒt; *US* -ˌfɑt] S Hakenkreuz *n*

FZS ABK *Br* Fellow of the Zoological Society

G

G[1], **g** [dʒiː] *pl* G's, Gs, g's, **gs** [dʒiːz] S 1 G, g *n (Buchstabe)* 2 MUS G, g *n (Note)*: **G flat** Ges, ges *n*; **G sharp** Gis, gis *n* 3 **G** *US sl* 1000 Dollar *pl*

G[2] ABK 1 PHYS gravitational constant 2 ELEK conductance 3 good 4 *US sl* grand *(1000 Dollar)*

g ABK 1 gram(me), gram(me)s PL 2 PHYS (acceleration of) gravity 3 gallon(s PL)

G., g. ABK 1 TECH gauge(s PL) 2 gelding 3 *hist* guilder(s PL) 4 *hist* guinea(s PL) 5 Gulf

GA ABK 1 Gamblers Anonymous *(Selbsthilfegruppe anonymer Glücksspieler)* 2 General Assembly 3 JUR, SCHIFF general average große Havarie 4 Georgia *(Staat der USA)*

g.a.[1] ABK JUR, SCHIFF general average große Havarie

Ga.[2] ABK Georgia *(Staat der USA)*

gab [gæb] *umg* A S Gequassel *n*, Gequatsche *n*: **stop your ~!** halt den Mund!; **have the gift of the ~** (*US* **of ~**) ein flottes Mundwerk haben, nicht auf den Mund gefallen sein B V/I quasseln, quatschen

gabardine → gaberdine

gabble ['gæbl] A V/I 1 *a.* **~ away** brabbeln 2 schnattern *(Gänse)* B V/T 1 *ein Gebet etc* herunterleiern, -rasseln *umg* 2 *etwas* brabbeln C S 1 Gebrabbel *n* 2 Geschnatter *n*; **gab-**

bler S Brabbler(in)

gabbro ['gæbrəʊ] S GEOL Gabbro *m (ein Tiefengestein)*

gabby ['gæbɪ] ADJ *umg* geschwätzig

gabelle [gæ'bel; gə-] S HIST Salzsteuer *f*

gaberdine ['gæbə(r)di:n; ˌ-'di:n] S 1 HIST Kaftan *m (der Juden)* 2 a Gabardine *m (fein gerippter Stoff aus [Baum]Wolle od Chemiefaser)* b *Kleidungsstück aus Gabardine, z. B.* Gabardinemantel *m*

gabfest ['gæbfest] S *bes US umg* Quasselei *f*, Quatschen *n*

gabion ['geɪbjən; -ɪən] S MIL, HIST Schanzkorb *m*

gable ['geɪbl] S ARCH 1 Giebel *m*: **~ roof** Giebeldach *n*; **~ window** Giebelfenster *n* 2 *a.* **~ end** Giebelwand *f* 3 → gablet; **gabled** [-bld] ADJ gieb(e)lig, Giebel…: **~ house**; **gablet** [-blɪt] S giebelförmiger Aufsatz *(über Fenstern etc)*, (Zier)Giebel *m*

Gabon [gæ'bɒn; gə-; *US* gə'bəʊn; -'bɑn] S Gabun *n*

Gabonese [ˌgæbɒ'ni:z; *bes US* -bə'n-] A S Gabuner(in): **the ~** *koll* die Gabuner *pl* B ADJ gabunisch

gaby ['geɪbɪ] S *Br obs umg* Einfaltspinsel *m pej*

gad[1] [gæd] A VI **~ about** *(od* **around)** a (viel) unterwegs sein (in *dat)* b (viel) herumkommen (in *dat)* c sich herumtreiben *pej* (in *dat)*: **he was ~ding about England for years**; **~ about at political meetings** sich auf politischen Versammlungen herumtreiben B S: **be (up)on the ~ (in)** → A

gad[2] [gæd] A S 1 a Stachelstock *m (des Viehtreibers)* b *US* Sporn *m* 2 *Bergbau:* Fimmel *m*, Bergeisen *n* B VT *Bergbau:* mit dem Fimmel herausbrechen *od* lockern

gad[3] [gæd] INT: **(by) ~!** *obs* bei Gott!

gadabout S *j-d, der viel herumkommt etc;* → gad[1] A

gadfly S 1 ZOOL Viehbremse *f* 2 *fig* lästiger Mensch

gadget ['gædʒɪt] S TECH *umg* a Apparat *m*, Gerät *n*, Vorrichtung *f* b *oft pej* technische Spielerei

gadgeteer [ˌgædʒɪ'tɪə(r)] S *umg* Liebhaber(in) von technischen Spielereien; **gadgetry** [-trɪ] S *umg* 1 TECH KOLL a Apparate *pl*, Geräte *pl*, Vorrichtungen *pl* b *oft pej* technische Spielereien *pl* 2 Beschäftigung *f* mit technischen Spielereien; **gadgety** ADJ *umg* 1 raffiniert, zweckvoll (konstruiert) 2 Apparate…, Geräte… 3 auf technische Spielereien versessen

Gadhelic [gæ'delɪk; gə-] → Goidelic

gadolinite ['gædəlɪnaɪt] S MINER Gadolinit *m*

gadolinium [ˌgædə'lɪnɪəm] S CHEM Gadolinium *n*

gadroon [gə'dru:n] S 1 ARCH Kehlung *f*, Zierleiste *f*, Gesims *n* 2 Godron *n (ausgeschweifter Rand an Metallgegenständen)*

gadwall ['gædwɔ:l] *pl* **-walls**, *bes koll* **-wall** S ORN Schnatterente *f*

Gael [geɪl] S Gäle *m*, Gälin *f*; **Gaelic** ['geɪlɪk; 'gælɪk] A S LING Gälisch *n*, das Gälische B ADJ gälisch: **~ coffee** Irish Coffee *m*; **~ football** SPORT Gaelic Football *m (in Irland gepflegte, rauere Art des Football)*

gaff[1] [gæf] A S 1 Fisch-, Landungshaken *m* 2 SCHIFF Gaffel *f* 3 Stahlsporn *m* 4 *US* a schlechte Behandlung b harte Kritik: **stand** *(od* **take) the ~** *sl* durchhalten, die Sache durchstehen B VT 1 mit (e-m) Fischhaken an Land *od* ins Boot ziehen 2 *sl* übers Ohr hauen

gaff[2] [gæf] S *Br sl obs* Schmiere *f sl*, billiges Theater *od* Varieté

gaff[3] [gæf] S *sl* 1 Quatsch *m*, Geschwätz *n* 2 *Br* **blow the ~** alles verraten, plaudern; **blow the ~ on sth** etwas ausplaudern

gaffe [gæf] S Fauxpas *m*, *bes* taktlose Bemerkung

gaffer ['gæfə(r)] S 1 *hum od pej* Opa *m (bes vom Land)* 2 *Br umg* a Chef *m* b Vorarbeiter *m* 3 FILM, TV (Chef)Beleuchter *m*

gaff|sail S SCHIFF Gaffelsegel *n*; **~-topsail** S SCHIFF Gaffeltoppsegel *n*

gag [gæg] A VT 1 knebeln *(a. fig)* 2 *fig* mundtot machen 3 MED *j-m* den Mund mit e-m Sperrer offen halten 4 zum Würgen reizen 5 verstopfen: **the sight ~ged his throat** der Anblick schnürte ihm die Kehle zu *od* zusammen 6 *oft* **~ up** THEAT *etc umg* vergagen, mit Gags spicken B VI 1 würgen (**on** an *dat)* 2 THEAT *etc umg* Gags anbringen 3 *umg* witzeln C S 1 Knebel *m (a. fig)* 2 *fig* Kneb(e)lung *f* 3 PARL Schluss *m* der Debatte 4 MED Mundsperrer *m* 5 THEAT *etc umg* Gag *m*: a witziger, effektvoller Einfall b komische Bild- *od* Wortpointe 6 *umg* a Jux *m*, Ulk *m*: **for a ~** aus Jux b Gag *m*, Trick *m* c faule Ausrede *umg*

gaga ['gɑ:gɑ:] ADJ *umg* 1 a verkalkt, vertrottelt b plemplem: **go ~** verkalken, vertrotteln; überschnappen 2 **be ~ about** *(od* **over)** vernarrt sein in *(akk)*

gag bit S Zaumgebiss *n (für Pferde)*

gage[1] [geɪdʒ] A S 1 HIST Fehdehandschuh *m*: **throw down the ~ to sb** j-m den Fehdehandschuh hinwerfen 2 *obs* Pfand *n* B VT *obs* zum Pfand geben

gage[2] [geɪdʒ] *US* → gauge

gage[3] [geɪdʒ] → greengage

gager *US* → gauger

gagger ['gægə(r)] → gagman; **gagging** ADJ: **~ order** Maulkorberlass *m*

gaggle ['gægl] A VI schnattern *(Gans) (a. fig)* B S 1 Geschnatter *n (a. fig)* 2 a Gänseschar *f* b *umg* schnatternde Schar: **a ~ of girls**

gag|man [-mən] S *irr* THEAT *etc umg* Gagman *m*, Gagger *m (j-d, der Gags erfindet)*; **~ order** S *US gerichtliche Verfügung, durch die es den Medien verboten wird, über ein schwebendes Verfahren zu berichten*; **~ rein** S *Zügel zum straffieren Anziehen des Zaumgebisses*

gahnite ['gɑ:naɪt] S MINER Gahnit *m*

gaiety ['geɪətɪ] S 1 Frohsinn *m*, Fröhlich-, Lustigkeit *f* 2 *meist pl* Vergnügungen *pl* 3 Farbenpracht *f*

gain [geɪn] A VT 1 *s-n Lebensunterhalt etc* verdienen 2 *Anhänger, j-s Vertrauen, Zeit etc* gewinnen: **point ~ed** SPORT Pluspunkt *m*; → ground[1] A 2, upper hand 3 *die Küste etc* erreichen 4 *fig* erreichen, erlangen, erhalten, erringen: **~ experience** Erfahrung(en) sammeln; **~ wealth** Reichtümer erwerben; **~ admission** Einlass finden; → advantage A 1 5 *j-m etwas* einbringen, -tragen: **it ~ed him a promotion** (a **warning)** 6 zunehmen an *(dat)*: **~ speed (strength)** schneller (stärker) werden; **he ~ed 10 pounds** er nahm 10 Pfund zu; → weight A 3 7 *meist* **~ over** *j-n* für sich gewinnen 8 vorgehen um *(Uhr)*: **my watch ~s two minutes a day** m-e Uhr geht am Tag zwei Minuten vor B VI 1 **(on, upon)** a näher kommen *(dat)*, (an) Boden gewinnen, aufholen (gegenüber) b s-n Vorsprung vergrößern (vor *dat*, gegenüber) 2 (an) Einfluss *od* Boden gewinnen 3 besser *od* kräftiger werden: **he ~ed daily** er kam täglich mehr zu Kräften 4 WIRTSCH Profit *od* Gewinn machen 5 (an Wert) gewinnen, besser zur Geltung kommen, im Ansehen steigen 6 zunehmen (**in** an *dat)*: **~ (in weight)** (an Gewicht) zunehmen; **the days were ~ing in warmth** die Tage wurden wärmer 7 **(on, upon)** übergreifen (auf *akk*), sich ausbreiten (über *akk*) 8 vorgehen *(Uhr)*: **my watch ~s by two minutes a day** m-e Uhr geht am Tag zwei Minuten vor C S 1 Gewinn *m*, Vorteil *m*, Nutzen *m (alle:* **to** für) 2 **(in)** Zunahme *f* (an *dat)*, Steigerung *f (gen)*: **~ in knowledge** Wissensbereicherung *f*; **~ in weight** Gewichtszunahme *f*; **have a ~ of two pounds** zwei Pfund zunehmen 3 WIRTSCH a Profit *m*, Gewinn *m*: **for ~** JUR in gewinnsüchtiger Absicht b *pl US* Verdienst *m (aus Geschäften)* 4 ELEK, PHYS Verstärkung *f*: **~ control** Lautstärkeregelung *f*

gainer S 1 Gewinner(in): **be the ~(s) by sth** durch etwas gewinnen 2 *Wasserspringen:* Auerbach(sprung) *m*: **full ~** Auerbachsalto *m*; **half ~** Auerbachkopfsprung *m*

gainful ADJ (ADV **~ly**) einträglich, rentabel, gewinnbringend: **~ employment** *(od* **occupation)** Erwerbstätigkeit *f*; **~ly employed** *(od* **occupied)** erwerbstätig; **gainfulness** S Einträglichkeit *f*, Rentabilität *f*

gaingiving S *obs* schlimme Ahnung

gainings SPL Einkünfte *pl*, Gewinn(e) *m(pl)*, Profit *m*; **gainless** ADJ 1 nicht einträglich *od* gewinnbringend, unrentabel: **be ~** sich nicht rentieren 2 nutz-, zwecklos

gainly ['geɪnlɪ] ADJ *obs od dial* gut aussehend, wohlgeformt

gainsay [ˌgeɪn'seɪ] VT *irr obs od poet* 1 *etwas* bestreiten, leugnen: **there is no ~ing his talent** sein Talent ist unbestreitbar *od* unbestritten 2 *j-m* widerstehen

gainst, **'gainst** [genst; geɪnst] *poet für* against

gait [geɪt] A S 1 Gang(art) *m(f)* 2 Gangart *f (des Pferdes)* 3 *US* Tempo *n* B VT *e-m Pferd* e-e Gangart beibringen

gaiter ['geɪtə(r)] S 1 Gamasche *f* 2 *US* Stoff- *od* Lederschuh *m* mit Gummizügen, Zugstiefel *m*

gal[1] [gæl] S *umg* Mädchen *n*

gal[2] [gæl] S PHYS Gal *n (Einheit der Beschleunigung)*

gal.[1] ABK gallon(s PL)

Gal.[2] ABK Galway

gala ['gɑ:lə, 'geɪlə; *US a.* 'gælə] A ADJ festlich, feierlich, Gala…: **~ concert**; **~ night** Galaabend *m*; **~ occasion** festlicher Anlass B S 1 Festlichkeit *f* 2 Gala(veranstaltung) *f* 3 SPORT *Br (in Zusammensetzungen)* Fest *n*: **swimming ~**

galactagogue [gə'læktəgɒg; *US* -ˌgɑg] A ADJ MED milchtreibend B S MED, PHARM Galaktagogum *n*, milchtreibendes Mittel *(für Wöchnerinnen)*; **galactic** ADJ 1 ASTRON Milchstraßen…, galaktisch: **~ coordinate (equator, latitude, longitude)**; **~ noise** galaktisches Rauschen 2 PHYSIOL Milch…, Milch produzierend 3 *US fig* riesig

galactocele [gə'læktəʊsi:l] S MED Galaktozele *f*, Milchzyste *f (der Brustdrüse)*; **galactometer** [ˌgælək'tɒmɪtə; *US* -'tɑmətər] S Galaktometer *n (Messgerät zur Bestimmung des Milchfettgehaltes)*; **galactophore** [-təfɔ:(r)] S ANAT Milchgang *m*; **galactose** [-təʊz; -təʊs] S CHEM Galaktose *f (Bestandteil des Milchzuckers)*

Galahad ['gæləhæd] A **Sir ~** EIGENN Galahad *m (Ritter der Tafelrunde)* B S reiner, edler Mensch

galangal [gə'læŋgl] → galingale

galantine ['gælənti:n] S GASTR Galantine *f (kaltes Gericht aus mit Aspik überzogenem, gefülltem Fleisch)*

galanty show [gə'læntɪ] S Schattenspiel *n*

Galápagos Islands [gə'læpəgəs; *US* gə'lɑ:pəgəʊs] S Galapagosinseln *pl*

galatea [ˌgælə'tɪə] S *ein Baumwollstoff*

Galatians [gə'leɪʃjənz; *US* -ʃənz] SPL *(als sg konstruiert)* BIBEL (Brief *m* des Paulus an die) Galater *pl*

galavant [ˌgælə'vænt; *bes US* 'gæləvænt] →

G

gallivant
galaxy ['gæləksɪ] S 1 ASTRON Milchstraße *f*, Galaxie *f*: **the** 2 die Milchstraße, die Galaxis 2 *fig* illustre Schar
galbanum ['gælbənəm] S MED, PHARM Galban(um) *n* (*Heilmittel aus dem Milchsaft persischer Doldenblütler*)
gale[1] [geɪl] S 1 METEO Sturm(wind) *m*: → fresh gale, strong gale, whole gale 2 *obs od poet* sanfter Wind 3 (*Lach*) Salve *f*: **a ~ of laughter**; **~s** *pl* **of laughter** *a.* stürmisches Gelächter
gale[2] [geɪl] S BOT Heidemyrte *f*
galea ['geɪlɪə] *pl* -leae [-lɪiː] S 1 BOT, ZOOL Helm *m* 2 ANAT Kopfschwarte *f* 3 MED Kopfverband *m*; **galeate** [-ət; -eɪt], *a.* **galeated** [-eɪtɪd] ADJ BOT, ZOOL gehelmt
galena [gə'liːnə] S MINER Galenit *m*, Bleiglanz *m*
galenic [gə'lenɪk; geɪ-] ADJ 1 2 galenisch: 2 **pharmacy** galenische Pharmazie 2 MED, PHARM galenisch; **galenical** [-kl] A ADJ → galenic B S MED, PHARM Galenikum *n* (*vom Apotheker nach den Vorschriften des Arzneibuches od des Arztes zubereitetes Arzneimittel*)
galenite [gə'liːnaɪt] → galena
Galician [gə'lɪʃɪən; *US bes* -ʃən] A ADJ galizisch B S Galizier(in)
Galilean[1] [ˌgælɪ'liːən] A ADJ galiläisch B S 1 Galiläer(in) 2 **the ~** der Galiläer (*Christus*) 3 Christ(in)
Galilean[2] [ˌgælɪ'leɪən; -'liːən] ADJ galileisch: **~ telescope**
galilee ['gælɪliː] S Vorhalle *f* (*mancher Kirchen*)
galimatias [ˌgælɪ'meɪʃɪəs; -'mætɪəs] S Galimathias *m/n*; verworrenes, sinnloses Gerede
galingale ['gælɪŋgeɪl] S BOT a *a.* **English ~** Langes Zypergras b Galgant *m*
galipot ['gælɪpɒt; *US* -ˌpɑt; -ˌpəʊ] S Gal(l)ipot *m*, Scharrharz *n*
galivant → gallivant
gall[1] [gɔːl] S 1 *obs* Galle *f*: a ANAT Gallenblase *f* b PHYSIOL Gallenflüssigkeit *f* 2 *fig* Galle *f*: a Bitterkeit *f*, Erbitterung *f* b Bosheit *f*: **dip one's pen in ~** Galle verspritzen, s-e Feder in Galle tauchen; → wormwood 2 3 Frechheit *f*: **have the ~ to do sth** die Frechheit haben *od* besitzen, etwas zu tun
gall[2] [gɔːl] A S 1 wund geriebene *od* gescheuerte Stelle 2 *fig* a Ärger *m* b Ärgernis *n* B V/T 1 wund reiben *od* scheuern 2 *fig* (ver)ärgern, reizen C V/I 1 reiben, scheuern 2 sich wund reiben *od* scheuern 3 *fig* sich ärgern
gall[3] [gɔːl] S BOT Galle *f*
gall. ABK gallon(s PL)
gallant A ADJ ['gælənt] (ADV ~ly) 1 tapfer, mutig, heldenhaft 2 prächtig, stattlich 3 [*a.* gə'lænt] galant: a höflich, zuvorkommend, ritterlich (*alle:* **to** zu, gegenüber) b amourös, Liebes. B S ['gælənt; *US bes* gə'lænt] 1 Kavalier *m* 2 Verehrer *m* 3 Geliebte(r) *m* C V/T [gə'lænt] *e-e Dame* a galant behandeln b eskortieren D V/I den Kavalier spielen
gallantry ['gæləntrɪ] S 1 Tapferkeit *f* 2 Galanterie *f*, Ritterlichkeit *f* 3 heldenhafte Tat 4 Liebelei *f*
gall| apple S BOT Gallapfel *m*; **~ bladder** S ANAT Gallenblase *f*; **~ duct** S ANAT Gallengang *m*
galleass ['gælɪæs] S SCHIFF, HIST Galeere *f*;
galleon [-ɪən] S SCHIFF, HIST Galeone *f*
galleria [ˌgælə'riːə] S Einkaufsgalerie *f*
gallery ['gælərɪ] S 1 ARCH Galerie *f*: **in the ~** auf der Galerie 2 ARCH Galerie *f*, Empore *f* (*in Kirchen*) 3 a THEAT dritter Rang, Galerie *f* (*a. die Zuschauer auf der Galerie od der am wenigsten gebildete Teil des Publikums*): **play to the ~** für die Galerie spielen (*a. weitS.*) b SPORT *etc* Publikum *n* 4 (*Kunst-, Gemälde*) Galerie *f* 5 SCHIFF Galerie *f*, Laufgang *m* 6 TECH Laufsteg *m* 7 MIL a Minengang *m*, Stollen *m* b gedeckter Gang 8 → shooting gallery 9 *Bergbau*: Stollen *m*, Strecke *f* 10 ZOOL unterirdischer Gang 11 *US* Fotoatelier *n* 12 *fig* Galerie *f*, Reihe *f*, Schar *f* (*von Personen*); **~goer** S (*bes* regelmäßige[r]) Galeriebesucher(in)
galleryite ['gælərɪaɪt] S THEAT Galeriebesucher(in)
gallery owner S Galerist(in)
galley ['gælɪ] S 1 SCHIFF a HIST Galeere *f* b Langboot *n* 2 SCHIFF Kombüse *f*, (Schiffs)Küche *f*, FLUG (Bord)Küche *f* 3 TYPO (Setz)Schiff *n* 4 TYPO Fahne(nabzug) *f(m)*; **~ proof** → galley 4; **~ slave** S 1 HIST Galeerensklave *m* 2 *umg* Kuli *m*, Last-, Packesel *m*; **~-west** ADV: **knock ~** *bes US umg* a *j-n, etwas* völlig durcheinanderbringen b *etwas* zum Erliegen bringen c *j-n* k. o. schlagen
gallfly S ZOOL Gallwespe *f*
galliass → galleass
Gallic[1] ['gælɪk] ADJ 1 gallisch 2 französisch, gallisch
gallic[2] ['gælɪk] ADJ CHEM galliumhaltig, Gallium…
gallic[3] ['gælɪk] ADJ CHEM Gallus…: **~ acid**
Gallicism ['gælɪsɪzəm] S LING Gallizismus *m*, französische Spracheigenheit; **Gallicize** A V/T französieren B V/I französiert werden
galligaskins [ˌgælɪ'gæskɪnz] SPL *a.* **pair of ~** 1 HIST Pluderhose *f* 2 weite Hose
gallimaufry [ˌgælɪ'mɔːfrɪ] S *bes US* Mischmasch *m*, Durcheinander *n*
gallinaceous [ˌgælɪ'neɪʃəs] ADJ hühnerartig
galling ['gɔːlɪŋ] ADJ (ADV ~ly) ärgerlich: **it was ~ to him** es (ver)ärgerte ihn, es war ihm ein Ärgernis
gallinule ['gæləˌnuːl; -ˌnjuːl] S ORN *US* Teichhuhn *n*
gallipot[1] → galipot
gallipot[2] ['gælɪpɒt; *US* -ˌpɑt] S Apothekergefäß *n*, Salbentopf *m*
gallivant [ˌgælɪ'vænt; *bes US* 'gælɪv-] V/I 1 sich amüsieren (**with** mit) 2 **~ about** (*od* **around**) sich herumtreiben *pej* (in *dat*): **he was ~ing about England for years**
gall| midge S ZOOL Gallmücke *f*; **~nut** S BOT Gallapfel *m*
Gallo- [gæləʊ] *Wortelement mit der Bedeutung* Gallo…, französisch
gall| oak S BOT Galleiche *f*; **~ of the earth** S BOT *US* Hasenlattich *m*
gallon ['gælən] S Gallone *f* (*Hohlmaß; 3,79 l in USA, 4,55 l in GB*)
galloon [gə'luːn] S Galon *m*, Galone *f*, Borte *f*, Tresse *f*, Litze *f*
galloot → galoot
gallop ['gæləp] A V/I 1 galoppieren, (im) Galopp reiten 2 a galoppieren (*Pferd*) b *umg* sausen (*Mensch, Tier*) 3 **~ through** *umg etwas* im Galopp erledigen: **~ through one's work**; **~ through a book** ein Buch rasch durchfliegen; **~ through a meal** e-e Mahlzeit hinunterschlingen; **~ through a lecture** e-n Vortrag herunterrasseln B V/T *ein Pferd* in Galopp setzen, galoppieren lassen C S Galopp *m*: **at a ~** im Galopp (*a. fig umg*); → full gallop; **gallopade** [-'peɪd] → galop
galloping ADJ *fig* galoppierend (*Inflation, Schwindsucht*)
Gallo-Romance S LING, HIST Galloromanisch *n*, das Galloromanische
gallous ['gæləs] ADJ CHEM Gallium…
gallows ['gæləʊz] *pl* -lowses, -lows S 1 Galgen *m*: **end up on the ~** am Galgen enden; **sentence sb to the ~** j-n zum Tod durch den Strang verurteilen 2 galgenähnliches Gestell, Galgen *m*; **~ bird** S *umg* Galgenvogel *m*; **~ humo(u)r** S Galgenhumor *m*; **~ tree** → gallows 1
gallow tree → gallows 1
gall| sickness S VET Gallsucht *f*; **~stone** S MED Gallenstein *m*
Gallup poll ['gæləp] S Meinungsumfrage *f*
gall wasp S ZOOL Gallwespe *f*
Galois theory ['gælwɑː] S MATH Galois-Theorie *f* (*Theorie über die Auflösbarkeit algebraischer Gleichungen*)
galoot [gə'luːt] S *bes US sl* Bauer *m*
galop ['gæləp] S MUS Galopp *m* (*ein Tanz*)
galopade [ˌgælə'peɪd] → galop
galore [gə'lɔː(r); *US a.* gə'ləʊr] ADV *umg* in rauen Mengen: **money ~** Geld wie Heu; **whisky ~** jede Menge Whisky
galosh [gə'lɒʃ; *US* gə'lɑʃ] S Galosche *f*, Überschuh *m*
gals ABK gallons PL
galumph [gə'lʌmf] V/I *umg* 1 stapfen, stampfen 2 stolzieren
galvanic [gæl'vænɪk] ADJ (ADV ~ally) 1 ELEK galvanisch: **~ cell** galvanisches Element; **~ current** galvanischer Strom; **~ electricity** Berührungselektrizität *f*; **~ skin reaction** MED galvanische Hautreaktion, psychogalvanische Reaktion 2 *umg* a zuckend, ruckartig (*Bewegungen*) b *fig* elektrisierend (*Wirkung etc*)
galvanism ['gælvənɪzəm] S 1 ELEK Galvanismus *m*, Berührungselektrizität *f* 2 MED Galvanisation *f*, Galvanotherapie *f*; **galvanization** S 1 TECH Galvanisierung *f*, (Feuer)Verzinkung *f* 2 → galvanism 2; **galvanize** V/T 1 TECH galvanisieren, (feuer)verzinken: **~d iron** (feuer)verzinktes Eisenblech 2 MED galvanisieren, mit Gleichstrom behandeln 3 *fig umg j-n* elektrisieren: **~ sb into doing sth** j-n veranlassen, etwas sofort zu tun; **~ sb into action** j-n schlagartig aktiv werden lassen; **galvanizer** S TECH Galvaniseur(in)
galvanometer [ˌgælvə'nɒmɪtə; *US* -'nɑmətər] S Galvanometer *n* (*Instrument zur Messung schwacher elektrischer Ströme u. Spannungen*); **galvanometric** [-nəʊ'metrɪk] ADJ (ADV ~ally) galvanometrisch
galvanoplastic [ˌgælvənəʊ'plæstɪk] A ADJ (ADV ~ally) TECH galvanoplastisch B S **galvanoplastics** *pl* (*als sg konstruiert*) Galvanoplastik *f*, Elektrotypie *f*; **galvanoplasty** → galvanoplastic B; **galvanoscope** [-skəʊp] S Galvanoskop *n* (*nicht geeichtes Galvanometer, das lediglich zum Nachweis e-s elektrischen Stroms verwendet wird*); **galvanoscopic** [-'skɒpɪk; *US* -'skɑ-] ADJ (ADV ~ally) galvanoskopisch
galvo ['gælvəʊ] *pl* -vos *umg für* galvanometer
Galway ['gɔːlweɪ] S Galway *n* a *Grafschaft im westlichen Irland* b *Hauptstadt von* a
gam[1] [gæm] A S 1 Walherde *f* 2 SCHIFF (gegenseitiger) Besuch B V/I 1 sich versammeln (*Wale*) 2 SCHIFF sich gegenseitig besuchen C V/T *US umg j-n* besuchen
gam[2] [gæm] S *sl* (*bes* wohlgeformtes Frauen-)Bein
gamb [gæmb] S *Heraldik:* Vorderbein *n*
gambado[1] [gæm'beɪdəʊ] *pl* -does, -dos S 1 am Sattel befestigter Stiefel (*statt des Steigbügels*) 2 lange Gamasche
gambado[2] [gæm'beɪdəʊ] *pl* -does, -dos S 1 *Hohe Schule*: Kurbette *f*, Bogensprung *m* 2 Luftsprung *m*
gambeson ['gæmbɪsn] S MIL, HIST gefüttertes Wams
Gambia, the ['gæmbɪə] S Gambia *n*
Gambian ['gæmbɪən] A S Gambier(in) B ADJ gambisch
gambier, **gambir** ['gæmˌbɪə(r)] S Gambir *m*

(als Gerb- u. Heilmittel verwendeter Saft e-s ostasiatischen Kletterstrauchs)

gambit ['gæmbɪt] S 1 *Schachspiel*: Gambit *n (Eröffnung mit e-m Bauernopfer zur Erlangung e-s Stellungsvorteils)* 2 *fig* Einleitung *f*, erster Schritt: **his ~ at the debate was an attack on** er eröffnete die Debatte mit e-m Angriff auf *(akk)*

gamble ['gæmbl] A VI 1 (Hasard *od* um Geld) spielen: *lose a fortune* **gambling at cards** beim Kartenspiel; **~ with sth** *fig* mit etwas spielen, etwas aufs Spiel setzen; **you can ~ on that** darauf kannst du wetten; **she ~d on his** (*od* **him**) **coming** sie verließ sich darauf, dass er kommen würde 2 *Börse*: spekulieren (**in** mit, in *dat*) B VT 1 *meist* **~ away** verspielen *(a. fig)* 2 a (als Einsatz) setzen (**on** auf *akk*) b *fig* aufs Spiel setzen C S 1 Hasardspiel *n (a. fig)*, Glücksspiel *n* 2 *fig* Wagnis *n*, gewagtes *od* riskantes Unternehmen; **gambler** [-blə(r)] S 1 (Glücks)Spieler(in) 2 *fig* Hasardeur(in); **gambling** A S Spielen *n* B ADJ Spiel...: **~ casino** (**club, debts,** *etc*); **~ addiction** Spielsucht *f*; **~ den** Spielhölle *f*

gamboge [gæm'bu:ʒ; -'bəʊdʒ] S CHEM Gummigutt *n*

gambol ['gæmbl] A VI *prät u. pperf* -boled, *bes Br* -bolled (herum)tanzen, (-)hüpfen, Freuden- *od* Luftsprünge machen B S Freuden-, Luftsprung *m*

gambrel ['gæmbrəl] S 1 (Sprung)Gelenk *n (des Pferdes)* 2 Spriegel *m (zum Aufhängen von geschlachtetem Vieh)* 3 → gambrel roof; **~ roof** S ARCH a *bes Br* Krüppelwalmdach *n* b *bes US* Mansardendach *n*

game¹ [geɪm] A S 1 Scherz *m*, Ulk *m*: **make (a) ~ of sb** sich über j-n lustig machen; **make (a) ~ of sth** etwas ins Lächerliche ziehen 2 Unterhaltung *f*, Zeitvertreib *m* 3 *(Karten-, Ball- etc)* Spiel *n*: **the ~ of golf** das Golf(spiel); **be on (off) one's ~** (nicht) in Form sein; **get (more) into the ~** SPORT (besser) ins Spiel kommen; **play the ~** sich an die Spielregeln halten *(a. fig* fair sein); **play a good (poor) ~** gut (schlecht) spielen; **play a good ~ of chess** ein guter Schachspieler sein; **play a losing ~** auf der Verliererstraße sein; **play a waiting ~** a verhalten *od* auf Abwarten spielen b *fig* e-e abwartende Haltung einnehmen; → chance A 1, skill¹ 4 *(einzelnes)* Spiel, Partie *f (Schach etc)*, Satz *m (Tischtennis)*: **the ~ is four all** das Spiel steht 4 beide; **~, set, match** *(Tennis)* Spiel, Satz u. Sieg; **play ~s with sb** j-n auf den Arm nehmen *fig*; → chess¹, suspension 10 5 *pl* SCHULE Sport *m* 6 *fig* Spiel *n*, Plan *m*, (geheime) Absicht: **what's your ~?** welches Spiel spielen Sie?; **the ~ is up** das Spiel ist aus; **beat sb at their own ~** j-n mit s-n eigenen Waffen schlagen; **give the ~ away** die Katze aus dem Sack lassen *fig*; **give** (*od* **throw**) **up the ~** das Spiel aufgeben; **I know his (little) ~** ich weiß, was er im Schilde führt; **play sb's ~** j-m in die Hände spielen; **play a double ~** ein doppeltes Spiel treiben; **see through sb's ~** j-s Spiel durchschauen; → candle A 1, two A 2 7 *pl fig* Schliche *pl*, Tricks *pl*, Kniffe *pl*: **none of your ~s!** keine Dummheiten *od* Tricks! 8 Spiel *n (Geräte)*: **a ~ of table tennis** ein Tischtennis(spiel) 9 *umg* Branche *f*: **he's been in the ~ for five years** er ist schon seit fünf Jahren im Geschäft; **he's in the advertising ~** er macht in Werbung; **be new to the ~** neu im Geschäft sein; **she's on the ~** *bes Br* sie geht auf den Strich 10 JAGD Wild *n*, jagdbare Tiere *pl*: **fly at higher ~** *fig* höher hinauswollen; → big game, fair¹ A 8 11 Wildbret *n*: **~ pie** Wildpastete *f* 12 *fig obs* Mut *m*, Schneid *m* B ADJ (ADV ~ly) 1 Jagd..., Wild... 2 schneidig, mutig *(Kämpfer etc)*: → die¹ A 1 3 a aufgelegt (**for zu**): **be ~ to do sth** dazu aufgelegt sein, etwas zu tun; **I'm ~ for a swim** ich habe Lust, schwimmen zu gehen b bereit (**for** zu; **to do** zu tun): **be ~ for anything** für alles zu haben sein; **I'm ~** ich mache mit, ich bin dabei C VI (um Geld) spielen D VT *meist* **~ away** verspielen

game² [geɪm] ADJ lahm *(bes Bein)*

game| bag S Jagdtasche *f*; **~ bird** S Jagdvogel *m*; **~cock** S Kampfhahn *m (a. fig)*; **~ console** S COMPUT Spielekonsole *f*; **~ fish** S Sportfisch *m*; **~ fowl** S 1 Federwild *n* 2 Kampfhahn *m*; **~ hawk** S ORN Wanderfalke *m*; **~keeper** S *bes Br* Wildhüter(in)

gamelan ['gæmɪlæn] S Gamelan *n (auf einheimischen Instrumenten spielendes Orchester auf Java u. Bali)*

game| law S *meist pl* Jagdgesetz *n*; **~ licence** S *Br* Jagdschein *m*; **~ misconduct penalty** S *Eishockey*: Spieldauerdisziplinarstrafe *f*

gameness S Mut *m*, Schneid *m*

game| park S Wildpark *m*; **~ plan** S *fig* Schlachtplan *m*, Strategie *f*; **~ point** S SPORT a (für den Sieg) entscheidender Punkt b *(Tennis)* Spielball *m* c *(Tischtennis)* Satzball *m*; **~ port** S COMPUT Gameport *n*; **~ preserve** S Wildgehege *n*; **~ preserver** S Wildheger(in); **~ report** S SPORT Spielbericht(sbogen) *m*; **~ reserve** S Wildpark *m*; **~ show** S TV Spielshow *f*

gamesmanship ['geɪmzmənʃɪp] S *bes* SPORT (Kunst *f* des Gewinnens unter) Einsatz *m* aller (gerade noch erlaubten) Mittel

games| master S SCHULE *Br* Sportlehrer *m*; **~ mistress** S SCHULE *Br* Sportlehrerin *f*

gamesome ['geɪmsəm] ADJ (ADV ~ly) lustig, ausgelassen; **gamesomeness** S Lustigkeit *f*, Ausgelassenheit *f*

gamester ['geɪmstə(r)] S (Glücks)Spieler(in)

gametal [gə'mi:tl] ADJ BIOL Gameten...

gametangium [ˌgæmɪ'tændʒɪəm] *pl* -gia [-dʒɪə] S BOT Gametangium *n (Pflanzenzelle, in der sich die Geschlechtszellen in Ein- od Mehrzahl bilden)*

gamete ['gæmi:t; gə'mi:t] S BIOL Gamet *m (geschlechtlich differenzierte Fortpflanzungszelle)*

game theory S MATH Spieltheorie *f*

gametic [gə'metɪk] ADJ Gameten...

gametocyte [gə'mi:təʊsaɪt] S BIOL Gametozyt *m (noch undifferenzierte Zelle, aus der die Gameten hervorgehen)*; **gametogenesis** [ˌgæmɪtəʊ'dʒenɪsɪs; gəˌmi:tə-] S BIOL Gametogenese *f (Entstehung der Gameten u. ihre Wanderung bis zur Befruchtung)*; **gametophore** [gə'mi:təʊfɔ:(r); *US a.* -ˌfəʊr] S BOT Gametophor *m (Träger der Geschlechtsorgane)*; **gametophyte** [gə'mi:təʊfaɪt] S BOT Gametophyt *m (bei Pflanzen mit Generationswechsel die sich geschlechtlich durch Gameten fortpflanzende Generation)*

game warden S Jagdaufseher(in)

gamey → gamy

gamic ['gæmɪk] ADJ BIOL geschlechtlich

gamin ['gæmɪn] S Gassenjunge *m*

gamine ['gæmi:n; *US* gæ'mi:n] A S 1 Wildfang *m*, Range *f (Mädchen)* 2 knabenhaftes Mädchen B ADJ knabenhaft

gaming ['geɪmɪŋ] A S → gambling A B ADJ → gambling B

gamma ['gæmə] S 1 Gamma *n (griechischer Buchstabe)* 2 FOTO Kontrastgrad *m* 3 CHEM, PHARM *obs* Gamma *n (1 millionstel Gramm)* 4 *a.* **~ moth** ZOOL Gamma-Eule *f*; **~ decay** S *Kernphysik*: Gammazerfall *m*, -übergang *m*; **~ function** S MATH Gammafunktion *f*; **~ globulin** S MED Gammaglobulin *n (zur Vorbeugung u. Behandlung verschiedener Krankheiten verwendeter Eiweißbestandteil des Blutplasmas)*; **~ iron** S CHEM Gammaeisen *n*; **~ radiation** S *Kernphysik*: Gammastrahlung *f*; **~ rays** SPL *Kernphysik*: Gammastrahlen *pl*; **~-ray astronomy** S Gammaastronomie *f (Teilgebiet der Astronomie, das sich mit der Erforschung der aus dem Weltall kommenden Röntgen- u. Gammastrahlen befasst)*

gammer ['gæmə(r)] S *bes Br hum od pej* Oma *f*, Mütterchen *n*

gammon¹ ['gæmən] S 1 schwach gepökelter *od* geräucherter Schinken 2 unteres Stück e-r Speckseite

gammon² ['gæmən] SCHIFF A S Bugsprietzurrring *m* B VT *das Bugspriet* am Vordersteven befestigen

gammon³ ['gæmən] *bes Br umg* A S Humbug *m*, Schwindel *m* B VI 1 Humbug reden 2 sich verstellen, so tun als ob C VT *j-n* reinlegen

gammy ['gæmɪ] ADJ *Br umg* lahm *(bes Bein)*

gamogenesis [ˌgæməʊ'dʒenɪsɪs] S BIOL Gametogonie *f*, geschlechtliche Fortpflanzung; **gamopetalous** [-'petələs] ADJ BOT sympetal *(mit verwachsenen Kronblättern)*

gamp [gæmp] S *Br umg* Regenschirm *m*

gamut ['gæmət] S 1 MUS a HIST erste, tiefste Note *(in Guidos Tonleiter)* b Tonleiter *f*, Skala *f* 2 *fig* Skala *f*: **run the whole ~ of emotion** die ganze Skala der Gefühle durchleben *od* durchmachen

gamy ['geɪmɪ] ADJ (ADV gamily) 1 nach Wild riechend *od* schmeckend 2 **~ taste** a Wildgeschmack *m* b Hautgout *m* 3 *fig* mutig, schneidig

gan [gæn] *prät von* gin³

gander ['gændə(r)] S 1 Gänserich *m*: → sauce A 1 2 *umg* Esel *m* 3 *umg* (schneller) Blick: **have** (*od* **take**) **a ~ at** e-n Blick werfen auf *(akk)*

G and T ABK gin and tonic

ganef ['gɑ:nəf] S *US sl* Ganove *m*

g and t S *umg* Gin *m* Tonic

gang¹ [gæŋ] A S 1 *(Arbeiter)* Kolonne *f*, (-)Trupp *m* 2 Gang *f*, Bande *f*: **~ of burglars** Einbrecherbande *f* 3 Clique *f (a. pej)* 4 *pej* Horde *f*, Rotte *f* 5 TECH Satz *m (Werkzeuge etc)* 6 *Weberei*: Gang *m* B VT mit e-r Bande angreifen C VI *meist* **~ up** sich zusammentun, sich zu e-r Gang *etc* zusammenschließen, *bes pej* sich zusammenrotten: **~ up against** (*od* **on**) sich verbünden *od* verschwören gegen; **~ up on prices** Preisabsprachen treffen

gang² [gæŋ] → gangue

gang|bang *sl* A S a *Geschlechtsverkehr mehrerer Männer nacheinander mit einer Frau* b *Vergewaltigung e-r Frau durch mehrere Männer nacheinander* B VT a nacheinander bumsen *vulg* b nacheinander vergewaltigen C VI sich an Bandenaktivitäten beteiligen; **~board** S SCHIFF Laufplanke *f*; **~ boss** S *umg* Vorarbeiter *m*, Vormann *m*; **~ condenser** S ELEK Mehrfach(dreh)kondensator *m*; **~ cutter** S TECH Satz-, Mehrfachfräser *m*

ganged [gæŋd] ADJ TECH mechanisch gekuppelt, zu Gleichlauf verbunden; **~ switch** S ELEK Paketschalter *m*; **~ tuning** S ELEK Einknopfabstimmung *f*

ganger ['gæŋə] S *Br* Vorarbeiter *m*, Vormann *m*

gangland S *umg* Unterwelt *f*: **~ boss** *umg* Unterwelt-, Gangsterboss *m*

gangle ['gæŋgl] VI schlaksig gehen

ganglia ['gæŋglɪə] *pl von* ganglion

gangliar ['gæŋglɪə(r)] ADJ ANAT Ganglien...; **gangliated** [-eɪtɪd], *a.* **gangliate** [-ət; -eɪt] ADJ ANAT mit Ganglien (versehen): **~ cord** ZOOL Grenzstrang *m*

gangling ['gæŋglɪŋ] ADJ schlaksig, (hoch) aufgeschossen

ganglion ['gæŋglɪən] *pl* -glia [-glɪə], -glions S 1 Ganglion *n*: a ANAT Nervenknoten *m*: ~

cell Ganglienzelle *f* b MED Überbein *n* 2 *fig* Knoten-, Mittelpunkt *m*, Zentrum *n*; **ganglionectomy** [-'nektəmɪ] S MED Ganglionektomie *f* (*operative Entfernung e-s Überbeins*)

gang|plank → gangway A 2 c; **~plough**, *bes US* **~plow** S AGR Mehrfachpflug *m*; **~ rape** → gangbang A b; **~-rape** → gangbang B b

gangrene ['gæŋgriːn] A S 1 MED Gangrän *n*, Brand *m* 2 *fig* sittlicher Verfall B V/T MED brandig machen C V/I MED gangräneszieren, brandig werden; **gangrenous** [-grɪnəs] ADJ MED gangränös, brandig

gang saw S TECH Gatter(säge) *n(f)*

gangster ['gæŋstə(r)] A S Gangster *m*, Verbrecher *m* B ADJ Gangster…: **~ film**; **gangsterism** S Gangstertum *n*

gangue [gæŋ] S TECH Gangmineral *n*, taubes Gestein: **the ~ changes** das Gestein setzt ab; **~ minerals** Gangarten

gangway A S 1 Durchgang *m*, Passage *f* 2 SCHIFF a Fallreep *n* b Fallreeptreppe *f* c Gangway *f*, Landungsbrücke *f* 3 FLUG Gangway *f* 4 *Br* THEAT *etc* (Zwischen)Gang *m* 5 *Bergbau*: Strecke *f*: **main ~** Sohlenstrecke 6 TECH a Schräge *f*, Rutsche *f* b Laufbühne *f*, -brücke *f* c Laufbrett *n* B INT Vorsicht! (*Platz machen!*)

gannet ['gænɪt] S ORN Tölpel *m*

gantlet[1] ['gɔːntlət; 'gɑːnt-] *US* → gauntlet[1]

gantlet[2] ['gæntlɪt; 'gɔːnt-; *US* 'gɔːntlət; 'gɑːnt-] → gauntlet[2]

gantry ['gæntrɪ] S 1 TECH Fasslager *n* 2 *a.* **~ bridge** TECH Kranbrücke *f*: **~ crane** Portalkran *m* 3 a BAHN Signalbrücke *f* b Schilderbrücke *f* (*auf Autobahnen etc*) 4 *a.* **~ scaffold** *Raumfahrt*: Montageturm *m* (*e-r Abschussrampe*)

Ganymede ['gænɪmiːd] A EIGENN MYTH Ganymed *m* (*Mundschenk des Zeus*) B S 1 *oft* ♀ Mundschenk *m* 2 ASTRON Ganymed *m* (*der größte Jupitermond*)

gaol [dʒeɪl], *etc bes Br* → **jail** *etc*

gap [gæp] S 1 Lücke *f*: **fill** (*od* **stop**) **a ~** e-e Lücke (aus)füllen (*a. fig*) 2 a Loch *n*, Riss *m*, Öffnung *f*, Spalt *m* b *sl* Fresse *f* 3 MIL a Bresche *f* b Gasse *f* (*im Minenfeld*) 4 (Berg-)Schlucht *f*, Kluft *f* 5 GEOL Durchbruch *m* 6 *fig* a Lücke *f*, Leere *f* b Unterbrechung *f* c Zwischenraum *m*, -zeit *f*: **close** (*od* **fill in**) **the ~** die Lücke schließen; **leave a ~** e-e Lücke hinterlassen; **~ in one's education** (**knowledge**) Bildungs-(Wissens)lücke; **~ in one's memory** Erinnerungs-, Gedächtnislücke; **~ in the market** WIRTSCH Marktlücke 7 *fig* Kluft *f*, Unterschied *m*: **the ~ between rich and poor**; **bridge the ~** die Kluft überbrücken 8 FLUG Tragflächenabstand *m* 9 ELEK Funkenstrecke *f*

gape [geɪp] A V/I 1 a den Mund aufreißen (*vor Erstaunen etc*) b ORN den Schnabel aufsperren 2 (mit offenem Mund) gaffen *od* glotzen: **~ at** angaffen, anstarren, anglotzen; **stand gaping** Maulaffen feilhalten 3 *obs* gähnen 4 (auf)klaffen (*Wunde*), gähnen, klaffen (*Abgrund etc*) 5 sich öffnen *od* auftun (*Abgrund etc*) B S 1 Gaffen *n*, Starren *n*, Glotzen *n* 2 gähnender Abgrund 3 *obs* Gähnen *n* 4 *pl* (*als sg konstruiert*) a VET Schnabelsperre *f* b *umg* Gähnanfall *m*: **he got the ~s** er bekam e-n Gähnanfall; **gaper** S 1 Gaffer(in) 2 FISCH Gemeiner Sägebarsch 3 ZOOL Klaffmuschel *f*; **gaping** ADJ (ADV **~ly**) 1 gaffend, glotzend 2 klaffend (*Wunde*), gähnend (*Abgrund*) 3 *obs* gähnend

gapless ADJ lückenlos (*a. fig*); **gappy** ADJ (viele) Lücken aufweisend, lückenhaft (*beide a. fig*)

gap-toothed ADJ a mit auseinanderstehenden Zähnen, mit weiter Zahnstellung b mit Zahnlücken, zahnlückig

gap year S Brückenjahr *n* (*z. B. zwischen Schule und Studium*)

gar [gɑː(r)] S FISCH Hornhecht *m*

garage ['gærɑːdʒ; -rɪdʒ; *US* gə'rɑːʒ] A S 1 Garage *f* 2 Reparaturwerkstatt *f* (u. Tankstelle *f*): *my car* **is at the ~** ist in der Werkstatt B V/T *das Auto* a in e-r Garage ab- *od* unterstellen b in die Garage fahren; **~ sale** S *US Verkauf von gebrauchten (Haushalts)Gegenständen auf dem Grundstück des Eigentümers*

Garamond ['gærəmɒnd; *US* -ˌmɑnd] S TYPO Garamond *f* (*Schriftart*)

garb [gɑː(r)b] A S 1 (*meist in Zusammensetzungen*) Gewand *n*, Tracht *f*: **clerical ~** 2 Aufmachung *f* 3 *fig* a (äußere) Form b Anschein *m* B V/T kleiden

garbage ['gɑː(r)bɪdʒ] S 1 *bes US* Abfall *m*, Müll *m*: **~ can** a Abfall-, Mülleimer *m* b Abfall-, Mülltonne *f*; **~ chute** Müllschlucker *m*; **~ collection** Müllabfuhr *f*; **~ collector** (*od* **man**) Müllmann *m*; **~ disposal** Abfall-, Müllbeseitigung *f*; **~ dump** Mülldeponie *f*; **~ separation** Mülltrennung *f*; **~ truck** Müllwagen *m* 2 *fig* a Schund *m* b Unfug *m* c IT ungenaue *od* wertlose Daten *pl*

garble ['gɑː(r)bl] V/T 1 *e-n Text etc* a durcheinanderbringen b (*durch Auslassungen etc*) verfälschen 2 *obs* auslesen

garbo ['gɑːbəʊ] *pl* **-bos** S *Aus umg* Müllmann *m*

garboil ['gɑː(r)bɔɪl] S *obs* Lärm *m*, Tumult *m*

garden ['gɑː(r)dn] A S 1 Garten *m*: **the ♀ of Eden** → Eden; **everything in the ~ is lovely** *umg* es ist alles in (bester) Butter 2 *fig* Garten *m*, fruchtbare Gegend: **the ~ of England** *die Grafschaft Kent* 3 *meist pl* Garten(anlagen) *m(pl)*: → botanical A, zoological B ADJ Garten…: **~ chair** (**fence, flower, furniture, swing, tools**, *etc*) C V/I 1 im Garten arbeiten 2 Gartenbau treiben; **~ apartment** S *US* Souterrain- *od* Erdgeschosswohnung *f* mit Gartenanteil; **~ burger** S GASTR *US* Gemüseburger *m*; **~ center**, *bes Br* **~ centre** S Gartencenter *n*; **~ city** S Gartenstadt *f*; **~ cress** S BOT Gartenkresse *f*

gardener S Gärtner(in)

garden| flat *bes Br* → garden apartment; **~ frame** S Frühbeet *n*; **~ gnome** S Gartenzwerg *m*

gardenia [gɑː(r)'diːnjə] S BOT Gardenie *f*

gardening S 1 Gartenbau *m* 2 Gartenarbeit *f*: **do a bit of ~** ein bisschen im Garten arbeiten; **~ equipment** Gartengeräte *pl*

garden| mint S BOT Gartenminze *f*; **~ party** S Gartenfest *n*, -party *f*; **~ path** S: **lead sb up the ~** j-n hinters Licht führen; **~ sage** S BOT Echter Salbei; **~ sorrel** S BOT 1 Gartenampfer *m* 2 Großer Sauerampfer; ♀ **State** S *US* (*Beiname für den Staat*) New Jersey *n*; **~ stuff** S Gartengewächse *pl*, -erzeugnisse *pl*; **~ suburb** S *Br* Gartenvorstadt *f*; **~ truck** S *US für* garden stuff; **~-variety** ADJ *US* gewöhnlich, normal; **~ warbler** S ORN Gartengrasmücke *f*; **~ wedding** S *US Hochzeit, die in e-m Garten stattfindet*; **~ white** S ZOOL Weißling *m*

garderobe ['gɑː(r)drəʊb] S *obs* 1 a Kleiderschrank *m* b Garderobe *f* (*Kleidung*) 2 a Schlafzimmer *n* b Privatzimmer *n*

garefowl ['geə(r)faʊl] → great auk

garfish ['gɑː(r)fɪʃ] → gar

garganey ['gɑː(r)gənɪ] S ORN Knäkente *f*

gargantuan [gɑː'gæntjʊən; *US* gɑːr'gæntʃəwən] ADJ riesig, gewaltig, ungeheuer: **~ appetite** Riesenappetit *m*

garget ['gɑː(r)gɪt] S VET 1 Blutfleckenkrankheit *f* 2 Milchdrüsenentzündung *f* (*der Kühe*)

gargle ['gɑː(r)gl] A V/T 1 a mit *Salzwasser etc* gurgeln b **~ one's throat** gurgeln 2 *Worte* (hervor)gurgeln B V/I gurgeln (**with** mit) C S 1 Gurgeln *n*: **have a ~** gurgeln 2 Gurgelmittel *n*

gargoyle ['gɑː(r)gɔɪl] S 1 ARCH Wasserspeier *m* 2 *fig* grotesk hässliche Person

garibaldi [ˌgærɪ'bɔːldɪ] S 1 HIST (*e-e*) weite Bluse 2 *Br* (*ein*) Rosinengebäck *n*

garish ['geərɪʃ] ADJ (ADV **~ly**) grell (*Licht*), (*Farben a.*) schreiend, (*Parfüm*) aufdringlich, (*Einrichtung etc*) protzig *umg*, (*Eigenschaft etc*) abstoßend; **garishness** S Grellheit *f*, Aufdringlichkeit *f*, Protzigkeit *f umg*

garland ['gɑː(r)lənd] A S 1 Girlande *f* (*a.* ARCH), Blumengewinde *n*, -gehänge *n*, (*a. Sieges*) Kranz *m* 2 *fig* Anthologie *f*, (*bes Gedicht*) Sammlung *f* B V/T *j-n* bekränzen

garlic ['gɑː(r)lɪk] A S BOT Knoblauch *m* B ADJ Knoblauch…: **~ bread** (**salt**, *etc*); **~ clove** Knoblauchzehe *f*; **~ crusher** (*od* **press**) Knoblauchpresse *f*; **garlicky** ADJ 1 knoblauchartig 2 nach Knoblauch riechend *od* schmeckend

garment ['gɑː(r)mənt] S 1 Kleidungsstück *n*, *pl a.* Kleidung *f* 2 *fig* Hülle *f*, Gewand *n*; **garmented** ADJ 1 gekleidet 2 *fig* (ein)gehüllt (**in** in *akk*)

garner ['gɑː(r)nə(r)] A S 1 *obs* Getreidespeicher *m* 2 Aufbewahrungsort *m* 3 Vorrat *m* (**of** an *dat*) B V/T 1 a speichern (*a. fig*) b aufbewahren (*a. fig*) 2 erlangen: **~ publicity** bekannt *od* berühmt werden; **~ a reputation** sich e-n Namen machen *od* e-n Ruf erwerben 3 a sammeln (*a. fig*), sich *Kenntnisse* erwerben b *e-n Geldbetrag* einbringen (*Sammlung etc*)

garnet ['gɑː(r)nɪt] A S 1 MINER Granat *m* 2 Granat(farbe) *n(f)* B ADJ granatrot

garnierite ['gɑː(r)nɪəraɪt] S MINER Garnierit *m*

garnish ['gɑː(r)nɪʃ] A V/T 1 (**with** mit) a schmücken, verzieren b *fig* ausschmücken 2 GASTR garnieren (**with** mit) (*a. fig*) 3 JUR a *e-e Forderung* (*beim Drittschuldner*) pfänden: **~ wages** den Lohn pfänden b *dem Drittschuldner* ein Zahlungsverbot zustellen 4 *sl* Geld erpressen von B S 1 a Verzierung *f* b *fig* Ausschmückung *f* 2 GASTR Garnierung *f* (*a. fig*) 3 *sl* erpresstes Geld; **garnishee** [-'ʃiː] JUR A S Drittschuldner(in) (*bei Forderungspfändungen*): **~ order** a (Forderungs)Pfändungsbeschluss *m* b → garnishment 2 b B V/T → garnish A 3; **garnishment** S 1 → garnish B 1 2 JUR a Forderungspfändung *f*: **~ of wages** Lohnpfändung b Zahlungsverbot *n* an den Drittschuldner c *Br* Mitteilung *f* an den Prozessgegner

garniture ['gɑː(r)nɪtʃə(r)] → garnish B 1

garotte → garrot(t)e

garret[1] ['gærət] S ARCH a Dachgeschoss *n* b Dachkammer *f*, Mansarde *f*

garret[2] ['gærət] V/T ARCH *Mauerlücken* durch Steinsplitter ausfüllen

garrison ['gærɪsn] MIL A S Garnison *f*: a *Standort e-r (Besatzungs)Truppe* b (*a. als pl konstruiert*) *Gesamtheit der an e-m Standort stationierten (Besatzungs)Truppen* B V/T 1 *e-n Ort* mit e-r Garnison belegen 2 *Truppen* in Garnison legen: **be ~ed** in Garnison liegen; **~ cap** S Feldmütze *f*, Schiffchen *n*; **~ commander** S Standortkommandant *m*; **~ headquarters** SPL (*oft als sg konstruiert*) Standortkommandantur *f*; **~ house** S HIST *US* (befestigtes) Blockhaus (*der Siedler*); **~ town** S Garnison(s)stadt *f*

garrot ['gærət] → goldeneye

garrot(t)e [gə'rɒt; *US* gə'rɑt; gə'rəʊt] A S 1 HIST a Garrotte *f*, Halseisen *n*, Würgschraube *f* b Hinrichtung *f* durch die Garrotte 2 *obs* Erdrosselung *f* B V/T 1 HIST garrottieren 2 *j-n* erdrosseln (*bes um ihn berauben zu können*)

garrulity [gæ'ruːlətɪ] S 1 Geschwätzigkeit *f*, Redseligkeit *f* 2 Weitschweifigkeit *f*; **garru-**

lous ['gærʊləs] ADJ (ADV ~ly) **1** geschwätzig, redselig **2** wortreich, weitschweifig *(Rede etc)*; **garrulousness** → garrulity
garter ['gɑː(r)tə(r)] **A** S **1** **a** Strumpfband *n* **b** Sockenhalter *m* **c** Ärmelhalter *m* **d** US Strumpfhalter *m*, Straps *m*: **~ belt** Hüfthalter *m*, -gürtel *m* **2** **the ♀** **a** der Hosenbandorden *(Abzeichen)* **b** → Order of the Garter **c** die Mitgliedschaft des Hosenbandordens **B** V/T mit e-m Strumpfband *etc* befestigen *od* versehen; **~ snake** S ZOOL Nordamer. Vipernatter *f*
gas [gæs] **A** *pl* -es, -ses S **1** CHEM Gas *n*: **all is ~ and gaiters** alles ist in (bester) Butter *umg* **2** *Bergbau:* Grubengas *n* **3** *(Brenn-, Leucht)* Gas *n*: **turn on (off) the ~** das Gas aufdrehen (abdrehen); **cook by** (*od* **with**) **~** mit Gas kochen **4** Lachgas *n*: **have ~** Lachgas bekommen **5** MIL *(Gift)* Gas *n*, (-)Kampfstoff *m*: **~ attack** Gasangriff *m* **6** US *umg* **a** Sprit *m*, Benzin *n* **b** Gaspedal *n*: **step on the ~** auf die Tube drücken, Gas geben *(beide a. fig)*; **take one's foot off the ~** den Fuß vom Gas nehmen **7** *umg* Blech *n*, Gewäsch *n* **8** **be a (real) ~** *bes US sl* **a** (ganz große) Klasse sein *(Person)*, *(Sache a.)* (unwahrscheinlich) Spaß machen: *looking after children* **is a real ~** *iron* ist das reinste Vergnügen **b** zum Schreien sein *umg* **B** V/T **1** mit Gas versorgen *od* beleuchten *od* füllen **2** TECH mit Gas behandeln, begasen **3** vergasen, mit Gas töten *od* vergiften: **he was ~sed** er erlitt e-e Gasvergiftung **4** *bes US sl* anmachen *(in Begeisterung versetzen)* **C** V/I **1** *a.* **~ up** AUTO US *umg* (auf)tanken **2** *umg* faseln, quatschen
gas|-absorbing ADJ gasabsorbierend: **~ coal** Aktivkohle *f*; **~bag** S **1** TECH Gassack *m*, -zelle *f* **2** *umg* Quasselstrippe *f*; **~ bill** S Gasrechnung *f*; **~ black** S Gasruß *m*; **~ bomb** S MIL Kampfstoffbombe *f*; **~ bottle** S Gasflasche *f*; **~ burner** S Gasbrenner *m*; **~ burning** S Gasfeuerung *f*; **~ carbon** S CHEM Retortengrafit *m*, -kohle *f*; **~ cell** S CHEM, PHYS Gaszelle *f*; **~ chamber** S Gaskammer *f*; **~ chromatography** S CHEM Gaschromatografie *f*; **~ coal** S Gaskohle *f*; **~ coke** S TECH Gas(werk)koks *m*
Gascon ['gæskən] **A** S **1** HIST Gaskogner(in) **2** ♀ *fig* Prahler(in) **B** ADJ HIST gaskonisch; **gasconade** [-'neɪd] **A** S Prahlerei *f* **B** V/I prahlen
gas| constant S PHYS Gaskonstante *f*; **~ cooker** S Gasherd *m*; **~-cooled reactor** S gasgekühlter Reaktor; **~ cutting** S TECH Autogen-, Brennschneiden *n*; **~ cylinder** S TECH Gasflasche *f*; **~ detector** S **1** CHEM Gasdetektor *m*, -reagens *n* **2** Gasspürgerät *n*; **~-discharge tube** S ELEK, PHYS Gasentladungs-, Ionenröhre *f*
gaseity [gæ'siːətɪ] → gaseousness
gaselier [ˌgæsə'lɪə(r)] → gas fixture 2
gas engine S TECH Gasmotor *m*, -maschine *f*
gaseous ['gæsjəs; -ɪəs; *Br a.* 'geɪs-; *US a.* 'gæʃəs] ADJ **1** CHEM gasartig, -förmig: **~ body** gasförmiger Körper **2** CHEM Gas...: **~ mixture** **3** *umg* leer, inhalts-, gehaltlos; **gaseousness** S **1** Gaszustand *m*, -förmigkeit *f* **2** *umg* Inhalts-, Gehaltlosigkeit *f*
gas| explosion S Gasexplosion *f*; **~ field** S (Erd)Gasfeld *n*; **~-filled** ADJ gasgefüllt; **~-fired** ADJ *bes Br* gasbetrieben, Gas...: **~ central heating** Gaszentralheizung *f*; **~ firing** S Gasfeuerung *f*; **~ fitter** S Gasinstallateur(in); **~ fitting** S **1** Gasinstallation *f* **2** *pl* Gasarmaturen *pl*; **~ fixture** S **1** Gasarm *m* **2** Gasarm-, Gaskronleuchter *m*; **~ gangrene** S MED Gasbrand *m*; **~ guzzler** S AUTO US *umg* (Benzin)Säufer *m*
gash [gæʃ] **A** S **1** klaffende Wunde, tiefer Riss *od* Schnitt **2** Spalte *f*, Einschnitt *m* **B** V/T *j-m* e-e klaffende Wunde beibringen, *die Haut* aufreißen, aufschlitzen
gas| heater S Gasofen *m*; **~ heating** S Gasheizung *f*; **~holder** S TECH Gasometer *m*, Gasbehälter *m*; **~house** S TECH US Gaswerk *n*
gasification [ˌgæsɪfɪ'keɪʃn] S TECH Vergasung *f*: **~ of coal** Kohlevergasung; **gasifier** [-faɪə(r)] S TECH Vergaser *m*; **gasiform** [-fɔː(r)m] ADJ CHEM gasförmig; **gasify** [-faɪ] TECH **A** V/T *Braunkohle, Koks* vergasen, in Gas verwandeln **B** V/I zu Gas werden
gas| igniter S Gas(an)zünder *m*; **~ jet** S **1** Gasflamme *f* **2** Gasbrenner *m*
gasket ['gæskɪt] S **1** TECH Dichtung *f*, Dichtungsring *m*, Dichtungsmanschette *f*: → blow[1] C 7 **2** SCHIFF Segelleine *f*
gaskin ['gæskɪn] S **1** → gasket **2** Hose *f*, Unterschenkel *m (e-s Pferds)*
gas| laser S PHYS Gaslaser *m*; **~ law** S PHYS Gasgesetz *n*; **~light** S **1** Gaslicht *n*: **~ paper** FOTO Gaslichtpapier *n* **2** Gasbrenner *m* **3** Gaslampe *f*; **~ lighter** S **1** Gasfeuerzeug *n* **2** Gas(an)zünder *m*; **~ liquor** S CHEM Gas-, Ammoniakwasser *n*; **~ log** S US holzstückförmiger Gasbrenner; **~ main** S TECH (Haupt)Gasleitung *f*; **~man** [-mæn] S *irr* **1** Gasinstallateur *m* **2** Gasmann *m*, -ableser *m* **3** *Bergbau:* Wettersteiger *m*; **~ mantle** S Gasglühstrumpf *m*; **~ mask** S Gasmaske *f*; **~ meter** S TECH Gasuhr *f*, -messer *m*, -zähler *m*
gasolene → gasoline
gasoline ['gæsəʊliːn; *US a.* ˌgæsə'liːn] S **1** CHEM Gasolin *n*, Gasäther *m* **2** US Benzin *n*: **~ attendant** Tankwart(in); **~ bomb** Molotowcocktail *m*; **~ container** Benzinkanister *m*; **~ engine** Vergaser-, Benzinmotor *m*; **~ ga(u)ge** Kraftstoffmesser *m*, Benzinuhr *f*; **~ pump** **a** Kraftstoff-, Benzinpumpe *f* **b** Tank-, Zapfsäule *f*; **~ station** Tankstelle *f*; **~ tax** Mineralölsteuer *f*
gasometer [gæ'sɒmɪtə; *US* gæ'sɑmətər] S TECH Gasometer *m*, Gasbehälter *m*; **gasometric** [ˌgæsəʊ'metrɪk] ADJ (ADV ~ally) gasometrisch
gas|-operated ADJ: **~ gun** MIL Gasdrucklader *m*; **~ oven** S Gasbackofen *m*
gasp [gɑːsp; *US* gæsp] **A** V/I **1** keuchen *(a. Maschine etc)*, schwer atmen: **~ for breath** nach Luft schnappen, nach Atem ringen; **~ for sth** *fig* nach etwas lechzen **2** den Atem anhalten (**with, in** vor *dat*): **make sb ~** j-m den Atem nehmen *od* verschlagen; **the sight made him ~** bei dem Anblick stockte ihm der Atem **B** V/T *meist* **~ out** *Worte* keuchen, (keuchend) hervorstoßen: **~ one's life out** sein Leben aushauchen **C** S **1** Keuchen *n*, schweres Atmen: **be at one's last ~** **a** in den letzten Zügen liegen **b** völlig erschöpft sein; **fight to the last ~** bis zum letzten Atemzug kämpfen **2** Laut *m* des Erstaunens *od* Erschreckens
gas pedal S AUTO US *umg* Gaspedal *n*
gasper S *Br sl* Sargnagel *m (billige Zigarette)*
gas| pipe S TECH Gasrohr *n*, -leitung *f*; **~-pipe tongs** SPL, *a.* **pair of ~** Gasrohrzange *f*; **~ plant[1]** S BOT Diptam *m*; **~ plant[2]** → gasworks; **~ pocket** S **1** TECH Gaseinschluss *m*, -blase *f (in Glas, Gussstücken)* **2** MIL Gassumpf *m*; **~ poisoning** S MED Gasvergiftung *f*; **~ pressure** S Gasdruck *m*; **~ projector** S MIL Gaswerfer *m*; **~proof** ADJ gasdicht; **~ range** S US Gasherd *m*; **~ ring** S **1** Gasbrenner *m*, -ring *m* **2** Dichtungsring *m*; **~ seal** S CHEM Gasverschluss *m*
gasser ['gæsə(r)] S **1** TECH Gas freigebende Ölquelle **2** TECH Tuch-, Garngaser *m* **3** *umg* Quatscher(in) **4** US *umg* Knüller *m*, tolle Sache;
gassing S **1** TECH Behandlung *f* mit Gas, (Be)Gasen *n* **2** Vergasen *n*, Vergasung *f* **3** ELEK Gasentwicklung *f* **4** *umg* Quatschen *n*, Quatscherei *f*
gas| station S US *umg* Tankstelle *f*; **~ stove** S Gasofen *m*, Gasherd *m*
gassy ['gæsɪ] ADJ **1** **a** gashaltig **b** gasartig **c** voll Gas **2** kohlensäurehaltig **3** *umg* geschwätzig
gas| tank S **1** Gasbehälter *m* **2** US *umg* Benzintank *m*; **~ tar** S TECH Gas(werks)teer *m*; **~ tax** S US *umg* Benzinsteuer *f*
gasteropod ['gæstərəpɒd; *US* -ˌpɑd] → gastropod
gas|tight ADJ gasdicht; **~ torch** S TECH Gasschweißbrenner *m*
gastralgia [gæ'strældʒə] S MED Gastralgie *f*, Magenschmerz(en) *m(pl)*; **gastrectomy** [gæ'strektəmɪ] S MED Gastrektomie *f (operative Entfernung des Magens)*
gastric ['gæstrɪk] ADJ MED, PHYSIOL gastrisch, Magen...: **~ acid** Magensäure *f*; **~ gland** Magendrüse *f*; **~ juice** Magensaft *m*; **~ ulcer** Magengeschwür *n*; → irritation 3; **gastrin** [-trɪn] S PHYSIOL Gastrin *n (die Sekretion des Magensaftes anregendes Hormon)*; **gastritis** [gæ'straɪtɪs] S MED Gastritis *f*, Magenschleimhautentzündung *f*
gastroenteric [ˌgæstrəʊen'terɪk] ADJ MED, PHYSIOL gastroenterisch *(Magen u. Darm betreffend)*: **~ influenza** Darmgrippe *f*
gastroenteritis ['gæstrəʊˌentə'raɪtɪs] S MED Gastroenteritis *f*, Magen-Darm-Katarrh *m*
gastroenterologist ['gæstrəʊˌentə'rɒlədʒɪst; *US* -'rɑ-] S MED Gastroenterologe *m*, Gastroenterologin *f (Facharzt/Fachärztin für Magen- u. Darmkrankheiten)*; **gastroenterology** S MED Gastroenterologie *f (Wissenschaft von den Magen- u. Darmkrankheiten)*
gastroenterostomy ['gæstrəʊˌentə'rɒstəmɪ; *US* -'rɑ-] S MED Gastroenterostomie *f (operativ geschaffene Verbindung zwischen Magen u. Dünndarm)*
gastrointestinal [ˌgæstrəʊɪn'testɪnl] ADJ MED, PHYSIOL gastrointestinal *(Magen u. Darm betreffend)*
gastrolith ['gæstrəlɪθ] S MED Gastrolith *m*, Magenstein *m*
gastrologist [gæ'strɒlədʒɪst; *US* -'strɑ-] S MED Facharzt *m od* Fachärztin *f* für Magenkrankheiten; **gastrology** S MED Wissenschaft *f* von den Magenkrankheiten
gastronome ['gæstrənəʊm], *a.* **gastronomer** [gæ'strɒnəmə(r); *US* -'strɑ-] S Feinschmecker(in), Gourmet *m*; **gastronomic** [-'nɒmɪk; *US* -'nɑ-] ADJ, **gastronomical** ADJ (ADV ~ly) gastronomisch, feinschmeckerisch; **gastronomist** → gastronome; **gastronomy** S **1** Gastronomie *f (feine Kochkunst)* **2** *fig* Küche *f*: **the Italian ~**
gastropod ['gæstrəpɒd; *US* -ˌpɑd] S ZOOL Gastropode *m*, Schnecke *f (als Gattungsbezeichnung)*
gastroscope ['gæstrəskəʊp] S MED Gastroskop *n*, Magenspiegel *m*; **gastroscopy** [gæ'strɒskəpɪ; *US* -'strɑ-] S MED Gastroskopie *f*, Magenspiegelung *f*
gastrostomy [gæ'strɒstəmɪ; *US* -'strɑ-] S MED Gastrostomie *f (operatives Anlegen e-r Magenfistel, bes zur künstlichen Ernährung)*
gastrotomy [gæ'strɒtəmɪ; *US* -'strɑ-] S MED Gastrotomie *f (operative Öffnung des Magens)*
gastrula ['gæstrʊlə] *pl* -lae [-liː], -las S ZOOL Gastrula *f (zweischichtiger Becherkeim)*
gas| tube S PHYS Gasentladungsröhre *f*; **~ turbine** S TECH Gasturbine *f*; **~-turbine** ADJ Gasturbinen...: **~ engine**; **~ washer** S TECH Gaswaschapparat *m*; **~ welding** S

G

TECH Gas(schmelz)schweißen *n*; **~ well** S TECH (Erd)Gasquelle *f*; **~works** SPL *(meist als sg konstruiert)* TECH Gaswerk *n*

gat[1] [gæt] *obs prät von* get

gat[2] [gæt] S SCHIFF Gat(t) *n*, enge Durchfahrt

gat[3] [gæt] S *bes US sl* Schießeisen *n*, Ballermann *m*

gate[1] [geɪt] A S 1 *(Stadt-, Garten- etc)* Tor *n*, Pforte *f (beide a. fig)* 2 *fig* Zugang *m*, Weg *m (beide:* **to** zu) 3 a BAHN Sperre *f*, Schranke *f* b FLUG Flugsteig *m*, Ausgang *m* 4 (enger) Eingang, (schmale) Durchfahrt 5 BIBEL Gerichtsstätte *f* 6 *(Gebirgs)* Pass *m* 7 TECH *(Schleusen)* Tor *n* 8 SPORT a *bes Skisport:* Tor *n*: **miss a ~** ein Tor auslassen, an e-m Tor vorbeifahren; *he was disqualified* **for missing a ~** wegen e-s Torfehlers; **a 50-~ course** ein mit 50 Toren ausgesteckter Kurs b → starting gate 9 SPORT a Besucher(zahl) *pl(f)*: **falling ~s** zurückgehende Zuschauerzahlen b (eingenommenes) Eintrittsgeld, (Gesamt)Einnahmen *pl* 10 TECH Ventil *n*, Schieber *m* 11 *Gießerei:* (Einguss)Trichter *m*, Anschnitt *m* 12 FOTO Bild-, Filmfenster *n* 13 TV Ausblendstufe *f* 14 ELEK Torimpuls *m* 15 *US umg* a Entlassung *f* b Laufpass *m umg*: **get the ~** gefeuert werden; **give sb the ~** j-n feuern; j-m den Laufpass geben B V/T SCHULE, UNIV *Br j-m* den Ausgang sperren: **he was ~d** er erhielt Ausgangsverbot

gate[2] [geɪt] S *obs od dial* 1 Straße *f*, Weg *m* 2 *fig* Weg *m*, Methode *f*

gateau, *Br a.* **gâteau** ['gætəʊ; *US* gɑː'təʊ] *pl* -teaux [-təʊz] S Torte *f*

gate|-crash *umg* A V/I a uneingeladen kommen *od* hingehen b sich ohne zu bezahlen hinein- *od* hereinschmuggeln B V/T a uneingeladen kommen *od* gehen zu b sich ohne zu bezahlen schmuggeln in *(akk)*; **~-crasher** S *umg* a uneingeladener Gast, Eindringling *m* b *j-d, der sich ohne zu bezahlen in ein Konzert etc geschmuggelt hat*

gated ADJ mit Toren versehen: **~ community** bewachtes Wohnviertel, bewachte Wohnanlage

gate|fold S Faltblatt *n (in e-m Buch etc)*; **~house** S 1 Pförtnerhaus *n* 2 HIST Pförtner-, Wachzimmer *n*, *a.* Gefängnis *n (über e-m Stadttor)* 3 TECH Schleusenhaus *n*; **~keeper** S 1 Pförtner(in) 2 BAHN Bahn-, Schrankenwärter(in); **~-leg(ged) table** S Klapptisch *m*; **~man** [-mən] *bes US für* gatekeeper; **~ money** (eingenommenes) Eintrittsgeld, (Gesamt)Einnahmen *pl*; **~post** S Tor-, Türpfosten *m*: → between A 2; **~ saw** S TECH Gattersäge *f*; **~way** A S 1 Torweg *m*, Einfahrt *f* 2 Torrahmen *m*, Torüberbau *m* 3 *fig* Tor *n*, Zugang *m (beide:* **to** zu): **be the ~ to** *a.* führen zu B ADJ **~ drug** Einstiegsdroge *f*

gather ['gæðə(r)] A V/T 1 *etwas* (an)sammeln, anhäufen: **~ wealth** Reichtümer aufhäufen *od* sammeln; **~ experience** Erfahrung(en) sammeln; **~ facts** Fakten zusammentragen, Material sammeln; **~ information** Informationen einholen *od* einziehen; **~ strength** Kräfte sammeln, zu Kräften kommen 2 *Personen* versammeln: → father A 3 3 a *Blumen etc* pflücken b *Ähren etc* lesen, *Getreide etc* ernten 4 a *a.* **~ up** auflesen, (-)sammeln, *(vom Boden)* aufheben, aufnehmen: **~ together** zusammensuchen, zusammenraffen; **~ sb in one's arms** j-n in die Arme nehmen *od* schließen b SPORT *den Ball etc* annehmen 5 erwerben, gewinnen, ansetzen: **~ dust** staubig werden, verstauben; **his books are ~ing dust in the libraries** s-e Bücher verstauben in den Bibliotheken *(werden nicht gelesen)*; **~ way** a SCHIFF Fahrt aufnehmen, in Fahrt kommen *(a. fig)* b *fig* sich durchsetzen; **~ speed** Geschwindigkeit aufnehmen, schneller werden; → head *Bes Redew* 6 *Näherei:* raffen, kräuseln, zusammenziehen 7 *meist* **~ up** *sein Kleid etc* aufnehmen, zusammenraffen 8 *die Stirn* in Falten ziehen 9 *meist* **~ up** *die Beine* einziehen 10 *fig* folgern *(a.* MATH), schließen, sich *etwas* zusammenreimen *(alle:* **from** aus) B V/I 1 sich (ver)sammeln *od* scharen (**round sb** um j-n) 2 sich häufen, sich (an)sammeln 3 sich zusammenziehen *od* zusammenballen *(Wolken, Gewitter; a. fig)* 4 anwachsen, zunehmen, sich entwickeln 5 sich in Falten legen *(Stirn)* 6 MED a reifen *(Abszess)* b eitern *(Wunde)*

gatherer S 1 (Ein)Sammler(in) 2 AGR a Schnitter(in) b Winzer(in) 3 *Buchbinderei:* a Zusammenträger(in) b Zusammentragmaschine *f* 4 *Glasfabrikation:* Ausheber(in); **gathering** S 1 Sammeln *n* 2 Sammlung *f* 3 a (Menschen)Ansammlung *f* b Versammlung *f*, Zusammenkunft *f* 4 *Buchbinderei:* Lage *f* 5 MED a Reifen *n* b Eitern *n*, Eiterung *f* 6 *Näherei:* Kräuseln *n*

gating ['geɪtɪŋ] S 1 ELEK a Austastung *f*, Ausblendstufe *f* *(Kathodenstrahlröhre)* b (Signal)Auswertung *f (Radar)* 2 SCHULE, UNIV *Br* Ausgangsverbot *n*

GATT ABK General Agreement on Tariffs and Trade

gauche [gəʊʃ] ADJ (ADV **~ly**) 1 linkisch 2 taktlos; **gaucheness** S 1 linkische Art 2 Taktlosigkeit *f*; **gaucherie** ['gəʊʃəriː; *bes US* ˌgəʊʃə'riː] S 1 → gaucheness 2 Taktlosigkeit *f (Bemerkung etc)*

gaucho ['gaʊtʃəʊ] *pl* -chos S Gaucho *m*

gaud [gɔːd; *US a.* gɑːd] S 1 billiges *od* wertloses Schmuckstück 2 *meist pl* (übertriebener) Prunk, Pomp *m*; **gaudery** S 1 Flitter(kram) *m* 2 → gaud 2; **gaudiness** S auffällige Buntheit, Protzigkeit *f umg*; **gaudy** A ADJ (ADV gaudily) auffällig bunt, *(Farben)* grell, schreiend, *(Einrichtung etc)* protzig *umg* B S SCHULE, UNIV *Br* (jährliches) Festessen *(e-r Schule od e-s College)*

gauffer ['gəʊfə(r); *US a.* 'gɑːfər; 'gɔː-] → goffer

gauge [geɪdʒ] A V/T 1 TECH (ab-, aus)messen, ablehren, prüfen 2 TECH eichen, justieren, kalibrieren 3 *fig* (ab)schätzen, taxieren, beurteilen B S 1 TECH Normal-, Eichmaß *n* 2 Umfang *m*, Inhalt *m*: **take the ~ of** *fig* → A 3 3 *fig* Maßstab *m*, Norm *f (beide:* **of** für) 4 TECH Messgerät *n*, Anzeiger *m*, Messer *m*: a Pegel *m*, Wasserstandsmesser *m* b Manometer *n*, Druckmesser *m* c Lehre *f* d Maß-, Zollstab *m* e TYPO Zeilenmaß *n* 5 TECH *(bes Blech-, Draht)* Stärke *f*, (-)Dicke *f* 6 *Strumpffabrikation:* Gauge *n (Maß zur Angabe der Maschenzahl)* 7 MIL Kaliber *n (bei nicht gezogenen Läufen)* 8 BAHN Spur(weite) *f* 9 SCHIFF Abstand *m od* Lage *f (e-s Schiffes)*; **~ door** S *Bergbau:* Wettertür *f*; **~ glass** S TECH 1 Wasserstandsglas *n* 2 Flüssigkeitsstandanzeiger *m*; **~ lathe** S TECH Präzisionsdrehbank *f*; **~ point** S TECH Körner *m*

gauger ['geɪdʒə(r)] S 1 (Aus)Messer(in) 2 Eicher(in), Eichmeister(in)

gauge| ring S ELEK Passring *m*; **~ rod** S BAHN Spurstange *f*

gauging ['geɪdʒɪŋ] S TECH 1 Messung *f* 2 Eichung *f*: **~ office** Eichamt *n*; **~ rod** Eichmaß *n*, -stab *m*

Gaul [gɔːl] S 1 HIST Gallier(in) 2 Franzose *m*, Französin *f*

gauleiter ['gaʊˌlaɪtə(r)] S 1 HIST Gauleiter *m* 2 *umg pej* Blockwart *m*

Gaulish ['gɔːlɪʃ] A ADJ 1 gallisch 2 französisch B S LING, HIST Gallisch *n*, das Gallische

Gaullism ['gəʊlɪzəm; 'gɔː-] S POL Gaullismus *m*; **Gaullist** A S Gaullist(in) B ADJ gaullistisch

gault [gɔːlt] S GEOL Gault *m*, Flammenmergel *m*

gaunt [gɔːnt; *US a.* gɑːnt] ADJ (ADV **~ly**) 1 a hager b ausgemergelt, ausgezehrt 2 verlassen *(Gebäude)*, *(Gegend a.)* öde, *(Baum etc)* kahl

gauntlet[1] ['gɔːntlɪt; *US a.* 'gɑːnt-] S 1 MIL, HIST Panzerhandschuh *m* 2 *fig* Fehdehandschuh *m*: **fling** (*od* **throw**) **down the ~ (to sb)** (j-m) den Fehdehandschuh hinwerfen, (j-n) herausfordern; **pick** (*od* **take**) **up the ~** den Fehdehandschuh aufnehmen, die Herausforderung annehmen 3 Schutzhandschuh *m*

gauntlet[2] ['gɔːntlɪt; *US a.* 'gɑːnt-] S: **run the ~** Spießruten laufen *(a. fig)*; **run the ~ of sth** *fig* etwas *(Unangenehmes)* durchstehen müssen

gauntness S 1 a Hagerkeit *f* b Ausgezehrtheit *f* 2 Öde *f*, Kahlheit *f*

gauntry ['gɔːntrɪ] → gantry

gaup → gawp

gaur ['gaʊə(r)] S ZOOL Gaur *m*

gauss [gaʊs] *pl* gauss S PHYS Gauß *n (Einheit der magnetischen Induktion)*; **Gaussian** ADJ Gaußsch(er, e, es): **~ distribution** MATH Normalverteilung *f*, Gauß-Verteilung *f*

gauze [gɔːz] S 1 Gaze *f*, MED *a.* (Verband[s])-Mull *m*: **~ bandage** MED Gaze-, Mullbinde *f*; **~ pack** MED Gazetupfer *m*; **~ veil** Gazeschleier *m* 2 → wire gauze 3 Dunst *m*, (Nebel)Schleier *m*; **gauzy** ADJ (ADV gauzily) gazeartig, hauchdünn

gavage ['gævɑːʒ; *US* gə'vɑːʒ] S MED Zwangs-, *bes* Sondenernährung *f*

gave [geɪv] *prät von* give

gavel ['gævl] S 1 Hammer *m (e-s Auktionators, Vorsitzenden etc)* 2 Schlegel *m (e-s Maurers)*

gavelkind ['gævlkaɪnd] S JUR, HIST *Br* 1 Erbrecht *n* an Lehns- *od* Grundbesitz der ehelichen Abkömmlinge zu gleichen Teilen 2 *(e-e solche)* Lehnbesitzteilung

gavel-to-gavel ADJ: **~ coverage** *(Presse,* RADIO *etc)* vollständige Berichterstattung (**of** über *e-n Prozess etc)*

gavot(te) [gə'vɒt; *US* gə'vɑt] S MUS Gavotte *f*

GAW ABK *US* guaranteed annual wage garantierter Jahreslohn

gawk [gɔːk] A S *pej* Bauer *m* B V/I → gawp; **gawky** ADJ (ADV gawkily) *pej* bäurisch

gawp [gɔːp] V/I glotzen: **~ at** glotzen auf *(akk)*, anglotzen *(akk)*, angaffen *(akk)*

gay [geɪ] A ADJ (ADV gaily) 1 lustig, fröhlich 2 a bunt, (farben)prächtig: **the meadows were ~ with flowers** die Wiesen waren mit bunten Blumen übersät; **the streets were ~ with flags** die Straßen waren fahnengeschmückt b fröhlich, lebhaft *(Farben)* 3 a flott *(Leben)* b lebenslustig: **a ~ dog** *umg* ein lockerer Vogel 4 liederlich *(Frau)* 5 *umg* a schwul b Schwulen…: **a ~ bar**; ♀ **Lib(eration)** Schwulenbewegung *f*; ♀ **Libber** Anhänger *m* der Schwulenbewegung 6 *US umg* pampig, frech: **don't get ~ with me!** komm mir bloß nicht frech! B S *umg* Schwule(r) *m*

Gaza Strip ['gɑːzə; *US a.* 'gæ-; 'geɪ-] S Gazastreifen *m*

gaze [geɪz] A V/I starren: **~ at** starren auf *(akk)*, anstarren *(akk)*; → navel 1 B S (starrer) Blick, Starren *n*: **turn one's ~ from one person to the other** e-n nach dem anderen anstarren

gazebo [gə'ziːbəʊ; *US a.* -'zeɪ-] *pl* -bos, -boes S Gebäude *n* mit schönem Ausblick

gazehound S JAGD *Jagdhund, der das Wild mit den Augen verfolgt*

gazelle [gə'zel] *pl* -zelles, *bes koll* -zelle S ZOOL Gazelle *f*

gazer ['geɪzə(r)] S *j-d, der j-n od etwas anstarrt*

gazette [gə'zet] A S 1 Zeitung *f* 2 *Br* Amtsblatt *n*, Staatsanzeiger *m* (*in dem Rechtsverordnungen, Beförderungen, Konkursverfahren etc bekannt gegeben werden*) B V/T *Br* im Amtsblatt bekannt geben *od* veröffentlichen: **he was ~d general** s-e Beförderung zum General wurde im Staatsanzeiger bekannt gegeben; **gazetteer** [ˌgæzə'tɪə(r)] S 1 *obs* (Zeitungs)Journalist(in) 2 alphabetisches Ortsverzeichnis mit Ortsbeschreibung

gazump [gə'zʌmp] *Br* A V/I (*bes bei Grundbesitztransaktionen*) in der Zeit zwischen der unverbindlichen Einigung über den Kaufpreis u. dem Abschluss des Kaufvertrags den Preis erhöhen B V/T a *j-n* betrügen b *j-m* zu viel berechnen *od* abverlangen C S Preiserhöhung *f* in der Zeit zwischen der unverbindlichen Einigung über den Kaufpreis u. dem Abschluss des Kaufvertrags

GB ABK 1 Great Britain GB 2 gigabyte(s PL) GB *n od pl*

GBE ABK (Knight *od* Dame) Grand Cross of the British Empire (*Ordenstitel*)

GBH ABK JUR grievous bodily harm schwere Körperverletzung

GBS ABK George Bernard Shaw

GC ABK 1 Geneva Convention Genfer Konvention *f* 2 *Br* George Cross (*Tapferkeitsorden, bes für Zivilpersonen*)

GCB ABK *Br* (Knight *od* Dame) Grand Cross of the Bath (*Ordenstitel*)

GCE ABK SCHULE *Br* General Certificate of Education

G.C.F., **g.c.f.** ABK MATH greatest common factor

G.C.M., **g.c.m.** ABK MATH greatest common measure

GCMG ABK *Br* (Knight *od* Dame) Grand Cross of the Order of St Michael and St George (*Ordenstitel*)

GCSE ABK SCHULE *Br* General Certificate of Secondary Education

GCVO ABK *Br* (Knight *od* Dame) Grand Cross of the Royal Victorian Order (*Ordenstitel*)

Gdns ABK Gardens PL ...-Gärten *pl*, ...-Park *m*

GDP ABK WIRTSCH gross domestic product BIP *n*

GDR ABK HIST German Democratic Republic DDR *f*

gds. ABK goods PL Güter *pl*; Fracht *f*; Ware(n *pl*)

gear [gɪə(r)] A S 1 TECH a Zahn-, Getrieberad *n* b Getriebe *n*, Triebwerk *n* 2 TECH Eingriff *m*: **in ~** a eingerückt, -geschaltet, in Gang b *fig* vorbereitet c *fig* in Ordnung; **be in ~** *fig* funktionieren; **be in ~ with** im Eingriff stehen mit (*Zahnräder*); **out of ~** a ausgerückt, außer Eingriff, ausgeschaltet b *fig* in Unordnung; **be out of ~** *fig* nicht funktionieren; **throw out of ~** a ausrücken, -schalten b *fig* durcheinanderbringen 3 TECH a Übersetzung *f* b AUTO *etc* Gang *m*: **first** (**second**, *etc*) **~**; **in high ~** in e-m schnellen *od* hohen Gang; **in low** (*od* **bottom**) **~** im ersten Gang; (**in**) **top ~** im höchsten Gang, mit höchster Geschwindigkeit (*a. fig*); **the car is** (**I am**, *etc*) **in ~** es ist ein Gang eingelegt; **the car is** (**I am**, *etc*) **out of ~** es ist kein Gang eingelegt, der Gang ist herausgenommen; **change** (*bes US* **shift**) **~s** schalten; **change** (*bes US* **shift**) **into second ~** den zweiten Gang einlegen, in den zweiten Gang schalten; **put the car in(to) ~** e-n Gang einlegen; → shift B 9 c *pl* AUTO Getriebe *n*, (*e-s Fahrrads*) Gangschaltung *f* 4 FLUG, SCHIFF *etc* (*meist in Zusammensetzungen*) Vorrichtung *f*, Gerät *n*: → landing gear, steering gear 5 Ausrüstung *f*, Gerät *n*, Werkzeug(e) *n(pl)*, Zubehör *n* 6 *umg* Hausrat *m* 7 *umg* Habseligkeiten *pl*, Sachen *pl* 8 *umg* Kleidung *f*, Aufzug *m* 9 (*Pferde- etc*) Geschirr *n* B V/T 1 TECH a mit e-m Getriebe versehen b übersetzen c in Gang setzen (*a. fig*), einschalten: **~ up** ins Schnelle übersetzen, *fig* heraufsetzen, verstärken, steigern; **~ down** ins Langsame übersetzen, *fig* drosseln 2 *fig* a (**to, for**) einstellen (auf *akk*), anpassen (*dat od* an *akk*), abstimmen (auf *akk*): **~ production to demand** die Produktion der Nachfrage anpassen b ausrichten (**toward[s]** auf *akk*) 3 ausrüsten 4 *oft* **~ up** *Zugtiere* anschirren C V/I 1 TECH a ineinandergreifen (*Zahnräder*) b eingreifen (**into, with** in *akk*) 2 TECH in Gang kommen *od* sein (*a. fig*) 3 **~ up** (**down**) AUTO hinauf-(herunter)schalten 4 *fig* (**with**) abgestimmt sein (auf *akk*), eingerichtet sein (für), passen (zu)

gear|box S TECH a Getriebe *n*: **~ oil** Getriebeöl *n* b Getriebegehäuse *n*; **~ change** S AUTO *Br* (Gang)Schaltung *f*; **~ cutter** S TECH Zahnradfräsmaschine *f*; **~ drive** → gearing 1

geared [gɪə(r)d] ADJ verzahnt, Getriebe...

gearing S TECH 1 (Zahnrad)Getriebe *n*, (-)Antrieb *m*, Vorgelege *n*, Triebwerk *n* 2 Übersetzung *f* (*e-s Getriebes*) 3 Verzahnung *f*

gearless ADJ TECH räder-, getriebelos

gear| lever S AUTO *Br* Schalthebel *m*; **~ ratio** S TECH Übersetzung(sverhältnis) *f(n)*; **~ rim** S TECH Zahn(rad)kranz *m*; **~ shaft** S TECH Getriebewelle *f*; **~shift** S AUTO *US* 1 (Gang)Schaltung *f* 2 *a.* **~ lever** Schalthebel *m*; **~ stick** → gear lever; **~wheel** S TECH Getriebe-, Zahnrad *n*

gecko ['gekəʊ] *pl* -os, -oes S ZOOL Gecko *m*

gee[1] [dʒiː] S G, g *n* (*Buchstabe*)

gee[2] [dʒiː] A S *Kindersprache*: Hottehü *n* (*Pferd*) B INT *a.* **~ up!** a hott! (*nach rechts*) b hü(h)!, hott! (*schneller*) C V/T *a.* **~ up** *Br umg* antreiben

gee[3] [dʒiː] INT *bes US umg* na so was!, Mann!, Donnerwetter!

gee-gee ['dʒiːdʒiː] → gee[2] A

geese [giːs] *pl von* goose

geek [giːk] S *sl* 1 fader Kerl, Langweiler(in), *engS.* Kleidermuffel *m* 2 Trottel *m pej* 3 lästiger Kerl 4 komischer Typ 5 Computerfreak *m*; **geeky** ADJ (ADV geekily) *sl* 1 fad(e), langweilig 2 vertrottelt *pej* 3 lästig 4 komisch

gee| whiz [ˌdʒiː'wɪz] → gee[3]; **~-whiz** ADJ *US umg* 1 Sensations...: **~ journalism** 2 fantastisch, der Superlative

geezer ['giːzə(r)] S *umg* wunderlicher (alter) Kauz

gegenschein ['geɪgənʃaɪn] S ASTRON Gegenschein *m*

Gehenna [gɪ'henə] S REL Gehenna *f*, Hölle *f* (*a. fig*)

gehlenite ['geɪlənaɪt] S MINER Gehlenit *m*

Geiger counter ['gaɪgə(r)] S PHYS Geigerzähler *m*

geisha ['geɪʃə] *pl* -sha, -shas S Geisha *f*

Geissler tube ['gaɪslə(r)] S PHYS Geißler-Röhre *f*

gel [dʒel] A S Gel *n* B V/I 1 gelieren 2 *fig* Gestalt annehmen

gelatin ['dʒelətɪn] S 1 Gelatine *f* 2 Gallerte *f* 3 mit Gelatine hergestellte Masse 4 TECH Sprenggelatine *f*; **gelatinate** [dʒə'lætɪneɪt] → gelatinize

gelatine [ˌdʒelə'tiːn; *US* 'dʒelətn] → gelatin

gelatinize [dʒə'lætɪnaɪz] V/I & V/T gelatinieren (lassen); **gelatinoid** ADJ & S gallertartig(e Substanz); **gelatinous** ADJ (ADV ~ly) gallertartig, gelatinös

gelation [dʒɪ'leɪʃn] S Gelierung *f*

geld[1] [geld] *prät u. pperf* gelded, gelt [gelt] V/T 1 *ein Tier, bes e-n Hengst* kastrieren, verschneiden 2 *j-n* verweichlichen 3 a *ein Argument etc* abschwächen b *ein Buch etc* (von anstößigen Stellen) reinigen

geld[2] [geld] S *Br* HIST Kronsteuer *f*

gelding ['geldɪŋ] S 1 kastriertes Tier, *bes* Wallach *m* 2 Kastrieren *n*, Verschneiden *n*

gelid ['dʒelɪd] ADJ (ADV ~ly) eiskalt, eisig (*a. fig Miene etc*)

gelignite ['dʒelɪgnaɪt] S TECH Gelatinedynamit *n*

gelly ['dʒelɪ] *umg für* gelignite

gelsemium [dʒel'siːmɪəm] S 1 BOT Gelsemie *f*, Gelsemium *n*, Dufttrichter *m*, *bes* Gelber Jasmin 2 PHARM *Wurzelstock des Gelben Jasmins*

gelt[1] [gelt] S *bes US sl* Knete *f* (*Geld*)

gelt[2] [gelt] *prät u. pperf von* geld[1]

gem [dʒem] A S 1 Edelstein *m*, Juwel *n* 2 Gemme *f* 3 *fig* Perle *f*, Juwel *n* (*beide a. Person*), Pracht-, Glanzstück *n* 4 TYPO *e-e 3½-Punkt-Schrift* B V/T mit Edelsteinen schmücken

gemeinschaft [gə'maɪnʃaft] *pl* -schaften [-ʃaftən] S Gemeinschaft *f*

geminate ['dʒemɪnət; -neɪt] A ADJ gepaart, paarweise, Doppel...: **~ consonant** LING Doppelkonsonant *m* B V/T & V/I [-neɪt] (sich) verdoppeln; **gemination** S 1 Verdopp(e)lung *f* 2 LING Gemination *f*, Konsonantenverdopp(e)lung *f*

Gemini ['dʒemɪnaɪ; -niː] ASTROL A SPL (*meist als sg konstruiert*) Zwillinge *pl*: **be a ~** (ein) Zwilling sein B ADJ Zwillings...: **be ~** (ein) Zwilling sein

Geminian A ADJ → Gemini B B S Zwilling *m* (*Person*): **be a ~** (ein) Zwilling sein

gemma ['dʒemə] *pl* -mae [-miː] S 1 BOT a Gemme *f*, Brutkörper *m* b Blattknospe *f* 2 BIOL Gemme *f*, Knospe *f*; **gemmate** [-meɪt] BIOL A ADJ 1 sich durch Knospung fortpflanzend 2 Knospen tragend B V/I 1 sich durch Knospung fortpflanzen 2 Knospen tragen; **gemmation** S BIOL, BOT 1 Knospenbildung *f* 2 Fortpflanzung *f* durch Knospen

gemmiferous [dʒe'mɪfərəs] ADJ 1 edelsteinhaltig 2 BIOL → gemmate A

gemmiparous [dʒe'mɪpərəs] → gemmate A

gemmology [dʒe'mɒlədʒɪ; *US* -'mɑ-] S Gemmologie *f*, Edelsteinkunde *f*

gemmulation [ˌdʒemjʊ'leɪʃn] S BIOL Fortpflanzung *f* durch Gemmulae

gemmule ['dʒemjuːl] S 1 BOT kleine Blattknospe 2 BIOL Gemmula *f*: a Keimchen *n* (*in Darwins Pangenesistheorie*) b Brutknospe *f*

gemmy ['dʒemɪ] ADJ 1 voller Edelsteine 2 glänzend, funkelnd

gemology → gemmology

gemot(e) [gɪ'məʊt] S HIST Versammlung *f* (*der Angelsachsen*)

gemsbok ['gemzbɒk, *US* -ˌbɑk] *pl* **-boks**, *bes koll* **-bok** S ZOOL Gemsantilope *f*

Gem| State S *US* (*Beiname für den Staat*) Idaho *n*; **≈stone** S Edelstein *m*

gemütlich [gə'myːtlɪç] ADJ gemütlich; **gemütlichkeit** [-kaɪt] S Gemütlichkeit *f*

gen [dʒen] *Br umg* A S Auskunft *f*, Auskünfte *pl*, Information(en) *f(pl)* (*alle*: **on, about** über *akk*): **give sb the ~** j-n informieren B V/T & V/I: **~ up** (sich) informieren (**on, about** über *akk*)

gen.[1] ABK 1 gender 2 general(ly) 3 LING genitive 4 BIOL genus

Gen.[2] ABK 1 MIL General 2 BIBEL Genesis

gendarme ['ʒɑ̃ːndɑː(r)m; 'ʒɑːn-] S 1 Gendarm *m* 2 Felsspitze *f*; **gendarmerie** [ʒɑ̃ːn'dɑː(r)mərɪ; ʒɑːn-] S Gendarmerie *f*

gender[1] ['dʒendə(r)] S 1 LING Genus *n*, Geschlecht *n*: **what ~ is this word?** welches Genus hat dieses Wort? 2 *US od umg Br* a Geschlecht *n* (*von Personen*) b *koll* Geschlecht *n*: **the female ~**

G

gender[2] ['dʒendə(r)] *obs für* engender
gender| bender S *Br umg* Transvestit *m*; **~ person** S *US* Person *f*; **~ reassignment** S MED *US* (chirurgische) Geschlechtsumwandlung
gene [dʒi:n] S BIOL Gen *n* (*Träger der Erbanlage*)
genealogic [ˌdʒi:njə'lɒdʒɪk; -nɪə-; ˌdʒen-; *US* -'lɑ-] ADJ (ADV ~ally) → genealogical; **genealogical** [-kl] ADJ (ADV ~ly) genealogisch: **~ research** → genealogy a; **~ tree** Stammbaum *m*; **genealogist** [-nɪ'ælədʒɪst; *US a.* -'ɑl-] S Genealoge *m*, Genealogin *f*, Ahnenforscher(in); **genealogize** A VI Ahnenforschung (be)treiben B VT den Stammbaum erforschen von (*od gen*); **genealogy** S Genealogie *f*: a Ahnenforschung *f* b Ahnentafel *f* c Abstammung *f*

gene| bank S AGR, BOT Genbank *f*; **~ frequency** S BIOL Genfrequenz *f*, -häufigkeit *f*; **~ pool** S BIOL Erbmasse *f*
genera ['dʒenərə] *pl von* genus
general ['dʒenərəl] A ADJ (ADV → generally) 1 allgemein, gemeinschaftlich, Gemeinschafts… 2 allgemein (gebräuchlich *od* verbreitet), allgemeingültig, üblich, gängig: **the ~ practice** das übliche Verfahren; **as a ~ rule** meistens, üblicherweise; **it seems to be the ~ rule** es scheint allgemein üblich zu sein 3 allgemein, Allgemein…, generell, umfassend: **~ education** (*od* **knowledge**) Allgemeinbildung *f*; **the ~ public** die breite Öffentlichkeit, die Allgemeinheit; **~ term** Allgemeinbegriff *m*; **of ~ interest** von allgemeinem Interesse 4 allgemein, nicht spezialisiert: **the ~ reader** der Durchschnittsleser; **~ store** Gemischtwarenhandlung *f* 5 allgemein (gehalten) (*Studie etc*): **in ~ terms** allgemein (ausgedrückt) 6 ganz, gesamt: **~ classification** SPORT Gesamtklassement *n*; **the ~ body of citizens** die gesamte Bürgerschaft 7 ungefähr, unbestimmt: **a ~ idea** e-e ungefähre Vorstellung 8 Haupt…, General…: **~ agent** a Generalbevollmächtigte(r) *m/f(m)* b WIRTSCH Generalvertreter(in); **~ manager** Generaldirektor *m*; **~ power of attorney** Generalvollmacht *f*; **~ sales manager** Verkaufsleiter *m* 9 (*Amtstiteln nachgestellt*) meist General…: → consul general, *etc* 10 MIL Generals… B S 1 MIL a General *m* b Heerführer *m*, Feldherr *m* c *a. allg* Stratege *m* d → general officer 2 MIL *US* a (Vier-Sterne-)General *m* (*zweithöchster Generalsrang*) b ♀ **of the Army** Fünf-Sterne-General *m* (*höchster Generalsrang*) 3 REL (Ordens)General *m*, (General)Obere(r) *m* 4 „♀" (*als Überschrift*) „Allgemeines"; **in ~** im Allgemeinen, im Großen u. Ganzen 5 **the ~** *obs* die breite Öffentlichkeit, die Allgemeinheit
general| acceptance S WIRTSCH uneingeschränktes Akzept; **~ an(a)esthesia** S MED Vollnarkose *f*; **~ assembly** S 1 Voll-, Generalversammlung *f*: **the General Assembly of the United Nations** 2 **General Assembly** POL *US* Parlament *n* (*einiger Einzelstaaten*) 3 **General Assembly** REL *schott* oberstes kirchliches Gericht; **~ average** S JUR, SCHIFF große Havarie; **~ cargo** S WIRTSCH, SCHIFF Stückgut (-ladung) *n(f)*, Stückgüter *pl*; ♀ **Certificate of Education** S SCHULE *Br*: **~ O level** HIST (*etwa*) mittlere Reife; **~ A level** (*etwa*) Abitur *n*; ♀ **Certificate of Secondary Education** S SCHULE *Br Abschluss der Sekundarstufe*; **~ creditor** S WIRTSCH gewöhnliche(r) *od* nicht bevorrechtigte(r) Gläubiger(in); **~ dealer** S *Br* Gemischtwarenhändler(in); **~ delivery** S *US Postwesen*: a (Aufbewahrungs- u. Ausgabestelle *f* für) postlagernde Sendungen *pl* b (*als Vermerk*) „postlagernd"; **~ election** S POL allgemeine Wahlen *pl*, Parlamentswahlen *pl*; **~ headquarters** SPL (*oft als sg konstruiert*) MIL Großes Hauptquartier; **~ hospital** S 1 MIL Kriegslazarett *n* 2 Allgemeinkrankenhaus *n*
generalissimo [ˌdʒenərə'lɪsɪməʊ] *pl* **-mos** S MIL Generalissimus *m*, oberster Befehlshaber
generalist ['dʒenərəlɪst] S Generalist(in) (*Ggs Spezialist[in]*)
generality [ˌdʒenə'rælətɪ] S 1 allgemeine Redensart, Gemeinplatz *m*: **speak in generalities** sich in allgemeinen Redensarten ergehen 2 allgemeines Prinzip, Regel *f* 3 *obs* Mehrzahl *f*, größter Teil, (*die*) große Masse 4 Allgemeingültigkeit *f* 5 Unbestimmtheit *f*
generalization [ˌdʒenərəlaɪ'zeɪʃn; *US* -lə'z-] S 1 Verallgemeinerung *f* 2 *Logik*: Generalisation *f* (*Gewinnung e-s Begriffs etc durch Induktion aus Einzelfällen*); **generalize** A VT 1 verallgemeinern 2 *Logik*: generalisieren 3 auf e-e allgemeine Formel bringen 4 der Allgemeinheit zugänglich machen 5 MAL in großen Zügen darstellen B VI 1 verallgemeinern: a allgemeine Schlüsse ziehen (**from** aus) b allgemeine Feststellungen machen 2 MED sich generalisieren (*Krankheit*); **generally** ADV 1 *oft* **~ speaking** im Allgemeinen, allgemein, generell, im Großen u. Ganzen 2 allgemein: **it is ~ known** *a.* es ist allseits bekannt; → accept A 4 3 gewöhnlich, meistens, üblicherweise
general| medicine S Allgemeinmedizin *f*; **~ meeting** S WIRTSCH General-, Hauptversammlung *f*; **~ officer** S MIL Offizier *m* im Generalsrang; **~ paralysis** S MED progressive Paralyse (*spätsyphilitische Erkrankung*); **~ pardon** S (General)Amnestie *f*; **~ paresis** → general paralysis; **~ pause** S MUS Generalpause *f*; **~ post office** S *US* Hauptpost (-amt) *f(n)*; **~ practitioner** S Arzt *m od* Ärztin *f* für Allgemeinmedizin, praktischer Arzt, praktische Ärztin; **~ property tax** S *US* Vermögenssteuer *f*; **~-purpose** ADJ TECH Mehrzweck…, Allzweck…, Universal…
generalship S MIL 1 Generalsrang *m* 2 Strategie *f*: a Feldherrnkunst *f* b *a. allg* geschickte Taktik
general| staff S (*a. als pl konstruiert*) MIL Generalstab *m*: **chief of ~** Generalstabschef *m*; **~ strike** S WIRTSCH Generalstreik *m*
generate ['dʒenəreɪt] VT 1 *Elektrizität etc* erzeugen, *Gas, Rauch* entwickeln: **to ~d** entstehen 2 *fig, a.* MATH *e-e Figur etc* erzeugen, bilden 3 *fig* bewirken, verursachen, hervorrufen 4 BIOL zeugen 5 TECH (*im Abwälzverfahren*) verzahnen
generating ADJ erzeugend; **~ mill cutter** → generator 4; **~ station** S ELEK Kraftwerk *n*
generation [ˌdʒenə'reɪʃn] S 1 Generation *f*: **~ gap** Generationsunterschied *m* 2 Generation *f*, Menschenalter: **~s** *umg* e-e Ewigkeit 3 BIOL Entwicklungsstufe *f* 4 Zeugung *f*, Fortpflanzung *f*: → spontaneous 4 5 *bes* CHEM, ELEK, PHYS Erzeugung *f* (*a.* MATH), Entwicklung *f*: **~ of electricity** Stromerzeugung 6 Entstehung *f* 7 WIRTSCH, TECH Generation *f*: **a new ~ of cars**; **a third-~ computer** ein Computer der dritten Generation; **generational** ADJ Generations…: **~ conflict** (*od* **clash**) Generationskonflikt *m*; **generative** [-rətɪv; -reɪtɪv] ADJ (ADV ~ly) 1 generativ, BIOL Zeugungs…, Fortpflanzungs…: **~ power** Zeugungskraft *f*; **~ cell** generative Zelle, Geschlechtszelle *f* 2 BIOL fruchtbar 3 LING generativ (*Grammatik*)
generator ['dʒenəreɪtə(r)] S 1 ELEK Generator *m*, Stromerzeuger *m*, Dynamomaschine *f* 2 TECH a Gaserzeuger *m*, -generator *m*: **~ gas** Generatorgas *n* b Dampferzeuger *m*, -kessel *m* 3 CHEM Entwickler *m* 4 TECH Abwälzfräser *m* 5 BIOL (Er)Zeuger *m* 6 MUS Grundton *m*
generatrix ['dʒenəreɪtrɪks; *US* ˌ-'reɪ-] *pl* **-trices** [-trɪsi:z] S MATH Erzeugende *f*
generic [dʒɪ'nerɪk] ADJ (ADV ~ally) 1 BIOL generisch, Gattungs…: **~ character** Gattungsmerkmal *n*; **~ term** (*od* **name**) a Gattungsname *m* b *allg* Oberbegriff *m* 2 allgemein, generell
generosity [ˌdʒenə'rɒsətɪ; *US* -'rɑ-] S 1 Großzügigkeit *f*: a Freigebigkeit *f* b Edelmut *m*, Hochherzigkeit *f* 2 edle Tat 3 Fülle *f*; **generous** ADJ (ADV ~ly) 1 großzügig: a freigebig b edel(mütig), hochherzig 2 reichlich, üppig (*Portion etc*): **a ~ mouth** volle Lippen *pl* 3 gehaltvoll, vollmundig (*Wein*) 4 reich, fruchtbar (*Boden etc*); **generousness** → generosity
genesis ['dʒenɪsɪs] *pl* **-eses** [-si:z] S 1 ♀ BIBEL Genesis *f*, 1. Buch Mose 2 Genese *f*, Genesis *f*, Entstehung *f*, Entwicklung *f*, Werden *n* 3 Ursprung *m*
-genesis [dʒenɪsɪs] *Wortelement mit der Bedeutung* …erzeugung, …entstehung
genet[1] ['dʒenɪt] S 1 ZOOL Genette *f*, Ginsterkatze *f* 2 Genettepelz *m*
genet[2] *obs* → jennet
genetic [dʒɪ'netɪk] A ADJ (ADV ~ally) *bes* BIOL genetisch: a entwicklungsgeschichtlich, Entstehungs…, Entwicklungs…: **~ development** Entwicklungsgeschichte *f* b Vererbungs…, Erb…: **~ code** genetischer Code; **~ engineering** a Genmanipulation *f* b Gentechnologie *f*, -technik *f*; **~ factor** Erbfaktor *m*; **~ fingerprint** genetischer Fingerabdruck; **~ information** Erbinformation(en) *f(pl)*; **~ therapy** MED Gentherapie *f*; **~ally engineered** genmanipuliert; **~ally modified** gentechnisch verändert B SPL BIOL 1 (*als sg konstruiert*) Genetik *f*, Vererbungslehre *f* 2 genetische Formen *pl* u. Erscheinungen *pl*; **genetical** ADJ (ADV ~ly) → genetic A; **geneticist** [-sɪst] S Genetiker(in)
genette [dʒɪ'net] → genet[1]
geneva [dʒɪ'ni:və] S Genever *m* (*niederländischer Wacholderschnaps*)
Geneva [dʒɪ'ni:və] S Genf *n*; a *Kanton der Schweiz* b *Hauptstadt von* a; **Geneva| bands** [dʒɪ'ni:və] SPL REL Beffchen *n*; **~ Convention** S MIL Genfer Konvention *f*; **~ drive** S TECH Malteserkreuzantrieb *m*; **~ gown** S REL Talar *m*
Genevan [dʒɪ'ni:vən] A ADJ 1 Genfer(…) 2 REL kalvinistisch B S 1 Genfer(in) 2 REL Kalvinist(in)
Geneva stop [dʒɪ'ni:və] S TECH Malteserkreuz *n*
Genevese [ˌdʒenɪ'vi:z] A ADJ Genfer(…) B S Genfer(in): **the ~** *koll* die Genfer *pl*
genial[1] ['dʒi:njəl] ADJ (ADV ~ly) 1 freundlich (*a. fig Klima etc*), herzlich: **in ~ company** in froher Gesellschaft 2 belebend, anregend, wohltuend 3 mild, warm (*Wetter etc*) 4 *obs* a Zeugungs… b Ehe…
genial[2] [dʒɪ'naɪəl] A ADJ ANAT, ZOOL Kinn… B S ZOOL Kinnschuppe *f*
geniality [ˌdʒi:nɪ'ælətɪ], **genialness** ['dʒi:njəlnɪs] S 1 Freundlichkeit *f*, Herzlichkeit *f* 2 Milde *f*
-genic [dʒenɪk] *Wortelement mit den Bedeutungen* a …erzeugend, …erregend: →carcinogenic, *etc* b gut geeignet für: → telegenic *etc*
genie ['dʒi:nɪ] S 1 dienstbarer Geist 2 Dschinn *m* (*Geist im islamischen Volksglauben*)
genii ['dʒi:nɪaɪ] *pl von* genius 5
genio- [dʒɪnaɪəʊ] *Wortelement mit der Bedeutung* Kinn…
genipap ['dʒenɪpæp] S BOT (essbare Frucht vom) Genipbaum *m*
genista [dʒɪ'nɪstə] S BOT Ginster *m*

genital ['dʒenɪtl] ANAT, ZOOL A ADJ 1 Zeugungs…, Fortpflanzungs… 2 genital, Geschlechts…: **~ area** Genitalbereich *m*; **~ gland** Keimdrüse *f*; **~ herpes** MED Herpes *m* genitalis; **~ stage** (*od* **phase**) PSYCH genitale Phase B S PL Genitalien *pl*, Geschlechtsteile *pl*; **genitalia** [-'teɪljə] → genital B; **genitality** [-'tælətɪ] S PSYCH Genitalität *f* (*mit dem Eintreten des Menschen in die genitale Phase beginnende Stufe der Sexualität*)

genitival [ˌdʒenɪ'taɪvl] ADJ (ADV **~ly**) → genitive A; **genitive** [-tɪv] LING A ADJ genitivisch, Genitiv…: **~ case** → B B S Genitiv *m*, zweiter Fall

genitor ['dʒenɪtə(r)] S BIOL Erzeuger *m*

genitourinary [ˌdʒenɪtəʊ'jʊərɪnərɪ; *US* -ˌneriː] ADJ ANAT urogenital (*die Harn- u. Geschlechtsorgane betreffend*)

genius ['dʒiːnjəs] *pl* geniuses S 1 Genie *n*: a genialer Mensch b Genialität *f*, geniale Schöpferkraft 2 (natürliche) Begabung *od* Gabe: **have a ~ for languages** sprachbegabt sein 3 Geist *m*, eigener Charakter, (*das*) Eigentümliche (*e-r Nation, Epoche etc*): **~ of a period** Zeitgeist 4 → genius loci 5 *pl* genii ['dʒiːnɪaɪ] *oft* ♀ *Antike*: REL Genius *m*, Schutzgeist *m* (*a. fig*): **good (evil) ~** guter (böser) Geist (*a. fig*); **~ loci** ['ləʊsaɪ] S a Genius *m* Loci, Schutzgeist *m* e-s Ortes b (besondere) Atmosphäre e-s Ortes

genizah [ge'niːzə; *US a.* gəˌniː'zɑː] S Genisa *f*, Geniza *f* (*Raum in der Synagoge zur Aufbewahrung schadhaft gewordener Handschriften u. Kultgegenstände*)

genl ABK general

genoblast ['dʒenəʊblæst] S BIOL reife Geschlechtszelle

genocidal [ˌdʒenəʊ'saɪdl] ADJ völkermörderisch; **genocide** [-saɪd] S Genozid *m, a. n*, Völkermord *m*

Genoese [ˌdʒenəʊ'iːz; *US* -nə'wiːz] A *pl* -ese S Genueser(in) B ADJ genuesisch, Genueser(…)

genome ['dʒiːnəʊm], *a.* **genom** ['dʒiːnəʊm; *US* -ˌnɑm] S BIOL Genom *n* (*einfacher Chromosomensatz e-r Zelle, der deren Erbmasse darstellt*)

genotype ['dʒenəʊtaɪp; *US* 'dʒiːnə-; 'dʒenə-] S BIOL Genotyp(us) *m* (*Gesamtheit der Erbfaktoren e-s Lebewesens*); **genotypic** [-'tɪpɪk] ADJ (ADV **~ally**) genotypisch

genre ['ʒɑ̃ːŋrə; 'ʒɑːnrə] S 1 a Genre *n*, (*a. Literatur*)Gattung *f*, Art *f* b → genre painting a 2 Form *f*, Stil *m*; **~ painting** S a Genremalerei *f* b Genrebild *n*, Sittenbild *n*, -gemälde *n*

genro [ˌgen'rəʊ] S (*a. als pl konstruiert*) HIST Genro *m* (*vom japanischen Kaiser eingesetzter Staatsrat*)

gent[1] [dʒent] ADJ *obs* 1 ad(e)lig 2 elegant

gent[2] [dʒent] S 1 *umg od hum für* gentleman: **~s' hairdresser** Herrenfriseur *m* 2 *pl* (*als sg konstruiert*) *Br umg* Herrenklo *n*: **"♀s"** (*Aufschrift*) *„Herren"* 3 *US umg* Kerl *m*

gent. ABK gentleman, gentlemen PL

genteel [dʒen'tiːl] ADJ (ADV **~ly**) 1 vornehm: **live in ~ poverty** in Armut, aber vornehm leben 2 elegant, fein 3 vornehm tuend, geziert, affektiert

gentian ['dʒenʃɪən; *US* -tʃən] S 1 BOT Enzian *m* 2 PHARM a *a.* **~ root** Enzianwurzel *f* b → gentian bitter; **~ bitter** S PHARM Enziantinktur *f*; **~ blue** S Enzianblau *n* (*Farbe*)

gentile ['dʒentaɪl] A S 1 *a.* ♀ Nichtjude *m*, -jüdin *f*, *bes* Christ(in) 2 *a.* ♀ Heide *m*, Heidin *f* 3 *a.* ♀ Nichtmormone *m*, -mormonin *f* B ADJ 1 *a.* ♀ nichtjüdisch, *bes* christlich 2 *a.* ♀ heidnisch 3 *a.* ♀ nichtmormonisch 4 [-tɪl; -taɪl] *zu e-m Stamm od Volk gehörig* 5 [-tɪl; -taɪl] LING *e-e Gegend od deren Bewohner bezeichnend* (*Wort*)

gentilism ['dʒentaɪlɪzəm] S Heidentum *n*

gentility [dʒen'tɪlətɪ] S 1 *obs* vornehme Herkunft 2 a Vornehmheit *f* b *pej* Vornehmtuerei *f*

gentle ['dʒentl] A ADJ (ADV **gently**) 1 freundlich, sanft, gütig, liebenswürdig: **~ reader** geneigter Leser; **be ~ with sb** j-n sanft anfassen; → sex A 2 2 sanft, leise, leicht, zart, mild, sacht: **~ blow** leichter *od* sanfter Schlag; **~ hint** zarter Wink; **~ medicine** mildes Medikament; **~ rebuke** sanfter *od* milder Tadel; **~ slope** sanfter Abhang; **~ voice** sanfte Stimme; **~ on the stomach** magenschonend, -freundlich 3 zahm, fromm (*Tier*) 4 *obs* edel, vornehm: **of ~ birth** von vornehmer Herkunft 5 *obs* ritterlich B V/T 1 a *ein Tier* zähmen b *ein Pferd* zureiten 2 besänftigen, mildern C S 1 *Angeln*: Fleischmade *f* (*Köder*) 2 weiblicher Wanderfalke 3 *obs* Mensch *m* von vornehmer Herkunft; **~ breeze** S schwache Brise (*Windstärke 3*); **~folk(s)** S PL vornehme *od* feine Leute *pl*

gentlehood S *obs* Vornehmheit *f* (der Herkunft)

gentleman ['dʒentlmən] S *irr* 1 Gentleman *m*: a Ehrenmann *m* b Mann *m* von Lebensart u. Charakter: **~'s** (*od* **gentlemen's**) **agreement** Gentleman's *od* Gentlemen's Agreement *n*, WIRTSCH *etc* Vereinbarung *f* auf Treu u. Glauben; **~'s ~** (Kammer)Diener *m* 2 Herr *m*: **gentlemen** a (*als Anrede*) m-e Herren! b (*in Briefen*) Sehr geehrte Herren; **the old ~** *hum* der Teufel; **~ of fortune** Glücksritter *m*; **~ friend** Freund *m* (*e-r Dame*); **~ of the road** HIST Wegelagerer *m*; **~ farmer** Gutsbesitzer *m*; **~ rider** Herrenreiter *m* 3 *Titel von Hofbeamten*: ♀ **of the Bedchamber** königlicher Kammerjunker 4 *obs* Privatier *m* 5 HIST a Mann *m* von Stand b *Br* Edelmann *m*; **gentleman-at-arms** *pl* gentlemen-at-arms S *Br* Leibgardist *m*; **gentlemanlike** → gentlemanly; **gentlemanlikeness**, **gentlemanliness** ['dʒentlmənlɪnɪs] S 1 feines *od* vornehmes Wesen 2 gebildetes *od* feines Benehmen; **gentlemanly** ADJ gentlemanlike, vornehm, fein

gentleness S 1 Freundlichkeit *f*, Güte *f*, Liebenswürdigkeit *f* 2 Sanftheit *f*, Milde *f* 3 *obs* Vornehmheit *f*

gentlewoman S *irr* Dame *f* (von Lebensart u. Charakter); **gentlewomanlike**, **gentlewomanly** ADJ vornehm, fein, damenhaft

gentry ['dʒentrɪ] S 1 Oberschicht *f* 2 *Br* Gentry *f*, niederer Adel 3 (*a. als pl konstruiert*) *umg* Leute *pl*, Sippschaft *f*

genual ['dʒenjʊəl; *US* -jəwəl] ADJ ANAT, ZOOL Knie…

genuflect ['dʒenjuːflekt; *US* -jə-] V/I 1 REL e-e Kniebeuge machen 2 *fig* (**before** vor *dat*) a sich verbeugen b *pej* e-n Kniefall machen; **genuflection**, *bes Br a.* **genuflexion** [-'flekʃn] S 1 REL Kniebeuge *f* 2 *fig* a Verbeugung *f* b *pej* Kniefall *m*

genuine ['dʒenjʊɪn; *US* -jəwən] ADJ (ADV **~ly**) 1 echt: a authentisch (*Unterschrift etc*): **"only ~ with the green dot"** „nur echt mit dem grünen Punkt" b ernsthaft (*Angebot etc*): **this was their only ~ chance** SPORT das war ihre einzige echte Chance c aufrichtig (*Mitgefühl etc*) 2 natürlich, ungekünstelt (*Lachen, Person*); **genuineness** S 1 Echtheit *f*: a Authentizität *f* b Ernsthaftigkeit *f* c Aufrichtigkeit *f* 2 Natürlichkeit *f*

genus ['dʒiːnəs] *pl* genera ['dʒenərə] S 1 BOT, PHIL, ZOOL Gattung *f* 2 Klasse *f*, Art *f*

geo- [dʒiːəʊ] *Wortelement mit der Bedeutung* Erd…, Land…

geobotany S Geobotanik *f* (*Wissenschaft von der geografischen Verbreitung der Pflanzen*)

geocentric ADJ, **geocentrical** ADJ (ADV **~ly**) ASTRON geozentrisch: a *von der Erde als Mittelpunkt ausgehend* b *auf den Erdmittelpunkt bezogen, vom Erdmittelpunkt aus gerechnet*

geochemistry S Geochemie *f* (*Wissenschaft von der chemischen Zusammensetzung der Erde*)

geochronology S Geochronologie *f* (*Teilgebiet der Geologie, das sich mit der absoluten u. relativen Datierung beschäftigt*)

geocyclic ADJ ASTRON geozyklisch (*den Umlauf der Erde um die Sonne betreffend*)

geode ['dʒiːəʊd] S GEOL Geode *f*: a *vulkanisches Gestein mit Hohlraum, an dessen Innenseiten sich Kristalle aus Mineralien bilden* b *Blasenhohlraum e-s Ergussgesteins, der mit Kristallen gefüllt sein kann*

geodesic [ˌdʒiːəʊ'desɪk; -'diːsɪk] ADJ, **geodesical** [-kl] ADJ (ADV **~ly**) geodätisch; **geodesist** [dʒiː'ɒdɪsɪst; *US* -'ɑd-] S Geodät(in); **geodesy** S Geodäsie *f* (*Wissenschaft u. Technik von der Vermessung der Erde*)

geodetic [ˌdʒiːəʊ'detɪk] ADJ, **geodetical** [-kl] ADJ (ADV **~ly**) geodätisch

geodynamics S PL (*als sg konstruiert*) Geodynamik *f* (*allgemeine Geologie, die die exogenen u. endogenen Kräfte behandelt*)

geog. ABK 1 geographer 2 geographic(al) 3 geography

geogony [dʒɪ'ɒgənɪ; *US* dʒiː'ɑg-] S GEOL Geogenie *f*, Geogonie *f* (*Wissenschaft von der Entstehung der Erde*)

geographer [dʒɪ'ɒgrəfə; *US* dʒiː'ɑgrəfər] S Geograf(in); **geographic** [dʒɪə'græfɪk; *US* ˌdʒiːə-] ADJ, **geographical** [-kl] ADJ (ADV **~ly**) geografisch: **geographical medicine** Geomedizin *f* (*Zweig der Medizin, der sich mit dem Einfluss geografischer u. klimatischer Faktoren auf Vorkommen, Ausbreitung u. Verlauf von Krankheiten befasst*); **geographical mile** Seemeile *f*; **geography** [dʒɪ'ɒgrəfɪ; *US* dʒiː'ɑg-] S 1 Geografie *f*, Erdkunde *f* 2 geografische Abhandlung 3 geografische Beschaffenheit

geol. ABK 1 geologic(al) 2 geologist 3 geology

geologic [ˌdʒɪəʊ'lɒdʒɪk; *US* ˌdʒiːə'lɑ-] ADJ, **geological** [-kl] ADJ (ADV **~ly**) geologisch: **geological era** Erdzeitalter *n*; **geological survey** geologische Aufnahme (*e-s Gebiets*); **geologist** [dʒɪ'ɒlədʒɪst; *US* dʒiː'ɑl-] S Geologe *m*, Geologin *f*; **geologize** A V/I a geologische Studien betreiben b Geologie studieren B V/T geologisch untersuchen; **geology** [-dʒɪ] S 1 Geologie *f* (*Wissenschaft vom Aufbau, von der Entstehung u. von der Entwicklung der Erde*) 2 geologische Abhandlung 3 geologische Beschaffenheit

geom. ABK 1 geometer 2 geometric(al) 3 geometry

geomagnetism S PHYS Erdmagnetismus *m*

geomancy ['dʒiːəʊmænsɪ] S Geomantie *f*, Geomantik *f* (*Wahrsagerei aus in die Erde od auf Papier gezeichneten Punkten*)

geometer [dʒɪ'ɒmɪtə; *US* dʒiː'ɑmətər] S 1 *obs* Geometer(in) 2 Experte *m od* Expertin *f* auf dem Gebiet der Geometrie 3 ZOOL Spannerraupe *f*; **geometric** [ˌdʒɪəʊ'metrɪk; *US* ˌdʒiːə-] ADJ, **geometrical** [-kl] ADJ (ADV **~ly**) geometrisch: **geometric mean** MATH geometrisches Mittel, mittlere Proportionale; **geometric procession** MATH geometrische Folge; **geometric series** MATH geometrische Reihe; → horizon 1, proportion A 5 c; **geometrician** [ˌdʒɪəʊmə'trɪʃn; *US* dʒiːˌɑmə't-; ˌdʒiːəmə-] → geometer 1, 2

geometrid [dʒɪ'ɒmɪtrɪd; *US* dʒiː'ɑmə-] S ZOOL Spanner *m* (*ein Schmetterling*)

geometrize [dʒɪ'ɒmɪtraɪz; *US* dʒiː'ɑmə-] A V/I

nach geometrischen Methoden arbeiten B V/T geometrisch darstellen; **geometry** [-mətrı] S 1 Geometrie *f* 2 geometrische Abhandlung

geomorphology S Geomorphologie *f* (*Wissenschaft von den Formen der Erdoberfläche u. den sie beeinflussenden Kräften u. Prozessen*)

geophagia [dʒıə'feıdʒə; -dʒıə; US ˌdʒiːə-], **geophagism** [dʒı'ɒfədʒızəm; US dʒiː'ɑf-], **geophagy** [-dʒı] S Geophagie *f*: a *Sitte, bes bei Naturvölkern, tonige od fettige Erde zu essen* b MED, PSYCH *krankhafter Trieb, Erde zu essen*

geophysics SPL (*als sg konstruiert*) Geophysik *f* (*Teilgebiet der Physik, das sich mit den natürlichen Erscheinungen u. Vorgängen auf der Erde, in ihrem Inneren u. ihrer Umgebung befasst*)

geophyte ['dʒiːəʊfaıt] S BOT Geophyt *m* (*mehrjährige, krautige Pflanze, die ungünstige Jahreszeiten, bes den Winter, mit Hilfe unterirdischer Organe überdauert*)

geopolitics SPL (*als sg konstruiert*) Geopolitik *f* (*Wissenschaft von der Einwirkung geografischer Faktoren auf politische Vorgänge u. Kräfte*)

geoponic [ˌdʒiːəʊ'pɒnık; US ˌdʒiːə'pɑ-] A ADJ 1 landwirtschaftlich 2 ländlich B S **geoponics** *pl* (*als sg konstruiert*) Landwirtschaft(skunde) *f*

George [dʒɔː(r)dʒ] S 1 **St ~** der heilige Georg (*Schutzpatron Englands*): **St ~'s day** Sankt-Georgs-Tag *m* (*23. April*); **St ~'s cross** Georgskreuz *n*; **~ Cross, ~ Medal** MIL *Br* Georgskreuz *n*, -medaille *f* (*Orden*); **by ~!** *obs* Donnerwetter! (*Fluch od Ausruf*); **let ~ do it** *US fig* das soll machen, wer Lust hat! 2 Kleinod *n* mit dem Bild des heiligen Georg (*am Halsband des Hosenbandordens*)

georgette [dʒɔː(r)'dʒet], *a.* **~ crepe** S Georgette *m*, dünner Seidenkrepp

Georgia ['dʒɔː(r)dʒjə; US -dʒə] S a Georgia *n* (*Staat der USA*) b Georgien *n*

Georgian ['dʒɔː(r)dʒjən; *bes* US -dʒən] A ADJ 1 HIST *Br* georgianisch: a *aus der Zeit der Könige Georg I.-IV. (1714-1830)* b *aus der Zeit der Könige Georg V. u. VI. (1910-52)* 2 georginisch(*den Staat Georgia der USA betreffend*) 3 georgisch (*die Republik Georgien betreffend*) B S 1 Georgier(in) 2 *bes* ARCH (*das*) Georgianische, georgianischer Stil

geoscience S Geowissenschaft *f* (*e-e der Wissenschaften, die sich mit der Erforschung der Erde befasst*)

geosphere S Geosphäre *f* (*Raum, in dem die Gesteinskruste der Erde, die Wasser- u. die Lufthülle aneinandergrenzen*)

geostationary ADJ geostationär (*über dem Äquator zu Orten auf der Erde stets die gleiche Position habend*): **~ satellite**

geotaxis S BIOL Geotaxis *f* (*Orientierungsbewegung, die in der Richtung durch die Erdschwerkraft bestimmt ist*)

geotectonics SPL (*als sg konstruiert*) Geotektonik *f* (*Teilgebiet der Geologie, das sich mit dem Aufbau u. der Entwicklung, mit Bewegungen, Verlagerungen u. magmatischen Erscheinungen der Erdkruste befasst*)

geranium [dʒı'reınjəm; -nıəm] S BOT 1 Storchschnabel *m* 2 (*e-e*) Pelargonie, Geranie *f*

gerfalcon → gyrfalcon

geriatric [ˌdʒerı'ætrık] A ADJ (ADV ~ally) geriatrisch: **~ nurse** Altenpfleger(in) B S **geriatrics** *pl* (*als sg konstruiert*) MED Geriatrie *f*, Altersheilkunde *f*; **geriatrician** [-ə'trıʃn] S MED Geriater(in), Facharzt *m od* Fachärztin *f* für Alterskrankheiten; **geriatrist** → geriatrician

germ [dʒɜːm; US dʒɜrm] A S 1 BIOL, BOT Keim *m* (*a. fig Ansatz, Ursprung*): **in ~** *fig* im Keim, im Werden 2 BIOL Mikrobe *f* 3 MED Keim *m*, Bazillus *m*, Bakterie *f*, (Krankheits)Erreger *m* B V/I & V/T keimen (lassen)

german[1] ['dʒɜːmən; US 'dʒɜr-] ADJ 1 (*nachgestellt*) leiblich: → brother-german 2 → germane 1, 2, 3

German[2] ['dʒɜːmən; US 'dʒɜr-] A ADJ deutsch: **she's ~** sie ist Deutsche B S 1 Deutsche(r) *m/f(m)* 2 LING Deutsch *n*, das Deutsche: **in ~** a auf Deutsch b im Deutschen; **into ~** ins Deutsche; **from (the) ~** aus dem Deutschen

German|-American A ADJ deutsch-amerikanisch B S Deutschamerikaner(in); **~ Confederation** S HIST Deutscher Bund

German Democratic Republic HIST Deutsche Demokratische Republik

germander [dʒɜː'mændə(r); US dʒɜr-] S BOT 1 Gamander *m* 2 *a.* **~ speedwell** Gamanderehrenpreis *m*

germane [dʒɜː'meın; US dʒɜr-] ADJ (ADV ~ly) 1 (**to**) gehörig (zu), in Zusammenhang *od* Beziehung stehend (mit), verwandt (*dat*), betreffend (*akk*): **a question ~ to the issue** e-e zur Sache gehörige Frage 2 (**to**) passend (zu), angemessen (*dat*) 3 einschlägig 4 → german[1] 1

German-German ADJ POL, HIST deutsch-deutsch

Germanic[1] [dʒɜː'mænık; US dʒɜr-] A ADJ (ADV ~ally) 1 germanisch 2 deutsch B S LING das Germanische, die germanische Sprachgruppe: **Primitive ~** das Urgermanische

germanic[2] [dʒɜː'mænık; US dʒɜr-] ADJ CHEM Germanium…: **~ acid**

Germanism ['dʒɜːmənızəm; US 'dʒɜr-] S 1 LING Germanismus *m*, deutsche Spracheigenheit 2 (*etwas*) typisch Deutsches 3 (typisch) deutsche Art, Deutschtum *n* 4 Deutschfreundlichkeit *f*; **Germanist** S LING Germanist(in)

germanite ['dʒɜːmənaıt; US 'dʒɜr-] S MINER Germanit *m*

germanium [dʒɜː'meınıəm; US dʒɜr-] S CHEM Germanium *n*

Germanization [ˌdʒɜːmənaı'zeıʃn; US ˌdʒɜrmənə'z-] S Germanisierung *f*, Eindeutschung *f*; **Germanize** A V/T germanisieren, eindeutschen B V/I sich germanisieren, deutsch werden

German measles SPL (*als sg konstruiert*) MED Röteln *pl*

Germanophil [dʒɜː'mænəfıl; US dʒɜr-], **Germanophile** [-faıl; -fıl] S Deutschfreundliche(r) *m/f(m)*; **Germanophilia** [-'fılıə] S Germanophilie *f*, Deutschfreundlichkeit *f*

Germanophobe [-fəʊb] S Deutschfeindliche(r) *m/f(m)*; **Germanophobia** [-'fəʊbjə; -bıə] S Germanophobie *f*, Deutschfeindlichkeit *f*

germanous [dʒɜː'mænəs; -'meı-; US dʒɜr-] ADJ CHEM Germanium-(II)-…

German| police dog, **~ shepherd (dog)** S *bes* US (Deutscher) Schäferhund; **~ silver** S Neusilber *n*; **~ steel** S TECH Schmelzstahl *m*; **~ text**, **~ type** S TYPO Fraktur(schrift) *f*

Germany ['dʒɜːmənı; -mnı; US 'dʒɜr-] S Deutschland *n*

germ| carrier S MED Keim-, Bazillenträger *m*; **~ cell** S BIOL Keim-, Geschlechtszelle *f*

germen ['dʒɜːmən; US 'dʒɜr-] *pl* -mens, -mina [-mınə] S BOT Fruchtknoten *m*

germ|free ADJ MED keimfrei, steril; **~ gland** S ZOOL Keimdrüse *f*

germicidal [ˌdʒɜːmı'saıdl; US ˌdʒɜr-] ADJ keimtötend; **germicide** [-saıd] ADJ & S keimtötend(es Mittel)

germina ['dʒɜːmınə; US 'dʒɜr-] *pl von* germen

germinal ['dʒɜːmınl; US 'dʒɜr-] ADJ (ADV ~ly) 1 BIOL Keim(zellen)… 2 MED Keim…, Bakterien… 3 *fig* im Keim befindlich, keimend (*Ideen etc*); **~ disk** S BIOL Keimscheibe *f*; **~ layer** S 1 ANAT Keimschicht *f* (*bes der Oberhaut*) 2 BIOL → germ layer; **~ vesicle** S BIOL Keimbläs-chen *n*

germinant ['dʒɜːmınənt; US 'dʒɜr-] ADJ keimend (*a. fig*)

germinate ['dʒɜːmıneıt; US 'dʒɜr-] BOT A V/I keimen (*a. fig sich entwickeln*) B V/T zum Keimen bringen, keimen lassen (*a. fig*); **germination** S BOT Keimen *n* (*a. fig*); **germinative** [-nətıv; US *bes* -ˌneıtıv] ADJ BOT 1 Keim… 2 (keim)entwicklungsfähig

germ| layer S BIOL Keimblatt *n*, -schicht *f*; **~ plasm** S BIOL Keimplasma *n*; **~proof** ADJ keimsicher, -frei; **~ theory** S 1 BIOL Fortpflanzungstheorie *f* 2 MED Infektionstheorie *f*; **~ tube** S BOT Keimschlauch *m*; **~ warfare** S MIL Bakterienkrieg *m*, biologische Krieg(s)führung

gerontocracy [ˌdʒerɒn'tɒkrəsı; US ˌdʒerən-'tɑ-] S POL Gerontokratie *f*, Altenherrschaft *f*

gerontologist [ˌdʒerɒn'tɒlədʒıst; US ˌdʒerən'tɑ-] S MED Gerontologe *m*, Gerontologin *f*; **gerontology** S MED Gerontologie *f*, Alter(n)sforschung *f*

gerrymander ['dʒerımændə(r)] A V/T 1 POL die Wahlbezirksgrenzen in *e-m Gebiet* manipulieren 2 *Tatsachen etc* (zum eigenen Vorteil) verdrehen B S POL a Manipulierung *f* von Wahlbezirksgrenzen b manipulierte Wahlbezirksgrenzen *pl*

gerund ['dʒerənd] S LING Gerundium *n*

gerundial [dʒı'rʌndıəl] ADJ Gerundial.

gerundival [ˌdʒerən'daıvl] ADJ LING Gerundiv…, gerundivisch; **gerundive** [dʒı'rʌndıv] S LING Gerundiv *n*

Gesamtkunstwerk [gə'zamtˌkʊnstvɛrk] S THEAT Gesamtkunstwerk *n*

gesellschaft [gə'zɛlʃaft] *pl* -schaften [-ʃaftən] S Gesellschaft *f*

gesso ['dʒesəʊ] S MAL *Verbindung aus Gips u. Leim als Grundierung*

gest [dʒest] S *obs* 1 (Helden)Tat *f* 2 Verserzählung *f*, -epos *n* 3 Posse *f*

Gestalt psychology [gə'ʃtɑːlt] S Gestaltpsychologie *f*

gestate [dʒe'steıt; *bes* US 'dʒesteıt] A V/I 1 a schwanger sein b ZOOL trächtig sein, tragen 2 *fig* reifen B V/T 1 tragen 2 *fig* in sich reifen lassen

gestation [dʒe'steıʃn] S 1 a Schwangerschaft *f* b ZOOL Trächtigkeit *f*: **~ period** Schwangerschaftsperiode *f*, ZOOL Trag(e)zeit *f* 2 *fig* Reifen *n*: **~ period** Reifeprozess *m*; **gestational** ADJ a Schwangerschafts… b ZOOL Trächtigkeits…

gestatorial (chair) [ˌdʒestə'tɔːrıəl] S Tragsessel *m* (*des Papstes*)

geste → gest

gestic ['dʒestık] ADJ Gesten…, Gebärden…

gesticulate [dʒe'stıkjʊleıt] A V/I gestikulieren, Gebärden machen, (herum)fuchteln *umg* B V/T durch Gesten *od* Gebärden ausdrücken; **gesticulation** S 1 Gestikulation *f*, Gebärdenspiel *n*, Gestik *f*, Gesten *pl* 2 lebhafte Geste; **gesticulative** [-lətıv; US *bes* -ˌleı-], **gesticulatory** [-lətərı; US -ləˌtəʊriː; -ˌtɔː-] ADJ gestikulierend

gesture ['dʒestʃə(r)] A S 1 Geste *f* (*a. fig*), Gebärde *f*: **a ~ of friendship** e-e freundschaftliche Geste; **a mere ~** e-e bloße Geste 2 Gesten *pl*, Gebärdenspiel *n* B V/T & V/I → gesticulate

gesundheit [gə'zʊndhaıt] INT US Gesundheit!

get [get] A S 1 *Tennis: umg* Rückschlag *m* 2 ZOOL Nachkomme(n) *m(pl)* 3 *Br* Fördermenge *f* B V/T *prät* got [gɒt; US gɑt], *obs* gat [gæt], *pperf* got [gɒt; US gɑt], US *a.* gotten ['gɑtn] 1 *e-n*

Brief, keine Antwort etc bekommen, erhalten, kriegen *umg*: **he didn't ~ much for his old car**; **~ it** *umg* sein Fett (ab)kriegen, eins aufs Dach kriegen; **~ a good start** e-n guten Start haben; **~ a station** (RADIO, TV) e-n Sender empfangen *od* reinbekommen; **we could ~ no leave** wir konnten keinen Urlaub bekommen; **in autumn you ~ a lot of rain here** *umg* im Herbst regnet es hier sehr viel; **he's got it bad(ly)** *umg* ihn hat es schwer erwischt *(er ist schwer erkrankt, heftig verliebt etc)* 2 sich *etwas* verschaffen *od* besorgen: **money can ~ you anything** für Geld bekommt man alles; **~ a pregnancy test** e-n Schwangerschaftstest machen lassen 3 erwerben, gewinnen, verdienen, erringen, erzielen: **~ fame** Ruhm erringen *od* erwerben *od* erlangen; **~ a victory** e-n Sieg erringen *od* erzielen; **~ wealth** Reichtum erwerben 4 *Wissen, Erfahrung etc* erwerben, sich aneignen, (er)lernen: **~ by heart** auswendig lernen 5 *Kohle etc* gewinnen, fördern 6 erwischen: a (zu fassen) kriegen, fassen, packen, fangen b ertappen c treffen: **he'll ~ you in the end** er kriegt dich doch; **you've got me there!** *umg* da bin ich überfragt!; **that ~s me** *umg* das kapiere ich nicht; das geht mir auf die Nerven; das packt mich, das geht mir unter die Haut 7 a *Hilfe etc* holen: **~ sb a taxi** j-m ein Taxi rufen; **I'll ~ it** ich mach schon auf; TEL ich geh schon ran b abholen (**from** von) c (hin)bringen: **~ sb to bed** j-n ins Bett bringen; **~ me a chair** bring *od* hol mir e-n Stuhl! d schaffen, bringen, befördern: **~ it out of the house** schaffe es aus dem Haus!; **~ o.s. home** sich nach Hause begeben; → anywhere 1, nowhere A 2 8 beschaffen, besorgen (*beide:* **for sb** j-m): **I can ~ it for you**; **please ~ me …** TEL verbinden Sie mich bitte mit … 9 *(a. telefonisch)* erreichen, *ein öffentliches Verkehrsmittel a.* nehmen 10 a **have got** haben: **I've got no money**; **she's got a pretty face**; **got a knife?** *umg* hast du ein Messer? b **have got to** müssen: **we have got to do it** 11 machen, werden lassen, in e-n *(bestimmten)* Zustand versetzen *od* bringen: **~ one's feet wet** nasse Füße bekommen; **~ sth ready** etwas fertig machen; **~ sb nervous** j-n nervös machen; **I got my arm broken** ich habe mir den Arm gebrochen 12 *(mit pperf)* lassen: **~ one's hair cut** sich die Haare schneiden lassen; **~ sth done** a etwas erledigen (lassen) b etwas zustande bringen 13 *(mit inf)* dazu *od* dahin bringen, bewegen, veranlassen: **~ sb to speak** j-n zum Sprechen bringen *od* bewegen; **~ sth to burn** etwas zum Brennen bringen 14 *(mit ppr)* **~ going** a *e-e Maschine etc, fig a. Verhandlungen etc* in Gang bringen b *fig* Schwung in *e-e Party etc* bringen; **~ sth working again** TECH etwas wieder zum Gehen bringen 15 **~ sb for sth** *umg* j-m etwas heimzahlen 16 *e-e Mahlzeit* zu-, vorbereiten, herrichten 17 *Br umg* essen: **~ breakfast** frühstücken 18 *umg* kapieren, *(a. akustisch)* verstehen: **I didn't ~ his name**; **I don't ~ him** ich versteh nicht, was er will; **I don't ~ that** das kapier ich nicht; **got it?** kapiert?; → wrong B 1 19 *US umg* erledigen *(töten)* 20 *umg* nicht mehr loslassen, überwältigen C V/I 1 kommen, gelangen: **~ as far as Munich** bis nach München kommen; **~ home** nach Hause kommen, zu Hause ankommen; **where has it got to?** wo ist es hingekommen?; **how far have you got with your homework?** wie weit bist du mit d-n Hausaufgaben gekommen?; **~ there** *umg* a es schaffen, sein Ziel erreichen b dahinterkommen *(es verstehen)*; → anywhere 1, nowhere A 2 2 *(mit inf)* dahin gelangen *od* kommen, dazu übergehen: **he got to like it** er hat es lieb gewonnen; **they got to be friends** sie wurden Freunde; **~ to know sth** etwas erfahren *od* kennenlernen; **~ to know sb (better)** j-n (näher) kennenlernen 3 *(mit adj od pperf)* werden, in *e-n bestimmten Zustand etc* geraten: **~ caught** gefangen *od* erwischt werden; **~ dressed** sich anziehen; **~ tired** müde werden, ermüden; → busy A 2, drunk B 1, *etc* 4 *(mit ppr)* beginnen, anfangen: **they got quarrel(l)ing** sie fingen an zu streiten; **~ going** a in Gang kommen *(Maschine etc, fig a. Verhandlungen etc)* b *fig* in Schwung kommen *(Party etc)*; **~ going on** (*od* **with**) **sth** etwas in Angriff nehmen; **~ talking** a zu reden anfangen b ins Gespräch kommen 5 reich werden 6 *sl* verduften, abhauen *(beide umg)*

Phrasal Verbs: **get| about** V/I 1 herumgehen, auf den Beinen sein *(nach e-r Krankheit)* 2 herumkommen 3 sich herumsprechen *od* verbreiten *(Gerücht etc)*; **~ above** V/I 1 *j-n* überflügeln 2 **~ o.s.** sich überschätzen; **~ across** A V/T 1 verständlich machen, klarmachen (*beide:* **to** *dat*) 2 *e-r Sache* Wirkung *od* Erfolg verschaffen, *etwas* an den Mann bringen *umg* B V/I 1 a ankommen *umg* b sich verständlich machen 2 a ankommen, einschlagen *(beide umg)*, Anklang finden b klappen c klar werden (**to** *dat*) 3 *bes Br umg j-n* ärgern 4 *bes Br umg* sich anlegen mit; **~ after** V/I *US umg j-m* zu Leibe rücken, sich *j-n* vorknöpfen; **~ along** A V/T 1 vorwärtsbringen, weiterbringen B V/I 1 vorwärtskommen, vorankommen *(beide a. fig)*: **how is your work getting along?** wie kommst du mit d-r Arbeit voran? 2 auskommen, sich vertragen (*beide* **with sb** mit j-m): **they ~ well** (*od* **fine**) sie kommen gut miteinander aus; **he is difficult to ~ with** er ist ein schwieriger Mensch; es ist schwierig, mit ihm auszukommen 3 zurecht-, auskommen (*beide* **with sth** mit etwas) 4 weitergehen: **I must be getting along** ich muss mich auf den Weg machen; **~!** verschwinde!; **~ with you!** *umg* a verschwinde! b jetzt hör aber auf! 5 älter werden; **~ around** V/I *umg* 1 *ein Gesetz, Problem etc* umgehen 2 *j-n* herumkriegen 3 → get about 4 → get round B 1; **~ at** V/I 1 herankommen an *(akk)*, erreichen 2 kriegen, auftreiben *umg* 3 an *j-n* rankommen *umg*, *j-m* beikommen 4 *Br umg* herumhacken auf *(dat)* 5 *etwas* herausbekommen, *e-r Sache* auf den Grund kommen, *die Wahrheit* herausfinden 6 sagen wollen: **what is he getting at?** worauf will er hinaus? 7 *umg* a schmieren, bestechen b zu schmieren versuchen; **~ away** A V/T 1 fortschaffen, wegbringen B V/I 1 **I want to ~ from here** ich will hier weg 2 loskommen, sich losmachen: **you can't ~ from that** a darüber kannst du dich nicht hinwegsetzen b das musst du doch einsehen; **you can't ~** (*od* **there's no getting away**) **from the fact that …** man kommt um die Tatsache nicht herum, dass …; **~ from it all** einmal von allem abschalten 3 entkommen, entwischen: **~ with a caution** mit e-r Verwarnung davonkommen; **he got away with it this time** a *umg* diesmal kam er ungestraft davon b diesmal kam er damit durch; **he gets away with everything** (*umg* **with murder**) er kann sich alles erlauben *od* leisten; **let sb ~ with sth** j-m etwas durchgehen lassen; **he lets her ~ with murder** er lässt ihr alles durchgehen 4 SPORT a starten b sich frei machen, losziehen: **~ from one's marker** sich von s-m Bewacher lösen 5 **~ with** wegputzen *umg*, aufessen, austrinken 6 → get along B 4 7 **~ (with you)!** *bes Br umg* erzähl mir doch kein Märchen! ; **~ back** A V/T 1 zurückbekommen, -erhalten: → breath 1 2 zurückholen: **get one's own back** *umg* sich rächen; **get one's own back on sb** → B 4 B V/I 1 a zurückkommen b **I must be getting back** ich muss nach Hause 2 zurücktreten (**from** von) 3 *a.* **~ in** wieder an die Macht kommen 4 **~ at sb** *umg* sich an j-m rächen, es j-m heimzahlen 5 **~ to sb** auf j-n zurückkommen (**about** wegen); **~ behind** V/I 1 sich stellen hinter *(akk)* 2 zurückbleiben, zurückbleiben hinter *(dat)* 3 in Rückstand kommen (**with** mit) 4 *umg* unterstützen; **~ by** V/I 1 unbemerkt vorbeigelangen 2 ungeschoren davonkommen 3 zurecht-, durch-, auskommen, es schaffen (*alle:* **on** mit) 4 gerade noch annehmbar sein *(Arbeit etc)*, gerade noch ausreichen *(Kenntnisse)*; **~ down** A V/T 1 hinunterbringen 2 herunterholen 3 *sein Essen etc* runterkriegen *umg* 4 aufschreiben 5 *fig j-n* fertigmachen, deprimieren: **this weather is getting me down** dieses Wetter geht *od* schlägt mir aufs Gemüt B V/I 1 herunterkommen, -steigen 2 aus-, absteigen 3 *(nach dem Essen)* aufstehen *(Kind)* 4 **~ to sth** sich an etwas (heran)machen: **~ to doing sth** sich daranmachen, etwas zu tun; **I must ~ to doing my homework** ich muss endlich m-e Hausaufgaben machen; → business A 9, brass tacks 5 *US umg* die Sau rauslassen; **~ in** A V/T 1 hineinbringen, -schaffen, -bekommen 2 a *die Ernte* einbringen b *Kohle etc* einlagern 3 *e-n Antrag etc* abgeben, einreichen (**by** bis [spätestens]) 4 *e-e Bemerkung, e-n Schlag etc* anbringen: → edgeways 5 *e-n Arzt etc* holen, kommen lassen, rufen, *e-n Spezialisten etc* (hin)zuziehen 6 *j-n (in e-r Klasse etc)* unterbringen 7 **get a round in** *Br umg* e-e Lokalrunde schmeißen B V/I 1 hinein-, hereingelangen, -kommen, -gehen 2 einsteigen 3 (an)kommen 4 POL (ins Parlament *etc*) gewählt werden 5 **~ on** *umg* sich beteiligen an *(dat)*, mitmachen bei: **~ on the act** mitmachen 6 **~ with** sich anfreunden *od* einlassen mit 7 UNIV e-n Studienplatz bekommen; **~ into** A V/I 1 (hinein)kommen *od* (-)gelangen *od* (-)geraten in *(akk)*: **what's got into you?** *umg* was ist (denn) in dich gefahren?, was ist (denn) mit dir los?; **~ debt** in Schulden geraten; **~ a rage** e-n Wutanfall bekommen 2 a *ein Kleidungsstück* anziehen, schlüpfen in *(akk)* b (hinein)kommen *od* (-)passen in *(akk)*: *he had got so fat* **that he couldn't ~ his jeans** dass er nicht mehr in s-e Jeans passte 3 steigen in *(akk)* 4 sich *etwas* angewöhnen: **~ a habit** e-e Gewohnheit annehmen; **~ the habit of doing sth** (es) sich angewöhnen, etwas zu tun; **~ the habit of smoking** sich das Rauchen angewöhnen 5 sich einarbeiten in *(akk)*: **he had soon got into his new job** er hatte sich schnell eingearbeitet B V/T 1 *j-n* bringen in *(akk)*: **get o.s. into** a hineingeraten in *(akk)* b sich einlassen auf *(akk)* 2 **get sth into one's head** sich etwas in den Kopf setzen 3 **get sb into sth** j-m etwas angewöhnen: **who (what) got you into smoking?** wer (was) hat dich dazu gebracht, mit dem Rauchen anzufangen? ; **~ off** A V/T 1 *ein Kleidungsstück* a ausziehen b ausbekommen: *her foot was so swollen* **that she couldn't get her boot off** dass sie ihren Stiefel nicht ausbekam 2 losbekommen, loskriegen: **his counsel got him off** sein Anwalt erwirkte s-n Freispruch *od* bekam ihn frei; **get a day off** e-n Tag freibekommen 3 *Waren* loswerden 4 *e-n Witz etc* vom Stapel lassen 5 *e-n Brief etc* abschicken 6 **~ (to sleep)** zum (Ein)Schlafen bringen B V/I 1 abreisen, aufbrechen: **~ to a promising start** *fig* sich vielversprechend anlassen 2 FLUG abheben 3 (**from**) absteigen (von), aussteigen (aus): **tell sb where to ~** *umg*

G

j-m Bescheid stoßen 4 heruntergehen *od* -kommen von 5 sich losmachen von, freikommen von 6 davonkommen (**lightly** glimpflich; **with a caution** mit e-r Verwarnung): **~ cheaply** *umg* a billig wegkommen b mit e-m blauen Auge davonkommen 7 entkommen 8 *(von der Arbeit)* wegkommen: **he got off early** 9 **~ (to sleep)** einschlafen 10 *umg* high werden: **~ on heroine** auf e-n Heroíntrip gehen 11 *bes US umg* kommen *(e-n Orgasmus haben)* 12 *umg* ausflippen (**on** bei) 13 **~ with sb** *bes Br umg* j-n aufreißen; **~ on** A V/I 1 *ein Pferd, e-n Wagen etc* besteigen, aufsteigen auf *(akk)* 2 einsteigen in *(akk)* 3 sich stellen auf *(akk)*: **~ one's feet** (*od* **legs**) sich erheben 4 vorwärtskommen, vorankommen *(beide a. fig)*: **~ in one's job**; **how is your work getting on?** wie kommst du mit d-r Arbeit voran?; **~ in life** a es zu etwas bringen b *a.* **~ (in years)** älter werden; **be getting on for sixty** auf die Sechzig zugehen; **~ without sth** ohne etwas auskommen; **I must be getting on** ich muss weiter; **it is getting on for 5 o'clock** es geht auf 5 Uhr (zu); **it was getting on** es wurde spät; **~ with one's meal** weiteressen; **let's ~ with our work** machen wir weiter!; **~ with it!** *umg* Tempo!; **~ with you!** *Br umg* das glaubst du doch selbst nicht! 5 → get along B 2, B 3 6 **~ to** a *Br* sich in Verbindung setzen mit, TEL *j-n* anrufen b gewählt *od* berufen werden in *(akk)* c zu sprechen kommen auf *(akk)* d *umg etwas* spitzkriegen, hinter *e-e Sache* kommen e *umg j-m* auf die Schliche kommen B V/T 1 *ein Kleidungsstück* a anziehen: **get one's clothes on** sich anziehen b anbekommen: **I can't get my jeans on** ich bekomme m-e Jeans nicht an 2 weiterbringen, vorantreiben 3 **get it on** *US sl* bumsen *vulg (Geschlechtsverkehr haben)*; **~ onto** → get on A 3; **~ out** A V/T 1 herausbekommen, herauskriegen *(beide a. fig)*: **~ a secret** 2 herausholen, JUR, *a. j-n* freibekommen 3 hinausschaffen, -befördern 4 *e-n Bericht etc* herausbringen, *Worte etc a.* hervorbringen B V/I 1 aussteigen, herauskommen 2 hinausgehen: **~!** raus! 3 entkommen: **~ from under** *US umg* mit heiler Haut davonkommen 4 *fig* durchsickern, herauskommen *(Geheimnis etc)*; **~ out of** A V/I 1 (her)aussteigen aus 2 heraus- *od* hinauskommen *od* -gelangen aus 3 sich *etwas* abgewöhnen: **~ a habit** e-e Gewohnheit ablegen; **~ the habit of doing sth** (es) sich abgewöhnen, etwas zu tun; **~ the habit of smoking** sich das Rauchen abgewöhnen 4 WIRTSCH *umg* aussteigen aus *e-r Transaktion* 5 sich drücken vor *(dat) umg*: **~ doing sth** sich davor drücken, etwas zu tun B V/T 1 *Geld etc* aus *j-m* herausholen *od* herauslocken 2 *etwas* bei *e-r Sache* gewinnen, erhalten: **I got nothing out of it** a ich hatte nichts davon b ich ging leer aus; **I can't get anything out of this book** ich kann diesem Buch nichts abgewinnen; **what do people ~ drinking?** was haben die Leute davon, wenn sie trinken? ; **~ over** A V/T 1 *a.* **get** *sth* **over with** hinter sich bringen, erledigen 2 *j-n* auf s-e Seite bringen 3 → get across A 1 B V/I 1 hinwegkommen über *(akk)*: a (hinüber)kommen *od* (-)gelangen über *(akk)* b *fig* überwinden: **he hasn't got over her yet** er kann sie noch immer nicht vergessen 2 sich erholen von, überstehen 3 klar werden (**to** *dat*); **~ round** A V/T 1 *j-n* herumkriegen *umg*, beschwatzen B V/I 1 dazu kommen: **I never got round to doing it** ich kam nie dazu (, es zu tun) 2 → get about 3; **~ through** A V/T 1 durchbringen, -bekommen *(beide a. fig)* 2 → get over A 1 3 *etwas* klarmachen (**to sb** j-m) B V/I 1 durchkommen: a das Ziel erreichen b *(ein Examen)* bestehen c durchgehen *(Gesetzesvorlage)* d TEL Anschluss bekommen e *(den Winter)* überstehen 2 fertig werden (**with** mit) 3 *etwas* erledigen 4 klar werden (**to sb** j-m) 5 *sein Geld* durchbringen; **~ to** V/I 1 kommen nach, erreichen 2 a sich machen an *(akk)* b zu sprechen kommen auf *(akk)* c **~ doing sth** anfangen, etwas zu tun; **~ together** A V/T 1 *Menschen etc* zusammenbringen 2 zusammentragen, ansammeln 3 **get o.s. together** sich zusammennehmen 4 **get it together** *umg* die Dinge in die Reihe bringen; → act A 5 B V/I 1 zusammenkommen 2 sich einig werden (**on** über *akk*); **~ up** A V/T 1 hinauf-, heraufbringen, -schaffen: **get one up** *sl* e-n hochbekommen *od* -bringen *od* -kriegen *(e-e Erektion bekommen)* 2 ins Werk setzen 3 veranstalten, organisieren 4 ein-, herrichten, vorbereiten 5 konstruieren, zusammenbasteln 6 *j-n* herausputzen: **get o.s. up** 7 *ein Buch etc* ausstatten, *Waren* (hübsch) aufmachen 8 THEAT einstudieren, inszenieren 9 *umg* büffeln, lernen 10 *US umg ein Gefühl* aufbringen B V/I 1 aufstehen, *(von e-m Stuhl etc a.)* sich erheben: **don't ~**, **don't bother getting up** bitte behalten Sie Platz 2 (hin-, her)aufsteigen, steigen (**on** auf *akk*): **~ in the world** *fig* (in der Welt *od* im Leben) vorankommen 3 hinauf-, heraufkommen 4 sich nähern 5 auffrischen *(Wind)* 6 **~!** hü(h)!, hott! *(vorwärts)*

get|-atable [get'ætəbl] ADJ *umg* 1 erreichbar *(Ort od Sache)*: **it's not ~** man kommt nicht ran 2 zugänglich *(Ort od Person)* 3 zu erfahren(d); **~away** A S 1 Flucht *f*: **make one's ~** entkommen, entwischen *umg* 2 SPORT Start *m* 3 AUTO Anzugsvermögen *n* B ADJ Flucht…: **~ car**; **~-off** S FLUG Abheben *n*

getter ['getə(r)] S 1 *Bergbau*: Hauer *m* 2 ELEK Getter *n*, Fangstoff *m*

get|-together S *umg* (zwangloses) Treffen *od* Beisammensein, (zwanglose) Zusammenkunft: **have a ~** sich treffen, zusammenkommen; **~-tough** ADJ *US umg* aggressiv, entschlossen *(Politik etc)*; **~up** S *umg* 1 Aufbau *m*, Anordnung *f*, Struktur *f* 2 Aufmachung *f*: a Ausstattung *f* b Aufzug *m*, Kleidung *f* 3 THEAT Inszenierung *f*; **~-up-and-go** S *umg* Unternehmungsgeist *m*, Elan *m*; **~-well** ADJ: **send sb a ~ card** j-m e-e Karte schicken u. ihm gute Besserung wünschen

gewgaw ['gju:gɔ:] A S 1 protziges, aber wertloses Schmuckstück 2 *fig* Lappalie *f*, Kleinigkeit *f* B ADJ protzig, aber wertlos

geyser S 1 ['gaɪzə(r); *Br a.* 'gi:zə] Geysir *m* 2 ['gi:zə] *Br* (Gas)Durchlauferhitzer *m*

geyserite ['gaɪzəraɪt; *Br a.* 'gi:-] S MINER Geyserit *m*

GFR ABK German Federal Republic

GFTU ABK *US* General Federation of Trade Unions *(Verband der Gewerkschaften)*

Ghana ['gɑ:nə; *US* 'gæ-] S Ghana *n*

Ghanaian [gɑ:'neɪən] A S Ghanaer(in) B ADJ ghanaisch

ghastliness ['gɑ:stlɪnɪs; *US* 'gæst-] S 1 Grässlichkeit *f* 2 grässliches Aussehen 3 Totenblässe *f*; **ghastly** A ADJ 1 grässlich, greulich, entsetzlich, schrecklich *(alle a. fig umg)* 2 gespenstisch 3 totenbleich 4 verzerrt *(Lächeln)* 5 *umg* schauderhaft, haarsträubend B ADV 1 *obs* grässlich *etc* (→ A) 2 **~ pale** totenblass

ghat [gɔ:t; gɑ:t] S 1 (Gebirgs)Pass *m* 2 Gebirgszug *m* 3 Lande- u. Badeplatz *m* mit Ufertreppe 4 *meist* **burning ~** Totenverbrennungsplatz *m (der Hindus)* an e-r Ufertreppe

gherkin ['gɜ:kɪn; *US* 'gɜr-] S Gewürz-, Essiggurke *f*

ghetto ['getəʊ] *pl* -tos, -toes S HIST, SOZIOL Getto *n*; **~ blaster** S *sl* Getto-Blaster *m (tragbarer Stereo-Kassettenrekorder)*; **~ dweller** S Gettobewohner(in)

ghost [gəʊst] A S 1 Geist *m*, Gespenst *n*: **look like a ~** wie ein Gespenst aussehen; **he looked as if he had seen a ~** er sah aus, als ob er ein Gespenst gesehen hätte; **she looked at him as if she had seen a ~** sie sah ihn an, als wäre er ein Gespenst; **the ~ walks** THEAT *sl* es gibt Geld; → lay[1] B 18 2 Geist *m*, Seele *f (nur noch in)*: **give up the ~** den Geist aufgeben *(a. fig)* 3 *fig* Spur *f*, Schatten *m*: **a ~ of a smile** ein angedeutetes Lächeln, der Anflug e-s Lächelns; **he hasn't got the ~ of a chance** er hat nicht die geringste *od* die Spur e-r Chance; **I haven't got the ~ of an idea** ich habe nicht die geringste Ahnung; **be a ~ of one's former self** nur noch ein Schatten seiner selbst sein 4 *fig* quälende Erinnerung(en *pl*)(**of** an *akk*) 5 → ghost writer 6 TV Geister-, Störbild *n* 7 *j-d, der in der Schule od am Arbeitsplatz fehlt, aber als anwesend geführt wird* B V/T 1 *j-n* verfolgen *(Erinnerungen etc)* 2 *ein Buch etc* als Ghostwriter schreiben (**for** für) C V/I 1 Ghostwriter sein 2 *US* als anwesend geführt werden; **~ bikini** S *umg weiße Hautpartien e-r braun gebrannten Frau, die ihren Bikini ausgezogen hat*; **~ image** → ghost A 6; **~like** → ghostly 1

ghostliness ['gəʊstlɪnɪs] S Geisterhaftigkeit *f*; **ghostly** ADJ 1 geister-, gespensterhaft, Geister…: **~ apparition** Geistererscheinung *f* 2 *obs* geistlich *(Rat)*

ghost| story S Geister-, Gespenstergeschichte *f*; **~ town** S Geisterstadt *f*, verödete Stadt; **~ train** S Geisterbahn *f*: **go on the ~** Geisterbahn fahren; **~ word** S Ghostword *n (Wort, das s-e Entstehung e-m Schreib-, Druck- od Aussprachefehler verdankt)*; **~write** V/T & V/I *irr* → ghost B 2, C 1; **~ writer** S Ghostwriter *m (Autor, der anonym für e-e andere Person schreibt)*

ghoul [gu:l] S 1 Ghul *m (Leichen fressender Dämon)* 2 *fig* Unhold *m (Person mit makabren Gelüsten)*, *z. B.* Leichen-, Grabschänder(in); **ghoulish** ADJ (ADV ~ly) 1 ghulenhaft 2 *fig* makaber

GHQ ABK MIL general headquarters Großes Hauptquartier

ghyll → gill[2]

GI [ˌdʒi:'aɪ] MIL *US umg* A *pl* GIs, GI's ABK S (= *government issue*) GI *m (amer. Soldat)* B ADJ a GI-…: **~ uniform** b Armee…: **~ haircut**

gi. ABK WIRTSCH *US* gill(s PL) *(Gewichtsmaß)*

giant ['dʒaɪənt] A S 1 MYTH Riese *m* 2 Riese *m*, Koloss *m* 3 riesiges Exemplar *(Tier etc)* 4 MED an Gigantismus Leidende(r) *m/f(m)* 5 *fig* Gigant *m (Person, Sache, Organisation)* 6 ASTRON Riesenstern *m* 7 *Bergbau*: Monitor *m*, Strahlrohr *n* B ADJ riesenhaft, riesig, ungeheuer (groß), *a.* BOT, ZOOL Riesen…: **~ killer** SPORT Favoritentöter(in); **~(-size) packet** Riesenpackung *f*; **~ slalom** *(Skisport)* Riesenslalom *m*; **~ star** → A 6; **~ stride** a Riesenschritt *m (a. fig)* b Rundlauf *m (Turngerät)*; **~ swing** (*od* **circle**) *(Turnen)* Riesenfelge *f*; **~ wheel** Riesenrad *n*

giantess ['dʒaɪəntes] S Riesin *f*

giantism S 1 ungeheure Größe 2 MED Gigantismus *m*, Riesenwuchs *m*

giaour ['dʒaʊə(r)] S *pej* Giaur *m (Nichtmohammedaner, bes Christ)*

gib[1] [gɪb] TECH A S 1 Bolzen *m*, *(a. Haken-, Nasen)* Keil *m*: **~ and cotter** Keil u. Lösekeil; **~ and key** Längs- u. Querkeil 2 a Führungslineal *n (e-r Werkzeugmaschine)* b (Stell)Leiste *f (e-r Drehbank)* 3 Ausleger *m (e-s Krans)* B V/T verkeilen

gib[2] [gɪb] S *(bes* kastrierter) Kater

Gib. ABK Gibraltar

gibber ['dʒɪbə(r)] A V/I schnattern *(Affen, Personen)* B S → gibberish; **gibberish** S 1 Geschnatter *n* **2** dummes Geschwätz, Quatsch *m* (*beide umg*)

gibbet [ˈdʒɪbɪt] **A** S **1** Galgen *m* **2** TECH **a** Kranbalken *m* **b** *Zimmerei*: Querbalken *m*, -holz *n* **B** V/T **1** hängen **2** *fig* anprangern, bloßstellen

gibbon [ˈgɪbən] S ZOOL Gibbon *m*

gibbosity [gɪˈbɒsətɪ; *US* dʒɪbˈɑsəti:; gɪb-] S **1** Buckligkeit *f* **2** Wölbung *f* **3** Buckel *m*, Höcker *m*; **gibbous** ADJ (ADV ~ly) **1** gewölbt **2** ASTRON auf beiden Seiten konvex (*Mondscheibe zwischen Halb- u. Vollmond*) **3** buck(e)lig, höckerig

Gibbs function [gɪbz] S PHYS gibbssche Funktion (*den Zustand e-s physikalischen Systems kennzeichnende Funktion*)

gibbsite [ˈgɪbzaɪt] S MINER Gibbsit *m*

gibe[1] [dʒaɪb] **A** V/T verhöhnen, verspotten **B** V/I spotten (**at, about** über *akk*): **~ at** → *a.* A **C** S höhnische Bemerkung

gibe[2] → jibe[2]

giblet [ˈdʒɪblɪt] S *meist pl* Innereien *pl*, *bes* Hühner-, Gänseklein *n*

Gibraltarian [ˌdʒɪbrɔːlˈteərɪən] **A** S Bewohner(in) Gibraltars **B** ADJ aus Gibraltar

Gibson [ˈgɪbsn] S *bes US ein trockener Martini*

giddap [gɪˈdæp] INT *umg* hü(h)!, hott! (*vorwärts*)

giddiness [ˈgɪdɪnɪs] S **1** Schwindel (-gefühl *n*) *m* **2** *fig* Unbesonnenheit *f*, Leichtsinn *m*, Flatterhaftigkeit *f*

giddy [ˈgɪdɪ] **A** ADJ (ADV giddily) **1** schwind(e)lig: **I am** (*od* **feel**) **~** mir ist schwind(e)lig **2** schwindelerregend, schwindelnd (*beide a. fig*) **3** *fig* unbesonnen, flatterhaft, leichtsinnig: → goat 1 **B** V/T & V/I schwind(e)lig machen *od* werden

gie [giː] *schott für* give B, C

gift [gɪft] **A** S **1** **a** Geschenk *n* **b** Spende *f*: **make a ~ of sth to sb** j-m etwas zum Geschenk machen, j-m etwas schenken; **I wouldn't have it as a ~** das möchte ich nicht (mal) geschenkt; **at £10 it's a ~!** für 10 Pfund ist es geschenkt!; **~ of flowers** Blumengeschenk; **a ~ from the Gods** ein Geschenk der Götter; → free A 16 **2** JUR Schenkung *f*: **~ (by will)** letztwillige Schenkung, Vermächtnis *n*; **~ mortis causa** [ˈmɔː(r)tɪsˌkaʊsɑː] Schenkung für den Todesfall **3** JUR Verleihungsrecht *n*: **the office is not in his ~** er kann dieses Amt nicht verleihen *od* vergeben **4** *fig* Begabung *f*, Gabe *f*, Talent *n* (*alle*: **for, of** für): **have a ~ for doing sth** ein Talent dafür *od* die Gabe haben, etwas zu tun; **~ for languages** Sprachtalent; **have a ~ for languages** sprachbegabt sein; **of many ~s** vielseitig begabt; → gab A, recall B 4, tongue A 3 **B** V/T **1** beschenken (**with** mit) **2** schenken, geben (*beide*: **sth to sb** j-m etwas) **C** ADJ geschenkt, Geschenk…: **~ certificate** *US* Geschenkgutschein *m*; **~ shop** (*bes US* **store**) Geschenkartikelladen *m*; **~ tax** Schenkungssteuer *f*; **~ token** (*od* **voucher**) *Br* Geschenkgutschein *m*; **don't** (*od* **never**) **look a ~ horse in the mouth** (*Sprichwort*) e-m geschenkten Gaul schaut *od* sieht man nicht ins Maul; **giftable** **A** ADJ zum Verschenken geeignet **B** S Geschenkartikel *m*; **gifted** ADJ **1** begabt, talentiert **2** überdurchschnittlich intelligent (*bes Kind*)

gift|-wrap V/T *US a. irr* als Geschenk verpacken; **~-wrapping** S *Material zum Verpacken von Geschenken, z. B.* Geschenkpapier *n*, -band *n*

gig[1] [gɪg] S **1** Gig *f*, *a. n* (*als Beiboot mitgeführtes Ruderboot*) **2** SPORT Gig *f*, *a. n* (*Ruderboot*) **3** HIST Gig *n* (*zweirädriger, offener Einspänner*)

gig[2] [gɪg] S Fischspeer *m*

gig[3] [gɪg] S *a.* **~ machine, ~ mill** TECH Rau-, Aufkratzmaschine *f*

gig[4] [gɪg] S MUS *umg* Gig *m*: **a** Engagement *n* **b** Auftritt *m*: **do a ~** auftreten (**in** in *dat*)

giga- [gɪgə; dʒɪgə; *Br a.* gaɪgə] PHYS *Wortelement mit der Bedeutung* Milliarde

gigabyte S IT Gigabyte *n* (2^{30} *Byte*)

gigahertz S PHYS Gigahertz *n* (*1 Milliarde Hertz*)

gigantic [dʒaɪˈgæntɪk] ADJ (ADV ~ally), *a.* **gigantesque** [-ˈtesk] ADJ gigantisch: **a** riesenhaft, Riesen… **b** riesig, ungeheuer (groß), gewaltig: **a ~ success** ein Riesenerfolg

gigantism [ˈdʒaɪgæntɪzəm; dʒaɪˈgæn-] → giantism

gigantomachy [ˌdʒaɪgænˈtɒməkɪ; *US* -ˈtɑ-] S MYTH Gigantomachie *f*, (KUNST Darstellung *f* der) Gigantenschlacht *f*

giggle [ˈgɪgl] **A** V/I kichern **B** V/T *etwas* kichernd sagen: **she ~d her agreement** sie stimmte kichernd zu **C** S **1** Kichern *n*, Gekicher *n*: **have the ~s** kichern müssen **2** *umg* **be a bit of a ~** ganz lustig sein; **for a ~** aus *od* im Spaß; **giggler** [-lə(r)] S Kichernde(r) *m/f(m)*; **giggly** ADJ ständig kichernd

gigolo [ˈʒɪgələʊ; ˈdʒɪ-] *pl* -los S Gigolo *m*: **a** Eintänzer *m* **b** *junger Mann, der sich von Frauen aushalten lässt*

gigot [ˈdʒɪgət] S **1** *a.* **~ sleeve** Gigot *m*, Hammelkeulenärmel *m* **2** GASTR Hammelkeule *f*

gigue [ʒiːg] S MUS Gigue *f*: **a** HIST *ein Tanz* **b** *Satz e-r Suite*

gilbert [ˈgɪlbə(r)t] S ELEK Gilbert *n* (*Einheit der magnetischen Spannung*)

Gilbertian [gɪlˈbɜːtjən; -ɪən; *US* -ˈbɜr-] ADJ **1** in der Art (des Humors) von W. S. Gilbert **2** *fig* komisch, possenhaft

gild[1] [gɪld] V/T *prät u. pperf* gilded, gilt [gɪlt] **1** vergolden **2** *fig* **a** verschöne(r)n, (aus)schmücken: → lily A 1 **b** übertünchen, verbrämen **c** versüßen: → pill A 1 **d** *e-e Lüge etc* beschönigen

gild[2] → guild

gilded [ˈgɪldɪd] ADJ vergoldet, golden (*a. fig*): **~ youth** Jeunesse *f* dorée (*die zur begüterten Oberschicht gehörenden Jugendlichen*); **gilding** S **1** Vergolden *n* **2** Vergoldung *f* **3** Vergoldermasse *f* **4** *fig* **a** Verschönerung *f*, Ausschmückung *f* **b** Übertünchung *f*, Verbrämung *f* **c** Versüßung *f* **d** Beschönigung *f*

gildsman → guildsman

gilgai [ˈgɪlgaɪ] S *Aus* natürliches Wasserloch

gill[1] [gɪl] **A** S **1** FISCH Kieme *f*: **~ arch** (**cleft** *od* **slit, cover**) Kiemenbogen *m* (-spalte *f*, -deckel *m*); **~ net** Wandnetz *n* **2** *pl* (*a. als sg konstruiert*) ORN Kehllappen *m*: **be green** (*od* **white**) **about** (*od* **around**) **the ~s** *hum* grün *od* blass um die Nase(nspitze) sein **3** BOT Lamelle *f*: **~ fungus** Blätterpilz *m* **4** *Spinnerei*: Hechelkamm *m* **5** TECH Kühlrippe *f*, -ring *m* **B** V/T **1** *Fische* **a** ausnehmen **b** mit e-m Wandnetz fangen **2** die Lamellen von *Pilzen* entfernen

gill[2] [gɪl] S *bes schott* **1** (waldige) Schlucht **2** Gebirgs-, Wildbach *m*

gill[3] [dʒɪl] S Viertelpint *n* (*Br 0,14 l; US 0,12 l*)

gill[4] [dʒɪl] S *obs* Liebste *f*

gilled [gɪld] ADJ **1** FISCH mit Kiemen (versehen) **2** TECH gerippt: **~ tube** Kühlrippenrohr *n*

gillie [ˈgɪlɪ] S *schott* **1** HIST Diener *m*, Page *m* (*e-s schottischen Hochlandhäuptlings*) **2** Jagdgehilfe *m*

gillyflower [ˈdʒɪlɪˌflaʊə(r)] S BOT **1** (*bes* Winter)Levkoje *f* **2** Goldlack *m* **3** Gartennelke *f*

gilt[1] [gɪlt] **A** *prät u. pperf von* gild[1] **B** ADJ → gilded **C** S **1** Vergoldung *f* **2** *fig* Reiz *m*: **take the ~ off the gingerbread** der Sache den Reiz nehmen **3** *pl* → gilt-edge(d) 2

gilt[2] [gɪlt] S ZOOL junge Sau

gilt|cup → buttercup; **~ edge** S *oft pl* Goldschnitt *m*; **~-edge(d)** ADJ **1** mit Goldschnitt (versehen) **2** **~ securities** WIRTSCH mündelsichere (Wert)Papiere

gimbals [ˈdʒɪmblz; ˈgɪm-] SPL SCHIFF, TECH Kardanringe *pl*, kardanische Aufhängung (*e-s Kompasses etc*)

gimcrack [ˈdʒɪmkræk] **A** S **a** wertloser *od* kitschiger Gegenstand, (*a.* technische) Spielerei, Mätzchen *n umg* **b** *pl* → gimcrackery **B** ADJ **1** **a** wertlos **b** kitschig **2** wack(e)lig, unsolide gebaut; **gimcrackery** [-ərɪ] S Plunder *m*, Firlefanz *m* (*beide pej*)

gimlet [ˈgɪmlɪt] **A** S **1** TECH Schnecken-, Handbohrer *m*: **~ eyes** *fig* stechende Augen **2** *US ein Cocktail aus Gin od Wodka u. Limonensaft* **B** V/T mit e-m Schneckenbohrer Löcher bohren in (*akk*)

gimme [ˈgɪmɪ] *sl Kurzform für* **give me**

gimmick [ˈgɪmɪk] S *umg* **1** → gadget **2** *fig* (*bes Werbe*) Gag *m*; **gimmickry** [-rɪ] → gadgetry 1; **gimmicky** ADJ *umg* (*bes* werbe)wirksam

gimp [gɪmp] S **1** *Schneiderei*: Gimpe *f* **2** *mit Draht verstärkte seidene Angelschnur*

gin[1] [dʒɪn] S Gin *m*, Wacholderschnaps *m*: **~ and tonic** Gin Tonic

gin[2] [dʒɪn] **A** S **1** TECH Entkörnungsmaschine *f* (*für Baumwolle*) **2** **a** TECH Hebezeug *n*, Winde *f* **b** SCHIFF Spill *n* **3** TECH Göpel *m*, Fördermaschine *f* **4** TECH Rammgerüst *n* **5** JAGD **a** Falle *f* **b** Schlinge *f* **B** V/T **1** in *od* mit e-r Schlinge fangen **2** *Baumwolle* entkörnen

gin[3] [gɪn] *prät* gan [gæn], *pperf* gun [gʌn] *obs für* begin

gin[4] [dʒɪn] → gin rummy

gin[5] [dʒɪn] S *Aus sl pej* Eingeborene *f*

ginger [ˈdʒɪndʒə(r)] **A** S **1** BOT Ingwer *m* **2** Ingwer *m* (*Gewürz*) **3** **a** rötliches Braun **b** gelbliches Braun **4** *umg* Schmiss *m*, Schwung *m*: **put some ~ into** → C 2 **B** ADJ **1** **a** rötlich braun **b** gelblich braun **2** *umg* schmissig, schwungvoll **C** V/T **1** mit Ingwer würzen **2** *meist* **~ up** *umg* **a** *j-n* aufmöbeln, aufmuntern **b** *etwas* ankurbeln, in Schwung bringen; **~ ale** S Ginger-Ale *n* (*alkoholfreies Getränk mit Ingwergeschmack*); **~ beer** S Ginger-Beer *n*, Ingwerbier *n* (*leicht alkoholisches Getränk aus e-m Extrakt der Ingwerwurzel u. Sirup*); **~bread** **A** S **1** Leb-, Pfefferkuchen *m* (*mit Ingwergeschmack*): → gilt[1] C 2 **2** *bes* ARCH überladene Verzierung **B** ADJ *bes* ARCH überladen; **~ group** S (*a. als pl konstruiert*) PARL *bes Br* Aktionsgruppe *f*

gingerly ADV & ADJ **1** (ganz) behutsam, vorsichtig **2** zimperlich

ginger|nut S Ingwerkeks *m/n*; **~ pop** *umg für* ginger ale; **~snap** S Ingwerwaffel *f*; **~ wine** S Ingwerwein *m*

gingery ADJ **1** Ingwer… **2** → ginger B 1 **3** *fig* beißend, bissig (*Bemerkung etc*) **4** → ginger B 2

gingham [ˈgɪŋəm] S Gingham *m*, Gingan *m* (*gemustertes Baumwollgewebe in Leinenbindung*)

gingili [ˈdʒɪndʒɪlɪ] S **1** → sesame 1 **2** Sesamsamen *m*, -öl *n*

ginggival [dʒɪnˈdʒaɪvl; ˈdʒɪndʒɪvl] ADJ ANAT Zahnfleisch…; **gingivitis** [-dʒɪˈvaɪtɪs] S MED Gingivitis *f*, Zahnfleischentzündung *f*

gingko [ˈgɪŋkəʊ] → ginkgo

ginglymus [ˈdʒɪŋglɪməs; gɪŋ-] *pl* -mi [-maɪ] S ANAT Ginglymus *m*, Scharniergelenk *n*

gink [gɪŋk] S *bes US sl* komischer Typ

ginkgo [ˈgɪŋkgəʊ; ˈgɪŋkəʊ] *pl* -gos, -goes S BOT Ginkgo *m* (*ein Zierbaum*)

gin mill [dʒɪn] S *US umg* (*bes* billige *od* verrufene) Kneipe

ginnery [ˈdʒɪnərɪ] S Entkörnungswerk *n* (*für Baumwolle*)

gin| palace [dʒɪn] S HIST auffällig dekoriertes Wirtshaus; **~ rummy** S *Form des Rommés*

ginseng [ˈdʒɪnseŋ] S **1** BOT Ginseng *m* **2**

PHARM Ginseng(wurzel) *m(f)*
gin sling [dʒɪn] S *Getränk aus Gin u. Zuckerwasser mit Zitronen- od Limonensaft*
gip¹ [gɪp] V/T *Fische* ausnehmen
gip² [dʒɪp] → gyp¹
gip³ [dʒɪp] → gyp²
gippy ['dʒɪpɪ] *sl* A S 1 Ägypter(in) 2 *etwas Ägyptisches* 3 Zigeuner(in) *neg!* B ADJ 1 ägyptisch 2 ~ **tummy** MED Durchfall *m (bes in heißen Ländern)*
gipsy, *bes US* **gypsy** ['dʒɪpsɪ] A S 1 Zigeuner(in) *neg! (a. fig)*, Sinto *m*, Sintizza *f od* Rom *m*, Romni *f* 2 Zigeunersprache *f neg!*, Sprache *f* der Sinti bzw Roma B ADJ 1 Zigeuner... *mst neg!* 2 zigeunerhaft *neg!*
gipsydom S 1 Zigeunertum *n neg!* 2 KOLL Zigeuner *pl neg!*, Sinti *pl* u. Roma *pl*
gipsy moth S ZOOL Schwammspinner *m*
giraffe [dʒɪ'rɑːf; *bes US* -'ræf] *pl* -raffes, *bes koll* -raffe S ZOOL Giraffe *f*
girandola [dʒɪ'rændələ], **girandole** ['dʒɪrəndəʊl] S Girandola *f*, Girandole *f*: a *Feuergarbe beim Feuerwerk* b *mehrarmiger Leuchter* c *mit Edelsteinen besetztes Ohrgehänge*
girasol ['dʒɪrəsɒl; -səʊl; *US a.* -,sɑl], **girasole** [-səʊl] S MINER Feuer-, Sonnenopal *m*
gird¹ [gɜːd; *US* gɜrd] V/T *prät u. pperf* girded, girt [gɜːt; *US* gɜrt] 1 *j-n* (um)gürten 2 *ein Kleid etc* gürten, mit e-m Gürtel halten 3 *oft* ~ **on** *das Schwert etc* umgürten, an-, umlegen: ~ **sth on sb** j-m etwas umgürten 4 *j-m, sich* ein Schwert umgürten: ~ **o.s. (up)**, ~ **(up) one's loins** *fig* sich rüsten *od* wappnen 5 *ein Seil etc* binden, legen *(beide:* **round** um) 6 *fig j-n* ausstatten, -rüsten *(beide:* **with** mit) 7 umgeben, umschließen *(meist passiv)*: → seagirt
gird² [gɜːd] *Br dial* A V/I 1 spotten (**at** über *akk*) 2 rasen B V/T 1 verhöhnen, verspotten 2 *j-m* e-n Schlag versetzen C S 1 höhnische Bemerkung 2 Schlag *m* 3 Wut *f*: **be in a** ~ wütend sein; **throw a** ~ wütend werden
girder ['gɜːdə; *US* 'gɜrdər] S TECH 1 Balken *m*, Träger *m* 2 *Bergbau:* Unterzug *m*; ~ **bridge** S Balken-, Trägerbrücke *f*
girdle¹ ['gɜːdl; *US* 'gɜrdl] A S 1 Gürtel *m*, Gurt *m* 2 Hüfthalter *m*, -gürtel *m* 3 ANAT *in Zusammensetzungen (Knochen)* Gürtel *m*: ~ **bone** Gürtelknochen *m* 4 Gürtel *m*, *(etwas)* Umgebendes *od* Einschließendes, Umkreis *m*, Umgebung *f* 5 TECH Fassungskante *f (geschliffener Edelsteine etc)* 6 Ringel *m (ringförmig ausgeschnittene Baumrinde)* B V/T 1 umgürten 2 *oft* ~ **about**, ~ **in**, ~ **round** umgeben, einschließen *(beide:* **with** mit) 3 *e-n Baum* ringeln
girdle² ['gɜːdl; *US* 'gɜrdl] → griddle A
girl [gɜːl; *US* gɜrl] A S 1 Mädchen *n*: **a German** ~ e-e junge Deutsche; ~**'s name** weiblicher Vorname, Mädchenname *m*; **from a** ~ von Kindheit an 2 *umg* Tochter *f*: **the ~s** a die Töchter des Hauses b die Damen 3 (Dienst)Mädchen *n* 4 *umg* Mädchen *n (Freundin e-s Jungen)* B ADJ weiblich, Mädchen...; ~ **Friday** S Allroundsekretärin *f*: **she is my** ~ ohne sie wäre ich aufgeschmissen *umg*; ~**friend** S Freundin *f (e-s Jungen)*; ~ **guide** S Pfadfinderin *f (in GB)*: **Girl Guides** Pfadfinderinnen(bewegung) *pl(f)*
girlhood S Mädchenjahre *pl*, -zeit *f*, Jugend (-zeit) *f*, Kindheit *f*: **during her** ~ in ihrer Jugend
girlie ['gɜːlɪ; *US* 'gɜrliː] *umg* A S (kleines) Mädchen B ADJ mit nackten *od* spärlich bekleideten Mädchen: ~ **magazine** Nacktmagazin *n*; **girlish** ADJ (ADV ~ly) 1 mädchenhaft 2 Mädchen...: ~ **games**; **girlishness** S Mädchenhaftigkeit *f*
girl scout S Pfadfinderin *f (in den USA)*: **Girl Scouts** Pfadfinderinnen(bewegung) *pl(f)*
giro¹ ['dʒaɪərəʊ] *pl* -ros *umg für* autogiro
giro² ['dʒaɪrəʊ; *US a.* 'ʒɪrəʊ] S Postgirodienst *m (in GB)*: ~ **account** Postgirokonto *n*; ~ **cheque** Postscheck *m*
girosol ['dʒɪrəsɒl; -səʊl; *US a.* -,sɑl] → girasol
girt [gɜːt; *US* gɜrt] A *prät u. pperf von* gird¹ B ADJ **(for)** gewappnet (für, gegen), gerüstet (für) C V/T 1 → gird¹ 2 → girth B 4
girth [gɜːθ; *US* gɜrθ] A S 1 *(a. Körper)*Umfang *m*: **a tree 5 yards in** ~ ein Baum mit 5 Yard Umfang; **his ~ is increasing** er wird immer dicker 2 *(Sattel-, Pack)* Gurt *m* B V/T 1 *ein Pferd* gürten 2 fest-, an-, aufschnallen 3 umgeben, umschließen 4 den Umfang messen von
gismo → gizmo
gist [dʒɪst] S 1 JUR Grundlage *f*: ~ **of action** Klagegrund *m* 2 *(das)* Wesentliche, Hauptpunkt(e) *m(pl)*, Kern *m*: **can you give me the ~ of this book?** kannst du mir kurz sagen, worum es in diesem Buch geht?
git [gɪt] S *Br sl pej* 1 Scheißkerl *m* 2 Trottel *m*
gittern ['gɪtɜːn; *US* -tərn] → cittern
give [gɪv] A S 1 Elastizität *f*, *(des Bodens etc)* Federung *f*: **there is too much ~ in the rope** das Seil ist zu locker (gespannt) 2 *fig* a Elastizität *f*, Flexibilität *f* b Nachgiebigkeit *f*: **there is no ~ in him** er gibt nie nach B V/T *prät* gave [geɪv], *pperf* given ['gɪvn] 1 a geben: ~ **sb the name of William** j-m den Namen William geben; ~ **or take** plus/minus; **he has ~n me his cold** er hat mich mit s-r Erkältung angesteckt b schenken: **he gave his son a watch**; **she gave him a daughter** c *Blut etc* spenden 2 geben, reichen: ~ **sb one's hand** j-m die Hand geben 3 *e-n Brief etc* (über)geben 4 *(als Gegenwert)* geben, (be)zahlen: **how much did you ~ for that coat?**; ~ **as good as one gets** *(od* **takes)** mit gleicher Münze zurückzahlen 5 *e-e Auskunft, e-n Rat etc* geben, erteilen: ~ **a description** e-e Beschreibung geben (**of** *gen od* von) 6 *sein Wort* geben 7 widmen: ~ **one's attention (energies) to sth** e-r Sache s-e Aufmerksamkeit (Kraft) widmen 8 *sein Leben* hingeben, opfern *(beide:* **for** für) 9 *ein Recht, e-n Titel, ein Amt etc* verleihen, geben, übertragen: ~ **sb a part in a play** j-m e-e Rolle in e-m Stück geben 10 geben, gewähren, zugestehen: ~ **sb a favo(u)r** j-m e-e Gunst gewähren; **just ~ me 24 hours** geben Sie mir (nur) 24 Stunden (Zeit); ~ **sb until ...** a j-m bis ... Zeit geben *od* lassen (**to do** zu tun) b j-m bis ... Bedenkzeit geben; **I ~ you that point** in diesem Punkt gebe ich Ihnen recht; ~ **me the good old times!** da lobe ich mir die gute alte Zeit!; ~ **me Mozart any time** Mozart geht mir über alles; **it was not ~n to him to do it** es war ihm nicht gegeben *od* vergönnt, es zu tun 11 *e-n Befehl, Auftrag etc* geben, erteilen 12 *Hilfe* gewähren, leisten, *Schutz* bieten 13 *e-n Preis* zuerkennen, zusprechen 14 *e-e Arznei* (ein)geben, verabreichen 15 *j-m ein Zimmer etc* geben, zuteilen, zuweisen 16 *Grüße etc* übermitteln: ~ **him my love** bestelle ihm herzliche Grüße von mir 17 übergeben, einliefern: ~ **sb into custody** j-n der Polizei übergeben, j-n verhaften lassen 18 *j-m e-n Schlag etc* geben, versetzen 19 *j-m e-n Blick* zuwerfen 20 a von sich geben, äußern: → cry A 1, laugh A 1, shout C 1, sign A 6, smile C 1, start A 6 b *e-e Erklärung etc* abgeben c *e-e Rede etc* halten 21 (an)geben, mitteilen, *s-e Telefonnummer etc* angeben: ~ **a reason** e-n Grund angeben; **don't ~ me that!** das glaubst du doch selbst nicht!; **this clock ~s the right time** diese Uhr zeigt die richtige Zeit an; → name *Bes Redew* 22 *ein Lied etc* zum Besten geben, vortragen 23 *ein Konzert etc* geben, veranstalten: ~ **a dinner** ein Essen geben; ~ **a play** ein (Theater)Stück geben *od* aufführen 24 bereiten, verursachen: ~ **pain** Schmerzen bereiten, wehtun; ~ **sb many problems** j-m viele Probleme aufgeben; → pain A 1, A 2, pleasure A 1 25 (er)geben: ~ **no result** ohne Ergebnis bleiben 26 geben, hervorbringen: **cows ~ milk** Kühe geben Milch; **the lamp ~s a good light** die Lampe gibt gutes Licht 27 e-n Trinkspruch ausbringen auf *(akk)*: **I ~ you the ladies** ich trinke auf das Wohl der Damen 28 geben, zuschreiben: **I ~ him 50 years** ich schätze ihn auf 50 Jahre 29 *j-m zu tun, zu trinken etc* geben: **she gave me her bag to carry**; **I was ~n to understand that ...** man gab mir zu verstehen, dass ... 30 *(in Redewendungen meist)* geben: ~ **attention** achtgeben (**to** auf *akk*); ~ **it to him!** *umg* gibs ihm!; ~ **sb what for** *umg* es j-m geben *od* besorgen; *(siehe die Verbindungen mit den entsprechenden Substantiven)* C V/I 1 geben, spenden (**to** *dat*): ~ **generously**; ~ **and take** geben u. nehmen, einander entgegenkommen, kompromissbereit sein 2 nachgeben *(a. Preise)*: ~ **under great pressure**; **the foundations are giving** das Fundament senkt sich; **the chair ~s comfortably** der Stuhl federt angenehm; **his knees gave under him** s-e Knie versagten 3 **what ~s?** *sl* was gibts?; **what ~s with him?** *sl* was ist los mit ihm? 4 nachlassen, schwächer werden 5 versagen *(Nerven etc)* 6 a nachgeben, *(Boden etc)* federn b sich dehnen *(Kleidungsstück)* 7 sich anpassen (**to** *dat od* an *akk*) 8 a führen (**into** in *akk*; **on[-to]** auf *akk*, nach) *(Straße etc)* b gehen (**on[to]** nach) *(Fenster etc)* 9 *US umg* a sprechen: **come on, ~!** los, raus mit der Sprache! b aus sich herausgehen

Phrasal Verbs: **give| away** V/T 1 a her-, weggeben: → bride b verschenken: **at £ 4 it's not exactly given away** für 4 Pfund ist es nicht gerade geschenkt 2 *Preise etc* verteilen, überreichen 3 *j-n od etwas* verraten: ~ **a secret**; **give o.s. away** sich verraten *od* verplappern *umg*; → game¹ A 6, show A 15 4 *e-e Chance etc* vertun 5 SPORT *e-n Elfmeter etc* verursachen; ~ **back** A V/T 1 zurückgeben *(a. fig)*: **give sb back his freedom**; ~ **a look** e-n Blick erwidern 2 a *Schall* zurückwerfen b *Licht etc* reflektieren B V/I a sich zurückziehen b zurückweichen; ~ **forth** V/T 1 → give off 1 2 *e-e Ansicht etc* äußern 3 veröffentlichen, bekannt geben; ~ **in** A V/T 1 *ein Gesuch etc* einreichen, *e-e Prüfungsarbeit etc* abgeben 2 (offiziell) erklären B V/I 1 **(to)** a nachgeben *(dat)* b sich anschließen *(dat)*: ~ **to sb's opinion** 2 aufgeben, sich geschlagen geben; ~ **off** V/T 1 *Geruch* verbreiten, ausströmen, *Rauch etc* ausstoßen, *Gas, Wärme etc* aus-, verströmen 2 *Zweige* treiben; ~ **out** A V/T 1 aus-, verteilen 2 bekannt geben: **give it out that ...** a verkünden, dass ... b behaupten, dass ...; **give o.s. out to be sth** sich als etwas ausgeben 3 → give off 1 B V/I 1 zu Ende gehen *(Kräfte, Vorräte)*: **his strength gave out** die Kräfte verließen ihn; **our supplies have given out** unsere Vorräte sind erschöpft 2 versagen *(Kräfte, Maschine, Nieren, Stimme etc)* 3 *US umg* loslegen (**with** mit); ~ **over** A V/T 1 übergeben (**to** *dat*): **give sb over to the police** 2 *etwas* aufgeben: ~ **doing sth** aufhören, etwas zu tun 3 **give o.s. over to sth** sich e-r Sache hingeben: **give o.s. over to despair**; **give o.s. over to drinking** dem Alkohol verfallen 4 **be given over to sth** für etwas beansprucht werden, für etwas bestimmt sein B V/I aufhören; ~ **up** A V/T 1 a aufgeben, aufhören mit, *etwas* sein lassen: ~ **doing sth** aufhören, etwas zu tun (→ A 2); ~ **smoking** das Rauchen aufgeben; **I've**

given up eating meat ich esse kein Fleisch mehr; → alcohol, ghost A 2 b den Kontakt abbrechen zu 2 *e-n Plan, ein Rennen etc (als aussichts- od hoffnungslos)* aufgeben: **he was given up by the doctors**; ~ **doing sth** es aufgeben, etwas zu tun (→ A 1); **the climbers were given up for dead** es bestand keine Hoffnung mehr, dass die Bergsteiger noch am Leben waren; **I give you up, you'll never learn it** *umg* ich gebs auf, du lernst es nie; → brief B 3 b 3 *j-n* ausliefern: **give o.s. up** sich stellen (**to the police** der Polizei) 4 (**to**) a *e-n Posten etc* abgeben, abtreten (an *akk*) b *e-n Sitzplatz etc* frei machen (für) c *e-e Stadt etc* ausliefern (*dat*) 5 **give o.s. up to sth** a sich e-r Sache hingeben: **give o.s. up to despair** b sich e-r Sache widmen: **give o.s. up to caring for the sick** B V/I 1 (es) aufgeben, sich geschlagen geben 2 damit aufhören, es aufgeben: *do you smoke?* **no, I gave up last year** 3 resignieren 4 **I ~ on you, you'll never learn it** *umg* ich gebs auf, du lernst es nie 5 ~ **to the police** sich der Polizei stellen

give|-and-take A S 1 (*ein*) Geben u. Nehmen, beiderseitiges Entgegenkommen *od* Nachgeben, Kompromiss(bereitschaft) *m/n(f)*: **there was some ~ on both sides** beide Seiten waren einigermaßen kompromissbereit 2 Meinungs-, Gedankenaustausch *m* B ADJ Ausgleichs…, Kompromiss…: **marriage is a ~ affair** e-e Ehe besteht aus Geben u. Nehmen; **~away** A S 1 (ungewolltes) Verraten *n*, Verplappern *n umg*: **the expression on his face was a (dead) ~** sein Gesichtsausdruck verriet ihn *od* sagte alles 2 *bes US* Werbegeschenk *n* 3 kostenlos verteilte Zeitung 4 RADIO, TV *bes US* Quiz(sendung) *n(f)* B ADJ ~ **price** Schleuderpreis *m*: **sell sth at ~ prices** etwas verschleudern

given ['gɪvn] A *pperf von* give B ADJ 1 gegeben, bestimmt, festgelegt: **at the ~ time** zur festgesetzten Zeit; **under the ~ conditions** unter den gegebenen Bedingungen *od* Umständen; **within a ~ time** innerhalb e-r bestimmten Zeit; → instance A 1 2 **be ~ to** a ergeben sein (*dat*): **be ~ to doing sth** etwas zu tun pflegen; die (An)Gewohnheit haben, etwas zu tun; **be ~ to drinking** dem Alkohol verfallen sein b neigen zu: **be ~ to doing sth** dazu neigen, etwas zu tun 3 MATH, PHIL gegeben, bekannt 4 vorausgesetzt: ~ **health** Gesundheit vorausgesetzt 5 in Anbetracht (*gen*): ~ **his temperament** 6 *auf Dokumenten*: gegeben, ausgefertigt: ~ **this 10th day of January** gegeben am 10. Januar C S gegebene Tatsache; ~ **name** S *bes US* Vorname *m*

giver ['gɪvə(r)] S 1 Geber(in), Spender(in) 2 WIRTSCH a Abgeber(in), Verkäufer(in) b (*Wechsel*) Aussteller(in)

gizmo ['gɪzməʊ] *pl* -mos S *US umg* Dingsbums *n*

gizzard ['gɪzə(r)d] S 1 a FISCH, ORN Muskelmagen *m* b Vor-, Kaumagen *m (von Insekten)* 2 *umg* Magen *m*. **that sticks in my ~** *fig* das ist mir zuwider

glabella [glə'belə] *pl* -lae [-liː] S Glabella *f (als anthropologischer Messpunkt geltende unbehaarte Stelle zwischen den Augenbrauen)*

glabrous ['gleɪbrəs] ADJ BOT, ZOOL kahl

glacé ['glæseɪ; *US* glæ'seɪ] A ADJ 1 glasiert, mit Glasur *od* Zuckerguss 2 kandiert (*Früchte etc*) 3 Glacé…, Glanz…: ~ **leather** B V/T 1 glasieren 2 kandieren

glacial ['gleɪsjəl; *US* -ʃəl] ADJ (ADV ~**ly**) 1 GEOL Eis…, *bes* Gletscher…: ~ **detritus** Glazialschutt *m* 2 eiszeitlich: ~ **boulder** Findling *m*; ~ **epoch** (*od* **period**) Eiszeit *f*; ~ **man** Eiszeitmensch *m* 3 CHEM Eis…: ~ **acetic acid** Eisessig *m* 4 eisig (*a. fig*): **a ~ wind**; **a ~ look** 5 ~ **pace** Schneckentempo *n*

glaciate ['glæsɪeɪt; 'gleɪ-; *US* 'gleɪʃɪ-] A V/T vereisen B V/I 1 vereisen 2 GEOL vergletschern; **glaciation** S 1 Vereisung *f* 2 GEOL Vergletscherung *f*

glacier ['glæsjə; 'gleɪ-; *US* 'gleɪʃər] S Gletscher *m*: ~ **milk** GEOL Gletschermilch *f*; ~ **table** GEOL Gletschertisch *m*; ~ **theory** Gletschertheorie *f*

glaciology [ˌglæsɪ'ɒlədʒɪ; ˌgleɪ-; *US* ˌgleɪʃɪ'ɑl-] S Glaziologie *f (Wissenschaft von der Entstehung u. Wirkung des Eises u. der Gletscher)*

glacis ['glæsɪs; -sɪ; *US* glæ'siː; 'glæsiː] *pl* glacises [-sɪz], glacis ['glæsɪz; *US* glæ'siːz; 'glæsiːz] S 1 Abdachung *f* 2 MIL Glacis *n (Erdaufschüttung vor e-m Festungsgraben, die keinen toten Winkel entstehen lässt)*

glad[1] [glæd] A ADJ (ADV → gladly) 1 *präd* froh, erfreut (**of, at, about** über *akk*): **I am ~ (that) he has gone** ich bin froh, dass er gegangen ist; **be ~ of** (*od* **at, about**) **sth** sich über etwas freuen; **I am ~ of it** ich freue mich darüber, es freut mich; **I am ~ to hear (to say)** zu m-r Freude höre ich (darf ich sagen); es freut mich zu hören(, sagen zu dürfen); **I am ~ to go** ich gehe gern; **I should be ~ to know** ich möchte gern wissen; **he didn't know whether to feel ~ or sorry** er wusste nicht, ob er lachen od weinen sollte 2 freudig, froh, fröhlich, heiter (*Gesicht, Ereignis etc*): **give** *sb* **the ~ hand** → glad-hand A; ~ **rags** *pl umg* Sonntagsstaat *m*; → eye A 5 3 froh, erfreulich (*Nachrichten etc*) B V/T & V/I *obs für* gladden

glad[2] [glæd] *umg für* gladiolus

gladden ['glædn] A V/T erfreuen, froh machen *od* stimmen: ~ **sb's heart** j-s Herz erfreuen B V/I *obs* froh werden

glade [gleɪd] S Lichtung *f*, Schneise *f*

glad-hand A V/T a *j-m* herzlich die Hand schütteln b *j-n* herzlich *od* (*bes pej*) überschwänglich begrüßen *od* empfangen B V/I ~ **with** → A

gladiate ['glædɪət; -dɪeɪt] ADJ BOT schwertförmig

gladiator ['glædɪeɪtə(r)] S 1 *Antike*: Gladiator *m* 2 *fig* Kämpfer *m*, Streiter *m*, *bes* (streitbarer) Debattenredner; **gladiatorial** [-dɪə'tɔːrɪəl; *US a.* -'təʊ-] ADJ 1 Gladiatoren… 2 Kampf… 3 streitbar

gladiolus [ˌglædɪ'əʊləs] *pl* -li [-laɪ; *US a.* -liː], -luses S BOT Gladiole *f*

gladly ADV mit Freuden, gern(e), freudig; **gladness** S Freude *f*, Fröhlichkeit *f*; **gladsome** [-səm] ADJ (ADV ~**ly**) *obs od poet für* glad[1] A

Gladstone (bag) ['glædstən; *US* -ˌstəʊn] S zweiteilige leichte Reisetasche

glaiket, glaikit ['gleɪkɪt] ADJ *schott* 1 dumm, albern 2 gedankenlos

glair [gleə(r)] A S 1 Eiweiß *n* 2 Eiweißleim *m* 3 eiweißartige Substanz B V/T mit Eiweiß (-leim) bestreichen; **glaireous** ['gleərɪəs], **glairy** ADJ 1 Eiweiß… 2 zähflüssig, schleimig

glaive [gleɪv] S *obs od poet* (Breit)Schwert *n*

glamor *US Nebenform von* glamour

glamorize ['glæməraɪz] V/T 1 (mit viel Reklame) verherrlichen 2 *fig* verherrlichen, glorifizieren 3 e-n besonderen Zauber verleihen (*dat*), verschöne(r)n; **glamorous** ADJ (ADV ~**ly**) bezaubernd (schön)

glamour ['glæmə(r)] A S 1 Zauber *m*, Glanz *m*, bezaubernde Schönheit: ~ **boy** Schönling *m*; ~ **girl** Glamourgirl *n*, Reklame-, Filmschönheit *f* 2 Zauber *m*, Bann *m*: **cast a ~ over sb** j-n bezaubern, j-n in s-n Bann schlagen 3 *pej* falscher Glanz B V/T bezaubern; **glamourous** → glamorous

glance[1] [glɑːns; *US* glæns] A V/I 1 e-n (schnellen) Blick werfen, (rasch *od* flüchtig) blicken (*beide*: **at** auf *akk*): ~ **over** (*od* **through**) **a letter** e-n Brief überfliegen 2 (auf)blitzen, (-)leuchten 3 ~ **off** abprallen (von) (*Kugel etc*), abgleiten (von) (*Messer etc*) 4 **(at)** (*ein Thema*) flüchtig berühren, streifen, *bes* anspielen (auf *akk*) B V/T ~ **one's eye over** (*od* **through**) a e-n (schnellen) Blick werfen auf (*akk*) b überfliegen C S 1 (schneller *od* flüchtiger) Blick (**at** auf *akk*; **over** über *akk* … hin): **at a ~** mit einem Blick; **at first ~** auf den ersten Blick; **give sb an admiring ~** j-m e-n bewundernden Blick zuwerfen; **take a ~ at** → A 1 2 (Auf)Blitzen *n*, (-)Leuchten *n* 3 Abprallen *n*, Abgleiten *n* 4 **(at)** flüchtige Berührung (*gen*), Streifen *n* (*gen*), *bes* Anspielung *f* (auf *akk*)

glance[2] [glɑːns; *US* glæns] S MINER Blende *f*, Glanz *m*: ~ **coal** Glanzkohle *f*

glancing ['glɑːnsɪŋ; *US* 'glæn-] ADJ: **to hit** (*od* **strike**) **sb a ~ blow** j-n (mit e-m Schlag) streifen

gland[1] [glænd] S PHYSIOL Drüse *f*

gland[2] [glænd] S TECH 1 Dichtung(sstutzen) *f(m)* 2 Stopfbuchse(nbrille) *f*

glandered ['glændə(r)d] ADJ VET rotzkrank; **glanderous** ADJ 1 Rotz… 2 rotzkrank; **glanders** SPL (*als sg konstruiert*) Rotz(krankheit) *m(f)*

glandes ['glændiːz] *pl von* glans

glandular ['glændjʊlə; *bes US* -dʒələ(r)] ADJ, **glandulous** ADJ (ADV ~**ly**) BIOL, MED drüsig, drüsenartig, Drüsen…: **glandular activity** Drüsentätigkeit *f*; **glandular fever** Pfeiffer-Drüsenfieber *n*; → imbalance 2

glans [glænz] *pl* glandes [-diːz] S ANAT Eichel *f*

glare[1] [gleə(r)] A V/I 1 grell scheinen (*Sonne etc*), grell leuchten (*Scheinwerfer etc*): **the sun was glaring down on them** die Sonne brannte auf sie herunter 2 grell *od* schreiend sein (*Farben etc*) 3 wütend starren: ~ **at sb** j-n wütend anstarren, j-n anfunkeln B V/T **she ~d defiance** ihre Augen funkelten vor Trotz; ~ **defiance (hatred) at sb** j-n trotzig (hasserfüllt) anstarren C S 1 greller Schein, grelles Leuchten: **be in the full ~ of publicity** im Scheinwerferlicht der Öffentlichkeit stehen 2 *fig* (das) Schreiende *od* Grelle 3 wütender *od* funkelnder Blick: **look at sb with a ~** j-n wütend anstarren, j-n anfunkeln

glare[2] [gleə(r)] *bes US* A S spiegelglatte (*Eis- etc*) Fläche: **a ~ of ice** B ADJ spiegelglatt: ~ **ice** Glatteis *n*

glaring ['gleərɪŋ] ADJ (ADV ~**ly**) 1 grell 2 *fig* grell, schreiend (*Farben etc*) 3 eklatant, krass (*Fehler, Unterschied etc*), (himmel)schreiend (*Unrecht etc*) 4 wütend, funkelnd (*Blick*)

glary[1] ['gleərɪ] → glaring 1, 2

glary[2] ['gleərɪ] → glare[2] B

Glasgow ['glɑːzgəʊ; *bes schott u. US* 'glæzgəʊ; 'glæs-] S Glasgow *n* a *größte Stadt Schottlands* b *Verwaltungsregion im westlichen Zentralschottland*

glass [glɑːs; *US* glæs] A S 1 Glas *n*: **(as) smooth as ~** spiegelglatt 2 KOLL → glassware 3 a (*Trink*) Glas *n* b Glas(gefäß) *n* 4 (*ein*) Glas *n* (voll): **a ~ of milk** ein Glas Milch; **he has had a ~ too much** er hat ein Gläschen zu viel *od* eins über den Durst getrunken 5 Glas(scheibe) *n(f)* 6 Spiegel *m* 7 Sanduhr *f* 8 OPT a Lupe *f*, Vergrößerungsglas *n* b Linse *f*, Augenglas *n* c *pl*, *a.* **pair of ~es** Brille *f*: → wear[1] A 1 d *pl*, *a.* **pair of ~es** (*Opern*) Glas *n* e Mikroskop *n* 9 a Glas (-dach) *n* b Glas(kasten) *n(m)* 10 Uhrglas *n* 11 Barometer *n* 12 Thermometer *n* B V/T 1 verglasen: ~ **in** einglasen 2 (*meist* **o.s.** sich)

G

(wider)spiegeln **3** WIRTSCH in Glasbehälter verpacken
glass| bead S Glasperle *f*; **~ block** S ARCH Glasziegel *m*, -(bau)stein *m*; **~ blower** S Glasbläser(in); **~ blowing** S TECH Glasblasen *n*, Glasbläserei *f*; **~ brick** → glass block; **~ case** S Glaskasten *m*, Vitrine *f*; **~ ceiling** S *imaginäre Grenze, durch die j-d - bes aufgrund von Rassismus od Sexismus - daran gehindert wird, s-e anvisierten (beruflichen) Ziele zu erreichen*; **~ cement** S TECH Glaskitt *m*; **~ cloth** S **1** Gläsertuch *n* **2** TECH **a** Glasleinen *n* **b** Glas(faser)gewebe *n*; **~ culture** S Treibhauskultur *f*; **~ cutter** S **1** Glasschleifer(in) **2** TECH Glasschneider *m (Werkzeug)*; **~ cutting** S TECH Glasschneiden *n*, -schleifen *n*; **~ eel** S FISCH Glasaal *m (junger Aal)*; **~ eye** S **1** Glasauge *n* **2** VET *e-e Augenkrankheit der Pferde*; **~ fiber**, *bes Br* **~ fibre** S Glasfaser *f*, -fiber *f*
glassful [-fʊl] S *(ein)* Glas *n (voll)*
glass| furnace S Glasschmelzofen *m*; **~ harmonica** S MUS, HIST Glasharmonika *f*; **~house** S **1** TECH *US* Glashütte *f*, -fabrik *f* **2** *bes Br* Gewächs-, Glas-, Treibhaus *n*: **~ effect** Treibhaus-, Glashauseffekt *m* **3** **people who live in ~s should not throw stones** *(Sprichwort)* wer (selbst) im Glashaus sitzt, soll nicht mit Steinen werfen **4** MIL *Br umg* Bau *m*, Bunker *m (Gefängnis)*
glassine ['glɑːsiːn; *bes US* glæ'siːn] S Pergamin *n (durchsichtiges Papier)*
glassiness ['glɑːsɪnɪs; *US* 'glæs-] S **1** glasiges Aussehen **2** Glasigkeit *f (der Augen)* **3** Spiegelglätte *f (e-s Sees etc)*
glass| jaw S *Boxen*: Glaskinn *n*; **~maker** S Glashersteller(in); **~man** [-mən] S *irr* **1** Glashändler *m* **2** Glaser *m* **3** Glashersteller *m*; **~ painter** S Glasmaler(in); **~ paper** S TECH Glaspapier *n*; **~-paper** V/T mit Glaspapier abreiben *od* polieren; **~ slate** → glass tile; **~ strand** S TECH Glasspinnfaden *m*; **~ tile** S ARCH Glasdachziegel *m*, -stein *m*; **~ware** S Glas(waren) *n(pl)*, Glasgeschirr *n*, -sachen *pl*; **~ wool** S TECH Glaswolle *f*; **~work** S TECH **1** Glas(waren)herstellung *f* **2** Glaserei *f* **3** Glaswaren *pl* **4** Glasarbeit *f* **5** *pl (oft als sg konstruiert)* Glashütte *f*, -fabrik *f*
glassy ['glɑːsɪ; *US* 'glæsiː] ADJ (ADV glassily) **1** gläsern, glasig, glasartig **2** glasig *(Augen)* **3** spiegelglatt *(See etc)*
Glaswegian [glæz'wiːdʒjən; -dʒən] **A** ADJ Glasgower, aus Glasgow **B** S Glasgower(in)
glauberite ['glaʊbəraɪt; 'glɔː-] S MINER Glauberit *m*
Glauber's salt ['glaʊbə(r)z], *a.* **Glauber salt** S CHEM Glaubersalz *n*
glaucoma [glɔː'kəʊmə] S MED Glaukom *n*, grüner Star; **glaucomatous** [-'kəʊmətəs] ADJ glaukomatös
glauconite ['glɔːkənaɪt] S MINER Glaukonit *m*
glaucous ['glɔːkəs] ADJ **1** **a** graugrün **b** bläulich grün **2** BOT mit weißlichem Schmelz überzogen; **~ gull** S ORN Grauflügelmöwe *f*
glaze [gleɪz] **A** V/T **1** verglasen, Glasscheiben einsetzen in *(akk)*: **~ in** einglasen **2** polieren, glätten **3** TECH, *a.* GASTR glasieren, mit Glasur überziehen **4** MAL lasieren **5** TECH *Papier* satinieren **6** *j-s Augen* glasig machen **B** V/I **1** e-e Glasur *od* Politur annehmen, blank werden **2** *a.* **~ over** glasig werden *(Augen)* **C** S **1** Politur *f*, Glätte *f*, Glanz *m*: **~ kiln** *(Keramik)* Glattbrennofen *m* **2** **a** Glasur *f* **b** Glasur(masse) *f* **3** Lasur *f* **4** Satinierung *f* **5** Glasigkeit *f* **6** *US* **a** Glatteis *n* **b** (dünne) Eisschicht **7** FLUG Vereisung *f*
glazed [gleɪzd] ADJ **1** verglast, Glas…: **~ veranda** **2** TECH glatt, blank, geglättet, poliert, Glanz…: **~ board** **a** Glanzpappe *f* **b** Pressspan *m*; **~ brick** Glasurziegel *m*; **~ paper** satiniertes Papier, Glanzpapier; **~ tile** Kachel *f* **3** glasiert **4** lasiert **5** satiniert **6** glasig *(Augen)* **7** vereist: **~ frost** *Br* Glatteis *n*; **glazer** S TECH **1** Glasierer(in) **2** Polierer(in) **3** Satinierer(in) **4** Polier-, Schmirgelscheibe *f*
glazier ['gleɪzjə; *US* -ʒər] S Glaser(in)
glazing ['gleɪzɪŋ] S **1** **a** Verglasung *f* **b** Glaserarbeit *f* **2** KOLL Fenster(scheiben) *pl* **3** TECH, *a.* GASTR **a** Glasur *f* **b** Glasieren *n* **4** **a** Politur *f* **b** Polieren *n* **5** TECH Satinieren *n* **6** MAL **a** Lasur *f* **b** Lasieren *n*
glazy ['gleɪzɪ] ADJ (ADV **glazily**) **1** glänzend, blank **2** glasiert **3** poliert **4** glasig, glanzlos *(Augen)*
GLC ABK HIST Greater London Council *(Stadtrat des Verwaltungsgebietes Greater London, bis 1986)*
gleam [gliːm] **A** S schwacher Schein, Schimmer *m (a. fig)*: **he had a dangerous ~ in his eye** s-e Augen funkelten gefährlich; **~ of hope** Hoffnungsschimmer, -strahl *m*; **when you were still a ~ in your father's eye** *umg hum* als du noch ein sündiger Gedanke d-s Vaters warst **B** V/I **1** glänzen, leuchten, schimmern, scheinen **2** funkeln *(Augen etc)*; **gleamy** ADJ **1** glänzend, schimmernd **2** funkelnd
glean [gliːn] **A** V/T **1** *Ähren* nachlesen **2** *das Feld* sauber lesen **3** *fig* **a** sammeln, zusammentragen **b** herausfinden, in Erfahrung bringen: **~ from** schließen *od* entnehmen aus **B** V/I Ähren nachlesen; **gleaner** S **1** AGR **a** Ährenleser(in) **b** Zugrechen *m* **2** *fig* Sammler(in); **gleanings** [-ɪŋz] SPL **1** AGR Nachlese *f* **2** *fig (das)* Gesammelte
glebe [gliːb] S **1** JUR, REL Pfarrland *n* **2** *poet* **a** (Erd)Scholle *f* **b** Feld *n*
glede [gliːd] S ORN Gabelweihe *f*
glee [gliː] S **1** Ausgelassenheit *f*, übermütige Stimmung, Fröhlichkeit *f* **2** **a** Freude *f*: **dance with ~** Freudentänze aufführen **b** Schadenfreude *f*: **in ~** schadenfroh, hämisch **3** MUS Glee *m (geselliges Lied für 3 od mehr Stimmen in der englischen Musik des 17. bis 19. Jahrhunderts)*: **~ club** *bes US* Gesangverein *m*; **gleeful** ADJ (ADV **~ly**) **1** ausgelassen, fröhlich, lustig **2** schadenfroh; **gleeman** [-mən] S *irr* HIST Spielmann *m*, fahrender Sänger
gleet [gliːt] S MED **1** Nachtripper *m* **2** chronischer Harnröhrenausfluss
glen [glen] S enges Tal, Bergschlucht *f*
glengarry [glen'gærɪ] *Mütze der Hochlandschotten*
glenoid ['gliːnɔɪd; *US a.* 'gle-] ADJ ANAT flachschalig: **~ cavity** Gelenkpfanne *f*
gliadin ['glaɪədɪn], **gliadine** [-diːn; -dɪn] S Gliadin *n (einfacher Eiweißkörper im Getreidekorn, bes im Weizen)*
glib [glɪb] ADJ (ADV **~ly**) **1** **a** zungen-, schlagfertig: **a ~ reply** e-e schlagfertige Antwort; **have a ~ tongue** zungenfertig sein **b** gewandt, fix *umg*: **be ~ in finding excuses** immer schnell mit e-r Ausrede bei der Hand sein **2** ungezwungen **3** oberflächlich; **glibness** S **1** **a** Schlag-, Zungenfertigkeit *f* **b** Gewandtheit *f*, Fixigkeit *f umg* **2** Ungezwungenheit *f* **3** Oberflächlichkeit *f*
glide [glaɪd] **A** V/I **1** gleiten: **~ along** dahingleiten, -fliegen *(a. Zeit)* **2** *(hinaus- etc)* schweben, (-)gleiten: **~ out** **3** *fig* unmerklich übergehen (**into** in *akk*) **4** FLUG **a** gleiten, e-n Gleitflug machen **b** segelfliegen **5** MUS binden **B** V/T gleiten lassen **C** S **1** (Dahin)Gleiten *n* **2** FLUG Gleitflug *m* **3** Glissade *f*: **a** *Tanzen*: Gleitschritt *m* **b** *Fechten*: Gleitstoß *m* **4** MUS (Ver)Binden *n* **5** LING Gleitlaut *m*; **~ path** S FLUG Gleitweg *m*
glider ['glaɪdə(r)] S **1** SCHIFF Gleitboot *n* **2** FLUG **a** Segelflugzeug *n* **b** *a.* **~ pilot** Segelflieger(in) **3** *Skisport*: Gleiter(in); **~ tug** S FLUG Schleppflugzeug *n*
gliding ['glaɪdɪŋ] **A** ADJ (ADV **~ly**) **1** gleitend: **~ section** *(Skisport)* Gleitpassage *f* **2** FLUG Gleit-, Segelflug… **B** S **1** Gleiten *n* **2** FLUG **a** Segel-, Gleitflug *m* **b** *(das)* Segelfliegen
glim [glɪm] S *sl* **1** Licht *n* **2** Auge *n*
glimmer ['glɪmə(r)] **A** V/I **1** glimmen **2** schimmern **B** S **1** Glimmen *n* **2** **a** Schimmer *m (a. fig)*, (schwacher) Schein: **a ~ of hope** ein Hoffnungsschimmer **b** → glimpse A 4 **3** MINER Glimmer *m*; **glimmering** **A** ADJ (ADV **~ly**) schimmernd **B** S Schimmer *m (a. fig)*
glimpse [glɪmps] **A** S **1** flüchtiger (An)Blick: **catch** *(od* **get)** **a ~ of** → C **2** **(of)** flüchtiger Eindruck (von), kurzer Einblick (in *akk*): **afford a ~ of sth** e-n (kurzen) Einblick in etwas gewähren **3** kurzes Sichtbarwerden *od* Auftauchen **4** *fig* Schimmer *m*, schwache Ahnung **B** V/I flüchtig blicken (**at** auf *akk*) **C** V/T *j-n, etwas* (nur) flüchtig zu sehen bekommen, e-n flüchtigen Blick erhaschen von
glint [glɪnt] **A** S **1** Schimmer *m*, Schein *m* **2** Glanz *m*, Glitzern *n* **B** V/I **1** glitzern, glänzen, funkeln, blinken **2** *obs* sausen **C** V/T glitzern lassen: **~ back** zurückstrahlen, -werfen
glioma [glaɪ'əʊmə; *US a.* gliː-] *pl* **-mata** [-mətə], **-mas** S MED Gliom *n (Geschwulst im Gehirn, Rückenmark od Auge)*
glissade [glɪ'sɑːd; -'seɪd] **A** S **1** *Bergsteigen*: Abfahrt *f* **2** *Tanzen*: Glissade *f*, Gleitschritt *m* **B** V/I **1** *Bergsteigen*: abfahren **2** *Tanzen*: Gleitschritte machen; **glissando** [glɪ'sændəʊ; *US* -'sɑːn-] *pl* **-di** [-diː], **-dos** MUS **A** S Glissando *n* **B** ADV glissando, gleitend
glisten ['glɪsn] **A** V/I glitzern, glänzen **B** S Glitzern *n*, Glanz *m*
glitch [glɪtʃ] S *US umg* **a** Macke *f (e-s Geräts etc)* **b** Panne *f (e-s Plans)*
Gloucestershire ['glɒstə(r)ʃə(r); -ˌʃɪə(r); *US* 'glɑː-; 'glɔː-] *Grafschaft in Südwestengland*
glitter ['glɪtə(r)] **A** V/I **1** glitzern, funkeln, glänzen: **all that ~s is not gold**, **all is not gold that ~s** *(Sprichwort)* es ist nicht alles Gold, was glänzt **2** *fig* strahlen, glänzen **B** S **1** Glitzern *n*, Glanz *m*, Funkeln *n* **2** *fig* Glanz *m*, Pracht *f*, Prunk *m*; **glittering** ADJ (ADV **~ly**) **1** glitzernd, funkelnd, glänzend **2** *fig* glanzvoll, prächtig: **a ~ future** e-e glänzende Zukunft
glitz [glɪts] *umg* → glitter B 2; **glitzy** *umg* **1** → glittering 2 **2** schick *(Kleidung)*
gloaming ['gləʊmɪŋ] S *schott od poet* (Abend)Dämmerung *f*
gloat [gləʊt] V/I **(over, at)** sich weiden (an *dat*): **a** verzückt betrachten *(akk)* **b** *pej* sich hämisch *od* diebisch freuen (über *akk*); **gloating** ADJ (ADV **~ly**) hämisch, schadenfroh
glob [glɒb; *US* glɑb] S *umg* Klacks *m*, Klecks *m*: **a ~ of cream**
global ['gləʊbl] ADJ (ADV **~ly**) global: **a** weltumspannend, Welt…: **~ economy** *(population, etc)*; **~ warming** Erwärmung *f* der Erdatmosphäre, Erderwärmung *f* **b** umfassend, Gesamt…; **globalize** ['gləʊbəlaɪz] V/T globalisieren *(auf die ganze Erde ausdehnen)*; **globate** [-beɪt] ADJ kugelförmig, -rund
globe [gləʊb] **A** S **1** Kugel *f*: **~ of the eye** Augapfel *m* **2** **the ~** die Erde, der Erdball, die Erdkugel **3** GEOG Globus *m*: **celestial ~** Himmelsglobus; **terrestrial ~** (Erd)Globus **4** Planet *m*, Himmelskörper *m* **5** HIST Reichsapfel *m* **6** *kugelförmiger Gegenstand, bes* **a** Lampenglocke *f* **b** Goldfischglas *n* **B** V/T & V/I (sich) zusammenballen, kugelförmig machen (werden); **~ artichoke** S BOT Artischocke *f*;

~**fish** S Kugelfisch *m*; ~**flower** S BOT Trollblume *f*; ~ **lightning** S Kugelblitz *m*; ~ **sight** S MIL Ringvisier *n*; ~ **thistle** S BOT Kugeldistel *f*; ~**trotter** S Weltenbummler(in), Globetrotter(in); ~**trotting** A S Globetrotten *n* B ADJ Weltenbummler..., Globetrotter...

globin ['gləʊbɪn] S PHYSIOL Globin *n* (*Eiweißbestandteil des Hämoglobins*)

globoid ['gləʊbɔɪd] A S MATH Globoid *n* (*Fläche, die von e-m um e-e beliebige Achse rotierenden Kreis erzeugt wird*) B ADJ kugelförmig

globose ['gləʊbəʊs; gləʊ'bəʊs] → globular 1; **globosity** [gləʊ'bɒsətɪ; *US* -'bɑ-] S Kugelform *f*, -gestalt *f*; **globous** [-bəs] → globular

globular ['glɒbjʊlə; *US* 'glɑbjələr] ADJ (ADV ~ly) 1 kugelförmig, kug(e)lig, Kugel...: ~ **lightning** Kugelblitz *m* 2 aus Kügelchen bestehend; **globule** [-juːl] S 1 Kügelchen *n* 2 Tröpfchen *n*; **globulin** [-jʊlɪn] S BIOL Globulin *n* (*wichtiger Eiweißkörper des menschlichen, tierischen u. pflanzlichen Organismus*)

glockenspiel ['glɒkənspiːl; *US* 'glɑ-] S MUS Glockenspiel *n*

glomerate ['glɒmərɪt; *US* 'glɑ-] ADJ (zusammen)geballt, knäuelförmig; **glomeration** S (Zusammen)Ballung *f*, Knäuel *m/n*

glomerule ['glɒməruːl; *US* 'glɑ-] S 1 BOT Blütenknäuel *m/n* 2 MED → glomerulus

glomerulus [glɒ'merʊləs; *US* glə'm-; gləʊ'm-] *pl* -li [-laɪ] S MED Glomerulus *m*, Glomerulum *n* (*Blutgefäßknäuelchen, bes der Nierenrinde*)

gloom [gluːm] A S 1 Düsterheit *f*, -keit *f* 2 *fig* düstere *od* gedrückte Stimmung: **throw a ~ over** e-n Schatten werfen auf (*akk*), verdüstern B VI 1 düster *od* traurig blicken *od* aussehen 2 (finster) vor sich hin brüten 3 sich verdüstern C VT verdüstern; **gloominess** S 1 → gloom A 1, A 2 2 Hoffnungslosigkeit *f*; **gloomy** ADJ (ADV gloomily) 1 düster: → color A 6, paint A 1 2 düster, gedrückt 3 hoffnungslos: **feel ~ about the future** schwarzsehen

gloop [gluːp] S *umg* Schmiere *f*, Pampe *f*; **gloopy** ADJ *umg* schmierig, pampig

gloria[1] ['glɔːrɪə; *US a.* 'gləʊ-] S 1 *Textil.* Gloriaseide *f* 2 *bes* KUNST Glorie *f*, Heiligenschein *m*

Gloria[2] ['glɔːrɪə; *US a.* 'gləʊ-] S REL Gloria *n* (*Lobgesang*)

glorification [ˌglɔːrɪfɪ'keɪʃn; *US a.* ˌgləʊ-] S 1 Glorifizierung *f*, Verherrlichung *f* 2 REL a Verklärung *f* b Lobpreisung *f* 3 *Br umg* Feier *f*, Fest *n* 4 **a ~ of** *umg* → glorified; **glorified** [-faɪd] ADJ *umg* besser(er, e, es) (*nicht viel mehr als*): **a ~ barn**; **a ~ office boy**; **glorifier** S Verherrlicher(in); **glorify** [-faɪ] VT 1 glorifizieren, verherrlichen 2 REL a (lob)preisen b verklären 3 erstrahlen lassen 4 e-e Zierde sein (*gen*) 5 *umg* aufmotzen: → glorified

gloriole ['glɔːrɪəʊl; *US a.* 'gləʊ-] S Gloriole *f*, Heiligenschein *m*

glorious ['glɔːrɪəs; *US a.* 'gləʊ-] ADJ (ADV ~ly) 1 ruhmvoll, -reich, glorreich (*Sieg etc*): → rosary 2 2 herrlich, prächtig, wunderbar (*alle a. umg*) (*Sonnenuntergang, Zeit etc*) 3 *iron* schön, gehörig: **a ~ mess** ein schönes Durcheinander

glory ['glɔːrɪ; *US a.* 'gləʊriː] A S 1 Ruhm *m*, Ehre *f*: **to the ~ of God** zum Ruhme *od* zur Ehre Gottes; **~ to God, in the highest** Ehre sei Gott in der Höhe; **covered in** (*od* **with**) ~ ruhmbedeckt; **crowned with ~** *poet* ruhmbekränzt, -gekrönt; ~ **be!** *umg* a (*überrascht*) ach du lieber Himmel! b (*erfreut, erleichtert*) Gott sei Dank!; → cover B 1 2 Zier(de) *f*, Stolz *m*, Glanz (-punkt) *m* 3 Herrlichkeit *f*, Glanz *m*, Pracht *f*, Glorie *f* 4 voller Glanz, höchste Blüte: **Spain in her ~** 5 REL a himmlische Herrlichkeit b Himmel *m*: **go to ~** *umg* in die ewigen Jagdgründe eingehen; **send to ~** *umg j-n* ins Jenseits befördern 6 → gloriole 7 Ekstase *f*, Verzückung *f* B VI 1 sich freuen, glücklich sein (*beide:* **in** über *akk*) 2 sich sonnen (**in** in *dat*); ~ **hole** S *umg* 1 SCHIFF Zwischendeckkammer *f* 2 a Rumpelkammer *f umg* b Rumpelkiste *f umg* c Kramschublade *f*; ~ **pea** S BOT Prachtwicke *f*

Glos. ABK Gloucestershire

gloss[1] [glɒs; *US a.* glɑs] A S 1 Glanz *m*: ~ **paint** Glanzlack *m*; ~ **photograph** (Hoch)Glanzabzug *m* 2 *fig* äußerer Glanz, Schein *m*: **take the ~ off sth** e-r Sache den Glanz nehmen B VT 1 glänzend machen 2 *meist* ~ **over** *fig* a beschönigen b vertuschen C VI glänzend werden

gloss[2] [glɒs; *US a.* glɑs] A S 1 (Interlinear-, Rand)Glosse *f*, Erläuterung *f*, Anmerkung *f* 2 (Interlinear)Übersetzung *f* 3 Erklärung *f*, Erläuterung *f*, Kommentar *m*, Auslegung *f* 4 (absichtlich) irreführende Deutung *od* Erklärung 5 → glossary B VT 1 *e-n Text* glossieren 2 *oft* ~ **over** (absichtlich) irreführend deuten *od* erklären

glossal ['glɒsl; *US a.* 'glɑsəl] ADJ ANAT Zungen...

glossarial [glɒ'seərɪəl; *US a.* glɑ-] ADJ (ADV ~ly) Glossar..., glossarartig

glossarist ['glɒsərɪst; *US a.* 'glɑ-] S Glossator *m*, Verfasser(in) e-s Glossars; **glossary** S Glossar *n*: a *Sammlung von Glossen* b *Wörterverzeichnis (mit Erklärungen)*

glossectomy [glɒ'sektəmɪ; *US a.* glɑ-] S MED Glossektomie *f*, Zungenresektion *f*

glosseme ['glɒsiːm; *US a.* 'glɑ-] S LING Glossem *n* (*kleinste sprachliche Einheit, die nicht weiter analysierbar ist*)

glosser → glossarist

glossiness ['glɒsɪnɪs; *US a.* 'glɑ-] S Glanz *m*

glossitis [glɒ'saɪtɪs; *US a.* glɑ-] S MED Glossitis *f*, Zungenentzündung *f*

glosso- [glɒsəʊ; *US a.* glɑ-] *Wortelement mit den Bedeutungen* a ANAT Zungen... b zungenförmig c Sprach(en)...

glossolagist [glɒ'sɒlədʒɪst; *US* glɑ'sɑl-] S Glossolale *m/f*, Zungenredner(in)

glossolalia [ˌglɒsəʊ'leɪljə; *US* ˌglɑ-] S BIBEL, REL, PSYCH Glossolalie *f*, Zungenreden *n*

glossology [glɒ'sɒlədʒɪ; *US* glɑ'sɑl-] S *obs* Linguistik *f*

glossy A ADJ (ADV glossily) 1 glänzend: **be ~** glänzen; ~ **paper** (Hoch)Glanzpapier *n* 2 auf (Hoch-)Glanzpapier gedruckt: ~ **magazine** Hochglanzmagazin *n* 3 *fig* a raffiniert aufgemacht b prächtig (aufgemacht) B S *umg* Hochglanzmagazin *n*

glottal ['glɒtl; *US* 'glɑtl] ADJ 1 ANAT Glottis..., Stimmritzen...: ~ **chink** Stimmritze *f* 2 LING glottal: ~ **stop**, *a.* ~ **plosive** Knacklaut *m*, Kehlkopfverschlusslaut *m*

glottic ['glɒtɪk; *US* 'glɑ-] → glottal

glottis ['glɒtɪs; *US* 'glɑ-] *pl* -tises, -tides [-tɪdiːz] S ANAT Glottis *f*, Stimmritze *f*

glottology [glɒ'tɒlədʒɪ; *US* glɑ'tɑ-] → glossology

glove [glʌv] A S 1 (Finger)Handschuh *m*: **fit (sb) like a ~** a wie angegossen sitzen, (j-m) wie angegossen passen b *fig* (zu j-m *od* auf j-n) ganz genau passen, haargenau (auf j-n) zutreffen; **take the ~s off** ernst machen, massiv werden; **with the ~s off**, **without ~s** unsanft, rücksichts-, schonungslos; → hand *Bes Redew* 2 SPORT (*Box-, Fecht-, Reit- etc*) Handschuh *m*: → hang up A 1 3 (Fehde)Handschuh *m*: **fling** (*od* **throw**) **down the ~ (to sb)** (j-n) herausfordern, (j-m) den Handschuh hinwerfen; **pick** (*od* **take**) **up the ~** den Handschuh aufnehmen, die Herausforderung annehmen B VT mit Handschuhen bekleiden: ~**d** behandschuht

glove| box S 1 AUTO Handschuhfach *n* 2 Handschuhkasten *m* (*für Arbeiten mit radioaktiven od hochgiftigen Stoffen*); ~ **compartment** S AUTO Handschuhfach *n*; ~ **puppet** S Handpuppe *f*

glover S Handschuhmacher(in)

glow [gləʊ] A VI 1 glühen 2 *fig* glühen: a leuchten, strahlen b brennen (*Gesicht etc*) 3 *fig* (er)glühen, brennen (*beide:* **with** vor *dat*) B S 1 Glühen *n*, Glut *f*: **in a ~** glühend 2 *fig* Glut *f*: a Glühen *n*, Leuchten *n* b Hitze *f*, Röte *f* (*im Gesicht etc*): **in a ~**, **all of a ~** erhitzt, glühend, ganz gerötet c Feuer *n*, Leidenschaft *f*, Brennen *n*; ~ **discharge** S ELEK Glimmentladung *f*

glower ['glaʊə(r)] A VI finster blicken, ein finsteres Gesicht machen: ~ **at sb** j-n finster anblicken B S finsterer Blick; **glowering** ADJ (ADV ~ly) finster (*Blick*)

glowing ['gləʊɪŋ] ADJ (ADV ~ly) 1 glühend 2 *fig* glühend: a leuchtend, strahlend b brennend: → color A 6 3 *fig* überschwänglich, begeistert (*Lob etc*)

glow| lamp S ELEK Glimmlampe *f*; ~ **plug** S AUTO *US* Glühkerze *f*; ~**worm** S ZOOL Glühwürmchen *n*

gloxinia [glɒk'sɪnjə; *US* glɑk'sɪnɪə] S BOT Gloxinie *f*

gloze [gləʊz] *obs* A VT 1 → gloss[1] B 2 2 → gloss[2] B 1 B VI schmeicheln

glt ABK TYPO gilt mit Goldschnitt

glucic acid ['gluːsɪk] S CHEM Glucinsäure *f*

glucinium [gluː'sɪnɪəm], **glucinum** [gluː'saɪnəm] S CHEM Glucinium *n*, Beryllium *n*

glucose ['gluːkəʊs; -kəʊz] S CHEM Glukose *f*, Glucose *f*, Traubenzucker *m*

glue [gluː] A S 1 Leim *m*: ~ **stock** Leimrohstoff *m* 2 Klebstoff *m*: ~ **sniffing** Schnüffeln *n* B VT *ppr* gluing leimen, kleben (*beide:* **on[to]** auf *akk*; **to** an *akk*): **he was ~d to his TV set** er saß gebannt *od* wie angewachsen vor dem Bildschirm; **she remained ~d to her mother** sie klebte an ihrer Mutter *umg*

gluey ['gluːɪ] *komp* gluier, *sup* gluiest ADJ klebrig: a zähflüssig (*Masse*) b voller Leim

glum [glʌm] ADJ (ADV ~ly) bedrückt, niedergeschlagen

glume [gluːm] S BOT Spelze *f*

glumness S Bedrücktheit *f*, Niedergeschlagenheit *f*

glut [glʌt] A VT 1 *den Appetit* stillen, befriedigen 2 übersättigen (*a. fig*): ~ **o.s. with** (*od* **on**) sich überessen mit *od* an (*dat*) 3 WIRTSCH *den Markt* überschwemmen 4 verstopfen B S 1 Übersättigung *f* (*a. fig*) 2 WIRTSCH **(of)** Überangebot *n* (an *dat*), Schwemme *f* (von): ~ **in the market** Überangebot auf dem Markt, Marktschwemme; ~ **of money** Geldüberhang *m*, -schwemme; ~ **of goals** SPORT Torflut *f*, -schwemme

glutamate ['gluːtəmeɪt] S CHEM Glutamat *n*

glutamic acid [gluː'tæmɪk] S CHEM Glutaminsäure *f*

glutamine ['gluːtəmiːn; -mɪn] S CHEM Glutamin *n*

gluteal [gluː'tiːəl; 'gluːtɪəl] ADJ ANAT Glutäal..., Gesäß(muskel)...

glutei [gluː'tiːaɪ] *pl von* gluteus

gluten ['gluːtən] S CHEM Gluten *n*, Kleber *m*: ~ **bread** Kleberbrot *n*; ~ **flour** Gluten-, Klebermehl *n*; ~ **intolerance** MED Glutenunverträglichkeit *f*

gluteus [gluː'tiːəs] *pl* -tei [-'tiːaɪ] S ANAT Glutäus *m*, Gesäßmuskel *m*

glutinosity [ˌgluːtɪ'nɒsətɪ; *US* ˌgluːtn'ɑs-] S Klebrigkeit *f*; **glutinous** ADJ (ADV ~ly) klebrig

glutton ['glʌtn] S 1 Vielfraß *m* 2 *fig* Unersättliche(r) *m/f(m)*: **a ~ for books** e-e Leseratte, ein Bücherwurm *m* (*beide umg*); **a ~ for punishment** ein(e) Masochist(in); **a ~ for work** ein Arbeitstier *n* 3 ZOOL Vielfraß *m*; **gluttonous** ADJ (ADV ~ly) gefräßig, unersättlich (*a. fig*); **gluttony** S Gefräßigkeit *f*, Unersättlichkeit *f* (*a. fig*)

glyceric [glɪ'serɪk; 'glɪsərɪk] ADJ CHEM Glycerin...: **~ acid**

glycerin(e) ['glɪsərɪn; -riːn], **glycerol** [-rɒl; *US a.* -ˌrəʊl] S CHEM Glycerin *n*; **glycerolate** [-rəleɪt] V/T MED mit Glycerin versetzen *od* behandeln; **glyceryl** [-rɪl] S CHEM dreiwertiges Glycerinradikal: **~ trinitrate** Nitroglycerin *n*

glycogen ['glɪkəʊdʒən; *bes US* 'glaɪ-] S BIOL, CHEM Glykogen *n*, tierische Stärke; **glycogenesis** [-'dʒenɪsɪs] S Glykogenie *f*, Glykogenbildung *f*; **glycogenic** ADJ Glykogen...

glycol ['glaɪkɒl; *US a.* -ˌkəʊl] S CHEM Glykol *n*: a *Äthylenglykol* b *zweiwertiger giftiger Alkohol von süßem Geschmack*; **glycolic** [-'kɒlɪk; *US* -'kɑ-] ADJ CHEM Glykol...

Glyconic [glaɪ'kɒnɪk; *US* -'kɑ-] ADJ & S LIT glykoneisch(er Vers)

glyph [glɪf] S Glypte *f*, Glyphe *f*: a ARCH (vertikale) Furche *od* Rille b Skulptur *f*

glyphography [glɪ'fɒgrəfɪ; *US* -'fɑ-] S Glyphografie *f* (*galvanoplastische Herstellung von Reliefdruckplatten*)

glyptic ['glɪptɪk] A ADJ glyptisch, Steinschneide... B S **glyptics** *pl* (*als sg konstruiert*) Glyptik *f*, Steinschneidekunst *f*

glyptography [glɪp'tɒgrəfɪ; *US* -'tɑ-] S Glyptografie *f*, Glyphografie *f*: a *Steinschneidekunst* b *Gemmenkunde*

gm¹ ABK gram(s PL); *bes Br* gramme(s PL)

GM² ABK 1 general manager Generaldirektor(in); Hauptgeschäftsführer(in); leitende(r) Direktor(in) 2 *Br* George Medal (*Tapferkeitsmedaille, bes für Zivilpersonen*) 3 MIL guided missile Fernlenkwaffe *f* 4 genetically modified gentechnisch verändert (*Lebensmittel*)

G-man [-ˌmæn] S *irr* government man *US umg* G-man *m*, FBI-Agent *m*

GMC ABK *Br* General Medical Council

GMT ABK Greenwich Mean Time WEZ *f*

GMWU ABK *Br* General and Municipal Workers' Union (*e-e Gewerkschaft*)

gnarl [nɑː(r)l] S Knorren *m*; **gnarled**, **gnarly** ADJ 1 knorrig 2 schwielig (*Hände*) 3 *fig* griesgrämig, mürrisch, verdrießlich

gnash [næʃ] A V/I 1 mit den Zähnen knirschen 2 knirschen B V/T 1 **~ one's teeth** mit den Zähnen knirschen 2 mit knirschenden Zähnen beißen

gnat [næt] S 1 ZOOL *Br* (Stech)Mücke *f*: **strain at every ~** *fig* Haarspalterei betreiben; **strain at a ~ and swallow a camel** BIBEL Mücken seihen u. Kamele verschlucken 2 ZOOL *US* Kriebel-, Kribbelmücke *f*

gnathic ['næθɪk] ADJ ANAT Kiefer...

gnaw [nɔː] *prät* gnawed, *pperf* gnawed, gnawn [nɔːn] A V/T 1 a nagen an (*dat*) (*a. fig*), ab-, zernagen: **~ one's fingernails** an den Fingernägeln kauen b *ein Loch etc* nagen (**into** in *akk*): **~ one's way into** → B 2 2 zerfressen (*Säure etc*) 3 *fig* quälen, aufreiben, zermürben B V/I 1 nagen: **~ at** → A 1 2 **~ into** sich einfressen in (*akk*) 3 *fig* nagen, zermürben: **~ at** → A 3; **gnawer** S ZOOL Nager *m*, Nagetier *n*; **gnawing** A ADJ (ADV ~ly) nagend (*a. fig*) B S 1 Nagen *n* (*a. fig*) 2 nagender Schmerz, Qual *f*

gneiss [naɪs] S GEOL Gneis *m*; **gneissic** ADJ Gneis..., gneisig

gnome¹ [nəʊm] S 1 Gnom *m*, Zwerg *m* (*beide a. pej Mensch*), Kobold *m* 2 (*Garten*) Zwerg *m*

gnome² ['nəʊmiː; nəʊm] S Gnome *f* (*lehrhafter [Sinn-, Denk]Spruch in Versform od Prosa*)

gnomic ['nəʊmɪk] ADJ (ADV ~ally) gnomisch: **~ present** LING gnomisches Präsens

gnomish ['nəʊmɪʃ] ADJ gnomenhaft

gnomon ['nəʊmɒn; *US* -ˌmɑn] S Gnomon *m*: a ASTRON *Sonnenhöhenzeiger* b *Sonnenuhrzeiger* c MATH *Restparallelogramm*

gnosis ['nəʊsɪs] S Gnosis *f* (*esoterische Philosophie od Weltanschauung*)

gnostic ['nɒstɪk; *US* 'nɑs-] A ADJ (ADV ~ally) 1 gnostisch (→ gnosis) 2 ♀ gnostisch (→ Gnosticism) B S ♀ Gnostiker(in)

Gnosticism ['nɒstɪsɪzəm; *US* 'nɑs-] S Gnostizismus *m* (*verschiedene religiöse Bewegungen der Spätantike u. religionsphilosophische Strömungen innerhalb des frühen Christentums, die, meist mit Hilfe e-s Erlösermythos, Antwort auf die Frage nach Ursprung, Sinn u. Ziel des Menschen zu geben suchten*); **Gnosticize** A V/I gnostische Anschauungen vertreten B V/T gnostisch auslegen

gnotobiology [ˌnəʊtəʊbaɪ'ɒlədʒɪ; *US* -'ɑl-] S Gnotobiologie *f* (*Forschungsrichtung, die sich mit der keimfreien Aufzucht von Tieren für die Immunologie beschäftigt*)

GNP ABK WIRTSCH gross national product BSP *n*

gns ABK HIST guineas PL

go¹ [gəʊ] A *pl* goes [gəʊz] S 1 Gehen *n*: **on the ~** *umg* a (ständig) in Bewegung *od* auf Achse b *obs* im Verfall begriffen, im Dahinschwinden; **from the word ~** *umg* von Anfang an 2 Gang *m*, (Ver)Lauf *m* 3 *umg* Schwung *m*, Schmiss *m umg*: **this song has no ~**; **he is full of ~** er hat Schwung, er ist voller Leben 4 *umg* Mode *f*: **it is all the ~ now** es ist jetzt große Mode 5 *umg* Erfolg *m*: **make a ~ of sth** etwas zu e-m Erfolg machen; **no ~** a kein Erfolg b aussichts-, zwecklos; **it's no ~** es geht nicht, nichts zu machen 6 *umg* Abmachung *f*: **it's a ~!** abgemacht! 7 *umg* Versuch *m*: **have a ~ at sth** etwas probieren *od* versuchen; **let me have a ~** lass mich mal (probieren)!; **have a ~ at sb** j-m was zu hören geben *umg*; **have a ~** (*Fußball*) abziehen; **at one ~** auf einen Schlag, auf Anhieb; **in one ~** auf einen Sitz; **at the first ~** gleich beim ersten Versuch; **it's your ~** du bist an der Reihe *od* dran 8 *umg* (*bes* unangenehme) Sache, Geschichte *f*: **what a ~!** 'ne schöne Geschichte *od* Bescherung!, so was Dummes!; **it was a near ~** das ging gerade noch (einmal) gut 9 *umg* a Portion *f* (*e-r Speise*) b Glas *n*: **his third ~ of brandy** sein dritter Kognak 10 Anfall *m* (*e-r Krankheit*): **my second ~ of influenza** m-e zweite Grippe B ADJ TECH *umg* funktionstüchtig C V/I *prät* went [went], *pperf* gone [gɒn; *US* gɔːn], *3. sg präs* goes [gəʊz] 1 gehen, fahren, reisen (*alle:* **to** nach), sich (fort)bewegen: **~ on foot** zu Fuß gehen; **~ by plane** (*od* **air**) mit dem Flugzeug reisen, fliegen; **~ to Paris** nach Paris reisen *od* gehen; **~ to the country** *Br* (das Parlament auflösen u.) Neuwahlen ausschreiben; → horseback A, train A 1 2 (fort)gehen, abfahren, abreisen (**to** nach): **people were coming and ~ing** Leute kamen u. gingen; **who ~es there?** MIL wer da?; **I must be ~ing** ich muss gehen *od* weg *od* fort; → let¹ *Bes Redew* 3 verkehren, fahren (*Fahrzeuge*) 4 anfangen, losgehen, -gehen: **~!** SPORT los!; **~ to it!** mach dich dran!, ran! (*beide umg*); **here you ~ again!** jetzt fängst du schon wieder an!; **just ~ and try** versuchs doch mal!; **here ~es!** *umg* dann mal los!, ran (an den Speck)! 5 gehen, führen (**to** nach): **this road ~es to York** 6 sich erstrecken, reichen, gehen (**to** bis): **the belt does not ~ round her waist** der Gürtel geht *od* reicht nicht um ihre Taille; **as far as it ~es** bis zu e-m gewissen Grade; **it ~es a long way** es reicht lange (aus) 7 *fig* gehen: **let it ~ at that** lass es dabei bewenden; → all *Bes Redew*, anywhere 1, court A 10, expense *Bes Redew*, far *Bes Redew*, heart *Bes Redew*, nowhere A 2 8 MATH (**into**) gehen (in *akk*), enthalten sein (in *dat*): **5 into 10 ~es twice** 9 gehen, passen (*beide:* **into, in** in *akk*), fallen (**to** auf *akk*): **it does not ~ into my pocket** es geht *od* passt nicht in m-e Tasche; **12 inches ~ to the foot** 12 Zoll gehen auf *od* bilden e-n Fuß 10 gehören (**in, into** in *akk*; **on** auf *akk*): **the books ~ on the shelf** die Bücher gehören in *od* kommen auf das Regal; **where does this ~?** wohin kommt das? 11 (**to**) gehen (an *akk*) (*Preis etc*), zufallen (*dat*) (*Erbe*): **the money is ~ing to a good cause** das Geld fließt e-m guten Zweck zu *od* kommt e-m guten Zweck zugute! 12 TECH gehen, laufen, funktionieren (*alle a. fig*): **the engine is ~ing**; **keep (set) sth ~ing** etwas in Gang halten (bringen); **make things ~** die Sache in Schwung bringen; → get B 14, C 4, keep B 2 13 werden, in e-n (*bestimmten*) Zustand übergehen *od* verfallen: **your coffee will ~ cold** dein Kaffee wird kalt; **~ blind** erblinden; **~ Conservative** zu den Konservativen übergehen; → bad¹ A 13, hot A 3, mad A 1 14 (gewöhnlich) (*in e-m Zustand*) sein, sich ständig befinden: **~ armed** bewaffnet sein; **~ in rags** ständig in Lumpen herumlaufen; **~ hungry** hungern; **~ing sixteen** im 16. Lebensjahr; → fear A 1, unheeded 15 a *meist* **~ with child** schwanger sein b **~ with young** ZOOL trächtig sein 16 (**with**) gehen (mit), sich halten *od* anschließen (an *akk*): → tide¹ A 3 17 sich halten (**by, on, upon** an *akk*), gehen, handeln, sich richten, urteilen (**on, upon** nach): **have nothing to ~ upon** keine Anhaltspunkte haben; **~ing by her clothes** ihrer Kleidung nach (zu urteilen) 18 umgehen, kursieren, im Umlauf sein (*Gerüchte etc*): **the story ~es that ...** es heißt *od* man erzählt sich, dass ... 19 gelten (**for** für): **what he says ~es** *umg* was er sagt, gilt; **that ~es for all of you** das gilt für euch alle; **it ~es without saying** es versteht sich von selbst, (es ist) selbstverständlich 20 gehen, laufen, bekannt sein: **it ~es by** (*od* **under**) **the name of ...** es läuft unter dem Namen ...; **my dog ~es by the name of Rover** mein Hund hört auf den Namen Rover 21 **as hotels ~** im Vergleich zu anderen Hotels; **he's a meek man, as men ~** er ist ein vergleichsweise sanftmütiger Mann 22 vergehen, -streichen: **how time ~es!** wie (doch) die Zeit vergeht!; **one minute to ~** noch eine Minute; **with five minutes to ~** SPORT fünf Minuten vor Spielende 23 WIRTSCH weggehen, abgesetzt *od* verkauft werden (*beide:* **at, for** für): **"everything must ~"** „Totalausverkauf"; **~ for nothing** umsonst sein (*Mühe etc*); → cake A 1 24 (**on, in**) aufgehen (in *dat*), ausgegeben werden (für): **most of the money ~es in wages; all his money ~es on drink** er gibt sein ganzes Geld für Alkohol aus 25 dazu beitragen *od* dienen (**to do** zu tun), dienen (**to** zu), verwendet werden (**to, toward[s]** für, zu): **it ~es to show** dies zeigt, daran erkennt man; **this only ~es to show you the truth** dies dient nur dazu, Ihnen die Wahrheit zu zeigen 26 verlaufen, sich entwickeln *od* gestalten: **how does the play ~?** wie geht *od* welchen Erfolg hat das Stück?; **things have gone badly with me** es ist mir schlecht ergangen 27 ausgehen, -fallen: **the decision went against him** die Entscheidung fiel zu s-n Ungunsten aus; **it went well** es ging gut (aus) 28 Erfolg haben: **the play ~es**; **~ big** *umg* ein Riesenerfolg sein 29 (**with**) gehen, sich vertragen, harmonieren (mit), passen (zu): **black ~es well with yellow** 30 ertönen, erklingen, läuten (*Glocke*), schlagen (*Uhr*): **the clock went five** die Uhr schlug fünf; **the doorbell went** es klingelte *od* läutete 31 mit *e-m Knall etc* losgehen: **bang went the gun** die Kanone machte bumm 32 lauten (*Worte etc*): **I forget how the words ~** mir fällt der Text im Moment nicht ein; **this is how the tune ~es** so geht die Melodie; **this song ~es to the tune of …** dieses Lied geht nach der Melodie von … 33 gehen, verschwinden, abgeschafft werden: **he must ~** er muss weg; **these laws must ~** die Gesetze müssen verschwinden 34 (dahin)schwinden: **his strength is ~ing; my eyesight is ~ing** m-e Augen werden immer schlechter 35 zum Erliegen kommen, zusammenbrechen (*Handel etc*) 36 kaputtgehen (*Sohlen etc*) 37 sterben 38 (*im ppr mit inf*) *zum Ausdruck e-r Zukunft, bes* a *e-r Absicht* b *etwas Unabänderlichem*: **it is ~ing to rain** es gibt Regen, es wird (bald *od* gleich) regnen; **he is ~ing to read it** er wird *od* will es (bald) lesen; **she is ~ing to have a baby** sie bekommt ein Kind; **what was ~ing to be done?** was sollte nun geschehen? 39 (*mit nachfolgendem ger*) *meist* gehen: **~ swimming** schwimmen gehen; **you must not ~ telling him** du darfst es ihm ja nicht sagen; **he ~es frightening people** er erschreckt immer die Leute 40 (daran)gehen, sich aufmachen *od* anschicken: **he went to find him** er ging ihn suchen; **she went to see him** sie besuchte ihn; **~ fetch!** bring es!, hol es!; **he went and sold it** *umg* er hat es tatsächlich verkauft; er war so dumm, es zu verkaufen 41 **"pizzas to ~"** (*Schild*) *US* „Pizzas zum Mitnehmen" 42 erlaubt sein: **everything ~es in this place** hier ist alles erlaubt 43 *bes US umg* wiegen: **I went 90 kilos last year** letztes Jahr hatte ich 90 Kilo **D** *V/T* 1 *e-n Weg, e-e Strecke etc* gehen 2 *e-n Betrag* wetten, setzen (**on** auf *akk*) 3 *Kartenspiel*: ansagen 4 *US umg* e-e Einladung *od* Wette annehmen von: **I'll ~ you!** ich nehme an!, gemacht! 5 **~ it** *umg* a sich reinknien, (mächtig) rangehen b es toll treiben, auf den Putz hauen c handeln: **~ it alone** e-n Alleingang machen; **~ it!** ran!, (immer) feste! *umg*

Phrasal Verbs: **go| about** *V/I* 1 herumgehen, -fahren, -reisen 2 a → go¹ C 18 b umgehen (*Grippe etc*) 3 SCHIFF lavieren, wenden 4 in Angriff nehmen, sich machen an (*akk*) 5 *e-e Arbeit* erledigen: **~ one's business** sich um s-e Geschäfte kümmern 6 **~ with** a mit *j-m* gehen *umg* b mit *j-m* verkehren; **~ after** *V/I* 1 nachlaufen (*dat*) 2 sich um *e-e Stelle, ein Mädchen etc* bemühen; **~ against** *V/I* 1 *j-m* widerstreben, *j-s Prinzipien etc* zuwiderlaufen: → grain A 6 b 2 *e-m Verbot etc* zuwiderhandeln, sich *j-m, e-r Sache* widersetzen 3 ungünstig verlaufen für; **~ ahead** *V/I* 1 voran-, vorausgehen (*beide*: **of sb** j-m): **~!** *fig* nur zu!; **~, do it!** los, tus doch!; **~ with** *fig* a weitermachen (*od* fortfahren) mit b Ernst machen mit, durchführen 2 vorankommen (*Person, Arbeit*) 3 SPORT a nach vorn stoßen, sich an die Spitze setzen b in Führung gehen; **~ along** *V/I* 1 weitergehen 2 *fig* weitermachen, fortfahren 3 (dahin)gehen, (-)fahren: **as one goes along** a unterwegs b *fig* nach u. nach 4 mitgehen, -kommen (*beide*: **with** mit) 5 **~ with** a einverstanden sein mit b *j-m* beipflichten; **~ around** *V/I* 1 → go about 1, 6 2 → go round; **~ at** *V/I* 1 losgehen auf (*akk*), angreifen 2 *e-e Arbeit etc* anpacken, (energisch) in Angriff nehmen, über *e-e Mahlzeit etc* herfallen; **~ away** *V/I* 1 weggehen, -fahren 2 verreisen; **~ back** *V/I* 1 zurückgehen 2 zurückgestellt werden (*Uhren*) 3 (**to**) *fig* zurückgehen (auf *akk*), zurückreichen (bis) 4 **~ on** *fig* a *j-n* im Stich lassen b *sein Wort etc* nicht halten c *e-e Entscheidung* rückgängig machen; **~ behind** *V/I* 1 die Hintergründe untersuchen von (*od gen*), auf den Grund gehen (*dat*) 2 SPORT in Rückstand *od* ins Hintertreffen geraten; **~ between** *V/I* vermitteln zwischen (*dat*); **~ beyond** *V/I* überschreiten, hinausgehen über (*akk*), *Erwartungen etc* übertreffen: **that's going beyond a joke** das ist kein Spaß mehr; **~ one's powers** s-e Befugnisse überschreiten; **~ by** *V/I* 1 vorbeigehen (*a. Chance etc*), vorbeifahren 2 vergehen (*Zeit*): **in days gone by** in längst vergangenen Tagen, in früheren Zeiten; **the day went by just like that** (*od* **in no time**) der Tag verging (wie) im Flug(e) 3 → go¹ C 17, C 20; **~ down** *V/I* 1 *die Straße etc* hinuntergehen 2 a untergehen, sinken (*Schiff, Sonne etc*): **~ fighting** mit fliegenden Fahnen untergehen; → balloon A 1 b FLUG abstürzen 3 a zu Boden gehen (*Boxer etc*) b THEAT fallen (*Vorhang*) 4 *fig* a (hinab)reichen (**to** bis) b → go back 3 5 (hinunter)rutschen (*Essen*) 6 *fig* (**with**) a Anklang finden, ankommen (bei) *umg*: **it went down well with him** es kam gut bei ihm an; **he (the play) went down well (with the critics)** er (das Stück) bekam gute Kritiken b geschluckt werden (von) *umg*: **that won't ~ with me** das nehme ich dir nicht ab, das kannst du e-m anderen weismachen 7 a abschwellen b zurückgehen, sinken, fallen (*Fieber, Preise etc*), billiger werden: **~ in sb's opinion** in j-s Achtung sinken 8 in der Erinnerung bleiben: **~ in history** in die Geschichte eingehen; → posterity 2 9 a sich im Niedergang befinden b zugrunde gehen → drain C 2 f, tube A 1 10 UNIV *Br* a die Universität verlassen b in die Ferien gehen 11 SPORT absteigen 12 *Br* London verlassen 13 *US* geschehen, passieren 14 **he went down for three years** *Br sl* er wanderte für drei Jahre ins Gefängnis 15 **~ on sb** *vulg* j-m e-n blasen (*j-n fellationieren*); **~ for** *V/I* 1 holen (gehen) 2 *e-e Probefahrt, e-n Spaziergang etc* machen 3 a gelten als *od* für, betrachtet werden als b → go¹ C 19 4 streben nach, sich bemühen um, nachjagen (*dat*): **he has everything going for him** er hat alles, was man sich nur wünschen kann 5 *umg* a stehen auf (*akk*), schwärmen für, begeistert sein von b verknallt in *j-n* sein 6 a losgehen auf (*akk*), sich stürzen auf (*akk*): **~ him!** fass (ihn)!; **go too fast for the first 200 yards** SPORT die ersten 200 Yards zu schnell angehen; **~ the shot** (*Tennis*) in den Schlag hineingehen b herziehen über (*akk*); **~ in** *V/I* 1 hineingehen: **where is the nail to ~?** wo soll der Nagel hinein?; **~ and win!** auf in den Kampf! 2 verschwinden (*Sonne etc*) 3 **~ for** a sich befassen mit, betreiben, *Sport etc* treiben: **~ for sports** *a.* sich sportlich betätigen; **~ for football** Fußball spielen a mitmachen (bei), sich beteiligen an (*dat*), *ein Examen* machen b anstreben, hinarbeiten auf (*akk*) c sich einsetzen für, befürworten d sich begeistern für 4 → go¹ C 24; **~ into** *V/I* 1 hineingehen in (*akk*): **the money went into his private account** das Geld ging auf sein Privatkonto 2 *e-n Beruf* ergreifen, in *ein Geschäft etc* eintreten: **~ business** Geschäftsmann werden; **~ the police** zur Polizei gehen; **~ politics** in die Politik gehen 3 geraten in (*akk*): **~ a faint** ohnmächtig werden 4 (genau) untersuchen *od* prüfen, *e-r Sache* auf den Grund gehen 5 → go¹ C 8; **~ off** *V/I* 1 weg-, fortgehen, -laufen, (*Zug etc*) abfahren, THEAT abgehen: → blue B 5 b 2 losgehen (*Gewehr, Sprengladung etc*) 3 (**into**) los-, herausplatzen (mit) *umg*, ausbrechen (in *akk*) 4 verfallen, geraten (*beide*: **in, into** in *akk*): **~ in a fit** e-n Anfall bekommen 5 nachlassen (*Schmerz etc*) 6 sich verschlechtern 7 a sterben b eingehen (*Pflanze, Tier*) 8 → go¹ C 23 9 verlaufen, über die Bühne gehen *umg* 10 a einschlafen b ohnmächtig werden 11 verderben, schlecht werden (*Nahrungsmittel*), (*Milch a.*) sauer werden, (*Butter etc a.*) ranzig werden 12 ausgehen (*Licht etc*): **the water has gone off** wir haben kein Wasser 13 abgehen von, aufgeben: **~ a drug** ein Medikament absetzen 14 **have gone off** *j-n, etwas* nicht mehr mögen, genug haben von 15 *sl* kommen (*e-n Orgasmus haben*); **~ on** *V/I* 1 weitergehen, -fahren 2 weitermachen (**with** mit), fortfahren (**doing** zu tun; **with** mit): **~!** a (mach) weiter! b *iron* hör auf!, ach komm!; **~ reading** lies weiter! 3 daraufhin anfangen (**to do** zu tun): **he went on to say** darauf sagte er; **~ to sth** zu e-r Sache übergehen 4 fortdauern, weitergehen: **his speech went on for more than two hours** s-e Rede dauerte länger als zwei Stunden; **life goes on** das Leben geht weiter 5 vor sich gehen, vorgehen, passieren: *I don't know* **what's going on in his head** was in s-m Kopf vorgeht; **what's going on here?** was ist hier los? 6 sich benehmen *od* aufführen: **don't ~ like that!** hör auf damit! 7 *umg* a unaufhörlich reden *od* schwatzen (**about** über *akk*, von) b ständig herumnörgeln (**at** an *dat*) 8 angehen (*Licht etc*) 9 THEAT auftreten 10 **~ for** gehen auf (*akk*), bald sein: **it's going on for 5 o'clock**; **he is going on for 60** er geht auf die Sechzig zu 11 fahren mit: → ghost train 12 *ein Medikament* nehmen: → pill A 4 13 → go¹ C 17; **~ out** *V/I* 1 hinausgehen 2 ausgehen: a spazieren gehen b zu Veranstaltungen *od* in Gesellschaft gehen 3 **~ with** mit *j-m* gehen *umg* 4 (*mit ger*) sich aufmachen zu: **~ fishing** fischen *od* zum Fischen gehen 5 e-e Stellung (außer Haus) annehmen: **~ as governess**; **~ cleaning** putzen gehen 6 ausgehen, erlöschen (*Licht, Feuer*) 7 zu Ende gehen 8 → go off 10 9 sterben 10 in den Streik treten, streiken 11 aus der Mode kommen 12 a veröffentlicht werden b RADIO, TV ausgestrahlt werden c rausgehen (*Einladungen etc*) 13 POL abgelöst werden 14 SPORT ausscheiden (**of** aus; **to** gegen) 15 zurückgehen (*Flut*) 16 **~ to** sich *j-m* zuwenden (*Sympathie*), entgegenschlagen (*Herz*); **~ over** *V/I* 1 hinübergehen (**to** zu) 2 *fig* übergehen (**into** in *akk*) 3 übertreten, -gehen (*beide*: **from** von; **to** zu *e-r anderen Partei etc*) 4 zurückgestellt *od* vertagt werden 5 RADIO, TV (**to**) a umschalten (nach) b übergeben (an *akk*) 6 *umg* Erfolg haben: **~ big** ein Bombenerfolg sein 7 (gründlich) überprüfen *od* untersuchen 8 (nochmals) durchgehen, überarbeiten 9 durchgehen, -lesen, -sehen 10 **~ the ball** (*Fußball*) drüberhalten; **go past** *V/I* vorbeigehen *od* -fahren an (*dat*): **~ sb** SPORT j-n überspielen; **~ round** *V/I* 1 herumgehen, gehen um (*a. fig*): **~ sb** SPORT j-n überspielen, **there's a tune going round in my head** mir geht e-e Melodie im Kopf herum; → go¹ C 6 2 *fig* herumgehen in (*dat*), (*Gerücht etc a.*) kursieren in (*dat*): **there's a tune going round my head** mir geht e-e Melodie im Kopf herum 3 (für alle) (aus)reichen: **there are enough chairs to ~** es sind genügend Stühle da 4 **~ to** vorbeischauen bei, *j-n* besuchen; **~ through** *V/I* 1 durchgehen, -nehmen, -sprechen, (ausführlich) erörtern 2 durchsuchen 3 → go over 7, 9 4 a erleiden, *a. e-e Probezeit etc* durchmachen b erleben 5 *sein Vermögen* durchbringen 6 durchgehen, angenommen werden (*Antrag*), abgeschlossen werden (*Handel etc*), durchkommen *(Scheidung)* 7 ~ **with** durchführen, zu Ende führen 8 ~ **to the final** SPORT das Endspiel erreichen; ~ **to** → go[1] C 1, A 2, A 5, B, C 21; ~ **together** VI 1 sich vertragen, zusammenpassen *(Farben etc)* 2 *umg* miteinander gehen *(Liebespaar)*; ~ **under** VI 1 untergehen 2 *fig* scheitern *(Geschäftsmann)*, eingehen *(Firma etc)* 3 ~ **to** *fig* a *j-m* unterliegen b *e-r Krankheit* zum Opfer fallen, erliegen; ~ **up** VI 1 *die Straße etc* hinaufgehen 2 steigen *(Fieber etc)*, *(Preise a.)* anziehen: ~ **in sb's estimation** in j-s Achtung steigen 3 entstehen, gebaut werden 4 THEAT hochgehen *(Vorhang)* 5 ~ **in flames** in Flammen aufgehen; → smoke A 2 6 *Br* (zum Semesteranfang) zur Universität gehen 7 SPORT aufsteigen 8 *Br* nach London fahren; ~ **upon** → go[1] C 17; ~ **with** VI 1 *j-n, etwas* begleiten 2 gehören zu 3 mit *j-m* gehen *umg* 4 übereinstimmen mit 5 → go[1] C 15, C 16, C 29; ~ **without** VI 1 auskommen *od* sich behelfen ohne 2 verzichten auf *(akk)*: ~ **breakfast** nicht frühstücken

go[2] [gəʊ] Go *n (japanisches Brettspiel)*

goad [gəʊd] A S 1 Stachelstock *m (des Viehtreibers)* 2 *fig* Ansporn *m* B VT 1 *(mit dem Stachelstock)* antreiben 2 *oft* ~ **on** *fig j-n* an-, aufstacheln, (an)treiben, anspornen *(alle:* **to do** *od* **into doing sth** dazu, etwas zu tun)

go-ahead *umg* A ADJ 1 fortschrittlich 2 mit Unternehmungsgeist *od* Initiative B S 1 Unternehmungsgeist *m*, Initiative *f* 2 Mensch *m* mit Unternehmungsgeist *od* Initiative 3 **get** (*od* **be given**) **the** ~ grünes Licht bekommen (**on** für); **give sb the** ~ j-m grünes Licht geben

goal [gəʊl] S 1 Ziel *n (a. fig)*: ~ **in life** Lebensziel 2 SPORT a Ziel *n* b Tor *n*: **keep** ~, **play** (*od* **be**) **in** ~ im Tor stehen *od* spielen, das Tor hüten c *(Rugby)* Mal *n* d *(erzieltes)* Tor; ~ **area** S SPORT Torraum *m*; ~ **crease** S *Eishockey*: Torraum *m*; ~**getter** S SPORT Torjäger(in); ~ **hanger** S 1 *Fußball*: Abstauber(in) 2 *fig umg* Opportunist(in)

goalie ['gəʊlɪ] *umg für* goalkeeper

goal| judge S *Eishockey*: Torrichter(in); ~**keeper** S SPORT Torwart *m*, -mann *m*, -frau *f*, -hüter(in); ~**keeping** S SPORT Torhüterleistung(en) *f(pl)*; ~ **kick** S *Fußball*: (Tor)Abstoß *m*

goalless ADJ SPORT torlos *(Unentschieden etc)*

goal| line S SPORT Torlinie *f*, *(Rugby)* Mallinie *f*; ~**mouth** S SPORT Torraum *m*: ~ **scene** Torszene *f*; **in the Tottenham** ~ vor dem Tor von Tottenham; ~ **poacher** S SPORT Abstauber(in); ~ **post** S SPORT Torpfosten *m*: **move the** ~**s** *Br umg* sich nicht an die ausgemachten Bedingungen halten; ~**tender** *US* → goalkeeper

go-as-you-please ADJ ungezwungen, ungebunden: ~ **ticket** (*od* **pass**) BAHN *etc* Netzkarte *f*

goat [gəʊt] S 1 Ziege *f*: **act** (*od* **play**) **the (giddy)** ~ *fig* herumalbern, kaspern; **get sb's** ~ *umg* j-n auf die Palme bringen, j-n fuchsteufelswild machen 2 ♀ ASTROL Steinbock *m (Tierkreiszeichen)* 3 *umg* (geiler) Bock 4 *umg* Sündenbock *m*

goatee [gəʊ'tiː] S Spitzbart *m*

goat|fish S FISCH Meerbarbe *f*; ~**herd** S Ziegenhirt(in)

goatish ADJ (ADV ~ly) 1 bockig 2 *umg* geil

goatsbeard S BOT 1 Bocksbart *m* 2 Geißbart *m* 3 Ziegenbart *m*

goatskin A S 1 Ziegenfell *n* 2 *(a. Kleidungsstück n aus)* Ziegenleder *n* 3 Ziegenlederflasche *f* B ADJ ziegenledern

goatsucker S ORN Ziegenmelker *m*

gob[1] [gɒb; *US* gab] A S 1 Klumpen *m*: ~ **of spit** Schleimklumpen 2 *meist pl umg* Haufen *m*: **he's got** ~**s of money** er hat e-n hübschen Batzen Geld B VI *Br umg* (aus)spucken

gob[2] [gab] S SCHIFF *US sl* Matrose *m (bes der amer. Kriegsmarine)*

gob[3] [gɒb; *US* gab] S *sl* Schnauze *f*, Fresse *f*: **shut your** ~! halt die Schnauze!

gobbet ['gɒbɪt; *US* 'ga-] S Brocken *m*, Klumpen *m (bes Fleisch)*

gobble[1] ['gɒbl; *US* 'gabəl] A VT: *meist* ~ **up** 1 verschlingen, hinunterschlingen 2 *umg Neuigkeiten etc* verschlingen, *a. Geld* fressen 3 *umg e-n Betrieb, ein Gebiet etc* schlucken B VI schlingen, gierig essen

gobble[2] ['gɒbl; *US* 'gabəl] A VI kollern *(Truthahn)* B S Kollern *n*

gobbledygook ['gɒbldɪguːk; *US* ˌgabəldɪ'gʊk] S *umg* 1 Kauderwelsch *n* 2 Fachchinesisch *n*

gobbler[1] ['gɒblə; *US* 'gablər] S gierige(r) Esser(in): **he is a great** ~ **of books** *fig* er verschlingt die Bücher nur so

gobbler[2] ['gɒblə; *US* 'gablər] S Truthahn *m*, Puter *m*

Gobelin ['gəʊbəlɪn; *Br a.* 'gɒbə-; *US a.* 'gabə-] A ADJ Gobelin…: ~ **stitch** Gobelinstich *m* B S Gobelin *m*

go-between S 1 Vermittler(in), Mittelsmann *m*: **act as a** ~ vermitteln 2 Kuppler(in) 3 Verbindungsglied *n*

goblet ['gɒblɪt; *US* 'gablət] S 1 Kelchglas *n* 2 *obs od poet* Becher *m*, Pokal *m*

goblin ['gɒblɪn; *US* 'gablən] S Kobold *m*

gobo ['gəʊbəʊ] *pl* -bos, -boes S TECH 1 FILM, TV Linsenschirm *m* 2 Schallschirm *m (an Mikrofonen)*

gob|smacked ADJ: **be** ~ *Br sl* baff sein *umg*; **I was** ~ *a.* mir blieb die Spucke weg *umg*; ~**stopper** S *Br sl* Riesenlutscher *m*; ~**struck** → gobsmacked

goby ['gəʊbɪ] S FISCH Meergrundel *f*

go-by ['gəʊbaɪ] S: **give sb the** ~ *umg* j-n schneiden *od* ignorieren; **give sth the** ~ die Finger von etwas lassen *umg*

go-cart S 1 *bes US* Laufstuhl *m (zum Laufenlernen für Kinder)* 2 *bes US* Sportwagen *m (für Kinder)* 3 SPORT Go-Kart *m* 4 Handwagen *m*

god [gɒd; *US* gad] S 1 REL *bes Antike*: Gott *m*, Gottheit *f*: **the** ~ **of heaven** Jupiter *m*; **the** ~ **of love**, **the blind** ~ der Liebesgott *(Amor)*; **the** ~ **of war** der Kriegsgott *(Mars)*; **ye** ~**s (and little fishes)!** *sl obs* heiliger Strohsack! *umg*; **a sight for the** ~**s** *meist iron* ein Anblick für (die) Götter 2 REL ♀ Gott *m*: **Almighty** ♀, ♀ **Almighty** Gott der Allmächtige; **the good** ♀ der liebe Gott; ♀**'s truth** die reine Wahrheit; **oh** ♀!, **my** ♀!, **good** ♀! (ach) du lieber Gott!, lieber Himmel!; *swear sth* **before** ♀ bei Gott; **by** ♀! bei Gott!; ♀ **help him!** Gott steh ihm bei!; **so help me** ♀! so wahr mir Gott helfe!; ♀ **helps those who help themselves** *(Sprichwort)* hilf dir selbst, so hilft dir Gott; **thank** ♀! Gott sei Dank!; ♀ **knows** weiß Gott; ♀ **knows if it's true** wer weiß, ob es wahr ist; **as** ♀ **is my witness** Gott ist mein Zeuge; → act A 1, bless *Bes Redew*, forbid A 2, B, grant A 1, mark[1] A 2, rest[1] C 3, sake[1], willing 1, would 3 3 Götze (nbild) *m(n)*, Abgott *m* 4 *fig* (Ab)Gott *m* 5 *pl* THEAT *umg* Olymp *m*: **(up) in the** ~**s** auf dem Olymp

god|-awful ADJ *umg* scheußlich; ~**child** S *irr* Patenkind *n*; ~**damn** *bes US umg* A VT → damn A 5 B VI → damn B C S → damn C 1, C 2 D INT → damn D E ADJ → goddamned A F ADV → damned B 1; ~**damned** *bes US umg* A ADJ gottverdammt, gottverflucht *(beide umg)*: **a** ~ **fool** ein Vollidiot; ~ **nonsense** kompletter Unsinn, Quatsch *m* B ADV → damned B 1; ~**daughter** S Patentochter *f*

goddess ['gɒdɪs; *US* 'ga-] S Göttin *f (a. fig)*

godet [gəʊ'deɪ; gəʊ'det] S Zwickel *m*

go-devil S TECH *US* 1 Sprengvorrichtung *f* für verstopfte Bohrlöcher 2 Rohrreiniger *m*, Molch *m* 3 BAHN Materialwagen *m* 4 Holz-, Steinschleife *f* 5 AGR *(e-e)* Egge

god|father A S Pate *m (a. fig)*, Taufpate *m*, -zeuge *m*, Patenonkel *m*: **stand** ~ **to** → B 1 B VT 1 Pate stehen bei, aus der Taufe heben *(beide a. fig)* 2 *fig* verantwortlich zeichnen für; ♀**-fearing** ADJ gottesfürchtig; ~**forsaken** ADJ *pej* gottverlassen

godhead [-hed] S 1 Gottheit *f*, Göttlichkeit *f* 2 **the** ♀ Gott *m*

godless ADJ (ADV ~ly) gottlos: a ohne Gott b verworfen; **godlessness** S Gottlosigkeit *f*

godlike ADJ 1 gottähnlich, göttergleich, göttlich 2 erhaben

godliness ['gɒdlɪnɪs; *US* 'gad-] S Frömmigkeit *f*, Gottesfurcht *f*; **godly** ADJ fromm, gottesfürchtig

God|-man S *irr* 1 REL Gottmensch *m (Christus)* 2 Halbgott *m (a. fig)*; ♀**mother** (Tauf)Patin *f*, Patentante *f*; ♀**parent** (Tauf)Pate *m*, (-)Patin *f*

God's| acre S *obs od poet* Gottesacker *m*; ~ **country** S Gottes eigenes Land

godsend S Geschenk *n* des Himmels

godship S Gottheit *f*, Göttlichkeit *f*

God| slot S RADIO, TV *Br umg hum* regelmäßige religiöse Sendung; ♀**son** S Patensohn *m*; ♀**speed** S: **bid** (*od* **wish**) **sb** ~ *obs* j-m viel Glück *od* e-e glückliche Reise wünschen; ~ **tree** S BOT Kapokbaum *m*

goer ['gəʊə(r)] S 1 → comer 1 2 **be a good** ~ gut laufen *(Pferd, Fahrzeug)* 3 Energiebündel *n umg* 4 *in Zusammensetzungen* …gänger(in), …besucher(in): → churchgoer, theatergoer *etc*

goes [gəʊz] A *3. sg präs von* go[1] C, D B *pl von* go[1] A

Goethean, **Goethian** ['gɜːtɪən] ADJ Goethe…, goethisch, goethesch: a *nach Art Goethes, nach Goethe benannt* b *von Goethe herrührend*

goethite ['gəʊθaɪt; 'gɜːtaɪt] S MINER Goethit *m*: a Nadeleisenerz *n* b Rubinglimmer *m*

gofer ['gəʊfər] S *bes US umg* Laufbursche *m*, -mädchen *n*

goffer ['gəʊfə; *US* 'gafər] TECH A VT 1 *Stoff* kräuseln, gaufrieren, plissieren 2 *Buchschnitt*: gaufrieren, prägen B S 1 Gaufriermaschine *f* 2 Plissee *n*

go|-getter S *umg* Draufgänger(in); ~**-getting** ADJ *umg* draufgängerisch

goggle ['gɒgl; *US* 'gagəl] A VI 1 a die Augen rollen b starren, stieren, glotzen: ~ **at sb** j-n anstarren *od* anstieren *od* anglotzen 2 rollen *(Augen)* B VT *die Augen* rollen, verdrehen C S 1 Glotzen *n*, stierer Blick 2 *pl*, *a.* **pair of** ~**s** Schutzbrille *f* 3 VET Drehkrankheit *f (der Schafe)* D ADJ ~ **eyes** Glotzaugen; ~**box** S *Br umg* Glotze *f*, Glotzkiste *f*; ~**-eyed** ADJ glotzäugig

go-go ADJ 1 Go-go-…: ~ **girl** Go-go-Girl *n (Vortänzerin in e-r Diskothek etc)* 2 schwungvoll: **play** ~ **football** 3 schick: **the** ~ **set** die Schickeria

Goidel ['gɔɪdl] S Goidele *m*, Goidelin *f*, Gäle *m*, Gälin *f*; **Goidelic** [-'delɪk] A ADJ goidelisch, gälisch B S LING das Goidelische, das Gälische

going ['gəʊɪŋ] A S 1 (Weg)Gehen *n*, Abreise *f*, Abfahrt *f* 2 a Boden-, Straßenzustand *m*, *(Pferderennsport)* Geläuf *n* b Tempo *n*: **good** ~ ein flottes Tempo; **it was rough** (*od* **heavy**) ~ *fig* es war e-e Schinderei *od* ein Schlauch *umg*; **while the** ~ **is good** *fig* solange noch Zeit dazu ist, solange es noch geht B ADJ 1 in Betrieb, arbeitend: → concern B 2 2 vorhanden:

still ~ noch zu haben; **~, ~, gone!** *(bei Versteigerungen)* zum Ersten, zum Zweiten, zum Dritten!; **one of the best singers ~** e-r der besten Sänger, die es zurzeit gibt; **~-over** *pl* goings-over S *umg* 1 Standpauke *f umg*, Rüffel *m*, *engS.* Tracht *f* Prügel: **give sb a ~** a j-n zusammenstauchen b j-n vermöbeln 2 (gründliche) (Über)Prüfung *od* Untersuchung

goings-on SPL *umg bes pej* Treiben *n*, Vorgänge *pl*: **there were strange ~** es passierten merkwürdige Dinge

goiter, *bes Br* **goitre** [ˈgɔɪtə(r)] S MED Kropf *m*; **goitered**, *bes Br* **goitred** ADJ kropfig; **goitrous** [-trəs] ADJ 1 kropfartig, Kropf… 2 → goitered

go-kart [ˈgəʊkɑː(r)t] S SPORT Gokart *m*

Golconda, *oft* ♀ [gɒlˈkɒndə; *US* galˈkandə] S *fig* Goldgrube *f*

gold [gəʊld] A S 1 Gold *n*: **(as) good as ~** *fig* kreuzbrav, musterhaft; **a heart of ~** *fig* ein goldenes Herz; **he has a voice of ~** er hat Gold in der Kehle; **it is worth its weight in ~** es ist unbezahlbar *od* nicht mit Gold aufzuwiegen; **go off ~** WIRTSCH den Goldstandard aufgeben; → glitter A 1 2 Goldmünze(n) *f(pl)* 3 *fig* Geld *n*, Reichtum *m*, Gold *n* 4 Goldfarbe *f*, Vergoldungsmasse *f* 5 Goldgelb *n* *(Farbe)* 6 *(goldfarbiges)* Scheibenzentrum *(beim Bogenschießen)* 7 *umg* → gold medal B ADJ 1 aus Gold, golden, Gold…: **~ bar** Goldbarren *m*; **~ coin** Goldmünze *f*; **~ disc** goldene Schallplatte; **~ watch** goldene Uhr 2 golden, goldfarben, -gelb; **~ backing** S WIRTSCH Golddeckung *f*; **~beater** S TECH Goldschläger(in); **~beater's skin** S TECH Goldschlägerhaut *f*; **~brick** *US umg* A S 1 falscher Goldbarren: **sell** *sb* **a ~** → C 2 Humbug *m umg*, Schwindel *m* 3 *bes* MIL Drückeberger *m* B V/I a sich drücken (**on** vor *dat*) b blaumachen C V/T *j-n* anschmieren, übers Ohr hauen *(beide umg)*; **~bricker** → goldbrick A 3; **~ bullion** S Gold *n* in Barren; **~-bullion standard** S WIRTSCH Goldkernwährung *f*; **~ certificate** S WIRTSCH *US* Goldzertifikat *n (des Schatzamtes)*; ♀ **Coast** S *US umg* vornehmes Viertel *(e-r Stadt, bes in Küsten- od Ufernähe)*; **~crest** S ORN Goldhähnchen *n*; **~ digger** S 1 Goldgräber *m* 2 *umg Frau, die nur hinter dem Geld der Männer her ist*; **~ diggings** SPL Goldfundgebiet *n*; **~ dust** S Goldstaub *m*

golden [ˈgəʊldən] ADJ 1 aus Gold, golden, Gold…: **~ disc** goldene Schallplatte; → jubilee A 1 2 golden, goldfarben, -gelb 3 *fig* golden, glücklich *(Tage etc)* 4 *fig* einmalig *(Chance etc)* 5 **the ~ boy (of tennis)** *umg* a ein (Tennis)Ass *n* b e-e große (Tennis)Hoffnung; **~ age** S 1 MYTH *(das)* Goldene Zeitalter 2 *fig* Goldenes Zeitalter, Blütezeit *f*; **~ buck** S GASTR *US überbackene Käseschnitte mit pochiertem Ei*; **~ calf** S BIBEL *u. fig (das)* Goldene Kalb; **~ chain** S BOT Goldregen *m*; ♀ **Delicious** S BOT Golden Delicious *m (e-e Apfelsorte)*; **~ eagle** S ZOOL Goldadler *m*; **~eye** *pl* -eyes, *bes koll* -eye S ORN Schellente *f*; ♀ **Fleece** S MYTH *(das)* Goldene Vlies; **~ goal** S *Fußball*: Golden Goal *n (Verlängerung bei unentschiedenem Endstand, wobei die Mannschaft, die das erste Tor erzielt, das Spiel gewonnen hat)*; **~ goose** S *irr* Huhn, das goldene Eier legt; **~ hamster** S ZOOL Goldhamster *m*; **~ handcuffs** SPL *umg Prämie für leitende Angestellte, um diese langfristig an ein Unternehmen zu binden*; **~ handshake** S *umg* Abfindung(ssumme) *f*: **he got a ~ of £10,000** er wurde mit 10000 Pfund abgefunden; **~ hello** S *umg* a *von e-m Unternehmen gezahlte Prämie, durch die Arbeitskräfte angeworben werden sollen* b *bes US von e-m College etc bezahlte Prämie, durch die Studenten angeworben werden sollen*; **~ jubilee** S goldenes Jubiläum; **~ mean** S 1 *(die)* goldene Mitte, *(der)* goldene Mittelweg 2 → golden section; **~ oriole** S ORN Pirol *m*; **~ parachute** S *umg Klausel im Arbeitsvertrag e-s leitenden Angestellten, durch die im Falle e-r vorzeitigen Vertragsauflösung e-e Abfindungssumme geregelt wird*; **~ pheasant** S ORN Goldfasan *m*; **~ plover** S ORN Goldregenpfeifer *m*; **~rod** S BOT Goldrute *f*; **~ rule** S 1 BIBEL goldene Sittenregel 2 *fig* goldene Regel 3 MATH Regeldetri *f*, Dreisatz *m*; **~ section** S MATH, MAL Goldener Schnitt; ♀ **State** S *US (Beiname für den Staat)* Kalifornien *n*; **~ syrup** S *Br goldgelber Sirup aus Rohrzuckersaft*; **~ thistle** S BOT Golddistel *f*; **~ wedding** S goldene Hochzeit; **~ willow** S BOT Dotterweide *f*

gold|-exchange standard S WIRTSCH Golddevisenwährung *f*; **~ export point** S WIRTSCH Goldausfuhrpunkt *m*, oberer Goldpunkt; **~ fever** S Goldfieber *n*, -rausch *m*; **~field** S Goldfeld *n*; **~-filled** ADJ TECH vergoldet *(Schmuck)*; **~finch** S ORN Stieglitz *m*, Distelfink *m*; **~fish** S Goldfisch *m*; **~fish bowl** S Goldfischglas *n*: **live in a ~** *fig* keinerlei Privatsphäre haben; **~hammer** S ORN Goldammer *f*

goldilocks [ˈgəʊldɪlɒks; *US* -ˌlaks] *pl* -locks S 1 BOT Goldhaariger Hahnenfuß 2 goldhaariger Mensch, *bes* goldhaariges Mädchen

gold| import point S WIRTSCH Goldeinfuhrpunkt *m*, unterer Goldpunkt; **~ lace** S Goldtresse *f*, -spitze *f*; **~ leaf** S Blattgold *n*; **~ medal** S *bes* SPORT Goldmedaille *f*; **~ medal(l)ist** S *bes* SPORT Goldmedaillengewinner(in); **~ mine** S Goldgrube *f (a. fig)*, Goldmine *f*, -bergwerk *n*; **~ plate** S 1 Goldüberzug *m*, Vergoldung *f* 2 goldenes Tafelgeschirr; **~-plated** ADJ vergoldet; **~ point** S WIRTSCH Goldpunkt *m*; **~-rimmed** ADJ: **(pair of) ~ glasses** (*od* **spectacles**) *pl* Brille *f* mit Goldrand *od* -fassung, goldene Brille; **~ rush** → gold fever; **~ size** S TECH Goldgrund *m*, -leim *m*; **~smith** S Goldschmied(in); **~ standard** S Goldwährung *f*, -standard *m*; ♀ **Stick** S *Br* a Oberst *m* der königlichen Leibgarde b Hauptmann *m* der Leibwache

golem [ˈgəʊlem; -ləm] S 1 Golem *m* *(durch Zauber zum Leben erweckte Tonfigur der jüdischen Sage)* 2 *fig* Roboter *m* 3 *fig* Dummkopf *m*

golf [gɒlf; *US bes* galf] SPORT A S Golf(spiel) *n*: **play ~** → B B V/I Golf spielen; **~ bag** S SPORT Golftasche *f*; **~ ball** S 1 SPORT Golfball *m* 2 TECH Kugel-, Schreibkopf *m (der Schreibmaschine)*; **~-ball typewriter** S Kugelkopf-, Schreibkopfmaschine *f*; **~ club** S SPORT 1 Golfschläger *m* 2 Golfklub *m*; **~ course** S SPORT Golfplatz *m*

golfer S SPORT Golfer(in), Golfspieler(in); **golfing** ADJ: **~ holiday(s** *pl*)(*bes US* **vacation**) Golfurlaub *m*

golf links S *irr* SPORT (*bes* Küsten)Golfplatz *m*

goliard [ˈgəʊljə(r)d] S HIST Goliard(e) *m* *(umherziehender französischer Kleriker u. Scholar, bes des 13. Jahrhunderts)*

Goliath [gəʊˈlaɪəθ] S BIBEL *u. fig* Goliath *m*

golliwog(g) [ˈgɒlɪwɒg; *US* ˈgalɪˌwag] S 1 groteske schwarze Puppe 2 *fig* groteske Erscheinung *(Person)*

golly[1] [ˈgɒlɪ; *US* ˈgaliː] INT *umg* Donnerwetter!, Mann!

golly[2] [ˈgɒlɪ] *Br umg für* golliwog(g)

gollywog *Br für* golliwog(g)

golosh → galosh

GOM ABK *Br* grand old man

gombroon (ware) [gɒmˈbruːn; *US* gam-] S *(ein)* persisches Porzellan

Gomorrah, **Gomorrha** [gəˈmɒrə; *US a.* gəˈmarə] S *fig* Gomorr(h)a *n*, Sündenpfuhl *m*

gonad [ˈgəʊnæd] S PHYSIOL Gonade *f*, Geschlechts-, Keimdrüse *f*

gondola [ˈgɒndələ; *US* ˈgan-] S 1 Gondel *f (in Venedig, e-s Ballons, e-r Seilbahn etc)* 2 *US* (flaches) Flussboot 3 *a.* **~ car** *US* offener Güterwagen; **gondolier** [-ˈlɪə(r)] S Gondoliere *m*

gone [gɒn; *US* gɔːn] A *pperf von* go[1] B ADJ 1 (weg)gegangen, fort, weg: **be ~!** fort mit dir!, geh!; **I must be ~** ich muss weg *od* fort 2 verloren, verschwunden, dahin 3 hin *umg*: a kaputt b ruiniert c verbraucht, weg d tot: **he's (dead and) ~** er ist tot; **a ~ feeling** ein Schwächegefühl → goner; **a ~ man** *n*; **all his money is ~** sein ganzes Geld ist weg *od* futsch 4 hoffnungslos *(Fall)* 5 vorbei, vorüber, vergangen, dahin, zu Ende 6 mehr als, älter als, über: **he is ~ twenty-one**; **it's ~ three** es ist drei (Uhr) durch 7 *umg* verliebt, verknallt *(beide:* **on** in *akk)* 8 *sl* high: a weg *umg*, in Ekstase b *im Drogenrausch* 9 **she's five months ~** *umg* sie ist im 6. Monat *(schwanger)*; **goner** S *sl* Todeskandidat *m*: **he's a ~** er macht es nicht mehr lange, er ist erledigt *(beide a. weitS.)*

gonfalon [ˈgɒnfələn; *US* ˈgan-] S Banner *n*; **gonfalonier** [-ˈnɪə(r)] S Bannerträger *m*

gong [gɒŋ; *US a.* gaŋ] A S 1 Gong *m*: **the ~ sounded** es gongte 2 *(bes* elektrische) Klingel 3 MIL *Br sl* Blech *n*, Orden *m* B V/T *Br e-n Wagen* durch Gongsignal stoppen *(Polizei)* C V/I gongen

gonif → ganef

goniometer [ˌgəʊnɪˈɒmɪtə; *US* -ˈamətər] S Goniometer *n*: a *Gerät zum Messen der Winkel zwischen (Kristall)Flächen durch Anlegen zweier Schenkel* b *Winkelmesser für Schädel u. Knochen*; **goniometry** [-trɪ] S MATH Goniometrie *f*, Winkelmessung *f*

gonitis [gəʊˈnaɪtɪs] S MED Gonitis *f*, Gonarthritis *f*, Kniegelenkentzündung *f*

gonna [ˈgɒnə; *US* ˈganə] *sl Kurzform für* **going to**: **I'm ~ kill him!**

gonococcus [ˌgɒnəʊˈkɒkəs; *US* ˌganəˈka-] *pl* -cocci [-ˈkɒkaɪ; -ˈkɒksaɪ; *US* -ˈka-] S MED Gonokokkus *m*, Tripererreger *m*

gonocyte [ˈgɒnəʊsaɪt; *US* ˈganə-] S BIOL Gonozyte *f*, Keimzelle *f*

gonorrh(o)ea [ˌgɒnəˈrɪə; *US* ˌganəˈriːə] S MED Gonorrhö(e) *f*, Tripper *m*; **gonorrh(o)eal** ADJ gonorrhoisch, Tripper…

goo [guː] S *umg* 1 Papp *m*, klebriges Zeug 2 Schmalz *m*, sentimentales Zeug

goober (pea) [ˈguːbər] S *US* Erdnuss *f*

good [gʊd] A S 1 Nutzen *m*, Wert *m*, Vorteil *m*: **for his own ~** zu s-m eigenen Vorteil; **he knows too much for his own ~** er weiß mehr, als ihm guttut; **what ~ will it do?, what is the ~ of it?, what ~ is it?** was hat es für e-n Wert?, was nützt es?, wozu soll das gut sein?; **it is no (not much) ~ trying** es hat keinen (wenig) Sinn *od* Zweck, es zu versuchen; **to the ~** a *bes* WIRTSCH als Gewinn- *od* Kreditsaldo b obendrein, extra (→ A 2); **for ~ (and all)** für immer, endgültig, ein für alle Mal 2 *(das)* Gute, Gutes *n*, Wohl *n*: **do sb ~** a j-m Gutes tun b j-m guttun *od* wohltun; **much ~ may it do you** *oft iron* wohl bekomms!; **the common ~** das Gemeinwohl; **be to the ~** nur zu s-m *etc* Besten sein; **come to ~** zum Guten ausschlagen; **it's all to the ~** es ist nur von Vorteil (**that** dass)(→ A 1); **it comes to no ~** es führt zu nichts Gutem; **be up to no ~** nichts Gutes im Schilde führen; **for ~ or for evil** auf Gedeih u. Verderb 3 **the ~** *koll* die Guten *pl*, die Rechtschaffenen *pl* 4 PHIL *(das)* Gute 5 *pl* bewegliches Vermögen: **~s and chattels** a Hab *n* u.

G

Gut *n*, bewegliche Sachen, Mobiliargut *n* b *umg* Siebensachen 6 *pl* WIRTSCH a *Br* (*bes* Eisenbahn)Güter *pl*, Fracht(gut) *f(n)* b (Handels)Güter *pl*, (Handels)Ware(n) *f(pl)*: **~s for consumption** Verbrauchs-, Konsumgüter; **~s in process** Halbfabrikate, -erzeugnisse; **a piece of ~s** *sl* e-e Mieze; **have the ~s on sb** *US sl* etwas gegen j-n in der Hand haben. → deliver A 2 7 *pl US* Stoffe *pl*, Textilien *pl* 8 **the ~s** *sl* das Richtige, das Wahre: **that's the ~s!** B ADJ *komp* better [ˈbetə(r)], *sup* best [best] 1 (*moralisch*) gut, redlich, rechtschaffen, ehrbar, anständig (*Mädchen etc*): **~ men and true** redliche u. treue Männer; **a ~ father and husband** ein guter *od* treu sorgender Vater u. Gatte; **she is a ~ wife to him** sie ist ihm e-e gute Frau 2 gut (*Qualität*): **~ teeth**; → health 2, humor A 2 3 gut, frisch, genießbar: **is this meat still ~?**; **a ~ egg** ein frisches Ei 4 gut, lieb, gütig, freundlich: **~ to the poor** gut zu den Armen; **be so** (*od* **as**) **~ as to fetch it** sei so gut u. hol es, hol es doch bitte; → enough C 5 gut, lieb, artig, brav (*Kind*): **be a ~ boy**; **have you been a ~ girl?** bist du (schön) brav gewesen?; → gold A 1 6 verehrt, lieb: **his ~ lady** *oft iron* s-e liebe Frau; **my ~ man** *oft iron* mein Lieber!, mein lieber Freund *od* Mann! 7 gut, geachtet: **of ~ family** aus guter Familie 8 gut, einwandfrei (*Betragen etc*): → certificate A 1 9 a gut, erfreulich, angenehm (*Nachrichten etc*): **be ~ news** *umg* erfreulich sein (*Sache*); nett sein (*Person*); **have a ~ time** sich (gut) amüsieren; es sich gut gehen lassen; → afternoon A, morning A 1, *etc* b schön: **it's ~ to be home again**; **too ~ to be true** zu schön, um wahr zu sein 10 gut: a geeignet, vorteilhaft, günstig, nützlich b gesund, zuträglich c heilsam: **a man ~ for the post** ein geeigneter *od* guter Mann für den Posten; **~ for colds** gut gegen *od* für Erkältungen; **milk is ~ for children** Milch ist gut *od* gesund für Kinder; **~ for one's health** gesund; **what is it ~ for?** wofür ist es gut?, wozu dient es?; **it is a ~ thing that …** es ist gut *od* günstig, dass …; *stay away* **if you know what's ~ for you!** das rate ich dir im Guten!; *he drank more* **than was ~ for him** als ihm guttat; → nothing *Bes Redew* 11 gut, richtig, recht, angebracht, empfehlenswert, zweckmäßig: **in ~ time** zur rechten Zeit, (gerade) rechtzeitig; **all in ~ time** alles zu s-r Zeit; **in one's own ~ time** wenn es e-m passt 12 gut, angemessen, ausreichend, zufriedenstellend; **his word is ~ enough for me** sein Wort genügt mir; **his time is only ~ enough for 4th place** SPORT s-e Zeit reicht nur für den 4. Platz 13 gut, reichlich: **a ~ hour** e-e gute Stunde; **it's a ~ three miles to the station** es sind gut drei Meilen bis zum Bahnhof 14 gut, ziemlich (weit, groß), beträchtlich, bedeutend, erheblich, ansehnlich: **a ~ many** e-e beträchtliche Anzahl, ziemlich viele; **a ~ many times** ziemlich oft; → beating 2, way[1] 5, while A 15 (*vor adj*) *verstärkend*: **a ~ long time** sehr lange Zeit; **~ old age** hohes Alter; **~ and …** sehr, ganz schön, mordsmäßig *umg* (*z. B.* **~ and tired** hundemüde *umg*) 16 gültig: a begründet, berechtigt (*Anspruch etc*) b triftig, gut (*Grund etc*): **a ~ argument** ein stichhaltiges Argument; → cause A 2, reason A 1 c echt (*Geld*) 17 gut, überzeugt (*Republikaner etc*) 18 gut, fähig, tüchtig: **he is ~ at arithmetic** er ist gut im Rechnen; **he is ~ at golf** er spielt gut Golf; **be ~ with one's hands** handwerkliches Geschick haben 19 gut, zuverlässig, sicher, solide (*alle a.* WIRTSCH): **a ~ firm** e-e gute *od* solide *od* zahlungsfähige *od* kreditwürdige Firma; **a ~ man** WIRTSCH *umg* ein sicherer Mann (*Kunde etc*); **~ debts** WIRTSCH sichere Schulden; **~ for** WIRTSCH (*auf e-m Wechsel*) über den Betrag von (→ B 23); **be ~ for any amount** WIRTSCH für jeden Betrag gut sein 20 WIRTSCH in Ordnung (*Scheck*) 21 JUR (rechts)gültig 22 wirklich, aufrichtig, ehrlich, echt: → faith 3 23 *umg* **~ for** fähig *od* geneigt zu: **I am ~ for a walk** ich habe Lust zu e-m Spaziergang; **I am ~ for another mile** ich könnte noch e-e Meile weitermarschieren; **my car is ~ for another 10,000 miles** mein Wagen macht noch leicht 10 000 Meilen (→ B 19) C ADV 1 *umg* gut: **she dances ~** 2 **as ~ as** so gut wie, praktisch: **as ~ as new** *a.* neuwertig D INT gut!, schön!, fein!: **~ for you!** *umg* (ich) gratuliere!

Good| Book S (*die*) Bibel; **&by(e)** A S 1 Abschiedsgruß *m*: **wish sb ~, say ~ to sb** j-m Auf Wiedersehen sagen; **have you said all your goodby(e)s?** a hast du dich überall verabschiedet?, hast du allen Auf Wiedersehen gesagt? b *weitS.* können wir jetzt endlich gehen?; **you can kiss** (*od* **say**) **~ to that** *umg* das kannst du dir abschminken; → kiss B 1 2 Abschied *m*: **he prolonged his ~ for a few more minutes** er blieb noch ein paar Minuten länger B ADJ Abschieds…: **~ kiss** C INT a auf Wiedersehen! b TEL auf Wiederhören!; **&-for-nothing** A ADJ nichtsnutzig B S Taugenichts *m*, Nichtsnutz *m*; **~ Friday** S REL Karfreitag *m*: **on ~** am Karfreitag; **&-hearted** ADJ (ADV ~ly) gutherzig; **&-heartedness** S Gutherzigkeit *f*; **&-humo(u)red** ADJ (ADV ~ly) 1 gut gelaunt 2 gutmütig; **&-humo(u)redness** S 1 gute Laune 2 Gutmütigkeit *f*

goodie → goody A 4

goodish ADJ 1 ziemlich gut, annehmbar 2 ziemlich (groß, lang, weit *etc*): **he walked a ~ distance for a sick man** für e-n Kranken ging er ganz schön weit

goodliness [ˈgʊdlɪnɪs] S 1 Stattlichkeit *f* 2 Prächtigkeit *f*

good|-looker S *umg* gut aussehende Person; **~-looking** ADJ gut aussehend

goodly ADJ 1 beträchtlich, ansehnlich, stattlich (*Summe etc*) 2 stattlich (*Person, Haus etc*) 3 prächtig (*Anblick etc*)

good|man [-mæn; -mən] S *irr obs* 1 Haushalt(ung)svorstand *m* 2 Ehemann *m*; **~-natured** ADJ (ADV ~ly) gutmütig, freundlich, gefällig; **~-neighbo(u)r** ADJ gutnachbarlich: **~ policy** Politik *f* der guten Nachbarschaft

goodness S 1 Anständigkeit *f*, Redlichkeit *f*, Rechtschaffenheit *f* 2 Güte *f*, Gefälligkeit *f*: **~ of heart** Herzensgüte; **please have the ~ to come** haben Sie bitte die Freundlichkeit *od* seien Sie bitte so gut zu kommen 3 (*das*) Gute *od* Wertvolle 4 Güte *f*, Qualität *f*, Wert *m* 5 *euph* Gott *m*: **thank ~!** Gott sei Dank!; **(my) ~!, ~ gracious!** du meine Güte!, du lieber Himmel!; **for ~ sake** um Himmels willen; **~ knows** weiß der Himmel

good| offices SPL *bes Völkerrecht*: gute Dienste *pl*, Vermittlung(sdienste) *f(pl)*; **~ people** SPL: **the ~** die guten Feen

goods engine S TECH *Br* Güterzuglokomotive *f*

good-sized ADJ ziemlich groß

goods| lift S *Br* Lastenaufzug *m*; **~ office** S *Br* Frachtannahmestelle *f*; **~ station** S *Br* Güterbahnhof *m*; **~ traffic** S *Br* Güterverkehr *m*; **~ train** S *Br* Güterzug *m*; **~ wagon** S *Br* Güterwagen *m*

good|-tempered ADJ (ADV ~ly) gutmütig, ausgeglichen; **~-time** ADJ lebenslustig, vergnügungssüchtig: **~ Charlie** *US umg* vergnügungssüchtiger Mensch; **~wife** S *irr obs* Haushalt(ung)svorstand *m*; **~will** S 1 Goodwill *m*, Wohlwollen *n*, Freundlichkeit *f* 2 Bereitwilligkeit *f*, Gefälligkeit *f* 3 gute Absicht, guter Wille: **~ tour** *bes* POL Goodwillreise *f*, -tour *f*; **~ visit** *bes* POL Goodwillbesuch *m* 4 a WIRTSCH Goodwill *m*, ideeller Firmen- *od* Geschäftswert b WIRTSCH Kundschaft *f*, Kundenkreis *m* c Goodwill *m*, guter Ruf (*e-r Institution etc*)

goody [ˈgʊdɪ] A S *umg* 1 a Bonbon *m/n* b *pl* Süßigkeiten *pl* 2 Annehmlichkeit *f*: **all the goodies that a higher income brings** 3 Prachtstück *n*: **the goodies of a stamp collection** 4 FILM, TV *etc* Gute(r) *m*, Held *m* 5 → goody-goody A B ADJ → goody-goody B C INT *bes Kindersprache*: prima!, klasse!; **~-goody** *umg pej* A *pl* goody-goodies S Tugendbold *m* B ADJ (betont) tugendhaft; **~ two shoes** *pl* goody two shoes S *US* → goody-goody A

gooey [ˈguːɪ] ADJ *umg* 1 pappig, klebrig 2 schmalzig *umg*, sentimental: **a ~ song** e-e Schnulze *pej*

goof [guːf] *umg* A S 1 *bes US* Schnitzer *m* 2 Trottel *m pej* B V/T *oft* **~ up** *bes US* vermasseln *umg* C V/I *bes US* 1 Mist bauen *umg* 2 *oft* **~ about** (*od* **around**) herumtrödeln

go-off S *umg* Anfang *m*, Start *m*: **at the first ~** (gleich) beim ersten Mal, auf Anhieb

goofy [ˈguːfɪ] ADJ (ADV goofily) *umg* 1 doof, vertrottelt 2 *Br* vorstehend (*Zähne*)

gook [gʊk] S *US sl abfälliger Name für e-n Asiaten*

goolies [ˈguːlɪz] SPL *Br sl* Eier *pl* (*Hoden*)

goon [guːn] S *umg* 1 → goof A 2 2 *US* angeheuerter Schläger

goosander [guːˈsændə(r)] → merganser

goose [guːs] *pl* geese [giːs] S 1 ORN Gans *f*: **all his geese are swans** er übertreibt immer, bei ihm ist immer alles besser als bei anderen; **kill the ~ that lays the golden eggs** das Huhn schlachten, das goldene Eier legt; **cook one's (own) ~** *umg* sich alles verderben; **cook one's ~ with sb** *umg* es mit j-m verderben; **he's cooked his ~ with me** *umg* er ist bei mir unten durch; **cook sb's ~** *umg* j-m alles kaputt machen; → boo[1] A 1, fox A 1, sauce A 1 2 GASTR Gans *f*, Gänsefleisch *n* 3 *fig* a Esel *m*, Dummkopf *m* b (dumme) Gans (*Frau*) 4 (*adv* gooses) Schneiderbügeleisen *n*

gooseberry [ˈgʊzbərɪ; *US* ˈguːsˌberiː] S 1 BOT Stachelbeere *f* 2 Stachelbeerwein *m* 3 **play ~** *bes Br umg* das fünfte Rad am Wagen sein; **~ bush** S Stachelbeerstrauch *m*: **I found you under a ~** *hum* dich hat der Storch gebracht; **~ wine** → gooseberry 2

goose| bumps → goose pimples; **~ egg** S *US umg* 1 SPORT Null *f* (*null Tore etc*): **there were only ~s on the scoreboard** 2 (gänseeigroße) Beule (*bes am Kopf*); **~ flesh** → goose pimples; **~foot** *pl* -foots S BOT Gänsefuß *m*; **~ grass** S BOT 1 Labkraut *n*, *bes* Klebkraut *n* 2 Vogelknöterich *m*; **~neck** S 1 SCHIFF Lümmel *m* 2 TECH Schwanenhals *m*; **~ pimples** SPL Gänsehaut *f*: **the sight gave me** (*od* **brought me out in**) **~** bei dem Anblick bekam ich e-e Gänsehaut; **~ quill** S Gänsekiel *m*; **~ skin** → goose pimples; **~ step** S MIL Parade-, Stechschritt *m*; **~-step** V/I MIL im Parade- *od* Stechschritt marschieren

goosey, goosy [ˈguːsɪ] ADJ 1 Gänse… 2 **get ~** e-e Gänsehaut bekommen 3 dumm 4 *US* a kitz(e)lig b schreckhaft c nervös

GOP ABK *US* Grand Old Party (*Bezeichnung für die Republikanische Partei der USA*)

gopher[1] [ˈgəʊfə(r)] A S 1 ZOOL a Goffer *m*, Taschenratte *f* b Amerikanischer Ziesel c Gopherschildkröte *f* d *a.* **~ snake** Indigo-, Schildkrötenschlange *f* 2 & *US* (*Spitzname für e-n*) Bewohner von Minnesota B V/I *Bergbau*:

US aufs Geratewohl schürfen *od* bohren

gopher[2] ['gəʊfə(r)] → goffer

gopher| wood ['gəʊfə(r)] S BIBEL *Holz, aus dem Noah die Arche baute*; **~wood** S BOT US Gelbholz *n*

goral ['gɔːrəl] S ZOOL Goral *m*, Ziegenantilope *f*

gorblimey [gɔː(r)'blaɪmɪ] → cor

gorcock ['gɔː(r)kɒk; US -ˌkak] → moorcock

Gordian ['gɔː(r)djən; -dɪən] ADJ: **cut the ~ knot** *fig* den gordischen Knoten durchhauen

gore[1] [gɔː(r); *US a.* gəʊr] S *poet* (*bes* geronnenes) Blut

gore[2] [gɔː(r); *US a.* gəʊr] A S 1 Zwickel *m*, Keil(-stück) *m(n)*, Gehre *f* 2 dreieckiges Stück, Keilstück *n* B V/T 1 keilförmig zuschneiden 2 e-n Zwickel *etc* einsetzen in (*akk*)

gore[3] [gɔː(r); US *a.* gəʊr] V/T (*mit den Hörnern*) durchbohren, aufspießen: **he was ~d to death by a bull** er wurde von e-m Stier auf die Hörner genommen u. tödlich verletzt

gorge [gɔː(r)dʒ] A S 1 Pass *m*, enge (Fels)Schlucht 2 RHET Kehle *f* 3 a reiches Mahl b Schlemmerei *f*, Völlerei *f* 4 (*das*) Verschlungene, Mageninhalt *m*: **it makes my ~ rise, my ~ rises at it** *fig* a mir wird übel davon *od* dabei b mir kommt die Galle dabei hoch 5 ARCH Hohlkehle *f* 6 MIL Kehle *f*, Rückseite *f* (*e-r Bastion*) 7 fester (Fisch)Köder B V/I schlemmen: **~ on** (*od* **with**) → C 2 C V/T 1 gierig verschlingen 2 **~ o.s. on** (*od* **with**) sich vollstopfen mit *umg*

gorgeous ['gɔː(r)dʒəs] ADJ (ADV **~ly**) 1 prächtig, glänzend, prachtvoll (*alle a. fig umg*) 2 *umg* großartig, wunderbar; **gorgeousness** S Pracht *f*

gorgerin ['gɔː(r)dʒərɪn] S ARCH Säulenhals *m*

gorget ['gɔː(r)dʒɪt] S 1 HIST a MIL Halsberge *f* b (Ring)Kragen *m* c Hals-, Brusttuch *n* 2 Halsband *n*, -kette *f* 3 ORN Kehlfleck *m*; **~ patch** S MIL, HIST Kragenspiegel *m*

Gorgon ['gɔː(r)gən] S 1 MYTH Gorgo *f* 2 ♀ *umg* a hässliches *od* abstoßendes Weib b Drachen *m*; **gorgoneion** [-'niːɒn; US -ˌɑn; *a.* -'naɪ-] *pl* **-neia** [-'niːə; US *a.* -'naɪə] S KUNST Gorgonenhaupt *n*, Gorgogesicht *n*; **gorgonian** [-'gəʊnjən; -nɪən] ADJ 1 gorgonenhaft, Gorgonen… 2 schauerlich; **gorgonize** [-gənaɪz] V/T versteinern, erstarren lassen

Gorgonzola (cheese) [ˌgɔː(r)gən'zəʊlə] S Gorgonzola *m*

gorilla [gə'rɪlə] S ZOOL Gorilla *m* (*a. fig umg Leibwächter*)

gormand ['gɔː(r)mənd] → gormandizer; **gormandize** A V/T *etwas* in sich hineinschlingen B V/I schlemmen; **gormandizer** S Schlemmer(in)

gormless ['gɔːmlɪs] ADJ *Br umg* doof

gorse [gɔː(r)s] S BOT Stechginster *m*

Gorsedd ['gɔːseð] S *walisisches Sänger- u. Dichtertreffen*

gorsy ['gɔː(r)sɪ] ADJ BOT 1 stechginsterartig 2 voll (von) Stechginster

gory ['gɔːrɪ; US *a.* 'gəʊriː] ADJ (ADV **gorily**) 1 *poet* a blutbefleckt, mit Blut besudelt, voll Blut b blutig (*Schlacht etc*) 2 *fig* blutrünstig (*Geschichte etc*)

gosh [gɒʃ; US *a.* gaʃ] INT *a.* **by ~** *umg* Mensch!, Mann!

goshawk ['gɒshɔːk; US 'gɑs-] S ORN Hühnerhabicht *m*

Goshen ['gəʊʃn] S 1 BIBEL Land *n* des Überflusses 2 *fig* Schlaraffenland *n*

gosling ['gɒzlɪŋ; US *a.* 'gɑzlən] S 1 junge Gans, Gäns-chen *n* 2 *fig* Grünschnabel *m*

go-slow S WIRTSCH *Br* Bummelstreik *m*

gospel ['gɒspl; US 'gɑspəl] REL A S *meist* ♀ Evangelium *n* (*a. fig*): **the ♀ according to St Luke** das Lukasevangelium; **be ~ to sb** für j-n ein Evangelium sein; **this is ~** das ist die reine Wahrheit; **believe in the ~ of** ein überzeugter Anhänger (*gen*) sein; **take sth as** (*od* **for**) **~** etwas für bare Münze nehmen B V/T *prät u. pperf* **-peled**, *bes Br* **-pelled** a *j-n, a. j-m* das Evangelium lehren b *j-n* zum Evangelium bekehren C V/I das Evangelium predigen; **gospel(l)er** S REL Verleser(in) des Evangeliums

gospel| oath S Eid *m* auf die Bibel; **~ singer** S Gospelsänger(in), Gospelsinger(in); **~ song** S Gospel(song) *m*; **~ truth** S 1 REL Wahrheit *f* der Evangelien 2 *fig* absolute *od* reine Wahrheit

gossamer ['gɒsəmə; US 'gɑsəmər] A S 1 Altweibersommer *m*, Sommerfäden *pl* 2 a feine Gaze b (hauch)dünner Stoff 3 (*etwas*) sehr Zartes *od* Dünnes B ADJ 1 leicht u. zart, hauchdünn 2 *fig* fadenscheinig, dürftig (*Rechtfertigung etc*); **gossamery** → gossamer B

gossip ['gɒsɪp; US 'gɑsəp] A S 1 Klatsch *m*, Tratsch *m* (*beide umg*): **~ column** Klatschspalte *f*; **~ columnist** Klatschkolumnist(in); **the ~ mills are spinning** es kocht in der Gerüchteküche 2 Plauderei *f*, Geplauder *n*, Schwatz *m*: **have a ~ with sb** mit j-m plaudern *od* schwatzen 3 Klatschbase *f*, Klatschmaul *n* (*beide umg*) B V/I 1 klatschen, tratschen (*beide umg*) 2 plaudern, schwatzen (*beide:* **with** mit; **about** über *akk*); **gossiper**, **gossipmonger** [-ˌmʌŋgə(r)] → gossip A 3; **gossipry** [-rɪ] → gossip A 1; **gossipy** ADJ 1 klatschhaft, -süchtig (*beide umg*) 2 schwatzhaft, -süchtig, geschwätzig 3 im Plauderton geschrieben (*Brief etc*)

gossoon [gɒ'suːn] S *Ir* Bursche *m*

got [gɒt; US gɑt] *prät u. pperf von* get

Goth [gɒθ; US gɑθ] S 1 Gote *m*, Gotin *f* 2 *a.* ♀ Barbar(in)

Gotham ['gəθəm] S US (*Spitzname für*) New York (City); **Gothamite** [-ˌmaɪt] S 1 US (*Spitzname für*) New Yorker(in) 2 (*etwa*) Schildbürger(in)

Gothic ['gɒθɪk; US 'gɑ-] A ADJ (ADV **~ally**) 1 gotisch: **~ arch** ARCH gotischer Spitzbogen; → revival 1 2 *a.* ♀ barbarisch 3 Schauer…: **~ novel** Gothic Novel *f*, Schauerroman *m* 4 TYPO a *Br* gotisch b US Grotesk… B S 1 LING, HIST Gotisch *n*, das Gotische 2 ARCH Gotik *f*, gotischer (Bau)Stil 3 TYPO a *Br* Fraktur *f*, gotische Schrift b US Grotesk (-schrift) *f*

Gothicism ['gɒθɪsɪzəm; US 'gɑ-] S 1 ARCH Gotizismus *m* (*Nachahmung des gotischen Stils*) 2 *a.* ♀ Barbarei *f*; **Gothicize** V/T gotisch machen

go-to-meeting ADJ: **~ clothes** *pl bes US umg* Sonntagsstaat *m*

gotta ['gɒtə; US 'gɑtə] *sl für* a **have** (*od* **has**) **got to: I ~ go** ich muss gehen b **have** (*od* **has**) **a: ~ light?** hast du Feuer?

gotten ['gɑtn] US *pperf von* get

gouache [gʊ'ɑːʃ; gwɑːʃ] S Gouache *f*, Guasch *f*: a *Malerei(technik) mit deckenden Wasserfarben in Verbindung mit harzigen Bindemitteln* b *in dieser Technik gemaltes Bild*

Gouda (cheese) ['gaʊdə] S Gouda(käse) *m*

gouge [gaʊdʒ] A S 1 TECH Hohlbeitel *m*, -meißel *m* 2 Furche *f*, Rille *f* 3 US *umg* a Übervorteilung *f* b Erpressung *f* c ergaunerter *od* erpresster Betrag B V/T 1 *a.* **~ out** TECH ausmeißeln, -höhlen, -stechen 2 **~ (out) sb's eye** a j-m den Finger ins Auge stoßen b j-m ein Auge ausdrücken *od* -stechen 3 US *umg* a *j-n* übervorteilen: **he was ~d for $1,000** er wurde um 1000 Dollar betrogen b *e-n Betrag* ergaunern *od* erpressen

goulash ['guːlæʃ; -lɑːʃ] S 1 GASTR Gulasch *n* 2 *Bridge:* Zurückdoppeln *n*

gourd [gʊə(r)d; US *bes* gəʊrd; gɔːrd] S 1 BOT a (*bes* Garten)Kürbis *m* b Flaschenkürbis *m* 2 Gurde *f*, Kürbisflasche *f*

gourmand ['gʊə(r)mənd; US *a.* 'gʊrˌmɑːnd] A S 1 Gourmand *m*, Schlemmer(in) 2 → gourmet A B ADJ 1 schlemmerisch 2 → gourmet B; **gourmandise** [ˌgʊəmən'diːz; ˌgɔː-; US 'gʊrmənˌdiːz] S Gourmandise *f*: a Schlemmerei *f* b Feinschmeckerei *f*

gourmet ['gʊə(r)meɪ] A S Gourmet *m*, Feinschmecker(in) B ADJ 1 feinschmeckerisch 2 Feinschmecker…: **~ restaurant** Feinschmeckerlokal *n*

gout [gaʊt] S 1 MED Gicht *f*: 2 AGR Gicht *f* (*e-e Weizenkrankheit*); **goutiness** S MED Neigung *f* zur Gicht; **gouty** ADJ (ADV **goutily**) MED 1 gichtkrank 2 zur Gicht neigend 3 gichtisch, Gicht…: → node 2

gov. ABK 1 government 2 governor

govern ['gʌvn; US 'gʌvərn] A V/T 1 regieren, beherrschen 2 leiten, lenken, führen, verwalten 3 *fig* bestimmen, beherrschen, regeln, maßgebend sein für, leiten: **~ed by circumstances** durch die Umstände bestimmt; **he was ~ed by considerations of safety** er ließ sich von Sicherheitserwägungen leiten 4 TECH regeln, regulieren, steuern 5 *fig* zügeln, beherrschen, im Zaum halten: **~ o.s., ~ one's temper** sich beherrschen 6 LING regieren, erfordern B V/I regieren, herrschen (*beide a. fig*); **governable** ADJ 1 POL regierbar 2 leit-, lenkbar 3 TECH steuer-, regulierbar 4 *fig* folg-, lenksam; **governance** S 1 a Regierungsgewalt *f* b Regierungsform *f* 2 *fig* Herrschaft *f*, Gewalt *f*, Kontrolle *f* (*alle:* **of** über *akk*)

governess ['gʌvnɪs; US 'gʌvər-] S Gouvernante *f*, Erzieherin *f*, Hauslehrerin *f*

governing ADJ 1 regierend, Regierungs…: **~ coalition**; **~ party** 2 leitend, Vorstands…: **~ body** Leitung *f*, Direktion *f*, Vorstand *m* 3 *fig* leitend, bestimmend: **~ idea** Leitgedanke *m*; **~ principle** Leitsatz *m*

government S 1 a Regierung *f*, Herrschaft *f*, Kontrolle *f* (*alle:* **of, over** über *akk*) b Regierungsgewalt *f* c Verwaltung *f*, Leitung *f* 2 Regierung *f*, Regierungsform *f*, -system *n* 3 (*e-s bestimmten Landes meist* ♀) (*a. als pl konstruiert*) (*die*) Regierung: **the British ♀**; **~ agency** Regierungsstelle *f*, Behörde *f*; **~ apparatus** Regierungsapparat *m*; **~ bill** PARL Regierungsvorlage *f*; **~ crisis** Regierungskrise *f*; **~ department** *Br* a Regierungsstelle *f*, Behörde *f* b Ministerium *n*; **~ spokesman** Regierungssprecher *m*; **~ spokesperson** Regierungssprecher(in); **~ spokeswoman** Regierungssprecherin *f*; → exile A 1 4 Staat *m*: **~ aid** staatliche Hilfe; **~ bonds** (*od* **securities**) a *Br* Staatsanleihen, -papiere b US Bundesanleihen; **~ depository** US Bank *f* für Staatsgelder; **~ employee** Angestellte(r) *m/f(m)* des öffentlichen Dienstes; **~ grant** staatlicher Zuschuss; **~ loan** Staatsanleihe *f*, öffentliche Anleihe; **~ monopoly** Staatsmonopol *n*; **~ spending** Staatsausgaben *pl* 5 Politikwissenschaft *f*, Politologie *f* 6 LING Rektion *f* (*Fähigkeit e-s Wortes, den Fall des von ihm abhängigen Wortes zu bestimmen*)

governmental [ˌgʌvn'mentl; US ˌgʌvərn-] ADJ 1 Regierungs…: **~ policy** 2 Staats…, staatlich

government|-issue ADJ *bes US* von der Regierung *od* von e-r Behörde gestellt; **~-owned** ADJ staatseigen, in Staatsbesitz befindlich; **~-run** ADJ staatlich (*Rundfunk etc*)

governor ['gʌvənə; US 'gʌvnər] S 1 Gouverneur *m* (*a. e-s Staates der USA*) 2 MIL Komman-

G

dant *m* 3 a *allg* Direktor(in), Leiter(in), Vorsitzende(r) *m/f(m)* b Präsident(in) *(e-r Bank)* c *Br* Gefängnisdirektor *m*, -direktorin *f* d *pl* Vorstand *m*, Direktorium *n* 4 *umg (der)* Alte: a alter Herr *(Vater)* b Chef *m (a. als Anrede)* 5 TECH Regler *m*; **~ general** *pl* governors general, governor generals S *Br* Generalgouverneur *m*

governorship S 1 Gouverneursamt *n* 2 Amtszeit *f* e-s Gouverneurs

govt ABK government Reg.

gown [gaʊn] A S 1 *(Abend-, Ball- etc)* Kleid *n* 2 *(Operations)* Kittel *m* 3 JUR, REL, UNIV Talar *m*, Robe *f* 4 KOLL Studenten(schaft) *pl(f)* (u. Hochschullehrer *pl*) *(e-r Universitätsstadt)*: → town 5 B V/T mit e-m Talar *etc* bekleiden

gownsman [ˈgaʊnzmən] S *irr* Robenträger *m* *(Anwalt, Geistlicher etc)*

G

goy [gɔɪ] *pl* -im [ˈgɔɪɪm], goys S *oft abfällige Bezeichnung für e-n Nichtjuden*

gp[1] ABK group

GP[2] ABK 1 Gallup Poll Meinungsumfrage *f* 2 MED general practitioner Arzt *m* (Ärztin *f*) für Allgemeinmedizin 3 graduated pension gestaffelte Rente *od* Pension 4 SPORT Grand Prix

GPA ABK *US* SCHULE grade point average Notendurchschnitt *m*

GPI ABK MED general paralysis of the insane

GPO ABK 1 general post office Hauptpostamt *n* 2 *US* Government Printing Office

GPS ABK global positioning system TECH GPS *n*

GR ABK HIST Georgius Rex, King George

gr. ABK 1 grade 2 grain(s PL) *(Gewichtseinheit)* 3 gross Brutto...

Graafian follicle [ˈgrɑːfɪən] S ANAT graafscher Follikel, graafsches Bläs-chen

grab [græb] A V/T 1 (hastig *od* gierig) ergreifen, packen, fassen, (sich) *etwas* schnappen, sich *etwas* grapschen *umg*: **~ a seat** sich e-n Sitzplatz schnappen 2 *fig* a an sich reißen, sich *etwas* (rücksichtslos) aneignen, einheimsen b *e-e Gelegenheit* beim Schopf ergreifen 3 *umg Zuhörer etc* packen, fesseln: **how did that ~ him?** wie hat er darauf reagiert? B V/I **~ at** (gierig *od* hastig) greifen nach, grapschen nach *umg*: → straw A 1 C S 1 (hastiger *od* gieriger) Griff: **make a ~ at** → A 1, B 2 *fig* Griff *m* (**for** nach): **the ~ for power** der Griff nach der Macht 3 **be up for ~s** *umg* für jeden zu haben *od* zu gewinnen sein; **the job is up for ~s** die Stelle ist noch frei *od* zu haben; **there are £1,000 up for ~s** es sind 1000 Pfund zu gewinnen 4 TECH *(Bagger-, Kran)* Greifer *m*: **~ crane** Greiferkran *m*; **~ dredger** Greifbagger *m*; **~ bag** S *US* 1 Grabbelsack *m umg* 2 *fig* Sammelsurium *n*

grabber [ˈgræbə(r)] S 1 Habgierige(r) *m/f(m)*, Raffke *m umg pej* 2 *umg etwas Packendes od Fesselndes*

grabble [ˈgræbl] V/I 1 tasten (**for** nach): **~ about** herumtasten 2 a der Länge nach hinfallen b ausgestreckt daliegen

graben [ˈgrɑːbən] S GEOL Graben(bruch) *m*, -senke *f*

grabhook S TECH Greifhaken *m*

grace [greɪs] A S 1 Anmut *f*, Grazie *f*, Reiz *m*, Charme *m*: **the three** 2**s** MYTH die drei Grazien 2 Anstand *m*, Schicklichkeit *f*, Takt *m*: **have the ~ to do sth** den Anstand haben *od* so anständig sein, etwas zu tun 3 Bereitwilligkeit *f*: **with (a) good ~** gern, bereitwillig; **with (a) bad ~, with an ill ~** (nur) ungern *od* widerwillig 4 gute Eigenschaft, schöner Zug: **social ~s** *pl* feine Lebensart; **do ~ to** → B 3 5 MUS Verzierung *f*, Manier *f*, Ornament *n* 6 Gunst *f*, Wohlwollen *n*, Gnade *f*: **be in sb's good ~s** in j-s Gunst stehen, bei j-m gut angeschrieben sein; **be in sb's bad ~s** bei j-m in Ungnade sein, bei j-m schlecht angeschrieben sein; → fall from 7 *(a. göttliche)* Gnade, Barmherzigkeit *f*: **in the year of ~** im Jahr des Heils; → act A 3, way[1] *Bes Redew* 8 REL a Stand *m* der Gnade b Tugend *f*: **~ of charity** (Tugend der) Nächstenliebe *f* 9 2 *(Eure, Seine, Ihre)* Gnaden *pl (Titel)*: **Your** 2 a Eure Hoheit *(Herzogin)* b Eure Exzellenz *(Erzbischof)* 10 WIRTSCH, JUR Aufschub *m*, (Zahlungs-, Nach-)Frist *f*: **days of ~** Respekttage; **give sb a week's ~** j-m e-e Nachfrist von e-r Woche gewähren 11 Tischgebet *n*: **say ~** das Tischgebet sprechen B V/T 1 zieren, schmücken 2 ehren, auszeichnen: **~ a party with one's presence** e-e Gesellschaft mit s-r Anwesenheit beehren 3 *j-m* Ehre machen

grace cup S a *Becher (Wein), der am Ende e-s Mahls zu e-m Danksagungstrunk herumgereicht wird* b Danksagungstrunk *m*

graceful ADJ (ADV ~ly) 1 anmutig, graziös, elegant, reizvoll 2 geziemend, würde-, taktvoll: **grow old ~ly** mit Würde alt werden; **gracefulness** S Anmut *f*, Grazie *f*; **graceless** ADJ (ADV ~ly) 1 ungraziös, reizlos, unelegant 2 *obs* verworfen, lasterhaft

grace note → grace A 5

gracile [ˈgræsaɪl; -sɪl] ADJ 1 grazil, zierlich, zartgliedrig 2 → graceful; **gracileness**, **gracility** [-ˈsɪlətɪ] S 1 Grazilität *f*, Zierlichkeit *f*, Zartgliedrigkeit *f* 2 → gracefulness

gracious [ˈgreɪʃəs] A ADJ (ADV ~ly) 1 gnädig, huldvoll, wohlwollend 2 *poet* gütig, freundlich 3 REL gnädig, barmherzig *(Gott)* 4 *obs für* graceful 1 5 a angenehm, köstlich b geschmackvoll, schön: **~ living** angenehmes Leben, kultivierter Luxus B INT **good** (*od* **my**) **~!, ~ me!, ~ goodness!** du m-e Güte!, lieber Himmel!; **graciousness** S 1 Gnade *f* 2 *poet* Güte *f*, Freundlichkeit *f* 3 REL Barmherzigkeit *f* 4 *obs für* gracefulness

grackle [ˈgrækl] S ORN *(ein)* Stärling *m*

grad [græd] *umg für* graduate A, B

grad. ABK graduate(d)

gradate [grəˈdeɪt; *US* ˈgreɪˌdeɪt] A V/T 1 *Farben* abstufen, abtönen, gegeneinander absetzen, ineinander übergehen lassen 2 abstufen B V/I 1 sich abstufen, stufenweise (ineinander) übergehen 2 stufenweise übergehen (**into** in *akk*); **gradation** S 1 Abstufung *f*: a Abtönung *f (von Farben)* b stufenweise Anordnung, Staffelung *f*: **every ~ of feeling** jede Gefühlsnuance 2 Stufengang *m*, -folge *f*, -leiter *f* 3 LING Ablaut *m*; **gradational** [-ʃənl; -ʃnəl] ADJ (ADV ~ly) 1 stufenweise, abgestuft 2 stufenweise fortschreitend

grade [greɪd] A S 1 Grad *m*, Stufe *f*, Rang *m*, Klasse *f*: **a high ~ of intelligence** ein hoher Intelligenzgrad 2 Beamtenlaufbahn *f*: **lower (intermediate, senior) ~** unterer (mittlerer, höherer) Dienst 3 MIL *bes US* (Dienst)Grad *m* 4 Art *f*, Gattung *f*, Sorte *f* 5 Phase *f*, Stufe *f* 6 Qualität *f*, Güte(grad) *f(m)*, -klasse *f*, Handelsklasse *f*, *(Kohlen- etc)* Sorte *f*: 2 **A** a WIRTSCH erste (Güte)Klasse, Handelsklasse I b *a. weitS.* erstklassig (→ A 9); **~ label(l)ing** Güteklassenbezeichnung *f (durch Aufklebezettel)* 7 *bes US* Steigung *f od* Gefälle *n*, Neigung *f*, Niveau *n (des Geländes etc)*: **~ crossing** schienengleicher (Bahn)Übergang; **at ~** auf gleicher Höhe *(Bahnübergang etc)*; **make the ~** es schaffen, Erfolg haben 8 BIOL Kreuzung *f*, Mischling *m*: **~ cattle** aufgekreuztes Vieh 9 SCHULE a *US* (Schul)Stufe *f*, (Schüler *pl* e-r) Klasse: **be in second ~** in der zweiten Klasse sein; **a second-~ reader** ein Lesebuch für die zweite Klasse b *bes US* Note *f*, Zensur *f*: **~ A** e-e Eins (→ A 6) 10 LING Stufe *f (des Ablauts)* B V/T 1 sortieren, einteilen, klassieren, *(nach Güte od Fähigkeiten)* einstufen: **~ up** → upgrade D (→ B 4); **~ down** → downgrade D 2 a abstufen, staffeln b → gradate A 1 3 TECH a *Gelände* planieren, (ein)ebnen b e-e (bestimmte) Neigung geben *(dat)* 4 *Vieh* kreuzen: **~ up** aufkreuzen (→ B 1) 5 LING ablauten C V/I 1 rangieren, zu e-r *(bestimmten)* Klasse gehören 2 → gradate B 1, B 2

grade point average S *US* SCHULE Notendurchschnitt *m*

grader [ˈgreɪdə(r)] S 1 a Sortierer(in) b Sortiermaschine *f* 2 TECH Planiermaschine *f*, Straßenhobel *m* 3 SCHULE *US in Zusammensetzungen* ...klässler *m*: **a fourth ~** ein Viertklässler

grade| school S *US* Grundschule *f*; **~-schooler** S *US* Grundschüler(in)

gradient [ˈgreɪdjənt; -dɪənt] A S 1 Neigung *f*, Steigung *f*, Gefälle *n*, Niveau *n (des Geländes etc)* 2 schiefe Ebene, Gefällstrecke *f* 3 MATH, PHYS Gradient *m*, Gefälle *n* 4 METEO *(Luftdruck-, Temperatur)* Gradient *m* B ADJ 1 stufenweise steigend *od* fallend 2 gehend, schreitend 3 *bes* ZOOL Geh..., Lauf...

gradin [ˈgreɪdɪn], **gradine** [grəˈdiːn; *US a.* ˈgreɪˌdiːn] S 1 *Amphitheater etc*: a Stufe *f* b Sitzreihe *f* 2 Altarsims *m/n*

gradiometer [ˌgreɪdɪˈɒmɪtə; *US* -ˈɑmətər] S TECH Neigungsmesser *m*

gradual [ˈgrædʒʊəl; -dʒwəl; *US a.* -dʒəl] A ADJ 1 allmählich, stufen-, schrittweise, langsam (fortschreitend), graduell 2 allmählich *od* sanft (an)steigend *od* (ab)fallend B S REL Graduale *n*: a *kurzer Psalmgesang* b *liturgisches Gesangbuch mit den Messgesängen*; **gradually** ADV a nach und nach, peu à peu b → gradual A 1

gradual psalm S REL Gradual-, Stufenpsalm *m*

graduate [ˈgrædʒʊət; *US* ˈgrædʒwət; -dʒəˌweɪt] A S 1 UNIV a Hochschulabsolvent(in), Akademiker(in) b Graduierte(r) *m/f(m) (bes Inhaber[in] des niedrigsten akademischen Grades*; → bachelor 2) c *US* Student(in) an e-r **graduate school** 2 SCHULE *US* Schulabgänger(in): **high-school ~** *(etwa)* Abiturient(in) 3 *US* Messgefäß *n* B ADJ 1 UNIV a Akademiker...: **~ unemployment** b graduiert: **~ student** → A 1 c c *US* für Graduierte: **~ course** (Fach)Kurs *m* an e-r **graduate school** 2 *US* Diplom..., (staatlich) geprüft: **~ nurse** 3 → graduated 1 C V/T [ˈgrædjʊeɪt; -dʒʊ-; *US* -dʒəˌweɪt] 1 UNIV graduieren, *j-m* e-n *(bes den niedrigsten)* akademischen Grad verleihen 2 SCHULE *US* a als Absolventen haben: **our high school ~d 50 students this year** *(etwa)* bei uns haben dieses Jahr 50 Schüler das Abitur gemacht b die Abschlussprüfung bestehen an *(dat)*, absolvieren: **~ high school** *(etwa)* das Abitur machen c versetzen (**from** von; **to** in *akk*): **he was ~d from 3rd to 4th grade** 3 TECH mit e-r Maßeinteilung versehen, graduieren, in Grade einteilen 4 abstufen, staffeln 5 CHEM, TECH gradieren D V/I [ˈgrædjʊeɪt; -dʒʊ-; *US* -dʒəˌweɪt] 1 UNIV graduieren, e-n *(bes den niedrigsten)* akademischen Grad erwerben (**from** an *dat*) 2 SCHULE *US* die Abschlussprüfung bestehen: **~ from** → C 2 b 3 sich entwickeln, aufsteigen (**into** zu) 4 sich staffeln, sich abstufen 5 allmählich übergehen (**into** in *akk*); **graduated** ADJ 1 abgestuft, gestaffelt *(Steuern etc)*: **~ arc** MATH Gradbogen *m* 2 TECH graduiert, mit e-r Gradeinteilung (versehen): **~ pipette** Messpipette *f*; **~ dial** Skalenscheibe *f*, Teilung *f*

graduate school S UNIV *US* höhere Fachsemester *pl (nach dem niedrigsten akademischen Grad; Studienziel ist der Magister;* → **master** A 12)

graduation [ˌɡrædjʊˈeɪʃn; -dʒʊ-; *US* -dʒəˈweɪʃən] S 1 Abstufung *f*, Staffelung *f* 2 TECH a Grad-, Teilstrich *m* b Gradeinteilung *f*, Graduierung *f* 3 CHEM Gradierung *f* 4 UNIV Graduierung *f*, Erteilung *f od* Erlangung *f* e-s *(bes des niedrigsten)* akademischen Grades 5 *US* Absolvieren *n* (**from** *e-r Schule*): **~ from high school** *(etwa)* Abitur *n* 6 UNIV, *US a.* SCHULE Schluss-, Verleihungsfeier *f* 7 *fig* Aufstieg *m*

gradus [ˈɡrædəs; ˈɡreɪ-] S 1 Prosodielexikon *n (für lateinische od griechische Verse)* 2 MUS Etüdenbuch *n*

Graecism [ˈɡriːsɪzəm] S *bes Br* 1 LING Gräzismus *m*, griechische Spracheigentümlichkeit 2 a griechisches Wesen b Nachahmung *f* griechischen Wesens; **Graecize**, ♀ [-saɪz] V/T *bes Br* gräzisieren, nach griechischem Vorbild gestalten

Graeco- [ɡriːkəʊ] *bes Br Wortelement mit der Bedeutung* griechisch, gräko-

Graeco-Roman ADJ griechisch-römisch: **~ wrestling** SPORT Ringen *n* im griechisch-römischen Stil

graffito [ɡrəˈfiːtəʊ; ɡræ-] *pl* **-ti** [-tɪ] S 1 Graffito *m, a. n (in e-e Wand eingekratzte [kultur- u. sprachgeschichtlich bedeutsame] Inschrift)* 2 *pl (a. als sg konstruiert)* Graffiti *pl*: a Wandkritzeleien *pl*, -schmierereien *pl* b *auf Mauern etc gesprühte od gemalte Parolen*

graft[1] [ɡrɑːft; *US* ɡræft] A S 1 BOT a Pfropfreis *n* b veredelte Pflanze c Pfropfstelle *f* 2 *fig (etwas)* Aufgepfropftes 3 MED a Transplantat *n*, verpflanztes Gewebe b Transplantation *f* B V/T 1 BOT a *e-n Zweig* pfropfen (**in** in *akk*; **on** auf *akk*) b *e-e Pflanze* okulieren, durch Pfropfen kreuzen *od* veredeln 2 MED *Gewebe* verpflanzen, transplantieren 3 *fig* (**in, on, upon**) a *etwas* auf-, einpfropfen *(dat)* b *Ideen etc* einimpfen *(dat)* c übertragen (auf *akk*)

graft[2] [ɡrɑːft; *US* ɡræft] *umg* A S 1 *Br* Arbeit *f*: **hard ~** Schufterei *f umg*; **it's hard ~** es ist ganz schön anstrengend (**doing** zu tun) 2 *bes US* a Bereicherung *f* durch Amtsmissbrauch b Schmiergelder *pl* B V/I 1 *Br* arbeiten: **~ hard** schuften *umg* 2 *bes US* a sich durch Amtsmissbrauch bereichern b Schmiergelder zahlen

graftage [ˈɡrɑːftɪdʒ; *US* ˈɡræf-] → **grafting** 1

grafter[1] S BOT 1 Pfropfer(in) 2 Pfropfmesser *n*

grafter[2] S *bes US umg j-d, der sich durch Amtsmissbrauch bereichert*

grafting S 1 BOT a Pfropfen *n*, Veredeln *n* b Pfropfung *f* 2 MED Transplantation *f*; **~ wax** S Pfropf-, Baumwachs *n*

graham flour [ˈɡreɪəm; *US a.* ɡræm] S *bes US (etwa)* Vollkornmehl *n*

Grail [ɡreɪl] S *a.* **Holy ~** REL (Heiliger) Gral

grain [ɡreɪn] A S 1 BOT *(Samen-, bes Getreide)* Korn *n*: **~ of rice** Reiskorn 2 KOLL Getreide *n*, Korn *n (Pflanzen od Frucht)*: → **chaff**[1] 1 3 *(Sand- etc)* Körnchen *n*, (-)Korn *n*: **of fine ~** feinkörnig; → **salt**[1] A 1 4 *fig* Spur *f*: **not a ~ of hope** kein Funke Hoffnung; **a ~ of truth** ein Körnchen Wahrheit; **without a ~ of sense** ohne e-n Funken Verstand 5 WIRTSCH Gran *n (Gewichtseinheit)* 6 TECH a (Längs)Faser *f*, Faserung *f* b Maserung *f (vom Holz)*: **it goes** (*od* **is**) **against the ~** (**with** [*od* **for**] **me**) *fig* es geht mir gegen den Strich *umg* 7 TECH Narben *m (bei Leder)*: **~ (side)** Narben-, Haarseite *f* 8 TECH a Korn *n*, Narbe *f (von Papier)* b METALL Korn *n*, Körnung *f* 9 TECH a Strich *m (Tuch)* b Faser *f* c HIST Koschenille *f (karminroter Farbstoff)* 10 MINER Korn *n*, Gefüge *n* 11 FOTO a Korn *n* b Körnigkeit *f (von Film)* 12 *pl Brauerei*: Treber *pl*, Trester *pl* B V/T 1 körnen, granulieren 2 TECH *Leder* a enthaaren b körnen, narben 3 TECH a *Papier* narben b *Textilien* in der Wolle färben 4 künstlich masern, ädern

grain| alcohol S CHEM Äthyl-, Gärungsalkohol *m*; **~ binder** S AGR Garbenbinder *m*; **~ elevator** S AGR Getreideheber *m*; **~ leather** S TECH genarbtes Leder

grallatorial [ˌɡræləˈtɔːrɪəl; *US a.* -ˈtəʊ-] ADJ ORN stelzbeinig, Stelz(vogel)...

gralloch [ˈɡrælək; -ləx] JAGD *Br* A S Aufbruch *m*, Eingeweide *n od pl (des Rotwildes)* B V/T aufbrechen

gram[1] [ɡræm] S BOT Kichererbse *f*

gram[2], *bes Br* **gramme** [ɡræm] S Gramm *n*

grama (grass) [ˈɡrɑːmə; *US* ˈɡræmə] S BOT Moskitogras *n*

gramary(e) [ˈɡræmərɪ] S *obs* Zauberei *f*, Schwarze Kunst

gram| atom, **~-atomic weight** S PHYS Grammatom(gewicht) *n*; **~ calorie** S PHYS Grammkalorie *f*

gramercy [ɡrəˈmɜːsɪ; *US* ɡrəˈmɜrsiː] INT *obs* 1 tausend Dank! 2 ei der Daus!

graminaceous [ˌɡræmɪˈneɪʃəs], **gramineous** [ɡrəˈmɪnɪəs] ADJ BOT 1 grasartig 2 Gras...; **graminivorous** [-ˈnɪvərəs] ADJ ZOOL grasfressend

grammar [ˈɡræmə(r)] S 1 Grammatik *f (a. Lehrbuch)*: **it is bad ~** es ist schlechter Sprachgebrauch *od* grammatisch nicht richtig; **he knows his ~** er beherrscht s-e Sprache 2 *fig* (Werk *n* über die) Grundbegriffe *pl*: **the ~ of politics** die Grundbegriffe *od* Grundzüge der Politik; **~ book** S Grammatik *f*

grammarian [ɡrəˈmeərɪən] S 1 Grammatiker(in) 2 Verfasser(in) e-r Grammatik

grammar school S 1 *Br bes* HIST *(etwa)* (humanistisches) Gymnasium 2 *US (etwa)* Grundschule *f*

grammatical [ɡrəˈmætɪkl] ADJ (ADV **~ly**) 1 grammatisch, Grammatik...: **~ error** 2 grammatisch (richtig): **not ~** grammatisch falsch 3 *fig* a methodisch b richtig

gramme *bes Br für* **gram**[2]

gram| molecule, *a.* **~-molecular weight** S PHYS Grammmolekül *n*, Grammmolekulargewicht *n*, Mol *n*

Grammy [ˈɡræmɪ] *pl* **-mys, -mies** S Grammy *m (amer. Schallplattenpreis)*

Gram-negative [ˌɡræm-] ADJ MED gramnegativ *(sich nach dem gramschen Färbeverfahren rot färbend) (Bakterien)*

gramophone [ˈɡræməfəʊn] S a HIST Grammofon *n* b Plattenspieler *m*; **~ record** S Schallplatte *f*

Gram-positive [ˌɡræm-] ADJ MED grampositiv *(sich nach dem gramschen Färbeverfahren dunkelblau färbend) (Bakterien)*

grampus [ˈɡræmpəs] S ZOOL a Rissosdelfin *m* b Schwertwal *m*: **blow** (*od* **wheeze**) **like a ~** *fig* wie ein Nilpferd schnaufen

Gram's method [ɡræmz] S MED Gram-Färbung *f*

gran [ɡræn] S *umg* Oma *f*

granary [ˈɡrænərɪ; *US a.* ˈɡreɪ-] S Kornkammer *f (a. fig)*, Getreide-, Kornspeicher *m*: **the Mid-West is the ~ of the US**; **~ weevil** ZOOL Kornkäfer *m*

grand [ɡrænd] A ADJ (ADV **~ly**) 1 großartig, gewaltig, grandios, imposant, eindrucksvoll, prächtig 2 *(geistig etc)* groß, grandios, hochfliegend *(Ideen etc)* 3 erhaben, würdevoll 4 *(gesellschaftlich)* groß, hochstehend, vornehm, distinguiert: **~ air** Vornehmheit *f*, Würde *f*, *bes iron* Grandezza *f*; **put on ~ airs** sich aufspielen 5 *umg* großartig, herrlich, glänzend, prächtig: **what a ~ idea!**; **have a ~ time** sich glänzend amüsieren 6 groß, bedeutend, wichtig 7 groß *(Koalition etc)*: **the ♀ Army** HIST die Grande Armée, die Große Armee *(Napoleons I.)*; **the ♀ Fleet** *die im 1. Weltkrieg in der Nordsee operierende englische Flotte* 8 Haupt...: **~ entrance** Haupteingang *m*; **~ staircase** Haupttreppe *f*; **~ question** Hauptfrage *f*; **~ total** Gesamt-, Endsumme *f* 9 Groß...: **~ commander** Großkomtur *m (e-s Ordens)*; **♀ Turk** HIST Großtürke *m* 10 MUS groß *(in Anlage, Besetzung etc)* B S 1 MUS Flügel *m* 2 *pl* **grand** *sl* Riese *m (1000 Pfund od Dollar)*

grandad, **grandaddy** → **granddad** *etc*

grandam [ˈɡrændæm] S *obs* 1 alte Dame 2 Großmutter *f*

grand|aunt S Großtante *f*; **♀ Canyon** [ˌɡrændˈkænjən] Grand Canyon *m*; **♀ Canyon State** S *US (Beiname für den Staat)* Arizona *n*; **~child** [ˈɡræn-] S *irr* Enkel(in), Enkelkind *n*; **~dad** [ˈɡrændæd], **~daddy** [ˈɡræn-] S *umg* Opa *m (a. alter Mann)*, Großpapa *m*; **~daughter** [ˈɡræn-] S Enkeltochter *f*, Enkelin *f*; **~-ducal** ADJ großherzoglich; **~ duchess** S Großherzogin *f*; **~ duchy** S Großherzogtum *n*; **~ duke** S 1 Großherzog *m* 2 HIST *(russischer)* Großfürst

grandee [ɡrænˈdiː] S Grande *m*

grandeur [ˈɡrændʒə(r); -ˌdjʊə(r)] S 1 Großartigkeit *f* 2 Größe *f*, Erhabenheit *f*: → **delusion** 3 3 Vornehmheit *f*, Adel *m*, Hoheit *f*, Würde *f* 4 Pracht *f*, Herrlichkeit *f*

grandfather S 1 Großvater *m*: **~('s) chair** Großvaterstuhl *m*, Ohrensessel *m*; **~('s) clock** Standuhr *f* 2 *pl* Väter *pl*, Vorfahren *pl*; **grandfatherly** ADJ großväterlich *(a. fig)*

grandiloquence [ɡrænˈdɪləkwəns] S 1 (Rede)Schwulst *m*, Bombast *m* 2 Großsprecherei *f*; **grandiloquent** ADJ (ADV **~ly**) 1 schwülstig, hochtrabend, geschwollen *pej* 2 großsprecherisch

grandiose [ˈɡrændɪəʊs] ADJ (ADV **~ly**) 1 großartig, grandios 2 pompös, prunkvoll 3 schwülstig, hochtrabend, bombastisch; **grandiosity** [-ˈɒsətɪ; *US* -ˈɑs-] S 1 Großartigkeit *f* 2 Pomp *m* 3 Schwülstigkeit *f*

grand| jury [ɡrænd] S JUR *US* Anklagejury *f (Untersuchungsgremium von auf Zeit ernannten Bürgern, die die öffentliche Anklage ablehnen od für Recht befinden)*; **♀ Lama** S REL Oberpriester *m (im Lamaismus)*; **~ larceny** S JUR *US* schwerer Diebstahl; **~ lodge** S Großloge *f (der Freimaurer)*; **~ma** [ˈɡrænmɑː], **~mamma** S *umg* Oma *f*, Großmama *f*; **~ master** S 1 *Schach*: Großmeister *m* 2 **Grand Master** Großmeister *m (der Freimaurer etc)*; **~mother** S [ˈɡrænˌmʌðə(r)] S Großmutter *f*: **~ clock** Standuhr *f (kleiner als e-e* **grandfather['s] clock**); → **egg**[1] A 1; **~motherly** ADJ 1 großmütterlich *(a. fig)* 2 *fig* kleinlich; **♀ Mufti** S HIST Großmufti *m (der Mohammedaner)*; **♀ National** S *Pferdesport*: Grand National *n (schwerstes Hindernisrennen der Welt auf der Aintree-Rennbahn bei Liverpool)*; **~nephew** [ˈɡrænˌnevjuː] S Großneffe *m*

grandness → **grandeur**

grand|niece [ˈɡrænniːs] S Großnichte *f*; **~ old man** S Grand Old Man *m*, großer alter Mann *(e-r Berufsgruppe etc)*; **♀ Old Party** S POL *US (Bezeichnung für die)* Republikanische Partei *(der USA)*; **~ opera** S MUS große Oper; **~pa** [ˈɡrænpɑː], **~papa** S *umg* Opa *m*, Großpapa *m*; **~parent** [ˈɡræn-] S 1 Großvater *m od* -mutter *f* 2 *pl* Großeltern *pl*; **~ piano** S MUS Flügel *m*

Grand Prix [ˌɡrɑ̃ːˈpriː; ˌɡrɒnˈpriː] *pl* Grand Prix, Grands Prix [ˌɡrɑ̃ː-; ˌɡrɒn-], Grand Prixes [-ˈpriː; -ˈpriːz] S SPORT Grand Prix *m*, Großer Preis

grand|sire [ˈɡrænˌsaɪə(r)], **~sir** [ˈɡrænsə(r);

G

'græntsə(r)] S *obs* 1 alter Herr 2 Großvater *m*; **~ slam** S 1 *Tennis*: Grand Slam *m (Gewinn des Einzeltitels bei den internationalen Meisterschaften der USA, Großbritanniens, Frankreichs und Australiens im selben Jahr durch denselben Spieler)* 2 → slam²; **~son** ['grænsʌn] S Enkel(sohn) *m*; **~stand** A S SPORT Haupttribüne *f (a. die Zuschauer auf der Haupttribüne)*: **play to the ~** → C B ADJ 1 SPORT Haupttribünen…: **~ tickets**; **~ seat** Haupttribünenplatz *m (weitS. a. Platz, von dem aus man etwas gut beobachten kann)* 2 a SPORT für die Haupttribüne: **a ~ dribble** b *US umg* effekthaschend: **~ play** Effekthascherei *f* 3 SPORT vor der Haupttribüne: **~ finish** packendes Finish; **there was a ~ finish** die Entscheidung fiel erst auf den letzten Metern 4 uneingeschränkt *(Blick)*: **have a ~ view of sth** etwas gut beobachten können C V/I a SPORT für die Haupttribüne spielen b *US umg* sich in Szene setzen, nach Effekt haschen; **~ tour** S HIST Bildungsreise *f*, Kavalierstour *f*; **~uncle** S Großonkel *m*; **~ vizier** S HIST Großwesir *m*

G

grange [greɪndʒ] S 1 Farm *f* 2 HIST a Landsitz *m (e-s Edelmanns)* b Gutshof *m* 3 *obs* Scheune *f*; **granger** S Farmer *m*

grangerism ['greɪndʒərɪzəm] S Illustrierung *f* von Büchern mit Bildern aus anderen Büchern; **grangerize** V/T 1 *ein Buch* mit Bildern aus anderen Büchern illustrieren 2 Bilder (her)ausschneiden aus

graniferous [grə'nɪfərəs] ADJ BOT Körner tragend; **graniform** ['grænɪfɔː(r)m] ADJ kornartig, -förmig

granite ['grænɪt] A S 1 GEOL Granit *m*: **he is a man of ~** *fig* er ist hart wie Granit 2 → graniteware 3 *fig* Härte *f*, Unbeugsamkeit *f* B ADJ 1 granitisch, graniten, Granit… 2 *fig* hart, eisern, graniten, unbeugsam; **~ paper** S Granitpapier *n (meliert)*; **♀ State** S *US (Beiname für den Staat)* New Hampshire *n*; **~ware** S TECH 1 weißes, glasiertes Steingut 2 gesprenkelt emailliertes Geschirr

granitic [græ'nɪtɪk] ADJ 1 graniten, granitartig 2 → granite B 1, B 2

granitite ['grænɪtaɪt] S MINER Granitit *m*

granivore ['grænɪvɔː(r); *US a.* -ˌvəʊr] S ZOOL Körnerfresser *m*; **granivorous** [-'nɪvərəs] ADJ Körner fressend

grannie → granny

grannom ['grænəm] S 1 ZOOL Köcherfliege *f* 2 *e-e Angelfliege*

granny ['grænɪ] A S 1 *umg* Oma *f* 2 *umg* Kleinlichkeitskrämer(in), Pedant(in) 3 *a.* **~('s) knot** SCHIFF Altweiberknoten *m* 4 *a.* **~ woman** *US* Hebamme *f* B ADJ *umg* Oma…, Großmutter…: **~ dumping** *bes US Abschiebung von alten Verwandten in Alters- od Pflegeheime*; **~ glasses** Nickelbrille *f*

granodiorite [ˌgrænəʊ'daɪəraɪt] S GEOL Granodiorit *m (ein Tiefengestein)*

granolith ['grænəʊlɪθ; -nəlɪθ] S TECH Granolith *m (Art Beton)*

grant [grɑːnt; *US* grænt] A V/T 1 *j-m etwas* gewähren, *e-n Kredit etc* bewilligen, *ein Recht* einräumen, zugestehen: **God ~ that …** gebe Gott, dass…; **it was not ~ed to her** es war ihr nicht vergönnt 2 *e-e Erlaubnis etc* geben, erteilen 3 *e-e Bitte etc* erfüllen, *a.* JUR *e-m Antrag, e-r Berufung etc* stattgeben 4 **(to)** JUR *(bes formell)* übertragen *(auf akk)*, übereignen, ein Patent erteilen *(dat)* 5 zugeben, zugestehen, einräumen: **I ~ you that …** ich gebe zu, dass …; **~ sth to be true** etwas als wahr anerkennen; **~ed, but …** zugegeben, aber …; **~ed** *(od* **~ing) that …** a zugegeben, dass … b angenommen, dass …; **take sth for ~ed** a etwas als erwiesen *od* gegeben ansehen b etwas als selbstverständlich betrachten *od* hinnehmen; **take sb for ~ed** a j-s Zustimmung *etc* als selbstverständlich voraussetzen b gar nicht mehr wissen, was man an j-m hat B S 1 a Bewilligung *f*, Gewährung *f* b bewilligte Sache, *bes* Unterstützung *f*, Zuschuss *m*, Subvention *f*, Zuweisung *f* 2 Stipendium *n*, (Ausbildungs-, Studien)Beihilfe *f* 3 JUR a Verleihung *f (e-s Rechts)*, Erteilung *f (e-s Patents etc)* b (urkundliche) Übertragung *od* Übereignung **(to** auf *akk*): **~ of probate** Testamentsvollstreckerzeugnis *n* 4 *US (e-r Person od Körperschaft)* zugewiesenes Land; **grantable** ADJ 1 **(to)** verleihbar *(dat)*, übertragbar *(auf akk)* 2 zu bewilligen(d); **grantee** [-'tiː] S 1 Begünstigte(r) *m/f(m)* 2 JUR a Zessionar(in), Rechtsnachfolger(in) b Konzessionär(in), Privilegierte(r) *m/f(m)*

Granth [grʌnt] S REL Granth *m (heilige Schrift der Sikhs)*

grant|-in-aid *pl* grants-in-aid S a *Br* Regierungszuschuss *m* an Kommunalbehörden b *US* Bundeszuschuss *m* an Einzelstaaten; **~-maintained** ADJ *Br* staatlich finanziert *(Schule)*

grantor [grɑːn'tɔː; *US* 'græntər] S 1 Verleiher(in), Erteiler(in) 2 JUR a Zedent(in), Aussteller(in) e-r Übereignungsurkunde, (Grundstücks)Verkäufer(in) b Lizenzgeber(in), Verleiher(in) e-r Konzession

gran turismo [ˌgræntʊə'rɪzməʊ] *pl* -mos S *Automobilsport*: Gran-Turismo-Wagen *m*

granular ['grænjʊlə(r)] ADJ granuliert, gekörnt, körnig

granulate ['grænjʊleɪt] A V/T 1 granulieren, körnen 2 *Leder etc* rauen B V/I 1 körnig werden 2 MED granulieren, Granulationsgewebe bilden; **granulated** ADJ 1 granuliert *(a.* MED*)*, gekörnt, körnig: **~ sugar** Kristallzucker *m* 2 geraut

granulation [ˌgrænjʊ'leɪʃn] S 1 Granulieren *n*, Körnen *n* 2 Körnigkeit *f* 3 Rauen *n* 4 MED a Granulation *f* b *pl, a.* **~ tissue** Granulationsgewebe *n* 5 ASTRON *(Sonnen)* Granulation *f*; **granulator** [-tə(r)] S TECH Granulierapparat *m*, Feinbrecher *m*, *(Sand-, Grieß)* Mühle *f*; **granule** [-juːl] S Körnchen *n*; **granulite** [-laɪt] S MINER Granulit *m*; **granuloma** [-'ləʊmə] *pl* -mata [-mətə], -mas S MED Granulom *n*, Granulationsgeschwulst *f*

granulose¹ ['grænjʊləʊs] S CHEM Granulose *f*

granulose² ['grænjʊləʊs], **granulous** [-ləs] → granular

grape [greɪp] S 1 Weintraube *f*, -beere *f*: *he says that my new car is a waste of money*, **but that's just sour ~s** aber ihm hängen die Trauben zu hoch *od* sind die Trauben zu sauer; **the (juice of the) ~** der Saft der Reben *(Wein)*; → bunch A 1 2 → grapevine 1 3 *pl (als sg konstruiert)* VET a Mauke *f* b *umg* Rindertuberkulose *f* 4 → grapeshot; **~ cure** S MED Traubenkur *f*; **~fruit** S BOT Grapefruit *f*, Pampelmuse *f*; **~ house** S Weintreibhaus *n*; **~ hyacinth** S BOT Traubenhyazinthe *f*; **~ juice** S Traubensaft *m*; **~ louse** S *irr* ZOOL Reblaus *f*; **~ pear** S BOT Kanadische Felsenbirne

grapery ['greɪpərɪ] S 1 Weintreibhaus *n* 2 Weinberg *m*, -garten *m*

grape| scissors SPL, *a.* **pair of ~** Traubenschere *f*; **~shot** S MIL Kartätsche *f*, Hagelgeschoss *n*; **~ species** S *irr* Rebsorte *f*; **~stone** S (Wein)Traubenkern *m*; **~ sugar** S Traubenzucker *m*; **~ type** S Rebsorte *f*

grapevine ['greɪpvaɪn] S 1 BOT Weinstock *m* 2 *umg* a *a.* **~ telegraph** Nachrichtensystem *n*: **I heard on** *(od* **through) the ~ that …** mir ist zu Ohren gekommen, dass … b Gerücht *n* 3 *Ringen*: Einsteigen *n*

graph [græf; *Br a.* grɑːf] A S 1 Diagramm *n*, Schaubild *n*, grafische Darstellung, Kurvenblatt *n*, -bild *n* 2 *bes* MATH Kurve *f*: **~ paper** Millimeterpapier *n* 3 LING Graph *m (kleinste in e-r konkreten geschriebenen Äußerung vorkommende, nicht bedeutungskennzeichnende Einheit: Buchstabe, Schriftzeichen)* 4 *umg* → hectograph A B V/T grafisch darstellen

grapheme ['græfiːm] S LING Graphem *n (kleinste bedeutungskennzeichnende Einheit des Schriftsystems e-r Sprache, die ein od mehrere Phoneme wiedergibt)*

graphic ['græfɪk] A ADJ (ADV **~ally**) 1 anschaulich *od* lebendig (geschildert *od* schildernd), plastisch: **short, ~ examples** 2 grafisch, diagrammatisch, zeichnerisch: **~ arts** → B 1; **~ artist** Grafiker(in); **~ formula** CHEM Konstruktionsformel *f*; **~ novel** Comicroman *m*; **~ recorder** TECH Schaulinienzeichner *m (Instrument)*; **~ representation** grafische Darstellung 3 Schrift…, Schreib…: **~ accent** LING a Akzent(zeichen) *m(n)* b diakritisches Zeichen; **~ symbol** Schriftzeichen *n* 4 GEOL Schrift…: **~ granite** B SPL 1 *(als sg konstruiert)* Grafik *f*, grafische Kunst 2 *(als sg konstruiert)* technisches Zeichnen 3 *(als sg konstruiert)* grafische Darstellung *(als Fach)* 4 grafische Gestaltung *(e-s Buchs etc)*; **graphical** [-kl] ADV (ADJ **~ly**) → graphic A

graphics card S COMPUT Grafikkarte *f*

graphite ['græfaɪt] S MINER Grafit *m*, Reißblei *n*; **graphitic** [græ'fɪtɪk] ADJ grafitisch, Grafit…; **graphitize** ['græfɪtaɪz] V/T 1 in Grafit verwandeln 2 TECH mit Grafit überziehen

grapho- [græfəʊ] *Wortelement mit der Bedeutung* Schreib…

graphologic [ˌgræfə'lɒdʒɪk; *US* -'lɑ-] ADJ, **graphological** [-kl] ADJ (ADV **~ly**) grafologisch; **graphologist** [græ'fɒlədʒɪst; *US* -'fɑ-] S Grafologe *m*, Grafologin *f*, Handschriftendeuter(in); **graphology** S Grafologie *f*, Handschriftendeutung *f*

graphomotor ADJ MED grafomotorisch *(die Schreibbewegungen betreffend)*; **graphospasm** S MED Grafospasmus *m*, Schreibkrampf *m*

graphotherapy S PSYCH Grafotherapie *f (Befreiung von Erlebnissen od Träumen durch deren Niederschrift)*

grapnel ['græpnl] S 1 SCHIFF a Dregganker *m*, Dregge *f* b Enterhaken *m* 2 ARCH, TECH a Anker(eisen) *m(n)* b Greifer *m*, Greifklaue *f*, -haken *m*

grappa ['græpə; 'grɑːpə] S Grappa *m/f (alkoholisches Getränk aus Trestern)*

grapple ['græpl] A S 1 → grapnel 1 b, 2 b 2 Griff *m (a. beim Ringen etc)* 3 Handgemenge *n*, Kampf *m* B V/T 1 SCHIFF a entern b verankern 2 ARCH, TECH verankern, verklammern: **~ to** befestigen an *(dat)* 3 packen, fassen 4 handgemein werden mit C V/I 1 e-n (Enter)Haken *od* Greifer *etc* gebrauchen 2 handgemein werden, kämpfen *(a. fig)*: **~ with** *fig* sich mit *etwas* herumschlagen *od* abplagen, sich durch *ein Buch etc* quälen

grappling ['græplɪŋ], **~ hook**, **~ iron** S → grapnel 1 b, 2 b

grasp [grɑːsp; *US* græsp] A V/T 1 packen, (er)greifen: **~ a chance** e-e Gelegenheit ergreifen; → nettle A 2 an sich reißen 3 *fig* verstehen, begreifen, (er)fassen B V/I 1 (fest) zugreifen *od* zupacken 2 **~ at** greifen nach *(a. fig)*: → straw A 1 3 **~ at** *fig* streben nach: **a man who ~s at too much may lose everything** j-d, der zu viel haben will, verliert unter Umständen alles C S 1 Griff *m*: **keep sth in one's ~** etwas fest gepackt halten; **take a ~ at o.s.** *fig* sich beherrschen 2 a Reichweite *f* b *fig* Macht *f*, Gewalt *f*, Zugriff *m*: **within one's ~** in Reichweite, *fig a.* greifbar nahe, in greifbarer Nähe; **within the ~ of** in der Gewalt von (*od gen*) 3 Auffassungsgabe *f*, Fassungskraft *f*, Verständnis *n*: **it is beyond his ~** es geht über s-n Verstand; **it is within his ~** das kann er begreifen; **have a good ~ of a subject** ein Fach gut beherrschen; **grasping** ADJ (ADV **~ly**) *fig* habgierig

grass [grɑːs; *US* græs] A V/T 1 a *a.* **~ down** Gras säen auf (*dat*) b **~ over** mit Rasen bedecken 2 *Vieh* weiden *od* grasen lassen, weiden 3 *Wäsche etc* auf dem Rasen bleichen 4 SPORT *bes US den Gegner* zu Fall bringen, legen 5 JAGD *e-n Vogel* abschießen 6 *e-n Fisch* an Land ziehen B V/I 1 grasen, weiden 2 **our garden is ~ing (up) well** in unserem Garten wächst das Gras gut 3 *Br sl* singen (**to** bei): **~ on sb** j-n verpfeifen *umg* C S 1 BOT Gras *n*: → **green** A 1 2 *pl* Gras(halme) *n(pl)* 3 Grasland *n*, Weide(land) *f(n)* 4 Gras *n*, Rasen *m*: **on the ~** im Gras 5 *Bergbau*: Erdoberfläche *f* (*oberhalb e-r Grube*) 6 *sl* Gras(s) *n* (*Marihuana*) 7 *Br sl* Spitzel *m*, Informant(in)
Besondere Redewendungen: **be (out) at ~** a auf der Weide sein, weiden, grasen (*Vieh*) b *umg* in Rente sein; **the ~ is always greener on the other side (of the fence)** (*od* **in the other man's field**) bei anderen ist immer alles besser; **go to ~** a auf die Weide gehen (*Vieh*) b *umg* in Rente gehen; **hear the ~ grow** *fig* das Gras wachsen hören; **"keep off the ~"** „Betreten des Rasens verboten!"; **let the ~ grow over** Gras wachsen lassen über (*akk*); **let the ~ grow under one's feet** die Sache auf die lange Bank schieben *umg*; **not let the ~ grow under one's feet** nicht lange fackeln, keine Zeit verschwenden; **put** (*od* **turn out, send**) **to ~** a *Vieh* auf die Weide treiben b *bes e-m Rennpferd* das Gnadenbrot geben c *umg j-n* in Rente schicken

grass| blade S Grashalm *m*; **~ box** S Grasauffangkorb *m* (*e-s Rasenmähers*); **~ cloth** S Gras-, Chinaleinen *n*; **~ court** S *Tennis*: Rasen-, Grasplatz *m*; **~ green** S Grasgrün *n* (*Farbe*); **~-green** ADJ grasgrün; **~-grown** ADJ mit Gras bewachsen; **~hopper** [-ˌhɒpə; *US* -ˌhɑpər] S 1 ZOOL (Feld)Heuschrecke *f*, Grashüpfer *m*: → **knee-high** 2 2 FLUG, MIL *umg* Leichtflugzeug *n* 3 *a.* **~ beam** TECH einseitig *od* endseitig gelagerter Hebel 4 *sl* Gras(s)raucher(in); **~land** S AGR Weide(land) *f(n)*, Grasland *n*; **~-of-Parnassus** S BOT Herzblatt *n*; **~ parakeet** S ORN (*ein*) Grassittich *m*; **~plot**, *US a.* **~plat** S Rasenfläche *f*, -platz *m*; **~ roots** SPL (*a. als sg konstruiert*) 1 *fig* Wurzel *f*: **attack a problem at the ~** ein Problem an der Wurzel packen 2 POL a landwirtschaftliche *od* ländliche Bezirke *pl* b Landbevölkerung *f* 3 POL Basis *f* (*e-r Partei*): **at the ~** an der Basis; **~-roots** ADJ POL an der Basis, der Basis: **the ~ opinion**; **~ work** Basisarbeit *f*; **~ skiing** S SPORT Grasskilauf *m*; **~ snake** S ZOOL 1 Ringelnatter *f* 2 *e-e nordamer. grüne Natter*; **~ widow** S 1 Strohwitwe *f hum* 2 *bes US* a geschiedene Frau b (von ihrem Mann) getrennt lebende Frau; **~ widower** S 1 Strohwitwer *m hum* 2 *bes US* a geschiedener Mann b (von s-r Frau) getrennt lebender Mann

grassy ADJ 1 grasbedeckt, grasig, Gras… 2 grasartig

grate[1] [greɪt] A V/T 1 *Käse etc* reiben, *Gemüse etc a.* raspeln 2 a knirschen mit: **~ one's teeth** b kratzen mit c quietschen mit 3 *etwas* krächzen(d sagen) B V/I 1 a knirschen b kratzen c quietschen 2 *fig* wehtun (**[up]on sb** j-m): **~ on sb's ears** j-m in den Ohren wehtun; **~ on sb's nerves** an j-s Nerven zerren

grate[2] [greɪt] A S 1 Gitter *n* 2 (*Feuer*) Rost *m* 3 Kamin *m* 4 TECH (*Kessel*) Rost *m*, Rätter *m* 5 *Wasserbau*: Fangrechen *m* B V/T 1 vergittern 2 mit e-m Rost versehen

grateful ADJ (ADV **~ly**) 1 dankbar (**to sb for sth** j-m für etwas): **a ~ letter** ein Dank(es)brief; **my most ~ thanks go to** mein herzlichster Dank gilt (*dat*) 2 angenehm, willkommen, wohltuend (*Rast etc*): **be ~ to sb** j-m zusagen; **gratefulness** S Dankbarkeit *f*

grater ['greɪtə(r)] S Reibe *f*, Reibeisen *n*, Raspel *f*

graticulation [grəˌtɪkjʊ'leɪʃn] S TECH Netz *n* (*zur Vergrößerung etc*); **graticule** ['grætɪkjuːl] S TECH 1 mit e-m Netz versehene Zeichnung 2 Fadenkreuz *n* 3 (Grad)Netz *n*, Gitter *n*, Koordinatensystem *n*

gratification [ˌgrætɪfɪ'keɪʃn] S 1 Befriedigung *f*: a Zufriedenstellung *f* b Genugtuung *f* (**at** über *akk*): **it gave me some ~ to hear that …** ich hörte mit Genugtuung, dass … 2 Freude *f*, Vergnügen *n*, Genuss *m* 3 *obs* Gratifikation *f*, Belohnung *f*; **gratify** [-faɪ] V/T 1 *j-n, ein Verlangen etc* befriedigen: **~ one's thirst for knowledge** s-n Wissensdurst stillen 2 erfreuen: **be gratified (at, with)** sich freuen (über *akk*); **I am gratified** (*od* **it gratifies me**) **to hear that …** ich höre mit Genugtuung *od* Befriedigung, dass … 3 *j-m* entgegenkommen *od* gefällig sein 4 *obs* a be-, entlohnen b *j-m* ein (Geld)Geschenk machen; **gratifying** ADJ (ADV **~ly**) erfreulich, befriedigend (*beide*: **to** für)

gratin ['grætæ̃ŋ; *US* 'grætn] S GASTR 1 Gratin *m*, Bratkruste *f*: → **au gratin** 2 gratinierte Speise

grating[1] ['greɪtɪŋ] ADJ (ADV **~ly**) 1 a knirschend b kratzend c quietschend 2 krächzend, heiser: **have a ~ voice** *a.* e-e Stimme wie ein Reibeisen haben 3 unangenehm

grating[2] ['greɪtɪŋ] S 1 Vergitterung *f*, Gitter(werk) *n* 2 (*Balken-, Lauf*) Rost *m* 3 SCHIFF Gräting *f* 4 PHYS (*Beugungs*) Gitter *n*: **~ spectrum** Gitterspektrum *n*

gratis ['greɪtɪs; 'grætɪs] A ADV gratis, umsonst, unentgeltlich B ADJ unentgeltlich, frei, Gratis…

gratitude ['grætɪtjuːd; *US a.* -ˌtuːd] S Dankbarkeit *f* (**to** gegenüber): **out of ~ for** aus Dankbarkeit für; **a look of ~** ein dankbarer Blick

gratuitant [grə'tjuːɪtənt; *US a.* -'tuː-] S Empfänger(in) e-r Zuwendung

gratuitous [grə'tjuːɪtəs; *US a.* -'tuː-] ADJ (ADV **~ly**) 1 unentgeltlich, frei, Gratis… 2 freiwillig, unaufgefordert, unverlangt 3 grundlos, unbegründet, unberechtigt (*Verdacht etc*): **~ violence** unnötige Gewalt 4 unverdient (*Beleidigung etc*) 5 JUR ohne Gegenleistung; **gratuitousness** S 1 Unentgeltlichkeit *f* 2 Freiwilligkeit *f* 3 Grundlosigkeit *f*; **gratuity** S 1 (*kleines*) (Geld)Geschenk, Zuwendung *f*, Sondervergütung *f*, Gratifikation *f* 2 Trinkgeld *n*

gratulate ['grætjʊleɪt; *US* -tʃə-] *obs* → **congratulate**; **gratulatory** [-tjʊlətərɪ; *US* -tʃələˌtəʊriː; -ˌtɔːriː] *obs* → **congratulatory**

graupel ['graʊpl] S Graupeln *pl*

gravamen [grə'veɪmen] *pl* -vamina [-'veɪmɪnə; -'væ-], -mens S 1 JUR a Beschwerde(grund) *f(m)* b (*das*) Belastende (*e-r Anklage*) 2 *bes* REL Beschwerde *f*

grave[1] [greɪv] S 1 Grab *n*: **be (as) quiet** (*od* **silent**) **as the ~** a kein einziges Wort sagen b verschwiegen wie ein *od* das Grab sein; **the house was as quiet** (*od* **still**) **as the ~** im Haus herrschte e-e Grabesstille; **dig one's own ~** sich sein eigenes Grab schaufeln; **have one foot in the ~** mit e-m Fuß *od* Bein im Grab stehen; **rise from the ~** (von den Toten) auferstehen; **turn (over) in one's ~** sich im Grab (her)umdrehen; **sb** (*od* **a ghost**) **is walking over my ~** mich überläuft (*unerklärlicherweise*) e-e Gänsehaut 2 *fig* Grab *n*, Tod *m*: **is there life beyond the ~?** gibt es ein Leben nach dem Tod?; **be brought to an early ~** e-n frühen Tod *od* ein frühes Grab finden 3 *fig* Grab *n*, Ende *n*: **the ~ of our hopes**

grave[2] [greɪv] *prät* graved, *pperf* graven [-vn], graved V/T *obs* 1 (ein)schnitzen, (-)schneiden, (-)meißeln 2 *fig* eingraben, -prägen (**sth on** [*od* **in**] **sb's mind** j-m etwas ins Gedächtnis)

grave[3] [greɪv] A ADJ (ADV **~ly**) 1 ernst: a feierlich (*Stimme etc*) b bedenklich, bedrohlich (*Lage etc*): **his condition is ~** sein Zustand ist ernst c gesetzt, würdevoll d schwer, tief (*Enttäuschung, Gedanken etc*) e gewichtig, schwerwiegend (*Angelegenheit etc*) 2 dunkel, gedämpft (*Farbe*) 3 [*a.* grɑːv] LING tieftonig, fallend: **~ accent** → B 4 MUS tief (*Ton*) B [*a.* grɑːv] S LING Gravis *m*, Accent *m* grave

grave[4] [greɪv] V/T SCHIFF *den Schiffsboden* reinigen u. teeren

grave|clothes SPL Totengewand *n*; **~digger** S Totengräber *m* (*a.* ZOOL); **~ goods** SPL *Archäologie*: Grabbeigaben *pl*

gravel ['grævl] A S 1 a Kies *m*: **~ bed** (*Motorsport*) Kiesbett *n*; **~ pit** Kiesgrube *f* b Schotter *m* 2 GEOL a Geröll *n*, Geschiebe *n* b (*bes goldhaltige*) Kieselschicht 3 MED Harngrieß *m* B V/T *prät u. pperf* -eled, *bes Br* -elled 1 a mit Kies bestreuen: **~(l)ed path** Kiesweg *m* b *Straße* beschottern 2 *fig* verblüffen, verwirren 3 *US umg* ärgern, reizen; **~-blind** ADJ *poet* fast (völlig) blind

gravelly ['grævlɪ] ADJ 1 a kiesig, Kies… b Schotter… 2 MED grießig, Grieß… 3 rau (*Stimme*)

graven ['greɪvn] A *pperf von* grave[2] B ADJ *obs* geschnitzt, graviert: **~ image** *bes* BIBEL Götzenbild *n*

graver ['greɪvə(r)] S (Grab)Stichel *m*

grave robber S Grabräuber(in)

Graves' disease [greɪvz] S MED basedowsche Krankheit

grave|side S: **at the ~** am Grab; **~ service** Gottesdienst *m* am Grab; **~stone** S Grabstein *m*; **~ wax** S MED Leichenwachs *n*; **~yard** S Friedhof *m*: **~ shift** *US sl* zweite Nachtschicht

gravid ['grævɪd] ADJ (ADV **~ly**) a schwanger b ZOOL trächtig; **gravidity** [grə'vɪdətɪ] S a Schwangerschaft *f* b ZOOL Trächtigkeit *f*

gravimeter [grə'vɪmɪtə(r)] S PHYS Gravimeter *n*: a Dichtemesser *m* b Schweremesser *m*

gravimetric [ˌgrævɪ'metrɪk] ADJ (ADV **~ally**) PHYS gravimetrisch: **~ analysis** gravimetrische Analyse, Gewichtsanalyse *f*; **gravimetrical** ADJ (ADV **~ly**) → gravimetric

graving| dock ['greɪvɪŋ] S SCHIFF Trockendock *n*; **~ tool** S TECH (Grab)Stichel *m*

gravitate ['grævɪteɪt] A V/I 1 sich (durch Schwerkraft) fortbewegen, durch die eigene Schwere fließen *etc* 2 gravitieren, (hin)streben (**toward[s]** zu, nach) 3 sinken, fallen 4 *fig* (**to, toward[s]**) angezogen werden (von), sich hingezogen fühlen, hinstreben (zu, auf *akk*), (hin)neigen, tendieren (zu) B V/T 1 gravitieren lassen 2 *Diamantwäscherei: den Sand* schütteln(, sodass die schwereren Teile zu Boden sinken); **gravitation** S 1 PHYS Gravitation *f*: a Schwerkraft *f* b Gravitieren *n* 2 *fig* Neigung *f*, Hang *m*, Tendenz *f* (*alle*: **to, toward[s]** zu); **gravitational** ADJ PHYS Gravitations…: **~ constant** Gravitationskonstante *f*; **~ field** Gravitations-, Schwerefeld *n*; **~ force** Schwer-, Gravitationskraft *f*; **~ pull** Anziehungskraft *f*; **gravitative** ADJ 1 PHYS Gravi-

G

tations… 2 gravitierend
gravity ['grævətɪ] A S 1 Ernst m: a Feierlichkeit f: **keep** (od **preserve**) **one's ~** ernst bleiben b Bedenklichkeit f, Bedrohlichkeit f: **the ~ of the situation** der Ernst der Lage; **he does not know the ~ of his illness** er weiß nicht, wie ernst s-e Krankheit ist c Gesetztheit f d Schwere f 2 MUS Tiefe f (e-s Tons) 3 PHYS a Gravitation f, Schwerkraft f b (Erd)Schwere f: → **center** A 1, **force** A 1, **specific gravity** 4 **original ~** (Brauerei) Stammwürzgehalt m (des Biers) B ADJ nach dem Gesetz der Schwerkraft arbeitend: **~ drive** TECH Schwerkraftantrieb m; **~ feed** Gefällezuführung f; **~-operated** durch Schwerkraft betrieben, Schwerkraft…
gravure [grəˈvjʊə(r)] → photogravure
gravy ['greɪvɪ] S 1 Braten-, Fleischsaft m 2 (Braten)Soße f 3 bes US sl etwas unerwartet Angenehmes od Einträgliches: **that's pure ~** a das ist viel besser als erwartet b das ist ein richtiger warmer Regen umg 4 bes US sl illegaler od unsauberer Profit; **~ beef** S GASTR (Rinder)Saftbraten m; **~ boat** S Sauciere f, Soßenschüssel f; **~ train** S: **climb** (od **get**) **on the ~** bes US sl leicht ans große Geld kommen
gray, bes Br **grey** [greɪ] A ADJ (ADV ~ly) 1 grau: **grow ~ in sb's service** in j-s Dienst ergrauen 2 trübe, düster, grau (Tag etc): **~ prospects** fig trübe Aussichten 3 TECH neutral, farblos, naturfarben: **~ cloth** ungebleichter Baumwollstoff 4 grau(haarig), ergraut: **become** (od **go**) **~** ergrauen, graue Haare bekommen 5 fig alt, erfahren 6 für ältere Menschen B S 1 Grau n, graue Farbe: **dressed in ~** grau od in Grau gekleidet 2 älterer Mensch 3 ZOOL Grauschimmel m 4 Naturfarbe f (Stoff): **in the ~** ungebleicht C V/T 1 grau machen 2 FOTO mattieren D V/I grau werden, ergrauen: **~ing** angegraut, grau meliert (Haare)
gray| area S fig Grauzone f; **~back** S 1 ZOOL a → gray whale b Knutt m 2 US umg Graurock m (Soldat der Südstaaten im Bürgerkrieg); **~beard** S 1 Graubart m, alter Mann 2 irdener Krug 3 BOT → clematis; **~ body** S PHYS Graustrahler m; **~coat** S → grayback 2; **~ cobalt** S MINER Speiskobalt m; **~ crow** S ORN Nebelkrähe f; **~ eminence** S graue Eminenz; **~fish** S FISCH (ein) Haifisch m, bes a Gemeiner Dornhai b Marderhai m c Hundshai m; **~ fox** S ZOOL Grau-, Grisfuchs m; **♀ Friar** S REL Franziskaner(mönch) m; **~ goose** S irr → graylag; **~-haired** ADJ grauhaarig; **~-headed** ADJ 1 grauköpfig, -haarig 2 fig altgedient, -erfahren (beide: **in** in dat); **~ hen** S ORN Birk-, Haselhuhn n; **~hound** → greyhound
grayish, bes Br **greyish** ['greɪɪʃ] ADJ graulich, gräulich
graylag ['greɪlæg] S a. **~ goose** ORN Graugans f
grayling ['greɪlɪŋ] S 1 FISCH Äsche f 2 ZOOL (ein) Augenfalter m
gray| manganese ore → manganite 1; **~ market** S WIRTSCH grauer Markt; **~ matter** S 1 ANAT graue Substanz (des Gehirns u. des Rückenmarks) 2 fig umg graue Zellen pl; **♀ Monk** S Zisterzienser(mönch) m; **~ mullet** S FISCH Meeräsche f
grayness, bes Br **greyness** S Grau n: a graue Farbe b trübes Licht c fig Trübheit f, Düsterkeit f
gray| owl S ORN Waldkauz m; **♀ Panther** S Grauer Panther (Mitglied e-r aktiven Seniorenbewegung); **~ parrot** S ORN Graupapagei m; **~ squirrel** S ZOOL Grauhörnchen n; **~ stone** S GEOL Graustein m; **~wacke** [-ˌwækə] S GEOL Grauwacke f; **~ whale** S ZOOL Grauwal m
graze¹ [greɪz] A V/T 1 Vieh weiden (lassen) 2 abweiden, abgrasen 3 als Weide(land) benutzen B V/I weiden, grasen (Vieh)
graze² [greɪz] A V/T 1 streifen: a leicht berühren b schrammen 2 MED (ab-, auf)schürfen, (auf)schrammen: **~ one's knee** sich das Knie aufschürfen B V/I streifen C S 1 Streifen n, Schrammen n 2 MED Abschürfung f, Schramme f 3 MIL a a. **grazing shot** Streifschuss m b Aufschlagdetonation f: **~ fuse** empfindlicher Aufschlagzünder
grazier ['greɪzjə; bes US -ʒə(r)] S Viehzüchter(in)
grazing ['greɪzɪŋ] S 1 Weiden n 2 Weide(-land) f(n)
grease A S [gri:s] 1 (zerlassenes) Fett, Schmalz n 2 TECH Schmiermittel n, -fett n, Schmiere f 3 a a. **~ wool**, **wool in the ~** Schmutz-, Schweißwolle f b Wollfett n 4 VET → grease heel 5 JAGD Feist n: **in ~**, **in pride** (od **prime**) **of ~** feist, fett (Wild) B V/T [gri:z; gri:s] 1 (ein)fetten, e-e Backform etc ausstreichen, TECH (ab)schmieren: **like ~d lightning** umg wie ein geölter Blitz 2 umg j-n schmieren, j-n bestechen: → **hand** Bes Redew, **palm**¹ A 1 3 etwas erleichtern, fördern: **~ sb's path** j-m den Weg ebnen 4 VET ein Pferd mit Schmutzmauke infizieren; **~ cup** S TECH Fett-, Schmierbüchse f; **~ gun** S TECH (Ab)Schmierpresse f; **~ heel** S VET Schmutz-, Flechtenmauke f (der Pferde); **~ monkey** S umg (bes Auto-, Flugzeug)Mechaniker(in); **~ paint** S THEAT (Fett)Schminke f; **~proof** ADJ fettdicht: **~ paper** Butterbrotpapier n
greaser ['gri:zə(r); -sə(r)] S 1 Schmierer(in) 2 TECH Schmierbüchse f, -gefäß n 3 US sl pej Lateinamerikaner m, bes Mexikaner m 4 Br umg Automechaniker(in) 5 Br umg widerlicher Kerl, bes Radfahrer(in) pej
greasiness ['gri:zɪnɪs; -sɪ-] S 1 Schmierigkeit f 2 Fettigkeit f, Öligkeit f 3 Glitschigkeit f, Schlüpfrigkeit f 4 fig a Schmierigkeit f, Öligkeit f b Aalglätte f
greasing ['gri:sɪŋ] ADJ TECH Schmier…: **~ nipple**
greasy ['gri:zɪ; -sɪ] ADJ (ADV greasily) 1 schmierig, beschmiert 2 fett(ig), ölig: **~ hair** fettiges Haar; **~ stain** Fettfleck m 3 glitschig, schlüpfrig 4 ungewaschen (Wolle): **~ wool** → grease A 3 a 5 fig a ölig, schmierig b aalglatt; **~ heel** → grease heel; **~ spoon** S bes US sl kleines, schmudd(e)liges Lokal
great [greɪt] A ADJ (ADV → greatly) 1 groß, beträchtlich (a. Anzahl), (Nachfrage etc) stark: **of ~ popularity** sehr beliebt; **a ~ many** sehr viele, e-e große Anzahl; **the ~ majority** die große od überwiegende Mehrheit; **in ~ detail** in allen Einzelheiten 2 lang (Zeit): **a ~ while ago** vor langer Zeit 3 hoch (Alter): **live to a ~ age** ein hohes Alter erreichen, sehr alt werden 4 groß: **a ~ big lump** umg ein Mordsklumpen 5 groß (Buchstabe): **a ~ Z** 6 groß, Groß…: **♀ Britain** 7 groß, bedeutend, wichtig (Probleme etc) 8 groß, wichtigst(er, e, es), Haupt…: **the ~ attraction** die Hauptattraktion 9 (geistig) groß, überragend, berühmt, bedeutend: **a ~ poet** ein großer Dichter; **a ~ city** e-e bedeutende Stadt; **the ♀ Duke** Beiname des Herzogs von Wellington (1769-1852); **Frederick the ♀** Friedrich der Große 10 (gesellschaftlich) hoch (-stehend), groß: **the ~ world** die vornehme Welt; **a ~ family** e-e vornehme od berühmte Familie 11 groß, erhaben (Gedanken etc) 12 groß, beliebt, oft gebraucht: **be the ~ thing at the moment** im Moment sehr modern sein 13 groß (in hohem Maße): **a ~ friend of mine** ein guter od enger Freund von mir; **a ~ landowner** ein Großgrundbesitzer 14 ausgezeichnet, großartig (Möglichkeit etc): **it is a ~ thing to be healthy** es ist sehr viel wert, gesund zu sein 15 (nur präd) umg a groß, gut, sehr geschickt (alle: **at**, **in** in dat): **he is ~ at chess** er spielt sehr gut Schach, er ist ein großer Schachspieler vor dem Herrn; **he's ~ at drinking** im Trinken ist er groß b interessiert (**on** für): **be ~ on sth** sich für etwas begeistern c sehr bewandert (**on** in dat) 16 umg eifrig, begeistert (Leser etc) 17 umg großartig, herrlich, wunderbar, famos: **we had a ~ time** wir haben uns großartig amüsiert, es war toll; **wouldn't that be ~?** wäre das nicht herrlich? 18 (in Verwandtschaftsbezeichnungen) a Groß… b (vor grand…) Ur… B S 1 **the ~** koll die Großen pl, die Prominenten pl 2 **~ and small** Groß u. Klein, die Großen pl u. die Kleinen pl C ADV umg prima, bestens
great| albacore ['ælbəkɔ:(r)] → tuna; **~ assize** S REL Jüngstes Gericht; **~ auk** S ORN Riesenalk m; **~-aunt** S Großtante f
Great Britain [ˌgreɪtˈbrɪtn] S Großbritannien n
great| calorie S PHYS große Kalorie, Kilokalorie f; **♀ Charter** → Magna C(h)arta; **~ circle** S MATH Groß-, Hauptkreis m (e-r Kugel); **~-circle sailing** S SCHIFF Großkreissegeln n; **~coat** S bes MIL Mantel m; **♀ Dane** → Dane 2; **♀ Depression** S HIST Weltwirtschaftskrise f; **~ divide** S 1 GEOG Hauptwasserscheide f: **cross the ~** fig die Schwelle des Todes überschreiten; **the Great Divide** die Rocky Mountains pl 2 fig Krise f, entscheidende Phase; **♀ Dog** S ASTRON Großer Hund (Sternbild)
greaten ['greɪtn] V/T & V/I obs größer machen od werden
Greater| Antilles [ˌgreɪtərænˈtɪli:z] SPL Große Antillen pl; **~ London** [ˌgreɪtə(r)ˈlʌndən] S Groß-London n (Grafschaft in Südost-England); **~ Manchester** [ˌgreɪtə(r)ˈmæntʃɪstə(r); -tʃes-] S Groß-Manchester n (Grafschaft im nordwestlichen England)
great|-grandchild S irr Urenkel(in); **~-granddaughter** S Urenkelin f; **~-grandfather** S Urgroßvater m; **~-grandmother** S Urgroßmutter f; **~-grandparents** SPL Urgroßeltern pl; **~-grandson** S Urenkel m
great-great-grandfather S Ururgroßvater m
great gross S zwölf Gros pl
greathearted ADJ (ADV ~ly) 1 beherzt, furchtlos 2 edelmütig, hochherzig
Great Lakes [ˌgreɪtˈleɪks] SPL Große Seen pl
greatly ADV sehr, höchst, überaus, außerordentlich: **he was ~ moved** er war tief bewegt
Great| Mogul S HIST Großmogul m; **♀ morel** → belladonna a; **♀-nephew** S Großneffe m
greatness S 1 (geistige) Größe, Erhabenheit f: **~ of mind** Geistesgröße 2 Größe f, Bedeutung f, Rang m, Macht f 3 (gesellschaftlich) hoher Rang 4 Ausmaß n
great|-niece S Großnichte f; **~ northern diver** S ORN Eistaucher m; **~ organ** S MUS erstes Hauptmanual; **♀ Plains** SPL US Präriegebiete im Westen der USA; **♀ Powers** SPL POL Großmächte pl; **♀ Rebellion** S HIST 1 US die Auflehnung der Südstaaten im Bürgerkrieg 2 Br der Kampf des Parlaments gegen Karl I. (1642-49); **♀ Russian** S Großrusse m, -russin f; **~ seal** S Großsiegel n; **~ tit** S ORN Kohlmeise f; **~-uncle** S Großonkel m; **♀ Wall (of China)** S Chinesische Mauer; **♀ War** S Erster Weltkrieg; **♀ Week** S REL Karwoche f

greave [griːv] S MIL, HIST Beinschiene *f*
greaves [griːvz] SPL GASTR Grieben *pl*
grebe [griːb] S ORN (See)Taucher *m*
Grecian ['griːʃn] A ADJ (*bes* klassisch) griechisch (*Architektur*): ~ **profile** klassisches Profil; ~ **gift** → Greek gift B S 1 Grieche *m*, Griechin *f* 2 Hellenist(in), Gräzist(in)
Grecism, **Grecize**, **Greco-** [grekəʊ; griː-] *bes US für* Graecism *etc*
gree[1] [griː] S *obs* 1 Gunst *f* 2 Genugtuung *f* (*für e-e Kränkung etc*)
gree[2] [griː] *obs für* agree B 2
gree[3] [griː] S *schott obs* 1 a Überlegenheit *f* b Sieg *m* 2 Siegespreis *m*
Greece [griːs] S Griechenland *n*
greed [griːd] S 1 Gier *f* (**for** nach): ~ **for power** Machtgier 2 Habgier *f*, -sucht *f* 3 Gefräßigkeit *f*; **greediness** S 1 Gierigkeit *f* 2 Gefräßigkeit *f*; **greedy** ADJ (ADV greedily) 1 gierig (**for** auf *akk*, nach): ~ **for power** machtgierig; **the flowers are ~ for water** die Blumen brauchen dringend Wasser 2 habgierig, -süchtig 3 gefräßig
Greek [griːk] A S 1 Grieche *m*, Griechin *f*: **when ~ meets ~** *fig* wenn zwei Ebenbürtige sich miteinander messen 2 LING Griechisch *n*, das Griechische: **that's all ~ to me** *fig* das sind für mich böhmische Dörfer 3 REL → Greek Catholic A 4 UNIV *US umg* Mitglied *n* e-r **Greek-letter society** B ADJ 1 griechisch: ~ **cross**; → calends 2 REL → Greek Catholic B; ~ **Catholic** REL A S 1 Griechisch-Katholische(r) *m/f(m)* 2 Griechisch-Orthodoxe(r) *m/f (m)* B ADJ 1 griechisch-katholisch 2 griechisch-orthodox; ~ **Church** S REL griechisch-katholische *od* -orthodoxe Kirche; ~ **Fathers** SPL REL griechische Kirchenväter *pl*; ~ **fire** S MIL, HIST griechisches Feuer, Seefeuer *n*; ~ **fret** S Mäander *m* (*Ornament*); ~ **gift** S *fig* Danaergeschenk *n*; **~-letter society** S UNIV *US für gewöhnlich mit 2 od 3 griechischen Buchstaben bezeichnete Studentenverbindung*; ~ **Orthodox Church** → Greek Church
green [griːn] A ADJ (ADV ~ly) 1 grün: a von grüner Farbe: **the lights are ~** die Ampel steht auf Grün; **that light isn't going to get any ~er!** AUTO *umg* grüner wirds nicht!; (**as**) ~ **as grass** *fig* völlig unerfahren (→ A 4) b grünend (*Bäume etc*) c grün bewachsen (*Felder etc*) d ohne Schnee: **a ~ Christmas** grüne Weihnachten e unreif (*Äpfel etc*) 2 grün (*Gemüse*): ~ **food** → B 4 3 frisch: a neu (*Wunde etc*) b lebendig (*Erinnerungen*) 4 *fig* grün, unerfahren, unreif, naiv (*Junge etc*): ~ **in years** jung an Jahren 5 jugendlich, rüstig: ~ **old age** rüstiges Alter 6 grün, bleich: ~ **with envy** grün *od* gelb vor Neid; ~ **with fear** schreckensbleich 7 roh, frisch, Frisch...: ~ **meat** 8 grün: a ungetrocknet, frisch: ~ **wood** grünes Holz b ungeräuchert, ungesalzen: ~ **herrings** grüne Heringe c ungeröstet (*Kaffee*) 9 neu (*Wein*): ~ **beer** Jungbier *n* 10 TECH nicht fertig verarbeitet: ~ **ceramics** ungebrannte Töpferwaren; ~ **clay** grüner *od* feuchter Ton; ~ **hide** Rohhaut *f*; ~ **metal powder** grünes (*nicht gesintertes*) Pulvermetall; ~ **ore** Roherz *n* 11 TECH fabrikneu: ~ **assembly** Erstmontage *f*; ~ **gears** *pl* nicht eingelaufenes Getriebe; ~ **run** Einfahren *n*, erster Lauf (*e-r Maschine etc*) 12 *umg* a Umwelt...: ~ **issues** Umweltfragen b umweltfreundlich B S 1 Grün *n*, grüne Farbe: **dressed in ~** grün *od* in Grün gekleidet; **at ~** bei Grün; **the lights are at ~** die Ampel steht auf Grün; **do you see any ~ in my eye?** *umg* hältst du mich für so dumm? 2 a Grünfläche *f*, Rasen(platz) *m*: → village B b → putting green a 3 *pl* Grün *n*, grünes Laub 4 *pl* grünes Gemüse, Blattgemüse *n* 5 *fig* (Jugend)Frische *f*, Lebenskraft *f*: **in the ~** in voller Frische 6 *sl* Knete *f umg* (*Geld*) 7 *sl* minderwertiges Marihuana 8 *pl sl* Bumsen *n vulg* (*Geschlechtsverkehr*) C V/T 1 grün machen *od* färben 2 *umg j-n* reinlegen D V/I grün werden, grünen: ~ **out** ausschlagen
green algae SPL BOT Grünalgen *pl*
greenalite ['griːnəlaɪt] S MINER Greenalit *m*
green audit S *Prüfung e-s Unternehmens in Bezug auf dessen Umweltverträglichkeit*
green|back S 1 *US* Greenback *m*: a HIST *1862 ausgegebene Schatzanweisung mit Banknotencharakter mit grünem Rückseitenaufdruck* b *umg* Dollar(schein) *m* 2 grünes Tier, *bes* Laubfrosch *m*; ~ **belt** S Grüngürtel *m* (*um e-e Stadt*); ~ **book** S POL Grünbuch *n*; **~brier** S BOT Stechwinde *f*; ~ **card** S 1 AUTO *Br* grüne Versicherungskarte 2 *US* Arbeitserlaubnis *f*, -genehmigung *f*; ~ **cheese** S 1 unreifer Käse 2 Molken- *od* Magermilchkäse *m* 3 Kräuterkäse *m*; ~ **cloth** S *bes US* 1 Spieltisch *m* 2 Billardtisch *m*; ~ **crab** S ZOOL Strandkrabbe *f*; ~ **crop** S AGR Grünfutter *n*
greenery ['griːnərɪ] S 1 Grün *n*, Laub *n* 2 → greenhouse 1
green|-eyed ADJ 1 grünäugig: **be ~** grüne Augen haben 2 *fig* eifersüchtig, neidisch: **the ~ monster** die Eifersucht, der Neid; **~field** S Bauerwartungsland *n*; **~finch** S ORN Grünfink *m*; ~ **fingers** SPL: **have ~** *Br* e-n grünen Daumen *od* e-e grüne Hand haben; **~fly** S ZOOL *Br* grüne Blattlaus; **~gage** S BOT Reineclaude *f*; **~gill** S ZOOL grüne Auster; ~ **goose** S *irr* junge (Mast)Gans; **~grocer** S *bes Br* Obst- u. Gemüsehändler(in); **~grocery** S *bes Br* 1 Obst- u. Gemüsehandlung *f* 2 Obst *n* u. Gemüse *n*; **~heart** S Grün(harz)holz *n*; **~horn** S *umg* 1 Greenhorn *n*: a Grünschnabel *m* b (unerfahrener) Neuling 2 Gimpel *m pej*, leichtgläubiger Mensch; **~house** S 1 Gewächs-, Treibhaus *n*: ~ **effect** Treibhauseffekt *m*; ~ **gas** Treibhausgas *n* 2 FLUG *umg* Vollsichtkanzel *f*
greening S 1 Begrünen *n*; Ergrünen *n* 2 *fig* zunehmende(s) Umweltbewusstsein 3 grünschaliger Apfel; **greenish** ADJ grünlich
Greenland ['griːnlənd; -lænd] S Grönland *n*
Greenlander ['griːnləndə(r)] S Grönländer(in); **Greenlandic** [-'lændɪk] A ADJ grönländisch B S LING Grönländisch *n*, das Grönländische
Greenland| shark ['griːnlənd] S FISCH Grönland-, Eishai *m*; ~ **whale** S ZOOL Grönland-, Nordwal *m*
green light S grünes Licht (*bes der Verkehrsampel*) (*a. fig*): **give sb the ~** j-m grünes Licht geben (**on, to** für)
greenling ['griːnlɪŋ] S FISCH Grünling *m*
green|lining S *US Methoden zur Bekämpfung des redlining*; ~ **lizard** S ZOOL Smaragdeidechse *f*; ~ **lung** S *Br* grüne Lunge, Grünfläche *f*; ~ **manure** S AGR Grün-, Pflanzendünger *m*; ~ **monkey** S ZOOL Grüne Meerkatze; ~ **monkey disease** → Marburg disease; ♀ **Mountain State** S *US* (*Beiname für den Staat*) Vermont *n*
greenness S 1 Grün *n*, (*das*) Grüne 2 grüne Farbe 3 *fig* Unerfahrenheit *f*, Unreife *f* 4 Jugendlichkeit *f*, Rüstigkeit *f*
green| oil S CHEM Grünöl *n*, *bes* Anthracenöl *n*; ♀**peace** S Greenpeace *n* (*internationale Umweltschutzorganisation*); ~ **peak** S *Br für* green woodpecker; ~ **pound** S WIRTSCH grünes Pfund (*Verrechnungseinheit innerhalb der EU*); **~room** S THEAT *etc* Künstlerzimmer *n*; **~-salted** ADJ TECH ungegerbt gesalzen (*Häute*); **~sand** S GEOL Grünsand *m*; **~shank** S ORN Grünschenkel *m*; **~sick** ADJ MED bleichsüchtig; **~sickness** S MED Bleichsucht *f*; ~ **smalt** S MINER Kobaltgrün *n*; **~stick fracture** S MED Grünholz-, Knickbruch *m*; **~stone** S MINER 1 Grünstein *m* 2 Nephrit *m*; **~stuff** S 1 Grünfutter *n* 2 grünes Gemüse; **~sward** S Rasen *m*; ~ **table** S Sitzungstisch *m*; ~ **tea** S grüner Tee; ~ **thumb** S: **have a ~** *bes US* → green fingers; ~ **turtle** S ZOOL Suppenschildkröte *f*; ~ **vitriol** S CHEM Eisenvitriol *n*
Greenwich ['grenɪtʃ; -ɪdʒ; 'grɪn-] S Greenwich *n* (*Stadtbezirk Groß-Londons*)
Greenwich (Mean) Time ['grenɪtʃ; 'grɪn-; -ɪdʒ] S Greenwicher Zeit *f*
Greenwich Village [ˌgrenɪtʃ'vɪlɪdʒ; ˌgrɪn-] S Greenwich Village *n* (*Stadtteil von New York*)
green|wood S 1 grüner Wald 2 BOT Färberginster *m*; ~ **woodpecker** S ORN Grünspecht *m*
greeny ADJ grünlich
greet[1] [griːt] V/T 1 grüßen: **he never ~s you** er grüßt nie 2 begrüßen, empfangen 3 *dem Auge* begegnen, *ans Ohr* dringen: **a surprising sight ~ed his eyes** (*od* **him**) ihm bot sich ein überraschender Anblick 4 *e-e Nachricht etc* aufnehmen: **be ~ed by silence** schweigend aufgenommen werden
greet[2] [griːt] V/I *schott* weinen, klagen
greeting S 1 Gruß *m*, Begrüßung *f*: **return sb's ~** j-n zurückgrüßen 2 *pl* a Grüße *pl*: **~s** sei mir gegrüßt!; **give ~s from me to all your family** grüßen Sie Ihre ganze Familie von mir b Glückwünsche *pl*: **~s** (*US* ~) **card** Grußkarte *f*, Glückwunschkarte *f*; **~s** (*US* ~) **telegram** Glückwunschtelegramm *n* 3 *US* Anrede *f* (*im Brief*)
gregarious [grɪ'geərɪəs] ADJ (ADV ~ly) 1 gesellig, kontaktfreudig 2 ZOOL in Herden *od* Scharen lebend, Herden...: ~ **animal** 3 BOT trauben- *od* büschelartig wachsend; **gregariousness** S 1 Geselligkeit *f*, Kontaktfreudigkeit *f* 2 Zusammenleben *n* in Herden
Gregorian [grɪ'gɔːrɪən; *US a.* -'gəʊ-] REL A ADJ gregorianisch (*Kalender etc*) B S → Gregorian chant; ~ **chant** S MUS gregorianischer Gesang; ~ **epoch** S Zeit *f* seit der Einführung des gregorianischen Kalenders (*1582*); ~ **mode** S MUS gregorianische (Kirchen)Tonart; ~ **style** S gregorianische *od* neue Zeitrechnung; ~ **tone** S MUS gregorianischer (Psalm)Ton
greige [greɪʒ] ADJ & S *Textilindustrie bes US* naturfarben(e Stoffe *pl*)
greisen ['graɪzn] S GEOL Greisen *m* (*ein umgewandelter Granit*)
gremial ['griːmɪəl] S KATH Gremiale *n* (*Schoßtuch des Bischofs beim Messelesen*)
gremlin ['gremlɪn] S *umg* böser Geist, Kobold *m* (*der technische Störungen etc verursacht*)
grenade [grɪ'neɪd] S 1 MIL (*Hand- od Gewehr*) Granate *f*: ~ **launcher** Granatwerfer *m* 2 Tränengaspatrone *f*
Grenadian [grɪ'neɪdɪən; gre-] A S Grenader(in) B ADJ grenadisch
grenadier [ˌgrenə'dɪə(r)] S MIL Grenadier *m* (HIST *außer in*): **the ♀s**, **the ♀ Guards** *Br* die Grenadiergarde
grenadine[1] [ˌgrenə'diːn] A S 1 Grenadine *f*, Granatapfelsirup *m*, -saft *m* 2 Granat-, Braunrot *n* (*Farbe*) B ADJ granatfarben, granat-, braunrot
grenadine[2] [ˌgrenə'diːn] S Grenadine *f* (*leichtes, durchsichtiges Seiden- od Chemieseidengewebe*)
grenadine[3] [ˌgrenə'diːn] S GASTR Grenadin *m/n* (*runde, gespickte, in Butter gebratene Fisch- od Fleischschnitte*)
Gresham's| law, ~ **theorem** ['greʃəmz] S

G

greshamsches Gesetz *(Beobachtung, dass von zwei nebeneinander zirkulierenden u. mit gleicher gesetzlicher Zahlungskraft ausgestatteten Geldarten die aufgrund ihres Materials für wertvoller angesehene Geldart aus dem Zahlungsverkehr verschwindet und gehortet wird)*

gressorial [greˈsɔːrɪəl; *US a.* -ˈsəʊ-] ADJ ZOOL Schreit-, Stelz…: ~ **birds**

Gretna Green marriage [ˌgretnəˈgriːn] S Heirat *f* in Gretna Green *(Schottland)*

grew [gruː] *prät von* grow

grewsome → gruesome

grey [greɪ] *bes Br für* gray; ~ **area** S *Br* Gebiet *n* mit besonders hoher Arbeitslosigkeit

greyhound S 1 ZOOL Windhund *m* 2 → ocean 1; ~ **racing** S Windhundrennen *n od pl*

greyish, greyness *bes Br für* grayish, grayness

grid [grɪd] A S 1 Gitter *n*, (Eisen)Rost *m* 2 ELEK Gitter *n (e-r Elektronenröhre)* 3 ELEK *etc* Versorgungsnetz *n* 4 GEOG Gitter(netz) *n (auf Karten)* 5 → gridiron 1, 4, 7 B ADJ 1 ELEK Gitter…: ~ **circuit**; ~ **condenser**; ~ **current**; ~ **bias** Gittervorspannung *f*; ~**-bias battery** Gittervorspannungsbatterie *f* 2 *US umg* Football…

gridder [ˈgrɪdər] S *US umg* Footballspieler *m*

griddle [ˈgrɪdl] A S 1 (rundes) Backblech: **be on the** ~ *umg* in die Mangel genommen werden *(bes von der Polizei)* 2 *Bergbau*: Schüttelsieb *n*, Planrätter *m* B V/T 1 auf e-m (Back)Blech backen 2 TECH sieben; ~**cake** S Pfannkuchen *m*

gride [graɪd] A V/I knirschen, scheuern, reiben B V/T knirschend (zer)schneiden C S Knirschen *n*

gridiron [ˈgrɪdˌaɪə(r)n] S 1 Bratrost *m* 2 Gitter(rost) *n(m)*, -werk *n* 3 Netz(werk) *n (von Leitungen, Bahnlinien etc)* 4 SCHIFF Balkenroste *f* 5 THEAT Schnürboden *m* 6 ~ **pendulum** Kompensationspendel *n* 7 *American Football*: *umg* Spielfeld *n*

grid| leak S ELEK Gitterableitwiderstand *m*; ~ **line** S Gitternetzlinie *f (auf e-r Landkarte)*; ~**lock** S *US* 1 völliger (Verkehrs)Stillstand: **come to a** ~ völlig zum Erliegen kommen 2 völlig verstopfte Kreuzung 3 *fig* a Stillstand *m* b Zusammenbruch *m*; ~ **reference** S MIL Planquadratangabe *f*; ~ **square** S Planquadrat *n*

grief [griːf] S 1 Gram *m*, Kummer *m*, Leid *n*, Schmerz *m*: **my great** ~ zu m-m großen Kummer; **be a** ~ **to sb** j-m Kummer bereiten; **bring to** ~ zugrunde richten; **come to** ~ a zu Schaden kommen, sich verletzen b fehlschlagen, scheitern c zugrunde gehen; **good** ~**!** *umg* Menschenskind! 2 *obs* a Leiden *n* b Wunde *f*; ~**-stricken** ADJ kummervoll, (tief) betrübt, gramgebeugt

grievance [ˈgriːvns] S 1 a Beschwerde(grund) *f(m)*, (Grund *m* zur) Klage *f* b Missstand *m* 2 *US* Arbeitsstreitigkeit(en) *f(pl)*: ~ **committee** Schlichtungsausschuss *m*; ~ **procedure** Beschwerde-, Schlichtungsverfahren *n* 3 Unzufriedenheit *f*: **the** ~ **of** zum Verdruss *(gen)* 4 Groll *m*: **have** (*od* **nurse**) **a** ~ **against sb** e-n Groll gegen j-n hegen

grieve [griːv] A V/T betrüben, bekümmern, *j-m* wehtun, *j-m* Kummer bereiten: **it** ~**s me to see that …** ich sehe zu m-m *od* mit Kummer, dass … B V/I bekümmert sein, sich grämen *(beide:* **at, about, over** über *akk*, wegen): ~ **for** trauern um

grievous [ˈgriːvəs] ADJ (ADV ~ly) 1 schmerzlich, bitter 2 schwer, schlimm *(Fehler, Verlust etc)*: ~ **bodily harm** JUR schwere Körperverletzung 3 schmerzhaft, quälend 4 drückend 5 bedauerlich 6 schmerzerfüllt, Schmerzens…: ~ **cry**; **grievousness** S 1 *(das)* Schmerzliche, Bitterkeit *f* 2 Schwere *f*

griffin[1] [ˈgrɪfɪn] S 1 *Antike, Heraldik*: Greif *m* 2 → griffon[1]

griffin[2] [ˈgrɪfɪn] S Neuankömmling *m* im Orient *(bes aus Westeuropa)*

griffon[1] [ˈgrɪfn], *a.* ~ **vulture** S ORN Weißköpfiger Geier

griffon[2] [ˈgrɪfn] S 1 → griffin[1] 1 2 Griffon *m (ein Vorstehhund)*

grift [grɪft] *bes US sl* A S 1 *(manchmal als pl konstruiert)* krumme Touren *umg* 2 ergaunertes *od* schmutziges Geld: **live on the** ~ → B b B V/I a sich Geld ergaunern b von ergaunertem *od* schmutzigem Geld leben C V/T sich *Geld etc* ergaunern; **grifter** S *bes US sl* Gauner(in)

grig [grɪg] S *dial* 1 fidele Person: **(as) merry as a** ~ kreuzfidel *umg* 2 ZOOL Grille *f* 3 FISCH kleiner Aal

grill[1] [grɪl] A S 1 Grill *m (a. Bratrost)* 2 Grillen *n* 3 Gegrillte(s) *n*: **a** ~ **of meat** gegrilltes Fleisch 4 → grillroom B V/T 1 grillen 2 ~ **o.s.** sich *(in der Sonne)* grillen (lassen); **be** ~**ed** schmoren 3 *umg j-n* in die Mangel nehmen *(bes Polizei)*: ~ **sb about** j-n ausquetschen über *(akk)* C V/I 1 gegrillt werden, auf dem Grill liegen 2 a sich *(in der Sonne)* grillen (lassen) b schmoren

grill[2] [grɪl] → grille

grillage [ˈgrɪlɪdʒ] S ARCH Pfahlrost *m*, Unterbau *m*

grille [grɪl] S 1 Tür-, Fenstergitter *n* 2 Gitterfenster *n*, (Schalter-, Sprech-)Gitter *n* 3 AUTO (Kühler)Grill *m*

grilled[1] [grɪld] ADJ gegrillt: ~ **meat**

grilled[2] [grɪld] ADJ vergittert

griller → grill[1] A 1; **grilling** S: **give sb a** ~ *umg* j-n in die Mangel nehmen *(bes Polizei)*; **give sb a** ~ **about** *umg* j-n ausquetschen über *(akk)*

grillroom [ˈgrɪlrʊm] S Grillroom *m (Restaurant od Speiseraum in e-m Hotel, in dem hauptsächlich Grillgerichte [zubereitet u.] serviert werden)*

grilse [grɪls] *pl* grilse S FISCH junger Lachs

grim [grɪm] ADJ (ADV ~ly) 1 grimmig *(Gesicht, Lachen etc)* 2 erbittert, verbissen *(Kampf, Widerstand etc)* 3 grausam, hart, bitter *(Wahrheit etc)* 4 hart, unerbittlich: → death 1, reaper 1 5 grausig *(Geschichte, Unfall etc)* 6 *umg* schlimm: **I've had a** ~ **day**

grimace [grɪˈmeɪs; ˈgrɪməs] A S Grimasse *f*, Fratze *f*: **make a** ~ e-e Grimasse schneiden *od* machen *od* ziehen, e-e Fratze schneiden; **make a** ~ **of pain** das Gesicht vor Schmerz verzerren *od* verziehen B V/I e-e Grimasse *od* Grimassen schneiden *od* machen *od* ziehen, e-e Fratze *od* Fratzen schneiden, das Gesicht verzerren *od* verziehen; **grimacer** S Grimassenschneider(in)

grimalkin [grɪˈmælkɪn; -ˈmɔːl-] S 1 alte Katze 2 alte Hexe *(Frau)*

grime [graɪm] A S (dicker) Schmutz *od* Ruß: **be covered with** ~ mit Ruß bedeckt sein B V/T beschmutzen

griminess [ˈgraɪmɪnɪs] S Schmutzigkeit *f*

Grimm's law [grɪmz] S LING Lautverschiebung(sgesetz) *f(n)*

grimness S 1 Grimmigkeit *f* 2 Verbissenheit *f* 3 Grausamkeit *f*, Härte *f* 4 Unerbittlichkeit *f* 5 Grausigkeit *f*

grimy [ˈgraɪmɪ] ADJ (ADV grimily) schmutzig, rußig, verrußt

grin [grɪn] A V/I 1 grinsen, feixen, *oft nur* (verschmitzt) lächeln: ~ **at sb** j-n angrinsen *od* anlächeln; ~ **to o.s.** in sich hineingrinsen; ~ **from ear to ear** übers ganze Gesicht grinsen; ~ **and bear it** a gute Miene zum bösen Spiel machen b die Zähne zusammenbeißen; → Cheshire cat 2 die Zähne fletschen B V/T grinsend sagen C S Grinsen *n*, (verschmitztes) Lächeln: **give a cheeky** ~ frech grinsen; **have a big** ~ **on one's face** breit *od* übers ganze Gesicht grinsen; → Cheshire cat, take B 2, wipe B 2

grind [graɪnd] A V/T *prät u. pperf* ground [graʊnd] 1 *Glas etc* schleifen, *Brillengläser etc* einschleifen 2 *ein Messer etc* schleifen, wetzen, schärfen: ~ **in** TECH *Ventile etc* einschleifen; → ax A 1 3 *a.* ~ **down** (zer)mahlen, zerreiben, -stoßen, -stampfen, -kleinern, schroten: ~ **small (into dust)** fein (zu Staub) zermahlen; ~ **with emery** (ab)schmirgeln, glätten 4 a *Kaffee, Korn etc* mahlen b *Fleisch* durchdrehen: ~ **meat** *a.* Hackfleisch machen 5 *a.* ~ **down** abwetzen 6 knirschend aneinanderreiben: ~ **one's teeth** mit den Zähnen knirschen 7 ~ **down** *fig* (unter)drücken, schinden, quälen: ~ **the faces of the poor** die Armen aussaugen 8 *e-n Leierkasten* drehen 9 *oft* ~ **out** *ein Musikstück* herunterspielen, *e-n Zeitungsartikel etc* herunterschreiben, hinhauen 10 ~ **out** mühsam hervorbringen, ausstoßen 11 ~ **sth into sb** *umg* j-m etwas einpauken *od* eintrichtern 12 **some lorries were** ~**ing their way up the long incline** *umg* ein paar Lkws quälten sich die lange Steigung hoch B V/I 1 mahlen: → mill[1] A 1 2 sich mahlen *od* schleifen lassen 3 knirschen: ~ **to a halt** a quietschend zum Stehen kommen b *fig* zum Erliegen kommen; ~ **on** *fig* sich dahinschleppen *(Tag etc)*; **the negotiations ground on for several months** die Verhandlungen schleppten sich über mehrere Monate dahin 4 *umg* sich abschinden, schuften 5 SCHULE *umg* pauken, büffeln, ochsen *(alle:* **for** für): ~ **at English** Englisch pauken 6 *meist* **bump and** ~ → bump B 3 C S 1 Knirschen *n* 2 *umg* Schinderei *f*, Schufterei *f*: **the daily** ~ der Alltagstrott 3 SCHULE *umg* a Pauken *n*, Büffeln *n*, Ochsen *n* b Pauker(in), Büffler(in) 4 *Br sl* Nummer *f sl (Geschlechtsverkehr)*: **have a** ~ e-e Nummer machen *od* schieben

grinder [ˈgraɪndə(r)] S 1 *(Scheren-, Messer-, Glas)*Schleifer(in) 2 Schleifstein *m* 3 oberer Mühlstein 4 TECH a Schleifmaschine *f* b Mahlwerk *n*, Mühle *f* c Walzenmahl-, Quetschwerk *n* d *(Kaffee)* Mühle *f*, *(Fleisch)* Wolf *m*: **put sth through the** ~ etwas durch den Fleischwolf drehen 5 ANAT Backen-, Mahlzahn *m* 6 *pl sl* Zähne *pl*; **grindery** S 1 Schleiferei *f (Betrieb od Werkstatt)* 2 *Br* Schusterwerkzeug *n* u. -material *n*; **grinding** A S 1 Mahlen *n* 2 Schleifen *n*, Schärfen *n* 3 Knirschen *n* B ADJ 1 mahlend *(etc → grind A, B)* 2 Mahl…, Schleif…: ~ **mill** a Mühle *f*, Mahlwerk *n* b Schleif-, Reibmühle *f*; ~ **paste** Schleifpaste *f*; ~ **powder** Schleifpulver *n*; ~ **wheel** Schleif-, Schmirgelscheibe *f* 3 ~ **work** → grind C 2

grindstone S 1 Schleifstein *m*: **keep** (*od* **have**) **one's nose to the** ~ *fig* hart *od* schwer arbeiten, schuften *umg*; **keep sb's nose to the** ~ *fig* j-n hart *od* schwer arbeiten lassen; **get back to the** ~ *fig* sich wieder an die Arbeit machen 2 Mühlstein *m*

gringo [ˈgrɪŋgəʊ] *pl* -gos S Gringo *m (in Südamerika verächtlich für j-n, der nicht romanischer Herkunft ist)*

grip[1] [grɪp] A S 1 Griff *m (a. Art, etwas zu packen)*: **come** (*od* **get**) **to** ~**s with** a aneinandergeraten mit b *fig* sich auseinandersetzen *od* ernsthaft beschäftigen mit, *e-r Sache* zu Leibe rücken; **be at** ~**s with** a in e-n Kampf verwickelt sein mit b *fig* sich auseinandersetzen *od* ernsthaft beschäftigen mit 2 *fig* a Griff *m*, Halt *m* b Herrschaft *f*, Gewalt *f* c Verständnis *n*: **in the** ~ **of** in den Klauen *od* in der Gewalt *(gen)*; **get** (*od* **take**) **a** ~ **on** in s-e Gewalt *od (geistig)* in den Griff bekommen; **get a** ~ **on the game** SPORT das Spiel in den Griff bekommen; **get a ~ on o.s.** sich zusammenreißen; **have** (*od* **keep**) **a ~ on** *etwas* in der Gewalt haben, *Zuhörer etc* fesseln, gepackt halten; **have** (*od* **keep**) **a** (**good**) **~ on** *die Lage, e-e Materie etc* (sicher) beherrschen *od* im Griff haben, *die Situation etc* (klar) erfassen; **lose one's ~** die Herrschaft verlieren (**of** über *akk*), *fig* (*bes geistig*) nachlassen **3** Stich *m*, plötzlicher Schmerz(-anfall) **4** (*bestimmter*) Händedruck: **the Masonic ~** der Freimaurergriff **5** (Hand)Griff *m* (*e-s Koffers etc*) **6** Haarspange *f* **7** TECH Klemme *f*, Greifer *m*, Spanner *m* **8** TECH Grip *m*, Haftung *f* (*von Autoreifen etc*) **9** THEAT Kulissenschieber(in) **10** (Reise)Tasche *f* **B** V/T *prät u. pperf* gripped, *US a.* gript **1** ergreifen, packen **2** *fig j-n* packen: **a** ergreifen (*Furcht, Spannung*): **he was ~ped by homesickness** er wurde von Heimweh gepackt **b** *Leser, Zuhörer etc* fesseln, in Spannung halten **3** *fig* begreifen, verstehen **4** TECH festmachen, -klemmen **C** V/I **1** Halt finden **2** *fig* packen, fesseln

grip² [grɪp] S MED *obs* Grippe *f*

grip brake S TECH Handbremse *f*

gripe [graɪp] **A** V/T **1** *obs* → grip¹ B 1 **2** *obs* quälen, (be)drücken **3** SCHIFF *ein Boot etc* sichern **4** zwicken, *bes j-m* Bauchschmerzen verursachen: **be ~d** Bauchschmerzen *od* e-e Kolik haben **5** *US umg* fuchsen, ärgern **B** V/I **1** SCHIFF luvgierig sein (*Schiff*) **2** Bauchschmerzen haben *od* verursachen **3** *umg* (**about**) meckern (über *akk*, gegen), nörgeln (an *dat*, über *akk*): **~ at** *j-n* anmeckern **C** S **1** *obs* → grip¹ A 1 **2** *meist pl* Bauchschmerzen *pl*, Kolik *f*: **~ water** MED *Br flüssiges Kolikmittel für Kinder* **3** SCHIFF **a** Anlauf *m* (*des Kiels*) **b** *pl* Seile *pl* zum Festmachen **4** *umg* (Grund *m* zur) Meckerei *f od* Nörgelei *f*: **what's your ~?** was hast du denn? ; **griper** S *umg* Meckerfritze *m*, Nörgler(in); **griping** **A** S → gripe C 2 **B** ADJ (ADV **~ly**) zwickend

grippe [grɪp] S MED *obs* Grippe *f*

gripper ['grɪpə(r)] S **1** TECH Greifer *m*, Halter *m* **2** FILM *etc* Thriller *m*; **gripping** ADJ (ADV **~ly**) **1** *fig* packend, fesselnd, spannend **2** TECH (Ein-)Spann…, Klemm…, Greif(er)…: **~ jaw** Klemm-, Spannbacke *f*; **~ tool** Spannwerkzeug *n*; **grippy** ADJ griffig (*Schnee*)

gripsack S *US* Reisetasche *f*

gript [grɪpt] *US prät u. pperf von* grip¹

grisaille [grɪ'zeɪl; -'zaɪ] S Grisaille *f* (*Malerei od Gemälde in grauen [a. braunen od grünen] Farbtönen*)

griseous ['grɪzɪəs; 'grɪs-] ADJ perlgrau, bläulich grau

griskin ['grɪskɪn] S *Br* Rippenstück *n*, Karbonade *f* (*des Schweins*)

grisliness ['grɪzlɪnɪs] S Grässlichkeit *f*, (*das*) Schauerliche

grisly ['grɪzlɪ] ADJ grässlich, schauerlich

grist¹ [grɪst] S **1** Mahlgut *n*, -korn *n*: **that's ~ to** (*od* **for**) **his mill** *fig* das ist Wasser auf s-e Mühle; **all is ~ that comes to his mill** er weiß aus allem Kapital zu schlagen; **bring ~ to the mill** Vorteil *od* Gewinn bringen, einträglich sein **2** *Brauerei*: Malzschrot *n*

grist² [grɪst] S Stärke *f*, Dicke *f* (*von Garn od Tau*)

gristle ['grɪsl] S Knorpel *m* (*bes im Fleisch*); **gristly** ADJ knorpelig

grit [grɪt] **A** S **1** GEOL **a** (grober) Sand, Kies *m*, Grus *m* **b** Grit *m*, flözleerer Sandstein **2** Streusand *m* **3** MINER Korn *n*, Struktur *f* **4** *fig* Mut *m*, Entschlossenheit *f* **5** *pl* **a** Haferkorn *n* **b** Haferschrot *n*, -grütze *f* **c** *US* grobes Maismehl **B** V/T **1** *e-e vereiste Straße etc* streuen, sanden **2** **~ one's teeth** die Zähne zusammenbeißen (*a. fig*) **C** V/I knirschen, mahlen; **~stone** → grit A 1 b

grittiness ['grɪtɪnɪs] S **1** Sandigkeit *f*, Kiesigkeit *f* **2** *fig* → grit A 4; **gritty** ADJ (ADV grittily) **1** sandig, kiesig **2** *fig* mutig, entschlossen

grizzle¹ ['grɪzl] V/I *Br umg* **1** quengeln *umg* **2** sich beklagen (**about** über *akk*)

grizzle² ['grɪzl] S **1** Grau *n*, graue Farbe **2** graues *od* angegrautes Haar **3** graue Perücke

grizzled ['grɪzld] ADJ **a** grau(haarig) **b** mit angegrautem Haar

grizzly ['grɪzlɪ] **A** ADJ grau(haarig), Grau… **B** S → grizzly bear; **~ bear** S ZOOL Grislibär *m*, Grizzly(bär) *m*

groan [grəʊn] **A** V/I **1** (auf)stöhnen, ächzen (*beide:* **with** vor *dat*): **~ at** stöhnen über (*akk*) **2** ächzen, knarren (*beide:* **beneath, under** unter *dat*) (*Fußboden etc*): **the table ~ed with food** der Tisch war mit Speisen überladen **3** *fig* stöhnen, ächzen, leiden (*alle:* **beneath, under** unter *dat*): **the country ~ed under the dictator's rule** **4** Laute des Unmuts von sich geben **B** V/T **1** unter Stöhnen äußern, ächzen: **~ out a story** mit gepresster Stimme e-e Geschichte erzählen **2** **~ down** *e-n Redner etc* durch Laute des Unmuts zum Schweigen bringen **C** S **1** Stöhnen *n*, Ächzen *n*: **give** (*od* **heave**) **a ~** (auf)stöhnen, ächzen **2** Laut *m* des Unmuts

groat [grəʊt] S *alte englische Silbermünze*

groats [grəʊts] SPL Hafergrütze *f*

grocer ['grəʊsə(r)] S Lebensmittelhändler(in); **grocery** S **1** *US a.* **~ store** Lebensmittelgeschäft *n* **2** *pl* Lebensmittel *pl* **3** Lebensmittelhandel *m*

grockle ['grɒkl; *US* 'grɑkl] S *Br umg pej* Tourist(in)

grog [grɒg; *US* grɑg] S **1** Grog *m* **2** *bes Aus umg* Schnaps *m*; **groggery** [-ərɪ:] S *US* Schnapsbude *f umg*

grogginess ['grɒgɪnɪs; *US* 'grɑ-] S *umg* **1** **a** (*Boxen*) Benommenheit *f* **b** Erschöpftheit *f*, Erschöpfung *f* **2** *obs* Betrunkenheit *f*; **groggy** ADJ (ADV groggily) *umg* **1** groggy: **a** (*Boxen*) schwer angeschlagen, benommen **b** *umg* erschöpft, abgespannt **c** *umg* schwach *od* wacklig (auf den Beinen) **2** *obs* betrunken

groin [grɔɪn] **A** S **1** **a** ANAT Leiste(ngegend) *f* **b** *euph* Weichteile *pl* **2** ARCH Grat(bogen) *m*, Rippe *f* **3** TECH *bes US* Buhne *f* **B** V/T ARCH *Gewölbe* mit Kreuzgewölbe bauen; **groined** ADJ ARCH gerippt: **~ vault** Kreuzgewölbe *n*

grommet ['grɒmɪt; *US* 'grɑmət] S **1** SCHIFF Taukranz *m* **2** TECH (Metall)Öse *f*

gromwell ['grɒmwəl; -wel; *US* 'grɑm-] S BOT (*bes* Echter) Steinsame

groom [gru:m; grʊm] **A** S **1** Pferdepfleger(in), Stallbursche *m* **2** → bridegroom **3** *Br* Hofbedienstete(r) *m* **B** V/T **1** *e-e Person, j-s Kleidung* pflegen **2** *Pferde* versorgen, pflegen, striegeln **3** *fig j-n* aufbauen (**for Presidency** als zukünftigen Präsidenten): **~ sb for stardom** j-n als Star lancieren

groomsman ['gru:mzmən; 'grʊmz-] S *irr US* → best man

groove [gru:v] **A** S **1** Rinne *f*, Furche *f* (*beide a.* ANAT, TECH): **in the ~** *sl* **a** *obs* in Stimmung **b** *US* modisch, up to date **c** *US* tadellos in Schuss (*Gerät etc*) **2** TECH **a** Nut *f*, Rille *f*, Hohlkehle *f*, Kerbe *f* **b** Falz *m*, Fuge *f* **3** Rille *f* (*e-r Schallplatte*) **4** TYPO Signatur *f* (*Drucktype*) **5** TECH Zug *m* (*in Gewehren etc*) **6** *fig* **a** gewohntes Gleis **b** *pej* altes Gleis, alter Trott: **get** (*od* **fall**) **into a ~** in e-e Gewohnheit *od* in e-n (immer gleichen) Trott verfallen; **run** (*od* **work**) **in a ~** sich in ausgefahrenen Gleisen bewegen **7** *sl* klasse *od* tolle Sache (*beide umg*): **find sth a ~** etwas klasse finden **B** V/T **1** TECH **a** (aus)kehlen, rillen, riefeln, falzen, nuten, (ein)kerben **b** ziehen **2** *sl* **a** *j-m* Spaß machen **b** Spaß haben an (*dat*) **C** V/I *sl* **1** Spaß machen **2** Spaß haben (**on** an *dat*)

grooved ADJ TECH gerillt, geriffelt, genutet: **~ pin** Kerbstift *m*; **~ wire** hohlkantiger Draht; **groover** S **1** TECH Kehl-, Nut-, Falzmaschine *f od* -werkzeug *n od* -stahl *m* **2** *sl* klasse *od* toller Kerl *umg*; **groovy** ADJ **1** schablonenhaft **2** *sl* klasse, toll *umg*

grope [grəʊp] **A** V/I tasten (**for** nach): **~ about** (*od* **around**) herumtasten; **~ in the dark** *bes fig* im Dunkeln tappen; **~ after** (*od* **for**) **a solution** nach e-r Lösung suchen **B** V/T **1** tastend suchen: **~ one's way** sich vorwärts tasten **2** *umg ein Mädchen etc* befummeln **C** S **1** Tasten *n* **2** **have a ~** *umg* fummeln

grosbeak ['grəʊsbi:k] S ORN *ein Fink mit starkem Schnabel, bes* Kernbeißer *m*

grosgrain ['grəʊgreɪn] ADJ & S grob gerippt(es Seidentuch *od* -band)

gross [grəʊs] **A** ADJ (ADV → grossly) **1** brutto, Brutto…, gesamt, Gesamt…, Roh…: **~ amount** Bruttobetrag *m*; **~ average** SCHIFF große Havarie; **~ domestic product** Bruttoinlandsprodukt *n*; **~ margin** Bruttogewinnspanne *f*; **~ national income** Bruttovolkseinkommen *n*; **~ national product** Bruttosozialprodukt *n*; **~ profit(s** *pl*) Brutto-, Rohgewinn *m*; **~ sum** Gesamtsumme *f*; **~ weight** Bruttogewicht *n*; → ton¹ **2** schwer, grob (*Irrtum etc*), SPORT krass (*Fehlentscheidung*): **~ breach of duty** JUR schwere Pflichtverletzung; **a ~ exaggeration** e-e starke *od* maßlose Übertreibung; **a ~ injustice** e-e schreiende Ungerechtigkeit; **~ negligence** JUR grobe Fahrlässigkeit **3** **a** unfein, derb, grob, roh **b** unanständig, anstößig **4** *fig* schwerfällig **5** dick, feist, plump, schwer **6** üppig, stark, dicht (*Vegetation*) **7** grob(körnig) (*Pulver etc*) **B** S **1** (*das*) Ganze, (*die*) Masse: **in ~** JUR an der Person haftend; **in (the) ~** im Ganzen, in Bausch u. Bogen **2** *pl* **gross** Gros *n* (*12 Dutzend*): **by the ~** grosweise **C** V/T brutto verdienen *od* einnehmen *od* (FILM *etc*) einspielen: **his income ~es £10,000 a year** er verdient 10 000 Pfund brutto im Jahr; **grossly** ADV ungeheuerlich, äußerst: **~ exaggerated** stark *od* maßlos übertrieben; **~ negligent** JUR grob fahrlässig; **grossness** S **1** Ungeheuerlichkeit *f*, Schwere *f* **2** **a** Grobheit *f*, Rohheit *f*, Derbheit *f* **b** Unanständigkeit *f*, Anstößigkeit *f* **3** *fig* Schwerfälligkeit *f* **4** Dicke *f*, Plumpheit *f*

grot [grɒt; *US* grɑt] S *poet* Grotte *f*

grotesque [grəʊ'tesk] **A** ADJ (ADV **~ly**) grotesk: **a** KUNST verzerrt, fantastisch **b** seltsam, bizarr **c** absurd, lächerlich **B** S **1** KUNST Groteske *f*, groteske Figur **2** **the ~** das Groteske; **grotesqueness** S **1** (*das*) Groteske *od* Bizarre *od* Absurde **2** Absurdität *f*; **grotesquerie** [-kərɪ] S **1** (*etwas*) Groteskes *od* Absurdes **2** → grotesqueness

grotto ['grɒtəʊ; *US* 'grɑ-] *pl* -toes, -tos S Höhle *f*, Grotte *f*

grotty ['grɒtɪ] ADJ *Br sl* **1** mies, miserabel **2** hässlich

grouch [graʊtʃ] *umg* **A** V/I (**about**) nörgeln (an *dat*, über *akk*), meckern (über *akk*, gegen) **B** S **1** **a** miese Laune **b** **have a ~** → A **2** **a** Nörgler(in) *m*, Meckerfritze *m umg* **b** Miesepeter *m umg*; **grouchy** ADJ (ADV grouchily) *umg* **a** nörglerisch **b** miesepet(e)rig

ground¹ [graʊnd] **A** S **1** (Erd)Boden *m*, Erde *f*, Grund *m*: **above ~** **a** oberirdisch **b** *Bergbau*: über Tage **c** *fig* am Leben; **below ~** **a** *Bergbau*: unter Tage **b** *fig* tot, unter der Erde; **from the ~ up** *US umg* von Grund auf, ganz u. gar; **on the ~** an Ort u. Stelle; **break new** (*od* **fresh**) **~** Land urbar machen, *a. fig* Neuland erschließen; **burn to the ~** (*v/t & v/i*), **be burnt to the ~** ab-, niederbrennen; **cut the ~ from under**

sb's feet *fig* j-m den Boden unter den Füßen wegziehen; **fall on stony ~** *fig* auf taube Ohren stoßen; **fall to the ~** a zu Boden fallen b *fig* sich zerschlagen, ins Wasser fallen; **go over the ~** *fig* die Sache durchsprechen *od* durchackern, alles (gründlich) prüfen; **go over old ~** ein altes Thema beackern *umg*; **get off the ~** a *v/t e-n Plan etc* in die Tat umsetzen, *e-e Idee etc* verwirklichen b *v/i* FLUG abheben c *v/i* in die Tat umgesetzt *od* verwirklicht werden; **go to ~** a im Bau verschwinden *(Fuchs)* b *fig* untertauchen *(Verbrecher)*; **run into the ~** a *etwas* zu Tode reiten b SPORT *Gegner* in Grund u. Boden laufen; → bite A 1, down[1] A 1 2 Boden *m*, Grund *m*, Strecke *f*, Gebiet *n* *(a. fig)*, Gelände *n*: **on German ~** auf deutschem Boden; **be on safe ~** *fig* sich auf sicherem Boden bewegen; **be forbidden ~** *fig* tabu sein; **gain ~** a (an) Boden gewinnen *(a. fig)* b *fig* um sich greifen, Fuß fassen; **give** (*od* **lose**) **~** (an) Boden verlieren *(a. fig)*; → cover B 17 3 Grundbesitz *m*, Grund *m* u. Boden *m* 4 *pl* a Garten-, Parkanlagen *pl*: **standing in its own ~s** von Anlagen umgeben *(Haus)* b Ländereien *pl*, Felder *pl* 5 Gebiet *n*, Grund *m*: → hunting ground 6 *meist pl bes* SPORT Platz *m*: **cricket ~** 7 a Standort *m*, Stellung *f* b *fig* Standpunkt *m*, Ansicht *f*: **hold** (*od* **stand**) **one's ~** standhalten, nicht weichen, sich *od* s-n Standpunkt behaupten, s-n Mann stehen; **shift one's ~** s-n Standpunkt ändern, umschwenken 8 Meeresboden *m*, (Meeres)Grund *m*: **take ~** SCHIFF auflaufen, stranden; **touch ~** *fig* zur Sache kommen 9 *a. pl* Grundlage *f*, Basis *f* *(bes fig)* 10 *fig* (Beweg)Grund *m*, Ursache *f*: **~ for divorce** JUR Scheidungsgrund; **on medical (religious) ~s** aus gesundheitlichen (religiösen) Gründen; **on ~s of age** aus Altersgründen; **on the ~(s) of** aufgrund von *(od gen)*, wegen *(gen)*; **on the ~(s) that …** mit der Begründung, dass …; **have no ~(s) for** keinen Grund *od* keine Veranlassung haben für *(od* zu *inf)*; **I have no ~s for complaint** ich kann mich nicht beklagen; **we have good ~s for thinking that …** wir haben guten Grund zu der Annahme, dass … 11 *pl* (Boden)Satz *m* 12 Hinter-, Untergrund *m* 13 KUNST a Grundfläche *f* *(Relief)* b Ätzgrund *m* *(Stich)* c MAL Grund(farbe) *m(f)*, Grundierung *f* 14 *Bergbau*: a Grubenfeld *n* b (Neben)Gestein *n* 15 ELEK *US* a Erde *f*, Erdung *f*, Masse *f* b Erdschluss *m*: **~ cable** Massekabel *n*; **~ fault** Erdfehler *m*, -schluss *m*; **~ wire** Erdleitungsdraht *m*; → screen A 12 c 16 MUS → ground bass 17 THEAT Parterre *n* B V/T 1 niederlegen, -setzen: **~ arms** MIL die Waffen strecken 2 SCHIFF *ein Schiff* auf Grund setzen 3 *fig* **(on, in)** gründen, stützen (auf *akk*), aufbauen (auf *dat*), begründen (in *dat*): **~ed in fact** auf Tatsachen beruhend; **be ~ed in** sich gründen auf *(akk)*, verankert sein *od* wurzeln in *(dat)* 4 **(in)** *j-n* einführen *od* einweisen (in *akk*), *j-m* die Anfangsgründe *(gen)* beibringen: **be well ~ed in** e-e gute Vorbildung *od* gute Grund- *od* Vorkenntnisse haben in *(dat)* 5 ELEK *US* erden, an Masse legen: **~ed conductor** geerdeter Leiter, Erder *m* 6 MAL, TECH grundieren 7 a *e-m Flugzeug od Piloten* Startverbot erteilen: **be ~ed** Startverbot erhalten *od* haben, *(Flugzeug a.)* am Boden festgehalten werden b *US e-m Jockey* Startverbot erteilen c AUTO *US j-m* die Fahrerlaubnis entziehen C V/I 1 SCHIFF stranden, auflaufen 2 **(on, upon)** beruhen (auf *dat*), sich gründen (auf *akk*)

ground² [graʊnd] A *prät u. pperf von* grind B ADJ 1 a gemahlen *(Kaffee etc)* b **~ meat** Hackfleisch *n*; **~ beef** Rinderhack(fleisch) *n* 2 matt (geschliffen): → ground glass

ground advantage S SPORT Platzvorteil *m*

groundage ['graʊndɪdʒ] S SCHIFF *Br* Hafengebühr *f*, Ankergeld *n*

ground|-air ADJ FLUG Boden-Bord-…; **~ alert** S FLUG, MIL Alarm-, Startbereitschaft *f*; **~ angling** S Grundangeln *n*; **~ attack** S FLUG, MIL Angriff *m* auf Erdziele, Tiefangriff *m*: **~ fighter** Erdkampfflugzeug *n*; **~ bait** S Grundköder *m*; **~ bass** [beɪs] S MUS Grundbass *m*; **~ beetle** S ZOOL Laufkäfer *m*; **~ box** S BOT Zwergbuchsbaum *m*; **~-breaking** ADJ bahnbrechend, wegweisend; **~ clearance** S AUTO Bodenfreiheit *f*; **~ cloth** → ground sheet; **~ coat** S TECH Grundanstrich *m*; **~ colo(u)r** → ground¹ A 13 c; **~ conditions** SPL SPORT Platzverhältnisse *pl*; **~ connection** → ground¹ A 15; **~ control** S FLUG Bodenkontrolle *f*; **~-controlled approach** S FLUG GCA-Anflug *m* *(vom Boden geleiteter Radaranflug)*; **~-controlled interception** S FLUG, MIL Jäger-Boden-Radarleitverfahren *n*; **~ crew** S *(a. als pl konstruiert)* FLUG Bodenpersonal *n*; **~-eating** ADJ raumgreifend *(Schritte)*; **~ fir** S BOT *(ein)* Bärlapp *m*; **~ fish** S Grundfisch *m*; **~ fishing** S Grundangeln *n*; **~ floor** S *bes Br* Erdgeschoss *n*: **get** (*od* **be**) **in on the ~** *umg* a ganz unten anfangen *(in e-r Firma etc)* b von (allem) Anfang an mit dabei sein; **~ fog** S Bodennebel *m*; **~ forces** SPL MIL Bodentruppen *pl*, Landstreitkräfte *pl*; **~ form** S LING a Grundform *f* b Wurzel *f* c Stamm *m*; **~ frost** S Bodenfrost *m*; **~ game** S JAGD *Br* Niederwild *n*; **~ glass** S 1 Mattglas *n* 2 FOTO Mattscheibe *f*; **~ hog** S 1 ZOOL Waldmurmeltier *n* 2 *Bergbau*: Caissonarbeiter *m*; **~ hostess** S FLUG Groundhostess *f* *(Angestellte e-r Fluggesellschaft, die auf dem Flughafen die Reisenden betreut)*; **~ ice** S Grundeis *n*

grounding S 1 Unterbau *m*, Fundament *n* 2 Grundierung *f*: a Grundieren *n* b Grund(-farbe) *m(f)* 3 ELEK *US* Erdung *f*: **~ switch** Erdungsschalter *m* 4 SCHIFF Stranden *n* 5 a Anfangsunterricht *m*, Einführung *f* b (Grund-, Vor)Kenntnisse *pl* 6 FLUG Startverbot *n* **(of** für**)**

ground| inspection S SPORT Platzbesichtigung *f*; **~keeper** → groundskeeper

groundless ADJ (ADV ~ly) grundlos, unbegründet

ground| level S 1 PHYS Bodennähe *f* 2 **at ~** ebenerdig; **~ line** S MATH Grundlinie *f*

groundling ['graʊndlɪŋ] S 1 FISCH Grundfisch *m*, *bes* a Steinbeißer *m* b Schmerle *f* c Gründling *m* 2 BOT a kriechende Pflanze b Zwergpflanze *f*

ground| loop S FLUG Ausbrechen *n* *(beim Landen u. Starten)*: **do a ~** ausbrechen; **~mass** S GEOL Grundmasse *f*; **~ note** S MUS Grundton *m*; **~nut** S BOT 1 Erdnuss *f* 2 Erdbirne *f*; **~ observer** S FLUG, MIL Bodenbeobachter *m*; **~ pass** S SPORT Flachpass *m*; **~ plan** S 1 ARCH Grundriss *m* 2 *fig* (erster) Entwurf, Konzept *n*; **~ plane** S TECH Horizontalebene *f*; **~ plate** S 1 ARCH, TECH Grundplatte *f* 2 ELEK Erdplatte *f*; **~ rattler** S ZOOL Zwergklapperschlange *f*; **~ return** S *Radar*: Bodenecho *n*; **~ robin** S ORN Amer. Erdfink *m*; **~ rule** S Grundregel *f*; **~ sea** S SCHIFF Grundsee *f*

groundsel ['graʊnsl] S BOT *(bes* Vogel)Kreuzkraut *n*

ground| shark S FISCH *(ein)* Grundhai *m*; **~ sheet** S 1 (Zelt)Boden *m* 2 SPORT Regenplane *f* *(zur Abdeckung e-s Spielfelds)*; **~ shot** S SPORT Flachschuss *m*

grounds|keeper S SPORT *US* Platzwart *m*; **~man** [-mən] S *irr bes Br* → groundskeeper

ground| speed S FLUG Geschwindigkeit *f* über Grund; **~ squirrel** S ZOOL 1 *(ein)* Backenhörnchen *n* 2 Afrikanisches Borstenhörnchen; **~ staff** *Br* → ground crew; **~ station** S *Raumfahrt*: Bodenstation *f*; **~-strafe** → strafe A 1; **~ stroke** S *Tennis*: *nicht aus der Luft gespielter Ball*; **~ swell** S 1 SCHIFF Grunddünung *f* 2 *fig* Anschwellen *n*; **~-to-air** ADJ a FLUG Boden-Bord…: **~ communication** Boden-Bord-(Funk-)Verkehr *m* b MIL Boden-Luft-…: **~ weapons**; **~-to-ground** ADJ MIL Boden-Boden-…: **~ weapons**; **~ troops** SPL MIL Bodentruppen; **~ water** S Grundwasser *n*; **~-water level** S GEOL Grundwasserspiegel *m*; **~ wave** S ELEK, PHYS Bodenwelle *f*; **~ ways** SPL SCHIFF Ablaufbahn *f* *(für Stapelläufe)*; **~work** S 1 ARCH a Erdarbeit *f* b Grundmauern *pl*, Unterbau *m*, Fundament *n*: **lay the ~ for** das Fundament legen für *(a. fig)* 2 MAL *etc* Grund *m*; **~ zero** S Bodennullpunkt *m* *(bei e-r Atombombenexplosion)*

group [gru:p] A S 1 *allg* Gruppe *f*: **a ~ of bystanders**; **~ of buildings** Gebäudekomplex *m*; **ϛ of Eight** WIRTSCH G *f* 8; **~ of islands** Inselgruppe; **~ of trees** Baumgruppe; **in ~s** gruppenweise 2 *fig* Gruppe *f*, Kreis *m* 3 PARL a Gruppe *f* *(Partei mit zuwenig Abgeordneten für e-e Fraktion)* b Fraktion *f* 4 *a.* **~ of companies** WIRTSCH (Firmen)Gruppe *f*, Konzern *m* 5 LING Sprachengruppe *f* 6 GEOL Formationsgruppe *f* 7 MIL a Gruppe *f* b Kampfgruppe *f* *(2 od mehr Bataillone)* c *Artillerie*: Regiment *n* d FLUG *US* Gruppe *f*, *Br* Geschwader *n* 8 MUS a Instrumenten- *od* Stimmgruppe *f* b Notengruppe *f* B V/T 1 gruppieren, anordnen 2 eingruppieren **(into** in *akk*), klassifizieren: **~ with** in dieselbe Gruppe einordnen wie 3 zu e-r Gruppe zusammenstellen C V/I 1 sich gruppieren 2 passen **(with** zu)

group| captain S FLUG, MIL Oberst *m* *(der R.A.F.)*; **~-conscious** ADJ (ADV ~ly) *Sozialpsychologie*: gruppenbewusst; **~ consciousness** S *Sozialpsychologie*: Gruppenbewusstsein *n*; **~ drive** S TECH Gruppenantrieb *m*; **~-dynamic** ADJ (ADV ~ally) *Sozialpsychologie*: gruppendynamisch; **~ dynamics** SPL *(als sg konstruiert) Sozialpsychologie*: Gruppendynamik *f*

grouper ['gru:pə(r)] S 1 FISCH *(ein)* Barsch *m* 2 *Sensitivitätstraining*: *US* Mitglied *n* e-r Trainingsgruppe 3 *j-d, der sich an Gruppensex beteiligt*

group grope S *umg* Sexorgie *f*

groupie ['gru:pɪ] S *umg* 1 Groupie *n* *(weiblicher Fan, der immer wieder versucht, in möglichst engen Kontakt mit der von ihm bewunderten Person zu kommen)* 2 *allg* Fan *m*

grouping S Gruppierung *f*, Anordnung *f*

group| insurance S Gruppen-, Kollektivversicherung *f*; **~ marriage** S Gruppen-, Gemeinschaftsehe *f*; **~ practice** S MED Gemeinschaftspraxis *f*; **~ rate** S WIRTSCH Pauschalsatz *m*; **~ sex** S Gruppensex *m*; **~-specific** ADJ (ADV ~ally) gruppenspezifisch; **~ theory** S MATH Gruppentheorie *f*; **~ therapy** S MED, PSYCH Gruppentherapie *f*

grouse¹ [graʊs] *pl* grouse S ORN 1 Raufuß-, Waldhuhn *n* 2 Schottisches Moorhuhn

grouse² [graʊs] *umg* A V/I **(about)** meckern (über *akk*, gegen), nörgeln (an *dat*, über *akk*) B S Nörgelei *f*, Gemecker *n*; **grouser** S *umg* Nörgler(in), Meckerfritze *m umg*

grout [graʊt] A S 1 TECH Vergussmörtel *m* 2 Schrotmehl *n*, grobes Mehl 3 *pl bes Br* (Boden)Satz *m* 4 *pl* Hafergrütze *f* B V/T *Fugen* ausstreichen, verschmieren: **~ (in) with cement** mit Zement aus- *od* vergießen

grove [grəʊv] S Wäldchen *n*, Gehölz *n*

grovel ['grɒvl; 'grʌvl; *US* 'grɑvəl] V/I *prät u. pperf* -eled, *bes Br* -elled 1 am Boden kriechen: **~ at**

sb's feet a sich um j-n herumdrücken *(Hund)* b *a.* ~ **before** (*od* **to**) **sb** *fig* vor j-m kriechen, vor j-m zu Kreuze kriechen 2 schwelgen (**in** in *dat*): ~ **in pleasure**; ~ **in selfpity** sich in Selbstmitleid ergehen; ~ **in vice** dem Laster frönen; **grovel(l)er** S *fig* Kriecher(in), Speichellecker(in); **grovel(l)ing** ADJ (ADV ~ly) *fig* kriecherisch, unterwürfig

grow [grəʊ] *prät* grew [gru:], *pperf* grown [grəʊn] A VI 1 wachsen: ~ **together** zusammenwachsen, (miteinander) verwachsen; **money doesn't ~ on trees** das Geld wächst doch nicht auf den Bäumen 2 BOT wachsen, vorkommen 3 wachsen, größer *od* stärker werden 4 *fig* zunehmen (**in** an *dat*), anwachsen: ~ **in wisdom** klüger werden 5 *fig* (*bes* langsam *od* allmählich) werden: ~ **rich**; ~ **less** sich vermindern; ~ **warm** warm werden, sich erwärmen 6 verwachsen (**to** mit) (*a. fig*) B VT 1 *Gemüse, Wein etc* anbauen, anpflanzen, *Blumen etc* züchten: ~ **from seed** aus Samen ziehen 2 sich *e-n Bart etc* wachsen lassen: ~ **a beard** *a.* sich e-n Bart stehen lassen; ~ **one's hair long** sich die Haare lang wachsen lassen 3 *fig* ausbauen, erweitern

Phrasal Verbs: **grow| away** VI: ~ **from sb** sich j-m entfremden; ~ **from** → grow out of 2; ~ **into** VI 1 in *e-e Hose etc, a. fig in e-e Arbeit etc* hineinwachsen 2 werden zu, sich entwickeln *od* auswachsen *od* ausweiten zu: **the small family business grew into a company of international importance**; **she has grown into a pretty young lady** sie ist zu e-r hübschen jungen Dame herangewachsen; ~ **on** VI 1 Einfluss *od* Macht gewinnen über (*akk*): **the habit grows on one** man gewöhnt sich immer mehr daran 2 *j-m* lieb werden *od* ans Herz wachsen; ~ **out of** VI 1 aus *s-n Kleidern* herauswachsen 2 entstehen *od* erwachsen aus, e-e Folge (*gen*) sein, kommen von 3 entwachsen (*dat*), überwinden, ablegen: ~ **a habit**; ~ **up** VI 1 a aufwachsen, heranwachsen, -reifen: ~ **together** zusammen aufwachsen; ~ **(into) a beauty** sich zu e-r Schönheit entwickeln b erwachsen werden: **what are you going to be when you ~?** was willst du einmal werden, wenn du groß bist?; **when are you going to ~?** wann wirst du denn endlich erwachsen?; **~!** sei kein Kindskopf! 2 sich einbürgern (*Brauch etc*) 3 sich entwickeln, entstehen; ~ **upon** → grow on

growable ['grəʊəbl] ADJ anbaubar

grow bag S Beutel *m od* Sack *m* Komposterde

grower S 1 (*schnell etc*) wachsende Pflanze: **be a fast ~** schnell wachsen 2 Züchter(in), Pflanzer(in), Erzeuger(in), *in Zusammensetzungen a.* ... bauer(in)

growing A S 1 Wachsen *n*, Wachstum *n* 2 Anbau *m* B ADJ (ADV ~ly) 1 wachsend (*a. fig zunehmend*) 2 Wachstums...: ~ **pains** a MED Wachstumsschmerzen b *fig* Anfangsschwierigkeiten, Kinderkrankheiten; ~ **point** BOT Vegetationspunkt *m*; ~ **weather** Saat-, Wachswetter *n*

growl [graʊl] A VI 1 knurren (*Hund etc*), brummen (*Bär*) (*beide a. fig Person*): ~ **at sb** j-n anknurren *od* anbrummen 2 grollen, rollen (*Donner*) B VT *oft* ~ **out** *Worte* knurren, brummen C S 1 Knurren *n*, Brummen *n* 2 Grollen *n*, Rollen *n*; **growler** S 1 knurriger *od* knurrender Hund 2 *fig* Brummbär *m* 3 FISCH a (*ein*) Schwarzbarsch *m* b (*ein*) Knurrfisch *m* 4 *Br sl* HIST vierrädrige Droschke 5 *US sl* Bierkrug *m* 6 ELEK Prüfspule *f* 7 kleiner Eisberg

grown [grəʊn] A *pperf von* grow B ADJ 1 gewachsen: → full-grown 2 groß, erwachsen: **a ~ man** ein Erwachsener 3 *a.* ~ **over** überwachsen, bewachsen (*beide:* **with** mit); **~-up** A ADJ [,-'ʌp; '-ʌp] 1 erwachsen 2 a (nur) für Erwachsene: ~ **books** b Erwachsenen...: ~ **clothes** B S ['-ʌp] Erwachsene(r) *m/f(m)*

growth [grəʊθ] S 1 Wachsen *n*, Wachstum *n* (*beide a. fig*): **a four days' ~ of beard** ein Viertagebart *m* 2 Wuchs *m*, Größe *f* 3 *fig* Anwachsen *n*, Zunahme *f*, Zuwachs *m* (*alle:* **in** *gen*): → rate[1] A 1 4 *fig* Entwicklung *f* 5 BOT Schössling *m*, Trieb *m* 6 Erzeugnis *n*, Produkt *n* 7 Anbau *m*: **of foreign ~** ausländisch; **of one's own ~** selbst gezogen 8 MED Gewächs *n*, Wucherung *f*; ~ **fund** S WIRTSCH Wachstumsfonds *m*; ~ **hormone** S PHYSIOL Wachstumshormon *n*; ~ **industry** S WIRTSCH Wachstumsindustrie *f*; ~ **promoter** S MED, PHARM wachstumsförderndes Mittel; ~ **rate** S WIRTSCH Wachstumsrate *f*; ~ **ring** S BOT Jahresring *m*; ~ **stocks** SPL WIRTSCH Wachstumsaktien *pl*

groyne [grɔɪn] S TECH *bes Br* Buhne *f*

grub [grʌb] A VI 1 a graben, wühlen b AGR jäten, roden 2 *oft* ~ **on**, ~ **along**, ~ **away** sich abplagen, sich schinden, schwer arbeiten 3 stöbern, wühlen, kramen (*alle:* **among, in** in *dat*; **for** nach) 4 *sl* futtern *umg*, essen B VT 1 a aufwühlen, wühlen in (*dat*) b umgraben c roden 2 *oft* ~ **up** *Wurzeln* (aus)roden, (-)jäten 3 *oft* ~ **up**, ~ **out** a (*mit den Wurzeln*) ausgraben b *fig* aufstöbern, ausgraben, herausfinden 4 *sl j-n* füttern C S 1 ZOOL Made *f*, Larve *f*, Raupe *f* 2 *fig* Arbeitstier *n* 3 Schmutzfink *m umg* 4 *US* Baumstumpf *m* 5 *sl* Futter *n*, Fressalien *pl* (*beide umg*); **grubber** S 1 Jät-, Rodewerkzeug *n*, *bes* Rodehacke *f* 2 AGR *Br* Grubber *m*, Eggenpflug *m* 3 → grub C 2; **grubby** ADJ (ADV grubbily) 1 schmudd(e)lig, schmutzig 2 gemein, niederträchtig 3 madig

grub| hoe S AGR Rodehacke *f*; ~ **hook** S AGR Grubber *m*, Eggenpflug *m*; ~ **screw** S TECH Stiftschraube *f*; **~stake** S *US umg* (*e-m Schürfer gegen Gewinnbeteiligung gegebene*) Ausrüstung u. Verpflegung; ⁂ **Street** A S 1 HIST *die jetzige Milton Street in London, in der schlechte od erfolglose Literaten wohnten:* **he'll always live in ~** *fig* er wird es als Schriftsteller nie zu etwas bringen 2 *fig* armselige Literaten *pl*, literarisches Proletariat B ADJ (literarisch) minderwertig, dritter Garnitur

grudge [grʌdʒ] A VT 1 ~ **sb sth** j-m etwas missgönnen: ~ **sb the shirt on his back** j-m nicht das Schwarze unterm Nagel *od* das Weiße im Auge gönnen *umg*; **not ~ sb sth** j-m etwas gönnen 2 ~ **sb sth** j-m etwas nur ungern geben 3 ~ **doing sth** etwas nur widerwillig *od* ungern tun B VI *obs* grollen C S Groll *m*: **bear** (*od* **owe**) **sb a ~, have** (*od* **bear**) **a ~ against sb** e-n Groll auf j-n haben *od* gegen j-n hegen, j-m grollen; **we bear no ~s against him** wir haben keinen Groll auf ihn; **pay off an old ~** e-e alte Rechnung begleichen; **grudger** S Neider(in); **grudging** ADJ (ADV ~ly) 1 neidisch, missgünstig 2 widerwillig: **she was very ~ in her thanks** sie bedankte sich nur sehr widerwillig

gruel [grʊəl; 'gru:əl] S Haferschleim *m*, Schleimsuppe *f*; **grueling**, *bes Br* **gruelling** A ADJ (ADV ~ly) *fig* mörderisch, aufreibend, zermürbend B S *Br umg* a harte Strafe *od* Behandlung b Strapaze *f*, Schlauch *m umg*

gruesome ['gru:səm] ADJ (ADV ~ly) grausig, grauenhaft, schauerlich; **gruesomeness** S Grausigkeit *f*

gruff [grʌf] ADJ (ADV ~ly) 1 schroff, barsch 2 rau (*Stimme*); **gruffness** S 1 Barsch-, Schroffheit *f* 2 Rauheit *f*

grum [grʌm] ADJ (ADV ~ly) mürrisch

grumble ['grʌmbl] A VI 1 murren (**at, about, over** über *akk*, wegen) 2 → growl A 1, A 2 B VT 1 *oft* ~ **out** *etwas* murren 2 → growl B C S 1 Murren *n* 2 → growl C 1, C 2; **grumbler** → growler 2; **grumbling** ADJ (ADV ~ly) 1 brummig 2 brummend, murrend 3 ~ **appendix** MED *umg* Blinddarmreizung *f*

grume [gru:m] S MED Blutgerinnsel *n*

grummet ['grʌmɪt] → grommet

grump [grʌmp] *bes US* A S 1 → growler 2 2 *pl* Missmut *m*, Verdrießlichkeit *f*: **have the ~s** missmutig *od* verdrießlich sein B VI → grumble A

grumpiness ['grʌmpɪnɪs] S Missmut *m*, Verdrießlichkeit *f*; **grumpish** ADJ (ADV ~ly) → grumpy; **grumpy** ADJ (ADV grumpily) missmutig, mürrisch, verdrießlich

Grundy ['grʌndɪ] S engstirnige, sittenstrenge Person; **Grundyism** S engstirnige Sittenstrenge

grunge [grʌndʒ] S *bes US sl* 1 Dreck *m* 2 Schund *m* 3 *j-d, der sich* (*für wenig Geld*) *abschuftet* 4 a Grunge *m* (*durch bewusst nachlässige Kleidung gekennzeichneter Modestil*) b Räuberzivil *n umg* 5 *a.* ~ **rock** MUS Grunge *m* (*Richtung des Hard Rock, die sich durch e-n bes lauten u. aggressiven Sound auszeichnet*); **grungy** ADJ *bes US sl* 1 dreckig 2 vergammelt *umg*

grunt [grʌnt] A VI 1 grunzen (*Schwein, a. Person*) 2 *fig* murren, brummen (*beide:* **at** über *akk*) 3 *fig* ächzen, stöhnen (*beide:* **with** vor *dat*) B VT *oft* ~ **out** *etwas* grunzen, murren, brummen C S 1 Grunzen *n*: **give a ~ (of agreement)** (zustimmend) grunzen 2 *fig* Ächzen *n*, Stöhnen *n*: **give a ~** ächzen, stöhnen (*beide:* **of** vor *dat*) 3 FISCH (*ein*) Knurrfisch *m*; **grunter** S 1 Grunzer *m*, *bes* Schwein *n* 2 → grunt C 3 3 *Aus sl* Flittchen *n*

gruntle ['grʌntl] VT *j-n* froh stimmen; **gruntled** ADJ froh, glücklich (*beide:* **at** über *akk*)

Gruyère (cheese) ['gru:jeə; *US* gru:'jeər; gri:-] S Gruyère(käse) *m*

gr. wt. ABK WIRTSCH gross weight Bruttogewicht *n*

gryphon ['grɪfn] → griffin[1]

grysbok ['graɪsbɒk; *US* -,bak; *a.* 'greɪs-] S ZOOL Graubock *m*, Grauantilope *f*

GS ABK 1 General Secretary Generalsekretär(in) 2 MIL General Staff Generalstab *m* 3 (*Skisport*) giant slalom Riesenslalom *m*

gs. ABK HIST guineas PL

GSA ABK Girl Scouts of America

GSM ABK general sales manager Verkaufsleiter(in)

G-spot S *Sexualforschung:* G-Punkt *m*

GSR ABK MED galvanic skin response galvanische Hautreaktion

G|-string S 1 MUS G-Saite *f* 2 G-String *f/m* (*oft von Stripteasetänzerinnen getragenes Kleidungsstück, das aus e-m nur die Geschlechtsteile bedeckenden Stoffstreifen besteht, der an e-r um die Hüften geschlungenen Schnur befestigt ist*); ~ **suit** → anti-G suit

gt ABK great

g.t.c. ABK WIRTSCH good till cancel(l)ed (*od* countermanded)

gtd ABK guaranteed

guan [gwa:n] S ORN Guanhuhn *n*

guana ['gwa:nə] → iguana

guano ['gwa:nəʊ] A S Guano *m* (*als Phosphatdünger verwendeter abgelagerter Vogelmist*) B VT mit Guano düngen

guar. ABK guaranteed

guarantee [,gærən'ti:] A S 1 Garantie *f* (**on** auf *akk*, **für**): a Bürgschaft *f*, Sicherheit *f* b Gewähr *f* c *a.* ~ **period** Garantiefrist *f*, -zeit *f*: **be no ~ of** keine Garantie sein für; **this is no ~ that ...** das ist keine Garantie dafür, dass ...; **can you give me your ~ that ...?** können

G

Sie mir garantieren, dass …?; **there's a one-year ~ on this watch, this watch has a one-year ~** diese Uhr hat ein Jahr Garantie; **the watch is still under ~** auf der Uhr ist noch Garantie; **the repair is still covered by the ~** die Reparatur geht noch auf Garantie *od* fällt noch unter die Garantie; **~ (card)** Garantiekarte *f*, -schein *m*; **~ contract** Garantie-, Bürgschaftsvertrag *m*; **~ fund** WIRTSCH Garantiefonds *m*; **treaty of ~** *(Völkerrecht)* Garantievertrag *m*; **without ~** ohne Gewähr *od* Garantie 2 Kaution *f*, Sicherheit(sleistung) *f*, Pfand (-summe) *n(f)*: **~ deposit** a Sicherheitshinterlegung *f* b *(Versicherungsrecht)* Kaution(sdepot *n*); **~ insurance** *Br* Kautionsversicherung *f*; **~ society** *Br* Kautionsversicherungsgesellschaft *f* 3 Bürge *m*, Bürgin *f*, Garant(in) 4 Sicherheitsempfänger(in), Kautionsnehmer(in) B VT 1 (sich ver)bürgen für, Garantie leisten für: **the watch is ~d for one year** die Uhr hat ein Jahr Garantie; **we ~ our watches for twelve months** wir geben eine einjährige Garantie auf unsere Uhren; **~d bill** WIRTSCH avalierter Wechsel; **~d bonds** Obligationen mit Kapital- *od* Zinsgarantie; **~d price** Garantiepreis *m*; **~d stocks** gesicherte Werte *pl*, Aktien *pl* mit Dividendengarantie; **~d wage(s)** garantierter (Mindest)Lohn; **~ that …** sich dafür verbürgen, dass … 2 *etwas* garantieren, gewährleisten, verbürgen, sicherstellen: **it is ~d to bring success** es bringt garantiert Erfolg; **I ~ that you …** ich garantiere Ihnen, dass Sie …; **he is ~d …** *(Boxen)* er bekommt e-e Garantiesumme von … 3 sichern, schützen *(beide:* **from, against** vor *dat*, gegen)

guarantor [ˌgærən'tɔː(r); 'gærəntə(r)] S Garant(in) *(a. fig:* **of** für), Bürge *m*, Bürgin *f*: **act as a ~ for sb** für j-n bürgen; **~ power** POL Garantiemacht *f*

guaranty ['gærəntɪ] A S → guarantee A 1, A 2, A 3: **~ of collection** *US* Ausfallbürgschaft *f* B VT → guarantee B

guard [gɑː(r)d] A VT 1 a bewachen, wachen über *(akk)* b behüten, beschützen *(beide:* **against, from** vor *dat)*: **a carefully (closely) ~ed secret** ein sorgfältig (streng) gehütetes Geheimnis 2 bewachen, beaufsichtigen 3 sichern (**against** gegen *Missbrauch etc*): **~ sb's interests** j-s Interessen wahren *od* wahrnehmen 4 beherrschen, im Zaum halten: **~ your tongue!** hüte d-e Zunge! 5 TECH (ab)sichern B VI **(against)** a auf der Hut sein, sich hüten *od* schützen, sich in Acht nehmen (vor *dat*) b Vorkehrungen treffen (gegen), vorbeugen *(dat)* C S 1 a MIL *etc* Wache *f*, (Wach)Posten *m* b Wächter(in) c Aufseher(in), Wärter(in) 2 MIL Wachmannschaft *f*, Wache *f* 3 Wache *f*, Bewachung *f*, Aufsicht *f*: **be on ~** Wache stehen; **keep under close ~** scharf bewachen; **keep ~ over sth** etwas bewachen; **be under heavy ~** schwer bewacht werden; **mount (keep, stand) ~** MIL *etc* Wache beziehen (halten, stehen) 4 *fig* Wachsamkeit *f*: **put sb on their ~** j-n warnen; **be on one's ~** auf der Hut sein, sich vorsehen *(beide:* **against** vor *dat)*; **be off one's ~** nicht auf der Hut sein, unvorsichtig sein; **throw sb off their ~** j-n überrumpeln; → fair[1] B 9 5 Garde *f*, (Leib)Wache *f*: **~ of hono(u)r** Ehrenwache 6 **~s** *pl Br* Garde(korps) *f(n)*, -regiment *n*, *(die)* Wache 7 BAHN a *Br* Schaffner(in): **~'s van** Dienstwagen *m* b *US* Bahnwärter(in) 8 *Boxen, Fechten etc*: Deckung *f*: **lower one's ~** a die Deckung herunternehmen b *fig* sich e-e Blöße geben, nicht aufpassen; **his ~ is up (down)** *fig* er ist (nicht) auf der Hut 9 *Basketball*: Abwehrspieler(in) 10 Schutzvorrichtung *f*, -gitter *n*, -blech *n* 11 *Buchbinderei*: Falz *m* 12 a Stichblatt *n (am Degen)* b Bügel *m (am Gewehr)* 13 Vorsichtsmaßnahme *f*, Sicherung *f*

guard| boat S SCHIFF Wachboot *n*; **~ book** S 1 Sammelbuch *n* mit Falzen 2 MIL Wachbuch *n*; **~ brush** S ELEK Stromabnehmer *m*; **~ cell** S BOT Schließzelle *f*; **~ chain** S Sicherheitskette *f*; **~ dog** S Wachhund *m*; **~ duty** S Wachdienst *m*: **be on ~** Wache haben

guarded ['gɑː(r)dɪd] ADJ (ADV **~ly**) *fig* vorsichtig, zurückhaltend *(Antwort etc)*: **~ hope** gewisse Hoffnung; **~ optimism** verhaltener *od* gedämpfter Optimismus; **express sth in ~ terms** etwas vorsichtig ausdrücken; **be ~ in what you say** überleg dir, was du sagst;

guardedness S Vorsicht *f*, Zurückhaltung *f*

guardhouse S MIL 1 Wachhaus *n*, Wachlokal *n* 2 Arrestlokal *n*

guardian ['gɑː(r)djən; -dɪən] A S 1 Hüter(in), Wächter(in): **~ of the law** Gesetzeshüter(in); **~ of good taste** Hüter(in) des guten Geschmacks 2 JUR Vormund *m*: **~ ad litem** [æd'laɪtəm] *Br obs od US (vom Gericht für e-n minderjährigen od geschäftsunfähigen Beklagten bestellter)* Prozessvertreter; **~'s allowance** *Br* Vormundschaftsbeihilfe *f* 3 KATH Guardian *m (e-s Franziskanerklosters)* B ADJ behütend, Schutz…: **~ angel** Schutzengel *m*; **guardianship** S 1 JUR Vormundschaft *f* (**of** über *akk*, für): **be (place** *od* **put) under ~** unter Vormundschaft stehen (stellen) 2 *fig* Schutz *m*, Obhut *f*

guard|rail S 1 Handlauf *m* 2 BAHN Radlenker *m* 3 AUTO Leitplanke *f*; **~ ring** S ELEK Schutzring *m*; **~ rope** S Absperrseil *n*

guardsman ['gɑː(r)dzmən] S *irr* MIL 1 Wache *f*, (Wach)Posten *m* 2 Gardist *m* 3 *US* Nationalgardist *m*

Guatemala [ˌgwætɪ'mɑːlə; *bes US* ˌgwɑːtə-] S Guatemala *n* a *Republik in Mittelamerika* b *Hauptstadt von a*

Guatemalan [ˌgwætɪ'mɑːlən; *bes US* ˌgwɑːtə-] A ADJ guatemaltekisch B S Guatemalteke *m*, Guatemaltekin *f*

guava ['gwɑːvə] S BOT 1 Guavenbaum *m* 2 Guajava *f (Frucht von 1)*

Guyana [gaɪ'ænə] S Guayana *n (Staat in Südamerika)*

gubbins ['gʌbɪnz] S *Br umg* 1 minderwertiges *od* wertloses Ding 2 (kleines) Gerät, (kleiner) Apparat 3 Dussel *m*, Dummkopf *m (beide umg)*

gubernatorial [ˌgjuːbə(r)nə'tɔːrɪəl; *US a.* ˌguːbərnə'təʊ-] ADJ *bes US* Gouverneurs…: **~ election**

gudgeon[1] ['gʌdʒən] A S 1 *icht.* Gründling *m*, Gressling *m* 2 *umg* Gimpel *m*, Einfaltspinsel *m (beide pej)* 3 *umg* Köder *m* B VT *umg* reinlegen

gudgeon[2] ['gʌdʒən] S 1 TECH (Dreh)Zapfen *m*, Bolzen *m*: **~ pin** Kolbenbolzen 2 ARCH Haken *m* 3 SCHIFF Ruderöse *f*

guelder rose ['geldə(r)] S BOT Gemeiner Schneeball, Drossel-, Gichtbeere *f*

guenon [gə'nɔ̃ːŋ; *Br a.* gə'nɒn; *US a.* gə'nɑn] S ZOOL Meerkatze *f*

guerdon ['gɜːdən; *US* 'gɜrdn] *poet* A S Lohn *m*, Sold *m* B VT belohnen

guerilla → guerrilla

Guernsey[1] ['gɜːnzɪ; *US* 'gɜrnziː] Guernsey *n (Insel im Ärmelkanal)*

Guernsey[2] ['gɜːnzɪ; *US* 'gɜrnziː] S 1 Guernsey (-rind) *n* 2 *a.* **g~** Wollpullover *m (von Seeleuten)*

guerrilla [gə'rɪlə] S MIL 1 Guerilla *m* 2 *meist* **~ war(fare)** Guerilla(krieg) *f(m)*

guess [ges] A VT 1 (ab)schätzen: **~ sb's age at 40, ~ sb to be** (*od* **that they are**) **40** j-s Alter *od* j-n auf 40 schätzen 2 *j-s Gedanken etc* erraten: **~ a riddle** ein Rätsel raten; **~ who was here this morning** rate mal, wer heute Morgen hier war 3 ahnen, vermuten: **I ~ed how it would be** ich habe mir gedacht, wie es kommen würde; **I might have ~ed it** ich hätte es mir denken können 4 *bes US umg* glauben, denken, meinen, annehmen *(alle:* **that** dass) B VI 1 schätzen (**at sth** etwas) 2 a raten b herumraten (**at, about** an *dat*): **~ed wrong** falsch geraten; **how did you ~?** wie hast du das nur erraten?, *iron* du merkst aber auch alles!; **keep sb ~ing** j-n im Unklaren *od* Ungewissen lassen; **~ing game** Ratespiel *n* C S Schätzung *f*, Vermutung *f*, Mutmaßung *f*, Annahme *f*: **my ~ is that …** ich schätze *od* vermute, dass …; **that's anybody's ~** das ist reine Vermutung, das kann man nur vermuten; **at a ~** a bei bloßer Schätzung b schätzungsweise; **I'll give you three ~es** dreimal darfst du raten; **a good ~** gut geraten *od* geschätzt; **your ~ is as good as mine** ich kann auch nur raten; **by ~** schätzungsweise; **by ~ and by God** *umg* a über den Daumen (gepeilt), nach Gefühl u. Wellenschlag *(beide umg)* b mit mehr Glück als Verstand; **make a ~** raten, schätzen; **have another ~ coming** falsch *od* schiefgewickelt sein *umg*; → educated 2, rough A 12, wild A 15; **guesser** S: **be a good ~** gut schätzen können

guesstimate *umg* A S ['gestɪmət] grobe Schätzung, bloße Vermutung B VT [-meɪt] über den Daumen peilen, grob schätzen

guesswork S (reine) Vermutung(en *pl*), (bloße) Raterei, Herumgerate *n umg*

guest [gest] A S 1 Gast *m*: **be my ~!** *umg* bitte sehr! *(als Ausdruck der Zustimmung od der Nachgiebigkeit)*; **~ of hono(u)r** Ehrengast 2 BOT, ZOOL Inquiline *m*, Einmieter *m (e-e Art Parasit)* B ADJ a Gast…: **~ conductor (speaker, worker,** *etc*) b Gäste…: **~ book (list, towel,** *etc*) C VI *bes US* gastieren, als Gast auftreten *od* mitwirken (**on a show** in e-r Show); **~chamber** → guest room; **~-conduct** VT *ein Orchester* als Gast dirigieren; **~house** S 1 Gästehaus *n* 2 Pension *f*, Fremdenheim *n*; **~ room** S Gast-, Gäste-, Fremdenzimmer *n*; **~ rope** S SCHIFF 1 Schlepptrosse *f* 2 Bootstau *n*

guff [gʌf] S *sl* Quatsch *m*

guffaw [gʌ'fɔː] A S schallendes Gelächter B VI schallend lachen

guggle ['gʌgl] VI gluckern

guhr [gʊə(r)] S GEOL Gur *f*

guid [gɪd] *schott* → good B

guidable ['gaɪdəbl] ADJ lenksam, lenk-, leitbar; **guidance** [-dns] S 1 Leitung *f*, Führung *f*: **~ price** WIRTSCH Richtpreis *m* 2 Anleitung *f*, Unterweisung *f*, Belehrung *f*: **for your ~** zu Ihrer Orientierung 3 SCHULE *etc* Beratung *f*, Führung *f*: **~ counselor** *US* Beratungslehrer(in); → vocational

guide [gaɪd] A VT 1 *j-n* führen, *j-m* den Weg zeigen 2 TECH *u. fig* lenken, leiten, führen, steuern 3 *etwas, a. j-n* bestimmen: **~ sb's actions (judg[e]ment, life)**; **be ~d by** sich leiten lassen von, sich richten nach, bestimmt sein von 4 anleiten, belehren, beraten(d zur Seite stehen *dat*) B S 1 Führer(in), Leiter(in) 2 *(Reise-, Fremden-, Berg- etc)* Führer(in) 3 *(Reiseetc)* Führer *m* (**to** durch, von) *(Buch)*: **a ~ to London** ein London-Führer 4 **(to)** Leitfaden *m (gen)*, Einführung *f (in akk)*, Handbuch *n (gen)* 5 Berater(in) 6 Richtschnur *f*, Anhaltspunkt *m*, Hinweis *m*: **if it (he) is any ~** wenn man sich danach (nach ihm) überhaupt richten kann 7 a Wegweiser *m (a. fig)* b Weg(markierungs)zeichen *n* 8 → girl guide 9 MIL Richtungsmann *m* 10 SCHIFF Spitzenschiff *n* 11 TECH Führung *f*, Leitvorrichtung *f* 12 MED Leitungssonde *f*

guide| bar S TECH Führungsschiene *f*; **~ beam** S FLUG (Funk)Leitstrahl *m*; **~ blade**

S TECH Leitschaufel *f* (*der Turbine*); **~ block** S TECH Führungsschlitten *m*; **~board** S Wegweisertafel *f*; **~book** → guide B 3; **~ card** S Leitkarte *f* (*e-r Kartei*)

guided ADJ 1 geführt: **~ tour** Führung *f* (**of** durch): **give sb a ~ tour** j-n herumführen; **make a ~ tour of the city** an e-r Stadtführung teilnehmen 2 MIL, TECH (fern)gelenkt, (-)gesteuert: **~ missile** Lenkflugkörper *m*, ferngelenktes Geschoss

guide dog S Blindenhund *m*

guideless ADJ führerlos

guide|line S 1 → guide rope 2 TYPO *etc* Leitlinie *f* 3 *fig* Richtlinie *f*, -schnur *f* (*beide:* **on** *gen*); **~ pin** S TECH Führungsstift *m*; **~post** S Wegweiser *m*; **~ price** S WIRTSCH Richtpreis *m*: **"~ only"** „unverbindliche Preisempfehlung"; **~ pulley** S TECH Leit-, Führungs-, Umlenkrolle *f*; **~ rail** S TECH Führungsschiene *f*; **~ rope** S FLUG Schlepptau *n*, Leitseil *n*; **~way** S TECH Führungsbahn *f*

guiding [ˈɡaɪdɪŋ] ADJ führend, leitend, Lenk...: **~ principle** Leitprinzip *n*, Richtschnur *f*; **~ rule** Richtlinie *f*; **~ star** S Leitstern *m*

guidon [ˈɡaɪdən; *US a.* ˈɡaɪdˌɑn] S 1 Wimpel *m*, Fähnchen *n*, Standarte *f* 2 Standartenträger *m*

guild [ɡɪld] S 1 HIST Gilde *f*, Zunft *f*: **~ socialism** POL Gildensozialismus *m* 2 Verein *m*, Vereinigung *f*, Gesellschaft *f* 3 BOT Lebensgemeinschaft *f*

guilder [ˈɡɪldə(r)] *pl* -ders, -der S Gulden *m* (*Währungseinheit in den Niederlanden*)

guildhall S 1 HIST Gilden-, Zunfthaus *n* 2 Rathaus *n*: **the** ≈ *das Rathaus der City von London*

guildsman [ˈɡɪldzmən] S *irr* Mitglied *n* e-r Gilde *od* Vereinigung

guile [ɡaɪl] S 1 (Arg)List *f*, Tücke *f* 2 *obs* List *f*, Trick *m*; **guileful** ADJ (ADV ~ly) arglistig, tückisch; **guileless** ADJ (ADV ~ly) arglos, unschuldig, harmlos, ohne Falsch: **a ~ look** ein treuherziger *od* unschuldsvoller Blick; **guilelessness** S Harmlosigkeit *f*, Arglosigkeit *f*

guilloche [ɡɪˈlɒʃ; *bes US* ɡɪˈləʊʃ] S Guilloche *f* (*verschlungene Linienzeichnung auf Wertpapieren od zur Verzierung auf Metall etc*)

guillotine [ˌɡɪləˈtiːn; ˈ-tiːn] A S 1 Guillotine *f*: a Fallbeil *n* b MED Tonsillotom *n* (*Instrument zum Abtragen der Mandeln*): **~ amputation** Ganzamputation *f* (ohne Lappen) 2 TECH Papierschneidemaschine *f*: **(a pair of) ~ shears** *pl* (e-e) Tafel-, Parallelschere 3 PARL *Br* Befristung *f* der Debatte (*über e-n Gesetzentwurf*) B V/T 1 guillotinieren, durch die Guillotine *od* mit dem Fallbeil hinrichten 2 PARL *Br* die Debatte über *e-n Gesetzentwurf* befristen

guilt [ɡɪlt] S 1 Schuld *f* (*a.* JUR): **the ~ lies with him** die Schuld liegt bei ihm; **joint ~** Mitschuld; **~ complex** Schuldkomplex *m*; **~ feelings** Schuldgefühle 2 *obs* Missetat *f*; **guiltiness** [ˈɡɪltɪnɪs] S 1 Schuld *f* 2 Schuldbewusstsein *n*, -gefühl *n*; **guiltless** ADJ (ADV ~ly) 1 schuldlos, unschuldig (*beide:* **of** an *dat*) 2 (**of**) a frei (von), ohne (*akk*) b unkundig (*gen*), unerfahren, unwissend (in *dat*): **be ~ of sth** etwas nicht kennen; **guiltlessness** S Schuldlosigkeit *f*

guilty ADJ (ADV guiltily) 1 *bes* JUR schuldig (**of** *gen*): **~ of murder** des Mordes schuldig; **find sb (not) ~** j-n für (un)schuldig befinden (**on a charge** e-r Anklage); **be found ~ on a charge** e-r Anklage für schuldig befunden werden; **~ intention** JUR *schott* Vorsatz *m*; → charge A 9, plead A 1, verdict 1 2 schuldbewusst (*Blick etc*): **a ~ conscience** ein schlechtes Gewissen (**about** wegen)

guinea[1] [ˈɡɪnɪ] S 1 Guinee *f* (*Goldmünze 1663–1816, a. Rechnungsgeld = 21 Schilling alter Währung*) 2 → guinea fowl 3 *US sl pej* Itaker(in) (*Italiener[in]*)

Guinea[2] [ˈɡɪnɪ] S Guinea *n*

Guinea-Bissau [ˌɡɪnɪbɪˈsaʊ] S Guinea-Bissau *n*

guinea| fowl S ORN Perlhuhn *n*; **~ goose** S *irr* ZOOL Schwanengans *f*; **~ grains** SPL Guineakörner *pl*, Malagettapfeffer *m*; **~ grass** S BOT Guineagras *n*; **~ hen** S (*bes weibliches*) Perlhuhn

Guinean [ˈɡɪnɪən] A S Guineer(in) B ADJ guineisch

Guinea| pepper S BOT Guineapfeffer *m*; ≈ **pig** S 1 ZOOL Meerschweinchen *n* 2 *fig* Versuchskaninchen *n*

guise [ɡaɪz] S 1 Aufmachung *f*, Gestalt *f*, Erscheinung *f*: **in the ~ of** als ... (verkleidet) 2 *fig* Maske *f*, (Deck)Mantel *m*, Vorwand *m*: **under** (*od* **in**) **the ~ of** in der Maske (*gen*), unter dem Deckmantel (*gen*) 3 *obs* Kleidung *f*

guitar [ɡɪˈtɑː(r)] S MUS Gitarre *f*; **guitarist** S Gitarrist(in)

Gujarati [ˌɡuːdʒəˈrɑːtɪ] S LING Gudscharati *n* (*neuindische Sprache*)

gulch [ɡʌltʃ] S *bes US* (Berg)Schlucht *f*

gulden [ˈɡʊldən; ˈɡuːl-] *pl* -dens, -den S Gulden *m* (*Währungseinheit in den Niederlanden*)

gules [ɡjuːlz] S *Heraldik:* Rot *n*

gulf [ɡʌlf] A S 1 Golf *m*, Meerbusen *m*, Bucht *f* 2 Abgrund *m*, Schlund *m* (*beide a. fig*) 3 *fig* Kluft *f*, großer Unterschied 4 Strudel *m*, Wirbel *m* (*beide a. fig*) B V/T *a. fig* a in e-n Abgrund stürzen b verschlingen; ≈ **Stream** S GEOG Golfstrom *m*

gulfy [ˈɡʌlfɪ] ADJ 1 abgrundtief 2 voller Strudel

gull[1] [ɡʌl] S ORN Möwe *f*

gull[2] [ɡʌl] *obs* A V/T übertölpeln, hinters Licht führen B S Gimpel *m pej*

gullability, **gullable** → gullibility, gullible

gullet [ˈɡʌlɪt] S 1 ANAT Schlund *m*, Speiseröhre *f* 2 Gurgel *f*, Kehle *f* 3 TECH Wasserrinne *f*

gullibility [ˌɡʌləˈbɪlətɪ] S Leichtgläubigkeit *f*, Einfältigkeit *f*; **gullible** ADJ (ADV gullibly) leichtgläubig, einfältig

gully[1] [ˈɡʌlɪ] A S 1 tief eingeschnittener Wasserlauf, (Wasser)Rinne *f* 2 TECH a Gully *m* (*a.* SCHIFF), Sinkkasten *m*, Senkloch *n*, Absturzschacht *m* b *a.* **~ drain** Abzugskanal *m*: **~ hole** Schlammfang *m*, Senkloch; **~ trap** Geruchsverschluss *m* B V/T 1 mit (Wasser)Rinnen durchziehen, zerfurchen 2 TECH mit Sinkkästen *etc* versehen

gully[2] [ˈɡʌlɪ; ˈɡʊlɪ] S *bes schott* großes Messer

gulosity [ɡjʊˈlɒsətɪ; *US* ɡuːˈlɑsətiː] S *obs* Gier *f*

gulp [ɡʌlp] A V/T 1 *oft* **~ down** *ein Getränk* hinuntergießen, -schütten, -stürzen, *e-e Speise* hinunterschlingen 2 *oft* **~ back** *s-e Tränen etc* hinunterschlucken, unterdrücken B V/I 1 a hastig trinken b hastig essen, schlingen 2 (*a. vor Rührung etc*) schlucken 3 würgen C S a (großer) Schluck: **at one ~** auf einen Zug b Bissen *m*; **gulpy** ADJ würgend

gum[1] [ɡʌm] S *meist pl* ANAT Zahnfleisch *n*

gum[2] [ɡʌm] A S 1 BOT, TECH a Gummi *m/n* b Gummiharz *n* 2 Gummi *m/n*, Kautschuk *m* 3 Klebstoff *m*, *bes* Gummilösung *f* 4 Gummierung *f* (*von Briefmarken etc*) 5 Appretur(mittel) *f(n)* 6 → a chewing gum b gum arabic c gum elastic d gum tree e gumwood 7 BOT Gummifluss *m*, Gummose *f* (*e-e Baumkrankheit*) 8 MED Augenbutter *f* 9 *bes Br* Gummibonbon *m/n* 10 *pl US* Gummigaloschen *pl* B V/T 1 gummieren 2 mit Gummi appretieren 3 (an-, ver)kleben: **~ down** aufkleben; **~ together** zusammenkleben 4 *meist* **~ up** a verkleben, verstopfen b *umg* vermasseln, *Pläne etc* über den Haufen werfen: **~ up the works** alles vermasseln C V/I 1 Gummi absondern *od* bilden 2 gummiartig werden

Gum[3], *a.* ≈ [ɡʌm] S: [ɡʌm] S

gum| acid S CHEM Harzsäure *f*; **~ ammoniac** S CHEM, MED Ammoniakgummi *m/n*; **~ arabic** S MED, TECH Gummiarabikum *n*; **~ benzoin** S BOT Benzoeharz *n*

gumbo [ˈɡʌmbəʊ] *US* A *pl* -bos S 1 mit Gumboschoten eingedickte Suppe 2 BOT a → okra 1 b Gumboschote *f* 3 *a.* **~ soil** Boden *m* aus feinem Schlamm B ADJ BOT Eibisch...

gumboil S MED Zahnfleischabszess *m*

gum| boot S Gummistiefel *m*; **~ dragon** → tragacanth; **~drop** S Gummibonbon *m/n*; **~ elastic** S Gummielastikum *n*, Kautschuk *m*; **~ juniper** S Sandarak *m* (*Harz*)

gumma [ˈɡʌmə] *pl* -mas, -mata [-tə] S MED Gumma *n* (*gummiartige Geschwulst im Tertiärstadium der Syphilis*)

gummite [ˈɡʌmaɪt] S MINER Gummierz *n*

gummosis [ɡʌˈməʊsɪs] → gum[2] A 7; **gummous** [ˈɡʌməs] → gummy[1] 1, 2

gummy[1] ADJ 1 gummiartig, zäh(flüssig), klebrig 2 aus Gummi, Gummi... 3 gummihaltig 4 Gummi absondernd 5 mit Gummi überzogen 6 MED gummös, gummiartig

gummy[2] ADJ zahnlos

gumption [ˈɡʌmpʃn] S *umg* 1 Mutterwitz *m*, gesunder Menschenverstand *f*, Grütze *f*; Grips *m* (*beide umg*): **have a bit of ~** ein bisschen Grütze im Kopf haben 2 Mumm *m*, Schneid *m/f* (*beide umg*) 3 MAL Quellstärke *f*

gum| resin S 1 BOT Gummiresina *f*, Schleimharz *n* 2 TECH (*bei Normaltemperatur*) plastisches *od* elastisches (Kunst)Harz; **~ senegal** [ˌsenɪˈɡɔːl; *US a.* -ˈɡɑːl] S BOT, TECH Senegalgummi *m/n*; **~shield** S *Boxen:* Mund-, Zahnschutz *m*; **~shoe** *US* A S 1 a Galosche *f*, Gummiüberschuh *m* b Tennis-, Turnschuh *m* 2 *sl* Schnüffler *m* (*Detektiv, Polizist*) B V/I 1 *sl* schleichen 2 *sl* schnüffeln C ADJ *sl* geheim, heimlich; **~ tree** S BOT 1 (*in Amerika*) a Tupelobaum *m* b Amer. Amberbaum *m* 2 (*in Australien*) Eukalyptus *m* 3 (*in Westindien*) a (*ein*) Klebebaum *m* b *e-e Anacardiacee* 4 (*Gummi liefernder*) Gummibaum: **be up a ~** *Br umg* in der Klemme sein *od* sitzen *od* stecken; **~wood** S 1 Eukalyptusholz *n* 2 Holz *n* des Amer. Amberbaums

gun[1] [ɡʌn] A S 1 MIL Geschütz *n* (*a. fig*), Kanone *f*: **blow great ~s** SCHIFF *umg* heulen (*Sturm*); **go great ~s** *umg* a sich reinknien b toll in Schwung sein (*Person, Laden etc*); **stand** (*od* **stick**) **to one's ~s** *umg* a auf s-m Standpunkt beharren b konsequent bleiben; → big gun, heavy A 2, son 2, spike[2] B 5 2 Feuerwaffe *f*: a (*engS.* Jagd)Gewehr *n*, Büchse *f*, Flinte *f* b Pistole *f*, Revolver *m*: **hold a ~ to sb's head** *fig* j-m die Pistole auf die Brust setzen 3 SPORT a Startpistole *f* b Startschuss *m*: **jump** (*od* **beat**) **the ~** e-n Fehlstart verursachen, *fig* voreilig sein *od* handeln; **give her the ~!** AUTO *umg* drück auf die Tube!, gib Gas!; → opening B 2 4 (*Kanonen-, Signal-, Salut*) Schuss *m*: → salute C 2 5 a Schütze *m*, Schützin *f* b Jäger(in) 6 *bes US umg für* gunman 7 MIL Kanonier *m* 8 TECH a Spritze *f*, Presse *f*: → grease gun b Zapfpistole *f* B V/I 1 jagen: **go ~ning** auf die Jagd gehen 2 *umg* schießen: **a car ~ned round the corner** 3 **~ for** *umg* a mit aller Macht *e-e Position etc* anstreben b es auf *j-n* abgesehen haben C V/T 1 a schießen auf (*akk*) b *a.* **~ to death** erschießen c *meist* **~ down** niederschießen 2 *oft* **~ up** AUTO *umg* auf Touren bringen: **~ the car up** auf die Tube drücken,

G

Gas geben
gun² [gʌn] *pperf von* gin³
gun| barrel S 1 MIL Geschützrohr *n* 2 Gewehrlauf *m*; **~ battle** S Feuergefecht *n*, Schießerei *f*, Schusswechsel *m*; **~boat** S 1 SCHIFF Kanonenboot *n*: **~ diplomacy** Kanonenbootdiplomatie *f* 2 *US sl* Elbkahn *m*, Kindersarg *m* (*beide umg hum*) (*großer Schuh*); **~ camera** S FLUG, MIL Foto-MG *n*; **~ carriage** S MIL (Fahr)Lafette *f*; **~-control law** → gun law; **~ cotton** S CHEM Schieß(baum)wolle *f*; **~ displacement** S MIL Stellungswechsel *m*; **~ dog** S Jagdhund *m*; **~ drill** S MIL Geschützexerzieren *n*; **~fight** → gun battle; **~fire** S MIL 1 Geschützfeuer *n* 2 Artillerieeinsatz *m*
gunge [gʌndʒ] *Br umg* A S klebriges Zeug, klebrige Masse B V/T *a.* **~ up** verkleben
gung-ho [ˌgʌŋ'həʊ] ADJ *umg* wild entschlossen
gungy ['gʌndʒɪ] ADJ *Br umg* klebrig
gun harpoon S SCHIFF Geschützharpune *f*
gunk [gʌŋk] *US umg für* gunge A
gunky *US umg für* gungy
gun| law S Waffengesetz *n*; **~ licence**, *US* **~ license** S Waffenschein *m*; **~lock** S TECH Gewehrschloss *n*; **~man** [-mən] S *irr* 1 Bewaffnete(r) *m* 2 Revolverheld *m*; **~metal** S TECH a Geschützlegierung *f* b Kanonenmetall *n*, Rotguss *m*; **~ moll** S *US sl* 1 Gangsterbraut *f* 2 Flintenweib *n*; **~ mount** S MIL (Geschütz)Lafette *f*
gunned ADJ bewaffnet: → heavily 1
gunnel¹ ['gʌnl] S FISCH Butterfisch *m*
gunnel² → gunwale
gunner ['gʌnə(r)] S 1 MIL a Kanonier *m*, Artillerist *m* b Richtschütze *m* (*e-s Panzers etc*) c MG-Schütze *m*, Gewehrführer *m* d SCHIFF erster Geschützoffizier e FLUG Bordschütze *m*: **kiss** (*od* **marry**) **the ~'s daughter** SCHIFF, HIST *sl* (*auf e-e Kanone gebunden u.*) ausgepeitscht werden 2 Jäger *m*
gunnery ['gʌnərɪ] S MIL 1 Geschützwesen *n* 2 Schießwesen *n*, -lehre *f* 3 → gunfire
gunning ['gʌnɪŋ] S JAGD Jagen *n*, Jagd *f*
gunny ['gʌnɪ] S *bes US* 1 grobes Sacktuch, Juteleinwand *f* 2 *a.* **~ bag** Jutesack *m*
gun|paper S CHEM Schießpapier *n*; **~ permit** S *US* Waffenschein *m*; **~ pit** S 1 MIL Geschützstellung *f*, -stand *m* 2 FLUG, MIL Kanzel *f*; **~play** *bes US für* gun battle; **~point** S: **at ~** mit vorgehaltener Waffe, mit Waffengewalt; **~powder** S Schießpulver *n*: **℞ Plot** HIST Pulververschwörung *f* (*1605 in London*); **~ room** S SCHIFF, MIL Kadettenmesse *f*; **~runner** S Waffenschmuggler(in); **~running** S Waffenschmuggel *m*
gunsel ['gʌnsəl] S *US sl* 1 a Naivling *m* b Grünschnabel *m* c Trottel *m pej* 2 hinterhältiger Kerl 3 → gunman
gun|ship S FLUG, MIL Kampfhubschrauber *m*; **~shot** S 1 (Kanonen-, Gewehr)Schuss *m* 2 *a.* **~ wound** Schusswunde *f*, -verletzung *f* 3 Reich-, Schussweite *f*: **within** (**out of**) **~** in (außer) Schussweite; **~-shy** ADJ 1 schussscheu (*Hund, Pferd*) 2 *US umg* misstrauisch (**of** gegenüber); **~slinger** *US umg für* gunman 2; **~smith** S Büchsenmacher *m*; **~stock** S Gewehrschaft *m*
gunter (rig) ['gʌntə(r)] S SCHIFF Schiebe- *od* Gleittakelung *f*
gun turret S MIL 1 Geschützturm *m* 2 Waffendrehstand *m*
gunwale ['gʌnl] S SCHIFF 1 Schandeckel *m* 2 Dollbord *n* (*vom Ruderboot*)
gunyah ['gʌnjɑ:; -jə] S *Aus* Eingeborenenhütte *f*
Günz [gʊnts; gɪnts] GEOL A S Günzeiszeit *f* B ADJ Günz…: **~ time** → A
guppy ['gʌpɪ] S FISCH Guppy *m*
gurgitation [ˌgɜ:dʒɪ'teɪʃn; *US* ˌgɜrdʒə-] S (Auf)Wallen *n*, Strudeln *n*
gurgle ['gɜ:gl; *US* 'gɜrgəl] A V/I gurgeln: a gluckern (*Wasser*) b glucksen (**with** vor *dat*) (*Person, Stimme, a. Wasser*) B V/T (hervor)gurgeln, glucksen(d äußern) C S Glucksen *n*, Gurgeln *n*
Gurkha ['gɜ:kə; 'gʊəkə; *US* 'gʊrkə; 'gɜrkə] *pl* -khas, -kha S Gurkha *m/f* (*Mitglied e-s indischen Stamms in Nepal*)
gurnard ['gɜ:nəd; *US* 'gɜrnərd], *a.* **gurnet** [-nɪt] S FISCH See-, *bes* Knurrhahn *m*
guru ['gʊru:; *US a.* gə'ru:] S Guru *m*: a *geistlicher Lehrer im Hinduismus* b (*aus dem indischen Raum stammender*) *Führer e-r* (*religiösen*) *Sekte* c *Führer e-r sozialen od politischen Bewegung od Kultur*
gush [gʌʃ] A V/I 1 *oft* **~ forth** (*od* **out**) (hervor)strömen, (-)brechen, (-)schießen, stürzen, sich ergießen (*alle:* **from** aus) 2 *fig* überströmen 3 *fig* ausbrechen: **~ into tears** in Tränen ausbrechen 4 *umg* schwärmen (**over** von) B V/T 1 ausströmen, -speien 2 *fig* hervorsprudeln, schwärmerisch sagen C S 1 Schwall *m*, Strom *m*, Erguss *m* (*alle a. fig*) 2 *umg* Schwärmerei *f*, (Gefühls)Erguss *m*; **gusher** S 1 *umg* Schwärmer(in) 2 Springquelle *f* (*Erdöl*); **gushing** ADJ (ADV **~ly**) 1 (über)strömend 2 *umg* schwärmerisch; **gushy** ADJ (ADV gushily) → gushing 2
gusset ['gʌsɪt] A S 1 *Näherei*: Zwickel *m*, Keil *m* 2 TECH Winkelstück *n*, Eckblech *n*: **~ plate** Knotenblech 3 *allg* Keil *m*, keilförmiges Stück B V/T e-n Zwickel *etc* einsetzen in (*akk*)
gust¹ [gʌst] S 1 Windstoß *m*, Bö *f* 2 Schwall *m*, Strahl *m* 3 *fig* (Gefühls-)Ausbruch *m*, Sturm *m* (*der Leidenschaft etc*): **~ of anger** Wutanfall *m*
gust² [gʌst] S *obs* 1 Geschmack *m* 2 Genuss *m*; **gustation** S 1 Geschmack *m*, Geschmackssinn *m*, -vermögen *n* 2 Abschmecken *n*; **gustative** [-tətɪv], **gustatory** [-tətərɪ; *US* -təˌtəʊri:; -ˌtɔ:ri:] ADJ Geschmacks…: **~ cell**; **~ nerve**
gustiness ['gʌstɪnɪs] S 1 Böigkeit *f* 2 *fig* Ungestüm *n*
gusto ['gʌstəʊ] S Begeisterung *f*, Genuss *m*
gustometer [gʌ'stɒmɪtə; *US* gʌs'tɑmətər] S MED Gustometer *n* (*Gerät zur Prüfung des Geschmackssinns*)
gusty ADJ (ADV gustily) 1 böig 2 stürmisch (*a. fig*) 3 *fig* ungestüm
gut [gʌt] A S 1 *pl bes* ZOOL Eingeweide *pl*, Gedärme *pl*: **hate sb's ~s** *umg* j-n hassen wie die Pest!; **I'll have his ~s for garters!** *umg* aus dem mach ich Hackfleisch!; → sweat B 1, work out A 7 2 ANAT a Darm(kanal) *m* b (*bestimmter*) Darm: → blind gut 3 *meist pl umg* Bauch *m* 4 a (*präparierter*) Darm b Seidendarm *m* (*für Angelleinen*) 5 enge Durchfahrt, Meerenge *f* 6 *pl umg* a (*das*) Innere: **the ~s of the machinery** b (*das*) Wesentliche: **the ~s of a problem** der Kern(punkt) e-s Problems c Substanz *f*, Gehalt *m*: **it has no ~s in it** es steckt nichts dahinter 7 *pl umg* Schneid *m/f*, Mumm *m* B V/T 1 *e-n Fisch etc* ausweiden, -nehmen 2 *ein Haus etc* a ausrauben, ausräumen b das Innere (*gen*) zerstören: **be ~ted by fire** völlig ausbrennen 3 *fig ein Buch* ausschlachten, Auszüge machen aus C ADJ 1 *umg* instinktiv (*Reaktion etc*) 2 *umg* von entscheidender Bedeutung, von großer Wichtigkeit (*Problem etc*)
Gutenberg Bible ['gu:tnbɜ:(r)g] S Gutenberg-Bibel *f*
gutless ADJ *umg* ohne Schneid *od* Mumm; **gutsy** [-sɪ] ADJ *umg* 1 mutig, draufgängerisch 2 verfressen, gefräßig
gutta ['gʌtə] *pl* -tae [-ti:] S ARCH Gutta *f*, Tropfen *m* (*Verzierung*)
gutta-percha [ˌgʌtə'pɜ:tʃə; *US* -'pɜr-] S BOT, TECH Guttapercha *f* (*kautschukartiger Milchsaft einiger Bäume Südostasiens, der für Kabelumhüllungen etc verwendet wird*)
guttate ['gʌteɪt], *a.* **guttated** [-tɪd] ADJ *bes* BOT, ZOOL gesprenkelt
gutter ['gʌtə(r)] A S 1 Gosse *f* (*a. fig*), Rinnstein *m*: **end up in the ~** *fig* in der Gosse enden; **take** (**drag**) **sb out of the ~** *fig* j-n aus der Gosse auflesen (ziehen); **language of the ~** Gossensprache *f*, -jargon *m* 2 (Abfluss-, Wasser)Rinne *f*, Graben *m* 3 Dach-, Regenrinne *f* 4 TECH Rinne *f*, Hohlkehlfuge *f*, Furche *f* 5 TYPO Bundsteg *m* 6 Kugelfangrinne *f* (*der Bowlingbahn*) B V/T 1 furchen, riefen 2 *US e-n Hund* zum Geschäftmachen in den Rinnstein führen C V/I 1 rinnen, strömen 2 tropfen (*Kerze*) D ADJ vulgär, Schmutz…; **~ press** S Skandal-, Sensationspresse *f*; **~snipe** S Gassenkind *n*
guttiform ['gʌtɪfɔ:(r)m] ADJ tropfenförmig
guttural ['gʌtərəl] A ADJ (ADV **~ly**) 1 Kehl…, guttural (*beide a.* LING), kehlig 2 rau, heiser B S LING Guttural *m*, Kehllaut *m*; **gutturalize** V/T 1 guttural aussprechen 2 velarisieren (*am Gaumensegel gebildet aussprechen*)
guv [gʌv], **guvnor**, **guv'nor** [-nə(r)] *sl für* governor 4
guy¹ [gaɪ] A S 1 *umg* Kerl *m*, Typ *m* 2 *pej* a *bes Br* Vogelscheuche *f*, Schießbudenfigur *f collq.* b Zielscheibe *f* des Spotts: **make a ~ of** → B 3 *Spottfigur des Guy Fawkes* (*die am* **Guy Fawkes Day** *öffentlich verbrannt wird*) B V/T j-n lächerlich machen, sich über *j-n* lustig machen
guy² [gaɪ] A S Halteseil *n*, Führungskette *f*: a ARCH Rüstseil *n* b TECH (Ab)Spannseil *n* (*e-s Mastes*): **~ wire** Spanndraht *m* c Spannschnur *f* (*e-s Zelts*) d SCHIFF Gei(tau) *f(n)* B V/T mit e-m Tau *etc* sichern, verspannen
Guyanese [ˌgaɪə'ni:z] A S Guyaner(in): **the ~** *koll* die Guyaner *pl* B ADJ guyanisch
Guy Fawkes| Day [ˌgaɪ'fɔ:ks] S *Br der Jahrestag des* ***Gunpowder Plot*** *(5. November)*; **~ Night** S *Br Abend des* ***Guy Fawkes Day*** *(mit Freudenfeuern u. Feuerwerk)*
guzzle ['gʌzl] V/T 1 (*a.* V/I) a saufen, picheln (*beide umg*) b fressen, futtern (*beide umg*) 2 *oft* **~ away** *Geld* verprassen, *bes* versaufen; **guzzler** S a Säufer(in) *umg* b Fresser(in) *umg*
Gwent [gwent] S HIST Gwent *n* (*ehemalige Grafschaft im südöstlichen Wales*)
gwyniad ['gwɪnɪæd] S FISCH Gwyniadrenk *m* (*Art Lachs*)
Gwynedd ['gwɪnəð; -eð] S Gwynedd *n* (*Grafschaft im nordwestlichen Wales*)
gybe → jibe¹
gyle [gaɪl] S 1 Gebräu *n* 2 Sud *m*
gym [dʒɪm] *umg für* a gymnasium b gymnastic: **~ shoes** Turnschuhe; **~ teacher** Turnlehrer(in)
gymkhana [dʒɪm'kɑ:nə] S a Gymkhana *f* (*Geschicklichkeitswettbewerb für Reiter*) b *Austragungsort e-r Gymkhana*
gymnasium [dʒɪm'neɪzjəm; -zɪəm] *pl* -siums, -sia [-zɪə] S 1 Turn-, Sporthalle *f* 2 Sportschule *f* 3 [*US* gɪm'nɑ:zɪəm] SCHULE Gymnasium *n* (*bes in Deutschland*)
gymnast ['dʒɪmnæst] S Turner(in); **gymnastic** A ADJ (ADV **~ally**) a turnerisch, Turn…: **~ team** Turnriege *f* b gymnastisch, Gymnastik… B S 1 *pl* turnerische *od* gymnastische Übungen *pl* 2 *pl* (*als sg konstruiert*) a Turnen *n* b Gymnastik *f*: **rhythmic ~s** rhythmische Sportgymnastik, Wettkampfgymnastik *f* 3 *pl fig* Übungen *pl*: **mental ~s** Gehirnakrobatik *f*; **verbal ~s** Wortakrobatik *f*

gymnoplast ['dʒɪmnəʊplæst] S BIOL hüllenlose Protoplasmazelle
gymnosophist [dʒɪm'nɒsəfɪst; US -'nɑ-] S Gymnosophist *m (indischer Asket)*
gymnosperm ['dʒɪmnəʊspɜːm; US -,spɜrm] S BOT Gymnosperme *f*, Nacktsamer *m*; **gymnospermous** ADJ nacktsamig
gynaeceum [,dʒaɪnɪ'siːəm; ,gaɪ-; US *a.* ,dʒɪn-] *pl* -cea [-'siːə] S Gynäzeum *n*: a *Antike: Frauengemach* b BOT *weibliche Organe e-r Blüte*
gynaecocracy [,gaɪnɪ'kɒkrəsɪ; US -'kɑ-; *a.* ,dʒɪn-] S Gynäkokratie *f*, Frauenherrschaft *f*
gynaecol. ABK 1 MED gynaecological 2 MED gynaecology
gynaecologic [,gaɪnɪkə'lɒdʒɪk; US -'lɑ-; *a.* ,dʒɪn-] ADJ, **gynaecological** [-kl] ADJ (ADV ~ly) MED gynäkologisch: **~ clinic** Frauenklinik *f*; **gynaecologist** [-'kɒlədʒɪst; US -'kɑ-] S Gynäkologe *m*, Gynäkologin *f*, Frauenarzt *m*, -ärztin *f*; **gynaecology** S MED Gynäkologie *f*, Frauenheilkunde *f*
gynandrous [gaɪ'nændrəs; dʒɪ-; dʒaɪ-] ADJ ZOOL gynandrisch, scheinzwitterartig
gynecocracy, **gynecologic**, *etc bes US für* gynaecocracy *etc*
gynecol. ABK 1 MED gynecological 2 MED gynecology
gynobase ['gaɪnəʊbeɪs; 'dʒaɪ-; US *a.* 'dʒɪnə-,beɪs] S BOT Fruchtknotenwulst *m*
gynogenic [,gaɪnəʊ'dʒenɪk] ADJ BIOL weibchenbestimmend
gynophore ['gaɪnəʊfɔː(r); US *a.* -,fəʊr; 'dʒɪnə-] S 1 BOT Gynophor *m*, Stempelträger *m* 2 ZOOL Träger *m* weiblicher Sprossen
gyp[1] [dʒɪp] *sl* A VT & VI *(j-n)* bescheißen *umg* B S 1 Gauner(in), Betrüger(in) 2 Beschiss *m umg*
gyp[2] [dʒɪp] S: **give sb ~** *bes Br sl* a j-n fertigmachen b j-m arg zu schaffen machen *(Verletzung etc)*
gypseous ['dʒɪpsɪəs], **gypsous** [-səs] ADJ MINER gipsartig, Gips…
gypsum ['dʒɪpsəm] S MINER Gips *m*
gypsy, *etc bes US für* gipsy *etc*
gyral ['dʒaɪərəl] ADJ (ADV ~ly) 1 sich (im Kreis) drehend, (herum)wirbelnd 2 ANAT (Gehirn)-Windungs…
gyrate A VI [,dʒaɪə'reɪt; US 'dʒaɪ,reɪt] kreisen, sich (im Kreis) drehen, (herum)wirbeln B ADJ ['dʒaɪərɪt; *bes US* 'dʒaɪreɪt] gewunden, kreisförmig (angeordnet); **gyration** S 1 Kreisbewegung *f*, Drehung *f* 2 ANAT (Gehirn)Windung *f* 3 ZOOL Windung *f (e-r Muschel)*; **gyratory** [-rətərɪ; US -rə,təʊriː; -,tɔːriː] ADJ kreisend, sich (im Kreis) drehend, (herum)wirbelnd
gyre ['dʒaɪə(r)] *bes poet* A S 1 → gyration 1 2 Windung *f* 3 Kreis *m* B VI → gyrate A
gyrfalcon ['dʒɜː,fɔːlkən; -,fɔːkən; US 'dʒɜr-,fælkən] S ORN Geierfalk *m*, G(i)erfalke *m*
gyro ['dʒaɪərəʊ] *pl* -ros *umg für* a autogiro b gyrocompass c gyroscope
gyrocompass ['dʒaɪərəʊ,kʌmpəs] S SCHIFF, PHYS Kreiselkompass *m*
gyro horizon S FLUG, ASTRON künstlicher Horizont
gyroidal [dʒaɪə'rɔɪdl] ADJ kreis- *od* spiralförmig angeordnet *od* wirkend
gyromagnetic [,dʒaɪərəʊmæg'netɪk] ADJ PHYS gyromagnetisch, kreiselmagnetisch
gyron ['dʒaɪərən] S *Heraldik:* Ständer *m*
gyropilot ['dʒaɪərəʊ,paɪlət] S FLUG Autopilot *m*, automatische Steuerungsanlage
gyroplane ['dʒaɪərəpleɪn] S FLUG Tragschrauber *m*
gyroscope ['dʒaɪərəskəʊp] S PHYS Gyroskop *n*, Kreisel *m*; **gyroscopic** [-'skɒpɪk; US -'skɑ-] ADJ (ADV ~ally) gyroskopisch: **~ compass** → gyrocompass; **~ (ship) stabilizer** Schiffskreisel *m*
gyrose ['dʒaɪərəʊs] ADJ BOT gewunden, gewellt
gyrostabilizer [,dʒaɪərəʊ'steɪbɪlaɪzə(r)] S FLUG, SCHIFF (Stabilisier-, Lage)Kreisel *m*
gyrostat ['dʒaɪərəʊstæt] S PHYS Gyrostat *m*, Kreiselvorrichtung *f*; **gyrostatic** ADJ (ADV ~ally) gyrostatisch: **~ compass** → gyrocompass
gyve [dʒaɪv] *obs od poet* A S *meist pl (bes* Fuß)-Fessel *f* B VT *j-m* (Fuß)Fesseln anlegen

H

H[1], **h** [eɪtʃ] *pl* H's, Hs, h's, **hs** ['eɪtʃɪz] S 1 H, h *n (Buchstabe)*: **drop one's H's** das H nicht aussprechen *(Zeichen der Unbildung)* 2 **H** *sl* H [eɪtʃ] *n (Heroin)*
H[2] ABK 1 ELEK henry, henrys PL 2 PHYS magnetic field strength
h., **H.** ABK 1 height H 2 hour(s PL) Std.; Uhr *(bei Zeitangaben)* 3 hundred 4 husband
ha [hɑː] INT 1 ha!, ah! 2 was?
ha. ABK hectare(s PL) ha
h.a. ABK hoc anno, in this year
haar [hɑː] S *Br* kalter (See)Nebel
Habakkuk ['hæbəkək; -kʌk; hə'bækək] EIGENN & S BIBEL (das Buch) Habakuk *m*
habanera [,hæbə'neərə; *bes US* ,ɑːbə-] S MUS Habanera *f*
habeas corpus [,heɪbjəs'kɔː(r)pəs; -bɪəs-] S *a.* **writ of ~** JUR gerichtliche Anordnung e-s Haftprüfungstermins: **Habeas Corpus Act** Habeaskorpusakte *f (1679)*
haberdasher ['hæbə(r)dæʃə(r)] S 1 *Br* Kurzwarenhändler(in) 2 *US* Inhaber(in) e-s Herrenmodengeschäfts, Herrenausstatter(in); **haberdashery** S 1 *Br* a Kurzwarengeschäft *n* b Kurzwaren *pl* 2 *US* a Herrenmodengeschäft *n* b Herrenbekleidung(sartikel) *f(pl)*
habergeon ['hæbə(r)dʒən] S MIL, HIST Halsberge *f*, Kettenhemd *n*
habile ['hæbɪl] ADJ geschickt
habiliments [hə'bɪlɪmənts] SPL 1 (Amts-, Fest)Kleidung *f* 2 *hum* (Alltags)Kleider *pl*
habilitate [hə'bɪlɪteɪt] A VT *US ein Bergbauunternehmen* finanzieren B VI sich *(für ein Amt etc)* qualifizieren, UNIV sich habilitieren
habit ['hæbɪt] S 1 (An)Gewohnheit *f*: **~s of life** Lebensgewohnheiten; **out of** *(od* **by, from)** **~** aus Gewohnheit, gewohnheitsmäßig; **act from force of ~** der Macht der Gewohnheit nachgeben; **be in the** *(od* **have a)** **~ of doing sth** etwas zu tun pflegen; die (An)Gewohnheit haben, etwas zu tun; **it is his ~ to go for a walk after breakfast** er hat die Angewohnheit, nach dem Frühstück e-n Spaziergang zu machen; **it is the ~ with him** es ist bei ihm so üblich; **become a ~ with sb** j-m zur Gewohnheit werden; **break o.s. (sb) of a ~** sich (j-m) etwas abgewöhnen; **make a ~ of sth, make sth (into) a ~** sich etwas zur Gewohnheit machen; **make it a ~ to do sth, make a ~ of doing sth** es sich zur Regel machen, etwas zu tun; → creature 1, fall into 2 b, fall out of, get into A 4, get out of A 3 2 *oft* **~ of mind** Geistesverfassung *f* 3 *(bes Drogen)* Sucht *f*, *(Zustand a.)* (-)Süchtigkeit *f*: **drink has become a ~ with him** er kommt vom Alkohol nicht mehr los 4 PSYCH Habit *n*, *a. m (Erlerntes, Erworbenes)* 5 BOT Habitus *m*, Wachstumsart *f* 6 ZOOL Lebensweise *f* 7 *(Amts-, Berufs-, bes Ordens)* Kleidung *f*, Tracht *f*, Habit *m*, *a. n*: → riding B 1
habitable ['hæbɪtəbl] ADJ (ADV habitably) bewohnbar
habitan → habitant 2
habitant S 1 ['hæbɪtənt] Einwohner(in), Bewohner(in) 2 [abitɑ̃] a Frankokanadier(in) b Einwohner(in) französischer Abkunft *(in Louisiana)*
habitat ['hæbɪtæt] S 1 BOT, ZOOL Habitat *n*, Standort *m*, Heimat *f*: **plants in their natural ~** Pflanzen in ihrer natürlichen Umgebung 2 Habitat *n (kapselförmige Unterwasserstation für Aquanauten)*; **habitation** [-'teɪʃn] S 1 (Be)Wohnen *n*: **unfit for human ~** nicht bewohnbar, für Wohnzwecke ungeeignet 2 Wohnung *f*, Behausung *f*
habit-forming ADJ 1 **be ~** a zur Gewohnheit werden b Sucht erzeugen 2 Sucht erzeugend: **~ drug** Suchtmittel *n*
habitual [hə'bɪtjʊəl; US hə'bɪtʃəwəl; -tʃəl] ADJ (ADV ~ly) 1 gewohnheitsmäßig, Gewohnheits…: **~ criminal** Gewohnheitsverbrecher(in); **~ liar** notorische(r) Lügner(in) 2 gewohnt, ständig, üblich: **he is ~ly late** er kommt ständig zu spät; **habitualness** S Gewohnheitsmäßigkeit *f*; **habituate** [-tjʊeɪt; US -tʃə,weɪt] A VT 1 (**o.s.** sich) gewöhnen (**to** an *akk*): **~ o.s. to doing sth** sich daran gewöhnen, etwas zu tun 2 *US umg* frequentieren, häufig besuchen B VI 1 zur Gewohnheit werden 2 süchtig machen; **habituation** S Gewöhnung *f* (**to** an *akk*)
habitude ['hæbɪtjuːd; US *a.* -,tuːd] S 1 Wesen *n*, Neigung *f*, Veranlagung *f* 2 (An)Gewohnheit *f*
habitué [hə'bɪtjʊeɪ; US hə'bɪtʃə,weɪ] S ständige(r) Besucher(in), Stammgast *m*: **a ~ of the theater** *(bes Br* **theatre**) ein ständiger Theaterbesucher
habitus ['hæbɪtəs] *pl* -tus S 1 MED Habitus *m (Besonderheiten im Erscheinungsbild e-s Menschen, die e-n gewissen Schluss auf Krankheitsanlagen zulassen)* 2 → habit 5
hachure [hæ'ʃjʊə; *bes US* hæ'ʃʊə(r)] A S 1 Schraffe *f*, Bergstrich *m (auf Landkarten)* 2 *pl* Schraffierung *f*, Schraffur *f* B VT schraffieren
hacienda [,hæsɪ'endə; US *a.* ,hɑːsiː'endə; ,ɑːsiː-] S 1 Hazienda *f*, (Land)Gut *n* 2 *(Fabrik-, Bergwerks)* Anlage *f*
hack[1] [hæk] A VT 1 a (zer)hacken: **~ off** abhacken (von); **~ed off** *umg* sauer (**that** dass); **be ~ed off with** *umg* die Schnauze voll haben von; **~ out** *fig* grob darstellen; **~ to pieces** *(od* **bits)** in Stücke hacken, *fig j-s Ruf etc* zerstören, kaputt machen b *fig e-n Text* verstümmeln, entstellen 2 (ein)kerben 3 AGR *den Boden* (auf-, los)hacken: **~ in** *Samen* unterhacken 4 TECH *Steine* behauen 5 a *(bes Rugby) j-m, a. j-n* ans *od* gegen das Schienbein treten b *(Basketball) j-m, a. j-n* auf den Arm schlagen 6 *US umg* a ausstehen, leiden b schaffen, bewältigen B VI 1 hacken: **~ at** a (mit dem Beil *etc)* schlagen auf *(akk)* b *a.* **~ away at** einhauen auf *(akk)*; **~ into a computer system** in ein Computersystem eindringen 2 trocken u. stoßweise husten: **~ing cough** → C 6 3 **~ around** *US umg* herumhängen, -lungern C S 1 Hieb *m*: **take a ~ at** a (mit dem Beil *etc)* schlagen auf *(akk)* b *US umg etwas* probieren, versuchen 2 a Hacke *f* b Haue *f*, Pickel *m* 3 Kerbe *f* 4 *US* Schalm *m* 5 a *(bes Rugby)* Tritt *m* ans *od* gegen das Schienbein b *(bes Rubgy)* Trittwunde *f* c *(Basketball)* Schlag *m* auf den Arm 6 trockener, stoßweiser Husten
hack[2] [hæk] A S 1 a Reit-, *a.* Kutschpferd *n* b Mietpferd *n* c Klepper *m* 2 *Br* Aus-, Spazierritt *m* 3 *US* a *bes* HIST Droschke *f*, Miet(s)-kutsche *f* b *umg* Taxi *n* c → hackie 4 *pej* a

Schriftsteller(in), der (die) auf Bestellung arbeitet b (rein) kommerzielle(r) Schriftsteller(in) c Schreiberling *m* (*Autor, Journalist*) B V/T 1 *umg e-n Artikel etc* hinschmieren 2 *ein Pferd* vermieten 3 *Br ein Pferd* ausreiten 4 *e-n Begriff etc* abnutzen C V/I 1 *Br* ausreiten, e-n Spazierritt machen 2 *US* in e-r Droschke *od umg* in e-m Taxi fahren 3 *US umg* ein Taxi fahren D ADJ 1 ~ **writer (journalist)** → A 4 2 mittelmäßig 3 → hackneyed

hack³ [hæk] A S 1 *Falknerei*: Futterbrett *n*: **keep at** ~ → B 1 2 a Trockengestell *n* b Futtergestell *n* B V/T 1 *Falken* in teilweiser Freiheit halten 2 auf e-m Gestell trocknen

hackberry S 1 BOT Zürgelbaum *m* 2 *beerenartige Frucht von* 1

hackbut S MIL, HIST Arkebuse *f*

hacker S COMPUT Hacker(in)

hackie ['hæki:] S *US umg* Taxifahrer(in)

hackle¹ ['hækl] A S 1 TECH Hechel *f* 2 a ORN (lange) Nackenfeder(n *pl*) b *pl* (aufstellbare) Rücken- u. Halshaare *pl* (*e-s Hundes*): **get sb's ~s up, make sb's ~s rise** *fig* j-n wütend machen; **have one's ~s up** *fig* wütend sein; **with one's ~s up** *fig* wütend 3 *Angelsport*: a Federfüße *pl* b → hackle fly B V/T 1 *Flachs etc* hecheln 2 *e-e künstliche (Angel)Fliege* mit Federfüßen versehen

hackle² ['hækl] V/T zerhacken

hackle fly S (künstliche) Angelfliege mit Federfüßen

hackmatack ['hækmatæk] S 1 BOT a Amer. Lärche *f* b Echter Wacholder 2 Tamarak *n* (*Holz von* 1 a)

hackney ['hækni] A S 1 → hack² A 1 a 2 *a.* ~ **carriage** *bes* HIST Droschke *f*, Miet(s)kutsche *f* B V/T *e-n Begriff etc* abnutzen; **hackneyed** ADJ abgedroschen *umg*, abgenutzt

hack| pack S *pej* Journalistenzunft *f*; **~saw** S TECH Bügelsäge *f*

had [hæd] *prät u. pperf von* have

haddock ['hædək] *pl* -docks, *bes koll* -dock S Schellfisch *m*

hade [heɪd] GEOL A S Neigungswinkel *m* B V/I von der Vertikallinie abweichen

Hades ['heɪdi:z] S 1 MYTH Hades *m*, Unterwelt *f* 2 *a.* ♀ *umg* Hölle *f*

hadj [hædʒ] S REL Hadsch *m* (*Wallfahrt nach Mekka, die jeder Muslim wenigstens einmal in s-m Leben unternehmen soll*); **hadji** [-i:] S REL Hadschi *m* (*Ehrentitel für e-n Mekkapilger*)

hadn't ['hædnt] *Zusammenziehung von* **had not**

hadst [hædst] *obs 2. sg prät von* have: **thou ~**

haemal ['hi:ml] ADJ ANAT *bes Br* Blut(gefäß)…

haematein [,hema'ti:ɪn; ,hi:-] S *bes Br* Hämatein *n*, Hämatoxylin *n* (*in der Histologie zur Zellkernfärbung verwendeter Farbstoff aus dem Holz des Blutholzbaumes*)

haematemesis [,hemə'temɪsɪs; ,hi:-] S MED *bes Br* Hämatemesis *f*, Blutbrechen *n*

haematic [hi:'mætɪk] *bes Br* A ADJ 1 blutfarbig 2 blutgefüllt 3 PHYSIOL Blut…, im Blut enthalten 4 PHYSIOL blutbildend B S MED, PHARM Hämatikum *n*, blutbildendes Mittel

haematin ['hemətɪn; 'hi:-] S PHYSIOL *bes Br* Hämatin *n* (*eisenhaltiger Bestandteil des roten Blutfarbstoffs*)

haematite ['hemətaɪt; 'hi:-] S MINER *bes Br* Hämatit *m*

haematoblast [hi:'mætəʊblæst; 'hemətəʊblæst; 'hi:-] S PHYSIOL *bes Br* Hämatoblast *m*, Hämoblast *m* (*blutbildende Zelle im Knochenmark*)

haematocele ['hemətəʊsi:l; 'hi:-] S MED *bes Br* Hämatozele *f* (*geschwulstartige Ansammlung von geronnenem Blut in e-r Körperhöhle, bes in der Bauchhöhle*)

haematocrit ['hemətəʊkrit; 'hi:-; hi:'mætəʊkrɪt] S MED *bes Br* 1 Hämatokrit *m*, Blutzentrifuge *f* 2 Hämatokritwert *m*

haematogenous [,hemə'tɒdʒɪnəs; ,hi:-; *US* -'tɑ-] ADJ PHYSIOL *bes Br* hämatogen: a aus dem Blut stammend b blutbildend

haematologist [,hemə'tɒlədʒɪst; ,hi:-; *US* -'tɑ-] S MED *bes Br* Hämatologe *m*, Hämatologin *f*; **haematology** S MED *bes Br* Hämatologie *f* (*Teilgebiet der Medizin, das sich mit dem Blut u. den Blutkrankheiten befasst*)

haematoma [,hi:mə'təʊmə; ,he-] *pl* -mas, -mata [-tə] S MED *bes Br* Hämatom *n*, Blutbeule *f*, -erguss *m*

haematopoiesis [,hemətəʊpɔɪ'i:sɪs; ,hi:-; hi:,mætəʊ-] S PHYSIOL *bes Br* Hämatopoese *f*, Hämatose *f*, Blutbildung *f*, *bes* Bildung *f* der roten Blutkörperchen

haematosis [,hi:mə'təʊsɪs; ,he-] S PHYSIOL *bes Br* 1 → haematopoiesis 2 Umwandlung *f* von venösem in arterielles Blut (*in der Lunge*)

haematoxylin [,hi:mə'tɒksɪlɪn; ,he-; *US* -'tɑ-] → haematein

haematozoon [,hemətəʊ'zəʊɒn; ,hi:-; *US* -,ɑn] *pl* -zoa [-'zəʊə] S MED, ZOOL *bes Br* Hämatozoon *n*, Blutparasit *m*

haematuria [,hi:mə'tjʊərɪə; ,he-; *US a.* -'tʊrɪə] S MED *bes Br* Hämaturie *f* (*Ausscheidung nicht zerfallener roter Blutkörperchen mit dem Urin*)

haemocyte ['hi:məʊsaɪt; 'he-] S PHYSIOL *bes Br* Hämozyt *m*, Blutkörperchen *n*

haemodialysis [,hi:məʊdaɪ'ælɪsɪs] S *irr* MED *bes Br* Hämodialyse *f* (*Reinigung des Blutes von krankhaften Bestandteilen, z. B. in der künstlichen Niere*)

haemoglobin [,hi:məʊ'gləʊbɪn] S PHYSIOL *bes Br* Hämoglobin *n* (*Farbstoff der roten Blutkörperchen*); **haemoglobinuria** [-'njʊərɪə; *US a.* -'nʊrɪə] S MED *bes Br* Hämoglobinurie *f* (*Ausscheidung von rotem Blutfarbstoff im Urin*)

haemolysin [,hi:məʊ'laɪsɪn; *US* ,hi:mə'lɪsn] S MED *bes Br* Hämolysin *n* (*Antikörper, der artfremde Blutkörperchen auflöst*)

haemolysis [hɪ'mɒlɪsɪs; *US* -'mɑ-] *pl* -ses [-si:z] S MED *bes Br* Hämolyse *f* (*Auflösung der roten Blutkörperchen durch Austritt des roten Blutfarbstoffs*)

haemophile ['hi:məʊfaɪl] S MED *bes Br* Hämophile(r) *m/f(m)*, Bluter(in); **haemophilia** [-'fɪlɪə] S MED *bes Br* Hämophilie *f*, Bluterkrankheit *f*; **haemophiliac** [-'fɪlɪæk] → haemophile; **haemophilic** [-'fɪlɪk] ADJ *bes Br* 1 MED hämophil: a *an Hämophilie leidend* b *auf Hämophilie beruhend* 2 BIOL hämophil, blutliebend, im Blut lebend (*Bakterien*)

haemoptysis [hɪ'mɒptɪsɪs; *US* -'mɑ-] S MED *bes Br* Hämoptyse *f*, Hämoptysis *f*, Bluthusten *n*, -spucken *n*

haemorrhage ['hemərɪdʒ] MED *bes Br* A S Hämorrhagie *f*, Blutung *f*: → internal A 1 B V/I bluten

haemorrhoidal [,hemə'rɔɪdl] ADJ MED *bes Br* hämorrhoidal; **haemorrhoidectomy** [-'dektəmɪ] S MED *bes Br* Hämorrhoidektomie *f*, Hämorrhoidenoperation *f*; **haemorrhoids** [-dz] SPL MED *bes Br* Hämorrhoiden *pl*

haemostasis [,hi:məʊ'steɪsɪs] *pl* -ses [-si:z] S MED *bes Br* Hämostase *f*: a Blutstockung *f* b Blutstillung *f*; **haemostat** [-stæt] S MED *bes Br* 1 Gefäß-, Arterienklemme *f* 2 PHARM Hämostyptikum *n*, Hämostatikum *n*, blutstillendes Mittel; **haemostatic** [-'stætɪk] MED, PHARM *bes Br* A ADJ hämostyptisch, hämostatisch, blutstillend B S → haemostat 2

haeres → heres

hafiz ['hɑ:fɪz] S REL Hafis *m* (*Ehrentitel e-s Mannes, der den Koran auswendig kann*)

hafnium ['hæfnɪəm] S CHEM Hafnium *n*

haft [hɑ:ft; *US* hæft] A S Griff *m*, Heft *n* (*bes e-r Stichwaffe*), Stiel *m* (*e-r Axt*) B V/T e-n Griff *etc* einsetzen in (*akk*)

hag¹ [hæg] S 1 *fig* hässliches altes Weib, Hexe *f* 2 FISCH Schleimaal *m*

hag² [hæg; hɑ:g] S *Br dial* feste Stelle im Sumpf

Haggai ['hægeɪaɪ; *bes US* 'hægɪaɪ; -gaɪ] EIGENN & S BIBEL (das Buch) Haggai *m od* Aggäus *m*

haggard ['hægə(r)d] A ADJ (ADV ~ly) 1 wild (*Blick*) 2 a abgehärmt, sorgenvoll b abgespannt c abgezehrt, hager 3 ~ **falcon** → B B S *Falke, der ausgewachsen eingefangen wurde*; **haggardness** S Hagerkeit *f*

haggis ['hægɪs] S GASTR *schott Herz, Lunge u. Leber vom Schaf, im Schafsmagen gekocht*

haggish ['hægɪʃ] ADJ (ADV ~ly) hexenhaft

haggle ['hægl] A V/I 1 feilschen, handeln, schachern (*alle*: **about, over** um) 2 → hack¹ B 1 B V/T → hack¹ A 1; **haggler** S Feilscher(in), Schacherer *m*, Schacherin *f*

hagiocracy [,hægɪ'ɒkrəsɪ; *US* -'ɑk-; *a.* ,heɪdʒi:-] S (Staat *m etc* unter) Heiligenherrschaft *f*

Hagiographa [,hægɪ'ɒgrəfə; *US* -'ɑg-; *a.* ,heɪdʒi:-] SPL BIBEL Hagiografa *pl*, Hagiografen *pl* (*griechische Bezeichnung des dritten, vor allem poetischen Teils des Alten Testaments*); **hagiographer** [-grəfə(r)] S Hagiograf *m*: a *e-r der Verfasser der Hagiografa* b *Verfasser von Heiligenleben*; **hagiographic** [-gɪə'græfɪk], **hagiographical** ADJ hagiografisch; **hagiographist** → hagiographer; **hagiography** S Hagiografie *f* (*Erforschung u. Beschreibung von Heiligenleben*)

hagiolater [,hægɪ'ɒlətə; *US* ,hægi:'ɑlətər; *a.* ,heɪdʒi:-] S REL Heiligenverehrer(in); **hagiolatry** [-trɪ] S Hagiolatrie *f*, Heiligenverehrung *f*, -kult *m*; **hagiologist** [-'ɒlədʒɪst; *US* -'ɑl-] → hagiographer b; **hagiology** S 1 Hagiologie *f* (*Lehre von den Heiligen*) 2 Hagiologion *n* (*liturgisches Buch mit Lebensbeschreibungen der Heiligen in der orthodoxen Kirche*)

hagridden ADJ 1 gepeinigt, verfolgt 2 **be ~** *hum* von Frauen schikaniert werden

Hague| Conventions [heɪg] SPL POL (*die*) Haager Abkommen *pl*; **~ Tribunal** S POL (*der*) Haager Schiedshof

hah → ha

ha-ha¹ ['hɑ:hɑ:] S (*in e-m Graben*) versenkter (Grenz)Zaun(, *um optisch ein weitläufiges Gelände vorzutäuschen*)

ha-ha² [hɑ:'hɑ:] A INT haha! B S Haha *n* C V/I „haha" rufen

hahnium ['hɑ:nɪəm] S CHEM Hahnium *n*

hail¹ [heɪl] A S Hagel *m* (*a. fig von Flüchen, Fragen, Steinen etc*): **~ of bullets** Geschosshagel B V/I 1 *unpers* hageln: **it is ~ing** es hagelt 2 **~ down** *fig* niederhageln, -prasseln (*beide*: **on, upon** auf *akk*) C V/T **~ down** *fig* niederhageln *od* -prasseln lassen (**on, upon** auf *akk*): **~ blows down on sb** j-n mit Schlägen eindecken

hail² [heɪl] A V/T 1 freudig *od* mit Beifall begrüßen, zujubeln (*dat*): **they ~ed him (as) king** sie jubelten ihm als König zu 2 (be)grüßen 3 *j-n, ein Taxi etc* herbeirufen *od* -winken 4 *fig etwas* begrüßen, begeistert aufnehmen B V/I 1 *bes* SCHIFF rufen, sich melden 2 (her)stammen, kommen (*beide*: **from** von *od* aus) C INT *bes poet* heil! D S 1 Gruß *m* 2 (Zu)Ruf *m* 3 Ruf-, Hörweite *f*: **within ~** in Rufweite

hailer S *US* Megafon *n*

hail-fellow-well-met A ADJ a gesellig, umgänglich, freundlich b vertraut: **be ~ with** auf Du u. Du stehen mit c *pej* plump-vertraulich B S a geselliger *od* umgänglicher Mensch b *pej* plump-vertraulicher Kerl

hailing distance S Ruf-, Hörweite *f*: **within ~** a in Rufweite b *fig* greifbar nahe, in greifbarer Nähe

Hail Mary S KATH Ave-Maria *n*, Englischer Gruß (*ein Gebet*)

hail|stone S Hagelkorn *n*, (Hagel)Schloße *f*; **~storm** S Hagelschauer *m*

haimish → heimish

hain't [heɪnt] *obs od dial umg; Kurzform für* **have not, has not**

hair [heə(r)] S **1** *(einzelnes)* Haar **2** KOLL Haar *n*, Haare *pl* **3** BOT Haar *n*, Trichom *n* **4** Härchen *n*, Fäserchen *n* **5** Haartuch *n*

Besondere Redewendungen: **by a ~** äußerst *od* ganz knapp *(gewinnen etc)*; **to a ~** aufs Haar, haargenau; **do one's ~** sich die Haare machen, sich frisieren; **do sb's ~** j-n frisieren; **get in(to) sb's ~** *umg* j-m auf den Wecker fallen *od* gehen; **not harm a ~ on sb's head** j-m kein Haar krümmen; **have a ~ of the dog (that bit one)** *umg* e-n Schluck Alkohol trinken, um s-n Kater zu vertreiben; **have sb by the short ~s** j-n (fest) in der Hand haben; **keep your ~ on!** *umg* reg dich ab!, nur keine Aufregung!; **keep** (*od* **get**) **out of sb's ~** *umg* j-m aus dem Weg gehen; **keep sb out of one's ~** *umg* sich j-n vom Leib halten; **let one's ~ down** **a** sein Haar aufmachen **b** *fig* sich ungezwungen benehmen *od* geben **c** *fig* aus sich herausgehen; **lose one's ~** **a** kahl werden **b** *fig* wütend werden; **he is losing his ~** ihm gehen die Haare aus; **pull one's ~ out** sich die Haare raufen; **split ~s** Haarspalterei treiben; **the sight made my ~ stand (up) on end** bei dem Anblick standen mir die Haare zu Berge *od* sträubten sich mir die Haare; **tear one's ~ (out)** sich die Haare raufen; **not turn a ~** nicht mit der Wimper zucken; **without turning a ~** ohne mit der Wimper zu zucken; → curl A 1, B 1

hair|ball S ZOOL Haarknäuel *m/n*; **~breadth** **A** S: **by a ~** um Haaresbreite; **escape by a ~** mit knapper Not davonkommen **B** ADJ äußerst *od* ganz knapp: **have a ~ escape** mit knapper Not davonkommen; **~brush** S **1** Haarbürste *f* **2** Haarpinsel *m*; **~ bulb** S ANAT Haarzwiebel *f*; **~ care** S Haarpflege *f*; **~check** → hair crack; **~cloth** S Haartuch *n*; **~ compasses** SPL, *a.* **pair of ~** Haar(strich)zirkel *m*; **~ conditioner** S Haarpflegemittel *n*; **~ crack** S TECH Haarriss *m*; **~curling** ADJ haarsträubend; **~cut** S **a** Haarschnitt *m*: **give sb a ~** j-m die Haare schneiden; **go for a ~** zum Friseur gehen; **have** (*od* **get**) **a ~** sich die Haare schneiden lassen; **you need a ~** du musst dir wieder mal die Haare schneiden lassen, du musst wieder mal zum Friseur **b** Frisur *f*; **~cutting** **A** S Haarschneiden *n* **B** ADJ Haarschneide...; **~ dividers** → hair compasses; **~do** *pl* -dos S *umg* Frisur *f*; **~-drawn** → hairsplitting B; **~dresser** S Friseur *m*, Friseuse *f*; **~dressing** **A** S **1** Frisieren *n* **2** **a** Haarwasser *n* **b** Pomade *f* **B** ADJ Frisier...: **~ salon** Friseur-, Frisiersalon *m*; **~drier**, **~-dryer** S Haartrockner *m*, Föhn *m*

haired [heə(r)d] ADJ **1** behaart **2** *in Zusammensetzungen* ...haarig

hair| follicle S ANAT Haarfollikel *m*, -balg *m*; **~grip** S *bes Br* Haarklammer *f*, -klemme *f*

hairiness ['heərɪnɪs] S Haarigkeit *f*, Behaartheit *f*

hair lacquer S Haarfestiger *m*

hairless ADJ haarlos, unbehaart, ohne Haar(e), kahl: **his head is completely ~** er hat kein einziges Haar auf dem Kopf

hair|line S **1** Haaransatz *m* **2** Haarstrich *m* *(Buchstabe)* **3** **a** feiner Streifen *(Stoffmuster)* **b** fein gestreifter Stoff **4** Haarseil *n* **5** **a** *a.* **~ crack** TECH Haarriss *m* **b** **~ fracture** MED Fissur *f* **6** OPT, *Landvermessung*: Faden-, Strichkreuz *n*; **~ loss** S Haarausfall *m*; **~ mattress** S Rosshaarmatratze *f*; **~net** S Haarnetz *n*; **~ oil** S Haaröl *n*; **~piece** S *(für Frauen)* Haarteil *n*, *(für Männer)* Toupet *n*; **~pin** **A** S **1** Haarnadel *f* **2** *a.* **~ bend** Haarnadelkurve *f* **B** V/I in Serpentinen verlaufen *(Straße)*; **~-raiser** S *umg (etwas)* Haarsträubendes, *bes* Horrorfilm *m*, -geschichte *f*; **~-raising** ADJ haarsträubend; **~ restorer** S Haarwuchsmittel *n*

hair's| breadth → hairbreadth A; **~-breadth** → hairbreadth B

hairs-breadth → hairbreadth

hair| seal S ZOOL Haarseehund *m*; **~ shirt** S Haarhemd *n*, härenes Hemd; **~ sieve** S Haarsieb *n*; **~ slide** S *Br* Haarspange *f*; **~ space** S TYPO Haarspatium *n*; **~splitter** S Haarspalter(in); **~splitting** **A** S Haarspalterei *f* **B** ADJ haarspalterisch, spitzfindig; **~ spray** S Haarspray *m/n*; **~spring** S TECH Haar-, Unruhfeder *f*; **~streak** S ZOOL *(ein)* Bläuling *m*; **~ stroke** S Haarstrich *m (Schrift)*; **~ studio** S Haarstudio *n*; **~style** S Frisur *f*; **~ stylist** S Hair-Stylist *m*, Hair-Stylistin *f*, Haarstilist(in), Damenfriseur *m*; **~ transplantation** S MED Haartransplantation *f*, -verpflanzung *f*; **~ trigger** S TECH Stecher *m (am Gewehr)*; **~-trigger** ADJ *umg* **1** aufbrausend *(Temperament)*, reizbar *(Person)* **2** labil *(Gleichgewicht)* **3** prompt *(Service etc)*; **~-weaving** S Haarverwebung *f*; **~worm** S ZOOL Haar-, Fadenwurm *m*

hairy ADJ **1** haarig, behaart **2** Haar... **3** haarartig **4** *umg* **a** haarig, schwierig, unangenehm **b** gefährlich

Haiti ['heɪtɪ] S Haiti *n*

Haitian ['heɪʃn] **A** S Haitianer(in), Haitier(in) **B** ADJ haitianisch, haitisch

haji, **hajji** → hadji

hake[1] [heɪk] *pl* hakes, *bes koll* hake S FISCH Seehecht *m*

hake[2] [heɪk] S Trockengestell *n*

hakeem [hə'kiːm] → hakim

hakim S *(im Orient)* **1** [hə'kiːm] Hakim *m*: **a** Weise(r) *m*, Gelehrte(r) *m* **b** Arzt *m* **2** ['hɑːkɪm] Hakim *m*: **a** Herrscher *m* **b** Richter *m*

halation [hə'leɪʃn; *US bes* heɪ-] S FOTO Lichthof-, Halobildung *f*

halberd ['hælbɜːd; -bəd; *US* -bərd] S MIL, HIST Hellebarde *f*; **halberdier** [-bə(r)'dɪə(r)] S Hellebardier *m*

halbert ['hælbɜːt; -bət; *US* -bərt] → halberd

halcyon ['hælsɪən] **A** S **1** MYTH Eisvogel *m* **2** *poet für* **kingfisher** **B** ADJ (h)alkyonisch, friedlich; **~ days** SPL **1** (h)alkyonische Tage *pl*: **a** Tage *pl* der Ruhe (auf dem Meer) **b** *fig* Tage *pl* glücklicher Ruhe **2** *fig* glückliche Zeit *od* Tage *pl*

Haldane effect ['hɔːldeɪn; *US a.* 'hɑːl-] S PHYSIOL Haldane-Effekt *m (Einfluss des Sauerstoffdrucks auf die Fähigkeit des Blutes, Kohlendioxid aufzunehmen)*

hale[1] [heɪl] V/T schleppen, zerren

hale[2] [heɪl] ADJ gesund, kräftig, rüstig: **~ and hearty** gesund u. munter

half [hɑːf; *US* hæf] **A** ADJ **1** halb: **a ~ mile**, *meist* **~ a mile** e-e halbe Meile; **a ~ share** ein halber Anteil, e-e Hälfte; **~ an hour** e-e halbe Stunde; **at ~ the price** zum halben Preis; **two pounds and a ~**, **two and a ~ pounds** zweieinhalb Pfund; **a fish and a ~** *umg* ein Mordsfisch; **a fellow and a ~** *umg* ein Pfundskerl; **a woman and a ~** *umg* e-e Superfrau **2** halb, oberflächlich: **~ knowledge** Halbwissen *n*, Halbbildung *f* **B** ADV **1** halb, zur Hälfte: **~ full**; **my work is ~ done**; **~ cooked** halb gar; **~ as long** halb so lang; **~ as much** halb so viel; **~ as much** (*od* **as many**) **again** anderthalbmal so viel; **she is ~ his age** sie ist halb so alt wie er **2** halb(wegs), fast, nahezu: **~ dead** halb tot; **he ~ wished (suspected)** er wünschte (vermutete) halb *od* fast **3** **not ~** **a** bei Weitem nicht, lange nicht: **not ~ big enough** **b** *umg* (ganz u.) gar nicht: **not ~ bad** gar nicht übel **a** *umg* gehörig, mordsmäßig: **he didn't ~ swear** er fluchte nicht schlecht **4** *(in Zeitangaben)* halb: **~ past** (*US a.* **after**) **two** zwei Uhr dreißig, halb drei; **~ three** *Br umg* halb vier **5** SCHIFF ...einhalb: **~ three** dreieinhalb *(Faden)* **C** *pl* halves [hɑːvz; *US* hævz] S **1** Hälfte *f*: **the first ~ of the year** die erste Jahreshälfte; **one ~ of it** die e-e Hälfte davon; **~ of the girls** die Hälfte der Mädchen; **waste ~ of one's time** die halbe Zeit verschwenden; → better[1] A 1 **2** SPORT **a** (Spiel)Hälfte *f*, Halbzeit *f*: **first (second) ~**; **in the first (second) ~** *a.* vor (nach) dem Seitenwechsel; **a game of two different halves** ein Spiel mit zwei verschiedenen Halbzeiten **b** *a.* **~ of the field** (Spielfeld)Hälfte *f* **c** **first (second) ~ of the season** Vorrunde (Rückrunde) *f* **3** → halfback **4** *Golf*: Gleichstand *m* **5** Fahrkarte *f* zum halben Preis **6** → half-hour A **7** halbes Pint *(bes Bier)*: **I only had a ~** ich hab nur ein kleines Bier getrunken **8** *obs* Halbjahr *n*

Besondere Redewendungen: **~ of it is** (*od* **~ of them are**) **rotten** die Hälfte (davon) ist faul; **~ the amount** die halbe Menge *od* Summe, halb so viel; **cut in(to) halves** (*od* **in ~**) *etwas* halbieren *od* in zwei Hälften teilen; **do sth by halves** etwas nur halb tun; **do things by halves** halbe Sachen *od* Halbheiten machen; **not do things by halves** Nägel mit Köpfen machen; **too clever by ~** *bes Br umg* oberschlau; **go halves with sb in** (*od* **on**) **sth** etwas mit j-m teilen, mit j-m bei etwas halbpart machen; **not good enough by ~** bei Weitem nicht gut genug; → battle *Bes Redew*, eye A 2, mind A 5

half|-a-crown → half crown; **~-and-half** **A** S Halb-u.-halb-Mischung *f*, *bes* Mischung *f* *(zu gleichen Teilen)* aus Ale u. Porter **B** ADV halb u. halb; **~-arsed**, *US* **~-assed** ADJ *vulg* **1** **he just did a ~ job** er hat sich nicht gerade den Arsch aufgerissen *umg* **2** **a** bescheuert *umg* **b** unfähig **c** grün; **~back** S **1** *Rugby*: Halbspieler *m* **2** *Fußball, Hockey*: HIST Läufer *m*; **~-baked** ADJ **1** nicht durch, halb gar **2** *umg* **a** nicht durchdacht, halb fertig, unausgegoren *(Plan etc)* **b** grün *(Person)* **c** → half-witted; **~ binding** S *Buchbinderei*: Halbband *m*; **~-blood** S **1** Halbbürtigkeit *f (von Geschwistern)*: **brother of the ~** Halbbruder *m* **2** → half-breed A 1, A 3; **~-blooded** → half-bred A; **~ board** S Halbpension *f*; **~ boot** S Halbstiefel *m*; **~-bound** ADJ in Halbband *(Buch)*; **~-bred** **A** ADJ halbblütig, Halbblut... **B** S ZOOL Halbblut *n*; **~-breed** **A** S **1** Mischling *m*, Halbblut *n* **2** *US* Mestize *m* **3** ZOOL Halbblut *n* **4** BOT Kreuzung *f* **B** ADJ halbblütig, Halbblut...; **~ brother** S Halbbruder *m*; **~-caste** → half-breed A 1, B; **~-cloth** ADJ Halbleinen..., in Halbleinen gebunden; **~ cock** S Vorderrast *f (des Gewehrhahns)*: **go off at ~** *umg* **a** hochgehen, wütend werden **b** in die Hosen gehen, missglücken; → cock[1] A 7 b; **~-cocked** ADJ in Vorderraststellung *(Gewehrhahn)*: **go off ~** *umg* **a** hochgehen, wütend werden **b** in die Hose gehen, missglücken; **~ column** S ARCH Halbsäule *f*; **~ crown** S *Br* HIST Half Crown *f (Wert: 2s. 6d.)*; **~-day** ADJ Halbtags...: **~ tour**; **~ deck** S SCHIFF Halbdeck *n*; **~ eagle** S *US* HIST Fünfdollar(gold)stück *n*; **~ face** S MAL, FOTO Profil *n*; **~-faced** ADJ **1** Profil... **2** nach vorne offen *(Zelt)*; **~-hearted** ADJ (ADV **~ly**) halbherzig; **~ holiday** S **1** halber Feiertag **2** halber Urlaubstag; **~ hose** S KOLL *(als pl konstruiert)* **1** Halb-, Kniestrümpfe *pl* **2** Socken

H

pl; **~-hour** A S halbe Stunde: **the clock struck the ~** es schlug halb B ADJ 1 halbstündig 2 halbstündlich; **~-hourly** A ADJ → half-hour B B ADV jede *od* alle halbe Stunde, halbstündlich; **~-length** A ADJ in Halbfigur (*Porträt*): **~ portrait** → B B S Brustbild *n*, KUNST Halbfigur(enbild) *f(n)*; **~-life (period)** S PHYS Halbwertzeit *f* (*beim Atomzerfall*); **~-light** S Halblicht *n*; **~-long** ADJ *bes* LING halblang; **~-mast** A S: **fly at ~** a *a.* **put at ~** → B a auf halbmast wehen, SCHIFF halbstock(s) wehen; **flags were flown at ~** es wurde halbmast geflaggt; **flags were ordered to be flown at ~** es wurde Trauerbeflaggung angeordnet; **wear one's trousers at ~** *hum* die Hosen auf halbmast tragen B V/T auf halbmast setzen, SCHIFF halbstock(s) setzen; **~ measure** S Halbheit *f*, halbe Sache; **~ moon** S 1 Halbmond *m* 2 (*etwas*) Halbmondförmiges 3 (Nagel)Möndchen *n*; **~-moon glasses** SPL, *a.* **pair of ~** Halbbrille *f*; **~ mourning** S Halbtrauer *f*; **~ nelson** S *Ringen*: Halbnelson *m*; **~ note** S MUS *US* halbe Note; **~-orphan** S Halbwaise *f*

halfpenny ['heɪpnɪ] S *Br* 1 *pl* halfpence ['heɪpəns] halber Penny (= $^1/_{200}$ *Pfund*): **three halfpence, a penny ~** eineinhalb Pennies 2 *pl* halfpennies Halbpennystück *n*: **not have two halfpennies to rub together** *umg* nur sehr wenig *od* überhaupt kein Geld haben

half|-pint S 1 halbes Pint 2 *umg* a halbe Portion b Niemand *m*; **~-pipe** S *Skate-, Snowboarding*: Halfpipe *f*, Halbröhre *f*; **~-price** ADJ & ADV zum halben Preis: **children go ~** Kinder zahlen den halben Preis; **~ principal** S ARCH Halbbinder *m*; **~ relief** S Halbrelief *n*; **~-seas over** ADJ *umg* a blau b angesäuselt; **~ sister** S Halbschwester *f*; **~-slip** S Unter-, Halbrock *m*; **~-staff** → half-mast; **~ step** S *US* 1 MIL Kurzschritt *m* (*15 Zoll*) 2 MUS Halbton *m*; **~ term** S UNIV *Br kurze Ferien in der Mitte e-s Trimesters*; **~ tide** S SCHIFF Gezeitenmitte *f*; **~-timber(ed)** ADJ ARCH Fachwerk...: **~ house**; **~-timbering** S ARCH Fachwerk *n*; **~ time** S 1 halbe Arbeitszeit 2 SPORT Halbzeit *f* (*Pause*): **at ~** bei *od* zur Halbzeit; **10 minutes from ~** 10 Minuten vor der Pause; → score A 4; **~-time** A ADJ 1 Halbtags...: **~ job** 2 SPORT Halbzeit...: **~ whistle**; **~ interval** Halbzeitpause *f*; **~ score** Halbzeitstand *m*, -ergebnis *n* B ADV halbtags: **work ~**; **~-timer** S Halbtagsbeschäftigte(r) *m/f(m)*; **~ title** S TYPO Schmutztitel *m*; **~tone** S *Grafik*: a Halbton *m* (*a.* MAL) b *a.* **~ process** Halbtonverfahren *n* c Halbtonbild *n* d *a.* **~ block** Autotypieklischee *n* (*gerasterter Druckstock nach e-r Halbtonvorlage*): **~ etching** Autotypie *f*; **~-track** A S 1 TECH Halbkettenantrieb *m* 2 Halbketten-, Räderraupenfahrzeug *n* 3 MIL (Halbketten)Schützenpanzer(wagen) *m* B ADJ *a.* **half-tracked** mit Halbkettenantrieb, Halbketten...; **~-truth** S Halbwahrheit *f*; **~ volley** S *Tennis, Tischtennis*: Halb-, Halfvolley *m* (*Schlag*), (*Ball a.*) Halbflugball *m*; **~-volley** (*Tennis, Tischtennis*) A V/T *e-n Ball* als Halbvolley nehmen *od* schlagen B V/I Halbvolleys spielen; **~way** A ADJ 1 auf halbem Weg *od* in der Mitte (liegend): **~ line** SPORT Mittellinie *f*; **we have reached the ~ point** wir haben die Hälfte geschafft 2 halb, teilweise: **~ measures** Halbheiten, halbe Sachen B ADV 1 auf halbem Weg, in der Mitte: **meet sb ~** *bes fig* j-m auf halbem Wege entgegenkommen; **meet trouble ~** sich schon im Voraus Sorgen machen 2 bis zur Hälfte *od* Mitte 3 teilweise, halb(wegs); **~way house** S 1 auf halbem Weg gelegenes Gasthaus 2 Rehabilitationszentrum *n* (*für Strafentlassene od aus e-r Entziehungsanstalt entlassene Drogenabhängige*) 3 *fig* Zwischenstufe *f*, -station *f* 4 *fig* Kompromiss *m*; **~-wit** S Schwachkopf *m*; **~-witted** ADJ (ADV ~ly) schwachsinnig; **~-world** S 1 *bes* POL Hemisphäre *f* 2 Halbwelt *f* 3 Unterwelt *f*; **~-year** A S Halbjahr *n* B halbjährig; **~-yearly** A ADJ 1 halbjährig 2 halbjährlich B ADV jedes halbe Jahr, halbjährlich

halibut ['hælɪbət] *pl* -buts, *bes koll* -but S FISCH Heilbutt *m*

halide ['hælaɪd; 'heɪ-] S CHEM Halid *n*, Halogenid *n*

halieutic [,hælɪ'juːtɪk; *US a.* -lɪ'uː-] A ADJ Fischerei... B S **halieutics** *pl* (*als sg konstruiert*) Fischereiwesen *n*

halite ['hælaɪt; 'heɪ-] S MINER Halit *n*, Steinsalz *n*

halitosis [,hælɪ'təʊsɪs] S MED Halitose *f*, übler Mundgeruch

hall [hɔːl] S 1 Halle *f*, Saal *m* 2 a Diele *f*, Flur *m* b (Empfangs-, Vor)Halle *f*, Vestibül *n* 3 a (*Versammlungs*) Halle *f* b *meist in Zusammensetzungen* großes (öffentliches) Gebäude: **the ℞ of Fame** *bes US* die Ruhmeshalle; **earn o.s. a place in the ℞ of Fame** *fig* sich unsterblich machen 4 HIST Gilde-, Zunfthaus *n* 5 *bes Br* Herrenhaus *n* (*e-s Landgutes*) 6 UNIV a *a.* **~ of residence** Studentenheim *n*: **live in ~** in e-m Studentenheim wohnen b *Br* (Essen *n* im) Speisesaal *m*: **eat in ~** im Speisesaal essen 7 UNIV *US* Institut *n*: **Science ℞** naturwissenschaftliches Institut 8 HIST a Schloss *n*, Stammsitz *m* b Fürsten-, Königssaal *m* c Festsaal *m* 9 *pl Br umg* Varieté *n*

Hall effect [hɔːl] S PHYS Halleffekt *m*

hallelujah, *a.* **halleluiah** [,hælɪ'luːjə] A S Halleluja *n* (*a.* MUS) B INT halleluja!; **~ maiden** S *umg hum* Hallelujamädchen *n* (*Angehörige der Heilsarmee*)

Halley's Comet ['hælɪz] S ASTRON Halleyscher Komet

halliard → halyard

hallmark A S 1 Feingehaltsstempel *m* (*der Londoner Goldschmiede-Innung*) 2 *fig* Stempel *m* (*der Echtheit*), Gepräge *n*, (Kenn)Zeichen *n*, Merkmal *n* B V/T 1 *Gold od Silber* stempeln, mit e-m Feingehaltsstempel versehen 2 *fig* kennzeichnen

hallo *bes Br für* hello

hallo(a) [hə'ləʊ] → halloo A, B

halloo [hə'luː] A INT hallo!, he!, heda! B S Hallo *n* C V/I („hallo") rufen *od* schreien: **don't ~ till you are out of the woods!** freu dich nicht zu früh!, man soll den Tag nicht vor dem Abend loben D V/T 1 *e-n Hund* durch (Hallo)Rufe antreiben 2 schreien, (aus)rufen

hallow[1] [hæləʊ] V/T heiligen: a heilig machen, weihen b als heilig verehren: **~ed be Thy name** geheiligt werde Dein Name

hallow[2] ['hæləʊ] → halloo

Hallowe'en, *bes US* **Halloween** [,hæləʊ'iːn; *US a.* ,hælə'wiːn; *a.* ,hɑːlə-] S Halloween *n* (*Abend vor Allerheiligen*); **Hallowmas** ['hæləʊmæs] S REL *obs* Allerheiligen *n*

hall| porter S *bes Br* Hausdiener *m* (*in e-m Hotel*); **~stand** S a Garderoben-, Kleiderständer *m* b (Flur)Garderobe *f*; **~ tree** *US* → hallstand a

hallucinate [hə'luːsɪneɪt] A V/I halluzinieren, e-e Halluzination *od* Halluzinationen haben B V/T 1 e-e Halluzination *od* Halluzinationen auslösen bei *j-m*: **be ~d** → A 2 halluzinieren, als Halluzination wahrnehmen; **hallucination** S Halluzination *f*; **hallucinatory** [-nətərɪ; *US* -nə,təʊriː; -,tɔːriː] ADJ halluzinatorisch; **hallucinogen** [-nədʒen; -dʒən] S Halluzinogen *n* (*Halluzinationen hervorrufende Droge*); **hallucinogenic** [-'dʒenɪk] A ADJ halluzinogen B S → hallucinogen; **hallucinosis** [-'nəʊsɪs] S MED Halluzinose *f* (*Krankheitszustand, der durch das Auftreten von vorwiegend akustischen Halluzinationen bei klarem Bewusstsein gekennzeichnet ist*)

hallway S *US* 1 (Eingangs)Halle *f*, Diele *f* 2 Korridor *m*

halm [hɑːm] → haulm

halma ['hælmə] S Halma *n* (*ein Brettspiel*)

halo ['heɪləʊ] A *pl* -loes, -los S 1 Heiligen-, Glorienschein *m*, Nimbus *m* (*a. fig*) 2 ASTRON Halo *m*, Ring *m*, Hof *m* 3 *allg* Ring *m*, (*a.* FOTO Licht)Hof *m* B V/T *3. sg präs* -loes mit e-m Heiligenschein *etc* umgeben

halobiont [,hæləʊ'baɪɒnt; *US* -,ɑnt] S BIOL Halobiont *m* (*Tier- od Pflanzenart, die nur an salzreichen Stellen vorkommt*)

halo effect S PSYCH Haloeffekt *m* (*positive od negative Beeinflussung bei der Beurteilung bestimmter Einzelzüge e-r Person durch den ersten Gesamteindruck od die bereits vorhandene Kenntnis von anderen Eigenschaften*)

halogen ['hælədʒen; -dʒən] S CHEM Halogen *n*, Salzbildner *m*: **~ headlamp** AUTO Halogenscheinwerfer *m*; **~ lamp** Halogen(glüh)lampe *f*

halogenate ['hælədʒəneɪt; *US a.* hæ'lɑ-] V/T CHEM halogenieren

halogenous [hə'lɒdʒɪnəs; *US* hæ'lɑ-] ADJ CHEM halogen, Salz bildend

haloid ['hælɔɪd] CHEM A ADJ Halogenid..., Haloid...: **~ salt** B S Halogenid *n*

halometer [hə'lɒmɪtə; *US* hæ'lɑmətər] S CHEM Halometer *n* (*Messgerät zur Bestimmung der Konzentration von Salzlösungen*)

halophyte ['hæləfaɪt] S BOT Halophyt *m*, Salzpflanze *f*

halothane ['hæləθeɪn] S CHEM, MED Halothan *n* (*ein Inhalationsnarkotikum*)

halt[1] [hɔːlt] A S 1 a Halt *m*, Rast *f*, Aufenthalt *m*, Pause *f* b Stillstand *m* (*a. fig*): **bring to a ~** → B; **call a ~** (*fig* Ein)Halt gebieten (**to** *dat*); **come to a ~** → C; **make a ~** → C a; → grind B 3 2 BAHN *Br* (Bedarfs)Haltestelle *f*, Haltepunkt *m* B V/T anhalten (lassen), haltmachen lassen, *a. fig* zum Stehen *od* Stillstand bringen C V/I a anhalten, haltmachen b *a. fig* zum Stehen *od* Stillstand kommen D INT *bes* MIL halt!

halt[2] [hɔːlt] A V/I 1 *obs* hinken 2 *fig* a hinken (*Argument, Vergleich etc*) b holpern, hinken (*Vers, Übersetzung etc*) 3 stockend sprechen 4 zögern, schwanken B ADJ *obs* lahm C S *obs* 1 **the ~** *koll* die Lahmen *pl* 2 Lahmheit *f*

halter ['hɔːltə(r)] A S 1 Halfter *m/n* 2 (Tod *m* durch den) Strick *od* Strang 3 rückenfreies Oberteil *od* Kleid mit Nackenband B V/T 1 *oft* **~ up** *ein Pferd* (an)halftern 2 *j-n* hängen 3 *fig* zügeln; **~break** V/T *irr ein Pferd* an den Halfter gewöhnen; **~neck** A S → halter A 3 B ADJ rückenfrei mit Nackenband

halting ADJ (ADV ~ly) 1 *obs* hinkend 2 *fig* a hinkend b holp(e)rig 3 stockend 4 zögernd, schwankend

halve [hɑːv; *US* hæv] V/T 1 halbieren: a in zwei Hälften teilen b auf die Hälfte reduzieren 2 *Golf*: a sich *ein Loch* teilen (**with** mit) b *e-e Runde* mit der gleichen Anzahl von Schlägen spielen (**with** wie) 3 *Tischlerei*: ab-, verblatten

halves [hɑːvz; *US* hævz] *pl von* half

halyard ['hæljə(r)d] S SCHIFF Fall *n*: **settle ~s** die Fallleinen wegfieren

ham [hæm] A S 1 GASTR a Schinken *m*: **~ and eggs** Ham and Eggs, Schinken mit (Spiegel)Ei b Hinterkeule *f* 2 ANAT (hinterer) Oberschenkel: **squat on one's ~s** in der Hocke sitzen, hocken 3 *umg* a *a.* **~ actor** übertrieben *od* miserabel spielender Schauspieler, Schmierenkomödiant *m* b *a.* **~ acting** übertriebenes *od* miserables Spiel (*e-s Schauspielers*) c MUS *etc* Dilettant(in), Stümper(in) **4** *umg* Funkamateur(in), Amateurfunker(in) **B** ADJ **1** *umg* MUS *etc* dilettantisch, stümperhaft **2** *umg* Amateurfunker...: **~ licence C** V/T *umg e-e Rolle* übertrieben *od* miserabel spielen: **~ it up** → D **D** V/I *umg* übertrieben *od* miserabel spielen

hamadryad [ˌhæməˈdraɪəd; -æd] *pl* -ads, -ades [-ədiːz] S **1** MYTH (Hama)Dryade *f*, Baumnymphe *f* **2** ZOOL a → king cobra b Mantelpavian *m*

hamburg [ˈhæmbɜːg; *US* ˈhæmˌbɜrg] → hamburger; **hamburger** S **1** *US* Rinderhack *n* **2** a *a.* **~ steak** Frikadelle *f* (*aus Rinderhack*) b Hamburger *m*

Hamburg steak → hamburger 2 a

hames [heɪmz] SPL Kummet *n*

ham|-fisted *bes Br für* ham-handed 1; **~-handed** ADJ *umg* **1** tollpatschig, ungeschickt **2** mit riesigen Händen

Hamite [ˈhæmaɪt] S Hamit(in); **Hamitic** [hæˈmɪtɪk; hə-] ADJ hamitisch

hamlet [ˈhæmlɪt] S **1** Weiler *m*, Dörfchen *n* **2** *Br* Dorf *n* ohne eigene Kirche

hammer [ˈhæmə(r)] **A** S **1** Hammer *m*: **come** (*od* **go**) **under the ~** unter den Hammer kommen, versteigert werden; **~ and sickle** POL Hammer u. Sichel (*Symbol des Kommunismus*); **go at it ~ and tongs** *umg* a sich mächtig ins Zeug legen b (sich) streiten, dass die Fetzen fliegen **2** MUS Hammer *m* (*Klavier etc*) **3** ANAT Hammer *m* (*Gehörknöchelchen*) **4** *Leichtathletik*: a Hammer *m* b Hammerwerfen *n* **5** TECH a Hammer(werk) *m(n)* b Hahn *m*, Spannstück *n* (*e-r Feuerwaffe*) **6** AUTO *US sl* Gaspedal *n*: **drop the ~** auf die Tube drücken *umg*; **have the ~ down** auf dem Gas stehen **B** V/T **1** hämmern, (*mit e-m Hammer*) schlagen *od* treiben: **~ in** einhämmern (*a. fig*); **~ an idea into sb's head** *fig* j-m e-e Idee einhämmern *od* einbläuen; **he ~ed the ball against the post** (*Fußball*) er hämmerte den Ball gegen *od* an den Pfosten **2** a *oft* **~ out** *Metall* hämmern, (durch Hämmern) formen *od* bearbeiten b **~ out** *eine Beule* aushämmern c **~ out** *e-e Politik etc* ausarbeiten d **~ out** *Differenzen* ausbügeln **3** *a.* **~ together** zusammenhämmern, -schmieden, -zimmern **4** (mit den Fäusten) bearbeiten, einhämmern auf (*akk*): **~ a typewriter** auf e-r Schreibmaschine hämmern **5** *umg* vernichtend schlagen, SPORT *a.* vernaschen, überfahren (*beide umg*) **6** *Börse*: a *j-n* (*durch drei Hammerschläge*) für zahlungsunfähig erklären b **~ down** *die Kurse* durch Leerverkauf drücken **C** V/I **1** hämmern (*a. Puls etc*), schlagen: **~ at** einhämmern auf (*akk*); **~ away** draufloshämmern *od* -arbeiten; **~ away at the piano** auf dem Klavier hämmern, das Klavier bearbeiten **2** *a.* **~ away (at)** sich den Kopf zerbrechen (über *akk*), sich abmühen (mit)

hammer| beam S ARCH Stichbalken *m*; **~ blow** S Hammerschlag *m*; **~ drill** S TECH Schlagbohrer *m*

hammered [ˈhæmə(r)d] ADJ TECH gehämmert, getrieben, Treib...

hammer| face S TECH Hammerbahn *f*; **~ forging** S METALL Reckschmieden *n*; **~-harden** V/T TECH kalthämmern; **~head** S **1** TECH Hammerkopf *m*: **~ bolt** *US* Hammerschraube *f* **2** Dummkopf *m* **3** FISCH Hammerhai *m*

hammerless ADJ mit verdecktem Schlaghammer (*Gewehr*)

hammer|lock S *Ringen*: Hammerlock *m* (*Griff, bei dem der Arm des Gegners entgegen der Schwerkraft des Körpers gedreht wird*); **~ mill** S TECH Hammermühle *f*; **~ price** S Zuschlagpreis *m* (*auf e-r Auktion*); **~ scale** S TECH Hammerschlag *m*, Zunder *m*; **~ sedge** S BOT Rauhaarige Segge; **~smith** S Hammerschmied *m*; **~ throw** S *Leichtathletik*: Hammerwerfen *n*; **~ thrower** S *Leichtathletik*: Hammerwerfer(in); **~toe** S MED Hammerzehe *f*; **~ welding** S TECH Hammer-, Feuer-, Schmiedeschweißen *n*

hammock[1] [ˈhæmək] S Hängematte *f*

hammock[2] [ˈhæmək] S *US* humusreiches Laubwaldgebiet

Hammond organ [ˈhæmənd] S MUS Hammondorgel *f*

hammy [ˈhæmɪ] ADJ (ADV hammily) *umg* a übertrieben *od* miserabel spielend (*Schauspieler*) b übertrieben, miserabel (*Spiel*)

hamper[1] [ˈhæmpə(r)] V/T **1** (be)hindern, hemmen **2** stören

hamper[2] [ˈhæmpə(r)] S **1** (Pack-, Trag)Korb *m* (*meist mit Deckel*) **2** Geschenk-, Fresskorb *m* **3** *US* Wäschekorb *m*

Hampshire [ˈhæmpʃə(r); -ˌʃɪə(r)] S Hampshire *n* (*Grafschaft in Südengland*)

hamshackle [ˈhæmʃækl] V/T **1** *ein Pferd etc* fesseln (*um Kopf u. Vorderbein*) **2** *fig* zurückhalten, zügeln

hamster [ˈhæmstə(r)] S ZOOL Hamster *m*

hamstring **A** S **1** ANAT Kniesehne *f* **2** ZOOL Achillessehne *f* **B** V/T *irr* **1** (durch Zerschneiden der Kniesehnen *od* der Achillessehne) lähmen **2** *fig* a vereiteln b handlungsunfähig machen, lähmen

hamulus [ˈhæmjʊləs] *pl* -li [-laɪ] S ANAT, BOT, ZOOL Hamulus *m*, Häkchen *n*

hance [hæns; *Br a.* hɑːns] S ARCH a Auslauf *m* (*von elliptischen Bogen*) b (Bogen)Schenkel *m*

hand [hænd] **A** S **1** Hand *f*: **~s off!** Hände weg!; **~s up!** Hände hoch!; **with one's ~s up** mit erhobenen Händen; **a helping ~** *fig* e-e hilfreiche Hand; **give** (*od* **lend**) **a** (**helping**) **~** mit zugreifen, *j-m* helfen (**with** bei); **give sth a helping ~** *pej* bei etwas mithelfen; **do you need a ~?** soll ich dir helfen?; **give sb a ~ up** j-m auf die Beine helfen *od* hochhelfen; **he asked for her ~** er hielt um ihre Hand an; **be good with one's ~s** handwerkliches Geschick haben; → stand B 1 **2** a Hand *f* (*e-s Affen*) b Vorderfuß *m* (*e-s Pferdes etc*) c Fuß *m* (*e-s Falken*) d Schere *f* (*e-s Krebses*) **3** Urheber(in), Verfasser(in) **4** *meist pl* Hand *f*, Macht *f*, Gewalt *f*: **I am entirely in your ~s** ich bin ganz in Ihrer Hand; **fall into sb's ~s** j-m in die Hände fallen **5** *pl* Hände *pl*, Obhut *f*: **the child is in good ~s** **6** *pl* Hände *pl*, Besitz *m*: **in private ~s** in Privathand, in Privatbesitz; **change ~s** → Bes Redew **7** Hand *f* (*Handlungs-, bes Regierungsweise*): **with a high ~** selbstherrlich, anmaßend, willkürlich, eigenmächtig; **with (a) heavy ~** hart, streng, mit harter Hand; → iron B 3 **8** Hand *f*, Quelle *f*: **at first ~** aus erster Hand **9** Hand *f*, Fügung *f*, Einfluss *m*, Wirken *n*: **the ~ of God** die Hand Gottes; **hidden ~** (geheime) Machenschaften *pl* **10** Seite *f* (*a. fig*), Richtung *f*: **on every ~** überall, ringsum; **on all ~s** a überall b von allen Seiten; **on the right ~** rechter Hand, rechts; **on the one ~ ..., on the other ~** *fig* einerseits ..., andererseits **11** *meist in Zusammensetzungen* Arbeiter(in), Mann *m* (*a. pl*), *pl* Leute *pl*, SCHIFF Matrose *m*: → deck A 1 **12** Fachmann *m*, -frau *f*, Routinier *m*: **an old ~** ein alter Fachmann *od* Praktikus *od* Hase *umg*; **a good ~ at** sehr geschickt *od* geübt in (*dat*); **I am a poor ~ at golf** ich bin ein schlechter Golfspieler **13** (gute) Hand, Geschick *n*: **he has a ~ for horses** er versteht es, mit Pferden umzugehen; **my ~ is out** ich bin außer *od* aus der Übung **14** Handschrift *f*: **a legible ~** **15** Unterschrift *f*: **set one's ~ to** s-e Unterschrift setzen unter (*akk*), unterschreiben; **under the ~ of** unterzeichnet von **16** Hand *f*, Fertigkeit *f*: **it shows a master's ~** es verrät die Hand e-s Meisters **17** Applaus *m*, Beifall *m*: **get a big ~** stürmischen Beifall hervorrufen, starken Applaus bekommen; **give sb a ~** j-m applaudieren *od* Beifall klatschen **18** Zeiger *m* (*der Uhr etc*) **19** Büschel *n*, Bündel *n* (*Früchte*), Hand *f* (*Bananen*) **20** Handbreit *f* (= *4 Zoll* = *10,16 cm*) (*bes um die Höhe von Pferden zu messen*) **21** *Kartenspiel*: a Spieler(in) b Blatt *n*, Karten *pl*: **have a good ~** c Spiel *n*: → lone 1 **22** *pl Fußball*: Handspiel *n*: **he was cautioned for ~s** er wurde wegen e-s Handspiels verwarnt; **~s!** Hand! **B** V/T **1** ein-, aushändigen, (über)geben, (-)reichen (*alle*: **sb sth, sth to sb** j-m etwas): **you must ~ it to him** *fig* das muss man *od* der Neid ihm lassen (*anerkennend*) **2** *j-m* helfen, *j-n* geleiten: **~ sb into** (**out of**) **the car** j-m ins (aus dem) Auto helfen **3** SCHIFF *die Segel* festmachen

Besondere Redewendungen: **~ and foot** a an Händen u. Füßen (*fesseln*) b *fig* eifrig, ergeben (*dienen*), vorn u. hinten (*bedienen*); **be ~ in glove (with)** a auf vertrautem Fuße stehen (mit), ein Herz u. e-e Seele sein (mit) b unter einer Decke stecken (mit) *umg*; **~s down** spielend, mühelos (*gewinnen etc*); **~ in ~** Hand in Hand (*a. fig*); **~ on heart** Hand aufs Herz; **~ over fist** a Hand über Hand (*klettern etc*) b *fig* Zug um Zug, schnell, spielend; **~ to ~** Mann gegen Mann (*kämpfen*); **at ~** a nahe, in Reichweite b nahe (bevorstehend) c bei der *od* zur Hand, bereit; **at the ~s of** vonseiten, seitens (*gen*), durch, von; **by ~** a mit der Hand, manuell b durch Boten c mit der Flasche (*großziehen*); **carved by ~** handgeschnitzt; **take sb by the ~** a j-n bei der Hand nehmen b *fig* j-n unter s-e Fittiche nehmen; **by the ~ of** durch; **from ~ to ~** von Hand zu Hand; **from ~ to mouth** von der Hand in den Mund (*leben*); **in ~** a in der Hand b zur (freien) Verfügung c vorrätig, vorhanden d *fig* in der Hand *od* Gewalt e in Bearbeitung f im Gange; **the letter (matter) in ~** der vorliegende Brief (die vorliegende Sache); **take in ~** a in die Hand *od* in Angriff nehmen b *umg j-n* unter s-e Fittiche nehmen; **on ~** a verfügbar, vorrätig b bevorstehend c zur Stelle; **on one's ~s** a auf dem Hals b zur Verfügung; **be on sb's ~s** j-m zur Last fallen; **out of ~** a kurzerhand, sofort b vorbei, erledigt c *fig* aus der Hand, außer Kontrolle, nicht mehr zu bändigen; **let one's temper get out of ~** die Selbstbeherrschung verlieren; **to ~** zur Hand; **come to ~** eingehen, -laufen, -treffen (*Brief etc*); **your letter to ~** WIRTSCH *obs* im Besitz Ihres werten Schreibens; **under ~** a unter Kontrolle b unter der Hand, heimlich; **under the ~ and seal of Mr X** von Mr. X eigenhändig unterschrieben *od* geschrieben u. gesiegelt; **with one's own ~** eigenhändig; **change ~s** in andere Hände übergehen, den Besitzer wechseln; **the lead changed ~s several times** SPORT die Führung wechselte mehrmals; **get one's ~ in** Übung bekommen, sich einarbeiten; **get sth off one's ~s** etwas loswerden; **grease** (*od* **oil**) **sb's ~** *umg* j-n schmieren *umg*, j-n bestechen; **have one's ~ in** in Übung sein, Übung haben; **have a ~ in** s-e Hand im Spiel haben bei, beteiligt sein an (*dat*); **have clean ~s** e-e weiße *od* reine *od* saubere Weste haben; **have one's ~s full** alle Hände voll zu tun haben; **hold ~s** Händchen halten (*Verliebte*); **holding ~s** Händchen haltend; **hold one's ~** sich zurückhalten; **join ~s** sich die Hände reichen, *fig a.* sich verbünden *od* zusammentun; **keep one's ~ in** in Übung bleiben; **keep a firm ~ on** unter strenger Zucht halten; **lay (one's) ~s on** a anfassen b ergreifen, packen, habhaft werden

H

(gen) c *(gewaltsam)* Hand an *j-n* legen d REL ordinieren; **I can't lay my ~s on it** ich kann es nicht finden; **lay ~s on o.s.** Hand an sich legen; **not lift** *(od* **raise) a ~** keinen Finger rühren; **live by one's ~s** von s-r Hände Arbeit leben; **play into sb's ~s** j-m in die Hände arbeiten; **put one's ~ on** a finden b *fig* sich erinnern an *(akk)*; **put** *(od* **set) the ~ to** a ergreifen b *fig* in Angriff nehmen, anpacken; **shake ~s** sich die Hände schütteln, Shakehands machen; **shake ~s with sb, shake sb by the ~** j-m die Hand schütteln *(a. zur Gratulation etc) od* geben; **shake ~s on** *etwas* mit Handschlag besiegeln; **show one's ~** *fig* s-e Karten aufdecken; **take a ~ at a game** bei e-m Spiel mitmachen; **throw one's ~ in** *(Kartenspiel)* aussteigen *(a. fig)*; **try one's ~ at sth** etwas versuchen, es mit etwas probieren; **wash one's ~s** a sich die Hände waschen b *euph* mal kurz verschwinden; **wash one's ~s of it** a (in dieser Sache) s-e Hände in Unschuld waschen b nichts mit der Sache zu tun haben wollen; **I wash my ~s of him** mit ihm will ich nichts mehr zu tun haben; → cross B 1, overplay A 3, sit A 1, soil[1] A a

Phrasal Verbs: **hand| around** VT herumreichen, herumgehen lassen; **~ back** VT zurückgeben; **~ down** VT 1 hinunter-, herunterreichen, -langen *(alle:* **from** von; **to** *dat)* 2 *j-n* hinunter-, heruntergeleiten *(beide:* **to** zu) 3 vererben, (als Erbe) hinterlassen *(beide:* **to** *dat)* 4 **(to)** *e-e Tradition etc* weitergeben (an *akk*), *Bräuche etc* überliefern *(dat)* 5 JUR *US* a *die Entscheidung e-s höheren Gerichtshofes* e-m untergeordneten Gericht übermitteln b *das Urteil etc* verkünden; **~ in** VT 1 *etwas* hinein-, hereinreichen, -langen *(alle:* **to** *dat)* 2 *e-e Prüfungsarbeit etc* abgeben, *e-n Bericht, ein Gesuch etc* einreichen *(beide:* **to** bei): → check A 12; **~ on** VT 1 weiterreichen, -geben *(beide:* **to** *dat*, an *akk)* 2 → hand down 4; **~ out** VT 1 aus-, verteilen *(beide:* **to** an *akk)* 2 verschenken 3 *Ratschläge, Komplimente etc* verteilen: **I don't need you handing (me) out that sort of advice!** auf diese Ratschläge von dir kann ich verzichten!; **~ over** VT **(to** *dat)* 1 übergeben: **hand sb over to the police** 2 überlassen 3 (her)geben, aushändigen; **~ round** → hand around; **~ up** VT hinauf-, heraufreichen, -langen *(alle:* **to** *dat)*

hand|bag A S 1 Handtasche *f* 2 Handkoffer *m*, Reisetasche *f* B VT 1 *j-n* mit der Handtasche schlagen 2 *umg (mit Worten)* über *j-n* herfallen *(Frau)*; **~ baggage** S FLUG Bordgepäck *n*, *bes US* Handgepäck *n*; **~ball** S SPORT 1 a *bes Br* Handball(spiel) *m(n)* b *US ein dem Squash ähnliches Spiel, bei dem der Ball mit der Hand geschlagen wird*; 2 a *bes Br* Handball *m* b *US* ***bei 1 b verwendeter Ball***; 3 *Fußball:* Handspiel *n*: **~!** Hand!; **~barrow** S 1 Trage *f* 2 → handcart; **~ basin** S Waschbecken *n*; **~ bell** S Tisch-, Handglocke *f*; **~bill** S Handzettel *m*, Flugblatt *n*; **~book** S 1 Handbuch *n* 2 Reiseführer *m* **(of** durch, von): **a ~ of London** ein London-Führer; **~ brake** S TECH Handbremse *f*; **~breadth** S Handbreit *f*

h. and c. ABK hot and cold (water)

hand| car S BAHN *US* Draisine *f* mit Handantrieb; **~cart** S Handkarre(n) *f(m)*; **~-carved** ADJ handgeschnitzt; **~clap** S Händeklatschen *n*: **a flurry of ~s greeted him** ihn empfing stürmischer Beifall; **give sb a slow ~** *Br* j-m durch langsames, rhythmisches Händeklatschen s-e Unzufriedenheit *od* s-e Ungeduld ausdrücken; **~clasp** *Am* → handshake; **~craft** → handicraft; **~ cream** S Handcreme *f*; **~cuff** A S *meist pl* Handschelle *f* B VT *j-m* Handschellen anlegen: **~ed** in Handschellen; **be ~ed to a policeman** mit Handschellen an e-n Polizisten gefesselt sein; **~ drill** S TECH Handbohrmaschine *f*

-handed [hændɪd] *Wortelement mit der Bedeutung* ...händig, mit ... Händen

hand|fast S *obs* 1 fester Griff 2 durch e-n Händedruck besiegelter (Heirats)Vertrag; **~-feed** VT *irr* 1 AGR von Hand füttern 2 TECH von Hand beschicken: **hand-fed** handbeschickt; **~ flag** S SCHIFF Winkerflagge *f*; **~-forged** ADJ handgeschmiedet

handful ['hændfʊl; 'hænfʊl] S 1 *(e-e)* Handvoll *(a. fig Personen)* 2 *umg* Plage *f (lästige Person od Sache)*, Nervensäge *f*: **be quite a ~ for sb** j-m ganz schön zu schaffen machen

hand| gallop S Handgalopp *m*; **~ generator** S ELEK Kurbelinduktor *m*; **~ glass** S 1 Handspiegel *m* 2 (Lese)Lupe *f*; **~ grenade** S MIL Handgranate *f*; **~grip** S 1 a Händedruck *m* b Griff *m* 2 TECH Griff *m* 3 *pl* Handgemenge *n*: **they came to ~s** sie wurden handgemein 4 Reisetasche *f*; **~gun** S *bes US* Hand-, Faustfeuerwaffe *f*; **~-held** A ADJ 1 FILM, TV tragbar *(Kamera)* 2 **~ computer** → B B S Handheld *m (kleiner handlicher Taschencomputer)*; **~hold** S Halt *m*: **get a ~ on sth** etwas zu fassen bekommen; **~holding** A ADJ Händchen haltend B S Händchenhalten *n*; **~-hot** ADJ handwarm

handicap ['hændɪkæp] A S Handicap *n*: a SPORT Vorgabe *f (für leistungsschwächere Teilnehmer)* b Vorgaberennen *n od* -spiel *n od* -kampf *m* c *fig* Behinderung *f*, Benachteiligung *f*, Nachteil *m*, Erschwerung *f*, Hindernis *n (alle:* **to** für): → mental[2] A 3 a, physical A 1 B VT handicapen: a (be)hindern, benachteiligen, ein Handicap sein für b SPORT mit e-m Handicap belegen: **~ the horses** die Chancen der Pferde durch Vorgaben *od* Gewichtsbelastung ausgleichen; **handicapped** A ADJ gehandicapt, behindert, benachteiligt *(alle:* **with** durch): → mentally, physically, visual A B S: **the ~** *koll* MED die Behinderten *pl*

handicraft ['hændɪkrɑːft; *US* -ˌkræft] S 1 Handfertigkeit *f* 2 *(bes* Kunst)Handwerk *n*; **handicraftsman** [-tsmən] S *irr (bes* Kunst)-Handwerker *m*

handily ['hændɪlɪ] ADV 1 geschickt 2 handlich 3 nützlich 4 *US* spielend, mühelos: **win ~**; **handiness** S 1 Geschicktheit *f* 2 Handlichkeit *f* 3 Nützlichkeit *f*

handiwork S 1 Handarbeit *f* 2 Werk *n*, Schöpfung *f*: **Nature is God's ~**

handjob S: **give sb a ~** *vulg* j-m e-n runterholen *(j-n masturbieren)*; **give o.s. a ~** *vulg* sich e-n runterholen, wichsen *(onanieren)*

handkerchief ['hæŋkə(r)tʃɪf] *pl* -chiefs, -chieves [-tʃiːvz] S 1 Taschentuch *n* 2 *obs* Halstuch *n*

hand|-knit A VT *a. irr* mit der Hand stricken B ADJ handgestrickt; **~-knitted** → hand-knit B

handle ['hændl] A S 1 a (Hand)Griff *m* b Stiel *m*, Heft *n* c Henkel *m (am Topf etc)* d Klinke *f*, Drücker *m (e-r Tür)* e Kurbel *f* f Schwengel *m (e-r Pumpe)*: **~ of the face** *hum* Nase *f*; **~ to sb's name** *umg* Titel *m*; **fly off the ~** *umg* hochgehen, aufbrausen, wütend werden 2 *fig* Handhabe *f* **(against** gegen), Angriffspunkt *m*, -fläche *f*: **give sb a ~** j-m e-e Angriffsfläche bieten 3 *fig* Vorwand *m*: **serve as a ~** als Vorwand dienen 4 **get (to have) a ~ on sth** *US fig* etwas in den Griff bekommen (im Griff haben) B VT 1 berühren, befühlen, anfassen, in Berührung kommen mit: **~ the ball** *(Fußball)* ein Handspiel begehen 2 *Werkzeuge etc* handhaben, (geschickt) gebrauchen, hantieren *od* umgehen mit, *e-e Maschine* bedienen: **~ with care** behutsam umgehen mit 3 a *ein Thema etc* behandeln, *e-e Sache a.* handhaben b *etwas* erledigen, durchführen, abwickeln c mit *etwas od j-m* fertig werden, *etwas* deichseln *umg*: **I can ~ it (him)** damit (mit ihm) werde ich fertig 4 *j-n* behandeln, umgehen mit, anfassen: → kid glove 5 *Tiere* a betreuen b dressieren *od* abrichten (u. vorführen) 6 a *e-n Boxer* trainieren b *e-n Boxer* betreuen, sekundieren *(dat)* 7 sich beschäftigen mit 8 *Güter* befördern, weiterleiten 9 WIRTSCH Handel treiben mit, handeln mit C VI 1 sich *leicht etc* handhaben lassen: **the car ~s well on bends** der Wagen liegt gut in der Kurve 2 sich *weich etc* anfühlen 3 **"Glass - ~ with care!"** „Vorsicht, Glas!" 4 *Fußball:* ein Handspiel begehen

handlebar S *meist pl* Lenkstange *f*: **dropped ~s** *pl* Rennlenker *m*; **~ m(o)ustache** Schnauzbart *m*, Schnauzer *m umg*

handler S 1 *j-d, der mit etwas in Berührung kommt*: **all ~s of food in a restaurant are required to have a health certificate** 2 Dresseur(in), Abrichter(in) 3 *Boxen:* a Trainer *m* b Betreuer *m*, Sekundant *m*

handling S 1 Berührung *f* 2 Handhabung *f*, Gebrauch *m* 3 Durchführung *f*, Erledigung *f* 4 Behandlung *f* 5 WIRTSCH Beförderung *f*, Weiterleitung *f* 6 *Fußball:* Handspiel *n*: **be cautioned for ~** wegen Handspiels verwarnt werden; **~ charge** S 1 Bearbeitungsgebühr *f* 2 *pl* WIRTSCH Umschlagspesen *pl*

hand| loom S TECH Handwebstuhl *m*; **~ luggage** S Handgepäck *n*; **~-made** ADJ handgearbeitet: **~ paper** Büttenpapier *n*, handgeschöpftes Papier; **~maid(en)** S 1 *obs* Dienerin *f*, Magd *f* 2 **be a ~ of** *fig* zur Verfügung stehen *(dat)*; **~-me-down** *umg* A ADJ 1 Konfektions..., von der Stange *umg* 2 abgelegt *(Kleider)* B S 1 Konfektionsanzug *m*, Kleid *n etc* von der Stange *umg*, *pl* Konfektionskleidung *f* 2 abgelegtes Kleidungsstück: **his big brother's ~s** die Kleider, aus denen sein großer Bruder herausgewachsen ist; **~ mixer** S Handmixer *m*; **~-operated** ADJ mit Handbetrieb, handbedient, Hand...; **~ organ** S MUS Drehorgel *f*, Leierkasten *m*; **~out** S 1 Almosen *n (a. pej)*, milde Gabe 2 Prospekt *m*, Hand-, Werbezettel *m* 3 Handout *n (Informationsunterlage, die an Pressevertreter, Tagungsteilnehmer etc verteilt wird)*; **~-painted** ADJ a handgemalt b handbemalt; **~-pick** VT 1 mit der Hand pflücken *od* auslesen: **~ed** handverlesen 2 *umg* sorgsam auswählen; **~ press** S TECH Handpresse *f*; **~print** S Handabdruck *m*; **~ puppet** S *US* Handpuppe *f*; **~-push** VT *Eishockey: die Scheibe* mit der Hand spielen; **~rail** S Handlauf *m*; **~saw** S TECH Fuchsschwanz *m*

hand's-breadth S Handbreit *f*

handsel ['hænsl] *obs od dial* A S 1 Einstands- *od* Neujahrsgeschenk *n* 2 Morgengabe *f* 3 erste Einnahme *(in e-m Geschäft)* 4 Hand-, Draufgeld *n* B VT *prät u. pperf* -seled, *bes Br* -selled 1 *j-m* ein Einstandsgeschenk *etc* geben 2 einweihen *(a. fig)*

hand|set S TEL Handapparat *m*, Hörer *m*; **~-set** ADJ TYPO handgesetzt; **~-sewn** ADJ handgenäht; **~shake** S Händedruck *m*: **give sb a firm ~** j-m kräftig die Hand schütteln; **~-sign** VT eigenhändig unterzeichnen: **~ed** handsigniert

hands-off policy S Nichteinmischungspolitik *f*

handsome ['hænsəm] ADJ (ADV ~ly) 1 hübsch, schön, stattlich *(alle a. fig)*, *(bes Mann a.)* gut aussehend 2 *fig* beträchtlich, ansehnlich *(Summe etc)* 3 großzügig, nobel, anständig: **~ is as ~ does** *(Sprichwort)* edel ist, wer edel handelt; → come down 10 4 *US* gewandt, geschickt: **a ~ speech** e-e geschickt aufgebaute Rede; **handsomeness** S 1 Schönheit *f*, Stattlichkeit *f*, gutes Aussehen 2 Beträchtlichkeit *f* 3 Großzügigkeit *f*

hands-on| management S WIRTSCH Hands-on-Management *n* (*aktiver Führungsstil*); **~ training** S praktische Ausbildung

hand|spike S SCHIFF, TECH Handspake *f*, Hebestange *f*; **~spring** S *Turnen*: Handstandüberschlag *m*: **do a ~** e-n Handstandüberschlag machen; **~stand** S SPORT Handstand *m*: **do a ~** e-n Handstand machen; **~-time** V/T *e-e Zeit etc* mit der Hand stoppen: **~d** handgestoppt; **~-to-hand** ADJ Mann gegen Mann: **~ combat** MIL Nahkampf *m*; **~-to--mouth** ADJ kümmerlich: **lead a ~ existence** von der Hand in den Mund leben; **~-wash** V/T mit der Hand waschen; **~ washing** S Handwäsche *f*; **~wheel** S TECH Hand-, Stellrad *n*; **~work** S Handarbeit *f*; **~write** V/T *irr* mit der Hand schreiben: **handwritten** handgeschrieben; **~writing** S 1 (Hand)Schrift *f*: **~ expert** JUR Schriftsachverständige(r) *m/f(m)*; **the ~ on the wall** *fig* die Schrift an der Wand, das Menetekel 2 (*etwas*) Handgeschriebenes; **~-wrought** ADJ handgearbeitet

handy ['hændɪ] ADJ (ADV → handily) 1 zur Hand, bei der Hand, greifbar, in greifbarer Nähe, leicht erreichbar: **have sth ~** etwas zur Hand haben; **keep sth ~** etwas griffbereit aufbewahren 2 geschickt, gewandt: **be ~ with a tool** mit e-m Werkzeug (gut) umgehen können 3 handlich, praktisch, leicht zu handhaben(d) 4 SCHIFF wendig 5 nützlich: **come in ~** a sich als nützlich erweisen b (sehr) gelegen kommen; **~man** S *irr* a Mädchen *n* für alles *n umg*, Faktotum *n* b Heimwerker *m*

hang [hæŋ] A S 1 Hängen *n*, Fall *m*, Sitz *m* (*e-s Kleids etc*) 2 *umg* a Bedeutung *f*, Sinn *m* b (richtige) Handhabung: **get the ~ of sth** etwas kapieren, hinter etwas kommen, den Dreh rauskriegen bei etwas (*alle umg*); **have the ~ of sth** etwas kapiert haben, etwas raushaben 3 **I don't care** (*od* **give**) **a ~!** *umg* das ist mir völlig schnuppe! 4 (kurze) Pause, Stillstand *m* 5 Abhang *m*, Neigung *f* B V/T *prät u. pperf* hung [hʌŋ] *od* (*für 9 u. 10*) hanged 1 **(from, to, on)** aufhängen (an *dat*), hängen (an *akk*): **~ sth on a hook**; **be hung to** (*od* **from**) aufgehängt sein *od* hängen an (*dat*), herabhängen von; **~ sth on sb** *fig* j-m etwas anhängen 2 (*zum Trocknen etc*) aufhängen: **hung beef** gedörrtes Rindfleisch 3 TECH *e-e Tür, e-e Karosserie etc* einhängen 4 (auf)hängen: **~ o.s.** sich erhängen (**from** an *e-m Baum etc*; **by** an *s-r Krawatte etc*); **I'll be ~ed first!** *umg* eher lasse ich mich hängen!; **I'll be ~ed if …** *umg* ich will mich hängen lassen, wenn …; **~ it (all)!** *umg* zum Henker damit! 5 a *j-n* an den Galgen bringen b *fig j-m* das Genick brechen 6 *den Kopf* hängen lassen *od* senken 7 *e-e Wand etc* behängen (**with** mit): **the walls were hung with …** *a.* an den Wänden hingen … 8 *Tapeten* anbringen, ankleben 9 JUR *US die Geschworenen* an der Entscheidung hindern (*durch Nichtzustimmung*): **it was a hung jury** die Geschworenen konnten sich (*über die Schuldfrage*) nicht einigen 10 → fire A 9 C V/I 1 hängen, baumeln (*beide*: **by, on** an *dat*): **~ by a rope**; **~ by a thread** *fig* an e-m Faden hängen; **~ in the air** *bes fig* in der Luft hängen; **~ on(to)** (*od* **upon**) **sb's lips** (*od* **words**) an j-s Lippen hängen; → balance A 2 2 hängen, ein- *od* aufgehängt sein 3 hängen, gehängt werden: **he will ~ for it** dafür wird er hängen; **let sth go ~** *umg* sich den Teufel um etwas scheren; **let it go ~!** *umg* zum Henker damit! 4 (herab)hängen, fallen (*Kleid, Vorhang etc*) 5 sich senken, sich neigen, abfallen 6 **~ on** *fig* hängen an (*dat*), abhängen von 7 **~ on** *fig* sich hängen an (*akk*), sich festhalten an (*dat*), sich klammern an (*akk*) 8 unentschlossen sein, zögern 9 → heavy C 10 **~ tough** *umg* stur *od* hart bleiben, nicht nachgeben

Phrasal Verbs: **hang| about, ~ around** V/I 1 a herumlungern *od* sich herumtreiben in (*dat*) *od* bei b sich herumtreiben (*beide*: **with** mit) 2 trödeln 3 warten; **~ back** V/I 1 zögern (**from doing sth** etwas zu tun) 2 → hang behind; **~ behind** V/I zurückhängen, -bleiben; **~ down** V/I hinunter-, herunterhängen (*beide*: **from** von); **~ on** V/I 1 **(to)** sich klammern (an *akk*) (*a. fig*), festhalten (*akk*), nicht loslassen *od* aufgeben (*akk*); → hang C 1, B 1 2 a warten b TEL am Apparat bleiben 3 nicht nachlassen (*Krankheit etc*); **~ out** A V/T 1 (hin-, her)aushängen, *Wäsche* (draußen) aufhängen B V/I 1 heraushängen: **let it all ~** *umg* a sich ungezwungen benehmen b aus sich herausgehen c kein Blatt vor den Mund nehmen 2 ausgehängt sein 3 *umg* a hausen, sich aufhalten b sich herumtreiben; **~ over** A V/I 1 andauern, existieren (*beide*: **from** seit) 2 *fig* hängen *od* schweben über (*dat*), drohen (*dat*) 3 sich neigen über (*akk*) 4 aufragen über (*dat*) B V/T: **be hung over** *umg* e-n Kater haben, verkatert sein; **~ together** V/I 1 zusammenhalten (*Personen*) 2 e-n (logischen) Zusammenhang haben, zusammenhängen; **~ up** A V/T 1 aufhängen: **~ one's gloves** (*Boxen*) die Handschuhe an den Nagel hängen 2 aufschieben, hinausziehen: **be hung up** verzögert *od* aufgehalten werden 3 **be hung up (on)** *umg* a e-n Komplex haben (wegen) b besessen sein (von) B V/I TEL einhängen, auflegen: **she hung up on him** sie legte einfach auf

hangar ['hæŋə(r)] S FLUG Hangar *m*, Flugzeughalle *f*, -schuppen *m*

hangdog A S Galgenvogel *m*, -strick *m* B ADJ 1 gemein, schurkisch 2 a schuldbewusst b jämmerlich: **~ look** Armesündermiene *f*

hanger S 1 (Auf)Hänger(in) 2 Tapezierer(in) 3 Aufhänger *m*, Aufhängevorrichtung *f*, *bes* a (*Kleider*) Bügel *m* b Schlaufe *f*, Aufhänger *m* (*am Rock etc*) c (*Topf*) Haken *m* 4 TECH a Hängeeisen *n* b Hängebock *m* c Unterlitze *f* d Traversenträger *m* 5 a Hirschfänger *m* b kurzer Säbel 6 Haken *m*, Kurvenlinie *f* (*bei Schreibversuchen*); **~ bearing** S TECH Hängelager *n*

hanger-on *pl* hangers-on S *pej* 1 *pl* Anhang *m*, Gefolge *n* 2 Klette *f*

hang|fire S MIL Nachbrennen *n*, -zündung *f*; **~ glider** S SPORT 1 Hängegleiter *m*, (Flug)Drachen *m* 2 Drachenflieger(in); **~ gliding** S SPORT Hängegleiten *n*, Drachenfliegen *n*

hanging A S 1 (Auf)Hängen *n* 2 (Er)Hängen *n*: **(execution by) ~** Hinrichtung *f* durch den Strang 3 Wandbehang *m*, Tapete *f*, Vorhang *m* B ADJ 1 (herab)hängend: **~ basket** Hängekorb *m* 2 hängend, abschüssig, terrassenförmig: **~ gardens** hängende Gärten 3 **a ~ crime** ein Verbrechen, auf das die Todesstrafe (durch Erhängen) steht; **a ~ matter** e-e Sache, die *j-n* an den Galgen bringt 4 **a ~ judge** ein Richter, der mit dem Todesurteil rasch bei der Hand ist 5 Hänge…: **~ bridge** 6 TECH Aufhänge…, Halte…, Stütz…; **~ committee** S Hängeausschuss *m* (*bei Gemäldeausstellungen*); **~ indention** S TYPO Einzug *m* nach überstehender Kopfzeile; **~ wall** S *Bergbau*: Hangende(s) *n*

hang|man [-mən] S *irr* Henker *m*; **~nail** S MED Nied-, Neidnagel *m*; **~out** S *umg* 1 Bude *f umg*, Wohnung *f* 2 a Stammkneipe *f* b Treff(-punkt) *m*; **~over** S 1 Überbleibsel *n*, -rest *m* 2 *umg* Katzenjammer *m*, Kater *m* (*beide a. fig*); **~up** S *umg* 1 Komplex *m* 2 Problem *n*, Schwierigkeit *f*

hank [hæŋk] S 1 Strang *m*, Docke *f*, Wickel *m* (*Garn etc*) 2 Hank *n* (*ein Garnmaß*) 3 SCHIFF Legel *m*

hanker ['hæŋkə(r)] V/I sich sehnen, Verlangen haben (*beide*: **after, for** nach): **~ to do sth** sich danach sehnen, etwas zu tun; **hankering** S Sehnsucht *f*, Verlangen *n* (*beide*: **after, for** nach)

hanky, *a.* **hankie** ['hæŋkɪ] *umg für* handkerchief 1

hanky-panky [ˌhæŋkɪ'pæŋkɪ] S *umg* 1 Hokuspokus *m*, Schwindel *m*, fauler Zauber 2 Techtelmechtel *n*

Hanover ['hænəʊvə(r); -nəv-] S Hannover *n*

Hanoverian [ˌhænəʊ'vɪərɪən] A ADJ 1 hannoverisch 2 POL, HIST hannoveranisch B S Hannoveraner(in)

Hansard ['hænsɑːd] S *Br* amtliches Parlamentsprotokoll

hanse [hæns] S HIST 1 Kaufmannsgilde *f* 2 ♀ Hanse *f*, Hansa *f*: **♀ town** Hansestadt *f*; **Hanseatic** [-sɪ'ætɪk] ADJ hanseatisch, Hanse…: **the ~ League** die Hanse

hansel ['hænsl] → handsel

Hansen's disease ['hænsənz] S MED Lepra *f*, Aussatz *m*

hansom (cab) ['hænsəm] S HIST Hansom *m* (*e-e zweirädrige Kutsche*)

Hants. ABK Hampshire

Hanukkah ['hɑːnəkə] S REL Chanukka *f*, Lichterfest *n*

hap [hæp] *obs* A S a Zufall *m* b (zufälliges) Ereignis c Glück(sfall) *n(m)* B V/I → happen

hapax legomenon [ˌhæpæks- lɪ'gɒmɪnɒn; *US* -'gɑməˌnɑn] *pl* hapax legomena [-nə] S Hapaxlegomenon *n* (*nur einmal belegtes, in s-r Bedeutung oft nicht genau zu bestimmendes Wort e-r [nicht mehr gesprochenen] Sprache*)

haphazard [ˌhæp'hæzə(r)d] A ADJ (ADV ~ly) & ADV willkürlich, plan-, wahllos B S: **at ~** aufs Geratewohl

hapless ADJ (ADV ~ly) *obs* unglücklich, glücklos, unselig

haplite ['hæplaɪt] → aplite

haplography [hæp'lɒgrəfɪ; *US* -'lɑ-] S Haplografie *f* (*fehlerhafte Einfachschreibung von Buchstaben od -gruppen*)

haploid ['hæplɔɪd] BIOL A ADJ haploid (*mit einfacher Chromosomenzahl*) B S haploide Zelle, haploider Organismus

haplology [hæp'lɒlədʒɪ; *US* -'lɑ-] S LING Haplologie *f* (*Verschmelzung zweier gleicher od ähnlicher Silben*)

haply ['hæplɪ] ADV *obs* 1 von ungefähr 2 vielleicht

happen ['hæpən] A V/I 1 geschehen, sich ereignen, vorfallen, passieren, sich zutragen, vor sich gehen, vorkommen, eintreten: **what has ~ed?** was ist geschehen *od* passiert?; **… and nothing ~ed …** u. nichts geschah; **it will not ~ again** es wird nicht wieder vorkommen 2 zufällig geschehen, sich zufällig ergeben, sich (gerade) treffen: **it ~ed that …** es traf *od* ergab sich, dass …; **it so ~ed that I saw him yesterday** ich traf ihn zufällig gestern; **as it ~s** a wie es sich (so *od* gerade) trifft, zufällig b wie es nun (einmal) so geht 3 **if you ~ to see it** wenn du es zufällig siehst *od* sehen solltest; **it ~ed to be cold** zufällig war es kalt 4 **~ to** geschehen mit (*od dat*), passieren mit (*od dat*), zustoßen (*dat*), werden aus: **what is going to ~ to our plans?** was wird aus unseren Plänen?; **if anything should ~ to me** wenn mir etwas zustoßen sollte 5 **~ (up)on** a zu-

H

fällig begegnen *(dat)* *od* treffen *(akk)* b zufällig stoßen auf *(akk)* *od* finden *(akk)* 6 *bes US umg* ~ **along** (*od* **by**) zufällig (vorbei)kommen; ~ **in** hereinschneien *umg* B ADV *Br dial* vielleicht

happening ['hæpnɪŋ; 'hæpənɪŋ] S 1 Ereignis *n*, Vorkommnis *n*: **there have been strange ~s here lately** hier sind in letzter Zeit merkwürdige Dinge passiert 2 Happening *n* *(künstlerische Veranstaltung, oft grotesker od provozierender Art, bei der die Zuschauer miteinbezogen werden u. die die Grenzen zwischen Kunst u. täglichem Leben überwinden soll)*: ~ **artist** Happenist(in)

happenstance ['hæpən,stæns] S *US* Zufall *m*

happily ['hæpɪlɪ] ADV 1 glücklich: → marry[1] A 1 2 glücklicher-, erfreulicherweise, zum Glück; **happiness** S 1 Glück *n*, Glückseligkeit *f*: **money doesn't always bring** ~ Geld macht nicht immer glücklich 2 *fig* glückliche Wahl *(e-s Ausdrucks etc)*, glückliche Formulierung *(e-s Textes)*

happy ['hæpɪ] ADJ (ADV → happily) 1 *allg* glücklich: a glückselig: **I'm quite ~** ich bin wunschlos glücklich b beglückt, erfreut, froh *(alle:* **at, about** über *akk)*: **I am ~ to see you** es freut mich (sehr), Sie zu sehen; **I'd be ~ to do that** ich würde das liebend gern tun c voller Glück: ~ **days** glückliche Tage, Tage voller Glück d erfreulich: **a ~ event** ein freudiges Ereignis; → ending 2 e Glück verheißend *(Nachrichten etc)* f gut, trefflich *(Idee etc)* g passend, treffend, geglückt *(Ausdruck etc)* h zufrieden: **I'm not ~ with my new TV set; he wasn't ~ with some of the answers** ihm gefielen einige Antworten nicht; **she wasn't ~ with the decision** sie war mit der Entscheidung nicht einverstanden 2 gewandt, geschickt 3 *umg* beschwipst, angesäuselt 4 *in Glückwünschen*: ~ **New Year!** gutes neues Jahr!, pros(i)t Neujahr; → birthday A, Easter A 5 *in Zusammensetzungen* a *umg* betäubt, wirr (im Kopf): → slaphappy b begeistert, verrückt: **ski-~** skisportbegeistert; → trigger-happy c *umg* süchtig: **publicity-~**; ~ **camper** S *umg* zufriedener, glücklicher Mensch: **I'm not a ~** ich bin (überhaupt) nicht gut drauf; ~ **dispatch** S *euph* Harakiri *n*; **~-go-lucky** ADJ unbekümmert, sorglos, leichtfertig; ~ **hour** S Happy Hour *f (Zeit am frühen Abend, zu der in Bars etc alkoholische Getränke im Preis reduziert sind)*

hapten ['hæptən; *US* 'hæp,ten], **haptene** ['hæpti:n] S *Biochemie*: Hapten *n (organische, eiweißreiche Verbindung, die die Bildung von Antikörpern im Körper verhindert)*

haptic ['hæptɪk] ADJ haptisch *(den Tastsinn betreffend)*

haptotropism [,hæptəʊ'trəʊpɪzəm] S BOT Haptotropismus *m (durch Berührungsreiz ausgelöste Krümmungsbewegung, bes bei Kletterpflanzen)*

hara-kiri [,hærə'kɪrɪ] S Harakiri *n (a. fig)*: **political ~**; **commit ~** Harakiri machen *od* begehen

harangue [hə'ræŋ] A S 1 Ansprache *f*, Rede *f* 2 bombastische *od* flammende Rede 3 Tirade *f*, Wortschwall *m* 4 Strafpredigt *f* B V/I e-e (bombastische *od* flammende) Rede halten C V/T 1 e-e (bombastische *od* flammende) Rede halten vor *(dat)* 2 *j-m* e-e Strafpredigt halten

harass ['hærəs; *US a.* hə'ræs] V/T 1 a ständig belästigen b mobben 2 aufreiben, zermürben 3 schikanieren 4 MIL stören: **~ing fire** Störfeuer *n*; **harassment** S 1 a ständige Belästigung: **sexual ~ at work** sexuelle Belästigung am Arbeitsplatz b Mobbing *n* 2 Zermürbung *f* 3 Schikanierung *f*

harbinger ['hɑ:(r)bɪndʒə(r)] A S 1 *fig* a Vorläufer *m*: **the ~s of modern science** b Vorbote *m*: **the ~ of spring** c (erstes) Anzeichen: **the ~ of a cold** 2 *obs* Quartiermacher *m* B V/T *fig* ankündigen, der Vorbote *(gen)* sein

harbor, *bes Br* **harbour** ['hɑ:(r)bə(r)] A S 1 Hafen *m* 2 Zufluchtsort *m*, Unterschlupf *m* B V/T 1 *j-m* Zuflucht *od* Unterschlupf gewähren 2 *e-n Verbrecher etc* verbergen, -stecken 3 *Rachegedanken, e-n Groll etc* hegen C V/I (im Hafen) vor Anker gehen; **harbo(u)rage** S 1 → harbor A 2 2 Obdach *n*, Unterkunft *f*

harbo(u)r| bar S Sandbank *f* vor dem Hafen; ~ **dues** S PL Hafengebühren *pl*, -gelder *pl*

harbo(u)rless ADJ 1 ohne Hafen, hafenlos 2 obdachlos

harbo(u)r| master S SCHIFF Hafenmeister *m*; ~ **pilot** S SCHIFF Hafenlotse *m*; ~ **seal** S ZOOL Gemeiner Seehund

hard [hɑ:(r)d] A ADJ 1 *allg* hart: → cheese[1] 2 fest *(Knoten)* 3 schwer, schwierig: a mühsam, anstrengend: ~ **work** harte Arbeit; **it is quite ~ work** es ist ganz schön anstrengend (**doing** zu tun); ~ **to believe** kaum zu glauben; ~ **to please** schwer zufriedenzustellen; **he is ~ to please** man kann es ihm nur schwer recht machen, er ist sehr anspruchsvoll; ~ **to imagine** schwer vorstellbar; **it is ~ for me to accept this thesis** es fällt mir schwer, diese These zu akzeptieren; **he made it ~ for me to believe him** er machte es mir schwer, ihm zu glauben; → graft[2] A 1, way[1] *Bes Redew* b schwer verständlich, schwer zu bewältigen(d): ~ **problems** schwierige Probleme 4 hart, zäh, widerstandsfähig: **in ~ condition** SPORT konditionsstark, fit; **a ~ customer** *umg* ein schwieriger Kunde, ein zäher Bursche; → nail *Bes Redew* 5 hart, angestrengt, intensiv *(Studium etc)* 6 fleißig, tüchtig: **he is a ~ worker** er ist enorm fleißig; **try one's ~est** sich alle Mühe geben 7 heftig, stark *(Regen etc)*: **a ~ blow** ein harter Schlag, *fig a.* ein schwerer Schlag; ~ **drinker** starke(r) Trinker(in); **a ~ service** *(Tennis)* ein harter Aufschlag; **be ~ on** *Kleidung, e-n Teppich etc* strapazieren; **be ~ on the eyes** die Augen anstrengen; **be ~ on the legs** in die Beine gehen 8 rau *(Klima)*, streng *(Frost)*, hart, streng *(Winter)* 9 hart, gefühllos, streng: ~ **words** harte Worte; **be ~ on sb** a j-n hart *od* ungerecht behandeln b j-m hart zusetzen 10 hart, drückend: **it is ~ on him** es ist hart für ihn, es trifft ihn schwer; **be ~ on the pocket** kaum erschwinglich sein; **price increases are ~est on the pockets of the poor** Preiserhöhungen treffen immer die Armen am meisten; ~ **times** schwere Zeiten; **have a ~ time** a Schlimmes durchmachen (müssen) b sich schwertun (**with** mit); **have a ~ time getting sth** es schwer haben, etwas zu bekommen; **he had a ~ time getting up early** es fiel ihm schwer, früh aufzustehen; **give sb a ~ time** j-m das Leben schwer machen 11 hart: **the ~ facts** die unumstößlichen *od* nackten Tatsachen 12 nüchtern, kühl (überlegend), unsentimental: **a ~ businessman** ein kühler Geschäftsmann; **he has a ~ head** er denkt nüchtern 13 sauer, herb *(Getränk)* 14 hart *(Droge)*, *(Getränk a.)* stark: ~ **drink** *a.* Harddrink *m*; ~ **drug** *a.* Harddrug *f*; → liquor A 1 a, → porn A 15 PHYS hart *(Wasser etc)*: ~ **tube** Hochvakuumröhre *f* 16 AGR hart, Hart...: ~ **wheat** 17 WIRTSCH hoch u. starr *(Preise)* 18 hart *(Farben, Stimme)* 19 PHON a hart, stimmlos b nicht palatalisiert 20 ~ **of hearing** schwerhörig 21 ~ **up** *umg* a in (Geld)Schwierigkeiten, schlecht bei Kasse b in Verlegenheit (**for** um) B ADV 1 hart, fest: **frozen ~** hart gefroren 2 *fig* hart, schwer: **work ~**; **brake ~** scharf bremsen; **drink ~** ein starker Trinker sein; **it will go ~ with him** es wird ihm schlecht ergehen; **hit sb ~** a j-m e-n harten *od* heftigen Schlag versetzen b *fig* ein harter *od* schwerer Schlag für j-n sein; **look ~ at** scharf ansehen; **be ~ pressed**, **be ~ put to it** in schwerer Bedrängnis sein; **they are taking it very ~** es ist ein schwerer Schlag für sie; **think ~** scharf *od* angestrengt nachdenken; **try ~** sich große Mühe geben; → bear[1] B 4 3 schwer, mühsam: → die[1] A 1 4 nahe, dicht: ~ **by** ganz in der Nähe, nahe *od* dicht dabei; ~ **on** (*od* **after**) gleich nach 5 ~ **aport** SCHIFF hart Backbord C S 1 *Br* festes Uferland 2 *Br sl* Zwangsarbeit *f* 3 **get (have) a ~ on** *vulg* e-n Ständer *(e-e Erektion)* kriegen (haben)

hard|-and-fast ADJ absolut bindend, strikt, fest(stehend), unumstößlich *(Regel etc)*; **~back** → hardcover B; **~ball** A S SPORT a Baseball(-spiel) *m(n)* *(Ggs* **softball**): **play ~** *US umg* energisch *od* hart durchgreifen b Baseball *m* B ADJ *US umg* energisch, hart; **~-bitten** ADJ 1 verbissen, hartnäckig, zäh 2 abgebrüht *umg* 3 hart, unerbittlich 4 → hard-boiled 2; **~board** S Hartfaserplatte *f*; **~-boiled** ADJ 1 hart (gekocht) *(Ei)* 2 *fig* a hart, unsentimental b nüchtern, sachlich, realistisch c abgebrüht *umg*; **~bought** ADJ *US* schwer errungen; ~ **candy** S *bes US* Bonbon *m/n*; ~ **case** S 1 Härtefall *m* 2 schwieriger Mensch 3 *US* Gewohnheitsverbrecher(in); ~ **cash** S WIRTSCH 1 Hartgeld *n* 2 klingende Münze 3 Bargeld *n*: **pay in ~** (in) bar (be)zahlen; ~ **coal** S Anthrazit *m*, Steinkohle *f*; ~ **copy** S COMPUT Hardcopy *n*, Hartkopie *f*, Papierausdruck *m*; ~ **core** S 1 *Br* Schotter *m* 2 *fig* harter Kern *(e-r Bande etc)*; **~-core** ADJ 1 zum harten Kern gehörend 2 hart *(Pornografie)*: ~ **film** Hardcorefilm *m*; ~ **court** S *Tennis*: Hartplatz *m*; **~cover** TYPO A ADJ gebunden *(Ausgabe etc)* B S Hardcover *n*, gebundene Ausgabe; ~ **currency** S WIRTSCH a harte Währung b harte Devisen *pl*; ~ **disk** S COMPUT Harddisk *f*, Festplatte *f*; **~-disk drive** S COMPUT Festplattenlaufwerk *n*; **~-earned** ADJ hart *od* sauer verdient; ~ **edge** S MAL Hardedge *f (Stilrichtung, die geometrische Formen u. kontrastreiche Farben bevorzugt)*

harden ['hɑ:(r)dn] A V/T 1 härten *(a.* TECH), hart *od* härter machen 2 *s-n Griff etc* verstärken 3 *fig* hart *od* gefühllos machen, verhärten, abstumpfen *(alle:* **to** gegen): **~ed** verstockt, abgebrüht *umg*; **a ~ed criminal** ein(e) hartgesottene(r) Verbrecher(in); **a ~ed sinner** ein(e) verstockte(r) Sünder(in); **become ~ed** abstumpfen 4 *fig* bestärken 5 *fig* abhärten (**to** gegen) B V/I 1 hart werden, erhärten 2 TECH erhärten, abbinden *(Zement etc)* 3 *fig* hart *od* gefühllos werden, sich verhärten, abstumpfen *(alle:* **to** gegen) 4 *fig* abgehärtet werden, sich abhärten *(beide:* **to** gegen) 5 a WIRTSCH *u. fig* sich festigen b WIRTSCH anziehen, steigen *(Preise)*; **hardener** S TECH Härtemittel *n*, Härter *m*; **hardening** A S 1 Härten *n*, Härtung *f*: ~ **of the arteries** MED Arterienverkalkung *f* 2 TECH a Härtung *f* b Härtemittel *n* B ADJ Härte...: ~ **medium** (*od* **compound**) → A 2 b

hard|-face V/T TECH verstählen, panzern; **~-favo(u)red** ADJ *US*, **~-featured** ADJ mit harten *od* groben Gesichtszügen; **~fern** S BOT Rippenfarn *m*; ~ **fiber**, *bes Br* ~ **fibre** S TECH Hartfaser *f*, Vulkanfiber *f*; ~ **finish** S ARCH Feinputz *m*; **~fisted** ADJ 1 *fig* geizig, knaus(e)rig 2 robust, kräftig 3 *fig* hart, streng, tyrannisch; **~-fought** ADJ hart erkämpft: ~ **victory** SPORT *a.* Arbeitssieg *m*; ~ **goods** S PL WIRTSCH *US* Gebrauchsgüter *pl*; ~ **grass** S BOT Hartgras *n*; **~handed** → hardfisted 2, 3; ~ **hat** S 1 *Br* Melone *f (Hut)* 2 a Schutzhelm *m (von Bauarbeitern etc)* b *bes US umg* Bauarbeiter *m* 3 *Br* Erzreaktionär *m*; **~-hat** ADJ *Br* erzreaktionär; **~headed** ADJ

(ADV ~ly) 1 praktisch, nüchtern, realistisch 2 *bes US* starr-, dickköpfig; **~hearted** ADJ (ADV ~ly) hart(herzig); **~heartedness** S Hartherzigkeit *f*; **~-hitting** ADJ *US umg* energisch, aggressiv, kämpferisch; **~ hyphen** S COMPUT, TYPO fester Bindestrich

hardihood ['hɑː(r)dɪhʊd], **hardiness** S 1 Zähigkeit *f*, Ausdauer *f*, Robustheit *f* 2 BOT Winterfestigkeit *f* 3 Kühnheit *f*: a Tapferkeit *f* b Verwegenheit *f* c Dreistigkeit *f*

hard| labo(u)r S JUR Zwangsarbeit *f*; **~-land** V/T & V/I *Raumfahrt*: hart landen; **~ landing** S *Raumfahrt*: harte Landung; **~ line** S 1 *bes* POL harter Kurs: **follow** (*od* **adopt**) **a ~** e-n harten Kurs einschlagen 2 *pl bes Br umg* Pech *n* (**on** für); **~-line** ADJ *bes* POL hart, kompromisslos; **~-liner** S *bes* POL Hardliner *m*; **~-luck story** S *pej* Jammergeschichte *f*

hardly ADV 1 kaum, fast nicht: **I can ~ believe it**; **~ ever** fast nie 2 (wohl) kaum, schwerlich: **it will ~ be possible**; **this is ~ the time to do it** 3 (*zeitlich*) kaum: **~ had he entered the room** (*od* **he had ~ entered the room**) **when …** kaum hatte er *od* er hatte kaum das Zimmer betreten, als … 4 mit Mühe, mühsam 5 hart, streng

hard| maple S BOT *US* Zuckerahorn *m*; **~ metal** S TECH Hartmetall *n*; **~ money** → hard cash; **-mouthed** ADJ 1 hartmäulig (*Pferd*) 2 *fig* starr-, dickköpfig

hardness S 1 Härte *f* 2 Schwierigkeit *f* 3 Widerstandsfähigkeit *f* 4 Nüchternheit *f* 5 Herbheit *f*

hard|-nosed *umg für* a hard-bitten 1 b hardheaded 2; **~ palate** S ANAT harter Gaumen, Vordergaumen *m*; **~pan** S 1 GEOL Ortstein *m* (*verhärteter Untergrund*) 2 harter, verkrusteter Boden 3 *fig* a Grundlage *f*, Fundament *n*: **get down to the ~ of a matter** e-r Sache auf den Grund gehen b (sachlicher) Kern (*e-s Problems etc*); **~ return** S TYPO, COMPUT Absatzmarke *f*; **~ rock** S MUS Hard Rock *m* (*moderne Stilrichtung des Rock, die durch starke Hervorhebung des Rhythmus, Überlautstärke etc gekennzeichnet ist*); **~ rubber** S Hartgummi *m/n*; **~-running** ADJ SPORT lauf-, konditionsstark; **~ sauce** S GASTR *bes US Beilage für Süßspeisen aus Puderzucker, Butter u. Vanille*; **~ science** S harte Wissenschaft (*Mathematik, Physik etc*); **~scrabble** ADJ *US* 1 ärmlich, bescheiden (*Verhältnisse etc*) 2 karg (*Boden*); **~ sell** S WIRTSCH Hardselling *n*, aggressive Verkaufsmethoden *pl*; **~-sell** ADJ WIRTSCH aggressiv (*Verkaufsmethoden etc*); **~-set** ADJ 1 hart bedrängt, in e-r schwierigen Lage 2 streng, starr 3 angebrütet (*Ei*); **~-shell** A ADJ 1 ZOOL hartschalig: **~ clam** → B 2 *US umg* a eisern, unnachgiebig, kompromisslos b eingefleischt B S ZOOL Venusmuschel *f*

hardship ['hɑː(r)dʃɪp] S 1 Not *f*, Elend *n* 2 Härte *f*: **work ~ on sb** e-e Härte bedeuten für j-n; **~ allowance** (*od* **grant**) Härtebeihilfe *f*; **~ case** Härtefall *m*; **~ clause** Härteklausel *f*

hard| shoulder S AUTO *Br* Standspur *f*; **~ solder** S TECH Hart-, Schlaglot *n*; **~-solder** V/T hartlöten; **~-spun** ADJ festgezwirnt; **~stand(ing)** S befestigter Abstellplatz (*für Autos, Flugzeuge etc*); **~ stuff** S *US umg* Hard stuff *m*, harte Drogen *pl*; **~-surface** V/T *Straße etc* befestigen; **~tack** S Schiffszwieback *m*; **~top** S AUTO Hardtop *n/m*: a *festes, als Ganzes abnehmbares Autodach* b *Auto, bes Sportwagen mit* a; **~ware** S 1 a Metall-, Eisenwaren *pl* b Haushaltswaren *pl* 2 *US sl* Schießeisen *n od pl* 3 COMPUT Hardware *f* (*technische Ausrüstung*); **~ detection** Hardwareerkennung *f* 4 MIL Waffen *pl* u. militärische Ausrüstung; **~-wearing** ADJ *Br* strapazierfähig (*Kleidung etc*); **~-wired** ADJ COMPUT fest verdrahtet (*Programm etc*); **~-wood** S Hartholz *n*, *bes* Laubbaumholz *n*; **~-working** ADJ fleißig, hart arbeitend, arbeitsam: **be ~** hart arbeiten

hardy ['hɑː(r)dɪ] ADJ (ADV hardily) 1 a zäh, ausdauernd, robust b abgehärtet 2 BOT winterfest: **~ annual** a winterfeste einjährige Pflanze b *fig hum* Frage, die jedes Jahr wieder aktuell wird; **~ perennial** a winterharte mehrjährige Pflanze b *fig umg* Dauerbrenner *m* 3 kühn: a tapfer b verwegen c dreist

hardy-har-har [ˌhɑːrdiːhɑːr'hɑːr] INT *US umg sarkastisch*: haha!

Hardy-Weinberg law [ˌhɑː(r)dɪ'waɪnbɜːg; *US* -ˌbɜrg] S *Populationsgenetik*: Hardy-Weinberg-Formel *f*, -Regel *f*

hare [heə(r)] A S 1 ZOOL Hase *m*: **run with the ~ and hunt with the hounds** es mit beiden Seiten halten; **start a ~** a e-n Hasen aufscheuchen b *fig* von etwas (zu reden) anfangen, was nicht zur Sache gehört; e-n Ablenkungsversuch unternehmen; **(as) mad as a March ~** *umg* total verrückt; **(as) timid as a ~** wahnsinnig schüchtern; **play ~ and hounds** e-e Schnitzeljagd machen 2 Hasenfell *n* 3 GASTR Hase *m*, Hasenfleisch *n* B V/I *umg* flitzen, sausen: **~ off** davonflitzen; **~bell** S BOT 1 (Rundblättrige) Glockenblume 2 Wilde Hyazinthe; **~brained** ADJ verrückt *umg* (*Person, Plan etc*); **~foot** S *irr* BOT 1 Ackerklee *m* 2 Balsabaum *m*

Hare Krishna [ˌhɑːrə'krɪʃnə] *pl* Hare Krishnas S Hare-Krishna-Jünger(in)

hare|lip S MED Hasenscharte *f*; **~-lipped** ADJ hasenschartig

harem ['hɑːriːm; 'hɑːrem; *bes US* 'heərəm] S 1 Harem *m* (*a. hum Frau u. Töchter etc*) 2 REL Haram *m* (*nur Muslimen zugänglicher heiliger Bezirk*)

hare's|-ear ['heə(r)z-] S BOT 1 Hasenöhrchen *n* 2 Ackerkohl *m*; **~-foot** S *irr* → harefoot

haricot ['hærɪkəʊ] S 1 GASTR (*bes* Hammel)-Ragout *n* 2 *a.* **~ bean** BOT Garten-, Schminkbohne *f*

hari-kari [ˌhærɪ'kɑːrɪ; *US* -'kæ-] → hara-kiri

hark [hɑː(r)k] A V/I 1 horchen (*obs od poet außer in*): **~ at him!** *bes Br umg* hör dir ihn an! 2 **~ back** a JAGD zurückgehen, um die Fährte neu aufzunehmen (*Hund*) b *fig* zurückgreifen, -kommen, *a. zeitlich* zurückgehen (*alle:* **to** auf *akk*) B V/T 1 *obs od poet* lauschen (*dat*) 2 JAGD *Hunde* rufen C S JAGD (Hetz)Ruf *m*; **~-back** S Rückgriff *m*, Zurückgehen *n* (*beide:* **to** auf *akk*)

harken *bes US für* hearken

harlequin ['hɑː(r)lɪkwɪn; *US a.* -kən] A S 1 THEAT Harlekin *m*, Hanswurst *m* (*a. fig*) 2 *a.* **~ duck** ORN Kragenente *f* B ADJ bunt, scheckig; **harlequinade** [-'neɪd] S THEAT Harlekinade *f*, Possenspiel *n*

harlot ['hɑː(r)lət] *obs od poet* A S Metze *f*, Hure *f* B ADJ metzenhaft; **harlotry** [-rɪ] S *obs od poet* 1 Hurerei *f* 2 → harlot A

harm [hɑː(r)m] A S 1 Schaden *m*: **there is no ~ in doing sth** es kann *od* könnte nicht(s) schaden, etwas zu tun; **there is no ~ in asking** Fragen kostet nichts; **there is no ~ in trying** ein Versuch kann nicht schaden; **come to ~** zu Schaden kommen; **he came to no ~, no ~ came to him** er blieb unverletzt; **do sb ~** j-m schaden, j-m etwas antun; **it wouldn't do him any ~** es würde ihm nicht schaden (**to do** zu tun); **it does more ~ than good** es schadet mehr, als dass es nützt; **it would do more ~ than good** es würde mehr schaden als nützen; **… could do no ~** … könnte nicht schaden, ich hätte nichts gegen …; **… has never done any ~** … hat noch nie geschadet; **no ~ done** es macht nichts, es ist nichts passiert; **out of ~'s way** a in Sicherheit b in sicherer Verwahrung c an e-m sicheren Ort; **keep** (*od* **stay**) **out of ~'s way** die Gefahr meiden, der Gefahr aus dem Weg gehen; **I don't see any ~ in it** ich kann nichts dabei finden; → bodily A, mean[1] A 1 2 Unrecht *n*, Übel *n* B V/T *j-n* verletzen (*a. fig*), *j-m, j-s Ruf etc* schaden: → fly[2] 1, hair *Bes Redew*

harmful ADJ (ADV ~ly) nachteilig, schädlich (*beide:* **to** für): **~ to (one's) health** gesundheitsschädlich; **~ publications** JUR jugendgefährdende Schriften; **harmfulness** S Schädlichkeit *f*

harmless ADJ (ADV ~ly) 1 harmlos: a ungefährlich, unschädlich: **render ~** SPORT *s-n Gegenspieler* kaltstellen *umg* b unschuldig c unverfänglich 2 **hold** (*od* **save**) **sb ~** WIRTSCH, JUR j-n schadlos halten; **harmlessness** S Harmlosigkeit *f*

harmonic [hɑː(r)'mɒnɪk; *US* -'mɑ-] A ADJ (ADV ~ally) 1 MATH, MUS, PHYS harmonisch: **~ minor (scale)** MUS harmonische Molltonleiter; **~ motion** PHYS sinusförmige Bewegung; **~ progression** MATH harmonische Reihe; **~ series** MUS Obertonreihe *f*; **~ tone** MUS, PHYS Oberton *m* 2 *fig* → harmonious B S 1 MUS, PHYS Harmonische *f*: a Oberton *m* b Oberwelle *f* 2 *pl* (*als sg konstruiert*) Harmonik *f*; **harmonica** [-kə] S MUS 1 Mundharmonika *f* 2 HIST Glasharmonika *f*; **harmonicon** [-kən] *pl* -ca [-kə] S MUS 1 → harmonica 1 2 Orchestrion *n*

harmonious [hɑː(r)'məʊnjəs; -nɪəs] ADJ (ADV ~ly) harmonisch: a ebenmäßig b übereinstimmend c wohlklingend d einträchtig; **harmoniousness** S Harmonie *f*

harmonist ['hɑː(r)mənɪst] S MUS Harmoniker(in) (*Komponist[in] od Lehrer[in]*)

harmonium [hɑː(r)'məʊnjəm; -nɪəm] S MUS Harmonium *n*

harmonization [ˌhɑː(r)mənaɪ'zeɪʃn; *US* -nə-'z-] S Harmonisierung *f*, Angleichung *f*; **harmonize** [-naɪz] A V/I harmonieren (*a.* MUS), in Einklang sein, zusammenpassen (*alle:* **with** mit) B V/T 1 (**with**) harmonisieren, in Einklang bringen (mit), angleichen (an *akk*) 2 versöhnen 3 MUS harmonisieren, mehrstimmig setzen

harmony ['hɑː(r)mənɪ] S 1 Harmonie *f*: a Wohlklang *m* b Eben-, Gleichmaß *n*, Ordnung *f* c Einklang *m*, Übereinstimmung *f* d Eintracht *f*, Einklang *m*: **live together in ~** harmonisch zusammenleben 2 Zusammenstellung *f* von Paralleltexten, (Evangelien)Harmonie *f* 3 MUS Harmonie *f*: a Harmonik *f*, Zusammenklang *m* b Akkord *m* c schöner Zusammenklang 4 MUS Harmonielehre *f* 5 MUS (homofoner) Satz: **open (close) ~** weiter (enger) Satz; **two-part ~** zweistimmiger Satz; **sing in ~** mehrstimmig singen

harmotome ['hɑː(r)mətəʊm] S MINER Harmotom *m*

harness ['hɑː(r)nɪs] A S 1 a (*Pferde- etc*) Geschirr *n*: **in ~** *fig* im täglichen Trott; **die in ~** *fig* in den Sielen sterben b Laufgeschirr *n* (*für Kinder*) 2 *Weberei*: Harnisch *m* (*des Zugstuhls*) 3 a AUTO (*Sicherheits*) Gurt *m* b (*Fallschirm*) Gurtwerk *n* 4 MIL, HIST Harnisch *m* B V/T 1 *Pferde etc* a anschirren b anspannen (**to** an *akk*) 2 *fig Naturkräfte etc* nutzbar machen, einspannen; **~ horse** S 1 Traber(pferd) *m(n)* 2 Zugpferd *n*; **~ race** S Trabrennen *n*

harp [hɑː(r)p] A S MUS Harfe *f* B V/I 1 (die) Harfe spielen 2 *fig* (**on, on about, upon**) herumreiten *umg* (auf *dat*), dauernd reden (von): **keep ~ing on about sth** immer wieder von etwas anfangen; **keep ~ing on the same string** immer wieder vom gleichen Thema an-

fangen; **harper**, **harpist** S Harfenist(in)
harpoon [hɑː(r)ˈpuːn] A S Harpune *f*: **~ gun** Harpunengeschütz *n*, -kanone *f* B V/T harpunieren; **harpooner** S Harpunier(er) *m*
harp seal S ZOOL Sattelrobbe *f*
harpsichord [ˈhɑː(r)psɪkɔː(r)d] S MUS Cembalo *n*
harpy [ˈhɑː(r)pɪ] S 1 *Antike*: Harpyie *f* (*Sturmdämon in Gestalt e-s Mädchens mit Vogelflügeln*) 2 *fig* a Hyäne *f pej*, Blutsauger(in) b Hexe *f* 3 *a.* **~ eagle** ORN Harpyie *f*
harquebus [ˈhɑː(r)kwɪbəs; *US a.* -kəbəs] S MIL, HIST Arkebuse *f*, Hakenbüchse *f*; **harquebusier** [-ˈsɪə(r)] S Arkebusier *m*
harridan [ˈhærɪdən] S Drachen *m pej fig*
harrier[1] [ˈhærɪə(r)] S 1 Verwüster *m* 2 Plünderer *m* 3 ORN Weihe *f*
harrier[2] [ˈhærɪə(r)] S 1 JAGD Hund *m* für die Hasenjagd 2 SPORT Querfeldeinläufer(in)
Harrovian [həˈrəʊvjən; -vɪən] A S Schüler *m* (*der Public School*) von Harrow B ADJ aus *od* in Harrow
harrow[1] [ˈhærəʊ] A S AGR Egge *f* B V/T 1 AGR eggen 2 *fig* quälen, peinigen
harrow[2] [ˈhærəʊ] *obs für* harry
harrowing [ˈhærəʊɪŋ; *US* -rəwɪŋ] ADJ (ADV **~ly**) quälend, qualvoll, peinigend
harrumph [həˈrʌmf] V/I *bes US* sich (gewichtig) räuspern
harry [ˈhærɪ] V/T 1 verwüsten 2 plündern 3 **~ hell** REL zur Hölle niederfahren (*Christus*)
harsh [hɑː(r)ʃ] ADJ (ADV **~ly**) 1 *allg* hart: a rau (*Stoff etc*) b rau, scharf (*Stimme*) c grell (*Farbe etc*) d barsch, grob, schroff: **~ manner** schroffe *od* barsche Art e streng (*Disziplin etc*): **a ~ decision** SPORT e-e harte Entscheidung; **~ words** harte Worte 2 herb, scharf, sauer (*Geschmack*); **harshness** S Härte *f*
harslet [ˈhɑː(r)slɪt; *Br a.* ˈhɑːz-] → haslet
hart [hɑː(r)t] S *bes Br* Hirsch *m* (*bes nach dem 5. Jahr*): **~ of ten** Zehnender *m*
hartal [hɑː(r)ˈtɑːl] S *(in Indien) Schließung der Geschäfte u. Arbeitsniederlegung, bes als Form des politischen Protests*
hartbeest [ˈhɑː(r)tbiːst], **hartebeest** [ˈhɑː(r)tɪbiːst] S ZOOL Kuhantilope *f*
hart's-clover S BOT Stein-, Honigklee *m*
hartshorn S PHARM *obs* Hirschhornsalz *n*
hart's-tongue S BOT Hirschzunge *f*
harum-scarum [ˌheərəmˈskeərəm] A ADJ unbesonnen, leichtsinnig: **he had a ~ youth** er war in s-r Jugend ziemlich leichtsinnig B ADV 1 → A 2 wie wild C S unbesonnener *od* leichtsinniger Mensch
haruspex [həˈrʌspeks; ˈhærəspeks] *pl* haruspices [-pɪsiːz] S *Antike*, Haruspex *m* (*j-d, der bes aus den Eingeweiden von Opfertieren wahrsagt*)
harvest [ˈhɑː(r)vɪst] A S 1 Ernte *f*: a Erntezeit *f* b Ernten *n* c (Ernte)Ertrag *m* 2 *fig* Ertrag *m*, Früchte *pl* B V/T 1 ernten, *fig a.* einheimsen 2 *e-e Ernte* einbringen 3 *fig* sammeln C V/I die Ernte einbringen; **~ bug** → chigger 1
harvester S 1 Erntearbeiter(in) 2 AGR Mäh-, Erntemaschine *f*: → combine C 3 3 *fig* Sammler(in) 4 → chigger 1; **~ ant** S ZOOL Ernteameise *f*; **~-thresher** → combine C 3
harvest| festival S Erntedankfest *n*; **~ fly** S ZOOL (*e-e*) Zikade; **~ home** S 1 → harvest A 1 a, A 1 b 2 *bes Br* Erntefest *n* 3 Erntelied *n*; **~man** [-mæn; *bes US* -mən] S *irr* 1 → harvester 1 2 ZOOL Kanker *m*, Weberknecht *m*; **~ mite** → chigger 1; **~ moon** S *Vollmond um die Herbst-Tagundnachtgleiche herum*; **~ mouse** S *irr* ZOOL Zwergmaus *f*
has [hæz; *unbetont* həz; əz; s] *3. sg präs von* have; **~-been** S *umg* 1 (*etwas*) Überholtes 2 *j-d, der den Höhepunkt s-r Karriere überschritten od s-e Glanzzeit überlebt hat*: **a ~ of an actor** ein ausrangierter Schauspieler *umg*; **he was a ~ after only two years** er war schon nach zwei Jahren wieder weg vom Fenster 3 *pl* alte Zeiten *pl*: **for ~s** um der alten Zeiten willen
hash[1] [hæʃ] A V/T 1 *a.* **~ up** *Fleisch* zerhacken, zerkleinern 2 *a.* **~ up** *fig* a durcheinanderbringen b verpfuschen *umg* 3 *US umg* reden *od* diskutieren über (*akk*) B V/I *US sl* (*in e-m Restaurant etc*) bedienen C S 1 GASTR Haschee *n* 2 *fig* (*etwas*) Aufgewärmtes, Wiederholung *f*, Aufguss *m*: **most of it was old ~** das meiste davon war ein alter Hut 3 *fig* Durcheinander *n*: **make a ~ of** → A 2; **settle** (*od* **fix**) **sb's ~** *umg* a j-n den Mund stopfen b j-n unschädlich machen c mit j-m abrechnen
hash[2] [hæʃ] S *umg* Hasch *n* (*Haschisch*): **smoke ~** haschen, kiffen
hasheesh → hashish
hash|head S *umg* Hascher(in), Kiffer(in); **~ house** S *US sl* billiges Restaurant
hashish [ˈhæʃiːʃ] S Haschisch *n*
haslet [ˈheɪzlɪt; ˈhæz-; *US bes* ˈhæslət] S GASTR *Gericht aus Innereien*
hasn't [ˈhæznt] *Zusammenziehung von* **has not**
hasp [hɑːsp; *bes US* hæsp] A S 1 TECH a Haspe *f*, Spange *f* b Überwurf *m*, Schließband *n* 2 Haspel *f*, Spule *f* (*für Garn*) B V/T mit e-r Haspe *etc* verschließen, zuhaken
hassle [ˈhæsl] *umg* A S 1 Krach *m*, (*a.* handgreifliche) Auseinandersetzung 2 Mühe *f*: **it was quite a ~ getting** (*od* **to get**) **rid of them** es war ganz schön mühsam, sie loszuwerden; **take the ~s out of sth** etwas leichter *od* angenehmer machen; **no ~** kein Problem B V/I Krach *od* e-e (handgreifliche) Auseinandersetzung haben (**with mit**) C V/T *US* schikanieren
hassock [ˈhæsək] S 1 Knie-, *bes* Betkissen *n* 2 Grasbüschel *n*
hast [hæst] *obs 2. sg präs von* have: **thou ~**
hastate [ˈhæsteɪt] ADJ BOT spießförmig
haste [heɪst] A S 1 Eile *f*, Schnelligkeit *f* 2 Hast *f*, Eile *f*: **in ~** in Eile, eilends, hastig; **in his ~, he left his umbrella behind** er hatte es so eilig, dass er s-n Schirm vergaß; **make ~** sich beeilen; **~ makes waste** (*Sprichwort*) in der Eile geht alles schief; **more ~, less speed** (*Sprichwort*) eile mit Weile B V/I *obs* (sich be)eilen
hasten [ˈheɪsn] A V/T a *j-n* antreiben b *etwas* beschleunigen: **~ one's steps** den Schritt beschleunigen B V/I (sich be)eilen: **~ to do sth** sich beeilen, etwas zu tun; **he ~ed home** er hastete nach Haus; **I ~ to add that ...** ich möchte *od* muss gleich hinzufügen, dass ...
hastiness [ˈheɪstɪnɪs] S 1 Eile *f*, Hastigkeit *f* 2 Voreiligkeit *f* 3 Heftigkeit *f*, Hitze *f*
hasty [ˈheɪstɪ] ADJ (ADV hastily) 1 eilig, hastig: **he made a ~ meal** er aß eilig *od* hastig etwas; **his ~ departure** s-e überstürzte Abreise 2 voreilig, vorschnell, übereilt 3 heftig, hitzig; **~ pudding** S (*US* Mais) Mehlbrei *m*
hat [hæt] A V/T mit e-m Hut bekleiden *od* bedecken: **a ~ted man** ein Mann mit Hut B S 1 Hut *m* 2 REL a Kardinalshut *m* b *fig* Kardinalswürde *f*
Besondere Redewendungen: **~s off!** Hut ab!, alle Achtung! (*beide*: **to** vor *dat*); **a bad ~** *Br umg* ein übler Kunde; **~ in hand** demütig, unterwürfig; **my ~!** *umg* a na, ich danke! b von wegen, dass ich nicht lache!; **I'll eat my ~ if ...** *umg* ich fresse e-n Besen, wenn ...; **my ~ goes off to him** ich ziehe den Hut vor ihm; **somewhere** (*od* **a place**) **to hang one's ~** ein Zuhause; **hang** (*od* **hold**) **on to your ~!** AUTO *hum* halt dich fest!; **hang up one's ~ (for the last time)** aufhören zu arbeiten, in Rente gehen; **keep sth under one's ~** etwas für sich behalten *od* geheim halten; **pass** (*od* **send**) **the ~ round** den Hut herumgehen lassen (bei), e-e Sammlung veranstalten (*unter dat*); **take one's ~ off to sb** vor j-m den Hut ziehen; **talk through one's ~** *umg* a dummes Zeug reden b bluffen; **he did not exactly throw his ~ in the air** er machte nicht gerade Freudensprünge; **throw** (*od* **toss**) **one's ~ in(to) the ring** a mitmischen, -reden b *bes* POL kandidieren; **tip one's ~ to** Achtung haben vor *j-m, etwas*; → cocked hat, drop A 7 a, old hat
hatable [ˈheɪtəbl] ADJ 1 hassenswert 2 abscheulich
hat|band S Hutband *n*; **~box** S Hutschachtel *f*
hatch[1] [hætʃ] S 1 FLUG, SCHIFF Luke *f*: **down the ~!** *umg* prost!; → batten[2] B 2 2 SCHIFF Lukendeckel *m*: **under ~es** a unter Deck b *umg* hinter Schloss u. Riegel c *umg* außer Sicht d *umg* hinüber (*tot*) 3 Luke *f*, Bodentür *f*, -öffnung *f* 4 Halbtür *f* 5 Durchreiche *f* (*für Speisen*) 6 TECH Schütz *n*
hatch[2] [hætʃ] A V/T 1 *a.* **~ out** *Eier, Junge* ausbrüten: **well, that's another book ~ed, matched, and dispatched** so, damit ist ein weiteres Buch fertig; **the ~ed, matched, and dispatched** die Familienanzeigen (*in der Zeitung*) 2 *a.* **~ out**, **~ up** a *e-n Racheplan etc* ausbrüten, aushecken b *ein Programm etc* entwickeln B V/I 1 (Junge aus)brüten 2 *a.* **~ out** (*aus dem Ei*) (aus)schlüpfen: **three eggs have already ~ed** drei Junge sind bereits (aus)geschlüpft 3 *fig* sich entwickeln C S 1 → hatching[1] 1, 2, 3 2 **~es, matches, and dispatches** Familienanzeigen (*in der Zeitung*)
hatch[3] [hætʃ] A V/T schraffieren B S (Schraffier)Linie *f*
hatchback S AUTO (Wagen *m* mit) Schrägheck *n*
hatcheck girl S *US* Garderobenfräulein *n*
hatchel [ˈhætʃl] A S (*Flachs-, Hanf*) Hechel *f* B V/T *prät u. pperf* -eled, *bes Br* -elled 1 hecheln 2 → heckle A 2
hatcher [ˈhætʃə(r)] S 1 Bruthenne *f*: **a good ~** ein guter Brüter 2 Brutapparat *m* 3 *fig* a Aushecker(in) b Entwickler(in); **hatchery** S Brutplatz *m*, -stätte *f*
hatchet [ˈhætʃɪt] S 1 Beil *n* 2 Tomahawk *m*, Kriegsbeil *n*: **bury (take up) the ~** *fig* das Kriegsbeil begraben (ausgraben); → helve A; **~ face** S scharf geschnittenes Gesicht; **~ job** S *bes US umg* Verriss *m* (*vernichtende Kritik*) (**on** *gen*): **do a ~ on** verreißen; **~ man** S *bes US umg* 1 *j-d, der für s-n Chef unangenehme Dinge erledigt* 2 Zuchtmeister *m* (*e-r Partei*) 3 Killer *m* (*angeheuerter Mörder*) 4 bösartiger Kritiker
hatching[1] S 1 Ausbrüten *n* 2 (Aus-)Schlüpfen *n* 3 Brut *f* 4 *fig* a Aushecken *n* b Entwickeln *n*
hatching[2] S 1 Schraffierung *f*, Schraffur *f* 2 Schraffieren *n*
hatchment S *Heraldik*: Totenschild *m*
hatchway → hatch[1] 1, 2, 3
hate [heɪt] A V/T 1 hassen: **~ sb like poison** j-n wie die Pest hassen 2 verabscheuen, nicht ausstehen können: → gut A 1 3 nicht wollen, nicht mögen, sehr ungern tun *od* haben, sehr bedauern: **I ~ to do it** ich tue es (nur) äußerst ungern; **I ~ having to tell you that ...** ich bedaure sehr *od* es ist mir sehr unangenehm, Ihnen mitteilen zu müssen, dass ... B V/I hassen C S 1 Hass *m* (**of, for** auf *akk*, gegen): **full of ~** hasserfüllt; **be full of ~ for** von Hass erfüllt sein gegen; **have a ~ of** hassen; **she looked at me with ~ (in her eyes)** sie blickte mich hasserfüllt an; **~ tunes** *fig* Hassgesänge 2 (*etwas*) Verhasstes: **... is my pet ~** *umg* ... kann

ich auf den Tod nicht ausstehen *od* leiden 3 Abscheu *f* (**of, for** vor *dat*, gegen)
hateable → hatable
hated ADJ verhasst
hateful ADJ (ADV ~ly) 1 hassenswert 2 abscheulich 3 *obs* hasserfüllt; **hatefulness** S Abscheulichkeit *f*
hate| mail S 1 Schmähbriefe *pl* 2 Drohbriefe *pl*; **~monger** S Aufhetzer(in), Agitator *m*, Agitatorin *f*
hater S Hasser(in)
hatful ['hætfʊl] S (*ein*) Hut *m* voll
hath [hæθ] *obs 3. sg präs von* have
hatless ADJ ohne Hut, barhäuptig
hat|pin S Hutnadel *f*; **~rack** S Hutablage *f*
hatred ['heɪtrɪd] → hate C 1, C 3
hat stand S Hutständer *m*
hatter ['hætə(r)] S Hutmacher(in): **(as) mad as a ~** total verrückt *umg*
hat| tree S *bes US* Hutständer *m*; **~ trick** S SPORT Hattrick *m*: a *drei in unmittelbarer Folge vom gleichen Spieler (im gleichen Spielabschnitt) erzielte Tore* b *dreimaliger Erfolg (in e-r Meisterschaft etc)*: **do** (*od* **score, bring off**) **a ~** e-n Hattrick erzielen
hauberk ['hɔːbɜːk; *US* 'hɔːˌbɜrk] S MIL, HIST Halsberge *f*, Kettenhemd *n*
haugh [hɔː; hɔːx] S *schott* flaches (Fluss)Uferland
haughtiness ['hɔːtɪnɪs] S Hochmut *m*, Arroganz *f*; **haughty** ADJ (ADV haughtily) 1 hochmütig, -näsig, überheblich, arrogant 2 *obs* edel
haul [hɔːl] A S 1 Ziehen *n*, Zerren *n*, Schleppen *n* 2 kräftiger Zug: **give the rope a ~** kräftig an dem Seil ziehen 3 (Fisch)Zug *m* 4 *fig* Fischzug *m*, Fang *m*, Beute *f*: **make a big ~** e-n guten Fang machen 5 a Beförderung *f*, Transport *m* b Transportweg *m*, -strecke *f*: **it was quite a ~ home** der Heimweg zog sich ganz schön hin; **a long ~** ein weiter Weg (*a. fig*); **in the long ~** *fig* zu e-m späteren Zeitpunkt; auf lange Sicht c Ladung *f*, Transport *m*: **a ~ of coal** e-e Ladung Kohlen B V/T 1 ziehen, zerren, schleppen: → coal A 4 2 befördern, transportieren 3 heraufholen, (mit e-m Netz) fangen 4 SCHIFF a *die Brassen* anholen b herumholen, *bes* anluven 5 **~ the wind** a SCHIFF an den Wind gehen b *fig* sich zurückziehen 6 → haul up A 2 C V/I 1 *a.* **~ away** ziehen, zerren (*beide:* **on, at** an *dat*) 2 mit dem Schleppnetz fischen 3 umspringen (*Wind*) 4 SCHIFF a abdrehen, den Kurs ändern b → haul up B 1 c e-n Kurs segeln d *fig* s-e Meinung ändern, es sich anders überlegen
Phrasal Verbs: **haul| down** V/T *e-e Flagge etc* ein-, niederholen; **~ forward** V/I SCHIFF schralen (*Wind*); **~ home** V/T SCHIFF beiholen; **~ in** V/T SCHIFF *das Tau* einholen; **~ off** V/I 1 → haul C 4 a 2 *US umg* ausholen: **she hauled off and slapped him**; **~ round** → haul C 3; **~ up** A V/T 1 *umg* sich *j-n* vorknöpfen 2 *umg* a *j-n* vor den Kadi bringen *od* schleppen b *j-n* schleppen (**before** vor *akk*) 3 → haul B 4 b B V/I 1 SCHIFF an den Wind gehen 2 *US umg* stehen bleiben
haulage ['hɔːlɪdʒ] S 1 Ziehen *n*, Schleppen *n* 2 a Beförderung *f*, Transport *m*: **~ contractor** → hauler 2 b Transportkosten *pl* 3 *Bergbau:* Förderung *f*
haulaway S AUTO Autotransporter *m*
hauler, *bes Br* **haulier** [-jə(r)] S 1 *bes Bergbau:* Schlepper *m* 2 Transportunternehmer(in), Fuhrunternehmer(in); **hauling** S → haulage 1, 2 a, 3: **~ cable** TECH Zugseil *n*; **~ rope** Förderseil *n*
haulm [hɔːm] S 1 Halm *m*, Stängel *m* 2 KOLL *Br* Halme *pl*, Stängel *pl*, (*Bohnen- etc*) Stroh *n*
haunch [hɔːntʃ; *US a.* hɑːntʃ] S 1 ANAT Hüfte *f* 2 *pl* a ANAT Gesäß *n*: **go down on one's ~es** in die Hocke gehen b ZOOL Hinterbacken *pl* 3 ZOOL Keule *f* 4 GASTR Lendenstück *n*, Keule *f*: **~ of beef** Rindslende *f* 5 ARCH Schenkel *m*
haunt [hɔːnt; *US a.* hɑːnt] A V/T 1 spuken *od* umgehen in (*dat*): **this room is ~ed** in diesem Zimmer spukt es; **~ed castle** Spukschloss *n*; **~ed house** a Spukhaus *n* b *US* Geisterbahn *f*; **go through the ~ed house** Geisterbahn fahren 2 a verfolgen, quälen: **he was a ~ed man** er fand keine Ruhe (mehr); **~ed look** gehetzter Blick b *j-m* nicht mehr aus dem Kopf *od* Sinn gehen, *j-n* nicht mehr loslassen 3 häufig besuchen, frequentieren B V/I 1 spuken, umgehen 2 ständig zusammen sein (**with sb** mit j-m) C S 1 häufig besuchter Ort, beliebter Aufenthalt, *bes* Lieblingsplatz *m*: **holiday ~** beliebter Ferienort 2 Schlupfwinkel *m* 3 ZOOL a Lager *n*, Versteck *n* b Futterplatz *m*; **haunting** ADJ (ADV ~ly) 1 quälend 2 unvergesslich: **~ beauty** betörende Schönheit; **a ~ melody** (*od* **tune**) ein Ohrwurm *umg*
hautboy ['əʊbɔɪ] *obs für* oboe
haute couture [ˌəʊtkuːˈtjʊə; *US* -'tʊr] S Haute Couture *f* (*vollendete Schneiderkunst, bes in Paris*)
hauteur [əʊ'tɜː; *US* əʊ'tɜr; *a.* hɔː'tɜr] S Hochmut *m*, Arroganz *f*
Havana [hə'vænə] S Havanna *n*
Havana (cigar) [hə'vænə] S Havanna (-zigarre) *f*
have [hæv; *unbetont* həv, əv] A S 1 **the ~s and the ~-nots** die Begüterten u. die Habenichtse, die Reichen u. die Armen 2 *Br umg* Trick *m* B V/T *prät u. pperf* had [hæd], *2. sg präs obs* hast [hæst], *3. sg präs* has [hæz], *obs* hath [hæθ], *2. sg prät obs* hadst [hædst] 1 *allg* haben, besitzen: **he has a house (a friend, a good memory)**; **we can't ~ everything** man kann nicht alles haben; **you ~ my word for it** ich gebe Ihnen mein Wort darauf; **I had the whole road to myself** ich hatte die ganze Straße für mich allein; **I wouldn't ~ it if you gave it to me** das nähme ich nicht (mal) geschenkt; → get B 10 a 2 haben, erleben: **we had a fine time** wir hatten viel Spaß, wir hatten es schön 3 a *ein Kind* bekommen b ZOOL *Junge* werfen 4 behalten: **can I ~ it?**; → honor B 2 5 *Gefühle, e-n Verdacht etc* haben, hegen 6 *Nachrichten etc* erhalten, bekommen (*beide*: **from** von): **(not) to be had** (nicht) zu haben, (nicht) erhältlich 7 (erfahren) haben: **I ~ it from reliable sources** ich habe es aus verlässlicher Quelle (erfahren); **I ~ it from my friend** ich habe *od* weiß es von m-m Freund 8 *Speisen etc* zu sich nehmen, einnehmen, essen *od* trinken *etc*: **I had a glass of sherry** ich trank ein Glas Sherry; **~ another sandwich** nehmen Sie noch ein Sandwich!; **what will you ~?** was nehmen Sie?; **~ a cigar** e-e Zigarre rauchen; → breakfast A, dinner 1, *etc* 9 haben, ausführen, (mit)machen: **~ a discussion** e-e Diskussion haben *od* abhalten; → look A 1, try A 1, walk A 3, wash A 1 10 können, beherrschen: **she has no French** sie kann nicht *od* kein Französisch; **~ sth by heart** etwas auswendig können 11 (be)sagen, behaupten: **he will ~ it that …** er behauptet steif u. fest, dass …; **astrology has it that Taureons are …** der Astrologie zufolge sind Stiere …; → rumor A 1 12 sagen, ausdrücken: **as Byron has it** wie Byron sagt 13 *umg* erwischt haben: **he had me there** da hatte er mich (an m-r schwachen Stelle) erwischt, da war ich überfragt 14 *Br umg j-n* reinlegen: **you ~ been had** man hat dich reingelegt *od* übers Ohr gehauen 15 haben, dulden: **I will not** (*od* **won't**) **~ it** ich dulde es nicht, ich will es nicht (haben); **I won't ~ it mentioned** ich will nicht, dass es erwähnt wird; **he wasn't having any** *umg* er ließ sich auf nichts ein; **thank you for having us** *bes Br* vielen Dank für die schöne Zeit bei Ihnen; → none *Bes Redew* 16 haben, erleiden: **they had broken bones** sie erlitten Knochenbrüche; **he had a shock** er bekam e-n Schock 17 (*vor inf*) müssen: **I ~ to go now**; **he will ~ to do it** er wird es tun müssen; **we ~ to obey** wir haben zu *od* müssen gehorchen; **it has to be done** es muss getan werden; → get B 10 b 18 (*mit Objekt u. pperf*) lassen: **I had a suit made** ich ließ mir e-n Anzug machen; **they had him shot** sie ließen ihn erschießen 19 *mit Objekt u. pperf zum Ausdruck des Passivs*: **he had a son born to him** ihm wurde ein Sohn geboren; **I've had some money stolen** mir ist Geld gestohlen worden 20 (*mit Objekt u. inf*) (veran)lassen: **~ them come here at once** lass sie sofort hierherkommen; **I had him sit down** ich ließ ihn Platz nehmen 21 (*mit Objekt u. inf*) es erleben, dass: **I had all my friends turn against me** ich erlebte es *od* ich musste es erleben, dass sich alle m-e Freunde gegen mich wandten 22 (*nach* **will** *od* **would** *mit akk u. inf*): **I would ~ you to know it** ich möchte, dass Sie es wissen 23 würde, täte (*mit* **as well, rather, better, best** *etc*): **I had rather go than stay** ich möchte lieber gehen als bleiben; **you had best go** du tätest am besten daran, zu gehen; **he better had** das wäre das Beste(, was er tun könnte) C V/I 1 *obs* eilen: **~ after sb** j-m nacheilen 2 **~ at** *obs* zu Leibe rücken (*dat*), sich hermachen über (*akk*) 3 **they had until July 3** sie hatten bis zum 3. Juli Zeit 4 **I ~ to** ich muss; **do you ~ to?** muss das sein? D V/AUX 1 haben: **I ~ seen** ich habe gesehen 2 sein: **I ~ been** ich bin gewesen
Besondere Redewendungen: **~ and hold** JUR *US* innehaben, besitzen; **I ~ it!** ich habs! (*ich habe die Lösung gefunden*); **he has had it** *umg* a er ist reingefallen b er hat sein Fett (*s-e Strafe*) weg c er ist erledigt (*a. tot*) **my car has had it** *umg* mein Wagen ist im Eimer; **let sb ~ it** es j-m (tüchtig) geben *od* besorgen, j-n fertigmachen *umg*; **I didn't know he had it in him** ich wusste gar nicht, dass er dazu fähig ist *od* dass er das Zeug dazu hat; **I ~ nothing against him personally** ich habe nichts gegen ihn persönlich; **~ nothing on sb** *umg* a j-m in keiner Weise überlegen sein b nichts gegen j-n in der Hand haben, j-m nichts anhaben können **~ it (all) over sb** *umg* j-m (haushoch) überlegen sein; **he has it over me that …** *umg* er ist mir insofern voraus, als …; **~ what it takes** das Zeug dazu haben; → do[1] B 9
Phrasal Verbs: **have| away** → have off; **~ back** V/T zurückbekommen, -erhalten: **let me have it back soon** gib es mir bald wieder zurück; **~ down** V/T zu Besuch haben; **~ in** V/T 1 *j-n* hereinbitten 2 *bes Handwerker* a kommen lassen b im Haus haben 3 a (zu sich) einladen b zu Besuch haben 4 **have it in for sb** *umg* j-n auf dem Kieker haben, es auf j-n abgesehen haben; **~ off** V/T: **have it off** *bes Br sl* bumsen (*Geschlechtsverkehr haben*) (**with** mit); **~ on** V/T 1 tragen: a *ein Kleid etc* anhaben: **he didn't have any clothes on** er hatte nichts an b *e-n Hut* aufhaben 2 *umg j-n* zum Besten haben 3 *etwas* vorhaben: **I have nothing on tomorrow**; **~ out** V/T: **have it out with sb** die Sache mit j-m endgültig bereinigen, sich mit j-m aussprechen; **~ up** V/T 1 heraufkommen lassen, heraufholen 2 *umg* a sich *j-n* vorknöpfen b *j-n* vor den Kadi bringen (**for** wegen): **be had up** vor dem Kadi stehen

havelock ['hævlɒk; US -,lɑk] S *als Sonnenschutz dienender, über den Nacken herabhängender Mützenüberzug*

haven ['heɪvn] S 1 *meist fig* (sicherer) Hafen 2 *fig* Zufluchtsort *m*, -stätte *f*

have-nots SPL Habenichtse *pl*: → have A 1

haven't ['hævnt] *Zusammenziehung von* **have not**

haver ['heɪvə] A VI 1 *Br* → dither A 1 2 *schott* → babble A 2 B S *meist pl schott* → babble C 2

haversack ['hævə(r)sæk] S *bes* MIL Proviantttasche *f*

havoc ['hævək] A S Verwüstung *f*, Verheerung *f*, Zerstörung *f*: **cause ~** schwere Zerstörungen *od (a. fig)* ein Chaos verursachen; **play ~ with** (*od* **among**), **make ~ of** a → B b *fig* verheerend wirken auf (*akk*), übel mitspielen (*dat*) B VT *prät u. pperf* havocked verwüsten, verheeren, zerstören

haw[1] [hɔː] S 1 Mehlbeere *f* (*Weißdornfrucht*) 2 → hawthorn

haw[2] [hɔː] A INT äh!, hm! B S Äh *n*, Hm *n* C VI „äh" *od* „hm" machen, sich räuspern, stockend sprechen: → hem[2] C, hum[1] A 3

Hawaii [hə'waiiː; hə'wɑːiː] S Hawaii *n* a *größte der Hawaii-Inseln* b *Staat der USA*

Hawaiian [hə'waɪən; US *a.* hə'wɑːjən] A ADJ hawaiisch: **~ guitar** Hawaiigitarre *f* B S 1 Hawaiianer(in) 2 LING Hawaiisch *n*, das Hawaiische

haw-haw[1] [,hɔː'hɔː] A INT haha! B S ['hɔːhɔː] Haha *n*, lautes Lachen C VI laut lachen

haw-haw[2] ['hɔːhɔː] → ha-ha[1]

hawk[1] [hɔːk] A S 1 ORN (*ein*) Falke *m*, Bussard *m*, Habicht *m*, Weihe *f*: **watch sb like a ~** j-n mit Luchsaugen beobachten 2 *fig* Halsabschneider(in) *umg pej* 3 POL Falke *m* (*Befürworter e-r militanten [Außen]Politik*) B VI 1 im Flug jagen, Jagd machen (**at** auf *akk*) 2 Beizjagd betreiben C VT jagen

hawk[2] [hɔːk] VT 1 a hausieren (gehen) mit b auf der Straße verkaufen 2 *a.* **~ about** (*od* **around**) *ein Gerücht etc* verbreiten

hawk[3] [hɔːk] A VI sich räuspern B VT *oft* **~ up** aushusten C S Räuspern *n*

hawk[4] [hɔːk] S Mörtelbrett *n* (*der Maurer*)

hawkbit S BOT Herbstlöwenzahn *m*

hawker[1] → falconer

hawker[2] S a Hausierer(in) b Straßenhändler(in)

hawk-eyed ADJ scharfsichtig, mit scharfen Augen, adleräugig: **be ~** Falken- *od* Adleraugen haben

Hawkeye State S *US* (*Beiname für den Staat*) Iowa *n*

hawking → falconry

hawk| moth S ZOOL Schwärmer *m*; **~nose** S Adlernase *f*; **~ swallow** S ORN Mauersegler *m*; **~weed** S BOT Habichtskraut *n*

hawse [hɔːz] S SCHIFF 1 (Anker)Klüse *f* 2 *Raum zwischen dem Schiffsbug u. den Ankern* 3 *Lage der Ankertaue vor den Klüsen*; **~hold** → hawse 1; **~pipe** S SCHIFF Klüsenrohr *n*

hawser ['hɔːzə(r)] S SCHIFF Kabeltau *n*, Trosse *f*

hawthorn S BOT Weißdorn *m*

Hawthorne effect ['hɔːθɔː(r)n] S SOZIOL, PSYCH Hawthorne-Effekt *m* (*Einfluss, den die bloße Teilnahme an e-m Experiment auf die Versuchsperson u. damit auf das Versuchsergebnis auszuüben vermag*)

hay[1] [heɪ] A S 1 Heu *n*: **make ~** → C; **make ~ of sth** *fig* etwas durcheinanderbringen *od* zunichtemachen; **make ~ while the sun shines** *fig* das Eisen schmieden, solange es heiß ist; **hit the ~** *sl* sich in die Falle *od* Klappe hauen *umg*; **roll in the ~, have a roll in the ~** *sl* bumsen *vulg* (*Geschlechtsverkehr haben*) 2 *sl* Grass *n* (*Marihuana*) B VT 1 *Gras* zu Heu machen 2 mit Heu füttern 3 *Land* zur Heuerzeugung verwenden C VI heuen, Heu machen

hay[2] [heɪ] S HIST *ein ländlicher Reigen*

hay| bacillus S *irr* MED Heubazillus *m*; **~cock** S Heuschober *m*, -haufen *m*; **~ fever** S MED Heuschnupfen *m*, -fieber *n*; **~field** S Wiese *f* (*zum Mähen*); **~fork** S Heugabel *f*; **~lift** S *US* Heu-Luftbrücke *f* (*zur Viehversorgung*); **~loft** S Heuboden *m*; **~maker** S 1 Heumacher(in) 2 AGR, TECH Heuwender *m* 3 *Boxen: sl* Heumacher *m*, wilder Schwinger; **~rack** S Heuraufe *f*; **~rick** → haystack; **~seed** S 1 Grassame *m* 2 Heublumen *pl* 3 *US umg pej* Bauer *m*; **~stack** S Heumiete *f*: → needle A 1; **~wire** A S Ballendraht *m* B ADJ *umg* a kaputt (*Gerät*) b (völlig) durcheinander (*Pläne etc*) c übergeschnappt (*Person*): **go ~** kaputtgehen; (völlig) durcheinandergeraten; überschnappen

hazard ['hæzə(r)d] A S 1 Gefahr *f*, Wagnis *n*, Risiko *n*: **~ not covered** (*Versicherung*) ausgeschlossenes Risiko; **~ bonus** Gefahrenzulage *f*; **at all ~s** unter allen Umständen; **at the ~ of one's life** unter Lebensgefahr, unter Einsatz s-s Lebens; **be at** (*od* **in**) **~** auf dem Spiel stehen, in Gefahr sein; **run a ~** etwas riskieren; **~ warning** AUTO Warnblinkanlage *f*; **~ to health** Gesundheitsrisiko; → health 1 2 Zufall *m*: **by ~** durch Zufall, zufällig; **(game of) ~** Glücks-, Hasardspiel *n* 3 *pl* Launen *pl* (*des Wetters*) 4 *Golf*: Hindernis *n* 5 *Billard*: *Br* a **losing ~** Verläufer *m* b **winning ~** Treffer *m* B VT 1 riskieren, wagen, aufs Spiel setzen 2 (zu sagen) wagen, riskieren: **~ a remark** sich e-e Bemerkung erlauben 3 sich *e-r Gefahr etc* aussetzen; **hazardous** ADJ (ADV **~ly**) 1 gewagt, gefährlich, riskant: **~ waste** Sondermüll *m* 2 unsicher, vom Zufall abhängig: **~ contract** JUR *US* aleatorischer Vertrag, Spekulationsvertrag *m*

haze[1] [heɪz] A S 1 Dunst(schleier) *m*, feiner Nebel 2 *fig* Nebel *m*, Schleier *m* B VT in Dunst hüllen

haze[2] [heɪz] VT 1 *bes US* a beleidigen, beschimpfen b lächerlich machen 2 *bes* SCHIFF schinden, schikanieren

hazel ['heɪzl] A S 1 BOT Haselnuss *f*, Hasel(nuss)strauch *m* 2 a Haselholz *n* b Haselstock *m* 3 (Hasel)Nussbraun *n* B ADJ (hasel)nussbraun; **~ grouse, ~hen** S ORN Haselhuhn *n*; **~nut** S BOT Haselnuss *f*

haziness ['heɪzɪnɪs] S 1 Dunstigkeit *f* 2 Unschärfe *f* 3 *fig* Unklarheit *f*, Verschwommenheit *f*, Nebelhaftigkeit *f*

hazy ['heɪzɪ] ADJ (ADV **hazily**) 1 dunstig, diesig, leicht nebelig: **the mountains were ~** die Berge lagen im Dunst *od* waren in Dunst gehüllt 2 unscharf, verschwommen: **be ~** nur undeutlich *od* verschwommen zu sehen sein 3 *fig* verschwommen, nebelhaft, unklar (*Vorstellung etc*): **I'm rather ~ about it** ich habe nur e-e ziemlich verschwommene *od* vage Vorstellung davon

HBM ABK His (*od* Her) Britannic Majesty

H-bomb MIL A S H-Bombe *f* B VT e-e H-Bombe abwerfen auf (*akk*)

HC ABK 1 PARL *Br* House of Commons Unterhaus *n* 2 REL Holy Communion

H.C.F., h.c.f. ABK MATH highest common factor

HCM ABK His (*od* Her) Catholic Majesty

hcp ABK SPORT handicap

hd ABK 1 hand 2 head

hdbk ABK handbook

HDTV ABK high-definition television hochauflösendes Fernsehen

he[1] [hiː; iː; hɪ; ɪ] A PRON 1 er: **~ who** wer; derjenige, welcher 2 es: *who is this man?* **~ is John** es ist John 3 *pej* der: **not ~!** der nicht! B S Er *m umg*: a Junge *m*, Mann *m*: **is the baby a ~ or a she?** ist das Baby ein Er oder e-e Sie? b ZOOL Männchen *n* C ADJ *in Zusammensetzungen bes* ZOOL männlich, ...männchen *n*: **~-goat** Ziegenbock *m*

HE[2] ABK 1 high explosive 2 His (*od* Her) Excellency

head [hed] A VT 1 anführen, an der Spitze *od* an erster Stelle stehen von (*od gen*): **~ a list; ~ the table** SPORT an der Tabellenspitze stehen, die Tabelle anführen; → bill[2] A 8 2 voran-, vorausgehen (*dat*) 3 (an)führen, leiten: **a commission ~ed by** ein Ausschuss unter der Leitung von 4 lenken, steuern, dirigieren: **~ off** a um-, ablenken b abfangen c *e-e Gefahr etc* abwenden, *ein Gespräch etc* abbiegen 5 übertreffen 6 *e-n Fluss etc* (an der Quelle) umgehen 7 mit e-m Kopf *etc* versehen 8 e-n Titel geben (*dat*), betiteln 9 die Spitze bilden von (*od gen*) 10 *bes Pflanzen* köpfen, *Bäume* kappen, *Schösslinge* stutzen, zurückschneiden 11 *Fußball: den Ball* köpfen: **~ away** wegköpfen; **~ in** einköpfen 12 **~ up** a *ein Fass* ausböden b *Wasser* aufstauen B VI 1 a gehen, fahren (*beide*: **for** nach): **be ~ing back** auf dem Rückweg sein b (**for**) sich bewegen (auf *akk* ... zu), lossteuern, -gehen (auf *akk*): **you are ~ing for trouble** wenn du so weitermachst, bekommst du Ärger; → fall A 1 2 SCHIFF (**for**) Kurs halten (auf *akk*), zusteuern *od* liegen (auf *akk*) 3 (mit der Front) liegen nach: **the house ~s south** 4 (e-n Kopf) ansetzen (*Gemüse etc*) 5 sich entwickeln 6 entspringen (*Fluss*) 7 *Fußball*: **~ clear** mit dem *od* per Kopf klären; **~ in** einköpfen; **~ wide** vorbeiköpfen C ADJ 1 Kopf... 2 Spitzen..., Vorder..., an der Spitze stehend *od* gehend 3 Chef..., Haupt..., Ober..., Spitzen..., führend, oberst(er, e, es), erst(er, e, es): **~ coach** SPORT *bes US* Cheftrainer *m*; **~ cook** Chefkoch *m*; **~ nurse** Oberschwester *f* D S 1 Kopf *m*: **have a ~** *umg* e-n Brummschädel haben, e-n dicken *od* schweren Kopf haben; **win by a ~** (*Pferderennen*) um e-e Kopflänge gewinnen, *a. fig* um e-e Nasenlänge gewinnen; **work sth out in one's ~** etwas im Kopf ausrechnen; → stand B 1 2 *poet u. fig* Haupt *n*: **~ of the family** Haupt der Familie, Familienvorstand *m*, -oberhaupt; **~s of state** Staatsoberhäupter; → crowned 1 3 Kopf *m*, Verstand *m*, *a.* Begabung *f*: **he has a (good) ~ for languages** er ist sehr sprachbegabt; **~ for figures** Zahlengedächtnis *n*; **have a good ~ for heights** schwindelfrei sein; **two ~s are better than one** zwei Köpfe wissen mehr als einer 4 Spitze *f*, höchste Stelle, führende Stellung: **at the ~ of** an der Spitze von (*od gen*) 5 a (An)Führer(in), Leiter(in) b Vorstand *m*, Vorsteher(in) c Chef(in): **~ of government** Regierungschef d SCHULE Direktor *m*, Direktorin *f* 6 oberes Ende, oberer Teil *od* Rand, Spitze *f*, *z. B.* a oberer Absatz (*e-r Treppe*) b Kopf(ende) *m(n)* (*e-s Bettes, der Tafel etc*) c Kopf *m* (*e-r Buchseite, e-s Briefes, e-s Nagels, e-r Stecknadel, e-s Hammers, e-s Golfschlägers etc*) d SCHIFF Topp *m* (*Mast*) 7 Kopf *m* (*e-r Brücke od Mole*), oberes *od* unteres Ende (*e-s Sees etc*), Boden *m* (*e-s Fasses*) 8 a Kopf *m*, Spitze *f*, vorderes Ende, Vorderteil *m/n* b SCHIFF Bug *m* c SCHIFF Toilette *f* (*im Bug*) 9 Kopf *m*, (einzelne) Person: **one pound a ~** ein Pfund pro Kopf *od* Person 10 (*pl* **~**) Stück *n*: **50 ~ of cattle** 50 Stück Vieh 11 *Br* Anzahl *f*, Herde *f*, Ansammlung *f* (*bes Wild*) 12 Höhepunkt *m*, Krise *f*: → *Bes Redew* 13 (Haupt-)Haar *n*: **a beautiful ~ of hair** schönes, volles Haar 14 BOT a (*Salat- etc*) Kopf *m*, Köpfchen *n* (*kopfig gedrängter Blütenstand*) b (*Baum*) Krone *f*, Wipfel *m* 15

ANAT Kopf *m (vom Knochen od Muskel)* **16** MED Durchbruchstelle *f (e-s Geschwürs etc)* **17** Vorgebirge *n*, Landspitze *f*, Kap *n* **18** *pl* Vorderseite *f (e-r Münze)*: **~s or tails?** Wappen od Zahl? **19** JAGD Geweih *n*: **a deer of the first ~** ein fünfjähriger Hirsch **20** Schaum(krone) *m(f) (vom Bier etc)* **21** *Br* Rahm *m*, Sahne *f* **22** Quelle *f (e-s Flusses)* **23** a Überschrift *f*, Titelkopf *m* b Abschnitt *m*, Kapitel *n* c (Haupt)Punkt *m (e-r Rede etc)*: **the ~ and front** das Wesentliche **24** Abteilung *f*, Rubrik *f*, Kategorie *f* **25** TYPO (Titel)Kopf *m* **26** LING Oberbegriff *m* **27** → heading **28** TECH a Stauwasser *n* b Staudamm *m*, -mauer *f* **29** PHYS, TECH a Gefälle *n*, Gefällhöhe *f* b Druckhöhe *f* c *(Dampf-, Luft-, Gas)* Druck *m* d Säule *f*, Säulenhöhe *f (zur Druckmessung)*: **~ of water** Wassersäule **30** TECH a Spindelkopf *m (e-r Fräsmaschine)* b Spindelbank *f (e-r Drehbank)* c Support *m (e-r Bohrbank)* d *(Gewinde)* Schneidkopf *m* e Saugmassel *f (Gießerei)* f Kopf-, Deckplatte *f*, Haube *f* **31** MUS a *(Trommel)* Fell *n* b *(Noten)* Kopf *m* c Kopf *m (e-r Violine etc)* **32** Verdeck *n*, Dach *n (e-r Kutsche etc)* **33** *in Zusammensetzungen*: *umg* a ...süchtige(r) *m/f(m)*: → acidhead, hashhead b ... fan *m*: film~

Besondere Redewendungen: **above** (*od* **over**) **sb's ~** zu hoch für j-n; **that is** (*od* **goes**) **above my ~** das geht über m-n Horizont *od* Verstand; **talk above sb's ~** über j-s Kopf hinweg reden; **by ~ and shoulders** an den Haaren *(herbeiziehen)*, gewaltsam; **(by) ~ and shoulders** um Haupteslänge *(größer etc)*, weitaus; **~ and shoulders above the rest** den anderen turm- *od* haushoch überlegen; **from ~ to foot** von Kopf bis Fuß; **off** (*od* **out of**) **one's ~** *umg* übergeschnappt; **go off one's ~** *umg* überschnappen; **on one's ~** auf dem Kopf stehend; **on this ~** in diesem Punkt; **out of one's own ~** a von sich aus, allein b auf eigene Verantwortung **over sb's ~** über j-s Kopf hinweg; **go over sb's ~ to do sth** j-n übergehen u. etwas tun; **~ over heels** a kopfüber *(die Treppe hinunterstürzen)* b bis über die *od* beide Ohren *(verliebt sein)* **be ~ over heels in debt** bis über die Ohren in Schulden sitzen *od* stecken; **~ first** (*od* **foremost**) → headlong A; **bite** (*od* **snap**) **sb's ~ off** *umg* j-m den Kopf abreißen, j-n fressen; **bring to a ~** zum Ausbruch *od* zur Entscheidung bringen; **bury one's ~ in the sand** den Kopf in den Sand stecken; **call for sb's ~** j-s Kopf fordern; *go for a walk* **to clear one's ~** um e-n klaren Kopf zu bekommen; **come to a ~** a MED eitern, aufbrechen *(Geschwür)* b *fig* zur Entscheidung *od* Krise kommen, sich zuspitzen **cry one's ~ off** *umg* sich die Augen ausweinen *od* aus dem Kopf weinen; **it never entered his ~ to help her** es kam ihm nie in den Sinn, ihr zu helfen; **he'd forget his ~ if it wasn't screwed on** *umg* der würde sogar s-n Kopf vergessen, wenn er nicht angeschraubt wäre; **gather ~** überhandnehmen; **give a horse its ~** e-m Pferd die Zügel schießen lassen; **give sb their ~** *fig* j-n gewähren *od* machen lassen; **give sb ~** *US vulg* j-m e-n blasen *(j-n fellationieren)*; **his name has gone out of my ~** mir ist sein Name entfallen; **go to sb's ~** j-m in den *od* zu Kopf steigen *(Alkohol, Erfolg etc)*; **he has a good ~ on his shoulders** er ist ein kluger Kopf; **have** (*od* **be**) **an old ~ on young shoulders** für sein Alter sehr reif *od* vernünftig sein; **hold sth in one's ~** etwas behalten, sich etwas merken; **hold one's ~ up** a den Kopf hoch halten b *fig* s-e Selbstachtung nicht verlieren **keep one's ~** kühlen Kopf bewahren, die Nerven behalten; **keep one's ~ above water** sich über Wasser halten *(a. fig)*; **knock sth on the ~** *umg* a etwas über den Haufen werfen *umg* b e-r Sache ein Ende bereiten, Schluss machen mit etwas **laugh one's ~ off** *umg* sich fast *od* halb totlachen; **let sb have his ~** j-m s-n Willen lassen; **it lies on my ~** es wird mir zur Last gelegt; **lose one's ~** den Kopf *od* die Nerven verlieren; **make ~** (gut) vorankommen, Fortschritte machen; **make ~ against** die Stirn bieten *(dat)*, sich entgegenstemmen *(dat)*; **I cannot make ~ or tail of it** ich kann daraus nicht schlau werden, ich kann damit nichts anfangen; **put sth into sb's ~** j-m etwas in den Kopf setzen; **put sth out of one's ~** sich etwas aus dem Kopf schlagen; **they put their ~s together** sie steckten die Köpfe zusammen; **run in sb's ~** j-m im Kopf herumgehen; **scream one's ~ off** sich die Lunge aus dem Hals *od* Leib schreien *umg*; **take the ~** die Führung übernehmen; **take sth into one's ~** sich etwas in den Kopf setzen; **talk one's ~ off** *umg* reden wie ein Wasserfall *od* Buch; **talk sb's ~ off** *umg* j-m ein Loch in den Bauch reden; **turn sb's ~** j-m den Kopf verdrehen; → bang[1] B 1, cloud A 1, knock B 1, roll B 1, swelled head, swollen head, top[1] A 1

head|ache S **1** Kopfschmerz(en) *m(pl)*, Kopfweh *n*: **I've got a ~** ich habe Kopfweh *od* Kopfschmerzen **2** *umg* Problem *n*, Sorge *f*: **be a bit of a ~ for sb, give sb a ~** j-m Kopfschmerzen *od* Sorgen machen; **~achy** ADJ *umg* **1** an Kopfschmerzen leidend **2** Kopfschmerzen verursachen, mit Kopfschmerzen verbunden; **~band** S **1** Kopf-, Stirnband *n* **2** ARCH Kopf(zier)leiste *f* **3** *Buchbinderei*: Kapitalband *n*; **~banger** S *Br sl* Idiot *m*; **~board** S Kopfbrett *n (am Bett)*; **~boy** S *Br* Schulsprecher *m*; **~case** S *umg* Spinner(in); **~cheese** S GASTR *US* a Schweinskopfsülze *f* b Presskopf *m*, -sack *m*; **~clerk** S Bürochef(in), -vorsteher(in); **~dress** S **1** Kopfschmuck *m* **2** Frisur *f*

-headed [hedɪd] *in Zusammensetzungen* ...köpfig

headed [ˈhedɪd] ADJ **1** mit e-m Kopf *od* e-r Spitze (versehen) **2** mit e-r Überschrift (versehen), betitelt **3** reif, voll **4** **~ goal** *(Fußball)* Kopfballtor *n*

header [ˈhedə(r)] S **1** TECH a Kopfmacher *m (für Nägel)* b Stauchstempel *m (für Schrauben)* c Sammelleitung *f*, Sammler *m* d Wasserkammer *f* **2** AGR Ährenköpfmaschine *f* **3** ARCH, TECH a Schluss(stein) *m* b Binder *m* **4** Kopfsprung *m*: **make a ~** e-n Kopfsprung machen; **he took a ~ down the stairs** er stürzte kopfüber die Treppe hinunter **5** *Fußball*: Kopfball *m*, -stoß *m* **6** COMPUT Kopfzeile *f*

head| fast S SCHIFF Bugleine *f*; **~first, ~foremost** → headlong; **~ gate** S TECH Flut-, Schleusentor *n*; **~gear** S **1** Kopfbedeckung *f* **2** Kopfgestell *n*, Zaumzeug *n (vom Pferd)* **3** *Bergbau*: Kopfgestell *n*, Fördergerüst *n*; **~ girl** S *Br* Schulsprecherin *f*; **~guard** S *Boxen*: Kopfschutz *m*; **~hunter** S **1** Kopfjäger *m* **2** *umg* Headhunter *m (j-d, der Führungskräfte abwirbt)*

headiness [ˈhedɪnɪs] S **1** Unbesonnenheit *f*, Voreiligkeit *f* **2** *(das)* Berauschende *(a. fig)* **3** *US umg* Gewitztheit *f*, Schlauheit *f*

heading [ˈhedɪŋ] S **1** Kopfstück *n*, -ende *n*, -teil *n/m* **2** Vorderende *n*, -teil *n/m* **3** Überschrift *f*, Titel(zeile) *m(f)* **4** *(Brief)* Kopf *m* **5** *(Rechnungs)* Posten *m* **6** Thema *n*, *(Gesprächs)* Punkt *m* **7** a Bodmung *f (von Fässern)* b *(Fass)* Boden *m* **8** *Bergbau*: a Stollen *m* b Richtstrecke *f* c Orts-, Abbaustoß *m* **9** Quertrieb *m (beim Tunnelbau)* **10** a FLUG Steuerkurs *m* b SCHIFF Kompasskurs *m* **11** *Fußball*: Kopfballspiel *n*: **~ chance** Kopfballchance *f*; **~ course** S ARCH Binderschicht *f*; **~ stone** S ARCH Schlussstein *m*

head|lamp → headlight; **~land** S **1** AGR Rain *m* **2** [-lənd] *(bes felsige)* Landspitze *od* Landzunge

headless ADJ **1** kopflos, ohne Kopf: **~ rivet** TECH kopfloser Niet **2** *fig* führerlos **3** → catalectic

head|light S **1** AUTO *etc* Scheinwerfer *m*: **turn on the ~s full beam** aufblenden; **~ flasher** Lichthupe *f*; **~ wiper** Scheinwerferwischer *m* **2** SCHIFF Mast-, Topplicht *n*; **~line** **A** S **1** a *Zeitung*: Schlagzeile *f*: **~ news** Nachrichten, die Schlagzeilen machen b *pl*, *a.* **~ news** (RADIO, TV) *(das)* Wichtigste in Schlagzeilen: **hit the ~s** Schlagzeilen machen **2** Überschrift *f* **3** SCHIFF Rahseil *n* **4** Kopfseil *n (e-r Kuh etc)* **B** V/T **1** mit e-r Schlagzeile *od* Überschrift versehen **2** a e-e Schlagzeile widmen *(dat)* b *fig* groß herausstellen **3** THEAT *etc US umg* der Star *(gen)* sein: **~ a show**; **~liner** S *US umg* **1** THEAT *etc* Star *m* **2** prominente Persönlichkeit; **~lock** **A** S Schwitzkasten *m (a. Ringen)*: **have sb in a ~** j-n im Schwitzkasten haben **B** V/T *j-n* in den Schwitzkasten nehmen; **~long** **A** ADV **1** kopfüber, mit dem Kopf voran **2** *fig* a Hals über Kopf b ungestüm, stürmisch **B** ADJ **1** mit dem Kopf voran: **he had a ~ fall down the stairs** er stürzte kopfüber die Treppe hinunter **2** *fig* a unbesonnen, voreilig, -schnell b → A 2 b; **~ louse** S *irr* ZOOL Kopflaus *f*; **~man** [ˈhedmæn] S *irr* **1** Führer *m* **2** (Stammes)Häuptling *m* **3** [ˌhedˈmæn; ˈhedmæn] Aufseher *m*, Vorarbeiter *m* **4** → headsman 1; **~master** S SCHULE Schulleiter *m*, Direktor *m*, Rektor *m (in den USA e-r privaten [Jungen]Schule)*; **~mistress** S SCHULE Schulleiterin *f*, Direktorin *f*, Rektorin *f (in den USA e-r privaten [Mädchen]Schule)*; **~ money** S **1** Kopfgeld *n* **2** *obs* Kopfsteuer *f*; **~most** [-məʊst] ADJ vorderst(er, e, es); **~ note** S kurze (Inhalts)Übersicht *(am Beginn e-s Kapitels etc)*; **~ office** S Hauptbüro *n*, -geschäftsstelle *f*, -sitz *m*, Zentrale *f*; **~-on** ADJ & ADV **1** frontal: **two cars collided ~**; **~ attack** *bes* MIL Frontalangriff *m*; **~ collision** Frontalzusammenstoß *m* **2** *fig* direkt: **in his ~ fashion**; **~phone** S *meist pl* Kopfhörer *m*: **a pair of ~s** ein Kopfhörer; **~ socket** Kopfhöreranschluss *m*; **listen to music on ~s** Musik über Kopfhörer hören; **~piece** S **1** Kopfbedeckung *f* **2** MIL, HIST Helm *m* **3** *umg obs* a Verstand *m*, Köpfchen *n umg* b kluger Kopf *(Person)* **4** Oberteil *n*, *a.* *m*, *bes* a Türsturz *m* b Kopfbrett *n (am Bett)* **5** TYPO Titelvignette *f* **6** Stirnriemen *m (am Pferdehalfter)*; **~pin** S König *m (Kegel)*; **~quartered** ADJ: **be ~ in** s-n Hauptsitz haben in *(dat)*; **~quarters** SPL *(oft als sg konstruiert)* **1** MIL a Hauptquartier *n* b Stab *m* c Kommandostelle *f* d Oberkommando *n*: **~ company** Stabskompanie *f* **2** *(Polizei)* Präsidium *n* **3** *(Feuerwehr)* Zentrale *f* **4** a (Partei-)Zentrale *f* b → head office; **~race** S TECH Obergerinne *n*, Speisekanal *m*; **~ register** → head voice; **~rest**, AUTO *a.* **~ restraint** S Kopfstütze *f*; **~room** S lichte Höhe; **~sail** S SCHIFF Fockmast-, Vorsegel *n*; **~scarf** S *a. irr* Kopftuch *n*; **~ sea** S SCHIFF Gegensee *f*; **~set** S Kopfhörer *m*

headship S **1** Führung *f*, Leitung *f* **2** SCHULE *Br* Direktorat *n*, Rektorat *n*: **under his ~** unter ihm als Direktor

headshrinker S **1** *Kopfjäger, der die Schädel getöteter Feinde einschrumpfen lässt* **2** *sl* Psychiater(in)

headsman [ˈhedzmən] S *irr* **1** Scharfrichter *m*, Henker *m* **2** *Bergbau*: *Br* Schlepper *m*

head|spring S **1** Hauptquelle *f* **2** *fig* Quelle *f*, Ursprung *m* **3** *Turnen*: Kopfkippe *f*; **~stall** →

headgear 2; **~stand** S SPORT Kopfstand *m*: **do a ~** e-n Kopfstand machen; **~ start** S SPORT Vorgabe *f*, Vorsprung *m* (*a. fig*): **have a ~ over** (*od* **on**) **sb** e-n Vorsprung vor j-m haben, j-m gegenüber im Vorteil sein; **~stock** S TECH 1 (Werkzeug)Halter *m*, *bes* Spindelstock *m*, -kasten *m* 2 Triebwerkgestell *n*; **~stone** S 1 ARCH a Eck-, Grundstein *m* (*a. fig*) b Schlussstein *m*; 2 Grabstein *m*; **~stream** S Quellfluss *m*; **~strong** ADJ (ADV **~ly**) 1 eigensinnig, halsstarrig 2 unbesonnen, voreilig, -schnell (*Handlung*); **~ table** *US* → top table; **~ tax** S Kopf-, *bes* Einwanderungssteuer *f* (*in den USA*); **~teacher** *Br für* headmaster, headmistress; **~-to-head** *bes US* A ADJ 1 Mann gegen Mann: **~ combat** MIL Nahkampf *m*; **~ record** SPORT direkter Vergleich (*zwischen zwei Tennisspielern etc*) 2 *fig* Kopf-an-Kopf-…: **~ race** B S 1 MIL Nahkampf *m* 2 *fig* Kopf-an-Kopf-Rennen *n*; **~ voice** S MUS Kopfstimme *f*; **~waiter** S Oberkellner *m*; **~waters** SPL Quellgebiet *n* (*e-s Flusses*); **~way** S 1 *bes* SCHIFF a Fahrt *f*, Geschwindigkeit *f* b Fahrt *f* voraus; 2 *fig* Fortschritt(e) *m(pl)*: **make ~ (with)** (gut) vorankommen (mit), Fortschritte machen (bei) 3 ARCH lichte Höhe 4 *Bergbau*: *Br* Hauptstollen *m*, Vortriebstrecke *f* 5 BAHN (*Zeit-, Zug*)Abstand *m*, Zugfolge *f*; **~ wind** S FLUG, SCHIFF Gegenwind *m*; **~word** S Anfangswort *n*, (*in e-m Wörterbuch*) Spitzmarke *f*; **~work** S 1 geistige Arbeit, Geistes-, Kopfarbeit *f* 2 ARCH Köpfe *pl* 3 TECH Wasserkontrollanlage *f* 4 *Fußball*: Kopfballspiel *n*; **~worker** S Geistes-, Kopfarbeiter(in)

heady ['hedɪ] ADJ (ADV **headily**) 1 unbesonnen, voreilig, vorschnell 2 berauschend (*a. fig Parfüm, Erfolg etc*) 3 berauscht (**with** von) 4 *US umg* gewitzt, schlau

heal [hi:l] A V/T 1 *a. fig* heilen, kurieren (*beide*: **sb of sth** j-n von e-r Sache) 2 *fig* a *Gegensätze* versöhnen b *e-n Streit* beilegen B V/I 1 *oft* **~ up**, **~ over** (zu)heilen 2 heilen, e-e Heilung bewirken 3 gesund werden, genesen; **~-all** S BOT a (*e-e*) nordamer. Collinsonie b Braunwurz *f* c *e-e grüne Orchidee*

healer S Heiler(in), *bes* Gesundbeter(in): **time is a great ~** die Zeit heilt alle Wunden

healing A S 1 Heilen *n*, Heilung *f* 2 Genesung *f*, Gesundung *f* B ADJ heilsam (*a. fig*), heilend, Heil(ungs)…: **~ process** Heil(ungs)prozess *m*; **~ sleep** Heilschlaf *m*

health [helθ] S 1 Gesundheit *f*: **~ is better than wealth** (*Sprichwort*) lieber gesund als reich; **~ care** medizinische Versorgung, Gesundheitsfürsorge *f*; **~-care reform** Gesundheitsreform *f*; **~ center** (*bes Br* **centre**) Ärztezentrum *n*, -haus *n*; **~ certificate** Gesundheitszeugnis *n*, ärztliches Attest; **~ club** Fitnessklub *m*; **~-conscious** gesundheitsbewusst; **he's very ~-conscious** er achtet sehr auf s-e Gesundheit; **♀ Department** *US* Gesundheitsministerium *n*; **~ education** Gesundheitserziehung *f*; **~ engineer** Gesundheitsingenieur(in); **~ farm** Gesundheitsfarm *f*; **~ food** a Reformkost *f* b Biokost *f*; **~-food shop** (*bes US* **store**) a Reformhaus *n* b Bioladen *m*; **~ freak** *sl* Gesundheitsapostel *m*, -fanatiker(in); **on ~ grounds** aus gesundheitlichen Gründen; **~ hazard** Gesundheitsrisiko *n*, Gefahr *f* für die Gesundheit; **~ insurance** Krankenversicherung; **~ insurance company** Krankenkasse *f*; **~ officer** *US* a Beamte(r) *m od* Beamtin *f* des Gesundheitsamtes b SCHIFF Hafen-, Quarantänearzt *m*, -ärztin *f*; **~ resort** Kurort *m*; **~ risk** Gesundheitsrisiko *n*; **~ service** Gesundheitsdienst *m*; **~ spa** Kur-, Heilbad *n*; **~ tips** Gesundheitstips; **~ visitor** *Br Angestellte(r) des Staatlichen Gesundheitsdienstes, der/die bes alte u. pflegebedürftige Menschen betreut*; → private A 1, return A 1 2 *a.* **state of ~** Gesundheitszustand *m*: **the state of his ~** sein Gesundheitszustand; **in good (poor) ~** gesund, bei guter Gesundheit (kränklich, bei schlechter Gesundheit); **in the best of ~** bei bester Gesundheit; → ill A 5, keep C 2 3 Gesundheit *f*, Wohl *n*: **drink (to)** (*od* **pledge, propose**) **sb's ~** auf j-s Wohl trinken; **your (very good) ~!** auf Ihr Wohl!; **here is to the ~ of the host!** ein Prosit dem Gastgeber! 4 Heilkraft *f*

healthful ADJ (ADV **~ly**) gesund (*a. fig*): a heilsam, bekömmlich, gesundheitsfördernd (*alle*: **to** für) b frisch, kräftig; **healthfulness** S Gesundheit *f*, Heilsamkeit *f*

healthiness ['helθɪnɪs] S Gesundheit *f*;

healthy ADJ (ADV **healthily**) 1 *allg* gesund (*a. fig*): **~ body (boy, climate, competition, finances,** *etc*) 2 gesund(heitsfördernd), heilsam, bekömmlich 3 *umg* gesund, kräftig (*Appetit*) 4 **not ~** *umg* unsicher, gefährlich

heap [hi:p] A S 1 Haufe(n) *m*: **in a ~** auf e-m Haufen; **in ~s** haufenweise; **be struck** (*od* **knocked**) **all of a ~** *umg* platt *od* sprachlos sein; **~ of manure** Misthaufen; **~ of rubble** Trümmerhaufen 2 *umg* Haufen *m*, Menge *f*: **~s of time** e-e Menge Zeit; **~s of times** unzählige Male; **~s better** sehr viel besser 3 *Bergbau*: (Berge)Halde *f*: **~ of charcoals** Kohlenmeiler *m* 4 *umg* Karre *f* (*Auto*) B V/T 1 häufen: **~ a plate with food, ~ food on a plate** Essen auf e-n Teller häufen; **one ~ed tablespoonful of sugar** ein gehäufter Esslöffel Zucker; **~ insults (praises) (up)on sb** j-n mit Beschimpfungen (Lob) überschütten; → coal A 4 2 *meist* **~ up** aufhäufen, *fig a.* anhäufen: **~ up wealth (riches)** 3 beladen, (*a. zum Überfließen*) anfüllen 4 *fig* überhäufen, -schütten (*beide*: **with** mit)

hear [hɪə(r)] *prät u. pperf* **heard** [hɜ:d; *US* hɜrd] A V/T 1 hören: **I ~ him laugh(ing)** ich höre ihn lachen; **I couldn't ~ myself talk** ich verstand mein eigenes Wort nicht mehr; **make o.s. ~d** sich Gehör verschaffen; **let's ~ it for …** e-n Applaus für … 2 *etwas* hören, erfahren (*beide*: **about, of** von, über *akk*): **from what I've ~d** soviel ich gehört habe; **did you ~ the one about …?** kennst du den von …? 3 *j-n* anhören, *j-m* zuhören: **are you ~ing me?** hörst du mir überhaupt zu?; **~ sb out** j-n bis zum Ende anhören, j-n ausreden lassen 4 (an)hören: **~ a concert** sich ein Konzert anhören; → confession 4, Mass[2] 1 5 *e-e Bitte, ein Gebet etc* erhören: **~ sb's prayers** *a.* j-n erhören 6 hören auf (*akk*), *j-s* Rat folgen 7 JUR a *j-n* vernehmen, -hören b (über) *e-n Fall* verhandeln: **~ and decide a case** über e-e Sache befinden; → evidence A 2 b 8 *e-n Schüler, das Gelernte* abhören B V/I 1 hören: **~ say** sagen hören (**that** dass); **I have ~d tell of it** *umg* ich habe davon sprechen hören; **he would not ~ of it** er wollte nichts davon hören *od* wissen; **~! ~!** a bravo!, sehr richtig! b *iron* hört! hört! 2 hören, erfahren (*beide*: **about, of** von), Nachricht(en) erhalten (**from** von): **I haven't ~d from him since then** ich habe seit damals nichts mehr von ihm gehört; **so I have ~d, so I ~** das habe ich gehört; **you will ~ of this!** *umg* das wirst du mir büßen!; **hearable** ADJ hörbar; **hearer** S (Zu)Hörer(in)

hearing ['hɪərɪŋ] S 1 Hören *n*: **within (out of) ~ (distance)** in (außer) Hörweite; **don't talk about it in his ~** sprich nicht darüber, solange er (noch) in Hörweite ist 2 Gehör (-sinn) *n(m)*: **have good ~** gut hören; **his ~ is getting worse** er hört immer schlechter; → hard A 20 3 Anhören *n* 4 Gehör *n*: **gain** (*od* **get**) **a ~** sich Gehör verschaffen; **give** (*od* **grant**) **sb a ~** j-n anhören 5 Audienz *f* 6 THEAT *etc* Hörprobe *f* 7 JUR a Vernehmung *f*, Verhör *n* b Voruntersuchung *f* c (mündliche) Verhandlung, (*a.* **day** *od* **date of ~**) (Verhandlungs)Termin *m*: **fix (a day for) a ~** e-n Termin anberaumen; → evidence A 2 b 8 *bes* POL Hearing *n*, Anhörung *f*; **~ aid** S Hörapparat *m*, -gerät *n*, -hilfe *f*; **~-impaired** A ADJ hörbehindert B S: **the ~** *koll* die Hörbehinderten *pl*; **~ loss** S MED Gehörverlust *m*

hearken ['hɑ:(r)kən] V/I *poet* 1 horchen (**to** auf *akk*) 2 (**to**) hören (auf *akk*), Beachtung schenken (*dat*)

hearsay ['hɪə(r)seɪ] S 1 **by ~** vom Hörensagen; **it is mere ~** es ist bloßes Gerede 2 → hearsay evidence; **~ evidence** S JUR Beweis(e) *m(pl)* vom Hörensagen, mittelbarer Beweis; **~ rule** S JUR *Regel über den grundsätzlichen Ausschluss aller Beweise vom Hörensagen*

hearse [hɜ:s; *US* hɜrs] S 1 Leichenwagen *m* 2 HIST Katafalk *m* 3 *obs* a Bahre *f* b Sarg *m* c Grab *n*

heart [hɑ:(r)t] S 1 ANAT Herz *n*: **left ~** linke Herzhälfte; **clasp sb to one's ~** j-n ans Herz drücken 2 *fig* Herz *n*: a Seele *f*, Gemüt *n*, (*das*) Innere *od* Innerste b Liebe *f*, Zuneigung *f* c (Mit)Gefühl *n* d Mut *m* e (moralisches) Empfinden, Gewissen *n*: **a mother's ~** ein Mutterherz 3 Herz *n*, (*das*) Innere, Kern *m*, Mitte *f*: **in the ~ of Germany** im Herzen Deutschlands 4 a Kern(holz) *m(n)* (*vom Baum*) b Herz *n* (*von Kopfsalat*): **~ of oak** Eichenkernholz, *fig* Standhaftigkeit *f* 5 Kern *m*, (*das*) Wesentliche: **the very ~ of the matter** der eigentliche Kern der Sache, des Pudels Kern; **go to the ~ of the matter** zum Kern der Sache vorstoßen, der Sache auf den Grund gehen 6 Herz *n*, Liebling *m*, Schatz *m* 7 *herzförmiger Gegenstand* 8 *Kartenspiel*: a Herz(karte) *n(f)*, Cœur *n* b *pl* (*a. als sg konstruiert*) Herz *n*, Cœur *n* (*Farbe*): **~s is trump** c *pl* (*als sg konstruiert*) *ein Kartenspiel, bei dem es darauf ankommt, möglichst wenige Herzen im Stich zu haben*: → ace A 1, queen B 1, *etc* 9 Fruchtbarkeit *f* (*des Bodens*): **in good ~** fruchtbar, in gutem Zustand 10 **~ of the attack** SPORT Angriffsmotor *m*

Besondere Redewendungen: **~ and soul** mit Leib u. Seele; **~'s desire** Herzenswunsch *m*; **after my (own) ~** ganz nach m-m Herzen *od* Geschmack *od* Wunsch; **at ~** im Grunde (m-s *etc* Herzens), im Innersten; **by ~** auswendig; **for one's ~** für sein Leben gern; **from one's ~** a von Herzen b offen, aufrichtig, frisch von der Leber weg *umg*; **in one's ~ (of ~s)** a insgeheim b im Grunde (s-s Herzens); **in ~** guten Mutes; **out of ~** a mutlos b unfruchtbar, in schlechtem Zustand (*Boden*); **to one's ~'s content** nach Herzenslust; **with all one's** (*od* **one's whole**) **~** mit *od* von ganzem Herzen, mit Leib u. Seele; **with a heavy ~** schweren Herzens; **bare one's ~ to sb** j-m sein Herz ausschütten; **be very close to sb's ~** j-m sehr am Herzen liegen; **his ~ is in the right place** er hat das Herz auf dem rechten Fleck; **his ~ is in his work** er ist mit dem Herzen bei s-r Arbeit; **it breaks my ~** es bricht mir das Herz; **you're breaking my ~!** *iron* mir kommen gleich die Tränen!; **I break my ~ over** mir bricht das Herz bei; **close** (*od* **shut**) **one's ~ to sth** sich gegen etwas verschließen; **cross my ~** Hand aufs Herz, auf Ehre u. Gewissen; **cry** (*od* **sob, weep**) **one's ~ out** sich die Augen ausweinen; **it does my ~ good** es tut m-m Herzen wohl; **eat one's ~ out** sich vor Gram verzehren (**for** nach); **eat your ~ out, XY** da würde selbst XY vor Neid erblassen; **give one's ~ to sb** j-m sein Herz schenken; **go to sb's ~** j-m zu Herzen gehen; **my ~ goes out to him** ich empfinde tiefes Mitgefühl mit ihm; **have a ~** Erbarmen *od* ein Herz haben; **have no ~** kein Herz haben, herzlos sein; **not have the ~ to do sth** nicht das Herz haben, etwas zu tun; es nicht übers Herz *od* über sich bringen, etwas zu tun; **have no ~ to do sth** keine Lust haben, etwas zu tun; **have sth at ~** etwas von Herzen wünschen; **I have your health at ~** mir liegt d-e Gesundheit am Herzen; **I had my ~ in my mouth** das Herz schlug mir bis zum Halse, ich war zu Tode erschrocken; **have one's ~ in the right place** das Herz auf dem rechten Fleck haben; **have one's ~ in one's work** mit dem Herzen bei s-r Arbeit sein; **lose ~** den Mut verlieren; **lose one's ~ to sb** sein Herz an j-n verlieren; **my ~ missed** (*od* **lost**) **a beat** mir blieb fast das Herz stehen, mir stockte das Herz; **open one's ~** a (**to sb** j-m) sein Herz ausschütten b großmütig sein; **pour one's ~ out to sb** j-m sein Herz ausschütten, j-m sein Leid klagen; **put** (*od* **throw**) **one's ~ into sth** mit Leib u. Seele bei e-r Sache sein, ganz in e-r Sache aufgehen; **set one's ~ on** sein Herz hängen an (*akk*); **take ~** Mut *od* sich ein Herz fassen; **take sth to ~** sich etwas zu Herzen nehmen; **wear one's ~ (up)on one's sleeve** das Herz auf der Zunge tragen; **what the ~ thinketh, the mouth speaketh** (*Sprichwort*) wes das Herz voll ist, des gehet der Mund über; **win sb's ~** j-s Herz gewinnen; → bleed A 3, bless *Bes Redew*, boot[1] A 1, bottom A 1, gold A 1, touch B 17

heart|ache S Kummer *m*, Gram *m*; **~ action** S PHYSIOL Herztätigkeit *f*; **~ attack** S MED a Herzanfall *m* b Herzinfarkt *m*; **~beat** S PHYSIOL Herzschlag *m*; **~ block** S MED Herzblock *m*; **~break** S Leid *n*, großer Kummer; **~breaker** S Herzensbrecher *m*; **~breaking** ADJ (ADV ~ly) herzzerreißend; **~broken** ADJ gebrochen, verzweifelt, untröstlich; **~burn** S MED Sodbrennen *n*; **~burning** S a Neid *m* b Eifersucht *f*; **~ cherry** S BOT Herzkirsche *f*; **~ complaint** S MED Herzbeschwerden *pl*; **~ condition** S MED Herzleiden *n*; **~ disease** S MED Herzkrankheit *f*

-hearted [hɑː(r)tɪd] *Wortelement mit der Bedeutung* a ...herzig b ...mütig

hearten [ˈhɑː(r)tn] A V/T ermutigen, ermuntern B V/I *oft* **~ up** Mut fassen; **heartening** ADJ (ADV ~ly) ermutigend

heart| failure S MED a Herzinsuffizienz *f* b Herzversagen *n*; **~felt** ADJ tief empfunden, herzlich, innig, aufrichtig; **~-free** ADJ frei, ungebunden

hearth [hɑː(r)θ] S 1 Herd(platte) *m(f)*, Feuerstelle *f* 2 Kamin(platte) *m(f)*, -sohle *f* 3 *a.* **~ and home** *fig* häuslicher Herd, Heim *n* 4 TECH a Herd *m*, Hochofengestell *n*, Schmelzraum *m* b Schmiedeherd *m*; **~rug** S Kaminvorleger *m*; **~stone** S 1 Kaminplatte *f* 2 *fig* → hearth 3 3 Scheuerstein *m*

heartily [ˈhɑː(r)tɪlɪ] ADV 1 herzlich: a von Herzen, innig, aufrichtig b *iron* sehr, gründlich: **I dislike him ~** er ist mir von Herzen zuwider 2 herzhaft, kräftig, tüchtig: **eat ~**; **heartiness** S 1 Herzlichkeit *f*: a Innigkeit *f* b Aufrichtigkeit *f* 2 Herzhaftigkeit *f*, Kräftigkeit *f* 3 Frische *f*

heartland S Herzland *n*

heartless ADJ (ADV ~ly) herzlos, grausam; **heartlessness** S Herzlosigkeit *f*, Grausamkeit *f*

heart|-lung machine S MED Herz-Lungen-Maschine *f*: **put on the ~** an die Herz-Lungen-Maschine anschließen; **~ murmur** S MED Herz-, Klappengeräusch *n*; **~ muscle** S ANAT Herzmuskel *m*; **≈ of the Dixie** S US (*Beiname für den Staat*) Alabama *n*; **~ pacemaker** S MED Herzschrittmacher *m*; **~ rate** S PHYSIOL Herzfrequenz *f*, Pulszahl *f*; **~rending** ADJ (ADV ~ly) herzzerreißend; **~ rot** S Kernfäule *f* (*im Baum*); **~ sac** S ANAT Herzbeutel *m*

heart's blood S: **give one's ~ for** sein Herzblut hingeben für

heart-searching S Gewissenserforschung *f*, Selbstprüfung *f*

heart's-ease, heartsease S 1 BOT Wildes Stiefmütterchen 2 *fig* Seelenfrieden *m*

heart|seed S → balloon vine; **~ seizure** S MED Herzanfall *m*; **~ shake** S Kernriss *m* (*im Baum*); **~-shaped** ADJ herzförmig; **~sick** ADJ *fig* verzweifelt, tief betrübt

heartsome [ˈhɑːtsəm] ADJ *bes schott* 1 ermutigend 2 fröhlich

heart|sore → heartsick; **~ starter** S *Aus sl* Muntermacher *m* (*erster Drink am Tag*); **~strings** SPL Herz(fasern) *n(pl)*, (*das*) Innerste: **pull** (*od* **tug**) **at sb's ~** j-m zu Herzen gehen, j-m das Herz zerreißen; **play on sb's ~** mit j-s Gefühlen spielen; **~ surgeon** S MED Herzchirurg(in); **~ surgery** S MED Herzchirurgie *f*; **~throb** S 1 PHYSIOL Herzschlag *m* 2 *umg* Schwarm *m*; **~-to-heart** A ADJ aufrichtig, offen: **~ talk** → B B S offene Aussprache; **~ transplant** S MED Herzverpflanzung *f*, -transplantation *f*; **~-warming** ADJ 1 herzerfrischend, -erquickend 2 bewegend; **~-whole** ADJ 1 ungebunden, frei 2 aufrichtig 3 unerschrocken; **~wood** S Kernholz *n*; **~-wrenching** ADJ herzzerreißend

hearty [ˈhɑː(r)tɪ] A ADJ (ADV → heartily) 1 herzlich: a von Herzen kommend, warm, innig b aufrichtig, tief empfunden c *iron* gründlich (*Abneigung etc*) 2 a munter: → hale[2] b energisch c begeistert d herzlich, jovial 3 herzhaft, kräftig (*Appetit, Flüche etc*) 4 gesund, kräftig, stark 5 fruchtbar (*Boden*) B S 1 *umg* Matrose *m*: **my hearties!** Kameraden!, Jungs! 2 SPORT *bes Br umg* dynamischer (*Rugby- etc*) Spieler

heat [hiːt] A S 1 Hitze *f*: a große Wärme: **if you can't stand the ~, get out of the kitchen** wenn dir dein Job über den Kopf wächst, solltest du dich nach etwas anderem umsehen b heißes Wetter, Hitzeperiode *f* 2 Wärme *f* (*a.* PHYS): **what is the ~ of the water?** wie warm ist das Wasser?; **~ of combustion** Verbrennungswärme 3 a Erhitztheit *f* (*des Körpers*) b (*bes Fieber*) Hitze *f* 4 a Ungestüm *n* b Zorn *m*, Wut *f* c Leidenschaftlichkeit *f*, Erregtheit *f* d Eifer *m*: **in the ~ of the moment** im Eifer *od* in der Hitze des Gefechts; **in the ~ of passion** JUR im Affekt 5 Höhepunkt *m*, größte Intensität: **in the ~ of battle** auf dem Höhepunkt der Schlacht 6 einmalige Kraftanstrengung: **at one** (*od* **a**) **~** in einem Zug 7 SPORT a (Einzel)Lauf *m* b *a.* **preliminary ~** Vorlauf *m* 8 METALL a Schmelz-, Chargengang *m* b Charge *f*, Einsatz *m* 9 (Glüh)Hitze *f*, Glut *f* 10 ZOOL Brunst *f*, *bes* a Hitze *f*, Läufigkeit *f* (*e-r Hündin od Katze*) b Rossen *n* (*e-r Stute*) c Stieren *n* (*e-r Kuh*): **in** (*od* **on, at**) **~** brünstig; **a bitch in ~** e-e läufige Hündin 11 *umg* a Großeinsatz *m* (*der Polizei*) b Druck *m*: **turn on the ~** Druck machen; **turn the ~ on sb** j-n unter Druck setzen; **the ~ is on** es weht ein scharfer Wind; **the ~ is on sb** j-d steht unter Druck; **the ~ is off** man hat sich wieder beruhigt; **take the ~ on sth** den Kopf für etwas hinhalten c **the ~** *koll US* die Bullen *pl pej* (*Polizei*) 12 Schärfe *f* (*von Gewürzen etc*) B V/T 1 *a.* **~ up** erhitzen, heiß machen, *Speisen a.* aufwärmen 2 heizen, *e-n Raum etc a.* beheizen 3 *fig* erhitzen, heftig erregen: **~ed with** erhitzt *od* erregt von 4 **~ up** *e-e Diskussion, die Konjunktur etc* anheizen C V/I sich erhitzen (*a. fig*)

heatable ADJ 1 erhitzbar 2 (be)heizbar

heat| apoplexy S MED Hitzschlag *m*; **~ balance** S PHYS Wärmebilanz *f*, -haushalt *m*; **~ barrier** S FLUG Hitzemauer *f*, -schwelle *f*; **~ death** S *Thermodynamik*: Wärmetod *m*

heated ADJ (ADV ~ly) 1 heizbar (*Heckscheibe etc*) 2 geheizt 3 erhitzt: a heiß geworden b *fig* erregt (**with** von): **a ~ debate** e-e erregte Debatte; **a ~ discussion** e-e hitzige Diskussion

heat engine S TECH Wärmekraftmaschine *f*

heater S 1 Heizgerät *n*, -körper *m*, (Heiz)Ofen *m* 2 ELEK Heizfaden *m* 3 (Plätt)Bolzen *m* 4 Heizer *m*, Glüher *m* (*Person*) 5 *US sl* Schießeisen *n*, Kanone *f* (*Pistole*); **~ plug** S AUTO *Br* Glühkerze *f*; **~ wire** S AUTO Heizdraht *m*

heat| exchanger S TECH Wärmetauscher *m*; **~ exhaustion** S MED Hitzschlag *m*; **~ flash** S Hitzeblitz *m* (*bei Atombombenexplosionen*)

heath [hiːθ] S 1 *bes Br* Heide(land) *f(n)*: **one's native ~** *fig* die Heimat 2 BOT a Erika *f*, (Glocken)Heide *f* b Heidekrautgewächs *n* 3 → heather A 1; **~ bell** S BOT 1 Erika-, Heideblüte *f* 2 a → bell heather b → harebell 1; **~berry** S 1 → crowberry 2 → bilberry; **~ cock** → blackcock

heathen [ˈhiːðn] A S 1 Heide *m*, Heidin *f*: **the ~** *koll* die Heiden *pl* 2 Barbar(in) B ADJ 1 heidnisch, Heiden...: **~ gods** heidnische Götter 2 unzivilisiert, barbarisch; **heathendom** S 1 → heathenism 2 (die) Heiden *pl* 3 die heidnischen Länder *pl*; **heathenish** ADJ (ADV ~ly) → heathen B 1, B 2; **heathenism** S 1 Heidentum *n* 2 Götzenanbetung *f* 3 Barbarei *f*; **heathenize** V/T & V/I heidnisch machen (werden)

heather [ˈheðə(r)] A S BOT 1 Heidekraut *n*: **take to the ~** HIST Bandit werden; **set the ~ on fire** *fig* Furore machen 2 (*e-e*) Erika B ADJ gesprenkelt (*Stoff*); **~ bell** S BOT Glockenheide *f*

heating [ˈhiːtɪŋ] A S 1 Heizung *f* 2 TECH a Beheizung *f* b Heißwerden *n*, -laufen *n* 3 PHYS Erwärmung *f* 4 Erhitzung *f* (*a. fig*) B ADJ 1 heizend 2 PHYS erwärmend 3 Heiz...: **~ battery** (**bill, costs, element, oil, surface,** *etc*); **~ period** (*od* **term**) Heizperiode *f*; **~ system** Heizsystem *n*, Heizung *f*; **~ engineer** S Heizungsmonteur(in); **~ furnace** S a Wärmofen *m* b TECH Glühofen *m*; **~ jacket** S TECH Heizmantel *m*; **~ pad** S Heizkissen *n*

heat| insulation S TECH Wärmedämmung *f*, -isolation *f*; **~ lightning** S Wetterleuchten *n*; **~ pipe** S TECH Wärmeleitrohr *n*; **~ pollution** S Umweltverschmutzung *f* durch Wärme; **~proof** ADJ hitzebeständig, -fest; **~ prostration** S MED Hitzschlag *m*; **~ pump** S TECH Wärmepumpe *f*; **~ rash** S MED Hitzeausschlag *m*, -bläs-chen *pl*; **~ resistance** S Hitzebeständigkeit *f*; **~-resistant, ~-resisting** → heatproof; **~-seal** V/T *Kunststoffe* heißsiegeln, warmschweißen; **~ sealing** S Heißsiegeln *n*, Warmschweißen *n*; **~ shield** S *Raumfahrt*: Hitzeschild *m*; **~ spot** S MED Hitzebläs-chen *n*; **~stroke** S MED Hitzschlag *m*: **get (have) ~** e-n Hitzschlag bekommen (haben); **~ transfer** S PHYS Wärmeübertragung *f*; **~-treat** V/T TECH wärmebehandeln (*a.* MED); **~ treatment** S TECH Wärmebehandlung *f* (*a.* MED); **~ unit** S PHYS Wärmeeinheit *f*; **~ value** S PHYS Heizwert *m*; **~ wave** S Hitzewelle *f*

heaume [həʊm] S MIL, HIST Topfhelm *m*

heave [hiːv] A S 1 Heben *n*, Hub *m*, (mächtiger) Ruck 2 Hochziehen *n*, -winden *n* 3 *umg* Wurf *m* 4 *Ringen*: Hebegriff *m* 5 Wogen *n*: **the ~ of her bosom**; **~ of the sea** SCHIFF Seegang *m* 6 GEOL Verwerfung *f*, (horizontale) Verschiebung 7 *pl (als sg konstruiert)* VET Dämpfigkeit *f (von Pferden)*: **have the ~s** dämpfig sein 8 **he's got the ~s** *umg* a ihn würgt es b er kotzt B VT *prät u. pperf* **heaved**, *(bes* SCHIFF*)* **hove** [həʊv] 1 (hoch)heben, (-)wuchten, (-)stemmen, (-)hieven: **we ~d him to his feet** wir hievten ihn auf die Beine 2 hochziehen, -winden 3 *umg* schmeißen, werfen 4 SCHIFF hieven: **~ the anchor** den Anker lichten; **~ the lead (log)** loten (loggen) 5 *e-n Seufzer etc* ausstoßen: → groan C 1, sigh C 6 *umg* auskotzen 7 heben u. senken 8 GEOL (horizontal) verschieben, verdrängen C VI 1 sich heben u. senken, wogen: **her bosom was heaving**; **~ and set** SCHIFF stampfen *(Schiff)* 2 keuchen 3 *umg* a *a.* **~ up** kotzen *umg* b würgen, Brechreiz haben: **his stomach ~d** ihm hob sich der Magen 4 sich werfen *od* verschieben *(durch Frost etc)* 5 SCHIFF a hieven, ziehen (**at** an *dat*): **~ ho!** holt auf!, *allg* hau ruck! b treiben: **~ in(to) sight** (*od* **view**) in Sicht kommen, *fig hum* aufkreuzen

H

Phrasal Verbs: **heave| ahead** SCHIFF A VT vorholen, vorwärts winden B VI vorwärts auf den Anker treiben; **~ astern** SCHIFF A VT rückwärts winden B VI von hinten auf den Anker treiben; **~ down** VT SCHIFF *das Schiff* kielholen; **~ in** VT SCHIFF einhieven; **~ out** VT SCHIFF *das Segel* losmachen; **~ to** VT & VI SCHIFF stoppen, beidrehen

heave-ho S: **give sb the (old) ~** *umg* a j-n an die (frische) Luft setzen *od* befördern *(aus dem Haus etc werfen, entlassen)* b j-m den Laufpass geben

heaven ['hevn] S 1 Himmel(reich) *m(n)*: **in ~ and earth** im Himmel u. auf Erden; **go to ~** in den Himmel eingehen *od* kommen; **move ~ and earth** *fig* Himmel u. Hölle in Bewegung setzen; **the ℒ of ~s, the seventh ~** der sieb(en)te Himmel; **be in seventh ~** *fig* sich (wie) im sieb(en)ten Himmel fühlen 2 ℒ Himmel *m*, Gott *m*: **the ℒs** die himmlischen Mächte 3 *(in Ausrufen)* Himmel *m*, Gott *m*: **by ~!, (good) ~s!** du lieber Himmel!; **~ knows what ...** weiß der Himmel, was ...; **thank ~!** Gott sei Dank!; **what in ~ ...?** was in aller Welt ...?; → forbid A 2, B, sake[1] 4 *meist pl* Himmel(sgewölbe) *m(n)*, Firmament *n*: **the northern ~s** der nördliche (Stern-)Himmel; **the ~s opened** der Himmel öffnete s-e Schleusen; → stink A 2 5 Himmel *m*, Klima *n*, Zone *f* 6 *fig* Himmel *m*, Paradies *n*: **~ on earth** der Himmel auf Erden; **it was ~** es war himmlisch 7 *(Bühnen)* Himmel *m*

heavenly ADJ himmlisch: a Himmels...: **~ body** ASTRON Himmelskörper *m*; **~ hosts** himmlische Heerscharen b göttlich, überirdisch: → dispensation 6 b c herrlich, wunderbar

heaven-sent ADJ vom Himmel gesandt, himmlisch: **a ~ opportunity** ein gefundenes Fressen *umg*

heavenward A ADV himmelwärts, zum *od* gen Himmel B ADJ gen Himmel gerichtet; **heavenwards** [-dz] → heavenward A

heaver ['hiːvə(r)] S 1 Heber(in) 2 TECH Heber *m*, Hebebaum *m*, -zeug *n*, Winde *f*

heavier-than-air [ˌhevɪə(r)-] ADJ strömungsgetragen *(Luftfahrzeug)*

heavily ['hevɪlɪ] ADV 1 schwer *(etc → heavy)*: **~ armed** (*od* **gunned**) schwer bewaffnet; **bleed ~** stark bluten; **be defeated ~** e-e schwere Niederlage erleiden; **~ loaded** (*od* **laden**) schwer beladen; **~ pregnant** hochschwanger; ZOOL hochträchtig; **punish sb ~** j-n schwer bestrafen; **suffer ~** schwere (finanzielle) Verluste erleiden; **tax sth ~** etwas hoch besteuern; **it weighs ~ (up)on me** es bedrückt mich schwer, es lastet schwer auf mir; → breathe A 1 2 mit schwerer Stimme

heaviness ['hevɪnɪs] S 1 Schwere *f (a. fig)* 2 Gewicht *n*, Druck *m*, Last *f* 3 Stärke *f*, Heftigkeit *f* 4 Massigkeit *f*, Wuchtigkeit *f* 5 Bedrücktheit *f*, Schwermut *f* 6 Schwerfälligkeit *f* 7 Langweiligkeit *f* 8 Schläfrigkeit *f*

Heaviside layer ['hevɪsaɪd] S PHYS Heaviside-Schicht *f (der Atmosphäre)*

heavy ['hevɪ] A ADJ (ADV → heavily) 1 schwer *(a.* CHEM, PHYS*)* 2 MIL schwer *(Artillerie etc)*: **~ guns** schwere Geschütze; **bring out** (*od* **up**) **the** (*od* **one's**) **~ guns** grobes *od* schweres Geschütz auffahren *umg* 3 schwer: a heftig, stark: **~ fall** schwerer Sturz; **~ fighting** MIL schwere Kämpfe *pl*; **~ losses** schwere Verluste; **~ rain** starker Regen; **~ sea** schwere See; **~ traffic** starker Verkehr; → cold C 3, inroad 3 b massig *(Körper)* c wuchtig *(Schlag)*: → blow[2] 2 d drückend, hart: **~ fine** hohe Geldstrafe; **~ taxes** drückende *od* hohe Steuern 4 beträchtlich, groß: **~ buyer** Großabnehmer(in); **~ consumer** (*od* **user**) Großverbraucher(in); **~ cost** hohe Kosten *pl*; **~ demand** starke Nachfrage; **~ favo(u)rite** SPORT *etc* hohe(r) Favorit(in); **~ orders** große Aufträge; **be ~ on gasoline** *(Br* **petrol**) viel Benzin (ver)brauchen 5 schwer, stark, übermäßig: **a ~ drinker (eater, smoker)** ein starker Trinker (Esser, Raucher); **a ~ loser** *j-d, der schwere Verluste erleidet* 6 ergiebig, reich *(Ernte)* 7 schwer: a stark (alkoholhaltig): **~ beer** Starkbier *n* b stark, betäubend *(Parfum etc)* c schwer verdaulich *(Nahrung)* 8 pappig, klitschig *(Brot etc)* 9 dröhnend, dumpf: **~ roll of thunder** dumpfes Donnergrollen; **~ steps** schwere Schritte 10 drückend, lastend *(Stille etc)* 11 a schwer: **~ clouds** tief hängende Wolken b trüb, finster: **~ sky** bedeckter Himmel c drückend, schwül *(Luft)* 12 (**with**) a (schwer) beladen (mit) b *fig* überladen, voll (von): **~ with meaning** bedeutungsvoll, -schwer 13 schwer: a schwierig, mühsam, hart *(Aufgabe etc)*: **~ worker** Schwerarbeiter(in); → going A 2 b schwer verständlich *(Buch etc)* 14 plump, unbeholfen, schwerfällig *(Stil etc)* 15 *a.* **~ in** (*od* **on**) **hand** stumpfsinnig, langweilig *(Buch etc)* 16 begriffsstutzig, dumm *(Person)* 17 schläfrig, benommen (**with** von): **~ with sleep** schlaftrunken 18 folgenschwer: **of ~ consequence** mit weitreichenden Folgen 19 ernst, betrüblich *(Neuigkeiten etc)* 20 THEAT *etc* a ernst, düster *(Szene etc)* b würdevoll *(Ehemann etc)* 21 bedrückt, niedergeschlagen: **with a ~ heart** schweren *od* blutenden Herzens 22 WIRTSCH flau, schleppend: **~ market** gedrückter Markt; **~ sale** schlechter Absatz 23 unwegsam, aufgeweicht, lehmig *(Straße etc)*: **~ going** *(Pferderennsport)* tiefes Geläuf 24 steil, jäh: **~ grade** starkes Gefälle 25 breit, grob: **~ scar** breite Narbe; **~ features** grobe Züge 26 a *a.* **~ with child** schwanger b *a.* **~ with young** ZOOL trächtig 27 TYPO fett (gedruckt) B S 1 THEAT *etc* a Schurke *m* b würdiger älterer Herr c Schurkenrolle *f* d Rolle *f* e-s würdigen älteren Herrn 2 MIL a schweres Geschütz b *pl* schwere Artillerie 3 SPORT *umg* Schwergewichtler *m* 4 *schott* Starkbier *n* 5 US *umg* schwerer Junge *(Verbrecher)* 6 *pl* US *umg* warme Unterkleidung C ADV **hang ~** langsam vergehen, dahinschleichen *(Zeit)*; **time was hanging ~ on my hands** die Zeit wurde mir lang; **lie ~ on sb** schwer auf j-m lasten, j-n schwer bedrücken

heavy| benzene S CHEM Schwerbenzin *n*; **~ breather** S Stöhner *m (Mann, der Frauen telefonisch sexuell belästigt)*; **~ chemicals** SPL Schwerchemikalien *pl*; **~ concrete** S TECH Schwerbeton *m*; **~ current** S ELEK Starkstrom *m*; **~-duty** ADJ 1 TECH Hochleistungs...: **~ machine**; **~ truck** Schwerlastkraftwagen *m* 2 strapazierfähig *(Handschuhe etc)*; **~ earth** S CHEM Bariumoxid *n*; **~ engineering** S TECH Schwermaschinenbau *m*; **~-footed** ADJ mit schwerem Gang; **~ goods vehicle** S *Br* Schwerlastkraftwagen *m*: **~ licence** Führerschein *m* Klasse II; **~-handed** ADJ (ADV **~ly**) 1 plump, unbeholfen 2 streng, hart; **~-hearted** ADJ niedergeschlagen; **~ hitter** S *US* sehr wichtige *od* einflussreiche Persönlichkeit; **~ hydrogen** S CHEM schwerer Wasserstoff, Deuterium *n*; **~ industry** S Schwerindustrie *f*; **~-laden** ADJ 1 schwer beladen 2 *fig* schwer bedrückt (**with** von); **~-legged** ADJ mit schweren Beinen: **fatigue made him ~** die Müdigkeit ließ s-e Beine schwer werden; **~ liquid** S TECH Schwerflüssigkeit *f*; **~ man** → heavy B 5; **~ metal** S 1 TECH Schwermetall *n* 2 MUS Heavy Metal *n* (→ hard rock); **~ oil** S TECH Schweröl *n*; **~ plate** S TECH Grobblech *n*; **~ spar** S MINER Schwerspat *m*; **~ type** S TYPO Fettdruck *m*; **~ water** S CHEM schweres Wasser; **~-water reactor** S Schwerwasserreaktor *m*; **~weight** A S 1 überschwere Person *od* Sache *n*, Schwergewicht *n umg hum* 2 SPORT Schwergewicht(ler) *n(m)*: **at ~** im Schwergewicht 3 *umg* Prominente(r) *m/f(m)*, großes *od* hohes Tier B ADJ 1 überschwer 2 SPORT Schwergewichts... 3 *umg* prominent

hebdomad ['hebdəmæd] S 1 *obs* a Sieben *f (Zahl)* b Siebenergruppe *f* 2 Woche *f*; **hebdomadal** [-'dɒmədl; *US* -'dɑ-] ADJ (ADV **~ly**) wöchentlich: **ℒ Council** *wöchentlich zusammentretender Rat der Universität Oxford*; **hebdomadary** [-'dɒmədərɪ; *US* -'dɑməˌderiː] → hebdomadal

hebephrenia [ˌhiːbɪ'friːnjə; -nɪə] S PSYCH Hebephrenie *f*, Jugendirresein *n*

hebetate ['hebɪteɪt] VI & VT abstumpfen

hebetic [hɪ'betɪk] ADJ Pubertäts...

hebetude ['hebɪtjuːd; *US a.* -ˌtuːd] S Stumpfsinn(igkeit) *m(f)*

Hebraic [hiː'breɪɪk] ADJ (ADV **~ally**) hebräisch

Hebraism ['hiːbreɪɪzəm] S LING Hebraismus *m*; **Hebraist** S Hebraist(in); **Hebraize** VT & VI hebräisch machen (werden)

Hebrew ['hiːbruː] A S 1 Hebräer(in) 2 LING Hebräisch *n*, das Hebräische 3 *pl (als sg konstruiert)* BIBEL (Brief *m* an die) Hebräer *pl* B ADJ hebräisch: **~ studies** *pl* Hebraistik *f*; **Hebrewism** → Hebraism

Hebridean [ˌhebrɪ'diːən], *a.* **Hebridian** [he'brɪdɪən] A ADJ hebridisch B S Bewohner(in) der Hebriden

Hebrides ['hebrɪdiːz] SPL *(die)* Hebriden *pl*

hecatomb ['hekətuːm; *bes US* -təʊm] S Hekatombe *f*: a *Antike: Opfer von 100 Rindern* b *fig gewaltige Menschenverluste*

heck [hek] *umg* A S Hölle *f*: **a ~ of a row** ein Höllenkrach; **a ~ of a lot of money** e-e schöne Stange Geld; **what the ~ ...?** was zum Teufel ...? B INT verdammt!

heckle ['hekl] A VT 1 *Flachs* hecheln 2 *fig* a *j-n* piesacken *umg*, *j-m* zusetzen b *e-n Redner* durch Zwischenrufe *od* Zwischenfragen aus der Fassung *od* dem Konzept bringen *od* in die Enge treiben B S Hechel *f*; **heckler** S Zwischenrufer(in)

hectare ['hektɑː(r); -teə(r)] S Hektar *n, a. m*

hectic ['hektɪk] A ADJ (ADV **~ally**) 1 MED hektisch: a auszehrend *(Krankheit)* b schwindsüchtig *(Patient)*: **~ fever** → B a; **~ flush** → B c 2 *fig* fieberhaft, aufgeregt, hektisch: **I had a**

~ time ich hatte keinen Augenblick Ruhe **B** S MED **a** hektisches Fieber **b** Schwindsüchtige(r) *m/f(m)* **c** hektische Röte

hectogram(me) ['hektəʊgræm] S Hektogramm *n (100 Gramm)*

hectograph ['hektəʊgrɑːf; *bes US* -græf] **A** S Hektograf *m (ein älteres Vervielfältigungsgerät)* **B** V/T hektografieren

hectoliter, *bes Br* **hectolitre** ['hektəʊ,liːtə(r)] S Hektoliter *m, a. n (100 Liter)*

hector ['hektə(r)] **A** S Tyrann *m* **B** V/T tyrannisieren, einschüchtern, schikanieren, piesacken *umg*: **~ sb about** (*od* **around**) j-n herumkommandieren **C** V/I herumkommandieren

he'd [hiːd; hɪd] *Zusammenziehung von* **he would, he had**

heddle ['hedl] TECH **A** S **1** Litze *f*, Helfe *f (zur Lenkung der Kettfäden)* **2** Einziehhaken *m* **B** V/T *Kettfäden* einziehen

hedge [hedʒ] **A** S **1** Hecke *f*, *bes* Heckenzaun *m*: **that doesn't grow on every ~** das findet man nicht alle Tage *od* überall **2** Einzäunung *f* **3** Absperrung *f*, Kette *f*: **a ~ of police** e-e Polizeikette **4** **(against)** (Ab)Sicherung *f* (gegen), Schutz *m* (gegen, vor *dat*), Vorbeugungsmaßnahme *f* (gegen) **5** WIRTSCH Hedge-, Deckungsgeschäft *n* **6** vorsichtige *od* ausweichende Äußerung **B** ADJ **1** Hecken...: **~ plants** **2** *fig* drittrangig, -klassig **C** V/T **1** *a.* **~ in** (*od* **round**) **a** mit e-r Hecke einfassen *od* umgeben **b** *a.* **~ about** (*od* **around**) *fig etwas* behindern, erschweren (*beide:* **with** mit) **c** *fig j-n* einengen: **~ off** mit e-r Hecke abgrenzen *od* abtrennen, *fig* abgrenzen (**against** gegen) **2** **a** (**against**) (ab)sichern (gegen), schützen (gegen, vor *dat*) **b** sich gegen den Verlust *(e-r Wette etc)* sichern: **~ a bet**; **~ one's bets** *fig* auf Nummer sicher gehen **D** V/I **1** ausweichen, sich nicht festlegen (wollen), sich winden: **~ around a subject** um ein Thema herumreden **2** sich vorsichtig ausdrücken *od* äußern **3** **a** (**against**) sich sichern (gegen), sich schützen (gegen, vor *dat*) **b** WIRTSCH Hedge- *od* Deckungsgeschäfte abschließen **4** e-e Hecke anlegen; **~ cutter** S Heckenschere *f*; **~ fence** S Heckenzaun *m*; **~ garlic** S BOT Lauchhederich *m*

hedgehog ['hedʒhɒg; *US a.* -,hɑg] S **1** ZOOL **a** Igel *m* **b** *US* Stachelschwein *n* **2** BOT stachlige Frucht *od* Samenkapsel **3** MIL **a** Igelstellung *f* **b** Drahtigel *m* **c** SCHIFF Wasserbombenwerfer *m*; **~ cactus** S *a. irr* BOT Igelkaktus *m*

hedge|hop V/I FLUG dicht über dem Boden fliegen; **~hopper** S FLUG Tiefflieger *m*, MIL *a.* Heckenspringer *m*; **~ hyssop** S BOT **1** Gnadenkraut *n* **2** Kleines Helmkraut

hedger ['hedʒə(r)] S **1** Heckengärtner(in) **2** *j-d, der sich nicht festlegen will*

hedge|row ['hedʒrəʊ] S Hecke *f (Feldbegrenzung)*; **~ shears** SPL, *a.* **pair of ~** Heckenschere *f*; **~ sparrow** S ORN Heckenbraunelle *f*; **~trimmer** S Heckenschere *f*

hedgy ['hedʒɪ] ADJ voller Hecken

hedonic [hiː'dɒnɪk; *US* hɪ'dɑnɪk] **A** ADJ (ADV **~ally**) hedonistisch **B** S **hedonics** *pl (als sg konstruiert)* → hedonism; **hedonism** ['hiːdəʊnɪzəm; *US* 'hiːdn,ɪzəm] S PHIL Hedonismus *m*, Hedonik *f (in der griechischen Antike begründete Lehre, nach der Lust u. Genuss das höchste Gut des Lebens u. das Streben danach die Triebfeder menschlichen Handelns sind)*; **hedonist** S Hedonist(in), Hedoniker(in): **a** PHIL *Anhänger des Hedonismus* **b** *j-d, dessen Denken u. Verhalten vorrangig von dem Streben nach Lust, Genuss u. sinnlicher Erfüllung geprägt ist*; **hedonistic** [-də'n-] ADJ (ADV **~ally**) hedonistisch

-hedral [hedrl; *bes US* hiːdrəl] *Wortelement mit der Bedeutung* e-e bestimmte Anzahl von Flächen habend, ...flächig

-hedron [hedrən; *bes US* hiːdrən] *Wortelement mit der Bedeutung* Figur mit e-r bestimmten Anzahl von Flächen, ...flächner

heebie-jeebies [,hiːbɪ'dʒiːbɪz] SPL *umg*: **I always get the ~ when ...** ich bekomme jedes Mal Zustände *od* mir wird jedes Mal ganz anders, wenn ...; **that old house gives me the ~** das alte Haus ist mir irgendwie unheimlich; **it gives me the ~ even to think about it** schon bei dem Gedanken daran wird mir ganz anders

heed [hiːd] **A** V/T beachten, Beachtung schenken *(dat)* **B** V/I achtgeben, aufpassen **C** S Beachtung *f*: **give** (*od* **pay**) **~ to**, **take ~ of** → A; **take ~** → B; **she took no ~ of his warnings** sie schlug s-e Mahnungen in den Wind; **heedful** ADJ (ADV **~ly**) achtsam: **be ~ of** → heed A; **heedfulness** S Achtsamkeit *f*; **heedless** ADJ (ADV **~ly**) achtlos, unachtsam: **be ~ of** nicht beachten, keine Beachtung schenken *(dat)*, *e-e Mahnung etc* in den Wind schlagen; **heedlessness** S Achtlosigkeit *f*, Unachtsamkeit *f*

heehaw [,hiː'hɔː; 'hiːhɔː] **A** S **1** I'ah *n (Eselsschrei)* **2** *fig* wieherndes Gelächter, Gewieher *n (beide umg)* **B** V/I **1** iahen **2** *fig* wiehern, wiehernd lachen *(beide umg)*

heel[1] [hiːl] **A** V/T **1** Absätze machen auf *(akk)* **2** e-e Ferse anstricken an *(akk)* **3** **a** *Golf: den Ball* mit der Ferse des Schlägers treiben **b** *Rugby: den Ball* hakeln **c** *Fußball: den Ball* mit dem Absatz kicken **4** *Kampfhähne* mit Sporen bewaffnen **5** *umg* **a** (*bes* mit Geld) ausstatten **b** *US* informieren **c** *US* für *e-e Zeitung* arbeiten **6** **~ out** *e-e Zigarette* mit dem Absatz ausdrücken **B** V/I **1** bei Fuß gehen *od* bleiben *(Hund)* **2** *US umg* rennen, flitzen **C** S **1** ANAT Ferse *f*: **~ of the hand** Handballen *m* **2** ZOOL *umg* **a** hinterer Teil des Hufs **b** *pl* Hinterfüße *pl* **c** Fuß *m* **3** **a** Absatz *m*, Hacken *m (vom Schuh)* **b** hochhackige Schuhe *pl* **4** Ferse *f (vom Strumpf etc, a vom Golfschläger)* **5** vorspringender Teil, Ende *n*, *bes* (Brot)Kanten *m* **6** SCHIFF Hiel (-ing) *f* **7** BOT Achselsteckling *m* **8** Rest *m* **9** MUS Frosch *m (am Bogen)* **10** *sl obs* Schuft *m*
Besondere Redewendungen: **down at ~** **a** mit schiefen Absätzen **b** *a.* **out at ~s** *fig* heruntergekommen *(Person, Hotel etc)*, abgerissen *(Person)*; **on the ~s of** unmittelbar auf *(akk)*, gleich nach *(dat)*; **~** **a** bei Fuß *(Hund)* **b** *fig* gefügig, gehorsam; **under the ~ of** unter *j-s* Knute; **bring sb to ~** j-n gefügig *od umg* kirre machen; **be carried away ~s first** (*od* **foremost**) mit den Füßen zuerst *(tot)* weggetragen werden; **come to ~** **a** bei Fuß gehen **b** gehorchen, spuren *umg*; **cool** (*od* **kick**) **one's ~s** *umg* **a** sich die Beine in den Bauch stehen **b** untätig herumstehen; **follow at sb's ~s, follow sb at ~, follow sb at** (*od* **on**) **their ~s** j-m auf den Fersen folgen, sich j-m an die Fersen heften; **kick up one's ~s** *umg* auf den Putz hauen; **lay by the ~s** **a** *j-n* dingfest machen, zur Strecke bringen **b** die Oberhand *od* das Übergewicht gewinnen über *(akk)*; **rock sb back on their ~s** *umg* j-n umhauen; **rock back on one's ~s** *umg* aus den Latschen kippen; **show a clean pair of ~s** *umg* die Beine in die Hand *od* unter die Arme nehmen, Fersengeld geben; **show sb a clean pair of ~s** *umg* j-m die Fersen zeigen; **stick one's ~s in** *umg* sich auf die Hinterbeine stellen *od* setzen; **take to one's ~s** *umg* die Beine in die Hand *od* unter den Arm nehmen, Fersengeld geben; **tread on sb's ~s** **a** j-m auf die Hacken treten **b** j-m auf dem Fuß *od* den Fersen folgen; **turn on one's ~s** auf dem Absatz kehrtmachen; → Achilles, dig in A 1, drag B 2

heel[2] [hiːl] SCHIFF **A** V/T & V/I *a.* **~ over** (sich) auf die Seite legen, krängen **B** S Krängung *f*

heel|-and-toe walking S *Leichtathletik*: Gehen *n*; **~ball** S Polierwachs *n*; **~ bar** S Absatzbar *f*, -sofortdienst *m*; **~ bone** S ANAT Fersenbein *n*

heeled [hiːld] ADJ **1** mit e-r Ferse *od* e-m Absatz (versehen) **2** → well-heeled; **heeler** S POL *US pej* Lakai *m (e-s Parteibonzen)*

heel kick S *Fußball*: Absatzkick *m*

heelless ADJ ohne Absatz, flach

heel|piece S Absatzfleck *m*; **~tap** S **1** Absatzfleck *m* **2** Neige *f*, letzter Rest *(im Glas)*: **no ~s!** ex!

heft [heft] **A** S **1** Gewicht *n* **2** *US obs* Hauptteil *m* **B** V/T **1** hochheben **2** in der Hand wiegen; **hefty** ADJ (ADV **heftily**) **1** schwer **2** kräftig, stämmig **3** *umg* mächtig, gewaltig *(Schlag etc)*, stattlich *(Gehaltserhöhung, Mehrheit etc)*, saftig, gepfeffert *(Preise, Rechnung etc)*

Hegelian [heɪ'giːljən; he'g-; *US bes* heɪ'geɪlɪən] PHIL **A** ADJ **a** hegelianisch *(den Hegelianismus betreffend)* **b** hegelsch(er, e, es) **B** S Hegelianer(in); **Hegelianism** S Hegelianismus *m (Gesamtheit der philosophischen Richtungen im Anschluss an Hegel)*

hegemonic [,hegɪ'mɒnɪk; ,hedʒɪ-; *US* -'mɑ-] ADJ hegemonisch, hegemonial; **hegemony** [hɪ'gemənɪ; hɪ'dʒe-; *Br a.* 'hedʒɪmənɪ; 'hegɪ-; *US a.* 'hedʒə,məʊniː] S Hegemonie *f*: **a** *Vorherrschaft od Vormachtstellung e-s Staates* **b** *faktische Überlegenheit politischer, wirtschaftlicher etc Art*: **claim to ~** Hegemonialanspruch *m*

Hegira ['hedʒɪrə; hɪ'dʒaɪərə] S **1** **a** Hedschra *f (Aufbruch Mohammeds von Mekka nach Medina 622 n. Chr., Beginn der islamischen Zeitrechnung)* **b** *islamische Zeitrechnung* **2** *oft* ♀ Flucht *f*

hegumen [hɪ'gjuːmen; -mən] S REL Hegumenos *m (Vorsteher e-s orthodoxen Klosters)*

Heidelberg man ['haɪdlbɜːg; *US* -,bɜrg] S Homo *m* heidelbergensis

heifer ['hefə(r)] S Färse *f*, junge Kuh

heigh-ho [,heɪ'həʊ; ,haɪ-] INT nun ja!

height [haɪt] S **1** Höhe *f*: **~ of fall** Fallhöhe; **ten feet in ~** zehn Fuß hoch; **at a ~ of five feet above the ground** fünf Fuß über dem Boden; **from a great ~** aus großer Höhe; **~ to paper** TYPO Standardhöhe *f* der Druckschrift *(in GB 0,9175 Zoll, in USA 0,9186 Zoll)*; **~ of land** GEOG *US* Wasserscheide *f* **2** (Körper)Größe *f*: **what is your ~?** wie groß sind Sie?; **he rose to his full ~** er richtete sich zu voller Größe auf **3** (An)Höhe *f*, Erhebung *f* **4** *fig* Höhe(punkt) *f(m)*, Gipfel *m*, höchster Grad: **at its ~** auf dem Höhepunkt; **at the ~ of one's fame** auf der Höhe s-s Ruhms; **at the ~ of the season** in der Hochsaison; **at the ~ of summer** im Hochsommer; **dressed in the ~ of fashion** nach der neuesten Mode gekleidet; **the ~ of folly** der Gipfel der Torheit **5** ARCH Pfeilhöhe *f*, Bogenstich *m*; **~-adjustable** ADJ höhenverstellbar

heighten **A** V/T **1** erhöhen *(a. fig)* **2** *fig* vergrößern, heben, steigern, verstärken, vertiefen **3** hervorheben, betonen **B** V/I *fig* sich erhöhen, wachsen, (an)steigen, zunehmen

height| finder S FLUG, MIL (Radar)Höhensuchgerät *n*; **~ ga(u)ge**, **~ indicator** S FLUG Höhenmesser *m*

heightism ['haɪtɪzəm] S Diskriminierung *f* großer Frauen *od* kleiner Männer

heimish ['heɪmɪʃ] ADJ *bes US sl* **1** behaglich, gemütlich **2** **a** freundlich **b** ungezwungen

heinous ['heɪnəs] ADJ (ADV **~ly**) abscheulich, scheußlich, grässlich; **heinousness** S Abscheulichkeit *f*

H

heir [eə(r)] S JUR *u. fig* Erbe *m* (**to, of** *gen*): **be sb's ~** j-n beerben; **make sb one's ~** j-n zum Erben einsetzen; **~ apparent** gesetzlicher *od* rechtmäßiger Erbe; **~ at law**, *US* **~ general** gesetzlicher Erbe; **~ by devise** *US* testamentarischer Erbe; **~ collateral** aus der Seitenlinie stammender Erbe; **~ presumptive** mutmaßlicher Erbe; **~ to the throne** Thronerbe, -folger *m*; → appoint 1, forced 1, universal A 1

heirdom → heirship

heiress ['eərɪs] S a JUR *u. fig* Erbin *f* (**to, of** *gen*) b reiche Erbin

heirless ADJ ohne Erben

heirloom ['eə(r)luːm] S (Familien)Erbstück *n*

heirship S JUR 1 Erbrecht *n* 2 Erbschaft *f*, Erbe *n*: → forced 1

Heisenberg uncertainty principle ['haɪznbɜːg; *US* -ˌbɜrg] S PHYS heisenbergsche Unschärferelation

heist [haɪst] *bes US sl* A S 1 a bewaffneter Raubüberfall b Diebstahl *m* 2 Beute *f* B V/T 1 überfallen 2 a erbeuten b stehlen; **heister** S *bes US sl* a Räuber(in) b Dieb(in)

Hejira → Hegira

held [held] *prät u. pperf von* hold²

heldentenor ['heldn,tenə(r)] S MUS Heldentenor *m*

heliacal [hiː'laɪəkl] ADJ (ADV **~ly**) ASTRON heliakisch *(zur Sonne gehörend)*: **~ rising (setting)** heliakischer Aufgang (Untergang)

helianthus [ˌhiːlɪ'ænθəs] S BOT Sonnenblume *f*

heliborne ['helɪbɔː(r)n] ADJ im Hubschrauber befördert

helical ['helɪkl] ADJ (ADV **~ly**) schrauben-, schnecken-, spiralförmig: **~ blower** TECH Propellergebläse *n*; **~ gear** TECH a Schrägstirnrad *n* b *a.* **~ teeth** *pl* Schrägverzahnung *f*; **~ gears** *pl* TECH Schraubgetriebe *n*; **~ spring** TECH Schraubenfeder *f*; **~ staircase** Wendeltreppe *f*

helices ['helɪsiːz; 'hiː-] *pl von* helix

helico- [helɪkəʊ] *Wortelement mit der Bedeutung* Spiralen…, Schrauben…

helicoid ['helɪkɔɪd] A ADJ (ADV **~ally**) spiralig, spiralförmig B S MATH Helikoide *f*, Schraubenfläche *f*; **helicoidal** ADJ (ADV **~ly**) → helicoid A

Helicon ['helɪkən; *Br a.* -kɒn; *US a.* -ˌkɑn] S 1 *fig* Helikon *m*, Sitz *m* der Musen 2 ♀ MUS Helikon *n (Kontrabasstuba)*

helicopter ['helɪkɒptə; *US* -ˌkɑptər] FLUG A S Hubschrauber *m*, Helikopter *m*: **~ gunship** MIL Kampfhubschrauber *m*; **~ pilot** Hubschrauberpilot(in) B V/T mit dem Hubschrauber befördern *od* fliegen C V/I mit dem Hubschrauber befördert werden *od* fliegen

Heligoland ['helɪgəʊlænd] S Helgoland *n*

helio- [hiːlɪəʊ] *Wortelement mit der Bedeutung* Sonnen…

helio ['hiːlɪəʊ] *pl* -os *umg für* a heliogram b heliograph

heliocentric ADJ (ADV **~ally**) ASTRON heliozentrisch *(die Sonne als Mittelpunkt betrachtend)*

heliochromy ['hiːlɪəʊˌkrəʊmɪ] S FOTO Farbfotografie *f*

heliodor ['hiːlɪədɔː(r)] S MINER Heliodor *m*

heliogram ['hiːlɪəʊgræm] S Heliogramm *n (mit Hilfe des Sonnenlichts übermittelte Nachricht)*; **heliograph** [-grɑːf; *bes US* -græf] A S Heliograf *m*: a ASTRON *Fernrohr mit fotografischem Gerät für Aufnahmen von der Sonne* b *Gerät zur Nachrichtenübermittlung mit Hilfe des Sonnenlichts* B V/T & V/I heliografieren; **heliographic** [-'græfɪk] ADJ (ADV **~ally**) heliografisch; **heliography** [-'ɒgrəfɪ; *US* -'ɑg-] S Heliografie *f*: a TYPO *ein Druckverfahren, das sich der Fotografie bedient* b *Zeichengebung mithilfe des Heliografen*

heliogravure S TYPO Helio-, Fotogravüre *f*: a *ein Tiefdruckverfahren zur hochwertigen Bildreproduktion auf fotografischer Grundlage* b *im Heliogravüreverfahren hergestellter Druck*

heliolatry [ˌhiːlɪ'ɒlətrɪ; *US* -'ɑl-] S Sonnenanbetung *f*

heliometer [ˌhiːlɪ'ɒmɪtə; *US* -'ɑmətər] S ASTRON Heliometer *n (Spezialfernrohr zur Bestimmung bes kleinerer Winkel zwischen zwei Gestirnen)*

heliophile ['hiːlɪəʊfaɪl] ADJ BIOL heliophil, sonnenliebend

heliophobe ['hiːlɪəʊfəʊb] ADJ BIOL heliophob *(den Sonnenschein meidend)*

helioscope ['hiːljəskəʊp; -lɪə-] S ASTRON Helioskop *n (Gerät zur direkten Sonnenbeobachtung, das die Strahlung abschwächt)*

heliosis [ˌhiːlɪ'əʊsɪs] S MED Heliosis *f*: a Sonnenstich *m* b Hitzschlag *m*

heliostat ['hiːlɪəʊstæt] S ASTRON Heliostat *m (Gerät mit Uhrwerk u. Spiegel, das dem Sonnenlicht für Beobachtungszwecke stets die gleiche Richtung gibt)*

heliotherapy S MED Heliotherapie *f (Behandlung mit Sonnenlicht u. -wärme)*

heliotrope ['heljətrəʊp; *bes US* 'hiːlɪə-] S 1 Heliotrop *n*: a BOT Sonnenwende *f* b *blauviolette Farbe* c *(Geodäsie) Sonnenspiegel zur Sichtbarmachung von Geländepunkten* 2 MINER Heliotrop *m* 3 MIL Spiegeltelegraf *m*

heliotropism [ˌhiːlɪ'ɒtrəpɪzəm; *US* -'ɑt-] S BOT Fototropismus *m (bei Zimmerpflanzen häufig zu beobachtende Krümmungsreaktion bei einseitigem Lichteinfall)*

heliotype ['hiːlɪəʊtaɪp] S TYPO Lichtdruck *m*; **heliotypy** [-ˌtaɪpɪ] S Lichtdruck(verfahren) *m(n)*

heliozoan [ˌhiːlɪəʊ'zəʊən] S ZOOL Heliozoon *n*, Sonnentierchen *n*

helipad ['helɪpæd] → heliport; **heliport** [-pɔː(r)t] S FLUG Heliport *m*, Hubschrauberlandeplatz *m*; **heliskiing** S Heliskiing *n (Skilaufen mit Hilfe e-s Hubschraubers, der den Skifahrer auf e-n Gipfel bringt)*; **helispot** S FLUG provisorischer Hubschrauberlandeplatz; **helistop** → heliport

helium ['hiːljəm; 'hiːlɪəm] S CHEM Helium *n*

helix ['hiːlɪks] *pl* helices ['helɪsiːz; 'hiː-], helixes S 1 Spirale *f* 2 ANAT Helix *f (umgebogener Rand der menschlichen Ohrmuschel)* 3 ARCH Schnecke *f* 4 MATH Schneckenlinie *f*: **~ angle** Schrägungswinkel *m* 5 ZOOL Helix *f*, Schnirkelschnecke *f* 6 CHEM Helix *f (spiralische Molekülstruktur)*

hell [hel] A S 1 Hölle *f (a. fig)*: **it was ~** es war die (reine) Hölle; **beat** (*od* **knock**) **~ out of sb** *umg* j-n fürchterlich verdreschen; **catch** (*od* **get**) **~** *umg* eins aufs Dach kriegen; **come ~ or high water** *umg* unter allen Umständen, auf Biegen od Brechen; **give sb ~** *umg* j-m die Hölle heißmachen; **go to ~** in die Hölle kommen, zur Hölle fahren; **go to ~!** *umg* scher dich zum Teufel!; **make sb's life a ~** j-m das Leben zur Hölle machen; **there will be ~ to pay if we get caught** *umg* wenn wir erwischt werden, ist der Teufel los; **play ~ with** *umg* Schindluder treiben mit; **raise ~** *umg* e-n Mordskrach schlagen; **I'll see you in ~ first!** *umg* ich werd den Teufel tun!; **suffer ~ on earth** die Hölle auf Erden haben 2 *intensivierend umg*: **a ~ of a lot** e-e verdammte Menge; **a ~ of a noise** ein Höllenlärm; **be in a ~ of a temper** e-e Mordswut *od* e-e Stinklaune haben; **a ~ of a good car** ein verdammt guter Wagen; **a ~ of a guy** ein Pfundskerl; **what the ~ …?** was zum Teufel …?; **like ~** wie verrückt *(arbeiten etc)*; **it hurts like ~** es tut hundsgemein weh; **like ~ he paid for the meal!** er dachte nicht im Traum daran, das Essen zu zahlen!; **~ for leather** wie verrückt *(fahren etc)*; **get the ~ out of here!** mach, dass du rauskommst!; **the ~ I will!** ich werd den Teufel tun!; **not a hope in ~** nicht die geringste Hoffnung; **(as) … as ~** fürchterlich …; **(as) tired (sure) as ~** hundemüde (todsicher, so sicher wie das Amen in der Kirche); **~'s bells** (*od* **teeth**)! → B 3 *umg* a Spaß *m*: **for the ~ of it** aus Spaß an der Freude; **the ~ of it is that …** das Komische daran ist, dass … b *US* Ausgelassenheit *f*, Übermut *m* 4 Spielhölle *f* 5 TYPO Defektenkasten *m* B INT *umg* a *(verärgert)* verdammt!, verflucht!: → bloody A 4 b *iron* haha! c *(überrascht)* Teufel auch!, Teufel, Teufel!

he'll [hiːl] *Zusammenziehung von* **he will**, **he shall**

hell|bender S 1 ZOOL Schlammteufel *m (Riesensalamander)* 2 *US umg* leichtsinniger *od* eigensinniger Kerl; **~bent** ADJ *umg* 1 ganz versessen, wie wild *(beide:* **on** *auf akk)*: **be ~ on doing sth** ganz versessen darauf sein, etwas zu tun 2 a rasend: **~ driver** Raser(in) b leichtsinnig 3 selbstzerstörerisch; **~box** → hell A 5; **~broth** S Hexen-, Zaubertrank *m*; **~cat** S Xanthippe *f*, zänkisches Weib

hellebore ['helɪbɔː(r)] S BOT 1 Nieswurz *f (a.* PHARM) 2 Germer *m*

helleborine ['helɪbəraɪn] S BOT 1 Sumpfwurz *f* 2 Waldvögelein *n*

Hellene ['heliːn] S Hellene *m*, Hellenin *f*, Grieche *m*, Griechin *f*

Hellenic [he'liːnɪk; *US* he'lenɪk] ADJ (ADV **~ally**) hellenisch, griechisch

Hellenism ['helɪnɪzəm] S Hellenismus *m*: a Griechentum *n* b *nachklassische Kulturepoche von Alexander dem Großen bis zur römischen Kaiserzeit*; **Hellenist** S Hellenist(in); **Hellenistic** ADJ (ADV **~ally**) hellenistisch; **Hellenize** V/T & V/I (sich) hellenisieren

hell|fire S 1 Höllenfeuer *n* 2 *fig* Höllenqualen *pl*; **~hole** S 1 scheußliches Loch *(Wohnung etc)* 2 a Sündenpfuhl *m* b anrüchiges Etablissement; **~hound** S 1 Höllenhund *m* 2 *fig* Teufel *m*

hellish ['helɪʃ] A ADJ (ADV **~ly**) 1 höllisch *(a. fig umg)* 2 *umg* verteufelt, scheußlich B ADV *umg* höllisch: **a ~ cold day** ein scheußlich kalter Tag; **a ~ good idea** e-e wahnsinnig gute Idee

hellkite S Unmensch *m*, Teufel *m*

hello [hə'ləʊ; he'ləʊ] A INT hallo!, *(überrascht a.)* nanu! B *pl* -los S 1 Hallo *n* 2 Gruß *m*: **say ~ (to sb)** (j-m) Guten Tag sagen, (j-n) grüßen; **she gave him a warm ~** sie begrüßte ihn herzlich; **have you said all your ~s?** hast du allen Guten Tag gesagt? C V/I hallo rufen

helluva ['heləvə] ADJ & ADV *umg*: **a ~ lot** e-e verdammte Menge; **a ~ noise** ein Höllenlärm; **be in a ~ temper** e-e Mordswut *od* e-e Stinklaune haben; **a ~ good car** ein verdammt guter Wagen; **a ~ guy** ein Pfundskerl

helm¹ [helm] S 1 SCHIFF a Helm *m*, (Ruder-)Pinne *f* b Ruder *n*, Steuer *n*: **~ a-lee!**, *(beim Segeln)* **~ down!** Ruder in Lee!; **~ up!** *(beim Segeln)* Ruder nach Luv! 2 *fig* Ruder *n*, Führung *f*, Herrschaft *f*: **~ of State** Staatsruder; **be at the ~** am Ruder *od* an der Macht sein; **take the ~** das Ruder übernehmen

helm² [helm] S *obs od poet* Helm *m*

helmed [helmd] ADJ *obs od poet* behelmt

helmet ['helmɪt] S 1 MIL Helm *m* 2 *(Schutz-, Sturz-, Tropen-, Taucher)* Helm *m* 3 BOT Kelch *m*; **helmeted** ADJ behelmt

helminth ['helmɪnθ] S ZOOL Helminthe *f*, Eingeweidewurm *m*; **helminthiasis** [ˌhelmɪn'θaɪəsɪs] S MED Helminthiasis *f*, Wurmkrankheit *f*; **helminthology** [-'θɒlədʒɪ; *US* -'θɑ-] S Helminthologie *f (Wissenschaft von den Eingeweidewürmern)*

helmsman ['helmzmən] S irr SCHIFF Steuermann *m* (*a. fig*)
Helot ['helət] S Helot(e) *m*: a HIST *Staatssklave in Sparta* b *meist* ♀ *Angehöriger e-r unterdrückten, ausgebeuteten Bevölkerungsgruppe e-s Landes*; **helotism** S 1 Helotismus *m*, Helotentum *n* 2 BIOL Helotismus *m* (*Symbiose, aus der der e-e Partner größeren Nutzen zieht als der andere*); **helotry** [-rı] S 1 Helotentum *n* 2 KOLL Heloten *pl*
help [help] A S 1 (Mit)Hilfe *f*, Beistand *m*, Unterstützung *f*: **~!** Hilfe!; **by** (*od* **with**) **the ~ of** mit Hilfe von (*od gen*); **he came to my ~** er kam mir zu Hilfe; **it (she) is a great ~** es (sie) ist e-e große Hilfe; **not be (of) much ~ to sb** j-m keine große Hilfe sein; **can I be of any ~ to you?** kann ich Ihnen (irgendwie) helfen *od* behilflich sein? 2 Abhilfe *f*: **there's no ~ for it** da kann man nichts machen, es lässt sich nicht ändern 3 a Angestellte(r) *m/f(m)*, Arbeiter(in), *bes* Hausangestellte(r), Landarbeiter(in) b *koll* (Dienst)Personal *n* 4 Hilfsmittel *n* 5 Portion *f* (*Essen*) (→ helping B 2) B V/T 1 *j-m* helfen *od* beistehen, *j-n* unterstützen: **~ sb (to) do sth** j-m helfen, etwas zu tun; **~ me think** denk doch (mal) mit!; **we ~ you look for accommodation** wir sind Ihnen bei der Suche nach Unterkunft behilflich; **~ sb in** (*od* **with**) **sth** j-m bei etwas helfen; **~ sb into their coat** j-m in den Mantel helfen; **can I ~ you?** a werden Sie schon bedient? b kann ich Ihnen helfen *od* behilflich sein?; **~ sb out of a difficulty** j-m aus e-r Schwierigkeit (heraus)helfen; **so ~ me (I did, will,** *etc*)! Ehrenwort!; → god 2, police A 2 2 fördern, *e-r Sache* nachhelfen, beitragen zu: **~ sb's downfall**; **~ solve a problem** zur Lösung e-s Problems beitragen 3 lindern, helfen *od* Abhilfe schaffen bei: **~ a cold** 4 **~ sb to sth** a j-m zu etwas verhelfen b (*bes bei Tisch*) j-m etwas reichen *od* geben; **~ o.s.** sich bedienen (*a. pej*), zugreifen; **~ o.s. to** a sich bedienen mit, sich *etwas* nehmen b sich *etwas* aneignen *od* nehmen (*a. stehlen*) 5 (*mit* **can**) (*dat*) abhelfen, ändern, verhindern, -meiden: **I cannot ~ it** a ich kann es nicht ändern b ich kann nichts dafür; **it cannot be ~ed** da kann man nichts machen, es ist nicht zu ändern; **if I can ~ it** wenn ich es vermeiden kann; **don't be late if you can ~ it** komm möglichst nicht zu spät!; **how could I ~ it?** a was konnte ich dagegen tun? b was konnte ich dafür?; **she can't ~ her freckles** für ihre Sommersprossen kann sie nichts; **I could not ~ laughing** ich musste einfach lachen; **I cannot ~ feeling** ich werde das Gefühl nicht los, ich kann mich des Eindrucks nicht erwehren (*beide:* **that** dass); **one can't ~ liking him** man muss ihn einfach gernhaben; **I can't ~ thinking that …** ich werde den Gedanken nicht los, dass …; **I can't ~ wondering where …** ich frage mich ununterbrochen, wo …; **I cannot ~ myself** a ich kann nicht anders b ich kann es nicht lassen C V/I 1 helfen, Hilfe leisten: **every little ~s** jede Kleinigkeit hilft; **nothing will ~ now** jetzt hilft nichts mehr; **~ in the defence** (*US* **defense**) SPORT in der Verteidigung aushelfen 2 **don't be longer than you can ~** bleib nicht länger als nötig!
Phrasal Verbs: **help| down** V/T 1 *j-m* herunter-, hinunterhelfen 2 *fig* zum Untergang (*gen*) beitragen; **~ in** V/T *j-m* hinein-, hereinhelfen; **~ off** V/T 1 → help on 1 2 **help sb off with their coat** j-m aus dem Mantel helfen; **~ on** V/T 1 weiter-, forthelfen (*dat*) 2 **help sb on with their coat** j-m in den Mantel helfen; **~ out** A V/T 1 *j-m* heraus-, hinaushelfen 2 *fig j-m* aus der Not helfen 3 *fig j-m* aushelfen, *j-n* unterstützen, *j-m* unter die Arme greifen (*alle:* **with** mit) B V/I 1 aushelfen (**with** bei, mit) 2 helfen, nützlich sein; **~ up** V/T *j-m* hinauf-, heraufhelfen
helper S 1 Helfer(in) 2 → help A 3 a; **helpful** ADJ (ADV **~ly**) 1 behilflich (**to** *dat*), hilfsbereit: **you've been very ~** Sie waren uns *etc* e-e große Hilfe 2 hilfreich, nützlich (*beide:* **to** *dat*); **helpfulness** S 1 Hilfsbereitschaft *f* 2 Nützlichkeit *f*; **helping** A ADJ helfend, hilfreich: → hand A 1 B S 1 Helfen *n*, Hilfe *f* 2 Portion *f* (*Essen*): **have** (*od* **take**) **a second ~** sich nachnehmen, *bes* MIL nachfassen, e-n Nachschlag fassen; **do you want another ~?** möchtest du noch was?; **helpless** ADJ (ADV **~ly**) hilflos: a ohne Hilfe: **be ~ with laughter** sich vor Lachen nicht mehr halten können; **I was ~** *a.* ich konnte nichts tun b ratlos c unbeholfen, unselbstständig; **helplessness** S Hilflosigkeit *f*
help|line S *Telefonnummer, unter der man Rat od Auskunft bekommen kann*; **~mate**, *a.* **~meet** S *obs* 1 Gehilfe *m*, *bes* Gehilfin *f* 2 (Ehe)Gefährte *m*, *bes* (-)Gefährtin *f*
Helsinki ['helsıŋkı; hel's-] S Helsinki *n* (*Hauptstadt von Finnland*)
helter-skelter [,heltə(r)'skeltə(r)] A ADV holterdiepolter *umg*, Hals über Kopf B ADJ hastig, überstürzt C S (wildes) Durcheinander, (wilde) Hast
helve [helv] A S Griff *m*, Stiel *m*: **throw the ~ after the hatchet** *fig* das Kind mit dem Bade ausschütten B V/T e-n Griff einsetzen in (*akk*)
Helvetian [hel'vi:ʃjən; *bes US* -ʃən] A ADJ helvetisch, schweizerisch B S 1 Helvetier(in), Schweizer(in) 2 GEOL helvetische Periode; **Helvetic** [-'vetık] A ADJ → Helvetian A B S REL schweizerische(r) Reformierte(r)
hem¹ [hem] A S 1 (Kleider)Saum *m*: **take one's coat ~ up** s-n Mantel kürzer machen 2 Rand *m*, Einfassung *f* B V/T 1 *ein Kleid etc* (ein)säumen 2 *meist* **~ in**, **~ about**, **~ around** umranden, einfassen 3 *meist* **~ in** a MIL einschließen b *fig* einengen
hem² [hem; hm] A INT hm!, hem! B S H(e)m *n* (*Verlegenheitslaut*) C V/I sich (*verlegen*) räuspern: **~ and haw** herumdrucksen *umg*, nicht recht mit der Sprache herauswollen
hemal *bes US für* haemal
he-man [-mæn] S irr *umg* He-Man *m* (*besonders männlich u. potent wirkender Mann*)
hematein, **hematic**, **hematoblast**, *etc bes US für* haematein, haematic, haematoblast *etc*
hemeralopia [,hemərə'ləʊpıə] S MED Nyktalopie *f*, Tagblindheit *f*
hemi- [hemı] *Wortelement mit der Bedeutung* halb
hemialgia S MED Hemialgie *f*, halbseitige Kopfschmerzen *pl*
hemianopsia [,hemıæ'nɒpsıə; *US* -ə'nɑ-] S MED Hemianopsie *f*, Halbsichtigkeit *f*
hemidemisemiquaver ['hemı,demı'semı,kweıvə(r)] S MUS *bes Br* Vierundsechzigstel(-note) *n(f)*
hemihedral [,hemı'hedrəl; *bes US* -'hi:-] ADJ hemiedrisch, halbflächig (*Kristall*); **hemihedron** [-drən] *pl* -drons, -dra [-drə] S Hemieder *m*, hemiedrischer Kristall
hemimorphite [,hemı'mɔ:(r)faıt] S MINER Hemimorphit *m*
hemiplegia [,hemı'pli:dʒıə; -dʒə] S MED Hemiplegie *f*, halbseitige Lähmung; **hemiplegic** A ADJ hemiplegisch: **be ~** halbseitig gelähmt sein B S Hemiplegiker(in)
hemipteron [hı'mıptərɒn; *US* -,rɑn] S ZOOL Halbflügler *m*, *pl a.* Hemipteren *pl*
hemisphere ['hemı,sfıə(r)] S 1 *bes* GEOG Hemisphäre *f*, Halbkugel *f* 2 ANAT Hemisphäre *f* (*des Groß- u. Kleinhirns*); **hemispherical** [-'sferıkl; *US a.* -'sfır-] ADJ (ADV **~ly**) hemisphärisch, halbkug(e)lig
hemistich ['hemıstık] S LIT Hemistichion *n*, Halb-, Kurzvers *m*
hemline S (Kleider)Saum *m*: **~s are going up again** die Kleider werden wieder kürzer
hemlock ['hemlɒk; *US* -,lɑk] S 1 BOT Schierling *m* 2 *fig* Schierlings-, Giftbecher *m* 3 *a.* **~ fir**, **~ pine**, **~ spruce** BOT Hemlock-, Schierlingstanne *f*
hemocyte, **hemoglobin**, **hemolysis**, **hemostasis**, *etc bes US für* haemocyte, haemoglobin, haemolysis, haemostasis *etc*
hemp [hemp] S 1 BOT Hanf *m*: **~ agrimony** Wasserhanf; **~ nettle** (Gemeine) Hanfnessel; **steep** (*od* **water**) **the ~** den Hanf rösten 2 Hanf(faser) *m(f)*: **~ comb** Hanfhechel *f* 3 *aus Hanf gewonnenes Narkotikum, bes* Haschisch *n* 4 *obs* Henkerseil *n*, Strick *m*; **hempen** ADJ hanfen, hänfen, Hanf…
hemstitch S Hohlsaum(stich) *m*
hen [hen] S 1 ORN Henne *f*, Huhn *n*: **~'s egg** Hühnerei *n*; **(as) scarce as ~'s teeth** *Br* äußerst selten; **there's a ~ on** *US umg* es ist etwas im Busch 2 ZOOL Weibchen *n*: a *von Vögeln* b *von Hummern, Krebsen etc* 3 *umg* a Gschaftlhuberin *f dial pej* b Klatschbase *f*, -maul *n* (*beide umg pej*); **~ and chickens** *pl* hens and chickens S BOT *Pflanze mit zahlreichen Ablegern und Sprösslingen, bes* a (*e-e*) Hauswurz b Gundermann *m* c Gänseblümchen *n*; **~bane** S BOT, PHARM Bilsenkraut *n*
hence [hens] ADV 1 *pleonastisch oft* **from ~** *obs* (*räumlich*) von hier, von hinnen, fort, hinweg: **~ with it!** fort damit!; **go ~** von hinnen gehen, sterben 2 (*zeitlich*) von jetzt an, binnen (*dat, a gen*): **a week ~** in *od* nach e-r Woche 3 (*begründend*) folglich, daher, deshalb 4 hieraus, daraus: **~ it follows that …** daraus folgt, dass …; **~forth**, **~forward(s)** ADV von nun an, fortan, hinfort, künftig
henchman ['hentʃmən] S irr 1 *obs* a Knappe *m*, Page *m* b Diener *m* 2 *bes* POL a Anhänger *m*, Gefolgsmann *m*, *pl a.* Gefolge *n* b *pej* Handlanger *m*, *j-s* Kreatur *f*
hencoop S Hühnerstall *m*
hendecagon [hen'dekəgən; *US* -,gɑn] S MATH Hendekagon *n*, Elfeck *n*; **hendecagonal** [,hendı'kægənl] ADJ elfeckig
hendecasyllabic [,hendekəsı'læbık; *US a.* hen,de-] LIT A ADJ elfsilbig B S → hendecasyllable; **hendecasyllable** ['hendekə,sıləbl; *US* hen'dekə,s-] S LIT Hendekasyllabus *m*, elfsilbiger Vers
hendiadys [hen'daıədıs] S *Rhetorik*: Hendiadyoin *n*, Hendiadys *n*: a *die Ausdruckskraft verstärkende Verbindung zweier synonymer Substantive od Verben* b *das bes in der Antike beliebte Ersetzen e-r Apposition durch e-e reihende Verbindung mit „und"*
hen| harrier S ORN Kornweihe *f*; **~ hawk** S ORN *US* (*ein*) Hühnerbussard *m*; **~house** S Hühnerstall *m*
henna ['henə] A S 1 BOT Hennastrauch *m* 2 Henna *f/n* (*Färbemittel*) B V/T mit Henna färben
hennery ['henərı] S 1 Hühnerfarm *f* 2 Hühnerstall *m*
hen| party S *umg* (Damen)Kränzchen *n*; **~peck** V/T *den Ehemann* unter dem Pantoffel haben *umg*; **~pecked** ADJ unter dem Pantoffel stehend *umg*: **a ~ husband** ein Pantoffelheld; **~roost** S a Hühnerstange *f* b Hühnerstall *m*; **~ run** S *Br* Auslauf *m*
henry ['henrı] *pl* -rys, -ries S ELEK, PHYS Henry *n* (*Einheit der Selbstinduktion*)
hent [hent] *prät u. pperf* hent V/T *obs* ergreifen
hep [hep] → hip⁴
hepatic [hı'pætık] ADJ 1 MED hepatisch, Le-

H

ber… 2 rotbraun; **hepatica** [-kə] S BOT 1 Leberblümchen *n* 2 Lebermoos *n*

hepatico- [hɪpætɪkəʊ] *Wortelement mit der Bedeutung* Leber…

hepatitis [ˌhepəˈtaɪtɪs] S MED Hepatitis *f*, Leberentzündung *f*: ~ **A (B)** Hepatitis A (B)

hepato- [hepətəʊ] → hepatico-

hepatography [ˌhepəˈtɒgrəfɪ; *US* -ˈtɑ-] S MED Hepatografie *f (röntgenologische Darstellung der Leber nach Injektion von Kontrastmitteln)*

hepatologist [ˌhepəˈtɒlədʒɪst; *US* -ˈtɑ-] S MED Hepatologe *m*, Hepatologin *f (Arzt/Ärztin mit speziellen Kenntnissen auf dem Gebiet der Leberkrankheiten)*; **hepatology** S Hepatologie *f (Lehre von der Leber u. ihren Krankheiten)*

hepatopathy [ˌhepəˈtɒpəθɪ; *US* -ˈtɑ-] S MED Hepatopathie *f*, Leberleiden *n*

hepcat S *sl obs* a Jazz-, *bes* Swingmusiker *m* b Jazz-, *bes* Swingfreund(in)

Hepplewhite [ˈheplwaɪt] ADJ im Hepplewhitestil *(Möbel)*

H

heptad [ˈheptæd] S 1 Sieben *f (Zahl)* 2 Siebenergruppe *f* 3 CHEM siebenwertiges Atom *od* Radikal

heptagon [ˈheptəgən; *US* -ˌgɑn] S MATH Heptagon *n*, Siebeneck *n*; **heptagonal** [-ˈtægənl] ADJ siebeneckig

heptahedral [ˌheptəˈhedrəl; *bes US* -ˈhiː-] ADJ MATH siebenflächig; **heptahedron** [-drən] *pl* -drons, -dra [-drə] S MATH Heptaeder *n*, Siebenflach *n*, -flächner *m*

heptameter [hepˈtæmɪtə(r)] S LIT Heptameter *m*, siebenfüßiger Vers; **heptametrical** [ˌheptəˈmetrɪkl] ADJ siebenfüßig

heptarchy [ˈheptɑː(r)kɪ] S Heptarchie *f*: a Siebenherrschaft *f* b HIST *Staatenbund der sieben angelsächsischen Kleinkönigreiche (Kent, Sussex, Wessex, Essex, Northumbria, East Anglia, Mercia)*

Heptateuch [ˈheptətjuːk; *US a.* -ˌtuːk] S BIBEL Heptateuch *m (die ersten sieben Bücher des Alten Testaments)*

heptathlete [hepˈtæθliːt] S *Leichtathletik*: Siebenkämpferin *f*; **heptathlon** [-lɒn; *US* -ˌlɑn] S Siebenkampf *m*

heptavalent [hepˈtævələnt; *bes US* ˌheptəˈveɪlənt] ADJ CHEM siebenwertig

her [hɜː; ɜː; *unbetont* hə; ə; *US* hɜr; hər; ər] A PERS PR 1 sie *(akk von* she*)*: **I know ~** 2 ihr *(dat von* she*)*: **I gave ~ the book** 3 sie *(nom)*: **he's younger than ~; it's ~, not him** sie ist es, nicht er B POSS PR ihr, ihre: **~ family** C REFL PR sich: **she looked about ~** sie sah um sich, sie sah sich um

herald [ˈherəld] A S 1 HIST a Herold *m* b Wappenherold *m* 2 *fig* Verkünder *m* 3 *fig* Vorbote *m*: **the ~s of spring** B V/T 1 verkünden, ankündigen *(a. fig)* 2 *a.* **~ in** a feierlich einführen b *fig* einleiten

heraldic [heˈrældɪk] ADJ (ADV ~ally) 1 heraldisch, Wappen… 2 HIST Herolds…

heraldry [ˈherəldrɪ] S 1 HIST Amt *n* e-s Herolds 2 Heraldik *f*, Wappenkunde *f* 3 KOLL a Wappenschmuck *m* b heraldische Symbole *pl* 4 *poet* Pomp *m*

Heralds' College S *Br* Wappenamt *n*

herb [hɜːb; *US* ɜrb; hɜrb] S 1 BOT Kraut *n* 2 PHARM (Heil)Kraut *n* 3 (Gewürz-, Küchen-)Kraut *n* 4 *oft* **the ~** *US sl* Grass *n (Marihuana)*

herbaceous [hɜːˈbeɪʃəs; *US* ɜrˈb-; hɜrˈb-] ADJ (ADV ~ly) BOT krautartig, krautig: **~ border** Rabatte *f*

herbage S 1 KOLL Kräuter *pl*, Gras *n* 2 JUR *Br* Weiderecht *n*

herbal [ˈhɜːbl; *US* ˈɜrbəl; ˈhɜr-] A ADJ Kräuter…, Pflanzen…: **~ butter (extract, tea,** *etc***)**; **~ potion** Kräutertrank *m* B S Kräuter-, Pflanzenbuch *n*; **herbalist** [-bəl-] S 1 Kräuter-, Pflanzenkenner(in) 2 a Kräutersammler(in) b Kräuterhändler(in) 3 Herbalist(in), Kräuterheilkundige(r) *m/f(m)*

herbarium [hɜːˈbeərɪəm; *US* ɜrˈb-; hɜrˈb-] S Herbarium *n (systematisch angelegte Sammlung gepresster u. getrockneter Pflanzen[teile])*

herb| bennet *pl* herbs bennet, herb bennets S BOT Echte Nelkenwurz; **~ butter** S GASTR Kräuterbutter *f*; **~ Christopher** *pl* herbs Christopher S BOT *(ein)* Christophskraut *n*; **~ doctor** S Kräuterdoktor *m umg*; **~ garden** S Kräutergarten *m*

herbivore [ˈhɜːbɪvɔː(r); *US* ˈɜr-; ˈhɜr-; *a.* -ˌvəʊr] S ZOOL Herbivore *m*, Pflanzenfresser *m*; **herbivorous** [-ˈbɪvərəs] ADJ (ADV ~ly) ZOOL herbivor, pflanzenfressend

herborist [ˈhɜːbərɪst; *US* ˈɜr-; ˈhɜr-] → herbalist; **herborize** V/I Pflanzen *(zu Studienzwecken)* sammeln, botanisieren

herb| Paris *pl* herbs Paris S BOT Vierblättrige Einbeere; **~ Robert** [ˈrɒbət; *US* ˈrɑbərt] *pl* herbs Robert S BOT Ruprechtskraut *n*; **~ tea** S Kräutertee *m*

Herculean [ˌhɜːkjʊˈliːən; hɜːˈkjuːljən; *US* ˌhɜrkjəˈliːən; hɜrˈkjuːlɪən] ADJ 1 Herkules… *(a. fig übermenschlich, schwierig)*: **the ~ labo(u)rs** MYTH die Arbeiten des Herkules; **a ℒ labo(u)r** *fig* e-e Herkulesarbeit 2 *oft* ℒ *fig* herkulisch, riesenstark *(Mann)*: **~ strength** Riesenkräfte *pl*; **Hercules** [-liːz] EIGENN *Antike*: Herkules *m (a. fig riesenstarker Mann)*: **a labo(u)r of ~** *fig* e-e Herkulesarbeit

herd [hɜːd; *US* hɜrd] A S 1 Herde *f*, *(wild lebender Tiere a.)* Rudel *n (a. von Menschen)*: **the star was followed by a ~ of autograph hunters** 2 *pej* Herde *f*, Masse *f (Menschen)*: **the (common** *od* **vulgar) ~** die große *od* breite Masse 3 *US umg* Haufen *m (von Dingen)* 4 *bes in Zusammensetzungen* Hirt(in) B V/I 1 *a.* **~ together** a in Herden gehen *od* leben b sich zusammendrängen *(a. Menschen)* 2 sich zusammentun **(with** mit**)** C V/T 1 *Vieh, a. Menschen* treiben: **~ together** zusammentreiben 2 *Vieh* hüten; **~book** S AGR Herd-, Stammbuch *n*

herder S *bes US* Hirt(in)

herding S Viehhüten *n*

herd instinct S ZOOL Herdeninstinkt *m*, *(a. bei Menschen,a. pej)* Herdentrieb *m*

herdsman [-mən] S *irr* 1 Hirt *m* 2 *bes Br* Herdenbesitzer *m*

here [hɪə(r)] A ADV 1 hier: **in ~** hier drinnen; **~ and there** a hier u. da, da u. dort, hierhin u. dorthin b hin u. her c *(zeitlich)* hin u. wieder, hie u. da; **~ and now** hier u. jetzt *od* heute; **~, there and everywhere** überall; **~ below** hienieden; **~'s to …!** auf *(akk)* …!; **~'s to you!** auf dein Wohl!, prosit!; **~ you** *(od* **we) are!** hier (bitte)! *(da hast du es)*; **that's neither ~ nor there** a das gehört nicht zur Sache b das besagt nichts; **~ today and gone tomorrow** flüchtig u. vergänglich; **this man ~**, *sl* **this ~ man** dieser Mann hier; **we are leaving ~ today** wir reisen heute (von hier) ab; **from ~ to eternity** *oft hum* in alle Ewigkeit; → go[1] C 4, how A 2 2 (hier)her, hierhin: **come ~** komm her; **bring it ~** bring es hierher; **this belongs ~** das gehört hierher B S **the ~ and now** a das Hier u. Heute b das Diesseits

here|about(s) ADV in dieser Gegend, hierherum *umg*; **~after** A ADV 1 → hereinafter 2 künftig, in Zukunft B S 1 Zukunft *f* 2 *(das)* Jenseits; **~at** ADV *obs* dessenthalben; **~by** ADV hier-, dadurch, hiermit

heredes [hɪˈriːdiːz; *US a.* heɪˈreɪˌdeɪs] *pl von* heres

hereditable [hɪˈredɪtəbl] → heritable

hereditament [ˌherɪˈdɪtəmənt] S a *Br* bebautes *od* unbebautes Grundstück *(als Bemessungsgrundlage für die Kommunalabgaben)* b JUR *US* vererblicher Vermögensgegenstand

hereditarianism [həˌredɪˈteərɪənɪzəm] S BIOL, PSYCH *Lehre, nach der das menschliche Verhalten vor allem erbbedingt ist*

hereditary [hɪˈredɪtərɪ; *US* -ˌteriː] ADJ (ADV hereditarily) 1 er-, vererbt, (ver)erblich, Erb…: **~ disease** angeborene Krankheit, Erbkrankheit *f*; **~ monarchy** Erbmonarchie *f*; **~ peer** *Br* Peer *m* mit ererbtem Titel; **~ proprietor** Besitzer *m* durch Erbschaft; **~ succession** JUR *US* Erbfolge *f*; **~ taint** erbliche Belastung 2 *fig* althergebracht, Erb…: **~ enemy** Erbfeind *m*

heredity [hɪˈredətɪ] S BIOL 1 Heredität *f*, Erblichkeit *f*, Vererbbarkeit *f* 2 ererbte Anlagen *pl*, Erbmasse *f*

Hereford and Worcester [ˌherɪfə(r)dnˈwʊstə(r)] S HIST Hereford und Worcester *n (ehemalige Grafschaft im westlichen Mittelengland)*

Herefordshire [ˈherɪfə(r)dʃə(r); *US* ˈhɜrfərdʃɪər] S Herefordshire *n (Grafschaft in Westmittelengland)*

here|from ADV hieraus; **~in** ADV hierin; **~inabove** ADV vorstehend, im Vorstehenden *(erwähnt)*, oben *(angeführt)*; **~inafter** ADV nachstehend, im Folgenden *(erwähnt)*, unten *(angeführt)*; **~inbefore** → hereinabove; **~of** ADV hiervon, dessen

heres [ˈhɪəriːz; *US a.* ˈheɪˌreɪs] *pl* heredes [hɪˈriːdiːz; *US a.* heɪˈreɪˌdeɪs] S JUR Erbe *m*

heresiarch [heˈriːzɪɑː(r)k; hə-] S REL Häresiarch *m (Begründer u. geistliches Oberhaupt e-r Häresie)*

heresy [ˈherəsɪ] S Häresie *f*, Ketzerei *f*: a *von der offiziellen Kirchenmeinung abweichende Lehre* b *Abweichung von e-r allgemein als gültig erklärten Meinung*; **heretic** [-tɪk] A S Häretiker(in), Ketzer(in) B ADJ (ADV ~ally) → heretical

heretical [hɪˈretɪkl] ADJ (ADV ~ly) häretisch, ketzerisch

here|to ADV 1 hierzu: **attached ~** beigefügt 2 *obs* bisher; **~tofore** A ADV vordem, ehemals B ADJ *obs* früher; **~under** ADV 1 → hereinafter 2 JUR kraft dieses *(Vertrages etc)*; **~unto** *obs* → hereto; **~upon** ADV hierauf, darauf(hin); **~with** ADV hiermit, -durch

heriot [ˈherɪət] S JUR, HIST Hauptfall *m (bestes Stück der Hinterlassenschaft, das dem Lehnsherrn zufiel)*

heritable [ˈherɪtəbl] ADJ (ADV heritably) 1 Erb…, erblich, vererbbar: **~ property** *schott* Grundbesitz *m*; **~ security** *schott* Pfandbrief *m* 2 erbfähig

heritage [ˈherɪtɪdʒ] S 1 Erbe *n*: a Erbschaft *f*, Erbgut *n* b *ererbtes Recht etc* 2 JUR *schott* Grundbesitz *m* 3 BIBEL *(das)* Volk Israel

heritance [ˈherɪtəns] *obs für* a heritage b inheritance; **heritor** [-tə(r)] S 1 *obs od* JUR Erbe *m* 2 JUR *schott* Grundbesitzer *m*

hermaphrodite [hɜːˈmæfrədaɪt; *US* hɜr-] A S 1 BIOL Hermaphrodit *m*, Zwitter *m* 2 *fig* Zwitterwesen *n*, -ding *n* 3 *a.* **~ brig** SCHIFF, HIST Briggschoner *m* B ADJ Zwitter…, zwitterhaft; **hermaphroditic** [-ˈdɪtɪk; *Br a.* -ˈdaɪ-] ADJ, **hermaphroditical** ADJ (ADV ~ly) → hermaphrodite B; **hermaphroditism** [-daɪtɪzəm] S BIOL Hermaphroditismus *m*: a Zwittertum *n* b Zwitterbildung *f*

hermeneutic [ˌhɜːmɪˈnjuːtɪk; *US* ˌhɜrməˈnuːtɪk; -ˈnjuː-] A ADJ (ADV ~ally) hermeneutisch, auslegend B S **hermeneutics** *pl (meist als sg konstruiert)* Hermeneutik *f (Kunst der Auslegung von Schriften, bes der Bibel)*

hermetic [hɜːˈmetɪk; *US* hɜr-] ADJ (ADV ~ally) 1 luftdicht: **~ally sealed** luftdicht verschlossen 2 *a.* ℒ okkultistisch, *bes* alchimistisch

hermit ['hɜːmɪt; US 'hɜrmɪt] S 1 REL Einsiedler *m (a. fig)*, Eremit *m*, Klausner *m* 2 *obs* Betbruder *m* 3 ORN *(ein)* Kolibri *m* 4 *US (ein)* Sirupplätzchen *n*; **hermitage** S 1 Einsiedelei *f*, Klause *f (a. fig)* 2 Einsiedlerleben *n*, *fig a.* Einsiedlertum *n*

hermit crab S ZOOL Einsiedlerkrebs *m*

hernia ['hɜːnjə; -nɪə; US 'hɜr-] *pl* -nias, -niae [-nɪiː] S MED Hernie *f*, Bruch *m*; **hernial** ADJ MED Bruch…: **~ sac** Bruchsack *m*; **~ truss** Bruchband *n*

herniotomy [ˌhɜːnɪ'ɒtəmɪ; US ˌhɜrnɪ'ɑ-] S MED Herniotomie *f (operative Spaltung des einschnürenden Bruchrings, um e-n eingeklemmten Bruch in die Bauchhöhle zurückzuschieben)*

hero ['hɪərəʊ] *pl* -roes S 1 Held *m* 2 *Antike*: Heros *m*, Halbgott *m* 3 THEAT *etc* Held *m*, Hauptperson *f*

heroic [hɪ'rəʊɪk] A ADJ (ADV ~ally) 1 heroisch *(a.* MAL *etc)*, heldenmütig, -haft, Helden…: **~ action** Heldentat *f*; **~ age** Heldenzeitalter *n*; **~ couplet** LIT heroisches Reimpaar; **~ poem** → B 1 b; **~ tenor** MUS Heldentenor *m*; **~ verse** → B 1 a 2 a grandios, erhaben b hochtrabend, bombastisch *(Sprache, Stil)* 3 MED Radikal…: **~ treatment** Radikalkur *f* B S 1 a heroisches Versmaß b heroisches Gedicht 2 *pl* hochtrabende *od* bombastische Worte *pl*; **heroicalness**, **heroicness** S *(das)* Heroische, Heldenhaftigkeit *f*

heroicomic [hɪˌrəʊɪ'kɒmɪk; US -'kɑ-], *a.* **heroicomical** [-kəl] ADJ heroisch-komisch *(Epos etc)*

heroin ['herəʊɪn; US 'herəwən] S Heroin *n*: **be on ~** heroinsüchtig sein

heroine ['herəʊɪn; US 'herəwən] S 1 Heldin *f*, THEAT *etc a.* Hauptperson *f* 2 *Antike*: Halbgöttin *f*

heroinism ['herəʊɪnɪzəm; US 'herəwəˌnɪzəm] S MED Heroinismus *m*, Heroinsucht *f*

heroism ['herəʊɪzəm; US 'herəˌwɪzəm] S Heroismus *m*, Heldentum *n*: **an act of ~** e-e Heldentat

heroize ['hɪərəʊaɪz] V/T heroisieren, zum Helden machen

heron ['herən] *pl* herons, *bes koll* heron S ORN Reiher *m*; **heronry** [-rɪ] S ORN Reiherstand *m*

hero| worship S 1 Heldenverehrung *f* 2 Schwärmerei *f* (**for** für); **~-worship** V/T *prät u. pperf* -shiped, *bes Br* -shipped 1 als Helden verehren 2 schwärmen für

herpes ['hɜːpiːz; US 'hɜr-] S MED Herpes *m*, Bläs-chenausschlag *m*: → genital A 2; **~ labialis** [ˌleɪbɪ'ælɪs] S MED Herpes *m* labialis, Lippen-, Gesichtsherpes *m*, Fieberbläs-chen *pl*; **~ simplex** S MED Herpes *m* simplex, Virusherpes *m*; **~ zoster** S MED Herpes *m* zoster, Gürtelrose *f*

herpetologist [ˌhɜːpɪ'tɒlədʒɪst; US ˌhɜrpə'tɑ-] S Herpetologe *m*, Herpetologin *f*; **herpetology** S Herpetologie *f (Teilgebiet der Zoologie, das sich mit der Erforschung der Lurche u. Kriechtiere befasst)*

herring ['herɪŋ] *pl* -rings, *bes koll* -ring S FISCH Hering *m*; **~bone** A S 1 *a.* **~ design**, **~ pattern** Fischgrätenmuster *n* 2 fischgrätenartige Anordnung 3 *a.* **~ stitch** *(Stickerei)* Fischgrätenstich *m* 4 *Skilauf*: Grätenschritt *m* B ADJ **~ bond** ARCH Strom-, Kornähren-, Festungsverband *m*; **~ gear** TECH Getriebe *n* mit Pfeilzahnrädern C V/T 1 mit e-m Fischgrätenmuster versehen 2 *Skilauf: e-e Steigung* im Grätenschritt nehmen D V/I *Skilauf*: im Grätenschritt steigen; **~ drifter** S SCHIFF Heringslogger *m*; **~ gull** S ORN Silbermöwe *f*

hers [hɜːz; US hɜrz] POSS PR ihr, der (die, das) ihr(ig)e *(prädikativ u. substantivisch gebraucht)*, *(auf Handtüchern etc)* sie: **this house is ~** das ist ihr Haus, dieses Haus gehört ihr; **a friend of ~** ein(e) Freund(in) von ihr; **my mother and ~** m-e u. ihre Mutter

herself PRON 1 *(verstärkend)* sie *(nom od akk)* selbst, ihr *(dat)* selbst: **she did it ~**, **she ~ did it** sie hat es selbst getan, sie selbst hat es getan; **by ~** von selbst, allein, ohne Hilfe; *she's married to a man* **very much older than ~** der sehr viel älter ist als sie; **she is not quite ~** a sie ist nicht ganz auf der Höhe *umg* b sie ist nicht ganz normal *od umg od* bei Trost; **she is quite ~ again** sie ist wieder ganz die Alte 2 *reflexiv* sich: **she hurt ~**; **she thought ~ wise** sie hielt sich für klug 3 sich (selbst): **she wants it for ~**

herstory ['hɜːstərɪ; US 'hɜr-] S feministische Geschichtsbetrachtung

Hertfordshire ['hɑː(r)fə(r)dʃə(r); -ˌʃɪə(r)] S Hertfordshire *n (Grafschaft in Südostengland)*

Herts. ABK Hertfordshire

hertz [hɜːts; US hɜrts; heərts] S PHYS Hertz *n (Maßeinheit der Wellenfrequenz)*; **Hertzian**, *a.* ♀ ADJ PHYS hertzsch(er, e, es): **~ waves** hertzsche *od* elektromagnetische Wellen

he's [hiːz; hɪz; ɪz] *Zusammenziehung von* **he is**, **he has**

hesitancy ['hezɪtənsɪ], *a.* **hesitance** S Zögern *n*, Zaudern *n*, Unschlüssigkeit *f*; **hesitant** ADJ (ADV ~ly) 1 zögernd *(Antwort etc)*, *(Person a.)* zaudernd, unschlüssig: **a ~ attempt** ein schüchterner Versuch 2 *(beim Sprechen)* stockend

hesitate ['hezɪteɪt] A V/I 1 zögern, zaudern, Bedenken haben *(alle:* **to do** zu tun), unschlüssig sein (**over** hinsichtlich): **make sb ~** j-n unschlüssig *od* stutzig machen; **not ~ at** nicht zurückschrecken vor *(dat)*; **I ~ to ask you but …** es ist mir unangenehm, Sie zu fragen, aber … 2 *(beim Sprechen)* stocken B V/T zögernd äußern; **hesitation** S 1 Zögern *n*, Zaudern *n*, Unschlüssigkeit *f*: **without (any) ~** ohne zu zögern, bedenkenlos; **without a moment's ~** ohne e-n Moment zu zögern; **have no ~ in** (*od* **about**) **doing sth** keine Bedenken haben, etwas zu tun; **I have no ~ in saying that …** ich kann ohne Weiteres sagen, dass … 2 Stocken *n* 3 *a.* **~ waltz** MUS Schleifer *m*, (ein) langsamer Walzer; **hesitative** [-teɪtɪv] → hesitant 1

Hesperian [he'spɪərɪən] *poet* A ADJ westlich, abendländisch B S Abendländer(in)

Hesperides [he'sperɪdiːz] SPL 1 MYTH Hesperiden *pl (Nymphen)* 2 *(als sg konstruiert) poet* Garten *m* der Hesperiden

Hesperus ['hespərəs] S *poet* Hesperos *m*, Hesperus *m (Abendstern)*

Hesse ['hesɪ; hes] S Hessen *n*

Hessian ['hesɪən; US 'heʃən] A ADJ hessisch B S 1 Hesse *m*, Hessin *f* 2 MIL *US* Söldner *m (bes während der Amer. Revolution aufseiten der Briten)* 3 ♀ Juteleinen *n (für Säcke etc)*; **~ boots** SPL HIST Schaftstiefel *pl*; **~ fly** S ZOOL Hessenfliege *f*

hessite ['hesaɪt] S MINER Hessit *m*; **hessonite** [-ənaɪt] S MINER Hessonit *m*

hest [hest] → behest

het[1] [het] ADJ: **~ up** *umg* a aufgeregt (**about** wegen) b fuchtig, wütend; **get ~ up** sich aufregen (**about** über *akk*, wegen); fuchtig werden

het[2] [het] *sl* → hetero B

hetaera [hɪ'tɪərə] *pl* -rae [-riː] S *Antike*: Hetäre *f (meist hochgebildete, oft politisch einflussreiche Geliebte bedeutender Männer)*

hetaira [hɪ'taɪrə] *pl* -rai [-raɪ] → hetaera

hetero- [hetərəʊ] *Wortelement mit der Bedeutung* anders, verschieden, fremd

hetero ['hetərəʊ] *umg* A ADJ hetero *(heterosexuell)* B *pl* -os S Hetero *m/f (Heterosexuelle[r])*

heterochromosome S BIOL Heterochromosom *n*, Geschlechtschromosom *n*

heterochromous [ˌhetərəʊ'krəʊməs] ADJ verschiedenfarbig, *bes* BIOL heterochrom

heteroclite ['hetərəʊklaɪt] A ADJ 1 abnorm, ausgefallen 2 LING heteroklitisch B S 1 a Sonderling *m* b ausgefallene Sache 2 LING Heterokliton *n (Substantiv, dessen einzelne Deklinationsformen nach verschiedenen Stämmen od Deklinationsmustern gebildet werden)*

heterocyclic ADJ CHEM heterozyklisch

heterodox ['hetərəʊdɒks; US -rəˌdɑks] ADJ 1 REL heterodox, anders-, irrgläubig 2 *fig* unkonventionell, unüblich; **heterodoxy** S 1 REL Heterodoxie *f*, Andersgläubigkeit *f*, Irrglaube *m* 2 heterodoxer *od* unkonventioneller Charakter

heterodyne ['hetərəʊdaɪn] ELEK A ADJ Überlagerungs…, Superhet…: **~ receiver** Überlagerungsempfänger *m*, Super(het) *m* B V/T & V/I überlagern

heterogamous [ˌhetə'rɒgəməs; US -'rɑ-] ADJ BIOL heterogametisch *(verschiedengeschlechtliche Gameten bildend)*; **heterogamy** S Heterogamie *f (Fortpflanzung durch ungleich gestaltete od sich ungleich verhaltende Gameten)*

heterogeneity [ˌhetərəʊdʒɪ'niːətɪ] S Heterogenität *f*, Ungleichartigkeit *f*, Verschiedenartigkeit *f*; **heterogeneous** [-'dʒiːnjəs; -nɪəs] ADJ (ADV ~ly) heterogen, ungleichartig, verschiedenartig: **~ number** MATH gemischte Zahl

heterogenesis, **heterogeny** [-'rɒdʒɪnɪ; US -'rɑ-] S BIOL a → abiogenesis b Generationswechsel *m*

heterogony [ˌhetə'rɒgənɪ; US -'rɑ-] S BIOL Heterogonie *f (besondere Form des Generationswechsels bei Tieren, wobei auf e-e sich geschlechtlich fortpflanzende Generation e-e andere folgt, die sich aus unbefruchteten Eiern entwickelt)*

heterographic ADJ LING heterograf *(orthografisch verschieden geschrieben, bes bei gleichlautender Aussprache)*

heteromorphic [-'mɔː(r)fɪk], **heteromorphous** ADJ BIOL, CHEM, PHYS heteromorph, verschiedengestaltig

heteronomous [ˌhetə'rɒnəməs; US -'rɑ-] ADJ (ADV ~ly) heteronom: a unselbstständig, von fremden Gesetzen abhängig b BIOL ungleichartig, -wertig; **heteronomy** S Heteronomie *f*

heterophyllous [ˌhetərəʊ'fɪləs; *Br a.* -'rɒfɪləs] ADJ BOT heterophyll *(quantitativ ungleichblättrig)*; **heterophylly** S BOT Heterophyllie *f*

heteroplasty [-ˌplæstɪ] S MED Heterotransplantation *f*, Heteroplastik *f (Verpflanzung von Organen od Gewebeteilen auf ein Lebewesen e-r anderen Art)*

heterosexual A ADJ (ADV ~ly) heterosexuell: a *sexuell auf das andere Geschlecht ausgerichtet* b *die Heterosexualität betreffend* B S Heterosexuelle(r) *m/f(m)*; **heterosexuality** S Heterosexualität *f*

heterotroph ['hetərəʊtrəʊf; *Br a.* -trɒf; *US a.* -ˌtrɑf] S BIOL heterotrophe Pflanze, heterotropher Organismus; **heterotrophic** [-'trəʊfɪk; *Br a.* -'trɒfɪk; *US a.* -'trɑ-] ADJ BIOL heterotroph *(in der Ernährung auf Körpersubstanz od Stoffwechselprodukte anderer Organismen angewiesen)*; **heterotrophy** [-'rɒtrəfɪ; US -'rɑ-] S Heterotrophie *f*

heterozygote S BIOL Heterozygot *m*; **heterozygous** [-'zaɪgəs] ADJ heterozygot, mischerbig

hetman ['hetmən] *pl* -mans S HIST Hetman

H

m: a *vom König eingesetzter Oberbefehlshaber des Heeres in Polen u. Litauen* b *frei gewählter Führer der Kosaken mit militärischer u. ziviler Befehlsgewalt*
heulandite ['hju:ləndaɪt] S MINER Heulandit *m*
heuristic [hjʊə'rɪstɪk] A ADJ (ADV ~ally) heuristisch B S 1 heuristische Methode 2 *pl* (*als sg konstruiert*) Heuristik *f* (*Lehre von den Wegen u. Methoden zur Gewinnung neuer wissenschaftlicher Erkenntnisse*)
hevea ['hi:vɪə] S BOT Kautschukbaum *m*
hew[1] [hju:] *prät* hewed, *pperf* hewed, hewn [hju:n] A VT 1 hauen, hacken: **~ to pieces** in Stücke hauen; **~ one's way** sich e-n Weg bahnen 2 *Bäume* fällen 3 *Steine etc* behauen B VI **~ to** *US* sich halten an (*akk*)
HEW[2] ABK *US* Department of Health, Education, and Welfare
Phrasal Verbs: **hew| down** VT nieder-, umhauen, fällen; **~ off** VT abhauen; **~ out** VT 1 heraushauen (**of** aus) 2 *fig* mühsam schaffen: **~ a career for o.s.** sich s-n Weg bahnen, sich emporarbeiten; **~ up** VT zerhauen, zerhacken
hewer ['hju:ə(r)] S 1 (*Holz-, Stein-*) Hauer *m*: **~s of wood and drawers of water** a BIBEL Holzhauer u. Wasserträger b einfache Leute 2 *Bergbau*: (Schräm)Hauer *m*
hewn [hju:n] *pperf von* hew[1]
hex [heks] *US umg* A S 1 Hexe *f* 2 **put a ~ on** → B B VT verhexen
hexabasic [,heksə'beɪsɪk] ADJ CHEM sechsbasisch
hexachord ['heksəkɔ:(r)d] S MUS, HIST Hexachord *m/n* (*Aufeinanderfolge von sechs Tönen in der diatonischen Tonleiter*)
hexad ['heksæd] S 1 Sechs *f* (*Zahl*) 2 Sechsergruppe *f*
hexadecimal (notation) [,heksə'desɪml] S MATH IT Hexadezimalsystem *n* (*Dezimalsystem mit der Grundzahl 16*)
hexagon ['heksəgən; *US* -,gɑn] S MATH Hexagon *n*, Sechseck *n*: **~ voltage** ELEK Sechseckspannung *f*; **hexagonal** [-'sægənl] ADJ (ADV ~ly) hexagonal, sechseckig; **hexagram** ['heksəgræm] S Hexagramm *n* (*Sechsstern aus zwei gekreuzten gleichseitigen Dreiecken*)
hexahedral [,heksə'hedrəl; *bes US* -'hi:-] ADJ MATH hexaedrisch, sechsflächig; **hexahedron** [-'hedrən; *bes US* -'hi:-] *pl* -drons, -dra [-drə] S MATH Hexaeder *n*, Sechsflach *n*, Sechsflächner *m*
hexameter [hek'sæmɪtə(r)] LIT A S Hexameter *m* (*Vers mit sechs Versfüßen, meist Daktylen*) B ADJ hexametrisch
hexanoic acid [,heksə'nəʊɪk] S CHEM Hexansäure *f*
hexapod ['heksəpɒd; *US* -,pɑd] ZOOL A ADJ sechsfüßig B S Hexapode *m*, Sechsfüßer *m*
Hexateuch ['heksətju:k; *US a.* -,tu:k] S BIBEL Hexateuch *m* (*die ersten sechs Bücher des Alten Testaments*)
hexavalent [,heksə'veɪlənt; *Br a.* hek'sævələnt] ADJ CHEM sechswertig
hey [heɪ] INT 1 hei!, ei!: → presto A 2 2 he!, heda!
heyday ['heɪdeɪ] S 1 a Höhe-, Gipfelpunkt *m*: **in the ~ of one's power** auf dem Gipfel der Macht b Blüte(zeit) *f*: **the ~ of Hollywood**; **in one's ~** in s-r Glanzzeit 2 *obs* Überschwang *m*, Sturm *m* (*der Leidenschaft*)
hf[1] ABK half
HF[2], **h.f.** ABK ELEK high frequency
hf bd ABK (*Buchbinderei*) half-bound in Halbband
HG ABK 1 His (*od* Her) Grace Seine, Seiner (Ihre, Ihrer) Gnaden; Seine, Seiner (Ihre, Ihrer) Hoheit; Seine, Seiner (Ihre, Ihrer) Exzellenz 2 *Br* Home Guard Bürgerwehr *f*
HGV ABK *Br* heavy goods vehicle Schwerlastkraftwagen *m*
HH ABK 1 His (*od* Her) Highness Seine, Seiner (Ihre, Ihrer) Hoheit 2 KATH His Holiness Seine(r) Heiligkeit (*der Papst*)
hhd ABK hogshead (*Flüssigkeitsmaß*)
H hour S MIL Stunde *f* X (*festgelegter Zeitpunkt des Beginns e-r militärischen Operation*)
hi[1] [haɪ] INT a he!, heda! b *umg* hallo!
HI[2] ABK Hawaiian Islands
hiatus [haɪ'eɪtəs] *pl* -tuses, -tus S 1 ANAT Hiatus *m*, Spalt *m*, Lücke *f*, Zwischenraum *m* 2 Hiatus *m*, Lücke *f* (*in e-m alten Manuskript, zeitlichen Ablauf etc*) 3 LING Hiatus *m* (*Zusammentreffen zweier Vokale am Ende des e-n u. am Anfang des folgenden Wortes*)
hibernal [haɪ'bɜ:nl; *US* haɪ'bɜrnl] ADJ winterlich
hibernate ['haɪbə(r)neɪt] VI 1 überwintern: a ZOOL Winterschlaf halten b den Winter verbringen 2 *fig* schlummern: **~ in sb's mind** in j-m schlummern; **hibernation** S 1 Winterschlaf *m*, Überwinterung *f* 2 *a.* **artificial ~** MED Hibernation *f*, Hibernisation *f* (*medikamentös herbeigeführter, lang dauernder Schlafzustand des Organismus als therapeutische Maßnahme od als Narkosemethode*); **hibernator** S *Tier, das Winterschlaf hält*
Hibernian [haɪ'bɜ:njən; -nɪən; *US* -'bɜr-] *poet* A ADJ irisch B S Ire *m*, Irin *f*, Irländer(in); **Hibernicism** [-nɪsɪzəm] S irische (Sprach)Eigenheit
hibiscus [hɪ'bɪskəs; haɪ-] S BOT Hibiskus *m*, Eibisch *m*
hic [hɪk] INT hick! (*beim Schluckauf*)
hiccup, hiccough ['hɪkʌp] A S 1 Schluckauf *m*: **give a ~** → B a 2 *pl* Schluckauf(anfall) *m*: **have (the) ~s** → B b; **it gives me (the) ~s** ich bekomme Schluckauf davon 3 *umg* kleineres Problem B VI a schlucksen *umg* b den Schluckauf haben C VT abgehackt hervorbringen
hick [hɪk] *bes US umg* A S Bauer *m*, Provinzler(in) B ADJ provinziell, Bauern...: **~ girl** Bauerntrampel *m umg pej*; **~ town** (Provinz)Nest *n*, (Bauern-)Kaff *n* (*beide umg pej*)
hickey ['hɪki:] S *US* 1 TECH kleine Vorrichtung, *bes* a Gewindestück *n* (*für e-e Steckdose*) b Biegezange *f* für Isolierrohre 2 *umg* Dingsbums *n* 3 *umg* Knutschfleck *m*
hickory ['hɪkərɪ] S 1 BOT Hickory(baum) *m*, Nordamer. Walnussbaum *m* 2 Hickory(holz) *n* 3 Hickorystock *m*
hid [hɪd] *prät u. pperf von* hide[1]
hidden ['hɪdn] A *pperf von* hide[1] B ADJ (ADV ~ly) 1 versteckt, geheim: **~ agenda** Hintergedanken *pl*; **the ~ persuaders** die geheimen Verführer (*Werbung*); **~ taxes** WIRTSCH verdeckte *od* indirekte Steuern; → hand A 9, reserve B 3 2 MUS verdeckt (*Intervall*)
hiddenite ['hɪdənaɪt] S MINER Hiddenit *m*
hide[1] [haɪd] A VT *prät* hid [hɪd], *pperf* hidden ['hɪdn], hid (**from**) verbergen (*dat od* vor *dat*): a verstecken (*dat od* vor *dat*) b verheimlichen (*dat od* vor *dat*): **have nothing to ~** nichts zu verbergen haben c verhüllen, verdecken: **~ sth from view** etwas den Blicken entziehen; **the mountains were hidden from view in the mist** wegen des Nebels konnte man die Berge nicht sehen B VI *a.* **~ out** (*bes US* **up**) sich verbergen, sich verstecken (*a. fig*): **he is hiding behind his boss**; **where is he (the letter) hiding?** wo hat er sich (sich der Brief) versteckt?, wo steckt er (der Brief) bloß? C S JAGD *Br* Deckung *f*
hide[2] [haɪd] A S Haut *f*, Fell *n* (*beide a. fig*): **have a ~ like a rhinoceros, have a thick ~** ein dickes Fell haben *umg*; **save one's own ~** die eigene Haut retten; **I haven't seen ~ or hair of her for two weeks** *umg* ich hab sie schon seit zwei Wochen nicht einmal aus der Ferne gesehen; **tan sb's ~, tan the ~ off sb** *umg* j-m das Fell gerben (*j-n verprügeln*) B VT 1 abhäuten 2 *umg j-n* durchbläuen, verprügeln
hide[3] [haɪd] S *altes englisches Feldmaß (zwischen 60 u. 120 Acres)*
hide|-and-seek S Versteckspiel *n*: **play ~** Versteck spielen (*a. fig*); **~away** S 1 Versteck *n* 2 Zufluchtsort *m*; **~bound** ADJ 1 mit eng anliegender Haut *od* Rinde 2 *fig* engstirnig, beschränkt, borniert
hideous ['hɪdɪəs] ADJ (ADV ~ly) scheußlich, grässlich, schrecklich, abscheulich (*Verbrechen etc*); **hideousness** S Scheußlichkeit *f*
hideout → hideaway
hidey-hole → hidy-hole
hiding[1] ['haɪdɪŋ] S 1 Verstecken *n*, Verbergen *n* 2 *a.* **~ place** Versteck *n*: **be in ~** sich versteckt halten; **go into ~** untertauchen
hiding[2] ['haɪdɪŋ] S *umg* Tracht *f* Prügel: **give sb a good ~** j-m e-e ordentliche Tracht Prügel verpassen
hidrosis [hɪ'drəʊsɪs; haɪ-] S MED Hidrose *f*, Hidrosis *f*: a (*übermäßige*) *Schweißbildung u. -absonderung* b *Hauterkrankung infolge übermäßiger Schweißabsonderung*; **hidrotic** [hɪ'drɒtɪk; haɪ-; *US* -'drɑ-] MED, PHARM A ADJ hidrotisch, schweißtreibend B S Hidrotikum *n*, schweißtreibendes Mittel
hidy-hole ['haɪdɪhəʊl] S *umg* Versteck *n*
hie [haɪ] *prät u. pperf* hied, *ppr* hieing, hying VI & VT *obs od hum* eilen, sich hurtig begeben: **I shall ~ (me** *od* **myself) to the market**
hierarch ['haɪərɑ:(r)k] S 1 REL Oberpriester *m*, *bes Antike*: Hierarch *m* 2 hochstehende Persönlichkeit; **hierarchic** ADJ, **hierarchical** ADJ (ADV ~ly) hierarchisch; **hierarchism** S hierarchische Grundsätze *pl od* Macht; **hierarchy** S Hierarchie *f*: a Priesterherrschaft *f* b Priesterschaft *f* c Rangordnung *f*, -folge *f* d *Gesamtheit der in e-r Rangfolge Stehenden*
hieratic [,haɪə'rætɪk] ADJ, **hieratical** ADJ (ADV ~ly) hieratisch: a priesterlich, Priester... b KUNST, *bes Antike*: streng, starr
hiero- [haɪərəʊ] *Wortelement mit der Bedeutung* heilig
hierocracy [,haɪə'rɒkrəsɪ; *US* -'rɑ-] S Hierokratie *f*, Priesterherrschaft *f*
hierodule ['haɪərəʊdju:l; *US a.* -,du:l] S REL *Antike*: 1 Hierodule *m*, Tempelsklave *m* 2 Hierodule *f*, Tempelsklavin *f*, -prostituierte *f*
hieroglyph ['haɪərəʊglɪf] → hieroglyphic B 1, B 3; **hieroglyphic** A ADJ (ADV ~ally) 1 hieroglyphisch: a Hieroglyphen... b rätselhaft verschlungen 2 unleserlich B S 1 Hieroglyphe *f* 2 *pl* (*a. als sg konstruiert*) Hieroglyphenschrift *f* 3 *pl hum* Hieroglyphen *pl*, unleserliches Gekritzel; **hieroglyphical** ADJ (ADV ~ly) → hieroglyphic A; **hieroglyphist** [-'rɒglɪfɪst; *US* -'rɑ-] S Hieroglyphenkundige(r) *m/f(m)*
hierogram ['haɪərəʊgræm] S Hierogramm *n* (*Zeichen e-r geheimen altägyptischen Priesterschrift, die ungewöhnliche Hieroglyphen aufweist*)
hierophant ['haɪərəʊfænt] S REL *Antike*: Hierophant *m*, Oberpriester *m*; **hifalutin** → high-falutin
hi-fi [,haɪ'faɪ] *umg* A S 1 Hi-Fi *n* (→ high fidelity) 2 Hi-Fi-Anlage *f*, -Gerät *n* B ADJ Hi-Fi-...
higgle ['hɪgl] → haggle
higgledy-piggledy [,hɪgldɪ'pɪgldɪ] *umg* A ADV drunter u. drüber, (wie Kraut u. Rüben) durcheinander B ADJ kunterbunt C S Durch-

einander *n*
higgler ['hɪglə(r)] → haggler
high [haɪ] **A** ADJ (ADV → highly)(→ higher, highest) **1** hoch: **ten feet ~** zehn Fuß hoch; **at ~ altitudes** in großen Höhen; → beam A 6, horse A 1 **2** hoch (gelegen): **≈ Asia** Hochasien *n* **3** GEOG hoch *(nahe den Polen)*: **~ latitude** hohe Breite **4** hoch *(Grad)*: **~ prices**; **~ temperature**; **~ expectations** große *od* hohe Erwartungen; **~ favo(u)r** hohe Gunst; **~ hopes** große Hoffnungen; **~ praise** großes Lob; **keep the pace ~** SPORT das Tempo hoch halten; **~ speed** **a** hohe Geschwindigkeit **b** SCHIFF hohe Fahrt, äußerste Kraft; **~ starting number** SPORT hohe Startnummer; **be ~ in calories** viele Kalorien haben; **be ~ in fat** fettreich sein; → gear A 3 **5** stark, heftig: **~ passion** wilde Leidenschaft; **~ wind** starker Wind; **~ words** heftige *od* scharfe Worte **6** hoch *(im Rang)*, Hoch…, Ober…, Haupt…: **a ~ official** ein hoher Beamter; **the Most ≈** der Allerhöchste *(Gott)* **7** bedeutend, hoch, wichtig: **~ aims** hohe Ziele; **~ politics** *pl (oft als sg konstruiert)* hohe Politik **8** hoch *(Stellung)*, vornehm, edel: **of ~ birth** von hoher *od* edler Geburt, hochgeboren; **~ society** High Society *f*, gehobene Gesellschaftsschicht; → standing A 1 **9** hoch, erhaben, edel: **~ spirit** erhabener Geist **10** hoch, gut, erstklassig *(Qualität etc)*: **~ performance** hohe Leistung **11** hoch, Hoch… *(auf dem Höhepunkt stehend)*: **≈ Middle Ages** *pl* Hochmittelalter *n*; **~ period** Glanzzeit *f (e-s Künstlers etc)* **12** hoch, fortgeschritten *(Zeit)*: **~ summer** Hochsommer *m*; **it is ~ day** es ist heller Tag; → high time 1, noon A 1 **13** *(zeitlich)* fern, tief: **in ~ antiquity** tief im Altertum **14** LING **a** Hoch… *(Sprache)* **b** hoch *(Laut)*: **~ tone** Hochton *m* **15** hoch *(im Kurs)*, teuer: **land is ~** Land ist teuer **16** → high-and-mighty **17** extrem, eifrig *(Sozialdemokrat etc)* **18** **a** hoch, hell *(Ton etc)* **b** schrill, laut *(Stimme etc)* **19** lebhaft *(Farben)*: **~ complexion** rosiger Teint **20** erregend, spannend *(Abenteuer etc)* **21** **a** gehoben, heiter: → jinks, spirit A 8 **b** *umg* blau *(betrunken)* **c** *umg* high *(im Drogenrausch)* **d** *umg* high *(in euphorischer Stimmung)* **22** *umg* scharf, erpicht *(beide:* **on** *auf akk)* **23** GASTR angegangen, mit Hautgout *(Wild)*: **be ~** Hautgout haben **24** SCHIFF hoch am Wind **B** ADV **1** hoch: **aim ~** *fig* sich hohe Ziele setzen *od* stecken; **lift ~** in die Höhe heben, hochheben; **run ~** **a** hochgehen *(See, Wellen)* **b** *fig* toben *(Gefühle)*; **feelings ran ~** die Gemüter erhitzten sich; **search ~ and low** überall suchen, *etwas* wie e-e Stecknadel suchen **2** stark, heftig, in hohem Grad *od* Maß **3** teuer: **pay ~** teuer bezahlen **4** hoch, mit hohem Einsatz: **play** *(od* **gamble)** **~** **5** üppig: **live ~** in Saus u. Braus leben **6** SCHIFF hoch am Wind **C** S **1** (An)Höhe *f*, hoch gelegener Ort: **on ~** **a** hoch oben, droben **b** hoch hinauf **c** im *od* zum Himmel; **from on ~** **a** von oben **b** vom Himmel **2** METEO Hoch(druckgebiet) *n* **3** TECH **a** hochübersetztes *od* hochuntersetztes Getriebe *(an Fahrzeugen)*, *bes* Geländegang *m* **b** höchster Gang: **move** *(od* **shift)** **into ~** den höchsten Gang einlegen **4** *fig* Höchststand *m*: **food prices have reached a new ~**; **his life was full of ~s and lows** sein Leben war voller Höhen u. Tiefen **5** *umg für* high school **6** **he's still got his ~** *umg* er ist noch immer blau *od* high
high|-alcohol ADJ alkoholreich; **~ altar** S REL Hochaltar *m*; **~-altitude** ADJ FLUG *etc* Höhen…: **~ flight**; **~ nausea** Höhenkrankheit *f*; **~ training** SPORT Höhentraining *n*; **~ training camp** SPORT Höhentrainingslager *n*; **~ and dry** ADJ SCHIFF hoch u. trocken: **leave sb ~** *fig* j-n im Stich lassen; **~-and-mighty** ADJ *umg* anmaßend, arrogant; **~-angle fire** S MIL Steilfeuer *n*; **~ball** *bes US* **A** S **1** Highball *m (Longdrink, meist Whisky mit Soda u. Eis)* **2** BAHN **a** Freie-Fahrt-Signal *n* **b** Abfahrtssignal *n* **B** V/I *sl* mit voller Geschwindigkeit fahren **C** V/T *dem Lokomotivführer* das Abfahrtssignal geben; **~binder** S *US umg* **1** Gangster *m* **2** Gauner *m*, Betrüger *m* **3** korrupter Politiker; **~board** S *Wasserspringen*: Turm *m*: **~ champion** Meister *m* vom Turm; **~born** ADJ hochgeboren, von hoher Geburt; **~boy** S *US* Kommode *f* mit Aufsatz; **~bred** ADJ **1** von edlem Blut **2** vornehm, wohlerzogen; **~brow** *oft pej* **A** S Intellektuelle(r) *m/f(m)* **B** ADJ (betont) intellektuell, (geistig) anspruchsvoll, hochgestochen *umg*; **~browed** → highbrow B; **~browism** S *oft pej* Intellektualismus *m*; **~-calorie** ADJ kalorienreich; **~chair** S (Kinder)Hochstuhl *m*; **≈ Church** S REL High Church *f*, anglikanische Hochkirche; **≈-Church** ADJ REL High-Church-…, der High Church; **≈-Churchman** S *irr* REL Anhänger *m* der High Church; **~-circulation** ADJ auflagenstark *(Zeitung etc)*; **~-class** ADJ **1** erstklassig: **~ kitsch** Edelkitsch *m* **2** der High Society; **~-colo(u)red** ADJ rot *(Gesichtsfarbe)*; **~ comedy** S Konversationskomödie *f*; **~ command** S MIL Oberkommando *n*; **~ commissioner** S Hochkommissar(in) *(diplomatische[r] Vertreter[in] e-s Commonwealth-Landes)*; **≈ Court of Justice** S JUR *Br* oberstes *(erstinstanzliches)* Zivilgericht; **≈ Court of Justiciary** S JUR *schott* oberstes Gericht für Strafsachen; **~ day** S: **~s and holidays** Fest- u. Feiertage; **~ diving** S SPORT Turmspringen *n*; **~-duty** ADJ **1** TECH Hochleistungs… **2** WIRTSCH hoch besteuert; **~-energy physics** SPL *(als sg konstruiert)* Hochenergiephysik *f*
higher ['haɪə(r)] **A** *komp von* high **B** ADJ **1** höher(er, e, es) *(a. fig)*, Ober…: **~ authority** höhere Instanz, übergeordnete Stelle, vorgesetzte Behörde; **~ earner** Besserverdienende(r) *m/f(m)*; **the ~ grades** *pl* **of the civil service** der höhere Staatsdienst; **~ learning** → higher education; **~ mathematics** *pl (als sg konstruiert)* höhere Mathematik; **the ~ things** *pl* das Höhere **2** *bes* BIOL höher (entwickelt): **the ~ animals** die höheren (Säuge)Tiere **C** ADV höher, mehr: **bid ~**; **~ criticism** S historische Bibelkritik; **~ education** S höhere Bildung, Hochschul(aus)bildung *f*; **~-ranking** ADJ ranghöher(er, e, es); **~-up** S *umg* höheres Tier
highest ['haɪɪst] **A** *sup von* high **B** ADJ höchst(er, e, es), Höchst…: **~ amount**; → bid[1] A 1, bidder 1 **C** ADV am höchsten: **~ possible** höchstmöglich **D** S **1** das Höchste: **at its ~** auf dem Höhepunkt **2** **the ≈** der Allerhöchste *(Gott)*; **~-ranking** ADJ ranghöchst(er, e, es)
high| explosive S hochexplosiver *od* hochbrisanter Sprengstoff; **~-explosive** ADJ hochexplosiv, -brisant: **~ bomb** Sprengbombe *f*; **~-falutin** [-fəˈluːtɪn], *a.* **~-faluting** [-tɪŋ] ADJ & S *umg* hochtrabend(es Geschwätz); **~ farming** S AGR intensive Bodenbewirtschaftung; **~-fat** ADJ fettreich; **~ fidelity** S High Fidelity *f (hohe, originalgetreue Übertragungs- u. Wiedergabequalität von Rundfunkgeräten etc)*; **~-fidelity** ADJ High-Fidelity-…; **~ finance** S Hochfinanz *f*; **~-five** V/I sich abklatschen; **~flier** S **1** Erfolgsmensch *m* **2** *pej* Ehrgeizling *m*; **~-flown** ADJ **1** bombastisch, hochtrabend *(Worte etc)* **2** (allzu) ehrgeizig: **a** (allzu) hochgesteckt *(Ziele etc)* **b** (allzu) hochfliegend *(Pläne etc)*; **~flyer** → highflier; **~-flying** ADJ **1** hochfliegend **2** → high-flown; **~ frequency** S ELEK Hochfrequenz *f*; **~-frequency** ADJ ELEK hochfrequent, Hochfrequenz…; **≈ German** S LING Hochdeutsch *n*; **~-grade** ADJ **1** hochwertig: **~ steel** Edel-, Qualitätsstahl *m* **2** *a.* WIRTSCH erstklassig *(Wertpapiere etc)* **3** BIOL reinrassig, Edel…; **~-handed** ADJ (ADV ~ly) anmaßend, selbstherrlich, willkürlich, eigenmächtig; **~-handedness** S Anmaßung *f*, Willkür *f*; **~ hat** S Zylinder *m (Hut)*; **~-hat** *umg* **A** S Snob *m*, hochnäsiger Mensch **B** ADJ snobistisch, hochnäsig **C** V/T *bes US j-n* von oben herab behandeln; **~-heeled** ADJ hochhackig *(Schuhe)*; **~ heels** SPL High Heels *pl*, Stöckelschuhe *pl*; **~-income** ADJ einkommensstark; **~jack** → hijack; **~jacker** → hijacker; **~ jump** S *Leichtathletik*: Hochsprung *m*: **be for the ~** *Br umg* fällig *od* dran sein; **~ jumper** S *Leichtathletik*: Hochspringer(in); **~-key** ADJ MAL, FOTO hell, überwiegend in hellen Farben gehalten; **~-keyed** ADJ **1** schrill **2** → high-strung **3** farbenprächtig; **~land** [-lənd] **A** S Hoch-, Bergland *n*: **the ≈s** *pl* **(of Scotland)** das schottische Hochland **B** ADJ hochländisch, Hochland…; **≈land** ['haɪlənd] S Highland *n (Verwaltungsregion im nördlichen Schottland)*; **~lander** S **1** Hochländer(in) **2** **≈** schottische(r) Hochländer(in); **≈lands** ['haɪləndz] SPL: **the ~** die Highlands *pl (Hochland nördlich des Grampiangebirges in Schottland)*; **~-level** ADJ **1** hoch *(a. fig)*: **~ bombing** Bombenwurf *m* aus großer Flughöhe; **~ language** IT höhere Programmiersprache; **~ officials** hohe Beamte; **~ railroad** *(bes Br* **railway)** Hochbahn *f*; **~ talks** POL Gespräche auf höherer Ebene; **~ tank** Hochbehälter *m* **2** stark *od* hoch radioaktiv; **~ life** S Highlife *n (exklusives Leben der vornehmen Gesellschaftsschicht)*; **~light** **A** S **1** MAL, FOTO Schlaglicht *n* **2** *fig* **a** Höhe-, Glanzpunkt *m* **b** *pl* Querschnitt *m* **(of** durch *e-e Oper etc)* **3** (blondierte) Strähne *(im Haar)* **B** V/T **1** hell erleuchten **2** mit e-m Leuchtstift hervorheben **3** *fig* ein Schlaglicht werfen auf *(akk)*, hervorheben **4** *fig* den Höhe- *od* Glanzpunkt *(gen)* bilden; **~lighter** S Leuchtstift *m*, Textmarker *m*
highly ADV **1** hoch, in hohem Grade, höchst, äußerst, sehr: **~ gifted** *(od* **talented)** hochbegabt *od* hoch talentiert; **~ inflammable** leicht entzündlich; **~ interesting** hochinteressant; **~ placed** hochgestellt; **~ seasoned** *(od* **spiced)** stark *od* scharf gewürzt; **~ secret** streng geheim; **~ strung** reizbar, nervös; → polished 1, probable A 1 **2** lobend, anerkennend: **speak ~ of sb**; **think ~ of** e-e hohe Meinung haben von, viel halten von **3** teuer: **~ paid** **a** teuer bezahlt **b** hoch bezahlt
high| mallow S BOT Rossmalve *f*; **≈ Mass** S KATH Hochamt *n*; **~-minded** ADJ (ADV ~ly) **1** hochgesinnt, von hoher Gesinnung **2** *obs* hochmütig; **~-mindedness** S hohe Gesinnung; **~-muck-a-muck** S *sl* arrogantes hohes Tier *pej*; **~-necked** ADJ hochgeschlossen *(Kleid)*
highness S **1** *meist fig* Höhe *f* **2** Erhabenheit *f* **3** GASTR Hautgout *m (vom Wild)* **4** **≈** Hoheit *f (Titel)*: → royal A 1
high|-octane ADJ CHEM mit hoher Oktanzahl *(Benzin)*; **~-pass filter** S ELEK Hochpass(-filter) *m(n/m)*; **~-pitched** ADJ **1** hoch *(Ton etc)* **2** ARCH steil, Steil…: **~ roof** **3** exaltiert: **a** überspannt: **intellectually ~** hochgestochen *umg* **b** aufgeregt; **~ point** S Höhepunkt *m*: **mark a ~ in sb's life** e-n Höhepunkt in j-s Leben darstellen; **~-power(ed)** ADJ **1** TECH Hochleistungs…, Groß…, stark **2** dynamisch, energisch; **~-precipitation** ADJ niederschlagsreich; **~ pressure** S METEO, TECH

Hochdruck *m*: **work at ~** mit Hochdruck arbeiten (*a. fig*); **~-pressure** A VT *umg Kunden etc* bearbeiten: **~ sb into buying sth** j-n so lange bearbeiten, bis er etwas kauft B ADJ 1 METEO, TECH Hochdruck…: **~ area** Hoch(druckgebiet) *n*; **~ engine** Hochdruckmaschine *f* 2 *umg* aufdringlich, hartnäckig (*Verkäufer*): **~ salesmanship** aggressive Verkaufsmethoden *pl*; **~-priced** ADJ teuer; **~ priest** S REL Hohepriester *m* (*a. fig*); **~-principled** ADJ mit strengen Grundsätzen; **~-profile** ADJ 1 *Politiker etc*: a überall in den Medien präsent b *pej* publicitysüchtig 2 *it was* **a ~ campaign** e-e Kampagne, die in den Medien große Beachtung fand; **~-proof** ADJ CHEM hochgradig, stark alkoholisch; **~-quality** → high-grade 1; **~-ranking** ADJ hochrangig, ranghoch: **~ officer** MIL hoher Offizier; **~ relief** S Hochrelief *n*; **~-resolution** ADJ hochauflösend (*Fernsehen etc*); **~rise** A ADJ a Hoch…: **~ building** → B b Hochhaus…: **~ district** B S Hochhaus *n*; **~riser** S 1 → highrise B 2 High Riser *m* (*Fahrrad od Moped mit hohem, geteiltem Lenker u. Sattel mit Rückenlehne*); **~-risk** ADJ Risiko…: **~ group**; **~road** S Hauptstraße *f* (*bes Br außer in Wendungen wie*): **the ~ to success** *fig* der sicherste *od* beste Weg zum Erfolg; **~-salaried** ADJ hoch bezahlt; **~ school** S *US* High School *f* (*weiterführende Schule im Sekundarbereich*); **~-sea** ADJ Hochsee…; **~ season** S Hochsaison *f*: **during (the) ~** während der Hochsaison; **~ seat** S JAGD Hochsitz *m*; **~-security prison** S Hochsicherheitsgefängnis *n*; **~ sign** S *US* (*bes* warnendes) Zeichen: **give sb the ~** j-m ein warnendes Zeichen geben, j-n durch ein Zeichen warnen; **~-sounding** ADJ hochtönend, -trabend (*Titel etc*): **~ phrases** pathetische Phrasen; **~-speed** ADJ 1 TECH a schnell laufend (*Lager, Motor etc*) b Schnell…, Hochleistungs…: **~ memory** COMPUT Schnellspeicher *m*; **~ regulator** Schnellregler *m*; **~ steel** Schnellarbeitsstahl *m*; **~ train** Hochgeschwindigkeitszug *m* 2 FOTO a hochempfindlich (*Film*) b lichtstark (*Objektiv*); **~-spirited** ADJ (ADV **~ly**) lebhaft, temperamentvoll; **~-spiritedness** S Lebhaftigkeit *f*, Temperament *n*; **~ spot** *umg für* high point; **~-stepper** S hochtrabendes Pferd; **~-stepping** ADJ 1 hochtrabend 2 *fig* vergnügungssüchtig; **~ sticking** S *Eishockey*: hoher Stock; **~ street** S Hauptstraße *f*; **~-strung** ADJ reizbar, nervös

hight [haɪt] VT *prät u. pperf* **hight** *obs od poet* (*meist pperf*) nennen: **a boy ~ Charles** ein Knabe namens Charles

high| table S SCHULE, UNIV *Br* erhöhte (Speise)Tafel (*für Lehrer, Fellows etc*); **~tail** VI, *a.* VT: **~ (it)** *bes US umg* rasen, flitzen; **~ taper** S BOT Königskerze *f*; **~ tea** S *Br* (frühes) Abendessen; **~ tech** [ˌhaɪˈtek] S a Hightech *m* (*Stil der Innenarchitektur, bei dem industrielle Materialien u. Einrichtungsgegenstände für das Wohnen verwendet werden*) b Hightech *n, a. f*, Hochtechnologie *f*; **~-tech** ADJ Hightech-…; **~ technology** S Hochtechnologie *f*; **~-technology** ADJ Hochtechnologie…; **~-temperature** ADJ Hochtemperatur…: **~ chemistry**; **~ steel** warmfester Stahl; **~ strength** Warmfestigkeit *f* (*des Stahls*); **~ tension** S ELEK Hochspannung *f*; **~-tension** ADJ ELEK Hochspannungs…; **~-test** ADJ CHEM bei niederen Temperaturen siedend (*Benzin*); **~ tide** S 1 Flut *f* 2 *fig* Höhe-, Gipfelpunkt *m*; **~ time** S 1 höchste Zeit: **it was ~** 2 **they had a high (old) time** *umg* sie verbrachten e-e herrliche Zeit; **~-toned** ADJ 1 mit strengen Grundsätzen 2 vornehm (*Person, Restaurant etc*) 3 geltungsbedürftig 4 hoch, erhaben (*Gedanken etc*); **~ treason** S Hochverrat *m*

highty-tighty [ˌhaɪtɪˈtaɪtɪ] → hoity-toity A

high|-up S *umg* hohes Tier; **~ voltage** S ELEK Hochspannung *f*; **~-voltage** ADJ ELEK Hochspannungs…: **~ test** Wicklungsprüfung *f*; **~ water** S 1 Hochwasser *n* (*höchster Wasserstand*) 2 Flut *f* 3 *pl*, *a.* **pair of ~s** *US sl* Hochwasserhose(n) *f(pl)*; **~-water** ADJ Hochwasser…: **~ mark** a Hochwasserstandsmarke *f* b *fig* Höhepunkt *m*, Höchststand *m*; **(pair of) ~ pants** *pl* → high water 3; **~way** S Highway *m*: a *bes Br* öffentliche Straße b *bes US* Fernstraße *f*: **♀ Code** *Br* Straßenverkehrsordnung *f*; **~ robbery** *US* a Straßenraub *m* b *umg* reinster Nepp; **all the ~s and byways** a alle Wege b *fig* sämtliche Spielarten; **the ~ to success** *fig* der sicherste *od* beste Weg zum Erfolg; **~wayman** [-mən] S *irr* (HIST berittener) Straßenräuber; **~-wing** ADJ: **~ aircraft** Hochdecker *m*

hijack [ˈhaɪdʒæk] A VT 1 *ein Flugzeug* entführen 2 *j-n, e-n Geldtransport etc* überfallen B S 1 (Flugzeug)Entführung *f* 2 Überfall *m*; **hijacker** S 1 (Flugzeug)Entführer(in) 2 Räuber(in); **hijacking** → hijack B

hike [haɪk] A VI 1 a wandern, e-e Wanderung machen b MIL marschieren, e-n Geländemarsch machen 2 *meist* **~ up** *US* hochrutschen (*Kleidungsstück*) 3 **~ out** (*Segeln*) *US* das Boot ausreiten B VT 1 *meist* **~ up** *s-e Hose etc* hochziehen 2 *bes US umg die Preise etc* (drastisch) erhöhen *od* anheben C S 1 a Wanderung *f*: **go on a ~** e-e Wanderung machen b MIL Geländemarsch *m* 2 *US* (drastische) Erhöhung: **a ~ in prices, a price ~** e-e drastische Preisanhebung; **hiker** S Wanderer *m*, Wanderin *f*; **hiking** A S Wandern *n* B ADJ Wander…: **~ route**

hila [ˈhaɪlə] *pl von* hilum

hilarious [hɪˈleərɪəs; *US a.* haɪ-] ADJ (ADV **~ly**) 1 vergnügt, ausgelassen, übermütig 2 lustig (*Geschichte etc*); **hilariousness, hilarity** [-ˈlærətɪ] S 1 Vergnügtheit *f*, Ausgelassenheit *f*, Übermütigkeit *f* 2 Lustigkeit *f*

Hilary term [ˈhɪlərɪ] S UNIV *Br* Frühjahrstrimester *n*

Hilbert space [ˈhɪlbə(r)t] S MATH Hilbert-Raum *m*

hili [ˈhaɪlaɪ] *pl von* hilus

hill [hɪl] A S 1 Hügel *m*, Anhöhe *f*, kleiner Berg: **up the ~** den Berg hinauf, bergauf; **up ~ and down dale** bergauf u. bergab; **(as) old as the ~s** uralt, (*Person a.*) steinalt; **be over the ~** *umg* a s-e besten Jahre *od* s-e beste Zeit hinter sich haben b *bes* MED über den Berg sein; **go over the ~** *US umg* a (*aus dem Gefängnis*) ausbrechen b MIL sich unerlaubt von der Truppe entfernen c ganz plötzlich *od* unter mysteriösen Umständen verschwinden 2 (Erd)Haufen *m*: **~ of potatoes** AGR gehäufelte Reihe von Kartoffeln 3 *Skispringen*: (*Sprung-*) Schanze *f* B VT *a.* **~ up** AGR *Pflanzen* häufeln

hillbilly S *US meist pej* Hillbilly *m*, Hinterwäldler(in) (*bes aus den südlichen USA*); **~ music** S Hillbilly-Musik *f*: a *Volksmusik aus den südlichen USA* b *kommerzialisierte Musik, die der Hillbilly- od der Western-Musik entspringt od deren Stil nachahmt*

hill| climb S *Auto-, Motorrad-, Radsport*: Bergrennen *n*; **~-climbing ability** S AUTO Steigfähigkeit *f*

hilliness [ˈhɪlɪnɪs] S Hügeligkeit *f*

hillock [ˈhɪlək] S kleiner Hügel

hill| record S *Skispringen*: Schanzenrekord *m*; **~side** S Hang *m*, (Berg)Abhang *m*; **~site** S erhöhte Lage; **~ station** S *im (indischen) Bergland gelegener (Erholungs)Ort*; **~top** S Hügel-, Bergspitze *f*; **~ walk** S Bergwanderung *f*; **~ walking** S Bergwandern *n*

hilly ADJ hügelig

hilt [hɪlt] A S Heft *n*, Griff *m* (*e-s Schwertes, Dolches*): **armed to the ~** bis an die Zähne bewaffnet; **(up) to the ~** a bis ans Heft b *fig* durch u. durch, ganz u. gar; **back sb up to the ~** j-n voll u. ganz unterstützen; **be in trouble up to the ~** bis über die Ohren in Schwierigkeiten stecken *umg*; **play one's part up to the ~** THEAT *etc* s-e Rolle (voll) ausspielen; **prove up to the ~** unwiderleglich beweisen B VT mit e-m Heft *etc* versehen

hilum [ˈhaɪləm] *pl* **hila** [-lə] S 1 BOT a Hilum *n*, Samennabel *m* b Kern *m* (*e-s Stärkekorns*) 2 → hilus

hilus [ˈhaɪləs] *pl* **hili** [-laɪ] S ANAT Hilus *m* (*vertiefte Stelle an Organen, an der Nerven u. Gefäße ein- u. austreten*)

him [hɪm; ɪm] A PERS PR 1 ihn (*akk von* he[1]): **I know ~** 2 ihm (*dat von* he[1]): **I gave ~ the book** 3 er: **she's younger than ~**; **it's ~, not her** er ist es, nicht sie B REFL PR sich: **he looked about ~** er sah um sich, er sah sich um

Himalayan [ˌhɪməˈleɪən; hɪˈmɑːljən] ADJ Himalaja…

Himalayas [ˌhɪməˈleɪəz; hɪˈmɑːljəz] SPL: **the ~** der Himalaja *m*

himbo [ˈhɪmbəʊ] *pl* **-bos** S *umg gut aussehender, aber wenig intelligenter Mann*

himself PRON 1 *reflexiv* sich: **he cut ~**; **he thought ~ wise** er hielt sich für klug 2 sich (selbst): **he needs it for ~** 3 (er *od* ihn *od* ihm) selbst: **he ~ said it, he said it ~** er selbst sagte es, er sagte es selbst; *he's married to a woman* **very much younger than ~** die sehr viel jünger ist als er; **by ~** von selbst, allein, ohne Hilfe; **he is not quite ~** a er ist nicht ganz auf der Höhe *umg* b er ist nicht ganz normal *od umg* bei Trost; **he is quite ~ again** er ist wieder ganz der Alte

hind[1] [haɪnd] S ZOOL Hindin *f*, Hirschkuh *f*

hind[2] [haɪnd] *komp* **hinder**, *sup* **hindmost, hindermost** ADJ hinter(er, e, es), Hinter…: **~ leg** Hinterbein *n*; **get (up) on one's ~ legs** *umg* (aufstehen u.) sich zu Wort melden; **he could talk the ~ legs off a donkey** (*od* **mule**) *umg* wenn der einmal zu reden anfängt, hört er nicht mehr auf; **~ wheel** Hinterrad *n*

hindbrain S ANAT Rautenhirn *n*

hinder[1] [ˈhɪndə(r)] A VT 1 *j-n, etwas* aufhalten (**in bei**): **~ sb in his work**; **~ sb's work** j-s Arbeit behindern 2 **(from)** hindern (*an dat*), abhalten (von), zurückhalten (*vor dat*): **~ sb from doing sth** j-n daran hindern *od* davon abhalten *od* davor zurückhalten, etwas zu tun B VI hinderlich *od* im Weg sein, hindern

hinder[2] [ˈhaɪndə(r)] *komp von* hind[2]

hindermost *sup von* hind[2]

Hindi [ˈhɪndiː] S LING Hindi *n*: a *Sammelname nordindischer Dialekte* b *e-e schriftsprachliche Form des Hindustani*

hindmost A *sup von* hind[2] B ADJ hinterst(er, e, es), letzt(er, e, es): → devil A 1

hindquarter S 1 Hinterviertel *n* (*vom Schlachttier*) 2 *pl* a Hinterhand *f* (*vom Pferd*) b Hinterteil *n*

hindrance [ˈhɪndrəns] S 1 Behinderung *f*: **be a ~** a **(to)** → hinder[1] A 1 b → hinder[1] B 2 Hindernis *n* (**to** für)

hindsight S 1 MIL → rear sight 2 nachträgliche Einsicht: **with ~** im Nachhinein (betrachtet); **~ is easier than foresight** (*Sprichwort*) hinterher ist man fast immer klüger als vorher, *pej a.* hinterher kann man leicht klüger sein als vorher

Hindu [ˌhɪnˈduː; ˈhɪnduː] REL A S Hindu *m* B

ADJ hinduistisch, Hindu...; **Hinduism** S REL Hinduismus *m (indische Volksreligion)*
Hindustani [ˌhɪndʊˈstɑːnɪ; -ˈstænɪ] LING **A** ADJ hindustanisch, Hindustani... **B** S Hindustani *n*
hinge [hɪndʒ] **A** S **1** *a.* **~ joint** TECH Scharnier *n*, Gelenk *n*, *(Tür)* Angel *f*: **~ band** Scharnierband *n*; **off its ~s** aus den Angeln **2** *a.* **~ joint** ANAT Scharniergelenk *n* **3** *fig* Angelpunkt *m* **4** GEOG *obs* Kardinalpunkt *m* **5** *Philatelie*: Falz *m* **B** V/T **1** mit Scharnieren *etc* versehen: **~d** auf-, herunter-, zusammenklappbar, (um ein Gelenk) drehbar, Scharnier..., Gelenk...; **~d lid** Klappdeckel *m* **2** *e-e Tür etc* einhängen **C** V/I **(on, upon)** *fig* **a** abhängen (von), ankommen (auf *akk*) **b** sich drehen (um)
hinny[1] [ˈhɪnɪ] S ZOOL Maulesel *m*
hinny[2] [ˈhɪnɪ] → whinny
hint [hɪnt] **A** S **1** Wink *m*, Andeutung *f*: **drop a ~** e-e Andeutung machen, e-e Bemerkung fallen lassen; **give sb a ~** j-m e-n Wink geben; **be able to take a ~** e-n Wink verstehen; **broad ~** Wink mit dem Zaunpfahl **2** Wink *m*, Fingerzeig *m*, Hinweis *m*, Tipp *m* *(alle:* **on** für): **~s for housewives** Tipps für die Hausfrau **3** Anspielung *f* **(at** auf *akk)* **4** *fig* Anflug *m*, Spur *f* *(beide:* **of** von) **5** (leichter) Beigeschmack **6** *obs* (günstige) Gelegenheit **B** V/T andeuten, durchblicken lassen *(beide:* **that** dass): **~ sth to sb** j-m etwas andeuten, j-m etwas indirekt zu verstehen geben **C** V/I **(at)** andeuten *(akk)*, e-e Andeutung machen (über *akk*), anspielen (auf *akk)*
hinterland [ˈhɪntə(r)lænd] S **1** Hinterland *n* **2** Umland *n*
hip[1] [hɪp] S **1** ANAT Hüfte *f*: **place** *(od* **put)** **one's hands on one's ~s** die Arme in die Hüften stemmen; → shoot C 1 **2** → hip joint **3** ARCH **a** Gratanfall *m*, Walm *m (vom Walmdach)* **b** Walmsparren *m*
hip[2] [hɪp] S BOT Hagebutte *f*
hip[3] [hɪp] INT: **~, ~, hurrah!** hipp, hipp, hurra!
hip[4] [hɪp] ADJ *sl* **1** **be ~** **a** alles mitmachen, was gerade in ist **b** in sein **2** **be ~** auf dem Laufenden sein (**to** über *akk*)
hip|bath S Sitzbad *n*; **~bone** S ANAT Hüftbein *n*, -knochen *m*; **~ boot** S Wasserstiefel *m*; **~ flask** S Taschenflasche *f*, Flachmann *m umg*; **~ hop** S Hip-Hop *m (ein auf dem Rap basierender Musikstil)*; **~-huggers** SPL, *a.* **pair of ~** *bes US* Hüfthose *f*; **~ joint** S ANAT Hüftgelenk *n*; **~-length** ADJ hüftlang
hipped[1] [hɪpt] ADJ **1** mit ... Hüften, ...hüftig **2** ZOOL hüftlahm **3** ARCH Walm...: **~ roof**
hipped[2] [hɪpt] ADJ *US umg* scharf, versessen *(beide:* **on** auf *akk)*: **be ~ on doing sth** scharf *od* versessen darauf sein, etwas zu tun
hippie [ˈhɪpɪ] S *bes* HIST Hippie *m (Angehöriger e-r in den sechziger Jahren entstandenen Bewegung, in der Jugendliche in friedlich-passiver Weise gegen die Konsum- u. Leistungsgesellschaft rebellieren mit dem Ziel, e-e humanere Welt zu schaffen)*
hippo [ˈhɪpəʊ] *pl* -pos S *umg für* hippopotamus
hippocampus [ˌhɪpəʊˈkæmpəs] *pl* -campi [-paɪ] S **1** MYTH Hippokamp *m*, Meerpferd *n* **2** ZOOL Seepferdchen *n* **3** ANAT Ammonshorn *n (des Gehirns)*
hip pocket S Gesäßtasche *f*
Hippocratic [ˌhɪpəʊˈkrætɪk] ADJ hippokratisch: **~ face** hippokratisches Gesicht *(Gesicht e-s Schwerkranken od Sterbenden)*; **~ oath** hippokratischer Eid, Eid *m* des Hippokrates
hippodrome [ˈhɪpədrəʊm] S **1** Hippodrom *m/n*: **a** *Antike*: Pferde- u. Wagenrennbahn *f* **b** Reitbahn *f* **2** **a** Zirkus *m* **b** Varieté(theater) *n*
hippogriff, *a.* **hippogryph** [ˈhɪpəʊgrɪf] S Hippogryph *m (geflügeltes Fabeltier mit Pferdeleib u. Greifenkopf)*
hippology [hɪˈpɒlədʒɪ; *US* -ˈpɑ-] S Hippologie *f*, Pferdekunde *f*
hippophagy [hɪˈpɒfədʒɪ; *US* -ˈpɑ-] S Essen *n* von Pferdefleisch
hippopotamus [ˌhɪpəˈpɒtəməs; *US* -ˈpɑ-] *pl* -potamuses, -potami [-maɪ] S ZOOL Fluss-, Nilpferd *n*
hippuric [hɪˈpjʊərɪk] ADJ CHEM Hippur...: **~ acid**
hippy[1] [ˈhɪpɪ] → hippie
hippy[2] [ˈhɪpɪ] ADJ *umg* mit breiten Hüften
hip| rafter S ARCH Gratsparren *m*; **~ roof** S ARCH Walmdach *n*; **~shot** ADJ **1** MED mit verrenkter Hüfte **2** *fig* (lenden)lahm
hipster [ˈhɪpstə(r)] **A** S **1** *sl j-d, der alles mitmacht, was gerade in ist* **2** *sl obs für* hippie **3** *pl*, *a.* **pair of ~s** *Br* Hüfthose *f* **B** ADJ Hüft...: **~ trousers** → A 3
hirable [ˈhaɪərəbl] ADJ mietbar, zu mieten(d)
hire [ˈhaɪə(r)] **A** V/T **1** mieten: **~ a car** *a.* sich e-n Leih- *od* Mietwagen nehmen; **~ a plane** ein Flugzeug chartern; **~d car** Leih-, Mietwagen *m*; **~d airplane** Charterflugzeug *n* **2** *a.* **~ on** **a** *j-n* ein-, anstellen, in Dienst nehmen, SCHIFF (an)heuern **b** *j-n* engagieren **c** *bes pej* anheuern: **~d killer** bezahlter *od* gekaufter Mörder, Killer *m* **3** **a** *meist* **~ out** vermieten: **~ o.s. (out) to** e-e Beschäftigung annehmen bei **b** **~ out** *Arbeitskräfte* verleihen **c** **~ away** *US Arbeitskräfte* abwerben **B** V/I *meist* **~ out** e-e Beschäftigung annehmen (**to** bei): **~ in** *(od* **on)** *US* den Dienst antreten **C** S **1** Miete *f (von beweglichen Sachen)*: **~ car** Leih-, Mietwagen *m*; **~ charge** Leihgebühr *f*, Miete *f*; **~ company** Verleih(firma) *m(f)*; **~ service** AUTO Selbstfahrerdienst *m*, Autoverleih *m*; **on ~** **a** mietweise **b** zu vermieten; **take (let) a car on ~** ein Auto (ver)mieten; **for ~** **a** zu vermieten **b** frei *(Taxi)* **2** (Arbeits)Lohn *m*, Entgelt *n*
hireling [ˈhaɪə(r)lɪŋ] **A** S **1** *bes pej* Mietling *m* **2** *bes pej j-d, der bereit ist, für Geld (nahezu) alles zu machen* **3** Mietpferd *n* **B** ADJ **1** *bes pej* käuflich **2** *pej* angeheuert: **~ killer** bezahlter *od* gekaufter Mörder, Killer *m*
hire| purchase S WIRTSCH *bes Br* Abzahlungs-, Ratenkauf *m*, Kauf *m* auf Raten- *od* Teilzahlung: **buy sth on ~** etwas auf Abzahlung kaufen; **~-purchase** ADJ WIRTSCH *bes Br* Abzahlungs..., Raten...: **~ agreement** Abzahlungsvertrag *m*; **~ system** Raten-, Teilzahlungssystem *n*
hirer [ˈhaɪərə(r)] S **1** Mieter(in) **2** Vermieter(in)
Hiroshima [hɪˈrɒʃɪmə; ˌhɪrɒˈʃiːmə; *US* ˌhɪrəˈʃiːmə; həˈrəʊʃəmə] S Hiroschima *n*
hirsute [ˈhɜːsjuːt; *US* ˈhɜrˌsuːt; ˈhɪər-] ADJ **1** haarig **2** mit zottigem *od* struppigem Haar **3** BOT, ZOOL rauhaarig, borstig; **hirsuteness** S Haarigkeit *f*
his [hɪz; ɪz] POSS PR **1** sein, seine: **~ family** **2** seiner (seine, seines), der (die, das) seine *od* seinige *(prädikativ u. substantivisch gebraucht)*, *(auf Handtüchern etc)* er: **this hat is ~** das ist sein Hut, dieser Hut gehört ihm; **a book of ~** ein Buch von ihm; **my father and ~** mein und sein Vater
Hispanic [hɪˈspænɪk] **A** ADJ (ADV **~ally**) **1** spanisch **2** *US* lateinamerikanisch: **~ American** → B **B** S *US* Hispano(amerikaner) *m*, Latino *m*;
Hispanicism [-sɪzəm] S LING Hispanismus *m*, spanische Spracheigenheit; **Hispanicize** [-saɪz] V/T hispanisieren, spanisch machen
Hispano [hɪˈspænəʊ] *pl* -nos S → Hispanic B
hispid [ˈhɪspɪd] → hirsute 3; **hispidulous** [-djʊləs; *US* -dʒələs] ADJ BOT, ZOOL kurzborstig
hiss [hɪs] **A** V/I zischen, *(Katze)* fauchen: **~ at** auszischen **B** V/T **1** auszischen: **he was ~ed off the stage** er wurde ausgezischt **2** zischeln, zischen(d sprechen) **C** S Zischen *n*, Fauchen *n*: **give a ~** → A
hissy fit [ˈhɪsɪfɪt] S *umg* Koller *m*, Wutanfall *m*
hist [sːt; hɪst] INT sch!, pst!
histamine [ˈhɪstəmiːn] S PHYSIOL Histamin *n (den Blutdruck senkendes Gewebshormon)*
histo- [hɪstəʊ] *Wortelement mit der Bedeutung* Gewebe...
histochemistry S Histochemie *f (Gesamtheit der innerhalb der Histologie angewandten chemischen Verfahren zur Bestimmung der Bestandteile von Zellen u. Geweben)*
histocompatibility S MED Histokompatibilität *f*, Gewebsverträglichkeit *f*; **histocompatible** ADJ histokompatibel, gewebsverträglich
histogram [ˈhɪstəgræm] S *Statistik*: Histogramm *n (grafische Darstellung e-r Häufigkeitsverteilung in Form von Rechtecken)*
histoincompatibility S MED Histoinkompatibilität *f*, Gewebsunverträglichkeit *f*; **histoincompatible** ADJ histoinkompatibel, gewebsunverträglich
histologist [hɪˈstɒlədʒɪst; *US* -ˈstɑ-] S MED, BIOL Histologe *m*, Histologin *f*; **histology** S **1** MED, BIOL Histologie *f*, Gewebelehre *f* **2** ANAT Gewebs-, Organstruktur *f*
histolysis [hɪˈstɒlɪsɪs; *US* -ˈstɑ-] S MED Histolyse *f*: **a** *Auflösung von Gewebe durch eiweißspaltende Fermente nach dem Tod* **b** *örtlich begrenzte Auflösung von Gewebe beim lebenden Organismus*
histopathology S MED, BIOL Histopathologie *f (Wissenschaft von den krankhaften Veränderungen des menschlichen, tierischen und pflanzlichen Gewebes)*
historian [hɪˈstɔːrɪən; *US a.* -ˈstəʊ-] S Historiker(in), Geschichtsforscher(-in), -wissenschaftler(in)
historic [hɪˈstɒrɪk; *US a.* -ˈstɑ-] ADJ (ADV **~ally**) **1** historisch, geschichtlich (berühmt *od* bedeutsam) *(Gebäude, Rede, Schlachtfeld etc)*: **~ally** historisch gesehen **2** → historical; **historical** **A** ADJ (ADV **~ly**) **1** → historic 1 **2** historisch: **a** geschichtlich (belegt *od* überliefert) *(Ereignis etc)*: **~ painter** Historienmaler(in); **~ painting** Historienmalerei *f*; Historienbild *n* **b** mit Geschichte befasst, Geschichts...: **~ geography** historische Geografie; **~ linguistics** *pl (als sg konstruiert)* historische Sprachwissenschaft; **~ science** Geschichtswissenschaft *f* **c** geschichtlich orientiert: **~ geology** historische Geologie; **~ materialism** historischer Materialismus; **~ method** historische Methode; **~ school** WIRTSCH historische Schule **d** geschichtlich(en Inhalts): **~ novel** historischer Roman **3** LING historisch *(Grammatik)*: **~ present** historisches Präsens **B** S *US* historischer Film *od* Roman, historisches Drama; **historicalness** S *(das)* Historische
historicism [hɪˈstɒrɪsɪzəm; *US a.* -ˈstɑ-] S Historismus *m*, Historizismus *m*: **a** *Geschichtsverständnis, das die Vergangenheit mit deren eigenen Maßstäben misst* **b** *Geschichtsbetrachtung, die alle Erscheinungen aus ihren geschichtlichen Bedingungen heraus zu erklären u. zu verstehen sucht*
historicity [ˌhɪstəˈrɪsətɪ] S Historizität *f*, Geschichtlichkeit *f*
historied [ˈhɪstərɪd] ADJ historisch, geschichtlich (berühmt *od* bedeutsam): **a richly ~ country** ein geschichtsträchtiges Land
historiographer [ˌhɪstɔːrɪˈɒgrəfə; *US* hɪsˌtəʊrɪˈɑgrəfər] S Historiograf(in), Geschichtsschreiber(in); **historiography** S Historiografie *f*, Geschichtsschreibung *f*

H

historism ['hɪstərɪzəm] → historicism

history ['hɪstərɪ; -trɪ] S 1 Geschichte *f*: a geschichtliche Vergangenheit *od* Entwicklung b Geschichtswissenschaft *f*, Historik *f*: **ancient (medieval, modern) ~** Alte (Mittlere, Neue[-re]) Geschichte; **that's ancient** (*od* **past**) **~** das ist Schnee von gestern *umg*; **contemporary ~** Zeitgeschichte; **~ of art** Kunstgeschichte; **~ of civilization** Kulturgeschichte; **~ of literature** Literaturgeschichte; **~ of the mind** Geistesgeschichte; **~ of religions** Religionsgeschichte; **go down in ~** in die Geschichte eingehen; **make ~** Geschichte machen; **the chair has a ~** der Stuhl hat e-e (interessante) Vergangenheit; **that's all ~ now** das ist alles längst vorbei; → man A 2 2 (Entwicklungs)Geschichte *f*, Werdegang *m* (*a.* TECH) 3 TECH Bearbeitungsvorgang *m* 4 *allg, a.* MED Vorgeschichte *f*: **(case) ~** Krankengeschichte *f*, Anamnese *f* 5 Lebensbeschreibung *f*, -lauf *m* 6 (zusammenhängende) Darstellung *od* Beschreibung, Geschichte *f*: → natural history 7 historisches Drama 8 Historienbild *n* 9 COMPUT, INTERNET Verlauf *m*, Protokoll *n*; **~ painting** S a → history 8 b Historienmalerei *f*

histrionic [ˌhɪstrɪ'ɒnɪk; *US* -'ɑnɪk] A ADJ (ADV **~ally**) 1 Schauspiel(er)…, schauspielerisch 2 *pej* theatralisch B SPL a (*als sg konstruiert*) Schauspielkunst *f* b *pej* theatralisches Getue, Schauspielerei *f*; **histrionical** ADJ (ADV **~ly**) → histrionic A; **histrionism** [-trɪənɪzəm] → histrionic B b

hit [hɪt] A S 1 Schlag *m*, Hieb *m* 2 *a.* SPORT *u. fig* Treffer *m*: **make** (*od* **score**) **a ~** a e-n Treffer erzielen b *fig* gut ankommen (**with** bei) 3 Glücksfall *m*, -treffer *m* 4 Hit *m* (*Buch, Schlager etc*): **it (he) was a big ~** es (er) hat groß eingeschlagen 5 a treffende Bemerkung, guter Einfall b Hieb *m* (**at** gegen), sarkastische Bemerkung: **that was a ~ at me** das ging gegen mich 6 TYPO *US* (Ab)Druck *m* 7 *sl* Schuss *m* (*Drogeninjektion*): **give o.s. a ~** sich e-n Schuss setzen *od* drücken 8 *umg* (*von e-m* **hit man** *ausgeführter*) Mord B V/T *prät u. pperf* hit 1 schlagen, e-n Schlag versetzen (*dat*): **the door ~ me in the face** ich bekam die Tür ins Gesicht; → hard B 2 2 (*a. fig seelisch, finanziell etc*) treffen: **he was ~ by a bullet (on the head)** er wurde von e-r Kugel (am Kopf) getroffen; **~ the nail on the head** *fig* den Nagel auf den Kopf treffen; **he's badly ~** ihn hat es schlimm erwischt *umg*; **~ the** (*od* **one's**) **books** *US umg* büffeln; **~ the bottle** *umg* saufen; **~ it** *sl* sich in die Falle *od* Klappe hauen; → brick A 1, ceiling 1, deck A 1, hard B 2, hay[1] A 1, road 1, sack[1] A 6 3 a AUTO *etc j-n od etwas* anfahren, *etwas* rammen: **be ~ by a car** *a.* von e-m Auto erfasst werden; **~ a mine** SCHIFF auf e-e Mine laufen b aufschlagen *od* auftreffen auf (*akk*) 4 **~ one's head against** (*od* **on**) sich den Kopf anschlagen an (*dat*), mit dem Kopf stoßen gegen 5 **~ sb a blow** j-m e-n Schlag versetzen 6 *bes fig* stoßen *od* kommen auf (*akk*), finden: **~ oil** auf Öl stoßen; **~ the right road** auf die richtige Straße kommen; **~ the right solution** die richtige Lösung finden; **you have ~ it!** du hast es getroffen!, so ist es! 7 **~ sb's fancy** (*od* **taste**) j-s Geschmack treffen, j-m zusagen 8 *fig* geißeln, scharf kritisieren 9 erreichen, *etwas* schaffen: **the car ~s 100 mph**; **prices ~ an all-time high** die Preise erreichten e-e Rekordhöhe; → front page, headline A 1 10 genau treffen *od* wiedergeben, treffend nachahmen, überzeugend darstellen *od* schildern 11 *bes US umg j-n* anhauen, anpumpen (*beide:* **for** um) 12 *umg* ankommen in (*dat*): **~ town** die Stadt erreichen 13 *bes US sl j-n* umlegen (**hit man**) C V/I 1 treffen 2 schlagen (**at** nach): **~ hard** e-n harten Schlag haben 3 stoßen, schlagen (*beide:* **against** gegen; **on, upon** auf *akk*) 4 MIL einschlagen (*Granate etc*) 5 **~ (up)on** *fig* → B 6 6 AUTO *US umg* zünden, laufen: **~ on all four cylinders** gut laufen (*a. fig*) 7 *a.* **~ up** *sl* schießen (*Heroin etc spritzen*)

Phrasal Verbs: **hit| back** A V/I zurückschlagen (*a. fig*): **~ at sb** j-m Kontra geben B V/T zurückschlagen; **~ off** A V/T 1 → hit B 10 2 **hit it off** *umg* sich gut vertragen (**with sb** mit j-m): **how do they hit it off?** wie kommen sie miteinander aus? B V/I *umg* **(with)** passen (zu), harmonieren (mit); **~ out** V/I 1 um sich schlagen: **~ at sb** auf j-n einschlagen 2 *fig* her-, losziehen (*beide:* **at, against** über *akk*); **~ up** V/T 1 **hit it up** *umg* sich mächtig ins Zeug legen 2 → hit B 11

hit|-and-miss ADJ 1 mit wechselndem Erfolg 2 → hit-or-miss; **~-and-run** A ADJ 1 **~ accident** → B; **~ driver** (unfall)flüchtige(r) Fahrer(in) 2 kurz, rasch: **~ merchandising** kurzlebige Verkaufsaktion; **~ raid** MIL Stippangriff *m* B S Unfall *m* mit Fahrerflucht

hitch [hɪtʃ] A S 1 *bes* SCHIFF Stich *m*, Knoten *m* 2 Schwierigkeit *f*, Problem *n*, Haken *m umg*: **there is a ~ (somewhere)** die Sache hat (irgendwo) e-n Haken, irgendetwas stimmt da nicht; **without a ~** glatt, reibungslos 3 Ruck *m*, Zug *m*: **give sth a ~** an etwas ziehen; **give one's trousers a ~** s-e Hosen hochziehen 4 *bes US* Humpeln *n*, Hinken *n*: **walk with a ~** humpeln, hinken 5 TECH Verbindungshaken *m*, -glied *n* 6 **get a ~** *umg* im Auto mitgenommen werden 7 *US sl* Zeit(spanne) *f*, *bes* a Militärzeit *f* b Knast *m* (*Gefängnisstrafe*): **serve a three-year ~ in prison** e-e dreijährige Strafe abbrummen *umg* B V/T 1 (ruckartig) ziehen, rücken: **he ~ed his chair closer to the table** er rückte mit s-m Stuhl näher an den Tisch heran; **~ up one's trousers** s-e Hosen hochziehen 2 **(to)** befestigen, festmachen, haken (an *dat*), anbinden, ankoppeln (an *akk*) 3 *e-e unpassende Bemerkung etc* einbringen (**into** in *ein literarisches Werk*) 4 **~ a ride** → A 6 5 **get ~ed** → C 3 C V/I 1 *bes US* humpeln, hinken: **~ along** dahinhumpeln 2 sich festhaken, sich verfangen, hängen bleiben (*alle:* **on** an *dat*) 3 *a.* **~ up** *umg* heiraten 4 *umg für* hitchhike; **hitcher** *umg für* hitchhiker

hitch|hike V/I per Anhalter fahren, trampen; **~hiker** S Anhalter(in), Tramper(in)

hither ['hɪðə(r)] A ADV hierher: **~ and thither** hierhin u. dorthin B ADJ *obs* diesseitig, näher (gelegen): **the ~ side of the hill**; ♀ **India** Vorderindien *n*; **~to** A ADV 1 bisher, bis jetzt 2 *obs* bis hierher (*örtlich*) B ADJ bisherig

Hitlerism ['hɪtlərɪzəm] S HIST Nazismus *m*; **Hitlerite** HIST A S Nazi *m* B ADJ nazistisch

Hitler Youth ['hɪtlə(r)] S HIST Hitlerjugend *f*

hit| list S *umg* Abschussliste *f* (*a. fig*): **be on the ~** auf der Abschussliste stehen; **~ man** S *irr* Killer *m* (*bes e-s Verbrechersyndikats*); **~-off** S genaue Wiedergabe, treffende Nachahmung, überzeugende Darstellung *od* Schilderung: **do a ~ of** → hit B 10; **~ or miss** ADV aufs Geratewohl, auf gut Glück; **~-or-miss** ADJ 1 unbekümmert, sorglos 2 aufs Geratewohl getan 3 unsicher; **~ parade** S *obs* Hitparade *f*; **~ song** S Hit *m*

hitter ['hɪtə(r)] S *Boxen: umg* Schlager *m*, Puncher *m*

Hittite ['hɪtaɪt] HIST A S Hethiter(in) B ADJ hethitisch

hive [haɪv] A S 1 Bienenkorb *m*, -stock *m*: **~ dross** Bienenharz *n* 2 Bienenvolk *n*, -schwarm *m* 3 *fig* a Bienenhaus *n*: **be a real ~ of industry** (*od* **activity**) das reinste Bienenhaus sein b Sammelpunkt *m* c Schwarm *m* (*von Menschen*) B V/T 1 *Bienen* in e-n Stock bringen 2 *Honig* im Bienenstock sammeln 3 *a.* **~ up** (*od* **away**) *fig* a sammeln, sich e-n Vorrat anlegen von b auf die Seite legen 4 *fig* beherbergen 5 **~ off** *bes Br* a **(from)** *e-e Abteilung etc* abtrennen (von), ausgliedern (aus) b *Teile e-r verstaatlichten Industrie* reprivatisieren C V/I 1 in den Stock fliegen (*Bienen*): **~ off** *fig* a abschwenken (**from** von) b *a.* **~ off from the firm, ~ off into one's own business** sich selbstständig machen c *bes Br umg* sich aus dem Staub machen 2 sich zusammendrängen: **the multitudes that ~ in city apartments**

hives [haɪvz] SPL (*a. als sg konstruiert*) MED Nesselausschlag *m*: **break out in ~** e-n Nesselausschlag bekommen

HIV ABK MED human immunodeficiency virus HIV *n*

HIV| negative [ˌeɪtʃaɪ'viː] ADJ MED HIV-negativ; **~ positive** ADJ MED HIV-positiv; **~ test** S MED HIV-Test *m*

HK ABK Hong Kong

hl[1] ABK hectoliter(s PL); *bes Br* hectolitre(s PL) hl

HL[2] ABK PARL *Br* House of Lords Oberhaus *n*

HM ABK 1 His (*od* Her) Majesty Seine, Seiner (Ihre, Ihrer) Majestät 2 headmaster, headmistress

h'm [hm] INT hm!

HMI ABK SCHULE His (*od* Her) Majesty's Inspector

HMS ABK 1 His (*od* Her) Majesty's Service 2 His (*od* Her) Majesty's ship

HMSO ABK His (*od* Her) Majesty's Stationery Office (*staatlicher brit. Verlag u. Online-Informationsdienst*)

HNC ABK SCHULE *Br* Higher National Certificate (*ein brit. Fachhochschulkurszertifikat*)

HND ABK SCHULE *Br* Higher National Diploma (*ein Fachhochschuldiplom*)

ho[1] [həʊ] INT 1 (*überrascht*) nanu! 2 (*erfreut*) ah!, oh! 3 (*triumphierend*) ha! 4 *iron* haha! 5 hallo!, holla!, heda! 6 auf nach …: **westward ~!** auf nach Westen! 7 **land ~!** SCHIFF Land in Sicht!

HO[2] ABK 1 head office 2 POL *Br* Home Office Innenministerium *n*

hoar [hɔː(r); *US a.* həʊr] A S → hoarfrost B ADJ 1 *obs für* hoary 1, 2 2 (*vom Frost*) weiß, bereift

hoard [hɔː(r)d; *US a.* həʊrd] A S a Hort *m*, Schatz *m* b Vorrat *m* (**of** an *dat*) B V/T *a.* **~ up** horten, hamstern C V/I hamstern, sich Vorräte anlegen; **hoarder** S Hamsterer *m*, Hamsterin *f*

hoarding[1] S 1 Horten *n*, Hamsterei *f* 2 gehortete Vorräte *pl*

hoarding[2] S 1 Bau-, Bretterzaun *m* 2 *Br* Reklametafel *f*

hoarfrost S (Rau)Reif *m*

hoariness ['hɔːrɪnɪs; *US a.* 'həʊ-] S 1 Weiß(-grau) *n* 2 a Silberhaarigkeit *f* b *fig* Ehrwürdigkeit *f*

hoarse [hɔː(r)s; *US a.* həʊrs] ADJ (ADV **~ly**) heiser: **(as) ~ as a(n old) crow** *umg* stockheiser; → shout B 1; **hoarsen** [-sn] V/T & V/I heiser machen (werden); **hoarseness** S Heiserkeit *f*

hoary ['hɔːrɪ; *US a.* 'həʊriː] ADJ (ADV **hoarily**) 1 weiß(grau) 2 a (alters)grau, ergraut, silberhaarig b *fig* altersgrau, ehrwürdig, (ur)alt 3 BOT, ZOOL mit weißen Härchen bedeckt

hoax [həʊks] A S 1 Falschmeldung *f*, (Zeitungs)Ente *f*, Schwindel *m*; (*als E-Mail*) Hoax *n* 2 a Streich *m*, (übler) Scherz: **play a ~ on sb** j-m e-n Streich spielen, sich mit j-m e-n Scherz erlauben b blinder Alarm B V/T *j-m* e-n Bären aufbinden *umg*: **~ sb into believing sth** j-m etwas weismachen; **~ call** S *Anruf,* *der e-n blinden Alarm auslöst;* **~ caller** S *Anrufer, der e-n blinden Alarm auslöst*

hoaxer S a Schwindler(in) b *j-d, der e-n blinden Alarm auslöst*

hob[1] [hɒb; *US* hɑb] **A** S **1** a *bes* HIST Kamineinsatz *m*, -vorsprung *m* (*für Teekessel etc*) b Kochfeld *n* **2** → hobnail **3** TECH a Gewinde-, (Ab)Wälzfräser *m* b Strehlbohrer *m*: **~ arbor** Fräsdorn *m* **B** V/T TECH *ein Gewinde* verzahnen, (ab)wälzen: **~bing machine** → A 3 a

hob[2] [hɒb; *US* hɑb] S **1** *Br* a Elf *m*, Elfe *f* b Kobold *m* **2** *umg* **play** (*od* **raise**) **~ with** a kaputt machen: **play ~ with international trade** b Schindluder treiben mit: **a book that plays ~ with historical facts; raise ~ with sb** j-m aufs Dach steigen

hobble ['hɒbl; *US* 'hɑbəl] **A** V/I **1** hinken, humpeln **2** *fig* holpern, hinken (*Vers*) **B** V/T **1** *e-m Pferd* Fußfesseln anlegen **2** *fig* (be)hindern, hemmen **C** S **1** Hinken *n*, Humpeln *n*: **walk with a ~** hinken, humpeln **2** Fußfessel *f* **3** *fig* Hindernis *n*, Hemmnis *n*

hobbledehoy [ˌhɒbldɪ'hɔɪ; *US* 'hɑbəldiːˌhɔɪ] S *obs od dial* a Tollpatsch *m* b Flegel *m*

hobble skirt S HIST Humpelrock *m*

hobby[1] ['hɒbɪ; *US* 'hɑbiː] **A** S **1** *fig* Hobby *n*, Steckenpferd *n*, Liebhaberei *f* **2** *obs od dial ein starkes, mittelgroßes Pferd* **3** HIST Draisine *f*, Laufrad *n* **4** → hobbyhorse 1 **B** V/I **~ at** (*od* **in**) **sth** *US* etwas als Hobby betreiben

hobby[2] ['hɒbɪ; *US* 'hɑbiː] S ORN Baumfalke *m*

hobbyhorse S **1** a Steckenpferd *n* b Schaukelpferd *n* c Karussellpferd *n* **2** *fig* a Lieblingsthema *n*: **he is on** (*od* **riding**) **his ~ again** er reitet schon wieder sein Steckenpferd, er ist schon wieder bei s-m Lieblingsthema; **get on one's ~** anfangen, sein Steckenpferd zu reiten b fixe Idee **3** Pferdekopfmaske *f* **4** HIST Draisine *f*, Laufrad *n*

hobbyist S Hobbyist(in) (*j-d, der ein Hobby hat*)

hobby room S Hobbyraum *m*

hobgoblin ['hɒbgɒblɪn; *US* 'hɑbˌgɑblən] S **1** Kobold *m* **2** (Schreck)Gespenst *n* (*a. fig*)

hobnail S grober Schuh- *od* Stiefelnagel: **~ shoes** Nagelschuhe; **hobnailed** ADJ **1** genagelt, Nagel…: **~ shoes** **2** *fig* ungehobelt

hobnail(ed) liver S MED Alkoholleber *f*, Säuferleber *f umg*

hobnob V/I **1** (**with** mit) a (freundschaftlich) verkehren, auf Du u. Du sein b plaudern c zusammenstecken *umg* **2** *obs* zechen (**with** mit)

hobo ['həʊbəʊ] *pl* -bos, -boes S *US* **1** Wanderarbeiter *m* **2** Landstreicher *m*, Tippelbruder *m* (*meist hum*); **hoboism** S *US* Landstreichertum *n*

hobson-jobson [ˌhɒbsn'dʒɒbsn; *US* ˌhɑbsən'dʒɑbsən] S Volksetymologie *f*

Hobson's choice ['hɒbsnz; *US* 'hɑbsənz] S: **it was (a case of) ~** es gab nur eine Möglichkeit; **he had to take ~** er hatte nur eine Möglichkeit, es blieb ihm keine andere Wahl

Ho Chi Minh City [ˌhəʊtʃiːmɪn'sɪtɪ] S Ho-Chi-Minh-Stadt *f* (*Hauptstadt Vietnams*)

hock[1] [hɒk; *US* hɑk] **A** S ZOOL a Sprung-, Fesselgelenk *n* (*der Huftiere*) b Mittelfußgelenk *n* (*der Vögel*) c Hachse *f* (*beim Schlachttier*) **B** V/T → hamstring B 1

hock[2] [hɒk; *US* hɑk] S **1** weißer Rheinwein **2** trockener Weißwein

hock[3] [hɒk; *US* hɑk] *bes US umg* **A** S: **be in ~** a versetzt *od* verpfändet sein b verschuldet sein, Schulden haben (*beide:* **to** bei) c im Kittchen sein *od* sitzen *umg*; **get sth out of ~** etwas ein- *od* auslösen; **put into ~** → B **B** V/T versetzen, -pfänden, ins Leihhaus tragen

hockey ['hɒkɪ; *US* 'hɑkiː] S SPORT a *bes Br* Hockey *n* b *bes US* Eishockey *n*

hock shop S *bes US umg* Leihhaus *n*, Pfandhaus *n*, -leihe *f*

Hocktide S HIST *Br am zweiten Montag u. Dienstag nach Ostern eingehaltene Feiertage*

hocus ['həʊkəs] V/T **1** betrügen, übers Ohr hauen *umg* **2** *j-n* betäuben **3** *e-m Getränk* ein Betäubungsmittel beimischen; **~-pocus** [-'pəʊkəs] **A** S Hokuspokus *m*: a *Zauberformel* b Schwindel *m*, fauler Zauber **B** V/I faulen Zauber machen **C** V/T → hocus 1

hod [hɒd; *US* hɑd] S **1** a Mörteltrog *m*, Tragmulde *f* b Steinbrett *n*: **~ carrier** Mörtel-, Ziegelträger *m* **2** Kohleneimer *m* **3** *Zinngießerei: Br (ein)* Holzkohlenofen *m*

hodden ['hɒdn] S *schott* grober, ungefärbter Wollstoff

hodgepodge ['hɒdʒpɒdʒ; *US* 'hɑdʒˌpɑdʒ] *bes US für* hotchpotch 1, 2

Hodgkin's disease ['hɒdʒkɪnz; *US* 'hɑdʒ-] S MED Hodgkin-Krankheit *f*

hodman [-mən] S *irr bes Br* **1** Mörtel-, Ziegelträger *m* **2** Handlanger *m*

hodograph ['hɒdəʊgrɑːf; -græf; *US* 'hɑdəˌgræf; 'həʊ-] S PHYS Hodograf *m* (*Kurve, die die Größe u. Richtung der Geschwindigkeit e-s Körpers od Massenpunktes anzeigt*)

hodometer [hɒ'dɒmɪtə; *US* həʊ'dɑmətər] → odometer

hodoscope ['hɒdəskəʊp; *US* 'hɑ-; 'həʊ-] S PHYS Hodoskop *n* (*Gerät zur Bestimmung der Bahn energiereicher Teilchen*)

hoe [həʊ] **A** S Hacke *f* **B** V/T a *den Boden* hacken b *Pflanzen* behacken c *a.* **~ up** *Unkraut* aushacken: **~ down** um-, niederhacken; **a long row to ~** *fig* e-e schwere Aufgabe **C** V/I hacken: **~ in(to)** *Aus umg* (*beim Essen*), reinhauen (in *akk*); **~cake** S *US* Maiskuchen *m*

hog [hɒg; *US a.* hɑg] **A** S **1** a Hausschwein *n* b *Br* kastriertes Mastschwein c Schlachtschwein *n* (*über 102 kg*) d *US* Keiler *m*, Eber *m* e *allg US* Schwein *n*: **live high off** (*od* **on**) **the ~('s back)** *umg* in Saus u. Braus leben; **live low off** (*od* **on**) **the ~('s back)** *umg* bescheiden *od* sparsam leben; **be on the ~** *US umg* pleite *od* blank sein; → whole hog **2** *umg* a rücksichtsloser Kerl: → road hog b gieriger *od* gefräßiger Kerl c Schmutzfink *m*, Ferkel *n* **3** SCHIFF Scheuerbesen *m* **4** *Papierfabrikation:* Rührwerk *n* **5** TECH *US* (Reiß)Wolf *m* **6** → hogget **7** *US sl* a (*bes* schwere) Maschine (*Motorrad*) b Straßenkreuzer *m* **B** V/T **1** nach oben krümmen: **~ one's back** → C 2 **2** *e-e Pferdemähne* stutzen, scheren **3** **~ a ship** SCHIFF e-n Schiffsboden scheuern **4** *umg* rücksichtslos an sich reißen, mit Beschlag belegen: **~ the road** AUTO a die ganze Straße für sich brauchen b rücksichtslos fahren **5** *meist* **~ down** *umg Essen* hinunterschlingen, *a. fig* verschlingen: **~ down a book** **C** V/I **1** SCHIFF sich in der Mitte nach oben krümmen (*Kiel-Längsachse*) **2** den Rücken krümmen, e-n Buckel machen **3** *umg* rücksichtslos alles an sich reißen **4** AUTO *umg* rücksichtslos fahren

hog|back S GEOL langer u. scharfer Gebirgskamm; **~ cholera** S VET *US* Schweinepest *f*; **~ flu** S MED Schweinegrippe *f*

hogg [hɒg] → hogget

hogged [hɒgd; *US a.* hɑgd] ADJ **1** SCHIFF (hoch)gekrümmt, aufgebuchtet **2** nach beiden Seiten steil abfallend; **hogger** S TECH Schnellstahlfräser *m*, SS-Fräser *m*; **hoggery** [-ərɪ] S **1** Schweinestall *m* **2** → hoggishness

hogget ['hɒgɪt] S *Br dial noch nicht geschorenes einjähriges Schaf*

hoggin ['hɒgɪn; *US a.* 'hɑ-] S gesiebter Kies

hoggish ['hɒgɪʃ; *US a.* 'hɑ-] ADJ (ADV **~ly**) a rücksichtslos b gierig, gefräßig c schmutzig; **hoggishness** S a Rücksichtslosigkeit *f* b Gier *f*, Gefräßigkeit *f* c Schmutzigkeit *f*

hog influenza S MED Schweinegrippe *f*

Hogmanay ['hɒgməneɪ] S *schott* Silvester(-abend) *m/n(m)*

hognut S BOT **1** a Hickorynuss *f* (*Frucht von* 1 b) b Brauner Hickorybaum **2** → pignut 2 **3** Europäische Erdnuss

hog's-back [-gz-] → hogback

hogshead S **1** *Hohlmaß, bes für alkoholische Getränke: Br 238,5 l, US 234,5 l* **2** *großes Faß*, *bes für* 1

hog|skin S Schweinsleder *n*; **~tie** *ppr* ~tying V/T *bes US* **1** *e-m Tier* alle vier Füße zusammenbinden **2** *fig* a *die Wirtschaft etc* lähmen, lahmlegen b *j-n, etwas* (be)hindern c *e-n Plan etc* durchkreuzen, vereiteln; **~ wallow** S *US* **1** Schweinepfuhl *m* **2** Mulde *f*; **~wash** S **1** Schweinefutter *n* **2** *fig pej* Spülwasser *n* (*dünner Kaffee etc*) **3** *fig pej* Gewäsch *n*, Seich *m*, Geschwätz *n*; **~-wild** ADJ *US umg* wild, ungezügelt (*Enthusiasmus etc*): **go ~ over** voll abfahren auf (*akk*) *sl*

hoick [hɔɪk] V/T FLUG *ein Flugzeug* hochreißen

hoicks [hɔɪks] INT JAGD hussa! (*Hetzruf an Hunde*)

hoiden → hoyden

hoi polloi [ˌhɔɪ'pɒlɔɪ; ˌhɔɪpə'lɔɪ] S: **the ~** *pej* die (breite) Masse, der Pöbel

hoise [hɔɪz] *prät u. pperf* hoised, hoist [hɔɪst] *obs für* hoist[1] A 1, A 2

hoist[1] [hɔɪst] **A** V/T **1** hochziehen, -winden, SCHIFF heben, hieven: **~ sb onto one's shoulders** j-n auf die Schultern heben; **~ out a boat** SCHIFF ein Boot aussetzen **2** *e-e Flagge, ein Segel* hissen: → flag[1] A 2 **3** *bes US umg* sich *ein Bier etc* einverleiben **B** V/I hochsteigen, hochgezogen werden **C** S **1** Hochziehen *n* **2** TECH (Lasten)Aufzug *m*, Hebezeug *n*, Winde *f* **3** SCHIFF a Tiefe *f* (*der Flagge od des Segels*) b Heiß *m* (*als Signal gehisste Flaggen*)

hoist[2] [hɔɪst] *prät u. pperf von* hoise: **be ~ with one's own petard** *fig* sich in s-r eigenen Schlinge fangen

hoisting ADJ TECH a Hebe…, Hub… b *Bergbau:* Förder…: **~ cage** Förderkorb *m*; **~ crane** Hebekran *m*; **~ tackle** Flaschenzug *m*; **~ engine** S TECH **1** Hebewerk *n*, Ladekran *m* **2** *Bergbau:* Fördermaschine *f*

hoity-toity [ˌhɔɪtɪ'tɔɪtɪ] **A** ADJ **1** hochnäsig, eingebildet **2** *bes Br* unbesonnen, leichtsinnig **B** S Hochnäsigkeit *f*

hoke [həʊk] V/T *meist* **~ up** → overact A

hokey-pokey [ˌhəʊkɪ'pəʊkɪ] S **1** *sl* → hocus-pocus A b **2** *obs* (*von Straßenhändlern verkauftes*) Eis

hokum ['həʊkəm] S *bes US umg* **1** THEAT *etc* (*der Erheiterung dienende*) Mätzchen *pl* **2** Krampf *m*, Quatsch *m*

hold[1] [həʊld] S FLUG, SCHIFF Lade-, Frachtraum *m*

hold[2] [həʊld] **A** S **1** Halt *m*, Griff *m*: **catch** (*od* **get, lay, seize, take**) **~ of sth** etwas ergreifen *od* in die Hand bekommen *od* zu fassen bekommen *od umg* erwischen; **get ~ of sb** j-n erwischen,; **I couldn't get ~ of the money** ich konnte das Geld nicht auftreiben; **keep ~ of** festhalten; **let go** (*od* **quit**) **one's ~ of sth** etwas loslassen; **miss one's ~** danebengreifen **2** Halt *m*, Griff *m*, Stütze *f*: **afford no ~** keinen Halt bieten; **lose one's ~** den Halt verlieren **3** *Ringen:* Griff *m*: **(with) no ~s barred** *fig* mit allen Mitteln *od* Tricks; **in politics no ~s are barred** *fig* in der Politik wird mit harten Bandagen gekämpft **4** **(on, over, of)** Gewalt *f*, Macht *f* (über *akk*), Einfluss *m* (auf *akk*): **get a ~ on sb** j-n unter s-n Einfluss *od* in s-e Macht bekommen; **get ~ of o.s.** sich in die Gewalt bekommen; **have a (firm) ~**

H

on sb j-n in s-r Gewalt haben, j-n beherrschen; lose ~ of o.s. die Fassung verlieren 5 US Einhalt m: put a ~ on sth etwas stoppen 6 US Haft f, Gewahrsam m 7 MUS Fermate f, Haltezeichen n 8 *Raumfahrt:* Unterbrechung f des Countdown 9 put on ~ a *fig etwas* auf Eis legen b TEL *j-n* auf Warten schalten 10 *obs* Festung f B V/T *prät u. pperf* held [held], *pperf* JUR *od obs a.* holden ['həʊldən] 1 (fest)halten: ~ sb's hand j-n an der Hand halten; the goalkeeper failed to ~ the ball *(Fußball)* der Torhüter konnte den Ball nicht festhalten 2 sich *die Nase, die Ohren* zuhalten: ~ one's nose (ears) 3 *ein Gewicht etc* tragen, (aus)halten 4 *(in e-m Zustand etc)* halten: ~ o.s. erect sich gerade halten; ~ (o.s.) ready (sich) bereithalten; the way he ~s himself (so) wie er sich benimmt; with one's head held high hoch erhobenen Hauptes 5 (zurück-, ein)behalten: ~ the shipment die Sendung zurück(be)halten; ~ the mustard *(im Restaurant etc) bes* US (bitte) ohne Senf 6 zurück-, abhalten *(beide:* from von), an-, aufhalten, im Zaume halten, zügeln: ~ sb from doing sth j-n davon abhalten, etwas zu tun; there is no ~ing him er ist nicht zu halten *od* zu bändigen *od* zu bremsen; ~ the enemy den Feind aufhalten 7 US a festnehmen: 12 persons were held b in Haft halten 8 SPORT sich erfolgreich gegen *e-n Gegner* verteidigen 9 *j-n* festlegen (to auf *akk*): ~ sb to his word j-n beim Wort nehmen 10 a *Wahlen, e-e Versammlung, e-e Pressekonferenz etc* abhalten b *ein Fest etc* veranstalten c *e-e Rede* halten d SPORT *e-e Meisterschaft etc* austragen 11 *e-n Kurs etc* beibehalten: ~ prices at the same level die Preise (auf dem gleichen Niveau) halten; ~ the pace SPORT das Tempo halten 12 *Alkohol* vertragen: ~ one's liquor *(od* drink) well e-e ganze Menge vertragen; he can't ~ his liquor er verträgt nichts 13 a MIL *u. fig e-e Stellung* halten, behaupten: ~ one's own (with) sich behaupten (gegen), bestehen (neben); ~ the stage *fig* die Szene beherrschen, im Mittelpunkt stehen *(Person)*; → fort 1, ground[1] A 7, stage A 3 b *Tennis: s-n Aufschlag* halten, durchbringen 14 innehaben: a *Land, Rechte etc* besitzen: → account C 1 b *ein Amt etc* bekleiden 15 *e-n Platz etc* einnehmen, (inne)haben, *e-n Rekord* halten: ~ an academic degree e-n akademischen Titel führen 16 fassen: a enthalten: the tank ~s ten gallons b Platz bieten für, unterbringen: the hotel ~s 300 guests; this hall ~s 800 in diesen Saal gehen 800 Personen 17 enthalten, *fig a.* zum Inhalt haben: the room ~s period furniture das Zimmer ist mit Stilmöbeln eingerichtet; the place ~s many memories der Ort ist voll von Erinnerungen; each picture ~s a memory mit jedem Bild ist e-e Erinnerung verbunden; it ~s no pleasure for him er findet kein Vergnügen daran; life ~s many surprises das Leben ist voller Überraschungen 18 *Bewunderung, Sympathie etc* hegen, haben *(beide:* for für): ~ no prejudice kein Vorurteil haben 19 behaupten: ~ (the view) that … die Ansicht vertreten *od* der Ansicht sein, dass … 20 halten für, betrachten als: I ~ him to be a fool ich halte ihn für e-n Narren; it is held to be wise man hält es für klug (to do zu tun) 21 halten: ~ sb dear j-n lieb haben; ~ sb responsible j-n verantwortlich machen; → contempt 1, esteem B 22 *bes* JUR entscheiden (that dass) 23 *die Zuhörer etc* fesseln, in Spannung halten: ~ sb's attention j-s Aufmerksamkeit fesseln *od* wachhalten 24 US *ein Hotelzimmer etc* reservieren 25 ~ to US beschränken auf *(akk)* 26 ~ against a *j-m etwas* vorhalten *od* vorwerfen b *j-m etwas* übel nehmen *od* nachtragen 27 US *j-m* (aus)reichen: food to ~ us for a week 28 MUS *e-n Ton* (aus)halten 29 ~ sth over sb j-n mit etwas einschüchtern *od* erpressen C V/I 1 halten, nicht (zer)reißen *od* (zer)brechen 2 stand-, aushalten, sich halten 3 (sich) festhalten (by, to an *dat*) 4 bleiben: ~ on one's course s-n Kurs weiterverfolgen; ~ on one's way s-n Weg weitergehen; ~ onto → hold on 1, 2, 7; → fast[2] B 5 sich verhalten: ~ still stillhalten 6 sein Recht ableiten (of, from von) 7 *a.* ~ good (weiterhin) gelten, gültig sein *od* bleiben: the rule ~s of *(od* in) all cases die Regel gilt in allen Fällen 8 anhalten, andauern: the fine weather held; my luck held das Glück blieb mir treu 9 einhalten: ~! halt! 10 ~ by *(od* to) *j-m od e-r Sache* treu bleiben 11 ~ with a übereinstimmen mit b einverstanden sein mit 12 stattfinden

Phrasal Verbs: **hold| back** A V/T 1 zurückhalten 2 → hold in A 3 *fig* zurückhalten mit, verschweigen B V/I 1 sich zurückhalten *(a. fig)* 2 nicht mit der Sprache herausrücken; **~ down** V/T 1 niederhalten, *fig a.* unterdrücken 2 *umg* a *e-n Posten* haben b sich in *e-r Stellung, e-m Amt* halten 3 US *umg* sich kümmern um; **~ forth** A V/T 1 (an)bieten 2 in Aussicht stellen B V/I 1 sich auslassen *od* ergehen *od* verbreiten (on über *akk*) 2 US stattfinden; **~ in** A V/T im Zaum halten, zügeln, zurückhalten: hold o.s. in a → B b den Bauch einziehen B V/I sich zurückhalten *od* beherrschen; **~ off** A V/T 1 a abhalten, fernhalten b abwehren 2 *etwas* aufschieben, *j-n* hinhalten: → B 2 b 3 FLUG abfangen B V/I 1 sich fernhalten (from von) 2 a zögern b warten: he held off (from) buying a house er wartete mit dem Hauskauf 3 ausbleiben *(Gewitter etc)*: will the rain ~ until after the game? wird das Spiel trocken über die Bühne gehen? *umg*; **~ on** V/I 1 *a. fig* festhalten (to an *dat*) 2 sich festhalten (to an *dat*) 3 aus-, durchhalten 4 andauern, anhalten *(Regen etc)* 5 TEL am Apparat bleiben 6 *umg* aufhören: ~! warte mal!, halt!, immer langsam! 7 ~ to *etwas* behalten: ~ to the ball SPORT den Ball in den eigenen Reihen halten; **~ out** A V/T 1 *die Hand etc* ausstrecken: he held out his hand for me to shake er streckte mir die Hand entgegen; hold sth out to sb j-m etwas hinhalten 2 in Aussicht stellen: the doctors ~ little hope of his recovery die Ärzte haben nur wenig Hoffnung, dass er wieder gesund wird 3 hold o.s. out as US sich ausgeben für *od* als B V/I 1 reichen *(Vorräte)* 2 aus-, durchhalten 3 sich behaupten (against gegen) 4 ~ on sb *umg* a j-m etwas verheimlichen b j-m etwas vorenthalten 5 ~ for *umg* bestehen auf *(dat)*; **~ over** A V/T 1 *e-e Sitzung, Entscheidung etc* vertagen, verschieben *(beide:* until auf *akk*) 2 WIRTSCH prolongieren 3 MUS *e-n Ton* hinüberhalten 4 *ein Amt etc* (über die festgesetzte Zeit hinaus) behalten 5 *e-n Film etc*, das Engagement *e-s Künstlers etc* verlängern (for um): the acrobats were held over for another month B V/I über die festgesetzte Zeit hinaus dauern *od (im Amt etc)* bleiben; **~ together** V/T & V/I zusammenhalten *(a. fig)*: a marriage is often held together by the children; **~ up** A V/T 1 (hoch)heben 2 hochhalten, in die Höhe halten: ~ to the light gegen das Licht halten; ~ to view den Blicken darbieten; → head *Bes Redew*, ridicule A 3 halten, stützen, tragen 4 aufrechterhalten 5 hinstellen (as als): hold sb up as an example 6 a *j-n, etwas* aufhalten b *etwas* verzögern: ~ the game; be held up sich verzögern 7 *j-n, e-e Bank etc* überfallen B V/I 1 → hold out B 2, B 3 2 a sich halten *(Preise, Wetter etc)* b → hold[2] C 8 3 sich bewahrheiten, eintreffen 4 ~ on sb → hold out B 4

hold|all S *bes Br* a Reisetasche f b Sporttasche f; **~back** S 1 Hindernis n 2 US a Abwarten n b Einbehaltung f: ~ pay zurückbehaltener Lohn 3 TECH a *(Rücklauf)* Sperre f b *(Tür)* Stopper m

holden ['həʊldən] JUR *od obs pperf von* hold[2]

holder[1] ['həʊldə(r)] S 1 a Haltende(r) *m/f(m)* b Halter m: → cigar holder, cigarette holder 2 TECH a Halter(ung) *m(f)* b Zwinge f c ELEK *(Lampen)* Fassung f 3 *(Grund)* Pächter(in) 4 *a.* WIRTSCH, JUR Inhaber(in) *(e-r Lizenz, e-s Patents, e-s Schecks, e-r Vollmacht etc, a e-s Rekords, e-s Titels etc)*, Besitzer(in): ~ in due course (kraft guten Glaubens) legitimierter Inhaber *(e-s Wechsels, Schecks)*; ~ of a bill Wechselinhaber

holder[2] ['həʊldə(r)] S SCHIFF Schauermann m

holder-up *pl* holders-up S TECH 1 (Niet)Vor-, Gegenhalter m 2 Nietstock m, -kloben m

holdfast S 1 TECH a Haltevorrichtung f, Halter m b Bankzwinge f, -haken m 2 BOT Haftorgan n, Haftscheibe f

holding ['həʊldɪŋ] S 1 (Fest)Halten n 2 Pachtung f, Pachtgut n 3 *meist pl* a Besitz m, Bestand m *(an Effekten etc)* b *(Aktien)* Anteil m, (-)Beteiligung f c Vorrat m, Lager n 4 JUR (gerichtliche) Entscheidung; **~ attack** S MIL Fesselungsangriff m; **~ company** S WIRTSCH Holding-, Dachgesellschaft f; **~ pattern** S 1 FLUG Warteschleife f 2 *fig* Stillstand m

hold|out S US a Aus-, Durchhalten n b *j-d, der aus- od durchhält*; **~over** S 1 *j-d, der über die festgesetzte Zeit hinaus im Amt bleibt* 2 a Verlängerung f *(e-s Films etc)* b verlängerter Film *etc* c *Künstler etc, dessen Engagement verlängert worden ist* 3 SPORT alter *(im Ggs zu e-m neu in die Mannschaft gekommenen)* Spieler; **~up** S 1 Verzögerung f, *(a. Verkehrs)* Stockung f 2 (bewaffneter) (Raub)Überfall: this is a ~! das ist ein Überfall! 3 US Wucher m

hole [həʊl] A S 1 Loch n: a ~ in a contract *fig* ein Schlupfloch *od* e-e Lücke in e-m Vertrag; full of ~s a durchlöchert, löch(e)rig b *fig* fehlerhaft, wack(e)lig *(Theorie etc)*; find a better ~ *fig* etwas Besseres finden; make a ~ in *fig* a ein Loch in *Vorräte etc* reißen b *j-s Ruf etc* schaden c *j-s Stolz etc* verletzen d *e-e Flasche* anbrechen; pick *(od* knock) ~s in *fig* a an *e-r Sache* herumkritteln, *ein Argument etc* zerpflücken b *j-m* am Zeug flicken *umg*; wear one's socks into ~s s-e Socken so lange tragen, bis sie Löcher haben; (as) useless as a ~ in the head *umg* so unnötig wie ein Kropf; need sb like a ~ in the head *umg* j-n brauchen wie ein Loch im Kopf; → ace A 1, peg A 1 2 Loch n, Grube f, Höhlung f 3 Höhle f, Bau m *(e-s Tieres)*, Loch n *(e-r Maus)* 4 TECH Loch n, Bohrung f, Öffnung f 5 *umg* a *a.* ~ in the wall Loch n, (Bruch)Bude f *(beide umg pej)* b Kaff n, Nest n *(beide umg)* 6 *umg* Patsche f, Klemme f: be in a ~ in der Klemme sein *od* sitzen *od* stecken; put in (get out of) a ~ *j-n* bös hineinreiten *(j-m* aus der Patsche helfen); be in the ~ Schulden haben 7 US kleine Bucht 8 *Golf:* Loch n, Hole n: a *runde Vertiefung, in die der Ball geschlagen werden muss* b (Spiel)Bahn f: ~ in one As n; → nineteenth A 1 9 TYPO leere *od* unbedruckte Stelle 10 *sl* a (Arsch)Loch n *vulg* b Loch n *vulg (Scheide)* c Maul n, Fresse f *vulg* B V/T 1 a ein Loch *od* Löcher machen in *(akk)* b durchlöchern 2 *Bergbau:* schrämen 3 *ein Tier* in s-e Höhle treiben 4 *Golf: den Ball* einlochen 5 ~ up US *umg* a einsperren b *fig e-n Antrag etc* auf Eis legen C V/I 1 *oft* ~ out *(Golf)* einlochen: he ~d in one ihm gelang ein As 2 *meist* ~ up a sich in s-e Höhle verkriechen *(Tier)* b *bes* US *umg* sich verkriechen *od* verstecken

hole|-and-corner ADJ 1 heimlich, versteckt 2 zweifelhaft, anrüchig *(Unternehmen etc)* 3 armselig *(Leben etc)*; **~-in-the-wall** S *Br umg* Geldautomat *m*, Bankomat *m*; **~proof** ADJ *US* 1 zerreißfest 2 *fig* unangreifbar, bombensicher *umg*

holiday ['hɒlədɪ; -deɪ; *US* 'hɑlə,deɪ] A S 1 Feiertag *m*: → public A, religious A 1 2 freier Tag: **take a ~** (sich) e-n Tag freinehmen (→ A 3); **have a ~** e-n freien Tag haben (→ A 3) 3 *meist pl bes Br* Ferien *pl*, Urlaub *m*: **the Easter ~s** die Osterferien; **~ with pay** bezahlter Urlaub; **be on ~** (*od* **on one's ~s**) im Urlaub sein, Urlaub machen; **go on ~** (*od* **on one's ~s**) in Urlaub gehen; **have a ~** Urlaub haben (→ A 2); **take a ~** Urlaub nehmen, Urlaub machen (→ A 2) 4 TECH *US (beim Anstreichen)* übersehene u. frei gelassene Stelle B ADJ 1 Feiertags…: **~ clothes** *pl* Festtagskleidung *f* 2 *bes Br* Ferien…, Urlaubs…: **~ apartment** Ferienwohnung *f*; **~ camp** a Ferienlager *n* b Feriendorf *n* mit organisiertem Unterhaltungsprogramm; **~ cottage** (*od* **home**) Ferienhaus *n*; **~ course** Ferienkurs *m*; **~ entitlement** Urlaubsanspruch *m*; **be in a ~ mood** in Urlaubsstimmung sein; **~ trip** Urlaubsreise *f*; **~ village** Feriendorf *n* C V/I *bes Br* Urlaub machen, die Ferien verbringen; **~maker** S *bes Br* Urlauber(in)

holier-than-thou [,həʊlɪə(r)-] A S Pharisäer(in) B ADJ pharisäisch, pharisäerhaft, selbstgerecht

holiness ['həʊlɪnɪs] S 1 Heiligkeit *f* 2 Frömmigkeit *f* 3 Tugendhaftigkeit *f* 4 **His** ♀ Seine Heiligkeit *(der Papst)*

holism ['hɒlɪzm; *bes US* 'həʊ-] S PHIL Holismus *m (Lehre, die alle Erscheinungen des Lebens aus e-m ganzheitlichen Prinzip ableitet)*; **holistic** ADJ (ADV **~ally**) 1 PHIL holistisch 2 ganzheitlich: **~ medicine** Ganzheitsmedizin *f*

holla ['hɒlə; *US* 'hɑlə; hə'lɑː] → halloo

Holland ['hɒlənd; *US* 'hɑ-] 1 *umg (für die Niederlande)* Holland *n* 2 *(zweigeteilte niederländische Provinz)* Holland *n*

hollandaise sauce [,hɒlən'deɪz; *US* ,hɑ-] S GASTR Sauce *f* hollandaise

Hollander ['hɒləndə(r); *US* 'hɑ-] S 1 Holländer(in) 2 *a.* ♀ *Papierherstellung:* Holländer *m*

Hollands ['hɒləndz; *US* 'hɑ-], *a.* **Holland gin** S Genever *m (niederländischer Wacholderschnaps)*

holler ['hɒlə; *US* 'hɑlər] *umg* A V/I schreien, brüllen: **~ for help** um Hilfe schreien; **~ at sb** j-n anbrüllen B V/T *a.* **~ out** *etwas* schreien, brüllen C S Schrei *m*

hollo ['hɒləʊ; *US* 'hɑləʊ; hɑ'ləʊ] (S; *pl* -los) → halloo

hollow ['hɒləʊ; *US* 'hɑləʊ] A S 1 Höhle *f*, (Aus)Höhlung *f*, Hohlraum *m*: **~ of the hand** hohle Hand; **have sb in the ~ of one's hand** j-n völlig in s-r Gewalt haben; **~ of the knee** Kniekehle *f* 2 Mulde *f*, Senke *f*, Vertiefung *f* 3 TECH a Hohlkehle *f* b Gussblase *f* B ADJ (ADV **~ly**) 1 hohl, Hohl…: **beat sb ~** *Br umg* j-n haushoch schlagen, SPORT *a.* j-n überfahren *od* vernaschen; **he's got ~ legs** (*od* **a ~ leg**) *umg* der kann essen, so viel er will, u. wird nicht dick 2 hohl, dumpf *(Klang, Stimme etc)* 3 *fig* a hohl, leer b falsch, unaufrichtig: → ring² A 5 4 wertlos *(Sieg)* 5 hohl: a eingefallen *(Wangen)* b tief liegend *(Augen)* 6 leer, hungrig: **feel ~** Hunger haben C ADV hohl *(a. fig)*: **ring ~** a hohl klingen *(Versprechen etc)* b unglaubwürdig klingen *(Protest etc)* D V/T: *oft* **~ out** 1 aushöhlen 2 TECH (aus)kehlen, ausstemmen, hohlbohren E V/I *oft* **~ out** hohl werden

hollow| back S 1 MED Hohlrücken *m*, -kreuz *n* 2 *Buchbinderei:* hohler Rücken; **~ bit** S TECH Hohlmeißel *m*, -bohrer *m*; **~-cheeked** ADJ hohlwangig; **~-eyed** ADJ hohläugig; **~-ground** ADJ TECH hohlgeschliffen

hollowness S 1 Hohlheit *f (a. fig)* 2 Dumpfheit *f* 3 *fig* a Leere *f* b Falschheit *f*

hollow| tile S TECH Hohlziegel *m*; **~ware** S tiefes (Ess)Geschirr *(Schüsseln etc) (Ggs* **flatware***)*

holly ['hɒlɪ; *US* 'hɑliː] S 1 BOT Stechpalme *f* 2 Stechpalmenzweige *pl od* -blätter *pl* 3 → holm oak; **~ fern** S BOT Lanzenförmiger Schildfarn; **~hock** S BOT Stockmalve *f*, -rose *f*; **~oak** → holm oak

Hollywood ['hɒlɪwʊd; *US* 'hɑ-] A S Hollywood *n*: a *Stadtteil von Los Angeles, Kalifornien, USA; Zentrum der amer. Filmindustrie* b *die amer. Filmindustrie* B ADJ Hollywood…: **~ star**

holm¹ [həʊm] S 1 *Br* Holm *m*, Werder *m/n* 2 *bes Br* flaches, üppiges Uferland

holm² [həʊm] → holm oak

holmium ['hɒlmɪəm; *US* 'həʊmɪəm; 'həʊl-] S CHEM Holmium *n*

holm oak S BOT Steineiche *f*

holocaust ['hɒləkɔːst; *US* 'hɑ-; 'həʊ-] S 1 Massenvernichtung *f*, -sterben *n*, *(bes* Brand)-Katastrophe *f*: **the** ♀ HIST der Holocaust *(Massenvernichtung der europäischen Juden durch die Nationalsozialisten)* 2 Brandopfer *n*

Holocene ['hɒləʊsiːn; *US* 'həʊlə,siːn; 'hɑlə-] S GEOL Holozän *n (jüngste Abteilung des Quartärs)*

hologram ['hɒləʊgræm; *US* 'həʊlə,græm; 'hɑlə-] S PHYS Hologramm *n (mit Hilfe der Holografie hergestellte dreidimensionale Aufnahme von Gegenständen)*

holograph ['hɒləʊgrɑːf; -græf; *US* 'həʊlə,græf; 'hɑlə-] ADJ & S JUR eigenhändig geschrieben(e Urkunde); **holographic** [-'græfɪk] ADJ (ADV **~ally**) 1 JUR eigenhändig geschrieben: **~ will** eigenhändiges *od* holografisches Testament 2 PHYS holografisch; **holography** [hɒ'lɒgrəfɪ; *US* həʊ'lɑ-] S PHYS Holografie *f (fotografisches Verfahren zum Erzeugen räumlicher Bilder mittels Laserstrahlen)*

holomorphic [,hɒləʊ'mɔː(r)fɪk; *US* ,həʊlə-; ,hɑlə-] ADJ MATH holomorph *(Funktion)*; **holophrastic** [-'fræstɪk] ADJ LING holophrastisch: a *aus einem Wort bestehend* (*Satz*) b *mehrere Satzteile zu e-m einzigen Wort zusammenfassend* (*Sprache*); **holophytic** [-'fɪtɪk] ADJ ZOOL holophytisch, rein pflanzlich *(Ernährungsweise)*

holothurian [,hɒləʊ'θjʊərɪən; *US* ,həʊlə'θʊrɪən; ,hɑlə-] S ZOOL Holothurie *f*, Seewalze *f*, Seegurke *f*

hols [hɒlz] SPL SCHULE *Br sl* Ferien *pl*

holster ['həʊlstə(r)] S (Pistolen)Halfter *n/f*

holt [həʊlt] S *obs od poet* 1 Gehölz *n* 2 bewaldeter Hügel

holus-bolus [,həʊləs'bəʊləs] ADV *umg* plötzlich, schlagartig

holy ['həʊlɪ] A ADJ 1 heilig, *(Hostie etc)* geweiht: **~ cow** (*od* **mackerel, smoke**)! *umg* heiliger Strohsack *od* Bimbam!; → see²1 2 fromm 3 tugendhaft, gottgefällig B S **the ~ of holies** REL, HIST das Allerheiligste *(a. fig)*; ♀ **Alliance** S HIST *(die)* Heilige Allianz; ♀ **Ark** S REL Thoraschrein *m*; ♀ **Bible** S REL Bibel *f*; **~ bread** S REL Abendmahlsbrot *n*, Hostie *f*; ♀ **City** S REL *(die)* Heilige Stadt; ♀ **Communion** → communion 6; ♀**-Cross Day** S REL (Fest *n* der) Kreuzerhöhung *(14. September)*; **~ day** S REL kirchlicher Festtag; ♀ **Family** S REL *(die)* Heilige Familie; ♀ **Father** S KATH *(der)* Heilige Vater; ♀ **Ghost** S REL *(der)* Heilige Geist; **~ grass** S BOT *(ein)* Mariengras *n*; **~ herb** S BOT 1 Eisenkraut *n* 2 Basilienkraut *n*; ♀ **Joe** S *umg* 1 Pfaffe *m* 2 Frömmler *m*; ♀ **Land** S REL *(das)* Heilige Land; ♀ **Office** S KATH a *(das)* Heilige Offizium b HIST *(die)* Inquisition; **~ orders** → order A 20 b; ♀ **Roller** S REL *pej Mitglied e-r nordamer. Sekte, deren Gottesdienste oft zur Ekstase führen*; ♀ **Roman Empire** S HIST *(das)* Heilige Römische Reich (Deutscher Nation); ♀ **Rood** S REL Kreuz *n* (Christi); ♀ **Saturday** S REL Karsamstag *m*; ♀ **Scripture** S REL *(die)* Heilige Schrift; ♀ **Spirit** → Holy Ghost; **~stone** SCHIFF A S Scheuerstein *m* B V/T & V/I (mit dem Scheuerstein) scheuern; **~ terror** S *umg* Nervensäge *f*; ♀ **Thursday** S REL 1 Gründonnerstag *m* 2 *anglikanische Kirche:* Himmelfahrtstag *m*; ♀ **Trinity** S REL 1 (die) Heilige Dreifaltigkeit *od* Dreieinigkeit 2 Trinitarier *pl (ein Orden)*; **~ war** S Heiliger Krieg; **~ water** S REL Weihwasser *n*; ♀ **Week** S REL Karwoche *f*; ♀ **Writ** S REL *(die)* Heilige Schrift

homage ['hɒmɪdʒ; *US* 'hɑmɪdʒ; 'ɑmɪdʒ] S 1 HIST Huldigung *f*, *fig a.* Reverenz *f*, Anerkennung *f*: **pay** (*od* **do**) **~ to sb** j-m huldigen, j-m (die *od* s-e) Reverenz erweisen *od* bezeigen, j-m Anerkennung zollen 2 JUR, HIST a Lehnspflicht *f* b Lehnseid *m*; **homager** S HIST Lehnsmann *m*, Vasall *m*

homburg ['hɒmbɜːg; *US* 'hɑm,bɜrg] S Homburg *m (Herrenfilzhut)*

home [həʊm] A S 1 Heim *n*: a Haus *n*, *(eigene)* Wohnung b Zuhause *n*, Daheim *n* c Elternhaus *n*: **at ~** zu Hause, daheim *(beide, a.* SPORT*)*(→ A 2); **at ~ in** (*od* **on, with**) zu Hause in *(e-m Fachgebiet etc)*, bewandert in *(dat)*, vertraut mit; **be at ~ in London** in London zu Hause sein; **not be at ~ (to sb)** nicht zu sprechen sein (für j-n); **feel at ~** sich wie zu Hause fühlen; **make o.s. at ~** es sich bequem machen; tun, als ob man zu Hause wäre; **he made his ~ at** er ließ sich in *(dat)* nieder; **leave ~** von zu Hause fortgehen; **work from ~** von zu Hause aus arbeiten; **away from ~** abwesend, verreist, *bes* SPORT auswärts; **a ~ from ~**, *US* **a ~ away from ~** ein Ort, an dem man sich wie zu Hause fühlt; **pleasures of ~** häusliche Freuden 2 Heimat *f (a.* BOT, ZOOL *u. fig)*, Geburts-, Vaterland *n*: **the US is the ~ of baseball** die USA sind die Heimat des Baseball; **at ~** a im Lande, in der Heimat b im Inland, daheim c im (englischen) Mutterland (→ A 1); **at ~ and abroad** im In- u. Ausland; **Paris is his second ~** Paris ist s-e zweite Heimat; **a letter from ~** ein Brief aus der Heimat *od* von zu Hause 3 (ständiger *od* jetziger) Wohnort, Heimatort *m*: **he has made London his ~** er hat sich in London niedergelassen 4 Zufluchtsort *m*: **last** (*od* **long**) **~** letzte Ruhestätte 5 Heim *n*: **~ for the aged** Alters-, Altenheim; **~ for the blind** Blindenheim, -anstalt *f*; → children, orphan A 6 SPORT Ziel *n* 7 SPORT a Heimspiel *n* b Heimsieg *m* B ADJ 1 Heim…: a häuslich b zu Haus ausgeübt: **~ banking** COMPUT *etc* Homebanking *n (Abwicklung von Bankgeschäften von zu Hause aus)*; **~ circle** Familienkreis *m*; **~ computer** Homecomputer *m (kleinerer Computer für den häuslichen Anwendungsbereich)*; **~ cooking** das Kochen zu Hause; **~ difficulties** häusliche Schwierigkeiten; **~ life** häusliches Leben, Familienleben *n*; **~ mechanic** Bastler(in), Heimwerker(in); **~ remedy** Hausmittel *n* 2 Heimat…: **~ city**; **~ port**; **~ address** Heimat- *od* Privatanschrift *f*; **~ fleet** SCHIFF Flotte *f* in Heimatgewässern; **~ forces** MIL im Heimatland stationierte Streitkräfte; **~ waters** SCHIFF heimatliche Gewässer 3 einheimisch, inländisch, Inlands…, Binnen…: **~ affairs** POL innere Angelegenheiten, Innenpolitik *f*; **~ demand** WIRTSCH Inlandsbedarf *m*; **~ market** WIRTSCH Inlands-,

H

Binnenmarkt *m*; ~ **trade** WIRTSCH Binnenhandel *m* 4 SPORT a Heim…: ~ **advantage** (**defeat, game, team, win,** *etc*); ~ **record** Heimbilanz *f*; ~ **strength** Heimstärke *f*; ~ **weakness** Heimschwäche *f* b Ziel…: → home straight 5 TECH Normal…: ~ **position** 6 Rück…: ~ **freight** 7 a gezielt, wirkungsvoll (*Schlag etc*) b *fig* treffend, beißend (*Bemerkung etc*): ~ **question** gezielte *od* peinliche Frage; → home thrust, home truth C ADV 1 heim, nach Hause: **the way** ~ der Heimweg; **go** ~ heimgehen, nach Hause gehen (→ c 3); **take** ~ netto verdienen *od* bekommen; **that's nothing to write** ~ **about** *umg* das ist nichts Besonderes *od* nicht so toll *od* nicht gerade berauschend, darauf brauchst du dir nichts einzubilden; → come home, get c 1 2 zu Hause, daheim: **welcome** ~!; **be** ~ **and dry** *Br umg* a in Sicherheit sein b hundertprozentig sicher sein 3 *fig* a ins Ziel *od* Schwarze b im Ziel, im Schwarzen c bis zum Ausgangspunkt d so weit wie möglich, ganz: **bring** (*od* **drive**) **sth** ~ **to sb** j-m etwas klarmachen *od* beibringen *od* zum Bewusstsein bringen *od* vor Augen führen; **bring a charge** ~ **to sb** j-n überführen; **drive a nail** ~ e-n Nagel fest einschlagen; **go** (*od* **get, strike**) ~ sitzen *umg*, treffen, s-e Wirkung tun (→ c 1); **the thrust went** ~ der Hieb saß D V/I 1 *bes* ZOOL zurückkehren 2 FLUG a (*mittels Leitstrahl*) das Ziel anfliegen: ~ **on** (*od* **in**) **a beam** e-m Leitstrahl folgen b automatisch auf ein Ziel zusteuern (*Rakete*): ~ **in on** *ein Ziel* automatisch ansteuern, *fig* sich sofort *etwas* herausgreifen E V/T *ein Flugzeug* (*mittels Radar*) einweisen, herunterholen *umg*

home|-and-home ADJ SPORT *US* in Vor- u. Rückspiel ausgetragen; ~**baked** ADJ selbst gebacken (*Brot etc*); ~**body** S *umg* häuslicher Mensch, *pej* Stubenhocker(in): **I'm a** ~ ich bin am liebsten zu Hause, ich bin sehr häuslich; ~**born** ADJ einheimisch; ~**bound** ADJ ans Haus gefesselt (*Kranker etc*); ~**bred** ADJ 1 einheimisch 2 *obs* hausbacken, schlicht, einfach; ~ **brew** S selbst gebrautes Getränk, *bes* selbst gebrautes Bier; ~**-brewed** ADJ selbst gebraut; ~**-built** A ADJ selbst gebaut *od* gebastelt B S selbst gebautes Modell; ~**coming** S Heimkehr *f*; ~ **contents** SPL Hausrat *m*: ~ **insurance** Hausratsversicherung *f*; ♀ **Counties** SPL *die an London angrenzenden Grafschaften*; ~ **economics** SPL (*meist als sg konstruiert*) Hauswirtschaft(slehre) *f*; ~ **exerciser** S Home-, Heimtrainer *m*; ~ **front** S Heimatfront *f* (*im Krieg*); ~ **ground** S SPORT eigener Platz: **be on** ~ *fig* sich auf vertrautem Gelände bewegen; ~**grown** ADJ a selbst angebaut (*Obst, Tabak*), (*Gemüse a.*) selbst gezogen b einheimisch; ~ **guard** S MIL Bürgerwehr *f*; ~ **help** S *Br* Haushaltshilfe *f* (*Sozialarbeiterin*); ~ **improvement** S Eigenheimmodernisierung *f*; ~ **industry** S WIRTSCH 1 einheimische Industrie 2 Heimindustrie *f*; ~**keeping** ADJ häuslich, *pej* stubenhockerisch; ~**land** S 1 Heimat-, Vaterland *n* 2 *bes* HIST Homeland *n* (*in der Republik Südafrika den verschiedenen farbigen Bevölkerungsgruppen zugewiesenes Siedlungsgebiet*)

homeless A ADJ 1 heimatlos 2 obdachlos: **thousands were left** ~ Tausende wurden obdachlos; **a** ~ **man** ein Obdachloser B S **the** ~ *koll* die Obdachlosen *pl*; **homelessness** S 1 Heimatlosigkeit *f* 2 Obdachlosigkeit *f*

homelike ADJ wie zu Hause, gemütlich, anheimelnd (*Atmosphäre etc*): **a** ~ **meal** ein Essen wie bei Muttern *umg*

homeliness ['həʊmlɪnɪs] S 1 Freundlichkeit *f* 2 Einfachheit *f* 3 Gemütlichkeit *f* 4 *US* Unscheinbarkeit *f*, Reizlosigkeit *f*

home loan S *umg* Hypothek *f*

homely ADJ 1 freundlich (**with** zu) 2 vertraut 3 einfach (*Essen, Leute etc*) 4 → homelike 5 *US* unscheinbar, reizlos (*Mädchen etc*)

home|made ADJ 1 hausgemacht, selbst gemacht, Hausmacher…: ~ **bread** selbst gebackenes Brot; ~ **bomb** selbst gebastelte Bombe 2 WIRTSCH a inländisch, einheimisch, im Inland hergestellt b hausgemacht (*Inflation etc*); ~**maker** S *US* 1 Hausfrau *f* 2 Familienpflegerin *f*; ~**making** S *US* Haushaltsführung *f*; ~ **mission** S REL Innere Mission

homeo- → homoeo-

home| office S 1 **Home Office** POL *Br* Innenministerium *n* 2 *bes* WIRTSCH *US* Hauptsitz *m*, Zentrale *f*; ~ **page** S *Internet*: Homepage *f* (*Startseite e-s Anbieters*)

homer ['həʊmə(r)] S 1 Brieftaube *f* 2 SPORT Heimschiedsrichter(in)

Homeric [həʊ'merɪk] ADJ homerisch: ~ **laughter** homerisches Gelächter

home| rule S POL a Selbstregierung *f*, -verwaltung *f* b **Home Rule** HIST Homerule *f* (*in Irland*); ♀ **Secretary** S POL *Br* Innenminister(in); ~**sick** ADJ heimwehkrank: **be** ~ Heimweh haben (**for** nach); ~**sickness** S Heimweh *n*; ~ **signal** S BAHN a Hauptsignal *n* b Einfahrt(s)signal *n*; ~**spun** A ADJ 1 zu Hause gesponnen, selbst gesponnen 2 *fig* schlicht, einfach 3 Homespun…: ~ **garments** B S Homespun *n*: a *dickes, grobes Streichgarn* b *grobfädiges, handwebeartiges Streichgarngewebe in Leinwand- od Köperbindung*; ~**stead** ['həʊmsted; -stɪd] A S 1 Heimstätte *f*, Gehöft *n* 2 JUR (*in USA*) Heimstätte *f*: a *160 Acres große, vom Staat den Siedlern verkaufte Grundparzelle* b *gegen den Zugriff von Gläubigern geschützte Heimstätte*: ♀ **Act** Heimstättengesetz *n* B V/T JUR (*in USA*) *e-e Parzelle* als Heimstätte erwerben; ~**steader** S Heimstättenbesitzer(in); ~ **straight**, ~**stretch** S SPORT Zielgerade *f*: **be on the** ~ *fig* kurz vor dem Ziel stehen; ~ **teacher** S *Br Lehrer(in), der/die kranke od behinderte Kinder zu Hause unterrichtet*; ~ **thrust** S *fig* gezielter Hieb, beißende Bemerkung: **that was a** ~ das hat gesessen *umg*; ~**town** S Heimatstadt *f*; ~ **truth** S harte *od* peinliche Wahrheit, unbequeme Tatsache

homeward A ADV heimwärts, nach Hause: → bound[2] B ADJ Heim…, Rück…: ~ **journey**; ~ **freight** Rückfracht *f*

homewards → homeward A

home|work S 1 WIRTSCH Heimarbeit *f* 2 SCHULE Schularbeit(en) *f(pl)*, Hausaufgabe(n) *f(pl)*: **do one's** ~ s-e Hausaufgaben machen (*a. fig*); ~**worker** S WIRTSCH Heimarbeiter(in)

homey *bes US für* homy

homicidal [ˌhɒmɪ'saɪdl; *US* ˌhamə-; ˌhəʊmə-] ADJ (ADV ~ly) 1 mörderisch, mordlustig 2 Mord…, Totschlags…: ~ **attempt** versuchte Tötung; **homicide** S 1 JUR Tötung *f*: a Mord *m* b Totschlag *m*: ~ **by misadventure** *US* Un(glücks)fall *m* mit Todesfolge; **felonious** ~ *US* Tötung als Verbrechen; **justifiable** ~ rechtmäßige Tötung (*im Strafvollzug etc*); **negligent** ~ *US* fahrlässige Tötung; ~ **squad** Mordkommission *f* 2 a Mörder(in) b Totschläger(in)

homiletic [ˌhɒmɪ'letɪk; *US* ˌhamə-] REL A ADJ homiletisch B S **homiletics** *pl* (*als sg konstruiert*) Homiletik *f* (*Geschichte u. Theorie der Predigt*)

homilist ['hɒmɪlɪst; *US* 'hamə-] S REL 1 *j-d, der e-e Homilie hält* 2 Verfasser(in) von Homilien

homily ['hɒmɪlɪ; *US* 'haməli:] S 1 REL Homilie *f* (*Predigt in der Form der Auslegung e-s Bibeltextes, die e-e praktische Anwendung auf das Leben enthält*) 2 *fig* Moralpredigt *f*: **give sb a** ~ j-m e-e Moralpredigt halten

homines ['hɒmɪni:z; *US* 'hamə-] *pl von* homo 1

homing ['həʊmɪŋ] A ADJ 1 zurückkehrend: ~ **pigeon** Brieftaube *f*; ~ **instinct** ZOOL Heimfindevermögen *n* 2 MIL zielansteuernd (*Rakete, Torpedo*) B S FLUG a Zielflug *m* b Zielpeilung *f* c Rückflug *m*: ~ **beacon** Zielflugfunkfeuer *n*; ~ **device** Zielfluggerät *n*

hominid ['hɒmɪnɪd; *US* 'hamə-] ZOOL A ADJ menschenartig B S Hominid(e) *m*, menschenartiges Wesen

hominization [ˌhɒmɪnaɪ'zeɪʃn; *US* ˌhamənə'z-] S BIOL Hominisation *f*, Menschwerdung *f*

hominoid ['hɒmɪnɔɪd; *US* 'hamə-] ADJ & S ZOOL menschenähnlich(es Tier)

hominy ['hɒmɪni:] S *US* 1 Maismehl *n* 2 Maisbrei *m*

homo ['həʊməʊ] S 1 *pl* homines ['hɒmɪni:z; *US* 'hamə-] Homo *m*, Mensch *m* 2 *pl* -mos *umg* Homo *m* (*Homosexueller*)

homo- [həʊməʊ] → homoeo-

homocentric ADJ (ADV ~ally) MATH homozentrisch (*von einem Punkt ausgehend od in einem Punkt zusammenlaufend*) (*Strahlenbündel*)

homochromatic ADJ PHYS monochromatisch, einfarbig

homoeo- [həʊmjəʊ; -mɪəʊ] *Wortelement mit der Bedeutung* gleich(artig)

homoeomorphic [-'mɔː(r)fɪk], **homoeomorphous** ADJ 1 CHEM, MED homöomorph (*gleichgestaltig, von gleicher Form u. Struktur*) 2 → isomorphic

homoeopath ['həʊmjəʊpæθ; -mɪə-] S MED Homöopath(in); **homoeopathic** ADJ (ADV ~ally) homöopathisch; **homoeopathist** [ˌhəʊmɪ'ɒpəθɪst; *US* -'ap-] → homoeopath; **homoeopathy** S Homöopathie *f* (*Heilverfahren, bei dem der Kranke mit kleinsten Dosen von Mitteln behandelt wird, die beim Gesunden die gleichen Krankheitserscheinungen hervorrufen würden*)

homoeostasis S Homöostase *f*, Homöostasie *f*, Homöostasis *f*: a BIOL *Eigenschaft von Organismen, bestimmte physiologische Größen in zulässigen Grenzen konstant zu halten* b SOZIOL *hohe Stabilität e-r sozialen Organisation, die trotz sich wandelnder innerer u. äußerer Störeinflüsse aufrechterhalten wird* c (*Kybernetik*) *Aufrechterhaltung des Systemgleichgewichts*

homoerotic ADJ (ADV ~ally) homoerotisch; **homoeroticism**, *bes US* **homoerotism** S Homoerotik *f* (*auf das eigene Geschlecht gerichtete Erotik*)

homogamy [hɒ'mɒgəmɪ; *US* həʊ'ma-] S BOT Homogamie *f* (*gleichzeitige Reife von Narbe u. Staubgefäßen bei zwittrigen Blütenpflanzen, die e-e Selbstbefruchtung ermöglicht*)

homogeneity [ˌhɒməʊdʒə'ni:ətɪ; *bes US* ˌhəʊmə-] S Homogenität *f*, Gleichartigkeit *f*; **homogeneous** [-'dʒi:njəs; -ɪəs] ADJ (ADV ~ly) homogen, gleichartig

homogenization [hɒˌmɒdʒənaɪ'zeɪʃn; *US* həʊˌmadʒənə'z-] S CHEM Homogenisierung *f* (*a. fig*); **homogenize** [-naɪz] V/T homogenisieren (*a. fig*)

homogenous [hɒ'mɒdʒənəs; *US* həʊ'ma-] ADJ (ADV ~ly) 1 → homogeneous 2 → homological a; **homogeny** S 1 → homogeneity 2 BIOL Homologie *f*

homograph ['hɒməʊgrɑ:f; -græf; *US* 'haməˌgræf; 'həʊ-] S LING Homograf *n* (*Wort, das sich in der Aussprache von e-m anderen gleich geschriebenen Wort unterscheidet*); **homographic** ADJ (ADV ~ally) homografisch; **homography** [hɒ'mɒgrəfɪ; *US* həʊ'ma-] S Homografie *f*

homoio- [həʊmɔɪə] → homoeo-

homolog *US* → homologue

homologate [hɒ'mɒləgeɪt; *US* həʊ'ma-; hə-

'mɑ-] V/T 1 a genehmigen b beglaubigen c JUR *schott e-n (anfechtbaren) Vertrag, e-e (anfechtbare) Urkunde* bestätigen 2 *Autorennsport: Serienwagen od deren Einzelteile* homologieren *(in die internationale Zulassungsliste zur Klasseneinteilung für Rennwettbewerbe aufnehmen)*

homological ADJ (ADV ~ly), **homologous** [hɒ'mɒləgəs; US həʊ'mɑ-] ADJ homolog: a BIOL *stammesgeschichtlich übereinstimmend, von entwicklungsgeschichtlich gleicher Herkunft* b MATH *gleich liegend, entsprechend* c CHEM *gesetzmäßig aufeinanderfolgend;* **homologue** ['hɒməlɒg; US 'həʊmə,lɔːg; 'hɑmə-; -,lɑg] S 1 BIOL homologes Organ 2 CHEM homologe Verbindung; **homology** [-dʒɪ] S Homologie *f*

homomorphism [-'mɔː(r)fɪzəm] S MATH Homomorphismus *m (Abbildung e-r algebraischen Struktur auf e-e andere mit eindeutig einander zugeordneten, zweistelligen inneren Verknüpfungen)*

homonym ['hɒməʊnɪm; US 'hɑmə,nɪm; 'həʊ-] S 1 LING Homonym *n (Wort, das mit e-m anderen lautlich u. von der Buchstabenfolge her identisch ist, aber e-e andere Bedeutung u. Herkunft hat)* 2 Namensvetter(in) 3 BIOL *gleichlautende Benennung für verschiedene Gattungen etc;* **homonymic** ADJ, **homonymous** [hɒ'mɒnɪməs; US həʊ'mɑ-] ADJ (ADV ~ly) LING homonym

homophile ['hɒməʊfaɪl; *bes US* 'həʊmə-] A ADJ homophil, homosexuell B S Homophile(r) *m/f(m)*, Homosexuelle(r) *m/f(m)*

homophone ['hɒməʊfəʊn; US 'hɑmə-; 'həʊmə-] S LING Homofon *n (Wort, das mit e-m anderen gleich lautet, aber verschieden geschrieben wird)*; **homophonic** [-'fɒnɪk; US -'fɑ-] ADJ (ADV ~ally), **homophonous** [hɒ'mɒfənəs; US həʊ'mɑ-] ADJ 1 LING homofon 2 MUS homofon, akkordisch *(Satzweise)*; **homophony** S 1 LING Homofonie *f* 2 MUS Homofonie *f*: a Unisono *n*, Monodie *f* b homofone *od* akkordische Satzweise 3 MUS homofoner Satz

homoplasty ['hɒməʊplæstɪ; US 'hɑmə-; 'həʊmə-] S MED Homotransplantation *f*, Homoplastik *f (operativer Ersatz verloren gegangenen Gewebes durch arteigenes)*

homoptera [həʊ'mɒptərə; hɒ'm-; US həʊ-'mɑp-] SPL ZOOL Homoptera *pl*, Gleichflügler *pl*

homorganic [,hɒmɔː(r)'gænɪk; *bes US* ,həʊm-; *US a.* ,hɑm-] ADJ LING homorgan *(an genau od ungefähr derselben Artikulationsstelle gebildet) (Laut)*

Homo sapiens [,həʊməʊ'sæpɪenz; -'seɪ-] S Homo *m* sapiens *(Angehöriger e-r Art der Gattung Homo, die vom heutigen Menschen repräsentiert wird)*

homosexual A ADJ (ADV ~ly) homosexuell: a *sexuell auf das eigene Geschlecht ausgerichtet* b *die Homosexualität betreffend* B S Homosexuelle(r) *m/f(m)*; **homosexuality** S Homosexualität *f*

homotypal [,hɒməʊ'taɪpl; US ,həʊmə-; ,hɑmə-] → homotypic; **homotype** [-taɪp] S BIOL homotypes Organ; **homotypic** [-'tɪpɪk] ADJ BIOL homotyp *(mit e-m Gegenstück auf der anderen Körperseite) (Organ)*

homozygote S BIOL Homozygot *m*; **homozygous** [-'zaɪgəs] ADJ (ADV ~ly) BIOL homozygot, rein-, gleicherbig

homuncular [hɒ'mʌŋkjʊlə(r); US həʊ-] ADJ homunkulusähnlich; **homuncule** [-kjuːl] S, **homunculus** [-kjʊləs] *pl* -culi [-laɪ] S 1 Homunkulus *m (künstlich erzeugter Mensch)* 2 Menschlein *n*, Knirps *m*

homy ['həʊmɪ] ADJ *umg* gemütlich, behaglich

hon [hʌn] *US umg* → honey A 3

hon. ABK 1 honorary 2 hono(u)rable 3 hono(u)rably

honan [,həʊ'næn] S Honan(seide) *m(f)*

honcho ['hɑntʃəʊ] *pl* -chos S *US sl* Obermimer *m*, Boss *m (beide umg)*

Honduran [hɒn'djʊərən; US hɑn'dʊrən] A S Honduraner(in) B ADJ honduranisch

Honduras [hɒn'djʊərəs; US hɑn-; *a.* -'dʊrəs] S Honduras *n*

hone[1] [həʊn] A S TECH (feiner) Schleifstein B V/T 1 TECH honen, fein schleifen, ziehschleifen 2 *a.* **~ down** *fig* ausfeilen

hone[2] [həʊn] V/I *dial* 1 sich sehnen (**for, after** nach) 2 klagen, jammern

honest ['ɒnɪst; US 'ɑnəst] A ADJ 1 ehrlich: a redlich, rechtschaffen *(Mann etc)*: **(as) ~ as the day is long** *umg* kreuzehrlich; → broker 2, Injun b offen, aufrichtig *(Gesicht etc)*: **be quite ~** *(Redew)* ehrlich gesagt 2 *hum* wacker, bieder 3 ehrlich verdient *(Reichtum etc)*: **earn** (*od* **turn**) **an ~ penny, make an ~ living** ehrlich *od* auf ehrliche Weise sein Brot verdienen 4 echt, unverfälscht *(Produkt etc)* 5 *obs* ehrbar, tugendhaft: **make an ~ woman of** *bes hum* (durch Heirat) zur ehrbaren Frau machen B INT → honestly B; **honestly** A ADV 1 → honest A 1, A 2, A 5 2 ehrlich, auf ehrliche Weise 3 ehrlich gesagt B INT, *umg a.*: **~ to God** (*od* **goodness**) 1 *(empört od überrascht)* (nein also) wirklich! 2 *(beteuernd)* ganz bestimmt!, ehrlich!

honest|-to-God, **~-to-goodness** ADJ *umg* echt

honesty ['ɒnɪstɪ; US 'ɑnəstiː] S 1 Ehrlichkeit *f*: a Redlichkeit *f*, Rechtschaffenheit *f*: **~ is the best policy** *(Sprichwort)* ehrlich währt am längsten b Offenheit *f*, Aufrichtigkeit *f*: **in all ~** ganz ehrlich; **have the ~ to admit sth** so ehrlich *od* ehrlich genug sein, etwas zuzugeben 2 *obs* Ehrbarkeit *f*, Tugendhaftigkeit *f* 3 BOT Mondviole *f*

honey ['hʌnɪ] A S 1 Honig *m*: **(as) sweet as ~** honigsüß *(a. fig)*; **with ~ in one's voice** mit honigsüßer Stimme, honigsüß 2 BOT Nektar *m* 3 *bes US umg* Liebling *m*, Schatz *m* 4 *bes US umg* **be a (real) ~** (einfach) klasse *od* spitze sein; **a ~ of a car** ein klasse Wagen B ADJ 1 honigsüß 2 honigfarben, -gelb C V/T *prät u. pperf* honeyed, honied 1 mit Honig süßen 2 *oft* **~ up** *j-m* Honig um den Mund *od* ums Maul *od* um den Bart schmieren *umg*, *j-m* schmeicheln D V/I **~ (up) to** → C 2; **~ badger** → ratel; **~ bag** → honey sac; **~bee** S ZOOL Honigbiene *f*; **~ bird** S ORN 1 → honey guide 2 → honey eater; **~bun**, **~bunch** *umg für* honey A 3; **~ buzzard** S ORN Wespenbussard *m*

honeycomb ['hʌnɪkəʊm] A S 1 Honigwabe *f*, -scheibe *f* 2 *etwas Wabenförmiges, z. B.* a Waffelmuster *n (Gewebe)*: **~ (quilt)** Waffeldecke *f* b METALL Lunker *m*, (Guss)Blase *f* 3 *a.* **~ stomach** ZOOL Netzmagen *m* B V/T 1 (wabenartig) durchlöchern 2 *fig* durchsetzen (**with** mit) C ADJ *a.* TECH Waben…: **~ radiator**; **~ winding**; **~ coil** ELEK (Honig)Wabenspule *f*; **honeycombed** [-kəʊmd] ADJ 1 (wabenartig) durchlöchert, löcherig, zellig 2 METALL blasig 3 wabenartig gemustert 4 *fig* (**with**) a durchsetzt (mit) b untergraben (durch)

honey|dew S BOT Honigtau *m*, Blatthonig *m*: **~ (melon)** Honigmelone *f*; **~ eater** S ORN Honigfresser *m*

honeyed ['hʌnɪd] ADJ 1 voller Honig 2 honigsüß *(a. fig)*

honey| extractor S Honigschleuder *f*; **~flow** S (Bienen)Tracht *f*; **~ guide** S ORN Honiganzeiger *m*, -kuckuck *m*; **~moon** A S a Flitterwochen *pl* b *a.* **~ trip** Hochzeitsreise *f* c *fig* Zeit *f* der anfänglichen Harmonie B V/I a in den Flitterwochen sein b s-e Hochzeitsreise machen: **they are ~ing in Scotland** sie verbringen ihre Flitterwochen *od* sie flittern in Schottland; sie sind in Schottland auf Hochzeitsreise C ADJ a für Hochzeitsreisende: **a ~ suite** b in den Flitterwochen, auf Hochzeitsreise: **a ~ couple**; **~mooner** S a Flitterwöchner(in) b Hochzeitsreisende(r) *m/f(m)*; **~ sac** S ZOOL Honigmagen *m (der Bienen)*; **~ separator** → honey extractor; **~sucker** S ORN Honigsauger *m*; **~suckle** S BOT Geißblatt *n*; **~-sweet** ADJ honigsüß *(a. fig)*

hong [hɒŋ; *US a.* hɑŋ] S WIRTSCH 1 Warenlager *n (in China)* 2 HIST europäische Handelsniederlassung *(in China)*

Hong Kong [,hɒŋ'kɒŋ; *US bes* 'hɑŋ,kɑŋ; ,hɑŋ'kɑŋ] S Hongkong *n*

Hong Kong| flu S *umg*, **~ influenza** S MED Hongkong-Grippe *f*

honied → honeyed

honk [hɒŋk; *US a.* hɑŋk] A S 1 Schrei *m (der Wildgans)* 2 AUTO Hupsignal *n*, Hupen *n* B V/I 1 schreien *(Wildgans)* 2 AUTO hupen 3 *Br sl* kotzen C V/T 1 **~ one's horn** AUTO hupen: **~ one's horn at sb** j-n anhupen 2 **she ~ed her nose into her handkerchief** sie schnäuzte sich laut *od* geräuschvoll in ihr Taschentuch; **honker** S *sl* Riecher *m*, *bes* Zinken *m ([große] Nase)*

honkey, **honkie**, **honky** ['hɔːŋkiː; 'hɑŋkiː] S *US sl pej* Weiße(r) *m*

honky-tonk ['hɑŋkiː,tɑŋk; 'hɔːŋkiː,tɔːŋk] S *US sl* Spelunke *f*, Schuppen *m (beide umg)*

Honolulu [,hɒnə'luːluː; US ,hɑnl'uːluː] S Honolulu *n (Hauptstadt von Hawaii, USA)*

honor, *bes Br* **honour** ['ɒnə; US 'ɑnər] A V/T 1 ehren: **I'm ~ed** *oft iron* ich fühle mich geehrt; **a performance ~ing** e-e Vorstellung zu Ehren von *(od gen)* 2 ehren, auszeichnen: **~ sb with sth** j-m etwas verleihen 3 beehren (**with** mit): **~ sb with one's presence** 4 zur Ehre gereichen *(dat)*, Ehre machen *(dat)* 5 *e-r Einladung etc* Folge leisten 6 honorieren, anerkennen 7 respektieren 8 WIRTSCH a *e-n Wechsel, Scheck* honorieren, einlösen b *e-e Schuld* bezahlen c *e-n Vertrag* erfüllen B S 1 Ehre *f*: **(sense of) ~** Ehrgefühl *n*; **(there is) ~ among thieves** (es gibt so etwas wie) Ganovenehre; **feel (in) ~ bound** sich moralisch verpflichtet fühlen (**to do** zu tun); **~ to whom ~ is due** Ehre, wem Ehre gebührt; **(up)on my ~!**, *Br umg* **~ bright!** Ehrenwort!; **be (up)on one's ~** sein Ehrenwort gegeben haben (**to do** zu tun); **do sb ~** j-m zur Ehre gereichen, j-m Ehre machen; **do sb the ~ of doing sth** j-m die Ehre erweisen, etwas zu tun; **I have the ~** ich habe die Ehre (**of doing, to do** zu tun); **may I have the ~ (of the next dance)?** darf ich (um den nächsten Tanz) bitten?; **put sb on their ~** j-n bei s-r Ehre packen; **his ~ it must be said that** … zu s-r Ehre muss gesagt werden, dass …; → court A 10, debt 1, etc 2 Ehrung *f*, Ehre(n) *f(pl)*: a Ehrerbietung *f*, Ehrenbezeigung *f* b Hochachtung *f*, Ehrfurcht *f* c Auszeichnung *f*, (Ehren)Titel *m*, Ehrenamt *n*, -zeichen *n*: **in ~ of sb, sb's ~** zu j-s Ehren, j-m zu Ehren; **~s** *pl* **of war** ehrenvoller Abzug; **have** (*od* **hold**) **sb in ~** j-n in Ehren halten; **pay sb the last** (*od* **funeral**) **~s** j-m die letzte Ehre erweisen 3 Ehre *f (Jungfräulichkeit)*: **lose one's ~** die Ehre verlieren 4 Ehre *f*, Zierde *f*: **he is an ~ to his school (parents)** er ist e-e Zierde s-r Schule (er macht s-n Eltern Ehre); **what an ~ to my poor abode!** *oft iron* welcher Glanz in m-r Hütte! 5 *Golf*: Ehre *f (Berechtigung, den ersten Schlag auf e-m Abschlag zu machen)*: **it is his ~** er hat die Ehre 6 *pl* UNIV besondere Auszeichnung: → honors degree 7 *Kartenspiel*: Bild *n* 8 **do the ~s** als Gastgeber(in) fungieren 9 JUR **His ~ Judge Brown** Richter Brown; **Your ~** hohes Gericht, Herr Vorsitzender

honorable, *bes Br* **honourable** ADJ (ADV honorably) 1 achtbar, ehrenwert 2 rühmlich, ehrenvoll, -haft: → mention A 2 3 angesehen 4 redlich, rechtschaffen: **he has ~ intentions, his intentions are ~** er hat ehrliche (Heirats)Absichten 5 ♀ *(der od die)* Ehrenwerte *(in GB: Titel der jüngeren Kinder der Earls u. aller Kinder der Viscounts u. Barone, der Ehrendamen des Hofes, der Mitglieder des Unterhauses, gewisser höherer Richter u. der Bürgermeister; in USA: Titel der Mitglieder des Kongresses, hoher Regierungsbeamter, Richter u. Bürgermeister)*: **the ♀ Adam Smith; Right ♀** *(der)* Sehr Ehrenwerte *(Titel der Earls, Viscounts, Barone, der Mitglieder des Privy Council, des Lord Mayor von London etc)*; → friend A 4

honorarium [ˌɒnəˈreərɪəm; *US* ˌɑnə-] *pl* -raria [-rɪə], -rariums S *(freiwillig gezahltes)* Honorar

honorary [ˈɒnərərɪ; *US* ˈɑnəˌreriː] ADJ 1 ehrend 2 Ehren…: **~ debt (doctor, member, title,** *etc*); **~ degree** ehrenhalber verliehener akademischer Grad; **~ doctorate** Ehrendoktortitel *m*, -würde *f*; **he was given an ~ doctorate by the University of …** ihm wurde die Ehrendoktorwürde der Universität … verliehen; **~ freeman** Ehrenbürger *m*; **~ post** Ehrenamt *n* 3 ehrenamtlich *(Vorsitzender etc)*: **~ consul** Honorar-, Wahlkonsul *m*

honorific [ˌɒnəˈrɪfɪk; *US* ˌɑnə-] A ADJ (ADV ~ally) Ehren…, ehrend B S 1 a ehrendes Wort b (Ehren)Titel *m* 2 LING Höflichkeitssilbe *f*; **honorifical** ADJ (ADV ~ly) → honorific A

honors| degree, *bes Br* **honours| degree** [ˈɒnəz; *US* ˈɑnərz] S UNIV *akademischer Grad mit Prüfung in e-m Spezialfach*; **~ list** S UNIV *Liste der Studenten, die e-n **hono(u)rs degree** anstreben od erworben haben*

honor student *US für* honours man

honour, honourable, *etc bes Br für* honor, honorable *etc*

honours man S *irr* UNIV *Br Student, der e-n **honours degree** anstrebt, od Graduierter, der e-n solchen innehat*

hooch [huːtʃ] S *US sl (bes* geschmuggelter *od* schwarzgebrannter*)* Schnaps

hood[1] [hʊd] A S 1 Kapuze *f* 2 a Mönchskapuze *f* b UNIV kapuzenartiger Überwurf *(am Talar als Abzeichen der akademischen Würde)* 3 BOT Helm *m* 4 AUTO a *Br* Verdeck *n* b *US* (Motor)Haube *f* 5 TECH a (Schutz)Haube *f (a. für Arbeiter)*, Kappe *f* b *(Rauch-, Gas)* Abzug *m*, Abzugshaube *f* 6 ORN Haube *f*, Schopf *m* 7 ZOOL Brillenzeichnung *f (der Kobra)* B V/T 1 *j-m* e-e Kapuze aufsetzen 2 ver-, zudecken: **~ one's eyes** die Augen zusammenkneifen

hood[2] [hʊd; huːd] → hoodlum

-hood [hʊd] *Wortelement zur Bezeichnung e-s Zustandes od e-r Eigenschaft:* → childhood, likelihood *etc*

hooded [ˈhʊdɪd] ADJ 1 mit e-r Kapuze (bekleidet *od* versehen), Kapuzen…: **~ jacket** 2 ver-, zugedeckt, *(Augen)* zusammengekniffen 3 BOT kapuzen-, helmförmig 4 a ORN mit e-r Haube b ZOOL mit ausdehnbarem Hals *(Kobra etc)*; **~ crow** S ORN Nebelkrähe *f*; **~ seal** S ZOOL Mützenrobbe *f*; **~ snake** S ZOOL Kobra *f*

hoodie [ˈhʊdɪ] S *umg* Kapuzenjacke *f*, -pullover *m*

hoodlum [ˈhuːdləm] S *umg* 1 a Rowdy *m* b Schläger *m* 2 a Ganove *m* b Gangster *m*; **hoodlumism** S 1 Rowdytum *n* 2 Gangstertum *n*

hoodman-blind [ˈhʊdmən-] *obs für* blindman's buff

hoodoo [ˈhuːduː] A S 1 → voodoo A 2 *umg* a Unglücksbringer *m* b Unglück *n*, Pech *n* B V/T a verhexen b *umg j-m* Unglück bringen C ADJ *umg* Unglücks…

hoodwink V/T 1 *obs j-m* die Augen verbinden 2 *fig* hinters Licht führen, reinlegen *umg*

hooey [ˈhuːɪ] S *bes US sl* Krampf *m*, Quatsch *m*

hoof [huːf] A *pl* hoofs, hooves [-vz] S 1 ZOOL a Huf *m* b Fuß *m (vom Huftier)*: **on the ~** lebend *(Vieh)*; **cattle on the ~** Lebendvieh *n* c *umg hum* Pedal *n (Fuß)* 2 Huftier *n* B V/T 1 *umg e-e Strecke* (zu Fuß) gehen, marschieren: **~ it** → C 1, C 2 2 *a.* **~ out** *umg j-n* rausschmeißen, an die frische Luft setzen C V/I 1 *umg* zu Fuß gehen, marschieren 2 *bes US umg* tanzen, *bes* steppen; **~-and-mouth disease** S VET Maul- u. Klauenseuche *f*; **~beat** S Hufschlag *m*

hoofed [huːft] ADJ 1 gehuft, Huf…: **~ animal** Huftier *n* 2 hufförmig; **hoofer** S *bes US umg* Berufstänzer(in), *bes* Stepper(in)

hoo-ha [ˈhuːhɑː] S *umg* Spektakel *m*, Lärm *m* um nichts

hook [hʊk] A S 1 Haken *m*: **hang one's coat on the ~** s-n Mantel an den Haken hängen; **~ and eye** Haken u. Öse; **by ~ or (by) crook** unter allen Umständen, mit allen Mitteln; **off the ~** TEL ausgehängt *(Hörer)* (→ A 3); **on one's own ~** *umg* auf eigene Faust 2 TECH a Klammer-, Drehhaken *m* b Nase *f (am Dachziegel)* c Türangel *f*, Haspe *f* 3 *(Angel)* Haken *m*: **be off the ~** *umg* aus dem Schneider sein (→ A 1); **get off the ~** *umg* sich aus der Patsche ziehen; **get sb off the ~** *umg* j-m aus der Patsche helfen; **be on the ~** *umg* in der Patsche sein *od* sitzen *od* stecken; **have sb on the ~** *umg* j-n zappeln lassen; **fall for sb (sth) ~, line and sinker** *umg* sich rettungslos in j-n verlieben (voll auf etwas reinfallen); **swallow sth ~, line and sinker** *umg* etwas voll u. ganz schlucken; **sling one's ~** → B 9 4 MED a *(Knochen-, Wund- etc)* Haken *m* b *bes* HIST Greifhaken *m (e-r Armprothese)* 5 AGR Sichel *f* 6 *etwas Hakenförmiges, bes* a scharfe Krümmung b gekrümmte Landspitze c *bes* ANAT hakenförmiger Fortsatz 7 *pl sl* Griffel *pl (Finger)*: **just let me get my ~s on him!** wenn ich den in die Finger bekomme! 8 MUS Notenfähnchen *n* 9 SPORT a *Golf:* Hook *m (Schlag, bei dem der Ball in e-r der Schlaghand entgegengesetzten Kurve fliegt)* b *Boxen:* Haken *m*: **~ to the body (liver)** Körperhaken (Leberhaken) B V/T 1 an-, ein-, fest-, zuhaken 2 **~ over** hängen an *(akk) od* über *(akk)*: **~ your coat over that nail** 3 fangen, angeln *(a. fig umg)*: **~ a husband** sich e-n Mann angeln; **he is ~ed** *umg* er zappelt im Netz, er ist geliefert 4 *umg* klauen 5 biegen, krümmen 6 auf die Hörner nehmen, aufspießen 7 tamburieren, mit Kettenstich besticken 8 a *Boxen: j-m* e-n Haken versetzen b *Golf: den Ball* mit (e-m) Hook schlagen *od* spielen c *Eishockey etc: e-n Gegenspieler* haken 9 **~ it** *umg* Leine ziehen, verschwinden C V/I 1 sich krümmen 2 sich (zu)haken lassen 3 sich festhaken (**to** an *dat*) 4 → B 9 5 *Golf:* hooken, e-n Hook schlagen *od* spielen 6 **go ~ing** *sl* anschaffen gehen *umg*

Phrasal Verbs: **hook| in** V/T einhaken; **~ on** A V/T mit e-m Haken befestigen, ein-, anhaken B V/I 1 → hook C 3 2 sich einhängen (**to** bei *j-m*); **~ up** A V/T 1 → hook on A 2 zuhaken 3 TECH *ein Gerät* a zusammenbauen b anschließen (**to** an *akk*) 4 *Pferde* anspannen 5 RADIO, TV a zusammenschalten, in Konferenz schalten b zuschalten (**with** *dat*) B V/I *umg* heiraten (**with sb** j-n)

hooka(h) [ˈhʊkə] S Huka *f*, Wasserpfeife *f*

hook| and ladder, ~-and-ladder truck S *US* Gerätewagen *m (der Feuerwehr)*

hooked [hʊkt] ADJ 1 [*a.* ˈhʊkɪd] krumm, hakenförmig, Haken…: **~ nose** 2 mit (e-m) Haken (versehen) 3 tamburiert, mit Kettenstich bestickt 4 *umg* verheiratet 5 *umg* süchtig (**on** nach) *(a. fig)*: **~ on heroin (television)** heroin-(fernseh)süchtig; **she's ~ on him** sie ist ihm hörig

hooker[1] [ˈhʊkə(r)] S 1 a *Rugby:* Hakler *m* b *Golf:* Hooker *m (Spieler, dessen Spezialität der Hook ist)* 2 *US sl* Nutte *f* 3 *US sl* kräftiger Schluck *(Alkohol)* 4 *fig bes US sl* Haken *m*

hooker[2] [ˈhʊkə(r)] S SCHIFF 1 Huker *m (Hochseefischereifahrzeug)* 2 Fischerboot *n* 3 *umg pej* alter Kahn

Hooke's law [hʊks] S hookesches (Proportionalitäts)Gesetz

hookey → hooky

hooking [ˈhʊkɪŋ] S *Eishockey:* Haken *n*

hook|nose S Hakennase *f*; **~nosed** ADJ hakennasig, mit e-r Hakennase: **be ~** e-e Hakennase haben; **~ pin** S TECH Hakenbolzen *m*, -stift *m*; **~ shot** S *Basketball:* Hakenwurf *m*; **~ spanner** → hook wrench; **~up** S 1 ELEK, TECH a System *n*, Schaltung *f* b Schaltbild *n*, -schema *n* c Blockschaltung *f* d AUTO Brems(en)übersetzung *f* 2 TECH Zusammenbau *m* 3 RADIO, TV a Zusammenschaltung *f*, Konferenzschaltung *f* b Zuschaltung *f* 4 a Zusammenschluss *m*, Bündnis *n* b Absprache *f*, Verständigung *f*; **~worm** S ZOOL *(ein)* Hakenwurm *m*; **~ wrench** S TECH Hakenschlüssel *m*

hooky [ˈhʊkɪ] S: **play ~** *bes US umg* a blaumachen b (die Schule) schwänzen

hooligan [ˈhuːlɪgən] S Rowdy *m*; **hooliganism** S Rowdytum *n*

hoop[1] [huːp] A S 1 *allg* Reif(en) *m (als Schmuck, im Reifrock, bei Kinderspielen, im Zirkus etc)*: **~ (skirt)** HIST Reifrock *m*; **go through the ~(s)** *fig* durch die Mangel gedreht werden *umg*; **put through the ~(s)** *fig* durch die Mangel drehen, in die Mangel nehmen *(beide umg)* 2 TECH a *(Fass)* Reif(en) *m*, (-)Band *n* b *(Stahl)* Band *n*, Ring *m*: **~ iron** Bandeisen *n* c Öse *f* d Bügel *m*: **~ drop relay** ELEK Fallbügelrelais *n* 3 (Finger)Ring *m* 4 *Basketball:* a Korbring *m* b *bes US umg* Korb *m* 5 *Krocket:* Tor *n* B V/T 1 *Fässer* binden, Reifen aufziehen auf *(akk)*: **~ed skirt** HIST Reifrock *m* 2 (reifenförmig) runden 3 umgeben, umfassen

hoop[2] *obs* → whoop

hooper[1] S Fassbinder(in), Küfer(in), Böttcher(in)

hooper[2], **~ swan** S ORN Singschwan *m*

hooping swan → hooper[2]

hoopla [ˈhuːplɑː] S 1 *Br* Ringwerfen *n (auf Jahrmärkten)* 2 *US umg* Rummel *m*

hoopman [-mən] S *irr bes US umg* Basketballer *m*

hoopoe [ˈhuːpuː] S ORN Wiedehopf *m*

hoopster [ˈhuːpstə(r)] S *bes US umg* Basketballer(in)

hooray [hʊˈreɪ] → hurrah

hoos(e)gow [ˈhuːsˌgaʊ] S *US sl* Kittchen *n*

hoosier [ˈhuːʒər] S *US* 1 *pej* Bauer *m* 2 ♀ *(Spitzname für eine[n])* Bewohner(in) von Indiana; **♀ State** S *US (Beiname für den Staat)* Indiana *n*

hoot[1] [huːt] A V/I 1 *(höhnisch)* johlen, schreien: **~ at sb** j-n verhöhnen 2 schreien *(Eule)* 3 *bes Br* a AUTO hupen: **~ at sb (with one's horn)** j-n anhupen b pfeifen *(Zug etc)*, heulen *(Fabriksirene etc)* B V/T 1 *j-n* auszischen, -pfeifen, mit Pfuirufen überschütten: **~ down** niederschreien 2 **~ out, ~ away, ~ off** durch Gejohle vertreiben 3 *etwas* johlen 4 **~ one's horn** AUTO *bes Br* hupen: **~ one's horn at sb** j-n anhupen C S 1 *(höhnischer, johlender)* Schrei, *pl a.* Gejohle *n*: **it's not worth a ~** *umg* es ist keinen Pfifferling wert; **I don't care a ~** *(od* **two ~s)** *umg* das ist mir völlig piepe 2 Schrei *m (der Eule)* 3 *bes Br* a AUTO Hupen *n*, Hupsignal *n*, -zeichen *n* b Pfeifen *n*, Heulen *n* c → hooter 2 4

be a ~ *Br umg* zum Schreien sein
hoot² [huːt; uːt] INT *bes schott* ach was!, dummes Zeug!
hoot³ [huːt] S *Aus sl* Knete *f (Geld)*
hootch → hooch
hooter [ˈhuːtə(r)] S 1 Johler(in) 2 *bes Br* a AUTO Hupe *f* b Sirene *f*, Pfeife *f* 3 *bes Br sl* Riecher *m (Nase)*
hoots [huːts; uːts] → hoot²
Hoover® [ˈhuːvə(r)] A S Staubsauger *m* B V/T *meist* ♀ (staub)saugen, *e-n Teppich etc a.* absaugen: ♀ **up** a aufsaugen b *umg* in sich aufsaugen C V/I *meist* ♀ (staub)saugen
hooves [huːvz] *pl von* hoof
hop¹ [hɒp; *US* hɑp] A V/I 1 (hoch)hüpfen: **~ on** → B 2; **~ off** *Br umg* abschwirren, die Fliege machen 2 *umg* schwofen 3 *umg* a sausen, flitzen b fahren, FLUG fliegen c *bes* FLUG e-n Abstecher machen: **he ~ped to London for the day** er flog für e-n Tag nach London 4 *meist* **~ off** FLUG *umg* abheben 5 **~ to it** *US umg* sich an die Arbeit machen B V/T 1 hüpfen *od* springen über *(akk)*: **~ the twig** (*od* **stick**) *Br umg* a *a.* **~ it** abschwirren, die Fliege machen b hopsgehen *(sterben)* 2 *umg* a einsteigen in *(akk)* b auf *e-n fahrenden Zug etc* (auf)springen 3 FLUG *umg* überfliegen, -queren: **they ~ped the Atlantic in five hours** 4 *US e-n Ball etc* hüpfen lassen C S 1 Sprung *m*: **~, step, and jump** *(Leichtathletik)* Dreisprung *m*; **the shops are only a ~, step** (*od* **skip**), **and jump away** es ist nur ein Katzensprung bis zu den Geschäften; **be on the ~** *umg* auf Trab sein: a es eilig haben b viel zu tun haben; **keep sb on the ~** *umg* j-n in Trab halten; **catch sb on the ~** *umg* j-n überraschen *od* -rumpeln 2 *umg* Schwof *m*, Tanz(veranstaltung) *m(f)* 3 *umg* a Fahrt *f*, FLUG Flug *m*: **it's only a short ~ from London to Paris** mit dem Flugzeug ist es nur ein Katzensprung von London nach Paris b *bes* FLUG Abstecher *m*
hop² [hɒp; *US* hɑp] A S 1 BOT a Hopfen *m* b *pl* Hopfen(blüten) *m(pl)*: **pick** (*od* **gather**) **~s** → c 2 *sl obs* Droge *f*, *bes* Opium *n* B V/T 1 *Bier* hopfen 2 **~ up** *sl* a unter Drogen setzen b aufputschen *(a. fig)* c *US sl ein Auto, e-n Motor* frisieren, aufmotzen C V/I Hopfen zupfen *od* ernten
hop| back S *Brauerei*: Hopfenseiher *m*; **~bine**, *a.* **~bind** S BOT Hopfenranke *f*
hope [həʊp] A S 1 Hoffnung *f* (**of** auf *akk*): **live in ~(s)** die Hoffnung nicht aufgeben, optimistisch sein; **past** (*od* **beyond**) (**all**) **~** hoffnungs-, aussichtslos; **he is past all ~** er ist ein hoffnungsloser Fall, für ihn gibt es keine Hoffnung mehr; **there is no ~ that** … es besteht keine Hoffnung, dass …; **it was beyond my wildest ~s** es übertraf m-e kühnsten Hoffnungen; **in the ~ of doing sth** in der Hoffnung, etwas zu tun; **~ springs eternal (in the human breast)** *(Sprichwort)* der Mensch hofft, solange er lebt; **my ~ was for Peter to pass the examination** ich hoffte, Peter würde die Prüfung bestehen; **with ~** hoffnungsvoll; → build A 1, hold out A 2, raise A 1, A 5 b 2 Hoffnung *f*: a Vertrauen *n*, Zuversicht *f* b Aussicht *f*: **no ~ of success** keine Aussicht auf Erfolg; **~s of victory** Siegeshoffnungen 3 Hoffnung *f (Person od Sache)*: **she is our only** (*od* **last**) **~**; → white hope 4 → forlorn hope B V/I hoffen: **~ for** hoffen auf *(akk)*, (sich *etwas*) erhoffen; **~ for the best** das Beste hoffen; **~ for success** sich Erfolg erhoffen; **I ~ so** hoffentlich, ich hoffe es; **I ~ not** hoffentlich nicht, ich hoffe nicht; **the ~d-for result** das erhoffte Ergebnis C V/T *etwas* hoffen: **I ~ to meet her soon**; **~ against ~ that** … die Hoffnung nicht aufgeben *od* verzweifelt hoffen, dass …; **~ and trust that** … hoffen u. glauben, dass …; **it is to be ~d** es ist zu hoffen, man kann *od* darf *od* muss hoffen; **~ chest** S *US umg* Aussteuertruhe *f*
hopeful A ADJ 1 hoffnungsvoll: **be** (*od* **feel**) **~ about the future** hoffnungsvoll in die Zukunft blicken, optimistisch sein; **be ~ of success** hoffen, Erfolg zu haben; **be ~ that** … hoffen, dass …; **be ~ of doing sth** hoffen *od* voller Hoffnung sein, etwas zu tun 2 hoffnungsvoll, vielversprechend B S *bes* **young ~** hoffnungsvoller *od* vielversprechender junger Mensch; **hopefully** ADV 1 → hopeful A 2 hoffentlich; **hopefulness** S Optimismus *m*
hopeless ADJ (ADV **~ly**) hoffnungslos: a verzweifelt, mutlos: **~ tears** Tränen der Verzweiflung b ausweglos, aussichtslos *(Situation etc)*: **it's ~ going there** es hat keinen Zweck hinzugehen c unheilbar *(Patient etc)* d *umg* miserabel, unmöglich: **as an actor he is ~** e unverbesserlich, heillos: **a ~ drunkard** ein unverbesserlicher Trinker; **he is a ~ case** er ist ein hoffnungsloser Fall; **hopelessness** S Hoffnungslosigkeit *f*, Ausweglosigkeit *f*, Aussichtslosigkeit *f*
hop| garden S Hopfengarten *m*; **~head** S *sl obs* Drogen-, *bes* Opiumsüchtige(r) *m/f(m)*
Hopi [ˈhəʊpɪ] *pl* **-pis**, *bes koll* **-pi** S Hopi *m/f*, Hopi-, Moquiindianer(in)
hop kiln S Hopfendarre *f*
hoplite [ˈhɒplaɪt; *US* ˈhɑp-] S *Antike*: MIL Hoplit *m (schwer bewaffneter Fußsoldat)*
hop-o'-my-thumb [ˌhɒpəmɪˈθʌm; *US* ˌhɑp-] S Knirps *m*, Zwerg *m*, Dreikäsehoch *m umg hum*
hopper¹ [ˈhɒpə; *US* ˈhɑpər] S 1 Hüpfende(r) *m/f(m)* 2 *umg* Tänzer(in) 3 ZOOL Hüpfer *m*, *bes* hüpfendes Insekt, *z. B.* Käsemade *f* 4 TECH a (Füll-)Trichter *m* b Schüttgut-, Vorratsbehälter *m* c Gichtverschluss *m (bei Hochöfen)* d *a.* **~(-bottom) car** BAHN Fallboden-, Selbstentladewagen *m* e SCHIFF Baggerprahm *m* f Spülkasten *m*: **~ closet** Klosett *n* mit Spülkasten g IT Eingabemagazin *n* 5 **be in the ~** *bes US umg* in Vorbereitung sein *(Pläne etc)*
hopper² [ˈhɒpə; *US* ˈhɑpər] S 1 Hopfenpflücker(in) 2 *Brauerei*: a *Arbeiter, der den Hopfen zusetzt* b Gosse *f*, Malztrichter *m*
hoppicker S Hopfenpflücker(in)
hopping [ˈhɒpɪŋ; *US* ˈhɑ-] ADV: **be ~ mad** *umg* e-e Stinkwut (im Bauch) haben
hopple [ˈhɒpl; *US* ˈhɑpəl] → hobble B 1
hop| pole S Hopfenstange *f*; **~ sack** S 1 Hopfensack *m* 2 → hop sacking; **~ sacking** S 1 grobe Sackleinwand 2 grober Wollstoff; **~scotch** S Himmel-und-Hölle-Spiel *n*; **~vine** S BOT 1 Hopfenranke *f* 2 Hopfenpflanze *f*
Horae [ˈhɔːriː; *US a.* ˈhəʊ-] SPL MYTH Horen *pl (griechische Göttinnen der Jahreszeiten)*
horal [ˈhɔːrəl; *US a.* ˈhəʊ-] ADJ 1 Stunden… 2 stündlich
horary [ˈhɔːrərɪ; *US a.* ˈhəʊ-] *obs* → horal
Horatian [həˈreɪʃjən; *US* -ʃən] ADJ horazisch *(Ode etc)*
horde [hɔː(r)d; *US a.* həʊrd] A S 1 Horde *f*: a *(asiatische) Nomadengruppe* b *bes pej* (wilder) Haufen 2 ZOOL Schwarm *m (Insekten)* B V/I e-e Horde bilden: **~ together** in Horden zusammenleben
horizon [həˈraɪzn] S 1 ASTRON Horizont *m*, Gesichtskreis *m (beide a. fig, oft pl)*: **on the ~** am Horizont *(a. fig)*; **appear on the ~** am Horizont auftauchen, *fig a.* sich abzeichnen; **be on the ~** *fig* in Sicht sein; **apparent** (*od* **sensible, visible**) **~** scheinbarer Horizont; **celestial** (*od* **astronomical, geometrical, rational, true**) **~** wahrer *od* geozentrischer Horizont; **visual ~** SCHIFF Seehorizont, Kimm *f*; → artificial 1, broaden A 2 GEOL Horizont *m*, Zone *f* 3 *Anthropologie*: Horizont *m*, Kulturschicht *f* 4 MAL Horizontlinie *f*
horizontal [ˌhɒrɪˈzɒntl; *US* ˌhɔːrəˈzɑntl; ˌhɑrə-] A ADJ (ADV **~ly**) 1 horizontal: a MATH waag(e)recht: **~ line** → B b TECH liegend *(Motor, Ventil etc)* c in der Horizontalebene liegend d SCHIFF in Kimmlinie liegend *(Entfernung)* 2 TECH Seiten…: **~ steering** 3 a gleich, auf der gleichen Ebene *(Alter etc)* b WIRTSCH horizontal: **~ combination** horizontaler Zusammenschluss, Horizontalkonzern *m* B S MATH Horizontale *f*, Waag(e)rechte *f*; **~ bar** S *Turnen*: Reck *n*; **~ mobility** S SOZIOL horizontale Mobilität; **~ plane** S MATH Horizontalebene *f*; **~ projection** S MATH Horizontalprojektion *f*; **~ projection plane** S MATH Grundrissebene *f*; **~ rudder** S SCHIFF Horizontal(steuer)ruder *n*, Tiefenruder *n*; **~ section** S TECH Horizontalabschnitt *m*, Grundriss *m*; **~ stabilizer** S FLUG *US* Höhen-, Dämpfungsflosse *f*
hormic [ˈhɔː(r)mɪk] ADJ: **~ theory** hormische Psychologie *od* Theorie
hormonal [hɔː(r)ˈməʊnl] ADJ BIOL Hormon…, hormonal, hormonell; **hormone** [-məʊn] S Hormon *n*: **~ balance** Hormonhaushalt *m*
horn [hɔː(r)n] A S 1 ZOOL a Horn *n*: **show one's ~s** *fig* die Krallen zeigen b *pl (Hirsch)* Geweih *n* c *pl fig* Hörner *pl (des betrogenen Ehemanns)*: → bull¹ A 1, dilemma 1, lock¹ B 4 2 *hornähnliches Organ, bes* a Stoßzahn *m (e-s Narwals)* b Horn *n (e-s Nashorns)* c ORN Ohrbüschel *n* d Fühler *m*, (Fühl)Horn *n (e-s Insekts, e-r Schnecke etc)*: **draw** (*od* **pull**) **in one's ~s** *fig* a zurückstecken, den Gürtel enger schnallen *umg* b sich zurückhalten *od* beherrschen 3 CHEM Horn(-stoff) *n(m)*, Keratin *n* 4 *hornartige Substanz*: (**a pair of**) **~ glasses** (*od* **spectacles**) *pl* (e-e) Hornbrille 5 *Gegenstand aus Horn, bes* a Schuhlöffel *m* b Horngefäß *n*, -dose *f* c Hornlöffel *m* 6 Horn *n (hornförmiger Gegenstand), bes* a TECH *seitlicher Ansatz am Amboss* b *Stütze am Damensattel* c *hornförmige Bergspitze* d *(e-e)* Spitze *(der Mondsichel)* e Pulver-, Trinkhorn *n*: **~ of plenty** Füllhorn; **the ♀** (das) Kap Hoorn 7 MUS a Horn *n*: → blow¹ C 4 b *umg* Blasinstrument *n*: **the ~s** die Bläser 8 a AUTO Hupe *f*: → blow¹ C 4, honk C 1, hoot¹ A 3 a, sound⁴ C 1, toot¹ C 2 b Signalhorn *n* 9 TECH Schalltrichter *m*: **~ loudspeaker** Trichterlautsprecher *m* 10 FLUG Leitflächenhebel *m* 11 ELEK Hornstrahler *m* 12 Sattelknopf *m* 13 BIBEL Horn *n (als Symbol der Stärke od des Stolzes)* 14 *vulg* Ständer *m (erigierter Penis)* 15 *US sl* Telefon *n*: **get on the ~ to sb** j-n anrufen B V/T 1 a mit den Hörnern stoßen b auf die Hörner nehmen 2 *obs e-m Ehemann* Hörner aufsetzen C V/I **~ in** *sl* sich eindrängen *od* einmischen (**on** in *akk*)
horn|beam S BOT Hain-, Weißbuche *f*; **~bill** S ORN (Nas)Hornvogel *m*; **~blende** [-blend] S MINER Hornblende *f*; **~book** S 1 SCHULE, HIST *(Art)* Abc-Buch *n* 2 *fig* Fibel *f*; **~-break switch** S ELEK Streckenschalter *m* mit Hornkontakten; **~ bug** S ZOOL *US* Hirschkäfer *m*
horned [hɔː(r)nd] ADJ gehörnt, Horn…: **~ cattle** Hornvieh *n*; **~ owl** S ORN *(e-e)* Ohreule; **~ rattlesnake** S ZOOL Seitenwinder *m*
hornet [ˈhɔː(r)nɪt] S ZOOL Hornisse *f*: **bring a ~'s nest about one's ears**, **stir up a ~'s nest** *fig* in ein Wespennest stechen
horn|fels [-felz] S GEOL Hornfels *m*; **~ fly** S ZOOL *US* Hornfliege *f*
hornist [ˈhɔː(r)nɪst] S MUS Hornist(in)
hornless ADJ hornlos, ohne Hörner
horn|pipe S MUS Hornpipe *f*: a *Blasinstrument, dessen beide Enden aus Horn bestehen* b *alter englischer Tanz*; **~ plate** S TECH

H

Achs(en)halter *m*; ~ **quicksilver** S MINER Hornquecksilber *n*; **~-rimmed** ADJ: (a pair of) ~ glasses (*od* spectacles) *pl* (e-e) Hornbrille; ~ **shavings** SPL AGR Hornspäne *pl* (*Dünger*); ~ **silver** S MINER Horn-, Chlorsilber *n*; ~ **snake** S ZOOL US Hornnatter *f*; **~stone** S 1 → chert 2 → hornfels; **~swoggle** [-ˌswɒgl; US -ˌswagəl] V/T *sl* bescheißen, übers Ohr hauen (*beide umg*): well, I'll be ~d! ich werd verrückt!; **~tail** S ZOOL Holzwespe *f*

horny [ˈhɔː(r)nɪ] ADJ (ADV hornily) 1 hornig, schwielig: **~-handed** mit schwieligen Händen 2 aus Horn, Horn… 3 gehörnt, Horn… 4 *umg* geil 5 *umg* sexy

horologe [ˈhɒrəlɒdʒ; US ˈhɔːrəˌləudʒ; ˈhar-] S Chronometer *n*, Zeitmesser *m*, Uhr *f*; **horologer** [hɒˈrɒlədʒə; US həˈralədʒər], **horologist** S Uhrmacher(in); **horology** [-dʒɪ] S 1 Lehre *f* von der Zeitmessung 2 Uhrmacherkunst *f*

horometry [hɒˈrɒmɪtrɪ; US həˈra-] → horology 1

horopter [hɒˈrɒptə; US həˈraptər] S PHYSIOL Horopter(kreis) *m* (*kreisförmige horizontale Linie, auf der alle Punkte liegen, die mit beiden Augen nur einfach gesehen werden*)

horoscope [ˈhɒrəskəʊp; US *a.* ˈhar-] A S Horoskop *n*: cast a ~ ein Horoskop stellen B V/I horoskopieren, Horoskope stellen; **horoscoper** → horoscopist; **horoscopic** [-ˈskɒpɪk; US -ˈska-; -ˈskəʊ-] ADJ horoskopisch; **horoscopist** [hɒˈrɒskəpɪst; US həˈra-] S Horoskopsteller(in); **horoscopy** S Stellen *n* von Horoskopen

horrendous [hɒˈrendəs; US *a.* ha-] ADJ (ADV ~ly) → horrific

horrible [ˈhɒrəbl; US *a.* ˈha-] ADJ (ADV horribly) 1 schrecklich, furchtbar, scheußlich (*alle a. fig umg*) 2 *umg* gemein: be ~ to s.o; **horribleness** S Schrecklichkeit *f*, Furchtbarkeit *f*, Scheußlichkeit *f* (*alle a. fig umg*)

horrid [ˈhɒrɪd; US *a.* ˈharəd] ADJ (ADV ~ly) 1 → horrible 2 *obs* rau, borstig; **horridness** → horribleness

horrific [hɒˈrɪfɪk; US *a.* ha-] ADJ (ADV ~ally) 1 schrecklich, entsetzlich 2 horrend (*Strafen etc*)

horrify [ˈhɒrɪfaɪ; US *a.* ˈha-] V/T entsetzen: a mit Schrecken erfüllen, *j-m* Grauen einflößen: be horrified at (*od* by) entsetzt sein über (*akk*); he was horrified to hear that … er hörte mit Entsetzen, dass … b mit Abscheu erfüllen, empören: **~ing** → horrible 1

horripilation [hɒˌrɪpɪˈleɪʃn] S PHYSIOL Horripilatio *f*, Gänsehaut *f*

horror [ˈhɒrə(r); US *a.* ˈharər] A S 1 Entsetzen *n*, Grau(s)en *n*, Schrecken *m*: in ~ entsetzt; to my ~ zu m-m Entsetzen; seized with ~ von Grauen gepackt 2 (of) Abscheu *m*, Ekel *m* (vor *dat*), Widerwille *m* (gegen): have a ~ of e-n Horror haben vor (*dat*); have a ~ of doing sth e-n Horror davor haben, etwas zu tun 3 a Schrecken *m*, Gräuel *m*: the ~s of war b Gräueltat *f* 4 Grausigkeit *f*, Entsetzlichkeit *f*, (*das*) Schauerliche 5 *umg* (*etwas*) Scheußliches, Gräuel *m* (*Person od Sache*), Scheusal *n*, Ekel *n* (*Person*): an architectural ~ e-e architektonische Scheußlichkeit; that hat is a (real) ~ der Hut sieht (einfach) verboten aus 6 have the ~s *umg* a völlig down sein b sich wahnsinnige Sorgen machen c weiße Mäuse sehen (*Wahnvorstellungen haben*); it gave me the ~s *umg* mich packte dabei das kalte Grausen B ADJ Grusel…, Horror…: ~ **film**; **~-stricken**, **~-struck** ADJ von Schrecken *od* Grauen *od* Entsetzen gepackt

hors concours [ˌɔːkɒŋˈkʊə; US ˌɔːrˌkəʊŋˈkʊər] ADJ 1 (*a.* ADV) hors concours, außer Konkurrenz 2 unerreicht, unvergleichlich, *a.* WIRTSCH konkurrenzlos

hors de combat [ˌhɔːdəˈkɔ̃ːmbɑː; US ˌɔːrdəkəʊmˈbɑː] ADJ außer Gefecht, kampfunfähig

hors d'oeuvre [ɔːˈdɜːvrə; US ɔːrˈdɜrv] *pl* hors d'oeuvre, hors d'oeuvres [-ˈdɜːvrəz; US -ˈdɜrvz] S Horsd'œuvre *n*, Vorspeise *f*

horse [hɔː(r)s] A S 1 Pferd *n*: (as) strong as a ~ so stark wie ein Bär, bärenstark; he is as strong as a ~ *a.* er hat Bärenkräfte; back the wrong (right) ~ *fig* aufs falsche (richtige) Pferd setzen; back the wrong ~ *a.* auf die falsche Karte setzen; be on (*od* ride) one's high ~ *fig* auf dem *od* e-m *od* s-m hohen Ross sitzen; breathe like a ~ wie e-e Dampflokomotive schnaufen; wild ~s wouldn't (*od* couldn't) drag me there keine zehn Pferde bringen mich dorthin; eat like a ~ wie ein Scheunendrescher essen *umg*; get (*od* come) off one's high ~ *fig* von s-m hohen Ross herunterkommen *od* -steigen; get on (*od* mount) one's high ~ *fig* sich aufs hohe Ross setzen; hold your ~s! *umg* langsam!, immer mit der Ruhe!; you can lead (*od* take) a ~ to water but you can't make it drink (*Sprichwort*) man kann niemanden zwingen, e-n guten Vorschlag anzunehmen; spur a willing ~ *fig* j-n unnötigerweise antreiben; that's a ~ of another (*od* a different) colo(u)r *fig* das ist etwas (ganz) anderes; (straight *od* right) from the ~'s mouth *umg* aus erster Hand, aus berufenem Mund; to ~! MIL *etc* aufgesessen!; → cart A 1, dark horse, flog A 1, gift C, head *Bes Redew* 2 a Hengst *m* b Wallach *m* 3 KOLL MIL Kavallerie *f*, Reiterei *f*: regiment of ~ Kavallerieregiment *n*; a thousand ~ tausend Reiter; ~ and foot Kavallerie u. Infanterie, die ganze Armee 4 TECH (*Säge- etc*) Bock *m*, Gestell *n*, Ständer *m* 5 TYPO Anlegetisch *m* 6 *Bergbau*: a Bühne *f* b Gebirgskeil *m* 7 *Turnen*: Pferd *n* 8 *umg für* horsepower 1 9 *Schach*: *umg* Pferd *n*, Springer *m* 10 *sl* Heroin *n* B V/T 1 mit Pferden versehen: a *Truppen etc* beritten machen b *e-n Wagen* bespannen 2 auf ein Pferd setzen *od* laden 3 *etwas Schweres* schieben *od* zerren 4 *umg* derbe Späße treiben mit C V/I 1 aufsitzen, aufs Pferd steigen 2 ~ about (*od* around) *umg* Unfug treiben 3 rossen (*Stute*)

horse|-and-buggy ADJ *bes US umg* 1 in the ~ days als es noch keine Autos gab 2 altmodisch, vorsintflutlich *umg*; ~ **artillery** S MIL reitende *od* berittene Artillerie; **~back** A S Pferderücken *m*: on ~ zu Pferd, beritten; go (*od* ride) on ~ reiten; → devil A 1 B ADV zu Pferde: ride ~ reiten; ~ **bean** S BOT Saubohne *f*; **~box** S AUTO *Br* Pferdetransporter *m*; **~car** US → horsebox; ~ **chestnut** S BOT Rosskastanie *f*; **~cloth** S Pferdedecke *f*, Schabracke *f*; ~ **coper** S *Br* Pferdehändler(in)

horsed [hɔː(r)st] ADJ 1 beritten (*Person*) 2 (mit Pferden) bespannt (*Wagen*)

horse| dealer S Pferdehändler(in); **~-drawn** ADJ von Pferden gezogen, Pferde…; **~flesh** S 1 Pferdefleisch *n* 2 KOLL Pferde *pl*: he is a good judge of ~ er ist ein Pferdekenner; **~fly** S ZOOL (Pferde)Bremse *f*; ~ **gowan** S BOT Margerite *f*; ♀ **Guards** SPL MIL *Br* Gardekavalleriebrigade *f* (*bes das 2. Regiment, die* Royal ~); **~hair** A S 1 Ross-, Pferdehaar *n* 2 → haircloth B ADJ Rosshaar…: ~ mattress; **~hide** S 1 Pferdehaut *f* 2 Pferdeleder *n*; ~ **latitudes** SPL GEOG Rossbreiten *pl*; **~laugh** A S wieherndes Gelächter *umg* B V/I US wiehernd lachen, wiehern (*beide umg*); **~leech** S 1 ZOOL Pferdeegel *m* 2 *obs* Tierarzt *m*

horseless ADJ ohne Pferd(e); **horselike** ADJ: ~ constitution Pferdenatur *f umg*

horse| mackerel S FISCH 1 Thunfisch *m* 2 Rossmakrele *f* 3 Bonito *m*; **~man** [-mən] S *irr* 1 (geübter) Reiter: the Four Horsemen of the Apocalypse die Apokalyptischen Reiter 2 Pferdezüchter *m* 3 ZOOL Sandkrabbe *f*; **~manship** S Reitkunst *f*; ~ **marine** S US 1 MIL, HIST Marinekavallerist *m* 2 *j-d, der nicht in s-m Element ist*; **~meat** S Pferdefleisch *n*: ~ butcher Pferdemetzger *m*; **~mint** S BOT 1 a Wald- *od* Pferdeminze *f* b Rossminze *f* c Wasserminze *f* 2 US (*e-e*) Monarde; ~ **mushroom** S BOT Schafchampignon *m*; ~ **nail** S Hufnagel *m*; ~ **opera** S *umg* Western *m* (*Film*); ~ **pill** S MED *hum* große Pille *od* Tablette; ~ **pistol** S HIST große Sattelpistole; **~play** S (derber) Spaß, Unfug *m*; **~pond** S Pferdeschwemme *f*; **~power** S 1 *pl* horsepower PHYS Pferdestärke *f* (= *1,01 PS*): a 50-~ engine ein 50-PS-Motor; his car hasn't got enough ~ sein Wagen hat nicht genug PS; what ~ is your car? wie viel PS hat dein Wagen? 2 US *fig umg* Leistungsvermögen *n*; **~power-hour** S PHYS Pferdestärkenstunde *f* (= *1,0139 PS-Stunden*); ~ **race** S SPORT Pferderennen *n*; ~ **racer** S 1 Rennstallbesitzer(in) 2 Jockey *m* 3 Anhänger(in) des Pferderennsports; ~ **racing** S Pferderennen *n od pl*; **~radish** S BOT Meerrettich *m*; ~ **sense** S gesunder Menschenverstand; **~shit** S *vulg* 1 Pferdescheiße *f* 2 *fig bes US* Scheiß *m*: talk ~ Scheiß reden; **~shoe** [ˈhɔː(r)ʃʃuː; ˈhɔː(r)s-] A S 1 Hufeisen *n* 2 *pl* (*als sg konstruiert*) US Hufeisenwerfen *n* (*Spiel*) B ADJ Hufeisen…, hufeisenförmig: ~ bend (*od* curve) Schleife *f* (*e-r Straße etc*); ~ crab ZOOL Königskrabbe *f*; ~ magnet Hufeisenmagnet *m*; ~ nail Hufnagel *m*; ~ table in Hufeisenform aufgestellte Tische *pl*; ~ **show** S SPORT Reit- u. Springturnier *n*; **~tail** S 1 Pferdeschwanz *m* (*a. fig als Frisur*), Rossschweif *m* (*a.* HIST *als türkisches Feldzeichen u. Rangabzeichen*) 2 BOT a Schachtelhalm *m* b Tann(en)wedel *m*; ~ **tick** S ZOOL Pferdelausfliege *f*; ~ **trade** S 1 US Pferdehandel *m* 2 → horse trading 2; ~ **trader** S US Pferdehändler(in); ~ **trading** S 1 → horse trade 1 2 *bes* POL *umg* Kuhhandel *m*; ~ **vault** S *Turnen*: Pferdsprung *m*; **~whip** A S Reitpeitsche *f* B V/T mit der Reitpeitsche schlagen, peitschen; **~woman** S *irr* (geübte) Reiterin

horsey → horsy

horst [hɔː(r)st] S GEOL Horst *m*

horsy [ˈhɔː(r)sɪ] ADJ (ADV horsily) 1 pferdenärrisch 2 Pferde…: a Pferde betreffend: ~ talk Gespräch *n* über Pferde b nach Pferden: ~ smell Pferdegeruch *m* c pferdeähnlich, -artig: ~ face Pferdegesicht *n umg*; he bounced the boy on his knee in a ~ manner er ließ den Jungen auf s-m Knie reiten

hortatory [ˈhɔː(r)tətərɪ; US -təˌtəʊriː; -ˌtɔːriː] ADJ (ADV hortatorily), **hortative** [-tɪv] ADJ (ADV ~ly) anspornend, aufmunternd

horticultural [ˌhɔː(r)tɪˈkʌltʃərəl] ADJ (ADV ~ly) gartenbaulich, Garten(bau)…: ~ show Gartenschau *f*; **horticulture** S Hortikultur *f*, Gartenbau *m*; **horticulturist** S Gartenbauexperte *m*, -expertin *f*

hortus siccus [ˌhɔː(r)təsˈsɪkəs] S Herbarium *n*

hosanna [həʊˈzænə] A INT hosianna!, hosanna! B S Hosianna *n*, Hosanna *n*

hose[1] [həʊz] S 1 (*als pl konstruiert*) Strümpfe *pl*, Strumpfwaren *pl* 2 *pl* hose, hosen [-zn] HIST (Knie)Hose *f*

hose[2] [həʊz] A S 1 Schlauch *m* (*a. vulg Penis*) 2 TECH Dille *f*, Tülle *f* B V/T spritzen: ~ down *ein Auto etc* abspritzen; ~ off *Schmutz etc* abspritzen; ~ out ausspritzen

Hosea [həʊˈzɪə; US həʊˈzeɪə; -ˈziːə] EIGENN & S BIBEL (das Buch) Hosea *m od* Osee *m*

hose| clip S TECH Schlauchklemme *f*, -schelle *f*; **~man** [-mən] S *irr* Schlauchführer *m* (*der Feuerwehr*); **~ pipe** S Schlauchleitung *f*; **~proof** ADJ TECH strahlwassergeschützt

hosier ['həʊzɪə; US -ʒər] S Strumpfwarenhändler(in); **hosiery** S WIRTSCH KOLL Strumpfwaren *pl*

hosp. ABK hospital

hospice ['hɒspɪs; US 'hɑspəs] S Hospiz *n*: a *im christlichen Geist geführtes Gasthaus od Hotel* b Sterbeklinik *f*

hospitable ['hɒspɪtəbl; US hɑ'spɪ-] ADJ (ADV hospitably) 1 a gast(freund)lich (*Person*) b gastlich, gastfrei (*Haus*) 2 *fig* freundlich (*Klima*) 3 *fig* (**to**) empfänglich (für), aufgeschlossen (*dat*): **he's ~ to new ideas**; **hospitableness** → hospitality 1

hospital ['hɒspɪtl; US 'hɑs-] S 1 Krankenhaus *n*, Klinik *f*: **in** (*US* **in the**) **~** im Krankenhaus; **he was taken to** (*US* **to the**) **~** er wurde ins Krankenhaus gebracht; **~ fever** MED klassisches Fleckfieber; **~ gangrene** MED Hospitalbrand *m*; **~ nurse** Kranken(haus)schwester *f*, -pfleger *m* 2 MIL Lazarett *n*: **~ ship** Lazarettschiff *n*; **~ tent** Sanitätszelt *n*; **~ train** Lazarettzug *m* 3 Tierklinik *f* 4 *Br* HIST Spital *n*, *bes* a Armenhaus *n* b Altersheim *n* c Erziehungsheim *n* 5 Reparaturwerkstatt *f*: **dolls' ~** Puppenklinik *f*; **hospitaler**, *bes Br* **hospitaller** [-pɪtlə(r)] S 1 ♀ Hospitaliter *m*, Johanniter *m* 2 Mitglied *n* e-s Krankenpflegeordens, *z. B.* Barmherziger Bruder

hospitalism ['hɒspɪtlɪzəm; US 'hɑs-] S Hospitalismus *m*: a *das Auftreten von physischen u./od psychischen Schädigungen, die durch die Besonderheiten e-s Krankenhaus-, Anstalts- od Heimaufenthalts bedingt sind* b *das Auftreten von Entwicklungsstörungen u. -verzögerungen bei Kindern als Folge e-s Heimaufenthalts im Säuglingsalter*

hospitality [ˌhɒspɪ'tælətɪ; US ˌhɑspə-] S 1 Gastfreundschaft *f*, Gastlichkeit *f* 2 Akt *m* der Gastfreundschaft 3 *fig* Empfänglichkeit *f*, Aufgeschlossenheit *f* (*beide:* **to** für)

hospitalization [ˌhɒspɪtəlaɪ'zeɪʃn; US ˌhɑspɪtlə'z-] S 1 Aufnahme *f od* Einweisung *f od* Einlieferung *f* ins Krankenhaus 2 Krankenhausaufenthalt *m*; **~ insurance** S *US* (*private*) Krankenhauskostenversicherung

hospitalize ['hɒspɪtlaɪz; US 'hɑs-] V/T ins Krankenhaus einliefern *od* einweisen

hospitaller *bes Br für* hospitaler

host¹ [həʊst] S 1 Menge *f*, Masse *f*: **a ~ of questions** e-e Unmenge Fragen 2 *obs od poet* (Kriegs)Heer *n*: **the ~(s) of heaven** a die Gestirne b die himmlischen Heerscharen; **the Lord of ~s** BIBEL der Herr der Heerscharen

host² [həʊst] A S 1 Gastgeber *m*: **Tottenham were ~s to Liverpool** SPORT Tottenham hatte Liverpool zu Gast; **~ country** Gastland *n*; **the ~ country for the Olympic Games** das Gastgeberland für die Olympischen Spiele; **~ family** Gastfamilie *f* 2 (Gast)Wirt *m*: **reckon without one's ~** *fig obs* die Rechnung ohne den Wirt machen 3 BIOL Wirt *m*, Wirtspflanze *f od* -tier *n* 4 RADIO, TV a Talkmaster *m* b Showmaster *m* c Moderator *m*: **your ~ was ...** durch die Sendung führte (Sie) ... 5 *a.* **~ computer** Hostcomputer *m* (*Computer, der nur übermittelte Daten verarbeitet u. speichert*) B V/T 1 a als Gastgeber fungieren bei b *j-n* zu Gast haben 2 RADIO, TV *e-e Sendung* moderieren

host³, *oft* ♀ [həʊst] S REL Hostie *f*

hostage ['hɒstɪdʒ; US 'hɑs-] S 1 Geisel *f*: **take sb ~** j-n als Geisel nehmen; **give ~s to fortune** sich Verlusten *od* Gefahren aussetzen 2 (Unter)Pfand *n*

hostel ['hɒstl; US 'hɑstl] S 1 *meist* **youth ~** Jugendherberge *f* 2 *bes Br* (*Studenten-, Arbeiter- etc*) Wohnheim *n* 3 *obs* Wirtshaus *n*; **hosteler**, *bes Br* **hosteller** [-tələ(r)] S 1 *j-d, der in Jugendherbergen übernachtet* 2 *bes Br* Heimbewohner(in) 3 *obs* Gastwirt(in); **hostelry** [-tlrɪ] S *obs* Wirtshaus *n*

hostess ['həʊstɪs] S 1 Gastgeberin *f* 2 (Gast)Wirtin *f* 3 RADIO, TV Moderatorin *f* 4 Hostess *f* (*Betreuerin auf Messen etc*) 5 Animier-, Tischdame *f* 6 FLUG Hostess *f*, Stewardess *f*

hostile ['hɒstaɪl; US 'hɑstl; -ˌtaɪl] ADJ (ADV **~ly**) 1 feindlich, Feind(es)...: **~ act** feindliche Handlung; **~ take-over (bid)** WIRTSCH feindliche Übernahme; **~ territory** Feindgebiet *n* 2 (**to**) feindselig (gegen), feindlich gesinnt (*dat*): **~ to foreigners** ausländerfeindlich; **~ witness** JUR *eigener Zeuge, der sich unerwartet als feindlich erweist*

hostility [hɒ'stɪlətɪ; US hɑ-] S 1 Feindschaft *f*, Feindseligkeit *f* (**to** gegen): **feelings of ~** feindselige Gefühle; **feel ~ toward(s) sb** j-m feindlich gesinnt sein; **~ to foreigners** Ausländerfeindlichkeit *f* 2 Feindseligkeit *f*, feindselige Handlung 3 *pl* MIL Feindseligkeiten *pl*, Kriegs-, Kampfhandlungen *pl*

hostler ['ɒslə; US 'hɑslər; 'ɑs-] → ostler

hot [hɒt; US hɑt] A ADJ (ADV **~ly**) 1 heiß (*Klima, Ofen, Tränen etc*): → iron A 1, potato 2 warm, heiß (*Speisen*): **~ meal** warme Mahlzeit; **~ and ~** ganz heiß, direkt vom Feuer 3 erhitzt, heiß: **I am ~** mir ist heiß; **I went ~ and cold** es überlief mich heiß u. kalt 4 a scharf (*Gewürze*) b scharf gewürzt (*Gericht etc*) c *fig* leuchtend, grell (*Farbe*) 5 heiß, hitzig, heftig, erbittert (*Kampf etc*): **~ words** heftige Worte; **they grew ~ over an argument** sie erhitzten sich über e-n strittigen Punkt; → pursuit 1 6 leidenschaftlich, feurig: **a ~ temper** ein hitziges Temperament; **a ~ patriot** ein glühender Patriot; **be ~ for** (*od* **on**) *umg* scharf sein auf (*akk*), brennen auf (*akk*) 7 a wütend, erbost b aufgeregt: **get ~ and bothered** sich aufregen 8 heiß *umg*: a ZOOL brünstig b *umg* spitz, geil 9 heiß (*im Suchspiel*): **you're getting ~(ter)!** a es wird schon heißer! b *fig* du kommst der Sache schon näher! 10 ganz neu *od* frisch, noch warm: **~ off** (*US* **from**) **the press** frisch aus der Presse (*Nachrichten*), soeben erschienen (*Buch etc*); **a ~ scent** (*od* **trail**) JAGD e-e warme *od* frische Fährte *od* Spur (*a. fig*) 11 *umg* a toll, großartig: **it (he) is not so ~** es (er) ist nicht so toll; **~ news** *pl* (*als sg konstruiert*) sensationelle Nachrichten; **be ~ on** ganz groß in *e-m Fach* sein; → hot stuff b heiß, vielversprechend (*Tipp*): **~ favo(u)rite** *bes* SPORT heißer *od* hoher Favorit 12 *sl* heiß (*erregend*): **~ music** 13 *umg* ungemütlich, gefährlich: **make it ~ for sb** j-m die Hölle heißmachen, j-m gründlich einheizen (*beide umg*); **the place was getting too ~ for him** ihm wurde der Boden zu heiß (unter den Füßen); **be in ~ water** in Schwulitäten sein *umg*, Ärger *od* Schwierigkeiten haben (*bes mit e-r Behörde*); **get into ~ water** *umg* a *j-n* in Schwulitäten bringen b in Schwulitäten kommen, Ärger *od* Schwierigkeiten kriegen; **get into ~ water with sb** es mit j-m zu tun kriegen; **~ under the collar** a wütend, erbost b aufgeregt c verlegen 14 *umg* a heiß (*gestohlen, geschmuggelt etc*): **~ goods** heiße Ware; → hot money b (von der Polizei) gesucht 15 PHYS *umg* heiß (*stark radioaktiv*): **~ cell**; → hot spot 3 16 ELEK Strom führend: → hot wire 17 TECH, ELEK Heiß..., Warm..., Glüh... B ADV heiß: **the sun shines ~**; **get it ~ (and strong)** *umg* eins auf den Deckel kriegen; **give it ~ (and strong) to sb** *umg* j-m gründlich einheizen, j-m die Hölle heißmachen; → blow¹ B 1, run C 17, track A 1, trail C 4 C V/T 1 *meist* **~ up** *bes Br* heiß machen, *Speisen a.* warm machen, aufwärmen 2 **~ up** *umg* a *fig* an-, aufheizen: **~ up the pace** SPORT aufs Tempo drücken; aufdrehen b Schwung bringen in (*akk*) c *ein Auto, e-n Motor* frisieren, aufmotzen D V/I 1 *meist* **~ up** *bes Br* heiß werden, sich erhitzen 2 **~ up** *umg* a sich verschärfen (*Lage etc*), (SPORT *Tempo a.*) anziehen b schwungvoller werden: **things ~ted up** es kam Schwung in die Sache E SPL **have the ~s for** *umg* spitz *od* geil sein auf (*akk*)

hot| air S 1 TECH Heißluft *f* 2 *umg* heiße Luft, leeres Geschwätz, Schaumschlägerei *f*; **~-air** ADJ TECH Heißluft...: **~ balloon**; **~ blast** → hot blast 2; **~ engine** Heißluftmotor *m*; **~ heating** Warmluftheizung *f*; **~ merchant** *umg* Windmacher(in), Schaumschläger(in); **~-and-cold** ADJ *fig* unbeständig, wetterwendisch; **~bed** S 1 AGR Mist-, Frühbeet *n* 2 *fig* Brutstätte *f* (**of** *gen*) 3 TECH Kühlbett *n*; **~ blast** S TECH 1 Heißluftgebläse *n* 2 heiße Gebläseluft, Heißwind *m*; **~-blast** ADJ TECH Heißwind...: **~ furnace** Heißwindofen *m*; **~ stove** Winderhitzer *m*; **~-blooded** ADJ 1 heißblütig 2 reinrassig (*bes Pferd*); **~-bloodedness** S 1 Heißblütigkeit *f* 2 Reinrassigkeit *f*; **~box** S TECH heiß gelaufene Lagerbuchse; **~ bulb** S TECH Glühkopf *m*; **~ cathode** S ELEK Glüh-, Heizkathode *f*: **~ tube** Glühkathodenröhre *f*

hotchpot ['hɒtʃ-; US 'hɑtʃ-] S 1 JUR *Verteilungsverfahren bei Nachlässen unter Berücksichtigung der Vorausempfänge* 2 → hotchpotch 1, 2

hotchpotch ['hɒtʃpɒtʃ; US 'hɑtʃˌpɑtʃ] S 1 GASTR Eintopfgericht *n*, *bes* Gemüsesuppe *f* mit Fleisch 2 *fig* Mischmasch *m*, Durcheinander *n* 3 JUR → hotchpot 1

hot| cockles SPL (*als sg konstruiert*) Schinkenklopfen *n* (*Kinderspiel*); **~ cross bun** S *traditionellerweise am Karfreitag gegessenes Rosinenbrötchen mit e-m eingeritzten Kreuz*; **~ dog** A S Hot Dog *n*, *a. m* B INT *US umg* klasse!, toll!; **~-dog** V/I *umg* Tricks vorführen *od* zeigen (*bes Ski- od Skateboardfahrer*)

hotel [həʊ'tel; *Br a.* əʊ'tel] A S Hotel *n* B ADJ Hotel...: **~ chain** (**china, staff,** *etc*); **~ industry** Hotelgewerbe *n*; **~ life** das Leben im Hotel; **~ mogul** (*od* **tycoon**) Hotelkönig *m*; **~ register** Fremden-, Gästebuch *n*

hotelier [həʊ'telɪeɪ; -lɪə; US həʊ'teljər; ˌəʊtl'jeɪ], **hotelkeeper** S Hotelier *m*: a Hotelbesitzer(in) b Hoteldirektor *m*, -direktorin *f*

hot| flushes SPL MED fliegende Hitze; **~foot** *umg* A ADV schleunigst, schnell B V/I rennen C V/T: **~ it** → B; **~-galvanize** V/T TECH schmelztauch-, feuerverzinken; **~-gospel(l)er** S *umg* (fanatische[r]) Erweckungsprediger(in); **~head** S Hitzkopf *m*; **~-headed** ADJ (ADV **~ly**) hitzköpfig; **~-headedness** S Hitzköpfigkeit *f*; **~house** S 1 Treib-, Gewächshaus *n*: **~ effect** Treibhauseffekt *m*; **~ plant** a Treibhausgewächs *n* b *fig bes pej* Mimose *f* 2 Trockenhaus *n*, -raum *m*; **~housing** S *intensives Unterrichten kleiner Kinder mit dem Ziel, sie zu weit überdurchschnittlichen Menschen heranzuzüchten*; **~key** S COMPUT Hotkey *m*, Abkürzungstaste *f*; **~ line** S 1 *bes* POL heißer Draht 2 Hotline *f* (*telefonischer Notdienst, den Leute bei persönlichen Problemen, Computerproblemen etc in Anspruch nehmen können*); **~ money** S Hot Money *n*, heißes Geld *umg*: a WIRTSCH *Geld, das, um größeren Gewinn zu erzielen, je nach Zinshöhe in andere Länder fließt* b *illegal erworbene Banknoten, deren Nummern möglicherweise notiert wurden u. die der Erwerber deshalb schnell wieder abstoßen will*

hotness S Hitze *f* (*a. fig*)

hot| pants SPL 1 Hot Pants *pl*, heiße Höschen *pl* 2 **have ~ for** *umg* spitz *od* geil sein auf *(akk)*; **~plate** S 1 a Koch-, Heizplatte *f* b (Gas-, Elektro)Kocher *m* 2 Warmhalteplatte *f*; **~pot** S GASTR *bes Br* Eintopf *m*; **~-press** TECH A S 1 Warm- *od* Heißpresse *f* 2 Dekatierpresse *f* B V/T 1 warm *od* heiß pressen 2 *Tuch* dekatieren 3 *Papier* satinieren; **~-quench** V/T METALL warmhärten; **~ rod** S *bes US sl* (auf)frisierter Wagen; **~ rodder** S *bes US sl* 1 Fahrer(in) e-s **hot rod** 2 a Raser(in) b Verkehrsrowdy *m*; **~ saw** S TECH Warmsäge *f*; **~ seat** S 1 *US sl* elektrischer Stuhl 2 *umg* kitzlige Situation: **be in the ~** in e-r kitzligen Situation sein; **~-short** ADJ TECH rotbrüchig; **~shot** S *bes US umg* S 1 großes *od* hohes Tier 2 SPORT Kanone *f*, As *n (beide: at* in *dat)*: **~ at soccer** Fußballstar *m*; **~ spot** S 1 *bes* POL Unruhe-, Krisenherd *m* 2 *bes US umg Nachtklub od Amüsierbetrieb, in dem etwas los ist* 3 *umg* Hot Spot *m (stark radioaktiv verseuchte Stelle)* 4 GEOL Hot Spot *m (Stelle in der Erdkruste, aus der Magma austritt)* 5 IT Hot Spot *m (Einwahlpunkt für drahtlosen Internetzugang)*; **~ spring** S heiße Quelle, Thermalquelle *f*; **~spur** S Heißsporn *m*; **~ stuff** S *umg* 1 a toller Kerl: **he's ~** er ist große Klasse b tolle Sache 2 **that film is ~** der Film ist ganz schön scharf *(pornografisch)*

Hottentot ['hɒtntɒt; *US* 'hɑtn,tɑt] A *pl* -tots, *bes koll* -tot S 1 Hottentotte *m*, Hottentottin *f* 2 LING Hottentottisch *n* B ADJ hottentottisch, Hottentotten…

hottie ['hɒtɪ] S *Aus umg* Wärmflasche *f*

hottish ['hɒtɪʃ; *US* 'hɑ-] ADJ ziemlich heiß

hot| tube S ELEK Heiz-, Glührohr *n*; **~ war** S heißer Krieg; **~-water** ADJ Heißwasser…: **~ bottle** Wärmflasche *f*; **~ heating** Heißwasserheizung *f*; **~ pollution** Umweltschädigung *f* durch Wärme; **~ wire** S ELEK a Strom führender Draht b Hitzdraht *m (in Messinstrumenten)*; **~-wire** V/T *umg ein Fahrzeug* kurzschließen; **~work** V/T TECH *Metall* warm(ver)formen, wärmebehandeln

hound[1] [haʊnd] A S 1 Jagdhund *m*: **ride to** (*od* **follow the**) **~s** an e-r Parforcejagd *(bes Fuchsjagd)* teilnehmen 2 Verfolger(in) *(bei e-r Schnitzeljagd)* 3 *pej* Hund *m*, gemeiner Kerl 4 *bes US umg* Fanatiker(in), Narr *m*, Närrin *f*: **movie ~** Kinonarr *m* B V/T 1 *(bes mit Hunden, a. fig j-n)* jagen, hetzen, verfolgen: **he is ~ed by his creditors** s-e Gläubiger sitzen ihm im Nacken; **~ down** erlegen, zur Strecke bringen; **~ out** hinausjagen, vertreiben *(beide:* **of** aus) 2 *Hunde* hetzen (**at** auf *akk*) 3 *oft* **~ on** *j-n* hetzen, (an)treiben

hound[2] [haʊnd] S 1 SCHIFF Mastbacke *f* 2 *pl* TECH Seiten-, Diagonalstreben *pl (an Fahrzeugen)*

houndfish → dogfish

hour ['aʊə(r)] S 1 Stunde *f*: **by the ~** stundenweise; **for ~s (and ~s)** stundenlang; **at 14.20 ~s** um 14 Uhr 20; **the clock strikes the ~** es schlägt voll; **(every ~) on the ~** (immer) zur vollen Stunde; **10 minutes past the ~** 10 Minuten nach der vollen Stunde; **twenty-four ~s a day** rund um die Uhr, Tag u. Nacht; **an ~ from here** e-e Stunde von hier; **sleep till all ~s** bis in die Puppen schlafen *umg*; **after one ~ of play** SPORT nach einer Stunde Spielzeit; **after ~s of preparation** nach stundenlanger Vorbereitung; **three-~** dreistündig; **eight-~ day** Achtstundentag *m*; → overtime A 1 a 2 (Tages)Zeit *f*, Stunde *f*: **what's the ~?** *obs* wie viel Uhr ist es?; **at all ~s** zu jeder Zeit, jederzeit; **at this ~** zu dieser Zeit *od* Stunde; **at what ~?** um wie viel Uhr?; **at an early ~** früh; **keep regular ~s** regelmäßige Zeiten einhalten; → early B 1, eleventh A 1, late A 1, small hours, wee[1] B 3 Zeitpunkt *m*, Stunde *f*: **the ~ of death** die Todesstunde; **in my ~ of need** in der Stunde m-r Not; **his ~ has come** a s-e Stunde ist gekommen b *a.* **his last ~ has come, his (last) ~ has struck** s-e letzte Stunde *od* sein letztes Stündchen ist gekommen *od* hat geschlagen; **the ~ has come for us to have a serious talk** es ist an der Zeit, dass wir uns einmal ernsthaft unterhalten 4 Stunde *f*, Tag *m*, Gegenwart *f*: **the man of the ~** der Mann des Tages; **the question of the ~** die aktuelle Frage 5 *pl (Arbeits)* Zeit *f*, *(Arbeits-, Dienst-, Geschäfts)* Stunden *pl*: **what are your ~s?** wann haben Sie geöffnet?; **after ~s** a nach Dienst- *od* Geschäftsschluss; nach der Polizeistunde b nach der Arbeit c *fig* zu spät; **out of ~s** außerhalb der (Geschäfts- *etc*)Zeit; → man-hour, office hours 6 SCHULE a *(Schul-, Unterrichts)* Stunde *f* b UNIV anrechenbare Stunde 7 ASTRON, SCHIFF Stunde *f (15 Längengrade)* 8 *pl* REL a Gebetsstunden *pl* b Stundengebete *pl* c Stundenbuch *n* 9 **♀s** *pl Antike*: Horen *pl* (→ Horae)

hour| angle S ASTRON Zeit-, Stundenwinkel *m*; **~ circle** S ASTRON Stundenkreis *m*; **~glass** S Stundenglas *n*, *bes* Sanduhr *f*; **~ hand** S Stundenzeiger *m*

houri ['hʊərɪ; *US a.* 'hu:ri:] S 1 Huri *f (Paradiesjungfrau des Islam)* 2 *fig* betörend schöne Frau

hourly ADV & ADJ 1 stündlich: **~ bus service**; **~ performance** TECH Stundenleistung *f* 2 ständig, (an)dauernd 3 *(nur adv)* stündlich, jeden Augenblick: **we are expecting him ~**

house A S [haʊs] *pl* houses ['haʊzɪz] 1 Haus *n (auch die Hausbewohner)*: **the whole ~ knew it** das ganze Haus wusste es; **the ~ where I was born** mein Geburtshaus; **~ and home** Haus u. Hof; **keep the ~** das Haus hüten; **get on like a ~ on fire** *umg* sich prima *od* blendend verstehen; **~ of God** Gotteshaus *n*; **~ of tolerance** *obs* Bordell *n*; → card[1] 1, correction 4, eat B 1, fame 1, safe A 3 2 Haus(halt) *n(m)*, -haltung *f*: **keep ~** den Haushalt führen (**for sb** j-m); **put** (*od* **set**) **one's ~ in order** *fig* s-e Angelegenheiten in Ordnung bringen; **put** (*od* **set**) **your own ~ in order first** *fig* kehr erst einmal vor d-r eigenen Tür; → open house 3 Haus *n*, *(bes Fürsten)* Geschlecht *n*, Familie *f*, Dynastie *f*: **the ♀ of Hanover** das Haus Hannover 4 WIRTSCH a (Handels)Haus *n*, Firma *f*: **on the ~** auf Kosten der Firma, auf Firmenkosten, *(a. im Wirtshaus etc)* auf Kosten des Hauses b **the ♀** *umg* die Londoner Börse (→ A 5) 5 *meist* ♀ PARL Haus *n*, Kammer *f*, Parlament *n*: **the ♀** a → House of Commons b → House of Lords c → House of Representatives d *koll* das Haus *(die Abgeordneten)* (→ A 4); **the ♀s of Parliament** die Parlamentsgebäude *(in London)*; **enter the ♀** Mitglied des Parlaments werden; **there is a ♀** es ist Parlamentssitzung; **the ♀ rose at 5 o'clock** die Sitzung endete um 5 Uhr; **make a ♀** die zur Beschlussfähigkeit nötige Anzahl von Parlamentsmitgliedern zusammenbringen; **no ♀** das Haus ist nicht beschlussfähig; → lower house, upper house 6 Ratsversammlung *f*, Rat *m*: **the ♀ of Bishops** *(anglikanische Kirche)* das Haus der Bischöfe 7 THEAT a Haus *n*: **a full ~** b *(das)* Publikum, *(die)* Zuschauer *pl*: → bring down 8 c Vorstellung *f*: **the second ~** die zweite Vorstellung *(des Tages)* 8 UNIV *Br* Haus *n*: a Wohngebäude *n* der Studenten *(e-s englischen College)* b College *n*: **the ♀** Christ Church *(College in Oxford)* 9 SCHULE Wohngebäude *n (e-s Internats)* 10 ASTROL a Haus *n* b *(e-m Planeten zugeordnetes)* Tierkreiszeichen 11 *Curling*: Zielkreis *m* 12 *umg* Freudenhaus *n (Bordell)* B V/T [haʊz] 1 (in e-m Haus *od* e-r Wohnung) unterbringen 2 (in ein Haus) aufnehmen, beherbergen *(a. fig enthalten)* 3 unter Dach u. Fach bringen, verwahren 4 TECH (in e-m Gehäuse) unterbringen 5 SCHIFF a bergen b *die Bramstengen* streichen c in sichere Lage bringen, befestigen 6 *Zimmerei*: verzapfen C V/I wohnen, leben

house| agent S WIRTSCH *Br* Häusermakler(in); **~ arrest** S Hausarrest *m*: **be (place, put) under ~** unter Hausarrest stehen (stellen); **~ bill** S WIRTSCH auf die eigene Geschäftsstelle gezogener Wechsel; **~boat** S Hausboot *n*; **~body** S *US umg* häuslicher Mensch, *pej* Stubenhocker(in): **I'm a ~** ich bin am liebsten zu Hause; **~bound** ADJ *fig* ans Haus gefesselt; **~boy** S Boy *m (im Hotel etc)*; **~break** V/T *US e-n Hund etc* stubenrein machen: → housebroken; **~breaker** S 1 Einbrecher(in) 2 *Br* (Haus)Abbruchunternehmer(in); **~breaking** S 1 Einbruch(sdiebstahl) *m* 2 *Br* Abbruch(arbeiten) *m(pl)*; **~broken** ADJ *US* stubenrein *(Hund etc)*; **~buyer** S Hauskäufer(in); **~ call** S MED Hausbesuch *m*; **~carl** S HIST Leibwächter *m*; **~clean** V/I 1 Hausputz machen, ein Großreinemachen veranstalten 2 *(a.* V/T) *US umg* gründlich aufräumen (in *dat*), e-e Säuberungsaktion durchführen (in *dat*); **~cleaning** S 1 Hausputz *m*, Großreinemachen *n* 2 *US umg* Säuberungsaktion *f*; **~coat** S Morgenrock *m*, -mantel *m*; **~craft** S SCHULE *Br* Hauswirtschaftslehre *f*; **~ detective** S Hausdetektiv *m (im Hotel etc)*; **~ doctor** → house physician; **~dress** S Hauskleid *n*; **~father** S Hausvater *m*, Heimleiter *m (e-s Internats etc)*; **~fly** S ZOOL Stubenfliege *f*

houseful ['haʊsfʊl] S *(ein)* Haus *n* voll: **a ~ of guests** ein Haus voller Gäste

houseguest S Gast *m (der e-e Nacht od länger bleibt)*

household ['haʊshəʊld; 'haʊsəʊld] A S 1 *(Personen a. als pl konstruiert)* Haushalt *m* 2 **the ♀** *Br* die königliche Hofhaltung: **♀ Brigade, ♀ Troops** (Leib)Garde *f*, Gardetruppen B ADJ 1 Haushalts…, häuslich: **~ arts** *pl US* → housecraft; **~ cleaner** Reinigungsmittel *n*; **~ effects** *pl* Hausrat *m*; **~ gods** a *Antike*: Hausgötter *(Laren u. Penaten)* b *fig* lieb gewordene Dinge, *pej* Götzen *(bes im Haushalt)* c *fig* heiliggehaltene Institutionen, Tugenden *etc*; **~ linen** Bett- u. Tischwäsche *f*; **~ remedy** Hausmittel *n*; **~ soap** Haushaltsseife *f*, einfache Seife 2 alltäglich, Alltags…: **a ~ name** (*od* **word**) ein (fester *od* geläufiger) Begriff; **householder** S 1 Haushaltsvorstand *m* 2 Haus- *od* Wohnungsinhaber(in): **single ~** Einpersonenhaushalt *m*

house|-hunt V/I auf Haussuche sein: **go ~ing** auf Haussuche gehen; **~ hunting** S Haussuche *f*; **~husband** S Hausmann *m*; **~ journal** S *Br* Hauszeitschrift *f*; **~keep** V/I *irr umg* den Haushalt führen; **~keeper** S 1 Haushälterin *f*, Wirtschafterin *f*: **she is a good ~** sie kann gut wirtschaften 2 Hausmeister(in); **~keeping** S 1 Haushaltung *f*, Haushaltsführung *f* 2 *a.* **~ money** Haushalts-, Wirtschaftsgeld *n*

housel ['haʊzl] KATH *obs* A S heilige Kommunion B V/T *prät u. pperf* -seled, *bes Br* -selled *j-m* die Kommunion spenden

houseleek S BOT Hauslaub *n*, -wurz *f*

houseless ADJ 1 obdachlos 2 ohne Häuser, unbebaut

house|lights SPL THEAT Beleuchtung *f* im Zuschauerraum; **~line** S SCHIFF Hüsing *f*; **~maid** S Hausmädchen *n*, -angestellte *f*, -gehilfin *f*; **~maid's knee** S MED Dienstmädchenknie *n (Schleimbeutelentzündung am Knie)*; **~man** [-mən] S *bes Br* Medizinalassistent *m*;

~ martin S ORN Haus-, Mehlschwalbe *f*; ~master S SCHULE *Lehrer, der für ein Wohngebäude (e-s Internats) zuständig ist*; ~mate S Hausgenosse *m*, -genossin *f*; ~mistress S SCHULE *Lehrerin, die für ein Wohngebäude (e-s Internats) zuständig ist*; ~mother S Hausmutter *f*, Heimleiterin *f* (*e-s Internats etc*); ♀ of Assembly S POL Unterhaus *n* (*z. B. des südafrikanischen Parlaments*); ♀ of Commons S PARL Unterhaus *n* (*in Großbritannien u. Kanada*); ♀ of Delegates S PARL Abgeordnetenhaus *n* (*in einigen Staaten der USA*); ~ of horrors S US Geisterbahn *f*: go through the ~ Geisterbahn fahren; ♀ of Keys S PARL Unterhaus *n* (*der Insel Man*); ♀ of Lords S PARL Oberhaus *n* (*in Großbritannien*); ♀ of Representatives S PARL Repräsentantenhaus *n*, Abgeordnetenhaus *n* (*Unterhaus des US-Kongresses etc*); ~ organ US → house journal; ~ painter S Maler(in), Anstreicher(in); ~parents SPL Hauseltern *pl* (*e-s Internats etc*); ~ party S 1 mehrtägige Party (*bes in e-m Landhaus*) 2 KOLL (*die dabei anwesenden*) Gäste *pl*; ~phone S Haustelefon *n*; ~ physician S 1 Hausarzt *m* (*im Hotel etc*) 2 *im Krankenhaus wohnender Arzt*; ~ plant S BOT Zimmerpflanze *f*; ~-proud ADJ übertrieben ordentlich (*Hausfrau*): be ~ e-n Putzfimmel haben *umg*; ~-raising S US gemeinsamer Hausbau (*durch mehrere Nachbarn*); ~room S Haus-, Wohnraum *m*: give sb ~ j-n (ins Haus) aufnehmen; he wouldn't give it ~ er nähme es nicht einmal geschenkt; ~ rules SPL Hausordnung *f*; ~ search S JUR Haussuchung *f*; ~-sitter S *bes US* Haussitter(in); ~ sparrow S ORN Hausspatz *m*, -sperling *m*; ~-to-house ADJ von Haus zu Haus: ~ collection Haussammlung *f*; ~ salesman a Hausierer *m* b Vertreter *m*; ~ selling Verkauf *m* an der Haustür; ~top S Dach *n*: cry (*od* proclaim, shout) from the ~s *etwas* öffentlich verkünden, *etwas Vertrauliches* an die große Glocke hängen *umg*; ~-train V/T *Br e-n Hund etc* stubenrein machen: ~ed stubenrein; ~warming (party) S Einzugsparty *f* (*im neuen Haus*)

housewife [ˈhaʊswaɪf] S *irr* 1 Hausfrau *f* 2 [ˈhʌzɪf] *bes Br* Nähetui *n*, Nähzeug *n*; **housewifely** ADJ Hausfrauen..., hausfraulich: ~ duties; ~ virtues; **housewifery** [ˈhaʊsˌwɪfərɪ; *a.* ˈhʌzɪfrɪ; *US* ˈhaʊsˌwaɪfriː] → housekeeping 1

housework S Hausarbeit *f*

housing [ˈhaʊzɪŋ] S 1 Unterbringung *f* 2 Obdach *n*, Unterkunft *f* 3 a Wohnung *f*: ~ association *Br* Wohnungsgenossenschaft *f*; ~ density Wohndichte *f*; ~ development *bes US*, ~ estate *Br* Wohnsiedlung *f*; ~ development scheme (*od* plan) *Br* Wohn(ungs)bauprojekt *n*; ~ market Wohnungsmarkt *m*; ~ shortage Wohnungsnot *f*, -mangel *m*; ~ situation Lage *f* auf dem Wohnungsmarkt; ~ unit Wohneinheit *f* b *koll* Häuser *pl* 4 a Wohnungsbeschaffung *f*, -wesen *n* b Wohnungsbau *m*: Minister of ♀ and Local Government *Br* Minister *m* für Wohnungsbau u. Kommunalverwaltung 5 Wohnen *n*: ~ amenities *pl* Wohnkomfort *m*; ~ conditions Wohnverhältnisse 6 WIRTSCH a Lagerung *f* b Lagergeld *n* 7 Nische *f* 8 TECH a Gehäuse *n* b *Zimmerei*: Nut *f* c Gerüst *n* d Achshalter *m* 9 SCHIFF Hüsing *f*

hove [həʊv] *prät u. pperf von* heave

hovel [ˈhɒvl; *US* ˈhʌvəl] S 1 offener (*bes* Vieh-)Schuppen 2 *pej* Bruchbude *f*, Loch *n* 3 TECH (kegelförmiger) Backsteinmantel (*für Porzellanöfen*)

hover [ˈhɒvə; *US* ˈhʌvər] A V/I 1 schweben (*a. fig*): he is ~ing between life and death; ~ing accent LIT schwebender Akzent 2 sich herumtreiben *od* aufhalten (about in der Nähe von): a question ~ed on his lips ihm lag e-e Frage auf den Lippen 3 schwanken, sich nicht entscheiden können: she was ~ing between her husband and her lover B S 1 Schweben *n* 2 Schwanken *n*; ~craft S *irr* Hovercraft *n*, Luftkissenfahrzeug *n*; ~ hawk → kestrel; ~train S Hover-, Aerotrain *m*, Luftkissen-, Schwebezug *m*

how [haʊ] A ADV 1 (*fragend*) wie: ~ are you? wie geht es Ihnen?; ~ is your toothache? was machen d-e Zahnschmerzen?; ~ about ...? wie stehts mit ...?; ~ about a cup of tea? wie wäre es mit e-r Tasse Tee?; ~ about Jack? was ist *od* passiert mit Jack?, was machen wir mit Jack?; ~ do you know? woher wissen Sie das?; ~ do you know my name? woher kennen Sie m-n Namen?; ~ much? wie viel?; ~ many? wie viel?, wie viele?; ~ ever do you do it? wie machen Sie das nur?; ~ ever was I to know that? wie konnte ich das denn ahnen?; → be B 1, B 9 a, come *Bes Redew*, do[1] B 5, now[1] *Bes Redew*, so[1] A 4 2 (*ausrufend u. relativ*) wie: ~ large it is! wie groß es ist!; ~ absurd! wie absurd!; he knows ~ to ride er kann reiten; I know ~ to do it ich weiß, wie man es macht; ~ they will stare! die werden vielleicht Augen machen!; and ~! *umg* und ob!; here's ~! *umg* auf Ihr Wohl!, prost! 3 wie teuer, zu welchem Preis: ~ do you sell your potatoes? B S Wie *n*, Art *f* u. Weise *f*: the ~ and the why das Wie u. Warum

howbeit [ˌhaʊˈbiːɪt] *obs* A ADV nichtsdestoweniger B KONJ obgleich

howdah [ˈhaʊdə] S (*meist überdachter*) Sitz auf dem Rücken e-s Elefanten

how-do-you-do [ˌhaʊdjʊˈduː; -djəˈduː] S: a fine (*od* nice) ~ *umg* e-e schöne Bescherung

howdy [ˈhaʊdɪ] INT *bes US umg* Tag!

how-d'ye-do [ˌhaʊdjəˈduː; -djɪ-; -dɪ-] → how-do-you-do

how-e'er [haʊˈeə(r)] *poet* → however

however [haʊˈevə(r)] A ADV 1 wie auch (immer), wenn auch noch so: ~ it (may) be wie dem auch sei; ~ you do it wie du es auch machst; ~ hard he tried sosehr er sich auch bemühte; ~ much we wish it wie sehr wir es auch wünschen 2 *umg* wie (denn) nur: ~ did you manage that? B KONJ dennoch, (je)doch, aber, indes

howitzer [ˈhaʊɪtsə(r)] S MIL Haubitze *f*

howl [haʊl] A V/I 1 heulen (*Wölfe, Wind etc*) 2 brüllen, schreien (*beide*: in agony vor Schmerzen; with laughter vor Lachen) 3 *umg* heulen, weinen 4 pfeifen (*Radio, Wind etc*) B V/T brüllen, schreien: ~ sth out etwas herausbrüllen *od* -schreien; ~ sb down j-n niederschreien *od* -brüllen C S 1 Heulen *n*, Geheul *n* 2 a Schrei *m*: ~s *pl* of laughter brüllendes Gelächter b Brüllen *n*, Gebrüll *n*, Schreien *n*, Geschrei *n* 3 Pfeifen *n* 4 be a ~ *umg* zum Schreien sein; **howler** S 1 ZOOL Brüllaffe *m* 2 *umg* grober Schnitzer

howling ADJ 1 heulend 2 *umg* Mords..., Riesen...: a ~ success ein Bombenerfolg; ~ monkey S ZOOL Brüllaffe *m*

howsoever [ˌhaʊsəʊˈevə; *US* -səˈwevər] → however A 1

how-to book, **how-to-do-it book** S Ratgeber *m*

hoy[1] [hɔɪ] S SCHIFF Leichter *m*, Prahm *m*

hoy[2] [hɔɪ] A INT 1 he! 2 SCHIFF ahoi! B S He(ruf) *n(m)*

hoya [ˈhɔɪə] S BOT Wachsblume *f*

hoyden [ˈhɔɪdn] S Range *f*, Wildfang *m* (*Mädchen*); **hoydenish** ADJ wild, ausgelassen

Hoyle [hɔɪl] EIGENN: according to ~ genau nach den (Spiel)Regeln

HP ABK 1 TECH high-pressure 2 *Br* hire purchase 3 PHYS horsepower PS 4 *Br* Houses of Parliament

h-p. ABK 1 TECH high-pressure 2 *Br* hire-purchase 3 PHYS horsepower PS; ...-PS-...

HQ, **h.q.** ABK headquarters

hr[1] ABK hour(s PL) Std.

HR[2] ABK 1 POL HIST *Br* Home Rule Selbstverwaltung *f* 2 PARL *US* House of Representatives

HRH ABK His (*od* Her) Royal Highness Seine, Seiner (Ihre, Ihrer) königlichen Hoheit

hrs ABK hours PL Std.; (*bei Zeitangaben*) Uhr

HRT ABK MED hormone replacement therapy Hormonersatztherapie *f*

HS ABK 1 SCHULE *US* High School 2 POL *Br* Home Secretary Innenminister(in)

HSE ABK *Br* Health and Safety Executive

ht[1] ABK height H, H.

HT[2], **h.t.** ABK ELEK high tension

Hts ABK Heights PL

hub [hʌb] S 1 TECH (Rad)Nabe *f* 2 *fig* Zentrum *n*, Mittel-, Angelpunkt *m*: ~ of industry Industriezentrum; ~ of the universe Mittelpunkt *od* Nabel *m* der Welt; the ♀ *US* (*Spitzname für*) Boston *n* 3 TECH a Patrize *f* (*für Münzprägungen*) b Verbindungsstück *n* (*von Röhren*)

hubba hubba [ˌhʌbəˈhʌbə] INT *US sl bes obs* prima!, toll!

hubble-bubble [ˈhʌblˌbʌbl] S 1 a Brodeln *n* b Gurgeln *n* 2 → hubbub 3 Wasserpfeife *f*

Hubble('s) constant S ASTRON Hubble-Konstante *f* (*e-e fundamentale Konstante der Kosmologie*)

hubbub [ˈhʌbʌb] S 1 Stimmengewirr *n* 2 Tumult *m*

hubby [ˈhʌbɪ] S *umg* Göttergatte *m*

hubcap S AUTO Radkappe *f*

hubris [ˈhjuːbrɪs] S Hybris *f*, Hochmut *m*, Selbstüberhebung *f*; **hubristic** ADJ (ADV ~ally) hochmütig, überheblich

huckaback [ˈhʌkəbæk], *a.* **huck** S Gerstenkornleinen *n*, Drell *m*

huckle [ˈhʌkl] S 1 ANAT Hüfte *f* 2 Buckel *m*, Wulst *m/f*; ~back S Buckel *m*, Höcker *m*

huckleberry [-bərɪ; -brɪ; *bes US* -ˌberɪ] S BOT Amer. Heidelbeere *f*

hucklebone S ANAT *obs* 1 Hüftknochen *m* 2 (Fuß)Knöchel *m*

huckster [ˈhʌkstə(r)] A S 1 → hawker[2] 2 *j-d, der aggressive od dubiose Verkaufsmethoden anwendet* 3 RADIO, TV *US* Werbetexter(in), *pej* Reklamefritze *m* B V/I → haggle A 1 C V/T 1 → hawk[2] 1 2 a mit aggressiven *od* dubiosen Methoden Reklame machen für b mit aggressiven *od* dubiosen Methoden verkaufen; **hucksterism** S aggressive *od* dubiose Verkaufs- *od* Werbemethoden *pl*

huddle [ˈhʌdl] A V/T 1 a *meist* ~ together (*od* up) zusammenwerfen, auf e-n Haufen werfen b *meist* ~ together (*od* up) zusammendrängen c *bes Br* stopfen (into in *akk*): he ~d his shirts into his suitcase 2 ~ o.s. (up) sich zusammenkauern: be ~d (sich) kauern; ~d up zusammengekauert 3 ~ o.s. (up) against (*od* to) → B 3 4 *meist* ~ together (*od* up) *bes Br e-n Zeitungsartikel etc* a hinwerfen b zusammenstoppeln *pej* 5 ~ on a sich *ein Kleidungsstück* überwerfen b schlüpfen in (*akk*) 6 *fig* vertuschen B V/I 1 (sich) kauern: ~ up sich zusammenkauern 2 *meist* ~ together (*od* up) sich zusammendrängen *od* aneinanderschmiegen 3 ~ (up) against (*od* to) sich kuscheln *od* schmiegen an (*akk*) C S 1 a (wirrer) Haufen b Wirrwarr *m*, Durcheinander *n*: in a ~ auf e-m Haufen; dicht zusammengedrängt 2 go into a ~ *umg* die Köpfe zusammenstecken, Kriegsrat

H

halten; **go into a ~ with sb** mit j-m beraten; **he went into a ~ (with himself)** er ging mit sich zu Rate

Hudibrastic [ˌhju:dɪˈbræstɪk] ADJ (ADV ~ally) komisch-heroisch

hue¹ [hju:] S 1 Farbe *f* 2 (Farb)Ton *m*, Tönung *f*, (*a. fig*) Färbung *f*, Schattierung *f*: **political parties of all ~s**; **the sky darkened in ~** der Himmel nahm e-e dunklere Färbung an

hue² [hju:] S Geschrei *n*: **~ and cry** a *obs* (mit Geschrei verbundene) Verfolgung e-s Verbrechers b *fig* großes Geschrei; **raise a ~ and cry against** lautstark protestieren gegen, e-n Proteststurm entfachen gegen

hued [hju:d] ADJ *obs od poet, bes in Zusammensetzungen* gefärbt, farbig: **golden-~** goldfarben

huff [hʌf] A VT 1 a ärgern b verstimmen: **easily ~ed** übelnehmerisch 2 *obs* a *j-n* grob anfahren b tyrannisieren: **~ sb into sth** j-n zu etwas zwingen 3 *Damespiel: e-n Stein* wegnehmen B VI 1 a sich ärgern b einschnappen *umg* 2 *a.* **~ and puff** a schnaufen, pusten b (vor Wut) schnauben c *fig* sich aufblähen C S a Verärgerung *f*, Ärger *m* b Verstimmung *f*: **be in a ~** verärgert sein; verstimmt *od umg* eingeschnappt sein, schmollen; **go off in a ~** sich in den Schmollwinkel zurückziehen

huffiness [ˈhʌfɪnɪs] S 1 übelnehmerisches Wesen 2 a Verärgerung *f* b Verstimmung *f*; **huffish** ADJ (ADV ~ly), **huffy** ADJ (ADV huffily) 1 übelnehmerisch 2 (**about** wegen) a verärgert b verstimmt, eingeschnappt *umg*: **get ~** → huff B 1

hug [hʌg] A VT 1 umarmen, (*a.* **~ to one**) an sich drücken 2 **~ o.s.** *fig* sich beglückwünschen (**on, over** zu) 3 umfassen, umklammern: **~ the ball** SPORT sich nicht vom Ball trennen können, sich zu spät vom Ball trennen 4 *fig* (zäh) an *e-r Meinung etc* festhalten 5 sich dicht halten an (*akk*): **~ the coast (the side of the road)** sich nahe an der Küste (am Straßenrand) halten; **the car ~s the road well** AUTO der Wagen hat e-e gute Straßenlage B VI sich umarmen C S Umarmung *f*: **give sb a ~** j-n umarmen

huge [hju:dʒ] ADJ riesig, riesengroß, gewaltig, mächtig (*alle a. fig*): **~ hunt** Großfahndung *f*; **hugely** ADV ungeheuer, ungemein, gewaltig; **hugeness** S ungeheure *od* gewaltige Größe, Riesenhaftigkeit *f*

hugeous [ˈhju:dʒəs] *obs für* huge

huggermugger [ˈhʌgə(r)ˌmʌgə(r)] A S 1 Kuddelmuddel *m/n umg*, Durcheinander *n* 2 Heimlichtuerei *f* B ADJ & ADV *obs* 1 heimlich, verstohlen 2 unordentlich C VT *obs* vertuschen, -bergen D VI *obs* heimlichtun, Geheimnisse haben

hug-me-tight S Strickweste *f* (*für Damen*)

Huguenot [ˈhju:gənɒt; -nəʊ; *US* -ˌnɑt] S HIST Hugenotte *m*, Hugenottin *f*; **Huguenotic** [-ˈnɒtɪk; *US* -ˈnɑ-] ADJ hugenottisch

huh [hʌ] INT 1 (*fragend, erstaunt*) was? 2 *iron* haha!

hula [ˈhu:lə] A S Hula *f, a. m* (*Tanz der Eingeborenen auf Hawaii*): **do the ~** → B B VI Hula tanzen; **~ hoop** S Hula-Hoop(-Reifen) *m*; **~-hula** → hula A; **~ skirt** S Bastrock *m*

hulk [hʌlk] A S 1 SCHIFF Hulk *f/m* 2 Koloss *m*: a *Gebilde von gewaltigem Ausmaß* b sperriges *od* klotziges *od* unhandliches Ding c ungeschlachter Kerl, schwerfälliger Riese: **a ~ of a man** ein Koloss von e-m Mann B VI 1 *oft* **~ up** sich auftürmen, aufragen 2 *Br umg* mit schweren Schritten gehen; **hulking**, **hulky** ADJ 1 sperrig, klotzig, unhandlich 2 ungeschlacht, schwerfällig

hull¹ [hʌl] A S BOT 1 Schale *f*, Hülle *f* (*beide a. weitS.*), Hülse *f* 2 Außenkelch *m* B VT schälen, enthülsen: **~ed barley** Graupen *pl*

hull² [hʌl] A S 1 SCHIFF Rumpf *m*, Schiffskasko *m*, -körper *m*: **~ insurance** (Schiffs-, *a.* Flugzeug)Kaskoversicherung *f*; **~ down** a weit entfernt (*Schiff*) b MIL in verdeckter Stellung (*Panzer*) 2 FLUG a Rumpf *m* (*e-s Flugboots*) b Rumpf *m*, Hülle *f* (*e-s Starrluftschiffs*) 3 MIL (Panzer)Wanne *f* B VT SCHIFF den Rumpf treffen *od* durchschießen

hullaba(l)loo [ˌhʌləbəˈlu:] S Lärm *m*, Getöse *n*

huller [ˈhʌlə(r)] S AGR Schälmaschine *f*

hullo [həˈləʊ; hʌˈləʊ] → hello

hum¹ [hʌm] A VI 1 summen (*Bienen, Draht, Geschoss, Person etc*): **my head is ~ming** mir brummt der Kopf 2 ELEK brummen 3 **~ and haw** a nicht recht mit der Sprache herauswollen, herumdrucksen *umg* b unschlüssig sein, (hin u. her) schwanken 4 *a.* **~ with activity** *umg* voller Leben *od* Aktivität sein: **make things ~** die Sache in Schwung bringen, Leben in die Bude bringen; **things are starting to ~** allmählich kommt Schwung in die Sache *od* Leben in die Bude 5 *umg* stinken B VT *ein Lied* summen C S 1 Summen *n* 2 ELEK Brummen *n*: **~ frequency** Brummfrequenz *f* 3 Hm *n*: **~s and ha's** *pl* verlegenes Geräusper 4 *umg* Gestank *m* D INT hm!

hum² [hʌm] *umg* → humbug

human [ˈhju:mən] A ADJ (ADV → humanly) 1 menschlich, Menschen…: **I am only ~** ich bin auch nur ein Mensch; **they're only ~ too** die kochen auch nur mit Wasser; **that's only ~** das ist doch menschlich; **~ being** Mensch *m*; **~ chain** Menschenkette *f*; **~ counter** Human Counter *m* (*der Strahlenschutzüberwachung dienendes Messgerät zur Bestimmung der vom menschlichen Körper aufgenommenen u. wieder abgegebenen Strahlung*); **~ dignity** Menschenwürde *f*; **~ engineering** Human Engineering *n*, Anthropotechnik *f* (*Teilgebiet der Industrieanthropologie, das sich mit der Anpassung technischer Einrichtungen u. Abläufe an die physischen, psychischen u. sozialen Erfordernisse des Menschen befasst*); **~ error** menschliches Versagen; **~ flesh** Menschenfleisch *n*; **~ history** die Geschichte der Menschheit; **~ immunodeficiency virus** MED humanes Immunschwächevirus; **~ interest** (*das*) menschlich Ansprechende, (*der*) menschliche Aspekt; **~-interest story** ergreifende *od* ein menschliches Schicksal behandelnde Geschichte; **~ medicine** Humanmedizin *f*; **~ nature** die menschliche Natur; **it's only ~ nature to do sth** es ist nur allzu menschlich *od* es liegt ganz einfach in der menschlichen Natur, etwas zu tun; **~ race** Menschengeschlecht *n*; **~ relations** a zwischenmenschliche Beziehungen b Human Relations, Kontaktpflege *f*; **~ resources** *pl* Arbeitskräftepotential *n*; **~ resources department** *US* Personalabteilung *f*; **~ rights** Menschenrechte; **~ rights activist** Menschenrechtler(in); **~ rights organization** Menschenrechtsorganisation *f*; **~ touch** menschliche Note; → err 1 2 → humane 1 B S Mensch *m*

humane [hju:ˈmeɪn] ADJ 1 human, menschlich: **~ society** *Gesellschaft zur Verhinderung von Grausamkeiten an Tieren* 2 → humanistic 1; **humaneness** S Humanität *f*, Menschlichkeit *f*

humanism [ˈhju:mənɪzəm] S 1 *oft* ♀ Humanismus *m*: a (*auf das Bildungsideal der griechisch-römischen Antike gegründetes*) *Denken u. Handeln im Bewusstsein der Würde des Menschen* b *literarische u. philologische Neuentdeckung u. Wiederentdeckung der antiken Kultur, ihrer Sprachen, Kunst u. Geisteshaltung vom 13. bis 16. Jh* 2 a → humaneness b → humanitarianism; **humanist** A S 1 Humanist(in) 2 → humanitarian B B ADJ → humanistic; **humanistic** ADJ (ADV ~ally) 1 humanistisch (*Bildung etc*) 2 a → humane 1 b → humanitarian A

humanitarian [hju:ˌmænɪˈteərɪən] A ADJ humanitär, menschenfreundlich, Humanitäts…: **~ aid** humanitäre Hilfe B S Menschenfreund(in); **humanitarianism** S Menschenfreundlichkeit *f*, humanitäre Gesinnung

humanity [hju:ˈmænətɪ] S 1 die Menschheit, das Menschengeschlecht, die Menschen *pl*, der Mensch 2 Menschsein *n*, menschliche Natur 3 Humanität *f*, Menschlichkeit *f* 4 *pl* a klassische Literatur (*Latein u. Griechisch*) b Altphilologie *f* c Geisteswissenschaften *pl*

humanization [ˌhju:mənaɪˈzeɪʃn; *US* -nəˈz-] S 1 Humanisierung *f* 2 Vermenschlichung *f*, Personifikation *f*, Personifizierung *f*; **humanize** VT 1 humanisieren, humaner *od* menschenwürdiger gestalten 2 vermenschlichen, personifizieren

humankind [ˌhju:mənˈkaɪnd; ˈ-kaɪnd] → humanity 1

humanly ADV 1 menschlich 2 nach menschlichen Begriffen: **~ possible** menschenmöglich; **do everything ~ possible** das Menschenmögliche *od* sein Menschenmöglichstes tun; **it is not ~ possible** es ist einfach unmöglich; **~ speaking** menschlich gesehen 3 human, menschlich

Humberside [ˈhʌmbə(r)saɪd] S HIST Humberside *n* (*ehemalige Grafschaft im nordöstlichen Mittelengland*)

humble [ˈhʌmbl; *US a.* ˈʌmbl] A ADJ (ADV humbly) bescheiden: a demütig: **in my ~ opinion** m-r unmaßgeblichen Meinung nach; **Your ~ servant** (*Briefschluss*) *obs* Ihr ergebenster *od* untertänigster Diener; **eat ~ pie** *fig* klein beigeben, zu Kreuze kriechen; → self A 1 b anspruchslos, einfach: → abode² 2 b c niedrig, dürftig, ärmlich: **of ~ birth** von niedriger Geburt B VT demütigen, erniedrigen

humblebee → bumblebee

humbleness S Demut *f*, Bescheidenheit *f*

humbug [ˈhʌmbʌg] A S 1 Humbug *m umg*: a Schwindel *m*, Betrug *m* b Unsinn *m*, dummes Zeug, Mumpitz *m umg pej* 2 Schwindler(in), Betrüger(in), *bes* Hochstapler(in) 3 *Br* Pfefferminzbonbon *m/n* B VT beschwindeln, betrügen (*beide:* **out of** um): **~ sb into doing sth** j-n dazu kriegen, etwas zu tun; **humbuggery** [-ərɪ] → humbug A 1 a

humdinger [ˌhʌmˈdɪŋə(r)] S *bes US umg* 1 Mordskerl *m*, toller Bursche 2 tolles Ding: **a ~ of a party** e-e klasse Party

humdrum [ˈhʌmdrʌm] A ADJ eintönig, langweilig, fad B S 1 Langweiligkeit *f*, Eintönigkeit *f* 2 a langweilige *od* eintönige Arbeit b Langweiler(in), fader Kerl; **humdrumness** → humdrum B 1

humectant [hju:ˈmektənt] S CHEM Feuchthaltemittel *n*, Feuchthalter *m*

humeral [ˈhju:mərəl] ADJ ANAT 1 humeral, Oberarmknochen… 2 Schulter…: **~ veil** KATH Humerale *n* (*Schultertuch des Priesters*)

humerus [ˈhju:mərəs] *pl* -meri [-raɪ] S ANAT Humerus *m*, Oberarmknochen *m*

humic [ˈhju:mɪk] ADJ Humus…: **~ acid** CHEM Humin-, Humussäure *f*

humid [ˈhju:mɪd] ADJ (ADV ~ly) 1 feucht, GEOG *a.* humid 2 schwül; **humidifier** [-dɪfaɪə(r)] S TECH (Luft)Befeuchter *m*; **humidify** [-faɪ] VT befeuchten; **humidistat** [-dɪstæt] S TECH Feuchtigkeitsregler *m*; **humidity** S 1 Feuchtigkeit(sgehalt) *f(m)*: **~ (of the air)** Luftfeuchtigkeit 2 Schwüle *f*

humidor [ˈhju:mɪdɔ:(r)] S Feuchthaltebehälter *m* (*für Zigarren etc*)

humiliate [hjuːˈmɪlɪeɪt] V/T demütigen, erniedrigen; **humiliating** ADJ (ADV ~ly) erniedrigend, demütigend; **humiliation** S Erniedrigung *f*, Demütigung *f*; **humiliatory** [-lɪətərɪ; *US* -lɪəˌtəʊriː; -ˌtɔːriː] → humiliating

humility [hjuːˈmɪlətɪ] → humbleness

Humism [ˈhjuːmɪzəm] S PHIL humesche Philosophie

hummer [ˈhʌmə(r)] S 1 → hummingbird 2 → humdinger

humming [ˈhʌmɪŋ] ADJ (ADV ~ly) 1 summend 2 ELEK brummend 3 *umg* a geschäftig b lebhaft, schwungvoll: **~ trade** schwunghafter Handel; **~bird** S ORN Kolibri *m*; **~bird moth** S ZOOL *US* Schwärmer *m*; **~ top** S Brummkreisel *m*

hummock [ˈhʌmək] S 1 Hügel *m* 2 Eishügel *m* 3 → hammock²

humor, *bes Br* **humour** [ˈhjuːmə(r); *US a.* ˈjuː-] A S 1 Gemütsart *f*, Temperament *n* 2 (Gemüts)Verfassung *f*, Stimmung *f*, Laune *f*: **in a good (in a bad, in an ill) ~** (bei) guter (schlechter) Laune; **out of ~** schlecht gelaunt; **in the ~ for sth** zu etwas aufgelegt; **when the ~ takes him** wenn ihn die Lust dazu packt 3 Komik *f*, (*das*) Komische: **the ~ of the situation** 4 Humor *m*: (*a.* **good**) **sense of ~** (Sinn *m* für) Humor; **he has a bad sense of ~** er hat keinen Humor 5 *pl* Verrücktheiten *pl* 6 Spaß *m*, Scherz *m* 7 PHYSIOL a Körpersaft *m*, -flüssigkeit *f* b *obs* Körpersaft *m*: **the cardinal ~s** die Hauptsäfte des Körpers (*Blut, Schleim, Galle, schwarze Galle*) 8 *pl obs* feuchte Dämpfe *pl* B V/T 1 a *j-m* s-n Willen tun *od* lassen b *j-n od etwas* hinnehmen, mit Geduld ertragen 2 sich anpassen (*dat od* an *akk*); **humoral** ADJ PHYSIOL humoral: a *die Körperflüssigkeiten betreffend* b *auf dem Weg über die Körperflüssigkeiten übertragen*: **~ pathology** Humoralpathologie *f* (*bes in der Antike ausgebildete Lehre von den Körpersäften, deren richtige Mischung Gesundheit, deren Ungleichgewicht dagegen Krankheit bedeutete*)

humoresque [ˌhjuːməˈresk; *US a.* ˌjuː-] S MUS Humoreske *f*

humorist [ˈhjuːmərɪst; *US a.* ˈjuː-] S 1 Humorist(in) 2 Spaßvogel *m*; **humoristic** ADJ (ADV ~ally) humoristisch

humorless, *bes Br* **humourless** ADJ humorlos

humorous [ˈhjuːmərəs; *US a.* ˈjuː-] ADJ (ADV ~ly) humorvoll, humorig, komisch: **~ paper** Witzblatt *n*; **humorousness** S humorvolle Art, (*das*) Humorvolle, Komik *f*

humour, **humourless** *bes Br für* humor, humorless

hump [hʌmp] A S 1 Buckel *m*, (*e-s Kamels*) Höcker *m* 2 (kleiner) Hügel: **be over the ~** *fig* über den Berg sein *umg* 3 BAHN Ablaufberg *m* 4 *Br umg* a Trübsinn *m* b Stinklaune *f*: **get (have) the ~** trübsinnig *od* sauer werden (sein); **that gives me the ~** dabei werde ich trübsinnig; das fällt mir auf den Wecker 5 *US sl* Tempo *n*: **get a ~ on** a auf die Tube drücken b → B 3 B V/T 1 *oft* **~ up** (zu e-m Buckel) krümmen: **~ one's back** e-n Buckel machen 2 *bes Br umg* a auf den Rücken *od* auf die Schulter nehmen b tragen 3 **~ it, ~ o.s.** *US sl* sich mächtig ins Zeug legen, sich ranhalten 4 *Br umg* a *j-n* trübsinnig machen b *j-m* auf den Wecker fallen 5 *vulg* bumsen (*Geschlechtsverkehr haben mit*) C V/I 1 sich buckelartig erheben 2 *US sl* → B 3 3 *US sl* rasen, sausen; **~back** S 1 Buckel *m* 2 Buck(e)lige(r) *m/f(m)* 3 *a.* **~ whale** ZOOL Buckelwal *m* 4 FISCH (*ein*) Lachs *m*; **~backed** ADJ buck(e)lig

humped [hʌmpt] ADJ buck(e)lig

humph [hʌmf; hmm] A INT hm! B V/I „hm" machen

humpty [ˈhʌmptɪ] S *Br* Puff *m*, (rundes) Sitzpolster; **~-dumpty** [-ˈdʌmptɪ] S 1 *bes Br* Dickerchen *n* 2 *fig* (*etwas*) Zerbrechliches (*was nicht wiederhergestellt werden kann*)

humpy [ˈhʌmpɪ] ADJ 1 buck(e)lig 2 *Br umg* a trübsinnig b verärgert

humus [ˈhjuːməs] S Humus *m*

Hun [hʌn] S 1 Hunne *m*, Hunnin *f* 2 *fig* Vandale *m*, Vandalin *f*, Barbar(in) 3 *umg pej bes* HIST Deutsche(r) *m*

hunch [hʌntʃ] A S 1 → hump A 1 2 dickes Stück 3 Ahnung *f*, Gefühl *n*: **have a ~ that …** das Gefühl *od* den Verdacht haben, dass … B V/T *a.* **~ up** → hump B 1: **~ one's shoulders** die Schultern hochziehen; **he ~ed his shoulders over his book** er beugte sich über sein Buch C V/I 1 *a.* **~ up** a sich (zusammen)krümmen b (sich) kauern 2 → hump C 1; **~back** → humpback 1, 2; **~backed** → humpbacked

hundred [ˈhʌndrəd; *US a.* -dərd] A ADJ 1 hundert: **a (one) ~** (ein)hundert; **several ~ men** mehrere hundert Mann 2 *oft* **a ~ and one** hunderterlei, zahllose B S 1 Hundert *n* (*Einheit*): **~s and ~s** Hunderte u. Aberhunderte; **by the ~, by ~s** hundertweise, immer hundert auf einmal; **several ~** mehrere Hundert; **~s of thousands** Hunderttausende; **~s of times** hundertmal; **a great** (*od* **long**) **~** hundertzwanzig 2 Hundert *f* (*Zahl*) 3 MATH Hunderter *m* 4 *Br* HIST Zent *f* (*Unterbezirk e-r Grafschaft*) 5 *US* HIST Bezirk *m*, Kreis *m* (*nur noch in Delaware*) 6 **~s and thousands** GASTR Liebesperlen; **~fold** A ADJ & ADV hundertfach B S (das) Hundertfache; **~-percenter** S POL *US* Hurrapatriot(in) *umg pej*; **~-percentism** S POL *US* Hurrapatriotismus *m umg pej*

hundredth [ˈhʌndrədθ; -drətθ] A ADJ 1 hundertst(er, e, es) 2 hundertstel B S 1 (*der, die, das*) Hundertste 2 Hundertstel *n*: **a ~ of a second** e-e Hundertstelsekunde

hundredweight S: a *a.* **short ~** (*in USA*) *100 lbs. = 45,36 kg* b *a.* **long ~** (*in GB*) *112 lbs. = 50,80 kg* c *a.* **metric ~** Zentner *m*

hung [hʌŋ] A *prät u. pperf von* hang B ADJ: **~ parliament** Parlament *n* ohne klare Mehrheitsverhältnisse; → hang B 9

Hung. ABK 1 Hungarian 2 Hungary

Hungarian [hʌŋˈgeərɪən] A ADJ ungarisch: **she's ~** sie ist Ungarin B S 1 Ungar(in) 2 LING Ungarisch *n*, das Ungarische

Hungary [ˈhʌŋgərɪ] S Ungarn *n*

hunger [ˈhʌŋgə(r)] A S 1 Hunger *m*: **~ is the best sauce** (*Sprichwort*) Hunger ist der beste Koch 2 *fig* Hunger *m*, (heftiges) Verlangen, Durst *m* (*alle:* **for, after** nach): **~ for knowledge** Wissensdurst B V/I 1 Hunger haben 2 *fig* hungern (**for, after** nach): **~ for news** sehnsüchtig auf Nachricht warten C V/T 1 a hungern lassen b *bes* MIL aushungern 2 durch Hunger zwingen (**into** zu); **~ march** S Hungermarsch *m*; **~ strike** S Hungerstreik *m*: **go on (a) ~** in den Hungerstreik treten; **~ swelling** S MED Hungerödem *n*

hungry [ˈhʌŋgrɪ] A ADJ (ADV hungrily) 1 hungrig: **be** (*od* **feel**) **~** hungrig sein, Hunger haben; **without being ~** ohne zu hungern; **get ~** Hunger bekommen; **go ~** hungern; **(as) ~ as a hunter** (*od* **bear**) hungrig wie ein Wolf; **the** ~ **Forties** HIST die Hungerjahre (*1840 bis 1846 in England*) 2 *fig* hungrig (**for** nach): **a young ~ fighter**; **~ for knowledge** wissensdurstig; **~ for love** liebeshungrig 3 AGR mager, karg (*Boden*) 4 **gardening is ~ work** Gartenarbeit macht hungrig B SPL **get the hungries** *umg* auf einmal Hunger kriegen

hunk¹ [hʌŋk] S 1 großes Stück 2 *a.* **~ of a man** *bes US umg ein* sexy Mann

hunk² [hʌŋk] ADJ *US umg* 1 → hunky-dory 2 quitt: **get ~ on sb** mit j-m quitt werden *od* abrechnen

hunker [ˈhʌŋkə(r)] V/I kauern: **~ down** sich kauern

hunkers [ˈhʌŋkə(r)z] → haunch 2

hunkie → hunky

hunks [hʌŋks] *pl* hunks S 1 mürrischer alter Kerl 2 Geizhals *m*

hunky [ˈhʌŋkiː] S *US sl pej Arbeiter mittel- od osteuropäischer Abstammung*

hunky-dory [ˌhʌŋkɪˈdɔːrɪ] ADJ *bes US umg* in Butter, bestens

Hunnish [ˈhʌnɪʃ] ADJ 1 hunnisch 2 *fig* barbarisch 3 *umg pej bes* HIST deutsch

hunt [hʌnt] A S 1 Jagd *f*, Jagen *n*: **the ~ is up** (*od* **on**) die Jagd hat begonnen (*a. fig*) 2 Jagd(-gebiet) *f(n)*, -revier *n* 3 Jagd(gesellschaft) *f* 4 *fig* Jagd *f*: a Verfolgung *f* b Suche *f*, Fahndung *f* (*beide:* **for, after** nach): **be on the ~ for** auf der Jagd sein nach 5 SPORT Aufholjagd *f* 6 TECH Flattern *n*, Tanzen *n* (*von Reglern etc*) B V/T 1 (*a. fig j-n*) jagen, Jagd machen auf (*akk*), hetzen: **~ to death** zu Tode hetzen; **~ down** erlegen, zur Strecke bringen (*a. fig*); **~ the slipper (thimble)** Pantoffel-(Fingerhut)-suchen *n* (*Kinderspiel*); **a ~ed look** ein gehetzter Blick 2 *j-n, e-e Spur* verfolgen 3 jagen, treiben: **~ away** (*od* **off**) wegjagen, vertreiben; **~ out** hinausjagen, vertreiben (**of** aus) 4 *oft* **~ out** (*od* **up**) a heraussuchen b Nachforschungen anstellen über (*akk*) c aufstöbern, -spüren 5 *ein Revier* durchstöbern, -suchen (*beide a. fig*), -jagen (*alle:* **for** nach) 6 mit *Pferden, Hunden etc* jagen 7 *Radar*, TV abtasten C V/I 1 jagen: **go ~ing** auf die Jagd gehen; **~ for** Jagd machen auf (*akk*) (*a. fig*) 2 (**after, for**) a suchen (nach) b *fig* jagen, streben (nach) 3 TECH flattern, tanzen (*Regler etc*)

hunt-and-peck method S *umg hum* Adlersuchsystem *n umg*, Zweifingersystem *n* (*auf e-r Tastatur*)

hunter S 1 Jäger *m* (*a.* ZOOL *u. fig*): **~'s moon** Vollmond *m* nach dem **harvest moon**; **~'s trophy** Jagdtrophäe *f*; → hungry A 1 2 Jagdhund *m od* -pferd *n* 3 Sprungdeckeluhr *f* 4 *a.* **~ green** Jagdgrün *n*; **~-gatherer** S *Völkerkunde*: Wildbeuter *m*, Jäger u. Sammler *m*; **~-killer satellite** S MIL Killersatellit *m*

hunting A S 1 Jagd *f*, Jagen *n* 2 → hunt A 4 3 TECH a → hunt A 6 b Pendelschwingung *f* (*Radar*) c TV Abtastvorrichtung *f* B ADJ Jagd…; **~ box** S Jagdhütte *f*; **~ case** S Sprungdeckelgehäuse *n* (*e-r Uhr*); **~ cat** → cheetah; **~ crop** S Jagdpeitsche *f*; **~ ground** S Jagdrevier *n*, -gebiet *n* (*beide a. fig*): **go to the happy ~** in die ewigen Jagdgründe eingehen; **a happy ~** *fig* ein beliebtes *od* einträgliches Jagdrevier (**for** für); **~ horn** S Jagdhorn *n*; **~ knife** S *irr* Jagdmesser *n*; **~ leopard** → cheetah; **~ licence**, *US* **~ license** S Jagdschein *m*; **~ lodge** S Jagdhütte *f*; **~ rifle** S Jagdgewehr *n*; **~ scene** S MAL Jagdszene *f*, -stück *n*; **~ season** S Jagdzeit *f*; **~ seat** S Jagdsitz *m*, -schlösschen *n*; **~ watch** → hunter 3

huntress [ˈhʌntrɪs] S Jägerin *f*

hunt saboteur S *Br* militante(r) Gegner(in) der Fuchsjagd

huntsman [ˈhʌntsmən] S *irr* 1 Jäger *m* 2 Rüdemeister *m*; **huntsmanship** S Jägerei *f*, Jagdwesen *n*, Weidwerk *n*

hurdle [ˈhɜːdl; *US* ˈhɜrdl] A S 1 a *Leichtathletik*: Hürde *f*, (*Hindernislauf*) Hindernis *n* (*beide a. fig*) b *Pferdesport*: Hindernis *n*: **pass** (*od* **clear**) **the last ~** *fig* die letzte Hürde nehmen 2 Hürde *f*, (*Weiden-, Draht*) Geflecht *n* (*für Zäune etc*) 3 TECH a Faschine *f* b *Bergbau*: Gitter *n*, Rätter *m* B V/T 1 *a.* **~ off** mit Hürden umgeben, um-

H

zäunen 2 *ein Hindernis* überspringen 3 *fig e-e Schwierigkeit etc* überwinden C V/I a *Leichtathletik*: e-n Hürden- *od* Hindernislauf bestreiten b *Pferdesport*: ein Hindernisrennen bestreiten; **hurdler** S 1 Hürdenmacher(in) 2 *Leichtathletik*: a Hürdenläufer(in) b Hindernisläufer *m*

hurdle race S 1 *Leichtathletik*: a Hürdenlauf *m* b Hindernislauf *m* 2 *Pferdesport*: Hindernisrennen *n*

hurds [hɜːdz; *US* hɜrdz] SPL Werg *n*

hurdy-gurdy [ˈhɜːdɪˌgɜːdɪ; *US* ˌhɜrdiːˈgɜrdiː] S MUS 1 HIST Drehleier *f* 2 Leierkasten *m*

hurl [hɜːl; *US* hɜrl] A V/T schleudern *(a. fig)*: **~ down** zu Boden schleudern; **~ o.s.** sich stürzen (**on, at** auf *akk*); **~ abuse at sb** j-m Beleidigungen ins Gesicht schleudern, j-m Beschimpfungen an den Kopf werfen; **~ invectives** Beschimpfungen ausstoßen B V/I SPORT Hurling spielen C S 1 Schleudern *n* 2 *Hurling*: Stock *m*, Schläger *m*; **hurler** S SPORT Hurlingspieler(in); **hurley** [-lɪ] S SPORT 1 → hurling 2 *a.* **~ stick** Hurlingstock *m*, -schläger *m*; **hurling** S SPORT Hurling(spiel) *n (ein dem Hockey ähnliches altes irisches Schlagballspiel)*

hurly [ˈhɜːlɪ; *US* ˈhɜrliː] → hurly-burly A;

~-burly [ˈhɜːlɪˌbɜːlɪ; *US* ˌhɜrliːˈbɜrliː] A S Tumult *m*, Aufruhr *m*, Wirrwarr *m* B ADJ & ADV tumultartig, turbulent

hurrah [hʊˈrɑː; *US a.* hʊˈrɔː] A INT hurra!: **~ for …!** hoch …!, es lebe …!, ein Hoch *(dat)*! B S Hurra(ruf) *n(m)*: **win ~s** begeistert aufgenommen werden (**from** von) *(Platte etc)*; **the last ~** *fig* das letzte Hurra, der Schwanengesang C V/T mit Hurra empfangen, *j-n* hochleben lassen, *j-m* zujubeln D V/I hurra rufen

hurray [hʊˈreɪ] → hurrah

hurricane [ˈhʌrɪkən; -keɪn; *US bes* ˈhɜrəˌkeɪn; ˈhɜrɪkən] S a Hurrikan *m*, Wirbelsturm *m* b Orkan *m*, *fig a.* Sturm *m*: **rise to a ~** zum Orkan anschwellen; **~ deck** S SCHIFF Sturmdeck *n*; **~ lamp** S Sturmlaterne *f*; **~ roof** *US für* hurricane deck

hurried [ˈhʌrɪd; *US bes* ˈhɜriːd] ADJ (ADV **~ly**) eilig, hastig, schnell, übereilt: **~ly** *a.* in aller Eile; **write a few ~ lines** hastig ein paar Zeilen schreiben; **shoot ~ly** SPORT überhastet schießen; **hurrier** S 1 Antreiber(in) 2 *Bergbau*: *Br* Fördermann *m*

hurry [ˈhʌrɪ; *US bes* ˈhɜriː] A S 1 Hast *f*, Eile *f*: **be in a (great) ~** es (sehr) eilig haben (**to do sth** etwas zu tun), in (großer) Eile sein; **be in no ~** es nicht eilig haben (**to do sth** etwas zu tun); **I'm in no ~** *a.* ich hab Zeit; **be in no ~ to do sth** a nicht darauf erpicht sein, etwas zu tun b etwas nicht tun wollen; **I am in no ~ for you to do it** es eilt mir nicht, dass du es tust; lass dir ruhig Zeit damit; **do sth in a ~** etwas eilig *od* hastig tun, sich keine Zeit mit etwas lassen; **I need it in a ~** ich brauche es schnell *od* dringend; **in my ~ I left my umbrella at home** vor lauter Eile vergaß ich m-n Schirm zu Hause; **in my ~ to catch the train I …** ich hatte es so eilig, den Zug zu erreichen, dass ich …; **you will not beat that in a ~** *umg* das machst du nicht so schnell *od* so leicht nach; **in the ~ of business** im Drang der Geschäfte; **no ~** lass dir Zeit!; **there is no ~** es hat keine Eile, es eilt nicht 2 Hetze *f*, Wirbel *m*: **the ~ of daily life** 3 MUS *(Trommel- etc)* Wirbel *m* B V/T 1 schnell *od* eilig befördern *od* bringen: **~ through** *e-e Gesetzesvorlage etc* durchpeitschen *umg* 2 *oft* **~ up** a *j-n* antreiben, hetzen b *etwas* beschleunigen: **~ one's pace** s-n Schritt beschleunigen 3 *etwas* übereilen: **~ one's shot** SPORT überhastet schießen C V/I 1 eilen, hasten: **~ after sb** j-m nacheilen; **~ away** (*od* **off**) wegeilen; **~ over sth** etwas flüchtig *od* hastig erledigen 2 *oft* **~ up** sich beeilen: **~ up!** (mach) schnell!; **~-scurry, ~-skurry** [-ˈskʌrɪ; *US bes* -ˈskɜriː] → helter-skelter; **~-up** ADJ *US* 1 eilig *(Arbeit etc)*: **~ call** Notruf *m* 2 hastig *(Frühstück etc)*

hurst [hɜːst; *US* hɜrst] S 1 *(obs außer in Ortsnamen)* Forst *m*, Hain *m* 2 *obs* Sandbank *f* 3 *obs* bewaldeter Hügel

hurt[1] [hɜːt; *US* hɜrt] A V/T *prät u. pperf* hurt 1 verletzen, -wunden *(beide a. fig)*: **~ sb's feelings**; **~ one's knee** sich das *od* am Knie verletzen; **feel ~** gekränkt sein; **be ~** angeschlagen sein *(Boxer)*; → fly[2] 1 2 schmerzen, *j-m* wehtun *(beide a. fig)*: **the wound still ~s me; it ~s her to think of it; don't ~ me!** tu mir nichts!; **you're ~ing me!** du tust mir weh! 3 schädigen, schaden *(dat)*, Schaden zufügen *(dat)*: **it won't ~ you to miss breakfast for once** *umg* du wirst nicht gleich verhungern, wenn du einmal nicht frühstückst 4 *etwas* beschädigen B V/I 1 schmerzen, wehtun *(beide a. fig)*: **she kicked the attacker where it ~s most** 2 Schaden anrichten, schaden: **that won't ~** das schadet nichts 3 *umg* Schmerzen haben, *a. fig* leiden (**from** an *dat*) C S 1 Schmerz *m (a. fig)* 2 Verletzung *f*, Wunde *f* 3 Kränkung *f* 4 Schaden *m*, Nachteil *m (beide:* **to** für)

hurt[2] [hɜːt; *US* hɜrt] S *Heraldik*: blauer Kreis *(im Schilde)*

hurtful ADJ (ADV **~ly**) 1 verletzend *(Bemerkung etc)* 2 schmerzlich *(Anblick etc)* 3 schädlich, nachteilig *(beide:* **to** für): **~ to the health** gesundheitsschädlich

hurtle [ˈhɜːtl; *US* ˈhɜrtl] A V/I 1 *obs* (**against**) zusammenprallen (mit), prallen *od* krachen (gegen) 2 sausen, rasen, wirbeln, stürzen 3 rasseln, prasseln, poltern B V/T schleudern, wirbeln, werfen

husband [ˈhʌzbənd] A S 1 Ehemann *m*, Gatte *m*, Gemahl *m*: **~ and wife** Mann u. Frau; **my ~** mein Mann 2 *obs* a Verwalter *m* b sparsamer Mensch B V/T 1 haushälterisch *od* sparsam umgehen mit, haushalten mit 2 *obs* a *e-n Mann* heiraten b *ein Mädchen* verheiraten 3 *obs* a *Land* bebauen b *Pflanzen* anbauen; **husbandless** ADJ ohne Ehemann, unverheiratet; **husbandman** [-mən] S *irr obs* Bauer *m*; **husbandry** [-rɪ] S 1 AGR Landwirtschaft *f* 2 *fig* Haushalten *n*, sparsamer Umgang *(beide:* **of** mit)

husband-to-be *pl* husbands-to-be S: **her ~** ihr zukünftiger Mann

hush [hʌʃ] A INT still!, pst!, scht! B V/T 1 zum Schweigen *od* zur Ruhe bringen 2 besänftigen, beruhigen 3 *meist* **~ up** vertuschen C V/I still werden, verstummen D S Stille *f*, Ruhe *f*, Schweigen *n*: **policy of ~** (Politik *f* der) Geheimhaltung *f*

hushaby [ˈhʌʃəbaɪ] A INT eiapopeia! B S Wiegenlied *n*

hush|-hush *umg* A V/T 1 zur Geheimhaltung verpflichten 2 vertuschen B ADJ [*a.* ˌ-ˈhʌʃ] geheim, Geheim…, vertraulich C S Geheimhaltung *f*; **~ money** S *umg* Schweigegeld *n*

husk [hʌsk] A S 1 BOT a Hülse *f*, Schale *f*, Schote *f* b *US bes* Maishülse *f* 2 *fig* (leere) Schale 3 TECH Rahmen *m*, Bügel *m* B V/T enthülsen, schälen; **husker** S 1 Enthülser(in) 2 Schälmaschine *f*; **huskily** ADV mit heiserer *od* rauer Stimme; **huskiness** S Heiserkeit *f*, Rauheit *f (der Stimme)*; **husking** S 1 Enthülsen *n*, Schälen *n* 2 *a.* **~ bee** *US* geselliges Maisschälen

husky[1] [ˈhʌskɪ] A ADJ (ADV huskily) 1 hülsig 2 belegt, heiser, rau *(Stimme)* 3 *umg* stämmig, kräftig B S *umg* stämmiger Kerl

husky[2] [ˈhʌskɪ] S ZOOL Husky *m*, Eskimohund *m*

hussar [hʊˈzɑː; *US* həˈzɑːr] S MIL, HIST Husar *m*

Hussite [ˈhʌsaɪt] S REL, HIST Hussit(in)

hussy [ˈhʌsɪ; -zɪ] S 1 Fratz *m*, Göre *f* 2 Flittchen *n pej*

hustings [ˈhʌstɪŋz] SPL *(a. als sg konstruiert)* 1 *Br* HIST *Podium, auf dem die Parlamentskandidaten nominiert wurden u. von dem aus sie zu den Wählern sprachen* 2 a Wahlkampf *m*: **be on the ~** sich im Wahlkampf betätigen b Wahl(en) *f(pl)*

hustle [ˈhʌsl] A V/T 1 a stoßen, drängen b (an)rempeln 2 a hetzen, (an)treiben b drängen (**into doing sth** etwas zu tun) 3 *(in aller Eile) wohin* bringen *od* schaffen *od* schicken: **she ~d her children off to school** sie verfrachtete ihre Kinder in die Schule *umg* 4 sich beeilen mit 5 schütteln 6 **~ up** *bes US umg* (schnell) zusammenbasteln *od* machen, herzaubern 7 *bes US umg* a *etwas* ergattern b (sich) *etwas* ergaunern c *j-n* betrügen (**out of** um) B V/I 1 sich drängen 2 hasten, hetzen 3 sich beeilen 4 *bes US umg* mit *od* unter Hochdruck arbeiten, wühlen 5 *bes US umg* a betteln b klauen c betrügen d auf Freierfang sein *(Prostituierte)*: **go hustling** anschaffen gehen *umg* C S 1 *meist* **~ and bustle** a Gedränge *n* b Gehetze *n* c Betrieb *m*, Wirbel *m* 2 *bes US umg* Gaunerei *f*, Betrug *m*; **hustler** S *bes US umg* 1 Wühler(in) 2 Gauner(in), Betrüger(in) 3 Nutte *f umg pej*

hut [hʌt] A S 1 Hütte *f*: **~ circle** *(prähistorischer)* Steinring 2 Baracke *f* 3 *Aus* Arbeiterhaus *n (bes für Schafscherer)* B V/T & V/I in Baracken *od* Hütten unterbringen (hausen): **~ted camp** Barackenlager *n*

hutch [hʌtʃ] A S 1 Kiste *f*, Kasten *m* 2 (kleiner) Stall, Verschlag *m*, Käfig *m* 3 Trog *m* 4 *US* (kleiner) Geschirrschrank 5 *umg pej* Hütte *f* 6 *Bergbau*: a Schachtfördergefäß *n* b Hund *m* c Setzfass *n* B V/T *Erz* in e-m Sieb waschen

hutment [ˈhʌtmənt] S *bes* MIL Barackenlager *n*

hutzpa(h) → chutzpa(h)

huzza [hʊˈzɑː; *bes US* həˈzɑː] *obs* → hurrah

HWM ABK high-water mark

hyacinth [ˈhaɪəsɪnθ] S 1 BOT Hyazinthe *f* 2 MINER Hyazinth *m* 3 Hyazinthrot *n* 4 *Heraldik*: Pomeranzengelb *n*

Hyades [ˈhaɪədiːz], **Hyads** [-ædz] SPL ASTRON Hyaden *pl (Sternanhäufung im Sternbild Stier)*

hyaena → hyena

hyalin [ˈhaɪəlɪn] S MED Hyalin *n (aus Geweben umgewandelte glasige Eiweißmasse)*; **hyaline** [ˈhaɪəlɪn; -laɪn] A ADJ 1 hyalin: a ANAT, MED glasig, glasartig: **~ cartilage** Hyalinknorpel *m* b GEOL glasig erstarrt 2 *obs* durchsichtig B S 1 → hyalin 2 *obs etwas Durchsichtiges, z. B. das ruhige Meer*

hyalite [ˈhaɪəlaɪt] S MINER Hyalit *m*, Glasopal *m*

hyaloid [ˈhaɪəlɔɪd] ADJ ANAT, MED hyaloid, glasartig: **~ membrane** Glashaut *f (des Auges)*

hybrid [ˈhaɪbrɪd] A S 1 BIOL Hybride *f/m*, Bastard *m*, Mischling *m*, Kreuzung *f* 2 LING hybride Bildung, Mischwort *n* B ADJ hybrid: a BIOL mischerbig, Misch…, Bastard…, Zwitter… b *fig* ungleichartig, gemischt; **~ computer** S TECH Hybridrechner *m*

hybridism [ˈhaɪbrɪdɪzəm] S 1 → hybridity 2 BIOL Hybridisierung *f*, Kreuzung *f*, Bastardierung *f*; **hybridity** S Mischbildung *f*; **hybridization** → hybridism 2; **hybridize** A V/T hybridisieren, bastardieren, kreuzen B V/I sich kreuzen

Hydra [ˈhaɪdrə] *pl* -dras, -drae [-driː] S 1 Hydra *f*: a ***vielköpfige Schlange*** b ASTRON Wasserschlange *f* 2 ♀ *fig* Hydra *f (kaum auszurottendes Übel)* 3 ♀ ZOOL Hydra *f*, Süßwasserpolyp *m*

hydracid [haɪˈdræsɪd] S CHEM Wasserstoffsäure *f*
hydrangea [haɪˈdreɪndʒə] S BOT Hortensie *f*
hydrant [ˈhaɪdrənt] S Hydrant *m*
hydrargyrism [haɪˈdrɑː(r)dʒɪrɪzəm] S MED Hydrargyrose *f*, Quecksilbervergiftung *f*; **hydrargyrum** [-dʒɪrəm] S CHEM Hydrargyrum *n*, Quecksilber *n*
hydrate [ˈhaɪdreɪt] CHEM A S Hydrat *n* B V/T hydratisieren; **hydrated** ADJ CHEM, MINER mit Wasser chemisch verbunden, hydrathaltig; **hydration** S CHEM Hydration *f*
hydraulic [haɪˈdrɔːlɪk] A ADJ (ADV ~ally) PHYS, TECH hydraulisch: a Drucköl…, Druckwasser…: **~ brake** hydraulische Bremse, Öldruckbremse *f*; **~ jack** hydraulische Winde; **~ press** hydraulische Presse, Hydropresse *f* b unter Wasser erhärtend: **~ cement** hydraulischer Zement; **~ mortar** hydraulischer Mörtel, Wassermörtel *m* B S **hydraulics** *pl* (*als sg konstruiert*) PHYS Hydraulik *f* (*Theorie u. Wissenschaft von den Strömungen der Flüssigkeiten*) C V/T *prät u. pperf* **-licked** *Gold, Kohle* hydromechanisch gewinnen; **~ dock** S SCHIFF Schwimmdock *n*; **~ engineering** S TECH Pumpen- u. Rohrleitungsbau *m*; **~ mining** S *Bergbau*: hydromechanische Gewinnung (*von Gold od Kohle*); **~ organ** S MUS Wasserorgel *f*
hydrazoic [ˌhaɪdrəˈzəʊɪk] ADJ CHEM Stickstoffwasserstoff…: **~ acid**
hydric [ˈhaɪdrɪk] ADJ CHEM Wasserstoff…: **~ oxide** Wasser *n*
hydride [ˈhaɪdraɪd] S CHEM Hydrid *n*
hydriodic acid [ˌhaɪdrɪˈɒdɪk; *US* -ˈɑd-] S CHEM Jodwasserstoffsäure *f*
hydro [ˈhaɪdrəʊ] *pl* **-dros** S 1 FLUG *umg für* hydroplane A 1 2 MED *Br umg* a hydropathischer Kurort b Hotel mit hydropathischen Einrichtungen
hydro- [haɪdrəʊ] *Wortelement mit der Bedeutung* Wasser…
hydroairplane *US* → hydroplane A 1
hydrobomb S MIL Lufttorpedo *m*
hydrobiology S Hydrobiologie *f* (*Teilgebiet der Biologie, das sich mit den im Wasser lebenden Organismen beschäftigt*)
hydrobromic acid [-ˈbrəʊmɪk] S CHEM Bromwasserstoffsäure *f*
hydrocarbon [-ˈkɑː(r)bən] S CHEM Kohlenwasserstoff *m*
hydrocele [-siːl] S MED Hydrozele *f*, (Hoden)Wasserbruch *m*
hydrocellulose S CHEM Hydrozellulose *f*
hydrocephalic [-seˈfælɪk; *US* -sə-], **hydrocephalous** [-ˈsefələs] ADJ mit e-m Wasserkopf; **hydrocephalus** [-ləs] S MED Hydrozephalus *m*, Wasserkopf *m*
hydrochloric [-ˈklɒrɪk; *US* -ˈklɔː-; -ˈkləʊ-] ADJ CHEM salzsauer: **~ acid** Salzsäure *f*, Chlorwasserstoff *m*
hydrocyanic [-saɪˈænɪk] ADJ CHEM blausauer: **~ acid** Blausäure *f*, Zyanwasserstoffsäure *f*
hydrocyanide [-ˈsaɪənaɪd] S CHEM zyanwasserstoffsaures Salz
hydrodynamic PHYS A ADJ (ADV ~ally) hydrodynamisch B S **hydrodynamics** *pl* (*als sg konstruiert*) Hydrodynamik *f* (*Wissenschaft von den Bewegungsgesetzen der Flüssigkeiten*)
hydroelectric ADJ TECH hydroelektrisch: **~ power station** Wasserkraftwerk *n*
hydroextractor [-ɪkˈstræktə(r)] S TECH Trockenzentrifuge *f*, Schleudertrockner *m*, Trockenschleuder *f*
hydrofluoric ADJ CHEM flusssauer, Fluorwasserstoff…: **~ acid** Flusssäure *f*
hydrofoil [ˈhaɪdrəʊfɔɪl] S FLUG, SCHIFF a Tragflächen-, Tragflügelboot *n* b Tragfläche *f*, -flügel *m*
hydrogen [ˈhaɪdrədʒən] S CHEM Wasserstoff *m*; **hydrogenate** [ˈhaɪdrədʒɪneɪt; *Br a.* haɪˈdrɒ-; *US a.* haɪˈdrɑ-] V/T CHEM 1 hydrieren 2 *Öle, Fette* härten; **hydrogenation** S CHEM Hydrierung *f*
hydrogen| bomb S MIL Wasserstoffbombe *f*; **~ ion** S CHEM (positives) Wasserstoffion
hydrogenize [ˈhaɪdrədʒɪnaɪz; *Br a.* haɪˈdrɒ-; *US a.* haɪˈdrɑ-] → hydrogenate; **hydrogenous** [-ˈdrɒdʒɪnəs; *US* -ˈdrɑ-] ADJ CHEM wasserstoffhaltig, Wasserstoff…
hydrogen| peroxide S CHEM Wasserstoffsuperoxid *n*; **~ sulphate** S CHEM Hydrogensulfat *n*; **~ sulphide** S CHEM Schwefelwasserstoff *m*
hydrographic ADJ (ADV ~ally) hydrografisch: **~ map** a hydrografische Karte b SCHIFF Seekarte *f*; **~ office** (*od* **department**) Seewarte *f*
hydrography [haɪˈdrɒgrəfɪ; *US* -ˈdrɑ-] S 1 Hydrografie *f*, Gewässerkunde *f* 2 Gewässer *pl* (*e-r Landkarte*)
hydrologic [ˌhaɪdrəˈlɒdʒɪk; *US* -ˈlɑ-] ADJ, **hydrological** [-kl] ADJ (ADV ~ly) hydrologisch: **~ cycle** Wasserkreislauf *m*; **hydrology** [-ˈdrɒlədʒɪ; *US* -ˈdrɑ-] S Hydrologie *f* (*Lehre, die sich mit den Eigenschaften u. Gesetzen der ober- u. unterirdischen sowie der stehenden u. fließenden Gewässer beschäftigt*)
hydrolysis [haɪˈdrɒlɪsɪs; *US* -ˈdrɑ-] *pl* **-ses** [-siːz] S CHEM Hydrolyse *f*; **hydrolyte** [-drəlaɪt] S Hydrolyt *m*; **hydrolytic** [-ˈlɪtɪk] ADJ hydrolytisch; **hydrolyze** [-laɪz] V/T & V/I hydrolysieren
hydromancy [ˈhaɪdrəʊmænsɪ] S Hydromantie *f* (*Wahrsagen aus der Bewegung des Wassers od aus Spiegelungen auf der Wasseroberfläche*)
hydromechanical ADJ PHYS hydromechanisch; **hydromechanics** SPL (*als sg konstruiert*) Hydromechanik *f* (*Lehre von den bewegten u. unbewegten Flüssigkeiten*)
hydromel [ˈhaɪdrəʊmel] S *obs* Honigwasser *n*: **vinous ~** Met *m*
hydrometallurgy S TECH Hydrometallurgie *f* (*Metallgewinnung aus wässrigen Metalllösungen*)
hydrometeorology S Hydrometeorologie *f* (*Teilgebiet der Meteorologie, das sich mit dem Verhalten des Wasserdampfs u. s-r Kondensationsprodukte befasst*)
hydrometer [haɪˈdrɒmɪtə; *US* -ˈdrɑmətər] S PHYS Hydrometer *n* (*Gerät zur Messung der Geschwindigkeit fließenden Wassers, des spezifischen Gewichts von Wasser etc*); **hydrometric** [-drəʊˈmetrɪk] ADJ, **hydrometrical** ADJ (ADV ~ly) hydrometrisch; **hydrometry** [-trɪ] S Hydrometrie *f* (*Messung an Gewässern mit Hilfe des Hydrometers*)
hydropath [ˈhaɪdrəʊpæθ] S MED Hydropath(in) (*j-d, der Patienten mit Hilfe der Hydropathie behandelt*); **hydropathic** ADJ, **hydropathical** ADJ (ADV ~ly) hydropathisch; **hydropathist** [-ˈdrɒpəθɪst; *US* -ˈdrɑ-] → hydropath; **hydropathy** S Hydropathie *f* (*Lehre von der Heilbehandlung durch Anwendung von Wasser*)
hydrophobia [ˌhaɪdrəʊˈfəʊbjə; -bɪə] S 1 MED, VET a Hydrophobie *f* (*Wasserscheu als Symptom bei Tollwut*) b Tollwut *f* 2 PSYCH Hydrophobie *f* (*krankhafte Furcht vor [tiefem] Wasser*)
hydrophone [ˈhaɪdrəfəʊn] S TECH Hydrofon *n*: a Unterwasserhorchgerät *n* b *Gerät zum Überprüfen des Wasserdurchflusses durch Röhren* c *Verstärkungsgerät für Auskultation*
hydrophyte [ˈhaɪdrəʊfaɪt] S BOT Hydrophyt *m*, Wasserpflanze *f*
hydropic [haɪˈdrɒpɪk; *US* -ˈdrɑ-] ADJ (ADV ~ally) MED hydropisch, wassersüchtig
hydroplane [ˈhaɪdrəʊpleɪn] A S 1 FLUG a Wasserflugzeug *n* b Gleitfläche *f* (*e-s Wasserflugzeugs*) 2 SCHIFF Gleitboot *n* 3 SCHIFF Tiefenruder *n* (*e-s U-Boots*) B V/I *US* → aquaplane B 2; **hydroplaning** *US* → aquaplaning 2
hydroponic [ˌhaɪdrəʊˈpɒnɪk; *US* -ˈpɑ-] A ADJ (ADV ~ally) hydroponisch B S **hydroponics** *pl* (*als sg konstruiert*) Hydroponik *f*, Hydrokultur *f* (*Anbau ohne Erde in Nährlösungen*)
hydropower S Wasserkraft *f* (*für Energiezwecke*)
hydrops [ˈhaɪdrɒps; *US* -ˌdrɑps], **hydropsy** [-sɪ] S MED *obs* Hydrops *m*, Hydropsie *f*, Wassersucht *f*
hydroquinone [ˌhaɪdrəʊkwɪˈnəʊn], *a.* **hydroquinol** [-ˈkwɪnɒl; -nəʊl] S CHEM, FOTO Hydrochinon *n* (*als fotografischer Entwickler verwendete organische Verbindung*)
hydrorubber S CHEM Hydrokautschuk *m*
hydrosalt S CHEM 1 saures Salz 2 wasserhaltiges Salz
hydroscope [ˈhaɪdrəskəʊp] S TECH Unterwassersichtgerät *n*; **hydroscopic** [-ˈskɒpɪk; *US* -ˈskɑ-] ADJ hydroskopisch
hydrosphere S GEOL Hydrosphäre *f* (*die Wasserhülle der Erde*)
hydrostat [ˈhaɪdrəʊstæt] S TECH Feuchtigkeitsregler *m*; **hydrostatic** PHYS A ADJ (ADV ~ally) hydrostatisch: **~ pressure**; **~ balance** hydrostatische Waage; **~ press** hydraulische Presse B S **hydrostatics** *pl* (*als sg konstruiert*) Hydrostatik *f* (*Lehre von den ruhenden Flüssigkeiten u. dem Gleichgewicht ihrer Kräfte*)
hydrosulfate, **hydrosulfide**, *etc* → hydrosulphate, hydrosulphide *etc*
hydrosulphate [ˌhaɪdrəʊˈsʌlfeɪt] S CHEM Hydrogensulfat *n*; **hydrosulphide** [-faɪd] S CHEM Hydrosulfid *n*; **hydrosulphite** [-faɪt] S CHEM 1 Hydrosulfit *n* 2 Natriumhydrosulfit *n*
hydrotelluric acid S CHEM Tellurwasserstoffsäure *f*
hydrotherapeutic MED A ADJ (ADV ~ally) hydrotherapeutisch B S **hydrotherapeutics** *pl* (*als sg konstruiert*) Hydrotherapie *f* (*Lehre von der Heilbehandlung durch Anwendung von Wasser*); **hydrotherapist** S Hydrotherapeut(in); **hydrotherapy** S Hydrotherapie *f* (*Heilbehandlung durch Anwendung von Wasser in Form von Bädern, Güssen etc*)
hydrous [ˈhaɪdrəs] ADJ *bes* CHEM wasserhaltig
hydroxide [haɪˈdrɒksaɪd; *US* -ˈdrɑk-] S Hydroxid *n*: **~ of sodium** Ätznatron *n*
hydroxy [haɪˈdrɒksɪ; *US* -ˈdrɑk-] ADJ CHEM Hydroxyl…: **~ acid**; **~ aldehyde** Oxyaldehyd *n*;
hydroxyl [-sɪl] S CHEM Hydroxyl *n*
hydrozincite [ˌhaɪdrəʊˈzɪŋkaɪt] S MINER Hydrozinkit *m*, Zinkblüte *f*
hyena [haɪˈiːnə] S ZOOL Hyäne *f* (*a. fig*): **brown (spotted, striped) ~** Schabracken-(Flecken-, Streifen)hyäne; **~ dog** Hyänenhund *m*
hyetograph [ˈhaɪɪtəgrɑːf; *bes US* -græf] S 1 GEOG Regenkarte *f* 2 METEO Hyetograf *m*, Regenschreiber *m*; **hyetography** [ˌhaɪɪˈtɒgrəfɪ; *US* -ˈtɑ-] S METEO Hyetografie *f* (*Messung der Niederschläge u. Beschreibung ihrer Verteilung*); **hyetometer** [-ˈtɒmɪtə; *US* -ˈtɑmətər] S METEO Hyetometer *n*, Regenmesser *m*
hygiene [ˈhaɪdʒiːn] S MED 1 Hygiene *f*, Gesundheitspflege *f*: → dental A 1, industrial A 4, mental[2] A 2, personal A 3, sex C a 2 → hygienic B; **hygienic** [haɪˈdʒiːnɪk; *US a.* -dʒɪˈenɪk; -ˈdʒenɪk] A ADJ (ADV ~ally) hygienisch B S **hygienics** *pl* (*als sg konstruiert*) MED Hygiene *f*, Gesundheitslehre *f*; **hygienist** [ˈhaɪdʒiːnɪst; *US a.* haɪˈdʒiː-; haɪˈdʒe-] S MED Hygieniker(in): → dental A 1
hygrograph [ˈhaɪgrəgrɑːf; *bes US* -græf] S METEO Hygrograf *m* (*Gerät zur Aufzeichnung der Luftfeuchtigkeit*)
hygrometer [haɪˈgrɒmɪtə; *US* -ˈgrɑmətər] S

H

METEO Hygrometer *n*, Luftfeuchtigkeitsmesser *m*; **hygrometric** [ˌhaɪgrəʊˈmetrɪk] ADJ (ADV ~ally) hygrometrisch; **hygrometry** [-trɪ] S Hygrometrie *f*, Luftfeuchtigkeitsmessung *f*

hygrophyte [ˈhaɪgrəfaɪt] S BOT Hygrophyt *m* (*an Standorten mit gleichbleibend hoher Boden- u. Luftfeuchtigkeit wachsende Pflanze mit großem Wasserverbrauch*)

hygroscope [ˈhaɪgrəskəʊp] S METEO Hygroskop *n* (*Gerät zur ungefähren Anzeige von Veränderungen der Luftfeuchtigkeit, meist mit robusten Messelementen*); **hygroscopic** [-ˈskɒpɪk; US -ˈskɑ-] ADJ (ADV ~ally) CHEM hygroskopisch (*Wasser od [Luft]Feuchtigkeit anziehend od aufnehmend*)

hyle [ˈhaɪliː] S PHIL Hyle *f*, Stoff *m*, Substanz *f*; **hylic** ADJ hylisch, körperlich, stofflich

hymen[1] [ˈhaɪmen; US -mən] S ANAT Hymen *n*, Jungfernhäutchen *n*

Hymen[2] [ˈhaɪmen; US -mən] S MYTH Hymen *m*, Gott *m* der Ehe

H

hymeneal [ˌhaɪmeˈniːəl; US -məˈn-] A ADJ *bes poet* hochzeitlich, Hochzeits… B S Hochzeitslied *n*

hymenopteran [ˌhaɪmɪˈnɒptərən; US -məˈnɑp-] *pl* -terans, -tera [-rə], hymenopteron *pl* -terons, -tera S ZOOL Hautflügler *m*, *pl a.* Hymenopteren *pl*; **hymenopterous** ADJ zu den Hautflüglern gehörig

hymn [hɪm] A S 1 Hymne *f*, Loblied *n*, -gesang *m* (*alle*: **to** auf *akk*) 2 Kirchenlied *n*, Choral *m*: **~ book** → hymnal B B V/T *bes* REL (lob)preisen C V/I Hymnen singen; **hymnal** [-nəl] A ADJ hymnisch, Hymnen… B S REL Gesangbuch *n*; **hymnic** [-nɪk] ADJ hymnenartig

hymnodist [ˈhɪmnəʊdɪst] S Hymnode *m*, (*bes* altgriechischer) Hymnensänger *od* -dichter; **hymnody** S 1 Hymnensingen *n* 2 Hymnodie *f*, Hymnendichtung *f* 3 KOLL Hymnen *pl*; **hymnographer** [-ˈnɒgrəfə(r); US -ˈnɑ-] S (*bes* altgriechischer) Hymnenschreiber; **hymnologist** [-ˈnɒlədʒɪst; US -ˈnɑ-] S 1 Hymnologe *m* 2 → hymnodist; **hymnology** S 1 Hymnologie *f*: a *Wissenschaft von den Hymnen* b *Wissenschaft von den Kirchenliedern* 2 → hymnody

hyoid (bone) [ˈhaɪɔɪd] S ANAT Zungenbein *n*

hyoscine [ˈhaɪəʊsiːn] S CHEM Hyoscin *n*

hyp. ABK 1 MATH hypotenuse 2 hypothesis 3 hypothetical

hypaesthesia [ˌhɪpiːsˈθiːzɪə; ˌhaɪp-; US -esˈθiːʒə] S MED *bes Br* Hypästhesie *f* (*verminderte Empfindlichkeit, bes gegen Berührung*)

hypallage [haɪˈpælәgiː; -lədʒɪ; US *a.* hɪ-] S RHET Hypallage *f* (*Veränderung der Beziehungen von Wörtern zueinander; Veränderung u. Vertauschung von Satzteilen*)

hypanthium [haɪˈpænθɪəm] *pl* -thia [-θɪə] S BOT Blütenbecher *m*

hype[1] [haɪp] *sl* A S 1 Spritze *f* unter die Haut 2 Rauschgiftsüchtige(r) *m/f(m)* B V/I *meist* **~ up** sich e-n Schuss setzen *od* drücken C V/T 1 **be ~d up** high sein: a *im Drogenrausch sein* b *in euphorischer Stimmung sein* 2 **~ up** *e-e Angelegenheit etc* hochspielen

hype[2] [haɪp] *sl* A S 1 Täuschungsmanöver *n*, (*a.* Reklame)Trick *m*: **work a ~ on** → B 2 Hype *m*, (Medien)Rummel *m* 3 Täuscher(in) B V/T *j-n* austricksen

hyper [ˈhaɪpə(r)] ADJ *umg* überaktiv

hyper- [haɪpə(r)] *Wortelement mit den Bedeutungen*: hyper…, Hyper…: a über… b höher, größer (als normal) c übermäßig d übertrieben e MATH *bes* vierdimensional

hyperacidity → acidity 3

hyperaemia [ˌhaɪpəˈriːmɪə] S MED *bes Br* Hyperämie *f* (*vermehrte Ansammlung von Blut in Organen od Körperabschnitten*); **hyperaemic** ADJ hyperämisch

hyperaesthesia [ˌhaɪpəriːsˈθiːzɪə; US -esˈθiːʒə] S MED *bes Br* Hyperästhesie *f* (*gesteigerte Empfindlichkeit für Berührungsreize*); **hyperaesthetic** [-ˈθetɪk] ADJ hyperästhetisch

hyperalgesia [ˌhaɪpərælˈdʒiːzɪə; -sɪə; US *a.* -ʒə] S MED Hyperalgesie *f* (*Überempfindlichkeit gegenüber Schmerzen*); **hyperalgesic** ADJ MED hyperalgetisch

hyperbaton [haɪˈpɜːbətɒn; US -ˈpɜrbəˌtɑn] *pl* -tons, -ta [-tə] S RHET Hyperbaton *n* (*Trennung syntaktisch zusammengehörender Wörter durch eingeschobene Satzteile*)

hyperbola [haɪˈpɜːbələ; US -ˈpɜr-] *pl* -las, -lae [-liː] S MATH Hyperbel *f* (*Kegelschnitt; geometrischer Ort aller Punkte, die von zwei festen Punkten gleichbleibende Differenz der Entfernung haben*)

hyperbole [haɪˈpɜːbəlɪ; US -ˈpɜr-] S RHET Hyperbel *f*, (*im wörtlichen Sinne oft unglaubwürdige*) Übertreibung

hyperbolic [ˌhaɪpə(r)ˈbɒlɪk; US -ˈbɑ-] ADJ (ADV ~ally) MATH, RHET hyperbolisch: **~ function** Hyperbelfunktion *f*, hyperbolische Funktion; **~ geometry** hyperbolische Geometrie; **~ paraboloid** hyperbolisches Paraboloid; **~ spiral** hyperbolische Spirale; **hyperbolical** [-kl] ADJ (ADV ~ly) → hyperbolic

hyperbolism [haɪˈpɜːbəlɪzəm; US -ˈpɜr-] → hyperbole; **hyperbolize** V/T *etwas* durch e-e Hyperbel ausdrücken

hyperboloid [haɪˈpɜːbəlɔɪd; US -ˈpɜr-] S MATH Hyperboloid *n* (*Körper, der durch Drehung e-r Hyperbel um ihre Achse entsteht*)

Hyperborean [ˌhaɪpə(r)bɔːˈriːən; *bes US* -pə(r)ˈbɔːrɪən] A S *pl* MYTH Hyperboreer *pl* (*Volk in Thrakien, bei dem sich der griechische Gott Apoll im Winter aufhielt*) B ADJ 1 MYTH hyperboreisch 2 *meist* ♀ *obs* hyperboreisch, im hohen Norden gelegen *od* wohnend

hypercorrect ADJ hyperkorrekt (*a.* LING); **hypercorrection** S LING hyperkorrekte Bildung; **hypercorrectness** S Hyperkorrektheit *f*

hypercritic S überstrenger Kritiker; **hypercritical** ADJ (ADV ~ly) hyperkritisch

hyperdulia [ˌhaɪpə(r)djuːˈlaɪə; US *a.* -duː-] S KATH Hyperdulie *f* (*besondere Verehrung Marias als Gottesmutter*)

hyperemia, **hyperemic** *US für* hyperaemia, hyperaemic

hyperesthesia, **hyperesthetic** *US für* hyperaesthesia, hyperaesthetic

hyperglyc(a)emia [ˌhaɪpə(r)glaɪˈsiːmɪə] S MED Hyperglykämie *f* (*Erhöhung des Blutzuckergehaltes*)

hypergolic [ˌhaɪpə(r)ˈgɒlɪk; US -ˈgɑ-] ADJ CHEM hypergolisch

hyperinsulinism [ˌhaɪpəˈrɪnsjʊlɪnɪzəm; US -sələ-] S MED Hyperinsulinismus *m* (*erhöhte Bildung von Insulin in der Bauchspeicheldrüse u. dadurch bedingte Senkung des Blutzuckers*)

hyperkeratosis S MED Hyperkeratose *f* (*auf vermehrter Hornbildung od mangelhafter Abstoßung verhornter Zellen beruhende Verdickung der Hornschicht der Haut*)

hyperlink S *Internet*: Hyperlink *m* (*blaue od blau unterstrichene Textstelle, die man anklicken kann, um weitere Informationen abzurufen*)

hypermarket S *Br* Groß-, Verbrauchermarkt *m*

hypermeter [haɪˈpɜːmɪtə; US -ˈpɜrmətər] S LIT Hypermetron *n*, Hypermeter *m* (*Vers mit überzähliger Schlusssilbe, die aber durch Elision mit der Anfangssilbe des folgenden Verses verschmolzen wird*)

hypermetropia [ˌhaɪpə(r)mɪˈtrəʊpɪə] → hyperopia; **hypermetropic** [-ˈtrɒpɪk; US -ˈtrəʊ-; -ˈtrɑ-] → hyperopic; **hypermetropy** [-ˈmetrəpɪ] → hyperopia

hypermnesia [ˌhaɪpə(r)mˈniːzɪə; *bes US* -ʒə] S MED, PSYCH Hypermnesie *f* (*außergewöhnliche Verstärkung der Erinnerungsfähigkeit für Einzeldaten*)

hyperon [ˈhaɪpərɒn; US -ˌrɑn] S PHYS Hyperon *n* (*Elementarteilchen, dessen Masse größer ist als die der Nukleonen*)

hyperopia [ˌhaɪpəˈrəʊpɪə] S MED Hyperopie *f*, Hypermetropie *f*, Über-, Weitsichtigkeit *f*; **hyperopic** [-ˈrɒpɪk; US -ˈrəʊ; -ˈrɑ-] ADJ hyperop, hypermetropisch, über-, weitsichtig

hyperostosis [ˌhaɪpərɒˈstəʊsɪs; US -ɑsˈt-] S MED Hyperostose *f* (*Wucherung des Knochengewebes an der Oberfläche od im Inneren des Knochens*)

hyperphysical ADJ (ADV ~ly) hyperphysisch, übernatürlich, -sinnlich

hyperplasia [ˌhaɪpə(r)ˈplæzɪə; -ˈpleɪ-; *bes US* -ˈpleɪʒə] S MED Hyperplasie *f* (*übermäßige Entwicklung von Geweben od Organen durch abnorme Vermehrung der Zellen*)

hyperpyrexia S MED Hyperpyrexie *f* (*sehr hohes Fieber*)

hypersensitive ADJ (ADV ~ly) hypersensibel, *a.* MED überempfindlich (*beide*: **to** gegen)

hypersonic ADJ PHYS hypersonisch (*etwa oberhalb fünffacher Schallgeschwindigkeit liegend*)

hyperspace S MATH Hyperraum *m*, vierdimensionaler Raum

hypertension S MED Hypertonie *f*, Hypertension *f*, erhöhter *od* hoher Blutdruck; **hypertensive** A ADJ 1 hypertonisch 2 blutdruckerhöhend B S Hypertoniker(in)

hypertext S *Internet*: Hypertext *m* (*über Hyperlinks verbundenes Textnetz*)

hyperthermia [ˌhaɪpə(r)ˈθɜːmɪə; US -ˈθɜr-], **hyperthermy** [-mɪ] S MED Hyperthermie *f* (*erhöhte Körpertemperatur als Folge e-r Überwärmung*)

hyperthyroidism S MED Hyperthyreose *f*, Hyperthyreoidismus *m* (*Überfunktion der Schilddrüse*)

hypertrophic [ˌhaɪpə(r)ˈtrɒfɪk; US -ˈtrəʊ-, -ˈtrɑ-] ADJ BIOL, MED hypertroph(isch), *fig a.* hypertrophiert; **hypertrophy** [haɪˈpɜːtrəfɪ; US -ˈpɜrtrə-] A S Hypertrophie *f*: a BIOL, MED *übermäßige Vergrößerung von Geweben od Organen nur durch Vergrößerung, nicht durch Vermehrung der Zellen* b *fig* Überzogenheit *f*, Überspanntheit *f* B V/I & V/T BIOL, MED (sich) übermäßig vergrößern (*a. fig*)

hyperurbanism S LING Hyperurbanismus *m*, hyperkorrekte Bildung

hyperventilate V/I MED hyperventilieren; **hyperventilation** S Hyperventilation *f* (*übermäßige Steigerung der Atmung*)

hyphen [ˈhaɪfn] A S a Bindestrich *m* b Trennungsstrich *m*, -zeichen *n* B V/T → hyphenate

hyphenate [ˈhaɪfəneɪt] V/T a mit Bindestrich schreiben: **~d American** *umg* Bindestrichamerikaner(in) b trennen; **hyphenation**, **hyphenization** S a Schreibung *f* mit Bindestrich b (Silben)Trennung *f*; **hyphenize** → hyphenate

hypnoanalysis [ˌhɪpnəʊəˈnæləsɪs] S PSYCH Hypnoanalyse *f* (*Psychoanalyse unter Anwendung von Hypnose*)

hypnogenetic [ˌhɪpnəʊdʒɪˈnetɪk] ADJ (ADV ~ally) MED 1 Schlaf erzeugend 2 Hypnose bewirkend

hypnoid [ˈhɪpnɔɪd] ADJ MED hypnoid: a schlafähnlich b hypnoseähnlich

hypnop(a)edia [ˌhɪpnəʊˈpiːdɪə] S Hypnopädie *f*, Schlaflernmethode *f*

hypnosis [hɪpˈnəʊsɪs] *pl* -ses [-siːz] S MED Hypnose *f*: **be under ~** unter Hypnose stehen; **put sb under ~** j-n in Hypnose versetzen

hypnotherapy [ˌhɪpnəʊˈθerəpɪ] S PSYCH Hypnotherapie *f* (*Psychotherapie unter Anwendung von Hypnose*)

hypnotic [hɪp'nɒtɪk; *US* -'nɑ-] MED **A** ADJ (ADV ~ally) **1** hypnotisch: ~ **state** Hypnose *f* **2** einschläfernd **3** hypnotisierbar **B** S **1** PHARM Hypnotikum *n*, Schlafmittel *n* **2** a Hypnotisierte(r) *m/f(m)* b *j-d, der hypnotisierbar ist*
hypnotism ['hɪpnətɪzəm] S MED **1** Hypnotik *f* (*Lehre von der Hypnose*) **2** Hypnotismus *m* (*Gesamtheit der hypnotischen Erscheinungen u. der Theorien zu ihrer Erklärung u. Anwendung*) **3** → hypnotization **4** → hypnosis; **hypnotist** S Hypnotiseur(in); **hypnotization** [-taɪ'zeɪʃn; *US* -tə'z-] S Hypnotisierung *f* (*a. fig*); **hypnotize** [-taɪz] V/T hypnotisieren (*a. fig*); **hypnotizer** [-taɪzə(r)] → hypnotist
hypo[1] ['haɪpəʊ] S CHEM, FOTO Natriumthiosulfat *n*, Fixiersalz *n*
hypo[2] ['haɪpəʊ] *pl* -pos *umg für* a hypodermic injection b hypodermic syringe
hypo- [haɪpəʊ; -pə] *Wortelement mit den Bedeutungen* a unter(halb), tiefer b geringer, abnorm gering c Unter…, Hypo…, Sub…
hypoacidity S MED Hypoazidität *f*, Untersäuerung *f* (*des Magensaftes*)
hypoblast ['haɪpəblæst] S BIOL, MED Hypoblast *n* (→ entoblast)
hypobromous acid [-'brəʊməs] S CHEM hypobromige *od* unterbromige Säure
hypocaust [-kɔːst] S *Antike:* ARCH Hypokaustum *n* (*Raumheizung, bei der von e-m Heizraum aus Heißluft durch Hohlräume unter den Fußboden, a. durch Tonröhren in die Wände geleitet wurde*)
hypochlorite S CHEM Hypochlorit *n*
hypochondria [,haɪpəʊ'kɒndrɪə; *US* -'kɑn-] S MED Hypochondrie *f* (*übertriebene od krankhafte Besorgnis um den eigenen Gesundheitszustand*); **hypochondriac** [-drɪæk] **A** ADJ hypochondrisch **B** S Hypochonder(in); **hypochondriacal** [-'draɪəkl] ADJ (ADV ~ly) → hypochondriac A; **hypochondriasis** [-'draɪəsɪs] → hypochondria
hypocotyl [,haɪpə'kɒtɪl; *US* '-,kɑtl] S BOT Hypokotyl *n* (*Keimachse unterhalb der Keimblätter*)
hypocrisy [hɪ'pɒkrəsɪ; *US* -'pɑ-] S Hypokrisie *f*, Heuchelei *f*, Scheinheiligkeit *f*; **hypocrite** ['hɪpəkrɪt] S Hypokrit *m*, Heuchler(in), Scheinheilige(r) *m/f(m)*; **hypocritical** ADJ (ADV ~ly) hypokritisch, heuchlerisch, scheinheilig
hypocycloid [,haɪpəʊ'saɪklɔɪd] S MATH Hypozykloide *f* (*Kurve, die ein mit e-m Kreis fest verbundener Punkt beschreibt, wenn dieser Kreis im Innern e-s Festkreises gleitfrei abgerollt wird*)
hypoderm ['haɪpədɜːm; *US* -,dɜrm], **hypoderma** [-pəʊ'dɜːmə; *US* -'dɜrmə] → hypodermis
hypodermic [,haɪpəʊ'dɜːmɪk; *US* -'dɜr-] **A** ADJ (ADV ~ally) **1** MED hypodermal, subkutan, unter der *od* die Haut **2** BOT, ZOOL Hypoderm… **B** S MED **1** → hypodermic injection **2** → hypodermic syringe **3** subkutan angewandtes Mittel; ~ **injection** S MED subkutane Injektion *od* Einspritzung; ~ **medication** S MED Verabreichung *f* von Heilmitteln durch subkutane Injektion; ~ **syringe** S MED Spritze *f* zur subkutanen Injektion
hypodermis [,haɪpəʊ'dɜːmɪs; *US* -'dɜr-] S Hypoderm *n*: a BOT Unterhautgewebe *n* b ZOOL *aus e-r einschichtigen Zelllage bestehende Epidermis, die den Hautpanzer abscheidet*
hypogastric [,haɪpəʊ'gæstrɪk] ADJ ANAT hypogastrisch, Unterbauch…; **hypogastrium** [-trɪəm] *pl* -tria [-trɪə] S Hypogastrium *n*, Unterbauchgegend *f*
hypogeal [,haɪpə'dʒiːəl], **hypogean** ADJ **1** unterirdisch **2** → hypogeous; **hypogene** [-dʒiːn] ADJ GEOL unter der Erdoberfläche gebildet: ~ **agents** Unterkräfte; **hypogenous** [-'pɒdʒɪnəs; *US* -'pɑ-] ADJ BOT auf der Unterseite (*von Blättern etc*) wachsend; **hypogeous** [-'dʒiːəs] ADJ **1** BOT hypogäisch, unterirdisch wachsend **2** ZOOL unterirdisch lebend **3** unterirdisch
hypoglyc(a)emia [,haɪpəʊglaɪ'siːmɪə] S MED Hypoglykämie *f* (*Absinken des Blutzuckergehaltes unter den Normalwert*); **hypoglyc(a)emic** ADJ hypoglykämisch (*Koma, Schock*)
hypomania [,haɪpəʊ'meɪnɪə] S MED Hypomanie *f*, leichte Manie
hypophosphate S CHEM Hypophosphat *n*
hypophosphoric acid S CHEM Hypo-, Unterphosphorsäure *f*
hypophysis [haɪ'pɒfɪsɪs; *US* -'pɑ-] *pl* -ses [-siːz] S Hypophyse *f*: a ANAT Hirnanhangdrüse *f* b BOT *Zelle od Zellgruppe, die den Embryo mit dem Embryoträger verbindet*
hypoplasia [,haɪpəʊ'plæzɪə; -'pleɪ-; *bes US* -'pleɪʒə] S MED Hypoplasie *f* (*Unterentwicklung von Geweben od Organen*)
hypostasis [haɪ'pɒstəsɪs; *US* -'pɑ-] *pl* -ses [-siːz] S **1** Hypostase *f*: a PHIL Grundlage *f*, Substanz *f*, (*das*) Zugrundeliegende b *bes* PHIL Vergegenständlichung *f* (*e-s Begriffs*) **2** MYTH, REL Hypostase *f*: a *Personifizierung göttlicher Eigenschaften od religiöser Vorstellungen zu e-m eigenständigen göttlichen Wesen* b *Wesensmerkmal e-r personifizierten göttlichen Gestalt* **3** MED Hypostase *f*, Hypostasie *f* (*vermehrte Ansammlung von Blut in den tiefer liegenden Körperteilen*) **4** *Genetik*: Hypostase *f*, Hypostasie *f* (*Unterdrückung der Wirkung e-s Gens durch die Wirkung e-s anderen Gens, das nicht zum gleichen Paar von Erbanlagen gehört*); **hypostatic** [-pəʊ'stætɪk] ADJ, **hypostatical** ADJ (ADV ~ly) hypostatisch: ~ **union** hypostatische Union (*die Vereinigung der göttlichen u. der menschlichen Natur Jesu in einer Person*)
hyposulfite, *bes Br* **hyposulphite** S CHEM **1** Hyposulfit *n* **2** Hypodisulfit *n* **3** → hypo[1]
hyposulfurous acid, *bes Br* **hyposulphurous acid** [-'sʌlfərəs; *US a.* -sʌl'fjʊrəs] S CHEM unterschweflige Säure
hypotactic [,haɪpəʊ'tæktɪk] ADJ (ADV ~ally) LING hypotaktisch, unterordnend; **hypotaxis** [-'tæksɪs] S Hypotaxe *f*, -taxis *f*, Unterordnung *f* (*von Sätzen od Satzgliedern*)
hypotension S MED Hypotonie *f*, Hypotension *f*, (zu) niedriger Blutdruck; **hypotensive** **A** ADJ **1** hypotonisch **2** blutdrucksenkend **B** S Hypotoniker(in)
hypotenuse [haɪ'pɒtənjuːz; -juːs; *US* haɪ'pɑtn-,uːs; -,juːs; -z] S MATH Hypotenuse *f* (*die dem rechten Winkel gegenüberliegende Seite e-s rechtwinkligen Dreiecks*)
hypothec [haɪ'pɒθɪk; hɪ-; *US* -'pɑ-] S JUR *schott* Hypothek *f*; **hypothecary** [-kərɪ; *US* -,keriː] ADJ JUR hypothekarisch: ~ **debt** Hypothekenschuld *f*; ~ **value** Beleihungswert *m*; **hypothecate** [-keɪt] V/T **1** JUR verpfänden, *ein Grundstück etc* hypothekarisch belasten **2** *ein Schiff* verbodmen **3** WIRTSCH *Effekten* lombardieren; **hypothecation** S **1** JUR Verpfändung *f*, hypothekarische Belastung **2** SCHIFF Verbodmung *f* **3** WIRTSCH Lombardierung *f*
hypothenuse [haɪ'pɒθənjuːz; -juːs; *US* haɪ-'pɑθən,uːs; -,juːs; -z] → hypotenuse
hypothermia [,haɪpəʊ'θɜːmɪə; *US* -'θɜr-] S MED Hypothermie *f*: a Unterkühlung *f* b *künstliche Unterkühlung des Körpers zur Reduktion der Stoffwechsel- u. Lebensvorgänge im Organismus*
hypothesis [haɪ'pɒθɪsɪs; *US* -'pɑ-] *pl* -ses [-siːz] S Hypothese *f*: a Annahme *f*, Voraussetzung *f*: → working B 4 b (bloße) Vermutung; **hypothesist** S Urheber(in) e-r Hypothese; **hypothesize** **A** V/I e-e Hypothese aufstellen **B** V/T a voraussetzen, annehmen b vermuten
hypothetic [,haɪpəʊ'θetɪk] ADJ, **hypothetical** ADJ (ADV ~ly) hypothetisch (*a.* PHIL)
hypothyroidism S MED Hypothyreose *f*, Hypothyreoidismus *m* (*Unterfunktion der Schilddrüse*)
hypotrophy [haɪ'pɒtrəfɪ; *US* -'pɑ-] S BIOL, MED Hypotrophie *f* (*unterdurchschnittliches Wachstum von Geweben od Organen durch Zellverkleinerung*)
hypoventilation S MED Hypoventilation *f* (*abgeflachte u./od verlangsamte Atmung*)
hypsography [hɪp'sɒgrəfɪ; *US* -'sɑ-] S GEOG **1** Hypsografie *f*: a *Höhen-, Gebirgsbeschreibung* b *Gebirgsdarstellung* **2** → hypsometry; **hypsometer** [-'sɒmɪtə; *US* -'sɑmətər] S **1** PHYS Hypsometer *n*, Siedethermometer *n* **2** (Baum)Höhenmesser *m*; **hypsometry** [-trɪ] S GEOG Hypsometrie *f*, Höhenmessung *f*
hyson ['haɪsn] S Hyson *m*, Haisan *m* (*ein grüner chinesischer Tee*)
hyssop ['hɪsəp] S BOT Ysop *m*
hysteralgia [,hɪstə'rældʒə] S MED Hysteralgie *f* (*Schmerzen im Bereich der Gebärmutter*)
hysterectomize [,hɪstə'rektəmaɪz] V/T MED *e-r Frau* die Gebärmutter entfernen, *weitS.* an *e-r Frau* e-e Totaloperation vornehmen; **hysterectomy** [-'rektəmɪ] S Hysterektomie *f* (*operative Entfernung der Gebärmutter*), *weitS.* Totaloperation *f*
hysteresis [,hɪstə'riːsɪs] S PHYS Hysteresis *f*, Hysterese *f* (*Ummagnetisierung*): ~ **loop** Hystereseschleife *f*; ~ **motor** Hysteresemotor *m*; **hysteretic** [-'retɪk] ADJ PHYS hysteretisch, Hysteresis…
hysteria [hɪs'tɪərɪə; *US a.* hɪ'ste-] S MED *u. fig* Hysterie *f*; **hysteric** [hɪ'sterɪk] **A** S **1** Hysteriker(in) **2** *pl* (*meist als sg konstruiert*) Hysterie *f*, hysterischer Anfall: **go (off) into ~s** a e-n hysterischen Anfall bekommen, hysterisch werden b *umg* e-n Lachkrampf bekommen **B** ADJ → hysterical; **hysterical** ADJ (ADV ~ly) **1** MED *u. fig* hysterisch **2** *umg* wahnsinnig komisch
hysterology [,hɪstə'rɒlədʒɪ; *US* -'rɑ-] S MED Hysterologie *f* (*Lehre von den Gebärmutterkrankheiten*)
hysteron proteron [,hɪstərɒn'prɒtərɒn; *US* -,rɑn'prɑtə,rɑn] S Hysteron-Proteron *n*: a PHIL, *Logik: Beweis aus e-m Satz, der selbst erst zu beweisen ist* b RHET *Redefigur, bei der das nach Logik od Zeitfolge Spätere zuerst steht*
hysterotomy [,hɪstə'rɒtəmɪ; *US* -'rɑ-] S MED Hysterotomie *f*, Gebärmutterschnitt *m*
Hz ABK PHYS hertz Hz

I

I[1], **i** [aɪ] *pl* I's, Is, i's, **is** [aɪz] S **1** I, i *n* (*Buchstabe*): → dot[2] B 2 **2** **i** MATH i (=√-1; *imaginäre Einheit*)
I[2] [aɪ] **A** PRON ich: **it is I** ich bin es; **play the great I am** *umg* sich furchtbar aufspielen **B** *pl* I's S (*das*) Ich
I. ABK **1** independence **2** independent **3** institute **4** international **5** Island(*s* PL), Isle(*s* PL)
Ia. ABK Iowa
IAAF ABK International Amateur Athletic Federation
IAEA ABK International Atomic Energy Agency

iamb ['aɪæmb; 'aɪæm] → iambus; **iambic** [-bɪk] A ADJ (ADV ~ally) LIT jambisch: **~ pentameter** jambischer Pentameter B S 1 LIT a → iambus b jambischer Vers 2 jambisches *(satirisches)* Gedicht; **iambus** [-bəs] *pl* -bi [-baɪ], -buses S LIT Jambus *m*, Jambe *f (Versfuß aus e-r kurzen [unbetonten] u. e-r folgenden langen [betonten] Silbe)*

IAS ABK 1 FLUG indicated air speed angezeigte Fluggeschwindigkeit; 2 *US* Institute for Advanced Studies

IATA ABK International Air Transport Association IATA *f*

iatric [aɪ'ætrɪk], **iatrical** [-kl] ADJ iatrisch *(die ärztliche Lehre od Heilkunst betreffend)*

iatrogenic [aɪ,ætrəʊ'dʒenɪk] ADJ iatrogen *(durch ärztliche Einwirkung entstanden)*

ib. ABK ibidem, in the same place ibid.

IBA ABK *Br* HIST Independent Broadcasting Authority

I beam S TECH a I-Träger *m*, Doppel-T-Träger *m* b I-Eisen *n*, Doppel-T-Eisen *n*: **~ girder** (zusammengenieteter) I-Träger; **~ section** I-Profil *n*

Iberian [aɪ'bɪərɪən] A S 1 Iberer(in) 2 LING Iberisch *n*, das Iberische *(Sprache der Ureinwohner Spaniens)* B ADJ iberisch

ibex ['aɪbeks] *pl* ibexes, ibices ['ɪbɪsiːz; 'aɪ-], *bes koll* ibex S ZOOL Steinbock *m*

ibid. ['ɪbɪd], **ibidem** [ɪ'baɪdem; 'ɪbɪdem] ADV ibid.,ibidem, ebenda, -dort

ibis ['aɪbɪs] *pl* ibises, *bes koll* ibis S ORN Ibis *m*

IBRD ABK International Bank for Reconstruction and Development Internationale Bank für Wiederaufbau und Entwicklung, Weltbank *f*

IC ABK 1 PSYCH inferiority complex 2 ELEK integrated circuit IC *m*

i/c ABK in charge (of)

ICA ABK *Br* Institute of Contemporary Arts

ICAO ABK International Civil Aviation Organization

ICBM ABK MIL intercontinental ballistic missile Interkontinentalrakete *f*

ICC ABK *US* Interstate Commerce Commission

ice[1] [aɪs] A S 1 Eis *n (a. Spielfläche beim Eishockey)*: **(as) cold as ~** eiskalt *(a. fig)*; **breaking up of the ~** Eisgang *m*; **broken ~** Eisstücke *pl*; **be on ~** *umg* a auf Eis liegen b eingefroren sein *(diplomatische Beziehungen etc)*; **be (skating) on thin ~** *fig* sich auf dünnes Eis begeben haben; **break the ~** *fig* a das Eis brechen b den Anfang machen; **cut no ~ (with)** *umg* keinen Eindruck machen (auf *akk*), nicht ziehen (bei) *umg*; **keep on ~** *umg* in Reserve halten, aufheben; **put on ~** a kalt stellen b *umg* auf Eis legen c *umg diplomatische Beziehungen etc* einfrieren; **he was sent off the ~** *(Eishockey)* er wurde vom Eis gestellt 2 a *US* Fruchteis *n* b *Br* → ice cream 3 → icing 5 4 *fig* (eisige) Kälte *(im Benehmen)*: **the ~ in her voice** 5 *US sl* Klunker *f/m*, Klunker(n) *pl (beide umg) (Diamant[en])* 6 *US sl (an die Polizei gezahltes)* Schutzgeld B V/T 1 mit Eis bedecken *od* überziehen: **be ~d up** (*od* **over**) zugefroren *od* vereist sein 2 in Eis verwandeln, gefrieren lassen 3 *Getränke etc* mit *od* in Eis kühlen 4 GASTR mit Zuckerguss überziehen, glasieren 5 *umg* a auf Eis legen b *e-n Sieg etc* sicherstellen 6 *US umg* kaltmachen *(umbringen)* 7 **~ out** *US umg (gesellschaftlich)* kaltstellen C V/I 1 gefrieren 2 *meist* **~ up** (*od* **over**) a zufrieren b vereisen 3 **~ out** auftauen *(Gewässer)*

ICE[2] ABK *Br* Institution of Civil Engineers

ice| age S GEOL Eiszeit *f*; **~ apron** S ARCH Eisbrecher *m (an Brücken)*; **~ ax(e)** S *Bergsteigen:* Eispickel *m*; **~ bag** S MED Eisbeutel *m*; **~ belt** → ice foot; **~berg** [-bɜːg; *US* -,bɜrg] S Eisberg *m (a. fig Person)*: **the tip of the ~** die Spitze des Eisbergs *(a. fig)*; **~ lettuce** BOT Eis(berg)salat *m*; **~ bird** S ORN 1 Kleiner Krabbentaucher 2 Nachtschwalbe *f*; **~blink** S Eisblink *m (in den Polarmeeren der helle Widerschein des Eises am Horizont)*; **~boat** S 1 Eisjacht *f* 2 SCHIFF Eisbrecher *m*; **~boating** S SPORT Eissegeln *n*; **~bound** ADJ a eingefroren, vom Eis eingeschlossen *(Schiff)* b zugefroren *(Hafen)*; **~box** S 1 Eisfach *n (e-s Kühlschranks)* 2 *US* Eis-, Kühlschrank *m* 3 Kühlbox *f*, -tasche *f* 4 *Eishockey: sl* Kühlbox *f (Strafbank)*; **~breaker** S 1 SCHIFF Eisbrecher *m (a. fig)*: **his joke was meant to be an ~** sein Witz sollte das Eis brechen 2 → ice apron 3 TECH Eiszerkleinerer *m (Gerät)*; **~ bucket** S 1 Eiskühler *m* 2 Eisbehälter *m*; **~cap** S GEOL a *(bes polare)* Eiskappe b *(bes arktische)* Eisdecke; **~-cold** ADJ eiskalt *(a. fig)*; **~-covered** ADJ eisbedeckt; **~ cream** S (Speise)Eis *n*, Eiscreme *f*: **two ~s** zwei Eis; **chocolate ~** Schokoladeneis; **~-cream** ADJ Eis...: **~ powder**; **~ cone** (*Br a.* **cornet**) Eistüte *f*; **~ freezer** TECH Eismaschine *f*; **~ parlo(u)r** Eisdiele *f*; **~ soda** *Eisbecher mit Sirup u. Sodawasser*; **~ stand** Eisstand *m*; **~ crusher** S Eiszerkleinerer *m (Gerät)*; **~ cube** S Eiswürfel *m*

iced [aɪst] ADJ 1 eisbedeckt 2 eisgekühlt: **~ coffee** Eiskaffee *m*; **~ tea** Tee *m* mit Eis 3 gefroren 4 GASTR glasiert, mit Zuckerguss (überzogen)

ice| dancer S SPORT Eistänzer(in); **~ dancing** S SPORT Eistanz *m*; **~fall** S 1 gefrorener Wasserfall 2 Eisbruch *m (e-s Gletschers)*; **~ feathers** SPL raureifähnliche Eisbildungen *pl*; **~ field** S Eisfeld *n*; **~ floe** S 1 Treibeis *n* 2 Eisscholle *f*; **~ foot** S *irr (arktischer)* Eisgürtel; **~ fox** S ZOOL Polarfuchs *m*; **~-free** ADJ eisfrei *(Hafen, Straße etc)*; **~ hockey** S SPORT Eishockey *n*

Icel. ABK Iceland(ic)

Iceland ['aɪslənd] S Island *n*

Icelander ['aɪsləndə(r); -læn-] S 1 Isländer(in) 2 ORN G(i)erfalke *m*; **Icelandic** [aɪs'lændɪk] A ADJ isländisch B S LING Isländisch *n*, das Isländische

ice| lolly S *Br* Eis *n* am Stiel; **~ machine** S TECH Eis-, Kältemaschine *f*; **~man** [-,mæn] S *irr US bes* HIST Eismann *m*, Eisverkäufer *m*; **~-out** S Eisschmelze *f*, Auftauen *n (von Gewässern)*; **~ pack** S 1 Packeis *n* 2 MED Eisbeutel *m* 3 Kühlaggregat *n (e-r Kühlbox)*; **~ pail** → ice bucket; **~ pick** S 1 Eiszerkleinerer *m (Gerät)* 2 *Bergsteigen:* Eispickel *m*; **~ pilot** S SCHIFF Eislotse *m*; **~ plant** S BOT Eiskraut *n*; **~ point** S PHYS Gefrierpunkt *m*; **~quake** S Krachen *n* berstender Eismassen; **~ rink** S (Kunst)Eisbahn *f*; **~ sheet** S GEOL Eisdecke *f*; **~ show** S Eisrevue *f*; **~ skate** → skate[2] A 1; **~-skate** → skate[2] B 1; **~ skater** → skater 1; **~ skating** → skating 1; **~ spar** S MINER Eisspat *m*, glasiger Feldspat; **~ time** S *Eishockey:* Eiszeit *f*; **~ tray** S Eis(würfel)schale *f (im Kühlschrank)*; **~ water** S Eiswasser *n*: a *eisgekühltes Wasser* b *Schmelzwasser*; **~ yacht** S Eisjacht *f*; **~ yachting** S SPORT Eissegeln *n*

ICFTU ABK International Confederation of Free Trade Unions *(internationaler Gewerkschaftsverband)*

I.Chem.E. ABK *Br* Institution of Chemical Engineers

I Ching [,iː'tʃɪŋ] S I-ching *n*, I-ging *n (Buch der Wandlungen)*

ich-laut ['ɪxlaʊt] S LING Ichlaut *m*

ichneumon [ɪk'njuːmən; *US a.* -'nuː-] S ZOOL 1 Ichneumon *m/n*, Mungo *m* 2 *a.* **~ fly** (*od* **wasp**) Schlupfwespe *f*

ichnography [ɪk'nɒgrəfɪ; *US* -'nɑ-] S 1 ARCH Grundriss *m* 2 Zeichnen *n* von Grundrissen

ichor ['aɪkɔː(r)] S Ichor *n*: a MYTH Götterblut *n* b MED *blutig seröse Absonderung gangränöser Geschwüre*

ichthyoid ['ɪkθɪɔɪd] ADJ & S ZOOL fischartig(es Wirbeltier)

ichthyolite ['ɪkθɪəlaɪt] S GEOL Ichthyolith *m*, fossiler Fisch

ichthyological [,ɪkθɪə'lɒdʒɪkl; *US* -'lɑ-] ADJ (ADV ~ly) ichthyologisch

ichthyologist [-'ɒlədʒɪst; *US* -'ɑl-] S Ichthyologe *m*, Ichthyologin *f*; **ichthyology** S Ichthyologie *f*, Fischkunde *f*

ichthyophagous [,ɪkθɪ'ɒfəgəs; *US* -'ɑf-] ADJ Fisch (fr)essend

ichthyosaur ['ɪkθɪəsɔː(r)], **ichthyosaurus** [-rəs] *pl* -ri [-raɪ] S ZOOL, HIST Ichthyosaurus *m*, -saurier *m*

ichthyosis [,ɪkθɪ'əʊsɪs] S MED Ichthyose *f*, Fischschuppenkrankheit *f*

icicle ['aɪsɪkl] S Eiszapfen *m*

iciness ['aɪsɪnɪs] S 1 Eisigkeit *f*, eisige Kälte 2 → ice[1] A 4

icing ['aɪsɪŋ] S 1 Gefrieren *n* 2 a Zufrieren *n* b Vereisung *f* 3 Eisschicht *f* 4 *Eishockey:* Icing *n*, unerlaubter Weitschuss 5 GASTR Zuckerguss *m*, Glasur *f*: **~ sugar** *bes Br* Puderzucker *m*; **the ~ on the cake** *fig* a schmückendes Beiwerk b das Tüpfelchen auf dem i *(a. pej)*

ICJ ABK International Court of Justice Internationaler Gerichtshof

icky ['ɪkɪ] ADJ *umg* ekelhaft *(a. fig umg)*

icon ['aɪkɒn; *US* 'aɪ,kɑn] S 1 (Ab)Bild *n* 2 Ikone *f* 3 Symbolfigur *f* 4 COMPUT Icon *n (Symbol in e-r grafischen Benutzeroberfläche)*

iconoclasm [aɪ'kɒnəʊklæzəm; *US* aɪ'kɑnə-] S 1 HIST Ikonoklasmus *m*, Bildersturm *m* 2 *fig* Bilderstürmerei *f*; **iconoclast** [-klæst] S Ikonoklast(in), Bilderstürmer(in) *(a. fig)*; **iconoclastic** ADJ (ADV ~ally) ikonoklastisch, bilderstürmerisch *(a. fig)*

iconographer [,aɪkɒ'nɒgrəfə; *US* ,aɪkə'nɑgrəfər] S Ikonograf(in); **iconographic** [aɪ,kɒnəʊ'græfɪk; *US* aɪ,kɑnə-] ADJ, **iconographical** ADJ (ADV ~ly) 1 ikonografisch 2 bildlich darstellend, durch Bilder beschreibend; **iconography** [,aɪkɒ'nɒgrəfɪ; *US* ,aɪkə'nɑ-] S Ikonografie *f*: a *bildliche Darstellung* b *Kunst der bildlichen Darstellung* c *Sammlung von Bildwerken* d *Beschreibung von Bildwerken*

iconolater [,aɪkɒ'nɒlətə; *US* ,aɪkə'nɑlətər] S Bilderverehrer(in); **iconolatry** [-trɪ] S Ikonolatrie *f*, Bilderverehrung *f*

iconology [,aɪkɒ'nɒlədʒɪ; *US* ,aɪkə'nɑ-] S 1 Ikonologie *f*, Bilderkunde *f* 2 symbolische Darstellungen *pl*

iconometer [,aɪkɒ'nɒmɪtə; *US* ,aɪkə'nɑmətər] S Ikonometer *n*: a PHYS, TECH *Gerät zur Messung der Entfernung u. Größe entfernter Gegenstände* b FOTO Rahmensucher *m*

iconoscope [aɪ'kɒnəskəʊp; *US* -'kɑ-] S TV Ikonoskop *n*, Bildzerleger *m*

iconostas [aɪ'kɒnəstæs; *US* -'kɑ-] *pl* iconostases → iconostasis; **iconostasis** [,aɪkəʊ'nɒstəsɪs; *US* ,aɪkə'nɑ-] *pl* -ses [-siːz] S ARCH, REL Ikonostasis *f*, Ikonostase *f*, Ikonostas *m*, Bilderwand *f*

ictus ['ɪktəs] *pl* -tuses, -tus S 1 LIT Iktus *m*, Versakzent *m* 2 MED Iktus *m*: a Stoß *m*, Schlag *m* b *plötzlich auftretendes, schweres Krankheitsmerkmal*

ICU ABK MED intensive care unit Intensivstation *f*

icy ['aɪsɪ] ADJ (ADV icily) 1 eisig: a vereist b eiskalt 2 *fig* eisig, (eis)kalt

id [ɪd] S PSYCH Id *n*, Es *n*
ID ABK **1** identification **2** TECH inside diameter Innendurchmesser *m* **3** Intelligence Department Nachrichtendienst *m*, Geheimdienst *m*
Id. ABK Idaho
I'd [aɪd] *Zusammenziehung von* **I had, I would**
IDA ABK International Development Association
Ida. ABK Idaho
Idaho ['aɪdəhəʊ] S Idaho *n* (*Staat im Nordwesten der USA*)
Idahoan ['aɪdəhəʊən; ˌaɪdə'h-] **A** ADJ Idaho... **B** S Bewohner(in) von Idaho (*USA*)
ID card [ˌaɪ'diː] → identity card
ide [aɪd] S FISCH Kühling *m*, Aland *m*
idea [aɪ'dɪə] S **1** Idee *f*, Vorstellung *f*, Begriff *m*: **that's not my ~ of** ... unter (*dat*) ... stelle ich mir etwas anderes vor; das ist nicht (gerade) das, was ich mir unter (*dat*) ... vorstelle; **she's everyone's ~ of a pretty girl** sie entspricht der allgemeinen Vorstellung von e-m hübschen Mädchen; sie ist das, was man sich allgemein unter e-m hübschen Mädchen vorstellt; **form an ~ of** sich *etwas* vorstellen, sich e-n Begriff machen von; **get ~s** sich falsche Hoffnungen *od* Vorstellungen machen; **don't get the wrong ~, I** ... versteh mich nicht falsch, ich ...; **give sb an** (*od* **some**) **~ of** j-m e-e Vorstellung geben von; **can you give me an ~ how** (**where,** *etc*) **...?** kannst du mir ungefähr sagen, wie (wo *etc*) ...?; **he has no ~ (of it)** er hat keine Ahnung (davon); **it was so cold - you've no ~!** du kannst dir gar nicht vorstellen, wie kalt es war; **I've got a pretty good ~ where he is** ich kann mir ganz gut vorstellen, wo er ist; **you have no ~ how** ... du kannst dir gar nicht vorstellen, wie ...; **put ~s into sb's head** j-m Flausen in den Kopf setzen; **the very ~ of (doing) sth** schon der Gedanke an etwas (daran, etwas zu tun); **the ~ of such a thing!, the (very) ~!, what an ~!** was für e-e Idee!, so ein Unsinn!; **~ of reference** PSYCH Beziehungsidee; **~s** *pl* **of reference** PSYCH Beziehungswahn *m* **2** Gedanke *m*, Meinung *f*, Ansicht *f*: **it is my ~ that** ... ich bin der Ansicht, dass ... **3** Absicht *f*, Plan *m*, Gedanke *m*, Idee *f*: **it was his ~ to cancel** (*od* **that we should cancel**) **the performance** es war s-e Idee, die Vorstellung abzusagen; die Idee, die Vorstellung abzusagen, stammte von ihm; **that's not a bad ~** das ist keine schlechte Idee, das ist gar nicht schlecht; **the ~ is** ... der Zweck der Sache ist, ...; es geht darum, ...; **that's the ~!** darum dreht es sich!, so ist es!; **the ~ entered my mind** mir kam der Gedanke; **I've got the ~** ich habe verstanden; → **big** A 7, **faint** A 2, **foggy** 3 a, **rough** A 12 **4** unbestimmtes Gefühl: **I have an ~ that** ... ich habe so das Gefühl, dass ...; es kommt mir (so) vor, als ob ... **5** PHIL Idee *f*: **a** geistige Vorstellung **b** Ideal(vorstellung) *n(f)* **c** Urbild *n* (*Plato*) **d** unmittelbares Objekt des Denkens (*Locke, Descartes*) **e** transzendentaler Vernunftbegriff (*Kant*) **f** (*das*) Absolute (*Hegel*) **6** *bes* MUS Idee *f*, Thema *n*
ideal [aɪ'dɪəl; aɪ'diːl] **A** ADJ (ADV → ideally) **1** ideal: **a** vollendet, vollkommen, vorbildlich, Muster...: **~ marriage**; **~ husband** Mustergatte *m*; **~ type** Idealtyp *m* (*a.* SOZIOL) **b** wunderbar geeignet (**for** für) **2** ideell: **a** Ideen... **b** auf Idealen beruhend **c** (nur) eingebildet **3** PHIL **a** ideal, als Urbild existierend (*Plato*) **b** ideal, wünschenswert **c** idealistisch **4** MATH ideell, uneigentlich: **~ number** ideelle Zahl **B** S **1** Ideal *n*: **a** Leitgedanke *m*: **a man of** (*od* **with**) **high ~s** ein Mann mit hohen Idealen **b** Idealbild *n*, -vorstellung *f* (*beide:* **of** von) **2** (*das*) Ideelle (*Ggs das Wirkliche*) **3** MATH Ideal *n* (*Teilmenge e-s Rings, die die Eigenschaft hat, dass mit jedem Element auch die Vielfachen des Elements u. mit je zwei Elementen a. ihre Differenz zur Teilmenge gehört*)
idealess ADJ ideenlos
idealism [aɪ'dɪəlɪzəm] S **1** PHIL *u. fig* Idealismus *m* **2** Idealisierung *f* **3** (*das*) Ideale, Idealfall *m*; **idealist** S Idealist(in); **idealistic** ADJ (ADV ~ally) idealistisch
ideality [ˌaɪdɪ'ælətɪ] S **1** idealer Zustand **2** PHIL Idealität *f*, ideale Seinsweise **3** Vorstellungskraft *f*
idealization [aɪˌdɪəlaɪ'zeɪʃn; *US* aɪˌdiːələ'z-] S Idealisierung *f*; **idealize** V/T & V/I idealisieren
ideally [aɪ'dɪəlɪ] ADV **1** ideal **2** idealerweise, im Idealfall **3** ideell
idea man S *irr* Planer *m*
ideate ['aɪdɪeɪt; aɪ'diːeɪt] **A** V/T sich *etwas* vorstellen, sich e-n Begriff machen von **B** V/I Ideen bilden, denken **C** [aɪ'diːɪt; 'aɪdɪeɪt; -ɪt] S → ideatum; **ideation** S **1** Vorstellungsvermögen *n* **2** Ideation *f*, Ideenbildung *f*; **ideatum** [-təm] *pl* **-ta** [-tə] S PHIL Abbild *n* der Idee in der Erscheinungswelt
idée fixe, *pl* **idées fixes** [ˌiːdeɪ'fiːks] S fixe Idee
idem ['aɪdem; 'ɪdem] PRON & ADJ idem, derselbe (*Verfasser*)
ident ['aɪdent] S TV Identity-Logo *n* (*e-s Senders*)
identic [aɪ'dentɪk; ɪ'd-] ADJ (ADV ~ally) → identical (*obs außer in Verbindungen wie*): **~ note** POL gleichlautende *od* identische Note; **identical** ADJ (ADV ~ly) **1** (**with, to**) **a** identisch (mit), (genau) gleich (*dat*): **~ twins** eineiige Zwillinge **b** der-, die-, dasselbe (wie) **c** gleichbedeutend (mit) **d** identisch (mit), gleichlautend (wie) **2** MATH identisch: **~ equation**; **~ proposition** (*Logik*) identischer Satz
identifiable [aɪ'dentɪfaɪəbl; ɪ'd-] ADJ identifizierbar, feststellbar, erkennbar
identification [aɪˌdentɪfɪ'keɪʃn; ɪˌd-] S **1** Identifizierung *f*: **a** Gleichsetzung *f* (**with** mit) **b** Erkennung *f*, Feststellung *f*: **~ card** → identity card; **~ disk** (*US* **tag**) MIL *etc* Erkennungsmarke *f*; **~ papers** Ausweispapiere; **~ parade** JUR *Br* Gegenüberstellung *f* **2** Legitimation *f*, Ausweis *m*: **he didn't have any ~** er konnte sich nicht ausweisen **3** *Funk, Radar:* Kennung *f*: **~ friend/foe** Freund-Feind-Kennung; **~ letter** Kennbuchstabe *m*
identify [aɪ'dentɪfaɪ; ɪ'd-] **A** V/T **1** identifizieren, gleichsetzen, als identisch betrachten (*alle:* **with** mit): **~ o.s. with** → A 4 **2** identifizieren: **a** erkennen (**as** als), die Identität feststellen von (*od gen*) **b** BIOL *etc* die Art feststellen von (*od gen*) **3** ausweisen, legitimieren: **~ o.s 4 ~ sb** j-s Namen bekannt geben: **he asked not to be identified** er wollte nicht genannt werden **B** V/I **~ with** sich identifizieren mit: **a** sich solidarisch erklären mit **b** sich anschließen (*dat od* **an** *akk*)
identikit (picture) [aɪ'dentɪkɪt; ɪ'd-] S JUR *Br* Phantombild *n*
identism [aɪ'dentɪzəm; ɪ'd-] → identity philosophy
identity [aɪ'dentətɪ; ɪ'd-] S **1** Identität *f*: **a** (völlige) Gleichheit: **~ of interest** Interessengleichheit; **there was an ~ of view between them** sie waren (völlig) gleicher Ansicht, ihre Ansichten stimmten (völlig) überein **b** Persönlichkeit *f*, Individualität *f*: **keep one's ~** s-e Identität wahren; **prove one's ~** sich ausweisen, sich legitimieren; **reveal one's ~** sich zu erkennen geben; **establish sb's ~** j-s Identität feststellen, j-n identifizieren; **give sb a new ~** j-m e-e neue Identität geben; **loss of ~** Identitätsverlust *m*; → **mistaken** B 2 **2** MATH **a** identischer Satz **b** identische Gleichung **3** BIOL Artgleichheit *f*; **~ card** S (Personal)Ausweis *m*; **~ crisis** S *irr* Identitätskrise *f*; **~ disk** S MIL *etc* Erkennungsmarke *f*; **~ philosophy** S Identitätsphilosophie *f* (*Lehre, nach der Geist u. Materie, Denken u. Sein, Subjekt u. Objekt nur zwei Seiten ein u. desselben Wesens sind*); **~ tag** *US* → identity disk
ideogram ['ɪdɪəʊgræm; 'aɪd-], **ideograph** ['ɪdɪəʊgrɑːf; 'aɪd-; *bes US* -græf] S LING Ideogramm *n*, Begriffszeichen *n*
ideologic [ˌaɪdɪə'lɒdʒɪk; ˌɪd-; *US* -'lɑ-] ADJ, **ideological** [-kl] ADJ (ADV ~ly) ideologisch; **ideologism** [-'ɒlədʒɪzəm; *US* -'ɑl-] S Ideologiegebundenheit *f*; **ideologist** [-dʒɪst] S Ideologe *m*, Ideologin *f*: **a** (*führende[r]*) *Vertreter(in) e-r Ideologie; politische(r) Theoretiker(in)* **b** *weltfremde(r) Theoretiker(in)*; **ideologize** [-dʒaɪz] V/T ideologisieren; **ideologue** [-lɒg; *US a.* -ˌlɑg] → ideologist; **ideology** [-dʒɪ] S Ideologie *f*: **a** *Gesamtheit der von e-r Gesellschaftsgruppe od Kultur hervorgebrachten Denksysteme* **b** *politische Theorie od Grundanschauung* **c** *meist pej rein theoretisches Wirklichkeitsbild; weltfremde, spekulative Lehre*
ideomotor [ˌaɪdɪə'məʊtə(r); ˌɪd-] ADJ PSYCH ideomotorisch (*unbewusst, ohne Mitwirkung des Willens ausgeführt*) (*Bewegungen, Handlungen*)
ides [aɪdz] SPL (*a. als sg konstruiert*) *Antike:* Iden *pl* (*13. od 15. Monatstag des altrömischen Kalenders*)
id est [ɪd'est] id est, das heißt
idioblast ['ɪdɪəʊblæst] S BOT Idioblast *m* (*in e-n andersartigen pflanzlichen Gewebeverband eingelagerte Einzelzelle od Zellgruppe mit spezifischem Bau u. besonderer Aufgabe*)
idiochromatic [ˌɪdɪəʊkrəʊ'mætɪk] ADJ MINER idiochromatisch (*e-e Farbe aufweisend, die nicht von Verunreinigungen, sondern von der Kristallsubstanz selbst herrührt*)
idiocy ['ɪdɪəsɪ] S Idiotie *f*: **a** MED hochgradiger Schwachsinn **b** *pej* Blödheit *f*, Dummheit *f*
idiolect ['ɪdɪəʊlekt; -dɪə-] S LING Idiolekt *m* (*Wortschatz u. Ausdrucksweise e-s Individuums*); **idiolectal**, **idiolectic** ADJ idiolektal
idiom ['ɪdɪəm] S **1** LING Idiom *n*: **a** *eigentümliche Sprache od Sprechweise e-r regional od sozial abgegrenzten Gruppe* **b** idiomatischer Ausdruck, Redewendung *f* **2** *pl* LING Idiomatik *f* (*Gesamtbestand der Idiome e-r Sprache*) **3** KUNST (charakteristischer) Stil (*e-s Individuums, e-r Schule, e-r Periode etc*); **idiomatic** [-'mætɪk] ADJ, **idiomatical** ADJ (ADV ~ly) LING idiomatisch; **idiomaticalness** S LING (*das*) Idiomatische
idiopathic [ˌɪdɪə'pæθɪk] ADJ MED idiopathisch (*unabhängig von anderen Krankheiten od ohne erkennbare Ursache auftretend*)
idioplasm ['ɪdɪəʊplæzəm] S BIOL Idioplasma *n*, Erbsubstanz *f*
idiosyncrasy [ˌɪdɪə'sɪŋkrəsɪ] S **1** Eigenart *f* **2** Veranlagung *f*, Natur *f* **3** Idiosynkrasie *f*: **a** MED *hochgradige, angeborene Überempfindlichkeit gegen bestimmte Stoffe*: **~ to protein** Eiweißidiosynkrasie **b** PSYCH *heftige Abneigung gegen bestimmte Personen, Tiere, Speisen etc*; **idiosyncratic** [-sɪŋ'krætɪk] ADJ (ADV ~ally) **1** charakteristisch, typisch **2** MED, PSYCH idiosynkratisch
idiot ['ɪdɪət] S Idiot(in): **a** MED hochgradig Schwachsinnige(r) *m/f(m)* **b** *pej* Trottel *m*: **~'s lantern** *Br umg* Glotze *f*, Glotzkiste *f* (*Fernseher*); **~ board** *umg für* Teleprompter; **~ box** S *umg* Glotze *f*, Glotzkiste *f* (*Fernseher*); **~ card** *umg* (*cue card*) → cue[1] A 1
idiotic [ˌɪdɪ'ɒtɪk; *US* -'ɑtɪk] ADJ idiotisch: **a** MED hochgradig schwachsinnig **b** *pej* blöd,

vertrottelt; **idiotically** ADV 1 → idiotic 2 blöderweise 3 *umg* lächerlich: ~ **cheap** spottbillig *umg*
idiotism ['ɪdɪətɪzəm] S *obs* 1 → idiocy 2 → idiom 1
idiot| light S AUTO *US umg* Warnlämpchen *n* (*am Armaturenbrett*); **~-proof** ADJ *bes US* idiotensicher *umg hum*
idle ['aɪdl] A ADJ (ADV idly) 1 untätig, müßig: **the ~ rich** die reichen Müßiggänger 2 unbeschäftigt, arbeitslos: **make sb ~** 3 ungenutzt, ruhig, still, Muße...: **~ hours**; **~ time** WIRTSCH Verlust-, Totzeit *f* 4 faul, träge (*Person*) 5 TECH a stillstehend, außer Betrieb b leerlaufend, im Leerlauf: **lie ~** stillliegen; **run ~** leerlaufen; **stand ~** stillstehen, außer Betrieb sein; **~ current** Leerlaufstrom *m*, Blindstrom *m*; **~ motion** Leergang *m*; **~ pulley** → idler 3 b; **~ speed** Leerlaufdrehzahl *f*; **~ stroke** AUTO Leertakt *m* 6 AGR brachliegend (*a. fig*) 7 WIRTSCH unproduktiv, tot (*Kapital*) 8 beiläufig (*Bemerkung, Blick etc*:) **~ curiosity** bloße Neugier 9 a müßig, nutz-, sinn-, zwecklos: **it was ~ to warn her** b vergeblich (*Versuch etc*) 10 leer, hohl: **~ talk** (*od* **gossip**) leeres *od* seichtes Geschwätz; **~ threats** leere Drohungen B V/I 1 nichts tun, faulenzen: **~ about** (*od* **around**) herumtrödeln *umg* 2 TECH leerlaufen C V/T 1 *meist* **~ away** müßig zubringen, vertrödeln *umg* 2 zum Nichtstun verurteilen: **~d** → A 2 3 TECH leerlaufen lassen; **idleness** S 1 Untätigkeit *f*, Müßiggang *m* 2 Faul-, Trägheit *f* 3 Muße *f* 4 a Zwecklosigkeit *f* b Vergeblichkeit *f* 5 Hohl-, Seichtheit *f*; **idler** S 1 Müßiggänger(in) 2 Faulenzer(in) 3 TECH a **a. ~ wheel** → idle wheel 1 b **a. ~ pulley** Leitrolle *f*, Leitscheibe *f* 4 BAHN Leerwaggon *m* 5 SCHIFF Freiwächter *m*
idle wheel S TECH 1 Zwischen(zahn)rad *n* 2 → idler 3 b
idling ['aɪdlɪŋ] S 1 Nichtstun *n*, Müßiggang *m* 2 TECH Leerlauf *m*
idol ['aɪdl] S 1 a Götze *m*: **make an ~ of** → idolize A b b Idol *n*, Götzenbild *n* 2 *fig* Idol *n*: **he was the ~ of his parents** er war der Abgott s-r Eltern 3 Trugschluss *m*
idola [aɪ'dəʊlə] *pl von* idolum
idolater [aɪ'dɒlətə; *US* aɪ'dɑlətər] S 1 Götzenanbeter *m*, -diener *m* 2 *fig* abgöttischer Verehrer; **idolatress** [-trɪs] S 1 Götzenanbeterin *f*, -dienerin *f* 2 *fig* abgöttische Verehrerin; **idolatrize** → idolize; **idolatrous** [-trəs] ADJ (ADV **~ly**) 1 götzendienerisch, Götzen... 2 *fig* abgöttisch; **idolatry** [-trɪ] S 1 Idolatrie *f*, Götzenanbetung *f*, -dienst *m* 2 *fig* abgöttische Verehrung, Vergötterung *f*
idolism ['aɪdəlɪzəm] S 1 a → idolatry b → idolization 2 2 Trugschluss *m*; **idolist** → idolater, idolatress; **idolization** [ˌaɪdəlaɪ'zeɪʃn; *US* ˌaɪdlə'z-] S 1 → idolatry 2 *fig* Idolisierung *f*; **idolize** A V/T a abgöttisch verehren, vergöttern b idolisieren, zum Idol machen B V/I Abgötterei treiben; **idolizer** → idolater, idolatress
idolum [aɪ'dəʊləm] *pl* idola [-lə] S 1 Idee *f*, Vorstellung *f*, Begriff *m* 2 Trugschluss *m*
idyl(l) ['ɪdɪl; *US* 'aɪdl] S 1 Idylle *f*, *bes* Schäfer-, Hirtengedicht *n* 2 Idyll *n* (*a.* MUS), idyllische Szene; **idyllic** [aɪ'dɪlɪk; *Br a.* ɪ'd-] ADJ (ADV **~ally**) idyllisch; **idyllist** ['aɪdɪlɪst] S Idyllendichter(in) *od* -komponist(in)
i.e. ABK id est, that is i.e.
IEE ABK *Br* Institution of Electrical Engineers
if[1] [ɪf] A KONJ 1 wenn, falls: **~ I were you** wenn ich du wäre, (ich) an d-r Stelle; *I'll wait outside,* **~ you need me** falls du mich brauchst; **as ~** als wenn, als ob; *she made a movement* **as ~ to hit him in the face** als ob sie ihm ins Gesicht schlagen wollte; **as ~ they didn't know!** als ob sie das nicht wüssten!; **~ any** wenn überhaupt (e-r, e-e, e-s *od* etwas *od* welche[s]); **she's thirty ~ she's a day** *umg* sie ist mindestens 30; **~ not** wo *od* wenn nicht; **~ so** a gegebenenfalls b wenn ja; **~ and only ~ ...** MATH dann u. nur dann, wenn ...; → even[1] 1 2 wenn auch: **I will do it, ~ I die for it** ich werde es tun, und wenn ich dafür sterben sollte; **it is interesting, ~ a little long** es ist interessant, aber *od* wenn auch ein bisschen lang; **~ he be ever so rich** mag er noch so reich sein 3 (*indirekt fragend*) ob: **try ~ you can do it** 4 *in Ausrufen*: **~ that is not a shame!** das ist doch e-e Schande!, wenn das keine Schande ist!; **and ~!** *umg* und ob! B S Wenn *n*: **without ~s and buts** *Br*, **without ~s, ands, or buts** *US* ohne Wenn u. Aber
IF[2] ABK, **i.f.** ELEK PHYS intermediate frequency
IFALPA ABK International Federation of Air Line Pilots' Associations
IFC ABK International Finance Corporation
iff[1] [ɪf] KONJ MATH dann u. nur dann, wenn
IFF[2] ABK (*Radar*) identification, friend or foe Freund-Feind-Kennung *f*
iffy ['ɪfɪ] ADJ *umg* 1 ungewiss, unsicher 2 fragwürdig
IFR ABK FLUG instrument flight rules Instrumentenflugregeln *pl*
IFS ABK HIST Irish Free State Freistaat *m* Irland
igloo, *a.* **iglu** ['ɪglu:] S 1 Iglu *m/n* 2 kuppelförmige Hütte *etc*, *a.* MIL Munitionsbunker *m* 3 Schneehöhle *f* (*der Seehunde*)
ign. ABK 1 TECH ignition 2 ignotus, unknown
igneous ['ɪgnɪəs] ADJ 1 GEOL vulkanisch, Eruptiv...: **~ rock** Eruptivgestein *n* 2 Feuer...
ignis fatuus [ˌɪgnɪs'fætjʊəs; *US* -'fætʃəwəs] *pl* ignes fatui [ˌɪgni:z'fætjʊaɪ; *US* -'fætʃəˌwaɪ] S 1 Irrlicht *n* 2 *fig* Trugbild *n*
ignitable → ignitible
ignite [ɪg'naɪt] A V/T 1 an-, entzünden 2 AUTO, TECH zünden 3 CHEM bis zur Verbrennung erhitzen 4 *fig* entzünden, -flammen B V/I 1 sich entzünden, Feuer fangen 2 AUTO, TECH zünden; **igniter** S TECH 1 Zündvorrichtung *f*, Zünder *m* 2 Zündladung *f*, -satz *m*; **ignitible** ADJ entzündbar
ignition [ɪg'nɪʃn] A S 1 An-, Entzünden *n* 2 AUTO, TECH Zündung *f*: **advanced (retarded) ~** Früh-(Spät)zündung 3 CHEM Erhitzung *f* B ADJ AUTO, TECH Zünd...: **~ battery (cable, distributor, key, lock,** *etc*); **~ charge** → igniter 2; **~ coil** S AUTO Zündspule *f*; **~ delay** S Zündverzögerung *f*; **~ order** S Zündfolge *f*; **~ point** S CHEM Zündpunkt *m*; **~ timing** S Zündeinstellung *f*: **~ adjuster** Zündfolgeeinstellung *f* (*Vorrichtung*); **~ tube** S CHEM Glührohr *n*
ignitor → igniter
ignitron [ɪg'naɪtrɒn; *US* -ˌtrɑn; *Br a.* 'ɪgnɪtrɒn] S PHYS Ignitron *n* (*mit e-r Quecksilberkathode versehene Gasentladungsröhre mit der Wirkungsweise e-s Relais*)
ignobility [ˌɪgnəʊ'bɪlətɪ] S Gemeinheit *f*, Unehrenhaftigkeit *f*; **ignoble** [ɪg'nəʊbl] ADJ (ADV **ignobly**) 1 gemein, unehrenhaft 2 von niedriger Geburt; **ignobleness** → ignobility
ignominious [ˌɪgnəʊ'mɪnɪəs] ADJ (ADV **~ly**) schändlich, schimpflich
ignominy ['ɪgnəmɪnɪ; *US a.* ɪg'nɑməni:] S 1 Schande *f*, Schimpf *m* 2 Schändlichkeit *f*
ignoramus [ˌɪgnə'reɪməs] S Ignorant(in)
ignorance ['ɪgnərəns] S 1 Unwissenheit *f*, Unkenntnis *f* (**of** *gen*): **from** (*od* **through**) **~** aus Unwissenheit; **be in ~ of sth** etwas nicht wissen *od* kennen, nichts wissen von etwas; **keep sb in ~** j-n in Unkenntnis lassen (**of** über *akk*); **~ of the law** Rechtsunkenntnis; **~ of the law is no excuse** Unkenntnis schützt vor Strafe nicht; **~ is bliss** (*Sprichwort*) was ich nicht weiß, macht mich nicht heiß 2 *pej* Ignoranz *f*, Beschränktheit *f*; **ignorant** ADJ 1 unkundig (**of** *gen*): **be ~ of sth** etwas nicht wissen *od* kennen, nichts wissen von etwas; **I'm rather ~ about cars** ich verstehe nicht viel von Autos; **be ~ of the law** rechtsunkundig sein; **he is not ~ of what happened** er weiß sehr wohl, was geschehen ist 2 *pej* a ignorant, beschränkt b ungebildet 3 von Unwissen zeugend (*Bemerkung etc*) 4 unwissentlich (*Sünde etc*); **ignorantly** ADV unwissentlich
ignore [ɪg'nɔ:(r)] V/T 1 ignorieren, nicht beachten, keine Notiz nehmen von, außer Acht lassen 2 JUR *US e-e Anklage* verwerfen, als unbegründet abweisen
iguana [ɪ'gwɑ:nə] S 1 ZOOL (*ein*) Leguan *m* 2 *allg* große Eidechse
I-head engine ['aɪhed] S AUTO *bes US* oben gesteuerter Motor
IHP, i.h.p. ABK TECH indicated horsepower i. PS, indizierte Pferdestärke
ikebana [ˌi:kə'bɑ:nə; ˌɪkɪ-; ˌɪkeɪ-] S Ikebana *n* (*japanische Kunst des Blumensteckens*)
ikon → icon
ILA ABK International Law Association
ilang-ilang [ˌi:læŋ'i:læŋ; *US* ˌi:lɑ:ŋ'i:lɑ:ŋ] S 1 BOT Ilang-Ilang *n*, Ylang-Ylang *n* 2 Ilang-Ilang-Öl *n*, Ylang-Ylang-Öl *n*
ileitis [ˌɪlɪ'aɪtɪs] S MED Ileitis *f*, Krummdarmentzündung *f*; **ileum** ['ɪlɪəm] S ANAT Ileum *n*, Krummdarm *m*; **ileus** [-əs] S MED Ileus *m*, Darmverschluss *m*
ilex ['aɪleks] S BOT 1 Stecheiche *f* 2 Stechpalme *f*
ilia ['ɪlɪə] *pl von* ilium
iliac ['ɪlɪæk] ADJ ANAT 1 Darmbein... 2 **~ region** Hüftgegend *f*
Iliad ['ɪlɪəd; -æd] S Ilias *f*, Iliade *f*: **an ~ of woes** e-e endlose Leidensgeschichte
ilium ['ɪlɪəm] *pl* ilia ['ɪlɪə] S ANAT 1 Darmbein *n* 2 Hüfte *f*
ilk [ɪlk] S 1 Art *f*, Sorte *f*: **people of his (that) ~** Leute s-r Sorte (solche Leute) 2 **of that ~** *schott* gleichnamigen Ortes: **Kinloch of that ~** = **Kinloch of Kinloch**
ill [ɪl] A ADJ *komp* worse [wɜ:s; *US* wɜrs], *sup* worst [wɜ:st; *US* wɜrst] 1 schlimm, schlecht, übel, unheilvoll, verderblich, widrig, nachteilig, ungünstig, schädlich: **~ effects** schädliche Einflüsse; **~ moment** ungünstiger Augenblick; **do sb an ~ service** j-m e-n schlechten Dienst *od* e-n Bärendienst erweisen; **~ wind** widriger *od* ungünstiger Wind; **it's an ~ wind that blows nobody good** (*Sprichwort*) etwas Gutes ist an allem; → fortune 3, luck A 1, omen A, weed[1] A 1 2 (*moralisch*) schlecht, schlimm, übel, böse: **~ deed** Missetat *f*; → fame 1 b, repute A 1 3 bösartig, böse, feindselig, schlimm: **~ nature** a Unfreundlichkeit *f*, ruppiges Wesen b Bösartigkeit *f*; **~ treatment** a schlechte Behandlung b Misshandlung *f*; → feeling A 2, grace A 3, humor A 2, temper A 2, will[2] A 6 4 schlecht, übel, widerwärtig (*Gerüche etc*) 5 schlecht, mangelhaft: **~ breeding** a schlechte Erziehung b Ungezogenheit *f*; **~ health** schlechter Gesundheitszustand 6 *nur präd* krank (**with** *vor dat*): **be taken** (*od* **fall**) **~** krank werden, erkranken (**with** *an dat*); **be ~ with a cold (a fever)** e-e Erkältung (Fieber) haben; **be incurably ~ with cancer** unheilbar krebskrank sein 7 *nur präd Br* verletzt: **he is seriously ~ in hospital** er liegt schwer verletzt *od* mit schweren Verletzungen im Krankenhaus B

ADV **1** schlecht, schlimm, übel (*etc* → A 1, A 2, A 3, A 4, A 5): **be ~ off** schlimm *od* übel d(a)ran sein; **speak (think) ~ of sb** schlecht von j-m reden (denken); **turn out ~** schlecht ausgehen; **it went ~ with him** es erging ihm übel; **it ~ becomes** (*od* **befits**, *obs od poet* **beseems**) **you** es steht dir schlecht an; → ease A 2, fare B 1, wish A 3 **2** schwerlich, kaum, schlecht, nicht gut: **I can ~ afford it**; *after what he has done* **he can ~ afford to criticize others** hat er nicht das Recht *od* steht es ihm nicht zu, andere zu kritisieren **C** S **1** Übel *n*, Unglück *n*, Missgeschick *n* **2** Krankheit *f*, Leiden *n* (*beide a. fig*) **3** a *oft pl* Übel *n*, Missstand *m* b (*etwas*) Übles *od* Böses

ill.[1] **1** illustrated **2** illustration

Ill.[2] ABK Illinois

I'll [aıl] *Zusammenziehung von* **I will, I shall**

ill|-advised ADJ **1** schlecht beraten: **you would be ~ to sell your house now** du wärest schlecht beraten, wenn du dein Haus jetzt verkauftest **2** unbesonnen, unklug, unbedacht (*Bemerkung etc*); **~-assorted** ADJ schlecht zusammenpassend, (*Haufen, Sammlung etc*) bunt zusammengewürfelt: **they are an ~ pair** sie passen überhaupt nicht zusammen *od* zueinander

illation [ı'leıʃn] S **1** Folgern *n* **2** Schluss *m*, Folgerung *f*

ill|-behaved → ill-bred 2; **~-boding** ADJ Unheil verkündend; **~-bred** ADJ **1** schlecht erzogen **2** ungezogen, unhöflich; **~-conditioned** ADJ übellaunig; **~-considered** → ill-advised 2; **~-defined** ADJ undeutlich, unklar; **~-disposed** ADJ **1** übel gesinnt: **be ~ to(ward[s])** a *j-m* übel gesinnt sein, *j-m* übelwollen b *e-m Plan etc* ablehnend gegenüberstehen **2** bösartig, böse

illegal [ı'li:gl] **A** ADJ (ADV **~ly**) unerlaubt, verboten: a JUR illegal, ungesetzlich, gesetz-, rechtswidrig, widerrechtlich: **be ~** *a.* verboten sein; **it is ~ for people under 17 to drive a car in Britain** Personen unter 17 dürfen in Großbritannien nicht Auto fahren; **~ immigrant** (*US a.* **alien**) illegaler Einwanderer; **~ parking** falsches Parken, Falschparken *n*; **an ~ly parked car** ein falsch geparktes Auto; → firearm b SPORT regelwidrig, (*Tor etc a.*) irregulär **B** S *US umg* illegaler Einwanderer; **illegality** [ˌıli:'gæləti] S **1** JUR Gesetzwidrigkeit *f*: a Ungesetzlichkeit *f*, Illegalität *f* b gesetzwidrige Handlung **2** SPORT Regelwidrigkeit *f*; **illegalize** [ı'li:gəlaız] V/T für gesetzwidrig erklären, verbieten

illegibility [ıˌledʒı'bıləti] S Unleserlichkeit *f*; **illegible** ADJ (ADV **illegibly**) unleserlich; **illegibleness** → illegibility

illegitimacy [ˌılı'dʒıtıməsı] S **1** → illegality 1 a **2** Nicht-, Unehelichkeit *f*; **illegitimate** **A** ADJ [-mət] (ADV **~ly**) **1** → illegal A a **2** nicht-, unehelich (*Kind*) **3** fehlerhaft, inkorrekt (*Wort etc*) **4** unlogisch **B** V/T [-meıt] **1** → illegalize **2** für nicht- *od* unehelich erklären; **illegitimateness** S **1** → illegality 1 a **2** → illegitimacy 2; **illegitimatize** [-mətaız] V/T **1** → illegalize **2** → illegitimate B 2

ill|-famed ADJ übel beleumdet; **~-fated** ADJ unglücklich: a Unglücks..., vom Unglück verfolgt: **~ plane** Unglücksmaschine *f* b ungünstig; **~-favo(u)red** ADJ (ADV **~ly**) **1** unschön, hässlich **2** anstößig; **~-fitting** ADJ schlecht sitzend (*Kleidungsstück*); **~-founded** ADJ haltlos (*Theorie etc*); **~-gotten** ADJ unrechtmäßig (erworben): **~ gains** *pl* unrechtmäßiger Gewinn; **~-humo(u)red** ADJ schlecht *od* übel gelaunt

illiberal [ı'lıbərəl] ADJ (ADV **~ly**) **1** *obs* knaus(e)rig *umg* **2** engstirnig **3** POL illiberal **4** *obs* unfein, gewöhnlich; **illiberalism** S POL illiberaler Standpunkt; **illiberality** [-'ræləti] S **1** *obs* Knauserei *f umg* **2** Engstirnigkeit *f* **3** *obs* Unfeinheit *f*

illicit [ı'lısıt] ADJ (ADV **~ly**) unerlaubt, unzulässig, verboten, gesetzwidrig: **~ trade** Schwarzhandel *m*; **~ work** Schwarzarbeit *f*

Illinoian [ˌılı'nɔıən], **Illinoisan** [-'nɔıən], **Illinoisian** [-'nɔızıən; *US a.* -ʒən] **A** ADJ aus Illinois, Illinois-... **B** S Bewohner(in) von Illinois (*USA*)

Illinois [ˌılı'nɔı] S Illinois *n* (*Staat im Mittelwesten der USA*)

illiquid [ı'lıkwıd] ADJ WIRTSCH **1** nicht flüssig (*Vermögen etc*) **2** illiquid, vorübergehend zahlungsunfähig

illiteracy [ı'lıtərəsı] S **1** Unbildung *f*, Unwissenheit *f* **2** Analphabetentum *n* **3** grober (grammatischer *etc*) Fehler; **illiterate** [-rət] **A** ADJ (ADV **~ly**) **1** unwissend, ungebildet **2** analphabetisch **3** a ungebildet, unkultiviert (*Person*) b voller grober (grammatischer *etc*) Fehler (*Aufsatz etc*) **B** S **1** Ungebildete(r) *m/f(m)* **2** Analphabet(in); **illiterateness** → illiteracy 1, 2

ill|-judged → ill-advised 2; **~-mannered** ADJ (ADV **~ly**) mit schlechten Umgangsformen, ungehobelt, ungezogen; **~-matched** ADJ schlecht zusammenpassend: **they are an ~ pair** sie passen überhaupt nicht zusammen *od* zueinander; **~-natured** ADJ **1** unfreundlich, bösartig, boshaft **2** → ill-tempered

illness ['ılnıs] S Krankheit *f*: **after a long ~** nach langer Krankheit; **because of ~** wegen Krankheit, krankheitsbedingt, -halber

illogical [ı'lɒdʒıkl; *US* ı'la-] ADJ (ADV **~ly**) unlogisch; **illogicality** [-'kæləti] S a Unlogik *f* b Ungereimtheit *f*; **illogicalness** → illogicality a

ill|-omened → ill-starred; **~-spent** ADJ: **~ youth** vergeudete Jugend; **~-starred** ADJ unglücklich, Unglücks..., vom Unglück verfolgt: **be ~** unter e-m ungünstigen Stern stehen; **~-tempered** ADJ schlecht gelaunt, übellaunig; **~-timed** ADJ ungelegen, unpassend, zur unrechten Zeit; **~-treat** → maltreat

illume [ı'lju:m; *bes US* ı'lu:m] *obs od poet für* illuminate; **illuminant** [-mınənt] **A** ADJ → illuminating **B** S a Beleuchtungs-, Leuchtmittel *n* b Beleuchtungskörper *m*, Leuchte *f*

illuminate [ı'lju:mıneıt; *bes US* ı'lu:-] V/T **1** be-, erleuchten, erhellen: **a smile ~d her face** **2** illuminieren, festlich beleuchten **3** *fig* a *etwas* aufhellen, erläutern, erklären b *j-n* erleuchten **4** *bes fig* (Licht u.) Glanz verleihen (*dat*) **5** *bes* HIST *Bücher etc* illuminieren, mit Buchmalereien verzieren; **illuminated** ADJ beleuchtet, leuchtend, Leucht..., Licht...: **~ advertising** Leuchtreklame *f*; **illuminating** ADJ (ADV **~ly**) **1** leuchtend, Leucht...: **~ engineer** Beleuchtungsingenieur(in); **~ gas** Leuchtgas *n*; **~ power** Leuchtkraft *f*; **~ projectile** MIL Leuchtgeschoss *n* **2** *fig* aufschlussreich

illumination [ıˌlju:mı'neıʃn; *bes US* ıˌlu:-] S **1** Beleuchtung *f*: a *das Beleuchten* b Licht *n* **2** a *oft pl* Illumination *f*, Festbeleuchtung *f* b *pl* Beleuchtungskörper *pl*, -anlage *f* **3** *fig* a Erläuterung *f*, Erklärung *f* b Erleuchtung *f* **4** *bes fig* (Licht *n* u.) Glanz *m* **5** *bes* HIST Illumination *f*, Verzierung *f* mit Buchmalereien; **illuminative** [-nətıv; *bes US* -neıtıv] → illuminating; **illuminator** [-neıtə(r)] S **1** a Erläuterer *m*, Erläuterin *f* b Erleuchter(in) **2** *bes* HIST Illuminator *m* **3** OPT Illuminator *m*, Beleuchtungsgerät *n*, -quelle *f*

illumine [ı'lju:mın; *bes US* ı'lu:-] *obs od poet für* illuminate

illus. ABK **1** illustrated **2** illustration

ill-use → maltreat

illusion [ı'lu:ʒn] S **1** Illusion *f*: a Sinnestäuschung *f*: → optical b PSYCH Trugwahrnehmung *f* c Trugbild *n* d Wahn *m*, falsche Vorstellung, Einbildung *f*, Selbsttäuschung *f*: **be under an ~** sich täuschen; **be under the ~ that ...** glauben *od* sich einbilden, dass ...; **cherish the ~ that ...** sich der Illusion hingeben, dass ...; **give the ~ of sth** etwas vortäuschen; **have no ~s** sich keine Illusionen machen, sich nichts vormachen (*beide:* **about** über *akk*) **2** Blendwerk *n* **3** (*ein*) zarter Tüll; **illusional** [-ʒənl], **illusionary** [-ʃnərı; *US* -ʃəˌneri:] ADJ illusorisch; **illusionism** [-ʃənızəm] S Illusionismus *m*: a PHIL *Auffassung, dass Wahrheit, Schönheit u. sittliche Werte nur Schein sind* b KUNST *illusionistische (Bild)Wirkung*; **illusionist** S Illusionist(in): a PHIL *Anhänger(in) des Illusionismus* b Schwärmer(in), Träumer(in) c Zauberkünstler(in)

illusive [ı'lu:sıv] ADJ (ADV **~ly**) **1** illusorisch, trügerisch: **be ~** trügen **2** irrig: **~ belief** Irrglaube *m*; **illusiveness**, **illusoriness** [-sərınıs] S **1** Unwirklichkeit *f*, Schein *m*, (*das*) Illusorische **2** Täuschung *f*; **illusory** ADJ (ADV illusorily) → illusive

illust. ABK **1** illustrated **2** illustration

illustrate ['ıləstreıt; *US a.* ı'lʌs-] V/T **1** illustrieren, erläutern, veranschaulichen **2** illustrieren, bebildern: **"not ~d"** (*in Versandhauskatalogen etc*) „ohne Abbildung"

illustration [ˌılə'streıʃn] S Illustration *f*: a Erläuterung *f*, Veranschaulichung *f*: **in ~ of** zur Erläuterung von (*od gen*) b Beispiel *n*: **by way of ~** als Beispiel c Bebilderung *f* d Bild (-beigabe) *n(f)*, Abbildung *f*

illustrative ['ıləstrətıv; -streıtıv; *US bes* ı'lʌstrətıv] ADJ (ADV **~ly**) illustrativ, erläuternd, veranschaulichend: **~ material** Anschauungsmaterial *n*; **be ~ of** → illustrate 1

illustrator ['ıləstreıtə(r); *US a.* ı'lʌs-] S Illustrator *m*, Illustratorin *f*: a Erläuterer *m*, Erläuterin *f* b *illustrierende(r) Künstler(in)*

illustrious [ı'lʌstrıəs] ADJ (ADV **~ly**) **1** illuster, glanzvoll, erlaucht **2** berühmt; **illustriousness** S **1** Glanz *m*, Erlauchtheit *f* **2** Berühmtheit *f*

illy ['ılı] *US für* ill B

Illyrian [ı'lırıən] HIST **A** ADJ illyrisch **B** S **1** Illyrier(in) **2** LING Illyrisch *n*, das Illyrische

ILO ABK International Labo(u)r Organization

ILP ABK POL Independent Labour Party

ILS ABK FLUG instrument landing system Instrumentenlandesystem *n*

im- [ım] → in-[2]

I'm [aım] *Zusammenziehung von* **I am**

image ['ımıdʒ] **A** S **1** Bild(nis) *n*: **have a clear ~ of** *fig* e-e klare Vorstellung haben von **2** a Bildsäule *f*, Statue *f* b REL Heiligenbild *n* c Götzenbild *n*, Idol *n*: **~ worship** Bilderanbetung *f*, -verehrung *f*; Götzenanbetung *f*, -dienst *m*; → graven B **3** (*abstrakt*) Bild *n*, Erscheinungsform *f*, Gestalt *f* **4** Ab-, Ebenbild *n*: **he is the very ~ of his father** er ist ganz der Vater, er ist s-m Vater wie aus dem Gesicht geschnitten; → spit[1] C 5, spitting image **5** MATH, OPT, PHYS Bild *n*: **~ carrier** TV Bildträger *m*; **~ converter** TV Bildwandler *m*; **real (virtual) ~** OPT reelles (scheinbares) Bild **6** Image *n*: a *Vorstellungsbild, das e-e Person od Gruppe von sich selbst od anderen Personen, Sachen od Verhältnissen hat* b *das durch Werbung od Public Relations von e-r Person, e-r Gruppe od e-r Sache in der Öffentlichkeit erzeugte Bild* **7** (Leit)Bild *n*, Idee *f* **8** PSYCH Wiedererleben *n* **9** Verkörperung *f*:

he is the ~ of loyalty er ist die Treue selbst *od* in Person 10 Symbol *n* 11 (sprachliches) Bild, bildlicher Ausdruck, Metapher *f*: **speak in ~s** in Bildern *od* Metaphern sprechen B VT 1 abbilden, bildlich darstellen 2 widerspiegeln 3 sich *etwas* vorstellen 4 verkörpern; **~-building** S Imagepflege *f*; **~ orthicon** ['ɔ:(r)θıkɒn; *US* -,kɑn] S TV Imageorthikon *n* (*speichernde Aufnahmeröhre*)

imagery ['ımıdʒərı; -dʒrı] S 1 KOLL Bilder *pl*, Bildwerk(e) *n(pl)* 2 KOLL Vorstellungen *pl*, geistige Bilder *pl* 3 bildliche Darstellung 4 Bilder(-sprache) *pl(f)*, Metaphorik *f*

imaginable [ı'mædʒınəbl] ADJ (ADV imaginably) vorstellbar, erdenklich, denkbar: **the greatest difficulty ~** die denkbar größte Schwierigkeit

imaginarily [ı'mædʒınərəlı; *US* ım,ædʒə'nerəli:] ADV imaginär, in der Einbildung; **imaginary** [-nərı; *US* -,neri:] A ADJ imaginär (*a.* MATH), nur in der Einbildung *od* Vorstellung vorhanden, eingebildet, (nur) gedacht, Schein…, Fantasie…: **the characters of this novel are ~** die Personen dieses Romans sind frei erfunden; **~ number** → B; **~ part** Imaginärteil *m/n*; **~ unit** imaginäre Einheit B S MATH imaginäre Zahl

imagination [ı,mædʒı'neıʃn] S 1 (*schöpferische*) Fantasie, Vorstellungs-, Einbildungskraft *f*, Fantasie-, Einfalls-, Ideenreichtum *m*: **this is beyond my ~** das übersteigt m-e Fantasie; **he has no ~** er hat keine Fantasie, er ist fantasielos; **she doesn't leave anything to ~** sie überlässt nichts der Fantasie; **use your ~** lass dir etwas einfallen!, lass d-e Fantasie spielen; → **capture** A 5 c, **stretch** A 11 2 Vorstellen *n*, Vorstellung *f*: **in ~** in der Vorstellung, im Geiste 3 Vorstellung *f*: a Einbildung *f*: **pure ~** reine Einbildung; **maybe it was just my ~** vielleicht habe ich mir das alles auch nur eingebildet b Idee *f*, Gedanke *m*, Einfall *m* 4 KOLL Einfälle *pl*, Ideen(reichtum) *pl(m)*

imaginative [ı'mædʒınətıv; *US a.* -,neıtıv] ADJ (ADV **~ly**) 1 fantasie-, einfallsreich (*Schriftsteller etc*): **~ faculty** (*od* **power**) → **imagination** 1 2 fantasievoll, fantastisch (*Geschichte etc*) 3 *pej* erdichtet, aus der Luft gegriffen; **imaginativeness** → **imagination** 1

imagine [ı'mædʒın] A VT 1 sich *etwas* vorstellen, sich *etwas* denken, sich e-n Begriff machen von: **(you can) ~ my surprise when …** Sie können sich m-e Überraschung vorstellen, als …; **I ~ him as a tall man** ich stelle ihn mir groß vor; **I ~ him to be rich** ich halte ihn für reich; **can you ~ him becoming famous?** kannst du dir vorstellen, dass er einmal berühmt wird?; **it is not to be ~d** es ist nicht auszudenken; **be hard to ~** schwer vorstellbar sein 2 ersinnen, sich *etwas* ausdenken 3 sich *etwas* einbilden: **don't ~ that …** bilde dir nur nicht ein *od* denke bloß nicht, dass …; **you are imagining things!** du bildest *od* redest dir etwas ein!, das bildest *od* redest du dir nur ein! 4 annehmen, vermuten (*beide:* **that** dass) B VI **just ~!** *iron* stell dir vor!, denk dir nur!

imagines [ı'meıdʒıni:z; ı'mɑ:gıneız; *US a.* ı'meıgə,ni:z] *pl von* **imago**

imagism ['ımıdʒızəm] S HIST Imagismus *m* (*anglo-amerikanische literarische Bewegung, 1912-1920, die e-e Knappheit des Ausdrucks u. e-e Genauigkeit des dichterischen Bildes anstrebte*)

imago [ı'meıgəʊ; ı'mɑ:-] *pl* -goes, imagines [ı'meıdʒıni:z; ı'mɑ:gıneız; *US a.* ı'meıgə,ni:z] S 1 ZOOL Imago *f*, voll entwickeltes Insekt 2 PSYCH Imago *f* (*aus der Kindheit bewahrtes, unbewusstes Idealbild*)

imam [ı'mɑ:m] S Imam *m*: a *Vorbeter in der Moschee* b *Titel für verdiente Gelehrte des Islam* c *Prophet u. religiöses Oberhaupt der Schiiten*

imbalance [,ım'bæləns] S 1 Unausgewogenheit *f*, Unausgeglichenheit *f* 2 MED gestörtes Gleichgewicht (*im Körperhaushalt etc*): **glandular ~** Störung *f* im hormonalen Gleichgewicht 3 POL *etc* Ungleichgewicht *n*

imbecile ['ımbısi:l; -saıl; *US* 'ımbəsəl; -,saıl] A ADJ (ADV **~ly**) 1 MED imbezil(l), mittelgradig schwachsinnig 2 *pej* idiotisch, vertrottelt B S 1 MED Schwachsinnige(r) *m/f(m)* mittleren Grades 2 *pej* Idiot *m*, Trottel *m*; **imbecilic** [-'sılık] ADJ (ADV **~ally**) → **imbecile** A; **imbecility** [-'sılətı] S 1 MED Imbezilität *f*, Schwachsinn *m* mittleren Grades 2 *pej* Idiotie *f*, Blödheit *f*

imbed [ım'bed] → **embed**

imbibe [ım'baıb] A VT 1 trinken 2 *Feuchtigkeit etc* aufnehmen (**from** aus) 3 *Wissen etc* (in sich) aufnehmen B VI 1 **I don't ~** ich trinke keinen Alkohol 2 Feuchtigkeit *etc* aufnehmen

imbricate A ADJ ['ımbrıkıt; -keıt] dachziegel- *od* schuppenartig angeordnet *od* verziert, geschuppt B VT [-keıt] 1 dachziegelartig anordnen 2 schuppenartig verzieren C VI [-keıt] dachziegelartig übereinanderliegen; **imbricated** [-keıtıd] → **imbricate** A

imbroglio [ım'brəʊlıəʊ; -ljəʊ] *pl* -glios S 1 Verwicklung *f*, -wirrung *f*, Komplikation *f*, verwickelte Lage 2 ernstes Missverständnis 3 MUS Imbroglio *n*, Taktartmischung *f*

imbrue [ım'bru:] VT (**with, in**) a baden (in *dat*), tränken (mit) (*a. fig*) b beflecken, färben (mit)

imbue [ım'bju:] VT 1 durchtränken, eintauchen 2 tief färben 3 *fig* durchdringen, erfüllen (**with** mit): **~d with hatred** hasserfüllt

IMCO ABK Intergovernmental Maritime Consultative Organization

IMF ABK International Monetary Fund IWF *m*, Internationaler Währungsfonds

imidogen [ı'mıdədʒen; -dʒən] S CHEM NH-Gruppe *f*, Imidogruppe *f*

imit. ABK 1 imitation 2 imitative

imitable ['ımıtəbl] ADJ nachahmbar

imitate ['ımıteıt] VT 1 *j-n* nachahmen, -machen, imitieren, *etwas a.* nachbilden: **not be ~d** unnachahmlich 2 fälschen 3 a *j-m* nacheifern b sich ein Beispiel nehmen an (*dat*) 4 ähneln (*dat*), aussehen wie 5 BIOL sich anpassen an (*akk*); **imitated** ADJ 1 nachgeahmt, unecht, künstlich, imitiert 2 gefälscht

imitation [,ımı'teıʃn] A S 1 Nachahmung *f*, -ahmen *n*, Imitieren *n*: **for ~** zur Nachahmung; **in ~ of** nach dem Muster von (*od gen*); **~ is the sincerest form of flattery** (*Sprichwort*) Nachahmung ist die aufrichtigste Form e-s Kompliments 2 Imitation *f*, Nachahmung *f* (*beide a.* MUS, PSYCH), Nachbildung *f*: **a poor ~** ein schwacher Abklatsch 3 Fälschung *f* 4 BIOL Anpassung *f* B ADJ nachgemacht, unecht, künstlich, Kunst…, Imitations…: **~ leather** Kunstleder *n*

imitative ['ımıtətıv; *US* 'ımə,teıtıv] ADJ (ADV **~ly**) 1 nachahmend, imitierend: **~ instinct** (*Verhaltensforschung*) Nachahmungstrieb *m*; **be ~ of** nachahmen, imitieren 2 zur Nachahmung neigend 3 nachgemacht, -gebildet, -geahmt (*alle:* **of** *dat*) 4 BIOL sich anpassend 5 LING lautmalend; **imitator** [-teıtə(r)] S Nachahmer(in), Imitator *m*, Imitatorin *f*

immaculacy [ı'mækjʊləsı] S Unbeflecktheit *f*, Makellosigkeit *f*, Reinheit *f*; **immaculate** [-lət] ADJ (ADV **~ly**) 1 *fig* unbefleckt, makellos, rein: **♀ Conception** KATH Unbefleckte Empfängnis 2 tadel-, fehlerlos, einwandfrei 3 fleckenlos, sauber 4 BOT, ZOOL ungefleckt; **immaculateness** → **immaculacy**

immanence ['ımənəns], **immanency** [-sı] S Immanenz *f*: a Innewohnen *n* b PHIL *das Verbleiben in e-m vorgegebenen Bereich, ohne Überschreitung der Grenzen*; **immanent** ADJ (ADV **~ly**) immanent (*a.* PHIL), innewohnend: **be ~ in sth** e-r Sache innewohnen

immaterial [,ımə'tıərıəl] ADJ (ADV **~ly**) 1 immateriell, unkörperlich, unstofflich 2 unwesentlich, belanglos, unerheblich (*alle:* **to** für) (*a.* JUR); **immaterialism** S PHIL Immaterialismus *m* (*Lehre, die die Materie als selbstständige Substanz leugnet u. dagegen ein geistig-seelisches Bewusstsein setzt*); **immateriality** [-'ælətı] S 1 Immaterialität *f*, Unkörperlichkeit *f*, Unstofflichkeit *f* 2 Unwesentlichkeit *f*, Belanglosigkeit *f*, Unerheblichkeit *f* (*a.* JUR); **immaterialize** VT unkörperlich *od* unstofflich machen, vergeistigen

immature [,ımə'tjʊə(r); *US a.* -'tʊər] ADJ (ADV **~ly**) unreif, unausgereift (*beide a. fig*); **immaturity** S Unreife *f*

immeasurability [ı,meʒərə'bılətı; ı,meʒrə-; *US a.* ı,meı-] S Unermesslichkeit *f*; **immeasurable** ADJ (ADV immeasurably) unermesslich, grenzenlos; **immeasurableness** → **immeasurability**

immediacy [ı'mi:djəsı; -dıəsı] S 1 Unmittelbarkeit *f*, Direktheit *f* 2 Unverzüglichkeit *f* 3 PHIL a unmittelbar gegebener Bewusstseinsinhalt b unmittelbare Gegebenheit

immediate [ı'mi:djət; -dıət; *Br a.* -dʒət] ADJ 1 unmittelbar: a nächst(gelegen): **in the ~ vicinity** in unmittelbarer Nähe, in der nächsten Umgebung; **~ constituent** LING (größeres) Satzglied, Wortgruppe *f* b direkt: **~ contact** unmittelbare Berührung; **~ cause** unmittelbare Ursache; **~ information** Informationen *pl* aus erster Hand 2 (*zeitlich*) unmittelbar (bevorstehend), nächst(er, e, es): **in the ~ future** in nächster Zukunft 3 unverzüglich, sofortig, umgehend (*Antwort etc*): **take ~ action** sofort handeln; **~ annuity** sofort fällige Rente; **~ matter** JUR Sofortsache *f*; **~ objective** MIL Nahziel *n*; **~ steps** Sofortmaßnahmen 4 derzeitig, augenblicklich: **my ~ plans** 5 nächst(er, e, es) (*in der Verwandtschaftslinie*): **my ~ family** m-e nächsten Angehörigen *pl* 6 PHIL intuitiv, direkt, unmittelbar 7 direkt betreffend, unmittelbar berührend; **immediately** A ADV 1 unmittelbar, direkt 2 sofort, unverzüglich, auf den ersten Blick B KONJ *bes Br* sobald; sofort, als; **immediateness** → **immediacy** 1, 2

Immelmann (turn) ['ıməlmɑ:n; -mən] S FLUG, SPORT Immelmann-Turn *m* (*halber Looping u. halbe Rolle*)

immemorial [,ımı'mɔ:rıəl; *US a.* -'məʊ-] ADJ (ADV **~ly**) uralt (*Bräuche etc*): **from** (*od* **since**) **time ~** seit undenklichen Zeiten

immense [ı'mens] ADJ (ADV **~ly**) 1 riesig (*Palast etc*) 2 *fig* enorm, immens, riesig (*Kosten etc*): **~ly rich** steinreich 3 → **immeasurable** 4 *umg* prima, großartig: **they enjoyed themselves ~ly**; **immenseness**, **immensity** S Riesigkeit *f*: **the immensity** (*od* **immensities** *pl*) **of space** die Unendlichkeit des Weltalls

immensurability [ı,menʃʊrə'bılətı; *bes US* -ʃərə-], **immensurable**, **immensurableness** → **immeasurability**, *etc*

immerse [ı'mɜ:s; *US* ı'mɜrs] VT 1 (ein)tauchen (**in** in *akk*), untertauchen 2 REL (*bei der Taufe*) untertauchen 3 einbetten, -graben (*beide:* **in** in *akk*) 4 **~ o.s. in** in sich vertiefen *od* versenken in (*akk*): **he ~d himself in his work** er vergrub sich in s-e Arbeit; **immersed** [ı'mɜ:st; *US* ı'mɜrst] ADJ 1 eingetaucht: **~ compass** TECH Flüssigkeitskompass *m* 2 versunken, -tieft (*beide:* **in** in *akk*): **~ in thought** gedankenversunken 3 BIOL in benachbarte Teile eingebettet 4 BOT ganz unter Wasser wachsend

immersion [ɪ'mɜːʃn; *US* ɪ'mɜrʒən; -ʃən] S 1 Ein-, Untertauchen *n*, PHYS Immersion *f*: **~ heater** Tauchsieder *m*; **~ lens** (*od* **objective**) OPT Immersionsobjektiv *n* 2 Versunkenheit *f*, Vertiefung *f* 3 REL Immersionstaufe *f* 4 ASTRON Immersion *f* (*Eintreten e-s Gestirns in den Schatten e-s anderen*)

immigrant ['ɪmɪgrənt] A S Einwanderer *m*, Einwanderin *f*, Immigrant(in) B ADJ 1 einwandernd (*a.* BIOL, MED) 2 Einwanderer...: **~ children**

immigrate ['ɪmɪgreɪt] A V/I einwandern (*a.* BIOL, MED), immigrieren (*beide:* **into** in *akk*, nach) B V/T ansiedeln (**into** in *dat*); **immigration** S 1 Einwanderung *f*, Immigration *f*: **~ authorities** *pl* Einwanderungsbehörde *f*; **~ officer** Beamter *m od* Beamtin *f* der Einwanderungsbehörde 2 Einwandererzahl *f*

imminence ['ɪmɪnəns], **imminency** [-sɪ] S 1 nahes Bevorstehen 2 drohende Gefahr, Drohen *n*; **imminent** ADJ (ADV **~ly**) 1 nahe bevorstehend: **his ~ death** sein naher Tod; **be ~** dicht bevorstehen 2 drohend: **~ danger**

immiscibility [ɪ,mɪsə'bɪlətɪ] S Unvermischbarkeit *f*; **immiscible** ADJ (ADV **immiscibly**) unvermischbar

immitigable [ɪ'mɪtɪgəbl] ADJ (ADV **immitigably**) nicht zu mildern(d)

immobile [ɪ'məʊbaɪl; -biːl; *US bes* -bəl] ADJ unbeweglich: a bewegungslos: **keep one's injured arm ~** s-n verletzten Arm ruhig halten b starr, fest; **immobility** [,ɪməʊ'bɪlətɪ] S 1 Unbeweglichkeit *f* 2 Bewegungslosigkeit *f*

immobilization [ɪ,məʊbɪlaɪ'zeɪʃn; *US* -lə'z-] S 1 Unbeweglichmachen *n* 2 WIRTSCH a Festlegung *f* b Einziehung *f* 3 MED Ruhigstellung *f*, Immobilisierung *f*, Immobilisation *f*; **immobilize** V/T 1 unbeweglich machen: **~d** bewegungsunfähig (*a. Fahrzeug etc*) 2 WIRTSCH a *Kapital* festlegen b *Metallgeld* einziehen, aus dem Verkehr ziehen 3 MED ruhig stellen, immobilisieren 4 MIL *Truppen* lähmen, fesseln; **immobilizer** S AUTO Wegfahrsperre *f*

immoderacy [ɪ'mɒdərəsɪ; -drəsɪ; *US* ɪ'mɑ-] S Unmäßigkeit *f*, Maßlosigkeit *f*; **immoderate** [-rət] ADJ (ADV **~ly**) unmäßig, maßlos; **immoderateness**, **immoderation** → immoderacy

immodest [ɪ'mɒdɪst; *US* ɪ'mɑdəst] ADJ (ADV **~ly**) 1 unbescheiden, aufdringlich, anmaßend, vorlaut 2 unanständig, schamlos; **immodesty** S 1 Unbescheidenheit *f*, Aufdringlichkeit *f* 2 Unanständigkeit *f*, Schamlosigkeit *f*

immolate ['ɪməʊleɪt] V/T opfern (*a. fig*), als Opfer darbringen; **immolation** S *a. fig* 1 Opfern *n*, Opferung *f* 2 Opfer *n*

immoral [ɪ'mɒrəl; *US a.* ɪ'mɑ-] ADJ (ADV **~ly**) 1 unmoralisch, unsittlich (*a.* JUR) 2 JUR unsittlich, sittenwidrig (*Vertrag etc*); **immorality** [,ɪmə'rælətɪ; ,ɪmɒ-] S Unsittlichkeit *f*: a (*das*) Unmoralische b Unmoral *f* c unsittliche *od* unzüchtige Handlung (*a.* JUR) d unsittlicher Lebenswandel e JUR Sittenwidrigkeit *f*

immortal [ɪ'mɔː(r)tl] A ADJ (ADV **~ly**) 1 unsterblich (*a. fig*) 2 *fig* ewig, unvergänglich B S Unsterbliche(r) *m/f(m)* (*a. fig*); **immortality** [-'tælətɪ] S 1 Unsterblichkeit *f* (*a. fig*) 2 *fig* Unvergänglichkeit *f*; **immortalization** [-təlaɪ'zeɪʃn; *US* -lə'z-] S Unsterblichmachen *n*, Verewigen *n*; **immortalize** V/T unsterblich machen, verewigen

immortelle [,ɪmɔː(r)'tel] S BOT Immortelle *f*, Strohblume *f*

immotile [ɪ'məʊtaɪl; *US bes* -tl] ADJ BIOL feststehend, unbeweglich

immovability [ɪ,muːvə'bɪlətɪ] S 1 Unbeweglichkeit *f* 2 *fig* Unerschütterlichkeit *f*; **immovable** A ADJ (ADV **immovably**) 1 unbeweglich: a fest (stehend), ortsfest: **~ property** → B b unbewegt, bewegungslos 2 unabänderlich 3 *fig* a fest, unerschütterlich b hart, unnachgiebig 4 (*zeitlich*) unveränderlich: **~ feast** REL unbeweglicher Feiertag B S *pl* JUR Liegenschaften *pl*, Immobilien *pl*, unbewegliches Eigentum

immune [ɪ'mjuːn] A ADJ 1 MED *u. fig* (**against, from, to**) immun (gegen), unempfänglich (für): **~ body (response, serum, system)** Immunkörper *m* (-reaktion *f*, -serum *n*, -system *n*) 2 (**against, from, to**) geschützt *od* gefeit (gegen), frei (von): **~ to corrosion** TECH korrosionsbeständig 3 befreit, ausgenommen (*beide:* **from** von): **be ~ from taxation** B S a immune Person b immunes Tier; **immunity** S 1 Immunität *f*: a MED *u. fig* Unempfänglichkeit *f*: **~ to heat** TECH Wärmebeständigkeit *f* b JUR Freiheit *f*, Befreiung *f*: **enjoy ~** Immunität genießen; **~ from criminal prosecution (from suit)** strafrechtliche (zivilrechtliche) Immunität; **~ from punishment** Straflosigkeit *f*; **~ from taxes** Steuer-, Abgabefreiheit; **~ of witness** Zeugnisverweigerungsrecht *n* 2 JUR Privileg *n*, Sonderrecht *n* 3 Freisein *n* (**from** von): **~ from error** Unfehlbarkeit *f*

immunization [,ɪmjuːnaɪ'zeɪʃn; *US* ,ɪmjənə'z-] S MED Immunisierung *f*; **immunize** V/T *a. fig* immunisieren, immun machen (*beide:* **against** gegen)

immuno- [ɪmjuːnəʊ] *Wortelement mit der Bedeutung* Immun...

immunobiology S Immunbiologie *f* (*Teilgebiet der Mikrobiologie, das sich mit den im menschlichen u. tierischen Körper ablaufenden Immunreaktionen befasst*)

immunochemistry S Immunchemie *f* (*Teilgebiet der Chemie, das die stofflichen Grundlagen der Immunität u. der biologischen Vorgänge, die zum Immunitätszustand führen, untersucht*)

immunodeficiency S MED Immunschwäche *f*

immunogenetics SPL (*als sg konstruiert*) Immungenetik *f* (*Teilgebiet der Genetik, das die Vererbung der Blutgruppen bei Mensch u. Tier sowie die genetischen Faktoren, die für Entstehung und Ablauf von Infektionskrankheiten von Bedeutung sind, untersucht*)

immunologic [,ɪmjuːnə'lɒdʒɪk; *US* ,ɪmjənl'ɑdʒɪk] ADJ, **immunological** ADJ (ADV **~ly**) MED immunologisch: a *die Immunologie betreffend* b *die Immunität betreffend*: **~ reaction** Immunreaktion *f*; **immunologist** [,ɪmjuːn'ɒlədʒɪst; *US* ,ɪmjən'ɑl-] S Immunologe *m*, Immunologin *f*; **immunology** S Immunologie *f*, Immunitätsforschung *f*, -lehre *f*

immunoreaction S MED Immunreaktion *f*

immunotherapy S MED Immuntherapie *f* (*Behandlungsweise von Infektionskrankheiten u. Toxinvergiftungen, bei der spezifische Mittel angewandt werden, um e-e künstliche Immunität herzustellen*)

immure [ɪ'mjʊə(r)] V/T 1 einsperren, -kerkern: **~ o.s.** *fig* sich vergraben, sich abschließen 2 *obs* einmauern

immutability [ɪ,mjuːtə'bɪlətɪ] S Unveränderlichkeit *f*; **immutable** ADJ (ADV **immutably**) unveränderlich

IMO ABK International Maritime Organization

imp [ɪmp] S 1 Kobold *m* 2 *umg* Racker *m*

imp. ABK 1 imperative 2 imperfect 3 impersonal 4 import(ation) 5 important

impact A S ['ɪmpækt] 1 Zusammen-, Anprall *m* 2 Auftreffen *n*, -prall *m*: **on ~** beim Aufprall 3 a MIL Auf-, Einschlag *m*: **~ fuse** Aufschlagzünder *m* b Impakt *m*, Meteoriteneinschlag *m*: **~ crater** Meteoritenkrater *m* 4 PHYS, TECH a Stoß *m*, Schlag *m* b Wucht *f*: **~ crusher** (*Bergbau*) Schlagbrecher *m*; **~ extrusion** Schlagstrangpressen *n*; **~ pressure** Staudruck *m*; **~-resistant** stoßfest; **~ strength** Schlagbiegefestigkeit *f* 5 *fig* a (heftige) (Ein)Wirkung, Auswirkungen *pl*, (starker) Einfluss (**on** auf *akk*), (*von Werbemaßnahmen*) Impact *m* b (starker) Eindruck (*alle:* **on** auf *akk*) c Wucht *f*, Gewalt *f* d (**on**) Belastung (*gen*), Druck *m* (auf *akk*): **make an** (*od* **a great**) **~ (on)** einschlagen *od* e-n starken Eindruck hinterlassen (bei), sich mächtig auswirken (auf *akk*); **sth has lost its ~** etwas greift *od* zieht nicht mehr (*beide umg*) B V/T [ɪm'pækt] 1 zusammenpressen, -drücken 2 vollstopfen, verstopfen 3 *a.* MED ein-, festklemmen, einkeilen: **~ed fracture** eingekeilter Bruch; **~ed tooth** impaktierter Zahn; **impaction** S *bes* MED Einkeilung *f*

impair [ɪm'peə(r)] A V/T beeinträchtigen: **~ one's health** s-r Gesundheit schaden B S *obs für* impairment; **impairment** S Beeinträchtigung *f*

impala [ɪm'pɑːlə; ɪm'pælə] *pl* **-las**, *bes koll* **-la** S ZOOL Impala *f* (*e-e Antilope*)

impale [ɪm'peɪl] V/T 1 aufspießen (**on** auf *akk*), durchbohren 2 HIST pfählen 3 *Heraldik: zwei Wappen auf e-m Schild* durch e-n senkrechten Pfahl getrennt nebeneinander anbringen 4 *fig* festnageln; **impalement** S 1 Aufspießung *f*, Durchbohrung *f* 2 HIST Pfählung *f* 3 *Heraldik: Vereinigung zweier durch e-n Pfahl getrennter Wappen auf einem Schild*

impalpable [ɪm'pælpəbl] ADJ (ADV **impalpably**) 1 unfühlbar, ungreifbar 2 äußerst fein 3 *fig* kaum (er)fassbar *od* greifbar

impanation [,ɪmpæ'neɪʃn] S REL Impanation *f* (*Verkörperung Christi im Abendmahl ohne Transsubstantiation*)

impanel [ɪm'pænl] V/T *prät u. pperf* **-eled**, *bes Br* **-elled** 1 in e-e Liste eintragen 2 JUR a in die Geschworenenliste eintragen b *US die Geschworenen* aus der Liste auswählen

imparipinnate [,ɪmpærɪ'pɪnɪt; -neɪt] ADJ BOT unpaarig gefiedert

imparisyllabic ['ɪm,pærɪsɪ'læbɪk] ADJ LING ungleichsilbig

imparity [ɪm'pærətɪ] S Ungleichheit *f*

impart [ɪm'pɑː(r)t] V/T 1 (**to** *dat*) geben: a gewähren, zukommen lassen b *e-e Eigenschaft etc* verleihen 2 a *Neuigkeiten etc* mitteilen (**to** *dat*) b *Wissen* vermitteln (**to** *dat*) c *a.* PHYS *e-e Bewegung etc* übertragen (**to** auf *akk*): **be ~ed to** sich mitteilen (*dat*); sich übertragen auf (*akk*)

impartial [ɪm'pɑː(r)ʃl] ADJ (ADV **~ly**) unparteiisch, unvoreingenommen, unbefangen; **impartiality** [-ʃɪ'ælətɪ], **impartialness** S Unparteilichkeit *f*, Unvoreingenommenheit *f*

impassable [ɪm'pɑːsəbl; *US* -'pæ-] ADJ (ADV **impassably**) 1 unpassierbar (*Straße etc*) 2 *bes fig* unüberwindbar (*Hindernis etc*) 3 nicht umlauffähig (*Falschgeld etc*)

impasse [æm'pɑːs; 'æmpɑːs; *US* 'ɪm,pæs; ɪm'pæs] S *fig* Sackgasse *f*, toter Punkt: **reach an ~** in e-e Sackgasse geraten, sich festfahren; **break the ~** aus der Sackgasse herauskommen

impassibility [ɪm,pæsɪ'bɪlətɪ] S 1 Unempfindlichkeit *f* 2 Ungerührtheit *f*; **impassible** ADJ (ADV **impassibly**) 1 (**to**) gefühllos (gegen), unempfindlich (für) (*beide a. fig*) 2 ungerührt, mitleidlos

impassion [ɪm'pæʃn] V/T leidenschaftlich bewegen *od* erregen, aufwühlen: **~ed** leidenschaftlich

impassive [ɪm'pæsɪv] ADJ (ADV **~ly**) 1 a teilnahmslos, leidenschaftslos b ungerührt 2 gleichmütig, gelassen 3 heiter 4 unbewegt, ausdruckslos *(Gesicht)*; **impassiveness, impassivity** S 1 a Teilnahmslosigkeit *f* b Ungerührtheit *f* 2 Gleichmütigkeit *f*, Gelassenheit *f* 3 Heiterkeit *f* 4 Ausdruckslosigkeit *f*

impaste [ɪmˈpeɪst] V/T MAL pastos malen

impasto [ɪmˈpæstəʊ; ɪmˈpɑːs-] S MAL Impasto *n*, dicker Farbauftrag

impatience [ɪmˈpeɪʃns] S 1 Ungeduld *f* 2 ungeduldiges Verlangen (**for** nach; **to do** zu tun) 3 a Unduldsamkeit *f*, Intoleranz *f* b Unzufriedenheit *f*, Verärgerung *f*

impatient [ɪmˈpeɪʃnt] ADJ (ADV **~ly**) 1 ungeduldig *(Frage, Person etc)*: **be ~ with** keine Geduld haben mit 2 **be ~ for sth** etwas nicht erwarten können; **be ~ to do sth** darauf brennen, etwas zu tun; es nicht erwarten können, etwas zu tun 3 (**of**) a unduldsam, intolerant (gegenüber): **be ~ of** nicht (v)ertragen können, nichts übrighaben für b unzufrieden (mit), ärgerlich, ungehalten (über *akk*)

impeach [ɪmˈpiːtʃ] V/T 1 JUR *j-n* anklagen (**for, of, with** *gen*): **~ sb for doing sth** j-n anklagen, etwas getan zu haben 2 JUR *US gegen e-n hohen Staatsbeamten, bes gegen den Präsidenten* ein Amtsenthebungsverfahren einleiten 3 JUR anfechten: **~ a document** die Gültigkeit e-s Schriftstücks anfechten *od* in Zweifel ziehen *od* bestreiten; **~ a witness** US die Glaubwürdigkeit e-s Zeugen anzweifeln 4 *etwas* infrage stellen, in Zweifel ziehen; **impeachable** ADJ 1 JUR anklagbar 2 JUR anfechtbar

impeachment [ɪmˈpiːtʃmənt] S 1 JUR Anklage *f*, Beschuldigung *f* 2 JUR US Impeachment *n*, Amtsenthebungsverfahren *n (gegen e-n hohen Staatsbeamten, bes gegen den Präsidenten)* 3 JUR Anfechtung *f* (der Gültigkeit): **~ of a witness** US Anzweiflung der Glaubwürdigkeit e-s Zeugen 4 Infragestellung *f*; **~ of waste** S JUR Pächterhaftung *f* für Wertminderung des Pachtlandes

impeccability [ɪmˌpekəˈbɪlətɪ] S 1 Sünd(en)losigkeit *f* 2 Tadellosigkeit *f*; **impeccable** ADJ (ADV **impeccably**) 1 sünd(en)los 2 tadellos, untadelig, einwandfrei; **impeccant** ADJ sünd(en)los

impecuniosity [ˈɪmpɪˌkjuːnɪˈɒsətɪ; US -ˈɑs-] S Mittellosigkeit *f*; **impecunious** [-ˈkjuːnjəs; -nɪəs] ADJ (ADV **~ly**) mittellos, unbemittelt

impedance [ɪmˈpiːdəns; -dns] S ELEK Impedanz *f*, Scheinwiderstand *m*: **~ coil** Drosselspule *f*

impede [ɪmˈpiːd] V/T 1 *j-n od etwas* (be)hindern: **what ~s your telling him the truth?** was hindert Sie daran, ihm die Wahrheit zu sagen? 2 *etwas* erschweren

impediment [ɪmˈpedɪmənt] S 1 Behinderung *f* 2 Hindernis *n* (**to** für) 3 MED *(bes angeborener)* Fehler: → **speech** B 4 *pl a.* **impedimenta** [-ˈmentə] JUR Hinderungsgrund *m*: **~ (to marriage)** Ehehindernis *n*; **impedimenta** [-ˈmentə] SPL 1 MIL Gepäck *n* 2 *umg* a (hinderliches) Gepäck b *(j-s)* Siebensachen *pl umg*

impel [ɪmˈpel] V/T 1 *a. fig* (an)treiben, (vorwärts)treiben, drängen (*alle:* **to** zu) 2 zwingen, nötigen, bewegen: **I felt ~led** ich sah mich gezwungen *od* fühlte mich genötigt (**to do** zu tun) 3 führen zu, verursachen; **impellent** A ADJ (an)treibend, Trieb... B S Triebkraft *f*, Antrieb *m*; **impeller** S 1 Antreibende(r) *m/f(m)* 2 TECH a Laufrad *n* b Flügelrad *n (e-r Pumpe)* c FLUG Laderlaufrad *n*

impend [ɪmˈpend] V/I 1 hängen, schweben (*beide:* **over** über *dat*) 2 *fig* a (**over**) drohend schweben (über *dat*), drohen (*dat*) b nahe bevorstehen; **impendent, impending** ADJ a nahe bevorstehend: **his ~ death** sein naher Tod b drohend *(Gefahr etc)*

impenetrability [ɪmˌpenɪtrəˈbɪlətɪ] S 1 *a.* PHYS *u. fig* Undurchdringlichkeit *f* 2 *fig* Unergründlichkeit *f*, Unerforschlichkeit *f*; **impenetrable** ADJ (ADV **impenetrably**) 1 *a.* PHYS *u. fig* undurchdringlich (**by** für) 2 *fig* unergründlich, unerforschlich *(Geheimnis etc)* 3 *fig* (**to, by**) unempfänglich (für), unzugänglich (*dat*)

impenitence [ɪmˈpenɪtəns], *a.* **impenitency** [-sɪ] S a REL Unbußfertigkeit *f* b Verstocktheit *f*; **impenitent** ADJ (ADV **~ly**) a REL unbußfertig b verstockt

imperatival [ɪmˌperəˈtaɪvl] → **imperative** A 3

imperative [ɪmˈperətɪv] A ADJ (ADV **~ly**) 1 befehlend, gebieterisch, herrisch, Befehls... 2 unumgänglich, zwingend, dringend (notwendig), unbedingt erforderlich 3 LING imperativisch, Imperativ..., Befehls...: **~ mood** → B 2 B S 1 Befehl *m* 2 LING Imperativ *m*, Befehlsform *f* 3 a unumgängliche Pflicht b dringendes Erfordernis, Notwendigkeit *f*

imperceptible [ˌɪmpə(r)ˈseptəbl] ADJ (ADV **imperceptibly**) 1 nicht wahrnehmbar, unmerklich 2 verschwindend klein; **imperceptive** ADJ (ADV **~ly**) → **impercipient**; **impercipient** [-ˈsɪpɪənt] ADJ 1 ohne Wahrnehmung, nicht wahrnehmend 2 begriffsstutzig, beschränkt

imperfect [ɪmˈpɜːfɪkt; US -ˈpɜr-] A ADJ (ADV **~ly**) 1 unvollkommen (*a.* MUS): a unvollständig (*a.* BOT), unvollendet b mangel-, fehlerhaft, schwach: **~ cadence** plagale Kadenz; **~ number** MATH unvollkommene Zahl; **~ title** JUR fehlerhafter Eigentumstitel 2 LING Imperfekt...: **~ tense** → B 3 JUR nicht einklagbar B S LING Imperfekt *n*, unvollendete Vergangenheit; **imperfection** [ˌɪmpə(r)ˈfekʃn] S 1 Unvollkommenheit *f*, Mangelhaftigkeit *f* 2 Mangel *m*, Fehler *m*, Schwäche *f* 3 TYPO Defekt(buchstabe) *m*

imperforate [ɪmˈpɜːfərət; US -ˈpɜr-; *a.* -ˌreɪt] A ADJ 1 *bes* MED ohne Öffnung 2 nicht durchbohrt *od* -löchert, nicht gelocht *od* perforiert: **~ stamp** → B B S ungezähnte *od* geschnittene Briefmarke

imperial [ɪmˈpɪərɪəl] A ADJ (ADV **~ly**) 1 kaiserlich, Kaiser... 2 HIST Reichs...: ⁓ **Diet** Reichstag *m* 3 des Brit. Weltreichs, Reichs..., Empire... 4 *fig* a souverän b gebieterisch 5 *fig* a königlich, fürstlich, prächtig, großartig b hervorragend, exquisit c imposant, mächtig, riesig 6 *Br* gesetzlich *(Maße u. Gewichte)*: **~ gallon** Gallone *f* (= 4,55 *l*) B S 1 Kaiserliche(r) *m/f(m) (Anhänger od Soldat)* 2 Knebelbart *m* 3 Imperial(papier) *n (Format: in den USA 23 × 31 in., in GB 22 × 30 in.)* 4 dunkles Purpurrot; **~ blue** S CHEM in Spiritus lösliches Anilinblau; **~ city** S HIST 1 freie Reichsstadt 2 **Imperial City** Kaiserstadt *f (bes Rom)*; **~ dome** S ARCH Spitzkuppel *f*; **~ eagle** S ORN Kaiseradler *m*

imperialism S POL 1 Imperialismus *m (Streben e-s Staates nach Macht- u. Besitzerweiterung)* 2 Kaiserherrschaft *f*; **imperialist** A S 1 POL Imperialist(in) 2 kaiserlich Gesinnte(r) *m/f(m)*, Kaiserliche(r) *m/f(m)* B ADJ 1 imperialistisch 2 kaiserlich, -treu; **imperialistic** ADJ (ADV **~ally**) → **imperialist** B

imperial moth S ZOOL Kaiserspinner *m*

imperil [ɪmˈperəl] V/T gefährden, in Gefahr bringen; **imperilment** S Gefährdung *f*

imperious [ɪmˈpɪərɪəs] ADJ (ADV **~ly**) 1 herrisch, gebieterisch 2 dringend, zwingend *(Notwendigkeit)*; **imperiousness** S 1 herrisches *od* gebieterisches Wesen 2 Dringlichkeit *f*

imperishable [ɪmˈperɪʃəbl] ADJ (ADV **imperishably**) 1 unverderblich 2 *fig* unvergänglich, ewig; **imperishableness** S 1 Unverderblichkeit *f* 2 *fig* Unvergänglichkeit *f*

impermanence [ɪmˈpɜːmənəns; US -ˈpɜr-], **impermanency** [-sɪ] S vorübergehende Art; **impermanent** ADJ (ADV **~ly**) vorübergehend, nicht von Dauer

impermeability [ɪmˌpɜːmjəˈbɪlətɪ; -mɪə-; US -ˌpɜr-] S Undurchdringbarkeit *f*, Undurchlässigkeit *f*, *bes* PHYS Impermeabilität *f*; **impermeable** ADJ (ADV **impermeably**) undurchdringbar, undurchlässig, *bes* PHYS impermeabel (*alle:* **to** für): **~ to gas(es)** PHYS gasundurchlässig; **~ to water** wasserdicht

impermissible [ˌɪmpə(r)ˈmɪsəbl] ADJ (ADV **impermissibly**) unzulässig, unstatthaft

impers. ABK impersonal

imperscriptible [ˌɪmpə(r)ˈskrɪptəbl] ADJ nicht schriftlich belegt

impersonal [ɪmˈpɜːsnl; US -ˈpɜrsnəl] A ADJ (ADV **~ly**) 1 unpersönlich *(Brief, Firma etc)*: **~ account** WIRTSCH Sachkonto *n* 2 LING a unpersönlich *(Zeitwort)* b unbestimmt: **~ pronoun** unbestimmtes Fürwort, Indefinitpronomen *n* B S 1 *(das)* Unpersönliche 2 LING unpersönliches Zeitwort; **impersonality** [-səˈnælətɪ] S Unpersönlichkeit *f*; **impersonalize** [-nəlaɪz] V/T 1 unpersönlich machen 2 entmenschlichen

impersonate [ɪmˈpɜːsəneɪt; US ɪmˈpɜrsnˌeɪt] V/T 1 THEAT *etc* verkörpern, darstellen 2 *j-n* imitieren, nachahmen 3 sich ausgeben als *od* für; **impersonation** S 1 THEAT *etc* Verkörperung *f*, Darstellung *f* 2 Imitation *f*, Nachahmung *f*: **give an ~ of** → **impersonate** 2 3 (betrügerisches *od* scherzhaftes) Auftreten (**of** als); **impersonative** [-ətɪv; -eɪtɪv] ADJ THEAT *etc* Darstellungs..., darstellend; **impersonator** [-tə(r)] S 1 THEAT *etc* Darsteller(in) 2 Imitator *m*, Imitatorin *f*, Nachahmer(in) 3 Hochstapler(in)

impertinence [ɪmˈpɜːtɪnəns; US ɪmˈpɜrtnəns] S 1 Unverschämtheit *f*, Ungehörigkeit *f*, Frechheit *f* 2 Zudringlichkeit *f* 3 Belanglosigkeit *f* 4 Nebensache *f*; **impertinent** ADJ (ADV **~ly**) 1 unverschämt, ungehörig, frech 2 zudringlich 3 nicht zur Sache gehörig, irrelevant: **be ~ to** keinen Bezug haben auf (*akk*) 4 unerheblich, belanglos (*beide:* **to** für)

imperturbability [ˈɪmpəˌtɜːbəˈbɪlətɪ; US ˈɪmpərˌtɜr-] S Unerschütterlichkeit *f*, Gelassenheit *f*, Gleichmut *m*; **imperturbable** ADJ (ADV **imperturbably**) unerschütterlich, gelassen, gleichmütig

impervious [ɪmˈpɜːvjəs, -vɪəs; US ɪmˈpɜr-] ADJ (ADV **~ly**) 1 → **impermeable** 2 unempfindlich (**to** gegen) (*a. fig*) 3 *fig* (**to**) a unzugänglich (für *od dat*), taub (gegen) b nicht zu erschüttern(d) (durch): **he is ~ to criticism** an ihm prallt jede Kritik wirkungslos ab c ungerührt (von): **he was ~ to her tears**; **imperviousness** S 1 → **impermeability** 2 Unempfindlichkeit *f* (*a. fig*) 3 *fig* Unzugänglichkeit *f*

impetiginous [ˌɪmpɪˈtɪdʒɪnəs] ADJ (ADV **~ly**) MED impetiginös; **impetigo** [-ˈtaɪgəʊ; US *a.* -ˈtiː-] *pl* **-gos** S Impetigo *f*, Eiterflechte *f*

impetuosity [ɪmˌpetjʊˈɒsətɪ; US ɪmˌpetʃəˈwɑsətiː] S 1 Heftigkeit *f*, Ungestüm *n* 2 impulsive Handlung 3 übereilte *od* vorschnelle Handlung; **impetuous** [-tjʊəs; US -tʃəwəs] ADJ (ADV **~ly**) 1 heftig, ungestüm 2 impulsiv 3 übereilt, vorschnell 4 *poet* stürmisch *(Winde)*

impetus [ˈɪmpɪtəs] S 1 PHYS Stoß-, Triebkraft *f*, Antrieb *m*, Schwung *m* 2 *fig* Impetus *m*: a Antrieb *m*, Anstoß *m*, Impuls *m* b (Auf-)Schwung *m*: **give an ~ to** Auftrieb *od* Schwung verleihen (*dat*)

impiety [ɪmˈpaɪətɪ] S 1 Gottlosigkeit *f* 2 (**to** gegenüber) a Pietätlosigkeit *f* b Respektlosigkeit *f*

impinge [ɪmˈpɪndʒ] V/I 1 **(on, upon, against)** a auftreffen (auf *akk*), (an)prallen, stoßen (an *akk*, gegen), zusammenstoßen (mit) b treffen (auf *akk*): **strong light impinging on the eye causes pain**; **~ on sb's ear** an j-s Ohr dringen 2 **(on, upon)** sich auswirken (auf *akk*), beeinflussen (*akk*) 3 **(on, upon)** eingreifen (in *j-s Besitz od Recht*), unberechtigt eindringen (in *akk*), sich Übergriffe leisten (in, auf *akk*), (*j-s Recht*) verletzen; **impingement** S 1 **(on, upon, against)** Auftreffen *n* (auf *akk*), Stoß *m* (gegen), Zusammenstoß *m* (mit) 2 **(on, upon)** Auswirkung *f* (auf *akk*), Beeinflussung *f* (*gen*) 3 **(on, upon)** Eingriff *m* (in *akk*), Übergriff *m* (in, auf *akk*), Verletzung *f* (*gen*)

impious [ˈɪmpɪəs; *US a.* ɪmˈpaɪəs] ADJ (ADV **~ly**) 1 gottlos 2 (**to** gegenüber) a pietätlos b respektlos

impish [ˈɪmpɪʃ] ADJ (ADV **~ly**) schelmisch, spitzbübisch

implacability [ɪmˌplækəˈbɪlətɪ; -ˌpleɪ-] S Unversöhnlichkeit *f*, Unnachgiebigkeit *f*; **implacable** ADJ (ADV **implacably**) unversöhnlich, unnachgiebig; **implacableness** → implacability

implant A V/T [ɪmˈplɑːnt; *US* -ˈplænt] 1 MED implantieren, einpflanzen (*a. fig*)(*beide*: **in, into** *dat*) 2 *fig* einprägen (**in, into** *dat*): **deeply ~ed hatred** tief verwurzelter Hass B S [ˈɪmplɑːnt; *US* -ˌplænt] MED Implantat *n*; **implantation** S 1 MED Implantation *f*, Einpflanzung *f* (*a. fig*) 2 *fig* Einprägung *f*

implausibility [ɪmˌplɔːzəˈbɪlətɪ] S Unwahrscheinlichkeit *f*; **implausible** ADJ (ADV **implausibly**) unwahrscheinlich, unglaubwürdig, nicht plausibel *od* einleuchtend

implead [ɪmˈpliːd] V/T JUR 1 a verklagen b Klage erheben gegen 2 *US e-e dritte Person* in den Prozess hineinbringen

implement A S [ˈɪmplɪmənt] 1 Werkzeug *n* (*a. fig*), (Arbeits)Gerät *n* 2 *pl* Utensilien *pl*, Gerät *n*, Zubehör *n*, Handwerkszeug *n* 3 Hilfsmittel *n* 4 JUR *schott* Erfüllung *f* (*e-s Vertrags*) B V/T [-ment] 1 aus-, durchführen 2 JUR *schott e-n Vertrag* erfüllen; **implementing**, **implementary** ADJ ausführend: **~ order** Ausführungsverordnung *f*; **~ regulations** Ausführungsbestimmungen; **implementation** S Aus-, Durchführung *f*

implicate [ˈɪmplɪkeɪt] V/T 1 *fig* verwickeln, hineinziehen (*beide*: **in** in *akk*), in Zusammenhang *od* Verbindung bringen (**with** mit): **~d in a crime** in ein Verbrechen verwickelt 2 → imply 4 3 → imply 1

implication [ˌɪmplɪˈkeɪʃn] S 1 Verwicklung *f* 2 Implikation *f*, Einbegreifen *n*, Einbeziehung *f* 3 Einbegriffensein *n* 4 (stillschweigende *od* selbstverständliche) Folgerung: **by ~** a als natürliche Folgerung *od* Folge b stillschweigend, ohne Weiteres, durch sinngemäße Auslegung 5 Begleiterscheinung *f*, Folge *f*, Auswirkung *f*, *pl a.* Weiterungen *pl*: **a war and all its ~s** ein Krieg u. alles, was er mit sich bringt 6 (enger) Zusammenhang, Verflechtung *f*, *pl a.* Hintergründe *pl* 7 tieferer Sinn, eigentliche Bedeutung 8 (versteckte) Andeutung (**of** von) 9 *Logik*: Implikation *f* (*Beziehung zwischen zwei Sachverhalten, von denen der e-e den anderen in sich schließt od schließen soll*); **implicative** [ɪmˈplɪkətɪv; ˈɪmplɪkeɪtɪv] ADJ (ADV **~ly**) in sich schließend, implizierend: **be ~ of** →imply 1

implicit [ɪmˈplɪsɪt] ADJ 1 → implied 2 MATH implizit: **~ function** implizite *od* nicht entwickelte Funktion 3 verborgen, hintergründig 4 absolut, vorbehaltlos, bedingungslos: **~ faith (obedience)** blinder Glaube (Gehorsam); **implicitly** ADV 1 implizite, stillschweigend, ohne Weiteres 2 → implicit 4; **implicitness** S 1 Mitinbegriffensein *n* 2 stillschweigende Folgerung 3 Absolutheit *f*

implied [ɪmˈplaɪd] ADJ impliziert, (stillschweigend *od* mit) inbegriffen, mitverstanden, -enthalten, einbezogen, sinngemäß (darin) enthalten *od* (daraus) hervorgehend: **~ contract** stillschweigend geschlossener Vertrag; **~ powers** stillschweigend zuerkannte Befugnisse, mit inbegriffene Zuständigkeiten; **impliedly** [ɪmˈplaɪɪdlɪ] → implicitly 1

implode [ɪmˈpləʊd] A V/I PHYS implodieren B V/T LING als Implosivlaut aussprechen

imploration [ˌɪmplɔːˈreɪʃn] S Flehen *n*, dringende Bitte (*beide*: **for** um); **implore** [ɪmˈplɔː(r)] A V/T 1 inständig bitten, anflehen, beschwören 2 erflehen, erbitten, flehen um B V/I flehen, inständig bitten (*beide*: **for** um); **imploring** ADJ (ADV **~ly**) flehentlich (bittend), flehend

implosion [ɪmˈpləʊʒn] S PHYS Implosion *f* (*a.* LING *Einströmen der Luft in die Mundhöhle bei Verschlusslauten*); **implosive** [-sɪv] LING A ADJ (ADV **~ly**) implosiv B S Implosivlaut *m*

imply [ɪmˈplaɪ] V/T 1 implizieren, (stillschweigend *od* mit) einbegreifen, einbeziehen, mit enthalten, (sinngemäß *od* stillschweigend) be-inhalten, in sich schließen: **this implies** daraus ergibt sich, dies bedeutet 2 bedeuten, besagen (*Wort*) 3 andeuten, durchblicken lassen, zu verstehen geben 4 mit sich bringen, bedeuten, zur Folge haben

impolder [ɪmˈpəʊldə(r)] V/T eindeichen, trockenlegen

impolicy [ɪmˈpɒləsɪ; *US* ɪmˈpɑ-] S Unklugheit *f*, undiplomatisches Vorgehen

impolite [ˌɪmpəˈlaɪt] ADJ (ADV **~ly**) unhöflich; **impoliteness** S Unhöflichkeit *f*

impolitic [ɪmˈpɒlətɪk; *US* ɪmˈpɑ-] ADJ (ADV **~ly**) undiplomatisch, unklug

imponderabilia [ɪmˌpɒndərəˈbɪlɪə; *US* ɪmˌpɑn-] S PL Imponderabilien *pl*, Unwägbarkeiten *pl*

imponderability [ɪmˌpɒndərəˈbɪlətɪ; *US* ɪmˌpɑn-] S Unwägbarkeit *f*; **imponderable** A ADJ (ADV **imponderably**) unwägbar, nicht ab- *od* einschätzbar B S Unwägbarkeit *f*: **~s** → *a.* imponderabilia

import [ɪmˈpɔː(r)t; *US a.* ɪmˈpəʊrt] A V/T 1 WIRTSCH importieren, einführen: **~ed articles** (*od* **commodities**) → C 3 b 2 *fig* **(into)** einführen *od* hineinbringen (in *akk*), übertragen (auf *akk*) 3 bedeuten, besagen 4 mit enthalten, einbegreifen 5 betreffen, angehen, interessieren, Bedeutung haben für B V/I 1 WIRTSCH importieren, einführen: **~ing country** Einfuhrland *n*; **~ing firm** Importfirma *f* 2 von Wichtigkeit sein, Bedeutung haben C S [ˈɪmp-] 1 WIRTSCH Einfuhr(handel) *f(m)*, Import *m* 2 WIRTSCH Import-, Einfuhrartikel *m* 3 *pl* WIRTSCH a (Gesamt)Import *m*, (-)Einfuhr *f* b Importgüter *pl*, Einfuhrware *f* 4 Bedeutung *f*: a Sinn *m* b Wichtigkeit *f*, Tragweite *f*, Gewicht *n* D ADJ WIRTSCH Einfuhr…, Import…: **~ ban** Einfuhrverbot *n*, -sperre *f*; **~ bounty** Einfuhrprämie *f*; **~ duty** Einfuhrzoll *m*; **~ licence** (*bes US* **license**) Einfuhrgenehmigung *f*, Importlizenz *f*; **~ permit** Einfuhrbewilligung *f*; **~ trade** Einfuhrhandel *m*, Importgeschäft *n*; **importable** ADJ WIRTSCH importfähig, einführbar, Einfuhr…

importance [ɪmˈpɔː(r)tns; *US a.* ɪmˈpəʊr-] S 1 Bedeutung *f*: a Wichtigkeit *f*, Bedeutsamkeit *f*: **be of no ~** unwichtig *od* belanglos sein (**to** für); **attach great (little) ~ to sth** e-r Sache große (wenig) Bedeutung *od* großes (wenig) Gewicht beimessen; **not attach any ~ to** nichts geben auf (*akk*); **conscious** (*od* **full**) **of one's ~** (äußerst) selbstbewusst, wichtigtuerisch, eingebildet; **of such ~** von solcher Größenordnung; **of the first ~** ersten Ranges; → air¹ A 6 b Einfluss *m*, Gewicht *n*, Ansehen *n*: **a person of ~** e-e bedeutende *od* gewichtige Persönlichkeit 2 wichtigtuerisches Gehabe, Wichtigtuerei *f*; **important** ADJ (ADV **~ly**) 1 bedeutend: a wichtig, bedeutsam, wesentlich, von Belang (*alle*: **to** für) b hervorragend c einflussreich, gewichtig 2 wichtig (-tuerisch), eingebildet

importation [ˌɪmpɔː(r)ˈteɪʃn; *US a.* ˌɪmpəʊr-; ˌɪmpər-] → import C 1, C 2, C 3

importer S WIRTSCH Importeur(in)

importunate [ɪmˈpɔː(r)tjʊnət; -tʃʊ-; *bes US* -tʃə-] ADJ (ADV **~ly**) lästig, zu-, aufdringlich, hartnäckig; **importunateness** S Lästigkeit *f*, Zu-, Aufdringlichkeit *f*, Hartnäckigkeit *f*

importune [ɪmˈpɔːtjuːn; -tʃuːn; ˌ-ˈtjuːn; *US* ˌɪmpərˈtuːn; ɪmˈpɔːrtʃən] V/T 1 *j-n* bedrängen, (*a.* unsittlich) belästigen, bestürmen, dauernd (*bes* mit Bitten) behelligen 2 *etwas* hartnäckig fordern; **importunity** S 1 → importunateness 2 hartnäckige Forderung

impose [ɪmˈpəʊz] A V/T 1 *e-e Pflicht, Steuer etc* auferlegen, -bürden (**on, upon** *dat*): **~ a penalty on sb** e-e Strafe gegen j-n verhängen, j-n mit e-r Strafe belegen; **~ a tax on sb (sth)** j-n (etwas) mit e-r Steuer belegen, j-n (etwas) besteuern 2 **(on, upon)** a *etwas* aufdrängen, -zwingen (*dat*): **~ o.s.** (*od* **one's presence**) **on sb** sich j-m aufdrängen; **~ one's will on sb** j-m s-n Willen aufzwingen b *etwas* (*mit Gewalt*) einführen *od* durchsetzen (bei): **~ law and order** Recht u. Ordnung schaffen 3 *etwas* aufschwatzen, andrehen *umg* (**on, upon** *dat*) 4 REL *die Hände* segnend auflegen 5 TYPO *Kolumnen* ausschießen: **~ anew** umschießen; **~ wrong** verschießen 6 (*als Pflicht*) vorschreiben B V/I 1 **(on, upon)** beeindrucken (*akk*), imponieren (*dat*): **he is not to be ~d upon** er lässt sich nichts vormachen 2 ausnutzen, *pej a.* missbrauchen (**on, upon** *akk*): **~ on sb's kindness** 3 **(on, upon** *dat*) a sich aufdrängen b zur Last fallen: **I don't want to ~** ich möchte Ihnen nicht zur Last fallen 4 täuschen, betrügen, hintergehen (*alle*: **on, upon** *akk*)

imposing ADJ (ADV **~ly**) eindrucksvoll, imponierend, imposant, großartig; **imposingness** S imponierende Wirkung

imposition [ˌɪmpəˈzɪʃn] S 1 Auferlegung *f*, Aufbürdung *f* (*von Steuern, Pflichten etc*): **~ of a penalty** Verhängung *f* e-r Strafe; **~ of taxes** Besteuerung *f* (**on, upon** *gen*) 2 a (auferlegte) Last *od* Pflicht, Auflage *f* b Steuer *f*, Abgabe *f* 3 SCHULE *Br* Strafarbeit *f* 4 Sich-aufdrängen *n* 5 Ausnutzung *f*, Missbrauch *m* (*beide*: **on, upon** *gen*) 6 Täuschung *f*, Betrug *m*, Schwindel *m* 7 REL Auflegung *f* (*der Hände*) 8 TYPO Ausschießen *n*

impossibility [ɪmˌpɒsəˈbɪlətɪ; *US* ɪmˌpɑ-] S 1 Unmöglichkeit *f* 2 (*das*) Unmögliche

impossible [ɪmˈpɒsəbl; *US* ɪmˈpɑ-] A ADJ unmöglich: a undenkbar, ausgeschlossen: **it is ~ for me to think of him as a priest** ich kann ihn mir einfach nicht als Priester vorstellen b unausführbar, undurchführbar: **~ of conquest** unmöglich zu erobern; **it is ~ for him to return** er kann unmöglich zurückkehren; **in some countries it is ~ for a woman to get a divorce** in einigen Ländern hat e-e Frau keine Möglichkeit, sich scheiden zu lassen c *umg* unglaublich, unerträglich (*Benehmen, Person etc*) B S (*das*) Unmögliche; **impossibly** ADV unglaublich: **~ expensive**

impost¹ [ˈɪmpəʊst] A S 1 WIRTSCH Abgabe *f*, Steuer *f*, *bes* Einfuhrzoll *m* 2 SPORT Ausgleichsgewicht *n* (*für Rennpferde*) B V/T WIRTSCH

US Importwaren zur Zollfestsetzung klassifizieren

impost² ['ɪmpəʊst] S ARCH Kämpfer *m*

imposter, impostor [ɪm'pɒstə; *US* ɪm'pɑst-ər] S Betrüger(in), Schwindler(in), *bes* Hochstapler(in)

imposture [ɪm'pɒstʃə; *US* ɪm'pɑstʃər] S Betrug *m*, Schwindel *m*, *bes* Hochstapelei *f*

impotence ['ɪmpətəns], *a.* **impotency** [-sɪ] S 1 a Unvermögen *n*, Unfähigkeit *f* b Hilflosigkeit *f*, Ohnmacht *f* 2 Schwäche *f*, Kraftlosigkeit *f* 3 MED Impotenz *f*; **impotent** ADJ (ADV ~ly) 1 a unfähig (**to do** zu tun) b hilflos, ohnmächtig: **I watched them in ~ rage** 2 schwach, kraftlos 3 MED impotent: a zeugungsunfähig b *unfähig, e-n Geschlechtsakt zu vollziehen*

impound [ɪm'paʊnd] V/T 1 a *streunende od entwichene Tiere* ins Tierheim bringen b *falsch geparkte Fahrzeuge* abschleppen (lassen) 2 *Wasser* sammeln 3 JUR a in Besitz nehmen b beschlagnahmen, sicherstellen 4 *fig* an sich reißen

impoverish [ɪm'pɒvərɪʃ; -vrɪʃ; *US* ɪm'pɑ-] V/T 1 arm machen, verarmen lassen: **be ~ed** verarmen *od* verarmt sein 2 *ein Land etc* auspowern, *den Boden etc a.* auslaugen 3 *fig* a (**of**) ärmer machen (um), berauben (*gen*) b verarmen lassen, reizlos machen: **the world was ~ed by his death** die Welt wurde durch s-n Tod ärmer; **impoverishment** S 1 Verarmung *f* (*a. fig*) 2 Auslaugung *f*

impracticability [ɪm,præktɪkə'bɪlətɪ] S 1 Undurchführbarkeit *f* 2 Unbrauchbarkeit *f* 3 Unpassierbarkeit *f* 4 *obs* Unlenksamkeit *f*; **impracticable** ADJ (ADV impracticably) 1 undurchführbar, unausführbar, unmöglich 2 unbrauchbar 3 unpassierbar (*Straße etc*) 4 *obs* unlenksam, widerspenstig, störrisch (*Person*); **impracticableness** → impracticability

impractical [ɪm'præktɪkl] ADJ (ADV ~ly) 1 unpraktisch (denkend *od* veranlagt) 2 (rein) theoretisch 3 unklug 4 → impracticable 1; **impracticality** [-'kælətɪ], **impracticalness** S 1 (*das*) Unpraktische, unpraktisches Wesen 2 → impracticability 1

imprecate ['ɪmprɪkeɪt] V/T 1 *Unglück etc* herabwünschen (**on, upon** auf *akk*): **~ curses on sb** j-n verfluchen 2 verfluchen, verwünschen; **imprecation** S Verwünschung *f*, Fluch *m*

imprecise [,ɪmprɪ'saɪs] ADJ (ADV ~ly) ungenau; **imprecision** [-'sɪʒn] S Ungenauigkeit *f*

impregnability [ɪm,pregnə'bɪlətɪ] S 1 Uneinnehmbarkeit *f* 2 *fig* a Unerschütterlichkeit *f* b Unangreifbarkeit *f*; **impregnable** ADJ (ADV impregnably) 1 uneinnehmbar (*Festung etc*) 2 *fig* a unerschütterlich (*Selbstvertrauen etc*) b unangreifbar (*Argument etc*); **impregnableness** → impregnability

impregnate A V/T ['ɪmpregneɪt; ɪm'preg-] 1 BIOL a schwängern b befruchten (*a. fig*) 2 a *bes* CHEM sättigen, durchdringen b CHEM, TECH imprägnieren, tränken 3 *fig* (durch-)tränken, durchdringen, erfüllen (*alle*: **with** mit): **~d with history** geschichtsträchtig B ADJ [ɪm'pregnɪt; -neɪt] 1 BIOL a geschwängert, schwanger b befruchtet 2 *fig* erfüllt, voll durchtränkt, durchdrungen (*alle*: **with** von); **impregnation** S 1 BIOL a Schwängerung *f* b Befruchtung *f* (*a. fig*) 2 CHEM, TECH Sättigung *f*, Imprägnierung *f* 3 *fig* Durchdringung *f*, Erfüllung *f* 4 GEOL Imprägnation *f* (*feine Verteilung von Erz od Erdöl in Spalten od Poren e-s Gesteins*); **impregnator** [-tə(r)] S 1 TECH Imprägnierer(in) 2 Apparat *m* zur künstlichen Befruchtung

impresa [ɪm'preɪzə] S *obs* 1 Emblem *n*, Sinnbild *n* 2 Devise *f*, Wahlspruch *m*

impresario [,ɪmprɪ'sɑːrɪəʊ; -'zɑː-] *pl* -os S 1 Impresario *m*, Theater-, Konzertagent *m* 2 Theater-, Operndirektor *m*

imprescriptible [,ɪmprɪ'skrɪptəbl] ADJ JUR a unverjährbar b unveräußerlich (*Recht*)

impress¹ [ɪm'pres] A V/T 1 beeindrucken, Eindruck machen auf (*akk*), imponieren (*dat*): **not be easily ~ed** nicht leicht zu beeindrucken sein; **be favo(u)rably ~ed by** (*od* **at, with**) **sth** von e-r Sache e-n guten Eindruck gewinnen *od* haben; **he ~ed me unfavo(u)rably** er machte auf mich keinen guten Eindruck 2 *j-n* erfüllen, durchdringen (*beide*: **with** mit): **~ed with** durchdrungen von 3 tief einprägen (**on, upon** *dat*): **~ itself on sb** j-n beeindrucken 4 (auf)drücken (**on** auf *akk*), (ein)drücken (**in, into** in *akk*) 5 *ein Zeichen etc* aufprägen, -drucken (*beide*: **on** auf *akk*): **~ed stamp** Prägestempel *m* 6 *e-e Eigenschaft* verleihen (**on, upon** *dat*) 7 ELEK *Spannung od Strom* aufdrücken, einprägen: **~ed source** eingeprägte (*Spannungs-, Strom*) Quelle; **~ed voltage** eingeprägte Spannung B V/I Eindruck machen, imponieren C S ['ɪmpres] 1 Prägung *f*, Kennzeichnung *f* 2 Abdruck *m*, Eindruck *m*, Stempel *m*: **time has left its ~ on him** *fig* die Zeit ist nicht spurlos an ihm vorübergegangen 3 *fig* Gepräge *n*

impress² A V/T [ɪm'pres] 1 requirieren, beschlagnahmen 2 *bes* SCHIFF (zum Dienst) pressen B S ['ɪmpres] → impressment

impressibility [ɪm,presɪ'bɪlətɪ] S Empfänglichkeit *f*; **impressible** [-əbl] ADJ (**to**) beeinflussbar, leicht zu beeindrucken(d) (durch), empfänglich (für)

impression [ɪm'preʃn] S 1 Eindruck *m* (**of** von): **what is your ~ of him?** welchen Eindruck haben Sie von ihm?; **form an ~** sich ein Bild machen (**of** von); **get the ~ that ...** den Eindruck bekommen, dass ...; **get a wrong ~ of sb** e-n falschen Eindruck von j-m bekommen; **give sb a wrong ~** bei j-m e-n falschen Eindruck erwecken; **make a good** (**bad**) **~** e-n guten (schlechten) Eindruck machen; **make a strong ~ on sb** j-n stark beeindrucken; **make no ~ on sb** an j-m abprallen 2 Einwirkung *f* (**on** auf *akk*): **the ~ of light** 3 PSYCH a unmittelbarer Sinneseindruck b vermittelter Sinneseindruck c sinnlicher Reiz 4 Eindruck *m*, (dunkles) Gefühl, Vermutung *f*: **I have an** (*od* **the**) **~** (*od* **I am under the ~**) **that ...** ich habe den Eindruck, dass ...; **under the ~ that ...** in der Annahme, dass ... 5 Nachahmung *f*, Imitation *f*: **do** (*od* **give**) **an ~ of** nachahmen, imitieren 6 Abdruck *m* (*a.* MED): **leave an ~** sich abdrücken, sich abprägen (*beide*: **on** auf *dat*) 7 Aufdruck *m*, Prägung *f* 8 Vertiefung *f* 9 Stempel *m*, *fig a.* Gepräge *n* 10 TYPO a Abzug *m*, (Ab)Druck *m* b gedrucktes Exemplar c (*bes* unveränderte) Auflage, Nachdruck *m* 11 TECH a Holzschnitt *m* b Kupfer-, Stahlstich *m* 12 MAL Grundierung *f* 13 Aufdrücken *n* (**on** auf *akk*), Eindrücken *n* (**in, into** in *akk*) 14 Anschlag *m* (*e-r Schreibmaschinentaste*); **impressionable** ADJ 1 für Eindrücke empfänglich 2 → impressible; **impressionism** S Impressionismus *m* (*Stilrichtung der bildenden Kunst, der Literatur u. der Musik, deren Vertreter persönliche Umwelteindrücke u. Stimmungen in künstlerischen Kleinformen wiedergaben*); **impressionist** A S 1 Impressionist(in) 2 Nachahmer(in), Imitator *m*, Imitatorin *f* B ADJ impressionistisch; **impressionistic** [-ʃə'n-] ADJ (ADV ~ally) → impressionist B

impressive [ɪm'presɪv] ADJ (ADV ~ly) 1 eindrucksvoll, imponierend, imposant 2 wirkungsvoll, packend (*Szene etc*); **impressiveness** S (*das*) Eindrucksvolle

impressment [ɪm'presmənt] S 1 Beschlagnahme *f*, Requirierung *f* 2 *bes* SCHIFF Pressen *n* (*zum Dienst*)

imprest ['ɪmprest] S *bes Br* Vorschuss *m* aus öffentlichen Mitteln

imprimatur [,ɪmprɪ'meɪtə; *US* ,ɪmprə'mɑː-,tʊr] S 1 Imprimatur *n*: a Druckerlaubnis *f* b KATH *bischöfliche Druckerlaubnis (für Bibelausgaben u. religiöse Schriften)* 2 *fig* Zustimmung *f*: **give one's ~ to sth**

imprint A S ['ɪmprɪnt] 1 Ab-, Eindruck *m* 2 Aufdruck *m*, Stempel *m* 3 *fig* Stempel *m*, Gepräge *n* 4 *fig* Eindruck *m* 5 TYPO Impressum *n*, Erscheinungs-, Druckvermerk *m* B V/T [ɪm'prɪnt] 1 (auf)drücken, aufprägen (*beide*: **on** auf *akk*) 2 TYPO (auf-, ab)drucken 3 *e-n Kuss* aufdrücken (**on** *dat*) 4 sich *Gedanken etc* einprägen: **~ sth on** (*od* **in**) **sb's memory** j-m etwas ins Gedächtnis einprägen

imprison [ɪm'prɪzn] V/T 1 JUR inhaftieren, einsperren (*a. weitS.*) 2 *fig* a einschließen: **he is ~ed in his memories** er kommt von s-n Erinnerungen nicht los b beschränken, einengen; **imprisonment** S 1 JUR a Freiheitsstrafe *f*, Gefängnis(strafe) *n(f)*, Haft *f*: **conditions of ~** Haftbedingungen; **~ for three months** 3 Monate Gefängnis; **he was given 10 years' ~** er wurde zu e-r zehnjährigen Freiheitsstrafe verurteilt; **~ with hard labor** *US* Zuchthausstrafe *f*; → false A i b Inhaftierung *f* 2 *fig* Beschränkung *f*, Einengung *f*

impro ['ɪmprəʊ] → improv

improbability [ɪm,prɒbə'bɪlətɪ; *US* ɪm,prɑ-] S Unwahrscheinlichkeit *f*; **improbable** ADJ (ADV improbably) unwahrscheinlich

improbity [ɪm'prəʊbətɪ] S Unredlichkeit *f*, Unehrlichkeit *f*

impromptu [ɪm'prɒmptjuː; -mtjuː; *US* -'prɑm-; *a.* -tuː] A S 1 Improvisation *f*, (*etwas*) Improvisiertes 2 MUS Impromptu *n* (*nach e-m Einfall frei gestaltetes, der Improvisation ähnliches Musikstück, bes für Klavier*) B ADJ & ADV aus dem Stegreif, improvisiert, Stegreif...

improper [ɪm'prɒpə; *US* ɪm'prɑpər] ADJ (ADV ~ly) 1 ungeeignet, unpassend 2 unanständig, unschicklich (*Benehmen etc*) 3 ungenau, inexakt 4 MATH unecht (*Bruch*): **~ integral** uneigentliches Integral

impropriate A V/T [ɪm'prəʊprɪeɪt] JUR, REL *Br ein Kirchengut* an Laien übertragen B ADJ [-prɪət] e-m Laien übertragen; **impropriation** S a Übertragung *f* an Laien b an Laien übertragenes Kirchengut; **impropriator** [-eɪtə(r)] S weltlicher Besitzer von Kirchengut

impropriety [,ɪmprə'praɪətɪ] S 1 Ungeeignetheit *f* 2 Unschicklichkeit *f* 3 Unrichtigkeit *f*

improv ['ɪmprɒv; *US* -,prɑv] S THEAT *umg* Improvisation *f*: **~ artist** Improvisator(in)

improvable [ɪm'pruːvəbl] ADJ (ADV improvably) 1 verbesserungsfähig 2 AGR meliorierbar

improve [ɪm'pruːv] A V/T 1 *allg, a.* TECH verbessern 2 *Land* a AGR meliorieren b erschließen u. im Wert steigern 3 vorteilhaft *od* nutzbringend verwenden, ausnutzen 4 veredeln, verfeinern (*beide*: **into** zu) 5 *den Wert etc* erhöhen, steigern 6 **~ away** (*od* **off**) (durch Verbesserungsversuche) verderben *od* zerstören B V/I 1 sich (ver)bessern, besser werden, Fortschritte machen (*a. Patient*), sich erholen (*gesundheitlich od* WIRTSCH *Markt, Preise*), SPORT: sich steigern: **he is improving (in health)** es geht ihm besser; **~ in strength** kräftiger werden; **~ on acquaintance** bei näherer Bekanntschaft gewinnen 2 WIRTSCH steigen, anziehen (*Preise*) 3 **~ (up)on** a überbieten, -treffen: **not be ~ed upon** unübertrefflich b *ein frühe-*

res Angebot etc verbessern **C** S be on the ~ *Aus* → B 1

improvement S **1** (Ver)Besserung *f* (**in** *gen*; **on** gegenüber, im Vergleich zu): **~ in form** SPORT Formanstieg *m*; **~ in health** Besserung der Gesundheit; **~ in prices** WIRTSCH Preiserholung *f*; **~ in the weather** Wetterbesserung; **there has been an ~ in the weather** das Wetter hat sich gebessert; **today's weather is an ~ on yesterday's** heute ist das Wetter besser als gestern **2** **a** AGR Melioration *f* **b** Erschließung *f* u. Wertsteigerung *f* **3** Ausnutzung *f* **4** Vered(e)lung *f*, Verfeinerung *f*: **~ industry** WIRTSCH Veredelungsindustrie *f* **5** Vermehrung *f*, Erhöhung *f*, Steigerung *f*

improver S **1** Verbesserer *m*, Verbesserin *f* **2** Verbesserungsmittel *n*

improvidence [ɪmˈprɒvɪdəns; *US* -ˈprɑ-] S **1** Sorglosigkeit *f* **2** Verschwendung *f*; **improvident** ADJ (ADV ~ly) **1** sorglos: **be ~ of** nicht vorsorgen für **2** verschwenderisch

improving [ɪmˈpruːvɪŋ] ADJ (ADV ~ly) **1** (sich) (ver)bessernd: **~ form** SPORT Formanstieg *m* **2** **a** lehrreich **b** erbaulich: **~ literature** Erbauungsliteratur *f*

improvisation [ˌɪmprəvaɪˈzeɪʃn; *US* ɪmˌprɑvəˈz-; ˌɪmprəvəˈz-] S Improvisation *f*: **a** unvorbereitete Veranstaltung **b** aus dem Stegreif Dargebotenes, Stegreifkomposition *f*, -rede *f* **c** Provisorium *n*, Behelfsmaßnahme *f* **d** Provisorium *n*, behelfsmäßige Vorrichtung; **improvisational** [-ʃənl] → improvisatorial

improvisator [ɪmˈprɒvɪzeɪtə(r); *US* ɪmˈprɑvə-] S Improvisator *m*, Improvisatorin *f*: **a** *j-d, der zu improvisieren versteht* **b** Stegreifdichter(in), -musiker(in), -redner(in); **improvisatorial** [-zəˈtɔːrɪəl; *US a.* -ˈtəʊ-] ADJ (ADV ~ly), **improvisatory** [ˌɪmprəvaɪˈzeɪtərɪ; ˌɪmprəˈvaɪzətrɪ; *US* ɪmˈprɑvəzəˌtəʊriː; -ˌtɔː-; ˌɪmprəˈvaɪzə-] ADJ **1** improvisatorisch **2** → improvised

improvise [ˈɪmprəvaɪz] **A** V/T improvisieren: **a** extemporieren, aus dem Stegreif dichten *od* komponieren *od* sprechen *od* spielen **b** provisorisch *od* behelfsmäßig herstellen **c** ohne Vorbereitung tun **B** V/I improvisieren; **improvised** ADJ improvisiert: **a** Stegreif… **b** unvorbereitet **c** provisorisch, behelfsmäßig; **improviser** → improvisator

imprudence [ɪmˈpruːdəns; -dns] S **1** Unklugheit *f* **2** Unvorsichtigkeit *f*; **imprudent** ADJ (ADV ~ly) **1** unklug, unvernünftig **2** unvorsichtig, unbesonnen, unüberlegt

impudence [ˈɪmpjʊdəns], **impudency** [-sɪ] S Unverschämtheit *f*; **impudent** ADJ (ADV ~ly) unverschämt

impugn [ɪmˈpjuːn] V/T **a** bestreiten **b** anfechten **c** angreifen **d** in Zweifel ziehen; **impugnable** ADJ **a** bestreitbar **b** anfechtbar; **impugnment** S **a** Bestreitung *f* **b** Anfechtung *f*

impulse [ˈɪmpʌls] S **1** Antrieb *m*, Stoß *m*, Triebkraft *f* **2** *fig* Impuls *m*: **a** Antrieb *m*, Anstoß *m*, Anreiz *m* **b** Anregung *f* **c** plötzliche Regung *od* Eingebung: **act on ~** impulsiv *od* spontan handeln; **on the ~ of the moment, on (an) ~** e-r plötzlichen Regung *od* Eingebung folgend; **~ buying** WIRTSCH spontaner Kauf; **~ goods** WIRTSCH Waren, die spontan (*aufgrund ihrer Aufmachung etc*) gekauft werden **3** Impuls *m*: **a** MATH, PHYS Bewegungsgröße *f*, lineares Moment **b** MED (An)Reiz *m* **c** ELEK (*Spannungs-, Strom*) Stoß *m*: **~ circuit** Stoßkreis *m*; **~ modulation** Impulsmodulation *f*; **~ voltage** Stoßspannung *f* **d** TECH (An)Stoß *m*: **~ load** stoßweise Belastung; **~ turbine** (Gleich)Druck-, Aktionsturbine *f* **4** Aufwallung *f*: **a sudden ~ of anger arose in him** plötzlich wallte Zorn in ihm auf

impulsion [ɪmˈpʌlʃn] S **1** Stoß *m*, Antrieb *m* **2** Triebkraft *f* (*a. fig*) **3** → impulse 2 a, 2 b **4** PSYCH Zwang *m*, unwiderstehlicher Drang

impulsive [ɪmˈpʌlsɪv] ADJ (ADV ~ly) **1** (an)treibend, (vorwärts)treibend, Trieb… **2** *fig* impulsiv: **a** leidenschaftlich, gefühlsbeherrscht **b** spontan **3** PHYS plötzlich *od* momentan wirkend: **~ force** Stoßkraft *f*; **impulsiveness, impulsivity** S Impulsivität *f*, Leidenschaftlichkeit *f*, impulsives Wesen

impunity [ɪmˈpjuːnətɪ] S Straflosigkeit *f*: **with ~** **a** ungestraft, straflos **b** gefahrlos

impure [ɪmˈpjʊə(r)] ADJ (ADV ~ly) unrein (*a.* REL): **a** schmutzig, unsauber, verunreinigt **b** verfälscht, mit Beimischungen **c** *fig* gemischt, uneinheitlich (*Stil etc*) **d** *fig* schlecht, unmoralisch; **impureness, impurity** S **1** Unreinheit *f*: **a** Verunreinigung *f* **b** Uneinheitlichkeit *f* **c** Schlechtheit *f* **2** Schmutz (-teilchen) *m(n)*

imputable [ɪmˈpjuːtəbl] ADJ (ADV imputably) zuschreibbar, zuzuschreiben(d) (*beide:* **to** *dat*)

imputation [ˌɪmpjuːˈteɪʃn; *US* -pjə-] S **1** Zuschreibung *f*, Beimessung *f* **2** **a** Bezichtigung *f* **b** Unterstellung *f* **3** REL stellvertretende Zurechnung der Sünden *od* Verdienste

impute [ɪmˈpjuːt] V/T **1** zuschreiben, beimessen (*beide:* **to** *dat*): **~d value** WIRTSCH veranschlagter *od* abgeleiteter Wert **2** zuschreiben, zur Last legen, anlasten (*alle:* **to sb** j-m): **~ sth to sb** **a** j-n e-r Sache bezichtigen **b** j-m etwas unterstellen **c** j-m etwas andichten; **~d negligence** JUR zurechenbare Fahrlässigkeit

in [ɪn] **A** PRÄP **1** (*räumlich, auf die Frage: wo?*) in (*dat*), innerhalb (*gen*), an (*dat*), auf (*dat*): **~ England (London)** in England (London); → blind A 1 a, country A 5, field A 1, room A 2, sky A 1, street A 1, *etc* **2** *fig* in (*dat*), bei, auf (*dat*), an (*dat*): → army 3, politics 3, share[1] A 4 b, stock A 19, *etc* **3** bei (*Schriftstellern*): **~ Shakespeare** **4** (*auf die Frage: wohin?*) in (*akk*): **put it ~ your pocket** steck es in die Tasche **5** (*Zustand, Beschaffenheit, Art u. Weise*) in (*dat*), auf (*akk*), mit: **~ G major** MUS in G-Dur; → arm[2] *Bes Redew*, brief B 1, case[1] A 2, cash[1] A 2, doubt C 1, C 3, dozen, English B 2, group A 1, manner 1, ruin A 2, short C 2, tear[1] 1, word *Bes Redew*, writing A 4, *etc* **6** (*Beteiligung*) in (*dat*), an (*dat*), bei: **be ~ it** beteiligt sein, teilnehmen; **he isn't ~ it** er gehört nicht dazu; **there is nothing ~ it** **a** es lohnt sich nicht **b** → nothing *Bes Redew* **7** (*Tätigkeit, Beschäftigung*) in (*dat*), bei, mit, auf (*dat*): **~ crossing the river** beim Überqueren des Flusses; → accident 3, search C 1 **8** (*im Besitz, in der Macht*) in (*dat*), bei, an (*dat*): **it is not ~ her to do sth** es liegt nicht in ihrer Art, etwas zu tun; → have *Bes Redew*, *etc* **9** (*zeitlich*) in (*dat*), an (*dat*), bei, binnen, unter (*dat*), während, zu: **~ two hours** **a** in *od* binnen zwei Stunden **b** während zweier Stunden; **in 1985** 1985; → beginning 1, daytime, evening A 1, flight[2], October, reign A 1, time *Bes Redew*, winter A 1, year 1, *etc* **10** (*Richtung*) in (*akk, dat*), auf (*akk*), zu: → confidence 1, trust B 1, *etc* **11** (*Zweck*) in (*dat*), zu, als: → answer A 1, defence 5, *etc* **12** (*Grund*) in (*dat*), aus, wegen, zu: → honor B 2, sport A 4, *etc* **13** (*Hinsicht, Beziehung*) in (*dat*), an (*dat*), in Bezug auf (*akk*): **the latest thing ~** das Neueste in *od* an *od* auf dem Gebiet (*gen*); → equal A 10, far *Bes Redew*, itself 3, number A 2, that[3] 4, width 1, *etc* **14** nach, gemäß: → opinion 1, probability 1, *etc* **15** (*Mittel, Material, Stoff*) in (*dat*), aus, mit, durch: **~ black boots** in *od* mit schwarzen Stiefeln; **a statue ~ bronze** e-e Bronzestatue; → oil A 2, pencil A 1, white B 1, *etc* **16** (*Zahl, Betrag*) in (*dat*), aus, von, zu: **seven ~ all** insgesamt *od* im Ganzen sieben; **there are 60 minutes ~ an hour** e-e Stunde hat 60 Minuten; **one ~ ten Americans** einer von zehn Amerikanern, jeder zehnte Amerikaner; **five ~ the hundred** 5 vom Hundert, 5 Prozent; → all *Bes Redew*, one A 1, *etc* **B** ADV **1** innen, drinnen: **~ among** mitten unter (*akk od dat*); **know ~ and out** *j-n, etwas* ganz genau kennen, in- u. auswendig kennen; **be ~ for sth** etwas zu erwarten haben; **now you are ~ for it** *umg* jetzt bist du dran: **a** jetzt kannst du nicht mehr zurück **b** jetzt bist *od* sitzt *od* steckst du in der Patsche, jetzt gehts dir an den Kragen *umg*; **he is ~ for a shock** er wird e-n gewaltigen Schreck *od* e-n Schock bekommen; **I am ~ for an examination** mir steht e-e Prüfung bevor; **be ~ on** **a** eingeweiht sein in (*akk*) **b** beteiligt sein an (*dat*); **be ~ with sb** mit j-m gutstehen; **the harvest is ~** die Ernte ist eingebracht; → keep in B 3, penny 1, *etc* **2** herein: → come in 1, show in, *etc* **3** hinein: **the way ~** der Eingang, der Weg nach innen; → walk in, *etc* **4** da, (an)gekommen: **the train is ~** **5** zu Hause, im Zimmer *etc*: **Mrs Brown is not ~** Mrs. Brown ist nicht da *od* zu Hause; **he has been ~ and out all day** er kommt u. geht schon den ganzen Tag **6** POL an der Macht, an der Regierung, am Ruder *umg*: **the Conservatives are ~**; → come in 4 **7** in *umg*, in Mode: → come in 3 **8** SCHIFF **a** im Hafen **b** beschlagen, festgemacht (*Segel*) **c** zum Hafen: **on the way ~** beim Einlaufen (in den Hafen) **9** dazu, zusätzlich, als Zugabe: → throw in 3 **C** ADJ **1** im Innern *od* im Hause befindlich, Innen… **2** POL an der Macht befindlich: **~ party** Regierungspartei *f* **3** nach Hause kommend: **the ~ train** der ankommende Zug **4** **an ~ restaurant** ein Restaurant, das gerade in ist; **the ~ people** die Leute, die alles mitmachen, was gerade in ist **5** *umg* (nur) für Eingeweihte *od* Kenner (*Witz etc*) **D** S **1** *pl* POL *US* Regierungspartei *f* **2** Winkel *m*, Ecke *f*: **the ~s and outs** **a** alle Winkel u. Ecken **b** *fig* (alle) Einzelheiten *od* Schwierigkeiten *od* Feinheiten; **know all the ~s and outs of** sich ganz genau auskennen bei *od* in (*dat*), in- u. auswendig kennen (*akk*)

in. ABK inch(es PL) (*Längenmaß*)

in-[1] [ɪn] *Vorsilbe mit den Bedeutungen* in…, innen, ein…, hinein…, hin…

in-[2] [ɪn] *Vorsilbe mit der Bedeutung* un…, nicht

inability [ˌɪnəˈbɪlətɪ] S Unfähigkeit *f*, Unvermögen *n*: **~ to concentrate** Konzentrationsunfähigkeit; **~ to pay** WIRTSCH Zahlungsunfähigkeit

in absentia [ˌɪnæbˈsentɪə; -ʃɪə] ADV *bes* JUR in absentia, in Abwesenheit: **he was sentenced to death ~**

inaccessibility [ˈɪnækˌsesəˈbɪlətɪ; *US a.* ˈɪnɪkˌs-] S Unzugänglichkeit *f*, Unerreichbarkeit *f*; **inaccessible** ADJ (ADV inaccessibly) (**to**) unzugänglich (für *od dat*) (*a. fig*): **a** unerreichbar (für *od dat*) **b** unnahbar (*Person*) **c** unempfänglich (für)

inaccuracy [ɪnˈækjʊrəsɪ] S **1** Ungenauigkeit *f* **2** Fehler *m*, Irrtum *m*; **inaccurate** [-rət] ADJ (ADV ~ly) **1** ungenau **2** unrichtig, falsch: **be ~** falsch gehen (*Uhr*); **inaccurateness** S Ungenauigkeit *f*

inaction [ɪnˈækʃn] S **1** Untätigkeit *f* **2** Trägheit *f*, Faulheit *f* **3** Ruhe *f*

inactivate [ɪnˈæktɪveɪt] V/T **1** **a** *bes* MED inaktivieren **b** CHEM desaktivieren **2** MIL außer Dienst stellen

inactive [ɪnˈæktɪv] ADJ (ADV ~ly) **1** untätig **2** träge, faul **3** WIRTSCH lustlos, flau (*Markt*): **~ account** umsatzloses Konto; **~ capital** brachliegendes Kapital **4** **a** CHEM, PHYS inaktiv, unwirksam: **~ mass** träge Masse **b** PHYS nicht

radioaktiv 5 MED inaktiv 6 MIL nicht aktiv, außer Dienst; **inactivity** S 1 → inaction 1, 2 2 WIRTSCH Lustlosigkeit *f*, Flauheit *f* 3 CHEM, PHYS Inaktivität *f* (*a.* MED), Unwirksamkeit *f*
inadaptability [ˈɪnəˌdæptəˈbɪlətɪ] S 1 Mangel *m* an Anpassungsfähigkeit 2 Unverwendbarkeit *f*; **inadaptable** ADJ 1 nicht anpassungsfähig (**to** an *akk*) 2 unverwendbar (**to** für)
inadequacy [ɪnˈædɪkwəsɪ] S 1 Unzulänglichkeit *f* 2 Unangemessenheit *f*, Inadäquatheit *f*; **inadequate** [-kwət] ADJ (ADV **~ly**) 1 unzulänglich, ungenügend: **the food was ~ for all of us** das Essen reichte nicht für uns alle 2 unangemessen (**to** *dat*), inadäquat: **feel ~ to the occasion** sich der Situation nicht gewachsen fühlen
inadmissibility [ˈɪnədˌmɪsəˈbɪlətɪ] S Unzulässigkeit *f*; **inadmissible** ADJ unzulässig (*a.* JUR), unerlaubt, unstatthaft
inadvertence [ˌɪnədˈvɜːtəns; *US* -ˈvɜrtəns], **inadvertency** [-sɪ] S 1 Unachtsamkeit *f* 2 Unabsichtlichkeit *f* 3 Versehen *n*; **inadvertent** ADJ (ADV **~ly**) 1 unachtsam, unvorsichtig, nachlässig 2 unbeabsichtigt, unabsichtlich, versehentlich: **~ly** *a.* aus Versehen
inadvisability [ˈɪnədˌvaɪzəˈbɪlətɪ] S Unratsamkeit *f*; **inadvisable** ADJ (ADV inadvisably) unratsam, nicht ratsam *od* empfehlenswert
inalienability [ɪnˌeɪljənəˈbɪlətɪ; -lɪənə-] S JUR Unveräußerlichkeit *f*; **inalienable** ADJ (ADV inalienably) unveräußerlich, unübertragbar (*Rechte*); **inalienableness** → inalienability
inalterable [ɪnˈɔːltərəbl; -trəbl] ADJ (ADV inalterably) unveränderlich, unabänderlich: **it is ~** es lässt sich nicht (ab)ändern
inamorata [ɪnˌæməˈrɑːtə] S *obs* Geliebte *f*; **inamorato** [-təʊ] *pl* -tos S *obs* Geliebte(r) *m*
in-and-in A ADJ Inzucht…: **~ breeding** Inzucht *f* B ADV: **breed ~** sich durch Inzucht vermehren
in-and-out ADJ wechselhaft, schwankend: **~ performances** schwankende Leistungen
inane [ɪˈneɪn] A ADJ (ADV **~ly**) 1 leer 2 *fig* geistlos, albern B S Leere *f*, *bes* leerer (Welten)Raum
inanimate [ɪnˈænɪmət] ADJ (ADV **~ly**) 1 leblos: **~ nature** unbelebte Natur 2 *fig* schwunglos, langweilig, fad 3 WIRTSCH flau, lustlos; **inanimateness**, **inanimation** S 1 Leblosigkeit *f*, Unbelebtheit *f* 2 *fig* Schwunglosigkeit *f*, Langweiligkeit *f*, Fadheit *f* 3 WIRTSCH Flauheit *f*, Lustlosigkeit *f*
inanition [ˌɪnəˈnɪʃn] S MED Inanition *f* (*Abmagerung mit völliger Entkräftung u. Erschöpfung als Folge unzureichender Ernährung od auszehrender Krankheiten*)
inanity [ɪˈnænətɪ] S Geistlosigkeit *f*, Albernheit *f*: a geistige Leere b dumme Bemerkung: **inanities** *pl* albernes Geschwätz
inappeasable [ˌɪnəˈpiːzəbl] ADJ 1 nicht zu besänftigen(d), unversöhnlich 2 nicht zufriedenzustellen(d), unersättlich
inappetence [ɪnˈæpɪtəns], **inappetency** [-sɪ] S 1 MED Appetitlosigkeit *f* 2 Unlust *f*; **inappetent** ADJ 1 MED appetitlos 2 lustlos, unlustig
inapplicability [ˈɪnˌæplɪkəˈbɪlətɪ] S Un-, Nichtanwendbarkeit *f*; **inapplicable** ADJ (ADV inapplicably) (**to**) unanwendbar, nicht anwendbar *od* zutreffend (auf *akk*), ungeeignet (für): **be ~ to sb** auf j-n nicht zutreffen; → delete
inapposite [ɪnˈæpəzɪt] ADJ (ADV **~ly**) unpassend, unangemessen (**to** *dat*), unangebracht
inappreciable [ˌɪnəˈpriːʃəbl] ADJ (ADV inappreciably) unmerklich (*Veränderung etc*); **inappreciation** [-ʃɪˈeɪʃn] S Mangel *m* an Würdigung *od* Anerkennung; **inappreciative** [-ʃjətɪv; *US* -ʃətɪv] ADJ: **be ~ of** a nicht zu schätzen *od* zu würdigen wissen (*akk*) b keinen Sinn haben für c nicht richtig beurteilen *od* einschätzen (*akk*), sich nicht bewusst sein (*gen*)
inappropriate [ˌɪnəˈprəʊprɪət] ADJ (ADV **~ly**) (**to, for**) unpassend, ungeeignet (für), unangemessen (*dat*)
inapt [ɪnˈæpt] ADJ (ADV **~ly**) 1 unpassend, ungeeignet 2 ungeschickt 3 unfähig, außerstande (*beide:* **to do** zu tun); **inaptitude** [-tɪtjuːd; *US bes* -ˌtuːd], **inaptness** S 1 Ungeeignetheit *f* 2 Ungeschicktheit *f* 3 Unfähigkeit *f*
inarticulate [ˌɪnɑː(r)ˈtɪkjʊlət] ADJ (ADV **~ly**) 1 unartikuliert, undeutlich (ausgesprochen), unverständlich (*Wörter etc*) 2 unfähig(, deutlich) zu sprechen 3 unfähig, sich klar auszudrücken: **he is ~** a er kann sich nicht ausdrücken *od* artikulieren b er macht *od umg* kriegt den Mund nicht auf 4 sprachlos (**with** vor *dat*) 5 unaussprechlich (*Leid etc*) 6 BOT, ZOOL ungegliedert; **inarticulated** [-leɪtɪd] ADJ → inarticulate 1, 6; **inarticulateness** S 1 Undeutlichkeit *f*, Unverständlichkeit *f* 2 Unfähigkeit *f*(, deutlich) zu sprechen
inartistic [ˌɪnɑː(r)ˈtɪstɪk] ADJ (ADV **~ally**) unkünstlerisch: a kunstlos b ohne Kunstverständnis
inasmuch as [ˌɪnəzˈmʌtʃ] KONJ 1 in Anbetracht der Tatsache, dass; da (ja), weil 2 *obs* insofern als
inattention [ˌɪnəˈtenʃn] S Unaufmerksamkeit *f*; **inattentive** [-tɪv] ADJ (ADV **~ly**) unachtsam, unaufmerksam: **be ~ to sth** etwas nicht beachten; **inattentiveness** → inattention
inaudibility [ɪnˌɔːdəˈbɪlətɪ] S Unhörbarkeit *f*; **inaudible** ADJ (ADV inaudibly) unhörbar; **inaudibleness** → inaudibility
inaugural [ɪˈnɔːgjʊrəl; -gjə-; *US a.* -gərəl] A ADJ Einführungs…, Einweihungs…, Antritts…, Eröffnungs…: **~ ceremony**; **~ speech** → B B S Antrittsrede *f*; **inaugurate** [-reɪt] V/T 1 j-n (feierlich) (in sein Amt) einführen *od* einsetzen 2 einweihen, eröffnen 3 *ein Denkmal* enthüllen 4 *e-e neue Ära etc* einleiten; **inauguration** S 1 (feierliche) Amtseinsetzung *od* Amtseinführung: **♀ Day** POL *US* Tag *m* des Amtsantritts des Präsidenten (*20. Januar*) 2 Einweihung *f*, Eröffnung *f*: **~ ceremony** Eröffnungszeremonie *f* 3 Enthüllung *f* 4 Beginn *m*; **inaugurator** [-reɪtə(r)] S Einführende(r) *m/f(m)*; **inauguratory** [-rətərɪ; *US* -ˌtəʊriː; -ˌtɔː-] → inaugural A
inauspicious [ˌɪnɔːˈspɪʃəs] ADJ (ADV **~ly**) ungünstig: a unheildrohend b unglücklich: **be ~** unter e-m ungünstigen Stern stehen; **inauspiciousness** S ungünstige Aussicht
inbeing [ˈɪnˌbiːɪŋ] S 1 PHIL Innewohnen *n*, Immanenz *f* 2 Wesen *n*
in-between A S 1 a Mittelsmann *m* b WIRTSCH Zwischenhändler(in) c *j-d, der e-e Zwischenstellung einnimmt* 2 Mittelding *n* B ADJ Mittel…, Zwischen…: **~ weather** Übergangswetter *n*
inboard [ˈɪnbɔː(r)d] SCHIFF A ADJ Innenbord…: **~ motor** B ADV binnenbords C S 1 Innenbordmotor *m* 2 Innenborder *m* (*Boot*)
inborn [ˌɪnˈbɔː(r)n] ADJ angeboren
inbound [ˈɪnbaʊnd] ADJ SCHIFF a einlaufend, -fahrend b auf der Heimreise befindlich
inbred [ˌɪnˈbred] ADJ 1 a angeboren b tief eingewurzelt 2 durch Inzucht erzeugt
inbreed [ˌɪnˈbriːd] V/T *irr Tiere* durch Inzucht züchten; **inbreeding** S Inzucht *f* (*a. fig*)
in-built [ˌɪnˈbɪlt] ADJ ARCH, TECH eingebaut (*a. fig*), Einbau…: **~ furniture** Einbaumöbel *pl*
Inc. ABK WIRTSCH JUR *US* Incorporated amtlich eingetragen, eingetragene Kapitalgesellschaft
incalculable [ɪnˈkælkjʊləbl] ADJ (ADV incalculably) 1 unberechenbar (*a. Person etc*) 2 unermesslich
incandesce [ˌɪnkænˈdes; -kən-] V/T & V/I (weiß)glühend machen (werden); **incandescence** [-ˈdesns], **incandescency** [-ˈdesnsɪ] S (Weiß)Glühen *n*, (-)Glut *f*; **incandescent** ADJ (ADV **~ly**) 1 (weiß)glühend: **~ lamp** Glühlampe *f*; **~ mantle** Glühstrumpf *m* 2 *fig* leuchtend, strahlend
incantation [ˌɪnkænˈteɪʃn] S 1 Beschwörung *f* 2 Zauber *m*, Zauberformel *f*, -spruch *m*
incapability [ɪnˌkeɪpəˈbɪlətɪ] S 1 Unfähigkeit *f* 2 Untauglichkeit *f* 3 Hilflosigkeit *f*
incapable [ɪnˈkeɪpəbl] ADJ (ADV incapably) 1 unfähig (**of** zu *od gen*; **of doing** zu tun), nicht imstande (**of doing** zu tun): **~ of murder** nicht fähig, e-n Mord zu begehen 2 hilflos: **drunk and ~** volltrunken 3 ungeeignet, untauglich (*beide:* **for** für) 4 nicht zulassend (**of** *akk*): **a problem ~ of solution** ein unlösbares Problem; **~ of being misunderstood** unmissverständlich 5 **legally ~** geschäfts-, rechtsunfähig
incapacitate [ˌɪnkəˈpæsɪteɪt] V/T 1 unfähig *od* untauglich machen (**for sth** für etwas; **for** [*od* **from**] **doing** zu tun) 2 JUR für rechts- *od* geschäftsunfähig erklären; **incapacitated** ADJ 1 *a.* **~ for work** a arbeitsunfähig b erwerbsunfähig 2 behindert: → mentally 1, physically 3 *a.* **legally ~** geschäfts-, rechtsunfähig; **incapacitation** S 1 Unfähigmachen *n* 2 → incapacity; **incapacity** [-ətɪ] S 1 Unfähigkeit *f*, Untauglichkeit *f*: **~ for work** a Arbeitsunfähigkeit *f* b Erwerbsunfähigkeit *f* 2 *a.* **legal ~** Rechts-, Geschäftsunfähigkeit *f*: **~ to sue** Prozessunfähigkeit *f*
incapsulate [ɪnˈkæpsjʊleɪt; *US* -səˌleɪt] → encapsulate
incarcerate [ɪnˈkɑː(r)səreɪt] V/T 1 einkerkern 2 → imprison 2; **incarcerated** ADJ MED inkarzeriert, eingeklemmt (*bes Bruch*); **incarceration** S 1 Einkerkerung *f* 2 → imprisonment 2 3 MED Inkarzeration *f*, Einklemmung *f*
incarnate A V/T [ˈɪnkɑː(r)neɪt; ɪnˈk-] 1 konkrete *od* feste Form geben (*dat*), verwirklichen: **~ an ideal**; **be ~d** REL Fleisch werden 2 verkörpern, personifizieren B ADJ [ɪnˈkɑː(r)neɪt; -nɪt] 1 REL inkarniert, fleischgeworden: **God ~** Gott *m* in Menschengestalt 2 *fig* leibhaftig: **a devil ~** ein Teufel in Menschengestalt 3 personifiziert, verkörpert: **innocence ~** die personifizierte Unschuld, die Unschuld in Person 4 fleischfarben; **incarnation** S Inkarnation *f*: a REL Fleisch-, Menschwerdung *f* b *fig* Verkörperung *f*, Inbegriff *m*
incautious [ɪnˈkɔːʃəs] ADJ (ADV **~ly**) unvorsichtig
incendiarism [ɪnˈsendjərɪzəm; -dɪə-] S 1 Brandstiftung *f* 2 *fig* Aufwiegelung *f*; **incendiary** [-djərɪ; *US* -dɪˌeriː] A ADJ 1 Brandstiftungs…, durch Brandstiftung verursacht 2 Brand…, Feuer… 3 MIL Brand…: **~ agent** → B 2 c; **~ bomb** → B 2 a; **~ bullet** (*od* **projectile, shell**) → B 2 b 4 *fig* aufwiegelnd, aufhetzend: **~ speech** Hetzrede *f* 5 *fig* erregend, hinreißend (*Frau etc*) B S 1 Brandstifter(in) 2 MIL a Brandbombe *f* b Brandgeschoss *n* c Brand-, Zündstoff *m* 3 *fig* Aufwiegler(in), Hetzer(in), Agitator *m*, Agitatorin *f*
incense[1] [ˈɪnsens] A S 1 Weihrauch *m*: **~ boat** REL Weihrauchgefäß *n*; **~ burner** REL Räucherfass *n*, -vase *f* 2 Weihrauch(wolke) *m(f)*, -duft *m* 3 Duft *m* 4 *fig* Beweihräucherung *f* B V/T 1 beweihräuchern 2 durchduf-

ten **3** *fig obs* j-n beweihräuchern

incense[2] [ɪn'sens] V/T erzürnen, erbosen, in Rage bringen: **~d** zornig, wütend (**at** über *akk*)

incensory ['ɪnsensərɪ] S REL Weihrauchgefäß *n*

incenter, *bes Br* **incentre** ['ɪn,sentə(r)] S MATH Inkreismittelpunkt *m*: **~ of triangle** Mittelpunkt e-s in ein Dreieck einbeschriebenen Kreises

incentive [ɪn'sentɪv] **A** ADJ (ADV **~ly**) anspornend, antreibend, anreizend (*alle:* **to** zu): **be ~ to** anspornen zu; **~ bonus** WIRTSCH Leistungsprämie *f*; **~ pay** (*od* **wage[s** *pl*]) höherer Lohn für höhere Leistung, Leistungslohn *m* **B** S Ansporn *m*, Antrieb *m*, Anreiz *m* (*alle:* **to** zu): **~ to buy** Kaufanreiz; **give sb (an) ~** j-n anspornen

incentre *bes Br für* incenter

incept [ɪn'sept] **A** V/T *bes* BIOL in sich aufnehmen **B** V/I UNIV *Br obs* **a** sich für den Grad e-s **Master** *od* **Doctor** qualifizieren **b** sich habilitieren; **inception** S **1** Beginn *m*, Anfang *m*, *bes* Gründung *f* (*e-r Institution*) **2** UNIV *Br obs* **a** Promotion *f* zum **Master** od **Doctor** **b** Habilitation *f*; **inceptive** **A** ADJ (ADV **~ly**) **1** Anfangs…: **a** beginnend, anfangend **b** anfänglich **2** → inchoative A 2 **B** S → inchoative B

incertitude [ɪn'sɜːtɪtjuːd; *US* ɪn'sɜrtə,tuːd] S Unsicherheit *f*, Ungewissheit *f*

incessancy [ɪn'sesnsɪ] S Unablässigkeit *f*; **incessant** [-snt] ADJ (ADV **~ly**) unaufhörlich, unablässig, ständig; **incessantness** → incessancy

incest ['ɪnsest] S Inzest *m*, Blutschande *f*: **(spiritual) ~** REL geistlicher Inzest; **incestuous** [ɪn'sestjʊəs; *US* ɪn'sestʃəwəs] ADJ (ADV **~ly**) inzestuös, blutschänderisch

inch[1] [ɪntʃ] **A** S Inch *m* (*= 2,54 cm*), Zoll *m* (*a. fig*): **two ~es of rain** METEO zwei Zoll Regen; **by ~es**, **~ by ~** **a** Zentimeter um Zentimeter **b** *fig* allmählich, ganz langsam, Schritt für Schritt; **he missed the goal by ~es** SPORT er verfehlte das Tor nur ganz knapp *od* nur um Zentimeter; **a man of your ~es** ein Mann von Ihrer Statur *od* Größe; **every ~** *fig* jeder Zoll, durch u. durch; **every ~ a gentleman** ein Gentleman vom Scheitel bis zur Sohle; **not budge** (*od* **give, yield**) **an ~** *fig* nicht e-n Zentimeter weichen *od* nachgeben; **give him an ~ and he'll take a yard** (*od* **mile**) *fig* wenn man ihm den kleinen Finger gibt, nimmt er gleich die ganze Hand; **within an ~** *fig* um ein Haar, fast; **be beaten (to) within an ~ of one's life** fast zu Tode geprügelt werden; **he came within an ~ of death** er wäre beinahe *od* um Haaresbreite gestorben **B** ADJ …zöllig: **a three-~ rope** **C** V/T & V/I (sich) zentimeterweise *od* sehr langsam bewegen: **we ~ed the wardrobe into the corner** wir schoben den Schrank zentimeterweise in die Ecke

inch[2] [ɪntʃ] S *schott od Ir* kleine Insel

inched [ɪntʃt] ADJ **1** *in Zusammensetzungen* …zöllig: **four-~** **2** mit Inch- *od* Zolleinteilung (versehen), Zoll…: **~ staff** Zollstock *m*

-incher [ɪntʃə(r)] S *in Zusammensetzungen wie* **four-incher** Gegenstand *m* von 4 Inch(es) *od* Zoll Dicke *od* Länge

inchmeal ADV: **(by) ~** **a** Zentimeter um Zentimeter **b** *fig* Schritt für Schritt

inchoate **A** ADJ ['ɪnkəʊeɪt; *US* ɪn'kəʊət; 'ɪnkə,weɪt] (ADV **~ly**) **1** angefangen **2** beginnend, anfangend, Anfangs… **3** unvollständig: **~ agreement** Vertrag, der noch nicht von allen Parteien unterzeichnet ist **B** V/T & V/I ['ɪnkəʊeɪt; *US* 'ɪnkə,weɪt] *obs* beginnen, anfangen; **inchoative** ['ɪnkəʊeɪtɪv; *bes US* ɪn'kəʊətɪv] **A** ADJ **1** → inchoate A 1 **2** LING inchoativ (*e-n Beginn ausdrückend*): **~ verb** → B b **B** S LING **a** inchoative Aktionsart **b** Inchoativ *n*, inchoatives Verb

incidence ['ɪnsɪdəns; *US a.* 'ɪnsə,dens] S **1** Auftreten *n*, Vorkommen *n*, Häufigkeit *f*, Verbreitung *f*: **high ~** häufiges Vorkommen, weite Verbreitung; **have a high ~** häufig vorkommen, weitverbreitet sein **2** **a** Auftreffen *n* (**on, upon** auf *akk*) (*a.* PHYS) **b** PHYS Einfall(en) *m(n)* (*von Strahlen*): → angle[1] A 1 **3** WIRTSCH Anfall *m* (*e-r Steuer*): **~ of taxation** Verteilung *f* der Steuerlast, Steuerbelastung *f*

incident ['ɪnsɪdənt; *US a.* 'ɪnsə,dent] **A** ADJ **1** **(to)** **a** verbunden (mit) **b** gehörend (zu) **2** **a** auftreffend (*a.* PHYS) **b** PHYS einfallend **B** S **1** Vorfall *m*, Ereignis *n*, Vorkommnis *n*, *a.* POL Zwischenfall *m*: **full of ~s** ereignisreich **2** Nebenumstand *m*, -sache *f* **3** Episode *f*, Nebenhandlung *f* (*im Drama etc*) **4** JUR **a** (Neben)Folge *f* (**of** aus) **b** Nebensache *f* **c** (*mit e-m Amt etc verbundene*) Verpflichtung

incidental [,ɪnsɪ'dentl] **A** ADJ **1** nebensächlich, Neben…: **~ earnings** *pl* Nebenverdienst *m*; **~ expenses** → B 2; **~ music** Begleitmusik *f* **2** beiläufig **3** gelegentlich **4** zufällig **5** → incident A 1: **the expenses ~ thereto** die dabei entstehenden *od* damit verbundenen Unkosten **6** folgend (**on, upon** auf *akk*), nachher auftretend: **~ images** PSYCH Nachbilder **B** S **1** Nebenumstand *m*, -sächlichkeit *f* **2** *pl* WIRTSCH Nebenausgaben *pl*, -kosten *pl*; **incidentally** [-tlɪ] ADV **1** nebenbei **2** beiläufig **3** gelegentlich **4** zufällig **5** nebenbei bemerkt, übrigens

incinerate [ɪn'sɪnəreɪt] V/T & V/I verbrennen; **incineration** S Verbrennung *f*: **~ plant** → incinerator b; **incinerator** [-reɪtə(r)] S **a** Verbrennungsofen *m* **b** Verbrennungsanlage *f*

incipience [ɪn'sɪpɪəns], **incipiency** [-sɪ] S **1** Beginn *m*, Anfang *m* **2** Anfangsstadium *n*; **incipient** ADJ beginnend, anfangend, einleitend, anfänglich, Anfangs…: **an ~ disease** e-e Krankheit im Anfangsstadium; **~ stage** Anfangsstadium *n*; **incipiently** ADV anfänglich, anfangs, zu Anfang

incise [ɪn'saɪz] V/T **1** ein-, aufschneiden (*a.* MED) **2** **a** *ein Muster etc* einritzen, -schnitzen, -kerben (*alle:* **on** in *akk*) **b** **~ sth with a pattern** ein Muster in etwas einritzen *od* -schnitzen *od* -kerben; **incised** ADJ **1** eingeschnitten (*a.* BOT, ZOOL) **2** Schnitt…: **~ wound**

incision [ɪn'sɪʒn] S **1** (Ein)Schnitt *m* (*a.* MED) (**in, into** in *akk*) **2** BOT, ZOOL Einschnitt *m*

incisive [ɪn'saɪsɪv] ADJ (ADV **~ly**) **1** (ein)schneidend **2** *fig* scharf: **a** durchdringend (*Verstand*) **b** beißend (*Ironie*) **c** schneidend (*Ton*) **3** *fig* treffend, prägnant **4** ANAT Schneide(zahn)…: **~ bone** Zwischenkieferknochen *m*; **~ tooth** → incisor; **incisiveness** S Schärfe *f*

incisor [ɪn'saɪzə(r)] S ANAT Schneidezahn *m*

incitant [ɪn'saɪtənt] **A** ADJ anreizend **B** S Reiz-, Anregungsmittel *n*; **incitation** [-saɪ-; -sɪ-] S **1** Anregung *f* **2** Anreiz *m*, Ansporn *m*, Antrieb *m* (*alle:* **to** zu) **3** → incitement 2

incite [ɪn'saɪt] V/T **1** anregen (*a.* MED), anspornen, anstacheln, antreiben (*alle:* **to** zu) **2** aufwiegeln, -hetzen, JUR anstiften (*alle:* **to** zu) **3** *Zorn etc* erregen: **~ anger in sb** j-s Zorn erregen, j-n erzürnen; **incitement** S **1** → incitation 1, 2 **2** Aufwiegelung *f*, -hetzung *f*, JUR Anstiftung *f* (*alle:* **to** zu); **inciter** S **1** Anspornen(in), Antreiber(in) **2** Aufwiegler(in), Hetzer(in), Agitator *m*, Agitatorin *f*

incivility [,ɪnsɪ'vɪlətɪ] S Unhöflichkeit *f*, Grobheit *f* (*beide a. Bemerkung etc*)

incivism ['ɪnsɪvɪzəm] S Mangel *m* an Bürgersinn

incl. ABK **1** including **2** inclusive

in-clearing S WIRTSCH *Br* Gesamtbetrag *m* der auf ein Bankhaus laufenden Schecks, Abrechnungsbetrag *m*

inclemency [ɪn'klemənsɪ] S **1** Rauheit *f*, Unfreundlichkeit *f*: **inclemencies of the weather** Unbilden der Witterung **2** Härte *f*, Unerbittlichkeit *f*; **inclement** ADJ (ADV **~ly**) **1** rau, unfreundlich (*Klima*) **2** hart, unerbittlich

inclinable [ɪn'klaɪnəbl] ADJ **1** (hin)neigend, tendierend (*beide:* **to** zu): **be ~ to** tendieren zu **2** wohlwollend gegenüberstehend, günstig gesinnt (*beide:* **to** *dat*) **3** TECH schräg stellbar

inclination [,ɪnklɪ'neɪʃn] S **1** *fig* Neigung *f*, Hang *m* (*beide:* **to, for** zu): **have no ~ to do sth** keine Lust haben, etwas zu tun; **~ to buy** WIRTSCH Kauflust *f*; **~ to stoutness** Anlage *f* zur Korpulenz; **against one's ~** gegen s-n Willen; → follow B 3 **2** *fig* Zuneigung *f* (**for** zu) **3** Neigen *n*, Beugen *n*, Neigung *f* **4** Gefälle *n* **5** MATH **a** Neigung *f*, Schrägstellung *f*, Schräge *f*, Senkung *f* **b** geneigte Fläche **c** Neigungswinkel *m*: **the ~ of two planes** der Winkel zwischen zwei Ebenen **6** Inklination *f*: **a** ASTRON *Neigung der Ebene e-r Planetenbahn zur Ebene der Erdbahn* **b** *(Geophysik) Winkel zwischen den erdmagnetischen Feldlinien u. der Horizontalen*

incline [ɪn'klaɪn] **A** V/I **1** *fig* hinneigen, geneigt sein, neigen (*alle:* **to, toward[s]** zu): **~ to do sth** geneigt sein *od* dazu neigen, etwas zu tun **2** *fig* e-e Anlage haben, neigen (*beide* **to** zu): **~ to stoutness** zur Korpulenz neigen; **~ to red** ins Rötliche spielen **3** sich neigen (**to, toward[s]** nach), (schräg) abfallen: **the roof ~s sharply** das Dach fällt steil ab **4** *Bergbau:* einfallen **5** *fig* sich neigen, zu Ende gehen (*Tag*) **6** *fig* wohlwollend gegenüberstehen, günstig gesinnt sein (*beide:* **to** *dat*) **B** V/T **1** *fig* geneigt machen, veranlassen, bewegen (*alle:* **to** zu): **this ~s me to doubt** dies lässt mich zweifeln; **this ~s me to the view that …** dies bringt mich zu der Ansicht, dass …; **~ sb to do sth** j-n dazu bringen, etwas zu tun **2** *den Kopf* neigen, beugen, senken: **~ one's ear to sb** *fig* j-m sein Ohr leihen **3** Neigung geben (*dat*), neigen, schräg (ver)stellen, beugen **4** (**to, toward[s]**) richten (auf *akk*), lenken (nach … hin) **C** S [ɪn'klaɪn; 'ɪnklaɪn] **1** Gefälle *n* **2** (Ab)Hang *m* **3** MATH, PHYS schiefe Ebene **4** *Bergbau:* tonnlägiger Schacht, einfallende Strecke **5** **double ~** BAHN Ablaufberg *m*

inclined [ɪn'klaɪnd] ADJ **1** **(to)** *fig* **a** geneigt (zu) **b** neigend (zu): **be ~ to do sth** dazu neigen, etwas zu tun; **be ~ to think that …** zu der Ansicht neigen, dass …; **if you feel ~** wenn Sie Lust (dazu) haben; **an artistically ~ man** ein Mann mit künstlerischen Neigungen **2** *fig* gewogen, wohlgesinnt (*beide:* **to** *dat*) **3** geneigt, schräg, schief, abschüssig: **be ~** sich neigen; **~ plane** MATH, PHYS schiefe Ebene

inclinometer [,ɪnklɪ'nɒmɪtə; *US* -'nɑmətər] S TECH **1** Inklinationskompass *m*, -nadel *f* **2** FLUG Neigungsmesser *m* **3** → clinometer

inclose, *etc* → enclose *etc*

include [ɪn'kluːd] V/T **1** einschließen, umgeben **2** in sich einschließen, umfassen, enthalten **3** einschließen, -beziehen, -rechnen (*alle:* **in** in *akk*), rechnen (**among** unter *akk*, zu): **speakers ~ …** unter den Sprechern ist *od* sind …, unter anderem spricht *od* sprechen …; **the program(me) ~s …** auf dem Programm steht *od* stehen unter anderem …; **his works ~ …** zu s-n Werken zählt *od* zählen unter anderem …; **his duties ~ doing sth** s-e Aufgabe ist es unter anderem, etwas zu tun **4** erfassen, aufnehmen, SPORT *e-n Spieler etc* aufstellen: **~ sb in** (*od* **on**) **a list** j-n auf e-e Liste setzen; **not be ~d**

on the list nicht auf der Liste stehen; **~ sth in the agenda** etwas auf die Tagesordnung setzen; **~ sb in one's will** j-n in s-m Testament bedenken; **~ sb in one's prayers** j-n in sein Gebet einschließen; **~ me out** *hum* ohne mich!

included [ɪnˈkluːdɪd] ADJ **1** eingeschlossen (*a.* MATH) **2** mit inbegriffen, mit eingeschlossen: **tax ~** einschließlich *od* inklusive Steuer; **includible** ADJ einbeziehbar; **including** PRÄP einschließlich: **~ all charges** WIRTSCH einschließlich *od* inklusive aller Kosten

inclusion [ɪnˈkluːʒn] S **1** Einschluss *m*, Einbeziehung (*beide:* **in** in *akk*): **with the ~ of** einschließlich (*gen*), unter *od* mit Einschluss von **2** MINER, TECH Einschluss *m* **3** BIOL Zelleinschluss *m*: **~ body** MED Einschlusskörperchen *n* **4** SPORT Aufstellung *f* (*e-s Spielers etc*): **justify one's ~** s-e Aufstellung rechtfertigen

inclusive [ɪnˈkluːsɪv] ADJ (ADV **~ly**) **1** einschließlich, inklusive (*beide:* **of** *gen*): **be ~ of** einschließen (*akk*); **Friday ~** *bes Br* bis einschließlich Freitag, bis Freitag inklusive **2** alles einschließend *od* enthaltend, Pauschal…: **~ price** Pauschalpreis *m*

incoercible [ˌɪnkəʊˈɜːsɪbl; *US* -ˈɜrsəbəl] ADJ (ADV **incoercibly**) **1** unerzwingbar, nicht zu erzwingen(d): **be ~** sich nicht erzwingen lassen **2** PHYS nicht komprimierbar

incog. ABK incognito

incognito [ɪnˈkɒɡnɪtəʊ; ˌɪnkɒɡˈniː-; *US* ˌɪnkɑɡˈniːtəʊ; ɪnˈkɑɡnə-] **A** ADV inkognito, unter fremdem Namen: **travel ~** **B** ADJ unter fremdem Namen: **a king ~** **C** *pl* -tos S **1** Inkognito *n*: **preserve (disclose, reveal) one's ~** sein Inkognito wahren (lüften) **2** *j-d, der inkognito reist etc*

incognizable [ɪnˈkɒɡnɪzəbl; *US* ɪnˈkɑɡ-] ADJ **a** nicht erkennbar **b** nicht wahrnehmbar; **incognizant** ADJ nicht unterrichtet (**of** über *akk od* von): **be ~ of sth** **a** von etwas keine Kenntnis haben **b** etwas nicht erkennen

incoherence [ˌɪnkəʊˈhɪərəns; *US a.* -ˈher-], **incoherency** S **1** fehlender Zusammenhalt (*a. fig*) **2** Zusammenhang(s)losigkeit *f* **3** fehlende Übereinstimmung; **incoherent** ADJ (ADV **~ly**) **1** unverbunden **2** PHYS inkohärent **3** (logisch) unzusammenhängend, unklar, unverständlich: **be ~ in one's speech** sich nicht klar ausdrücken (können)

incombustible [ˌɪnkəmˈbʌstəbl] **A** ADJ (ADV **incombustibly**) un(ver)brennbar **B** S **a** un(ver)brennbarer Gegenstand **b** un(ver)brennbares Material

income [ˈɪŋkʌm; ˈɪnkʌm] S WIRTSCH Einkommen *n*, Einkünfte *pl* (*beide:* **from** aus): **~ from employment** Arbeitseinkommen; **be on a low ~** ein geringes Einkommen haben; **live within (beyond) one's ~** s-n Verhältnissen entsprechend (über s-e Verhältnisse) leben; → earn 1, unearned; **~ account** S Ertragskonto *n*; **~ bond** S Schuldverschreibung *f* mit vom Gewinn (der Gesellschaft) abhängiger Verzinsung; **~ bracket** S Einkommensstufe *f*, -gruppe *f*: **the lower ~s** die unteren Einkommensschichten; **~ group** S Einkommensgruppe *f*

incomer [ˈɪnˌkʌmə(r)] S **1** Hereinkommende(r) *m/f(m)*, Ankömmling *m* **2** WIRTSCH, JUR (Rechts)Nachfolger(in)

income| splitting S *US* Einkommensaufteilung *f* zur getrennten Veranlagung; **~s policy** S Einkommenspolitik *f*; **~ statement** S WIRTSCH *US* Gewinn- u. Verlustrechnung *f*; **~ support** S *Br* Sozialhilfe *f*; **~ tax** S WIRTSCH Einkommensteuer *f*: **~ return** Einkommensteuererklärung *f*

incoming [ˈɪnˌkʌmɪŋ] **A** ADJ **1** hereinkommend (*Flut etc*) **2** ankommend (*Telefongespräch, Verkehr,* ELEK *Strom etc*), nachfolgend, neu (*Mieter, Regierung etc*) **3** WIRTSCH **a** erwachsend (*Nutzen, Gewinn*) **b** eingehend, einlaufend: **~ orders** Auftragseingänge; **~ mail** Posteingang *m*; **~ stocks** Warenzugänge **4** beginnend (*Jahr etc*) **5** PSYCH nach innen gekehrt, verschlossen, introvertiert **B** S **1** Kommen *n*, Eintritt *m*, Eintreffen *n*, Ankunft *f* **2** *meist pl* WIRTSCH **a** Eingänge *pl* **b** Einkünfte *pl*

incommensurability [ˈɪnkəˌmenʃərəˈbɪlətɪ; *US a.* -ˌmensərə-] S Inkommensurabilität *f* (*a.* MATH, PHYS), Unvergleichbarkeit *f*; **incommensurable** **A** ADJ (ADV **incommensurably**) **1** (**with**) inkommensurabel (*a.* MATH, PHYS), nicht vergleichbar (mit), nicht mit demselben Maß messbar (wie) **2** unangemessen, unverhältnismäßig **B** S MATH inkommensurable Größe

incommensurate [ˌɪnkəˈmenʃərət; *US a.* -ˈmensə-] ADJ (ADV **~ly**) **1** unangemessen, nicht entsprechend (*beide:* **with, to** *dat*) **2** → incommensurable A

incommode [ˌɪnkəˈməʊd] V/T **1** *j-m* Unannehmlichkeiten bereiten **2** belästigen, *j-m* zur Last fallen; **incommodious** [-djəs; -dɪəs] ADJ (ADV **~ly**) unbequem: **a** lästig, beschwerlich (*beide:* **to** *dat od* für) **b** beengt, eng

incommunicable [ˌɪnkəˈmjuːnɪkəbl] ADJ (ADV **incommunicably**) **1** nicht mitteilbar **2** *obs für* incommunicative; **incommunicado** [-ˈkɑːdəʊ] ADJ von der Außenwelt isoliert, JUR *a.* in Isolierhaft: **keep ~** von der Außenwelt isolieren, JUR *a.* in Isolierhaft halten; **incommunicative** [-nɪkətɪv; *US bes* -nəˌkeɪtɪv] ADJ (ADV **~ly**) nicht mitteilsam, verschlossen

incommutable [ˌɪnkəˈmjuːtəbl] ADJ **1** nicht austauschbar **2** nicht ablösbar (*Verpflichtung etc*), (*a.* JUR *Strafe*) nicht umwandelbar

in-company ADJ firmenintern

incomparable [ɪnˈkɒmpərəbl; -prəbl; *US* -ˈkɑm-] **A** ADJ **1** unvergleichlich, einzigartig **2** nicht zu vergleichen(d), unvergleichbar (*beide:* **with, to** mit) **B** S ORN Papstfink *m*; **incomparably** ADV → incomparable A 1

incompatibility [ˈɪnkəmˌpætəˈbɪlətɪ] S **1** Unvereinbarkeit *f*: **a** Widersprüchlichkeit *f* **b** Inkompatibilität *f* **2** Widerspruch *m* **3** Unverträglichkeit *f*, Gegensätzlichkeit *f*: **~ between husband and wife** JUR *US* unüberwindliche Abneigung (*Scheidungsgrund*); **incompatible** **A** ADJ (ADV **incompatibly**) **1** unvereinbar: **a** widersprüchlich **b** inkompatibel (*Ämter*) **2** unverträglich: **a** nicht zusammenpassend, gegensätzlich (*a. Personen*) **b** MED inkompatibel (*Blutgruppen, Arzneimittel*): **be ~ (with)** sich nicht vertragen (mit), nicht zusammenpassen (mit), nicht passen (zu) **3** IT, TECH: inkompatibel (*Datenträger, Programme, Übertragungssysteme etc*) **B** S *pl* unverträgliche Personen *od* Sachen; **incompatibleness** → incompatibility

incompetence [ɪnˈkɒmpɪtəns; *US* ɪnˈkɑmpə-], **incompetency** [-sɪ] S **1** Unfähigkeit *f*, Untüchtigkeit *f* **2** JUR **a** *a. weitS.* Nichtzuständigkeit *f*, Inkompetenz *f* **b** Unzulässigkeit *f* **c** Geschäftsunfähigkeit *f* **3** Unzulänglichkeit *f*; **incompetent** **A** ADJ (ADV **~ly**) **1** unfähig (**to do** zu tun), untüchtig **2** nicht fach- *od* sachkundig, unqualifiziert **3** JUR **a** *a. weitS.* unzuständig, inkompetent (*Richter, Gericht*) **b** unzulässig (*Beweise, Zeuge*) **c** geschäftsunfähig **4** nicht ausreichend (**for** für), unzulänglich, mangelhaft **5** GEOL inkompetent, tektonisch nicht verformbar (*Gestein*) **B** S **1** unfähige Person, Nichtskönner(in) **2** JUR geschäftsunfähige Person

incomplete [ˌɪnkəmˈpliːt] ADJ (ADV **~ly**) **1** inkomplett, unvollständig, unvollkommen: **~ shadow** MATH, PHYS Halbschatten *m* **2** unvollzählig, inkomplett **3** unvollendet, unfertig; **incompleteness**, **incompletion** [-ˈpliːʃn] S Unvollständigkeit *f*, Unvollkommenheit *f*

incomprehending [ɪnˌkɒmprɪˈhendɪŋ; *US* ɪnˌkɑmprə-] ADJ (ADV **~ly**) verständnislos; **incomprehensibility** [-səˈbɪlətɪ] S Unbegreiflichkeit *f*; **incomprehensible** ADJ unbegreiflich, unfassbar, unverständlich; **incomprehensibly** ADV unverständlicherweise; **incomprehension** S Unverständnis *n* (**of** für)

incompressible [ˌɪnkəmˈpresəbl] ADJ (ADV **incompressibly**) nicht zusammendrückbar, PHYS, TECH nicht komprimierbar *od* verdichtbar

inconceivability [ˈɪnkənˌsiːvəˈbɪlətɪ] S Unbegreiflichkeit *f*; **inconceivable** ADJ (ADV **inconceivably**) **1** unbegreiflich, unfassbar **2** undenkbar, unvorstellbar (*beide:* **to** für): **it is ~ to me that …** ich kann mir nicht vorstellen, dass …; **inconceivableness** → inconceivability

inconclusive [ˌɪnkənˈkluːsɪv] ADJ (ADV **~ly**) **1** nicht überzeugend *od* schlüssig, ohne Beweiskraft **2** ergebnis-, erfolglos; **inconclusiveness** S **1** Mangel *m* an Beweiskraft **2** Ergebnislosigkeit *f*

incondite [ɪnˈkɒndɪt; -daɪt; *US* -ˈkɑn-] ADJ **1** unausgefeilt (*Stil etc*) **2** ungehobelt, ungeschliffen (*Benehmen, Kerl etc*)

incongruence [ɪnˈkɒŋɡrʊəns; *US* ˌɪnkənˈɡruːəns; ɪnˈkɑŋɡrəwəns] S **1** Nichtübereinstimmung *f* **2** MATH Inkongruenz *f*: **a** *mangelnde Deckungsgleichheit*: **be in ~** sich nicht decken, inkongruent sein **b** *mangelnde Übereinstimmung von zwei Zahlen, die, durch e-e dritte geteilt, ungleiche Reste liefern*; **incongruent** ADJ (ADV **~ly**) **1** nicht übereinstimmend (**to, with** mit) **2** (**to, with**) nicht passend (zu), unvereinbar (mit): **his conduct is ~ with his principles** **3** MATH inkongruent (*a. fig*) **4** ungereimt, widersinnig (*Geschichte etc*); **incongruity** [ˌɪnkɒŋˈɡruːətɪ; *US* ˌɪnkən-] S **1** Nichtübereinstimmung *f* **2** Unvereinbarkeit *f* **3** → incongruence 2 **4** Ungereimtheit *f*, Widersinnigkeit *f*; **incongruous** [-ɡrʊəs; *US* -ɡrəwəs] → incongruent; **incongruousness** → incongruity

inconsequence [ɪnˈkɒnsɪkwəns; *US* ɪnˈkɑnsəˌkwens] S **1** Inkonsequenz *f*, Unlogik *f*, Folgewidrigkeit *f* **2** Belanglosigkeit *f*; **inconsequent** [-kwənt] ADJ (ADV **~ly**) **1** inkonsequent, folgewidrig, unlogisch **2** unzusammenhängend **3** nicht zur Sache gehörig, irrelevant **4** belanglos, unwichtig; **inconsequential** [ˌɪnkɒnsɪˈkwenʃl; *US* ɪnˌkɑnsə-] → inconsequent

inconsiderable [ˌɪnkənˈsɪdərəbl; -drəbl] ADJ (ADV **inconsiderably**) **1** gering(fügig) **2** unbedeutend, unwichtig (*beide a. Person*)

inconsiderate [ˌɪnkənˈsɪdərət; -drət] ADJ (ADV **~ly**) **1** rücksichtslos (**to, toward[s]** gegen) **2** taktlos **3** unbesonnen, (*Handlung a.*) unüberlegt; **inconsiderateness**, **inconsideration** [-dəˈreɪʃn] S **1** Rücksichtslosigkeit *f* **2** Unbesonnenheit *f*

inconsistence [ˌɪnkənˈsɪstəns], **inconsistency** [-sɪ] S **1** Inkonsequenz *f*: **a** Folgewidrigkeit *f* **b** Unbeständigkeit *f*, Wankelmut *m* **2** Unvereinbarkeit *f*, Widerspruch *m* **3** Widersprüchlichkeit *f*, Ungereimtheit *f*, Inkonsistenz *f*; **inconsistent** ADJ (ADV **~ly**) **1** inkonsequent: **a** folgewidrig **b** unbeständig (*a. Wetter*), wankelmütig **2** (**with**) unvereinbar (mit), im Widerspruch *od* Gegensatz stehend (zu)

3 widersprüchlich, ungereimt, (*bes Logik a.*) inkonsistent

inconsolable [ˌɪnkən'səʊləbl] ADJ (ADV inconsolably) 1 untröstlich (**for** über *akk*) 2 unermesslich (*Schmerz etc*): **her grief was ~** nichts konnte sie in ihrem Schmerz trösten

inconspicuous [ˌɪnkən'spɪkjʊəs; *US* -kjəwəs] ADJ (ADV ~ly) 1 unauffällig: **he tried to make himself as ~ as possible** er versuchte, so wenig wie möglich aufzufallen 2 BOT klein, unscheinbar (*Blüten*); **inconspicuousness** S Unauffälligkeit *f*

inconstancy [ɪn'kɒnstənsɪ; *US* -'kɑn-] S 1 Inkonstanz *f*, Unbeständigkeit *f*, Veränderlichkeit *f* 2 Wankelmut *m*; **inconstant** ADJ (ADV ~ly) 1 inkonstant (*a.* ELEK, MATH, PHYS), unbeständig, veränderlich 2 wankelmütig

incontestable [ˌɪnkən'testəbl] ADJ (ADV incontestably) unanfechtbar

incontinence [ɪn'kɒntɪnəns; *US* ɪn'kɑntnəns], **incontinency** S 1 (*bes sexuelle*) Unmäßigkeit, Zügellosigkeit *f* 2 Unaufhörlichkeit *f*: **~ of speech** Geschwätzigkeit *f* 3 MED Inkontinenz *f* (*Unfähigkeit, Harn od Stuhl zurückzuhalten*): **~ of the f(a)eces, f(a)ecal** (*od* **rectal**) **~** Stuhlinkontinenz; **urinary ~** Harninkontinenz

incontinent[1] [ɪn'kɒntɪnənt; *US* ɪn'kɑntnənt] ADJ (ADV ~ly) 1 (*bes sexuell*) unmäßig, zügellos 2 unaufhörlich: **~ flow of talk** pausenloser Redestrom 3 **be ~ of sth** etwas nicht zurückhalten können: **be ~ of a secret** ein Geheimnis nicht für sich behalten können 4 MED inkontinent: **be ~** an Stuhl- *od* Harninkontinenz leiden

incontinent[2] [ɪn'kɒntɪnənt; *US* ɪn'kɑntnənt], **incontinently** [-lɪ] ADV *obs* spornstreichs, schnurstracks

incontrovertible [ˌɪnkɒntrə'vɜːtəbl; *US* ɪnˌkɑntrə'vɜrtəbəl] ADJ (ADV incontrovertibly) 1 unbestreitbar, unstreitig 2 unanfechtbar

inconvenience [ˌɪnkən'viːnjəns; -nɪəns] A S 1 Unbequemlichkeit *f* 2 a Ungelegenheit *f*, Lästigkeit *f* b Unannehmlichkeit *f*, Schwierigkeit *f*: **put** *sb* **to ~** → B 2 B V/T 1 *j-n* belästigen, stören, *j-m* lästig sein *od* zur Last fallen 2 *j-m* Unannehmlichkeiten *od* Ungelegenheiten bereiten, *j-m* Umstände machen; **inconvenient** ADJ (ADV ~ly) 1 unbequem (**to** für) 2 ungelegen, lästig, störend (*alle:* **to** für): **at an ~ time** zu e-r ungünstigen Zeit, ungelegen

inconvertibility ['ɪnkənˌvɜːtə'bɪlətɪ; *US* -ˌvɜr-] S 1 Unverwandelbarkeit *f* 2 WIRTSCH a Nichtkonvertierbarkeit *f* b Nichtumwechselbarkeit *f* c Nichtumstellbarkeit *f*; **inconvertible** ADJ (ADV inconvertibly) 1 nicht umwandelbar *od* verwandelbar (**into** in *akk*) 2 WIRTSCH a nicht konvertierbar (*Wertpapiere, Schulden etc*) b nicht um- *od* einwechselbar (*Geld*) c nicht umstellbar (**to** auf *akk*) (*Währung*) 3 nicht bekehrbar (**to** zu) (*a.* REL); **inconvertibleness** → inconvertibility

inconvincible [ˌɪnkən'vɪnsəbl] ADJ nicht zu überzeugen(d)

incoordination ['ɪnkəʊˌɔːdɪ'neɪʃn; *US* -ˌɔːrdn'eɪ-] S 1 Mangel *m* an Koordination, mangelnde Abstimmung (aufeinander) 2 MED Inkoordination *f* (*gestörtes od fehlendes Zusammenwirken der einzelnen Muskeln e-r Muskelgruppe*)

incorporate [ɪn'kɔː(r)pəreɪt] A V/T 1 vereinigen, verbinden, zusammenschließen (*alle:* **with, into, in** mit) 2 (**in, into**) *e-e Idee etc* einverleiben (*dat*), aufnehmen (in *akk*), *ein Staatsgebiet a.* eingliedern, inkorporieren (in *akk*) 3 *e-e Stadt* eingemeinden, inkorporieren 4 vereinigen, zusammenschließen (*beide:* **into, in** zu *e-r Körperschaft*) 5 WIRTSCH, JUR a als (*US* Aktien)Gesellschaft eintragen (lassen) b *e-e Gesellschaft* gründen c Rechtspersönlichkeit verleihen (*dat*) 6 (*als Mitglied*) aufnehmen (**into, in** in *akk*) 7 in sich schließen, enthalten 8 CHEM, TECH vermischen (**into** zu) 9 TECH *u. fig* einbauen (**into, in** in *akk*) 10 verkörpern B V/I 1 sich (eng) verbinden *od* vereinigen *od* zusammenschließen (**with** mit): **these ideas ~d with existing ones to form a new philosophy** diese Vorstellungen verbanden sich mit bereits bestehenden zu e-r neuen Philosophie 2 WIRTSCH, JUR e-e Gesellschaft gründen C ADJ [-rət] → incorporated

incorporated [ɪn'kɔː(r)pəreɪtɪd] ADJ 1 WIRTSCH, JUR als (*US* Aktien)Gesellschaft eingetragen: **~ bank** *US* Aktienbank *f*; **~ company** a *Br* rechtsfähige (Handels)Gesellschaft b *US* Aktiengesellschaft *f*; **~ society** eingetragener Verein 2 (eng) verbunden, zusammengeschlossen (*beide:* **in, into** mit) 3 einverleibt (**in, into** *dat*): **become ~ in(to)** einverleibt werden (*dat*), aufgehen in (*dat*); **~ territories** eingegliederte *od* inkorporierte Staatsgebiete 4 eingemeindet, inkorporiert: **~ city** (*od* **town**) Stadtgemeinde *f*; **incorporating** ADJ: **~ languages** inkorporierende Sprachen (*bei denen mehrere Satzteile zu e-m einzigen Wort zusammengeschlossen werden*); **incorporation** S 1 Vereinigung *f*, Verbindung *f*, Zusammenschluss *m* 2 Inkorporation *f*, Einverleibung *f*, Eingliederung *f* 3 Eingemeindung *f* 4 WIRTSCH, JUR a Eintragung *f* als (*US* Aktien)Gesellschaft b Gründung *f* c Verleihung *f* der Rechtspersönlichkeit: → **article** A 6, **certificate** A 1; **incorporative** [-rətɪv; *US bes* -ˌreɪtɪv] ADJ 1 einverleibend 2 → incorporating; **incorporator** [-reɪtə(r)] S WIRTSCH *US* Gründungsmitglied *n*

incorporeal [ˌɪnkɔː(r)'pɔːrɪəl] ADJ (ADV ~ly) 1 unkörperlich 2 immateriell: **~ chattels** JUR immaterielle Vermögenswerte; **~ hereditaments** JUR (*mit Grund u. Boden verbundene*) (*US* vererbliche) Rechte; **~ right** JUR Immaterialgüterrecht *n* 3 a geistig b übersinnlich; **incorporeity** [-pə'riːətɪ] S Unkörperlichkeit *f*

incorrect [ˌɪnkə'rekt] ADJ (ADV ~ly) 1 inkorrekt, unrichtig: a fehlerhaft b unwahr, unzutreffend: **that is ~** das stimmt nicht; **you are ~ (in saying)** Sie haben unrecht(, wenn Sie sagen) 2 inkorrekt, ungehörig (*Benehmen etc*): **this is an ~ thing to do** das gehört sich nicht; **incorrectness** S Inkorrektheit *f*: a Unrichtigkeit *f* b Ungehörigkeit *f*

incorrigibility [ɪnˌkɒrɪdʒə'bɪlətɪ; *US a.* -ˌkɑ-] S Unverbesserlichkeit *f*; **incorrigible** A ADJ (ADV incorrigibly) 1 unverbesserlich (*Lügner etc*) 2 unfügsam, unlenksam (*Kind*) B S unverbesserlicher Mensch

incorrupt [ˌɪnkə'rʌpt] ADJ (ADV ~ly), *a.* **incorrupted** [-tɪd] ADJ 1 (*moralisch*) unverdorben 2 lauter, redlich 3 unbestechlich 4 unverfälscht; **incorruptible** ADJ (ADV incorruptibly) 1 moralisch gefestigt 2 unbestechlich 3 unverderblich (*Speisen*); **incorruption**, **incorruptness** S 1 Unverdorbenheit *f* 2 Lauterkeit *f*, Redlichkeit *f* 3 Unbestechlichkeit *f*

incr. ABK 1 increase 2 increased 3 increasing

increase [ɪn'kriːs] A V/I 1 zunehmen, größer werden, (an)wachsen, (an)steigen, sich vergrößern *od* vermehren *od* erhöhen *od* steigern *od* verstärken: **prices have ~d** die Preise sind gestiegen *od* haben angezogen; **his popularity has ~d (by) 2 percent** (*Br* **per cent**) s-e Beliebtheit ist um 2 Prozent gestiegen; **~ in size (value)** an Größe (Wert) zunehmen, größer (wertvoller) werden; **~ in price** im Preis steigen, teurer werden; **~d demand** a Mehrbedarf *m* b WIRTSCH verstärkte Nachfrage; **~d production** WIRTSCH Produktionssteigerung *f* 2 sich (*durch Fortpflanzung*) vermehren B V/T vergrößern, -stärken, -mehren, erhöhen, steigern, SPORT *s-e Führung etc* ausbauen, WIRTSCH *das Kapital* aufstocken: **~ tenfold** verzehnfachen; **~ sb's salary** j-s Gehalt erhöhen *od* aufbessern; **~ a sentence** e-e Strafe erhöhen *od* verschärfen; **~ the speed** die Geschwindigkeit steigern *od* erhöhen *od* heraufsetzen; **~ one's lead** s-n Vorsprung ausdehnen *od* ausbauen (**to** auf *akk*) C S ['ɪnkriːs] 1 Vergrößerung *f*, -mehrung *f*, -stärkung *f*, Zunahme *f*, (An)Wachsen *n*, Zuwachs *m*, Wachstum *n*, Steigen *n*, Steigerung *f*, Erhöhung *f*: **be on the ~** zunehmen; **~ in the bank rate** WIRTSCH Heraufsetzung *f od* Erhöhung des Diskontsatzes; **~ in population** Bevölkerungszunahme, -zuwachs; **~ in purchasing power** Kaufkraftzuwachs; **~ in sales** WIRTSCH Absatzsteigerung; **~ in trade** WIRTSCH Aufschwung *m* des Handels; **~ in value** Wertsteigerung, -zuwachs; **~ of capital** WIRTSCH Kapitalerhöhung; **~ of a function** MATH Zunahme e-r Funktion; **~ of** (*od* **in**) **salary** Gehaltserhöhung, -aufbesserung *f*, -zulage *f*; **~ twist** TECH Progressivdrall *m* 2 Vermehrung *f* (*durch Fortpflanzung*) 3 Zuwachs *m* (*e-s Betrages*), Mehrbetrag *m*

increaser S (*der, die, das*) Vergrößernde *od* Vermehrende; **increasingly** ADV immer mehr, in zunehmendem Maße: **~ clear** immer klarer

incredibility [ɪnˌkredɪ'bɪlətɪ] S 1 Unglaublichkeit *f* 2 Unglaubwürdigkeit *f*; **incredible** [-əbl] ADJ (ADV incredibly) 1 unglaublich (*a. umg toll, sagenhaft etc*): **an ~ cheek** e-e bodenlose Frechheit *umg* 2 unglaubwürdig

incredulity [ˌɪnkrɪ'djuːlətɪ; *US bes* -'duː-] S Ungläubigkeit *f*, Skepsis *f*

incredulous [ɪn'kredjʊləs; *US* -dʒə-] ADJ (ADV ~ly) ungläubig (*Blick etc*): **be ~ of sth** e-r Sache skeptisch gegenüberstehen

increment ['ɪnkrɪmənt; 'ɪŋk-] S 1 Zuwachs *m*, Zunahme *f* 2 WIRTSCH (Gewinn)Zuwachs *m*, (Mehr)Ertrag *m*: **~ value** Wertzuwachs; → unearned 3 Inkrement *n*: a MATH *Betrag, um den e-e Größe zunimmt* b PHYS *kleiner Zuwachs e-r veränderlichen Größe*; **incremental** [-'mentl] ADJ Zuwachs...: **~ computer** digitale Integrieranlage

incretion [ɪn'kriːʃn] S PHYSIOL 1 Inkretion *f* (*innere Sekretion*) 2 Inkret *n* (*vom körpereigenen Stoffwechsel gebildeter u. ins Blut abgegebener Stoff, bes Hormon*)

incriminate [ɪn'krɪmɪneɪt] V/T *j-n* (*e-s Verbrechens od Vergehens*) beschuldigen, *j-n* belasten: **~ o.s.** sich (selbst) bezichtigen; **incriminating** ADJ (ADV ~ly) belastend: **~ evidence** JUR Belastungsmaterial *n*; **incrimination** S Beschuldigung *f*, Belastung *f*; **incriminator** [-tə(r)] S Beschuldiger(in); **incriminatory** [-nətərɪ; -trɪ; *US* -nəˌtəʊriː; -ˌtɔː-] ADJ (ADV incriminatorily) → incriminating

incrust [ɪn'krʌst] A V/T 1 mit e-r Kruste überziehen, ver-, überkrusten: **~ed in mud** schmutzverkrustet 2 a reich verzieren b inkrustieren, mit e-r Inkrustation verzieren 3 *fig* überdecken B V/I 1 sich ver- *od* überkrusten 2 e-e Kruste bilden 3 GEOL inkrustieren; **incrustation** S 1 Krustenbildung *f* 2 a reiche Verzierung b Inkrustation *f* (*farbige Verzierung von Flächen durch Einlagen*) 3 GEOL Inkrustation *f* (*Krustenbildung durch chemische Ausscheidung*) 4 *fig* Überdeckung *f*

incubate ['ɪnkjʊbeɪt; 'ɪŋk-] A V/T 1 *Eier* ausbrüten (*a. künstlich*) 2 *Bakterien* im Inkubator züchten 3 *fig e-n Plan, e-e Krankheit* ausbrüten B V/I 1 ausgebrütet werden 2 sich im Inkubator entwickeln 3 *fig* sich entwickeln, reifen; **incubation** S 1 Ausbrütung *f* (*a. fig*), Brüten *n*: **~ apparatus** → incubator 2 MED Inkubation *f* (*das Sichfestsetzen von Krankheitserregern im Körper*): ~ **(period)** Inkubationszeit *f* **B** *Antike*: Inkubation *f*, Tempelschlaf *m*; **incubative** ADJ **1** Brüt..., Brut... **2** MED Inkubations...; **incubator** [-tə(r)] S **a** MED Inkubator *m*, Brutkasten *m* (*für Frühgeburten*) **b** BIOL, MED Inkubator *m* (*zum Züchten von Bakterien*) **c** Brutapparat *m*, -käfig *m*, -maschine *f*, -ofen *m* (*zum Ausbrüten von Eiern*); **incubatory** [-beɪtərɪ; *US a.* bəˌtəʊriː; -ˌtɔː-] → incubative

incubus [ˈɪŋkjʊbəs; ˈɪn-] *pl* -bi [-baɪ], -buses S **1** Inkubus *m*, Alb *m* **2** MED Albdrücken *n* **3** *fig* **a** Albdruck *m* **b** Schreckgespenst *n*

incudes [ɪnˈkjuːdiːz; ɪŋ-] *pl von* incus

inculcate [ˈɪnkʌlkeɪt; ɪnˈk-] V/T: ~ **sth in(to)** (*od* **on, upon**) **sb**, ~ **sb with sth** j-m etwas einprägen *od* einschärfen; **inculcation** S Einschärfung *f*

inculpate [ˈɪnkʌlpeɪt; ɪnˈk-] → incriminate; **inculpation** → incrimination; **inculpatory** [-pətərɪ; -trɪ; *US* -ˌtəʊriː; -ˌtɔː-] ADJ (ADV inculpatorily) → incriminating

incumbency [ɪnˈkʌmbənsɪ] S **1** **a** Innehaben *n* e-s Amtes **b** Amtsbereich *m* **c** Amtszeit *f* **2** REL *Br* **a** Pfründenbesitz *m* **b** Pfründe *f* **3** Obliegenheit *f*, Pflicht *f*; **incumbent** **A** ADJ (ADV ~ly) **1** obliegend: **it is ~ (up)on him** es ist s-e Pflicht, es liegt ihm ob, es obliegt ihm **2** amtierend **3** lastend (**on, upon** auf *dat*) **4** BOT, ZOOL aufliegend **5** liegend, (sich zurück)lehnend **B** S **1** Amtsinhaber(in) **2** REL *Br* Pfründeninhaber *m*, -besitzer *m*; **incumber** → encumber; **incumbrance** [-brəns] → encumbrance

incunabulum [ˌɪnkjuːˈnæbjʊləm; *US* ˌɪnkjə-] *pl* -la [-lə] S **1** TYPO, HIST Inkunabel *f*, Wiegen-, Frühdruck *m* **2** *pl* früheste Anfänge *pl*, Anfangsstadium *n*

incur [ɪnˈkɜː; *US* ɪnˈkɜr] V/T **1** sich *etwas* zuziehen, auf sich laden, geraten in (*akk*): ~ **a fine** sich e-e Geldstrafe zuziehen; ~ **debts** WIRTSCH Schulden machen, in Schulden geraten; ~ **liabilities** WIRTSCH Verpflichtungen eingehen; ~ **losses** WIRTSCH Verluste erleiden **2** sich *e-r Gefahr etc* aussetzen

incurability [ɪnˌkjʊərəˈbɪlətɪ] S Unheilbarkeit *f*; **incurable** **A** ADJ (ADV incurably) **1** MED unheilbar **2** *fig* unheilbar, unverbesserlich (*Pessimist etc*): ~ **habits** eingefleischte Gewohnheiten **B** S **1** MED unheilbar Kranke(r) *m/f(m)* **2** *fig* Unverbesserliche(r) *m/f(m)*

incuriosity [ɪnˌkjʊərɪˈɒsətɪ; *US* -ˈɑs-] S Interesselosigkeit *f*, Gleichgültigkeit *f*; **incurious** ADJ (ADV ~ly) **a** nicht neugierig *od* wissbegierig: **be ~ about sth** von etwas nichts wissen wollen **b** **(about)** uninteressiert (an *dat*), gleichgültig (gegen, gegenüber)

incursion [ɪnˈkɜːʃn; -ʒn; *US* ɪnˈkɜrʒən] S **1** (feindlicher) Einfall: **make an ~ into** (*od* **on**) einfallen in (*akk, a dat*) **2** Eindringen *n* (**into** in *akk*) (*a. fig*); **incursive** [-sɪv] ADJ einfallend

incurvate **A** V/T [ˈɪnkɜːveɪt; *US* -kɜr-] (nach innen) krümmen, (ein)biegen **B** ADJ [ɪnˈkɜːvɪt; -veɪt; *US* ˈɪnkɜrˌveɪt; ɪnˈkɜrvət] **1** (nach innen) gekrümmt, (ein)gebogen **2** MED verkrümmt; **incurvation** [-ˈveɪʃn] S **1** Krümmen *n* **2** (Einwärts)Krümmung *f* **3** MED Verkrümmung *f*

incurve **A** V/T [ˌɪnˈkɜːv; *US* ˌɪnˈkɜrv] → incurvate A **B** ADJ [ˌɪnˈkɜːv; *US* ˌɪnˈkɜrv] → incurvate B 1 **C** S [ˈɪnkɜːv; *US* ˈɪnˌkɜrv] → incurvation 2

incus [ˈɪŋkəs; ˈɪn-] *pl* incudes [ɪnˈkjuːdiːz; ɪŋ-] S ANAT Incus *m*, Amboss *m*

incuse [ɪnˈkjuːz] **A** ADJ ein-, aufgeprägt **B** S (Auf-, Ein)Prägung *f* **C** V/T: ~ **a coin with a design** ein Muster auf e-e Münze aufprägen *od* e-e Münze einprägen

ind.[1] ABK **1** independence **2** independent **3** index **4** indicated **5** LING indicative **6** indigo **7** indirect **8** industrial **9** industry

Ind.[2] ABK Indiana

indebted [ɪnˈdetɪd] ADJ **1** WIRTSCH verschuldet (**to** an *akk*, bei): **be ~ to** Schulden haben bei, *j-m* Geld schulden **2** (zu Dank) verpflichtet (**to sb** j-m): **I am greatly ~ to you for** ich bin Ihnen zu großem Dank verpflichtet für, ich stehe tief in Ihrer Schuld wegen; **indebtedness** S **1** WIRTSCH **a** Verschuldung *f* **b** Schulden(last) *pl(f)*, Verbindlichkeiten *pl*: → certificate A 1, excessive 1 **2** Dankesschuld *f*, Verpflichtung *f* (*beide*: **to** gegenüber)

indecency [ɪnˈdiːsnsɪ] S **1** Unanständigkeit *f*, Anstößigkeit *f*, *bes* JUR Unzucht *f*: ~ **with children** **2** Zote *f* **3** Unschicklichkeit *f*; **indecent** ADJ (ADV ~ly) **1** unanständig, anstößig, *bes* JUR unzüchtig: → assault A 3, exposure 5 a **2** unschicklich, ungehörig **3** ungebührlich: ~ **haste** unziemliche Hast

indeciduous [ˌɪndɪˈsɪdjʊəs; *US* -ˈsɪdʒəwəs] ADJ BOT **1** immergrün (*Bäume*) **2** nicht abfallend (*Blätter*)

indecipherable [ˌɪndɪˈsaɪfərəbl] ADJ (ADV indecipherably) **1** unentzifferbar, nicht zu entziffern(d) **2** undechiffrierbar (*Geheimschrift*) **3** *fig* nicht enträtselbar

indecision [ˌɪndɪˈsɪʒn] S Unentschlossenheit *f*, Unschlüssigkeit *f*

indecisive [ˌɪndɪˈsaɪsɪv] ADJ (ADV ~ly) **1** **a** nicht entscheidend **b** noch nicht entschieden, unentschieden (*Schlacht etc*) **2** unentschlossen, unschlüssig **3** unbestimmt, ungewiss; **indecisiveness** S **1** Unentschiedenheit *f* **2** → indecision **3** Unbestimmtheit *f*

indeclinable [ˌɪndɪˈklaɪnəbl] ADJ (ADV indeclinably) LING undeklinierbar

indecorous [ɪnˈdekərəs] ADJ (ADV ~ly) unschicklich, unanständig, ungehörig; **indecorousness**, **indecorum** [ˌɪndɪˈkɔːrəm; *US a.* -ˈkəʊ-] S Unschicklichkeit *f*, Ungehörigkeit *f*

indeed [ɪnˈdiːd] **A** ADV **1** in der Tat, tatsächlich, wirklich: **he is very strong ~** er ist wirklich sehr stark; *did you enjoy yourself?* **yes, ~** oh ja, das kann man wohl sagen!; und ob!; **thank you very much ~** vielen herzlichen Dank!; *I didn't mind*, **~ I was pleased** ich war sogar froh; **that ~ is his name** er heißt tatsächlich so; **if ~ he should come** falls er tatsächlich kommen sollte **2** (*fragend*) wirklich?, tatsächlich?: *I asked my boss for a salary increase.* **did you ~?** tatsächlich? **3** **a** allerdings, freilich **b** zwar: **there are ~ some difficulties, but ...** **B** INT ach wirklich?, was Sie nicht sagen!

indefatigability [ˈɪndɪˌfætɪgəˈbɪlətɪ] S Unermüdlichkeit *f*; **indefatigable** ADJ (ADV indefatigably) unermüdlich, nimmermüde; **indefatigableness** → indefatigability

indefeasibility [ˈɪndɪˌfiːzəˈbɪlətɪ] S Unantastbarkeit *f*; **indefeasible** ADJ (ADV indefeasibly) JUR unantastbar, unentziehbar: ~ **right** unangreifbares Recht; **indefeasibleness** → indefeasibility

indefectibility [ˈɪndɪˌfektɪˈbɪlətɪ] S **1** Unvergänglichkeit *f* **2** Unfehlbarkeit *f* **3** Fehlerlosigkeit *f*; **indefectible** ADJ (ADV indefectibly) **1** unvergänglich, ewig **2** unfehlbar, verlässlich **3** fehlerfrei, -los

indefensibility [ˈɪndɪˌfensəˈbɪlətɪ] S **1** Unhaltbarkeit *f* **2** Unentschuldbarkeit *f*; **indefensible** ADJ (ADV indefensibly) **1** unhaltbar: **a** MIL nicht zu verteidigen(d) *od* zu halten(d) (*Stadt etc*) **b** *fig* nicht aufrechtzuerhalten(d) (*Argument etc*) **2** *fig* nicht zu rechtfertigen(d), unentschuldbar: **it is ~ for sb to do sth** es ist unentschuldbar, dass j-d etwas tut; **indefensibleness** → indefensibility

indefinable [ˌɪndɪˈfaɪnəbl] ADJ (ADV indefinably) undefinierbar: **a** unbestimmbar: **of ~ age** unbestimmbaren Alters **b** unbestimmt

indefinite [ɪnˈdefɪnət] **A** ADJ **1** unbestimmt (*Zahl etc*): ~ **article** LING unbestimmter Artikel; ~ **pronoun** → B **2** unbegrenzt, unbeschränkt (*Möglichkeiten etc*) **3** unklar, undeutlich: **an ~ answer** e-e vage Antwort **B** S LING Indefinitpronomen *n*, unbestimmtes Fürwort; **indefinitely** ADV **1** auf unbestimmte Zeit: **the meeting was postponed ~** **2** unbegrenzt; **indefiniteness** S **1** Unbestimmtheit *f* **2** Unbegrenztheit *f*

indeliberate [ˌɪndɪˈlɪbərət; -brət] ADJ (ADV ~ly) **1** unüberlegt **2** unabsichtlich

indelibility [ɪnˌdeləˈbɪlətɪ] S Unauslöschlichkeit *f*; **indelible** ADJ (ADV indelibly) unauslöschlich: **a** untilgbar (*a. fig*): ~ **shame**; ~ **ink** Zeichen-, Kopiertinte *f*; ~ **pencil** Tintenstift *m* **b** *fig* unvergesslich (*Eindruck etc*)

indelicacy [ɪnˈdelɪkəsɪ] S **1** Taktlosigkeit *f* (*a. Bemerkung etc*), Mangel *m* an Zartgefühl **2** Unanständigkeit *f* (*a. Bemerkung etc*) **3** Unfeinheit *f*; **indelicate** [-kət] ADJ (ADV ~ly) **1** taktlos (*Bemerkung etc*) **2** unanständig, anstößig (*Witz etc*) **3** unfein, grob (*Manieren etc*)

indemnification [ɪnˌdemnɪfɪˈkeɪʃn] S WIRTSCH **a** → indemnity 1 a **b** Entschädigung *f*, Ersatzleistung *f* **c** → indemnity 1 d

indemnify [ɪnˈdemnɪfaɪ] V/T **1** WIRTSCH **a** *j-m* Schadloshaltung zusagen, *j-n* sicherstellen (*beide*: **from, against** gegen *zukünftige Verluste*) **b** *j-n* freistellen (**from, against** von *der Haftung*) **2** *j-n* entschädigen, *j-m* Schadenersatz leisten (*beide*: **for** für) **3** JUR, PARL *j-m* Indemnität erteilen (**for** für); **indemnitee** [-ˈtiː] S *US* Entschädigungsberechtigte(r) *m/f(m)*

indemnity [ɪnˈdemnətɪ] S **1** WIRTSCH **a** Versprechen *n* der Schadloshaltung, Sicherstellung *f*: ~ **bond** Ausfallbürgschaft *f*; ~ **contract** Vertrag *m* über Schadloshaltung; ~ **insurance** Schadensversicherung *f*; → double indemnity **b** Freistellung *f*: ~ **against liability** Haftungsfreistellung **c** → indemnification b **d** Entschädigung(ssumme) *f*, Vergütung *f*, Abfindung(sbetrag) *f(m)* **2** JUR, PARL Indemnität *f* (*Straffreiheit des Abgeordneten in Bezug auf alle im Parlament, in den Ausschüssen od in der Fraktion gemachten Äußerungen mit Ausnahme verleumderischer Tatbestände*)

indene [ˈɪndiːn] S CHEM Inden *n*

indent[1] [ɪnˈdent] **A** V/T **1** einzähnen, (ein-, aus)kerben, auszacken **2** *e-n Balken* verzahnen, verzapfen **3** TYPO *e-e Zeile* einrücken, -ziehen **4** *e-n Vertrag* in doppelter *od* mehrfacher Ausfertigung aufsetzen **5** WIRTSCH *Waren* (*bes aus Übersee*) bestellen **B** V/I **1** JUR *obs* e-n Vertrag abschließen **2** ~ **(up)on** WIRTSCH an *j-n* e-e Forderung stellen: ~ **upon sb for sth** **a** etwas von j-m anfordern **b** etwas bei j-m bestellen **3** MIL *Br* *Vorräte* requirieren **C** S [ˈɪndent; ɪnˈd-] **1** Kerbe *f*, Einschnitt *m*, Auszackung *f*, Zacke *f* **2** TYPO Einzug *m*, Einrückung *f* **3** JUR Vertrag(surkunde) *m(f)* **4** MIL *Br* Requisition *f* **5** WIRTSCH Warenbestellung *f* (*bes aus Übersee*), Auslandsauftrag *m*

indent[2] **A** V/T [ɪnˈdent] eindrücken: **a** einprägen (**in** in *akk*) **b** einbeulen **B** S [ˈɪndent; ɪnˈd-] Einbeulung *f*, Vertiefung *f*, Delle *f*

indentation [ˌɪndenˈteɪʃn] S **1** Einkerben *n*, Auszacken *n* **2** → indent[1] C 1 **3** TECH Zahnung *f* **4** Einbuchtung *f*, Bucht *f* **5** Zickzacklinie *f*, -kurs *m* **6** → indent[2] B **7** TYPO **a** Einzug *m*, Einrückung *f* **b** Abschnitt *m*, Absatz *m*; **indented** ADJ **1** (aus)gezackt, gezahnt **2** zerklüftet **3** WIRTSCH vertraglich verpflichtet **4** TYPO eingerückt, -gezogen; **indention** S **1** → indent[1] C 1 **2** → indentation 5, 7

indenture [ɪnˈdentʃə(r)] **A** S **1** JUR **a** Vertrag *m* (in doppelter Ausfertigung) **b**

I

(Vertrags)Urkunde *f*: ~ **of lease** Pachtvertrag; **trust** ~ *US* Treuhandvertrag 2 *meist pl* WIRTSCH, JUR Ausbildungs-, Lehrvertrag *m*: **bind by** ~ → B; **take up one's ~s** ausgelernt haben 3 JUR amtliches Verzeichnis 4 → indent¹ C 1 5 a → indentation 3 b *obs* → indentation 5 B V/T WIRTSCH, JUR durch Ausbildungs- *od* Lehrvertrag binden

independence [ˌɪndɪˈpendəns] S Unabhängigkeit *f* (**from, of** von) (*a.* POL), Selbstständigkeit *f*: ♀ **Day** *US* Unabhängigkeitstag *m* (*am 4. Juli zur Erinnerung an die Unabhängigkeitserklärung vom 4. 7. 1776*); ~ **movement** POL Unabhängigkeitsbewegung *f*

independency [ˌɪndɪˈpendənsɪ] S 1 → independence 2 POL unabhängiger Staat 3 ♀ REL → Congregationalism

independent [ˌɪndɪˈpendənt] A ADJ (ADV ~ly) 1 unabhängig (**of** von) (*a.* POL), selbstständig: ~ **travel(l)er** Einzelreisende(r) *m/f(m)* 2 unbeeinflusst (*Beobachter etc*) 3 finanziell unabhängig: ~ **gentleman** Privatier *m*; **be** ~ auf eigenen Füßen stehen 4 finanziell unabhängig machend (*Vermögen etc*): **a man of** ~ **means** ein finanziell unabhängiger Mann 5 ~(**ly**) **of** ungeachtet (*gen*) 6 freiheitsliebend 7 selbstbewusst, -sicher 8 PARL partei-, fraktionslos 9 MATH unabhängig: ~ **variable** unabhängige Veränderliche 10 LING unabhängig, Haupt...: ~ **clause** Hauptsatz *m* 11 TECH unabhängig, eigen, Einzel...: ~ **axle** Schwingachse *f*; ~ **fire** MIL Einzel-, Schützenfeuer *n*; ~ **suspension** AUTO Einzelradaufhängung *f* B S 1 Unabhängige(r) *m/f(m)* 2 PARL Partei-, Fraktionslose(r) *m/f(m)* 3 REL → Congregationalist A 4 freie Tankstelle

in-depth ADJ tief schürfend, gründlich, eingehend, ausführlich: ~ **interview** *bes* SOZIOL Tiefeninterview *n*

indescribability [ˈɪndɪˌskraɪbəˈbɪlətɪ] S Unbeschreiblichkeit *f*; **indescribable** ADJ (ADV indescribably) 1 unbeschreiblich 2 unbestimmt, undefinierbar; **indescribableness** → indescribability

indestructibility [ˈɪndɪˌstrʌktəˈbɪlətɪ] S Unzerstörbarkeit *f*; **indestructible** ADJ (ADV indestructibly) unzerstörbar

indeterminable [ˌɪndɪˈtɜːmɪnəbl; *US* -ˈtɜr-] ADJ (ADV indeterminably) 1 unbestimmbar 2 undefinierbar 3 nicht zu entscheiden(d)

indeterminacy [ˌɪndɪˈtɜːmɪnəsɪ; *US* -ˈtɜr-] → indeterminateness; ~ **principle** S PHYS Unschärferelation *f*

indeterminate [ˌɪndɪˈtɜːmɪnət; *US* -ˈtɜr-] ADJ (ADV ~ly) 1 unbestimmt (*a.* MATH) 2 unklar, ungewiss, unsicher 3 nicht definiert, nicht genau festgelegt: ~ **sentence** JUR Strafe *f* von unbestimmter Dauer 4 unentschieden, ergebnislos 5 dem freien Willen folgend 6 BOT unbegrenzt: ~ **inflorescence** unbegrenzter Blütenstand 7 LING unbetont u. von unbestimmter Lautqualität; **indeterminateness**, **indetermination** S 1 Unbestimmtheit *f* 2 Ungewissheit *f*

indeterminism [ˌɪndɪˈtɜːmɪnɪzəm; *US* -ˈtɜr-] S PHIL Indeterminismus *m* (*Lehrmeinung, nach der ein Geschehen nicht od nur bedingt durch Kausalität od Naturgeschehen bestimmt ist, womit ein bestimmtes Maß an Willensfreiheit angenommen wird*); **indeterminist** A S Indeterminist(in) B ADJ indeterministisch

index [ˈɪndeks] A *pl* indexes, indices [-dɪsiːz] S 1 Index *m*, (*Inhalts-, Namens-, Sach-, Stichwort*) Verzeichnis *n*, Tabelle *f*, (*Sach*) Register *n* 2 *a.* ~ **file** Kartei *f*: ~ **card** Karteikarte *f* 3 *fig* (**of, to**) a (An)Zeichen *n* (von *od* für *od gen*) b Hinweis *m* (auf *akk*) c Gradmesser *m* (für *od gen*): **be an** ~ **of** (*od* **to**) → B 5 4 *Statistik*: Index-, Messziffer *f*, Vergleichs-, Messzahl *f*, WIRTSCH Index *m*: ~ **of general business activity** Konjunkturindex 5 TECH a (*Uhr- etc*) Zeiger *m* b Zunge *f* (*e-r Waage*) c (*Einstell*) Marke *f*, Strich *m* 6 ANAT Index *m*, Zeigefinger *m* 7 Wegweiser *m* 8 TYPO Hand(zeichen) *f(n)* 9 PHYSIOL (*Schädel*) Index *m* 10 (*pl nur* **indices**) MATH a Exponent *m* b Index *m*, Kennziffer *f* (*e-s Logarithmus*): ~ **of refraction** PHYS Brechungsindex *od* -exponent 11 ♀ KATH, HIST Index *m* (*Liste der verbotenen Bücher*) 12 COMPUT Index *m* (*als separate Datei gespeichertes Adressenverzeichnis*) B V/T 1 *ein Buch etc* mit e-m Inhaltsverzeichnis *etc* versehen 2 a in ein Verzeichnis aufnehmen b in e-m Verzeichnis aufführen 3 karteimäßig erfassen 4 KATH, HIST (*a. weitS.*) *ein Buch etc* indizieren, auf den Index setzen 5 TECH a *e-n Revolverkopf etc* schalten b (*in Maßeinheiten*) einteilen: ~**ing disc** Schaltscheibe *f* 6 aufzeigen, hinweisen *od* -deuten auf (*akk*); **indexation** S WIRTSCH Indexierung *f*; **indexer** S Indexverfasser(in)

index| finger S Zeigefinger *m*; ~ **fossils** SPL GEOL Leitfossilien *pl*; ~**-linked** ADJ WIRTSCH Index...: ~ **pension** *a.* dynamische Rente; ~ **number** → index A 4

India [ˈɪndjə; -dɪə] S Indien *n*

India| ink [ˈɪndjə; -dɪə] S *bes US* chinesische Tinte, (Auszieh)Tusche *f*; ~**man** [-mən] S *irr* SCHIFF, HIST Ostindienfahrer *m* (*Schiff*)

Indian [ˈɪndjən; -dɪən] A ADJ 1 (ost)indisch: **she's** ~ sie ist Inderin; **the** ~ **rope trick** der indische Seiltrick 2 indianisch, Indianer...: ~ **reservations** 3 westindisch B S 1 a Inder(in) b Ostinder(in) 2 *neg!* Indianer(in) 3 LING Indianisch *n*

Indiana [ˌɪndɪˈænə] S Indiana *n* (*Staat im Mittelwesten der USA*)

Indian| agent S *US Regierungsbeamter, der die Regierung gegenüber e-m Indianerstamm vertritt*; ~ **bread** S 1 Maniok *m* 2 *US* Maisbrot *n*; ~ **club** S SPORT Keule *f*; ~ **corn** S *US* Mais *m*; ~ **cress** S BOT Kapuzinerkresse *f*; ~ **Empire** S POL Britisch-Indisches Reich (*bis 1947*); ~ **file** A S: **in** ~ → B B ADV im Gänsemarsch; ~ **giver** S *US umg, oft pej j-d, der ein Geschenk zurückverlangt*; ~ **hemp** S BOT 1 Hanfartiges Hundsgift (*in Nordamerika*) 2 (*bes* Ostindischer) Hanf

Indianian [ˌɪndɪˈænɪən] A ADJ aus (dem Staat) Indiana (*USA*), Indiana... B S Bewohner(in) von Indiana

Indian ink *Br* → India ink

Indian| licorice S BOT Paternoster-Erbse *f*; ~ **list** S *Can umg Liste von Personen, an die kein Alkohol verkauft werden darf*; ~ **meal** S *US* Maismehl *n*; ~ **millet** S BOT 1 Indianerhirse *f* 2 Pennisetumhirse *f*; ~ **nut** S BOT Betelnuss *f*; ~ **poke** S BOT Grüner Germer; ~ **pudding** S GASTR *US gebackene Nachspeise aus Maismehl, Milch, Zucker, Butter u. Gewürzen*; ~ **red** S Indisch-, Bergrot *n*; ~ **rice** S BOT Indianer-, Wildreis *m*, Wasserhafer *m*; ~ **summer** S Altweiber-, Nachsommer *m*; ~ **tobacco** S BOT Amer. Lobelie *f*; ~ **turnip** S BOT 1 Feuerkolben *m* 2 Wurzel *f* des Feuerkolbens; ~ **wrestling** S Armdrücken *n*

India| Office S POL *Br* Reichsamt *n* für Indien (*bis 1947*); ~ **paper** S 1 Chinapapier *n* 2 Dünndruckpapier *n*; ~ **rubber**, ♀ **rubber** S 1 Kautschuk *m*, Gummi *n/m* 2 Radiergummi *m*; ~**-rubber**, ♀**-rubber** ADJ Gummi...: ~ **ball**

Indic¹ [ˈɪndɪk] ADJ LING indisch (*die indischen Sprachen der indogermanischen Sprachfamilie betreffend*)

indic² [ˈɪndɪk] ADJ CHEM Indium...

indicant [ˈɪndɪkənt] A ADJ → indicative A 1 B S → indication

indicate [ˈɪndɪkeɪt] A V/T 1 deuten *od* zeigen *od* weisen auf (*akk*) 2 *fig* a aufzeigen, hinweisen *od* -deuten auf (*akk*): **everything ~s that ...** alles deutet darauf hin, dass ... b schließen lassen auf (*akk*) c andeuten, zu erkennen *od* verstehen geben, *Kompromissbereitschaft etc a.* signalisieren 3 *fig* angebracht *od* angezeigt erscheinen lassen, *bes* MED *a.* indizieren: **be ~d** angebracht *od* angezeigt *od* indiziert sein 4 TECH a anzeigen (*Mess- od Prüfgerät*) b (*mit e-m Mess- od Prüfgerät*) nachweisen: **~d air speed** FLUG angezeigte Fluggeschwindigkeit; **~d horsepower** indizierte Pferdestärke; **indicating range** Anzeigebereich *m* B V/I ein Handzeichen geben (*Radfahrer*), den Blinker setzen (*Autofahrer*): **he's indicating left** er blinkt links; **indication** S 1 Deuten *n*, Zeigen *n* (*beide*: **of** auf *akk*) 2 *fig* (**of**) a (An)Zeichen *n* (für) b Hinweis *m* (auf *akk*) c Andeutung *f* (*gen*): **give (some)** ~ **of** → indicate A 2; **there is every** ~ **that ...** alles deutet darauf hin *od* lässt darauf schließen, dass ...; **this is a sure** ~ **that ...** das ist ein sicherer Hinweis darauf, dass ...; **there is some** ~ **that ...** es gibt Anzeichen dafür, dass ...; einiges deutet darauf hin, dass ... 3 MED a Indikation *f*, Heilanzeige *f* b Symptom *n* (*a. fig*) 4 TECH Anzeige *f*

indicative [ɪnˈdɪkətɪv] A ADJ (ADV ~ly) 1 (**of**) a aufzeigend (*akk*) b andeutend (*akk*): **be** ~ **of** → indicate A 2 2 LING indikativisch, Indikativ...: ~ **mood** → B B S LING Indikativ *m*, Wirklichkeitsform *f*

indicator [ˈɪndɪkeɪtə(r)] S 1 *Statistik etc*: Indikator *m* (*Umstand etc, der als Anzeichen für e-e bestimmte Entwicklung etc dient*) 2 TECH a Zeiger *m* b Anzeiger *m*, Anzeige- *od* Ablesegerät *n*, (*Leistungs*) Messer *m*, Zähler *m*: ~ **board** Anzeigetafel *f*; ~ **card**, ~ **diagram** Indikatordiagramm *n*, Leistungskurve *f* (*e-r Maschine*); ~ **light** Kontrolllampe *f*, Kontrollleuchte *f* c Indikator *m* (*Instrument zum Messen des Druckverlaufs von Dampf, Gas od Flüssigkeiten in e-m Zylinder*) 3 AUTO Richtungsanzeiger *m*, Blinker *m* 4 CHEM Indikator *m* (*Stoff, der durch Farbänderung anzeigt, ob e-e Lösung alkalisch, neutral od sauer reagiert*)

indicatory [ɪnˈdɪkətərɪ; *US* -ˌtəʊriː; -ˌtɔː-] → indicative A 1

indicatrix [ˌɪndɪˈkeɪtrɪks] S Indikatrix *f*: a MATH *Kurve, die die Art der Krümmung e-r Fläche in der Umgebung e-s Flächenpunktes anzeigt* b (*Optik*) *Kurve, die die räumliche Lichtstärkeverteilung e-r Lichtquelle od e-r beleuchteten Fläche angibt*

indices [ˈɪndɪsiːz] *pl von* index

indicia [ɪnˈdɪʃɪə; *US a.* -ʃə] SPL *US Postwesen*: Freimachungsvermerk *m*

indict [ɪnˈdaɪt] V/T JUR (öffentlich) anklagen (**for** wegen); **indictable** ADJ strafrechtlich verfolgbar: ~ **offence** (*US* **offense**) a *Br Straftat, die aufgrund e-r formellen Anklage unter Mitwirkung von Geschworenen abgeurteilt werden kann* b *US Straftat, die in der Regel aufgrund e-r formellen Anklage von Geschworenen abgeurteilt wird*; **indicter** S (An)Kläger(in)

indiction [ɪnˈdɪkʃn] S 1 HIST a Edikt *n* (*e-s römischen Kaisers*) über die Steuerfestsetzung b Steuer *f* 2 HIST Indiktionsperiode *f* (*15jährige Steuerperiode*) 3 *obs* Verkündigung *f*

indictment [ɪnˈdaɪtmənt] S JUR 1 (formelle) Anklage: **bring an** ~ Anklage erheben (**against** gegen); **find an** ~ *US* e-e Anklage für begründet erklären, (*etwa*) das Hauptverfahren eröffnen; **dismiss** (*od* **quash**) **the** ~ die Anklage für nicht begründet erklären, (*etwa*) das Verfahren einstellen 2 *a.* **bill of ~** (formelle) Anklageschrift: **prefer** (*od* **present**) **a bill of ~** die Anklageschrift vorlegen

indictor [ɪnˈdaɪtə(r)] → indicter

indifference [ɪnˈdɪfrəns; *US a.* -fərns] S 1 Gleichgültigkeit *f*, Indifferenz *f* 2 Unparteilichkeit *f*, Neutralität *f* 3 Mittelmäßigkeit *f* 4 Bedeutungslosigkeit *f*, Unwichtigkeit *f*: **it is a matter of ~** es ist belanglos

indifferent [ɪnˈdɪfrənt; *US a.* -fərnt] A ADJ (ADV **~ly**) 1 gleichgültig, indifferent (*beide:* **to, toward[s]** gegen, gegenüber): **she is ~ to it** es ist ihr gleichgültig 2 unparteilich, neutral 3 mittelmäßig: a leidlich, durchschnittlich (*Qualität etc*) b nicht besonders gut: **she is an ~ cook** sie ist keine besonders gute Köchin 4 bedeutungs-, belanglos, unwichtig (*alle:* **to** für) 5 CHEM, MED, PHYS neutral, indifferent 6 BIOL nicht differenziert *od* spezialisiert B S 1 Gleichgültige(r) *m/f(m)* 2 Neutrale(r) *m/f(m)*; **indifferentism** S 1 Indifferentismus *m*, gleichgültiges Verhalten 2 → identity philosophy

indigen [ˈɪndɪdʒən; -dʒiːn] → indigene

indigence [ˈɪndɪdʒəns] S Armut *f*, Bedürftigkeit *f*, Mittellosigkeit *f*

indigene [ˈɪndɪdʒiːn] S 1 Eingeborene(r) *m/f(m)* 2 a einheimisches Tier b einheimische Pflanze

indigenize [ɪnˈdɪdʒənaɪz] V/T *US* 1 heimisch machen, einbürgern (*beide a. fig*) 2 (nur) mit einheimischem Personal besetzen

indigenous [ɪnˈdɪdʒɪnəs; -dʒə-] ADJ (ADV **~ly**) 1 *a.* BOT, ZOOL einheimisch (**to** in *dat*): **~ inhabitants** Ureinwohner 2 *fig* angeboren (**to** *dat*) 3 Eingeborenen…

indigent [ˈɪndɪdʒənt] A ADJ (ADV **~ly**) arm, bedürftig, mittellos B S Bedürftige(r) *m/f(m)*, Mittellose(r) *m/f(m)*

indigestibility [ˈɪndɪˌdʒestəˈbɪlətɪ; *US a.* ˈɪndaɪˌdʒ-] S Unverdaulichkeit *f*; **indigestible** ADJ (ADV **indigestibly**) unverdaulich, schwer verdaulich (*a. fig*); **indigestion** [-ˈdʒestʃən; -ʃtʃən] S MED Verdauungsstörung *f*: a Indigestion *f* (*fehlende od mangelhafte Verdauungstätigkeit*) b Magenverstimmung *f*, verdorbener Magen; **indigestive** ADJ MED a mit Verdauungsstörungen verbunden b an e-r Verdauungsstörung leidend

indignant [ɪnˈdɪgnənt] ADJ (ADV **~ly**) entrüstet, ungehalten, empört, aufgebracht (*alle:* **at** *sth*, **with** *sb* über *akk*): **become ~** sich entrüsten; **indignation** S Entrüstung *f*, Empörung *f*, Ungehaltenheit *f*: **my ~** zu m-r Entrüstung *od* Empörung; **fill with ~** entrüsten; **~ meeting** Protestversammlung *f*

indignity [ɪnˈdɪgnətɪ] S Erniedrigung *f*, Demütigung *f*

indigo [ˈɪndɪgəʊ] *pl* -gos, -goes S 1 Indigo *m* (*Farbstoff*) 2 → indigotin 3 Indigopflanze *f* 4 → indigo blue 1; **~ blue** S 1 Indigoblau *n* (*Farbe*) 2 → indigotin; **~-blue** ADJ indigoblau; **~ carmine** S CHEM Indigokarmin *n*; **~ copper** S MINER Kupferindigo *m*

indigotic [ˌɪndɪˈgɒtɪk; *US* -ˈgɑ-] ADJ 1 Indigo… 2 indigofarben

indigotin [ɪnˈdɪgətɪn; ˌɪndɪˈgəʊtɪn] S CHEM Indigotin *n*, Indigoblau *n*

indirect [ˌɪndɪˈrekt; -daɪ-] ADJ (ADV **~ly**) 1 *allg* indirekt (*Beleuchtung, Steuern etc*) 2 indirekt, mittelbar (*Beweis etc*): **~ cost** (*od* **expense**) WIRTSCH Gemeinkosten *pl*; **~ exchange** WIRTSCH Preisnotierung *f* (*e-s Devisenkurses*); **~ labo(u)r** WIRTSCH Fertigungsgemeinkostenlöhne *pl*; **~ materials cost** Materialgemeinkosten *pl* 3 nicht direkt *od* gerade (*beide a. fig*): **an ~ answer** e-e ausweichende Antwort; **~ means** Umwege, Umschweife; **by ~ means** auf Umwegen; **~ route** Umweg *m* 4 unehrlich, unredlich 5 LING indirekt (*Frage etc*): **~ object** Dativobjekt *n*; **~ passive** *von e-m indirekten od präpositionalen Objekt gebildetes Passiv*; **~ speech** (*bes US* **discourse**) indirekte Rede; **~ initiative** S POL *von Wählern ausgehender Gesetzesantrag, über den bei Ablehnung durch die gesetzgebende Versammlung ein Volksentscheid herbeigeführt wird*

indirection [ˌɪndɪˈrekʃn; -daɪ-] S 1 indirektes Vorgehen 2 *fig* Umweg *m*: **by ~** a auf Umwegen, indirekt b hinten herum, auf unehrliche Weise 3 Unehrlichkeit *f* 4 Anspielung *f* 5 Ziellosigkeit *f*

indirectness S 1 Indirektheit *f* 2 Unehrlichkeit *f*

indirubin [ˌɪndɪˈruːbɪn] S CHEM Indigorot *n*, Indirubin *n*

indiscernible [ˌɪndɪˈsɜːnəbl; -ˈzɜː-; *US* -ˈsɜr-; -ˈzɜr-] ADJ (ADV **indiscernibly**) 1 nicht wahrnehmbar, unmerklich 2 nicht unterscheidbar (**from** von)

indiscipline [ɪnˈdɪsɪplɪn] S Disziplinlosigkeit *f*

indiscoverable [ˌɪndɪˈskʌvərəbl] ADJ (ADV **indiscoverably**) unauffindbar, nicht zu entdecken(d)

indiscreet [ˌɪndɪˈskriːt] ADJ (ADV **~ly**) 1 unbesonnen, unbedacht 2 indiskret: a taktlos b nicht verschwiegen

indiscrete [ˌɪndɪˈskriːt] ADJ (ADV **~ly**) kompakt, zusammenhängend, homogen

indiscretion [ˌɪndɪˈskreʃn] S 1 Unbedachtheit *f* 2 Indiskretion *f*: a Taktlosigkeit *f* b Mangel *m* an Verschwiegenheit

indiscriminate [ˌɪndɪˈskrɪmɪnət] ADJ 1 a nicht wählerisch: **he is ~ in making friends** er schließt mit jedem Freundschaft b urteils-, kritiklos 2 a wahl-, unterschiedslos: **he dealt out ~ blows** er schlug blind *od* wahllos um sich b ungeordnet, kunterbunt; **indiscriminately** ADV ohne Unterschied (*etc,* → indiscriminate); **indiscriminateness** S 1 Kritiklosigkeit *f* 2 Wahllosigkeit *f*; **indiscriminating** [-neɪtɪŋ] → indiscriminate; **indiscrimination** → indiscriminateness; **indiscriminative** [-nətɪv; -neɪ-] → indiscriminate

indispensability [ˈɪndɪˌspensəˈbɪlətɪ] S Unentbehrlichkeit *f*, Unerlässlichkeit *f*; **indispensable** A ADJ (ADV **indispensably**) 1 unentbehrlich, unerlässlich (*beide:* **to** für): **~ to life** lebensnotwendig; **no man is ~** (*Sprichwort*) niemand ist unentbehrlich 2 unerlässlich (*Pflicht etc*) B S 1 unentbehrliche Person *od* Sache 2 *pl, a.* **pair of ~s** *obs od hum* Hose *f*; **indispensableness** → indispensability

indispose [ˌɪndɪˈspəʊz] V/T 1 untauglich machen (**for** zu) 2 unpässlich *od* unwohl machen 3 abgeneigt machen (**to do** zu tun); **indisposed** ADJ 1 indisponiert, unpässlich 2 abgeneigt (**for** *dat*): **be ~ to do sth** etwas nicht tun wollen

indisposition [ˌɪndɪspəˈzɪʃn] S 1 Indisposition *f*, Indisponiertheit *f*, Unpässlichkeit *f*, Unwohlsein *n* 2 Abgeneigtheit *f* (**for** gegenüber; **to do** zu tun)

indisputable [ˌɪndɪˈspjuːtəbl] ADJ (ADV **indisputably**) indisputabel, unstrittig, unstreitig

indissolubility [ˈɪndɪˌsɒljʊˈbɪlətɪ; *US* -dɪsˌɑljəˈb-] S 1 Unlöslichkeit *f* 2 *fig* Unauflösbarkeit *f*; **indissoluble** ADJ (ADV **indissolubly**) 1 unlöslich 2 *fig* unauflösbar; **indissolubleness** → indissolubility

indistinct [ˌɪndɪˈstɪŋkt] ADJ (ADV **~ly**) 1 a undeutlich (*Konturen, Murmeln etc*) b unscharf: **an ~ area in a photograph** 2 unklar, verworren, dunkel, verschwommen (*Vorstellung etc*): **have only an ~ memory of** nur e-e verschwommene Erinnerung haben an (*akk*), sich nur dunkel erinnern an (*akk*); **indistinctive** ADJ (ADV **~ly**) ohne besondere Eigenart, nichtssagend: **~ features** ausdruckslose Züge; **indistinctness** S 1 a Undeutlichkeit *f* b Unschärfe *f* 2 Unklarheit *f*, Verschwommenheit *f*

indistinguishable [ˌɪndɪˈstɪŋgwɪʃəbl] ADJ (ADV **indistinguishably**) 1 nicht zu unterscheiden(d) (**from** von) 2 nicht wahrnehmbar *od* erkennbar, nicht auszumachen(d)

indite [ɪnˈdaɪt] V/T *obs* 1 *e-n Text* abfassen, (nieder)schreiben 2 diktieren

indiv(id). ABK individual

individual [ˌɪndɪˈvɪdjʊəl; -dʒʊəl; *US* ˌɪndɪˈvɪdʒwəl; -dʒəl] A ADJ (ADV → individually) 1 einzeln, individuell, Einzel…, Individual…: **~ assets** *pl* WIRTSCH Privatvermögen *n* (*e-s Gesellschafters*); **~ banker** WIRTSCH *US* Privatbankier *m*; **~ bargaining** WIRTSCH Einzel(tarif)verhandlung(en) *f(pl)*; **~ case** Einzelfall *m*; **~ competition** SPORT Einzelwettbewerb *m*; **~ credit** WIRTSCH Personalkredit *m*; **~ criticism** Einzelkritik *f*; **~ earnings** *pl* WIRTSCH Pro-Kopf-Einkommen *n*; **~ effort** (*od* **run**) SPORT Solo *n*, Alleingang *m*; **~ event** SPORT Einzelwettbewerb *m*; **~ income** WIRTSCH Individualeinkommen *n*; **~ insurance** Einzelversicherung *f*; **~ liberty** (*die*) Freiheit des Einzelnen; **~ psychology** Individualpsychologie *f* (*Forschungsrichtung, die sich mit dem Einzelwesen befasst*); **~ pursuit** (*Radsport*) Einzelverfolgung *f*; **~ start** SPORT Einzelstart *m*; **~ title** SPORT Einzeltitel *m*; **~ traffic** Individualverkehr *m*; **~ travel(l)er** Einzelreisende(r) *m/f(m)*; **give ~ attention to** individuell behandeln 2 für eine (einzelne) Person bestimmt, Einzel…: **she served the pudding in ~ portions** 3 individuell, persönlich, eigentümlich, -willig, besonder(er, e, es), charakteristisch (*Stil etc*): **~ behavio(u)r** Individualverhalten *n* 4 verschieden: **five ~ cups** 5 TECH Einzel…: **~ drive** B S 1 Individuum *n*, Einzelmensch *m*, -wesen *n*, -person *f*, Einzelne(r) *m/f(m)* 2 *meist pej* Individuum *n*, Person *f* 3 Einzelding *n* 4 untrennbares Ganzes 5 Einzelgruppe *f* 6 BIOL Einzelorganismus *m*, -wesen *n*; **individualism** S 1 Individualismus *m*: a PHIL *Lehre, die dem Einzelwesen den Vorrang vor der Gemeinschaft gibt* b *Betonung der Interessen des Einzelnen, der besonderen Eigenarten u. Bedürfnisse der einzelnen Persönlichkeit* c *a. pej Vertretung der eigenen Interessen; Überbetonung der Bedürfnisse des Einzelnen* 2 → individuality 1; **individualist** A S Individualist(in) B ADJ individualistisch; **individualistic** ADJ (ADV **~ally**) individualistisch

individuality [ˈɪndɪˌvɪdjʊˈælətɪ; -dʒʊˈæ-; *US* -ˌvɪdʒəˈwæ-] S 1 Individualität *f*, (persönliche) Eigenart *od* Note, Besonderheit *f* 2 Einzelwesen *n*, -mensch *m* 3 individuelle Existenz

individualization [ˈɪndɪˌvɪdjʊəlaɪˈzeɪʃn; -dʒʊə-; *US* ˈɪndɪˌvɪdʒwələˈz-; -ˌvɪdʒələˈz-] S 1 Individualisierung *f*: a individuelle Behandlung b einzelne Betrachtung 2 individuelle Gestaltung; **individualize** V/T 1 individualisieren: a individuell behandeln b einzeln betrachten 2 individuell gestalten, e-e persönliche Note geben *od* verleihen (*dat*): **~d gifts** persönliche Geschenke; **individually** ADV 1 einzeln, jede(r, s) für sich 2 einzeln betrachtet, für sich genommen 3 persönlich: **this affects me ~**

individuate [ˌɪndɪˈvɪdjʊeɪt; -dʒʊ-; *US* -dʒəˌweɪt] V/T 1 → individualize 2 2 unterscheiden (**from** von); **individuation** S 1 Ausbildung *f* der Individualität, PSYCH Individuation *f* 2 → individualization 2 3 PHIL Individuation *f* (*Heraussonderung des Einzelnen aus dem Allgemeinen*)

indivisibility ['ɪndɪ,vɪzɪ'bɪlətɪ] S Unteilbarkeit *f*; **indivisible** A ADJ (ADV **indivisibly**) unteilbar B S MATH unteilbare Größe; **indivisibleness** → indivisibility

indo-[1] [ɪndəʊ] CHEM *Wortelement mit der Bedeutung* Indigo…

Indo-[2] [ɪndəʊ] *Wortelement mit der Bedeutung* indisch, indo…, Indo…

Indo|-Aryan A ADJ indisch-arisch B S arischer *od* indogermanischer Inder; **~china** [,ɪndəʊ'tʃaɪnə] S Indochina *n* (*ehemaliges französisches Gebiet in Südostasien*); **~-Chinese**, **~chinese** ADJ indochinesisch, hinterindisch

indocile [ɪn'dəʊsaɪl; US ɪn'dɑsəl] ADJ 1 ungelehrig 2 unfügsam; **indocility** [,ɪndəʊ'sɪlətɪ; US a. -dɑ's-] S 1 Ungelehrigkeit *f* 2 Unfügsamkeit *f*

indoctrinate [ɪn'dɒktrɪneɪt; US ɪn'dɑk-] V/T 1 *pej bes* POL indoktrinieren 2 unterweisen, schulen (*beide:* **in** in *dat*) 3 erfüllen (**with** mit); **indoctrination** S 1 Indoktrination *f* 2 Unterweisung *f*, Schulung *f* 3 Erfüllung *f*; **indoctrinator** [-tə(r)] S Unterweiser(in)

Indo|-European LING A ADJ indogermanisch B S 1 Indogermanisch *n*, das Indogermanische 2 Indogermane *m*, -germanin *f*; **~-Germanic** → Indo-European A, B 1; **~-Iranian** LING A ADJ indoiranisch, arisch B S Indoiranisch *n*, das Indoiranische, Arisch *n*, das Arische

indol ['ɪndəʊl; *Br a.* -dɒl; US a. -,dɑl], **indole** ['ɪndəʊl] S CHEM Indol *n*

indolence ['ɪndələns] S 1 Trägheit *f*, Indolenz *f* (*a.* MED [*Schmerz*]*Unempfindlichkeit, Schmerzlosigkeit*) 2 MED a langsamer Verlauf b langsamer Heilungsprozess; **indolent** ADJ (ADV ~ly) 1 a träg(e), indolent b träg(e) machend: **the ~ heat of the afternoon** 2 MED a indolent, (schmerz)unempfindlich b indolent, schmerzlos c langsam voranschreitend d langsam heilend

indomitable [ɪn'dɒmɪtəbl; US ɪn'dɑmə-] ADJ (ADV **indomitably**) 1 unbezähmbar, nicht unterzukriegen(d) 2 unbeugsam; **indomitableness** S Unbezähmbarkeit *f*

Indonesia [,ɪndəʊ'niːzjə; *bes* US -ʒə; -ʃə] S Indonesien *n*

Indonesian [,ɪndəʊ'niːzjən; US -ʒən; -ʃən] A S 1 Indonesier(in) 2 LING Indonesisch *n*, das Indonesische B ADJ indonesisch

indoor ['ɪndɔː(r)] ADJ Haus…, Zimmer…, SPORT Hallen…: **~ aerial** (*bes* US **antenna**) Zimmerantenne *f*; **~ dress** Hauskleid *n*; **~ games** a Spiele fürs Haus b SPORT Hallenspiele; **~ garments** *pl* Hauskleidung *f*; **~ plant** Zimmerpflanze *f*; **~ shot** FOTO Innenaufnahme *f*; **~ swimming pool** Hallenbad *n*

indoors [,ɪn'dɔː(r)z] ADV 1 im Haus, drinnen 2 ins Haus (hinein) 3 SPORT in der Halle

indorse [ɪn'dɔː(r)s], *etc* → endorse *etc*

indraft, *bes Br* **indraught** ['ɪndrɑːft; US 'ɪn,dræft] S 1 (Her)Einziehen *n*, Ansaugen *n*, Sog *m* 2 Einwärtsströmung *f* 3 Zu-, Einströmen *n*

indrawn [,ɪn'drɔːn] ADJ 1 (hin)eingezogen 2 *fig* zurückhaltend

indubitable [ɪn'djuːbɪtəbl; US a. ɪn'duːbə-] ADJ unzweifelhaft; **indu-bitably** ADV zweifellos, fraglos

induc. ABK PHYS induction

induce [ɪn'djuːs; US *bes* ɪn'duːs] V/T 1 *j-n* veranlassen, bewegen, bestimmen (*alle:* **to do** zu tun) 2 (*künstlich*) herbeiführen, hervorrufen, bewirken, verursachen, auslösen, führen zu, fördern: **~ labo(u)r** MED die Geburt einleiten; **~d sleep** MED künstlich erzeugter Schlaf 3 *Logik:* induzieren (*vom besonderen Einzelfall auf das Allgemeine schließen*) (**from** aus) 4 ELEK *etc* induzieren, bewirken, erzeugen: **~d** ELEK induziert, sekundär; **~d current** ELEK Induktionsstrom *m*; **~d draft** (*bes Br* **draught**) Saugzug *m*, künstlicher Zug; **~d transformation** (*Atomphysik*) künstliche Umwandlung; **inducement** S 1 Anlass *m*, Beweggrund *m* 2 a Veranlassung *f* b Anreiz *m*: **~ to buy** Kaufanreiz; **inducer** S 1 Veranlasser(in) 2 TECH Vorverdichter *m*

induct [ɪn'dʌkt] V/T 1 (*in ein Amt etc*) einführen, -setzen 2 *j-n* einführen, einweihen (*beide:* **into**, **to** in *akk*) 3 führen, geleiten (*beide:* **into** in *akk*, zu) 4 MIL US einziehen, -berufen; **inductance** S ELEK 1 Induktion *f*, Induktivität *f*: **~ coil** Induktionsspule *f* 2 Induktanz *f*, induktiver (Blind)Widerstand; **inductee** [-'tiː] S MIL US Rekrut *m*

inductile [ɪn'dʌktaɪl; US -tl] ADJ 1 PHYS, TECH a undehnbar, unstreckbar, unhämmerbar b un(aus)ziehbar c unbiegsam 2 *fig* unfügsam

induction [ɪn'dʌkʃn] A S 1 (*künstliche*) Herbeiführung, Auslösung *f*: **~ of labo(u)r** MED Geburtseinleitung *f* 2 *Logik:* a Induktion *f* b Induktionsschluss *m* 3 ELEK *etc* Induktion *f* 4 AUTO Ansaugung *f*, Einlass *m*: **~ pipe** Ansaugkrümmer *m*, -leitung *f*; **~ stroke** (An)Saughub *m* 5 Einführung *f*, -setzung *f* 6 Einweihung *f* 7 MIL US Einberufung *f*, Einziehung *f*: **~ order** Einberufungsbefehl *m* B ADJ ELEK *etc* Induktions…: **~ coil** (**current**, **motor**, *etc*)

inductive [ɪn'dʌktɪv] ADJ (ADV ~ly) 1 ELEK *etc* induktiv, Induktions…: **~ load** induktive Belastung; **~ resistor** induktiver Widerstand 2 *Logik:* induktiv

inductor [ɪn'dʌktə(r)] S 1 ELEK Drosselspule *f* 2 BIOL Induktor *m*, Organisatorsubstanz *f* 3 CHEM Induktor *m*, Reaktionsbeschleuniger *m* 4 (*in ein Amt etc*) Einführende(r) *m/f(m)*

indue → endue

indulge [ɪn'dʌldʒ] A V/T 1 nachsichtig sein gegen, gewähren lassen, *j-m* nachgeben: **~ sb in sth** a j-m etwas nachsehen b j-m in e-r Sache nachgeben; **~ o.s. in sth** sich etwas gönnen *od* leisten 2 *Kinder* verwöhnen 3 *e-r Neigung etc* nachgeben, frönen, sich *e-r Neigung etc* hingeben 4 WIRTSCH *j-m* (Zahlungs)Aufschub gewähren 5 sich gütlich tun an (*dat*), genießen 6 *j-n* zufriedenstellen, befriedigen (*beide:* **with** mit) B V/I 1 (**in**) schwelgen (in *dat*), sich hingeben (*dat*), frönen (*dat*), freien Lauf lassen (*dat*) 2 (**in**) sich gütlich tun (an *dat*), genießen (*akk*): **~ in sth** sich etwas gönnen *od* leisten 3 *umg* sich (gern *od* oft) e-n genehmigen (*trinken*)

indulgence [ɪn'dʌldʒəns] S 1 Nachsicht *f*: **ask sb's ~** j-n um Nachsicht bitten; **treat sb with ~** j-n nachsichtig behandeln 2 Entgegenkommen *n*, Gefälligkeit *f* 3 Verwöhnung *f* 4 (**in**) Frönen *n* (*dat*), Schwelgen *n* (in *dat*): (**excessive**) **~ in alcohol** übermäßiger Alkoholgenuss 5 Zügel-, Maßlosigkeit *f* 6 a Luxus *m*: **an occasional cigar is his only ~** b Genuss *m* 7 WIRTSCH Stundung *f*, (Zahlungs)Aufschub *m* 8 Vorrecht *n*, Privileg *n* 9 HIST Gewährung *f* größerer religiöser Freiheiten an Dissidenten u. Katholiken 10 KATH Ablass *m*: **sale of ~s** Ablasshandel *m*; **indulgenced** [-nst] ADJ KATH Ablass…: **~ prayer**; **indulgent** ADJ (ADV ~ly) nachsichtig (**to** gegen, gegenüber)

indumentum [,ɪndjʊ'mentəm; US ,ɪndə'm-; ,ɪndjə'm-] *pl* -tums, -ta [-tə] S 1 ZOOL Federkleid *n*, Gefieder *n* 2 BOT (Haar)Kleid *n*, Flaum *m*

indurate ['ɪndjʊəreɪt; US 'ɪndə,reɪt; 'ɪndjə-] A V/T 1 härten, hart machen 2 *fig* a verhärten, abstumpfen b abhärten (**against**, **to** gegen) B V/I 1 sich verhärten: a hart werden b *fig* abstumpfen 2 *fig* abgehärtet werden C ADJ [-rət] verhärtet; **induration** S 1 (*a.* MED Ver)Härtung *f* 2 *fig* a Verhärtung *f*, Abstumpfung *f* b Abhärtung *f*

industrial [ɪn'dʌstrɪəl] A ADJ (ADV ~ly) 1 industriell, gewerblich, Industrie…, Fabrik…, Gewerbe…, Wirtschafts…: **~ action** *Br* Arbeitskampf *m*; **~ anthropology** Industrieanthropologie *f* (*Teilgebiet der Anthropologie, das sich mit der Anpassung von Gebrauchsgegenständen an menschliche Körperformen u. -maße beschäftigt*); **~ arch(a)eology** Industriearchäologie *f* (*Teilbereich der Denkmalpflege, der sich mit technischen Denkmälern, z. B. Fabriken, Brücken, beschäftigt*); **~ area** Industriegebiet *n*; **~ art** a Werbegrafik *f* b *pl* SCHULE US Werkunterricht *m*; **~ artist** Werbegrafiker(in); **~ association** US Industrie-, Wirtschaftsverband *m*; **~ bonds** Industrieobligationen; **~ complex** Industriekomplex *m*; **~ diamond** Industriediamant *m*; **~ disease** Berufskrankheit *f*; **~ espionage** Industrie-, Werkspionage *f*; **~ estate** *Br* Gewerbe-, Industriegebiet *n*; **~ fair** Industriemesse *f*; **~ front** *Br* Streikfront *f*; **~ law** *Br* Arbeitsrecht *n*; **~ park** US Industriepark *m*; **~ peace** Arbeitsfriede *m*; **~ pollution** Umweltverschmutzung *f* durch die Industrie; **~ psychology** Industriepsychologie *f* (*Teilgebiet der Psychologie, das sich mit den Institutionen, Organisationen u. Verhaltensmustern in Industriegesellschaften befasst*); **~ sociology** Industriesoziologie *f* (*Teilgebiet der Soziologie, das sich mit der Erforschung der sozialen Organisation betrieblicher Arbeitsbeziehungen u. der Auswirkung der Industrialisierung auf die Gesamtgesellschaft befasst*); **~ spy** Industrie-, Werkspion(in); **~ shares** (*bes* US **stocks**) Industrieaktien; **~ town** Industriestadt *f*; **~ tribunal** *Br* Arbeitsgericht *n*; **~ waste** Industrieabfälle *pl* 2 industrialisiert, Industrie…: **an ~ nation** ein Industriestaat *m*; **~ society** Industriegesellschaft *f* 3 in der Industrie beschäftigt, Industrie…: **~ robot** Industrieroboter *m*; **~ workers** *pl* Industriearbeiterschaft *f* 4 Betriebs…: **~ accident** Betriebsunfall *m*; **~ hygiene** Gesundheitsschutz *m* am Arbeitsplatz; **~ management** Betriebsführung *f* 5 industriell erzeugt: **~ products** Industrieprodukte, gewerbliche Erzeugnisse 6 nur für industriellen Gebrauch bestimmt: **~ alcohol** Industriealkohol *m*, denaturierter Alkohol B S 1 Industrielle(r) *m/f(m)* 2 *pl* WIRTSCH Industriepapiere *pl*, -werte *pl*

industrial| and provident society S WIRTSCH *Br* Erwerbs- u. Wirtschaftsgenossenschaft *f*; **~ assurance** *Br* → industrial life insurance; **~ code** S WIRTSCH Gewerbeordnung *f*; **~ design** S Industrial Design *n*, Industriedesign *n*, industrielle Formgebung; **~ designer** S Industrial Designer *m*, Industriedesigner(in), Formgestalter(in); **~ engineer** S US Industrial Engineer *m*; **~ engineering** S US Industrial Engineering *n* (*Rationalisierung von Arbeitsprozessen in der Industrie nach technischen u. wirtschaftswissenschaftlichen Prinzipien*); **~ insurance** → industrial life insurance

industrialism [ɪn'dʌstrɪəlɪzəm] S WIRTSCH Industrialismus *m* (*Vorherrschen der Industrie in der Wirtschaft e-s Landes u. die sich daraus ergebenden Konsequenzen*); **industrialist** S Industrielle(r) *m/f(m)*; **industrialization** [-laɪ'zeɪʃn; US -lə'z-] S Industrialisierung *f*; **industrialize** V/T industrialisieren: **highly ~d** hoch industrialisiert

industrial| life insurance S US Kleinlebensversicherung *f*; **~ partnership** S

WIRTSCH *US* Gewinnbeteiligung *f* der Arbeitnehmer; ~ **property** S JUR gewerbliches Eigentum *(Patente etc)*: ~ **rights** gewerbliche Schutzrechte; ~ **relations** SPL WIRTSCH Industrial Relations *pl (inner- u. überbetriebliche Beziehungen zwischen Arbeitgebern u. Arbeitnehmern)*; ♀ **Revolution** S HIST *(die)* industrielle Revolution; ~ **school** S **1** Gewerbeschule *f* **2** *US (einzelstaatliche)* Jugendstrafanstalt; ~ **trust** S *US* Finanzierungsgesellschaft *f* für Industriebedarf; ~ **union** S WIRTSCH Industriegewerkschaft *f*

industrious [ɪnˈdʌstrɪəs] ADJ (ADV ~ly) fleißig: **a** arbeitsam **b** eifrig, emsig; **industriousness** S Fleiß *m*

industry [ˈɪndəstrɪ] S **1** WIRTSCH **a** Industrie *f (e-s Landes etc)* **b** Industrie (-zweig *m*) *f*, Gewerbe(zweig) *n(m)*: **the steel** ~ die Stahlindustrie; **secondary industries** weiterverarbeitende Industrien; → heavy industry, mining B, tourist B **2** WIRTSCH Unternehmer(schaft) *pl(f)* **3** WIRTSCH Arbeit *f (als volkswirtschaftlicher Wert)* **4** Fleiß *m*, (Arbeits)Eifer *m*, Emsigkeit *f*

indwell [ˌɪnˈdwel] *irr* **A** V/T **1** bewohnen **2** *fig* innewohnen *(dat)* **B** V/I **(in)** **a** wohnen (in *dat*) **b** *fig* innewohnen *(dat)*; **indweller** S *poet* Bewohner(in); **indwelling** ADJ **1** innewohnend **2** ~ **catheter** MED Verweilkatheter *m*

inearth [ɪnˈɜːθ; *US* ɪnˈɜrθ] V/T *poet* zur letzten Ruhe betten, beerdigen

inebriant [ɪˈniːbrɪənt] ADJ & S berauschend(es Mittel)

inebriate **A** V/T [ɪˈniːbrɪeɪt] **1** berauschen: **a** betrunken machen **b** *fig* trunken machen **2** *fig* betäuben **B** S [-ət] **1** Betrunkene(r) *m/f(m)* **2** (Gewohnheits)Trinker(in); **inebriation**, **inebriety** [ˌɪniːˈbraɪətɪ] S Trunkenheit *f*

inedibility [ɪnˌedɪˈbɪlətɪ] S Ungenießbarkeit *f*; **inedible** ADJ ungenießbar, nicht essbar

inedited [ɪnˈedɪtɪd] ADJ **1** unveröffentlicht **2** unredigiert

ineducability [ɪnˌedjʊkəˈbɪlətɪ; ɪnˌedʒʊ-; *US* ɪnˌedʒəkəˈb-] S SCHULE, PSYCH Sonderschulbedürftigkeit *f*; **ineducable** ADJ sonderschulbedürftig

ineducation [ɪnˌedjuːˈkeɪʃn; -ˌedʒuː-; *US* -ˌedʒə-] S Unbildung *f*

ineffable [ɪnˈefəbl] ADJ (ADV ineffably) unbeschreiblich, unsagbar, unsäglich *(Freude etc)*

ineffaceable [ˌɪnɪˈfeɪsəbl] ADJ (ADV ineffaceably) **1** unlöschbar **2** *fig* unauslöschlich

ineffective [ˌɪnɪˈfektɪv] **A** ADJ (ADV ~ly) **1** ineffektiv, unwirksam, wirkungslos: **become** ~ JUR unwirksam werden, außer Kraft treten **2** ineffektiv, frucht-, erfolglos **3** unfähig, untauglich (*a.* MIL) **4** nicht eindrucks- *od* effektvoll **B** S Unfähige(r) *m/f(m)*; **ineffectiveness** S **1** Unwirksamkeit *f*, Wirkungslosigkeit *f* **2** Erfolglosigkeit *f* **3** Unfähigkeit *f*, Untauglichkeit *f*

ineffectual [ˌɪnɪˈfektʃʊəl; *US* -tʃəwəl; -kʃwəl] ADJ (ADV ~ly) → ineffective A 1, A 2, A 3; **ineffectuality** [-tʃʊˈælətɪ; *US* -tʃəˈwæ-], **ineffectualness** → ineffectiveness

inefficacious [ˌɪnefɪˈkeɪʃəs] ADJ (ADV ~ly) → ineffective A 1, A 2; **inefficaciousness**, **inefficacy** [-kəsɪ] → ineffectiveness 1, 2

inefficiency [ˌɪnɪˈfɪʃnsɪ] S **1** Ineffizienz *f*, Untüchtigkeit *f*, (Leistungs-)Unfähigkeit *f* **2** Ineffizienz *f*, Unwirksamkeit *f*, Wirkungslosigkeit *f* **3** Ineffizienz *f*, Unwirtschaftlichkeit *f*, unrationelle Arbeitsweise **4** Ineffizienz *f*, Untauglichkeit *f*, Unbrauchbarkeit *f*; **inefficient** ADJ (ADV ~ly) **1** ineffizient, untüchtig, (leistungs)unfähig **2** ineffizient, unwirksam **3** ineffizient, unrationell, unwirtschaftlich **4** ineffizient, unbrauchbar, untauglich, TECH *a.* leistungsschwach

inelastic [ˌɪnɪˈlæstɪk] ADJ (ADV ~ally) **1** unelastisch (*a. fig*): ~ **demand** WIRTSCH unelastische Nachfrage; ~ **scattering** PHYS unelastische Streuung **2** *fig* **a** starr *(Politik etc)* **b** nicht anpassungsfähig; **inelasticity** [-ˈtɪsətɪ] S **1** Mangel *m* an Elastizität **2** *fig* **a** Starrheit *f* **b** Mangel *m* an Anpassungsfähigkeit

inelegance [ɪnˈelɪgəns], **inelegancy** [-sɪ] S Uneleganz *f*; **inelegant** ADJ (ADV ~ly) unelegant

ineligibility [ɪnˌelɪdʒəˈbɪlətɪ] S **1** fehlende Eignung **2** fehlende Berechtigung **3** Unwählbarkeit *f*; **ineligible** **A** ADJ (ADV ineligibly) **1** **(for)** nicht infrage kommend (für): **a** ungeeignet, unannehmbar, inakzeptabel (für) **b** nicht berechtigt *od* befähigt (zu), unqualifiziert (für): **be** ~ **for** keinen Anspruch haben auf *(akk)*; **be** ~ **to vote** nicht wahlberechtigt sein **c** nicht teilnahmeberechtigt (an *dat*), SPORT *a.* nicht startberechtigt (für) **d** nicht wählbar **2** **a** unerwünscht **b** unpassend, ungeeignet: **at an** ~ **moment** **3** WIRTSCH nicht bank- *od* diskontfähig **B** S *umg* nicht infrage kommende Person *od* Sache

ineloquence [ɪnˈeləkwəns] S Mangel *m* an Redegewandtheit; **ineloquent** ADJ (ADV ~ly) nicht redegewandt

ineluctable [ˌɪnɪˈlʌktəbl] ADJ (ADV ineluctably) unabwendbar, unentrinnbar *(Schicksal)*

inept [ɪˈnept] ADJ (ADV ~ly) **1** unpassend: **a** ungeeignet **b** verfehlt: **an** ~ **comparison** ein unpassender Vergleich **2** albern, töricht **3** **a** ungeschickt, unbeholfen: **he's quite** ~ **at tennis** er stellt sich beim Tennis ziemlich ungeschickt an **b** unfähig; **ineptitude** [-tɪtjuːd; *US a.* -ˌtuːd], **ineptness** S **1** Albernheit *f* **2** **a** Ungeschicklichkeit *f*, Unbeholfenheit *f* **b** Unfähigkeit *f*

inequality [ˌɪnɪˈkwɒlətɪ; *US* -ˈkwɑ-] S **1** Ungleichheit *f* (*a.* ASTRON, MATH, SOZIOL), Verschiedenheit *f*: ~ **of opportunity** (*od* **opportunities**) Chancenungleichheit **2** MATH Ungleichung *f*

inequitable [ɪnˈekwɪtəbl] ADJ (ADV inequitably) ungerecht, unbillig; **inequitableness**, **inequity** [-wətɪ] S Ungerechtigkeit *f*, Unbilligkeit *f*

ineradicable [ˌɪnɪˈrædɪkəbl] ADJ (ADV ineradicably) unausrottbar (*a. fig*)

inerasable [ˌɪnɪˈreɪzəbl; *US* -ˈreɪs-] ADJ (ADV inerasably) **1** unlöschbar **2** *fig* unauslöschlich

inerrancy [ɪnˈerənsɪ] S Unfehlbarkeit *f*; **inerrant** ADJ (ADV ~ly) unfehlbar

inert [ɪˈnɜːt; *US* ɪnˈɜrt] ADJ (ADV ~ly) **1** PHYS träg(e) *(Masse)* **2** CHEM inert, reaktionsträg(e): ~ **gas** Edelgas *n* **3** träg(e): **a** *lustlos u. ohne Schwung* **b** *schwerfällig u. langsam*: **politically** ~ **citizens**

inertia [ɪˈnɜːʃjə; -ʃə; *US* ɪnˈɜr-] S **1** PHYS *(Massen)* Trägheit *f*, Beharrungsvermögen *n*: **law of** ~ Trägheitsgesetz *n*; **momentum of** ~ Trägheitsmoment *n*; ~**-reel (seat) belt** AUTO Automatikgurt *m*; ~ **starter** AUTO Schwungkraftanlasser *m* **2** CHEM Inertie *f*, Reaktionsträgheit *f* **3** Trägheit *f*: ~ **selling** *Br Praktik, unbestellte Waren zu versenden u. sie in Rechnung zu stellen, falls sie nicht zurückgeschickt werden*; **inertial** [ɪˈnɜːʃl; *US* ɪnˈɜrʃəl] ADJ PHYS Trägheits...: ~ **force** Trägheitskraft *f*; ~ **navigation** *(Luft-, Raumfahrt)* Trägheitsnavigation *f*; ~ **system** (*od* **reference frame**) *(Relativitätstheorie)* Inertialsystem *n (Bezugssystem, in dem es keine Gravitationskräfte gibt)*

inertness → inertia

inescapable [ˌɪnɪˈskeɪpəbl] ADJ (ADV inescapably) unvermeidlich: **a** unentrinnbar, unabwendbar **b** zwangsläufig, unweigerlich

inescutcheon [ˌɪnɪˈskʌtʃən] S *Heraldik:* Herzschild *m*

inessential [ˌɪnɪˈsenʃl] **A** ADJ unwesentlich, unwichtig, entbehrlich **B** S *(etwas)* Unwesentliches, Nebensache *f*

inestimable [ɪnˈestɪməbl] ADJ (ADV inestimably) unschätzbar: **of** ~ **value** von unschätzbarem Wert

inevitability [ɪnˌevɪtəˈbɪlətɪ] S Unvermeidlichkeit *f*; **inevitable** **A** ADJ (ADV inevitably) **1** unvermeidlich: **a** unentrinnbar *(Schicksal etc)*: ~ **accident** JUR unvermeidliches Ereignis **b** unumgänglich, zwangsläufig: **it was** ~ **for their marriage to break up** ihre Ehe zerbrach zwangsläufig **c** *umg* obligat: **she was wearing her** ~ **large hat** **2** naturgemäß gehörend (**to** zu) **B** S **the** ~ das Unvermeidliche: → bow[1] C 2, resign A 7; **inevitableness** → inevitability

inexact [ˌɪnɪgˈzækt] ADJ (ADV ~ly) ungenau; **inexactitude** [-tɪtjuːd; *US a.* -ˌtuːd], **inexactness** S Ungenauigkeit *f*

inexcusable [ˌɪnɪkˈskjuːzəbl] ADJ unverzeihlich, unentschuldbar; **inexcusably** ADV unverzeihlich(erweise)

inexhaustible [ˌɪnɪgˈzɔːstəbl] ADJ (ADV inexhaustibly) unerschöpflich *(Thema etc)*; **inexhaustive** ADJ (ADV ~ly) **1** *obs* → inexhaustible **2** *fig* nicht erschöpfend

inexorability [ɪnˌeksərəˈbɪlətɪ] S Unerbittlichkeit *f*; **inexorable** ADJ (ADV inexorably) unerbittlich; **inexorableness** → inexorability

inexpedience [ˌɪnɪkˈspiːdjəns; -dɪəns], **inexpediency** S Unzweckmäßigkeit *f*; **inexpedient** ADJ (ADV ~ly) **1** nicht ratsam, unangebracht **2** unzweckmäßig

inexpensive [ˌɪnɪkˈspensɪv] ADJ (ADV ~ly) billig, nicht teuer; **inexpensiveness** S Billigkeit *f*

inexperience [ˌɪnɪkˈspɪərɪəns] S Unerfahrenheit *f*; **inexperienced** ADJ unerfahren

inexpert [ɪnˈekspɜːt; ˌɪnekˈspɜːt; *US* -ɜrt] ADJ (ADV ~ly) **1** unerfahren: **be** ~ **in** (*od* **at**) keine Erfahrung haben in *(dat)* **2** unfachmännisch **3** ungeschickt, unbeholfen *(beide:* **in, at** *in dat)*

inexpiable [ɪnˈekspɪəbl] ADJ (ADV inexpiably) **1** unsühnbar **2** *obs* unversöhnlich, unerbittlich

inexplainability [ˈɪnɪkˌspleɪnəˈbɪlətɪ] → inexplicability; **inexplainable** → inexplicable; **inexplainableness** → inexplicability; **inexplainably** → inexplicably

inexplicability [ɪnˌeksplɪkəˈbɪlətɪ; ˈɪnɪkˌsplɪkəˈb-] S Unerklärlichkeit *f*; **inexplicable** [ɪnˈeksplɪkəbl; ˌɪnɪkˈsplɪkəbl] ADJ unerklärbar, unerklärlich; **inexplicableness** → inexplicability; **inexplicably** ADV unerklärlich(erweise)

inexplicit [ˌɪnɪkˈsplɪsɪt] ADJ (ADV ~ly) **1** undeutlich, unbestimmt, unklar **2** nicht offen *od* deutlich (**about, on** in Bezug auf *akk*)

inexplosive [ˌɪnɪkˈspləʊsɪv] ADJ (ADV ~ly) nicht explosiv, explosionssicher

inexpressible [ˌɪnɪkˈspresəbl] **A** ADJ (ADV inexpressibly) unaussprechlich, unsäglich, unbeschreiblich **B** SPL, *a.* **pair of ~s** *obs od hum* Hose *f*

inexpressive [ˌɪnɪkˈspresɪv] ADJ (ADV ~ly) **1** ausdruckslos, nichtssagend *(Gesicht etc)*: ~ **style** farbloser *od* fader Stil; **be** ~ **of sth** etwas nicht ausdrücken *od* zum Ausdruck bringen **2** inhaltslos; **inexpressiveness** S **1** Ausdruckslosigkeit *f* **2** Inhaltslosigkeit *f*

inexpugnability [ˈɪnɪkˌspʌgnəˈbɪlətɪ; *US a.* -ˌspjuːnəˈb-] → impregnability; **inexpugnable** ADJ (ADV inexpugnably) → impregnable; **inexpugnableness** → impregnability

inextensible [ˌɪnɪkˈstensəbl] ADJ unausdehnbar, nicht (aus)dehnbar
in extenso [ˌɪnɪkˈstensəʊ] ADV in extenso: a vollständig, ungekürzt b ausführlich
inextinguishable [ˌɪnɪkˈstɪŋgwɪʃəbl] ADJ (ADV inextinguishably) 1 unlöschbar 2 *fig* unauslöschlich 3 untilgbar
in extremis [ˌɪnɪkˈstriːmɪs; *US a.* -ˈstreɪməs] ADV 1 in äußerster Not 2 in extremis, im Sterben: **be ~** in den letzten Zügen liegen; **baptism ~** Nottaufe *f*
inextricable [ɪnˈekstrɪkəbl; ˌɪnɪkˈstrɪ-] ADJ (ADV inextricably) 1 unentwirrbar (*a. fig*) 2 *fig* äußerst verwickelt, (gänzlich) verworren 3 *fig* ausweglos 4 kunstvoll verschlungen (*Design etc*)
INF ABK MIL HIST intermediate-range nuclear forces
infallibilism [ɪnˈfæləblɪzəm] S KATH Infallibilismus *m* (*Lehre von der Unfehlbarkeit*); **infallibilist** S KATH Infallibilist(in); **infallibility** [-ˈbɪlətɪ] S Unfehlbarkeit *f*, KATH *a.* Infallibilität *f*; **infallible** ADJ unfehlbar, KATH *a.* infallibel; **infallibly** ADV 1 → infallible 2 *umg* todsicher, ganz bestimmt
infamize [ˈɪnfəmaɪz] V/T *obs* 1 entehren 2 verleumden
infamous [ˈɪnfəməs] ADJ (ADV ~ly) 1 verrufen, berüchtigt (*beide:* **for** wegen) 2 infam, schändlich, niederträchtig, gemein 3 JUR *US* a **he is ~** ihm wurden die bürgerlichen Ehrenrechte aberkannt b **~ crime** *Verbrechen, das den Verlust der bürgerlichen Ehrenrechte nach sich zieht* 4 *umg* miserabel, saumäßig (*Essen etc*); **infamousness** → infamy 1, 2
infamy [ˈɪnfəmɪ] S 1 Verrufenheit *f* 2 Infamie *f*, Schändlichkeit *f*, Niedertracht *f*, Gemeinheit *f* 3 Infamie *f*, niederträchtige Handlung 4 JUR *US* Verlust *m* der bürgerlichen Ehrenrechte
infancy [ˈɪnfənsɪ] S 1 frühe Kindheit, frühes Kindesalter, *bes* Säuglingsalter *n* 2 JUR Minderjährigkeit *f* 3 *fig* Anfang(sstadium) *m(n)*: **be still in its ~** noch in den Anfängen *od* Kinderschuhen stecken
infant [ˈɪnfənt] A S 1 Säugling *m* 2 a (kleines) Kind b SCHULE *Br* Schüler(in) e-r **infant school** (→ B 3) 3 JUR Minderjährige(r) *m/f(m)* B ADJ 1 Säuglings…: **~ mortality** Säuglingssterblichkeit *f*; **~ welfare** Säuglingsfürsorge *f* 2 (noch) klein, im Kindesalter (stehend): **his ~ son** sein kleiner Sohn; **~ Jesus** das Jesuskind; **~ prodigy** Wunderkind *n* 3 Kinder…, Kindes…: **~ school** *Br* Grundschule *f* für Kinder zwischen 5 u. 7 (Jahren) 4 JUR minderjährig 5 *fig* noch in den Anfängen *od* Kinderschuhen steckend, jung (*Industrie etc*)
infanta [ɪnˈfæntə] S HIST Infantin *f*; **infante** [-tɪ] S HIST Infant *m*
infanticidal [ɪnˌfæntɪˈsaɪdl] ADJ kind(e)smörderisch; **infanticide** S 1 Kind(e)stötung *f* 2 Kind(e)s-, Kindermörder(in)
infantile [ˈɪnfəntaɪl; *US a.* -tl; -ˌtiːl] ADJ 1 infantil, kindisch 2 kindlich 3 Kinder…, Kindes…: **~ diseases** Kinderkrankheiten; **~ (spinal) paralysis** MED (spinale) Kinderlähmung 4 PSYCH frühkindlich (*Sexualität*) 5 → infant B 5; **infantility** [-ˈtɪlətɪ] S 1 Infantilität *f*, kindisches Wesen 2 Kindlichkeit *f*
infantilism [ɪnˈfæntɪlɪzəm; *US* ˈɪnfənˌtaɪlɪzəm] S 1 Infantilismus *m*: a PSYCH *Verharren in kindlichen Denk-, Äußerungs- u. Verhaltensweisen im Erwachsenenalter* b MED *aufgrund verschiedener Krankheiten bedingter Entwicklungszustand einzelner Organe od des gesamten Organismus, der dem e-s (wesentlich jüngeren) Kindes entspricht* 2 infantile *od* kindische Sprechweise
infantine [ˈɪnfəntaɪn; *US a.* -ˌtiːn] → infantile

infantry [ˈɪnfəntrɪ] S MIL Infanterie *f*, Fußtruppe *f*; **~man** [-mən] S *irr* Infanterist *m*
infarct [ɪnˈfɑː(r)kt; ˈɪnfɑː(r)kt] S MED Infarkt *m*: → cardiac infarct, pulmonary; **infarction** [-kʃn] S MED 1 Infarktbildung *f* 2 Infarkt *m*: → cardiac infarct, pulmonary
infare [ˈɪnfeə(r)] S *bes Br dial* a Einzugsparty *f* (*im neuen Haus*) b Hochzeitsempfang *m*
infatuate [ɪnˈfætjʊeɪt; -tʃʊ-; *US* -tʃəˌweɪt] V/T 1 betören (**with** durch) 2 *j-m* völlig den Kopf verdrehen; **infatuated** ADJ 1 betört 2 vernarrt (**with** in *akk*)
infatuation [ɪnˌfætjʊˈeɪʃn; -tʃʊ-; *US* -tʃəˈw-] S 1 Betörung *f* 2 Vernarrtheit *f* (**for, with** in *akk*) 3 Schwarm *m*: **she's his latest ~**; **this music is his ~** er schwärmt für diese Musik
infect [ɪnˈfekt] V/T 1 MED *j-n od etwas* infizieren, *j-n* anstecken (*beide:* **with** mit; **by** durch): **become ~ed** sich infizieren *od* anstecken; **~ed area** verseuchtes Gebiet 2 BOT befallen 3 a *die Luft* verpesten b *fig die Atmosphäre* vergiften 4 *fig j-n* anstecken (**with** mit): a mitreißen b (*moralisch*) verderben, (ungünstig) beeinflussen
infection [ɪnˈfekʃn] S 1 MED a Infektion *f*, Ansteckung *f*: **catch** (*od* **take**) **an ~** sich infizieren *od* anstecken b Infektionskrankheit *f*, Infekt *m* c Ansteckungskeim *m*, Infektionsstoff *m* 2 BOT Befall *m* 3 a Verpestung *f* b *fig* Vergiftung *f* 4 *fig* Ansteckung *f*: a Mitreißen *n* b (ungünstige) Beeinflussung
infectious [ɪnˈfekʃəs] ADJ (ADV ~ly) 1 MED ansteckend, infektiös: **~ disease** Infektionskrankheit *f*; **he is still ~** bei ihm besteht noch immer Ansteckungsgefahr; → mononucleosis 2 *fig* ansteckend: **laughing is ~** Lachen steckt an; **infectiousness** S MED (*das*) Ansteckende (*a. fig*), Infektiosität *f*
infective [ɪnˈfektɪv] ADJ (ADV ~ly) → infectious: **~ agent** Infektionserreger *m*; **infectiveness** → infectiousness
infecund [ɪnˈfiːkənd] → infertile; **infecundity** [ˌɪnfɪˈkʌndətɪ] → infertility
infeed [ˈɪnfiːd] TECH A S 1 Vorschub *m* (*Werkzeugmaschine*) 2 Aufgabe *f*, Zuführung *f* (*von Füllgut etc*): **~ side** Beschickungsseite *f*; **~ table** Aufgabetisch *m* B V/T [*a.* ɪnˈfiːd] *irr* zuführen, aufgeben
infelicitous [ˌɪnfɪˈlɪsɪtəs] ADJ (ADV ~ly) 1 unglücklich 2 *fig* unglücklich (gewählt), ungeschickt (*Bemerkung etc*); **infelicity** S 1 Unglück *n*, Elend *n* 2 unglücklicher Umstand 3 unglücklicher Ausdruck
infer [ɪnˈfɜː; *US* ɪnˈfɜr] A V/T 1 schließen, folgern, ableiten (*alle:* **from** aus) 2 schließen lassen auf (*akk*), erkennen lassen 3 andeuten, zu erkennen *od* verstehen geben B V/I Schlüsse ziehen
inferable [ɪnˈfɜːrəbl] ADJ zu schließen(d), zu folgern(d), ableitbar (*alle:* **from** aus)
inference [ˈɪnfərəns] S 1 Folgern *n* 2 (Schluss)Folgerung *f*, (Rück)Schluss *m*: **make** (*od* **draw**) **~s** Schlüsse ziehen
inferential [ˌɪnfəˈrenʃl] ADJ 1 Schluss…, Folgerungs… 2 gefolgert: **~ evidence** JUR Indizienbeweis *m* 3 zu folgern(d) 4 folgernd; **inferentially** ADV durch (Schluss)Folgerung(en)
inferible [ɪnˈfɜːrəbl] → inferable
inferior [ɪnˈfɪərɪə(r)] A ADJ 1 (**to**) untergeordnet (*dat*), (*im Rang*) tiefer stehend, niedriger, geringer (als): **an ~ caste** e-e niedrige *od* untere Kaste; **~ court** JUR niederes *od* unteres *od* untergeordnetes Gericht; **in an ~ position** in untergeordneter Stellung; **be ~ to sb** a j-m untergeordnet sein b j-m nachstehen, j-m unterlegen sein; **he is ~ to none** er nimmt es mit jedem auf 2 weniger wert, von geringerem Wert (*beide:* **to** als) 3 minderwertig, zweitklassig, -rangig, mittelmäßig (*Qualität etc*): **~ goods** WIRTSCH minderwertige Waren 4 (*räumlich*) unter, tiefer, Unter…: **~ maxilla** ANAT Unterkiefer *m* 5 BOT a unterständig (*Fruchtknoten*) b dem Deckblatt nahe gelegen 6 ASTRON unter: a *der Sonne näher als die Erde*: **an ~ planet** b *der Erde näher als die Sonne*: **an ~ conjunction** c *unter dem Horizont liegend* 7 TYPO tief stehend: **~ character** → B 3 B S 1 Untergeordnete(r) *m/f(m)*, Untergebene(r) *m/f(m)* 2 Unterlegene(r) *m/f(m)*, Schwächere(r) *m/f(m)*: **be sb's ~ in sth** j-m in e-r Sache nachstehen *od* unterlegen sein 3 TYPO Index *m*, tief stehendes Zeichen
inferiority [ɪnˌfɪərɪˈɒrətɪ; *US a.* -ˈɑr-] S 1 Untergeordnetheit *f* 2 (*a. zahlen- u. mengenmäßige*) Unterlegenheit 3 Minderwertigkeit *f*, Mittelmäßigkeit *f* 4 *a.* **~ feeling** PSYCH Minderwertigkeitsgefühl *n*: **~ complex** PSYCH Minderwertigkeitskomplex *m*
infernal [ɪnˈfɜːnl; *US* -ˈfɜr-] ADJ (ADV ~ly) 1 unterirdisch, stygisch: **the ~ regions** *pl* die Unterwelt 2 höllisch, infernal(isch), Höllen…: **~ machine** *obs* Höllenmaschine *f* 3 *fig* teuflisch: **an ~ deed** e-e Teufelei 4 *umg* grässlich, schrecklich, höllisch, infernalisch: **an ~ noise** ein Höllenlärm *umg*; **~ pace** höllisches Tempo, Höllentempo *n umg*; **infernality** [-ˈnælətɪ] S 1 teuflisches Wesen 2 Teufelei *f*
inferno [ɪnˈfɜːnəʊ; *US* -ˈfɜr-] *pl* -nos S a Inferno *n*, Hölle *f* (*beide a. fig*): **the ~ of war** das Inferno des Krieges b Flammenmeer *n*
inferrable, **inferrible** [ɪnˈfɜːrəbl] → inferable
infertile [ɪnˈfɜːtaɪl; *US* ɪnˈfɜrtl] ADJ unfruchtbar: a BIOL, MED steril b nicht ertragreich (*Land etc*) c *fig* unschöpferisch; **infertility** [-ˈtɪlətɪ] S Unfruchtbarkeit *f*
infest [ɪnˈfest] V/T 1 *bes e-n Ort* heimsuchen, unsicher machen 2 verseuchen, befallen (*Parasiten etc*): **~ed with** befallen von, verseucht durch; **~ed with bugs (lice)** verwanzt (verlaust) 3 *fig* überschwemmen, -laufen: **~ed with** wimmelnd von; **the streets were ~ed with people** auf den Straßen wimmelte es von Menschen; **infestation** S 1 Heimsuchung *f* 2 Verseuchung *f*, Befall *m* 3 *fig* Überschwemmung *f*
infeudation [ˌɪnfjʊˈdeɪʃn] S JUR, HIST 1 Belehnung *f* 2 Zehntverleihung *f* an Laien
infidel [ˈɪnfɪdəl] REL A S Ungläubige(r) *m/f(m)* B ADJ ungläubig; **infidelity** [-ˈdelətɪ] S 1 REL Ungläubigkeit *f* 2 a Treulosigkeit *f*: **conjugal** (*od* **marital**) **~** eheliche Untreue b Seitensprung *m*
infield [ˈɪnfiːld] S AGR a dem Hof nahe Felder *pl* b Ackerland *n*
infighting [ˈɪnˌfaɪtɪŋ] S 1 *Boxen:* Nahkampf *m*, Infight *m* 2 (partei- *etc*) interne Kämpfe *pl od* Streitereien *pl*
infiltrate [ˈɪnfɪltreɪt; ɪnˈfɪl-] A V/T 1 einsickern in (*akk*) (*a.* MIL), infiltrieren (*a.* MED) 2 durchsetzen, -dringen, -tränken (*alle:* **with** mit) 3 einschleusen, -schmuggeln (*beide:* **into** in *akk*) 4 POL unterwandern, infiltrieren B V/I 1 einsickern (**into** in *akk*) (*a.* MIL) 2 **~ into** → A 4 C S MED Infiltrat *n* (*in Gewebe eingedrungene Substanz*); **infiltration** S 1 Einsickern *n*, Infiltration *f* 2 Durchsetzen *n*, -dringen *n* 3 Einschleusung *f* 4 POL Unterwanderung *f* 5 MED a Infiltration *f*: **~ an(a)esthesia** Infiltrationsanästhesie *f* (*örtliche Betäubung durch Einspritzungen*) b → infiltrate C
infinite [ˈɪnfɪnət] A ADJ 1 unendlich, grenzenlos, unermesslich (*alle a. fig*): **his patience is ~** s-e Geduld kennt keine Grenzen 2 endlos 3 gewaltig, ungeheuer 4 *mit s pl* unzählige: ~

stars **5** MATH, *a.* MUS unendlich: **~ series** unendliche Reihe **6** LING nicht durch Person u. Zahl bestimmt: **~ verb** Verbum *n* infinitum **B** S **1** *(das)* Unendliche **2** **the** ~ **(Being)** der Unendliche, Gott *m* **3** MATH unendliche Größe *od* Zahl; **infinitely** ADV unendlich *(etc,* → infinite): **~ variable** TECH stufenlos (regelbar); **infiniteness** → infinity 1

infinitesimal [ˌɪnfɪnɪˈtesɪml] **A** ADJ (ADV ~ly) **1** unendlich *od* verschwindend klein, winzig **2** MATH infinitesimal *(sich e-m Grenzwert annähernd, ohne ihn zu erreichen)*: **~ calculus** Infinitesimalrechnung *f* **B** S **1** unendlich kleine Menge **2** MATH infinitesimale Größe

infinitival [ɪnˌfɪnɪˈtaɪvl; ˌɪnfɪnɪˈt-] → infinitive B

infinitive [ɪnˈfɪnətɪv] LING **A** S Infinitiv *m*, Grund-, Nennform *f* **B** ADJ (ADV ~ly) infinitivisch, Infinitiv…: **~ mood** → A

infinitude [ɪnˈfɪnɪtjuːd; *US a.* -ˌtuːd] → infinity 1, 2

infinity [ɪnˈfɪnətɪ] S **1** Unendlichkeit *f*, Grenzenlosigkeit *f*, Unermesslichkeit *f* *(alle a. fig)*: **to ~** endlos, ad infinitum **2** unendlicher Raum, unendliche Menge *od* Zahl *od* Zeit *od* Größe: **an ~ of people** unendlich viele Leute; **I seemed to wait for an ~** die Wartezeit kam mir endlos vor **3** MATH unendliche Menge *od* Größe, das Unendliche *(a.* PHIL)

infirm [ɪnˈfɜːm; *US* ɪnˈfɜrm] ADJ (ADV ~ly) **1** MED schwach, gebrechlich: **walk with ~ steps** mit unsicheren Schritten gehen **2** **a** MED geistesschwach **b** charakter-, willensschwach: **~ of purpose** unentschlossen, schwankend **3** anfechtbar, fragwürdig *(Annahme etc)*; **infirmary** [-ərɪ] S **1** Krankenhaus *n* **2** Krankenzimmer *n*, -stube *f* *(in Internaten etc)* **3** MIL (Kranken)Revier *n*: **~ case** Revierkranke(r) *m/f(m)*; **infirmity** S **1** MED **a** Schwäche *f*, Gebrechlichkeit *f* **b** Gebrechen *n*: **infirmities of old age** Altersgebrechen **2** **a** MED Geistesschwäche *f* **b** Charakter-, Willensschwäche *f*: **~ of purpose** Unentschlossenheit *f* **3** Anfechtbarkeit *f*, Fragwürdigkeit *f*; **infirmness** → infirmity 1 a, 2, 3

infix **A** V/T [ɪnˈfɪks] **1** hineintreiben, einrammen **2** **~ sth in sb** j-m etwas einprägen *od* einschärfen **3** LING *ein Affix* einfügen **B** S [ˈɪnfɪks] LING Infix *n* *(Affix im Inneren e-s Stammes)*

in flagrante delicto [ɪnfləˌgræntɪdɪˈlɪktəʊ; -teɪ-] ADV *bes* JUR in flagranti, auf frischer Tat

inflame [ɪnˈfleɪm] **A** V/T **1** entzünden *(a.* MED): **become ~d** → B 1 **2** *fig* **a** *j-s Blut* in Wallung bringen **b** *Gefühle etc* entfachen, -flammen **c** *j-n* entflammen, erregen: **~d with love** in Liebe entbrannt; **~d with rage** wutentbrannt **B** V/I **1** sich entzünden *(a.* MED), Feuer fangen **2** *fig* **a** entbrennen (**with** vor *dat*) **b** sich erhitzen, in Wut geraten; **inflamed** ADJ **1** entzündet *(etc,* → inflame A) **2** *Heraldik*: **a** brennend **b** mit Flämmchen verziert

inflammability [ɪnˌflæməˈbɪlətɪ] S **1** Entflammbarkeit *f*, Entzündlichkeit *f*, Brennbarkeit *f* **2** Feuergefährlichkeit *f* **3** *fig* Erregbarkeit *f*; **inflammable** **A** ADJ (ADV inflammably) **1** entflammbar, brennbar, leicht entzündlich **2** feuergefährlich **3** *fig* reizbar, leicht erregbar, hitzig, jähzornig **B** S leicht entzündlicher *od* feuergefährlicher Stoff

inflammation [ˌɪnfləˈmeɪʃn] S **1** MED Entzündung *f* **2** *fig* Entflammung *f*, Erregung *f*

inflammatory [ɪnˈflæmətərɪ; *US* -ˌtəʊriː; -ˌtɔːriː] ADJ (ADV inflammatorily) **1** MED entzündlich, Entzündungs… **2** *fig* aufrührerisch, aufhetzend, Hetz…: **an ~ speech**

inflatable [ɪnˈfleɪtəbl] **A** ADJ aufblasbar: **~ boat** Schlauchboot *n* **B** S aufblasbarer Gegenstand, *z. B.* Schlauchboot *n*

inflate [ɪnˈfleɪt] **A** V/T **1** aufblasen, mit Luft *od* Gas füllen, *e-n Reifen etc* aufpumpen **2** MED aufblähen, -treiben **3** WIRTSCH *den Geldumlauf* übermäßig steigern, *die Preise etc* in die Höhe treiben, *Geld* über die Deckung hinaus in Umlauf setzen **B** V/I aufgeblasen *od* aufgepumpt werden, sich mit Luft *od* Gas füllen; **inflated** ADJ **1** aufgeblasen *(a. fig)*: **~ with pride** stolzgeschwellt **2** MED aufgebläht *(a. fig)*, -getrieben **3** *fig* schwülstig, bombastisch *(Stil etc)* **4** *fig* übersteigert, -trieben: **have an ~ opinion of o.s.** ein übersteigertes Selbstbewusstsein haben **5** WIRTSCH überhöht *(Preise etc)*; **inflater** S TECH Luftpumpe *f*

inflation [ɪnˈfleɪʃn] S **1** Aufblasen *n*, Aufpumpen *n* **2** *fig* **a** Aufgeblasenheit *f* **b** Schwülstigkeit *f* **3** WIRTSCH Inflation *f*: **~ rate** Inflationsrate *f*; → creeping A 1, galloping, rate¹ A 1, runaway B; **inflationary** [-ʃnərɪ; *US* -ʃəˌneriː] ADJ WIRTSCH inflatorisch, inflationär, Inflations…: **~ policy**; **~ spiral** Inflationsspirale *f*; **inflationism** S WIRTSCH Inflationismus *m* *(wirtschaftspolitische Richtung, nach der zur Erhaltung der Vollbeschäftigung e-e schleichende Inflation in Kauf genommen werden kann)*; **inflationist** WIRTSCH **A** S Inflationist(in) **B** ADJ inflationistisch: **a** *den Inflationismus betreffend* **b** → inflationary

inflation-proof WIRTSCH **A** ADJ inflationssicher, -geschützt **B** V/T inflationssicher machen, vor Inflation schützen; **inflation-racked** ADJ inflationsgeschädigt

inflator → inflater

inflect [ɪnˈflekt] **A** V/T **1** beugen, (nach innen) biegen **2** MUS, RHET *den Ton etc* modulieren, abwandeln **3** LING beugen, flektieren **B** V/I **1** MUS, RHET sich abwandeln **2** LING beugen, flektieren

inflection, *bes Br* **inflexion** [ɪnˈflekʃn] S **1** Beugung *f*, Biegung *f*, Krümmung *f* **2** MUS, RHET Modulation *f*, Abwandlung *f* **3** LING **a** Beugung *f*, Flexion *f* **b** Flexionsform *f*, -endung *f* **4** MATH **a** Wendung *f* **b** *a.* **~ point** Knick-, Wendepunkt *m* *(e-r Kurve)*; **inflectional**, *bes Br* **inflexional** [-ʃənl] ADJ **1** Beugungs… **2** LING Flexions…, flektierend

inflective [ɪnˈflektɪv] → inflectional

inflexibility [ɪnˌfleksəˈbɪlətɪ] S **1** Inflexibilität *f*: **a** Unbiegsamkeit *f* **b** *fig* Unbeweglichkeit *f* **2** *fig* Unlenkbar-, Unfolgsamkeit *f*; **inflexible** ADJ (ADV inflexibly) **1** inflexibel: **a** unbiegsam, unelastisch, starr **b** *fig* nicht anpassungsfähig, unbeweglich **2** *fig* unlenkbar, unlenksam, unfolgsam

inflexion, *etc bes Br für* inflection *etc*

inflict [ɪnˈflɪkt] V/T (**on, upon**) **1** *Leid, Schaden etc* zufügen *(dat)*, *e-e Niederlage, e-e Wunde, Verluste* beibringen *(dat)*, *e-n Schlag* versetzen *(dat)* **2** *e-e Strafe* auferlegen *(dat)*, verhängen (über *akk*): **~ punishment on s.o** **3** aufbürden *(dat)*: **~ o.s. upon sb** sich j-m aufdrängen; **~ sth upon sb** j-n mit etwas behelligen *od* belästigen; **infliction** S **1** Zufügung *f* **2** Auferlegung *f*, Verhängung *f* **3** Plage *f*, Last *f*: **they are ~s** sie sind e-e Plage

in-flight ADJ FLUG **1** Bord…: **~ fare** (*od* **meals** *pl*) Bordverpflegung *f* **2** während des Flugs: **~ refuel(l)ing** Auftanken *n* in der Luft

inflorescence [ˌɪnflɔːˈresns; -fləˈr-] S **1** BOT **a** Blütenstand *m* **b** Blüten *pl* **2** (Auf)Blühen *n*

inflow [ˈɪnfləʊ] → influx

influence [ˈɪnflʊəns] **A** S **1** Einfluss *m*, Einwirkung *f* *(beide*: **on, upon, over** auf *akk*; **with** bei): **undue ~** JUR unzulässige Beeinflussung; **be under sb's ~** unter j-s Einfluss stehen; **under the ~ of drink** (*od* **alcohol**) unter Alkoholeinfluss (stehend), in angetrunkenem Zustand; **under the ~** *umg* blau; **exercise** (*od* **exert**) **a great ~** großen Einfluss ausüben; **have ~ with** Einfluss haben bei; **use one's ~ to bring** *sth* **about** hinwirken auf *(akk)* **2** Einfluss *m*, Macht *f* **3** einflussreiche Persönlichkeit *od* Kraft: **he is an ~ in politics**; **be an ~ for good** e-n guten Einfluss ausüben; **be a good (bad) ~ on** e-n guten (schlechten) Einfluss haben auf *(akk)* **4** ELEK Influenz *f* *(Trennung von Ladungen durch ein elektrisches Feld)* **5** ASTROL Einfluss *m* der Gestirne **B** V/T **1** beeinflussen: **don't let him ~ your decision** lassen Sie sich nicht von ihm in Ihrer Entscheidung beeinflussen **2** bewegen (**to do** zu tun) **3** e-n Schuss Alkohol in *ein Getränk* geben; **influent** **A** ADJ (her)einströmend, -fließend **B** S **1** Zustrom *m* **2** GEOG Nebenfluss *m* **3** bestimmender Faktor *(Tier od Pflanze, die für die Ökologie e-s Landes von Bedeutung ist)*

influential [ˌɪnflʊˈenʃl] ADJ (ADV ~ly) **1** einflussreich **2** (**on**) von (großem) Einfluss (auf *akk*), maßgeblich (bei)

influenza [ˌɪnflʊˈenzə] MED **A** S Grippe *f* **B** ADJ Grippe…: **~ epidemic (virus**, *etc*); **influenzal** ADJ grippös

influx [ˈɪnflʌks] S **1** Einströmen *n*, Zustrom *m*, Zufluss *m* **2** WIRTSCH *(Kapital- etc)* Zufluss *m*, *(Waren)* Zufuhr *f*: **~ of gold** Goldzufluss **3** GEOG (Fluss-)Mündung *f* **4** *fig* Zustrom *m*: **~ of visitors** Besucherstrom *m*

info [ˈɪnfəʊ] *umg für* information; **~bahn** S *umg* Infobahn *f*, Datenautobahn *f*

infold [ɪnˈfəʊld] → enfold

inform [ɪnˈfɔː(r)m] **A** V/T **1** (**of, about**) benachrichtigen, verständigen, in Kenntnis setzen, unterrichten (von), informieren, aufklären (über *akk*), *j-m* Mitteilung machen (von), *j-m* mitteilen *(akk)*: **keep sb ~ed** j-n auf dem Laufenden halten; **~ o.s. of sth** sich über etwas informieren; **~ sb that …** j-n davon in Kenntnis setzen, dass … **2** durchdringen, erfüllen, beseelen *(alle*: **with** mit) **3** Gestalt geben *(dat)*, formen, bilden **B** V/I JUR Anzeige erstatten: **~ against** (*od* **on**) **sb** **a** j-n anzeigen, (Straf)Anzeige erstatten gegen j-n **b** *pej* j-n denunzieren

informal [ɪnˈfɔː(r)ml] ADJ (ADV ~ly) **1** formlos: **a** formwidrig: **~ test** SCHULE, PSYCH ungeeichter Test **b** JUR formfrei *(Vertrag etc)* **2** zwanglos, ungezwungen, nicht formell *od* förmlich **3** inoffiziell *(Besuch etc)*; **informality** [-ˈmælətɪ] S **1** Formlosigkeit *f* **2** *bes* JUR Formfehler *m* **3** Zwanglosigkeit *f*, Ungezwungenheit *f* **4** inoffizieller Charakter

informant [ɪnˈfɔː(r)mənt] S **1** Informant(in): **a** Gewährsmann *m* **b** LING *Muttersprachler(in), der (die) entscheiden kann, ob e-e Ausdrucksweise möglich ist etc* **2** → informer

informatics [ˌɪnfə(r)ˈmætɪks; ˌɪnfɔː(r)ˈmæ-] SPL *(als sg konstruiert)* Informatik *f* *(Wissenschaft vom Wesen u. der Funktion der Information, ihrer Verarbeitung sowie der Anwendung informationsverarbeitender Systeme)*

information [ˌɪnfə(r)ˈmeɪʃn] S **1** **a** Benachrichtigung *f*, Unterrichtung *f* **b** Nachricht *f*, Mitteilung *f*, Bescheid *m* **2** **a** Auskünfte *pl*, Auskunft *f*, Information *f* *(a.* IT): **give ~** Auskunft geben; **for your ~** zu Ihrer Information *od* Kenntnisnahme **b** Auskunft(sschalter) *f(m)* **3** KOLL Nachrichten *pl*, Informationen *pl* *(a.* IT): **a bit** (*od* **piece**) **of ~** e-e Nachricht *od* Information; **we have no ~** wir sind nicht unterrichtet (**as to** über *akk*); **further ~** nähere Einzelheiten *pl*, Nähere *n*, Näheres **4** KOLL Erkundigungen *pl*: **gather ~** Erkundigungen einziehen, Auskünfte einholen, sich erkundigen **5** Wissen *n*, Kenntnisse *pl* **6** (wissenswerte) Tatsachen *pl*: **full of ~** inhalts-, aufschlussreich **7** JUR **a** *(formelle)* Anklage **b** (Straf)Anzeige *f*:

file (*US* **lay**) **an ~ against sb** (Straf)Anzeige erstatten gegen j-n 8 TEL *US* Auskunft *f*; **informational** [-ʃənl] ADJ informatorisch, Informations…, Auskunfts…: **~ value** Informationswert *m*

information| bulletin S Mitteilungsblatt *n*; **~ bureau** S Auskunftsstelle *f*; **~ desk** S Auskunft(sschalter) *f(m)*; **~ highway** S Datenautobahn *f*; **~ office** S Auskunftsstelle *f*; **~ overload** S Informationsüberflutung *f*; **~ pack** S Informationsmappe *f*; **~ pollution** S *bes pej* Informationsschwemme *f*; **~ provider** S Informationsanbieter(in); **~ question** S LING Ergänzungsfrage *f*; **~ retrieval** S IT Informationswiedergewinnung *f*; **~ science** → informatics; **~ scientist** S Informatiker(in); **~ storage** S IT Datenspeicherung *f*; **~ system** S Informationssystem *n*; **~ technology** S Informationstechnologie *f*; **~ theory** S Informationstheorie *f* (*mathematische Theorie, die mithilfe formaler Modelle u. eindeutiger Definitionen die Grundlage geschaffen hat für e-e Untersuchung der Zusammenhänge bei Übertragung, Speicherung u. Empfang von Informationen*)

informative [ɪnˈfɔː(r)mətɪv] ADJ (ADV **~ly**) 1 informativ, aufschluss-, lehrreich 2 mitteilsam 3 → informational; **informatory** [-tərɪ; *US* -ˌtəʊriː; -ˌtɔː-] → a informational b informative 1

informed [ɪnˈfɔː(r)md] ADJ 1 unterrichtet, informiert: **~ quarters** unterrichtete Kreise; **give ~ consent** MED *etc* s-e Zustimmung (zu e-r Behandlung *etc*) geben, nachdem man über die Risiken aufgeklärt worden ist 2 a sachkundig b sachlich begründet *od* einwandfrei 3 gebildet, kultiviert, von hohem (geistigen) Niveau; **informer** S 1 *pej* Denunziant(in) 2 Spitzel *m* 3 JUR Erstatter(in) e-r (Straf)Anzeige

infotainment [ˌɪnfəʊˈteɪnmənt] S TV *bes US* Infotainment *n* (*Mischung aus sachlicher Information u. lockerer Unterhaltung*)

infra [ˈɪnfrə] ADV unterhalb, unten: → vide

infra- [ɪnfrə] *Wortelement mit der Bedeutung:* a unter(halb) b innerhalb; **infracostal** ADJ ANAT infra-, subkostal (*unterhalb e-r od mehrerer Rippen gelegen*)

infract [ɪnˈfrækt] V/T *ein Gesetz etc* verletzen, verstoßen gegen; **infraction** S 1 Verletzung *f*, Verstoß *m* 2 MED Infraktion *f*, Knickbruch *m*; **infractor** [-tə(r)] S (*Gesetzes- etc*) Verletzer(in)

infra| dig [ˌɪnfrəˈdɪg] ADJ: **it is ~ for sb to do sth** *umg* es ist unter j-s Würde, etwas zu tun; **he considered it to be ~** *umg* er hielt es für unter s-r Würde; **~human** ADJ untermenschlich

infrangibility [ɪnˌfrændʒɪˈbɪlətɪ] S 1 Unzerbrechlichkeit *f* 2 *fig* Unverletzlichkeit *f*; **infrangible** ADJ (ADV **infrangibly**) 1 unzerbrechlich 2 *fig* unverletzlich; **infrangibleness** → infrangibility

infra|red ADJ PHYS infrarot: **~ lamp** Infrarotlampe *f*; **~renal** ADJ ANAT infrarenal (*unterhalb der Nieren gelegen*); **~sonic** PHYS A ADJ Infraschall… B S **infrasonics** *pl* (*als sg konstruiert*) Lehre *f* vom Infraschall; **~sound** S PHYS Infraschall *m*; **~structure** S Infrastruktur *f*: a WIRTSCH *Unterbau e-r hoch entwickelten Wirtschaft* (*z. B. Verkehrsnetz, Arbeitskräfte etc*) b militärische Anlagen *pl* (*z. B. Flugplätze, Hafen- u. Fernmeldeanlagen*)

infrequence [ɪnˈfriːkwəns], **infrequency** [-sɪ] S 1 Seltenheit *f* 2 Spärlichkeit *f*; **infrequent** ADJ (ADV **~ly**) 1 selten 2 spärlich, dünn gesät

infringe [ɪnˈfrɪndʒ] A V/T *Gesetze, Verträge etc* brechen, verletzen, verstoßen gegen: **~ a patent** ein Patent verletzen B V/I: **~ (up)on** → A: **~ upon sb's rights** in j-s Rechte eingreifen; **infringement** S 1 (*Gesetzes-, a. Patent*) Verletzung *f*: **~ of a law (patent)** 2 Verstoß *m* (of gegen) 3 **(on, upon)** Eingriff *m* (in *akk*), Übergriff *m* (auf *akk*): **an ~ upon sb's rights**

infuriate [ɪnˈfjʊərɪeɪt] V/T in Wut versetzen, wütend machen; **infuriating** ADJ (ADV **~ly**) a äußerst ärgerlich (*Verzögerung etc*) b aufreizend: **his ~ indifference**

infuscate [ɪnˈfʌskeɪt] ADJ ZOOL braun gewölkt

infuse [ɪnˈfjuːz] A V/T 1 MED *e-e Flüssigkeit* infundieren (**into** *dat*) 2 *Mut etc* einflößen (**into** *dat*) 3 *fig* erfüllen (**with** mit): **his speech ~d all listeners with enthusiasm** 4 *Tee etc* a aufgießen b ziehen lassen B V/I ziehen (*Tee etc*); **infuser** S *bes Br* Tee-Ei *n*

infusible [ɪnˈfjuːzəbl] ADJ PHYS, TECH unschmelzbar

infusion [ɪnˈfjuːʒn] S 1 MED Infusion *f* 2 *fig* Einflößung *f* 3 *fig* Erfüllung *f* 4 a Aufgießen *n* b Ziehenlassen *n* 5 a Aufguss *m* b Tee *m*; **infusionism** S REL *Lehre, dass die Seele schon vor dem Körper existiert u. diesem bei der Empfängnis oder Geburt eingegeben wird*

infusorial [ˌɪnfjuːˈzɔːrɪəl; -ˈsɔː-] ADJ ZOOL infusorienartig, Infusorien…: **~ earth** GEOL Infusorienerde *f*, Kieselgur *f*; **infusorian** A S → infusorium B ADJ → infusorial; **infusorium** [-əm] *pl* -ria [-rɪə] S Infusorium *n*, Aufguss-, Wimpertierchen *n*

ingather [ˈɪnˌgæðə(r)] V/T & V/I einsammeln, *bes* ernten: **feast of ~ing** BIBEL Fest *n* der Einsammlung

ingenerate [ɪnˈdʒenərət] ADJ *bes* REL nicht erschaffen, durch sich selbst existierend: **God is ~** Gott existiert durch sich selbst

ingenious [ɪnˈdʒiːnjəs] ADJ (ADV **~ly**) genial: a erfinderisch, findig, einfallsreich b sinnreich, raffiniert (*Entwurf etc*); **ingeniousness** → ingenuity 1

ingénue [ˈænʒeɪnjuː; *US* ˈændʒəˌnuː] S 1 naives Mädchen 2 THEAT Naive *f*

ingenuity [ˌɪndʒɪˈnjuːətɪ; *US bes* -ˈnuː-] S 1 Genialität *f*: a Erfindungsgabe *f*, Findigkeit *f*, Einfallsreichtum *m* b (*das*) Sinnreiche *od* Geniale 2 sinnreiche Konstruktion *od* Ausführung *od* Erfindung

ingenuous [ɪnˈdʒenjʊəs; *US* -jəwəs] ADJ (ADV **~ly**) 1 offen(herzig), aufrichtig 2 naiv, kindlich unbefangen 3 HIST frei geboren; **ingenuousness** S 1 Offenheit *f*, Aufrichtigkeit *f* 2 Naivität *f*, kindliche Unbefangenheit

ingest [ɪnˈdʒest] V/T BIOL *Nahrung* aufnehmen (*a. fig*), zu sich nehmen; **ingesta** [-tə] SPL Ingesta *pl*, aufgenommene Nahrung; **ingestion** [-tʃn] S Ingestion *f*, Nahrungsaufnahme *f*; **ingestive** ADJ die Nahrungsaufnahme betreffend, zur Nahrungsaufnahme dienend

ingle [ˈɪŋgl] S *bes Br obs od dial* Kaminfeuer *n*; **~nook** [-nʊk] S *bes Br* Kaminecke *f*

inglorious [ɪnˈglɔːrɪəs; *US a.* ɪnˈgləʊ-] ADJ (ADV **~ly**) 1 unrühmlich, schimpflich, schmählich (*Niederlage etc*) 2 *obs* unbekannt

in-goal S *Rugby*: Malfeld *n*

ingoing [ˈɪnˌgəʊɪŋ] A ADJ 1 eintretend: **~ mail** Posteingang *m* 2 nachfolgend, neu: **~ tenant** a neue(r) Mieter(in) *od* Pächter(in) b Nachmieter(in) 3 *fig* scharfsinnig B S 1 Eintreten *n* 2 *meist pl Br* Ablöse *f*, Abstandssumme *f*, Abstand *m umg* (*für übernommene Möbel etc*)

ingot [ˈɪŋgət] METALL A S Barren *m*, (Roh-)Block *m*, Massel *f*: **~ of gold** Goldbarren; **~ of steel** Stahlblock B V/T in Barren gießen, zu Barren *od* Blöcken verarbeiten; **~ iron** S Flusseisen *n*; **~ mill** S Blockwalzwerk *n*; **~ mo(u)ld** S Blockform *f*, Kokille(ngussform) *f*; **~ slab** S Rohbramme *f*; **~ steel** S (härtbarer) Flussstahl

ingraft [ɪnˈgrɑːft; *US* ɪnˈgræft] → engraft

ingrain A V/T [ˌɪnˈgreɪn] → engrain B ADJ [ˈɪngreɪn] 1 im Garn *od* in der Faser gefärbt 2 → engrained C S [ˈɪngreɪn] a vor dem Weben gefärbtes Material b *a.* **~ carpet** Teppich *m* aus a; **ingrained** [ˌɪnˈgreɪnd; ˈɪngreɪnd] → engrained

ingrate [ɪnˈgreɪt; ˈɪngreɪt] *obs* A ADJ (ADV **~ly**) undankbar B S Undankbare(r) *m/f(m)*

ingratiate [ɪnˈgreɪʃɪeɪt] V/T: **~ o.s. (with sb)** sich (bei j-m) lieb Kind machen *od* einschmeicheln; **ingratiating** ADJ (ADV **~ly**) 1 einnehmend, gewinnend 2 schmeichlerisch, einschmeichelnd

ingratitude [ɪnˈgrætɪtjuːd; *US bes* -ˌtuːd] S Undank(barkeit) *m(f)*

ingravescence [ˌɪngrəˈvesns] S MED Verschlimmerung *f*; **ingravescent** ADJ sich verschlimmernd

ingredient [ɪnˈgriːdjənt; -dɪənt] S 1 Bestandteil *m* (*a. fig*): **imagination is an ~ of success** zum Erfolg gehört Fantasie; **the ~s** *pl* **of a man's character** das, was den Charakter e-s Menschen ausmacht 2 GASTR Zutat *f*

ingress [ˈɪngres] S 1 Eintritt *m* (*a.* ASTRON), Eintreten *n* (*beide:* **into** in *akk*) 2 *fig* Zutritt *m*, Zugang *m*, Eintrittsrecht *n* (*alle:* **into** zu) 3 *fig* Zustrom *m*: **~ of visitors** Besucherstrom *m* 4 Eingang(stür) *m(f)*

in-group S SOZIOL Ingroup *f* (*Gruppe, zu der man gehört u. der man sich innerlich stark verbunden fühlt*)

ingrowing [ˈɪnˌgrəʊɪŋ] ADJ 1 einwärts wachsend, *bes* MED einwachsend, eingewachsen (*Nagel*) 2 *fig* nach innen gewandt, sich abschließend; **ingrown** ADJ 1 *bes* MED eingewachsen 2 *fig* (in sich selbst) zurückgezogen; **ingrowth** S 1 Einwachsen *n* 2 Einwuchs *m*

inguinal [ˈɪŋgwɪnl] ADJ ANAT inguinal, Leisten…: **~ gland**; **~ hernia** MED Leistenbruch *m*

ingurgitate [ɪnˈgɜːdʒɪteɪt; *US* -ˈgɜr-] V/T 1 (gierig) hinunterschlingen, verschlingen (*a. fig*): **the flood ~d trees and houses** 2 *Getränke* hinunterstürzen

inhabit [ɪnˈhæbɪt] V/T 1 bewohnen, wohnen *od* leben in (*dat*) 2 *fig* innewohnen (*dat*); **inhabitability** S Bewohnbarkeit *f*; **inhabitable** ADJ bewohnbar

inhabitance [ɪnˈhæbɪtəns], **inhabitancy** [-sɪ] S 1 Wohnen *n*, ständiger Aufenthalt 2 Bewohnen *n* 3 Bewohntsein *n* 4 Wohnrecht *n* 5 (*bes* Gesellschafts)Sitz *m*, Wohnort *m*; **inhabitant** S 1 Einwohner(in) (*e-s Ortes od Landes*), Bewohner(in) (*bes e-s Hauses*): **~s of large cities** Großstadtbewohner, Großstädter 2 JUR Ansässige(r) *m/f(m)*; **inhabitiveness** S Sesshaftigkeit *f*

inhalant [ɪnˈheɪlənt] A ADJ 1 einatmend 2 MED Inhalations… B S MED a → inhaler b Inhalationsmittel *n*, -präparat *n*

inhalation [ˌɪnhəˈleɪʃn; ˌɪnəˈl-] S 1 Einatmung *f* 2 MED a Inhalation *f* b → inhalant B b; **inhalational** [-ʃənl] ADJ MED Inhalations…: **~ an(a)esthetic** Inhalationsnarkotikum *n*; **inhalator** [-tə(r)] → inhaler

inhale [ɪnˈheɪl] A V/T einatmen, MED *a.* inhalieren B V/I 1 einatmen: **~ deeply** 2 über die *od* auf Lunge rauchen, Lungenzüge machen; **inhaler** S MED Inhalationsapparat *m*, Inhalator *m*

inharmonic [ˌɪnhɑː(r)ˈmɒnɪk; *US* -ˈmɑ-] ADJ (ADV **~ally**) → inharmonious

inharmonious [ˌɪnhɑː(r)ˈməʊnjəs; -nɪəs] ADJ (ADV **~ly**) unharmonisch: a misstönend b *fig*

uneinig
inhaust [ɪnˈhɔːst] V/T hum → inhale B 1
inhere [ɪnˈhɪə(r)] V/I **1** innewohnen, eigen sein (beide: **in** dat) **2** enthalten sein, stecken (beide: **in** dat)
inherence [ɪnˈhɪərəns; -ˈher-] S **1** Innewohnen n **2** PHIL Inhärenz f (das Verbundensein der Eigenschaften mit ihrem Träger, ohne den sie nicht existent sind); **inherency** [-sɪ] **1** → inherence **2** innewohnende Eigenschaft
inherent [ɪnˈhɪərənt; -ˈher-] ADJ **1** innewohnend, eigen (beide: **in** dat): **~ defect** (od **vice**) WIRTSCH, JUR innerer Fehler; **~ right** angeborenes od natürliches Recht **2** eigen, rechtmäßig gehörend (beide: **in** dat) **3** eingewurzelt **4** PHIL inhärent; **inherently** ADV von Natur aus, dem Wesen (der Sache) nach, schon an sich
inherit [ɪnˈherɪt] **A** V/T **1** JUR, a. BIOL u. fig erben (**from** von) **2** BIOL u. fig ererben **3** JUR beerben **B** V/I JUR **a** erben: **~ from sb** j-n beerben **b** erbberechtigt od -fähig sein; **inheritable** ADJ **1** JUR, a. BIOL u. fig vererbbar, erblich, Erb... **2** JUR erbfähig, -berechtigt (Person)
inheritance [ɪnˈherɪtəns] S **1** JUR **a** Erbe n, Erbschaft f (beide a. fig), Nachlass m: **~ tax** Erbschaftssteuer f; → accrual **b** Vererbung f (a. BIOL): **by ~** erblich, durch Vererbung (beide a. BIOL), im Erbgang; **law of ~** (objektives) Erbrecht; → right B 2 **c** (gesetzliche) Erbfolge **2** BIOL Erbgut n; **inherited** ADJ ererbt, Erb...; **inheritor** [-tə(r)] S Erbe m; **inheritress** [-trɪs] S, **inheritrix** [-trɪks] pl -trices [ɪnˌherɪˈtraɪsiːz] S Erbin f
inhesion [ɪnˈhiːʒn] → inherence 1
inhibit [ɪnˈhɪbɪt] V/T **1** hemmen (a. MED, PSYCH), (ver)hindern **2** (**from**) j-n zurückhalten (von), hindern (an dat): **~ sb from doing sth** j-n daran hindern, etwas zu tun
inhibition [ˌɪnhɪˈbɪʃn; ˌɪnɪˈb-] S **1** Hemmung f, (Ver)Hinderung f **2** **a** a. JUR Untersagung f, Verbot n **b** JUR Untersagungsbefehl m (Befehl an e-n Richter, e-e Sache nicht weiter zu verfolgen) **3** PSYCH Hemmung f: **have (no) ~s about doing sth** (keine) Hemmungen haben, etwas zu tun; **have sexual ~s** sexuell verklemmt sein; **lose all ~s** alle Hemmungen ablegen; **~ threshold** Hemmschwelle f
inhibitive [ɪnˈhɪbɪtɪv] → inhibitory; **inhibitor** [-tə(r)] S **1** CHEM Inhibitor m, Hemmstoff m **2** METALL **a** (Oxydations)Katalysator m **b** Sparbeize f; **inhibitory** [-tərɪ; US -ˌtəʊriː; -ˌtɔː-] ADJ **1** a. MED, PSYCH hemmend, Hemmungs...: **have an ~ effect** hemmend wirken **2** verbietend, untersagend
inhospitable [ɪnˈhɒspɪtəbl; US ɪnˈhɑ-] ADJ (ADV inhospitably) **1** **a** wenig gastfreundlich (Person) **b** ungastlich (Haus) **2** fig unfreundlich (Klima etc) **3** fig (**to**) unempfänglich (für), nicht aufgeschlossen (dat): **be ~ to new ideas**; **inhospitableness**, **inhospitality** [-ˈtælətɪ] S **1** Ungastlichkeit f, Mangel m an Gastfreundschaft **2** fig Unempfänglichkeit f
in-house ADJ **1** firmenintern (Trainingsprogramm etc) **2** firmeneigen (Computer etc)
inhuman [ɪnˈhjuːmən] ADJ (ADV **~ly**) **1** → inhumane **2** menschenunähnlich **3** übermenschlich; **inhumane** [-ˈmeɪn] ADJ inhuman, unmenschlich; **inhumanity** [-ˈmænətɪ] S Inhumanität f, Unmenschlichkeit f
inhumation [ˌɪnhjuːˈmeɪʃn] S Beisetzung f, Bestattung f; **inhume** [ɪnˈhjuːm] V/T beisetzen, bestatten
inimical [ɪˈnɪmɪkl] ADJ (ADV **~ly**) **1** (**to**) feindselig (gegen), feindlich gesinnt (dat) **2** (**to**) nachteilig (für), schädlich (dat od für), abträglich (dat)
inimitability [ɪˌnɪmɪtəˈbɪlətɪ] S Unnachahmlichkeit f; **inimitable** ADJ (ADV inimitably) unnachahmlich, einzigartig; **inimitableness** → inimitability
iniquitous [ɪˈnɪkwɪtəs] ADJ (ADV **~ly**) **1** ungerecht **2** frevelhaft **3** schädlich, ungeheuerlich **4** niederträchtig, gemein **5** lasterhaft, sündig; **iniquitousness** → iniquity 1, 2, 3, 4, 5
iniquity [ɪˈnɪkwətɪ] S **1** (schreiende) Ungerechtigkeit **2** Frevelhaftigkeit f **3** Schändlichkeit f, Ungeheuerlichkeit f **4** Niederträchtigkeit f, Gemeinheit f **5** Lasterhaftigkeit f, Sündigkeit f **6** Schandtat f **7** Sünde f, Laster n: → den A 2
initial [ɪˈnɪʃl] **A** ADJ (ADV → initially) **1** anfänglich, Anfangs..., Ausgangs..., erst(er, e, es): **~ advertising** WIRTSCH Einführungswerbung f; **~ allowances** pl Br Erst- od Sonderabschreibung f bei Neuanschaffungen; **~ capital expenditure** WIRTSCH **a** Einrichtungskosten pl **b** Anlagekosten pl; **~ cost** WIRTSCH Anfangskosten pl; **~ dividend** WIRTSCH Abschlagsdividende f; **~ estimates** erste Schätzungen; **~ letter** Anfangsbuchstabe m; **~ position** MIL, TECH etc Ausgangsstellung f; **~ material** WIRTSCH Ausgangsmaterial n; **~ payment** Anzahlung f; **~ salary** Anfangsgehalt n; **~ stage(s** pl) Anfangsstadium n; **~ subscription** WIRTSCH Erstzeichnung f; **~ symptoms** erste Symptome, Anfangssymptome; **~ teaching alphabet** Lautschrift f für den Anfangsunterricht im Lesen; → outlay B **2** TECH Anfangs..., Vor...: **~ tension** Vorspannung f **3** LING anlautend: **~ word** → initialism **B** S **1** Initiale f, (großer) Anfangsbuchstabe **2** pl Monogramm n **3** BOT Meristemzelle f **C** V/T prät u. pperf **-tialed**, bes Br **-tialled** **1** mit s-n Initialen versehen od unterzeichnen, abzeichnen, POL paraphieren **2** mit e-m Monogramm versehen: **~(l)ed paper** Monogrammpapier n; **initialism** S Initialwort n, Akronym n; **initialize** V/T IT ein Programm etc initialisieren (in e-n bestimmten Anfangszustand bringen); **initially** [-ʃəlɪ] ADV am od zu Anfang, zuerst, anfänglich, ursprünglich
initiate **A** V/T [ɪˈnɪʃɪeɪt] **1** etwas beginnen, anfangen, einleiten, in die Wege leiten, in Gang setzen, ins Leben rufen, initiieren **2** (**against**) JUR e-n Prozess einleiten, anstrengen (gegen), anhängig machen (dat) **3** (**into, in**) j-n einführen (in akk): **a** einweihen (in akk) **b** aufnehmen (in e-e exklusive Gesellschaft etc), (SOZIOL, Völkerkunde a.) initiieren **c** einarbeiten (in akk) **4** PARL als Erster beantragen, e-e Gesetzesvorlage einbringen **5** CHEM e-e Reaktion etc initiieren, auslösen **B** ADJ [-ʃɪət; US a. -ʃət] → initiated **C** S [-ʃɪət; US a. -ʃət] **1** **a** Eingeweihte(r) m/f(m) **b** Neuaufgenommene(r) m/f(m), (SOZIOL, Völkerkunde a.) Initiierte(r) m/f(m) **2** Neuling m, Anfänger(in); **initiated** [-ʃɪeɪtɪd] ADJ eingeweiht (etc; → initiate A): **the ~** koll die Eingeweihten pl
initiation [ɪˌnɪʃɪˈeɪʃn] S **1** Einleitung f, Ingangsetzung f, Initiierung f **2** JUR Anstrengung f **3** Einführung f: **a** Einweihung f **b** Aufnahme f, (SOZIOL, Völkerkunde a.) Initiation f: **~ rite** Initiationsritus m **c** Einarbeitung f **4** PARL Einbringung f
initiative [ɪˈnɪʃɪətɪv; bes US ɪˈnɪʃətɪv] **A** S **1** Initiative f: **a** erster Schritt: **take the ~** die Initiative ergreifen, den ersten Schritt tun **b** Anstoß m, Anregung f: **on sb's ~** auf j-s Initiative hin; **on one's own ~** aus eigener Initiative, aus eigenem Antrieb od Entschluss **c** Unternehmungsgeist m, Entschlusskraft f **2** POL (Gesetzes)Initiative f, Initiativrecht n des Volkes **B** ADJ (ADV **~ly**) **1** einführend, Einführungs... **2** beginnend, anfänglich **3** einleitend
initiator [ɪˈnɪʃɪeɪtə(r)] S **1** Initiator m, Initiatorin f, Urheber(in) **2** MIL (Initial)Zündladung f **3** CHEM reaktionsauslösende Substanz; **initiatory** [-ʃɪətərɪ; US -ʃɪəˌtəʊriː; -ˌtɔː-] ADJ **1** einleitend (Schritte etc) **2** einführend, einweihend: **~ ceremony** Einweihungszeremonie f
inject [ɪnˈdʒekt] V/T **1** MED **a** injizieren, einspritzen: **~ sth into sb**, **~ sb with sth** j-m etwas spritzen; → blood A 1 **b** Gefäße, Wunden etc ausspritzen (**with** mit) **c** e-e Einspritzung machen od spritzen in (akk) **2** TECH einspritzen **3** fig einflößen: **~ fear into sb**, **~ sb with fear** j-m Furcht einflößen **4** fig etwas (hinein)bringen (**into** in akk): **~ humo(u)r into the subject**; **~ new life into** neuen Schwung bringen in (akk), mit neuem Leben erfüllen (akk) **5** e-e Bemerkung einwerfen; **injectable** MED **A** ADJ injizierbar **B** S Injektionsmittel n
injection [ɪnˈdʒekʃn] S **1** MED Injektion f: **a** Einspritzung f, Spritze f: **give sb an ~** j-m e-e Spritze od e-e Injektion geben; **~ of money** fig Geld-, Finanzspritze **b** eingespritztes Medikament **c** Ausspritzung f (von Wunden etc) **2** TECH Einspritzung f: → fuel C 1 **3** GEOL Injektion f (das Eindringen von geschmolzenem Magma in Fugen u. Spalten e-s Gesteins) **4** Raumfahrt: Einschießen n (e-s Flugkörpers) in e-e Umlauf- od Flugbahn **5** **our club needs an ~ of new life** unser Verein braucht neuen Schwung; **~ die** S TECH Spritzform f; **~ mo(u)lding** S TECH Spritzguss(verfahren) m(n); **~ nozzle** S TECH Einspritzdüse f; **~ pressure** S TECH (Ein)Spritzdruck m; **~ pump** S TECH Einspritzpumpe f; **~ syringe** S MED Injektionsspritze f
injector [ɪnˈdʒektə(r)] S TECH **1** Injektor m (Dampfstrahlpumpe zur Speisung von Dampfkesseln) **2** → injection nozzle
injudicious [ˌɪndʒuːˈdɪʃəs] ADJ (ADV **~ly**) **1** unklug, unvernünftig **2** unüberlegt; **injudiciousness** S **1** Unklugheit f, Unvernünftigkeit f **2** Unüberlegtheit f
Injun [ˈɪndʒən] S bes US umg, oft pej Indianer(in): **honest ~!** (mein) Ehrenwort!, ehrlich!
injunct [ɪnˈdʒʌŋkt] V/T JUR durch e-e einstweilige Verfügung untersagen
injunction [ɪnˈdʒʌŋkʃn] S **1** JUR gerichtliches Verbot: (**interim** od **interlocutory**) **~** einstweilige Verfügung **2** ausdrücklicher Befehl: **lay an ~ of secrecy on sb** j-m ausdrücklich befehlen, Stillschweigen zu bewahren
injurant [ˈɪndʒʊrənt; bes US -dʒər-] S (gesundheits)schädliche Substanz, Schadstoff m
injure [ˈɪndʒə(r)] V/T **1** verletzen: **~ one's leg** sich am Bein verletzen; **be ~d** sich verletzen **2** fig **a** Gefühle, a. j-n kränken, verletzen, j-m wehtun **b** j-m unrecht tun **3** etwas beschädigen, verletzen **4** fig schaden (dat), schädigen, beeinträchtigen: **~ one's health** s-r Gesundheit schaden; **~ sb's interests** j-s Interessen schädigen; **injured** ADJ **1** verletzt **2** schadhaft, beschädigt **3** fig geschädigt: **~ party** JUR Geschädigte(r) m/f(m) **4** gekränkt, verletzt: **~ innocence** gekränkte Unschuld
injurious [ɪnˈdʒʊərɪəs] ADJ (ADV **~ly**) **1** (**to**) schädlich (für), abträglich (dat): **~ to health** gesundheitsschädlich; **be ~ (to)** schaden (dat) **2** kränkend, verletzend: **~ falsehood** JUR Br Anschwärzung f
injury [ˈɪndʒərɪ] S **1** MED Verletzung f (**to** an dat): **~ to the head** Kopfverletzung, -wunde f; **do sb (o.s.) an ~** j-n (sich) verletzen; **without ~** unverletzt; **~ problems** SPORT Verletzungsprobleme **2** (**to**) (Be)Schädigung f (gen), a. JUR Schaden m (an dat): **~ to person (prop-**

erty) Personen-(Sach)schaden; → **personal** A 1 3 *fig* Kränkung *f*, Verletzung *f* (*beide:* **to** *gen*); **~ benefit** S *Br* Unfall-, Krankengeld *n*; **~-plagued** ADJ SPORT verletzungsgeplagt; **~-prone** ADJ SPORT verletzungsanfällig; **~ time** S *Fußball*: Nachspielzeit *f*: **the referee allowed five minutes'** ~ der Schiedsrichter ließ fünf Minuten nachspielen

injustice [ɪnˈdʒʌstɪs] S Unrecht *n*, Ungerechtigkeit *f*: **do sb an ~** j-m ein Unrecht zufügen, j-m unrecht tun; **suffer an ~** ungerecht behandelt werden

ink [ɪŋk] A S 1 Tinte *f* 2 Tusche *f* 3 TYPO Druckfarbe *f*: **(printer's) ~** Druckerschwärze *f* 4 ZOOL Tinte *f*, Sepia *f* B V/T 1 mit Tinte schwärzen *od* beschmieren 2 *a.* **~ up** TYPO *Druckwalzen etc* einfärben 3 **~ in, ~ over** tuschieren, mit Tusche ausziehen 4 mit Tinte schreiben 5 *US umg e-n Vertrag etc* unterschreiben; **~ bag** → ink sac; **~ ball** S TYPO, HIST Anschwärzballen *m*; **~blot** S PSYCH Klecksbild *n* (*im Formdeutetest*); **~bottle** S Tintenfass *n*; **~ eraser** S Tintenradiergummi *m*; **~ fountain** → fount² 1 b; **~horn** A S HIST tragbares Tintenfass B ADJ affektiert gelehrt (*Ausdruck*); **~jet printer** S Tintenstrahldrucker *m*; **~ killer** S Tintenkiller *m*, -tod *m*

inkling [ˈɪŋklɪŋ] S 1 Andeutung *f*, Wink *m* 2 dunkle Ahnung: **give sb an ~ of** (*od* **as to**) **sth** j-m e-e ungefähre Vorstellung von etwas geben; **have an ~ of sth** etwas dunkel ahnen; **not have the least ~** keine blasse Ahnung *od* nicht die leiseste Idee haben

ink| nut S BOT Tintennuss *f*; **~pad** S Stempelkissen *n*; **~ pencil** S Tinten-, Kopierstift *m*; **~pot** S Tintenfass *n*; **~ sac** S ZOOL Tintenbeutel *m* (*der Tintenfische*); **~ stain** S Tintenklecks *m*, -fleck *m*; **~stand** S Tintenfass *n*; **~well** S (eingelassenes) Tintenfass

inky [ˈɪŋkɪ] ADJ 1 tinten-, pechschwarz (*Dunkelheit etc*) 2 tintenartig 3 mit Tinte beschmiert, voll Tinte, tintig, Tinten...: **~ fingers**; **~ cap** S BOT Tintling *m*, Tintenpilz *m*

inlace [ɪnˈleɪs] → enlace

inlaid [ˌɪnˈleɪd; ˈɪnleɪd] A *pperf von* **inlay** B ADJ 1 eingelegt, Einlege...: **~ table** Tisch *m* mit Einlegearbeit; **~ work** Einlegearbeit *f* 2 parkettiert, Parkett...: **~ floor** Parkett (-fußboden) *n(m)*

inland A S [ˈɪnlənd; ˈɪnlænd] 1 In-, Binnenland *n* 2 (*das*) Landesinnere B ADJ [ˈɪnlənd; -lænd] 1 binnenländisch, Binnen...: **~ duty (market, navigation, town, trade, waters)** Binnenzoll *m* (-markt *m*, -schifffahrt *f*, -stadt *f*, -handel *m*, -gewässer *n*); **~ marine insurance** Binnentransportversicherung *f* 2 inländisch, einheimisch, Inland..., Landes...: **~ commodities** einheimische Waren; **~ produce** Landeserzeugnisse *pl* 3 nur für das Inland bestimmt, Inlands...: **~ air traffic** Inlandsluftverkehr *m*; **~ bill (of exchange)** WIRTSCH Inlandswechsel *m*; **~ mail** Inlandspost *f*; **~ payments** WIRTSCH Inlandszahlungen; **~ revenue** WIRTSCH *Br* Staatseinkünfte *pl* (*aus inländischen Steuern u. Abgaben*); **☊ Revenue** WIRTSCH *Br* Finanzverwaltung *f*, *umg* Finanzamt *n*; → **board¹** A 4 C ADV [ɪnˈlænd; *US* ˈɪnˌlænd; ˈɪnlənd] landeinwärts: a im Landesinneren b ins Landesinnere

inlander [ˈɪnləndə(r)] S Binnenländer(in), im Landesinneren Lebende(r) *m/f(m)*

in-law [ˈɪnlɔː] S angeheiratete(r) Verwandte(r), *pl a.* Schwiegereltern *pl*

inlay A V/T *irr* [ˌɪnˈleɪ] 1 *Holz etc* einlegen (**with** mit) 2 furnieren 3 täfeln, auslegen: **~ a floor** e-n Fußboden parkettieren 4 einbetten (**in** in *akk*) 5 *e-n Buchdeckel etc* mit eingelegten Illustrationen versehen B S [ˈɪnleɪ] 1 Einlegearbeit *f*, Intarsia *f* 2 Einlegestück *n* 3 Einsatz(stück) *m(n)* (*am Kleid*) 4 MED Inlay *n*: a (gegossene) (Zahn)Füllung b Knochenspan *m*, Implantat *n* 5 *a.* **~ graft** BOT (In)Okulation *f*; **inlayer** S innere Schicht; **inlaying** [ˌɪnˈleɪɪŋ; ˈɪnˌl-] S 1 Einlegen *n* 2 Furnieren *n* 3 Auslegen *n*, Täfelung *f*: **~ of floors** Parkettierung *f*; **~ saw** Laub-, Schweifsäge *f* 4 → inlay B 1, B 2

inlet [ˈɪnlet] S 1 Eingang *m* (*a.* ANAT) 2 Einlass *m* (*a.* TECH): **~ stroke** AUTO (An)Saughub *m*; **~ valve** Einlassventil *n* 3 a schmale Bucht b schmaler Wasserlauf c Meeresarm *m* d SCHIFF (*Hafen*) Einfahrt *f* 4 eingelegtes Stück, Einsatz *m*

inlier [ˈɪnˌlaɪə(r)] S GEOL Einschluss *m*

in-line| engine S TECH Reihenmotor *m*; **~ skate** S Inlineskate *n* (*Rollschuh mit in e-r Reihe hintereinander angeordneten Rollen*); **~ skater** S Inlineskater(in)

in loco parentis [ɪnˌləʊkəʊpəˈrentɪs] ADV *bes* JUR in loco parentis, an Eltern statt: **be ~** Elternstelle vertreten

inly [ˈɪnlɪ] ADV *poet* 1 innerlich 2 tief, innig (-lich)

inlying [ˈɪnˌlaɪɪŋ] ADJ innen *od* im Innern liegend, Innen..., inner(er, e, es)

inmarriage → endogamy

inmate [ˈɪnmeɪt] S 1 Insasse *m*, Insassin *f* (*e-r Anstalt, e-s Gefängnisses etc*) 2 *obs* Bewohner(in) 3 *obs* Hausgenosse *m*, -genossin *f*, Mitbewohner(in)

in medias res [ɪnˌmiːdiæsˈreɪz; -ˈreɪs; ɪnˌmedɪəs-] ADV: **plunge ~** in medias res gehen *od* kommen, ohne Umschweife zur Sache kommen

in memoriam [ˌɪnmɪˈmɔːrɪæm; *US a.* -ˈməʊ-] PRÄP in memoriam, zum Andenken *od* zur Erinnerung an (*akk*)

in-migrant S Zugewanderte(r) *m/f(m)*; **in-migrate** V/I zuwandern

inmost [ˈɪnməʊst] ADJ 1 innerst(er, e, es) (*a. fig*) 2 *fig* tiefst(er, e, es), geheimst(er, e, es): **his ~ desires**

inn [ɪn] S 1 Gasthaus *n*, -hof *m* 2 Wirtshaus *n* 3 → Inns of Court

innards [ˈɪnə(r)dz] SPL *umg* a Eingeweide *pl*: **his ~ were rumbling** ihm knurrte der Magen, es rumorte in s-m Bauch b (*das*) Innere: **from the earth's ~** aus dem Erdinneren c Innereien *pl* (*e-r Maschine etc*)

innate [ˌɪˈneɪt; ˈɪneɪt] ADJ 1 angeboren (**in** *dat*): **his ~ courtesy** die ihm angeborene Höflichkeit 2 → inherent 1 3 BOT a angewachsen b → endogenous b; **innately** ADV von Natur (aus): **~ kind**

innavigable [ɪˈnævɪɡəbl] ADJ 1 SCHIFF a nicht schiffbar, unbefahrbar b fahruntüchtig 2 FLUG unlenkbar (*Luftschiff*)

inner [ˈɪnə(r)] A ADJ 1 inner(er, e, es), inwendig, Innen...: **~ city (area)** (*von ärmeren Bevölkerungsschichten bewohnte*) Innenstadt; **~ conductor** ELEK Innenleiter *m*; **~ ear** ANAT Innenohr *n*; **~ door** Innentür *f* 2 *fig* inner(er, e, es), vertraut, enger(er, e, es): **the ~ circle of his friends** sein engerer Freundeskreis 3 geistig, seelisch, innerlich: **~ life** Innen-, Seelenleben *n* 4 verborgen, tiefer (*Bedeutung etc*) 5 MUS Mittel...: **~ voice** → inner part 6 CHEM intramolekular B S *Bogenschießen*: (Treffer *m* in das) Schwarze (*e-r Schießscheibe*); **~-directed** ADJ nonkonformistisch, eigenbestimmt; **~ man** S *irr* a Seele *f*, Geist *m* b *hum* Magen *m* c *hum* Appetit *m*: **satisfy the ~** für sein leibliches Wohl sorgen

innermost [ˈɪnə(r)məʊst] → inmost

inner| part S MUS Mittelstimme *f* (*Alt u. Tenor*); **~ span** S ARCH lichte Weite; **~ square** S TECH innerer rechter Winkel (*Winkelmaß*); **~ surface** S Innenseite *f*, -fläche *f*

innervate [ˈɪnɜːveɪt; ɪˈnɜːveɪt; *US* ɪnˈɜr-; ˈɪnɜr-] V/T PHYSIOL 1 innervieren, mit Nerven(reizen) versorgen 2 (durch Nervenreize) anregen, stimulieren; **innervation** S 1 Innervation *f*, Versorgung *f* mit Nerven(reizen) 2 Anregung *f od* Stimulation *f* (durch Nervenreize)

inning [ˈɪnɪŋ] S 1 *pl(als sg konstruiert)* **he had a good ~s** *Br umg* er hatte ein langes u. ausgefülltes Leben 2 a *obs* Zurückgewinnung *f* (*überfluteten Landes*) b *pl* dem Meer abgewonnenes Land 3 *obs* Einbringung *f* (*der Ernte*)

innkeeper S (Gast)Wirt(in)

innocence [ˈɪnəsəns] S 1 Unschuld *f*: a Schuldlosigkeit *f* b sittliche Reinheit, Unberührtheit *f*: **lose one's ~** s-e Unschuld verlieren c Harmlosigkeit *f* d Arglosigkeit *f*, Naivität *f*, Einfalt *f* 2 Unkenntnis *f*, Unwissenheit *f*

innocent [ˈɪnəsnt] A ADJ 1 unschuldig: a schuldlos (**of** an *dat*) b sittlich rein, (*Mädchen a.*) unberührt c harmlos: **~ air** Unschuldsmiene *f* d arglos, naiv, einfältig 2 harmlos (*Spiel etc*) 3 unbeabsichtigt (*Täuschung etc*) 4 JUR a → A 1 a b gutgläubig (*Käufer etc*) c (gesetzlich) zulässig, legal (*Handel etc*) d nicht geschmuggelt (*Ware*) e *Völkerrecht*: friedlich: **~ passage** friedliche Durchfahrt (*von Handelsschiffen*) 5 **~ of** frei von, bar (*gen*), ohne (*akk*): **~ of self-respect** ohne jede Selbstachtung; **he is ~ of Latin** er kann kein Wort Latein; **he is ~ of such things** er hat noch nie etwas von diesen Dingen gehört; **her face was ~ of cosmetics** sie war ungeschminkt B S 1 Unschuldige(r) *m/f(m)*: **the Massacre of the ☊s** BIBEL der Kindermord zu Bethlehem; **☊s' Day** REL das Fest der Unschuldigen Kinder 2 naiver Mensch, Einfaltspinsel *m pej* 3 Ignorant(in), Nichtswisser(in), -könner(in); **innocentize** V/T *US* verharmlosen; **innocently** ADV 1 unschuldig (*etc*, → innocent A) 2 in aller Unschuld

innocuity [ˌɪnɒˈkjuːətɪ; ˌɪnə-; *US* ˌɪnɑˈkj-] S Harmlosigkeit *f*, Unschädlichkeit *f*; **innocuous** [ɪˈnɒkjʊəs; *US* ɪnˈɑkjəwəs] ADJ (ADV **~ly**) 1 harmlos, unschädlich 2 → inoffensive 2 3 *fig* fad(e), langweilig (*Roman etc*)

innominate [ɪˈnɒmɪnət; *US* ɪnˈɑm-] ADJ 1 namenlos 2 → anonymous; **~ bone** S ANAT Hüftbein *n*, -knochen *m*

innovate [ˈɪnəʊveɪt; ˈɪnə-] A V/T (neu) einführen B V/I Neuerungen einführen *od* vornehmen, WIRTSCH, SOZIOL *a.* innovieren (*alle:* **on, in** an *dat*, bei, in *dat*)

innovation [ˌɪnəʊˈveɪʃn; ˌɪnəˈv-] S 1 (Neu)Einführung *f* 2 Neuerung *f*, WIRTSCH, SOZIOL *a.* Innovation *f* 3 BOT Neubildung *f*, junger Jahrestrieb; **innovational** [-ʃənl] → innovative; **innovationist** S Neuerer *m*, Neuerin *f*; **innovative** [-veɪtɪv] ADJ (ADV **~ly**) Neuerungs..., WIRTSCH, SOZIOL *a.* innovativ, innovatorisch; **innovator** [-tə(r)] → innovationist; **innovatory** [-veɪtərɪ; *US a.* -vəˌtəʊriː; -ˌtɔː-] → innovative

innoxious [ɪˈnɒkʃəs; *US* ɪˈnɑk-] ADJ (ADV **~ly**) → innocuous 1

Inns of Court SPL JUR *Br die vier Innungen der* ***barristers*** *in London* ***(Inner Temple, Middle Temple, Lincoln's Inn, Gray's Inn),*** *die für Ausbildung und Zulassung der* ***barristers*** *zuständig sind*

innuendo [ˌɪnjuːˈendəʊ; *US* ˌɪnjəˈwendəʊ] A *pl* -does, -dos S 1 (**about, at**) versteckte Andeutung (über *akk*) *od* Anspielung (auf *akk*)(*a.* JUR *in Beleidigungsklagen*): **make an ~** e-e versteckte Andeutung machen 2 Anzüglichkeit *f*, Zweideutigkeit *f* B V/I versteckte Andeutungen *od* Anspielungen machen

innumerable [ɪˈnjuːmərəbl; *US a.* ɪnˈuːm-] ADJ (ADV **innumerably**) unzählig, zahllos

innutrition [ˌɪnjuːˈtrɪʃn; US a. ˌɪnuːˈt-] S Nahrungsmangel m

inobservance [ˌɪnəbˈzɜːvəns; US -ˈzɜr-] S **1** Nichtbeachtung f, -befolgung f **2** Unaufmerksamkeit f, Unachtsamkeit f; **inobservant** ADJ (ADV ~ly) **1** nicht beachtend od befolgend (**of** akk) **2** unaufmerksam, unachtsam: **be ~ of** nicht achten auf (akk)

inoccupation [ˈɪnˌɒkjʊˈpeɪʃn; US -ˌɑkjəˈp-] S Beschäftigungslosigkeit f

inoculable [ɪˈnɒkjʊləbl; US ɪnˈɑkjə-] ADJ MED **1** impfbar **2** durch Impfung übertragbar (Krankheitserreger); **inoculant** [-lənt] S MED Impfstoff m; **inoculate** [-leɪt] V/T **1** ~ **sth on** (od **into**) **sb**, ~ **sb with sth** MED j-m etwas einimpfen **2** MED j-n impfen (**against** gegen) **3** MED Krankheitserreger durch Impfung übertragen **4** ~ **with** fig j-m etwas einimpfen, j-n erfüllen mit: ~ **sb with new ideas**; **inoculation** S **1** MED Impfung f: **give sb an ~** j-n impfen; **he had an ~ against yellow fever** er ließ sich gegen Gelbfieber impfen; ~ **gun** Impfpistole f; → **preventive** A **2** MED Einimpfung f **3** MED Übertragung f durch Impfung **4** fig Einimpfung f, Erfüllung f; **inoculative** [-lətɪv; US -ˌleɪtɪv] S MED Impf…, Impfungs…; **inoculator** [-leɪtə(r)] S MED Impfarzt m, -ärztin f; **inoculum** [-ləm] pl -la [-lə] S MED Impfstoff m

inocyte [ˈɪnəʊsaɪt; ˈaɪ-] S ANAT Fibroblast m, Bindegewebszelle f

inodorous [ɪnˈəʊdərəs] ADJ (ADV ~ly) geruchlos

inoffensive [ˌɪnəˈfensɪv] ADJ (ADV ~ly) **1** harmlos, unschädlich **2** **a** friedfertig (Person) **b** harmlos (Bemerkung etc); **inoffensiveness** S **1** Harmlosigkeit f, Unschädlichkeit f **2** Friedfertigkeit f

inofficious [ˌɪnəˈfɪʃəs] ADJ (ADV ~ly) JUR pflichtwidrig: ~ **testament** (od **will**) gegen die natürlichen Pflichten des Erblassers verstoßendes Testament

inoperable [ɪnˈɒpərəbl; US -ˈɑp-] ADJ (ADV inoperably) **1** undurchführbar **2** MED inoperabel, nicht operierbar

inoperative [ɪnˈɒpərətɪv; US -ˈɑp-; ɪnˈɑpəˌreɪtɪv] ADJ **1** unwirksam: **a** wirkungslos **b** JUR ungültig: **become ~** unwirksam werden, außer Kraft treten **2** **a** außer Betrieb **b** nicht einsatzfähig **3** stillgelegt (Zeche etc)

inopportune [ɪnˈɒpətjuːn; US ɪnˌɑpərˈtuːn] ADJ ungünstig, unpassend, unangebracht, unzweckmäßig, ungelegen, inopportun: **at an ~ time** (od **moment**) zur Unzeit; **inopportunely** ADV **1** → inopportune **2** zur Unzeit; **inopportuneness** S Ungelegenheit f, Unzweckmäßigkeit f

inordinate [ɪˈnɔːdɪnət; US ɪnˈɔːrdnət] ADJ (ADV ~ly) **1** in Unordnung, durcheinander **2** un-, übermäßig: **a film of ~ length** ein Film mit Überlänge; ~ **demands for wages** überzogene Lohnforderungen **3** fig ungeregelt **4** fig zügellos, ungezügelt (Leidenschaften etc); **inordinateness** S **1** Un-, Übermäßigkeit f **2** Zügellosigkeit f

inorg. ABK inorganic

inorganic [ˌɪnɔː(r)ˈgænɪk] ADJ (ADV ~ally) **1** unorganisch **2** CHEM anorganisch (Chemie etc) **3** fig nicht organisch (entstanden od gewachsen), unorganisch

inorganization [ɪnˌɔː(r)gənaɪˈzeɪʃn; US -nəˈz-] S Mangel m an Organisation

inosculate [ɪˈnɒskjʊleɪt; US ɪnˈɑskjə-] A V/T **1** MED Gefäße verbinden, -einigen **2** fig eng (miteinander) verbinden: ~ **past and present** B V/I **1** ANAT sich verbinden od vereinigen (Gefäße) **2** fig sich eng (miteinander) verbinden; **inosculation** S **1** ANAT, MED Verbindung f, Vereinigung f **2** fig enge Verbindung

inpatient [ˈɪnˌpeɪʃnt] S stationäre(r) Patient(in): ~ **treatment** stationäre Behandlung; **receive ~ treatment** stationär behandelt werden

inpayment [ˈɪnˌpeɪmənt] S WIRTSCH Einzahlung f

inphase [ˈɪnfeɪz] ADJ ELEK gleichphasig; ~ **component** S ELEK Wirkkomponente f

in-plant [ˈɪnplɑːnt; US -ˌplænt] ADJ bes US innerbetrieblich, betriebsintern (Trainingsprogramm etc)

inpouring [ˈɪnˌpɔːrɪŋ] A ADJ (her)einströmend B S (Her)Einströmen n

input [ˈɪnpʊt] A S Input m: **a** eingesetzte Produktionsmittel pl etc **b** ELEK zugeführte Leistung, Eingangsleistung f: ~ **amplifier** Eingangsverstärker m; ~ **impedance** Eingangswiderstand m **c** TECH eingespeiste Menge **d** COMPUT (Daten)Eingabe f: ~ **device** Eingabegerät n; ~ **file** Eingabedatei f B V/T prät u. pperf -putted, -put COMPUT Daten eingeben (**into** in akk); **~-output analysis** S irr IT Input-Output-Analyse f: **a** *Analyse der Wirkungsweise e-s Systems aufgrund der Gegenüberstellung von Input u. Output* **b** WIRTSCH *Betrachtung der ökonomischen Aktivitäten e-s Industriezweigs anhand der von ihm eingesetzten u. erzeugten Güter*

inquest [ˈɪnkwest] S **1** JUR **a** gerichtliche Untersuchung **b** *gerichtliches Verfahren zur Untersuchung der Todesursache* **2** umg für inquiry 2

inquietude [ɪnˈkwaɪətjuːd; US a. -ˌtuːd] S Unruhe f, Beunruhigung f, Besorgnis f

inquiline [ˈɪnkwɪlaɪn] ZOOL A S Inquilin m, Einmieter m B ADJ mitbewohnend

inquire [ɪnˈkwaɪə(r)] A V/T sich erkundigen nach, erfragen (beide: **of sb** bei j-m) B V/I **1** (**of sb** bei j-m) (nach)fragen, sich erkundigen (beide: **after**, **for** nach; **about** wegen), Erkundigungen einziehen (**about** über akk, wegen): ~ **after sb** sich nach j-m od j-s Befinden erkundigen; **be much ~d after** (od **for**) sehr gefragt od begehrt sein; **"~ within"** „Näheres im Hause (zu erfragen)" **2** Untersuchungen anstellen, nachforschen: ~ **into sth** etwas untersuchen od prüfen od erforschen; **inquirer** S **1** Fragesteller(in), (An)Fragende(r) m/f(m) **2** Untersuchende(r) m/f(m); **inquiring** ADJ (ADV ~ly) **1** forschend, fragend (Blick etc) **2** wissbegierig, forschend, neugierig

inquiry [ɪnˈkwaɪərɪ; US a. ˈɪnkwəriː] S **1** Erkundigung f, (An-, Nach)Frage f: **on ~** auf Nach- od Anfrage; **make inquiries** Erkundigungen einholen od einziehen (**of sb** bei j-m; **about**, **after** über akk, wegen) **2** Untersuchung f, Prüfung f (beide: **of**, **into** gen), Nachforschung f, Ermittlung f, Recherche f **3** pl BAHN etc Auskunft f (Büro, Schalter); ~ **office** S Auskunftsbüro n, BAHN etc Auskunft f

inquisition [ˌɪnkwɪˈzɪʃn] S **1** Untersuchung f (**into** gen) **2** JUR **a** gerichtliche od amtliche Untersuchung: ~ **in lunacy** Br Untersuchung des Geisteszustandes (e-r Person) **b** Gutachten n **c** Untersuchungsprotokoll n **3** ~ KATH **a** HIST Inquisition f **b** Kongregation f des heiligen Offiziums **4** eindringliche Befragung; **inquisitional** [-ʃənl] ADJ **1** Untersuchungs… **2** KATH, HIST Inquisitions… **3** → inquisitorial 3

inquisitive [ɪnˈkwɪzətɪv] ADJ (ADV ~ly) **1** wissbegierig: **be ~ about sth** etwas gern wissen wollen **2** neugierig; **inquisitiveness** S **1** Wissbegier(de) f **2** Neugier(de) f; **inquisitor** [-zɪtə(r)] S **1** → inquirer **2** JUR Untersuchungsbeamte(r) m, -beamtin f, -richter(in) **3** KATH, HIST Inquisitor m: **Grand ~** Großinquisitor; **inquisitorial** [-zɪˈtɔːrɪəl; US a. -ˈtəʊ-] ADJ (ADV ~ly) **1** JUR Untersuchungs…: ~ **trial** **a** *Prozess, bei dem der Richter gleichzeitig staatsanwaltliche Funktionen ausübt* **b** *Prozess mit geheimem Verfahren* **2** KATH, HIST Inquisitions… **3** inquisitorisch, unerbittlich **4** aufdringlich neugierig

inquorate [ɪnˈkwɔːreɪt; -rət] ADJ Br beschlussunfähig

in| re [ɪnˈreɪ] PRÄP JUR in Sachen, betrifft; ~ **rem** [ɪnˈrem] ADJ JUR: ~ **action** dingliche Klage; **right ~** dingliches Recht

inroad [ˈɪnrəʊd] S **1** bes MIL Einfall m (**in, into, on, upon** in akk): **make an ~** einfallen **2** fig (**in, into, on, upon**) Eingriff m (in akk), Übergriff m (auf akk): **make ~s into sb's rights** in j-s Rechte eingreifen **3** a. **heavy ~** fig übermäßige Inanspruchnahme (**in, into, on, upon** gen): **make ~s on sb's free time** j-s Freizeit stark einschränken; **make ~s into sb's savings** ein großes Loch in j-s Ersparnisse reißen **4** fig Eindringen n (**in, into, on, upon** in akk): **make ~s into a market** WIRTSCH in e-n Markt eindringen

inrush [ˈɪnrʌʃ] S **1** (Her)Einströmen n **2** fig Flut f, (Zu)Strom m: ~ **of tourists** Touristenstrom

ins. ABK **1** inches PL **2** insurance

insalivate [ɪnˈsælɪveɪt] V/T MED Nahrung einspeicheln

insalubrious [ˌɪnsəˈluːbrɪəs] ADJ (ADV ~ly) ungesund, unzuträglich, unbekömmlich (Klima etc); **insalubrity** [-brətɪ] S Unzuträglichkeit f, Unbekömmlichkeit f

insane [ɪnˈseɪn] ADJ (ADV ~ly) wahnsinnig, irrsinnig: **a** MED geisteskrank: ~ **asylum** bes US Heil- u. Pflegeanstalt f **b** fig verrückt, toll (Ideen etc); **insaneness** → insanity

insanitary [ɪnˈsænɪtərɪ; US -nəˌteriː] ADJ unhygienisch, gesundheitsschädlich; **insanitation** S unhygienischer Zustand

insanity [ɪnˈsænətɪ] S Wahnsinn m, Irrsinn m: **a** MED Geisteskrankheit f **b** fig Verrücktheit f, Tollheit f

insatiability [ɪnˌseɪʃjəˈbɪlətɪ; bes US -ʃəˈb-] S Unersättlichkeit f; **insatiable** ADJ (ADV insatiably) unersättlich (Person), unstillbar (Durst etc) (beide a. fig): **he is ~ of** (od **for**) **power** sein Machthunger ist unstillbar; ~ **desire for knowledge** unstillbarer Wissensdurst; **insatiableness** → insatiability

insatiate [ɪnˈseɪʃɪət; US a. -ʃət], etc → insatiable etc

inscribe [ɪnˈskraɪb] V/T **1** → engrave **2** (ein)schreiben, eintragen (beide: **in** in akk): ~ **one's name in a book** sich in ein Buch eintragen; **they have ~d their names (up)on the pages of history** sie haben Geschichte gemacht, sie sind in die Geschichte eingegangen; **~d stock** WIRTSCH Br Namensaktien pl (nur bei der Emissionsstelle eingetragene Aktien ohne Besitzerzertifikat) **3** *ein Buch etc* mit e-r (persönlichen) Widmung versehen **4** MATH einbeschreiben (**in** dat): **~d angle** einbeschriebener Winkel

inscription [ɪnˈskrɪpʃn] S **1** In- od Aufschrift f **2** Eintragung f **3** (persönliche) Widmung **4** MATH Einbeschreibung f; **inscriptional** [-ʃənl] ADJ, **inscriptive** [-tɪv] ADJ (ADV ~ly) **1** Inschriften… **2** inschriftartig

inscrutability [ɪnˌskruːtəˈbɪlətɪ] S Unerforschlichkeit f, Unergründlichkeit f; **inscrutable** ADJ (ADV inscrutably) unerforschlich, unergründlich: **the ~ ways of Providence**

insect [ˈɪnsekt] S **1** ZOOL Insekt n, Kerbtier n: ~ **bite** Insektenstich m; ~ **feeder** → insectivore 1 a, 2; ~ **pest** Insektenplage f; **~-repellent** Insekten vertreibend; ~ **repellent** → insectifuge; ~ **spray** Insektenspray *m/n* 2 *fig pej* Wanze *f*; **insectarium** [-ˈteəriəm] *pl* -ia [-iə] *od* -iums, **insectary** [ɪnˈsektəri; *US a.* ˈɪnˌsek-] S Insektarium *n* (*der Aufzucht u. dem Studium von Insekten dienende Anlage*); **insecticidal** [-tɪˈsaɪdl] ADJ CHEM insektizid, Insekten vernichtend; **insecticide** [-saɪd] S CHEM Insektizid *n*, Insektenvernichtungsmittel *n*; **insectifuge** [-fjuːdʒ] S Insektenvertreibungsmittel *n*; **insectivore** [-vɔː(r)] S 1 ZOOL Insektenfresser *m*: a *insektenfressendes Tier* b *Säugetier der Ordnung Insectivora* 2 BOT fleischfressende Pflanze; **insectivorous** [-ˈtɪvərəs] ADJ 1 ZOOL insektenfressend 2 BOT fleischfressend

insecure [ˌɪnsɪˈkjʊə(r)] ADJ (ADV ~ly) 1 ungesichert, nicht fest 2 *fig* unsicher: a ungesichert, riskant (*Investition etc*) b gefährdet: **their marriage was ~ from the very beginning** c nicht selbstsicher: **feel ~** sich unsicher fühlen; **insecurity** [ˌɪnsɪˈkjʊərəti] S Unsicherheit *f*

inselberg [ˈɪnzlbɜːg; *US* -ˌbɜrg] *pl* -bergs, -berge [-gə] S Inselberg *m*

inseminate [ɪnˈsemɪneɪt] V/T 1 AGR a *den Boden* einsäen b *Samen* (aus)säen 2 (ein)pflanzen 3 BIOL befruchten, ZOOL *a.* besamen 4 *fig* einprägen: ~ **sth in(to) sb's mind**, ~ **sb's mind with sth** j-m etwas einimpfen; **insemination** S 1 AGR (Ein)Säen *n* 2 (Ein)Pflanzen *n* 3 BIOL Befruchtung *f*, Besamung *f* 4 *fig* Einimpfung *f*

insensate [ɪnˈsenseɪt; -sət] ADJ (ADV ~ly) 1 gefühllos: a empfindungslos, leblos (*Stein etc*) b hart, brutal 2 unsinnig, unvernünftig 3 übermäßig, sinnlos (*Zorn etc*) 4 → insensible 3; **insensateness** S 1 Gefühllosigkeit *f*: a Empfindungs-, Leblosigkeit *f* b Härte *f*, Brutalität *f* 2 Unsinnigkeit *f*, Unvernunft *f* 3 → insensibility 3

insensibility [ɪnˌsensəˈbɪləti] S 1 Empfindungs-, Gefühllosigkeit *f*, Unempfindlichkeit *f* (*alle:* **to** gegen): ~ **to pain** Schmerzunempfindlichkeit 2 Bewusstlosigkeit *f* 3 *fig* (**of, to**) Unempfänglichkeit *f* (für), Gleichgültigkeit *f* (gegen)

insensible [ɪnˈsensəbl] ADJ (ADV insensibly) 1 empfindungslos, gefühllos, unempfindlich (*alle:* **to** gegen): ~ **to pain** schmerzunempfindlich 2 bewusstlos: **knock sb ~**; **fall ~** in Ohnmacht fallen 3 *fig* (**of, to**) unempfänglich (für), gleichgültig (gegen) 4 sich nicht bewusst (**of** *gen*): **not be ~ of sth** sich e-r Sache durchaus *od* sehr wohl bewusst sein 5 unmerklich

insensitive [ɪnˈsensətɪv] ADJ (ADV ~ly) 1 *a.* PHYS, TECH unempfindlich (**to** gegen): **an ~ skin**; ~ **to light** lichtunempfindlich 2 → insensible 1, 3; **insensitiveness**, **insensitivity** S 1 Unempfindlichkeit *f*: ~ **to light** Lichtunempfindlichkeit 2 → insensibility 1, 3

insentient [ɪnˈsenʃiənt; -ʃnt] → insensate 1, insensible 1

inseparability [ɪnˌsepərəˈbɪləti; -prəˈb-] S 1 Untrennbarkeit *f* 2 Unzertrennlichkeit *f*; **inseparable** A ADJ (ADV inseparably) 1 untrennbar (*a.* LING): **be ~ from** untrennbar verbunden sein mit 2 unzertrennlich (*Freunde etc*) B S 1 *pl* untrennbare Dinge *pl* 2 *pl* unzertrennliche Freunde *pl*: **they are ~s** sie sind unzertrennlich

insert A V/T [ɪnˈsɜːt; *US* ɪnˈsɜrt] 1 einfügen, -setzen, -schieben, *Worte a.* einschalten, *ein Instrument etc* einführen, *e-e CD, Diskette etc* einlegen, *e-n Schlüssel etc* (hinein)stecken, *e-e Münze etc* einwerfen (*alle:* **in, into** in *akk*) 2 ELEK einschalten, zwischenschalten 3 ~ **an advertisement in(to) a newspaper** e-e Anzeige in e-e Zeitung setzen, in e-r Zeitung inserieren B S [ˈɪnsɜːt; *US* ˈɪnˌsɜrt] 1 → insertion 2, 3, 4, 5: ~ **key** COMPUT Einfügetaste *f* 2 FILM, TV Insert *n*, Einblendung *f*, Zwischenschnitt *m*

insertion [ɪnˈsɜːʃn; *US* -ˈsɜr-] S 1 Einfügen *n*, -setzen *n*, Einführung *f*, Einwurf *m* 2 Einfügung *f*, Ein-, Zusatz *m*, Einschaltung *f* 3 Einsatz(stück) *m(n)*: ~ **of lace** Spitzeneinsatz 4 (*Zeitungs*) Anzeige *f*, Inserat *n* 5 (*Zeitungs*) Beilage *f*, (*Buch*) Einlage *f* 6 ELEK Ein-, Zwischenschaltung *f* 7 ANAT, BOT a Einfügung *f* (*e-s Organs*) b Ansatz(stelle) *m(f)*: **muscular ~** ANAT Muskelansatz 8 → injection 4

in-service ADJ: ~ **training** berufsbegleitende Aus- *od* Weiterbildung

insessorial [ˌɪnseˈsɔːriəl; *US a.* -ˈsəʊ-] ADJ ORN 1 hockend (*Vögel*) 2 zum Hocken geeignet (*Fuß*)

inset[1] A S [ˈɪnset] 1 → insertion 2, 3, 5 2 Eckeinsatz *m*, Nebenbild *n*, -karte *f* 3 Einsetzen *n* (*der Flut*), Hereinströmen *n* B V/T [ˌɪnˈset; *US a.* ˈɪnˌset] *irr prät u. pperf a.* insetted einfügen, -setzen, -schieben, -schalten (*alle:* **in, into** in *akk*)

INSET[2] ABK *Br* in-service education and training

inshore [ˌɪnˈʃɔː(r); *US a.* ˌɪnˈʃəʊr] A ADJ 1 an *od* nahe der Küste: ~ **fishing** Küstenfischerei *f* 2 sich auf die Küste zu bewegend: ~ **current** Küstenströmung *f* B ADV 1 zur Küste hin 2 nahe der Küste 3 ~ **of the ship** zwischen Schiff u. Küste

inshrine [ɪnˈʃraɪn] → enshrine

inside [ˌɪnˈsaɪd; ˈɪnsaɪd] A S 1 Innenseite *f*, -fläche *f*, innere Seite: **on the ~** innen (→ A 2); ~ **of the post** SPORT Innenpfosten *m* 2 (*das*) Innere: **from the ~** von innen; ~ **out** das Innere *od* die Innenseite nach außen (gekehrt), verkehrt, umgestülpt; **he was wearing his pullover ~ out** er hatte s-n Pullover links an; **turn sth ~ out** a etwas umdrehen *od* umstülpen b *fig* etwas (völlig) umkrempeln *od* auf den Kopf stellen; **know sth ~ out** etwas in- u. auswendig kennen; **on the ~** eingeweiht (→ A 1); **sb on the ~** ein Insider, ein Eingeweihter 3 Häuserseite *f* (*e-s Radwegs etc*) 4 *fig* inneres Wesen, (*das*) Innerste *od* Wesentliche: **look into the ~ of sth** etwas gründlich untersuchen 5 *meist pl umg* Eingeweide *pl*, *bes* Magen *m*, Bauch *m*: **a pain in one's ~s** Bauchschmerzen *pl* 6 Mitte *f*: **the ~ of a week** die Wochenmitte 7 *umg* Insiderinformationen *pl*, interne *od* vertrauliche Informationen *pl* (*alle:* **on** über *akk*) B ADJ [*meist* ˈɪnsaɪd] 1 im Innern (befindlich), inner(er, e, es), Innen..., inwendig: ~ **cal(l)iper** TECH Lochzirkel *m*; ~ **diameter** Innendurchmesser *m*, lichte Weite; ~ **broker** WIRTSCH *Br* amtlich zugelassener Makler; ~ **finish** ARCH *US* Ausbau *m*; ~ **lane** SPORT Innenbahn *f*; **in the ~ lane** auf der Innenbahn; ~ **left (right)** (*Fußball, Hockey*) HIST Halblinke(r) *m* (Halbrechte[r] *m*); **push sth onto the ~ pages** etwas von den Titelseiten verdrängen; ~ **pocket** Innentasche *f*; ~ **ski** Innenski *m*; ~ **track** a *Radsport, Eisschnelllauf:* Innenbahn *f* b *fig US* Vorteil *m*, günstige (Ausgangs)Position; **have the ~ track on sb** j-m gegenüber im Vorteil sein 2 im Hause beschäftigt 3 im Hause getan (*Arbeit*) 4 intern, vertraulich: ~ **information** (*umg* **stuff**) → A 7; **it was an ~ job** *umg* a das Ding wurde von Insidern gedreht b an dem Ding waren Insider beteiligt; ~ **man** *US* (*in e-e Organisation*) eingeschleuster Mann, Spitzel *m*; → dope A 7 a C ADV [ˌɪnˈsaɪd] 1 im Inner(e)n, (dr)innen: **be ~** *umg* sitzen (**for** wegen) 2 ins Innere, nach innen, hinein, herein 3 *Br* unten (*in e-m Doppelstockbus*) 4 ~ **of** a innerhalb (*gen*): ~ **of a week** innerhalb e-r Woche b *US* → D 5 (von) innen, an der Innenseite: **painted red ~** innen rot gestrichen D PRÄP [ˌɪnˈsaɪd] innerhalb, im Inner(e)n (*gen*): ~ **the house** im Hause

insider [ˌɪnˈsaɪdə(r)] S Insider(in): a Eingeweihte(r) *m/f(m)* b Mitglied e-r (*Wirtschafts*)*Gemeinschaft*: ~ **dealing** Insidergeschäfte *pl*

insidious [ɪnˈsɪdiəs] ADJ (ADV ~ly) 1 heimtückisch, hinterhältig, -listig 2 MED (heim)tückisch, schleichend (*Krankheit*); **insidiousness** S Heimtücke *f*, Hinterlist *f*

insight [ˈɪnsaɪt] S 1 (**into**) a Einblick *m* (in *akk*): **gain an ~ into sth** (e-n) Einblick in etwas gewinnen; **give** (*od* **provide**) ~ **into sth** Einblick in etwas gewähren b Verständnis *n* (für): **a man of ~** ein verständnisvoller Mann 2 Einsicht *f* (*a.* PSYCH) 3 Scharfblick *m*; **insightful** ADJ (ADV ~ly) aufschlussreich

insigne [ɪnˈsɪgni] *pl* -nia [-niə] → insignia

insignia [ɪnˈsɪgniə] *pl* -as, -a S 1 Insignie *f*, Amts-, Ehrenzeichen *n* 2 MIL Abzeichen *n* 3 (Kenn)Zeichen *n*

insignificance [ˌɪnsɪgˈnɪfɪkəns] S 1 Bedeutungslosigkeit *f*, Unwichtigkeit *f* 2 Belanglosigkeit *f*, Geringfügigkeit *f*; **insignificancy** [-si] S 1 → insignificance 2 (*etwas*) Belangloses, Lappalie *f* 3 unbedeutender Mensch

insignificant [ˌɪnsɪgˈnɪfɪkənt] ADJ (ADV ~ly) 1 bedeutungslos, unwichtig 2 geringfügig, unerheblich (*Summe etc*): ~ **wage** Hungerlohn *m* 3 unbedeutend (*Person*) 4 verächtlich, gemein (*Kerl etc*) 5 nichtssagend (*Worte etc*)

insincere [ˌɪnsɪnˈsɪə(r)] ADJ (ADV ~ly) unaufrichtig, falsch; **insincerity** [-ˈserəti] S Unaufrichtigkeit *f*, Falschheit *f*

insinuate [ɪnˈsɪnjʊeɪt; *US* ɪnˈsɪnjəˌweɪt] A V/T 1 andeuten, anspielen auf (*akk*), zu verstehen geben: **are you insinuating that ...?** wollen Sie damit sagen, dass ...? 2 ~ *sth* **into** *sb's* **mind** *j-m etwas* geschickt beibringen *od* einimpfen, *j-m Furcht* einflößen, *j-s Argwohn, Zweifel etc* wecken 3 ~ **o.s.** sich eindrängen (**into** in *akk*): ~ **o.s. into sb's favo(u)r** sich bei j-m einschmeicheln; ~ **o.s. into sb's confidence** sich j-s Vertrauen erschleichen B V/I Andeutungen machen; **insinuating** ADJ (ADV ~ly) 1 einschmeichelnd, schmeichlerisch 2 → insinuative 1

insinuation [ɪnˌsɪnjʊˈeɪʃn; *US* -jəˈw-] S (**about**) Anspielung *f* (auf *akk*), (versteckte) Andeutung (über *akk*): **make ~s**; **by ~** andeutungsweise; **insinuative** [-jʊətɪv; *US* -jəˌweɪtɪv] ADJ (ADV ~ly), **insinuatory** [-jʊətəri; *US* -jəwəˌtəʊriː; -ˌtɔː-] ADJ 1 andeutend: **an ~ remark** → insinuation 2 → insinuating 1

insipid [ɪnˈsɪpɪd] ADJ (ADV ~ly) fad(e): a geschmacklos, (*bes Getränk*) schal b *fig* langweilig, geistlos (*Geschichte, Person etc*); **insipidity**, **insipidness** S Fadheit *f*

insist [ɪnˈsɪst] A V/I 1 (**on, upon**) dringen (auf *akk*), bestehen (auf *dat*), verlangen (*akk*): **I ~ on doing it** ich bestehe darauf, es zu tun; ich will es unbedingt tun; **he ~ed on doing it himself** *a.* er ließ es sich nicht nehmen, es persönlich zu tun; **I ~ed on him** (*od* **his**) **leaving** ich bestand darauf, dass er ging; *you must come with us*, **I ~** ich bestehe darauf; **if you ~** a wenn Sie darauf bestehen b wenn es unbedingt sein muss 2 (**on**) beharren (auf *dat*, bei), beharrlich beteuern *od* behaupten (*akk*), bleiben (bei *e-r Behauptung*) 3 (**on, upon**) Gewicht legen (auf *akk*), hervorheben, (nachdrücklich) betonen (*akk*) B V/T 1 darauf bestehen, verlangen (*beide:* **that** dass): **I ~ed that he (should) leave** ich bestand darauf, dass er ging 2 darauf beharren, beharrlich beteuern *od* behaupten, dabei bleiben (*alle:* **that** dass): **he ~ed that he was innocent**; **insistence**, **insistency** S 1 Bestehen *n*, Beharren *n* (*beide:* **on, upon**

auf *dat*): *I did it,* **but only at his ~** aber nur, weil er darauf bestand; aber nur auf sein Drängen (hin) 2 beharrliche Beteuerung (**on** *gen*): **his ~ that he was innocent** s-e beharrliche Behauptung, unschuldig zu sein 3 **(on, upon)** Betonung *f* (*gen*), Nachdruck *m* (auf *dat*): **with great ~** mit großem Nachdruck, sehr nachdrücklich *od* eindringlich 4 Beharrlichkeit *f*, Hartnäckigkeit *f*; **insistent** ADJ (ADV **~ly**) 1 beharrlich, hartnäckig: **be ~** *a.* nicht lockerlassen; **be ~ (on)** → insist A 1, A 2, A 3; **be ~ on sth** a auf e-r Sache bestehen b etwas betonen; **be ~ that ...** darauf bestehen, dass ... 2 drängend 3 eindringlich, nachdrücklich 4 dringend (*Forderung etc*) 5 aufdringlich, grell (*Farben*): **~ sounds** grelle *od* schrille Töne

in situ [ˌɪnˈsɪtjuː; *US bes* ˌɪnˈsaɪtuː] ADV in situ: a in der natürlichen Lage (*a.* ANAT) b MED auf den Ausgangsort beschränkt (*Tumor etc*)

insobriety [ˌɪnsəʊˈbraɪətɪ] S Unmäßigkeit *f*

insofar, in so far ADV: **~ as** soweit

insolate [ˈɪnsəʊleɪt] V/T den Sonnenstrahlen aussetzen; **insolation** S 1 Sonnenbestrahlung *f*: **artificial ~** MED Höhensonnenbestrahlung 2 Sonnenbad *n*, -bäder *pl* 3 MED Sonnenstich *m*

insole [ˈɪnsəʊl] S 1 Brandsohle *f* 2 Einlegesohle *f*

insolence [ˈɪnsələns] S 1 Anmaßung *f*, Überheblichkeit *f* 2 Unverschämtheit *f*, Frechheit *f*; **insolent** ADJ (ADV **~ly**) 1 anmaßend, überheblich 2 unverschämt, frech (*beide:* **to** zu)

insolubility [ɪnˌsɒljʊˈbɪlətɪ; *US* ɪnˌsɑljəˈb-] S 1 CHEM Un(auf)löslichkeit *f* 2 *fig* Unlösbarkeit *f*; **insoluble** A ADJ (ADV **insolubly**) 1 CHEM insolubel, un(auf)löslich 2 *fig* unlösbar B S 1 CHEM insoluble *od* unlösliche Substanz 2 *fig* unlösbares Problem

insolvency [ɪnˈsɒlvənsɪ; *US bes* ɪnˈsɑl-] S WIRTSCH, JUR 1 Zahlungsunfähigkeit *f*, -einstellung *f*, Insolvenz *f* 2 Konkurs *m*, Bankrott *m* 3 Überschuldung *f*; **insolvent** A ADJ 1 WIRTSCH, JUR zahlungsunfähig, insolvent 2 WIRTSCH, JUR konkursreif, bankrott: **~ law** Bankrottgesetz *n* 3 WIRTSCH, JUR überschuldet (*Nachlass etc*) 4 *fig* (*moralisch etc*) bankrott B S WIRTSCH, JUR zahlungsunfähige(r) Schuldner(in)

insomnia [ɪnˈsɒmnɪə; *US* ɪnˈsɑm-] S MED Insomnie *f*, Schlaflosigkeit *f*; **insomniac** [-æk] A S an Schlaflosigkeit Leidende(r) *m/f(m)*: **be an ~** an Schlaflosigkeit leiden B ADJ a an Schlaflosigkeit leidend b zu Schlaflosigkeit führend

insomuch ADV 1 so sehr, dermaßen, so (*alle:* **that** dass) 2 → inasmuch as

insouciance [ɪnˈsuːsjəns; -sɪəns] S Sorglosigkeit *f*, Unbekümmertheit *f*; **insouciant** ADJ (ADV **~ly**) unbekümmert, sorglos

inspect [ɪnˈspekt] V/T 1 untersuchen, prüfen, sich *etwas* genau ansehen (*alle:* **for** auf *akk* [hin]) 2 JUR *Akten etc* einsehen, Einsicht nehmen in (*akk*) 3 *Truppen etc* besichtigen, inspizieren: → parade A 2 a

inspection [ɪnˈspekʃn] S 1 Besichtigung *f*, Untersuchung *f*, Prüfung *f*, (*bes* amtliche) Kontrolle, TECH *a.* Abnahme *f*: **on (closer) ~** bei näherer Betrachtung *od* Prüfung; **not bear** (*od* **stand**) **close ~** e-r näheren Prüfung nicht standhalten; **give sth a thorough ~** etwas genau untersuchen *od* prüfen; **for (your kind) ~** WIRTSCH zur (gefälligen) Ansicht; **free ~ (invited)** Besichtigung ohne Kaufzwang; **~ copy** TYPO Prüfstück *n*; **~ hole** TECH Schauloch *n*; **~ lamp** TECH Ableuchtlampe *f*; **~ pit** TECH Arbeits-, Wartungsgrube *f*; **~ test** TECH Abnahmeprüfung; **~ window** TECH Ablesefenster *n*, Schauglas *n* 2 JUR Einsicht(nahme) *f*: **~ of the books and accounts** Buchprüfung *f*, Einsichtnahme in die (Geschäfts)Bücher; **be (laid) open to ~** zur Einsicht ausliegen 3 (offizielle) Besichtigung, Inspizierung *f*, Inspektion *f*: **~ of the troops** Truppenbesichtigung 4 MIL (*Waffen- etc*) Appell *m* 5 Aufsicht *f* (**of, over** über *akk*): **under sanitary ~** unter gesundheitspolizeilicher Aufsicht

inspector [ɪnˈspektə(r)] S 1 Inspektor *m*, Inspektorin *f*, Aufsichtsbeamte(r) *m*, -beamtin *f*, Aufseher(in), Prüfer(in), Kontrolleur(in) (*a.* BAHN *etc*): **~ of schools** Schulinspektor; → weight A 2 2 *Br* (*Polizei*) Inspektor *m*, (-)Inspektorin *f* 3 MIL Inspekteur *m*: **≈ General** Generalinspekteur; **inspectoral** [-rəl] ADJ 1 Inspektor…, Inspektoren… 2 Aufsichts…: **~ staff** (*a. als pl konstruiert*) Aufsichtspersonal *n*; **inspectorate** [-rət] S 1 Inspektorat *n*: a Aufseheramt *n* b Aufsichtsbezirk *m* 2 Inspektion(sbehörde) *f*

inspectorial [ˌɪnspekˈtɔːrɪəl; *US a.* -ˈtəʊ-] → inspectoral

inspectorship S 1 Inspektorat *n*, Inspektoramt *n* 2 Aufsicht *f* (**of** über *akk*)

inspiration [ˌɪnspəˈreɪʃn] S 1 Inspiration *f*: a PHYSIOL Einatmung *f* b REL göttliche Eingebung c *fig* Eingebung *f*, (plötzlicher) Einfall d *fig* Anregung *f*: **draw ~ from** sich Anregung(en) holen von *od* bei *od* durch; **draw one's ~ from** s-e Anregung(en) beziehen aus; **be sb's ~, be an ~ to** (*od* **for**) **sb** j-n inspirieren; **~ of the moment** Eingebung des Augenblicks 2 Gedankenflug *m* 3 Veranlassung *f*: **at sb's ~** auf j-s Veranlassung (hin); **inspirational** [-ʃənl] ADJ (ADV **~ly**) 1 inspiriert 2 Inspirations… 3 → inspirative; **inspirationist** S REL *j-d, der glaubt, dass die Heilige Schrift unter göttlicher Eingebung geschrieben wurde*; **inspirative** [ɪnˈspaɪərətɪv] ADJ inspirativ, inspirierend

inspirator [ˈɪnspəreɪtə(r)] S MED Inhalator *m*, Inhalationsapparat *m*; **inspiratory** [ɪnˈspaɪərətərɪ; *US* -ˌtəʊriː; -ˌtɔː-] ADJ Einatmungs…

inspire [ɪnˈspaɪə(r)] A V/T 1 einatmen 2 inspirieren: a *j-n* erleuchten b *j-n* anregen, beflügeln, veranlassen (*alle:* **to** zu; **to do** zu tun): **~ sb to write a poem** j-n zu e-m Gedicht inspirieren c *etwas* anregen, beflügeln 3 *ein Gefühl etc* erwecken, auslösen (*beide:* **in** in *dat*): **~ confidence in sb** j-m Vertrauen einflößen 4 *fig* erfüllen, beseelen (*beide:* **with** mit) 5 hervorbringen, verursachen 6 *obs* einhauchen (**into** *dat*) B V/I 1 einatmen 2 inspirieren; **inspired** ADJ 1 REL *u. fig* erleuchtet 2 inspiriert 3 glänzend, hervorragend: **it was an ~ guess** das war glänzend geraten 4 schwungvoll, zündend 5 von oben (*von der Regierung etc*) veranlasst 6 **~ leak** gezielte Indiskretion; **inspirer** S Inspirator *m*, Inspiratorin *f*

inspirit [ɪnˈspɪrɪt] → inspire A 2 b

inst. ABK 1 instant 2 institute 3 institution 4 instrumental

instability [ˌɪnstəˈbɪlətɪ] S 1 mangelnde Festigkeit *od* Stabilität 2 *bes* CHEM, TECH Instabilität *f* 3 *fig* Unbeständigkeit *f* 4 *fig* mangelnde Festigkeit: **(emotional) ~** Labilität *f*; **instable** [ɪnˈsteɪbl] → unstable

install, *bes US a.* **instal** [ɪnˈstɔːl] V/T 1 TECH installieren: a *ein Bad, e-e Maschine, e-e Heizung* einbauen b *e-e Leitung etc* legen c *ein Telefon etc* anschließen d COMPUT *ein Programm* auf die Festplatte überspielen 2 (in ein Amt) einführen *od* einsetzen, *e-n Geistlichen* investieren: **~ sb interim president** j-n als Interimspräsidenten einsetzen 3 *etwas* setzen, stellen, legen: **he ~ed himself in front of the fireplace** er ließ sich vor dem Kamin nieder 4 *j-n* (*beruflich, häuslich*) unterbringen: **he ~ed his sister as secretary**

installation [ˌɪnstəˈleɪʃn] S 1 TECH Installierung *f*, Installation *f*, Einbau *m*, Anschluss *m* 2 TECH (*fertige*) Anlage, (Betriebs)Einrichtung *f*: **military ~** militärische Anlage 3 *pl* Inventar *n* 4 (Amts)Einsetzung *f*, (-)Einführung *f*

installment[1], *bes Br* **instalment** S 1 WIRTSCH Rate *f*: **by** (*od* **in**) **~s** in Raten, ratenweise (→ 2); **first ~** Anzahlung *f* (**toward[s]** auf *akk*) 2 (Teil)Lieferung *f* (*e-s Buches etc*): **by** (*od* **in**) **~s** in (Teil)Lieferungen (→ 1) 3 a Fortsetzung *f*: **a novel by** (*od* **in**) **~s** ein Fortsetzungsroman b RADIO, TV Folge *f*: **program(me) in two ~s** Zweiteiler *m*

installment[2], *bes Br* **instalment** → installation 1

installment| business S WIRTSCH Teilzahlungs-, Ratenzahlungs-, Abzahlungsgeschäft *n*; **~ buying** S Teilzahlungs-, Ratenzahlungs-, Abzahlungskauf *m*; **~ contract** S Teilzahlungs-, Abzahlungsvertrag *m*; **~ credit** S Teilzahlungs-, Abzahlungskredit *m*; **~ plan, ~ system** S *US* Teilzahlungs-, Ratenzahlungs-, Abzahlungssystem *n*: **buy on the ~** auf Abzahlung *od* Raten kaufen

instalment *bes Br für* installment[1], installment[2]

instance [ˈɪnstəns] A S 1 (*einzelner*) Fall: **in this ~** in diesem (besonderen) Fall; **in a given ~** in e-m Einzelfall 2 Beispiel *n*: **for ~** zum Beispiel; **as an ~ of sth** als Beispiel für etwas; → for-instance 3 dringende Bitte, An-, Ersuchen *n*: **at his ~** auf s-e Veranlassung (hin), auf sein Betreiben *od* Drängen 4 JUR Instanz *f*: **a court of the first ~** ein Gericht erster Instanz; **in the last ~** a in letzter Instanz b *fig* letztlich; **in the first ~** *fig* a in erster Linie b zuerst B V/T 1 als Beispiel anführen 2 mit Beispielen belegen; **instancy** [-sɪ] S 1 Dringlichkeit *f* 2 Unverzüglichkeit *f*

instant [ˈɪnstənt] A S Moment *m*: a (kurzer) Augenblick: **in an ~, on the ~** sofort, augenblicklich, im Nu b (*genauer*) Zeitpunkt, Augenblick *m*: **at this ~** in diesem Augenblick; **this ~** sofort, auf der Stelle; **the ~ I saw her** sobald ich sie sah B ADJ (ADV → instantly) 1 sofortig, unverzüglich, augenblicklich: **~ camera** FOTO Sofortbild-, Instantkamera *f*; **~ credit** Sofortkredit *m*; **~ replay** SPORT, TV (*bes* Zeitlupen-) Wiederholung *f* (*e-r Spielszene etc*); → fame 1 2 direkt, unmittelbar 3 GASTR Fertig…: **~ cake mix** Backmischung *f*; **~ coffee** Instant-, Pulverkaffee *m*; **~ meal** Fertig-, Schnellgericht *n* 4 WIRTSCH gegenwärtig, laufend: **the 10th ~** der 10. dieses Monats 5 dringend: **be in ~ need of sth** etwas dringend brauchen

instantaneous [ˌɪnstənˈteɪnjəs; -nɪəs] ADJ 1 sofortig, unverzüglich, augenblicklich: **death was ~** der Tod trat auf der Stelle ein; **his death was ~** er war auf der Stelle *od* sofort tot 2 *a.* PHYS, TECH momentan, Moment…, Augenblicks…: **~ heater** Durchlauferhitzer *m*; **~ photo(graph)** Momentaufnahme *f*; **~ shutter** Momentverschluss *m*; **~ value** Momentan-, Augenblickswert *m* 3 augenblicklich, momentan; **instantaneously** ADV augenblicklich, sofort, unverzüglich, auf der Stelle; **instantaneousness** S Unverzüglichkeit *f*

instanter [ɪnˈstæntə(r)] ADV *bes* JUR sofort, unverzüglich

instantiate [ɪnˈstænʃɪeɪt] V/T *etwas* durch ein (konkretes) Beispiel darlegen

instantly [ˈɪnstəntlɪ] ADV augenblicklich, sofort, unverzüglich: **he died ~** er war auf der Stelle tot

instate [ɪnˈsteɪt] → install 2

instead [ɪnˈsted] ADV 1 **~ of** anstelle von (*od*

gen), (an)statt (gen): ~ **of me** an m-r Stelle; ~ **of going** anstatt zu gehen; ~ **of at work** statt bei der Arbeit; **worse** ~ **of better** schlechter statt besser 2 stattdessen, dafür: **take this** ~

instep ['ɪnstep] S 1 ANAT Rist m, Spann m: ~ **raiser** MED Senk- od Plattfußeinlage f 2 Blatt n (e-s Schuhs)

instigate ['ɪnstɪgeɪt] V/T 1 j-n aufhetzen, a. JUR anstiften (beide: **to** zu; **to do** zu tun) 2 a etwas Böses anstiften, anzetteln b etwas in Gang setzen, in die Wege leiten, initiieren; **instigation** S 1 Anstiftung f, Aufhetzung f 2 Anregung f: **at sb's** ~ auf j-s Veranlassung (hin), auf j-s Betreiben od Drängen; **instigator** [-tə(r)] S 1 Anstifter(in), (Auf)Hetzer(in): ~ **of a crime** Anstifter(in) e-s Verbrechens od zu e-m Verbrechen 2 a Anzett(e)ler(in) b Initiator m, Initiatorin f

instil(l) [ɪn'stɪl] V/T 1 einträufeln (**into** dat) 2 fig einflößen, -impfen, beibringen (alle: **into** dat); **instillation**, **instil(l)ment** S 1 Einträuf(e)lung f 2 fig Einflößung f, Einimpfung f

instinct[1] ['ɪnstɪŋkt] S 1 Instinkt m, (Natur)Trieb m: ~ **for self-preservation** Selbsterhaltungstrieb; **by** (od **from**) ~ instinktiv 2 (sicherer) Instinkt, natürliche Begabung (beide: **for** für): **have an** ~ **for doing** (od **to do**) **sth** etwas instinktiv tun 3 instinktives Gefühl (**for** für): **follow one's** ~**s** s-m Instinkt folgen

instinct[2] [ɪn'stɪŋkt] ADJ erfüllt, durchdrungen (beide: **with** von)

instinctive [ɪn'stɪŋktɪv] ADJ (ADV ~**ly**) instinktiv: a instinkt-, triebmäßig b unwillkürlich: ~ **act(ion)** Instinktivhandlung f c angeboren

institute ['ɪnstɪtju:t; US a. -ˌtu:t] A V/T 1 e-e Gesellschaft etc einrichten, gründen, ins Leben rufen 2 e-e Regierung etc einsetzen 3 Gesetze etc einführen 4 in Gang setzen, in die Wege leiten, initiieren: ~ **an inquiry** e-e Untersuchung einleiten; ~ **inquiries** Nachforschungen anstellen; → **action** 12, **suit** A 4 5 a → **install** 2 b REL einsetzen (**in, into** in akk): ~ **into a benefice** in e-e Pfründe einsetzen 6 JUR einsetzen (**sb as heir** j-n zum od als Erben) B S 1 a Institut n: ~ **for business cycle research** WIRTSCH Konjunkturinstitut b Anstalt f c Akademie f d (literarische etc) Gesellschaft 2 a Institut(sgebäude) n b Anstalt(sgebäude) f(n) 3 SCHULE a höhere technische Schule: ~ **of technology** Technische Hochschule; **textile** ~ Textilfachschule f b Universitätsinstitut n 4 pl a JUR Institutionen pl, Sammlung f grundlegender Gesetze, (Rechts-)Kommentar m b Grundlehren pl (e-r Wissenschaft)

institution [ˌɪnstɪ'tju:ʃn; US a. -'tu:-] S 1 a Institution f, Einrichtung f b Institut n c Anstalt f d Heim n e Stiftung f f Gesellschaft f: → **educational** 1 a, **penal** 1 2 a Institut(sgebäude) n b Anstalt(sgebäude) f(n) c Heim n 3 SOZIOL a Institution f, Einrichtung f: **the** ~ **of marriage** b (überkommene) Sitte, (fester) Brauch 4 → **institute** B 4 a 5 umg a eingefleischte Gewohnheit: **Tom's sundowner was an** ~ Tom trank regelmäßig s-n Dämmerschoppen b vertraute Sache, feste Einrichtung: the old man in the park **is a regular** ~ ist ein vertrauter Anblick; **become an** ~ zu e-r festen Einrichtung werden; **he's become a living** ~ er gehört schon zum lebenden Inventar 6 Er-, Einrichtung f, Gründung f 7 Einsetzung f 8 Einführung f 9 Ingangsetzung f, Initiierung f 10 a → **installation** 4 b REL Einsetzung f 11 JUR Einsetzung f

institutional [ˌɪnstɪ'tju:ʃənl; US a. -'tu:-] ADJ 1 institutionell, Institutions...: ~ **advertising** institutionelle Werbung, Goodwill-Werbung f; ~ **investors** WIRTSCH institutionelle Anleger (Banken etc) 2 a Instituts... b Anstalts...: ~ **clothing** c Heim...: ~ **care** (stationäre) Pflege od Versorgung in e-m Heim od e-r Anstalt 3 bes pej Einheits...: ~ **furniture** (**meals**, etc); **institutionalism** [-ʃnəlɪzəm] S 1 Festhalten n an überkommenen Sitten u. Gebräuchen 2 Institutionalismus m (Richtung der Nationalökonomie, die auf den Institutionen als der Gesamtheit der in e-r Gesellschaft gegebenen Organisationsformen menschlichen Handelns aufbaut); **institutionalize** V/T 1 institutionalisieren, zu e-r Institution machen 2 in ein Heim od e-e Anstalt einweisen 3 **he was ~d into apathy** er wurde im Heim od in der Anstalt apathisch

instruct [ɪn'strʌkt] V/T 1 a unterrichten (**in** in dat): ~ **a class in biology** e-r Klasse Biologieunterricht geben od erteilen b ausbilden, schulen (beide: **in** in dat) 2 informieren, unterrichten, j-m Bescheid geben od sagen 3 instruieren, anweisen, beauftragen (alle: **to do** zu tun): **he has been ~ed to come earlier** er hat Anweisung, früher zu kommen 4 JUR e-n Zeugen etc belehren (**to do** zu tun): **the judge ~ed the jury** der Richter erteilte den Geschworenen Rechtsbelehrung

instruction [ɪn'strʌkʃn] S 1 a Unterricht m: **give a class** ~ **in biology** e-r Klasse Biologieunterricht geben od erteilen; → **course** A 15 b Ausbildung f, Schulung f: **he is still under** ~ er ist od steht noch in der Ausbildung 2 Informierung f, Unterrichtung f 3 Instruktion f: a Anweisung f, Auftrag m: **according to** ~**s** auftrags-, weisungsgemäß, vorschriftsmäßig; ~**s** pl **for use** Gebrauchsanweisung, -anleitung f; → **operating** 1 b IT Befehl m 4 MIL Dienstanweisung f, Instruktion f 5 JUR a Belehrung f b meist pl Rechtsbelehrung f; **instructional** [-ʃənl] ADJ 1 a Unterrichts..., Lehr...: ~ **film** Lehrfilm m; ~ **television** Schulfernsehen n b Ausbildungs..., Schulungs... 2 → instructive

instructive [ɪn'strʌktɪv] ADJ (ADV ~**ly**) instruktiv, aufschluss-, lehrreich; **instructiveness** S (das) Instruktive; **instructor** [-tə(r)] S 1 Lehrer m 2 MIL etc Ausbilder m 3 UNIV US (etwa) außerplanmäßiger Professor; **instructress** [-trɪs] S Lehrerin f

instrument ['ɪnstrʊmənt] A S 1 TECH Instrument n: a (feines) Werkzeug b Apparat m, (technische) Vorrichtung, (bes Mess) Gerät n: ~ **of torture** Folterinstrument, -werkzeug; **fly on** ~**s** FLUG im Blind- od Instrumentenflug fliegen 2 MED Instrument n, pl a. Besteck n: → **surgical** 2 3 MUS Instrument n 4 WIRTSCH, JUR a Dokument n, Urkunde f, WIRTSCH a. (Wert)Papier n: ~ **of accession** Beitrittsurkunde; ~ **of payment** Zahlungsmittel n; ~ **of ratification** POL Ratifikationsurkunde; ~ **of title** Eigentums-, Besitztitel m; ~ (**payable**) **to bearer** Inhaberpapier; ~ (**payable**) **to order** Orderpapier b pl Instrumentarium n: **the** ~**s of credit policy** 5 fig Werkzeug n: a (Hilfs-)Mittel n, Instrument n b Handlanger(in) B V/T [a. -ment] 1 instrumentieren, mit Instrumenten ausstatten od ausrüsten 2 MUS instrumentieren: a *die Stimmen (e-s Kompositionsentwurfs) auf die Orchesterinstrumente verteilen* b *(ein Musikstück) (nachträglich) für Orchester umschreiben* C ADJ 1 TECH Instrumenten..., Geräte...: ~ **board** (od **panel**) AUTO Armaturenbrett n, -tafel f, FLUG a. Instrumentenbrett n, -tafel f; ~ **engineering** Mess- u. Regeltechnik f; ~ **maker** Apparate-, Instrumentenbauer(in), Feinmechaniker(in) 2 FLUG Blind..., Instrumenten...: ~ **flight** (**landing**, etc); ~ **flight rules** Instrumentenflugregeln; ~ **landing system** Instrumentenlandesystem n, ILS-Anlage f; ~ **rating** Instrumentenflugschein m

instrumental [ˌɪnstrʊ'mentl] A ADJ (ADV → instrumentally) 1 behilflich, dienlich, förderlich: **be** ~ **in sth** zu etwas beitragen, bei etwas mitwirken; **be** ~ **in doing sth** mithelfen od dazu beitragen, etwas zu tun 2 MUS instrumental, Instrumental...: ~ **music** 3 TECH Instrumenten...: ~ **error** Instrumentenfehler m; ~ **landing** FLUG Instrumentenlandung f 4 LING instrumental: ~ **case** → B 2 B S 1 Instrumentalstück n 2 LING Instrumental(is) m (Kasus im Slawischen, der das Mittel od Werkzeug bezeichnet); **instrumentalism** [-təlɪzəm] S PHIL Instrumentalismus m (Auffassung, nach der Denken u. Ideen nur als Instrumente der Naturbeherrschung Geltung haben); **instrumentalist** S Instrumentalist(in): a MUS Spieler(in) e-s Instruments b PHIL *Anhänger(in) des Instrumentalismus*; **instrumentality** [-'tælətɪ] S 1 Mitwirkung f, (Mit)Hilfe f: **by** (od **through**) **his** ~ mit s-r Hilfe 2 (Hilfs)Mittel n: **by** (od **through**) **the** ~ **of** (ver)mittels (gen); **instrumentally** [-təlɪ] ADV 1 durch Instrumente 2 MUS instrumental, mit Instrumenten: **accompany sb** ~ 3 → instrumental A 1; **instrumentation** S 1 MUS a Instrumentation f, Instrumentierung f b Vortrag m, Spiel n 2 Anwendung f von Instrumenten 3 Instrumentierung f, Ausstattung f od Ausrüstung f mit Instrumenten 4 → instrumentality

insubordinate [ˌɪnsə'bɔ:(r)dnət] ADJ (ADV ~**ly**) widersetzlich, aufsässig: ~ **conduct** → insubordination 1; **insubordination** [-ˌbɔ:dɪ'neɪʃn; US -ˌbɔ:rdn'eɪʃən] S 1 Widersetzlichkeit f, Aufsässigkeit f 2 bes MIL Insubordination f, Gehorsamsverweigerung f

insubstantial [ˌɪnsəb'stænʃl] ADJ (ADV ~**ly**) 1 nicht stofflich, unkörperlich, immateriell 2 unwirklich 3 wenig od nicht nahrhaft od gehaltvoll (Essen etc) 4 geringfügig, unwesentlich (Unterschied etc) 5 a nicht od wenig stichhaltig, unfundiert (Argumente etc) b gegenstandslos (Befürchtungen etc); **insubstantiality** [-ʃɪ'ælətɪ] S 1 Unkörperlichkeit f 2 Unwirklichkeit f

insufferable [ɪn'sʌfərəbl] ADJ (ADV insufferably) unerträglich, unausstehlich; **insufferableness** S Unerträglichkeit f, Unausstehlichkeit f

insufficiency [ˌɪnsə'fɪʃnsɪ] S 1 Unzulänglichkeit f 2 Untauglichkeit f, Unfähigkeit f: ~ **feeling**, **feeling of** ~ PSYCH Insuffizienz-, Minderwertigkeitsgefühl n 3 MED Insuffizienz f, Funktionsschwäche f; **insufficient** ADJ (ADV ~**ly**) 1 unzulänglich, ungenügend: **be** ~ nicht genügen od (aus)reichen; **there was** ~ **evidence** JUR die Beweise reichten nicht aus; "~ **funds**" WIRTSCH (Wechselvermerk) „ungenügende Deckung" 2 untauglich, unfähig (beide: **to do** zu tun)

insufflate ['ɪnsʌfleɪt; US a. ɪn'sʌf-] V/T 1 TECH einblasen, MED a. insufflieren 2 a hineinblasen in (akk) b ausblasen: ~ **a room with an insecticide** 3 KATH anhauchen; **insufflation** [ˌɪnsʌ'fleɪʃn] S 1 TECH Einblasung f, MED a. Insufflation f 2 Ausblasung f 3 KATH Anhauchung f; **insufflator** [-tə(r)] S MED, TECH Einblaseapparat m

insula ['ɪnsjʊlə; US 'ɪnsələ; -ʃələ] pl -lae [-li:] S ANAT Insula f (Teil der Großhirnrinde)

insulant ['ɪnsjʊlənt; US 'ɪnsələnt] S ELEK, TECH Isolierstoff m, -material n, (von Räumen etc a.) Dämmstoff m

insular ['ɪnsjʊlə; US 'ɪnsələr; -ʃələr] A ADJ (ADV ~**ly**) 1 inselartig, -förmig 2 insular, Insel...: & **Celtic** LING das Inselkeltische 3 fig isoliert, abgeschlossen 4 fig engstirnig: ~ **outlook** Engstirnigkeit f B S Inselbewohner(in); **insu-**

larism → insularity 2, 3; **insularity** [-'lærətɪ] S 1 insulare Lage, Insellage *f*, GEOG *a.* Insularität *f* 2 *fig* isolierte Lage, Abgeschlossenheit *f* 3 *fig* Engstirnigkeit *f*

insulate ['ɪnsjʊleɪt; *US* -sə-] VT 1 ELEK, TECH isolieren, *Räume etc a.* dämmen 2 *Schall, Wärme* dämmen 3 *fig* **(from)** a isolieren, absondern (von) b schützen (vor *dat*), abschirmen (gegen)

insulating ['ɪnsjʊleɪtɪŋ; *US* -sə-] ADJ ELEK, TECH isolierend, Isolier…, Dämm…; **~ board** S Isolier-, Dämmplatte *f*; **~ compound** S Isoliermasse *f*; **~ joint** S Isolierverbindung *f*, -kupplung *f*; **~ material** → insulant; **~ switch** S Trennschalter *m*; **~ tape** S *Br* Isolierband *n*

insulation [,ɪnsjʊ'leɪʃn; *US* -sə'l-] S ELEK, TECH a Isolierung *f*, Isolation *f*: **~ resistance** Isolationswiderstand *m* b → insulant; **insulator** [-tə(r)] S 1 ELEK Isolator *m*: a Nichtleiter *m*, Isolierstoff *m* b Isoliervorrichtung *f*: **~ chain** Isolator(en)kette *f* 2 Isolierer(in)

insulin ['ɪnsjʊlɪn; *US* 'ɪnsələn] S MED Insulin *n*: **~ shock** Insulinschock *m*; **~ shock therapy** Insulinschocktherapie *f*; **insulinize** VT mit Insulin behandeln

insult A VT [ɪn'sʌlt] beleidigen **(by** durch, **mit)** (*a. fig*): *he was sent off* **for ~ing the referee** SPORT wegen Schiedsrichterbeleidigung B S ['ɪnsʌlt] 1 Beleidigung *f* **(to** für *od gen*) (*a. fig*): **add ~ to injury** a alles noch (viel) schlimmer machen b (*Redew*) zu allem Übel *od* Unglück; **be an ~ to the ear (eye)** das Ohr (Auge) beleidigen 2 MED Verletzung *f*, Wunde *f*; **insulting** ADJ (ADV ~ly) 1 beleidigend 2 unverschämt, frech

insuperability [ɪn,sju:pərə'bɪlətɪ; *bes US* -,su:-] S Unüberwindlichkeit *f*; **insuperable** ADJ (ADV insuperably) unüberwindlich (*a. fig*): **~ difficulties**

insupportability ['ɪnsə,pɔ:(r)tə'bɪlətɪ] S Unerträglichkeit *f*, Unausstehlichkeit *f*; **insupportable** ADJ (ADV insupportably) unerträglich, unausstehlich

insurability [ɪn,ʃʊərə'bɪlətɪ] S WIRTSCH Versicherungsfähigkeit *f*; **insurable** ADJ WIRTSCH versicherbar, versicherungsfähig: **~ interest** versicherbares Interesse; **~ value** Versicherungswert *m*

insurance [ɪn'ʃʊərəns] A S 1 WIRTSCH Versicherung *f*: **have no ~** nicht versichert sein **(against** gegen); → buy B 3, carry B 17 d, effect B 3 a, take out 4 b 2 WIRTSCH Versicherungsbranche *f*: **he works in ~** er ist bei e-r Versicherung beschäftigt 3 WIRTSCH a Versicherungsvertrag *m*, -police *f* b Versicherungssumme *f*: **he received £10,000 ~** er bekam 10 000 Pfund von der Versicherung c Versicherungsprämie *f*: **he pays £100 ~ every year** er zahlt e-e Jahresprämie von 100 Pfund 4 *fig* (Ab)Sicherung *f* **(against** gegen): **as an ~** sicherheitshalber, für alle Fälle B ADJ WIRTSCH Versicherungs…: **~ agent (benefit, broker, clause, claim, company, coverage, fraud** *od* **swindle, package, premium, value)** Versicherungsvertreter(in) (-leistung *f*, -makler[in], -klausel *f*, -anspruch *m*, -gesellschaft *f*, -deckung *f*, -betrug *m*, -paket *n*, -prämie *f*, -wert *m*); **~ policy** S WIRTSCH Versicherungspolice *f*, -schein *m*: → take out 4 b; **~ trust** S *US* treuhänderische Verwaltung von Lebensversicherungsbezügen

insurant [ɪn'ʃʊərənt] → insured B

insure [ɪn'ʃʊə(r)] A VT 1 WIRTSCH versichern **(against** gegen; **for** mit *e-r Summe*): **be ~d** versichert sein; **~d against fire** feuerversichert; **occurrence of the event ~d against** Eintritt *m* des Versicherungsfalls 2 *bes US* → ensure B VI 1 WIRTSCH Versicherungsgeschäfte machen 2 WIRTSCH sich versichern lassen

insured [ɪn'ʃʊə(r)d] WIRTSCH A ADJ versichert: **the ~ party** → B B S Versicherte(r) *m/f(m)*, Versicherungsnehmer(in)

insurer [ɪn'ʃʊərə(r)] S WIRTSCH Versicherer *m*, Versicherin *f*, Versicherungsträger(in): **the ~s** *pl* die Versicherungsgesellschaft

insurgence [ɪn'sɜ:dʒəns; *US* -'sɜr-], **insurgency** [-sɪ] S Aufruhr *m*, -stand *m*, Rebellion *f*, Revolte *f*; **insurgent** A ADJ aufrührerisch, -ständisch, rebellisch B S Aufrührer(in), (*a.* Partei)Rebell(in), Aufständische(r) *m/f(m)*

insurmountability ['ɪnsə(r),maʊntə'bɪlətɪ] S 1 Unübersteigbarkeit *f* 2 *fig* Unüberwindlichkeit *f*; **insurmountable** ADJ (ADV insurmountably) 1 unübersteigbar 2 *fig* unüberwindlich; **insurmountableness** → insurmountability

insurrection [,ɪnsə'rekʃn] → insurgence; **insurrectional** [-ʃənl], **insurrectionary** [-ʃnərɪ; *US* -ʃə,neri:] → insurgent A; **insurrectionist** S Aufrührer(in), Rebell(in), Aufständische(r) *m/f(m)*

insusceptibility ['ɪnsə,septə'bɪlətɪ] S 1 Unempfindlichkeit *f* **(to** gegen): **~ to pain** Schmerzunempfindlichkeit 2 Unempfänglichkeit *f* **(to** für); **insusceptible** ADJ (ADV insusceptibly) 1 nicht anfällig **(to** für) 2 unempfindlich **(to** gegen): **~ to pain** schmerzunempfindlich 3 unempfänglich **(to** für): **he's ~ to flattery** 4 **be ~ of** (*od* **to)** *etwas* nicht zulassen: **the passage is ~ of a different interpretation**

int. ABK 1 intelligence 2 WIRTSCH interest 3 interim 4 interior 5 internal 6 international

intact [ɪn'tækt] ADJ intakt: a unversehrt, unbeschädigt: **keep one's goal ~** SPORT sein Tor sauber halten; **his reputation survived the scandal ~** sein Ruf überstand den Skandal unbeschadet b ganz, vollständig: **he left his savings ~** er rührte *od* tastete s-e Ersparnisse nicht an; **intactness** S Intaktheit *f*

intagliated [ɪn'tɑ:lɪeɪtɪd; -'tæ-] ADJ eingeschnitten, in Intaglio gearbeitet

intaglio [ɪn'tɑ:lɪəʊ; *US* ɪn'tæljəʊ] A *pl* -os S 1 Intaglio *n*, Gemme *f* 2 eingraviertes Bild, eingeschnittene Verzierung 3 Intaglioverfahren *n*, -arbeit *f*, -kunst *f* 4 tief geschnittener Druckstempel 5 *a.* **~ printing** *US* Tiefdruckverfahren *n* B VT einschneiden, eingravieren

intake ['ɪnteɪk] S 1 TECH Einlass(öffnung) *m(f)*: **~ valve** Einlassventil *n* 2 Ein-, Ansaugen *n*: **~ of breath** Atemholen *n*; **~ stroke** AUTO Saughub *m* 3 Aufnahme *f*: → food 1 4 a aufgenommene Menge, Zufuhr *f* b (Neu)Aufnahme(n) *f(pl)*, (Neu)Zugänge *pl*: **our school has a yearly ~ of 500 pupils** unsere Schule nimmt jährlich 500 neue Schüler auf 5 Verengung *f*, enge Stelle

intangible [ɪn'tændʒəbl] A ADJ (ADV intangibly) 1 nicht greifbar, immateriell, unkörperlich 2 *fig* unklar, unbestimmt, vage 3 WIRTSCH immateriell: **~ assets** → B 2 a; **~ property** → B 2 b B S 1 (*etwas*) nicht Greifbares 2 *pl* WIRTSCH a immaterielle Vermögenswerte *pl* b immaterielles Vermögen

intarsi [ɪn'tɑ:(r)si:] *pl von* intarsio

intarsia [ɪn'tɑ:(r)sɪə] S Intarsia *f*, Einlegearbeit *f*

intarsio [ɪn'tɑ:(r)sɪəʊ] *pl* -si [-si:] → intarsia

integer ['ɪntɪdʒə(r)] S 1 MATH ganze Zahl 2 → integral B 1

integral ['ɪntɪgrəl] A ADJ (ADV ~ly) 1 integral, (zur Vollständigkeit) unerlässlich: **an ~ part** ein integraler Bestandteil 2 a aus integralen Teilen bestehend, integriert, einheitlich, geschlossen b ganz, vollständig: **an ~ whole** ein einheitliches *od* vollständiges Ganzes 3 TECH a (fest) eingebaut b e-e Einheit bildend **(with** mit) 4 unversehrt, unverletzt 5 vollkommen 6 MATH a ganz(zahlig) (*Vielfaches*) b e-e ganze Zahl *od* ein Ganzes betreffend c Integral…: **~ calculus** Integralrechnung *f*; **~ equation** Integralgleichung *f*; **~ sign** Integralzeichen *n*; **~ theorem** Integralsatz *m* B S 1 (*ein*) vollständiges Ganzes 2 MATH Integral *n*: **~ with respect to x from a to b** Integral nach x von a bis b

integrand ['ɪntɪgrænd] S MATH Integrand *m* (*das, was unter dem Integralzeichen steht*); **integrant** [-grənt] → integral A 1

integrate ['ɪntɪgreɪt] A VT 1 integrieren: a zusammenschließen **(into** zu) b eingliedern **(into** in *akk*): **~ a criminal into society** c einbeziehen, einbauen, einbinden (*alle:* **into, with** in *akk*) d MATH das Integral (*gen*) berechnen 2 *bes US Einrichtungen* für alle Rassen zugänglich machen 3 ELEK zählen (*Messgerät*) B VI 1 sich integrieren: a sich zusammenschließen **(into** zu) b sich eingliedern (lassen) **(into** in *akk*) c sich einbeziehen *od* einbauen *od* einbinden lassen **(into, with** in *akk*) 2 *bes US* für alle Rassen zugänglich werden (*Einrichtungen*) C ADJ [-grət; -greɪt] vollständig, ganz; **integrated** ADJ 1 *allg* integriert: **~ circuit** ELEK integrierter Schaltkreis; **~ data processing** integrierte Datenverarbeitung 2 ausgeglichen (*Person, Wesen etc*): **~ casting** THEAT *etc* rassische Proporzbesetzung 3 *bes US* für alle Rassen zugänglich (*Einrichtung*) 4 WIRTSCH Verbund…: **~ economy**; **~ store** Filiale *f*; **integrating** ADJ 1 *allg* integrierend 2 ELEK Zähl…: **~ device** Zählwerk *n*

integration [,ɪntɪ'greɪʃn] S 1 Integration *f*, Integrierung *f*: a Zusammenschluss *m* **(into** zu) b Eingliederung *f* **(into** in *akk*) c Einbeziehung *f*, Einbau *m*, Einbindung *f* (*alle:* **into, with** in *akk*) d MATH Berechnung *f* des Integrals 2 *bes US* Aufhebung *f* der Rassenschranken 3 PSYCH Integration *f* (*Einheit im Aufbau der Persönlichkeit u. ihrer Beziehung zur Umwelt*); **integrationist** S *bes US* Verfechter(in) der rassischen Gleichberechtigung

integrative ['ɪntɪgreɪtɪv] ADJ integrativ: a *e-e Integration herbeiführend* b *auf e-e Integration abzielend*; **integrator** [-tə(r)] S 1 *Person od Sache, die integriert* 2 MATH, TECH Integrator *m* (*Rechenmaschine zur zahlenmäßigen Darstellung von Infinitesimalrechnungen*) 3 ELEK integrierende Schaltung

integrity [ɪn'tegrətɪ] S 1 Integrität *f*, Rechtschaffenheit *f*, Unbescholtenheit *f* 2 a Vollständigkeit *f* b Einheit *f*: **seen in its ~ it is …** als Ganzes gesehen ist es …

integument [ɪn'tegjʊmənt] S 1 Hülle *f* 2 Integument *n*: a BOT Samenhülle *f* b ANAT Haut *f*, Körperdecke *f*; **integumental, integumentary** ADJ ANAT Haut…

intellect ['ɪntəlekt] S 1 Intellekt *m*, Verstand *m*, Denk-, Erkenntnisvermögen *n*, Urteilskraft *f* 2 a kluger Kopf, hervorragender Geist b *koll* große Geister *pl*, hervorragende Köpfe *pl*, Intelligenz *f*; **intellection** S 1 Denken *n*, Verstandes-, Denktätigkeit *f* 2 Gedanke *m*, Idee *f*; **intellective** ADJ (ADV ~ly) 1 denkend 2 Verstandes… 3 intelligent

intellectual [,ɪntə'lektjʊəl; -tʃʊəl; *US* -tʃəwəl; -kʃwəl] A ADJ (ADV intellectually) 1 intellektuell, verstandesmäßig, Verstandes…, geistig, Geistes…: **~ history** Geistesgeschichte *f*; **~ impotence** geistige Impotenz; **~ interests** geistige Interessen; **~ power** Verstandes-, Geisteskraft *f*; **~ property** geistiges Eigentum; **~ property rights** *pl* Urheberrecht *n*; **~ worker** Geistes-, Kopfarbeiter(in) 2 klug, vernünftig, intelligent: **an ~ being** ein vernunftbegabtes Wesen **3** intellektuell, verstandesbetont, (geistig) anspruchsvoll **B** S Intellektuelle(r) *m/f(m)*, Verstandesmensch *m*: **the ~s** die Intellektuellen, die Intelligenz; **intellectualism** S Intellektualismus *m*: a *a. pej Überbetonung des Intellekts* b PHIL *Lehre, die dem Verstand vor den Willens- u. Gemütskräften den Vorrang gibt*; **intellectualist** **A** S Intellektualist(in) *(a.* PHIL) **B** ADJ intellektualistisch *(a.* PHIL); **intellectualistic** ADJ (ADV **~ally**) → intellectualist B; **intellectuality** [-ˈælətɪ; *US* -ˈwælətiː] S **1** Intellektualität *f*, Verstandesmäßigkeit *f* **2** Verstandes-, Geisteskraft *f*; **intellectualization** S Intellektualisierung *f*, intellektuelle Behandlung; **intellectualize** V/T intellektualisieren, intellektuell behandeln; **intellectually** ADV **1** verstandesmäßig, intellektuell **2** mit dem *od* durch den Verstand; **intellectualness** → intellectuality

intelligence [ɪnˈtelɪdʒəns] S **1** Intelligenz *f*: **~ quotient** Intelligenzquotient *m*; **~ test** Intelligenztest *m* **2** Einsicht *f*, Verständnis *n* **3** → intellect 2 **4** a *obs* Nachrichten *pl*, Mitteilungen *pl*, Informationen *pl* b nachrichtendienstliche Informationen *pl* **5** *a.* **~ service** Nachrichten-, Geheimdienst *m*: **he is in ~** er arbeitet für e-n Nachrichtendienst; **~ officer** Nachrichtenoffizier *m*; **intelligencer** S *obs* **1** Berichterstatter(in) **2** Spion(in), Agent(in)

intelligent [ɪnˈtelɪdʒənt] ADJ (ADV **~ly**) **1** intelligent, klug, gescheit **2** vernünftig: a verständig, einsichtsvoll b vernunftbegabt: **~ life** intelligente Wesen *pl* c sinnvoll: **by ~ use of the material**; **intelligential** [-ˈdʒenʃl] → intellectual A 1, A 2; **intelligentsia** [-ˈdʒentsɪə; -ˈgent-] S *(a. als pl konstruiert)* KOLL *(die)* Intelligenz, *(die)* Intellektuellen *pl*

intelligibility [ɪnˌtelɪdʒəˈbɪlətɪ] S Verständlichkeit *f*; **intelligible** ADJ (ADV **intelligibly**) **1** verständlich (**to** für *od dat*) **2** PHIL intelligibel *(nur durch den Intellekt u. nicht durch die sinnliche Wahrnehmung erkennbar)*

Intelsat ABK International Telecommunications Satellite

intemperance [ɪnˈtempərəns] S **1** Unmäßigkeit *f* **2** Unbeherrschtheit *f* **3** Trunksucht *f* **4** Rauheit *f*; **intemperate** [-pərət] ADJ (ADV **~ly**) **1** unmäßig: a ausschweifend, zügellos b maßlos **2** unbeherrscht: **~ rage** unbändige Wut **3** trunksüchtig **4** rau *(Klima)*

intend [ɪnˈtend] V/T **1** beabsichtigen, vorhaben, planen, im Sinn haben *(alle:* **sth** etwas; **to do, doing** zu tun): **he did not ~ to kill him** er wollte ihn nicht umbringen; **we ~ no harm** wir haben nichts Böses im Sinn; **was this ~ed?** war das Absicht?; → offence 3 **2** bezwecken, im Auge haben, hinzielen auf *(akk)* **3** bestimmen (**for** für, zu): **what is it ~ed for?** was ist der Zweck der Sache?, wozu soll das dienen?; **it was ~ed for you** es war für dich (bestimmt *od* gedacht); **our son is ~ed for the legal profession** (*od* **to be a lawyer**) unser Sohn soll (einmal) Anwalt werden; **it is not ~ed for sale** es ist nicht verkäuflich *od* zum Verkauf bestimmt **4** sagen wollen, meinen: **what do you ~ by this?** was wollen Sie damit sagen? **5** bedeuten, sein sollen: **it was ~ed for** (*od* **as, to be**) **a compliment** es sollte ein Kompliment sein **6** wollen, wünschen: **we ~ him to go, we ~ that he should go** wir wünschen *od* möchten, dass er geht

intendant [ɪnˈtendənt] S Verwalter(in)

intended **A** ADJ (ADV **~ly**) **1** beabsichtigt, geplant **2** gewünscht **3** absichtlich **4** *umg* zukünftig: **her ~ husband** ihr Zukünftiger **B** S *umg* Verlobte(r) *m/f(m)*: **her ~** ihr Zukünftiger; **his ~** s-e Zukünftige; **intending** ADJ angehend, zukünftig: **~ buyer** WIRTSCH (Kauf)Interessent(in); **intendment** S JUR wahre Bedeutung: **~ of the law** gesetzgeberische Absicht

intense [ɪnˈtens] ADJ **1** intensiv: a stark, heftig: **~ heat** starke Hitze; **~ longing** heftige Sehnsucht, intensives Verlangen b hell, grell *(Licht)* c tief, satt *(Farben)* d durchdringend *(Geräusch, Geruch)* e angespannt, angestrengt *(Studium etc)* f (an)gespannt, konzentriert *(Blick)* g eifrig h sehnlich, dringend i eindringlich *(Stil etc)* **2** leidenschaftlich, stark gefühlsbetont **3** beträchtlich *(Menge etc)* **4** FOTO dicht *(Negativ)*; **intensely** ADV **1** äußerst, höchst **2** → intense; **intenseness** S **1** Intensität *f*: a Stärke *f*, Heftigkeit *f* b Grelle *f*, Grellheit *f* c Tiefe *f*, Sattheit *f* d Anspannung *f*, Angestrengtheit *f* e Eifer *m* f Eindringlichkeit *f* **2** Leidenschaftlichkeit *f*, starke Gefühlsbetontheit **3** Beträchtlichkeit *f* **4** FOTO Dichte *f*

intensification [ɪnˌtensɪfɪˈkeɪʃn] S Verstärkung *f (a.* FOTO), Intensivierung *f*; **intensifier** [-faɪə(r)] S **1** FOTO Verstärker *m* **2** LING verstärkendes Adjektiv, Adverb *etc*; **intensify** [-faɪ] **A** V/T verstärken *(a.* FOTO), intensivieren: **~ a negative** **B** V/I sich verstärken

intension [ɪnˈtenʃn] S **1** → intensification **2** → intenseness 1 a, 1 d **3** PHIL Intension *f*, Inhalt *m (e-s Begriffs)* **4** → intensional meaning

intensional meaning [ɪnˈtenʃənl] S LING Bedeutungsinhalt *m*

intensity [ɪnˈtensətɪ] S Intensität *f*: a (hoher) Grad, Stärke *f*, Heftigkeit *f* b ELEK, PHYS, TECH *(Laut-, Licht-, Strom- etc)* Stärke *f*, (Stärke)Grad *m*: **~ of radiation** Strahlungsintensität c → intenseness

intensive [ɪnˈtensɪv] **A** ADJ (ADV **~ly**) **1** intensiv: a stark, heftig b gründlich, erschöpfend *(Forschung etc)*: **~ course** Intensiv-, Schnellkurs *m* **2** verstärkend *(a.* LING): **~ adverb**; **~ pronoun** **3** sich verstärkend **4** MED a stark wirkend b **~ care** Intensivpflege *f*; **he is in ~ care, he is in** (*od* **at**) **the ~ care unit** er liegt auf der Intensivstation; **he spent three weeks in ~ care** er lag drei Wochen auf der Intensivstation **5** a WIRTSCH intensiv, ertragssteigernd: **~ cultivation of land** intensive Bodenbewirtschaftung b *in Zusammensetzungen* …intensiv: → wage-intensive, *etc* **B** S → intensifier 2

intent [ɪnˈtent] **A** S **1** Absicht *f*, Vorsatz *m*: **with ~** absichtlich, mit Absicht, *bes* JUR vorsätzlich; **with ~ to defraud** JUR in betrügerischer Absicht; **all ~s (and purposes)** a in jeder Hinsicht, durchaus b im Grunde, eigentlich c praktisch, fast völlig, sozusagen; → criminal A 1, declaration 1 **2** Ziel *n*, Zweck *m*, Plan *m* **B** ADJ (ADV **~ly**) **1** **be ~ (up)on** eifrig beschäftigt sein mit, vertieft sein in *(akk)*: **be ~ (up)on doing sth** fest entschlossen sein, etwas zu tun; etwas unbedingt tun wollen **2** aufmerksam, gespannt *(Blick)*

intention [ɪnˈtenʃn] S **1** Absicht *f*, Vorhaben *n*, Vorsatz *m*, Plan *m (alle:* **of doing** zu tun): **have every ~ of doing sth** fest entschlossen sein, etwas zu tun; etwas unbedingt tun wollen; **have no ~ of doing sth** nicht die Absicht haben, etwas zu tun; **it wasn't my ~ to insult you** es war nicht meine Absicht, Sie zu beleidigen; ich wollte Sie nicht beleidigen; **with the best (of) ~s** in bester Absicht; **with the ~ of going** in der Absicht zu gehen; **it was without ~** es geschah unabsichtlich *od* unbeabsichtigt; **good ~s** gute Vorsätze; → pave **2** JUR Vorsatz *m* **3** Zweck *m*, Ziel *n* **4** *obs* Sinn *m*, Bedeutung *f* **5** *pl* (Heirats)Absichten *pl*; → honorable 4 **6** MED Intention *f*, Heilprozess *m*: **first ~** Wundheilung *f* ohne Eiterung; **second ~** Wundheilung *f* mit Granulations- u. Narbenbildung; **intentional** [-ʃənl] ADJ (ADV **~ly**) **1** absichtlich, *bes* JUR vorsätzlich: **~ly** *a.* mit Absicht **2** intentional, intentionell, zweckbestimmt; **intentioned** ADJ *in Zusammensetzungen* …gemeint, …meinend: → well-intentioned

intentness S **1** gespannte Aufmerksamkeit **2** Eifer *m*: **~ of purpose** Zielstrebigkeit *f*

inter [ɪnˈtɜː; *US* ɪnˈtɜr] V/T beerdigen, bestatten

inter- [ɪntə(r); *vor Vokal a. Br* ɪntər] *Wortelement mit der Bedeutung:* a (da)zwischen, Zwischen… b (dar)unter c gegen-, wechselseitig, einander, Wechsel…

interabang → interrobang

interact[1] V/I **1** aufeinander (ein)wirken, sich gegenseitig beeinflussen, PSYCH, SOZIOL interagieren **2** **~ well** (gut) harmonieren *(Schulklasse etc)*: **~ well with** gut auskommen mit

interact[2] S THEAT Zwischenakt *m*

interaction S Wechselwirkung *f*, PSYCH, SOZIOL Interaktion *f*: **electromagnetic (strong, weak) ~** PHYS elektromagnetische (starke, schwache) Wechselwirkung; **gravitational ~** PHYS Gravitationswechselwirkung; **interactionism** S PSYCH Interaktionalismus *m*, Interaktionismus *m (Theorie, die die gesellschaftlichen Beziehungen als Gesamtheit der Interaktionen zwischen Individuen u. Gruppen deutet)*; **interactive** ADJ (ADV **~ly**) aufeinander (ein)wirkend, sich gegenseitig beeinflussend, PSYCH, SOZIOL interagierend, interaktiv *(a. Software etc)*

inter alia [ˌɪntə(r)ˈeɪlɪə; -ˈɑː-] ADV unter anderem

interatomic ADJ CHEM interatomar *(zwischen mehreren Atomen bestehend od stattfindend)*

interblend V/T & V/I (sich) vermischen

interbrain S ANAT Zwischenhirn *n*

interbreed *irr* BIOL **A** V/T durch Kreuzung züchten, kreuzen **B** V/I **1** sich kreuzen **2** sich untereinander vermehren

intercalary [ɪnˈtɜːkələrɪ; *US* ɪnˈtɜrkəˌleriː] ADJ **1** eingeschaltet, -geschoben **2** Schalt…: **~ day**; **~ year**; **intercalate** [-leɪt] V/T **1** einschieben, -schalten **2** GEOL einschließen; **intercalation** S **1** Einschiebung *f*, -schaltung *f* **2** GEOL Einschließung *f*

intercede [ˌɪntə(r)ˈsiːd] V/I sich verwenden *od* einsetzen, Fürsprache *od* Fürbitte einlegen *(alle:* **with** bei; **for, on behalf of** für); **interceder** S Fürsprecher(in)

intercellular ADJ BIOL, MED interzellular, interzellulär: a *zwischen den Zellen gelegen* b *sich zwischen den Zellen abspielend*

intercept **A** V/T [ˌɪntə(r)ˈsept] **1** *e-n Brief, e-n Boten, e-n Funkspruch, ein Flugzeug,* SPORT *e-n Pass etc* abfangen **2** *e-e Meldung* mit-, abhören, auffangen **3** *j-m* den Weg abschneiden **4** MATH a abschneiden b einschließen (**between** zwischen *dat*) **B** S [ˈɪntə(r)sept] MATH Abschnitt *m*; **intercepter** → interceptor

interception [ˌɪntə(r)ˈsepʃn] S **1** Abfangen *n*: **~ flight** FLUG, MIL Sperrflug *m*; **~ plane** → interceptor 2 **2** Abhören *n*, Auffangen *n*: **~ circuit** TEL Fangschaltung *f*; **~ service** Abhördienst *m* **3** MATH a Abschneidung *f* b Einschließung *f*; **interceptor** [-tə(r)] S **1** *j-d, der etwas abfängt etc* (→ intercept A 1, A 2, A 3) **2** *a.* **~ plane** FLUG, MIL Abfangjäger *m* **3** TECH Auffangkanal *m*

intercession [ˌɪntə(r)ˈseʃn] S Fürbitte *f (a.* REL), Fürsprache *f*; **intercessor** [-sə(r)] S **1** Fürsprecher(in) **2** REL Bistumsverweser *m*; **intercessory** [-sərɪ] ADJ fürsprechend, Fürsprech…

interchange **A** V/T **1** gegen- *od* untereinander austauschen, auswechseln 2 *Geschenke, Meinungen etc* austauschen, *Briefe* wechseln (*beide:* **with** mit) B S 1 Auswechslung *f* 2 Austausch *m*: **~ of civilities** Austausch von Höflichkeiten; **~ of ideas** Gedankenaustausch 3 AUTO Autobahnkreuz *n* 4 a Umsteig(e)möglichkeit *f* b *a.* **~ station** Umsteig(e)bahnhof *m*, -station *f*; **interchangeable** ADJ (ADV interchangeably) austausch-, auswechselbar; **interchanger** S TECH (*Luft-, Wärme*) Austauscher *m*

inter-city S BAHN *Br* Intercity *m*: **~ train** Intercityzug *m*

intercollegiate ADJ zwischen (verschiedenen) Colleges (bestehend *od* stattfindend)

intercom ['ɪntəkɒm; *US* 'ɪntər,kɑm] S (Gegen-, Haus-, FLUG, SCHIFF Bord-) Sprechanlage *f*: **on** (*od* **over**) **the ~** über die Sprechanlage

intercommunicate V/I 1 miteinander in Verbindung stehen, kommunizieren 2 miteinander (durch e-e Tür *etc*) verbunden sein: **these two rooms ~** diese beiden Räume haben e-e Verbindungstür; **intercommunication** S gegenseitige Verbindung: **~ system** → intercom

intercommunion S REL interkonfessionelles Abendmahl

interconfessional → interdenominational

interconnect V/T miteinander verbinden, ELEK *a.* zusammenschalten; **interconnection** S gegenseitige Verbindung, ELEK *a.* Zusammenschluss *m*

intercontinental ADJ interkontinental, Interkontinental...: **~ flight**; **~ ballistic missile** MIL Interkontinentalrakete *f*

intercostal A ADJ (ADV ~ly) 1 ANAT interkostal, Zwischenrippen...: **~ muscle** → B 1 a 2 BOT zwischen den Blattrippen 3 SCHIFF zwischen den Schiffsrippen B S 1 ANAT a Zwischenrippenmuskel *m* b Zwischenrippenraum *m* 2 TECH Zwischenblech *n*

intercourse S 1 Umgang *m*, Verkehr *m* (*beide:* **with** mit) 2 (Geschlechts)Verkehr *m*: → anal, oral A 2

intercross A V/T 1 **~ each other** sich kreuzen (*Straßen*) 2 BIOL kreuzen B V/I sich kreuzen (*a.* BIOL) C S [*US* '-,krɔːs] BIOL a Kreuzung *f*, Kreuzen *n* b Kreuzung(sprodukt) *f(n)*

intercurrent ADJ 1 dazwischenkommend 2 MED interkurrent, hinzutretend (*Krankheit*)

interdenominational ADJ REL interkonfessionell, konfessionsübergreifend

interdental ADJ (ADV ~ly) interdental: a ANAT *zwischen den Zähnen liegend; den Zahnzwischenraum betreffend*: **~ brush** (*Zahnhygiene*) Interdental-Bürste *f* b LING *zwischen den Zähnen gebildet*: **~ consonant** Interdental *m*, Zahnzwischenlaut *m*

interdepartmental ADJ (ADV ~ly) 1 zwischen den Abteilungen (*Beziehungen etc*) 2 mehrere Abteilungen betreffend (*Angelegenheiten etc*)

interdepend V/I voneinander abhängen; **interdependence**, **interdependency** S gegenseitige Abhängigkeit; **interdependent** ADJ (ADV ~ly) voneinander abhängig

interdict A S ['ɪntə(r)dɪkt] 1 (amtliches) Verbot: **put an ~ upon** → B 1 2 JUR *schott* a einstweilige Verfügung b gerichtliches Verbot 3 KATH Interdikt *n* (*Verbot von kirchlichen Amtshandlungen als Strafe für e-e Person od e-n Bezirk*): **lay** (*od* **put**) **under an ~** → B 2 B V/T [,ɪntə(r)'dɪkt] 1 (amtlich) untersagen, verbieten (*beide:* **to sb** j-m) 2 KATH mit dem Interdikt belegen 3 MIL *Nachschubwege* unterbrechen, *feindliches Vorrücken* behindern *od* zum Stillstand bringen;

interdiction → interdict A 1, A 3; **interdictive**, **interdictory** [-tərɪ] ADJ untersagend, Verbots...

interdigitate [,ɪntə(r)'dɪdʒɪteɪt] A V/I 1 verflochten sein (**with** mit) 2 ineinandergreifen B V/T miteinander verflechten

interdisciplinary ADJ interdisziplinär (*Forschung etc*): a *mehrere* (*wissenschaftliche*) *Disziplinen umfassend* b *die Zusammenarbeit mehrerer* (*wissenschaftlicher*) *Disziplinen betreffend*

interest ['ɪntrɪst; 'ɪntərest] A S 1 (**in**) Interesse *n* (an *dat*, für), (An)Teilnahme *f* (an *dat*): **there's not much ~ in** es besteht kein großes Interesse an; **lose ~** das Interesse verlieren; **take** (*od* **have**) **an ~ in sth** sich für etwas interessieren, Anteil an etwas nehmen; **she hasn't got much ~ in football** Fußball interessiert sie nicht sehr; **music is his only ~** er interessiert sich nur für Musik 2 Reiz *m*, Interesse *n*: **add ~ to** reizvoll *od* interessant machen (*akk*); **be of ~ (to)** von Interesse sein (für), interessieren (*akk*), reizvoll sein (für); **there is no ~ in doing sth** es ist uninteressant *od* sinnlos, etwas zu tun; → human A 1 3 Wichtigkeit *f*, Bedeutung *f*, Interesse *n*: **of great** (**little**) **~** von großer Wichtigkeit (von geringer Bedeutung); **this question is of no ~ at the moment** diese Frage ist im Moment nicht aktuell 4 *bes* WIRTSCH Beteiligung *f*, Anteil *m* (*beide:* **in** an *dat*): **have an ~ in sth** an *od* bei e-r Sache beteiligt sein; → control A 1 5 *meist pl bes* WIRTSCH Geschäfte *pl*, Interessen *pl*, Belange *pl*: **shipping ~s** Reedereigeschäfte, -betrieb *m* 6 *a. pl* WIRTSCH Interessenten *pl*, Interessengruppe(n) *f(pl)*, (*die*) beteiligten Kreise *pl*: **the banking ~** die Bankkreise; **the business ~s** die Geschäftswelt; **the shipping ~** die Reeder *pl*; → landed, vest C 2 7 Interesse *n*, Vorteil *m*, Nutzen *m*, Gewinn *m*: **be in** (*od* **to**) **sb's ~** in j-s Interesse liegen; **in your** (**own**) **~** zu Ihrem (eigenen) Vorteil, in Ihrem (eigenen) Interesse; **in the public ~** im öffentlichen Interesse; **look after** (*od* **protect, safeguard**) **sb's ~s** j-s Interessen wahrnehmen *od* wahren; **study sb's ~** j-s Vorteil im Auge haben; → lie² *Bes Redew* 8 Eigennutz *m* 9 Einfluss *m* (**with** bei), Macht *f*: → sphere A 6 10 JUR (An)Recht *n*, Anspruch *m* (*beide:* **in** auf *akk*): → vest C 2 11 WIRTSCH Zinsen *pl*: **a loan at 8% ~** ein Darlehen zu 8% Zinsen; **~ due** fällige Zinsen; **~ from** (*od* **on**) **capital** Kapitalzinsen; **and** (*od* **plus**) **~** zuzüglich Zinsen; **as ~** zinsweise; **ex ~** ohne Zinsen; **free of ~** zinslos; **bear** (*od* **carry, earn, pay, yield**) **~** Zinsen tragen, sich verzinsen (**at 4%** mit 4%); **~ for default** (*od* **delay**), **~ on arrears** Verzugszinsen; **~ on credit balances** Habenzinsen; **~ on debit balances** Sollzinsen; **~ on deposits** Zinsen auf (Bank)Einlagen; **~ on shares** Stückzinsen; **~ rate** → A 12; **invest money at ~** Geld verzinslich anlegen; **return a blow (an insult) with ~** *fig* e-n Schlag (e-e Beleidigung) mit Zinsen *od* mit Zins u. Zinseszins zurückgeben; **return sb's kindness with ~** *fig* sich für j-s Freundlichkeit mehr als nur erkenntlich zeigen; → rate¹ A 2 12 WIRTSCH Zinsfuß *m*, -satz *m* B V/T 1 interessieren (**in** für), *j-s* Interesse *od* Teilnahme erwecken (**in sth** an e-r Sache; **for sb** für j-n): **~ o.s. in** sich interessieren für 2 angehen, betreffen: **every citizen is ~ed in this law** dieses Gesetz geht jeden Bürger an 3 interessieren, fesseln, anziehen, reizen 4 *bes* WIRTSCH beteiligen (**in** an *dat*)

interest| account S WIRTSCH Zinsenkonto *n*; **~-bearing** ADJ verzinslich, zinstragend; **~ coupon** S WIRTSCH Zinsabschnitt *m*, -schein *m*, -kupon *m*

interested ADJ 1 interessiert (**in** an *dat*): **be ~ in sth** sich für etwas interessieren; **I was ~ to know** es interessierte mich zu wissen 2 *bes* WIRTSCH beteiligt (**in** an *dat*, bei): **the parties ~** a die Beteiligten b die Interessenten 3 voreingenommen, befangen (*Zeuge etc*) 4 eigennützig; **interestedly** ADV 1 mit Interesse, aufmerksam 2 in interessanter Weise; **interestedness** S 1 Interessiertheit *f* 2 Voreingenommenheit *f* 3 Eigennutz *m*

interest|-free ADJ WIRTSCH zinslos; **~ group** S Interessengruppe *f*

interesting ADJ interessant: **be in an ~ condition** *obs* in anderen Umständen sein; **interestingly** ADV *a.* **~ enough** interessanterweise

interest| instal(l)ment S WIRTSCH Zinsrate *f*; **~ lottery** S Prämienlotterie *f*; **~ rate policy** S Zinspolitik *f*; **~ statement** S Zinsaufstellung *f*; **~ ticket**, **~ warrant** → interest coupon

interface S 1 CHEM, PHYS Grenz-, Trennungsfläche *f* 2 ELEK, COMPUT Schnittstelle *f*, (COMPUT *a.*) Nahtstelle *f* 3 *fig* Nahtstelle *f* (**of** [*od* **between**] ... **and** zwischen [*dat*] ... und)

interfacing S 1 Einlage *f* (*in e-m Kleidungsstück*) 2 → interlining²

interfere [,ɪntə(r)'fɪə(r)] V/I 1 (**with**) stören, behindern (*akk*): a (*j-n*) belästigen b (*etwas*) beeinträchtigen: **~ with sb's plans** j-s Pläne durchkreuzen; **the noise ~d with my work** der Krach störte mich bei der Arbeit 2 eingreifen (**in** in *akk*) 3 sich einmischen (**in** in *akk*) 4 (**with** an *dat*) a sich zu schaffen machen: **~ with o.s.** an sich herumspielen b sich vergreifen: **who's been interfering with my wine?** wer war an m-m Wein? 5 **~ with sb** a sich an j-n heranmachen *umg*: **stop interfering with that girl!** lass das Mädchen in Ruhe! b sich an j-m vergehen, j-n vergewaltigen 6 *fig* kollidieren (**with** mit), aufeinanderprallen 7 JUR *US* das Prioritätsrecht (für e-e Erfindung) geltend machen 8 ELEK a sich überlagern, PHYS *a.* interferieren: **~ with** überlagern (*akk*) b stören (**with** *akk*): **the reception was ~d with** 9 SPORT sperren: **~ with sb** *a.* j-n regelwidrig behindern 10 LING interferieren, sich überlagern (*Strukturen verschiedener Sprachsysteme*)

interference [,ɪntə(r)'fɪərəns] S 1 Störung *f* (**with** *gen*): a Belästigung *f*, Behinderung *f* b Beeinträchtigung *f* 2 Eingriff *m* (**in** in *akk*) 3 Einmischung *f* (**in** in *akk*): **there should be no ~ by the State in internal union affairs** der Staat sollte sich nicht in gewerkschaftsinterne Angelegenheiten einmischen 4 *fig* Kollision *f* (**with** mit), Aufeinanderprallen *n* 5 ELEK a Überlagerung *f* (**with** *gen*), PHYS *a.* Interferenz *f*: **~ colo(u)r** Interferenzfarbe *f* b Störung *f* (**with** *gen*): **~ signal** Störsignal *n*; **~ suppression** Entstörung *f*; **~ suppressor** Entstörfilter *n/m* 6 a SPORT Sperren *n*, regelwidrige Behinderung (**with** *gen*) b *Eishockey*: Behinderung *f* 7 LING Interferenz *f* (*Einwirkung von Strukturen e-s Sprachsystems auf Strukturen e-s anderen Sprachsystems*) 8 PSYCH Interferenz *f* (*Hemmung od Löschung e-s psychischen Prozesses, wenn er mit e-m anderen zusammenfällt*) 9 BIOL, MED Interferenz *f* (*Hemmung e-s biologischen Vorgangs durch e-n gleichzeitigen u. gleichartigen anderen*)

interferential [,ɪntə(r)fə'renʃl] ADJ PHYS Interferenz...

interfering ADJ (ADV ~ly) 1 störend, lästig 2 sich einmischend: **don't be so ~** misch dich doch nicht ständig ein 3 *fig* kollidierend 4 ELEK störend, (sich) überlagernd, PHYS *a.* interferierend

interferometer [,ɪntə(r)fə'rɒmɪtə; *US* -'ramətər] S 1 PHYS Interferometer *n* (*Gerät, das die Interferenz von Licht- od Schallwellen für Messungen ausnutzt*) 2 → radio interferometer; **interferometry** [-trɪ] S PHYS Interferometrie *f* (*Gesamtheit der Präzisionsmessverfahren, die auf der Interferenz des Lichts beruhen*)

interferon [ˌɪntə(r)ˈfɪərɒn; US -ˌɑn] S *Biochemie*: Interferon *n* (*von Körperzellen gebildeter Eiweißkörper, der als Abwehrsubstanz gegen Infektionen wirksam ist*)

interflow A S [ˈɪntə(r)fləʊ] Ineinanderfließen *n* B V/I [ˌ-ˈfləʊ] ineinanderfließen, sich vermischen

interfluent [ɪnˈtɜːflʊənt; US ɪnˈtɜrfləwənt; ˌɪntərˈfluːənt] ADJ ineinanderfließend, sich vermischend

interfuse A V/T 1 durchdringen 2 (ver)mischen, durchsetzen (*beide:* **with** mit) 3 (eng) verbinden B V/I 1 sich vermischen 2 sich (eng) (miteinander) verbinden; **interfusion** S 1 Durchdringung *f* 2 Vermischung *f*, Durchsetzung *f* (*beide:* **with** mit) 3 (enge) Verbindung

inter-German ADJ POL, HIST innerdeutsch

interglacial GEOL A ADJ interglazial, zwischeneiszeitlich: **~ period** → B B S Interglazial *n*, Zwischeneiszeit *f*

intergovernmental ADJ: **~ talks** Gespräche auf Regierungsebene

intergradation S allmähliches Ineinanderübergehen; **intergrade** *bes* BIOL A V/I [ˌɪntə(r)ˈɡreɪd] allmählich ineinander übergehen B S [ˈ-ɡreɪd] Zwischenstufe *f*

interim [ˈɪntərɪm] A S 1 Zwischenzeit *f*: **in the ~** inzwischen, mittlerweile, unterdessen, in der Zwischenzeit, zwischenzeitlich 2 Interim *n*, einstweilige Reg(e)lung, Übergangsreg(e)lung *f* 3 ~ HIST (Augsburger) Interim *n* (*vorläufige Lösung der Religionsfrage zwischen Protestanten u. Katholiken; 1548*) B ADJ interimistisch, einstweilig, vorläufig, Interims..., Zwischen...: **~ aid** Überbrückungshilfe *f*; **~ balance sheet** WIRTSCH Zwischenbilanz *f*; **~ certificate** WIRTSCH Interimsschein *m*; **~ credit** WIRTSCH Zwischenkredit *m*; **~ dividend** WIRTSCH Abschlagsdividende *f*; **~ government** POL Interims-, Übergangsregierung *f*; **~ measure** Übergangsmaßnahme *f*; **~ report** Zwischenbericht *m*; **~ solution** Interims-, Zwischenlösung *f*; → injunction 1

interior [ɪnˈtɪərɪə(r)] A ADJ (ADV **~ly**) 1 inner(er, e, es), Innen...: **~ angle** MATH Innenwinkel *m*; **~ decoration** a Raumausstattung *f* b *a.* **~ design** Innenarchitektur *f*; **~ decorator** a Raumausstatter(in) b *a.* **~ designer** Innenarchitekt(in) c → decorator 3; **~ light** AUTO Innenbeleuchtung *f*; **~ monologue** innerer Monolog; **~ planet** ASTRON innerer Planet 2 GEOG binnenländisch, Binnen... 3 inländisch, Inlands... 4 inner(er, e, es): a privat, intern b verborgen, geheim 5 innerlich, geistig B S 1 *meist pl* (*das*) Innere 2 Innenraum *m*, -seite *f* 3 MAL Interieur *n* (*e-n Innenraum darstellendes Bild*) 4 FOTO Innenaufnahme *f*, (FILM, TV *a.*) Studioaufnahme *f* 5 GEOG Binnenland *n*, (*das*) Innere: **in the ~ of Australia** im Inneren *od* Herzen Australiens 6 POL innere Angelegenheiten *pl*, (*das*) Innere: → department 7 7 inneres *od* wahres Wesen; **interiorize** → internalize

interior-sprung ADJ: **~ mattress** Sprungfeder-, Federkernmatratze *f*

interjacent [ˌɪntə(r)ˈdʒeɪsnt] ADJ dazwischenliegend

interject [ˌɪntə(r)ˈdʒekt] V/T 1 *e-e Bemerkung etc* dazwischen-, einwerfen 2 aus-, dazwischenrufen; **interjection** [-kʃn] S 1 Dazwischenwerfen *n*, Einwurf *m* 2 Aus-, Zwischenruf *m* 3 LING Interjektion *f*, Ausrufe-, Empfindungswort *n*; **interjectional** [-ʃənl] ADJ (ADV **~ly**) 1 dazwischen-, eingeworfen 2 LING Interjektions...

interlace A V/T 1 (miteinander) verflechten, verschlingen, *a. fig* (ineinander) verweben 2 (ver)mischen (**with** mit) 3 durchflechten, -weben (*beide a. fig*): **~ a speech with humo(u)r**; **~d scanning** TV Zeilensprung(verfahren) *m(n)* 4 einflechten B V/I sich verflechten, sich kreuzen: **interlacing arches** ARCH verschränkte Bogen; **interlacing boughs** verschlungene Zweige; **interlacement** S 1 Verflechtung *f* 2 Verflochtenheit *f* 3 Vermischung *f*

interlaminate V/T 1 zwischen Schichten einfügen 2 schichtweise anordnen *od* aufhäufen

interlanguage S Verkehrssprache *f*

interlard V/T 1 spicken, durchsetzen (*beide:* **with** mit): **a speech ~ed with oaths** 2 **foreign words ~ his book** sein Buch ist mit Fremdwörtern gespickt, in s-m Buch wimmelt es von Fremdwörtern

interleaf S *irr* leeres Zwischenblatt; **interleave** V/T 1 *Bücher* durchschießen 2 IT *Programme* verzahnen

interlibrary loan S 1 Fernleihe *f*, Fernleihverkehr *m*: **get a book on ~** ein Buch über den Fernleihverkehr bekommen 2 über den Fernleihverkehr ausgeliehenes Buch *etc*

interline[1] [ˌɪntə(r)ˈlaɪn] V/T 1 *e-n Text* zwischenzeilig schreiben, zwischen die Zeilen schreiben *od* setzen, einfügen 2 *Schriftstücke* interliniieren: **~d manuscript** Interlinearmanuskript *n* 3 TYPO durchschießen

interline[2] V/T *ein Kleidungsstück* mit e-m Zwischenfutter versehen

interlinear ADJ 1 zwischengeschrieben, zwischenzeilig (geschrieben), interlinear: **~ translation** LING Interlinearübersetzung *f* 2 TYPO blank: **~ space** Durchschuss *m*; **interlineation** S (*das*) Dazwischengeschriebene, interlinearer Text

interlingua S 1 → interlanguage 2 *meist* ♀ Interlingua *f* (*Welthilfssprache, die auf Latein u. den romanischen Sprachen fußt*)

interlining[1] → interlineation

interlining[2] S Zwischenfutter(stoff) *n(m)*

interlink A V/T [ˌɪntə(r)ˈlɪŋk] (miteinander) verketten *od* verbinden *od* verknüpfen: **~ed fates**; **~ed voltage** ELEK verkettete Spannung B S [ˈ-lɪŋk] Binde-, Zwischenglied *n*

interlock A V/I 1 ineinandergreifen (*a. fig*): **~ing directorates** *pl* WIRTSCH *bes US* personelle Unternehmensverflechtung (*auf Verwaltungsratsebene*) 2 BAHN verriegelt *od* verblockt sein: **~ing signals** verriegelte Signale B V/T 1 eng zusammenschließen, ineinanderschachteln 2 ineinanderhaken, (miteinander) verzahnen 3 *Eisenbahnsignale* verriegeln, verblocken

interlocution [ˌɪntə(r)ləʊˈkjuːʃn] S Gespräch *n*, Unterredung *f*; **interlocutor** [-ˈlɒkjʊtə; US -ˈlɑkjətər] S 1 Gesprächspartner *m* 2 JUR *schott* gerichtliche (Zwischen)Entscheidung; **interlocutory** [-tərɪ; US -ˌtəʊriː; -ˌtɔː-] ADJ (ADV interlocutorily) 1 gesprächsweise, in Gesprächsform 2 ins Gespräch eingeflochten 3 Gesprächs... 4 JUR einstweilig, vorläufig, Zwischen...: **~ decree, ~ judg(e)ment** Zwischenurteil *n*; **~ judg(e)ment of divorce** US vorläufiges Scheidungsurteil (*das nach e-r Übergangszeit wirksam wird*); → injunction 1; **interlocutress** [-trɪs] S, **interlocutrice** [-trɪs] S, **interlocutrix** [-trɪks] *pl* interlocutrices [-ˈtraɪsiːz] S Gesprächspartnerin *f*

interlope V/I 1 sich eindrängen *od* einmischen 2 WIRTSCH Schleich- *od* Schwarzhandel treiben; **interloper** S 1 Eindringling *m* 2 WIRTSCH Schleich-, Schwarzhändler(in)

interlude [ˈɪntə(r)luːd] S 1 a (kurze) Zeit, Periode *f*: **an ~ of bright weather** e-e Schönwetterperiode b Unterbrechung *f* (**in** *gen*) 2 THEAT a Pause *f* b Zwischenspiel *n*, Intermezzo *n* (*beide a.* MUS *u. fig*)

interlunation S Interlunium *n* (*Zeit des Neumonds*)

intermarriage S 1 Mischehe *f* (*zwischen Angehörigen verschiedener Stämme, Rassen od Konfessionen*) 2 Heirat *f* innerhalb der Familie *od* zwischen Blutsverwandten; **intermarry** V/I 1 a e-e Mischehe eingehen b untereinander heiraten: **the two families have intermarried for many years** 2 innerhalb der Familie heiraten: *members of some ancient races* **intermarried with their own sisters** heirateten ihre eigene Schwester

intermaxillary [ˌɪntə(r)mækˈsɪlərɪ; US -ˈmæksəˌleriː] ANAT A ADJ Intermaxillar...: **~ bone** → B B S Intermaxillar-, Zwischenkieferknochen *m*

intermeddle V/I sich einmischen (**with** in *akk*)

intermedia ADJ multimedial: **~ show** Multimedia-Show *f*

intermediacy S Dazwischenliegen *n*

intermediary [ˌɪntə(r)ˈmiːdjərɪ; US -dɪˌeriː] A ADJ 1 → intermediate[1] A 1, A 2, A 3: **~ storage** Zwischenlagerung *f* (*von Atommüll etc*) 2 MED, PHYSIOL intermediär: **~ metabolism** intermediärer Stoffwechsel, Zwischenstoffwechsel *m* B S 1 Vermittler(in), Mittelsmann *m* 2 WIRTSCH Zwischenhändler(in) 3 Vermittlung *f* 4 a Zwischenform *f* b Zwischenstadium *n*

intermediate[1] [ˌɪntə(r)ˈmiːdjət; -dɪət] A ADJ (ADV **~ly**) 1 dazwischenliegend, dazwischen befindlich, eingeschaltet, Zwischen..., Mittel...: **be ~ between ... and ...** zwischen (*dat*) ... u. ... liegen; **~ colo(u)r (credit, examination, frequency, product, seller, stage, time, trade)** Zwischenfarbe *f* (-kredit *m*, -prüfung *f*, -frequenz *f*, -produkt *n*, -verkäufer[in], -stadium *n*, -zeit *f*, -handel *m*); **~ school** → junior high (school); **~-range ballistic missile** MIL Mittelstreckenrakete *f*; **~ terms** MATH innere Glieder, Mittelglieder; → grade A 2 2 SCHULE für fortgeschrittene Anfänger (*Kurs etc*) 3 vermittelnd, Verbindungs..., Zwischen..., Mittel(s)...: **~ agent** → B 3 4 mittelbar, indirekt B S 1 Zwischenglied *n*, -gruppe *f*, -form *f* 2 CHEM Zwischenprodukt *n* 3 Vermittler(in), Mittelsmann *m* 4 SCHULE Zwischenprüfung *f* 5 *Motorsport*: Intermediate(-Reifen) *m*

intermediate[2] [ˌɪntə(r)ˈmiːdɪeɪt] V/I 1 dazwischentreten, intervenieren 2 vermitteln

intermediateness S Dazwischenliegen *n*

intermediation S 1 Dazwischentreten *n*, Intervenieren *n* 2 Vermittlung *f*; **intermediator** [-tə(r)] S Vermittler(in)

intermenstrual ADJ PHYSIOL intermenstrual, intermenstruell: **~ period** Intermenstruum *n* (*Zeitraum zwischen zwei Menstruationen*)

interment [ɪnˈtɜːmənt; US -ˈtɜr-] S Beerdigung *f*, Bestattung *f*

intermezzo [ˌɪntə(r)ˈmetsəʊ; -ˈmedzəʊ] *pl* -mezzi [-tsiː; -dziː], -mezzos S MUS Intermezzo *n*, Zwischenspiel *n*

interminability [ɪnˌtɜːmɪnəˈbɪlətɪ; US -ˌtɜr-] S Endlosigkeit *f*; **interminable** ADJ (ADV interminably) endlos (*Predigt, Wüste etc*): **housework is an ~ job** die Hausarbeit nimmt nie ein Ende; **interminableness** → interminability

intermingle A V/T vermischen, vermengen B V/I 1 sich vermischen 2 **~ with** sich mischen unter (*akk*)

intermission S 1 Pause *f* (*a.* THEAT *etc*), Unterbrechung *f*: **there will now be a short ~** es folgt e-e kurze Pause; **without ~** ohne Pause, pausenlos, unaufhörlich 2 MED Intermission *f* (*beschwerdefreie Zwischenzeit im Krankheitsverlauf*)

intermit [ˌɪntə(r)ˈmɪt] A V/T (zeitweilig) unterbrechen, aussetzen mit B V/I (zeitweilig) aussetzen, vorübergehend aufhören; **intermittence** [-təns], **intermittency** [-sɪ] S 1 Unterbrechung *f*, (zeitweiliges) Aussetzen 2 → intermission 2

intermittent [ˌɪntə(r)ˈmɪtənt] ADJ (ADV ~ly) mit Unterbrechungen, (zeitweilig) aussetzend, stoßweise, periodisch (auftretend), intermittierend: **~ claudication** MED intermittierendes Hinken, Schaufensterkrankheit *f*; **~ current** ELEK intermittierender *od* pulsierender Strom; **~ fever** MED intermittierendes Fieber, Wechselfieber *n*; **~ light** Blinklicht *n*; **~ river** GEOG intermittierender Fluss

intermix V/T & V/I (sich) vermischen; **intermixture** S 1 Vermischen *n* 2 Mischung *f*, Gemisch *n* 3 Beimischung *f*, Zusatz *m*

intermolecular ADJ CHEM, PHYS intermolekular (*zwischen den Molekülen liegend od stattfindend*)

intern[1] A V/T [ɪnˈtɜːn; US ˈɪnˌtɜrn] a *j-n* internieren b *Schiffe etc* festhalten B S [ˈɪntɜːn; US ˈɪnˌtɜrn] Internierte(r) *m/f(m)*

intern[2] [ˈɪntɜːn; US ˈɪnˌtɜrn] *bes US* A S a *im Krankenhaus wohnende(r) Medizinalassistent(in)* b SCHULE Referendar(in) B V/I a sein Medizinalpraktikum absolvieren b SCHULE sein Referendariat absolvieren

intern[3] [ɪnˈtɜːn; US ɪnˈtɜrn] ADJ *obs* inner(er, e, es)

internal [ɪnˈtɜːnl; US ɪnˈtɜrnl] A ADJ (ADV ~ly) 1 inner(er, e, es), inwendig: **~ angle** MATH Innenwinkel *m*; **~ ear** ANAT Innenohr *n*; **~ evidence** JUR reiner Urkundenbeweis; **~ h(a)emorrhage** MED innere Blutung; **he died of ~ h(a)emorrhage** er verblutete innerlich; **~ injury** MED innere Verletzung; **~ medicine** innere Medizin; **~ organs** innere Organe; **~ rhyme** LIT Binnenreim *m*; **~ specialist** → internist; **~ telephone** Hausapparat *m*; **~ thread** TECH Innengewinde *n*; **he was bleeding ~ly** er hatte innere Blutungen 2 MED, PHARM innerlich anzuwenden(d): **"not to be taken ~ly"** „nicht zur inneren Anwendung" 3 inner(er, e, es), innerlich, geistig: **the ~ law** das innere Gesetz 4 einheimisch, in-, binnenländisch, Inlands…, Innen…, Binnen…: **~ flight** Inlandsflug *m*; **~ loan** WIRTSCH Inlandsanleihe *f*; **~ market** Binnenmarkt *m*; **~ trade** Binnenhandel *m* 5 POL inner(er, e, es), innenpolitisch, Innen…: **~ affairs** innere Angelegenheiten 6 a intern: **~ union affairs** gewerkschaftsinterne Angelegenheiten b WIRTSCH (betriebs)intern, innerbetrieblich: → auditing B S 1 *pl* ANAT innere Organe *pl* 2 wesentliche Eigenschaft 3 MED gynäkologische Untersuchung

internal-combustion engine S Verbrennungsmotor *m*

internalization [ɪnˌtɜːnəlaɪˈzeɪʃn; US ɪnˌtɜrnləˈz-] S Internalisierung *f*, Verinnerlichung *f*; **internalize** V/T PSYCH, SOZIOL *Verhaltensnormen, Konflikte etc* internalisieren, verinnerlichen

internal revenue S WIRTSCH US Staatseinkünfte *pl* (*aus inländischen Steuern u. Abgaben*): **Internal Revenue Service** (Bundes)Finanzamt *n*

international [ˌɪntə(r)ˈnæʃənl] A ADJ (ADV ~ly) 1 international, zwischenstaatlich, Welt…, Völker…: **~ copyright** internationales Urheberrecht; **~ date line** Datumsgrenze *f*; **~ law** Völkerrecht *n*, internationales Recht; **~ lending** WIRTSCH internationaler Kreditverkehr; **~ nautical mile** Seemeile *f*; **~ reply coupon** *Postwesen*: internationaler Antwortschein 2 Auslands…: **~ flight**; **~ call** TEL Auslandsgespräch *n*; **~ money order** Auslandspostanweisung *f* B S 1 SPORT a Internationale(r) *m/f(m)*, Nationalspieler(in) b Länderkampf *m*, -spiel *n* 2 ♀ a POL (Mitglied *n* e-r) Internationale: → socialist B b Internationale *f* (*sozialistisches Kampflied*) 3 *pl* WIRTSCH international gehandelte Wertpapiere *pl*

International‖ Bank for Reconstruction and Development S WIRTSCH Internationale Bank für Wiederaufbau u. Entwicklung; **~ Court of Justice** S Internationaler Gerichtshof; **~ Criminal Police Organization** S Internationale Kriminalpolizeiliche Organisation (*Interpol*); **~ Development Association** S WIRTSCH Internationale Entwicklungsorganisation

Internationale [ˌɪntə(r)næʃəˈnɑːl; *US a.* -ˈnæl] Internationale *f* (*sozialistisches Kampflied*)

International Finance Corporation S WIRTSCH Internationale Finanz-Corporation

internationalism [ˌɪntə(r)ˈnæʃnəlɪzəm] S 1 Internationalismus *m* (*Streben nach internationalem Zusammenschluss*) 2 internationale Zusammenarbeit 3 ♀ POL Grundsätze *pl od* Bestrebungen *pl* e-r Internationale; **internationalist** S 1 Internationalist(in) 2 Völkerrechtler(in) 3 ♀ POL Mitglied *n* e-r Internationale; **internationality** S internationaler Charakter; **internationalize** V/T 1 international machen, internationalisieren 2 unter internationale Kontrolle stellen

International‖ Labo(u)r Organization S POL Internationale Arbeitsorganisation; **~ Monetary Fund** S WIRTSCH Internationaler Währungsfonds; **~ Phonetic Alphabet** S LING Internationale Lautschrift; **~ Standards Organization** S Internationaler Normenausschuss

interne [ˈɪntɜːn; US ˈɪnˌtɜrn] → intern[2] A, [3]

internecine [ˌɪntə(r)ˈniːsaɪn; US *a.* -ˈnesiːn] ADJ 1 zur gegenseitigen Vernichtung führend: **an ~ war** ein gegenseitiger Vernichtungskrieg 2 mörderisch, vernichtend 3 innerhalb e-r Gruppe (ausgetragen), intern (*Streitigkeiten etc*)

internee [ˌɪntɜːˈniː; US -tɜr-] S MIL Internierte(r) *m/f(m)*

Internet S Internet *n* (*internationales Computernetzwerk*): **~ access** Internetzugriff *m*, -anschluss *m*; **~ (service) provider** Internet-Provider *m*

internist [ɪnˈtɜːnɪst; US ˈɪnˌtɜr-] S MED Internist(in), Facharzt *m od* Fachärztin *f* für innere Krankheiten

internment [ɪnˈtɜːnmənt; US -ˈtɜrn-] S MIL a Internierung *f* (*von Personen*): **~ camp** Internierungslager *n* b Festhalten *n* (*von Schiffen etc*)

internodal [ˌɪntə(r)ˈnəʊdl] ADJ ANAT, BOT internodal; **internode** [-nəʊd] S Internodium *n*: a ANAT internodales Segment (*e-r Nervenfaser*) b BOT *zwischen zwei Blattknoten liegender Sprossabschnitt*

internship S *bes US* 1 MED Medizinalpraktikum *n* 2 SCHULE Referendariat *n*

internuclear ADJ BIOL zwischen (Zell)Kernen gelegen

internuncio *pl* -os S KATH Internuntius *m* (*päpstlicher Gesandter der zweiten Rangklasse*)

interoceanic ADJ interozeanisch: a *zwischen Weltmeeren (gelegen)* b *(zwei) Weltmeere verbindend*

interocular ADJ zwischen den Augen (befindlich): **~ distance** Augenabstand *m*

interosculate V/I 1 ineinander übergehen 2 sich gegenseitig durchdringen 3 *bes* BIOL ein Verbindungsglied bilden

interpage V/T zwischen die Blattseiten einschieben

interparty ADJ parteiübergreifend (*Vereinbarung etc*)

interpellant [ˌɪntə(r)ˈpelənt] S PARL Interpellant(in)

interpellate [ɪnˈtɜːpeleɪt; US ˌɪntərˈpeleɪt] V/T PARL e-e Interpellation *od* Anfrage richten an (*akk*); **interpellation** [ɪnˌtɜːpeˈleɪʃn; US ˌɪntərpəˈl-] S 1 PARL Interpellation *f*, Anfrage *f* 2 Unterbrechung *f* 3 Einspruch *m*

interpenetrate A V/T (vollständig) durchdringen B V/I sich gegenseitig durchdringen; **interpenetration** S gegenseitige Durchdringung

interpersonal ADJ (ADV ~ly) 1 interpersonal, interpersonell: a *zwischen mehreren Personen ablaufend* b *mehrere Personen betreffend* 2 zwischenmenschlich

interphone [ˈɪntə(r)fəʊn] → intercom

interplanetary ADJ interplanetarisch

interplay S Wechselwirkung *f*, -spiel *n*: **the ~ of forces** das wechselseitige Spiel der Kräfte

interplead V/I *a. irr* JUR *gerichtlich untereinander austragen, wer der wahre Gläubiger ist*; **interpleader** S *prozessuale Verfahrensmöglichkeit zur Feststellung des wahren Gläubigers*

Interpol [ˈɪntəpɒl] ABK International Criminal Police Organization Interpol *f*

interpolar ADJ *bes* ELEK die Pole verbindend, zwischen den Polen (liegend)

interpolate [ɪnˈtɜːpəʊleɪt; US ɪnˈtɜrpəˌl-] V/T 1 interpolieren: a *etwas* einschalten, einfügen b *e-n Text* (durch Einschiebungen) ändern, *bes* verfälschen 2 MATH interpolieren (*Werte zwischen bekannten Werten e-r Funktion errechnen*); **interpolation** S 1 Interpolation *f*: a Einschaltung *f*, Einfügung *f* b Änderung *f*, *bes* Verfälschung *f* (*durch Einschiebungen*) 2 Interpolieren *n*, Einschalten *n*, Einfügen *n* 3 MATH Interpolation *f*

interpole S ELEK Zwischenpol *m*

interpose [ˌɪntə(r)ˈpəʊz] A V/T 1 dazwischenstellen, -legen, -bringen: **~ o.s. between** *fig* vermitteln zwischen (*dat*) 2 *ein Hindernis* in den Weg legen 3 *e-e Bemerkung* einwerfen, einflechten 4 *e-n Einwand* vorbringen, *Einspruch* erheben, *ein Veto* einlegen 5 GEOL einlagern 6 TECH zwischen-, einschalten B V/I 1 dazwischenkommen, -treten 2 vermitteln (**in** in *dat*; **between** zwischen *dat*), eingreifen (**in** in *akk*) 3 sich unterbrechen; **interposition** [ɪnˌtɜːpəˈzɪʃn; *bes US* ˌɪntə(r)pəˈz-] S 1 Dazwischenstellen *n*, -legen *n*, -bringen *n* 2 Einwerfen *n*, Einflechten *n* 3 Einwurf *m* 4 Vorbringen *n*, Erheben *n*, Einlegen *n* 5 TECH Zwischen-, Einschaltung *f* 6 Vermittlung *f*, Eingreifen *n*

interpret [ɪnˈtɜːprɪt; US -ˈtɜr-] A V/T 1 auslegen, auffassen, deuten, interpretieren (*alle*: **as** als): **I ~ his silence as agreement** 2 dolmetschen 3 MUS, THEAT *etc* interpretieren, wiedergeben 4 *Daten etc* auswerten B V/I dolmetschen, als Dolmetscher(in) fungieren: **~ for sb** j-m dolmetschen; **interpretation** S 1 Auslegung *f*, Deutung *f*, Interpretierung *f*, Interpretation *f*: **his remark may be given several ~s** s-e Bemerkung kann verschieden ausgelegt werden; **~ of the rules** SPORT Regelauslegung; **~ clause** Auslegungsbestimmung *f* 2 Dolmetschen *n* 3 MUS, THEAT *etc* Interpretation *f*, Wiedergabe *f* 4 Auswertung *f*; **interpretative** [-tətɪv; US -ˌteɪtɪv] ADJ (ADV ~ly) auslegend: **be ~ of sth** etwas auslegen *od* deuten *od* interpretieren; **interpreter** S 1 Ausleger(in), Deuter(in), Interpret(in) 2 Dolmetscher(in) 3 MUS, THEAT *etc* Interpret(in); **interpretive** → interpretative

interpunction [ˌɪntə(r)ˈpʌŋkʃn], **interpunctuation** → punctuation

interracial ADJ (ADV ~ly) 1 zwischen verschiedenen Rassen (vorkommend *od* bestehend): **~ tensions** Rassenspannungen 2 gemischtrassig *(Schulen etc)*

Inter-Rail pass S *Br* Interrailkarte *f*

interreact V/I aufeinander *od* wechselseitig reagieren, sich gegenseitig beeinflussen; **interreaction** S wechselseitige Reaktion, gegenseitige Beeinflussung

interregnum [ˌɪntəˈregnəm] *pl* **-na** [-nə], **-nums** S 1 Interregnum *n*: a *Zeit zwischen Tod, Absetzung od Abdankung e-s Herrschers u. der Inthronisation s-s Nachfolgers* b *Übergangszeit zwischen zwei Regierungen* 2 herrscher- *od* regierungslose Zeit 3 Unterbrechung *f*, Pause *f*

interrelate A V/T (zueinander) in Beziehung bringen *od* setzen B V/I (zueinander) in Beziehung stehen, zusammenhängen; **interrelated** ADJ in Wechselbeziehung stehend, zusammenhängend; **interrelation** S Wechselbeziehung *f*

interrobang [ɪnˈterəbæŋ] S Ausrufezeichen *n* u. Fragezeichen *n* *(nach e-r rhetorischen Frage)*

interrogate [ɪnˈterəʊgeɪt] V/T 1 verhören, vernehmen 2 IT *den Speicher* abfragen 3 *fig* (zu) ergründen (suchen); **interrogation** S 1 Verhör *n*, Vernehmung *f*: **be under ~** verhört *od* vernommen werden 2 Frage *f* (*a.* LING): **~ mark** (*od* **point**) → 3 3 Fragezeichen *n* 4 IT Abfragen *n*

interrogative [ˌɪntəˈrɒgətɪv; *US* -ˈrɑ-] A ADJ (ADV ~ly) 1 fragend *(Blick etc)*: **in an ~ tone** fragend 2 LING interrogativ, Frage...: **~ adverb** → B 1 a; **~ pronoun** → B 1 b; **~ sentence** → B 1 c B S 1 LING a Interrogativadverb *n*, Frageumstandswort *n* b Interrogativpronomen *n*, Interrogativ(um) *n*, Fragefürwort *n* c Interrogativ-, Fragesatz *m* 2 Fragezeichen *n*

interrogator [ɪnˈterəʊgeɪtə(r)] S Vernehmungsbeamte(r) *m*, -beamtin *f*; **interrogatory** [ˌɪntəˈrɒgətərɪ; *US* -ˈrɑgəˌtəʊriː; -ˌtɔː-] A ADJ → interrogative A 1 B S 1 Frage *f* 2 *pl* JUR schriftliche Beweisfragen *pl* *(vor der Verhandlung an e-e Prozesspartei, die schriftlich unter Eid beantwortet werden müssen)*

interrupt [ˌɪntəˈrʌpt] A V/T 1 unterbrechen (*a.* ELEK), *j-m* ins Wort fallen: **~ a pregnancy** e-e Schwangerschaft abbrechen *od* unterbrechen 2 aufhalten, stören, behindern, *den Verkehr a.* zum Stocken bringen 3 *die Sicht* versperren B V/I unterbrechen: **don't ~!** unterbrich *od* stör mich *etc* nicht! C S Unterbrechung *f*; **interruptedly** ADV mit Unterbrechungen; **interrupter** S 1 Unterbrecher(in) 2 Störer(in) 3 ELEK Unterbrecher *m*; **interruption** S 1 Unterbrechung *f* (*a.* ELEK): **without ~** ohne Unterbrechung, ununterbrochen; **~ of pregnancy** Schwangerschaftsabbruch *m*, -unterbrechung *f* 2 Störung *f*, Behinderung *f*: **~ of traffic** Verkehrsstockung *f* 3 Versperrung *f*; **interruptive** ADJ (ADV ~ly) 1 unterbrechend 2 störend; **interruptor** → interrupter

interscholastic ADJ zwischen mehreren Schulen (bestehend, stattfindend *etc*)

intersect [ˌɪntə(r)ˈsekt] A V/T (durch)schneiden, (-)kreuzen B V/I 1 sich (durch-, über)schneiden, sich kreuzen: **~ing roads** *pl* (Straßen)Kreuzung *f*; **~ing line** → intersection 3 c; **~ing point** → intersection 2, 3 b 2 *fig* sich überschneiden C S [ˈ-sekt] → intersection 3 b, 3 c, 4

intersection [ˌɪntə(r)ˈsekʃn] S 1 Durchschneiden *n* 2 *a.* **point of ~** Schnitt-, Kreuzungspunkt *m* 3 MATH a Schnitt *m* b *a.* **point of ~** Schnittpunkt *m* c *a.* **line of ~** Schnittlinie *f*: **angle of ~** Schnittwinkel *m*; **~ of the axes** Nullpunkt *m* e-s Koordinatensystems 4 (Straßen)Kreuzung *f* 5 ARCH Vierung *f* 6 *Bergbau:* Durchörterung *f*; **intersectional** [-ʃənl] ADJ Kreuzungs..., Schnitt...

intersex A S 1 BIOL Intersex *n* *(Individuum, das die typischen Merkmale der Intersexualität zeigt)* 2 → unisex A B ADJ → unisex B; **intersexual** ADJ (ADV ~ly) BIOL intersexuell; **intersexualism**, **intersexuality** S BIOL Intersexualität *f* *(abnorme Mischung von männlichen u. weiblichen Geschlechtsmerkmalen in e-m Individuum)*

interspace A S 1 Zwischenraum *m* 2 interplanetar(isch)er *od* interstellarer Raum B V/T 1 Raum lassen zwischen *(dat)* 2 a trennen b unterbrechen; **interspatial** ADJ Zwischenraum...

intersperse [ˌɪntəˈspɜːs; *US* ˌɪntərˈspɜrs] V/T 1 einstreuen, hier u. da einfügen 2 durchsetzen (**with** mit); **interspersion** [-ˈspɜːʃn; *US* -ˈspɜrʒən; -ʃən] S 1 Einstreuung *f* 2 Durchsetzung *f*

interstate *US* A ADJ zwischenstaatlich, zwischen den einzelnen (Bundes)Staaten (bestehend *etc*): **~ commerce** Handel *m* zwischen den Einzelstaaten; **~ highway** → B B S *(zwei od mehrere Staaten verbindender)* Highway

interstellar ADJ interstellar, zwischen den Sternen (befindlich)

interstice [ɪnˈtɜːstɪs; *US* -ˈtɜr-] S 1 Zwischenraum *m*, ANAT *a.* Interstitium *n* 2 Lücke *f*, Spalt *m* 3 KATH Interstitien *pl* *(vorgeschriebene Zwischenzeit zwischen dem Empfang zweier geistlicher Weihen)*; **interstitial** [-ˈstɪʃl] ADJ in Zwischenräumen gelegen, ANAT *a.* interstitiell: **~ tissue** Zwischengewebe *n*

intertribal ADJ (ADV ~ly) zwischen verschiedenen Stämmen: **~ war** Stammeskrieg *m*

intertrigo [ˌɪntə(r)ˈtraɪgəʊ] *pl* **-goes** S MED Intertrigo *f*, Hautwolf *m*

intertwine V/T & V/I (sich) verflechten *od* verschlingen; **intertwinement** S Verflechtung *f*

intertwist → intertwine

interurban A ADJ zwischen mehreren Städten (bestehend *od* verkehrend), Überland...: **~ bus** (**traffic**, *etc*); → traction 5 b B S a Überlandbahn *f* b Überlandbus *m*

interval [ˈɪntəvl; *US* ˈɪntərvəl] S 1 *(zeitlicher od räumlicher)* Abstand, (*zeitlich a.*) Intervall *n*: **at ~s** dann u. wann, ab u. zu, in Abständen; **at regular ~s** in regelmäßigen Abständen; **at ten-minute ~s**, **at ~s of ten minutes** in Abständen von zehn Minuten, (*Bus etc a.*) im Zehn-Minuten-Takt; **at ~s of fifty feet** in Abständen von 50 Fuß; **sunny ~s** METEO Aufheiterungen; **~ time** SPORT Zwischenzeit *f*; **~ training** SPORT Intervalltraining *n*; → lucid 2 2 *Br* Pause *f* (*a.* THEAT *etc*), Unterbrechung *f*: **there was a long ~ before he answered** er antwortete erst nach e-r langen Pause; **~ signal** (RADIO, TV) Pausenzeichen *n*; **at the ~** SPORT bei Halbzeit, zur Pause; **after leading 2-1 at the ~** nach e-r Pausenführung von 2:1, nachdem sie zur Pause noch mit 2:1 geführt hatten 3 MUS Intervall *n* *(Höhenunterschied zwischen zwei Tönen, die gleichzeitig od nacheinander erklingen)* 4 MATH Intervall *n* *(Bereich zwischen zwei Punkten auf e-r Strecke od Skala)* 5 *Bergbau:* Getriebsfeld *n*, Fach *n*

intervene [ˌɪntə(r)ˈviːn] V/I 1 eingreifen, einschreiten, *bes* MIL, POL intervenieren: **~ in the affairs of another country** sich (gewaltsam) in die Angelegenheiten e-s anderen Landes einmischen 2 vermitteln (**in** in *dat*; **between** zwischen *dat*) 3 JUR (e-m Rechtsstreit) beitreten: **intervening party** → intervener 2 4 *(zeitlich)* dazwischenliegen: **in the years that ~d**, **in the intervening years** in den dazwischenliegenden Jahren, in den Jahren dazwischen; **intervening period** Zwischenzeit *f* 5 sich inzwischen ereignen: **nothing interesting has ~d** in der Zwischenzeit hat sich nichts Interessantes ereignet 6 (plötzlich) eintreten, (unerwartet) dazwischenkommen: **if nothing ~s** wenn nichts dazwischenkommt; **intervener** S 1 Vermittler(in) 2 JUR Nebenintervenient(in)

intervention [ˌɪntə(r)ˈvenʃn] S 1 Eingreifen *n*, Einschreiten *n*, Eingriff *m*, *bes* MIL, POL Intervention *f*: **armed ~**; **personal ~** persönliches Eingreifen 2 Vermittlung *f* 3 JUR Nebeneintritt *m*; **interventionism** S a WIRTSCH, POL Interventionismus *m* *(Eingreifen des Staates in die [private] Wirtschaft)* b MIL Befürwortung *f* e-r Intervention; **interventionist** S a WIRTSCH, POL Interventionist(in) b MIL Befürworter(in) e-r Intervention

intervertebral ADJ ANAT intervertebral, Zwischenwirbel...: **~ disc** (*od* **disk**) Bandscheibe *f*

interview [ˈɪntə(r)vjuː] A S 1 Interview *n*: **give sb an ~** 2 Einstellungsgespräch *n*: **I've got an ~ with a publisher this afternoon** ich stelle mich heute Nachmittag bei e-m Verleger vor B V/T 1 *j-n* interviewen, ein Interview führen mit 2 ein Einstellungsgespräch führen mit C V/I 1 interviewen 2 ein Einstellungsgespräch führen; **interviewee** [-ˈiː] S 1 Interviewte(r) *m/f(m)* 2 *j-d, mit dem ein Einstellungsgespräch geführt wird*; **interviewer** S 1 Interviewer(in) 2 Leiter(in) e-s Einstellungsgesprächs

intervocalic ADJ (ADV ~ally) LING inter-, zwischenvokalisch

interwar ADJ: **the ~ period** die Zeit zwischen den (Welt)Kriegen

interweave *irr* A V/T 1 (miteinander) verweben *od* verflechten: **their lives were interwoven** 2 vermengen, vermischen (*beide a. fig*): **~ truth with fiction** B V/I sich verweben *od* verflechten (*a. fig*)

interwind [ˌɪntə(r)ˈwaɪnd] V/T & V/I *irr* (sich) verflechten

interzonal ADJ interzonal, Interzonen...

intestacy [ɪnˈtestəsɪ] S JUR Sterben *n* ohne Hinterlassung e-s Testaments: **succession on ~** Intestaterbfolge *f*, gesetzliche Erbfolge; **the property goes by ~** der Nachlass fällt an die gesetzlichen Erben; **intestate** [-teɪt; -tət] A ADJ 1 ohne Hinterlassung e-s Testaments: **die ~**; **~ decedent** *US* → B 2 nicht testamentarisch geregelt *(Nachlass)*: **~ succession** Intestaterbfolge *f*, gesetzliche Erbfolge; **~ successor** Intestaterbe *m*, -erbin *f*, gesetzlicher Erbe, gesetzliche Erbin B S Erb-lasser(in), der (die) kein Testament hinterlassen hat

intestinal [ɪnˈtestɪnl; *Br a.* ˌɪntesˈtaɪnl] ADJ ANAT Darm..., Eingeweide...: **~ bacteria** Darmbakterien; **~ flora** Darmflora *f*; **~ influenza** MED Darmgrippe *f*; **~ occlusion** MED Darmverschluss *m*

intestine [ɪnˈtestɪn] A S ANAT Darm *m*: **~s** Gedärme, Eingeweide; **large ~** Dickdarm; **small ~** Dünndarm B ADJ 1 → intestinal 2 *fig* inner(er, e, es) *(Streit etc)*: **~ war** Bürgerkrieg *m*

inthral(l) [ɪnˈθrɔːl], *etc* → enthral(l) *etc*

inthrone [ɪnˈθrəʊn], *etc* → enthrone *etc*

intimacy [ˈɪntɪməsɪ] S Intimität *f*: a Vertrautheit *f*, vertrauter Umgang b (*a. pej plumpe*) Vertraulichkeit c intime *(sexuelle)* Beziehungen *pl* d Gemütlichkeit *f*: **be on terms of ~** (**with**)

I

auf vertrautem Fuß stehen (mit); intime Beziehungen haben (zu)

intimate[1] [ˈɪntɪmət] A ADJ (ADV ~ly) 1 intim: a vertraut, eng *(Freund etc)* b vertraulich *(Mitteilung etc)*, *pej a.* plump-vertraulich c in sexuellen Beziehungen stehend (**with** mit) d anheimelnd, gemütlich *(Atmosphäre etc)* e innerst(er, e, es) *(Wünsche etc)* f gründlich, genau *(Kenntnisse etc)*: **they became ~** sie wurden vertraut miteinander; sie wurden intim; **have ~ knowledge of** ein Intimkenner *(gen)* sein; **be on ~ terms (with)** auf vertrautem Fuße stehen (mit); intime Beziehungen haben (zu) 2 CHEM innig *(Verbindung etc)* 3 TECH eng, innig *(Kontakt etc)* B S 1 Vertraute(r) *m/f(m)*, Intimus *m*, Intima *f* 2 Intimkenner(in)

intimate[2] [ˈɪntɪmeɪt] V/T 1 andeuten, durchblicken lassen *(beide:* **that** dass*)*: **~ to sb that …** j-m zu verstehen geben, dass … 2 a ankündigen b mitteilen

intimateness [ˈɪntɪmətnɪs] → intimacy

intimation [ˌɪntɪˈmeɪʃn] S 1 Andeutung *f* 2 a Ankündigung *f* b Mitteilung *f*

intimidate [ɪnˈtɪmɪdeɪt] V/T einschüchtern: **~ sb into doing sth** j-n einschüchtern, damit er etwas tut; **intimidation** S Einschüchterung *f*; **intimidator** [-tə(r)] S Einschüchterer *m*, Einschüchterin *f*; **intimidatory** [-dətərɪ; *US* -dəˌtəʊriː; -ˌtɔː-] ADJ einschüchternd

intitule [ɪnˈtɪtjuːl] V/T PARL *Br ein Gesetz* betiteln

into [ˈɪntʊ; *nur vor Konsonanten:* ˈɪntə] PRÄP 1 in *(akk)*, in *(akk)* … hinein: **he went ~ the house**; → run into A 5, translate A 1, *etc* 2 gegen: → drive C 3, *etc* 3 *Zustandsänderung:* zu: **make water ~ ice**; → cash[1] A 2, *etc* 4 MATH in *(akk)*: **7 ~ 49 goes 7 (times)** 7 geht siebenmal in 49; → divide A 7 a 5 *Zustand:* in *(dat)*: **they are ~ the second half** SPORT sie sind (schon) in der zweiten Halbzeit; **25 minutes ~ the second half** SPORT nach 25 Minuten der zweiten Halbzeit; **shortly ~ the performance** kurz nach Beginn der Vorstellung; **he is ~ his fifth whisky** er ist schon beim fünften Whisky; **he is well ~ his eighties** er ist schon weit über 80; → juice A 5 6 **be ~** *umg* stehen auf *(akk)*: **he's ~ modern music** 7 **he's ~ me (for £500)** *umg* er steht bei mir (mit 500 Pfund) in der Kreide

intoed [ˈɪntəʊd] ADJ mit einwärts gekehrten Fußspitzen

intolerable [ɪnˈtɒlərəbl; *US* -ˈtɑ-] ADJ (ADV intolerably) unerträglich; **intolerableness** S Unerträglichkeit *f*

intolerance [ɪnˈtɒlərəns; *US* -ˈtɑ-] S 1 Unduldsamkeit *f*, Intoleranz *f* *(beide:* **to** gegen*)* 2 Überempfindlichkeit *f* (**of** gegen); **intolerant** A ADJ (ADV ~ly) 1 unduldsam, intolerant *(beide:* **of** gegenüber*)*: **be ~ of sth** etwas nicht dulden *od* tolerieren; **he is ~ of opinions different from his own** er lässt nur s-e eigene Meinung gelten 2 **be ~ of sth** a etwas nicht (v)ertragen können, überempfindlich sein gegen etwas: **he is ~ of noise** er ist sehr lärmempfindlich b MED intolerant *od* nicht widerstandsfähig sein gegen: **he is ~ of alcohol** er verträgt keinen Alkohol B S unduldsamer *od* intoleranter Mensch

intonate [ˈɪntəʊneɪt] → intone; **intonation** S 1 LING Intonation *f*, Satzmelodie *f* 2 Tonfall *m* 3 MUS Intonation *f*: a *(in der Gregorianik) die vom Priester etc gesungenen Anfangsworte e-s liturgischen Gesangs, der dann vom Chor od von der Gemeinde weitergeführt wird* b *präludierende Einleitung in größeren Tonsätzen* c *Art der Tongebung bei Sängern u. Instrumentalisten* 4 a Psalmodieren *n*, liturgischer Sprechgesang b Singsang *m*

intone [ɪnˈtəʊn] A V/T 1 MUS intonieren: a *ein Lied etc* anstimmen b *e-n Ton* angeben 2 psalmodieren B V/I 1 MUS intonieren 2 psalmodieren

in toto [ɪnˈtəʊtəʊ] ADV in toto: a im Ganzen b vollständig

intoxicant [ɪnˈtɒksɪkənt; *US* -ˈtɑk-] A ADJ berauschend *(a. fig)* B S Rauschmittel *n*, -gift *n*, *bes* berauschendes Getränk

intoxicate [ˈɪnˈtɒksɪkeɪt; *US* -ˈtɑk-] A V/T 1 berauschen *(a. fig)*: **driving while ~d** *US* Trunkenheit *f* am Steuer; **~d with joy** freudetrunken 2 MED vergiften B V/I berauschen(d wirken) *(a. fig)*: **intoxicating drinks** berauschende *od* alkoholische Getränke; **intoxication** S 1 Rausch *m*, *fig a.* Trunkenheit *f* 2 MED Vergiftung *f*

intra- [ɪntrə] *Wortelement mit der Bedeutung* innerhalb, inner…

intracardiac ADJ intrakardial: a ANAT *innerhalb des Herzens gelegen* b MED *unmittelbar ins Herz hinein erfolgend (Injektion)*

intracellular ADJ (ADV ~ly) BIOL intrazellulär, -zellular *(innerhalb der Zelle[n])*

intracranial ADJ ANAT intrakraniell *(innerhalb des Schädels gelegen)*

intractability [ɪnˌtræktəˈbɪlətɪ] S 1 Unlenkbarkeit *f*, Eigensinn *m* 2 Hartnäckigkeit *f*; **intractable** ADJ (ADV intractably) 1 unlenkbar, eigensinnig 2 hartnäckig *(Krankheit, Problem etc)* 3 schwer zu bearbeiten(d) *(Material)*; **intractableness** → intractability

intracutaneous ADJ (ADV ~ly) intrakutan: a ANAT *in der Haut (gelegen)* b MED *in die Haut hinein erfolgend (Injektion)*

intradermal ADJ (ADV ~ly), **intradermic** ADJ (ADV ~ally) → intracutaneous

intrados [ɪnˈtreɪdɒs; *US* -ˌdɑs; ˈɪntrəˌdɑs] *pl* -dos [-dɒs; *US* -ˌdəʊz; -ˌdɑs], -doses S ARCH Bogen-, Gewölbelaibung *f*

intramolecular ADJ CHEM intramolekular *(sich innerhalb der Moleküle vollziehend)*: → migration 1

intramural ADJ (ADV ~ly) 1 innerhalb der Mauern *(e-r Schule od Universität)*, *weitS.* intern *(Untersuchung etc)*: **~ courses** (*od* **classes**) lehrplanmäßige Kurse der Universität 2 ANAT intramural *(innerhalb der Wand e-s Hohlraums gelegen)*: **~ gland** Zwischenwanddrüse *f*

intramuscular ADJ (ADV ~ly) intramuskulär: a ANAT *innerhalb des Muskels gelegen* b MED *in den Muskel hinein erfolgend (Injektion)*: **inject sth ~ly**

Intranet S Intranet *n* *(Vernetzung von Computersystemen)*

intrans. ABK LING intransitive

intransigence [ɪnˈtrænsɪdʒəns; -zɪ-], **intransigency** S Intransigenz *f*, Unversöhnlichkeit *f*, Kompromisslosigkeit *f*; **intransigent** A ADJ (ADV ~ly) intransigent, unversöhnlich, kompromisslos B S Unnachgiebige(r) *m/f(m)*, *bes* POL Intransigent(in)

intransitive [ɪnˈtrænsɪtɪv; -zɪ-] A ADJ (ADV ~ly) 1 LING intransitiv, nichtzielend: **~ verb** → B 2 *Logik:* intransitiv *(Gleichung)* B S LING Intransitiv(um) *n*, intransitives Verb, nichtzielendes Zeitwort

intraparty ADJ POL innerparteilich, parteiintern

intraplant ADJ WIRTSCH betriebsintern, innerbetrieblich

intrastate ADJ *US* innerstaatlich, innerhalb e-s Bundesstaates

intratelluric ADJ GEOL intratellurisch *(im Erdinneren liegend od entstanden)*

intrauterine ADJ ANAT intrauterin *(innerhalb der Gebärmutter liegend)*: **~ device** Intrauterinpessar *n*

intravasation [ɪnˌtrævəˈseɪʃn] S MED Intravasation *f* *(Eintritt e-s Fremdkörpers in ein Blutgefäß)*

intravenous A ADJ (ADV ~ly) intravenös: a ANAT *innerhalb e-r Vene (gelegen od vorkommend)* b MED *in e-e Vene hinein erfolgend*: **inject sth ~ly**; **~ infusion** → B b B S MED a intravenöse Injektion b intravenöse Infusion

in tray S Ablagekorb *m* für eingehende Post

intrench [ɪnˈtrentʃ] → entrench

intrepid [ɪnˈtrepɪd] ADJ (ADV ~ly) unerschrocken, kühn; **intrepidity** [ˌɪntrɪˈpɪdətɪ], **intrepidness** S Unerschrockenheit *f*, Kühnheit *f*

intricacy [ˈɪntrɪkəsɪ] S 1 Kompliziertheit *f* 2 Kniff(e)ligkeit *f* 3 Verworrenheit *f*, Schwierigkeit *f*; **intricate** [-kət] ADJ (ADV ~ly) 1 verzweigt, verschlungen *(Muster etc)* 2 *fig* verwickelt, kompliziert 3 *fig* ausgeklügelt, kniff(e)lig 4 *fig* verworren, schwierig; **intricateness** → intricacy

intrigue [ɪnˈtriːg] A V/T 1 a faszinieren b interessieren c neugierig machen 2 **~ sb's interest** j-s Interesse wecken B V/I 1 intrigieren (**against** gegen) 2 e-e heimliche Liebesaffäre haben (**with** mit) C S [*a.* ˈɪntriːg] 1 Intrige *f*: **weave a web of ~** Intrigen spinnen 2 THEAT *etc* Intrige *f* *(durch List absichtlich zu e-m meist komischen Zweck herbeigeführte Verwicklung von Handlungen u. Personenbeziehungen)* 3 heimliche Liebesaffäre; **intriguer** S Intrigant(in); **intriguing** A ADJ (ADV ~ly) 1 a faszinierend b interessant 2 intrigant B S Intrigen(-spiel) *pl(n)*

intrinsic [ɪnˈtrɪnsɪk; -zɪk] ADJ 1 inner(er, e, es): a innewohnend: **~ value** innerer *od* wirklicher Wert b von innen (wirkend *etc*), *bes* SCHULE, PSYCH intrinsisch: **~ motivation** intrinsische Motivation 2 wesentlich; **intrinsically** ADV 1 wirklich, eigentlich 2 an sich: **~ safe** ELEK eigensicher

intrinsic| evidence S JUR reiner Urkundenbeweis; **~ semiconductor** S ELEK Eigenhalbleiter *m*

intro- [ɪntrəʊ] *Wortelement mit der Bedeutung* hinein, nach innen

intro [ˈɪntrəʊ] *pl* -tros S *umg für* introduction

intro(d). ABK 1 introduction 2 introductory

introduce [ˌɪntrəˈdjuːs; *US a.* -ˈduːs] V/T 1 *e-e neue Methode etc* einführen 2 (**to**) *j-n* bekannt machen (mit), vorstellen *(dat)*: **~ o.s.** sich vorstellen; **I don't think we've been ~d** ich glaube nicht, dass wir uns kennen 3 *j-n* einführen (**at bei**) 4 (**to**) *j-n* einführen (in *e-e Wissenschaft etc*), bekannt machen (mit *e-r Sache*): **he was ~d to drink as a boy** er machte schon als Junge mit dem Alkohol Bekanntschaft 5 *ein Thema etc* anschneiden, zur Sprache bringen, aufwerfen 6 *e-e neue Epoche etc* einleiten 7 *e-n Redner, ein Programm etc* ankündigen, (RADIO, TV) *ein Programm etc* anmoderieren 8 *e-e Krankheit* einschleppen (**into** in *akk*) 9 *e-n Gedanken etc*, PARL *e-e Gesetzesvorlage* einbringen (**into** in *akk*) 10 (**into**) a einfügen (in *akk*), neu hinzufügen (zu) b herein-, hineinbringen (in *akk*) c hineinstecken, einführen (in *akk*): **~ a probe** e-e Sonde einführen; **introducer** S 1 Einführer(in) 2 Vorstellende(r) *m/f(m)* 3 MED Intubator *m*, Einführungsinstrument *n*

introduction [ˌɪntrəˈdʌkʃn] S 1 Einführung *f* 2 Bekanntmachen *n*, Vorstellung *f*: **make the ~s** die Vorstellung übernehmen 3 Einführung *f*: → letter[1] A 2 4 Anschneiden *n*, Aufwerfen *n* 5 Einleitung *f*, Vorrede *f*, Vorwort *n* 6 MUS Introduktion *f*: a *freier Einleitungssatz vor dem Hauptsatz e-r Sonate etc* b *erste Gesangsnummer e-r Oper* 7 Leitfaden *m*, Anleitung *f*, Lehrbuch *n*: **an ~ to botany** ein Leitfaden der Botanik 8 Einschleppung *f* 9 Einbringung *f*; **introductory** ADJ (ADV introductorily) 1 einführend, Einführungs...: **~ offer** *a.* Kennenlernangebot *n*, Schnupperangebot *n umg*; **~ price** *a.* Kennenlernpreis *m* 2 einleitend, Einleitungs...

introit ['ɪntrɔɪt; 'ɪntrəʊɪt] S REL Introitus *m*, Eingangslied *n*

intromission [,ɪntrəʊ'mɪʃn] S Intromission *f*; **intromit** V/T intromittieren: a hineinstecken, -schieben b in *die Vagina* eindringen *(Penis)*

introrse [ɪn'trɔ:(r)s] ADJ (ADV ~ly) BOT intrors, einwärts gewendet *(Staubbeutel)*

introspect [,ɪntrəʊ'spekt] V/I PSYCH sich selbst beobachten; **introspection** S 1 Introspektion *f*, Selbstbeobachtung *f* 2 **sympathetic ~** SOZIOL *Untersuchung menschlichen Verhaltens durch persönliche Einfühlung in die entsprechenden Bedingungen*; **introspective** ADJ (ADV ~ly) PSYCH introspektiv

introversible [,ɪntrəʊ'vɜ:səbl; US -'vɜr-] ADJ *bes* ZOOL einstülpbar; **introversion** [-'vɜ:ʃn; US -'vɜrʒən; -ʃən] S PSYCH Introversion *f*, Introvertiertheit *f*

introvert ['ɪntrəʊvɜ:t; US -,vɜrt] A S 1 PSYCH introvertierter Mensch 2 *bes* ZOOL *Organ, das eingestülpt ist od werden kann* B ADJ PSYCH introvertiert, nach innen gewandt C V/T [*Br* ,-'vɜ:t] 1 *Gedanken etc* nach innen richten 2 *bes* ZOOL einstülpen

intrude [ɪn'tru:d] A V/T 1 **~ o.s. into** sich eindrängen in *(akk) (a. fig)*: **~ o.s. into sb's affairs** sich in j-s Angelegenheiten eindrängen *od* einmischen; **a suspicion ~d itself into his mind** ein Verdacht drängte sich ihm auf; **he ~d his ideas into our conversation** er mischte sich mit s-n Ansichten in unsere Unterhaltung 2 aufdrängen (**sth [up]on sb** j-m etwas; **o.s. [up]on sb** sich j-m) B V/I 1 sich eindrängen (**into** in *akk*) *(a. fig)* 2 sich aufdrängen (**on, upon** *dat*) 3 stören: **~ (up)on sb** j-n belästigen *od* stören; **~ (up)on sb's privacy** in j-s Privatsphäre eindringen *od* eingreifen; **~ (up)on sb's time** j-s Zeit ungebührlich in Anspruch nehmen; **am I intruding?** störe ich? 4 GEOL intrudieren *(in Gestein eindringen) (Magma)*; **intruder** S 1 Eindringling *m* 2 Störenfried *m* 3 FLUG, MIL Intruder *m (Schutz- u. Aufklärungsflugzeug)*

intrusion [ɪn'tru:ʒn] S 1 Eindrängen *n*, *fig a.* Einmischung *f* 2 Aufdrängen *n* 3 Störung *f* (**on, upon** *gen*) 4 GEOL a Intrusion *f* b Intrusiv-, Tiefengestein *n*

intrusive [ɪn'tru:sɪv] ADJ (ADV ~ly) 1 aufdringlich 2 GEOL intrusiv: **~ rocks** → intrusion 4 b 3 **~ r** LING intrusives r *(Einschub e-s unberechtigten R-Lauts im Englischen*: **the idea of ...** [ðɪ aɪ'dɪərəv ...]); **intrusiveness** S Auf-, Zudringlichkeit *f*

intrust [ɪn'trʌst] → entrust

intubate ['ɪntju:beɪt] V/T MED intubieren, e-e Intubation vornehmen an *(dat)*; **intubation** S Intubation *f (Einführung e-s Rohrs in die Luftröhre zur künstlichen Beatmung während e-r Narkose od zum Einbringen von Medikamenten in die Luftwege)*; **intubator** [-tə(r)] S Intubator *m*, Einführungsinstrument *n*

intuition [,ɪntju:'ɪʃn; US *a.* -tʊ-] S 1 Intuition *f*: a unmittelbares Erkennen *od* Wahrnehmen b (plötzliche) Eingebung *od* Erkenntnis 2 intuitives Wissen; **intuitional** [-ʃənl] ADJ (ADV ~ly) intuitiv, Intuitions...; **intuition(al)ism** S 1 PHIL Intuitionismus *m (Lehre von der Intuition als ursprünglicher u. sicherster Erkenntnisquelle)* 2 MATH Intuitionismus *m (Richtung der mathematischen Grundlagenforschung, nach der die natürlichen Zahlen u. deren Theorie intuitiv gegeben u. als Anfang aller Mathematik zu betrachten sind)*; **intuition(al)ist** A S Intuitionist(in) B ADJ intuitionistisch

intuitive [ɪn'tju:ɪtɪv; US *a.* -'tu:-] ADJ (ADV ~ly) intuitiv, Intuitions...; **intuitiveness** S unmittelbare Erkenntnisfähigkeit; **intuitivism** S 1 → intuition(al)ism 1 2 → intuition 2

intumescence [,ɪntju:'mesns; *US a.* -tʊ-] S MED, PHYSIOL 1 Intumeszenz *f*, Anschwellen *n* 2 Anschwellung *f*

intwine [ɪn'twaɪn] → entwine

intwist [ɪn'twɪst] → entwist

inunction [ɪn'ʌŋkʃn] S 1 Salbung *f* 2 MED Inunktion *f*: a Einsalbung *f* b Einreibung *f*

inundate ['ɪnʌndeɪt] V/T überschwemmen, -fluten *(beide a. fig)*: **be ~d by** (*od* **with**) überschwemmt werden mit, sich nicht retten können vor *(dat)*; **inundation** S 1 Überschwemmung *f*, -flutung *f (beide a. fig)* 2 *fig* Flut *f* (**of** von): **~ of tourists** Touristenstrom *m*

inure [ɪn'jʊə(r); US *a.* ɪn'ʊr] A V/T *meist passiv* abhärten (**to** gegen), *fig a.* gewöhnen (**to** an *akk*): **~ o.s. to do sth** sich daran gewöhnen, etwas zu tun; **be ~d to cold** gegen Kälte abgehärtet sein, unempfindlich gegen Kälte sein B V/I 1 *bes* JUR wirksam *od* gültig werden, in Kraft treten 2 dienen, zugutekommen *(beide:* **to** *dat)*; **inurement** S (**to**) Abhärtung *f* (gegen), Gewöhnung *f* (an *akk*)

inurn [ɪn'ɜ:n; US ɪn'ɜrn] V/T 1 in e-e Urne tun 2 bestatten

inutility [,ɪnju:'tɪlətɪ] S 1 Nutz-, Zwecklosigkeit *f* 2 *(etwas)* Nutzloses *od* Zweckloses, unnütze Einrichtung *od* Sache

inv. ABK 1 invention 2 inventor 3 WIRTSCH invoice

invade [ɪn'veɪd] A V/T 1 einfallen *od* eindringen in *(akk)*, MIL *a.* einmarschieren in *(akk)* 2 sich ausbreiten über *(akk) od* in *(dat)*, erfüllen: **the smell of baking was invading the house**; **fear ~d all** alle wurden von Furcht ergriffen 3 eindringen *od* sich eindrängen in *(akk)* 4 *fig* überlaufen, -schwemmen: **the village was ~d by tourists** 5 *fig j-s Privatsphäre etc* verletzen, in *j-s Rechte* eingreifen B V/I einfallen, MIL *a.* einmarschieren: **invading troops** Invasionstruppen; **invader** S 1 Eindringling *m* 2 *pl* MIL Invasoren *pl*

invagination [ɪn,vædʒɪ'neɪʃn] S Invagination *f*: a MED Darmeinstülpung *f* b BIOL *Einstülpung od Einfaltung e-r embryonalen Keimschicht in e-e andere, die dann die Erstere umhüllt*

invalid[1] ['ɪnvəlɪd] A ADJ 1 a kränklich, krank, gebrechlich b invalid(e), arbeits-, dienst-, erwerbsunfähig c kriegsbeschädigt 2 Kranken...: **~ carriage** motorisierter Rollstuhl; **~ chair** Rollstuhl *m*, Kranken(fahr)stuhl *m*; **~ diet** Krankenkost *f* B S a Kranke(r) *m/f(m)*, Gebrechliche(r) *m/f(m)* b Invalide *m*, Invalidin *f*, Arbeits-, Dienst-, Erwerbsunfähige(r) *m/f(m)* c Pflegefall *m* C V/T ['ɪnvəli:d; US -lɪd] 1 zum Invaliden machen 2 *bes* MIL a dienstuntauglich erklären b *meist* **~ out** als dienstuntauglich entlassen: **be ~ed out of the army** als Invalide aus dem Heer entlassen werden

invalid[2] [ɪn'vælɪd] ADJ (ADV ~ly) 1 JUR (rechts)ungültig, unwirksam, (null u.) nichtig 2 a nicht stichhaltig *od* triftig *(Beweis etc)* b unbegründet, unberechtigt *(Anspruch etc)*

invalidate [ɪn'vælɪdeɪt] V/T 1 JUR außer Kraft setzen: a für ungültig *od* nichtig erklären b ungültig *od* hinfällig *od* unwirksam machen 2 *Argumente etc* entkräften; **invalidation** S 1 Außerkraftsetzung *f*, Ungültigkeitserklärung *f* 2 Entkräftung *f*

invalidism ['ɪnvəlɪdɪzəm] S 1 a (körperliches) Gebrechen b → invalidity[1] a 2 Gesundheitsfanatismus *m*

invalidity[1] [,ɪnvə'lɪdətɪ] S a Invalidität *f*, Arbeits-, Dienstunfähigkeit *f*: **~ benefit** *Br* Leistung *f (der Sozialversicherung)* bei Invalidität; **~ pension** Erwerbsunfähigkeits-, Frührente *f*; **~ pensioner** Frührentner(in) b → invalidism 1 a

invalidity[2] [,ɪnvə'lɪdətɪ] S JUR (Rechts)Ungültigkeit *f*, Nichtigkeit *f*

invaluable [ɪn'væljʊəbl; US -jəbl] ADJ (ADV invaluably) unschätzbar, von unschätzbarem Wert *(beide a. fig)*: **be ~ to sb** für j-n von unschätzbarem Wert sein

invariability [ɪn,veərɪə'bɪlətɪ] S Unveränderlichkeit *f*; **invariable** A ADJ (ADV → invariably) unveränderlich, konstant: a gleichbleibend b MATH invariabel B S 1 *(etwas)* Unveränderliches 2 MATH Konstante *f*, invariable Größe; **invariableness** → invariability; **invariably** [-blɪ] ADV ausnahmslos, dauernd, immer

invasion [ɪn'veɪʒn] S 1 (**of**) Einfall *m* (in *akk*), Eindringen *n* (in *akk*), MIL *a.* Invasion *f (gen)*, Einmarsch *m* (in *akk*): **the German ~ of France** HIST der Einmarsch der Deutschen in Frankreich; **an ~ of tourists** *fig* e-e Touristeninvasion 2 METEO Einbruch *m*: **~ of cold air** Kälteeinbruch *m* 3 *fig* (**of**) Verletzung *f (gen)*, Eingriff *m* (in *akk*): → privacy 2; **invasive** [-sɪv] ADJ 1 MIL Invasions...: **~ war** 2 MED invasiv *(in das umgebende Bindegewebe hineinwachsend) (Krebszellen etc)*

invective [ɪn'vektɪv] A S a Beschimpfung *f*, Schmähung(en) *f(pl)*: **thunder ~ against** wüste Beschimpfungen ausstoßen gegen b *pl* Schimpfworte *pl* B ADJ schimpfend, schmähend, Schmäh...

inveigh [ɪn'veɪ] V/I (**against**) schimpfen (über *od* auf *akk*), herziehen (über *akk*)

inveigle [ɪn'veɪgl; ɪn'vi:gl] V/T 1 verlocken, verleiten, verführen *(alle:* **into** zu): **~ sb into doing sth** j-n dazu verführen, etwas zu tun 2 **~ sth from sb** j-m etwas ablocken; **inveiglement** S Verlockung *f*, Verleitung *f*, Verführung *f*

invent [ɪn'vent] V/T 1 erfinden 2 ersinnen 3 *etwas Unwahres* erfinden, erdichten

invention [ɪn'venʃn] S 1 Erfindung *f*: a Erfinden *n* b *etwas Erfundenes* 2 Erfindungsgabe *f*, Fantasie *f*, Einfallsreichtum *m* 3 Erfindung *f*, Märchen *n*: **it is pure ~** es ist von A bis Z erfunden 4 *Rhetorik*: Invention *f (auf Stoffsammlung u. das Finden von Beweisgründen ausgerichtete Phase bei der Vorbereitung e-r Rede)* 5 MUS Invention *f (nur ein Thema, einen Einfall kontrapunktisch bearbeitendes Musikstück in freier Form)* 6 **~ of the Cross** REL Kreuzauffindung *f*

inventive [ɪn'ventɪv] ADJ (ADV ~ly) 1 erfinderisch: **~ merit** *(Patentrecht)* erfinderische Leistung, Erfindungshöhe *f* 2 originell, einfallsreich 3 Erfindungs...: **~ faculty** (*od* **powers** *pl*) → invention 2

inventiveness → invention 2; **inventor** [-tə(r)] S Erfinder(in)

inventory ['ɪnvəntrɪ; US -,təʊri:; -,tɔ:-] A S 1 Bestandsverzeichnis *n*, Liste *f* der Vermögensgegenstände: **~ of property** JUR *(bes* Konkurs)-Masseverzeichnis *n* 2 WIRTSCH Inventar *n*, Lager(bestands)verzeichnis *n*, Bestandsliste *f*: **make** (*od* **take**) **an ~ of** → B a 3 WIRTSCH Inventar *n*, (Waren-, Lager)Bestand *m*: **~ control** Lager(bestands)kontrolle *f*; **~ sheet** Inventarverzeichnis *n*; **~ value** Inventarwert *m* 4 WIRTSCH Inventur *f*, Bestandsaufnahme *f*: **take ~** Inventur machen B V/T WIRTSCH inventarisieren: a e-e Bestandsliste machen von b in e-e Bestandsliste aufnehmen

Inverclyde [,ɪnvə(r)'klaɪd] S Inverclyde *n* *(Verwaltungsregion im westlichen Zentral-*

schottland)

inverse [ˌɪnˈvɜːs; *US* ˈɪnˌvɜrs] A ADJ (ADV ~ly) 1 umgekehrt, entgegengesetzt: **in ~ order** in umgekehrter Reihenfolge; **be in ~ proportion** (*od* **relation**) **to** im umgekehrten Verhältnis stehen zu (→ A 3) 2 verkehrt 3 MATH invers, reziprok, umgekehrt, entgegengesetzt: **~ function** inverse *od* reziproke Funktion, Umkehrfunktion *f*; **~ly proportional** umgekehrt proportional; **be in ~ proportion** (*od* **relation**) **to** umgekehrt proportional sein zu (→ A 1) 4 MATH Arkus...: **~ sine** Arkussinus *m* B S 1 Umkehrung *f*, Gegenteil *n* 2 MATH Inverse(s) *n*, Reziproke(s) *n*; **~ current** S ELEK Gegenstrom *m*; **~ feedback** S ELEK negative Rückkopplung; **~ hyperbolic function** S MATH Areafunktion *f*

inversion [ɪnˈvɜːʃn; *US* ɪnˈvɜrʒən; -ʃən] S 1 Umkehrung *f*, MUS *a.* Inversion *f*: **~ of start** SPORT umgekehrte Startfolge 2 LING Inversion *f* (*Umkehrung der normalen Satzstellung Subjekt-Prädikat*) 3 CHEM Inversion *f* (*Umkehrung der Drehungsrichtung bei optisch aktiven Verbindungen*) 4 MED Inversion *f* (*Umstülpung von Hohlorganen*) 5 PSYCH (sexuelle) Inversion, Homosexualität *f* 6 *Genetik*: Inversion *f* (*innerhalb desselben Chromosoms stattfindende Genmutation, bei der nach e-m Bruch u. e-r Wiedervereinigung die Reihenfolge der Gene umgekehrt geworden ist*) 7 MATH Inversion *f* (*Berechnung der inversen Funktion*) 8 METEO Inversion *f* (*Temperaturumkehr an e-r Sperrschicht, an der die normalerweise mit der Höhe abnehmende Temperatur sprunghaft zunimmt*)

invert A V/T [ɪnˈvɜːt; *US* ɪnˈvɜrt] 1 umkehren (*a.* MUS) 2 umwenden, umstülpen, auf den Kopf stellen: **~ sth over** etwas stülpen über (*akk*) 3 LING *Subjekt u. Prädikat* umkehren, *e-n Satz* invertieren 4 CHEM invertieren, e-r Inversion unterziehen B S [ˈɪnvɜːt; *US* ˈɪnˌvɜrt] 1 (*etwas*) Umgekehrtes, *z. B.* ARCH umgekehrter Bogen 2 PSYCH Invertierte(r) *m/f(m)*, Homosexuelle(r) *m/f(m)* 3 TECH Sohle *f* (*e-r Schleuse etc*)

invertase [ɪnˈvɜːteɪz; -s; *US* -ˈvɜr-] S CHEM Invertase *f*

invertebrate [ɪnˈvɜːtɪbrət; -breɪt; *US* -ˈvɜr-] A ADJ 1 ZOOL wirbellos 2 *fig* ohne Rückgrat, rückgratlos B S 1 ZOOL wirbelloses Tier 2 *fig* Mensch *m* ohne Rückgrat

inverted ADJ 1 a umgekehrt b *Philatelie*: kopfstehend (*Wasserzeichen*) 2 GEOL überkippt 3 PSYCH invertiert, homosexuell 4 TECH hängend: **~ engine** Motor *m* mit hängenden Zylindern; **~ commas** SPL *bes Br* Anführungszeichen *pl*, Gänsefüßchen *pl umg*: **put** (*od* **place**) **in ~** in Anführungszeichen setzen; **~ flight** S FLUG Rückenflug *m*; **~ image** S PHYS Kehrbild *n*; **~ loop** S FLUG Looping *m/n* aus der Rückenlage; **~ mordent** S MUS Pralltriller *m*; **~ pleat** S *Mode*: Kellerfalte *f*

inverter S 1 ELEK Wechselrichter *m* 2 IT Inverter *m* (*Rechenelement, das e-e Eingangsgröße mit -1 multipliziert*); **invertible** ADJ 1 umkehrbar 2 CHEM invertierbar

invert| soap S CHEM Invertseife *f*, kationenaktive Seife; **~ sugar** S CHEM Invertzucker *m*

invest [ɪnˈvest] A V/T 1 (**in**) WIRTSCH *Kapital* investieren (in *akk od dat*), anlegen (in *dat*): **he ~ed a lot of time and effort in this plan** *fig* er investierte e-e Menge Zeit und Mühe in diesen Plan; **~ed capital** Anlagekapital *n* 2 *obs* bekleiden (**in, with** mit) 3 *poet* schmücken: **spring ~ed the trees with leaves** 4 MIL belagern, einschließen 5 (in Amt u. Würden) einsetzen, *bes* REL investieren 6 **~ sb with** *fig* a j-m *etwas* verleihen b j-n mit *Befugnissen etc* ausstatten B V/I 1 WIRTSCH investieren (**in** in *akk od dat*): **she ~ed in paintings** sie legte ihr Geld in Gemälden an 2 **~ in sth** *umg* sich etwas kaufen *od* zulegen

investigate [ɪnˈvestɪgeɪt] A V/T *ein Verbrechen etc* untersuchen, Ermittlungen *od* Nachforschungen anstellen über (*akk*), *e-n Fall* recherchieren, *j-n, e-n Anspruch etc* überprüfen (**for** auf *akk* [...*hin*]), *e-r Beschwerde etc* nachgehen, *ein Gebiet etc* (*wissenschaftlich*) erforschen: **~ statistically** statistische Erhebungen anstellen über (*akk*); **the police are investigating the case** die Polizei ermittelt in dem Fall B V/I ermitteln, recherchieren, Ermittlungen *od* Nachforschungen anstellen (**into** über *akk*): **investigating committee** Untersuchungsausschuss *m*; **investigation** S 1 Untersuchung *f* (**into, of** *gen*), Ermittlung *f*, Nachforschung *f*, Recherche *f*, Überprüfung *f*: **statistical ~s** statistische Erhebungen; **be under ~** untersucht werden; **he is under ~** gegen ihn wird ermittelt, gegen ihn laufen Ermittlungen 2 (*wissenschaftliche*) (Er)Forschung; **investigative** ADJ a Forschungs...: **~ method** (**technique,** *etc*) b Forscher...: **~ mind** c **~ journalism** investigativer Journalismus, Enthüllungsjournalismus *m*; **investigator** [-tə(r)] S 1 Ermittler(in) 2 Untersuchungs-, Ermittlungsbeamte(r) *m*, -beamtin *f*; **investigatory** [-tərɪ; *US* -gəˌtəʊriː; -ˌtɔː-] → investigative

investiture [ɪnˈvestɪtʃə(r); *US a.* -təˌtʃʊər] S 1 (feierliche) Amtseinsetzung, *bes* REL Investitur *f* 2 (**with**) a Verleihung *f* (*gen*): **after her ~ with the award** nachdem ihr die Auszeichnung verliehen worden war b Ausstattung *f* (mit)

investment S 1 WIRTSCH Investierung *f*, Anlage *f*: **terms of ~** Anlagebedingungen 2 WIRTSCH a Investition *f*, (Kapital)Anlage *f*: **foreign languages are a good ~** *fig* es lohnt sich, Fremdsprachen zu lernen; Fremdsprachen machen sich bezahlt b Anlagekapital *n*, *pl* Anlagewerte *pl*, Investitionen *pl* 3 WIRTSCH Einlage *f*, Beteiligung *f* (*e-s Gesellschafters*) 4 MIL Belagerung *f*, Einschließung *f* 5 → investiture 2; **~ adviser** S Anlageberater(in); **~ allowance** S Investitionsabschreibung *f*; **~ bank** S Investitionsbank *f*; **~ bonds** SPL festverzinsliche Anlagepapiere *pl*; **~ capital** S Anlagekapital *n*; **~ certificate** S Investmentzertifikat *n*; **~ climate** S Investitionsklima *n*; **~ company** S Kapitalanlage-, Investmentgesellschaft *f*; **~ consultant** S Anlageberater(in); **~ credit** S Investitionskredit *m*; **~ failure** S Fehlinvestition *f*; **~ incentive** S Investitionsanreiz *m*; **~ market** S Markt *m* für Anlagewerte; **~ securities** SPL Anlagepapiere *pl*, -werte *pl*; **~ trust** S Investmenttrust *m*, Kapitalanlage-, Investmentgesellschaft *f*: **~ certificate** Investmentzertifikat *n*

investor [ɪnˈvestə(r)] S WIRTSCH Geld-, Kapitalanleger(in), Investor *m*, Investorin *f*, *pl a.* Anlagepublikum *n*

inveteracy [ɪnˈvetərəsɪ] S 1 Unausrottbarkeit *f* 2 MED Hartnäckigkeit *f*; **inveterate** [-rət] ADJ (ADV ~ly) 1 eingewurzelt, unausrottbar (*Vorurteil etc*): **~ hatred** tief verwurzelter Hass 2 MED a hartnäckig b chronisch 3 eingefleischt, unverbesserlich (*Lügner etc*): **~ drinker** Gewohnheitstrinker(in)

invidious [ɪnˈvɪdɪəs] ADJ (ADV ~ly) 1 Ärgernis *od* Neid erregend: **an ~ task** e-e unpopuläre Aufgabe 2 gehässig, boshaft, gemein (*Bemerkung etc*) 3 unfair (*Vergleich etc*); **invidiousness** S 1 (*das*) Ärgerliche 2 Gehässigkeit *f*, Boshaftigkeit *f*, Gemeinheit *f*

invigilate [ɪnˈvɪdʒɪleɪt] V/I 1 SCHULE *Br* (*bei Prüfungen*) die Aufsicht führen 2 *obs* wachen, Wache halten; **invigilation** S SCHULE *Br* Aufsicht *f*

invigorant [ɪnˈvɪgərənt] S MED, PHARM Stärkungs-, Kräftigungsmittel *n*; **invigorate** [-reɪt] V/T a stärken, kräftigen b beleben, anregen: **~ the imagination** *fig* die Fantasie anregen c ermuntern, aufmuntern: **an invigorating speech**; **invigoration** S a Stärkung *f*, Kräftigung *f* b Belebung *f*, Anregung *f* c Ermunterung *f*, Aufmunterung *f*; **invigorative** [-rətɪv; *US* -ˌreɪtɪv] ADJ (ADV ~ly) a stärkend, kräftigend b belebend, anregend c ermunternd, aufmunternd

invincibility [ɪnˌvɪnsəˈbɪlətɪ] S 1 MIL, SPORT Unbesiegbarkeit *f* 2 *fig* Unüberwindlichkeit *f*; **invincible** ADJ (ADV invincibly) S 1 MIL, SPORT unbesiegbar 2 *fig* a unüberwindlich (*Schwierigkeiten etc*) b unerschütterlich (*Überzeugung etc*) c eisern (*Wille*)

inviolability [ɪnˌvaɪələˈbɪlətɪ] S Unverletzlichkeit *f*, Unantastbarkeit *f*; **inviolable** ADJ (ADV inviolably) unverletzlich, unantastbar; **inviolableness** → inviolability

inviolacy [ɪnˈvaɪələsɪ] S 1 Unversehrtheit *f* 2 Unberührtheit *f* 3 → inviolability; **inviolate** [-lət] ADJ (ADV ~ly) 1 unverletzt, nicht verletzt *od* gebrochen (*Gesetz etc*) 2 nicht entweiht, unberührt 3 unversehrt 4 → inviolable

invisibility [ɪnˌvɪzəˈbɪlətɪ] S Unsichtbarkeit *f*; **invisible** A ADJ (ADV invisibly) *a. fig* unsichtbar (**to** für): **he was ~** er war nicht zu sehen, *fig a.* er ließ sich nicht sehen *od* blicken; **~ ink** Geheimtinte *f*; **~ items** → B; → mending 1 B SPL WIRTSCH *Zahlungsbilanz*: unsichtbare Posten *pl*; **invisibleness** → invisibility

invitation [ˌɪnvɪˈteɪʃn] S 1 Einladung *f* (**to** an *akk*; zu): **at the ~ of** auf Einladung von (*od gen*); **I've got an ~, too** ich bin auch eingeladen (worden); **"admission by written ~ only"** „Zutritt nur mit schriftlicher Einladung"; **~ card** Einladungskarte *f*; **~ list** Einladungsliste *f*; **~ performance** Privatvorstellung *f*; **~ tournament** SPORT Einladungsturnier *n* 2 (höfliche *od* freundliche) Aufforderung, Bitte *f*, Ersuchen *n*: **at her ~** auf ihre Bitte hin 3 Herausforderung *f*: **be an ~ for** → invite A 4 4 Verlockung *f*, (*etwas*) Verlockendes 5 WIRTSCH → bid[1] A 1, C 1, tender[2] B; **invitational** A ADJ Einladungs...: **~ tournament** → B B S SPORT Einladungsturnier *n*

invitatory [ɪnˈvaɪtətərɪ; *US* -ˌtəʊriː; -ˌtɔː-] ADJ einladend, Einladungs...

invite [ɪnˈvaɪt] A V/T 1 einladen: **~ sb to dinner** (**for a drink**) j-n zum Essen (auf e-n Drink) einladen; **~ sb to one's house** j-n zu sich (nach Hause) einladen; **~ sb in** j-n herein- *od* hineinbitten; **she gets only seldom ~d** sie wird nur selten eingeladen 2 *j-n* (höflich *od* freundlich) auffordern, ersuchen, bitten (*alle*: **to do** zu tun) 3 um *Spenden etc* bitten *od* ersuchen, *a. Fragen etc* erbitten 4 einladen *od* ermutigen *od* verlocken zu, herausfordern: **~ criticism** (zur) Kritik herausfordern; **your behavio(u)r will ~ ridicule** mit d-m Benehmen läufst du Gefahr, dich lächerlich *od* zum Gespött zu machen 5 *j-n* einladen *od* ermutigen *od* verlocken (**to do** zu tun): **the lake ~d us to swim** der See verlockte uns zum Schwimmen 6 **~ applications for a position** WIRTSCH e-e Stelle ausschreiben; → bid[1] A 1, subscription A 8, tender[2] C 3 B V/I verlocken C S [ˈɪnvaɪt] *umg* Einladung *f*; **inviting** ADJ (ADV ~ly) einladend, verlockend; **invitingness** S (*das*) Einladende *od* Verlockende

in vitro fertilization [ɪnˈviːtrəʊ] S MED In-vitro-Fertilisation *f* (*künstlich herbeigeführte Verschmelzung e-r Eizelle mit e-r Samenzelle außerhalb des Körpers der Frau*)

invocation [ˌɪnvəʊˈkeɪʃn] S 1 (**to** *gen*) Anrufung *f*, (*Gottes, der Musen a.*) Invokation *f* 2

REL Bittgebet *n* 3 Appell *m* (**of** an *akk*) 4 (**of**) Anführung *f* (von *od gen*), Berufung *f* (auf *akk*) 5 a Beschwörung *f* b Beschwörungsformel *f*; **invocatory** [ɪnˈvɒkətərɪ; *US* ɪnˈvɑkəˌtəʊriː; -ˌtɔː-] ADJ anrufend, anflehend: **~ prayer** Bittgebet *n*

invoice [ˈɪnvɔɪs] WIRTSCH A S (Waren)Rechnung *f*, Faktura *f*: **as per ~** laut Rechnung *od* Faktura; **~ amount** Rechnungsbetrag *m*; **~ clerk** Fakturist(in); **~ number** Rechnungsnummer *f*; → consular B V/T a fakturieren, in Rechnung stellen: **as ~d** laut Rechnung *od* Faktura b *j-m* e-e Rechnung ausstellen

invoke [ɪnˈvəʊk] V/T 1 flehen um, herabflehen, erflehen: **~ God's blessing** Gottes Segen erflehen *od* erbitten; **~ sb's forgiveness** j-n um Verzeihung anflehen, j-n inständig um Verzeihung bitten; **~ vengeance (up)on one's enemies** Rache auf s-e Feinde herabflehen 2 *Gott, die Musen etc* anrufen 3 *fig* appellieren an (*akk*): **~ sb's help** an j-s Hilfsbereitschaft appellieren 4 *fig* (*als Autorität*) zu Hilfe rufen, (*zur Bestätigung*) anführen *od* zitieren *od* heranziehen, sich berufen auf (*akk*) 5 *e-n Geist* beschwören

involucre [ˈɪnvəluːkə(r)] S, **involucrum** [-krəm] *pl* -cra [-krə] S BOT Involucrum *n*, Hüll-, Außenkelch *m*

involuntariness [ɪnˈvɒləntərɪnɪs; *US* ɪnˈvɑlənˌteriː-] S 1 Unfreiwilligkeit *f* 2 Unwillkürlichkeit *f*; **involuntary** ADJ (ADV involuntarily) 1 unfreiwillig, erzwungen: **~ bankruptcy** *US* unfreiwilliger Konkurs 2 unabsichtlich, unbeabsichtigt: **~ manslaughter** JUR fahrlässige Tötung 3 unwillkürlich (*Lachen etc*): **~ nervous system** PHYSIOL vegetatives Nervensystem

involute [ˈɪnvəluːt] A ADJ 1 *fig* kompliziert, verwickelt 2 BOT eingerollt (*Blatt*) 3 ZOOL mit engen Windungen (*Muschel*) B S MATH Evolvente *f*, Involute *f*, Abwick(e)lungskurve *f*: **~ gear** TECH Evolventenrad *n*; **~ gear teeth** *pl* TECH Evolventenverzahnung *f*

involution [ˌɪnvəˈluːʃn] S 1 *fig* Verwirrung *f* 2 *fig* tieferer Sinn 3 BOT Einrollung *f* (*e-s Blattes*) 4 BIOL Involution *f*, Rückbildung *f*: **the ~ of the uterus after pregnancy**; **senile ~** Altersrückbildung 5 LING verschachtelte Konstruktion 6 MATH Involution *f* (*Darstellung des Verhältnisses zwischen Punkten, Geraden od Ebenen in der projektiven Geometrie*)

involve [ɪnˈvɒlv; *US* ɪnˈvɑlv] V/T 1 a *j-n* verwickeln, hineinziehen (*beide:* **in** in *akk*): **I don't want to get ~d** ich will damit nichts zu tun haben; **~d in an accident** in e-n Unfall verwickelt, an e-m Unfall beteiligt; **~d in debt** verschuldet; **be completely ~d in one's work** von s-r Arbeit völlig in Anspruch genommen sein b *j-n, etwas* angehen, berühren, betreffen: **the persons ~d** die Betroffenen; **we are all ~d (in this case)** es (dieser Fall) geht uns alle an, wir sind alle davon (von diesem Fall) betroffen; **feel personally ~d** sich persönlich betroffen fühlen; **the national prestige was ~d** das nationale Prestige stand auf dem Spiel; **a question of principle is ~d** es geht um e-e prinzipielle Frage c *etwas* in Mitleidenschaft ziehen: **diseases that ~ the nervous system** 2 **be ~d with** a zu tun haben mit *j-m, etwas* b enge Beziehungen haben zu *j-m*: **get ~d with sb** mit j-m engen Kontakt bekommen, *pej* sich mit j-m einlassen; **~ o.s. in** sich einsetzen *od* engagieren für 3 a mit sich bringen, zur Folge haben, nach sich ziehen b verbunden sein mit: **the expense ~d** die damit verbundenen Kosten c erfordern, nötig machen: **taking the job would ~ living abroad** wenn ich die Stelle annehme, müsste ich im Ausland leben d umfassen, einschließen 4 *etwas* verwirren, komplizieren: **the situation was further ~d by her disappearance**; **involved** ADJ 1 → involve 2 a kompliziert b verworren 3 LING verschachtelt: **~ sentence** Schachtelsatz *m*; **involvement** S 1 Verwick(e)lung *f* (**in** in *akk*) 2 Betroffensein *n* (**in** von) 3 a Kompliziertheit *f* b Verworrenheit *f* 4 verworrene Situation

invt. ABK inventory

invulnerability [ɪnˌvʌlnərəˈbɪlətɪ] S 1 Unverwundbarkeit *f* 2 *fig* Unanfechtbarkeit *f*; **invulnerable** ADJ (ADV invulnerably) 1 unverwundbar (*a. fig*) 2 MIL uneinnehmbar (*Festung etc*) 3 *fig* gefeit (**to** gegen) 4 *fig* a unanfechtbar, hieb- u. stichfest (*Argument etc*) b unangreifbar, absolut sicher (*Position etc*)

inward [ˈɪnwə(r)d] A ADV 1 einwärts, nach innen: **clear ~** SCHIFF einklarieren 2 → inwardly 1, 2, 3 B ADJ 1 inner(er, e, es), innerlich, Innen…: **~ life**; **~ convulsions** MED innere Krämpfe 2 *fig* inner(er, e, es), innerlich, seelisch, geistig 3 *fig* inner(er, e, es), eigentlich: **the ~ meaning** die eigentliche *od* tiefere Bedeutung 4 **~ trade** WIRTSCH Einfuhrhandel *m* C S 1 (*das*) Innere (*a. fig*) 2 *pl* [ˈɪnə(r)dz] *umg* Eingeweide *pl*; **inwardly** ADV 1 innerlich, im Inner(e)n (*beide a. fig*) 2 *fig* im Stillen, insgeheim: **laugh ~** 3 leise, gedämpft, für sich 4 → inward A 1; **inwardness** S 1 Innerlichkeit *f* 2 innere Natur, (innere *od* wahre) Bedeutung; **inwards** [ˈɪnwə(r)dz] → inward A

inweave [ɪnˈwiːv] V/T *irr* 1 einweben (**into, in** in *akk*) 2 *a. fig* einflechten (**into, in** in *akk*), verflechten (**with** mit)

inwrap [ɪnˈræp] → enwrap

inwrought [ˌɪnˈrɔːt] ADJ 1 (ein)gewirkt, eingewoben, eingearbeitet (*alle:* **in, into** in *akk*) 2 verziert (**with** mit) 3 *fig* (eng) verflochten (**with** mit)

I/O ABK IT input/output

IOC ABK International Olympic Committee IOC *n*

iodate [ˈaɪəʊdeɪt] A S CHEM Jodat *n*, jodsaures Salz B V/T → iodize

iodic [aɪˈɒdɪk; *US* -ˈɑ-] ADJ CHEM jodhaltig, Jod…: **~ acid**

iodide [ˈaɪəʊdaɪd] S CHEM Jodid *n*: **~ of nitrogen** Jodstickstoff *m*; **~ of potassium** Kaliumjodid *n*

iodine [ˈaɪəʊdiːn; ˈaɪədaɪn] S CHEM Jod *n*: → tincture A 1; **iodism** S MED Jodismus *m*, Jodvergiftung *f*; **iodize** V/T MED, FOTO mit Jod behandeln, jodieren

iodoform [aɪˈɒdəfɔːm; *US* aɪˈəʊdəˌfɔːrm; -ˈɑdə-] S MED, PHARM Jodoform *n* (*ein stark antiseptisches Mittel*)

iodometry [ˌaɪəˈdɒmɪtrɪ; *US* -ˈdɑmə-] S CHEM Jodometrie *f* (*Maßanalyse mithilfe von Jod*)

iodous [aɪˈɒdəs; *US* aɪˈəʊdəs; ˈaɪədəs] ADJ CHEM 1 jodartig 2 Jod…: **~ acid**

IOM ABK Isle of Man Insel *f* Man

ion [ˈaɪən] S CHEM, PHYS Ion *n* (*elektrisch geladenes Teilchen, das aus neutralen Atomen od Molekülen durch Anlagerung od Abgabe von Elektronen entsteht*): **positive (negative) ~s**; **~ accelerator** S PHYS Ionenbeschleuniger *m*; **~ engine** S *Raumfahrt*: Ionentriebwerk *n*; **~ exchange** S CHEM, PHYS Ionenaustausch *m*

Ionian [aɪˈəʊnjən; -nɪən] A ADJ 1 HIST ionisch 2 MUS ionisch: **~ mode** ionischer Kirchenton, ionische Tonart B S HIST Ionier(in)

Ionic[1] [aɪˈɒnɪk; *US* -ˈɑ-] A ADJ *bes* ARCH ionisch: **~ order** ionische Säulenordnung B S 1 HIST ionischer Dialekt 2 LIT ionischer Versfuß, Ionikus *m* 3 TYPO Egyptienne *f*

ionic[2] [aɪˈɒnɪk; *US* -ˈɑ-] ADJ PHYS, CHEM ionisch, Ionen…

ionic| atmosphere S CHEM, PHYS Ionenwolke *f*; **~ migration** S CHEM, PHYS Ionenwanderung *f*; **~ propulsion** S *Raumfahrt*: Ionenantrieb *m*; **~ valve** S ELEK Ionenröhre *f*

ionium [aɪˈəʊnjəm; -nɪəm] S CHEM Ionium *n*

ionization [ˌaɪənaɪˈzeɪʃn; *US* -nəˈz-] S CHEM, PHYS Ionisierung *f*, Ionisation *f* (*Bildung von Ionen durch Anlagerung od Abspaltung von Elektronen*): **~ by collision** Stoßionisation; **~ chamber** Ionisationskammer *f*; **~ ga(u)ge** Ionisationsmanometer *n*; **ionize** A V/T ionisieren, e-e Ionisation bewirken an (*dat*) B V/I in Ionen zerfallen; **ionizer** S Ionisator *m* (*Gerät zur Beseitigung elektrostatischer Aufladungen*)

ionometer [ˌaɪəˈnɒmɪtə; *US* -ˈnɑmətər] S CHEM, PHYS Ionometer *n* (*Messgerät zur Bestimmung der Ionisation e-s Gases, um Rückschlüsse auf vorhandene Strahlung zu ziehen*)

ionosphere [aɪˈɒnəˌsfɪə(r); *US* -ˈɑ-] S Ionosphäre *f* (*äußerste Hülle der Erdatmosphäre*)

ionotherapy [aɪˌɒnəˈθerəpɪ; *US* -ˌɑ-] S MED Ionentherapie *f* (*Heilmethode zur Beeinflussung des Ionenhaushalts des menschlichen Körpers durch Ionenaustausch*)

ion| propulsion S *Raumfahrt*: Ionenantrieb *m*; **~ rocket** S Rakete *f* mit Ionenantrieb

iontophoresis [aɪˌɒntəʊfəˈriːsɪs; *US* -ˌɑntə-] S MED Iontophorese *f* (*Einführung von Ionen mithilfe des galvanischen Stroms durch die Haut in den Körper zu therapeutischen Zwecken*)

iota [aɪˈəʊtə] S Iota *n*: a *griechischer Buchstabe* b *fig* Spur *f*: **not an ~ of truth** kein Funke *od* Körnchen Wahrheit; **there is not one ~ of truth in that story** an der Geschichte ist kein einziges Wort wahr

IOU [ˌaɪəʊˈjuː] ABK S I owe you Schuldschein *m* (**for** über *akk*)

IOW ABK Isle of Wight Insel *f* Wight (*engl. Grafschaft*)

Iowa [ˈaɪəʊə; *bes US* ˈaɪəwə] S Iowa *n* (*Staat im Mittelwesten der USA*)

Iowan [ˈaɪəʊən; *bes US* ˈaɪəwən] A S Einwohner(in) von Iowa (*USA*) B ADJ Iowa…, aus *od* von Iowa

IPA ABK 1 International Phonetic Association IPA *f*, Internationale Phonetische Gesellschaft 2 international phonetic alphabet internationales phonetisches Alphabet

IPCS ABK *Br* Institution of Professional Civil Servants (*Beamtenorganisation*)

ipecac [ˈɪpɪkæk], **ipecacuanha** [ˌɪpɪkækjʊˈænə; *US a.* ɪˌpekəkʊˈænjə] S BOT Brechwurz(el) *f*

ipso| facto [ˌɪpsəʊˈfæktəʊ] ADV ipso facto, durch die Tat selbst; **~ jure** [-ˈjʊərɪ; *US a.* -ˈdʒʊəriː] ADV ipso jure, durch das Recht selbst, von Rechts wegen

IP telephony [ˌaɪˈpiː-] S Internettelefonie *f*

IQ ABK SCHULE PSYCH intelligence quotient IQ *m*

i.q. ABK idem quod, the same as

IR ABK 1 infrared 2 *Br* Inland Revenue a Staatseinkünfte *pl* b Finanzverwaltung *f*, *umg* Finanzamt *n*

Ir. ABK 1 Ireland 2 Irish

IRA ABK Irish Republican Army IRA *f*

Iran [ɪˈrɑːn; *US a.* ɪˈræn] S Iran *m*

Iranian [ɪˈreɪnjən; -nɪən] A ADJ iranisch B S 1 Iraner(in) 2 LING Iranisch *n*, das Iranische (*Untergruppe der indoeuropäischen Sprachenfamilie*)

Iraq [ɪˈrɑːk; *US a.* ɪˈræk] S Irak *m*

Iraqi [ɪˈrɑːkɪ] A S 1 Iraker(in) 2 LING Irakisch *n*, das Irakische B ADJ irakisch; **Iraqian** → Iraqi B

irascibility [ɪˌræsəˈbɪlətɪ; aɪˌr-] S Jähzorn *m*, Reizbarkeit *f*; **irascible** ADJ (ADV irascibly) jähzornig, reizbar

irate [aɪˈreɪt] ADJ zornig, wütend (*beide a. fig Brief etc*), gereizt

IRBM ABK MIL intermediate-range ballistic missile Mittelstreckenrakete *f*
ire [ˈaɪə(r)] S *poet* Zorn *m*, Wut *f*; **ireful** ADJ (ADV **~ly**) *poet* zornig, wütend
Ireland [ˈaɪə(r)lənd] S Irland *n*
irenic [aɪˈriːnɪk; -ˈren-] A ADJ (ADV **~ally**) irenisch, friedfertig, friedliebend B S **irenics** *pl (als sg konstruiert)* REL Irenik *f (theologische Richtung, die e-e interkonfessionelle Verständigung anstrebt)*; **irenical** → irenic A
iridectomy [ˌɪrɪˈdektəmɪ; ˌaɪ-] S MED Iridektomie *f (operative Entfernung e-s Teils der Regenbogenhaut)*
irides [ˈaɪrɪdiːz; ˈɪr-] *pl von* **iris**
iridescence [ˌɪrɪˈdesns] S Schillern *n*, Irisieren *n*; **iridescent** ADJ (ADV **~ly**) *(in den Regenbogenfarben)* schillernd, irisierend: **~ colo(u)r** Schillerfarbe *f*
iridium [aɪˈrɪdɪəm; ɪˈr-] S CHEM Iridium *n*
iridotomy [ˌɪrɪˈdɒtəmɪ; ˌaɪ-; US -ˈdɑ-] S MED Iridotomie *f (Einschnitt in die Regenbogenhaut)*
iridous [ˈɪrɪdəs; ˈaɪ-] ADJ CHEM Iridium…
iris [ˈaɪərɪs] *pl* irises [-sɪz], irides [ˈaɪrɪdiːz; ˈɪr-] S 1 PHYS Regenbogenglanz *m*, -farben *pl* 2 ANAT Iris *f*, Regenbogenhaut *f* 3 BOT Iris *f*, Schwertlilie *f* 4 MINER Regenbogenquarz *m*; **~ diaphragm** S FILM, FOTO Irisblende *f*
Irish [ˈaɪərɪʃ] A S 1 **the ~** *koll* die Iren *pl*, die Irländer *pl* 2 LING Irisch *n*, das Irische: **~ (English)** (Anglo)Irisch *n* B ADJ irisch, irländisch: **she's ~** sie ist Irin; **the ~ Free State** HIST der Irische Freistaat; **~ bull** → bull³; **~ coffee** S Irish Coffee *m (starker, heißer Kaffee mit Whisky u. Schlagsahne)*
Irishism S irische (Sprach)Eigentümlichkeit
Irish|man [-mən] S *irr* Ire *m*, Irländer *m*; **~ moss** S BOT Irisches *od* Irländisches Moos; **~ potato** S *bes US* Kartoffel *f*; **~ Republican Army** S Irisch-Republikanische Armee; **~ setter** S Irischer Setter *(ein Jagdhund)*; **~ stew** S GASTR Irish Stew *n (Eintopfgericht aus gekochtem Hammelfleisch mit Weißkraut, Kartoffeln, Zwiebeln u. gehackter Petersilie)*; **~ terrier** S Irischer Terrier *(ein Haus- u. Begleithund)*; **~ whiskey** S irischer Whiskey; **~woman** S *irr* Irin *f*, Irländerin *f*
iritis [ˌaɪəˈraɪtɪs] S MED Iritis *f*, Regenbogenhautentzündung *f*
irk [ɜːk; US ɜrk] V/T 1 ärgern, verdrießen: **it ~s me** es ärgert *od* stört mich (**that** dass) 2 ermüden, langweilen
irksome [ˈɜːksəm; US ˈɜrksəm] ADJ (ADV **~ly**) 1 ärgerlich, verdrießlich, lästig 2 ermüdend, langweilig; **irksomeness** S Ärgerlichkeit *f*, Verdrießlichkeit *f*
IRO ABK 1 *Br* Inland Revenue Office Finanzamt *n* 2 International Refugee Organization Internationale Flüchtlingsorganisation
iron [ˈaɪə(r)n] A S 1 Eisen *n*: **(as) hard as ~** eisenhart; **have several ~s in the fire** mehrere Eisen im Feuer haben; **pump ~** SPORT *sl* Gewichtheber sein; **strike while the ~ is hot** das Eisen schmieden, solange es heiß ist; **a man of ~** ein unnachgiebiger *od* harter Mann; **he is made of ~** er hat e-e eiserne Gesundheit; **a heart of ~** ein Herz aus Stein; **a will of ~** ein eiserner Wille; **in ~s** SCHIFF im Wind, nicht wendefähig; **the ~ entered his soul** BIBEL Pein u. Trübsal beschlichen s-e Seele; → rod 4 d 2 *Gegenstand aus Eisen, z. B.* a Brandeisen *n*, -stempel *m* b (Bügel)Eisen *n* c Harpune *f* d Steigbügel *m* 3 Eisen *n (Schneide e-s Werkzeugs)* 4 *Golf*: Eisen(schläger) *n(m)* 5 *umg obs* Schießeisen *n* 6 MED, PHARM Eisen(präparat) *n*: **take ~** Eisen einnehmen 7 *pl* Hand-, Fußschellen *pl*, Eisen *pl*: **put in ~s** → C 4 8 MED *US umg* Beinschiene *f (Stützapparat)*: **put sb's leg in ~s** j-m das Bein schienen 9 Eisengrau *n* B ADJ 1 eisern, Eisen…, aus Eisen: **an ~ bar** 2 eisenfarben 3 *fig* eisern: a kräftig, robust: **an ~ constitution** e-e eiserne Gesundheit b unerbittlich, grausam, hart c unbeugsam, unerschütterlich: **the ♀ Chancellor** der Eiserne Kanzler *(Bismarck)*; **the ♀ Duke** der Eiserne Herzog *(Wellington)*; **~ discipline** eiserne Disziplin; **it's a case of an ~ fist** (*od* **hand**) **in a velvet glove** POL *etc* das ist e-e typische Mogelpackung; **rule with an ~ hand** mit eiserner Faust *od* eiserner Hand regieren; **an ~ will** ein eiserner Wille 4 HIST Eisenzeit… C V/T 1 bügeln, plätten 2 **~ out** a *Kleidungsstück, Falten etc* ausbügeln b *fig Meinungsverschiedenheiten, Schwierigkeiten etc* aus der Welt schaffen, beseitigen 3 mit Eisen beschlagen 4 *j-n* in Eisen legen D V/I bügeln, plätten
Iron| Age S HIST Eisenzeit *f*; **♀bark (tree)** S BOT *(ein)* Eisenrinden-, Eukalyptusbaum *m*; **♀bound** ADJ 1 in Eisen gefasst, eisenbeschlagen 2 *fig* zerklüftet, felsig *(Küste)* 3 *fig* eisern, unerbittlich; **♀ casting** S TECH Eisenguss(stück) *m(n)*; **♀ cement** S TECH Eisenkitt *m*; **♀clad** A ADJ *[präd* ˌ-ˈklæd*]* 1 gepanzert *(Schiff)*, eisenverkleidet, gussgekapselt *(Elektromotor etc)* 2 *fig* a eisern, unerbittlich b unanfechtbar, hieb- u. stichfest *(Argument etc)* B S SCHIFF, HIST Panzerschiff *n*; **♀ concrete** S TECH Eisenbeton *m*; **♀ core** S TECH Eisenkern *m*; **~ Cross** S MIL Eisernes Kreuz; **~ Curtain** S POL, HIST Eiserner Vorhang: **the ~ countries** die Länder hinter dem Eisernen Vorhang; **♀ dross** S TECH Hochofenschlacke *f*
ironer [ˈaɪə(r)nə(r)] S Bügler(in), Plätter(in)
iron| foundry S TECH Eisengießerei *f*; **~ girder** S TECH (genieteter) Eisenträger; **~ glance** → haematite; **~ grass** S BOT 1 Frühlingssegge *f* 2 Vogelknöterich *m*; **~-gray**, *bes Br* **~-grey** ADJ eisengrau; **~handed** ADJ (ADV **~ly**) mit eiserner Hand, unerbittlich; **~ horse** S *umg obs* 1 Dampfross *n (Lokomotive)* 2 Stahlross *n (Fahrrad)*
ironic [aɪˈrɒnɪk; US -ˈrɑ-], **ironical** ADJ 1 ironisch 2 voller Ironie: **it is ~ that …** es entbehrt nicht e-r gewissen Ironie, dass …; **ironically** ADV 1 ironisch 2 ironischerweise; **ironicalness** S Ironie *f*, *(das)* Ironische
ironing [ˈaɪə(r)nɪŋ] S 1 Bügeln *n*, Plätten *n* 2 Bügel-, Plättwäsche *f*; **~ board** S Bügel-, Plättbrett *n*
ironize [ˈaɪərənaɪz] V/T & V/I ironisieren
iron| lung S MED eiserne Lunge; **~ maiden** S HIST eiserne Jungfrau; **~ man** S *irr* 1 *US* → ironmaster 2 *US* → ironworker 3 SPORT *US u. Aus* (Langstrecken)Triathlon *m* 4 *US umg* Roboter *m* 5 *US sl (bes* Silber)Dollar *m*; **~master** S Eisenfabrikant *m*; **~ mold**, *bes Br* **~ mould** S a Eisen-, Rostfleck *m* b Tintenfleck *m*; **~monger** S *Br* a Eisen-, Metallwarenhändler(in) b Haushaltswarenhändler(in); **~mongery** S *Br* 1 a Eisen-, Metallwaren *pl* b Haushaltswaren *pl* 2 a Eisen-, Metallwarenhandlung *f* b Haushaltswarenhandlung *f*; **~ ore** S MINER Eisenerz *n*; **~-pumper** S SPORT *sl* Gewichtheber(in); **~ pyrites** S MINER 1 → pyrite 2 → marcasite 1; **~ ration** S MIL *etc* eiserne Ration; **~ scale** S CHEM, TECH (Eisen)Hammerschlag *m*; **~ scrap** S TECH Eisenschrott *m*; **~side** S 1 a. *pl (als sg konstruiert)* Mann *m* von großer Tapferkeit 2 ♀ HIST *Br Beiname von Edmund II* 3 **♀s** *pl* HIST *Br* a Cromwells Reiterei b Cromwells Armee 4 *pl (als sg konstruiert)* → ironclad B; **~stone** S MINER Eisenstein *m*: **~ (china)** Hartsteingut *n*; **~ sulphate** S CHEM Eisenvitriol *n*, Ferrosulfat *n*; **~ sulphide** S CHEM Eisensulfid *n*; **~ware** S a Eisen-, Metallwaren *pl* b Haushaltswaren *pl*; **~wood** S 1 BOT Eisenbaum *m* 2 Eisenholz *n*; **~work** S 1 Eisenbeschläge *pl*: **ornamental ~** Eisenverzierung *f* 2 *pl (oft als sg konstruiert)* Eisenhütte *f*, -werk *n*; **~worker** S 1 Eisen-, Hüttenarbeiter *m* 2 (Stahlbau)Monteur *m*
irony¹ [ˈaɪə(r)nɪ] ADJ 1 eisern 2 eisenhaltig *(Erde)* 3 eisenartig
irony² [ˈaɪərənɪ] S 1 Ironie *f*: **~ of fate** Ironie des Schicksals 2 ironische Bemerkung 3 *e-e* Ironie des Schicksals
Iroquoian [ˌɪrəʊˈkwɔɪən] ADJ irokesisch; **Iroquois** [ˈɪrəkwɔɪ; -kwɔɪz] A *pl* -quois [-kwɔɪz; -kwɔɪ] S Irokese *m*, Irokesin *f* B ADJ irokesisch
irradiance [ɪˈreɪdjəns; -dɪəns] *a.* **irradiancy** [-sɪ] S 1 PHYS → irradiation 4 2 *fig* → irradiation 3; **irradiant** ADJ *a. fig* strahlend (**with** vor *dat*)
irradiate [ɪˈreɪdɪeɪt] V/T 1 bestrahlen *(a.* MED*)*, erleuchten, anstrahlen 2 *Licht etc* ausstrahlen, verbreiten, *Strahlen etc* aussenden 3 *fig j-s Gesicht etc* aufheitern, verklären 4 *fig* a *j-n* erleuchten, aufklären b *etwas* erhellen, Licht werfen auf *(akk)*
irradiation [ɪˌreɪdɪˈeɪʃn] S 1 Bestrahlung *f (a.* MED*)*, Erleuchtung *f*, Anstrahlung *f* 2 Ausstrahlung *f*, Aussendung *f* 3 *fig* Erleuchtung *f*, Aufklärung *f* 4 PHYS a Strahlungsintensität *f* b spezifische Strahlungsenergie 5 MED Irradiation *f (Ausstrahlung e-s Schmerzes über den betroffenen Teil hinaus)* 6 PSYCH Irradiation *f (optische Täuschung, die darin besteht, dass e-e helle Figur auf dunklem Grund größer erscheint als e-e gleich große dunkle auf hellem Hintergrund)*
irrational [ɪˈræʃənl] A ADJ (ADV **~ly**) 1 irrational, unvernünftig: a vernunftlos: **~ animals** vernunftlose Tiere b vernunftwidrig, unlogisch 2 MATH irrational: **~ number** → B 3 LIT unregelmäßig B S MATH irrationale Zahl; **irrationalism** [-ʃnəlɪzəm] S 1 PHIL Irrationalismus *m (Lehre, wonach das Wesen der Welt durch den Verstand nicht greifbar ist u. das Irrationale das Prinzip der Welt ist)* 2 Irrationalismus *m*, irrationale Äußerung *od* Handlung *etc*; **irrationality** [-ˈnælətɪ] S 1 Irrationalität *f*, Unvernunft *f*: a Vernunftlosigkeit *f* b Vernunftwidrigkeit *f*, Unlogik *f* 2 → irrationalism 2
irreal [ɪˈrɪəl] ADJ irreal, unwirklich
irreality [ˌɪrɪˈælətɪ] S Irrealität *f*, Unwirklichkeit *f*
irrebuttable [ˌɪrɪˈbʌtəbl] ADJ unwiderlegbar: **~ presumption** JUR unwiderlegbare Rechtsvermutung
irreclaimable [ˌɪrɪˈkleɪməbl] ADJ (ADV **irreclaimably**) 1 unverbesserlich, hoffnungslos 2 AGR nicht kulturfähig *(Land)* 3 TECH nicht regenerierfähig
irrecognizable [ɪˈrekəgnaɪzəbl] ADJ (ADV **irrecognizably**) nicht zu erkennen(d) *od* wieder zu erkennen(d), unkenntlich
irreconcilability [ɪˌrekənsaɪləˈbɪlətɪ] S 1 Unvereinbarkeit *f* 2 Unversöhnlichkeit *f*; **irreconcilable** [ɪˈrekənsaɪləbl; ˈɪˌrekənˈs-] A ADJ (ADV **irreconcilably**) 1 unvereinbar (**with** mit) 2 unversöhnlich *(Gegner etc)* B S unversöhnliche(r) Gegner(in)
irrecoverable [ˌɪrɪˈkʌvərəbl] ADJ (ADV **irrecoverably**) 1 nicht wiedererlangbar 2 nicht wiedergutzumachend, unersetzlich, unersetzbar *(Verlust, Schaden)* 3 JUR uneintreibbar, nicht beitreibbar *(Schuld)* 4 nicht wiederherstellbar 5 TECH nicht regenerierbar
irrecusable [ˌɪrɪˈkjuːzəbl] ADJ (ADV **irrecusably**) unabweisbar, unablehnbar
irredeemable [ˌɪrɪˈdiːməbl] ADJ (ADV **irredeemably**) 1 nicht rückkaufbar 2 WIRTSCH nicht (in Gold) einlösbar *(Papiergeld etc)* 3

WIRTSCH **a** untilgbar (*Anleihe etc*) **b** nicht ablösbar, unkündbar: ~ **bond** (*vor dem Fälligkeitstermin*) unkündbare Schuldverschreibung **4** *fig* unverbesserlich, unrettbar (verloren) (*Sünder etc*) **5** nicht wiedergutzumachen(d) (*Verlust etc*)

irredentism [ˌɪrɪˈdentɪzəm] S POL Irredentismus *m* (*Bestrebung, abgetrennte Gebiete wieder an das Mutterland anzuschließen*); **irredentist** **A** S Irredentist(in) **B** ADJ irredentistisch

irreducible [ˌɪrɪˈdjuːsəbl; *US a.* -ˈduː-] ADJ (ADV irreducibly) **1** nicht reduzierbar: **a** nicht zurückführbar (**to** auf *akk*): **be ~ to a simpler form** sich nicht vereinfachen lassen **b** CHEM, MATH irreduzibel **c** nicht herabsetzbar: **the ~ minimum** das absolute Minimum, das Mindestmaß (*beide:* **of** an *dat*) **2** nicht verwandelbar (**into, to** in *akk*)

irrefragable [ɪˈrefrəgəbl] ADJ (ADV irrefragably) unwiderlegbar, unumstößlich

irrefrangible [ˌɪrɪˈfrændʒəbl] ADJ (ADV irrefrangibly) **1** unverletzlich, unübertretbar, unumstößlich (*Regel etc*) **2** PHYS unbrechbar (*Strahlen*)

irrefutability [ɪˌrefjʊtəˈbɪlətɪ; ˈɪrɪˌfjuːtəˈb-] S Unwiderlegbarkeit *f*; **irrefutable** ADJ (ADV irrefutably) unwiderlegbar, unwiderleglich, nicht zu widerlegen(d)

irreg. ABK irregular(ly)

irregardless [ˌɪrɪˈgɑːrdləs] *US umg für* regardless A

irregular [ɪˈregjʊlə(r)] **A** ADJ (ADV ~ly) **1** unregelmäßig: **a** *a.* BOT ungleichmäßig, -förmig: ~ **teeth** unregelmäßige Zähne **b** *a.* WIRTSCH uneinheitlich, schwankend: ~ **heartbeat** MED Herzrhythmusstörungen *pl* **c** ungeordnet, unsystematisch **d** unpünktlich: **at ~ intervals** in unregelmäßigen Abständen **2** uneben (*Gelände etc*) **3** **a** regelwidrig **b** vorschriftswidrig, nicht ordnungsgemäß (*Dokumente etc*) **c** ungesetzlich, ungültig (*Vorgehen etc*) **4** **a** ungeregelt, unordentlich (*Leben etc*) **b** ungehörig, ungebührlich (*Benehmen etc*) **c** unstet, ausschweifend (*Person*) **5** nicht regulär, nicht voll gültig *od* anerkannt: **an ~ physician** kein richtiger Arzt, ein Kurpfuscher **6** LING unregelmäßig (*Verb etc*) **7** MIL irregulär **B** S MIL **a** Irreguläre(r) *m*, irregulärer Soldat **b** *pl* irreguläre Truppe(n *pl*); **irregularity** [-ˈlærətɪ] S **1** Unregelmäßigkeit *f* (*a.* LING), Ungleichmäßigkeit *f* **2** Unebenheit *f* **3** **a** Vorschrifts-, Regelwidrigkeit *f* **b** JUR Formfehler *m*, Verfahrensmangel *m* **c** Verstoß *m*, Vergehen *n* **4** **a** Ungeregeltheit *f* **b** Ungehörigkeit *f*

irrelative [ɪˈrelətɪv] ADJ (ADV ~ly) **1** (**to**) unabhängig (von), nicht bedingt (durch) **2** beziehungslos, absolut

irrelevance [ɪˈreləvəns], **irrelevancy** [-sɪ] S **1** Irrelevanz *f*, Unerheblichkeit *f*, Belanglosigkeit *f* **2** Unanwendbarkeit *f*; **irrelevant** ADJ (ADV ~ly) **1** irrelevant, nicht zur Sache gehörig: **be ~ to** sich nicht beziehen auf (*akk*) **2** **a** irrelevant, unerheblich, belanglos (*alle:* **to** für) **b** gegenstandslos, hinfällig **3** unanwendbar (**to** auf *akk*)

irreligion [ˌɪrɪˈlɪdʒən] S **1** Irreligiosität *f* **2** Gottlosigkeit *f* **3** Religionsfeindlichkeit *f*; **irreligious** [-dʒəs] ADJ (ADV ~ly) **1** unreligiös, irreligiös **2** gottlos **3** religionsfeindlich

irremeable [ɪˈremɪəbl; ɪˈriː-] ADJ (ADV irremeably) *obs od poet* ohne Wiederkehr

irremediable [ˌɪrɪˈmiːdjəbl; -dɪəbl] ADJ (ADV irremediably) nicht behebbar *od* abstellbar: **this is ~** dem ist nicht abzuhelfen, das lässt sich nicht beheben

irremissible [ˌɪrɪˈmɪsəbl] ADJ (ADV irremissibly) **1** unverzeihlich (*Vergehen etc*) **2** unerlässlich (*Pflicht etc*)

irremovable [ˌɪrɪˈmuːvəbl] ADJ (ADV irremovably) **1** nicht entfernbar, unbeweglich **2** unabsetzbar (*Richter etc*) **3** nicht behebbar (*Fehler etc*)

irreparable [ɪˈrepərəbl] ADJ (ADV irreparably) **1** irreparabel, nicht wiedergutzumachen(d) (*Schaden etc*) **2** unersetzlich, unersetzbar (*Verlust etc*)

irreplaceable [ˌɪrɪˈpleɪsəbl] ADJ (ADV irreplaceably) unersetzlich, unersetzbar (*Verlust etc*)

irrepressible [ˌɪrɪˈpresəbl] ADJ (ADV irrepressibly) **1** ununterdrückbar, nicht zu unterdrücken(d) (*Lachen etc*) **2** un(be)zähmbar (*Person*)

irreproachable [ˌɪrɪˈprəʊtʃəbl] ADJ (ADV irreproachably) untadelig, tadellos, einwandfrei (*Benehmen etc*); **irreproachableness** S **1** Untadeligkeit *f* **2** einwandfreies Benehmen

irresistibility [ˈɪrɪˌzɪstəˈbɪlətɪ] S Unwiderstehlichkeit *f*; **irresistible** ADJ (ADV irresistibly) unwiderstehlich (*Drang, Frau etc*)

irresolute [ɪˈrezəluːt; *US a.* -lət] ADJ (ADV ~ly) **1** unentschieden, unentschlossen, unschlüssig, schwankend **2** unbestimmt (*Antwort etc*); **irresoluteness**, **irresolution** S Unentschlossenheit *f*, Unschlüssigkeit *f*

irrespective [ˌɪrɪˈspektɪv] ADJ (ADV ~ly): ~ **of** ohne Rücksicht auf (*akk*), ungeachtet (*gen*), unabhängig von

irresponsibility [ˈɪrɪˌspɒnsəˈbɪlətɪ; *US* -ˌspɑn-] S **1** Verantwortungslosigkeit *f* **2** Unverantwortlichkeit *f* **3** JUR Unzurechnungsfähigkeit *f*; **irresponsible** **A** ADJ (ADV irresponsibly) **1** nicht verantwortlich (**to** *dat*; **for** für): **be ~ to sb** j-m nicht unterstellt sein; **be ~ to sb for sth** j-m (gegenüber) für etwas nicht haften *od* verantwortlich sein **2** JUR **a** unzurechnungsfähig **b** nicht haftbar (**for** für) **3** verantwortungslos, unzuverlässig **4** verantwortungslos, unverantwortlich **5** (**for**) nicht verantwortlich (für), nicht Schuld an (*dat*), nicht die Ursache (von *od gen*) **B** S **1** verantwortungslose Person **2** JUR unzurechnungsfähige Person

irresponsive [ˌɪrɪˈspɒnsɪv; *US* -ˈspɑn-] ADJ: **be ~ to** **a** nicht ansprechen *od* reagieren auf (*akk*) (*a.* ELEK, TECH *etc*) **b** nicht empfänglich *od* aufgeschlossen sein für **c** nicht eingehen auf (*j-n od etwas*)

irretentive [ˌɪrɪˈtentɪv] ADJ (ADV ~ly) **1** gedächtnisschwach **2** ~ **memory** (*od* **mind**) schwaches Gedächtnis

irretrievable [ˌɪrɪˈtriːvəbl] ADJ (ADV irretrievably) **1** unersetzlich, unersetzbar (*Verlust etc*) **2** nicht wiedergutzumachen(d) (*Schaden etc*): → break down B 4, breakdown 3

irreverence [ɪˈrevərəns] S Respekt-, Ehrfurchtslosigkeit *f*; **irreverent** ADJ (ADV ~ly), **irreverential** [-ˈrenʃl] ADJ respekt-, ehrfurchtslos

irreversibility [ˈɪrɪˌvɜːsəˈbɪlətɪ; *US* -ˌvɜr-] S **1** Irreversibilität *f*, Nichtumkehrbarkeit *f* **2** Unwiderruflichkeit *f*; **irreversible** ADJ (ADV irreversibly) **1** *a.* CHEM, MATH, PHYS irreversibel, nicht umkehrbar **2** TECH nur in einer Richtung laufend **3** ELEK selbst sperrend **4** → irrevocable

irrevocability [ɪˌrevəkəˈbɪlətɪ] S Unwiderruflichkeit *f*; **irrevocable** [ɪˈrevəkəbl; *letters of credit:* ˌɪrɪˈvəʊkəbl] ADJ (ADV irrevocably) unwiderruflich, unabänderlich, unumstößlich: ~ **letter of credit** WIRTSCH unwiderrufliches Akkreditiv

irrigate [ˈɪrɪgeɪt] V/T **1** AGR (künstlich) bewässern, berieseln **2** MED *e-e Wunde etc* ausspülen; **irrigation** S **1** AGR (künstliche) Bewässerung *od* Berieselung: ~ **canal** Bewässerungskanal *m*; ~ **ditch** Bewässerungsgraben *m* **2** MED Irrigation *f*, Ausspülung *f*: **gastric ~** Magenspülung; **irrigational** [-ʃənl], **irrigative** [-gətɪv; *bes US* -geɪtɪv] ADJ Bewässerungs…, Riesel…; **irrigator** [-geɪtə(r)] S **1** Bewässerungsgerät *n*, -anlage *f* **2** MED Irrigator *m*, Spülapparat *m*

irritability [ˌɪrɪtəˈbɪlətɪ] S Reizbarkeit *f*; **irritable** ADJ (ADV irritably) **1** **a** reizbar **b** gereizt **2** MED, PHYSIOL **a** reizbar, empfindlich (*Gewebe, Nerv etc*) **b** nervös: ~ **heart** nervöses Herz, Herzneurose *f*

irritancy [ˈɪrɪtənsɪ] S Ärgernis *n*, (*das*) Ärgerliche

irritant [ˈɪrɪtənt] **A** ADJ Reiz erzeugend, Reiz…: ~ **agent** → B **B** S Reizstoff *m*

irritate [ˈɪrɪteɪt] V/T reizen (*a.* MED), (ver)ärgern, irritieren: **be ~d** sich ärgern (**at, by** über *etwas*; **with** über *j-n*); **irritating** ADJ (ADV ~ly) **1** ärgerlich, irritierend **2** → irritant A; **irritation** S **1** Verärgerung *f*, Reizung *f*, Irritation *f* **2** Ärger *m* (**at** über *akk*) **3** MED Reizung *f*: **a** Reiz *m* **b** Reizzustand *m*: **gastric ~** Magenreizung; ~ **of the kidneys** Nierenreizung; **irritative** ADJ **1** → irritant A **2** Reiz…: ~ **cough**

irruption [ɪˈrʌpʃn] S **1** Einbruch *m*, Hereinbrechen *n* (*beide:* **into** in *akk*): ~ **of water** Wassereinbruch **2** MIL Einfall *m* (**into** in *akk*); **irruptive** [-tɪv] ADJ (ADV ~ly) **1** hereinbrechend **2** GEOL → intrusive 2

IRS ABK *US* Internal Revenue Service Finanzamt *n*

is [ɪz; *unbetont:* z; s] *3. sg präs von* be

Isabella [ˌɪzəˈbelə], *a.* **Isabel** S Isabellfarbe *f*; **isabelline** [-laɪn; *US a.* -lɪn] ADJ isabellfarben, -farbig, graugelb

isacoustic [ˌaɪsəˈkuːstɪk] ADJ von gleicher Schallstärke: ~ **line** (*Geophysik*) Isakuste *f* (*Kurve, die bei Erdbeben die Punkte gleicher Schallstärke verbindet*)

isagoge [ˈaɪsəgəʊdʒɪ] S Isagoge *f* (*Einführung in e-e Wissenschaft*); **isagogic** [-ˈgɒdʒɪk; *US* -ˈgɑ-] **A** ADJ (ADV ~ally) einführend, Einführungs… **B** S **isagogics** *pl* (*meist als sg konstruiert*) Isagogik *f* (*Kunst der Einführung in e-e Wissenschaft, bes die Lehre von der Entstehung der biblischen Bücher*)

Isaiah [aɪˈzaɪə; *US* aɪˈzeɪə], *a.* **Isaias** [-əs] EIGENN & S BIBEL (das Buch) Jesaja(s) *od* Isaias *m*

isatin [ˈaɪsətɪn] S CHEM Isatin *n*

ISBN ABK International Standard Book Number ISBN-Nummer *f*

isch(a)emia [ɪˈskiːmjə; -mɪə] S MED Is-chämie *f* (*mangelhafte Versorgung einzelner Organe mit Blut*)

ischia [ˈɪskɪə] *pl von* ischium

ischiadic [ˌɪskɪˈædɪk], **ischial** [ˈɪskɪəl], **ischiatic** [-ˈætɪk] ADJ ANAT Sitzbein…

ischium [ˈɪskɪəm] *pl* -chia [-ə] S ANAT Ischium *n*, Sitzbein *n*

ISD ABK TEL international subscriber dial(l)ing internationaler Selbstwähldienst

ISDN ABK Integrated Services Digital Network ISDN *n*

Ishmael [ˈɪʃmeɪəl; *US* ˈɪʃmiːəl] **A** EIGENN BIBEL Ismael *m* **B** S → Ishmaelite 2; **Ishmaelite** [ˈɪʃˌmɪəlaɪt] S **1** REL Ismaelit(in) **2** *fig* Verstoßene(r) *m/f(m)*, Ausgestoßene(r) *m/f(m)*

isinglass [ˈaɪzɪŋglɑːs; *US* ˈaɪznˌglæs] S Hausenblase *f*

Isl ABK Island

Islam [ˈɪzlɑːm; ɪzˈlɑːm; ɪs-] S REL **a** Islam *m*, Islamismus *m* **b** *koll* Islamiten *pl*; **islamic** [-ˈlæmɪk; -ˈlɑː-] ADJ islamisch, islamitisch, Islam…; **Islamism** [ˈɪzləmɪzəm; *US a.* ɪsˈlɑːmˌɪzəm] → Islam; **Islamite** S Islamit(in); **Islamization** [ˌɪzləmaɪˈzeɪʃn; *US* -məˈz-] S Islamisierung *f*; **Islamize** V/T islamisieren

island [ˈaɪlənd] **A** S **1** Insel *f* (*a. weitS. u. fig*): ~

arc GEOG Inselbogen *m*; **~ chain** Inselkette *f*; **~ universe** ASTRON *obs* Milchstraßensystem *n*; **the ♀ of the Blessed** MYTH die Inseln der Seligen 2 Verkehrsinsel *f* 3 ANAT Zellinsel *f*: **~s of Langerhans** Langerhansinseln 4 SCHIFF Insel *f*, Aufbau *m* (*bes auf Flugzeugträgern, mit Kommandobrücke etc*): **three-~ ship** Dreiinselschiff *n* B VT 1 zur Insel machen 2 **be ~ed** mit Inseln durchsetzt sein 3 auf e-r Insel aussetzen 4 *fig* isolieren; **islander** S Inselbewohner(in), Insulaner(in)

isle [aɪl] S *poet u. in Eigennamen* (*bes* kleine) Insel, Eiland *n*: **the ♀s of the Blest** MYTH die Inseln der Seligen

Isle of Man [mæn] S *die* Insel Man (*Insel in der Irischen See*)

Isle of Wight [ˌaɪləvˈwaɪt] S *die* Insel Wight (*Insel u. Grafschaft vor der Südküste Englands, im Ärmelkanal*)

islet [ˈaɪlɪt] S 1 Inselchen *n* 2 → island A 3

ism [ˈɪzəm] S *umg, oft pej* Ismus *m* (*e-e [bloße] Theorie*)

isn't [ˈɪznt] *Zusammenziehung von* **is not**

ISO ABK International Organization for Standardization ISO *f*, Internationale Organisation für Standardisierung

iso- [aɪsəʊ] *Wortelement mit der Bedeutung* gleich, iso…, Iso…

isobar [ˈaɪsəʊbɑː(r)] S 1 METEO Isobare *f* (*Verbindungslinie zwischen Orten gleichen Luftdrucks*) 2 PHYS Isobar *n* (*Atomkern mit isobaren Eigenschaften*); **isobaric** [-ˈbærɪk] ADJ 1 METEO isobar, gleichen Luftdrucks 2 PHYS isobar (*e-e gleiche Anzahl Neutronen u. e-e verschiedene Anzahl Protonen aufweisend*) (*Atomkerne*)

isobase [ˈaɪsəʊbeɪs] S *Geophysik*: Isobase *f* (*Linie, die alle Orte gleich großer Hebung verbindet*)

isobath [ˈaɪsəʊbæθ] S METEO Isobathe *f* (*Linie, die alle Orte gleicher Wassertiefe verbindet*)

isochromatic [ˌaɪsəʊkrəʊˈmætɪk] ADJ PHYS isochromatisch, gleichfarbig

isochronal [aɪˈsɒkrənl; *US* -ˈsɑk-] ADJ (ADV **~ly**) PHYS isochron (*von gleicher Dauer*); **isochrone** [ˈaɪsəʊkrəʊn] S 1 *Geophysik*: Isochrone *f* (*Linie, die alle Orte des gleichzeitigen Eintreffens bestimmter Erscheinungen verbindet*) 2 GEOG Isochrone *f* (*Linie, die alle Orte verbindet, von denen aus ein Zielpunkt bei gleicher Reisedauer erreicht werden kann*); **isochronism** [-nɪzəm] S PHYS Isochronismus *m* (*Eigenschaft schwingender Körper od schwingender mechanischer Systeme, die Schwingungsdauer unabhängig von der Weite des Schwingungsbogens konstant zu halten*); **isochronous** → isochronal

isoclinal [ˌaɪsəʊˈklaɪnl] A ADJ GEOL isoklinal (*gleichsinnig einfallend*): **~ fold** Isoklinalfalte *f*; **~ line** → B B S GEOG Isokline *f* (*Linie, die alle Orte gleicher Neigung der Magnetnadel verbindet*)

isogamy [aɪˈsɒgəmɪ; *US* -ˈsɑ-] S BIOL Isogamie *f* (*Vereinigung gleichgestalteter Geschlechtszellen*)

isogenous [aɪˈsɒdʒɪnəs; *US* -ˈsɑ-] ADJ BIOL isogen, genetisch identisch; **isogeny** S Isogenie *f* (*genetische Identität aller Individuen e-r Gruppe*)

isogloss [ˈaɪsəʊglɒs; *US* ˈaɪsəˌglɑs; -ˌglɔːs] S LING Isoglosse *f* (*Linie, die Gebiete gleicher sprachlicher Erscheinungen umgrenzt*)

isogon [ˈaɪsəʊgɒn; *US* ˈaɪsəˌgɑn] S MATH Isogon *n*, regelmäßiges Vieleck; **isogonic** A ADJ 1 MATH isogonal, gleichwink(e)lig 2 *Kartografie*, MATH: isogonal, winkeltreu 3 **~ line** → B B S Isogone *f*: a (*Geophysik*) *Linie, die alle Orte gleicher erdmagnetischer Deklination verbindet* b METEO *Linie, die alle Orte gleicher Windrichtung verbindet*

isolate [ˈaɪsəleɪt] VT 1 *a.* MED isolieren, absondern (*beide:* **from** von): **isolating languages** isolierende Sprachen (*ohne Formenbildung*) 2 CHEM, ELEK, PHYS isolieren 3 *fig* a isoliert *od* getrennt *od* einzeln *od* für sich betrachten b trennen (**from** von); **isolated** ADJ 1 isoliert, abgesondert: **~ camera** SPORT, TV a Hinter-Tor-Kamera *f* b Zeitlupenkamera *f* 2 einzeln, vereinzelt: **~ attacks** SPORT sporadische Angriffe; **an ~ case** ein Einzelfall *m* 3 abgeschieden 4 CHEM, ELEK, PHYS isoliert

isolation [ˌaɪsəˈleɪʃn] S 1 Isolierung *f*, Isolation *f*, Absonderung *f*: **~ block** Isolationsblock *m* (*in e-m Gefängnis*); **~ hospital** Klinik *f* für ansteckende Krankheiten, MIL Seuchenlazarett *n*; **~ torture** Isolationsfolter *f*; **~ ward** MED Isolierstation *f* 2 **consider in ~** → isolate 3 a 3 Abgeschiedenheit *f*: **live in ~** zurückgezogen leben; **isolationism** S POL Isolationismus *m* (*Tendenz, sich vom Ausland abzuschließen u. staatliches Eigeninteresse zu betonen*); **isolationist** POL A S Isolationist(in) B ADJ isolationistisch

isomer [ˈaɪsəmə(r)] S CHEM Isomer(e) *n(f)*; **isomeric** [-ˈmerɪk] ADJ isomer; **isomerism** [aɪˈsɒmərɪzəm; *US* -ˈsɑ-] S Isomerie *f*; **isomerization** S Isomerisation *f*, Isomerisierung *f*; **isomerize** VT isomerisieren

isometric [ˌaɪsəʊˈmetrɪk] A ADJ (ADV **~ally**) isometrisch (*die gleiche Längenausdehnung beibehaltend*) B S **isometrics** *pl* (*als sg konstruiert*) Isometrik *f*, isometrisches Muskeltraining

isometry [aɪˈsɒmɪtrɪ; *US* -ˈsɑ-] S Isometrie *f*, Längengleichheit *f*, -treue *f* (*bes bei Landkarten*)

isomorph [ˈaɪsəʊmɔː(r)f] S 1 CHEM isomorphe Verbindung 2 LING Isomorphe *f* (*Isoglosse, die e-e Eigentümlichkeit der grammatischen Formen betrifft*); **isomorphic** ADJ CHEM, LING, MATH isomorph; **isomorphism** S 1 CHEM Isomorphismus *m* (*Eigenschaft gewisser Stoffe, gemeinsam dieselben Kristalle zu bilden*) 2 MATH Isomorphismus *m* (*spezielle, umkehrbar eindeutige Abbildung e-r algebraischen Struktur auf e-e andere*) 3 LING Isomorphismus *m* (*Gleichgestaltigkeit der verschiedenen Ebenen im Sprachsystem ohne Berücksichtigung qualitativer Unterschiede zwischen ihnen*)

isopod [ˈaɪsəʊpɒd; *US* -səˌpɑd] S ZOOL Isopode *m*, Assel *f*

isoprene [ˈaɪsəʊpriːn] S CHEM Isopren *n*

isosceles [aɪˈsɒsɪliːz; *US* -ˈsɑsə-] ADJ MATH gleichschenk(e)lig (*Dreieck*)

isospin [ˈaɪsəʊspɪn] S *Kernphysik*: Isospin *m* (*Quantenzahl, die die Ladung e-s Elementarteilchens beschreibt*)

isostasy [aɪˈsɒstəsɪ; *US* -ˈsɑs-] S *Geophysik*: Isostasie *f* (*Massengleichgewicht innerhalb der Erdkruste*)

isotherm [ˈaɪsəʊθɜːm; *US* ˈaɪsəˌθɜrm] S 1 METEO Isotherme *f* (*Linie, die alle Orte gleicher Lufttemperatur zu e-m bestimmten Zeitpunkt od im Durchschnitt e-s Zeitraums verbindet*) 2 CHEM, PHYS → isothermal B; **isothermal** CHEM, PHYS A ADJ isotherm (*bei konstanter Temperatur verlaufend*): **~ line** → B B S Isotherme *f* (*Kurve, die in e-m Zustandsdiagramm die Abhängigkeit e-r thermodynamischen Größe von e-r anderen bei konstanter Temperatur angibt*)

isotope [ˈaɪsəʊtəʊp] S *Kernphysik*: Isotop *n* (*Atomart desselben Elements mit gleicher Ordnungszahl, aber verschiedener Massenzahl*); **isotopic** [-ˈtɒpɪk; *US* -ˈtɑ-] ADJ (ADV **~ally**) isotop: **~ spin** → isospin; **isotopy** [aɪˈsɒtəpɪ; *US* -ˈsɑ-] S Isotopie *f* (*das Vorkommen von Isotopen*)

isotropic [ˌaɪsəʊˈtrɒpɪk; *US* -səˈtrəʊ-; -ˈtrɑ-] ADJ (ADV **~ally**), **isotropous** [aɪˈsɒtrəpəs; *US* -ˈsɑ-] ADJ PHYS isotrop; **isotropy** [aɪˈsɒtrəpɪ; *US* -ˈsɑ-] S Isotropie *f* (*Richtungsunabhängigkeit der physikalischen u. chemischen Eigenschaften von Stoffen*)

ISP ABK Internet service provider Internet-Service-Provider *m od* -Anbieter *m*

Israel[1] [ˈɪzreɪəl; -ˌrɪəl; *US* ˈɪzriːəl] S BIBEL (das Volk) Israel *n*

Israel[2] [ˈɪzreɪəl; *bes US* ˈɪzrɪəl] S Israel *n*

Israeli [ɪzˈreɪlɪ] A ADJ israelisch B S Israeli *m/f*

Israelite [ˈɪzˌrɪəlaɪt] BIBEL A S Israelit(in) B ADJ israelitisch

Issei [iːˈseɪ; ˈiːseɪ] *pl* -sei S *japanischer Einwanderer in den USA*

ISSN ABK International Standard Serial Number ISSN-Nummer *f* (*für Zeitungen, Zeitschriften etc*)

issuable [ˈɪʃuːəbl; *Br a.* ˈɪsjuː-] ADJ (ADV **issuably**) 1 auszugeben(d), zu erlassen(d) 2 WIRTSCH emissionsfähig

issuance [ˈɪʃuːəns; ˈɪsjuː-; *US* ˈɪʃəwəns] → issue A 1, A 2

issue [ˈɪʃuː; *Br a.* ˈɪsjuː] A S 1 Ausgabe *f*, Erlass *m* (*von Befehlen etc*): **~ of orders** Befehlsausgabe 2 WIRTSCH Ausgabe *f* (*von Banknoten, Wertpapieren etc*), Emission *f* (*von Wertpapieren*), Begebung *f*, Auflegung *f* (*e-r Anleihe*), Ausstellung *f* (*e-s Dokuments, Schecks, Wechsels etc*): **~ of securities** Effektenemission; **~ of shares** (*bes US* **stocks**) Aktienausgabe; **~ price** Zeichnungs-, Emissionspreis *m*; → bank[1] A 1 3 TYPO a Heraus-, Ausgabe *f*, Veröffentlichung *f*, Auflage *f* (*e-s Buches*) b Ausgabe *f*, Nummer *f* (*e-r Zeitung*) 4 Streitfall *m*, -frage *f*, -punkt *m*, (strittiger *od* wesentlicher) Punkt: **~ of fact (law)** JUR Tatsachen-(Rechts)frage *f*; **at ~** strittig, streitig, zur Debatte stehend; **point at ~** umstrittener Punkt, strittige Frage; **the point at ~ is …** es dreht sich darum, …; **the national prestige is at ~** es geht um das nationale Prestige, das nationale Prestige steht auf dem Spiel; **be at ~ with sb** mit j-m im Streit liegen *od* uneinig sein; **that decided the ~** das war ausschlaggebend *od* entscheidend; **evade the ~** ausweichen; **make an ~ of sth** etwas aufbauschen *od* dramatisieren; **join** (*od* **take**) **~ with sb** sich auf e-e Auseinandersetzung einlassen mit j-m (**on** über *akk*) 5 Kernfrage *f*, (akutes) Problem, Angelpunkt *m*: **this question raises the whole ~** diese Frage schneidet den ganzen Sachverhalt an 6 Ausgang *m*, Ergebnis *n*, Resultat *n*, Schluss *m*: **in the ~** schließlich; **bring sth to an ~** etwas zur Entscheidung bringen; **force an ~** e-e Entscheidung erzwingen 7 *bes* MIL Ausgabe *f*, Zu-, Verteilung *f* 8 JUR Nachkommen(schaft) *pl(f)*, (Leibes)Erben *pl*, Abkömmlinge *pl*: **die without ~** ohne Nachkommen *od* kinderlos sterben 9 Abfluss *m*, Abzug *m*, Öffnung *f*, Mündung *f* 10 MED a Ausfluss *m* (*von Eiter, Blut etc*) b eiterndes Geschwür 11 WIRTSCH Erlös *m*, Ertrag *m*, Einkünfte *pl* (*aus Landbesitz etc*) 12 Herausgehen *n*, -kommen *n*: **free ~ and entry** freies Kommen u. Gehen B VT 1 *Befehle etc* ausgeben, *a.* JUR *e-n Haftbefehl* erlassen 2 WIRTSCH *Banknoten, Wertpapiere etc* ausgeben, in Umlauf setzen, emittieren, *e-e Anleihe* begeben, auflegen, *ein Dokument, e-n Wechsel, Scheck etc* ausstellen: **~d capital** effektiv ausgegebenes Kapital 3 *ein Buch, e-e Zeitung* herausgeben, veröffentlichen, auflegen, publizieren 4 *bes* MIL a *Essen, Munition etc* ausgeben, zu-, verteilen b ausrüsten, beliefern (*beide:* **with** mit) C VI 1 heraus-, hervorkommen 2 hervorstürzen, -brechen 3 herausfließen, -strömen 4 a (**from**) entspringen (*dat*), herkommen, -rühren (von) b abstammen (**from** von) 5 herauskommen, herausgegeben werden (*Schriften etc*) 6 ergehen (*Befehl etc*) 7 enden (**in** in *dat*)

issueless ADJ JUR ohne Nachkommen, kinderlos; **issuer** S WIRTSCH 1 Aussteller(in) 2 Emittent(in), Ausgeber(in)

issue-related ADJ sachbezogen

Istanbul [ˌɪstænˈbuːl; -tɑːn-; *US a.* ˌɪstəm-; ˌɪstɑːm-] S Istanbul *n*

isthmian [ˈɪsθmɪən; *bes US* ˈɪsmɪən] ADJ isthmisch; **isthmus** [ˈɪsməs] *pl* -muses, -mi [-maɪ] S 1 GEOG Isthmus *m*, Landenge *f*: **the** ≈ der Isthmus *(von Korinth od Panama od Suez)* 2 ANAT Isthmus *m*, Vereng(er)ung *f*

ISV ABK International Scientific Vocabulary

it [ɪt] A PRON 1 es *(nom od akk)*: **what is it?** was ist es?; **do you understand it?** verstehen Sie es? 2 *(wenn auf schon Genanntes bezogen)* es, er, ihn, sie: **(pencil) … it writes well** (Bleistift) … er schreibt gut 3 *(als Subjekt bei unpersönlichen Verben u. Konstruktionen)* es: **it is raining**; **it is cold; it is 6 miles to …** es sind 6 Meilen (bis) nach …; **it is pointed out that …** es wird darauf hingewiesen, dass …; → follow C 2, time A 4, *etc* 4 *(als grammatisches Subjekt)* es: **oh, it was you** oh, Sie waren es *od* das; → be B 1 5 *(verstärkend)* es: **it is to him that you should turn** an ihn solltest du dich wenden; → be *Bes Redew* 6 *(als unbestimmtes Objekt)* es *(oft unübersetzt)*: → foot C 1, go¹ D 5, take B 49, *etc* 7 *nach Präpositionen*: **at it** daran, dazu, darüber; **by it** dadurch, dabei; **for it** dafür, deswegen; **in it** darin; **of it** davon, darüber; **little was left of it** wenig blieb davon übrig 8 *reflexiv* sich: **the development brought with it that …** die Entwicklung brachte (es) mit sich, dass … B S 1 *umg* a der (die, das) Größte: **he thinks he's 'it** b **this is really 'it** das ist genau das Richtige, genau das ist es 2 *umg* das gewisse Etwas, Sex-Appeal *m* 3 **now you are it** *(in Kinderspielen)* jetzt bist du dran

IT ABK information technology IT *f*

It. ABK 1 Italian 2 Italy

ital. ABK TYPO italic kursiv

Italian [ɪˈtæljən] A ADJ italienisch: **she's ~** sie ist Italienerin; **~ hand** HIST lateinische Schreibschrift B S 1 Italiener(in) 2 LING Italienisch *n*, das Italienische; **Italianate** A ADJ [-neɪt; -nət] italianisiert B V/T [-neɪt] italianisieren; **Italianism** S Italianismus *m*, italienische (Sprach- *etc*)Eigenheit; **Italianize** A V/I italienische Art annehmen, italienisch werden B V/T italianisieren

italic [ɪˈtælɪk] A ADJ 1 TYPO kursiv: **~ type** → B 1 2 ≈ LING, HIST italisch B S 1 *meist pl* TYPO Kursiv-, Schrägschrift *f*: **in ~s** kursiv (gedruckt) 2 ≈ LING, HIST Italisch *n*, das Italische; **Italicism** [-sɪzəm] → Italianism; **italicize** [-saɪz] V/T TYPO 1 kursiv drucken 2 durch Kursivschrift hervorheben

Italy [ˈɪtəlɪ; *US* ˈɪtli:] S Italien *n*

itch [ɪtʃ] A S 1 Jucken *n*, Juckreiz *m*: **he had an ~** ihn juckte es 2 MED Krätze *f* 3 *fig* Verlangen *n* (**for** nach): **have an ~ for money** geldgierig sein; **have** (*od* **feel**) **an ~ to do sth** große Lust haben *od* darauf brennen, etwas zu tun; etwas unbedingt tun wollen B V/I 1 jucken: a kratzen: **his sweater ~ed** sein Pullover juckte *od* kratzte (ihn) b von e-m Juckreiz befallen sein: **my hand ~es** m-e Hand juckt (mich), mir *od* mich juckt die Hand; **my fingers are ~ing to do it, I'm feeling my fingers ~ to do it** *umg* mir *od* mich juckts in den Fingern, es zu tun 2 e-n Juckreiz verspüren: **I am ~ing all over** mir *od* mich juckt es überall *od* am ganzen Körper 3 *umg* **I am ~ing to try it** es reizt *od* juckt mich, es zu versuchen; ich möchte es unbedingt versuchen; **be ~ing for sth** etwas unbedingt (haben) wollen; **he's ~ing for his girlfriend to come** er kann es kaum erwarten, bis s-e Freundin kommt C V/T 1 *j-n* jucken, kratzen 2 *j-n* (ver)ärgern, irritieren; **itchiness** [ˈɪtʃɪnɪs] S 1 → itch A 1 2 **the ~ of his sweater was so great that …** sein Pullover juckte *od* kratzte (ihn) so sehr, dass …; **itching** A ADJ a juckend *(Ekzem etc)*: **an ~ sweater** ein juckender *od* kratzender *od* kratziger Pullover; **be ~** kratzen; → palm¹ A 1 b Juck…: **~ powder** Juckpulver *n* B S → itch A 1, A 3: **~ of the anus** Afterjucken *n*; **itchy** ADJ 1 → itching A a: **he's got ~ feet** *umg* a ihn hat die Reiselust gepackt b *weitS.* er hält es nirgendwo lang aus 2 MED krätzig 3 *fig* unruhig, nervös

it'd [ˈɪtəd] *Zusammenziehung von* **it would, it had**

item [ˈaɪtəm] S 1 Punkt *m*, Gegenstand *m (der Tagesordnung etc)*, Ziffer *f (in e-m Vertrag etc)*, *(Bilanz-, Buchungs-, Rechnungs)* Posten *m*: **an important ~** ein wesentlicher Punkt; **discuss a problem ~ by ~** ein Problem Punkt für Punkt erörtern; **~ veto** POL *US* Einspruchsrecht *n (bes e-s Gouverneurs)* gegen einzelne Punkte e-r Gesetzesvorlage 2 Einzelheit *f*, Detail *n* 3 (Waren)Artikel *m*, *weitS.* Gegenstand *m*, Ding *n* 4 *(Presse-, Zeitungs)*Notiz *f*, *(a.* RADIO, TV*)*Nachricht *f*, Meldung *f* 5 MUS, THEAT *etc* Stück *n* 6 *umg* dauerhafte *od* feste Beziehung: **they are an ~** sie sind miteinander verbandelt; **itemization** S einzelne Aufführung, Spezifikation *f*, Aufgliederung *f*; **itemize** V/T *Rechnungsposten* einzeln aufführen, *a. e-e Rechnung* spezifizieren, *Kosten etc* aufgliedern

iterance [ˈɪtərəns] → iteration; **iterant** ADJ sich wiederholend; **iterate** [-reɪt] V/T wiederholen; **iteration** S 1 Wiederholung *f* 2 MATH Iteration *f (schrittweises Rechenverfahren zur Annäherung an die Lösung e-r Gleichung)*: **~ loop** IT Iterationsschleife *f* 3 LING Iteration *f (Wiederholung e-r Silbe od e-s Wortes)*; **iterative** [-rətɪv; *US bes* -ˌreɪ-] ADJ (ADV **~ly**) 1 sich wiederholend 2 MATH iterativ: **~ loop** IT Iterationsschleife *f* 3 LING iterativ

itinerancy [ɪˈtɪnərənsɪ; aɪˈt-], *a.* **itineracy** [-rəsɪ] S 1 Umherreisen *n*, -wandern *n*, -ziehen *n* 2 reisende Kommission, Beamte *pl etc* auf e-r Dienstreise 3 REL festgelegtes Wechseln von Pfarrstellen *(bes der Methodisten)*; **itinerant** ADJ (ADV **~ly**) *(beruflich)* reisend, umherziehend, Reise…, Wander…: **~ preacher** Wanderprediger(in); **~ trade** WIRTSCH Wandergewerbe *n*; **~ worker** Wanderarbeiter(in); **itinerary** [aɪˈtɪnərərɪ; ɪˈt-; *US* -ˌreri:] A S 1 a Reiseweg *m*, -route *f* b Reiseplan *m* 2 Reisebericht *m*, -beschreibung *f* 3 Reiseführer *m (Buch)* B ADJ Reise…; **itinerate** [-reɪt] V/I (umher)reisen

it'll [ˈɪtl] *Zusammenziehung von* **it will**

ITO ABK International Trade Organization

its [ɪts] PRON sein, seine, ihr, ihre: **the house and ~ roof** das Haus u. sein Dach

it's [ɪts] *Zusammenziehung von* **it is, it has**

itself [ɪtˈself] PRON 1 *reflexiv* sich: **the animal hides ~** 2 sich selbst: **the kitten wants it for ~** 3 *(verstärkend)* selbst: **like innocence ~** wie die Unschuld selbst; **by ~** a (für sich) allein b von allein, von selbst; **in ~** an sich (betrachtet)

itsy-bitsy [ˌɪtsɪˈbɪtsɪ] ADJ *umg* 1 klitzeklein *umg*, winzig 2 zusammengestückelt

itty-bitty [ˌɪtɪˈbɪtɪ] → itsy-bitsy 1

ITU ABK International Telecommunication Union

ITV ABK *Br* Independent Television

IU ABK BIOL MED international unit

IUD ABK intrauterine device Intrauterinpessar *n*, (Intrauterin)Spirale *f*

IVB ABK invalidity benefit Leistung *f* (der Sozialversicherung) bei Invalidität

I've [aɪv] *Zusammenziehung von* **I have**

ivied [ˈaɪvɪd] ADJ efeuumrankt, mit Efeu bewachsen

Ivorian [aɪˈvɔ:rɪən] A ADJ der Elfenbeinküste B S Einwohner(in) der Elfenbeinküste

ivory [ˈaɪvərɪ; -vrɪ] A S 1 Elfenbein *n* 2 Stoßzahn *m (bes des Elefanten)* 3 *pl a.* -ry Elfenbein(-schnitzerei) *n(f)*, -arbeit *f*, -figur *f* 4 *sl* a Zahn *m*, *pl a.* Gebiss *n*: **show one's ivories** die Zähne fletschen; breit grinsen b Würfel *m* c Billardkugel *f* d *(bes Klavier)*Taste *f*: **tickle the ivories** (auf dem Klavier) klimpern 5 *a.* **~ white** (*od* **yellow**) Elfenbeinfarbe *f* B ADJ 1 elfenbeinern, Elfenbein… 2 elfenbeinfarben; **~ black** S Elfenbeinschwarz *n (Farbstoff)*; **~ nut** S BOT Elfenbein-, Steinnuss *f*; **~ palm** S BOT Elfenbeinpalme *f*; **~ tower** S *fig* 1 Elfenbeinturm *m*: **live in an ~** in e-m Elfenbeinturm leben *od* sitzen 2 Weltfremdheit *f*; **~-tower(ed)** ADJ *fig* 1 weltabgewandt 2 weltfremd

Ivory Coast [ˌaɪvərɪˈkəʊst] S Elfenbeinküste *f*

ivy [ˈaɪvɪ] S BOT Efeu *m*: **American ~** Wilder Wein, Jungfernrebe *f*; **~ bush** S BOT Efeubusch *m*; **≈ League** S *US die Eliteuniversitäten im Osten der USA*; **~-leaved** ADJ efeublätt(e)rig

iwis [ɪˈwɪs] ADV *obs* gewiss(lich)

IWW ABK *US* Industrial Workers of the World

izzard [ˈɪzə(r)d] S *obs* Z, z *n (Buchstabe)*

J

J, j [dʒeɪ] *pl* **J's, Js, j's, js** [dʒeɪz] S 1 J, j *n*, Jot *n (Buchstabe)* 2 → joint A 7

J. ABK 1 ELEK joule 2 Journal 3 Judge 4 Justice

J/A ABK WIRTSCH joint account

jab [dʒæb] A V/T *etwas* (hinein)stechen, (-)stoßen *(beide:* **into** *in akk)*: **he ~bed his elbow into my side** er stieß mir den Ellbogen in die Seite; **~ out** *ein Auge etc* ausstechen B V/I 1 stechen, stoßen *(beide:* **at** nach; **with** mit*)*: **suddenly a stick ~bed into my face** plötzlich stach mir j-d mit e-m Stock ins Gesicht; **he ~bed at the mistake with his pencil** er tippte mit s-m Bleistift auf den Fehler 2 *Boxen*: e-n Jab schlagen: **they ~bed (away) at each other** *allg* sie schlugen aufeinander ein C S 1 Stich *m*, Stoß *m* 2 *Boxen*: Jab *m (hakenartiger Schlag aus kurzer Distanz)* 3 MED *umg* Spritze *f*: **have you had your polio ~s yet?** bist du schon gegen Kinderlähmung geimpft worden?

jabber [ˈdʒæbə(r)] A V/T *a.* **~ out** (daher)plappern, *ein Gebet etc* herunterrasseln, *e-e Entschuldigung etc* brabbeln *(alle umg)* B V/I *a.* **~ away** plappern *umg* C S Geplapper *n*, Gebrabbel *n (beide umg)*; **jabberer** S Plapperer *m*, Plapperin *f (beide colloq,)*

jabot [ˈʒæbəʊ; *US a.* ʒæˈbəʊ] S Jabot *n (am Kragen befestigte Spitzenrüsche zum Verdecken des vorderen Verschlusses an Damenblusen u., bes* HIST, *an Männerhemden)*

jacal [həˈkɑ:l] S *primitive mexikanische Hütte*

jacinth [ˈdʒæsɪnθ; ˈdʒeɪ-] S MINER Hyazinth *m*

jack¹ [dʒæk] A S 1 ≈ *Eigenn* Jack *m*: **before you could say Jack Robinson** ehe man bis drei zählen konnte, im Handumdrehen; → all *Bes Redew* 2 *umg* Mann *m*, Kerl *m*: **every man ~** jeder(mann), alle; **every man ~ of them (us, you)** jeder von ihnen (uns, euch), sie (wir, ihr) alle 3 *oft* ≈ Matrose *m*, Seemann *m* 4 *Kartenspiel*: Bube *m*: **~ of hearts** Herzbube 5 *oft* ≈ *Br sl* Bulle *m pej (Polizist)* 6 TECH Hebevorrichtung *f*, (Hebe)Winde *f*, (-)Bock *m*: **(car) ~** Wagenheber *m* 7 Bratenwender *m* 8 *Bowls*: Zielkugel *f* 9 SCHIFF Gösch *f*, (kleine) Flagge: **pilot's ~** Lotsenflagge 10 ELEK a Klinke *f*: **~ panel** Klinkenfeld *n* b Steckdose *f*, Buchse *f*

11 SCHIFF Oberbramsaling *f* 12 a ZOOL Männchen *n*, *bes* → jackass 1 b FISCH Grashecht *m* 13 *US sl* Knete *f*, Kohle *f* (*Geld*) B ADJ **be ~ of sth** *Aus umg* genug haben *od umg od* die Nase voll haben von etwas, etwas satthaben C V/T 1 *meist* **~ up** hochheben, hochaufwinden, *ein Auto* aufbocken 2 **~ up** *umg* a *Gehälter, Preise etc* erhöhen, *j-s Moral etc* heben: **~ sb up** j-n auf Touren bringen *umg* b *etwas* erledigen 3 **~ in** *Br sl s-n Job etc* aufstecken, hinschmeißen 4 *US* mit e-m **jacklight** fischen *od* jagen D V/I **~ off** *US vulg* wichsen, sich e-n runterholen (*masturbieren*)

jack² [dʒæk] S BOT Jackbaum *m*

jack³ [dʒæk] S MIL, HIST (ledernes) Koller

jack-a-dandy S *obs* Dandy *m*, Geck *m*, Stutzer *m*

jackal ['dʒækɔ:l; *US bes* -kəl] S 1 ZOOL Schakal *m* 2 Handlanger(in) 3 a Betrüger(in), Schwindler(in) b Komplize *m*, Komplizin *f*, Helfershelfer(in)

jackanapes ['dʒækəneɪps] S 1 eingebildeter Kerl 2 a Naseweis *m*, (kleiner) Frechdachs b Racker *m*, Schlingel *m* 3 *obs* Affe *m*

jackass ['dʒækæs] S 1 (männlicher) Esel 2 *fig* Esel *m*, Dummkopf *m*

jack|boot S 1 Stulp(en)-, HIST *a.* Kanonenstiefel *m* 2 Wasserstiefel *m* 3 POL a brutale Unterdrückung (**on** *gen*) b brutaler Unterdrücker; **~-by-the-hedge** S BOT Lauchhederich *m*; **~ crosstree** → jack¹ A 11; **~ curlew** S ORN Regenbrachvogel *m*; **~daw** S ORN Dohle *f*

jacket ['dʒækɪt] A S 1 Jacke *f*, Jackett *n*: → dust B 2 2 TECH Mantel *m*, Ummantelung *f*, Umhüllung *f*, Umwicklung *f*, Hülle *f*, Verkleidung *f*: **~ pipe**, **~ tube** Mantelrohr *n* 3 PHYS Hülle *f*, Hülse *f* (*des spaltbaren Materials im Reaktor*) 4 MIL (*Geschoss-, a. Rohr*) Mantel *m* 5 (*Schutz*) Umschlag *m*, (*Buch-, US a. Schallplatten*)Hülle *f* 6 *US* Umschlag *m* (*e-s Dokuments*) 7 ZOOL a Fell *n*, Pelz *m* b Haut *f* 8 Schale *f*: **potatoes (boiled) in their ~s** Pellkartoffeln B V/T 1 mit e-r Jacke bekleiden 2 TECH ummanteln, verkleiden: **~ed barrel** MIL Mantelrohr *n* 3 in e-n Umschlag stecken; **~ crown** S *Zahnmedizin*: Jacketkrone *f*

jacketing S 1 TECH a Ummantelung *f*, Verkleidung *f* b Mantelmaterial *n* 2 **give sb a ~** j-m die Jacke vollhauen *umg*

jack| flag S SCHIFF Gösch *f*; **~ frame** S TECH Feinspulmaschine *f*, Spindelbank *f*; ♀ **Frost** S Väterchen *n* Frost: **~ has been again** Väterchen Frost hat wieder zugeschlagen; **~hammer** S TECH Presslufthammer *m*; **~-in-office** *pl* ~s-in-office S wichtigtuerischer (kleiner) Beamter; **~-in-the-box** *pl* ~-in-the-boxes, ~s-in-the-box S Schachtelmännchen *n*, -teufel *m* (*Kinderspielzeug*); ♀ **Ketch** [ketʃ] S *Br obs* der Henker; **~knife** A S *irr* 1 Klappmesser *n* 2 *a.* **~ dive** (*Wasserspringen*) gehechteter Sprung B V/I 1 (wie ein Taschenmesser) zusammenklappen 2 **the tractor and its trailer ~ed** der Anhänger stellte sich quer 3 *Wasserspringen*: e-n gehechteten Sprung vollführen C ADJ TECH Scheren...; **~ ladder** → Jacob's ladder 2; **~light** *US* A S (*bes verbotenerweise*) *zum Fischen od Jagen verwendete Lichtquelle* B V/T mit e-m jacklight fischen *od* jagen; **~-of-all-trades** *pl* ~s-of-all-trades S *a. pej* Hansdampf *m* in allen Gassen; **~-o'-lantern** *pl* ~-o'-lanterns S 1 Irrlicht *n* 2 METEO Elmsfeuer *n* 3 Kürbislaterne *f*; **~ pine** S BOT Banks-, Strauchkiefer *f*; **~ plane** S TECH Schrupphobel *m*; **~pot** S *Poker etc*: Jackpot *m*: **hit the ~** *umg* a den Jackpot gewinnen b *fig* das Große Los ziehen (**with** mit) c *fig* den Vogel abschießen *umg* (**with** mit); **~ rabbit** S ZOOL (*ein*) Eselhase *m*; **~roller** S *US sl j-d, der schlafende od betrunkene Personen bestiehlt*; **~screw** S TECH Schraubenwinde *f*, Hebespindel *f*; **~shaft** S TECH Zwischen-, Blindwelle *f*

jacksie ['dʒæksɪ] S *Br sl* Arschloch *n*

jack| staff S SCHIFF Jackstag *m*; **~straw** S a Mikadostäbchen *n* b *pl* (*als sg konstruiert*) Mikado(spiel) *n*; **~ switch** S ELEK Knebelschalter *m*

jacksy → jacksie

jack| tar S *obs* Teerjacke *f* (*Matrose*); **~ tree** → jack²; **~-up** S 1 Erhöhung *f* (**in** *gen*): **~ in prices** Preiserhöhung 2 Bohrhubinsel *f*; **~ yard** S SCHIFF Schotrah *f*

Jacob ['dʒeɪkəb] EIGENN BIBEL Jakob *m*

Jacobean [ˌdʒækəʊ'bi:ən] ADJ Jakob I. *od* die Regierungszeit Jakobs I. (*1603 bis 1625*) betreffend: **~ architecture** Bauweise *f* der Zeit Jakobs I

Jacobin ['dʒækəʊbɪn] S 1 HIST Jakobiner(in) (*Französische Revolution*) 2 POL Extremist(in), Radikale(r) *m/f(m)* 3 Jakobiner *m* (*Dominikaner in Frankreich*) 4 *oft* ♀ ORN Jakobinertaube *f*; **Jacobinic** ADJ, **Jacobinical** ADJ (ADV ~ly) 1 HIST jakobinisch 2 POL extremistisch, radikal; **Jacobinism** S 1 HIST Jakobinertum *n* 2 POL Extremismus *m*, Radikalismus *m*

Jacobite ['dʒækəʊbaɪt] S HIST Jakobit *m* (*Anhänger Jakobs II. od s-r Nachkommen*)

Jacob's| ladder ['dʒeɪkəbz] S 1 BIBEL, *a.* BOT Jakobs-, Himmelsleiter *f* 2 SCHIFF Jakobsleiter *f*, Lotsentreppe *f*; **~-staff** S BOT Echte Königskerze

jaconet ['dʒækənɪt; -net] S Jaco(n)net *m*, Jakonett *m* (*feiner, kattunähnlicher Baumwoll- od Zellwollstoff, der als Futter für Anzüge u. Lederwaren verwendet wird*)

Jacquard ['dʒækɑ:(r)d; dʒə'k-] S 1 *a.* **~ weave** Jacquard *m* (*Stoff mit kompliziertem, auf Jacquardmaschinen hergestelltem Webmuster*) 2 *a.* **~ loom** TECH Jacquardmaschine *f*

jactation [dʒæk'teɪʃn] S 1 Prahlerei *f* 2 Jaktation *f*: a MED *unruhiges Sichhinundherwerfen von Kranken, z. B. im Delirium* b PSYCH *unruhiges Sichhinundherwerfen von Kindern vor dem Einschlafen, als Zeichen unbefriedigter sozialer Bedürfnisse gewertet*

jactitation [ˌdʒæktɪ'teɪʃn] S 1 → jactation 2 Vorspiegelung *f* (**of marriage** des Bestehens e-r Ehe)

Jacuzzi® [dʒə'ku:zɪ] S Jacuzzi® *m* (*ein Unterwassermassagebecken*)

jade¹ [dʒeɪd] A S 1 MINER Jade *f/m* 2 *a.* **~ green** Jadegrün *n* B ADJ 1 jaden, Jade...: **~ ornaments** 2 jadegrün

jade² [dʒeɪd] A S 1 Klepper *m* 2 a *pej* Weibsbild *n*, -stück *n* b (kleines) Biest *umg* c kokettes Mädchen B V/T 1 *ein Pferd* abschinden 2 *j-n* erschöpfen, ermüden C V/I ermatten, ermüden

jaded ['dʒeɪdɪd] ADJ (ADV ~ly) 1 abgeschunden: **~ horse** → jade² A 1 2 erschöpft, ermattet 3 abgestumpft, übersättigt 4 schal, reizlos geworden: **~ pleasures** Vergnügungen, die ihren Reiz verloren haben

jadeite ['dʒeɪdaɪt] S MINER Jadeit *m*

jaeger ['jeɪgə(r)] S MIL Jäger *m*

jag¹ [dʒæg] A S 1 Zacke *f* 2 Loch *n*, Riss *m* 3 → jab C 3 B V/T 1 auszacken 2 ein Loch reißen in (*akk*)

jag² [dʒæg] S 1 *dial* kleine Ladung: **a ~ of hay** 2 *sl* a (*Alkohol-, Drogen*) Rausch *m*: **have a ~ on** e-n sitzen haben; high sein b Sauftour *f umg*: **go on a ~** e-e Sauftour machen 3 **crying ~** *sl* Heulanfall *m*, -krampf *m* (*beide umg*): **he ended in a crying ~** zum Schluss hatte er das heulende Elend

Jag³ [dʒæg] S *umg* Jaguar *m* (*e-e Automarke*)

jäger → jaeger

jagged ['dʒægɪd] ADJ (ADV ~ly) 1 (aus-)gezackt, zackig 2 zerklüftet (*Steilküste etc*) 3 ungleichmäßig: **a ~ wound** e-e ausgefranste Wunde 4 *fig* abgehackt (*Rhythmus etc*) 5 *sl* a blau, besoffen (*beide umg*) b high (*im Drogenrausch*)

jaggery ['dʒægərɪ] S (*aus Palmensaft hergestellter*) brauner Zucker

jaggy ['dʒægɪ] → jagged 1, 2, 3

jaguar ['dʒægjʊə; *US* 'dʒægjəˌwɑ:r; 'dʒægˌwɑ:r] S ZOOL Jaguar *m*

Jahve(h), **Jahwe(h)** → Yahveh

jail ['dʒeɪl] A S Gefängnis *n*: **be in ~** im Gefängnis sein *od* sitzen; **put in ~** → B; → break¹ B 1 B V/T ins Gefängnis sperren *od* werfen, einsperren; **~bait** S *US sl* 1 a minderjähriges Mädchen (*mit dem Geschlechtsverkehr strafbar ist*) b sexy Mädchen 2 *Versuchung, etwas zu tun, worauf Gefängnis steht*; **~bird** S *umg* Knastbruder *m*, Knacki *m*; **~break** S Ausbruch *m* (aus dem Gefängnis); **~breaker** S Ausbrecher(in); **~ delivery** S (gewaltsame) Gefangenenbefreiung

jailer ['dʒeɪlə(r)] S Gefängnisaufseher(in), -wärter(in)

jail| fever S MED Flecktyphus *m*; **~house** S *US* Gefängnis *n*

jailor → jailer

Jainism ['dʒaɪnɪzəm] S REL Jainismus *m*, Dschainismus *m* (*dem Buddhismus nahestehende, auf Selbsterlösung gerichtete, im Unterschied zu ihm aber streng asketische indische Religion*)

jake¹ [dʒeɪk] S *US umg* a *allg* Kerl *m* b *pej* Bauer *m*

jake² [dʒeɪk] ADJ *bes US sl* in Ordnung: **everything's ~**; **it's ~ with me** mir solls recht sein

Jakob-Creutzfeldt disease → Creutzfeldt-Jakob disease

jalap ['dʒæləp] S 1 MED, PHARM a Jalapenwurzel *f* (*Abführ- u. Wurmmittel*) b Jalapenharz *n* 2 BOT Jalape *f*, Purgierwinde *f*

jalop(p)y [dʒə'lɒpɪ; *US* -'lɑ-] S *umg* alte Kiste *od* Mühle (*Auto, Flugzeug*)

jalousie ['ʒælu:zi:; *US* 'dʒæləsi:] S Jalousie *f*

jam¹ [dʒæm] A V/T 1 *etwas* (hinein)pressen, (-)quetschen, (-)zwängen, *Menschen a.* (-)pferchen (*alle:* **into** in *akk*): **~ in** hineinpressen *etc*; **~ together** zusammenpressen *etc* 2 (ein)klemmen, (-)quetschen: **he ~med his finger** (*od* **got his finger ~med**) **in the door** er quetschte sich den Finger in der Tür, er brachte den Finger in die Tür; **be ~med in** eingekeilt sein (**between, by** zwischen *dat*); **the ship was ~med in the ice** das Schiff saß im Eis fest 3 *a.* **~ up** blockieren, versperren, verstopfen: **the corridors were ~med with** (*od* **by**) **people** auf den Gängen drängten sich die Menschen 4 *a.* **~ up** TECH *etc* verklemmen 5 *a.* **~ up** (*Funk etc*) *den Empfang* (*durch Störsender*) stören 6 a *etwas* schmettern, schleudern (*beide:* **into** in *akk*; **on** auf *akk*), *das Knie etc* rammen (**into** in *akk*) b *j-n* drängen (**against** gegen) 7 **~ on the brakes** AUTO voll auf die Bremse treten, e-e Vollbremsung machen B V/I 1 sich (hinein)drängen *od* (-)quetschen *od* (-)zwängen (**into** in *akk*): **~ in** sich hineindrängen *etc* 2 a TECH *etc* sich verklemmen *od* verkeilen, (*Bremsen*) blockieren b TECH *etc* klemmen, verklemmt sein c Ladehemmung haben (*Gewehr etc*) 3 *Jazz*: a frei improvisieren b an e-r Jamsession teilnehmen C S 1 Gedränge *n*, Gewühl *n* 2 Verstopfung *f*: **there is a ~ in the pipe** das Rohr ist verstopft; → traffic jam 3 a TECH *etc* Verklemmung *f*, Blockierung *f* b Ladehemmung *f* 4 *umg* Klemme *f*: **be in a ~** in der Klemme sein *od* sitzen *od* stecken

jam² [dʒæm] **A** S Marmelade *f*: **~ jar** (*od* **pot**) Marmelade(n)glas *n*; **have ~ on** (*od* **all over**) **one's face** *Br umg* dumm aus der Wäsche schauen; **d'you want ~ on it?** *Br umg* du kriegst den Hals wohl nie voll; → money 2 **B** V/T **1** zu Marmelade verarbeiten, Marmelade machen aus **2** mit Marmelade bestreichen: **~med bread** Marmelade(n)brot *n*

Jam. ABK **1** Jamaica **2** BIBEL James

Jamaica¹ [dʒəˈmeɪkə] S Jamaika *n*

Jamaica² [dʒəˈmeɪkə] → Jamaica rum; **~ bark** S BOT Fieberrinde *f*

Jamaican **A** ADJ jamaikanisch, jamaikisch, Jamaika… **B** S Jamaikaner(in), Jamaiker(in)

Jamaica| pepper S Jamaikapfeffer *m*; **~ rum** S Jamaikarum *m*

jamb [dʒæm] S **1** (*Tür-, Fenster*) Pfosten *m* **2** seitliche Einfassung (*bes e-s Kamins*) **3** MIL, HIST Beinschiene *f*

jambalaya [ˌdʒæmbəˈlaɪə] S *ursprünglich aus den US-Südstaaten stammendes, scharf gewürztes Gericht aus Reis, Meeresfrüchten und Hühnchen*

jambe → jamb 3

jambeau [ˈdʒæmbəʊ] *pl* **-beaux** [-bəʊz] → jamb 3

jamboree [ˌdʒæmbəˈriː] S **1** Jamboree *n*, (internationales) Pfadfindertreffen **2** große (*Partei- etc*) Veranstaltung (*mit Unterhaltungsprogramm*) **3** *umg* ausgelassene Feier: **go** (**out**) **on a ~** e-n draufmachen *umg*

James [dʒeɪmz] EIGENN BIBEL Jakobus *m*: (**the Epistle of**) **~** der Jakobusbrief; → Saint James's Palace

jammer [ˈdʒæmə(r)] S RADIO Störsender *m*

jamming [ˈdʒæmɪŋ] S **1** → jam¹ C 3 **2** *Funk etc*: Störung *f*: **~ station** (*od* **transmitter**) → jammer

jammy [ˈdʒæmɪ] ADJ *Br sl* **1** (kinder-)leicht **2** Glücks…: **~ fellow** Glückspilz *m umg*

jam| nut S TECH Gegenmutter *f*; **~-packed** ADJ *umg* gerammelt voll, proppenvoll (*beide*: **with** von) (*Saal etc*), bis auf den letzten Platz besetzt, restlos ausverkauft (*Stadion etc*)

jams [dʒæmz] SPL, *a.* **pair of ~** *bes US umg* Schlafanzug *m*

jam session S *Jazz*: Jamsession *f* (*zwanglose Zusammenkunft von Musikern, bei der improvisiert wird*)

Jan. ABK January Jan.

Jane [dʒeɪn] **A** EIGENN: **plain ~** Mauerblümchen *n*, graue Maus (*beide umg*) **B** S *meist* ♀ *bes US sl* Weib *n*; **~ Doe** [dəʊ] S JUR *US* *fiktiver weiblicher Name für e-e Partei in e-m Rechtsstreit*

jangle [ˈdʒæŋgl] **A** V/I **1** **a** schrill *od* misstönend erklingen, schrillen: **jangling noise** schrilles Geräusch **b** klimpern (*Münzen etc*), klirren, rasseln (*Ketten etc*) **2** keifen **B** V/T **1** **a** schrill *od* misstönend erklingen lassen **b** klimpern *od* klirren mit **2** keifen **3** **~ sb's nerves** j-m auf die Nerven gehen **C** S **1** **a** Schrillen *n* **b** Klimpern *n*, Klirren *n* **2** Keifen *n*

Janissary, ♀ [ˈdʒænɪsərɪ; *US* -nəˌseriː] → Janizary

janitor [ˈdʒænɪtə(r)] S **1** Pförtner *m* **2** *bes US* Hausmeister *m*; **janitress** [-trɪs] S **1** Pförtnerin *f* **2** *bes US* Hausmeisterin *f*

Janizary, ♀ [ˈdʒænɪzərɪ; *US* -nəˌzeriː] S **1** HIST Janitschar *m* (*Angehöriger e-r dem Sultan unterstellten Kerntruppe des türkischen Heeres, die mit gewissen Vorrechten ausgestattet war*) **2** *bes* POL Handlanger *m*

January [ˈdʒænjʊərɪ; *US* -jəˌweriː] S Januar *m*: **in ~** im Januar

Janus [ˈdʒeɪnəs] S MYTH Janus *m* (*römischer Gott*); **~-faced** ADJ janusköpfig: **a** doppelgesichtig (*a. fig*) **b** *fig* zwei-, mehrdeutig

Jap [dʒæp] *umg, oft pej* **A** S Japs *m umg pej* (*Japaner*) **B** ADJ japanisch

japan¹ [dʒəˈpæn] **A** S **1** Japanlack *m* **2** mit Japanlack überzogene Arbeit **B** ADJ **1** ♀ japanisch **2** mit Japanlack überzogen **C** V/T **1** mit Japanlack überziehen **2** *bes Leder* polieren

Japan² [dʒəˈpæn] S Japan *n*

Japanese [ˌdʒæpəˈniːz] **A** S **1** Japaner(in): **the ~** *koll* die Japaner *pl* **2** LING Japanisch *n*, das Japanische **B** ADJ japanisch: **~ quince** → japonica 2

jape [dʒeɪp] *obs* **A** V/T verspotten, foppen **B** V/I scherzen, spaßen **C** S **1** Scherz *m*, Spaß *m* **2** Spott *m*; **japery** [-ərɪ] S *obs* Gespött *n*

japonica [dʒəˈpɒnɪkə; *US* -ˈpɑ-] S BOT **1** Kamel(l)ie *f* **2** Japanische Quitte

jar¹ [dʒɑː(r)] S **1** (*irdenes od gläsernes*) Gefäß, Krug *m*, Topf *m* **2** (*Marmelade-, Einmach*) Glas *n* **3** *Br umg* Glas *n* Bier: **have a ~ with sb** mit j-m ein Bier trinken

jar² [dʒɑː(r)] **A** V/I **1** kratzen, kreischen, quietschen (*alle*: **on** auf *dat*) **2** nicht harmonieren: **a** sich beißen *umg* (*Farben*) **b** sich widersprechen (*Meinungen etc*): **~ring opinions** widerstreitende Meinungen **c** MUS dissonieren: **~ring** misstönend; **~ring tone** Misston *m* (*a. fig*) **3** **~** (**up**)**on** wehtun (*dat*) (*Farbe, Geräusch etc*), *das Auge, Ohr, ein Gefühl* beleidigen: **~ on sb's nerves** j-m auf die Nerven gehen **4** **a** wackeln: **~ loose** sich lockern **b** zittern, beben **B** V/T **1** kratzen *od* quietschen mit **2** **a** erschüttern (*a. fig*) **b** durchrütteln **c** *fig* er-, aufregen **3** → A 3 **C** S **1** Kratzen *n*, Kreischen *n*, Quietschen *n* **2** **a** Erschütterung *f* (*a. fig*) **b** Stoß *m* **3** MUS Missklang *m*, Dissonanz *f* (*beide a. fig*) **4** **a** Streit *m* **b** Zusammenstoß *m*

jar³ [dʒɑː(r)] S: **on a** (*od* **the**) **~** angelehnt (*Tür etc*)

jardinière [ˌʒɑː(r)dɪˈnjeə(r)], *US a.* **jardiniere** [ˌdʒɑːrdnˈɪər] S **1** Jardiniere *f*, Blumenschale *f od* -ständer *m* **2** GASTR Jardiniere *f*, Gemüsegarnierung *f*

jarfly → cicada

jarful [ˈdʒɑː(r)fʊl] S (*ein*) Krug *m* (voll)

jargon¹ [ˈdʒɑː(r)gən] **A** S **1** Jargon *m*: **a** *besondere umgangssprachliche Ausdrucksweise innerhalb bestimmter sozialer Schichten od Berufsgruppen* **b** *ungepflegte Ausdrucksweise* **2** Kauderwelsch *n* **3** hochtrabende Sprache **4** ORN Zwitschern *n* **B** V/I **1** ORN zwitschern **2** → jargonize A 1

jargon² [ˈdʒɑː(r)gɒn; *US* -ˌgɑn] S MINER Jargon *m*

jargonize [ˈdʒɑː(r)gənaɪz] **A** V/I **1** Jargon sprechen *od* schreiben **2** kauderwelschen **B** V/T **1** *etwas* im Jargon ausdrücken **2** *e-e Sprache* verkauderwelschen

jargoon [dʒɑː(r)ˈguːn] → jargon²

jarosite [ˈdʒærəsaɪt] S MINER Jarosit *m*

jasmin(e) [ˈdʒæsmɪn; ˈdʒæz-] S BOT (Echter) Jasmin

jasper [ˈdʒæspə(r)] S MINER Jaspis *m*

jato [ˈdʒeɪtəʊ] *abk pl* **-tos** S jet-assisted take-off FLUG Start *m* mit Starthilfsrakete; **~ unit** S Starthilfsrakete *f*

jaundice [ˈdʒɔːndɪs; *US a.* ˈdʒɑːn-] **A** S **1** MED Gelbsucht *f* **2** *fig* **a** Voreingenommenheit *f* **b** Neid *m*, Eifersucht *f* **c** Feindseligkeit *f* **B** V/T *fig* **a** voreingenommen machen **b** mit Neid *od* Eifersucht erfüllen, neidisch *od* eifersüchtig machen **c** feindselig machen; **jaundiced** ADJ **1** MED gelbsüchtig **2** *fig* **a** voreingenommen **b** neidisch, eifersüchtig **c** feindselig: **take a ~ view of sth** e-r Sache feindselig gegenüberstehen

jaunt [dʒɔːnt; *US a.* dʒɑːnt] **A** V/I e-n Ausflug *od umg* e-e Spritztour machen **B** S Ausflug *m*, AUTO Spritztour *f umg*: **go for** (*od* **on**) **a ~** → A

jauntiness [ˈdʒɔːntɪnɪs; *US a.* ˈdʒɑːn-] S Unbeschwertheit *f*, Unbekümmertheit *f*; **jaunting car** S HIST *leichter, zweirädriger Wagen mit Längssitzen*

jaunty [ˈdʒɔːntɪ; *US a.* ˈdʒɑːn-] ADJ (ADV **jauntily**) **1** fesch, flott (*Hut etc*) **2** unbeschwert, unbekümmert (*Einstellung, Person*): **he wore his hat at a ~ angle** er hatte s-n Hut lässig aufgesetzt **3** flott, schwungvoll (*Melodie*) **4** beschwingt: **with a ~ step** mit beschwingten Schritten

java¹ [ˈdʒævə; -viː] S *US sl* Kaffee *m*

Java² [ˈdʒɑːvə; *US a.* ˈdʒæ-] S Java *n* (*Hauptinsel Indonesiens*)

Java man [ˈdʒɑːvə; *US a.* ˈdʒævə] S HIST Javanthropus *m* (*eiszeitlicher Menschentyp, dessen Reste in Ngandong auf Java gefunden wurden*)

Javan [ˈdʒɑːvən; *US a.* ˈdʒæ-] → Javanese

Javanese [ˌdʒɑːvəˈniːz; *US a.* ˌdʒæ-] **A** S **1** Javaner(in): **the ~** *koll* die Javaner *pl* **2** LING Javanisch *n*, das Javanische **B** ADJ javanisch

javelin [ˈdʒævlɪn] S **1** Wurfspieß *m* **2** *Leichtathletik*: **a** Speer *m*: **~ throw** Speerwerfen *n*; **~ thrower** Speerwerfer(in) **b** Speerwerfen *n*

jaw [dʒɔː] **A** S **1** ANAT Kiefer *m*, Kinnbacke *f*, -lade *f*: **lower ~** Unterkiefer; **upper ~** Oberkiefer **2** → jawbone A **3** *meist pl* **a** Mund *m* **b** ZOOL Maul *n*, Rachen *m*: **the ~s of death** *fig* der Rachen des Todes; **slump into the ~s of relegation** SPORT in den Abstiegsstrudel geraten **4** ZOOL Mundöffnung *f*, Kauwerkzeuge *pl* (*bei Wirbellosen*) **5** TECH **a** (Klemm)Backe *f*, Backen *m* **b** Klaue *f*: **~ clutch** Klauenkupplung *f*; **~s** *pl* **of life** Rettungsspreizer *m* **6** SCHIFF Gaffelklaue *f* **7** *umg* **a** Geschwätz *n*, Gerede *n* **b** Plauderei *f*, Schwätzchen *n*, Plausch *m* **c** freches *od* unverschämtes Gerede: **hold your ~!**, **none of your ~!** sei gefälligst nicht so frech!, komm mir ja nicht dumm! **d** Moralpredigt *f* **B** V/I *umg* **a** *a.* **~ away** plaudern, plauschen, schwatzen **b** predigen *umg*: **~ at sb** j-m e-e Moralpredigt halten **C** V/T *umg* *j-m* dumm kommen

jaw|bone **A** S ANAT Kiefer(knochen) *m* **B** V/T *US umg* **a** eindringliche Appelle an *Wirtschafts-, Gewerkschaftsführer* richten: **~ sb into doing sth** j-n durch eindringliche Appelle dazu bringen, etwas zu tun **b** *Preiserhöhungen, Lohnforderungen* durch eindringliche Appelle beeinflussen; **~boning** S *US umg* *eindringliche Appelle e-s Regierungschefs etc an die Wirtschafts- u. Gewerkschaftsführer zur Mäßigung bei Preiserhöhungen u. Lohnforderungen*; **~breaker** S **1** TECH Zerkleinerungsmaschine *f* **2** *umg* Zungenbrecher *m* (*Wort*); **~breaking** ADJ *umg* zungenbrecherisch; **~ chuck** S TECH Backenfutter *n*; **~ crusher** → jawbreaker 1

jawed [dʒɔːd] ADJ *in Zusammensetzungen* mit … Kinnbacken: **broad-~**

jay¹ [dʒeɪ] S **1** ORN Eichelhäher *m* **2** *umg* Lästermaul *n*, Klatschtante *f* **3** *umg* **a** Bauer *m*: **~ girl** Bauerntrampel *m pej* **b** Einfaltspinsel *m*, Trottel *m* (*beide umg*)

jay² [dʒeɪ] S **1** Jot *n* (*Buchstabe*) **2** → joint A 7

Jayhawker S *US* (*Spitzname für eine[n]*) Bewohner(in) von Kansas

jay|walk V/I unachtsam *od* verkehrswidrig auf der *od* über die Straße gehen; **~walker** S unachtsame(r) Fußgänger(in); **~walking** S unachtsames *od* verkehrswidriges Verhalten (*e-s Fußgängers*)

jazz [dʒæz] **A** S **1** MUS Jazz(musik) *m(f)* **2** *umg* Schmiss *m umg*, Schwung *m* **3** *umg* **a** Krampf *m*, Blödsinn *m* **b** **and all that ~** u. so ein Zeug(s) **B** ADJ **1** Jazz…: **~ band** (**music**, *etc*) **2** → jazzy 2 **C** V/T **1** *oft* **~ up** MUS verjazzen **2** *meist* **~ up** *umg* **a** Schmiss *umg od* Schwung bringen in (*akk*) **b** *j-n* aufmöbeln *umg* **c** *etwas* aufmöbeln, aufmotzen (*beide umg*) **D** V/I **1** jazzen, Jazz spielen **2** *umg* herumhopsen; **jazzer** S Jazzer *m*, Jazzmusiker *m*; **jazzman** S *irr* → jazzer

jazzy ['dʒæzɪ] ADJ (ADV jazzily) **1** jazzartig **2** *umg* knallig *(Farben)*, *(a. Kleider etc)* poppig

JC ABK **1** Jesus Christ **2** Julius Ceasar

JCD ABK **1** Juris Canonici Doctor, Doctor of Canon Law **2** Juris Civilis Doctor, Doctor of Civil Law

JCL ABK IT job control language

JCR ABK UNIV *Br* junior common room Gemeinschaftsraum *f* für Studenten

jct(n). ABK junction

JD ABK **1** Juris Doctor, Doctor of Law **2** juvenile delinquent jugendliche(r) Täter(in)

jealous ['dʒeləs] ADJ (ADV ~ly) **1** eifersüchtig **2** neidisch (**of** auf *akk*), missgünstig: **be ~ of sb** auf j-n neidisch *od* eifersüchtig sein; **she is ~ of his success** sie missgönnt ihm s-n Erfolg **3** (**of**) eifersüchtig besorgt (um), sehr bedacht (auf *akk*): **be ~ of one's rights** **4** argwöhnisch, misstrauisch *(beide:* **of** gegenüber*)*: **keep a ~ eye on sb** j-n argwöhnisch beobachten

jealousy ['dʒeləsɪ] S **1** a Eifersucht *f* b Eifersüchtelei *f (a. weitS.)* **2** Neid *m*, Missgunst *f* **3** Argwohn *m*, Misstrauen *n*

jean [dʒiːn] S **1** *[Br a.* dʒeɪn*]* Jeansstoff *m* **2** *pl, a.* **pair of ~s** Jeans *pl od f*; **jeaned** ADJ in Jeans

jeep® [dʒiːp] S AUTO, MIL Jeep® *m*

jeepers (creepers) ['dʒiːpərz; ,-'kriːpərz] INT *US umg* Mensch Meier!

jeer[1] [dʒɪə(r)] A V/I (**at**) a höhnische Bemerkungen machen (über *akk*) b höhnisch lachen (über *akk*): **~ at** → *a.* B B V/T verhöhnen C S a höhnische Bemerkung b Hohngelächter *n*

jeer[2] [dʒɪə(r)] S *meist pl* SCHIFF Rahtakel *f*

jeering ADJ (ADV ~ly) höhnisch: **~ laughter** Hohngelächter *n*

Jeeves [dʒiːvz] S *Br* Butler *m* (der alten Schule)

jehad → jihad

Jehova [dʒɪ'həʊvə] S BIBEL Jehova *m*; **~'s Witness** S REL Zeuge *m od* Zeugin *f* Jehovas

Jehu ['dʒiːhjuː; *US a.* -huː] A EIGENN BIBEL Jehu *m (König von Jerusalem)* B S ♀ AUTO *umg* Raser *m*

jejune [dʒɪ'dʒuːn] ADJ (ADV ~ly) **1** ohne Nährwert **2** *fig* trocken, langweilig **3** *fig* a kindisch, unreif b naiv; **jejuneness** S **1** Trockenheit *f*, Langweiligkeit *f* **2** a Unreife *f* b Naivität *f*

jejunum [dʒɪ'dʒuːnəm] S ANAT Jejunum *n*, Leerdarm *m*

Jekyll| and Hyde [,dʒekɪlənd'haɪd; ,dʒiː-] S Mensch *m* mit e-r gespaltenen Persönlichkeit; **~-and-Hyde** ADJ gespalten *(Persönlichkeit)*

jell [dʒel] A V/I **1** gelieren **2** *fig* Gestalt annehmen B V/T gelieren lassen, zum Gelieren bringen C S *US umg für* jelly A

jellied ['dʒelɪd] ADJ **1** gallertartig **2** in Aspik *od* Sülze: **~ fish**

jellify ['dʒelɪfaɪ] → jell A 1, B

jello ['dʒeləʊ] *pl* -los *US* → jelly A 1 d

jelly ['dʒelɪ] A S **1** a Gallert(e) *n(f)* b Gelee *n* c Aspik *m*, Sülze *f* d Götterspeise *f*, Wackelpeter *m*, -pudding *m (beide umg)*: **his knees shook like ~** er hatte Gummiknie *umg* **2** TECH *Br umg* Gelatinedynamit *n* B V/I → jell A C V/T **1** → jell B **2** in Aspik *od* Sülze einlegen: → jellied 2; **~ baby** S *Br (etwa)* Gummibärchen *n*; **~fish** S **1** ZOOL *(e-e)* Qualle **2** *umg* Waschlappen *m*, Schwächling *m*, Kerl *m* ohne Rückgrat; **~ roll** S GASTR *US* Biskuitrolle *f*

jemmy ['dʒemɪ] *Br* A S Brech-, Stemmeisen *n* B V/T *a.* **~ open** aufbrechen, -stemmen

jennet ['dʒenɪt] S **1** ZOOL Eselin *f* **2** *kleines spanisches Reitpferd*

jenny ['dʒenɪ] S **1** → spinning jenny **2** ZOOL Weibchen *n*, *bes* Eselin *f*: **~ wren** Zaunkönigweibchen *n* **3** TECH Laufkran *m*

Jensenism ['jensənɪzəm] S Jensenismus *m (Lehre, nach der die Intelligenz weitestgehend erbbedingt ist)*

jeopardize ['dʒepə(r)daɪz] V/T *j-n, etwas* gefährden, in Gefahr bringen, *etwas* infrage stellen; **jeopardy** S Gefahr *f*: **be in ~** a gefährdet *od* in Gefahr sein b JUR der Gefahr e-r Verurteilung ausgesetzt sein; **put** (*od* **place**) **in ~** → jeopardize; → double jeopardy

jerboa [dʒɜː'bəʊə; *US* dʒər-] S ZOOL Springmaus *f*

jeremiad [,dʒerɪ'maɪəd; -æd] S Jeremiade *f*, Klagelied *n*

Jeremiah [,dʒerɪ'maɪə] EIGENN & S **1** BIBEL (das Buch) Jeremia(s) *m* **2** *fig* Unglücksprophet *m*, Schwarzseher *m*; **Jeremias** [-əs] → Jeremiah 1

Jericho ['dʒerɪkəʊ] EIGENN BIBEL Jericho *n*

jerk[1] [dʒɜːk; *US* dʒɜrk] A S **1** a Ruck *m* b ruckartige Bewegung c Sprung *m*, Satz *m*: **by ~s** sprung-, ruckweise; **at one ~** auf einmal; **with a ~** plötzlich, mit e-m Ruck; **give a ~** rucken, e-n Satz machen *(Auto etc)*, zusammenzucken *(Person)* (→ A 2); **give sth a ~** e-r Sache e-n Ruck geben, ruckartig an etwas ziehen **2** MED a Zuckung *f*: **give a ~** zucken (→ A 1) b *(bes Knie)* Reflex *m* c *pl US sl* Veitstanz *m* **3** *pl* meist **physical ~s** *Br umg* Gymnastik *f*, gymnastische Übungen *pl* **4** *Gewichtheben*: Stoßen *n* **5** *bes US sl* Trottel *m*, Blödmann *m (beide pej)* B V/T **1** e-n Ruck geben *(dat)*, ruckartig ziehen an *(dat)*: **~ out** mit e-m Ruck herausziehen; **~ o.s. free** sich losreißen; **she ~ed the letter out of my hand** sie riss mir den Brief aus der Hand **2** *meist* **~ out** *Worte* hervorstoßen: **~ out one's words** abgehackt sprechen **3** **~ o.s. off** → C 3 C V/I **1** sich ruckartig *od* ruckweise bewegen: **~ along** dahinruckeln; **~ forward** e-n Ruck *od* Satz nach vorn machen; **~ to a stop** ruckartig *od* mit e-m Ruck stehen bleiben **2** (zusammen)zucken **3** **~ off** *bes US vulg* wichsen, sich e-n runterholen *(masturbieren)*

jerk[2] [dʒɜːk; *US* dʒɜrk] A V/T *Fleisch* in Streifen schneiden u. an der Luft dörren B S in Streifen geschnittenes u. an der Luft gedörrtes Fleisch

jerker ['dʒɜːkə; *US* 'dʒɜrkər] → soda jerk(er)

jerkin[1] ['dʒɜːkɪn; *US* 'dʒɜr-] S **1** Weste *f* **2** HIST (Leder)Wams *n*

jerkin[2] ['dʒɜːkɪn; *US* 'dʒɜr-] S ORN männlicher Gerfalke

jerkwater ADJ *US umg* unbedeutend, Provinz...: **~ college**; **~ politician** Schmalspurpolitiker(in) *umg*; **~ town** Nest *n*, Kaff *n (beide umg)*

jerky[1] ['dʒɜːkɪ; *US* 'dʒɜrkiː] ADJ (ADV jerkily) **1** a ruckartig, *(Bewegungen a.)* fahrig b stoß-, ruckweise **2** *bes US sl* blöd, albern

jerky[2] ['dʒɜːkɪ; *US* 'dʒɜrkiː] → jerk[2] B

jeroboam [,dʒerə'bəʊəm] S große Weinflasche, *(etwa)* Vierliterflasche *f*

jerque [dʒɜːk] V/T *Br Schiffspapiere* zollamtlich überprüfen

jerry[1] ['dʒerɪ] S *umg* **1** *Br* Pott *m*, Thron *m (Nachttopf)* **2** → jeroboam

Jerry[2] ['dʒerɪ] S *bes Br sl* a Deutsche(r) *m*, *bes* deutscher Soldat b *koll* die Deutschen *pl*

jerry|-build V/T *irr* **1** schlampig bauen: **jerry-built house** Bruchbude *f umg* **2** *fig ein Buch etc* zusammenstoppeln *umg*; **~-builder** S Erbauer(in) von minderwertigen Häusern *(bes zu Spekulationszwecken)*; **~ can** S *Br* großer (Benzin)Kanister

jersey[1] ['dʒɜːzɪ; *US* 'dʒɜrziː] S **1** Pullover *m* **2** SPORT Trikot *n* **3** Jersey *m (feinmaschig gewirkter od gestrickter Kleiderstoff aus Wolle, Baumwolle od Chemiefasern)*: **~ suit** Jerseyanzug *m*

Jersey[2] ['dʒɜːzɪ; *US* 'dʒɜrziː] S ZOOL Jersey(rind) *n*

Jersey[3] ['dʒɜːzɪ; *US* 'dʒɜrziː] S Jersey *n (Insel im Ärmelkanal)*

Jerusalem [dʒə'ruːsələm] S Jerusalem *n (Hauptstadt Israels)*

Jerusalem| artichoke [dʒə'ruːsələm] S BOT Erdartischocke *f*; **~ cross** S *Heraldik*: Jerusalemkreuz *n*

jessamine ['dʒesəmɪn] → jasmin(e)

Jesse window ['dʒesɪ] S *mit dem Stammbaum Christi bemaltes Fenster*

jest [dʒest] A S **1** Spaß *m*: **in ~** im *od* zum Scherz **2** Spott *m* **3** Zielscheibe *f* des Spotts: **standing ~** Zielscheibe ständigen Spotts B V/I **1** spaßen: **~ with** (s-n) Spaß treiben mit; **he's not a man to ~ with** er lässt nicht mit sich spaßen **2** spotten (**about** über *akk*): **this is nothing to ~ about** über so etwas spottet man nicht; **jester** S **1** Spaßvogel *m* **2** HIST (Hof)Narr *m*; **jesting** A ADJ **1** a spaßend b spaßhaft **2** a spottend b **this is no ~ matter** über so etwas spottet man nicht B S **1** Scherz(en) *m(n)* **2** Spott(en) *m(n)*; **jestingly** ADV im *od* zum Scherz

Jesuit ['dʒezjʊɪt; -zʊɪt; *US* 'dʒeʒwət; -zəwət] S **1** KATH Jesuit *m* **2** *fig pej* Jesuit *m (Mensch, der trickreich u. oft wortverdrehend zu argumentieren versteht u. den man für unaufrichtig hält)*; **Jesuitic** [-zjʊ'ɪtɪk; -zʊ'ɪ-; *US* -ʒə'wɪtɪk; -zə'w-] ADJ, **Jesuitical** ADJ (ADV ~ly) KATH jesuitisch *(a. fig pej)*, Jesuiten...; **Jesuitism, Jesuitry** [-rɪ] S KATH Jesuitismus *m (a. fig pej)*, Jesuitentum *n*

Jesus (Christ) ['dʒiːzəs; (,dʒiːzəs'kraɪst] Jesus (Christus) *m (zwischen 8 u. 4 v.Chr. -30? n.Chr)*

Jesus| freak ['dʒiːzəs] S *sl* Anhänger(in) der Jesus-People-Bewegung; **~ Movement** S Jesus-People-Bewegung *f (Anfang der 70er Jahre in den USA entstandene Jugendbewegung, die sich gegen die Leistungs- u. Konsumgesellschaft richtet u. durch stark emotionale Hingabe an Jesus gekennzeichnet ist)*; **~ People** SPL Jesus People *pl (Anhänger der Jesus-People-Bewegung)*

jet[1] [dʒet] A S **1** MINER Gagat *m*, Jet(t) *m/n*, schwarzer Bernstein **2** Jet(t)-, Tiefschwarz *n* B ADJ **1** aus Gagat **2** jet(t)-, tiefschwarz

jet[2] [dʒet] A S **1** *(Wasser-, Dampf-, Gas- etc)* Strahl *m*: **~ of flame** Feuerstrahl, Stichflamme *f* **2** TECH Düse *f*, Strahlrohr *n* **3** a → jet engine b FLUG Jet *m*, Düsenflugzeug *n* B V/I **1** (heraus-, hervor)schießen (**from** aus) **2** FLUG, MIL mit e-m Jet fliegen, jetten C V/T **1** ausstrahlen, -stoßen, -spritzen **2** an-, bespritzen *(beide:* **with** mit*)* **3** FLUG mit e-m Jet fliegen *od* befördern, jetten

JET ABK Joint European Torus *(Kernfusionsanlage)*

jet| age S Düsenzeitalter *n*; **~ airliner** → jetliner; **~-assisted take-off** S FLUG Start *m* mit Starthilfsrakete; **~ black** → jet[1] A 2; **~boat** S Düsenboot *n*; **~borne** ADJ im Jet befördert; **~ carbure(t)tor** S TECH Einspritz-, Düsenvergaser *m*; **~ engine** S FLUG Strahlmotor *m*, -triebwerk *n*; **~ fatigue** → jet lag; **~ fighter** S FLUG, MIL Düsenjäger *m*; **~ flame** S Stichflamme *f*; **~hop** V/I FLUG *umg* jetten; **~ lag** S Jetlag *m (Störung des gewohnten Alltagsrhythmus durch die Zeitverschiebung bei Langstreckenflugreisen)*: **he is suffering from ~** er ist durch die Zeitverschiebung völlig aus dem Rhythmus (gekommen); **~liner** S Jetliner *m*, Düsenverkehrsflugzeug *n*; **~ pilot** S FLUG Jetpilot(in); **~ plane** S FLUG Strahl-, Düsenflugzeug *n*; **~port** S Flugplatz *m* für Düsenflugzeuge; **~-propelled** ADJ **1** *bes* FLUG düsengetrieben, mit Düsen- *od* Strahlantrieb, Düsen... **2** *umg* a energisch, dynamisch b blitzschnell: **at ~ speed** mit rasender Geschwindigkeit; **~ propulsion** S *bes* FLUG Düsen-, Strahlantrieb *m*: **the plane works by ~** das Flugzeug hat Düsenantrieb

jetsam ['dʒetsəm] S SCHIFF 1 Seewurfgut *n* *(in Seenot über Bord geworfene Ladung)* 2 Strandgut *n*: → flotsam

jet| set S Jetset *m* *(Schicht der internationalen Gesellschaft, die über genügend Geld verfügt, um sich – unter Benutzung von [Privat]Jets – an verschiedenen Plätzen, die gerade in sind, zu vergnügen)*; **~setter** S Angehörige(r) *m/f(m)* des Jetset; **~ stream** S METEO Jetstream *m* *(starker Luftstrom in der Tropo- od Stratosphäre)*; **~ syndrome** → jet lag

jettison ['dʒetɪsn; -zn] A S 1 SCHIFF Überbordwerfen *n* *(e-r Ladung, a. fig von Prinzipien etc)*, Seewurf *m* 2 FLUG Notwurf *m* 3 Absprengung *f* 4 a Wegwerfen *n* b *fig* Fallenlassen *n* 5 → jetsam B V/T 1 SCHIFF über Bord werfen *(a. fig)* 2 FLUG (im Notwurf) abwerfen, *Treibstoff* ablassen 3 *e-e ausgebrannte Raketenstufe* absprengen 4 a *alte Kleidung etc* wegwerfen b *fig j-n, e-n Plan etc* fallen lassen; **jettisonable** ADJ FLUG abwerfbar, Abwurf...: **~ tank**

jetton ['dʒetn] S Jeton *m*, Spielmarke *f*, -münze *f*

jetty ['dʒetɪ] S SCHIFF 1 Hafendamm *m*, Mole *f*, Außenpier *m/f* 2 Landungsplatz *m*, Anlagestelle *f* 3 Strombrecher *m* *(an Brücken)*

jeunesse dorée [ʒɜːˌnesdɔːˈreɪ] S Jeunesse *f* dorée *(die zur begüterten Oberschicht gehörenden Jugendlichen)*

Jew [dʒuː] A S 1 Jude *m*, Jüdin *f* 2 *a.* ♎ *sl neg!* a *j-d, der hart verhandelt* b Geizhals *m*, Geizkragen *m* *(beide umg)* B ADJ *oft pej* → Jewish 1 C V/T *oft* ♎ *sl pej* hart verhandeln mit: **~ down** herunterhandeln (**to** auf *akk*)

jewel ['dʒuːəl] A S 1 Juwel *m/n*, Edelstein *m*, *weitS.* Schmuckstück *n*, *pl a.* Schmuck *m*: **~ box** Schmuckkassette *f*, -schatulle *f* 2 TECH Stein *m* *(e-r Uhr)* 3 *fig* Juwel *n*: a Kleinod *n* *(Sache)* b Schatz *m umg (Person)* B V/T *prät u. pperf* **-eled**, *bes Br* **-elled** 1 mit Juwelen schmücken *od* besetzen 2 TECH *e-e Uhr* mit Steinen auslegen; **jeweler**, *bes Br* **jeweller** S Juwelier(in); **jewelry**, *bes Br* **jewellery** [-əlrɪ] S Juwelen *pl*, *weitS.* Schmuck *m*: **piece of ~** Schmuckstück *n*; **~ case** Schmuckkassette *f*, -schatulle *f*

Jewess ['dʒuːɪs] S Jüdin *f*

jewing ['dʒuːɪŋ] S ORN Kehllappen *m*

Jewish ['dʒuːɪʃ] ADJ (ADV ~ly) 1 jüdisch, Juden...: **~ studies** *pl* Judaistik *f*; **she's ~** sie ist Jüdin 2 *sl neg!* geizig

Jewry ['dʒʊərɪ] S 1 *(das)* Judentum, *(die)* Juden *pl* 2 HIST Judenviertel *n*, G(h)etto *n*

Jew's|-ear S BOT 1 Judasohr *n*, Holunderschwamm *m* 2 Becherling *m*; **♎-harp** [ˌ-ˈhɑː(r)p; *US bes* ˈ-ˌh-] S MUS Maultrommel *f*

Jezebel ['dʒezəbl; -bel] A EIGENN Isebel *f*, Jezabel *f (jüdische Königin)* B S *a.* ♎ *fig* a schamlose Frau b Intrigantin *f*

JFK ABK John Fitzgerald Kennedy (Airport)

jib¹ [dʒɪb] A S SCHIFF Klüver *m*: **flying** (*od* **outer**) **~** Außenklüver; **the cut of his ~** *umg obs* a sein Aussehen, s-e äußere Erscheinung b die Art, wie er sich gibt B V/I & V/T → jibe¹

jib² [dʒɪb] V/I 1 scheuen, bocken *(beide:* **at** vor *dat)* 2 *fig* störrisch *od* bockig sein: **~ at** a sich sträuben gegen b streiken bei *umg*

jib³ [dʒɪb] → jibboom 2

jib|boom S 1 SCHIFF Klüverbaum *m* 2 TECH Ausleger *m* *(e-s Krans etc)*; **~ door** S Tapetentür *f*

jibe¹ [dʒaɪb] SCHIFF A V/I 1 giepen, sich umlegen *(Segel)* 2 drehen, den Kurs ändern B V/T 1 *die Segel* übergehen lassen *(beim Segeln vor dem Wind)* 2 *die Segel* durchkaien

jibe² [dʒaɪb] V/I *umg* übereinstimmen (**with** mit)

jibe³ → gibe¹

Jibouti, **Jibuti** → Djibouti

jiffy ['dʒɪfɪ], *a.* **jiff** S *umg* Augenblick *m*: **in a ~** im Nu, im Handumdrehen; **half a ~**, **wait a ~** Augenblick!; **I won't be a ~** a ich komme gleich b ich bin gleich wieder da

Jiffy bag® ['dʒɪfɪ] S Jiffy *n* *(gefütterte Versandtasche)*

jig¹ [dʒɪg] A S 1 TECH a (Auf-, Ein-)Spannvorrichtung *f*, Bohrvorrichtung *f*, -futter *n* b (Bohr)Schablone *f* 2 *Angeln*: Heintzblinker *m* 3 *Bergbau*: a Kohlenwippe *f* b Setzmaschine *f* B V/T 1 TECH mit e-r Einstellvorrichtung *od* e-r Schablone herstellen 2 *Bergbau: Erze* setzen, scheiden

jig² [dʒɪg] A S 1 MUS → gigue: **the ~ is up** *umg* das Spiel ist aus 2 ruckartige Auf- u. Abbewegung B V/T ruckweise auf u. ab bewegen: **~ one's feet** mit den Füßen wippen; **he ~ged his son on his knees** er ließ s-n Sohn auf den Knien wippen *od* reiten C V/I 1 e-e Gigue tanzen 2 a sich ruckweise auf u. ab bewegen b *a.* **~ about** (*od* **around**) herumhüpfen

jigger¹ ['dʒɪgə(r)] A S 1 Giguetänzer(in) 2 SCHIFF a Besan *m* b *a.* **~ mast** Besanmast *m* c Jigger *m*, Handtalje *f* d Jollentau *n* e kleines Boot mit Jollentakelung 3 TECH Erzscheider *m*, Siebsetzer *m* 4 TECH Rüttelvorrichtung *f*: a *Bergbau*: Setzsieb *n*, Siebsetzmaschine *f* b Schleifmaschine *f* *(für lithografische Steine)* c Dreh-, Töpferscheibe *f* d Speicherkran *m* e ELEK Kopplungsspule *f* 5 *Angeln*: Heintzblinker *m* 6 US a kleiner Messbecher *(für Cocktails)*, *(etwa)* Schnapsglas *n* b kleines Whiskyglas 7 *Billard*: (Holz)Bock *m* *(für das Queue)* 8 US *umg* Dingsbums *n* B V/T *bes US umg e-e Bilanz etc* frisieren *umg*, manipulieren

jigger² ['dʒɪgə(r)] S ZOOL 1 *a.* **~ flea** Sandfloh *m* 2 → chigger 1

jiggered ['dʒɪgə(r)d] ADJ *umg* 1 **I'm ~ if ...** der Teufel soll mich holen, wenn ... *umg* 2 **be ~** *Br* a baff *od* platt sein *(beide umg)*: **well, I'm ~!** da bin ich aber baff! b kaputt *od* fix u. fertig sein *umg*

jiggery-pokery [ˌdʒɪgərɪˈpəʊkərɪ] S *bes Br umg* Schmu *m*, fauler Zauber

jiggle ['dʒɪgl] A V/T a wackeln mit b schütteln c rütteln an *(dat)* B V/I wackeln

jigsaw S 1 TECH Dekupiersäge *f* 2 → jigsaw puzzle; **~ puzzle** S Puzzle(spiel) *n*: **do a ~** puzzeln

jihad [dʒɪˈhæd; -ˈhɑːd] S Dschihad *m*, Heiliger Krieg *(der Muslime)*

jillion ['dʒɪljən] S *umg* Unmenge *f*, -zahl *f*: **~s** *pl* **of pounds** jede Menge Pfund

jilt [dʒɪlt] A V/T a *ein Mädchen* sitzen lassen (**for** wegen *e-s anderen Mädchens*) b *e-m Liebhaber, e-m Mädchen* den Laufpass geben B S a *Frau, die e-m Mann den Laufpass gibt* b *Mann, der häufig die Freundinnen wechselt*

Jim| Crow [ˌdʒɪmˈkrəʊ] *US* A S 1 *pej* Nigger *m* 2 → Jim Crowism 3 **jim crow** TECH Brechstange *f* B ADJ 1 (nur) für Schwarze 2 diskriminierend; **~ Crowism** S *US* Rassendiskriminierung *f*

jiminy ['dʒɪmɪnɪ] INT herrje!

jimjams ['dʒɪmdʒæmz] SPL *umg* 1 Säuferwahn *m* 2 → jitter A

jimmy ['dʒɪmiː] *US für* jemmy

jingle ['dʒɪŋgl] A V/I klimpern *(Münzen etc)*, bimmeln *(Glöckchen etc)* B V/T klimpern mit, bimmeln lassen C S 1 Klimpern *n*, Bimmeln *n*: **~ bell** a → C 3 b Schlittenglocke *f* c TECH Signalglocke *f* 2 Glöckchen *n* 3 Jingle *m* *(einprägsames Verschen od Liedchen, bes in der Werbung)*; **jingling** ADJ 1 klimpernd, bimmelnd 2 *fig* einprägsam, eingängig

jingo ['dʒɪŋgəʊ] A S 1 *pl* -goes POL Jingo *m*, Chauvinist *m*, Nationalist *m* 2 → jingoism B ADJ POL chauvinistisch, nationalistisch C INT **by ~!** Donnerwetter!; **jingoism** S POL Jingoismus *m*, Chauvinismus *m*, Nationalismus *m*; **jingoist** A S → jingo A 1 B ADJ → jingo B; **jingoistic** ADJ (ADV ~ally) → jingo B

jink [dʒɪŋk] A S (geschickte) Ausweichbewegung B V/I (geschickt) ausweichen

jinks [dʒɪŋks] SPL: **high ~** Ausgelassenheit *f*; **they were having high ~** bei ihnen ging es hoch her *umg*

jinn [dʒɪn] S 1 *pl von* jinnee 2 *pl* jinns, jinn → jinnee; **jinnee**, **jinni** [dʒɪˈniː; ˈdʒɪnɪ] *pl* jinn [dʒɪn] S Dschinn *m* *(Geist im islamischen Volksglauben)*

jinricksha, **jinrickshaw**, **jinrikisha**, **jinriksha** [dʒɪnˈrɪkʃə; -ʃɔː] S Rikscha *f*

jinx [dʒɪŋks] *umg* A S 1 Unglücksbringer *m* 2 Pech *n*, Unheil *n*, Unglück *n*: **there seems to be a ~ on our work** mit unserer Arbeit ist es wie verhext; **break the ~** den Bann brechen; **put a ~ on** → B 1 B V/T 1 a Unglück bringen *(dat)* b verhexen: **our work seems to be ~ed** mit unserer Arbeit ist es wie verhext 2 *etwas* vermasseln *umg*

jism ['dʒɪzəm] → jissom

jissom ['dʒɪsəm] S *vulg* Soße *f* *(Sperma)*

jitney ['dʒɪtniː] S *US* 1 kleiner Linienbus 2 *sl obs* Fünfcentstück *n*

jitter ['dʒɪtə(r)] *umg* A S: **the ~s** *pl* Bammel *m*, e-e Heidenangst *(beide:* **about** vor *dat)*; **have the ~s** → B B V/I a Bammel *od* e-e Heidenangst haben b furchtbar nervös sein

jitterbug ['dʒɪtə(r)bʌg] A S 1 MUS Jitterbug *m* *(um 1935 aus dem Boogie-Woogie entstandener Tanz, der durch akrobatische, formlose Bewegungen gekennzeichnet ist)* 2 Jitterbugtänzer(in) 3 *umg* Nervenbündel *n* B V/I Jitterbug tanzen

jittery ['dʒɪtərɪ] ADJ *umg* furchtbar nervös: **be ~** → jitter B b

jiujitsu, **jiujutsu** [dʒjuːˈdʒɪtsuː; *bes US* dʒuː-] → jujitsu

jive [dʒaɪv] A S 1 MUS Jive *m*: a → jitterbug A 1 b Swing(musik) *m(f)* 2 *US sl* Jargon *m*, *bes* Jargon der Drogen- *od* Unterhaltungsszene 3 *US sl* a Schwindel *m*: **don't give me any of that ~!** erzähl mir doch keine Märchen! b Gequatsche *n* B ADJ *US sl* faul *(Ausrede etc)*: **he's ~** an dem ist etwas faul C V/T *US sl j-n* anschwindeln D V/I 1 a swingen, Swing spielen *od* tanzen b → jitterbug B 2 *US sl* Jargon sprechen 3 *US sl* a schwindeln, Märchen erzählen b quatschen

jizm ['dʒɪzəm] → jissom

j.n.d. ABK PSYCH just noticeable difference

Jnr ABK Junior jun., jr.

jo [dʒəʊ] *pl* joes S *schott* Schatz *m*, Liebste(r) *m/f(m)*

Joan of Arc, Saint [ˌdʒəʊnəvˈɑː(r)k] EIGENN die heilige Johanna von Orléans *(1412?-31; Französische Nationalheldin)*

job¹ [dʒɒb; *US* dʒɑb] A S 1 (einzelne) Arbeit: **be on the ~** a bei der Arbeit sein b in Aktion sein *(Maschine etc)* c *Br vulg* gerade e-e Nummer machen *od* schieben *(koitieren)*; **do a good ~** gute Arbeit leisten; **it was quite a ~** es war e-e Heidenarbeit *umg*; **do a ~ of work** *Br umg* ganze Arbeit leisten; **I had a ~ doing** (*od* **to do**) **it** es war gar nicht so einfach (für mich), das zu tun; **make a good (bad) ~ of sth** etwas gut (schlecht) machen; **~ order** Arbeitsauftrag *m*; **~ production** Einzel(an)fertigung *f*; **~ simplification** Arbeitsvereinfachung *f*; **~ ticket** Arbeitsauftrag *m*, -laufzettel *m*; → odd A 9 2 *a.* **~ work** WIRTSCH Stück-, Akkordarbeit *f*: **by the ~** im Akkord; **~ time** Akkordzeit *f*; **~ wage(s** *pl***)** Akkordlohn *m* 3 a Beschäftigung *f*, Stellung *f*, Stelle *f*, Arbeit *f*, Job *m* b Arbeitsplatz *m*: **out of a ~** arbeits-, stellungslos; **~ analysis** Arbeitsplatzanalyse *f*; **~ centre** *Br* Arbeitsamt *n*; **~ classification** *US* Berufsklassifizierung *f*; **~ control** *US* gewerkschaftliche Einflussnahme auf die Personalpolitik *(e-r Firma)*; **~ creation** Arbeits(platz)beschaffung *f*, Beschaffung *f* von Arbeitsplätzen; **~-creation program(me)** (*od* **scheme**) Arbeitsbeschaffungsprogramm *n*; **~ description** Tätigkeits-, Arbeits(platz)beschreibung *f*; **~ discrimination** Benachteiligung *f* im Arbeitsleben; **~ enlargement** Ausweitung *f* des Tätigkeitsbereiches; **~ evaluation** (*US a.* **rating**) Arbeits(platz)bewertung *f*; **~ interview** Einstellungsgespräch *n*; **~ killer** Jobkiller *m*; **computers are ~ killers** Computer vernichten Arbeitsplätze; **~ maintenance** Erhaltung *f* der Arbeitsplätze; **~ market** Arbeits-, Stellenmarkt *m*; **~ opportunities** Arbeitsmöglichkeiten; **~ profile** Anforderungsprofil *n*; **~ rotation** Jobrotation *f (das Durchlaufen der verschiedenen Arbeitsbereiche e-s Unternehmens)*; **~ satisfaction** Zufriedenheit *f* am Arbeitsplatz; **~ security** Sicherheit *f* des Arbeitsplatzes; **~ seeker** → job hunter; **~ sharing** Jobsharing *n (Aufteilung e-s Arbeitsplatzes unter mehrere Personen)*; **~ specification** *US* Arbeits(platz)-, Tätigkeitsbeschreibung *f*; **~ tenure** Dauer *f* der Betriebszugehörigkeit; **know one's ~** s-e Sache verstehen; → boy A 1 4 Sache *f*: a Aufgabe *f*, Pflicht *f*: **it is your ~ (to do it)** das ist d-e Sache b Geschmack *m*: **this is not everybody's ~** das ist nicht jedermanns Sache, das liegt nicht jedem 5 IT Job *m (bestimmte Aufgabenstellung)* 6 *umg* Sache *f*, Angelegenheit *f*: **that's a good ~!** so ein Glück!; **he's gone, and a good ~ too!** er ist Gott sei Dank weg!; **it's a good ~ I saw you** wie *od* nur gut, dass ich dich sah; **make the best of a bad ~** a gute Miene zum bösen Spiel machen b das Beste daraus machen; **give up on sth as a bad ~** etwas als hoffnungslos aufgeben; **just the ~** genau das Richtige 7 *umg* a Schiebung *f*, krumme Tour, *bes* Amtsmissbrauch *m* b Ding *n*, krumme Sache: **bank ~** Bankraub *m*, -überfall *m*; **catch sb on the ~** j-n auf frischer Tat ertappen; **do a ~ on sb** a j-n zusammenschlagen b *fig* j-n kaputtmachen; **pull a ~** ein Ding drehen 8 *umg* a Ding *n*, Apparat *m*: **that new car of yours is a beautiful ~** dein neuer Wagen sieht klasse aus *umg* b Nummer *f*, Typ *m (Person)*: **he is a tough ~** er ist ein unangenehmer Kerl 9 *pl US* a beschädigte Ware(n *pl*), *bes* Remittenden *pl (Bücher)* b Ladenhüter *pl* B V/I 1 Gelegenheitsarbeiten machen, jobben 2 (im) Akkord arbeiten 3 *Börse*: *Br* als Jobber tätig sein: **~ in** handeln mit 4 *US* an der Börse spekulieren 5 *umg* schieben, Schiebungen machen, *bes* sein Amt *od* s-e Stellung missbrauchen C V/T 1 *a.* **~ out** *Arbeit* a in Auftrag geben b im Akkord vergeben 2 *US* an der Börse spekulieren mit 3 **~ sb into a post** *umg* j-m e-n Posten zuschanzen

Job² [dʒəʊb] EIGENN BIBEL Hiob *m*, Job *m*: **(the Book of) ~** (das Buch) Hiob *m od* Job *m*; **you need the patience of ~** man braucht e-e Engelsgeduld (**to do sth** um etwas zu tun); **that would try the patience of ~** das würde selbst e-n Engel zur Verzweiflung treiben; **be (as) patient as ~** e-e Engelsgeduld haben; **~'s comforter** *j-d, der durch s-n Trost alles nur noch schlimmer macht*

jobber ['dʒɒbə; *US* 'dʒɑbər] S 1 Gelegenheitsarbeiter(in), Jobber(in) 2 Akkordarbeiter(in) 3 *Börse*: *Br* Jobber *m (der auf eigene Rechnung Geschäfte tätigt)* 4 *US* Börsenspekulant(in) 5 *umg* Schieber(in), *bes j-d, der sein Amt od s-e Stellung missbraucht*; **jobbery** S Schiebung *f*, *bes* Amtsmissbrauch *m*

jobbing ['dʒɒbɪŋ; *US* 'dʒɑ-] A ADJ 1 im Akkord arbeitend, Akkord… 2 Gelegenheitsarbeiten verrichtend, Gelegenheits…: **~ worker**; **~ printer** Akzidenzdrucker(in); **~ work** TYPO Akzidenzarbeit *f* B S 1 Akkordarbeit *f* 2 Gelegenheitsarbeit *f* 3 *Br Effektenhandel auf eigene Rechnung* 4 Börsenspekulation(en) *f(pl)* 5 → jobbery

job|holder S 1 Stelleninhaber(in) 2 *US* Angestellte(r) *m/f(m)* des öffentlichen Dienstes, Staatsbedienstete(r) *m/f(m)*; **~-hop** V/I *umg* häufig den Arbeitsplatz wechseln; **~ hopper** S *umg j-d, der häufig den Arbeitsplatz wechselt*; **~ hopping** S *umg* häufiger Arbeitsplatzwechsel; **~-hunt** V/I auf Arbeitssuche sein: **go ~ing** auf Arbeitssuche gehen; **~ hunter** S Arbeitssuchende(r) *m/f(m)*; **~ hunting** S Arbeitssuche *f*

jobless A ADJ arbeits-, stellungslos B S: **the ~** *koll* die Arbeitslosen *pl*; **~ rate** Arbeitslosenquote *f*

job lot S WIRTSCH Ramsch-, Partieware(n) *f(pl)*: **sell as a ~** im Ramsch verkaufen

jobsworth ['dʒɒbzwɜːθ; *US* 'dʒɑbz,wɜrθ] S *umg pej* Paragrafenreiter(in)

Jock¹ [dʒɒk; *US* dʒɑk] S *Br umg, oft pej* Schotte *m*

jock² [dʒɒk; *US* dʒɑk] S *umg* a *Pferderennsport*: Jockey *m* b Discjockey *m*

jock³ [dʒɒk; *US* dʒɑk] S *umg* 1 → jockstrap 2 *US* Sportler(in)

jockette [dʒɑ'ket] S *Pferderennsport*: *US* Amazone *f*

jockey ['dʒɒkɪ; *US* 'dʒɑkiː] A S 1 *Pferderennsport*: Jockey *m* 2 *US umg* a Fahrer *m*: **truck ~** b Bedienungsmann *m*: **elevator ~** Aufzug-, Fahrstuhlführer *m* B V/T 1 *ein Pferd* (als Jockey) reiten 2 *US umg* a *e-n Lastwagen etc* fahren b *e-n Aufzug etc* bedienen 3 manövrieren (*a. fig*): **~ sb away** j-n weglotsen; **~ sb into sth** j-n in etwas hineinmanövrieren; **~ sb into a position** j-m e-e Stellung zuschanzen; **~ out of** a *j-n* aus *e-r Stellung etc* hinausbugsieren b *j-n* betrügen um C V/I 1 als Jockey reiten: **he has ~ed in many races** er ist schon in vielen Rennen geritten 2 **~ for** rangeln um (*a. fig*): **~ for position** SPORT *etc* sich e-e günstige (Ausgangs)Position zu verschaffen suchen (*a. fig*); **~ cap** S Jockeymütze *f*; **~ pulley** S TECH Spann-, Leitrolle *f*; **~ weight** S TECH Laufgewicht *n (e-r Waage)*; **~ wheel** → jockey pulley

jocko ['dʒɒkəʊ; *US* 'dʒɑ-] *pl* **-os** S ZOOL Schimpanse *m*

jockstrap S SPORT Suspensorium *n (Unterleibsschutz)*

jocose [dʒəʊ'kəʊs] ADJ 1 ausgelassen *(Person)* 2 witzig, spaßig, spaßhaft *(Bemerkung etc)*; **jocosely** ADV im *od* zum Spaß; **jocoseness**, **jocosity** [-'kɒsətɪ; *US* -'kɑ-] S 1 Ausgelassenheit *f* 2 Witzigkeit *f*, Spaßhaftigkeit *f* 3 Spaß *m*, Scherz *m*

jocular ['dʒɒkjʊlə; *US* 'dʒɑkjələr] ADJ → jocose; **jocularity** [-'lærətɪ] → jocoseness; **jocularly** → jocosely

jocund ['dʒɒkənd; *US* 'dʒɑ-] ADJ (ADV **~ly**) lustig, fröhlich, heiter; **jocundness**, **jocundity** [dʒəʊ'kʌndətɪ] S Lustig-, Fröhlich-, Heiterkeit *f*

jodhpur breeches [,dʒɒdpə'brɪtʃɪz; *US* ,dʒɑdpər'briː-], **jodhpurs** SPL, *a.* **pair of ~** Jodhpur(hose) *f*, Reithose *f*

Joe¹ [dʒəʊ] S *US umg* Bursche *m*, Kerl *m*

joe² → jo

Joe| Bloggs [blɒgz] S *Br umg*, **~ Blow** S *US umg*, **~ Doakes** [dəʊks] S *US umg* Otto Normalverbraucher *m*

Joel ['dʒəʊel; -əl] EIGENN & S BIBEL (das Buch) Joel *m*

Joe| Miller [,dʒəʊ'mɪlə(r)] S 1 Witzbuch *n* 2 Witz *m*, *bes* Witz mit Bart; **~ Public**, **~ Soap** → Joe Bloggs

joey ['dʒəʊɪ] S *Aus umg* 1 a junges Känguru b junges Tier 2 kleines Kind

jog¹ [dʒɒg; *US* dʒɑg] A V/T 1 stoßen an *(akk) od* gegen, *j-n* anstoßen, stupsen *umg*: **~ sb's memory** *fig* j-s Gedächtnis nachhelfen 2 **~ up and down** durchrütteln *(Bus etc)* 3 *e-n Stoß Papiere etc* gerade stoßen, ausrichten 4 *e-e Maschine etc* nur kurz (an)laufen lassen B V/I 1 a trotten *(Person, Tier)*, zuckeln *(Bus etc)*: **~ along** dahintrotten, -zuckeln b SPORT joggen 2 **~ along** *fig* a vor sich hin wursteln *umg* b sich dahinschleppen *(Leben etc)* C S 1 Stoß *m*, Stups *m umg*: **give sb's memory a ~** j-s Gedächtnis nachhelfen 2 a Trott *m* b SPORT Trimmtrab *m*

jog² [dʒɑg] S *US* a Vorsprung *m* b Einbuchtung *f* c Kurve *f*

jogger ['dʒɒgə; *US* 'dʒɑgər] S SPORT Jogger(in); **jogging** A S a Trotten *n*, Zuckeln *n* b SPORT Joggen *n*, Jogging *n* B ADJ SPORT Jogging…: **~ shoes** (**suit**, *etc*)

joggle ['dʒɒgl; *US* 'dʒɑgəl] A V/T 1 (leicht) schütteln, rütteln an *(dat)*, erschüttern (*a. fig*) 2 TECH verschränken, -zahnen, (ver)kröpfen B V/I wackeln C S 1 Schütteln *n*, Rütteln *n* 2 TECH a Verzahnung *f*: **~ beam** verzahnter Balken, Zahnbalken *m* b Zapfen *m* c Kerbe *f* d Falz *m*, Nut *f*

jog| trot S 1 gemächlicher Trab, Trott *m* 2 *fig* Trott *m*: a Schlendrian *m* b Eintönigkeit *f*; **~-trot** A ADJ *fig* eintönig B V/I gemächlich traben *(bes Pferd)*, trotten *(Person, Tier)*

John [dʒɒn; *US* dʒɑn] EIGENN & S 1 BIBEL a Johannes *m* b Johannesevangelium *n*: **~ the Baptist** Johannes der Täufer; **(the Epistles of) ~** die Johannesbriefe 2 *a.* ♀ *US sl* a Typ *m*, Kerl *m* b Freier *m (e-r Prostituierten)* 3 ♀ *US umg* Klo *n*, Lokus *m*: **be in the ♀** auf dem *od* im Klo sein; **go to the ♀** aufs Klo gehen; **~ Bull** S a England *n*, die Engländer *pl* b *meist pej* ein typischer Engländer; **~ Doe** [dəʊ] S 1 a *fiktiver männlicher Name für e-e Partei in e-m Rechtsstreit* b **the judge issued a ~ warrant** der Richter erließ Haftbefehl gegen Unbekannt 2 *bes US umg* Otto Normalverbraucher *m*; **~ Dory** ['dɔːrɪ] S FISCH Heringskönig *m*; **~ Hancock** ['hæn,kɑk], **~ Henry** ['henriː] S *US umg* Friedrich Wilhelm *m (Unterschrift)*: **put one's ~ on** s-n Friedrich Wilhelm setzen auf *(akk)*

Johnny ['dʒɒnɪ; *US* 'dʒɑniː] S 1 *a.* ♀ *sl* Typ *m*, Kerl *m* 2 ♀ *Br sl* Pariser *m*, Gummi *m (Kondom)*; **♀s** *US (ein)* Maiskuchen *m*; **~-come-lately** S *US umg* 1 Neuankömmling *m* 2 Nachzügler *m* (*a. fig*); **~-on-the-spot** S *US umg* a *j-d, der auf Draht ist* b Retter *m* in der Not

John Q. Public *US* → Joe Bloggs

Johnsonese [,dʒɒnsə'niːz; *US* ,dʒɑn-] S 1 Stil *m* von Samuel Johnson 2 pompöser *od* hochtrabender Stil

Johnsonian [dʒɒn'səʊnjən; -nɪən; *US* dʒɑn-] ADJ 1 johnsonsch(er, e, es) *(Samuel Johnson od s-n Stil betreffend)* 2 pompös, hochtrabend

joie de vivre [,ʒwɑːdə'viːvrə] S Lebensfreude *f*, -lust *f*: **be full** (*od* **have lots**) **of ~** voller Lebensfreude sein

join [dʒɔɪn] A V/T 1 *etwas* verbinden, -einigen, zusammenfügen *(alle:* **to, on to** *mit)*: **~ hands** a die Hände falten b sich die Hand *od* Hände reichen c *fig* gemeinsame Sache machen, sich zusammentun *(beide:* **with** *mit)* 2 *Personen* vereinigen, zusammenbringen *(beide:* **with, to** *mit)*: **~ in friendship** freundschaftlich verbinden; **they are ~ed in marriage** sie sind ehelich (miteinander) verbunden 3 *fig* verbinden, verein(ig)en: **~ prayers** gemeinsam beten; → force A 1 4 sich anschließen (*dat od* an *akk*), stoßen *od* sich gesellen zu: **I'll ~ you later** ich komme später nach; **I was ~ed by Mary** Mary schloss sich mir an; **~ sb in (doing) sth** etwas zusammen mit j-m tun; **~ sb in a walk** (gemeinsam) mit j-m e-n Spaziergang machen, sich j-m auf e-m Spaziergang anschließen; **thanks for ~ing us** (RADIO, TV) danke für Ihr Interesse; **~ the circus** zum Zirkus gehen; **~ one's regiment** zu s-m Regiment stoßen; **~ one's ship** an Bord s-s Schiffes gehen; → majority 2 5 eintreten in (*akk*): a *e-m Klub, e-r Partei etc* beitreten b anfangen bei *e-r Firma etc*: **~ the army** ins Heer eintreten, *weitS.* Soldat werden; → police force 6 a teilnehmen *od* sich beteiligen an (*dat*), mitmachen bei, sich anschließen (*dat*) b sich einlassen auf (*akk*), *den Kampf* aufnehmen: **~ an action** JUR e-m Prozess beitreten; **~ a treaty** e-m (Staats)Vertrag beitreten; → battle *Bes Redew*, issue A 4 7 sich vereinigen mit, zusammenkommen mit, (ein)münden in (*akk*) (*Fluss, Straße*) 8 MATH *Punkte* verbinden 9 (an)grenzen an (*akk*) B VI 1 sich vereinigen *od* verbinden (**with** mit) 2 **~ in** a teilnehmen, sich beteiligen, mitmachen, sich anschließen, einstimmen: **~ in, everybody!** alle mitmachen *od* mitsingen! a → A 6 a: **~ in the laughter** in das Gelächter einstimmen; **~ with sb in (doing) sth** etwas zusammen mit j-m tun 3 sich vereinigen, zusammenkommen (*Straßen*), (*Flüsse a.*) zusammenfließen 4 aneinandergrenzen, sich berühren 5 **~ up** Soldat werden C S Verbindungsstelle *f*, -linie *f*, Naht *f*, Fuge *f*

joinder [ˈdʒɔɪndə(r)] S 1 Verbindung *f* 2 JUR a **~ of causes of action** objektive Klagehäufung b **~ of parties** subjektive Klagehäufung c **~ of issue** Festlegung *f* der zu entscheidenden strittigen Fragen

joiner [ˈdʒɔɪnə(r)] S 1 Tischler(in), Schreiner(in): **~'s bench** Hobelbank *f*; **~'s clamp** Leim-, Schraubzwinge *f* 2 *j-d, der etwas zusammenfügt*: **film ~** (Film)Kleber(in) 3 *umg* Vereinsmeier *m*; **joinery** [-ərɪ] S 1 Tischler-, Schreinerhandwerk *n*, Tischlerei *f*, Schreinerei *f* 2 Tischler-, Schreinerarbeit *f*; **joining** ADJ: **~ fee** Aufnahme-, Beitrittsgebühr *f*

joint [dʒɔɪnt] A S 1 Verbindung(sstelle) *f*, *bes* a *Tischlerei etc*: Fuge *f*, Stoß *m* b BAHN Schienenstoß *m* c (*Löt*) Naht *f*, Nahtstelle *f* d ANAT, BIOL, TECH Gelenk *n*: **out of ~** ausgerenkt; *fig* aus den Fugen; **put out of ~** sich *etwas* ausrenken; → nose *Bes Redew* 2 BOT a (*Spross*) Glied *n* b (*Blatt*) Gelenk *n* c Gelenk(knoten) *n(m)* 3 Verbindungsstück *n*, Bindeglied *n* 4 GASTR Braten(stück) *m(n)* 5 *Buchbinderei*: Falz *m* (*der Buchdecke*) 6 *sl* Laden *m*, Bude *f*: a Lokal *n*: → clip joint b Gebäude *n*: → case[1] B c Firma *f*, Geschäft *n* 7 *sl* Joint *m* (*mit Haschisch od Marihuana versetzte Zigarette*): **roll a ~** sich e-n Joint drehen B ADJ (ADV → jointly) 1 gemeinsam, gemeinschaftlich (*a.* JUR): **~ action** gemeinsames Vorgehen; **take ~ action** gemeinsam vorgehen; **~ and several** a JUR gesamtschuldnerisch b solidarisch, gemeinsam; **~ and several liability** gesamtschuldnerische Haftung; **~ and several note** US gesamtschuldnerisches Zahlungsversprechen; **for their ~ lives** solange sie beide *od* alle leben 2 *bes* JUR Mit..., Neben...: **~ heir** *bes US* Miterbe *m*; **~ offender** Mittäter(in); **~ plaintiff** Mitkläger(in); → guilt 1 3 vereint, zusammenhängend C VT 1 verbinden, zusammenfügen 2 TECH a fugen, stoßen, verbinden, -zapfen b *Fugen* verstreichen 3 *Geflügel etc* zerlegen

joint| account S WIRTSCH Gemeinschaftskonto *n*: **on** (*od* **for**) **~** auf *od* für gemeinsame Rechnung; **~ adventure** → joint venture; **~ capital** S WIRTSCH Gesellschaftskapital *n*; **~ committee** S *bes* PARL gemischter *od* paritätischer Ausschuss; **~ credit** S WIRTSCH Konsortialkredit *m*; **~ creditor** S JUR gemeinsame(r) Gläubiger(in), (*etwa*) Gesamthandgläubiger(in); **~ custody** S JUR gemeinsames Sorgerecht (*geschiedener od getrennt lebender Eltern*); **~ debt** S JUR gemeinsame Verbindlichkeit, (*etwa*) Gesamthandschuld *f*; **~ debtor** S JUR Mitschuldner(in), (*etwa*) Gesamthandschuldner(in)

jointed ADJ 1 verbunden 2 gegliedert, mit Gelenken (versehen): **~ doll** Gliederpuppe *f*; **jointer** S TECH 1 Schlichthobel *m* 2 Fügebank *f* 3 *Maurerei*: Fugeisen *n*, Fugenkelle *f*

joint| evil S VET Lähme *f*; **~ family**, **~ household** S Großfamilie *f*

jointly ADV gemeinschaftlich: **~ and severally** a JUR gesamtschuldnerisch b solidarisch, gemeinsam

joint| owner S WIRTSCH Miteigentümer(in), Mitinhaber(in), Mitbesitzer(in): **~ of a ship** Mit-, Partenreeder(in); **~ ownership** S WIRTSCH Miteigentum *n*, Mitinhaberschaft *f*; **~ production** S FILM, TV Koproduktion *f*; **~ resolution** S *allg* gemeinsame Entschließung, PARL *US* gemeinsame Resolution (*des Senats u. des Repräsentantenhauses*); **~ stock** S WIRTSCH Gesellschafts-, Aktienkapital *n*; **~-stock bank** S WIRTSCH *Br* Aktienbank *f*; **~-stock company** S WIRTSCH 1 *Br* a Kapitalgesellschaft *f* b Aktiengesellschaft *f* 2 *US* offene Handelsgesellschaft auf Aktien; **~ tenancy** S JUR 1 gemeinsames Eigentum, Miteigentum *n* 2 Mitpacht *f*, Mitmiete *f*; **~ tenant** S JUR 1 Miteigentümer(in) 2 Mitpächter(in), Mitmieter(in); **~ undertaking** → joint venture 2

jointure [ˈdʒɔɪntʃə(r)] JUR A S (*vom Ehemann verfügte*) Vermögenszuwendung (*an die Ehefrau für die Zeit nach s-m Tod*): **settle a ~ upon one's wife** → B B VT: **~ one's wife** s-r Frau e-e Vermögenszuwendung aussetzen

joint venture S WIRTSCH 1 Joint Venture *n*, Gemeinschaftsunternehmen *n* 2 Gelegenheitsgesellschaft *f*

joist [dʒɔɪst] ARCH A S 1 Deckenträger *m*, -balken *m* 2 I-Träger *m* B VT Deckenträger einziehen in (*akk*)

joke [dʒəʊk] A S 1 Witz *m*: **crack ~s** Witze reißen; **make ~s about** sich lustig machen über (*akk*), (s-e) Witze machen über (*akk*) 2 a Scherz *m*, Spaß *m*: **in** (*od* **for a**) **~** im *od* zum Spaß; **this time the ~'s on me** diesmal bin ich der Dumme; **be no ~** e-e ernste Angelegenheit sein; keine Kleinigkeit sein; **that's going beyond a ~** das ist kein Spaß mehr, das ist nicht mehr lustig; **I don't see the ~** ich verstehe nicht, was daran so lustig sein soll; **he can't take a ~** er versteht keinen Spaß b Streich *m*: **play a ~ on sb** j-m e-n Streich spielen; **~ shop** (*bes US* **store**) Scherzartikelladen *m* 3 Zielscheibe *f* des Spotts, Gespött *n*: **make a ~ of sb** j-n zum Gespött *od* lächerlich machen; **standing ~** Zielscheibe ständigen Spotts B VI scherzen, Witze *od* Spaß machen: **I was only joking** ich hab nur Spaß gemacht, das war nicht ernst gemeint; **I'm not joking** ich meine das ernst, ich mache keinen Spaß; **you must be joking, are you joking?** das ist doch nicht dein Ernst! C VT *j-n* hänseln, necken; **joker** S 1 Spaßvogel *m*, Witzbold *m* 2 *sl* Typ *m*, Kerl *m* 3 Joker *m* (*Spielkarte*) 4 *US umg* Trick *m*: **pull a ~ on sb** j-n austricksen; **joking** A ADJ (ADV **~ly**) scherzhaft, spaßend: **~ly** *a.* im Spaß; **I'm not in a ~ mood** ich bin nicht zu Scherzen aufgelegt, mir ist nicht nach Späßen zumute B S Witze *pl*: **~ apart** (*od* **aside**) Scherz *od* Spaß beiseite!

jollification [ˌdʒɒlɪfɪˈkeɪʃn; *US* ˌdʒɑ-] S *umg* (feucht)fröhliches Fest, Festivität *f*; **jollify** [-faɪ] VT *umg* 1 in fröhliche Stimmung versetzen 2 beschwipst machen *umg*; **jolliness**, **jollity** [-ətɪ] S Lustigkeit *f*, Fröhlichkeit *f*

jolly[1] [ˈdʒɒlɪ; *US* ˈdʒɑliː] A ADJ (ADV jollily) 1 lustig, fröhlich, vergnügt 2 nett, angenehm 3 *umg* angeheitert, beschwipst *umg*: **be ~** e-n Schwips haben B ADV *Br umg* ganz schön, ziemlich: **~ late**; **~ good!** prima!, klasse!; **a ~ good fellow** ein prima Kerl *umg*; **he's ~ nice** er ist unheimlich nett *umg*; **you'll ~ well have to do it** du musst (es tun), ob du willst oder nicht; **you ~ well know that ...** du weißt ganz gut *od* genau, dass ... C VT *umg* 1 *meist* **~ along** (*od* **up**) *j-n* bei Laune halten 2 **~ sb into doing sth** j-n dazu bringen *od* überreden, etwas zu tun 3 *j-n* aufziehen *umg*, necken

jolly[2] [ˈdʒɒlɪ; *US* ˈdʒɑliː], **~ boat** S SCHIFF Jolle *f*

Jolly Roger [ˌdʒɒlɪˈrɒdʒə; *US* ˌdʒɑliːˈrɑdʒər] S Totenkopf-, Piratenflagge *f*

jolt [dʒəʊlt] A VT 1 a e-n Ruck *od* Stoß geben (*dat*) b *Passagiere* durchrütteln, -schütteln 2 TECH *Metallstäbe* stauchen 3 *fig* a *j-m* e-n Schock versetzen b *j-n* auf- *od* wachrütteln: **~ sb out of** *a.* j-n reißen aus B VI 1 a e-n Ruck machen b rütteln, holpern (*bes Fahrzeug*): **~ along** dahinholpern 2 *US sl* fixen, schießen (*sich Drogen spritzen*) C S 1 Ruck *m*, Stoß *m* 2 *fig* Schock *m*: **give sb a ~** j-m e-n Schock versetzen; **a healthy ~** ein heilsamer Schock 3 *US sl* Schuss *m* (*Kognak, Heroin etc*); **jolter** S *US sl* Fixer(in); **jolty** ADJ 1 ruckartig 2 a holp(e)rig (*Fahrbahn etc*) b rüttelnd (*Fahrzeug*)

Jonah [ˈdʒəʊnə] EIGENN & S 1 BIBEL (das Buch) Jona(s) *m* 2 *fig* Unglücksbringer *m*

Jonas [ˈdʒəʊnəs] → Jonah 1

Jonathan [ˈdʒɒnəθən; *US* ˈdʒɑ-] S Jonathan *m* (*ein Tafelapfel*)

jones [dʒəʊnz] SPL: **have the ~ for** *sl* verrückt sein nach

jongleur [ʒɔ̃ːŋˈglɜː; *US* -ˈglɜr] S HIST fahrender Sänger, Spielmann *m*

jonquil [ˈdʒɒŋkwɪl; *US* ˈdʒɑŋ-; ˈdʒɑn-] S BOT Jonquille *f* (*e-e Narzisse*)

Jordan [ˈdʒɔː(r)dn] S a Jordan *m* (*Fluss in Israel u. Jordanien*) b Jordanien *n*

Jordanian [dʒɔː(r)ˈdeɪnjən; -nɪən] A S Jordanier(in) B ADJ jordanisch

jorum [ˈdʒɔːrəm] S großes Trinkgefäß

Josephson effect [ˈdʒəʊzɪfsn] S PHYS Josephson-Effekt *m*

josh [dʒɑʃ] *US umg* A VT *j-n* aufziehen, veräppeln (*beide umg*) necken B VI Spaß *od* Witze machen (**with** mit) C S Veräpperf(e)lung *f umg*

Joshua [ˈdʒɒʃwə; *US* ˈdʒɑ-] EIGENN & S BIBEL (das Buch) Josua *m od* Josue *m*

joss [dʒɒs; *US a.* dʒɑs] S chinesischer (Haus)Götze; **~ house** S chinesischer Tempel; **~ stick** S Räucherstäbchen *n*

jostle [ˈdʒɒsl; *US* ˈdʒɑsəl] A VT 1 anrempeln 2 dränge(l)n: **~ one's way through** sich (hindurch)drängen durch B VI 1 **~ against** rempeln gegen, anrempeln 2 (sich) dränge(l)n 3 *US sl* Taschendiebstähle begehen C S 1 Rempelei *f* 2 Gedränge *n*; **jostler** S *US sl* Taschendieb(in)

Josue [ˈdʒɒsjuːiː; *US* ˈdʒɑʃəˌweɪ] → Joshua

jot [dʒɒt; *US* dʒɑt] A S *fig* Spur *f*: **not a ~ of truth** kein Funke *od* Körnchen Wahrheit; **there is not one ~ of truth in that story** an der Geschichte ist kein (einziges) Wort wahr B VT *meist* **~ down** a sich *etwas* notieren b *etwas*

hinwerfen, flüchtig zu Papier bringen; **jotter** S Notizbuch *n*, -block *m*; **jotting** S Notiz *f*
joule [dʒuːl; dʒaʊl] S PHYS Joule *n* (*Maßeinheit für die Energie*)
Joule-Thomson effect [ˌdʒuːlˈtɒmsn; US -ˈtɑmsən] S PHYS Joule-Thomson-Effekt *m* (*bei der Drosselung von wirklichen Gasen auftretende Temperaturänderung*)
jounce [dʒaʊns] → jolt A 1, B 1, C 1
jour. ABK 1 journal 2 journalist 3 journeyman
journal [ˈdʒɜːnl; US ˈdʒɜrnl] S 1 Tagebuch *n* 2 *Buchhaltung*: Journal *n*, Grundbuch *n* 3 PARL Protokoll *n*: **the** ♀**s** *pl Br* das Protokollbuch 4 a Journal *n*, Zeitschrift *f* b Zeitung *f* 5 a SCHIFF Journal *n*, Logbuch *n* b Sendebericht *m* (*e-s Faxgeräts*) 6 TECH (*Lager-, Wellen*) Zapfen *m*, Achsschenkel *m*: **~ bearing** Achs-, Zapfenlager *n*; **~ box** Lagerbüchse *f*; **journalese** [-nəˈliːz] S Zeitungsstil *m*; **journalism** S Journalismus *m*: a Zeitungs-, Pressewesen *n* b *Tätigkeit des Journalisten* c *oft pej charakteristische Art der Zeitungsberichterstattung*; **journalist** S Journalist(in); **journalistic** ADJ (ADV **~ally**) journalistisch; **journalize** A V/T in ein Tagebuch *od* (WIRTSCH) in das Journal eintragen B V/I ein Tagebuch *od* (WIRTSCH) ein Journal führen
journey [ˈdʒɜːnɪ; US ˈdʒɜrniː] A S 1 Reise *f* (*a. fig*): **make a ~**; **life is a ~ from birth to death**; **go on a ~** verreisen; **reach one's ~'s end** *poet* a am Ziel der Reise anlangen b *fig* am Ende des Lebensweges anlangen; **~ of exploration** Forschungsreise 2 Reise *f*, Entfernung *f*, Weg *m*: **a two days' ~** zwei Tage(s)reisen (**to** nach) 3 Route *f*, Strecke *f* B V/I reisen; **~man** [-mən] S *irr* 1 (Handwerks)Geselle *m*: **~ tailor** Schneidergeselle 2 *fig* (guter) Handwerker (*j-d, der einwandfrei, aber unschöpferisch arbeitet*): **a good ~ trumpeter** ein handwerklich guter Trompeter; **a ~ work** e-e handwerkliche Arbeit; **~work** S 1 Gesellenarbeit *f* 2 (notwendige) Routinearbeit
journo [ˈdʒɜːnəʊ; US ˈdʒɜr-] *pl* -os S *umg* Journalist(in)
joust [dʒaʊst; dʒuːst] HIST A V/I im Turnier kämpfen, turnieren (*beide*: **against, with** gegen) B S 1 Lanzenbrechen *n*, -stechen *n* 2 Turnier *n*; **jouster** S HIST Turnierkämpfer *m*
Jove [dʒəʊv] EIGENN Jupiter *m*: **by ~!** *obs* Donnerwetter!
jovial [ˈdʒəʊvjəl; -vɪəl] ADJ (ADV **~ly**) lustig, fröhlich, vergnügt; **joviality** [-ˈælətɪ], **jovialness** S Lustigkeit *f*, Fröhlichkeit *f*
Jovian [ˈdʒəʊvjən; -vɪən] ADJ ASTRON, MYTH des Jupiter
jowl [dʒaʊl] S 1 (*bes* Unter)Kiefer *m* 2 a Wange *f*, Backe *f*: → cheek A 1 b Hängebacke *f* 3 ZOOL Wamme *f* 4 ORN Kehllappen *m* 5 FISCH Kopf(stück) *m(n)*
joy [dʒɔɪ] A S 1 Freude *f* (**at** über *akk*; **in** an *dat*): **for ~** vor Freude *weinen etc*; **in ~ and in sorrow** in Freud u. Leid; **to sb's ~** zu j-s Freude; **it gives me great ~, it is a great ~ to me** es macht *od* bereitet mir große Freude; **wish sb ~** j-m Glück wünschen (**of** zu); **I wish you ~!** *iron* na dann viel Spaß!; **the ~s of life** die Freuden des Lebens; → jump B 2, leap A 2 *Br umg* Erfolg *m*: **I got no ~, I didn't have any ~** ich hatte kein Glück B V/I *poet* sich freuen (**in** über *akk*) C V/T *poet* erfreuen
joyful ADJ (ADV **~ly**) 1 freudig, erfreut: **be ~** sich freuen, froh sein 2 erfreulich, froh, freudig (*Ereignis etc*): → rosary 2; **joyfulness** S Freudigkeit *f*; **joyless** ADJ (ADV **~ly**) 1 freudlos 2 unerfreulich; **joylessness** S 1 Freudlosigkeit *f* 2 Unerfreulichkeit *f*; **joyous** ADJ (ADV **~ly**) → joyful; **joyousness** → joyfulness
joy|pop V/I *sl* ab u. zu Drogen nehmen; **~ ride** S *umg* Spritztour *f* (*bes in e-m gestohlenen Wagen*): **go on a ~** → joy-ride; **~-ride** V/I *umg* (*bes in e-m gestohlenen Wagen*) e-e Spritztour machen; **~ rider** S *umg j-d, der (bes in e-m gestohlenen Wagen) e-e Spritztour macht*; **~ stick** S *umg* 1 FLUG Steuerknüppel *m* 2 COMPUT Joystick *m* (*Steuerhebel für Computerspiele*)
JP ABK Justice of the Peace Friedensrichter(in)
Jr ABK Junior jun., jr.
jt ABK joint
jube [ˈdʒuːbiː] S ARCH 1 Lettner *m* 2 Lettnerempore *f*
jubilant [ˈdʒuːbɪlənt] ADJ (ADV **~ly**) 1 überglücklich 2 jubelnd: **~ shout** Jubelschrei *m*
jubilate[1] [ˈdʒuːbɪleɪt] V/I jubeln, jubilieren
Jubilate[2] [ˌdʒuːbɪˈlɑːtɪ; ˌjuː-; US -ˌteɪ] S REL 1 (Sonntag *m*) Jubilate (*3. Sonntag nach Ostern*) 2 Jubilatepsalm *m*
jubilation [ˌdʒuːbɪˈleɪʃn] S Jubel *m*
jubilee [ˈdʒuːbɪliː; ˌ-ˈliː] A S 1 Jubiläum *n*: **silver (golden, diamond) ~** fünfundzwanzigjähriges (fünfzigjähriges, sechzigjähriges) Jubiläum 2 fünfzigjähriges Jubiläum 3 KATH Jubel-, Ablassjahr *n* 4 Halljahr *n* (*der Israeliten*) 5 a Jubel-, Freudenfest *n* b Festzeit *f* 6 Jubel *m* B ADJ Jubiläums...: **~ stamp**
JUD ABK Juris Utriusque Doctor, Doctor of Civil and Canon Law
Judaean → Judean
Judah [ˈdʒuːdə] BIBEL A EIGENN Juda *m* B S (Stamm *m*) Juda
Judaic [dʒuːˈdeɪɪk] ADJ, **Judaical** ADJ (ADV **~ly**) jüdisch
Judaism [ˈdʒuːdeɪɪzəm; US -dəɪzəm; -dɪɪzəm] S Judaismus *m*, Judentum *n*; **Judaistic** ADJ (ADV **~ally**) judaistisch; **Judaize** A V/I dem Judaismus anhängen B V/T zum Judaismus bekehren, jüdisch machen
Judas [ˈdʒuːdəs] A EIGENN BIBEL Judas *m* B S 1 Judas *m* (*Verräter*) 2 *meist* ♀ a Guckloch *n*, Spion *m* b Guckfenster *n*; ♀ **hole** → Judas B 2; **~ kiss** S Judaskuss *m*; **~ tree** S BOT Judasbaum *m*; ♀ **window** → Judas B 2
judder [ˈdʒʌdə(r)] *bes* TECH A V/I vibrieren B S Vibrieren *n*
Jude [dʒuːd] EIGENN & S BIBEL Judas *m*: **(the Epistle of) ~** der Judasbrief
Judean [dʒuːˈdɪən] HIST A ADJ judäisch B S Judäer(in)
judge [dʒʌdʒ] A S 1 JUR Richter(in): → associate C 2, sober A 1 2 *fig* Richter(in) (**of** über *akk*) 3 a Schiedsrichter(in) (*a.* SPORT) b Preisrichter(in) (*a.* SPORT) c SPORT Kampfrichter(in), (*Boxen*) Punktrichter(in), (*Skispringen*) Sprungrichter(in) 4 Kenner(in): **a (good) ~ of wine** ein Weinkenner; **a good ~ of character** ein guter Menschenkenner; **I am no ~ of it** ich kann es nicht beurteilen; **let me be the ~ of that** überlasse das *od* die Entscheidung darüber ruhig mir 5 BIBEL a Richter *m* b ♀**s** *pl* (*als sg konstruiert*)(das Buch der) Richter B V/T 1 JUR a *e-n Fall* verhandeln b die Verhandlung führen gegen 2 richten (*Gott*): **God will ~ all men** 3 a *Wettbewerbsteilnehmer, Leistungen etc* beurteilen (**on** nach, aufgrund) b als Schieds- *od* Preis- *od* Kampf- *od* Punktrichter(in) fungieren bei 4 entscheiden (**sth** etwas; **that** dass) 5 sich ein Urteil bilden über (*akk*), beurteilen, einschätzen (*alle*: **by** nach) 6 betrachten als, halten für: **he ~d it better to leave** er hielt es für besser zu gehen 7 *die Entfernung etc* schätzen: **I ~ him to be 60** ich schätze ihn auf 60 8 schließen, folgern (*beide*: **from, by** aus) 9 vermuten, annehmen C V/I 1 JUR Richter(in) sein 2 als Schieds- *od* Preis- *od* Kampf- *od* Punktrichter(in) fungieren (**at** bei) 3 urteilen, sich ein Urteil bilden (*beide*: **of** über *akk*): **as far as I can ~** soweit ich das beurteilen kann; **as far as one can ~** nach menschlichem Ermessen; **~ for yourself** urteilen Sie selbst; **judging by his words** s-n Worten nach (zu urteilen)
judge| advocate *pl* judge advocates S MIL Kriegsgerichtsrat *m*; **~ advocate general** *pl* judge advocates general, judge advocate generals S MIL Chef *m* der Militärjustiz; **~-made law** S JUR auf richterlicher Entscheidung beruhendes Recht
judgematic, **judgematical**, **judgement** → judgmatic, judgment
judgeship S JUR Richteramt *n*
judgmatic [dʒʌdʒˈmætɪk] ADJ, **judgmatical** [-kl] ADJ (ADV **~ly**) klug, umsichtig, vernünftig
judgment [ˈdʒʌdʒmənt] S 1 JUR (Gerichts)Urteil *n*, gerichtliche Entscheidung: **sit in ~ on** (*od* **over**) a *e-n Fall* verhandeln b *a. weitS.* zu Gericht sitzen über (*akk*); → appeal C 1, default A 3 2 JUR a Urteil(surkunde) *n(f)* b *Br* Urteilsbegründung *f* 3 Urteil *n*, Beurteilung *f* 4 Urteilsvermögen *n*, -kraft *f*, Verständnis *n*, Einsicht *f*: **a man of sound ~** ein urteilsfähiger Mensch; **use one's best ~** nach bestem Ermessen handeln; **against (one's) better ~** wider bessere Einsicht 5 Meinung *f*, Ansicht *f*, Urteil *n* (*alle*: **on** über *akk*): **form a (final) ~ on** sich ein (abschließendes *od* endgültiges) Urteil bilden über (*akk*); **in my ~** m-s Erachtens 6 a Strafe *f* (Gottes) (**on sb** für j-n) b göttliches (Straf)Gericht: **the Last** ♀ das Jüngste Gericht; **Day of** ♀ → Judgment Day 7 göttlicher Ratschluss 8 Glaube *m*: **the Calvinist ~**; **~ creditor** S JUR Vollstreckungsgläubiger(in); ♀ **Day** S REL Tag *m* des Jüngsten Gerichts, Jüngster Tag; **~ debt** S JUR durch Urteil festgestellte Schuld; **~ debtor** S JUR Vollstreckungsschuldner(in); **~ note** S WIRTSCH, JUR *US* Schuldanerkenntnisschein *m*; **~-proof** ADJ JUR *US* nicht eintreibbar *od* pfändbar; **~ seat** S REL Richterstuhl *m* (*Gottes*)
judicable [ˈdʒuːdɪkəbl] ADJ JUR a verhandlungsfähig (*Fall*) b rechtsfähig (*Person*); **judicative** [-kətɪv; US -ˌkeɪtɪv] ADJ Urteils...: **~ faculty** Urteilskraft *f*; **judicatory** [-kətərɪ; -keɪ-; US -kəˌtəʊriː; -ˌtɔːriː] JUR A ADJ → judicial B S → judicature 1, 5
judicature [ˈdʒuːdɪkətʃə(r); US *a.* -ˌtʃʊər] S JUR 1 Rechtsprechung *f*, Rechtspflege *f*, Justiz(verwaltung) *f*: **Supreme Court of** ♀ Oberster Gerichtshof (*für England u. Wales*) 2 Gerichtswesen *n*, -system *n*: ♀ **Act** *Br* Gerichtsverfassungsgesetz *n* 3 a Richteramt *n* b Amtszeit *f* e-s Richters c richterliche Gewalt 4 → judiciary B 3 5 Gerichtshof *m*
judicial [dʒuːˈdɪʃl] ADJ (ADV **~ly**) 1 JUR gerichtlich, Gerichts...: **~ authorities** Justizbehörden; **~ decision** gerichtliche *od* richterliche Entscheidung; **~ district** (*US* **circuit**) Gerichtsbezirk *m*; **~ error** Justizirrtum *m*; **~ murder** Justizmord *m*; **~ proceedings** *pl* Gerichtsverfahren *n*, gerichtliches Verfahren; → separation 4 2 JUR richterlich: **~ discretion** richterliches Ermessen; **~ oath** vom Richter abgenommener Eid; **~ office** Richteramt *n*; **~ power** richterliche Gewalt 3 JUR gerichtlich (angeordnet *od* gebilligt): **~ sale** *US u. schott* gerichtliche Versteigerung, Zwangsversteigerung *f* 4 scharf urteilend, kritisch 5 unparteiisch 6 als göttliche Strafe verhängt (*Seuche etc*)
judiciary [dʒuːˈdɪʃɪərɪ; -ʃərɪ; US -ʃɪˌeriː] JUR A ADJ → judicial 1, 2 B S 1 *US* richterliche Gewalt 2 → judicature 2 3 KOLL Richter(schaft) *pl(f)*, -stand *m*

judicious [dʒuːˈdɪʃəs] ADJ (ADV ~ly) 1 vernünftig, klug, umsichtig 2 wohlüberlegt; **judiciousness** S Vernünftigkeit *f*, Klugheit *f*, Umsicht *f*

Judith [ˈdʒuːdɪθ] EIGENN & S BIBEL (das Buch) Judith *f*

judo [ˈdʒuːdəʊ] S SPORT Judo *n*; **judoist** S Judoexperte *m*, -expertin *f*; **judoka** [-kaː] *pl* -kas, -ka S 1 Judoka *m/f* 2 → judoist

Judy [ˈdʒuːdɪ] S 1 *Kasperletheater*: Gretel *f*: → Punch[4] 2 *oft* ♀ *Br umg* Puppe *f*, Biene *f* (*Mädchen*)

jug[1] [dʒʌg] A S 1 a Krug *m* b *bes Br* Kanne *f* c *bes Br* Kännchen *n* 2 *sl* Kittchen *n*, Knast *m*: **be in ~** im Kittchen *od* Knast sitzen, Knast schieben 3 WIRTSCH *US sl* Bank *f* B V/T 1 GASTR *bes e-n Hasen* schmoren: **~ged hare** Hasenpfeffer *m* 2 *sl* ins Kittchen *od* in den Knast stecken, einlochen

jug[2] [dʒʌg] A V/I schlagen (*Nachtigall*) B S Schlag *m*

jugal [ˈdʒuːgl] ANAT, ZOOL A ADJ Jochbein... B S *a.* **~ bone** Jochbein *n*

jugate [ˈdʒuːgeɪt; -gɪt] ADJ 1 BIOL paarig, gepaart 2 BOT ...paarig

Jugendstil [ˈjuːgəntʃtiːl] S KUNST Jugendstil *m*

jugful [ˈdʒʌgfʊl] S (ein) Krug *m* (voll)

juggernaut [ˈdʒʌgə(r)nɔːt] S 1 AUTO *Br umg* Brummi *m umg*, Schwerlaster *m* 2 *fig* Moloch *m*: **the ~ of war** der Moloch Krieg

juggins [ˈdʒʌgɪnz] S *bes Br umg* Trottel *m pej*

juggle [ˈdʒʌgl] A V/T 1 jonglieren (mit) 2 *fig* a mit *Fakten, Worten etc* jonglieren b *Fakten, Worte etc* verdrehen c *Konten etc* fälschen, frisieren *umg* 3 *j-n* betrügen (**out of** um), reinlegen *umg* B V/I 1 jonglieren (**with** mit) 2 **~ with** → A 2 3 ein falsches *od* sein Spiel treiben (**with sb** mit j-m) C S 1 Jongleurakt *m* 2 Schwindel *m*; **juggler** S 1 Jongleur *m*, Jongleuse *f* 2 *j-d, der mit etwas jongliert od der etwas verdreht od fälscht*: **~ of words** Wortverdreher(in) 3 Schwindler(in); **jugglery** [-lərɪ] S 1 Jonglieren *n*: **act of ~** Jongleurakt *m* 2 Schwindel *m*

Jugoslav, *etc* → Yugoslav *etc*

jugular [ˈdʒʌgjʊlə; *US* -jələr] A ADJ 1 ANAT Jugular...: **~ vein** → B 1 2 *fig* mörderisch: **~ competition** mörderischer *od* unbarmherziger Konkurrenzkampf B S 1 ANAT Drosselvene *f*, Jugularader *f*, -vene *f* 2 FISCH Kehlflosser *m* 3 *fig* empfindliche Stelle: **have a feel** (*od* **an instinct**) **for the ~** ein Gespür dafür haben, wo j-d verwundbar ist

jugulate [ˈdʒʌgjʊleɪt] V/T 1 die Kehle durchschneiden (*dat*) 2 MED *e-e Krankheit* kupieren (*aufhalten, unterdrücken*)

juice [dʒuːs] A S 1 a (*Obst-, Fleisch- etc*) Saft *m*: **let sb stew in their own ~** *umg* j-n im eigenen Saft schmoren lassen b PHYSIOL (*Körper*) Saft *m*: → digestive A 2, gastric 2 *fig* Saft *m* (u. Kraft *f*), Vitalität *f* 3 *fig* (*das*) Wesentliche, Kern *m* 4 *sl* a ELEK Saft *m* (*Strom*) b AUTO Sprit *m* (*Benzin*): **step on the ~** Saft *od* Gas geben 5 *bes US sl* Alkohol *m*: **be into ~** blau sein *umg* 6 *US sl* a Wucherzinsen *pl* b Kredit *m* zu Wucherzinsen 7 *US sl* a Einfluss *m* b einflussreiche Position B V/T 1 entsaften 2 mit Saft übergießen 3 **~ up** *US umg* Leben *od* Schwung bringen in (*akk*): **~ up a party** 4 **get ~d up** *bes US sl* sich vollaufen lassen (**on** mit); **juiced** ADJ *bes US sl* blau, besoffen

juice| extractor *Br* → juicer 1; **~head** S *bes US sl* a Gewohnheitstrinker(in) b Säufer(in) *umg*

juiceless ADJ 1 saftlos 2 *fig* fad(e), ohne Saft (u. Kraft)

juice man S *irr US sl* Kredithai *m*

juicer S 1 *US* Entsafter *m* (*Gerät*) 2 THEAT *etc sl* Beleuchter(in)

juiciness [ˈdʒuːsɪnɪs] S 1 Saftigkeit *f* 2 *umg* a Knackigkeit *f* b Pikanterie *f*; **juicy** ADJ (ADV **juicily**) 1 saftig 2 *umg* a knackig (*Mädchen*) b saftig (*Gewinn etc*) c lukrativ (*Vertrag etc*) d pikant (*Einzelheiten etc*)

jujitsu [dʒuːˈdʒɪtsuː] S SPORT Jiu-Jitsu *n*

juju [ˈdʒuːdʒuː] S Juju *n*: a Fetisch *m* (*in Westafrika*) b *der damit verbundene Zauber*

jujube [ˈdʒuːdʒuːb] S 1 BOT a Jujube *f*, Judendorn *m* b Chinesische Dattel 2 MED, PHARM Pastille *f* (*mit Fruchtgeschmack*)

jujutsu [dʒuːˈdʒɪtsuː] → jujitsu

juke|box [ˈdʒuːk-] S Jukebox *f*, Musikautomat *m*; **~ joint** S *US sl* Jukeboxbude *f*, Bumslokal *n* (*beide umg*)

Jul. ABK July Jul.

julep [ˈdʒuːlep; -lɪp] S *US* Julep *n/m* (*alkoholisches Erfrischungsgetränk mit Pfefferminzgeschmack*)

Julian [ˈdʒuːljən] ADJ julianisch: **the ~ calendar** der julianische Kalender

julienne [ˌdʒuːlɪˈen; ˌʒuː-] A S Juliennesuppe *f* B ADJ fein geschnitten (*Gemüse*)

July [dʒuːˈlaɪ; dʒʊ-] S Juli *m*: **in ~** im Juli

jumbal → jumble C 3

jumble [ˈdʒʌmbl] A V/T *a.* **~ together** (*od* **up**) a *Sachen* durcheinanderwerfen: **his clothes are all ~d up in the wardrobe** s-e Kleidung liegt auf e-m Haufen im Schrank b *Fakten etc* durcheinanderbringen: **his thoughts are all ~d up** er ist ganz wirr *od* durcheinander B V/I wild durcheinanderlaufen C S 1 Durcheinander *n*: **our plans fell into a ~** unsere Pläne gerieten durcheinander 2 *Br* Ramsch *m*: **~ sale** a Ramschverkauf *m* b Wohltätigkeitsbasar *m*; **~ shop** Ramschladen *m* 3 Zuckerkringel *m*; **jumbly** [-blɪ] ADJ durcheinander, wirr

jumbo [ˈdʒʌmbəʊ] A *pl* -bos S 1 Koloss *m* (*Sache od Person*) 2 FLUG Jumbo *m* (*Jumbojet*) B ADJ riesig, Riesen...; **~ jet** S FLUG Jumbojet *m* (*Großraumdüsenflugzeug*); **~-sized** → jumbo B

jump [dʒʌmp] A S 1 Sprung *m*, Satz *m*: **make** (*od* **take**) **a ~** e-n Sprung machen; **by ~s** *fig* sprungweise; **on the ~** im Sprung; **be on the ~** *bes US umg* auf Trab sein: a es eilig haben b viel zu tun haben; **keep sb on the ~** *bes US umg* j-n in Trab halten; **have the ~ on sb** *umg* j-m voraus sein; **get the ~ on sb** *umg* j-m zuvorkommen; **be one ~ ahead** (**of**) *umg* e-n Schritt *od* e-e Nasenlänge voraus sein (*dat*); **win the ~** (*Fußball*) am höchsten springen 2 (Fallschirm)Absprung *m*: **~ area** (Ab)Sprunggebiet *n* 3 SPORT (*Drei-, Hoch-, Ski-, Weit*) Sprung *m* 4 Hindernis *n*: **take the ~** 5 *fig* sprunghaftes Anwachsen, Emporschnellen *n* (*der Preise etc*): **~ in production** rapider Produktionsanstieg 6 (plötzlicher) Ruck *od* Stoß 7 Überspringen *n* (*a. fig*) 8 *Damespiel*: Schlagen *n* 9 → jump cut 10 (Zusammen)Zucken *n*, Auf-, Zusammenfahren *n*: **give a ~** → B 4; **it gives me the ~s** *umg* es macht mich ganz nervös *od* unruhig; **have the ~s** *umg* ganz nervös *od* aufgeregt *od* unruhig sein 11 *umg* a Fahrt *f*, *bes* FLUG Flug *m*: **it's only a short ~ from London to Paris** mit dem Flugzeug ist es nur ein Katzensprung von London nach Paris b *bes* FLUG Abstecher *m* 12 a Rückstoß *m* (*e-r Feuerwaffe*) b MIL Abgangsfehler *m* (*beim Schießen*) 13 *bes Br vulg* Nummer *f* (*Geschlechtsverkehr*): **have a ~** e-e Nummer machen *od* schieben B V/I 1 springen: **~ clear of sth** von etwas wegspringen; **~ at** a SPORT *e-n Gegenspieler* anspringen b *fig* sich stürzen auf (*akk*); **~ at the chance** mit beiden Händen zugreifen, sofort zupacken; **~ at the idea** den Gedanken sofort aufgreifen; **~ down sb's throat** *umg* j-n anfahren *od* anschnauzen; **go ~ in the lake!** *bes Br umg* a ach, hau doch ab! b du kannst mich mal!; **~ off** a abspringen (von) b (*Springreiten*) das Stechen bestreiten; **~ on sb** *umg* a über j-n herfallen b j-m aufs Dach steigen; **~ out of one's skin** aus der Haut fahren; **~ all over sb** *US umg* j-n zur Schnecke machen; **~ to one's feet** auf-, hochspringen; **~ to it** *umg* mit Schwung rangehen, zupacken; **~ up** auf-, hochspringen; → conclusion 3, safety A 1 2 hüpfen, springen: **~ about** (*od* **around**) herumhüpfen; **~ for joy** Freudensprünge machen; **make hearts ~ for joy** die Herzen höherschlagen lassen 3 (*mit dem Fallschirm*) abspringen 4 zusammenzucken, auf-, zusammenfahren (*alle*: **at** bei): **the news made him ~** die Nachricht ließ ihn zusammenfahren, er fuhr bei der Nachricht zusammen 5 *fig* abrupt übergehen, überspringen, -wechseln (*alle*: **to** zu): **~ from one topic to another** 6 a rütteln, stoßen (*Wagen etc*) b gerüttelt werden, schaukeln, wackeln 7 *Damespiel*: schlagen 8 sprunghaft (an)steigen, emporschnellen (*Preise etc*) 9 TECH springen (*Filmstreifen, Schreibmaschine etc*) 10 *Bridge*: unnötig hoch reizen 11 *umg* voller Leben sein: **the party was ~ing** auf der Party war schwer was los 12 (**with**) übereinstimmen (mit), passen (zu) C V/T 1 (hinweg)springen über (*akk*) 2 *fig eine Zeile etc* überspringen, auslassen: **~ channels** den Instanzenweg nicht einhalten; **~ the line** (*bes Br* **queue**) a sich vordränge(l)n (*a. fig*) b AUTO aus e-r Kolonne ausscheren u. überholen; → gun[1] A 3, light[1] A 5 3 springen lassen: **he ~ed his horse across the ditch** er setzte mit s-m Pferd über den Graben; **~ sb into sth** *fig* j-n in e-e Sache hineinstoßen 4 *Damespiel*: schlagen 5 AUTO *ein Auto* mit e-m Starthilfekabel starten 6 *US umg* abhauen aus *od* von: → bail[1] A 2 7 widerrechtlich von *fremdem Besitztum etc* Besitz ergreifen 8 herunterspringen von, (heraus)springen aus: → rail[1] A 4, track A 2 9 *umg* a auf *e-n fahrenden Zug etc* aufspringen b von *e-m fahrenden Zug etc* abspringen 10 *a.* **~ out** *US umg* anschnauzen 11 *j-n* überfallen, über *j-n* herfallen 12 *die Preise etc* emporschnellen lassen, hochtreiben 13 *bes Br vulg* bumsen, vögeln (*schlafen mit*)

jumpable [ˈdʒʌmpəbl] ADJ überspringbar, zu überspringen(d)

jump| ball S *Basketball*: Sprungball *m*; **~ cut** S FILM, TV harter Schnitt (*zwischen zwei Szenen*); **~-cut** V/I *irr* FILM, TV harte Schnitte machen

jumped-up [ˌdʒʌmptˈʌp] ADJ *umg* 1 (parvenühaft) hochnäsig 2 emporgekommen: **a ~ lot** ein Haufen von Emporkömmlingen

jumper[1] [ˈdʒʌmpə(r)] S 1 SPORT (*Drei-, Hoch-, Ski-, Weit*) Springer(in) 2 Sprungpferd *n* 3 TECH a Stoß-, Steinbohrer *m* b Bohrmeißel *m* c Stauchhammer *m* 4 a ELEK Überbrückungsdraht *m* b *pl* → jumper cables

jumper[2] [ˈdʒʌmpə(r)] S 1 *bes Br* Pullover *m* 2 *US* Kittel *m* 3 *US* Trägerrock *m*, -kleid *n*

jumper cables SPL AUTO *US* Starthilfekabel *n*

jumpiness [ˈdʒʌmpɪnɪs] S a Nervosität *f* b Schreckhaftigkeit *f*

jumping [ˈdʒʌmpɪŋ] S 1 Springen *n* 2 *Skisport*: Sprunglauf *m*, Springen *n*; **~ bean** S BOT Springende Bohne; **~ derby** S *Pferdesport*: Springderby *n*; **~ hill** S *Skispringen*: Sprungschanze *f*; **~ jack** S Hampelmann *m* (*Spielzeug u. in der Gymnastik*); **~ mouse** S *irr* ZOOL Hüpfmaus *f*; **~-off place**, **~-off point** S 1 Ausgangspunkt *m*, -basis *f* 2 *US* a entlegener Ort b Ende *n* der Welt

jump| jet S FLUG *umg* Düsensenkrechtstarter *m*; **~ leads** *Br* → jumper cables; **~-off** S *Springreiten*: Stechen *n*; **~ pass** S *Basketball*: Sprungpass *m*; **~ rope** S *US* Spring-, Sprungseil *n*; ~ **seat** S Klapp-, Notsitz *m*; ~ **shot** S *Basketball*: Sprungwurf *m*; ~ **spark** S ELEK Überschlagfunken *m*; ~ **start** S 1 AUTO Starthilfe *f*: **give sb a ~** j-m Starthilfe geben 2 *Motorsport*: Frühstart *m*; ~ **suit** S Jumpsuit *m (einteiliger Hosenanzug)*; ~ **turn** S *Skisport*: Umsprung *m*

jumpy ['dʒʌmpɪ] ADJ (ADV jumpily) 1 a nervös b schreckhaft 2 a ruckartig b ruckelnd

Jun. ABK 1 June Jun. 2 Junior jun., jr.

junc. ABK junction

junction ['dʒʌŋkʃn] A S 1 Verbindung *f*, -einigung *f* 2 BAHN a Knotenpunkt *m* b Anschlussstation *f* 3 *(Straßen)* Kreuzung *f*, (-)Einmündung *f* 4 Verbindungspunkt *m* 5 MATH Berührung(spunkt) *f(m)* 6 *Bergbau*: Durchschlag *m* 7 TECH Anschluss *m* B ADJ Verbindungs…, Anschluss…: ~ **piece**; ~ **box** ELEK Anschluss-, Klemmenkasten *m*; ~ **line** BAHN Verbindungs-, Nebenbahn *f*

juncture ['dʒʌnktʃə(r)] S 1 (kritischer) Augenblick *od* Zeitpunkt: **at this ~** in diesem Augenblick, zu diesem Zeitpunkt 2 a Verbindung(sstelle) *f* b Verbindungsstück *n*, Gelenk *n* c Fuge *f* d Naht *f*

June [dʒu:n] S Juni *m*: **in ~** im Juni; ~ **beetle**, ~ **bug** S ZOOL US Junikäfer *m*

jungle ['dʒʌŋgl] S Dschungel *m*, *a. n (a. fig)*: **the ~ of tax laws**; **the law of the ~** das Gesetz des Dschungels; ~ **bear** S ZOOL Lippenbär *m*; ~ **cat** S ZOOL Sumpfluchs *m*

jungled ['dʒʌŋgld] ADJ mit Dschungel(n) bedeckt

jungle| fever S MED Dschungelfieber *n*; ~ **gym** S US Klettergerüst *n*

jungly ['dʒʌŋglɪ] ADJ 1 dschungelartig, Dschungel… 2 → jungled

junior ['dʒu:njə(r)] A ADJ 1 ♀ *bes US* junior *(meist nach Familiennamen u. abgekürzt zu Jnr., Jr., Jun., Junr.)*: **George Smith, Jr.**; **Smith Jr.** Smith II *(von Schülern)* 2 jünger(er, e, es), untergeordnet, zweit(er, e, es): ~ **clerk** a untere(r) Büroangestellte(r) b zweite(r) Buchhalter(in) c JUR *Br* Anwaltspraktikant(in); ~ **partner** WIRTSCH Junior *m*, Juniorpartner(in); ~ **staff** *(a. als pl konstruiert)* untere Angestellte *pl*; → management 2 3 a SCHULE Unter…: **the ~ classes** *pl* die Unterstufe b UNIV US im vorletzten Studienjahr *(Student)* 4 JUR rangjünger(er, e, es), (im Rang) nachstehend: ~ **lien** US nachrangiges Pfandrecht 5 SPORT Junioren…: ~ **championship** 6 Kinder…, Jugend…: ~ **books (library,** *etc*) 7 US jugendlich, jung *(Haut etc)* 8 US *umg* kleiner(er, e, es): **a ~ hurricane** B S 1 Jüngere(r) *m/f(m)*: **he is my ~ by two years**, **he is two years my ~** er ist zwei Jahre jünger als ich; **my ~s** Leute, die jünger sind als ich 2 UNIV US Student(in) im vorletzten Studienjahr 3 *a.* ♀ *(ohne art)* a Junior *m (Sohn mit dem Vornamen des Vaters)* b *allg* der Sohn, der Junge c *bes US umg* Kleine(r) *m* 4 Jugendliche(r) *m/f(m)*, Heranwachsende(r) *m/f(m)*: → junior miss 5 Untergeordnete(r) *m/f(m)* (im Amt), jüngere(r) Angestellte(r): **he is my ~ in this office** a er untersteht mir in diesem Amt b er ist in dieses Amt nach mir eingetreten 6 SPORT Junior *m*, Juniorin *f*; ~ **barrister** → junior counsel; ~ **college** S US *College, an dem die ersten beiden Jahre e-s vierjährigen Studiums absolviert werden*; ~ **counsel** S JUR *Br* ***barrister****, der kein* ***King's Counsel*** *ist*; ~ **high (school)** S SCHULE US *die unteren Klassen der Highschool*

juniority [ˌdʒu:nɪ'ɒrətɪ; US dʒu:n'jɔ:r-; -'jɑr-] S 1 geringeres Alter *od* Dienstalter 2 untergeordnete Stellung, niedrigerer Rang

junior| lightweight S *Boxen*: Junior-Leichtgewicht(ler) *n(m)*; ~**-lightweight** ADJ *Boxen*: Junior-Leichtgewichts…; ~ **middleweight** S *Boxen*: Junior-Mittelgewicht(ler) *n(m)*; ~**-middleweight** ADJ *Boxen*: Junior-Mittelgewichts…; ~ **miss** S US junge Dame, heranwachsendes Mädchen; ~ **right** → ultimogeniture; ~ **school** S SCHULE *Br* Grundschule *f* für Kinder von 7-11; ~ **welterweight** S *Boxen*: Junior-Weltergewicht(ler) *n(m)*; ~**-welterweight** ADJ *Boxen*: Junior-Weltergewichts…

juniper ['dʒu:nɪpə(r)] S BOT 1 Wacholder (-busch *od* -baum) *m* 2 US Zederzypresse *f* 3 Amer. Lärche *f*

junk¹ [dʒʌŋk] A S 1 a Ausschuss(ware) *m(f)*, Trödel *m*, Kram *m umg* b Altmaterial *n*, Altwaren *pl* c Schrott *m* 2 Plunder *m (beide umg)*, Gerümpel *n*, Abfall *m* 3 *pej* Schund *m*, Mist *m* 4 *sl* Stoff *m*, *bes* Heroin *n* B V/T 1 *etwas unbrauchbar Gewordenes* ausrangieren, *ein Auto etc* verschrotten 2 *fig ein Projekt etc* fallen lassen

junk² [dʒʌŋk] S Dschunke *f*

junk| art S Junkart *f (Kunstform, bei der Konsumabfall der modernen Zivilisation verwendet wird)*; ~ **call** S unerbetener Werbeanruf; ~ **car** S Schrottauto *n*; ~ **dealer** S Trödler(in) *umg*, Altwarenhändler(in)

Junker ['jʊŋkə(r)] S HIST Junker *m*; **Junkerdom**, **Junkerism** S Junkertum *n*

junket ['dʒʌŋkɪt] A S 1 a Quark *m* b Dickmilch *f* 2 a Sahnequark *m* b Quarkspeise *f* mit Sahne 3 Fest *n*, Gelage *n* 4 US *als Dienstreise deklarierte Vergnügungsreise auf öffentliche Kosten* B V/I 1 feiern, ein Fest geben 2 US e-e als Dienstreise deklarierte Vergnügungsreise auf öffentliche Kosten machen C V/T festlich bewirten

junk| fax S Fax *n* mit unerbetener Werbung; ~ **food** S Junkfood *n (kalorienreiche Nahrung von geringem Nährwert)*

junkie ['dʒʌŋkɪ] S *sl* 1 Junkie *m (Rauschgiftsüchtige[r])*, *bes* H-Fixer(in) 2 *in Zusammensetzungen* … süchtige(r) *m/f(m)*: **be a publicity ~** publicitysüchtig sein

junk| mail S (Post)Wurfsendungen *pl*, Reklame *f*; ~**man** [-ˌmæn] US → junk dealer; ~ **press** S TECH Schrottpresse *f*; ~ **room** S Rumpelkammer *f umg*; ~ **shop** S 1 Trödelladen *m umg* 2 *pej* Antiquitätenladen *m*

junky → junkie

junkyard S a Schuttabladeplatz *m* b Schrottplatz *m*

Juno ['dʒu:nəʊ] S ASTRON, MYTH *u. fig* Juno *f*; **Junoesque** [-'esk], **Junonian** [-njən; -nɪən] ADJ junonisch

Junr ABK Junior jun., jr.

junta ['dʒʌntə; 'dʒʊntə; US *bes* 'hʊntə] S 1 POL Junta *f* 2 → junto

junto ['dʒʌntəʊ] *pl* -tos S *bes* POL Clique *f*, Klüngel *m*

Jupiter ['dʒu:pɪtə(r)] S ASTRON, MYTH Jupiter *m*

jura ['dʒʊərə] *pl von* jus

Jurassic [ˌdʒʊə'ræsɪk] GEOL A ADJ Jura…, jurassisch: ~ **period** → B B S Jura(formation) *m(f)*

jurat ['dʒʊəræt] S JUR 1 Eidesformel *f* in e-r *(schriftlichen)* eidlichen Erklärung 2 Ratsherr *m (in Kent u. Sussex)* 3 Richter *m (auf den Kanalinseln)*

juridic [ˌdʒʊə'rɪdɪk] ADJ, **juridical** ADJ (ADV ~ly) 1 gerichtlich, Gerichts…: ~ **days** Gerichts-, Verhandlungstage 2 juristisch, Rechts…

jurisconsult ['dʒʊərɪskənˌsʌlt; US ˌdʒʊrə-'skɑnsʌlt] → jurist 1

jurisdiction [ˌdʒʊərɪs'dɪkʃn] S 1 Rechtsprechung *f* 2 a Gerichtsbarkeit *f* b *(örtliche u. sachliche)* Zuständigkeit **(of, over** für): **come** *(od* **fall) under** *(od* **within) the ~ of** unter die Zuständigkeit fallen von *(od gen)*; **have ~ over** zuständig sein für 3 Gerichtshoheit *f* 4 a Gerichts-, Verwaltungsbezirk *m* b Zuständigkeits-, Amtsbereich *m*; **jurisdictional** [-ʃənl] ADJ a Gerichtsbarkeits… b Zuständigkeits…: ~ **amount** US Streitwert *m*; ~ **dispute** Kompetenzstreitigkeit *f*

jurisprudence [ˌdʒʊərɪs'pru:dəns] S 1 Jurisprudenz *f*, Rechtswissenschaft *f*, -philosophie *f*: → medical jurisprudence 2 Rechtsgelehrsamkeit *f*; **jurisprudent** A S → jurist 1 B ADJ rechtskundig; **jurisprudential** [-'denʃl] ADJ (ADV ~ly) rechtswissenschaftlich;

jurist ['dʒʊərɪst] S 1 Jurist(in), Rechtsgelehrte(r) *m/f(m)* 2 *Br* Rechtsstudent(in), Student(in) der Rechtswissenschaft, Jurist(in) 3 US a Rechtsanwalt *m*, -anwältin *f* b Richter(in); **juristic** ADJ (ADV ~ally) juristisch, rechtlich: ~ **act** Rechtsgeschäft *n*; → person 1; **juristical** ADJ (ADV ~ly) → juristic

juror ['dʒʊərə(r)] S 1 JUR Geschworene(r) *m/f(m)* 2 Juror(in), Preisrichter(in)

jury¹ ['dʒʊərɪ] S 1 JUR *(die)* Geschworenen *pl*, Jury *f*: ~ **trial** Schwurgerichtsverfahren *n*; → grand jury, petty jury, serve A 3, special jury, trial A 2 2 Jury *f*, Preisgericht *n*, SPORT *a.* Kampfgericht *n*

jury² ['dʒʊərɪ] ADJ SCHIFF Hilfs…, Not…: ~ **rudder** Notruder *n*

jury| box S JUR Geschworenenbank *f*: **in the ~** auf der Geschworenenbank; ~ **fixing** S *umg* Geschworenenbestechung *f*; ~ **list** S JUR Geschworenenliste *f*; ~**man** [-mən] S *irr* JUR Geschworene(r) *m*; ~ **panel** → jury list; ~**woman** S *irr* JUR Geschworene *f*

jus [dʒʌs] *pl* jura ['dʒʊərə] S JUR Recht *n*; ~ **canonicum** [kə'nɒnɪkəm; US -'nɑ-] S JUR kanonisches Recht, Kirchenrecht *n*; ~ **divinum** [dɪ'vaɪnəm] S göttliches Recht; ~ **gentium** ['dʒentɪəm] S JUR Völkerrecht *n*

jussive ['dʒʌsɪv] LING A ADJ: ~ **mood** → B B S Jussiv *m (imperativisch gebrauchter Konjunktiv)*

just [dʒʌst] A ADJ (ADV → justly) 1 gerecht **(to** gegen): **be ~ to sb** j-n gerecht behandeln 2 gerecht, angemessen, gehörig, (wohl)verdient: **it was only ~** es war nur recht u. billig; ~ **reward** gerechter *od* wohlverdienter Lohn 3 rechtmäßig, zu Recht bestehend, (wohl)begründet *(Anspruch etc)* 4 berechtigt, gerechtfertigt, (wohl)begründet *(Empörung etc)*: → cause A 2 5 richtig, gehörig 6 a genau, korrekt b wahr, richtig *(Erklärung etc)* 7 BIBEL gerecht, rechtschaffen 8 MUS rein B ADV [*unbetont* dʒəst] 1 gerade, (so)eben: **they have ~ left** sie sind gerade (fort)gegangen; **his troubles were ~ beginning** s-e Schwierigkeiten begannen erst; → now¹ A 3 2 gerade, genau, eben: ~ **there** eben dort; ~ **then** a gerade damals b gerade in diesem Augenblick; ~ **five o'clock** genau fünf Uhr; ~ **as** a ebenso wie b *(zeitlich)* gerade als; ~ **so!** ganz recht!; **that is ~ it** das ist es (ja) gerade *od* eben; → like¹ A 2, thing² 1, well¹ A 12 3 gerade (noch), ganz knapp, mit knapper Not: **be ~ ahead of** knapp führen vor *(dat)*; **his shot was ~ wide** SPORT sein Schuss ging (ganz) knapp daneben; **we ~ managed it** wir schafften es gerade noch; **the bullet ~ missed him** die Kugel ging ganz knapp an ihm vorbei, die Kugel hätte ihn beinahe getroffen; ~ **possible** immerhin möglich, im Bereich des Möglichen; ~ **too late** gerade zu spät; → miss² A 6 4 nur, lediglich, bloß: ~ **for the fun of it** nur zum Spaß; ~ **an ordinary man** nur ein Mann wie alle anderen; ~ **the thought of it** der bloße Gedanke, allein *od* schon der Gedanke; → moment 1, *etc*

5 ~ **about** a ungefähr, etwa: **~ about the same; I've ~ about had enough!** *umg* so langsam reichts mir! b gerade noch: **I ~ about caught the train** 6 *vor imp* a doch, mal b nur: **~ tell me** sag mir mal, sag mir nur *od* bloß; **~ sit down, please** setzen Sie sich doch bitte 7 *umg* einfach, wirklich: **~ wonderful** 8 eigentlich: **~ how many are there?**

justice ['dʒʌstɪs] S 1 Gerechtigkeit *f* (**to** gegen, gegenüber) 2 Rechtmäßigkeit *f*, Berechtigung *f* (*e-s Anspruchs etc*) 3 Berechtigung *f*, Recht *n*: **complain with ~** sich mit *od* zu Recht beschweren 4 Gerechtigkeit *f*, gerechter Lohn: **do ~ to** a *j-m od e-r Sache* Gerechtigkeit widerfahren lassen, gerecht werden (*dat*) b *etwas* recht zu würdigen wissen, richtig würdigen c *e-r Speise, dem Wein etc* tüchtig zusprechen; **do o.s. ~, do ~ to o.s.** a sein wahres Können zeigen, s-e Fähigkeiten zeigen *od* unter Beweis stellen b sich selbst gerecht werden; **in ~ to him** um ihm gerecht zu werden 5 JUR Gerechtigkeit *f*, Recht *n*: **~ was done** der Gerechtigkeit wurde Genüge getan; **in ~** von Rechts wegen; → administer A 2, flee A 1 6 Rechtsprechung *f*, Rechtspflege *f*, Justiz *f*: **bring to ~** vor den Richter bringen 7 JUR Richter(in): **~ of the peace** Friedensrichter (*Laienrichter für Bagatellsachen*); **~'s warrant** *Br* Haftbefehl *m* e-s **justice of the peace**; → chief justice; **justiceship** S Richteramt *n*

justiciable [dʒʌ'stɪʃɪəbl; -ʃəbl] ADJ 1 gerichtlicher Entscheidung unterworfen 2 gerichtlich verwendbar

justiciary [dʒʌ'stɪʃɪərɪ; *US* -ʃɪ,eriː] A S Richter(in) B ADJ Justiz…, gerichtlich

justifiability ['dʒʌstɪ,faɪə'bɪlətɪ] S Vertretbarkeit *f*; **justifiable** ADJ zu rechtfertigen(d), berechtigt, vertretbar (*Entscheidung etc*): → homicide 1; **justifiably** [-blɪ] ADV berechtigterweise, mit gutem Grund, mit Recht

justification [,dʒʌstɪfɪ'keɪʃn] S 1 Rechtfertigung *f* (*a.* JUR, REL): **in ~ of** zur Rechtfertigung von (*od gen*); **plead ~** JUR (*im Beleidigungsprozess*) geltend machen, dass die angegriffene Behauptung wahr ist 2 Berechtigung *f*: **with ~** → justifiably 3 TYPO Justierung *f*, Ausschluss *m*; **justificatory** ['dʒʌstɪfɪkeɪtərɪ; *US bes* dʒʌs'tɪfɪkə,taʊriː; -,tɔː-], *a.* **justificative** [-keɪtɪv] ADJ rechtfertigend, Rechtfertigungs…

justify ['dʒʌstɪfaɪ] A V/T 1 rechtfertigen (**before** [*od* **to**] **sb** vor j-m, j-m gegenüber): **~ doing sth** es rechtfertigen, etwas getan zu haben; **be justified in doing sth** a etwas mit gutem Recht tun b berechtigt sein, etwas zu tun; **you are not justified in talking to me like that** Sie haben kein Recht, so mit mir zu sprechen; → end C 10 2 a gutheißen b entschuldigen c *j-m* recht geben 3 REL rechtfertigen, von Sündenschuld freisprechen 4 TECH richtig stellen, richten, *e-e Waage etc* justieren 5 TYPO justieren, ausschließen B V/I JUR sich rechtfertigen (können)

justly ADV 1 richtig 2 mit *od* zu Recht 3 gerechterweise, verdientermaßen

justness S 1 Gerechtigkeit *f* 2 Rechtmäßigkeit *f* 3 Richtigkeit *f* 4 Genauigkeit *f*

jut [dʒʌt] A V/I *a.* **~ out** a vorspringen b herausragen: **~ into sth** in etwas hineinragen B S Vorsprung *m*

jute[1] [dʒuːt] A S 1 Jute(faser) *f* 2 BOT Jutepflanze *f* B ADJ Jute…

Jute[2] [dʒuːt] S HIST Jüte *m*, Jütin *f*

Jutland ['dʒʌtlənd] S Jütland *n*

Jutlander ['dʒʌtləndə(r)] S Jütländer(in)

juv. ABK juvenile

juvenescence [,dʒuːvə'nesns] S 1 Verjüngung *f*, Jungwerden *n*: **well of ~** Jungbrunnen *m* 2 Jugend *f*; **juvenescent** ADJ 1 sich verjüngend 2 jugendlich

juvenile ['dʒuːvənaɪl; *US a.* -vənl] A ADJ 1 jugendlich, jung 2 Jugend…: **~ books; ~ court** JUR Jugendgericht *n*; **~ delinquency** Jugendkriminalität *f*; **~ delinquent** (*od* **offender**) jugendliche(r) Täter(in), straffällige(r) Jugendliche(r); **~ offence** (*US* **offense**) Straftat *f* e-s Jugendlichen 3 a unreif, Entwicklungs…: **~ stage** Entwicklungsstadium *n* b *pej* kindisch, infantil B S 1 Jugendliche(r) *m/f(m)* 2 THEAT jugendlicher Liebhaber 3 Jugendbuch *n* 4 eben flügge gewordener Vogel

juvenilia [,dʒuːvə'nɪlɪə] SPL 1 Jugendwerke *pl* (*e-s Autors etc*) 2 Werke *pl* für die Jugend, *bes* Jugendbücher *pl*

juvenility [,dʒuːvə'nɪlətɪ] S 1 Jugendlichkeit *f* 2 a jugendliche Torheit, jugendlicher Leichtsinn b Kinderei *f* 3 KOLL (*die*) Jugendlichen *pl*, (*die*) Jugend

juxtapose [,dʒʌkstə'pəʊz] V/T nebeneinanderstellen (*a. fig*); **juxtaposition** S 1 Nebeneinanderstellung *f* 2 Nebeneinanderstehen *n*: **be in ~** nebeneinanderstehen

jwlr ABK jewel(l)er

Jy. ABK *US* July Jul.

K

K[1], **k** [keɪ] *pl* **K's, Ks, k's, ks** [keɪz] S K, k *n* (*Buchstabe*)

K[2] ABK 1 PHYS kelvin K 2 MUS Köchel K., KV 3 (*Schach*) king

k ABK kilo(s) PL

k. ABK 1 MINER *bes US* karat 2 SCHIFF knot kn

Kaaba ['kɑːbə] S Kaaba *f* (*Steinbau in der großen Moschee von Mekka, Hauptheiligtum des Islams, Ziel der Mekka-Pilger*)

ka(b)bala, *etc* → cabala *etc*

kabob [kə'bɑːb] *US* → kebab

Kaddish ['kædɪʃ; *US* 'kɑː-] *pl* **-dishim** [-dɪʃɪm; -ʃiːm] S REL Kaddisch *n* (*jüdisches Gebet, bes für das Seelenheil Verstorbener*): **say ~** ein Kaddisch beten (**for** für)

kadi → cadi

kaffee klatsch → coffee klat(s)ch

Kaf(f)ir ['kæfə(r)] *pl* **-(f)irs**, *bes koll* **-(f)ir** S *neg!* Kaffer(in) *neg!* (*Angehörige[r] e-s der südafrikanischen Bantuvölker; weitS. Schwarze[r]*)

Kafkaesque [,kæfkə'esk; *US a.* ,kɑːf-] ADJ kafkaesk (*unheimlich, bedrückend u. furchterregend*)

kaftan → caftan

kagoul(e) → cagoule

kaiak → kayak

kail, kailyard → kale, kaleyard

kainite ['kaɪnaɪt; 'keɪ-] S MINER Kainit *m*

Kaiser, ♀ ['kaɪzə(r)] S HIST Kaiser *m*

kakemono [,kækɪ'məʊnəʊ; *US* ,kɑː-] *pl* **-nos** S Kakemono *n* (*ostasiatisches hochformatiges Rollbild auf Papier, Brokat od Seide*)

kaki ['kɑːkɪ] S BOT 1 Kakibaum *m* 2 Kakipflaume *f*, -frucht *f*

Kalashnikov [kə'læʃnɪkɒf; *US* kə'lɑːʃnɪkɑːf] S Kalaschnikow *f* (*e-e sowjetische Maschinenpistole*)

kale [keɪl] S 1 BOT Grün-, Braun-, Winter-, Krauskohl *m* 2 BOT *schott* Kohl *m* 3 *US sl* Knete *f* (*Geld*)

kaleidoscope [kə'laɪdəskəʊp] S Kaleidoskop *n* (*a. fig*): **~ of colo(u)rs** Farbkaleidoskop; **kaleidoscopic** [-'skɒpɪk; *US* -'skɑ-] ADJ, **kaleidoscopical** [-kl] ADJ (ADV **~ly**) kaleidoskopisch (*a. fig*)

kalends → calends

kaleyard S *schott* Gemüsegarten *m*

kali ['kælɪ; 'keɪlɪ] S BOT Salzkraut *n*

kalif, kaliph → caliph

kalmia ['kælmɪə] S BOT Kalmie *f*, Lorbeerrose *f*

Kalmu(c)k ['kælmʌk], **Kalmyk** [-mɪk] A S 1 Kalmücke *m*, Kalmückin *f* 2 LING Kalmückisch *n* B ADJ kalmückisch

Kamasutra, Kama Sutra [,kɑːmə'suːtrə] S Kamasutra *n* (*indisches Lehrbuch der Erotik*)

kame [keɪm] S GEOG (lang gestreckter) Geschiebehügel

kamikaze [,kæmɪ'kɑːzɪ; *US* ,kɑː-] A S MIL, HIST a *oft* ♀ Kamikaze(flieger) *m* b Kamikazeflugzeug *n* B ADJ 1 Kamikaze… (*a. fig*): **~ pilot** → A a 2 *fig* selbstmörderisch: **the city's ~ taxi drivers**

kamma ['kæmə; 'kɑːmə] → karma

kampong [kæm'pɒŋ; *US* 'kɑːm,pɔːŋ; 'kæm-] S Kampong *m/n* (*malaiische Dorfsiedlung*)

Kampuchea [,kæmpʊ'tʃɪə] S HIST Kamputschea *n* (*ehemalige Bezeichnung für Kambodscha, 1976–1989*); **Kampuchean** [,kæmpʊ'tʃiːən] HIST A S Kamputscheer(in) B ADJ kamputscheisch

Kan. ABK Kansas

Kanaka [kə'nækə; 'kænəkə] S Kanake *m* (*Südseeinsulaner*)

kangaroo [,kæŋgə'ruː] A *pl* **-roos**, *bes koll* **-roo** S ZOOL Känguru *n* B V/I *umg* Bocksprünge machen (*Wagen*) C V/T *umg* Bocksprünge mit *e-m Wagen* machen; **~ closure** S PARL *Verkürzung e-r Debatte dadurch, dass nur bestimmte Anträge zur Diskussion gestellt werden*; **~ court** S *umg* a inoffizielles Gericht (*z. B. unter Strafgefangenen*) b Feme(gericht) *f(n)*; **~ pocket** S *Mode:* Kängurutasche *f*; **~ rat** S ZOOL Känguruьratte *f*

Kans. ABK Kansas

Kansas ['kænsəs] S Kansas *n* (*Staat der USA*)

Kantian ['kæntɪən] PHIL A ADJ kantisch B S Kantianer(in), Anhänger(in) Kants; **Kantianism, Kantism** S Kantianismus *m* (*Gesamtheit der an die Philosophie Kants anknüpfenden Lehren*)

KANU ABK Kenya African National Union

kaolin(e) ['keɪəlɪn] S Kaolin *n/m*, Kaolin-, Porzellanerde *f*; **kaolinite** S MINER Kaolinit *m*

kapok ['keɪpɒk; *US* -,pɑk] S Kapok *m* (*als Isolier-, Polstermaterial etc verwendete Samenfaser des Kapokbaums*); **~ oil** S Kapoköl *n*; **~ tree** S BOT Kapokbaum *m*

Kaposi's sarcoma [kə'pəʊzɪz; *bes US* -sɪz] S MED Kaposi-Sarkom *n* (*bösartige Geschwulstbildung der Haut u. des subkutanen Bindegewebes, bei Aids a. der Lymphknoten u. der inneren Organe*)

kappa ['kæpə] S Kappa *n* (*griechischer Buchstabe*)

kaput [kæ'pʊt; kə'puːt; kɑː-] ADJ *präd umg* kaputt

karabiner [,kærəbiːnə(r)] S *Bergsteigen:* Karabinerhaken *m*

Karachi [kə'rɑːtʃɪ] S Karatschi *n*

karakul ['kærəkl] S ZOOL Karakulschaf *n*

karaoke [,kærɪ'əʊkɪ] S Karaoke *n* (*Singen e-s Schlagers etc zu Instrumentalmusik, die vom Band kommt*)

karat *bes US* → carat

karate [kə'rɑːtɪ] S Karate *n*; **~ chop** S Karateschlag *m*

karate-chop V/T *j-m* Karateschläge *od* e-n Karateschlag versetzen

karateka [kə'rɑːtɪkɑː] *pl* **-ka, -kas** S Karateka *m/f*, Karatekämpfer(in)

karma ['kɑː(r)mə] S 1 *Hinduismus, Buddhismus:* Karma(n) *n* (*das die Form der Wiedergeburt e-s Menschen bestimmende Handeln bzw das durch ein früheres Handeln bedingte gegenwärtige Schicksal*) 2 *allg* Schicksal *n*

ka(r)roo [kə'ruː] S Karru *f* (*Trockensteppe in Süd-*

K

afrika)
karst [kɑː(r)st] S GEOL Karst *m*
kart [kɑː(r)t] S SPORT Kart *m (Gokart)*; **karting** S Kart(ing)sport *m*
karyogamy [ˌkærɪ'ɒgəmɪ; *US* -'ɑg-] S BIOL, MED Karyogamie *f*, Kernverschmelzung *f*; **karyokinesis** [ˌkærɪəʊkɪ'niːsɪs; -kaɪ'n-] S Karyokinese *f (Teilvorgang der Mitose, bei dem sich die durch Längsspaltung entstandenen Chromosomenhälften gleichmäßig auf die neuen Kerne verteilen)*; **karyolymph** ['kærɪəʊlɪmf] S Karyolymphe *f*, Kernsaft *m*; **karyolysis** [ˌkærɪ'ɒlɪsɪs; *US* -'ɑlə-] S Karyolyse *f*: a *zum Beginn der Kernteilung auftretende, scheinbare Auflösung des Zellkerns* b *Auflösung des Zellkerns im Zustand zwischen zwei Kernteilungen infolge schädlicher Einwirkungen*; **karyoplasm** ['kærɪəʊplæzəm] S Karyoplasma *n*, Kernplasma *n*; **karyosome** ['kærɪəʊsəʊm] S Zellkern *m*; **karyotin** [ˌkærɪ'əʊtɪn] → chromatin
kasbah ['kæzbɑː] S Kasba(h) *f*: a *Zitadelle(n-viertel) e-r nordafrikanischen Altstadt* b *arabisches Viertel nordafrikanischer Städte*
kasha ['kɑːʃə] S GASTR Kasch *m*, Kascha *f (geröstete Buchweizen-, Grieß- od Reisgrütze)*
kasher ['kɑːʃə(r)] → kosher
kashmir[1] → cashmere
Kashmir[2] [ˌkæʃ'mɪə(r); 'kæʃˌmɪə(r)] S Kaschmir *n*
Kashmiri [ˌkæʃ'mɪərɪ] S 1 *pl* **-is**, *bes koll* **-i** → Kashmirian B 2 LING Kaschmiri *n*; **Kashmirian** A ADJ kaschmirisch B S Einwohner(in) Kaschmirs
katabatic [ˌkætə'bætɪk] ADJ METEO katabatisch, fallend: **~ wind** Fallwind *m*
katabolism → catabolism
katharsis, *etc* → catharsis *etc*
katzenjammer ['kætsənˌdʒæmə(r)] S *bes US* 1 Katzenjammer *m*, Kater *m (beide umg) (beide a. fig)* 2 Aufruhr *m*, Tumult *m*
kauri, **kaury** ['kaʊrɪ] S 1 *a.* **~ pine** BOT Kauri-, Dammarafichte *f* 2 *a.* **~ gum** *(od* **resin***)* Dammar(harz) *n*
kava ['kɑːvə] S 1 BOT Kavapfeffer *m* 2 Kavabier *n*
kayak ['kaɪæk] S Kajak *m/n*: a Eskimoboot *n* b Sportpaddelboot *n*: **two-seater ~** Zweierkajak
kayo [ˌkeɪ'əʊ] *sl* A *pl* **-os** S → knockout A B ADJ → knockout B C V/T → knock out 2
Kazak(h) [kə'zæk; *bes US* kə'zɑːk] A S 1 Kasache *m*, Kasachin *f* 2 LING Kasachisch *n*, das Kasachische B ADJ kasachisch
Kazakhstan [ˌkɑːzɑːk'stæn; -'stɑːn] S Kasachstan *n*
kazoo [kə'zuː] S MUS Kazoo *n (primitives Rohrblasinstrument)*
KB ABK 1 IT kilobyte(s PL) KB *n od pl* 2 *(Schach)* king's bishop 3 JUR *Br* King's Bench
KBE ABK *Br* Knight Commander (of the Order) of the British Empire *(Ordenstitel)*
KBP ABK *(Schach)* king's bishop's pawn
kc[1] ABK ELEK PHYS kilocycle(s PL) kHz, Kilohertz *n od pl*
KC[2] ABK King's Counsel Kronanwalt *m*, Kronanwältin *f*
kcal ABK PHYS kilocalorie(s PL) kcal
KCB ABK *Br* Knight Commander of the Bath *(Ordenstitel)*
KCMG ABK *Br* Knight Commander (of the Order) of St Michael and St George *(Ordenstitel)*
KCVO ABK *Br* Knight Commander of the Royal Victorian Order *(Ordenstitel)*
KE ABK PHYS kinetic energy
kea ['keɪə; 'kiːə] S ORN Kea(papagei) *m*
keat [kiːt] S *US* junges Perlhuhn
kebab [kɪ'bæb; *US* 'keɪˌbɑːb; kə'bɑːb] S GASTR *bes Br* Kebab *m (orientalische Speise aus am Spieß gebratenen, scharf gewürzten Hammelfleischstückchen, mit Reis angerichtet)*
keck [kek] V/I *bes US* 1 würgen *(beim Erbrechen)* 2 *fig* sich ekeln (**at** vor *dat*)
keddah ['kedə] S Elefantenfalle *f (in Indien etc)*
kedge [kedʒ] SCHIFF A V/T *ein Schiff* warpen, verholen B V/I sich verwarpen C S *a.* **~ anchor** Wurf-, Warpanker *m*
kedgeree [ˌkedʒə'riː] S GASTR *Reisgericht mit Fisch u. harten Eiern*
keef [kiːf] → kif
keek [kiːk] *bes schott* A V/I gucken, lugen, neugierig *od* verstohlen blicken: **~ at** e-n Blick werfen auf *(akk)* B S neugieriger *od* verstohlener Blick: **have** *(od* **take***)* **a ~ at** e-n Blick werfen auf *(akk)*
keel[1] [kiːl] A S 1 SCHIFF Kiel *m*: **on an even ~** auf ebenem Kiel, gleichlastig; **be on an even ~** *fig* gleichmäßig *od* ausgewogen verlaufen; **get a firm back on an even ~** e-e Firma wieder ins Lot bringen; **lay down the ~** den Kiel legen 2 *poet* Schiff *n* 3 FLUG Kiel *m*, Längsträger *m* 4 Kiel *m*: a BOT Längsrippe *f (e-s Blattes)* b ZOOL scharfkantige Erhebung B V/T 1 *meist* **~ over** *(od* **up***)* *ein Boot etc* a kieloben legen b kentern lassen 2 **the heat ~ed (over) quite a few tourists** *umg* in der Hitze kippten etliche Touristen um C V/I 1 *meist* **~ over** umschlagen, kentern 2 *meist* **~ over** *umg* umkippen: **he ~ed over with laughter** er kugelte sich vor Lachen
keel[2] [kiːl] A S Rötel *m* B V/T *Schafe, Holz etc* mit Rötel kennzeichnen
keelhaul V/T 1 HIST *j-n* kielholen 2 *fig* abkanzeln, zusammenstauchen *(beide umg)*
keelson ['kelsn; 'kiːlsn] S SCHIFF Kielschwein *n*, Binnenkiel *m*
keen[1] [kiːn] ADJ (ADV **~ly**) 1 scharf (geschliffen), mit scharfer Schneide *od* Kante: **~ edge** scharfe Schneide 2 schneidend *(Kälte)*, scharf *(Wind)* 3 beißend *(Sarkasmus)* 4 scharf *(Sinne, Verstand etc)*: **~ ears** *pl* scharfes Gehör; **have a ~ mind** e-n scharfen Verstand haben, scharfsinnig sein; → mustard A 1 5 fein *(Gefühl, Sinn)* 6 durchdringend, stechend *(Blick, Geruch)* 7 grell *(Licht)*, schrill *(Ton)* 8 WIRTSCH a scharf *(Wettbewerb)* b lebhaft, stark *(Nachfrage)* 9 heftig, stark *(Gefühl)*: **~ desire** heftiges Verlangen, heißer Wunsch; **~ interest** starkes *od* lebhaftes Interesse 10 WIRTSCH *bes Br* äußerst konkurrenz- *od* wettbewerbsfähig *(Preise)* 11 begeistert, leidenschaftlich *(Sportler etc)* 12 *bes US sl* spitze, klasse 13 versessen, scharf *(beide:* **on**, **about** auf *akk)*: **be ~ on** *a.* sich drängen nach; **be ~ on doing** *(od* **to do***)* **sth** etwas unbedingt tun wollen; **he is very ~ to do it** ihm liegt sehr viel daran *od* ihm ist sehr viel daran gelegen, es zu tun; **she is very ~ on his doing it, she is very ~ for him to do it** *(od* **that he should do it***)* ihr liegt sehr viel daran *od* ihr ist sehr viel daran gelegen, dass er es tut; **he's ~ for his daughter to go to university** er will unbedingt, dass s-e Tochter studiert; **not be ~ (on)** keine Lust haben (zu); → mustard A 1 14 **~ on** begeistert von, sehr interessiert an *(dat)*: **be ~ on music** musikbegeistert sein; **she is not very ~ on him** sie macht sich nicht sehr viel aus ihm
keen[2] [kiːn] *Ir* A S Totenklage *f* B V/I die Totenklage erheben *od* singen (**over** für)
keener S *Ir* Wehklagende(r) *m/f(m)*, *bes* Klageweib *n*
keenness S 1 Schärfe *f* 2 Heftigkeit *f* 3 Leidenschaftlichkeit *f*
keeno → keno
keep [kiːp] A S 1 (Lebens)Unterhalt *m*: **earn one's ~** 2 (Unterkunft *f* u.) Verpflegung *f* 3 Unterhaltskosten *pl (e-s Pferdes etc)*: **earn its ~** sich bezahlt machen 4 **for ~s** *umg* a für *od* auf immer, endgültig: **settle a controversy for ~s** e-n Streit ein für alle Mal beilegen; **it's mine for ~s** ich kann *od* darf es behalten b ernsthaft 5 Obhut *f*, Verwahrung *f* 6 a Bergfried *m*, Hauptturm *m* b Burgverlies *n* B V/T *prät u. pperf* **kept** [kept] 1 (be)halten, SPORT *e-n Spieler* halten: **~ the ticket in your hand** behalte die Karte in der Hand 2 *j-n od etwas* lassen, *(in e-m bestimmten Zustand)* (er)halten: **~ apart** getrennt halten, auseinanderhalten; **~ a door closed** e-e Tür geschlossen halten; **~ sth dry** etwas trocken halten *od* vor Nässe schützen; **~ sb going** a j-n finanziell unterstützen b j-n am Leben erhalten; **~ the engine running** den Motor laufen lassen; **~ sth a secret** etwas geheim halten (**from sb** vor j-m); → advised 2, go[1] C 12, wait B 1 3 *fig* a (er)halten, (be)wahren: **~ one's neutrality** s-e Neutralität wahren; → balance A 2, distance A 7, order A 1, temper A 4 b SPORT *das Tempo* durchhalten 4 *(im Besitz)* behalten: **you can ~ the book**; **she wants to ~ her baby** sie will ihr Baby behalten *(will nicht abtreiben)*; **~ the ball** SPORT in Ballbesitz bleiben; **~ the change** der Rest *(des Geldes)* ist für Sie!; **~ your seat, please** bitte behalten Sie Platz; **~ a seat for sb** j-m e-n Platz frei halten; **you can ~ it!** *umg* das kannst du dir an den Hut stecken! 5 *fig* halten, sich halten *od* behaupten in *od* auf *(dat)*: → field A 7 6 *j-n* aufhalten: **I won't ~ you long**; **don't let me ~ you** lass dich nicht aufhalten!; **what's ~ing him?** wo bleibt er denn nur (so lange)? 7 (fest)halten, bewachen: **~ sb in prison** j-n in Haft halten; **~ sb for lunch** j-n zum Mittagessen dabehalten; **she ~s him here** sie hält ihn hier fest, er bleibt ihretwegen hier; → goal 2 b, prisoner 1 8 *alte Briefe etc* aufheben, aufbewahren: **~ a secret** ein Geheimnis bewahren; **can you ~ a secret?** kannst du schweigen?; **~ sth for later** (sich) etwas für später aufheben; → well-kept 2 9 (aufrechter)halten, unterhalten: **~ good relations with sb** zu j-m gute Beziehungen unterhalten; → eye A 2, guard C 3 10 pflegen, (er)halten: **~ in good repair** in gutem Zustand erhalten, instand halten; **badly kept** a in schlechtem Zustand b ungepflegt; → well-kept 1 11 *e-e Ware* führen: **we don't ~ this article** 12 *ein Tagebuch etc* führen: → account C 4, record C 5 a 13 *ein Geschäft etc* führen: **~ a shop** *(bes US* **store***)* e-n Laden haben *od* betreiben; → house A 1, A 2 14 *ein Amt etc* innehaben 15 *bes US e-e Versammlung etc* (ab)halten: **~ school** Schule halten 16 *ein Versprechen etc* (ein)halten, einlösen: **~ an appointment** e-e Verabredung einhalten; → word B 4 17 *das Bett, Haus, Zimmer* hüten, bleiben in *(dat)*: **~ one's bed (house, room)** 18 *Vorschriften etc* beachten, einhalten, befolgen: **~ Sundays** die Sonntage einhalten 19 *obs ein Fest* begehen, feiern: **~ Christmas** 20 ernähren, er-, unterhalten, sorgen für: **have a family to ~** e-e Familie ernähren müssen; **~ sb in money** j-n mit Geld versorgen; **~ sb in food** für j-s Ernährung sorgen, j-n ernähren 21 *Kostgänger etc* haben, beherbergen 22 a *Tiere* halten b sich *ein Hausmädchen, ein Auto etc* halten 23 (be)schützen (**from** vor *dat*) C V/I 1 bleiben: **~ at home**; **~ in bed** im Bett bleiben; **~ in sight** in Sicht (-weite) bleiben; **~ out of danger** sich nicht in Gefahr bringen; → *Verbindungen mit Adverbien* 2 sich halten, *(in e-m bestimmten Zustand)* bleiben: **~ calm** ruhig *od* gelassen bleiben; **~ still** stillhalten; **~ still about** nichts verlauten lassen von; **~ warm** sich warm halten; **~ friends** (weiterhin) Freunde bleiben; **~ in good health**

gesund bleiben; **the milk (weather) will ~** die Milch (das Wetter) wird sich halten; **the weather ~s fine** das Wetter bleibt schön; **this matter will ~** diese Sache hat Zeit *od* eilt nicht; **won't it ~ till later?** hat das nicht bis später Zeit?; **the secret will ~** das Geheimnis bleibt gewahrt; → cool A 1, A 5 **3** weiter... (*Handlung beibehalten*): **he ~s (on) asking me** er fragt mich dauernd *od* fortwährend *od* ständig; **the baby kept (on) crying for hours** das Baby weinte stundenlang; **prices ~ (on) increasing** die Preise steigen immer weiter; **~ (on) laughing** a weiterlachen, nicht aufhören zu lachen b dauernd *od* ständig lachen; **~ smiling** immer nur lächeln!, lass den Mut nicht sinken!, Kopf hoch!; **~ (on) trying** es weiter versuchen, es immer wieder versuchen **4** sich *links od rechts* halten: **~ straight ahead** (*od* **on**) immer geradeaus gehen *od* fahren **5** **how are you ~ing?** *umg obs* wie geht es dir?

Phrasal Verbs: **keep| ahead** V/I in Führung *od* an der Spitze *od* vorne bleiben: **~ of sb** j-m vorausbleiben; **~ around** V/T *umg etwas* erst einmal behalten; **~ at** **A** V/I **1** weitermachen mit, an *e-r Arbeit etc* dranbleiben *umg*: **~ it!** nur nicht aufgeben *od* lockerlassen! **2** *j-m* keine Ruhe lassen, *j-m* zusetzen (**to do** zu tun) **B** V/T **keep sb at sth** j-n mit etwas nicht aufhören lassen; **~ away** **A** V/T *j-n, etwas* fernhalten (**from** von) (*a. fig*) **B** V/I weg-, fernbleiben, sich fernhalten (**from** von); **~ back** **A** V/T **1** zurückhalten: **keep sb back from doing sth** j-n davon abhalten *od* daran hindern, etwas zu tun **2** *fig* zurückhalten: a *j-s Lohn etc* einbehalten b *s-e Tränen etc* unterdrücken c *etwas* verschweigen, hinterm Berg halten mit **3** *etwas* verzögern, aufhalten **B** V/I **1** im Hintergrund bleiben **2** zurückbleiben; **~ down** **A** V/T **1** *den Kopf etc* unten behalten **2** *Kosten etc* niedrig halten **3** nicht hoch- *od* aufkommen lassen, unter Kontrolle halten, *ein Volk, Gefühle etc a.* unterdrücken **4** *Nahrung etc* bei sich behalten **5** **keep your voices** (*od* **it**) **down** seid *od* redet nicht so laut! **B** V/I a unten bleiben b sich geduckt halten; **~ from** **A** V/T **1** ab-, zurückhalten von, fernhalten von, hindern an (*dat*): **keep sb from doing sth** j-n davon abhalten *od* daran hindern, etwas zu tun; **he kept me from work** er hielt mich von der Arbeit ab; **I kept him from knowing too much** ich sorgte dafür, dass er nicht zu viel erfuhr **2** bewahren vor (*dat*): **he kept me from danger** **3** *j-m etwas* vorenthalten, verschweigen, verheimlichen: **you are keeping sth from me** **B** V/I **1** sich fernhalten von **2** vermeiden (*akk*), sich enthalten (*gen*): **~ doing sth** es vermeiden *od* sich davor hüten, etwas zu tun; **I could hardly ~ laughing** ich konnte mir kaum das Lachen verkneifen; **~ in** **A** V/T **1** nicht heraus- *od* hinauslassen, nicht aus dem Haus *etc* lassen **2** SCHULE nachsitzen lassen: **be kept in** nachsitzen müssen **3** *den Atem* anhalten **4** *den Bauch* einziehen **5** *Gefühle* zurückhalten, unterdrücken **6** *ein Feuer* nicht ausgehen lassen **B** V/I **1** drinbleiben, nicht herauskommen **2** nicht ausgehen (*Feuer*) **3** **~ with** sich mit *j-m* gutstellen, mit *j-m* gut Freund bleiben; **~ off** **A** V/T **1** *j-n, etwas* fernhalten (von): **keep your hands off (it)!** Hände weg (davon)!; *he was wearing a hat* **keep the sun off** um sich vor der Sonne zu schützen **B** V/I **1** sich fernhalten von: **"~"** a „Berühren verboten!" b „Betreten verboten!"; → grass *Bes Redew* **2** ausbleiben (*Regen etc*): **if the rain keeps off** falls es nicht regnet *od* anfängt zu regnen **3** *ein Thema etc* nicht berühren *od* erwähnen; **~ on** **A** V/T **1** *Kleider* anbehalten, anlassen, *den Hut* aufbehalten: → hair *Bes Redew*, shirt *Bes Redew* **2** *das Licht* brennen lassen, anlassen **3** *e-n Angestellten, e-e Wohnung etc* behalten **B** V/I **1** a weitermachen b nicht lockerlassen **2** (*mit ger*) → keep C 3 **3** **~ at** → keep at A 2 **4** **~ about** dauernd *od* ständig reden von **5** leben *od* sich ernähren von: **~ rice**; **~ out** **A** V/T **1** (**of**) nicht hinein- *od* hereinlassen (in *akk*), fernhalten, abhalten (von): **warm clothing keeps out the cold** warme Kleidung schützt vor Kälte **2** *fig j-n* heraushalten: **~ of** bewahren vor (*dat*), heraushalten aus, fernhalten von **B** V/I **1** draußen bleiben: **"~"** „Betreten *od* Zutritt verboten!" **2** *fig* sich heraushalten (**of aus**): **~ of politics**; **~ (of this)!** halte dich da raus!, misch dich da nicht ein!; **~ of debt** keine Schulden machen; **~ of mischief** mach keine Dummheiten!; **~ of sight** sich nicht blicken lassen; → keep C 1; **~ to** **A** V/I **1** bleiben in (*dat*): **~ the house**; **~ one's bed** das Bett hüten; **~ o.s.** für sich bleiben; → left[1] B 1, right B 7 **2** *fig* festhalten an (*dat*), bleiben bei: **~ the rules of the game** sich an die Spielregeln halten; **~ the agreed time** die vereinbarte Zeit einhalten; **~ the point** bei der Sache *od* sachlich bleiben **B** V/T **1** **keep sth to a** (*od* **the**) **minimum** etwas auf ein Minimum beschränken **2** *j-n* zwingen, bei *e-r Sache* zu bleiben: **I kept him to his promise** ich nagelte ihn auf sein Versprechen fest **3** **keep sth to o.s.** etwas für sich behalten; **keep o.s. to o.s.** für sich bleiben; **~ together** **A** V/T *Dinge, fig e-e Mannschaft etc* zusammenhalten **B** V/I zusammenbleiben (*a. fig Mannschaft etc*), zusammenhalten (*a. fig Freunde etc*); **~ under** **A** V/T **1** *ein Volk, Gefühle etc* unterdrücken **2** *ein Feuer etc* unter Kontrolle halten **3** *j-n* streng behandeln **4** MED *j-n* unter Narkose halten **B** V/I unter Wasser bleiben, sich unter Wasser halten; **~ up** **A** V/T **1** oben halten, hochhalten: **keep one's punches up** (*Boxen*) nicht tiefschlagen; → chin A **2** *fig e-n Kontakt etc* aufrechterhalten, *e-n Brauch, e-e Freundschaft etc a.* weiterpflegen, *das Tempo* halten, *Preise etc* (hoch)halten, *den Mut* nicht sinken lassen, sich *s-e gute Laune etc* nicht nehmen lassen: **~ the good work, keep it up** (nur) weiter so!, (nur) nicht lockerlassen!; → appearance *Bes Redew*, spirit A 8 **3** in gutem Zustand *od* in Ordnung halten **4** *j-n* davon abhalten, ins Bett zu gehen **B** V/I **1** oben bleiben, *engS.* sich über Wasser halten (*a. fig*) **2** nicht umfallen **3** *fig* a sich halten: **prices are keeping up** die Preise behaupten sich b nicht sinken (*Mut etc*) c andauern, (*Wetter a.*) anhalten, (*Regen etc a.*) nicht nachlassen: **the rain was keeping up** es regnete (unvermindert) weiter **4** **~ with** a Schritt halten mit (*a. fig*): **~ with the Joneses** es den Nachbarn (*hinsichtlich des Lebensstandards*) gleichtun (wollen) a sich auf dem Laufenden halten über (*akk*) b in Kontakt bleiben mit **5** (*abends*) aufbleiben; **~ with** V/I *US umg obs* es halten mit: **not ~** nichts halten von; **~ within** V/I innerhalb (*gen*) bleiben: **~ the speed limit** sich an die Geschwindigkeitsbegrenzung halten

keeper S **1** a Wächter(in), Aufseher(in): **am I my brother's ~?** BIBEL soll ich m-s Bruders Hüter sein?; → gamekeeper, goalkeeper, lighthouse, parkkeeper, zoo, *etc* b Tierpfleger(in) **2** Verwahrer *m* (*als Titel*), Verwalter(in) **3** *meist in Zusammensetzungen* a Inhaber(in), Besitzer(in): → innkeeper, shopkeeper, storekeeper 2 b Halter(in), Züchter(in): → beekeeper **4** Betreuer(in), Verwalter(in): → boxkeeper, storekeeper 1 **5** TECH a Schließblech *n* (*ein Türbeschlag*) b Magnetanker *m* c Magnetschlussstück *n* **6** **be a good ~** sich gut halten (*Obst, Fisch etc*)

keep| fit S Fitnessprogramm *n*, -übungen *pl*; **~-fit** ADJ Fitness...: **~ class** Fitnessgruppe *f*; **~-fresh bag** S Frischhaltebeutel *m*

keeping **A** S **1** Verwahrung *f*, Aufsicht *f*, Pflege *f*, Obhut *f*: **put in sb's ~** a *j-n* in j-s Obhut geben b j-m *etwas* zur Aufbewahrung geben; **be in safe ~** sicher aufbewahrt sein; → safekeeping **2** Pflege *f*: **in good ~** a in gutem Zustand b gepflegt **3** Übereinstimmung *f*, Einklang *m*: **be in (out of) ~ with** a (nicht) in Einklang stehen *od* (nicht) übereinstimmen mit b (nicht) passen zu c (nicht) entsprechen (*dat*); **in ~ with the times** zeitgemäß **B** ADJ haltbar, dauerhaft: **~ apples** Winteräpfel

keepsake ['ki:pseɪk] S (*Geschenk zum*) Andenken *n*: **as** (*od* **for**) **a ~** als *od* zum Andenken

keester → keister

keet → keat

kef [kef] → kif

kefir ['kefə(r); *US a.* ke'fɪər] S Kefir *m* (*aus Kuhmilch durch Gärung gewonnenes Getränk mit säuerlichem Geschmack u. geringem Alkoholgehalt*)

keg [keg] S **1** kleines Fass, Fässchen *n* **2** *Br* *Aluminiumbehälter zum Transport u. zur Lagerung von Bier*: **~ beer** *aus e-m* **keg** *gezapftes, mit Kohlensäure versetztes Bier*, (*etwa*) Fassbier *n*; **kegger** [-gər] S, **keg party** S *US* Bierparty *f*

keister ['ki:stə(r)] S *bes US sl* **1** a Koffer *m* b Kasten *m*, Kiste *f* **2** Arsch *m*, Hintern *m* (*beide sl*)

keloid ['ki:lɔɪd] S MED Keloid *n*, Wulstnarbe *f*

kelp [kelp] S **1** Kelp *n*, Riementangasche *f* **2** BOT (*ein*) Riementang *m*: **giant ~** Birntang *m*

kelpie, *a.* **kelpy** ['kelpɪ] S *schott Wassergeist in Pferdegestalt, der s-e Reiter in die Tiefe zieht*

kelson ['kelsn] → keelson

Kelt[1] [kelt] → Celt[2]

kelt[2] [kelt] S *geschwächter Lachs nach dem Laichen*

kelter ['keltə(r)] *bes Br* → kilter

Keltic ['keltɪk] → Celtic; **Kelticism** → Celticism

kelvin ['kelvɪn] S PHYS Kelvin *n* (*Maßeinheit der Kelvinskala*); **ᴥ scale** S Kelvinskala *f* (*thermodynamische Temperaturskala, die am absoluten Nullpunkt beginnt*)

kempt [kempt] ADJ **1** gepflegt **2** gekämmt

ken [ken] **A** S **this is beyond** (*od* **outside, not within**) **my ~** a das entzieht sich m-r Kenntnis b das ist mir zu hoch **B** V/T *prät u. pperf* kenned, kent [kent] **1** *schott* wissen **2** *schott* begreifen, verstehen

Ken. ABK Kentucky

kendo ['kendəʊ] S SPORT Kendo *n* (*als Kampfsport betriebenes Fechten mit Bambusstöcken*)

kennel[1] ['kenl] **A** S **1** Hundehütte *f* **2** *meist pl* (*als sg konstruiert*) a Kennel *m*, Hundezwinger *m* b Hundepension *f* **3** ZOOL (*bes Fuchs*) Bau *m* **4** *fig* Bruchbude *f*, Loch *n* (*beide umg*) **5** Meute *f* **B** V/T *prät u. pperf* -neled, *bes Br* -nelled **1** in e-r Hundehütte *od* in e-m Zwinger halten **2** in e-e Hundepension geben **C** V/I hausen

kennel[2] ['kenl] S *obs* Gosse *f*, Rinnstein *m*

Kennelly-Heaviside layer [ˌkənəlɪ'hevɪsaɪd] S PHYS Kennelly-Heaviside-Schicht *f* (*der Atmosphäre*)

kenning ['kenɪŋ] S Kenning *f* (*mehrgliedrige bildliche Umschreibung von Begriffen in der altgermanischen Dichtung*)

keno ['ki:nəʊ] S *US ein Glücksspiel*

kenosis [kɪ'nəʊsɪs] S REL Kenosis *f* (*Auffassung, nach der Christus bei der Menschwerdung auf die Ausübung s-r göttlichen Eigenschaften verzichtet*)

kent[1] [kent] *prät u. pperf von* ken

Kent[2] [kent] S Kent *n* (*Grafschaft in Südostengland*)

Kentish ['kentɪʃ] ADJ aus *od* in (*der englischen*

Grafschaft) Kent
Kentuckian [ken'tʌkɪən] A ADJ aus *od* in *(dem Staat)* Kentucky B S Einwohner(in) von Kentucky
Kentucky [ken'tʌkɪ; kən-] S Kentucky *n (Staat im Osten der USA)*
Kentucky Derby [ken,tʌkɪ'dɑːbɪ; *US* -'dɜrbiː] S Kentucky Derby *n (seit 1875 bei Louisville ausgetragenes Galopprennen für dreijährige Vollblüter)*
Kenya ['kenjə; 'kiːn-] S Kenia *n*; **Kenyan** ['kenjən] A S Kenianer(in) B ADJ kenianisch
Keogh Plan ['kiːəʊ] S *US ein Altersversorgungsplan für Selbstständige*
kepi ['keɪpiː; 'kepiː] S Käppi *n (Militärmütze)*
Keplerian [kep'lɪərɪən] ADJ keplersch(er, e, es): **~ telescope** keplersches *od* astronomisches Fernrohr; **Kepler's laws** ['kepla(r)z] SPL ASTRON die keplerschen Gesetze *pl*
kept [kept] A *prät u. pperf von* keep B ADJ: **~ woman** *obs od hum* Mätresse *f*
Ker. ABK Kerry
keramic [kɪ'ræmɪk] → ceramic
keratin ['kerətɪn] S *Biochemie:* Keratin *n*, Hornstoff *m*; **keratinize** [kɪ'rætɪnaɪz; 'kerətɪnaɪz] V/I verhornen, hornig werden; **keratitis** [-rə'taɪtɪs] S MED Keratitis *f*, Hornhautentzündung *f*; **keratoplasty** ['kerətəʊplæstɪ] S MED Keratoplastik *f*, Hornhautübertragung *f*; **keratosis** [-'təʊsɪs] S MED Keratose *f (übermäßige Verhornung der Haut)*
kerb [kɜːb] S *Br* Bordkante *f*, -rand *m*, -schwelle *f*, -stein *m*: **on the ~** WIRTSCH im Freiverkehr; **~ crawling** *langsames Fahren am Straßenrand in der Absicht, e-e Frau aufzureißen*; **~ drill** Verkehrserziehung *f* für Fußgänger; **~ market** WIRTSCH Freiverkehrsmarkt *m*; **~-market prices** WIRTSCH Freiverkehrskurse; **~ weight** Leergewicht *n (e-s Personenwagens)*; **~stone** S (einzelner) Bordstein
kerchief ['kɜːtʃɪf; *US* 'kɜrtʃəf] S *obs* 1 Hals-, Kopf-, Schultertuch *n* 2 Taschentuch *n*
kerf [kɜːf; *US* kɜrf] S Kerbe *f*, Einschnitt *m*
kerfuffle [kə'fʌfl] S *Br umg* Wirbel *m*, Theater *n (beide:* **over, about** um)
kermes ['kɜːmɪz; *US* 'kɜrmiːz] S 1 Kermes *m (aus den getrockneten Eiern u. Hüllen der Weibchen der Kermesschildlaus gewonnener scharlachroter Farbstoff)* 2 BOT Kermeseiche *f*
kermesite ['kɜːmɪzaɪt; -məs-; *US* 'kɜr-] S MINER Kermesit *m*, Rotspießglanz *m*
kermess ['kɜːmɪs; *US* 'kɜrməs], **kermis** [-mɪs; *US* -məs] S 1 Kirmes *f*, Kirchweih *f (in Belgien u. den Niederlanden)* 2 *US* Wohltätigkeitsfest *n*
kern [kɜːn; *US* kɜrn] TYPO A S Überhang *m* B V/T unterschneiden
kernel ['kɜːnl; *US* 'kɜrnl] S 1 *(Nuss- etc)* Kern *m* 2 *(Hafer-, Mais- etc)* Korn *n* 3 *fig* Kern *m*: **there is a ~ of truth in this story** diese Geschichte hat e-n wahren Kern 4 TECH *(Guss- etc)* Kern *m*
kernite ['kɜːnaɪt; *US* 'kɜr-] S MINER Kernit *m*, Rasorit *m*
kerosene, kerosine ['kerəsiːn; ,-'siːn] S FLUG, CHEM Kerosin *n*
Kerr effect [kɑː; kɜː; *US* kɑːr; kɜr] S OPT Kerr-Effekt *m*
Kerry ['kerɪ] S Kerry *n (Grafschaft im südwestlichen Irland)*
kestrel ['kestrəl] S ORN Turmfalke *m*
ketch [ketʃ] S SCHIFF Ketsch *f (zweimastiger Segler)*
ketchup ['ketʃəp] S Ketchup *m/n*
ketene ['kiːtiːn] S CHEM Keten *n*
keto| acid ['kiːtəʊ] S CHEM Keto-, Ketonsäure *f*; **~-enol tautomerism** S CHEM Keto-Enol-Tautomerie *f*; **~ form** S Keto-, Ketonform *f*
ketone ['kiːtəʊn] S CHEM Keton *n*: **~ body** PHYSIOL Ketonkörper *m*; **ketonuria** [,kiːtəʊ'njʊərɪə; *US a.* ,kiːtə'nʊrɪə] S MED Ketonurie *f (Ausscheidung von Ketonkörpern im Harn)*; **ketose** ['kiːtəʊs; -təʊz] S CHEM Ketozucker *m*, Ketose *f*; **ketosis** [kɪ'təʊsɪs] S MED Ketose *f (Auftreten von Ketonen im Blut)*
kettle ['ketl] S 1 *(Wasser)* Kessel *m*: **a pretty** *(od* **fine) ~ of fish** *iron* e-e schöne Bescherung; **that's a different ~ of fish** das ist etwas ganz anderes; **keep the ~ boiling** a sich über Wasser halten b die Sache in Schwung halten; **put the ~ on for some tea** Teewasser aufsetzen 2 METALL Pfanne *f* 3 GEOL a Gletschertopf *m*, -mühle *f* b Soll *n*; **~drum** S MUS (Kessel)Pauke *f*; **~drummer** S (Kessel)Pauker(in); **~ hole** → kettle 3
key[1] [kiː] A S 1 Schlüssel *m*: **turn the ~** absperren, abschließen; **power of the ~s** KATH Schlüsselgewalt *f* 2 *fig* **(to)** Schlüssel *m* (zu): a Erklärung *f* (für) b Lösung *f (gen)*: **the weather holds the ~ to our success** unser Erfolg hängt vom Wetter ab 3 *fig* **(to)** Schlüssel *m* (zu): a Lösungsbuch *n* (für, zu) b Zeichenerklärung *f* (für, zu) c Code *m* (für, zu) 4 BOT, ZOOL (Klassifikations)Tabelle *f* 5 Kennwort *n*, -ziffer *f*, Chiffre *f (in Inseraten etc)* 6 TECH a Keil *m*, Splint *m*, Bolzen *m*, Passfeder *f* b Schraubenschlüssel *m* c Taste *f (der Schreibmaschine etc)* 7 ELEK a Taste *f*, Druckknopf *m* b Taster *m*, Tastkontakt *m*, -schalter *m* 8 *Telegrafie:* Taster *m*, Geber *m* 9 TYPO Setz-, Schließkeil *m* 10 *Tischlerei:* Dübel *m*, Band *n* 11 ARCH Schlussstein *m* 12 MUS a Taste *f (bei Tasteninstrumenten)*: **black** (**upper**, *a.* **chromatic**) **~** schwarze (Ober)Taste b Klappe *f (bei Blasinstrumenten)*: **closed** (**open**) **~** Klappe zum Öffnen (Schließen) 13 MUS Tonart *f*: **in the ~ of C** in C; **~ of C (major)** C-Dur; **~ of C minor** c-Moll; **sing off** *(od* **out of) ~** falsch singen; **be in (out of) ~ with** *fig* a (nicht) in Einklang stehen *od* (nicht) übereinstimmen mit b (nicht) passen zu 14 → key signature: → major key, minor A 5 15 *fig* Ton *m*: **(all) in the same ~** eintönig, monoton; **in a high ~** a laut b MAL, FOTO in hellen Tönen (gehalten); **in a low ~** a leise b MAL, FOTO in matten Tönen (gehalten) c wenig spannend *od* abwechslungsreich 16 **the** &Keys PARL die Mitglieder des **House of Keys** B V/T 1 **~ in** *(od* **on)** TECH ver-, festkeilen 2 TYPO füttern, unterlegen 3 **~ in** COMPUT *Daten* eintippen, -tasten 4 MUS stimmen 5 **~ (up) to, ~ in with** *fig* abstimmen auf *(akk)*, anpassen *(dat) od* an *(akk)*: **~ sb up for** j-n einstimmen auf *(akk)* 6 **~ up** *j-n* in nervöse Spannung versetzen: **~ed up** nervös, aufgeregt **(about** wegen) 7 **~ up** *fig* steigern, erhöhen 8 *ein Inserat etc* mit e-m Kennwort versehen, chiffrieren C ADJ *fig* Schlüssel...: **~ industry** (**position, role,** *etc*); **there is one ~ difference** es gibt einen entscheidenden Unterschied; **~ official** Beamte(r) *m od* Beamtin *f* in e-r Schlüsselstellung; **~ player** SPORT Leistungsträger(in); **~ witness** JUR Hauptzeuge *m*, -zeugin *f*
key[2] [kiː; keɪ] → cay
key[3] [kiː] S *US sl* Kilo *n (Drogen, bes Haschisch)*: **a ~ of hash**
key| bit S TECH Schlüsselbart *m*; **~board** A S 1 MUS a Klaviatur *f*, Tastatur *f (e-s Klaviers)*: **~ instrument** Tasteninstrument *n* b Manual *n (e-r Orgel)* c Keyboard *n (elektronische Orgel, Synthesizer etc)* 2 TECH Tastenfeld *n*, Tastatur *f (e-r Schreibmaschine etc)* 3 Schlüsselbrett *n* B V/T 1 TYPO maschinell setzen 2 → key[1] B 3; **~boarder** S, **~boardist** S 1 COMPUT Texterfasser(in) 2 MUS Keyboarder(in); **~ bugle** S MUS Klappenhorn *n*; **~ case** S Schlüsseletui *n*; **~ chord** S MUS Grunddreiklang *m (e-r Tonart)*; **~ club** S *US* Privatklub *m*; **~ desk** S MUS Orgelpult *n*
keyed [kiːd] ADJ 1 MUS a Tasten...: **~ instrument** b Klappen...: **~ horn** 2 MUS a in e-r *(bestimmten)* Tonart gesetzt b gestimmt **(to** auf *e-n Ton)* 3 TECH ver-, festgekeilt 4 ARCH durch e-n Schlussstein verstärkt 5 chiffriert *(Annonce etc)* 6 aufeinander abgestimmt 7 **~ up** → key[1] B 6
key| fossil S GEOL Leitfossil *n*; **~ harp** S MUS Tastenharfe *f*; **~hole** S 1 Schlüsselloch *n*: **~ report** *fig* Bericht *m* mit intimen Einzelheiten; **~ saw** TECH Stichsäge *f*; **~ surgery** MED Schlüssellochchirurgie *f* 2 TECH Dübelloch *n* 3 *Basketball: US umg* Freiwurfraum *m*; **~ lending rate** S WIRTSCH Leitzins *m*; **~ light** S FILM, FOTO *etc* Haupt-, Führungslicht *n*; **~man** [-mæn] S *irr* 1 Schlüsselfigur *f* 2 Mann *m* in e-r Schlüsselstellung, Schlüsselkraft *f* 3 SPORT Leistungsträger *m*; **~ map** S ARCH Orientierungsplan *m*; **~ money** S 1 *Br (vom Mieter an den Vermieter gezahlte)* Abstandssumme 2 *(von e-m potenziellen Mieter gezahltes)* Bestechungsgeld; **~note** A S 1 MUS Grundton *m* 2 *fig* Grund-, Leitgedanke *m (e-r Rede, Politik etc)*: **strike the ~ of sth** das Wesentliche e-r Sache treffen; **~ address** *(od* **speech)** POL programmatische Rede; **~ speaker** → keynoter B V/T POL a e-e programmatische Rede auf *e-m Parteitag etc* halten b in e-r programmatischen Rede darlegen c als Grundgedanken enthalten; **~noter** S POL *j-d, der e-e programmatische Rede hält*; **~pad** S 1 TV *etc* Fernbedienung *f (Gerät)* 2 COMPUT Zahlenblock *m*; **~phone** S *Br* Tastentelefon *n*; **~ plan** S ARCH Lageplan *m*; **~ point** S springender Punkt; **~punch** S COMPUT *US* HIST Handlocher *m*, manueller Locher; **~puncher** S COMPUT *US* HIST Locher(in); **~ ring** S Schlüsselring *m*; **~ signature** S MUS Vorzeichen *n u. pl*; **~ station** S RADIO, TV *US* Hauptsender *m*; **~stone** S 1 ARCH Schlussstein *m* 2 *fig* Grundpfeiler *m*; **&stone State** S *US (Beiname für den Staat)* Pennsylvanien *n*; **~stroke** S Anschlag *m*: **she can do 300 ~s a minute** sie schreibt 300 Anschläge in der Minute; **~ tone** S MUS Grundton *m*; **~way** S TECH Keil(längs)nut *f*; **~ word** S Schlüssel-, Kennwort *n*
kg[1] ABK 1 WIRTSCH keg(s PL) 2 kilogramme(s PL), kilogram(s PL) kg
KG ABK *Br* Knight of the Order of the Garter *(Ordenstitel)*
khaki ['kɑːkɪ; *US a.* 'kækiː] A S 1 Khaki *n (Farbe)* 2 a Khaki *m (Stoff)* b *meist pl US* Khakiuniform *f* c *pl, a.* **pair of ~s** *US* Khakihose *f* B ADJ Khaki...: a khakibraun, -farben, -farbig b aus Khaki
khalif, khalifate → caliph, caliphate
khamsin ['kæmsɪn; *bes US* kæm'siːn] S Chamsin *m*, Kamsin *m (heißer Wüstenwind aus Ägypten)*
khan[1] [kɑːn; *US a.* kæn] S Khan *m (orientalischer Herrschertitel)*
khan[2] [kɑːn; *US a.* kæn] → caravansary
khanate ['kɑːneɪt; 'kæn-] S Khanat *n (Herrschaftsgebiet od Amt e-s Khans)*
kheda → keddah
khedive [kɪ'diːv] S HIST Khedive *m (Titel des Vizekönigs von Ägypten)*
khi [kaɪ] S Chi *n (griechischer Buchstabe)*
kHz ABK ELEK kilohertz kHz
KIA ABK MIL killed in action gef., gefallen
kibble[1] ['kɪbl] S *Bergbau: Br* Förderkorb *m*
kibble[2] ['kɪbl] V/T schroten
kibbutz [kiː'buːts] *pl* -butzim [kiː'buːtsɪm; *bes US* kɪ,bʊt'siːm], -butzes S Kibbuz *m (Gemeinschaftssiedlung in Israel)*: **in** *(od* **on) a ~** in e-m Kibbuz
kibe [kaɪb] S offene Frostbeule *(bes an der Ferse)*

Kibei, *a.* ♀ [ˌkiːˈbeɪ] *pl* -bei S *in den USA geborener, aber in Japan erzogener Japaner*

kibitz [ˈkɪbɪts] V/I *bes US umg* kiebitzen; **kibitzer** S *bes US umg* 1 Kiebitz *m* (*Zuschauer, bes beim Kartenspiel*) 2 *fig* Besserwisser(in)

kibosh [ˈkaɪbɒʃ; *US* -ˌbɑʃ] *sl* A S: **put the ~ on** → B B V/T *Pläne, Hoffnungen etc* kaputt machen *umg*, zerstören

kick [kɪk] A S 1 (Fuß)Tritt *m* (*a. fig*), Stoß *m* (mit dem Fuß): **give** *sb, sth* **a ~** e-n Tritt geben *od* versetzen (*dat*); **give sb a ~ in the arse** (*US* **ass**) *vulg* j-m e-n Arschtritt geben *umg*; **get more ~s than halfpence** mehr Prügel als Lob ernten; **get the ~** *umg* (raus)fliegen (*entlassen werden*); → **pants** 1, **tooth** A 1 2 a *Fußball*: Schuss *m*: → **corner kick, free kick** 1, **penalty kick** 1 b *Rugby*: Tritt *m*: → **free kick** 2, **penalty kick** 2 3 *Schwimmsport*: Beinschlag *m* 4 *Leichtathletik*: *US* Spurt(kraft) *m(f)* 5 Stoß *m*, Ruck *m* 6 a Rückstoß *m* (*e-r Schusswaffe*) b (*Tennis*) Kick *m* (*hoher Absprung*) 7 ELEK *US* a (Strom)Stoß *m*, Impuls *m* b Ausschlag *m* (*e-s Zeigers etc*) 8 Stoßkraft *f* 9 *umg* a anregende *od* berauschende Wirkung, (*e-r Droge*) Kick *m*: **that cocktail has got a ~ in it** der Cocktail hat es (aber) in sich *umg* b *US* Schwips *m*: **he's got a ~** er hat e-n sitzen *umg* 10 *umg* Schwung *m*, Elan *m*: **he has no ~ left** er hat keinen Schwung mehr; **give a ~ to** *etwas* in Schwung bringen, *e-m Theaterstück etc* Pfiff verleihen; **a novel with a ~** ein Roman mit Pfiff 11 *umg* a Kick *m*, (Nerven)Kitzel *m*, prickelndes Gefühl b Spaß *m*, Vergnügen *n*: **for ~s** zum Spaß; **he just lives for ~s** er lebt nur zu s-m Vergnügen; **get a ~ out of doing sth** sich e-n Spaß daraus machen, etwas zu tun; **driving a car gives him a ~, he gets a ~ out of driving a car** das Autofahren macht ihm e-n Riesenspaß *od* verschafft ihm e-n Kick 12 *umg* a Abneigung *f*: **have a ~ against sth** gegen etwas sein b Beschwerde *f* (**against** gegen *j-n*, über *etwas*) c *oft pl* Grund *m* zur Beschwerde: **you've got no ~s at all** du hast keinerlei Grund, dich zu beklagen *od* zu beschweren 13 *sl* **he's on a new ~ every week** er steht jede Woche auf etwas anderes; **she's on a health-food ~ at the moment** zurzeit hat sie es mit Biokost 14 *US umg* a Tasche *f* b Geldbeutel *m*: **he was without a dime in his ~** er hatte keinen Pfennig in der Tasche B V/T 1 (mit dem Fuß) stoßen, treten, e-n (Fuß)Tritt geben *od* versetzen (*dat*): **~ open** *e-e Tür etc* auftreten; **~ sb's shin, ~ sb on the shin** j-n gegen das Schienbein treten; **~ sb downstairs** j-n die Treppe hinunterstoßen; **~ sb upstairs** *fig* j-n durch Beförderung kaltstellen *umg*; **~ sb when he is down** *fig* j-m noch e-n Fußtritt geben, wenn er schon am Boden liegt; **I could have ~ed myself** ich hätte mich ohrfeigen *od* mir in den Hintern beißen können (**for telling him** dass *od* weil ich es ihm gesagt hatte); **~ sb off the park** (*Fußball*) *Br umg* j-n zusammentreten; → **arse** A 1, **ass**[2], **bucket** A 1, **heel**[1] *Bes Redew*, **tooth** A 1 2 *Fußball*: *ein Tor* schießen, *den Ball a.* treten, spielen, schlagen 3 *umg* von *e-r Droge, Gewohnheit etc* loskommen C V/I 1 a (mit dem Fuß) stoßen, treten (*beide*: **at** nach): → **prick** A 6 b um sich treten c strampeln d das Bein hochwerfen e ausschlagen (*Pferd etc*): → **trace**[2] 1 2 hochspringen, -prallen (*Ball*) 3 zurückstoßen, e-n *harten etc* Rückschlag *od* Rückstoß haben: **the rifle ~s hard** 4 AUTO *umg* schalten: **he ~ed into second** er schaltete in den zweiten Gang 5 AUTO *umg* stottern (*Motor*) 6 *umg* a meutern (**against, at** gegen) b sich beschweren (**about** über *akk*) 7 **~ about** (*od* **around**) *umg* sich herumtreiben in (*dat*) 8 **~ about** (*od* **around**) *umg* herumliegen in (*dat*) (*Gegenstand*) 9 → **kick off** A 3

Phrasal Verbs: **kick| about, ~ around** *umg* A V/T 1 *j-n* herumkommandieren 2 *j-n, etwas* herumstoßen, -schubsen 3 bereden, diskutieren über (*akk*) B V/I 1 sich herumtreiben *umg* 2 herumliegen *umg* (*Gegenstand*); **~ back** A V/I 1 zurücktreten 2 → **kick** C 3 3 *fig* zurückschlagen: **if you insult him he'll ~** wenn du ihn beleidigst, zahlt er es dir heim; **his accusations kicked back** s-e Anschuldigungen schlugen auf ihn zurück *od* erwiesen sich als Bumerang 4 *fig* unangenehme Folgen haben (**at** für) 5 *US umg* e-e (*illegale*) Provision *od* Schmiergeld(er) zahlen B V/T 1 *die Bettdecke etc* wegstrampeln 2 *Fußball*: *den Ball* zurückspielen (**to** zu) 3 *US umg etwas Gestohlenes* (dem Eigentümer) zurückgeben 4 *US umg j-m* e-e (*illegale*) Provision *od* Schmiergeld(er) zahlen b *e-n Betrag* an (*illegaler*) Provision *od* an Schmiergeld(ern) zahlen; **~ in** A V/T 1 *e-e Tür* eintreten: **kick sb's teeth in** *a.* j-m die Zähne einschlagen 2 *US umg etwas* beisteuern (**for** zu) B V/I 1 *US umg* (etwas) dazu beisteuern: **~ with** → A 2 2 *US umg* a anspringen (*Heizung etc*) b (anfangen zu) wirken (*Tablette etc*) 3 → **kick off** A 3; **~ off** A V/I 1 *Fußball*: anstoßen: a den Anstoß ausführen b Anstoß haben 2 *umg* anfangen, beginnen 3 *US sl* den Löffel weglegen (*sterben*) B V/T 1 *etwas wegtreten, s-e Schuhe* wegschleudern 2 *umg etwas* starten, den Anfang (*gen*) bilden; **~ out** A V/I a um sich treten: **~ at sb** nach j-m treten b ausschlagen (*Pferd etc*) B V/T 1 *Fußball*: *den Ball* (*absichtlich*) ins Aus schießen 2 *umg j-n* rausschmeißen (**of** aus) (*a. fig*); **~ over** A V/T mit dem Fuß umstoßen B V/I AUTO *US umg* zünden (*Motor*); **~ up** V/T 1 mit dem Fuß hochschleudern, *Staub* aufwirbeln: → **dust** A 2, **heel**[1] *Bes Redew* 2 → **din** A, **fuss** A 2, **row**[1] A, **stink** C 2

kick|back S 1 Rückstoß *m* 2 *fig* a unangenehme *od* starke (Gegen)Reaktion b unangenehme Folge(n *pl*) 3 *US umg* a (*illegale*) Provision b Schmiergeld(er) *n(pl)*; **~boxer** S SPORT Kickboxer(in); **~boxing** S SPORT Kickboxen *n*; **~down** S AUTO Kickdown *m* (*Durchtreten des Gaspedals e-s Wagens mit Automatikgetriebe, um ein Herunter- bzw späteres Heraufschalten zu erreichen*)

kicker [ˈkɪkə(r)] S 1 (Aus)Schläger *m* (*Pferd*) 2 *umg* Querulant(in) 3 *umg* kleiner Außenbordmotor 4 *US umg* a unfaire *od* nachteilige Klausel (*in e-m Vertrag etc*) b Pferdefuß *m*

kick|off S 1 *Fußball*: Anstoß *m*: **(the) ~ is at 3 o'clock** Anstoß ist *od* der Anstoß erfolgt um 3 Uhr; **~ (time)** Anstoßzeit *f* 2 *umg* Anfang *m*, Beginn *m*, Start *m*: **for a ~** a zunächst (einmal), fürs Erste b erstens (einmal), um es gleich zu sagen; **~out** S 1 *Fußball*: Abschlag *m* 2 *umg* Rausschmiss *m* (*a. fig*); **~ service** S *Tennis*: Kickaufschlag *m*

kickshaw [ˈkɪkʃɔː], **kickshaws** [-ʃɔːz] S 1 billiges *od* wertloses Schmuckstück 2 *obs* kleiner Leckerbissen

kick|stand S Kippständer *m* (*e-s Fahrrads etc*); **~ start** → **kick starter**; **~-start** V/T 1 *ein Motorrad* mit dem Kickstarter anlassen 2 *fig e-e Aktion etc* starten; **~ starter** S Kickstarter *m* (*Fußhebel als Anlasser e-s Motorrads*); **~ turn** S *Skifahren*: Spitzkehre *f*; **~up** S *US umg* Wirbel *m*, Wind *m*, Theater *n* (*alle*: **about** um)

kid[1] [kɪd] A S 1 ZOOL Zicklein *n*, Kitz(e) *n(f)* 2 *a.* **~ leather** Ziegen-, Glacéleder *n*, Kid *n* 3 *umg* Kid *n*: a Kind *n*: **my ~ brother** *bes US* mein kleiner Bruder; **that's ~s'** (*US* **~**) **stuff** das ist (nur) was für kleine Kinder; das ist kinderleicht *od* ein Kinderspiel (**to** für); **listen, ~, …** hör mal, Kleine(r), … b Jugendliche(r) *m/f(m)*: **the college ~s** die jungen Leute auf dem College, die College-Kids; **he's quite some ~** der ist nicht ohne, der hat ganz schön was drauf (*beide umg*) B ADJ Ziegenleder…, Glacé… C V/I zickeln, (*Junge*) werfen

kid[2] [kɪd] *umg* A V/T *j-n* auf den Arm nehmen *umg*: **you're** (*od* **you must be**) **~ding me!** das meinst du doch nicht im Ernst!; **I ~ you not!** *hum* im Ernst!, ehrlich!; **~ o.s.** sich etwas vormachen; **~ o.s. that …** sich vormachen, dass … B V/I a albern b Spaß machen c schwindeln: **he was only ~ding** er hat nur Spaß gemacht, er hat es nicht ernst gemeint; **you're** (*od* **you must be**) **~ding!** das meinst du doch nicht im Ernst!; **no ~ding?** im Ernst?, ehrlich?; **no ~ding!** im Ernst!, ehrlich!

kid[3] [kɪd] S (Holz)Fässchen *n*

kidder [ˈkɪdə(r)] S *umg* Spaßvogel *m*

kiddie → **kiddy**

kiddingly [ˈkɪdɪŋlɪ] ADV *umg* im *od* zum Spaß

kiddle [ˈkɪdl] S *Br obs* Fischreuse *f*

kiddo [ˈkɪdəʊ] *pl* -dos, -does S *bes US umg* Kleine(r) *m/f(m)* (*als Anrede*): **listen, ~s, …** hört mal, ihr Lieben, …

kiddy [ˈkɪdɪ] S *umg* (kleines) Kind: **~ seat** Kindersitz *m*; **~ show** Kindervorstellung *f*; **~porn** S *umg* Kinderpornografie *f*

kid| glove S Glacéhandschuh *m*, *pl a.* Kids *pl*: **handle sb with ~s** *fig* j-n mit Samt- *od* Glacéhandschuhen anfassen, j-n wie ein rohes Ei behandeln (*alle umg*); **~-glove** ADJ *fig* 1 wählerisch, anspruchsvoll 2 zimperlich 3 a diplomatisch, taktisch geschickt (*Vorgehen etc*) b rücksichtsvoll, behutsam: **give sb ~ treatment** j-n mit Samt- *od* Glacéhandschuhen anfassen, j-n wie ein rohes Ei behandeln (*alle umg*)

kidnap [ˈkɪdnæp] A V/T *prät u. pperf* -napped, *US a.* -naped *j-n* kidnappen, entführen B S → **kidnap(p)ing**; **kidnap(p)er** S Kidnapper(in), Entführer(in); **kidnap(p)ing** S Kidnapping *n*, Entführung *f*, Menschenraub *m*

kidney [ˈkɪdnɪ] S 1 ANAT Niere *f* (*a.* GASTR): → **artificial** 1 2 *fig* Art *f*, Sorte *f*, Schlag *m*: **a man of that ~** ein Mann dieser Art; **he is of a different ~ from** er ist von e-m anderen Schlag *od* ein anderer Typ als; **~ bean** S BOT a Weiße Bohne b Feuerbohne *f*; **~ failure** S MED Nierenversagen *n*; **~ machine** S MED künstliche Niere: **put sb on a ~** j-n an e-e künstliche Niere anschließen; **~ punch** S *Boxen*: Nierenschlag *m*; **~-shaped** ADJ nierenförmig; **~ stone** S MED Nierenstein *m*; **~ transplant** S MED Nierenverpflanzung *f*, -transplantation *f*

kidology [kɪˈdɒlədʒɪ] S *Br umg* Bluff *m*

kid|porn → kiddyporn; **~skin** S 1 Ziegenfell *n* 2 → **kid**[1] A 2, B

kief [kiːf] → **kif**

Kiel Canal [kiːl] S Nordostseekanal *m*

kieselguhr [ˈkiːzlˌgʊə(r)] S GEOL Kieselgur *f*, -erde *f*

kieserite [ˈkiːzəraɪt] S MINER Kieserit *m*

kif [kɪf; kiːf] S 1 Kif *n*, Marihuana *n* 2 *Droge, die, wenn geraucht, e-n euphorischen Zustand hervorruft* 3 (*bes durch das Rauchen von Marihuana hervorgerufener*) euphorischer Zustand

kike [kaɪk] S *US sl pej* Itzig *m* (*Jude*)

Kild. ABK Kildare

Kildare [kɪlˈdeə(r)] Kildare *n* (*Grafschaft im östlichen Irland*)

Kilk. ABK Kilkenny

Kilkenny [kɪlˈkenɪ] S Kilkenny *n* (*Grafschaft im südöstlichen Irland*)

Kilkenny cats [kɪlˈkenɪ] SPL: **fight like ~** *obs* kämpfen, dass die Fetzen fliegen *umg*

kill [kɪl] A V/T 1 töten, (**o.s.** sich) umbringen,

K

ermorden, *(kaltblütig etc a.)* killen: **his reckless driving will ~ him one day** er wird sich noch einmal umbringen mit s-m rücksichtslosen Fahren; **he will ~ me if …** der bringt mich um, wenn …; **~ off** a abschlachten b ausrotten, vertilgen; **~ two birds with one stone** zwei Fliegen mit e-r Klappe schlagen; **be ~ed** ums Leben kommen, umkommen; → accident 3, action 13 2 *Tiere* schlachten: → fat c 3 JAGD erlegen, schießen 4 MIL a abschießen b zerstören, vernichten c versenken 5 (fast) umbringen: **the job is (my feet are) ~ing me** die Arbeit bringt (m-e Füße bringen) mich (noch) um; **the sight nearly ~ed me** der Anblick war zum Totlachen; **~ sb with kindness** j-n vor Freundlichkeit fast umbringen; **he nearly ~ed himself** er hat sich e-n abgebrochen *umg* 6 *a.* **~ off** *Knospen, Rost etc* vernichten: **the frost ~ed the cherry blossom** 7 *Gefühle* (ab)töten, ersticken 8 *Schmerzen* stillen 9 unwirksam machen, *Farben etc a.* neutralisieren, *e-e Wirkung etc a.* entschärfen, aufheben 10 *Geräusche* a (ver)schlucken b übertönen 11 *e-e Gesetzesvorlage etc* zu Fall bringen, *e-e Eingabe etc* unterdrücken, *e-n Plan etc* durchkreuzen, zunichtemachen, *e-e Unterhaltung etc* zum Erliegen bringen 12 a *Tennis etc: e-n Ball* töten b *Fußball: e-n Ball* stoppen 13 *e-e Textpassage etc* streichen 14 **~ time** die Zeit totschlagen (**by playing cards** mit Kartenspielen) 15 a *e-e Maschine etc* abstellen, abschalten, *den Motor a.* abwürgen b *Lichter* ausschalten c ELEK abschalten, *e-e Leitung* spannungslos machen 16 *umg* a *e-e Flasche etc* austrinken, vernichten *umg* b *e-e Zigarette* ausdrücken B V/I 1 töten: a tödlich sein b morden: → look A 1 2 *umg* unwiderstehlich *od* hinreißend sein, e-n tollen Eindruck machen, e-n umschmeißen: **dressed to ~** todschick gekleidet, *pej* aufgedonnert, aufgetakelt C S 1 a JAGD Tötung *f (e-s Wildes)*, Abschuss *m*: **be in at** (*od* **on**) **the ~** *fig* am Schluss (mit) dabei sein, den Schlussakt miterleben b JAGD Jagdbeute *f*, Strecke *f* c Beute *f (e-s Raubtieres)* 2 MIL a Abschuss *m* b Zerstörung *f*, Vernichtung *f* c Versenkung *f*

killable ['kɪləbl] ADJ schlachtreif *(Tier)*

killdeer S ORN *(ein)* amer. Regenpfeifer *m*

killer A S 1 Mörder(in), *(kaltblütige[r] etc a.)* Killer(in): **this disease is a ~** diese Krankheit ist *od* verläuft tödlich; **be a real ~** *fig umg* reiner *od* der reinste Mord sein; → contract A 1 b 2 a Raubtier *n* b **this snake is a ~** der Biss dieser Schlange ist tödlich 3 Schlächter *m* 4 CHEM *bes in Zusammensetzungen* Vertilgungs- *od* Vernichtungsmittel *n*: → weed killer 5 → killer whale B ADJ tödlich *(Krankheit etc)*; **~ instinct** S 1 ZOOL Tötungsinstinkt *m* 2 a *Boxen*: Killerinstinkt *m* b **he's showing his ~** er zeigt, dass er auch über Leichen gehen kann; **~ satellite** S MIL Killersatellit *m*; **~ whale** S ZOOL (Großer) Schwertwal, Mörder-, Mordwal *m*

killick ['kɪlɪk] S SCHIFF 1 kleiner Bootsanker 2 Ankerstein *m*

killing A S 1 a Tötung *f*, Morden *n* b Mord *m* 2 → kill C 1 b 3 Schlachten *n*: **~ time** Schlachtzeit *f* 4 **make a ~** WIRTSCH *umg* e-n (unerwarteten) Riesengewinn machen B ADJ (ADV ~ly) 1 tödlich 2 vernichtend, mörderisch *(beide a. fig)*: **a ~ glance** ein vernichtender Blick; **a ~ pace** ein mörderisches Tempo 3 *umg* umwerfend, hinreißend, toll 4 *umg* urkomisch, zum Totlachen

killjoy S Spielverderber(in), Miesmacher(in) *umg*

killock ['kɪlək] → killick

kill-time A S Zeitvertreib *m* B ADJ als Zeitvertreib (dienend), zum Zeitvertreib (getan)

kiln [kɪln; kɪl] A S a Darre *f (für Malz etc)* b Brennofen *m (für Steingut etc)* c Trockenofen *m*, -kammer *f (für Gussformen etc)* d Kiln *m (zur Metallgewinnung aus Schwefelerzen)* B V/T → kiln-dry; **~-dry** V/T a darren b (im Ofen) brennen *od* trocknen *od* rösten

kilo ['kiːləʊ] *pl* -los S 1 Kilo *n* 2 → kilometer

kilo bit ['kɪləʊbɪt] S IT Kilobit *n*; **kilobyte** S IT Kilobyte *n*; **kilocalorie** S PHYS Kilokalorie *f*; **kilocycle** S ELEK, PHYS Kilohertz *n*; **kiloelectron volt** S PHYS Kiloelektronenvolt *n*; **kilogram(me)** S Kilogramm *n*; **kilohertz** → kilocycle; **kilojoule** S PHYS Kilojoule *n*; **kiloliter**, *bes Br* **kilolitre** S Kiloliter *m*, *a.* *n*; **kilometer**, *bes Br* **kilometre** ['kɪləʊˌmiːtə; kɪ'lɒmɪtə; *US* kɪl'ɑmətər] S Kilometer *m*; **kilometric** [-'metrɪk], **kilometrical** ADJ kilometrisch; **kiloton** S Kilotonne *f*: a *1000 Tonnen* b MIL *Detonationswert e-s Atomsprengkörpers, der dem von 1000 Tonnen TNT entspricht*; **kilovolt** S ELEK Kilovolt *n*; **kilowatt** S ELEK Kilowatt *n*: **~ hour** Kilowattstunde *f*

kilt [kɪlt] A S Kilt *m*, Schottenrock *m* B V/T 1 aufschürzen 2 fälteln, plissieren; **kilted** ADJ 1 mit e-m Kilt (bekleidet) 2 plissiert

kilter ['kɪltə(r)] S: **be out of ~** *umg* kaputt sein

kilting ['kɪltɪŋ] S Plissee *n*

kilt pleat S Plisseefalte *f*

kimberlite ['kɪmbə(r)laɪt] S MINER Kimberlit *m*

kimono [kɪ'məʊnəʊ; *US* kə'məʊnə] *pl* -nos S 1 Kimono *m*: **~ sleeve** Kimonoärmel *m* 2 *bes US (kimonoähnlicher)* Morgenrock; **kimonoed** ADJ mit e-m Kimono bekleidet

kin [kɪn] A S 1 Sippe *f*, Geschlecht *n*, Familie *f*: **of good ~** aus guter Familie 2 KOLL *(als pl konstruiert)* (Bluts)Verwandtschaft *f*, *(die)* Verwandten *pl*: **be of ~ to sb** mit j-m verwandt sein; **be no ~ to** nicht verwandt sein mit; **of the same ~ as** *fig* von derselben Art wie; **near of ~** nahe verwandt *(a. fig)*; → kith, next of kin B ADJ 1 verwandt (**to** mit): **we are ~** wir sind (miteinander) verwandt 2 *fig* (**to**) verwandt (mit), ähnlich *(dat)*

kinaesthesia [ˌkaɪniːs'θiːzjə; *US* ˌkɪnəs'θiːʒə], **kinaesthesis** [-sɪs] S PHYSIOL *bes Br* Kinästhesie *f*, Muskelgefühl *n*, -sinn *m*

kinase ['kaɪneɪs; -eɪz; 'kɪn-] S *Biochemie*: Kinase *f (Enzym, das Phosphatgruppen überträgt)*

kind¹ [kaɪnd] S 1 Art *f*, Sorte *f*: **all ~s of** alle möglichen, allerlei; **all ~s of people got in touch with me** die verschiedensten Leute setzten sich mit mir in Verbindung; **all ~s of things** alles Mögliche; **all of a ~ (with)** von der gleichen Art (wie); **two of a ~** zwei von derselben Sorte *od* vom selben Schlag; **the only one of its ~** das einzige s-r Art; **nothing of the ~** a nichts dergleichen b keineswegs; **sth of the ~**, **this ~ of thing** etwas Derartiges, so etwas; **that ~ of place** so ein Ort; **that ~ of question is** (*umg* **those ~ of questions are**) **very difficult** solche Fragen sind sehr schwierig; **I haven't got that ~ of money** *umg* so viel Geld hab ich nicht; **what ~ of man is he?** was für ein Mann *od* Mensch ist er?; **she is not that ~ of girl** sie ist nicht so e-e; **he is not the ~ of man to do such a thing** er ist nicht der Typ, der so etwas tut; **he felt a ~ of compunction** er empfand so etwas (Ähnliches) wie Reue; **I had a ~ of a** (*US a.* **a ~ of**) **feeling that …** ich hatte das dunkle Gefühl, dass …; **coffee of a ~** *umg* so etwas Ähnliches wie Kaffee, etwas Kaffeeartiges; **the literary ~** die Leute, die sich mit Literatur befassen 2 Geschlecht *n*, Klasse *f*, Art *f*, Gattung *f*: → humankind 3 Art *f*, Wesen *n*: **different in ~** der Art *od* dem Wesen nach verschieden 4 **~ of** *umg* ein bisschen, irgendwie *(oft unübersetzt)*: **she ~ of boxed his ears** sie haute ihm e-e runter; **I ~ of expected it** ich hatte es irgendwie erwartet; **he ~ of hinted it** er machte so e-e (vage) Andeutung; **I've ~ of promised it** ich habe es halb u. halb versprochen; *did they help you?* **~ of** (ja,) schon 5 Naturalien *pl*, Waren *pl*: **pay in ~** in Naturalien zahlen; **pay sb back in ~** *fig* es j-m mit gleicher Münze heimzahlen

kind² [kaɪnd] ADJ (ADV → kindly B) 1 freundlich, liebenswürdig, nett *(alle:* **to sb** zu j-m*)*: **be ~ to animals** tierlieb *od* gut zu Tieren sein; **~ to the skin** hautfreundlich *(Creme etc)*; **it was very ~ of you to help me** es war sehr nett *od* lieb (von dir), dass du mir geholfen hast; **would you be so ~ as to do this for me?** sei so gut *od* freundlich u. erledige das für mich, erledige das doch bitte für mich; **the draw was ~ to him** das Los meinte es gut mit ihm; → enough C 2 hilfreich *(Tat etc)* 3 herzlich: → regard B 5 4 freundlich, mild, angenehm *(Klima)*

kinda ['kaɪn(d)ə] *umg* = **kind of** (→ kind¹ 4)

kindergarten ['kɪndə(r),gɑː(r)tn] S Kindergarten *m*: **~ teacher** Kindergärtnerin *f*; **kindergartner** [-nə(r)], *a.* **kindergartener** S 1 Kindergärtnerin *f* 2 *US Kind, das e-n Kindergarten besucht*

kindhearted ADJ (ADV ~ly) gütig, gutherzig; **kindheartedness** S Gutherzigkeit *f*, (Herzens)Güte *f*

kindle ['kɪndl] A V/T 1 an-, entzünden 2 *Hass etc* entfachen, -flammen, *Interesse etc* wecken 3 erleuchten: **the moon ~d the countryside**; **happiness ~d her eyes** ihre Augen leuchteten vor Glück B V/I 1 sich entzünden, Feuer fangen 2 *fig* entbrennen, -flammen 3 *fig* (er)glühen (**with** vor *dat*); **kindler** S *j-d, der (Hass etc) entfacht od entflammt*: **a ~ of hatred**

kindliness ['kaɪndlɪnɪs] S Güte *f*, Freundlichkeit *f*, Liebenswürdigkeit *f*

kindling ['kɪndlɪŋ] S 1 An-, Entzünden *n* 2 *fig* Entfachen *n*, -flammen *n* 3 Anzündmaterial *n*

kindly ['kaɪndlɪ] A ADJ 1 gütig, freundlich, liebenswürdig 2 → kind² 4 B ADV 1 → kind² 1 2 freundlicher-, liebenswürdiger-, netterweise: **~ tell me** sagen Sie mir bitte; **would you ~ shut up!** *umg iron* halt gefälligst die Klappe! 3 **take sth ~** etwas gut aufnehmen: **I would take it ~ if you …** Sie täten mir e-n großen Gefallen *od* es wäre sehr freundlich von Ihnen, wenn Sie … 4 **take ~ to sth** sich mit etwas an- *od* befreunden 5 herzlich: **we thank you ~**

kindness S 1 Freundlichkeit *f*, Liebenswürdigkeit *f*: **show sb ~** freundlich *od* liebenswürdig zu j-m sein; **show ~ to animals** tierlieb *od* gut zu Tieren sein; **please have the ~** (*Br a.* **please do me the ~**) **close the window** sei so gut *od* freundlich u. schließ das Fenster, schließ doch bitte das Fenster 2 Gefälligkeit *f*, Freundlichkeit *f*: **do sb a ~** j-m e-e Gefälligkeit erweisen

kindred ['kɪndrɪd] A S 1 (Bluts)Verwandtschaft *f*: **he claims ~ to** (*od* **with**) **me** er behauptet, mit mir verwandt zu sein 2 *fig* Verwandtschaft *f* 3 KOLL *(als pl konstruiert)* Verwandte *pl*, Verwandtschaft *f* 4 Stamm *m*, Familie *f* B ADJ 1 (bluts)verwandt: **of ~ blood** blutsverwandt 2 *fig* verwandt, ähnlich: **~ spirit** Gleichgesinnte(r) *m/f(m)*; **we are ~ spirits on this issue** wir sind in dieser Frage einer Meinung

kine [kaɪn] *obs* 1 *pl von* cow¹ 2 → cattle 1

kinematic [ˌkɪnɪ'mætɪk; ˌkaɪ-] PHYS A ADJ (ADV ~ally) kinematisch: **~ viscosity** kinemati-

K

sche Viskosität; → pair A 8 **B** S **kinematics** *pl (als sg konstruiert)* Kinematik *f*, Bewegungslehre *f*; **kinematical** [-kl] → kinematic A
kinematograph [ˌkɪnɪˈmætəʊgrɑːf; ˌkaɪ-; *bes US* -təgræf], *etc* → cinematograph *etc*
kinesics [kɪˈniːsɪks; kaɪ-] SPL *(als sg konstruiert)* Kinesik *f (Wissenschaft, die sich mit der Erforschung nichtsprachlicher Kommunikation befasst)*
kinesthesia, **kinesthesis** *US* → kinaesthesia
kinetic [kaɪˈnetɪk; kɪˈn-] **A** ADJ (ADV ~ally) **1** PHYS kinetisch: **~ energy** kinetische Energie, Bewegungsenergie *f*; **~ pressure** Staudruck m; **~ theory of gases** kinetische Gastheorie **2** KUNST kinetisch *(Skulptur etc)*: **~ art** → kineticism; **~ artist** → kineticist **B** S **kinetics** *pl (als sg konstruiert)* PHYS Kinetik *f (Lehre des Zusammenhangs zwischen den Kräften u. den daraus folgenden Bewegungen e-s Körpers)*; **kineticism** [-sɪzəm] S KUNST Kinetik *f (moderne Kunstrichtung, die die Wirkung beweglicher Objekte durch Lichteffekte, Spiegelungen u. Geräusche steigert)*; **kineticist** S KUNST Kinetiker(in)
kinfolk(s) *bes US* → kinsfolk
king [kɪŋ] **A** S **1** König *m*: **(as) happy as a ~** glücklich u. zufrieden, rundum glücklich; **~ of beasts** König der Tiere *(Löwe)*; **the ~ of the castle** *fig bes Br* der wichtigste Mann; **the ~ is dead: long live the ~** *(Sprichwort)* der König ist tot, lang lebe der König; → evidence A 2 c proctor A 3 shilling **2** REL **a** ♀ **of** ♀**s** König *m* der Könige *(Gott, Christus)* **b** **(Book of)** ♀**s** BIBEL *(das* Buch der*)* Könige *pl* **3** *Schach*: König *m*: **~'s knight** Königsspringer *m* **4** *Damespiel*: Dame *f* **5** *Kartenspiel*: König *m*: **~ of hearts** Herzkönig **6** *fig* König *m*, Magnat *m* **B** V/I als König herrschen (**over** über *akk*) **C** V/T **1** zum König machen **2** **~ it** den Boss *od* den King spielen *(beide sl)* (**over** bei) **D** ADJ *umg* → king-size(d); **~bird** S ORN Tyrann *m*, *bes* Königsvogel *m*; **~bolt** *US* → kingpin 1; **~ cobra** S ZOOL Königskobra *f*, -hutschlange *f*; **~ crab** S ZOOL **1** Königskrabbe *f* **2** *US* Kamtschatkakrebs *m*
kingdom [ˈkɪŋdəm] S **1** Königreich *n*: → United Kingdom **2** *fig* Reich *n*, Gebiet *n*: **~ of thought** (*od* **of the mind**) Reich der Gedanken **3** *a.* ♀, **~ of heaven** (*od* **God**) REL Reich *n* Gottes, Himmelreich *n*: **thy ~ come** *(im Vaterunser)* dein Reich komme; **go to ~ come** *umg* das Zeitliche segnen; **knock sb to ~ come** *umg* j-n ins Reich der Träume schicken *(bewusstlos schlagen)*; **send sb to ~ come** *umg* j-n ins Jenseits befördern; **till** (*od* **until**) **~ come** *umg* e-e *od* bis in alle Ewigkeit **4** (Natur)Reich *n*: →animal kingdom, mineral kingdom, plant A 1, vegetable B 3
king| duck, *a.* **~ eider** S ORN Königseiderente *f*; ♀ **Emperor** S HIST König *m* u. Kaiser *m (Titel des Herrschers über das Vereinigte Königreich u. Indien)*; **~ fern** S BOT Königsfarn *m*; **~fish** S **1** **a** Königsdorsch *m* **b** Opah *m*, Getupfter Sonnenfisch **c** Königsmakrele *f* **2** *US umg* Boss *m*, König *m*: **the ~ of Boston's underworld**; **~fisher** S Eisvogel *m*
King James| Bible, **~ Version** S *englische Bibelversion von 1611*
kinglet [ˈkɪŋlɪt] S **1** König *m* e-s kleinen *od* unbedeutenden Landes **2** ORN *US (ein)* Goldhähnchen *n*
kinglike → kingly A
kingliness [ˈkɪŋlɪnɪs] S *(das)* Königliche *od* Majestätische
kingly [ˈkɪŋlɪ] **A** ADJ **1** königlich **2** majestätisch **B** ADV *obs od poet* → A
king|maker S *fig* Königsmacher *m*; **~-of--arms** *pl* kings-of-arms S *Heraldik:* Wappenkönig *m*; **~pin** S **1** TECH Achsschenkelbolzen *m* **2** → linchpin 2; **~ post** S ARCH einfache Hängesäule; **~ prawn** S ZOOL Hummerkrabbe *f*; **~ salmon** S FISCH Königslachs *m*; ♀**'s Bench (Division)** S JUR *Br e-e Abteilung des* ***High Court of Justice***; ♀**'s Counsel** S JUR *Br* Kronanwalt *m (ein* **barrister**, *der die Krone in Strafsachen vertritt)*; ♀**'s English** S englische Hochsprache; **~'s evil** S MED *obs* Skrofulose *f*; ♀**'s Guide** S *Br Pfadfinderin der höchsten Rangstufe*; ♀**'s highway** S *Br* öffentliche Straße
kingship [ˈkɪŋʃɪp] S **1** Königtum *n*, Königswürde *f* **2** Monarchie *f*
king-size(d) ADJ überdurchschnittlich groß, Riesen…: **~ cigarettes** Kingsize-Zigaretten
King's| Scout S *Br Pfadfinder der höchsten Rangstufe*; **~ speech** S *Br* Thronrede *f*
king vulture S ORN Königsgeier *m*
kink [kɪŋk] **A** S **1** Knick *m (in e-m Draht, Schlauch etc)*, SCHIFF Kink *m*, *a. f (in e-m Tau od e-r Stahltrosse)*, *(unerwünschte)* Welle *(im Haar)*, Verschlingung *f*, Verdrehung *f (in e-m Faden, Seil etc)* **2** **a ~ in one's back (neck)** MED ein steifer Rücken (Hals) **3** *fig* **a** Spleen *m*, Tick *m* **b** *umg* abartige Veranlagung **4** *fig* Fehler *m (in e-m Plan etc)* **B** V/I knicken, sich wellen, sich verschlingen *od* verdrehen **C** V/T knicken, SCHIFF Kinken *od* e-n Kink machen in *(akk)*
kinkle [ˈkɪŋkl] S kleiner Knick
kinky [ˈkɪŋkɪ] ADJ (ADV kinkily) **1** voller Knicke **2** kraus *(Haar)* **3** *fig umg* **a** spleenig **b** abartig (veranlagt), pervers **4** *fig umg* verrückt, irr *(Kleidung etc)*
kino (gum) [ˈkiːnəʊ] S Kinoharz *n*
kinsfolk [ˈkɪnzfəʊk] SPL *bes Br* Verwandtschaft *f*, *(die)* (Bluts)Verwandten *pl*
kinship [ˈkɪnʃɪp] S **1** (Bluts)Verwandtschaft *f* (**with** mit) **2** *fig* Verwandtschaft *f* (**with** mit; **between** zwischen *dat*)
kinsman [ˈkɪnzmən] S *irr* **1** **a** Blutsverwandte(r) *m* **b** angeheirateter Verwandter **2** **a** Landsmann *m* **b** Angehörige(r) *m* derselben Volksgruppe; **kinswoman** S *irr* **1** **a** Blutsverwandte *f* **b** angeheiratete Verwandte **2** **a** Landsmännin *f* **b** Angehörige *f* derselben Volksgruppe
kiosk [ˈkiːɒsk; *US* ˈkiːˌɑsk] S **1** Kiosk *m*: **a** *orientalisches Gartenhaus* **b** *Verkaufshäus--chen* **2** *Br (Telefon, Fernsprech)* Zelle *f*
kip[1] [kɪp] S **1** *(bes* Kalbs-, Lamm)Fell *n* **2** Bündel *n* Felle
kip[2] [kɪp] *bes Br sl* **A** S **1** Schlaf *m*: **have a ~** e-e Runde pennen *sl*; **I didn't get much ~ last night** ich hab letzte Nacht nicht sehr viel gepennt **2** **a** Falle *f (Bett)* **b** Schlafstelle *f* **3** *obs* Puff *m/n (Bordell)* **B** V/I **1** pennen *umg* **2** *meist* **~ down** sich hinhauen *sl*
kip[3] [kɪp] *(Turnen) US* **A** S Kippe *f* **B** V/I e-e Kippe machen
kip[4] [kɪp] S tausend englische Pfund *pl (= 453,59 kg)*
kipper [ˈkɪpə(r)] **A** S **1** Kipper *m (am Rücken aufgeschnittener, kurz gesalzener u. dann kalt geräucherter Hering)* **2** männlicher Lachs, Hakenlachs *m (während od nach der Laichzeit)* **3** *Aus sl pej* Engländer *m* **B** V/T **~ed herring** → A 1
Kipp's apparatus [kɪps] S CHEM kippscher Apparat
Kirchhoff's laws [ˈkɪə(r)kɒfs] SPL ELEK kirchhoffsche Regeln *pl*
Kirghiz [ˈkɜːgɪz; *US* kɪrˈgiːz] **A** S **1** *pl* -ghiz Kirgise *m*, Kirgisin *f* **2** LING Kirgisisch *n*, das Kirgisische **B** ADJ kirgisisch
kirk [kɜːk; *US* kɜrk; kɪrk] S **1** *schott* Kirche *f* **2** **the** ♀ die Presbyterianische Kirche Schottlands; **~man** [-mən] S *irr* **1** Mitglied *n* der Presbyterianischen Kirche Schottlands **2** *schott* Geistliche(r) *m*
Kirlian photography [ˈkɪə(r)lɪən; ˈkɜːl-; *US* ˈkɜr-] S *Parapsychologie*: Kirlian-Fotografie *f*
Kirman [kɪə(r)ˈmɑːn] *pl* -mans S Kerman *m*, Kirman *m (wertvoller handgeknüpfter Teppich, meist mit e-m charakteristischen rautenförmig gegliederten Ranken- od Blumenmuster)*
kirmess → kermess
kirsch(wasser) [kɪə(r)ʃ; ˈ-ˌvɑːsə(r)] S Kirsch (-wasser) *m(n)*
kish [kɪʃ] S METALL Garschaumgrafit *m*
kismet [ˈkɪsmet; ˈkɪz-] S **1** REL Kismet *n (das dem Menschen von Allah zugeteilte Los)* **2** *poet* Geschick *n*, Los *n*, Schicksal *n*
kiss [kɪs] **A** S **1** Kuss *m*: **give sb a ~**; **blow** (*od* **throw**) **sb a ~** j-m e-e Kusshand zuwerfen; **~ of life** *Br* Mund-zu-Mund-Beatmung *f*; **give sb the ~ of life** j-n von Mund zu Mund beatmen; **give sth the ~ of life** *fig* etwas zu neuem Leben erwecken; **~ of death** *fig* Todesstoß *m* (**for, to** für); **give sth the ~ of death** e-r Sache den Todesstoß versetzen; **~ of peace** KATH Friedenskuss **2** leichte Berührung *(z. B. zweier Billardbälle)* **3** *US* **a** Baiser *n (Zuckergebäck)* **b** Praline *f* **B** V/T **1** küssen: **he ~ed her (on the) lips** er küsste sie auf die Lippen *od* auf den Mund; **~ sb's hand** j-m e-n Handkuss geben; **~ away sb's tears** j-s Tränen wegküssen; **~ sb goodby(e) (good night)** j-m e-n Abschiedskuss (Gutenachtkuss) geben; **~ the Book** die Bibel küssen *(beim Eid)*; **~ one's hand to sb** j-m e-e Kusshand zuwerfen; **as near as ~ your hand** *Br umg* fast, beinahe; **~ the dust** *umg* **a** ins Gras beißen *(umkommen)* **b** abgeschmettert werden *(Plan etc)* **c** dran glauben müssen *(getrunken werden, ausrangiert werden)*; **~ sb's arse** (*US* **ass**) *vulg* j-m in den Arsch kriechen *umg*; → goodby(e) A 1, rod 3 **2** leicht berühren: **the wind ~ed the trees** der Wind strich durch die Bäume **3** **~ off** *bes US umg* **a** *j-m* e-e Abfuhr erteilen **b** *j-n* rausschmeißen *(entlassen)* **c** *etwas* abtun: **he ~ed off their objections with a wave of his hand** **C** V/I **1** sich küssen: **they ~ed goodby(e) (good night)** sie gaben sich e-n Abschiedskuss (Gutenachtkuss); **~ and cuddle** schmusen *umg*; **~ and make up** sich mit e-m Kuss versöhnen **2** sich leicht berühren: **their hands ~ed**; **kissable** ADJ zum Küssen: **a ~ girl** ein Mädchen, das man (am liebsten) küssen möchte; **~ mouth** Kussmund *m*; **kissagram** → kissogram
kiss|-and-tell ADJ enthüllend *(bes Memoiren)*; **~ curl** S *bes Br* Schmachtlocke *f umg*
kisser S **1** **be a good ~** gut küssen **2** *sl* **a** Fresse *f vulg* **b** Visage *f pej*
kissing S Küssen *n*; **~ disease** S MED *umg* Kusskrankheit *f (Pfeiffer-Drüsenfieber)*; **~ gate** S *Br kleines Schwingtor, das nur jeweils eine Person durchlässt*
kiss-off S *bes US umg* **a** Abfuhr *f* **b** Rausschmiss *m (Entlassung)*: **give** *sb, sth* **the ~** → kiss B 3
kissogram [ˈkɪsəgræm] S *Glückwunsch, der von e-m od e-r Angestellten e-r Agentur mit e-m Kuss überbracht wird*
kissproof ADJ kussecht, -fest *(Lippenstift)*
kit[1] [kɪt] **A** S **1** *bes Br (Jagd-, Reise-, Reit- etc)* Ausrüstung *f*, (-)Sachen *pl* **2** MIL **a** Montur *f* **b** Gepäck *n* **3** **a** Arbeitsgerät *n*, Werkzeug(e) *n(pl)* **b** Werkzeugtasche *f*, -kasten *m* **c** *allg* Behälter *m*: **a plastic ~ for medical supplies** **d** (abgepackter) Satz (Zubehör- *etc*)Teile: → first--aid **4** **a** Bausatz *m*: **~ furniture** Möbel *pl* zum Zusammenbauen **b** Bastelsatz *m* **5** **the whole ~ (and caboodle)** *bes US umg* **a** *(von Sachen)* der ganze Plunder *od* Kram **b** *(von Personen)* die ganze Blase *od* Sippschaft **6** Pressemappe *f* **B** V/T *oft* **~ out** (*od* **up**) *bes Br* ausstatten (**with** mit)
kit[2] [kɪt] → kitten

K

kit bag S MIL Kleider-, Seesack *m*

kitchen ['kɪtʃɪn] A S Küche *f (bes US a. Kochkunst)*: **this restaurant has a fine Italian ~** B ADJ Küchen…: **~ knife (machine, table,** *etc*); **~ cabinet** S 1 Küchenschrank *m* 2 POL US *umg Gruppe von inoffiziellen Beratern, die auf e-n Regierungschef großen Einfluss auszuüben scheint*

kitchener ['kɪtʃɪnə(r)] S Küchenmeister *m (in e-m Kloster)*

kitchenet(te) [ˌkɪtʃɪ'net] S 1 kleine Küche 2 Kochnische *f*

kitchen| fatigue S MIL Küchendienst *m*; **~ foil** S Alufolie *f*; **~ garden** S Küchen-, (Obst- u.) Gemüsegarten *m*; **~ gardener** S *j-d, der e-n* ***kitchen garden*** *hat*; **~ help** S Küchenhilfe *f*; **~maid** S Küchenmädchen *n*; **~ midden** S Kjökkenmöddinger *pl*, Muschelhaufen *m (vorgeschichtliche Speiseabfallhaufen)*; **~ police** S MIL US a *(als pl konstruiert)* zum Küchendienst abkommandierte Soldaten *pl* b Küchendienst *m*; **~ roll** S Haushaltsrolle *f*; **~ sink** S Ausguss(becken) *m(n)*, Spülbecken *n*, Spüle *f*: **everything (***od* **all) but the ~** *hum* der halbe Hausrat; **~-sink drama** S *Br im Alltagsleben der Arbeiterklasse spielendes Drama*; **~ stuff** S 1 Küchenbedarf *m (bes Gemüse)* 2 Küchenabfälle *pl*; **~ timer** S Kurzzeitwecker *m*; **~ unit** S Küchenelement *n*; **~ware** S Küchengeschirr *n*, -gerät *n*

kite [kaɪt] A S 1 Drachen *m*: **fly a ~** a e-n Drachen steigen lassen b *fig* e-n Versuchsballon steigen lassen (→ A 6); **go fly a ~!** *bes US sl* hau ab!, zieh Leine! 2 ORN *(ein)* Falke *m*, *bes* Gabelweihe *f*, Roter Milan 3 *obs* Ausbeuter(in) 4 *pl* SCHIFF Drachen *pl (Segel)* 5 FLUG *Br sl* Kiste *f*, Mühle *f (Flugzeug)* 6 WIRTSCH a Kellerwechsel *m* b Gefälligkeitswechsel *m*: **fly a ~** Wechselreiterei betreiben (→ A 1) B V/I 1 (wie ein Drachen) steigen *od* (dahin)gleiten 2 US *umg* a hochschnellen *(Preise)* b flitzen, sausen *(beide umg)* c abhauen, sich aus dem Staub machen *(beide umg)* 3 WIRTSCH Wechselreiterei betreiben C V/T 1 US *umg die Preise* hochschnellen lassen 2 **~ a check** US a e-n (noch) ungedeckten Scheck ausstellen b e-n Scheckbetrag fälschen; **~ balloon** S FLUG Drachen-, Fesselballon *m*; **~ check** S US a (noch) ungedeckter Scheck b gefälschter Scheck; **~flier**, **~flyer** S 1 *j-d, der e-n Drachen steigen lässt* 2 WIRTSCH Wechselreiter(in); **~flying** S 1 Steigenlassen *n* e-s Drachens 2 WIRTSCH Wechselreiterei *f*; **≈ mark** S *drachenförmiges Zeichen auf brit. Waren als Hinweis, dass deren Qualität, Größe etc den Bestimmungen der British Standards Institution entspricht*

kit fox S ZOOL Präriefuchs *m*

kith [kɪθ] S: **~ and kin** Bekannte u. Verwandte; **with ~ and kin** mit Kind u. Kegel

kithara ['kɪθərə] → cithara

kiting ['kaɪtɪŋ] → kiteflying 2

kitsch [kɪtʃ] A S Kitsch *m* B ADJ kitschig; **kitschify** V/T verkitschen; **kitschy** ADJ kitschig

kitten ['kɪtn] A S 1 Kätzchen *n*, junge Katze: **(as) nervous as a ~** furchtbar ängstlich; **have ~s (***od* **a ~)** *Br umg* Zustände kriegen 2 Junges *n (von Kaninchen etc)* B V/I 1 (Junge) werfen 2 kokettieren; **~ heels** SPL 1 *Damenschuhe mit dünnen, geschwungenen Absätzen* 2 *dünne, geschwungene Absätze von Damenschuhen*; **kittenish** ADJ (ADV **~ly**) 1 kätzchenartig, wie ein Kätzchen (geartet) 2 (kindlich) verspielt *od* ausgelassen 3 kokett

kittle ['kɪtl] *schott* A V/T 1 kitzeln 2 *j-n* stören, *j-m* lästig sein 3 *j-n* verwirren B ADJ kitzlig, heikel, schwierig

kitty[1] ['kɪtɪ] S a Kätzchen *n* b Mieze *f*

kitty[2] ['kɪtɪ] S 1 *Kartenspiel*: (Spiel-)Kasse *f* 2 *umg* gemeinsame Kasse, Gemeinschaftskasse *f*: **team's ~** Mannschaftskasse *f*

kiwi ['kiːwiː] A S 1 ORN Kiwi *m*, Schnepfenstrauß *m* 2 BOT Kiwi *f*: **~ fruit (***od* **berry)** Kiwi (frucht) *f* 3 *meist* ≈ *umg* Neuseeländer(in) B ADJ *meist* ≈ *umg* neuseeländisch

KKK ABK Ku Klux Klan

KKt ABK *(Schach)* king's knight

KKtP ABK *(Schach)* king's knight's pawn

kl ABK kiloliter(s PL); *bes Br* kilolitre(s PL) kl

Klan [klæn] S Ku-Klux-Klan *m*

klangfarbe ['klɑːŋˌfɑː(r)bə] S MUS Klangfarbe *f*

Klansman ['klænzmən] S *irr* Mitglied *n* des Ku-Klux-Klan

klaxon ['klæksn] S AUTO *hist* Horn *n*

Klebs-Löffler bacillus [ˌklebz'lʌflə(r)] S *irr* MED Klebs-Löffler-Bazillus *m*

Kleenex® ['kliːneks] *pl* -ex, -exes S Kleenex® *n (ein Papiertuch)*

klepto ['kleptəʊ] *pl* -tos S *umg* → kleptomaniac A; **kleptocracy** [klep'tɒkrəsɪ] *s umg* Kleptokratie *f*

kleptomania [ˌkleptəʊ'meɪnjə; -nɪə] S PSYCH Kleptomanie *f (krankhafter Stehltrieb)*; **kleptomaniac** [-nɪæk] A S Kleptomane *m*, Kleptomanin *f* B ADJ kleptomanisch

klick → click²

klieg light [kliːg] S FILM, TV Jupiterlampe® *f*

klik → click²

kloof [kluːf] S *SAfr* (Berg)Schlucht *f*

klutz [klʌts] S *US sl pej* Klotz *m*, Büffel *m*, *(Frau)* Trampel *m/n*; **klutzy** ADJ *US sl pej* büffelhaft, trampelhaft

klystron ['klɪstrɒn; 'klaɪ-; *US* -ˌstrɑn] S ELEK Klystron *n (Elektronenröhre zur Erzeugung, Gleichrichtung u. Verstärkung höchstfrequenter Schwingungen durch Steuerung der Geschwindigkeit e-s Elektronenstrahls)*

km ABK kilometer(s PL); *bes Br* kilometre(s PL) km

kn ABK SCHIFF knot(s PL) kn

knack [næk] S 1 Kniff *m*, Trick *m*: **get the ~ of doing sth** dahinterkommen *od* herausbekommen, wie man etwas tut; **have the ~ of sth** den Dreh von *od* bei etwas heraushaben *umg*; **have the ~ of it** den Bogen raushaben *umg* 2 Geschick *n*, Talent *n*: **have the (***od* **a) ~ of doing sth** Geschick *od* das Talent haben, etwas zu tun, *iron* ein besonderes Geschick *od* Talent (dafür) haben, etwas zu tun

knäckebröd ['nekəbrɜːd] S Knäckebrot *n*

knacker ['nækə] S *Br* 1 Abdecker *m*: **~'s yard** Abdeckerei *f* 2 Abbruchunternehmer(in) 3 *pl sl* Eier *pl (Hoden)*

knackered ['nækəd] ADJ *Br umg* geschlaucht, kaputt

knackery ['nækərɪ] S *Br* Abdeckerei *f*

knackwurst ['nækwɜːst; *US* 'nɑːkˌwɜrst] S Knackwurst *f*

knag [næg] S 1 Knorren *m*, Ast *m (im Holz)* 2 Aststumpf *m*; **knaggy** ADJ knorrig

knap [næp] S *Br dial* Kuppe *f (e-s Hügels)*

knapsack ['næpsæk] S 1 MIL Tornister *m* 2 Rucksack *m*

knapweed S BOT Flockenblume *f*

knar [nɑː(r)] S Knorren *m*

knave [neɪv] S 1 *obs* Schurke *m* 2 *obs* Diener *m* 3 *Kartenspiel*: Bube *m*: **~ of hearts** Herzbube *m*; **knavery** [-ərɪ] S *obs* Schurkerei *f*, Schurkenstreich *m*; **knavish** ADJ (ADV **~ly**) *obs* schurkisch

knead [niːd] V/T 1 a *e-n Teig* (durch)kneten b *Zutaten* verkneten 2 *j-s Muskeln* (durch)kneten, massieren 3 *fig* formen **(into** zu); **kneadable** ADJ knetbar; **kneader** S Knetmaschine *f*; **kneading** S Kneten *n*: **~ trough** Backtrog *m*

knee [niː] A S 1 Knie *n*: **on one's ~s** kniefällig, auf Knien; **on the ~s of the gods** im Schoße der Götter; **bend (***od* **bow) the ~s to** niederknien vor *(dat)*; **bring sb to their ~s** *fig* j-n auf *od* in die Knie zwingen; **go (down) (***od* **fall) on one's ~s to** auf die Knie sinken *od* niederknien vor *(dat)*, *fig a.* in die Knie gehen vor *(dat)*; **learn sth at one's mother's ~** a etwas von s-r Mutter lernen b etwas schon als kleines Kind lernen; **put a child across one's ~** ein Kind übers Knie legen; → bend B 2 2 a ZOOL Vorderknie *n* b ORN Fußwurzelgelenk *n* 3 TECH Knie(stück) *n*, Winkel *m* 4 TECH a Knierohr *n*, Rohrknie *n*, (Rohr)Krümmer *m* b Winkeltisch *m* c Kröpfung *f* 5 BOT Knoten *m*, Knick *m* B V/T mit dem Knie stoßen *od* berühren: **he ~d the door open** er stieß die Tür mit dem Knie auf; **~ sb in the stomach** j-m das Knie in den Magen rammen; **~ action** S AUTO Kniegelenkfederung *f*; **~ bend** S Kniebeuge *f*: **do a ~** e-e Kniebeuge machen; **~ breeches** SPL, *a.* **pair of ~** (Knie)Bundhose *f*; **~cap** A S 1 ANAT Kniescheibe *f* 2 Knieleder *n*, -schützer *m* B V/T *j-m* in die Kniescheibe(n) schießen *od* die Kniescheibe(n) zerschießen; **~-deep** ADJ knietief, kniehoch: **the snow lay ~** der Schnee lag kniehoch; **the water was ~** das Wasser reichte bis an die Knie; **~ in water** bis an die Knie im Wasser; **be ~ in work** *fig* bis über die Ohren in Arbeit stecken *umg*; **~-high** ADJ 1 → knee-deep: **~ stockings** Kniestrümpfe 2 *umg a.* **~ to a grasshopper** ganz klein *(Kind)*: **~ boy** Dreikäsehoch *m umg hum*; **~hole** S freier Raum für die Knie: **a ~ desk** Schreibtisch *m* mit Öffnung für die Knie

kneeing ['niːɪŋ] S *Eiskockey*: Kniecheck *m*

knee| jerk S MED Knie(sehnen)reflex *m*; **~-jerk** A ADJ *fig* 1 a automatisch b vorhersehbar *(Reaktion etc)* 2 automatisch *od* vorhersehbar reagierend B V/I & V/T automatisch reagieren (auf *akk*); **~ joint** S ANAT Kniegelenk *n (a.* TECH*)*

kneel [niːl] V/I *prät u. pperf* knelt [nelt], kneeled 1 *a.* **~ down** (sich) hinknien, niederknien (**to** vor *dat*) 2 a knien, auf den Knien liegen *(beide:* **before** vor *dat)* b MIL *(im Anschlag)* knien

knee-length ADJ knielang: **~ skirt** kniefreier Rock; **~ boots** kniehohe Stiefel; **~ portrait** Halbfigur(enbild) *f(n)*

kneeler ['niːlə(r)] S 1 Kniende(r) *m/f(m)* 2 a Kniekissen *n* b Kniestuhl *m*

knee|pad S Knieschützer *m*; **~pan** → kneecap A 1; **~piece** S 1 MIL, HIST Kniestück *n od* -buckel *m (e-r Rüstung)* 2 TECH Kniestück *n*; **~ pine** S BOT Legföhre *f*; **~pipe** S TECH Knierohr *n*; **~ rafter** S ARCH Kniesparren *m*; **~room** S AUTO, FLUG Kniefreiheit *f*; **~ shot** S FILM, TV Halbtotale *f*; **~-slapper** S *US umg* Witz *m* zum Totlachen; **~ stop**, **~ swell** S MUS Knieschweller *m*; **~ timber** S Knie-, Krummholz *n*

Kneipp cure [naɪp] S MED Kneippkur *f*: **take a ~** e-e Kneippkur machen, kneippen

knell [nel] A S Grab-, Totengeläut(e) *n*: **sound (***od* **ring) the ~ of** a zu Grabe läuten b *fig* das Ende *(gen)* bedeuten B V/I läuten *(bes Totenglocke)* C V/T *(bes durch Läuten)* a bekannt machen, verkünden b zusammenrufen

knelt [nelt] *prät u. pperf von* kneel

Knesset(h) ['kneset] S Knesset(h) *f (israelisches Parlament)*

knew [njuː; *US bes* nuː] *prät von* know

Knickerbocker ['nɪkəbɒkə; *US* 'nɪkərˌbɑkər] S 1 *(Spitzname für ein[e])* New Yorker(in) 2 **≈s** *pl* Knickerbocker *pl*

knickers ['nɪkə(r)z] SPL 1 → Knickerbocker 2

K

2 *a.* **pair of ~** *bes Br* (Damen)Schlüpfer *m*: **get one's ~ in a twist** *umg oft hum* sich ins Hemd machen; **~!** *umg* Mist!

knickknack ['nɪknæk] S 1 Nippsache *f* 2 billiges Schmuckstück 3 Spielerei *f*, Schnickschnack *m umg*; **knickknackery** [-ərɪ] S 1 Nippes *pl* 2 billiger Schmuck 3 Spielereien *pl*, Schnickschnack *m umg*

knickpoint ['nɪkpɔɪnt] S GEOL Gefällstufe *f*, Knick(punkt) *m*

knife [naɪf] A *pl* knives [naɪvz] S 1 Messer *n*: **before you can say ~** *bes Br umg* ehe man bis drei zählen kann, im Handumdrehen; **to the ~** bis aufs Messer, bis zum Äußersten; **have one's ~ into sb** j-n auf dem Kieker haben, j-n gefressen haben (*beide umg*) 2 MED (*Sezier-, Operations*) Messer *n*: **be (go) under the ~** unterm Messer liegen (unters Messer kommen); **he died under the ~** er starb während der Operation B V/T 1 (be)schneiden, mit e-m Messer bearbeiten, *Farbe* mit dem Messer auftragen 2 a mit e-m Messer stechen *od* verletzen: **he was ~d in the back** er bekam ein Messer in den Rücken b **~ to death** erstechen 3 *fig* a *j-m* in den Rücken fallen, *j-m* e-n Dolchstoß versetzen b *j-n* abschießen *umg*

knife| blade S Messerklinge *f*; **~-blade contact** S ELEK Messerkontakt *m*; **~ edge** S 1 Messerschneide *f*: **be on a ~** *fig* ganz aufgeregt *od* nervös sein (**about** wegen); **be balanced on a ~** *fig* auf (des) Messers Schneide stehen 2 TECH Waageschneide *f* 3 Grat *m* (*am Berg*); **~-edge** ADJ messerscharf (*a. fig*) (*Bügelfalten etc*): **a ~ victory** ein hauchdünner Sieg; **~-edge relay** S ELEK Relais *n* mit Schneidenlagerung; **~ fight** S Messerstecherei *f*; **~ grinder** S 1 Scheren-, Messerschleifer(in) 2 Schleifstein *m*, Schmirgelrad *n*; **~ point** S Messerspitze *f*: **at ~** mit vorgehaltenem Messer

knifer ['naɪfə(r)] S Messerstecher *m*, -held *m*

knife| rest S 1 Messerbänkchen *n* (*bei Tisch*) 2 MIL Spanischer Reiter (*Hindernis*); **~ sharpener** S TECH Messerschärfer *m*, -schleifer *m*; **~ switch** S ELEK Messerschalter *m*

knifing ['naɪfɪŋ] S Messerstecherei *f*

knight [naɪt] A S 1 HIST Ritter *m*: **the ♀s of the Round Table** (*Artussage*) die Ritter der Tafelrunde 2 Ritter *m* (*unterste u. nicht erbliche Stufe des englischen Adels; Anrede* **Sir** *u. Vorname*) 3 **~ of the shire** *Br* HIST Vertreter *m* e-r Grafschaft im Parlament 4 Ritter *m* (*Mitglied e-s Ritterordens*): **♀ of the Garter** Ritter des Hosenbandordens; **♀ of St. John of Jerusalem** → hospitaler 1 5 *hum* Ritter *m*: **~ of the pen** Ritter der Feder (*Schriftsteller*); **~ of the pestle** *obs* Apotheker *m*; **~ of the road** a *obs* Straßenräuber *m* b Handelsreisende(r) *m* c Tramp *m* d *Br* Ritter der Landstraße 6 *Schach*: Springer *m*, Pferd *n* B V/T zum Ritter schlagen; **knightage** S 1 KOLL Ritterschaft *f* 2 Ritterstand *m*

knight| bachelor *pl* knights bachelor(s) S *Br* Ritter *m* (*Mitglied des niedersten englischen Ritterordens*); **~ banneret** *pl* knights bannerets → banneret[1]; **~ errant** *pl* knights errant S HIST fahrender Ritter; **~ errantry** [-rɪ] S 1 HIST fahrendes Rittertum 2 *fig* Donquichotterie *f*

knighthood ['naɪthʊd] S 1 Rittertum *n*, -würde *f* 2 Ritter(stand) *pl(m)*: → order A 17 c 3 KOLL Ritterschaft *f* 4 *fig* Ritterlichkeit *f*

Knight Hospital(l)er *pl* Knights Hospital(l)ers → hospitaler 1

knightliness ['naɪtlɪnɪs] S Ritterlichkeit *f*; **knightly** ADJ ritterlich

knight| service S 1 HIST Ritterdienst *m* 2 *fig* wertvoller Dienst; **♀ Templar** *pl* Knights Templar(s) → Templar

knit [nɪt] A V/T *prät u. pperf* knit, knitted 1 a stricken b wirken: **~ two, purl two** zwei rechts, zwei links (stricken) 2 *a.* **~ together** zusammenfügen, verbinden, -einigen (*alle a. fig*): **~ the hands** die Hände falten; → close-knit, well-knit 3 *fig* verknüpfen: **~ up** (*od* **together**) a fest verbinden b ab-, beschließen 4 a **~ one's brow** die Stirn runzeln b **~ one's eyebrows** die Augenbrauen zusammenziehen B V/I 1 a stricken b wirken 2 *meist* **~ up** sich stricken: **this wool ~s well** 3 *a.* **~ up** (*od* **together**) *a. fig* sich vereinigen, sich (eng) verbinden *od* zusammenfügen, zusammenwachsen (*gebrochene Knochen etc*) 4 sich zusammenziehen *od* runzeln C S Strickart *f*

knitted ADJ a gestrickt, Strick… b gewirkt, Wirk…

knitter S 1 Stricker(in) 2 TECH a Strickmaschine *f* b Wirkmaschine *f*

knitting S 1 a Stricken *n* b Wirken *n* 2 Strickarbeit *f*, -zeug *n*, Strickerei *f*; **~ cotton** S Strickgarn *n*; **~ machine** → knitter 2; **~ magazine** S Strickheft *n*; **~ needle** S Stricknadel *f*

knitwear S a Strickwaren *pl* b Wirkwaren *pl*

knives [naɪvz] *pl von* knife

knob [nɒb; *US* nɑb] S 1 (*runder*) Griff, Knopf *m*, Knauf *m*: **(the) same to you with ~s on!** *umg iron* danke gleichfalls! 2 Buckel *m*, Beule *f*, Höcker *m*, Knoten *m*, Verdickung *f* 3 Knorren *m*, Ast *m* (*im Holz*) 4 *bes Br* Stück(chen) *n* (*Zucker etc*) 5 ARCH Knauf *m* (*an Kapitellen etc*) 6 *Br vulg* Schwanz *m* (*Penis*); **knobbed** ADJ 1 mit e-m Knauf *od* Griff (versehen) 2 knorrig

knobbiness ['nɒbɪnɪs; *US* 'nɑ-] S Knorrigkeit *f*

knobble ['nɒbl; *US* 'nɑbəl] S 1 kleiner Knopf 2 Knötchen *n*

knobby ['nɒbɪ; *US* 'nɑbi:] ADJ 1 knorrig 2 knaufartig

knobkerrie ['nɒbˌkerɪ; *US* 'nɑb-] S Knüppel *m* mit Knauf (*Waffe*)

knob|like → knobby 2; **~stick** → knobkerrie

knock [nɒk; *US* nɑk] A S 1 a Schlag *m*, Stoß *m*: **he can take a ~ or two** er kann e-n Puff vertragen *umg* b *fig* (Tief)Schlag *m*: **take** (*od* **have**) **a ~** e-n Schlag einstecken müssen 2 Klopfen *n*, Pochen *n*: **there is a ~ (at** [*US* **on**] **the door)** es klopft; **give a double ~** zweimal klopfen; **open to sb's ~** auf j-s Klopfen öffnen 3 AUTO Klopfen *n* 4 *meist pl umg* Kritik *f* B V/T 1 schlagen, stoßen: **~ to the ground** zu Boden schlagen; **~ on the head** a bewusstlos schlagen b totschlagen; **~ one's head against** sich den Kopf anschlagen an (*dat*); **~ one's head against a brick wall** *fig* mit dem Kopf gegen die Wand rennen; **~ sb into the middle of next week** *umg* j-n fertigmachen; **~ sth into sb('s head)** j-m etwas einhämmern *od* einbläuen; **~ some sense into sb** j-m den Kopf zurechtsetzen; **~ spots off sb** *umg* j-n in den Sack stecken (**at** in *dat*); **~ three seconds off a record** SPORT *umg* e-n Rekord um drei Sekunden verbessern; **he's ~ed £5 off the bill (for us)** *umg* er hat (uns) 5 Pfund von der Rechnung nachgelassen; → cold A 12, head *Bes Redew* 2 schlagen, klopfen: **~ into shape** in Form bringen 3 *umg* heruntermachen *umg*, schlechtmachen, kritisieren 4 *umg* a *j-n* umhauen *umg*, sprachlos machen b *j-n* schocken C V/I 1 schlagen, pochen, klopfen: **~ at** (*US* **on**) **the door** an die Tür klopfen; **"please ~ before entering"** „bitte (an)klopfen" 2 schlagen, prallen, stoßen (*alle:* **against, into** gegen; **on** auf *akk*) 3 → knock together B 4 TECH a rattern, rütteln (*Maschine*) b klopfen (*Motor, Brennstoff*) 5 **~ about** (*od* **around**) *umg* sich herumtreiben in (*dat*) 6 **~ about** (*od* **around**) *umg* herumliegen in (*dat*) (*Gegenstand*)

Phrasal Verbs: **knock| about, ~ around** A V/T 1 herumstoßen 2 *umg* prügeln, schlagen, misshandeln 3 *umg* bereden, diskutieren über (*akk*) B V/I 1 *umg* sich herumtreiben: **~ with** a sich herumtreiben mit b mit *e-m Mädchen etc* gehen *umg* 2 *umg* herumliegen (*Gegenstand*); **~ back** V/T 1 *s-n Stuhl* zurückstoßen 2 *bes Br umg ein Getränk* runterkippen, (sich) hinter die Binde gießen 3 *bes Br umg* **knock sb back a few pounds** j-n ein paar Pfund kosten 4 *bes Br umg* umhauen *umg*, sprachlos machen; **~ down** A V/T 1 a umstoßen, -werfen b niederschlagen: → feather A 1 c an-, umfahren; überfahren: **be knocked down by a car** *a.* von e-m Auto erfasst werden d *Leichtathletik: die Latte* abwerfen, reißen, *Springreiten: e-e Stange* abwerfen e *umg* umhauen *umg*, sprachlos machen 2 *ein Gebäude etc* abreißen, -brechen 3 *e-e Maschine etc* zerlegen, auseinandernehmen 4 (**to** auf *akk*; **£2** um 2 Pfund) a *j-n, den Preis* herunterhandeln b mit *dem Preis* heruntergehen 5 **knock sth down to sb** (*Auktion*) j-m etwas zuschlagen (**at, for** für) 6 *US umg* a *Geld* unterschlagen b *e-e Bank etc* ausrauben 7 *US umg ein Gehalt etc* einstreichen 8 → knock back 2 B V/I 1 sich zerlegen *od* auseinandernehmen lassen 2 *US umg* a sich legen (*Sturm etc*) b ruhiger werden (*Meer etc*); **~ in** V/T *e-n Nagel* einschlagen; **~ off** A V/T 1 herunter-, abschlagen, weghauen: → block A 7 2 *umg* aufhören mit: **knock it off!** hör auf (damit)!; **~ work (-ing)** → B 3 *umg e-e Arbeit* erledigen 4 *umg e-n Artikel etc* a hinhauen b aus dem Ärmel schütteln 5 *umg e-n Betrag* (von der Rechnung *etc*) nachlassen (**for sb** j-m) 6 *umg j-n* umlegen 7 *umg* a *e-n Gegner* erledigen b *Essen* wegputzen 8 *umg* a klauen b *e-e Bank etc* ausrauben 9 *sl ein Mädchen* bumsen, vögeln (*beide vulg*) (*schlafen mit*) B V/I *umg* a *allg* aufhören b Schluss *od* Feierabend machen: **~ for tea** (e-e) Teepause machen; **~ out** V/T 1 herausschlagen, -klopfen (*beide:* **of** aus), *s-e Pfeife* ausklopfen: → bottom A 3 2 a bewusstlos schlagen b *Boxen*: k. o. schlagen, ausknocken c betäuben (*Droge etc*) d *umg* umhauen (*sprachlos machen, hinreißen*) 3 SPORT *e-n Gegner* ausschalten: **be knocked out** ausscheiden, rausfliegen *umg* (*beide:* **of** aus); **knock sb out of a tournament** j-n aus e-m Turnier werfen 4 **~ a tune on the piano** *umg* e-e Melodie auf dem Klavier hämmern 5 *umg j-n* schlauchen, fertigmachen: **knock o.s. out** sich umbringen, sich abrackern; **~ over** V/T 1 umwerfen, umstoßen 2 überfahren; **~ together** A V/T 1 aneinanderstoßen *od* -schlagen: **he knocked their heads together** er schlug sie mit den Köpfen aneinander (*um sie zur Vernunft zu bringen*) 2 *umg etwas* schnell zusammenzimmern, *ein Essen etc* (her)zaubern B V/I aneinanderstoßen *od* -schlagen: **his knees were knocking together** ihm schlotterten die Knie; **~ up** A V/T 1 hochschlagen, in die Höhe schlagen 2 *Br umg* herausklopfen, (*durch Klopfen*) wecken 3 *US umg* a *etwas* kaputt machen b *j-n* verletzen: **he was all knocked up** er war bös zugerichtet 4 → knock together A 2 5 → knock out 5 6 *Br umg Geld* verdienen 7 *sl ein Mädchen* anbumsen, ein Kind machen (*dat*) B V/I *Tennis etc*: sich einschlagen *od* einspielen

knock|about A ADJ 1 lärmend, laut 2 THEAT *etc* Klamauk…: **~ comedy** → B 3 3 a Gebrauchs…: **~ car** → B 2 b strapazierfähig (*Kleidung etc*) B S 1 SCHIFF *slupgetakeltes,*

K

halb gedecktes Kielboot für offene Gewässer **2** AUTO Gebrauchsfahrzeug *n*, -wagen *m* **3** THEAT Klamaukstück *n*; **~down** **A** ADJ **1** niederschmetternd (*a. fig*): **a ~ blow**; **the news came as a ~ blow to him** die Nachricht war ein schwerer Schlag für ihn **2** zerlegbar, auseinandernehmbar **3** **~ price** **a** Schleuderpreis *m umg*: **at a ~ price** spottbillig *umg* **a** WIRTSCH Werbepreis *m* **b** *Auktion*: äußerster Preis **B** S **1** **a** niederschmetternder Schlag (*a. fig*) **b** *Boxen*: Niederschlag *m* **2** *Leichtathletik, Springreiten*: Abwurf *m* **3** zerlegbares Möbelstück *od* Gerät **4** *US u. Aus umg* Vorstellung *f*: **give sb a ~ to sb** j-n j-m vorstellen

knocker S **1** Klopfende(r) *m/f(m)* **2** *Br* **a** Hausierer(in) **b** Vertreter(in) **3** (Tür)Klopfer *m*: **sell sth on the ~** etwas an der Haustür verkaufen **4** *umg* Krittler(in), Kritikaster *m* **5** *US umg* Typ *m*, Kerl *m* **6** *pl sl* Titten *pl* (*Brüste*)

knock-for-knock agreement S *Br Abkommen zwischen Autoversicherungen, dass bei Unfällen — unabhängig von der Schuldfrage — jede Gesellschaft den Schaden an dem bei ihr versicherten Wagen trägt*

knocking shop S *Br sl* Puff *m, a. n* (*Bordell*)

knock|-kneed ADJ **1** x-beinig: **be ~** X-Beine haben **2** *fig* **a** lahm (*Ausrede etc*) **b** plump, unförmig; **~-knees** SPL MED X-Beine *pl*; **~-me--down** ADJ *US umg* überwältigend; **~-off** S *US umg* **1** TECH **a** automatisches Abschalten **b** automatischer Abschalter **2** Feierabend *m*; **~-on effect** S: **cause** (*od* **have**) **a ~** *fig* e-e Kettenreaktion auslösen; **~out** **A** S **1** *Boxen*: Knockout *m*, K. o. *m*: **win by a ~** durch K. o. gewinnen; **winner on** (*od* **by**) **a ~** K.-o.-Sieger(in); → technical 2 **2** *umg* **a** tolle Person *od* Sache: **she was looking an absolute ~** sie sah einfach umwerfend aus **b** Attraktion *f*: **she's a ~ at any party** **c** Bombenerfolg *m*: **his latest film is a ~** **B** ADJ **a** *Boxen*: K.--o-…: **~ victory**; **~ blow** (*od* **punch**) K.-o.--Schlag *m*; **~ system** SPORT K.-o.-System *n* **b** betäubend: **~ drops** K.-o.-Tropfen; **~proof** ADJ TECH klopffest (*Benzin*); **~up** S *Tennis etc*: Einschlagen *n*, Einspielen *n*; **~wurst** [-wɜːst; *US* -ˌwɜrst] S Knackwurst *f*

knoll [nəʊl] S Hügel *m*, Kuppe *f*

knop [nɒp; *US* nap] S *obs* (Zier)Knauf *m*

knot [nɒt; *US* nat] **A** S **1** Knoten *m*: **make** (*od* **tie**) **a ~** e-n Knoten machen; **tie a ~ in one's handkerchief** sich e-n Knoten ins Taschentuch machen; **tie the ~** *fig* sich das Jawort geben, den Bund der Ehe schließen; **tie sb** (**up**) **in ~s** *fig* j-n ganz konfus machen **2** Schleife *f*, Schlinge *f* (*als Verzierung*), *bes* **a** Achselstück *n*, Epaulette *f* **b** Kokarde *f* **3** SCHIFF Knoten *m*: **a** Stich *m* (*im Tau*) **b** *Marke an der Logleine* **c** Seemeile *f*: **at a rate of ~s** *fig* in Windeseile **4** *fig* **a** Knoten *m*, Problem *n*, Schwierigkeit *f*, Verwicklung *f*: **cut the ~** den Knoten durchhauen **b** Verbindung *f*, Band *n* **5** BOT **a** Knoten *m* (*Blattansatzstelle*) **b** Astknorren *m*, -knoten *m* **c** Knötchen *n*, knoten- *od* knötchenartiger Auswuchs **d** Knospe *f*, Auge *n* **6** MED (*Gicht- etc*) Knoten *m* **7** Gruppe *f*, Knäuel *m/n*, Traube *f* (*Menschen etc*) **B** V/T **1** (e-n) Knoten machen in (*akk*) **2** (ver)knoten, (-)knüpfen: **~ together** zusammenknoten, miteinander verknüpfen; **get ~ted!** *sl* rutsch mir doch den Buckel runter!, du kannst mich mal! **3** verwickeln, -heddern, -wirren **C** V/I **1** (e-n) Knoten bilden, sich verknoten **2** sich verwickeln

knot|grass S BOT Knöterich *m*; **~hole** S Astloch *n* (*im Holz*); **~ stitch** S *Stickerei*: Knotenstich *m*

knotted [ˈnɒtɪd; *US* ˈna-] ADJ **1** ver-, geknotet, geknüpft **2** → knotty

knotter [ˈnɒtə; *US* ˈnatər] S TECH Knüpf-, Knotmaschine *f*

knotty [ˈnɒtɪ; *US* ˈnatiː] ADJ (ADV knottily) **1** ge-, verknotet **2** knotig, voller Knoten **3** knorrig, astig (*Holz*) **4** *fig* verwickelt, schwierig, kompliziert, verzwickt (*Problem etc*)

knout [naʊt] *bes* HIST **A** S Knute *f* **B** V/T mit der Knute züchtigen, *j-m* die Knute geben

know [nəʊ] **A** V/T *prät* **knew** [njuː; *US bes* nuː], *pperf* **known** [nəʊn] **1** *allg* wissen: **he ~s what to do** er weiß, was zu tun ist; **I don't ~ how to thank you** ich weiß nicht, wie ich Ihnen danken soll; **~ all about it** genau Bescheid wissen; **don't I ~ it!** **a** und ob ich das weiß! **b** als ob ich das nicht wüsste!; **I would have you ~ that … ich möchte Ihnen klarmachen, dass …; **I have never ~n him to lie** m-s Wissens hat er noch nie gelogen; **he ~s a thing or two** *umg* er ist nicht von gestern, er weiß ganz gut Bescheid (**about** über *akk*); **I don't ~ much about football** ich versteh nicht viel von Fußball; **what do you ~!** *umg* na so was!; **and he ~s it** *umg* das weiß er ganz genau; → answer A 1, good B 10, what *Bes Redew* **2** **a** können: **he ~s (some) German** er kann (etwas) Deutsch; → business A 1, onion, rope A 1, *etc* **b** **~ how to do sth** etwas tun können: **do you ~ how to do it?** weißt du, wie man das macht?, kannst du das?; **he ~s how to treat children** er versteht mit Kindern umzugehen; **do you ~ how to drive a car?** können Sie Auto fahren?; **he doesn't ~ how to lose** er kann nicht verlieren **3** kennen: **a** *a.* **~ one's way around** sich auskennen in (*dat*): **do you ~ this place?** kennen Sie sich hier aus? **b** mit *e-m Roman etc* vertraut sein: **~ sth backwards** (*US* **backward[s] and forward[s]**) *umg* etwas in- u. auswendig kennen **c** bekannt sein mit: **I have ~n him (for) five years** ich kenne ihn (schon) seit fünf Jahren; **after I first knew him** nachdem ich s-e Bekanntschaft gemacht hatte; → Adam, get C 2 **4** erfahren, erleben: **he has ~n better days** er hat schon bessere Tage gesehen; **I have ~n it to happen** ich habe das schon erlebt **5** **a** (wieder)erkennen (**by** an *dat*): **I would ~ him anywhere** ich würde ihn überall erkennen; **before you ~ where you are** im Handumdrehen; **I don't ~ whether I will ~ him again** ich weiß nicht, ob ich ihn wiedererkennen werde **b** unterscheiden (können): **~ apart** auseinanderhalten; **~ one from the other** e-n vom anderen unterscheiden können, die beiden auseinanderhalten können **6** BIBEL (*geschlechtlich*) erkennen **B** V/I wissen (**of** von, um), im Bilde sein *od* Bescheid wissen (**about** über *akk*), Kenntnis haben (**about** von): **I ~ of sb who …** ich weiß *od* kenne j-n, der …; **I ~ better!** so dumm bin ich nicht!; **you ought to ~ better (than that)** das sollten Sie besser wissen, so dumm werden Sie doch nicht sein; **~ better than to do sth** sich davor hüten, etwas zu tun; **he ought to ~ better than to go swimming after a big meal** er sollte so viel Verstand haben zu wissen, dass man nach e-r ausgiebigen Mahlzeit nicht baden geht; **not that I ~ of** nicht dass ich wüsste; **do** (*od* **don't**) **you ~?** *umg* nicht wahr?; **you ~** wissen Sie; **this isn't the Ritz, you ~** wir sind hier nicht im Ritz!; **he is an alcoholic as you ~** (*od* **as everybody ~s**) er ist bekanntlich Alkoholiker; **you never ~** man kann nie wissen; **I'll let you ~** ich geb dir Bescheid **C** S **be in the ~** Bescheid wissen, im Bilde *od* eingeweiht sein

knowable ADJ erkennbar

know|-all **A** S Alles(besser)wisser(in), Besserwisser(in): **he's a real ~** der weiß immer alles besser **B** ADJ besserwisserisch; **~-how** S Know-how *n*: **a** *Wissen um die praktische Durchführung e-r Sache* **b** WIRTSCH *auf organisatorischer od technischer Erfahrung beruhendes Spezialwissen*: **industrial ~** praktische Betriebserfahrung

knowing **A** ADJ **1** intelligent, klug, gescheit **2** schlau, durchtrieben: **a ~ one** ein Schlauberger *umg* **3** verständnisvoll, wissend (*Blick etc*) **B** S Wissen *n*, Kenntnis *f*: **there is no ~** man kann nie wissen; **knowingly** ADV **1** → knowing A **2** wissentlich, absichtlich, bewusst; **knowingness** S **1** Klugheit *f* **2** Schlauheit *f*

know-it-all *bes US* → know-all

knowledge [ˈnɒlɪdʒ; *US* ˈna-] S **1** Kenntnis *f*: **the ~ of the victory** die Kunde vom Sieg; **bring sth to sb's ~** j-m etwas zur Kenntnis bringen, j-n von etwas in Kenntnis setzen; **it has come to my ~** es ist mir zur Kenntnis gelangt, ich habe erfahren (*beide*: **that** dass); **have ~ of** Kenntnis haben von; **from personal** (*od* **one's own**) **~** aus eigener Kenntnis; **(not) to my ~** m-s Wissens (nicht); **to the best of one's ~ and belief** JUR nach bestem Wissen u. Gewissen; **my ~ of Mr X** m-e Bekanntschaft mit Mr. X; **with the full ~ of** mit vollem Wissen von (*od gen*); **without my ~** ohne mein Wissen; **~ of life** Lebenserfahrung *f*; → carnal, common A 5, tree A 1 **2** Wissen *n*, Kenntnisse *pl* (*beide*: **of, in** in *dat*): **basic ~** Grundwissen, -kenntnisse; **~ of the law** Rechtskenntnisse; **have a good ~ of** viel verstehen von, sich gut auskennen in (*dat*), gute Kenntnisse haben in (*dat*); **~ is power** (*Sprichwort*) Wissen ist Macht; → general A 3; **knowledgeable** ADJ (ADV knowledgeably) **1** gescheit, klug **2** (gut) unterrichtet **3** kenntnisreich: **be very ~ about** viel verstehen von, sich gut auskennen in (*dat*), gute Kenntnisse haben in (*dat*)

known [nəʊn] **A** *pperf von* know **B** ADJ bekannt (**as** als; **to sb** j-m; **for** für): **he is ~ to the police** er ist polizeibekannt; **make ~** bekannt machen; **make o.s. ~ to sb** sich mit j-m bekannt machen, sich j-m vorstellen; **a man is ~ by his friends** (*Sprichwort*) sage mir, mit wem du umgehst, u. ich sage dir, wer du bist; **the ~ facts** die anerkannten Tatsachen; **~ quantity** → C a; **~ substance** → C b **C** S etwas Bekanntes, *bes* **a** MATH bekannte Größe **b** CHEM bekannte Substanz

know-nothing **A** S **1** Nichtswisser(in), Ignorant(in) **2** PHIL Agnostiker(in) **B** ADJ ignorant

Knt ABK Knight

knuckle [ˈnʌkl] **A** S **1** (Finger)Knöchel *m*: → rap[1] A 1, C 1 **2** (*Kalbs-, Schweins-*) Haxe *f od* (-)Hachse *f*: **~ of veal (pork)**; **near the ~** *umg* reichlich gewagt (*Witz etc*) **3** TECH Gelenk *n* **4** *pl US* Schlagring *m* **B** V/I **1** **~ down** sich anstrengen, sich dahinterklemmen *umg*: **~ down to work** sich an die Arbeit machen, sich hinter die Arbeit klemmen **2** **~ under** sich unterwerfen *od* beugen (**to** *dat*), klein beigeben; **~bone** S ANAT Knöchelbein *n*; **~-duster** S Schlagring *m*; **~head** S *umg* Blödmann *m*; **~headed** ADJ *umg* blöd; **~ joint** S **1** ANAT Knöchel-, Fingergelenk *n* **2** TECH Gabelgelenk *n*

knur, *Br a.* **knurr** [nɜː; *US* nɜr] S Knorren *m*, Knoten *m*

knurl [nɜːl; *US* nɜrl] **A** S **1** Einkerbung *f* **2** TECH Rändelrad *n* **B** V/T TECH rändeln, kordieren: **~ed screw** Rändelschraube *f*

knurr *Br für* knur

KO [ˌkeɪˈəʊ] *umg* **A** *pl* **KO's** S → knockout A **B** V/T *prät u. pperf* **KO'd** → knock out 2

koala (bear) [kəʊˈɑːlə] S ZOOL Koala (-bär) *m*, Beutelbär *m*

kobold [ˈkɒbəʊld; *US* ˈkəʊˌbɔːld] S Kobold *m*

kohl [kəʊl] S *Kosmetik*: Kajal *n* (*zum Umranden der*

Augen verwendete schwarze Farbe)
kohlrabi [ˌkəʊlˈrɑːbɪ] *pl* -bies S BOT Kohlrabi *m*
kola [ˈkəʊlə] S 1 *a.* ~ **nut** Kolanuss *f* 2 Kolanussextrakt *m* 3 BOT Kolabaum *m*
kolkhoz, *a.* **kolkhos** [kɒlˈhɔːz; *US* kɑlˈkɔːz] S Kolchos *m/n*, Kolchose *f*
koodoo → kudu
kook [kuːk] S *US umg* Spinner(in)
kookaburra [ˈkʊkəˌbʌrə; *US bes* -ˌbɜrə] S ORN Rieseneisvogel *m*, Lachender Hans
kookie, **kooky** [ˈkuːkiː] ADJ *US umg* spinnig
kop [kɒp; *US* kɑp] S *SAfr* Hügel *m*, Berg *m*
kope(c)k [ˈkəʊpek] S Kopeke *f*
kopje [ˈkɒpɪ; *US* ˈkɑpi:] S *SAfr* kleiner Hügel
Koran [kɒˈrɑn; *US* kəˈræn; kəˈrɑːn] S REL Koran *m*; **Koranic** ADJ Koran…: ~ **school**
Korea [kəˈrɪə] S Korea *n* (*Halbinsel in Ostasien*)
Korean [kəˈrɪən] A S 1 Koreaner(in) 2 LING Koreanisch *n*, das Koreanische B ADJ koreanisch: ~ **War** HIST Koreakrieg *m*
koruna [kɒˈruːnə; *US* ˈkɔːrəˌnɑː] S (*tschechische u. slowakische*) Krone
kosher [ˈkəʊʃə(r)] A ADJ 1 REL koscher, rein (*nach jüdischen Speisegesetzen*) 2 *umg* a echt b koscher, rechtmäßig, in Ordnung: **it is not ~ for him to do it** er hat kein Recht, es zu tun B S REL koschere Nahrung
Kosovar [ˈkɒsəvɑː(r); *US* ˈkɑ-] A S Kosovar(in) B ADJ kosovarisch, Kosovo(-)…
Kosovo [ˈkɔsəvə; *US* ˈkɑ-] S Kosovo *m od n*
kotow [ˌkəʊˈtaʊ] → kowtow
koumis(s), **koumyss** → kumiss
kourbash → kurbash
kowtow [ˌkaʊˈtaʊ] A V/I 1 e-n Kotau machen (**to** vor *j-m*) (*a. fig*) 2 *fig* kriechen (**to** vor *j-m*) B S HIST Kotau *m* (*tiefe Verbeugung mit Niederknien u. Neigen des Kopfes bis auf die Erde*)
KP ABK MIL *US* kitchen police
kph ABK kilometers PL (*bes Br* **kilometres** *pl*) per hour km/h
KR ABK (*Schach*) king's rook
kr. ABK (*Währung*) krone kr
kraal [krɑːl; krɔːl] S *SAfr* Kral *m*: a *Eingeborenendorf* b *umzäunter Viehhof*
krab [kræb] → karabiner
kraft [krɑːft; *US* kræft] S starkes Packpapier
krans [krɑːns; *US* kræns], **krantz** [-ts] S *SAfr* steile Klippe
Kraut, ♀ [kraʊt] *sl pej* A S Deutsche(r) *m/f(m)* B ADJ deutsch
Krebs cycle [krebz] S *Biochemie*: Krebs-Zyklus *m*, Zitronensäurezyklus *m*
Kremlin [ˈkremlɪn] EIGENN Kreml *m*
kriegspiel [ˈkriːgspiːl] S MIL Kriegs-, Planspiel *n*
kris [kriːs] S Kris *m* (*malaiischer Dolch*)
Krishna [ˈkrɪʃnə] EIGENN & S 1 *Hinduismus*: Krischna *m* (*Gott*) 2 → Hare Krishna; **Krishnaism** S *Hinduismus*: Krischnaismus *m*, Krischnaverehrung *f*
krona [ˈkrəʊnə] *pl* -nor [-nɔː(r); -nə(r)] S Krone *f* (*Münzeinheit u. Silbermünze in Schweden*)
krone[1] [ˈkrəʊnə] *pl* -ner [-nə(r)] S Krone *f* (*Münzeinheit u. Silbermünze in Dänemark u. Norwegen*)
krone[2] [ˈkrəʊnə] *pl* -nen [-nən] S Krone *f* (*ehemalige Münze in Österreich u. Deutschland*)
kroner [ˈkrəʊnə(r)] *pl von* krone[1]
kronor [ˈkrəʊnɔː(r); -nə(r)] *pl von* krona
KRP ABK (*Schach*) king's rook's pawn
krypton [ˈkrɪptɒn; *US* -ˌtɑn] S CHEM Krypton *n*
KS ABK Kansas
KStJ ABK Knight of the Order of St John (*Ordenstitel*)
kt[1] ABK 1 MINER *bes US* karat 2 SCHIFF knot kn
Kt[2] ABK (*Schach*) knight

kuchen [ˈkuːkən; ˈkuːxən] S (Hefe)Kuchen *m*
kudos [ˈkjuːdɒs; *US* ˈkuːˌdɑs] S Ruhm *m*, Ehre *f*, Ansehen *n*: **he got a great deal of ~ for it** es brachte ihm viel Ehre ein
kudu [ˈkuːduː] S ZOOL Kudu *m*, Schraubenantilope *f*
Kufic [ˈkjuːfɪk; ˈkuː-] ADJ kufisch, altarabisch (*Schrift*)
Ku Klux [ˈkjuːklʌks; ˈkuː-] S 1 Ku-Klux-Klan *m* 2 → Ku Kluxer; **Ku Kluxer** S Mitglied *n* des Ku-Klux-Klan; **Ku Klux Klan** [klæn] → Ku Klux 1
kukri [ˈkʊkrɪ] S Krummdolch *m* (*der Gurkhas*)
kulak [ˈkuːlæk; *US a.* kuːˈlæk] S HIST Kulak *m*, Großbauer *m*
kumiss [ˈkuːmɪs; *US a.* kuːˈmɪs] S Kumyss *m* (*alkoholhaltiges Getränk aus gegorener Stutenmilch*)
kümmel [ˈkʊməl; *bes US* ˈkɪməl] S Kümmel *m* (*Schnapssorte*)
kumquat [ˈkʌmkwɒt; *US* -ˌkwɑt] S BOT Kumquat *f*, Kleinfrüchtige Goldorange
kung fu [ˌkʊŋˈfuː; ˌkʌŋ-] S Kung-fu *n* (*e-e Selbstverteidigungssportart im Karatestil*)
kunzite [ˈkʊntsaɪt] S MINER Kunzit *m*
kurbash [ˈkʊə(r)bæʃ] HIST A S Karbatsche *f* (*e-e Riemenpeitsche*) B V/T karbatschen
Kurd [kɜːd; *US* kʊrd; kɜrd] S Kurde *m*, Kurdin *f*; **Kurdish** A ADJ kurdisch B S LING Kurdisch *n*, das Kurdische
kursaal [ˈkʊə(r)zɑːl] *pl* -säle [-ˌzɛːlə] S Kursaal *m*
kurtosis [kɜːˈtəʊsɪs; *US* kɜr-] S *Statistik*: Häufungs-, Häufigkeitsgrad *m*
Kuwait [kʊˈweɪt; *US* kəˈw-] S Kuwait *n* a *Scheichtum am Persischen Golf* b *Hauptstadt von* a
Kuwaiti [kʊˈweɪtɪ] A S Kuwaiter(in) B ADJ kuwaitisch
kV ABK ELEK kilovolt(s PL) kV
kvas(s) [kvɑːs] S Kwass *m* (*leicht alkoholisches, bierähnliches Getränk aus vergorenem Malz, Mehl u. Brotbrei*)
kvetch [kvetʃ] *US sl* A S Nörgler(in) B V/I nörgeln
kW ABK ELEK kilowatt(s PL) kW
kWh ABK ELEK kilowatt-hour(s PL) kWh
KWIC ABK IT keyword in context
KWOC ABK IT keyword out of context
Ky. ABK Kentucky
kyack [ˈkaɪˌæk] S *US* (Pferde)Packtaschen *pl*
kyanite [ˈkaɪənaɪt] → cyanite
kyanize [ˈkaɪənaɪz] V/T TECH *Holz* kyanisieren, zyanisieren, mit Quecksilberchlorid behandeln
kyle [kaɪl] S *schott* Meerenge *f*, Sund *m*
kymograph [ˈkaɪməʊgrɑːf; *bes US* -græf] S 1 TECH Kymograf *m* (*Aufzeichnungsgerät physiologischer Zustandsänderungen*) 2 FLUG, SCHIFF Wendezeiger *m*
kyphosis [kaɪˈfəʊsɪs] S MED Kyphose *f* (*Verkrümmung der Wirbelsäule nach hinten*)
Kyrgyz [ˈkɜːgɪs; *US* ˈkɪr-] A S 1 Kirgise *m*, Kirgisin *f* 2 LING Kirgisisch *n*, das Kirgisische B ADJ kirgisisch
Kyrie (eleison) [ˈkɪəriːeɪ; -rɪː; ɪˈleɪsən; *Br a.* -sɒn; *US a.* -ˌsɑn] S REL Kyrie(eleison) *n*

L

l ABK liter(s); *bes Br* litre(s PL) l
£ ABK libra(e PL); pound(s PL) sterling
L[1], **l** [el] *pl* L's, Ls, l's, **ls** [elz] S 1 L, l *n* (*Buchstabe*) 2 PHYS L (*Selbstinduktionskoeffizient*) 3 **L** ARCH (Seiten)Flügel *m* 4 **L** L *n*, L-förmiger Gegenstand, *bes* TECH Rohrbogen *m*
L[2] ABK 1 large 2 Latin Lat. 3 AUTO *Br* learner 4 length L, L. 5 longitude L.
L., **l.** ABK 1 lake 2 law 3 league 4 left li. 5 line
la[1] [lɑː] S MUS la *n*: a *Solmisationssilbe* b *Tonsilbe in der Solfège-Methode*
LA[2] ABK 1 Legislative Assembly 2 WIRTSCH local agent 3 Los Angeles
La. ABK Louisiana
laager [ˈlɑːgə(r)] A S 1 *SAfr* (befestigtes) Lager, *bes* Wagenburg *f* 2 MIL Ringstellung *f* von Panzerfahrzeugen B V/I *SAfr* ein Lager errichten, e-e Wagenburg bilden C V/T *SAfr* e-e Wagenburg bilden aus
lab [læb] S *umg* Labor *n*: ~ **report** Laborbericht *m*
Lab. ABK 1 POL *Br* Labour 2 Labrador
labefaction [ˌlæbɪˈfækʃn], **labefactation** [-fækˈteɪʃn] S Schwächung *f*, Verschlechterung *f*
label [ˈleɪbl] A S 1 Etikett *n*, (Klebe-, Anhänge)Zettel *m od* (-)Schild(chen) *n* 2 Aufschrift *f*, Beschriftung *f* 3 Label *n*: a *Etikett e-r Schallplatte* b Schallplattenfirma *f* 4 IT Label *n* (*Markierung e-s Programmbeginns*) 5 ARCH Tür-, Fenstergesims *n* 6 *fig* Bezeichnung *f*, *bes pej* Etikett *n* B V/T *prät u. pperf* -beled, *bes Br* -belled 1 etikettieren, mit e-m Zettel *od* Schild(chen) *od* e-r Aufschrift versehen, beschriften, *Waren etc* beschildern: **the bottle was ~(l)ed "poison"** die Flasche trug die Aufschrift „Gift" 2 als … bezeichnen, zu … stempeln: **be ~(l)ed a criminal** zum Verbrecher gestempelt werden
labellum [ləˈbeləm] *pl* labella [-ˈbelə] S BOT Labellum *n*, Lippe *f* (*e-r Blüte*)
lab-examine V/T *umg* im Labor prüfen *od* untersuchen: **~d** laborgeprüft
labia [ˈleɪbɪə] *pl von* labium
labial [ˈleɪbjəl; -bɪəl] A ADJ (ADV ~ly) 1 Lippen… 2 LING, MUS Lippen…, labial: ~ **consonant** → B 2; ~ **vowel** gerundeter Vokal; ~ **pipe** → B 1 B S 1 MUS Lippen-, Labialpfeife *f* (*der Orgel*) 2 LING Labial *m*, Lippen-, Labiallaut *m*; **labialism**, **labialization** S LING Labialisierung *f*; **labialize** V/T LING labialisieren (*mit Lippenrundung aussprechen*)
labia| majora [məˈdʒɔːrə] S PL ANAT große *od* äußere Schamlippen *pl*; ~ **minora** [mɪˈnɔːrə] S PL kleine *od* innere Schamlippen *pl*
labiate [ˈleɪbɪeɪt; -bɪət] A ADJ 1 lippenförmig 2 BOT lippenblütig: ~ **plant** → B B S BOT Lippenblütler *m*
labile [ˈleɪbaɪl; -bɪl] ADJ 1 MED, PHYS, PSYCH labil (*a. fig*) 2 unsicher, unbeständig 3 CHEM unbeständig, zersetzlich; **lability** [ləˈbɪlətɪ] S Labilität *f*
labiodental [ˌleɪbɪəʊ-] LING A ADJ labiodental B S Labiodental(laut) *m*, Lippenzahnlaut *m*; **labionasal** A ADJ labionasal B S Labionasal(laut) *m*, Lippennasenlaut *m*; **labiovelar** A ADJ labiovelar B S Labiovelar(laut) *m*, Lippengaumenlaut *m*
labium [ˈleɪbɪəm] *pl* -bia [-bɪə] S Labium *n*: a ANAT Lippe *f* b ANAT Schamlippe *f*: → labia majora, labia minora c ZOOL Unterlippe *f* (*der Insekten*)

labor, *bes Br* **labour** ['leɪbə(r)] A S 1 (schwere) Arbeit: **a ~ of love** e-e gern *od* unentgeltlich getane Arbeit, ein Liebesdienst; → hard labo(u)r, Herculean 1, Hercules 2 Mühe *f*, Plage *f*, Anstrengung *f*: **lost ~** vergebliche Mühe 3 WIRTSCH a Arbeiter(klasse) *pl(f)*, Arbeiterschaft *f* b Arbeiter *pl*, Arbeitskräfte *pl*: **~ and management** Arbeitnehmer *pl* u. Arbeitgeber *pl*; **cheap ~** billige Arbeitskräfte; **shortage of ~** Mangel *m* an Arbeitskräften; → skilled 2, unskilled 2 4 **Labour** *(ohne art)* POL die Labour Party *(Großbritanniens etc)* 5 MED Wehen *pl*: **be in ~** in den Wehen liegen 6 Schlingern *n*, Stampfen *n (e-s Schiffs)* B V/I 1 (schwer) arbeiten (**at** an *dat*), sich bemühen (**for sth** um etwas), sich anstrengen *od* abmühen (**to do** zu tun) 2 *a.* **~ along** sich mühsam fortbewegen *od* fortschleppen, nur schwer vorankommen: **~ through** sich durch *Schlamm etc, a. ein Buch etc* kämpfen; **~ up the hill** sich den Berg hinaufquälen 3 stampfen, schlingern *(Schiff)* 4 **(under)** a zu leiden haben (unter *dat*), zu kämpfen haben (mit), kranken (an *dat*): **~ under difficulties** mit Schwierigkeiten zu kämpfen haben b befangen sein (in *dat*): → delusion 2, misapprehension 5 MED in den Wehen liegen C V/T 1 ausführlich *od* umständlich behandeln, bis ins Einzelne ausarbeiten *od* ausführen, breitwalzen: **~ a point** auf e-r Sache herumreiten *umg* 2 *obs od poet den Boden* bestellen, bebauen D ADJ 1 Arbeits…: **~ camp** (**conditions, court,** *etc*); **~ costs** a Arbeitskosten b Lohnkosten 2 Arbeiter…: **~ leader** Arbeiterführer(in) (→ D 3, D 4); **~ movement** Arbeiterbewegung *f* (→ D 4); **~ demand** Nachfrage *f* nach Arbeitskräften 3 **Labour** POL Labour…: **~ leader** führende Person in der Labour Party *(Großbritanniens etc)*(→ D 2, D 4) 4 **labor** *US* Gewerkschafts…: **~ leader** Gewerkschaftsführer(in) (→ D 2, D 3); **~ movement** Gewerkschaftsbewegung *f* (→ D 2)

laboratory [lə'bɒrətərɪ; -trɪ; *US* 'læbrə,təʊri:; -,taʊri:] S 1 Laboratorium *n*, Labor *n*: **~ assistant** Laborant(in); **~ test** Laborversuch *m* 2 *weitS.* a Versuchsanstalt *f* b *(Sprach- etc)* Labor *n* 3 *fig* Werkstätte *f*, -statt *f*: **the ~ of the mind**

Labor Day, *bes Br* **Labour Day** S Tag *m* der Arbeit *(der 1. Mai in den europäischen Ländern, der 1. Montag im September in den USA)*

labored, *bes Br* **laboured** ['leɪbə(r)d] ADJ 1 schwerfällig *(Stil etc)* 2 mühsam, schwer *(Atmen)*

laborer, *bes Br* **labourer** ['leɪbərə(r)] S *(bes Hilfs)*Arbeiter *m*

labor force, *bes Br* **labour force** S 1 (Gesamtzahl *f* der) Arbeitskräfte *pl*, Arbeitspotenzial *n*: **enter the ~** ins Arbeitsleben eintreten 2 Belegschaft *f (e-r Firma)*

laboring, *bes Br* **labouring** ['leɪbərɪŋ] ADJ Arbeiter…: **the ~ classes** *pl* die Arbeiterklasse

labor-intensive, *bes Br* **labour-intensive** ADJ (ADV ~ly) arbeitsintensiv, -aufwendig

laborious [lə'bɔ:rɪəs] ADJ (ADV ~ly) 1 mühsam, mühselig, schwer, schwierig 2 schwerfällig *(Stil etc)* 3 arbeitsam, fleißig; **laboriousness** S 1 Mühseligkeit *f* 2 Schwerfälligkeit *f* 3 Arbeitsamkeit *f*, Fleiß *m*

laborite, *bes Br* **labourite** ['leɪbəraɪt] S 1 Anhänger(in) der Arbeiterbewegung 2 **Labourite** Anhänger(in) *od* Mitglied *n* der Labour Party *(Großbritanniens etc)*

labor|-management relations, *bes Br* **labour|-management relations** SPL Beziehungen *pl* zwischen Arbeitgebern u. Arbeitnehmern; **~ market** S Arbeitsmarkt *m*: **situation on the ~** Arbeitsmarktlage *f*; **~-saving** ADJ Arbeit sparend

labor union S *US* Gewerkschaft *f*

labour, **laboured**, **labourer** *etc bes Br für* labor, labored, laborer *etc*

labour| exchange S *Br obs* Arbeitsamt *n*; ♀ **Party** S POL Labour Party *f (Großbritanniens etc)*

labra ['leɪbrə; 'læ-] *pl von* labrum

Labrador, *a.* ♀ ['læbrədɔ:(r)] S Labrador (-hund) *m*

labradorite [,læbrə'dɔ:raɪt; *bes US* 'læbrədɔ:raɪt] S MINER Labradorit *m*

Labrador retriever → Labrador

labrum ['leɪbrəm; 'læ-] *pl* -bra [-brə] S Labrum *n*: a ANAT Lippe *f (e-r Gelenkpfanne)* b ZOOL Oberlippe *f (der Insekten)*

laburnum [lə'bɜ:nəm; *US* lə'bɜr-] S BOT Goldregen *m*

labyrinth ['læbərɪnθ] S 1 Labyrinth *n*, *fig a.* Gewirr *n* 2 *fig* verworrene Situation 3 ANAT (Ohr)Labyrinth *n*; **labyrynthian** ADJ, **labyrinthic** ADJ (ADV ~ally), **labyrinthine** [-θaɪn; *US bes* -θən] ADJ labyrinthisch

lac[1] [læk] S Gummilack *m*, Lackharz *n*

lac[2] [læk] S *IndEng* Lak *n (100 000, meist Rupien)*

LAC[3] ABK MIL *Br* leading aircraftman Obergefreiter *m der Luftwaffe*

laccolite ['lækəlaɪt], **laccolith** [-lɪθ] S GEOL Lakkolith *m (Magma, das erdoberflächennah pilzförmig zwischen Schichtgesteinen eingedrungen ist)*

lace [leɪs] A S 1 *Textilwesen:* Spitze *f* 2 Litze *f*, Tresse *f*, Borte *f*: **gold ~** Goldborte, -tresse 3 Schnürband *n*, -senkel *m* 4 Band *n*, Schnur *f* 5 Schuss *m* Alkohol *(in Getränken)*: **tea with a ~ of rum** Tee *m* mit e-m Schuss Rum B V/T 1 *a.* **~ up** (zu-, zusammen)schnüren 2 *j-n od j-s Taille (durch ein Schnürkorsett)* (zusammen-, ein)schnüren: **her waist was ~d tight** 3 a *Schnürsenkel etc* ein-, durchziehen b *e-n Film* einfädeln, -legen 4 *ein Kleid etc* mit Spitzen *od* Litzen besetzen, verbrämen, einfassen 5 mit e-m Netz- *od* Streifenmuster verzieren 6 *fig* beleben, würzen (*beide:* **with** mit): **a story ~d with jokes** 7 *umg* (ver)prügeln 8 *e-m Getränk* e-n Schuss Alkohol zugeben: **~ one's tea with rum** e-n Schuss Rum in s-n Tee geben C V/I 1 *a.* **~ up** sich schnüren (lassen) 2 sich *(mit e-m Korsett)* schnüren 3 **~ into sb** *umg* über j-n herfallen *(a. mit Worten)*; **~ collar** S Spitzenkragen *m*; **~-curtain** ADJ *US oft pej* der Mittelklasse *od* Mittelschicht: **a ~ family**

laced [leɪst] ADJ 1 geschnürt, Schnür…: **~ boot** Schnürstiefel *m* 2 bunt gestreift 3 ZOOL andersfarbig gerändert *(Feder)* 4 mit e-m Schuss Alkohol (versetzt): **~ tea** Tee *m* mit Schuss; **tea ~ with rum** Tee *m* mit e-m Schuss Rum

lace| edging S *Mode:* Spitzenbesatz *m*; **~ glass** S venezianisches Fadenglas; **~ paper** S Papierspitzen *pl*, Spitzenpapier *n*; **~ pillow** S Klöppelkissen *n*

lacerant ['læsərənt] ADJ *fig* verletzend

lacerate A V/T ['læsəreɪt] 1 sich *das Gesicht etc* a aufreißen b zerschneiden c zerkratzen 2 *fig j-n od j-s Gefühle* verletzen B ADJ [-rɪt; -reɪt] → lacerated; **lacerated** ADJ 1 a aufgerissen b zerschnitten c zerkratzt: **~ wound** ausgefranste Wunde 2 BOT, ZOOL *(ungleichmäßig)* geschlitzt, gefranst; **laceration** S 1 a Risswunde *f* b Schnittwunde *f* c Kratzwunde *f* 2 *fig* Verletzung *f*

lacery ['leɪsərɪ] → lacework 2

lace| shoe S Schnürschuh *m*; **~-trimmed** ADJ mit Spitzenbesatz; **~ trimming** S *Mode:* Spitzenbesatz *m*; **~-up** A ADJ Schnür…, zum Schnüren B S Schnürschuh *m*, -stiefel *m*; **~wing** S ZOOL *(ein)* Netzflügler *m*, *bes* Florfliege *f*, Goldauge *n*; **~work** S 1 Spitzenarbeit *f*, -muster *n* 2 *weitS.* Filigran(muster) *n*

laches ['leɪtʃɪz; 'læ-] S JUR a (schuldhafte) Unterlassung b Versäumnis *n* in der Geltendmachung e-s Anspruchs

Lachryma Christi [,lækrɪmə'krɪstɪ] S Lacrimae Christi *m (Rot- od Weißwein vom Vesuv u. dessen Umgebung)*

lachrymal ['lækrɪml] ADJ 1 Tränen…: **~ gland** ANAT Tränendrüse *f*; **~ duct** Tränenkanal *m* 2 → lachrymose 1, 2

lachrymator ['lækrɪmeɪtə(r)] S CHEM Tränengas *n*

lachrymatory ['lækrɪmətərɪ; *US* -,təʊri:; -,tɔ:ri:] A ADJ Tränen hervorrufend, Tränen…: **~ gas** Tränengas *n* B S *Antike:* Tränenkrug *m*

lachrymose ['lækrɪməʊs] ADJ 1 tränenreich 2 weinerlich 3 traurig, ergreifend

lacing ['leɪsɪŋ] S 1 (Zu-, Zusammen)Schnüren *n* 2 Litzen *pl*, Tressen *pl*, Borten *pl*, Schnüre *pl* 3 a Schnürbänder *pl*, -senkel *pl* b *(Korsett)* Schnürung *f* 4 *umg* (Tracht *f*) Prügel *pl*: **give sb a ~** j-m e-e Tracht Prügel verpassen 5 → lace A 5

lack [læk] A S Mangel *m* (**of** an *dat*): **for ~ of** mangels *(gen)*; **there was no ~ of** es fehlte nicht an *(dat)*; **water is the chief ~** hauptsächlich fehlt es an Wasser; **~ of discipline** Disziplinlosigkeit *f*; **~ of experience** fehlende *od* mangelnde Routine; **~ of interest** Desinteresse *n*, Interesselosigkeit *f*; **~ of leadership** mangelnde Führungsqualitäten *pl*; **~ of motivation** Motivationslosigkeit *f*; **~ of sleep** fehlender Schlaf, Schlafmangel; **~ of self-confidence** mangelndes Selbstvertrauen; **for** (*od* **through**) **~ of time** aus Zeitmangel; **~ of understanding** mangelndes Verständnis; → appetite 2, concentration 1 c, consideration 3 evidence A 2 B V/T 1 nicht haben, Mangel haben *od* leiden an *(dat)*: **we ~ coal** es fehlt uns an Kohle; **I ~ words with which to express it** mir fehlen die Worte, um es auszudrücken; **the film ~s suspense** dem Film fehlt es an Spannung 2 es fehlen lassen an *(dat)* C V/I 1 a *(nur im ppr)* fehlen: **wine was not ~ing** an Wein fehlte es nicht b **~ in** Mangel haben *od* leiden an *(dat)*: **he is ~ing in courage** ihm fehlt der Mut, er hat keinen Mut; **what he ~ed in experience he made up in fighting spirit** SPORT s-e fehlende Routine machte er durch Kampfgeist wett 2 **~ for nothing** von allem genug haben: **he ~s for nothing** *a.* es fehlt ihm an nichts

lackadaisical [,lækə'deɪzɪkl] ADJ (ADV ~ly) 1 lustlos 2 nachlässig (**about** in *dat*)

lackey ['lækɪ] A S 1 Lakai *m (a. fig pej)* 2 *fig pej* Kriecher *m*, Speichellecker *m* B V/T 1 *j-n* bedienen 2 *pej* um *j-n* (herum)scharwenzeln

lacking ADJ 1 **be found ~** sich nicht bewähren 2 *Br umg* beschränkt, dumm

lack|luster, *bes Br* **~lustre** ADJ glanzlos, matt

lacmoid ['lækmɔɪd] S CHEM La(c)kmoid *n*, Resorcinblau *n*

lacmus ['lækməs] → litmus

laconic [lə'kɒnɪk; *US* lə'kɑ-] A ADJ (ADV ~ally) 1 lakonisch, kurz u. treffend 2 wortkarg B S 1 Lakonik *f*, lakonische Art *(des Ausdrucks)* 2 lakonischer Ausdruck, lakonische Aussage; **laconism** ['lækənɪzəm] S Lakonismus *m*: a → laconic B 1 b → laconic B 2

lacquer ['lækə(r)] A S 1 TECH Lack(firnis) *m*, Firnis *m*, Farblack *m* 2 a Lackarbeit *f* b *a.* **~ ware** *koll* Lackarbeiten *pl*, -waren *pl* 3 *(Haar)* Festiger *m* B V/T 1 lackieren: **~ one's fingernails** sich die Fingernägel lackieren 2 **~ one's hair** sich Festiger ins Haar sprühen; **lacquering** S Lackierung *f*: a Lackieren *n* b Lacküberzug *m*

lacquey → lackey

lacrimal, *etc* → lachrymal *etc*

lacrosse [ləˈkrɒs] S SPORT Lacrosse *n (dem Hockey verwandtes Spiel, bei dem ein Gummiball mit Schlägern, die ein Fangnetz haben, ins gegnerische Tor geschleudert wird)*; **~ stick** S Lacrosseschläger *m*
lactase [ˈlækteɪs; -z] S CHEM Laktase *f*
lactate [ˈlækteɪt] A V/I BIOL laktieren, Milch absondern *(Brustdrüse)* B S CHEM Laktat *n*; **lactation** S BIOL Laktation *f*: a Milchabsonderung *f* b Laktationsperiode *f*
lacteal [ˈlæktɪəl] A ADJ (ADV ~ly) 1 milchig, Milch…: **~ gland** ANAT Milchdrüse *f* 2 PHYSIOL Lymph… B S Lymphgefäß *n*
lacteous [ˈlæktɪəs] ADJ milchig; **lactescent** [lækˈtesnt] ADJ 1 milchartig, milchig 2 BIOL laktierend, Milch absondernd
lactic [ˈlæktɪk] ADJ CHEM, PHYSIOL Milch…: **~ acid**
lactiferous [lækˈtɪfərəs] ADJ 1 Milch führend: **~ duct** ANAT Milchgang *m* 2 BOT Milchsaft führend
lactobacillus [ˌlæktəʊbəˈsɪləs] S *irr* MED Lakto-, Milchsäurebakterie *f*
lactoflavin [ˌlæktəʊˈfleɪvɪn] S CHEM Laktoflavin *n*
lactometer [lækˈtɒmɪtə; US -ˈtɑmətər] S Lakto(densi)meter *n*, Milchwaage *f*
lactose [ˈlæktəʊs; -z] S CHEM Laktose *f*, Milchzucker *m*
lacuna [ləˈkjuːnə; US *a.* -ˈkuː-] *pl* **-nae** [-niː], **-nas** S Lakune *f*: a Grube *f*, Vertiefung *f* b *bes* ANAT, BOT Spalt *m*, Hohlraum *m* c Lücke *f (in e-m Text)*; **lacunal** ADJ Lakunen…, lückenhaft
lacunar [ləˈkjuːnə(r); US *a.* -ˈkuː-] *pl* **-nars**, **lacunaria** [ˌlækjʊˈneərɪə] S ARCH 1 Kassette *f*, (Decken)Feld *n* 2 Kassettendecke *f*
lacustrine [ləˈkʌstraɪn; US -trən] ADJ See…: **~ plants** BOT Seepflanzen
LACW ABK MIL *Br* leading aircraftwoman Obergefreiterin *f der Luftwaffe*
lacy [ˈleɪsɪ] ADJ spitzenartig, Spitzen…
lad [læd] S 1 a Junge *m* b Typ *m*: **the ~s** die Jungs 2 Stallbursche *m*, -junge *m* 3 **a (bit of a) ~** *Br umg* ein (ziemlicher) Draufgänger
ladder [ˈlædə(r)] A S 1 Leiter *f (a. fig)*: **the social ~** die gesellschaftliche Stufenleiter; **the ~ of fame** die (Stufen)Leiter des Ruhms; → bottom A 1, top¹ A 2 2 → ladder tournament 3 *bes Br* Laufmasche *f* B V/I *bes Br* Laufmaschen bekommen *(Strumpf etc)* C V/T *bes Br* sich e-e Laufmasche holen in *(dat)*: **she's ~ed her tights**; **~ dredge** S TECH Eimerleiterbagger *m*; **~proof** ADJ *bes Br* laufmaschensicher, maschenfest *(Strumpf etc)*; **~ stitch** S *Stickerei:* Leiterstich *m*; **~ tournament** S SPORT Ranglistenturnier *n*; **~ truck** S US Leiterfahrzeug *n (der Feuerwehr)*; **~way** S *Bergbau:* Fahrschacht *m*
laddie [ˈlædɪ] S *bes schott* Bürschchen *n*, Kleine(r) *m*
lade [leɪd] V/T *prät* laded, *pperf* laden, laded 1 *ein Fahrzeug* beladen, befrachten 2 *Güter* auf-, verladen, verfrachten *(alle:* **on** *auf akk)* 3 *Wasser* schöpfen
laden [ˈleɪdn] A *pperf von* lade B ADJ 1 **(with)** (schwer) beladen (mit), voll (von), voller: **trees ~ with fruit**; **~ tables** reich beladene Tische 2 *fig* bedrückt (**with** von): **~ with sorrow** sorgen-, kummervoll; **~ with guilt** schuldbeladen
la-di-da [ˌlɑːdɪˈdɑː] *umg* A S 1 Affe *m*, Fatzke *m (beide umg pej)* 2 affektiertes *od umg* affiges Getue B ADJ affektiert, affig *umg*
Ladies'| Aid [ˈleɪdɪz] S US *örtliche Vereinigung von Frauen, die es sich zur Aufgabe gemacht haben, ihre Kirche finanziell zu unterstützen*; **~ choice** S Damenwahl *f (beim Tanz)*; **~ man** S *irr* Frauenheld *m*; **~ night** S Damenabend *m*; **~ room** S US Damentoilette *f*
ladieswear [ˈleɪdɪzweə(r)] S Damenbekleidung *f*
ladify [ˈleɪdɪfaɪ] V/T damenhaft machen
lading [ˈleɪdɪŋ] S 1 (Be-, Ver)Laden *n*, Befrachten *n* 2 Ladung *f*, Fracht *f*: → bill² A 6
Ladino [laˈdiːnəʊ] S LING Ladino *n*, Judenspanisch *n*
ladle [ˈleɪdl] A S 1 Schöpflöffel *m*, -kelle *f* 2 TECH a Gieß-, Schöpfkelle *f*, Gießlöffel *m*, -pfanne *f* b Schaufel *f (e-s Baggers, Wasserrads etc)* B V/T 1 *a.* **~ out** (aus)schöpfen 2 *a.* **~ out** austeilen *(a. fig)*: **~ out praise (hono[u]rs) to sb** j-n mit Lob (Ehren) überhäufen
lady [ˈleɪdɪ] A S 1 *allg* Dame *f*: **a perfect ~**; **young ~** a junge Dame b *(tadelnd etc)* mein Fräulein; **his young ~** *umg* s-e (kleine) Freundin; **~ of pleasure** *umg* Gunstgewerblerin *f*; **~ of the night** *oft hum* Schöne *f* der Nacht; → Threadneedle Street 2 Dame *f (ohne Zusatz als Anrede für Frauen im Allgemeinen nur im pl üblich, im sg poet od bes US sl)*: **ladies and gentlemen** m-e Damen u. Herren!; **my dear** (*od* **good**) **~** (verehrte) gnädige Frau 3 ≈ Lady *f (als Titel)*: a *(als weibliches Gegenstück zu* **Lord***) für die Gattin e-s Peers* b *für e-e Peeress im eigenen Recht* c *(vor dem Vornamen) für die Tochter e-s Duke, Marquis od Earl* d *(vor dem Familiennamen) als Höflichkeitstitel für die Frau e-s Baronet od Knight* e *(vor dem Vornamen des Ehemannes) für die Frau e-s Inhabers des Höflichkeitstitels* ***Lord*** 4 Herrin *f*, Gebieterin *f (poet außer in)*: **~ of the house** Hausherrin, Dame *f od* Frau *f* des Hauses; **~ of the manor** Grundherrin *(unter dem Feudalsystem)*; **our sovereign ~** die Königin 5 *obs* Geliebte *f* 6 *obs od sl (außer wenn auf e-e Inhaberin des Titels* **Lady** *angewandt)* Gattin *f*, Frau *f*, Gemahlin *f*: **your good ~** Ihre Frau Gemahlin; **the old ~** *hum* m-e Alte 7 **Our ≈** KATH Unsere Liebe Frau, die Mutter Gottes: **church of Our ≈** Marien-, Frauenkirche *f* 8 **ladies** *pl (als sg konstruiert) Br* Damentoilette *f*: **"Ladies"** *(Aufschrift)* „Damen" 9 ZOOL *hum (e-e)* Sie, Weibchen *n* B ADJ weiblich: **~ doctor** Ärztin *f*; **~ friend** Freundin *f*; **~ president** Präsidentin *f*; **~ dog** *hum* Hündin *f*, Hundedame *f* C V/T **~ it** die Lady *od* die große Dame spielen (**over** bei, in *dat*)
Lady| altar S KATH Marienaltar *m*; **≈bird** S ZOOL Marien-, Blattlauskäfer *m*; **~ Bountiful** *pl* Lady Bountifuls, Ladies Bountiful S gute Fee; **≈bug** US *für* ladybird; **≈ chair** S Vierhändesitz *m (Tragesitz für Verletzte, durch die verschlungenen Hände zweier Personen gebildet)*; **~ Chapel** S ARCH Marien-, Scheitelkapelle *f*; **≈ crab** S ZOOL Schwimmkrabbe *f*; **~ Day** S KATH Mariä Verkündigung *f (25. März)*; **≈ fern** S BOT Weiblicher Streifenfarn; **≈finger** S 1 Löffelbiskuit *n/m* 2 → lady's-finger 1
ladyfy → ladify
lady|-in-waiting *pl* ladies-in-waiting S Hofdame *f*; **~-killer** S *umg* Ladykiller *m*, Herzensbrecher *m*; **~like** ADJ 1 damenhaft, vornehm, fein 2 *iron* typisch weiblich 3 *pej* weibisch; **~love** S *obs* Geliebte *f*; **≈ Luck** S Fortuna, die Glücksgöttin; **≈ of the Bedchamber** S königliche Hofdame
lady's| bedstraw [ˈleɪdɪz] S BOT Echtes Labkraut; **~-cushion** S BOT Moossteinbrech *m*; **~-delight** S BOT Wildes Stiefmütterchen; **~-finger** S 1 BOT Gemeiner Wundklee 2 → ladyfinger 1
ladyship S Ladyschaft *f (Stand e-r Lady)*: **Your ≈** Eure Ladyschaft
lady's| maid S Kammerzofe *f*; **~ man** → ladies' man; **~-mantle** S BOT Wiesenfrauenmantel *m*; **~ slipper** S BOT 1 Frauenschuh *m* 2 US Gartenbalsamine *f*; **~ smock** S BOT Wiesenschaumkraut *n*
Laetare Sunday [lɪˈteərɪ; US leɪˈtɑːriː] S Sonntag *m* Lätare *(3. Sonntag vor Ostern, im Katholizismus 4. Fastensonntag)*
laevogyration [ˌliːvəʊdʒaɪˈreɪʃn], **laevorotation** S CHEM, PHYS *bes Br* Linksdrehung *f*; **laevorotatory** ADJ CHEM, PHYS *bes Br* linksdrehend
laevulose [ˈlevjʊləʊs; -z] S CHEM *bes Br* Lävulose *f*, Fruchtzucker *m*
lag¹ [læg] A V/I 1 *meist* **~ behind** zurückbleiben, nicht mitkommen, nachhinken *(alle a. fig)*: **~ behind sb** hinter j-m zurückbleiben 2 *meist* **~ behind** a sich verzögern b ELEK nacheilen *(Strom)* B V/T **~ sb** hinter j-m zurückbleiben *(a. fig)* C S 1 Zurückbleiben *n*, Nachhinken *n (beide a. fig)* 2 a → time lag b ELEK negative Phasenverschiebung, (Phasen)Nacheilung *f* 3 FLUG Rücktrift *f*
lag² [læg] *sl* A V/T 1 *bes Br j-n* schnappen *(verhaften)* 2 einlochen *(einsperren)* B S 1 Knastbruder *m*, Knacki *m sl* 2 *bes Br* Knast *m sl (Strafzeit)*
lag³ [læg] A S 1 (Fass)Daube *f* 2 TECH Schalbrett *n* B V/T 1 mit Dauben versehen 2 TECH a verschalen b isolieren, ummanteln
lagan [ˈlægən] S JUR, SCHIFF *(freiwillig)* versenktes (Wrack)Gut, Seewurfgut *n*
lager [ˈlɑːgə(r)] S Lagerbier *n*; **~ lout** S *Br* betrunkener Randalierer
laggard [ˈlægə(r)d] A ADJ langsam, träge, bumm(e)lig *umg* B S 1 Nachzügler(in) 2 träger Mensch, Bummler(in) *umg*
lagger [ˈlægə(r)] → laggard B
lagging¹ [ˈlægɪŋ] → lag¹ C 1
lagging² [ˈlægɪŋ] S 1 TECH a Verschalung *f* b Isolierung *f*, Ummantelung *f* 2 TECH Isolier-, Ummantelungsstoff *m* 3 ARCH Blendboden *m*
lagniappe [ˈlænˌjæp; lænˈjæp] S US Trinkgeld *n*
lagoon [ləˈguːn] S Lagune *f*
lag screw S TECH Gewindeschraube *f* mit Vier- *od* Sechskantkopf
lagune → lagoon
lah-di-dah → la-di-da
laic [ˈleɪɪk] A ADJ (ADV ~ally) weltlich, Laien… B S Laie *m*; **laical** ADJ (ADV ~ly) → laic A; **laicize** [-saɪz] V/T verweltlichen, säkularisieren
laid [leɪd] *prät u. pperf von* lay¹; **~-back** ADJ ruhig, gelassen; **~ paper** S Papier *n* mit Egoutteurrippung
lain [leɪn] *pperf von* lie²
lair [leə(r)] S 1 ZOOL a Lager *n* b Bau *m* c Höhle *f* 2 Versteck *n*
laird [leə(r)d] S *schott* Gutsherr *m*
laissez-faire [ˌleɪseɪˈfeə(r); ˌles-] A S Laissez-faire *n*: a WIRTSCH *bes* HIST wirtschaftlicher Liberalismus b *allg* übermäßige Toleranz B ADJ übermäßig tolerant
laity [ˈleɪətɪ] S 1 Laienstand *m*, Laien *pl (Ggs Geistlichkeit)* 2 Laien *pl*, Nichtfachleute *pl*
lake¹ [leɪk] S 1 CHEM Beizenfarbstoff *m* 2 a Farblack *m* b Pigment *n*
lake² [leɪk] S See *m*: **the Great ≈** der große Teich *(der Atlantische Ozean)*; **the Great ≈s** die Großen Seen *(an der Grenze zwischen den USA u. Kanada)*; → jump B 1
Lake Constance [ˈkɒnstəns; US ˈkɑ-] S (der) Bodensee
Lake| District S Lake District *m (Seengebiet im Nordwesten Englands)*; **≈ dweller** S Pfahlbaubewohner(in); **≈ dwelling** S Pfahlbau *m*
Lake| Erie [ˈɪərɪ] S (der) Eriesee; **~ Geneva** [dʒɪˈniːvə] S (der) Genfer See; **~ Huron** [ˈhjʊərən; US *a.* ˈhjʊrˌɑn] S (der) Huronsee
Lake|land → Lake District; **~ Poets** SPL *die drei Dichter des Lake District (Wordsworth,*

L

Coleridge u. Southey)
Lake| Michigan ['mɪʃɪgən] S (der) Michigansee; **~ (of) Lucerne** [luː'sɜːn; *US* -'sɜrn] S (der) Vierwaldstätter See; **~ Ontario** [ɒn'teərɪəʊ; *US* ɑn'ter-] S (der) Ontariosee
laker ['leɪkə(r)] S 1 Seefisch *m*, *bes* → lake trout 2 Seedampfer *m*
lake|shore S Seeufer *n*; **~side** S Seeufer *n*: **by the ~** am See; **~ promenade** Uferpromenade *f*
Lake Superior [suː'pɪərɪə; sjuː-; *US* sʊ'pɪrɪər] S der Obere See, Oberer See
lake trout S FISCH Seeforelle *f*
lakh → lac[2]
laky ['leɪkɪ] ADJ karmin-, karmesinrot
lalapalooza [ˌlɑləpə'luːzə] → lollapaloosa
Lallan(s) ['lælən; -nz] *schott* A ADJ Tieflands… B S LING Tieflandschottisch *n*, das Tieflandschottische
lallapalooza [ˌlɑləpə'luːzə] → lollapaloosa
lallation [læ'leɪʃn] S 1 Lallen *n* 2 → lambdacism a
lallygag ['lɑːlɪˌgæg] V/I *US umg* 1 rumgammeln, rumhängen 2 (rum)schmusen
lam[1] [læm] *sl* A V/T verdreschen, vermöbeln B V/I: **~ into sb** a auf j-n eindreschen b über j-n herfallen *(a. mit Worten)*
lam[2] [læm] *US sl* A S Verduften *n*: **on the ~** auf der Flucht *(bes vor der Polizei)*; **take it on the ~** → B B V/I abhauen, verduften
lama ['lɑːmə] S REL Lama *m*
Lamaism ['lɑːməɪzəm] S REL Lamaismus *m (in Tibet entstandene Form des Buddhismus)*; **Lamaist** A S Lamaist(in) B ADJ lamaistisch
Lamarckism [lɑː'mɑː(r)kɪzəm; lə-] S BIOL Lamarckismus *m (Abstammungslehre, nach der die Wandlung der Arten durch Einstellung des Individuums auf veränderte Umweltbedingungen erfolgt sein soll)*
lamasery ['lɑːməsərɪ; *US* -ˌseriː] S Lamakloster *n*
lamb [læm] A S 1 Lamm *n (a. fig Person)*: **in** *(od* **with) ~** trächtig *(Schaf)*; **(as) gentle** *(od* **meek) as a ~** sanft wie ein Lamm, lammfromm; **like a ~ to the slaughter** wie ein Lamm zur Schlachtbank 2 Lamm *n*: a GASTR Lammfleisch *n*: **~ chop** Lammkotelett *n* b → lambskin 1, 2 3 Gimpel *m pej*, leichtgläubiger Mensch, *bes* unerfahrene(r) Spekulant(in) 4 **the ♀ (of God)** das Lamm (Gottes) *(Christus)* B V/I *a.* **~ down** lammen
lambada [læm'bɑːdə; *US* lɑːm'b-] S MUS Lambada *m (ein erotischer Tanz brasilianischen Ursprungs)*
lambaste [læm'beɪst] V/T *sl* 1 vermöbeln, verdreschen 2 *fig* herunterputzen, zusammenstauchen
lambda ['læmdə] S Lambda *n (griechischer Buchstabe)*
lambdacism ['læmdəsɪzəm] S Lambdazismus *m*: a *fehlerhafte Aussprache des R als L* b *falsche Aussprache des L bzw Unvermögen, das L auszusprechen*
lambency ['læmbənsɪ] S 1 Züngeln *n*, Tanzen *n* 2 *fig* (geistreiches) Funkeln, Sprühen *n*; **lambent** ADJ (ADV ~ly) 1 züngelnd, flackernd, tanzend *(Flammen etc)* 2 sanft strahlend 3 *fig* funkelnd, sprühend *(Witz etc)*
lambert ['læmbə(r)t] S PHYS Lambert *n (Einheit der Leuchtdichte)*
Lambeth (palace) ['læmbəθ] S 1 *der Amtssitz des Erzbischofs von Canterbury im Süden von London* 2 *fig* der Erzbischof von Canterbury *(als Vertreter der anglikanischen Kirche)*
lambkin ['læmkɪn] S 1 Lämmchen *n* 2 *fig* Häs-chen *n (Kosename)*
lamblike ADJ lammfromm, sanft (wie ein Lamm)
lambskin S 1 Lammfell *n* 2 Schafleder *n* 3 Lambskin *n (Lammfellimitation aus Plüsch)*
lamb's| lettuce S BOT Rapünzchen *n*, Feldsalat *m*; **~ tails** S PL BOT 1 *Br* Haselkätzchen *pl* 2 *US* Weidenkätzchen *pl*; **~ wool** S Lambswool *f*, Lammwolle *f*
lame[1] [leɪm] A ADJ (ADV ~ly) 1 a lahm: **~ in a leg** auf einem Bein lahm; **walk ~ly** hinken, *(Tier a.)* lahmen b gelähmt 2 *fig* lahm: a faul *(Ausrede etc)* b schwach *(Argument etc)* c matt, schwach *(Bemühungen etc)* 3 *fig* hinkend, holp(e)rig *(Vers)* 4 **be ~** *US sl* auf *od* hinter dem Mond leben B V/T lähmen *(a. fig)* C S *US sl j-d, der auf od hinter dem Mond lebt*
lame[2] [leɪm] S 1 HIST Schuppe *f (e-s Panzers)* 2 dünnes Metallplättchen
lamé ['lɑːmeɪ; *US* lɑː'meɪ; læ-] S Lamé *m (Gewebe mit Metallfäden)*
lame duck S *umg* 1 Körperbehinderte(r) *m/f(m)* 2 Niete *f umg pej*, Versager *m (Person od Sache)* 3 ruinierte(r) (Börsen)Spekulant(in) 4 POL *US nicht wiedergewählter Amtsinhaber, z. B. ein Kongressmitglied, bis zum Ablauf s-r Amtszeit*
lamella [lə'melə] *pl* -lae [-liː], -las S Lamelle *f*, (dünnes) Plättchen; **lamellar**, **lamellate** ['læmɪleɪt; -lət; lə'meleɪt; -lət], **lamellated** [-leɪtɪd] ADJ lamellen-, plättchenartig, Lamellen…
lameness S 1 a Lahmheit *f (a. fig)* b Lähmung *f* 2 *fig* Hinken *n*, Holp(e)rigkeit *f (von Versen)*
lament [lə'ment] A V/I 1 jammern, (weh)klagen, *pej* lamentieren **(for, over** um) 2 trauern **(for, over** um) B V/T beklagen: a bejammern, bedauern b betrauern: → late A 5 b C S 1 Jammer *m*, (Weh)Klage *f* 2 Klagelied *n*
lamentable ['læməntəbl; lə'men-] ADJ (ADV lamentably) 1 beklagenswert, bedauerlich 2 *pej* erbärmlich, kläglich
lamentation [ˌlæmen'teɪʃn; -mən-] S 1 (Weh)Klage *f* 2 *pej* Lamento *n*, Lamentieren *n* 3 **the ♀s (of Jeremiah)** *pl (als sg konstruiert)* BIBEL die Klagelieder *pl* Jeremiae
lamia ['leɪmɪə] *pl* -mias, -miae [-mɪiː] S MYTH Lamia *f (blutsaugendes Fabelwesen)*
lamina ['læmɪnə] *pl* -nae [-niː], -nas S 1 Plättchen *n*, Blättchen *n* 2 (dünne) Schicht 3 Überzug *m* 4 BOT Blattspreite *f* 5 ZOOL blattförmiges Organ
laminable ['læmɪnəbl] ADJ TECH streckbar, (aus)walzbar
laminal ['læmɪnl] → laminar
laminar ['læmɪnə(r)] ADJ TECH lamellenförmig, lamelliert; **~ flow** S PHYS laminare Strömung, Schichtenströmung *f*
laminate ['læmɪneɪt] TECH A V/T 1 laminieren: a (aus)walzen, strecken b schichten, schichtweise legen c mit Folie überziehen: **laminating sheet** Schichtfolie *f* 2 furnieren 3 lamellieren, in Blättchen aufspalten B V/I sich in Schichten *od* Plättchen spalten C S [-nət; -neɪt] (Plastik-, Verbund)Folie *f*, Schichtstoff *m*, Laminat *n* D ADJ [-nət; -neɪt] → laminated; **laminated** ADJ TECH 1 laminiert, geschichtet: **~ brush switch** ELEK Bürstenschalter *m*; **~ fabric** Hartgewebe *n*; **~ glass** Verbundglas *n*; **~ material** Schichtstoff *m*; **~ paper** Hartpapier *n*; **~ sheet** Schichtplatte *f*; **~ spring** Blattfeder *f*; **~ windscreen** *(US* windshield) AUTO Windschutzscheibe *f* aus Verbundglas; **~ wood** Schicht-, Pressholz *n* 2 furniert 3 lamelliert, geblättert; **lamination** S 1 TECH Laminierung *f*: a Streckung *f* b Schichtung *f* 2 TECH Lamellierung *f* 3 TECH Schicht *f*, (dünne) Lage 4 GEOL Lamination *f (plattenartige Absonderung durch gleitendes Fließen von Massen)*
Lammas ['læməs] S 1 REL Petri Kettenfeier *f* 2 *a.* **~ Day** *Br* HIST Erntefest *n* am 1. August
lammergeier, **lammergeyer** ['læmə(r)ˌgaɪə(r)] S ORN Lämmer-, Bartgeier *m*
lamp [læmp] S 1 Lampe *f*, *(Straßen)* Laterne *f*: **smell of the ~** *fig* a nach harter Arbeit riechen b mehr Fleiß als Talent verraten 2 ELEK Lampe *f*: a Glühbirne *f* b Leuchte *f*, Beleuchtungskörper *m*: **~ holder** Lampenfassung *f* 3 *fig* Leuchte *f*, Licht *n*: **pass** *(od* **hand) on the ~** *fig* die Fackel *(des Fortschritts etc)* weitergeben
lampas[1] ['læmpəs] S Lampas *m (schweres Damastgewebe als Möbel- od Dekorationsstoff)*
lampas[2] ['læmpəz] S VET Frosch *m (Gaumenschwellung bei Pferden)*
lamp|black S Lampenruß *m*, -schwarz *n*; **~ chimney** S Lampenzylinder *m*
lampern ['læmpə(r)n] S FISCH Flussneunauge *n*
lamp|light S Lampen-, Laternenlicht *n*: **by ~** bei Lampenlicht; **~lighter** S HIST Laternenanzünder *m*
lampoon [læm'puːn] A S Spott-, Schmähschrift *f*, (satirisches) Pamphlet B V/T *(schriftlich)* verspotten; **lampooner** S Verfasser(in) e-r Schmäh- *od* Spottschrift, Pamphletist(in); **lampoonery** [-ərɪ] S *(schriftliche)* Verspottung; **lampoonist** → lampooner
lamppost S Laternenpfahl *m*: → between A 2
lamprey ['læmprɪ] S FISCH Lamprete *f*, Neunauge *n*
lamp|shade S Lampenschirm *m*; **~ shell** S ZOOL *(ein)* Armfüßer *m*; **~ standard** S Laternenpfahl *m*
LAN ABK EDV local area network LAN *n*
lanate ['leɪneɪt] ADJ BIOL wollig, Woll…
Lancashire ['læŋkəʃə(r); -ˌʃɪə(r)] S Lancashire *n (Grafschaft im nordwestlichen England)*
Lancastrian [læŋ'kæstrɪən] A ADJ Lancaster… B S 1 Bewohner(in) der *(englischen)* Stadt Lancaster *od* der Grafschaft Lancashire 2 HIST Angehörige(r) *m/f(m) od* Anhänger(in) des Hauses Lancaster
lance [lɑːns; *US* læns] A S 1 Lanze *f*: **break a ~ with sb** *fig* mit j-m die Klingen kreuzen 2 Fischspeer *m* 3 → lancer 1 b 4 → lancet 1 B V/T 1 aufspießen, mit e-r Lanze durchbohren 2 MED mit e-r Lanzette öffnen: **~ a boil** ein Geschwür öffnen; **~ bucket** S MIL, HIST Lanzenschuh *m*; **~ corporal**, *umg* **~jack** S MIL Ober-, Hauptgefreite(r) *m*
lancelet ['lɑːnslɪt; *US* 'lænslət] S FISCH *(ein)* Lanzettfischchen *n*
lanceolate ['lɑːnsɪəleɪt; -lɪt; *US* 'læn-] ADJ *bes* BOT lanzettförmig
lancer ['lɑːnsə; *US* 'lænsər] S 1 MIL a HIST Lanzenträger *m* b HIST Ulan *m*, Lanzenreiter *m* c *Soldat e-s brit. Lancer-Regiments (jetzt leichte Panzerverbände)* 2 *pl (als sg konstruiert)* HIST Lancier *m*, Quadrille *f* à la cour *(e-e Form der Quadrille)*
lance| rest S MIL, HIST Stechtasche *f (zum Einlegen der Lanze)*; **~ sergeant** S MIL *Br* Gefreite(r) *m* in der Dienststellung e-s Unteroffiziers
lancet ['lɑːnsɪt; *US* 'lænsət] S 1 MED Lanzette *f* 2 ARCH a *a.* **~ arch** Spitzbogen *m* b *a.* **~ window** Spitzbogenfenster *n*; **lanceted** ADJ ARCH 1 spitzbogig *(Fenster)* 2 mit Spitzbogenfenstern
lancinate ['lɑːnsɪneɪt; *US* 'læn-] V/T durchbohren: **lancinating pain** MED lanzinierender Schmerz
Lancs. ABK Lancashire
land [lænd] A S 1 Land *n (Ggs Meer, Wasser, Luft)*: **by ~** zu Land(e), auf dem Landweg(e); **by ~ and sea** zu Wasser u. zu Lande; **see** *(od* **find out) how the ~ lies** *fig* a die Lage peilen *umg* b sich e-n Überblick verschaffen;

make ~ SCHIFF a Land sichten b das (Fest)Land erreichen 2 Land n, Boden m 3 Land n (Ggs Stadt): **back to the ~** zurück aufs Land 4 JUR a Land-, Grundbesitz m, Grund m u. Boden m b pl Ländereien pl, Güter pl 5 Land n, Staat m, Volk n, Nation f: **⁓ of Enchantment** US (Beiname für den Staat) New Mexico n; **⁓ of Opportunity** US (Beiname für den Staat) Arkansas n; **⁓ of Promise** → Promised Land 6 WIRTSCH natürliche Reichtümer pl (e-s Landes) 7 fig Land n, Gebiet n, Reich n: **the ~ of dreams** das Reich od Land der Träume; **the ~ of the living** das Diesseits; → milk A 1, nod C 2 8 Feld n (zwischen den Zügen des Gewehrlaufs) B V/I 1 FLUG landen, SCHIFF a. anlegen 2 oft **~ up** landen, (an)kommen: **~ in a ditch** in e-m Graben landen; **~ up in prison** im Gefängnis landen; **~ second** SPORT an zweiter Stelle landen 3 umg e-n Schlag od Treffer landen: **~ on sb** a bei j-m e-n Treffer landen b fig es j-m geben umg C V/T 1 Personen, Güter, ein Flugzeug landen: **~ goods** Güter ausladen (SCHIFF a. löschen) 2 e-n Fisch etc an Land ziehen 3 bes Fahrgäste absetzen: **the cab ~ed him at the station; he was ~ed in the mud** er landete im Schlamm 4 j-n bringen: **that will ~ you in prison; ~ o.s.** (od **be ~ed**) **in trouble** in Schwierigkeiten geraten od kommen; **~ sb in trouble** j-n in Schwierigkeiten bringen 5 **~ sb with sth, ~ sth onto sb** umg j-m etwas aufhalsen 6 umg e-n Schlag od Treffer landen, anbringen: **he ~ed him one** er knallte ihm e-e, er verpasste ihm eins od ein Ding 7 umg j-n, etwas kriegen, erwischen: **the police have ~ed the criminal; ~ a husband** sich e-n Mann angeln; **~ a prize** sich e-n Preis holen, e-n Preis ergattern 8 **~ sb sth** umg j-m etwas einbringen

land| agent S 1 Grundstücksmakler(in) 2 Br Gutsverwalter(in); **~ art** S Landart f (Kunstrichtung, in der die Landschaft zum Gestaltungsmaterial wird)

landau [ˈlæːndɔː] S bes HIST Landauer m (e-e Kutsche)

landaulet(te) [ˌlændɔːˈlet; US ˌlændlˈet] S bes HIST Landaulett n, Halblandauer m (e-e Kutsche)

land| bank S 1 Bodenkreditanstalt f, Hypothekenbank f 2 US (staatliche) Landwirtschaftsbank; **~-based** ADJ MIL landgestützt; **~ breeze** S Landwind m; **~ bridge** S GEOG Landbrücke f; **~ consolidation** S Flurbereinigung f; **~ development** S Erschließung f von Baugelände

landed [ˈlændɪd] ADJ Land…, Grund…: **the ~ gentry** koll der Landadel; **the ~ interest** koll die Grundbesitzer pl (als Klasse); **~ property** (od **estate**) Grundbesitz m, -eigentum n, Landbesitz m, Liegenschaften pl; **~ proprietor** Grundbesitzer m, -eigentümer m; → proprietary B 1, B 2

land|fall S 1 FLUG Sichten n von Land, SCHIFF a. Landfall m 2 FLUG Landen n, Landung f 3 Erdrutsch m; **~fill** S 1 a. **~ site** (mit Erdreich zugeschüttete u. planierte) Müllkippe 2 Erdreich n (zur Zuschüttung e-r Müllkippe); **~ forces** SPL MIL Landstreitkräfte pl; **~ freeze** S staatliches Verbot, Land zu verkaufen; **~-grabber** S j-d, der auf ungesetzliche Weise Land in Besitz nimmt; **~ grant** S US staatliche Landzuweisung; **~-grant university** S US durch staatliche (ursprünglich aus Land bestehende) Subventionen unterstützte Hochschule; **~grave** S HIST (deutscher) Landgraf; **~graviate** [-ˈɡreɪvɪət; -vɪeɪt] S Landgrafschaft f; **~gravine** [-ɡrəviːn] S Landgräfin f; **~holder** S bes US 1 Grundpächter(in) 2 Grundbesitzer(in), -eigentümer(in)

landing [ˈlændɪŋ] S 1 FLUG Landung f, Landen n, SCHIFF a. Anlegen n: **~ on the moon** Mondlandung; → forced 1 2 Landung f, Landen n (von Personen, Gütern, Flugzeugen), Ausladen n, SCHIFF a. Löschen n (von Gütern) 3 SCHIFF Lande-, Anlegeplatz m 4 Ausladestelle f 5 (Treppen)Absatz m 6 TECH a Gichtbühne f (e-s Hochofens) b Bergbau: Füllort m; **~ angle** S FLUG Ausrollwinkel m; **~ approach** S FLUG Landeanflug m; **~ barge** S SCHIFF, MIL (großes) Landungsfahrzeug; **~ beam** S FLUG Landeleitstrahl m; **~ clearance** S FLUG Landeerlaubnis f, -freigabe f; **~ craft** S irr SCHIFF, MIL Landungsboot n; **~ field** S FLUG Landeplatz m; **~ flap** S FLUG Landeklappe f; **~ force** S MIL Landungstruppe f, amphibischer Kampfverband; **~ gear** S FLUG Fahrgestell n, -werk n; **~ light** S FLUG 1 Lande-, Bordscheinwerfer m 2 Landefeuer n (am Flugplatz); **~ net** S Kescher m; **~ party** S MIL bes Br Landungstrupp m, -kommando n; **~ stage** S SCHIFF Landungsbrücke f, -steg m; **~ strip** → airstrip; **~ vehicle** S Raumfahrt: Landefähre f

land| jobber S Grundstücksspekulant(in); **~lady** [ˈlænˌleɪdɪ] S 1 (Haus-, Gast-, Pensions)Wirtin f 2 Grundeigentümerin f, -besitzerin f; **~ law** S JUR Grundstücksrecht n

ländler [ˈlentlə(r)] pl -ler, -lers S MUS Ländler m

landless ADJ ohne Grundbesitz, grundbesitzlos

land| line S 1 ELEK Überlandleitung f 2 TEL Festnetz n: **I'll call you later on the ~** ich rufe dich später im Festnetz an; **~locked** ADJ landumschlossen: **~ country** Binnenstaat m; **~ salmon** FISCH im Süßwasser verbleibender Lachs; **~loper** S Landstreicher(in); **~lord** [ˈlænlɔː(r)d] S 1 Grundeigentümer m, -besitzer m 2 (Haus-, Gast-, Pensions)Wirt m; **~lubber** S Landratte f umg; **~mark** S 1 Grenzstein m, -zeichen n 2 a SCHIFF Landmarke f, Seezeichen n b Gelände-, Orientierungspunkt m 3 Kennzeichen n: **anatomical ~** MED anatomischer Merkpunkt 4 Wahrzeichen n (e-r Stadt etc) 5 fig Mark-, Meilenstein m: **a ~ in history; ~mass** S Landmasse f; **~ mine** S MIL Landmine f

land| office S US Grundbuchamt n; **~-office business** S US umg Bombengeschäft n; **~owner** S Grundbesitzer(in), -eigentümer(in); **~owning** ADJ Grundbesitz(er)…; **~plane** S Landflugzeug n; **~ planning** S Raumordnung f; **~-poor** ADJ über unrentablen Grundbesitz verfügend; **~ power** S POL Landmacht f (Ggs Seemacht); **~ rail** S ORN Wiesenknarre f; **~ reform** S Bodenreform f; **~ register** S Br Grundbuch n; **~ registry** S Br Grundbuchamt n; **⁓ Rover®** S AUTO Landrover® m (ein Geländefahrzeug)

landscape [ˈlænskeɪp; ˈlænd-] A S 1 Landschaft f: → blot A 2 2 MAL a Landschaft(sbild) f(n) b Landschaftsmalerei f 3 → landscape mode, landscape format B V/T landschaftlich verschönern od gestalten: **~d interior** Wohnlandschaft f C V/I als Landschaftsgärtner(in) arbeiten; **~ architect** S Landschaftsarchitekt(in), -gestalter(in); **~ architecture** S Landschaftsgestaltung f; **~ format** S: **in ~** im Querformat; **~ gardener** S Landschaftsgärtner(in); **~ gardening** S Landschaftsgärtnerei f; **~ mode** S: **in ~** im Querformat; **~ painter** → landscapist

landscapist [ˈlænskeɪpɪst; ˈlænd-] S Landschaftsmaler(in)

land| shark S umg 1 j-d, der Matrosen an Land ausbeutet 2 Bodenspekulant(in); **~side** S öffentlich zugänglicher Teil e-s Flughafens

landsknecht [ˈlæntskəˌnekt] S MIL, HIST Landsknecht m

land|slide S 1 Erdrutsch m 2 a. **~ victory** (od **win**) a POL erdrutschartiger Sieg: **win in a ~, have a ~ victory** e-n erdrutschartigen Sieg erzielen b allg bes US überwältigender Sieg: **win sth by a ~** etwas haushoch gewinnen; **~slip** bes Br für landslide 1

landsman [ˈlændzmən] S irr Landratte f umg

land| surveyor S Landvermesser(in), Geometer(in); **~ swell** S SCHIFF Landschwell f, einlaufende Dünung; **~ tax** S HIST Grundsteuer f; **~ tie** S ARCH Mauerstütze f

land-to-land ADJ MIL Boden-Boden-…: **~ weapons**

land| tortoise S ZOOL Landschildkröte f; **~waiter** S Br Zollinspektor m, -inspektorin f, -beamte(r) m, -beamtin f

landward [ˈlændwə(r)d] A ADJ land(ein)wärts gelegen B ADV land(ein)wärts, (nach) dem Lande zu; **landwards** [-dz] → landward B

land yacht S Strandsegler m

lane [leɪn] S 1 (Feld)Weg m: **it is a long ~ that has no turning** (Sprichwort) alles muss sich einmal ändern 2 Gasse f: a Sträßchen n b Durchgang m (zwischen Menschenreihen etc): **form a ~** Spalier stehen, e-e Gasse bilden 3 Schneise f 4 a. **~ route** SCHIFF (Fahrt)Route f, Fahrrinne f 5 FLUG Flugschneise f 6 AUTO (Fahr)Spur f: **change ~s** die Spur wechseln; **get in ~** sich einordnen; **~ closures** gesperrte Spuren; **~ indication arrow** Richtungspfeil m; **three-~** dreispurig (Autobahn etc) 7 SPORT (einzelne) Bahn: **in ~ two** auf Bahn zwei; **~ assignment** (od **order**) Bahnverteilung f

lang. ABK language(s PL)

lang|lauf [ˈlɑːŋlaʊf] S Skisport: Langlauf m; **~läufer** [-ˌlɔɪfə(r)] pl -fer, -fers S Langläufer(in)

Langobard [ˈlæŋɡəʊbɑː(r)d; ˈlæŋɡəb-] → Lombard A 1

langouste [ˈlɒŋɡuːst; US lɑ̃ːŋˈɡuːst] S ZOOL Languste f

langrage, a. **langridge** [ˈlæŋɡrɪdʒ] S SCHIFF, HIST Kartätschengeschoss n

lang syne [ˌlæŋˈsaɪn] schott A ADV einst, in längst vergangener Zeit B S längst vergangene Zeit: → auld lang syne

language [ˈlæŋɡwɪdʒ] S 1 Sprache f: **~ of flowers** fig Blumensprache; **speak the same ~** dieselbe Sprache sprechen (a. fig); **talk sb's (kind of) ~** fig j-s Sprache sprechen; → gutter A 1 2 Sprache f, Rede-, Ausdrucksweise f, Worte pl: **~!** so etwas sagt man nicht!; **this is the only ~ he understands** das ist die einzige Sprache, die er versteht; → bad[1] A 5, strong A 7 3 Sprache f, Stil m 4 (Fach)Sprache f, Terminologie f: **medical ~** medizinische Fachsprache, Medizinersprache 5 a Sprachwissenschaft f b Sprachunterricht m; **~ arts** SPL SCHULE US Sprachunterricht m; **~ barrier** S Sprachbarriere f, -schranke f; **~ center**, bes Br **~ centre** S Sprachenzentrum n; **~ course** S Sprachkurs m

languaged ADJ 1 in Zusammensetzungen …sprachig: **many-~** vielsprachig 2 sprachkundig, -gewandt 3 formuliert: **his speech was well ~**

language| dispute S Sprachenstreit m; **~ guide** S Sprachführer m; **~ laboratory** S Sprachlabor n; **~ master** S SCHULE Br Sprachlehrer m; **~ mediator** S Sprachmittler(in); **~ mistress** S SCHULE Br Sprachlehrerin f; **~ research** S Sprachforschung f; **~ school** S Sprachenschule f; **~ teacher** S Sprachenlehrer(in); **~ teaching** S Spracherziehung f

langued [læŋd] ADJ Heraldik: mit herausgestreckter Zunge

langue de chat [ˌlɑ̃ːŋdəˈʃɑː] S Br Katzenzun-

L

ge *f (Schokolade)*
languet(te) ['læŋgwet] S 1 Zunge *f*, zungenähnlicher Gegenstand 2 Landzunge *f* 3 MUS Zunge *f (e-r Orgelpfeife)*
languid ['læŋgwɪd] ADJ (ADV ~ly) 1 schwach, matt 2 träge, schleppend 3 *fig* lau, interesselos 4 WIRTSCH flau, lustlos; **languidness** S 1 Schwachheit *f*, Mattigkeit *f* 2 Trägheit *f* 3 *fig* Lauheit *f*, Interesselosigkeit *f* 4 WIRTSCH Flauheit *f*, Lustlosigkeit *f*
languish ['læŋgwɪʃ] V/I 1 ermatten, erschlaffen 2 erlahmen *(Interesse, Konversation etc)* 3 (ver)schmachten, dahinsiechen: **~ in a dungeon** in e-m Kerker schmachten 4 daniederliegen *(Handel, Industrie etc)* 5 schmachtend *od* sehnsüchtig blicken 6 sich sehnen, schmachten *(beide:* **for** nach*)*; **languishing** ADJ (ADV ~ly) 1 ermattend, erschlaffend 2 erlahmend 3 (ver)schmachtend, dahinsiechend 4 daniederliegend 5 sehnsüchtig, schmachtend *(Blick)* 6 langsam (u. qualvoll) *(Tod)*: **a ~ illness** e-e schleichende Krankheit 7 → languid 3, 4
languor ['læŋgə(r)] S 1 → languidness 1, 2, 3 2 *meist pl* melancholische Sehnsucht (**for** nach) 3 a bedrückende *od* einschläfernde Stille b einschläfernde Schwüle; **languorous** ADJ (ADV ~ly) 1 → languid 1, 2, 3 2 melancholisch-sehnsuchtsvoll 3 a bedrückend *od* einschläfernd still b einschläfernd schwül
langur [læŋ'gʊə(r)] S ZOOL *(ein)* Schlankaffe *m*, *bes* Langur *m*
laniard → lanyard
laniary ['lænɪərɪ; *US* 'leɪnɪ,eri:; 'læn-] ZOOL A S Reißzahn *m* B ADJ Reiß...: **~ tooth**
laniferous [lə'nɪfərəs], **lanigerous** [lə'nɪdʒərəs] ADJ BIOL wollig, Woll...
lank [læŋk] ADJ (ADV ~ly) 1 hager, mager 2 glatt *(Haar)*
lankiness ['læŋkɪnɪs] S Schlaksigkeit *f*
lankness S Hagerkeit *f*, Magerkeit *f*
lanky ADJ (ADV lankily) schlaksig, hoch aufgeschossen
lanner ['lænə(r)] S ORN *(bes* weiblicher*)* Feldeggsfalke; **lanneret** [-ret] S männlicher Feldeggsfalke
lanolin(e) ['lænəʊli:n; *US* 'lænlən] S CHEM Lanolin *n*, Wollfett *n*
lanose ['leɪnəʊs; -z] → lanate
lansquenet ['lænskə,net] S MIL, HIST Landsknecht *m*
lantern ['læntə(r)n] S 1 Laterne *f* 2 HIST Laterna *f* magica *(ein einfacher Projektionsapparat)* 3 SCHIFF Leuchtkammer *f (e-s Leuchtturms)* 4 ARCH Laterne *f* 5 TECH a → lantern pinion b *Gießerei:* Kernskelett *n* 6 *fig* Leuchte *f*: **he was a ~ of science**; **~-jawed** ADJ hohlwangig; **~ jaws** SPL eingefallene *od* hohle Wangen *pl*; **~ light** S 1 Laternenlicht *n* 2 durchscheinende Scheibe *(e-r Laterne)* 3 ARCH Oberlichtfenster *n*; **~ pinion** S TECH Drehling *m*, Stockgetriebe *n*; **~ slide** S FOTO, HIST Dia(positiv) *n*, Lichtbild *n*
lanthanide ['lænθənaɪd] S CHEM Lanthanoid *n*, Lanthanid *n*: **~ series** Lanthanoidenreihe *f*, -gruppe *f*
lanthanum ['lænθənəm] S CHEM Lanthan *n*
lanugo [lə'nju:gəʊ; *US a.* -'nu:-] S Lanugo *f*: a ZOOL Wollhaar *n* b ANAT Flaum *m*, Wollhaar *n*
lanyard ['lænjə(r)d] S 1 SCHIFF Taljereep *n* 2 MIL Abzugsleine *f (e-r Kanone)* 3 *(um den Hals getragene)* Kordel *(an der ein Messer, e-e Pfeife etc befestigt ist)*
Lao [laʊ] A S 1 *pl* Laos, *bes koll* Lao → Laotian A 1 2 → Laotian A 2 B ADJ → Laotian B
laodicean [,leɪəʊdɪ'sɪən; *US* leɪ,ɑdə'si:ən] *bes* REL A ADJ lau, halbherzig B S lauer *od* halbherziger Mensch
Laois, **Laoighis** [li:ʃ; *US a.* leɪʃ] S Laoighis *n (Grafschaft in Mittelirland)*
Laos ['lɑ:ɒs; 'laʊs; *US a.* 'leɪ,ɑs] S Laos *n*
Laotian ['laʊʃn; *bes US* leɪ'əʊʃn] A S 1 Laote *m*, Laotin *f* 2 LING Laotisch *n*, das Laotische B ADJ laotisch
Lao-tse, **Lao-tze** [,lɑ:əʊ'tseɪ; -'tsi:; ,laʊ-; *US* ,laʊd'zʌ], **Lao-tzu** [,lɑ:əʊ'tsu:; *US* ,laʊd'zʌ] Lao-tse *m (604?-531? v.Chr.; Chinesischer Philosoph)*
lap[1] [læp] S 1 Schoß *m (e-s Kleides od des Körpers; a. fig)*: **sit on sb's ~; in the ~ of the Church; be in the ~ of the gods** im Schoß der Götter liegen; **drop** *(od* **fall)** **into sb's ~** j-m in den Schoß fallen; **live in the ~ of luxury** ein Luxusleben führen, wie die Made im Speck leben *umg* 2 *(Kleider- etc)* Zipfel *m* 3 ANAT *(Ohr)* Läppchen *n*
lap[2] [læp] A V/T 1 wickeln, falten *(beide:* **about, [a]round** um*)* 2 einhüllen, -schlagen, -wickeln *(alle:* **in** in *akk)*: **~ped insulation** Bandisolierung *f* 3 *fig* einhüllen, umhüllen: **be ~ped in luxury** von Luxus umgeben sein 4 *fig* hegen, pflegen 5 a sich überlappend legen über *(akk)* b *Dachziegel etc* überlappt anordnen 6 hinausragen über *(akk)* 7 *Zimmerei:* überlappen 8 polieren, schleifen 9 SPORT a *e-n Gegner* überrunden b *e-e Strecke* zurücklegen: **~ the course in 6 minutes** B V/I 1 sich winden, sich legen *(beide:* **about, [a]round** um*)* 2 überstehen, hinausragen (**over** über *akk*) 3 sich überlappen 4 SPORT die Runde zurücklegen: **he ~ped in less than 60 seconds** C S 1 (einzelne) Windung, Lage *f*, Wick(e)lung *f (e-r Spule etc)* 2 Überlappung *f* 3 übergreifende Kante, überstehender Teil, *bes* a Vorstoß *m* b *Buchbinderei:* Falz *m* 4 Überlappungsbreite *f od* -länge *f* 5 TECH Polier-, Schleifscheibe *f* 6 TECH a überwalzte Naht b Falte *f (Oberflächenfehler)* 7 SPORT Runde *f*: **~ of hono(u)r** Ehrenrunde; **two ~s** *pl (Leichtathletik) umg* 800-m-Lauf *m od* -Strecke *f*; **be on the last ~** a in der letzten Runde sein b *fig* kurz vor dem Ziel stehen 8 Abschnitt *m*, Etappe *f (beide a. fig)*
lap[3] [læp] A V/T 1 plätschern(d schlagen) gegen *od* an *(akk)* 2 lecken, schlecken: **~ up** a auflecken, -schlecken b *umg* fressen, schlucken *(kritiklos glauben)* c *umg Komplimente etc* gierig aufnehmen, *etwas* liebend gern hören; **she ~ped it up** es ging ihr runter wie Öl B V/I plätschern: **~ against** → A 1 C S 1 Lecken *n*, Schlecken *n*: **take a ~ at** lecken *od* schlecken an *(dat)* 2 Plätschern *n* 3 *umg* labb(e)riges Zeug
laparocele ['læpərəʊsi:l] S MED Laparozele *f*, Eingeweide-, Bauch(wand)bruch *m*
laparoscope ['læpərəʊskəʊp] S MED Laparoskop *n (Spezialendoskop zur Untersuchung der Bauchhöhle)*; **laparoscopy** [-'rɒskəpɪ; *US* -'rɑ-] S Laparoskopie *f (Untersuchung mit e-m Laparoskop)*
laparotomy [,læpə'rɒtəmɪ; *US* -'rɑ-] S MED Laparotomie *f*, Bauchschnitt *m*
lap| belt S FLUG, AUTO Beckengurt *m*; **~board** S Schoßbrett *n*; **~ dissolve** S FILM, TV (Bild)Überblendung *f*, Durchblendung *f*; **~ dog** S 1 Schoßhund *m*, Schoßhündchen *n* 2 *pej* Schoßkind *n (Liebling)*
lapel [lə'pel] S Aufschlag *m*, Revers *n/m*: **~ badge** Ansteckabzeichen *n*; **~ microphone** Ansteck-, Knopflochmikrofon *n*
lap-fade V/T FILM, TV *ein Bild* überblenden
lapidary ['læpɪdərɪ; *US* -pə,deri:] A S 1 Steinschneider *m* 2 Steinschneidekunst *f* B ADJ 1 Steinschneide...: **~ art** 2 in Stein gehauen: **a ~ inscription** 3 *fig* lapidar: **~ style** Lapidarstil *m*
lapidate ['læpɪdeɪt] V/T steinigen; **lapidation** S Steinigung *f*
lapis lazuli [,læpɪs'læzjʊlaɪ; *US* -zəli:] S 1 MINER Lapislazuli *m*, Lasur-, Azurstein *m* 2 *a.* **~ blue** Lapis-, Lasur-, Azurblau *n*
lap| joint S TECH Überlappung(sverbindung) *f*; **~-jointed** ADJ sich überlappend
Laplace| equation [lə'plɑ:s; lə'plæs] S MATH laplacesche Differentialgleichung; **~ operator** S Laplace-Operator *m*; **~ transform** S Laplace-Transformation *f*
Lapland ['læplænd] S Lappland *n*
Laplander ['læplændə(r)] → Lapp A 1
Lapp [læp] A S 1 Lappe *m*, Lappin *f*, Lappländer(in) 2 LING Lappisch *n*, das Lappische B ADJ lappisch
lappet ['læpɪt] S 1 Zipfel *m* 2 *(Rock)* Schoß *m* 3 ANAT *(Fleisch-, Haut)* Lappen *m*
Lappish ['læpɪʃ] → Lapp A 2, B
lap| riveting S TECH Überlappungsnietung *f*; **~ robe** S *US* Reisedecke *f*; **~ scorer** S SPORT Rundenzähler(in)
lapse [læps] A S 1 Lapsus *m*, Versehen *n*, (kleiner) Fehler *od* Irrtum: **~ of concentration** momentane Konzentrationsschwäche; **~ of the pen** Schreibfehler; **~ of justice** Justizirrtum; **~ of taste** Geschmacksverirrung *f* 2 Vergehen *n*, Entgleisung *f*, Fehltritt *m*, Sünde *f*: **~ from duty** Pflichtversäumnis *n*; **~ from faith** Abfall *m* vom Glauben; **moral ~, ~ from virtue** moralische Entgleisung *od* Verfehlung; **~ into heresy** Verfallen *n* in Ketzerei 3 a Ab-, Verlauf *m*, Vergehen *n (der Zeit)* b *(Frist)* Ablauf *m* c Zeitspanne *f* 4 JUR a Verfall *m*, Erlöschen *n (von Rechten etc)* b Heimfall *m (von Erbteilen etc)* 5 Verfall *m*, Absinken *n*, Niedergang *m* 6 Aufhören *n*, Verschwinden *n*, Aussterben *n* 7 *a.* **~ rate** METEO vertikaler (Temperatur)Gradient B V/I 1 a vergehen, -streichen *(Zeit)* b ablaufen *(Frist)* 2 verfallen, versinken *(beide:* **into** in *akk)*: **~ into silence** 3 absinken, abgleiten, verfallen *(alle:* **into** in *akk)*: **~ into barbarism** 4 (moralisch) entgleisen, e-n Fehltritt tun, sündigen 5 abfallen (**from faith** vom Glauben) 6 **~ from duty** s-e Pflicht versäumen 7 a aufhören, einschlafen *(Beziehungen, Unterhaltung etc)* b nachlassen *(Konzentration etc)* 8 verschwinden, aussterben 9 JUR a verfallen, erlöschen *(Anspruch, Recht etc)* b heimfallen (**to** an *akk*)
lap|strake, **~streak** SCHIFF A ADJ klinkergebaut B S klinkergebautes Boot
lapsus ['læpsəs] *pl* -sus S → lapse A 1
lap| time S SPORT Rundenzeit *f*; **~top** S Laptop *m (kleiner, tragbarer Personal Computer)*
Laputan [lə'pju:tən] ADJ fantastisch, absurd
lap|-weld V/T TECH überlappt schweißen; **~ weld** S TECH Überlapptschweißung *f*; **~ winding** S ELEK Schleifenwicklung *f*; **~wing** S ORN Kiebitz *m*
larboard ['lɑ:(r)bə(r)d] SCHIFF *obs* A S Backbord *n* B ADJ Backbord...
larcener ['lɑ:(r)sənə(r)], **larcenist** [-nɪst] S Dieb(in); **larcenous** ADJ 1 diebisch 2 Diebstahls...; **larceny** [-nɪ] S JUR Diebstahl *m*
larch [lɑ:(r)tʃ] S 1 BOT Lärche *f* 2 Lärche(nholz) *f(n)*
lard [lɑ:(r)d] A S Schweinefett *n*, -schmalz *n*: **~ oil** Schmalzöl *n* B V/T 1 einfetten 2 *Fleisch* spicken: **~ing needle** *(od* **pin)** Spicknadel *f* 3 *fig* spicken, (aus)schmücken *(beide:* **with** mit*)*
larder ['lɑ:(r)də(r)] S 1 Speisekammer *f* 2 Speiseschrank *m*
lardon ['lɑ:(r)dən], **lardoon** [-'du:n] S Speckstreifen *m (zum Spicken)*
lard pig S Fettschwein *n*
lardy cake S *Br Hefekuchen mit Korinthen, Ingwer, Zimt u. Muskat*
lardy-dardy [,lɑ:(r)dɪ'dɑ:(r)dɪ] ADJ *bes Br umg* affektiert, affig

lares ['leəri:z; 'lɑ:reɪz] SPL *Antike:* Laren *pl* (*Schutzgötter von Haus u. Familie*): **~ and penates** a Laren u. Penaten *pl* b *fig* Penaten *pl*, Haus *n* u. Herd *m*

large [lɑ:(r)dʒ] A ADJ (ADV → largely) 1 groß (*Fels, Haus etc*): **(as) ~ as life** in voller Lebensgröße; **~r than life** überlebensgroß; **~ of limb** schwerglied(e)rig 2 groß (*beträchtlich*): **a ~ business (income, sum,** *etc*); **a ~ family** *a.* e-e kinderreiche Familie; **a ~ meal** e-e ausgiebige *od* reichliche Mahlzeit; **a ~ telephone bill** e-e hohe Telefonrechnung 3 umfassend, weitgehend, ausgedehnt: **~ discretion** weitgehende Ermessensfreiheit; **~ powers** umfassende Vollmachten 4 Groß...: **~ consumer (farmer,** *etc*); **~ producer** Großerzeuger(in) 5 *umg* großspurig 6 großzügig, -mütig (*obs außer in Verbindungen wie*): **a ~ attitude** e-e vorurteilsfreie Einstellung; **have a ~ heart** großherzig sein; **~ tolerance** große Toleranz; **~ views** weitherzige Ansichten B S 1 **at ~** a in Freiheit, auf freiem Fuße: **set at ~** auf freien Fuß setzen a frei, ungebunden b (sehr) ausführlich: **discuss sth at ~** c ganz allgemein, nicht präzise d in der Gesamtheit: **the nation at ~** die Nation in ihrer Gesamtheit, die ganze Nation; **the world at ~** die Weltöffentlichkeit, a POL US e-n gesamten Staat *etc* vertretend (*u. nicht nur e-n bestimmten Wahlbezirk*) b planlos, aufs Geratewohl: **talk at ~** ins Blaue hineinreden 2 **in (the) ~** a im Großen, in großem Maßstab b im Ganzen C ADV 1 (sehr) groß: **write ~** 2 *umg* großspurig: **talk ~** große Töne spucken *umg*

large| calorie S CHEM, PHYS Kilokalorie *f*; **~-format screen** S COMPUT Großbildschirm *m*; **~-handed** ADJ *fig* freigebig; **~-handedness** S *fig* Freigebigkeit *f*; **~-hearted** ADJ *fig* großherzig; **~-heartedness** S *fig* Großherzigkeit *f*

largely ADV 1 in hohem Maße, großen-, größtenteils 2 weitgehend, in großem Umfang, im Wesentlichen 3 reichlich 4 allgemein

large|-minded ADJ (ADV ~ly) vorurteilslos, aufgeschlossen, tolerant; **~-mindedness** S Vorurteilslosigkeit *f*, Aufgeschlossenheit *f*, Toleranz *f*

largeness S 1 Größe *f* 2 Ausgedehntheit *f* 3 *umg* Großspurigkeit *f*

larger-than-life ADJ 1 überlebensgroß 2 *fig* a legendär b heldenhaft, heroisch

large-scale ADJ 1 groß (angelegt), umfangreich, ausgedehnt, Groß..., Massen...: **~ attack** Großangriff *m*; **~ experiment** Großversuch *m*; **~ production** Massenproduktion *f*; **~ technology** Großtechnik *f* 2 in großem Maßstab (gezeichnet *etc*) (*Landkarte etc*)

largess(e) [lɑ:(r)'dʒes; -'ʒes] S 1 Großzügigkeit *f*, Freigebigkeit *f* 2 großzügige Gabe

larghetto [lɑ:(r)'getəʊ] MUS A ADJ & ADV larghetto, ziemlich langsam B *pl* -tos S Larghetto *n*

largish ['lɑ:(r)dʒɪʃ] ADJ ziemlich groß

largo ['lɑ:(r)gəʊ] MUS A ADJ & ADV largo, breit, sehr langsam B *pl* -gos S Largo *n*

lariat ['lærɪət] S *bes US* Lasso *n/m*

larithmics [lə'rɪðmɪks; lə'rɪθ-] SPL (*als sg konstruiert*) Bevölkerungsstatistik *f*

lark¹ [lɑ:(r)k] S ORN Lerche *f*: **rise** (*od* **be up**) **with the ~** mit den Hühnern aufstehen

lark² [lɑ:(r)k] *umg* A S Jux *m*, Ulk *m*, Spaß *m*: **for a ~** zum Spaß, aus Jux; **what a ~!** das ist (ja) zum Brüllen! *umg* B V/I *meist* **~ about** (*od* **around**) Blödsinn machen, herumalbern

larking ADJ (ADV ~ly) → larksome

larksome ['lɑ:(r)ksəm] ADJ *umg* ausgelassen, übermütig, vergnügt

larkspur ['lɑ:kspɜ:; *US* 'lɑrk,spɜr] S BOT Rittersporn *m*

larmoyant [lɑ:'mɔɪənt] ADJ (ADV ~ly) larmoyant, sentimental-weinerlich

larn [lɑ:(r)n] V/T *umg* 1 *hum* lernen 2 **that'll ~ you!** a das wird dir e-e Lehre sein! b das kommt davon!

larnax ['lɑ:(r)næks] *pl* -nakes [-nəki:z] S *Archäologie*: Larnax *f* (*Tonsarkophag der ägäischen Kultur*)

larrikin ['lærɪkɪn] S *Aus umg* Rowdy *m*

larrup ['lærəp] V/T *umg* verdreschen, vermöbeln

Larry ['lærɪ] EIGENN: **(as) happy as ~** glücklich u. zufrieden, rundum glücklich

larva ['lɑ:(r)və] *pl* -vae [-vi:] S ZOOL Larve *f*; **larval** [-vl] ADJ 1 ZOOL larval, Larven... 2 MED larviert, versteckt 3 *fig* a unterentwickelt (*Gesellschaft etc*) b aufkeimend (*Hoffnungen*); **larvate** [-veɪt] ADJ 1 maskiert, versteckt 2 → larval 2; **larvicide** [-vɪsaɪd] S Larvenvertilgungsmittel *n*; **larviform** [-vɪfɔ:(r)m] ADJ ZOOL larvenförmig

laryngal [lə'rɪŋgl] A ADJ → laryngeal A 2 B S → laryngeal B; **laryngeal** [,lærɪn'dʒi:əl; lə'rɪndʒɪəl] A ADJ (ADV ~ly) 1 ANAT, MED laryngeal, Kehlkopf...: **~ cancer**; **~ mirror** 2 LING laryngal, Kehlkopf...: **~ articulation** B S LING Laryngal(laut) *m*, Kehlkopflaut *m*; **larynges** [lə'rɪndʒi:z] *pl von* larynx; **laryngismus** [,lærɪn'dʒɪzməs] S MED Laryngismus *m*, Stimmritzenkrampf *m*; **laryngitis** [-'dʒaɪtɪs] S MED Laryngitis *f*, Kehlkopfentzündung *f*

laryngologist [,lærɪŋ'gɒlədʒɪst; *US* ,lærən'gɑ-] S MED Laryngologe *m*, Laryngologin *f*; **laryngology** S Laryngologie *f* (*Lehre vom Kehlkopf u. s-n Erkrankungen*)

laryngopharyngeal [lə'rɪŋgəʊ,færɪn'dʒi:əl; lə,rɪŋgəʊfə'rɪndʒɪəl] ADJ ANAT, MED laryngopharyngeal (*Kehlkopf u. Rachen betreffend*)

laryngoscope [lə'rɪŋgəskəʊp] S MED Laryngoskop *n*, Kehlkopfspiegel *m*; **laryngoscopy** [,lærɪŋ'gɒskəpɪ; *US* ,lærən'gɑ-] S Laryngoskopie *f*, Kehlkopfspiegelung *f*

laryngotomy [,lærɪŋ'gɒtəmɪ; *US* ,lærən'gɑ-] S MED Laryngotomie *f*, Kehlkopfschnitt *m*

larynx ['lærɪŋks] *pl* larynges [lə'rɪndʒi:z] *od* **larynxes** S ANAT Larynx *m*, Kehlkopf *m*

lasagna [lə'zænjə] S, **lasagne** [-jə] SPL (*als sg konstruiert*) GASTR Lasagne *pl* (*ein Nudelgericht*)

lascar ['læskə(r)] S SCHIFF Laskar *m* (*ostindischer Matrose*)

lascivious [lə'sɪvɪəs] ADJ (ADV ~ly) 1 geil, lüstern 2 lasziv, schlüpfrig; **lasciviousness** S 1 Geilheit *f*, Lüsternheit *f* 2 Laszivität *f*, Schlüpfrigkeit *f*

lase [leɪz] V/I PHYS Laserstrahlen aussenden

laser ['leɪzə(r)] S ABK light amplification by stimulated emission of radiation PHYS Laser *m*; **~ beam** S PHYS Laserstrahl *m*; **~ fusion** S *Kernphysik*: Laserfusion *f*; **~ gunsight** S Laserzielgerät *n* (*am Gewehr*); **~ medicine** S Lasermedizin *f*; **~ printer** S COMPUT Laserdrucker *m*; **~ surgery** S MED Laserchirurgie *f*; **~ weapon** S MIL Laserwaffe *f*

lash¹ [læʃ] A S 1 Peitschenschnur *f* 2 Peitschenhieb *m*: **have a ~ at sth** *Aus umg* etwas probieren *od* versuchen 3 **the ~** die Prügelstrafe 4 *fig* a **(at)** (Peitschen)Hieb *m* (gegen), Geißelung *f* (*gen*) b Schärfe *f*: **the ~ of her tongue** ihre scharfe Zunge; **the ~ of his criticism** s-e beißende Kritik 5 Peitschen *n* (*a. fig*): **the ~ of the lion's tail**; **the ~ of the rain** 6 *fig* Aufpeitschen *n*: **the ~ of public opinion** 7 (Augen)Wimper *f* B V/T 1 (aus)peitschen 2 *fig* a peitschen: **the storm ~es the sea** b peitschen(d schlagen) an (*akk*) *od* gegen: **the waves ~ the rocks** 3 peitschen mit: **~ its tail** mit dem Schwanz um sich schlagen 4 *fig* aufpeitschen (**into** zu): **~ o.s. into a fury** sich in Wut hineinsteigern 5 *fig* geißeln, vom Leder ziehen gegen 6 **~ out** *umg etwas* springen lassen, spendieren C V/I 1 peitschen(d schlagen) (**against** an *akk*, gegen): **~ down** niederprasseln (*Regen, Hagel*) 2 schlagen (**at** nach): **~ about** (*od* **around**) (wild) um sich schlagen; **~ back** zurückschlagen; **~ into** a einschlagen auf (*akk*) b *fig j-n* zusammenstauchen; **~ out** a (wild) um sich schlagen b ausschlagen (*Pferd*); **~ out at** a einschlagen auf (*akk*) b *a.* **~ out against** *fig* geißeln (*akk*), vom Leder ziehen gegen; **~ out in all directions** *fig* zu e-m Rund(um)schlag ausholen 3 **~ out** *umg* sich in Unkosten stürzen, viel Geld ausgeben (*beide:* **on** für)

lash² [læʃ] V/T 1 *a.* **~ down** binden (**to, on** an *akk*), festbinden (**to, on** an *dat*) 2 SCHIFF (fest)zurren

lashing¹ S 1 Peitschen *n* 2 Auspeitschung *f* 3 *fig* Geißelung *f* 4 *pl bes Br umg* e-e Unmenge (**of** von, an *dat*): **there were ~s of** (*od* **to**) **drink** es gab jede Menge zu trinken

lashing² S 1 Festbinden *n* 2 Strick *m*, Schnur *f*, Seil *n* 3 SCHIFF Lasching *f*, Tau *n*

lashless ADJ wimpernlos

lass [læs] S 1 Mädchen *n* 2 Freundin *f*: **his ~**

Lassa fever ['lɑsə] S MED Lassafieber *n*

lassie ['læsɪ] → lass

lassitude ['læsɪtju:d; *US bes* -,tu:d] S Mattigkeit *f*, Abgespanntheit *f*

lasso [læ'su:; 'læsəʊ] A *pl* -sos, -soes S Lasso *n/m* (*a. Eis-, Rollkunstlauf*) B V/T mit e-m Lasso (ein)fangen

last¹ [lɑ:st; *US* læst] A ADJ (ADV → lastly) 1 letzt(er, e, es): **the ~ two** die beiden Letzten; **~ but one** vorletzt(er, e, es); **~ but two** drittletzt(er, e, es); **for the ~ time** zum letzten Mal; **to the ~ man** bis auf den letzten Mann; **the ~ Day** REL der Jüngste Tag; **~ Frontier** *US* (*Beiname für den Staat*) Alaska *n*; **~ letter** Abschiedsbrief *m*; **~ name** *bes US* Familien-, Nach-, Zuname *m*; **~ number recall** (*od* **redial**) TEL Wahlwiederholung *f*; **~ rites** REL Sterbesakramente; **~ thing** als Letztes (*bes vor dem Schlafengehen*); **be ~** SPORT *etc* an letzter Stelle liegen; → home A 4, honor B 2, judgment 6 b, *etc* 2 letzt(er, e, es), vorig(er, e, es): **~ Monday, Monday ~** (am) letzten *od* vorigen Montag; **~ night** a gestern Abend b in der vergangenen Nacht, letzte Nacht; **~ week** in der letzten *od* vorigen Woche, letzte *od* vorige Woche 3 neuest(er, e, es), letzt(er, e, es): **the ~ news**; **the ~ thing in jazz** das Neueste im Jazz; → word *Bes Redew* 4 letzt(er, e, es) (*allein übrig bleibend*): **my ~ hope (pound,** *etc*) 5 letzt(er, e, es), endgültig, entscheidend: → word *Bes Redew* 6 äußerst(er, e, es): **the ~ degree** der höchste Grad; **of the ~ importance** von höchster Bedeutung; **my ~ price** mein äußerster *od* niedrigster Preis 7 letzt(er, e, es) (*am wenigsten erwartet od geeignet*): **the ~ man I would choose** der Letzte, den ich wählen würde; **he was the ~ person I expected to see** mit ihm *od* mit s-r Gegenwart hatte ich am wenigsten gerechnet; **the ~ thing I would do** das Letzte, was ich tun würde; **this is the ~ thing to happen** es ist sehr unwahrscheinlich, dass das geschieht 8 letzt(er, e, es), miserabelst(er, e, es), scheußlichst(er, e, es): **the ~ form of vice** B ADV 1 zuletzt, als Letzt(er, e, es), an letzter Stelle: **he came ~** er kam als Letzter; **~ but not least** last, (but) not least; nicht zuletzt; nicht zu vergessen; **~ of all** zuallerletzt, ganz zuletzt 2 zuletzt, zum letzten Mal: **I ~ met her in Berlin** 3 schließlich, zu guter Letzt 4 letzt...: **~-mentioned** letztgenannt, -erwähnt C S 1 (*der, die, das*) Letzte: **the ~ to arrive**

der Letzte, der ankam; **he was the ~ to come** er kam als Letzter; **he would be the ~ to say such a thing** er wäre der Letzte, der so etwas sagen würde 2 *(der, die, das)* Letzte *od* Letztgenannte 3 *umg kurz für* **last baby, last letter** *etc*: **I wrote in my ~** ich schrieb in m-m letzten Brief; **this is our ~** das ist unser Jüngstes 4 *umg* a letzte Erwähnung b letztmaliger Anblick c letztes Mal: → *Bes Redew* 5 Ende *n*: a Schluss *m* b Tod *m*: → *Bes Redew*
Besondere Redewendungen: **at ~** a endlich b schließlich, zuletzt; **at long ~** schließlich (doch noch), nach langem Warten; **to the ~** a bis zum Äußersten b bis zum Ende *od* Schluss c bis zum Tod; **breathe one's ~** s-n letzten Atemzug tun, sein Leben aushauchen; **hear the ~ of** a zum letzten Male hören von b nichts mehr hören von; **we've seen the ~ of him** den sehen wir nie mehr wieder; **we'll never see the ~ of that guy** den Kerl werden wir nie mehr los

last² [lɑːst; *US* læst] A *V/I* 1 (an-, fort)dauern: **too good to ~** zu schön, um lange zu währen 2 bestehen: **as long as the world ~s** 3 *a.* **~ out** durch-, aus-, standhalten, sich halten: **he won't ~ much longer** er wird es nicht mehr lange machen *(a. Kranker)*; **he didn't ~ long in that job** er hat es in dieser Stelle nicht lange ausgehalten 4 (sich) halten: **the paint will ~** die Farbe wird halten; **the book will ~** das Buch wird sich (lange) halten; **~ well** haltbar sein 5 *a.* **~ out** (aus)reichen, genügen: **while the money ~s** solange das Geld reicht; **while stocks ~** solange der Vorrat reicht; **we must make our supplies ~** wir müssen mit unseren Vorräten auskommen B *V/T* 1 *j-m* reichen: **it will ~ us a week** damit kommen wir e-e Woche aus 2 *meist* **~ out** a überdauern, -leben b (es mindestens) ebenso lange aushalten wie

last³ [lɑːst; *US* læst] *S* Leisten *m*: **put shoes on the ~** Schuhe über den Leisten schlagen; **stick to one's ~** *fig* bei s-m Leisten bleiben

last⁴ [lɑːst; *US* læst] *S* Last *f (Gewicht od Hohlmaß, verschieden nach Ware u. Ort, meist etwa 4000 englische Pfund od 30 hl)*

last|-ditch *ADJ* 1 allerletzt(er, e, es): **a ~ attempt** ein letzter verzweifelter Versuch 2 bis zum Äußersten *(Kampf)*; **~-ditcher** *S j-d, der bereit ist, bis zum Äußersten zu kämpfen*

lasting A *ADJ* (*ADV* ~ly) 1 dauerhaft: a (an)dauernd, anhaltend, beständig: **~ peace** dauerhafter Friede; **~ effect** anhaltende Wirkung; **~ memories** bleibende Erinnerungen; **have ~ value** von bleibendem Wert sein b haltbar 2 nachhaltig *(Eindruck etc)* B *S* Lasting *n (festes Kammgarn, bes für Möbel, Schuhe etc)*; **lastingness** *S* 1 Dauerhaftigkeit *f*: a Beständigkeit *f* b Haltbarkeit *f* 2 Nachhaltigkeit *f*

lastly *ADV* zuletzt, zum Schluss

last-minute *ADJ* in letzter Minute *(Änderungen etc)*

Las Vegas night [ˌlæsˈveɪgəs; ˌlɑːs-] *S US Wohltätigkeitsveranstaltung mit Glücksspielen*

lat.¹ *ABK* GEOG latitude Br

Lat.² *ABK* Latin Lat.

latch [lætʃ] A *S* 1 Schnäpper *m*, Schnappriegel *m*: **on the ~** (nur) eingeklinkt *(Tür)*; **off the ~** angelehnt *(Tür)* 2 Druck-, Schnappschloss *n* 3 IT Signalspeicher *m* B *V/T* ein-, zuklinken C *V/I* 1 (sich) einklinken, einschnappen 2 **~ on to** *(od* **onto)** *umg* a festhalten *(akk)*, sich festhalten *od* (-)klammern an *(dat)* b sich anschließen *(dat)* c sich an *j-n* hängen *umg* 3 **~ on** *umg* kapieren: **~ on to** *(od* **onto) sth** etwas kapieren; **~ bolt** *S* Falle *f (e-s Schnappschlosses)*; **~key** *S* 1 Schlüssel *m (für ein Schnappschloss)* 2 Haus-, Wohnungsschlüssel *m*: **~ child** *(umg* **kid)** Schlüsselkind *n*

late [leɪt] A *ADJ* (*ADV* → lately) 1 spät: **at a ~ hour** spät *(a. fig)*, zu später Stunde; **keep ~ hours** spät aufstehen u. spät zu Bett gehen; **~ fruits** *pl* Spätobst *n*; **~ riser** Spätaufsteher(in), Langschläfer(in); **~ shift** WIRTSCH Spätschicht *f*, -dienst *m*; **be on ~ shift** Spätschicht *od* -dienst haben; **it's getting ~** es ist schon spät; **I had a ~ night** ich bin erst spät ins Bett gekommen; → developer 3 2 vorgerückt, spät..., Spät...: **~ summer** Spätsommer *m*; **♀ Latin** Spätlatein *n*; **the ~ 18th century** das späte 18. Jh.; **~ work** Spätwerk *n (e-s Künstlers)*; **she is (a woman) in her ~ sixties** sie ist hoch in den Sechzigern, sie ist e-e Endsechzigerin 3 verspätet, zu spät: **be ~** a zu spät kommen, sich verspäten, spät dran sein b Verspätung haben *(Zug etc)* c im Rückstand sein; **be ~ for dinner** zu spät zum Essen kommen; **be 10 minutes ~** 10 Minuten zu spät kommen; **you'll be ~ for your own funeral** *umg hum* du kommst noch zu d-m eigenen Begräbnis zu spät; **it is too ~** es ist zu spät 4 letzt(er, e, es), jüngst(er, e, es), neu: **the ~ war** der letzte Krieg; **the ~st fashion** die neueste Mode; **the ~st news** die neuesten Nachrichten; **his ~st work** sein jüngstes Werk; **of ~ years** in den letzten Jahren; → thing² 3 5 a letzt(er, e, es), früher(er, e, es), ehemalig, vormalig: **our ~ enemy** unser ehemaliger Feind; **the ~ government** die letzte Regierung; **my ~ residence** m-e frühere Wohnung; **~ of Oxford** früher in Oxford (wohnhaft) b verstorben: **her ~ husband**; **the ~ lamented** der *od* die jüngst Entschlafene *od* Verstorbene B *ADV* 1 spät: **as ~ as last year** erst *od* noch letztes Jahr; **better ~ than never** lieber spät als gar nicht; **see you ~r** auf bald!, bis später!; **~r on** später; **of ~** → lately; **keep** *(od* **sit, stay) up ~** lang *od* bis spät in die Nacht aufbleiben; **~ last month** Ende letzten Monats; **~ in the day** *umg* reichlich spät, ein bisschen spät; **come ~st** als Letzter *od* zuletzt kommen; → afternoon A, night *Bes Redew*, sleep A 1 2 zu spät: **come ~**; **the train came ~** der Zug hatte Verspätung; **~comer** *S* a Zuspätkommende(r) *m/f(m)* b Zuspätgekommene(r) *m/f(m)*: **he is a ~ into jazz music** er ist erst spät zur Jazzmusik gekommen

lated [ˈleɪtɪd] *ADJ poet* verspätet

lateen [ləˈtiːn] SCHIFF A *ADJ* Latein...: **~-rigged** Lateinsegel führend; **~-rigged boat** → B 2; **~ sail** → B 1 B *S* 1 Lateinsegel *n* 2 Lateinsegelboot *n*

lately [ˈleɪtlɪ] *ADV* 1 vor Kurzem, kürzlich, neulich, unlängst 2 in letzter Zeit, seit einiger Zeit, neuerdings

latency [ˈleɪtənsɪ] *S* Latenz *f*, Verborgenheit *f*: **~ period** a PSYCH Latenzperiode *f (relativ ruhige Phase in der sexuellen Entwicklung des Menschen zwischen der kindlichen Sexualität u. der Pubertät)* b MED Latenz-, Inkubationszeit *f*

La Tène [lɑːˈten] *ADJ* La-Tène-..., latènezeitlich

lateness [ˈleɪtnɪs] *S* 1 späte Zeit, spätes Stadium: **the ~ of the hour** die vorgerückte Stunde; **the ~ of his arrival** s-e späte Ankunft 2 Verspätung *f*, Zuspätkommen *n*

late-night| shop, *bes US* **~ store** *S Laden, der spätabends noch geöffnet hat*

latent [ˈleɪtənt] *ADJ* (*ADV* ~ly) 1 latent, verborgen *(Fähigkeiten etc)*: **~ hatred** unterschwelliger Hass 2 MED, PHYS, PSYCH latent: **~ heat** PHYS latente *od* gebundene Wärme; **~ image** FOTO latentes Bild; **~ period** a MED Latenz-, Inkubationszeit *f* b PHYSIOL Latenz *f (die durch die Nervenleitung bedingte Zeit zwischen Reizeinwirkung u. Reaktion)* 3 BOT unentwickelt

lateral [ˈlætərəl] A *ADJ* (*ADV* → laterally) 1 seitlich, Seiten...: **be ~ to** sich seitlich *(gen)* befinden; **~ angle** Seitenwinkel *m*; **~ axis** Querachse *f*; **~ branch** Seitenlinie *f (e-s Stammbaums)*; **~ deviation** seitliche Abweichung; **~ fin** FISCH Seitenflosse *f*; **~ motion** Seitwärtsbewegung *f*; **~ pass** → B 4; **~ stability** TECH Querstabilität *f*; **~ surface** MATH Seitenfläche *f*; **~ thinker** Querdenker(in); **~ thinking** Querdenken *n*; **~ thrust** TECH Axialverschiebung *f*; **~ view** Seitenansicht *f*; **~ wind** Seitenwind *m* 2 LING Lateral...: **~ sound** → B 3 3 ANAT lateral *(zur Körperseite hin gelegen)* B *S* 1 Seitenteil *m/n*, -stück *n* 2 BOT Seitenzweig *m* 3 LING Lateral(laut) *m (Konsonant, bei dessen Artikulation die ausströmende Luft seitlich der Zunge entweicht)* 4 SPORT Querpass *m*; **laterality** [-ˈrælətɪ] *S* ANAT, PSYCH Lateralität *f (das Vorhandensein besonders ausgeprägter Eigenschaften e-r Körperseite)*; **laterally** *ADV* 1 seitlich, seitwärts 2 von der Seite

Lateran [ˈlætərən] A *S* 1 *a.* **~ palace** Lateran(palast) *m (Palast des Papstes in Rom)* 2 Laterankirche *f* B *ADJ* lateranisch

laterite [ˈlætəraɪt] *S* GEOL Laterit(boden) *m (unfruchtbarer, ziegelroter Verwitterungsboden der Tropen u. Subtropen)*

latest [ˈleɪtɪst] A *ADJ & ADV sup von* late B *S* 1 **at the ~** spätestens: **on Monday at the ~** spätestens am Montag 2 *(das)* Neueste: **have you heard the ~ about Mary?**; **what's the ~?** was gibts Neues?; **she is wearing the ~ in hats** sie trägt das Neueste in *od* an Hüten

latex [ˈleɪteks] *pl* latexes, latices [ˈlætɪsiːz] *S* BOT Latex *m (Kautschuk enthaltender Milchsaft)*

lath [lɑːθ; *US* læθ] *pl* laths [-θs; -ðz] A *S* 1 Latte *f*, Leiste *f*: **(as) thin as a ~** spindeldürr *(Person)* 2 *KOLL* Latten *pl*, Leisten *pl* 3 ARCH a Lattenwerk *n* b Putzträger *m*: **~ and plaster** TECH Putzträger u. Putz *m* 4 *Bergbau*: (Getriebe)Pfahl *m* B *V/T* mit Latten *od* Leisten verschalen

lathe¹ [leɪð] TECH A *S* 1 Drehbank *f*, -maschine *f*: **~ carriage** Drehbanksupport *m*; **~ tool** Drehstahl *m*; **~ tooling** Bearbeitung *f* auf der Drehbank 2 Lade *f (am Webstuhl)* B *V/T* auf der Drehbank bearbeiten

lathe² [leɪð] *S Br* HIST Grafschaftsbezirk *m (in Kent)*

lather [ˈlɑːðə; ˈlæðə; *US* ˈlæðər] A *S* 1 (Seifen)Schaum *m* 2 schäumender Schweiß *(bes des Pferdes)*: **get in a ~, work o.s. up into a ~** *umg* außer sich geraten **(over** wegen) B *V/T* 1 einseifen 2 *umg* verdreschen, vermöbeln C *V/I* schäumen; **lathery** *ADJ* schäumend, schaumbedeckt

lathing [ˈlɑːθɪŋ; *US* ˈlæ-] *S* Lattenwerk *n*, *bes* Lattenverschalung *f*

lathwork → lathing

lathy [ˈlɑːθɪ; *US* ˈlæθiː] *ADJ* lang u. dünn

lathyrus [ˈlæθɪrəs] *S* BOT Platterbse *f*

latices [ˈlætɪsiːz] *pl von* latex

laticiferous [ˌlætɪˈsɪfərəs] *ADJ* BOT Latex führend

latifundium [ˌlætɪˈfʌndɪəm] *pl* -dia [-dɪə] *S* HIST Latifundium *n (von Sklaven bewirtschaftetes großes Landgut im Römischen Reich)*

Latin [ˈlætɪn; *US* ˈlætn] A *S* 1 LING Latein(isch) *n*, das Lateinische 2 LING Romanisch *n*, das Romanische 3 *Antike*: a Latiner(in) b Römer(in) 4 Romane *m*, Romanin *f* B *ADJ* 1 LING lateinisch, Latein... 2 romanisch: **the ~ peoples** 3 REL römisch-katholisch: **the ~ Church**; **~ cross** Lateinisches Kreuz 4 lateinisch; **~ America** [ˈlætɪn; *US* ˈlætn] *S* Lateinamerika *n*; **~ American** A *ADJ* lateinamerikanisch B *S* Lateinamerikaner(in)

Latinism S LING Latinismus *m*: a *Übertragung e-r für das Lateinische charakteristischen Erscheinung auf e-e nichtlateinische Sprache* b *e-r lateinischen Spracheigentümlichkeit nachgebildeter Ausdruck in e-r nichtlateinischen Sprache*
Latinist S LING Latinist(in) (*j-d, der sich wissenschaftlich mit der lateinischen Sprache u. Literatur befasst*)
Latinity [lə'tɪnətɪ; læ-] S Latinität *f*: a *klassische lateinische Schreibweise* b *klassisches lateinisches Schrifttum*
Latinization [,lætɪnaɪ'zeɪʃn; US ,lætnə'z-] S Latinisierung *f*
Latinize ['lætɪnaɪz; US 'lætn,aɪz] A V/T 1 *e-e Sprache, ein Wort etc* latinisieren 2 ins Lateinische übertragen 3 REL der römisch-katholischen Kirche annähern, dem Einfluss der römisch-katholischen Kirche öffnen B V/I 1 Latinismen verwenden 2 REL sich der römisch-katholischen Kirche annähern
Latin lover S Latin Lover *m* (*feuriger südländischer Liebhaber*)
latish ['leɪtɪʃ] ADJ ziemlich *od* etwas spät
latitude ['lætɪtju:d; US *bes* -,tu:d] S 1 GEOG Breite *f*: **in ~ 40 N.** auf dem 40. Grad nördlicher Breite; **high (low) ~s** hohe (niedere) Breiten; **in these ~s** in diesen Breiten *od* Gegenden; → degree 6 2 *Geodäsie*: Breite *f* 3 *fig* a Spielraum *m*, (Bewegungs)Freiheit *f*: **allow** (*od* **give**) **sb a great deal of ~** j-m große Freiheit gewähren b großzügige Auslegung (*e-s Wortes*) 4 FOTO Belichtungsspielraum *m*; **latitudinal** [-dɪnl; US -dnəl] ADJ (ADV **~ly**) GEOG latitudinal, Breiten…
latitudinarian [,lætɪtju:dɪ'neərɪən; US -,tu:dn'erɪən] A ADJ 1 weitherzig, liberal, tolerant 2 *bes* REL freidenkerisch B S *bes* REL Freigeist *m*, Freidenker(in); **latitudinarianism** S REL, HIST Latitudinarismus *m* (*Richtung in der anglikanischen Kirche, die für ein Christentum der Toleranz eintrat*)
latitudinous [,lætɪ'tju:dɪnəs; US -'tu:dnəs] ADJ *fig* weit, großzügig (*Auslegung etc*)
latria [lə'traɪə] S KATH Latrie *f* (*die Gott u. Christus allein zustehende Verehrung*)
latrine [lə'tri:n] S Latrine *f*
latten ['lætn] S 1 *a.* **~ brass** *obs* Messingblech *n* 2 (*bes* Zinn)Blech *n*
latter ['lætə(r)] ADJ (ADV → latterly) 1 letzterwähnt(er, e, es), letztgenannt(er, e, es) (*von zweien*): → former² 4 2 neuer, jünger, modern: **in these ~ days** in der jüngsten Zeit 3 letzt(er, e, es), später: **the ~ half of June** die zweite Junihälfte; **the ~ years of one's life** s-e letzten *od* spät(er)en Lebensjahre; **~-day** ADJ der Gegenwart, modern; **L-day Saints** SPL (*die*) Heiligen *pl* der letzten Tage (*Mormonen*)
latterly ADV in letzter Zeit, neuerdings
lattermost ADJ letzt(er, e, es)
lattice ['lætɪs] A S 1 Gitter(werk) *n* 2 Gitterfenster *n od* -tür *f* 3 Gitter (-muster *n*, -anordnung *f*) *n* B V/T 1 vergittern 2 gitterartig erscheinen lassen; **~ bridge** S TECH Gitter(träger)brücke *f*; **~ constant** S PHYS Gitterkonstante *f*; **~ girder** S TECH Gitterträger *m*; **~ theory** S MATH Verbandstheorie *f*; **~ window** S Gitterfenster *n*; **~work** → lattice A 1
Latvia ['lætvɪə] S Lettland *n*
Latvian ['lætvɪən] A ADJ lettisch B S 1 Lette *m*, Lettin *f* 2 LING Lettisch *n*, das Lettische
laud [lɔ:d] A S 1 Lobeshymne *f*, Lobgesang *m* 2 *pl* (*a. als sg konstruiert*) KATH Laudes *pl* (*Morgengebet des Stundenbuchs*) B V/T loben, preisen, rühmen: → sky A 1; **laudability** S Löblichkeit *f*; **laudable** ADJ löblich, lobenswert; **laudableness** → laudability; **laudably** ADV 1 → laudable 2 lobenswerterweise
laudanum ['lɒdnəm; *bes* US 'lɔ:d-] S MED, PHARM, HIST Laudanum *n*, Opiumpräparat *n*
laudation [lɔ:'deɪʃn] S Lob *n*
laudatory ['lɔ:dətərɪ; US -,təʊri:; -,tɔ:ri:] ADJ lobend, Lob…, Belobigungs…: **~ speech** Lobrede *f*, Laudatio *f*
laugh [lɑ:f; US læf] A S 1 a Lachen *n*, Lache *f*, Gelächter *n* b Lacher *m umg*: **with a ~** lachend; **give a ~** auflachen; **give a loud ~** laut auf- *od* herauslachen; **have a good ~ at sth** herzlich über e-e Sache lachen; **have** (*od* **get**) **the ~ of** (*od* **on**) **sb** über j-n (am Ende) triumphieren; **have the ~ on one's side** die Lacher auf s-r Seite haben; **the ~ is against him** die Lacher sind auf der anderen Seite; **have the last ~** am Ende recht haben; **his jokes are always good for a ~** *umg* über s-e Witze kann man immer lachen 2 *umg* Spaß *m*: **it's (he's) a ~** es (er) ist zum Lachen; **for ~s** (nur) zum Spaß, aus Blödsinn B V/I lachen: **~ at** a über *j-n od etwas* lachen, sich über *j-n od etwas* lustig machen, *j-n* auslachen b *j-n* anlachen; **~ at o.s.** über sich selbst lachen; **~ to o.s.** in sich hineinlachen; **make sb ~** a j-n zum Lachen bringen b j-m lächerlich vorkommen; **don't make me ~!** *umg* dass ich nicht lache!; **he ~s best who ~s last** (*Sprichwort*) wer zuletzt lacht, lacht am besten; **you're ~ing** *umg* du hasts gut; **you may well ~** du hast gut lachen; → beard A 1, face A 1, sleeve A 1, wrong A 2 C V/T 1 lachend äußern: **he ~ed his thanks** er dankte lachend 2 lachen: **~ a bitter ~** bitter lachen; **~ sb out of sth** j-n durch Lachen von etwas abbringen; → court A 10, scorn A 2
Phrasal Verbs: **laugh| away** A V/T 1 *j-s Sorgen etc* durch Lachen verscheuchen 2 → laugh off 1 3 *die Zeit* mit Scherzen verbringen B V/I draufloslachen *umg*: **~!** lach (du) nur!; **~ down** V/T 1 *j-n* durch Gelächter zum Schweigen bringen 2 *etwas* durch Gelächter vereiteln *od* unmöglich machen; **~ off** V/T 1 *etwas* lachend *od* mit e-m Scherz abtun, sich lachend hinwegsetzen über (*akk*), *e-e peinliche Situation etc* durch Lachen überspielen 2 → head *Bes Redew*; **~ out** V/I a auflachen b herauslachen: **~ loud**
laughable ADJ (ADV laughably) 1 ulkig, komisch 2 lachhaft, lächerlich
laugher S Lacher(in)
laughing A S Lachen *n*, Lache *f*, Gelächter *n* B ADJ (ADV **~ly**) 1 lachend 2 lustig (*Stimmung etc*): **it is no ~ matter** es ist nicht(s) zum Lachen; **~ gas** S CHEM Lachgas *n*; **~ gull** S ORN Lachmöwe *f*; **~ hyena** S ZOOL Tüpfel-, Fleckenhyäne *f*; **~ jackass** S ORN Lachender Hans, Rieseneisvogel *m*; **~ muscle** S ANAT Lachmuskel *m*; **~stock** S Zielscheibe *f* des Spottes: **make a ~ of o.s.** sich lächerlich machen; **this made him the ~ of the whole town** das machte ihn zum Gespött der ganzen Stadt
laugh line S Lachfalte *f*
laughter ['lɑ:ftə; US 'læftər] S Lachen *n*, Lache *f*, Gelächter *n*: **~ is the best medicine** (*Sprichwort*) Lachen ist die beste Medizin
laugh track S TV *nachträglich e-r Show unterlegtes Gelächter*
launce [lɑ:ns; US *a.* lɔ:ns] S FISCH Sandaal *m*
launch¹ [lɔ:ntʃ; US *a.* lɑ:ntʃ] A V/T 1 *ein Boot* aussetzen, zu Wasser lassen 2 *ein Schiff* vom Stapel (laufen) lassen: **be ~ed** vom Stapel laufen 3 *ein Flugzeug etc* (mit Katapult) starten, katapultieren, abschießen 4 *ein Geschoss, e-n Torpedo* abschießen, *e-e Rakete, ein Raumfahrzeug a.* starten 5 *e-n Speer etc* schleudern 6 a *e-e Rede, Kritik, e-n Protest etc, a. e-n Schlag* vom Stapel lassen, loslassen (*beide umg*): **~ a stinging attack on sb** j-n scharf angreifen b *Drohungen etc* ausstoßen c MIL *Truppen* einsetzen, schicken (*beide:* **against** gegen) 7 a *ein Projekt etc* in Gang setzen, starten, beginnen, lancieren b SPORT *e-n Angriff* vortragen 8 **(into)** *j-n* lancieren (in *akk*), *j-m* Starthilfe geben (bei) 9 **~ o.s. on a task (into work)** sich auf e-e Aufgabe (in die Arbeit) stürzen B V/I **~ out** a *a.* **~ forth** starten, aufbrechen: **~ out into sea** in See gehen *od* stechen; **~ out on a voyage of discovery** auf e-e Entdeckungsreise gehen a *a.* **~ forth** anfangen (**into** *akk od* mit): **~ out into a new career** e-e neue Laufbahn starten; **~ out into politics** in die Politik gehen b *fig* sich stürzen (**into** in *akk*): **~ out into work** c e-n Wortschwall von sich geben: **~ out into a speech** e-e Rede vom Stapel lassen d *umg* viel Geld ausgeben (**on** für) C S → launching A
launch² [lɔ:ntʃ; US *a.* lɑ:ntʃ] S SCHIFF Barkasse *f*
launcher S 1 *j-d, der (etwas) vom Stapel lässt od in Gang setzt,* Initiator *m*, Initiatorin *f* 2 MIL a Schießbecher *m* b (*Raketen*) Werfer *m* c Abschussvorrichtung *f* (*für Fernlenkgeschosse*) 3 FLUG Katapult *n*, *a. m*, Startschleuder *f*
launching A S 1 SCHIFF Stapellauf *m* 2 FLUG Katapultstart *m* 3 Abschießen *n*, Abschuss *m*, Start *m* 4 MIL Einsatz *m* 5 Ingangsetzung *f*, Lancierung *f* B ADJ Abschuss…, Start…; **~ pad** S 1 Abschussrampe *f* (*für Raketen, Raumfahrzeuge*) 2 *fig* Sprungbrett *n*; **~ rail** S TECH Schleuderschiene *f* (*zum Raketenstart*); **~ rope** S FLUG Startseil *n*; **~ site** S Abschussbasis *f* (*für Raketen, Raumfahrzeuge*); **~ tube** S SCHIFF, MIL Torpedo(ausstoß)rohr *n*; **~ vehicle** S *Raumfahrt*: Träger-, Startrakete *f*; **~ ways** SPL (*a. als sg konstruiert*) SCHIFF Helling *f*, Ablaufbahn *f*
launch|man S *irr* SCHIFF Barkassenführer *m*; **~ pad** → launching pad; **~ vehicle** → launching vehicle; **~ways** → launching ways; **~ window** S *astronomisch günstige Zeit für den Start e-s Raumfahrzeugs*
launder ['lɔ:ndə(r); US *a.* 'lɑ:n-] A V/T 1 *Wäsche* waschen (u. bügeln) 2 *umg illegal erworbenes Geld* waschen B V/I 1 Wäsche waschen (u. bügeln) 2 sich waschen (lassen): **~ well** C S Trog *m*
launderette [,lɔ:ndə'ret; US *a.* ,lɑ:n-] S Waschsalon *m*
laundress ['lɔ:ndrɪs; US *a.* 'lɑ:n-] S Wäscherin *f*, Waschfrau *f*
laundrette [,lɔ:n'dret; US *a.* ,lɑ:n-] → launderette
Laundromat® ['lɔ:ndrəmæt; US *a.* 'lɑ:n-] S *bes US* Waschsalon *m*
laundry ['lɔ:ndrɪ; US *a.* 'lɑ:n-] S 1 Wäscherei *f* 2 Waschhaus *n*, -küche *f* 3 (*schmutzige od gewaschene*) Wäsche 4 *umg* Geldwaschanlage *f*; **~ bag** S Wäschebeutel *m*, -sack *m*; **~ basket** S Wäschekorb *m*; **~ chute** S Wäscheschacht *m*; **~ list** S 1 Wäschezettel *m* (*e-r Wäscherei*) 2 *US umg* lange Latte *od* Liste (**of** von); **~man** [-mən] S *irr* 1 Wäschereiangestellte(r) *m* 2 *j-d, der Wäsche abholt u. ausliefert,* Wäschemann *m umg*; **~woman** S *irr* 1 Wäschereiangestellte *f* 2 → laundress
laureate ['lɔ:rɪət] A ADJ lorbeergekrönt, -bekränzt, -geschmückt B S 1 Lorbeergekrönte(r) *m* 2 → poet laureate 3 Laureat *m*, Preisträger(in): **Nobel (prize)~** Nobelpreisträger(in)
laurel ['lɒrəl; US *a.* 'lɑ:-] S 1 BOT Lorbeer (-baum) *m*: → wreath 1 2 BOT *US e-e lorbeerähnliche Pflanze, bes* a Kalmie *f* b Rhododendron *m*, *a. n*: **great ~** Große Amer. Alpenrose 3 Lorbeer(laub) *m(n)* (*als Ehrenzeichen*) 4 a Lor-

L

beerkranz *m* b Lorbeerzweig *m* 5 *pl fig* Lorbeeren *pl*, Ehren *pl*, Ruhm *m*: **look to one's ~s** a eifersüchtig auf s-n Ruhm *od* sein Ansehen bedacht sein b sich vor s-n Rivalen in Acht nehmen; **rest on one's ~s** (sich) auf s-n Lorbeeren ausruhen *umg*; **win** (*od* **gain**) **one's ~s** Lorbeeren ernten *od* pflücken; **laureled**, *bes Br* **laurelled** ADJ 1 → laureate A 2 preisgekrönt

Laurentian [lɔːˈrenʃn; -ʃjən] ADJ 1 den Sankt-Lorenz-Strom betreffend 2 GEOL laurentisch (*das alte Festland in Kanada u. Grönland betreffend*)

lauric acid [ˈlɔːrɪk] S CHEM Laurinsäure *f*

laurite [ˈlɔːraɪt] S MINER Laurit *m*

lauryl alcohol [ˈlɔːrɪl] S CHEM Laurylalkohol *m*

lav [læv] S *umg* 1 → lavatory 1, 3 2 Klo *n umg* (*Klosett*)

lava [ˈlɑːvə; *US a.* ˈlævə] S Lava *f*: **~ flow** a Lavastrom *m* b Lavadecke *f*

lavabo [ləˈveɪbəʊ; *US bes* -ˈvɑː-] *pl* -boes, -bos S 1 KATH Lavabo *n*: a *Handwaschung des Priesters* b *a.* **~ basin** *dabei verwendetes Becken* 2 *oft* ♀ REL Lavabo *n* (*Psalm 25, 6-12*) 3 großes steinernes Wasserbecken (*in Klöstern*) 4 Waschbecken *n*

lavage [læˈvɑːʒ] MED A S (Aus)Spülung *f* B V/T (aus)spülen

lavation [læˈveɪʃn] S *bes poet* Waschung *f*

lavatory [ˈlævətərɪ; *US* -ˌtəʊriː; -ˌtɔːriː] S 1 Waschraum *m* 2 Toilette *f*, Klosett *n*: **~ attendant** Toilettenfrau *f*, -mann *m*; **~ joke** ordinärer Witz; **~ pan** Klosettschüssel *f*; **~ paper** *Br* Toiletten-, Klosettpapier *n*; **~ roll** *Br* Rolle *f* Toiletten- *od* Klosettpapier 3 Waschbecken *n* 4 KATH Handwaschung *f* (*des Priesters*)

lave [leɪv] *poet* A V/T 1 a waschen b baden 2 umspülen (*Meer etc*) B V/I 1 a sich waschen b (sich) baden 2 spülen (**against** an *akk*)

lavender [ˈlævəndə(r)] A S 1 BOT Lavendel *m*: **~ bag** Lavendelsäckchen *n*; **oil of ~**, **~ oil** Lavendelöl *n*; **~ cotton** Heiligenkraut *n*; **~ water** Lavendel(wasser) *n* 2 Lavendel(blau) *n*, -farbe *f*, Blauviolett *n* B ADJ lavendel(blau, -farben), blauviolett

laver[1] [ˈleɪvə(r)] S 1 *poet* Waschgefäß *n* 2 *poet* (Brunnen)Becken *n*, Wasserschale *f* 3 BIBEL Waschbecken *n* (*im jüdischen Heiligtum*)

laver[2] [ˈleɪvə(r); *Br a.* ˈlɑːvə] S BOT 1 *a.* **red ~** (*ein*) Purpurtang *m* 2 *a.* **green ~** Meersalat *m*

laver bread [ˈlɑːvə; ˈleɪvə] S *Br brotähnliches Gebäck aus Tang*

laverock [ˈlævərək] S ORN *bes schott* Lerche *f*

lavish [ˈlævɪʃ] A ADJ (ADV **~ly**) 1 sehr freigebig, verschwenderisch (*beide:* **of** mit; **in** in *dat*): **be ~ of** verschwenderisch umgehen mit; **be ~ of praise** nicht mit Lob geizen; **be a ~ spender, spend one's money ~ly** das Geld mit vollen Händen ausgeben; **~ly illustrated** reich bebildert 2 überschwänglich (*Lob, Zuneigung etc*), großzügig (*Geschenk etc*), luxuriös, aufwendig (*Einrichtung etc*) B V/T verschwenden, verschwenderisch (aus)geben: **~ sth on sb** j-n mit etwas überhäufen; **lavishness** S 1 übergroße *od* verschwenderische Freigebigkeit 2 Überschwänglichkeit *f*, Großzügigkeit *f*, Aufwendigkeit *f*

law[1] [lɔː] S 1 (*objektives*) Recht, Gesetz *n*, Gesetze *pl*: **according to ~, by ~, in ~, under the ~** nach dem Gesetz, von Rechts wegen, gesetzlich; **contrary to ~, against the ~** gesetz-, rechtswidrig; **under German ~** nach deutschem Recht; **~ and order** Recht *od* Ruhe u. Ordnung; **act within the ~** sich im Rahmen des Gesetzes bewegen, gesetzmäßig handeln; **take the ~ into one's own hands** sich selbst Recht verschaffen, zur Selbsthilfe greifen; → come up 6, domestic A 1, inheritance 1 b, jungle, property 1, succession 4 d 2 (*einzelnes*) Gesetz: **the bill has become** (*od* **passed into**) **~** die Gesetzesvorlage ist (zum) Gesetz geworden 3 → common law 4 Recht *n*: a Rechtssystem *n*: **the English ~** b (*einzelnes*) Rechtsgebiet: **~ of nations** Völkerrecht, internationales Recht; → commercial law, international A 1 5 Rechtswissenschaft *f*, Jura *pl*: **comparative ~** vergleichende Rechtswissenschaft; **read** (*od* **study, take**) **~** Jura studieren; **learned in the ~** rechtsgelehrt; **Doctor of** ♀**s** Doktor *m* der Rechte; → practice C 2 6 Juristenberuf *m*, juristische Laufbahn: **be in the ~** Jurist(in) sein 7 Rechtskenntnisse *pl*: **he has only little ~** 8 Gericht *n*, Rechtsweg *m*: **at ~** vor Gericht, gerichtlich; **go to ~** vor Gericht gehen, den Rechtsweg beschreiten, prozessieren; **go to ~ with sb, have** (*od* **take**) **the ~ of** (*od* **on**) **sb** j-n verklagen *od* belangen 9 *umg* a Bullen *pl pej* (*Polizei*) b Bulle *m pej* (*Polizist*) 10 *allg* Gesetz *n*, Vorschrift *f*, Gebot *n*, Befehl *m*: **be a ~** (**un**)**to o.s.** sich über jegliche Konvention hinwegsetzen; tun, was e-m passt; **lay down the ~** sich als Autorität aufspielen (**to sb** j-m gegenüber); **lay down the ~ to sb** j-m Vorschriften machen 11 a Gesetz *n*, Grundsatz *m*, Prinzip *n*: **the ~s of probability** (*od* **averages**) die Gesetze der Wahrscheinlichkeit b (Spiel)Regel *f*: **the ~s of the game** die Spielregeln 12 a *a.* **~ of nature** Naturgesetz *n* b (wissenschaftliches) Gesetz: → causality 1, inertia 1, proportion A 4 c (Lehr)Satz *m*: **~ of sines** MATH Sinussatz; **~ of thermodynamics** PHYS Hauptsatz der Thermodynamik 13 Gesetzmäßigkeit *f*, Ordnung *f* (*in der Natur*): **not chance, but ~** nicht Zufall, sondern Gesetzmäßigkeit 14 REL a (göttliches) Gesetz *od* Gebot b *oft* ♀ *koll* (göttliches) Gesetz, Gebote *pl* Gottes 15 REL a **the** ♀ (**of Moses**) das Gesetz (des Moses), der Pentateuch b das Alte Testament

law[2] [lɔː] INT *umg obs* herrje!

law|-abiding ADJ gesetzestreu (*Bürger*); **~breaker** S Gesetzesübertreter(in), Rechtsbrecher(in); **~breaking** A ADJ gesetzesübertretend, rechtsbrecherisch B S Gesetzesübertretung *f*, Rechtsbruch *m*; **~ centre** S *Br* Stelle *f* für kostenlose Rechtsberatung; **~ court** S Gerichtshof *m*; **~ enforcement** S Gesetzesvollzug *m*; **~-enforcement** ADJ: **~ authorities** Vollstreckungsbehörden; **~ officer** Polizeibeamte(r) *m*, -beamtin *f*

lawful ADJ (ADV **~ly**) 1 gesetzlich, gesetzmäßig, legal: **~ age** gesetzliches Mindestalter, *bes* Volljährigkeit *f*; **~ money** gesetzliches Zahlungsmittel 2 rechtmäßig, legitim (*Herrscher etc*): **~ son** ehelicher *od* legitimer Sohn 3 gesetzlich anerkannt, rechtsgültig: **~ marriage** gültige Heirat; **lawfulness** S 1 Gesetzlichkeit *f*, Gesetzmäßigkeit *f*, Legalität *f* 2 Rechtmäßigkeit *f*, Legitimität *f* 3 Rechtsgültigkeit *f*

law|giver S Gesetzgeber(in); **~giving** A S Gesetzgebung *f* B ADJ gesetzgebend: **~ power** gesetzgebende Gewalt

lawks [lɔːks] INT *Br umg* herrje!

lawless ADJ (ADV **~ly**) 1 gesetzlos (*Land, Person*) 2 rechts-, gesetzwidrig, unrechtmäßig 3 zügellos (*Leidenschaften*); **lawlessness** S 1 Gesetzlosigkeit *f* 2 Rechts-, Gesetzwidrigkeit *f*, Unrechtmäßigkeit *f* 3 Zügellosigkeit *f*

Law Lord S *Mitglied des brit. Oberhauses in s-r Funktion als Mitglied des obersten Berufungsgerichtes*

law|maker → lawgiver; **~making** → lawgiving; **~man** [-mən] S *irr US* 1 Polizist *m* 2 Sheriff *m*; **~ merchant** S JUR *bes Br* Handelsrecht *n*

lawn[1] [lɔːn] S 1 Rasen *m* 2 *obs* Lichtung *f*

lawn[2] [lɔːn] S *Textilwesen*: Linon *m*, Batist *m*

lawn| chair S *US* Liegestuhl *m*; **~ mower** S Rasenmäher *m*: **have you had a fight with the ~?** *hum* bist du unter den Rasenmäher gekommen? (*bist du beim Friseur gewesen?*); **~ party** S *US* 1 Gartenfest *n*, -party *f* 2 Wohltätigkeitsveranstaltung *f* im Freien; **~ sprinkler** S Rasensprenger *m*; **~ tennis** S SPORT Lawn-, Rasentennis *n*

law| office S *bes US* (Rechts)Anwaltsbüro *n*, -praxis *f*; **~ officer** S JUR 1 Justizbeamte(r) *m*, -beamtin *f* 2 *Br für* a attorney general 1 b Solicitor General a

lawrencium [lɒˈrensɪəm; lɔː-] S CHEM Lawrencium *n*

law| report S JUR 1 Bericht *m* über e-e richterliche Entscheidung 2 *pl* Sammlung *f* von richterlichen Entscheidungen; **~ school** S 1 *Br* Rechtsakademie *f* 2 UNIV *US* juristische Fakultät; ♀ **Society** S *Br* Berufsverband *m* der **solicitors**, (*etwa*) (Rechts)Anwaltskammer *f*; **~ student** S Student(in) der Rechte *od* der Rechtswissenschaften, Jurist(in); **~suit** S JUR a Prozess *m*, (Gerichts)Verfahren *n* b Klage *f*: **bring a ~** e-n Prozess anstrengen, Klage einreichen *od* erheben (*alle:* **against** gegen); **~ term** S 1 juristischer Ausdruck 2 Gerichtsperiode *f*

lawyer [ˈlɔːjə(r); ˈlɔɪə(r)] A S 1 (Rechts)Anwalt *m*, (-)Anwältin *f* 2 Rechtsberater(in) (*e-r Firma etc*) 3 Jurist(in), Rechtsgelehrte(r) *m/f(m)* 4 ZOOL a (*ein*) Stelzenläufer *m* b Amer. Quappe *f* 5 Schlammfisch *m* B V/T *ein Manuskript* auf s-e juristische Unbedenklichkeit hin prüfen

lax [læks] ADJ (ADV **~ly**) 1 lax, locker, (nach)lässig: **a ~ attitude** e-e lasche Einstellung; **~ morals** lockere Sitten 2 unklar, verschwommen (*Vorstellungen etc*) 3 schlaff, lose, locker: **a ~ handshake** ein schlaffer Händedruck; **a ~ rope** ein schlaffes Seil; **~ tissue** lockeres Gewebe 4 a PHYSIOL gut arbeitend: **have ~ bowels** regelmäßig Stuhlgang haben b MED an Durchfall leidend 5 LING schlaff artikuliert, offen (*Vokal*)

laxation [lækˈseɪʃn] S PHYSIOL Darmentleerung *f*, Stuhl(gang) *m*

laxative [ˈlæksətɪv] MED, PHARM A S Laxativ *n*, Abführmittel *n* B ADJ abführend: **~ tablet** Abführtablette *f*

laxity [ˈlæksətɪ], **laxness** [-nɪs] S 1 Laxheit *f*, Lockerheit *f*, (Nach)Lässigkeit *f* 2 Unklarheit *f*, Verschwommenheit *f* 3 Schlaffheit *f*

lay[1] [leɪ] A S 1 (*bes geografische*) Lage: **the ~ of the land** *fig bes US* die Lage (der Dinge) 2 Schicht *f*, Lage *f* 3 Schlag *m* (*beim Tauwerk*) 4 Plan *m* 5 *umg* Job *m*, Beschäftigung *f*, Tätigkeit *f* 6 *US* a Preis *m* b (Verkaufs)Bedingungen *pl* 7 *sl* a **she's an easy ~** die ist leicht zu haben, die geht mit jedem ins Bett; **she's a good ~** sie ist gut im Bett b Nummer *f vulg* (*Geschlechtsverkehr*): **have a ~** e-e Nummer machen *od* schieben *vulg* B V/T *prät u. pperf* **laid** [leɪd] 1 legen: **~ sb into the grave**; **~ sth on the table**; **~ bricks** mauern; **~ a bridge** e-e Brücke schlagen; **~ a cable** ein Kabel (ver)legen; **~ a carpet** e-n Teppich verlegen; **~ troops** Truppen einquartieren *od* in Quartier legen (**on** bei); **~ a wreath** e-n Kranz niederlegen (**at** an *dat*); → *Verbindungen mit den entsprechenden Substantiven* 2 Eier legen: → egg[1] A 1 3 *fig* legen, setzen: **~ an ambush** e-n Hinterhalt legen; **~ one's hopes on** s-e Hoffnungen setzen auf (*akk*); **~ an offside trap** SPORT e-e Abseitsfalle aufbauen; **the scene is laid in Rome** der Schauplatz *od* Ort der Handlung ist Rom, das Stück *etc* spielt in Rom; **~ the whip to sb's back** *obs* j-n auspeitschen; → stress B 1 4 (her)richten, anordnen, *den Tisch* decken: **~ the fire** das Feuer *(im Kamin)* anlegen; **~ lunch** den Tisch zum Mittagessen decken; → place A 1 **5** belegen, auslegen *(beide:* **with** mit): **~ the floor with linoleum** **6** *Farbe etc* auftragen **7** (**before**) vorlegen *(dat)*, bringen (vor *akk*): **~ one's case before a commission** **8** geltend machen, erheben, vorbringen: → claim C 1, information 7 b **9** *e-n Schaden etc* festsetzen (**at** auf *akk*) **10** *e-e Schuld etc* zuschreiben, zur Last legen *(beide:* **to** *dat)* **11** a *e-e Steuer* auferlegen (**on** *dat*) b *e-e Strafe, ein Embargo etc* verhängen (**on** über *akk*) **12** *e-n Plan* schmieden, ersinnen **13** a *etwas* wetten b setzen auf *(akk)* **14** niederwerfen, -strecken, zu Boden strecken **15** *Getreide etc* zu Boden drücken, umlegen *(Wind etc)* **16** *die Wogen etc* glätten, beruhigen, besänftigen: **the wind is laid** der Wind hat sich gelegt **17** *Staub* löschen **18** *e-n Geist* bannen, beschwören: **~ the ghosts of the past** *fig* Vergangenheitsbewältigung betreiben **19** *e-n Stoff etc* glätten, glatt pressen **20** SCHIFF Kurs nehmen auf *(akk)*, ansteuern **21** MIL *ein Geschütz* richten **22** *sl e-e Frau* aufs Kreuz legen *(mit e-r Frau schlafen)* **C** V/I **1** (Eier) legen **2** wetten **3** **~ about one** (wild) um sich schlagen (**with** mit); **~ into sb** über j-n herfallen *(a. mit Worten)* **4** **~ to** (energisch) an *e-e Sache* rangehen *umg* **5** **~ for** *sl j-m* auflauern **6** **~ off** *umg* a *j-n, etwas* in Ruhe lassen b aufhören mit: **~ off it!** hör auf (damit)! **7** *sl* liegen

Phrasal Verbs: **lay| about** V/I (wild) um sich schlagen (**with** mit); **~ aside** V/T **1** beiseitelegen, weglegen **2** *e-e schlechte Angewohnheit etc* ablegen, aufgeben **3** *(für die Zukunft)* beiseitelegen *od* auf die Seite legen, zurücklegen; **~ away** V/T **1** → lay aside 3 **2** *e-e angezahlte Ware* zurücklegen; **~ by** **A** V/T **1** → lay aside 3 **2** → lay to A **B** V/I → lay to B 1; **~ down** V/T **1** hinlegen **2** *ein Amt, die Waffen etc* niederlegen: **~ one's tools** die Arbeit niederlegen, in den Streik treten **3** *e-e Hoffnung* aufgeben **4** *sein Leben* hingeben, opfern *(beide:* **for** für) **5** a den Grund legen für b planen, entwerfen c *e-e Straße etc* anlegen **6** *e-n Grundsatz etc* aufstellen, *Regeln etc* festlegen, -setzen, vorschreiben, *Bedingungen* (*in e-m Vertrag*) niederlegen, verankern: → law[1] 10 **7** *Wein etc* einlagern **8** AGR a besäen, bepflanzen b säen, pflanzen **9** *e-e Zeichnung etc* aufziehen (**on** auf *akk*); **~ in** V/T a sich eindecken mit b einlagern; **~ off** **A** V/T **1** *Arbeiter* (*bes* vorübergehend) entlassen **2** *die Arbeit* einstellen **3** *umg* aufhören mit: **~ smoking** *a.* das Rauchen aufgeben; **~ doing sth** aufhören, etwas zu tun **B** V/I *umg* a Feierabend machen b Ferien machen, ausspannen c aufhören d e-e Pause machen, pausieren; **~ on** **A** V/T **1** *Farbe etc* auftragen: → thick C 1, trowel A 1 **2** *Pläne etc* vorlegen **3** *Br Gas etc* installieren, *(Wasser- etc)* Leitung legen: **~ gas to a house** ein Haus ans Gasnetz anschließen **4** *Br* a veranstalten, organisieren b (zur Verfügung) stellen c *Busse etc* einsetzen **B** V/I zuschlagen; **~ out** V/T **1** ausbreiten, -legen **2** ausstellen **3** *e-n Toten* aufbahren **4** *umg Geld* (*bes* mit vollen Händen) ausgeben **5** *e-n Garten etc* anlegen **6** a *e-n Plan* entwerfen b *etwas* planen, entwerfen **7** herrichten, vorbereiten **8** TYPO aufmachen, gestalten, das Layout *(gen)* machen **9** *umg* zusammenschlagen, k. o. schlagen **10** **lay o.s. out** *umg* sich mächtig anstrengen; **~ over** *US* **A** V/I Zwischenstation machen **B** V/T verschieben, -tagen *(beide:* **until** auf *akk*, bis); **~ to** **A** V/T SCHIFF beidrehen mit **B** V/I **1** SCHIFF beidrehen **2** *US umg* sich ranmachen **3** *US umg* zuschlagen; **~ up** V/T **1** a anhäufen, (an)sammeln: **~ trouble for o.s.** sich Schwierigkeiten einbrocken *od* einhandeln *(beide umg)* b → lay aside 3 **2** a *ein Schiff* auflegen, (vorübergehend) außer Dienst stellen b *ein Fahrzeug* stilllegen **3** **be laid up** das Bett hüten müssen, bettlägerig sein: **be laid up with influenza** mit Grippe *od* grippekrank im Bett liegen

lay[2] [leɪ] *prät von* lie[2]

lay[3] [leɪ] ADJ Laien…: a REL weltlich b laienhaft, nicht fachmännisch: **to the ~ mind** für den Laien(verstand); → vicar 1

lay[4] [leɪ] S *poet* Lied *n*, Weise *f*

lay|about S *bes Br umg* Faulenzer(in), Tagedieb(in); **~away** S angezahlte u. zurückgelegte Ware; **~ brother** S REL Laienbruder *m*; **~-by** S AUTO *Br* a Park-, Rastplatz *m (an e-r Autobahn)* b Parkbucht *f (an e-r Landstraße)*; **~ day** S SCHIFF **1** Liegetag *m* **2** *pl* Liegetage *pl*, -zeit *f*; **~-down** ADJ Umlege…: **~ collar**

layer ['leɪə(r)] **A** S **1** Schicht *f*, Lage *f*: **in ~s** lagen-, schichtweise; **~ of earth** Erdschicht; **~ of fat** PHYSIOL Fettschicht **2** GEOL Schicht *f*, Lager *n*, Flöz *n* **3** *j-d, der od etwas, was legt;* (*in Zusammensetzungen*) …leger *m*: → pipelayer, *etc* **4** Leg(e)henne *f*: **this hen is a good ~** diese Henne legt gut **5** AGR, BOT Ableger *m*, Absenker *m* **B** V/T **1** *e-e Pflanze* absenken **2** lagen- *od* schichtweise anordnen *od* legen, schichten: **~ed look** *(Mode)* Schichtenlook *m* **C** V/I AGR, BOT ablegen; **layerage** S AGR, BOT Absenken *n*

layer cake S GASTR Schichttorte *f*

layette [leɪ'et] S Babyausstattung *f*

lay figure S **1** a MAL *etc* Gliederpuppe *f (als Modell)* b Schaufensterpuppe *f* **2** *fig* a Marionette *f* b Null *f*

laying S **1** Legen *n*: **~ on of hands** *bes* REL Handauflegung *f* **2** TECH (Ver)Legen *n (von Leitungen etc)* **3** a *(Eier)* Legen *n*: **a hen past ~** e-e Henne, die nicht mehr legt; **~ battery** Legebatterie *f*; **~ hen** Leg(e)henne *f* b Gelege *n (Eier)*

lay| judge S JUR Laienrichter *m*; **~man** [-mən] S *irr* **1** Laie *m (Ggs Geistlicher)* **2** Laie *m*, Nichtfachmann *m*: **in ~'s language** in allgemein verständlicher Sprache; **~off** S **1** (*bes* vorübergehende) Entlassung *od* Arbeitslosigkeit **2** Arbeitseinstellung *f* **3** *umg* Pause *f*, Pausieren *n*; **~out** S **1** Ausbreiten *n*, -legen *n* **2** Grundriss *m*, Lageplan *m* **3** Plan *m*, Entwurf *m* **4** Anlage *f* **5** TYPO Layout *n*: **~ man** Layouter *m* **6** Ausrüstung *f*, -stattung *f*, Gerät *n* **7** *US umg* Anwesen *n*; **~over** S *US* **1** (kurzer) Aufenthalt, Fahrtunterbrechung *f* **2** Zwischenstation *f*; **~ preacher** S Laienprediger(in); **~shaft** S AUTO, TECH Vorgelegewelle *f*; **~ sister** S REL Laienschwester *f*; **~woman** S *irr (weiblicher)* Laie, Laiin *f*

lazar ['læzə(r); *US a.* 'leɪzər] *obs* → leper

lazaret(te) [ˌlæzə'ret] S, **lazaretto** [-təʊ] *pl* -tos S **1** a Krankenhaus *n* für ansteckende Krankheiten b Leprakrankenhaus *n* **2** a Quarantäne-, Isolierstation *f* b Quarantäneschiff *n* **3** SCHIFF Zwischendeckkammer *f*

Lazarus ['læzərəs] EIGENN BIBEL Lazarus *m*

laze [leɪz] **A** V/I faulenzen: **~ in the sun** sich in der Sonne aalen *umg*; **~ about** (*od* **around**) faul herumliegen *od* -sitzen *od* -stehen **B** V/T *meist* **~ away** *Zeit* vertrödeln, mit Nichtstun verbringen **C** S Faulenzen *n*: **have a ~** faulenzen; **have a ~ at the beach** faul am Strand liegen

laziness ['leɪzɪnɪs] S **1** a Faulheit *f*: **from ~** aus Faulheit b Trägheit *f* **2** Langsamkeit *f*

lazuli ['læzjʊlaɪ; *US* -zəli:] → lapis lazuli

lazulite ['læzjʊlaɪt; *US* -zəˌlaɪt] S MINER Lazulith *m*, Blauspat *m*

lazurite ['læzjʊraɪt; *US* -zəˌraɪt] S MINER Lasurit *m*

lazy ['leɪzɪ] ADJ (ADV lazily) **1** a faul: **have a ~ afternoon** sich e-n faulen Nachmittag machen; **have a ~ time of it** auf der faulen Haut liegen *umg* b träg(e) **2** träg(e), langsam, sich langsam bewegend: **a ~ river** ein träge fließender Strom **3** faul *od* träg(e) machend: **this is really ~ weather** bei diesem Wetter wird man so richtig faul **4** *bes US* liegend *(Brandzeichen etc)*; **~bones** *pl* lazybones S *umg* Faulpelz *m*; **~ eight** S *Kunstflug:* Stehende Acht; **~ pinion** S TECH Zwischenrad *n (im Zahnradgetriebe)*; **~ Susan** S Kabarett *n*, drehbares Tablett *(für Speisen, Gewürze etc)*

lb, **lb.** **libra, librae** *pl*, **pound(s** *pl)* Pfd. *(Gewichtseinheit)*

l.c. ABK **1** THEAT *etc* left center *(bes Br* **centre**) **2** loco citato, in the place cited **3** TYPO lower case

L/C, **l/c** ABK WIRTSCH letter of credit Akkreditiv *n*

LCD ABK liquid crystal display LCD-Anzeige *f*

L.C.D., **l.c.d.** ABK MATH lowest common denominator kleinster gemeinsamer Nenner

LCJ ABK JUR *Br* Lord Chief Justice

L.C.M., **l.c.m.** ABK MATH lowest common multiple kleinstes gemeinsames Vielfaches

Ld[1] ABK Lord

LD[2] ABK lethal dose

L-driver → learner 3

LDS ABK **1** REL Latter-day Saints; **2** *Br* Licentiate in Dental Surgery

lea[1] [li:] S *poet* Flur *f*, Au(e) *f*, Wiese *f*

lea[2] [li:] S HIST Lea *n (ein Garnmaß; für Wollgarn 80 Yards, für Baumwoll- od Seidengarn 120 Yards, für Leinengarn 300 Yards)*

LEA ABK *Br* Local Education Authority

lea. ABK **1** league **2** leather

leach [li:tʃ] **A** V/T **1** durchsickern lassen **2** *meist* **~ out** (*od* **away**) *e-e Substanz* auswaschen, -schwemmen **3** *meist* **~ out** *den Boden* auslaugen **B** V/I **1** durchsickern **2** *meist* **~ out** (*od* **away**) ausgewaschen *od* -geschwemmt werden **3** *meist* **~ out** ausgelaugt werden

lead[1] [li:d] **A** S **1** Führung *f*: a Leitung *f*: **under sb's ~** b führende Stelle, Spitze *f*: **be in the ~** an der Spitze stehen, führend sein, SPORT *etc* in Führung *od* vorn(e) liegen, führen; **give one's team the ~** SPORT s-e Mannschaft in Führung bringen; **have the ~** die Führung innehaben, SPORT *etc* in Führung *od* vorn(e) liegen, führen; **shoot one's team into the ~** SPORT s-e Mannschaft in Führung schießen; **take the ~** a *a.* SPORT die Führung übernehmen, sich an die Spitze setzen *(beide:* **from** vor *dat)* b die Initiative ergreifen c vorangehen, neue Wege weisen **2** Vorsprung *m* (**over** vor *dat*) (*a.* SPORT): **a one minute's** (*od* **one-minute**) **~** eine Minute Vorsprung; **have a big ~** e-n großen Vorsprung haben, hoch führen; **have a two-goal ~** mit zwei Toren führen; **have the ~ over** e-n Vorsprung vor *der Konkurrenz* haben, voraus sein *(dat)* **3** *Boxen: (e-e Schlagserie)* einleitender Schlag **4** Vorbild *n*, Beispiel *n*: **follow sb's ~** j-s Beispiel folgen; **give sb a ~** j-m ein gutes Beispiel geben, j-m mit gutem Beispiel vorangehen **5** a Hinweis *m*, Wink *m* b Anhaltspunkt *m* c Spur *f*: **give sb a ~** j-m e-n Hinweis *od* Anhaltspunkt geben; j-n auf die Spur bringen **6** THEAT *etc* a Hauptrolle *f* b Hauptdarsteller(in) **7** *Kartenspiel:* a Vorhand *f* b zuerst ausgespielte Karte *od* Farbe: **your ~!** Sie spielen aus! **8** *Journalismus:* a Vorspann *m (e-s Zeitungsartikels)* b Aufmacher *m*: **the scandal was the ~ in the papers** der Skandal wurde von den Zeitungen groß herausgestellt **9** TECH Steigung *f*, Ganghöhe *f (e-s Gewindes)* **10** ELEK a (Zu)Leitung *f* b Leiter *m*, Leitungsdraht *m* c *(Phasen)* Voreilung *f* **11** *(Mühl)* Kanal *m* **12** Wasserrinne *f (in e-m Eis-*

feld) **13** *(Hunde)* Leine *f*: **keep on the ~** an der Leine führen *od* halten **14** MIL Vorhalt *m* **B** ADJ Leit…, Führungs…, Haupt… **C** V/T *prät u. pperf* led [led] **1** führen, leiten, *j-m* den Weg zeigen: **~ the way** vorangehen, den Weg zeigen; → garden path, nose *Bes Redew* **2** führen, bringen: **this road will ~ you to town**; → temptation **3** bewegen, verleiten, -führen *(alle:* **to** zu), dahin bringen, veranlassen *(beide:* **to do** zu tun): **this led me to believe that …** dies veranlasste mich zu glauben, dass …; **what led you to think so?** was brachte Sie zu dieser Ansicht? **4** a (an)führen, leiten, an der Spitze stehen von, SPORT führen vor *(dat) od* gegen (**by** mit): **~ an army** e-e Armee führen *od* befehligen; **~ the field** SPORT das Feld anführen; **~ the table** SPORT die Tabelle anführen, an der Tabellenspitze stehen; **~ sb by 20 seconds** SPORT e-n Vorsprung von 20 Sekunden vor j-m haben b *e-e Untersuchung etc* leiten **5** a *bes US ein Orchester* leiten, dirigieren b *bes Br* die erste Geige spielen *od* Konzertmeister sein in *(dat) od* bei **6** *ein behagliches etc Leben* führen **7** *j-m etwas* bereiten: → dance C 1, dog *Bes Redew* **8** *e-n Zeugen* durch Suggestivfragen lenken **9** *e-e Karte, Farbe etc* aus-, anspielen **10** *Boxen: e-n Schlag* führen **D** V/I **1** führen: a vorangehen, den Weg weisen *(a. fig)* b die erste *od* leitende Stelle einnehmen, Führer sein c SPORT an der Spitze *od* in Führung liegen: **~ by points** nach Punkten führen **2** führen *(Straße, Gang etc)*: **~ into** münden in *(akk)*; **~ off** abgehen von; **~ to** *fig* führen zu, zur Folge haben; → Rome A **3** *Boxen:* (zu schlagen) beginnen: **~ with the left** **4** **~ with** *(Journalismus) etwas* als Aufmacher bringen **5** **~ with** → C 9

Phrasal Verbs: **lead| astray** V/T *fig* a irreführen b verführen; **~ away** V/T **1** wegführen, *e-n Verhafteten etc* abführen **2** *fig j-n* abbringen (**from** von): **be led away** *a.* sich abbringen lassen; **~ in** V/I s-e Rede *etc* einleiten (**with** mit); **~ off** **A** V/T **1** → lead away **2** *fig* einleiten, eröffnen, beginnen *(alle:* **with** mit) **B** V/I *fig* anfangen, beginnen: **he led off by saying** er sagte eingangs; **~ on** **A** V/T **1** verführen, verlocken *(beide:* **with** mit) **2** *j-m* etwas vor- *od* weismachen: **lead sb on to think that …** j-n glauben machen, dass … **B** V/I vorangehen; **~ up** **A** V/T *j-n* hinauf-, heraufführen *(beide:* **to** auf *akk)* **B** V/I **1** hinauf-, heraufführen *(beide:* **to** auf *akk) (Straße etc)* **2** *fig* **(to)** a (allmählich *od* schließlich) führen (zu) b überleiten (zu), einleiten *(akk)* c hinauswollen (auf *akk)*: **he was leading up to sth** er wollte auf etwas ganz Bestimmtes hinaus

lead² [led] **A** S **1** CHEM Blei *n*: **(as) heavy as ~** bleischwer, schwer wie Blei *(Sack, Füße etc)*; → balloon A 1 **2** SCHIFF Senkblei *n*, Lot *n*: **cast** (*od* **heave**) **the ~** das Lot auswerfen, loten; **swing the ~** *Br sl* sich (vor *od* von der Arbeit) drücken, *bes* krankmachen, krankfeiern *umg* **3** Blei *n*, Kugeln *pl (Geschosse)* **4** CHEM Grafit *m*, Reißblei *n* **5** *(Bleistift)* Mine *f*: **put ~ in sb's pencil** *umg hum* j-s Manneskraft stärken **6** TYPO Durchschuss *m* **7** Fensterblei *n*, Bleifassung *f* **8** *pl Br* a bleierne Dachplatten *pl* b (flaches) Bleidach **9** → white lead **B** V/T **1** verbleien: **~ed** verbleit, *(Benzin a.)* bleihaltig **2** a mit Blei füllen b mit Blei beschweren **3** *Fensterglas* in Blei fassen: **~ed window** Bleiglasfenster *n*; **~ed lights** *pl* Bleiverglasung *f* **4** TYPO durchschießen **C** V/I SCHIFF loten

lead| acetate [led] S CHEM Bleiazetat *n*, -zucker *m*; **~ arsenate** S CHEM Bleiarseniat *n*; **~-chamber process** S CHEM Bleikammerverfahren *n*; **~ colic** S MED Bleikolik *f*; **~ content** S CHEM Bleigehalt *m*; **~ crystal** S Bleikristall *n*

leaden ['ledn] ADJ (ADV **~ly**) **1** bleiern: a Blei…: **~ cable** b bleigrau *(Himmel etc)* c *fig* schwer: **~ limbs** bleischwere Glieder; **~ sleep** bleierner Schlaf **2** schwerfällig, hölzern: **~ witticisms** geistlose Witze

leader ['li:də(r)] S **1** Führer(in) **2** (An)Führer(in), POL *(Partei)* Vorsitzende(r) *m/f(m)*, PARL *(Fraktions-, Oppositions)* Führer(in), MIL *(bes Zug- od Gruppen)* Führer *m*: **the ~ of the Labour Party**; **~ of the delegation** Delegationsführer; **~ of the opposition** *Br* Oppositionsführer; ♀ **of the House (of Commons)** *Br* Fraktionsführer der Regierungspartei; → floor leader **3** MUS a *bes US* Leiter(in), Dirigent(in) b *bes Br* Konzertmeister(in) c *(Band)* Leader *m* **4** JUR *Br* a erster Anwalt, erste Anwältin: **~ for the defence** Hauptverteidiger(in) b Kronanwalt *m*, -anwältin *f* **5** Leitpferd *n* **6** *bes Br* Leitartikel *m (e-r Zeitung)*: **~ writer** Leitartikler(in) **7** SPORT *etc* Spitzenreiter(in): **be the ~** a SPORT in Führung liegen, führen b führend *od* tonangebend sein (**in** auf *e-m Gebiet*) **8** WIRTSCH a Zug-, Lockartikel *m* b Spitzenartikel *m*, führende Marke c *pl (Börse)* führende Marktwerte *pl* **9** TECH a Leitungs-, *bes* Fallrohr *n* b Hauptantriebsrad *n* **10** Leitschnur *f (e-r Angel)* **11** *pl* TYPO Leit-, Tabellenpunkte *pl* **12** BOT Leit-, Haupttrieb *m* **13** ANAT Sehne *f* **14** Suggestivfrage *f* **15** Vorlaufband *n (e-s Films etc)*

leaderless ADJ führerlos, ohne Führer, *(Partei etc a.)* führungslos

leadership S **1** Führung *f*, Leitung *f*: **relinquish one's party's ~** als Parteivorsitzender zurücktreten **2** Führerschaft *f* **3** *a.* **~ qualities** *pl* Führungsqualitäten *pl*: → lack A; **~ role** S Führungsrolle *f*: **take the ~** die Führungsrolle übernehmen (**in** in *dat*); **~ style** S Führungsstil *m*

lead|-free ['led-] ADJ bleifrei *(Benzin)*; **~ glance** S MINER Bleiglanz *m*

lead| guitar [li:d] S MUS Leadgitarre *f*; **~ guitarist** S Leadgitarrist(in); **~-in** **A** ADJ **1** ELEK Zuleitungs…: **~ cable** **2** *fig* einleitend, -führend **B** S [*Br a.* ˌli:d'ɪn] **1** ELEK *(a. Antennen)* Zuleitung *f* **2** *fig* a **(to)** Einleitung *f* (zu), Einführung *f* (in *akk*) b → lead¹ A 8 a

leading¹ ['li:dɪŋ] **A** S Leitung *f*, Führung *f* **B** ADJ **1** Leit…, leitend, führend **2** erst(er, e, es): **the ~ car in the procession**; **~ trio** SPORT Spitzentrio *n* **3** Haupt…, führend, erst(er, e, es), (be)herrschend, maßgebend, tonangebend: **~ citizen** einflussreicher Bürger; **~ fashion** herrschende Mode

leading² ['ledɪŋ] S **1** Bleiwaren *pl* **2** Verbleiung *f* **3** a Bleiüberzug *m* b Bleifassung *f* **4** *a.* **~ between the lines** TYPO Durchschuss *m*

leading| article ['li:dɪŋ] S **1** → leader 6 **2** *US* → lead¹ A 8 b **3** → leader 8 a; **~ case** S JUR wichtiger Präzedenzfall; **~ counsel** → leader 4 a; **~ edge** S **1** Vorderkante *f* **2** ELEK Anstiegsflanke *f*; **~-edge technology** S Spitzentechnologie *f*; **~ lady** S THEAT *etc* Hauptdarstellerin *f*; **~ light** S **1** SCHIFF Leitfeuer *n* **2** *fig* führende *od* wichtige *od* einflussreiche Persönlichkeit; **~ man** S *irr* THEAT *etc* Hauptdarsteller *m*; **~ mark** S SCHIFF Leit-, Richtungsmarke *f*; **~ motive** S **1** Hauptmotiv *n* **2** MUS Leitmotiv *n*; **~ note** S MUS Leitton *m*; **~ question** S Suggestivfrage *f*; **~ rein** S **1** Leitzügel *m* **2** *pl Br* → leading strings; **~ role** S THEAT *etc* Hauptrolle *f*: **play a ~** *fig* e-e führende Rolle spielen (**in** in *dat*, bei); **~ strings** SPL *US* Gängelband *n (a. fig)*: **keep sb in ~** j-n am Gängelband führen *od* haben *od* halten; **be in ~ to sb** von j-m gegängelt werden; **~ tone** → leading note

leadless ['ledlɪs] ADJ bleifrei *(Benzin)*

lead line [led] S SCHIFF Lotleine *f*

lead-off ['li:d-] **A** ADJ Eröffnungs…, einleitend, erst(er, e, es) **B** S [*Br a.* ˌli:d'ɒf] Eröffnung *f*, Einleitung *f*

lead| pencil [led] S Bleistift *m*; **~-pipe cinch** S *US sl* a Kinderspiel *n* b todsichere Sache *umg*: **it's a ~ he'll come** er kommt todsicher; **~ poisoning** S MED Bleivergiftung *f*: **he died of ~** er starb an e-r Bleivergiftung *(US sl a. er wurde erschossen)*

lead| role [li:d] → leadership role; **~ screw** S TECH Leitspindel *f (e-r Drehbank)*; **~ singer** S MUS Leadsänger(in)

lead soap [led] S CHEM Bleiseife *f*

lead story [li:d] → lead¹ A 8 b

lead|swinger ['led-] S *Br sl* Drückeberger(in) *umg, bes j-d, der krankmacht od krankfeiert*; **~swinging** S *Br sl* Drückebergerei *f*, *bes* Krankmachen *n*, Krankfeiern *n (alle umg)*

lead time [li:d] S **1** *bes US* Vorlaufzeit *f (e-s Projekts etc)* **2** WIRTSCH Lieferzeit *f*

lead| tree [led] S BOT, *a.* CHEM Bleibaum *m*; **~ wool** S CHEM, TECH Bleiwolle *f*; **~work** S **1** Bleiarbeit *f* **2** *pl (oft als sg konstruiert)* Bleihütte *f*

leady ['ledɪ] ADJ **1** bleiern, bleiartig **2** bleihaltig

leaf [li:f] **A** *pl* leaves [li:vz] S **1** BOT Blatt *n*: **~ blade** Blattspreite *f*; **~ bud** Blattknospe *f*; **in ~** belaubt; **come into ~** ausschlagen, zu sprießen beginnen **2** BOT *(Blüten)* Blatt *n*: **rose ~** **3** KOLL a Teeblätter *pl* b Tabakblätter *pl* **4** Blatt *n (im Buch)*: **take a ~ out of sb's book** *fig* sich ein Beispiel nehmen an j-m, sich von j-m e-e Scheibe abschneiden *umg*; **turn over a new ~** *fig* ein neues Leben beginnen, e-n neuen Anfang machen **5** TECH a *(Fenster-, Tür)* Flügel *m* b *(Tisch)* Klappe *f* c Ausziehplatte *f (e-s Tisches)*: **pull out the leaves** den Tisch ausziehen d Aufziehklappe *f (e-r Klappbrücke)* e *(Visier)* Klappe *f (am Gewehr)* **6** TECH Blatt *n*, (dünne) Folie, Lamelle *f*: **~ brass** Messingfolie **7** TECH a Blatt *n (e-r Feder)* b Zahn *m (am Triebrad)* c Blattfeder *f* **B** V/I **1** *a.* **~ out** Blätter treiben: **~ out** *US* ausschlagen, zu sprießen beginnen **2** **~ through** durchblättern, blättern in *(dat)* **C** V/T *US* durchblättern

leafage ['li:fɪdʒ] S Laub(werk) *n*, Blätter(werk) *pl(n)*

leafed [li:ft] ADJ **1** belaubt **2** *in Zusammensetzungen* …blätt(e)rig

leaf| fat S ZOOL Nierenfett *n*; **~ green** S BOT, CHEM Blattgrün *n (a. Farbe)*

leafless ADJ blätterlos, entblättert, kahl: **~ in winter** winterkahl

leaflet ['li:flɪt] **A** S **1** BOT Blättchen *n* **2** a Flugblatt *n*, Hand-, Reklamezettel *m* b Merkblatt *n* c Prospekt *m* **B** V/I & V/T Flugblätter *etc* verteilen (an *akk*)

leaf| metal S TECH Blattmetall *n*; **~ mo(u)ld** S AGR Kompost *m*; **~ sight** S Klappvisier *n (des Gewehrs)*; **~ spring** S TECH Blattfeder *f*; **~stalk** S BOT Blattstiel *m*; **~ tobacco** S **1** Rohtabak *m* **2** Blättertabak *m*; **~work** S KUNST Blatt-, Laubwerk *n*

leafy ADJ **1** belaubt **2** Laub…: **~ plant** Blattpflanze *f* **3** blattartig, Blatt…

league¹ [li:g] **A** S **1** Liga *f*, Bund *m*: ♀ **of Nations** HIST Völkerbund **2** Bündnis *n*, Bund *m*: **be in ~ with** gemeinsame Sache machen mit, unter einer Decke stecken mit *(beide umg)*; **be in ~ with the devil** mit dem Teufel im Bunde stehen **3** SPORT Liga *f*: **~ game** Punktspiel *n*; **~ table** Tabelle *f* **4** *umg* Klasse *f*: **they are not in the same ~ with me** an mich kommen sie nicht ran **B** V/T & V/I *ppr* leaguing *a.* **~ together** (sich) verbünden

league² [liːg] S Br HIST League f (ein Längenmaß, etwa 3 Meilen)

leaguer¹ ['liːgə(r)] MIL obs A S Belagerung f B V/T belagern

leaguer² ['liːgə(r)] S bes US Verbündete(r) m/f(m)

leak [liːk] A S 1 a SCHIFF Leck n (a. in e-m Tank etc) b Loch n, undichte Stelle (a. fig in e-m Amt etc): **spring a ~** ein Leck od Loch bekommen 2 a Auslaufen n b Durchsickern n: → inspired 6 3 (das) auslaufende Wasser etc 4 ELEK a Verluststrom m, Streuung(sverluste) f(pl) b Fehlerstelle f 5 sl Schiffen n (Urinieren): **have** (od **take**) **a ~** schiffen; **go for a ~** schiffen gehen B V/I 1 lecken, leck sein 2 tropfen (Wasserhahn) 3 ELEK lecken, streuen 4 **~ out** a auslaufen, -strömen, -treten, entweichen b fig durchsickern, an die Öffentlichkeit dringen 5 **~ in** eindringen, -strömen 6 sl schiffen (urinieren) C V/T 1 durchlassen 2 fig Information etc durchsickern lassen

leakage ['liːkɪdʒ] S 1 Lecken n 2 → leak A 2, A 3, A 4 3 WIRTSCH Leckage f (Gewichtsverlust durch Verdunsten od Aussickern aufgrund e-r undichten Stelle); **~ conductance** S ELEK Ableitung f; **~ current** S ELEK 1 Reststrom m (e-s Kondensators) 2 Kriechstrom m; **~ flux** S ELEK Streufluss m; **~ path** S ELEK Kriechweg m; **~ resistance** S ELEK Streu-, Ableitwiderstand m

leaky ADJ leck, undicht (a. fig)

leal [liːl] ADJ schott od poet (ge)treu

lean¹ [liːn] A V/I prät u. pperf leaned [liːnd; Br bes lent], bes Br leant [lent] 1 sich neigen, schief sein od stehen 2 sich neigen, sich lehnen, sich beugen (alle: **over** über akk): **~ back** sich zurücklehnen; **~ forward** sich vorbeugen; **~ out** sich hinauslehnen (**of** aus); **~ over backward(s) (to do sth)** umg sich fast umbringen(, etwas zu tun) 3 sich lehnen (**against** an akk, gegen) 4 lehnen (**against** an dat) 5 **~ on** a sich stützen auf (akk) b fig sich verlassen auf (akk), bauen auf (akk) c umg j-n unter Druck setzen: **~ heavily on** fig sich stark anlehnen an (akk) 6 **~ to(ward[s])** fig (hin)neigen od tendieren zu B V/T 1 neigen, beugen 2 lehnen (**against** gegen, an akk) 3 stützen (**on** auf akk) C S Neigung f: **a ~ of 60°**

lean² [liːn] A ADJ (ADV ~ly) 1 a. fig mager (Fleisch, Löhne etc): **a ~ face** ein hageres od mageres Gesicht; **(as) ~ as an alley cat** a völlig abgemagert b spindeldürr; **~ in** (od **on**) fig arm an (dat) 2 fig prägnant, knapp (Prosa etc): **~ management** WIRTSCH Lean Management n, schmale Organisation; **~ production** WIRTSCH Lean Production f, schlanke Fertigung 3 TECH mager, arm: **~ coal** Magerkohle f; **~ concrete** Magerbeton m; **~ gas** Arm-, Schwachgas n; **~ mixture** mageres od armes Gemisch B S (das) Magere (des Fleisches); **~-burn engine** S AUTO Mager(mix)motor m; **~-faced** ADJ mit hagerem Gesicht: **be ~** ein hageres Gesicht haben

leaning A ADJ schräg, geneigt, schief: **the ~ Tower of Pisa** der Schiefe Turm von Pisa B S fig Neigung f, Tendenz f (beide: **to, toward[s]** zu)

leanness S Magerkeit f (a. fig)

leant [lent] bes Br prät u. pperf von lean¹

lean-to A pl -tos S Anbau m od Schuppen m (mit Pultdach) B ADJ Anbau…: **~ roof** Pultdach n

leap [liːp] A V/I prät u. pperf leaped [liːpt; Br bes lept], leapt [lept; US bes liːpt] springen (a. fig): **look before you ~** erst wägen, dann wagen; **~ aside** auf die od zur Seite springen; **~ at** fig sich auf ein Angebot etc stürzen; **~ for joy** Freudensprünge machen; **make hearts ~ for joy** die Herzen höherschlagen lassen; **~ from one subject to another** von e-m Thema zum anderen springen; **~ (in)to fame** schlagartig berühmt werden; **~ into sb's mind** j-m plötzlich (in den Sinn) kommen; **~ into view** plötzlich auftauchen od in Sicht kommen; **~ out** ins Auge springen (**to sb** j-m); **~ to the eye** ins Auge springen; **~ up** a aufspringen b hochschlagen (Flammen) c fig sprunghaft anwachsen, emporschnellen (Preise etc); → conclusion 3, foot A 1 B V/T 1 überspringen (a. fig), springen über (akk) 2 ein Pferd etc springen lassen 3 e-e Stute etc bespringen, decken C S 1 Sprung m (a. MUS u. fig): **a great ~ forward**; **take a ~** e-n Sprung machen; **by** (od **in**) **~s and bounds** fig sprunghaft; → dark B 4 2 fig sprunghaftes Anwachsen, Emporschnellen n (von Preisen etc); **~ day** S Schalttag m; **~frog** A S Bockspringen n: **~ test** IT Bocksprungtest m B V/I 1 Bock springen 2 a hüpfen: **he ~ged from town to town** b sich (immer wieder) gegenseitig überholen (a. fig) C V/T 1 Bock springen über (akk) 2 **~ each other** (od **one another**) → B 2 b 3 MIL zwei Einheiten im überschlagenden Einsatz vorgehen lassen

leapt [lept; US bes liːpt] prät u. pperf von leap

leap year S Schaltjahr n

learn [lɜːn; US lɜrn] prät u. pperf learned [-nt; -nd], learnt [-nt] A V/T 1 e-e Sprache etc (er)lernen: **~ a trade** e-n Beruf erlernen; **~ (to play) the piano** Klavier spielen lernen; **~ (how) to swim** schwimmen lernen; **~ by heart** auswendig lernen; **~ nothing from** nichts lernen aus; **~ off** (auswendig) lernen; → lesson A 5 2 **(from)** a erfahren, hören (von): **~ the truth** die Wahrheit erfahren; **we have ~ed that** … es ist uns zur Kenntnis gelangt od wir haben erfahren, dass …; **I am** (od **have**) **yet to ~ that** … es ist mir nicht bekannt, dass …; **it was ~ed yesterday that** … gestern erfuhr man, dass … b ersehen, entnehmen (aus e-m Brief etc) 3 sl lernen (lehren) B V/I 1 lernen: **some people never ~** manche lernen es nie; → defeat B 2 2 hören, erfahren (**about, of** von); **learnable** ADJ erlernbar

learned ['lɜːnɪd; US 'lɜrnəd] ADJ (ADV ~ly) 1 gelehrt (Mensch), (Abhandlung etc a.) wissenschaftlich: **~ profession** akademischer Beruf; → friend A 4 2 erfahren, bewandert (beide: **in** in dat) 3 [-nt; -nd] angelernt (Fähigkeiten etc)

learner S 1 Anfänger(in) 2 Lernende(r) m/f(m), Lerner(in): **a foreign ~ of German** ein Ausländer, der Deutsch lernt; **be a fast (slow) ~** schnell (langsam) lernen 3 a. **~ driver** a Fahrschüler(in) b Br Fahrschüler, der nur in Begleitung e-s Führerscheininhabers berechtigt ist, ein Kraftfahrzeug zu führen: **~'s permit** US *offizielle Fahrerlaubnis vor dem Erwerb des Führerscheins*

learning S 1 Gelehrsamkeit f, Gelehrtheit f 2 (Er)Lernen n: **~ by doing** *Grundsatz, nach dem Lernen sich hauptsächlich in der praktischen Auseinandersetzung mit den Dingen vollzieht* 3 meist pl US Lehrstoff m; **~ disability** S Lernbehinderung f; **~-disabled** ADJ lernbehindert; **~ process** S Lernprozess m

learnt [lɜːnt; US lɜrnt] prät u. pperf von learn

lease¹ [liːs] A S 1 Pacht-, Mietvertrag m 2 a Verpachtung f, Vermietung f (**to** an akk) b Pacht f, Miete f: **~ of life** Pacht auf Lebenszeit; **give sb a new ~ of** (US **on**) **life** j-m neuen Schwung geben; **she's given him a new ~ of life** er erlebt bei ihr s-n zweiten Frühling; **put out to** (od **to let out on**) **~** → B 1; **take on ~, take a ~ of** → B 2; **by** (od **on**) **~** auf Pacht 3 Pachtbesitz m, -gegenstand m, bes Pachtgrundstück n 4 Pacht-, Mietzeit f: **put out to a ~ of five years** auf fünf Jahre verpachtet B V/T 1 **~ out** verpachten, -mieten (beide: **to** an akk) 2 a pachten, mieten b leasen

lease² [liːs] S (Weberei) 1 (Faden)Kreuz n, Schrank m 2 Latze f

lease|back S Rückverpachtung f (an den Verkäufer); **~hold** A S 1 Pacht-, Mietbesitz m 2 Pachtland n, -grundstück n B ADJ gepachtet, Pacht…, gemietet, Miet…: **~ estate** Pachtgut n; **~ insurance** Pachtgutversicherung f C ADV **own sth ~** etwas gepachtet od gemietet haben; **~holder** S Pächter(in), Mieter(in); **~-lend** → lend-lease

leaser S Pächter(in), Mieter(in)

leash [liːʃ] A S 1 (Hunde) Leine f: **keep on the ~** → B 2 a; **keep** (od **hold**) **in ~** → B 2 b; **strain at the ~** a an der Leine zerren b fig kaum mehr zu halten sein; **strain at the ~ to do sth** fig a alle möglichen Anstrengungen unternehmen, etwas zu tun b es kaum mehr erwarten können, etwas zu tun 2 a JAGD Koppel f (Hunde, Füchse etc) b fig Dreigespann n: **a ~ of …** drei … 3 → lease² 2 B V/T 1 zusammenkoppeln 2 a an der Leine halten od führen b fig im Zaum halten

leasing ['liːsɪŋ] S 1 a Pachten n, Mieten n b Leasen n 2 Verpachten n, -mieten n 3 Leasing n (Vermietung von längerlebigen Wirtschaftsgütern mit der Möglichkeit, sie nach Ablauf des Vertrags gegen geringere Gebühr weiter zu benutzen od käuflich zu erwerben)

least [liːst] A ADJ (sup von **little**) 1 geringst(er, e, es), mindest(er, e, es), wenigst(er, e, es): → resistance 1 2 geringst(er, e, es), unbedeutendst(er, e, es): **at the ~ thing** bei der geringsten Kleinigkeit B S (das) Mindeste, (das) Geringste, (das) Wenigste: **at ~** wenigstens, zumindest; **at (the) ~** mindestens; **at the very ~** allerwenigstens; **not in the ~** nicht im Geringsten od Mindesten; **to say the ~ (of it)** (Redew) gelinde gesagt C ADV am wenigsten: **he worked ~**; **~ possible** geringstmöglich; **~ of all** am allerwenigsten; **tomorrow ~ of all** morgen schon gar nicht; **~ said, sooner mended** (Sprichwort) je weniger man darüber spricht, desto besser; **~ common multiple** S MATH kleinstes gemeinsames Vielfaches; **~ squares (method)** S MATH Methode f der kleinsten Quadrate; **~ tern** S ORN Zwergseeschwalbe f

leastways, US **leastwise** ADV umg wenigstens, zumindest

leat [liːt] S Br Mühlkanal m

leather ['leðə(r)] A S 1 Leder n (a. hum Haut; a. SPORT Ball): → hell A 2, tough A 1 2 *Gegenstand od Kleidungsstück aus Leder* B ADJ Leder…: **~ belt (coat, etc)** C V/T 1 mit Leder überziehen 2 umg versohlen (verprügeln); **~back** S a. **~ turtle** ZOOL Lederschildkröte f; **~-bound** ADJ ledergebunden

leathern ['leðə(r)n] ADJ obs ledern

leatherneck S MIL sl Ledernacken m (Marineinfanterist des U.S. Marine Corps)

leathery ['leðərɪ] ADJ ledern (Fleisch, Haut etc)

leave¹ [liːv] prät u. pperf left [left] A V/T 1 verlassen: a von j-m od e-m Ort etc fort-, weggehen: **the car left the road** der Wagen kam von der Straße ab; → home A 1 b abreisen, abfahren etc von (**for** nach) c von der Schule abgehen d j-n od etwas im Stich lassen, etwas aufgeben: **she left him for another man** sie verließ ihn wegen e-s anderen Mannes; **get left** umg im Stich gelassen werden e aus e-m Verein etc austreten 2 lassen: **~ sth about** (od **around**) **the room** etwas im Zimmer herumliegen lassen umg; **~ sth to cool** etwas auskühlen lassen; **~ it at that** es dabei belassen od (bewenden) lassen; **~ things as they are** die Dinge so lassen, wie sie sind; **~ alone** a allein lassen b a. **~ be** j-n, etwas in Ruhe lassen a a. **~ be** etwas auf sich beruhen lassen; ~ **him alone!** *a.* du sollst ihn in Ruhe lassen!; ~ **sb to themselves** j-n sich selbst überlassen; ~ **sth until the last minute** sich etwas bis zur letzten Minute aufheben; → cold A 4 d, device 7, lurch², severely 1 3 (übrig) lassen: **6 from 8 ~s 2** 8 minus 6 ist 2; **be left** übrig bleiben *od* übrig sein; **there is plenty of wine left** es ist noch viel Wein übrig; **there's nothing left for us but to go** uns bleibt nichts (anderes) übrig als zu gehen; **"to be left till called for"** „postlagernd"; **with ten minutes left** zehn Minuten vor Schluss; **he's got a lot left** *umg* er hat noch e-e Menge drauf; → desire A 1, stone C 1, undone 1 4 *e-e Narbe etc* zurücklassen (**on sb's face** in j-s Gesicht), *e-n Eindruck, e-e Nachricht, e-e Spur etc* hinterlassen: ~ **sb wondering whether …** j-n im Zweifel darüber lassen, ob …; **be left with** sitzen bleiben auf (*dat*) *umg*; **the accident left his face disfigured** nach dem Unfall war sein Gesicht entstellt; → impression 6, mark¹ A 15 5 hängen *od* liegen *od* stehen lassen, vergessen: **he left his umbrella at the restaurant** 6 überlassen, anheimstellen (*beide:* **to sb** j-m): ~ **it to sb to do sth** es j-m überlassen *od* anheimstellen, etwas zu tun; **I ~ it to you to decide** ich überlasse die Entscheidung Ihnen; → chance A 1 7 (*nach dem Tode*) hinterlassen: **he ~s a widow and five children** er hinterlässt e-e Frau u. fünf Kinder; **he left his family well off** er ließ seine Familie in gesicherten Verhältnissen zurück 8 vermachen, -erben: **she left him a small fortune** 9 (*auf der Fahrt*) *links od rechts* liegen lassen: ~ **the village on the left** 10 aufhören mit, einstellen, (unter)lassen B V/I 1 (fort-, weg)gehen, abreisen, abfahren (*alle:* **for** nach): **the train ~s at six** der Zug fährt um 6 (Uhr) ab *od* geht um 6 2 gehen (*die Stellung aufgeben*): **our cook has threatened to ~**

Phrasal Verbs: **leave| about, ~ around** V/T herumliegen lassen *umg*; ~ **aside** V/T *e-e Frage etc* beiseitelassen, ausklammern; ~ **behind** V/T 1 zurücklassen 2 → leave¹ A 4, A 5 3 *e-n Gegner etc* hinter sich lassen (*a. fig*); ~ **in** V/T 1 im Ofen *od* in der Röhre lassen 2 *e-n Satz etc* (stehen) lassen; ~ **off** A V/T 1 einstellen, aufhören mit: ~ **work** die Arbeit einstellen; ~ **crying** zu weinen aufhören 2 *e-e Gewohnheit etc* aufgeben 3 *ein Kleidungsstück* ablegen, nicht mehr tragen *od* anziehen B V/I aufhören; ~ **on** V/T 1 *ein Kleidungsstück* anbehalten, anlassen 2 *das Radio etc* anlassen, *das Licht a.* brennen lassen 3 *den Deckel etc* drauflassen; ~ **out** V/T 1 draußen lassen 2 weglassen (**of** von, bei): **leave sb out of the team** SPORT j-n nicht aufstellen 3 übersehen, vergessen (*beide:* **of** bei); ~ **over** V/T *Br* 1 übrig lassen: **be left over** übrig bleiben *od* übrig sein; **there is plenty of wine left over** es ist noch viel Wein übrig 2 verschieben (**till, until** auf *akk*, bis)

leave² [liːv] S 1 Erlaubnis *f*, Genehmigung *f*: **ask ~ of sb, ask sb's ~** j-n um Erlaubnis bitten; **give sb ~ to do sth** j-m die Erlaubnis geben, etwas zu tun; j-m gestatten, etwas zu tun; **take ~ to say** sich zu sagen erlauben; **by ~ of** mit Genehmigung (*gen*); **by your ~** mit Ihrer Erlaubnis, *iron* mit Ihrer gütigen Erlaubnis; **without so much as a 'by your ~'** *umg* ohne auch nur zu fragen; → absence 2, absent A 1, beg A 1 2 Urlaub *m*: ~ **from the front** MIL Fronturlaub; **(go) on ~** auf Urlaub (gehen); **a man on ~** ein Urlauber; ~ **pay** Urlaubsgeld *n*; → absence 2 3 Abschied *m*: **take (one's) ~** sich verabschieden, Abschied nehmen (*beide:* **of sb** von j-m); → sense A 2

leave³ [liːv] → leaf B 1

leaved [liːvd] ADJ (*bes in Zusammensetzungen*) 1 BOT …blätt(e)rig: **a four-~ clover** ein vierblättriges Kleeblatt 2 …flüg(e)lig: **two-~ door** Flügeltür *f*

leaven [ˈlevn] A S 1 a Sauerteig *m* b Treibmittel *n* 2 *fig* Auflockerung *f* B V/T 1 *e-n Teig* a säuern b (auf)gehen lassen 2 *fig* auflockern (**with** mit, durch); **leavening** → leaven A

leaves [liːvz] *pl von* leaf

leave-taking S Abschied *m*, Abschiednehmen *n*

leaving [ˈliːvɪŋ] A ADJ 1 Abschieds…: ~ **present**; ~ **party** Abschiedsparty *f*; **have a ~ party** s-n Ausstand geben 2 ~ **certificate** SCHULE Abgangszeugnis *n* B SPL 1 Überbleibsel *pl*, Rest *m* 2 Abfall *m*

Lebanese [ˌlebəˈniːz] A ADJ libanesisch B S Libanese *m*, Libanesin *f*: **the ~** *koll* die Libanesen *pl*; **Lebanon** [ˈlebənən; *US a.* -ˌnɑn] S *der* Libanon *m*

Lebensraum [ˈleɪbənzraʊm] S Lebensraum *m*

lebkuchen [ˈleɪbˌkuːkən] *pl* -chen S Lebkuchen *m*

lech [letʃ] *umg* A S 1 → lechery 2 Lüstling *m*, Wüstling *m*, Lustmolch *m umg* B ADJ → lecherous C V/I geil *od* scharf sein (*beide:* **after** auf *akk*)

lechatelierite [ləʃəˈteljəraɪt; *US a.* ləˌʃɑːtlˈɪrˌaɪt] S MINER Lechatelierit *m*

lecher S Lüstling *m*, Wüstling *m*; **lecherous** ADJ (ADV ~ly) geil, lüstern; **lecherousness** S Geilheit *f*, Lüsternheit *f*; **lechery** S Geilheit *f* (*a. Gedanke etc*), Lüsternheit *f*

lecithin [ˈlesɪθɪn] S *Biochemie*: Lezithin *n* (*in allen pflanzlichen u. tierischen Zellen enthaltener Stoff, der die Resorbierbarkeit der für den Körper schwer verdaulichen Fette steigert*)

lect. ABK 1 lecture(s PL) 2 lecturer

lectern [ˈlektɜːn; -tən; *US* -tərn] S REL Lese-, Chorpult *n*

lection [ˈlekʃn] S REL Lektion *f*, Lesung *f*; **lectionary** [-ʃnərɪ; *US* -ʃəˌneriː] S REL Lektionar *n* (*Sammlung von Bibelabschnitten in der Reihenfolge, in der sie im Laufe des Kirchenjahres in der Messe zu lesen sind*)

lecture [ˈlektʃə(r)] A S 1 (**on** über *akk*; **to** vor *dat*) a Vortrag *m* b UNIV Vorlesung *f*: ~ **hall** (*od* **theater**, *bes Br* **theatre**) Vortrags-, UNIV Hörsaal *m*; ~ **tour** Vortragsreise *f*; **give** (*od* **read**) **a ~** e-n Vortrag *od* e-e Vorlesung halten 2 Strafpredigt *f*: **give** (*od* **read**) *sb* **a ~** → C 2 B V/I (**on** über *akk*; **to** vor *dat*) a e-n Vortrag *od* Vorträge halten b UNIV e-e Vorlesung *od* Vorlesungen halten, lesen C V/T 1 a e-n Vortrag *od* Vorträge halten vor (*dat*) b UNIV e-e Vorlesung *od* Vorlesungen halten vor (*dat*) 2 *j-m* e-e Strafpredigt *od* Standpauke halten *umg*

lecturer [ˈlektʃərə(r)] S 1 Vortragende(r) *m/f(m)*: **he is an excellent ~** er trägt ausgezeichnet vor 2 UNIV a *Br* Dozent(in) (**in** für) b *US* Lehrbeauftragte(r) *m/f(m)*

led¹ [led] *prät u. pperf von* lead¹

LED² ABK ELEK light-emitting diode

LED display [ˌeliːˈdiː] S Leuchtanzeige *f*

lederhosen [ˈleɪdə(r)ˌhəʊzn] SPL *a.* **pair of ~** Lederhose *f*

ledge [ledʒ] S 1 Sims *m/n*, Leiste *f*, vorstehender Rand 2 (Fels)Gesims *n* 3 Felsbank *f*, Riff *n* 4 *Bergbau*: a Lager *n* b Ader *f*

ledger [ˈledʒə(r)] S 1 WIRTSCH Hauptbuch *n* 2 ARCH Querbalken *m*, Sturz *m* (*e-s Gerüsts*) 3 große Steinplatte; ~ **board** S Handleiste *f* (*e-s Geländers etc*); ~ **line** S 1 Angelleine *f* mit festliegendem Köder 2 MUS Hilfslinie *f*; ~ **paper** S gutes Schreibpapier (*für Hauptbücher*); ~ **tackle** S Grundangel *f*

lee [liː] S 1 Schutz *m*: **under** (*od* **in**) **the ~ of** im Schutz von (*od gen*) 2 (wind)geschützte Stelle 3 a Windschattenseite *f* b SCHIFF Lee(seite) *f*: **be under the ~** windgeschützt liegen; **come by the ~** in Lee fallen; **go by the ~** den Wind verlieren; **~board** S SCHIFF Seitenschwert *n*

leech¹ [liːtʃ] A S 1 ZOOL Blutegel *m*: **apply ~es to** → B; **stick** (*od* **cling**) **to sb like a ~** wie e-e Klette an j-m hängen 2 *fig* a Klette *f* b Blutsauger(in) 3 *obs* Arzt *m*, Ärztin *f* B V/T *j-m* Blutegel setzen

leech² [liːtʃ] S SCHIFF Leick *n*, Liek *n*

leek [liːk] S 1 BOT (Breit)Lauch *m*, Porree *m* 2 Lauch *m* (*Emblem von Wales*)

leer¹ [lɪə(r)] A S a höhnisches *od* boshaftes *od* anzügliches Grinsen b lüsterner Seitenblick B V/I a höhnisch *od* boshaft *od* anzüglich grinsen b lüstern schielen (**at** nach)

leer² → lehr

leery [ˈlɪ(ə)rɪ] ADJ *umg* misstrauisch (**of** gegenüber): **I'm a bit ~ of him** ich trau ihm nicht so recht

lees [liːz] SPL Bodensatz *m*: **drink** (*od* **drain**) **to the ~** *fig* a bis zur Neige auskosten b bis zur bitteren Neige durchstehen

lee| shore S SCHIFF Leeküste *f*; ~ **side** S SCHIFF Leeseite *f*

leet¹ [liːt] S HIST *Br* 1 Lehngericht *n* 2 (Lehn)Gerichtstag *m*

leet² [liːt] S *schott* Bewerber-, Kandidatenliste *f*

lee tide S SCHIFF Leetide *f*

leeward [ˈliːwə(r)d; SCHIFF ˈluːə(r)d] SCHIFF A ADJ Lee…, leewärts gelegen, nach Lee zu liegend *od* sich bewegend B S Lee(seite) *f*: **to ~** → C; **drive to ~** abtreiben; **fall to ~** abfallen C ADV leewärts, nach Lee

leeway S 1 SCHIFF Leeweg *m*, Abtrift *f*: **make ~** (*vom Kurs*) abtreiben 2 FLUG Abtrift *f* 3 *fig* Rückstand *m*, Zeitverlust *m*: **make up ~** (den Rückstand *od* den Zeitverlust) aufholen 4 *fig* Spielraum *m*: **allow sb great ~** j-m großen Spielraum einräumen

left¹ [left] A ADJ link(er, e, es), Links…: **on the ~ hand of** linker Hand von; **a wife of the ~ hand** HIST e-e morganatische Gattin; **on** (*od* **to**) **the ~ side** links, linker Hand; **have two ~ hands** zwei linke Hände haben; **he's got two ~ feet** er hat zwei linke Füße (*er ist ein schlechter Tänzer*) B S 1 (*die*) Linke, linke Seite (*a. von Stoff*): **on (at, to) the ~ (of)** zur Linken (von *od gen*), links (von), auf der linken Seite (von *od gen*), linker Hand (von); **on our ~** zu unserer Linken, uns zur Linken; **the second turning to** (*od* **on**) **the ~** die zweite Querstraße links; **keep to the ~** a sich links halten b AUTO links fahren; **traffic in Britain keeps to the ~** in Großbritannien herrscht Linksverkehr; **be to the ~ of** POL links stehen von 2 *Boxen*: Linke *f* (*Hand od Schlag*) 3 **the ~**, *a.* **the** ♀ POL die Linke C ADV links (**of** von), auf der linken Seite, zur linken Hand: **turn ~** a (sich) nach links wenden b AUTO links abbiegen; **~, right and center** (*bes Br* **centre**) *fig* überall; **spend one's money ~, right and center** (*bes Br* **centre**) sein Geld mit vollen Händen ausgeben

left² [left] *prät u. pperf von* leave¹

left|-aligned ADJ TYPO linksbündig; **~-and-right combination** S *Boxen*: Links-rechts-Kombination *f*; **~-footer** S *Ir umg* Kathole *m*, Katholin *f*; **~-foot shot** S *Fußball*: Linksschuss *m*; **~-hand** ADJ 1 link(er, e, es): ~ **glove**; ~ **bend** Linkskurve *f* 2 linkshändig, mit der linken Hand (ausgeführt): ~ **blow** (*Boxen*) Linke *f* 3 *bes* TECH linksgängig, -läufig, Links…: ~ **drive** Linkssteuerung *f*; ~ **engine** linksläufiger Motor; ~ **motion** Linksgang *m*; ~ **rotation** Linksdrehung *f*; ~ **screw** linksgängige Schraube; ~ **thread** Linksgewinde *n*; ~ **twist** Linksdrall *m*; **~-handed** **A** ADJ (ADV ~ly) **1** linkshändig: ~ **person** Linkshänder(in); **be** ~ Linkshänder(in) sein **2** → left-hand 2, 3 **3** zweifelhaft, fragwürdig *(Kompliment)* **4** linkisch, ungeschickt **5** HIST morganatisch: ~ **marriage** *a.* Ehe *f* zur linken Hand **B** ADV mit der linken Hand; **~-handedness** S **1** Linkshändigkeit *f* **2** Zweifelhaftigkeit *f*, Fragwürdigkeit *f* **3** Ungeschicktheit *f*; **~-hander** S **1** Linkshänder(in) **2** *Boxen:* Linke *f*

leftie → lefty

leftism ['leftɪzəm] S POL Linkspolitik *f*, -orientierung *f*; **leftist** **A** S POL Linkspolitiker(in), links Stehende(r) *m/f(m)*, Linksradikale(r) *m/f(m)* **B** ADJ POL links gerichtet *od* stehend, linksradikal, Links…

left|-justified ADJ TYPO linksbündig; **~-leaning** ADJ POL nach links tendierend

left|-luggage locker S BAHN *Br* (Gepäck)Schließfach *n*; **~-luggage office** S BAHN *Br* Gepäckaufbewahrung(sstelle) *f*; **~-off** ADJ abgelegt *(Kleidungsstücke)*; **~over** **A** ADJ übrig (geblieben) **B** SPL Überbleibsel *pl*, Rest *m*; ~ **property** S Hinterlassenschaft *f*, Nachlass *m*

leftward ['leftwə(r)d] **A** ADJ link(er, e, es), Links… **B** ADV (nach) links; **leftwards** → leftward B

left| wing S **1** *bes* MIL, POL, SPORT linker Flügel **2** SPORT Linksaußen *m*; **~-wing** ADJ POL dem linken Flügel angehörend, Links…: ~ **extremist**; ~ **ideologies** linke Ideologien

lefty ['leftɪ] S *umg* **1** POL Linke(r) *m/f(m)* **2** *bes US* Linkshänder(in)

leg [leg] **A** V/T ~ **it** *umg* **a** laufen, zu Fuß gehen **b** rennen **c** die Beine in die Hand *od* unter den Arm nehmen **B** S **1** Bein *n* **2** Unterschenkel *m* **3** *(Hammel- etc)* Keule *f*: ~ **of mutton** **4** **a** *(Hosen-, Strumpf)* Bein *n* **b** *(Stiefel)* Schaft *m* **5** **a** *(Stuhl-, Tisch- etc)* Bein *n* **b** Stütze *f*, Strebe *f*, Stützpfosten *m* **c** Schenkel *m (e-s Zirkels)* **6** MATH Kathete *f*, Schenkel *m (e-s Dreiecks)* **7** Etappe *f*, Abschnitt *m (e-r Reise etc)*, *a.* FLUG, SPORT (Teil)Strecke *f* **8** SCHIFF Schlag *m (Strecke, die ein kreuzendes Schiff zurücklegt, ohne zu wenden)* **9** SPORT **a** Durchgang *m*, Lauf *m* **b** Runde *f*: **first-~ (second-~) game** Vorspiel *n* (Rückspiel *n*) **10** HIST Kratzfuß *m*: **make a ~**

Besondere Redewendungen: **be off one's ~s** sich ausruhen; **she is never off her ~s** sie kommt nie zur Ruhe; **be on one's ~s again** wieder auf den Beinen sein *(nach e-r Krankheit)*; **be all ~s** *umg* nur aus Beinen bestehen, Beine bis zum Kinn haben *umg*; **be on one's last ~s** *umg* auf dem letzten Loch pfeifen; **my car is on its last ~s** *umg* mein Wagen macht nicht mehr lange; **the government are on their last ~s** *umg* die Regierung ist am Ende *od* hat abgewirtschaftet; **find one's ~s** **a** gehen *od* laufen lernen *(Baby)* **b** *fig* sich freischwimmen; lernen, selbstständig zu handeln **c** *fig* sich eingewöhnen; **get (up) on one's ~s** (aufstehen u.) sich zu Wort melden; **get sb back on their ~s** *fig* j-m wieder auf die Beine helfen; **get a** (*od* **one's**) ~ **over** *sl* bumsen *vulg (Geschlechtsverkehr haben)*; **give sb a ~ up** **a** j-m (hin)aufhelfen **b** *fig* j-m unter die Arme greifen; **give sb a ~ up into the saddle** j-m in den Sattel helfen; **have the ~s of sb** *umg* schneller laufen (können) als j-d; **have no ~ to stand on** **a** keinerlei Beweise haben **b** sich nicht herausreden können; **pull sb's ~** *umg* j-n auf den Arm nehmen *od* aufziehen *od* foppen; **run** (*od* **rush**) **sb off his ~s** j-n in Trab halten *fig*; **shake a ~** *umg* **a** das Tanzbein schwingen **b** Dampf *od* Tempo machen; **show a ~** *umg* aufstehen, aus dem Bett steigen; **stand on one's own (two) ~s** auf eigenen Beinen stehen; **stretch one's ~s** sich die Beine vertreten; **take to one's ~s** die Beine in die Hand *od* unter den Arm nehmen *umg*; → break[1] B 1, hind[2], walk off B 2

leg. ABK **1** legal **2** legate **3** legislative **4** legislature

legacy ['legəsɪ] S JUR Vermächtnis *n*, *fig a.* Erbe *n*; ~ **hunter** S Erbschleicher(in)

legal ['li:gl] **A** ADJ (ADV ~ly) **1** gesetzlich, rechtlich: ~ **holiday** *US* gesetzlicher Feiertag; → tender[2] C 2 **2** legal, gesetzmäßig, rechtsgültig: → residence 1 **3** Rechts…, juristisch: ~ **advice** Rechtsberatung *f*; ~ **adviser** Rechtsberater(in); ~ **age** gesetzliches Mindestalter, *bes* Volljährigkeit *f*; ~ **agent** gesetzliche(r) Vertreter(in); ~ **aid** *(unentgeltliche)* Rechtshilfe *(für bedürftige Personen)*, Prozesskostenhilfe *f*; ~ **battle** (erbitterter) Rechtsstreit (**over** um); ~ **capacity** Rechts-, Geschäftsfähigkeit *f*; **have ~ capacity** rechts- *od* geschäftsfähig sein; ~ **department** Rechtsabteilung *f*; ~ **dispute** Rechtsstreit *m*; ~ **force** Rechtskraft *f*, -gültigkeit *f*, -wirksamkeit *f*; ~ **limit for driving** Promillegrenze *f*; ~ **medicine** Gerichtsmedizin *f*; ~ **opinion** Rechtsgutachten *n*; ~ **position** Rechtslage *f*; ~ **practitioner** Rechtsanwalt *m*, -anwältin *f*; ~ **profession** **a** juristischer Beruf **b** Anwaltsberuf *m* **c** *(der)* Anwaltsstand, *(die)* Anwaltschaft; ~ **protection** Rechtsschutz *m*; ~ **representative** Rechtsvertreter(in); ~ **status** rechtliche Stellung, Rechtsposition *f*; ~ **system** Rechtssystem *n*, -ordnung *f*; ~ **transaction** Rechtsgeschäft *n*; → binding A, entity 3, incapable 5, incapacitated 3, incapacity 2, loophole A 4, portion A 5 b, position A 11, redress B 1 **4** gerichtlich *(Entscheidung etc)*: **take ~ action** (*od* **measures**) den Rechtsweg beschreiten; **take ~ action** (*od* **steps**) **against sb** gerichtlich gegen j-n vorgehen; ~ **separation** (gerichtliche) Aufhebung der ehelichen Gemeinschaft **5** SPORT regulär *(Tor etc)* **6** REL **a** dem Gesetz des Moses entsprechend **b** auf die selig machende Kraft der guten Werke *(u. nicht der Gnade)* bauend **B** V/T *ein Manuskript* auf s-e juristische Unbedenklichkeit hin prüfen

legalese [,li:gə'li:z] S Juristensprache *f*, -jargon *m*

legalism ['li:gəlɪzəm] S Legalismus *m*: **a** *strikte Gesetzestreue* **b** *pej starres Festhalten an Paragrafen*; **legalistic** [-'lɪstɪk] ADJ (ADV ~ally) legalistisch

legality [li:'gælətɪ] S **1** Gesetzlichkeit *f* **2** Legalität *f*, Gesetzmäßigkeit *f*, Rechtsgültigkeit *f* **3** REL Werkgerechtigkeit *f*

legalization [,li:gəlaɪ'zeɪʃn; *US* -lə'z-] S Legalisierung *f*; **legalize** V/T legalisieren: **a** *e-e Urkunde* amtlich beglaubigen *od* bestätigen **b** *e-e Sache* legal machen, *Drogen* freigeben

legate ['legɪt; -gət] S POL Legat *m*, päpstliche(r) Gesandte(r)

legatee [,legə'ti:] S JUR Legatar(in), Vermächtnisnehmer(in)

legation [lɪ'geɪʃn] S POL **1** **a** Gesandtschaft *f* **b** Legation *f*, päpstliche Gesandtschaft **2** **a** Entsendung *f (e-s bevollmächtigten Vertreters)* **b** Auftrag *m*, Mission *f* **3** Gesandtschaft(sgebäude) *f(n)*

legato [lə'gɑ:təʊ] MUS **A** ADJ & ADV legato, gebunden **B** *pl* -tos S Legato *n*

legator [,legə'tɔ:; *bes US* lɪ'geɪtə(r)] S JUR Vermächtnisgeber(in)

legend ['ledʒənd] S **1** Sage *f*, Legende *f (a. fig)* **2** KOLL Sage *f*, Sagen(schatz) *pl(m)*, Legende(n) *f(pl)*: **in ~** in der Sage *od* Legende **3** (Heiligen)Legende *f* **4** *fig* legendäre Gestalt *od* Sache, Mythos *m*: → living A 1, time A 7 **5** Legende *f*: **a** erläuternder Text, Bildunterschrift *f* **b** Zeichenerklärung *f (auf Karten, Schautafeln etc)* **c** Inschrift *f (auf Münzen etc)*

legendary ['ledʒəndərɪ; *US* -,deri:] **A** ADJ (ADV legendarily) legendär: **a** legenden-, sagenhaft **b** unwahrscheinlich **c** zur Legende geworden **B** S Sagen-, Legendensammlung *f*

legendry ['ledʒəndrɪ] → legend 2

legerdemain [,ledʒə(r)də'meɪn] S **1** Taschenspielerei *f (a. fig)* **2** Schwindel *m*

leges ['li:dʒi:z] *pl von* lex

legged [legd; *bes US* 'legɪd] ADJ *(bes in Zusammensetzungen)* mit (…) Beinen, …beinig: → long-legged *etc*

leggings ['legɪŋz], *US a.* **leggins** ['legənz] SPL **1** **a** (hohe) Gamaschen *pl* **b** Leggins *pl*, Leggings *pl (vom Knöchel bis zum Oberschenkel reichende Ledergamaschen nordamerikanischer Indianer)* **c** Leggings *pl (e-r Strumpfhose ähnliches fußloses Oberbekleidungsstück)* **2** *a.* **pair of ~** **a** Strampelhose *f* **b** Gamaschenhose *f* **c** *US* Steghose *f*

leggy ['legɪ] ADJ **1** langbeinig **2** *umg* mit langen, wohlgeformten Beinen *(Mädchen)* **3** **a ~ photo (show)** *umg* ein Foto, auf dem (e-e Show, in der) viel Bein zu sehen ist

leghorn S **1** ['leghɔ:(r)n; *Br a.* le'gɔ:n; *US a.* 'legərn] **a** *(ein)* feines Strohgeflecht **b** *Hut aus* **a** **2** ♀ [le'gɔ:n; *US* 'leg,hɔ:rn; 'legərn] Leghorn *n (e-e Haushuhnrasse)*

legibility [,ledʒɪ'bɪlətɪ] S Leserlichkeit *f*, Lesbarkeit *f*; **legible** [-əbl] ADJ (ADV legibly) **1** leserlich, lesbar **2** wahrnehmbar, erkennbar, sichtbar; **legibleness** → legibility

legion ['li:dʒən] S **1** *Antike:* MIL Legion *f* **2** Legion *f*, *(bes* Frontkämpfer)Verband *m*: **the American (the British)** ♀; ♀ **of Hono(u)r** *(französische)* Ehrenlegion; ♀ **of Merit** MIL *US* Verdienstlegion *(Orden)*; → foreign 1 **3** *fig* Legion *f*: **a** Heer *n* **b** Unzahl *f*: **they are ~** ihre Zahl ist Legion

legionary ['li:dʒənərɪ; *US* -,neri:] **A** ADJ Legions… **B** S **1** Legionär *m* **2** *Br* Angehörige(r) *m* des Brit. Frontkämpferverbands; ~ **ant** → driver ant

legionnaire [,li:dʒə'neə(r)] S **1** Legionär *m* **2** *meist* ♀ **a** Fremdenlegionär *m* **b** *Br* Mitglied der **British Legion** (→British A) **c** *US* Angehöriger *m* des Amer. Frontkämpferverbandes

legionnaires' disease [,li:dʒə'neə(r)z] S MED Legionärskrankheit *f*

legis. ABK **1** legislation **2** legislative **3** legislature

legislate ['ledʒɪsleɪt] **A** V/I **1** Gesetze erlassen **2** *fig* ~ **against sth** etwas verhindern; ~ **against sb doing sth** verhindern, dass j-d etwas tut; ~ **for sth** etwas berücksichtigen **B** V/T durch Gesetzgebung bewirken *od* schaffen

legislation [,ledʒɪs'leɪʃn] S Gesetzgebung *f (a. weitS. erlassene Gesetze)*

legislative ['ledʒɪslətɪv; *US* 'ledʒə,sleɪtɪv] **A** ADJ (ADV ~ly) **1** gesetzgebend, legislativ: ~ **assembly** gesetzgebende Versammlung; ~ **body** → B b; ~ **power** → B a **2** gesetzgeberisch, legislatorisch, Legislatur…, Gesetzgebungs…: ~ **period** Legislaturperiode *f* **3** gesetzlich, durch die Gesetzgebung festgelegt **B** S Legislative *f*: **a** gesetzgebende Gewalt **b** gesetzgebende Körperschaft

legislator ['ledʒɪsleɪtə(r)] S **1** Gesetzgeber *m* **2** Mitglied *n* einer gesetzgebenden Körperschaft; **legislatorial** [-lə'tɔ:rɪəl] → legislative A 2

legislatress ['ledʒɪsleɪtrɪs] S **1** Gesetzgeberin *f* **2** → legislator 2

legislature ['ledʒɪsleɪtʃə(r)] S **1** → legislative B b **2** *obs* → legislative B a

legist ['li:dʒɪst] S **1** Rechtskundige(r) *m/f(m)*,

L

Jurist(in) **2** HIST Legist *m* (*Jurist, der das römische Recht beherrschte*)

legit [lɪˈdʒɪt] *sl* **A** ADJ → legitimate A 1 a, A 1 b, A 5 **B** S → legitimate drama

legitimacy [lɪˈdʒɪtɪməsɪ] S **1** Legitimität *f*: a Gesetzmäßigkeit *f*, Gesetzlichkeit *f* b Rechtmäßigkeit *f*, Berechtigung *f* c Ehelichkeit *f* **2** Richtigkeit *f*, Korrektheit *f* **3** Folgerichtigkeit *f*, Logik *f* **4** Echtheit *f*

legitimate [lɪˈdʒɪtɪmət] **A** ADJ (ADV ~ly) **1** legitim: a gesetzmäßig, gesetzlich b rechtmäßig, berechtigt (*Anspruch etc*): **the ~ ruler** der legitime Herrscher c ehelich (*Geburt, Sohn etc*) **2** richtig, korrekt **3** einwandfrei, folgerichtig, logisch **4** echt **5** a ernst (*Musik*) b THEAT Dramen...: **~ playwright** Dramatiker(in) **B** V/T [-meɪt] **1** legitimieren: a für gesetzmäßig erklären b ehelichen Status verleihen (*dat*), für ehelich erklären **2** als (rechts)gültig anerkennen, sanktionieren **3** rechtfertigen; **~ drama** S (*das*) Drama (*Ggs Revue, Musical etc*)

legitimateness → legitimacy

legitimation [lɪˌdʒɪtɪˈmeɪʃn] S Legitimation *f*: a Legitimierung *f*, *a.* Ehelichkeitserklärung *f* b Ausweis *m*; **legitimatize** [-mətaɪz] → legitimate B

legitimism [lɪˈdʒɪtɪmɪzəm] S POL, HIST Legitimismus *m* (*auf dem monarchischen Legitimitätsprinzip beruhende Auffassung von der Unabsetzbarkeit e-s regierenden Herrschers*); **legitimist** **A** S Legitimist(in) **B** ADJ legitimistisch

legitimization [lɪˌdʒɪtɪmaɪˈzeɪʃn; *US* -məˈz-] → legitimation; **legitimize** → legitimate B

legless [ˈleglɪs] ADJ ohne Beine, beinlos

legman [ˈlegmæn; *Br a.* -mən] S *irr bes US* **1** (Zeitungs)Reporter *m* **2** *umg* Laufbursche *m*

leg|-of-mutton ADJ: **~ sail** SCHIFF Schafschenkel *m*, Schratsegel *n*; **~ sleeve** Keulenärmel *m*; **~-pull** *umg* Fopperei *f*; **~room** S FLUG, AUTO Beinfreiheit *f*, Platz *m* für die Beine: **there is plenty of ~** *a.* man kann gut die Beine ausstrecken; **~ show** S *umg Show, in der viel Bein zu sehen ist*

legume [ˈlegjuːm; *a.* lɪˈgjuːm] S **1** BOT a Leguminose *f*, Hülsenfrucht *f* b Legumen *n*, Hülse *f* (*Frucht der Leguminosen*) **2** *meist pl* a Hülsenfrüchte *pl* (*als Gemüse*) b Gemüse *n*; **legumen** [leˈgjuːmen; -mən; lɪ-] *pl* -mina [-mɪnə], -mens → legume 2; **legumin** [-mɪn] S CHEM Legumin *n*; **leguminous** [-mɪnəs] ADJ **1** a Hülsen... b hülsenartig c Hülsen tragend **2** erbsen- *od* bohnenartig **3** BOT zu den Hülsenfrüchten gehörig

leg| warmers SPL *Mode:* Legwarmers *pl* (*von den Knöcheln bis zu den Knien reichende Wollstrümpfe*); **~work** S *umg* **1** Lauferei *f umg* **2** Kleinarbeit *f*

lehr [lɪə(r)] S TECH (Band-, Tunnel)Kühlofen *m* (*für Glas*)

lehua [leɪˈhuːə] S **1** BOT (*ein*) Eisenholzbaum *m* **2** *Blüte dieses Baumes (Emblem von Hawaii)*

lei[1] [ˈleɪiː; leɪ] S Blumen-, Blütenkranz *m* (*auf Hawaii*)

lei[2] [ˈleɪiː; leɪ] *pl von* leu

Leicester [ˈlestə(r)] S **1** Leicester *n* (*Stadt in Mittelengland*) **2** Leicester-Schaf *n* (*langwolliges englisches Schaf*)

Leicestershire [ˈlestə(r)ʃə(r); -ˌʃɪə(r)] S Leicestershire *n* (*Grafschaft in Mittelengland*)

Leics. ABK Leicestershire

Leidenfrost phenomenon [ˈlaɪdnfrɒst; *US* -ˌfrɔːst; -frɑːst] S PHYS Leidenfrost-Phänomen *n*

Leinster [ˈlenstə(r)] S Leinster *n* (*Provinz im südöstlichen Irland*)

leishmania [liːʃˈmeɪnɪə] S ZOOL Leishmania *f* (*ein schmarotzendes Geißeltierchen*); **leishmaniasis** [ˌliːʃməˈnaɪəsɪs], **leishmaniosis** [liːʃˌmeɪnɪˈəʊsɪs; -ˌmænɪ-] S MED Leishmaniose *f* (*durch Leishmanien verursachte Tropenkrankheit*)

leister [ˈliːstə(r)] S mehrzackiger Fischspeer

leisure [ˈleʒə(r); *US bes* ˈliːʒər] **A** S **1** freie Zeit: **at ~** a mit Muße, ohne Hast, in (aller) Ruhe b frei, unbeschäftigt; **at your ~** wenn es Ihnen (gerade) passt, bei Gelegenheit **2** → leisureliness **B** ADJ Muße..., frei: **~ activities** *pl* Freizeitgestaltung *f*; **~ center** (*bes Br* **centre**) Freizeitzentrum *n*; **~ facilities** Freizeiteinrichtungen; **~ hours** Mußestunden; **~ industry** Freizeitindustrie *f*; **~ occupation** Freizeitbeschäftigung *f*; **~ park** Freizeitpark *m*; **~ suit** Freizeitanzug *m*; **~ time** Freizeit *f*; **~ wear** Freizeitkleidung *f*; **leisured** ADJ **1** unbeschäftigt, müßig: **the ~ classes** die begüterten Klassen **2** → leisurely; **leisureliness** [-lɪnɪs] S Gemächlichkeit *f*, Gemütlichkeit *f*; **leisurely** ADJ & ADV gemächlich, gemütlich

Leit. ABK Leitrim

leitmotiv, *a.* **leitmotif** [ˈlaɪtməʊˌtiːf] S MUS Leitmotiv *n* (*a. in der Literatur*)

Leitrim [ˈliːtrɪm] S Leitrim *n* (*Grafschaft im Nordwesten von Irland*)

Leix [liːʃ] → Laois

LEM ABK lunar excursion module

leman [ˈlemən] S *obs* Buhle *m/f*, Geliebte(r) *m/f(m)*

lemma[1] [ˈlemə] *pl* -mas, -mata [-mətə] S Lemma *n*: a MATH, *Logik:* Hilfssatz *m*, Annahme *f* b (*lexikografisches*) Stichwort c LING Grundform *f* (*e-s Worts*) d *obs in Titel od Motto ausgedrückter Hauptinhalt e-s Werkes*

lemma[2] [ˈlemə] *pl* -mas S BOT Deckspelze *f* (*der Gräser*)

lemmata [ˈlemətə] *pl von* lemma[1]

lemming [ˈlemɪŋ] S ZOOL Lemming *m*

lemniscate [ˈlemnɪskɪt; lemˈnɪskeɪt; *US* lemˈnɪskət] S MATH Lemniskate *f* (*algebraische Kurve 4. Ordnung, die die Form e-r liegenden Acht hat*)

lemon [ˈlemən] **A** S **1** Zitrone *f* **2** BOT Limone *f*, Zitronenbaum *m* **3** Zitronengelb *n* **4** *Br umg* Trottel *m pej* **5** *US umg* a Niete *f pej* (*Person*) b *etwas, was nichts taugt; engS.* Montagsauto *n*: **be a ~** nichts taugen; ständig kaputt sein **B** ADJ **1** Zitronen...: **~ juice** (**taste, tea,** *etc*) **2** zitronengelb

lemonade [ˌleməˈneɪd] S **1** *bes Br* Zitronenlimonade *f* **2** *Getränk aus frisch ausgepressten Zitronen, Wasser u. Zucker*

lemon| cheese, ~ curd S *Brotaufstrich aus Eigelb, Zucker, Zitronensaft u. Butter*; **~ dab** S FISCH Rotzunge *f*; **~ drop** S Zitronenbonbon *m/n*; **~ law** S *US* Schutzgesetz *n* für Autokäufer; **~ soda** S *US* Zitronenlimonade *f*; **~ sole** S FISCH (*bes* Französische) Seezunge; **~ squash** S *Br Getränk aus Zitronenkonzentrat, Wasser u. Zucker*; **~ squeezer** S Zitronenpresse *f*

lemony [ˈlemənɪ] ADJ **1** → lemon B 1, B 2 **2** *Aus sl* sauer (*verärgert*)

lemon zest S GASTR (*bes* geriebene) Zitronenschale

lemur [ˈliːmə(r)] S ZOOL Halbaffe *m*, *bes* a Maki *m* b Gemeiner Lemur(e)

lemures [ˈlemjʊriːz; *US a.* ˈleməˌreɪs] SPL MYTH, *Antike:* Lemuren *pl* (*nachts als Gespenster umherirrende Geister von Verstorbenen*)

lemuroid [ˈlemjʊrɔɪd] ZOOL **A** ADJ halbaffenartig **B** S Halbaffe *m*

lend [lend] *prät u. pperf* lent [lent] V/T **1** (ver-, aus)leihen: **~ sb £100** j-m 100 Pfund leihen; **~ (out) money** Geld (ver)leihen; **~ money on goods** Waren beleihen *od* lombardieren **2** *fig Würde, Nachdruck, Farbe etc* verleihen (**to** *dat*) **3** *fig* leihen, gewähren, schenken: **~ one's name to sth** s-n Namen für etwas hergeben; **~ o.s. to sth** a sich zu etwas hergeben b sich e-r Sache hingeben; **~ itself to sth** sich für *od* zu etwas eignen; → aid C 1, ear[1] 3, hand A 1; **lender** S Aus-, Verleiher(in), Geld-, Kredit-, Darlehensgeber(in)

lending S Aus-, Verleihen *n*, (*e-r Bibliothek*) Leihverkehr *m*, WIRTSCH Kredit-, Darlehensgewährung *f*; **~ library** S Leihbücherei *f*

lend-lease **A** S Leih-Pacht-System *n* **B** V/T aufgrund *od* nach Art des Leih-Pacht-Gesetzes verleihen u. verpachten; **Lend-Lease Act** S *US* HIST Leih-Pacht-Gesetz *n*

lenes [ˈleɪneɪz; ˈliːniːz] *pl von* lenis

length [leŋθ; leŋkθ] S **1** Länge *f* (*Dimension*): **~ and breadth**; **they searched the ~ and breadth of the house** sie durchsuchten das ganze Haus; **an arm's ~** e-e Armlänge; **two feet in ~** zwei Fuß lang; **what ~ is it?, what is the ~ of it?** wie lang ist es? **2** Länge *f*: a Strecke *f*: **a ~ of three feet** b lange Strecke **3** *Maß:* a Bahn *f* (*Stoff, Tapete etc*) b Stück *n* (*Schnur etc*) c Abschnitt *m* (*e-r Straße etc*) d Bahn *f*, Länge *f* (*e-s Schwimmbeckens*) **4** Länge *f*, Umfang *m* (*e-s Buches, e-r Liste etc*) **5** (*zeitliche*) Länge: a Dauer *f* (*a.* LING *e-s Lautes*): **~ of employment** Beschäftigungsdauer; **~ of service** Dauer der Betriebszugehörigkeit; **of some ~** ziemlich lang; **for varying ~s of time** verschieden *od* unterschiedlich lang b lange Dauer **6** SPORT Länge *f*: **the horse won by a ~** das Pferd gewann mit e-r Länge (Vorsprung) **7** LIT Quantität *f*

Besondere Redewendungen: **at ~** a ausführlich b endlich, schließlich; **at full ~** a in allen Einzelheiten b der Länge nach; **at great (some) ~** sehr (ziemlich) ausführlich; **go to great ~s** a sehr weit gehen b sich sehr bemühen; **he went (to) the ~ of asserting** er ging so weit zu behaupten; **go to all ~s** aufs Ganze gehen; **go any ~(s) for sb** alles tun für j-n; **I wonder what ~(s) he will go to** wie weit er wohl gehen wird?; **I cannot go that ~ with you** darin gehen Sie mir zu weit; **know the ~ of sb's foot** j-s Schwächen *od* Grenzen kennen; → arm[1] *Bes Redew,* measure B 1

lengthen [ˈleŋθən; ˈleŋkθən] **A** V/T **1** verlängern, länger machen, *ein Kleidungsstück a.* auslassen **2** ausdehnen **3** LIT lang machen **4** *Wein etc* strecken **B** V/I **1** sich verlängern, länger werden: **his face ~ed** sein Gesicht wurde länger, er machte ein langes Gesicht; **the shadows ~ed** die Schatten wurden länger **2** **~ out** sich in die Länge ziehen; **lengthening** **A** S Verlängerung *f* **B** ADJ Verlängerungs...

lengthiness [ˈleŋθɪnɪs; ˈleŋkθ-] S Langatmigkeit *f*

lengthways, lengthwise **A** ADV der Länge nach, in der Länge, längs **B** ADJ Längs...: **~ cut**

lengthy [ˈleŋθɪ; ˈleŋkθɪ] ADJ (ADV lengthily) **1** sehr lang **2** übermäßig *od* ermüdend lang, langatmig

leniency [ˈliːnjənsɪ; -nɪənsɪ], **lenience** S Milde *f*, Nachsicht *f*; **lenient** ADJ (ADV ~ly) mild(e), nachsichtig (*beide:* **to, toward[s]** gegenüber)

Leninism [ˈlenɪnɪzəm] S POL Leninismus *m*; **Leninist, Leninite** **A** S Leninist(in) **B** ADJ leninistisch

lenis [ˈleɪnɪs; ˈliː-] LING **A** *pl* lenes [ˈleɪneɪz; ˈliːniːz] S Lenis *f* (*mit schwachem Druck u. ungespannten Artikulationsorganen gebildeter Verschluss- od Reibelaut*) **B** ADJ leniert

lenition [lɪˈnɪʃn] S LING Lenierung *f*, Konsonantenschwächung *f* (*bes in den keltischen Sprachen*)

lenitive ['lenɪtɪv] A ADJ 1 MED, PHARM lindernd 2 *fig* besänftigend, beruhigend B S MED, PHARM Linderungsmittel *n*
lenity ['lenətɪ] S Nachsicht *f*, Milde *f*
leno ['li:nəʊ] A *pl* -nos S Linon *m* (*feinfädiges Leinen- od Baumwollgewebe in Leinwandbindung*) B ADJ Linon…
lens [lenz] S 1 ANAT, *a.* FOTO, PHYS Linse *f*: **~ aperture** FOTO Blende *f* 2 FOTO, PHYS Objektiv *n* 3 (*einzelnes*) Glas (*e-r Brille*) 4 Lupe *f* 5 ZOOL Sehkeil *m* (*e-s Facettenauges*); **~ hood** → lens screen; **~man** [-mən] S *irr umg* Fotograf *m*; **~ mount** S FOTO Objektivfassung *f*; **~ screen** S FOTO Gegenlichtblende *f*; **~ turret** S FOTO Objektivrevolver *m*
lent[1] [lent] *prät u. pperf von* lend
Lent[2] [lent] S 1 Fasten(zeit) *pl(f)* 2 *pl* Frühjahrsbootsrennen *pl* (*der Universität Cambridge*)
Lenten, ♀ ['lentən] ADJ 1 Fasten… 2 *obs od poet* fastenmäßig, karg, mager: **~ fare** fleischlose Kost
lenticular [len'tɪkjʊlə(r)] ADJ 1 linsenförmig 2 PHYS bikonvex 3 ANAT Linsen…
lentiform ['lentɪfɔ:(r)m] ADJ linsenförmig
lentigo [len'taɪgəʊ] *pl* -tigines [-'tɪdʒɪni:z] S 1 MED Lentigo *f*, Linsenfleck *m*, Muttermal *n* 2 Sommersprosse *f*
lentil ['lentɪl; *bes US* -tl] S BOT Linse *f*: **~ soup** Linsensuppe *f*
Lent lily S BOT *bes Br* Narzisse *f*
lento ['lentəʊ] MUS A ADJ & ADV lento, langsam B *pl* -tos S Lento *n*
Lent term S UNIV *Br* Frühjahrstrimester *n*
Lenz's law ['lentsɪz] S PHYS lenzsche Regel
Leo ['li:əʊ; 'lɪəʊ] A S ASTRON, ASTROL Löwe *m* (*Sternbild u. Tierkreiszeichen*): **be a ~** (ein) Löwe sein B ADJ ASTROL Löwe…: **be ~** (ein) Löwe sein; **Leonian** [li:'əʊnɪən; lɪ-] ASTROL A ADJ → Leo B B S Löwe *m* (*Person*): **be a ~** (ein) Löwe sein
Leonides [li:'ɒnɪdi:z; lɪ-; *US* -'ɑnə-], **Leonids** ['li:əʊnɪdz; 'lɪə-] SPL ASTRON Leoniden *pl* (*periodischer, zwischen dem 14. u. 19. November auftretender Meteorstrom, dessen Ausgangspunkt im Sternbild Löwe liegt*)
leonine[1] ['li:əʊnaɪn; 'lɪə-] ADJ 1 Löwen…: **~ head** Löwenhaupt *n* 2 **~ partnership** JUR leoninischer Vertrag
Leonine[2] ['li:əʊnaɪn; 'lɪə-] ADJ: **~ verse** LIT leoninischer Vers
leopard ['lepə(r)d] S 1 ZOOL Leopard *m*, Panther *m*: **American ~** Jaguar *m*; **black ~** Schwarzer Panther; **a ~ never changes** (*od* **can't change**) **his spots** (*Sprichwort*) der Mensch kann nicht aus s-r Haut heraus 2 Leopardenfell *n*; **~ cat** S ZOOL Bengalkatze *f*; **~'s-bane** S BOT Gemswurz *f*
leotard ['li:əʊtɑ:(r)d; 'lɪə-] S 1 Trikot *n* 2 Gymnastikanzug *m*
leper ['lepə(r)] S 1 MED Leprakranke(r) *m/f(m)*, Aussätzige(r) *m/f(m)*: **~ hospital** Leprakrankenhaus *n* 2 *fig j-d, der von allen gemieden wird*
lepidolite [lɪ'pɪdəlaɪt; 'lepɪdəʊ-] S MINER Lepidolith *m*
lepidopterist [,lepɪ'dɒptərɪst; *US* -'dɑp-] S Lepidopterologe *m*, Lepidopterologin *f*, Schmetterlingskundler(in); **lepidopterologist** [-'rɒlədʒɪst; *US* -'rɑ-] → lepidopterist; **lepidopterology** S Lepidopterologie *f*, Schmetterlingskunde *f*; **lepidopteron** [-rən] *pl* -tera [-tərə] S ZOOL Schmetterling *m*; **lepidopterous** ADJ Schmetterlings…
lepidote ['lepɪdəʊt] ADJ BIOL schuppig
leporine ['lepəraɪn] ADJ ZOOL 1 Hasen… 2 hasenartig
leprechaun ['leprəkɔ:n; *US a.* -,kɑ:n] S *Ir* Kobold *m*
leproma [le'prəʊmə] *pl* -mas, -mata [-tə] S MED Leprom *n*, Lepraknoten *m*
leprosarium [,leprə'seərɪəm] *pl* -ia [-ɪə] S Leprosorium *n* (*Spezialklinik für Leprakranke*)
leprose ['leprəʊs; -z] ADJ BIOL schuppig
leprosy ['leprəsɪ] S 1 MED Lepra *f*, Aussatz *m* 2 *fig* verderblicher Einfluss; **leprous** ADJ 1 MED lepros, leprös: a Lepra… b leprakrank, aussätzig 2 *fig* verderbt, verdorben (*Charakter etc*)
lepta ['leptə; *US a.* lep'tɑ:] *pl von* lepton[1]
leptodactylous [,leptəʊ'dæktɪləs] ADJ ZOOL schmalzehig
lepton[1] ['leptɒn; *US* lep'tɑ:n; 'lep,tɑn] *pl* -ta ['leptə; *US a.* lep'tɑ:] S Lepton *n* (*griechische Münze*)
lepton[2] ['leptɒn; *US* -,tɑn] S PHYS Lepton *n* (*Elementarteilchen, das keiner starken Wechselwirkung unterworfen ist*)
leptosome ['leptəsəʊm] S Leptosome(r) *m/f(m)*; **leptosomic** [-təʊ'səʊmɪk], **leptosomatic** [-təʊsə'mætɪk] ADJ MED, PSYCH leptosom (*hager, schmalwüchsig*)
Lepus ['li:pəs; 'lepəs] S ASTRON Hase *m* (*Sternbild*)
lesbian ['lezbɪən] A ADJ 1 ♀ lesbisch, von Lesbos 2 lesbisch (*Liebe etc*) 3 erotisch (*Roman etc*) B S 1 ♀ Lesbier(in) 2 Lesbierin *f*; **lesbianism** S Lesbianismus *m*, lesbische Liebe
lesbo ['lezbəʊ] *pl* -bos S *US sl pej* Lesbe *f*
lèse majesté [,leɪz'mæʒesteɪ], **lese majesty** [,li:z'mædʒɪstɪ] S 1 Majestätsbeleidigung *f* (*a. fig*) 2 Hochverrat *m*
lesion ['li:ʒn] S 1 MED a Verletzung *f*, Wunde *f* b Läsion *f* (*Funktionsstörung e-s Organs od Körperteils*) 2 JUR Schädigung *f*
less [les] A ADV (*komp von* little) weniger, in geringerem Maße *od* Grad: **~ known** weniger bekannt; **~ noisy** leiser; **~ and ~** immer weniger; **still** (*od* **much**) **~** noch viel weniger, geschweige denn; **the ~ so as** (dies) umso weniger, als; **~ than smooth** alles andere als glatt; **we expected nothing ~ than** wir erwarteten alles eher als; → none *Bes Redew* B ADJ (*komp von* little) 1 geringer, kleiner, weniger: **in a ~ degree** in geringerem Grad *od* Maß; **of ~ value** von geringerem Wert; **he has ~ money** er hat weniger Geld; **in ~ time** in kürzerer Zeit; **no ~ a man than Churchill** kein Geringerer als Churchill 2 jünger (*obs außer in*): **James the** ♀ BIBEL Jakobus der Jüngere C S weniger, eine kleinere Menge *od* Zahl, ein geringeres (Aus)Maß: **~ is sometimes more** weniger ist manchmal mehr; **it was ~ than five dollars** es kostete weniger als fünf Dollar; **in ~ than no time** im Nu; **do with ~** mit weniger auskommen; **for ~** billiger; **little ~ than robbery** so gut wie *od* schon fast Raub; **no ~ than** nicht weniger als; **nothing ~ than** a zumindest b geradezu D PRÄP 1 weniger, minus: **five ~ two**; **~ interest** abzüglich (der) Zinsen 2 ausgenommen
-less [lɪs] *Wortelement mit der Bedeutung* 1 …los, ohne: → childless, *etc* 2 nicht zu …: → countless *etc*
lessee [le'si:] S JUR a Pächter(in), Mieter(in) b Leasingnehmer(in)
lessen ['lesn] A V/I sich vermindern *od* verringern, abnehmen, geringer *od* kleiner werden B V/T 1 vermindern, -ringern, herabsetzen, verkleinern 2 *fig* a herabsetzen, schmälern b bagatellisieren
lesser ['lesə(r)] ADJ (*nur attr*) 1 kleiner, geringer: **~ offence** (*US* **offense**) JUR Übertretung *f*, Vergehen *n*; → evil C 1 2 unbedeutender (*von zweien*): **~ wife** Nebenfrau *f*
Lesser Antilles [æn'tɪli:z] S Kleine Antillen *pl*
lesson ['lesn] A S 1 Lektion *f*, Übungsstück *n* 2 (Haus)Aufgabe *f* 3 a (Lehr-, Unterrichts-)Stunde *f*: **an English ~** e-e Englischstunde; **give sb a ~** SPORT j-n vorführen b *pl* Unterricht *m*, Stunden *pl*: **give ~s** Unterricht erteilen, unterrichten, Stunden geben; **take ~s from sb** Stunden *od* Unterricht bei j-m nehmen; **~s in French** Französischunterricht 4 *fig* Lehre *f*: **this was a ~ to me** das war mir e-e Lehre; **let this be a ~ to you** lass dir das zur Lehre *od* Warnung dienen 5 *fig* Lektion *f*, Denkzettel *m*: **he has learnt his ~** er hat s-e Lektion gelernt; → teach A 2 6 REL (zu verlesender) (Bibel)Text B V/T 1 *j-m* Unterricht erteilen, *j-n* unterrichten, *j-n* unterweisen (*alle:* **in** *in dat*) 2 *fig j-m* e-n Denkzettel geben, *j-m* e-e Lektion erteilen
lessor [le'sɔ:(r)] S JUR a Verpächter(in), Vermieter(in) b Leasinggeber(in)
lest [lest] KONJ 1 (*meist mit folgendem* **should** *konstruiert*) dass *od* damit nicht; aus Furcht, dass: **he ran away ~ he should be seen** er lief davon, um nicht gesehen zu werden 2 (*nach Ausdrücken des Befürchtens*) dass: **there is danger ~ the plan become known**
let[1] [let] A S *Br* a Vermieten *n*, Vermietung *f* b Mietobjekt *n*: **he is looking for a ~ in London** er will in London e-e Wohnung *od* ein Haus mieten, er sucht in London e-e Wohnung *od* ein Haus c *umg* Mieter(in): **they can't find a ~ for their flat** B V/T *prät u. pperf* let 1 lassen, *j-m* erlauben: **~ him talk** lass ihn reden; **~ me help you** lassen Sie sich (von mir) helfen; **he ~ himself be deceived** er ließ sich täuschen; **~ sb know** j-n wissen lassen, j-m Bescheid geben; **~ alone** a *etwas* sein lassen, die Finger lassen von b *j-n, etwas* in Ruhe lassen; **~ into** a (her)einlassen in (*akk*) b *j-n* in *ein Geheimnis* einweihen c *ein Stück Stoff etc* einsetzen in (*akk*); **~ sb off a penalty** j-m e-e Strafe erlassen; **~ sb off a promise** j-n von e-m Versprechen entbinden; **she didn't ~ him** *umg* sie ließ ihn nicht; → let[1] *Bes Redew*, severely 1, well[1] D 2 *bes Br* vermieten, -pachten (*beide:* **to** an *akk*; **for** auf *ein Jahr etc*): **"to ~"** „zu vermieten" 3 *e-e Arbeit etc* vergeben (**to** an *akk*) C V/AUX lassen, mögen, sollen (*zur Umschreibung des Imperativs der 1. u. 3. Person, von Befehlen etc*): **~ us go! Yes, ~'s!** gehen wir! Ja, gehen wir! (*od* Ja, einverstanden!); **~ us pray** lasset uns beten; **~ him go there at once!** er soll sofort hingehen!; **(just) ~ them try** sie sollen es nur versuchen; **~ A be equal to B** nehmen wir an, A ist gleich B D V/I 1 *bes Br* vermietet *od* verpachtet werden (**at, for** für) 2 sich *gut etc* vermieten *od* verpachten lassen 3 **~ into** über *j-n* herfallen

Besondere Redewendungen: **~ alone** a geschweige denn, ganz zu schweigen von b → let[1] B 1; **~ be** a *etwas* sein lassen, die Finger lassen von b *j-n, etwas* in Ruhe lassen; **~ drive at sb** auf j-n losschlagen *od* -feuern; **~ fall** a fallen lassen b *fig e-e Bemerkung etc* fallen lassen c MATH *e-e Senkrechte* fällen (**on, upon** auf *akk*); **~ fly** a *etwas* abschießen b *fig etwas* loslassen, vom Stapel lassen c schießen (**at** auf *akk*) d *fig* grob werden, vom Leder ziehen (**at** gegen); **~ go** loslassen; **~ sth go, ~ go of sth** etwas loslassen; **~ o.s. go** a sich gehen lassen b aus sich herausgehen; **~ it go at that** lass es dabei bewenden; **don't ~ it go any further** erzählen Sie es nicht weiter; → loose A 1, slip[1] B 1, *etc*

Phrasal Verbs: **let| by** V/T vorbeilassen; **~ down** A V/T 1 herunter-, hinunterlassen: **let sb down gently** *fig* mit j-m glimpflich verfahren; → hair *Bes Redew* 2 *ein Kleidungsstück* auslassen 3 die Luft lassen aus 4 verdünnen 5 a *j-n* im Stich lassen b enttäuschen B V/I 1 *US* nachlassen (**in** in *s-n Anstrengungen etc*) 2 FLUG *US* heruntergehen, zur Landung ansetzen; **~ in** VT 1 *j-n* (her-, hin)einlassen, *Wasser etc* durchlassen: **let o.s. in** (aufsperren *od* die Tür aufmachen u.) hineingehen; **it would ~ all sorts of evils** es würde allen möglichen Übeln Tür u. Tor öffnen 2 *ein Stück etc* einlassen, -setzen 3 *ein Kleidungsstück* enger machen 4 *j-n* einweihen (**on** in *akk*) 5 in Schwierigkeiten bringen: **let sb in for sth** j-m etwas aufhalsen *od* einbrocken *umg*; **let o.s. in for sth** sich etwas aufhalsen lassen *od* einbrocken *umg*, sich auf etwas einlassen; **~ off** A VT 1 *ein Feuerwerk* abbrennen, *e-e Dynamitladung etc* zur Explosion bringen, *ein Gewehr etc* abfeuern 2 *Gase etc* ablassen: → **steam** A 1 3 *j-n* aussteigen lassen, absetzen 4 *fig e-n Witz etc* vom Stapel lassen *umg* 5 *j-n* laufen lassen, davonkommen lassen (**with** mit *e-r Geldstrafe etc*) 6 *j-n* gehen lassen, entlassen B VI *umg* e-n fahren lassen; **~ on** *umg* A VI 1 plaudern (*ein Geheimnis verraten*): **don't ~!** halt den Mund!, nichts verraten (**about** von)! 2 sich etwas anmerken lassen (**about** von; was … anbetrifft) 3 so tun als ob B VT 1 zugeben (**that** dass): **he knows more than he lets on** 2 vorgeben: **he's not half as ill as he lets on** 3 ausplaudern, verraten (*beide:* **that** dass) 4 sich anmerken lassen (**that** dass); **~ out** A VT 1 heraus-, hinauslassen (*beide:* **of** aus): **let o.s. out** (aufsperren *od* die Tür aufmachen u.) hinausgehen; **let the air out of** die Luft lassen aus 2 *ein Kleidungsstück* auslassen 3 *e-n Schrei etc* ausstoßen 4 *ein Geheimnis* ausplaudern, verraten 5 *umg j-n* aus dem Spiel lassen, verschonen: **let sb out of doing sth** es j-m erlassen, etwas zu tun 6 **let one's anger out on sb** s-e Wut an j-m auslassen, s-e Wut *od* sich an j-m abreagieren 7 → **let**[1] B 2, B 3 B VI herfallen (**at** über *akk*) (*a. mit Worten*); **~ through** VT durchlassen; **~ up** VI *umg* 1 a nachlassen b aufhören 2 (**on**) weniger streng sein (mit), nachsichtiger sein (gegen)

let[2] [let] S 1 *bes Tennis:* Let *n*, Netzaufschlag *m*: **~!** Netz! 2 Hindernis *n* (*obs außer in*): **without ~ or hindrance** völlig unbehindert

letdown S 1 Enttäuschung *f* 2 FLUG *US* Heruntergehen *n*

lethal ['li:θl] A ADJ 1 tödlich, letal: **~ dosis** tödliche Dosis; **~ injection** JUR *US* Todesspritze *f* 2 Todes…: **~ chamber** Todeskammer *f* B S → lethal factor; **~ factor**, **~ gene** S BIOL Letalfaktor *m*

lethargic [le'θɑ:(r)dʒɪk; lɪ-] ADJ, **lethargical** [-kl] ADJ (ADV **~ly**) lethargisch: a teilnahmslos, träg(e), stumpf b MED schlafsüchtig; **lethargy** ['leθə(r)dʒɪ] S Lethargie *f*: a Teilnahmslosigkeit *f*, Trägheit *f*, Stumpfheit *f* b MED Schlafsucht *f*

Lethe ['li:θi:; -θɪ] S 1 Lethe *f* (*Fluss des Vergessens im Hades*) 2 *poet* Vergessen(heit) *n(f)*

let's [lets] *umg Zusammenziehung von* **let us**

Lett [let] S 1 Lette *m*, Lettin *f* 2 LING Lettisch *n*, das Lettische

letter[1] ['letə(r)] A S 1 Buchstabe *m* (*a. fig buchstäblicher Sinn*): **to the ~** a wortwörtlich, buchstäblich b *fig* peinlich genau; **the ~ of the law** der Buchstabe des Gesetzes; **in ~ and in spirit** dem Buchstaben u. dem Sinne nach 2 a Brief *m*, Schreiben *n* (*beide:* **to** an *akk*): **by ~** brieflich, schriftlich; **~ of application** Bewerbungsschreiben; **~ of complaint** Beschwerdebrief; **~ of introduction** Einführungsschreiben; **~ of thanks** Dank(es)brief, Dankschreiben; **~ to the editor** Leserbrief; **"all ~s (will be) answered"** (*in Kontaktanzeigen etc*) „beantworte jede Zuschrift"; → **condolence**, **recommendation** c b → **French letter** 3 *meist pl* (amtlicher) Brief, Urkunde *f*: **~s of administration** JUR Nachlassverwalterzeugnis *n*; **~s of credence**, **~s credential** POL Beglaubigungsschreiben *n*; **~ of credit** WIRTSCH Akkreditiv *n*; **~s patent** a (*Adels- etc*) Patent *n* b JUR Patenturkunde; **~s testamentary** JUR *US* Testamentsvollstreckerzeugnis *n*; → **attorney** b, **rogatory** 4 TYPO a Letter *f*, Type *f* b *koll* Lettern *pl*, Typen *pl* c Schrift(art) *f* 5 *pl* (*a. als sg konstruiert*) a (schöne) Literatur b Bildung *f* c Wissenschaft *f*: **man of ~s** Literat *m*; Gelehrte(r) *m* 6 SCHULE, UNIV *US Abzeichen mit den Initialen e-r Schule etc, das bes für herausragende sportliche Leistungen verliehen wird* B VT 1 beschriften 2 mit Buchstaben bezeichnen 3 *ein Buch* am Rand mit den Buchstaben (*des Alphabets als Daumenindex*) versehen

letter[2] ['letə(r)] S *bes Br* Vermieter(in), Verpächter(in)

letter| bag S Briefbeutel *m*, -sack *m*; **~ bomb** S Briefbombe *f*; **~ book** S Briefordner *m* (*für Kopien*); **~box** S *bes Br* a Briefkasten *m* b Briefschlitz *m* (*bes in e-r Tür*): **in ~ format** → letterboxed; **~boxed** ADJ TV im Format 16:9 (*Film*); **~ card** S *Br* Kartenbrief *m*; **~ carrier** S *US* Briefträger(in); **~ case** S 1 Briefmappe *f* 2 TYPO Setzkasten *m*; **~ drop** S Briefeinwurf *m*

lettered ['letə(r)d] ADJ 1 (literarisch) gebildet 2 gelehrt: a studiert b wissenschaftlich 3 literarisch 4 beschriftet

letter| file S Briefordner *m*; **~ founder** S TYPO Schriftgießer(in); **~ foundry** S TYPO Schriftgießerei *f*

lettergram ['letər,græm] S *US* Brieftelegramm *n*

letterhead S 1 (gedruckter) Briefkopf 2 Kopfbogen *m*

lettering ['letərɪŋ] S 1 Beschriften *n*: **~ pen** Tuschfeder *f* 2 Beschriftung *f* 3 Buchstaben *pl*

letter| lock S Buchstabenschloss *n*; **~man** [-,mæn; -mən] S *irr* SCHULE, UNIV *US Schüler od Student, der für herausragende sportliche Leistungen ein Abzeichen mit den Initialen s-r Schule etc verliehen bekommen hat*; **~ opener** S *US* Brieföffner *m*; **~ paper** S Briefpapier *n*; **~-perfect** ADJ *bes US* 1 textsicher (*Redner, Schauspieler etc*) 2 perfekt auswendig gelernt (*Text etc*); **~press** S 1 Briefkopierpresse *f* 2 TYPO *bes Br* (Druck)Text *m* 3 TYPO Hoch-, Buchdruck *m*; **~ scales** SPL, *a.* **pair of ~** Briefwaage *f*; **~ telegram** S Brieftelegramm *n*; **~weight** S Briefbeschwerer *m*; **~wood** S BOT Buchstabenholz *n*; **~ worship** S Buchstabengläubigkeit *f*; **~ writer** S 1 Briefschreiber(in) 2 HIST Briefsteller(in); **~ writing** S Briefschreiben *n*

Lettic ['letɪk] → Lettish

letting ['letɪŋ] S *bes Br* 1 Vermieten *n*, Verpachten *n* 2 Mietobjekt *n*

Lettish ['letɪʃ] A ADJ lettisch B S LING Lettisch *n*, das Lettische

lettuce ['letɪs] S BOT (*bes* Garten)Lattich *m*, (*bes* Kopf)Salat *m*; **~ bird** S ORN *US* Goldzeisig *m*

letup S *umg* a Nachlassen *n* b Aufhören *n*

leu ['leɪu:; ləʊ] *pl* **lei** ['leɪi:; leɪ] S Leu *m* (*rumänische Währungseinheit*)

leuc(a)emia → leuk(a)emia

leucobase ['lju:kəʊbeɪs; *bes US* 'lu:-] S CHEM Leukobase *f*

leucocyte ['lju:kəʊsaɪt; *bes US* 'lu:-] S MED Leukozyt *m*, weißes Blutkörperchen

leucocytosis [,lju:kəʊsaɪ'təʊsɪs; *bes US* ,lu:-] S MED Leukozytose *f* (*deutliche Vermehrung der weißen Blutkörperchen bei entzündlichen u. infektiösen Erkrankungen*)

leucoma [lju:'kəʊmə; *bes US* lu:-] S MED Leukom *n* (*weiße Trübung der Hornhaut des Auges durch e-e Narbe*)

leucoplast ['lju:kəplæst; *bes US* 'lu:-] S BOT Leukoplast *m* (*in Knollen, Wurzeln etc vorkommender, meist Stärke bildender u. speichernder Bestandteil der pflanzlichen Zelle*)

leucorrh(o)ea [,lju:kə'ri:ə; *bes US* ,lu:-] S MED Leukorrhö(e) *f*, Weißfluss *m*; **leucorrh(o)eal** ADJ leukorrhöisch

leucosis [lju:'kəʊsɪs; *bes US* lu:-] S VET Geflügelleukämie *f*

leucotome ['lju:kətəʊm; *bes US* 'lu:-] S MED Leukotom *n* (*bei der Leukotomie verwendetes Messer*); **leucotomy** [lju:'kɒtəmɪ; *US* lu:'kɑ-] S Leukotomie *f*, Lobotomie *f* (*Durchtrennung der Nervenbahnen zwischen Stirnhirn u. anderen Hirnteilen zur Behandlung von Geisteskrankheiten*)

leuk(a)emia [lju:'ki:mɪə; *bes US* lu:-] S MED Leukämie *f*, Blutkrebs *m*; **leuk(a)emic** A ADJ leukämisch B S Leukämiekranke(r) *m/f(m)*

leukocyte, **leukocytosis**, **leukoma**, **leukorrhea**, **leukorrheal**, **leukosis** *bes US* → leucocyte, leucocytosis *etc*

Levant[1] [lɪ'vænt] S 1 *obs* Levante *f* (*die Länder um das östliche Mittelmeer*) 2 *obs* Morgenland *n*, Orient *m* 3 ♀ → Levanter 2 4 ♀, *a.* **♀ morocco** feines Saffianleder

levant[2] [lɪ'vænt] VI *Br* sich aus dem Staub machen *umg* (*bes Schuldner*)

Levanter [lɪ'væntə(r)] S 1 *obs* Levantiner(in) 2 *meist* ♀ starker Südostwind (*im Mittelmeer*)

Levantine ['levəntaɪn; -ti:n; lɪ'væn-] *obs* A S Levantiner(in) B ADJ levantinisch

levee[1] ['levɪ; *Br a.* lə'vi:] *bes US* A S 1 (Ufer-, Schutz)Damm *m*, (Fluss)Deich *m* 2 Lande-, Anlegeplatz *m* B VT eindämmen

levee[2] ['levɪ; *Br a.* 'leveɪ; *US a.* lə'vi:] S 1 HIST Lever *n*, Morgenempfang *m* (*e-s Fürsten*) 2 a (*in England*) *Nachmittagsaudienz am Hof für Männer* b (*in USA*) *Empfang beim Präsidenten* c *allg* Empfang *m*

level ['levl] A S 1 TECH Libelle *f*, Wasserwaage *f* 2 TECH, *Landvermessung:* a Nivellierinstrument *n* b Höhen-, Niveaumessung *f* 3 Ebene *f* (*a.* GEOG), ebene Fläche 4 Horizontalebene *f*, Horizontale *f*, Waag(e)rechte *f* 5 Höhe *f* (*a.* GEOG), (*Wasser- etc*) Spiegel *m*, (-)Stand *m*, (-)Pegel *m*: **~ of sound** Geräuschpegel, Tonstärke *f*; **be on a ~ with** a auf gleicher Höhe sein mit b genauso hoch sein wie (→ A 6); **on the ~** *umg* in Ordnung, ehrlich, anständig 6 *fig* (*a. geistiges*) Niveau, Level *m*, Stand *m*, Grad *m*, Stufe *f*: **~ of employment** Beschäftigungsstand; **high ~ of technical skill** hohes technisches Niveau; **~ of performance** SPORT Leistungsstand, -niveau; **low production ~** niedriger Produktionsstand; **have fallen to the lowest ~** s-n niedrigsten Stand erreicht haben; **put o.s. on the ~ of others** sich auf das Niveau anderer Leute begeben; **sink to the ~ of cut-throat practices** auf das Niveau von Halsabschneidern absinken; **find one's (own) ~** s-n Platz finden (*an den man gehört*); **be on a** (*od* **an equal**) **~ with** auf dem gleichen Niveau *od* auf der gleichen Stufe stehen wie, *j-m* ebenbürtig sein (→ A 5); **keep sth at its present ~** etwas auf s-m gegenwärtigen Stand halten 7 (*politische etc*) Ebene: **at government ~** auf Regierungsebene; **a conference on the highest ~** e-e Konferenz auf höchster Ebene; **on a ministerial ~** auf Ministerebene 8 *Bergbau:* a Sohle *f* b Sohlenstrecke *f* B ADJ (ADV **~ly**) 1 eben (*Straße etc*): **one ~ teaspoonful of salt** ein gestrichener Teelöffel Salz; **~ playing field** gleiche Chancen *pl* für alle, Chancengleichheit *f* 2 waag(e)recht, horizontal 3 gleich (*a. fig*): **~ crossing** *Br* schienengleicher (Bahn)Übergang; **it was ~ pegging**

between them SPORT etc Br umg sie lagen gleichauf; **it was a ~ position** (bes Fußball) es war gleiche Höhe; **be ~ on points** SPORT etc punktgleich sein; **be ~ with** a auf gleicher Höhe sein mit b genauso hoch sein wie c fig auf dem gleichen Niveau od auf der gleichen Stufe stehen wie; **make ~ with the ground** dem Erdboden gleichmachen; **draw ~** SPORT ausgleichen; **draw ~ with sb** j-n einholen 4 a gleichmäßig: **~ stress** LING schwebende Betonung b ausgeglichen (Rennen etc) 5 **do one's ~ best** sein Möglichstes tun 6 gleichbleibend (Temperatur etc) 7 vernünftig 8 ruhig: **have (keep) a ~ head** e-n kühlen Kopf haben (bewahren), sich nicht aus der Ruhe bringen lassen; **give sb a ~ look** j-n ruhig od fest anschauen C V/T prät u. pperf -eled, bes Br -elled 1 a a. **~ off** (ein)ebnen, planieren b a. **~ to** (od **with**) **the ground** e-e Stadt etc dem Erdboden gleichmachen 2 j-n zu Boden schlagen 3 a. **~ off** (od **out**) fig a gleichmachen, nivellieren: **~ matters** (od **the score**) SPORT ausgleichen, den Gleichstand herstellen od erzielen b Unterschiede beseitigen, ausgleichen 4 a e-e Waffe richten, das Gewehr anlegen (beide: **at** auf akk): **~ one's rifle at sb** auf j-n anlegen b fig **(at, against)** Anschuldigungen erheben (gegen), Kritik üben (an dat): **his criticism was ~(l)led against me** s-e Kritik richtete sich gegen mich 5 Landvermessung: nivellieren D V/I 1 die Waffe richten, (das Gewehr) anlegen (beide: **at** auf akk) 2 **~ with** umg offen reden mit, ehrlich sein zu

Phrasal Verbs: **level| down** V/T 1 nach unten ausgleichen 2 fig auf ein tieferes Niveau herabdrücken, Preise, Löhne etc drücken, herabsetzen; **~ off** A V/T 1 → level C 1 a, C 3 2 ein Flugzeug abfangen B V/I 1 flach werden od auslaufen (Gelände etc) 2 a das Flugzeug abfangen b sich fangen (Flugzeug) 3 fig sich stabilisieren, sich einpendeln (beide: **at** bei); **~ out** A V/T 1 → level C 3 2 → level off A 2 B V/I → level off B; **~ up** V/T 1 nach oben ausgleichen 2 fig auf ein höheres Niveau bringen, Preise, Löhne etc hinaufschrauben

leveler, bes Br **leveller** ['levlə(r)] S 1 a Planierer m b Planiergerät n 2 a oft pej Gleichmacher(in): → death 2 b **Leveller** HIST Leveller m (Angehöriger e-r radikalen demokratischen Gruppe zur Zeit Cromwells, die vollkommene bürgerliche u. religiöse Freiheit anstrebte) c Gleichmacher m (Faktor, der soziale Unterschiede ausgleicht)

level-headed ADJ (ADV ~ly) vernünftig

leveling| rod, bes Br **levelling| rod** S Landvermessung: Nivellierlatte f, -stab m; **~ screw** S TECH Nivellier-, Fußschraube f

leveller, levelling rod etc bes Br für leveler, leveling rod etc

lever ['liːvə(r); US a. 'levər] A S 1 PHYS, TECH Hebel m: **~ of the first order** (od **kind**) zweiarmiger Hebel; **~ of the second order** (od **kind**) einarmiger Hebel; **~ key** ELEK Kippschalter m; **~ ratio** → leverage A 1 a; **~ switch** Hebel-, Griffschalter m 2 TECH a Hebebaum m, Brechstange f b Schwengel m (e-r Pumpe etc) c Anker m (e-r Uhr): **~ escapement** Ankerhemmung f; **~ watch** Ankeruhr f d (Kammer) Stängel m (e-s Gewehrschlosses) e a. **~ tumbler** Zuhaltung f 3 fig Druckmittel n B V/T hebeln, stemmen: **~ out (of)** a herausstemmen (aus) b fig j-n verdrängen (aus)

leverage ['liːvərɪdʒ; US a. 'lev-] A S 1 TECH a Hebelübersetzung f b Hebelkraft f, -wirkung f 2 fig Macht f, Einfluss m 3 WIRTSCH Kapitalanlage f mit geborgten Mitteln B V/T WIRTSCH durch Kredite finanzieren: **~d** a. fremdfinanziert

leveret ['levərɪt; -vrɪt] S ZOOL junger Hase (im ersten Jahr), Häs-chen n

leviathan [lɪ'vaɪəθn] S 1 BIBEL Leviat(h)an m (ein drachenartiges Meerungeheuer) 2 riesiges Meerestier (bes Wal) 3 fig Ungetüm n, Koloss m, Riese m (bes Schiff)

levigate ['levɪgeɪt] A V/T 1 pulverisieren, (a. zu e-r Paste) verreiben 2 CHEM homogenisieren B ADJ [a. -gət] bes BOT glatt

levin ['levɪn] S obs Blitz(strahl) m

levirate ['liːvɪrɪt; 'lev-; -reɪt] S Levirat n, Leviratsehe f (Ehe e-s Mannes mit der Frau s-s kinderlos verstorbenen Bruders)

levitate ['levɪteɪt] A V/T 1 frei schweben lassen, (Parapsychologie) levitieren 2 MED e-n Patienten auf Luftkissen betten B V/I frei schweben, (Parapsychologie) levitieren; **levitation** S 1 a freies Schweben, (Parapsychologie) Levitation f b freies Schwebenlassen, (Parapsychologie) Levitation f 2 PSYCH Levitation f (subjektives Erleben des freien Schwebens im Raum)

Levite ['liːvaɪt] S BIBEL Levit m (jüdischer Tempeldiener aus dem Stamm Levi); **Levitic** [lɪ'vɪtɪk] ADJ, **Levitical** ADJ (ADV ~ly) levitisch

Leviticus [lɪ'vɪtɪkəs] S BIBEL Levitikus m, 3. Buch n Mose

levity ['levətɪ] S Leichtfertigkeit f: **with ~** leichtfertig

levogyration, etc US → laevogyration etc

levulose US → laevulose

levy ['levɪ] A S 1 WIRTSCH a Erhebung f (e-r Steuer etc) b Einziehung f, Eintreibung f (e-r Steuer etc) 2 WIRTSCH Steuer f, Abgabe f 3 Beitrag m, Umlage f 4 JUR Pfändung f (aufgrund e-s Vollstreckungstitels) 5 MIL a Aushebung f (von Truppen) b a. pl ausgehobene Truppen pl, Aufgebot n B V/T 1 Steuern etc a erheben b legen (**on** auf akk), auferlegen (**on** dat): **~ a tax on sth** etwas besteuern 2 JUR e-e Zwangsvollstreckung durchführen (**against** bei j-m): → execution 3 f 3 **~ blackmail on sb** j-n erpressen 4 MIL a Truppen ausheben b e-n Krieg beginnen od führen (**on** gegen) C V/I Steuern erheben: **~ on land** Landbesitz besteuern

levy en masse [ˌlevɪɑːŋ'mæs] S MIL Volksaufgebot n

lewd [luːd; Br a. ljuːd] ADJ (ADV ~ly) 1 geil, lüstern 2 unanständig, obszön 3 BIBEL sündhaft, böse 4 obs ungebildet; **lewdness** S 1 Geilheit f, Lüsternheit f 2 Unanständigkeit f, Obszönität f

lex [leks] pl **leges** ['liːdʒiːz] S 1 Gesetz n, Lex f 2 Recht n

lexeme ['leksiːm] S LING Lexem n (Einheit des Wortschatzes, die die begriffliche Bedeutung trägt)

lexical ['leksɪkl] ADJ (ADV ~ly) lexikalisch: a das Lexikon betreffend; in der Art e-s Lexikons b den Wortschatz betreffend; **~ meaning** S LING Stammbedeutung f

lexicographer [ˌleksɪ'kɒgrəfə(r); US -'kɑ-] S Lexikograf(in); **lexicographic** [-kəʊ'græfɪk] ADJ, **lexicographical** [-kl] ADJ (ADV ~ly) lexikografisch; **lexicography** [-'kɒgrəfɪ; US -'kɑ-] S Lexikografie f (Lehre von den Wörterbüchern, ihrer Zusammenstellung u. Abfassung)

lexicologic [ˌleksɪkəʊ'lɒdʒɪk; US -'lɑ-] ADJ, **lexicological** [-kl] ADJ (ADV ~ly) LING lexikologisch; **lexicologist** [-'kɒlədʒɪst; US -'kɑ-] S Lexikologe m, Lexikologin f; **lexicology** S Lexikologie f (Lehre vom Wortschatz, von der Erforschung u. Beschreibung s-r Struktur)

lexicon ['leksɪkən; US a. -səˌkɑn] S 1 Lexikon n 2 (bes altsprachliches) Wörterbuch 3 LING Lexikon n (Gesamtheit der bedeutungstragenden Einheiten e-r Sprache; der Wortschatz im Ggs zur Grammatik)

lexicostatistics [ˌleksɪkəʊstə'tɪstɪks] SPL (als sg konstruiert) Lexikostatistik f, Sprachstatistik f

lexigraphy [lek'sɪgrəfɪ] S Wortschrift f (z. B. chinesische Schrift)

lexis ['leksɪs] S LING Lexik f (Wortschatz e-r Sprache)

lex| loci ['ləʊsaɪ; -kaɪ] S Recht n des Handlungsortes; **~ non scripta** [nɒn'skrɪptə; US nɑn-] S ungeschriebenes Recht; **~ scripta** S Gesetzesrecht n

ley [leɪ; liː] → lea[1]

Leyden jar [ˌleɪdn'dʒɑː(r); ˌlaɪdn-] S PHYS, HIST Leidener Flasche f

lez [lez] pl **lezzes** [-iːz] S US sl pej Lesbe f

LF, lf ABK ELEK low frequency

lg(e). ABK large

lgth ABK length

LH ABK left hand

L-head engine S TECH seitengesteuerter Motor

liability [ˌlaɪə'bɪlətɪ] S 1 WIRTSCH, JUR a Verpflichtung f, Verbindlichkeit f, Schuld f b Haftung f, Haftpflicht f, Haftbarkeit f: **~ insurance** Haftpflichtversicherung f; → joint B 1, limited A 1 c pl Schuldenmasse f (des Konkursschuldners) 2 pl WIRTSCH (in der Bilanz) Passiva pl 3 allg Verantwortung f, Verantwortlichkeit f 4 Ausgesetztsein n, Unterworfensein n (beide: **to sth** e-r Sache), (Steuer- etc) Pflicht f: **~ to** (umg **for**) **taxation**; **~ to penalty** Strafbarkeit f 5 **(to)** Hang m, Neigung f (zu), Anfälligkeit f (für) 6 a Nachteil m b Belastung f 7 Wahrscheinlichkeit f

liable ['laɪəbl] ADJ 1 WIRTSCH, JUR verantwortlich, haftbar, -pflichtig (alle: **for** für): **be ~ for** haften für 2 ausgesetzt, unterworfen (beide: **to sth** e-r Sache): **be ~ to sth** e-r Sache unterliegen; **~ to** (umg **for**) **taxation** steuerpflichtig; **~ to penalty** (od **prosecution**) strafbar 3 **be ~ to** neigen zu, anfällig sein für: **he is ~ to colds** 4 **be ~ to do sth** a etwas gern od leicht tun; dazu neigen, etwas zu tun b etwas wahrscheinlich tun: **he is ~ to come** er kommt wahrscheinlich; es ist anzunehmen, dass er kommt; **be ~ to get excited** sich leicht aufregen; **we are all ~ to make mistakes occasionally** wir machen alle einmal e-n Fehler; **that is ~ to happen** das kann durchaus od leicht passieren; **difficulties are ~ to occur** mit Schwierigkeiten muss gerechnet werden

liaise [lɪ'eɪz] V/I 1 Verbindung aufnehmen (**with** mit) 2 sich verbünden (**with** mit) 3 zusammenarbeiten (**with** mit)

liaison [liː'eɪzɔːŋ; lɪ'eɪzɒn; US 'liːəˌzɑn; liː'eɪˌzɑn] S 1 Verbindung f: **~ man** Verbindungsmann m; **~ officer** MIL Verbindungsoffizier m 2 Bündnis n 3 Zusammenarbeit f 4 Liaison f, (Liebes)Verhältnis n 5 LING Liaison f (im Französischen das Aussprechen e-s sonst stummen Konsonanten am Wortende vor e-m vokalisch beginnenden Wort) 6 GASTR Eindickmittel n

liana [lɪ'ɑːnə; US a. lɪ'ænə], **liane** [lɪ'ɑːn] S BOT Liane f, Kletterpflanze f

liar ['laɪə(r)] S Lügner(in)

Lias ['laɪəs] S GEOL Lias m/f, schwarzer Jura; **Liassic** [laɪ'æsɪk] ADJ liassisch, Lias…

Lib [lɪb] S a **Gay Lib** → gay A 5, b **Women's Lib** →women A

lib.[1] ABK 1 liber, book 2 librarian 3 library

Lib.[2] ABK POL Liberal

libation [laɪ'beɪʃn] S 1 REL, HIST Trankopfer n 2 meist hum Trunk m (bes Wein)

Libber ['lɪbə(r)] S a **Gay Libber** → gay A 5, b **Women's Libber** → women A

libel ['laɪbl] A S 1 JUR a REL Klage (-schrift) f b schott Anklage f 2 JUR a (schriftliche) Verleumdung od Beleidigung (**of, on** gen) b Schmähschrift f 3 allg **(on)** Verleumdung f, Verunglimpfung f (gen), Beleidigung f (gen od für) B V/T prät u. pperf -beled, bes Br -belled 1 JUR a REL klagen gegen b schott anklagen 2 JUR (schriftlich) verleumden od beleidigen 3

allg verleumden, verunglimpfen, beleidigen
libel(l)ant ['laɪblənt] S 1 JUR, REL Kläger(in) 2 → libel(l)er; **libel(l)ee** [-bl'iː] S JUR, REL Beklagte(r) *m/f(m)*; **libel(l)er**, **libel(l)ist** S Verleumder(in), Verfasser(in) e-r Schmähschrift; **libel(l)ous** [-bləs] ADJ (ADV ~ly) verleumderisch
liber ['laɪbə(r)] S BOT Bast *m*
Liberia [laɪ'bɪərɪə] S Liberia *n (Staat in Westafrika)*
liberal ['lɪbərəl; 'lɪbrəl] A ADJ (ADV ~ly) 1 liberal, frei(sinnig), vorurteilslos, aufgeschlossen: **a ~ thinker** ein liberal denkender Mensch 2 *meist* ♀ POL liberal: **the ♀ Party** 3 großzügig: a freigebig (**of** mit) b reichlich (bemessen): **a ~ gift** ein großzügiges Geschenk; **a ~ quantity** e-e reichliche Menge c frei *(Interpretation etc)* 4 allgemein(bildend), nicht berufsbezogen: **~ education** allgemeinbildende Erziehung, (gute) Allgemeinbildung B S 1 liberal denkender Mensch 2 *meist* ♀ POL Liberale(r) *m/f(m)*; **~ arts** SPL 1 *bes US* Geisteswissenschaften *pl* 2 HIST Artes *pl* liberales, die Sieben Freien Künste *pl*
liberalism ['lɪbərəlɪzəm; -brəl-] S Liberalismus *m*: a liberales Wesen b *meist* ♀ *im 19. Jh. entstandene, im Individualismus wurzelnde Weltanschauung, die die freie gesellschaftliche u. politische Entfaltung des Individuums fordert u. staatliche Eingriffe auf ein Minimum beschränkt sehen will*; **liberalistic** ADJ liberalistisch
liberality [ˌlɪbə'rælətɪ] S 1 Liberalität *f*, liberales Wesen 2 Großzügigkeit *f*: a Freigebigkeit *f* b Reichlichkeit *f* 3 großzügiges Geschenk
liberalization [ˌlɪbərəlaɪ'zeɪʃn; -brəl-; *US* -lə'z-] S Liberalisierung *f*; **liberalize** V/T liberalisieren
liberal studies SPL *(als sg konstruiert)* UNIV *Br geisteswissenschaftliches Nebenfach für Studenten, die im Hauptfach naturwissenschaftliche, technische od berufsspezifische Kurse belegt haben*
liberate ['lɪbəreɪt] V/T 1 befreien (**from** von, aus) *(a. fig)* 2 *Sklaven etc* freilassen 3 CHEM *Gase etc, fig Kräfte etc* freisetzen: **be ~d** *a.* frei werden 4 *US sl* organisieren, abstauben *(stehlen)*
liberation [ˌlɪbə'reɪʃn] S 1 Befreiung *f*: **~ theology** Befreiungstheologie *f* 2 Freilassung *f* 3 CHEM *u. fig* Freisetzung *f*; **liberationism** S *Befürwortung der Trennung von Kirche u. Staat*
liberator ['lɪbəreɪtə(r)] S Befreier(in)
Liberian [laɪ'bɪərɪən] A S Liberianer(in), Liberier(in) B ADJ liberianisch, liberisch
libertarian [ˌlɪbə(r)'teərɪən] S 1 *bes* PHIL, REL Anhänger(in) *od* Vertreter(in) des Prinzips der Willensfreiheit 2 Befürworter(in) der individuellen Gedanken- u. Handlungsfreiheit; **libertarianism** S 1 *bes* PHIL, REL Vertretung *f* des Prinzips der Willensfreiheit 2 Befürwortung *f* der individuellen Gedanken- u. Handlungsfreiheit
liberticide [lɪ'bɜːtɪsaɪd; *US* -'bɜr-] S 1 Vernichter(in) der Freiheit 2 Vernichtung *f* der Freiheit
libertinage ['lɪbə(r)tɪnɪdʒ] → libertinism
libertine ['lɪbə(r)tiːn; *Br a.* -taɪn] A S 1 zügelloser Mensch, *bes* Wüstling *m* 2 *bes pej* Freigeist *m* 3 *Antike*: Freigelassene(r) *m* B ADJ 1 zügellos, ausschweifend 2 *bes pej* freidenkerisch; **libertinism** [-tɪnɪzəm] S 1 Zügellosigkeit *f*, zügelloser *od* ausschweifender Lebenswandel 2 *bes pej* Freigeisterei *f*
liberty ['lɪbə(r)tɪ] S 1 Freiheit *f*: **~ of conscience** Gewissensfreiheit; **~ of the press** Pressefreiheit; **~ of speech** Redefreiheit; **~ of thought** Gedankenfreiheit 2 Freiheit *f*, freie Wahl, Erlaubnis *f*: **large ~ of action** weitgehende Handlungsfreiheit 3 *bes* PHIL, REL Willensfreiheit *f* 4 Freiheit *f*, Privileg *n*, (Vor)Recht *n* 5 Dreistigkeit *f*, (plumpe) Vertraulichkeit 6 SCHIFF (kurzer) Landurlaub 7 (beschränkte) Bewegungsfreiheit: **he was given the ~ of the house** er konnte sich im Haus frei bewegen 8 HIST *Br* Freibezirk *m (e-r Stadt)*
Besondere Redewendungen: **at ~** a in Freiheit, frei, auf freiem Fuß b unbeschäftigt, frei c unbenutzt; **be at ~ to do sth** etwas tun dürfen; berechtigt sein, etwas zu tun; **you are at ~ to go** es steht Ihnen frei zu gehen, Sie können gern(e) gehen; **set at ~** auf freien Fuß setzen, freilassen; **take the ~ to do** (*od* **of doing**) **sth** sich die Freiheit (heraus)nehmen *od* sich erlauben, etwas zu tun; **take liberties with** a sich Freiheiten gegen *j-n* herausnehmen b willkürlich mit *etwas* umgehen; **he has taken liberties with the translation** er hat sehr frei übersetzt
liberty| hall S *umg Haus, in dem der Gast (fast) alles tun kann, was er will*; **♀ ship** S SCHIFF Liberty Ship *n (während des 2. Weltkriegs in Serie gebautes amer. Frachtschiff)*
libidinal [lɪ'bɪdɪnl] → libidinous; **libidinous** ADJ (ADV ~ly) PSYCH libidinös: a *die sexuelle Lust betreffend* b triebhaft
libido [lɪ'biːdəʊ; -'baɪ-] S PSYCH Libido *f*: a Geschlechtstrieb *m* b Lebenswille *m*, -kraft *f*
Libra ['laɪbrə; 'liː-] A S ASTRON, ASTROL Waage *f (Sternbild u. Tierkreiszeichen)*: **be a ~** (e-e) Waage sein B ADJ ASTROL Waage…: **be ~** (e-e) Waage sein; **Libran** ASTROL A ADJ → Libra B B S Waage *f (Person)*: **be a ~** (e-e) Waage sein
librarian [laɪ'breərɪən] S Bibliothekar(in); **librarianship** S 1 a Bibliothekswesen *n* b Bibliothekslehre *f* 2 Bibliothekarsstelle *f*
library ['laɪbrərɪ; *US a.* -ˌbreriː] S 1 Bibliothek *f*: a *(öffentliche)* Bücherei: → reference A 8 b *(private)* Büchersammlung c Bibliothekszimmer *n* d Buchreihe *f* 2 *(Bild-, Zeitungs)* Archiv *n*; **~ binding** S Bibliothekseinband *m*; **~ card** S Benutzerausweis *m*; **~ edition** S Bibliotheksausgabe *f*; **~ picture** S Archivbild *n*; **~ science** S Bibliothekswissenschaft *f*
librate ['laɪbreɪt] V/I 1 schwingen, pendeln 2 schweben; **libration** S 1 Schwingen *n*, Pendeln *n* 2 Schweben *n* 3 ASTRON Libration *f (scheinbare Schwankung des Mondes um die mittlere Lage)*
librettist [lɪ'bretɪst] S Librettist(in), Textdichter(in); **libretto** [-təʊ] *pl* -tos, -ti [-tɪ; -tiː] S Libretto *n*: a Textbuch *n* b *(Opern- etc)* Text *m*
libriform ['laɪbrɪfɔː(r)m] ADJ BOT bastfaserartig, Libriform…
Libya ['lɪbɪə] S Libyen *n*
Libyan ['lɪbɪən] A ADJ 1 libysch 2 *poet* afrikanisch B S 1 Libyer(in) 2 LING Libysch *n*, das Libysche
lice [laɪs] *pl von* louse A 1
licence ['laɪsəns] A *US* **license** S 1 *(offizielle)* Erlaubnis 2 *(a.* WIRTSCH *Export-, Herstellungs-, Patent-, Verkaufs)*Lizenz *f*, Konzession *f*, *(behördliche)* Genehmigung, Zulassung *f*, Gewerbeschein *m*: **hold a ~** e-e Lizenz haben; **produce sth under ~** etwas in Lizenz herstellen; **take out a ~** sich e-e Lizenz beschaffen; **~ fee** Lizenzgebühr *f* 3 amtlicher Zulassungsschein, *(Führer-, Jagd-, Waffen- etc)* Schein *m*: **he got his ~ back** er bekam s-n Führerschein zurück; **~ number** AUTO Kennzeichen *n* 4 *(Br kirchliche, US amtliche)* Heiratserlaubnis: → special licence 5 UNIV Befähigungsnachweis *m* 6 a Handlungsfreiheit *f* b Gedankenfreiheit *f* 7 *(künstlerische, dichterische)* Freiheit: → poetic A 8 Zügellosigkeit *f* B V/T *US* → license A
license ['laɪsəns] A V/T 1 *j-m* e-e *(behördliche)* Genehmigung *od* e-e Lizenz *od* e-e Konzession erteilen 2 lizenzieren, konzessionieren, *(behördlich)* genehmigen *od* zulassen 3 **~ sb to do sth** (es) j-m *(offiziell)* erlauben, etwas zu tun: **be ~d to do sth** etwas tun dürfen; die Erlaubnis haben, etwas zu tun B S *US für* licence A: **~ plate** AUTO Nummern-, Kennzeichenschild *n*
licensed ['laɪsənst] ADJ 1 konzessioniert, lizenziert, *(behördlich)* genehmigt *od* zugelassen: **~ house** *(od* **premises** *pl) Br* Lokal *n* mit Schankkonzession; → pilot A 1, victual(l)er 2 Lizenz…: **~ construction** Lizenzbau *m*
licensee [laɪsən'siː] S Lizenznehmer(in), Konzessionsinhaber(in)
licenser, licensor ['laɪsənsə(r)] S Lizenzgeber(in), Konzessionserteiler(in)
licentiate [laɪ'senʃɪət] S UNIV 1 *[US bes* lɪ's-*]* Lizentiat *n (ein akademischer Grad)* 2 Lizentiat(in)
licentious [laɪ'senʃəs] ADJ (ADV ~ly) 1 ausschweifend, zügellos 2 unkorrekt; **licentiousness** S 1 Zügellosigkeit *f* 2 Unkorrektheit *f*
lichen ['laɪkən; *Br a.* 'lɪtʃɪn] S Lichen *m*: a BOT Flechte *f* b MED Knötchenflechte *f*, -ausschlag *m*; **lichenology** [-'nɒlədʒɪ; *US* -'nɑ-] S BOT Lichenologie *f*, Flechtenkunde *f*
lich gate [lɪtʃ] S überdachtes Friedhofstor *(wo früher zu Beginn der Begräbnisfeierlichkeiten der Sarg abgestellt wurde)*
licit ['lɪsɪt] ADJ legal, gesetzlich, erlaubt; **licitly** ADV legal, erlaubterweise
lick [lɪk] A V/T 1 (ab-, be)lecken: **~ a stamp** e-e Briefmarke belecken; **~ up (off, out)** auf-(weg-, aus)lecken; **he ~ed the jam off his lips** er leckte sich die Marmelade von den Lippen; **~ sb's boots** (*od* **shoes**) *fig* vor j-m kriechen; **~ sb's arse** (*US* **ass**) *vulg* j-m in den Arsch kriechen; **~ one's lips** sich die Lippen lecken *(a. fig)*; **~ into shape** *fig* a *j-n* auf Vordermann bringen *umg* b *etwas* in die richtige Form bringen, zurechtbiegen, -stutzen; **~ one's wounds** *fig* s-e Wunden lecken; → dust A 1 2 *fig* a plätschern an *(akk) (Wellen)* b lecken an *(dat)*: **the flames ~ed the roof** die Flammen leckten *od* züngelten am Dach empor 3 *umg* a verprügeln, verdreschen b schlagen, besiegen c mit *e-m Problem etc* fertig werden d übertreffen, schlagen: **that ~s creation** das übertrifft alles; **this ~s me** das geht über m-n Horizont; **it ~s me how …** es ist mir unbegreiflich, wie … 4 *umg* pflegen, (tadellos) in Ordnung halten B V/I 1 lecken: **~ at** belecken, lecken an *(dat)* 2 *umg* sausen, flitzen C S 1 Lecken *n*: **give sth a ~** etwas belecken, an etwas lecken; **give sth a ~ and a promise** *umg* etwas oberflächlich reinigen *od* aufräumen; **give o.s. a ~ and a promise** *umg* Katzenwäsche machen 2 Spur *f*: **he has a ~ of a schoolmaster about him** er hat ein bisschen was von e-m Schulmeister an sich; **he didn't do a ~ (of work)** *umg* er hat keinen Strich getan *od* gemacht 3 *(Farb-, Regen- etc)* Spritzer *m*: **~ of paint (rain)** 4 *umg* Schlag *m* 5 *umg* Tempo *n*: **at full ~** mit voller Geschwindigkeit; **he was driving at quite a ~** er hatte e-n Affenzahn drauf *umg* 6 a *(Salz)* Lecke *f (für Wild)* b Leckstein *m (für Haustiere u. Wild)*
licker ['lɪkə(r)] S TECH (Tropf)Öler *m*
lickerish ['lɪkərɪʃ] ADJ (ADV ~ly) *obs* 1 gierig, verlangend 2 geil, lüstern 3 lecker
lickety-split ADV *US umg* wie der Blitz
licking S 1 Lecken *n* 2 *umg* Prügel *pl*, Dresche *f (a. fig Niederlage)*: **get a ~** Dresche beziehen, *fig a.* e-e Schlappe erleiden; **give sb a ~** j-m e-e Abreibung verpassen, *fig* j-m e-e Schlappe beibringen

L

lickspittle S Speichellecker(in)

licorice ['lɪkərɪs; *US a.* -rɪʃ] S 1 BOT Süßholz *n, bes* Lakritze *f* 2 a Süßholzwurzel *f* b Lakritze(nsaft) *f(m)*

lid [lɪd] S 1 Deckel *m*: **blow** (*od* **lift, take**) **the ~ off** *umg etwas* an die Öffentlichkeit bringen, *e-n Skandal etc* aufdecken; **clamp** (*od* **clap**) **the ~** (**down**) **on** *US umg* a drosseln, einschränken b stoppen; **keep the ~ on** *umg* etwas unter Kontrolle halten; **keep a tight ~ on** *umg etwas* unter strenger Kontrolle halten; **put the ~ on** *Br umg* a *e-r Sache* die Krone aufsetzen b *e-r Sache* ein Ende bereiten *od* machen; **that puts the ~ on it!** *Br umg* das schlägt dem Fass den Boden aus!; **~ cover** Deckelbezug *m (im Klosett)*; →blow[1] C 7, flip[1] A 3 2 *(Augen)* Lid *n* 3 BOT a Deckel *m* b Deckelkapsel *f* 4 *sl* Deckel *m (Hut)* 5 *US sl* Unze *f* Marihuana; **lidded** ['lɪdɪd] ADJ 1 mit e-m Deckel (versehen) 2 (Augen)Lider habend: **heavy-~** mit schweren Lidern

lido ['li:dəʊ] *pl* -dos S *Br* a Freibad *n* b Strandbad *n*

lie[1] [laɪ] A S Lüge *f*: **tell ~s** (*od* **a ~**) lügen; **that's a ~!** das ist e-e Lüge!, das ist gelogen!; **give the ~ to** a *j-n* der Lüge bezichtigen b *etwas, j-n* Lügen strafen, widerlegen; **~s have short wings** *(Sprichwort)* Lügen haben kurze Beine; → live[1] B 2, white lie B V/I *ppr* lying ['laɪɪŋ] 1 lügen: **~ to sb** j-n belügen, j-n anlügen; **he ~d (to them) about his past** das, was er (ihnen) über s-e Vergangenheit erzählte, war gelogen; **she ~d (to them) about her age** sie machte sich (ihnen gegenüber) jünger *od* älter, als sie tatsächlich war; **~ through** (*od* **in**) **one's teeth, ~ in one's throat** *umg* das Blaue vom Himmel (herunter)lügen, wie gedruckt lügen 2 lügen, trügen, täuschen, e-n falschen Eindruck erwecken *(Zahlen etc)* C V/T **~ to sb that …** j-m vorlügen, dass …; **~ o.s.** (*od* **one's way**) **out of** sich herauslügen aus

lie[2] [laɪ] A S 1 Lage *f (a. fig)*: **the ~ of the land** *fig Br* die Lage (der Dinge) 2 Lager *n (von Tieren)* B V/I *prät* lay [leɪ], *pperf* lain [leɪn], *ppr* lying ['laɪɪŋ] 1 liegen: a *allg im Bett etc* liegen: **all his books are lying about** (*od* **around**) **the room** s-e ganzen Bücher liegen im Zimmer herum; → ruin A 2, *etc* b *ausgebreitet, tot etc* daliegen: **~ dying** im Sterben liegen c gelegen sein, sich befinden: **the town ~s on a river** die Stadt liegt an e-m Fluss; **~ second** (*od* **in second position**) SPORT *etc* an zweiter Stelle *od* auf dem zweiten Platz liegen; **all his money is lying in the bank** sein ganzes Geld liegt auf der Bank d begründet liegen, bestehen *(beide:* **in** *in dat)* e begraben sein *od* liegen, ruhen: **here ~s …** hier ruht … 2 liegen bleiben *(Schnee)* 3 SCHIFF, MIL liegen *(Flotte, Truppe)* 4 SCHIFF a vor Anker liegen b beidrehen: → lie along, lie off 1, lie to 5 a liegen: **the goose lay heavy on his stomach** die Gans lag ihm schwer im Magen b *fig* lasten (**on** auf *der Seele etc*): **his past ~s heavily on him** (*od* **his mind**) s-e Vergangenheit lastet schwer auf ihm 6 führen, verlaufen: **the road ~s through a forest** 7 (**behind**) stecken (hinter *dat*), der Grund sein (für *od gen*) 8 JUR zulässig sein *(Klage etc)*: **appeal ~s to the Supreme Court** Berufung kann vor dem Obersten Bundesgericht eingelegt werden 9 **~ with sb** *obs od* BIBEL j-m beiliegen *(mit j-m schlafen)*
Besondere Redewendungen: **as far as in me ~s** *obs od poet* soweit es an mir liegt, soweit es in m-n Kräften steht; **his greatness ~s in his courage** s-e Größe liegt in s-m Mut (begründet); **he knows where his interest ~s** er weiß, wo sein Vorteil liegt; **~ in sb's way** a j-m zur Hand sein b j-m möglich sein c in j-s Fach schlagen d j-m im Weg stehen **his talents do not ~ that way** dazu hat er kein Talent; **~ on sb** JUR j-m obliegen; **the responsibility ~s on you** die Verantwortung liegt bei dir; **~ on sb's hands** unbenutzt *od* unverkauft bei j-m liegen bleiben; **~ to the north** SCHIFF Nord anliegen; **~ under an obligation** e-e Verpflichtung haben; **~ under the suspicion of murder** unter Mordverdacht stehen; **~ under a sentence of death** zum Tode verurteilt sein; **the fault ~s with him** die Schuld liegt bei ihm; **it ~s with you to do it** es liegt an dir *od* es ist d-e Sache, es zu tun; *siehe Verbindungen mit den entsprechenden Substantiven etc*
Phrasal Verbs: **lie| about** V/I herumliegen *umg*; **~ ahead** V/I: **what lies ahead of us** was vor uns liegt, was uns bevorsteht, was auf uns zukommt; *he was thinking of the work* **that lay ahead** die vor ihm lag; **~ along** V/I SCHIFF krängen, schief liegen; **~ around** → lie about; **~ back** V/I 1 sich zurücklegen *od* -lehnen 2 *fig* sich ausruhen, die Hände in den Schoß legen; **~ behind** V/I *fig* dahinterstecken, der Grund sein; **~ by** V/I 1 → lie off 2 2 nicht benutzt werden, *(Haus etc)* leer stehen; **~ down** V/I 1 sich hinlegen, sich niederlegen: **~ on** sich legen auf *(akk)*; **~ on the job** *US colloq* bummeln 2 **~ under, take lying down** *e-e Beleidigung etc* widerspruchslos hinnehmen, sich *e-e Beleidigung etc* gefallen lassen; **~ in** V/I 1 *Br (morgens)* lang(e) im Bett bleiben 2 im Kindbett *od* Wochenbett liegen; **~ low** V/I 1 a sich verstecken *od* versteckt halten b sich ruhig verhalten 2 auf e-e günstige Gelegenheit warten, den rechten Augenblick abwarten *od* abpassen; **~ off** V/I 1 SCHIFF vom Land *od* von e-m anderen Schiff abhalten 2 e-e (Ruhe)Pause einlegen, (sich) ausruhen; **~ over** V/I 1 *US* nicht rechtzeitig bezahlt werden 2 a liegen bleiben, unerledigt bleiben b aufgeschoben *od* zurückgestellt werden; **~ to** V/I SCHIFF beiliegen; **~ up** V/I 1 das Bett *od* das Zimmer hüten (müssen) 2 → lie low 1 a 3 nicht benutzt werden, *(Maschine etc)* außer Betrieb sein

lie-abed S Langschläfer(in)

Liechtenstein[1] ['lɪktənstaɪn] S Liechtenstein *n (Fürstentum in Mitteleuropa)*

Liechtenstein[2] ['lɪktənstaɪn] ADJ Liechtensteiner, liechtensteinisch; **Liechtensteiner** S Liechtensteiner(in)

lied [li:d] *pl* lieder ['li:də(r)] S MUS *(deutsches)* (Kunst)Lied

lieder| recital S Liederabend *m*; **~ singer** S Liedersänger(in)

lie detector S Lügendetektor *m*

lie-down S *umg* Schläfchen *n*: **have a ~** a ein Schläfchen machen b sich (kurz) hinlegen

lief [li:f] *obs* A ADJ lieb, teuer B ADV gern: **I would as ~ go today as tomorrow** ich würde heute ebenso gern wie morgen gehen; **I would as ~ die as betray a friend** ich würde eher sterben, als e-n Freund verraten; **~er than** lieber als

liege [li:dʒ] HIST A S 1 *a.* **~ lord** Leh(e)nsherr *m* 2 *a.* **~ man** Leh(e)nsmann *m*, Vasall *m* B ADJ Leh(e)ns…

lie-in S: **have** (*od* **take**) **a ~** *umg* → lie in 1

lien [lɪən; 'li:ən; *US a.* li:n] S JUR Pfandrecht *n*, Zurückbehaltungsrecht *n*: **lay a ~ on sth** das Pfandrecht auf e-e Sache geltend machen

lienal ['laɪənl; *US a.* laɪ'i:nl] ADJ ANAT, MED lienal, Milz…

lienee [lɪə'ni:; ˌli:ə'ni:] S JUR Pfandschuldner(in)

lienitis [ˌlaɪə'naɪtɪs] S MED Lienitis *f*, Milzentzündung *f*

lienor ['lɪənə(r); 'li:ə-; *US a.* 'li:nər] S JUR Pfandgläubiger(in)

lientery ['laɪəntərɪ; *US* -ˌteri:; laɪ'entərɪ:] S MED Lienterie *f (Durchfall mit Abgang unverdauter Speiseteile)*

lierne [lɪ'ɜ:n; *US* lɪ'ɜrn] S ARCH Neben-, Zwischenrippe *f*

lie test S PSYCH Lügentest *m*

lieu [lju:; *bes US* lu:] S: **in ~ of** anstelle von *(od gen)*, (an)statt *(gen)*; **in ~** statt dessen; → oath *Bes Redew*

Lieut. ABK MIL Lieutenant

lieutenancy [lef'tenənsɪ; SCHIFF lə't-; le't-; *US* lu:'t-] S 1 SCHIFF, MIL a Leutnantsrang *m* b *koll* Leutnants *pl* 2 Statthalterschaft *f*

lieutenant [lef'tenənt; SCHIFF lə't-; le't-; *US* lu:'t-] S 1 Stellvertreter *m* 2 Statthalter *m*, Gouverneur *m* 3 SCHIFF, MIL a *allg* Leutnant *m* b *Br* (*US* **first ~**) Oberleutnant *m*: **second ~** Leutnant c SCHIFF (*US a.* **~ senior grade**) Kapitänleutnant *m*: **~ junior grade** *US* Oberleutnant *m* zur See; **~ colonel** S MIL Oberstleutnant *m*; **~ commander** S SCHIFF Korvettenkapitän *m*; **~ general** S MIL Generalleutnant *m*; **~ governor** S Vizegouverneur *m (im brit. Commonwealth od e-s amer. Bundesstaates)*

life [laɪf] *pl* lives [laɪvz] S 1 (organisches) Leben: **how did ~ begin?** wie ist das Leben entstanden? 2 Leben(skraft) *n(f)* 3 Leben *n*: a Lebenserscheinungen *pl* b Lebewesen *pl*: **there is no ~ on the moon** auf dem Mond gibt es kein Leben; **marine ~** das Leben im Meer, die Lebenserscheinungen *od* Lebewesen im Meer 4 *(Menschen)* Leben *n*: **they lost their lives** sie verloren ihr Leben, sie kamen ums Leben; **three lives were lost** drei Menschenleben sind zu beklagen; **with great sacrifice of ~** mit schweren Verlusten an Menschenleben; **risk ~ and limb** Leib u. Leben riskieren 5 Leben *n (e-s Einzelwesens)*: **a matter (question) of ~ and death** e-e lebenswichtige Angelegenheit (Frage); **early in ~** in jungen Jahren; **my early ~** m-e Jugend; **late in ~** in vorgerücktem Alter; **as much as one's ~ is worth** lebensgefährlich, *weitS.* sehr gefährlich *od* riskant; **as if** (*od* **though**) **his ~ depended on it** als ob sein Leben davon abhinge, als ob es um sein Leben ginge; **he's out of my ~** er existiert für mich überhaupt nicht mehr; → danger A 1, matter A 3, own *Bes Redew*, risk B 1 6 a Leben *n*, Lebenszeit *f*, Lebensdauer *f (a.* TECH *e-r Maschine etc)*, Dauer *f*, Bestehen *n*: **all his ~** sein ganzes Leben lang; **the ~ of a book** die Erfolgszeit e-s Buches; **during the ~ of the republic** während des Bestehens der Republik; → expectation 3 b WIRTSCH, JUR Laufzeit *f (e-s Wechsels, Vertrags etc)*, *bes* WIRTSCH Haltbarkeit *f*, Lagerfähigkeit *f*: **the ~ of packaged fresh meat** 7 Leben *n*, Lebensweise *f*, -führung *f*, -art *f*, -wandel *m*: → anything A 2, married A 1, saint A 1 8 Leben(sbeschreibung) *n(f)*, Biografie *f* 9 Leben *n*, menschliches Tun u. Treiben, Welt *f*: **~ in Australia** das Leben in Australien; **see ~** das Leben kennenlernen *od* genießen 10 Leben *n*, Schwung *m*: **full of ~** lebendig, voller Leben; **the ~ of the Constitution** der wesentliche Inhalt der Verfassung; **he was the ~ and soul of the party** er brachte Schwung in die Party, er unterhielt die ganze Party 11 KUNST Leben *n*: **from (the) ~** nach dem Leben, nach der Natur; → large A 1 12 *Versicherungswesen:* a auf Lebenszeit Versicherte(r) *m/f(m) (im Hinblick auf die Lebenserwartung)* b *a.* **~ business** Lebensversicherungsgeschäft *n* 13 JUR *umg* lebenslängliche Freiheitsstrafe: **he is doing ~** er sitzt lebenslänglich; **he got ~** er bekam „lebenslänglich"
Besondere Redewendungen: **for ~** a fürs (ganze) Leben, für den Rest s-s Lebens b *bes* JUR,

POL lebenslänglich, auf Lebenszeit **appointed for ~** auf Lebenszeit ernannt; **imprisonment for ~** lebenslängliche Freiheitsstrafe; **not for the ~ of me** *umg* nicht um alles in der Welt; **I couldn't get to sleep for the ~ of me** *umg* ich konnte ums Verrecken nicht einschlafen; **not on your ~** *umg* ganz bestimmt nicht, unter keinen Umständen; **to the ~** nach dem Leben, lebensecht, naturgetreu; **upon my ~!** so wahr ich lebe!; **that's ~** so ist nun einmal das Leben; **music was his ~** die Musik war sein Leben; **where** (*od* **while**) **there's ~ there's hope** (*Sprichwort*) MED man darf die Hoffnung nie aufgeben, *weitS. a.* es hofft der Mensch, solange er lebt; **bring to ~** a *a.* **put ~ into** beleben, Leben *od* Schwung bringen in (*akk*), *a. j-n* in Schwung bringen b ins Leben rufen **come to ~** sich beleben, (*a. Person*) in Schwung kommen; **after some time the party came to ~** nach einiger Zeit kam Leben *od* Schwung in die Party; **come back to ~** a wieder zu(m) Bewusstsein *od* zu sich kommen b wieder gesund werden **lead** (*od* **live**) **the ~ of Riley** *Br umg* wie Gott in Frankreich leben; **run for dear** (*od* **one's**) **~** um sein Leben laufen; **I couldn't get it open to save my ~** *umg* ich brachte es nicht ums Verrecken auf; **sell one's ~ dearly** sein Leben teuer verkaufen; **show (signs of) ~** Lebenszeichen von sich geben; **seek sb's ~** j-m nach dem Leben trachten; **take sb's ~** j-n umbringen; **take one's own ~** sich das Leben nehmen; **take one's ~ in one's (own) hands** *umg* sein Leben riskieren *od* aufs Spiel setzen; → bet B, bowl¹ 1 b, breathe B 1, bring back 4, charm B 2

L

life|-and-death ADJ auf Leben u. Tod: **a ~ struggle**; **~ annuity** S Leibrente *f*; **~ assurance** S *bes Br* Lebensversicherung *f*; **~ belt** S SCHIFF Rettungsgürtel *m*; **~blood** S 1 Blut *n* (*als lebensnotwendige Substanz*) 2 *fig* Lebensnerv *m*; **~boat** S SCHIFF Rettungsboot *n*: **~ gun** Rettungsraketenapparat *m*; **~ (fund)** *fig* Hilfsfonds *m*; **~ buoy** S SCHIFF Rettungsring *m*; **~ car** S SCHIFF *Behälter, der an e-m Tau zwischen Schiff u. Land läuft*; **~ cycle** S BIOL 1 Lebenszyklus *m* 2 → life history 1 3 Lebens-, Entwicklungsphase *f*; **~-cycle analysis** S *irr* Ökobilanz *f*; **~ estate** S JUR Grundbesitz *m* auf Lebenszeit; **~ expectancy** S Lebenserwartung *f*; **~ experience** S Lebenserfahrung *f*; **~ force** S Lebenskraft *f*; **~ form** S BIOL Lebensform *f*; **~-giving** ADJ Leben gebend *od* spendend, lebensnotwendig (*a. fig*): **the ~ stream of foreign investments**; **~guard** S a Rettungsschwimmer(in) b Bademeister(in); **2 Guards** SPL *Br ein zu den Gardetruppen gehörendes Kavallerieregiment*; **~ history** S 1 BIOL, SOZIOL Lebensgeschichte *f* 2 → life cycle 1; **~ imprisonment** S JUR lebenslängliche Freiheitsstrafe; **~ instinct** S PSYCH Lebenstrieb *m*; **~ insurance** S Lebensversicherung *f*; **~ interest** S JUR lebenslänglicher Nießbrauch; **~ island** S MED Life-Island *n* (*keimfreie Umgebung für infektgefährdete Kranke*); **~ jacket** S SCHIFF Rettungs-, Schwimmweste *f*

lifeless ADJ (ADV **~ly**) 1 leblos: a tot (*Körper*) b unbelebt (*Materie*) 2 ohne Leben (*Planet etc*): **Mars seems to be ~** auf dem Mars scheint es kein Leben zu geben 3 *fig* matt (*a. Stimme etc*), teilnahmslos, schwunglos 4 WIRTSCH lustlos

life|like ADJ lebensecht, naturgetreu; **~line** S 1 SCHIFF Rettungsleine *f* 2 Halteleine *f* (*für Schwimmer etc*) 3 Signalleine *f* (*für Taucher*) 4 *fig* Rettungsanker *m*: **throw a ~ to sb** j-m e-n Rettungsanker zuwerfen 5 *fig* Lebensader *f* (*Versorgungsweg*) 6 Lebenslinie *f* (*in der Hand*); **~long** ADJ lebenslang: **he is a ~ friend of mine** wir sind schon unser ganzes Leben lang Freunde

lifemanship [ˈlaɪfmənʃɪp] S erfolgssicheres Auftreten; die Kunst, sich anderen Leuten überlegen zu zeigen

life| mask S (*e-m Lebenden abgenommene*) Gipsmaske; **~ member** S Mitglied *n* auf Lebenszeit; **~ net** S Sprungtuch *n* (*der Feuerwehr*); **~-or-death** → life-and-death; **~ peer** S Peer *m* auf Lebenszeit; **~ preserver** S 1 SCHIFF *US* a Rettungs-, Schwimmweste *f* b Rettungsgürtel *m* 2 *bes Br* Totschläger *m* (*Waffe*); **~ processes** SPL BIOL Lebensvorgänge *pl*; **~-prolonging** ADJ lebensverlängernd

lifer [ˈlaɪfə(r)] S *umg* 1 Lebenslängliche(r) *m/f(m)* (*Strafgefangene[r]*) 2 *US* Berufssoldat *m*

life| raft S SCHIFF Rettungsfloß *n*; **~ ring** S Rettungsring *m*; **~ rocket** S SCHIFF Rettungs-, Leinenwurfrakete *f*; **~saver** S 1 Lebensretter(in) 2 *bes Br* → lifeguard 3 *umg* a rettender Engel b Rettung *f*: **that money was a ~** das Geld war m-e Rettung *od* hat mich gerettet; **~saving** A S Lebensrettung *f* B ADJ lebensrettend, (Lebens)Rettungs..., (*Medikament etc*) lebenserhaltend; **~ sciences** SPL Biowissenschaften *pl*, biologische Naturwissenschaften *pl*; **~ sentence** S JUR lebenslängliche Freiheitsstrafe; **~-size(d)** ADJ lebensgroß, in Lebensgröße: **a ~ statue**; **~ space** S PSYCH Lebensraum *m*; **~ span** → lifetime A; **~ spiral** S *Eis-, Rollkunstlauf*: Lebensspirale *f*; **~ story** S Lebensgeschichte *f*; **~ style** S Lebensstil *m*; **~-support system** S MED, *Raumfahrt*: Life-Support-System *n*: a *System zur Erhaltung des menschlichen Lebens in e-r zum Leben ungeeigneten Umgebung durch die automatische Regelung von Sauerstoff, der Luftfeuchtigkeit etc* b *lebenserhaltende Apparate*; **~-sustaining measures** SPL MED lebenserhaltende Maßnahmen *pl*; **~ table** S Sterblichkeitstabelle *f*; **~-threatening** ADJ lebensbedrohend, -bedrohlich; **~time** A S Lebenszeit *f*, Leben *n*, *a.* PHYS, TECH Lebensdauer *f*: **once in a ~** sehr selten, einmal im Leben; **during** (*od* **in**) **sb's ~** a zu j-s Lebzeiten, zu j-s Zeit b in j-s Leben; **spend a ~ doing sth** sein ganzes Leben damit verbringen, etwas zu tun; sein ganzes Leben lang etwas tun; **~ achievement** Lebenswerk *n* (*e-s Künstlers*); → chance A 4 B ADJ auf Lebenszeit, lebenslang: **~ post** Lebensstellung *f*; **~ sport** Lifetimesport *m* (*Sport, der von Menschen jeder Altersstufe betrieben werden kann*); **~ vest** S Rettungs-, Schwimmweste *f*; **~work** S Lebenswerk *n*

lift [lɪft] A S 1 a (Hoch-, Auf)Heben *n*: **he gave the boy a ~ onto the chair** er hob den Jungen auf den Stuhl b (*Eis-, Rollkunstlauf etc*) Hebefigur *f* 2 Steigen *n* 3 Hochhalten *n*, aufrechte *od* stolze Haltung: **the proud ~ of her head** ihre stolze Kopfhaltung 4 TECH a Hub(höhe) *m(f)* b Förderhöhe *f* c Steighöhe *f* d Förder-, Hubmenge *f* 5 a *US* Beförderung *f* b Luftbrücke *f* 6 a FLUG, PHYS Auftrieb *m*, *fig a.* Aufschwung *m*: **give** *sb* **a ~** → B 3 b Erfolgserlebnis *n* 7 Last *f*: **a heavy ~** 8 *Gewichtheben*: Versuch *m* 9 a Beistand *m*, Hilfe *f* b Mitfahrgelegenheit *f*: **give sb a ~** j-m helfen; j-n (*im Auto etc*) mitnehmen; **get a ~ from sb** von j-m mitgenommen werden; **offer sb a ~** j-m anbieten, ihn mitzunehmen; **thanks for the ~** danke fürs Mitnehmen; → thumb B 3 10 TECH Hebe-, Fördergerät *n*, -werk *n* 11 *bes Br* Lift *m*, Aufzug *m*, Fahrstuhl *m*: **take the ~** den Fahrstuhl nehmen, mit dem Fahrstuhl fahren 12 (*Ski-, Sessel- etc*) Lift *m* 13 *Bergbau*: a Pumpensatz *m* b Abbauhöhe *f* 14 *umg* Diebstahl *m* 15 MED Lift *m/n*, Lifting *n*: **have a ~** sich liften lassen B V/T 1 *a.* **~ up** a (hoch-, auf)heben b *die Stimme etc* erheben: **~ one's eyes** aufschauen, -blicken; **~ one's hand to sb** die Hand gegen j-n erheben; **~ sth down** etwas herunterheben (**from** von); → finger A 1, hand *Bes Redew* 2 *Gewichtheben*: *ein Gewicht* zur Hochstrecke bringen 3 *fig* a (*geistig od sittlich*) heben b emporheben (**from, out of** aus *der Armut etc*) 4 *a.* **~ up** *j-n* aufmuntern, *j-m* Auftrieb *od* Aufschwung geben: **~ed up with pride** stolzgeschwellt 5 *Bergbau*: fördern 6 *die Preise etc* anheben, erhöhen 7 *umg* klauen, stehlen: a mitgehen lassen *umg* b plagiieren 8 *ein Zelt, Lager* abbrechen 9 a *Kartoffeln* klauben, ernten b *e-n Schatz* heben 10 *US e-e Hypothek etc* tilgen 11 *j-m das Gesicht etc* liften, straffen: **have one's face ~ed** sich das Gesicht liften lassen 12 *e-e Belagerung, ein Embargo, ein Verbot etc* aufheben 13 *Fingerabdrücke* sichern C V/I 1 sich heben, steigen (*beide: a. Nebel*): **~ off** a starten (*Rakete*) b abheben (*Flugzeug*) 2 sich (hoch)heben lassen

lift|boy S *bes Br* Liftboy *m*; **~ bridge** S TECH Hubbrücke *f*

lifter S 1 SPORT (*Gewicht*) Heber(in) 2 TECH Heber *m*, Hebegerät *n*, *z. B.* a Hebebaum *m* b Nocken *m* 3 *umg* Langfinger *m* (*oft hum*), Dieb(in)

lifting ADJ Hebe..., Hub...; **~ body** S FLUG Auftriebskörper *m*; **~ bridge** → lift bridge; **~ force** S FLUG, PHYS, TECH Auftriebs-, Hub-, Tragkraft *f*; **~ jack** S TECH Hebevorrichtung *f*, (Hebe)Winde *f*, (-)Bock *m*; **~ platform** S TECH Hebebühne *f*; **~ power** → lifting force

lift|man [-mæn] S *irr bes Br* Fahrstuhlführer *m*; **~off** S a Start *m* (*e-r Rakete*) b Abheben *n* (*e-s Flugzeugs*); **~ pass** S Skipass *m*; **~ pump** S TECH Hebepumpe *f*; **~ shaft** S *bes Br* Lift-, Aufzug(s)schacht *m*; **~ truck** S TECH Hubkarren *m*; **~ valve** S TECH Druckventil *n*

ligament [ˈlɪɡəmənt] S ANAT Ligament *n*, Band *n* (*a. fig*); **ligamentous** [-ˈmentəs], *a.* **ligamentary** ADJ 1 ANAT Band... 2 bandförmig

ligate [ˈlaɪɡeɪt; laɪˈɡeɪt] V/T MED *ein Gefäß* ligieren, unterbinden; **ligation** S 1 MED Ligatur *f*, Unterbindung *f* 2 *fig* Band *n*

ligature [ˈlɪɡəˌtʃʊə(r); -tʃə(r)] A S 1 → ligation 2 MED Klemme *f* 3 TYPO Ligatur *f* (*Verbindung zweier Buchstaben zu einer Type*) 4 MUS Ligatur *f*: a *Verbindung e-r zusammengehörenden Notengruppe* b *Bogen über zwei Noten gleicher Tonhöhe* B V/T → ligate

liger [ˈlaɪɡə(r)] S *Kreuzung zwischen Löwe u. Tigerin*

light¹ [laɪt] A S 1 Licht *n*, Helligkeit *f*: **let there be ~!** BIBEL es werde Licht!; **stand** (*od* **be**) **in sb's ~** a j-m im Licht stehen b *fig* j-m im Weg stehen; **stand in one's own ~** a sich im Licht stehen b *fig* sich selbst im Weg stehen; **get out of the ~** geh aus dem Licht!; **he can see the ~ at the end of the tunnel** *fig* er sieht Licht am Ende des Tunnels 2 Licht *n* (*a.* PHYS), Beleuchtung *f*: **in subdued ~** bei gedämpftem Licht 3 Licht *n*, Schein *m*: **by the ~ of a candle** beim Licht *od* Schein e-r Kerze, bei Kerzenschein 4 a Licht(quelle) *n(f)* (*Sonne, Lampe, Kerze etc*): **hide one's ~ under a bushel** sein Licht unter den Scheffel stellen b AUTO Scheinwerfer *m*: → flash B 1 5 *Br meist pl* (*Verkehrs*) Ampel *f*: **jump** (*od* **shoot**) **the ~s** bei Rot über die Kreuzung fahren, ein Rotlicht überfahren; **the ~s were against him** er hatte Rot; → green light, red light 6 SCHIFF a

Leuchtfeuer *n* b Leuchtturm *m* 7 (Sonnen-, Tages)Licht *n*: *I must finish my work* **while the ~ lasts** solang(e) es noch hell ist; **see the ~ (of day)** a das Licht der Welt erblicken, geboren werden b *fig* herauskommen, auf den Markt kommen (→ A 9, A 11); **at first ~** bei Tagesanbruch; **in the cold ~ of day** (*od* **dawn**) *fig* bei Licht besehen *od* betrachtet 8 Tagesanbruch *m*: **at ~** bei Tagesanbruch 9 *fig* (Tages)Licht *n*: **bring (come) to ~** ans Licht bringen (kommen); **see the ~ (of day)** bekannt *od* veröffentlicht werden (→ A 7, A 11) 10 *fig* Licht *n*, Aspekt *m*: **in the ~ of** *Br*, **in ~ of** *US* unter dem Aspekt (*gen*), in Anbetracht (*gen*), angesichts (*gen*); **I have never looked on the matter in that ~** von dieser Seite habe ich die Angelegenheit noch nie gesehen; **put sth in its true ~** etwas ins rechte Licht rücken; **reveal sth in a different ~** etwas in e-m anderen Licht erscheinen lassen; **see sth in a different ~** etwas mit anderen Augen sehen; **show sth in a bad ~** ein schlechtes Licht auf e-e Sache werfen 11 *fig* Licht *n*, Erleuchtung *f* (*a.* REL): **cast (*od* shed, throw) ~ on sth** a Licht auf e-e Sache werfen b zur Lösung *od* Aufklärung e-r Sache beitragen; **see the ~** a zur Einsicht kommen b REL erleuchtet werden (→ A 7, A 9); **I saw the ~** mir ging ein Licht auf, mir gingen die Augen auf; **by the ~ of nature** mit den natürlichen Verstandeskräften 12 *pl* Erkenntnisse *pl*, Informationen *pl* 13 *pl* Wissen *n*, Verstand *m*, geistige Fähigkeiten *pl*: **by (*od* according to) his ~s** a so gut er es eben versteht b nach s-n Grundsätzen *od* Vorstellungen *od* Maßstäben c für s-e Verhältnisse 14 MAL a Licht *n*: **~ and shade** b Aufhellung *f* 15 Glanz *m*, Leuchten *n* (*der Augen*): **the ~ went out of her eyes** der Glanz ihrer Augen erlosch 16 Feuer *n* (*zum Anzünden*): **have you got a ~?** haben Sie Feuer?; **put a (*od* set) ~ to sth** etwas anzünden *od* in Brand stecken; **strike a ~** ein Streichholz anzünden 17 a Fenster(scheibe) *n(f)* b Dachfenster *n* 18 *fig* Leuchte *f*, großes Licht (*Person*): → leading light 2 19 *a.* **~ of one's eyes** *poet* Augenlicht *n* 20 *pl sl* Gucker *pl* (*Augen*) B ADJ hell, licht (*Farbe, Raum etc*): **~ hair** helles Haar; **~ red** a Hellrot *n* b hellrot C V/T *prät u. pperf* lighted, lit [lɪt] 1 *a.* **~ up** *ein Feuer, e-e Lampe* anzünden: **he lit a cigarette** er zündete sich e-e Zigarette an 2 be-, erleuchten, erhellen: **~ up** hell beleuchten 3 *meist* **~ up** *j-s Augen etc* aufleuchten lassen 4 *j-m* leuchten 5 **be lit up** *umg* angeheitert sein: a *durch Alkoholgenuss beschwingt sein* b *leicht angetrunken sein* D V/I 1 *a.* **~ up** sich entzünden 2 *meist* **~ up** a sich erhellen, hell werden b *fig* aufleuchten (*Augen etc*) 3 **~ up** a Licht machen b die Straßenbeleuchtung einschalten c AUTO die Scheinwerfer einschalten 4 **~ up** *umg* sich e-e (*Zigarette etc*) anzünden

light² [laɪt] A ADJ (ADV → lightly) 1 leicht (*von geringem Gewicht*): **(as) ~ as air** a *a.* **(as) ~ as a feather** (*od* **as thistledown**) federleicht b *fig* sorgenfrei; → purse A 1 2 (*spezifisch*) leicht: **~ metal** Leichtmetall *n* 3 **~ coin** *US* Münze *f* mit zu geringem Edelmetallgehalt 4 leicht (*zu ertragen od auszuführen*): **~ punishment**; **~ work**; → work A 1 5 leicht (*nicht tief*): **~ sleep**; → sleeper 1 6 leicht, Unterhaltungs...: **~ literature** Unterhaltungsliteratur *f*; **~ music** leichte Musik, Unterhaltungsmusik *f*; **~ opera** komische Oper, Spieloper *f*; **~ reading** Unterhaltungslektüre *f*, leichte Lektüre 7 leicht (*geringfügig*): **~ illness**; **a ~ rain**; **a ~ eater** ein schwacher Esser; **a ~ error** ein kleiner Irrtum; **~ traffic** geringer Verkehr; **no ~ matter** keine Kleinigkeit; **make ~ of sth** a etwas auf die leichte Schulter nehmen b etwas verharmlosen *od* bagatellisieren 8 leicht: a leicht verdaulich: **a ~ meal** e-e leichte Mahlzeit b *mit geringem Alkohol- od Nikotingehalt* (*Wein, Zigaretten etc*) 9 locker (*Erde, Schnee etc*): **~ bread** leichtes *od* locker gebackenes Brot 10 leicht, sanft (*Berührung etc*) 11 flink: **be ~ on one's feet** flink auf den Beinen sein 12 graziös, anmutig: **she is a ~ dancer** 13 a unbeschwert, sorglos, heiter, fröhlich: **with a ~ heart** leichten Herzens b leichtfertig, -sinnig c unbeständig, flatterhaft d unmoralisch: **a ~ girl** ein leichtes Mädchen 14 **be ~ in the head** (leicht) benommen sein 15 SCHIFF, MIL leicht (*Artillerie, Kreuzer etc*): **in ~ marching order** mit leichtem Marschgepäck 16 a leicht beladen b unbeladen, leer, ohne Ladung: **the ship returned ~**; **a ~ engine** e-e allein fahrende Lokomotive 17 TECH leicht (gebaut), für leichte Beanspruchung, Leicht...: **~ plane** Leichtflugzeug *n*; **~ current** ELEK Schwachstrom *m* 18 PHON a unbetont, schwach betont (*Silbe, Vokal*) b schwach (*Betonung*) c hell, vorn im Mund artikuliert (*Laut*) B ADV **travel ~** mit leichtem Gepäck reisen

light³ [laɪt] *prät u. pperf* lighted, lit [lɪt] V/I 1 *obs od poet* (ab)steigen (**from, off** von) 2 *obs od poet* fallen (**on** auf *akk*): **a cat always ~s on its feet** 3 *obs od poet* sich niederlassen (**on** auf *dat*): **the bird ~ed on a twig** 4 *fig obs od poet* (zufällig) stoßen (**on** auf *akk*) 5 *fig obs od poet* fallen (**on** auf *akk*): **the choice ~ed on him** 6 **~ into sb** *umg* über j-n herfallen (*a. mit Worten*) 7 **~ out** *umg* verduften *umg*, verschwinden

light| air S leiser Zug (*Windstärke 1*); **~-armed** ADJ MIL leicht bewaffnet; **~ barrier** S ELEK Lichtschranke *f*; **~ bath** S MED Lichtbad *n*; **~ day** S ASTRON Lichttag *m*; **~-duty** → light² A 17; **~ beacon** S FLUG, SCHIFF Leuchtfeuer *n*, -bake *f*; **~box advertising** S Citylight-Werbung *f*; **~ breeze** S leichte Brise (*Windstärke 2*); **~ bulb** S ELEK Glühlampe *f*, -birne *f*; **~-emitting diode** S ELEK Leuchtdiode *f*

lighten¹ ['laɪtn] A V/I 1 sich aufhellen, hell(er) werden 2 leuchten 3 *unpers* blitzen: **it is ~ing** B V/T 1 (*a.* blitzartig) erhellen 2 *fig obs* erleuchten

lighten² ['laɪtn] A V/T 1 leichter machen, erleichtern (*beide a. fig*): **~ sb's heart** j-m das Herz leichter machen 2 *ein Schiff* (ab)leichtern 3 *j-n* aufheitern B V/I 1 leichter werden: **her heart ~ed** *fig* ihr wurde leichter ums Herz 2 *fig* heiterer werden

light engineering S Leichtmaschinenbau *m*

lighter¹ ['laɪtə(r)] S 1 Anzünder *m* (*a. Gerät*) 2 Feuerzeug *n*

lighter² ['laɪtə(r)] SCHIFF A S Leichter *m*, Prahm *m* B V/T in e-m Leichter befördern

lighterage ['laɪtərɪdʒ] S SCHIFF 1 Leichtergeld *n* 2 Leichtertransport *m*

lighterman [-mən] S *irr* SCHIFF Leichterschiffer *m*

lighter-than-air ADJ: **~ craft** Luftfahrzeug *n* leichter als Luft

light| face S TYPO magere Schrift; **~-faced** ADJ TYPO mager; **~fast** ADJ lichtecht; **~fastness** S Lichtechtheit *f*; **~-fingered** ADJ 1 fingerfertig, geschickt 2 diebisch, langfing(e)rig (*oft hum*); **~-fingeredness** S Fingerfertigkeit *f*, Geschicktheit *f*; **~ fixture** S Beleuchtungskörper *m*; **~ flyweight** S *Boxen*: Halb-, Leichtfliegengewicht(ler) *n(m)*; **~-flyweight** ADJ *Boxen*: Halb-, Leichtfliegengewichts...; **~-footed** ADJ (ADV ~ly) leichtfüßig, flink; **~-footedness** S Leichtfüßigkeit *f*, Flinkheit *f*; **~-handed** ADJ (ADV ~ly) geschickt; **~-handedness** S Geschicktheit *f*; **~-headed** ADJ (ADV ~ly) 1 leichtsinnig, -fertig 2 **feel ~** a (leicht) benommen sein b wie auf Wolken schweben; **~-headedness** S 1 Leichtsinn *m*, -fertigkeit *f* 2 (leichte) Benommenheit; **~-hearted** ADJ (ADV ~ly) fröhlich, heiter, unbeschwert; **~-heartedness** S Fröhlichkeit *f*, Heiterkeit *f*, Unbeschwertheit *f*; **~ heavyweight** S SPORT Halb-, Leichtschwergewicht(ler) *n(m)*; **~-heavyweight** ADJ SPORT Halb-, Leichtschwergewichts...; **~house** S Leuchtturm *m*: **~ keeper** Leuchtturmwärter(in); **~ tube** ELEK Leuchtturmröhre *f*

lighting S 1 Beleuchtung *f*, Lichtverhältnisse *pl*: **~ battery** Lichtbatterie *f*; **~ effect** Beleuchtungseffekt *m*; **~ engineer** Beleuchter(in); **~ fixture** Beleuchtungskörper *m*; **~ load** Lichtnetzbelastung *f*; **~ point** ELEK Brennstelle *f* 2 Beleuchtung(sanlage) *f* 3 Anzünden *n* 4 MAL Lichtverteilung *f*; **~-up time** S (vorgeschriebene) Zeit des Einschaltens der Straßenbeleuchtung *od* (AUTO) der Scheinwerfer

lightless ADJ lichtlos, dunkel

lightly ADV 1 leicht 2 wenig: **eat ~**; **~ booked** weniger gebucht 3 gelassen: **bear sth ~** 4 leichtfertig, -sinnig 5 leichthin 6 geringschätzig 7 glimpflich: → get off B 6

light| meter S FOTO Belichtungsmesser *m*; **~ middleweight** S SPORT Halbmittelgewicht(ler) *n(m)*; **~-middleweight** ADJ SPORT Halbmittelgewichts...; **~-minded** ADJ (ADV ~ly) a leichtfertig, -sinnig b unbeständig, flatterhaft; **~-mindedness** S a Leichtfertigkeit *f*, -sinn *m* b Unbeständigkeit *f*, Flatterhaftigkeit *f*; **~ minute** S ASTRON Lichtminute *f*; **~ month** S ASTRON Lichtmonat *m*

lightness¹ ['laɪtnɪs] S Helligkeit *f*

lightness² ['laɪtnɪs] S 1 Leichtheit *f*, Leichtigkeit *f*, geringes Gewicht 2 Leichtverdaulichkeit *f* 3 Lockerheit *f* 4 Sanftheit *f* 5 Flinkheit *f* 6 Grazie *f*, Anmut *f* 7 a Unbeschwertheit *f*, Sorglosigkeit *f*, Heiterkeit *f*, Fröhlichkeit *f* b Leichtfertigkeit *f*, -sinn *m* c Unbeständigkeit *f*, Flatterhaftigkeit *f* d Unmoral *f*

lightning ['laɪtnɪŋ] A S Blitz *m*: **there is ~** es blitzt; **struck by ~** vom Blitz getroffen; **~ struck a house** der Blitz schlug in ein Haus (ein); **like ~** wie der Blitz *umg*; **(as) quick as ~** blitzschnell; **answer as quick as ~** wie aus der Pistole geschossen antworten *umg*; → flash A 1, grease B 1, streak A 2 B ADJ blitzschnell, Blitz..., Schnell...: **~ artist** Schnellzeichner(in); **~ offensive** MIL Blitzoffensive *f*; **with ~ speed** mit Blitzesschnelle; **~ strike** WIRTSCH Blitzstreik *m*; **~ arrester** S ELEK Blitzschutz(vorrichtung) *m(f)*; **~ bug** *US* → firefly; **~ conductor** S ELEK Blitzableiter *m*; **~ rod** S ELEK Blitzableiter *m* (*a. fig*): **serve as a ~ for sb** j-m als Blitzableiter dienen, j-s Blitzableiter sein

light| oil S CHEM, TECH Leichtöl *n*; **~ pen** S COMPUT Lightpen *m*, Lichtstift *m*; **~ plant** S ELEK Lichtanlage *f*; **~ pollution** S 1 Lichtüberflutung *f* (*in e-r Stadt*) 2 ASTRON Lichtverschmutzung *f*; **~proof** ADJ lichtundurchlässig; **~ quantum** S PHYS Licht-, Strahlungsquant *n*, Photon *n*; **~ reaction** S BOT Lichtreaktion *f*

lights [laɪts] SPL ZOOL Lunge *f*

light| second S ASTRON Lichtsekunde *f*; **~ship** S SCHIFF Feuer-, Leuchtschiff *n*; **~ show** S Lightshow *f* (*Show mit besonderen Lichteffekten*); **~ signal** S Leuchtzeichen *n*, Lichtsignal *n*; **~-skinned** ADJ hellhäutig

lightsome¹ ['laɪtsəm] ADJ (ADV ~ly) *obs od poet*

L

1 graziös, anmutig **2** flink **3** **a** unbesorgt, sorglos, heiter, fröhlich **b** leichtfertig, -sinnig
lightsome² [ˈlaɪtsəm] ADJ *obs od poet* **1** leuchtend **2** licht, hell
light source S Lichtquelle *f*
lights-out S: **~ is at ten p.m.** um 22 Uhr heißt es „Licht aus"
light|-struck ADJ FOTO durch Lichteinwirkung verschleiert; **~ trap** S **1** Lichtschleuse *f* **2** *Insektenvernichtungsgerät, das aus e-r Lichtquelle u. e-m Behälter besteht*; **~ week** S ASTRON Lichtwoche *f*; **~weight** **A** ADJ **1** leicht(gewichtig): **be ~** leicht sein, nicht viel wiegen; **~ pickup** Leichttonarm *m* **2** SPORT Leichtgewichts…: **~ oarsman** SPORT Leichtgewichtsruderer *m* **3** *fig* **a** leicht: **~ reading** *a.* Unterhaltungslektüre *f* **b** unbedeutend *(Person)*: **~ artist** künstlerisches Leichtgewicht **B** S **1** **a** Leichtgewicht *n (Person) (a. fig)* **b** *etwas Leichtes* **2** SPORT Leichtgewicht(ler) *n(m)*: **at ~** im Leichtgewicht **3** *fig* unbedeutender Mensch; **~ welterweight** S *Boxen*: Halbweltergewicht(ler) *n(m)*; **~-welterweight** ADJ *Boxen*: Halbweltergewichts…; **~wood** S **1** Anmachholz *n* **2** *US* Kienholz *n*; **~ year** S ASTRON Lichtjahr *n*: **~s away** *fig* himmelweit entfernt; **it is ~s since…** *fig* es ist schon e-e Ewigkeit her, dass *od* seit …
lignaloes [laɪˈnæləʊz; lɪgˈn-] SPL *(als sg konstruiert)* **1** Aloeholz *n* **2** PHARM Aloe *f*
ligneous [ˈlɪgnɪəs] ADJ holzig, holzartig, Holz…
lignification [ˌlɪgnɪfɪˈkeɪʃn] S BOT Lignifizierung *f*, Verholzung *f*
lignify [ˈlɪgnɪfaɪ] BOT **A** V/T lignifizieren, in Holz verwandeln **B** V/I lignifizieren, verholzen
lignin [ˈlɪgnɪn] S CHEM Lignin *n*, Holzstoff *m*
lignite [ˈlɪgnaɪt] S GEOL (verfestigte) Braunkohle; **lignitic** [-ˈnɪtɪk] ADJ braunkohlenhaltig; **lignitize** [-nɪtaɪz] V/T in Braunkohle verwandeln
lignivorous [lɪgˈnɪvərəs] ADJ ZOOL Holz fressend
lignum vitae [ˌlɪgnəmˈvaɪtiː] S BOT Pockholz (-baum) *n(m)*
ligroin(e) [ˈlɪgrəʊɪn; *US* ˈlɪgrəwən] S CHEM Ligroin *n*, Lackbenzin *n*
ligula [ˈlɪgjʊlə] *pl* -lae [-liː], -las S **1** → ligule **2** ZOOL Ligula *f (verwachsene Zunge u. Nebenzunge von Insekten)*; **ligule** [-juːl] S BOT **1** Ligula *f*, Blatthäutchen *n (bes an Gräsern)* **2** Zungenblütchen *n*
Ligurian [lɪˈgjʊərɪən] **A** ADJ ligurisch **B** S Ligurier(in)
likable [ˈlaɪkəbl] ADJ liebenswert, -würdig, sympathisch; **likableness** S liebenswerte Art, sympathisches Wesen
like¹ [laɪk] **A** ADJ **1** gleich *(dat)*, wie: **she is just ~ her sister** sie ist geradeso wie ihre Schwester; **a man ~ you** ein Mann wie du; **what is he ~?** wie ist er?; **he is ~ that** er ist nun einmal so; **he was not ~ that before** so war er doch früher nicht; **what does it look ~?** wie sieht es aus?; **what will the weather be ~ tomorrow?** wie wird das Wetter morgen?; **a fool ~ that** ein derartiger *od* so ein Dummkopf; **he felt ~ a criminal** er kam sich wie ein Verbrecher vor; **that's more ~ it** *umg* das lässt sich (schon) eher hören; → master A 5 c, nothing C *u. Bes Redew*, something B 1 **2** ähnlich *(dat)*, bezeichnend für: **that is just ~ him!** das sieht ihm ähnlich!; **that's not ~ him** das ist nicht s-e Art **3** *in bes Verbindungen mit folgendem Substantiv od Gerundium*: **it is ~ having children** es ist (so), als ob man Kinder hätte; → feel B 5 **4** gleich *(Betrag etc)*: **in ~ manner** **a** auf gleiche Weise **b** gleichermaßen; **of ~ mind** gleich gesinnt; **~ signs** MATH gleiche Vorzeichen; **~ terms** MATH gleichnamige Glieder; **~ unto his brethren** BIBEL s-n Brüdern gleich **5** ähnlich: **the portrait is not ~**; **the two signs are very ~**; **he is very much ~ his father** er sieht s-m Vater sehr ähnlich; **they are (as) ~ as two eggs, they are (as) ~ as two peas (in a pod)** sie gleichen sich wie ein Ei dem anderen, sie sehen sich zum Verwechseln ähnlich **6** ähnlich, gleichartig, derartig: **… and other ~ problems …** u. andere derartige Probleme **7** *umg* wahrscheinlich **B** PRÄP *(siehe a. adv u. adv, die oft wie e-e präp gebraucht werden)* wie: **sing ~ a nightingale**; **do not shout ~ that** schrei nicht so; **a thing ~ that** so etwas **C** ADV *(siehe auch präp)* **1** (so) wie: **~ every teacher he has …** so wie jeder Lehrer hat auch er …; **I cannot play ~ you (do)** ich kann nicht so gut spielen wie du **2** *umg* wahrscheinlich: **~ enough, as ~ as not, very ~** höchstwahrscheinlich, sehr wahrscheinlich **3** *sl* irgendwie, merkwürdig, ziemlich **4** *obs* so: **~ as so wie** **D** KONJ **1** *umg* wie, (eben)so wie **2** *dial* als ob: **he trembled ~ he was afraid** **E** S *(der, die, das)* Gleiche, *(etwas)* Gleiches: **his ~** seinesgleichen; **did you ever see the ~(s) of that girl?** hast du jemals so etwas wie dieses Mädchen gesehen?; **the ~s of me** *umg* meinesgleichen, unsereiner, Leute wie ich; **~ attracts ~** gleich u. gleich gesellt sich gern; **the ~** dergleichen; **peas, beans, and the ~** Erbsen, Bohnen u. dergleichen; **cocoa or the ~** Kakao oder so etwas (Ähnliches); **he will never do the ~ again** so etwas wird er nie wieder tun; → such C 1
like² [laɪk] **A** V/T gernhaben, (gern) mögen, (gut) leiden können, gern tun, essen, trinken *etc*: **I ~ it** ich habe *od* mag es gern, es gefällt mir; **I don't ~ it when …** ich mag es nicht, wenn …; **I ~ him** ich mag ihn gern, ich kann ihn gut leiden, er ist mir sympathisch; **how do you ~ it?** wie gefällt es dir?, wie findest du es?; **how do you ~ London?** wie gefällt es dir in London?; **what I ~ about him is …** was ich an ihm mag, ist …; **I ~ that!** *iron* das *od* so was hab ich gern!; **do you ~ oysters?** mögen Sie Austern (gern)?; **I should much ~ to come** ich würde sehr gern kommen; **he ~s playing** *(od* **to play) tennis** er spielt gern Tennis; **I should** *(od* **would) ~ to know** ich möchte gerne wissen; **what do you ~ better?** was hast du lieber?, was gefällt dir besser?; **I do not ~ such things discussed** ich habe es nicht gern, dass solche Dinge erörtert werden; **he doesn't ~ to be kept waiting** er hat es nicht gern, wenn man ihn warten lässt; **I ~ whisky, but it does not ~ me** *umg* ich trinke gern Whisky, aber er bekommt mir nicht; **(much) ~d** (sehr) beliebt **B** V/I **1** wollen: **as often as I ~d** sooft ich wollte; **(just) as you ~** (ganz) wie du willst, (ganz) nach Belieben; **do as you ~** mach, was du willst; **if you ~** **a** wenn du willst **b** wenn Sie so wollen; **I am stupid if you ~ but** ich bin vielleicht dumm, aber **2** *obs* gefallen **3** *obs* gedeihen **C** S Neigung *f*, Vorliebe *f*: **~s and dislikes** Neigungen u. Abneigungen; **I know his ~s and dislikes** ich weiß, was er mag u. was nicht
-like [laɪk] *Wortelement mit der Bedeutung* wie, …artig, …ähnlich
likeable, *etc* → likable *etc*
likelihood [ˈlaɪklɪhʊd] S **1** Wahrscheinlichkeit *f*: **in all ~** aller Wahrscheinlichkeit nach, höchstwahrscheinlich; **there is a strong ~ of his succeeding** es ist sehr wahrscheinlich, dass es ihm gelingt; er wird mit großer Wahrscheinlichkeit Erfolg haben **2** (deutliches) Anzeichen (**of** für) **3** *obs* Verheißung *f*; **likeliness** → likelihood
likely [ˈlaɪklɪ] **A** ADJ **1** wahrscheinlich, voraussichtlich: **it is not ~ that he will come, he is not ~ to come** es ist unwahrscheinlich, dass er kommt; **which is his most ~ route?** welchen Weg wird er aller Wahrscheinlichkeit nach nehmen?; **this is not ~ to happen** das wird wahrscheinlich nicht geschehen; **they always looked ~ to score** SPORT sie waren immer torgefährlich **2** glaubhaft *(Geschichte etc)*: **a ~ story; a ~ story!** *iron* das soll glauben, wer mag! **3** infrage kommend, geeignet *(Kandidat, Mittel etc)* **4** aussichtsreich, vielversprechend *(junger Mann etc)* **B** ADV wahrscheinlich: **very ~** sehr wahrscheinlich; **most ~** höchstwahrscheinlich; **(as) ~ as not** **a** sehr wahrscheinlich **b** höchstwahrscheinlich; **not ~!** *umg* wohl kaum!
like-minded ADJ (ADV ~ly) gleich gesinnt; **like-mindedness** S Gleichgesinntheit *f*
liken [ˈlaɪkən] V/T vergleichen (**to** mit)
like-named ADJ gleichnamig
likeness [ˈlaɪknɪs] S **1** Ähnlichkeit *f* (**between** zwischen *dat*; **to** mit): **be a good (poor) ~** sehr (wenig) naturgetreu *od* ähnlich sein *(Bild etc)* **2** Gestalt *f*: **an enemy in the ~ of a friend** **3** Bild *n*, Porträt *n*: **have one's ~ taken** sich malen *od* fotografieren lassen **4** Abbild *n* (**of** *gen*): **he is the exact ~ of his father**
likewise ADV **1** außerdem, auch, zusätzlich **2** desgleichen, ebenso: **do ~** es ebenso machen, das Gleiche tun; *pleased to meet you* - **~** ganz meinerseits!; *have a nice day* - **~** danke gleichfalls!
liking [ˈlaɪkɪŋ] S (**for**) Vorliebe *f* (für), Geschmack *m* (an *dat*): **have a ~ for** e-e Vorliebe haben für *j-n, etwas*, Zuneigung für *j-n* empfinden, *j-n, etwas* gern mögen; **take a ~ to** Zuneigung fassen zu *j-m*, Gefallen finden an *j-m, etwas*, Geschmack finden an *etwas*; **be (greatly) to sb's ~** j-m (sehr) zusagen; **this is not (to) my ~** das ist nicht nach m-m Geschmack; **it is not my ~ to have to get up early** ich mag es nicht, früh aufstehen zu müssen; **it is too old-fashioned for my ~** es ist mir zu altmodisch
lilac [ˈlaɪlək] **A** S **1** BOT Spanischer Flieder **2** Lila *n (Farbe)* **B** ADJ lila(farben)
liliaceous [ˌlɪlɪˈeɪʃəs] ADJ BOT Lilien…, lilienartig
Lilliputian [ˌlɪlɪˈpjuːʃjən; -ʃɪən; *bes US* -ʃn] **A** ADJ **1** **a** winzig, zwergenhaft **b** Liliput…, Klein(st)… **2** *fig* engstirnig, kleinkariert *umg* **3** *fig* belanglos, unwichtig **B** S **1** Liliputaner(in) *(Bewohner[in] des fiktiven Landes Liliput; weitS. Mensch von zwergenhaftem Wuchs)* **2** *fig* engstirniger *od umg* kleinkarierter Mensch
Lilo®, ♎ [ˈlaɪləʊ] *pl* -los S *Br* Luftmatratze *f*
lilt [lɪlt] **A** S **1** **a** flotter Rhythmus **b** flotte *od* schwungvolle Melodie **2** (federnder) Schwung, Federn *n*: **the ~ of her step** ihr federnder Gang **B** V/I **1** e-n flotten Rhythmus haben: **~ing** flott **2** mit federnden Schritten gehen
lily [ˈlɪlɪ] **A** S **1** BOT **a** Lilie *f* **b** lilienartige Pflanze: **~ of the Nile** Schmucklilie; **~ of the valley** Maiglöckchen *n*; **gild** *(od* **paint) the ~** *fig* des Guten zu viel tun **2** *Heraldik*: Lilie *f* **B** ADJ **1** lilienweiß *(Hand etc)* **2** *poet* zart, ätherisch **3** *poet* rein *(a. Wahrheit)*, unschuldig; **~ iron** S *e-e Harpune mit abnehmbarer Spitze*; **~-livered** ADJ feig(e); **~-white** ADJ **1** → lily B 1 **2** *US umg* nur für Weiße: **a ~ club**
Lim. ABK Limerick
Lima bean [ˈliːmə; *bes US* ˈlaɪmə] S BOT Limabohne *f*
limacine [ˈlɪməsaɪn; -sɪn; ˈlaɪ-] ADJ ZOOL schneckenartig, Schnecken…
limaçon [ˈlɪməsɒn; *US* -ˌsɑn; ˌliːməˈsɔ̃ːŋ] S

MATH pascalsche Schnecke

limb[1] [lɪm] S 1 (Körper) Glied n: **~s** pl a. Gliedmaßen pl; **tear sb ~ from ~** j-n in Stücke reißen 2 Hauptast m (e-s Baumes): **be out on a ~** umg a in e-r gefährlichen Lage sein b Br ganz allein (da)stehen 3 fig a Glied n, Teil m (e-s Ganzen) b Arm m (e-s Kreuzes etc): **~ of the sea** Meeresarm c Ausläufer m (e-s Gebirges) d LING (Satz) Glied n e JUR Absatz m f Arm m, Werkzeug n: **~ of the law** Arm des Gesetzes (Jurist, Polizist etc) 4 a. **~ of Satan** (od **the devil**) bes Br umg Racker m, Schlingel m

limb[2] [lɪm] S 1 BOT a Limbus m, (Kelch)Saum m (e-r Blumenkrone) b Blattrand m (bei Moosen) 2 ASTRON Rand m (e-s Himmelskörpers) 3 TECH Limbus m (Teilkreis an Instrumenten zur Winkelmessung)

limbate ['lɪmbeɪt] ADJ BIOL andersfarbig gerandet od gesäumt

limbed [lɪmd] ADJ in Zusammensetzungen … gliedrig

limber[1] ['lɪmbə(r)] A ADJ 1 biegsam, geschmeidig 2 beweglich, gelenkig 3 fig flexibel (Kreditbedingungen etc) B V/T meist **~ up** biegsam od geschmeidig machen, s-e Muskeln a. auflockern: **~ o.s. up** → c C V/I meist **~ up** sich auflockern, Lockerungsübungen machen

limber[2] ['lɪmbə(r)] A S 1 MIL Protze f: **~ chest** Protzkasten m 2 pl SCHIFF Pumpensod m B V/T & V/I meist **~ up** aufprotzen

limbering exercise S Lockerungsübung f

limberness ['lɪmbə(r)nɪs] S 1 Biegsamkeit f, Geschmeidigkeit f 2 Beweglichkeit f, Gelenkigkeit f 3 fig Flexibilität f

limbic ['lɪmbɪk] ADJ: **~ system** ANAT, PHYSIOL limbisches System (Randgebiet zwischen Großhirn u. Gehirnstamm, das die hormonale Steuerung u. das vegetative Nervensystem beeinflusst u. von dem gefühlsmäßige Reaktionen auf Umweltreize ausgehen)

limbo[1] ['lɪmbəʊ] pl -bos S 1 oft ♀ REL Limbus m, Vorhölle f 2 Gefängnis n 3 fig Rumpelkammer f umg: **put sb into ~** j-n aufs Abstellgleis schieben umg 4 Übergangs-, Zwischenstadium n: **be in ~** a in der Schwebe sein (Entscheidung etc) b in der Luft hängen umg, im Ungewissen sein (Person); **occupy a ~ (between … and …)** ein Übergangsstadium darstellen (von … zu …), ein Zwischenstadium darstellen (zwischen dat … u. …)

limbo[2] ['lɪmbəʊ] pl -bos S Limbo m (akrobatischer Tanz westindischer Herkunft, bei dem der Tänzer den Körper von den Knien an zurückbiegt u. sich mit schiebenden Tanzschritten unter e-r Querstange hindurchbewegt)

Limburger ['lɪmbɜːgə; US -bɜrgər], a. **Limburg cheese** S Limburger (Käse) m

lime[1] [laɪm] A S 1 CHEM Kalk m: **hydrated ~** gelöschter Kalk; → unslaked 1 2 AGR Kalkdünger m 3 Vogelleim m B V/T 1 kalken: a mit Kalk bestreichen od behandeln b AGR mit Kalk düngen c → limewash A 2 mit Vogelleim bestreichen od fangen

lime[2] [laɪm] S BOT Linde f

lime[3] [laɪm] S BOT 1 Limonelle f (Baum) 2 Limone f, Limonelle f (Frucht)

lime| burner S Kalkbrenner m; **~ cast** S Kalkverputz m; **~ concrete** S Kalkbeton m, Kalk-Sand-Beton m; **~ juice** S Limonen-, Limonellensaft m; **~-juicer** → limey A; **~kiln** S Kalk(brenn)ofen m; **~light** S 1 TECH Kalklicht n, drummondsches Licht 2 fig Rampenlicht n, Licht n der Öffentlichkeit: **be in the ~** im Rampenlicht od im Licht der Öffentlichkeit stehen; **put sb into the ~** j-n ins Rampenlicht rücken; **~ mortar** S Kalkmörtel m

limen ['laɪmen] pl limens, limina ['lɪmɪnə] S PSYCH (Bewusstseins- od Reiz) Schwelle f

lime pit S 1 Kalkgrube f 2 Gerberei: Äscher (-grube) m(f)

limerick[1] ['lɪmərɪk] S Limerick m (fünfzeiliges komisch-ironisches Gedicht mit dem Reimschema aabba)

Limerick[2] ['lɪmərɪk] S Limerick n a Grafschaft im südwestlichen Irland b Hauptstadt von a

lime|stone S GEOL Kalkstein m; **~ tree** S BOT 1 Linde f 2 (ein) Tupelobaum m; **~ twig** S 1 Leimrute f 2 fig Falle f, Schlinge f; **~wash** A V/T kalken, weißen, tünchen B S (Kalk)Tünche f; **~water** S CHEM 1 Kalkmilch f, -lösung f 2 kalkhaltiges Wasser; **~wood** S Lindenholz n

limey ['laɪmiː] US sl A S 1 a Brite m, Britin f b britischer Matrose 2 britisches Schiff B ADJ britisch

limicolous [laɪ'mɪkələs] ADJ ZOOL limikol, im Schlamm lebend, Schlamm…

limina ['lɪmɪnə] pl von limen; **liminal** [-nl] ADJ PSYCH Schwellen…

limit ['lɪmɪt] A S 1 fig Grenze f, Begrenzung f, Beschränkung f, (Zeit- etc) Limit n: **to the ~** bis zum Äußersten od Letzten; **within ~s** in (gewissen) Grenzen; **within one's ~s** im Rahmen s-r Möglichkeiten; **"off ~s"** bes US „Zutritt verboten!"; **the area is off ~s to civilians** bes US das Betreten des Geländes ist Zivilpersonen verboten; **without ~** ohne Grenzen, grenzen-, schrankenlos; **there is a ~ to everything** alles hat s-e Grenzen; **there is no ~ to his greed, his greed knows no ~s** s-e Gier kennt keine Grenzen; **know one's (own) ~s** s-e Grenzen kennen; **put a ~ on sth, set a ~ to sth** etwas begrenzen od beschränken; **reach one's ~** SPORT s-e Leistungsgrenze erreichen; **he has reached the ~ of his patience** s-e Geduld ist am Ende od erschöpft; **go the ~** über die volle Distanz gehen (Boxer etc); **superior ~** a äußerster Termin b obere Grenze, Höchstgrenze f; **inferior ~** a frühestmöglicher Zeitpunkt b untere Grenze; **that's the ~!** umg das ist (doch) die Höhe!; **he is the ~!** umg er ist unglaublich od unmöglich! 2 Grenze f, Grenzlinie f 3 obs Bezirk m, Bereich m 4 MATH, TECH Grenze f, Grenzwert m 5 WIRTSCH a Börse: Höchstbetrag m b Limit n, Preisgrenze f: **lowest ~** äußerster od letzter Preis B V/T 1 beschränken, begrenzen (beide: **to** auf akk): **~ing adjective** LING einschränkendes Adjektiv 2 e-e Auflage, Preise etc limitieren

limitation [ˌlɪmɪ'teɪʃn] S 1 fig Grenze f: **have one's ~s** s-e Grenzen haben; **know one's (own) ~s** s-e Grenzen kennen; → expose 3 c 2 fig Begrenzung f, Beschränkung f: **~ of armament** Rüstungsbeschränkung; **~ of liability** JUR Haftungsbeschränkung 3 JUR Verjährung f: **~ (period)** Verjährungsfrist f; **~ of action** Klageverjährung

limitative ['lɪmɪtətɪv; bes US -teɪtɪv] ADJ limitativ, begrenzend, beschränkend

limited A ADJ (ADV **~ly**) 1 beschränkt, begrenzt (beide: **to** auf akk): **~ bus** → B a; **~ (liability) company** WIRTSCH Br Aktiengesellschaft f; **~ edition** begrenzte od limitierte Auflage; **~ order** WIRTSCH limitierte (Börsen)Order; **~ parking zone** Kurzparkzone f; **~ in time** befristet; **~ train** → B a; → partner A 2, partnership 2 2 POL konstitutionell (Monarchie) 3 fig (geistig) beschränkt B S US a Schnellbus m b Schnellzug m

limiter S 1 einschränkender Faktor 2 ELEK (Amplituden) Begrenzer m

limitless ADJ (ADV **~ly**) fig grenzenlos

limitrophe ['lɪmɪtrəʊf] ADJ grenzend (**to** an akk), Grenz…: **~ region**

limit switch S ELEK Endschalter m

limn [lɪm] V/T obs od poet 1 malen, zeichnen 2 fig veranschaulichen, schildern; **limner** [-nə(r)] S obs od poet Maler(in), Zeichner(in)

limnetic [lɪm'netɪk], **limnic** ['lɪmnɪk] ADJ limnisch: a BIOL im Süßwasser lebend od entstanden b GEOL im Süßwasser entstanden od abgelagert

limnite ['lɪmnaɪt] S MINER Raseneisenerz n

limnology [lɪm'nɒlədʒɪ; US -'nɑ-] S Limnologie f (Lehre von den Binnengewässern u. den in ihnen lebenden Organismen)

limo ['lɪməʊ] pl -os S umg für limousine

limonene ['lɪməniːn] S CHEM Limonen n

limonite ['laɪmənaɪt] S MINER Limonit m, Brauneisenerz n

limousine ['lɪmuːziːn; ˌlɪmə'ziːn] S AUTO 1 Luxuslimousine f (bes mit Trennscheibe u./od Chauffeur) 2 US Kleinbus m (bes Luxusmodell, mit dem z. B. Hotelgäste vom Flughafen abgeholt werden)

limp[1] [lɪmp] A V/I 1 hinken (a. fig Vers etc), humpeln 2 sich (dahin)schleppen (a. fig) B S Hinken n: **walk with a ~** hinken, humpeln

limp[2] [lɪmp] ADJ 1 schlaff, schlapp: **go ~** erschlaffen; **a ~ gesture** e-e müde Handbewegung; **a ~ joke** ein müder Witz 2 biegsam, weich (Einband etc)

limpen ['lɪmpən] V/I erschlaffen

limpet ['lɪmpɪt] S ZOOL Napfschnecke f: **hold on** (od **hang on, cling**) **to sb like a ~** fig wie e-e Klette an j-m hängen; **~ mine** S MIL Haftmine f

limpid ['lɪmpɪd] ADJ (ADV **~ly**) 1 durchsichtig, klar (Wasser etc) 2 fig klar (Stil etc) 3 fig ruhig, friedlich (Leben etc); **limpidity, limpidness** S Durchsichtigkeit f, Klarheit f

limpness S Schlaff-, Schlappheit f

limp| wrist S US sl pej Schwule(r) m; **~-wrist** ADJ US sl pej schwul

limy[1] ['laɪmɪ] ADJ 1 Kalk…, kalkig: a kalkhaltig b kalkartig 2 gekalkt 3 mit Vogelleim beschmiert

limy[2] ['laɪmɪ] ADJ mit Limonen- od Limonellengeschmack

lin. ABK 1 lineal 2 linear

linac ['lɪnæk] S PHYS Linearbeschleuniger m

linage ['laɪnɪdʒ] S 1 → alignment 2 Zeilenzahl f 3 Zeilenhonorar n

linchpin ['lɪntʃpɪn] S 1 TECH Lünse f, Achsnagel m 2 fig Stütze f: **this fact is the ~ of his argumentation** auf diese Tatsache stützt sich s-e Argumentation; **he is the ~ of the company** er hält die ganze Firma zusammen, mit ihm steht u. fällt die ganze Firma

Lincoln ['lɪŋkən] S Lincoln(schaf) n; **~ green** S 1 Lincolngrün n (Tuchfarbe) 2 Lincolner Tuch n

Lincolnshire ['lɪŋkənʃə(r); -ˌʃɪə(r)] S Lincolnshire n (Grafschaft in Ostengland)

lincrusta [lɪn'krʌstə] S Linkrusta f (linoleumähnliche, abwaschbare Tapete mit reliefartiger Prägung)

Lincs. ABK Lincolnshire

linden ['lɪndən] S 1 BOT Linde f 2 Linde(nholz) f(n)

line[1] [laɪn] A S 1 Linie f (a. SPORT), Strich m: **down the ~** (Tennis) die Linie entlang, longline; **come off** (od **leave**) **one's ~** sich von der Linie lösen (Tormann); **be rooted to the ~** auf der Linie kleben (Tormann); → intersection 3 c, whip A 6 b 2 a (Hand- etc) Linie f: **~ of fate** Schicksalslinie b Falte f, Runzel f: **~s of worry** Sorgenfalten c Zug m (im Gesicht) 3 Zeile f: **read between the ~s** fig zwischen den Zeilen lesen; → drop C 9 4 TV (Bild) Zeile f 5 a Vers m b pl THEAT etc Rolle f, Text m: → fluff B 3 c pl SCHULE Br Strafarbeit f, -aufgabe f 6 pl (meist als sg konstruiert) bes Br umg Trauschein m 7 umg (on) Information f (über akk), Hinweis m (auf akk) 8 US umg a Platte f (Geschwätz) b Tour f, Masche f (Trick) 9 Linie f, Richtung f: **~ of attack** a MIL Angriffsrichtung b fig Taktik f; **~ of fire**

L

MIL *etc* Schusslinie *f*; **get into sb's ~ of fire** j-m in die Schusslinie geraten; **~ of sight** a Blickrichtung b *a.* **~ of vision** Gesichtslinie, -achse *f*; **hung on the ~** in Augenhöhe aufgehängt (*Bild*); **he said sth along these ~s** er sagte etwas in dieser Richtung; → resistance 1 **10** *pl* Grundsätze *pl*, Richtlinie(n) *f(pl)*: **the ~s of his policy** die Grundlinien s-r Politik; **on** (*od* **along**) **the ~s of** nach dem Prinzip (*gen*); **I would like to have sth on** (*od* **along**) **the ~s of what you have** ich möchte etwas von der Art wie Sie haben; **along these ~s** a nach diesen Grundsätzen b folgendermaßen; **along general ~s** ganz allgemein, in großen Zügen; **along similar ~s** ähnlich; **it is out of ~ for sb to do sth** es entspricht nicht j-s Art, etwas zu tun **11** Art *f* u. Weise *f*, Methode *f*, Verfahren *n*: **~ of approach (to)** Art u. Weise (*etwas*) anzupacken, Methode; **~ of argument** (Art der) Beweisführung *f*; **~ of reasoning** Denkweise; **~ of thought** a Auffassung *f* b Gedankengang *m*; **take a strong ~** energisch auftreten *od* werden (**with sb** gegenüber j-m); **take a tougher ~ toward(s)** härter vorgehen gegen, e-e härtere Gangart einschlagen gegenüber; **take the ~ that ...** den Standpunkt vertreten, dass ...; **don't take that ~ with me!** komm mir ja nicht so!; **in the ~ of** nach Art von (*od gen*); **on strictly commercial ~s** auf streng geschäftlicher Grundlage, auf rein kommerzieller Basis; → hard line 1 **12** Grenze *f* (*a. fig*), Grenzlinie *f*: **overstep the ~ of good taste** über die Grenzen des guten Geschmacks hinausgehen; **there's a very fine ~ between winning and losing** Sieg u. Niederlage liegen ganz dicht beieinander; **be on the ~** auf dem Spiel stehen; **your job is on the ~** *a.* es geht um d-n Job; **draw the ~** die Grenze ziehen, haltmachen (*beide:* **at** bei); **I draw the ~ at that** da hört es bei mir auf; **go on the ~** *US* auf den Strich gehen *umg*; **lay** (*od* **put**) **on the ~** *sein Leben, s-n Ruf etc* aufs Spiel setzen; **lay it on the ~ that ...** in aller Deutlichkeit sagen, dass ...; **I'll lay it on the ~ for you!** *umg* das kann ich Ihnen genau sagen!; **~s of responsibility** Zuständigkeiten; → demarcation **13** *pl* a Linien(führung) *pl(f)*, Konturen *pl*, Form *f* b Entwurf *m* c TECH Riss *m* **14** a Reihe *f*, Kette *f*: **a ~ of poplars** e-e Pappelreihe b *bes US* (*Menschen-, a. Auto*) Schlange *f*: **stand in ~** anstehen, Schlange stehen (*beide:* **for** um, nach); **drive in ~** AUTO Kolonne fahren; **be in ~ for** *fig* Aussichten haben auf (*akk*); **be second in ~ for the throne** an zweiter Stelle der Thronfolge stehen **15** Reihe *f*, Linie *f*: **in ~ with** *fig* in Übereinstimmung *od* im Einklang mit; **be in ~** *fig* übereinstimmen (**with** mit); **out of ~** aus der Flucht, nicht in e-r Linie; **be out of ~** *fig* nicht übereinstimmen (**with** mit); **bring** (*od* **get**) **into ~** *fig* a in Einklang bringen (**with** mit) b auf Vordermann bringen *umg*; **fall into ~** a sich einordnen b MIL (in Reih u. Glied) antreten c *fig* sich anschließen (**with** *dat*); **keep sb in ~** *fig* j-n bei der Stange halten; **step** (*od* **get**) **out of ~** *fig* aus der Reihe tanzen *umg*; **in ~ of duty** in Ausübung s-s Dienstes *od* s-r Pflicht; → toe B 2 **16** a (*Abstammungs*) Linie *f* b (*Ahnen- etc*) Reihe *f* c ZOOL (*Zucht*) Stamm *m* d Familie *f*, Stamm *m*, Geschlecht *n*: **the male ~** die männliche Linie; **in the direct ~** in direkter Linie; **~ of succession** Erbfolge *f* **17** *pl bes Br* Los *n*, Geschick *n*: → hard line 2 **18** Fach *n*, Gebiet *n*, Sparte *f*: **~ (of business)** Branche *f*, Geschäftszweig *m*; **in the banking ~** im Bankfach *od* -wesen; **that's not in my ~** a das schlägt nicht in mein Fach b das liegt mir nicht; **that's more in my ~** das liegt mir schon eher **19** (*Verkehrs-, Eisenbahn- etc*) Linie *f*, Strecke *f*, Route *f*, *engS.* BAHN Gleis *n*: **the end of the ~** *fig* das (bittere) Ende; **that's the end of the ~!** *fig* Endstation!; **he was at the end of the ~** *fig* er war am Ende **20** (*Flug- etc*) Gesellschaft *f* **21** a *bes* TEL Leitung *f*: **get off the ~** aus der Leitung gehen; **hold the ~** bleiben Sie am Apparat!; → busy A 6, engaged 5, hot line b *bes* TEL Anschluss *m* c TEL Amt *n*: **can I have a ~, please?** **22** TECH (*Rohr*) Leitung *f*: **oil ~** Ölleitung **23** TECH (*Fertigungs*) Straße *f*: → packaging B **24** WIRTSCH a Sorte *f*, Warengattung *f* b Posten *m*, Partie *f* c Sortiment *n* d Artikel *m od pl*, Artikelserie *f* **25** MIL a Linie *f*: **behind the enemy ~s** hinter den feindlichen Linien; **~ of battle** Schlacht-, Gefechtslinie; **~ of communications** rückwärtige Verbindungen *pl*; **~ of defence** (*US* **defense**) **(departure, retreat)** Verteidigungs-(Ausgangs-, Rückzugs)linie b Front *f*: **go up the ~** nach vorn *od* an die Front gehen; **all along the ~, down the ~** *fig* auf der ganzen Linie, *a.* voll u. ganz; **go down the ~ for** *US umg* sich voll einsetzen für c Fronttruppe(n) *f(pl)* **26** GEOG Längen- *od* Breitenkreis *m*: **the ≈** der Äquator; **cross the ≈** den Äquator überqueren **27** SCHIFF Linie *f*: **~ abreast** Dwarslinie; **~ ahead** Kiellinie **28** a Leine *f*: **hang the washing up on the ~** die Wäsche auf die Leine hängen b Schnur *f* c Seil *n* **29** TEL *etc* a Draht *m* b Kabel *n* **B** V/I → line up A 1, A 2 **C** V/T **1** *Papier* linieren, liniieren **2** → line up B 1 **3** zeichnen **4** skizzieren **5** *das Gesicht* (zer)furchen **6** (ein)säumen: **~d with trees** von Bäumen (ein)gesäumt; **thousands of people ~d the streets** Tausende von Menschen säumten die Straßen; **soldiers ~d the street** Soldaten bildeten an der Straße Spalier

Phrasal Verbs: **line| in** V/T einzeichnen; **~ off** V/T abgrenzen; **~ through** V/T durchstreichen; **~ up** **A** V/I **1** a sich in e-r Reihe *od* Linie aufstellen b SPORT sich aufstellen, Aufstellung nehmen **2** *bes US* sich anstellen (**for** um, nach) **3** *fig* sich zusammenschließen: **~ behind sb** sich hinter j-n stellen **B** V/T **1** in e-r Linie *od* Reihe aufstellen **2** *fig umg* auf die Beine stellen, organisieren, arrangieren

line² [laɪn] V/T **1** *ein Kleid etc* füttern **2** *bes* TECH (auf der Innenseite) überziehen *od* belegen, ausfüttern, -gießen, -kleiden, -schlagen (*alle:* **with** mit), *Bremsen, e-e Kupplung* belegen **3** als Futter *od* Überzug dienen für **4** (an)füllen: **~ one's pocket(s)** (*od* **purse**) in die eigene Tasche arbeiten, sich bereichern, sich die Taschen füllen; **~ one's stomach** sich den Bauch vollschlagen *umg*

lineage¹ ['lɪnɪɪdʒ] S **1** geradlinige Abstammung **2** Stammbaum *m* **3** Geschlecht *n*, Familie *f*

lineage² → linage

lineal ['lɪnɪəl] ADJ (ADV **~ly**) **1** geradlinig, in direkter Linie, direkt (*Abstammung*); **~ descendant** direkter Nachkomme **2** ererbt, Erb...: **~ feud** **3** → linear

lineament ['lɪnɪəmənt] S *meist pl* **1** (Gesichts)Zug *m* **2** *fig* Zug *m*

linear ['lɪnɪə(r)] ADJ (ADV **~ly**) **1** linear, geradlinig: **~ distance** Luftlinie *f* **2** MATH, PHYS, TECH Linear..., linear: **~ algebra (function, perspective,** *etc*) **3** Längen...: **~ dimension** Längenabmessung *f*; → measure A 1 **4** Linien..., Strich..., linien-, strichförmig **5** BOT linealisch (*viel länger als breit u. mit parallelen Rändern*): **~ leaves**; **≈ A** S *Paläografie:* Linear-A-Schrift *f*; **~ accelerator** S PHYS Linearbeschleuniger *m*; **≈ B** S *Paläografie:* Linear-B-Schrift *f*; **~ equation** S MATH lineare Gleichung, Gleichung *f* ersten Grades

line art S COMPUT, TYPO Schwarz-Weiß-Grafik *f*, einfarbige Grafik

lineate ['lɪnɪɪt; -eɪt], *a.* **lineated** [-eɪtɪd] ADJ **1** (längs) gestrichelt **2** BOT gestreift, gerippt

lineation [ˌlɪnɪ'eɪʃn] S **1** Skizzierung *f* **2** (Umriss)Linie *f* **3** Striche *pl*, Linien *pl* **4** Anordnung *f* in Linien *od* Zeilen

line| blanking S TV Zeilenabtastung *f*; **~ break** S COMPUT Zeilenumbruch *m*; **~-breed** V/T *irr* rein züchten; **~ breeding** S Rein-, Familienzucht *f*; **~ call, ~ decision** S *Tennis:* Linienrichterentscheidung *f*; **~ drawing** S Strichzeichnung *f*; **~ engraving** S KUNST (Stich *m* in) Linienmanier *f*; **~ equation** S MATH Gleichung *f* e-r ebenen Kurve; **~ etching** S KUNST Strichätzung *f*; **~feed** S COMPUT Zeilenvorschub *m*; **~ integral** S MATH Linienintegral *n*; **~man** [-mən] S *irr* **1** TEL *etc bes US* Störungssucher *m*: **(pair of) linemen's pliers** *pl* Kabelzange *f* **2** BAHN *bes Br* Streckenarbeiter *m*

linen ['lɪnɪn] **A** S **1** Leinen *n*, Leinwand *f* **2** (*Bett-, Unter- etc*) Wäsche *f*: **~ basket** *bes Br* Wäschekorb *m*; **~ closet** (*od* **cupboard**) Wäscheschrank *m*; **~ shower** → shower A 3; **change one's ~** die (Unter)Wäsche wechseln; **wash one's dirty ~ (in public)** *fig* (s-e) schmutzige Wäsche (in der Öffentlichkeit) waschen **3** → linen paper **B** ADJ Leinen..., leinen, Leinwand...; **~ fold** S ARCH Faltenfüllung *f*; **~ paper** S Leinenpapier *n*

line|-out S *Rugby:* Gasse *f*; **~ player** S *Handball:* Kreisläufer(in); **~ printer** S COMPUT Zeilendrucker *m*

liner¹ ['laɪnə(r)] S **1** Abfütterer *m*, Abfütterin *f* **2** TECH Futter *n*, Buchse *f*, Einlage *f* **3** Einsatz(-stück) *m(n)* **4** (*Abfall*) Beutel *m* **5** (*Slip*) Einlage *f*

liner² ['laɪnə(r)] S **1** SCHIFF Liniendampfer *m*, -schiff *n* **2** FLUG Verkehrsflugzeug *n* **3** Linienzieher *m* (*Person od Gerät*) **4** → eyeliner

liner notes SPL *US* Covertext *m* (*e-r Schallplatte*)

linesman ['laɪnzmən] S *irr* **1** *bes Br* → lineman **2** SPORT Linienrichter *m*, (*Eishockey a.*) Linesman *m*

line| spectrum S PHYS Linienspektrum *n*; **~ squall** S METEO Linien-, Reihenbö *f*; **~-up** S **1** SPORT a Aufstellung *f* b (*die*) aufgestellten Spieler *pl*: **be in the ~** aufgestellt sein **2** Gruppierung *f* **3** *bes US* (Menschen)Schlange *f* **4** RADIO, TV Sendefolge *f*, Programm *n* **5** JUR *US* Gegenüberstellung *f*

lineswoman S *bes Tennis:* Linienrichterin *f*

ling¹ [lɪŋ] *pl* **lings**, *bes koll* **ling** S FISCH Leng(fisch) *m*

ling² [lɪŋ] S BOT Heidekraut *n*

ling. ABK linguistics PL

linga ['lɪŋgə], **lingam** ['lɪŋgəm] S REL Linga(m) *n* (*Phallus als Symbol des indischen Gottes Schiwa*)

linger ['lɪŋgə(r)] V/I **1** verweilen, sich aufhalten (*beide a. fig:* **over, on, upon** bei *e-m Thema etc*): **~ on** a noch dableiben b nachklingen (*Ton*) c *fig* fortleben, -bestehen (*Tradition etc*) **2** *fig* (zurück)bleiben (*Verdacht, ungutes Gefühl etc*): **a name that ~s in the memory** ein Name, der e-m im Gedächtnis haften bleibt **3** sich hinziehen *od* -schleppen **4** dahinsiechen (*Kranker*) **5** a zögern, zaudern b trödeln *umg*: **~ about** (*od* **around**) herumtrödeln **6** schlendern, bummeln **7** *obs* sich sehnen (**after** nach)

lingerie ['læːnʒəriː; 'lænʒ-; *US a.* ˌlɑːndʒə'reɪ] S Damen(unter)wäsche *f*

lingering ['lɪŋgərɪŋ] ADJ (ADV **~ly**) **1** nachklingend **2** *fig* (zurück)bleibend **3** schleppend **4** schleichend (*Krankheit*) **5** sehnsüchtig (*Blick*)

lingo ['lɪŋgəʊ] *pl* **-goes** S *umg* **1** Kauderwelsch *n* **2** (Fach)Jargon *m* **3** (Fremd)Sprache *f*

lingua franca [ˌlɪŋgwə'fræŋkə] S Lingua *f*

franca, Verkehrssprache *f*

lingual [ˈlɪŋgwəl] **A** ADJ (ADV ~ly) **1** ANAT, LING, MED lingual, Zungen…: **~ bone** Zungenbein *n*; **~ sound** → B **2** → linguistic A 2 **B** S LING Lingual(laut) *m*, Zungenlaut *m*

linguist [ˈlɪŋgwɪst] S **1** Linguist(in), Sprachwissenschaftler(in) **2** Sprachkundige(r) *m/f(m)*: **she's a good ~** sie ist (sehr) sprachbegabt

linguistic [lɪŋˈgwɪstɪk] **A** ADJ (ADV ~ally) **1** linguistisch, sprachwissenschaftlich **2** Sprach(en)…: **~ atlas** Sprachatlas *m*; **~ borrowing** Lehnwort *n*; **~ form** bedeutungstragender Sprachbestandteil *(Wort, Satz etc)*; **~ geography** Sprachgeografie *f*; **~ island** Sprachinsel *f*; **~ quarrel** Sprachenstreit *m*; **~ science** → B; **~ stock** Sprachfamilie *f*; → aware 1, awareness 1 **B** S **linguistics** *pl (als sg konstruiert)* Linguistik *f*, Sprachwissenschaft *f*

lingulate [ˈlɪŋgjʊleɪt; *US bes* -gjələt] ADJ zungenförmig

linhay [ˈlɪnɪ] S *Br dial* Feldscheune *f*

liniment [ˈlɪnɪmənt] S MED, PHARM Liniment *n*, Einreibemittel *n*

lining [ˈlaɪnɪŋ] S **1** Futter(stoff) *n(m)*, (Aus)Fütterung *f (von Kleidern etc)* **2** *bes* TECH Futter *n*, Ver-, Auskleidung *f*, *(Brems-, Kupplungs- etc)* Belag *m* **3** ARCH Ausmauerung *f* **4** ELEK Isolation(sschicht) *f* **5** *Buchbinderei*: Kapitalband *n*

link[1] [lɪŋk] **A** S **1** *(Ketten)* Glied *n* **2** *fig* **a** Glied *n (in e-r Kette von Ereignissen, Beweisen etc)*: → missing 1 **b** Bindeglied *n*: **his only ~ with the outside world** s-e einzige Verbindung zur Außenwelt **c** Verbindung *f*, Zusammenhang *m* **d** COMPUT, INTERNET Link *m* **3** Masche *f*, Schlinge *f (beim Stricken)* **4** einzelnes Würstchen *(aus e-r Wurstkette)* **5** *Landvermessung*: Messkettenglied *n (a. als Längenmaß, = 7,92 Zoll)* **6** Manschettenknopf *m* **7** TECH (Befestigungs)Glied *n*, Verbindungsstück *n*, Gelenk(stück) *n*, Kulisse *f*: **flat ~** Lasche *f*; **~ drive** Stangenantrieb *m* **8** *Fernmeldewesen*: Kanal *m*, Übertragungsweg *m* **B** V/T **1** *a.* **~ up** verketten, -binden, -knüpfen *(alle:* **to, with** *mit)*: **~ arms** sich unter- *od* einhaken (**with** bei) **2** *a.* **~ up** *fig* in Verbindung *od* Zusammenhang bringen (**with** mit), e-n Zusammenhang herstellen zwischen *(dat)*: **be ~ed (together)** **a** in Verbindung *od* Zusammenhang stehen **b** miteinander verknüpft sein; **the two crimes may be ~ed** zwischen den beiden Verbrechen besteht möglicherweise ein Zusammenhang; **be ~ed to** etwas zu tun haben mit; **his name is closely ~ed with the success of our firm** sein Name ist eng verbunden mit dem Erfolg unserer Firma **C** V/I **1** *a.* **~ up** sich verketten *od* -binden *od* -knüpfen (**to, with** mit) **2** *a.* **~ up** *fig* sich zusammenfügen

link[2] [lɪŋk] S HIST Fackel *f (als Straßenbeleuchtung)*

linkage [ˈlɪŋkɪdʒ] S **1** Verkettung *f*, -bindung *f*, -knüpfung *f* **2** TECH *(Getriebe)* Kette *f* **3** ELEK Durchflutung *f*, Amperewindungszahl *f* **4** BIOL, ELEK Kopplung *f*: **~ group** BIOL Kopplungsgruppe *f (von Genen)* **5** POL Junktim *n (Verkopplung mehrerer Abkommen etc)*

linkboy → linkman[1]

linkman[1] [-mən] S *irr* HIST Fackelträger *m*

linkman[2] [-mən] S *irr Br* **1** RADIO, TV Moderator *m* **2** Vermittler *m*, Mittelsmann *m*

link motion S TECH Kulissensteuerung *f*

links [lɪŋks] *pl* links S **1** → golf links **2** *pl bes schott* Dünen *pl*

Link trainer® [lɪŋk] S FLUG Link-Trainer® *m (Flugsimulator für die Pilotenschulung am Boden)*

link|up S **1** → linkage 1 **2** *fig* Verbindung *f*, Zusammenhang *m*; **~ verb** S LING Kopula *f*

linn [lɪn] S *bes schott* **1** **a** Wasserfall *m* **b** Teich *m* am Fuß e-s Wasserfalls **2** **a** Abgrund *m* **b** Schlucht *f*

linnet [ˈlɪnɪt] S ORN Hänfling *m*

lino [ˈlaɪnəʊ] *umg für* linoleum; **~cut** S Linolschnitt *m*

linoleate [lɪˈnəʊlɪeɪt] S CHEM Linoleat *n*

linoleic acid [ˌlɪnəʊˈliːɪk; -ˈleɪɪk] S CHEM Linol-, Leinölsäure *f*

linoleum [lɪˈnəʊljəm; -lɪəm] S Linoleum *n*

linotype [ˈlaɪnəʊtaɪp] S TYPO **1** *a.* ♀® *(geschützte Marke)* Linotype® *f (Zeilensetz- u. -gießmaschine)* **2** (Setzmaschinen)Zeile *f*

linseed [ˈlɪnsiːd] S BOT Leinsamen *m*; **~ cake** S AGR Leinkuchen *m*; **~ meal** S Leinsamenmehl *n*; **~ oil** S Leinöl *n*

linsey-woolsey [ˌlɪnzɪˈwʊlzɪ] S **1** Linsey-Woolsey *m (grobe Baumwolle od grobes Leinen)* **2** *US fig* Mischmasch *m colloq.*

linstock [ˈlɪnstɒk; *US* -ˌstɑk] S MIL, HIST Luntenstock *m*

lint [lɪnt] **A** S **1** MED Scharpie *f (gezupfte Baumwolle)* **2** *bes US* Lint *n (verspinnbare Fasern der Baumwolle)* **3** Fussel(n) *pl* **B** V/I fusseln

lintel [ˈlɪntl] S ARCH Oberschwelle *f*, *(Tür-, Fenster)* Sturz *m*

linter [ˈlɪntə(r)] S **1** TECH *Maschine zur Gewinnung von 2* **2** *pl* Linters *pl (kurze Baumwollfasern, die beim Entkernen noch am Samen hängen geblieben sind u. die als Rohstoff für Kunstseide etc verwendet werden)*

liny [ˈlaɪnɪ] ADJ **1** linien-, strichartig **2** voll Linien **3** faltig, runz(e)lig

lion [ˈlaɪən] S **1** ZOOL Löwe *m*: **(as) bold** *(od* **brave) as a ~** mutig wie ein Löwe; **a ~ in the way** *(od* **path)** *fig* e-e *(bes* eingebildete) Gefahr *od* Schwierigkeit; **go into the ~'s den** *fig* sich in die Höhle des Löwen wagen; **put one's head into the ~'s mouth** *fig* sich in große Gefahr begeben; **throw sb to the ~s** *fig* j-n über die Klinge springen lassen *umg*; **the ~'s share** *fig* der Löwenanteil; **the British** ♀ der brit. Löwe *(als Wappentier od als Personifikation Großbritanniens)*; **twist the ♀'s tail** *fig* dem Löwen auf den Schwanz treten, über die Briten herziehen; → beard B 2 **2** Größe *f umg*, Berühmtheit *f (Person)* **3** ♀ ASTROL Löwe *m (Tierkreiszeichen)*

lioness [ˈlaɪənes] S Löwin *f*

lionet [ˈlaɪənet; -nɪt] S junger *od* kleiner Löwe

lion|hearted ADJ (ADV ~ly) unerschrocken, mutig; **~heartedness** S Unerschrockenheit *f*, Mut *m*; **~ hunter** S **1** Löwenjäger(in) **2** *fig* Prominentenjäger(in)

lionize [ˈlaɪənaɪz] **A** V/T **1** *j-n* feiern **2** *j-n* berühmt machen **B** V/I die Gesellschaft Prominenter suchen

lip [lɪp] **A** S **1** Lippe *f (a.* ZOOL, BOT): **lower (upper) ~** Unter-(Ober)lippe *f*; **stiff upper ~** *fig* **a** (unerschütterliche) Haltung **b** (Selbst)Beherrschung *f*; **have** *(od* **keep, maintain, wear) a stiff upper ~** *fig* **a** Haltung bewahren **b** sich nichts anmerken lassen; **bite one's ~** *fig* sich auf die Lippen beißen; **we heard it from his own ~s** wir hörten es aus s-m eigenen Mund; **it never passed my ~s** es kam nie über m-e Lippen; → button C 1, hang C 1, lick A 1, seal[2] B 6 a, smack[2] B 3 **2** *umg* Unverschämtheit *f*, freches Geschwätz: **none of your ~!** sei nicht so unverschämt *od* frech! **3** MUS **a** Mundstück *n (am Blasinstrument)* **b** Lippe *f (der Orgelpfeife)* **4** Rand *m (e-r Wunde, e-r Schale, e-s Kraters etc)* **5** Tülle *f*, Schnauze *f (e-s Kruges etc)* **6** TECH Schneide *f*, Messer *n (e-s Stirnfräsers etc)* **B** ADJ **1** *a.* LING Lippen…: **~ consonant** Lippenlaut *m* **2** *fig* nur äußerlich, geheuchelt: **~ sympathy** geheuchelte Anteilnahme **C** V/T **1** mit den Lippen berühren **2** *poet* küssen **3** murmeln, flüstern **4** **~ the hole** *(Golf)* den Ball unmittelbar an den Rand des Loches spielen

lipase [ˈlɪpeɪs; -z; ˈlaɪ-] S *Biochemie*: Lipase *f*, Fettspalter *m*

lip| balm S Lippenbalsam *m*; **~ gloss** S Lipgloss *n (gallertartiges Kosmetikmittel, das den Lippen Glanz verleiht)*

lipid(e) [ˈlɪpɪd] S *Biochemie*: Lipid *n (Fett, Lipoid)*

lipochrome [ˈlɪpəʊkrəʊm] S *Biochemie*: Lipochrom *n (zu den Lipoiden gehörender Farbstoff)*

lipography [lɪˈpɒgrəfɪ; *US* -ˈpɑ-] S *unbeabsichtigtes Auslassen e-s Buchstabens od e-r Silbe*

lipoid [ˈlɪpɔɪd; ˈlaɪ-] *(Biochemie)* **A** ADJ lipoid, fettartig **B** S Lipoid *n (fettartige organische Substanz)*

lipolysis [lɪˈpɒlɪsɪs; *US* laɪˈpɑləsɪs] S *Biochemie*: Lipolyse *f*, Fettspaltung *f*

lipoma [lɪˈpəʊmə; *US a.* laɪ-] *pl* **-mata** [-mətə], **-mas** S MED Lipom *n*, Fettgeschwulst *f*

lipomatosis [lɪˌpəʊməˈtəʊsɪs] S MED Lipomatose *f*: **a** *Auftreten von Fettgeschwülsten an mehreren Körperstellen* **b** Fettsucht *f*

liposuction [ˈlɪpəʊˌsʌkʃn; *US a.* ˈlaɪpəˌs-] S MED Fettabsaugung *f*

lipped [lɪpt] ADJ **1** *in Zusammensetzungen* …lippig, mit … Lippen: **two-~** BOT zweilippig **2** Lippen *od* e-e Lippe habend, mit Lippen (versehen) **3** **a** gerandet **b** mit e-r Tülle (versehen)

lippie [ˈlɪpɪ] S *Aus umg* Lippenstift *m*

Lippizaner [ˌlɪpɪtˈsɑːnə(r)] S ZOOL Lipizzaner *m*

lip print S Lippenabdruck *m*

lippy [ˈlɪpɪ] ADJ *bes US umg* unverschämt, frech

lip|-read **A** V/T j-m *etwas* von den Lippen ablesen **B** V/I von den Lippen lesen; **~ reading** S Lippenlesen *n*; **~-rounding** S LING Lippenrundung *f*; **~ salve** S Lippenpomade *f*; **~ service** S Lippenbekenntnis *n*: **pay ~ to** ein Lippenbekenntnis zu *e-r Idee etc* ablegen; **~stick** S Lippenstift *m*: **wear ~** Lippenstift benutzen *od* verwenden; **~-sync(h)** **A** ADJ lippensynchron **B** S **1** Lippensynchronisation *f* **2** Play-back *n* **C** V/T lippensynchronisieren **D** V/I Play-back singen

liq. ABK **1** liquid **2** liquor

liquate [ˈlaɪkweɪt] V/T *oft* **~ out** METALL (aus)seigern, *Kupfer* darren; **liquation** S TECH (Aus)Seigerung *f*: **~ furnace** Seigerofen *m*; **~ hearth** Seigerherd *m*

liquefacient [ˌlɪkwɪˈfeɪʃnt] **A** S Verflüssigungsmittel *n* **B** ADJ verflüssigend; **liquefaction** [-ˈfækʃn] S **1** Verflüssigung *f* **2** Schmelzung *f*

liquefiable [ˈlɪkwɪfaɪəbl] ADJ schmelzbar; **liquefier** S Verflüssiger *m*, *bes* Verflüssigungsapparat *m*; **liquefy** V/T & V/I **1** (sich) verflüssigen: **liquefied petroleum gas** Flüssiggas *n* **2** schmelzen

liquescent [lɪˈkwesnt] ADJ **1** sich (leicht) verflüssigend **2** schmelzend

liqueur [lɪˈkjʊə; *US* lɪˈkɜr] S Likör *m*

liquid [ˈlɪkwɪd] **A** ADJ (ADV ~ly) **1** flüssig, CHEM *a.* liquid: **~ air**; **~ body** flüssiger Körper; **~-cooled reactor** PHYS flüssig gekühlter Reaktor; **~ crystal** flüssiger Kristall, Flüssigkristall *m*; **~ crystal display** Flüssigkristallanzeige *f*; **~ fuel** *(Raumfahrt)* flüssiger Raketentreibstoff; **~-fuel rocket** Flüssigkeitsrakete *f*; **~ gas** Flüssiggas *n*; **~ manure** Jauche *f*; **~ oxygen** Flüssigsauerstoff *m*, flüssiger Sauerstoff **2** Flüssigkeits…: **~ barometer**; **~ compass**; **~ measure** Flüssigkeitsmaß(system) *n* **3** **a** klar: **the ~ air of a spring morning** **b** feucht *(Augen)* **4** *fig* **a** fließend *(Bewegungen etc)* **b** flüssig *(Rede etc)* **5** LING liquid: **~ consonant** → B 2 **6** WIRTSCH liquid, flüssig: **~ assets** *pl* a flüssige Anlagen *pl*, flüssiges Vermögen b (*Bilanz*) Umlaufvermögen *n*; ~ **debt** liquide *od* fällige Schuld; ~ **securities** sofort realisierbare Wertpapiere B S 1 Flüssigkeit *f* 2 LING Liquida *f*, Liquid(laut) *m*, Schwing-, Schmelz-, Fließlaut *m*

liquidate [ˈlɪkwɪdeɪt] A V/T 1 WIRTSCH liquidieren: a *e-e Gesellschaft* auflösen b *Sachwerte etc* realisieren, zu Geld machen c *Schulden etc* begleichen, tilgen 2 *den Schuldbetrag etc* feststellen: **~d damages** *pl* bezifferter Schadenersatz 3 *Konten* abrechnen, saldieren 4 *fig* a beseitigen b erledigen c *j-n* liquidieren, beseitigen, umbringen B V/I WIRTSCH liquidieren, in Liquidation gehen *od* treten

liquidation [ˌlɪkwɪˈdeɪʃn] S 1 WIRTSCH Liquidation *f*: a Auflösung *f*: **go into** ~ in Liquidation gehen *od* treten b Realisierung *f* c Begleichung *f*, Tilgung *f* 2 Feststellung *f* 3 Abrechnung *f*, Saldierung *f* 4 *fig* Liquidierung *f*, Beseitigung *f*; **liquidator** [-tə(r)] S WIRTSCH Liquidator *m*, Liquidatorin *f*, Abwickler(in)

liquidity [lɪˈkwɪdətɪ] S 1 flüssiger Zustand 2 a Klarheit *f* b Wässerigkeit *f* 3 WIRTSCH Liquidität *f*, Flüssigkeit *f*

liquidize [ˈlɪkwɪdaɪz] V/T 1 (V/I sich) verflüssigen 2 (im Mixer) zerkleinern *od* pürieren; **liquidizer** S Mixer *m*, Mixgerät *n*

liquor [ˈlɪkə(r)] A S 1 a *Br* alkoholische Getränke *pl*, Alkohol *m*: **hard** ~ → A 1 b b *US* Schnaps *m*, Spirituosen *pl*: **in** ~ betrunken; ~ **cabinet** *US* Hausbar *f*; ~ **store** *US* Wein- u. Spirituosenhandlung *f*; → carry B 1, hold² B 12 2 GASTR Brühe *f*, Saft *m* 3 MED, PHARM Liquor *m*, Arzneilösung *f* 4 TECH a Lauge *f* b Flotte *f* (*Färbebad*) c *allg* Bad *n* 5 Brauwasser *n* B V/T 1 *meist* ~ **up** *US sl* unter Alkohol setzen 2 TECH einweichen, mit e-r Flüssigkeit behandeln C V/I *meist* ~ **up** *US sl* sich volllaufen lassen

liquorice → licorice

liquorish [ˈlɪkərɪʃ] ADJ (ADV ~ly) 1 → lickerish 2 *US sl* versoffen, scharf auf Alkohol

lira [ˈlɪərə; *US* ˈlɪrə; ˈliːrə] *pl* -re [ˈlɪərɪ; *US* ˈliːreɪ], -ras S 1 Lira *f* (*italienische Währungseinheit*) 2 türkisches Pfund

L iron S TECH Winkeleisen *n*

Lisbon [ˈlɪzbən] S Lissabon *n*

lisle [laɪl] S *Textilwesen*: Florgarn *n*

lisp [lɪsp] A S 1 Lispeln *n*, Anstoßen *n* (mit der Zunge): **speak with** (*od* **have**) **a** ~ → B 1 2 Stammeln *n* B V/I 1 lispeln, mit der Zunge anstoßen 2 stammeln C V/T 1 *etwas* lispeln 2 *etwas* stammeln

lis pendens [ˌlɪsˈpendenz] S JUR anhängiger Rechtsstreit

lisper S Lispler(in)

Lissajous figure [ˈliːsəʒuː; ˌliːsəˈʒuː] S PHYS Lissajous-Figur *f* (*ebene Kurve, die bei der Überlagerung zweier in unterschiedlicher Richtung erfolgender Schwingungen entsteht od die vom schwingenden Objekt durchlaufen wird*)

lissome, *a.* **lissom** [ˈlɪsəm] ADJ (ADV ~ly) 1 geschmeidig 2 flink; **lissom(e)ness** S 1 Geschmeidigkeit *f* 2 Flinkheit *f*

list¹ [lɪst] A S 1 Liste *f*, Verzeichnis *n*: **be on the** ~ auf der Liste stehen; **make** (*od* **draw up**) **a** ~ e-e Liste aufstellen; **put sb** (*od* **sb's name**) **(down) on the** ~ j-n auf die Liste setzen; **take sb's name off the** ~ j-n von der Liste streichen; ~ **of names** Namenliste; ~ **price** Listenpreis *m*; ~ **system** POL Listenwahlsystem *n* 2 **the** ~ WIRTSCH die Liste der börsenfähigen Wertpapiere B V/T 1 (in e-r Liste) verzeichnen, aufführen, erfassen, registrieren, *Br ein Gebäude* unter Denkmalschutz stellen: **~ed securities** börsenfähige *od* an der Börse zugelassene Wertpapiere; **~ed building** *Br* Gebäude *n* unter Denkmalschutz; **be ~ed** *Br* unter Denkmalschutz stehen 2 in e-e Liste eintragen 3 aufzählen, -führen C V/I WIRTSCH aufgeführt sein (**at** mit *e-m Preis*)

list² [lɪst] A S 1 Saum *m*, Rand *m* 2 → selvage 3 a Leiste *f* b Salleiste *f* 4 (*Farb-, Stoff*) Streifen *m* 5 *pl* HIST a Schranken *pl* (*e-s Turnierplatzes*) b (*a. als sg konstruiert*) Turnier-, Kampfplatz *m*, Schranken *pl*: **enter the ~s** *fig* a (*als Konkurrent*) auf den Plan treten b in die Schranken treten (**against** mit, gegen; **for** für) B V/T 1 mit Stoffstreifen besetzen *od* einfassen 2 *Bretter* abkanten

list³ [lɪst] A S 1 Neigung *f*: **there was a forward** ~ **to his body as he walked** er ging vornübergebeugt 2 SCHIFF Schlagseite *f*, Krängung *f*: **have a heavy** ~ schwere Schlagseite haben 3 *fig* Neigung *f*, Tendenz *f* (*beide*: **to** zu) B V/I 1 sich neigen 2 SCHIFF Schlagseite haben *od* bekommen, krängen C V/T **the shifting cargo ~ed the ship** durch die verrutschende Ladung bekam das Schiff Schlagseite

list⁴ [lɪst] V/T *obs* 1 *j-n* gelüsten, *j-m* belieben: **he did as him** ~ er handelte, wie es ihm beliebte 2 wünschen

list⁵ [lɪst] *obs od poet* A V/T hören auf (*akk*), (*dat*) zuhören B V/I → listen A 1

listel [ˈlɪstl] S ARCH Leiste *f*

listen [ˈlɪsn] A V/I 1 horchen, hören, lauschen (*alle*: **to** auf *akk*): ~ **to** a *j-m* zuhören, *j-n* anhören: ~! hör mal! a auf *j-n, j-s Rat* hören b *e-m Rat etc* folgen; ~ **for** horchen auf (*akk*); ~ **for sb** horchen, ob j-d kommt; ~ **out for your name to be called** *umg* pass auf, falls du aufgerufen wirst; ~ **up** *bes US umg* hör mal zu!; **if you** ~ **hard** wenn Sie genau *od* scharf hinhören; → reason A 3 2 ~ **in** a Radio hören: ~ **in to a concert** ein Konzert im Radio hören, sich ein Konzert im Radio anhören a (*am Telefon etc*) mithören (**on** [*od* **to**] **sth** etwas): ~ **in on** (*od* **to**) *a.* belauschen, abhören 3 *US sl* sich *gut etc* anhören, klingen B V/T *obs* → list⁵ A; **listener** S 1 Horcher(in), Lauscher(in) 2 Zuhörer(in): **be a good** ~ (gut) zuhören können; **be a bad** ~ nicht zuhören können 3 RADIO Hörer(in)

listening| booth [ˈlɪsnɪŋ] S Abhörkabine *f* (*in e-m Schallplattengeschäft*); ~ **figures** SPL RADIO Zuhörerzahlen *pl*; ~ **post** S MIL Horchposten *m* (*a. fig*); ~ **service** S MIL Abhördienst *m*

listeria [lɪˈstɪərɪə] SPL MED Listerien *pl* (*e-e Gattung Stäbchenbakterien*); **listeriosis** [lɪˌstɪərɪˈəʊsɪs] S MED Listeriose *f* (*durch Listerien hervorgerufene Infektion*)

listless [ˈlɪstlɪs] ADJ (ADV ~ly) 1 lust-, teilnahmslos 2 matt, schlaff; **listlessness** S Lust-, Teilnahmslosigkeit *f*

lit [lɪt] *prät u. pperf von* light¹, light³

lit. ABK 1 literal(ly) 2 literary 3 literature

litany [ˈlɪtənɪ; *US* ˈlɪtniː] S REL Litanei *f* (*a. fig*)

litchi [ˌlaɪˈtʃiː; ˈlaɪtʃiː; ˈlɪtʃiː; *US* ˈliːtʃiː] → lychee

liter, *bes Br* **litre** [ˈliːtə(r)] S Liter *m*, *a. n*

literacy [ˈlɪtərəsɪ; -trəsɪ] S 1 Fähigkeit *f* zu lesen u. zu schreiben 2 (literarische) Bildung, Belesenheit *f*

literal [ˈlɪtərəl; -trəl] A ADJ 1 wörtlich (*Übersetzung etc*) 2 genau, wahrheitsgetreu (*Bericht etc*) 3 nüchtern, trocken, prosaisch (*Methode etc*) 4 wörtlich, eigentlich: **the** ~ **meaning of a word** 5 buchstäblich: **a** ~ **annihilation** buchstäblich e-e Vernichtung 6 Buchstaben...: ~ **equation** MATH Buchstabengleichung *f*, algebraische Gleichung; ~ **error** → B 7 wahr: **a** ~ **flood** B S Druck-, Schreibfehler *m*; **literalism** S 1 Festhalten *n* am Buchstaben, *bes* strenge *od* allzu wörtliche Übersetzung *od* Auslegung, Buchstabenglaube *m* 2 KUNST Realismus *m* 3 Betonung *f* literarischer *od* humanistischer Werte; **literalist** S 1 Buchstabengläubige(r) *m/f(m)* 2 KUNST Realist(in); **literality** [-təˈrælətɪ] S 1 Wörtlichkeit *f* 2 wörtliche Bedeutung 3 wörtliche Auslegung; **literalize** [-rəlaɪz] V/T 1 wörtlich wiedergeben 2 wörtlich auslegen; **literally** ADV 1 wörtlich: **translate** ~ wörtlich übersetzen; **take sth** ~ etwas wörtlich nehmen 2 buchstäblich: **he did** ~ **nothing at all** er hat buchstäblich überhaupt nichts gemacht

literary [ˈlɪtərərɪ; -trərɪ; *US* ˈlɪtəˌreriː] ADJ (ADV literarily) 1 literarisch, Literatur...: ~ **critic** Literaturkritiker(in); ~ **criticism** Literaturkritik *f*; ~ **form** Literaturgattung *f*; ~ **historian** Literar-, Literaturhistoriker(in); ~ **history** Literaturgeschichte *f*; ~ **language** Schriftsprache *f*; ~ **manager** THEAT *etc* Chefdramaturg *m*; ~ **supplement** Literaturbeilage *f*; ~ **translator** literarische(r) Übersetzer(in); → executor 2 schriftstellerisch: **a** ~ **man** ein Literat *od* Schriftsteller; ~ **property** JUR geistiges *od* literarisches Eigentum, *a.* Urheberrecht *n*; → people A 1, remain B 2 3 → literate A 2 4 gewählt, hochgestochen *umg* (*Ausdruck etc*): ~ **style** *pej* papierener Stil

literate [ˈlɪtərət] A ADJ (ADV ~ly) 1 **be** ~ lesen u. schreiben können 2 (literarisch) gebildet, belesen 3 literarisch B S 1 des Lesens u. Schreibens Kundige(r) *m/f(m)* 2 (literarisch) Gebildete(r) *m/f(m)*

literati [ˌlɪtəˈrɑːtiː] SPL, *a. pej* Intelligenz *f* (*Gesamtheit der Intellektuellen*)

literatim [ˌlɪtəˈrɑːtɪm; -ˈreɪ-] ADV Buchstabe für Buchstabe

literature [ˈlɪtərətʃə; ˈlɪtrɪtʃə; *US* ˈlɪtərəˌtʃʊər] S 1 Literatur *f*, Schrifttum *n*: **English** ~ (die) englische Literatur; **the** ~ **of medicine** die medizinische (Fach)Literatur; ~ **circle** literarischer Zirkel, Literaturzirkel *m* 2 *umg* Informationsmaterial *n* 3 Schriftstellerei *f*

lith-, **-lith** [lɪθ] *Wortelement mit der Bedeutung* Stein

litharge [ˈlɪθɑː(r)dʒ] S CHEM 1 Bleiglätte *f* 2 *weitS.* Bleimonoxyd *n*

lithe [laɪð] ADJ (ADV ~ly) geschmeidig; **litheness** S Geschmeidigkeit *f*

lithesome [ˈlaɪðsəm] → lissome

lithia [ˈlɪθɪə] S CHEM Lithiummonoxid *n*

lithiasis [lɪˈθaɪəsɪs] S MED Lithiasis *f*, Steinleiden *n*

lithic¹ [ˈlɪθɪk] ADJ CHEM Lithium...

lithic² [ˈlɪθɪk] ADJ Stein...

lithium [ˈlɪθɪəm] S CHEM Lithium *n*

litho [ˈlaɪθəʊ] A *pl* -thos S a → lithograph A b → lithography B ADJ → lithographic

litho- [lɪθəʊ; lɪθə] *Wortelement mit der Bedeutung* Stein

litho(g). ABK lithograph(y)

lithogenesis S GEOL Lithogenese *f* (*Entstehung von Gesteinen*)

lithograph [ˈlɪθəʊgrɑːf; *bes US* -græf] A S Lithografie *f*, Steindruck *m* (*Erzeugnis*) B V/T & V/I lithografieren; **lithographer** [lɪˈθɒgrəfə; *US* lɪˈθɑgrəfər; *a.* ˈlɪθəˌgræfər] S Lithograf(in); **lithographic** ADJ, **lithographical** ADJ (ADV ~ly) lithografisch, Steindruck...; **lithography** S Lithografie *f*, Steindruck(verfahren) *m(n)*

lithologic [ˌlɪθəˈlɒdʒɪk; *US* -ˈlɑ-] ADJ, **lithological** ADJ (ADV ~ly) lithologisch; **lithologist** [lɪˈθɒlədʒɪst; *US* lɪθˈɑl-] S Lithologe *m*, Lithologin *f*; **lithology** S Lithologie *f*, Gesteinskunde *f*

lithometeor S Lithometeor *m* (*Ansammlung von meist feinen Teilchen, die in der Luft schweben od vom Boden hochgewirbelt worden sind*)

lithophyte ['lɪθəfaɪt] S BOT Lithophyt *m (auf Felsoberflächen siedelnde od in den Fels eindringende Pflanze)*
lithosphere S GEOL Lithosphäre *f (Gesteinshülle der Erde)*
lithotomy [lɪ'θɒtəmɪ; *US* lɪθ'ɑt-] S Lithotomie *f (operative Entfernung von Steinen, bes von Blasensteinen)*
lithotripsy ['lɪθəˌtrɪpsɪ] S MED Lithotripsie *f (Zertrümmerung von Blasen-, Nierensteinen etc mithilfe des Lithotriptors)*; **lithotripter** S Lithotriptor *m (Instrument zum Zertrümmern von Blasen-, Nierensteinen etc)*
Lithuania [ˌlɪθju:'eɪnjə; *US* ˌlɪθə'weɪnɪə] S Litauen *n*; **Lithuanian** [ˌlɪθju:'eɪnjən; *US* ˌlɪθə'weɪnɪən] A S 1 Litauer(in) 2 LING Litauisch *n*, das Litauische B ADJ litauisch
litigable ['lɪtɪgəbl] ADJ JUR streitig, strittig; **litigant** JUR A S Prozessführende(r) *m/f(m)*, streitende Partei B ADJ streitend, prozessführend
litigate ['lɪtɪgeɪt] JUR A VT 1 prozessieren *od* streiten um 2 bestreiten, anfechten B VI prozessieren, streiten; **litigation** S 1 JUR Rechtsstreit *m*, Prozess *m* 2 *fig* Streit *m*; **litigator** [-tə(r)] → litigant A
litigious [lɪ'tɪdʒəs] ADJ (ADV ~ly) 1 JUR Prozess… 2 JUR strittig, streitig 3 prozess-, streitsüchtig: ~ **person** Prozesshansel *m umg pej*
litmus ['lɪtməs] S CHEM Lackmus *n/m*; ~ **paper** S Lackmuspapier *n*; ~ **test** S 1 Lackmustest *m* 2 *fig* Feuer-, Nagelprobe *f*
litotes ['laɪtəʊti:z] *pl* -tes S RHET Litotes *f (Umschreibung e-r Aussage durch doppelte Verneinung od durch Verneinung des Gegenteils)*
litre *bes Br für* liter
litter ['lɪtə(r)] A S 1 a Trage *f* b Sänfte *f* 2 Streu *f (für Tiere)*, *(a. für Pflanzen)* Stroh *n* 3 AGR Stallmist *m* 4 herumliegende Sachen *pl*, *bes* (herumliegender) Abfall 5 Wust *m*, Durcheinander *n*, Unordnung *f* 6 *US* Waldstreu *f (oberste Schicht des Waldbodens)* 7 ZOOL Wurf *m*: **a ~ of pigs** ein Wurf Ferkel B VT 1 *meist* ~ **down** a Streu legen für, *den Pferden etc* einstreuen b *den Stall, den Boden* einstreuen 2 *Pflanzen* mit Stroh abdecken 3 a *Abfall etc* herumliegen lassen in *(dat) od* auf *(dat)*, werfen auf *(akk)* b *e-n Raum etc* in Unordnung bringen, *e-n Park etc* verschandeln (**with** mit): ~ **a park with rubbish** c *Abfall etc* herumwerfen *od* liegen lassen: ~ **rubbish all over the place** d verstreut liegen *od* unordentlich herumliegen in *(dat) od* auf *(dat)*: **rubbish was ~ing the park** überall im Park lag Abfall herum 4 ZOOL *Junge* werfen C VI 1 Abfall *etc* liegen lassen *od* herumwerfen 2 ZOOL (Junge) werfen
litterae humaniores ['lɪtəri:hju:ˌmænɪ'ɔ:ri:z] SPL → humanity 4
littérateur [ˌlɪtərə'tɜ:; *US* -'tɜr] S Literat *m*
litter|bag S *US* Abfalltüte *f (im Auto etc)*; ~ **basket**, **~bin** S Abfallkorb *m*; **~bug** S *bes US umg j-d, der Straßen etc mit Abfall etc verschandelt*; ~ **lout** *bes Br umg* → litterbug; **~pick** S Abfallbeseitigungsaktion *f*
little ['lɪtl] A ADJ *komp* less [les], *(in gewissen Fällen)* lesser ['lesə(r)], *(bes für* A 1, A 2*)* smaller ['smɔ:lə(r)], *sl* littler, *sup* least [li:st], *(bes für* A 1, A 2*)* smallest ['smɔ:lɪst], *sl* littlest 1 klein *(oft gefühlsbetont)*: **a ~ child**; **a nice ~ house** ein nettes kleines Haus, ein nettes Häuschen; ~ **one** Kleiner *m*, Kleine *f*, Kleines *n (Kind)*; **our ~ ones** unsere Kleinen; **when I was ~** als ich noch klein *od* als ich noch ein Kind war; → finger A 1, toe A 1 2 klein (gewachsen): **a ~ man** ein kleiner Mann *(a. fig)*; **the ~ people** (*od* **folk**) die Elfen *od* Heinzelmännchen 3 *(zahlenmäßig)* klein *(Armee etc)* 4 kurz *(Weg etc)*: → while A 5 wenig *(Hoffnung etc)*: **a ~ honey** ein wenig *od* ein bisschen Honig, etwas Honig 6 schwach *(Stimme)* 7 klein, gering(fügig), unbedeutend: ~ **discomforts** kleine Unannehmlichkeiten 8 klein, beschränkt, engstirnig: ~ **minds** Kleingeister 9 *pej* gemein, erbärmlich, armselig 10 *oft iron* klein: **his ~ intrigues**; **her poor ~ efforts** ihre rührenden kleinen Bemühungen; → game[1] A 6 B ADV *komp* less, *sup* least 1 wenig, kaum, nicht sehr: ~ **improved** kaum besser; **~-known** wenig bekannt; ~ **better than** nicht viel besser als; ~ **does one expect** man erwartet kaum; **do ~ to get sth** wenig dazu beitragen, etwas zu bekommen; **think ~ of** wenig halten von; **for as ~ as £ 10** für nur 10 Pfund 2 überhaupt nicht: **he ~ knows**, ~ **does he know** er hat keine Ahnung 3 wenig, selten: **I see him very ~** C S 1 Kleinigkeit *f*, *(das)* Wenige, *(das)* bisschen: **a ~** ein wenig, ein bisschen, etwas; **a ~ is better than none** ein bisschen ist besser als nichts; **not a ~** nicht wenig; **every ~ helps** jede Kleinigkeit hilft; **he did what ~ he could** er tat das wenige, das er tun konnte; **after a ~** nach e-m Weilchen; **he went on a ~** er ging ein Stückchen weiter; ~ **by ~**, **by ~ and ~** (ganz) allmählich, nach u. nach 2 **in ~** im Kleinen, in kleinem Maßstab
Little| Englander ['ɪŋgləndə(r)] S POL, HIST Gegner *m* der imperialistischen Politik Englands; ~ **Entente** S POL, HIST Kleine Entente; **ℒ-minded** → little A 8
littleness S 1 Kleinheit *f* 2 Geringfügigkeit *f*, Bedeutungslosigkeit *f* 3 Beschränktheit *f*, Engstirnigkeit *f*
Little| Red Ridinghood S Rotkäppchen *n*; ~ **Rhody** ['rəʊdi:] S *US (Beiname für den Staat)* Rhode Island *n*; ~ **Russian** S *obs* 1 Kleinrusse *m*, -russin *f*, Ukrainer(in) 2 LING Kleinrussisch *n*, das Ukrainische; **ℒ theater**, *bes Br* **ℒ theatre** S *bes US* 1 Kleinbühne *f*, Kammerspiele *pl* 2 Experimentierbühne *f*
littoral ['lɪtərəl] A ADJ litoral, Küsten…, Ufer…: ~ **fauna** litorale Fauna, Litoralfauna *f* B S Litoral(e) *n*, Küstenregion *f*, Uferzone *f*
liturgic [lɪ'tɜ:dʒɪk; *US* lɪ'tɜr-] REL A ADJ (ADV ~ally) liturgisch B S **liturgics** *pl (als sg konstruiert)* Liturgik *f*, Liturgiewissenschaft *f*; **liturgical** [-kl] ADJ (ADV ~ly) → liturgic A
liturgy ['lɪtə(r)dʒɪ] S REL Liturgie *f*
litz wire [lɪts] S ELEK Litze *f*, Litzendraht *m*
livable ['lɪvəbl] ADJ 1 wohnlich, bewohnbar 2 lebenswert: **the things that make life ~** 3 *a.* ~ **with** erträglich: *the pain is bad*, **but it is ~** aber man kann damit leben; **not ~ (with)** unerträglich 4 ~ **with** umgänglich *(Person)*
live[1] [lɪv] A VI 1 leben, am Leben sein: **the characters in this novel seem to ~** die Gestalten in diesem Roman wirken lebendig; **get sb where he ~s** *fig* j-n an e-r empfindlichen Stelle treffen 2 leben, am Leben bleiben: ~ **long** lange leben; **people ~ longer and longer** die Menschen werden immer älter; **the doctors don't think he will ~** die Ärzte glauben nicht, dass er durchkommt; **his doctor gave him one year to ~** sein Arzt gab ihm noch ein Jahr; ~ **through sth** etwas durchleben *od* -machen *od* -stehen; **the patient did not ~ through the night** der Patient hat die Nacht nicht überlebt; ~ **to be old**, ~ **to an old age** ein hohes Alter erreichen, alt werden; **he wants to ~ to a hundred** er will 100 werden; ~ **to see** erleben; **he did not ~ to see it** er hat es nicht mehr erlebt; **he will ~ to regret it** er wird es noch bereuen; **you ~ and learn** man lernt nie aus; ~ **with sth** *fig* mit etwas leben; **I'll have to ~ with it** ich werde damit leben müssen 3 *oft* ~ **on** *bes fig* weiter-, fortleben: **the dead ~ on in our hearts**; **these ideas still ~** 4 aushalten, sich halten, bestehen 5 leben (**on, upon** von), sich ernähren (**on, upon** von; **by** von, durch): **earn enough to ~** genug zum Leben verdienen; ~ **off one's capital** von s-m Kapital leben *od* zehren; **he ~s on his wife** er lebt auf Kosten *od* von (den Einkünften) s-r Frau; ~ **on the State** auf Staatskosten leben; ~ **by painting** vom Malen leben, sich s-n Lebensunterhalt durch Malen verdienen; → bread *Bes Redew* 6 *ehrlich etc* leben, ein *ehrliches etc* Leben führen: ~ **honestly**; ~ **well** üppig *od* gut leben; ~ **poorly** ein kärgliches Leben fristen; ~ **to o.s.** ganz für sich leben; ~ **within o.s.** sich nur mit sich selbst beschäftigen; **she ~d there a widow** sie lebte dort als Witwe; → day *Bes Redew*, income, mean[3] B 5 7 leben, wohnen *(beide:* **with** bei*)*: ~ **in the country**; ~ **with sb** mit j-m zusammenleben 8 leben, das Leben genießen: ~ **and let ~** leben u. leben lassen B VT 1 *ein bestimmtes Leben* führen *od* leben: ~ **a double life** ein Doppelleben führen 2 (vor)leben, im Leben verwirklichen: **he ~s his faith** er lebt s-n Glauben; ~ **a lie** die liebende (Ehe)Frau *od* den liebenden (Ehe-)Mann spielen 3 ~ **and breathe sth** in etwas völlig aufgehen; **he ~s and breathes football** sein Leben besteht nur aus Fußball
Phrasal Verbs: **live| down** A VT *(bes* durch tadellosen Lebenswandel) vergessen machen *od* wiedergutmachen B VI: ~ **to** *s-m schlechten Ruf etc* gerecht werden; ~ **in** VI am Arbeitsplatz wohnen; ~ **on** → live[1] A 3; ~ **out** A VT überleben: **he will not ~ the night** B VI nicht am Arbeitsplatz wohnen; ~ **together** VI zusammenleben (**with** mit); ~ **up** A VI: ~ **to** *s-n Grundsätzen etc* gemäß leben, *s-m Ruf etc* gerecht werden, *den Erwartungen etc* entsprechen, *ein Versprechen etc* halten B VT: **live it up** *umg* a auf den Putz hauen *umg* b sich ein angenehmes Leben machen
live[2] [laɪv] A ADJ *(meist attr)* 1 lebend, lebendig *(Tiere etc)*: ~ **birth** Lebendgeburt *f*; ~ **hair** Haar *n* von lebenden Wesen; ~ **oak** Immergrüne Eiche; ~ **rock** lebender *od* gewachsener Fels; ~ **show** Liveshow *f (Vorführung e-s Geschlechtsaktes vor Publikum)* (→ A 9); ~ **weight** Lebendgewicht *n*; **a real ~ lord** *umg* ein richtiger *od* echter Lord 2 energisch, tatkräftig *(Vorgehen etc)* 3 aktuell *(Frage etc)* 4 glühend *(Kohle etc)*, *(Zigarette etc a.)* brennend 5 scharf *(Munition etc)* 6 ungebraucht *(Streichholz)* 7 aktiv *(Vulkan)* 8 ELEK Spannung *od* Strom führend, unter Spannung *od* Strom stehend; → live wire 1 9 RADIO, TV Direkt…, Original…, Live…: ~ **broadcast** Direktübertragung *f*; ~ **show** Liveshow *f (live übertragene Show)* (→ A 1) 10 lebhaft, lebendig *(Farben)* 11 TECH a Antriebs… b angetrieben: ~ **center** *(bes Br* **centre**) mitlaufende Spitze; ~ **wheel** Antriebsrad *n* c beweglich: ~ **load** Verkehrs-, Auflast *f* 12 *Akustik:* Hall…: ~ **room** Hallraum *m* 13 TYPO gebrauchs-, druckfertig: ~ **matter** druckfertiger Satz, Stehsatz *m* 14 SPORT im Spiel (befindlich) *(Ball)* B ADV RADIO, TV direkt, original, live: **the game will be broadcast ~**
liveable → livable
live-in| lover ['lɪvɪn] S: **her ~** *oft pej* ihr Freund, mit dem sie zusammenlebt; ~ **partner** S Lebensgefährte *m*, -gefährtin *f*
livelihood ['laɪvlɪhʊd] S Lebensunterhalt *m*, Auskommen *n*: **pick up a scanty ~** sein knappes Auskommen haben; **earn** (*od* **make, gain**) **a** (*od* **one's**) **~** s-n Lebensunterhalt verdienen
liveliness ['laɪvlɪnɪs] S 1 Lebhaftigkeit *f* 2 Lebendigkeit *f*

livelong ['lɪv-] ADJ: **the ~ day** *poet* den lieben langen Tag

lively ['laɪvlɪ] A ADJ (ADV livelily) 1 lebhaft (*Geist, Interesse, Person, Fantasie etc*), angeregt (*Unterhaltung*): **have a ~ conversation** sich angeregt unterhalten; **look ~!** *umg* mach fix! 2 lebendig (*Schilderung etc*): **he gave me a ~ idea of the accident** er schilderte mir den Unfall lebhaft 3 → live[2] A 10 4 aufregend (*Zeiten*): **make it** (*od* **things**) **~ for sb, give sb a ~ time** j-m (kräftig) einheizen *umg* 5 prickelnd, schäumend (*Getränk*) 6 belebend, erfrischend (*Brise etc*) 7 schnell, flott (*Tempo etc*) 8 federnd, elastisch: **a ~ ball** ein Ball, der gut springt 9 SCHIFF handig B ADV → A 1, A 2, A 7, A 8

liven ['laɪvn] *meist* **~ up** A V/T beleben, Leben bringen in (*akk*): **~ things up** für Leben *od* Schwung sorgen B V/I in Schwung kommen

liver[1] ['lɪvə(r)] S 1 ANAT Leber *f* 2 *a.* **~ colo(u)r** (*od* **brown**) Rotbraun *n*

liver[2] ['lɪvə(r)] S *j-d, der ein bestimmtes Leben führt*: **clean ~** anständiger *od* solider Mensch; **be a fast ~** ein flottes Leben führen; **loose ~** liederlicher Mensch

liver| cancer S MED Leberkrebs *m*; **~ complaint** S MED Leberleiden *n*

liveried ['lɪvərɪd] ADJ livriert

liverish ['lɪvərɪʃ] ADJ 1 **be ~** *umg* es mit der Leber haben 2 mürrisch

Liverpudlian [,lɪvə(r)'pʌdlɪən] A ADJ aus *od* von Liverpool, Liverpooler B S Liverpooler(in)

liver| rot S VET Leberfäule *f*; **~ sausage** S GASTR Leberwurst *f*; **~ spot** S MED Leberfleck *m*; **~wort** S BOT 1 Lebermoos *n* 2 Leberblümchen *n*; **~wurst** [-wɜːst; *US* -,wɜrst; -,wʊrst] S GASTR *bes US* Leberwurst *f*

livery[1] ['lɪvərɪ] S 1 Livree *f*: **in ~** in Livree, livriert 2 (Amts)Tracht *f* 3 *fig poet* Kleid *n*, Tracht *f*, Gewand *n*: **animals in their winter ~** Tiere im Winterkleid 4 **be at ~** in e-m Mietstall untergebracht sein 5 *US* → livery stable 6 JUR a Übergabe *f*, Übertragung *f* b *Br* Übergabe *f* von vom Vormundschaftsgericht freigegebenem Eigentum c Übertragungsurkunde *f*: **sue one's ~** *Br* beim Vormundschaftsgericht um Übertragung des Eigentumsrechts an s-m Erbgut nachsuchen 7 HIST Zuteilung *f* von Nahrungsmitteln, Kleidung *etc* (*an die Gefolgschaft*)

livery[2] ['lɪvərɪ] ADJ 1 leberartig, Leber... 2 rötlich braun, rotbraun 3 → liverish

livery| company S *e-e der Gilden der City of London*; **~ horse** S Mietpferd *n*; **~man** [-mən] S *irr* Mitglied *n* e-r **livery company**; **~ stable** S Mietstall *m*

lives [laɪvz] *pl von* life

live| steam [laɪv] S TECH Frischdampf *m*; **~stock** S 1 Vieh(bestand) *n(m)*, lebendes Inventar 2 *umg* Ungeziefer *n*; **~ trap** S *Falle, in der Tiere lebend gefangen werden*; **~-trap** V/T *ein Tier* lebend in e-r Falle fangen; **~ware** S Personal *n* e-s Rechenzentrums; **~ wire** S 1 Strom führender Draht 2 *umg* Energiebündel *n*

livid ['lɪvɪd] ADJ (ADV ~ly) 1 blau, bläulich (verfärbt): → ring[1] A 1 2 bleifarben, graublau 3 fahl, aschgrau, bleich, blass (*alle*: **with** vor *dat*) 4 *umg* fuchsteufelswild; **lividity**, **lividness** S Fahlheit *f*, Blässe *f*

living ['lɪvɪŋ] A ADJ 1 lebend (*Sprache etc*): **no man ~** kein Mensch *od* Sterblicher; **the greatest of ~ statesmen** der größte lebende Staatsmann; **while ~** bei *od* zu Lebzeiten; **within ~ memory** seit Menschengedenken; **it is within ~ memory** es leben noch Leute, die sich daran erinnern (können); **~ death** trostloses *od* schreckliches Dasein; **she was a ~ legend** sie war schon zu Lebzeiten e-e Legende; **~ rock** lebender *od* gewachsener Fels; → daylight 1, dictionary 3 2 lebendig (*Glaube, Realität etc*): **the ~ God** 3 → live[2] A 4 4 lebensecht, lebensnah: **the ~ image** das getreue Abbild 5 Lebens...: **~ conditions** (**habits**, *etc*); **~ standard** Lebensstandard *m* B S 1 **the ~** *koll* die Lebenden *pl*: → dead B 2, land A 7 2 das Leben: **~ is very expensive these days**; → cost A 1 3 Leben *n*, Lebensweise *f*: **good ~** üppiges Leben; **loose ~** lockerer Lebenswandel; → clean A 8, plain[1] A 1 4 Lebensunterhalt *m*: **earn** (*od* **gain, get, make**) **a ~** s-n Lebensunterhalt verdienen (**as** als; **out of** durch, mit); **you can't make a ~ out of this** davon kann man nicht leben 5 Leben *n*, Wohnen *n* 6 REL *Br* Pfründe *f*; **~ cell** S MED Frischzelle *f*; **~ picture** S lebendes Bild; **~ room** S Wohnzimmer *n*; **~ space** S 1 Wohnfläche *f*, -raum *m* 2 POL Lebensraum *m*; **~ wage** S WIRTSCH Living Wage *n*, Existenzminimum *n*; **~ will** S *US* Patiententestament *n*

Livonian [lɪ'vəʊnjən; -nɪən] HIST A ADJ livländisch B S Livländer(in)

lixiviate [lɪk'sɪvɪeɪt] V/T CHEM auslaugen; **lixiviation** S Auslaugung *f*

lizard ['lɪzə(r)d] S 1 ZOOL Eidechse *f*: **common ~** Berg-, Waldeidechse 2 Eidechs(en)leder *n*: **~ bag** Eidechs(en)tasche *f* 3 ORN Lizard *m* (*Kanarienvogel*) 4 → lounge lizard

lizzie ['lɪzɪ] → tin lizzie

LJ ABK *Br* Lord Justice

ll.[1] ABK lines PL

L.L.[2] ABK 1 Late Latin 2 Low Latin 3 *Br* Lord Lieutenant

llama ['lɑːmə] S 1 ZOOL Lama *n* 2 Lamawolle *f*

llano ['lɑːnəʊ; *US a.* 'læ-] S Llano *m* (*baumarme Hochebene der tropischen u. subtropischen Gebiete Südamerikas*)

LLB ABK Legum Baccalaureus, Bachelor of Laws

LLD ABK Legum Doctor, Doctor of Laws

LLM ABK Legum Magister, Master of Laws

LM ABK lunar module

LNG ABK liquefied natural gas

lo [ləʊ] INT *obs* siehe!, seh(e)t!: **~ and behold!** *oft hum* sieh(e) da!

loach [ləʊtʃ] S FISCH Schmerle *f*

load [ləʊd] A S 1 Last *f* (*a.* PHYS) 2 Ladung *f* (*a. e-r Schusswaffe*), Fuhre *f*: **get a ~ of** *umg* a sich *etwas* ansehen *od* anhören b *etwas* zu sehen *od* zu hören bekommen; **get a ~ of this** *umg* a hör *od* schau dir das mal an! b merk dir das!; **have a ~ on** *US umg* schwer geladen haben (*betrunken sein*); **shoot one's ~** *vulg* abschießen (*ejakulieren*) 3 *fig* Last *f*, Bürde *f*: **a ~ of care** e-e Sorgenlast; **his decision took a ~ off my mind** bei s-r Entscheidung fiel mir ein Stein vom Herzen; **it is a ~ off my mind to know that …** seitdem ich weiß, dass …, ist mir bedeutend wohler 4 *pl umg* (**of**) Massen *pl* (von *Geld etc*), e-e Unmasse (*Leute etc*): **there were ~s to eat** es gab massenhaft zu essen; → loads B 5 (*Arbeits*) Pensum *n*, WIRTSCH *a.* Leistungssoll *n* 6 ELEK, TECH a Last *f*, Belastung *f*: **safe ~** zulässige Belastung; **the ~ on a motor** die Belastung e-s Motors; → inductive 1, peak[1] B b Leistung *f* 7 TECH Ladung *f*, Füllung *f* (*Beschickungsgut*) B V/T 1 *a.* **~ up** *ein Fahrzeug etc* beladen (**with** mit): **be ~ed with coal** Kohle geladen haben; **~ down** a schwer beladen b niederdrücken (*a. fig*); **he is ~ed down with responsibilities** s-e Verpflichtungen lasten schwer auf ihm 2 *e-n Gegenstand etc* laden (**into** in *akk*; **onto** auf *akk*), *Güter* verladen: **~ up** aufladen 3 a TECH *Beschickungsgut* aufgeben, einfüllen b *e-n Hochofen, Reaktor etc* beschicken 4 *e-e Schusswaffe etc* laden: **~ the camera** FOTO e-n Film (in die Kamera) einlegen 5 *j-n* überhäufen (**with** mit *Arbeit, Geschenken, Vorwürfen etc*): **~ duties on sb** j-n mit Pflichten überhäufen 6 sich *den Magen* überladen: **~ one's stomach** 7 beschweren, schwerer machen, *engS. Würfel* einseitig beschweren, präparieren: **~ the dice in sb's favo(u)r** *fig* a vorteilhaft für j-n sein b j-m e-n Vorteil verschaffen; **~ the dice against sb** *fig* a nachteilig für j-n sein b j-n benachteiligen; **the dice are ~ed against him** alles ist gegen ihn, alles hat sich gegen ihn verschworen 8 a *ein Getränk* präparieren b *Wein etc* panschen 9 ELEK pupinisieren, Pupinspulen einbauen in (*akk*) 10 COMPUT *ein Programm* laden C V/I 1 *meist* **~ up** (auf-, ein)laden 2 beladen werden 3 (das Gewehr *etc*) laden, FOTO e-n Film einlegen: **are you ~ed?** ist Ihre Waffe geladen? 4 geladen werden (*Schusswaffe etc*): **how does this camera ~?** FOTO wie wird in diese Kamera der Film eingelegt?

load|-bearing ADJ tragend (*Wand etc*); **~ capacity** S 1 TECH a Ladefähigkeit *f* b Tragfähigkeit *f* 2 ELEK, TECH Belastbarkeit *f*, Leistungsaufnahme *f*; **~ center**, *bes Br* **~ centre** S Lastschwerpunkt *m*; **~ displacement** S SCHIFF Ladeverdrängung *f*

loaded ADJ 1 beladen 2 geladen (*Schusswaffe etc*), FOTO mit eingelegtem Film 3 beschwert: **~ cane** (*od* **stick**) Totschläger *m*; **~ dice** falsche *od* präparierte Würfel 4 a präpariert (*Getränk*) b gepanscht (*Wein etc*) 5 **~ question** a Fangfrage *f* b Suggestivfrage *f*; **~ word** a emotionsgeladenes Wort b vorbelastetes Wort c Reizwort *n* 6 *umg* stinkreich: **be ~** *a.* Geld wie Heu haben 7 **be ~** *bes US umg* a schwer geladen haben (*betrunken sein*) b high (*im Drogenrausch*) sein

loader S 1 (Ver-, Auf)Lader *m* (*Person*) 2 Verladevorrichtung *f*, (Auf)Lader *m* 3 *in Zusammensetzungen* …lader *m*: → breechloader, muzzle-loader *etc*

load factor S 1 FLUG Lastvielfache(s) *n* 2 ELEK Belastungsfaktor *m*

loading S 1 Beladen *n* 2 TECH Aufgabe *f* (*von Beschickungsgut*) 3 Ladung *f* 4 ELEK, TECH Belastung *f* 5 *Versicherung*: Verwaltungskostenanteil *m* (*der Prämie*); **~ bridge** S 1 Verladebrücke *f* 2 FLUG Fluggastbrücke *f*; **~ coil** S ELEK Pupinspule *f*

load| line → Plimsoll line; **~-line mark** → Plimsoll mark; **~ resistance** S ELEK Belastungs-, Arbeitswiderstand *m*

loads [ləʊdz] *umg* A S PL → load A 4 B ADV: **~ better** viel besser; **thanks ~** vielen Dank

load| space S AUTO *etc* Ladefläche *f*; **~star** → lodestar; **~stone** → lodestone; **~ test** S ELEK, TECH Belastungsprobe *f*

loaf[1] [ləʊf] *pl* loaves [ləʊvz] S 1 a Laib *m* (Brot) b *weitS.* Brot *n*: **a white ~** ein (Laib) Weißbrot; **half a ~ is better than none** (*od* **no bread**) (*Sprichwort*) wenig ist besser als gar nichts; **the miracle of the loaves and fishes** BIBEL die Speisung der Fünftausend 2 Zuckerhut *m*: **~ sugar** Hutzucker *m* 3 GASTR Hackbraten *m* 4 *Br sl* Hirn *n*, Verstand *m*: **use one's ~** sein Hirn anstrengen, (nach)denken

loaf[2] [ləʊf] *umg* A V/I 1 *a.* **~ about** (*od* **around**) herumlungern: **~ about** (*od* **around**) **the streets** auf den Straßen herumlungern 2 faulenzen B V/T **~ away** *die Zeit* verbummeln C S **be on the ~** → A

loafer S *umg* 1 Herumlungerer *m*, -lungerin *f* 2 Faulenzer(in) 3 *bes US* leichter Slipper

loam [ləʊm] A S Lehm *m* B V/T mit Lehm bedecken *od* (auf)füllen; **loamy** ADJ Lehm...: a lehmig: ~ **soil** Lehmboden *m* b lehmhaltig

loan [ləʊn] A S 1 (Ver)Leihen *n*, Ausleihung *f*: **on ~** leihweise; **a book on ~** ein geliehenes Buch; **painting**, *etc* **on ~** Leihgabe *f*; **be on ~ from** e-e Leihgabe *(gen)* sein; **ask for the ~ of sth** darum bitten, (sich) etwas (aus)leihen zu dürfen; **may I have the ~ of …?** darf ich (mir) … (aus)leihen?; **have sth on ~ from sb** (sich) etwas von j-m (aus)geliehen haben 2 WIRTSCH Anleihe *f* (*a. fig*): **take up a ~** e-e Anleihe aufnehmen (**on** auf *akk*); → government 4 3 WIRTSCH Darlehen *n*, Kredit *m*: **~ on securities** Lombardkredit 4 Leihgabe *f* (*für e-e Ausstellung*): **~ collection** Leihgaben (-sammlung) *pl(f)* 5 LING Lehnwort *n* B VT *bes US* → lend 1 C VI *bes US* Geld verleihen; **~ bank** S *Br* Darlehensbank *f*, -kasse *f*, Kreditanstalt *f*

loaner S *bes US* Verleiher(in)

loan| office S Darlehenskasse *f*; **~ shark** S *umg* Kredithai *m*; **~ translation** S LING Lehnübersetzung *f*; **~ value** S Beleihungswert *m* (*e-r Lebensversicherung*); **~word** S LING Lehnwort *n*

loath [ləʊθ] ADJ: **be ~ to do sth** etwas nur (sehr) ungern *od* (sehr) widerwillig tun; **I am ~ to go** ich habe (gar) keine Lust zu gehen; **be ~ for sb to do sth** dagegen sein, dass j-d etwas tut; **be nothing ~** durchaus nicht abgeneigt sein

loathe [ləʊð] VT 1 verabscheuen, hassen, nicht ausstehen können: **~ doing sth** es hassen, etwas zu tun 2 sich ekeln vor (*dat*): **I ~ it** es ekelt mich *od* mir davor, es ekelt mich an; **loathing** S 1 Abscheu *m* (**for** vor *dat*) 2 Ekel *m* (**for** vor *dat*); **loathingly** ADV 1 mit Abscheu 2 mit Ekel

loathly[1] [ˈləʊθlɪ] ADV (sehr) ungern *od* widerwillig

loathly[2] [ˈləʊðlɪ] *obs* → loathsome

loathsome [ˈləʊðsəm; ˈləʊθ-] ADJ (ADV ~ly) 1 widerlich, abscheulich, ekelhaft 2 eklig, ekelhaft: **~ diseases** ekelerregende Krankheiten; **loathsomeness** S Widerlichkeit *f*

loaves [ləʊvz] *pl von* loaf[1]

lob [lɒb; US lɑb] A S *bes Tennis*: Lob *m* B VT 1 *bes Tennis*: a **~ a ball** → c b *den Gegner* überlobben 2 *umg* (in hohem Bogen) werfen C VI *bes Tennis*: lobben, e-n Lob spielen *od* schlagen

lobar [ˈləʊbə(r)] → lobular

lobate [ˈləʊbeɪt] → lobed

lobby [ˈlɒbɪ; US ˈlɑbiː] A S 1 a Vor-, Eingangshalle *f*, Vestibül *n* b Vorzimmer *n*, -raum *m* c Wandelhalle *f* d THEAT Foyer *n* 2 PARL *bes Br* a Lobby *f* (*Vorraum e-s Parlamentsgebäudes, in dem die Abgeordneten mit Außenstehenden verhandeln können*) b *a.* **division ~** *e-r der beiden Vorräume, in denen sich die Abgeordneten zum Hammelsprung versammeln* 3 POL Lobby *f*, Interessengruppe *f*, -verband *m* B VI die Abgeordneten beeinflussen: **~ for (against) a bill** mithilfe e-r Lobby auf die Annahme (Ablehnung) e-r Gesetzesvorlage hinarbeiten C VT 1 *a.* **~ through** *e-e Gesetzesvorlage* mithilfe e-r Lobby durchbringen 2 *Abgeordnete* beeinflussen; **lobbying** S Lobbying *n* (*Beeinflussung von Abgeordneten durch Interessenverbände*); **lobbyism** S Lobbyismus *m* (*System der Beeinflussung von Abgeordneten durch Interessenverbände*); **lobbyist** S Lobbyist(in) (*Angehörige[r] e-r Lobby*)

lobe [ləʊb] S 1 *bes* BOT Lappen *m*, ANAT *a.* Lobus *m*: **~ (of the ear)** Ohrläppchen *n*; **~ of the lungs**, **pulmonary ~** Lungenlappen 2 *Radar*: Zipfel *m*, Schleife *f*

lobectomy [ləʊˈbektəmɪ] S MED Lobektomie *f* (*operative Entfernung e-s Lungenlappens*)

lobed [ləʊbd] ADJ gelappt, lappig

lobelia [ləʊˈbiːljə; -lɪə] S BOT Lobelie *f*

lobeline [ˈləʊbəliːn] S MED, PHARM Lobelin *n* (*Alkaloid vieler Lobelienarten, das als Anregungsmittel bei Lähmungen des Atemzentrums sowie bei Alkohol- u. Schlafmittelmissbrauch verwendet wird*)

loblolly [ˈlɒbˌlɒlɪ; US ˈlɑbˌlɑliː] S 1 SCHIFF *od dial* dicker (Hafer)Brei 2 *a.* **~ pine** BOT Weihrauchkiefer *f*; **~ boy** S, **~ man** S *irr* SCHIFF, HIST Gehilfe *m* des Schiffsarztes

lobotomy [ləʊˈbɒtəmɪ; US -ˈbɑ-] → leucotomy

lobscouse [ˈlɒbskaʊs; US ˈlɑb-] S SCHIFF, GASTR Labskaus *n*

lobster [ˈlɒbstə; US ˈlɑbstər] S 1 ZOOL Hummer *m*: **hen ~** weiblicher Hummer; **(as) red as a ~** krebsrot 2 → spiny lobster 3 ZOOL *ein hummerähnlicher Krebs*; **~ cocktail** S GASTR Hummercocktail *m*; **~ thermidor** [ˈθɜːmɪdɔː(r); US ˈθɜr-] S GASTR *Gericht aus Hummerfleisch, Pilzen u. Rahmsoße, in e-r Hummerschale serviert*

lobular [ˈlɒbjʊlə; US ˈlɑbjələr] ADJ *bes* BOT läppchenförmig, ANAT, MED *a.* lobulär; **lobule** [ˈlɒbjuːl; US ˈlɑb-] S *bes* BOT Läppchen *n*, ANAT *a.* Lobulus *m*

loc [lɑːk] S *US sl* Mitglied *n* e-r Straßengang

local [ˈləʊkl] A ADJ (ADV → locally) 1 lokal, örtlich, Lokal…, Orts…: **~ adverb** LING lokales Adverb, Umstandswort *n* des Ortes; **~ area network** lokales (Rechner)Netz; **~ authority** POL *Br* Kommunalbehörde *f*; **~ bill** (*od* **draft**) WIRTSCH Platzwechsel *m*; **~ branch** Zweigstelle *f*, Filiale *f*; **~ bus** Nahverkehrsbus *m*; **~ call** TEL Ortsgespräch *n*; **~ derby** SPORT Lokalderby *n*; **~ elections** Kommunalwahlen; **~ examination** SCHULE *Br von e-r Universitätskommission abgehaltene Prüfung an e-r höheren Schule*; **~ government** a Gemeinde-, Kommunalverwaltung *f* b örtliche Selbstverwaltung; **~ hero** *bes* SPORT Lokalmatador(in); **~ news** *pl* (*als sg konstruiert*) Lokalnachrichten *pl*; **~ newspaper** Lokalzeitung *f*; **~ oscillator** ELEK eingebauter Oszillator; **~ patriotism** Lokalpatriotismus *m*; **~ politician** Lokal-, Kommunalpolitiker(in); **~ politics** *pl* (*oft als sg konstruiert*) Lokal-, Kommunalpolitik *f*; **~ rate** TEL Ortstarif *m*; **~ rival** SPORT Ortsrivale *m*, -rivalin *f*; **~ rivalry** SPORT Lokalrivalität *f*; **~ tax** *US* Kommunalsteuer *f*; **~ time** Ortszeit *f*; **~ traffic** Lokal-, Orts-, Nahverkehr *m*; **~ train** a Nahverkehrszug *m* b Personenzug *m*; → color A 5, option 1 2 Orts…, ortsansässig, hiesig: **the ~ doctor**; **the ~ hotels** die Hotels am Ort; **he's a ~ man** er stammt aus der Gegend; **~ team** SPORT einheimische Mannschaft 3 lokal, örtlich (beschränkt), Lokal…: **~ an(a)esthesia** MED Lokalanästhesie *f*, örtliche Betäubung; **~ custom** ortsüblicher Brauch; **~ expression** LING Lokalismus *m*; **~ inflammation** MED örtliche *od* lokale Entzündung 4 lokal (-patriotisch): **from a ~ point of view** von e-m rein lokalen Gesichtspunkt aus B S 1 a Nahverkehrsbus *m* b Nahverkehrs- *od* Personenzug *m* 2 *Zeitung*: *bes US* Lokalnachricht *f* 3 RADIO, TV *US* Regionalprogramm *n* 4 *US* Ortsgruppe *f*, -verband *m* (*e-r Gewerkschaft etc*) 5 a Ortsansässige(r) *m/f(m)*, Einheimische(r) *m/f(m)* b *pl* SPORT *US* einheimische Mannschaft 6 *Br umg* (nächstgelegene) Kneipe, *bes* Stammkneipe *f* 7 MED örtliche Betäubung

locale [ləʊˈkɑːl; US *bes* -ˈkæl] S Schauplatz *m*, Szene *f*

localism [ˈləʊkəlɪzəm] S 1 LING Lokalismus *m* 2 ortsüblicher Brauch 3 Lokalpatriotismus *m* 4 Borniertheit *f*, Engstirnigkeit *f*

locality [ləʊˈkælətɪ] S 1 a Örtlichkeit *f*, Ort *m*: **bump** (*od* **sense**) **of ~** Ortssinn *m*, Orientierungsvermögen *n* b Gegend *f* 2 BOT, ZOOL *etc* Fundort *m* 3 → locale 4 (*örtliche*) Lage

localizable [ˈləʊkəlaɪzəbl] ADJ lokalisierbar; **localization** S Lokalisierung *f*, örtliche Bestimmung *od* Festlegung *od* Beschränkung; **localize** A VT 1 lokalisieren: a örtlich bestimmen, festlegen b örtlich beschränken (**to** auf *akk*) 2 lokal färben, Lokalkolorit geben (*dat*) B VI a sich festsetzen (**in** in *dat*) b sich konzentrieren (**on** auf *akk*); **localizer** S *a.* **~ beacon** (*od* **transmitter**) FLUG Landekurssender *m*: **~ beam** Leitstrahl *m*

locally [ˈləʊkəlɪ] ADV 1 lokal, örtlich 2 am Ort: **we have no church ~** wir haben hier keine Kirche

locate [ləʊˈkeɪt; US *bes* ˈləʊˌkeɪt] A VT 1 ausfindig machen, aufspüren, den Aufenthaltsort ermitteln von (*od gen*) 2 a SCHIFF *etc* orten b MIL *ein Ziel etc* ausmachen 3 lokalisieren, örtlich bestimmen *od* festlegen 4 *ein Büro etc* errichten 5 *US* a den Ort *od* die Grenzen festsetzen für b *Land etc* abstecken, abgrenzen 6 e-n bestimmten Platz zuweisen (*dat*), (*a. gedanklich*) einordnen 7 a (*an e-m bestimmten Ort*) an- *od* unterbringen b (*an e-n Ort*) verlegen: **be ~d** gelegen sein, liegen, sich befinden 8 *US bewegliche Sachen* vermieten B VI *US* sich niederlassen

location [ləʊˈkeɪʃn] S 1 Stelle *f*, Platz *m* 2 Lage *f*, Standort *m* 3 angewiesenes Land, *bes US* zugewiesenes Schürffeld 4 *US* Grundstück *n* 5 FILM, TV Drehort *m*: **~ shooting**, **shooting on ~** Außenaufnahmen *pl* 6 Ausfindigmachen *n* 7 a SCHIFF *etc* Ortung *f* b MIL Ausmachen *n* 8 Lokalisierung *f*, örtliche Bestimmung *od* Festlegung 9 *US* Niederlassung *f* 10 *US* Vermietung *f*

locative (case) [ˈlɒkətɪv; US ˈlɑ-] S LING Lokativ *m* (*den Ort bestimmender Fall*)

locator [ləʊˈkeɪtə(r); US *bes* ˈləʊˌk-] S FLUG 1 *a.* **~ beacon** Anflugfunkfeuer *n* 2 → localizer

loc. cit. ABK loco citato, in the place cited loc. cit.

loch [lɒk; lɒx; US lɑk; lɑx] S *schott* Loch *m*: a See *m* b Bucht *f*

lochia [ˈlɒkɪə; US ˈləʊ-; ˈlɑ-] S MED Lochien *pl*, Wochenfluss *m*

loci [ˈləʊsaɪ; -kaɪ] *pl von* locus

lock[1] [lɒk; US lɑk] A S 1 Schloss *n* (*an Türen etc*): **under ~ and key** a hinter Schloss u. Riegel (*Person*) b unter Verschluss (*Sache*) 2 Verschluss *m*, Schließe *f* 3 Sperrvorrichtung *f*, Sicherung *f* 4 Bremsvorrichtung *f* 5 (*Gewehr- etc*) Schloss *n*: **~, stock, and barrel** *fig* a mit allem Drum und Dran b mit Stumpf u. Stiel, voll u. ganz, ganz u. gar c mit Sack u. Pack 6 Schleuse(nkammer) *f* 7 Luft-, Druckschleuse *f* 8 AUTO *etc Br* Einschlag *m* (*der Vorderräder*): **be on full ~** voll eingeschlagen sein 9 a Knäuel *m/n* (*von Fahrzeugen*) b → traffic jam 10 *Ringen*: Fessel(ung) *f* B VT 1 *a.* **~ up** ab-, zu-, verschließen, zu-, versperren: **~ the stable door after the horse has bolted** (*od* **been stolen**) den Brunnen (erst) zudecken, wenn das Kind hineingefallen ist 2 *a.* **~ up** a *j-n* einschließen, (ein)sperren (*beide*: **in, into** in *akk*), einsperren (*gefangen setzen*): **~ o.s. up** sich einschließen a → lock up A 2 3 umschließen, umfassen, *in die Arme* schließen: **~ed** a festgekeilt b eng umschlungen c ineinander verkrallt; **~ed by mountains** von Bergen umschlossen 4 ineinanderschlingen, *die Arme* verschränken: **~ horns** *fig* (hart) aneinandergeraten (**with** mit) 5 TECH sperren, sichern, arretieren, festklemmen 6 (*beim Ringen*) (um-)fassen 7 *ein Schiff* (durch)schleusen 8 *e-n Kanal etc* mit Schleusen ausstatten C VI 1 schließen 2 sich ab-, zu- *od* verschließen lassen, ab- *od* verschließbar sein 3 ineinandergreifen 4 AUTO *etc* blockieren (*Räder*) 5 AUTO *etc Br* a sich einschlagen lassen (*Räder*) b sich durch Einschlag der Vorderräder lenken lassen (*Fahrzeug*) 6 (durch)geschleust werden 7 ~ **onto** a (*Radar*) *ein Ziel etc* erfassen u. verfolgen b FLUG, MIL sich richten auf (*akk*) (*Geschoss*)

Phrasal Verbs: **lock| away** V/T 1 *etwas* wegschließen, -sperren 2 *j-n* einsperren; ~ **down** V/T *ein Schiff* hinunter-, herunterschleusen; ~ **in** V/T einschließen, -sperren; ~ **off** V/T durch e-e Schleuse abteilen; ~ **out** V/T *j-n* (*a.* WIRTSCH *Arbeitnehmer*) aussperren: **I've locked myself out** ich habe mich ausgesperrt; ~ **through** V/T *ein Schiff* durchschleusen; ~ **up** A V/T 1 → lock¹ B 1, B 2 a 2 *etwas* ver-, ein-, wegschließen 3 TYPO *die Formen* schließen 4 *Kapital* fest anlegen 5 *ein Schiff* hinauf-, heraufschleusen B V/I abschließen

lock² [lɒk; *US* lɑk] S 1 (*Haar*) Locke *f*, (-)Strähne *f*, (-)Büschel *n* 2 *pl meist poet* (*bes* lockiges) Haar 3 (*Woll*) Flocke *f*

lockable ADJ ab-, verschließbar

lockage S 1 (Durch)Schleusen *n* 2 Schleusen(-anlage) *pl(f)*, -system *n* 3 Schleusengeld *n*

lockbox S 1 verschließbare Kassette 2 Postfach *n*

locker S 1 Schließfach *n* 2 a verschließbarer Kasten *od* Schrank b Spind *m/n*: ~ **room** Umkleideraum *m*

locket ['lɒkɪt; *US* 'lɑkət] S Medaillon *n*

lock| gate S TECH Schleusentor *n*; ~**house** S Schleusenwärterhaus *n*

lock-in S *Protestdemonstration, deren Teilnehmer sich in e-m Gebäude etc einschließen*

locking → lockable

lock|jaw S MED 1 Kiefersperre *f*, Kaumuskelkrampf *m* 2 Wundstarrkrampf *m*; ~ **keeper** S Schleusenwärter(in)

locn ABK location

lock| nut S TECH 1 Gegenmutter *f* 2 Feststellring *m* (*der Bügelmessschraube*); ~**out** S WIRTSCH Aussperrung *f*; ~ **saw** S TECH Schweif-, Loch-, Stichsäge *f*; ~**smith** S Schlosser(in); ~ **step** S MIL *etc* Marschieren *n* in dicht geschlossenen Gliedern; ~ **stitch** S (Doppel)Steppstich *m* (*beim Nähen*); ~**up** S 1 Torschluss *m*: ~ **is at six** die Tore werden um 6 (Uhr) geschlossen 2 a Arrestzelle *f* b *umg* Kittchen *n* (*Gefängnis*) 3 *Br kleiner Laden ohne dazugehörige Wohnung* 4 *bes Br* (Einzel)Garage *f* 5 TYPO Formenschließen *n* 6 WIRTSCH feste Anlage (*von Kapital*); ~ **washer** S TECH Unterleg-, Sicherungsscheibe *f*

loco¹ ['ləʊkəʊ] A *pl* -cos S 1 → locoweed 2 → loco disease 3 a *an der **loco disease** leidendes Tier* b *bes US sl* Verrückte(r) *m/f(m)* B ADJ a an der **loco disease** leidend b *bes US sl* verrückt (*a. Ideen etc*): **he went ~ with rage** er drehte durch vor Wut C V/T a mit **locoweed** vergiften b *bes US sl* verrückt machen

loco² ['ləʊkəʊ] *pl* -cos S BAHN *umg* Lok *f* (*Lokomotive*)

loco citato [,ləʊkəʊsɪ'teɪtəʊ; *US* -saɪ't-] ADV loco citato, am angeführten Ort

loco disease S VET *durch den Genuss von **locoweed** hervorgerufene Erkrankung bei Rindern, Schafen u. Pferden, die durch Lähmungen u. Sehstörungen gekennzeichnet ist*

locoism ['ləʊkəʊɪzəm] → loco disease

locoman [-mən] S *irr* BAHN *Br umg* Lokführer *m*

locomobile [,ləʊkə'məʊbɪl] A S Fahrzeug *n* mit Eigenantrieb B ADJ selbst fahrend *od* getrieben, mit Eigen- *od* Selbstantrieb

locomotion [,ləʊkə'məʊʃn] S 1 Fortbewegung *f*, BIOL *a.* Lokomotion *f* 2 Fortbewegungsfähigkeit *f*

locomotive ['ləʊkə,məʊtɪv; ,ləʊkə'məʊ-] A ADJ (ADV ~ly) 1 sich fortbewegend, Fortbewegungs..., BIOL *a.* lokomotorisch: ~ **engine** → B; ~ **organ** ZOOL Fortbewegungsorgan *n*; ~ **power** Fortbewegungsfähigkeit *f* 2 fortbewegungsfähig 3 BAHN Lokomotiv...: ~ **engineer** *US* Lokomotivführer(in); ~ **shed** Lokomotivhalle *f*, -schuppen *m* B S BAHN Lokomotive *f*

locomotor A ADJ [,ləʊkə'məʊtə(r)] → locomotive A 1 B S ['ləʊkə,məʊtə(r)] *j-d, der od etwas, was sich frei fortbewegt*; **locomotory** → locomotive A 1

locoweed S BOT *e-r von mehreren Schmetterlingsblütlern, deren Genuss die **loco disease** verursacht*

locular ['lɒkjʊlə; *US* 'lɑkjələr] ADJ 1 BOT fächerig 2 ZOOL gekammert

loculus ['lɒkjʊləs; *US* 'lɑkjə-] *pl* -li [-laɪ] S 1 *bes* ANAT, BOT, ZOOL Kammer *f*, Zelle *f* 2 BOT a Pollenfachhälfte *f* b Fruchtknotenfach *n*

locum ['ləʊkəm] *umg für* locum tenens; ~ **tenens** ['tiːnenz] *pl* ~ tenentes [tɪ'nentiːz] S *bes Br* Stellvertreter(in)

locus ['ləʊkəs] *pl* loci ['ləʊsaɪ; -kaɪ] S 1 MATH geometrischer Ort, Ortskurve *f* 2 BIOL Genort *m*; ~ **classicus** ['klæsɪkəs] *pl* loci classici [-saɪ; -kaɪ] S *maßgebende u. oft zitierte Stelle e-s Standardwerkes*; ~ **sigilli** [sɪ'dʒɪlaɪ] *pl* loci sigilli S (*in Abschriften*) Siegelstelle *f*; ~ **standi** ['stændaɪ] S JUR Recht *n*, gehört zu werden

locust ['ləʊkəst] S 1 ZOOL (*e-e*) (Wander- *od* Feld)Heuschrecke 2 *a.* ~ **tree** BOT *ein fieberblättriger Leguminosenbaum, bes* a Robinie *f*, Scheinakazie *f* b Gleditschie *f* c Johannisbrotbaum *m* d Heuschreckenbaum *m* (*Westindien*) 3 BOT a Johannisbrot *n*, Karobe *f* b Kassiaschote *f*

locution [ləʊ'kjuːʃn] S 1 Ausdrucks-, Redeweise *f* 2 Redewendung *f*, Ausdruck *m*

lode [ləʊd] S (*Erz*) Ader *f*, (-)Gang *m*

loden ['ləʊdn] S Loden(stoff) *m*: ~ **coat** Lodenmantel *m*

lode|star S Leitstern *m* (*a. fig*), *bes* Polarstern *m*; ~**stone** S 1 Magneteisen(stein) *n(m)* 2 *fig* Magnet *m*

lodge [lɒdʒ; *US* lɑdʒ] A S 1 a Sommer-, Gartenhaus *n* b (*Jagd- etc*) Hütte *f* c Gärtner-, Pförtnerhaus *n* (*auf e-m Gut etc*) 2 Portier-, Pförtnerloge *f* 3 *US* Ferienhotel *n* 4 UNIV *Br* Wohnung *f* (*e-s College-Leiters in Cambridge*) 5 (*bes Freimaurer*) Loge *f* 6 *bes US* Ortsgruppe *f* (*e-r Gewerkschaft etc*) 7 ZOOL (*bes Biber*) Bau *m* 8 a Wigwam *m* b Indianerfamilie *f* B V/I 1 logieren, (*bes* vorübergehend *od* in Untermiete) wohnen 2 übernachten 3 sich verbergen (*Wild*) 4 stecken (bleiben) (*Geschoss, Bissen etc*): **it had ~d in his memory** *fig* es war in s-r Erinnerung *od* in s-m Gedächtnis haften geblieben C V/T 1 aufnehmen, beherbergen, (für die Nacht) unterbringen: **the house ~s ten people** das Haus beherbergt zehn Leute 2 in Logis *od* Untermiete nehmen 3 ~ **o.s.** a *bes* MIL sich festsetzen b sich einquartieren (in in *dat*): **be ~d** → B 1 4 *j-n* in Gewahrsam nehmen: ~**d behind bars** hinter schwedischen Gardinen *umg* 5 *Güter etc* unterbringen, einlagern 6 *Wertgegenstände etc* deponieren, hinterlegen, *Geld a.* einzahlen (**in a bank** bei e-r Bank) 7 anvertrauen (**with** *dat*), *Befugnisse etc* übertragen (**in, with** *dat od* **auf** *akk*) 8 *bes* JUR *e-n Antrag, e-e Beschwerde etc* einreichen, (*Straf*)*Anzeige* erstatten, *Berufung, Protest* einlegen (*alle:* **with** bei) 9 *ein Messer etc* stoßen, *e-e Kugel* schießen: **he ~d a bullet in his heart** er schoss sich e-e Kugel ins Herz 10 **be ~d** → B 4 11 *Schmutz etc* ablagern 12 *obs Getreide etc* umlegen (*Wind etc*)

lodged [lɒdʒd; *US* lɑdʒd] ADJ *Heraldik:* gelagert (*Tier*)

lodgement → lodgment

lodger S Untermieter(in): **she has a student as a ~** bei ihr wohnt e-e Studentin in *od* zur Untermiete; **take ~s** Zimmer vermieten

lodging ['lɒdʒɪŋ; *US* 'lɑ-] S 1 Wohnen *n*, Logieren *n* 2 *a. pl* Logis *n*, Unterkunft *f*: **night's ~, ~ for the night** Nachtquartier *n*; → board¹ A 3 3 vorübergehender Wohnsitz 4 a *pl* möbliertes Zimmer, möblierte Zimmer *pl*: **live in ~s** möbliert wohnen b *a. pl* UNIV *Br* Wohnung *f* (*e-s College-Leiters in Oxford*); ~ **house** S Fremdenheim *n*, Pension *f*; ~ **industry** S Beherbergungsgewerbe *n*

lodgment S 1 Unterbringung *f*, Einlagerung *f* (*von Gütern etc*) 2 Deponierung *f*, Hinterlegung *f* (*von Wertgegenständen etc*) 3 *bes* JUR Einreichung *f* (*e-s Antrags, e-r Beschwerde etc*), Erstattung *f* (*e-r Anzeige*), Einlegung *f* (*e-r Berufung, e-s Protests*) 4 Ablagerung *f* (*von Schmutz etc*) 5 **gain a ~** MIL sich festsetzen (*a. fig*)

loess ['ləʊɪs; lɜːs; *US a.* les] S GEOL Löss *m*

loft [lɒft] A S 1 Dachboden *m*: **in the ~** auf dem Dachboden 2 Boden *m*, Speicher *m* 3 Heuboden *m* 4 *US* (*bes durchgehendes*) Obergeschoss (*e-s Lagerhauses etc*) 5 ARCH Empore *f*: (**organ**) ~ (Orgel)Chor *m* 6 Taubenschlag *m* 7 *Golf:* a Loft *m* (*Winkel zwischen Schlagfläche u. Sohle e-s Schlägers*) b Hochschlagen *n* des Balls c Hochschlag *m* B V/T 1 auf dem Boden *od* Speicher aufbewahren 2 *Golf:* a *den Ball* hochschlagen b *ein Hindernis* durch Hochschlag überwinden C V/I *Golf:* e-n Hochschlag ausführen

lofter S *Golf:* Schläger *m* für Hochbälle

loftiness ['lɒftɪnɪs] S 1 Höhe *f* 2 Erhabenheit *f* 3 Stolz *m*, Hochmut *m*

lofting iron → lofter

lofty ADJ (ADV loftily) 1 hoch(ragend) 2 hochfliegend (*Pläne etc*), hochgesteckt (*Ziele etc*), erhaben (*Gedanken, Stil etc*) 3 stolz, hochmütig: **a ~ smile** ein überlegenes Lächeln

log¹ [lɒg; *US a.* lɑg] A S 1 a (*Holz*) Klotz *m* b (*gefällter*) Baumstamm: (**as**) **easy** (*od* **simple**) **as falling off a ~** *umg* kinderleicht; → sleep A 1 c (*großes*) (*Holz*) Scheit 2 SCHIFF Log *n*, Logge *f*: **heave** (*od* **throw**) **the ~** loggen 3 → logbook B V/T 1 *e-n Baum* (fällen u.) abästen 2 *gefällte Bäume* in Klötze schneiden 3 *e-n Wald, e-e Gegend etc* abholzen 4 *a.* ~ **up** *e-e Entfernung* zurücklegen 5 *a.* ~ **up** a in das Logbuch *etc* eintragen b *allg Ereignisse etc* aufzeichnen, festhalten c IT *Daten* protokollieren C V/I 1 Holz fällen 2 COMPUT ~ **in** (*od* **on**) (**off** [*od* **out**]) sich einloggen (ausloggen)

log² [lɒg; *US a.* lɑg] *umg für* logarithm

log. ABK logic(al)

loganberry ['ləʊgənbərɪ; -brɪ; *bes US* -,berɪ] S BOT Loganbeere *f*

logarithm ['lɒgərɪðəm; *US a.* 'lɑ-] S MATH Logarithmus *m*: **common ~** gewöhnlicher Logarithmus; **natural ~** natürlicher Logarithmus; → table A 10 a; **logarithmic** [-mɪk] ADJ (ADV ~ally) logarithmisch: ~ **decrement** logarithmisches Dekrement; ~ **function** Logarithmusfunktion *f*; ~ **paper** Logarithmenpapier *n*; ~ **scale** logarithmische Skala; ~ **spiral** logarithmische Spirale; **logarithmical** [-kl] → logarithmic

log|book S 1 SCHIFF Logbuch *n*, Schiffstagebuch *n* 2 FLUG Bordbuch *n* 3 AUTO Bord-, Fahrtenbuch *n* 4 AUTO *Br* Kraftfahrzeugbrief *m* 5 Dienstbuch *n* (*e-s Polizeireviers etc*) 6 FILM, TV Schnittliste *f*; ~ **cabin** S Blockhaus *n*, -hütte *f*

loge [ləʊʒ] S 1 THEAT Loge *f* 2 a Häuschen *n* b Verschlag *m*

logged [lɒgd; *US a.* lɑgd] ADJ 1 → waterlogged 2 schwer(fällig)

L

logger ['lɒgə(r); *US a.* 'lɑgər] S 1 Holzfäller *m* 2 COMPUT Registriergerät *n*; **~head** S 1 **be at ~s** Streit haben (**with** mit), sich in den Haaren liegen *umg* 2 *a.* **~ turtle** ZOOL Unechte Karettschildkröte

loggia ['ləʊdʒə; 'ləʊdʒɪə] *pl* -gias, -gie [-dʒeɪ] S ARCH Loggia *f*

log glass S SCHIFF Logglas *n*

logia ['lɒgɪə; *US* 'ləʊgɪ,ɑ:] *pl von* logion

logic ['lɒdʒɪk; *US* 'lɑ-] S 1 PHIL Logik *f* (*Lehre von den Formen u. Gesetzen folgerichtigen Denkens*) 2 Logik *f*: a *Folgerichtigkeit des Denkens*: **female ~** weibliche Logik; **chop ~** Haarspalterei treiben b Notwendigkeit *f*, Folgerichtigkeit *f* (*e-r Entwicklung etc*) 3 Überzeugungskraft *f* (*von Fakten etc*)

logical ['lɒdʒɪkl; *US* 'lɑ-] ADJ (ADV → logically) 1 PHIL logisch 2 logisch: a folgerichtig: **have a ~ mind** logisch denken (können) b notwendig, folgerichtig (*Konsequenz etc*); **~ design** S IT logischer Aufbau, logische Struktur

logically ['lɒdʒɪkəlɪ; -klɪ] ADV 1 logisch (*etc*; → logical) 2 logischerweise; **logicalness** [-klnɪs] S Logik *f*, (*das*) Logische

logical operation S IT logische Operation

logic| bomb S IT Virus-Zeitbombe *f*, Langzeitvirus *n*, *a. m*; **~ circuit** S IT logische Schaltung

logician [ləʊ'dʒɪʃn; lə'dʒ-] S PHIL Logiker(in)

logicism ['lɒdʒɪsɪzəm; *US* 'lɑ-] S 1 PHIL Logizismus *m* (*Bevorzugung der logischen vor der psychologischen Betrachtungsweise*) 2 MATH Logizismus *m* (*Auffassung, dass sich die gesamte konkrete Mathematik auf die Logik zurückführen lässt*)

logion ['lɒgɪɒn; *US* 'ləʊgɪ,ɑ:n] *pl* -ia [-ɪə; *US a.* -ɪ,ɑ:] S REL Logion *n* (*Ausspruch Jesu*)

logistic [ləʊ'dʒɪstɪk; lə'dʒ-] A ADJ (ADV ~ally) logistisch B S 1 Logistik *f* (*mathematische u. formale Logik*) 2 *pl* (*oft als sg konstruiert*) MIL Logistik *f* (*Planung, Bereitstellung u. Einsatz der für militärische Zwecke erforderlichen Mittel u. Dienstleistungen zur Unterstützung der Streitkräfte*) 3 *pl* (*oft als sg konstruiert*) WIRTSCH Logistik *f* (*Lehre vom Material-, Energie- u. Produktfluss innerhalb e-r Betriebswirtschaft od zwischen dieser u. ihrer Umwelt*); **logistical** [-kl] ADJ (ADV ~ly) → logistic A

log|jam S *bes US* 1 *durch treibende Baumstämme verursachte Blockierung e-s Flusses etc* 2 *fig* → deadlock A 2; **~ line** S SCHIFF Logleine *f*

logo ['lɒgəʊ; *Br a.* 'ləʊ-; *US a.* 'lɑ-] *pl* -os S 1 Logo *m/n*, Marken-, Firmenzeichen *n* 2 → logotype 1

logogram ['lɒgəʊgræm; *US a.* 'lɑgə-], **logograph** [-grɑ:f; *bes US* -græf] S Logogramm *n*, Wortzeichen *n*

logogriph ['lɒgəʊgrɪf; *US a.* 'lɑgə-] S Logogriph *m* (*Rätsel, bei dem durch Wegnehmen, Hinzufügen od Vertauschen e-s Buchstabens ein neues Wort entsteht*)

logomachy [lɒ'gɒməkɪ; *US* ləʊ'gɑm-] S 1 Wortklauberei *f*, Haarspalterei *f* 2 *US* Wortzusammensetzspiel *n*

logop(a)edics [,lɒgəʊ'pi:dɪks; *US a.* ,lɑgə-] SPL (*als sg konstruiert*) MED Logopädie *f*, Sprachheilkunde *f*

logorrh(o)ea [,lɒgə'rɪə; *US a.* ,lɑ-] S MED, PSYCH Logorrhö(e) *f* (*krankhaft ungehemmter, häufig unzusammenhängender Redefluss*)

logotype ['lɒgəʊtaɪp; *US a.* 'lɑgə-] S 1 TYPO, *bes hist* Logotype *f* (*Type, die aus mehreren Buchstaben besteht, deren Kombination häufig vorkommt*) 2 → logo 1

log|roll POL *bes US* A V/T *ein Gesetz* durch gegenseitiges In-die-Hände-Arbeiten durchbringen (*Parteien*) B V/I sich gegenseitig in die Hände arbeiten (*Parteien*); **~rolling** S 1 POL *bes US* Kuhhandel *m umg pej*, gegenseitiges In-die-Hände-Arbeiten (*zwischen Parteien*) 2 *Wettkampf, bei dem zwei auf e-m schwimmenden Baumstamm stehende Gegner versuchen, sich durch Drehen des Stamms zu Fall zu bringen*; **~wood** S BOT Blauholz *n*

loin [lɔɪn] S 1 ANAT Lende *f*: → gird[1] 4 2 *pl* BIBEL *u. poet* Lenden *pl* (*als Sitz der Zeugungskraft*): **a child of his ~s** 3 GASTR Lende(nstück) *f(n)*; **~cloth** S Lendenschurz *m*

loir ['lɔɪə(r)] S ZOOL Siebenschläfer *m*

loiter ['lɔɪtə(r)] A V/I 1 bummeln: a schlendern: **~ along** dahinschlendern b trödeln 2 *a.* **~ about** (*od* **around**) herumlungern *umg* B V/T **~ away** *Zeit* vertrödeln, -bummeln (*beide umg*); **loiterer** S Bummler(in)

loll [lɒl; *US* lɑl] A V/I 1 sich rekeln *od* räkeln, sich lümmeln (*alle umg*): **~ about** (*od* **around**) *a.* sich herumlümmeln 2 (schlaff) herabhängen: **~ out** heraushängen (*Zunge*) B V/T (schlaff) herabhängen lassen, *den Kopf* hängen lassen: **~ out** *die Zunge* heraushängen lassen

lollapaloosa, lollapalooza [,lɑləpə'lu:zə] S: **be a ~** *US sl* ganz große Klasse sein

Lollard ['lɒləd; *US* 'lɑlərd] S Lollarde *m* (*Anhänger Wycliffes im 14., 15. u. 16. Jh.*)

lollipop ['lɒlɪpɒp; *US* 'lɑlɪ,pɑp] S 1 Lutscher *m* 2 *Br* Eis *n* am Stiel; **~ man** S *irr Br umg* (*etwa*) Schülerlotse *m*; **~ woman** S *irr Br umg* (*etwa*) Schülerlotsin *f*

lollop ['lɒləp; *US* 'lɑ-] V/I hoppeln (*Hase, Fahrzeug*), latschen (*umg*) (*Person*)

lolly ['lɒlɪ; *US* 'lɑli:] S 1 *umg* → lollipop 1 2 → lollipop 2 3 *Br sl* Knete *f* (*Geld*)

Lombard ['lɒmbə(r)d; -bɑ:(r)d; *US* 'lɑm-] A S 1 HIST Langobarde *m*, Langobardin *f* 2 Lombarde *m*, Lombardin *f* B ADJ 1 HIST langobardisch 2 lombardisch; **~ Street** S 1 Londoner Bankviertel *n* 2 *fig* Londoner Geldmarkt *m*

Lombardy ['lɒmbə(r)dɪ; *US* 'lɑm-; *a.* -,bɑ:rdi:] S Lombardei *f*

loment ['ləʊment], **lomentum** [ləʊ'mentəm] *pl* -ta [-tə] S BOT Gliederfrucht *f*, -hülse *f*

Lond. ABK Londonderry

London ['lʌndən] S London *n* (*Hauptstadt des Vereinigten Königreichs*)

Londoner ['lʌndənə(r)] S Londoner(in)

London pride S BOT Porzellanblümchen *n*

lone [ləʊn] ADJ 1 einzeln: **~ hand** (*Kartenspiel*) Einzelspieler(in); **play a ~ hand** *fig* e-n Alleingang machen; → wolf A 2 c 2 alleinstehend, einzeln (*Haus*) 3 einzig: **our ~ competitor** 4 alleinstehend: a ledig, unverheiratet: **~ parents** alleinerziehende Eltern b verwitwet 5 *poet* → lonely b, c

loneliness ['ləʊnlɪnɪs] S Einsamkeit *f*

lonely ['ləʊnlɪ] ADJ einsam: a einzeln b verlassen, allein c (welt)abgeschieden, verlassen; **~ hearts** ADJ der einsamen Herzen: **a ~ club**; **~ column** (Rubrik *f* für) Kontaktanzeigen *pl*

loner ['ləʊnə(r)] S Einzelgänger *m* (*Mensch u. Tier*)

lonesome ['ləʊnsəm] A ADJ (ADV ~ly) *bes US* → lonely B S: **on** (*od* **by**) **one's ~** *US umg* (ganz) allein; **lonesomeness** *bes US* → loneliness

Lone-Star State S *US* (*Beiname für den Staat*) Texas *n*

long[1] [lɒŋ] A ADJ 1 a *allg* lang (*a. fig langwierig*): **a ~ illness** (**journey, list, look, speech,** *etc*); **~ years** *pl* **of experience** langjährige Erfahrung; **~ time no see** *umg* sieht man dich auch wieder mal?; **two miles** (**weeks**) **~** zwei Meilen (Wochen) lang; **a ~ way round** ein großer Umweg; **two ~ miles** zwei gute Meilen, mehr als zwei Meilen; → haul A 5 b, → live[1] A 2, measure A 1, run A 1, ton[1] 1 a b weit, lang (*Weg*), weit (*Entfernung*) 2 zu lang: **his second service was ~; the coat is ~ on him** der Mantel ist ihm zu lang 3 lang (gestreckt), länglich 4 Längs...: **~ side** 5 *umg* lang, hochgewachsen (*Person*) 6 groß: **a ~ figure** e-e vielstellige Zahl 7 übergroß, Groß...: **~ dozen** dreizehn; → hundred B 1 8 weitreichend (*Gedanken etc*): **a ~ memory** ein gutes Gedächtnis; **take the ~ view** weit vorausblicken; → view C 2 9 grob (*Schätzung*) 10 gering (*Chance*): → odds 3 11 seit Langem bestehend, alt (*Brauch, Freundschaft etc*) 12 *bes* WIRTSCH langfristig, mit langer Laufzeit, auf lange Sicht: **~ bill** langfristiger Wechsel 13 (*zeitlich*) fern, weit in der Zukunft liegend (*Datum etc*) 14 WIRTSCH a eingedeckt (**of** mit) b auf Preissteigerung wartend: **be** (*od* **go**) **~ of the market, be on the ~ side of the market** auf Hausse spekulieren 15 **be ~ on** *umg* e-e Menge ... haben: **he's ~ on good ideas** 16 *mit Mineral-, Sodawasser od Fruchtsaft aufgefüllt (alkoholisches Getränk)*: **~ drink** Longdrink *m* 17 LING lang (*Vokal*) 18 LIT a lang b betont 19 CHEM leichtflüssig B ADV 1 lang(e): **have you been waiting ~?** wartest du schon lange?; **~ dead** schon lange tot; **as ~ as he lives** solange er lebt; **as** (*od* **so**) **~ as** a solange wie b sofern; vorausgesetzt, dass; falls; **~ after** lange danach; **as ~ ago as 1900** schon 1900; **I saw him no ~er ago than last week** ich sah ihn erst letzte Woche; **so ~!** *umg* bis dann!, tschüs(s)!; → ago, all A 1, before A 2, overdue 2, since A 1 2 lange (*in elliptischen Wendungen*): **don't be ~** beeil dich!, mach schnell!; **I won't be ~** a ich bin gleich wieder da b ich bin gleich fertig; **be ~** (**in** *od* **about**) **doing sth** lange brauchen, um etwas zu tun; **it was not ~ before he came** es dauerte nicht lange, bis er kam 3 (*in Steigerungsformen*): **hold out ~er** länger aushalten; **no ~er, not any ~er** nicht mehr, nicht (mehr) länger C S 1 (e-e) lange Zeit: **at** (**the**) **~est** längstens; **for ~** lange (Zeit); **it is ~ since I saw her** es ist lange her, dass ich sie gesehen habe; **take ~** (**to do sth**) lange brauchen(, um etwas zu tun); **the ~ and** (**the**) **short of it is that ...** a es dreht sich einzig u. allein darum, dass ... b mit einem Wort, ...; → before B 3 2 Länge *f*: a LING langer Laut b LIT lange Silbe 3 WIRTSCH Haussier *m* 4 *pl* a *a.* **pair of ~s** lange Hose b Übergrößen *pl*

long[2] [lɒŋ] V/I sich sehnen (**for** nach): **~ to do sth** sich danach sehnen, etwas zu tun; **she was ~ing for the sermon to end** sie sehnte das Ende der Predigt herbei; **he ~ed for the holidays** (*US* **vacation**) **to come** er sehnte sich nach den Ferien; **she is ~ing for him to kiss her** sie sehnt sich danach, von ihm geküsst zu werden; **~ed-for** ersehnt

long. ABK GEOG longitude Br

long|-acting ADJ PHARM mit Langzeitwirkung: **~ medicine** Depotpräparat *n*; **~-ago** ADJ längst vergangen, alt

longanimity [,lɒŋgə'nɪmətɪ] S Langmut *f*; **longanimous** [,lɒŋ'gænɪməs] ADJ langmütig

long|-awaited ADJ lang ersehnt; **~-ball** ADJ: **~ game** SPORT Spiel *n* auf Distanz; **~bill** S *ein langschnäbeliger Vogel, bes* Schnepfe *f*; **~boat** S SCHIFF 1 großes Beiboot (*e-s Segelschiffs*) 2 → longship; **~bow** [-bəʊ] S HIST Langbogen *m*; **~case clock** S Standuhr *f*; **~-cherished** ADJ lang gehegt (*Wunsch etc*); **~-dated** ADJ WIRTSCH langfristig (*Staatspapiere*); **~-day plant** S Langtagpflanze *f*; **~ distance** S 1 TEL *bes US* Ferngespräch *n*: **by ~** per Ferngespräch 2 SPORT Langstrecke *f*; **~-distance** A ADJ 1 Fern...: **~ call** TEL Ferngespräch *n*; **~ driver** Fernfahrer(in); **~ haulage** (*od* **freight traffic**) Güterfernver-

L

kehr *m*; ~ **line** TEL Fernleitung *f*; ~ **lorry** (*bes US* **truck**) Fernlaster *m* **2** FLUG, SPORT Langstrecken…: ~ **bomber**; ~ **flight**; ~ **race** **a** SPORT Langstreckenrennen *n* **b** (*Leichtathletik*) Langstreckenlauf *m*; ~ **runner** (*Leichtathletik*) Langstreckenläufer(in), Langstreckler(in) **B** ADV TEL **call** (*od* **phone**) ~ ein Ferngespräch führen; **call sb up** ~ j-n per Ferngespräch anrufen **C** V/T TEL *US* **a** *j-n* per Ferngespräch anrufen **b** *etwas* per Ferngespräch übermitteln; **~-drawn**, **~-drawn-out** ADJ langatmig (*Rede etc*), in die Länge gezogen (*Verhandlungen etc*)

longe [lʌndʒ] → lunge[2]

long-eared ADJ **1** langohrig **2** *fig* eselhaft, dumm; ~ **bat** S ZOOL Langohrfledermaus *f*

longeron [ˈlɒndʒərən; *US* ˈlɑndʒəˌrɑn] S FLUG (Längs)Holm *m*

longevity [lɒnˈdʒevətɪ; *US* lɑn-; lɔːn-] S **1** Langlebigkeit *f*, langes Leben **2** hohes *od* höheres Dienstalter: **be promoted by** ~ nach dem Dienstalter befördert werden; ~ **pay** Dienstalterzulage *f*; **longevous** [-ˈdʒiːvəs] ADJ langlebig

Longford [ˈlɒŋfə(r)d] S Longford *n* (*Grafschaft im östlichen Mittelirland*)

long|-forgotten ADJ (schon) längst vergessen; **~hair** **A** S **1** Langhaarige(r) *m* **2** *meist pej* **a** (*bes* weltfremder) Intellektueller **b** Schöngeist *m* **3** *pej* Langhaarige(r) *m*, Linke(r) *m*, Linksradikale(r) *m* **B** ADJ → longhaired 2, 3; **~haired** ADJ **1** langhaarig: ~ **cat** Langhaarkatze *f* **2** *meist pej* **a** weltfremd **b** schöngeistig **c** intellektuell **3** *pej* langhaarig, (*a. Ansichten etc*) link(er, e, es), linksradikal; **~hand** S Langschrift *f*; **~-haul** ADJ Fern…, Langstrecken…: ~ **flight**; **~headed** ADJ (ADV ~ly) **1** BIOL langköpfig *od* -schädelig **2** *fig* **a** umsichtig, klug, weitblickend **b** schlau; ~ **hill** S *Skispringen*: Großschanze *f*; **~-hitter** S *Golf*: Longhitter *m* (*auf weite Schläge spezialisierter Spieler*); **~horn** S **1** langhörniges Tier **2** Long-, Langhorn *n* (*ein Rind*); ~ **horse** S *Turnen*: Langpferd *n*

longicaudate [ˌlɒndʒɪˈkɔːdeɪt; *US* ˌlɑndʒə-] ADJ ZOOL langschwänzig

longicorn [ˈlɒndʒɪkɔːn; *US* ˈlɑndʒəˌkɔːrn] S ZOOL Langhornbock *m* (*ein Bockkäfer*)

longing [ˈlɒŋɪŋ] **A** ADJ (ADV ~ly) sehnsüchtig (*Blick*) **B** S Sehnsucht *f* (**for** nach): **his secret ~s**; **have a ~ for** sich sehnen nach

longipennate [ˌlɒndʒɪˈpeneɪt; *US* ˌlɑndʒə-] ADJ ORN mit langen Flügeln

longish [ˈlɒŋɪʃ] ADJ **1** ziemlich lang **2** länglich

longitude [ˈlɒndʒɪtjuːd; *US* ˈlɑndʒəˌtuːd; -ˌtjuːd] S GEOG Länge *f*: → degree 6; **longitudinal** [-dɪnl] **A** ADJ **1** GEOG Längen… **2** Längs…, längs verlaufend: ~ **section** TECH Längsschnitt *m* **B** S **1** FLUG → longeron **2** SCHIFF Längsspant *m*; **longitudinally** [-nəlɪ] ADV längs, der Länge nach

long| johns SPL, *a.* **pair of** ~ *umg* lange Unterhose; ~ **jump** S *Leichtathletik*: *bes Br* Weitsprung *m*; ~ **jumper** S *Leichtathletik*: *bes Br* Weitspringer(in); **~-lasting** ADJ lang andauernd, (*Niederschläge etc*) anhaltend, (*Beziehung etc*) dauerhaft, (*Krankheit etc*) langwierig; **~-legged** [-legd; -ˌlegɪd] ADJ langbeinig; **~legs** *pl* -legs S **1** ORN langbeiniger Vogel, *bes* **a** Stelzenläufer *m* **b** Schlammstelzer *m* **2** → daddy longlegs; **~-life milk** S Dauermilch *f*, H-Milch *f*; **~-lived** [-ˈlɪvd; *US a.* -ˈlaɪvd] ADJ **1** langlebig **2** dauerhaft (*Freundschaft etc*) **3** ~ **assets** WIRTSCH langfristige Vermögenswerte; **~-memoried** ADJ mit gutem Gedächtnis: **be** ~ ein gutes Gedächtnis haben; ~ **meter**, *bes Br* ~ **metre** S Strophe *f* aus vier achtsilbigen Versen

Longobard [ˈlɒŋgəbɑː(r)d; *US a.* ˈlɑŋ-] *pl* -bards, Longobardi [ˈlɒŋgəbɑːdɪ; *US* ˌlɔːŋgəˈbɑːrˌdaɪ; -diː; ˌlɑŋ-] → Lombard A 1

Long| Parliament S *Br* HIST Langes Parlament (*von 1640-53 u. 1659-60*); **≈ pig** S Menschenfleisch *n* (*bei den Kannibalen*); **≈-playing record** S Langspielplatte *f*; **≈-range** ADJ **1** MIL **a** weittragend, Fern(kampf)…: ~ **gun** Ferngeschütz *n* **b** *bes* FLUG Langstrecken…: ~ **bomber**; ~ **radar**; ~ **missile** MIL Langstreckenrakete *f*; ~ **reception** (*Funk*) Fernempfang *m*; ~ **reconnaissance** Fernaufklärung *f* **2** *allg* auf lange Sicht (geplant), langfristig; **≈-run** ADJ langfristig (*Aussichten etc*); **≈ship** S SCHIFF, HIST Langschiff *n* (*der Wikinger*); **≈shore** ADJ **1** Küsten… **2** Hafen…; **≈shoreman** [-mən] S *irr bes US* Dock-, Hafenarbeiter *m*, Schauermann *m*; **≈ shot** S **1** FILM, TV Totale *f* **2** SPORT Weitschuss *m* **3** *fig* **a** riskante Wette **b** riskante Angelegenheit **c** vage Vermutung **4** **not by a** ~ *fig* bei Weitem nicht, nicht im Entferntesten **5** SPORT Außenseiter(in); **≈-sighted** ADJ (ADV ~ly) MED weitsichtig, *fig a.* weitblickend; **≈-sightedness** S **1** MED Weitsichtigkeit *f* **2** *fig* Weitsicht *f*, -blick *m*; **≈-sleeved** ADJ langärm(e)lig; **≈-standing** ADJ seit langer Zeit bestehend, alt (*Fehde etc*): **his** ~ **girlfriend** s-e langjährige Freundin; **≈-stemmed** ADJ langstielig (*Pflanze, Glas etc*); **≈-suffering** **A** S **a** Geduld *f* **b** geduldig ertragenes Leid **B** ADJ (ADV ~ly) geduldig (leidend); **≈-term** ADJ langfristig (*Vertrag etc*): ~ **solution** *a.* Dauerlösung *f*; ~ **aim** Fernziel *n*; ~ **effects** *pl* Langzeitwirkung *f*; ~ **memory** PSYCH Langzeitgedächtnis *n*; ~ **perspective** Langzeitperspektive *f*; ~ **prescription** MED Dauerverordnung *f*; ~ **unemployment** Langzeitarbeitslosigkeit *f*; **≈-time** → long-standing; **≈ tom** S *sl* **1** SCHIFF, HIST lange Deckkanone **2** MIL Ferngeschütz *n*

longueur [lɔ̃ːŋˈgɜː; *US* -ˈgɜr] S Länge *f*, langweilige Stelle (*in e-m Roman etc*)

long| vacation S JUR, UNIV *Br* große Ferien *pl*; ~ **wave** S ELEK, PHYS Langwelle *f*: **on** ~ auf Langwelle; **~-wave** ADJ ELEK, PHYS **1** langwellig **2** Langwellen…: **a** ~ **broadcast** e-e Übertragung auf Langwelle; **on the** ~ **band** auf Langwelle; **~ways** → lengthways; **~-wearing** ADJ *US* strapazierfähig (*Mantel etc*); **~-winded** [-ˈwɪndɪd] ADJ (ADV ~ly) **1** ausdauernd (*Person*) **2** langatmig, weitschweifig (*Erzählung etc*), (*a. Person*) umständlich; **~-windedness** S **1** Ausdauer *f* **2** Langatmigkeit *f*, Weitschweifigkeit *f*, Umständlichkeit *f*; **~wise** → lengthways

loo[1] [luː] S **a** *ein Kartenspiel um Geld* **b** Einsatz *m* (*bei a*)

loo[2] [luː] S *bes Br umg* Klo *n*, *umg* Häuschen *n*: **be in the** ~ auf dem *od* im Klo sein; **go to the** ~ aufs Klo gehen; **public** ~ öffentliche Toilette; ~ **attendant** Klofrau *f*; ~ **brush** Klobürste *f*; ~ **paper** Klopapier *n*; ~ **roll** Rolle *f* Klopapier; ~ **seat** Klobrille *f*

looby [ˈluːbɪ] S **1** Dummkopf *m* **2** Faulpelz *m*

loofa(h) [ˈluːfə] S **1** BOT Luffa *f*, Schwammkürbis *m*, Schwamm-, Netzgurke *f* **2** Luffa (schwamm) *f(m)*

look [lʊk] **A** S **1** Blick *m* (**at** auf *akk*): **cast** (*od* **throw**) **a** ~ **at** e-n Blick werfen auf (*akk*); **give sb an angry** ~ j-m e-n wütenden Blick zuwerfen, j-n wütend ansehen; **give sth a second** ~ etwas nochmals *od* genauer ansehen; **have a** ~ **at sth** (sich) etwas ansehen; **let's have a** ~ **round** schauen wir uns hier mal etwas um; **if ~s could kill** wenn Blicke töten könnten **2** Miene *f*, (Gesichts)Ausdruck *m*: **the** ~ **on his face** sein Gesichtsausdruck; **take on a severe** ~ e-e strenge Miene aufsetzen **3** *meist pl* Aussehen *n*: (**good**) **~s** gutes Aussehen; **she kept her ~s even in old age** sie sah auch noch im Alter gut aus; **have a strange** ~ merkwürdig aussehen; **have the** ~ **of** aussehen wie; **by** (*od* **from**) **the ~(s) of it** (so) wie es aussieht, *fig a.* allem Anschein nach; **I do not like the ~(s) of it** die Sache gefällt mir nicht **B** V/I **1** schauen: **don't** ~ nicht hersehen!; ~ **who is coming!** schau (mal), wer da kommt!; *oft iron* ei, wer kommt denn da!; ~ **who is here!** schau (mal), wer da ist!; ~ **here** schau mal (her)!, hör mal (zu)!; **don't** ~ **like that** mach nicht so ein Gesicht!, schau nicht so!; **he'll** ~! der wird (vielleicht) Augen machen *od* schauen!; ~ **what you are doing** pass doch auf!; ~ **where you are going** pass auf, wo du hintrittst!; → alive 2, leap A **2** (nach)schauen, nachsehen: **have you ~ed in the kitchen?**; ~ **and see** überzeugen Sie sich (selbst)! **3** aussehen, -schauen (*beide a. fig*): ~ **ill**; **she ~s nice in her new dress; does this hat** ~ **well on me?** steht mir dieser Hut?; ~ **ugly on sb** hässlich bei j-m aussehen; ~ **good with** sich gut machen zu; **it ~s promising (to me)** es sieht (mir) vielversprechend aus; **things** ~ **bad for him** es sieht schlimm für ihn aus; **it ~s as if** es sieht (so) aus, als ob; es hat den Anschein, als ob; **he ~s like my brother** er sieht wie mein Bruder aus; **it ~s like snow(ing)** es sieht nach Schnee aus; **he ~s like winning** es sieht so aus, als ob er gewinnen sollte *od* wird **4** liegen *od* (hinaus)gehen nach: **my room ~s north** **C** V/T **1** *j-m* (*in die Augen etc*) sehen *od* schauen *od* blicken: ~ **sb in the eyes**; ~ **death in the face** dem Tod ins Angesicht sehen **2** aussehen wie, *e-r Sache* entsprechend aussehen: ~ **an idiot** wie ein Idiot aussehen *od* (*fig*) dastehen; **he ~s it!** **a** so sieht er (auch) aus! **b** man sieht es ihm (auch) an!; (**not**) ~ **o.s.** (*gesundheitlich*) gut (schlecht) aussehen; ~ **one's part** THEAT *etc* s-e Rolle glaubhaft *od* überzeugend spielen; → age A 1, best *Bes Redew* **3** durch Blicke ausdrücken: ~ **compassion (one's surprise)** mitleidig (überrascht) blicken *od* dreinschauen; ~ **one's thanks at sb** j-n dankbar ansehen; → dagger 1 **4** ~ **that …** darauf achten, dass …; dafür sorgen, dass …; zusehen, dass …

Phrasal Verbs: **look| about** → look around; ~ **after** V/I **1** nachblicken, -schauen, -sehen (*dat*) **2** aufpassen auf (*akk*), sich kümmern um, sorgen für: → interest A 7; ~ **ahead** V/I **1** nach vorne sehen *od* blicken *od* schauen **2** *fig* vorausschauen (**two years** um zwei Jahre); ~ **around** V/I **1** sich umblicken *od* -sehen *od* -schauen (**for** nach): ~ **one** sich umsehen *od* umblicken, um sich sehen *od* blicken **2** sich umschauen *od* -sehen in (*dat*); ~ **at** V/I **1** ansehen, anblicken, anschauen, betrachten: **let me** ~ **you** lass dich anschauen!; ~ **one's watch** auf die Uhr schauen; ~ **that now!**, **just** ~ **it!** sieh dir das mal *od* nur an!; **pretty to** ~ hübsch anzusehen; **he is not much to** ~ er sieht nicht besonders gut aus; ~ **him** (*Redew*) wenn man ihn (so) ansieht; ~ **the facts** die Tatsachen betrachten, den Tatsachen ins Auge sehen; → soon 3 **2** sich *etwas* anschauen, *etwas* prüfen: **he wouldn't** ~ **it** er wollte nichts davon wissen; **he won't** ~ **a price under £2,000** ein Preis unter 2000 Pfund kommt für ihn nicht infrage; ~ **away** V/I wegblicken, -sehen, -schauen; ~ **back** V/I **1** sich umsehen **2** *a. fig* zurückblicken, -schauen (*beide*: **[up]on, to** auf *akk*): ~ **in anger** im Zorn zurückblicken **3** **since then he has never** (*od* **not**) **looked back** *fig* seitdem hat er ständig Fortschritte gemacht, seitdem ist es ständig mit ihm bergauf gegangen; ~ **down** A VI 1 hinunterblicken, -sehen, -schauen, herunterblicken, -sehen, -schauen (*alle:* **[up]on** auf *akk*, **zu**): ~ **(up)on** *fig* a herunterblicken *od* -sehen *od* herabsehen auf (*akk*) b → look onto 2 den Blick senken, zu Boden blicken 3 *fig* **look down one's ~ at** *umg* die Nase rümpfen über (*akk*); B VT durch Blicke einschüchtern; ~ **for** VI 1 suchen (nach): *they ransacked the room,* **looking for drugs** auf der Suche nach Drogen; → trouble C 1 b 2 a erwarten b hoffen auf (*akk*), erhoffen: ~ **success** sich Erfolg erhoffen; ~ **forward** VI in die Zukunft blicken: ~ **to sth** sich auf e-e Sache freuen, e-r Sache erwartungsvoll entgegensehen; **I ~ to meeting him** ich freue mich darauf, ihn zu treffen; ~ **in** VI 1 hineinsehen, -schauen, hereinsehen, -schauen 2 TV fernsehen 3 (*als Besucher*) vorbeikommen, -schauen, e-n kurzen Besuch machen (*alle:* **on** bei); ~ **into** VI 1 (hinein)schauen *od* (-)sehen *od* e-n Blick werfen in (*akk*): ~ **the mirror** in den Spiegel schauen; ~ **sb's eyes** j-m in die Augen schauen; ~ **the future** in die Zukunft sehen 2 *e-e Angelegenheit etc* untersuchen, prüfen; ~ **on** VI 1 zusehen, zuschauen 2 betrachten, ansehen (*beide:* **as** als; **with** mit): ~ **sb as a great poet** j-n für e-n großen Dichter halten; ~ **sth with distrust** etwas misstrauisch betrachten; ~ **sth favo(u)rably** etwas wohlwollend betrachten; **be looked on as** gelten als 3; ~ **with sb** mit j-m mitlesen; ~ **onto** VI (hinaus)gehen auf (*akk*) *od* nach: **my room looks onto the garden**; ~ **out** A VI 1 hinausblicken, -sehen, -schauen, herausblicken, -sehen, -schauen (*alle:* **of** zu): ~ **(of) the window** aus dem Fenster blicken 2 **(for)** aufpassen (auf *akk*), sich vorsehen (vor *dat*), auf der Hut sein (vor *dat*): **~!** pass auf!, Vorsicht! 3 Ausschau halten, ausschauen (*beide:* **for** nach) 4; ~ **on** (*od* **over**) → look onto B VT *bes Br* a *etwas* heraussuchen b sich *etwas* aussuchen: **look sth out for sb** j-m etwas aussuchen;; ~ **over** VT 1 schauen *od* blicken über (*akk*) 2 (sich) *etwas* (flüchtig) ansehen *od* anschauen, e-n Blick werfen in (*akk*), *etwas* (flüchtig) (über)prüfen 3 (*absichtlich*) übersehen; ~ **round** → look around; ~ **through** A VI 1 blicken durch 2 (hin)durchsehen *od* (-)durchschauen durch 3 *fig j-n od etwas* durchschauen 4 *fig j-n* ignorieren, wie Luft behandeln B VT *etwas* (flüchtig) durchsehen *od* -schauen; ~ **to** VI 1 hinsehen *od* hinschauen zu 2 achten *od* achtgeben *od* aufpassen auf (*akk*): ~ **it that** … achte darauf, dass …; sorge dafür, dass …; sieh zu, dass …; → laurel 5 3 zählen *od* sich verlassen auf (*akk*), von *j-m* erwarten (*dass er hilft etc*): **I ~ you to help me** (*od* **for help**) ich erwarte Hilfe von dir; ich verlasse mich darauf, dass du mir hilfst 4 sich wenden *od* halten an (*akk*) 5 → look for 2 6 → look B 4 7 hindeuten auf (*akk*), erwarten lassen: **the evidence looks to acquittal**; ~ **toward(s)** VI 1 → look B 4 2 → look to 7; ~ **up** A VI 1 hinaufblicken, -sehen, -schauen, heraufblicken, -sehen, -schauen 2 aufblicken, -sehen, -schauen (*alle:* **from** von; *fig* **to** zu): ~ **from one's book**; **she needs sb to ~ to** sie braucht j-n, zu dem sie aufblicken kann 3 a sich bessern, besser werden: **things are looking up** es geht bergauf (**for** mit), b steigen (*Chancen etc*), (*Aktien, Kurse, Preise a.*) anziehen; B VT 1 a *ein Wort etc* nachschlagen (**in** in *dat*) b nachschlagen in (*dat*); 2 a vorbeischauen bei, besuchen b sich in Verbindung setzen mit; 3 **look sb up and down** j-n von oben bis unten mustern; ~ **upon** → look on

lookalike S 1 Doppelgänger(in) 2 (genaues) Gegenstück

looker ['lʊkə(r)] S 1 *in Zusammensetzungen umg j-d, der (gut etc) aussieht:* → good-looker 2 *umg* gut aussehende Person, *bes* hübsches Mädchen: **she's a real ~** sie sieht einfach klasse aus; **she's not much of a ~** sie ist nicht besonders hübsch; **~-on** *pl* lookers-on S Zuschauer(in)

look-in S 1 kurzer Besuch 2 flüchtiger Blick 3 *umg* (Erfolgs-, Gewinn-, Sieges)Chance *f*: **I don't get a ~** ich hab keine Chance; **I didn't get a ~ against him** ich kriegte keinen Stich gegen ihn

looking ['lʊkɪŋ] ADJ *in Zusammensetzungen* … aussehend: → good-looking

looking| glass S 1 Spiegel *m* (*a. fig*): **hold up the ~ to sb** j-m den Spiegel vorhalten 2 Spiegelglas *n*; **~-glass** ADJ verkehrt (*Welt etc*)

lookism ['lʊkɪzəm] S *Bevorzugung von gut aussehenden Menschen*

look|out A S 1 Ausschau *f*: **be on the** (*od* **keep a**) **~ for sth** nach etwas Ausschau halten; **be on the ~ for a wife** auf Freiersfüßen gehen; **keep a good ~** auf der Hut sein (**for** vor *dat*); **stand ~** Schmiere stehen *sl* 2 Wache *f*, Beobachtungsposten *m*: **act as ~** Schmiere stehen *sl* 3 Ausguck *m*: a Aussichtsturm *m* b *bes* MIL Beobachtungsstand *m* c SCHIFF Krähennest *n* 4 *bes Br* Aussicht *f*, -blick *m* (*beide:* **over** über *akk*) 5 *bes Br fig* Aussicht(en) *f(pl)*: **it is a bad ~ for** es sieht schlecht aus für 6 *umg* Angelegenheit *f*: **that's his (own) ~** das ist (ganz allein) seine Sache B ADJ *bes* MIL Beobachtungs…, Wach…: **~ tower**; **~-over** S: **give sth a ~** (sich) etwas (flüchtig) ansehen *od* anschauen, e-n Blick in etwas werfen, etwas (flüchtig) (über)prüfen; **~-see** S: **have a ~** *bes US umg* sich die Sache mal ansehen: **have a ~ at** sich *etwas* mal ansehen; **~-through** S: **give sth a ~** etwas (flüchtig) durchsehen *od* -schauen

loom[1] [luːm] S 1 Webstuhl *m*, -maschine *f* 2 SCHIFF Riemenschaft *m* 3 *US* Rohrmantel *m* (*für Kabel etc*)

loom[2] [luːm] A VI 1 *a.* **~ up** a undeutlich *od* drohend sichtbar werden: **a figure ~ed out of the fog** e-e Gestalt tauchte schemenhaft aus dem Nebel auf a *fig* bedrohlich näher rücken (*Prüfung etc*) 2 *a.* **~ up** (drohend) aufragen: **~ over** ragen über (*akk*); **~ large** *fig* a sich auftürmen (*Schwierigkeiten etc*) b großen Raum einnehmen, e-e große Rolle spielen B S undeutliches *od* drohendes Sichtbarwerden: **he could make out the ~ of the coast** er konnte die Küste schemenhaft erkennen

loon[1] [luːn] S ORN Seetaucher *m*: **common ~** Eistaucher

loon[2] [luːn] S *bes poet* 1 Dummkopf *m* 2 Faulpelz *m*

loony ['luːnɪ] *sl* A ADJ bekloppt, verrückt B S Verrückte(r) *m/f(m)*; **~ bin** S *sl* Klapsmühle *f* (*Nervenklinik*); **~ left** S (*a. als pl konstruiert*): **the ~** POL *Br sl* die Linksaußen *pl*; **~ leftie**, **~ lefty** S POL *Br sl* Linksaußen *m*

loop[1] [luːp] A S 1 Schlinge *f*, Schleife *f*: **knock** (*od* **throw**) **for a ~** *US sl* a ganz durcheinanderbringen b ins Unglück stürzen 2 Schleife *f*, Windung *f* (*e-s Flusses etc*) 3 a Schlaufe *f* b Öse *f* c Ring *m* 4 *Eis-, Rollkunstlauf:* Schleife *f* 5 FLUG, SPORT Looping *m*, *a. n* (*Figur, bei der das Flugzeug e-n vertikalen Kreis beschreibt*) 6 BAHN *etc* (Wende)Schleife *f* 7 ANAT (*Darm- etc*) Schlinge *f* 8 PHYS a (Schwingungs)Bauch *m* b Punkt *m* der größten Amplitude 9 ELEK a Schleife *f*, geschlossener Stromkreis b geschlossenes magnetisches Feld 10 IT (Programm)Schleife *f* 11 MED Spirale *f* 12 → loop aerial 13 *US* Geschäftsviertel *n* B VT 1 in e-e Schleife *od* in Schleifen legen, schlingen 2 e-e Schlinge machen in (*akk*) 3 *e-e Schnur etc* schlingen (**[a]round** um) 4 mit Schleifen *od* Schlaufen festmachen *od* versehen: **~ up** *sein Haar, ein Kleid etc* aufstecken 5 **~ the ~** FLUG, SPORT loopen, e-n Looping fliegen *od* ausführen 6 ELEK zu e-m geschlossenen Stromkreis zusammenschalten: **~ in** in den Stromkreis einschalten C VI 1 e-e Schlinge bilden 2 e-e Schleife *od* Schleifen machen, sich winden 3 sich schlingen (**[a]round** um) 4 → B 5

loop[2] [luːp] S METALL Luppe *f*

loop| aerial, *bes US* **~ antenna** S ELEK Rahmenantenne *f*; **~hole** A S 1 Guckloch *n* 2 Seh-, Mauerschlitz *m* 3 MIL a Sehschlitz *m* b Schießscharte *f* 4 *fig* Schlupfloch *n*, Hintertürchen *n*: **a ~ in the law, a legal ~** e-e Gesetzeslücke B VT mit Sehschlitzen *etc* versehen; **~ knot** S einfacher Knoten; **~ line** → loop[1] A 6; **~-the-loop** S *US* Achterbahn *f*

loopy ['luːpɪ] ADJ 1 gewunden, verschlungen 2 *umg* leicht bekloppt

loose [luːs] A ADJ (ADV ~ly) 1 a los(e), locker b frei, nicht angebunden *od* eingesperrt: **break ~** sich befreien *od* losreißen (**from** von); (*aus der Haft*) ausbrechen; **come** (*od* **get**) **~** abgehen (*Knopf etc*), sich lockern (*Schraube etc*), sich ablösen, abblättern (*Farbe etc*); loskommen (*Tier etc*); **cut ~** sich gehen lassen; loslegen *umg* (**with** mit); auf den Putz hauen *umg*; **let ~** *e-n Hund* von der Leine lassen, *a. Flüche etc* loslassen, *s-m Ärger etc* Luft machen, freien Lauf lassen; nachgeben (*Material*), sich lockern (*Schraube etc*); **run ~** frei herumlaufen; **turn ~** freilassen; *e-n Hund etc* loslassen (**on** auf *akk*); **~ connection** ELEK Wackelkontakt *m*; → screw A 1 2 locker (*Boden, Gewebe etc*): **have ~ bowels** weichen Stuhl(gang) haben 3 a lose (*Haar, Geldscheine etc*): **~ change** Kleingeld *n*, Münzen *pl*; **wear one's hair ~** das Haar offen tragen b offen, lose, unverpackt (*Ware*): **buy sth ~** etwas offen kaufen; **be at a ~ end** (*US* **at ~ ends**) nichts zu tun haben; nicht recht wissen, was man (mit sich) anfangen soll 4 lose sitzend, weit (*Kleidungsstück*) 5 *fig* a lose (*Abmachung, Zusammenhang etc*) b frei, liberal (*Auslegung etc*) c frei, ungenau (*Übersetzung etc*) d unlogisch, wirr (*Gedankengang etc*): **~ thinker** Wirrkopf *m* e unkonzentriert, nachlässig (*Spielweise etc*) f unkontrolliert: **have a ~ tongue** → loose-tongued 6 a locker (*Moral, Lebenswandel etc*): → liver[2], living B 3 b schlüpfrig (*Roman etc*) 7 WIRTSCH verfügbar (*Geld etc*) B ADV lose, locker (*meist in Zusammensetzungen*): → loose-fitting, etc C VT 1 los-, freilassen 2 *e-n Knoten etc, a. fig die Zunge* lösen: **the wine ~d his tongue** der Wein löste ihm die Zunge 3 lösen, befreien (*beide:* **from** von) 4 *a.* SCHIFF losmachen 5 *den Boden etc* (auf)lockern 6 *a.* **~ off** *e-e Waffe, e-n Schuss* abfeuern, *e-n Pfeil etc* abschießen 7 lockern: **~ one's hold of sth** etwas loslassen D VI 1 SCHIFF den Anker lichten 2 *a.* **~ off** schießen (**at** auf *akk*) E S **be on the ~** a auf freiem Fuß sein b *a.* **go on the ~** *umg* auf den Putz hauen

loose|box S Box *f* (*für ein Pferd*); **~ cover** S *bes Br* Schonbezug *m* (*für Möbel*); **~-fitting** ADJ lose sitzend, locker, weit (*Kleidungsstück*); **~-jointed** ADJ gelenkig, beweglich; **~-leaf** ADJ Loseblatt…: **~ bookkeeping**; **~ binder** Schnellhefter *m*; **~ notebook** Loseblattbuch *n*; **~-limbed** → loose-jointed

loosen ['luːsn] A VT 1 *e-n Knoten, Fesseln etc, a.* MED *den Husten, fig die Zunge* lösen: **the wine ~ed his tongue** der Wein löste ihm die Zunge 2 *e-e Schraube, s-n Griff etc, a. fig die Disziplin etc* lockern: **~ one's hold of sth** etwas loslassen; ~

one's belt (by two holes) den Gürtel (um zwei Löcher) weiter schnallen 3 *a.* **~ up** *den Boden, die Muskeln etc, a. fig j-n* auflockern 4 loslassen, -machen, freilassen B VI 1 sich lösen 2 sich lockern 3 **~ up** *bes* SPORT sich auflockern: **~ing-up exercise** Lockerungsübung *f* 4 *a.* **~ up** *fig* aus sich herausgehen, auftauen, freier werden

looseness ['lu:snɪs] S 1 Lockerheit *f* 2 loser Sitz *(e-s Kleidungsstücks)* 3 *fig* a Ungenauigkeit *f (e-r Übersetzung etc)* b Unlogik *f (e-s Gedankengangs etc)* 4 a Lockerheit *f (des Lebenswandels)* b Schlüpfrigkeit *f (e-s Romans etc)*

loose|strife S BOT 1 Felberich *m*: **creeping ~** Pfennigkraut *n* 2 Weiderich *m*: **purple ~** Blutweiderich; **~-tongued** ADJ: **be ~** a den Mund nicht halten können b ein loses Mundwerk haben

loot [lu:t] A S 1 Beute *f* 2 *umg* Knete *f* 3 Plünderung *f* B VT 1 erbeuten 2 *e-e Stadt etc* plündern 3 *j-n, e-n Laden etc, fig a. Energievorkommen etc* ausplündern C VI plündern; **looter** S Plünderer *m*, Plünderin *f*

lop[1] [lɒp; *US* lɑp] A VT 1 *e-n Baum etc* beschneiden, (zu)stutzen, abästen 2 *oft* **~ off** *Äste, a. j-m den Kopf etc* abhauen, abhacken B S (abgehauene) kleine Äste *pl*: **~ and top** (*od* **crop**) abgehauenes Astwerk

lop[2] [lɒp; *US* lɑp] A VI 1 schlaff herunterhängen 2 latschig gehen, latschen *(beide umg)* 3 → lope A B VT schlaff herunterhängen lassen

lop[3] [lɒp; *US* lɑp] S SCHIFF *Seegang mit kurzen, leichten Wellen*

lope [ləʊp] A VI 1 mit federnden Schritten gehen *od* laufen 2 a springen: **the deer ~d down the hill** b hoppeln *(Hase)* c kantern *(Pferd)* B VT *ein Pferd* kantern lassen C S 1 federnder Gang: **at a ~** a mit federnden Schritten b mit großen Sprüngen *(Tier)* 2 Kanter *m (e-s Pferds)*

lop|-eared ADJ mit Hänge- *od* Schlappohren; **~ ears** SPL Hängeohren *pl*, Schlappohren *pl*

lophobranchiate [ˌləʊfə'bræŋkɪeɪt; -kɪət] S FISCH Büschelkiemer *m*

loppings ['lɒpɪŋs; *US* 'lɑ-] SPL abgehauene Äste *pl od* Zweige *pl*

lopsided ADJ 1 schief, nach einer Seite hängend, *bes* SCHIFF mit Schlagseite 2 unsymmetrisch, auf einer Seite dicker *od* schwerer 3 *fig* einseitig; **lopsidedness** S 1 Schiefheit *f* 2 *fig* Einseitigkeit *f*

loq. ABK loquitur, he (*od* she) speaks

loquacious [ləʊ'kweɪʃəs; lə'kw-] ADJ (ADV **~ly**) geschwätzig, redselig; **loquaciousness, loquacity** [ləʊ'kwæsətɪ; lə'kw-] S Geschwätzigkeit *f*, Redseligkeit *f*

loquitur ['lɒkwɪtə(r); *US* 'lɑ-] THEAT *obs* er (sie, es) spricht

lor [lɔ:(r)] INT *bes Br sl* → lord B

loran ['lɔ:rən; *US a.* 'ləʊrˌæn] S FLUG, SCHIFF Loran-Verfahren *n*

lord [lɔ:(r)d] A S 1 Herr *m*, Gebieter *m (beide: of* über *akk)*: **Man is the ~ of creation** der Mensch ist die Krone der Schöpfung; **the ~s of creation** *hum* die Herren der Schöpfung; **her ~ and master** *obs od hum* ihr Herr u. Gebieter 2 *fig* Magnat *m*: → press lord 3 *Br* HIST Lehnsherr *m*: → manor 1 4 **the Ƨ** a **Ƨ God** Gott *m* (der Herr): **Ƨ (only) knows where** Gott *od* der Himmel weiß, wo; **good Ƨ!** → B, b *a.* **our Ƨ** (Christus *m*) der Herr: **in the year of our Ƨ** im Jahre des Herrn, Anno Domini 5 Lord *m*: a *Angehöriger des hohen brit. Adels (vom Baron bis zum Herzog)* b *j-d, dem aufgrund s-s Amts od aus Höflichkeit der Titel Lord zusteht*: **live like a ~** wie ein Fürst leben; → drunk B 1 6 **Ƨ** Lord *m*: a *Titel e-s Barons* b *weniger förmlicher Titel e-s Marquis, Earl od Viscount*: **Ƨ Derby** *(anstatt: the Earl of Derby)* c *Höflichkeitstitel für den ältesten Sohn e-s Peers* d *Höflichkeitstitel für jüngere Söhne e-s Herzogs od Marquis, in Verbindung mit dem Vor- u. Familiennamen*: **Ƨ Peter Wimsey** e *Titel e-s Bischofs* f *Titel gewisser, bes richterlicher Würdenträger* 7 **the Ƨs** die Lords, das Oberhaus *(des brit. Parlaments)* 8 **my Ƨ** [mɪ'lɔ:(r)d; JUR *Br a.* mɪ'lʌd] Mylord, Euer Gnaden *(Anrede)* 9 ASTROL regierender Planet B INT **Ƨ!** (du) lieber Gott *od* Himmel! C VT 1 zum Lord erheben 2 **~ it** den Herrn spielen: **~ it over sb** a sich j-m gegenüber als Herr aufspielen b j-n herumkommandieren

Lord| Advocate S JUR *schott* Kronanwalt *m*; **~ Chamberlain (of the Household)** S *Br* Haushofmeister *m*; **~ Chancellor** S *Br* Lordkanzler *m*; **~ Chief Justice (of England)** S JUR Lordoberrichter *m*; **~ High Chancellor** → Lord Chancellor; **Ƨ-in--waiting** *pl* lords-in-waiting S Hofherr *m*; **~ Justice of Appeal** S JUR *Br* Richter *m* am Berufungsgericht; **~ Lieutenant** S *Br* 1 *Vertreter der Krone in e-r Grafschaft* 2 HIST *Vizekönig in Irland*

lordliness ['lɔ:(r)dlɪnɪs] S 1 Großzügigkeit *f* 2 Vornehmheit *f* 3 Pracht *f* 4 Stolz *m* 5 Hochmut *m*, Arroganz *f*

lordling ['lɔ:(r)dlɪŋ] S kleiner Lord

lordly ADJ 1 e-m Lord geziemend *od* gemäß 2 großzügig 3 vornehm, edel 4 prächtig 5 herrisch, gebieterisch 6 stolz 7 hochmütig, arrogant

Lord| Mayor S *Br* Oberbürgermeister *m*: **~'s Day** *Tag des Amtsantritts des Oberbürgermeisters von London (9. November)*; **~'s Show** *Festzug des Oberbürgermeisters von London am 9. November*; **~ of Appeal** S *Br ein vom Oberhaus ernannter Richter, der das Haus bei Berufungsfällen unterstützen soll*

lordosis [lɔ:(r)'dəʊsɪs] S MED Lordose *f (Rückgratverkrümmung nach vorn)*

Lord| President of the Council S *Br* Präsident *m* des Geheimen Staatsrats; **~ Privy Seal** S *Br* Lordsiegelbewahrer *m*; **~ Protector** S HIST Lordprotektor *m*: a Reichsverweser *m* b *Titel Oliver Cromwells (1653-58) u. Richard Cromwells (1658-59)*; **~ Provost** S *schott* Oberbürgermeister *m*

lordship S 1 *oft* **Ƨ** Lordschaft *f*: **your (his) ~** Euer (Seine) Lordschaft 2 HIST Gerichts- *od* Herrschaftsgebiet *n* e-s Lords

Lord's Prayer S REL Vaterunser *n*

Lords Spiritual SPL *Br die geistlichen Mitglieder des Oberhauses*

Lord's| Supper S 1 BIBEL *(das)* letzte Abendmahl 2 REL a *(das)* (heilige) Abendmahl b KATH *(die)* heilige Kommunion; **~ table** S REL 1 Altar *m* 2 Tisch *m* des Herrn: a → Lord's Supper b Abendmahlstisch *m*

Lords Temporal SPL *Br die weltlichen Mitglieder des Oberhauses*

lore[1] [lɔ:(r)] S ZOOL 1 Zügel *m (Raum zwischen Auge u. Schnabel bei Vögeln od zwischen Auge u. Nasenlöchern bei Reptilien)* 2 Mundleiste *f (bei Insekten)*

lore[2] [lɔ:(r)] S 1 Wissen *n (auf bestimmtem Gebiet)*: **animal ~** Tierkunde *f* 2 überlieferte Kunde *(e-r bestimmten Klasse)*, (überliefertes) Sagen- u. Märchengut: **gipsy ~** 3 *obs od poet* Lehre *f*: **the ~ of Christ**

Lorentz force ['lɒrəns; *US* 'ləʊ-] S PHYS Lorentz-Kraft *f*

lorgnette [lɔ:(r)'njet] S Lorgnette *f*, Lorgnon *n (Brille ohne Bügel, die an e-m Stiel vor die Augen gehalten wird)*

lorgnon [lɔ:(r)'njɔ̃:ŋ] S Lorgnon *n*: a *Einglas mit Stiel* b → lorgnette

loricate ['lɒrɪkeɪt; *US* 'lɔ:rɪkət; 'lɑr-] ADJ ZOOL gepanzert

lorikeet ['lɒrɪki:t; ˌ-'ki:t; *US* 'lɔ:rəˌki:t; 'lɑr-] S ORN *(ein)* kleiner Lori *(Papagei)*

lorimer ['lɒrɪmə(r)], **loriner** [-nə(r)] S *obs* Gürtler *m*, Sattler *m*

lorn [lɔ:(r)n] ADJ *obs od poet* verlassen, einsam

Lorrainer [lɒ'reɪnə(r); lə-] S Lothringer(in); **Lorrainese** [lɒˌreɪ'ni:z; lə-] ADJ lothringisch

lorry ['lɒrɪ] S *Br* 1 Last(kraft)wagen *m*, Lastauto *n*, Lkw *m*: **it fell on the back of a ~** *umg* es ist mir *etc* zugeflogen 2 *Bergbau*: Lore *f*, Förderwagen *m*

Los Angeles [lɒs'ændʒɪli:z; -dʒələs] S Los Angeles *n (Hafenstadt im südwestlichen Kalifornien)*

lose [lu:z] *prät u. pperf* **lost** [lɒst; *US bes* lɔ:st] A VT 1 *allg e-e Sache, a. s-n Glauben, das Interesse, s-e Stimme, den Verstand, Zeit etc* verlieren: **have lost one's voice** *a.* heiser sein; **~ one's cool** *umg* an die Decke gehen; **~ no time in doing sth** sich beeilen, etwas zu tun; etwas sofort tun; **~ it** *sl* überschnappen; *(siehe die Verbindungen mit den betreffenden Substantiven)*; → lost B 2 *sein Vermögen, s-e Position etc* verlieren, einbüßen, kommen um: **~ credibility** an Glaubwürdigkeit einbüßen *od* verlieren; **~ one's health** s-e Gesundheit einbüßen; **have nothing to ~** nichts zu verlieren haben; **he lost 10 pounds** er nahm 10 Pfund ab; → weight A 3 3 verlieren *(durch Tod, Trennung etc)*: **she lost a son in the war**; **she has lost her baby**; **~ a patient** a e-n Patienten *(an e-n anderen Arzt)* verlieren b e-n Patienten nicht retten können; **she has lost her husband to her best friend** sie hat ihren Mann an ihre beste Freundin verloren 4 *ein Spiel, e-n Prozess etc* verlieren: **point lost** Minuspunkt *m* 5 *e-n Preis etc* nicht gewinnen *od* erringen 6 *e-e Gesetzesvorlage* nicht durchbringen 7 *den Zug etc, a. fig e-e Gelegenheit etc* versäumen, -passen 8 *e-e Rede etc* nicht mitbekommen *umg*, *etwas* nicht hören *od* sehen (können): **I lost the end of his speech** mir entging das Ende s-r Rede 9 aus den Augen verlieren 10 vergessen: **I have lost my Greek** 11 *e-n Verfolger* abschütteln 12 *e-e Krankheit* loswerden 13 nachgehen um *(Uhr)*: **my watch ~s two minutes a day** m-e Uhr geht am Tag zwei Minuten nach 14 *j-n s-e Stellung etc* kosten, *j-n* bringen um: **this will ~ you your position** 15 **~ o.s. in** a sich verirren in *(dat)*: **he lost himself in the maze** b *fig* sich verlieren in *(dat)*: **~ o.s. in thought**; **the path ~s itself in the woods** c *fig* sich vertiefen in *(akk)*: **he lost himself in the book** B VI 1 *a.* **~ out (to)** verlieren (gegen), unterliegen *(dat)* 2 *a.* **~ out** verlieren, draufzahlen *(beide: on* bei *e-m Geschäft etc)*: **you won't ~ by doing it** es kann nicht(s) schaden, wenn du es tust 3 a Verluste erleiden: **they lost heavily** sie erlitten schwere Verluste b verlieren (**in** bei, durch): **the story has lost in translation** die Geschichte hat durch die Übersetzung (sprachlich) verloren 4 verlieren (**in** an *dat*): **~ (in weight)** (an Gewicht) abnehmen; **the days were losing in warmth** die Tage wurden kälter 5 schlechter *od* schwächer werden: **he lost daily** er wurde von Tag zu Tag schwächer 6 nachgehen *(Uhr)*

loser ['lu:zə(r)] S Verlierer(in): **a good (bad) ~**; **be a bad ~** *a.* nicht verlieren können; **be the ~** den Kürzeren ziehen; **be a born ~** der geborene Verlierer sein

losing ['lu:zɪŋ] A ADJ 1 verlierend 2 Verlust bringend, Verlust...: **~ bargain** WIRTSCH Verlustgeschäft *n* 3 verloren, aussichtslos *(Schlacht etc)*: **fight a ~ battle** *fig* auf verlorenem Posten stehen; → game[1] A 3 B S *pl (bes*

Spiel)Verluste *pl*

loss [lɒs; *US bes* lɔːs] S 1 Verlust *m*, Einbuße *f* (*beide:* **of** an *dat*, von *od gen*): **~ of blood** Blutverlust; **~ of earnings** Verdienstausfall *m*; **~ of face** Gesichtsverlust; **~ of hearing** Gehörverlust; **~ of memory** Gedächtnisschwund *m*, -verlust; **~ of picture** TV Bildausfall *m*; **~ of prestige** Prestigeverlust; **~ of sound** TV Tonausfall *m*; **~ of time** Zeitverlust; **dead ~** a Totalverlust b hoffnungsloser Fall (*Person*); **he's a dead ~** *a.* bei *od* an ihm ist Hopfen u. Malz verloren *umg*; **make a ~** Verlust machen, verlieren, draufzahlen (*alle:* **on** bei); **sell sth at a ~** WIRTSCH etwas mit Verlust verkaufen; **work at a ~** WIRTSCH mit Verlust arbeiten; **throw sb for a ~** *US umg* j-n deprimieren *od* fertigmachen; → identity 1, reserve B 3 2 Verlust *m*, Schaden *m*: **it is no great ~**; → cut C 17 3 Verlust *m* (*verlorene Sache od Person*): **he is a great ~ to his firm** sein Weggang ist ein großer Verlust für s-e Firma 4 Verlust *m* (*verlorene Schlacht, Wette etc*) 5 Verlust *m*, Abnahme *f*, Schwund *m*: **~ in** (*od* **of**) **weight** Gewichtsverlust, -abnahme 6 *pl* MIL Verluste *pl*, Ausfälle *pl* 7 Untergang *m* (*e-r Kultur etc*) 8 ELEK, TECH (Energie)Verlust(e) *m(pl)*: **friction ~** Reibungsverlust(e); **~ of heat** Wärmeverlust(e) 9 TECH (Material)Verlust *m*, *bes* Abbrand *m* (*von Metall*) 10 *Versicherungswesen*: Schadensfall *m*: **fire ~** Brandschaden *m* 11 **be at a ~** in Verlegenheit sein (**for** um): **he is never at a ~ for an answer** er ist nie um e-e Antwort verlegen; **he was at a ~ for an answer** ihm fiel keine Antwort ein; **be at a ~ for words** keine Worte finden; **be at a ~ what to do** nicht wissen, was man tun soll; **be at a ~ as to what to advise** keinen Rat wissen; **he would have been at a ~ to explain why ...** es wäre ihm schwergefallen zu erklären, warum ...

löss [lɜːs] → loess

loss| adjuster S Schadensregulierer(in); **~ leader** S WIRTSCH (*unter dem Selbstkostenpreis verkaufter*) Lockartikel; **~maker** S WIRTSCH 1 mit Verlust arbeitender Betrieb 2 Verlustgeschäft *n*; **~making** ADJ WIRTSCH mit Verlust arbeitend; **~ ratio** S *Versicherungswesen*: Schadensquote *f*

lost [lɒst; *US bes* lɔːst] A *prät u. pperf von* lose B ADJ 1 verloren (*Schlacht, Freunde etc*): **~ cause** *fig* aussichtslose Sache; **be a ~ cause** aussichtslos sein; **~ heat** TECH Abwärme *f*; **~ motion** TECH toter Gang; **~ property** Fundsachen *pl*; **~ property office** *Br* Fundbüro *n*; **all isn't ~ yet** es ist noch nicht alles verloren 2 verloren (gegangen): **be ~** a verloren gehen (*a. fig Arbeitsplätze etc*) b zugrunde gehen, untergehen c umkommen d verschwinden; **give up for** (*od* **as**) **~** verloren geben; **a ~ soul** e-e verlorene Seele 3 vergessen (*Kunst etc*) 4 verirrt: **be ~** sich verirrt haben, sich nicht mehr zurechtfinden (*a. fig*); **get ~** sich verirren *od* verlaufen *od* verfahren; **get ~!** *umg* hau ab! 5 verschwunden: **~ in the fog** 6 verloren, vergeudet: **~ time** verlorene Zeit; **be ~** (**up**)**on sb** keinen Eindruck machen auf j-n, an j-m verloren sein, j-n gleichgültig lassen *od umg* kaltlassen; **this won't be ~ on me** das wird *od* soll mir e-e Lehre sein; → labor A 2 7 versäumt, verpasst (*Chance*) 8 **~ in** a versunken in (*akk*): **~ in thought** in Gedanken versunken, *bes adv a.* gedankenversunken, -verloren b vertieft in (*akk*): **he was ~ in his book** 9 **~ to** a verloren für b versagt (*dat*), nicht vergönnt (*dat*) c nicht mehr empfänglich für d ohne Empfinden für, bar (*gen*): **be ~ to all sense of shame** keinerlei Schamgefühl haben; **be ~ to the world** nicht wahrnehmen, was um e-n herum vorgeht 10 **be ~ for** verlegen sein um: **he is never ~ for an answer**; **~-and-found (office)** S *US* Fundbüro *n*; ♀ **Generation** S Lost Generation *f*: a *Gruppe der jungen, durch das Erlebnis des Ersten Weltkriegs desillusionierten u. pessimistisch gestimmten amerikanischen Schriftsteller der zwanziger Jahre* b *die junge amerikanische u. europäische Generation nach dem Ersten Weltkrieg*

lot [lɒt; *US* lɑt] A S 1 Los *n*: **cast** (*od* **draw**) **~s** losen (**for** um); **cast** (*od* **throw**) **in one's ~ with sb** *fig* j-s Los teilen, sich auf Gedeih u. Verderb mit j-m zusammentun; **choose sth by ~** etwas auslosen; **the ~ fell on** (*od* **to**) **me** das Los fiel auf mich 2 Anteil *m*: → part A 5 3 Los *n*, Geschick *n*, Schicksal *n*: **fall to sb's ~** j-m zufallen 4 fest umgrenztes Stück Land, *bes* a Parzelle *f* b Grundstück *n* c Bauplatz *m* d (*Industrie*) Gelände *n* e (*Müll- etc*) Platz *m* f Parkplatz *m* 5 FILM, TV *bes US* a Gelände *n* b Studio *n* 6 WIRTSCH a Artikel *m* b Partie *f*, Posten *m* (*von Waren*): **in ~s** partienweise 7 Gruppe *f*, Gesellschaft *f*: **the whole ~** a die ganze Gesellschaft b → A 8; **get out, the (whole) ~ of you!** raus, alle miteinander! 8 **the ~** alles, das Ganze: **take the ~**; **that's the ~** das ist alles 9 *umg* Menge *f*, Haufen *m*: **a ~ of**, **~s of** viel, e-e Menge; **a ~ of money**, **~s of money** viel Geld, e-e Menge *od* ein Haufen Geld; **~s and ~s of** e-e Unmasse *Menschen etc*; **I'd give a ~, if** ich gäbe viel darum, wenn; **he has (still) a ~ to learn** er muss noch viel lernen; → fat A 4 10 **a bad ~** *umg* a ein mieser Typ b ein mieses Pack B ADV **a ~**, **~s** *umg* (sehr) viel; **a ~ better**; **a (fat) ~ I care!** *iron* das kümmert mich herzlich wenig! C V/T 1 *obs* losen um 2 durch Los verteilen, auslosen 3 a *oft* **~ out** *Land* in Parzellen einteilen, parzellieren b WIRTSCH *e-e Ware* in Partien aufteilen

loth → loath

Lothario [ləʊˈθɑːrɪəʊ; -ˈθeər-] *pl* -os S Schwerenöter *m*

Lothian [ˈləʊðjən; -ɪən] S HIST Lothian *n* (*ehemalige Verwaltungsregion im südöstlichen Schottland, jetzt dreigeteilt*)

lotion [ˈləʊʃn] S Lotion *f*, (*Gesichts-, Rasier*) Wasser *n*

lottery [ˈlɒtərɪ; *US* ˈlɑ-] S 1 Lotterie *f*: **~ number** Losnummer *f*; **~ ticket** Lotterielos *n*; **~ wheel** Glücksrad *n*, Lostrommel *f* 2 *fig* Glückssache *f*, Lotteriespiel *n*: **life is a ~**

lotto [ˈlɒtəʊ; *US* ˈlɑ-] S *US* Lotto *n*

lotus [ˈləʊtəs] S 1 (*in griechischen Sagen*) a Lotos *m* (*e-e wohlige Schlaffheit bewirkende Frucht*) b → lotus tree 1 2 BOT Lotos(blume) *m(f)* 3 Lotosblumenornament *n* 4 BOT Lotus *m*, Honigklee *m*; **~-eater** S 1 (*in der Odyssee*) Lotosesser *m* 2 verträumte(r) Nichtstuer(in); **~ position** S *Yoga*: Lotussitz *m*; **~ tree** S BOT 1 Lotos *m* (*Pflanze, von deren Frucht sich nach der Sage die Lotophagen ernährten*) 2 a Lotospflaume *f* b Virginische Dattelpflaume

loud [laʊd] A ADJ (ADV **~ly**) 1 laut (*a. fig*): **~ applause** starker Applaus; **~ streets** lärmende Straßen; **protest ~ly** lautstark protestieren; → praise B 1 2 *fig* schreiend, auffallend, grell, aufdringlich: **~ colo(u)rs** schreiende Farben; **~ dress** auffallende Kleidung; **~ manners** *pl* auffallendes *od* aufdringliches Benehmen; **a ~ smell** *US* ein penetranter Geruch B ADV laut: **don't talk so ~**; **~ and clear** laut u. deutlich; **say sth out ~** *umg* etwas hörbar *od* laut sagen; **~hailer** S *bes Br* Megafon *n*; **~mouth** S *umg* Großmaul *n*; **~mouthed** ADJ *umg* großmäulig

loudness S 1 Lautheit *f*, (*das*) Laute 2 PHYS Lautstärke *f* 3 Lärm *m* 4 *fig* (*das*) Auffallende *od* Schreiende

loudspeaker S ELEK Lautsprecher *m*: **external** (*od* **extra**) **~** (RADIO *etc*) Zweitlautsprecher; **~ van** *Br* Lautsprecherwagen *m*

lough [lɒk; lɒx; *US* lɑk; lɑx] S *Ir* 1 See *m* 2 Meeresarm *m*

louis [ˈluːɪ] *pl* louis [-ɪz], **~ d'or** [ˌluːɪˈdɔː(r)] *pl* louis d'or S HIST Louisdor *m* (*e-e französische Goldmünze*)

Louisiana [luːˌiːzɪˈænə; lʊˌiː-; *US a.* ˌluːzɪ-] S Louisiana *n* (*Staat im Süden der USA*)

Louisianian [luːˌiːzɪˈænɪən], *a.* **Louisianan** [-nən] A ADJ louisianisch B S Louisianer(in)

lounge [laʊndʒ] A S 1 Chaiselongue *f*, Liege(-sofa) *f(n)* 2 Wohnzimmer *n* 3 Gesellschaftsraum *m*, Salon *m* (*e-s Hotels, Schiffs*) 4 Foyer *n* (*e-s Theaters*) 5 Wartehalle *f* (*e-s Flughafens*) 6 *Br vornehmerer u. teurerer Teil e-s Pubs* B V/I 1 sich rekeln, sich lümmeln (*beide umg*): **~ about** (*od* **around**) *a.* herumlümmeln 2 schlendern C V/T *meist* **~ away** *die Zeit* vertrödeln, -bummeln *umg*; **~ bar** → lounge A 6; **~ car** S BAHN *US* Salonwagen *m*; **~ chair** S Klubsessel *m*; **~ lizard** S *umg* Salonlöwe *m*; **~ suit** S *bes Br* Straßenanzug *m*; **~ suite** S Couch-, Polstergarnitur *f*

loupe [luːp] S (*bes Juwelier-, Uhrmacher*) Lupe *f*

lour [ˈlaʊə(r)], **louring** [-rɪŋ], **loury** → lower[1], *etc*

louse [laʊs] A S 1 *pl* lice [laɪs] ZOOL Laus *f* 2 *pl* louses *sl* Scheißkerl *m*, Schwein *n* B V/T [laʊz; laʊs] 1 (ent)lausen 2 **~ up** *sl* versauen, vermurksen; **~wort** S BOT Läusekraut *n*

lousiness [ˈlaʊzɪnɪs] S Verlaustheit *f*; **lousy** ADJ (ADV **lousily**) 1 verlaust, voller Läuse 2 *sl* a fies, hundsgemein (*beide umg*): **that was a ~ thing to do** das war ganz schön fies b lausig, mies (*beide umg*) (*Film etc*): **feel ~** 3 **be ~ with** *sl* a wimmeln von: **the streets were ~ with people** auf den Straßen wimmelte es von Menschen b strotzen vor (*dat*) *od* von: **he's ~ with money** *umg* er stinkt vor Geld

lout [laʊt] S Flegel *m*, Rüpel *m*

Louth [laʊð] S Louth *n* (*Grafschaft in Nordostirland*)

loutish ADJ (ADV **~ly**) flegel-, rüpelhaft; **loutishness** S Flegel-, Rüpelhaftigkeit *f*

louver, *bes Br* **louvre** [ˈluːvə(r)] S 1 ARCH, HIST Dachtürmchen *n* 2 ARCH a *a.* **~ board** Schallbrett *n* b *pl* Schallbretter *pl* (*des Schallfensters an Glockenstuben*) 3 Jalousie *f* 4 Belüftungsklappe *f* 5 Schallöffnung *f* (*e-s Lautsprechers*); **louvered** ADJ 1 Jalousie... 2 schräg gestellt

lovability [ˌlʌvəˈbɪlətɪ] S liebenswerte Art; **lovable** ADJ (ADV **lovably**) liebenswert; **lovableness** → lovability

lovage [ˈlʌvɪdʒ] S BOT Liebstöckel *n*

love [lʌv] A S 1 (*sinnliche od geistige*) Liebe (**of**, **for**, **to**, **toward[s]** zu): **~** herzliche Grüße (*Briefschluss*); **be in ~** verliebt sein (**with** in *akk*); **fall in ~** sich verlieben (**with** in *akk*); **do sth for ~** etwas aus Spaß *od* zum Vergnügen *od* aus Gefälligkeit tun; **play for ~** um nichts *od* um die Ehre spielen; **for the ~ of** aus Liebe zu; **for the ~ of God** um Gottes willen; **not for ~ or money** a nicht für Geld u. gute Worte b um nichts in der Welt; **send one's ~ to** j-n grüßen lassen; **make ~** a zärtlich werden b sich (*körperlich*) lieben; **make ~ to sb** a j-m gegenüber zärtlich werden b j-n (*körperlich*) lieben; **there is no ~ lost between them** sie haben nichts füreinander übrig, sie können sich nicht leiden; **~ of adventure** Abenteuerlust *f*; **~ of (one's) country** Vaterlandsliebe; **~ of learning** Freude *f od* Spaß *m* am Lernen; → fair[1] A 11, give B 16, labor A 1, order A 1 2 Liebe *f* (*geliebte Person*): **she was my first ~**; **he met the ~ of his life** 3 ♀ die Liebe (*personifiziert*), (Gott *m*) Amor *m*, der Liebesgott

4 *umg (Anrede, oft unübersetzt)* Schatz: **mind the step, ~!** Vorsicht, Stufe! **5** *umg* Schatz *m*: **he's a real ~** er ist ein richtiger Schatz; **a ~ of a car** ein süßer Wagen **6** *bes Tennis*: null: **~ all** null zu null **B** VT/ **1** *j-n (a. körperlich)* lieben, lieb haben **2** *etwas* lieben, gerne mögen: **I'd ~ a cup of tea** ich hätte sehr gern e-e Tasse Tee; **~ doing** (*od* **to do**) **sth** etwas sehr gern tun; **we ~d having you with us** wir haben uns sehr über d-n Besuch gefreut **C** V/I lieben, *bes* verliebt sein

loveability, *etc* → lovability *etc*

love| affair S (Liebes)Affäre *f*, Liebesabenteuer *n*, Liebschaft *f*; **~ apple** S BOT *obs* Liebesapfel *m*, Tomate *f*; **~bird** S **1** ORN Unzertrennliche(r) *m*, Inséparable *m* **2** ORN Edelsittich *m* **3** *pl fig umg* Turteltauben *pl*; **~ bite** S *umg* Knutschfleck *m*; **~ child** S *irr* Kind *n* der Liebe; **~ dance** S Liebestanz *m*; **~ duet** S MUS Liebesduett *n*; **~ feast** S Liebesmahl *n*; **~ game** S *Tennis*: Zu-null-Spiel *n*; **~ handles** SPL *umg hum* Rettungsring *m (um die Hüften verlaufender Fettwulst)*; **~-hate relationship** S Hassliebe *f*; **~-in-a-mist** S BOT **1** Jungfer *f* im Grünen **2** Stinkende Passionsblume **3** Filziges Hornkraut; **~-in-idleness** S BOT Wildes Stiefmütterchen

loveless ADJ (ADV ~ly) **1** lieblos **2** ungeliebt

love| letter S Liebesbrief *m*; **~-lies-bleeding** S BOT **1** Roter Fuchsschwanz **2** Flammendes Herz **3** Blutströpfchen *n*; **~ life** S *irr* Liebesleben *n*

loveliness [ˈlʌvlɪnɪs] S **1** Schönheit *f* **2** Liebreiz *m*

love|lock S Schmachtlocke *f umg*; **~lorn** ADJ *bes poet* liebeskrank

lovely [ˈlʌvlɪ] **A** ADJ (ADV *US* **lovelily**) **1** (wunder)schön **2** nett, reizend: **my ~ son** *iron* mein reizender Sohn **3** *umg* prima, großartig **B** S *umg (oft als Anrede)* Hübsche *f*, Süße *f*

love|making S **1** a Zärtlichkeiten *pl* b *(körperliche)* Liebe **2** Liebeskunst *f*; **~ match** S Liebesheirat *f*; **~ nest** S Liebesnest *n*; **~ poem** S Liebesgedicht *n*; **~ potion** S Liebestrank *m*

lover [ˈlʌvə(r)] S **1** a Liebhaber *m*, Geliebte(r) *m* b Geliebte *f* **2** *pl* Liebende *pl*, Liebespaar *n*: **they are ~s** sie haben ein Verhältnis (miteinander); **~s' lane** *umg* Seufzergässchen *n* **3** Liebhaber(in), *(Musik- etc)* Freund (-in): **a ~ of music, a music ~**

love rival S Nebenbuhler *m*

loverly [ˈlʌvə(r)lɪ] ADJ & ADV zärtlich

love| scene S THEAT *etc* Liebesszene *f*; **~ seat** S kleines Sofa für zwei; **~ set** S *Tennis*: Zu-null-Satz *m*; **~sick** ADJ liebeskrank: **be ~** Liebeskummer haben; **~ song** S Liebeslied *n*; **~ story** S Liebesgeschichte *f*, *(bes rührselige a.)* Lovestory *f*; **~ token** S Liebespfand *n*; **~ triangle** S Dreiecksverhältnis *n*

lovey [ˈlʌvɪ] *bes Br umg* → love A 4; **~-dovey** [-ˈdʌvɪ] ADJ *umg* turteltaubenhaft: **be ~** den Verliebten *od* die Verliebte spielen

loving [ˈlʌvɪŋ] ADJ (ADV ~ly) liebend, liebevoll, zärtlich: **your ~ father** *(als Briefschluss)* Dein Dich liebender Vater; **~ cup** S Pokal *m (a.* SPORT); **~ kindness** S **1** (göttliche) Gnade *od* Barmherzigkeit **2** Herzensgüte *f*

low¹ [ləʊ] **A** ADJ **1** *a. fig* niedrig *(Gebäude, Lohn, Preis, Stirn, Zahl etc)*: **~ brook** seichter Bach; **~ speed** geringe Geschwindigkeit; **~ in calories** kalorienarm; **~ in fat** fettarm; **bring ~** *fig* a *j-n* demütigen b *j-n* ruinieren; **lay ~** a *j-n* niederschlagen, -schießen b *j-n* ans Bett fesseln, umwerfen *umg (Krankheit)*; **sell ~** billig verkaufen; → profile A 1 **2** tief gelegen *(Land etc)* **3** tief *(Verbeugung etc)*: **~ flying** FLUG Tiefflug *m*; **the sun is ~** die Sonne steht tief; → beam A 6 **4** → low-necked **5** a fast leer *(Gefäß)* b fast erschöpft, knapp *(Vorrat etc)*: **get** (*od* **run**) **~** knapp werden, zur Neige gehen; **he is getting** (*od* **running**) **~ on money** ihm geht allmählich das Geld aus; **be ~ on funds** knapp bei Kasse sein *umg*; → budget A 2 **6** schwach, kraftlos, matt: **~ pulse** schwacher Puls **7** *Kost etc*: a wenig nahrhaft b einfach **8** gedrückt, niedergeschlagen, deprimiert: **feel ~** a in gedrückter Stimmung sein b sich elend fühlen (→ A 13 c); → spirit A 8 **9** *(zeitlich)* verhältnismäßig neu *od* jung: **of ~ date** (verhältnismäßig) neuen Datums **10** gering(schätzig): → opinion 3 **11** minderwertig **12** *(sozial)* unter(er, e, es), nieder, niedrig: **of ~ birth** von niedriger Geburt; **~ life** das Leben der einfachen Leute **13** a gewöhnlich, niedrig *(denkend od gesinnt)*: **~ thinking** niedrige Denkungsart b ordinär, vulgär *(Person, Ausdruck etc)* c gemein, niederträchtig *(Trick etc)*: **feel ~** sich gemein vorkommen (→ A 8) **14** nieder, primitiv: **~ forms of life** niedere Lebensformen; **~ race** primitive Rasse **15** tief *(Ton etc)* **16** leise *(Ton, Stimme etc)*: **in a ~ voice** leise **17** LING offen **18** ♀ → Low-Church **19** TECH erst(er, e, es), niedrigst(er, e, es): → gear A 3 b **B** ADV **1** niedrig: **it hangs ~**; **aim ~er** **2** tief: **bow ~** **3** *fig* tief: **sunk thus ~** so tief gesunken **4** kärglich, dürftig: **live ~** ein kärgliches Leben führen **5** niedrig, mit geringem Einsatz: **play ~** niedrig spielen **6** tief (klingend): **sing ~** tief singen **7** leise: **talk ~** **C** S **1** AUTO erster *od* niedrigster Gang **2** METEO Tief(druckgebiet) *n* **3** *fig* Tief(punkt) *n(m)*, -stand *m*: **be at a new ~** e-n neuen Tiefpunkt erreicht haben; → high C 4

low² [ləʊ] **A** V/I brüllen, muhen *(Rind)* **B** S Brüllen *n*, Muhen *n*

low|-alcohol ADJ alkoholarm; **~-altitude** ADJ: **~ flight** Tiefflug *m*; **~ball** *US* **A** V/T die Kosten *(gen)* bewusst zu niedrig veranschlagen **B** ADJ bewusst zu niedrig veranschlagt; **~-bed trailer** S AUTO Tiefladeanhänger *m*; **~ blow** S *Boxen*: Tiefschlag *m*; **~born** ADJ von niedriger Geburt; **~boy** S *US* niedrige Kommode; **~bred** ADJ ungebildet, unfein, gewöhnlich; **~brow** **A** S geistig Anspruchslose(r) *m/f(m)*, Unbedarfte(r) *m/f(m)* **B** ADJ geistig anspruchslos, unbedarft; **~browed** → lowbrow B; **~-budget** ADJ billig, preiswert; **~-calorie** ADJ kalorienarm; **~-ceilinged** ADJ niedrig *(Raum)*; ♀ **Church** S REL Low Church *f (protestantische Richtung innerhalb der anglikanischen Kirche)*; **♀-Church** ADJ REL Low-Church-..., der Low Church; **♀-Churchman** S *irr* REL Anhänger *m* der Low Church; **~ comedy** S Posse *f*, (derber) Schwank; **~-contrast** ADJ FOTO kontrastarm; **~-cost** ADJ kostengünstig, billig, Billig...: **~ flights**; **~ country** S GEOG Tiefland *n*; **♀ Countries** SPL Niederlande *pl (als weiter gefasster Begriff: Niederlande, Belgien und Luxemburg)*; **~-down** ADJ *umg* fies, hundsgemein; **~down** S *umg*: **give sb the ~** j-n aufklären (**on** über *akk*); **get the ~** aufgeklärt werden (**on** über *akk*); **~-emission** ADJ AUTO, TECH abgas-, schadstoffarm *(Auto)*

lower¹ [ˈlaʊə(r)] V/I **1** finster *od* drohend blicken: **~ at sb** j-n finster *od* drohend ansehen **2** a sich (am Himmel) auftürmen *(Wolken)* b sich mit schwarzen Wolken überziehen *(Himmel)*

lower² [ˈləʊə(r)] **A** V/T **1** *e-e Mauer etc* niedriger machen **2** *die Augen, den Gewehrlauf etc, a. die Stimme, den Preis, die Temperatur etc* senken, *das Wahlalter etc a.* herabsetzen **3** *fig* erniedrigen: **~ o.s.** a sich demütigen b sich herablassen **4** abschwächen, mäßigen: **~ one's hopes** s-e Hoffnungen herabschrauben **5** herunter-, herab-, niederlassen, FLUG *das Fahrgestell* ausfahren, *e-e Fahne, ein Segel* niederholen, streichen; → flag¹ A 1 **6** MUS *(im Ton)* erniedrigen **B** V/I **1** niedriger werden *(a. fig)* **2** *fig* sinken, heruntergehen, fallen

lower³ [ˈləʊə(r)] **A** *komp von* low¹ A **B** ADJ **1** niedriger *(a. fig)*: **a ~ estimate** e-e niedrigere Schätzung **2** unter(er, e, es), Unter...: **~ court** JUR untergeordnetes Gericht; → grade A 2, jaw A 1, lip A 1 **3** GEOG Unter..., Nieder...: **♀ Austria** Niederösterreich *n* **4** neuer, jünger *(Datum)*: **of a ~ date** jüngeren Datums **5** BIOL nieder *(Pflanzen etc)*

lower| case S TYPO **1** Unterkasten *m* **2** Kleinbuchstaben *pl*; **~-case** [ˈ-keɪs; ˌ-ˈkeɪs] TYPO **A** ADJ **1** in Kleinbuchstaben (gedruckt *od* geschrieben) **2** Klein...: **~ letters** **B** V/T in Kleinbuchstaben drucken *od* schreiben; **~ chamber** → lower house; **~ class** S SOZIOL Unterschicht *f*: **the lower classes** die unteren Klassen; **~-class** ADJ **1** SOZIOL ... der Unterschicht **2** zweitklassig; **~classman** [-mən] S *irr* SCHULE *US* Student *m* in den ersten beiden Studienjahren; **~ criticism** S Textkritik *f*; **~ deck** S SCHIFF **1** Unterdeck *n* **2** **the ~** *Br koll* die Unteroffiziere *pl* u. Mannschaftsgrade *pl*; **~ house** S PARL Unterhaus *n*

lowering [ˈlaʊərɪŋ] ADJ (ADV ~ly) finster, drohend

lowermost [ˈləʊə(r)məʊst] **A** ADJ **1** niedrigst(er, e, es) *(a. fig)* **2** unterst(er, e, es) **B** ADV **1** am niedrigsten **2** zuunterst

lower| regions SPL → lower world 2; **~ world** S **1** *(die)* Erde **2** Hölle *f*, Unterwelt *f*

lowery [ˈlaʊərɪ] ADJ finster, drohend

lowest [ˈləʊɪst] **A** *sup von* low¹ A **B** ADJ **1** niedrigst(er, e, es) *(a. fig)*: **~ bid** WIRTSCH Mindestgebot *n*; **~ price** Tiefstpreis *m* **2** unterst(er, e, es) **C** S **1** **at the ~** wenigstens, mindestens

low| explosive S CHEM Sprengstoff *m* geringer Brisanz; **~-fat** ADJ fettarm, Mager...; **~-flying** ADJ tieffliegend: **~ plane** Tiefflieger *m*; **~ frequency** S ELEK, PHYS Niederfrequenz *f*; **♀ German** S LING **1** Niederdeutsch *n*, das Niederdeutsche **2** Platt(deutsch) *n*, das Platt(deutsche); **~-grade** ADJ **1** minderwertig **2** leicht *(Fieber etc)*; **~-heeled** ADJ mit niedrigen *od* flachen Absätzen; **~-income** ADJ einkommensschwach; **~-interest** ADJ WIRTSCH zinsgünstig *(Darlehen etc)*; **~-key(ed)** ADJ **1** MAL, FOTO dunkel, überwiegend in dunklen Farben gehalten **2** gedämpft *(Farbe)*, *(Ton a.)* leise **3** zurückhaltend *(Empfang etc)*; **~land** [-lənd; *US a.* -ˌlænd] **A** S Tief-, Flachland *n*: **the ♀s** *pl* **of Scotland** das schottische Tiefland **B** ADJ tief-, flachländisch, Tief-, Flachland...; **~lander** [-ləndə(r); *US a.* -ˌlæn-] S **1** Tief-, Flachländer(in) **2** ♀ schottische(r) Tiefländer(in); **♀ Latin** S LING nichtklassisches Latein; **~-lead** [-ˈled] ADJ bleiarm *(Benzin)*; **~-level** ADJ **1** niedrig *(a. fig)*: **~ officials** *a.* kleine Beamte; **~ language** IT maschinennahe *od* -orientierte Programmiersprache **2** FLUG, MIL Tief(flieger)...: **~ attack**; **~ bombing** Bombenwurf *m* aus niedriger Flughöhe; **~ flight** Tiefflug *m* **3** schwach radioaktiv; **~life** *pl* lowlifes S *US umg* zwielichtiger Typ

lowliness [ˈləʊlɪnɪs] S Demut *f*, Bescheidenheit *f*

low loader S AUTO Tieflader *m*

lowly [ˈləʊlɪ] **A** ADJ (ADV *US* **lowlily**) **1** demütig, bescheiden **2** → low¹ A 12 **3** → low-ranking **4** unwichtig **5** **~ position** SPORT schlechter Tabellenplatz **B** ADV **1** demütig *(etc; → A)* **2** leise

Low| Mass S KATH Stille Messe; **♀-minded**

ADJ (ADV ~ly) gewöhnlich, ordinär; ≈-**mindedness** S Gewöhnlichkeit *f*, Ordinärheit *f*; ≈-**necked** ADJ tief ausgeschnitten, mit tiefem Ausschnitt *(Kleid)*

lowness ['ləʊnɪs] S **1** Niedrigkeit *f (a. fig)* **2** Tiefe *f (e-r Verbeugung, e-s Tons etc)* **3** Knappheit *f (von Vorräten etc)* **4** ~ **of spirits** → low-spiritedness **5** Minderwertigkeit *f* **6** **a** Ordinärheit *f*, Vulgarität *f* **b** Gemeinheit *f*, Niederträchtigkeit *f*

low|-noise ADJ rauscharm *(Tonband etc)*; **~-octane** ADJ CHEM mit niedriger Oktanzahl; ~ **pass** S SPORT Flachpass *m*; **~-pass filter** S ELEK Tiefpass(filter) *m(n/m)*; **~-pitched** ADJ **1** tief *(Ton etc)* **2** mit geringer Neigung *(Dach)*; **~-precipitation** ADJ niederschlagsarm; ~ **pressure** S **1** TECH Niederdruck *m* **2** METEO Tiefdruck *m*; **~-pressure** ADJ **1** TECH Niederdruck...: ~ **compressor (turbine,** *etc)* **2** METEO Tiefdruck...: ~ **area** Tief(druckgebiet) *n* **3** *fig* **a** wenig aggressiv *(Werbekampagne etc)* **b** sanft, indirekt: **his ~ manner** **c** unbeschwert *(Gefühl)*; **~-priced** → low-cost; **~-profile** ADJ **1** medienscheu *(Politiker etc)* **2** *it was* **a ~ campaign** e-e Kampagne, die in den Medien kaum Beachtung fand; **~-ranking** ADJ von niederem Rang, nieder: ~ **officials** *a.* kleine Beamte; ~ **relief** S Bas-, Flachrelief *n*; **~rise** **A** ADJ Flach...: ~ **building** → B **B** S Flachbau *m*; ~ **season** S Vor-, Nachsaison *f*; ~ **shoe** S Halbschuh *m*; ~ **shot** S SPORT Flachschuss *m*; **~-spirited** ADJ (ADV ~ly) niedergeschlagen, gedrückt, deprimiert; **~-spiritedness** S Niedergeschlagenheit *f*, Gedrücktheit *f*, Deprimiertheit *f*; ~ **stratus** S *irr* METEO Hochnebel *m*; ≈ **Sunday** S REL Weißer Sonntag *(erster Sonntag nach Ostern)*; **~-temperature** ADJ TECH Niedertemperatur...: ~ **carbonization** Schwelen *n*, Tieftemperaturverkokung *f*; ~ **coke** Schwel-, Tieftemperaturkoks *m*; ~ **dyeing** Kaltfärben *n*; ~ **physics** *pl (als sg konstruiert)* Tieftemperaturphysik *f*; ~ **tension** S ELEK Niederspannung *f*; **~-tension** ADJ ELEK Niederspannungs...; ~ **tide** S Ebbe *f*; ~ **voltage** S ELEK Niederspannung *f*; **~-voltage** ADJ Niederspannungs...; **~-wage country** S Billig-, Niedriglohnland *n*; ~ **water** S SCHIFF Niedrigwasser *n*, tiefster Gezeitenstand: **be in ~** *fig* auf dem Trockenen sitzen *umg*; **~-water mark** S **1** SCHIFF Niedrigwassermarke *f* **2** *fig* Tiefpunkt *m*, -stand *m*; ≈ **Week** S REL Woche *f* nach dem Weißen Sonntag; **~-wing** ADJ: ~ **aircraft** Tiefdecker *m*

lox [lɒks; *US* lɑks] S TECH Flüssigsauerstoff *m*

loxodrome ['lɒksədrəʊm; *US* 'lɑ-] S MATH *Kartografie:* Loxodrome *f (Kurve, die jede Kurve e-r Schar unter dem gleichen Winkel schneidet; bes Verbindungslinie zweier Punkte der Erdoberfläche, die alle Längenkreise unter dem gleichen Winkel schneidet)*; **loxodromic** [-'drɒmɪk; *US* -'drɑ-] ADJ (ADV ~ally) loxodrom(isch): ~ **curve** → loxodrome

loyal ['lɔɪəl] ADJ (ADV ~ly) **1** **(to)** loyal (gegenüber), treu (ergeben) *(dat)*: **be ~ to sb** *a.* treu zu j-m stehen, sich j-m gegenüber loyal verhalten; **a ~ friend** ein treuer *od* zuverlässiger Freund **2** (ge)treu **(to** *dat)*: **~ to his vow**; **loyalist** S **1** loyale(r) Staatsbürger(in) *od* Untertan(in) *etc* **2** HIST **a** Loyalist *m (Kolonist, der im nordamer. Unabhängigkeitskrieg für das Verbleiben bei GB eintrat)* **b** Republikaner *m (im spanischen Bürgerkrieg)*

loyalty ['lɔɪəltɪ] S Loyalität *f*, Treue *f (beide:* **to** *zu)*

lozenge ['lɒzɪndʒ; *US* 'lɑzndʒ] S **1** MATH Raute *f*, Rhombus *m*: ~ **mo(u)lding** ARCH Rautenstab *m* **2** *Heraldik:* rautenförmiges Wappenschild *(von Witwen od unverheirateten Frauen)* **3** MED, PHARM Pastille *f* **4** Raute *f*, rautenförmige Facette *(e-s Edelsteins)*; **lozenged** ADJ **1** rautenförmig **2** gerautet; **lozengy** ADJ *Heraldik:* gerautet

LP ABK **1** long-playing (record) LP *f* **2** *Br* Lord Provost

l.p. ABK PHYS TECH low pressure

LPF ABK light protection factor

LPG ABK TECH liquefied petroleum gas

L-plate S *Br Schild mit der Aufschrift "L", das ein Learner an s-m Fahrzeug anbringen muss;* → learner 3

LPO ABK London Philharmonic Orchestra

LPS ABK *Br* Lord Privy Seal

LRBM ABK MIL long-range ballistic missile Langstreckenrakete *f*

LS ABK **1** left side **2** letter signed

l.s. ABK locus sigilli, the place of the seal

LSAT ABK *US* Law School Admission Test

LSO ABK London Symphony Orchestra

LSD ABK lysergic acid diethylamide LSD *n*

L.S.D., £.s.d. ABK HIST *Br* **librae, solidi, denarii**; pounds, shillings, pence

LSE ABK London School of Economics

Lt. ABK MIL Lieutenant Lt.

l.t. ABK *US* local time Ortszeit *f*

LTA ABK Lawn Tennis Association

Ltd, ltd ABK WIRTSCH *bes Br* limited

lubber ['lʌbə(r)] S **1** **a** Flegel *m*, Rüpel *m* **b** Trottel *m pej* **c** Tollpatsch *m umg* **2** SCHIFF Landratte *f umg*: **~'s hole** Soldatengatt *n*; **~('s) line** Steuerstrich *m (im Kompassgehäuse)*; **lubberly** ADJ & ADV **a** flegel-, rüpelhaft **b** vertrottelt **c** tollpatschig

lube [lu:b] S TECH *bes US umg* Schmiermittel *n*; ~ **oil** S TECH *bes US umg* Schmieröl *n*

lubra ['lu:brə] S *Aus* Eingeborene *f*

lubricant ['lu:brɪkənt] TECH **A** ADJ gleitfähig machend *(a.* MED), schmierend **B** S Gleitmittel *n (a.* MED), Schmiermittel *n*; **lubricate** [-keɪt] V/T TECH **1** gleitfähig machen *(a.* MED) **2** schmieren, ölen: ~ **sb's tongue** j-m die Zunge lösen; **lubricating** ADJ TECH Schmier...: ~ **grease** Schmierfett *n*; ~ **oil** Schmieröl *n*; ~ **power** Schmierfähigkeit *f*; **lubrication** S TECH Schmieren *n*, Ölen *n*: ~ **chart** Schmierplan *m*; ~ **point** Schmierstelle *f*, -nippel *m*; **lubricational, lubricative** [-keɪtɪv] ADJ TECH schmierend, ölend; **lubricator** [-tə(r)] S TECH Schmiervorrichtung *f*

lubricity [lu:'brɪsətɪ] S **1** TECH Gleitfähigkeit *f (a.* MED) **2** TECH Schmierfähigkeit *f* **3** *fig* **a** Schlüpfrigkeit *f* **b** Geilheit *f*; **lubricous** [-kəs] ADJ (ADV ~ly) **1** TECH gleitfähig *(a.* MED) **2** TECH schmierfähig **3** *fig* **a** schlüpfrig **b** geil

lucarne [lu:'kɑ:(r)n] S ARCH stehendes Dachfenster

luce [lu:s] S FISCH (ausgewachsener) Hecht

lucency ['lu:snsɪ] S **1** Glanz *m* **2** Durchsichtigkeit *f*, Klarheit *f*; **lucent** ADJ (ADV ~ly) **1** glänzend, strahlend **2** durchsichtig, klar

lucerne [lu:'sɜ:n; *US* -'sɜrn] S BOT *bes Br* Luzerne *f*

luces ['lu:si:z] *pl von* lux

lucid ['lu:sɪd] ADJ (ADV ~ly) **1** *fig* klar *(Auskunft, Gedanke, Verstand etc)* **2** *fig* hell, *(geistig)* klar: ~ **interval** *(od* **moment)** *bes* PSYCH heller *od* lichter Augenblick **3** *obs od poet* → lucent **4** BOT, ZOOL glatt u. glänzend; **lucidity, lucidness** S **1** *fig* Klarheit *f* **2** *obs od poet* → lucency

Lucifer ['lu:sɪfə(r)] S **1** BIBEL Luzifer *m*: **(as) proud as ~** sündhaft überheblich **2** ASTRON, *poet* Luzifer *m (der Planet Venus als Morgenstern)* **3** ≈, *a.* ≈ **match** Streichholz *n*

luciferous [lu:'sɪfərəs] ADJ *obs* **1** Licht spendend **2** *fig* erleuchtend

luck [lʌk] **A** S **1** Schicksal *n*, Geschick *n*, Zufall *m*: **by ~** durch e-n glücklichen Zufall; **as ~ would have it** wie es der Zufall wollte, (un)glücklicherweise; **bad** *(od* **hard, ill)** ~ Unglück *n*, Pech *n* **(on** für); **(what) bad ~!** so ein Pech!; **bad ~ to him!** ich wünsch ihm alles Schlechte!; **better ~ next time!** vielleicht klappt es beim nächsten Mal!; **I wished him better ~ next time** ich wünschte ihm beim nächsten Mal mehr Glück; **good ~** Glück *n*; **good ~!** viel Glück!; **bring sb good ~** j-m Glück bringen; **piece of good ~** **a** Glück(sfall) *n(m)* **b** glücklicher Zufall; **I could do with a piece of good ~** ich könnte ein bisschen Glück gebrauchen; **worse ~** *(als Einschaltung)* unglücklicherweise, leider; **worse ~!** wie schade!; **worst ~** Pech *n*; **be down on one's ~** vom Pech verfolgt sein *od* werden; **just my ~!** so geht es mir immer!, wieder einmal Pech gehabt!; → British A **2** Glück *n*: **for ~** als Glücksbringer; **with ~** mit Glück; **with ~ you will find it** wenn Sie Glück haben, finden Sie es; **~ was with us** *(od* **on our side)** das Glück stand uns bei *od* war auf unserer Seite; **~ was against us** das Glück war gegen uns; **be in (out of) ~** (kein) Glück haben; **bring sb ~** j-m Glück bringen; **have the ~** das Glück haben **(to be** zu sein); **I had the ~ to succeed** glücklicherweise gelang es mir; **have the ~ of the devil** *(Br a.* **Irish)** , **have the devil's own ~** *umg* (ein) unverschämtes Glück haben; **try one's ~** sein Glück versuchen; **wish sb ~** j-m viel Glück wünschen; **I wish you ~** viel Glück!; **wish me ~** halt mir die Daumen!; → fail B 2 b, push B 4, stroke A 1 **B** V/I ~ **out** *US umg* Schwein haben

luckily ['lʌkɪlɪ] ADV zum Glück, glücklicherweise: ~ **for me** zu m-m Glück; **luckiness** S Glück *n*

luckless ['lʌklɪs] ADJ **1** unglücklich **2** glücklos, erfolglos; **lucklessly** ADV **1** unglücklicherweise **2** **a** → luckless 2 **b** ohne Glück; **lucklessness** S **1** Unglück *n* **2** Glück-, Erfolglosigkeit *f*

lucky ['lʌkɪ] ADJ (ADV → luckily) **1** Glücks..., glücklich: **a ~ day** ein Glückstag; ~ **dip** *Br* **a** Grabbelsack *m umg* **b** *fig umg* Glück(s)sache *f*, Glücksspiel *n*; ~ **hit** Glücks-, Zufallstreffer *m*; **be ~** **a** Glück haben **b** in der glücklichen Lage sein **(to have** zu haben)(→ 2); **you are ~ to be still alive** du hast Glück *od* du kannst von Glück sagen, dass du noch lebst; **you'll be ~!, you should be so ~!** *iron* so siehst du aus!; **it was ~ that ...** es war ein Glück, dass ...; glücklicherweise ..., zum Glück ...; **~ for you!** dein Glück!; **it is ~ for you that ...** du hast Glück *od* du kannst von Glück sagen, dass ...; **third time ~** aller guten Dinge sind drei; → bastard A 2 b, beggar A 3, bleeder 3 a, blighter a, count[1] B 5, devil A 1, dog A 4, son 2, strike A 9 **2** Glück bringend, Glücks...: ~ **charm** Talisman *m*, Amulett *n*; ~ **penny** Glückspfennig *m*; **be ~** Glück bringen (→ 2); → star A 3

lucrative ['lu:krətɪv] ADJ (ADV ~ly) einträglich, gewinnbringend, lukrativ

lucre ['lu:kə(r)] S *pej* **1** Gewinn *m*, Profit *m* **2** Mammon *m*, Geld *n*: **he will do anything for ~** für Geld macht der alles; **filthy ~** *oft hum* schnöder Mammon

lucubrate ['lu:kju:breɪt; -kjʊ-; *US a.* -kə-] V/I **1** *(bes* in der Nacht) angestrengt arbeiten **2** gelehrte Schriften verfassen; **lucubration** S **1** angestrengte *(bes* Nacht)Arbeit **2** gelehrte Schrift

luculent ['lu:kjʊlənt] ADJ (ADV ~ly) *fig* klar, überzeugend

Lucullan [lu:'kʌlən], **Lucullean**

L

[ˌluːkʌˈliːən], **Lucullian** [-lɪən] ADJ lukullisch *(Mahl)*
lud [lʌd] → lord A 8
Luddite [ˈlʌdaɪt] S Luddit *m (Anhänger des englischen Arbeiters Ned Ludd, der 1811-16 das Los der Arbeiter durch die Zerstörung der Maschinen in den Fabriken verbessern wollte)*
ludicrous [ˈluːdɪkrəs] ADJ (ADV ~ly) lächerlich, absurd, grotesk; **ludicrousness** S Lächerlichkeit *f*
ludo [ˈluːdəʊ] S *Br* Mensch ärgere dich nicht® *n (ein Würfelspiel)*
lues [ˈluːiːz] S MED Lues *f (Syphilis)*; **luetic** [luːˈetɪk] ADJ (ADV ~ally) luetisch, luisch: a *auf Lues beruhend* b *an Lues erkrankt*
luff[1] [lʌf] SCHIFF A S 1 Luven *n* 2 *obs* Luv(seite) *f*, Windseite *f* 3 *obs* Backe *f (des Bugs)* 4 Vorliek *n* B V/T 1 *a.* **~ up** an-, aufluven, an den Wind bringen 2 *a.* **~ away** überloppen, *e-m Segelboot* den Wind wegfangen: **~ing match** Luvkampf *m* C V/I *a.* **~ up** an-, aufluven
luff[2] [lʌf] S MIL *US sl* Leutnant *m*
luffa [ˈlʌfə] *bes US* → loofa(h)
lug[1] [lʌg] A V/T a zerren, schleifen: **~ sth into a discussion** etwas mit Gewalt in e-e Diskussion einbringen b schleppen B S 1 heftiger Ruck 2 *28- bis 40-Pfund-Korb od -Kiste zum Obst- u. Gemüsetransport* 3 *pl US umg* Allüren *pl*: **put on ~s** vornehm tun 4 **put the ~ on sb** *US sl* j-n *(finanziell)* erpressen *od* unter Druck setzen 5 SCHIFF → lugsail
lug[2] [lʌg] S 1 a *bes schott* Ohr *n* b *sl* Löffel *m (Ohr)* 2 *(Leder)* Schlaufe *f* 3 ELEK a (Löt)Fahne *f* b Kabelschuh *m* 4 TECH a Henkel *m*, Öhr *n* b Knagge *f*, Zinke *f* c Ansatz *m*, Halter *m* d AUTO Radbolzen *m* 5 *bes US sl* a Trottel *m* b Tollpatsch *m* c Kerl *m*, Knülch *m*
lug[3] [lʌg] → lugworm
luge [luːʒ] A S 1 SPORT Rennrodeln *n*: **~ slide** (*od* **chute**) Rodelbahn *f* 2 (Rodel-, SPORT Renn)Schlitten *m*, (SPORT Renn)Rodel *m* B V/I Schlitten fahren, *a.* SPORT rodeln; **luger** S (Renn)Rodler(in)
luggage [ˈlʌgɪdʒ] S (Reise)Gepäck *n*; **~ carrier** S Gepäckträger *m (am Fahrrad)*; **~ compartment** S 1 BAHN Gepäckraum *m* 2 AUTO *Br* Kofferraum *m*; **~ insurance** S Reisegepäckversicherung *f*; **~ locker** S Gepäckschließfach *n (auf Bahnhöfen etc)*; **~ office** S Gepäckschalter *m*; **~ rack** S BAHN Gepäcknetz *n*; **~ tag** S Gepäckanhänger *m (mit Adresse des Besitzers)*; **~ trolley** S Kofferkuli *m*; **~ van** S BAHN *Br* Gepäckwagen *m*
lugger [ˈlʌgə(r)] S SCHIFF Lugger *m*, Logger *m (kleines Fischereifahrzeug mit Motor u./od Segel)*
lug|nut S AUTO, TECH Radmutter *f*; **~sail** S SCHIFF Lugger-, Logger-, Sturmsegel *n*, Breitfock *f*
lugubrious [luːˈguːbrɪəs] ADJ (ADV ~ly) traurig, kummervoll
lugworm S ZOOL Köderwurm *m*
Luke [luːk] EIGENN & S BIBEL Lukas(evangelium) *m(n)*
lukewarm [ˈluːkwɔː(r)m] ADJ (ADV ~ly) lau(-warm) *(a. fig Zustimmung etc)*, *(Unterstützung etc a.)* halbherzig, *(Applaus etc)* lau, mäßig; **lukewarmness** S Lauheit *f (a. fig)*
lull [lʌl] A V/T 1 *meist* **~ to sleep** einlullen 2 *fig* j-n *(bes durch Täuschung)* beruhigen, beschwichtigen: **~ sb's suspicions** j-s Argwohn zerstreuen; **~ sb into (a false sense of) security** j-n in Sicherheit wiegen 3 **be ~ed** sich legen, nachlassen *(Sturm)*, sich beruhigen *(Meer)* B V/I → A 3 C S **(in)** (Ruhe)Pause *f (in dat)*, vorübergehendes Nachlassen *(gen)*: **a ~ (in the wind)** e-e Flaute, e-e kurze Windstille; **a ~ in the conversation** e-e Gesprächspause; **the ~ before the storm** die Stille vor dem Sturm *(a. fig)*
lullaby [ˈlʌləbaɪ] A S Wiegen-, Schlaflied *n* B V/T in den Schlaf singen
lulu [ˈluːluː] S *bes US sl* tolles Ding, toller Typ: **a ~ of a story** e-e tolle Geschichte; **a ~ of a mistake** ein dicker Hund
lumbaginous [lʌmˈbædʒɪnəs; -ˈbeɪ-] ADJ MED lumbaginös, Hexenschuss…; **lumbago** [-ˈbeɪgəʊ] S MED Lumbago *f*, Hexenschuss *m*
lumbar [ˈlʌmbə(r)] ADJ ANAT, MED lumbal, Lumbal…, Lenden…: **~ puncture** Lumbalpunktion *f*, Lendenstich *m*; **~ region** Lumbal-, Lendengegend *f*; **~ vertebra** Lumbal-, Lendenwirbel *m*
lumber[1] [ˈlʌmbə(r)] A S 1 *bes US (gesägtes od roh behauenes)* Bau-, Nutzholz *n* 2 Gerümpel *n* 3 *fig* überflüssiger Ballast B V/I *bes US* Holz aufbereiten C V/T 1 planlos aufhäufen 2 *a.* **~ up** *ein Zimmer etc* vollstopfen, *a. e-e Erzählung etc* überladen *(beide:* **with** mit*)*: **~ one's mind with facts** sich (unnötig) mit Fakten belasten 3 *etwas* (hinein)stopfen **(into** in *akk)* 4 *Br umg* **~ sb with sth** j-m etwas aufhängen *od* aufhalsen; **~ o.s. with sth** sich etwas auf den Hals laden; **be ~ed with sth** etwas auf dem *od* am Hals haben
lumber[2] [ˈlʌmbə(r)] V/I 1 sich (dahin)schleppen, schwerfällig gehen 2 (dahin)rumpeln *umg (Wagen)*
lumberer [ˈlʌmbərə(r)] S *bes US* Holzfäller *m*, -arbeiter *m*
lumbering[1] [ˈlʌmbərɪŋ] S *bes US* Holzaufbereitung *f*
lumbering[2] [ˈlʌmbərɪŋ] ADJ (ADV ~ly) 1 schwerfällig 2 rumpelnd *umg*
lumber|jack S 1 *bes US* Holzfäller *m*, -arbeiter *m* 2 *US* → lumber jacket; **~ jacket** S Lumberjack *m (Jacke aus Leder od Tuch mit gestricktem Bund an Taille u. Ärmeln)*; **~man** [-mən] S *irr* 1 → lumberjack 1 2 *bes US* Holzhändler *m*; **~ mill** S *bes US* Sägewerk *n*, -mühle *f*; **~ room** S Rumpelkammer *f umg*; **~ trade** S *bes US* (Bau)Holzhandel *m*; **~yard** S *bes US* Holzplatz *m*
lumbricoid [ˈlʌmbrɪkɔɪd] ZOOL A ADJ 1 wurmartig, -förmig 2 Spulwurm… B S Spulwurm *m*
lumen [ˈluːmɪn] *pl* -mens, -mina [-mɪnə] S 1 PHYS Lumen *n (Einheit des Lichtstroms)* 2 ANAT Lumen *n*, Hohlraum *m*
luminal art [ˈluːmɪnl] S Lichtkunst *f*
luminarist [ˈluːmɪnərɪst; *US* -məˌnerəst] S MAL Meister(in) in der Darstellung von Lichteffekten
luminary [ˈluːmɪnərɪ; *US* -məˌneriː] S 1 Leuchtkörper *m* 2 ASTRON, *bes poet* Himmelskörper *m* 3 *fig* a Leuchte *f (Person)* b Star *m*
luminesce [ˌluːmɪˈnes] V/I PHYS lumineszieren; **luminescence** S Lumineszenz *f (Leuchten e-s Stoffs, das nicht durch Erhöhung der Temperatur bewirkt wird)*; **luminescent** ADJ lumineszierend: **~ paint** Leuchtfarbe *f*
luminiferous [ˌluːmɪˈnɪfərəs] ADJ 1 PHYS a Licht erzeugend b lichtfortpflanzend 2 Licht spendend, leuchtend
luminist [ˈluːmɪnɪst] → luminarist; **~ art** → luminal art
luminosity [ˌluːmɪˈnɒsətɪ] S 1 Leuchten *n* 2 Leuchtkraft *f* 3 *fig* Brillanz *f* 4 leuchtender Gegenstand 5 ASTRON, PHYS Lichtstärke *f*, Helligkeit *f*
luminous [ˈluːmɪnəs] ADJ (ADV ~ly) 1 leuchtend, strahlend, Leucht…: **~ dial** Leuchtzifferblatt *n*; **~ energy** PHYS a Licht-, Strahlungsenergie *f* b Leuchtkraft *f*; **~ flux** PHYS Lichtstrom *m*; **~ paint** Leuchtfarbe *f*; → cone A 1 2 hell erleuchtet *(Saal etc)* 3 *fig* glänzend *(Zukunft etc)* 4 *fig* a intelligent, brillant: **a ~ mind** ein klarer Verstand b klar, einleuchtend *(Ideen etc)*; **luminousness** → luminosity 1
lumme [ˈlʌmɪ] INT *Br umg* Donnerwetter!
lummox [ˈlʌməks] S *bes US umg* a Trottel *m pej* b Tollpatsch *m umg*
lummy [ˈlʌmɪ] → lumme
lump[1] [lʌmp] A S 1 Klumpen *m*, Brocken *m*: **have a ~ in one's** (*od* **the**) **throat** *fig* e-n Kloß im Hals haben *umg*; **he is a ~ of selfishness** er ist die Selbstsucht in Person 2 a Schwellung *f*, Beule *f*, Höcker *m* b MED Geschwulst *f*, *(in der Brust)* Knoten *m* 3 unförmige Masse 4 Stück *n Zucker etc* 5 METALL Luppe *f*, Deul *m* 6 *fig* Gesamtheit *f*, Masse *f*: **all of** (*od* **in**) **a ~** alles auf einmal; **in the ~** a in Bausch u. Bogen, im Ganzen, pauschal b *a.* **taken in the ~** im Großen u. Ganzen, alles in allem 7 *a. pl umg* Haufen *m*, Masse *f*, Unmenge *f Geld etc* 8 *umg* Klotz *m (ungeschlachter, dummer Mensch)* B ADJ 1 Stück…: **~ coal** Stückkohle *f*; **~ sugar** Würfelzucker *m* 2 *a.* **~-sum** Pauschal…: **a ~ sum** e-e Pauschalsumme, e-e Pauschale; **~-sum settlement** Pauschalabfindung *f* C V/T *oft* **~ together** a zusammenballen b *fig* zusammenwerfen, in einen Topf werfen *(beide:* **with** mit*)*, über einen Kamm scheren c zusammenfassen **(under one heading** unter einer Überschrift*)* d *Kosten etc* zusammenlegen D V/I 1 Klumpen bilden, klumpen 2 schwerfällig gehen
lump[2] [lʌmp] V/T: **(like it or) ~ it** *umg* sich damit abfinden; **like it or ~ it** ob es dir (nun) passt oder nicht; **if you don't like it you may** (*od* **can**) **~ it** du wirst dich eben damit abfinden müssen
lumpen [ˈlʌmpən] ADJ *umg* a dumm b nicht denkend
lumpenproletariat [ˈlʌmpənˌprəʊlɪˈteərɪət] S *Marxismus*: Lumpenproletariat *n*
lumpiness [ˈlʌmpɪnɪs] S 1 klumpige Beschaffenheit 2 → lumpishness
lumpish ADJ (ADV ~ly) 1 massig, schwer 2 schwerfällig *(a. fig)*; **lumpishness** S 1 Massigkeit *f* 2 Schwerfälligkeit *f (a. fig)*
lumpy ADJ (ADV lumpily) 1 klumpig 2 SCHIFF unruhig *(See)* 3 → lumpish
lunacy [ˈluːnəsɪ] S a MED Wahnsinn *m (a. fig)*, Geistesstörung *f*: **that's sheer ~!** das ist doch heller *od* purer *od* reiner Wahnsinn! b JUR *bes US* Unzurechnungsfähigkeit *f* c *fig* Verrücktheit *f (Handlung)*
lunar [ˈluːnə(r)] ADJ 1 Mond…, Lunar…, lunar: **~ bone** ANAT Mondbein *n*; **~ caustic** MED, PHARM Höllenstein *m*; **~ cycle** ASTRON Mondzyklus *m*; **~ day (month, year)** ASTRON Mondtag *m* (-monat *m*, -jahr *n*); **~ distance** Mondentfernung *f*; **~ eclipse** ASTRON Mondfinsternis *f*; **~ landing** *(Raumfahrt)* Mondlandung *f*; **~ module** *(Raumfahrt)* Mond(lande)fähre *f*; **~ observation** SCHIFF Monddistanzbeobachtung *f*; **~ orbit** Mondbahn *f*; **~ rock** Mondgestein *n*; **~ rover** *(Raumfahrt)* Mondfahrzeug *n*; **~ tide** ASTRON Mondtide *f* 2 Silber…
lunatic [ˈluːnətɪk] A ADJ a MED wahnsinnig, geistesgestört: **~ asylum** *pej* Irrenanstalt *f*; **~ fringe** *(a. als pl konstruiert)* Hundertfünfzigprozentige *pl (extremistische od fanatische Kreise)* b JUR *bes US* unzurechnungsfähig c *fig* verrückt B S a MED Wahnsinnige(r) *m/f(m)*, Geistesgestörte(r) *m/f(m)* b JUR *bes US* Unzurechnungsfähige(r) *m/f(m)* c *fig* Verrückte(r) *m/f(m)*
lunation [luːˈneɪʃn] S ASTRON Lunation *f (vollständiger Ablauf aller Mondphasen)*
lunatism [ˈluːnətɪzəm] S MED Lunatismus *m*, Mondsüchtigkeit *f*
lunch [lʌntʃ] A S Mittagessen *n*: **have ~** (zu)

L

Mittag essen; **be at ~** beim Mittagessen sein; **there is no such thing as a free ~** (*Sprichwort*) für nichts gibts nichts; **~ hour** a *a.* **lunch break** Mittagspause *f* b → lunchtime B VI (zu) Mittag essen: **they ~ed on cold cuts** zu Mittag gab es e-e kalte Platte; **~ out** auswärts *od* im Restaurant zu Mittag essen C VT zum Mittagessen einladen: **~ sb on sth** j-m etwas zum Mittagessen servieren *od* vorsetzen

luncheon ['lʌntʃən] A S *formell für* lunch A: **~ meat** Frühstücksfleisch *n*; **~ voucher** Essen(s)-bon *m*, -gutschein *m*, -marke *f* B VI *formell für* lunch B; **luncheonette** [-'net] S *US* Imbissstube *f*

luncher S Speisende(r) *m/f(m)*

lunch|room → luncheonette; **~time** S Mittagszeit *f*: **at ~** zur Mittagszeit; **~ train** Mittagszug *m*

lune [lu:n] S 1 MATH Kugelzweieck *n* 2 halbmondförmiger Gegenstand *etc* 3 → lunette 4

lunette [lu:'net] S 1 ARCH a Lünette *f* (*halbkreisförmiges Bogenfeld über Türen u. Fenstern*) b Lichtraum *m*, Ohr *n* (*e-s Gewölbes*) 2 MIL, HIST Lünette *f* (*etwa mondförmiger Grundriss von Schanzen u. Forts*) 3 AUTO, TECH Abschleppöse *f* 4 KATH Lunula *f* (*halbmondförmiger Halter für die Hostie in der Monstranz*)

lung [lʌŋ] S ANAT, ZOOL Lunge(nflügel) *f(m)*: **the ~s** *pl* die Lunge (*als Organ*); **the ~s of a city** die Lungen e-r Großstadt (*Grünanlagen etc*); **~ cancer** MED Lungenkrebs *m*

lunge[1] [lʌndʒ] A S a *bes Fechten*: Ausfall *m* b Sprung *m* vorwärts, Satz *m*: **make a ~** → B B VI a *a.* **~ out** *bes Fechten*: e-n Ausfall machen b *a.* **~ out** e-n Sprung vorwärts *od* e-n Satz machen c sich stürzen (**at** auf *akk*): **~ into one's opponent from behind** FUSSB von hinten in den Gegner hineingrätschen C VT vorstoßen: **he ~d his finger accusingly**

lunge[2] [lʌndʒ] A S Longe *f* (*lange Leine, an der ein Pferd bei der Dressur im Kreis herumgeführt wird*) B VT *ein Pferd* longieren

lunger ['lʌŋə(r)] S *umg* Lungenkranke(r) *m/f(m)*, *bes* Tbc-Kranke(r) *m/f(m)*

lung|fish S ZOOL Lungenfisch *m*; **~worm** S ZOOL Lungenwurm *m*; **~wort** S BOT 1 Lungenkraut *n* 2 Lungenflechte *f*

lunisolar [,lu:nɪ'səʊlə(r)] ADJ ASTRON lunisolar: a *Sonne u. Mond betreffend* b *von Sonne u. Mond ausgehend*

lunitidal [,lu:nɪ'taɪdl] ADJ ASTRON Mondtiden…

lunula ['lu:njʊlə] *pl* -lae [-li:] S ANAT Lunula *f*, Nagelmöndchen *n*; **lunular**, **lunulate** [-leɪt] ADJ halbmondförmig

lunule ['lu:nju:l] → lunula

lupin ['lu:pɪn] S BOT Lupine *f*

lupine[1] ['lu:pɪn] *US* → lupin

lupine[2] ['lu:paɪn] ADJ Wolfs…, wolfartig, wölfisch

lupus ['lu:pəs] S MED Lupus *m* (*meist chronische tuberkulöse Hautflechte, die oft entstellende Narben hinterlässt*)

lurch[1] [lɜ:tʃ; *US* lɜrtʃ] A S 1 Taumeln *n*, Torkeln *n* 2 SCHIFF Schlingern *n* 3 Ruck *m*: **give a ~** → B 3 4 *US fig* Hang *m*, Neigung *f* (*beide:* **toward** zu) B VI 1 taumeln, torkeln 2 SCHIFF schlingern 3 rucken, e-n Ruck machen

lurch[2] [lɜ:tʃ; *US* lɜrtʃ] S: **leave sb in the ~** j-n im Stich lassen, j-n sitzen lassen *umg*

lure [ljʊə(r); *bes US* lʊə(r)] A S 1 Köder *m* (**to** für) (*a. fig*) 2 *fig* Lockung *f*, Reiz *m* 3 *fig* Falle *f* 4 JAGD Federspiel *n* (*bei der Falkenjagd*) B VT 1 (an)locken, ködern (*beide a. fig*): **~ away** fortlocken; **~ into** locken in (*akk*) 2 *fig* verlocken, -führen (**into** zu) C VI *fig* (ver)locken

lurid ['ljʊərɪd; 'lʊə-; *US* 'lʊrəd] ADJ (ADV **~ly**) 1 fahl, unheimlich, gespenstisch (*Beleuchtung etc*) 2 düsterrot (*Flammen*) 3 grell (*Farben*) 4 geisterhaft, blass, bleich, fahl 5 *bes fig* düster, finster, unheimlich: **it casts a ~ light on his character** das zeigt s-n Charakter in e-m unheimlichen Licht 6 grässlich, schauerlich 7 BOT, ZOOL schmutzig gelb *od* braun

lurk [lɜ:k; *US* lɜrk] A VI 1 sich versteckt halten, auf der Lauer liegen, lauern (*a. fig*): **~ for sb** j-m auflauern 2 *fig* a verborgen liegen, schlummern b (heimlich) drohen 3 schleichen: **~ about** (*od* **around**) herumschleichen B S *Aus sl* Trick *m*, Masche *f*; **lurking** ADJ (ADV **~ly**) 1 lauernd (*a. fig*) 2 *fig* verborgen, schlummernd

luscious ['lʌʃəs] ADJ (ADV **~ly**) 1 a köstlich, lecker b süß (u. saftig) 2 sinnlich (*Lippen etc*), üppig (*Figur, Frau etc*), knackig, knusprig (*Mädchen*) 3 *fig* herrlich 4 überladen (*Stil etc*); **lusciousness** S 1 a Köstlichkeit *f* b Süße *f* (u. Saftigkeit *f*) 2 Sinnlichkeit *f*, Üppigkeit *f*, Knackigkeit *f* 3 Herrlichkeit *f* 4 Überladenheit *f*

lush[1] [lʌʃ] ADJ (ADV **~ly**) 1 saftig (*Gras etc*), üppig (*Vegetation*) 2 → luscious 3, 4 3 *US fig* a reich (-lich), überreich (*Versorgung etc*): **~ salary** dickes Gehalt *umg* b florierend (*Industrie etc*) c luxuriös (*Wagen etc*)

lush[2] [lʌʃ] *US sl* A S 1 Stoff *m*, Zeug *n* (*Schnaps etc*) 2 Säufer(in) *umg* B VT 1 *j-n* unter Alkohol setzen: **~ o.s.** sich volllaufen lassen *umg* (**on** mit) 2 sich *Alkoholika* hinter die Binde gießen *umg* C VI saufen *umg*

lust [lʌst] A S 1 sinnliche Begierde, Wollust *f* 2 Gier *f*, leidenschaftliches Verlangen (*beide:* **of, for** nach): **~ for destruction** Zerstörungswut *f*; **~ for life** Lebensgier; **~ of power** Machtgier B VI gieren, lechzen (*beide:* **for, after** nach): **they ~ for** (*od* **after**) **power** es gelüstet sie nach (der) Macht

luster[1], *bes Br* **lustre** ['lʌstə(r)] A S 1 Glanz *m* (*a.* MINER *u. fig*): **add ~ to a name** e-m Namen Glanz verleihen 2 a glänzender Überzug b *a.* **metallic ~** Lüster *m* (*auf Glas, Porzellan etc*) 3 a Lüster *m*, Kronleuchter *m* b Kristallanhänger *m* 4 Lüster *m* (*dichtes, glänzendes Halbwollgewebe in Leinwandbindung*) 5 → lusterware B VT *Porzellan, Stoff etc* lüstrieren

luster[2] ['lʌstə(r)] → lustrum

lusterless, *bes Br* **lustreless** ADJ glanzlos, matt, stumpf

lusterware, *bes Br* **lustreware** S Glas-, Ton- *od* Porzellangeschirr *n* mit Lüster

lustful ADJ (ADV **~ly**) wollüstig, lüstern; **lustfulness** S Wollüstigkeit *f*, Lüsternheit *f*

lustiness ['lʌstɪnɪs] S 1 Kräftigkeit *f* (*a. fig*), Robustheit *f* 2 Tatkraft *f* 3 → lustfulness

lustra ['lʌstrə] *pl von* lustrum

lustrate ['lʌstreɪt] VT *Antike*: REL lustrieren; **lustration** [lʌ'streɪʃn] S Lustration *f* (*feierliche kultische Reinigung, im alten Rom durch Sühneopfer, in der lateinischen Liturgie durch Besprengen mit Weihwasser etc*)

lustre[1] *bes Br für* luster[1]

lustre[2] ['lʌstə(r)] → lustrum

lustreless, **lustreware** *bes Br für* lusterless, lusterware

lustring ['lʌstrɪŋ] S Lüstrine *f* (*stark glänzendes, leichtes Hutfuttergewebe in Taftbindung.*)

lustrous ['lʌstrəs] ADJ (ADV **~ly**) 1 glänzend (*a. fig*), strahlend 2 *fig* illuster

lustrum ['lʌstrəm] *pl* -trums, -tra [-trə] S Jahrfünft *n*, *Antike a.* Lustrum *n*

lusty ['lʌstɪ] ADJ (ADV **lustily**) 1 kräftig, robust, stark u. gesund 2 tatkräftig 3 kräftig, stark (*Stoß, Wein etc*) 4 → lustful

lutanist ['lu:tənɪst; *US* 'lu:tnəst] S Lautenist(in), Lautenspieler(in)

lute[1] [lu:t] S MUS Laute *f*: → rift[1] A 2

lute[2] [lu:t] A S 1 TECH Kitt *m*, Dichtungsmasse *f* 2 Gummiring *m* (*für Flaschen etc*) B VT (ver)-kitten

luteal ['lu:tɪəl] ADJ: **~ phase** PHYSIOL luteale Phase, Lutealphase *f* (*des Menstruationszyklus*)

lutein ['lu:tɪɪn; -ti:n] S *Biochemie*: Lutein *n* (*in grünen Blättern, Eidotter, Kuhbutter etc vorkommender gelber organischer Farbstoff*)

lutenist → lutanist

luteous ['lu:tɪəs] ADJ grüngelb

lutestring → lustring

Luth. ABK REL Lutheran luth.

Lutheran ['lu:θərən] A S REL Lutheraner(in) B ADJ lutherisch; **Lutheranism** S Luthertum *n*; **Lutheranize** VT & VI lutherisch machen (werden)

luting ['lu:tɪŋ] → lute[2] A 1

lutist ['lu:tɪst] *US* → lutanist

lutz [lʊts] S *Eis-, Rollkunstlauf*: Lutz *m*

luv [lʌv] S *bes Br sl od hum* 1 herzliche Grüße (*Briefschluss*) 2 → love A 4

luvvie ['lʌvɪ] *bes Br umg* 1 → love A 4 2 *pej* Schmierenkomödiant(in)

lux [lʌks] *pl* lux, luces ['lu:si:z] S PHYS Lux *n* (*Einheit der Beleuchtungsstärke*)

luxate ['lʌkseɪt] VT MED luxieren, aus-, verrenken: **he ~d his left shoulder** er renkte sich die linke Schulter aus; **the accident ~d his left shoulder** bei dem Unfall renkte er sich die linke Schulter aus; **luxation** S Luxation *f*, Verrenkung *f*

Luxemb(o)urg ['lʌksəmbɜ:g; *US* -,bɜrg] S Luxemburg *n*

Luxembourger ['lʌksəmbɜ:gə; *US* -,bɜr-] S Luxemburger(in); **Luxembourgian** A ADJ luxemburgisch B S LING Luxemburgisch *n*, das Luxemburgische

luxmeter S PHYS Luxmeter *n* (*Messinstrument zur Ermittlung der Beleuchtungsstärke*)

luxuriance [lʌg'zjʊərɪəns; *bes US* -'ʒʊər-], **luxuriancy** [-sɪ] S 1 Üppigkeit *f* 2 Fruchtbarkeit *f* 3 (**of**) Fülle *f* (von *od gen*), Reichtum *m* (an *dat*), Überfluss *m* (an *dat*); **luxuriant** ADJ (ADV **~ly**) 1 üppig (*Vegetation*) (*a. fig*) 2 fruchtbar 3 *fig* (über)reich, verschwenderisch: **a ~ imagination** e-e blühende Fantasie 4 blumig, verschnörkelt, überschwänglich (*Rede, Stil etc*) 5 reich verziert 6 → luxurious 1

luxuriate [lʌg'zjʊərɪeɪt; *bes US* -'ʒʊər-] VI 1 üppig wachsen *od* gedeihen 2 **~ in** sich rekeln *od* räkeln in (*dat*) (*beide umg*): **~ in the sun** sich in der Sonne aalen *umg* 3 **~ in** schwelgen in (*dat*) (*a. fig*) 4 ein Luxusleben führen

luxurious [lʌg'zjʊərɪəs; *bes US* -'ʒʊər-] ADJ (ADV **~ly**) 1 luxuriös, Luxus…: **live a ~ life** → luxuriate 4 2 schwelgerisch 3 verschwenderisch, genusssüchtig (*Person*) 4 genüsslich, wohlig; **luxuriousness** → luxury A 1

luxury ['lʌkʃərɪ] A S 1 Luxus *m*: a Wohlleben *n*, Reichtum *m*: **live in ~** im Überfluss *od* Luxus leben; → lap[1] 1, lap[2] A 3 b etwas Besonderes: **permit o.s. the ~ of doing sth** sich den Luxus gestatten, etwas zu tun c Aufwand *m*, Pracht *f* 2 Luxusgegenstand *m*, -artikel *m*: **he can't afford many luxuries** er kann sich nicht viel Luxus leisten B ADJ Luxus…, der Luxusklasse: **a ~ hotel**; **~ apartment** (*bes Br* **flat**) Luxus-, Komfortwohnung *f*

LV ABK *Br* luncheon voucher

LVN ABK *US* licensed vocational nurse

LW ABK 1 ELEK long wave LW 2 low water

LWM, l.w.m. ABK SCHIFF low-water mark

lycanthropy [laɪ'kænθrəpɪ] S 1 *Volksglaube*: Verwandlung *f* in e-n Wolf 2 PSYCH Lykanthropie *f* (*Wahnvorstellung, in e-n [Wer]Wolf od in ein anderes wildes Tier verwandelt zu sein*)

lyceum [laɪ'si:əm] S *US* (*Art*) Volkshochschule *f*

lychee [ˌlaɪˈtʃiː; ˈlaɪtʃiː; ˈlɪtʃɪ; *US* ˈliːtʃiː] S BOT Litschi *f*
lych gate → lich gate
lychnis [ˈlɪknɪs] S BOT Lichtnelke *f*
lycopod [ˈlaɪkəpɒd; *US* -ˌpɑd] S BOT Bärlapp *m*
lyddite [ˈlɪdaɪt] S CHEM Lyddit *m*
lye [laɪ] CHEM A S Lauge *f* B V/T mit Lauge behandeln
lying[1] [ˈlaɪɪŋ] A *ppr von* lie[1] B ADJ lügnerisch, verlogen, (*Angaben etc*) unwahr C S Lügen *n od pl*
lying[2] [ˈlaɪɪŋ] A *ppr von* lie[2] B ADJ liegend: ~ **shaft** TECH horizontale Welle
lying[3] [ˈlaɪɪŋ] *ppr von* lye B
lying-in *pl* lyings-in, lying-ins S MED a Niederkunft *f*, Entbindung *f*: ~ **hospital** Geburtsklinik *f* b Wochenbett *n*
lyke-wake [ˈlaɪkweɪk] S *Br* Totenwache *f*
lyme grass [laɪm] S BOT 1 Haargras *n* 2 Fächer-Rispengras *n*
lymph [lɪmf] S Lymphe *f*: a PHYSIOL Gewebsflüssigkeit *f* b MED *aus Lymphe von Kühen od Kälbern gewonnener Impfstoff gegen Pocken*
lymphadenitis [lɪmˌfædɪˈnaɪtɪs] S MED Lymphadenitis *f*, Lymphknotenentzündung *f*
lymphatic [lɪmˈfætɪk] A ADJ (ADV ~ally) ANAT, MED, PHYSIOL lymphatisch, Lymph...: ~ **gland** → lymph gland; ~ **system** Lymphgefäßsystem *n*; ~ **vessel** → B B S ANAT Lymphgefäß *n*
lymph| cell, ~ **corpuscle** → lymphocyte; ~ **gland**, ~ **node** S ANAT Lymphknoten *m*
lymphocyte [ˈlɪmfəʊsaɪt] S PHYSIOL Lymphozyt *m*, Lymphzelle *f*
lymphocytosis [ˌlɪmfəʊsaɪˈtəʊsɪs; *US a.* -səˈt-] S MED Lymphozytose *f* (*krankhafte Vermehrung der Lymphozyten im Blut*)
lymphography [lɪmˈfɒgrəfɪ; *US* -ˈfɑ-] S MED Lymphografie *f* (*Röntgendarstellung von Lymphgefäßen u. -knoten*)
lymphoid [ˈlɪmfɔɪd] ADJ ANAT, PHYSIOL lymphoid, Lymph...
lymphoma [lɪmˈfəʊmə] *pl* -mata [-mətə], -mas S MED Lymphom *n* (*gut- u. bösartige Vergrößerung der Lymphknoten*)
lymph vessel S ANAT Lymphgefäß *n*
lynch [lɪntʃ] V/T lynchen; ~ **law** S Lynchjustiz *f*
lynx [lɪŋks] S 1 ZOOL Luchs *m* 2 Luchs(pelz) *m*; **~-eyed** ADJ *fig* mit Augen wie ein Luchs, mit Luchsaugen: **be** ~ Augen wie ein Luchs *od* Luchsaugen haben
Lyon King of Arms [ˈlaɪən] S Kron-Wappenherold *m* (*in Schottland*)
Lyons [ˈlaɪənz] S Lyon *n*
Lyra [ˈlaɪərə] *gen* -rae [-riː] S ASTRON Leier *f* (*Sternbild*)
lyrate [ˈlaɪərɪt; -reɪt], *a.* **lyrated** [-tɪd] ADJ leierförmig
lyre [ˈlaɪə(r)] S 1 MUS *Antike*: Leier *f*, Lyra *f* 2 ♎ → Lyra; **~bird** S ORN (*ein*) Leierschwanz *m*
lyric [ˈlɪrɪk] A ADJ (ADV ~ally) 1 lyrisch: ~ **poetry** → B 1 b 2 *fig* lyrisch, gefühlvoll 3 MUS a Musik...: ~ **drama** b lyrisch (*Stimme etc*) B S 1 a lyrisches Gedicht b *pl* Lyrik *f*, lyrische Dichtung 2 *pl* MUS (Lied)Text *m*; **lyrical** [-kl] ADJ (ADV ~ly) 1 → lyric A 2 schwärmerisch: **get** ~ ins Schwärmen geraten
lyricism [ˈlɪrɪsɪzəm] S 1 Lyrik *f*, lyrischer Charakter *od* Stil 2 Schwärmerei *f*; **lyricist** S 1 Lyriker(in), lyrische(r) Dichter(in) 2 Texter(in), Textdichter(in)
lyrist S 1 [ˈlɪrɪst] → lyricist 1 2 [ˈlaɪərɪst] Leierspieler(in)
lyse [laɪs; laɪz] V/T & V/I BIOL, MED (sich) auflösen
lysimeter [laɪˈsɪmɪtə(r)] S TECH Lysimeter *n* (*Vorrichtung zur Messung der Versickerung von Wassermengen im Boden*)
lysin [ˈlaɪsɪn; *US* -sn] S BIOL, MED Lysin *n* (*Stoff od Antikörper, der in den Organismus eingedrungene Fremdsubstanzen u. Krankheitserreger aufzulösen vermag*)
lysine [ˈlaɪsiːn; *Br a.* -sɪn] S *Biochemie*: Lysin *n* (*basische Aminosäure, die als Baustein in vielen Eiweißstoffen vorkommt*)
lysis [ˈlaɪsɪs] *pl* -ses [-siːz] S 1 MED Lysis *f* (*allmähliches Zurückgehen des Fiebers*) 2 BIOL, MED Lysis *f* (*Auflösung von Zellen nach Zerstörung der Zellwand durch Lysine*)
lyssa [ˈlɪsə] S MED, VET Lyssa *f*, Tollwut *f*

M

M[1], **m** [em] *pl* M's, Ms, m's, **ms** [emz] S 1 M, m *n* (*Buchstabe*) 2 TYPO Geviert *n*
M[2] ABK 1 FLUG PHYS Mach number 2 *Br* motorway 3 mega- 4 million 5 HIST (*Währung*) mark(s PL) DM
m.[1] ABK 1 male männl. 2 mare 3 married verh. 4 masculine m 5 medicine Med. 6 meridian
M.[2] ABK 1 Majesty Maj. 2 marquis 3 PHYS mass m 4 Master 5 member 6 moment
ma[1] [mɑː] (*als Anrede meist* ♎) S *umg* 1 Mama *f*, Mutti *f* 2 *bes US* Oma *f* (*alte Frau*)
MA[2] ABK 1 Master of Arts MA *m* 2 mental age 3 Military Academy
maa [mæː] A V/I meckern (*Ziege*) B S Meckern *n*
ma'am S 1 [mæm; məm; m] *umg für* madam 2 [mɑːm; mæm] *Br* a Majestät! (*Anrede für die Königin*) b (Königliche) Hoheit! (*Anrede für Prinzessinnen*)
mac[1] [mæk] *Br umg für* mackintosh
Mac[2] [mæk] S *US umg* (*als Anrede*) Meister!, Chef!
Mac- [mæk; mək; mɪk; mə; mɪ] *Wortelement in irischen u. schottischen Eigennamen mit der Bedeutung* Sohn des: **MacDonald, Macdonald**
macabre [məˈkɑːbrə], *US a.* **macaber** [-bər] ADJ makaber: a *mit dem Tod etc spaßend*: **he's got a ~ sense of humo(u)r** b *an den Tod erinnernd, grausig* (*u. düster*): → danse macabre
macaco [məˈkɑːkəʊ; *Br a.* -ˈkeɪ-] *pl* -cos S ZOOL (*ein*) Maki *m*, Lemure *m*
macadam [məˈkædəm] (*Straßenbau*) A S 1 Makadam-, Schotterdecke *f od* -straße *f* 2 a Makadam *m/n* (*Teersplitt*) b Schotter *m* B ADJ Makadam..., Schotter...: ~ **road**; **macadamization** S Makadamisierung *f*, Chaussierung *f*; **macadamize** V/T makadamisieren, chaussieren: **~d road** Schotterstraße *f*
macaque [məˈkɑːk; *US a.* məˈkæk] S ZOOL Makak *m* (*Affe*)
macaroni [ˌmækəˈrəʊnɪ] SPL (*als sg konstruiert*) Makkaroni *pl* (*röhrenförmige Nudeln*): ~ **cheese** GASTR mit Käse überbackene Makkaroni
macaronic [ˌmækəˈrɒnɪk; *US* -ˈrɑ-] A ADJ ~ **poetry** makkaronische Dichtung (*Dichtung, in die lateinische u. lateinisch deklinierte Wörter e-r anderen Sprache eingestreut sind*) B S 1 *pl* makkaronische Verse *pl* 2 *fig* Mischmasch *m*
macaroon [ˌmækəˈruːn] S GASTR Makrone *f* (*ein Gebäck aus gemahlenen Mandeln, Zucker u. Eiweiß*)
Macassar oil [məˈkæsə(r)] S *bes* HIST Makassaröl *n* (*ein Haaröl*)
macaw [məˈkɔː] S ORN Ara *m*
Maccabean [ˌmækəˈbiːən] ADJ BIBEL makkabäisch; **Maccabees** [ˈmækəbiːz] SPL BIBEL 1 Makkabäer *pl* 2 (*als sg konstruiert*)(*das Buch der*) Makkabäer *pl*
maccaroni → macaroni
mace[1] [meɪs] S 1 MIL, HIST Keule *f*, Streitkolben *m* 2 Knüppel *m* 3 Amtsstab *m* 4 Träger *m* des Amtsstabs 5 HIST Billardstock *m* 6 (*a.* **Chemical**) ♎® *US* chemische Keule (*bei Polizeieinsätzen etc verwendeter Reizstoff*)
mace[2] [meɪs] S Muskatblüte *f* (*als Gewürz*)
macebearer → mace[1] 4
macédoine [ˌmæsɪˈdwɑːn; masedwan] S GASTR Macédoine *f*: a *Gemisch von klein geschnittenen u. in Gelee servierten Früchten od Gemüsen* b *ein Gemüsesalat*
Macedonia [ˌmæsɪˈdəʊnɪə] S Mazedonien *n*
Macedonian [ˌmæsɪˈdəʊnjən] A S Mazedonier(in) B ADJ mazedonisch
macer [ˈmeɪsə(r)] → mace[1] 4
macerate [ˈmæsəreɪt] A V/T 1 ein-, aufweichen, aufquellen u. erweichen 2 BIOL *Nahrungsmittel* aufschließen 3 ausmergeln, entkräften 4 kasteien B V/I 1 aufweichen, aufquellen u. weich werden 2 ausgemergelt werden; **maceration** S 1 Einweichung *f*, Aufquellen *n* u. Erweichen *n* 2 BIOL Aufschließen *n* (*von Nahrungsmitteln bei der Verdauung*) 3 Ausmerg(e)lung *f*, Entkräftung *f* 4 Kasteiung *f*; **macerator** [-tə(r)] S TECH Stoffmühle *f*
Mach [mɑːk; *Br a.* mæk] S FLUG, PHYS Mach *n*: ~ **two** 2 Mach; **fly at ~ two** mit e-r Geschwindigkeit von 2 Mach fliegen
mach. ABK 1 machine 2 machinery 3 machinist
machan [məˈtʃɑːn] S JAGD *IndEng* Hochsitz *m* (*bei der Tigerjagd*)
machete [məˈtʃetɪ; *US a.* məˈʃetiː] S Machete *f*, Buschmesser *n*
Machiavellian [ˌmækɪəˈvelɪən] A ADJ 1 Machiavellisch 2 *bes* POL machiavellistisch, skrupellos B S Machiavellist *m*, skrupelloser Intrigant; **Machiavellianism** S POL Machiavellismus *m*
machicolated [mæˈtʃɪkəʊleɪtɪd] ADJ MIL, HIST maschikuliert, mit Pechnasen (versehen *od* bewehrt); **machicolation** S 1 Pechnase *f*, Gusserker *m* 2 Gusslochreihe *f*
machinate [ˈmækɪneɪt] A V/I Ränke schmieden, intrigieren B V/T aushecken; **machination** S 1 (tückischer) Anschlag, Intrige *f*, Machenschaft *f*: **political ~s** politische Ränke *od* Umtriebe 2 Aushecken *n*; **machinator** [-tə(r)] S Ränkeschmied *m*
machine [məˈʃiːn] A S 1 PHYS, TECH Maschine *f*: **by** ~ maschinell 2 a Apparat *m*, Vorrichtung *f* b Automat *m* 3 *umg* Maschine *f* (*Flugzeug, Motorrad, Auto etc*) 4 THEAT Maschine *f*, Bühnenmechanismus *m* 5 (*literarischer*) Kunstgriff 6 *fig* Maschine *f*, Roboter *m* (*Mensch*) 7 POL Apparat *m* (*maschinenmäßig funktionierende Organisation*): **the ~ of government** der Regierungsapparat 8 HIST Kriegsmaschine *f* B ADJ maschinell C V/T TECH a maschinell herstellen b maschinell bearbeiten c *Br* maschinell drucken d mit der (Näh)Maschine nähen e *Metall* zerspanen; ~ **accounting** S Maschinenbuchführung *f*; ~ **age** S Maschinenzeitalter *n*; ~ **bookkeeping** S Maschinenbuchführung *f*; ~ **code** → machine language; ~ **fitter** S TECH Maschinenschlosser *m*
machine gun S MIL Maschinengewehr *n*, MG *n*; **machine-gun** V/T mit e-m Maschinengewehr beschießen, mit Maschinengewehrfeuer belegen; **machine-gunner** S MIL MG-Schütze *m*
machine| intelligence S IT *Br* Maschinenintelligenz *f*; ~ **language** S IT *Br* Maschinensprache *f*; ~ **load** S TECH Maschinenbelas-

tung *f*

machine-made ADJ **1** maschinell hergestellt **2** *fig* stereotyp, genormt

machine| operator S Maschinenarbeiter(in), Maschinist(in); **~ pistol** S MIL Maschinenpistole *f*; **~ production** S maschinelle Herstellung

machine-readable ADJ IT maschinell lesbar, maschinenlesbar

machine ruler S Liniermaschine *f*

machinery [məˈʃiːnərı] S **1** Maschinen *pl* **2** Maschinerie *f*, Maschinen(park) *pl(m)*, -ausrüstung *f* **3** Mechanismus *m*, (Trieb)Werk *n* **4** *fig* **a** Maschinerie *f*, Maschine *f*, Räderwerk *n*: **the ~ of the law works slowly** die Mühlen des Gesetzes mahlen langsam **b** → machine A 7 **5** Theatermaschinerie *f* **6** dramatische Kunstmittel *pl*

machine| shop S TECH Maschinenhalle *f*, -saal *m*, -werkstatt *f*; **~ steel** S TECH Maschinenbaustahl *m*; **~ time** S **1** TECH Betriebszeit *f* (*e-r Maschine*) **2** IT Maschinen-, Rechenzeit *f*; **~ tool** S TECH Werkzeugmaschine *f*

machine-tooled ADJ **1** TECH auf der Werkzeugmaschine hergestellt *od* bearbeitet **2** *fig* präzise

machine| translation S maschinelle Übersetzung; **~ twist** S (Näh)Maschinenfaden *m*, -garn *n*

machine-washable ADJ waschmaschinenfest (*Gewebe*)

machinist [məˈʃiːnıst] S **1** TECH **a** Maschinenschlosser(in) **b** Maschinist(in) (*a.* THEAT), Maschinenmeister(in) **c** Facharbeiter(in) für Werkzeugmaschinen **2** Maschinennäherin *f* **3** SCHIFF Maschinist *m*

machismo [məˈtʃızməʊ; -ˈkız-; *US* mɑˈtʃiz-] S Machismo *m*, Männlichkeitswahn *m*

machmeter [ˈmɑːkˌmiːtə(r); *Br a.* ˈmæk-] S FLUG, PHYS Machmeter *n* (*Bordinstrument zur Messung der Machzahl*)

Mach number S FLUG, PHYS Machzahl *f*

macho [ˈmɑːtʃəʊ] **A** *pl* -chos S Macho *m* (*Mann mit für den Machismo charakteristischen Eigenschaften*) **B** ADJ Macho…

macintosh → mackintosh

mack [mæk] **1** *Br colloq für* mackintosh **2** *US umg für* mackinaw **3** *sl* Zuhälter *m*

mackerel [ˈmæk(ə)rəl] *pl* -el, (*bes Arten*) -els S FISCH Makrele *f*; **~ breeze** S SCHIFF Makrelenbrise *f*, -wind *m* (*der für den Makrelenfang günstig ist*); **~ shark** S FISCH (*ein*) Heringshai *m*; **~ sky** S METEO (Himmel *m* mit) Schäfchenwolken *pl*

mackinaw [ˈmækəˌnɔː] S *US* **1** *a.* ♀ **blanket** Mackinaw-Decke *f* (*e-e dicke Wolldecke*) **2** *a.* ♀ **coat**, **~ coat** Stutzer *m*, kurzer (schwerer) Plaidmantel **3** *a.* ♀ **boat** SCHIFF Mackinaw-Boot *n* (*ein flach gehendes Boot*)

mackintosh [ˈmækıntɒʃ; *US* -ˌtɑʃ] S Mackintosh *m*: **a** *durch e-e Gummischicht wasserdicht gemachter Stoff* **b** *bes Br* Regen-, Gummimantel *m*

mackle [ˈmækl] **A** S **1** dunkler Fleck **2** TYPO Schmitz *m*, verwischter Druck, Doppeldruck *m* **B** V/T & V/I schmitzen

macle [ˈmækl] S MINER **1** Zwillingskristall *m* **2** dunkler Fleck (*in e-m Mineral*)

macramé [məˈkrɑːmı; *US* ˈmækrəmeı] S Makramee *n* (*ursprünglich arabische Knüpftechnik, bei der gedrehte Fäden mit Fransen zu kunstvollen Mustern verknüpft werden*)

macro [ˈmækrəʊ] *pl* -ros S IT *umg* Makro *n* (*Makrobefehl*)

macro- [mækrəʊ; -rə] *Wortelement mit der Bedeutung* Makro…, (sehr) groß

macroanalysis S *irr* CHEM Makroanalyse *f*

macrobiotic **A** ADJ (ADV ~ally) makrobiotisch **B** S **macrobiotics** *pl* (*als sg konstruiert*) Makrobiotik *f* (*spezielle, hauptsächlich auf Getreide u. Gemüse basierende Ernährung*)

macrocephalous, **macrocephalic** ADJ MED makrozephal, großköpfig; **macrocephaly** S Makrozephalie *f*, Großköpfigkeit *f*

macroclimate S METEO Groß-, Makroklima *n*

macrocosm S Makrokosmos *m*, Weltall *n*; **macrocosmic** ADJ (ADV ~ally) makrokosmisch

macrocyte [-saıt] S MED Makrozyt *m* (*unreifes, großes rotes Blutkörperchen*)

macroeconomic **A** ADJ (ADV ~ally) makroökonomisch **B** S **macroeconomics** *pl* (*als sg konstruiert*) Makroökonomie *f*, Makroökonomik *f* (*Teilgebiet der Wirtschaftstheorie, bei dem gesamtwirtschaftliche Zusammenhänge untersucht werden*)

macroinstruction S IT Makroinstruktion *f*, -befehl *m*

macrolinguistics SPL (*als sg konstruiert*) LING Makrolinguistik *f* (*der Gesamtbereich der Sprachwissenschaft*)

macron [ˈmækrɒn; *US* ˈmeıkˌrɑn] S LING Längestrich *m* (*über Vokalen*)

macrophotography S Makrofotografie *f* (*fotografische Aufnahmen im Nahbereich mit vergrößernder Abbildung*)

macrophysics SPL (*als sg konstruiert*) PHYS Makrophysik *f* (*Teilgebiete der Physik, die den atomaren Aufbau der Materie nicht in ihre Betrachtungen einbeziehen*)

macrophyte [-faıt] S BIOL Makrophyt *m* (*ohne optisches Hilfsmittel deutlich erkennbare Pflanze*)

macroscopic [-ˈskɒpık; *US* -ˈskɑ-] ADJ (ADV ~ally) makroskopisch, mit bloßem Auge erkennbar

macrurous [məˈkrʊərəs] ADJ ZOOL langschwänzig, Langschwanz…

macula [ˈmækjʊlə] *pl* -lae [-liː] S **1** (dunkler) Fleck (*a.* MINER) **2** MED (*bes* Haut)Fleck *m* **3** ASTRON Sonnenfleck *m*; **macular** ADJ **1** gefleckt, fleckig, makulös **2** Flecken…; **maculate** **A** V/T [-leıt] beflecken (*a. fig*) **B** ADJ [-lət] befleckt (*a. fig*); **maculation** S **1** Befleckung *f* (*a. fig*) **2** Fleck(en) *m*, Makel *m*

macule [ˈmækjuːl] S **1** TYPO → mackle **2** *obs* **a** (Schmutz)Fleck *m* **b** Makel *m*

mad [mæd] **A** ADJ (ADV → madly) **1** wahnsinnig, verrückt (*beide a. fig*): **he was almost ~ with jealousy** er war fast verrückt vor Eifersucht; **go ~** verrückt *od* wahnsinnig werden; **drive sb ~** **a** j-n verrückt *od* wahnsinnig machen **b** j-m auf den Wecker fallen *umg*; **it's enough to drive one ~** es ist zum Verrücktwerden; **like ~** wie wahnsinnig, wie verrückt (*arbeiten etc*); **a ~ plan** ein verrücktes Vorhaben; → hare A 1, hatter **2** *umg* verrückt (**about, on** nach): **be ~ about soccer** fußballverrückt sein, e-n Fußballfimmel haben; **a soccer-~ country** ein fußballverrücktes Land; **be ~ keen on** *Br* ganz scharf *od* wild sein auf (*akk*) (*beide umg*); **be ~ keen to do sth** *Br* ganz scharf *od* wild darauf sein, etwas zu tun (*beide umg*) **3** *bes US umg* sauer (**with, at** auf *akk*) **4** ausgelassen, übermütig: **they are having a ~ time** bei denen gehts toll zu, sie amüsieren sich großartig **5** wild (geworden): **a ~ bull** ein wilder Stier **6** VET tollwütig (*Hund etc*) **7** wild, heftig, wütend: **they made a ~ scramble for the door** sie stürzten wie wild zur Tür **B** V/T **1** *obs* wahnsinnig *od* verrückt machen **2** *bes US umg* sauer machen **C** V/I *obs* sich wie wahnsinnig *od* toll gebärden

Madagascan [ˌmædəˈgæskən] **A** S Madagasse *m*, Madagassin *f* **B** ADJ madagassisch

Madagascar [ˌmædəˈgæskə(r)] S Madagaskar *n*

madam [ˈmædəm] *pl* mesdames [ˈmeıdæm; *US* meıˈdɑːm; -ˈdæm], madams S **1** (*im pl meist* **ladies**) gnädige Frau *od* gnädiges Fräulein (*als Anrede, oft unübersetzt*) **2** *pl* mesdames Frau *f* (*als Titel*): **the cakes were provided by Mesdames X and Z**; ♀ **President, may I …?** Frau Präsidentin, darf ich …? **3** *pl* madams Bordellwirtin *f*, Puffmutter *f sl*

mad|cap **A** S verwegener *od* verrückter Kerl **B** ADJ verwegen, verrückt (*Entschluss, Mensch etc*): **~ driver** rücksichtsloser Fahrer; **~ cow disease** S VET Rinderwahn(sinn) *m*

MADD ABK *US* Mothers Against Drunk Driving

madden [ˈmædn] **A** V/T **1** wahnsinnig *od* verrückt machen (*beide a. fig*) **2** wütend machen **B** V/I wahnsinnig *etc* werden; **maddening** ADJ (ADV ~ly) **1** unerträglich (*Schmerz etc*) **2** *umg* äußerst ärgerlich (*Verspätung etc*)

madder [ˈmædə(r)] S **1** BOT **a** Krapppflanze *f*, *bes* Färberröte *f* **b** Krapp *m*, Färberwurzel *f* **2** Krapp(rot) *m(n)*: **~ lake**, **~ pink** Krapprosa *n*

madding [ˈmædıŋ] ADJ *obs od poet* **1** rasend, tobend (*Menge*) **2** → maddening

made [meıd] **A** *prät u. pperf von* make **B** ADJ **1** (künstlich) hergestellt *od* hergerichtet: **~ dish** aus mehreren Zutaten zusammengestelltes Gericht; **~ ground** aufgeschütteter Boden; **~ road** befestigte Straße; **English-~ article** WIRTSCH englisches Fabrikat; **~ of wood** aus Holz (hergestellt), Holz… **2** (frei) erfunden (*Geschichte etc*) **3** gemacht, arriviert: **a ~ man** ein gemachter Mann **4** voll ausgebildet (*Soldat*) **5** gut abgerichtet (*Hund, Pferd etc*) **6** (*gut, kräftig etc*) gebaut (*Person*): → well-made 2 **7** *umg* bestimmt, gedacht, gemacht: **it's ~ for this purpose** es ist für diesen Zweck gedacht **8** **he had got it ~** *umg* er hatte es geschafft

Madeira[1] [məˈdıərə] S Madeira *n* (*Insel im Atlantischen Ozean, westlich von Marokko*)

Madeira[2] [məˈdıərə] S Madeira(wein) *m*

Madeira cake S *Br Kuchen aus Rührteig, mit Zitronat dekoriert*

Madeiran [məˈdıərən] **A** S Bewohner(in) der Insel Madeira **B** ADJ aus Madeira, Madeira…

made|-to-measure ADJ WIRTSCH nach Maß gearbeitet *od* angefertigt, Maß…: **~ suit** maßgeschneiderter Anzug, Maßanzug *m*; **~-to-order** ADJ **1** → made-to-measure **2** *fig* maßgeschneidert, nach Maß; **~-up** ADJ **1** (frei) erfunden (*Geschichte etc*) **2** geschminkt, zurechtgemacht **3** *fig* unecht, gekünstelt **4** fertig, Fertig…, Fabrik…: **~ clothes** *pl* Konfektionskleidung *f*

madhouse S **1** *obs* Irrenanstalt *f*, -haus *n* **2** *fig* Tollhaus *n*: **the office was a ~** im Büro ging es zu wie im Tollhaus

madly [ˈmædlı] ADV **1** wie verrückt *od* wild: **they worked ~** **2** *umg* wahnsinnig, schrecklich: **he's ~ in love**

mad|man [-mən] S *irr* Verrückte(r) *m*, Wahnsinnige(r) *m*, Irre(r) *m*; **~ money** S *US umg* **1** Geld *n* für alle Fälle **2** *Geldbetrag, den e-e Frau mit zu e-m Rendezvous nimmt, damit sie, sollte es zu e-m Streit etc kommen, mit öffentlichen Verkehrsmitteln od e-m Taxi nach Hause fahren kann*

madness [ˈmædnıs] S **1** Wahnsinn *m* (*a. fig*): **it's sheer ~!** das ist der helle *od* blanke Wahnsinn! **2** *fig* Verrücktheit *f* **3** *bes US umg* Wut *f* (**at** auf *akk*)

Madonna [məˈdɒnə; *US* -ˈdɑ-] S **1** **the ~** REL die Madonna **2** *a.* ♀ KUNST Madonna *f*, Madonnenbild *n*; **~ lily** S BOT Madonnenlilie *f*, Weiße Lilie

madras [ˈmædrəs] S Madras *m* (*ein Baumwollgewebe*)

madrepore [ˌmædrıˈpɔː; *US* ˈmædrəˌpɔːr] S

M

ZOOL Madrepore *f*, Löcherkoralle *f*
Madrid [mə'drɪd] S Madrid *n*
madrigal ['mædrɪgl] S Madrigal *n*: a *kurzes (bes Liebes)Gedicht* b MUS *polyfon gesetztes mehrstimmiges Chorlied*; **madrigalist** [-gəlɪst] S 1 Madrigaldichter(in) 2 MUS Madrigalist(in): a *Komponist(in) von Madrigalen* b *Madrigalsänger(in)*
madwoman S *irr* Verrückte *f*, Wahnsinnige *f*, Irre *f*
Maecenas[1] [mi:'si:næs] S Mäzen *m*
Maecenas, Gaius Cilnius[1] [mi:'si:næs; -nəs] EIGENN Mäcenas *m (70?-8 v.Chr.; Römischer Staatsmann u. Förderer der Künste u. Wissenschaften)*
maelstrom ['meɪlstrɒm; *US* -strəm] S Ma(h)lstrom *m*: a *a.* ♀ *Name e-s Strudels vor der norwegischen Westküste* b *allg u. fig* Strudel *m*, Sog *m*, Wirbel *m*: **~ of traffic** Verkehrsgewühl *n*; **the ~ of war** der Moloch Krieg, die Wirren *pl* des Krieges
maenad ['mi:næd] S MYTH Mänade *f (a. fig)*; **maenadic** ADJ (ADV ~ally) mänadisch, wild, rasend
maestoso [,mɑ:e'stəʊzəʊ; *US bes* maɪ'stəʊsəʊ] MUS A ADJ & ADV maestoso, majestätisch, feierlich B *pl* -sos S Maestoso *n*
maestro [mɑ:'estrəʊ; *US bes* 'maɪstrəʊ] *pl* -stros, -stri [-strɪ] S MUS Maestro *m*, *weitS.* Meister *m*
Mae West [,meɪ'west] S *sl* aufblasbare Schwimmweste
MAFF ABK *Br* Ministry of Agriculture, Fisheries, and Food
Maffia → Mafia
maffick ['mæfɪk] V/I *Br obs* ausgelassen feiern
Mafia ['mæfɪə; 'mɑ:-] S *(a. als pl konstruiert)* Mafia *f (a. fig: meist* ♀*)*; **Mafioso** [,mæfɪ'əʊsəʊ] *pl* -sos, -si [-sɪ] S Mafioso *m (a. fig: meist* ♀*)*
mag [mæg] *umg für* magazine 7
mag. ABK 1 magazine 2 magnetic 3 magnetism
magalog ['mægəlɒg; *US a.* -,lɑg] S *Bestellkatalog, der wie e-e Illustrierte aufgemacht ist*
magazine [,mægə'zi:n; *US a.* 'mægə,zi:n] S 1 MIL a Munitionslager *n*, -depot *n*, *bes* Pulvermagazin *n* b Nachschub-, Versorgungslager *n* c Magazin *n*, Kasten *m (in Mehrladewaffen)*: **~ gun, ~ rifle** Mehrladegewehr *n* 2 TECH Magazin *n*, Vorratsbehälter *m* 3 FOTO a (Film)Magazin *n* b Filmtrommel *f* 4 Magazin *n*, Speicher *m*, Warenlager *n*, Lagerhaus *n* 5 Vorrat *m*, Vorräte *pl* 6 *fig* Vorrats-, Kornkammer *f (fruchtbares Gebiet e-s Landes)* 7 Magazin *n*, *(oft* illustrierte*)* Zeitschrift; **~ rack** S Zeitungsständer *m*
magazinist [,mægə'zi:nɪst] S Mitarbeiter(in) an e-m Magazin
mag card [mæg] *umg für* magnetic card
mage [meɪdʒ] S *obs* Magier *m*
magenta [mə'dʒentə] A S 1 Magenta *n*, Anilinrot *n* 2 CHEM Fuchsin *n* B ADJ anilinrot
maggot ['mægət] S 1 ZOOL Made *f* 2 *fig* Grille *f*, Marotte *f*, Spleen *m*; **maggoty** ADJ 1 voller Maden, madig 2 *fig* schrullig, grillenhaft, wunderlich
magi ['meɪdʒaɪ] SPL 1 **the (three)** ♀ die drei Weisen aus dem Morgenland, die Heiligen Drei Könige 2 *pl von* magus
magic ['mædʒɪk] A S 1 Magie *f*, Zauberei *f*: **as if by ~, like ~** wie durch Zauberei (→ A 3); **it works like ~** es ist die reinste Hexerei 2 Zauber(kraft) *m(f)*, magische Kraft *(a. fig)*: **the ~ of a great name** 3 *fig* Wunder *n*: **like ~** wie ein Wunder (→ A 1) B ADJ (ADV ~ally) 1 magisch, Wunder..., Zauber...: **~ arts** magische Künste; **~ carpet** fliegender Teppich; **~ eye** ELEK magisches Auge; **~ formula** *fig* Patentrezept *n*; **~ lamp** Wunderlampe *f*; **~ lantern** HIST Laterna *f* magica; **~ square** magisches Quadrat 2 zauber-, märchenhaft *(Schönheit etc)*; **magical** ADJ (ADV ~ly) → magic B
magician [mə'dʒɪʃn] S 1 Magier(in), Zauberer *m*, Zauberin *f*: **I'm not a ~!** ich kann doch (auch) nicht hexen! 2 Zauberkünstler(in)
magisterial [,mædʒɪ'stɪərɪəl] ADJ (ADV ~ly) 1 obrigkeitlich, amtlich, behördlich 2 maßgeblich, autoritativ 3 gebieterisch, herrisch
magistracy ['mædʒɪstrəsɪ] S 1 JUR, POL *Amt e-s* ***magistrate*** 2 KOLL JUR Richterschaft *f* 3 KOLL POL Verwaltung *f* 4 JUR, POL *Amtsbereich e-s* ***magistrate***
magistral ['mædʒɪstrəl] ADJ 1 PHARM magistral *(nach ärztlicher Vorschrift bereitet)* 2 → magisterial 3 Lehr(er)...
magistrate ['mædʒɪstreɪt; -trɪt] S 1 JUR Richter(in) *(an e-m* **magistrates' court**): **~s' court** *Br*, **~'s court** *US erstinstanzliches Gericht für Straf- und Zivilsachen niederer Ordnung* 2 POL (Verwaltungs)Beamte(r) *m*, (-)Beamtin *f*; **magistrateship** S JUR, POL *Amt(szeit) e-s* ***magistrate***; **magistrature** [-trə,tjʊə; *US* -,treɪtʃər] → magistracy
maglev ['mæglev] S BAHN Magnet(schwebe)bahn *f*
magma ['mægmə] *pl* -mas, -mata [-mətə] S 1 MED, PHARM Magma *n (knetbare Masse, Brei)* 2 GEOL Magma *n (heiße natürliche Gesteinsschmelze im od aus dem Erdinnern, aus der Erstarrungsgesteine entstehen)*; **magmatic** ADJ GEOL magmatisch, Magma...; **magmatism** S GEOL Magmatismus *m (die das Magma betreffenden Vorgänge)*
Magna C(h)arta [,mægnə'kɑ:(r)tə] S 1 HIST Magna Charta *f (die große Freiheitsurkunde des englischen Adels, 1215)* 2 Grundgesetz *n*
magnalium [mæg'neɪlɪəm] S CHEM Magnalium *n*
magnanimity [,mægnə'nɪmətɪ] S Großmut *f*, Edelmut *m*, Großmütigkeit *f*; **magnanimous** [-'nænɪməs] ADJ (ADV ~ly) groß-, edelmütig
magnate ['mægneɪt] S 1 Magnat *m*: a HIST *Adliger im ungarischen od polnischen Landtag* b Großindustrielle(r) *m* c Großgrundbesitzer *m* 2 Größe *f*, einflussreiche Persönlichkeit
magnesia [mæg'ni:ʃə; -ʒə] S CHEM Magnesia *f*, Magnesiumoxyd *n*; **magnesian** ADJ 1 Magnesia... 2 Magnesium...
magnesite ['mægnɪsaɪt] S MINER Magnesit *m*, Magnesiumkarbonat *n*
magnesium [mæg'ni:zjəm; -zɪəm; *US a.* -ʒəm] S CHEM Magnesium *n*: **~ light** Magnesiumlicht *n*
magnet ['mægnɪt] S 1 Magnet *m (a. fig)*: **be a ~ for** *j-n, etwas* anziehen 2 Magneteisenstein *m* 3 → magnet school
magnetic [mæg'netɪk] A ADJ (ADV ~ally) 1 PHYS magnetisch, Magnet...: **~ attraction** magnetische Anziehung(skraft) *(a. fig)*; → blowout 3 b 2 magnetisierbar 3 *fig* magnetisch, anziehend, faszinierend, fesselnd *(Persönlichkeit etc)* B S **magnetics** *pl (als sg konstruiert)* Magnetik *f (Lehre vom Magnetismus)*; **~ bottle** S PHYS magnetische Flasche; **~ brake** S ELEK Magnet-, Wirbelstrombremse *f*; **~ bubble memory** S COMPUT Magnetblasenspeicher *m*; **~ card** S COMPUT Magnetkarte *f*; **~ compass** S Magnetkompass *m*; **~ core** S COMPUT Ferrit-, Magnetkern *m*; **~ core memory** S COMPUT Magnetkernspeicher *m*; **~ declination** S *Geophysik*: Deklination *f*, Missweisung *f*; **~ dip** → dip C 9; **~ disk** S COMPUT Magnetplatte *f*; **~ disk storage** S COMPUT (Magnet)Plattenspeicher *m*; **~ equator** S *Geophysik*: magnetischer Äquator; **~ field** S PHYS magnetisches Feld, Magnetfeld *n*; **~ flux** S PHYS Induktionsfluss *m*, magnetischer (Kraft)Fluss; **~ induction** S PHYS magnetische Flussdichte *od* Induktion; **~ mine** S SCHIFF, MIL Kontaktmine *f*; **~ moment** S PHYS magnetisches Moment; **~ needle** S PHYS Magnetnadel *f*; **~ north** S PHYS magnetisch Nord *n (Kurs)*; **~ pole** S PHYS magnetischer Pol, Magnetpol *m*; **~ recorder** S ELEK Magnettongerät *n*; **~ recording** S magnetische Aufzeichnung; **~ storm** S METEO, PHYS magnetischer Sturm; **~ strip** S Magnetstreifen *m*; **~ tape** S ELEK Magnetband *n*; **~ tape storage** S COMPUT (Magnet)Bandspeicher *m*
magnetism ['mægnɪtɪzəm] S 1 PHYS Magnetismus *m*: a *Fähigkeit e-s Stoffes, Eisen od andere ferromagnetische Stoffe anzuziehen* b *Wissenschaft von den magnetischen Erscheinungen* 2 *fig* Anziehungskraft *f*
magnetite ['mægnɪtaɪt] S MINER Magnetit *m*
magnetization [,mægnɪtaɪ'zeɪʃn; *US* -nətə'z-] S Magnetisierung *f*; **magnetize** V/T 1 PHYS *etwas* magnetisieren 2 *fig j-n* anziehen, *a. j-s Aufmerksamkeit etc* fesseln 3 MED *obs j-n* magnetisieren; **magnetizer** S MED *obs* Magnetiseur(in)
magneto [mæg'ni:təʊ] *pl* -tos S ELEK, AUTO Magnetzünder *m*
magneto alternator S ELEK *(bes* Wechselstrom)Generator *m* mit Dauermagnet; **magnetodynamo** S ELEK Dynamo *m od* Generator *m* mit Permanentmagnet; **magnetoelectric** ADJ magnetoelektrisch; **magnetogenerator** S ELEK 1 Kurbelinduktor *m (ein kleiner Wechsel- od Gleichspannungsgenerator)* 2 → magneto; **magnetogram** [-græm] S PHYS, TECH Magnetogramm *n (Aufzeichnung der zeitlichen Schwankung des Magnetfeldes der Erde an e-m festen Ort)*; **magnetograph** [-grɑ:f; *US* -,græf] S PHYS, TECH 1 Magnetograf *m (Apparat zur selbsttätigen Aufzeichnung erdmagnetischer Schwankungen)* 2 → magnetogram; **magneto ignition** S ELEK, AUTO Magnetzündung *f*; **magnetometer** [,mægnɪ'tɒmɪtə(r); *US* -'tɑ-] S PHYS Magnetometer *n (Instrument zur Messung magnetischer Feldstärke u. des Erdmagnetismus)*; **magnetomotive** ADJ: **~ force** PHYS magnetomotorische Kraft, magnetische Spannung
magneton ['mægnɪtɒn; *US* -,tɑn] S *Kernphysik*: Magneton *n (Einheit des magnetischen Moments)*
magnetosphere S *Geophysik*: Magnetosphäre *f (Teil der Atmosphäre, in dem das erdmagnetische Feld die Bewegung der in diesem Bereich befindlichen elektrisch geladenen Teilchen bestimmt)*
magnetron ['mægnɪtrɒn; *US* -,trɑn] S ELEK Magnetron *n (e-e Laufzeitröhre)*
magnet school S *US Schule, die besonderen Wert auf die Unterrichtung e-r bestimmten Fächergruppe legt*
magnific [mæg'nɪfɪk] ADJ, **magnifical** [-kl] ADJ (ADV ~ly) *obs* 1 großartig, herrlich 2 erhaben
Magnificat [mæg'nɪfɪkæt] S REL Magnifikat *n (Lobgesang Marias)*
magnification [,mægnɪfɪ'keɪʃn] S 1 Vergrößern *n* 2 Vergrößerung *f* 3 PHYS Vergrößerungsstärke *f*: **have a ~ of five** fünffach vergrößern 4 ELEK Verstärkung *f* 5 *obs* Verherrlichung *f*
magnificence [mæg'nɪfɪsns] S 1 Großartigkeit *f*, Pracht *f*, Herrlichkeit *f* 2 Erhabenheit *f (des Stils etc)*
magnificent [mæg'nɪfɪsnt] ADJ (ADV ~ly) 1 großartig, prächtig, prachtvoll, herrlich *(alle a. fig umg fabelhaft)* 2 groß(artig), erhaben

magnifico [mæg'nɪfɪkəʊ] *pl* -coes S 1 (*bes* venezianischer) Grande 2 hoher Würdenträger
magnifier ['mægnɪfaɪə(r)] S 1 Vergrößerungsglas *n*, Lupe *f* 2 ELEK Verstärker *m* 3 *obs* Verherrlicher(in)
magnify ['mægnɪfaɪ] V/T 1 (*a.* V/I) OPT *u. fig* vergrößern: **~ing glass** → magnifier 1 2 *fig* übertreiben, übertrieben darstellen, aufbauschen 3 ELEK verstärken 4 *obs* verherrlichen
magniloquence [mæg'nɪləʊkwəns] S 1 Großsprecherei *f* 2 Schwulst *m*, Bombast *m*; **magniloquent** ADJ (ADV **~ly**) 1 großsprecherisch 2 schwülstig, hochtrabend, bombastisch
magnitude ['mægnɪtju:d; *US a.* -,tu:d] S 1 Größe *f*, Größenordnung *f* (*beide a. fig*), ASTRON *a.* Helligkeit *f*, MATH *a.* Absolutwert *m*: **a star of the first ~** ein Stern erster Größe 2 *fig* Ausmaß *n*, Schwere *f* (*e-r Katastrophe etc*) 3 *fig* Bedeutung *f*: **of the first ~** von äußerster Wichtigkeit
magnolia [mæg'nəʊljə] S BOT Magnolie *f*: **♀ State** *US* (*Beiname für den Staat*) Mississippi *n*; **magnoliaceous** [-lɪ'eɪʃəs] ADJ BOT Magnolien…
magnum ['mægnəm] S Magnum *f* (*bes Weinflasche mit 1,5 l Fassungsvermögen*)
magnum opus [,mægnəm'əʊpəs] S a Meisterwerk *n* b Hauptwerk *n* (*e-s Künstlers*)
magpie ['mægpaɪ] S 1 ORN Elster *f*: **black-billed ~** (Gemeine) Elster 2 ORN *e-e Haustaubenrasse* 3 *fig* Schwätzer(in) 4 *Scheibenschießen*: a zweiter Ring von außen b Schuss *m* in den zweiten Außenring 5 *Br fig* sammelwütiger Mensch
mag tape [mæg] S ELEK *umg* Magnetband *n*
magus ['meɪgəs] *pl* -gi [-dʒaɪ] S 1 *Antike*: zoroastrischer Priester 2 HIST a Magus *m*, Magier *m* b Astrologe *m*
Magyar ['mægjɑ:(r)] A S 1 Madjar(in) 2 LING Madjarisch *n*, das Madjarische B ADJ madjarisch
maharaja(h) [,mɑ:hə'rɑ:dʒə] S Maharadscha *m*
maharanee [,mɑ:hə'rɑ:ni:], **maharani** [-ni:] S Maharani *f*
mahatma, *a.* ♀ [mə'hɑ:tmə; -'hætmə] S Mahatma *m*: a (*buddhistischer*) *Weiser* b *Heiliger mit übernatürlichen Kräften* c *edler Mensch*
Mahdi ['mɑ:di:] S REL Mahdi *m* (*von den Mohammedanern erwarteter letzter Imam*)
mah-jong(g) [mɑ:'dʒɒŋ; *US a.* -'dʒɑŋ] S Mah-Jongg *n* (*ein Gesellschaftsspiel chinesischen Ursprungs*)
mahlstick → maulstick
mahogany [mə'hɒgənɪ; *US* -'hɑ-] A S 1 BOT Mahagonibaum *m* 2 Mahagoni(holz) *n* 3 Mahagoni(farbe) *n(f)* 4 **have** (*od* **put**) **one's knees** (*od* **feet**) **under sb's ~** *obs* bei j-m zu Tisch sein, j-s Gastfreundschaft genießen B ADJ 1 aus Mahagoni, Mahagoni… 2 mahagonifarben
mahout [mə'haʊt] S *IndEng* Mahut *m*, Mahaut *m*, Elefantentreiber *m*
maid [meɪd] S 1 *obs od poet* (junges) Mädchen, Maid *f* 2 (junge) unverheiratete Frau (*obs od poet außer in*): **~ of hono(u)r** a Ehren-, Hofdame *f* b *US* (erste) Brautjungfer c *Br* (ein) Käsekuchen *m*; → old maid 1, 2 3 (Dienst)Mädchen *n*: **~ of all work** a Hausangestellte *f*, -mädchen *n* b *fig* Mädchen für alles *umg* 4 *poet* Jungfrau *f*, Maid *f*: **the ♀ (of Orléans)** die Jungfrau von Orleans
maidan [maɪ'dɑ:n] S *IndEng* 1 (Markt)Platz *m* 2 Esplanade *f*
maiden ['meɪdn] A ADJ 1 **~ name** Geburts-, Mädchenname *m* (*e-r Frau*); **her ~ name is Bentley** sie ist e-e geborene Bentley 2 *obs od poet* a jungfräulich, unberührt b (jung)mädchenhaft 3 unverheiratet (*bes ältere Frau*) 4 Jungfern…, Erstlings…, Antritts…: **~ flight** FLUG Jungfernflug *m*; **~ speech** PARL Jungfernrede *f*; **~ voyage** SCHIFF Jungfernfahrt *f* 5 noch nie gedeckt (*Tier*) 6 aus dem Samen gezogen (*Pflanze*) 7 unerprobt (*Person od Sache*) B S 1 → maid 1, 2: **the answer to a ~'s prayer** a ein Traummann b ein Geschenk des Himmels 2 *Rennsport*: Maiden *n* (*Pferd, das noch keinen Sieg errungen hat*); **~hair (fern)** S BOT Frauenhaar(farn) *n(m)*, *bes* Venushaar *n*; **~hair tree** → ginkgo
maidenhead ['meɪdnhed] S 1 → maidenhood 2 ANAT Jungfernhäutchen *n*
maidenhood ['meɪdnhʊd] S *obs od poet* 1 Jungfräulichkeit *f*, Unberührtheit *f*, Jungfernschaft *f* 2 Jungmädchenzeit *f*
maidenlike → maidenly; **maidenliness** ['meɪdnlɪnɪs] S *obs od poet* (jung)mädchenhaftes *od* jungfräuliches Wesen; **maidenly** ADJ 1 (jung)mädchenhaft 2 jungfräulich
maidservant → maid 3
maieutic [meɪ'ju:tɪk] S PHIL mäeutisch, (auf sokratische Weise) ausfragend
mail[1] [meɪl] A S 1 Post(sendung) *f*, -sachen *pl*, *bes* Brief- *od* Paketpost *f*: **by ~** mit der Post; **the ~ is not in yet** die Post ist noch nicht da; **it came in the ~** *bes US* es kam mit der Post; → incoming A 3, outgoing A 3 2 a Post(dienst) *f(m)* b Postversand *m* 3 Postauto *n*, -schiff *n*, -flugzeug *n*, -zug *m* B ADJ Post… C V/T *bes US* a (mit der Post) (ab)schicken *od* (ab)senden, aufgeben, *e-n Brief* einwerfen b (zu)schicken (**to** *dat*)
mail[2] [meɪl] A S 1 Kettenpanzer *m* 2 (Ritter-)Rüstung *f* 3 ZOOL (Haut)Panzer *m* B V/T panzern
mailable ['meɪləbl] ADJ *bes US* postversandfähig
mail|bag S 1 Postsack *m* 2 *bes US* Zustelltasche *f*; **~ boat** S Postschiff *n*; **~ bomb** S *US* Briefbombe *f*; **~box** S 1 *bes US* Briefkasten *m* 2 COMPUT Mailbox *f* (*elektronischer Briefkasten*); **~car** S BAHN *US* Post-, Paketwagen *m*; **~ carrier** S *bes US* Postbote *m*, -botin *f*, Briefträger(in); **~clad** ADJ gepanzert; **~coach** S *Br* 1 BAHN Post-, Paketwagen *m* 2 HIST Postkutsche *f*; **~ drop** S *US* 1 Briefkastenschlitz *m*, Briefeinwurf *m* 2 toter Briefkasten *m* (*von Spionen*) 3 Posteingangskorb *m*
mailed [meɪld] ADJ 1 gepanzert (*a.* ZOOL) 2 ORN mit (*panzerähnlichen*) Brustfedern
mailer ['meɪlə(r)] S 1 *US* a Adressiermaschine *f* b Frankiermaschine *f* 2 Adressenschreiber(in) 3 *US* Postwurfsendung *f*
mailing| list ['meɪlɪŋ] S Adressenliste *f*; **~ machine** → mailer 1
maillot [maɪ'əʊ; majo] S 1 Badeanzug *m* 2 Maillot *n/m* (*Trikot für Akrobaten etc*)
mail|man [-mæn] S *irr bes US* Postbote *m*, Briefträger *m*; **~ order** S Bestellung *f* (*von Waren*) durch die Post; **~-order** ADJ Postversand…: **~ business** Versandhandel *m*; **~ catalog(ue)** Versandhauskatalog *m*; **~ house**, **~ firm** Versandgeschäft *n*, -haus *n*; **~shot** S Mailing *n* (*Versand von Werbematerial*); **~ train** S Postzug *m*
maim [meɪm] V/T a verstümmeln (*a. fig e-n Text*) b zum Krüppel machen: **be ~ed for life** zeitlebens zum Krüppel werden
main[1] [meɪn] A ADJ (ADV → mainly) 1 Haupt…, größt(er, e, es), wichtigst(er, e, es), vorwiegend, hauptsächlich: **~ bout** (*od* **contest, fight**) (*Boxen*) Hauptkampf *m*; **~ bunch** (*bes Radsport*) Hauptfeld *n*; **~ concern** Hauptanliegen *n*; **~ entrance** Haupteingang *m*; **~ exit** Hauptausgang *m*; **by ~ force** mit äußerster Kraft, mit (roher) Gewalt; **~ girder** Längsträger *m*; **~ meal** Hauptmahlzeit *f*; **~ menu** COMPUT Hauptmenü *n*; **the ~ office** das Hauptbüro, die Zentrale; **~ (place of) residence** Hauptwohnsitz *m*; **~ post office** *Br* Hauptpostamt *n*; **~ road** Hauptverkehrsstraße *f*; **the ~ reason** der Hauptgrund; **~ station** Hauptbahnhof *m*; **~ subject** SCHULE, UNIV Hauptfach *n*; **the ~ thing** die Hauptsache; **~ wash (cycle)** Hauptwaschgang *m*; → beam A 6 2 *poet* (weit) offen: **the ~ sea** → B 6 3 LING a Haupt… b des Hauptsatzes 4 *obs* a gewaltig b wichtig B S 1 a Haupt(*gas-, -wasser*) leitung *f*: **gas (water) ~**; **turn the gas off at the ~s** den Haupthahn für das Gas abstellen b Hauptstromleitung *f* c *meist pl* Strom(versorgungs)netz *n*, Netz(leitung) *n(f)*: **~ adapter** (*od* **unit**) Netzteil *n*; **~s aerial** (*bes US* **antenna**) Netzantenne *f*; **~s cable** Netzkabel *n*; **~s connection** Netzanschluss *m*; **~s failure** Stromausfall *m*; **~ frequency** Betriebsfrequenz *f*; **~s-operated** Netz…, mit Netzanschluss; **~s voltage** Netzspannung *f* 2 Hauptleitung *f*: a Hauptrohr *n* b Hauptkabel *n* 3 *US* Haupt(eisenbahn)linie *f* 4 *obs* Kraft *f*, Gewalt *f*: → might[1] 2 5 Hauptsache *f*, Kern(punkt) *m*, (*das*) Wichtigste: **in** (*US a.* **for**) **the ~** a im Großen u. Ganzen b größtenteils, zum größten Teil 6 *poet* (*das*) weite Meer, (*die*) offene *od* hohe See C V/T *sl* sich *Heroin etc* spritzen
main[2] [meɪn] S 1 Wurf *m* (*beim Würfeln*) 2 *obs* Boxkampf *m* 3 Hahnenkampf *m*
main| bang S *Radar*: Auslöse-, Startimpuls *m*; **~ brace** S SCHIFF Großbrasse *f*: **splice the ~** a HIST e-e Extraration Rum an die Mannschaft austeilen b *umg, oft hum* sich über den Alkohol hermachen; **~ chance** S: **have** (*od* **keep**) **an eye to the ~** s-n eigenen *od* persönlichen Vorteil im Auge haben *od* behalten; **~ clause** S LING Hauptsatz *m*; **~ course** → mainsail; **~ deck** S SCHIFF 1 Hauptdeck *n* 2 Batteriedeck *n*; **~ drag** S *US sl* Hauptstraße *f*; **~ drain** S 1 Hauptrohr *n*, -kanal *m* (*für Abwässer*) 2 SCHIFF Hauptlenzleitung *f*
Maine [meɪn] S Maine *n* (*Staat im Nordosten der USA*)
main| establishment S Hauptniederlassung *f*; **~frame** S COMPUT Zentralrechner *m*; **~ fuse** S ELEK Hauptsicherung *f*; **~ hatch** S SCHIFF Großluke *f*; **~land** [-lənd,-lænd] A S Festland *n* B ADJ festländisch: **~ China** das chinesische Festland; **~ line** S 1 MIL, BAHN *etc* Hauptlinie *f*: **~ of resistance** Hauptkampf-, Hauptverteidigungslinie 2 *US* Hauptverkehrsstraße *f* 3 *sl* a Hauptvene *f* b Schuss *m* (*Heroin etc*); **~line** V/I *sl* fixen; **~liner** S *sl* Fixer(in)
mainly ['meɪnlɪ] ADV hauptsächlich, größtenteils, vorwiegend, in erster Linie: **it's ~ his fault** *a.* er trägt die Hauptschuld daran
main|mast ['meɪnmɑ:st; SCHIFF -məst; *US* -,mæst] S SCHIFF Großmast *m*; **~ memory** S COMPUT Hauptspeicher *m*; **~sail** ['meɪnseɪl; SCHIFF -sl] S SCHIFF Großsegel *n*; **~sheet** S SCHIFF Großschot *f*; **~spring** S 1 Hauptfeder *f* (*e-r Uhr etc*) 2 *fig* (Haupt)Triebfeder *f*, treibende Kraft; **~stay** S 1 SCHIFF Großstag *n* 2 *fig* Hauptstütze *f*, SPORT Leistungsträger(in); **~ stem** → main drag; **~stream** A S 1 *bes fig* Hauptströmung *f* 2 MUS Mainstream *m* (*ein Jazzstil*) B V/T SCHULE *US behinderte Kinder* zusammen mit nicht behinderten Kindern unterrichten; **~streaming** S SCHULE *US* gemeinsame Unterrichtung von behinderten u. nicht behinderten Kindern; **~ street** S *US* 1 Hauptstraße *f* (*e-r Klein-*

M

stadt) 2 **Main Street** a kleinstädtische Denkungsart b Kleinstadtleben *n*

maintain [meɪnˈteɪn] *V/T* 1 e-n *Zustand* (aufrecht)erhalten, beibehalten, (be-)wahren: **~ an attitude** e-e Haltung beibehalten; **~ good relations** gute Beziehungen aufrechterhalten; **~ one's reputation** s-n guten Ruf wahren; **~ one's weight** sein Gewicht halten 2 *e-e Maschine etc* instand halten, unterhalten, pflegen, TECH *a.* warten: **be expensive to ~** teuer im Unterhalt sein 3 *e-e Korrespondenz etc* unterhalten, (weiter)führen 4 *(in e-m bestimmten Zustand)* lassen, bewahren: **~ sth in (an) excellent condition** 5 *s-e Familie etc* unterhalten, versorgen: **~ed school** staatliche Schule 6 a behaupten (**that** dass; **to** *inf* zu *inf*) b *s-e Unschuld etc* beteuern 7 *e-e Meinung, ein Recht etc* verfechten, -teidigen 8 *j-n* unterstützen, *j-m* beipflichten 9 auf *e-r Forderung* bestehen 10 nicht aufgeben, behaupten: **~ one's ground** *bes fig* sich (in s-r Stellung) behaupten *od* halten; **~ the lead** SPORT die Führung behaupten 11 JUR a *e-e Klage* anhängig machen b *e-e Prozesspartei* widerrechtlich unterstützen 12 WIRTSCH a *e-n Preis* halten b *e-e Ware* im Preis halten; **maintainable** *ADJ* zu halten(d), verfechtbar, haltbar; **maintainer** *S* Unterstützer(in): a Verfechter(in) *(e-r Meinung etc)* b Versorger(in), Erhalter(in)

maintenance [ˈmeɪntənəns] *S* 1 Instandhaltung *f (a.* TECH*)*, Unterhaltung *f*: **~ costs** Instandhaltungskosten 2 TECH Wartung *f*, Pflege *f*: **~ man** Wartungsmonteur *m*; **~-free** wartungsfrei 3 Unterhalt(smittel) *m(pl)*: **~ grant** Unterhaltszuschuss *m*; **~ order** Anordnung *f* von Unterhaltszahlungen 4 (Aufrecht)Erhaltung *f*, Beibehalten *n*: **~ of clean air** Luftreinhaltung *f* 5 Betreuung *f*: **cap of ~** HIST Schirmhaube *f* 6 Behauptung *f*, Verfechtung *f* 7 JUR widerrechtliche Unterstützung e-r Prozesspartei

main|top *S* SCHIFF Großmars *m*; **~-topmast** *S* SCHIFF Großstenge *f*; **~-topsail** *S* SCHIFF Großbramsegel *n*; **~ yard** *S* SCHIFF Großrah(e) *f*

maison(n)ette [ˌmeɪzəˈnet] *S* 1 Maiso(n)nette *f* 2 Einliegerwohnung *f*

maître d'hôtel [ˌmetrədəʊˈtel; ˌmeɪ-; mɛtrədotɛl] *S* 1 Oberkellner *m* 2 a Hotelbesitzer *m* b Hoteldirektor *m* 3 *meist* **~ butter** Hofmeistersoße *f (Buttersoße mit Kräutern)*

maize [meɪz] *S bes Br* 1 BOT Mais *m* 2 Maiskorn *n* 3 Maisgelb *n*

Maj. *ABK* MIL Major

majestic [məˈdʒestɪk] *ADJ (ADV* **~ally**) majestätisch

majesty [ˈmædʒəstɪ] *S* 1 Majestät *f*, königliche Hoheit: **His (Her)** ♀ Seine (Ihre) Majestät *od* Königliche Hoheit; **Your** ♀ Eure Majestät; **in her ~** *Heraldik*: mit Krone u. Zepter *(Adler)* 2 Majestät *f*, majestätisches Aussehen, Erhabenheit *f*, Hoheit *f* 3 KUNST *(die)* Herrlichkeit Gottes

majolica [məˈjɒlɪkə; -ˈdʒɒ-; *US* -ɑl-] *S* Majolika *f (Töpferware mit Zinnglasur)*

major [ˈmeɪdʒə(r)] **A** *S* 1 MIL Major *m* 2 UNIV *US* a Hauptfach *n* b Student, der *Geschichte etc* als Hauptfach belegt hat: **a history ~**; **she's a history ~** sie studiert als *od* im Hauptfach Geschichte 3 JUR Volljährige(r) *m/f(m)*, Mündige(r) *m/f(m)*: **become a ~** volljährig *od* mündig werden 4 MUS a Dur *n* b Durakkord *m* c Durtonart *f* 5 *Logik*: a *a.* **~ term** Oberbegriff *m* b *a.* **~ premise** Obersatz *m* **B** *ADJ* 1 größer(er, e, es) *(a. fig an Bedeutung, Interesse etc), fig a.* bedeutend, wichtig, schwerwiegend: **~ axis** MATH Hauptachse *f*; **~ event** *bes* SPORT Großveranstaltung *f*; **~ illness** schwere(r)e Krankheit; **~ offensive** MIL *etc* Großoffensive *f*; **~ party** POL große Partei; **~ penalty** *(Eishockey)* große Strafe; **~ poet** großer Dichter; **~ repairs** größere Reparaturen; **~ road** Haupt(verkehrs)straße *f*; **~ shareholder** *(bes US* **stockholder**) WIRTSCH Großaktionär(in); **~ work** Hauptwerk *n*; → operation 9, order A 20 a 2 Mehrheits...: **~ vote** die von der Mehrheit abgegebenen Stimmen *pl* 3 JUR volljährig, mündig 4 MUS a groß *(Terz etc)* b Dur...: **C ~** C-Dur *n* 5 *US* Hauptfach... 6 der ältere *od* erste: **Cato** ♀ der ältere Cato **C** *V/I* **~ in** UNIV *US Geschichte etc* als *od* im Hauptfach studieren

Majorca [məˈdʒɔː(r)kə; -ˈjɔː(r)-] *S* Mallorca *n*

Majorcan [məˈdʒɔː(r)kən; -ˈjɔː(r)-] **A** *S* Mallorquiner(in) **B** *ADJ* mallorquinisch

major chord *S* MUS Durakkord *m*

major-domo [ˌmeɪdʒə(r)ˈdəʊməʊ] *pl* **-mos** *S* 1 Haushofmeister *m* 2 HIST Majordomus *m*, Hausmeier *m*

majorette [ˌmeɪdʒəˈret] *S bes US* Majorette *f (uniformiertes Mädchen, das bei festlichen Umzügen paradiert), bes* → drum majorette

major| general *pl* **~ generals** *S* MIL Generalmajor *m*

majority [məˈdʒɒrətɪ; *US a.* -ˈdʒɑr-] *S* 1 Mehrheit *f*: **by a large ~** mit großer Mehrheit; **~ of votes** (Stimmen)Mehrheit, Majorität *f*; **~ decision**, **~ vote** Mehrheitsbeschluss *m*, mehrheitlicher Beschluss; **~ holding** WIRTSCH Aktienmehrheit; **~ leader** PARL *US* Fraktionsführer(in) der Mehrheitspartei; **~ rule** POL Mehrheitsprinzip *n*; **win by a ~ verdict** *(Boxen)* mit 2:1 Richterstimmen gewinnen; → silent A 1 2 größere Zahl, größerer *od* größter Teil, Mehrzahl *f*: **be in the ~** in der Mehrzahl sein; **in the ~ of cases** in der Mehrzahl der Fälle; **join the ~, go** *(od* **pass) over to the ~** zu den Vätern versammelt werden *(sterben)* 3 *a.* **~ party** POL Mehrheitspartei *f* 4 JUR Volljährigkeit *f*, Mündigkeit *f*: **reach one's ~** volljährig *od* mündig werden 5 MIL Majorsrang *m od* -stelle *f*: **obtain one's ~** zum Major befördert werden; **~ carrier** *S* ELEK Majoritätsträger *m*

major| key *S* MUS Dur(tonart) *n(f)*; **~ league** *S* SPORT *US* oberste Spielklasse; **~ mode** *S* MUS Durgeschlecht *n*; **~ orders** *SPL* REL *(die)* höheren Weihen *pl*; ♀ **Prophets** *SPL* BIBEL *(die)* großen Propheten *pl*; **~ scale** *S* MUS Durtonleiter *f*; **~ suit** *S Bridge*: höhere Farbe *(Herz od Pik)*

majuscule [ˈmædʒəskjuːl; *US a.* məˈdʒʌs-] *S* Majuskel *f*, großer (Anfangs)Buchstabe

make [meɪk] **A** *S* 1 a Machart *f*, Ausführung *f* b Erzeugnis *n*, Produkt *n*, Fabrikat *n*: **our own ~** (unser) eigenes Fabrikat; **of best English ~** beste englische Qualität; **I like the ~ of this car** mir gefällt die Ausführung *od* Form dieses Wagens; **is this your own ~?** haben Sie das (selbst) gemacht? 2 *Mode*: Schnitt *m*, Fasson *f* 3 WIRTSCH (Fabrik)Marke *f* 4 TECH Typ *m*, Bau(art) *m(f)* 5 Beschaffenheit *f*, Zustand *m* 6 Anfertigung *f*, Herstellung *f*, Produktion *f* 7 Produktion(smenge) *f*, Ausstoß *m* 8 a (Körper)Bau *m* b Veranlagung *f*, Natur *f*, Art *f* 9 Bau *m*, Gefüge *n* 10 Fassung *f*, Stil *m (e-s Romans etc)* 11 ELEK Schließen *n (des Stromkreises)*: **be at ~** geschlossen sein 12 *Kartenspiel*: a Trumpfbestimmung *f* b *Bridge*: endgültiges Trumpfgebot c Mischen *n (der Karten)* 13 **be on the ~** *sl* a schwer dahinter her sein, auf Geld *od* auf s-n Vorteil aus sein b auf ein *(sexuelles)* Abenteuer aus sein c *(gesellschaftlich)* nach oben drängen d im Kommen *od* Werden sein **B** *V/T prät u. pperf* **made** [meɪd] 1 *allg z. B. Anstrengungen, Einkäufe, Einwände, e-e Reise, sein Testament, e-e Verbeugung, e-n Versuch* machen: **~ a fire** Feuer machen; **~ a price** e-n Preis festsetzen *od* machen; **~ a speech** e-e Rede halten; **~ it 2-1** SPORT auf 2:1 stellen; **he's (as) stupid as they ~ them** *umg* er ist so dumm wie sonst was; *(siehe die Verbindungen mit den entsprechenden Stichwörtern)* 2 machen: a anfertigen, herstellen, erzeugen *(alle:* **from, of, out of** aus) b verarbeiten, bilden, formen *(alle:* **to, into** in *akk*, zu): **~ a man of sb** e-n Mann aus j-m machen c *Tee etc* (zu)bereiten: **he made himself a cup of coffee** er machte sich e-e Tasse Kaffee d *ein Gedicht etc* verfassen, schreiben 3 errichten, bauen, *e-n Park, Weg etc* anlegen 4 (er)schaffen: **God made man** Gott schuf den Menschen; **you are made for this job** du bist für diese Arbeit wie geschaffen 5 *fig* machen zu: **he made her his wife**; **~ a doctor of sb** j-n Arzt werden lassen 6 ergeben, bilden, entstehen lassen: **oxygen and hydrogen ~ water** Wasserstoff u. Sauerstoff bilden Wasser 7 verursachen: a *ein Geräusch, Lärm, Mühe, Schwierigkeiten etc* machen b bewirken, (mit sich) bringen: **prosperity ~s contentment** 8 (er)geben, den Stoff abgeben zu, dienen als *(Sache)*: **this ~s a good article** das gibt e-n guten Artikel; **this cloth will ~ a suit** dieses Tuch wird für e-n Anzug reichen 9 sich erweisen als *(Personen)*: **he would ~ a good salesman** er würde e-n guten Verkäufer abgeben; **she made him a good wife** sie war ihm e-e gute Frau 10 bilden, (aus)machen: **this ~s the tenth time** das ist das zehnte Mal 11 *(mit adj, pperf etc)* machen: **~ angry** zornig machen, erzürnen; → make good 12 *(mit folgendem Substantiv)* machen zu, ernennen zu: **they made him (a) general**, **he was made a general** er wurde zum General ernannt; **he made himself a martyr** er machte sich zum Märtyrer 13 *mit inf (aktivisch ohne* **to**, *passiv mit* **to**) *j-n* lassen, veranlassen *od* bringen *od* zwingen *od* nötigen zu: **~ sb wait** j-n warten lassen; **he was made to wait for an hour** man ließ ihn e-e Stunde warten; **we made him talk** wir brachten ihn zum Sprechen; **they made him repeat it**, **he was made to repeat it** man ließ es ihn wiederholen; **~ sth do**, **~ do with sth** mit etwas auskommen, sich mit etwas begnügen *od* behelfen; **that coat ~s him look absurd** in dem Mantel schaut er einfach lächerlich aus; → laugh B 14 *fig* machen: **~ much of** a viel Wesens um *etwas od j-n* machen b viel halten von, e-e hohe Meinung haben von, große Stücke halten auf *(akk)* 15 sich e-e Vorstellung von *etwas* machen, *etwas* halten für: **what do you ~ of it?** was halten Sie davon? 16 *umg j-n* halten für: **I ~ him a greenhorn** 17 schätzen auf *(akk)*: **I ~ the distance three miles**; **how old do you ~ him?** wie alt schätzen Sie ihn? 18 feststellen: **I ~ it a quarter to five** nach m-r Uhr ist es Viertel vor fünf 19 erfolgreich durchführen: → escape C 1 20 *j-m* zum Erfolg verhelfen, *j-s* Glück machen: **I can ~ and break you** ich kann aus Ihnen etwas machen u. ich kann Sie auch erledigen 21 sich *ein Vermögen etc* erwerben, verdienen, *Geld, e-n Profit* machen, *e-n Gewinn* erzielen: → name *Bes Redew* 22 schaffen: a *e-e Strecke* zurücklegen: **~ it** es *(räumlich od zeitlich)* schaffen (→ B 23); **he didn't ~ it to the emergency exit** er schaffte es nicht bis zum Notausgang; **sorry, I couldn't ~ it any earlier** ich konnte leider nicht früher kommen b *e-e Geschwindigkeit* erreichen, machen: **~ 60 mph** 23 *umg etwas* erreichen, schaffen, *e-n akademischen Grad* erlangen, SPORT *etc Punkte, a. e-e Schulnote* erzielen, *e-n Zug* erwischen: **~ it** es schaffen (→ B 22); **he made it to general** er brachte es bis zum General; **~ the team** *bes US* sich e-n Platz (in der Mannschaft) erobern; → regular A 14 24 *sl e-e Frau* rumkriegen, umlegen *(verführen)* 25 ankommen in *(dat)*, erreichen: ~ **port** SCHIFF in den Hafen einlaufen 26 SCHIFF *Land etc* sichten, ausmachen 27 *Br e-e Mahlzeit* einnehmen 28 *ein Fest etc* veranstalten 29 *Kartenspiel:* a *Karten* mischen b *e-n Stich* machen 30 ELEK *den Stromkreis* schließen, *e-n Kontakt* herstellen 31 LING *den Plural etc* bilden, werden zu 32 sich belaufen auf *(akk)*, ergeben, machen: **two and two ~ four** 2 u. 2 macht *od* ist 4 33 *bes Br ein Tier* abrichten, dressieren 34 *obs* übersetzen *(in e-e andere Sprache)* 35 *US sl j-n* identifizieren C V/I 1 sich anschicken, den Versuch machen *(beide:* **to do** zu tun): **he made to go** er wollte gehen 2 (**to** nach) a sich begeben *od* wenden b führen, gehen *(Weg etc)*, sich erstrecken c fließen 3 einsetzen *(Ebbe, Flut)*, (an)steigen *(Flut etc)* 4 *(statt passiv)* gemacht *od* hergestellt werden 5 *Kartenspiel:* e-n Stich machen 6 ~ **as if** (*od* **as though**) so tun, als ob *od* als wenn: ~ **believe** vorgeben (**that** dass; **to do** zu tun); ~ **like** *US sl* sich benehmen *od* aufführen wie

Phrasal Verbs: **make| after** V/I *obs j-m* nachsetzen, *j-n* verfolgen; ~ **against** V/I 1 ungünstig *od* nachteilig sein für, schaden *(dat)* 2 sprechen gegen *(a. Umstände)*; ~ **at** V/I losgehen *od* stürzen auf *(akk)*: **he made at me with a knife**; ~ **away** V/I sich davonmachen: ~ **with** a sich mit *Geld etc* davonmachen b *etwas, j-n* beseitigen, aus dem Weg räumen, *etwas* aus der Welt schaffen c *Geld etc* durchbringen d sich entledigen *(gen)*; ~ **for** V/I 1 a zugehen *od* lossteuern auf *(akk)*, zustreben *(dat)* b sich begeben nach, eilen nach, sich aufmachen nach c SCHIFF Kurs haben auf *(akk)* d sich stürzen auf *(akk)* 2 förderlich sein *(dat)*, dienen *(dat)*, führen *od* beitragen zu, (e-e Verbesserung *gen*) bewirken, sorgen für: **it makes for his advantage** es wirkt sich für ihn günstig aus; **the aerial** *(bes US* **antenna) makes for better reception** die Antenne verbessert den Empfang; **it makes for good health** es ist gut für die Gesundheit; ~ **the success of** zum Erfolg *(gen)* beitragen; ~ **from** V/I 1 sich fortmachen von 2 SCHIFF von *der Küste* abtreiben; ~ **good** A V/T 1 a (wieder)gutmachen b ersetzen, vergüten: ~ **a deficit** ein Defizit decken 2 a begründen, rechtfertigen b be-, nachweisen 3 *ein Versprechen, sein Wort* halten, erfüllen, sich an *e-e Abmachung* halten 4 *den Erwartungen* entsprechen 5 *s-e Flucht etc* glücklich bewerkstelligen 6 *e-e (berufliche etc) Stellung* ausbauen, sichern B V/I 1 sich durchsetzen *(a. Sache)*, erfolgreich sein, sein Ziel erreichen 2 sich bewähren, den Erwartungen entsprechen; ~ **off** V/I sich absetzen *umg* (**for** nach), sich davonmachen, sich aus dem Staub machen *(beide umg)*: ~ **with the money** mit dem Geld durchbrennen; ~ **with the prize** den Preis ergattern; ~ **out** A V/T 1 *e-n Scheck etc* ausstellen (**to sb** j-m) 2 *ein Dokument etc* ausfertigen 3 *e-e Liste etc* aufstellen 4 ausmachen, erkennen: ~ **a figure at a distance** 5 *e-n Sachverhalt etc* feststellen, herausbekommen 6 a *j-n* ausfindig machen b **I can't make him out** ich werde aus ihm nicht klug *od* schlau 7 *e-e Handschrift etc* entziffern 8 a behaupten b glaubhaft machen c beweisen: → case¹ A 6; **make sb out a liar** j-n als Lügner hinstellen; **he is not as bad as they make him out to be** er ist nicht so schlecht, wie er hingestellt wird 9 US a *(bes mühsam)* zustande bringen b ergeben, (aus)machen 10 a vervollkommnen b KUNST *Einzelheiten* ausarbeiten c *e-e Summe* vollmachen 11 **make sb out to be …** j-n halten für …: **he makes himself out to be very important** er hält sich für sehr wichtig 12 behaupten, vorgeben: **they ~ to be well informed** B V/I 1 *bes US umg* a Erfolg haben, erfolgreich sein *(beide:* **as** als) b sich sanieren, sich gesundstoßen *umg (beide:* **by** durch) c *gut etc* abschneiden d *gut etc* zurechtkommen: **how did you ~?** 2 *bes US* auskommen (**with** mit *j-m*): **they are making out very well together** sie kommen sehr gut miteinander aus 3 *US umg* sich behelfen (**with** mit) 4 *bes US sl* a schmusen (**with** mit) b bumsen *vulg (Geschlechtsverkehr haben)*; ~ **over** V/T 1 *Eigentum* übertragen, -eignen, vermachen *(alle:* **to** *dat)* 2 a *e-n Anzug etc* umarbeiten, ändern b *ein Haus etc* umbauen (**into** zu), *od* renovieren c *j-n* ändern *od* bessern; ~ **toward(s)** V/I 1 → make for 1 a 2 sich nähern *(dat)*; ~ **up** A V/T 1 bilden, zusammensetzen: ~ **a whole** ein Ganzes bilden; **be made up of** bestehen *od* sich zusammensetzen aus 2 *e-e Arznei, Warenproben, e-n Bericht etc* zusammenstellen 3 *a.* THEAT *etc* a zurechtmachen, herrichten b schminken c ausstaffieren 4 *ein Schriftstück etc* abfassen, aufsetzen, *e-e Liste* anfertigen, *e-e Tabelle* aufstellen 5 sich *e-e Geschichte etc* ausdenken, *(a. lügnerisch)* erfinden 6 *ein Paket etc* (ver)packen, (ver)schnüren 7 *e-n Anzug etc* anfertigen, nähen 8 → mind A 5 9 a *Versäumtes* nachholen, wettmachen: → leeway 3 b *verlorenen Boden etc* wiedergewinnen c ~ **three positions** SPORT drei Plätze gutmachen 10 ersetzen, vergüten 11 *e-n Streit etc* beilegen, begraben: **make it up** a es wiedergutmachen b sich versöhnen *od* wieder vertragen (**with** mit); **what can I do to make it up to you?** wie kann ich das wiedergutmachen? 12 vervollständigen, *e-e fehlende Summe etc* ergänzen, *e-n Betrag, e-e Gesellschaft etc* vollmachen 13 WIRTSCH a *e-e Bilanz* ziehen b *Konten, e-e Rechnung* ausgleichen: → average A 2 14 TYPO *den Satz* umbrechen 15 *j-n* darstellen, sich verkleiden als B V/I 1 sich zurechtmachen, *bes* sich pudern *od* schminken 2 Ersatz leisten, als Ersatz dienen, entschädigen *(alle:* **for** für) 3 (**for**) ausgleichen, aufholen *(akk)*, *(e-n Verlust)* wiedergutmachen *od* wettmachen, Ersatz leisten (für): ~ **for lost time** den Zeitverlust wieder wettzumachen suchen, die verlorene Zeit wieder aufzuholen suchen 4 US (**to**) sich nähern *(dat)*, zugehen (auf *akk*) 5 *umg* (**to**) a *(j-m)* den Hof machen b *(j-m)* schöntun, sich einschmeicheln *od* anbiedern (bei *j-m*) c sich heranmachen (an *j-n*) 6 sich versöhnen *od* wieder vertragen (**with** mit); ~ **with** V/I *bes US sl* 1 *Getränke etc* auffahren *umg* 2 sich *e-n Vorschlag etc* einfallen lassen 3 ~ **the face** Grimassen schneiden; ~ **the feet!** lauf schon!, mach schon!

make|-and-break ADJ ELEK Unterbrecher…: ~ **contact**; ~ **ignition** Abreißzündung *f*; **~bate** S *obs* Störenfried *m*, Unruhestifter(in); **~-believe** A S 1 a So-Tun-als-ob *n* b Verstellung *f* c Heuchelei *f* 2 Vorwand *m* 3 *(falscher)* (An)Schein, Spiegelfechterei *f* 4 a Heuchler(in) b *fig* Schauspieler(in) B ADJ 1 angenommen, eingebildet, nur in der Fantasie existierend: ~ **world** Schein-, Fantasiewelt *f* 2 falsch: a scheinbar, unecht b geheuchelt, unaufrichtig c vor-, angeblich; **~-do** → makeshift; **~fast** S SCHIFF 1 Vertäupfahl *m* 2 Poller *m* 3 Vertäuboje *f*; **~-or-break** ADJ: **a ~ attempt** ein Versuch, bei dem es um alles *od* nichts geht; **~-peace** S Friedensstifter(in)

maker ['meɪkə(r)] S 1 Macher(in), Verfertiger(in) 2 WIRTSCH Hersteller(in), Erzeuger(in) 3 **the ~** REL der Schöpfer *(Gott)*: **(go) to meet one's ~** *euph* das Zeitliche segnen 4 WIRTSCH Aussteller(in) e-s Eigenwechsels 5 *obs* Dichter(in) 6 *Bridge:* (Allein)Spieler *m*

make|-ready S TYPO Zurichtung *f*; **~shift** A S Notbehelf *m* B ADJ behelfsmäßig, provisorisch, Behelfs…, Not…: ~ **construction**; ~ **team** SPORT Verlegenheitsmannschaft *f*

make-up S 1 Aufmachung *f*: a FILM *etc* Ausstattung *f*, Kostümierung *f* b WIRTSCH Ausstattung *f*, Verpackung *f* c *hum* Aufzug *m*, (Ver)Kleidung *f* 2 Make-up *n*: a Schminken *n*, Pudern *n* b Kosmetikum *n*, Schminke *f*, Puder *m*: **without ~** ohne Make-up, ungeschminkt; ~ **case** Kosmetiktäschchen *n* 3 FILM *etc* Maske *f (a. im Abspann)* 4 *fig* Rüstzeug *n* 5 CHEM *etc, a.* POL *u. fig* Zusammensetzung *f*: **the ~ of the Cabinet**; **the ~ of the team** SPORT die Mannschaftsaufstellung 6 Körperbau *m* 7 Veranlagung *f*, Natur *f* 8 Pose *f* 9 *fig US* erfundene Geschichte, Erfindung *f* 10 SCHULE *US* a Nachprüfung *f* b Wiederholungsprüfung *f* 11 TYPO Umbruch *m*; ~ **artist** S FILM *etc* Maskenbildner(in); ~ **man** S *irr* 1 FILM *etc* Maskenbildner *m* 2 TYPO Umbruchredakteur *m*

makeweight S 1 Gewichtszugabe *f* 2 *fig* a Lückenbüßer(in) b (kleiner) Notbehelf, Füllsel *n*

make-work S WIRTSCH *US Gewerkschaftspraxis, die verhindern soll, dass sich durch technischen Fortschritt bedingte Arbeitszeitverkürzungen negativ auf die Arbeitnehmer auswirken*

makimono [ˌmɑːkɪˈməʊnəʊ] *pl* -nos S Makimono *n (ostasiatische Bildrolle im Querformat)*

making ['meɪkɪŋ] S 1 Machen *n*, Schaffen *n*: **this is of my own ~** das habe ich selbst gemacht, das ist mein eigenes Werk 2 Erzeugung *f*, Herstellung *f*, Fabrikation *f*: ~ **order** spezifizierter Fertigungsauftrag; **be in the ~** a im Werden *od* im Kommen *od* in der Entwicklung sein b noch nicht fertig *od* noch in Arbeit sein 3 Produkt *n (e-s Arbeitsgangs)*: **a ~ of bread** ein Schub *m* Brot 4 a Zusammensetzung *f* b Verfassung *f* c Bau(art) *m(f)*, Aufbau *m* d Aufmachung *f* 5 Glück *n*, Chance *f*: **this will be the ~ of him** damit ist er ein gemachter Mann; **misfortune was the ~ of him** sein Unglück machte ihn groß 6 *meist pl* Anlagen *pl*, Zeug *n umg*: **he has the ~s of** er hat das Zeug *od* die Anlagen zu 7 *pl* a (Roh)Material *n (a. fig)* b *umg (die)* nötigen Zutaten *pl* 8 *pl* Profit *m*, Verdienst *m* 9 *pl Bergbau:* Kohlengrus *m*; **~-up day** S WIRTSCH *Br* Reporttag *m*; **~-up price** S WIRTSCH *Br* Liquidationspreis *m*, -kurs *m*

mal- [mæl] *Wortelement mit der Bedeutung* schlecht

malacca (cane) [məˈlækə] S Malakka(spazier)stöckchen *n*

Malachi ['mæləkaɪ], **Malachias** [-əs] EIGENN & S BIBEL (das Buch) Maleachi *m od* Malachias *m*

malachite ['mæləkaɪt] S MINER Malachit *m*, Kupferspat *m*

malacology [ˌmæləˈkɒlədʒɪ; *US* -ˈkɑ-] S Malakologie *f (Lehre von den Weichtieren)*

malacopterygian [ˈmæləˌkɒptəˈrɪdʒɪən; *US* -ˌkɑ-] ZOOL A S Weichflosser *m* B ADJ weichflossig, Weichflosser…

malacostracan [ˌmæləˈkɒstrəkən; *US* -ˈkɑ-] ZOOL A S Schalenkrebs *m* B ADJ Schalenkrebs…

maladaptation S schlechte Anpassung

maladdress S 1 ungeschicktes Benehmen 2 Taktlosigkeit *f*

maladjusted ADJ 1 schlecht angepasst *od* angeglichen, unausgeglichen 2 PSYCH nicht angepasst, dissozial, milieugestört; **maladjustment** S 1 schlechte Anpassung *od* Angleichung 2 TECH falsche Einstellung 3 *fig*

M

a Missverhältnis *n* b gestörtes *(wirtschaftliches etc)* Gleichgewicht 4 PSYCH mangelnde Anpassung(sfähigkeit), Milieustörung *f*

maladministration S 1 schlechte Verwaltung 2 POL Misswirtschaft *f*

maladroit [ˌmælə'drɔɪt] ADJ (ADV ~ly) 1 ungeschickt 2 taktlos; **maladroitness** S 1 Ungeschick *n*, Ungeschicklichkeit *f* 2 Taktlosigkeit *f*

malady ['mælədɪ] S 1 Krankheit *f*, Gebrechen *n* 2 *fig* Übel *n*: **a social ~**

mala fide [ˌmeɪlə'faɪdɪ; *bes US* ˌmæ-] ADJ & ADV 1 JUR a arglistig b bösgläubig, *adv a.* mala fide 2 falsch, unredlich; **mala fides** [-diːz] S 1 JUR a Arglist *f* b böser Glauben 2 Unredlichkeit *f*

Malagasy [ˌmælə'gæsɪ] A *pl* -gasy, -gasies [-ɪz] S Madagasse *m*, Madagassin *f* B ADJ madagassisch

malaise [mæ'leɪz] S 1 Unpässlichkeit *f*, Unwohlsein *n* *(a. der Frau)*, Kränklichkeit *f* 2 *fig* Unbehagen *n*

malamute ['mæləmjuːt] S Malamut *m* *(ein aus Alaska stammender Schlittenhund)*

malanders ['mæləndə(r)z] SPL *(als sg konstruiert)* VET Mauke *f* *(e-e Pferdekrankheit)*

malapert ['mæləpɜːt; *US* ˌmælə'pɜrt] ADJ & S *obs od poet* unverschämt(e Person)

malaprop ['mæləprɒp; *US* -ˌprɑp], **malapropism** S (lächerliche) Wortverwechslung

malapropos [ˌmæl'æprəpəʊ; -æprə'pəʊ] A ADJ 1 unangebracht, unpassend 2 unschicklich B ADV a zur unrechten Zeit b im falschen Augenblick C S *(etwas)* Unangebrachtes *etc*

malar ['meɪlə(r)] ANAT A ADJ Backen…: **~ bone** → B B S Backenknochen *m*

malaria [mə'leərɪə] S MED Malaria *f*, Sumpffieber *n*; **malarial**, **malarian** ADJ Malaria…; **malariologist** [-'ɒlədʒɪst; *US* -'ɑl-] S Malarialoge *m*, Malarialogin *f*; **malariology** S Malarialogie *f* *(Erforschung der Malaria)*; **malarious** ADJ Malaria…

malark(e)y [mə'lɑː(r)kɪ] S *umg* Schrott *m*, Quatsch *m*

malate ['mæleɪt; 'meɪ-] S CHEM Malat *n*

Malawi [mə'lɑːwɪ] S Malawi *n*

Malawian [mə'lɑːwɪən] A S Malawier(in) B ADJ malawisch

Malay [mə'leɪ; *US a.* 'meɪleɪ] A S 1 Malaie *m*, Malaiin *f* 2 LING Malaiisch *n*, das Malaiische B ADJ malaiisch

Malayalam [ˌmælɪ'ɑːləm; *US* -'jɑː-] S Malayalam *n* *(malabarische Sprache)*

Malayan [mə'leɪən; *US a.* 'meɪˌl-] → Malay

Malaysia [mə'leɪzɪə; *bes US* -ʒɪə; -ʒə; -ʃə] S Malaysia *n*

Malaysian [mə'leɪzɪən; *US* -ʒən; -ʃən] A S Malaysier(in) B ADJ malaysisch

malcontent A ADJ unzufrieden *(a.* POL*)* B S Unzufriedene(r) *m/f(m)* *(a.* POL*)*

Maldive Islands ['mɔːldɪv; *US* -ˌdiːv; -ˌdaɪv] SPL, **Maldives** SPL [-z] *(die)* Malediven *pl*

Maldivian [mɔːl'dɪvɪən; *US a.* mæl-] A S Malediver(in) B ADJ maledivisch

male [meɪl] A ADJ 1 BIOL männlich *(a.* TECH*)*: **~ cat** Kater *m*; **~ child** Junge *m*; **~ cousin** Vetter *m*; **~ fern** BOT Wurmfarn *m*; **without ~ issue** ohne männliche(n) Nachkommen; **~ menopause** *oft hum* Wechseljahre *pl* des Mannes; **he seems to be going through the ~ menopause** er scheint in den Wechseljahren zu sein; **~ midwife** Entbindungspfleger *m*; **~ model** Dressman *m*; **male ~** Patrize *f*; **~ monkey** Affenmännchen *n*; **~ nurse** (Kranken)Pfleger *m*; **~ plug** ELEK Stecker *m*; **~ prostitute** Stricher *m*, Strichjunge *m* *(beide pej)*; **~ screw** TECH Schraubenspindel *f*; → chauvinism, chauvinist, rhyme A 1, talent 3 2 *weitS.* a männlich, mannhaft b kräftig *(in der Farbe etc)* c Männer…: **~ voice**; **~(-voice) choir** Männerchor *m* B S 1 a Mann *m*: **a ~-dominated society** e-e von Männern beherrschte Gesellschaft b Junge *m* 2 ZOOL Männchen *n* 3 BOT männliche Pflanze

maleate ['mælɪeɪt; *US* 'meɪ-; *a.* -lɪət] S CHEM Maleat *n*

malediction [ˌmælɪ'dɪkʃn] S 1 Fluch *m*, Verwünschung *f* 2 Fluchen *n*; **maledictory** [-tərɪ] ADJ verwünschend, Verwünschungs…, Fluch…

malefaction [ˌmælɪ'fækʃn] S Missetat *f*; **malefactor** [-tə(r)] S Misse-, Übeltäter *m*; **malefactress** [-trɪs] S Misse-, Übeltäterin *f*

malefic [mə'lefɪk] ADJ (ADV ~ally) 1 ruchlos, bösartig 2 unheilvoll; **maleficent** [-snt] ADJ 1 bösartig 2 schädlich (**to** für *od dat*) 3 verbrecherisch

maleic acid [mə'leɪɪk; *US a.* -'liːɪk] S CHEM Maleinsäure *f*

malemute → malamute

malevolence [mə'levələns] S Boshaftigkeit *f*, Bosheit *f*, Böswilligkeit *f*: **feel ~ toward(s) sb** j-m übelwollen; **malevolent** ADJ (ADV ~ly) boshaft, übelwollend

malfeasance [mæl'fiːzns] S JUR strafbare Handlung, *(bes* Amts)Vergehen *n*; **malfeasant** A ADJ gesetzwidrig, strafbar B S Missetäter(in), *bes* j-d, der sich e-s Amtsvergehens schuldig macht

malformation S *bes* MED Missbildung *f*; **malformed** ADJ missgebildet

malfunction A S 1 MED Funktionsstörung *f* 2 TECH a schlechtes Funktionieren *od* Arbeiten b Versagen *n* B VI TECH a schlecht funktionieren *od* arbeiten b versagen

Mali ['mɑːlɪ] S Mali *n*

Malian ['mɑːlɪən] A S Malier(in) B ADJ malisch

malic ['mælɪk; 'meɪ-] ADJ CHEM Apfel…: **~ acid**

malice ['mælɪs] S 1 Böswilligkeit *f*, Gehässigkeit *f*, Bosheit *f*: **out of pure ~** aus reiner Bosheit 2 Groll *m*: **bear sb ~** e-n Groll auf j-n haben *od* gegen j-n hegen, j-m grollen 3 Arglist *f*, (Heim)Tücke *f*: **the ~ of fate** die Tücke des Geschicks 4 (schelmische) Bosheit, Schalkhaftigkeit *f*: **with ~** boshaft, maliziös 5 JUR böse Absicht, Vorsatz *m*: **with ~ aforethought** *(od* **prepense)** in vorbedachter böser Absicht

malicious [mə'lɪʃəs] ADJ (ADV ~ly) 1 böswillig, feindselig 2 arglistig, (heim)tückisch 3 gehässig 4 maliziös: a hämisch, schadenfroh b schalkhaft, boshaft 5 JUR böswillig, vorsätzlich: **~ abandonment** böswilliges Verlassen; **~ mischief** *US u. schott* (böswillige) Sachbeschädigung; **~ prosecution** böswillige Strafverfolgung; **maliciousness** → malice 1, 2, 3

malign [mə'laɪn] A ADJ 1 verderblich, schädlich 2 unheilvoll 3 → malignant A 1, A 2, A 3, A 4 B VT verleumden; **malignancy** [mə'lɪgnənsɪ] S 1 Bösartigkeit *f* *(a.* MED*)*, Böswilligkeit *f*, Feindseligkeit *f* 2 Bosheit *f*, Arglist *f* 3 hämisches Wesen 4 Schädlichkeit *f*, Verderblichkeit *f*; **malignant** A ADJ (ADV ~ly) 1 bösartig *(a.* MED*)*, böswillig, feindselig 2 boshaft, arglistig, (heim)tückisch 3 hämisch, schadenfroh 4 gehässig 5 → malign A 1, A 2 6 POL unzufrieden B S 1 *Br* HIST Königstreue(r) *m/f(m)*, Royalist(in) *(bes Anhänger[in] von Charles I)* 2 POL Unzufriedene(r) *m/f(m)*; **maligner** [mə'laɪnə(r)] S Verleumder(in); **malignity** [mə'lɪgnətɪ] S 1 → malignancy 1, 2, 3 2 tiefer Hass 3 *pl* a Hassgefühle *pl* b Gemeinheiten *pl*, böswillige Handlungen *pl* c unheilvolle Ereignisse *pl*

malines [mæ'liːn; *bes US* mə-] S 1 *(früher* handgewebtes) tüllartiges Maschenwerk 2 Mechelner Spitzen *pl*

malinger [mə'lɪŋgə(r)] VI sich krank stellen, simulieren; **malingerer** S Simulant(in)

malison ['mælɪzn; -ɪsn] S *obs od poet* Verwünschung *f*, Fluch *m*

malkin ['mɔːkɪn; 'mɔːl-; *US a.* 'mæl-] S 1 *obs* Schlampe *f pej* 2 Vogelscheuche *f*

mall[1] [mɔːl; mæl] S 1 schattiger Promenadenweg 2 HIST a Mail(spiel) *n* b Mailschlegel *m* c Mailplatz *m* 3 *US* Einkaufszentrum *n*

mall[2] [mɔːl; mɑːl] S ORN Sturmmöwe *f*

mall[3] → maul

mallard ['mælɑːd; *US* -ərd] *pl* -lards, *bes koll* -lard S ORN Stockente *f*

malleability [ˌmælɪə'bɪlətɪ] S 1 TECH a (Kalt)Hämmerbarkeit *f* b Dehn-, Streckbarkeit *f* c Verformbarkeit *f* 2 *fig* Geschmeidigkeit *f*, Formbarkeit *f*

malleable ['mælɪəbl] ADJ (ADV malleably) 1 TECH a (kalt)hämmerbar b dehn-, streckbar c verformbar 2 *fig* formbar, gefügig, geschmeidig; **~ cast iron** S TECH 1 Tempereisen *n* 2 Temperguss *m*; **~ iron** S TECH 1 a Schmiede-, Schweißeisen *n* b schmiedbarer Guss 2 *US* → malleable cast iron

malleablize ['mælɪəblaɪz] VT TECH tempern, glühfrischen

mallei ['mælɪaɪ] *pl von* malleus

mallemuck ['mælɪmʌk] S ORN a Sturmvogel *m* b Eismöwe *f* c Fulmar *m*

malleolar [mə'liːələ(r)] ADJ ANAT malleolar, Knöchel…; **malleolus** [-ləs] *pl* -li [-laɪ] S ANAT Malleolus *m*, Knöchel *m* *(am Ende des Schien- u. Wadenbeins)*

mallet ['mælɪt] S 1 Holzhammer *m*, Schlegel *m* 2 *Bergbau*: (Hand)Fäustel *m*, Schlägel *m* 3 SPORT a *(Krocket)* Schläger *m* b *(Polo)* Schläger *m*

malleus ['mælɪəs] *pl* -lei [-lɪaɪ] S ANAT Hammer *m* *(Gehörknöchelchen)*

mallow ['mæləʊ] S BOT 1 Malve *f* 2 Malvengewächs *n*

mallrats SPL *US sl* *Jugendliche, die sich zum Zeitvertreib ständig in Einkaufszentren aufhalten*

malm [mɑːm; *US a.* mɑːlm] S 1 weicher, kalkartiger Lehm 2 *Hoch- u. Tiefbau*: künstlicher Mergel

malmsey ['mɑːmzɪ; *US a.* 'mɑːlm-] S Malvasier(-wein) *m* *(Süßweinsorte)*

malnutrition S 1 Unterernährung *f* 2 Fehlernährung *f*

malocclusion S MED Bissanomalie *f*

malodorous ADJ (ADV ~ly) übel riechend

Malpighian [mæl'pɪgɪən] ADJ BOT, MED, ZOOL malpighisch *(nach dem italienischen Anatomen Malpighi)*: **~ body**, **~ corpuscle** MED malpighisches Körperchen

malposition S MED Stellungs-, Lageanomalie *f*

malpractice S 1 Übeltat *f*, Vergehen *n* 2 JUR a Vernachlässigung *f* der beruflichen Sorgfalt b Kunstfehler *m*, falsche (ärztliche) Behandlung c Fahrlässigkeit *f* *(des Arztes)* d Amtsvergehen *n* e Untreue *f* *(im Amt etc)*

malpresentation S MED anomale Kindslage

malt [mɔːlt] A S 1 Malz *n*: **green ~** Grünmalz 2 alkoholisches Malzgetränk B VT 1 mälzen: **~ed milk** Malzmilch *f* 2 unter Zusatz von Malz herstellen C VI 1 zu Malz werden 2 malzen D ADJ Malz…: **~ extract**; **~ liquor** *US (etwa)* Starkbier *n*; **~ whisky** Malt-Whisky *m*, Malzwhisky *m*

Malta ['mɔːltə] S Malta *n*

maltase ['mɔːlteɪs] S *Biochemie*: Maltase *f* *(ein*

Ferment)
Maltese [ˌmɔːlˈtiːz; *US a.* -ˈtiːs] A S 1 *pl* -tese Malteser(in): **the ~** *koll* die Malteser *pl* 2 LING Maltesisch *n*, das Maltesische B ADJ maltesisch, Malteser…; **~ cross** S 1 Malteserkreuz *n* 2 TECH Malteserkreuz(getriebe) *n*
maltha [ˈmælθə] S 1 MINER Berg-, Erdteer *m* 2 *(verschiedene Arten von)* Mörtel *m od* Zement *m*
malthouse S Mälzerei *f*
Malthusian [mælˈθjuːzjən; -ˈθuː-; *US* -ʒən] A S Malthusianer(in) B ADJ malthusisch, Malthus…; **Malthusianism** S Malthusianismus *m (Theorie, nach der die Bevölkerung tendenziell schneller wächst als der Bodenertrag)*
malting [ˈmɔːltɪŋ] S Mälzerei *f*
maltose [ˈmɔːltəʊz; *US a.* -əʊs] S CHEM Maltose *f*, Malzzucker *m*
maltreat V/T 1 schlecht behandeln, grob umgehen mit 2 malträtieren, misshandeln; **maltreatment** S 1 schlechte Behandlung 2 Misshandlung *f*
maltster [ˈmɔːltstə(r)] S Mälzer(in)
malt sugar → maltose
malty [ˈmɔːltɪ] ADJ malzig, malzhaltig, Malz…
malvaceous [mælˈveɪʃəs] ADJ BOT zu den Malvengewächsen gehörig
malversation [ˌmælvɜːˈseɪʃn; *US* -vər-] S JUR 1 Veruntreuung *f*, Unterschleif *m* 2 Amtsmissbrauch *m*, -vergehen *n*
malvoisie [ˈmælvɔɪzɪ; *US* ˌmælvwəˈziː] → malmsey
mamba [ˈmæmbə; *US a.* ˈmɑːmbə] S ZOOL Mamba *f*
mamelon [ˈmæmələn] S Hügel *m*
Mameluke [ˈmæmɪluːk] S HIST 1 Mameluck *m* 2 ♀ Sklave *m*
mamilla [mæˈmɪlə] *pl* -lae [-liː] S 1 ANAT Mamille *f*, Brustwarze *f* 2 ZOOL Zitze *f* 3 (brust)warzenförmiges Gebilde; **mamillary** [ˈmæmɪlərɪ; *US* -ˌleriː] ADJ 1 ANAT Brustwarzen… 2 (brust)warzenförmig; **mamillate** [-leɪt], **mamillated** ADJ 1 mit Brustwarzen besetzt 2 → mamillary 2; **mamilliform** [məˈmɪlɪfɔː(r)m] → mamillary 2
mamma[1] [məˈmɑː; *US a.* ˈmɑːmə] S *bes US* Mama *f*, Mutti *f*
mamma[2] [ˈmæmə] *pl* -mae [-miː; *US a.* -maɪ] S Mamma *f*: a ANAT (weibliche) Brust, Brustdrüse *f* b ZOOL Zitze *f*, Euter *n*
mammal [ˈmæml] S ZOOL Säugetier *n*
mammalian [mæˈmeɪljən; -ɪən] ZOOL A S Säugetier *n* B ADJ Säugetier…, zu den Säugetieren gehörig; **mammalogical** ADJ mammalogisch; **mammalogist** [mæˈmælədʒɪst] S Mammaloge *m*, Mammalogin *f*; **mammalogy** S Mammalogie *f (Teilgebiet der Zoologie, das sich mit den Säugetieren befasst)*
mammary [ˈmæmərɪ] ADJ 1 ANAT Brust(-warzen)…, Milch…: **~ gland** Brust-, Milchdrüse *f* 2 ZOOL Euter…
mammiferous [mæˈmɪfərəs] ADJ säugend, mit Brustwarzen (versehen)
mammilla, *etc bes US für* mamilla *etc*
mammock [ˈmæmək] *bes dial* A S Bruchstück *n*, Brocken *m* B V/T (in Stücke) (zer)brechen
mammogram [ˈmæməgræm] S MED Mammogramm *n (Röntgenaufnahme der weiblichen Brust)*; **mammograph** [-grɑːf; *bes US* -græf] → mammogram; **mammography** [mæˈmɒgrəfɪ; *US* -ˈmɑ-] Mammografie *f (röntgenologische Untersuchung der weiblichen Brust)*
mammon [ˈmæmən] S Mammon *m*: a Reichtum *m*, Geld *n*: **the ~ of unrighteousness** BIBEL der ungerechte Mammon, b ♀ *Dämon des Geldes od der Besitzgier*: **serve** (*od* **worship**) ♀ dem Mammon dienen; **mammonish** ADJ dem Mammon ergeben; **mammonism** S Mammonismus *m*, Geldgier *f*; **mammonist**, **mammonite** S Mammonsdiener(in)
mammoplasty [mæˈmɒpləstɪ; *US* -ˈmɑ-] S MED Mammoplastik *f*, Brustplastik *f*
mammoth [ˈmæməθ] A S ZOOL Mammut *n* B ADJ Mammut…, riesig, Riesen…: **~ enterprise** Mammutunternehmen *n*; **~ tree** BOT Mammutbaum *m*
mammy [ˈmæmɪ] S 1 *umg* Mami *f*, Mutti *f* 2 *US obs* schwarzes Kindermädchen *(für weiße Kinder)*
man [mæn] A *pl* men [men] S 1 Mensch *m* 2 *oft* ♀ *koll* der Mensch, die Menschen *pl*, die Menschheit: **the rights of ~** die Menschenrechte; **the history of ~** die Menschheitsgeschichte 3 Mann *m*: **is your doctor a ~ or a woman?** haben Sie e-n Arzt od e-e Ärztin?; **~ about town** Lebemann; **the ~ in** (*US a.* **on**) **the street** der Mann auf der Straße, der Durchschnittsbürger, der gewöhnliche Sterbliche; **~ of all work** a Faktotum *n* b Allerweltskerl *m*; **~ of God** Diener *m* Gottes; **~ of hono(u)r** Ehrenmann; **~ of straw** *fig* Strohmann; **~ of the world** a Mann von Welt b Mann mit *(sexueller)* Erfahrung; ♀ **of Sorrows** REL Schmerzensmann *(Christus)*; **he is a ~ of his word** er steht zu s-m Wort; **he is an Oxford ~** er hat in Oxford studiert; **I have known him ~ and boy** ich kenne ihn schon von Jugend auf; **be one's own ~** sein eigener Herr sein; **he spoke to him as one ~ to another** er sprach mit ihm von Mann zu Mann; **the ~ Smith** (besagter *od* dieser) Smith; **a ~ and a brother** *Br umg* ein patenter Kerl; **my good ~!** *iron* mein lieber Herr!; **be ~ enough to do sth** Manns genug sein, etwas zu tun; **a five-~ move** *(bes Fußball)* e-e Kombination über fünf Stationen; → action 1, inner man, letter[1] A 5 c, mark[1] B 14 a 4 *weitS.* a Mann *m*, Person *f* b jemand c man: **as a ~** als Mensch *(schlechthin)*; **any ~** a irgendjemand b jedermann; **be any ~'s money** für Geld (fast) alles tun; **every ~** jeder(mann); **few men** nur wenige (Menschen); **no ~** niemand; **50 p per ~** 50 Pence pro Person *od* Mann; **what can a ~ do in such a case?** was kann man da schon machen?; **give a ~ a chance** e-m e-e Chance geben; **the** ♀ *US sl* a der Weiße b das *(bes weiße)* Establishment c die Bullen *pl pej*, die Polizei; → jack[1] A 2 5 Mann *m*: **as one ~** wie ein Mann, geschlossen; **on this question they were as one ~** in dieser Frage waren sich alle einig; **~ by ~** Mann für Mann, einer nach dem anderen; **to a ~** bis auf den letzten Mann; **~ on!** SPORT Hintermann! 6 (Ehe)Mann *m*: **~ and wife** Mann u. Frau 7 *(der)* (richtige) Mann, *(der)* Richtige: **if you want a guide, he is your ~**; **I am your ~!** ich bin Ihr Mann!; **he is not the ~ to do it** er ist nicht der richtige Mann dafür 8 (wahrer *od* echter *od* richtiger) Mann: **be a ~!** sei ein Mann!, reiß dich zusammen! 9 KOLL die Männer *pl*, der Mann 10 a Diener *m* b Angestellte(r) *m* c Arbeiter *m*: **the men are on strike** 11 MIL Mann *m*: a Soldat *m* b Matrose *m* c *pl* Mannschaft *f*: **~ on leave** Urlauber *m*; **20 men** zwanzig Mann 12 *(als int)* a. **~ alive!** Mensch!, Menschenskind!, Mann!: **hurry up, ~!** Mensch, beeil dich! 13 HIST Lehnsmann *m*, Untertan *m* 14 *Brettspiele*: Stein *m*, *(Schach)* Figur *f* B V/T 1 SCHIFF, MIL a *ein Schiff etc* bemannen: **~ned space flight** b *e-e Festung etc* besetzen: **~ a fort** 2 *e-n Arbeitsplatz etc* besetzen 3 *fig j-n* stärken: **~ o.s.** sich ermannen *od* aufraffen
man.[1] ABK manual
Man.[2] ABK 1 Manchester 2 Manitoba
mana [ˈmɑːnə] S Mana *n*: a *magische Elementarkraft* b *übernatürliche Macht (-stellung), Geltung*
manacle [ˈmænəkl] A S *meist pl* Handfessel *f*, -schelle *f*, Fessel *f (a. fig)* B V/T 1 *j-m* Handfesseln *od* -schellen anlegen 2 *fig j-n* (be)hindern
manage [ˈmænɪdʒ] A V/T 1 *e-e Sache* führen, verwalten: **~ one's own affairs** s-e eigenen Angelegenheiten erledigen 2 *e-n Betrieb etc* leiten, führen, vorstehen *(dat)* 3 *ein Gut etc* bewirtschaften 4 *e-n Künstler, Sportler etc* managen 5 *etwas* zustande bringen, bewerkstelligen: **they could only ~ a 0-0 draw** SPORT sie kamen über ein 0:0 nicht hinaus 6 es fertigbringen (**to do** zu tun): **he ~d to see the general himself** es gelang ihm, den General selbst zu sprechen 7 deichseln, einfädeln, managen *(alle umg)*: **~ matters** die Sache deichseln 8 *umg* a *e-e Arbeit, a. ein Essen etc* bewältigen, schaffen: **I couldn't ~ another thing** ich bringe nichts mehr runter b **I could ~ a drink** ich könnte e-n Drink brauchen *od* vertragen 9 umgehen (können) mit: a *ein Werkzeug etc* handhaben, *e-e Maschine etc* bedienen b mit *j-m* umzugehen *od j-n* zu behandeln *od* zu nehmen wissen c mit *j-m, etwas* fertig werden: **I can ~ him** ich werde schon mit ihm fertig; **can you ~ the heavy bag?** kommst du mit der schweren Tasche zurecht? d *j-n* herumkriegen *umg* 10 *ein Fahrzeug etc* lenken *(a. fig)* 11 *ein Pferd* dressieren, zureiten 12 *Land* bearbeiten 13 *umg (durch Schwierigkeiten)* (hin)durchbringen, -lavieren 14 *obs* haushalten mit B V/I 1 wirtschaften 2 das Geschäft *od* den Betrieb *etc* führen 3 auskommen, sich behelfen *(beide:* **with** mit; **without** ohne): **I think I can ~ without him** ich glaube, ich kann auf ihn verzichten; **can you ~ without your dictionary for an hour?** kannst du dein Wörterbuch e-e Stunde entbehren?; **they ~ on very little money** sie kommen mit sehr wenig Geld aus 4 *umg* a es schaffen, durchkommen, zurechtkommen, zu Rande kommen b es einrichten *od* ermöglichen: *can you come this evening?* **I'm afraid, I can't ~** es geht leider nicht *od* es ist mir leider nicht möglich C S *obs* 1 Reitschule *f*, Manege *f* 2 a Dressur *f (von Pferden)* b Dressurübungen *pl*
manageable [ˈmænɪdʒəbl] ADJ (ADV manageably) 1 lenksam, fügsam 2 gelehrig 3 dressierbar 4 handlich; **manageableness** S 1 Lenk-, Fügsamkeit *f* 2 Gelehrigkeit *f* 3 Handlichkeit *f*
managed| currency [ˈmænɪdʒd] S WIRTSCH manipulierte *od* (staatlich) gelenkte Währung; **~ economy** S WIRTSCH Planwirtschaft *f*
management [ˈmænɪdʒmənt] S 1 *(Haus- etc)* Verwaltung *f* 2 WIRTSCH Management *n*, Unternehmensführung *f*: **junior (middle) ~** untere (mittlere) Führungskräfte *pl*; **top(-level)** (*od* **senior**) **~** Top-, Spitzenmanagement *n*; **~ consultancy** Betriebs-, Unternehmensberatung *f*; **~ consultant** Betriebs-, Unternehmensberater(in); **~ engineering** *US* Betriebstechnik *f*; **~ studies** *pl* Betriebswirtschaft *f*; **~ science** Wissenschaft *f* von der Unternehmensführung; **~ by objectives** Führen *n* durch Zielvereinbarung 3 WIRTSCH Geschäfts-, Firmenleitung *f*, Direktion *f*: **under new ~** unter neuer Leitung, *(Geschäft etc)* neu eröffnet; **~ buyout** Management-Buy-out *n (Übernahme e-s Unternehmens durch in diesem Unternehmen tätige Führungskräfte)*; **~ shares** *bes Br* Gründeraktien, -anteile; **~ and union** Sozialpartner *pl*; → labor A 3 4 Bewirtschaftung *f (e-s Gutes etc)* 5 Erledigung *f (von Angelegenheiten etc)* 6 Geschicklichkeit *f*, (kluge) Taktik: **more by luck than by ~** *umg* mit mehr Glück als Verstand 7 Kunstgriff *m*, Trick *m* 8 Handhabung *f*, Behandlung *f*: **~**

M

of the environment Umweltgestaltung *f* 9 MED Behandlung *f* (u. Pflege *f*)

manager ['mænɪdʒə(r)] S 1 *(Haus- etc)* Verwalter *m* 2 WIRTSCH a Manager *m* b Führungskraft *f* c Geschäftsführer *m*, Leiter *m*, Direktor *m*: **~ of a branch office** Filialleiter *m* 3 THEAT a Intendant *m* b Regisseur *m* c Manager *m*, Impresario *m* 4 Manager *m (e-s Schaupielers etc)*: **be (the) ~ of** *j-n* managen 5 Bewirtschafter *m*, *(Guts)* Verwalter *m* 6 **be a good ~** gut *od* sparsam wirtschaften können 7 *Fußball: Br* Cheftrainer *m* (u. Manager *m*) 8 PARL *Br Mitglied e-s Ausschusses für Angelegenheiten beider Häuser*; **manageress** [ˌmænɪdʒə'res; *bes US* 'mænɪdʒəres] S 1 *(Haus- etc)* Verwalterin *f* 2 WIRTSCH a Managerin *f* b Geschäftsführerin *f*, Leiterin *f*, Direktorin *f* 3 Managerin *f (e-s Schauspielers etc)*

managerial [ˌmænə'dʒɪərɪəl] ADJ (ADV **~ly**) WIRTSCH geschäftsführend, leitend, Direktions…: **in a ~ capacity** in leitender Stellung; **~ function** leitende Funktion; **~ policy** Unternehmenspolitik *f*; **~ position** leitende Stellung; **~ qualities** Führungseigenschaften; **~ staff** *(a. als pl konstruiert)* leitende Angestellte *pl*; **managerialism** S Managertum *n*

managing ['mænɪdʒɪŋ] ADJ 1 *bes* WIRTSCH Betriebs… 2 WIRTSCH geschäftsführend, leitend; **~ board** S WIRTSCH Direktorium *n*, geschäftsführender Vorstand, Verwaltungsrat *m*; **~ clerk** S WIRTSCH 1 Geschäftsführer(in) 2 Bürovorsteher(in); **~ committee** S WIRTSCH 1 Verwaltungsausschuss *m* 2 Vorstand *m*; **~ director** S WIRTSCH Generaldirektor *m*, -direktorin *f*, leitender Direktor, leitende Direktorin, Hauptgeschäftsführer(in); **~ editor** S Chef(in) vom Dienst *(e-r Zeitung)*; **~ partner** S WIRTSCH geschäftsführende(r) Gesellschafter(in) *od* Teilhaber(in)

man-at-arms *pl* men-at-arms S MIL, HIST 1 Soldat *m*, Krieger *m* 2 schwer bewaffneter Kavallerist

manatee [ˌmænə'tiː; *US* 'mænəˌtiː] S ZOOL Lamantin *m*, Rundschwanz-Seekuh *f*

Manchester| School S HIST Manchesterschule *f (extrem liberalistische Richtung der englischen Nationalökonomie)*; **~ terrier** S ZOOL Manchesterterrier *m*

Manchu [ˌmæn'tʃuː; 'mæntʃuː] A S 1 *pl* -chus, *bes koll* -chu Mandschu *m (Eingeborener der Mandschurei)* 2 LING Mandschu *n* B ADJ mandschurisch; **Manchurian** [-'tʃʊərɪən] → Manchu A 1, B

manciple ['mænsɪpl] S *(für den Einkauf von Lebensmitteln zuständiger)* Verwalter *(e-s College etc)*

Mancunian [mæŋ'kjuːnjən] A S Einwohner(in) von Manchester B ADJ Manchester…

-mancy [mænsɪ] *Wortelement mit der Bedeutung* Wahrsagung

mandala ['mændələ; 'mʌn-] S Mandala *n*: a *Buddhismus, Hinduismus: mystisches Kreis- od Vieleckbild* b PSYCH *Traumbild od selbst angefertigtes Bild e-s Patienten als Symbol der Selbstfindung*

mandamus [mæn'deɪməs] S JUR, HIST *(heute* **order** [*US* **writ**] **of ~**) *Befehl e-s höheren Gerichts an ein untergeordnetes*

mandarin[1] ['mændərɪn] S 1 HIST Mandarin *m (ein hoher Beamter des chinesischen Kaiserreichs)* 2 a hohes Tier, hoher Beamter b *pej* zu einflussreicher hoher Beamter 3 ♀ LING Mandarin *n (Hochchinesisch)*

mandarin[2] ['mændərɪn] S BOT Mandarine *f*

mandarin| duck S ORN Mandarinente *f*; **~ orange** → mandarin[2]

mandatary ['mændətərɪ; *US* -ˌteriː] S 1 JUR Mandatar(in), (Prozess)Bevollmächtigte(r) *m/f(m)*, Sachwalter(in) 2 Mandatarstaat *m*

mandate ['mændeɪt] A S 1 JUR Mandat *n*: a (Vertretungs)Auftrag *m*, (Prozess)Vollmacht *f* b Geschäftsbesorgungsauftrag *m* 2 JUR, POL a (Völkerbunds)Mandat *n (Schutzherrschaftsauftrag)* b Mandat(sgebiet) *n* 3 JUR Anordnung *f*, Befehl *m (e-s übergeordneten Gerichts etc)* 4 PARL Auftrag *m*, Mandat *n* 5 KATH päpstlicher Entscheid 6 *poet* Befehl *m*, Geheiß *n* B V/T e-m Mandat unterstellen: **~d territory** Mandatsgebiet *n*; **mandator** [-tə(r)] S JUR Mandant(in), Auftrag-, Vollmachtgeber(in); **mandatory** ['mændətərɪ; *US* -ˌtəuriː; -ˌtɔː-] A ADJ (ADV mandatorily) 1 JUR vorschreibend, befehlend: **make sth ~ upon sb** j-m etwas vorschreiben *od* zur Pflicht machen; **~ function** Weisungsfunktion *f*; **~ provision** Mussvorschrift *f*; **~ sign** AUTO Gebotszeichen *n* 2 obligatorisch, zwingend vorgeschrieben, verbindlich, zwangsweise: **~ retirement age** Zwangspensionierungsalter *n* 3 bevollmächtigend 4 POL Mandatar…: **~ state** B S → mandatary

mandible ['mændɪbl] S 1 ANAT a Kinnbacken *m*, -lade *f* b Unterkieferknochen *m* 2 ZOOL Mandibel *f*, Unterkiefer *m* 3 ORN a *pl* Schnabel *m* b *(der)* untere Teil des Schnabels c Vorderkiefer *m*

mandola ['mændələ; *US* mæn'dəʊlə] S MUS, HIST Mandola *f*, Mandora *f (e-e Laute)*

mandolin ['mændəlɪn], **mandoline** [ˌmændə'liːn] S MUS Mandoline *f*

mandora ['mændərə; *US* mæn'dəʊrə; -'dɔːrə] → mandola

mandorla [mæn'dɔːlə; *US* 'mɑːndəʊrˌlɑː] S MAL Mandorla *f (mandelförmige Gloriole)*

mandragora [mæn'drægərə] → mandrake 1, 2

mandrake ['mændreɪk] S BOT 1 Mandragora *f*, Alraunwurzel *f* 2 Alraun(e) *m(f)* 3 → May apple

mandrel, **mandril** ['mændrəl] S TECH 1 Dorn *m*, Docke *f* 2 a *(Drehbank-)* Spindel *f* b *(für Holz)* Docke(nspindel) *f* c Stößel *m (e-r Presse)*

mandrill ['mændrɪl] S ZOOL Mandrill *m*

mane [meɪn] S Mähne *f (a. fig e-s Menschen)*

man-eater S 1 Menschenfresser(in) 2 Menschen fressendes Tier *(Tiger, Hai etc)* 3 FISCH Menschenhai *m* 4 *fig umg* männermordendes Wesen: **she's a ~** sie hat einen großen Männerverschleiß; **man-eating** ADJ 1 Menschen fressend 2 *fig umg* männermordend

maned [meɪnd] ADJ gemähnt, mit e-r Mähne; **~ wolf** S *irr* ZOOL Mähnenwolf *m*

manège, **manege** [mæ'neɪʒ; *US* -'neʒ] S 1 Manege *f*: a Reitschule *f* b Reitbahn *f (bes im Zirkus)* 2 Dressier-, Reitkunst *f* 3 Schul-, Zureiten *n*

manes ['mɑːneɪz; 'meɪniːz] SPL Manen *pl (die guten Geister der Toten im altrömischen Glauben)*

maneuver, *bes Br* **manoeuvre** [mə'nuːvə(r)] A S 1 SCHIFF, MIL Manöver *n*: a taktische *(Truppen- od Flotten)* Bewegung: **pivoting** (*od* **wheeling**) **~** Schwenkung *f* b *a. pl* Truppen- *od* Flottenübung *f*, Gefechtsübung *f*, FLUG Luftmanöver *n od pl*: **be on ~s** im Manöver sein; **room for ~** *bes fig* Handlungsspielraum *m* 2 (Hand-)Griff *m*, Bewegung *f* 3 *fig* Manöver *n*, Schachzug *m*, List *f* B V/I 1 SCHIFF, MIL manövrieren 2 *fig* manövrieren, lavieren, geschickt zu Werke gehen C V/T manövrieren *(a. fig)*: **~ sb into sth** j-n in etwas hineinmanövrieren *od* -lotsen; **maneuverability**, *bes Br* **manoeuvrability** [-vrə-] S 1 Manövrierfähigkeit *f* 2 a TECH Lenkbarkeit *f* b Wendigkeit *f* 3 *fig* Wendigkeit *f*, Beweglichkeit *f*; **maneuverable**, *bes Br* **manoeuvrable** ADJ 1 MIL manövrierfähig 2 TECH a lenk-, steuerbar b wendig *(Fahrzeug)* 3 *fig* wendig, beweglich; **maneuverer**, *bes Br* **manoeuvrer** S *fig* 1 schlaue(r) Taktiker(in) 2 Intrigant(in)

man Friday S *j-s* rechte Hand

manful ADJ (ADV **~ly**) mannhaft, tapfer, beherzt; **manfulness** S Mannhaftigkeit *f*, Tapferkeit *f*, Beherztheit *f*

manganate ['mæŋgəneɪt] S CHEM mangansaures Salz, Manganat *n*

manganese ['mæŋgəniːz] S CHEM Mangan *n*: **~ dioxide** Braunstein *m*, Mangandioxyd *n*; **~ spar** MINER Manganspat *m*

manganic [mæŋ'gænɪk] ADJ manganhaltig, Mangan…: **~ acid**

manganite ['mæŋgənaɪt] S 1 MINER Graubraunstein *m* 2 CHEM Manganit *m*

manganous ['mæŋgənəs] ADJ CHEM manganig, Mangan… *(mit 2-wertigem Mangan)*: **~ oxide** Manganoxydul *n*

mange [meɪndʒ] S VET Krätze *f*, Räude *f*

mangel(-wurzel) ['mæŋgl(ˌwɜːzl; *US* -ˌwɜrzəl)] S BOT Mangold *m*

manger ['meɪndʒə(r)] S 1 Krippe *f*, Futtertrog *m*: → **dog** *Bes Redew* 2 ♀ ASTRON Krippe *f*

mangetout (pea) [ˌmɑ̃ːndʒ'tuː] S BOT *Br* Zuckererbse *f*

mangle[1] ['mæŋgl] V/T 1 zerfleischen, -reißen, -fetzen, -stückeln 2 *fig e-n Text* verstümmeln *od* entstellen

mangle[2] ['mæŋgl] A S (Wäsche)Mangel *f* B V/T mangeln

mangler ['mæŋglə(r)] S 1 Hackmaschine *f*, Fleischwolf *m* 2 *fig* Verstümmler(in)

mango ['mæŋgəʊ] *pl* -goes, -gos S 1 Mango(-frucht, -pflaume) *f* 2 BOT Mangobaum *m*

mangold(-wurzel) ['mæŋgəld(ˌwɜːzl; *US* -ˌwɜrzəl)] → mangel(-wurzel)

mangosteen ['mæŋgəʊstiːn; *bes US* -gə-] S BOT Mangostane *f*: a Mangostanbaum *m* b Mangostin *m (Frucht)*

mangrove ['mæŋgrəʊv] S BOT Mangrove ([n]baum) *f(m)*

mangy ['meɪndʒɪ] ADJ (ADV mangily) 1 VET krätzig, räudig *(Hund etc)* 2 *fig* schmutzig, eklig 3 *fig* schäbig, heruntergekommen *(Hotel etc)*

manhandle V/T 1 grob behandeln, misshandeln 2 *(mit den Händen)* heben *od* befördern: **~ sth up the stairs** etwas die Treppe hinaufhieven

Manhattan| (cocktail) [mæn'hætn] S Manhattan(cocktail) *m (aus Whisky, Wermut etc)*; **~ District** S *Deckname für das Projekt zur Herstellung von Atombomben in den USA während des 2. Weltkriegs*

manhole S 1 Kanal-, Einsteigeschacht *m*: **~ cover** Schachtdeckel *m* 2 Mannloch *n (e-s Kessels etc)* 3 SCHIFF, MIL (Einsteig)Luke *f*

manhood S 1 Menschsein *n*, Menschentum *n* 2 Mannesalter *n*: **reach ~** ins Mannesalter kommen 3 männliche Natur, Männlichkeit *f* 4 Mannhaftigkeit *f* 5 KOLL die Männer *pl (e-s Landes)*: → **suffrage** 1 6 *euph* Manneskraft *f*

man|-hour S Arbeitsstunde *f*; **~hunt** A S Großfahndung *f* (**for** nach) B V/I: **go ~ing** auf Männerfang (aus)gehen *umg*

mania ['meɪnjə; -nɪə] S 1 MED Manie *f*, Wahn(-sinn) *m*, Raserei *f*, Besessensein *n*, Psychose *f*: **religious ~** religiöser Wahn; → persecution 1, persecutional 2 *fig* (**for**) Besessenheit *f* (von), Sucht *f* (nach), Leidenschaft *f* (für), Manie *f*, fixe Idee, Fimmel *m*: **~ for cleanliness** Sauberkeitsfimmel; **he has a ~ for old cars** er ist verrückt nach alten Autos; → collector 1, doubting 1, sports mania

maniac ['meɪnɪæk] A S 1 MED, PSYCH Wahnsinnige(r) *m/f(m)* 2 *fig (Sport- etc)* Fanatiker(in):

car ~ Autonarr *m*, -närrin *f* B ADJ (ADV ~ally) MED, PSYCH wahnsinnig

-maniac [meɪnɪæk] *Wortelement mit der Bedeutung*: a verrückt nach, …-süchtig b …süchtige(r), …mane, …manin

maniacal [mə'naɪəkl] ADJ (ADV ~ly) → maniac B

manic ['mænɪk] A ADJ 1 PSYCH manisch 2 → maniac B B S manische Person; **~-depressive** MED, PSYCH A ADJ manisch-depressiv: ~ **insanity** manisch-depressives Irresein B S Manisch-Depressive(r) *m/f(m)*: **she is a ~** sie ist manisch-depressiv

manicure ['mænɪˌkjʊə(r)] A S Maniküre *f*: a Hand-, Nagelpflege *f* b Hand-, Nagelpflegerin *f* B V/T maniküren; **manicurist** → manicure A b

manifest ['mænɪfest] A ADJ (ADV ~ly) offenkundig, augenscheinlich, deutlich (erkennbar), manifest (*a.* MED, PSYCH) B V/T 1 offenbaren, bekunden, kundtun, deutlich zeigen, manifestieren: ~ **itself** (*od* **be ~ed**) **in** sich zeigen *od* s-n Niederschlag finden in (*dat*) 2 be-, erweisen 3 SCHIFF im Ladungsverzeichnis aufführen C V/I 1 POL Kundgebungen veranstalten 2 sich erklären (**for** für; **against** gegen) 3 erscheinen, sich zeigen (*Geist*) D S 1 SCHIFF Ladungsverzeichnis *n* 2 WIRTSCH (*Ladungs-, Schiffs*) Manifest *n* 3 → manifesto 4 BAHN *bes US* Güterschnellzug *m* 5 FLUG *bes US* Passagierliste *f*; **manifestant** S Teilnehmer(in) an e-r Kundgebung, Demonstrant(in); **manifestation** S 1 Offenbarung *f*, Äußerung *f*, Ausdruck *m* 2 Manifestation *f*, Kundgebung *f* 3 (deutlicher) Beweis, Anzeichen *n*, Symptom *n*: ~ **of life** Lebensäußerung *f* 4 Kundgebung *f*, Demonstration *f* 5 Erscheinen *n* (*e-s Geistes*); **manifestative** [-tətɪv] ADJ (ADV ~ly) verdeutlichend, offenkundig (machend); **manifestness** S Offenkundigkeit *f*

manifesto [ˌmænɪ'festəʊ] *pl* -tos, -toes S Manifest *n*: a öffentliche Erklärung b POL Grundsatzerklärung *f*, Programm *n* (*e-r Partei*)

manifold ['mænɪfəʊld] A ADJ (ADV ~ly) 1 mannigfaltig, -fach, mehrfach, vielfältig, vielerlei 2 vielförmig, differenziert 3 mehrfach, in mehr als einer Hinsicht 4 TECH a Mehr-, Vielfach…, Mehr-, Vielzweck…: ~ **plug** ELEK Vielfachstecker *m* b Kombinations… B S 1 a (*etwas*) Vielfältiges b → manifoldness 2 TECH a Verteiler(stück) *m(n)*, Rohrverzweigung *f* b Sammelleitung *f* 3 (vervielfältigte) Kopie, Abzug *m* C V/T *Dokumente etc* vervielfältigen; **manifolder** S Vervielfältigungsgerät *n*; **manifoldness** S 1 Mannigfaltigkeit *f*, Vielfältigkeit *f* 2 Vielfalt *f*

manikin ['mænɪkɪn] S 1 Zwerg *m* 2 MED anatomisches Modell 3 → mannequin

Manila[1] [mə'nɪlə] S Manila *n* (*Hauptstadt der Philippinen*)

Manila[2] [mə'nɪlə] S 1 Manilazigarre *f* 2 → a Manil(l)a hemp b Manil(l)a paper

Manil(l)a| hemp [mə'nɪlə] S Manilahanf *m*; **~ paper** S Manilapapier *n*

manioc ['mænɪɒk; *US* -ˌɑk] S BOT Maniokstrauch *m*, Mandioka *f*

manipulate [mə'nɪpjʊleɪt] A V/T 1 *Preise etc* manipulieren, (künstlich) beeinflussen: **~d currency** manipulierte Währung 2 (*a.* geschickt) handhaben, TECH bedienen, betätigen, *ein Fahrzeug* lenken, steuern 3 *j-n* manipulieren *od* geschickt behandeln 4 managen, deichseln, schaukeln (*alle umg*) 5 zurechtstutzen, *bes Bücher, Konten* frisieren *umg* B V/I manipulieren; **manipulation** S 1 Manipulation *f* 2 a (Hand)Griff *m od* (-)Griffe *pl* b Verfahren *n* c TECH Bedienen *n*, Betätigen *n*, Steuern *n* 3 *pej* Machenschaft *f*, Manipulation *f*, Manöver *n* 4 *pej* Frisieren *n*; **manipulative** [-lətɪv; *US* -ˌleɪ-] ADJ (ADV ~ly) → manipulatory; **manipulator** [-tə(r)] S 1 (geschickte[r]) Handhaber(in) 2 *pej* Drahtzieher(in), Manipulant (-in), Manipulierer(in), Manipulator *m*, Manipulatorin *f* (*a. Zauberkünstler[in]*) 3 TECH Manipulator *m* (*Vorrichtung, mit deren Hilfe mechanische Arbeiten an außerhalb der normalen Reichweite liegenden Gegenständen od hinter Strahlenschutz ausgeführt werden können*); **manipulatory** [-lətərɪ; *US* -ˌtəʊriː; -ˌtɔː-] ADJ 1 durch Manipulation herbeigeführt 2 manipulierend 3 Handhabungs…

manito ['mænɪtəʊ], **manitou**, **manitu** [-tuː] S Manitu *m* (*die allem innewohnende, oft personifizierte Macht des indianischen Glaubens*)

Manitoba [ˌmænɪ'təʊbə] S Manitoba *n* (*kanadische Provinz*)

mankind S 1 [mæn'kaɪnd] die Menschheit, das Menschengeschlecht, die Menschen *pl*, der Mensch 2 ['mænkaɪnd] KOLL die Männer *pl*, die Männerwelt

manless ['mænlɪs] ADJ 1 männerlos 2 *obs* unmännlich

manlike ADJ 1 menschenähnlich 2 wie ein Mann, männlich 3 → mannish

manliness ['mænlɪnɪs] S 1 Männlichkeit *f* 2 Mannhaftigkeit *f*; **manly** ADJ 1 männlich 2 mannhaft 3 Mannes…, Männer…: ~ **sports** *pl* Männersport *m*

man-machine| communication S IT Mensch-Maschine-Verkehr *m*; **~ dialog(ue)** S IT Mensch-Maschine-Dialog *m*

man|-made ADJ a vom Menschen geschaffen (*Gesetze etc*) b vom Menschen verursacht (*Naturkatastrophen etc*) c künstlich (*Satellit etc*): ~ **fibers** (*bes Br* **fibres**) Kunst-, Chemiefasern; **a ~ lake** ein künstlicher *od* künstlich angelegter See; ~ **snow** Kunstschnee *m*; **~-mark** V/T SPORT in Manndeckung nehmen; **~-marker** S *Fußball*: Manndecker(in); **~-marking** S SPORT Manndeckung *f*

manna ['mænə] S 1 BIBEL *u. fig* Manna *n/f* (**to** für) 2 BOT, PHARM Manna *n*: a *zuckerhaltige Ausschwitzung der Manna-Esche etc* b *leichtes Abführmittel daraus*; ~ **ash** S BOT Manna-Esche *f*

mannequin ['mænɪkɪn] S 1 Mannequin *n*, Vorführdame *f* 2 a MAL *etc* Gliederpuppe *f* (*als Modell*) b Schaufensterpuppe *f* c Schneiderpuppe *f*

manner ['mænə(r)] S 1 Art *f*, Weise *f*, Art u. Weise (*etwas zu tun*): **after** (*od* **in**) **the ~ of** (so) wie, nach (der) Art von (*od gen*); **after** (*od* **in**) **this ~** auf diese Art *od* Weise, so; **in such a ~** so *od* derart (**that** dass); **in what ~?** wie?; **adverb of ~** LING Umstandswort *n* der Art u. Weise, Modaladverb *n*; **in a ~ of speaking** sozusagen, wenn ich *od* man so sagen darf; **in a gentle** (**rough**) **~** sacht (grob); **as to the ~ born** wie selbstverständlich, als ob er *etc* das schon immer getan hätte; **the ~ of his defeat** SPORT die Art u. Weise, wie er verlor 2 Art *f* (*sich zu geben*), Betragen *n*, Auftreten *n*, Verhalten *n* (**to zu**): **it's just his ~** das ist so s-e Art; **I don't like his ~** ich mag s-e Art nicht 3 *pl* Benehmen *n*, Umgangsformen *pl*, Manieren *pl*, Benimm *m*: **he has no ~s** er hat keine Manieren; **teach sb ~s** j-m Manieren beibringen; **it is bad ~s** es gehört *od* schickt sich nicht (**to do** zu tun); **make one's ~s** *obs* a e-n Diener machen, sich verbeugen b e-n Knicks machen 4 *pl* Sitten *pl* (u. Gebräuche *pl*) 5 würdevolles Auftreten: **he had quite a ~** er hatte e-e distinguierte Art (des Auftretens); **the grand ~** das altväterlich würdevolle Benehmen *od* Gehabe 6 MAL *etc* Stil(art) *m(f)*, Manier *f* 7 → mannerism 2 8 *obs* Art *f*, Sorte *f*, Beschaffenheit *f*: **all ~ of** alle möglichen, allerlei; **all ~ of people** die verschiedensten Leute; **all ~ of things** alles Mögliche; **by no ~ of means** in keiner Weise, durchaus nicht; **in a ~** in gewisser Hinsicht, auf e-e (gewisse) Art, gewissermaßen; **what ~ of man is he?** was für ein Mensch ist er (eigentlich)?; **mannered** [-nə(r)d] ADJ 1 *bes in Zusammensetzungen* gesittet, geartet: → ill-mannered, *etc* 2 gekünstelt, manieriert

mannerism ['mænərɪzəm] S 1 *oft* ♀ MAL *etc* Manierismus *m*, Spätrenaissance *f* 2 Manieriertheit *f*, Gespreiztheit *f* 3 Manierismus *m*: a manieriertes Verhalten b manierierte Ausdrucksweise 4 Eigenart *f*: **have the ~ of doing sth** die Eigenart haben, etwas zu tun; **mannerist** MAL *etc* A S Manierist(in) B ADJ → manneristic; **manneristic** ADJ, **manneristical** ADJ (ADV ~ly) MAL *etc* manieristisch

mannerless ['mænə(r)lɪs] ADJ unmanierlich, ungezogen; **mannerliness** [-lɪnɪs] S gute Umgangsformen *pl*, gute Kinderstube, gutes Benehmen, Manierlichkeit *f*; **mannerly** ADJ manierlich, gesittet, anständig

mannikin → manikin

mannish ['mænɪʃ] ADJ (ADV ~ly) 1 maskulin, unweiblich 2 (typisch) männlich

mannite (sugar) ['mænaɪt], **mannitol** ['mænɪtɒl; *US* -ˌtɔːl; -ˌtəʊl] S CHEM Mannit *m*, Mannazucker *m*

manoeuvrability, **manoeuvrable**, **manoeuvre**, **manoeuvrer** *bes Br für* maneuverability *etc*

man-of-war *pl* men-of-war S SCHIFF *obs* Kriegsschiff *n*

manometer [mə'nɒmɪtə(r); *US* -'nɑ-] S TECH Manometer *n*, (*Dampf- etc*) Druckmesser *m*, Druckanzeiger *m*; **manometric** [ˌmænəʊ'metrɪk; *US* -nə'm-] ADJ, **manometrical** ADJ (ADV ~ly) manometrisch

manor ['mænə(r)] S 1 HIST *Br* Rittergut *n*: **lord** (**lady**) **of the ~** Gutsherr(in) 2 *Br* a (Land)Gut *n* b *a.* **~ house** (*od* **seat**) Herrenhaus *n*, -sitz *m* 3 HIST *US* Pachtland *n* 4 *Br umg* Polizeibezirk *m*

man orchis S BOT 1 Männliches Knabenkraut 2 Ohnhorn *n*

manorial [mə'nɔːrɪəl; *US a.* -'nəʊ-] ADJ (guts)herrschaftlich, (Ritter-)Guts…, Herrschafts…

manpower S 1 menschliche Arbeitskraft *od* -leistung, Menschenkraft *f* 2 Menschenpotential *n*, *bes* a Kriegsstärke *f* (*e-s Volkes*) b (verfügbare) Arbeitskräfte *pl*: ~ **planning** Personalplanung *f*; ~ **shortage** Arbeitskräftemangel *m*: ~ **situation** Lage *f* auf dem Arbeitsmarkt

manqué M, **manquée** F ['mɑ̃ːŋkeɪ; *US* mɑ̃ː-'keɪ; mɑ̃ke] ADJ: **a poet manqué** a ein verhinderter Dichter b ein verkrachter Dichter c ein Möchtegerndichter *m*

mansard ['mænsɑː(r)d] S 1 *a.* **~ roof** Mansardendach *n* 2 Mansarde *f*

manse [mæns] S Pfarrhaus *n* (*e-s freikirchlichen Pfarrers od schott e-s Pfarrers der presbyterianischen Kirche*)

manservant *pl* menservants S Diener *m*

mansion ['mænʃn] S 1 (herrschaftliches) Wohnhaus, Villa *f* 2 *meist pl bes Br* (großes) Mietshaus 3 → mansion house 1 4 *obs* Bleibe *f*, Wohnung *f* 5 ASTRON, ASTROL Haus *n*; **~ house** S *Br* 1 Herrenhaus *n*, -sitz *m* 2 Amtssitz *m*: **the Mansion House** *Amtssitz des Lord Mayor von London*

man-size(d) ADJ 1 mannsgroß 2 *umg* riesig, Riesen…: **a ~ steak** 3 *umg* gewaltig (*Aufgabe etc*)

M

man|slaughter S JUR Totschlag *m*, Körperverletzung *f* mit Todesfolge; **~slayer** S JUR Totschläger(in)
mansuetude ['mænswɪtjuːd; *US a.* -ˌtuːd] S *obs* Sanftmut *f*, Milde *f*
manta ['mæntə] S *bes US* 1 Pferde-, Reise-, Satteldecke *f* 2 Umhang *m* 3 → mantlet 2
mantel ['mæntl] *abk für* a mantelpiece b mantelshelf
mantelet ['mæntlet; -ɪt] S 1 kurzer Mantel, Überwurf *m* 2 → mantlet
mantel|piece S ARCH 1 Kamineinfassung *f*, -mantel *m* 2 Kaminsims *m*; **~shelf** S *irr* Kaminsims *m*; **~tree** S 1 *Querbalken an der Kaminöffnung* 2 → mantelpiece 1
mantic ['mæntɪk] ADJ (ADV ~ally) prophetisch
mantilla [mæn'tɪlə; *US a.* -'tiːjə] S Mantille *f*: a langes Spitzen- *od* Schleiertuch, Mantilla *f* (*bes der Spanierin*) b leichter Umhang, Cape *n*
mantis ['mæntɪs] S ZOOL Gottesanbeterin *f* (*Heuschrecke*); **~ crab**, **~ shrimp** S ZOOL Gemeiner Heuschreckenkrebs
mantle ['mæntl] A S 1 (ärmelloser) Umhang, Überwurf *m* 2 *fig* (Schutz-, Deck)Mantel *m*, Hülle *f*: **a ~ of snow** e-e Schneedecke; **the ~ of authority** die Aura der Würde; **the ~ of night** der Mantel der Nacht 3 TECH Mantel *m*, (*Glüh*) Strumpf *m* 4 TECH Rauchfang *m* (*e-s Hochofens*) 5 *Gusstechnik*: Formmantel *m* 6 ZOOL Mantel *m* B V/I 1 sich überziehen (**with** mit) 2 erröten, sich röten (*Gesicht*) C V/T 1 überziehen 2 einhüllen 3 verbergen (*a. fig bemänteln*) 4 erröten lassen; **~ cavity** S ZOOL Mantel-, Kiemenhöhle *f*; **~ fibers**, *bes Br* **~ fibres** SPL BIOL Zugfasern *pl*
mantlet ['mæntlɪt] S MIL 1 a Schutzwall *m* (*der Anzeigerdeckung auf e-m Schießstand*) b tragbarer kugelsicherer Schutzschild 2 HIST Sturmdach *n*

M

man-to-man ADJ von Mann zu Mann: **a ~ talk**; **~ marking** SPORT Manndeckung *f*
mantra ['mæntrə; 'mʌn-] S Mantra *n* (*als wirkungskräftig geltender religiöser Spruch der Inder*)
man|-trained ADJ auf den Mann dressiert (*Hund*); **~trap** S 1 Fußangel *f* 2 *fig* Falle *f*
mantua ['mæntjʊə; *US* -tʃəwə; -təwə] S HIST Manteau *m*, (Frauen)Umhang *m*
ManU ABK (*Fußball*) Manchester United
manual ['mænjʊəl] A ADJ 1 mit der Hand *od* den Händen verrichtet *od* arbeitend, handbetrieben, Hand..., manuell: **~ alphabet** Fingeralphabet *n*; **~ aptitude** (*od* **skill**) manuelle Begabung, Handfertigkeit *f*; **~ exercise** → B 2; **~ labo(u)r** Schwerarbeit *f*; **~ labo(u)rer** Schwerarbeiter *m*; **~ operation** Handbetrieb *m*; **~ press** Handpresse *f*; **~ timing** (*od* **timekeeping**) SPORT Handzeitnahme *f*; **~ training** SCHULE Werkunterricht *m*; **~ work** körperliche Arbeit; **~ worker** (Hand)Arbeiter *m*; **he's just a ~ worker** er ist ein einfacher Arbeiter 2 handschriftlich (*Buchführung etc*) B S 1 a Handbuch *n*, Leitfaden *m* b MIL Dienstvorschrift *f* 2 MIL Griff(übung) *m(f)*: **~ of a rifle** Griffübung(en *pl*) am Gewehr 3 MUS Manual *n* (*e-r Orgel etc*) 4 REL, HIST Manual *n* (*Ritualbuch*); **manually** ADV von Hand, mit der Hand, manuell: **~ operated** a mit Handbetrieb b *a.* **~ controlled** handgesteuert; **adjust sth ~** etwas von Hand einstellen
manufactory [ˌmænjʊ'fæktərɪ; *US a.* ˌmænə-] S *obs* Fabrik *f*
manufacture [ˌmænjʊ'fæktʃə(r); *US a.* ˌmænə-] A S 1 Fertigung *f*, Erzeugung *f*, Herstellung *f*, Fabrikation *f*, Produktion *f*: **year of ~** Herstellungs-, Baujahr *n*; **article of English ~** englisches Erzeugnis 2 Erzeugnis *n*, Fabrikat *n*, Industrieprodukt *n* 3 Industrie(zweig) *f(m)*: **the linen ~** die Leinenindustrie 4 *allg* Erzeugen *n*, *pej* Fabrizieren *n* B V/T 1 (an-, ver)fertigen, erzeugen, herstellen, fabrizieren: **~d goods** Fabrik-, Fertigwaren 2 verarbeiten (**into** zu) 3 *pej* fabrizieren: a *e-e Rede etc* produzieren, liefern b *Ausreden etc* erfinden c *Beweise etc* fälschen; **manufacturer** S 1 Hersteller(in), Erzeuger(in): **~'s logo** Herstellerzeichen *n*; **~'s recommended price** unverbindliche Preisempfehlung; **world ~s' championship** (*Automobil-, Motorradrennsport*) Markenweltmeisterschaft *f* 2 Fabrikant(in), Industrielle(r) *m/f(m)*; **manufacturing** A ADJ 1 Herstellungs..., Fabrikations..., Produktions...: **~ business** produzierendes Unternehmen; **~ cost** Herstellungs-, Produktionskosten *pl*; **~ engineering** Arbeitsplanung *f*; **~ industries** Fertigungsindustrien; **~ loss** Betriebsverlust *m*; **~ order** Arbeits-, Werksauftrag *m*; **~ plant** Fabrikationsbetrieb *m*; **~ process** Herstellungsverfahren *n*; **~ schedule** Arbeitsplan *m* 2 Industrie..., Fabrik...: **~ town**; **~ branch** Industriezweig *m* 3 gewerbetreibend B S → manufacture A 1
manumission [ˌmænjʊ'mɪʃn] S HIST Freilassung *f* (aus der Sklaverei)
manure [mə'njʊə(r); *US a.* -'nʊər] A S (*bes natürlicher*) Dünger, Mist *m*, Dung *m*: **~ heap** Misthaufen *m* B V/T düngen; **manurial** ADJ Dünger..., Dung...
manuscript ['mænjʊskrɪpt] A S 1 Manuskript *n*: a Handschrift *f* (*alte Urkunde etc*) b Urschrift *f* (*des Autors*) c TYPO Satzvorlage *f* 2 (Hand-)Schrift *f* B ADJ Manuskript..., handschriftlich, *a.* maschinegeschrieben
Manx [mæŋks] A S 1 **the ~** *koll* die Bewohner *pl* der Insel Man 2 LING Manx *n* (*deren keltische Mundart*) B ADJ 1 die Insel Man betreffend 2 LING Manx...: **~ cat** S ZOOL Man(x)katze *f*; **~man** [-mən] S *irr* Bewohner *m* der Insel Man; **~woman** S *irr* Bewohnerin der Insel Man
many ['menɪ] A ADJ *komp* more [mɔː(r); *US a.* 'məʊər], *sup* most [məʊst] 1 viel(e): **~ times** oft; **his reasons were ~ and good** er hatte viele gute Gründe; **in ~ respects** in vieler Hinsicht; **as ~** ebenso viel(e); **as ~ as forty** (nicht weniger als) vierzig; **as ~ again** (*od* **more**), **twice as ~** noch einmal so viel; **in so ~ words** wörtlich, ausdrücklich; **he is (not) a man of ~ words** er redet gern (er macht nicht viele Worte, er ist ein schweigsamer Mensch); **they behaved like so ~ children** sie benahmen sich wie (die) Kinder; **too ~ by half** um die Hälfte zu viel; **one too ~** einer zu viel (*überflüssig*); **he was one too ~ for them** er war ihnen (allen) über; **he's had one too ~** *umg* er hat e-n über den Durst getrunken 2 manch(er, e, es), manch ein(er, e, es): **~ a man** manch einer; **~ another** manch anderer; **~ (and ~) a time** zu wiederholten Malen, so manches Mal B S viele: **the ~** (*als pl konstruiert*) die (große) Masse; **~ of us** viele von uns; **a good ~** ziemlich viel(e); **a great ~** sehr viele; **~colo(u)red** ADJ vielfarbig, bunt; **~-one** ADJ *Logik*, MATH: mehr-, eindeutig; **~-sided** ADJ 1 vielseitig (*a. fig*) 2 *fig* vielschichtig (*Problem etc*); **~-sidedness** S 1 Vielseitigkeit *f* (*a. fig*) 2 *fig* Vielschichtigkeit *f*; **~-valued** ADJ mehrwertig (*Logik*)
Maoism ['maʊɪzəm] S POL Maoismus *m*; **Maoist** [-ɪst] A S Maoist(in) B ADJ maoistisch
Maori ['maʊrɪ] A S 1 *pl* -ris, *bes koll* -ri Maori *m* (*Eingeborener Neuseelands*) 2 LING Maori *n* B ADJ maorisch, maori...; **~land** S *obs* Neuseeland *n*
map [mæp] A S 1 (*Land-, See-, Himmels*) Karte *f*, *weitS.* (*Stadt- etc*) Plan *m*: **a ~ of the city**; **by ~** nach der Karte; **off the ~** *umg* abgelegen; **wipe off the ~** *e-e Stadt etc* ausradieren, dem Erdboden gleichmachen; **be on the ~** auf der Karte (eingezeichnet) sein; **put on the ~** *e-e Stadt etc* bekannt machen 2 *sl* Visage *f* B V/T 1 e-e Karte machen von, kartografisch darstellen 2 *ein Gebiet* kartografisch erfassen 3 auf e-r Karte eintragen 4 *meist* **~ out** *fig* (bis in die Einzelheiten) (voraus)planen, entwerfen, ausarbeiten: **~ out one's time** sich s-e Zeit einteilen 5 *fig* (wie auf e-r Karte) (ver)zeichnen *od* darstellen 6 MATH abbilden; **~ case** S Kartentasche *f*
maple ['meɪpl] A S 1 BOT Ahorn *m*: **broad-leaved ~** Großblättriger Ahorn 2 Ahorn(holz) *m(n)* B ADJ aus Ahorn(holz), Ahorn...; **~ leaf** S *irr* Ahornblatt *n* (*Sinnbild Kanadas*); **~ sugar** S Ahornzucker *m*; **~ syrup** S Ahornsirup *m*
map|maker S Kartograf(in); **~making** S Kartografie *f*
mapper ['mæpə(r)] S Kartograf(in); **mapping** S 1 Kartografie *f* 2 MATH a Abbildung *f* b Funktion *f*
map| projection S *Kartografie*: kartografische Abbildung; **~ reader** S Kartenleser(in); **~ reading** S Kartenlesen *n*; **~ turtle** S ZOOL Landkartenschildkröte *f*
maquis ['mækiː; *US* mæ'kiː] *pl* -quis [-kiː; -kiːz] S 1 BOT Macchia *f* 2 *oft* ♀ a Maquis *m*, französische Widerstandsbewegung (*im 2. Weltkrieg*) b Maquisard *m*, Widerstandskämpfer(in)
mar [mɑː(r)] V/T 1 (be)schädigen 2 *obs* verderben, ruinieren: **this will make or ~ us** dies wird unser Glück *od* unser Verderben sein 3 verunstalten, verunzieren 4 *fig* a *j-s Pläne etc* stören, beeinträchtigen, vereiteln b *die Schönheit, den Spaß etc* verderben
mar.[1] ABK 1 maritime 2 married verh.
Mar.[2] ABK March
marabou ['mærəbuː] S 1 ORN Marabu *m*, Kropfstorch *m* 2 Marabufedern *pl* (*als Hutschmuck etc*) 3 Marabuseide *f*
marabout ['mærəbuː] S Marabut *m*: a *mohammedanischer Einsiedler od Heiliger* b *dessen (heilige) Grabstätte*
maraschino [ˌmærə'skiːnəʊ; *US a.* -'ʃiː-] S Maraschino(likör) *m*; **~ cherry** S Maraschinokirsche *f*
marasmic [mə'ræzmɪk] ADJ MED marastisch, marantisch, verfallend, schwindend; **marasmus** [-məs] S MED Marasmus *m* (*geistig-körperlicher Kräfteverfall*)
marathon ['mærəθn; *US* 'mærəˌθɑn] A S 1 *a.* **~ race** SPORT a Marathon(lauf) *m* b (*Ski- etc*) Marathon *n* 2 *fig* a Dauerwettkampf *m*: **dance ~** Dauertanzturnier *n* b langwierige Angelegenheit: **after a ~ of signing autographs he ...** nachdem er endlos lange Autogramme gegeben hatte, ... B ADJ 1 SPORT Marathon...: **~ runner** 2 *fig* Marathon..., Dauer...: **~ session**; **marathoner** S SPORT Marathonläufer(in)
maraud [mə'rɔːd] A V/I plündern B V/T (aus)plündern; **marauder** S 1 Plünderer *m*, Plünderin *f* 2 ZOOL Räuber *m*
marble ['mɑː(r)bl] A S 1 MINER Marmor *m*: **a heart of ~** *fig* ein Herz aus Stein 2 KUNST Marmorplastik *f*, -skulptur *f*, -statue *f* 3 a Murmel *f*: **he hasn't got all his ~s, he's lost his ~s** *umg* er hat nicht mehr alle Tassen im Schrank; **pass in one's ~** *Aus umg* den Löffel weglegen (*sterben*) b *pl* (*als sg konstruiert*) Murmelspiel *n*: **play ~s** (mit) Murmeln spielen; → shoot B 13 c 4 marmorierter Buchschnitt B ADJ 1 marmorn (*a. fig*), aus Marmor: **~ bust** Marmorbüste *f* 2 marmoriert, gesprenkelt (*Papier etc*) 3 *fig* steinern, gefühllos, hart u. kalt: **a ~ heart** ein Herz aus Stein C V/T mar-

morieren, sprenkeln: **~d cat** gesprenkelte Katze; **~d meat** durchwachsenes Fleisch; **~ cake** S Marmorkuchen *m*; **~-hearted** ADJ (ADV ~ly) *fig* hartherzig, gefühllos
marbleize ['mɑː(r)blaɪz] → marble c
marbler ['mɑː(r)blə(r)] S **1** Marmorarbeiter(in), -schneider(in) **2** Marmorierer(in) *(von Papier etc)*
marbly ['mɑː(r)blɪ] ADJ marmorn *(a. fig)*
Marburg| disease ['mɑː(r)bɜːg; US -bɜrg] S MED Marburger Affenkrankheit *f*; **~ virus** S MED Marburg-Virus *n*, *a. m*
marc [mɑː(r)k] S **1** Treber *pl*, Trester *pl*: **~ (brandy)** Marc *m (Tresterbrandwein)* **2** unlöslicher Rückstand, Satz *m*
marcasite ['mɑː(r)kəsaɪt; US *a.* ˌmɑːrkə'ziːt] S MINER **1** Markasit *m* **2** aus Pyrit geschliffener Schmuckstein
marcel [mɑː(r)'sel] **A** V/T sich *die Haare* wellen *od* ondulieren: **~ one's hair B** S *a.* **~ wave** Welle *f*
march[1] [mɑː(r)tʃ] **A** V/I **1** MIL *etc* marschieren, ziehen: **~ off** abrücken; **~ past (sb)** (an j-m) vorbeiziehen *od* -marschieren; **~ up** anrücken **2 ~ on** *fig* fortschreiten: **time is ~ing on** es ist schon spät, mir *etc* läuft die Zeit davon **B** V/T **1** *e-e Strecke* marschieren, (im Marsch) zurücklegen **2** marschieren lassen: **~ off prisoners** Gefangene abführen **C** S **1** MIL Marsch *m* *(a. MUS)*: **~ past** Vorbeimarsch, Parade *f*; **slow ~** langsamer Parademarsch; **~ in file** Rottenmarsch; **~ in line** Frontmarsch; **be on the ~** *fig* auf dem Vormarsch sein; **be on the ~ again** *fig* wieder im Kommen sein **2** *allg* (Fuß)Marsch *m*: **~ fracture** MED Marschfraktur *f* **3** Marsch (-strecke *f*) *m*: **a day's ~** ein Tage(s)-marsch **4** MIL Vormarsch *m* (**on** auf *akk*) **5** *fig* Fortschritt *m (der Wissenschaft etc)*: **~ of progress** fortschrittliche Entwicklung
Besondere Redewendungen: **~ at ease!** MIL ohne Tritt (marsch)!; **quick ~!** MIL Abteilung marsch!; **~ order!** MIL in Marschordnung angetreten!; **steal a ~ on sb** j-m zuvorkommen
march[2] [mɑː(r)tʃ] **A** S **1** HIST Mark *f* **2 a** (*a.* umstrittenes) Grenzgebiet, -land **b** Grenze *f* **3 the** **℞es** *pl das Grenzgebiet zwischen England einerseits u. Schottland bzw Wales andererseits* **B** V/I **1** grenzen (**on, upon** an *akk*) **2** e-e gemeinsame Grenze haben (**with** mit)
March[3] [mɑː(r)tʃ] S März *m*: **in ~** im März; **~ brown** Märzfliege *f (Angelköder)*; **~ violet** Märzveilchen *n*; → hare A 1
March. ABK Marchioness
marching ['mɑː(r)tʃɪŋ] **A** ADJ MIL Marsch..., marschierend: **~ band** Marching Band *f*, Marschkapelle *f*; **~ order a** Marschausrüstung *f* **b** Marschordnung *f*; **in heavy ~ order** feldmarschmäßig; **~ orders** *pl* Marschbefehl *m*; **he got his ~ orders a** *fig umg* er bekam den Laufpass *(von s-r Firma od von s-r Freundin)* **b** SPORT *umg* er flog vom Platz; **give sb their ~ orders a** *fig umg* j-m den Laufpass geben **b** SPORT *umg* j-n zum Duschen schicken *(Schiedsrichter)* **B** S (Auf-, Vorbei)Marsch *m*, Marschieren *n*: **~ in** Einmarsch; **~-off point** Abmarschpunkt *m*
marchioness ['mɑː(r)ʃənɪs] S Marquise *f*
marchpane ['mɑː(r)tʃpeɪn] S *obs* Marzipan *n*, *a. m*
marconigram [mɑː(r)'kəʊnɪgræm] S HIST Funktelegramm *n*
Mardi Gras [ˌmɑː(r)dɪ'grɑː; US 'mɑːrdiːˌgrɑː] S Fastnacht *f*, Fasching *m*, *bes* Fastnachts-, Faschingsdienstag *m*
mare[1] [meə(r)] S Stute *f*
mare[2] [meə(r)] S *obs* (Nacht)Mahr *m*
mare[3] ['mɑːreɪ] *pl* -ria [-rɪə] S **1** JUR, POL Meer *n*: **~ clausum** ['klɔːsəm] *(für ausländische Schiffe)* geschlossenes Meer; **~ liberum** ['lɪbərəm] freies Meer **2** ASTRON Mare *n (als dunkle Fläche erscheinende große Ebene auf dem Mond u. auf dem Mars)*
maremma [mə'remə] S Maremme *f (sumpfige Küstengegend)*
mare's|-nest ['meə(r)znest] S *fig* **1** Windei *n* **2** *bes US* Saustall *m umg*; **~-tail** S **1** METEO lang gestreckte Federwolken *pl* **2** BOT Tann(en)-wedel *m*
Marfan syndrome ['mɑː(r)fæn; mɑː(r)'fæn] S MED Marfan-Syndrom *n (e-e vererbte Erkrankung vor allem des Bindegewebes)*
margaric [mɑː(r)'gærɪk] ADJ CHEM Margarin...: **~ acid**
margarine [ˌmɑːdʒə'riːn; US 'mɑːrdʒərən; -əˌriːn] S Margarine *f*
marge[1] [mɑː(r)dʒ] S *poet* Rand *m*, Saum *m*
marge[2] [mɑːdʒ] S *Br umg* Margarine *f*
margin ['mɑː(r)dʒɪn] **A** S **1** Rand *m (a. fig)*: **at the ~ of the forest** am Rande des Waldes; **on the ~ of good taste** am Rande des guten Geschmacks; **the ~ of consciousness** PSYCH die Bewusstseinsschwelle **2** *a. pl* (Seiten)Rand *m* *(bei Büchern etc)*: **as by** (*od* **per**) **~** WIRTSCH wie nebenstehend; **in the ~** am Rande *od* nebenstehend *(vermerkt etc)*; **write sth in the ~** etwas an den Rand schreiben; **bled ~** bis in die Schrift hinein beschnittener Rand; **cropped ~** zu stark beschnittener Rand **3** Grenze *f (a. fig)*: **~ of income** Einkommensgrenze **4** Spielraum *m*: **leave** (*od* **allow**) **a ~ (for)** Spielraum lassen (für) **5** *fig* Überschuss *m (a.* WIRTSCH), *(ein)* Mehr *n* (**of** an *Zeit, Geld etc*): **~ of safety** Sicherheitsspanne *f*; **by a narrow ~** mit knapper Not; **catch one's train by a comfortable ~** s-n Zug (ganz) bequem erreichen **6** WIRTSCH *(Gewinn-, Verdienst)* Spanne *f* **7** *Börse*: Hinterlegungssumme *f*, Deckung *f (von Kursschwankungen)*, (Bar)Einschuss(zahlung) *m(f)*, Marge *f*: **purchase securities on ~** Wertpapiere auf Einschuss kaufen **8** WIRTSCH Rentabilitätsgrenze *f* **9 a** Mehrheit *f* **b** SPORT Abstand *m*, *(a.* Punkt)Vorsprung *m*: **by a ~ of four seconds** mit 4 Sekunden Vorsprung *od* Abstand; **they were ahead by a two-goal ~** sie führten mit zwei Toren Vorsprung; **by a wide ~** mit großem Vorsprung; **win by a narrow ~** knapp gewinnen **B** V/T **1** mit e-m Rand versehen **2 a** umranden **b** säumen **3** mit Randbemerkungen versehen **4** an den Rand schreiben **5** WIRTSCH *(durch Hinterlegung)* decken
marginal ['mɑː(r)dʒɪnl] ADJ (ADV → marginally) **1** am Rande, auf den Rand gedruckt *etc*, Rand...: **~ comments**; **~ inscription** Umschrift *f (auf Münzen)*; **~ note** Randbemerkung *f*; **~ release (stop)** Randauslöser *m* (Randsteller *m*) *(der Schreibmaschine)* **2** Grenz... *(a. fig)*: **have only a ~ effect on sth** etwas nur am Rande berühren; **~ sensations** Wahrnehmungen am Rande des Bewusstseins **3** WIRTSCH knapp über der Rentabilitätsgrenze (liegend), gerade noch rentabel, Grenz...: **~ analysis** Marginal-, Grenzanalyse *f*; **~ cost** Grenzkosten *pl*; **~ enterprise** Grenzbetrieb *m*, unrentabler Betrieb; **~ land** AGR Grenzertragsboden *m*; **~ profit** Grenzertrag *m*, knapper Gewinn; **~ utility** Grenznutzen *m* **4** MED marginal, randständig **5** SOZIOL am Rande der Gesellschaft (stehend) **6** *fig* geringfügig *(Verbesserung etc)*
marginalia [ˌmɑː(r)dʒɪ'neɪljə; -ɪə] SPL Marginalien *pl*, Randbemerkungen *pl*; **marginalize** [-laɪz] V/T *fig* an den Rand drängen: **~d group** SOZIOL Randgruppe *f*
marginally ['mɑː(r)dʒɪnəlɪ] ADJ *fig* **1** geringfügig, (um) eine Spur, eine Idee: **~ better 2** (nur) am Rande
margravate ['mɑː(r)grəvɪt; US -ˌveɪt] → margraviate; **margrave** [-greɪv] S HIST Markgraf *m*; **margraviate** [-vɪət; US *a.* -vɪˌeɪt] S Markgrafschaft *f*; **margravine** [-grəviːn] S Markgräfin *f*
marguerite [ˌmɑː(r)gə'riːt] S BOT **1** Gänseblümchen *n*, Maßliebchen *n* **2** Strauchmargerite *f* **3** Weiße Wucherblume, Margerite *f*
maria ['mɑːrɪə] *pl von* mare[3]
Marian ['meərɪən; 'mær-; US *a.* 'meɪ-] **A** ADJ marianisch: **a** KATH Marien..., die Jungfrau Maria betreffend **b** HIST die Königin Maria betreffend *(bes Maria Stuart von Schottland, 1542-87, u. Maria, Königin von England, 1553-58)* **B** S HIST Anhänger(in) der Königin Maria (Stuart)
mariculture ['mærɪˌkʌltʃə(r)] S BIOL Aquakultur *f (systematische Bewirtschaftung des Meeres)*
marigold ['mærɪgəʊld] S BOT **1** Ringelblume *f* **2 a** *a.* **African ~** Samtblume *f* **b** *a.* **French ~** Studentenblume *f*
marijuana, *a.* **marihuana** [ˌmærɪ'hwɑːnə] S **1** BOT Hanf *m* **2** Marihuana *n (Rauschgift)*
marimba S MUS Marimba *f (dem Xylofon ähnliches Instrument)*
marina [mə'riːnə] S Marina *f*, Boots-, Jachthafen *m*
marinade [ˌmærɪ'neɪd] **A** S **1** Marinade *f*, Beize *f* **2 a** mariniertes Fleisch **b** marinierter Fisch **B** V/T → marinate; **marinate** [-neɪt] V/T marinieren
marine [mə'riːn] **A** ADJ **1 a** See...: **~ chart** (**warfare**, *etc*); **~ insurance** See(transport)-versicherung *f* **b** Meeres...: **~ animal** (**biology, climate, plants**, *etc*); **~ dumping** Verklappung *f*; → life 3 **2** Schiffs...: **~ engineering** Schiffsmaschinenbau *m* **3** Marine...: **~ painter B** S **1** Marine *f* **2** SCHIFF, MIL Marineinfanterist *m*: **a** Seesoldat *m* **b** US Angehörige(r) *m* des **Marine Corps**: **tell that to the ~s!** *umg* das kannst du d-r Großmutter erzählen! **3** MAL Seegemälde *n*, -stück *n*; **~ belt** S SCHIFF Hoheitsgewässer *pl*; **℞ Corps** S SCHIFF, MIL US Marineinfanteriekorps *n*
mariner ['mærɪnə(r)] S Seemann *m*, Matrose *m*: **~'s compass** (See)Kompass *m*
Mariolatry [ˌmeərɪ'ɒlətrɪ; US -'ɑl-] S KATH Mariolatrie *f*, Marienverehrung *f*
Mariologist [ˌmeərɪ'ɒlədʒɪst; US -'ɑl-] S KATH Mariologe *m*, Mariologin *f*; **Mariology** S Mariologie *f (Lehre von der Gottesmutter)*
marionette [ˌmærɪə'net] S Marionette *f*: **~ play** Puppenspiel *n*
marish ['mærɪʃ] *poet* **A** S Moor *n* **B** ADJ sumpfig, morastig
marital ['mærɪtl; *Br a.* mə'raɪtl] ADJ (ADV ~ly) ehelich, Ehe..., Gatten...: **~ bed** Ehebett *n*; **~ bliss** Eheglück *n*; **~ partners** Ehegatten, -partner; **~ duties** eheliche Pflichten; **he has ~ problems** er hat Probleme in s-r Ehe; **~ relations** eheliche Beziehungen; **~ rights** eheliche Rechte; **~ status** JUR Familienstand *m*; **~ vows** *pl* Ehegelöbnis *n*
maritime ['mærɪtaɪm] ADJ **1** See...: **~ blockade** (**port**, *etc*); **~ commerce** (Über)Seehandel *m*; **~ insurance** See(transport)versicherung *f*; **~ law** Seerecht *n*; **~ navigation** Seeschifffahrt *f* **2** Schifffahrts...: **~ affairs** Schiffahrtsangelegenheiten, Seewesen *n* **3** Marine... **4** Seemanns...: **~ life 5 a** seefahrend **b** Seehandel (be)treibend **6** Küsten...: **~ provinces 7** ZOOL an der Küste lebend, Strand... **8** Meer(es)...
marjoram ['mɑː(r)dʒərəm] S BOT **1** Majoran *m* **2** *a.* **sweet** (*od* **true**) **~** Echter Majoran **3** *a.* **common** (*od* **wild**) **~** Felddost(en) *m*
mark[1] [mɑː(r)k] **A** S **1** Markierung *f*, Mal *n*, *bes* TECH Marke *f*: **make a ~ in the calendar** sich e-n Tag rot anstreichen **2** *fig* Zeichen *n*: **~ of**

M

confidence Vertrauensbeweis *m*; ~ of favo(u)r Gunstbezeigung *f*; ~ of respect Zeichen der Hochachtung; God bless (*od* save) the ~ *obs umg* mit Verlaub zu sagen 3 (Kenn)Zeichen *n*, (*a.* charakteristisches) Merkmal: distinctive ~ Kennzeichen 4 (*Schrift-, Satz-*) Zeichen *n*: ~ of correction Korrekturzeichen 5 Orientierungs-, Sichtzeichen *n*: a ~ for pilots 6 (An)Zeichen *n*: a ~ of great carelessness 7 a (Eigentums)Zeichen *n* b Brandmal *n* 8 roter Fleck (*auf der Haut*), Strieme *f*, Schwiele *f* 9 Narbe *f* (*a.* TECH) 10 Kerbe *f*, Einschnitt *m* 11 (*Hand-, Namens*) Zeichen *n*, Kreuz *n* (*e-s Analphabeten*) 12 Ziel *n* (*a. fig*), Zielscheibe *f*: hit the ~ a (das Ziel) treffen b *fig* ins Schwarze treffen; miss the ~ das Ziel verfehlen, danebenschießen (*beide a. fig*); be off (wide of) the ~ a (weit) danebenschießen b *fig* sich (gewaltig) irren, (*Schätzung etc*) (weit) danebenliegen; £1,000 will be nearer to the ~ kommen (schon) eher hin *umg* 13 *fig* Norm *f*: below the ~ a unter dem Durchschnitt b *gesundheitlich etc* nicht auf der Höhe *umg*; be up to the ~ a den Anforderungen gewachsen sein (*Person*) *od* genügen (*Leistungen etc*) b *gesundheitlich* auf der Höhe sein *umg*; within the ~ a innerhalb der erlaubten Grenzen b berechtigt (in doing sth etwas zu tun); overshoot (*od* overstep) the ~ a über das Ziel hinausschießen *umg* b zu weit gehen, den Bogen überspannen 14 (aufgeprägter) Stempel, Gepräge *n* 15 a (*Fuß-, Brems- etc*) Spur *f*: leave one's ~ (up)on *fig* s-n Stempel aufdrücken (*dat*); bei *j-m* s-e Spuren hinterlassen; make one's ~ sich e-n Namen machen, sich profilieren (*beide:* on, upon in *e-m Betrieb etc*) b Fleck *m* c Abdruck *m*: leave a ~ e-n Abdruck hinterlassen, sich abdrücken 16 *fig* Bedeutung *f*, Rang *m*: a man of ~ e-e markante *od* bedeutende Persönlichkeit 17 Marke *f*, Sorte *f*: ~ of quality Qualitätsmarke 18 WIRTSCH a (*Fabrik-, Waren*) Zeichen *n*, (*Schutz-, Handels-*) Marke *f* b Preisangabe *f* 19 SCHIFF a (abgemarkte) Fadenlänge (*der Lotleine*) b Landmarke *f* c Bake *f*, Leitzeichen *n* d Mark *n*, Ladungsbezeichnung *f* e Marke *f* 20 MIL, TECH Modell *n*, Type *f*: a ~ V tank ein Panzer(wagen) der Type V 21 SCHULE a Note *f* (*a.* SPORT), Zensur *f*: get (*od* obtain) full ~s die beste Note bekommen, die höchste Punktzahl erreichen; give sb full ~s for sth *fig* j-m für etwas höchstes Lob zollen; he gained 20 ~s for Greek im Griechischen bekam er 20 Punkte; bad ~ Note für schlechtes Betragen b *pl* Zeugnis *n*: bad ~s ein schlechtes Zeugnis 22 *umg* (*das*) Richtige: that's not my ~ das ist nicht mein Geschmack, das ist nicht das Richtige für mich 23 → easy A 1 24 SPORT a *Fußball:* (*Elfmeter*) Punkt *m* b *Boxen:* *sl* Magengrube *f* c *Bowls:* Zielkugel *f* d *Laufsport:* Startlinie *f*: on your ~s! auf die Plätze!; be quick (slow) off the ~ e-n guten (schlechten) Start haben, *fig* schnell (langsam) reagieren *od umg* schalten 25 *meist* ~ of mouth Bohne *f*, Kennung *f* (*Alterszeichen an Pferdezähnen*) 26 HIST a Mark *f*, Grenzgebiet *n* b Gemeindemark *f*, Allmende *f*: ~ moot Gemeindeversammlung *f* B V/T 1 markieren: a *Wege, Gegenstände etc* kennzeichnen b *Stellen auf e-r Karte etc* bezeichnen, (*provisorisch*) andeuten c *Wäsche* zeichnen: ~ by a dotted line durch e-e punktierte Linie kennzeichnen; ~ (with a hot iron) brandmarken; ~ time a MIL auf der Stelle treten (*a. fig*) b *fig* nicht vom Fleck kommen c abwarten d MUS den Takt schlagen 2 a Spuren hinterlassen auf (*dat*): his hobnails ~ed the floor b *fig j-n* zeichnen (*Krankheit etc*) 3 *e-e Ära etc* kennzeichnen, kennzeichnend sein für: the day was ~ed by heavy fighting der Tag stand im Zeichen schwerer Kämpfe; no triumph ~s her manner es ist nicht ihre Art aufzutrumpfen 4 ein Zeichen sein für: that ~s him for a leader das zeigt, dass er sich zum Führer eignet; he has all the qualities that ~ a good doctor er hat alle Eigenschaften, die e-n guten Arzt ausmachen 5 (*aus mehreren*) bestimmen, (aus)wählen, ausersehen (*alle:* for für) 6 hervorheben: ~ the occasion (*Redew*) zur Feier des Tages, aus diesem Anlass 7 zum Ausdruck bringen, zeigen: ~ one's displeasure by hissing 8 SCHULE benoten, zensieren, SPORT bewerten 9 notieren, vermerken 10 sich *etwas* merken: ~ my words denke an m-e Worte *od* an mich! 11 bemerken, beachten, achtgeben auf (*akk*) 12 WIRTSCH a *Waren* auszeichnen b *Br* (*öffentlich*) notieren (lassen) c *den Preis* festsetzen: → mark down 1 13 LING *e-n Akzent* setzen, *e-e Länge* bezeichnen 14 SPORT a *s-n Gegenspieler* decken, (*gut etc*) markieren: ~ sb man to man j-n manndecken, j-n in Manndeckung nehmen; ~ sb out of the game j-n (völlig) abmelden *umg* b *Punkte, Tore etc* aufschreiben, notieren: ~ the game → C 4 b C V/I 1 markieren 2 achtgeben, aufpassen 3 sich etwas merken: ~ you wohlgemerkt 4 SPORT a decken b den Spielstand laufend notieren 5 ~ easily (quickly) leicht (schnell) schmutzen

Phrasal Verbs: **mark| down** V/T 1 (*im Preis*) herunter-, herabsetzen (*beide:* from … to von … auf *akk*) 2 *den Diskontsatz etc* senken 3 bestimmen, vormerken (*beide:* for für, zu) 4 notieren, vermerken; **~ off** V/T 1 abgrenzen, abstecken 2 *fig* trennen: a absondern b abgrenzen, (unter)scheiden 3 MATH *e-e Strecke* ab-, auftragen 4 TECH vor-, anreißen 5 (*bes auf e-r Liste*) abhaken; **~ out** V/T 1 → mark[1] B 5 2 abgrenzen, (*durch Striche etc*) bezeichnen, markieren 3 durchstreichen; **~ up** V/T WIRTSCH 1 (*im Preis*) hinauf-, heraufsetzen (*beide:* from … to von … auf *akk*) 2 *den Diskontsatz etc* erhöhen

mark² [mɑː(r)k] S WIRTSCH 1 (deutsche) Mark 2 HIST Mark *f*: a *schottische Silbermünze im Werte von etwa 67 p* b *Gold- u. Silbergewicht von etwa 8 Unzen*

Mark³ [mɑː(r)k] EIGENN & S BIBEL Markus (-evangelium) *m(n)*

markdown S WIRTSCH 1 niedrigere Auszeichnung (*e-r Ware*): ~ price herabgesetzter Preis 2 Preissenkung *f* (of um)

marked [mɑː(r)kt] ADJ 1 markiert, gekennzeichnet, mit e-m Zeichen *od* e-r Aufschrift (versehen): a ~ check (*Br* cheque) a *US* ein gekennzeichneter Scheck b *Br* ein bestätigter Scheck 2 gezeichnet (*a. fig gebrandmarkt*): a face ~ with smallpox ein pockennarbiges Gesicht; feathers ~ with black spots Federn mit schwarzen Punkten; a ~ man *fig* ein Gezeichneter *od* Gebrandmarkter 3 *fig* deutlich, merklich, ausgeprägt: a ~ American accent; ~ progress spürbarer *od* deutlicher Fortschritt; in ~ contrast to in deutlichem Gegensatz zu 4 auffällig, ostentativ (*Gleichgültigkeit etc*); **markedly** [-ɪd-] ADV merklich, deutlich, ausgesprochen

marker [ˈmɑː(r)kə(r)] S 1 a Markierer(in): ~ (of goods) Warenauszeichner(in) b Markierstift *m* 2 (An-, Auf)Schreiber(in), (*bes Billard-*) Markör *m* 3 MIL Anzeiger *m* (*beim Schießstand*) 4 a Kennzeichen *n* b (*Weg-, Grenz- etc*) Markierung *f*: ~ buoy Markierungsboje *f* 5 Merk-, Lesezeichen *n* 6 *US* Straßen-, Verkehrsschild *n* 7 *US* Gedenkzeichen *n*, -tafel *f* 8 *a.* ~ (radio) beacon Markierungsfunkfeuer *n* 9 AGR Furchenzieher *m* (*Gerät*) 10 *bes* SPORT a Markierer(in) b Markiergerät *n* (*auf Tennisplätzen etc*) 11 SPORT a Bewacher(in): he lost his ~ er schüttelte s-n Bewacher ab b (*bes Fußball*) Manndecker(in) 12 *Wasserbau:* Pegel *m* 13 *sl* a (*bes* Spiel)Schulden *pl* b Schuldschein *m*

market [ˈmɑː(r)kɪt] WIRTSCH A S 1 Markt *m* (*Handel*): be in the ~ for Bedarf haben an (*dat*), kaufen *od* haben wollen, suchen; be on the ~ auf dem Markt *od* im Handel sein, angeboten werden; come on(to) the ~ auf den Markt *od* in den Handel kommen; place (*od* put) on the ~ a → B 1 b zum Verkauf anbieten; sale in the open ~ freihändiger Verkauf 2 Markt *m* (*Handelszweig*): ~ for cattle Viehmarkt; real estate ~ Grundstücks-, Immobilienmarkt 3 *Börse:* Markt *m*: railway (*US* railroad) ~ Markt für Eisenbahnwerte 4 Geldmarkt *m*: boom the ~ die Kurse in die Höhe treiben; make a ~ (durch Kaufmanöver) die Nachfrage (nach Aktien) künstlich hervorrufen; play the ~ (an der Börse) spekulieren 5 Markt *m*, Börse *f*, Handelsverkehr *m*, Wirtschaftslage *f*: active (dull) ~ lebhafter (lustloser) Markt 6 a Marktpreis *m*, -wert *m* b Marktpreise *pl*: the ~ is low (rising); at the ~ zum Marktpreis; (*Börse*) zum Bestenspreis 7 Markt(platz) *m*: in the ~ auf dem Markt; (covered) ~ Markthalle *f* 8 (*Wochen- etc*) Markt *m*: bring one's eggs (*od* hogs, goods) to a bad (*od* the wrong) ~ *fig* sich verkalkulieren *od umg* verhauen 9 Markt *m* (*Absatzgebiet*): hold (*od* control) the ~ a den Markt beherrschen b (durch Kauf *od* Verkauf) die Preise halten 10 Absatz *m*, Verkauf *m*, Markt *m*: find no ~ keine Abnehmer finden; meet with a ready ~ schnellen Absatz finden 11 (for) Nachfrage *f* (nach), Bedarf *m* (an *dat*): there is no ~ for these goods diese Ware lässt sich nicht absetzen 12 *bes US* (Lebensmittel)Geschäft *n*, Laden *m*: → meat market 2 13 the ~ (*Börse*) a der Standort der Jobber b *koll* die Jobber *pl* B V/T 1 auf den Markt *od* in den Handel bringen 2 vertreiben C V/I 1 Handel treiben, (ein)kaufen u. verkaufen 2 a auf dem Markt handeln b Märkte besuchen 3 go ~ing *bes US* einkaufen gehen D ADJ 1 Markt…: ~ basket Marktkorb *m* 2 WIRTSCH a Börsen… b Kurs… 3 WIRTSCH marktüblich (*Zinssatz etc*)

marketability [ˌmɑː(r)kɪtəˈbɪlətɪ] S WIRTSCH Marktfähigkeit *f*; **marketable** ADJ (ADV marketably) 1 a marktfähig, -gängig, verkäuflich b gefragt: ~ title JUR uneingeschränktes, frei veräußerliches Eigentum 2 notiert, börsenfähig (*Wertpapiere*)

market| analysis S *irr* WIRTSCH Marktanalyse *f*; **~ condition** S *oft pl* WIRTSCH Marktlage *f*, Konjunktur *f*; **~ day** S Markttag *m*; **~ dealings** SPL WIRTSCH *Br* Börsenhandel *m*; **~ dominance** S WIRTSCH Marktbeherrschung *f*; **~-dominating** ADJ WIRTSCH marktbeherrschend (*Stellung*); **~ economy** S Marktwirtschaft *f*

marketeer [ˌmɑː(r)kəˈtɪə(r)] S 1 Verkäufer(in) *od* Händler(in) (*auf e-m Markt*) 2 Anhänger(in) *od* Befürworter(in) der (*freien etc*) Marktwirtschaft: free ~; **marketer** [-tər] S *US* 1 Markthändler(in) 2 Marktbesucher(in)

market| fluctuation S WIRTSCH 1 Konjunkturbewegung *f* 2 *pl* Konjunkturschwankungen *pl*; **~ forces** SPL WIRTSCH Kräfte *pl* des freien Marktes, Marktkräfte *pl*; **~ garden** S *bes Br* Gemüsegärtnerei *f*, -anbaubetrieb *m*; **~ gardener** S *bes Br* Gemüsegärtner(in); **~ gardening** S *bes Br* (Betreiben *n* e-r) Gemüsegärtnerei *f*

marketing [ˈmɑː(r)kɪtɪŋ] A S 1 WIRTSCH Marketing *n*, Absatzpolitik *f*, -förderung *f*, Vertrieb *m* 2 Marktversorgung *f* 3 Marktbesuch *m*: **do one's ~** *bes US* s-e Einkäufe machen **4** Marktware *f* **B** ADJ Absatz…, Markt…: **~ area** Absatzgebiet *n*; **~ association** Marketingverband *m*, absatzwirtschaftlicher Verband; **~ company** Vertriebsgesellschaft *f*; **~ cooperative** Absatzgenossenschaft *f*; **~ director** Marketingdirektor *m*; **~ strategy** Marktstrategie *f*

market| investigation S WIRTSCH Marktuntersuchung *f*; **~ leader** S WIRTSCH Marktführer *m*; **~ letter** S WIRTSCH *US* Markt-, Börsenbericht *m*; **~ niche** S WIRTSCH Marktnische *f*, -lücke *f*; **~ order** S *Börse*: Bestensauftrag *m*; **~ place** S Marktplatz *m*; **~ position** S WIRTSCH Marktposition *f*; **~ price** S WIRTSCH **1** Marktpreis *m* **2** *Börse*: Kurs(wert) *m*; **~ quotation** S WIRTSCH Kursnotierung *f*; **~ report** S WIRTSCH **1** Markt-, Handelsbericht *m* **2** Börsenbericht *m*; **~ research** S WIRTSCH Marktforschung *f*; **~-research** V/T WIRTSCH *bes US* Marktforschung hinsichtlich *e-s Produktes* betreiben; **~ researcher** S WIRTSCH Marktforscher(in); **~ rigging** S WIRTSCH Kurstreiberei *f*; **~ share** S WIRTSCH Marktanteil *m*; **~ situation** S WIRTSCH Marktlage *f*; **~ square** S Marktplatz *m*; **~ stall** S Marktbude *f*; **~ swing** S WIRTSCH *US* Konjunkturumschwung *m*; **~ town** S Marktflecken *m*; **~ value** S WIRTSCH Markt-, Kurs-, Verkehrswert *m*

marking ['mɑː(r)kɪŋ] **A** S **1** Markierung *f*, Kennzeichnung *f*, *a.* MUS Bezeichnung *f* **2** FLUG Hoheitszeichen *n* **3** ZOOL (*Haut-, Feder*) Musterung *f*, Zeichnung *f* **4** SCHULE Zensieren *n* **B** ADJ markierend: **~ awl** Reißahle *f*; **~ hammer** Anschlaghammer *m*; **~ ink** (unauslöschliche) Zeichentinte, Wäschetinte *f*; **~ iron** Brand-, Brenneisen *n*; **~ tool** Anreißwerkzeug *n*; **~ nut** S BOT Malakkanuss *f*

markka ['mɑː(r)kɑː] *pl* markkaa [-kɑː] S Markka *f*, Finnmark *f*

Markov| chain ['mɑː(r)kɒf] S *Stochastik*: Markow-Kette *f*; **~ process** S *Stochastik*: Markow-Prozess *m*

marksman ['mɑː(r)ksmən] S *irr* **1** guter Schütze, Meister-, Scharfschütze *m* (*a. fig* SPORT) **2** MIL *US niedrigste Leistungsstufe bei Schießübungen*; **marksmanship** S **1** Schießkunst *f* **2** Treffsicherheit *f*; **markswoman** S *irr* gute Schützin, Meister-, Scharfschützin *f* (*a. fig* SPORT)

mark| tooth S *irr* Kennzahn *m* (*e-s Pferdes*); **~up** S WIRTSCH **1** höhere Auszeichnung (*e-r Ware*) **2** Preiserhöhung *f* (**of** um) **3** **a** Kalkulationsaufschlag *m* **b** Handelsspanne *f*

marl[1] [mɑː(r)l] **A** S **1** GEOL Mergel *m* **2** *obs od poet* Erde *f* **B** V/T mergeln, mit Mergel düngen

marl[2] [mɑː(r)l] V/T SCHIFF *ein Tau* marlen, bekleiden

marlacious [mɑː(r)'leɪʃəs] ADJ GEOL mergelhaltig *od* -artig

marline ['mɑː(r)lɪn] S SCHIFF Marlleine *f*, Marling *f*; **~spike** S **1** SCHIFF Marlpfriem *m* **2** ORN Raubmöwe *f*

marly ['mɑː(r)lɪ] ADJ merg(e)lig

marmalade ['mɑː(r)məleɪd] S Marmelade *f* aus Zitrusfrüchten, *bes* Orangenmarmelade *f*; **~ tree** S BOT Große Sapote, Marmeladenpflaume *f*

marmolite ['mɑː(r)məlaɪt] S MINER Marmolith *m*

marmoreal [mɑː(r)'mɔːrɪəl; *US a.* -'məʊ-] ADJ **1** marmorn, Marmor… **2** marmorartig

marmose ['mɑː(r)məʊs] S ZOOL Beutelratte *f*

marmoset ['mɑː(r)məʊzet; *US* -məˌset] S ZOOL Marmoset *m*, (*ein*) Krallenaffe *m*

marmot ['mɑː(r)mət] S ZOOL **1** Marmotte *f*, Murmeltier *n* **2** Präriehund *m* **3** *a.* **~ squirrel** Ziesel *m*

marocain ['mærəkeɪn] S Marocain *m/n* (*kreppartiger Kleiderstoff*)

maroon[1] [mə'ruːn] **A** V/T **1** (*auf e-r einsamen Insel etc*) aussetzen **2** *fig* **a** im Stich lassen **b** von der Außenwelt abschneiden **B** S **1** Maron *m* (*Schwarze[r] in Westindien u. Holländisch-Guayana*) **2** Ausgesetzte(r) *m/f(m)*

maroon[2] [mə'ruːn] **A** S **1** Kastanienbraun *n* **2** Kanonenschlag *m* (*ein Feuerwerkskörper*) **B** ADJ kastanienbraun

marplot ['mɑː(r)plɒt; *US* -ˌplɑt] S **1** Quertreiber(in) **2** Spielverderber(in), Störenfried *m*

Marq. ABK Marquis

marque [mɑː(r)k] S SCHIFF, HIST **1** Kapern *n*: **letter(s** *pl*) **of ~ (and reprisal)** Kaperbrief *m* **2** Kaperschiff *n*

marquee [mɑː(r)'kiː] S **1** großes Zelt (*für Zirkus u. andere Vergnügungen*) **2** *US* Schirmdach *n* (*über e-m Hoteleingang etc*) **3** *bes US* Vordach *n* (*über e-r Haustür*)

marquess → marquis

marquetry, *a.* **marqueterie** ['mɑː(r)kɪtrɪ] S Marketerie *f*, Intarsien *pl*, Holzeinlegearbeit *f*

marquis ['mɑː(r)kwɪs] S Marquis *m* (*englischer Adelstitel zwischen* **duke** *u.* **earl**); **marquisate** [-zət] S Marquisat *n* (*Würde u. Besitztum e-s Marquis*)

marquise [mɑː(r)'kiːz] S **1** Marquise *f* (*für nicht englischen Adelstitel*) **2** *a.* **~ ring** Marquise *f* (*Ring mit Edelsteinen in lanzettförmiger Fassung*) **3** → marquee

marriage ['mærɪdʒ] S **1** Heirat *f*, Vermählung *f*, Hochzeit *f* (*alle*: **to** mit): **~ into** Einheirat in (*akk*); → civil marriage, proxy 1 **2** Ehe(stand) *f(m)*: **by ~** angeheiratet; **related by ~** verschwägert; **of his (her) first ~** aus erster Ehe; **contract a ~** die Ehe eingehen; **give sb in ~** j-n verheiraten; **take sb in ~** j-n heiraten; **~ of convenience** Vernunftehe; → companionate **3** *fig* Vermählung *f*, enge *od* innige Verbindung: **a ~ of ideas** e-e Gedankenverbindung **4** Mariage *f*: **a** *ein Kartenspiel* **b** *König u. Dame gleicher Farbe im Blatt*; **marriageable** ADJ heiratsfähig: **~ age** Ehemündigkeit *f*; **of ~ age** in heiratsfähigem Alter, ehemündig; **marriageableness** S Heiratsfähigkeit *f*

marriage| articles SPL JUR Ehevertrag *m*; **~ bed** S Ehebett *n*; **~ broker** S Heiratsvermittler(in), JUR Ehemakler(in); **~ bureau** S *a. irr* Heiratsinstitut *n*; **~ ceremony** S Trauung *f*; **~ certificate** S **a** Trauschein *m* **b** Heiratsurkunde *f*; **~ contract** S JUR Ehevertrag *m*; **~ counsel(l)or** S Eheberater(in); **~ dispensation** S JUR Ehedispens *m* (*Befreiung von e-m Eheverbot*); **~ flight** S ZOOL Hochzeitsflug *m* (*der Bienen*); **~ guidance** S Eheberatung *f*; **~ guidance center** (*bes Br* **centre**) S Eheberatungsstelle *f*; **~ guidance counsel(l)or** S Eheberater(in); **~ licence** (*US* **license**) S (*Br kirchliche, US amtliche*) Heiratserlaubnis; **~ knot** S Band *n* der Ehe; **~ lines** SPL *Br umg* → marriage certificate; **~ plans** SPL Hochzeitspläne *pl*; **~ portion** S JUR Mitgift *f*; **~ problems** SPL Eheprobleme *pl*; **~ proposal** S Heiratsantrag *m*; **~ settlement** S JUR Ehevertrag *m*, Güterrechtstreuhandvertrag *m*; **~ vows** SPL Ehegelöbnis *n*

married ['mærɪd] **A** ADJ **1** verheiratet, Ehe…, ehelich: **~ bliss** Eheglück *n*; **(newly) ~ couple** (jungvermähltes) Ehepaar; **~ life** Eheleben *n*; **~ man** Ehemann *m*; **~ name** Ehename *m*; **~ quarters** Quartiere für verheiratete Militärangehörige; **~ state** Ehestand *m*; **~ woman** Ehefrau *f* **2** *fig* eng verbunden **3** **a** aus Teilen verschiedener (Möbel)Stücke zusammengesetzt **b** *Br* nur im Ganzen verkäuflich **c** *Br* mit Tonstreifen (*Filmkopie*) **B** S Ver-heiratete(r) *m/f(m)*: **the young ~s** die Jungverheirateten

marron ['mærən] S Marone *f* (*essbare Kastanie*)

marrow[1] ['mærəʊ] S **1** ANAT (*Knochen*) Mark *n*: **red ~** rotes Knochenmark; **yellow ~** Fettmark **2** *fig* Mark *n*, Kern *m*, (*das*) Innerste *od* Wesentlichste: **the ~ (of one's bones)** bis aufs Mark, bis ins Innerste; **he was frozen to the ~** er war völlig durchgefroren **3** *fig* Lebenskraft *f* **4** Kraftnahrung *f*

marrow[2] ['mærəʊ] S *US meist* **~ squash**, *Br a.* **vegetable ~** BOT Eier-, Markkürbis *m*

marrow[3] ['mærəʊ] S *Br dial* Kamerad(in), *bes* Arbeitskollege *m*, -kollegin *f*

marrow|bone S **1** Markknochen *m* **2** *pl hum* Knie *pl* **3** *pl* gekreuzte Knochen *pl* (*unter e-m Totenkopf*); **~fat (pea)** S BOT Markerbse *f*

marrowless ['mærəʊlɪs] ADJ *fig* mark-, kraftlos

marrowy ['mærəʊɪ; *US* -əwiː] ADJ *fig* markig, kernig

marry[1] ['mærɪ] **A** V/T **1** *j-n* heiraten (**for their money** wegen s-s Geldes), sich vermählen *od* verheiraten mit, zum Mann (zur Frau) nehmen: **he has promised to ~ her** er hat ihr die Ehe versprochen; **they were married last month** sie heirateten letzten Monat; **be married to** verheiratet sein mit (*a. fig mit s-r Arbeit etc*); **be happily married** glücklich verheiratet sein, e-e glückliche Ehe führen; **she's married with two young children** sie ist verheiratet u. hat zwei kleine Kinder; **get married to** sich verheiraten mit; → money 2 **2** *s-e Tochter etc* verheiraten (**to** an *akk*, mit): **~ off** verheiraten, unter die Haube bringen **3** *ein Paar* trauen, vermählen (*Geistlicher*) **4** *fig* eng verbinden *od* verknüpfen (**to** mit) **5** SCHIFF *Taue* spleißen **6** *Weinsorten* (miteinander) vermischen **B** V/I **1** heiraten, sich verheiraten: *she gave up her career* **shortly after ~ing** kurz nach ihrer Hochzeit; **~ into a family** in e-e Familie einheiraten; **~ in haste and repent at leisure** (*Sprichwort*) schnell gefreit, lange bereut; **~ing man** Heiratslustige(r) *m*, Ehekandidat *m* **2** *fig* sich innig verbinden

marry[2] ['mærɪ] INT *obs* fürwahr!

Mars [mɑː(r)z] **A** EIGENN MYTH Mars *m* (*Kriegsgott*) **B** S **1** *poet* der Kriegsgott, Mars *m* (*Krieg*) **2** ASTRON Mars *m*

Marsala [mɑː(r)'sɑːlə] S Marsala *m* (*ein Likörwein aus Sizilien*)

Marseillaise [ˌmɑː(r)seɪ'eɪz; ˌmɑː(r)sə'leɪz] S Marseillaise *f* (*französische Nationalhymne*)

marsh [mɑː(r)ʃ] S **1** Sumpf(land) *m(n)*, Marsch *f* **2** Morast *m*

marshal ['mɑː(r)ʃl] **A** S **1** MIL Marschall *m* **2** JUR *Br Gerichtsbeamter, der e-n reisenden High-Court-Richter begleitet* **3** JUR *US* **a** **US ~** (Bundes)Vollzugsbeamte(r) *m* **b** Bezirkspolizeichef *m* **c** *a.* **city ~** Polizeidirektor *m* **4** *US* Branddirektor *m* **5** **a** Zeremonienmeister *m*, Festordner *m* **b** (*Motorsport*) Streckenposten *m* **6** HIST (Hof)Marschall *m*: **knight ~** *Br* königlicher Hofmarschall **7** *Br* HIST königlicher Zeremonienmeister **8** UNIV *Br* Begleiter *m* e-s Proktors **B** V/T *prät u. pperf* **-shaled**, *bes Br* **-shalled** **1** *allg* auf-, zusammenstellen, zusammenfassen: **~ one's thoughts** s-e Gedanken ordnen **2** MIL *Truppen* auf-, bereitstellen, antreten lassen, aufmarschieren lassen **3** (*methodisch*) (an)ordnen, arrangieren **4** **~ wag(g)ons into trains** BAHN Züge zusammenstellen **5** (*bes feierlich*) (hinein)geleiten (**into** in *akk*) **6** FLUG einwinken **7** JUR **a** *die Aktiva* (zur Begleichung von Konkursforderungen) rangwertig zusammenstellen **b** die Reihenfolge *der Massegläubiger* gemäß dem Vorrang ihrer Forderungen feststellen **C** V/I sich ordnen *od* aufstellen;

M

marshal(l)er S FLUG Marshaler *m (der gelandete Flugzeuge in ihre Parkposition einweist)*
Marshallese [ˌmɑː(r)ʃlˈiːz] A S Marshallinsulaner(in): **the ~** *koll* die Marshallinsulaner *pl* B ADJ der Marshallinseln
marshal(l)ing| area [ˈmɑː(r)ʃlɪŋ] S MIL Bereitstellungsraum *m*; **~ yard** S BAHN *bes Br* Rangier-, Verschiebebahnhof *m*
Marshall Islands [ˈmɑː(r)ʃəl] SPL *(die)* Marshallinseln *pl*
Marshalsea [ˈmɑːʃlsiː] S JUR *Br* HIST 1 *(a.* **court of)** ~ Hofmarschallgericht *n* 2 Hofmarschallgefängnis *n*
marshalship [ˈmɑː(r)ʃlʃɪp] S Marschallamt *n*, -würde *f*
marsh| fever S MED Sumpf-, Wechselfieber *n*; **~ gas** S Sumpfgas *n*; **~ gentian** S BOT Lungenenzian *m*
marshiness [ˈmɑː(r)ʃɪnɪs] S sumpfige Beschaffenheit, Sumpfigkeit *f*
marsh|land S Sumpf-, Moor-, Marschland *n*; **~mallow** S 1 BOT Echter Eibisch, Althee *f* 2 Marshmallow *n (e-e Süßigkeit)*; **~ marigold** S BOT Sumpfdotterblume *f*
marshy [ˈmɑː(r)ʃɪ] ADJ sumpfig, morastig, Sumpf…
marsupial [mɑːˈsjuːpjəl; *US* mɑːrˈsuːpiːəl] ZOOL A ADJ 1 Beuteltier… 2 a beutelartig b Beutel…, Brut…: **~ pouch** Brutsack *m* B S Beuteltier *n*, *pl a.* Marsupialier *pl*
mart [mɑː(r)t] S 1 a Markt *m* b Handelszentrum *n* 2 *obs* (Jahr)Markt *m*
martel [mɑːˈtel; *US* ˈmɑːrˌtel] S MIL, HIST Streitaxt *f*, -hammer *m*
martello [mɑː(r)ˈteləʊ] *pl* -los S, *a.* **~ tower** S MIL, HIST Martelloturm *m (rundes Küstenfort)*
marten [ˈmɑːtɪn; *US* ˈmɑːrtn] S ZOOL Marder *m*
martial [ˈmɑː(r)ʃl] ADJ (ADV **~ly**) 1 ♀ → Martian B 2 kriegerisch, streitbar, kampfesfreudig 3 militärisch, soldatisch: **~ music** Militärmusik *f* 4 Kriegs…, Militär… 5 stramm, soldatisch *(Haltung)* 6 **~ arts** asiatische Kampfsportarten; **~ law** S 1 Kriegsrecht *n*: **try by ~** vor ein Kriegsgericht stellen 2 Standrecht *n*
Martian [ˈmɑːʃjən; *US* ˈmɑːrʃən] A S Marsmensch *m*, -bewohner(in) B ADJ 1 Mars…, kriegerisch 2 ASTRON Mars…
martin [ˈmɑː(r)tɪn] S ORN *(e-e)* Schwalbe, *bes* → house martin
martinet [ˌmɑː(r)tɪˈnet] S *bes* MIL Zuchtmeister *m*, strenger *od* kleinlicher Vorgesetzter; **martinetish** ADJ scharf, streng, zuchtmeisterlich
martingale [ˈmɑː(r)tɪŋgeɪl; -tɪŋ-] S 1 Martingal *n (zwischen den Vorderbeinen des Pferdes durchlaufender Sprungriemen)* 2 SCHIFF, HIST Stampfstock *m* 3 *Glücksspiel*: Verdoppeln *n* des Einsatzes nach e-m Verlust
martini [mɑː(r)ˈtiːnɪ] S Martini *m (Cocktail aus Gin, Wermut etc)*
Martinique [ˌmɑːtɪˈniːk; *US* ˌmɑːrtnˈiːk] S Martinique *n (Insel der Kleinen Antillen)*
Martinmas [ˈmɑː(r)tɪnməs] S Martinstag *m*, Martini *n (11. November)*
Martin process [ˈmɑː(r)tɪn] S METALL (Siemens-)Martin-Prozess *m*
martlet [ˈmɑː(r)tlɪt] S *Heraldik*: Vogel *m (als Beizeichen im Wappen e-s 4. Sohnes)*
martyr [ˈmɑː(r)tə(r)] A S 1 Märtyrer(in), Blutzeuge *m*, -zeugin *f*: **die a ~('s death)** den Märtyrertod sterben; **make a ~ of** → B 1 2 *fig* Märtyrer(in), Opfer *n*: **make a ~ of o.s.** a sich (auf)opfern b *pej* den Märtyrer spielen; **die a ~ to** *(od* **in the cause of) science** sein Leben im Dienst der Wissenschaft opfern 3 *umg* Dulder(in), armer Kerl: **be a ~ to gout** ständig von Gicht geplagt werden B V/T 1 zum Märtyrer machen 2 zu Tode martern: **be ~ed** den Märtyrertod sterben 3 martern, peinigen, quälen; **martyrdom** S 1 Martyrium *n (a. fig)*, Märtyrertod *m* 2 Marterqualen *pl (a. fig)*; **martyrize** V/T 1 *(o.s.* sich) zum Märtyrer machen *(a. fig)* 2 → martyr B 3
martyrological [ˌmɑː(r)tərəˈlɒdʒɪkl; *US* -ˈlɑ-] ADJ martyrologisch; **martyrology** [-ˈrɒlədʒɪ; *US* -ˈrɑ-] S Martyrologium *n*: a Geschichte *f* der Märtyrer b Märtyrererzählung *f* c Märtyrerbuch *n*
marvel [ˈmɑː(r)vl] A S 1 Wunder *n* **(of** an *dat)*, *(etwas)* Wunderbares: **an engineering ~** ein Wunder der Technik; **the ~s of nature** die Wunder der Natur; **be a ~ at sth** etwas fabelhaft können; **it is a ~ that …** es ist (wie) ein Wunder, dass …; **it is a ~ to me how …** a ich staune nur, wie … b es ist mir ein Rätsel, wie …; **work** *(od* **do) ~s** Wunder wirken 2 Muster *n* **(of** an *dat)*: **he is a ~ of patience** er ist die Geduld selber; **he is a perfect ~** *umg* er ist fantastisch *od* ein Phänomen 3 *obs* Staunen *n* B V/I *prät u pperf* -veled, *bes Br* -velled 1 sich wundern, staunen *(beide:* **at** über *akk)* 2 sich verwundert fragen, sich wundern *(beide:* **that** dass; **how** wie)
marvel(l)ous [ˈmɑː(r)vələs] ADJ (ADV **~ly**) 1 erstaunlich, wunderbar 2 unglaublich, unwahrscheinlich 3 *umg* fabelhaft, fantastisch, wunderbar; **marvel(l)ousness** S 1 *(das)* Wunderbare, *(das)* Erstaunliche 2 *(das)* Unglaubliche
marvy [ˈmɑːrviː] ADJ *US umg* prima, klasse
Marxian [ˈmɑː(r)ksjən; -ɪən] → Marxist; **Marxianism** → Marxism
Marxism [ˈmɑː(r)ksɪzəm] S Marxismus *m*; **Marxist** A S Marxist(in) B ADJ marxistisch
Mary Jane [ˌmeərɪˈdʒeɪn] S *US sl* Mary Jane *f (Marihuana)*
Maryland [ˈmeərɪlænd; *bes US* ˈmerɪlənd] S Maryland *n (Staat im Osten der USA)*
marzipan [ˌmɑːzɪˈpæn; *US* ˈmɑːrtsəˌpɑːn; -ˌpæn] S Marzipan *n*, *a. m*
masc. ABK masculine männl.
mascara [mæˈskɑːrə; *US* -ˈskærə] S Mascara *f*, Wimperntusche *f*
mascot [ˈmæskət; -kɒt; *US* -ˌkɑt] S Maskottchen *n*: a Glücksbringer(in) b Talisman *m*
masculine [ˈmæskjʊlɪn] A ADJ 1 männlich, Männer…: **~ voice** 2 LING, LIT männlich, maskulin *(Substantiv etc)*: → rhyme A 1 3 männlich: a vital, robust b mannhaft 4 kräftig, stark 5 maskulin, unfraulich B S 1 Mann *m* 2 LING Maskulinum *n*: a männliches Substantiv *od* Pronomen b männliches Geschlecht
masculinity [ˌmæskjʊˈlɪnətɪ] S 1 Männlichkeit *f*: a Vitalität *f*, Robustheit *f* b Mannhaftigkeit *f* 2 maskuline *od* unfrauliche Art
masculinize [ˈmæskjʊlɪnaɪz] V/T 1 männlich machen 2 e-e männliche Note verleihen *(dat)* 3 MED, ZOOL maskulinisieren, vermännlichen
maser ABK PHYS microwave amplification by stimulated emission of radiation
mash[1] [mæʃ] A S 1 *Brauerei*: Maische *f* 2 AGR Mengfutter *n* 3 breiige Masse, Brei *m*, Mansch *m umg* 4 *Br umg* Kartoffelbrei *m* 5 *fig* Mischmasch *m* B V/T 1 (ein)maischen: **~ing tub** Maischbottich *m* 2 *(zu Brei etc)* zerdrücken, -quetschen: **~ed potatoes** *pl* Kartoffelpüree *n*, -brei *m* -quetscht 3 breiig
mash[2] [mæʃ] *obs sl* A V/T flirten *od* schäkern mit B S 1 Flirt *m* 2 a Schwerenöter *m*, Schäker *m* b Flamme *f umg*
MASH ABK *US* mobile army surgical hospital
masher[1] [ˈmæʃə(r)] S 1 Stampfer *m (Küchengerät)* 2 *Brauerei*: Maischapparat *m*
masher[2] [ˈmæʃə(r)] → mash[2] B 2 a
mashy [ˈmæʃɪ] ADJ 1 *(zu Brei)* zerstampft,
mask [mɑːsk; *US* mæsk] A S 1 Maske *f (Nachbildung des Gesichts)* 2 *(Schutz-, Gesichts)* Maske *f* 3 Gesichtsabguss *m*, (Kopf)Maske *f* 4 Gasmaske *f* 5 Maske *f*: a Maskierte(r) *m/f(m)* b Maskenkostüm *n*, Maskierung *f* c *fig* Verkleidung *f*, Vorwand *m*: **throw off the ~** die Maske fallen lassen, sein wahres Gesicht zeigen; **under the ~ of** unter dem Deckmantel *(gen)* 6 → masque 1, 2 7 maskenhaftes Gesicht 8 ARCH Maskaron *m (Fratzenskulptur)*, Maske *f* 9 *Kosmetik: (Gesichts)* Maske *f* 10 MIL Tarnung *f*, Blende *f* 11 ZOOL Fangmaske *f (der Libellen)* 12 TV *(Bildröhren)* Maske *f* 13 TECH (Abdeck)Blende *f*, Maske *f* 14 FOTO Vorsatzscheibe *f* B V/T 1 *j-n* maskieren, verkleiden, -mummen 2 *fig* verschleiern, -hüllen, -decken, -bergen, tarnen 3 MIL a *e-e Stellung etc* tarnen, *Gelände* maskieren b *feindliche Truppen* binden, fesseln c *die eigene Truppe* behindern *(indem man in ihre Feuerlinie gerät)* 4 *ein Licht* abblenden 5 *a.* **~ out** TECH *e-e Schablone etc* korrigieren, retuschieren 6 PHARM *etc* a *e-n Geschmack* überdecken b mit geschmacksverbessernden Zusätzen versehen C V/I sich maskieren *od* verkleiden *od* vermummen
masked [mɑːskt; *US* mæskt] ADJ 1 maskiert: **~ ball** Maskenball *m* 2 verdeckt, -borgen 3 *fig* verschleiert, -hüllt: **~ advertising** WIRTSCH Schleichwerbung *f* 4 MIL getarnt: **~ ground** maskiertes Gelände 5 MED larviert, verborgen *(Krankheit)* 6 BOT maskiert, geschlossen *(Blüte)* 7 ZOOL mit maskenartiger Kopfbildung
masker [ˈmɑːskə; *US* ˈmæskər] S 1 Maske *f*, Maskentänzer(in), -spieler(in) 2 → mask A 5 a
masking tape [ˈmɑːskɪŋ; *US* ˈmæskɪŋ] S TECH Kreppband *n*
masochism [ˈmæsəʊkɪzəm; -sək-] S PSYCH Masochismus *m*; **masochist** S Masochist(in); **masochistic** ADJ (ADV **~ally**) masochistisch
mason [ˈmeɪsn] A S 1 Steinmetz *m*, -hauer *m*: **~'s level** Setzwaage *f* 2 Maurer *m* 3 *oft* ♀ Freimaurer *m* B V/T 1 aus Stein errichten 2 mauern; **♀-Dixon line** [ˌmeɪsnˈdɪksn] S *Grenze zwischen Pennsylvanien u. Maryland, früher Grenzlinie zwischen Staaten mit u. ohne Sklaverei*
masonic [məˈsɒnɪk; *US* -ˈsɑ-] ADJ (ADV **~ally**) 1 Maurer… 2 *meist* ♀ freimaurerisch, Freimaurer…: **♀ lodge** Freimaurerloge *f*; → grip[1] A 4
masonry [ˈmeɪsnrɪ] S 1 Steinmetzarbeit *f* 2 a Maurerarbeit *f* b Mauerwerk *n* 3 Maurerhandwerk *n* 4 *meist* ♀ Freimaurerei *f*
masque [mɑːsk; *US* mæsk] S 1 THEAT, HIST Maskenspiel *n* 2 Maskerade *f* 3 → mask A 9; **masquer** → masker
masquerade [ˌmæskəˈreɪd] A S Maskerade *f*: a Maskenfest *n*, -ball *m* b Maskierung *f*, Maskenkostüm *n* c *fig* Theater *n*, Verstellung *f* d *fig* Maske *f*, Verkleidung *f* B V/I 1 an e-r Maskerade teilnehmen 2 maskiert herumgehen 3 sich maskieren *od* verkleiden *od* vermummen 4 *fig* Theater spielen, sich verstellen 5 *fig* sich ausgeben **(as** als); **masquerader** S 1 Teilnehmer(in) an e-m Maskenzug *od* -ball 2 *fig* Schauspieler(in) 3 *fig* Hochstapler(in)
mass[1] [mæs] A S 1 Masse *f*, Ansammlung *f*: **a ~ of troops** e-e Truppenansammlung 2 Masse *f (formloser Stoff)*: **a ~ of blood** ein Blutklumpen 3 Masse *f*, Stoff *m*, Substanz *f* 4 Masse *f*, (große) Menge: **a ~ of errors** e-e Menge Fehler; **~es of ice** Eismassen 5 Gesamtheit *f*: **in ~** → en masse; **in the ~** im Großen u. Ganzen 6 Hauptteil *m*, Mehrzahl *f*: **the ~ of imports** der überwiegende *od* größere Teil der Einfuhr(en) 7 MAL *etc* größere einfarbige Fläche 8 **the ~** die Masse, die Allgemeinheit: **the ~es** *pl* die

(breite) Masse **9** PHYS Masse *f* (*Quotient aus Gewicht u. Beschleunigung*) **10** MATH Volumen *n*, Inhalt *m* **11** MIL geschlossene Formation **B** V/T & V/I **1** (sich) (an)sammeln *od* (an)häufen **2** (sich) zusammenballen *od* -ziehen **3** MIL (sich) massieren *od* konzentrieren **C** ADJ Massen...: ~ **demonstration** (**dismissals, flight, grave, hysteria, murder, psychology, psychosis, start, unemployment,** *etc*)

Mass² [mæs] S REL **1** Messe *f*, Messfeier *f*: **attend (the) ~, go to ~** zur Messe gehen; **hear ~** die Messe hören; **say ~** die Messe lesen; **~ for the dead** Toten-, Seelenmesse; → High Mass, Low Mass **2** Messe *f*, Messliturgie *f* **3** *a.* ⁂ MUS Messe *f*

Mass. ABK Massachusetts

Massachusetts [ˌmæsəˈtʃuːsɪts; -səts; *US a.* -zəts] S Massachusetts *n* (*Staat im Nordosten der USA*)

massacre [ˈmæsəkə(r)] **A** S Gemetzel *n*, Massaker *n*, Blutbad *n*: **the ⁂ of the Innocents** BIBEL der Kindermord zu Bethlehem **B** V/T **1** niedermetzeln, massakrieren, ab-, hinschlachten **2** SPORT *sl* auseinandernehmen

massage [ˈmæsɑːʒ; *US* məˈsɑːʒ] **A** S Massage *f*, Massieren *n*: **give sb (sb's back) a ~** j-n (j-m den Rücken) massieren; **have a ~** massiert werden, sich massieren lassen; **~ machine** Massagegerät *n*; **~ parlo(u)r** **a** Massageinstitut *n*, -praxis *f* **b** *euph* Massagesalon *m* (*Bordell*); **~ table** Massagetisch *m* **B** V/T **1** *j-n* massieren: **~ sb's back** j-m den Rücken massieren; **~ away** *Verspannungen etc* wegmassieren; **~ sth into** etwas einmassieren in (*akk*) **2** *e-e Statistik, Zahlen etc* manipulieren; **massager** [məˈsɑːʒər] S *US* → masseur

Mass| bell S Sanktusglocke *f*; **~ book** S KATH Messbuch *n*, Missale *n*; **⁂ communications** SPL Massenkommunikation *f*; **⁂ cult, ⁂ culture** S Massenkultur *f*; **⁂ defect** S PHYS Masse(n)defekt *m*; **⁂ destruction** S MIL Massenvernichtung *f*: **weapons of ~** Massenvernichtungswaffen

massé [ˈmæseɪ; *US* mæˈseɪ] S *Billard*: Kopf-, Masséstoß *m*

mass-energy| equation S PHYS Masse-Energie-Gleichung *f*; **~ equivalence** S Masse-Energie-Äquivalenz *f*

masseter [mæˈsiːtə(r)] S ANAT Masseter *m*, Kaumuskel *m*

masseur [mæˈsɜː; *US* mæˈsɜr] S **1** Masseur *m* **2** Massagegerät *n*; **masseuse** [-ˈsɜːz; *US a.* -ˈsuːz] S **a** Masseurin *f*, Masseuse *f* **b** *euph* Masseuse *f* (*Prostituierte, die in e-m Massagesalon arbeitet*)

massicot [ˈmæsɪkɒt; *US* -ˌkɑt; -ˌkəʊ] S CHEM Massicot *n*, gelbes Bleioxyd: **native ~** Arsenikblei *n*, Bleiblüte *f*

massif [ˈmæsiːf; *bes US* mæˈsiːf] S GEOL **1** Gebirgsmassiv *n*, -stock *m* **2** Scholle *f* (*der Erdrinde*)

massive [ˈmæsɪv] ADJ (ADV ~ly) **1** massiv: **a** groß u. schwer, massig **b** gediegen (*Gold etc*) **c** *fig* wuchtig, klotzig **d** *fig* gewaltig, mächtig, heftig: **~ accusations** massive Beschuldigungen; **~ construction** ARCH Massivbauweise *f*; **~ research** gewaltige Forschungsarbeiten *pl*; **on a ~ scale** in ganz großem Rahmen **2** *fig* schwer(fällig) **3** GEOL massiv **4** MINER dicht **5** PSYCH stark, anhaltend (*Sinneseindruck*); **massiveness** S **1** (*das*) Massive **2** Gewaltigkeit *f*, großes *od* mächtiges Ausmaß **3** Gediegenheit *f* (*von Gold etc*) **4** *fig* Wucht *f*

mass| jump S FLUG, MIL Massenabsprung *m*; **~ media** SPL (*a. als sg konstruiert*) Massenmedien *pl*; **~ meeting** S Massenversammlung *f*; **~ number** S PHYS Massenzahl *f*; **~ observation** S *bes Br* Massenbeobachtung *f*, Meinungsbefragung *f* der gesamten Bevölkerung; **~ particle** S MATH, PHYS Masse(n)teilchen *n*; **~-produce** V/T serienmäßig *od* in Serie herstellen: **~d articles** Massenware *f*, -artikel *pl*; **~ producer** S WIRTSCH Massenhersteller(in); **~ production** S WIRTSCH Massenerzeugung *f*, Massen-, Serienproduktion *f*: **standardized ~** Fließarbeit *f*; **~ radiography** S MED Röntgenreihenuntersuchung *f*; **~ society** S Massengesellschaft *f*; **~ spectrograph** S PHYS Massenspektrograf *m*; **~ spectrometer** S PHYS Massenspektrometer *n*; **~ spectrum** S PHYS Massenspektrum *n*; **~ survey** S MED Reihenuntersuchung *f*; **~ unit** S PHYS Masseneinheit *f*

massy [ˈmæsɪ] → massive 1 a, 1 b, 1 c

mast¹ [mɑːst; *US* mæst] **A** S **1** SCHIFF (*Schiffs*) Mast *m*: **sail before the ~** *obs od poet* (als Matrose) zur See fahren **2** SCHIFF Mast *m* (*stangen- od turmartiger Aufbau*): **fighting ~** Gefechtsmars *m*; **at (the) ~** auf dem Hauptdeck **3** ELEK (*Antennen-, Leitungs- etc*) Mast *m* **4** FLUG Ankermast *m* (*für Luftschiffe*) **B** V/T bemasten

mast² [mɑːst; *US* mæst] S AGR Mast(futter) *f(n)*

mastectomy [mæˈstektəmɪ] S MED Mastektomie *f*, Brustamputation *f*

masted [ˈmɑːstɪd; *US* ˈmæstəd] ADJ SCHIFF **1** bemastet **2** *in Zusammensetzungen* ...mastig: **three- ~; three-~ schooner** Dreimastschoner *m*

master [ˈmɑːstə; *US* ˈmæstər] **A** S **1** Meister *m*, Herr *m*, Gebieter *m*: **the ⁂** REL der Herr (*Christus*); **be ~ of sth** etwas (*a. e-e Sprache etc*) beherrschen; **be ~ of o.s.** sich in der Gewalt haben; **be ~ of the situation** Herr der Lage sein; **be one's own ~** sein eigener Herr sein; **be ~ in one's own house** der Herr im Hause sein; **be ~ of one's time** über s-e Zeit (nach Belieben) verfügen können **2** Besitzer *m*, Eigentümer *m*, Herr *m*: **make o.s. ~ of sth** etwas in s-n Besitz bringen **3** Hausherr *m* **4** Meister *m*, Sieger *m*: **find one's ~ in sb** in j-m s-n Meister finden **5** WIRTSCH **a** Lehrherr *m*, Meister *m*, Prinzipal *m* **b** (Handwerks)Meister *m*: **~ tailor** Schneidermeister **c** JUR Arbeitgeber *m*, Dienstherr *m*: **like ~ like man** (*Sprichwort*) wie der Herr, sos Gescherr **6** Vorsteher *m*, Leiter *m* (*e-r Innung etc*) **7** SCHIFF Kapitän *m* (*e-s Handelsschiffs*): **~'s certificate** Kapitänspatent *n* **8** *fig* (Lehr)Meister *m* **9** *bes Br* Lehrer *m*; **~ in English** Englischlehrer **10** *Br* Rektor *m* (*Titel des Leiters einiger Colleges*) **11** MAL *etc* Meister *m*: **an old ~; the great ~s** die großen Meister **12** UNIV Magister *m* (*Grad*): **⁂ of Arts** Magister Artium, Magister der Geisteswissenschaften; **⁂ of Science** Magister der Naturwissenschaften **13** ⁂ HIST (*Anrede e-s Knaben*) **a** junger Herr **b** *auf Briefen, unübersetzt*: **⁂ James Crane** **14** *Br* (*in Titeln*) Leiter *m*, Aufseher *m* (*am königlichen Hof etc*): **⁂ of the Horse** Oberstallmeister *m* (*am englischen Königshof*); → ceremony 1 **15** JUR Protokoll führender Gerichtsbeamter: **⁂ of the Rolls** *Br ein für die Staatsarchive u. die Zulassung der Solicitors verantwortlicher Richter* **16** *schott* (gesetzmäßiger) Erbe (*e-s Adligen vom Range e-s* **baron** *od e-s* **viscount**) **17** Master *m*, (Schall-)Plattenmatrize *f* **B** V/T **1** Herr sein *od* herrschen über (*akk*), beherrschen **2** sich zum Herrn machen über (*akk*), besiegen, unterwerfen **3** *ein Tier* zähmen, bändigen **4** *e-e Aufgabe, Schwierigkeit etc, a. ein Gefühl, a. s-n Gegner* meistern, Herr werden (*gen*), bezwingen, *e-e Leidenschaft etc a.* bezähmen, bändigen: **~ one's temper** sein Temperament zügeln *od* im Zaum halten **5** *e-e Sprache etc* beherrschen, mächtig sein (*gen*) **6** TECH *e-e Tonaufnahme* mastern **C** ADJ **1** Meister..., meisterhaft, meisterlich **2** Herren..., Meister...: **~ race** Herrenrasse *f* **3** Haupt..., hauptsächlich: **~ bedroom** Elternschlafzimmer *n*; **~ container** Sammelbehälter *m*; **~ fuse** ELEK Hauptsicherung *f*; **~ switch** ELEK Hauptschalter *m* **4** leitend, führend (*a. fig*)

master|-at-arms *pl* masters-at-arms S SCHIFF *Oberbootsmann mit disziplinarischen u. Verwaltungsaufgaben sowie mit Polizeibefugnissen*; **~ builder** S **1** (*a.* großer) Baumeister **2** Bauunternehmer *m*; **~ card** S *fig* Trumpf *m*: **play one's ~** s-n Trumpf ausspielen; **~ chord** S MUS Dominantdreiklang *m*; **~ class** S Meisterklasse *f* (*e-r Musikhochschule etc*); **~ clock** S Zentraluhr *f*; **~ compass** S Mutterkompass *m*; **~ copy** S **1** Originalkopie *f* (*von Dokumenten, a. Filmen u. Platten*) **2** Handexemplar *n* (*e-s literarischen etc Werks*); **~ cylinder** S AUTO Hauptbremszylinder *m*; **~ file** S COMPUT Haupt-, Stamm-, Zentraldatei *f*

masterful ADJ (ADV ~ly) **1** herrisch, gebieterisch **2** willkürlich **3** tyrannisch, despotisch **4** → masterly

master| ga(u)ge S TECH Prüf-, Vergleichs-, Abnahmelehre *f*; **~ hand** S **1** Meister *m*, (großer) Könner (*beide*: **at** in *dat*) **2** *fig* Meisterhand *f*: **by ~** von Meisterhand

masterhood → mastership

master key S Hauptschlüssel *m*

masterliness [ˈmɑːstəlɪnɪs; *US* ˈmæstər-] S **1** meisterhafte Ausführung, Meisterhaftigkeit *f*, -schaft *f* **2** (*das*) Meisterhafte; **masterly** ADJ meisterhaft, meisterlich, Meister...

master| mariner → master A 7; **~ mason** S **1** Maurermeister *m* **2** *oft* **Master Mason** Meister *m* (*Freimaurer im 3. Grad*); **~ mechanic** S Werkmeister *m*, erster Mechaniker; **~mind** **A** S **1** überragender Geist, Genie *n* **2** (führender) Kopf: **he was the ~ behind the coup** er steckt hinter dem Coup **B** V/T der Kopf (*gen*) sein: **he ~ed the coup** er steckt hinter dem Coup; **~piece** S **1** Haupt-, Meisterwerk *n* **2** Meisterstück *n*; **~ plan** S Gesamtplan *m*

master's [ˈmɑːstəz; *US* ˈmæstərz] S *umg* → master A 12: **do a ~** s-n Magister machen (**in** in *dat*); **~ degree** → master A 12

master sergeant S MIL *US* (Ober)Stabsfeldwebel *m*

mastership [ˈmɑːstəʃɪp; *US* ˈmæstər-] S **1** meisterhafte Beherrschung (**of** *gen*), Meisterschaft *f*: **attain a ~ in** es zur Meisterschaft bringen in (*dat*) **2** Herrschaft *f*, Macht *f*, Gewalt *f* (*alle*: **over** über *akk*) **3** Vorsteheramt *n* **4** *bes Br* Lehramt *n*

master| sinew S ZOOL Hauptsehne *f*; **~singer** S HIST Meistersinger *m*; **~ spring** S TECH Antriebsfeder *f*; **~stroke** S Meisterstreich *m*, -stück *n*, -leistung *f*, Glanzstück *n*: **a ~ of diplomacy** ein meisterhafter diplomatischer Schachzug; **your idea is a ~** d-e Idee ist genial; **~ tap** S TECH Gewinde-, Originalbohrer *m*; **~ tape** S Original(band) *n*; **~ wheel** S TECH Antriebs-, Hauptrad *n*; **~work** → masterpiece

mastery [ˈmɑːstərɪ; *US* ˈmæs-] S **1** Herrschaft *f*, Gewalt *f*, Macht *f* (*alle*: **of, over** über *akk*): **have complete ~ of** *etwas* völlig in s-r Gewalt haben **2** Überlegenheit *f*, Oberhand *f*: **gain the ~ over sb** über j-n die Oberhand gewinnen **3** Beherrschung *f* (*e-r Sprache, von Spielregeln etc*) **4** Bezähmung *f*, Bändigung *f* (*von Leidenschaften etc*) **5** Meisterhaftigkeit *f*, -schaft *f*: **gain the ~ in** (*od* **of**) es (bis) zur Meisterschaft bringen in (*dat*)

masthead **A** S **1** SCHIFF Masttopp *m*, -korb *m*, Mars *m*: **~ light** Topplicht *n* **2** TYPO Druck-

M

vermerk *m*, Impressum *n* (*e-r Zeitung*) B VT SCHIFF *e-e Flagge etc* vollmast hissen

mastic ['mæstɪk] S 1 Mastix(harz) *m(n)* 2 BOT Mastixstrauch *m*, -pistazie *f* 3 Mastik *m*, Mastixzement *m*, (Stein-)Kitt *m*

masticable ['mæstɪkəbl] ADJ kaubar; **masticate** [-keɪt] VT 1 (zer)kauen 2 zerkleinern, -mahlen, -stoßen, *Gummi* kneten; **mastication** S 1 (Zer)Kauen *n* 2 Zerkleinern *n*; **masticator** [-tə(r)] S 1 Kauende(r) *m/f(m)* 2 TECH a Mahlmaschine *f* b Mastikator *m*, Knetmaschine *f*; **masticatory** [-kətərɪ; US -kəˌtəʊri:; -ˌtɔ:-] A ADJ mastikatorisch, Kau...: ~ **muscle**; ~ **organs** Kauwerkzeuge B S MED, PHARM Kaumittel *n*

mastiff ['mæstɪf; Br a. 'mɑ:s-] S Mastiff *m* (*e-e Dogge*)

mastigophoran [ˌmæstɪ'gɒfərən; US -'gɑ-] ZOOL A S Geißeltierchen *n*, *pl a.* Mastigophoren *pl* B ADJ zu den Geißeltierchen gehörig

mastitis [mæ'staɪtɪs] S 1 MED Mastitis *f*, Brustdrüsenentzündung *f* 2 VET Entzündung *f* des Euters

mastocarcinoma ['mæstəʊˌkɑ:(r)sɪ'nəʊmə] *pl* -mata [-mətə], -mas S MED Mammakarzinom *n*, Brustkrebs *m*

mastodon ['mæstədɒn; US -ˌdɑn] S ZOOL, HIST Mastodon *n* (*Urelefant*)

mastoid ['mæstɔɪd] A ADJ mastoid, brust(warzen)förmig B S 1 *a.* ~ **process** ANAT Warzenfortsatz *m* (*des Schläfenbeins*) 2 *umg* → mastoiditis; **mastoidectomy** [-'ektəmɪ] S MED Mastoidektomie *f* (*operative Entfernung des Warzenfortsatzes*); **mastoiditis** [-'daɪtɪs] S MED Mastoiditis *f* (*Entzündung des Warzenfortsatzes*)

mastotomy [mæ'stɒtəmɪ; US -'stɑ-] S MED Brustoperation *f*

M

masturbate ['mæstə(r)beɪt] VI masturbieren (*a. v/t*), onanieren, sich (selbst) befriedigen; **masturbation** S Masturbation *f*, Onanie *f*, Selbstbefriedigung *f*; **masturbator** [-tə(r)] S Onanist(in)

mat¹ [mæt] A S 1 Matte *f* 2 Untersetzer *m*, -satz *m* 3 (Zier)Deckchen *n* 4 SPORT Matte *f*: **go to the ~ with sb** *fig* mit j-m e-e heftige Auseinandersetzung haben 5 Vorleger *m*, Abtreter *m* 6 grober Sack (*zur Verpackung von Kaffee etc*) 7 verfilzte Masse (*Haar, Unkraut*) 8 Gewirr *n*, Geflecht *n* B VT 1 mit Matten belegen 2 (mattenartig) verflechten 3 verfilzen C VI sich verfilzen *od* verflechten

mat² [mæt] A ADJ matt (*a.* FOTO), glanzlos, mattiert B S 1 Mattierung *f* 2 mattierte Farbschicht (*auf Glas*) 3 mattierter (*meist* Gold-)Rand (*e-s Bilderrahmens*) C VT mattieren

matador ['mætədɔ:(r)] S Matador *m*: a *Stierkämpfer, der dem Stier den Todesstoß versetzt* b *Haupttrumpf in einigen Kartenspielen*

match¹ [mætʃ] A S 1 (*der, die, das*) Gleiche *od* Ebenbürtige: **his ~** a seinesgleichen b sein Ebenbild c j-d, der es mit ihm aufnehmen kann d s-e Lebensgefährtin; **find** (*od* **meet**) **one's ~** s-n Meister finden (**in sb** in j-m); **be a (no) ~ for sb** j-m (nicht) gewachsen sein; **be no ~ for sb** *a.* gegen j-n nicht ankommen, es nicht mit j-m aufnehmen können, sich nicht mit j-m messen können; **be more than a ~ for sb** j-m überlegen sein 2 (dazu) passende Sache *od* Person, Gegenstück *n*: **I can't find a ~ for this carpet** ich finde nichts, was zu diesem Teppich passt 3 (zusammenpassendes) Paar, Gespann *n* (*a. fig*): **they are an excellent ~** sie passen ausgezeichnet zueinander *od* zusammen 4 WIRTSCH Artikel *m* gleicher Qualität 5 SPORT (*Fußball- etc*) Spiel *n*, (*Tennis*) Match *n*, (*Box- etc*) Kampf *m*: **the ~ for third place** das Spiel um den dritten Platz 6 a Heirat *f*: **make a ~** e-e Ehe stiften; **make a ~ of it** heiraten b (*gute etc*) Partie: **she is a good ~**; **make a good ~** e-e gute Partie machen B VT 1 a *j-n* passend verheiraten (**to, with** mit) b *Tiere* paaren 2 *e-r Person od Sache* etwas Gleiches gegenüberstellen, *j-n od etwas* vergleichen (**with** mit): ~ **one's skill with** sich messen mit; ~ **one's strength against sb('s)** s-e Kräfte mit j-m messen 3 *j-n* ausspielen (**against** gegen) 4 passend machen, anpassen (**to, with** an *akk*) 5 *j-m od e-r Sache* (*a. farblich etc*) entsprechen, passen zu: **the carpet does not ~ the wallpaper** der Teppich passt nicht zur Tapete; **a shirt to ~ his suit** ein zu s-m Anzug passendes Hemd; → well-matched 2 6 zusammenfügen 7 etwas Gleiches *od* Passendes auswählen *od* finden zu: **can you ~ this velvet for me?** haben Sie etwas Passendes zu diesem Samt(-stoff)? 8 ELEK angleichen, anpassen 9 (**for, in**) *j-m* ebenbürtig *od* gewachsen sein (in *dat*), es mit *j-m od e-r Sache* aufnehmen können (in *dat*), *e-r Sache* gleichkommen: **no one can ~ her in cooking** niemand kann so gut kochen wie sie; ~ **that if you can** mach das erst einmal nach, wenn du kannst!; **... can't be ~ed** ... ist *od* sind unerreicht *od* nicht zu überbieten; **the teams are well ~ed** die Mannschaften sind gleich stark 10 *US umg* a *e-e Münze* hochwerfen b mit *j-m* knobeln C VI 1 *obs* sich verheiraten (**with** mit) 2 zusammenpassen, übereinstimmen (*beide:* **with** mit), entsprechen (**to** *dat*): **the carpet and the wallpaper don't ~** der Teppich u. die Tapete passen nicht zusammen; **she bought a brown coat and gloves to ~** sie kaufte e-n braunen Mantel u. dazu passende Handschuhe; **he had nothing to ~** er hatte dem nichts entgegenzusetzen; ~ **up to sb's expectations** j-s Erwartungen entsprechen

match² [mætʃ] S 1 Zünd-, Streichholz *n* 2 Zündschnur *f* 3 HIST a Zündstock *m* b Lunte *f*

match|board TECH A S Spund-, Profilbrett *n* (*für Parkett etc*) B VT mit Spundbrettern abdecken; **~boarding** S KOLL gespundete Bretter *pl*; **~book** S Streichholzbrief *m*; **~box** S Streichholzschachtel *f*

matching ['mætʃɪŋ] A S ELEK, IT Anpassung *f* B ADJ 1 (dazu) passend (*farblich etc abgestimmt*) 2 ELEK Anpassungs...: ~ **transformer**; ~ **condenser** Abgleichkondensator *m*; ~ **test** S Vergleichsprobe *f*

match joint S TECH Verzinkung *f*

matchless ['mætʃlɪs] ADJ (ADV ~ly) unvergleichlich, einzigartig

match|lock S MIL, HIST 1 Luntenschloss *n* (*der Muskete*) 2 Lunten(schloss)muskete *f*; **~maker** S 1 Ehestifter(in), Heiratsvermittler(in) 2 *pej* Kuppler(in); **~making** S 1 Ehe-, Heiratsvermittlung *f*: ~ **agency** Heiratsinstitut *n* 2 *pej* Kuppelei *f*; **~mark** S TECH Montagezeichen *n*; ~ **penalty** S *Eishockey*: Matchstrafe *f*; ~ **plane** S TECH Nut- u. Spundhobel *m*; ~ **play** S *Golf*: Lochspiel *n*; ~ **point** S *Tennis etc*: Matchball *m*; ~ **practice** S SPORT Spielpraxis *f*; **~stick** S Zünd-, Streichholz *n*: ~ **man** *Br* Strichmännchen *n*; **~winner** S SPORT Matchwinner(in) (*Spieler[in], dem [der] der Sieg hauptsächlich zu verdanken ist*); **~wood** S 1 Streichhölzerholz *n* 2 KOLL (Holz)Späne *pl*, Splitter *pl*: **make ~ of sth, smash sth to ~** aus etwas Kleinholz machen, etwas kurz u. klein schlagen (*beide umg*)

mate¹ [meɪt] A S 1 a (*Arbeits-, Schul-, Spiel*) Kamerad *m*, (-)Kameradin *f*, (*Arbeits*) Kollege *m*, (-)Kollegin *f*: **~'s rate** Freundschaftspreis *m* b (*als Anrede*) *umg* Kamerad!, Kumpel! c Gehilfe *m*, Gehilfin *f*, Handlanger(in): **driver's ~** Beifahrer *m* 2 (Ehe)Mann *m*, (-)Frau *f* 3 ZOOL, *bes* ORN Männchen *n*, Weibchen *n* 4 Gegenstück *n* (*von Schuhen etc*), der andere *od* dazugehörige (*Schuh etc*): **I can't find the ~ to this glove** ich kann den anderen Handschuh nicht finden 5 *Handelsmarine*: Schiffsoffizier *m* (*unter dem Kapitän*) 6 SCHIFF Maat *m*: **cook's ~** Kochsmaat B VT 1 zusammengesellen 2 (*paarweise*) verbinden, *bes* vermählen 3 *Tiere* paaren 4 *fig* einander anpassen: ~ **words with deeds** auf Worte (entsprechende) Taten folgen lassen 5 (**to**) TECH *US* zusammenbauen (mit), montieren (an *akk*), verbinden (mit) C VI 1 sich (ehelich) verbinden, heiraten 2 ZOOL sich paaren 3 TECH a (**with**) kämmen (mit), eingreifen (in *akk*) (*Zahnräder*) b aufeinander arbeiten: **mating surfaces** Arbeitsflächen

mate² [meɪt] → checkmate

maté ['mɑ:teɪ; Br a. 'mæteɪ] S 1 Mate(tee) *m* 2 Mate(strauch) *f(m)* 3 *a.* ~ **gourd** BOT Flaschenkürbis *m*

matelot ['mætləʊ] S *Br sl* Matrose *m*

mater ['meɪtə(r)] S SCHULE *Br sl* die Mutter; ~ **dolorosa** [ˌdɒlə'rəʊsə; US ˌdəʊ-; ˌdɑ-] S (*die*) Schmerzensmutter

material [mə'tɪərɪəl] A ADJ (ADV ~ly) 1 materiell, physisch, körperlich, substanziell: ~ **existence** körperliches Dasein 2 stofflich, Material...: ~ **damage** Sachschaden *m*; ~ **defect** Materialfehler *m*; ~ **fatigue** TECH Materialermüdung *f*; ~ **goods** WIRTSCH Sachgüter 3 materiell, leiblich, körperlich (*Wohlbefinden etc*) 4 materialistisch (*Interessen, Anschauung etc*) 5 materiell, wirtschaftlich: ~ **civilization** materielle Kultur; ~ **wealth** materieller Wohlstand 6 *a.* PHIL a (sachlich) wichtig, gewichtig, von Belang b wesentlich, ausschlaggebend (*beide:* **to** für) 7 JUR erheblich, relevant, einschlägig (*Fakten etc*): **a ~ witness** ein unentbehrlicher Zeuge 8 *Logik*: (*nicht verbal od formal*) sachlich: ~ **consequence** sachliche Folgerung 9 MATH materiell (*Punkt*) B S 1 Material *n*: a (*a. Roh-, Grund*) Stoff *m*, Substanz *f* b TECH Werkstoff *m*: ~ **test(ing)** Materialprüfung *f*; **~s-intensive** materialintensiv; **~s science** Werkstoffkunde *f* c (Kleider)Stoff *m*: **dress ~** Stoff für ein Damenkleid 2 KOLL *od pl* Material(ien) *n(pl)*, Ausrüstung *f* 3 *meist pl fig* Material *n* (*Sammlungen, Urkunden, Belege, Notizen, Ideen etc*), Stoff *m* (**for** zu *e-m Buch etc*), Unterlagen *pl*

materialism [mə'tɪərɪəlɪzəm] S Materialismus *m*: a PHIL *Anschauung, nach der alles Wirkliche als Materie interpretiert od zumindest von materiellen Vorgängen abgeleitet werden kann* b *ausschließlich auf Besitz, Gewinn u. Genuss ausgerichtetes Handeln*; **materialist** A S Materialist(in) B ADJ materialistisch; **materialistic** ADJ (ADV ~ally) materialistisch; **materiality** [-'ælətɪ] S 1 Materialität *f*, Stofflichkeit *f*, Körperlichkeit *f* 2 JUR Erheblichkeit *f*

materialization [məˌtɪərɪəlaɪ'zeɪʃn; US -lə'z-] S 1 Verkörperung *f* 2 *Spiritismus*: Materialisation *f* (*von Geistern*); **materialize** A VT 1 materialisieren, verstofflichen, -körperlichen 2 *etwas* verwirklichen, realisieren 3 *bes US j-s Denkweise etc* materialistisch machen 4 *Geister* erscheinen lassen B VI 1 feste Gestalt annehmen, sinnlich wahrnehmbar werden, sich verkörpern (**in** in *dat*) 2 sich verwirklichen, Tatsache werden, zustande kommen: **his hopes never ~d** s-e Hoffnungen haben sich nie verwirklicht 3 erscheinen, sich materialisieren (*Geister*)

materia medica [məˌtɪərɪə'medɪkə] S PHARM 1 KOLL Arzneimittel *pl* 2 Pharmakologie *f*, Arzneimittellehre *f*

matériel, **materiel** [mə͵tɪərɪ'el] S 1 WIRTSCH Material *n*, Ausrüstung *f* 2 MIL a Kriegsmaterial *n*, -ausrüstung *f* b Versorgungsgüter *pl*
maternal [mə'tɜːnl; US -'tɜrnl] ADJ (ADV ~ly) 1 mütterlich, Mutter…: **~ instinct** (**love**, *etc*); **~ affection** mütterliche Zuneigung 2 *Großvater etc* mütterlicherseits: **my ~ grandfather** 3 Mütter…: **~ mortality** Müttersterblichkeit *f*; **~ welfare** (**work**) Mütterfürsorge *f*
maternity [mə'tɜːnətɪ; US -'tɜr-] A S 1 Mutterschaft *f*, MED Maternität *f* 2 Mütterlichkeit *f* 3 *bes US* Entbindungsstation *f* B ADJ Wöchnerin(nen)…, Schwangerschafts…, Umstands…: **~ allowance** *Br (wöchentliches)* Mutterschaftsgeld; **~ benefits** *Br* Mutterschaftsleistungen *(der Sozialversicherung)*; **~ dress** Umstandskleid *n*; **~ grant** *Br* Entbindungsbeihilfe *f*; **~ home** Entbindungsheim *n*; **~ hospital** Entbindungsklinik *f*; **~ leave** Mutterschaftsurlaub *m*; **~ pay** *Br (vom Arbeitgeber zu zahlendes)* Mutterschaftsgeld; **~ state** Schwangerschaft *f*; **~ ward** Entbindungsstation *f*
matey ['meɪtɪ] *bes Br umg* A ADJ kameradschaftlich: **be ~ with sb** mit j-m auf Du u. Du stehen B S → mate[1] A 1 b
math [mæθ] S *US umg* Mathe *f (Mathematik)*
math. ABK 1 mathematical 2 mathematician 3 mathematics PL
mathematical [͵mæθə'mætɪkl] ADJ (ADV ~ly) 1 mathematisch: **~ expectation** *(Statistik)* mathematische Erwartung; **~ point** gedachter *od* ideeller Punkt 2 Mathematik… 3 *fig (mathematisch)* exakt: **with ~ precision** 4 *fig* unumstößlich, definitiv *(Sicherheit etc)*; **mathematician** [-mə'tɪʃn] S Mathematiker(in); **mathematics** [-'mætɪks] SPL 1 *(als sg konstruiert)* Mathematik *f* 2 *(oft als pl konstruiert)* Operationen *pl*, Lösungsverfahren *pl*
maths [mæθs] SPL *(als sg konstruiert) Br umg* Mathe *f (Mathematik)*
matin ['mætɪn] A S 1 *pl (a. als sg konstruiert) oft* ♀s REL a KATH Matutin *f (morgendliches Stundengebet)* b *(anglikanische Kirche)* Früh-, Morgenandacht *f* 2 *poet* Morgenlied *n (der Vögel)* B ADJ *poet* Morgen…, morgendlich; **matinal** → matin B
matinée, *US a.* **matinee** ['mætɪneɪ; *US* ͵mætə'neɪ] S THEAT *etc* Nachmittagsvorstellung *f*; **~ coat**, **~ jacket** S kurzer Wollmantel *(für Babys)*
mating ['meɪtɪŋ] S ZOOL Paarung *f*: **~ call** Lockruf *m*; **~ behavio(u)r** Paarungsverhalten *n*; **~ season** Paarungszeit *f*
matriarch ['meɪtrɪɑː(r)k] S SOZIOL Familien-, Stam(mes)mutter *f*; **matriarchal** ADJ matriarchal(isch); **matriarchalism** S matriarchalisches System; **matriarchate** [-kɪt; -keɪt] S Matriarchat *n*, Mutterherrschaft *f*; **matriarchic** → matriarchal; **matriarchy** → matriarchate
matric [mə'trɪk] *Br umg für* matriculation 2
matrices ['meɪtrɪsiːz; 'mæ-] *pl von* matrix
matricidal [͵meɪtrɪ'saɪdl; ͵mæt-] ADJ muttermörderisch; **matricide** S 1 Muttermord *m* 2 Muttermörder(in)
matriculate [mə'trɪkjʊleɪt] UNIV A V/T immatrikulieren B V/I sich immatrikulieren C S [-lɪt] Immatrikulierte(r) *m/f(m)*; **matriculation** S 1 UNIV Immatrikulation *f* 2 SCHULE, HIST *Br (etwa)* mittlere Reife
matrimonial [͵mætrɪ'məʊnjəl] ADJ (ADV ~ly) ehelich, Ehe…, JUR matrimonial, matrimoniell: **~ agency** Heiratsinstitut *n*; **~ causes** JUR Ehesachen; **~ home** ehelicher Wohnsitz; **~ law** Eherecht *n*; **~ offence** (*US* **offense**) Eheverfehlung *f*; **~ troubles** (*od* **problems**) Eheprobleme
matrimony ['mætrɪmənɪ; *US* 'mætrə͵məʊniː] S 1 *a.* JUR Ehe(stand) *f(m)*: **enter into holy ~** in den heiligen Stand der Ehe treten 2 *ein Kartenspiel*; **~ vine** S BOT Bocksdorn *m*
matrix ['meɪtrɪks; 'mæt-] *pl* matrices [-trɪsiːz], matrixes S 1 Mutter-, Nährboden *m (beide a. fig)*, Grundsubstanz *f* 2 ANAT Matrix *f*, Muttergewebe *n*: **~ of bone** Knochengrundsubstanz *f* 3 BOT Nährboden *m* 4 MINER a Grundmasse *f* b Ganggestein *n* 5 TECH Matrize *f (Gieß-, Stanz- od Prägeform, a. e-r Schallplatte; a.* TYPO*)* 6 MATH Matrix *f (rechteckiges Schema von Zahlen, für das bestimmte Rechenregeln gelten)*: **system of matrices** Matrizensystem *n*; **~ algebra** Matrizenrechnung *f*
matron ['meɪtrən] S 1 ältere (verheiratete) Frau, würdige Dame, Matrone *f*: **~ of hono(u)r** a verheiratete Brautführerin b verheiratete Hofdame 2 Hausmutter *f (e-s Internats etc)*, Wirtschafterin *f* 3 a Vorsteherin *f* b *Br* Oberschwester *f*, Oberin *f* c *US* Aufseherin *f (im Gefängnis etc)*; **matronhood** S Matronentum *n*; **matronize** V/T 1 matronenhaft machen 2 a bemuttern b beaufsichtigen; **matronliness** [-lɪnɪs] S Matronenhaftigkeit *f*; **matronly** ADJ matronenhaft, würdig, gesetzt
matronymic [͵mætrə'nɪmɪk] → metronymic
mat rush S BOT Teichbinse *f*
matt → mat[2]
matte [mæt] S METALL Stein *m*, Lech *m (Schmelzprodukt von Kupfer u. Bleisulfiderzen)*
matted[1] ['mætɪd] ADJ mattiert
matted[2] ['mætɪd] ADJ 1 mit Matten belegt *(Fußboden etc)* 2 verfilzt *(Haar etc)*
matter ['mætə(r)] A S 1 Materie *f (a.* PHIL, PHYS*)*, Material *n*, Substanz *f*, Stoff *m*: **organic ~** organische Substanz; **gaseous ~** gasförmiger Körper; → foreign 3 2 a PHYSIOL Substanz *f*: → gray matter b MED Eiter *m* 3 Sache *f (a.* JUR*)*, Angelegenheit *f*: **this is a serious ~**; **this is an entirely different ~** das ist etwas ganz anderes; **the ~ in** (*od* **at**) **hand** die vorliegende Angelegenheit; **a ~ of convention** e-e Frage des Anstandes; **a ~ of course** e-e Selbstverständlichkeit; **as a ~ of course** selbstverständlich, natürlich; **a ~ of discretion** e-e Ermessensfrage; **a ~ of fact** a e-e Tatsache b JUR *bes US* e-e *(strittige)* Tatfrage; **as a ~ of fact** tatsächlich, eigentlich, ehrlich gesagt; **a ~ of form** e-e Formsache; **as a ~ of form** der Form halber; **~ in issue** JUR Streitgegenstand *m*, Streitsache *f*; **it is a ~ of life and death** es geht um Leben u. Tod; **as a ~ of principle** grundsätzlich, prinzipiell; **it is a ~ of finishing in time** es geht darum, rechtzeitig fertig zu werden; **a ~ of taste** (e-e) Geschmackssache; **a ~ of time** e-e Frage der Zeit, e-e Zeitfrage; **for that ~** eigentlich; **in the ~ of** a hinsichtlich *(gen)* b JUR in Sachen *(A. gegen B.)*; → conscience *Bes Redew*, fact 1, laughing B 2, opinion 1 4 *pl (ohne Artikel)* die Sache, die Dinge *pl*: **make ~s worse** a die Sache schlimmer machen b *(Redew)* was die Sache noch schlimmer macht; **carry ~s too far** es zu weit treiben; **as ~s stand** wie die Dinge liegen, nach Lage der Dinge; **~s were in a mess** es war e-e verfahrene Geschichte 5 **the ~** die Schwierigkeit: **what's the ~?** was ist los?, wo fehlts?; **what's the ~ with it (with him)?** was ist (los) damit (mit ihm)?; **what's the ~ with having the occasional glass of wine?** was ist (schon) dabei, wenn man ab u. zu ein Glas Wein trinkt?; **what's the ~ now?** was ist denn jetzt schon wieder los?; **there's nothing the ~** nichts ist los; **no ~!** es hat nichts zu sagen!, nichts von Bedeutung!; **it's no ~ whether …** es spielt keine Rolle, ob …; **no ~ what he says** was er auch sagt; ganz egal, was er sagt; **no ~ who …** gleichgültig *od* ganz egal, wer …; **it made no ~ to him that …** es machte ihm nichts aus, dass … 6 *(mit verblasster Bedeutung)* Sache *f*: **it's a ~ of £5** es kostet 5 Pfund; **in a ~ of weeks** in ein paar Wochen; **a ~ of three weeks** ungefähr drei Wochen; **it is only a ~ of minutes till …** es kann nur ein paar Minuten dauern, bis …; **it was a ~ of 5 minutes** es dauerte nur 5 Minuten; **in a ~ of minutes** in Minutenschnelle; **in a ~ of seconds** in Sekundenschnelle; **it's a ~ of common knowledge** es ist allgemein bekannt 7 Anlass *m*, Veranlassung *f (beide:* **for** zu*)*: **a ~ for reflection** etwas zum Nachdenken 8 *(Ggs äußere Form)* a Stoff *m*, Thema *n*, (behandelter) Gegenstand, Inhalt *m (e-s Buches etc)* b (innerer) Gehalt, Substanz *f*: **strong in ~ but weak in style** inhaltlich stark, aber stilistisch schwach; **~ and manner** Gehalt u. Gestalt 9 *Literaturgeschichte*: Sagenstoff *m*, -kreis *m*: **~ of France** matière de France *(um Karl den Großen)*; **~ of Britain** Bretonischer Sagenkreis *(um König Arthur)* 10 Material *n*, Stoff *m*, Unterlagen *pl (alle:* **for** für, zu*)*: **~ for a biography** 11 *Logik*: Inhalt *m (e-s Satzes)* 12 Postsache *f*: → print A 3 13 TYPO a Manuskript *n* b (Schrift)Satz *m*: → dead A 23, live[2] A 13 B V/I 1 von Bedeutung sein (**to** für), darauf ankommen (**to sb** j-m): **it doesn't ~** es macht nichts (aus), es tut nichts; **it didn't ~ to them** es machte ihnen nichts aus; **it hardly ~s to me** es macht mir nicht viel aus; **it little ~s** es spielt kaum e-e Rolle, es ist ziemlich einerlei 2 MED eitern
matter|-of-course ADJ selbstverständlich, natürlich; **~-of-fact** ADJ (ADV ~ly) 1 sich an Tatsachen haltend, sachlich, nüchtern 2 prosaisch; **~-of-factness** S Sachlichkeit *f*, Nüchternheit *f*
Matthew ['mæθjuː] EIGENN & S BIBEL Matthäus (-evangelium) *m(n)*
mattin → matin
matting[1] ['mætɪŋ] S TECH 1 Mattenflechten *n* 2 Material *n* zur Herstellung von Matten 3 a Mattenbelag *m* b *koll* Matten *pl* 4 *(ein)* Zierrand *m (um Bilder)*
matting[2] ['mætɪŋ] S TECH 1 Mattierung *f* 2 Mattfläche *f*
mattock ['mætək] S 1 TECH (Breit)Hacke *f* 2 AGR Karst *m*
mattress ['mætrɪs] S 1 Matratze *f* 2 TECH Matte *f*, Strauch-, Packwerk *n*
maturate ['mætjʊreɪt; *bes US* -tʃə-] V/I 1 reifen *(a. fig)* 2 MED reifen, zum Eitern kommen *(Abszess etc)*; **maturation** S 1 MED (Aus)Reifung *f*, Eiterung *f* 2 BIOL Reifen *n*, Ausbildung *f (e-r Frucht, Zelle)*: **~ division** Reife-, Reduktionsteilung *f* 3 *fig* (Heran)Reifen *n*, Entwicklung *f*
mature [mə'tjʊə(r); -'tʃʊə(r); *US a.* -'tʊər] A ADJ (ADV ~ly) 1 BIOL reif, voll entwickelt *(Frau, Keimzellen etc)* 2 *fig* reif, gereift *(Urteilsvermögen etc)*: **be of a ~ age** reiferen Alters sein 3 *fig* reiflich erwogen, (wohl)durchdacht, ausgereift *(Plan etc)*: **after ~ reflection** nach reiflicher Überlegung 4 reif, (aus)gereift *(Käse, Wein)* 5 MED reif *(Abszess etc)* 6 WIRTSCH fällig, zahlbar *(Wechsel)* 7 GEOG a durch Erosion stark zerklüftet *(Land etc)* b der Gesteinsstruktur folgend *(Bach etc)* B V/T 1 *Früchte, Wein, Käse, ein Geschwür* zur Reife bringen, (aus)reifen lassen 2 *fig Pläne etc* reifen lassen C V/I 1 (heran-, aus)reifen (**into** zu), reif werden *(beide a. fig)* 2 WIRTSCH fällig werden; **matured** ADJ 1 (aus)gereift 2 abgelagert 3 WIRTSCH fällig; **matureness** S 1 Reife *f (a. fig)* 2 WIRTSCH Fälligkeit *f*
maturity [mə'tjʊərətɪ; -'tʃʊə-; *US a.* -'tʊ-] S 1 Reife *f (a. fig)*: **bring (come) to ~** zur Reife brin-

M

gen (kommen) 2 WIRTSCH Fälligkeit *f*, Verfall (-zeit) *m(f)*, Ablauf *m* (*alle*: **of a bill** e-s Wechsels): **at** (*od* **on**) **~** bei Verfall, bei Fälligkeit; **~ date** Fälligkeitstag *m*

matutinal [ˌmætjuːˈtaɪnl; *US* ˌmætʃʊ-; məˈtjuːtnəl] ADJ (ADV **~ly**) morgendlich, Morgen…, früh

maty → matey

maudlin [ˈmɔːdlɪn] ADJ (ADV **~ly**) 1 weinerlich (*Stimme etc*) 2 rührselig (*Geschichte etc*) 3 gefühlig, gefühlsdus(e)lig (*Dichter etc*); **maudlinism** S 1 Weinerlichkeit *f* 2 Rührseligkeit *f* 3 Gefühligkeit *f*, Gefühlsduselei *f* (*Dichter etc*)

maugre, *a.* **mauger** [ˈmɔːgə(r)] PRÄP *obs* ungeachtet, trotz (*gen*)

Maui [ˈmaʊi] S Maui *n* (*zweitgrößte der Hawaii-Inseln*)

maul [mɔːl] A S TECH Schlegel *m*, schwerer Holzhammer B V/T 1 a *j-n od etwas* übel zurichten, roh umgehen mit b *j-n* durchprügeln *od* misshandeln c *j-n* traktieren (**with** mit) d zerfleischen 2 *fig* heruntermachen, verreißen (*Kritiker*); **maulers** SPL *Br sl* Flossen *pl* (*Hände*)

maulstick [ˈmɔːlstɪk] S MAL Malerstock *m*

maunder [ˈmɔːndə(r); *US a.* ˈmɑːn-] V/I 1 schwafeln, faseln (*beide umg*) 2 a ziellos herumschlendern *umg* b gedankenlos handeln

maundy [ˈmɔːndɪ; *US a.* ˈmɑːn-] S REL Fußwaschung *f*; **≈ money** S *Br* Maundy-Money *n* (*silberne Sondermünzen, die vom König od der Königin am Gründonnerstag als Almosen verteilt werden*); **≈ Thursday** S Gründonnerstag *m*

Mauritania [ˌmɒrɪˈteɪnjə; -nɪə; *US* ˌmɔːrə-; ˌmɑːrə-] S Mauretanien *n*

Mauritanian [ˌmɒrɪˈteɪnjən; -ɪən] A S Mauretanier(in) B ADJ mauretanisch

Mauritian [məˈrɪʃn; mɔː-] A S Mauritier(in) B ADJ mauritisch

Mauritius [məˈrɪʃəs; *bes US* mɔːˈr-] S Mauritius *n* (*Insel u. Staat im Indischen Ozean*)

Mauser® [ˈmaʊzə(r)] S Mausergewehr *n*, -pistole *f*

mausoleum [ˌmɔːsəˈlɪəm; -zə-] *pl* -leums, -lea [-ˈlɪə] S Mausoleum *n*

mauve [məʊv; *US a.* ˈmɔːv] A S 1 Mauve *n* 2 CHEM Mauvein *n* B ADJ mauve(farben), malvenfarbig

maven [ˈmeɪvən] S *US* Experte *m*, Expertin *f*

maverick [ˈmævərɪk] S 1 *US* herrenloses (Stück) Vieh ohne Brandzeichen 2 *US* mutterloses Kalb 3 a POL (abtrünnige[r]) Einzelgänger(in) b *allg* Außenseiter(in)

mavin [ˈmeɪvɪn] → maven

mavis [ˈmeɪvɪs] S ORN (Sing)Drossel *f*

mavourneen [məˈvʊə(r)niːn] S & INT *Ir* mein Schatz

maw [mɔː] S 1 (Tier)Magen *m*, *bes* Labmagen *m* (*der Wiederkäuer*) 2 a ZOOL Rachen *m* b ORN Kropf *m* 3 *fig* Schlund *m*, Rachen *m* (*des Todes etc*)

mawkish [ˈmɔːkɪʃ] ADJ (ADV **~ly**) 1 leicht widerlich, (unangenehm) süßlich (*im Geschmack*) 2 *fig* rührselig, süßlich, kitschig; **mawkishness** S 1 Widerlichkeit *f* 2 Rührseligkeit *f*

max. ABK maximum

maxi [ˈmæksɪ] A S a Maxi *m* (*Maximantel, -rock*) b Maxi *n* (*Maxikleid*) B ADJ enorm, riesig (*Einsparungen etc*); **~coat** S Maximantel *m*; **~dress** S Maxikleid *n*

maxilla [mækˈsɪlə] *pl* -lae [-liː] S 1 ANAT Maxilla *f*, Oberkiefer *m* 2 ZOOL Fußkiefer *m* (*von Krustentieren*), Zange *f*; **maxillary** [mækˈsɪlərɪ; *US* ˈmæksəˌleriː] ANAT A ADJ maxillar, maxillär, Oberkiefer…: **~ bone** → B; **~ gland** Backendrüse *f*; **~ process** Kieferfortsatz *m* B S Oberkieferknochen *m*; **maxilliped** [-ped] S ZOOL Kieferfuß *m*

maxim [ˈmæksɪm] S Maxime *f*, (Haupt)Grundsatz *m*, Leitsatz *m*

maxima [ˈmæksɪmə] *pl von* maximum

maximal [ˈmæksɪml] ADJ (ADV **~ly**) → maximum B 1; **maximalist** S Maximalist(in)

maximation [ˌmæksɪˈmeɪʃn] S Maximierung *f*

Maxim gun [ˈmæksɪm] S MIL, HIST Maxim-(Maschinen)Gewehr *n*

maximization [ˌmæksɪmaɪˈzeɪʃn; *US* -səməˈz-] S Maximierung *f*; **maximize** V/T WIRTSCH, TECH maximieren, bis zum Höchstmaß steigern

maximum [ˈmæksɪməm] A *pl* -ma [-mə], -mums S 1 Maximum *n*, Höchstgrenze *f*, -maß *n*, -stand *m*, -wert *m*, -zahl *f*: **at the absolute ~** allerhöchstens; **smoke a ~ of five cigarettes a day** maximal fünf Zigaretten am Tag rauchen; **the lamp gives the ~ of light** die Lampe gibt optimales Licht; **the ~ of cooperation** die bestmögliche Zusammenarbeit 2 MATH Höchstwert *m* (*e-r Funktion*), Scheitel *m* (*e-r Kurve*) 3 WIRTSCH Höchstpreis *m*, -angebot *n*, -betrag *m* B ADJ 1 höchst(er, e, es), maximal, Höchst…, Maximal…: **~ card** (*Philatelie*) Maximumkarte *f*; **~ credible accident** größter anzunehmender Unfall, GAU *m*; **~ likelihood estimation** (*Statistik*) Schätzung *f* nach dem höchsten Wahrscheinlichkeitswert; **~ load** ELEK Höchstbelastung *f* (→ B 2); **~-minimum thermometer** Maximum-Minimum-Thermometer *n*; **~ output** WIRTSCH (Produktions)Höchstleistung *f*; **~ performance** Höchst-, Spitzenleistung *f*; **~ (permissible) speed** (zulässige) Höchstgeschwindigkeit; **~-security prison** Hochsicherheitsgefängnis *n*; **~ temperature** METEO Höchsttemperatur *f*; **~ voltage** ELEK Maximalspannung *f*; **~ wages** *pl* Höchst-, Spitzenlohn *m* 2 höchstzulässig: **~ dose** MED Maximaldosis *f*; **~ (safety) load** (*od* **stress**) TECH zulässige (Höchst)Beanspruchung (→ B 1); **~ punishment** Höchststrafe *f*

maxi|single S Maxisingle *f*; **~skirt** S Maxirock *m*

maxwell [ˈmækswəl; -wel] S ELEK Maxwell *n* (*Einheit des magnetischen Flusses*)

may[1] [meɪ], *obs 2. sg präs* mayst [meɪst], *3. sg präs* may, *prät u. optativ* **might** [maɪt] V *irr* (*defektiv, meist Hilfsverb*) 1 (*Möglichkeit, Gelegenheit*) können, mögen: **it ~ happen any time** es kann jederzeit geschehen; **it might happen** es könnte geschehen; **you ~ be right** du magst recht haben, vielleicht hast du recht; **he ~ not come** vielleicht kommt er nicht; es ist möglich, dass er nicht kommt; **come what ~** komme, was da wolle; **he might lose his way** er könnte sich verirren 2 (*Erlaubnis*) dürfen, können: **you ~ go**; **~ I ask?** darf ich fragen?; **I wish I might tell you** ich wollte, ich dürfte es dir sagen; *selten neg:* **he ~ not do it** er darf es nicht tun 3 *mit (as) well, just as well:* **you ~ well say so** du hast gut reden; **we might as well go** da können wir (auch) ebenso gut gehen, gehen wir schon; **he ~ as well** dazu hat er auch allen Grund 4 *ungewisse Frage:* **how old ~ she be?** wie alt mag sie wohl sein?; **I wondered what he might be doing** ich fragte mich, was er wohl tue 5 (*Wunschgedanke, Segenswunsch*) mögen: **~ God bless you!**; **~ it please your Grace** Euer Gnaden mögen geruhen 6 *als Aufforderung:* **you ~ post this letter for me** du kannst diesen Brief für mich einstecken; **you might help me** du könntest mir (eigentlich) helfen; **you might at least offer to help** du könntest wenigstens d-e Hilfe anbieten 7 **~** *od* **might** *als Konjunktionsumschreibung: I shall write to him* **so that he ~ know our plans** damit er unsere Pläne erfährt; **though it ~ cost a good deal** obwohl es e-e Menge kosten kann; **difficult as it ~ be** so schwierig es auch sein mag; **we feared they might attack** wir fürchteten, sie würden angreifen 8 JUR (*in Verordnungen*) können

May[2] [meɪ] S 1 Mai *m*: **in ~** im Mai 2 **a young woman in her ~** *bes poet* e-e junge Frau im Lenz des Lebens 3 ≈ BOT *Br* Weißdorn(blüte) *m(f)*

may[3] [meɪ] S *poet* Maid *f*

Maya[1] [ˈmaɪə] S 1 *pl* -yas, *bes koll* -ya Maya *m/f* 2 LING Mayasprache *f*

maya[2] [ˈmaɪə; ˈmɑːjə] S *Hinduismus:* Maja *f* (*die als Blendwerk angesehene Erscheinungswelt*)

Mayan [ˈmaɪən] A ADJ zu den Mayas gehörig B S → Maya[1]

May apple S BOT Maiapfel *m*, Fußblatt *n*

maybe [ˈmeɪbiː] ADV vielleicht, möglicherweise: *I'm telling you to do it straight away,* **and I don't mean ~!** *bes US umg* und ich mein es ernst!

May| beetle → May bug; **≈ blossom** S BOT *Br* Weißdornblüte *f*; **~ bug** S ZOOL Maikäfer *m*; **~ Day** S der 1. Mai; **~-Day** ADJ Mai…: **~ celebrations**; **~ demonstration**; **~day**, **≈day** S FLUG, SCHIFF Mayday (*internationaler Funknotruf*); **≈s** 1 BOT *allg* Maiblume *f*, *z. B.* a *Br* Weißdorn *m od* Wiesenschaumkraut *n* b *US* Primelstrauch *m od* Anemone *f* 2 ≈ HIST Mayflower *f* (*Auswandererschiff der* **Pilgrim Fathers**, *1620*); **≈fly** S 1 ZOOL Eintagsfliege *f* 2 *Angelsport:* Maifliege *f*

mayhap [ˈmeɪhæp; *US a.* meɪˈhæp] ADV *obs* vielleicht, möglicherweise

mayhem [ˈmeɪhem; *US a.* ˈmeɪəm] S 1 JUR *hist* (*strafbare*) *Verstümmelung e-r Person, um sie wehrlos zu machen* 2 *bes US* a JUR schwere Körperverletzung b mutwillige Zerstörung c *fig* destruktive Kritik 3 *fig* Chaos *n*: **cause** (*od* **create**) **~** ein Chaos auslösen

mayo[1] [ˈmeɪəʊ] *pl* -os S *bes US umg* Mayo *f* (*Mayonnaise*)

Mayo[2] [ˈmeɪəʊ] S Mayo *n* (*Grafschaft im nordwestlichen Irland*)

mayonnaise [ˌmeɪəˈneɪz; ˈmeɪəneɪz] S 1 Mayonnaise *f* 2 Mayonnaisegericht *n*: **lobster ~** Hummermayonnaise *f*

mayor [ˈmeə(r); *US a.* ˈmeɪər] S Bürgermeister *m*: **~'s court** *US* Bürgermeistergericht *n*; **mayoral** ADJ bürgermeisterlich, Bürgermeister…: **~ candidate** Kandidat *m* für das Amt des Bürgermeisters; **mayoralty** [-tɪ] S 1 Bürgermeisteramt *n* 2 Amtsperiode *f* e-s Bürgermeisters: **during his ~** als er (noch) Bürgermeister war; **mayoress** S 1 Gattin *f* des Bürgermeisters 2 Bürgermeisterin *f* 3 *Br Dame, die, falls der Bürgermeister ein Junggeselle ist, gewisse repräsentative Verpflichtungen übernimmt, die sonst der Gattin des Bürgermeisters obliegen*; **mayorship** S Bürgermeisteramt *n*: **she was elected to the ~** sie wurde ins Bürgermeisteramt gewählt, sie wurde zur Bürgermeisterin gewählt

may|pole S Maibaum *m*; **~pop** S BOT (*e-e nordamer.*) Passionsblume; **≈ queen** S Maikönigin *f*

mayst [meɪst] *obs 2 sg präs von* may[1]: **thou ~**

may| tree S BOT *Br* Weißdorn *m*; **≈ wine** S Maibowle *f*, -wein *m*

mazard → mazzard

mazarine [ˌmæzəˈriːn; *US a.* ˈmæzəˌriːn] A ADJ mazarinblau B S Mazarinblau *n*

Mazdaism, **Mazdeism** [ˈmæzdəɪzəm] S HIST Mazdaismus *m* (*altpersische Religion Zoroasters*)

maze [meɪz] A S 1 Irrgarten *m*, Labyrinth *n* (*a. fig*): **~ of streets** Straßengewirr *n*, -labyrinth 2 *fig* Verwirrung *f*: **be in a ~** verwirrt sein B V/T *obs od dial* verwirren

mazer ['meɪzə(r)] S großes Trinkgefäß (*ehemals aus Hartholz*)

mazuma [mə'zu:mə] S *bes US sl* Knete *f* (*Geld*)

mazurka [mə'zɜ:kə; *US* mə'zɜrkə; -'zʊərkə] S MUS Mazurka *f*

mazy ['meɪzɪ] ADJ (ADV mazily) 1 labyrinthisch 2 verwirrend

mazzard ['mæzə(r)d] S 1 BOT wilde Süßkirsche 2 *obs* a Kopf *m* b Gesicht *n* 3 → mazer

mb[1] ABK METEO millibar mb

MB[2] ABK 1 Medicinae Baccalaureus, Bachelor of Medicine 2 IT megabyte(s PL) MB *n od pl*

MBA ABK *US* Master of Business Administration

MBE ABK Member of the Order of the British Empire (*Ordenstitel*)

MBO ABK 1 WIRTSCH management by objectives 2 management buyout

mbyte ABK IT megabyte(s PL) MB *n od pl*

mc[1] ABK ELEK megacycle(s PL) MHz *n od pl*

MC[2] ABK 1 Master of Ceremonies 2 *US* Member of Congress 3 *Br* Military Cross (*ein Orden*)

MCA ABK maximum credible accident GAU *m*, größter anzunehmender Unfall *od* Störfall

McCarthyism [mə'kɑ:(r)θɪɪzəm] S McCarthyismus *m* (*allzu rigorose Untersuchungsmethoden gegen politisch Verdächtige, Treibjagd auf [vermeintliche] Kommunisten etc*)

McCoy [mə'kɔɪ] S: **be the (real) ~** *US umg* der (die, das) Echte sein, *engS.* das Original sein

MCP ABK male chauvinist pig

MD ABK 1 SCHIFF MIL Medical Department 2 Medicinae Doctor, Doctor of Medicine Dr. med. 3 Managing Director 4 mentally deficient

Md. ABK Maryland

M-day S MIL Mobilmachungstag *m*

MDS ABK Master of Dental Surgery

mdse ABK merchandise Waren *pl*

MDT ABK *US* Moutain Daylight Time (*Sommerzeit der Zeitzone Mountain in Nordamerika*)

me[1] [mi:; mɪ] A PERS PR 1 mich (*akk von* I[2] A): **she knows ~** 2 mir (*dat von* I[2] A): **she gave ~ the book** 3 ich: **she's younger than ~**; **it's ~, not her** ich bins, nicht sie B REFL PR mich: **I looked about ~** ich sah um mich, ich sah mich um C S **the real ~** mein wahres Ich

ME[2] ABK 1 marine engineer 2 mechanical engineer 3 mining engineer

Me. ABK Maine

mead[1] [mi:d] S Met *m*, Honigwein *m*

mead[2] [mi:d] *poet für* meadow 1

meadow ['medəʊ] S 1 Wiese *f*, Weide *f*: **in the ~** auf der Wiese *od* Weide 2 Grasniederung *f* (*in Fluss- od Seenähe*); **~ pipit** S ORN Wiesenpieper *m*; **~ saffron** S BOT (*bes* Herbst-)Zeitlose *f*; **~sweet** S BOT 1 Mädesüß *n* 2 *US* Spierstrauch *m*

meadowy ['medəʊɪ] ADJ wiesenreich

meager, *bes Br* **meagre** ['mi:gə(r)] ADJ (ADV ~ly) 1 mager, dürr: **a ~ face** ein hageres Gesicht 2 *fig* dürftig, kärglich (*Gehalt etc*): **~ fare** magere Kost; **~ attendance** spärlicher Besuch 3 *fig* dürftig, ideenarm; **meagerness**, *bes Br* **meagreness** S 1 Magerkeit *f* 2 *fig* Dürftigkeit *f*

meal[1] [mi:l] S 1 grobes (Getreide)Mehl, Schrotmehl *n* 2 *schott* Hafermehl *n*, -grütze *f* 3 *US* Maismehl *n* 4 Mehl *n*, Pulver *n* (*aus Früchten, Mineralen etc*)

meal[2] [mi:l] S Mahl(zeit) *n(f)*, Essen *n*: **have a ~** e-e Mahlzeit einnehmen; **take one's ~s** s-e Mahlzeiten einnehmen, essen; **make a ~ of sth** *fig umg* a sich in e-e Sache zu sehr hineinknien b etwas aufbauschen; **he made a ~ of it** *fig umg* er war nicht mehr zu bremsen; **a ~ out** ein Essen im Restaurant; **have a ~ out** auswärts *od* im Restaurant essen; **~s on wheels** *pl* (*als sg konstruiert*) Essen auf Rädern

mealie ['mi:lɪ] S *SAfr* 1 Maisähre *f* 2 *pl* (*als sg konstruiert*) Mais *m*

mealiness ['mi:lɪnɪs] S Mehligkeit *f*

meal| moth S ZOOL (*ein*) Mehlzünsler *m*; **~ ticket** S 1 *US* Essen(s)bon *m*, -gutschein *m*, -marke *f* 2 *umg* a *pej* Ernährer(in) b Einnahmequelle *f* c Kapital *n*: **his voice is his ~**; **~time** S Essens-, Tischzeit *f*: **fixed ~s**; **~ worm** S ZOOL Mehlwurm *m*

mealy ['mi:lɪ] ADJ 1 mehlig (*Kartoffeln etc*) 2 mehlhaltig 3 (wie) mit Mehl bestäubt 4 blass (*Gesicht*) 5 → mealy-mouthed 6 (weiß u. grau) gefleckt (*Pferd*); **~ bug** S ZOOL (*e-e*) Schildlaus; **~-mouthed** [-maʊðd] ADJ schönfärberisch, heuchlerisch, unaufrichtig (*Person, Äußerung etc*), verschlüsselt (*Äußerung etc*); **~-mouthedness** [-ðɪd-] S Schönfärberei *f*, Heuchelei *f*, Unaufrichtigkeit *f*

mean[1] [mi:n] *prät u. pperf* meant [ment] A V/T 1 *etwas* im Sinn *od* im Auge haben, beabsichtigen, vorhaben, (*tun etc*) wollen, (*zu tun*) gedenken: **I ~ to do it** ich will es tun; **he meant to write** er wollte schreiben; **I ~ it** es ist mir ernst damit; **he ~s business** er meint es ernst, er macht Ernst; **he meant no harm** er hat es nicht böse gemeint; **no harm meant!** nichts für ungut!; **I ~ what I say** ich meine es, wie ich es sage; ich spaße nicht; **I ~ to say** ich will sagen; **I didn't ~ to disturb you** ich wollte Sie nicht stören; **without ~ing it** ohne es zu wollen; → mischief 1 2 (*bes passiv*) bestimmen (**for** für): **they were meant for each other**; **he was meant to be a barrister** er sollte Anwalt werden; **this cake is meant to be eaten** der Kuchen ist zum Essen da; **that remark was meant for you** diese Bemerkung galt dir *od* war an d-e Adresse gerichtet *od* war auf dich abgezielt; **that picture is meant to be Churchill** das Bild soll Churchill sein *od* darstellen 3 meinen, sagen wollen: **by "liberal" I ~ …** unter „liberal" verstehe ich …; **I ~ his father** ich meine s-n Vater; **what do you ~ by this?** a was wollen Sie damit sagen? b was verstehen Sie darunter? 4 bedeuten: **a family ~s a lot of work**; **that ~s war**; **he ~s (all) the world to me** er bedeutet mir alles 5 (*von Wörtern u. Worten*) bedeuten, heißen: **what does "fair" ~?**; **does that ~ anything to you?** ist Ihnen das ein Begriff?, sagt Ihnen das etwas? 6 **be meant to do sth** *bes Br* etwas tun müssen B V/I 1 **~ well** es gut meinen: **~ well (ill) by** (*od* **to**) **sb** j-m wohlgesinnt (übel gesinnt) sein 2 bedeuten (**to** für *od dat*): **~ little (everything) to sb** j-m wenig (alles) bedeuten; **money doesn't ~ much to her** Geld bedeutet ihr nicht viel, sie macht sich nicht viel aus Geld; **his work ~s everything to him** s-e Arbeit geht ihm über alles 3 **how do you ~?** wie meinen Sie das?

mean[2] [mi:n] ADJ (ADV → meanly) 1 gemein, gering, niedrig (*dem Stande nach*): **~ birth** niedrige Herkunft; **~ white** HIST *US* Weiße(r) *m* (*in den Südstaaten*) ohne Landbesitz 2 ärmlich, armselig, schäbig (*Straßen etc*) 3 **no ~ …** ein(e) recht beachtliche(r, s) …: **no ~ opponent** ein nicht zu unterschätzender Gegner 4 gemein, niederträchtig: → trick A 2 5 schäbig, geizig, knaus(e)rig, filzig: **be ~ with** geizen mit 6 *umg* (*charakterlich*) schäbig: **feel ~** a sich schäbig *od* gemein vorkommen (**about** wegen) b *US* sich unpässlich *od* nicht ganz auf der Höhe fühlen 7 *bes US umg* a fies (*Person*) b scheußlich, bös (*Sache*)

mean[3] [mi:n] A ADJ 1 mittler(er, e, es), Mittel…, durchschnittlich, Durchschnitts…: **~ course** SCHIFF Mittelkurs *m*; **~ life** PHYS Lebensdauer *f*; **~ height** mittlere Höhe (*über dem Meeresspiegel*); **~ annual temperature** Temperaturjahresmittel *n*; **~ sea level** Normalnull *n*; **~ proportional** MATH mittlere Proportionale; **~ value theorem** MATH Mittelwertsatz *m* 2 dazwischenliegend, Zwischen… B S 1 Mitte *f*, (*das*) Mittlere, Mittel *n*, Durchschnitt *m*, Mittelweg *m*: **strike a** (*od* **the**) **happy ~** den goldenen Mittelweg wählen 2 MATH Durchschnittszahl *f*, Mittel(wert) *n(m)*: **strike a ~** e-n Mittelwert errechnen; → golden mean 3 *Logik*: Mittelsatz *m* 4 *pl* (*als sg od pl konstruiert*) Mittel *n od pl*, Weg(e) *m(pl)*: **by all ~s** auf alle Fälle, unbedingt, natürlich; **by any ~s** a etwa, vielleicht, gar b überhaupt c auf irgendwelche Weise; **by no ~s**, **not by any ~s** durchaus nicht, keineswegs, auf keinen Fall; **by some ~s or other** auf die eine oder die andere Weise; **by ~s of** mittels, durch, mit; **by this** (*od* **these**) **~s** hierdurch, damit; **by other ~s** mit anderen Mitteln; **a ~s of communication** ein Kommunikationsmittel; **~s of protection** Schutzmittel; **~s of transport(ation** *bes US*) Beförderungsmittel; **adjust the ~s to the end** die Mittel dem Zweck anpassen; **find the ~s** Mittel u. Wege finden; → end C 10 5 *pl* (Geld)Mittel *pl*, Vermögen *n*, Einkommen *n*: **live within (beyond) one's ~s** s-n Verhältnissen entsprechend (über s-e Verhältnisse) leben; **a man of ~s** ein bemittelter Mann; **~s test** Bedürftigkeitsermittlung *f*

meander [mɪ'ændə(r)] A V/I 1 sich schlängeln *od* winden, GEOG mäandern, mäandrieren (*Fluss*) 2 schlendern: **the conversation ~ed along** das Gespräch plätscherte dahin B S 1 Windung *f*, GEOG Mäander(schlinge) *m(f)* 2 ARCH, KUNST Mäander(band) *m(n)*

meanderthal [mɪ'ændərθɒ:l; -tɑ:l] S *US sl j-d, der vor e-r Person herbummelt, die es eilig hat*

meanie ['mi:nɪ] S *umg* 1 *bes Br* Knauser(in) 2 *bes US* Fiesling *m*

meaning ['mi:nɪŋ] A S 1 Sinn *m*, Bedeutung *f*: **full of ~** → meaningful 1; **what's the ~ of this?** a was soll das bedeuten? b was soll denn das?; **words with the same ~** Wörter mit gleicher Bedeutung; **do you take** (*od* **get**) **my ~?** verstehst du, was ich meine?; **if you get my ~** wenn Sie verstehen, was ich meine 2 Sinn *m*, Inhalt *m*: **give one's life a new ~** s-m Leben e-n neuen Sinn geben B ADJ (ADV ~ly) 1 → meaningful 1 2 *in Zusammensetzungen* in … Absicht: → well-meaning; **meaningful** ADJ (ADV ~ly) 1 bedeutungsvoll, bedeutsam (*Blick, Ereignis etc*) 2 sinnvoll (*Arbeit etc*): **make life ~** dem Leben e-n Sinn geben; **meaningless** ADJ (ADV ~ly) 1 bedeutungslos, nichtssagend (*Worte etc*) 2 sinnlos (*Arbeit etc*) 3 ausdruckslos (*Gesichtszüge*)

meanly ['mi:nlɪ] ADV 1 armselig, niedrig 2 schlecht: **~ equipped** 3 schäbig, geizig, knaus(e)rig

meanness ['mi:nnɪs] S 1 Niedrigkeit *f*, niedriger Stand 2 Ärmlichkeit *f*, Armseligkeit *f*, Schäbigkeit *f* 3 Gemeinheit *f*, Niederträchtigkeit *f* 4 Schäbigkeit *f*, Geiz *m*, Knaus(e)rigkeit *f*, Filzigkeit *f* 5 *bes US umg* Fiesheit *f*

meant [ment] *prät u. pperf von* mean[1]

mean|time [,mi:n'taɪm; *bes US* 'mi:ntaɪm] A ADV inzwischen, mittlerweile, unterdessen, in der Zwischenzeit, zwischenzeitlich B S Zwischenzeit *f*: **in the ~** → A; **~ time** S ASTRON mittlere (Sonnen)Zeit; **~while** [,mi:n'waɪl; *bes US* 'mi:nwaɪl] → meantime

meany → meanie

meas. ABK 1 measurable 2 measure

M

measle ['mi:zl] S ZOOL Finne *f*; **measled** → measly 1, 2

measles ['mi:zlz] SPL *(meist als sg konstruiert)* 1 MED Masern *pl*: → German measles 2 VET Finnen *pl (der Schweine etc)*; **measly** ['mi:zlı] ADJ 1 MED masernkrank 2 VET finnig 3 *fig umg* schäbig, dürftig, pop(e)lig, lumpig *(Geschenk etc)*

measurability [,meʒərə'bılətı; *US a.* 'meı-] S Messbarkeit *f*; **measurable** ADJ (ADV measurably) 1 messbar: **within ~ distance (of)** in kurzer Entfernung (von), nahe *(dat)* 2 wesentlich, merklich; **measurableness** → measurability

measure ['meʒə(r); *US a.* 'meı-] A S 1 Maß (-einheit) *n(f)*: **cubic ~, solid ~** Raum-, Kubikmaß; **lineal ~, linear ~, long ~, ~ of length** Längenmaß; **square ~, superficial ~** Flächenmaß; **~ of capacity** Hohlmaß; → dry measure, liquid A 2 2 *fig* (richtiges *od* vernünftiges) Maß, Ausmaß *n*: **beyond (all) ~** über alle Maßen, grenzenlos; **her joy was beyond ~** ihre Freude kannte keine Grenzen; **for good ~** noch dazu, obendrein; **in a great** *(od* **large)** **~** a in großem Maße, überaus b großenteils; **in some ~, in a (certain) ~** gewissermaßen, bis zu e-m gewissen Grade; **without ~** ohne Maßen; **set ~s to** Grenzen setzen *(dat)*; **know no ~** kein Maß kennen 3 Messen *n*, Maß *n*: **(made) to ~** nach Maß (gearbeitet); **take the ~ of sth** etwas abmessen; **take sb's ~** a j-m Maß nehmen (**for a suit** für e-n Anzug) b *a.* **get sb's ~** *fig* j-n taxieren *od* abschätzen; **I have his ~** ich habe ihn durchschaut; → made-to-measure 4 Maß *n*, Messgerät *n*: **weigh with two ~s** *fig* mit zweierlei Maß messen; → tape measure 5 *fig* Maßstab *m* (**of** für): **be a ~ of sth** e-r Sache als Maßstab dienen; **Man is the ~ of all things** der Mensch ist das Maß aller Dinge 6 Anteil *m*, Portion *f*, gewisse Menge 7 a MATH Maß(einheit) *n(f)*, Teiler *m*, Faktor *m* b PHYS Maßeinheit *f*: **2 is a ~ of 4** 2 ist Teiler von 4; **~ of dispersion** Streuungs-, Verteilungsmaß 8 (abgemessener) Teil, Grenze *f*: **set a ~ to sth** etwas begrenzen; **the ~ of my days** BIBEL die Dauer m-s Lebens 9 LIT a Silbenmaß *n* b Versglied *n* c Versmaß *n*, Metrum *n* 10 MUS a Takt(art) *m(f)* b Takt *m (als Quantität)*: **the first** *(od* **opening)** **~** c Zeitmaß *n*, Tempo *n* d Takt *m*, Rhythmus *m* e Mensur *f (bei Orgelpfeifen)*: **tread** *(od* **trip)** **a ~** *obs* tanzen (**with** mit) 11 *poet* Weise *f*, Melodie *f* 12 *pl* GEOL Lager *n*, Flöz *n* 13 CHEM Mensur *f*, Grad *m (e-s graduierten Gefäßes)* 14 TYPO Zeilen-, Satz-, Kolumnenbreite *f* 15 *Fechten*: Mensur *f*, Abstand *m* 16 Maßnahme *f*, -regel *f*, Schritt *m*: **take ~s** Maßnahmen treffen *od* ergreifen; → legal A 4 17 JUR gesetzliche Maßnahme, Verfügung *f* B VT 1 (ver)messen, ab-, aus-, zumessen: **~ off** *e-e bestimmte Länge* abmessen; **~ one's length** *fig* der Länge nach *od* längelang hinfallen; **~ sb** (**be** [*od* **get**] **~d**) **for a suit** j-m Maß nehmen (sich Maß nehmen lassen) für e-n Anzug 2 **~ out** a ausmessen, die Ausmaße *od* Grenzen bestimmen, *ein Bergwerk* markscheiden b *harte Strafen etc* verhängen 3 *fig* ermessen 4 (ab)messen, abschätzen *(beide:* **by** an *dat)*: **~d by** *(od* **against)** gemessen an 5 beurteilen (**by** nach) 6 vergleichen, messen *(beide:* **against, with** mit): **~ o.s. against sb; ~ one's strength with sb** s-e Kräfte mit j-m messen; **~ swords** *bes fig* die Klingen kreuzen (**with** mit) 7 *e-e Strecke* durchmessen, zurücklegen C VI 1 Messungen vornehmen 2 messen, groß sein: **it ~s 7 inches** es misst 7 Zoll, ist ist 7 Zoll lang 3 **~ up to** a die Ansprüche *(gen)* erfüllen, gut abschneiden im Vergleich zu b *den Ansprüchen etc* gewachsen sein c heranreichen an *(akk)*

measured ['meʒə(r)d; *US a.* 'meı-] ADJ (ADV ~ly) 1 (ab)gemessen: **~ in the clear** *(od* **day)** TECH im Lichten gemessen; **~ distance** FLUG, TECH Stoppstrecke *f*; **~ value** Messwert *m*; **a ~ mile** e-e amtlich gemessene *od* richtige Meile 2 richtig proportioniert 3 (ab)gemessen, gleich-, regelmäßig: **~ tread** gemessener Schritt 4 wohlüberlegt, abgewogen, gemessen: **speak in ~ terms** sich maßvoll ausdrücken 5 gewollt, bewusst, berechnet: **with ~ insolence** mit betonter Frechheit 6 rhythmisch 7 im Versmaß, metrisch

measureless ['meʒə(r)lıs; *US a.* 'meı-] ADJ (ADV ~ly) unermesslich, grenzenlos

measurement ['meʒə(r)mənt; *US a.* 'meı-] S 1 (Ver)Messung *f*, Messen *n*, Messmethode *f*: **~ of field intensity** ELEK, PHYS Feldstärkenmessung 2 Maß *n*: **take sb's ~s for a suit** j-m für e-n Anzug Maß nehmen 3 *pl* Abmessungen *pl*, Größe *f*, (Aus)Maße *pl*: **take the ~s of sth** etwas ab- *od* ausmessen 4 MATH (Maß)Einheit *f* 5 SCHIFF Tonnengehalt *m*: → ton[1] 2 6 Maßsystem *n*; **~ goods** SPL WIRTSCH Maß-, Schüttgüter *pl*

measuring ['meʒərıŋ; *US a.* 'meı-] A S Messen *n*, (Ver)Messung *f* B ADJ Mess...; **~ bridge** S ELEK Messbrücke *f*; **~ cup** S *bes US* Messtasse *f*; **~ dial** S Rundmaßskala *f*; **~ instrument** S TECH Messgerät *n*, -instrument *n*; **~ jug** S Messbecher *m*; **~ range** S PHYS Messbereich *m*; **~ tape** S TECH Maß-, Messband *n*, Bandmaß *n*; **~ voltage** S ELEK Messspannung *f*

meat [mi:t] S 1 Fleisch *n (als Nahrung)*: **~ and potatoes** *US fig umg* a Grundlage *f* b Kern (-punkt) *m* 2 *obs* Speise *f (noch in den Wendungen)*: **after (before) ~** nach (vor) dem Essen; **~ and drink** Speis u. Trank; **be ~ and drink to sb** *fig* j-m viel Freude *od* Spaß machen; **one man's ~ is another man's poison** *(Sprichwort)* des e-n Freud, des andern Leid; was dem e-n sin Ul, ist dem andern sin Nachtigall 3 *obs od dial* Nahrung *f* 4 Fleischspeise *f*, -gericht *n*: **cold ~** a kalter Braten b *US sl* Leiche(n) *f(pl)*; **cold** *(od* **cooked, sliced)** **~s** *pl* Aufschnitt *m* 5 *a. pl US* Fleisch *n (von Früchten, Fischen etc)*, Kern *m (e-r Nuss)* 6 BIBEL Speiseopfer *n* 7 *fig* Substanz *f*, Gehalt *m*, (wesentlicher) Inhalt, Ideen (-gut *n*) *pl*: **full of ~** gehaltvoll 8 → easy A 1 9 *US vulg* Schwanz *m (Penis)*: **beat one's ~** wichsen, sich e-n runterholen *vulg (onanieren)*; **~-and-potatoes** ADJ *US umg* grundlegend, fundamental *(Probleme etc)*; **~ ax(e)** S Schlachtbeil *n*; **~ball** S 1 Fleischkloß *m*, -klößchen *n* 2 *US sl* a Heini *m* b Langweiler(in); **~ broth** S Fleischbrühe *f*; **~ chopper** S 1 Hackmesser *n* 2 Fleischhackmaschine *f*, Fleischwolf *m*; **~ eater** S Fleischesser(in); **~ extract** S Fleischextrakt *m*; **~ fly** S ZOOL Schmeißfliege *f*; **~-free** ADJ fleischlos; **~ grinder** → meat chopper 2: **put in a ~** *US umg j-n od etwas* durch den Wolf drehen

Meath [mi:ð; mi:θ] S Meath *n (Grafschaft in Ostirland)*

meat| head S *US sl* Rindvieh *n*; **~ inspection** S Fleischbeschau *f*; **~ inspector** S Fleischbeschauer(in)

meatless ['mi:tlıs] ADJ fleischlos

meat| loaf S *irr* GASTR Hackbraten *m*; **~man** [-,mæn] S *irr US* Metzger *m*, Fleischer *m*; **~ market** S 1 Fleischmarkt *m* 2 Metzgerei *f*, Fleischerei *f*; **~ meal** S Fleischmehl *n*; **~ offering** S BIBEL Speiseopfer *n*; **~ packer** S Fleischwarenhersteller(in), -großhändler(in); **~ pie** S Fleischpastete *f*; **~ product** S Fleischerzeugnis *n*, -produkt *n*; **~ safe** S *Br* Fliegenschrank *m*

meatus [mı'eıtəs] *pl* **-tus, -tuses** S ANAT Meatus *m*, Gang *m*, Kanal *m*

meat wagon S *US sl* 1 Sanitätswagen *m* 2 Leichenwagen *m*

meaty ['mi:tı] ADJ (ADV meatily) 1 fleischig 2 fleischartig, Fleisch... 3 *fig* gehaltvoll *(Buch etc)*, fruchtbar *(Diskussion etc)*, handfest *(Vorschlag etc)*: **his affair received ~ treatment in some papers** s-e Affäre wurde in einigen Zeitungen weidlich ausgeschlachtet *umg*

Mecca ['mekə] S GEOG, REL *u. fig* Mekka *n*: **a ~ for tourists**; → tourist B

Meccano® [mı'kɑ:nəʊ; *US* mə'kænəʊ] *pl* **-os** S *Br* Stabilbaukasten *m (Spielzeug)*

mech. ABK 1 mechanic 2 mechanical 3 mechanics PL 4 mechanism

mechanic [mı'kænık] A ADJ (ADV ~ally) → mechanical B S 1 a Mechaniker(in), *(Autoetc)* Schlosser(in), Maschinist(in), Monteur(in) b Handwerker(in) 2 *pl (als sg konstruiert)* PHYS a Mechanik *f (Teilgebiet der Physik, das sich mit der Bewegung von Körpern unter dem Einfluss von Kräften befasst)* b *a.* **practical ~s** Maschinenlehre *f*: **~s of fluids** Flüssigkeits-, Hydro-, Strömungsmechanik 3 *pl (als sg konstruiert)* TECH Konstruktion *f* von Maschinen *etc* 4 *pl (als sg konstruiert)* TECH *u. fig* Mechanismus *m*: **the ~s of a lathe**; **the ~s of politics** 5 *pl (als sg konstruiert) fig* Technik *f*: **the ~s of playwriting** 6 *obs pej* Rüpel *m*

mechanical [mı'kænıkl] ADJ (ADV ~ly) 1 mechanisch: a PHYS mechanisch begründet, Bewegungs... b TECH Maschinen..., maschinell: **~ly operated** mechanisch betätigt 2 TECH mechanisch hergestellt 3 TECH automatisch 4 *fig* mechanisch: a unwillkürlich, automatisch *(Geste etc)* b routine-, schablonenmäßig *(Arbeit)* 5 a Handwerks..., Handwerker... b Mechaniker...: **~ art** Handwerk *n* 6 technisch veranlagt: **~ genius** technisches Genie; **~ aptitude** technische Begabung; **~ advantage** S TECH 1 Last-Kraft-Verhältnis *n* 2 mechanische Kraftverstärkung, Kraftgewinn *m*; **~ curve** S MATH transzendente Kurve; **~ drawing** S mechanisches Zeichnen *(Ggs Freihandzeichnen)*; **~ effect** S TECH Nutzeffekt *m*; **~ engineer** S Maschinenbauingenieur(in); **~ engineering** S TECH Maschinenbau *m*; **~ feed press** S TECH Stanzautomat *m*

mechanicalness [mı'kænıklnıs] S *(das)* Mechanische

mechanical| pencil S *US* Drehbleistift *m*; **~ power** S 1 PHYS mechanische Leistung 2 TECH Nutzleistung *f*; **~ woodpulp** S (mechanischer) Holzschliff

mechanician [,mekə'nıʃn] → mechanic B 1

mechanism ['mekənızəm] S 1 *allg, a. fig* Mechanismus *m*: a TECH mechanische Ein- *od* Vorrichtung: **the ~ of a watch**; **~ of government** *fig* Regierungs-, Verwaltungsapparat *m* b *a. weitS.* (mechanische) Arbeits- *od* Wirkungsweise 2 PHIL Mechanismus *m (Lehre, die Natur, Naturgeschehen etc rein mechanisch bzw kausal erklärt)* 3 MED, PSYCH Mechanismus *m*, mechanisches Reaktionsvermögen: **~ of defence** *(US* **defense)** Abwehrmechanismus, -reaktion *f*

mechanistic [,mekə'nıstık] ADJ (ADV ~ally) 1 mechanisch bestimmt 2 PHIL mechanistisch 3 → mechanical

mechanization [,mekənaı'zeıʃn; *US* -nə'z-] S Mechanisierung *f*, MIL *a.* Motorisierung *f*; **mechanize** VT mechanisieren, MIL *a.* motorisieren: **~d division** MIL Panzergrenadierdivision *f*

Mechlin (lace) ['meklın] S Mechelner Spitzen *pl*

MEcon ABK Master of Economics

meconic [mı'kɒnık; *US* -'kɑ-; -'kəʊ-] ADJ CHEM

M

mekonsauer: ~ **acid** Mekonsäure *f*

meconium [mɪˈkəʊnɪəm] S PHYSIOL Mekonium *n*, Kindspech *n*

Med [med] *umg für* Mediterranean² B

MEd ABK Master of Education

med. ABK 1 medical 2 medicine 3 medieval 4 medium

medal [ˈmedl] A S Medaille *f*: a Denk-, Schaumünze *f*: **the reverse of the** ~ *fig* die Kehrseite der Medaille; ~ **ceremony**, ~ **presentation (ceremony)** Medaillenüberreichung *f*; ~ **chance** SPORT Medaillenchance *f*; ~**s table** SPORT Medaillenspiegel *m*; ~ **winner** Medaillengewinner(in) b Ehrenzeichen *n*, Auszeichnung *f*, Orden *m*: ≈ **for Merit** *US* Verdienstorden; ≈ **of Honor** MIL *US* Tapferkeitsmedaille; ~ **play** *(Golf)* Zähl(wett)spiel *n*; ~ **ribbon** Ordensband *n* B V/T *prät u. pperf* **-aled**, *bes Br* **-alled** *j-n* mit e-r Medaille auszeichnen: ~**(l)ed** ordengeschmückt C V/I SPORT e-e Medaille gewinnen: **Latvia failed to ~ in the Olympics** Lettland holte bei den Olympischen Spielen keine Medaille

medalist, *bes Br* **medallist** [ˈmedlɪst] S 1 Medailleur(in), Medaillenschneider(in) 2 Medaillenkenner(in), -liebhaber(in), -sammler(in) 3 Medaillengewinner(in); **medallic** [mɪˈdælɪk] ADJ Medaillen..., Ordens...

medallion [mɪˈdæljən] S 1 große Denk- *od* Schaumünze 2 Medaillon *n* 3 *US* Taxilizenz *f*

medallist *bes Br für* medalist

meddle [ˈmedl] V/I 1 sich (ungefragt) (ein)mischen (**with**, **in** in *akk*) 2 sich (unaufgefordert) befassen, sich abgeben, sich einlassen (*alle:* **with** mit) 3 **(with)** herumhantieren, -spielen (mit), sich zu schaffen machen (*alle umg*) (an *dat*) 4 *obs* sich auf e-n Kampf einlassen (**with sb** mit j-m); **meddler** S *j-d, der sich in fremde Angelegenheiten (ein)mischt*; auf- *od* zudringlicher Mensch: **he's a terrible ~** der muss s-e Finger überall drinhaben *umg*; **meddlesome** [-səm] ADJ (ADV ~ly) lästig, auf-, zudringlich; **meddlesomeness** S 1 Sucht *f*, sich einzumischen 2 Auf-, Zudringlichkeit *f*; **meddling** A ADJ → meddlesome B S (unerwünschte) Einmischung

medevac [ˈmedəˌvæk] MIL *US* A S Sanitätshubschrauber *m* B V/T mit e-m Sanitätshubschrauber befördern *od* ausfliegen

media¹ [ˈmedɪə; *US* ˈmiːdɪə] *pl* **-diae** [-dɪiː] S 1 LING Media *f*, stimmhafter Verschlusslaut 2 ANAT Media *f (mittlere Schicht)*

media² [ˈmiːdjə; -ɪə] A *pl von* medium B SPL (*a. als sg konstruiert*) Medien *pl*: ~ **circus** Medienspektakel *n*; ~ **event** Medienereignis *n*: a *von den Medien inszeniertes od provoziertes Ereignis* b *von den Medien aufgebauschtes Ereignis* c *aufsehenerregende Fernsehsendung etc*; ~ **landscape** (*od* **environment**) Medienlandschaft *f*; ~ **research** Medienforschung *f*; ~**-shy** medienscheu; → mixed media *etc*

mediacy [ˈmiːdɪəsɪ] S 1 Vermittlung *f* 2 Zwischenzustand *m*

mediae [ˈmediː; *US* ˈmiː-] *pl von* media¹

mediaeval, *etc* → medieval *etc*

medial [ˈmiːdjəl; -ɪəl] A ADJ (ADV ~ly) 1 mittler(er, e, es), Mittel...: ~ **line** Mittellinie *f*; ~ **strip** *US* Mittelstreifen *m (e-s Highways)* 2 LING medial, inlautend: ~ **sound** Inlaut *m* 3 Durchschnitts...: ~ **alligation** MATH Durchschnittsrechnung *f* B S → media¹ 1

median [ˈmiːdjən; -ɪən] A ADJ 1 die Mitte bildend *od* einnehmend, mittler (-er, e, es), Mittel...: ~ **digit** ANAT, ZOOL Mittelzehe *f*; ~ **strip** *US* Mittelstreifen *m (e-s Highways)* 2 *Statistik*: in der Mitte *od* zentral liegend: ~ **salaries** mittlere Gehälter 3 ANAT, MATH median: ~ **line** a ANAT Median-, Mittellinie *f (des Körpers)* b MATH Mittel- *od* Halbierungslinie *f*; ~ **point** → B 1 b B S 1 MATH a → bisector b Mittelpunkt *m*, Schnittpunkt *m* der Winkelhalbierenden c Mittelwert *m* 2 *US* Mittelstreifen *m (e-s Highways)*: **keep off ~** Mittelstreifen nicht befahren!

mediant [ˈmiːdjənt; -ɪənt] S MUS Mediante *f (3. Stufe der Tonleiter)*

mediastinum [ˌmiːdɪəˈstaɪnəm] *pl* **-na** [-nə] S ANAT Mediastinum *n*, Zwischenfell *n*

mediate [ˈmiːdɪeɪt] A V/I 1 vermitteln, den Vermittler spielen (*beide:* **between** zwischen *dat*) 2 a e-n mittleren Standpunkt einnehmen b ein Bindeglied bilden (**between** zwischen *dat*) B V/T 1 a *ein Abkommen etc* vermitteln, (durch Vermittlung) zustande bringen b *Konflikte etc* (durch Vermittlung) beilegen 2 **(to)** *Wissen etc* vermitteln (*dat*), weitergeben (an *akk*) C ADJ [-dɪət] (ADV ~ly) 1 in der Mitte liegend, dazwischenliegend, mittler(er, e, es), Mittel... 2 indirekt, mittelbar: ~ **certainty** mittelbare *(durch Schlüsse erlangte)* Gewissheit 3 JUR, HIST mittelbar, nicht souverän

mediation [ˌmiːdɪˈeɪʃn] S 1 Vermittlung *f*, Fürsprache *f*, *a.* REL Fürbitte *f*: **through his ~** 2 JUR, POL Mediation *f*

mediatization [ˌmiːdɪətaɪˈzeɪʃn; *US* -təˈz-] S HIST Mediatisierung *f*; **mediatize** V/T HIST mediatisieren (*die Reichsunmittelbarkeit od Souveränität nehmen*)

mediator [ˈmiːdɪeɪtə(r)] S 1 Vermittler(in) 2 Fürsprecher(in): **the ≈** REL der Mittler *(Christus)* 3 BIOL Ambozeptor *m*, Zwischenkörper *m*; **mediatorial** [-dɪəˈtɔːrɪəl; *US a.* -ˈtəʊ-] ADJ (ADV ~ly) vermittelnd, Vermittler..., Mittler...: ~ **proposal** Vermittlungsvorschlag *m*; **mediatorship** S Vermittleramt *n*, -rolle *f*, Vermittlung *f*; **mediatory** [-dɪətərɪ; *US* -ˌtəʊriː; -ˌtɔː-] → mediatorial

medic¹ [ˈmedɪk] S *umg* a Mediziner(in) *(Arzt/Ärztin u. Student[in])* b MIL *bes US* Sanitäter *m*

medic² [ˈmedɪk] *US* → medick

medicable [ˈmedɪkəbl] ADJ heilbar

Medicaid [ˈmedɪˌkeɪd] S *US gemeinsames Gesundheitsfürsorgeprogramm der Staaten u. der Bundesregierung für Bedürftige*

medical [ˈmedɪkl] A ADJ (ADV ~ly) 1 a medizinisch, ärztlich, Kranken...: ~ **association** Ärzteverband *m*; ~ **attendance** (*od* **care**, **treatment**) ärztliche Behandlung *od* Versorgung; ~ **bill** Arztrechnung *f*; ~ **board** Gesundheitsbehörde *f*; ~ **card** *Br* Versichertenkarte *f*; ~ **center** *US* Krankenhaus *n*, Klinik *f*; ~ **centre** *Br* Ärztehaus *n*; ~ **certificate** ärztliches Attest; ~ **examination** ärztliche Untersuchung, MIL Musterung *f*; **be given one's ~ examination** gemustert werden; **on ~ grounds** aus gesundheitlichen Gründen; ~ **history** → case history 2; ~ **laboratory technician** medizinisch-technische Assistentin; ~ **opinion** ärztliches Gutachten; ~ **profession** a Arztberuf *m* b (*die*) Ärzteschaft, (*die*) Mediziner *pl*; ~ **record** Krankenblatt *n*; ~ **retirement** Rücktritt *m* aus gesundheitlichen Gründen; ~ **room** Sanitätsraum *m*; ~ **social worker** Sozialarbeiter(in) im Krankenhaus; ~ **specialist** Facharzt *m*, -ärztin *f*; ~ **student** Medizinstudent(in); → staff¹ A 8 b internistisch: ~ **ward** innere Abteilung (*e-r Klinik*) 2 behandlungsbedürftig *(Krankheit)* 3 heilend, Heil... 4 SCHIFF, MIL Sanitäts... B S *umg* ärztliche Untersuchung, MIL Musterung *f*: **be given one's ~** gemustert werden; ~ **examiner** S 1 JUR *US* ärztliche(r) Leichenbeschauer(in) 2 a Vertrauensarzt *m*, -ärztin *f* (*e-r Krankenkasse*) b Amtsarzt *m*, -ärztin *f*; ~ **jurisprudence** S JUR Gerichtsmedizin *f*; ~ **officer** S MIL Sanitätsoffizier *m*; ~ **practitioner** S *Br* praktischer Arzt, praktische Ärztin; ≈ **Register** S *Br* Ärzteregister *n*: **strike off the ~** *e-m Arzt* die Approbation entziehen; ~ **science** → medicine A 2 a

medicament [meˈdɪkəmənt; mɪˈd-; ˈmedɪk-] S Medikament *n*, Arzneimittel *n*

Medicare [ˈmedɪˌkeər] S *US Gesundheitsfürsorgeprogramm der Regierung für Bürger über 65*

medicate [ˈmedɪkeɪt] V/T 1 medikamentös behandeln 2 mit Arzneistoff(en) versetzen *od* imprägnieren: ~**d bath** Heil-, Medizinalbad *n*; ~**d candle** Räucherkerze *f*; ~**d cotton (wool)** medizinische Watte; ~**d wine** Medizinalwein *m*; **medication** S 1 Beimischung *f* von Arzneistoffen, Imprägnieren *n* mit medizinischen Zusätzen 2 Medikation *f*, (Arznei)Verordnung *f*, medikamentöse Behandlung: **be on ~** medikamentös behandelt werden; **she needs daily ~** sie muss täglich medikamentös behandelt werden 3 → medicament; **medicative** [-kətɪv; -keɪ-] → medicinal 1

Medicean [ˌmedɪˈtʃiːən; -ˈsiːən] ADJ Mediceisch, Medici...

medicinal [meˈdɪsɪnl] ADJ (ADV ~ly) 1 medizinal, medizinisch, heilkräftig, Heil...: ~ **herbs** Arznei-, Heilkräuter; ~ **properties** Heilkräfte; **for ~ purposes** zu Heilzwecken; ~ **spring** Heilquelle *f* 2 *fig* heilsam

medicine [ˈmedsɪn; *US* ˈmedəsən] A S 1 Medizin *f*, Arznei *f (a. fig)*: **take one's ~** a s-e Medizin (ein)nehmen b *fig* in den sauren Apfel beißen, die (bittere) Pille schlucken (*beide umg*); **he was given a taste** (*od* **dose**) **of his own ~** *fig* er bekam es in *od* mit gleicher Münze heimgezahlt 2 a Heilkunde *f*, Medizin *f*, ärztliche Wissenschaft: → practice C 2 b innere Medizin *(Ggs Chirurgie)* 3 *obs* (Zauber)Trank *m* 4 Zauber *m*, Medizin *f (bei den Indianern)*: ~ **bag** Zauberbeutel *m*, Talisman *m*; **he's bad ~** *US sl* dem geht man am besten aus dem Weg; **it's big ~** *US sl* es bedeutet (persönliche) Macht B V/T ärztlich behandeln; ~ **ball** S SPORT Medizinball *m*; ~ **cabinet**, ~ **chest** S Arzneischränkchen *n*, Hausapotheke *f*; ~ **man** S *irr* Medizinmann *m (der Indianer etc)*

medick [ˈmedɪk] S BOT Schmetterlingsblütler *m*

medico [ˈmedɪkəʊ] *pl* **-cos** S → medic¹ a

medico- [medɪkəʊ] *Wortelement mit der Bedeutung* medizinisch

medicolegal ADJ gerichtsmedizinisch

medicosanitary ADJ: ~ **inspection** gesundheitsrechtliche Kontrolle

medieval [ˌmedɪˈiːvl; ˌmiːdɪ-] ADJ (ADV ~ly) mittelalterlich (*a. umg fig altmodisch, vorsintflutlich*): ≈ **Greek** LING → Middle Greek; **medievalism** S 1 Eigentümlichkeit *f od* Geist *m* des Mittelalters 2 Vorliebe *f* für das Mittelalter 3 a Mittelalterlichkeit *f* b Überbleibsel *n* aus dem Mittelalter; **medievalist** S Mediävist(in), Erforscher(in) *od* Kenner(in) *od* Verehrer(in) des Mittelalters

mediocre [ˌmiːdɪˈəʊkə(r)] ADJ mittelmäßig, zweitklassig; **mediocrity** [-ˈɒkrətɪ; *US* -ˈɑk-] S 1 Mittelmäßigkeit *f*, Zweitklassigkeit *f* 2 mittelmäßiger *od* unbedeutender Mensch: **he's a ~** er ist nur Mittelmaß

meditate [ˈmedɪteɪt] A V/I nachdenken, *a. engS.* meditieren (*beide:* **on**, **upon** über *akk*) B V/T im Sinn haben, planen, vorhaben, erwägen (*alle:* **doing** zu tun): ~ **revenge** auf Rache sinnen; **meditation** S 1 *a. pl* Nachdenken *n*, *a. engS.* Meditieren *n* 2 Meditation *f*: ~ **exercise** Meditationsübung *f*

meditative [ˈmedɪtətɪv; -teɪ-] ADJ (ADV ~ly) meditativ, nachdenklich: a nachsinnend b besinnlich (*a. Buch etc*); **meditativeness** S

Nachdenklichkeit *f*
mediterranean[1] [ˌmedɪtəˈreɪnjən; -nɪən] ADJ *obs* von Land umgeben, binnenländisch
Mediterranean[2] [ˌmedɪtəˈreɪnjən; -nɪən] **A** ADJ mittelmeerisch, mediterran, Mittelmeer…: **~ climate**; **~ area** Mittelmeerraum *m*; **~ fever** → brucellosis; **~ race** mediterrane Rasse; **~ Sea** Mittelmeer *n* **B** S **1** Mittelmeer *n* **2** Mittelmeerraum *m* **3** Angehörige(r) *m/f(m)* der mediterranen Rasse
medium [ˈmiːdjəm; -ɪəm] **A** *pl* -dia [-djə; -dɪə], -diums S **1** *fig* Mitte *f*, Mittel *n*, Mittelweg *m*: **strike a** (*od* **the**) **happy ~** den goldenen Mittelweg wählen **2** Durchschnitt *m*, Mittel *n* **3** BIOL, CHEM, PHYS Medium *n*, Träger *m*, Mittel *n*: **(culture) ~** Kultursubstrat *n*, (künstlicher) Nährboden **4** MAL Bindemittel *n* **5** WIRTSCH Medium *n*: **a** (*Tausch-, Zahlungs- etc*) Mittel *n*: **~ of exchange (payment)** **b** Werbemedium, -träger *m* (*Fernsehen, Zeitung etc*) **6** (künstlerisches) Medium, Ausdrucksmittel *n* **7** (*Ausdrucks- etc*) Mittel *n*: **words are a ~ of expression** **8** *Hypnose, Parapsychologie*: Medium *n* (*Person*) **9** Medianpapier *n* (*englisches Druckpapier 18 x 28, Schreibpapier 17½ x 22 Zoll; amer. Druckpapier 19 x 24, Schreibpapier 18 x 23 Zoll*) **B** ADJ **1** **a** mittler(er, e, es): **~ quality** **b** mittelmäßig (*Begabung etc*) **2** Durchschnitts… **3** GASTR medium, halb durchgebraten (*Steak*); **~-dated** ADJ WIRTSCH mittelfristig (*Staatspapier*); **~faced** ADJ TYPO halbfett; **~ frequency** S ELEK Mittelfrequenz *f*
mediumistic [ˌmiːdjəˈmɪstɪk; -ɪə-] ADJ *Parapsychologie*: medial (begabt *od* veranlagt)
medium| plane S MATH Mittelebene *f*; **~-priced** ADJ WIRTSCH der mittleren Preislage; **~-range** ADJ für mittlere Reichweite: **~ radar**; **~ flight** FLUG Mittelstreckenflug *m*; **~ missile** MIL Mittelstreckenrakete *f*; **~ shot** S FILM, TV Mittelaufnahme *f*; **~ size** S Mittelgröße *f*; **~-size(d)** ADJ **1** mittelgroß: **~ car** AUTO Wagen *m* der Mittelklasse, Mittelklassewagen *m* **2** WIRTSCH mittelständisch (*Unternehmen*); **~-term** ADJ mittelfristig (*Planung etc*): **~ financial strategy** mittelfristige Finanzplanung; **~ wave** S ELEK Mittelwelle *f*: **on ~** auf Mittelwelle; **~-wave** ADJ ELEK Mittelwellen…: **a ~ broadcast** e-e Übertragung auf Mittelwelle; **on the ~ band** auf Mittelwelle
medlar [ˈmedlə(r)] S BOT **1** *a.* **~ tree** Mispelstrauch *m* **2** Mispel *f* (*Frucht*)
medley [ˈmedlɪ] **A** S **1** Gemisch *n*, *pej* Mischmasch *m*, Durcheinander *n* **2** gemischte Gesellschaft **3** **a** MUS Medley *n*, Potpourri *n* **b** *obs* literarische Auslese **4** *obs* Handgemenge *n* **B** ADJ gemischt, bunt, *pej* wirr: **~ relay** **a** (*Schwimmen*) Lagenstaffel *f* **b** (*Schwimmen, Laufsport*) Schwellstaffel *f*; **~ swimming** Lagenschwimmen *n*
medulla [meˈdʌlə; mɪ-] S **1** ANAT Medulla *f*, (*Knochen- etc*) Mark *n*: **~ oblongata** [ˌɒblɒŋˈgɑːtə; US ˌɑb-] Medulla oblongata, verlängertes Rückenmark **2** BOT Mark *n*
medullary [meˈdʌlərɪ; mɪ-; US *a.* ˈmedəˌleriː; ˈmedʒə-] ADJ ANAT medullär, *a.* BOT Mark…; **~ canal** S ANAT Markkanal *m*; **~ membrane** S ANAT Endost *n*; **~ ray** S BOT Markstrahl *m* (*des Holzes*); **~ tube** S ANAT Rückenmarkskanal *m*
Medusa [mɪˈdjuːzə; -sə; US *a.* -ˈduː-] **A** EIGENN *Antike*: Medusa *f*: **head of ~** Medusenhaupt *n* **B** ♀ *pl* -sas, -sae [-ziː; -siː] S ZOOL Meduse *f*, Qualle *f*; **Medusaean** [ˌmɪdjʊˈsiːən; US *a.* -dʊ-] ADJ medusisch, Medusen…; **medusal** [mɪˈdjuːsl; -zl; US *a.* -ˈduː-], **medusan** ADJ ZOOL zu den Quallen gehörig, quallenartig
meed [miːd] S *poet* Lohn *m*, Sold *m*
meek [miːk] ADJ (ADV ~ly) **1** mild, sanft (-mütig) **2** demütig: **a** bescheiden **b** *pej* unterwürfig, duckmäuserisch: **be ~ and mild** sich alles gefallen lassen **3** fromm (*Tier*); **meekness** S **1** Sanftmut *f*, Milde *f* **2** Demut *f*, *pej* Duckmäuserei *f*, Unterwürfigkeit *f*
meerkat [ˈmɪə(r)kæt] S ZOOL **1** Meerkatze *f* **2** → suricate
meerschaum [ˈmɪə(r)ʃəm; US *a.* -ˌʃɔːm] S **1** MINER Meerschaum *m* **2** *a.* **~ pipe** Meerschaumpfeife *f*
meet [miːt] **A** V/T *prät u. pperf* **met** [met] **1** **a** begegnen (*dat*), zusammentreffen mit, treffen (auf *akk*), antreffen: **~ each other** einander begegnen, sich treffen; **well met** *obs* schön, dass wir uns treffen! **b** treffen, sich treffen mit **2** *j-n* kennenlernen: **when I first met him** als ich s-e Bekanntschaft machte, als ich ihn kennenlernte; **pleased to ~ you** *umg* sehr erfreut(, Sie kennenzulernen)!; **~ Mr. Brown** *bes US* darf ich Ihnen Herrn Brown vorstellen? **3** *j-n* abholen: **~ sb at the station**, **~ sb off the train**, **~ sb's train** j-n von der Bahn *od* vom Bahnhof abholen; **be met** abgeholt *od* empfangen werden; **come (go) to ~ sb** j-m entgegenkommen (-gehen) **4** → halfway B 1 **5** gegenübertreten (*dat*) (*a. fig*) **6** (*feindlich*) zusammentreffen *od* -stoßen mit, begegnen (*dat*), SPORT *a.* antreten gegen, auf *e-n Gegner* treffen: → fate 2 **7** *fig* entgegentreten (*dat*): **a** *e-r Sache* abhelfen **b** *Schwierigkeiten* überwinden, *ein Problem* lösen, fertig werden mit, Herr werden (*gen*): **~ the competition** der Konkurrenz begegnen **c** *Einwände* widerlegen, entgegnen auf (*akk*) **8** *fig* (an)treffen, finden, erfahren **9** POL sich *dem Parlament* vorstellen (*neue Regierung*) **10** **a** berühren **b** münden in (*akk*) (*Straße etc*) **c** stoßen *od* treffen auf (*akk*): **~ sb's eye** j-m ins Auge fallen *od* auffallen; **she met his eyes** ihre Blicke trafen sich; **~ sb's eyes** j-m in die Augen sehen; **~ the eye** auffallen; **there is more to it than ~s the eye** da steckt mehr dahinter **11** versammeln (*bes passiv*): **be met** sich zusammengefunden haben, beisammen sein **12** *den Anforderungen etc* entsprechen, gerecht werden (*dat*), übereinstimmen mit, *Bedarf, Nachfrage etc* decken: **the supply ~s the demand** das Angebot entspricht der Nachfrage; **be well met** gut zusammenpassen; **that won't ~ my case** das löst mein Problem nicht, damit komme ich nicht weiter **13** *j-s Wünschen* entgegenkommen *od* entsprechen, *e-e Forderung* erfüllen, *e-n Termin* einhalten, *e-r Verpflichtung* nachkommen, *Unkosten* bestreiten *od* decken, *e-e Rechnung* begleichen: **~ a demand** **a** e-r Forderung nachkommen **b** e-e Nachfrage befriedigen; **~ sb's expenses** j-s Auslagen decken; **~ a bill** WIRTSCH e-n Wechsel honorieren **B** V/I **1** zusammenkommen, -treffen, -treten, sich versammeln, tagen **2** sich begegnen, sich (*a. verabredungsgemäß*) treffen: **their eyes met** ihre Blicke trafen sich; **we have met (before)** wir kennen uns schon; **have we met before?** kennen wir uns?; **~ again** sich wiedersehen **3** (*feindlich*) zusammenstoßen, aneinandergeraten, SPORT aufeinandertreffen, sich begegnen (*Gegner*) **4** sich kennenlernen **5** **a** sich vereinigen (*Straßen etc*) **b** sich berühren, in Berührung kommen (*a. Interessen etc*) **6** genau zusammentreffen *od* -stimmen *od* -passen, sich decken: **this skirt does not ~** dieser Rock ist zu eng *od* geht nicht zu; → end *Bes Redew* **7** **~ with** **a** zusammentreffen mit **b** sich treffen mit **c** (an)treffen, finden, (zufällig) stoßen auf (*akk*) **d** erleben, erleiden, erfahren, betroffen *od* befallen werden von, erhalten, bekommen: **~ with an accident** e-n Unfall erleiden *od* haben, verunglücken; **~ with (sb's) approval** (j-s) Billigung *od* Beifall finden; **~ with a refusal** auf Ablehnung stoßen; **~ with success** Erfolg haben; **~ with a kind reception** freundlich aufgenommen werden **C** S **1** *bes US* **a** Treffen *n* (*von Zügen etc*) **b** → meeting 6 b **2** JAGD *bes Br* **a** Jagdtreffen *n* (*zur Fuchsjagd*) **b** Jagdgesellschaft *f* **c** Sammelplatz *m* **D** ADJ *obs* **1** passend **2** angemessen, geziemend: **it is ~ that …** es schickt sich, dass …
meeting [ˈmiːtɪŋ] S **1** Begegnung *f*, Zusammentreffen *n*, -kunft *f*: **~ of (the) minds** *fig* völlige Übereinstimmung, JUR Konsens *m* (*beim Vertragsabschluss*) **2** Versammlung *f*, Konferenz *f*, Sitzung *f*, Tagung *f*: **at a ~** auf e-r Versammlung; **be in a ~** in e-r Besprechung sein; **call a ~ for nine o'clock** e-e Versammlung auf neun Uhr einberufen; **~ of members** Mitgliederversammlung **3** REL gottesdienstliche Versammlung **4** Stelldichein *n*, Rendezvous *n* **5** Zweikampf *m*, Duell *n* **6** SPORT **a** (*Pferdesport*) Rennveranstaltung *f* **b** (*leichtathletisches etc*) Treffen, Wettkampf *m*, (Sport)Veranstaltung *f* **7** Zusammentreffen *n* (*zweier Linien etc*); **~ house** S REL Andachts-, Bethaus *n*; **~ place** S **1** **a** Tagungs-, Versammlungsort *m* **b** Begegnungsstätte *f* **2** Sammelplatz *m*, Treffpunkt *m*; **~ room** S Sitzungssaal *m*
meetness [ˈmiːtnɪs] S *obs* Schicklichkeit *f*, Angemessenheit *f*
meg- [meg], **mega-** [megə] *Wortelement mit den Bedeutungen* **a** (riesen)groß **b** Mega…
mega [ˈmegə] *umg* **A** ADJ klasse, (*Jugendsprache*) geil **B** ADV wahnsinnig: **he's ~ rich** er ist stinkreich *umg*
megabit S IT **a** Megabit *n* (*1048576 Bit*) **b** *weitS. 1 Million Bit*
megabuck S *US sl* e-e Million Dollar: **earn ~s** das große Geld verdienen
megabyte S IT **a** Megabyte *n* (*1048576 Byte*) **b** *weitS. 1 Million Byte*
megacephalic, **megacephalous** ADJ MED megalozephal, großköpfig; **megacephaly** S Megalozephalie *f*, Großköpfigkeit *f*
megacity S Millionenstadt *f*
megacycle S ELEK Megahertz *n* (*1 Million Hertz*)
megadeath S Tod *m* von e-r Million Menschen, e-e Million Tote (*bes in e-m Atomkrieg*)
Megaera [mɪˈdʒɪərə] EIGENN *Antike*: Megäre *f* (*e-e der Erinnyen*)
megahertz S ELEK Megahertz *n* (*1 Million Hertz*)
megalith S *Archäologie*: Megalith(bau) *m*; **megalithic** ADJ megalithisch: **~ tomb** Hünen-, Megalithgrab *n*
megalo- [megələʊ] *Wortelement mit der Bedeutung* (riesen)groß
megalocardia S MED Kardiomegalie *f*, Herzerweiterung *f*
megalocephalic → megacephalic
megalocyte [ˈmegələʊsaɪt] S PHYSIOL Megalozyt *m* (*abnorm großes rotes Blutkörperchen*)
megalomania S PSYCH Megalomanie *f*, Größenwahn *m*; **megalomaniac** **A** S Größenwahnsinnige(r) *m/f(m)*: **be a ~** an Größenwahn leiden, größenwahnsinnig sein **B** ADJ megaloman(isch), größenwahnsinnig
megalopolis [ˌmegəˈlɒpəlɪs; US -ˈlɑ-] S **1** Megalopolis *f*, Megalopole *f*, (*aus mehreren Städten bestehende*) Riesenstadt **2** Ballungsraum *m*, -gebiet *n* (*um e-e Großstadt*)
megaphone [ˈmegəfəʊn] **A** S Megafon *n*, Sprachrohr *n*, Schalltrichter *m* **B** V/T & V/I durch ein Megafon sprechen
megascopic [-ˈskɒpɪk; US -ˈskɑ-] → macroscopic
megasporangium S *irr* BOT Makro-, Megasporangium *n* (*mehrzelliger Behälter bei Moosen u.*

Farnen, in dem die Sporen gebildet werden); **megaspore** S Makro-, Megaspore *f*; **megasporophyll** S Mega-, Makrosporophyll *n* *(Blattorgan mit Makrosporen)*
megastar S Megastar *m* *(überragender, unvergleichlicher Star)*
megastructure S Mammutbau *m*
megaton S Megatonne *f* *(1 Million Tonnen)*: ~ **bomb** MIL Megatonnenbombe *f*
megavolt S ELEK Megavolt *n* *(1 Million Volt)*
megawatt S ELEK Megawatt *n* *(1 Million Watt)*
megilp [məˈgɪlp] S *(ein)* Retuschierfirnis *m* *(aus Leinöl u. Mastix)*
megohm S ELEK Megohm *n* *(1 Million Ohm)*
megrim [ˈmiːgrɪm] S *obs* 1 MED Migräne *f* 2 Grille *f*, Laune *f*, Spleen *m* 3 *pl* Schwermut *f*, Melancholie *f*
meiosis [maɪˈəʊsɪs] *pl* -ses [-siːz] S 1 LING a → litotes b Verkleinerung *f* 2 BIOL Meiose *f*, Reduktionsteilung *f*
Meistersinger [ˈmaɪstə(r),sɪŋə(r)] *pl* -ers, -er S HIST Meistersinger *m*
melamine [ˈmeləmiːn] S CHEM Melamin *n*; ~ **resin** S Melaminharz *n*
melancholia [,melənˈkəʊljə; -lɪə] S MED, PSYCH *obs* Melancholie *f*, Depression *f*; **melancholiac** [-lɪæk], **melancholic** [-ˈkɒlɪk; US -ˈkɑ-] MED, PSYCH *obs* A ADJ melancholisch, depressiv B S Melancholiker(in)
melancholy [ˈmelənkəlɪ; US -,kɑliː] A S Melancholie *f*, Schwermut *f*, Trübsinn *m* B ADJ 1 melancholisch: a schwermütig, trübsinnig b *fig* traurig, düster 2 traurig, schmerzlich *(Pflicht etc)*
Melanesia [,meləˈniːzjə; *bes US* -ˈniːʒə; -ʃə] S Melanesien *n*
Melanesian [,meləˈniːzjən; -ɪən; US -ʒən; -ʃən] A S 1 Melanesier(in) 2 LING Melanesisch, das Melanesische B ADJ melanesisch
mélange, *US a.* **melange** [meɪˈlɑ̃ːnʒ; melɑ̃ʒ] S Mischung *f*, Gemisch *n* *(beide:* **of** aus)
melanin [ˈmelənɪn] S BIOL Melanin *n* *(brauner od schwarzer Farbstoff der Haut etc)*; **melanism** S 1 BIOL Melanismus *m* *(durch Melanine bewirkte Dunkelfärbung der Haut etc)* 2 → melanosis
melanite [ˈmelənaɪt] S MINER Melanit *m*
melanoma [,meləˈnəʊmə] S MED Melanom *n* *(bösartige Hautgeschwulst)*
melanosis [,meləˈnəʊsɪs] S MED Melanose *f* *(durch Melanine bewirkte flächenhafte Dunkelfärbung der Haut etc)*
Melba toast [ˈmelbə] S dünne hart geröstete Brotscheiben *pl*
Melbourne [ˈmelbə(r)n] S Melbourne *n* *(Hauptstadt des australischen Bundesstaates Victoria)*
meld [meld] V/T & V/I (sich) (ver)mischen
melee, *bes Br* **mêlée** [ˈmeleɪ; US ˈmeɪ,-] S 1 Handgemenge *n* 2 Gewühl *n*, Gedränge *n*
melena [mɪˈliːnə] S MED Meläna *f*, Blutstuhl *m*
melic [ˈmelɪk] ADJ 1 melisch, lyrisch 2 für Gesang bestimmt: ~ **poetry** *Antike*: melische Dichtung, Lieddichtung *f*
melilot [ˈmelɪlɒt; US -,lɑt] S BOT Stein-, Honigklee *m*
meline [ˈmiːlaɪn; -lɪn] ADJ ZOOL dachsartig
melinite [ˈmelɪnaɪt] S CHEM Melinit *m*, Gelberde *f*
meliorate [ˈmiːljəreɪt; -lɪə-] A V/T 1 (ver)bessern 2 AGR *Ackerland* meliorieren B V/I besser werden, sich (ver)bessern; **melioration** S 1 (Ver)Besserung *f* 2 AGR Melioration *f*
meliorism [ˈmiːljərɪzəm; -lɪə-] S PHIL Meliorismus *m*: a *Lehre von der Verbesserungsfähigkeit der Welt* b *Streben nach Verbesserung der menschlichen Gesellschaft*
meliphagous [meˈlɪfəgəs] ADJ ZOOL Honig fressend
melisma [məˈlɪzmə; mɪˈl-] *pl* -mas, -mata [-mətə] S MUS Melisma *n*, Koloratur *f*
melissa [mɪˈlɪsə] S BOT, PHARM (Zitronen)Melisse *f*
melit(a)emia [,melɪˈtiːmɪə] S MED Glykämie *f* *(erhöhter Blutzuckergehalt)*
melliferous [meˈlɪfərəs] ADJ 1 BOT Honig erzeugend 2 ZOOL Honig tragend *od* bereitend
mellifluence [meˈlɪflʊəns; US -fləwəns] S 1 Honigfluss *m* 2 *fig* Süßigkeit *f*, glattes Dahinfließen *(der Worte etc)*; **mellifluent** ADJ (ADV ~ly), **mellifluous** ADJ (ADV ~ly) honigsüß, lieblich, einschmeichelnd
mellitic [meˈlɪtɪk] ADJ: ~ **acid** CHEM Mellith-, Honigsteinsäure *f*
mellow [ˈmeləʊ] A ADJ (ADV ~ly) 1 reif, saftig *(Obst)* 2 AGR a leicht zu bearbeiten(d), locker b reich *(Boden)* 3 ausgereift, lieblich *(Wein)* 4 sanft, mild, dezent, angenehm *(Licht)*: ~ **tints** zarte Farbtöne 5 MUS weich, voll, lieblich 6 *fig* gereift, abgeklärt *(Person)*: **of** ~ **age** reiferen *od* gereiften Alters 7 angeheitert, beschwipst 8 freundlich, zugänglich B V/T 1 *den Boden* auflockern 2 *Wein* (aus)reifen lassen 3 *j-n* reifer machen 4 ~ **out** *bes US sl j-n* entspannen: **this music always ~s me out** bei dieser Musik relaxe ich immer; **mellowness** S 1 Reife *f*, Saftigkeit *f* 2 AGR Lockerheit *f* 3 Ausgereiftheit *f*, Lieblichkeit *f* 4 Sanftheit *f*, Milde *f* 5 Freundlichkeit *f*, Zugänglichkeit *f*
melodeon [mɪˈləʊdjən; -ɪən] S MUS 1 Melodium *n* *(ein kleines Harmonium)* 2 Melodion *n* *(ein Tasteninstrument mit harmonikaartigem Klang)*
melodic [mɪˈlɒdɪk; US məˈlɑ-] A ADJ (ADV ~ally) melodisch B S **melodics** *pl (als sg konstruiert)* MUS Melodik *f*, Melodielehre *f*
melodious [mɪˈləʊdjəs; -ɪəs] ADJ (ADV ~ly) melodisch, melodiös, wohlklingend; **melodiousness** S Wohlklang *m*, *(das)* Melodische
melodist [ˈmelədɪst] S 1 Liedersänger(in) 2 a Liederkomponist(in) b Melodiker(in) *(Schöpfer[in] melodischer Tonfolgen)*
melodize [ˈmelədaɪz] A V/T melodisch machen B V/I Melodien komponieren
melodrama [ˈmeləʊ,drɑːmə; *US a.* -,dræmə] S THEAT *etc* Melodrama *n* *(a. fig)*; **melodramatic** [-drəˈmætɪk] A ADJ (ADV ~ally) melodramatisch *(a. fig)* B SPL Melodramatik *f*, melodramatisches Getue; **melodramatist** [-ˈdræmətɪst] S Melodramenschreiber(in); **melodramatize** [-ˈdræmətaɪz] V/T melodramatisch machen *od* darstellen: ~ **sth** *fig* aus e-r Sache ein Melodrama machen
melody [ˈmelədɪ] S 1 MUS Melodie *f*: a melodisches Element b Tonfolge *f* c Melodiestimme *f* d Lied *n*, Weise *f* e Wohllaut *m*, -klang *m* 2 LING Sprach-, Satzmelodie *f*; ~ **section** S MUS Melody-Section *f*, Melodiegruppe *f* *(e-r Big Band etc)*
melon [ˈmelən] S 1 BOT Melone *f* 2 **cut a** ~ WIRTSCH *US umg* e-e hohe Sonderdividende ausschütten
melt [melt] A V/I 1 (zer)schmelzen, flüssig werden, sich auflösen, zergehen: ~ **away** wegschmelzen; ~ **down** zerfließen; ~ **through** durchschmelzen; ~ **in the mouth** auf der Zunge zergehen; **the crowd melted away** *fig* die Menge löste sich auf; → butter A1 2 aufgehen (**into** in *akk*), sich verflüchtigen 3 zusammenschrumpfen 4 *fig* zerschmelzen, -fließen *(beide:* **with** vor *dat)*: ~ **into tears** in Tränen zerfließen 5 *fig* auftauen, weich werden, schmelzen *(Herz, Mensch)* 6 BIBEL verzagen 7 verschmelzen, verschwimmen, ineinander übergehen *(Ränder, Farben etc)*: ~ **into** übergehen in *(akk)*; **outlines ~ing into each other** verschwimmende Umrisse 8 *a.* ~ **away** *fig* dahinschwinden, -schmelzen, zur Neige gehen: **his money had soon ~ed away** 9 *hum* vor Hitze vergehen, zerfließen B V/T 1 schmelzen, zum Schmelzen bringen 2 (zer)schmelzen *od* (zer)fließen lassen (**into** in *akk*), *Butter etc* zerlassen 3 TECH schmelzen: ~ **down** nieder-, einschmelzen; ~ **out** ausschmelzen 4 *fig j-s Herz* erweichen, rühren 5 *Farben etc* verschmelzen *od* verschwimmen lassen C S 1 METALL Schmelzen *n* 2 Schmelze *f*, geschmolzene Masse 3 → melting charge; **meltage** S Schmelzen *n*, Schmelze *f*: ~ **of ice** Eisschmelze
meltdown S 1 Kernschmelze *f* *(in e-m Kernreaktor)* 2 WIRTSCH *etc* völliger Zusammenbruch
melter S 1 Schmelzer(in) 2 TECH a Schmelzofen *m* b Schmelztiegel *m*
melting [ˈmeltɪŋ] A ADJ (ADV ~ly) 1 schmelzend, Schmelz…: ~ **heat** schwüle Hitze 2 *fig* a weich, angenehm *(Stimme)* b schmelzend, schmachtend *(Blick)* B S 1 Schmelzen *n*, Verschmelzung *f* 2 *pl* Schmelzmasse *f*; ~ **charge** S TECH Schmelzgut *n*, -beschickung *f*, Einsatz *m*; ~ **cone** S PHYS, TECH Schmelz-, Brennkegel *m*; ~ **furnace** S TECH Schmelzofen *m*; ~ **point** S PHYS Schmelz-, Fließpunkt *m*, Schmelztemperatur *f*: **what is the ~ of …?** welchen Schmelzpunkt hat …?; ~ **pot** S Schmelztiegel *m* *(a. fig Land etc)*: **throw into the** ~ *fig etwas* in einen Topf werfen (**with** mit); ~ **stock** → melting charge
melt|-through S Durchschmelzen *n*; **~water** S Schmelzwasser *n*
mem. ABK 1 member 2 memoir 3 memorial
member [ˈmembə(r)] S 1 (**of**) Mitglied *n* *(gen, in dat)*, Angehörige(r) *m/f(m)* *(e-r Gesellschaft, Familie, Partei etc)*: ~ **of the family** Familienmitglied; ~ **of the armed forces** Angehörige(r) *m/f(m)* der Streitkräfte; ~ **state** (*od* **nation**) POL Mitglied(s)staat *m*; **"~s only"** „(Zutritt) nur für Mitglieder" 2 PARL a *a.* **℞ of Parliament** *Br* Unterhausabgeordnete(r) *m/f(m)* b *a.* **℞ of Congress** *US* Mitglied *n* des Repräsentantenhauses c **℞ of the European Parliament** Mitglied *n* des Europäischen Parlaments, Europaabgeordnete(r) *m/f(m)* 3 TECH (Bau)Teil *m/n*, Glied *n* 4 MATH a Glied *n* *(e-r Reihe etc)* b Seite *f* *(e-r Gleichung)* 5 BOT Einzelteil *m* 6 LING Satzteil *m*, -glied *n* 7 ANAT a Glied(maße) *n(f)* b (männliches) Glied
membership [ˈmembə(r)ʃɪp] S 1 (**of**, *US a.* **in**) Mitgliedschaft *f* (bei), Zugehörigkeit *f* (zu *e-r Vereinigung etc)*: ~ **application** Mitgliedsantrag *m*; ~ **card** Mitgliedsausweis *m*, -karte *f*; ~ **fee** Mitgliedsbeitrag *m*; ~ **pack** Mitgliedschaftsunterlagen *pl* 2 Mitgliederzahl *f*: **have a ~ of 200** 200 Mitglieder haben 3 KOLL Mitgliederschaft *f*, *(die)* Mitglieder *pl*
membrane [ˈmembreɪn] S BIOL *etc* Membran(e) *f*
membraneous [memˈbreɪnjəs; -nɪəs], **membranous** [memˈbreɪnəs; *bes US* ˈmembrənəs] ADJ (ADV ~ly) BIOL *etc* membranös, Membran…
memento [mɪˈmentəʊ] *pl* -tos S Memento *n*: a Mahnzeichen *n*, Erinnerung *f* (**of** an *akk*): ~ **mori** [ˈmɔːrɪ; -raɪ] Memento mori *n*, Mahnung *f* an den Tod b KATH Bittgebet *n* für Lebende u. Tote
memo [ˈmeməʊ] *pl* -os S *umg* Memo *n* (→ memorandum 1, 6)
memoir [ˈmemwɑː(r); -wɔː(r)] S 1 Denkschrift *f*, Abhandlung *f*, Bericht *m* 2 *pl* Memoiren *pl*, (Lebens)Erinnerungen *pl* 3 wissenschaftliche Untersuchung (**on** über *akk*); **memoirist** S Memoirenschreiber(in)

M

memorabilia [ˌmemərə'bɪlɪə] SPL Denkwürdigkeiten *pl*; **memorability** S **1** Denkwürdigkeit *f* **2** Einprägsamkeit *f* **3** Unvergesslichkeit *f*; **memorable** ADJ (ADV memorably) **1** denkwürdig **2** einprägsam **3** unvergesslich; **memorableness** → memorability

memorandum [ˌmemə'rændəm] *pl* -da [-də], -dums S **1** a Vermerk *m*, Notiz *f*: **make a ~ of sth** etwas notieren b Aktennotiz *f*, -vermerk *m* c *(geschäftliche)* Kurzmitteilung **2** WIRTSCH, JUR Vereinbarung *f*, Vertragsurkunde *f*: **~ of association** *Br* Gründungsurkunde *f (e-r Aktiengesellschaft)*; **~ of deposit** *Br* Hinterlegungsurkunde *f* **3** WIRTSCH a Rechnung *f*, Nota *f* b Kommissionsnota *f*: **send on a ~** in Kommission senden **4** JUR (kurze) Aufzeichnung *(vereinbarter Punkte)* **5** POL diplomatische Note, Denkschrift *f*, Memorandum *n* **6** Merkblatt *n*

memorial [mɪ'mɔːrɪəl; *US a.* -'məʊ-] **A** ADJ Gedenk…, Gedächtnis…: **~ park** Ahnenpark *m*; **~ service** Gedenkgottesdienst *m*; **~ stone** Gedenkstein *m* **B** S **1** Denk-, Ehrenmal *n*, Gedenkstätte *f (alle:* **to** für) **2** Gedenkfeier *f* (**to** für) **3** Andenken *n* (**to** an *akk*) **4** JUR Auszug *m (aus e-r Urkunde etc)* **5** Denkschrift *f* **6** → memorandum 5; **2 Day** S *US* Gedenktag *m* für die Gefallenen *(30. Mai; offiziell: letzter Montag im Mai)*

memorialist [mɪ'mɔːrɪəlɪst; *US a.* -'məʊ-] S **1** Memoirenschreiber(in) **2** *j-d, der e-e Denkschrift verfasst od einreicht*; **memorialize** V/T **1** e-e Denkschrift einreichen bei **2** e-e Gedenkfeier abhalten für, (ehrend) gedenken *(gen)*

memorize ['meməraɪz] V/T **1** a sich *etwas* einprägen b *etwas* auswendig lernen **2** niederschreiben, festhalten

memory ['memərɪ] S **1** Gedächtnis *n*, Erinnerung(svermögen) *f(n)*: **from ~** aus dem Gedächtnis, auswendig; **speak from ~** frei sprechen; **call to ~** sich *etwas* ins Gedächtnis zurückrufen; **escape sb's ~** j-s Gedächtnis entfallen; **the ~ goes first** zuerst wird man vergesslich; **have a good (weak) ~** ein gutes (schwaches) Gedächtnis haben; **have a bad ~ for names** ein schlechtes Namensgedächtnis haben; **have a bad ~ for faces** sich keine Gesichter merken können, ein schlechtes Personengedächtnis haben; **have no ~ of** keine Erinnerung haben *od* sich nicht erinnern können an *(dat)*; **retain a clear ~ of sth** etwas in klarer Erinnerung behalten; **if my ~ serves me (right)** wenn ich mich recht erinnere; **before ~, beyond ~** vor undenklichen Zeiten; **the best of my ~** soweit ich mich erinnern kann; → commit 2, erase 3, jog[1] A 1, living A 1, sieve A 1, sponge A 1, wipe out 2 **2** Andenken *n*, Erinnerung *f*: **in ~ of** zum Andenken an *(akk)*; → blessed A 1 **3** Reminiszenz *f*, Erinnerung *f (beide:* **of** an *akk)*: **memories of one's youth** Jugenderinnerungen **4** COMPUT Speicher *m*: **~ access** Speicherzugriff *m*; **~ bank** Speicherbank *f*; **~ capacity** Speicherkapazität *f*; **~ expansion** Speichererweiterung *f*; **~ function** Speicherfunktion *f*; **~ location** Speicherplatz *m*; **~ protection** Speicherschutz *m*; **~ unit** Speichereinheit *f*

memory| image S PSYCH Gedächtnisbild *n*; **~ lane** S: **have** (*od* **take**) **a trip down ~** a e-e Reise in die Vergangenheit machen b in Erinnerungen schwelgen; **~ span** S PSYCH Gedächtnisspanne *f*; **~ trace** S PSYCH Engramm *n*, Gedächtniseindruck *m*

memsahib ['memˌsɑːhɪb; -sɑːb] S *IndEng* europäische (verheiratete) Frau

men [men] *pl von* man: **~'s magazine** Herrenmagazin *n*; **~'s room** *US* Herrentoilette *f*

menace ['menəs] **A** V/T **1** bedrohen: a drohen *(dat)* (**with** mit) b gefährden **2** *etwas* androhen **B** V/I drohen *(a. fig)*, Drohungen ausstoßen **C** S **1** Drohung *f*, Bedrohung *f* (**to** *gen*), *fig a.* drohende Gefahr (**to** für): **be a ~ to health** e-e Gesundheitsbedrohung darstellen; **he spoke with a ~ in his voice** s-e Stimme hatte e-n drohenden Unterton **2** *umg* Nervensäge *f*, Quälgeist *m*; **menacing** ADJ (ADV ~ly) drohend

menad → maenad

ménage [me'nɑːʒ; *bes US* meɪ-] S Haushalt *m*; **~ à trois** [-ɑː'trwɑː] S Dreiecksverhältnis *n*

menagerie [mɪ'nædʒərɪ] S Tierschau *f*

menaquinone [ˌmenəkwɪ'nəʊn] S CHEM, MED Menachinon *n (Vitamin K_2)*

menarche [me'nɑːkɪ; *US* 'menˌɑːrkiː] S PHYSIOL Menarche *f (erste Menstruation)*

mend [mend] **A** V/T **1** ausbessern, flicken, reparieren: **~ stockings** Strümpfe stopfen; → fence A 1 **2** (ver-)bessern: **~ one's efforts** s-e Anstrengungen verdoppeln; **~ the fire** das Feuer schüren, nachlegen; **that won't ~ matters** das macht die Sache auch nicht besser; **~ one's pace** *obs* den Schritt beschleunigen; **~ sails** SCHIFF die Segel losmachen u. besser anschlagen; **~ one's ways** sich bessern *(Person)* **3** *e-n Text etc* in Ordnung bringen, berichtigen: **least said soonest ~ed** *(Sprichwort)* je weniger geredet wird, desto rascher wird alles wieder gut **4** a heilen *(a. fig)* b *fig e-e Freundschaft etc* kitten, reparieren **B** V/I **1** sich bessern *(a. Person)*: **it's never too late to ~** **2** genesen: **be ~ing** auf dem Wege der Besserung sein; **the patient is ~ing nicely** der Patient macht gute Fortschritte **C** S **1** Besserung *f (gesundheitlich u. allg)*: **be on the ~** a auf dem Wege der Besserung sein b sich bessern *(Lage etc)* **2** ausgebesserte Stelle, Flicken *m*, Stopfstelle *f*; **mendable** ADJ (aus)besserungsfähig

mendacious [men'deɪʃəs] ADJ (ADV ~ly) **1** lügnerisch, verlogen **2** lügenhaft, unwahr; **mendacity** [-'dæsətɪ] S **1** Verlogenheit *f* **2** Lüge *f*, Unwahrheit *f*

Mendelian [men'diːljən; -lɪən] ADJ BIOL mendelsch(er, e, es); **Mendelism** ['mendəlɪzəm] S Mendelismus *m (Vererbungslehre, die sich auf die mendelschen Gesetze stützt)*; **Mendelist** S Anhänger(in) der Lehre Mendels

Mendel's laws ['mendlz] SPL BIOL *(die)* mendelschen Gesetze

mender ['mendə(r)] S Ausbesserer *m*, Ausbesserin *f*

mendicancy ['mendɪkənsɪ] → mendicity; **mendicant** **A** ADJ bettelnd, Bettel…: **~ friar** → B 2; **~ order** Bettelorden *m* **B** S **1** Bettler(in) **2** Bettelmönch *m*

mendicity [men'dɪsətɪ] S **1** Bettelarmut *f*: **reduce to ~** an den Bettelstab bringen **2** Betteln *n*

mending ['mendɪŋ] S **1** Ausbessern *n*, Flicken *n*: **his boots need ~** s-e Stiefel müssen repariert werden; **invisible ~** Kunststopfen *n* **2** *Kleidungsstücke etc, die geflickt werden müssen*

menfolk(s) SPL Männer *pl (bes e-r Familie od e-r Gemeinschaft)*

MEng ABK *US* Master of Engineering

menhaden [men'heɪdn] *pl* -den S FISCH Menhaden *m (ein Heringsfisch)*

menhir ['menˌhɪə(r)] S Menhir *m (unbehauene vorgeschichtliche Steinsäule)*

menial ['miːnjəl; -nɪəl] **A** ADJ (ADV ~ly) **1** Diener…, Gesinde… **2** untergeordnet, niedrig *(Arbeit)*: **~ offices** niedrige Dienste **3** *pej* knechtisch, unterwürfig **B** S **1** Diener(in), Knecht *m*, Magd *f*: **~s** *pl* Gesinde *n* **2** *fig pej* Lakai *m*

meningeal [mɪ'nɪndʒɪəl; *US* ˌmenən'dʒiːəl] ADJ ANAT meningeal, Hirnhaut…; **meninges** [-dʒiːz] *pl von* meninx; **meningitis** [ˌmenɪn'dʒaɪtɪs] S MED Meningitis *f*, Hirnhautentzündung *f*

meningocele [me'nɪŋgəʊsiːl] S MED Meningozele *f*, Hirnhautbruch *m*

meninx ['miːnɪŋks] *pl* meninges [mɪ'nɪndʒiːz] S ANAT Meninx *f*, Hirnhaut *f*

meniscectomy [ˌmenɪ'sektəmɪ] S MED Meniskektomie *f (operative Entfernung e-s Meniskus)*

meniscus [mɪ'nɪskəs] *pl* -ci [-'nɪsaɪ], -cuses S **1** halbmondförmiger Körper **2** Meniskus *m*: a *halbmondförmige Knorpelscheibe, bes im Kniegelenk* b PHYS *gewölbte Oberfläche e-r Flüssigkeit in e-r engen Röhre* c OPT Meniskuslinse *f*

Mennonite ['menənaɪt] REL **A** S Mennonit(in) **B** ADJ mennonitisch

men-only ADJ nur für Männer

menopausal [ˌmenəʊ'pɔːzl] ADJ PHYSIOL klimakterisch; **menopause** S a Menopause *f (das Aufhören der Monatsblutung in den Wechseljahren)* b Klimakterium *n*, Wechseljahre *pl*: **be going through the ~** in den Wechseljahren sein

menorrhagia [ˌmenə'reɪdʒɪə; -dʒə] S MED Menorrhagie *f (übermäßige Monatsblutung)*

menses ['mensiːz] SPL *(a. als sg konstruiert)* PHYSIOL Menses *pl*, Monatsblutung *f*, Menstruation *f*

Menshevik ['menʃəvɪk; *US* -tʃə-] S POL, HIST Menschewik(in); **Menshevism** S Menschewismus *m (gemäßigter russischer Sozialismus)*; **Menshevist** **A** S Menschewist(in) **B** ADJ menschewistisch

menstrua ['menstrʊə; *US* -strəwə; -strə] *pl von* menstruum

menstrual ['menstrʊəl; *US* -strəwəl; -strəl] ADJ **1** *obs* monatlich, Monats… **2** PHYSIOL Menstruations…: **~ cycle** Menstruations-, Monatszyklus *m*; **~ flow** Monatsblutung *f*; **~ period** Menstruationsperiode *f*; **menstruate** [-eɪt] V/I PHYSIOL menstruieren; **menstruation** S PHYSIOL Menstruation *f*; **menstruous** ADJ PHYSIOL Menstruations…

menstruum ['menstrʊəm; *US* -strəwəm; -strəm] *pl* **-struums**, **-strua** [-strʊə; *US* -strəwə; -strə] S CHEM, PHARM Menstruum *n*, Lösemittel *n*

mensurability [ˌmenʃʊrə'bɪlətɪ; *US* -sərə-; -tʃərə-] S Mensurabilität *f*, Messbarkeit *f*; **mensurable** ADJ mensurabel, messbar; **mensural** ['menʃʊrəl; *US* -sərəl; -tʃə-] ADJ **1** mensural, Maß… **2** **~ music** Mensuralmusik *f (in Mensuralnotation aufgezeichnete Musik)*; **~ notation** Mensuralnotation *f (Notenschrift, die die Tondauer erkennen lässt)*

mensuration [ˌmensjʊə'reɪʃn; *US* -sə'r-; -tʃə'r-] S (Ab-, Aus-, Ver)Messung *f*

menswear ['menzweə(r)] **A** S Herrenbekleidung *f* **B** ADJ für Herrenbekleidung, Herrenbekleidungs…: **~ department**

mental[1] ['mentl] ADJ ANAT, ZOOL mental, Kinn…

mental[2] ['mentl] **A** ADJ (ADV → mentally) **1** geistig, innerlich, intellektuell, Geistes…: **~ arithmetic** Kopfrechnen *n*; **make a ~ note of sth** sich etwas (vor)merken; **~ power** Geisteskraft *f*; **~ reservation** geheimer Vorbehalt, Mentalreservation *f*; **~ state** Geisteszustand *m*; **~ test** psychologischer Test; **~ vigo(u)r** geistige Frische; → acrobatic B 2 b, agility, block A 22, defective B, disorder A 5, faculty 3, gymnastic B 3, process[1] A 2 **2** (geistig-)seelisch, psychisch *(Gesundheit etc)*: **~ hygiene** Psychohygiene *f* **3** a geisteskrank, -gestört: **~ disease**, **~ illness** Geisteskrankheit *f*; **~ handicap** geistige Behinderung; **~ hospital**, **~ institution** psychiatrische Klinik, Nervenklinik *f*; **~ patient** Geisteskranke(r) *m/f(m)* b *umg* verrückt: **go ~** überschnappen **B** S *umg* Verrückte(r) *m/f(m)*

M

mental| age S PSYCH Intelligenzalter *n*: **she has a ~ of fourteen** sie ist auf dem geistigen Entwicklungsstand e-r Vierzehnjährigen; **~ capacity** S JUR Zurechnungsfähigkeit *f*; **~ cruelty** S JUR seelische Grausamkeit *(als Scheidungsgrund)*; **~ deficiency** S MED Geistesschwäche *f*, -störung *f*; **~ derangement** → mental deficiency; **~ healer** S *Parapsychologie*: Geistheiler(in); **~ healing** S *Parapsychologie*: Geistheilung *f*

mentality [men'tæləti] S 1 Mentalität *f*, Geistes-, Denkart *f*, Gesinnung *f* 2 Wesen *n*, Natur *f (e-s Menschen)* 3 geistige Fähigkeiten *pl*; **mentally** ['mentəli] ADV 1 geistig, geistes...: **~ deficient** (*od* **deranged, disturbed**) MED geistesgestört; **~ handicapped** (*od* **incapacitated**) MED geistig behindert; **~ ill** MED geisteskrank; → defective A 3, retard A 4 2 im Geist(e), in Gedanken

menthene ['menθi:n] S CHEM Menthen *n*

menthol ['menθɒl; *US a.* -,θəʊl] S CHEM Menthol *n*: **~ cigarettes**; **mentholated** ['menθəleɪtɪd] ADJ PHARM *etc* mit Menthol behandelt, Menthol enthaltend, Menthol...: **~ cigarettes**

menticide ['mentɪsaɪd] → brainwashing

mention ['menʃn] A S 1 Erwähnung *f*: **there was no ~ of the accident in the paper** der Unfall wurde in der Zeitung nicht erwähnt; **get** (*od* **be given**) **a ~** erwähnt werden; **make ~ of** → B; **give individual ~ to** einzeln erwähnen 2 *a.* **hono(u)rable ~** lobende Erwähnung: **be given** (*od* **get, receive**) **hono(u)rable ~, be given a ~** lobend erwähnt werden B V/T erwähnen (**to** gegenüber), anführen: **as ~ed above** wie oben erwähnt; **don't ~ it** gern geschehen!, bitte (sehr)!, (es ist) nicht der Rede wert!; **not to ~** a ganz abgesehen *od* zu schweigen von b nicht zu vergessen; **be ~ed in dispatches** MIL *Br* im Kriegsbericht (lobend) erwähnt werden; → breath 1, worth[1] A 2; **mentionable** ADJ erwähnenswert

mentor ['mentɔ:(r)] S Mentor *m*, Mentorin *f*, (weise[r] u. treue[r]) Ratgeber(in)

menu ['menju:] S 1 Speise(n)karte *f*: **be on the ~** auf der Speisekarte stehen; **what's on the ~ today?** *fig* was steht heute zur Auswahl? 2 Speisenfolge *f* 3 COMPUT Menü *n*; **~ bar** S COMPUT Menüleiste *f*; **~-driven** ADJ COMPUT menügesteuert *(Programm)*

meow [mi:'aʊ] A V/I miauen *(Katze)* B S Miauen *n*

MEP ABK Member of the European Parliament MEP *n*

Mephistophelean, **Mephistophelian** [,mefɪstə'fi:ljən; *US a.* mə,fɪstə-] ADJ mephistophelisch, teuflisch

mephitic [me'fɪtɪk] ADJ (ADV ~ally) 1 mefitisch, übel riechend, stinkend 2 giftig, Gift...; **mephitis** [-'faɪtɪs] S 1 übler Geruch, Gestank *m* 2 *aus der Erde austretender Schwefelgestank*

mer. ABK meridian

merc [mɜ:k; *US* mɜrk] *sl für* mercenary B 1

mercantile ['mɜ:kəntaɪl; *US* 'mɜr-; *a.* -ti:l] ADJ 1 kaufmännisch, Handel treibend, Handels...: **~ agency** a Kreditauskunftei *f* b Handelsvertretung *f*; **~ credit** Handelskredit *m*; **~ law** Handelsrecht *n*; **~ marine** *bes Br* Handelsmarine *f*; **~ paper** Warenpapier *n*, -wechsel *m* 2 WIRTSCH, HIST Merkantil...: **~ system** → mercantilism 2

mercantilism ['mɜ:kəntɪlɪzəm; -taɪ-; *US* 'mɜr-] S 1 kaufmännischer Unternehmergeist 2 WIRTSCH, HIST Merkantilismus *m*, Merkantilsystem *n (Förderung des Außenhandels mit dem Ziel, den nationalen Reichtum u. die Macht des Staates zu vergrößern)*; **mercantilist** WIRTSCH, HIST A S Merkantilist(in) B ADJ merkantilistisch

Mercator('s) projection [mɜ:'keɪtə(r)z; *US* mər-] S *Kartografie*: Mercatorprojektion *f (winkeltreuer zylindrischer Kartennetzentwurf)*

mercenariness ['mɜ:snərɪnəs; *US* 'mɜrsn-,eri:-] S 1 Käuflichkeit *f* 2 Gewinnsucht *f*; **mercenary** [*US* -,eri:] A ADJ (ADV mercenarily) 1 Söldner...: **~ troops** 2 *fig* käuflich 3 *fig* gewinnsüchtig B S 1 MIL Söldner *m* 2 *pej* Mietling *m*

mercer ['mɜ:sə] S *Br* Seiden- u. Textilienhändler(in)

mercerization [,mɜ:səraɪ'zeɪʃn; *US* ,mɜrsərə-'z-] S Merzerisierung *f*, Merzerisation *f*; **mercerize** V/T *Baumwollstoffe* merzerisieren *(durch Behandlung mit Laugen verdichten u. glänzend machen)*

mercery ['mɜ:səri] S WIRTSCH *Br* 1 Seiden- u. Textilwaren *pl* 2 a Seiden- u. Textilwarenhandel *m* b Seiden- u. Textilwarenhandlung *f*

merchandise ['mɜ:tʃəndaɪz; *US* 'mɜr-] A S Waren *pl*, Handelsgüter *pl*: **an article of ~** e-e Ware B V/I Handel treiben, Waren vertreiben C V/T 1 *Waren* vertreiben 2 Werbung für *e-e Ware* machen, den Absatz *e-r Ware* (durch geeignete Mittel) zu steigern suchen; **merchandising** WIRTSCH A S 1 Merchandising *n*, Verkaufspolitik *f* u. -förderung *f (durch Marktforschung, Untersuchung der Verbrauchergewohnheiten, wirksame Gütergestaltung u. Werbung)* 2 Handel(sgeschäfte) *m(pl)* B ADJ Handels...

merchant ['mɜ:tʃənt; *US* 'mɜr-] A S 1 WIRTSCH *(bes Br* Groß)Händler(in), (-)Kaufmann *m*, (-)Kauffrau *f* 2 WIRTSCH *bes US* a Einzelhändler(in) b Ladenbesitzer(in) 3 *j-d, der etwas Negatives tut*: → hot-air, *etc* 4 SCHIFF *obs* → merchantman B ADJ WIRTSCH Handels..., Kaufmanns...; **merchantable** ADJ WIRTSCH 1 zum Verkauf geeignet, marktgängig, -fähig 2 handelsüblich

merchant| bank S WIRTSCH *Br* Handelsbank *f*; **~ bar** S TECH Stab-, Stangeneisen *n*; **~ flag** S Handelsflagge *f*; **~ fleet** S SCHIFF Handelsflotte *f*; **~man** [-mən] S *irr* SCHIFF Handelsschiff *n*; **~ marine** S *bes US*, **~ navy** S *bes Br* Handelsmarine *f*; **~ prince** S WIRTSCH Handelsfürst *m*; **~ seaman** S *irr* Matrose *m* der Handelsmarine; **~ service** S SCHIFF 1 Handelsschifffahrt *f* 2 Handelsmarine *f*; **~ ship** S Handelsschiff *n*

merchet ['mɜ:tʃɪt; *US* 'mɜr-] S JUR, HIST Abgabe *f* des Hörigen an s-n Lehnsherrn *(bei Verheiratung s-r Tochter)*

Mercia ['mɜ:sjə; -ʃjə; *US* 'mɜrʃiə; -ʃə] S HIST *angelsächsisches Königreich*

merciful ['mɜ:sɪfʊl; *US* 'mɜr-] ADJ (**to, toward[s]**) barmherzig, mitleid(s)voll (gegen), gütig (gegen, zu), gnädig *(dat)*: → release B 2; **mercifully** ADV 1 → merciful 2 glücklicherweise, Gott sei Dank; **mercifulness** S Barmherzigkeit *f*, Erbarmen *n*, Gnade *f*; **merciless** ADJ (ADV ~ly) unbarmherzig, erbarmungs-, mitleid(s)los; **mercilessness** S Unbarmherzigkeit *f*, Erbarmungslosigkeit *f*

mercurate ['mɜ:kjʊreɪt; *US* 'mɜr-] V/T CHEM merkurieren, mit Quecksilber(salz) verbinden *od* behandeln

mercurial [mɜ:'kjʊəriəl; *US* mɜr-] A ADJ (ADV ~ly) 1 *fig* a quecksilb(e)rig, quicklebendig b sprunghaft 2 MED Quecksilber...: **~ poisoning** 3 CHEM, TECH quecksilberhaltig, -artig, Quecksilber...: **~ barometer** 4 *a.* ☿ ASTROL dem *(Einfluss des Planeten)* Merkur unterworfen 5 ☿ MYTH (den Gott) Merkur betreffend: ☿ **wand** Merkurstab *m* B S MED Quecksilberpräparat *n*; **mercurialism** S MED Merkurialismus *m*, Quecksilbervergiftung *f*; **mercurialize** V/T MED, FOTO mit Quecksilber behandeln

mercuric [mɜ:'kjʊərɪk; *US* mɜr-] ADJ CHEM Quecksilber..., Merkuri...; **~ chloride** S CHEM Quecksilberchlorid *n*; **~ fulminate** S CHEM Knallquecksilber *n*

mercurous ['mɜ:kjʊrəs; *US* 'mɜr-; *a.* mɜr-'kjʊrəs] ADJ CHEM Quecksilber..., Merkuro...: **~ chloride** Kalomel *n*

mercury ['mɜ:kjʊri; *US* 'mɜr-] EIGENN & S 1 ☿ ASTRON, MYTH Merkur *m* 2 *obs* Bote *m* 3 CHEM, MED Quecksilber *n* 4 TECH Quecksilber (-säule) *n(f)*: **the ~ is rising (falling)** das Barometer steigt (fällt) 5 BOT *(bes* Wald)Bingelkraut *n*; **~ arc** S ELEK Quecksilberlichtbogen *m*; **~ barometer** S Quecksilberbarometer *n*; **~ (bi)chloride** → mercuric chloride; **~ fulminate** → mercuric fulminate; **~ poisoning** S MED Quecksilbervergiftung *f*; **~-vapo(u)r lamp** S PHYS Quecksilberdampflampe *f*

mercy ['mɜ:sɪ; *US* 'mɜrsi:] S 1 Barmherzigkeit *f*, Mitleid *n*, Erbarmen *n*, Gnade *f*: **without ~** erbarmungslos; **be at sb's ~** j-m (auf Gedeih u. Verderb) ausgeliefert sein; **be at the ~ of the waves** den Wellen preisgegeben sein; **have (no) ~ on sb** (kein) Mitleid *od* Erbarmen mit j-m haben; **Lord have ~ upon us** Herr, erbarme dich unser!; **leave sb to sb's (tender) mercies** *hum* j-n j-m ausliefern; **show no ~** kein Erbarmen haben (**to** mit), keine Gnade walten lassen; *his death* **was a ~** war e-e Erlösung; **one must be thankful** (*od* **grateful**) **for small mercies** man muss für alles *od* auch für weniger dankbar sein; → throw on 2 2 *umg* (wahres) Glück, (wahrer) Segen: **it's a ~ he didn't come** es ist ein wahres Glück, dass er nicht gekommen ist 3 JUR *US* Begnadigungsrecht *n (e-s Richters)*; **~ killing** S aktive Sterbehilfe; **~ seat** S REL 1 Deckel *m* der Bundeslade 2 *fig* Gottes Gnadenthron *m*

mere[1] [mɪə(r)] ADJ (ADV → merely) 1 bloß, nichts als, allein(ig), rein, völlig: **a ~ bagatelle** e-e reine Bagatelle; **she's a ~ child** sie ist doch noch *od* halt noch ein Kind; **a ~ excuse** nur e-e Ausrede; **~ imagination** bloße *od* reine Einbildung; **~ nonsense** purer Unsinn; **this is ~ speculation** das ist reine Spekulation; **a ~ trifle** bloß e-e Kleinigkeit; **he is no ~ craftsman, he is an artist** er ist kein bloßer Handwerker, er ist ein Künstler; **the ~st accident** der reinste Zufall; **the ~st little thing** die kleinste Kleinigkeit 2 JUR rein, bloß *(ohne weitere Rechte)*: **~ right** bloßes Eigentum(srecht)

mere[2] [mɪə] S *Br obs od poet* See *m*

mere[3] [mɪə] S *Br obs* Grenze *f*: **~ stone** Markstein *m*

merely ['mɪə(r)lɪ] ADV bloß, lediglich

meretricious [,merɪ'trɪʃəs] ADJ (ADV ~ly) 1 *obs* dirnenhaft, Dirnen... 2 *fig* unaufrichtig, falsch 3 *fig* protzig *(Schmuck etc)*, bombastisch *(Stil etc)*

merganser [mɜ:'gænsə(r); *US* mɜr-] S ORN *(bes* Gänse)Säger *m*

merge [mɜ:dʒ; *US* mɜrdʒ] A V/T 1 **(in, into)** verschmelzen (mit), aufgehen lassen (in *dat*), vereinigen (mit), einverleiben *(dat)*: **be ~d in sth** in etwas aufgehen 2 JUR tilgen, aufheben 3 WIRTSCH a fusionieren b *Aktien* zusammenlegen B V/I 1 **(in, into)** verschmelzen (mit), aufgehen (in *dat*), sich zusammenschließen (zu) 2 zusammenlaufen *(Straßen etc)* 3 sich (in den Verkehr) einfädeln 4 WIRTSCH fusionieren (**with** mit); **mergence** S Aufgehen *n* (**in** in *dat*), Verschmelzung *f* (**in, into** mit); **merger** S 1 WIRTSCH, JUR Fusion *f*, Fusionierung *f (von Gesellschaften)*, *a. allg* Zusammenschluss *m*, Vereinigung *f* 2 WIRTSCH Zusammenlegung *f (von Aktien)*

meridian [mə'rɪdɪən] A ADJ 1 mittägig, Mit-

M

tags...: **the ~ hour** 2 ASTRON Kulminations..., Meridian...: **~ circle** Meridiankreis *m* (*a. Instrument*); **~ transit** Meridiandurchgang *m* (*e-s Gestirns*) 3 *fig* höchst(er, e, es) B S 1 GEOG Meridian *m*, Längenkreis *m*: **~ of a place** Ortsmeridian 2 *poet* Mittag(szeit) *m(f)* 3 ASTRON Kulminationspunkt *m* 4 *fig* a Gipfel *m*, Zenit *m*, Höhepunkt *m*: **the ~ of his career** b Blüte(zeit) *f*

meridional [məˈrɪdɪənl] A ADJ (ADV ~ly) 1 ASTRON meridional, Meridian..., Mittags... 2 südlich, südländisch B S Südländer(in), *bes* Südfranzose *m*, Südfranzösin *f*; **~ section** S MATH Achsenschnitt *m*

meringue [məˈræŋ] S Meringe *f*, Baiser *n*, Schaumgebäck *n*

merino [məˈriːnəʊ] *pl* -nos S 1 *a.* **~ sheep** ZOOL Merino(schaf) *m(n)* 2 Merinowolle *f* 3 Merino *m* (*Stoff*)

meristem [ˈmerɪstem] S BOT Meristem *n*, Teilungsgewebe *n*

merit [ˈmerɪt] A S 1 Verdienst *n*: **a man of ~** e-e verdiente *od* verdienstvolle Persönlichkeit; **~ pay** WIRTSCH Bezahlung *f* nach Leistung, leistungsgerechte *od* -bezogene Bezahlung; **~ rating** WIRTSCH Leistungseinstufung *f*, -beurteilung *f*; **~ system** POL *US auf Fähigkeit allein beruhendes Anstellungs- u. Beförderungssystem im öffentlichen Dienst*; **there is little ~ in doing sth** a es ist wenig verdienstvoll, etwas zu tun b es hat wenig Wert *od* Sinn, etwas zu tun; **make a ~ of sth** sich etwas als Verdienst anrechnen 2 a Wert *m* b Vorzug *m*, Pluspunkt *m*: **work of ~** bedeutendes Werk; **of artistic ~** von künstlerischem Wert; **without ~** wertlos; gehaltlos, nicht fundiert *od* gültig, sachlich unbegründet; **the observation had some ~** an der Beobachtung war etwas dran; **judge sth on its ~s** etwas aufgrund s-r Vorzüge beurteilen 3 **the ~s** *pl* JUR *u. fig* die Hauptpunkte *pl*, die wesentlichen Gesichtspunkte *pl*, der sachliche Gehalt: **on its own ~s** aufs Wesentliche gesehen, an u. für sich betrachtet; **consider a case on its ~s** JUR e-n Fall nach materiell-rechtlichen Gesichtspunkten *od* aufgrund des vorliegenden Tatbestandes behandeln; **discuss sth on its ~s** e-e Sache ihrem wesentlichen Inhalt nach besprechen; **inquire into the ~s of a case** e-r Sache auf den Grund gehen B V/T *Lohn, e-e Strafe etc* verdienen; **merited** ADJ verdient; **meritedly** ADV verdientermaßen

meritocracy [ˌmerɪˈtɒkrəsɪ; *US* -ˈtɑ-] S 1 (herrschende) Elite 2 a Meritokratie *f*, Verdienstadel *m* b Leistungsgesellschaft *f*

meritorious [ˌmerɪˈtɔːrɪəs; *US a.* -ˈtəʊ-] ADJ (ADV ~ly) verdienstlich

merlin [ˈmɜːlɪn; *US* ˈmɜr-] S ORN Merlin-, Zwergfalke *m*

merlon [ˈmɜːlən; *US* ˈmɜr-] S MIL, HIST Mauerzacke *f*, Schartenbacke *f*

mermaid [ˈmɜːmeɪd; *US* ˈmɜr-], *a.* **mermaiden** [-dn] S Meerjungfrau *f*, Nixe *f*

merman [ˈmɜːmæn; *US* ˈmɜrˌ-] S *irr* Wassergeist *m*, Nix *m*

mero- [merəʊ] *Wortelement mit der Bedeutung* Teil...

merogony [məˈrɒgənɪ; *US* -ˈrɑ-] S BIOL Merogonie *f* (*Entwicklung e-s Lebewesens aus e-m kernlosen, von e-m Samenfaden befruchteten Teilstück e-r Eizelle*)

Merovingian [ˌmerəʊˈvɪndʒɪən] HIST A ADJ merowingisch B S Merowinger(in)

merriment [ˈmerɪmənt] S 1 Fröhlichkeit *f*, Lustigkeit *f*, Ausgelassenheit *f* 2 Gelächter *n*, Heiterkeit *f*

merry [ˈmerɪ] ADJ (ADV merrily) 1 lustig, heiter, fröhlich, fidel: **~ Christmas!** frohe *od* fröhliche Weihnachten!; **♀ England** das gute alte England (*bes zur Zeit Elisabeths I.*); **the ♀ Monarch** *volkstümliche Bezeichnung für Karl II. (1660-85)*; **make ~** lustig sein, (fröhlich) feiern 2 spaßig, lustig 3 *umg* beschwipst, angesäuselt, angeheitert: **get ~** sich e-n andudeln; **~ andrew** S Hanswurst *m*, Spaßmacher *m*; **~ dancers** SPL PHYS *schott* Nordlicht *n*; **~-go-round** S 1 Karussell *n*: **go on the ~** Karussell fahren 2 *fig* Trubel *m*; **~making** S 1 Feiern *n* 2 Fest *n*; **~thought** S *bes Br* Gabel-, Brustbein *n* (*e-s Huhns etc*)

Merseyside [ˈmɜːzɪsaɪd; *US* ˈmɜr-] S Merseyside *n* (*Grafschaft im nordwestlichen England*)

Merthyr Tydfil [ˌmɜːθəˈtɪdvɪl; *US* ˌmɜrθər-] S Merthyr Tydfil *n* (*Grafschaft u. Stadt in Südwales*)

mesa [ˈmeɪsə] S GEOG Tafelland *n*

mésalliance [meˈzælɪəns; *US* ˌmeɪˌzælˈjɑːns] S Mesalliance *f*, nicht standesgemäße Ehe

mesc [mesk] *bes US sl für* mescaline

mescal [meˈskæl] S 1 BOT Peyote-Kaktus *m* 2 BOT Mescal-Agave *f* 3 Meskal *m* (*Agavenbranntwein*); **mescaline** [ˈmeskəliːn; -lɪn], *a.* **mescalin** [-lɪn] S CHEM Meskalin *n*

mesdames [ˈmeɪdæm; *US* meɪˈdɑːm; -ˈdæm] *pl von* madam

meseems [mɪˈsiːmz] V/UNPERS *obs od poet* mich dünkt

mesencephalic [ˈmesˌenkəˈfælɪk; *bes US* -ˌensɪˈf-; ˈmez-] ADJ ANAT Mittelhirn...; **mesencephalon** [-ˈsefəlɒn; *US* -ˌlɑn] S Mesencephalon *n*, Mittelhirn *n*

mesenchyme [ˈmeseŋkaɪm; *US a.* ˈmez-] S BIOL Mesenchym *n* (*embryonales Bindegewebe*)

mesenteric [ˌmesənˈterɪk; ˌmez-] ADJ ANAT mesenterial; **mesentery** [ˈmesəntərɪ; ˈmez-; *US* -ˌteriː] S Mesenterium *n*, Dünndarmgekröse *n*

mesh [meʃ] A S 1 Masche *f* (*e-s Netzes, Siebs etc*): **be caught in the ~es of the net** sich in den Netzmaschen verfangen (haben) 2 a Maschendraht *m* b Drahtgeflecht *n* c Gitterstoff *m* 3 TECH Maschenweite *f* 4 *meist pl fig* Netz *n*, Schlingen *pl*: **be caught in the ~es of the law** sich in den Schlingen des Gesetzes verfangen (haben); **~ of lies** Lügengespinst *n*, -netz *n* 5 TECH Ineinandergreifen *n*, Eingriff *m* (*von Zahnrädern*): **be in ~** im Eingriff sein 6 → mesh connection B V/T 1 in e-m Netz fangen 2 TECH *Zahnräder* in Eingriff bringen, einrücken 3 *fig* a eng zusammenschließen, (miteinander) verzahnen b koordinieren, aufeinander abstimmen C V/I 1 TECH eingreifen, ineinandergreifen (*Zahnräder; a. fig*) 2 *fig* a miteinander verzahnt sein b sich (eng) verbinden (**with** mit) c zusammenpassen: **not ~ with** nicht passen zu; **~ connection** S ELEK Vieleck-, *bes* Delta- *od* Dreieckschaltung *f*

meshed [meʃt] ADJ netzartig, (...)maschig

mesh stocking S Netzstrumpf *m*

meshuga [mɪˈʃʊgə] ADJ meschugge *umg*

mesh| voltage S ELEK verkettete Spannung, *bes* Delta- *od* Dreieckspannung *f*; **~work** S Maschen *pl*, Netzwerk *n*

mesial [ˈmiːzjəl; -ɪəl] ADJ (ADV ~ly) *Zahnmedizin*: mesial (*nach der Mitte des Zahnbogens gerichtet*)

mesmeric [mezˈmerɪk; mes-] ADJ (ADV ~ally) 1 MED, HIST mesmerisch, heilmagnetisch 2 *fig* unwiderstehlich, faszinierend; **mesmerism** [-mərɪzəm] S MED, HIST Mesmerismus *m* (*Lehre vom tierischen Magnetismus*); **mesmerist** S MED, HIST 1 Heilmagnetiseur *m* 2 Mesmerianer(in) (*Anhänger[in] des Mesmerismus*); **mesmerize** V/T 1 MED, HIST (heil)magnetisieren, mesmerisieren 2 *fig* faszinieren: **~d** fasziniert, gebannt, wie hypnotisiert

mesne [miːn] ADJ JUR Zwischen..., dazwischenliegend: **~ lord** HIST Afterlehnsherr *m*; **~ process** S JUR *US* Zwischenverfahren *n*; **~ profits** SPL JUR *Br* inzwischen bezogene Erträgnisse *pl* (*e-s unrechtmäßigen Landbesitzers*)

meso- [mesəʊ; -z-; -ə] *Wortelement mit der Bedeutung* Zwischen..., Mittel...

mesoblast [-blæst] → mesoderm

mesocarp [-kɑː(r)p] S BOT Mesokarp *n* (*Mittelschicht der Fruchtwand*)

mesoderm S BIOL, MED Mesoblast *n*, Mesoderm *n* (*mittleres Keimblatt des menschlichen u. tierischen Embryos*)

Mesolithic GEOL A S Mesolithikum *n*, Mittelsteinzeit *f* B ADJ mesolithisch, mittelsteinzeitlich

mesomorphic ADJ MED mesomorph; **mesomorphy** S MED Mesomorphie *f* (*Konstitution e-s Menschentypus von muskulöser, knochiger Gestalt*)

meson [ˈmiːzɒn; *US* ˈmezˌɑn] S PHYS Meson *n*, Mesotron *n* (*Elementarteilchen, dessen Masse geringer ist als die e-s Protons, jedoch größer als die e-s Leptons*)

mesophyl(l) [-fɪl] S BOT Mesophyll *n* (*zwischen oberer u. unterer Epidermis gelegenes Blattgewebe*), Mittelblatt *n*; **mesophyte** [-faɪt] S BOT Mesophyt *m* (*Pflanze mit mittlerem Feuchtigkeitsanspruch*)

Mesopotamian [ˌmesəpəˈteɪmjən; -mɪən] ADJ mesopotamisch

mesosphere S METEO Mesosphäre *f* (*in etwa 50 bis 80 Kilometer Höhe liegende Schicht der Erdatmosphäre*)

mesothorax S *a. irr* ZOOL Mittelbrustring *m* (*der Insekten*)

Mesozoic [ˌmesəʊˈzəʊɪk] GEOL A ADJ mesozoisch B S Mesozoikum *n*, Erdmittelalter *n*

mesquite [meˈskiːt; ˈmeskiːt] S BOT 1 Süßhülsenbaum *m*, Mesquitbaum *m* 2 a Gramagras *n* b Buffalogras *n*

mess [mes] A S 1 *obs* Gericht *n*: **~ of pottage** BIBEL Linsengericht (*des Esau*); **give sth away for a ~ of pottage** *fig* etwas für ein Linsengericht hergeben 2 (Portion *f*) Viehfutter *n* 3 Messe *f*: a MIL → mess hall b MIL Messegesellschaft *f* c SCHIFF Back (-mannschaft) *f*: **captain of a ~** Backsmeister *m*; **cooks** *pl* **of the ~** Backschaft *f*; **officers' ~** Offiziersmesse, -kasino *n* 4 a Unordnung *f*, Durcheinander *n* (*a. fig*) b Schmutz *m* c Schlamassel *m*, böse Geschichte d Patsche *f*, Klemme *f*: **in a ~** schmutzig, verwahrlost; in Unordnung; *fig* verfahren; **be in a nice ~** ganz schön in der Klemme sein *od* sitzen *od* stecken; **make a ~** Schmutz *od umg* e-e Schweinerei machen; **make a ~ of** → B 2; **you've made a nice ~ of it** du hast was Schönes angerichtet; **he was a ~** er sah grässlich aus; er war völlig verkommen *od* verwahrlost; **a pretty ~!** e-e schöne Geschichte!; → matter A 4 B V/T 1 *bes* SCHIFF, MIL verpflegen 2 *a.* **~ up** a in Unordnung bringen, durcheinanderbringen (*a. fig*) b schmutzig machen c *fig* verpfuschen, versauen (*beide umg*), *Pläne etc* über den Haufen werfen *umg* C V/I 1 a *bes* SCHIFF, MIL (gemeinsam) essen (**with** mit) b SCHIFF, MIL in der Messe essen: **~ together** SCHIFF zu einer Back gehören 2 **~ in** (*od* **with**) sich einmischen in (*akk*) 3 **~ about** (*od* **around**) a herum murksen, (-)pfuschen b sich herumtreiben *pej* (**with** mit) c sich einlassen (**with** mit *e-r Frau etc*)

message [ˈmesɪdʒ] S 1 Botschaft *f* (**to** an *akk*): **can I give him a ~?** kann ich ihm etwas ausrichten?; **leave a ~ (for sb)** (j-m) e-e Nachricht hinterlassen; **can I take a ~?** kann ich etwas ausrichten?; → answering, presidential 1 2 a Mitteilung *f*, Bescheid *m*: **send sb a ~** j-m

M

e-e Mitteilung zukommen lassen; **he got the ~** *umg* er hat kapiert; **~ unit** TEL *US* Gebühren-, Gesprächseinheit *f*; → radio message, wireless A 1 b IT Message *f*, Meldung *f* 3 a BIBEL Botschaft *f*, Verkündigung *f* b REL *US* Predigt *f* 4 *fig* a Anliegen *n (e-s Künstlers etc)* b Aussage *f (e-s Romans etc)* 5 PHYSIOL Impuls *m*, Signal *n*

messenger ['mesɪndʒə(r)] S 1 Bote *m*, Botin *f*: **by ~** durch Boten; → express B 2 2 (Kabinetts)Kurier *m*: **King's ~**, **Queen's ~** königlicher Kurier 3 MIL Melder *m*, HIST Kurier *m* 4 *fig obs* Vorbote *m* 5 SCHIFF a Anholtau *n* b Ankerkette *f*, Kabelar *n*; **~ boy** S Botenjunge *m*; **~ cable** S ELEK Aufhänge-, Führungs-, Tragkabel *n*; **~ wheel** S TECH Treibrad *n*

mess| gear → mess kit 1; **~ hall** S SCHIFF, MIL Messe *f*, Kasino(raum) *n(m)*, Speisesaal *m*

Messiah [mɪ'saɪə] S BIBEL der Messias, der Erlöser; **Messianic** [,mesɪ'ænɪk] ADJ (ADV **~ally**) messianisch

mess| jacket S SCHIFF, MIL kurze Uniformjacke, Affenjäckchen *n*; **~ kit** S SCHIFF, MIL 1 *bes* MIL Koch-, Essgeschirr *n*, Essgerät *n* 2 SCHIFF, MIL *Br* Uniform *f* für gesellschaftliche Anlässe; **~mate** S 1 SCHIFF, MIL Tisch-, Messgenosse *m*, -kamerad *m* 2 → commensal A 2 3 BOT *(ein)* Eukalyptusbaum *m*; **~room** → mess hall

Messrs ['mesə(r)z] SPL (= *Messieurs*) 1 die Herren *pl (vor mehreren Namen bei Aufzählung)* 2 WIRTSCH Firma *f*, *abk* Fa

mess| sergeant S MIL Küchenunteroffizier *m*; **~ steward** S SCHIFF, MIL Messeordonnanz *f*; **~tin** S SCHIFF, MIL *bes Br* Koch-, Essgeschirr *n*

messuage ['meswɪdʒ] S JUR Wohnhaus *n (meist mit dazugehörigen Ländereien)*, Anwesen *n*

mess-up S Durcheinander *n (a. fig)*

messy ['mesɪ] ADJ (ADV **messily**) 1 schmutzig *(a. fig)* 2 *fig* verfahren

mestiza [me'sti:zə] S Mischling *m*, *bes* Mestizin *f*; **mestizo** [-zəʊ] *pl* -zos, -zoes S Mischling *m*, *bes* Mestize *m*

met [met] *prät u. pperf von* meet

met.[1] ABK 1 meteorological 2 meteorologist 3 meteorology

Met.[2] ABK Metropolitan

met- [met], **meta-** [metə] *Vorsilbe mit den Bedeutungen* a mit b nach c höher d MED hinten e BIOL, CHEM Meta…, meta… f Verwandlungs…

metabolic [,metə'bɒlɪk; *US* -'bɑ-] ADJ (ADV **~ally**) 1 BIOL metabolisch, veränderlich 2 PHYSIOL metabolisch, Stoffwechsel…; **metabolism** [me'tæbəlɪzəm] S 1 BIOL Metabolismus *m (a. chem)*, Verwandlung *f*, Formveränderung *f* 2 PHYSIOL, *a.* BOT Metabolismus *m*, Stoffwechsel *m*: **general ~**, **total ~** Gesamtstoffwechsel; → basal metabolism; **metabolite** [-laɪt] S PHYSIOL Metabolit *m (für den Stoffwechsel unentbehrliche Substanz)*; **metabolize** [-laɪz] V/T BIOL, CHEM umwandeln

metacarpal ANAT A ADJ metakarpal, Mittelhand… B S Mittelhandknochen *m*; **metacarpus** *pl* **-pi** [-paɪ] S 1 ANAT Mittelhand *f* 2 ZOOL Vordermittelfuß *m*

metacenter, *bes Br* **metacentre** S *Schiffbau*: Metazentrum *n (für die Stabilität wichtiger Schnittpunkt der Auftriebsrichtung mit der Symmetrieachse e-s geneigten Schiffes)*

metage ['mi:tɪdʒ] S 1 amtliches Messen *(des Inhalts od Gewichts)* 2 Messgeld *n*

metagenesis S BIOL Metagenese *f (Form des Generationswechsels, bei der e-e sich ungeschlechtlich fortpflanzende Generation auf e-e sich geschlechtlich fortpflanzende folgt)*

metal ['metl] A S 1 CHEM, MINER Metall *n* 2 TECH a Nichteisenmetall *n* b Metalllegierung *f*, *bes* Typen-, Geschützmetall *n* c Gussmetall *n*: **brittle** (*od* **red**) **~** Rotguss *m*, Tombak *m*; **fine ~** Weiß-, Feinmetall; **gray** (*bes Br* **grey**) **~** graues Gusseisen; **rolled ~** Walzblech *n* 3 TECH a (Metall)König *m*, Regulus *m*, Korn *n* b Lech *m*, (Kupfer)Stein *m*: **~ of lead** Bleistein 4 *Bergbau*: Schieferton *m* 5 TECH (flüssige) Glasmasse 6 SCHIFF *(Zahl der)* Geschütze *pl* 7 *pl* BAHN *Br* Schienen *pl*, G(e)leise *pl*: **the train ran off** (*od* **left, jumped**) **the ~s** der Zug sprang aus den Schienen *od* entgleiste 8 *Heraldik*: Metall *n (Gold- u. Silberfarbe)* 9 *Straßenbau*: *Br obs* Beschotterung *f*, Schotter *m* 10 Material *n*, Stoff *m* 11 → mettle B V/T *prät u. pperf* -aled, *bes Br* -alled 1 mit Metall bedecken *od* versehen 2 *Straßenbau*: *Br obs* beschottern C ADJ Metall…, metallen, aus Metall (angefertigt)

metalanguage S Metasprache *f*

metal|-arc welding S TECH Metalllichtbogenschweißung *f*; **~-clad** ADJ TECH 1 metallverkleidet, -kaschiert 2 *bes* ELEK blechgekapselt; **~-coat** V/T mit Metall überziehen, metallisieren; **~ cutting** S TECH (Metall)Zerspanung *f*; **~ detector** S Metallsuchgerät *n*

metaled, *bes Br* **metalled** ['metld] ADJ *Straßenbau*: *Br obs* Schotter…

metalepsis [,metə'lepsɪs] *pl* -ses [-si:z] S RHET Metalepse *f*, Metalepsis *f (Vertauschung des Vorhergehenden mit dem Nachfolgenden)*

metal| fatigue S TECH Metallermüdung *f*; **~ forming** S TECH spanlose Metallbearbeitung; **~ founder** S Metallgießer *m*; **~ ga(u)ge** S Blechlehre *f*

metalinguistics SPL *(als sg konstruiert)* Metalinguistik *f (Zweig der Linguistik, der die Wechselbeziehung zwischen der Sprache u. den anderen Kultursystemen analysiert)*

metalize, *bes Br* **metallize** ['metlaɪz] V/T TECH metallisieren

metallic [mɪ'tælɪk] ADJ (ADV **~ally**) 1 metallen, metallisch, Metall…: **~ cover** a TECH Metallüberzug *m* b WIRTSCH Metalldeckung *f*; **~ currency** WIRTSCH Metallwährung *f*, Hartgeld *n*; → luster[1] A 2 b 2 metallisch (glänzend *od* klingend) 3 → metalliferous; **~ soap** S CHEM Metallseife *f*

metalliferous [,metə'lɪfərəs] ADJ Metall führend, metallreich; **metalline** ['metəlaɪn; -lɪn] ADJ 1 metallisch 2 metallhaltig

metallize *bes Br für* metalize

metallography [,metə'lɒgrəfɪ; *US* ,metl'ɑg-] S Metallografie *f (Teilgebiet der Metallkunde, das sich mit der mikroskopischen Untersuchung von Metallen befasst)*

metalloid ['metəlɔɪd] A ADJ metallartig B S CHEM Nichtmetall *n*; **metalloidal** → metalloid A

metallophone [me'tæləfəʊn] S MUS Metallofon *n (Instrument, dessen aufeinander abgestimmte Metallplatten od -stäbe mit e-m Hämmerchen angeschlagen werden)*

metallurgic [,metə'lɜ:dʒɪk; *US* ,metl'ɜr-] ADJ, **metallurgical** [-kl] ADJ (ADV **~ly**) metallurgisch; **metallurgist** [me'tælədʒɪst; *US* 'metl,ɜrdʒəst] S Metallurg(e) *m*, Metallurgin *f*; **metallurgy** [me'tælədʒɪ; *US* 'metl,ɜrdʒi:] S Metallurgie *f*, Hüttenkunde *f*

metal|plating S TECH (*bes* Elektro)Plattierung *f*; **~ processing** S TECH Metallverarbeitung *f*; **~-processing** ADJ TECH Metall verarbeitend *(Industrie etc)*; **~ware** S WIRTSCH Metallwaren *pl*; **~work** S 1 Metallbearbeitung *f* 2 Metallarbeit(en) *f(pl)*; **~worker** S Metallarbeiter(in); **~working** S Metallbearbeitung *f*, -verarbeitung *f*

metamathematics SPL *(als sg konstruiert)* Metamathematik *f (Untersuchungen über mathematische Theorien, in denen die Mathematik selbst zum Gegenstand der Betrachtung wird)*

metamer ['metəmə(r)] S CHEM metamere Verbindung

metamere ['metəmɪə(r)] S ZOOL Metamer *n (gleichartiger Körperabschnitt in der Längsachse e-s Tierkörpers)*; **metameric** [-'merɪk] ADJ (ADV **~ally**) CHEM, ZOOL metamer(isch); **metamerism** [me'tæmərɪzəm] S CHEM, ZOOL Metamerie *f*

metamorphic [,metə'mɔ:(r)fɪk] ADJ metamorph(isch): **~ rocks** *pl* GEOL metamorphes Gestein; **metamorphism** S 1 GEOL Metamorphismus *m*, Metamorphose *f (Umwandlung, die ein Gestein durch Druck, Temperatur etc in der Erdkruste erleidet)* 2 → metamorphosis

metamorphose [,metə'mɔ:(r)fəʊz] A V/T 1 (**to, into**) umgestalten (zu), verwandeln (in *akk*) 2 metamorphisieren, umbilden B V/I ZOOL sich verwandeln

metamorphosis [,metə'mɔ:(r)fəsɪs] *pl* -ses [-si:z] S Metamorphose *f (a.* BIOL*)*, Umgestaltung *f*, Verwandlung *f*

metamorphous [,metə'mɔ:fəs] → metamorphic

metaph. ABK 1 metaphor 2 metaphorical 3 metaphysics PL

metaphase S BIOL Metaphase *f (mittleres Kernteilungsstadium)*

metaphor ['metəfə(r); *US bes* -,fɔ:r] S Metapher *f*, bildlicher Ausdruck; **metaphoric** [-'fɒrɪk; *US a.* -'fɑ-] ADJ, **metaphorical** ADJ (ADV **~ly**) metaphorisch, bildlich

metaphosphate S CHEM metaphosphorsaures Salz, Metaphosphat *n*

metaphrase A S Metaphrase *f*, wörtliche Übersetzung B V/T 1 wörtlich übersetzen 2 *e-n Text* a abändern b verfälschen

metaphysical ADJ (ADV **~ly**) 1 PHIL metaphysisch 2 abstrakt, theoretisch 3 übersinnlich; **metaphysician** S PHIL Metaphysiker(in); **metaphysics** SPL *(als sg konstruiert)* PHIL Metaphysik *f (Lehre von den letzten, nicht erfahr- u. erkennbaren Gründen u. Zusammenhängen des Seins)*

metaplasm ['metəplæzəm] S 1 LING Metaplasmus *m (Umbildung von Wortformen aus Gründen des Wohlklangs etc)* 2 BIOL Metaplasma *n (Einschlüsse im Zellplasma)*

metapolitics SPL *(als sg konstruiert) oft pej* politische Theorie

metapsychology S Metapsychologie *f*: a *psychologische Lehre in ihrer ausschließlich theoretischen Dimension* b Parapsychologie *f*

metastasis [mɪ'tæstəsɪs] *pl* -ses [-si:z] S 1 MED a Metastase *f*, Tochtergeschwulst *f* b Metastasenbildung *f* 2 BIOL Substanz-, Stoffwechsel *m* 3 GEOL Verwandlung *f* e-r Gesteinsart; **metastasize** V/I MED metastasieren, Tochtergeschwülste bilden

metatarsal ANAT A ADJ metatarsal, Mittelfuß… B S Mittelfußknochen *m*; **metatarsus** *pl* -si [-saɪ] S ANAT, ZOOL Mittelfuß *m*

metathesis [me'tæθəsɪs] *pl* -ses [-si:z] S LING Metathese *f*, Metathesis *f (Lautumstellung in e-m Wort)*

metathorax S *a. irr* ZOOL hinterer Brustteil *(der Insekten)*

metazoan [,metə'zəʊən] ZOOL A ADJ metazoisch B S Metazoon *n*, Vielzeller *m*

mete [mi:t] A V/T 1 *obs od poet* (ab-, aus)messen 2 *meist* **~ out** *e-e Strafe etc* zumessen (**to** *dat*) B S Grenze *f*: **know one's ~s and bounds** *fig* s-e Grenzen kennen, Maß u. Ziel kennen

metempiric [,metem'pɪrɪk] PHIL A ADJ (ADV **~ally**) transzendental *(die Grenzen der Erfahrung überschreitend)* B S **metempirics** *pl (als sg kon-*

M

struiert) transzendentale Philosophie; **metempirical** ADJ (ADV ~ly) → metempiric A
metempsychosis [ˌmetempsɪˈkəʊsɪs; meˌtem-] *pl* -ses [-si:z] S Metempsychose *f*, Seelenwanderung *f*
metencephalic [ˈmetˌenkəˈfælɪk; *bes US* -ˌensɪ-] ADJ ANAT Hinterhirn...; **metencephalon** [-ˈsefəlɒn; *US* -ˌlɑn] *pl* -la [-lə], -lons S Metenzephalon *n*, Hinterhirn *n*
meteor [ˈmi:tjə(r); -ɪə(r)] S ASTRON a Meteor *m* (*a. fig*) b Sternschnuppe *f* c Feuerkugel *f*, -meteor *m*: **~ dust** kosmischer Staub; **~ shower** Meteoritenschauer *m*, Steinregen *m*; **~ swarm** Meteorschwarm *m*
meteor. ABK 1 meteorological 2 meteorology
meteoric [ˌmi:tɪˈɒrɪk; *US a.* -ˈɑ-] ADJ (ADV ~ally) 1 ASTRON meteorisch, Meteor...: **~ iron** Meteoreisen *n*; **~ shower** Meteoritenschauer *m*, Steinregen *m* 2 *fig* meteor-, kometenhaft: **his ~ rise to power**
meteorite [ˈmi:tjəraɪt; -ɪə-] S ASTRON Meteorit *m*, Meteorstein *m*: **~ crater** Meteoritenkrater *m*
meteorograph [ˈmi:tjərəgrɑ:f; *US* ˌmi:tɪˈɔ:rəˌgræf; -ˈɑrə-] S PHYS Meteorograf *m* (*Gerät zur gleichzeitigen Messung u. Registrierung von Luftdruck, Lufttemperatur u. Luftfeuchte in höheren Schichten der Atmosphäre*); **meteorographic** [-ˈgræfɪk] ADJ meteorografisch
meteorol. ABK 1 meteorological 2 meteorology
meteorologic [ˌmi:tjərəˈlɒdʒɪk; -tɪə-; *US* -ˈlɑ-] ADJ (ADV ~ally) → meteorological; **meteorological** [-kl] ADJ (ADV ~ly) PHYS meteorologisch, Wetter..., Luft...: **~ conditions** Witterungsverhältnisse; **~ observation** Wetterbeobachtung *f*; **~ office** Wetteramt *n*; **~ satellite** Wettersatellit *m*
meteorologist [ˌmi:tjəˈrɒlədʒɪst; -tɪə-; *US* -ˈrɑ-] S PHYS Meteorologe *m*, Meteorologin *f*; **meteorology** [-dʒɪ] S PHYS 1 Meteorologie *f*, Wetterkunde *f* 2 meteorologische Verhältnisse *pl* (*e-r Gegend*)
meter[1], *bes Br* **metre** [ˈmi:tə(r)] S 1 Meter *m*, *a. n* (*Maß*) 2 LIT Metrum *n*, Versmaß *n* 3 MUS *bes US* Tempo *n*, Zeitmaß *n*
meter[2] [ˈmi:tə(r)] A S 1 TECH Messer *m*, Messinstrument *n*, Zähler *m*: **~ board** Zählertafel *f*; **~ candle** PHYS Meterkerze *f*, Lux *n*; **~ reader** Gas- *od* Stromableser(in) 2 *Postwesen, bes US* Frankiermaschine *f*, Freistempler *m* 3 Parkuhr *f* B V/T 1 (*mit e-m Messinstrument*) messen: **~ out** abgeben, dosieren; **~ing pump** TECH Messpumpe *f* 2 *bes US Post* freistempeln
meter-kilogram-second system, *bes Br* **metre-kilogram-second system** S Meter-Kilogramm-Sekunden-System *n*
meter maid S *umg* Politesse *f*
Meth. ABK Methodist
methacrylate [meθˈækrɪleɪt] S CHEM 1 Methacrylat *n* 2 *a.* **~ resin** Methacrylharz *n*; **methacrylic** ADJ Methacryl...: **~ acid**
methadone [ˈmeθədəʊn] S MED, PHARM Methadon® *n* (*schmerzstillendes Mittel, das auch bei der Behandlung Heroinabhängiger verwendet wird*)
methaemoglobin [metˌhi:məʊˈgləʊbɪn] S BIOL *bes Br* Methämoglobin *n* (*Oxydationsform des roten Blutfarbstoffs, bei der der Sauerstoff nicht an die Körperzellen abgegeben wird, sondern sich fest mit dem Eisen des Blutfarbstoffs verbindet*)
methane [ˈmi:θeɪn; *US* ˈme-] S CHEM Methan (-gas) *n*
methanol [ˈmeθənɒl; *US a.* -ˌnəʊl] S CHEM Methanol *n*
methemoglobin *bes US für* methaemoglobin
methinks [mɪˈθɪŋks] *prät* methought [-ˈθɔ:t] V/UNPERS *obs od poet* mich dünkt
method [ˈmeθəd] S 1 Methode *f* (*a.* MATH), Verfahren *n* (*a.* CHEM, TECH): **the ~ of doing sth** die Art u. Weise, etwas zu tun; **by a ~** nach e-r Methode; **~ of measuring** Messverfahren *n*; **~ of compensation** MATH Ausgleichungsrechnung *f*; **~ of payment** Zahlungsweise *f*; **~ of financing** Finanzierungsart *f*; **~ of operation** a Verfahrensweise *f*, Arbeitsmethode *f* b Handschrift *f* (*e-s Täters*) 2 Lehrmethode *f* 3 System *n* 4 PHIL (logische) Denkmethode 5 Methode *f*, Planmäßigkeit *f*, System *n*: **work with ~** methodisch arbeiten; **there is ~ in his madness** sein Wahnsinn hat Methode (*was er tut, ist nicht so verrückt, wie es aussieht*); **there is ~ in all this** da ist System drin
methodic [mɪˈθɒdɪk; *US* -ˈθɑ-] ADJ, **methodical** ADJ (ADV ~ly) 1 a methodisch, planmäßig, systematisch (*Vorgehen etc*) b methodisch handelnd *od* vorgehend (*Person*) 2 überlegt
methodism [ˈmeθədɪzəm] S 1 methodisches Verfahren 2 ♀ REL Methodismus *m* (*e-e aus der anglikanischen Kirche hervorgegangene Erweckungsbewegung*); **methodist** A S 1 Methodiker(in) 2 ♀ REL Methodist(in) B ADJ ♀ REL methodistisch, Methodisten...; **methodistic** ADJ (ADV ~ally) 1 streng methodisch 2 ♀ → methodist B
methodize [ˈmeθədaɪz] V/T methodisch ordnen
methodless [ˈmeθədlɪs] ADJ plan-, systemlos
methodology [ˌmeθəˈdɒlədʒɪ; *US* -ˈdɑ-] S 1 Methodologie *f*, Methodenlehre *f* 2 Methodologie *f*, Methodik *f* (*Lehre von den Methoden u. ihrer planmäßigen, wissenschaftlichen Anwendung*)
methought [mɪˈθɔ:t] *prät von* methinks
meths [meθs] SPL CHEM *bes Br umg* denaturierter *od* vergällter Alkohol, denaturierter Spiritus
Methuselah [mɪˈθju:zələ; -ˈθu:-] A EIGENN BIBEL Methusalem *m*: **(as) old as ~** B S riesige Wein- *od* Sektflasche
methyl [ˈmeθɪl; ˈmi:θaɪl] S CHEM Methyl *n*: **~ alcohol** Methylalkohol *m*; **~ blue** Methylblau *n*; **methylate** [ˈmeθɪleɪt] A V/T 1 methylieren 2 denaturieren: **~d spirits** denaturierter *od* vergällter Alkohol, denaturierter Spiritus B S Methylat *n*
methylene [ˈmeθɪli:n] S CHEM Methylen *n*: **~ blue** Methylenblau *n*
methylic [məˈθɪlɪk] ADJ CHEM Methyl...
meticulosity [mɪˌtɪkjʊˈlɒsətɪ; *US* -ˈlɑ-] S peinliche Genauigkeit, Akribie *f*; **meticulous** ADJ (ADV ~ly) peinlich genau, übergenau, akribisch; **meticulousness** → meticulosity
métier [ˈmeɪtɪeɪ; ˈmetjeɪ] S 1 Gewerbe *n*, Handwerk *n* 2 *fig* (Spezial)Gebiet *n*, Metier *n*
métis [meˈti:s; *US* meɪ-] *pl* métis [-ˈti:s; -ˈti:z] S 1 Mischling *m* 2 ♀ *Can* Métis *m* (*französisch-indianischer Mischling*)
met office [met] S *umg* Wetteramt *n*
metonymy [mɪˈtɒnɪmɪ; *US* -ˈtɑ-] S RHET Metonymie *f* (*Ersetzung e-s Ausdrucks für e-n anderen verwandten, z. B.* **Heaven** *für* **God**)
me-too ADJ: **~ product** WIRTSCH Me-too-Produkt *n* (*e-e sich nur unwesentlich von vorhandenen Produkten unterscheidende Imitation*)
metope [ˈmetəʊp; *bes US* ˈmetəpi:] S ARCH Metope *f* (*etwa quadratische Platte aus gebranntem Ton od aus Stein, oft bemalt od mit Reliefs verziert, als Teil des Gebälks beim dorischen Tempel*)
metopic [mɪˈtɒpɪk; *US* -ˈtɑ-] ADJ ANAT Stirn...
metre *bes Br für* meter[1]
metre-kilogram-second system *bes Br für* meter-kilogram-second system
metric [ˈmetrɪk] A ADJ (ADV ~ally) 1 metrisch, Maß...: **~ method of analysis** CHEM Maßanalyse *f* 2 metrisch, Meter...: **~ system** metrisches (Maß- u. Gewichts)System; **go ~** → metricate B; → hundredweight c, ton[1] 1 c B → metrical 2 B S **metrics** *pl* (*als sg konstruiert*) 1 Metrik *f*, Verslehre *f* 2 MUS Rhythmik *f*, Taktlehre *f*; **metrical** ADJ (ADV ~ly) 1 → metric A 1, A 2 2 a metrisch, nach Verssilbenmaß gemessen b rhythmisch; **metricate** [-keɪt] *Br* A V/T auf das metrische System umstellen B V/I das metrische System einführen, (sich) auf das metrische System umstellen; **metrication** S *Br* Umstellung *f* auf das metrische System
metrology [mɪˈtrɒlədʒɪ; *US* -ˈtrɑ-] S Metrologie *f* (*Lehre von den Maßen, den Maßsystemen u. deren Einheiten*)
metronome [ˈmetrənəʊm] S MUS Metronom *n*, Taktmesser *m*; **metronomic** [-ˈnɒmɪk; *US* -ˈnɑ-] ADJ (ADV ~ally) 1 metronomisch: **~ mark** Metronombezeichnung *f*, Taktvorschrift *f* 2 *fig* monoton, regelmäßig
metronymic [ˌmetrəˈnɪmɪk; *US a.* ˌmi:trə-] LING A ADJ matronymisch, metronymisch (*vom Namen der Mutter abgeleitet*): **~ name** → B B S Matronymikon *n*, Metronymikon *n* (*vom Namen der Mutter abgeleiteter Eigenname*)
metropolis [mɪˈtrɒpəlɪs; *US* -ˈtrɑ-] S 1 Metropole *f*, Hauptstadt *f*: **the ♀** *Br* London *n* 2 Großstadt *f* 3 Metropole *f*, Zentrum *n* 4 REL Sitz *m* e-s Metropoliten *od* Erzbischofs; **metropolitan** [ˌmetrəˈpɒlɪtən; *US* -ˈpɑ-] A ADJ 1 hauptstädtisch, der Hauptstadt: **the ♀ Police** (*a. als pl konstruiert*) die Londoner Polizei 2 großstädtisch 3 REL Metropolitan..., erzbischöflich: **~ bishop** → B 1 4 mutterländisch: **~ country** Mutterland *n*; **~ France** das französische Mutterland, das Mutterland Frankreich B S 1 REL Metropolit *m*: a *führender Geistlicher in der Ostkirche* b KATH (*e-r Kirchenprovinz vorstehender*) Erzbischof 2 Hauptstädter(in) 3 Großstädter(in)
mettle [ˈmetl] S 1 Wesensart *f* 2 a Mut *m* b Eifer *m*, Enthusiasmus *m*: **a man of ~** ein Mann von echtem Schrot u. Korn; **a horse of ~** ein feuriges Pferd; **be on one's ~** zeigen wollen, was man kann; vor Eifer brennen; **put sb on their ~** j-n zur Aufbietung aller s-r Kräfte zwingen, j-n fordern; **try sb's ~** j-n auf die Probe stellen; **mettled, mettlesome** [-səm] ADJ a mutig b eifrig, enthusiastisch, (*Pferd*) feurig
Meuse [mɜ:z; mju:z] S Maas *f*
mew[1] [mju:] S ORN Seemöwe *f*
mew[2] [mju:] → meow
mew[3] [mju:] A V/T *obs* 1 ZOOL *das Geweih, die Haare etc* verlieren: **the bird ~s its feathers** der Vogel mausert sich 2 *meist* **~ up** einsperren B V/I ZOOL *obs* sich mausern, federn, haaren C S 1 Mauserkäfig *m* (*bes für Falken*) 2 *pl* (*als sg konstruiert*) *bes Br* a Stall *m*: **the Royal ♀s** der Königliche Marstall (*in London*) b *zu Wohnungen od Garagen umgebaute ehemalige Stallungen*
mewl [mju:l] V/I wimmern (*bes Baby*)
Mexican [ˈmeksɪkən] A ADJ mexikanisch B S 1 Mexikaner(in) 2 LING die Nahuatlsprache; **~ wave** S *bes* SPORT La-Ola-Welle *f*
Mexico [ˈmeksɪkəʊ] S Mexiko *n*
mezuzah [məˈzʊzə] S REL Mesusa *f* (*kleine Kapsel, in der ein Pergamentstreifen steckt, der aus der Haut e-s reinen Tieres gewonnen und mit e-m alttestamentarischen Text beschriftet wurde*)
mezzanine [ˈmetsəni:n; *bes US* ˈmez-] S 1 ARCH Mezzanin *n*, Zwischen-, Halbgeschoss *n* 2 THEAT a *Br* Raum *m od* Boden *m* unter der Bühne b *US* erster Rang
mezzo [ˈmedzəʊ; ˈmetsəʊ] A ADV MUS mezzo, mittel, halb: **~ forte** mezzoforte, halblaut, mittelstark B *pl* -zos S *umg* 1 → mezzo-so-

prano 2 → mezzotint A; **~-relievo**, **~-rilievo** S *Bildhauerei*: Halbrelief *n*; **~-soprano** MUS A S Mezzosopran *m*: a Mezzosopranstimme *f* b Mezzosopranistin *f* c Mezzosopranpartie *f* B ADJ Mezzosopran…; **~tint** A S *Kupferstecherei*: Mezzotinto *n*: a Schabkunst *f* b *ein Produkt dieser Technik* B V/T in Mezzotinto gravieren
MF, **m.f.** ABK ELEK medium frequency
mfd ABK manufactured
mfg ABK manufacturing
MFH ABK JAGD *Br* Master of Foxhounds
mfr. ABK 1 manufacture 2 manufacturer
mg[1] ABK milligram(s PL); *bes Br* milligramme(s PL) mg
MG[2] ABK 1 MIL machine gun MG *n* 2 military government
Mgr ABK 1 manager 2 Monseigneur 3 Monsignor
MH ABK MIL *US* Medal of Honor *ein Orden*
mho [məʊ] *pl* mhos S *obs* → siemens
MHR ABK *US* Member of the House of Representatives
MHz ABK PHYS megahertz MHz
mi[1] [miː] S MUS mi *n*: a *Solmisationssilbe* b *Tonsilbe in der Solfège-Methode*
MI[2] ABK Military Intelligence
MIA ABK MIL missing in action vermisst
miaow [miː'aʊ] → meow
miasma [mɪ'æzmə; maɪ-] *pl* -mas, -mata [-mətə] S 1 Miasma *n* (*Stoff in der Luft od in den Ausdünstungen des Bodens, der nach veralteter Auffassung Krankheiten, bes Epidemien verursacht*) 2 *fig poet* Gifthauch *m*; **miasmal**, **miasmatic** [-'mætɪk] ADJ miasmatisch, ansteckend, giftig
miaul [miː'aʊl] V/I miauen (*Katze*)
mica ['maɪkə] MINER A S 1 Glimmer(erde) *m(f)*: **argentine ~** Silberglimmer, Katzensilber *n*; **yellow ~** Goldglimmer, Katzengold *n* 2 Fraueneis *n*, Marienglas *n* B ADJ Glimmer…: **~ capacitor** ELEK Glimmerkondensator *m*; **~ schist**, **~ slate** Glimmerschiefer *m*; **~ sheet** Glimmerblatt *n*; **micaceous** [-'keɪʃəs] ADJ Glimmer…: **~ iron ore** Eisenglimmer *m*
Micah ['maɪkə] EIGENN & S BIBEL (das Buch) Micha *m od* Michäas
Micawberism [mɪ'kɔːbərɪzəm] S kindlicher Optimismus(, dass alles von allein wieder gut wird); **Micawberist** S unentwegte(r) Optimist(in)
mice [maɪs] *pl von* mouse
Mich. ABK 1 Michaelmas 2 Michigan
Michaelmas ['mɪklməs] S *bes Br* Michaelstag *m*, Michaeli(s) *n* (*29. September*); **~ daisy** S BOT Herbstaster *f*; **~ Day** S 1 → Michaelmas 2 *e-r der vier brit. Quartalstage*; **~ term** S UNIV *Br* Herbsttrimester *n*
Michigan ['mɪʃɪgən] S Michigan *n* (*Staat im Norden der USA*)
Mick, *a.* ♀ [mɪk] S *sl pej* a Ire *m* b Kathole *m*
mickey ['mɪkɪ] S 1 **take the ~ out of sb** *bes Br umg* j-n auf den Arm nehmen *od* aufziehen 2 *meist* ♀ → Mick 3 ♀ → Mickey Finn; ♀ **Finn** [fɪn] S *sl* a präparierter Drink b Betäubungsmittel *n*; ♀ **Mouse** ADJ *sl pej* anspruchslos (*Musik, Job etc*), mickrig (*Firma etc*)
mickle ['mɪkl] S *schott* kleine Menge (*bes in*): **many a ~ makes a muckle** (*Sprichwort*) viele Wenig machen ein Viel
micky → mickey 1
micra ['maɪkrə] *pl von* micron
micro- [maɪkrəʊ] *Wortelement mit den Bedeutungen* a Mikro…, (sehr) klein b (*bei Maßbezeichnungen*) ein Millionstel c mikroskopisch
micro ['maɪkrəʊ] *pl* -cros S *umg* 1 Mikrocomputer *m* 2 Mikrowelle *f* (*Herd*)
microanalysis S *irr* CHEM Mikroanalyse *f*
microbe ['maɪkrəʊb] S BIOL Mikrobe *f*; **microbial**, **microbian**, **microbic** ADJ mikrobisch, Mikroben…; **microbicidal** [-bɪsaɪdl] ADJ Mikroben tötend, antibiotisch; **microbicide** S Antibiotikum *n*
microbiologic ADJ, **microbiological** ADJ (ADV **~ly**) mikrobiologisch; **microbiologist** S Mikrobiologe *m*, -biologin *f*; **microbiology** S Mikrobiologie *f* (*Zweig der Biologie, der mikroskopisch kleine Lebewesen erforscht*)
microbrew ['maɪkrəʊbruː] S *bes US in e-r microbrewery hergestelltes Bier*; **microbrewery** ['maɪkrəʊ,bruːərɪ] S *bes US* Mikrobrauerei *f* (*mit limitiertem Bierausstoß pro Jahr*)
microcephalic, **microcephalous** ADJ MED mikrozephal, kleinköpfig; **microcephaly** S Mikrozephalie *f*, Kleinköpfigkeit *f*
microchemical ADJ mikrochemisch; **microchemistry** S Mikrochemie *f* (*Teilgebiet der Chemie, das sich mit kleinsten Substanzmengen beschäftigt*)
microchip S ELEK Mikrochip *m*
microcircuit S ELEK Mikroschaltung *f*
microclimate S METEO Klein-, Mikroklima *n*
micrococcus S *irr* Mikrokokke *f*, Mikrokokkus *m*, Kugelbakterie *f*
microcomputer S Mikrocomputer *m*
microcopy S Mikrokopie *f*
microcosm S Mikrokosmos *m*: a PHIL (*a.* Mensch *m* als) Welt *f* im Kleinen b kleine Gemeinschaft c kleine Darstellung; **microcosmic** ADJ mikrokosmisch: **~ salt** CHEM mikrokosmisches Salz, Phosphorsalz *n*
microculture S *Bakteriologie*: Mikrokultur *f* (*Haltung u. Züchtung von Mikroorganismen in Kulturgefäßen*)
microcyte [-saɪt] S MED Mikrozyt *m* (*abnorm kleines rotes Blutkörperchen*)
microdetector S ELEK hochempfindliches Galvanometer
microearthquake S GEOL, PHYS sehr schwaches Erdbeben (*weniger als 2,5 auf der Richter-Skala*)
microeconomic A ADJ (ADV **~ally**) mikroökonomisch B S **microeconomics** *pl* (*als sg konstruiert*) Mikroökonomie *f*, Mikroökonomik *f* (*Teilgebiet der Wirtschaftstheorie, bei dem die einzelnen wirtschaftlichen Erscheinungen untersucht werden*)
microelectronics SPL (*als sg konstruiert*) PHYS Mikroelektronik *f* (*Teilgebiet der Elektronik, das sich mit dem Entwurf, der Entwicklung u. der Herstellung von integrierten Mikroschaltungen etc befasst*)
microfarad S ELEK Mikrofarad *n* (*ein millionstel Farad*)
microfiche S Mikrofiche *m*, Mikrofilmkarte *f*
microfilm FOTO A S Mikrofilm *m* B V/T auf Mikrofilm aufnehmen
microgram, *bes Br* **microgramme** S Mikrogramm *n* (*ein millionstel Gramm*)
micrograph S FOTO Mikroaufnahme *f*, mikroskopische Aufnahme
microgroove S TECH Mikro-, Schmalrille *f*: **~ record** Mikrorillen-, Schmalrillenplatte *f*
microinch S ein millionstel Zoll
microinstruction S IT Mikroinstruktion *f*, -befehl *m*
microlinguistics SPL (*meist als sg konstruiert*) LING Mikrolinguistik *f* (*Teilgebiet der Linguistik, das sich mit dem Sprachsystem selbst befasst*)
micrological ADJ (ADV **~ly**) pedantisch, kleinlich; **micrology** [maɪ'krɒlədʒɪ; *US* -'krɑ-] S Pedanterie *f*, Kleinlichkeit *f*
micromesh ADJ feinmaschig (*Strümpfe etc*)
micrometer[1] [maɪ'krɒmɪtə(r); *US* -'krɑ-] S PHYS Mikrometer *n* (*ein Feinmessgerät zur Messung kleiner Längen*): **~ (cal[l]iper)** Mikrometer-, Feinmesslehre *f*; **~ (gauge** *od* **screw)** Mikrometer-, Messschraube *f*
micrometer[2], *bes Br* **micrometre** ['maɪkrəʊ,miːtə(r)] S Mikrometer *n* (*ein millionstel Meter*)
micrometric ADJ, **micrometrical** ADJ (ADV **~ly**) PHYS mikrometrisch
micromicrofarad S ELEK Picofarad *n* (= 10^{-12} *Farad*)
micromillimeter, *bes Br* **micromillimetre** S Mikromillimeter *n* (*ein millionstel Millimeter*)
micron ['maɪkrɒn; *US* -,krɑn] *pl* -crons, -cra [-krə] S *obs* Mikron *n* (*ein millionstel Meter*)
Micronesia [,maɪkrəʊ'niːzjə; *bes US* ,maɪkrə'niːʒə; -ʃə] S Mikronesien *n*
Micronesian [,maɪkrəʊ'niːzjən; *bes US* ,maɪkrə'niːʒə; -ʃə] A S 1 Mikronesier(in) 2 LING Mikronesisch, das Mikronesische B ADJ mikronesisch
microorganism S Mikroorganismus *m*
microphone ['maɪkrəfəʊn] S ELEK, PHYS Mikrofon *n*: **at the ~** am Mikrofon; **~ key** Mikrofon-, Sprechtaste *f*; **microphonics** [-'fɒnɪks; *US* -'fɑ-] SPL ELEK Mikrofoneffekt *m*, akustische Rückkopplung
microphotography S Mikrofotografie *f* (*fotografische Aufnahmen mithilfe e-s Mikroskops*)
microphysics SPL (*oft als sg konstruiert*) PHYS Mikrophysik *f* (*Physik der Moleküle u. Atome*)
microphyte ['maɪkrəʊfaɪt] S BIOL, MED Mikrophyt *m*, pflanzlicher Mikroorganismus
microprint S Mikrodruck *m*
microprocessor S COMPUT Mikroprozessor *m*
micros. ABK microscopy
microscope ['maɪkrəskəʊp] PHYS A S Mikroskop *n*: **~ stage** Objektivtisch *m*; **put sb (sth) under the ~** *fig* j-n (etwas) genau unter die Lupe nehmen; → reflect A 2 B V/T mikroskopieren, mikroskopisch *od* unter dem Mikroskop untersuchen; **microscopic** [-'skɒpɪk; *US* -'skɑ-] ADJ, **microscopical** ADJ (ADV **~ly**) 1 mikroskopisch (*Untersuchung etc*): **make a ~ examination of** a *etwas* mikroskopisch *od* unter dem Mikroskop untersuchen b *fig etwas* peinlich genau untersuchen; **she has a ~ eye for dust** sie sieht selbst das kleinste Staubkörnchen; **~ slide** Objektträger *m* 2 mikroskopisch klein, verschwindend klein (*beide a. fig*); **microscopy** [-'krɒskəpɪ; *US* -'krɑ-] S Mikroskopie *f* (*Verwendung des Mikroskops zu wissenschaftlichen Untersuchungen*)
microsecond S Mikrosekunde *f* (*e-e millionstel Sekunde*)
microseism S GEOL, PHYS leichtes Erdbeben
microsome ['maɪkrəʊsəʊm] S BIOL Mikrosom *n* (*kleinstes lichtbrechendes Körnchen im Zellplasma*)
microsporangium S *irr* BOT Mikrosporangium *n* (*einzelliger Behälter bei Algen u. Pilzen, in dem die Sporen gebildet werden*); **microspore** S Mikrospore *f*; **microsporophyll** S Mikrosporophyll *n* (*Blattorgan mit Mikrosporen*)
microstate S POL Zwergstaat *m*
microsurgery S MED Mikrochirurgie *f* (*Spezialgebiet der Chirurgie, das sich mit Operationen unter dem Mikroskop befasst*)
microtome ['maɪkrəʊtəʊm] S PHYS Mikrotom *m/n* (*Vorrichtung zum Schneiden sehr dünner mikroskopischer Präparate*); **microtomy** [maɪ'krɒtəmɪ; *US* -'krɑ-] S Mikrotomie *f*
microtone S MUS Kleinintervall *n*
microvolt S ELEK Mikrovolt *n* (*ein millionstel Volt*)
microwave A S ELEK Mikrowelle *f*: **~ (oven)** Mikrowellenherd *m* B V/T im Mikrowellenherd zubereiten; **microwav(e)able** ADJ mikrowellenherdgeeignet

M

micturate ['mɪktjʊəreɪt; US bes -tʃə-] V/I MED harnen, urinieren; **micturition** [-'rɪʃn] S 1 Harndrang m 2 Harnen n, Urinieren n

mid[1] [mɪd] ADJ 1 attr od in Zusammensetzungen mittler(er, e, es), Mittel...: **in ~-April** Mitte April; **in ~ morning** am Vormittag; **in the ~ 16th century** in der Mitte des 16. Jhs.; **in ~-ocean** auf offener See 2 LING halb (offen) (Vokal)

mid[2] [mɪd] PRÄP poet inmitten von (od gen)

mid.[1] ABK middle

Mid.[2] ABK midshipman

midair A S: **in ~** in der Luft B ADJ: **~ collision** Zusammenstoß m in der Luft

Midas[1] ['maɪdæs; -dəs] A EIGENN Antike: Midas m: **he has the ~ touch** fig er macht aus allem Geld B S ≈ ZOOL Midasfliege f

MIDAS[2], **Midas** ABK MIL **Missile Defence** (US **Defense**) Alarm System

mid|-Atlantic ADJ: **he's got a ~ accent** er spricht e-e Mischung aus britischem u. amerikanischem Englisch; **~brain** S ANAT Mittelhirn n; **~day** A S Mittag m: **at ~** mittags B ADJ mittägig, Mittag(s)...: **~ meal** Mittagessen n; **~ sun** Mittag(s)sonne f

midden ['mɪdn] S obs od dial a Misthaufen m b Abfallhaufen m

middle ['mɪdl] A ADJ 1 (a. zeitlich u. fig) mittler(er, e, es), Mittel...: **~ C** MUS eingestrichenes C; **~ finger** Mittelfinger m; **~ life** mittleres Lebensalter; **~ quality** WIRTSCH Mittelqualität f; **in the ~ fifties** Mitte der Fünfziger(jahre); **he was the ~ of three children** er war das mittlere von drei Kindern; → management 2, rhyme A 1 2 LING a Mittel...: ≈ **Latin** Mittellatein n b → medial A 2 B S 1 Mitte f: **in the ~** in der od die Mitte; **in the ~ of** in der Mitte (gen), mitten in (dat), inmitten (gen); **in the ~ of the street** mitten auf der Straße; **in the ~ of speaking** mitten im Sprechen; **in the ~ of July** Mitte Juli; → nowhere B 2 mittlerer Teil, Mittelstück n (a. e-s Schlachttieres) 3 Mitte f (des Leibes), Taille f 4 LING Medium n (griechische Verbform) 5 Logik: Mittelglied n (e-s Schlusses) 6 a. **~ article** Br Feuilleton n 7 pl WIRTSCH Mittelsorte f C V/T 1 in die Mitte platzieren 2 bes Fußball: den Ball zur Mitte geben

middle| age S 1 mittleres Alter: **be in ~** mittleren Alters od in den mittleren Jahren sein 2 **the Middle Ages** pl das Mittelalter; ≈**-Age** ADJ mittelalterlich; **~-aged** ADJ mittleren Alters: → spread C 4; ≈ **America** S die (konservative) amerikanische Mittelschicht; ≈ **Atlantic States** SPL US (Sammelname für die Staaten) New York, New Jersey u. Pennsylvania; **~-bracket** ADJ zur mittleren Einkommensstufe gehörend: **a ~ income** ein mittleres Einkommen; **~brow** A ADJ von durchschnittlichen geistigen Interessen B S geistige(r) Normalverbraucher(in); **~-class** ADJ zum Mittelstand gehörig, Mittelstands...; **~ classes** SPL Mittelstand m; **~ course** S fig Br Mittelweg m: **follow** (od **steer, take**) **a ~** e-n Mittelweg gehen; **~ deck** S SCHIFF Mitteldeck n; **~ distance** S 1 MAL, FOTO Mittelgrund m 2 SPORT Mittelstrecke f; **~-distance** ADJ SPORT Mittelstrecken...: **~ race**; **~ runner** Mittelstreckler(in), Mittelstreckenläufer(in); **~ ear** S ANAT Mittelohr n; ≈ **East** S GEOG 1 obs (der) Mittlere Osten 2 (der) Nahe Osten; ≈ **English** S LING Mittelenglisch n; ≈ **Greek** S LING die griechische Sprache des Mittelalters; **~ ground** S 1 → middle distance 1 2 SCHIFF Mittelgrund m, seichte Stelle 3 fig mittlerer od neutraler Standpunkt; ≈ **High German** S LING Mittelhochdeutsch n; **~-income** ADJ mit mittlerem Einkommen; ≈ **Kingdom** S 1 Antike: mittleres Königreich Ägypten (etwa 2400 bis 1580 v. Chr.) 2 HIST Reich n der Mitte (China); **~man** [-mæn] S irr 1 Mittelsmann m 2 WIRTSCH a Makler m, Zwischenhändler m b Agent m, Vertreter m; **~most** [-məʊst] → midmost A; **~ name** S 1 zweiter Vorname 2 fig umg hervorstechende Eigenschaft: **laziness is his ~** er ist die Faulheit in Person; **~-of-the-road** ADJ 1 bes POL gemäßigt: **a ~ policy** a. e-e Politik der Mitte 2 gefällig, den Durchschnittsgeschmack treffend (Musik); **~-of-the-roader** S bes POL Gemäßigte(r) m/f(m), Politiker(in) der Mitte; **~-range** ADJ 1 Mittelstrecken... (a. MIL) 2 Mittelklasse...: **~ car** 3 fig mittelfristig (Pläne etc); **~-rate** ADJ mittelmäßig; **~ school** S SCHULE Br e-e Schule für 8- od 9- bis 12- od 13-jährige; **~-sized** ADJ (von) mittlerer Größe; ≈ **States** → Middle Atlantic States; **~ term** → middle B 5; **~ware** S IT: Middleware f (Hardware- bzw Softwarehilfsmittel, die es erlauben, ein Programm auf e-m nicht kompatiblen Anlagenmodell ablaufen zu lassen); **~weight** SPORT A S Mittelgewicht(ler) n(m): **at ~** im Mittelgewicht B ADJ Mittelgewichts...; ≈ **West** S US (der) Mittlere Westen; ≈ **Western** ADJ US des Mittleren Westens; ≈ **Westerner** S US Bewohner(in) des Mittleren Westens

middling ['mɪdlɪŋ] A ADJ (ADV ~ly) 1 von mittlerer Größe od Güte od Sorte, mittelmäßig (a. pej), Mittel...: how are you? **fair to ~** so lala umg; **~ quality** Mittelqualität f 2 ziemlich groß B ADV umg leidlich, einigermaßen C SPL 1 WIRTSCH Ware f mittlerer Güte, Mittelsorte f 2 a Mittelmehl n b (mit Kleie etc vermischtes) Futtermehl 3 METALL Zwischenprodukt n

middy ['mɪdɪ] S 1 umg für midshipman 2 → middy blouse; **~ blouse** S Matrosenbluse f

Mideast bes US → Middle East

midfield S bes Fußball: Mittelfeld n: **in ~** im Mittelfeld; **~ dynamo** Mittelfeldmotor m; **~ player** Mittelfeldspieler(in); **~ schemer** Mittelfeldregisseur(in); **he's our ~ schemer** er zieht bei uns im Mittelfeld die Fäden; **~fielder** S Mittelfeldspieler(in)

midge [mɪdʒ] S 1 ZOOL kleine Mücke 2 → midget A 1

midget ['mɪdʒɪt] A S 1 Liliputaner(in), Zwerg(in) 2 Winzling m (Sache) B ADJ winzig, Mini...: **~ submarine**; **~ golf** US Minigolf n

Mid Glamorgan [glə'mɔː(r)gən] S Mid Glamorgan n (Grafschaft im südlichen Wales)

midi ['mɪdɪ] S a Midi m (Midimantel, -rock) b Midi n (Midikleid); **~coat** S Midimantel m; **~dress** S Midikleid n; **~skirt** S Midirock m

midland [-lənd] A S Binnenland n B ADJ binnenländisch

Midlands, the ['mɪdləndz] SPL Mittelengland n (Grafschaften Mittelenglands, bes Warwickshire, Northamptonshire, Leicestershire, Nottinghamshire, Derbyshire u. Staffordshire)

midlife crisis S irr PSYCH Midlife-Crisis f, Krise f in der Lebensmitte

Midlothian [mɪd'ləʊðjən; -ɪən] S Midlothian n (Verwaltungsregion in Zentralschottland)

midmost A ADJ 1 ganz od genau in der Mitte (liegend etc) 2 innerst(er, e, es) B ADV (ganz) im Innern od in der Mitte

midnight A S Mitternacht f: **at ~** um Mitternacht B ADJ mitternächtlich, Mitternachts...: **burn the ~ oil** bis spät in die Nacht arbeiten od lernen; **~ blue** S Mitternachtsblau n (Farbe); **~-blue** ADJ mitternachtsblau; ≈ **Mass** S KATH Christmette f; **~ sun** S 1 Mitternachtssonne f 2 SCHIFF Nordersonne f

mid|noon → midday; **~point** S 1 MATH Mittelpunkt m (e-r Linie), Halbierungspunkt m 2 fig Hälfte f, Mitte f: **be at ~, reach ~** die Hälfte hinter sich haben; **~rib** S BOT Mittelrippe f (e-s Blatts); **~riff** S 1 ANAT Zwerchfell n 2 a Mittelteil m/n (e-s Damenkleidungsstücks) b US zweiteiliges Damenkleidungsstück, das die Taille freilässt 3 Obertaille f: **~ bulge** bes US Rettungsring m umg (Fettwulst um die Taille) 4 Magengrube f: **a blow in the ~**; **~ship** SCHIFF A S Mitte f des Schiffs B ADJ Mitschiffs...: **~ section** Hauptspant m; **~shipman** [-mən] S irr SCHIFF Midshipman m: a Br unterster Rang e-s Seeoffiziers b US Seeoffiziersanwärter m; **~ships** ADV SCHIFF mittschiffs; **~-sized** ADJ WIRTSCH mittelständisch (Unternehmen)

midst [mɪdst] A S: **from the ~** aus der Mitte; **in the ~ of** inmitten (gen), mitten unter (dat); **in their (our) ~** mitten unter ihnen (uns); **he was taken from our ~** er wurde aus unserer Mitte gerissen B PRÄP obs od poet für amidst

midstream S Strommitte f

midsummer A S 1 Mitte f des Sommers, Hochsommer m 2 ASTRON Sommersonnenwende f (21. Juni) B ADJ hochsommerlich, Hochsommer..., im Hochsommer; ≈ **Day** S 1 bes Br Johanni(stag) n(m) (24. Juni) 2 e-r der 4 brit. Quartalstage; **~ madness** S (heller od reiner) Wahnsinn

Mid|-Victorian A ADJ die Mitte der viktorianischen Epoche (Regierungszeit der Königin Victoria 1837-1901) betreffend od kennzeichnend B S (a. typischer) Zeitgenosse der Mitte der viktorianischen Epoche; ≈**way** A S 1 obs Mitte f od Hälfte f des Weges 2 US Haupt-, Mittelstraße f (auf Ausstellungen etc) B ADJ auf halbem Weg (liegend) C ADV a. fig auf halbem Weg (**between** zwischen dat): **~ through the first half** SPORT Mitte der ersten Halbzeit; ≈**week** A S Mitte f der Woche B ADJ (in der) Mitte der Woche stattfindend; ≈**weekly** A ADJ 1 → midweek B 2 in der Mitte jeder Woche stattfindend B ADV in der Mitte der od jeder Woche; **~west** A S → Middle West B ADJ → Middle Western; **~westerner** → Middle Westerner

midwife ['mɪdwaɪf] S irr a Hebamme f b Entbindungspfleger m; **midwifery** ['mɪdwɪfərɪ; US -ˌwaɪf-; ˌmɪd'wɪf-] S 1 Geburtshilfe f, Hebammendienst m 2 fig Bei-, Mithilfe f

midwife toad S ZOOL Geburtshelferkröte f

mid|winter S 1 Mitte f des Winters 2 ASTRON Wintersonnenwende f; **~year** A ADJ in der Mitte des Jahres vorkommend, in der Jahresmitte: **~ settlement** WIRTSCH Halbjahresabrechnung f B S 1 Jahresmitte f 2 SCHULE US umg in der Mitte des Schuljahres stattfindende Prüfung

mien [miːn] S poet a Miene f, (Gesichts)Ausdruck m b Gebaren n, Haltung f c Aussehen n: **a man of haughty ~** ein Mann mit hochmütigem Auftreten; **noble ~** vornehme Haltung

miff [mɪf] umg A S 1 Missmut m, Verstimmung f 2 belangloser Streit B V/T j-m auf den Schlips treten umg: **be ~ed** verstimmt sein; **miffy** (ADV miffily) ADJ umg 1 leicht beleidigt, mimosenhaft 2 empfindlich (Pflanze)

might[1] [maɪt] S 1 Macht f, Gewalt f 2 Stärke f, Kraft f: **with ~ and main** obs, **with all one's ~** mit aller Kraft od Gewalt

might[2] [maɪt] prät von may[1]

might-have-been S umg a etwas, was hätte sein können b j-d, der es zu etwas hätte bringen können

mightily ['maɪtɪlɪ] ADV 1 mit Macht, mit Gewalt, heftig, kräftig 2 umg riesig, gewaltig, mächtig, äußerst; **mightiness** S Macht f, Gewalt f

mighty ['maɪtɪ] A ADJ (ADV → mightily) 1 mächtig, kräftig, gewaltig, groß, stark: → high-and-mighty 2 fig mächtig, gewaltig, riesig B ADV (vor adj u. adv) umg mächtig, enorm, kolossal, riesig, ungeheuer: ~ **easy** kinderleicht; ~ **fine** prima, wunderbar

mignonette [ˌmɪnjəˈnet] A S 1 BOT Reseda *f* 2 → mignonette lace B Resedagrün *n* B ADJ resedagrün; ~ **lace** S Mignonette *f* (*e-e zarte, schmale Zwirnspitze*)

migraine [ˈmiːgreɪn; *bes US* ˈmaɪ-] S MED Migräne *f*: ~ **attack** Migräneanfall *m*; **migrainous** ADJ Migräne...

migrant [ˈmaɪgrənt] A ADJ Wander..., Zug...: ~ **bird** Zugvogel *m*; ~ **worker** Wanderarbeiter(in) B S 1 (*ausländischer Arbeitnehmer*) Migrant(in) 2 Wanderarbeiter(in) 3 ZOOL a Zugvogel *m* b Wandertier *n*, *bes* Wanderfisch *m*

migrate [maɪˈgreɪt; *US bes* ˈmaɪˌg-] VI 1 (ab-, aus)wandern, (*a.* ORN fort)ziehen: ~ **from the country to the town** vom Land in die Stadt übersiedeln 2 (*aus e-r Gegend in e-e andere*) wandern

migration [maɪˈgreɪʃn] S 1 Wanderung *f* (*a.* CHEM, ZOOL): ~ **of peoples** Völkerwanderung; ~ **of fish** Fischwanderung; **intramolecular** ~ intramolekulare Wanderung; ~ **of ions** Ionenwanderung 2 *a.* ZOOL Abwandern *n*, Fortziehen *n* 3 Zug *m* (*von Menschen od Wandertieren*) 4 ORN Wanderzeit *f* 5 GEOL natürliche Wanderung von Erdölmassen; **migrational** ADJ Wander..., Zug...

migratory [ˈmaɪgrətərɪ; *US* -ˌtəʊriː; -ˌtɔː-] ADJ 1 (aus)wandernd 2 ZOOL Zug..., Wander...: ~ **animal** Wandertier *n*; ~ **bird** Zugvogel *m*; ~ **fish** Wanderfisch *m*; ~ **instinct** Wandertrieb *m* 3 umherziehend, nomadisch: ~ **life** Wanderleben *n*; ~ **worker** Wanderarbeiter(in)

mikado, *oft* ≈ [mɪˈkɑːdəʊ] *pl* **-dos** S Mikado *m* (*ehemalige Bezeichnung des Kaisers von Japan*)

Mike[1] [maɪk] → Mick

mike[2] [maɪk] *Br sl* A VI herumlungern B S: **do** (*od* **have**) **a** ~ → A

mike[3] [maɪk] S *umg* Mikro *n* (*Mikrofon*)

mikron → micron

mil [mɪl] S 1 Tausend *n*: **per** ~ per Mille 2 TECH 1/1000 Zoll (*Drahtdurchmesser*) 3 MIL (Teil)Strich *m*

mil. ABK 1 military 2 militia

milage → mileage

Milan [mɪˈlæn] Mailand *n*

Milanese [ˌmɪləˈniːz] A ADJ mailändisch, Mailänder B S Mailänder(in): **the** ~ *koll* die Mailänder *pl*

milch [mɪltʃ; *US a.* mɪlk] ADJ Milch gebend, Milch...: ~ **cow** a Milchkuh *f* b *fig umg* Melk-, Milchkuh *f*

mild [maɪld] ADJ (ADV ~ly) 1 mild, sanft, leicht, schwach: ~ **air** milde Luft; ~ **attempt** schüchterner Versuch; ~ **climate** mildes Klima; **a** ~ **fever** leichtes Fieber; ~ **light** sanftes Licht; ~ **sarcasm** milder Spott; ~ **surprise** gelinde Überraschung; **put it mildly** a sich gelinde ausdrücken b (*Redew*) gelinde gesagt; **that's putting it ~ly** das ist gar kein Ausdruck!; **be only ~ly interested in** nur ein geringes Interesse haben an (*dat*); → draw B 24 2 mild, sanft, nachsichtig, freundlich (*Person, Veranlagung etc*) 3 mild, glimpflich (*Strafe*) 4 mild, leicht (*Medikament, Wein, Zigarre etc*); ~ **steel** TECH Flussstahl *m*

mildew [ˈmɪldjuː; *US a.* -ˌduː] A S 1 BOT Mehltau(pilz) *m*, Brand *m* (*am Getreide*) 2 Schimmel *m*, Moder *m*: **a spot of** ~ ein Moder- *od* Stockfleck *m* (*in Papier etc*) B VT mit Mehltau *od* Stock- *od* Schimmel- *od* Moderflecken überziehen: **be ~ed** verschimmelt sein (*a. fig*) C VI brandig *od* (*a. fig*)schimm(e)lig *od* mod(e)rig *od* stockig werden; **mildewed, mildewy** ADJ 1 brandig, mod(e)rig, schimm(e)lig 2 BOT von Mehltau befallen, mehltauartig

mildness [ˈmaɪldnɪs] S 1 Milde *f*, Sanftheit *f* 2 Sanftmut *f*, Nachsicht *f*

mile [maɪl] S 1 Meile *f*: **walk for ~s** meilenweit gehen; ~ **after** ~ **of fields**, **~s and ~s of fields** meilenweite Felder; **be ~s apart** meilenweit voneinander entfernt sein (*a. fig*); **be ~s (away) from** meilenweit entfernt sein von (*a. fig*); **not come within a** ~ **of** *fig* nicht annähernd herankommen an (*akk*); **there's no one within ~s** (*od* **a** ~) **of him as a tennis player** *fig* im Tennis kann ihm niemand (auch nur annähernd) das Wasser reichen; **make short ~s** SCHIFF schnell segeln; **miss sth by a** ~ *fig* etwas (meilen)weit verfehlen; **run a** ~ **from sb** *fig umg* um j-n e-n großen Bogen machen; **talk a** ~ **a minute** *umg* wie ein Maschinengewehr *od* ein Wasserfall reden; **stand** (*od* **stick**) **out a** ~ *umg* nicht zu übersehen sein; **that stands** (*od* **sticks**) **out a** ~ *umg* das sieht ja ein Blinder; **she's feeling ~s better today** *umg* sie fühlt sich heute wesentlich besser; **he was ~s off in his calculations** *umg* er lag mit s-n Berechnungen völlig daneben 2 SPORT Meilenrennen *n*

mileage [ˈmaɪlɪdʒ] S 1 Meilenlänge *f*, -zahl *f* 2 zurückgelegte Meilenzahl *od* Fahrtstrecke, Meilenstand *m*: **a used car with a low** ~ ein Gebrauchtwagen mit geringem Meilenstand; **what** ~ **has the car done?** wie viele Meilen ist der Wagen schon gefahren?; ~ **indicator**, ~ **recorder** AUTO Meilenzähler *m*; **a two-year unlimited** ~ **warranty** AUTO e-e zweijährige Garantie ohne Meilenbeschränkung 3 *a.* ~ **allowance** Meilengeld *n* 4 Fahrpreis *m* per Meile 5 *a.* ~ **book** BAHN *US* Fahrscheinheft *n*: ~ **ticket** Fahrkarte *f* e-s Fahrscheinhefts 6 *umg* Nutzen *m*, Gewinn *m*: **get a** ~ **out of sth** etwas weidlich ausschlachten; **there's no** ~ **in it** das bringt nichts (ein), da schaut nichts dabei raus

mileometer [maɪˈlɒmɪtə(r); *US* -ˈlɑ-] S AUTO Meilenzähler *m*

miler [ˈmaɪlə(r)] S SPORT *umg* 1 Meiler *m* (*Pferd*) 2 Meilenläufer(in)

Milesian [maɪˈliːzjən; mɪ-; *US* -ʒən; -ʃən] *hum* A ADJ irisch B S Ire *m*, Irin *f*, Irländer(in)

milestone S 1 Meilenstein *m* 2 *fig* Meilen-, Markstein *m*

milfoil [ˈmɪlfɔɪl] S BOT Schafgarbe *f*

miliaria [ˌmɪlɪˈeərɪə] S MED Miliaria *pl*, Frieselausschlag *m*

miliary [ˈmɪljərɪ; *US* ˈmɪlɪˌeriː] ADJ MED Miliar...: ~ **tuberculosis**; ~ **fever** Frieselfieber *n*

milieu [ˈmiːljɜː; *US* miːlˈjɜ; -ˈjuː] S Milieu *n*, Umgebung *f*

militancy [ˈmɪlɪtənsɪ] S 1 militanter Charakter 2 Aggressivität *f*

militant [ˈmɪlɪtənt] A ADJ (ADV ~ly) 1 Krieg führend 2 militant 3 aggressiv, kämpferisch B S militante Person, militantes Mitglied; **militantness** → militancy; **militarism** [-rɪzəm] S POL Militarismus *m* (*Übergewicht militärischer Grundsätze etc in der Politik e-s Staates*); **militarist** S 1 POL Militarist(in) 2 Fachmann *m* in militärischen Angelegenheiten; **militaristic** ADJ (ADV ~ally) POL militaristisch; **militarization** S Militarisierung *f*; **militarize** VT militarisieren

military [ˈmɪlɪtərɪ; *US* -ˌteriː] A ADJ (ADV militarily) 1 militärisch, Militär...: **be of** ~ **age** in wehrpflichtigem Alter sein; **be of an old** ~ **family** aus e-r alten Soldatenfamilie stammen; → establishment 8 2 Heeres..., Kriegs... B S (*als pl konstruiert*) Militär *n*; ~ **academy** S 1 Militärakademie *f* 2 *US* (*zivile*) Schule mit militärischer Disziplin u. Ausbildung; ~ **adviser** S Militärberater *m*; ~ **aid** S Militärhilfe *f*; ~ **attaché** S Militärattaché *m*; ~ **band** S Militärkapelle *f*; ~ **cemetery** S Soldatenfriedhof *m*; ~ **code** S JUR, MIL Militärstrafgesetz(buch) *n*; ≈ **Cross** S MIL *Br* Militärverdienstkreuz *n*; ~ **dictatorship** S Militärdiktatur *f*; ~ **government** S Militärregierung *f*; ~ **hono(u)rs** SPL militärische Ehren *pl*; ~ **hospital** S Lazarett *n*; ~ **intelligence** S MIL 1 ausgewertete Feindnachrichten *pl* 2 a (*US* Heeres)Nachrichtendienst *m* b Abwehr(dienst) *f(m)*; ~ **junta** S Militärjunta *f*; ~ **map** S MIL Generalstabskarte *f*; ~ **march** S MUS Militärmarsch *m*; ~ **police** S (*als pl konstruiert*) Militärpolizei *f*; ~ **policeman** S *irr* Militärpolizist *m*; ~ **profession** S Soldatenstand *m*; ~ **property** S MIL Heeresgut *n*; ~ **putsch** S Militärputsch *m*; ~ **regime** S Militärregime *n*; ~ **school** → military academy 2; ~ **science** S Militär-, Wehrwissenschaft *f*; ~ **service** S Militär-, Wehrdienst *m*: **do one's** ~ s-n Wehrdienst ableisten; ~ **service book** S MIL Wehrpass *m*; ~ **spending** S Militärausgaben *pl*; ~ **stores** SPL Militärbedarf *m*, Kriegsmaterial *n* (*Munition, Proviant etc*); ~ **testament** S JUR, MIL Nottestament *n* (von Militärpersonen) (*im Krieg*); ~ **vehicle** S Militärfahrzeug *n*

militate [ˈmɪlɪteɪt] VI *fig* (**against**) sprechen (gegen), entgegenwirken (*dat*): ~ **in favo(u)r of** (*od* **for**) **sth** (**sb**) für etwas (j-n) sprechen *od* eintreten; **the facts** ~ **against this opinion** die Tatsachen sprechen gegen diese Ansicht

militia [mɪˈlɪʃə] S (*a. als pl konstruiert*) MIL Miliz *f*, Bürgerwehr *f*; **militiaman** [-mən] S *irr* MIL Milizsoldat *m*

milium [ˈmɪlɪəm] S MED Milium *n*, Hautgrieß *m*

milk [mɪlk] A S 1 Milch *f*: **cow in** ~ frisch milchende Kuh; ~ **for babes** *fig umg* simple Kost (*für geistig Unbedarfte*); **land of** ~ **and honey** *fig* Schlaraffenland *n*; ~ **of human kindness** Milch der frommen Denkungsart; **it is no use crying over spilt** ~ geschehen ist geschehen; **come home with the** ~ *Br hum* sehr früh nach Hause kommen 2 BOT (Pflanzen)Milch *f*, Milchsaft *m* 3 Milch *f*, milchartige Flüssigkeit (*a.* CHEM): ~ **of magnesia** PHARM Magnesiummilch; ~ **of sulfur** (*bes Br* **sulphur**) Schwefelmilch 4 ZOOL Austernlaich *m* 5 MINER Wolken *pl* (*in Diamanten*) B VT 1 e-e Kuh *etc* melken: ~ **the pigeon** *umg* das Unmögliche versuchen 2 *fig* a *Informationen etc* herausholen (**from** aus) b *j-n* melken, ausnehmen (*beide umg*): ~ **sb of information** Informationen aus j-m herausholen c das Letzte aus *e-m Unternehmen etc* herausholen: ~ **a joke** einen Witz totreiten 3 *e-e Leitung etc* anzapfen (*um mitzuhören*) C VI 1 melken 2 Milch geben

milk|-and-water ADJ saft- u. kraftlos (*Stil etc*), seicht (*Literatur etc*); ~ **bar** S Milchbar *f*; ~ **chocolate** S Vollmilchschokolade *f*; ~ **churn** S *Br* Milchkanne *f*; ~ **cow** S 1 Milchkuh *f* 2 *fig umg* Melk-, Milchkuh *f*; ~ **crust** S MED Milchschorf *m*; ~ **duct** S ANAT Milchdrüsengang *m*, Milchkanälchen *n*

milker [ˈmɪlkə(r)] S 1 Melker(in) 2 TECH Melkmaschine *f* 3 Milchkuh *f*, -schaf *n*, -ziege *f*

milk| fever S MED, VET Milchfieber *n*; ~ **float** S *Br* Milchwagen *m*; ~ **glass** S Milchglas *n*

milkiness [ˈmɪlkɪnɪs] S 1 Milchigkeit *f* 2 *fig* Sanft-, Weichheit *f* 3 *fig* Ängstlichkeit *f*

milking [ˈmɪlkɪŋ] S 1 Melken *n*: ~ **machine** TECH Melkmaschine *f*; ~ **parlo(u)r** Melkraum *m*, -haus *n*; ~ **stool** Melkschemel *m* 2 gewonnene Milch

milk| lake S WIRTSCH Milchsee *m*; ~ **leg** S 1 MED Venenentzündung *f* (im Wochenbett) 2 VET Fußgeschwulst *f* (*bei Pferden*); **~-livered**

M

ADJ *fig* feig(e), furchtsam; **~maid** S Melkerin *f*; **~man** [-mən] S *irr* 1 Milchmann *m* 2 Melker *m*; **~ parsley** S BOT Wilder Eppich; **~ plasma** S BIOL, CHEM Milchplasma *n*; **~ powder** S Milchpulver *n*, Trockenmilch *f*; **~ pudding** S GASTR *bes Br* Milchbrei *m*; **~ round** S *Br* 1 Runde *f (e-s Milchmannes)* 2 *regelmäßige Besuche von Universitäten, durch die Firmenvertreter Studentinnen u. Studenten nach deren Studienabschluss anwerben wollen*; **~ run** S FLUG, MIL *sl* Routineeinsatz *m*, gefahrloser Einsatz; **~ shake** S Milchshake *m*, -mixgetränk *n*; **~shed** S *US* Milcheinzugsgebiet *n (e-r Stadt)*; **~ sickness** S MED, VET Milchkrankheit *f*; **~sop** S *fig* Weichling *m*, Muttersöhnchen *n*, Schlappschwanz *m pej*; **~ sugar** S CHEM Milchzucker *m*, Laktose *f*; **~ thistle** S BOT 1 Mariendistel *f* 2 Gänsedistel *f*; **~ tooth** S *irr* Milchzahn *m*; **~weed** S BOT 1 Schwalbenwurzgewächs *n*, *bes* Seidenpflanze *f* 2 Wolfsmilch *f* 3 Gänsedistel *f* 4 → milk parsley; **~-white** ADJ milchweiß: **~ crystal** MINER Milchquarz *m*

milky ['mɪlkɪ] ADJ (ADV milkily) 1 milchig: a milchartig, Milch… b milchweiß c MINER wolkig *(Diamant)* 2 molkig 3 milchreich: **~ coffee** Milchkaffee *m*; **she likes her coffee ~** sie mag ihren Kaffee mit (viel) Milch 4 *fig* mild, weich(lich), sanft 5 *fig* ängstlich; **⁓ Way** S ASTRON Milchstraße *f*

mill[1] [mɪl] A S 1 TECH Mühle *f*: **the ~s of God grind slowly (but they grind exceedingly small)** *(Sprichwort)* Gottes Mühlen mahlen langsam(, mahlen aber trefflich klein); → grist[1] 1 2 *(Kaffee- etc)* Mühle *f*: **go through the ~** *fig* e-e harte Schule durchmachen; **put sb through the ~** a j-n in e-e harte Schule schicken b j-n hart rannehmen; **have been through the ~** viel durchgemacht haben, durch e-e harte Schule gegangen sein 3 TECH Hütten-, Hammer-, Walzwerk *n* 4 TECH Spinnerei *f* 5 TECH a *Münzherstellung*: Spindel-, Prägwerk *n* b *Glasherstellung*: Reib-, Schleifkasten *m* 6 TYPO Druckwalze *f* 7 Fabrik *f*, Werk *n* 8 *umg pej* Fabrik *f*: **a diploma ~** 9 *umg* Prügelei *f* B V/T 1 *Korn etc* mahlen 2 TECH *allg* ver-, bearbeiten, *z. B.* a *Holz, Metall* fräsen b *Papier, Metall* walzen c *Münzen* rändeln d *Tuch, Leder etc* walken e *Seide* moulinieren, filieren, zwirnen f *Schokolade* quirlen, schlagen: **~ed lead** Walzblei *n* 3 *obs umg* durchwalken, (durch)prügeln C V/I 1 *obs umg* raufen, sich prügeln 2 *a.* **~ about, ~ around** herumlaufen, ziellos herumirren: **~ing crowd** wogende Menge, (Menschen)Gewühl *n* 3 TECH gefräst *od* gewalzt werden, sich fräsen *od* walzen lassen

mill[2] [mɪl] S *US* Tausendstel *n (bes 1/1000 Dollar)*

mill|board S TECH starke Pappe, Pappdeckel *m*; **~ cake** S Ölkuchen *m*; **~course** S TECH 1 Mühlengerinne *n* 2 Mahlgang *m*; **~dam** S Mühlwehr *n*

millenarian [,mɪlɪ'neərɪən] A ADJ 1 tausendjährig 2 REL das Tausendjährige Reich (Christi) betreffend B S REL Chiliast(in); **millenarianism** S REL Chiliasmus *m (Glaube an das Tausendjährige Reich Christi auf Erden)*; **millenary** [mɪ'lenərɪ; *US a.* 'mɪlə,neri:] A ADJ aus tausend (Jahren) bestehend, von tausend Jahren B S → millennium 1, 2

millennial [mɪ'lenɪəl] ADJ (ADV ~ly) 1 → millenarian A 1, A 2 2 e-e Jahrtausendfeier betreffend; **millennium** [-əm] *pl* -niums, -nia [-ə] S 1 Millennium *n*, Jahrtausend *n*: **~ baby** Millennium(s)baby *n*; **~ bug** IT Jahr-2000-Fehler *m*, -Problem *n*; **~-compliant** IT jahrtausendfähig 2 Millennium(s)-, Tausendjahrfeier *f* 3 REL Millennium *n*, Tausendjähriges Reich Christi 4 *fig* (zukünftiges) Zeitalter des Glücks u. Friedens, Paradies *n* auf Erden

millepede ['mɪlɪpi:d], **milleped** [-ped] S ZOOL Tausendfüß(l)er *m*

miller ['mɪlə(r)] S 1 Müller(in) 2 TECH a → milling machine b → milling cutter 3 ZOOL Müller *m (Motte)*

millerite ['mɪləraɪt] S MINER Millerit *m*

millesimal [mɪ'lesɪml] A ADJ (ADV ~ly) 1 tausendst(er, e, es) 2 tausendstel B S Tausendstel *n*

millet ['mɪlɪt] S BOT *(bes* Rispen)Hirse *f*; **~ grass** S BOT Flattergras *n*

milli- [mɪlɪ] *Wortelement mit der Bedeutung* Tausendstel

milliard ['mɪljɑ:d] S *Br* Milliarde *f*

millibar S METEO Millibar *n*; **milligram**, *bes Br* **milligramme** S Milligramm *n*; **milliliter**, *bes Br* **millilitre** S Milliliter *m*, *a. n*; **millimeter**, *bes Br* **millimetre** S Millimeter *m*, *a. n*

milliner ['mɪlɪnə(r)] S Putzmacher(in), Modist(in); **millinery** [-nərɪ; *US* -ə,neri:] S a Hüte *pl* b Hutmacherei *f* c Hutgeschäft *n*

milling ['mɪlɪŋ] S 1 Mahlen *n*, Müllerei *f* 2 TECH a Walken *n* b Rändeln *n* c Fräsen *n* d Walzen *n* 3 *obs umg* Tracht *f* Prügel; **~ cutter** S TECH Fräser *m*, Fräswerkzeug *n*; **~ iron** S TECH Rändeleisen *n*; **~ machine** S TECH 1 Fräsmaschine *f* 2 Rändelwerk *n*; **~ plant** S CHEM Pilieranlage *f (für Seifenerzeugung)*; **~ tool** S TECH 1 Fräswerkzeug *n* 2 Rändeleisen *n*

million ['mɪljən] S 1 Million *f*: **a ~ times** *umg* tausendmal, x-mal; **two ~ people** zwei Millionen Menschen; **~s** *pl* **of people** *fig* e-e Unmasse Leute; **feel like a ~ dollars** *bes US umg* sich pudelwohl fühlen; **he's a man in a ~** *umg* so j-n wie ihn findet man nicht noch einmal; **he's got a wife in a ~** *umg* er hat e-e einmalige Frau 2 **the ~**(s *pl*) die breite Masse, das Volk; **millionaire** [-'neə(r)] S Millionär *m*; **millionairess** S Millionärin *f*; **millionfold** [-fəʊld] ADJ & ADV millionenfach; **millionnaire** *bes US für* millionaire; **millionnairess** *bes US für* millionairess; **millionth** [-jənθ] A ADJ 1 millionst(er, e, es) 2 millionstel B S Millionstel *n*

millipede ['mɪlɪpi:d] → millepede

millisecond S Millisekunde *f*; **millivolt** S ELEK, PHYS Millivolt *n*

mill|owner S 1 Mühlenbesitzer(in) 2 Spinnerei-, Fabrikbesitzer(in); **~pond** S Mühlteich *m*: **(as) smooth as a ~** spiegelglatt *(Meer etc)*; **~race** S TECH Mühlgerinne *n*

Mills bomb [mɪlz], **Mills grenade** S MIL Eierhandgranate *f*

millstone S Mühlstein *m*: **see through a ~** *fig* das Gras wachsen hören *umg*; **be between the upper and nether ~** *fig* zwischen die Mühlsteine geraten sein, zerrieben werden; **be a ~ round sb's neck** *fig* a j-m ein Klotz am Bein sein *umg (Person)* b j-m am Bein hängen *umg (Hypothek etc)*

millwheel S Mühlrad *n*

milometer → mileometer

milquetoast ['mɪlk,təʊst] S *US* unterwürfiger *od umg* duckmäuserischer Mensch

milreis ['mɪlreɪs; *US* mɪl'reɪs] S HIST Milreis *n*: a *brasilianische Silbermünze zu 1000 Reis; bis 1942* b *portugiesische Rechnungsmünze von 1000 Reis; bis 1911*

milt[1] [mɪlt] S ZOOL Milz *f*

milt[2] [mɪlt] FISCH A S Milch *f (der männlichen Fische)* B V/T *den Rogen* mit Milch befruchten

milter ['mɪltə(r)] S FISCH Milch(n)er *m (männlicher Fisch zur Laichzeit)*

Miltonian [mɪl'təʊnɪən], **Miltonic** [-'tɒnɪk; *US* -'tɑ-] ADJ miltonisch, im Stil Miltons, den englischen Dichter John Milton *(1608-74)* betreffend

mime [maɪm] A S 1 *Antike*: Mimus *m*, Posse(nspiel) *f(n)* 2 Pantomime *f*: **the art of ~** die Pantomimik 3 *Antike*: Mimus *m*, Mima *f (Darsteller[in] in Mimen)* 4 Pantomime *m*, Pantomimin *f* B V/T (panto)mimisch darstellen C V/I TV *etc* Play-back singen *od* spielen

mimeograph ['mɪmɪəgrɑ:f; *US* -,græf] *US* A S 1 Mimeograf *m (ein Vervielfältigungsgerät)* 2 Vervielfältigung *f*, Kopie *f* B V/T vervielfältigen

mimesis [mɪ'mi:sɪs; maɪ-] S 1 Mimese *f*, Mimesis *f (nachahmende Darstellung der Natur im Bereich der Kunst)* 2 RHET *Antike*: Mimese *f*, Mimesis *f (Nachahmung e-r Person dadurch, dass man ihr Worte in den Mund legt, die besonders kennzeichnend sind)* 3 → mimicry 2

mimetic [mɪ'metɪk; maɪ-] ADJ (ADV ~ally) 1 mimetisch 2 ZOOL Mimikry…, Schutz…

mimic ['mɪmɪk] A ADJ 1 nachgeahmt, Schein… 2 → mimetic 2 B S a Nachahmer(in), Imitator *m*, Imitatorin *f* b Parodist(in) C V/T *präp u. pperf* mimicked, *ppr* mimicking 1 a nachahmen, imitieren b parodieren 2 aussehen wie 3 ZOOL Farbe u./*od* Gestalt *(gen)* annehmen; **mimicker** → mimic B a

mimicry ['mɪmɪkrɪ] S 1 a Nachahmen *n*, Imitieren *n* b Parodieren *n* c Parodie *f* 2 ZOOL Mimikry *f (das Annehmen von Farbe u./od Gestalt e-s gefährlichen Tieres als Schutzanpassung)*

miming ['maɪmɪŋ] S TV *etc* Play-back *n*

miminy-piminy [,mɪmɪnɪ'pɪmɪnɪ] ADJ affektiert, geziert, etepetete

mimosa [mɪ'məʊzə; -sə; *US a.* maɪ-] S BOT 1 Mimose *f* 2 Echte Akazie

min.[1] ABK 1 mineralogical 2 mineralogy 3 minimum 4 mining 5 minute(s PL) Min.

Min.[2] ABK 1 Minister 2 Ministry

minaret ['mɪnəret; ,mɪnə'ret] S ARCH Minarett *n (schlanker Turm e-r Moschee)*

minatory ['mɪnətərɪ; 'maɪn-; *US* -,təʊri:; -,tɔ:-] ADJ (ADV minatorily) drohend

mince [mɪns] A V/T 1 zerhacken, in kleine Stücke (zer)schneiden, zerstückeln: **~ meat** Fleisch hacken *od* durchdrehen, Hackfleisch machen; **~d meat** → mincemeat 1 2 *fig* mildern, bemänteln: **~ one's words** → B 2 a; **not ~ matters** *(od* **one's words)** kein Blatt vor den Mund nehmen; reden *od* sprechen, wie e-m der Schnabel gewachsen ist *umg*; **not ~ matters** *(Redew)* im Klartext 3 **~ one's way** → B 2 b B V/I 1 Fleisch, Gemüse *etc* (klein) schneiden, Hackfleisch machen 2 a geziert *od* affektiert sprechen b geziert gehen, tänzeln, trippeln C S *bes Br für* mincemeat 1; **~meat** S 1 Hackfleisch *n*, Gehacktes *n*: **make ~ of** *fig* a aus *j-m* Hackfleisch machen *umg* b *ein Argument, Buch etc* der Luft) zerreißen 2 Pastetenfüllung *f (aus Korinthen, Äpfeln, Rosinen, Zucker, Hammelfett, Rum etc mit od ohne Fleisch)*; **~ pie** S *mit* ***mincemeat*** *gefüllte Pastete*

mincer ['mɪnsə(r)] → mincing machine

mincing ['mɪnsɪŋ] ADJ (ADV ~ly) 1 zerkleinernd, Hack… 2 a geziert, affektiert b tänzelnd, trippelnd; **~ machine** S Hackmaschine *f*, Fleischwolf *m*: **put sth through the ~** etwas durch den Fleischwolf drehen

mind [maɪnd] A S 1 Sinn *m*, Gemüt *n*, Herz *n*: **his ~ was on her all time** er musste die ganze Zeit an sie denken; **go through sb's ~** j-m durch den Kopf gehen; **have sth on one's ~** etwas auf dem Herzen haben; **that might take his ~ off his worries** das lenkt ihn vielleicht von s-n Sorgen ab; **his ~ was not fully on the job** er war nicht ganz bei der Sache; → weight A 7 2 Seele *f*, Verstand *m*, Geist *m*: **before one's ~'s eye** vor s-m geistigen Auge;

see sth in one's ~'s eye etwas im Geiste vor sich sehen; **be of sound ~, be in one's right ~** bei (vollem) Verstand sein; **anybody in their right ~** jeder halbwegs Normale; **it is all in the ~** das ist rein seelisch bedingt *od* reine Einbildung *(Krankheit etc)*; **of sound ~ and memory** JUR im Vollbesitz s-r geistigen Kräfte; **of unsound ~** geistesgestört, unzurechnungsfähig; **be out of one's ~** nicht (recht) bei Sinnen sein, verrückt sein; **drive** (*od* **send**) **sb out of their ~** j-n verrückt machen; **lose one's ~** den Verstand verlieren; **close** (*od* **shut**) **one's ~ to sth** sich gegen etwas verschließen; **have an open ~** unvoreingenommen sein; **keep an open ~** sich noch nicht festlegen; **cast back one's ~** sich zurückversetzen (**to** nach, in *akk*); **enter sb's ~** j-m in den Sinn kommen; **give** (*od* **put, set**) **one's ~ to sth** sich mit e-r Sache befassen, sich e-r Sache widmen; **pay no ~ to** nicht achten auf *(akk)*; **put sth out of one's ~** sich etwas aus dem Kopf schlagen; **read sb's ~** j-s Gedanken lesen; **set one's ~ on sth** sich etwas in den Kopf setzen; **set one's ~ on doing sth** es sich in den Kopf setzen, etwas zu tun; **it has slipped (from) my ~** es ist mir entfallen; → blow[1] C 7, presence 1 **3** Geist *m* (*a.* PHIL): **the human ~**; **things of the ~** geistige Dinge; **his is a fine ~** er hat e-n feinen Verstand, er ist ein kluger Kopf; **one of the greatest ~s of his time** *fig* e-r der größten Geister s-r Zeit; **the best ~s in the country** die klügsten Köpfe im Lande; **(the triumph of) ~ over matter** der Sieg des Geistes über die Materie; → history 1 **4** Meinung *f*, Ansicht *f*: **in** (*od* **to**) **my ~** **a** m-r Ansicht nach, m-s Erachtens **b** nach m-m Sinn *od* Geschmack; **be of sb's ~** j-s Meinung sein; **change one's ~** sich anders besinnen, es sich anders überlegen; **change one's ~ about** s-e Meinung ändern über *(akk)*; **speak one's ~ (freely)** s-e Meinung frei äußern; **give sb a piece** (*od* **bit**) **of one's ~** j-m gründlich die Meinung sagen; **know one's (own) ~** wissen, was man will; **be in** (*US* **of**) **two ~s about** mit sich selbst nicht einig sein über *(akk)*; **there can be no two ~s about it** darüber kann es keine geteilte Meinung geben; **be of one ~** einer Meinung sein (**about, on** über *akk*); **many men, many ~s** *(Sprichwort)* viele Köpfe, viele Sinne **5** Neigung *f*, Lust *f*, Absicht *f*: **have a good (half a) ~ to do sth** gute (nicht übel) Lust haben, etwas zu tun; **have sth in ~** etwas im Sinn haben; **this is exactly what I had in ~** das ist genau das, was mir vorschwebte *od* was ich mir vorstellte; **I have you in ~** ich denke (dabei) an dich; **have it in ~ to do sth** beabsichtigen, etwas zu tun; **make up one's ~** **a** sich entschließen, e-n Entschluss fassen **b** zu dem Schluss *od* zu der Überzeugung kommen (**that** dass), sich klar werden (**about** über *akk*); **have you made up your ~ yet?** *(im Restaurant)* haben Sie schon gewählt?; **I can't make up your ~!** du musst d-e Entscheidung(en) schon selbst treffen! **6** Erinnerung *f*, Gedächtnis *n*: **bear** (*od* **keep**) **sth in ~** (immer) an e-e Sache denken, etwas nicht vergessen, etwas bedenken, etwas im Auge halten; **bring back** (*od* **call**) **sth to ~** **a** etwas ins Gedächtnis zurückrufen, an e-e Sache erinnern **b** sich etwas ins Gedächtnis zurückrufen, sich an e-e Sache erinnern; **I can't get it out of my ~** ich muss ständig daran denken, es beschäftigt mich ständig; **it went** (**right**, *umg* **clean**) **out of his ~** er hat es (ganz *od* total) vergessen; **put sb in ~ of sth** j-n an etwas erinnern; **nothing comes to ~** nichts fällt e-m (dabei) ein; **from time out of ~** seit undenklichen Zeiten; → erase 3, wipe out 2 **7** *Christian Science:* Gott *m* **B** V/T **1** beachten, achtgeben *od* achten auf *(akk)*: **~ you write** *umg* denk daran *od* vergiss nicht zu schreiben **2** achtgeben auf *(akk)*, sich hüten vor *(dat)*: **~ your head!** stoß dir den Kopf nicht an!; → step A 1, A 7, A 9 **3** sorgen für, sehen nach: **~ the fire** nach dem Feuer sehen; **~ the children** sich um die Kinder kümmern, die Kinder hüten *od* beaufsichtigen; **~ your own business** kümmere dich um d-e eigenen Dinge!; **never ~ him** kümmere dich nicht um ihn!; **never you ~ what …** *umg* es geht dich gar nichts an, was …; **don't ~ me** lassen Sie sich durch mich nicht stören! **4** etwas haben gegen, *etwas* nicht gern sehen *od* mögen, sich stoßen an *(dat)*: **do you ~ my smoking?** haben Sie etwas dagegen *od* stört es Sie, wenn ich rauche?; **would you ~ coming?** würden Sie so freundlich sein zu kommen?; **she was, she didn't ~ admitting, very lonely** sie war, wie sie unumwunden *od* freimütig zugab, sehr einsam; **I don't ~ it** ich habe nichts dagegen, meinetwegen, von mir aus (gern); **I would not ~ a cup of coffee** ich hätte nichts gegen e-e Tasse Kaffee **5** *schott* sich erinnern an *(akk)* **C** V/I **1** aufpassen: **~ (you)** **a** wohlgemerkt **b** allerdings; **he's very nice, ~ you, but …** er ist eigentlich sehr nett, aber …; **never ~** lass es gut sein!, es hat nichts zu sagen!, macht nichts!, schon gut! (→ C 2) **2** etwas dagegen haben: **I don't ~** ich habe nichts dagegen, meinetwegen, von mir aus (gern); **I don't ~ if he goes** meinetwegen kann er gehen; **do you ~ if I smoke?** haben Sie etwas dagegen *od* stört es Sie, wenn ich rauche?; **I don't ~ if I do** *umg* **a** ja, ganz gern *od* ich möchte schon **b** ich bin so frei; **nobody seemed to ~** es schien niemandem etwas auszumachen; **do you ~!** **a** ich muss doch sehr bitten! **b** passen Sie doch auf!; **do you ~!, can't you see I'm busy?** sehen Sie (denn) nicht, dass ich beschäftigt bin?; **he ~s a great deal** es macht ihm sehr viel aus, es stört ihn sehr; **never ~** mach dir nichts draus! (→ C 1) **3** **~ out** *Br* aufpassen (**for** auf *akk*)

mind-altering ADJ bewusstseinsverändernd

Mindanao [ˌmɪndəˈnaʊ] S Mindanao *n* *(zweitgrößte Insel der Philippinen)*

mind| bender S *sl* **1** → mindblower 2 **2** bewusstseinsverändernde Droge **3** harte Nuss *umg*, schwieriges Problem; **~-bending** ADJ (ADV **~ly**) *sl* **1** → mind-blowing **2** nahezu unfassbar *od* unverständlich; **~blower** S *sl* **1** → mind bender 2 **2** **be a real ~** j-n vom Stuhl hauen *umg*; **~-blowing** ADJ *sl* **1** bewusstseinsverändernd **2** irre, umwerfend; **~-body problem** S PHIL Leib-Seele-Problem *n*; **~-boggling** ADJ (ADV **~ly**) *sl* **1** → mind-bending 2 **2** → mind-blowing 2

minded [ˈmaɪndɪd] ADJ **1** geneigt, gesonnen (*beide:* **to do** zu tun): **if you are so ~** wenn das d-e Absicht ist **2** *bes in Zusammensetzungen* **a** …gesinnt, mit *od* von e-r … Gesinnung, zu … geneigt: → evil-minded, *etc* **b** *konventionell, international etc* denkend **c** *religiös, technisch etc* veranlagt **d** …begeistert, interessiert an *(dat)*: → air-minded, *etc* **e** …bewusst: **ecology-~** umweltbewusst; **mindedness** S *in Zusammensetzungen* **a** Gesinnung *f*, Neigung *f*: → evil-mindedness, *etc* **b** Begeisterung *f*: → air-mindedness *etc*

Mindel [ˈmɪndl] GEOL **A** S Mindeleiszeit *f* **B** ADJ Mindel…: **~ time** → A

minder [ˈmaɪndə(r)] S *bes Br* **1** **a** Aufseher(in), Wärter(in) **b** Aufpasser(in) **2** *sl* **a** Presse- *od* Öffentlichkeitsreferent(in) *(e-s Politikers etc)* **b** Gorilla *m umg (bes e-s Gangsters)*

mind|-expander S bewusstseinserweiternde Droge; **~-expanding** ADJ bewusstseinserweiternd

mindful ADJ (ADV **~ly**) **1** aufmerksam, achtsam: **be ~ of** achten auf *(akk)* **2** eingedenk (**of** *gen*): **be ~ of** denken an *(akk)*, bedenken; **mindfulness** S Achtsamkeit *f*, Aufmerksamkeit *f*

mindless [ˈmaɪndlɪs] ADJ (ADV **~ly**) **1** (**of**) unbekümmert (um), ohne Rücksicht (auf *akk*), uneingedenk *(gen)* **2** gedankenlos, blind **3** geistlos, ohne Intelligenz **4** unbeseelt

mind| reader S Gedankenleser(in): **I'm not a ~!** ich kann doch keine Gedanken lesen!; **~ reading** S Gedankenlesen *n*; **~set** S Denkart *f*

mine[1] [maɪn] POSS PR meiner (meine, meines), der (die, das) meinige *od* meine: **this hat is ~** das ist mein Hut, dieser Hut gehört mir; **a friend of ~** ein Freund von mir; **his father and ~** sein u. mein Vater

mine[2] [maɪn] **A** V/I **1** minieren **2** **~ for** → B 1 **3** sich eingraben *(Tiere)* **B** V/T **1** *Erz, Kohle etc* abbauen, fördern, *Gold* schürfen **2** graben in *(dat)*: **~ an area for ore** in e-m Gebiet Erz abbauen *od* fördern **3** SCHIFF, MIL **a** verminen **b** durch Minen *od* e-e Mine zerstören **4** *fig* untergraben, unterminieren **5** ausgraben **C** S **1** Mine *f*, Bergwerk *n*, Zeche *f*, Grube *f* **2** SCHIFF, MIL Mine *f*: **spring a ~** e-e Mine springen lassen (*a. fig*) **3** *fig* Fundgrube *f* (**of** an *dat*): **he's a ~ of information** er ist e-e gute *od* reiche Informationsquelle **4** BIOL Mine *f*, Fraßgang *m*; **~ barrier** S MIL Minensperre *f*; **~ car** S TECH Gruben-, Förderwagen *m*, Hund *m*; **~ chamber** S MIL, TECH Sprengkammer *f*; **~ clearance** S SCHIFF, MIL Minenräumung *f*; **~ detector** S MIL Minensuchgerät *n*; **~ disaster** S Grubenunglück *n*; **~ fan** S TECH Wettermaschine *f*, Grubenventilator *m*; **~field** S **1** MIL Minenfeld *n* **2** *fig* gefährliches Terrain; **~ fire** S TECH Grubenbrand *m*; **~ foreman** S *irr* Obersteiger *m*; **~ gas** S **1** → methane **2** TECH Grubengas *n*, schlagende Wetter *pl*; **~ hunter** S SCHIFF, MIL Minenjäger *m*, -jagdboot *n*; **~layer** S SCHIFF, MIL Minenleger *m*

miner [ˈmaɪnə(r)] S **1** TECH Bergmann *m*, Kumpel *m*: **~s' association** Knappschaft *f*; **~'s lamp** Grubenlampe *f*; **~s' lung** MED Kohlenstaublunge *f* **2** SCHIFF, MIL, HIST Mineur *m*, Minenleger *m*

mineral [ˈmɪnərəl] **A** S **1** CHEM, MED, MINER Mineral *n* **2** anorganisches Naturprodukt **3** MINER Erz *n* **4** *bes pl Br* Mineralwasser *n* **5** *Br* Limonade *f* **B** ADJ mineralisch, Mineral…; **~ blue** S MINER Bergblau *n*; **~ carbon** S MINER, TECH Grafit *m*; **~ coal** S MINER Steinkohle *f*; **~ colo(u)r** S TECH Erd-, Mineralfarbe *f*; **~ deposit** S GEOL Erzlagerstätte *f*

mineralization [ˌmɪnərəlaɪˈzeɪʃn; *US* -ləˈz-] S **1** Vererzung *f* **2** Mineralisation *f*; **mineralize** **A** V/T GEOL, MINER **1** vererzen **2** mineralisieren, in ein Mineral verwandeln **3** mit anorganischen Stoffen durchsetzen **B** V/I nach Mineralien suchen

mineral| jelly S CHEM Vaseline *f*; **~ kingdom** S Mineralreich *n*

mineralogic [ˌmɪnərəˈlɒdʒɪk; *US* -ˈlɑ-] ADJ, **mineralogical** ADJ (ADV **~ly**) mineralogisch; **mineralogist** [-ˈrælədʒɪst] S Mineraloge *m*, Mineralogin *f*; **mineralogy** [-dʒɪ] S Mineralogie *f (Wissenschaft von den Mineralien)*

mineral| oil S CHEM Mineralöl *n*; **~ pitch** S TECH Asphalt *m*; **~ resources** SPL Bodenschätze *pl*; **~-rich** ADJ mineralreich; **~ spring** S Mineralquelle *f*, Heilbrunnen *m*; **~ vein** S GEOL Mineralgang *m*, Erzader *f*; **~ water** S Mineralwasser *n*; **~ wax** S MINER,

TECH Ozokerit *m*, Berg-, Erdwachs *n*
minestrone [ˌmɪnəˈstrəʊnɪ] S GASTR Minestrone *f (italienische Gemüsesuppe)*
mine| survey S TECH Gruben(ver)messung *f*, Markscheidung *f*; **~ surveyor** S Markscheider(in); **~ sweeper** S SCHIFF, MIL Minenräum-, Minensuchboot *n*, Minensucher *m*
minever → miniver
mineworker → miner 1
mingle [ˈmɪŋgl] A V/I 1 sich (ver)mischen, sich vereinigen, sich verbinden *(alle:* **with** *mit)*: **with ~d feelings** mit gemischten Gefühlen 2 a sich (ein)mischen (**in** in *akk*) b sich mischen (**among, with** unter *akk*): **~ with the crowd**; **~ with politicians** mit Politikern verkehren B V/T (ver)mischen; **~-mangle** [-ˌmæŋgl] S Mischmasch *m*, Kuddelmuddel *m/n (beide umg)*
mingy [ˈmɪndʒɪ] ADJ *umg* 1 geizig 2 mick(e)rig *(Geschenk etc)*
mini- [mɪnɪ] *Wortelement mit der Bedeutung* Mini…, Klein(st)…
mini [ˈmɪnɪ] S 1 a Mini *m (Minimantel, -rock)* b Mini *n (Minikleid)* 2 Kleinstwagen *m* 3 Minicomputer *m*
miniate [ˈmɪnɪeɪt] V/T 1 *(mit Mennige)* rot färben 2 HIST *e-n Text* a illuminieren *(mit Buchmalereien verzieren)* b rubrizieren *(mit roten Überschriften u. Initialen versehen)*
miniature [ˈmɪnətʃə(r); *US a.* ˈmɪniːəˌtʃʊər] A S 1 Miniatur(gemälde) *f(n)* 2 *fig* Miniaturausgabe *f*: **in ~** → B 3 Miniatur *f (Schachproblem, das aus höchstens 7 Figuren gefügt ist)* 4 kleine Ordensschnalle B ADJ Miniatur…, im Kleinen, en miniature im Westentaschenformat *umg*: **~ camera** FOTO a *obs* Kleinbildkamera *f* b Miniaturkamera *f*; **~ golf** Minigolf *n*; **~ golf course** Minigolfplatz *m*, -anlage *f*; **~ grand** MUS Stutzflügel *m*; **~ painting** TYPO, HIST Buchmalerei *f*; **~ pinscher** ZOOL Zwergpinscher *m*; **~ railway** *(US* **railroad***)* a Liliput(eisen)bahn *f* b Spielzeugeisenbahn *f*; **~ score** MUS Studien-, Taschenpartitur *f*
miniaturist [ˈmɪnəˌtjʊərɪst; *US a.* ˈmɪniːəˌtʃʊərəst] S 1 TYPO, HIST Miniator *m*, Buchmaler *m* 2 Miniaturenmaler(in)
miniaturization [ˌmɪnətʃəraɪˈzeɪʃn; *US* ˌmɪniːəˌtʃʊrəˈz-] S Verkleinerung *f*, Miniaturisierung *f*; **miniaturize** V/T verkleinern, *elektronische Elemente etc* miniaturisieren
mini|bar S Minibar *f*; **~break** S *bes Br* Kurzurlaub *m*; **~bus** S Kleinbus *m*; **~cab** S *bes Br* Minicar *m (Kleintaxi)*
minicam [ˈmɪnɪkæm], **minicamera** S 1 TV tragbare Kamera 2 FOTO *(miniature camera)* Miniaturkamera *f*
mini|car S Kleinstwagen *m*; **~coat** S Minimantel *m*; **~computer** S Minicomputer *m*; **~dress** S Minikleid *n*
minify [ˈmɪnɪfaɪ] V/T vermindern
minigolf S *Br Golf im Kleinformat*
minikin [ˈmɪnɪkɪn] ADJ *obs* 1 affektiert, geziert 2 winzig, zierlich
minim [ˈmɪnɪm] A S 1 MUS *bes Br* halbe Note 2 a *(etwas)* Winziges b *fig (etwas)* völlig Unbedeutendes 3 Minim *n (ein Flüssigkeitsmaß)* 4 *Kalligrafie*: Grundstrich *m*: **~ letters** Buchstaben mit Grundstrich *(z. B. m, n)* 5 **℞s** *pl* KATH Minimen *pl*, Paulianer *pl (e-e Ordensgemeinschaft)* B ADJ winzig
minima [ˈmɪnɪmə] *pl von* minimum
minimal [ˈmɪnɪml] ADJ (ADV **~ly**) 1 minimal: **her clothing was ~** sie war nur äußerst spärlich bekleidet 2 → minimum B; **~ art** S Minimal Art *f (auf elementare Formen reduzierte Kunstrichtung)*; **~ artist** S Minimalist(in)
minimalism [ˈmɪnɪməlɪzəm] → minimal art; **minimalist** S Minimalist(in): a *Vertreter(in) der Minimal Art* b *j-d, der sich schon mit der Erfüllung geringer Forderungen zufriedengibt*
minimization [ˌmɪnɪmaɪˈzeɪʃn; *US* -məˈz-] S Minimierung *f*; **minimize** V/T 1 auf ein Minimum herabsetzen, *e-n Verlust etc* möglichst gering halten, *Kosten* minimieren 2 *j-s Leistung etc* als geringfügig hinstellen, bagatellisieren, herunterspielen
minimum [ˈmɪnɪməm] A *pl* -ma [-mə] S Minimum *n*: a Mindestmaß *n*, -betrag *m*, -wert *m* b MATH kleinster Absolutwert *(e-r Funktion)*: **at a ~** auf dem Tiefststand; **with a ~ of effort** mit e-m Minimum an Anstrengung; **keep the cost down a ~** die Kosten so gering *od* niedrig wie möglich halten; **reduce to a ~** auf ein Minimum reduzieren; → keep to B 1 B ADJ minimal, Minimal…, mindest(er, e, es), Mindest…, kleinst(er, e, es), geringst(er, e, es): **~ age** Mindestalter *n*; **~ capacity** ELEK a Minimumkapazität *f* b Anfangskapazität *f (e-s Drehkondensators)*; **~ lending rate** WIRTSCH *Br* Diskontsatz *m*; **~ output** TECH Leistungsminimum *n*; **~ price** Mindestpreis *m*; **~ taxation** WIRTSCH Steuermindestsatz *m*; **~ value** a MATH Kleinst-, Mindest-, Minimal-, Minimumwert *m* b *a.* **~ value of response** TECH Ansprechwert *m*; **~ wage(s** *pl***)** WIRTSCH Mindestlohn *m*
minimus [ˈmɪnɪməs] ADJ SCHULE *Br* der jüngste *(von mehreren Brüdern an e-r Schule)*: **Miller ~**
mining [ˈmaɪnɪŋ] A S Bergbau *m* B ADJ Bergbau…: **~ village**; **~ academy** Bergakademie *f*; **~ disaster** Grubenunglück *n*; **~ engineer** Berg(bau)ingenieur(in); **~ engineering** Bergbautechnik *f*; **~ industry** Montanindustrie *f*, Bergbau *m*; **~ law** Bergrecht *n*; **~ share** *(US* **stock***)* Kux *m*, Bergwerksaktie *f*
minion [ˈmɪnjən] S 1 *pej* Günstling *m* 2 *pej* Lakai *m*: **~ of the law** *oft hum* Gesetzeshüter *m* 3 TYPO Kolonel *f (ein Schriftgrad)*
mini|pill S MED Minipille *f*; **~quake** S Erdstoß *m*; **~ski** S Kurzski *m*; **~skirt** S Minirock *m*; **~state** S POL Zwergstaat *m*
minister [ˈmɪnɪstə(r)] A S 1 REL Geistliche(r) *m/f(m)*, Pfarrer(in) *(e-r presbyterianischen etc Kirche)* 2 POL *bes Br* Minister(in): **℞ of the Crown** (Kabinetts)Minister; **℞ of Defence** Verteidigungsminister; **℞ of Labour** Arbeitsminister; **~ of state** Staatssekretär(in) 3 POL Gesandte(r) *m/f(m)*: **~ plenipotentiary** bevollmächtigte(r) Minister(in); **~ resident** Ministerresident(in) 4 *fig* Diener *m*, Werkzeug *n* B V/T darbieten, -reichen: **~ the sacraments** REL die Sakramente spenden C V/I 1 **(to)** sich kümmern um, helfen *(dat)*, sorgen für: **~ to the wants of others** für die Bedürfnisse anderer sorgen; **~ing angel** *bes poet* barmherziger Engel 2 *fig* **(to)** dienlich sein *(dat)*, fördern *(akk)*, beitragen (zu) 3 als Geistliche(r) wirken
ministerial [ˌmɪnɪˈstɪərɪəl] ADJ (ADV **~ly**) 1 amtlich, Verwaltungs…: **~ officer** Verwaltungs-, Exekutivbeamte(r) *m*, -beamtin *f* 2 REL geistlich 3 POL *bes Br* ministeriell, Ministerial…, Minister…: **~ benches** Ministerbänke 4 POL *bes Br* Regierungs…: **~ bill** Regierungsvorlage *f*
ministrant [ˈmɪnɪstrənt] A ADJ dienend, helfend B S Diener(in); **ministration** [-ˈstreɪʃn] S *meist pl* Dienst(e) *m(pl)* (**to** an *dat*), Pflege *f*, Fürsorge *f*: **be given a priest's ~s** priesterlichen Beistand bekommen; **ministrative** [-strətɪv; *US a.* -ˌstreɪ-] → ministrant
ministry [ˈmɪnɪstrɪ] S 1 REL a geistliches Amt b *(a. als pl konstruiert)* Geistlichkeit *f*: **join the ~** Geistlicher werden 2 POL *bes Br* a Ministerium *n (a. Amtsdauer u. Gebäude)*: **℞ of Defence** Verteidigungsministerium b Ministerposten *m*, -amt *n* c Regierung *f*, Kabinett *n* 3 POL Amt *n* e-s Gesandten
minitrack S *Verfolgen e-s Satelliten etc in s-r Bahn mittels der von ihm ausgesandten Signale*
minium [ˈmɪnɪəm] S 1 → vermil(l)ion 2 CHEM, MINER Mennige *f*
minivan S AUTO *US* Van *m*, Großraumlimousine *f*
miniver [ˈmɪnɪvə(r)] S Grauwerk *n*, Feh *n (Pelz)*
mink [mɪŋk] S 1 *pl* **minks**, *bes koll* **mink** ZOOL Mink *m*, (Amer.) Nerz *m* 2 Nerz(fell) *m(n)* 3 Nerzmantel *m*, -stola *f etc*
minke [ˈmɪŋkə; -kɪ] S *a.* **~ whale** ZOOL Minkwal *m*
Minn. ABK Minnesota
minnesinger [ˈmɪnɪˌsɪŋə(r)] S HIST Minnesänger *m*
Minnesota [ˌmɪnɪˈsəʊtə] S Minnesota *n (Staat im Norden der USA)*
minnow [ˈmɪnəʊ] S 1 FISCH Elritze *f* 2 *fig* unbedeutender Mensch: **be a ~** ein Niemand sein
Minoan [mɪˈnəʊən; *US a.* maɪ-] ADJ minoisch *(die Kultur Kretas von etwa 3000 bis 1200 v. Chr. betreffend)*
minor [ˈmaɪnə(r)] A ADJ 1 a kleiner(er, e, es), geringer(er, e, es) b klein, unbedeutend, geringfügig c untergeordnet *(a.* PHIL*)*: **~ casualty** MIL Leichtverwundete(r) *m/f(m)*; **of ~ importance** von zweitrangiger Bedeutung; **receive ~ injuries** leicht verletzt werden; **~ league** SPORT *US* untere Spielklasse; **~ offence** *(US* **offense***)* JUR Vergehen *n*, Übertretung *f*; **~ part** THEAT *etc* kleinere Rolle; **~ party** POL kleine Partei; **~ penalty** *(Eishockey)* kleine Strafe; **~ planet** ASTRON kleiner Planet; **~ premise** → B 3; **the ℞ Prophets** BIBEL die kleinen Propheten; **~ sentence** LING unvollständiger Satz; **~ shareholder** *(bes US* **stockholder***)* WIRTSCH Kleinaktionär(in); **~ subject** → B 5; **~ suit** *(Bridge)* geringere Farbe *(Karo od Kreuz)*; → operation 9 2 Neben…, Hilfs…, Unter…: **~ axis** MATH, TECH kleine Achse, Halb-, Nebenachse *f*; **~ determinant** MATH Minor *f*, Unterdeterminante *f*; **a ~ group** e-e Untergruppe 3 JUR minderjährig, unmündig 4 SCHULE *Br* jünger: **Smith ~** Smith der Jüngere 5 MUS a klein *(Terz etc)* b Moll…: **C ~** c-moll; **~ key** Moll(tonart) *n(f)*; **in a ~ key** *fig* gedämpft; im Kleinen; **~ mode** Mollgeschlecht *n*; **~ scale** Molltonleiter *f* B S 1 JUR Minderjährige(r) *m/f(m)*, Unmündige(r) *m/f(m)* 2 MUS a Moll *n* b Mollakkord *m* c Molltonart *f* 3 PHIL Untersatz *m* 4 ℞ REL → Minorite 5 UNIV *US* Nebenfach *n* C V/I **~ in** UNIV *US Geschichte etc* als *od* im Nebenfach studieren
Minorite [ˈmaɪnəraɪt] S REL Minorit *m*, Franziskaner *m*
minority [maɪˈnɒrətɪ; mɪ-; *US a.* -ˈnɑ-] S 1 JUR Minderjährigkeit *f*, Unmündigkeit *f*: **he is still in his ~** er ist noch minderjährig; **during his ~** solange er noch minderjährig war 2 Minderheit *f*, -zahl *f*: **~ government** POL Minderheitsregierung *f*; **~ group** POL, SOZIOL Minderheitsgruppe *f*; **~ leader** PARL *US* Fraktionsführer(in) der Minderheitspartei; **~ party** POL Minderheitspartei; **~ shareholder** *(bes US* **stockholder***)* WIRTSCH Minderheitsaktionär(in); **you are in a ~ of one** du stehst allein gegen alle anderen; **be in the** *(od* **a***)* **~** in der Minderheit *od* Minderzahl sein; **~ carrier** S ELEK Minoritätsträger *m*
Minotaur [ˈmaɪnətɔː(r); ˈmɪn-] EIGENN *Antike:* Minotaurus *m*
minster [ˈmɪnstə(r)] S REL 1 Klosterkirche *f* 2 Münster *n*, Kathedrale *f*
minstrel [ˈmɪnstrəl] S 1 MUS, HIST Minstrel *m*, Spielmann *m*, fahrender Sänger 2 *obs od poet* Sänger *m*, Dichter *m* 3 *bes* HIST Minstrel

m (als Schwarzer geschminkter Varietékünstler); **minstrelsy** [-sɪ] S 1 HIST Spielmannsdichtung *f*, -musik *f* 2 *obs od poet* Dichtkunst *f* 3 *bes* HIST Minstrelgruppe *f*

mint[1] [mɪnt] S 1 BOT Minze *f*: **~ camphor** PHARM Menthakampfer *m*, Menthol *n*; **~ julep** → julep; **~ sauce** GASTR Minzsoße *f* 2 Pfefferminzbonbon *m/n*

mint[2] [mɪnt] A S 1 Münze *f*: a Münzstätte *f*, -anstalt *f* b Münzamt *n*: **~ mark** Münzzeichen *n*; **~ stamp** Münzgepräge *n*; **master of the ~**, **~ master** (Ober)Münzmeister *m*; **~ par of exchange** WIRTSCH Münzpari *n*; **~ price** Münzfuß *m*, Prägewert *m*; **fresh from the ~** frisch geprägt, prägefrisch 2 *fig umg* Heidengeld *n*: **earn (make) a ~** B ADJ ungebraucht, postfrisch *(Briefmarke)*: **in ~ condition** in tadellosem *od* einwandfreiem Zustand; **~ state** *(Numismatik)* Stempelglanz *m* C V/T 1 *Geld* münzen, schlagen, prägen 2 *fig ein Wort* prägen

mintage ['mɪntɪdʒ] S 1 Münzen *n*, Prägung *f* *(a. fig)* 2 *(das)* Geprägte, Geld *n* 3 Prägegebühr *f* 4 a Münzgepräge *n* b *fig* Gepräge *n*

minuend ['mɪnjʊend] S MATH Minuend *m* *(Zahl, von der etwas abgezogen werden soll)*

minuet [,mɪnjʊ'et] S MUS Menuett *n*

minus ['maɪnəs] A PRÄP 1 MATH minus, weniger, abzüglich 2 *umg* ohne: **~ his hat**; *after the fight* **he was ~ a front tooth** fehlte ihm ein Schneidezahn B ADV minus, unter null *(Temperatur)* C ADJ 1 Minus…, negativ: **~ amount** → D 3 a; **~ quantity** → D 2; **~ reaction** negative Reaktion; **~ sign** → D 1; **~ terminal** Minuspol *m* 2 *umg* schlecht: **his manners are definitely ~** 3 BOT minusgeschlechtig D S 1 Minus(zeichen) *n* 2 MATH negative Größe 3 Minus *n*: a Fehlbetrag *m* b Nachteil *m* c Mangel *m* (**of** an *dat*)

minuscule ['mɪnəskju:l; mɪ'nʌs-; *US a.* maɪ'n-] A S 1 Minuskel *f*, kleiner (Anfangs)Buchstabe 2 HIST karolingische Minuskel B ADJ 1 Minuskel… 2 winzig

minute[1] ['mɪnɪt] A S 1 Minute *f*: **for a ~** e-e Minute (lang); **~ hand** Minutenzeiger *m (e-r Uhr)*; **~ steak** Minutensteak *n*; **to the ~** auf die Minute (genau); **(up) to the ~** *fig* hypermodern; **I won't be a ~** a ich bin gleich wieder da b ich bin gleich fertig, ich habs gleich; **ten-~** zehnminütig; → silence A 1 2 Augenblick *m*: **at the last ~** in letzter Minute; **at this very ~** (genau) in diesem Augenblick; **in a ~** sofort; **just a ~!** Moment mal!; **come this ~!** *obs* komm sofort!; **the ~ that …** sobald … 3 WIRTSCH a Konzept *n*, kurzer Entwurf b Notiz *f*, Memorandum *n*, Protokolleintrag *m*: **~ book** Protokollbuch *n* 4 *pl* JUR, POL (Sitzungs)Protokoll *n*, Niederschrift *f*: **the ~s of the proceedings** das Verhandlungsprotokoll; **keep the ~s** das Protokoll führen; **take ~s** ein Protokoll aufnehmen 5 ASTRON, MATH Minute *f (60. Teil e-s Kreisgrades)*: **~ of arc** MATH Bogenminute 6 ARCH Minute *f (60. Teil e-s Säulendurchmessers an der Basis)* B V/T 1 a entwerfen, aufsetzen b notieren, protokollieren, zu Protokoll nehmen 2 SPORT *etc* mitstoppen, die Zeit *(gen)* nehmen

minute[2] [maɪ'nju:t; mɪ-; *US a.* -'nu:t] ADJ 1 sehr *od* ganz klein, winzig *(Unterschiede etc)*: **in the ~st details** in den kleinsten Einzelheiten 2 *fig* unbedeutend, geringfügig 3 sorgfältig, sehr *od* peinlich genau, minutiös *(Bericht etc)*

minutely[1] ['mɪnɪtlɪ] A ADJ jede Minute geschehend, Minuten… B ADV jede Minute, von Minute zu Minute, im Minutenabstand

minutely[2] [maɪ'nju:tlɪ; mɪ-; *US a.* -'nu:t-] *adv von* minute[2]

Minuteman, *a.* ♀ ['mɪnɪt,mæn] S *irr US hist Freiwilliger im amer. Unabhängigkeitskrieg, der sich zu unverzüglichem Heeresdienst bei Abruf verpflichtete*

minuteness [maɪ'nju:tnɪs; mɪ-; *US a.* -'nu:t-] S 1 Kleinheit *f*, Winzigkeit *f* 2 peinliche Genauigkeit

minutia [maɪ'nju:ʃɪə; mɪ-; *US a.* -'nu:-] *pl* -tiae [-ʃɪi:; *US a.* -,aɪ] S (kleinste) Einzelheit; Detail *n*

minx [mɪŋks] S (kleines) Biest *umg*

Miocene ['maɪəʊsi:n] GEOL A S Miozän *n* *(zweitjüngste Abteilung des Tertiärs.)* B ADJ miozän, Miozän…

miosis → myosis

mirabelle [,mɪrə'bel] S 1 BOT Mirabelle *f*: a Wachspflaume *f* b *a.* **~ tree** Mirabellenbaum *m* 2 a Mirabellenlikör *m* b Mirabellengeist *m*, -wasser *n*

miracle ['mɪrəkl] S 1 Wunder *n (a. fig)*: **economic ~** Wirtschaftswunder *n*; **~ man** Wundertäter *m*; **be a ~ man** wahre Wunderdinge vollbringen; **~ drug** MED Wunderdroge *f*, -mittel *n*; **a ~ of skill** *fig* ein Wunder an Geschicklichkeit; **as if by (a) ~** wie durch ein Wunder; **a ~** überraschend gut, ausgezeichnet; **work (perform) ~s** Wunder tun (vollbringen); **I can't work ~s!** ich kann doch nicht hexen *od* zaubern!; **it would be a ~ if …** es wäre ein Wunder, wenn …; **~ of ~s!**, **the age of ~s is not past!** *bes hum* a Wunder über Wunder! b es gibt noch immer Wunder! 2 Wunderkraft *f* 3 *a.* **~ play** HIST Mirakel(spiel) *n* *(geistliches Spiel des Mittelalters)*

miraculous [mɪ'rækjʊləs] A ADJ 1 übernatürlich, wunderbar, Wunder…: **~ cure** Wunderkur *f*; **it is almost ~ that …** es ist fast ein Wunder, dass … 2 *fig* erstaunlich, unglaublich B S *(das)* Wunderbare; **miraculously** ADV 1 wie durch ein Wunder 2 erstaunlicher-, unglaublicherweise; **miraculousness** S *(das)* Wunderbare

mirage ['mɪrɑ:ʒ; *US* mə'rɑ:ʒ] S 1 PHYS Luftspiegelung *f*, Fata Morgana *f (a. fig)* 2 *fig* Trugbild *n*, Illusion *f*

MIRAS ABK *Br* mortgage interest relief at source

mire ['maɪə(r)] A S Morast *m*: **be deep in the ~** *fig* tief in der Klemme *od* Patsche sein *od* sitzen *od* stecken *umg*; **dig sb out of the ~** *fig* j-n aus der Patsche ziehen *umg*; **drag sb's name through the ~** *fig* j-s Namen in den Schmutz *od* Dreck ziehen B V/T 1 *sein Auto etc* in den Morast fahren *od umg* setzen: **be ~d** im Morast stecken (bleiben) 2 beschmutzen, besudeln 3 *fig* in Schwierigkeiten *od* in die Klemme bringen C V/I im Morast einsinken *od* stecken bleiben

mirror ['mɪrə(r)] A S 1 Spiegel *m (a. fig)*: **hold up the ~ to sb** *fig* j-m den Spiegel vorhalten 2 spiegelnde (Ober)Fläche *(e-s Sees etc)* 3 PHYS, TECH Rückstrahler *m*, Reflektor *m* 4 *fig* Spiegel(-bild) *m(n)* 5 ORN Spiegel *m (glänzender Fleck auf den Flügeln)* B V/T 1 (wider)spiegeln *(a. fig)*: **be ~ed** sich spiegeln (**in** in *dat*) 2 (e-n) Spiegel anbringen in *(dat) od* an *(dat)*: **~ed door** Spiegeltür *f*; **~ed room** Spiegelzimmer *n*; **~ carp** S FISCH Spiegelkarpfen *m*; **~ comparator** S TECH Spiegellehre *f*; **~ finish** S TECH Hochglanz *m*; **~ image** S Spiegelbild *n*; **~-inverted** ADJ seitenverkehrt; **~ sight** S TECH Spiegelvisier *n*; **~ symmetry** S MATH, PHYS Spiegelsymmetrie *f*; **~ writing** S Spiegelschrift *f*

mirth [mɜ:θ; *US* mɜrθ] S Fröhlichkeit *f*, Frohsinn *m*, Heiterkeit *f*; **mirthful** ADJ (ADV ~ly) fröhlich, heiter; **mirthfulness** → mirth; **mirthless** ADJ (ADV ~ly) freudlos, traurig; **mirthlessness** S Freudlosigkeit *f*, Traurigkeit *f*

MIRV ABK MIL multiple independently targeted re-entry vehicle

miry ['maɪərɪ] ADJ 1 morastig 2 schmutzig

mis- [mɪs] *Wortelement mit der Bedeutung* falsch, Falsch…, schlecht, miss…, Miss…, verfehlt, Fehl…

misadventure S 1 Unfall *m*, Unglück(sfall) *n(m)*: **death by ~** JUR Unglücksfall *m* mit tödlichem Ausgang 2 Missgeschick *n*: **she's had a ~** ihr ist ein Missgeschick passiert

misadvise V/T *j-n* falsch *od* schlecht beraten

misaligned ADJ 1 TECH nichtfluchtend, aus der Flucht, verlagert 2 RADIO, TV falsch ausgerichtet *(Antenne)*; **misalignment** S 1 TECH Flucht(ungs)fehler *m* 2 RADIO, TV schlechte Ausrichtung

misalliance → mésalliance

misanthrope ['mɪzənθrəʊp; *bes US* 'mɪs-] S Misanthrop(in), Menschenfeind(in), -hasser(in); **misanthropic** [-'θrɒpɪk; *US* -'θrɑ-] ADJ, **misanthropical** ADJ (ADV ~ly) misanthropisch, menschenfeindlich; **misanthropist** [mɪ'zænθrəpɪst; *bes US* mɪ's-] → misanthrope; **misanthropy** [-pɪ] S Misanthropie *f*, Menschenfeindlichkeit *f*, -hass *m*

misapplication S 1 falsche An- *od* Verwendung 2 → misappropriation; **misapply** V/T 1 falsch anbringen *od* ver-, anwenden 2 → misappropriate 1

misapprehend V/T missverstehen; **misapprehension** S Missverständnis *n*: **be** (*od* **labo[u]r**) **under a ~** sich in e-m Irrtum befinden; **be under the ~ that …** fälschlicherweise annehmen, dass …

misappropriate V/T JUR 1 sich *etwas* widerrechtlich aneignen, unterschlagen, veruntreuen 2 widerrechtlich verwenden, zweckentfremden: **~d capital** WIRTSCH fehlgeleitetes Kapital; **misappropriation** S 1 widerrechtliche Aneignung, Unterschlagung *f*, Veruntreuung *f* 2 widerrechtliche Verwendung, Zweckentfremdung *f*

misarrange V/T falsch *od* schlecht (an)ordnen

misbecome V/T *irr j-m* schlecht zu Gesicht stehen, sich nicht schicken *od* ziemen für *j-n*; **misbecoming** → unbecoming 2

misbegotten ADJ 1 *obs od poet* unehelich 2 unrechtmäßig erworben 3 *fig* schlecht konzipiert *(Plan etc)*

misbehave V/I & V/R 1 sich schlecht benehmen *od* aufführen, sich danebenbenehmen, ungezogen sein *(Kind)*: **~ (o.s.)**; **~d** ungezogen 2 sich einlassen, intim werden *(beide:* **with** mit*)* 3 **~ before the enemy** MIL *US* sich der Feigheit vor dem Feind schuldig machen; **misbehavio(u)r** S 1 schlechtes Benehmen *od* Betragen, Ungezogenheit *f* 2 MIL *US* a schlechte Führung b **~ before the enemy** Feigheit *f* vor dem Feind

misbelief S Irrglaube *m*: a irrige Ansicht b REL Ketzerei *f*; **misbelieve** V/I irrgläubig sein; **misbeliever** S Irrgläubige(r) *m/f(m)*

misbrand V/T WIRTSCH *Waren* falsch benennen *od* unter falscher Bezeichnung in den Handel bringen

misc. ABK 1 miscellaneous 2 miscellany

miscalculate A V/T falsch berechnen *od* (ab)schätzen, sich verrechnen *od* verkalkulieren in *(dat)* B V/I sich verrechnen, sich verkalkulieren; **miscalculation** S Rechen-, Kalkulationsfehler *m*, falsche (Be)Rechnung, Fehlkalkulation *f*

miscall V/T zu Unrecht *od* fälschlicherweise nennen *od* bezeichnen als

miscarriage S 1 Fehlschlag(en) *m(n)*, Misslingen *n*: **~ of justice** Fehlspruch *m*, -urteil *n*, Justizirrtum *m* 2 WIRTSCH Versandfehler *m* 3 *Br* Fehlleitung *f (von Briefen etc)* 4 MED Fehlgeburt *f*: **have a ~**; **induce** (*od* **procure**) **a ~**

M

(**on sb** bei j-m) e-e Fehlgeburt herbeiführen, *a.* e-e Schwangerschaftsunterbrechung vornehmen

miscarry VI 1 misslingen, -glücken, fehlschlagen, scheitern 2 *Br* verloren gehen *(Brief etc)* 3 MED e-e Fehlgeburt haben

miscast VT *irr ein Theaterstück, e-n Film etc* falsch besetzen, *e-e Rolle a.* fehlbesetzen: **be (badly) ~** e-e (glatte) Fehlbesetzung sein (**as** als)

miscegenation [ˌmɪsɪdʒɪˈneɪʃn] S Rassenmischung *f*

miscellanea [ˌmɪsəˈleɪnɪə] SPL 1 Sammlung *f* vermischter Gegenstände 2 → miscellany 3; **miscellaneous** [-njəs] ADJ (ADV **~ly**) 1 ge-, vermischt, divers 2 verschiedenartig, mannigfaltig; **miscellaneousness** S 1 Gemischtheit *f* 2 Verschiedenartigkeit *f*, Mannigfaltigkeit *f*; **miscellany** [mɪˈselənɪ; *US* ˈmɪsəˌleɪniː] S 1 Gemisch *n* 2 Sammlung *f*, Sammelband *m* 3 Miszellen *pl*, Miszellaneen *pl (vermischte Schriften od Aufsätze)*

mischance S Missgeschick *n*: **by** (*od* **through a) ~** durch e-n unglücklichen Zufall, unglücklicherweise

mischief [ˈmɪstʃɪf] S 1 Unheil *n*, Unglück *n*, Schaden *m*: **do ~** Unheil *od* Schaden anrichten; **mean ~** Böses im Schilde führen; **make ~** Zwietracht säen, Unfrieden stiften *(beide:* **between** zwischen *dat)*; **do sb (some) ~** a j-m Schaden zufügen b j-n verletzen; **the ~ was done** es war schon passiert; **run into ~** in Gefahr kommen; **the ~ of sth** das Schlimme an *od* bei e-r Sache 2 Ursache *f* des Unheils, Störenfried *m*: **the ~ was a nail in the tire** *(bes Br* **tyre**) die Ursache des Schadens war ein Nagel im Reifen 3 Unfug *m*, Dummheiten *pl*: **eyes full of ~** schelmisch *od* boshaft glitzernde Augen; **be up to ~** etwas aushecken; **get into ~** etwas anstellen; **keep out of ~** keine Dummheiten machen, brav sein; **that will keep you out of ~** damit du auf keine dummen Gedanken kommst 4 Racker *m*, Strick *m (Kind)* 5 Mutwille *m*, Übermut *m*, Ausgelassenheit *f*: **be full of ~** immer zu Dummheiten aufgelegt sein 6 *euph* Teufel *m*: **what (where, why) the ~ …?** was (wo, warum) zum Teufel …? *umg*; **play the ~ with sth** Schindluder treiben mit etwas; **~-maker** S Unheil-, Unruhestifter(in), Störenfried *m*

mischievous [ˈmɪstʃɪvəs] ADJ (ADV **~ly**) 1 schädlich, nachteilig 2 boshaft, mutwillig, schadenfroh 3 schelmisch; **mischievousness** S 1 Schädlichkeit *f*, Nachteiligkeit *f* 2 Boshaftigkeit *f*, Mutwille *m*, Schadenfreude *f* 3 Schelmischkeit *f*

misch metal [mɪʃ] S TECH Mischmetall *n*

miscibility [ˌmɪsɪˈbɪlətɪ] S Mischbarkeit *f*; **miscible** ADJ mischbar (**with** mit)

miscolo(u)r VT 1 falsch färben 2 *fig Fakten etc* entstellen, färben

misconceive A VT falsch auffassen *od* verstehen, missverstehen, sich e-n falschen Begriff machen von B VI sich irren; **misconceived** ADJ falsch konzipiert *(Plan etc)*; **misconception** S Missverständnis *n*, falsche Auffassung

misconduct A VT [ˌmɪskənˈdʌkt] 1 schlecht führen *od* verwalten 2 **~ o.s.** a sich schlecht betragen *od* benehmen b e-n Fehltritt begehen B S [ˌmɪsˈkɒndʌkt; *US* -ˈkɑn-] 1 Ungebühr *f*, schlechtes Betragen *od* Benehmen: **~ penalty** *(Eishockey)* Disziplinarstrafe *f* 2 Verfehlung *f*, Fehltritt *m*, *bes* Ehebruch *m*: **official ~, ~ in office** JUR Amtsvergehen *n*; **professional ~** standeswidriges Verhalten 3 schlechte Verwaltung 4 MIL schlechte Führung

misconstruction S 1 Missdeutung *f*, falsche Auslegung: **be open to ~** missverständlich sein 2 LING falsche (Satz)Konstruktion; **misconstrue** VT falsch auslegen, missdeuten, missverstehen

miscount A VT falsch (aus)zählen B VI sich verzählen C S falsche Zählung

miscreant [ˈmɪskrɪənt] A ADJ 1 ruchlos, gemein, abscheulich 2 *obs* irr-, ungläubig B S 1 Schurke *m*, Bösewicht *m* 2 *obs* Irr-, Ungläubige(r) *m/f(m)*

misdate A VT falsch datieren B S falsches Datum

misdeal A VT & VI *irr Kartenspiel*: **~ (the cards)** sich vergeben B S Vergeben *n*: **make a ~** → A

misdeed S Missetat *f*

misdemean → misbehave; **misdemeanant** S 1 Übel-, Missetäter(in) 2 JUR *hist j-d, der sich e-r* ***misdemeano(u)r*** *schuldig machte*; **misdemeano(u)r** S 1 Missetat *f* 2 JUR, HIST Vergehen *n*, minderes Delikt: **~ in office** Amtsvergehen

misdiagnose MED, *a. fig* A VT a *etwas* falsch diagnostizieren b bei *j-m* e-e Fehldiagnose stellen B VI e-e Fehldiagnose stellen; **misdiagnosis** S *irr* Fehldiagnose *f*

misdial VI & VT *prät u. pperf* -aled, *bes Br* -alled: **~ (the number)** TEL sich verwählen

misdirect VT 1 a *j-n* in die falsche Richtung schicken b *e-n Brief etc* fehlleiten 2 *s-e Energie etc* vergeuden: **~ed charity** falsch angebrachte Wohltätigkeit 3 JUR *die Geschworenen* falsch belehren *(Richter)*; **misdirection** S 1 Fehlleitung *f* 2 Vergeudung *f* 3 JUR falsche Belehrung

misdoubt VT *obs* 1 *etwas* an-, bezweifeln 2 *j-n* verdächtigen, *j-m* misstrauen 3 *etwas* befürchten

mise-en-scène [ˌmiːzɑ̃ːnˈseɪn; mizɑ̃sɛn] *pl* mise-en-scènes [ˌmiːzɑ̃ːnˈseɪn(z); mizɑ̃sɛn] S 1 THEAT a Bühnenbild *n* b Mise en scène *f*, Inszenierung *f* 2 *fig* Rahmen *m (e-r Veranstaltung etc)*

misemploy VT *s-e Talente etc* falsch *od* schlecht anwenden, missbrauchen; **misemployment** S falsche *od* schlechte Anwendung, Missbrauch *m*

miser [ˈmaɪzə(r)] S Geizhals *m*, Geizkragen *m*

miserable [ˈmɪzərəbl] ADJ (ADV **miserably**) 1 elend, jämmerlich, erbärmlich, armselig, kläglich *(alle a. pej)*: **feel ~** sich elend fühlen; **a ~ morning** ein trister Morgen; **a ~ three pounds** miese drei Pfund *sl*; **it was miserably cold** es war erbärmlich kalt; **fail miserably** kläglich versagen 2 traurig, unglücklich 3 schändlich, gemein

Miserere [ˌmɪzəˈrɪərɪ; -ˈre-; *US a.* -ˈreɪˌreɪ] S 1 MUS, REL Miserere *n (Anfang u. Bezeichnung des 50. bzw 51. Psalms)* 2 REL Gebet *n* um Erbarmen 3 ♀ → misericord(e)

misericord(e) [mɪˈzerɪkɔː(r)d] S Miserikordie *f (Vorsprung an den Klappsitzen des Chorgestühls als Stütze während des Stehens)*

miserliness [ˈmaɪzə(r)lɪnɪs] S Geiz *m*; **miserly** ADJ geizig

misery [ˈmɪzərɪ] S 1 *a. pl* Elend *n*, *pl a.* (Seelen)Qualen *pl*: **everyone to their own ~** jedem sein eigenes, selbstverschuldetes Elend; **live a life of ~** ein erbärmliches Leben führen; **make sb's life a ~** j-m das Leben zur Hölle *od* Qual machen; **put an animal out of its ~** ein Tier von s-n Qualen erlösen; **put sb out of their ~** *umg* j-n erlösen, j-n nicht länger auf die Folter spannen 2 *umg* Miesepeter *m*: **you old ~!**

misfeasance S JUR 1 *unerlaubte Ausführung e-r an sich rechtmäßigen Handlung* 2 Amtsmissbrauch *m*; **misfeasor** [-zə(r)] S JUR *j-d, der sich e-s Amtsmissbrauchs etc schuldig macht*

misfile VT *Briefe etc* falsch ablegen

misfire A VI 1 MIL versagen *(Waffe)* 2 AUTO aussetzen 3 *fig* danebengehen *(Witz etc)*, fehlschlagen *(Plan etc)* B S 1 Versager *m (beim Schießen etc)* 2 AUTO (Zünd)Aussetzer *m*

misfit A VT [ˌmɪsˈfɪt] *j-m* nicht passen *(Kleidungsstück)* B VI nicht richtig sitzen *(Kleidungsstück)*, *(a. Gegenstand)* nicht richtig passen C S [ˈmɪsfɪt] 1 schlecht sitzendes Kleidungsstück 2 nicht passender Gegenstand 3 (gesellschaftliche[r]) Außenseiter(in)

misfortune S 1 schweres Schicksal, Unglück *n*: **it is easy to bear the ~s of others** *(Sprichwort)* das Unglück anderer ist leicht zu ertragen; **~s never come singly** *(Sprichwort)* ein Unglück kommt selten allein; **have the ~** das Pech haben (**to be** zu sein); → companion[1] A 2 2 a Unglücksfall *m* b Missgeschick *n*

misgive A VT *irr j-n* Böses ahnen lassen: **my heart ~s me** mir ahnt Böses *od* nichts Gutes B VI Böses ahnen; **misgiving** S Befürchtung *f*, böse Ahnung, Zweifel *m*: **with ~** zweifelnd; **have some ~s** s-e Zweifel haben; **she had some ~s about lending him the money** ihr war nicht wohl bei dem Gedanken, ihm das Geld zu leihen; **my only ~ is that …** ich (be)fürchte nur, dass …

misgovern VT schlecht regieren *od* verwalten; **misgovernment** S schlechte Regierung *od* Verwaltung

misguidance S Irreführung *f*, Verleitung *f*; **misguide** VT verleiten, irreführen: **we were ~d into thinking that …** wir wurden zu der Annahme verleitet, dass …; **misguided** ADJ irrig *(Entscheidung etc)*, unangebracht *(Optimismus etc)*: **it was ~ of him to do so** es war töricht von ihm, das zu tun; **misguidedly** ADV irrigerweise

mishandle VT 1 misshandeln 2 *etwas* falsch behandeln, schlecht handhaben 3 *fig* falsch anpacken

mishap [ˈmɪshæp; mɪsˈhæp] S a Unglück(sfall) *n(m)* b Missgeschick *n*: **he's had a ~** ihm ist ein Missgeschick passiert; **without ~** ohne Zwischenfälle

mishear A VT *irr* falsch hören *od* verstehen B VI sich verhören

mishit SPORT A VT *irr* [ˌmɪsˈhɪt] *den Ball* nicht richtig *od* voll treffen B S [ˈmɪshɪt] Fehlschlag *m*

mishmash [ˈmɪʃmæʃ] S *umg* Mischmasch *m* (**of** aus)

Mishna(h) [ˈmɪʃnə] S REL Mischna *f (Sammlung der jüdischen Gesetzeslehre; Grundlage des Talmuds)*

misinform VT *j-n* falsch unterrichten *od* informieren (**about** über *akk*); **misinformation** S Fehlinformation(en) *f(pl)*

misinterpret VT a *e-e Geste etc* missdeuten, falsch deuten: **~ sth as** etwas fälschlicherweise deuten als b *e-n Text* fehlinterpretieren, falsch auslegen; **misinterpretation** S a Missdeutung *f* b Fehlinterpretation *f*, falsche Auslegung

misjoinder S JUR: **~ of causes of action** unzulässige Klagehäufung; **~ of parties** unzulässige Verbindung mehrerer Parteien

misjudge VT 1 falsch beurteilen *od* einschätzen, verkennen, *(Fußball) e-e Flanke* falsch berechnen: **~d pass** SPORT verunglückter Pass, Fehlpass *m* 2 *e-e Entfernung etc* falsch (ein)schätzen, sich verschätzen in *(dat)*; **misjudg(e)ment** S 1 falsche Beurteilung, Verkennung *f* 2 falsche (Ein)Schätzung

mislay VT *irr s-e Autoschlüssel etc* verlegen

mislead VT *irr* 1 irreführen, täuschen: **be misled** sich täuschen lassen 2 verführen, -leiten *(beide:* **into doing** zu tun): **~ sb into thinking that …** j-n zu der Ansicht verleiten, dass

M

...; **be misled (into doing sth)** sich verleiten lassen(, etwas zu tun); **misleading** ADJ (ADV ~ly) irreführend: **be ~** täuschen
mislike *obs für* dislike
mismanage V/T *e-e Firma etc* schlecht verwalten *od* führen, *ein Geschäft etc* schlecht abwickeln; **mismanagement** S Missmanagement *n*, schlechte Verwaltung *od* Führung, Misswirtschaft *f*, schlechte Abwicklung
mismarriage S falsche Partnerwahl
mismatched ADJ nicht *od* schlecht zusammenpassend: **a ~ couple** ein ungleiches Paar
misname V/T falsch benennen
misnomer [ˌmɪsˈnəʊmə(r)] S **1** JUR Namensirrtum *m* (*in e-r Urkunde*) **2** falsche Benennung *od* Bezeichnung
miso [ˈmiːsəʊ] S GASTR Miso *n* (*Paste aus fermentierten Sojabohnen*)
misogamic [ˌmɪsəʊˈgæmɪk] ADJ misogam, ehefeindlich; **misogamist** [mɪˈsɒgəmɪst; US -ˈsɑ-] S Misogam(in), Ehefeind(in); **misogamy** S Misogamie *f*, Ehefeindlichkeit *f*
misogynist [mɪˈsɒdʒɪnɪst; US -ˈsɑ-] S Misogyn *m*, Frauenfeind *m*; **misogynistic, misogynous** ADJ misogyn, frauenfeindlich; **misogyny** S Misogynie *f*, Frauenfeindlichkeit *f*
misologist [mɪˈsɒlədʒɪst; US -ˈsɑ-] PHIL Vernunfthasser(in); **misology** S Misologie *f* (*Abneigung gegen vernünftige sachliche Auseinandersetzung*)
misoneism [ˌmɪsəʊˈniːɪzəm] S PSYCH Neuerungshass *m*; **misoneist** S Neuerungshasser(in); **misoneistic** ADJ neuerungsfeindlich
misplace V/T **1** *etwas* verlegen **2** an e-e falsche Stelle legen *od* setzen: **~ the decimal point** MATH das Komma falsch setzen; **~d pass** SPORT verunglückter Pass, Fehlpass *m*; **he's ~d in that job** er ist in diesem Job fehl am Platz **3** *fig* falsch anbringen: **be ~d** unangebracht *od* deplatziert sein; **~d loyalty** flasch verstandene Loyalität; **~d modifier** LING *Br* Partizip *n* mit falschem Bezug; **~d pride** falscher Stolz; **misplacement** S **1** Verlegen *n* **2** *fig* falsches Anbringen
misprint **A** V/T [ˌmɪsˈprɪnt] verdrucken **B** S [ˈmɪsprɪnt] Druckfehler *m*
misprision[1] [ˌmɪsˈprɪʒn] S JUR **1** Vergehen *n*, Versäumnis *n* **2** **~ of felony** Nichtanzeige *f* e-s Verbrechens
misprision[2] [ˌmɪsˈprɪʒn] S *obs* **1** Verachtung *f* **2** Geringschätzung *f*
misprize V/T **1** verachten **2** gering schätzen
mispronounce **A** V/T *ein Wort etc* falsch aussprechen **B** V/I: **he ~s regularly** er macht ständig Aussprachefehler; **mispronunciation** S falsche Aussprache
misproud ADJ *obs* hoffärtig, dünkelhaft
misquotation S falsches Zitat; **misquote** V/T & V/I falsch zitieren
misread V/T *irr* **1** irrtümlich lesen (**as** als), falsch lesen **2** missdeuten
misremember V/T **1** nicht richtig in Erinnerung haben **2** vergessen
misreport **A** V/T falsch berichten über (*akk*) **B** S falscher Bericht
misrepresent V/T **1** falsch *od* ungenau darstellen, ein falsches Bild geben von: **~ sb as** j-n hinstellen als **2** entstellen, verdrehen **3** JUR falsch angeben; **misrepresentation** S **1** falsche *od* ungenaue Darstellung, falsches Bild **2** Entstellung *f*, Verdrehung *f* **3** JUR falsche Angabe
misrule **A** V/T schlecht regieren **B** S **1** schlechte Regierung, Missregierung *f* **2** *bes poet* Unordnung *f*, Tumult *m*
miss[1] [mɪs] S **1** ♀ (*mit folgendem Namen*) Fräulein *n*: **♀ Smith** Fräulein Smith; **♀ America** Miss Amerika (*die Schönheitskönigin von Amerika*) **2** *oft hum od pej* Ding *n*, Dämchen *n* **3** WIRTSCH junges Mädchen, Teenager *m*: → junior miss **4** (*ohne folgenden Namen*) Fräulein *n* (*Anrede für Lehrerinnen, Kellnerinnen etc*)
miss[2] [mɪs] **A** V/T **1** *e-e Gelegenheit, den Zug, e-e Verabredung etc* verpassen, -säumen, *den Beruf, j-n, das Tor, den Weg, das Ziel etc* verfehlen, sich *etwas* entgehen lassen, SPORT *e-n Elfmeter etc* vergeben, verschießen: **~ the bus** (*od* **boat**) *umg* den Anschluss *od* s-e Chance verpassen; **~ doing sth** (es) versäumen, etwas zu tun; **you shouldn't ~ (seeing) that film** den Film solltest du dir unbedingt ansehen; **he didn't ~ much** **a** er versäumte nicht viel **b** ihm entging so gut wie nichts; **she ~ed her period** ihre Periode blieb aus; **~ed approach** FLUG Fehlanflug *m*; → fire A 9, footing 1, hold[2] A 1, mark[1] A 12 **2** *a.* **~ out** auslassen, übergehen, -springen **3** nicht haben, nicht bekommen: **I ~ed my breakfast** ich habe kein Frühstück (mehr) bekommen **4** **a** *a.* **~ hearing** überhören **b** übersehen, nicht bemerken **c** nicht begreifen **5** vermissen: **we ~ her very much, we really ~ her** sie fehlt uns sehr; **he is ~ing his wallet** er vermisst seine Brieftasche; **he won't ~ £100** 100 Pfund tun ihm nicht weh *umg* **6** entkommen (*dat*), entgehen (*dat*), vermeiden: **he just** (*od* **narrowly**) **~ed being drowned** er wäre um ein Haar ertrunken; **I just** (*od* **narrowly**) **~ed running him over** um ein Haar hätte ich ihn überfahren **B** V/I **1** nicht treffen: **a** danebenschießen, -werfen, -schlagen *etc* **b** fehlgehen, danebengehen (*Schuss etc*) **2** missglücken, -lingen, fehlschlagen, danebengehen **3** **~ out** **a** zu kurz kommen **b** etwas versäumen: **~ out on sth** etwas verpassen; etwas weglassen *od* nicht berücksichtigen; **he's ~ing out on his private life** sein Privatleben kommt zu kurz **C** S **1** Fehlschuss *m*, -wurf *m*, -schlag *m*, -stoß *m*: **every shot a ~** jeder Schuss ging daneben **2** Verpassen *n*, -säumen *n*, -fehlen *n*: **a ~ is as good as a mile** (*Sprichwort*) knapp daneben ist auch vorbei; **give sth a ~** **a** etwas vermeiden *od* nicht nehmen *od* nicht tun, die Finger lassen von etwas **b** etwas auslassen, verzichten auf etwas; → near B 6 **3** *bes US umg* **a** Fehlgeburt *f* **b** AUTO Fehlzündung *f*
Miss. ABK Mississippi
missal [ˈmɪsl] KATH **A** S Missal(e) *n*, Messbuch *n* **B** ADJ Mess...: **~ sacrifice** Messopfer *n*
misshapen ADJ missgebildet, ungestalt, unförmig
missile [ˈmɪsaɪl; US -səl] **A** S **1** (Wurf)Geschoss *n*, Projektil *n* **2** MIL Flugkörper *m*, Rakete *f* **B** ADJ **1** Schleuder..., Wurf... **2** MIL Raketen...: **~ base** (*od* **site**) Raketen(abschuss)basis *f*; **~ carrier** Raketenträger *m*; **~man** [-mən] S *irr* Raketenfachmann *m*, -techniker *m*
missilery [ˈmɪsaɪlrɪ; US ˈmɪsəlriː] S **1** Raketentechnik *f* **2** KOLL Raketen(arsenal) *pl(n)*, Flugkörper *pl*
missing [ˈmɪsɪŋ] ADJ **1** fehlend: **be ~** **a** fehlen **b** verschwunden *od* weg sein (*Sache*); **go ~** verschwinden; **two fingers are** (*od* **he has two fingers**) **~ from his right hand** ihm fehlen an der rechten Hand zwei Finger; **the ~ link** **a** das fehlende Glied **b** *Darwinismus*: das Missing Link (*die fehlende Übergangsform bei Primaten*) **2** vermisst (MIL *a.* **~ in action**), verschollen: **be ~** vermisst sein *od* werden; **be reported ~** als vermisst gemeldet werden
mission [ˈmɪʃn] S **1** POL (*US* ständige) Gesandtschaft **2** POL (*Militär- etc*) Mission *f* (*im Ausland*): **the head of the ~** der Missionschef **3** *bes* POL Auftrag *m*, Mission *f*: **on (a) special ~** mit besonderem Auftrag **4** REL Mission *f*: **a** Sendung *f* **b** Missionarstätigkeit *f* **c** Missionskurse *pl*, -predigten *pl* **d** Missionsgesellschaft *f* **e** Missionsstation *f* **5** Mission *f*, Sendung *f*, (innere) Berufung, Lebenszweck *m*: **~ in life** Lebensaufgabe *f*; **sense of ~** Sendungsbewusstsein *n* **6** MIL **a** (Einsatz-, Kampf)Auftrag *m*: **~ accomplished!** Auftrag ausgeführt! **b** FLUG Feindflug *m*, Einsatz *m*
missionary [ˈmɪʃənrɪ; US ˈmɪʃəˌneriː] **A** ADJ missionarisch, Missions...: **~ work**; **~ position** (*Geschlechtsverkehr*) Missionarsstellung *f* **B** S **1** Missionar(in) **2** *fig* Bote *m*, Botin *f*
mission control S *Raumfahrt*: Kontrollzentrum *n*
missis [ˈmɪsɪz] S *umg* **1** gnä Frau' (*Hausfrau*) **2** **the ~** m-e Alte (*Frau*)
missish [ˈmɪsɪʃ] ADJ **1** prüde **2** geziert, affektiert
Mississippi [ˌmɪsɪˈsɪpɪ] S **a** Mississippi *m* (*größter Strom Nordamerikas*) **b** Mississippi *n* (*Staat im Süden der USA*)
missive [ˈmɪsɪv] S Sendschreiben *n*
Missouri [mɪˈzʊərɪ] S **a** Missouri *m* (*größter Nebenfluss des Mississippi, USA*) **b** Missouri *n* (*einer der nordwestlichen Mittelstaaten der USA*)
misspeak *irr* **A** V/T **1** falsch aussprechen **2** **~ o.s.** → B **B** V/I sich versprechen
misspell V/T *a. irr* falsch buchstabieren *od* schreiben; **misspelling** S **1** falsches Buchstabieren **2** Rechtschreibfehler *m*
misspend V/T *irr* falsch verwenden, vergeuden, -schwenden: **misspent youth** vergeudete Jugend
misstate V/T falsch angeben, unrichtig darstellen; **misstatement** S falsche Angabe, unrichtige Darstellung
misstep S **1** Fehltritt *m* (*a. fig*) **2** *fig* Fehler *m*, Irrtum *m*
missus [ˈmɪsəs; -əz] → missis
missy [ˈmɪsɪ] S *umg hum* kleines Fräulein
mist [mɪst] **A** S **1** *allg* (feiner) Nebel **2** METEO **a** leichter Nebel, feuchter Dunst **b** *US* Sprühregen *m* **3** *fig* Nebel *m*, Schleier *m* (*a. vor den Augen etc*): **be in a ~** ganz verwirrt sein; **see things through a ~** alles wie durch e-n Schleier sehen; **through a ~ of tears** durch e-n Tränenschleier **4** Beschlag *m*, Hauch *m* (*auf e-m Glas*) **B** V/I *a.* **~ over** **a** nebeln, neb(e)lig sein (*a. fig*); sich in Nebel hüllen **b** sich verschleiern, sich umfloren, sich trüben (*Augen*) **c** (sich) beschlagen (*Glas*) **C** V/T umnebeln, umwölken, verdunkeln
mistakable [mɪˈsteɪkəbl] ADJ **1** (leicht) zu verwechseln(d) **2** missverständlich
mistake [mɪˈsteɪk] **A** V/T *irr* **1** **a** (**for**) verwechseln (mit), (fälschlich) halten (für) **b** nicht erkennen, verkennen: **~ sb's character** sich in j-s Charakter irren; **there is no mistaking ...** ... ist unverwechselbar (→ A 2) **2** falsch verstehen, missverstehen: **there is no mistaking ...** **a** ... ist unverkennbar *od* unmissverständlich **b** ... steht außer Frage (→ A 1) **B** V/I sich irren **C** S **1** Missverständnis *n* **2** Irrtum *m*, Versehen *n*, Missgriff *m*, Fehler *m*: **by ~** irrtümlich, aus Versehen; **it is a ~ to do sth** es ist ein Fehler, etwas zu tun; **there is no ~ about it, he ...** kein Zweifel, er ...; **learn from one's ~s** aus s-n Fehlern lernen; **make a ~** **a** e-n Fehler machen **b** sich irren; **make the ~ of doing sth** den Fehler begehen *od* in den Fehler verfallen, etwas zu tun; **make a ~ of two pounds** sich um zwei Pfund verrechnen; **make a ~ about the number** sich in der Nummer irren; **make no ~** damit wir uns nicht falsch verstehen; **and no ~** *umg* daran besteht kein Zweifel; **I was scared and no ~ when ...** *umg* ich hatte vielleicht Angst, als

M

… 3 *(Schreib-, Rechen- etc)* Fehler *m*

mistaken [mɪˈsteɪkən] **A** *pperf von* mistake **B** ADJ **1** **be ~** sich irren: **unless I am very much ~** wenn ich mich nicht sehr irre, wenn mich nicht alles täuscht; **we were quite ~ in him** wir haben uns in ihm ganz schön getäuscht **2** irrig, falsch *(Meinung etc)*: **be in the ~ belief that …** in dem falschen Glauben sein, dass …; **I had the ~ idea that …** ich war der irrigen Meinung, dass …; **(case of) ~ identity** (Personen)Verwechslung *f*; **he was a victim of ~ identity** er war das Opfer e-r Verwechslung; **~ kindness** unangebrachte Freundlichkeit; **mistakenly** ADV fälschlicher-, irrtümlicherweise

mister [ˈmɪstə(r)] S **1** ⁀ Herr *m (vor Familiennamen od Titeln, a.* SCHIFF, MIL; *meist abk* **Mr**): **Mr Smith**; **Mr President** **2** *sl (in der Anrede)*: Meister!, Chef! **3** **be only a ~** *umg* (noch) keinen Titel haben

mistigris [ˈmɪstɪgriː; -grɪs] S *(Poker)* **1** Joker *m* **2** *Form des Pokerspiels, bei der Joker verwendet werden*

mistime V/T **1** **a** zur unpassenden Zeit sagen *od* tun, e-n schlechten Zeitpunkt wählen für **b** SPORT *e-n Pass etc* schlecht timen **2** e-e falsche Zeit angeben *od* annehmen für; **mistimed** ADJ unpassend, unangebracht, zur Unzeit

mistiness [ˈmɪstɪnɪs] S **1** Nebligkeit *f*, Dunstigkeit *f* **2** *fig* Unklarheit *f*, Verschwommenheit *f*

mistletoe [ˈmɪsltəʊ] S BOT **1** Mistel *f* **2** Mistelzweig *m*

mistranslate V/T & V/I falsch übersetzen; **mistranslation** S falsche Übersetzung, Übersetzungsfehler *m*

mistreat → maltreat

mistress [ˈmɪstrɪs] S **1** Herrin *f (a. fig)*, Gebieterin *f*, Besitzerin *f*: **she is her own ~** sie ist ihr eigener Herr; **she is ~ of herself** sie weiß sich zu beherrschen; **⁀ of the Sea(s)** Beherrscherin *f* der Meere *(Großbritannien)*; **⁀ of the World** Herrin der Welt *(das alte Rom)* **2** Frau *f* des Hauses, Hausfrau *f* **3** Leiterin *f*, Vorsteherin *f*: **⁀ of the Robes** erste Kammerfrau *(der brit. Königin)* **4** *bes Br* Lehrerin *f*: **chemistry ~** Chemielehrerin **5** Kennerin *f*, Meisterin *f*, Expertin *f (alle:* **of** auf dem Gebiet *gen)* **6** Geliebte *f*, Mätresse *f* **7** *obs od poet* geliebte Frau, Geliebte *f* **8** → Mrs

mistrial S JUR **1** fehlerhaft geführter Prozess **2** *US* ergebnisloser Prozess *(z. B. wenn sich die Geschworenen nicht einigen können)*

mistrust **A** S Misstrauen *n*, Argwohn *m (beide:* **of** gegen): **have a (strong** *od* **great) ~ of sth** e-r Sache (tief) misstrauen **B** V/T **1** *j-m* misstrauen, nicht trauen **2** zweifeln an *(dat)*; **mistrustful** ADJ (ADV ~ly) misstrauisch, argwöhnisch *(beide:* **of** gegen): **be ~ of** → *a.* mistrust B 1

misty [ˈmɪstɪ] ADJ (ADV mistily) **1** (leicht) neb(e)lig, dunstig: **~ rain** Nebelregen *m* **2** verschleiert (**with** von) *(Augen etc)*: **her eyes grew ~** ihr Blick verschleierte sich **3** beschlagen *(Glas)* **4** *fig* unklar, verschwommen *(Vorstellung etc)*: **~ memories** *pl* e-e schwache *od* undeutliche Erinnerung; **have only ~ memories of** sich nur schwach *od* undeutlich erinnern können an *(akk)*

misunderstand V/T *irr* **1** missverstehen: **don't ~ me** verstehen Sie mich nicht falsch **2** *j-n* nicht verstehen: **his wife ~s him**; **misunderstanding** S **1** Missverständnis *n* **2** Unstimmigkeit *f*, Differenz(en) *f(pl)*; **misunderstood** **A** *prät u. pperf von* misunderstand **B** ADJ **1** missverstanden **2** verkannt *(Künstler etc)*

misusage → misuse A

misuse **A** [ˌmɪsˈjuːs; *US a.* mɪʃˈuːs] S **1** Missbrauch *m*: **~ of power** Machtmissbrauch **2** falscher Gebrauch **3** Misshandlung *f* **B** [ˌmɪsˈjuːz; *US a.* mɪʃˈuːz] V/T **1** missbrauchen **2** falsch *od* zu unrechten Zwecken gebrauchen **3** misshandeln; **misuser** S JUR Missbrauch *m* e-s Rechts *od* e-r Befugnis

MIT ABK Massachusetts Institute of Technology

mite[1] [maɪt] S ZOOL Milbe *f*

mite[2] [maɪt] S **1** sehr kleine Geldsumme **2** Scherflein *n*: **contribute one's ~ to** sein Scherflein beitragen zu **3** *umg* kleines Ding, Dingelchen *n*: **(not) a ~** (k)ein bisschen; **I can't eat a ~ more** ich bring keinen Bissen mehr hinunter; **a ~ of a child** ein (kleines) Würmchen

miter, *bes Br* **mitre** [ˈmaɪtə(r)] **A** S **1** REL **a** Mitra *f*, Bischofsmütze *f* **b** *fig* Bischofsamt *n*, -würde *f* **2** *Antike: (e-e Art)* Turban *m (der jüdischen Hohenpriester)* **3** *Antike:* Mitra *f*: **a** *Kopfbinde der griechischen u. römischen Frauen* **b** *orientalische Mütze* **4** TECH **a** (Gehrungs)Fuge *f* **b** Gehrungsfläche *f* **c** → miter joint **d** → miter square **5** ZOOL → miter shell **B** V/T **1** mit der Mitra schmücken, infulieren, zum Bischof machen **2** TECH **a** auf Gehrung verbinden **b** gehren, auf Gehrung zurichten **C** V/I TECH sich in einem Winkel treffen; **~ block**, **~ box** S TECH Gehrlade *f*

mitered, *bes Br* **mitred** [ˈmaɪtə(r)d] ADJ **1** infuliert, e-e Mitra tragend, *Abt etc* im Bischofsrang **2** mitraförmig

miter| gear, *bes Br* **mitre| gear** S TECH Kegelradgetriebe *n*; **~ joint** S TECH Gehrfuge *f*, -stoß *m*; **~ mushroom** S BOT Lorchel *f*; **~ saw** S TECH Gehrungssäge *f*; **~ shell** S ZOOL Mitraschnecke *f*, *bes* Bischofsmütze *f*; **~ square** S TECH Gehrdreieck *n*, Winkellineal *n* von 45°; **~ valve** S TECH Kegelventil *n*; **~ wheel** S TECH Kegelrad *n*

mithridatism [ˈmɪθrɪdeɪtɪzəm; *bes US* ˌmɪθrəˈdeɪt-] S MED Mithridatismus *m (durch Gewöhnung erworbene Immunität gegen Gifte)*; **mithridatize** V/T *(durch allmählich gesteigerte Dosen)* gegen Gift immun machen

mitigable [ˈmɪtɪgəbl] ADJ zu lindern(d), zu mildern(d)

mitigate [ˈmɪtɪgeɪt] V/T *Schmerzen etc* lindern, *e-e Strafe etc* mildern, abschwächen, *j-s Zorn etc* besänftigen, mäßigen: **mitigating circumstances** JUR mildernde Umstände; **mitigation** S **1** Linderung *f*, Milderung *f* **2** Milderung *f*, Abschwächung *f*: **~ of punishment** Strafmilderung; **plead in ~** JUR **a** für Strafmilderung plädieren **b** strafmildernde Umstände geltend machen **3** Besänftigung *f*, Mäßigung *f* **4** mildernder Umstand; **mitigative**, **mitigatory** [-geɪtərɪ; *US* -gəˌtəʊriː; -ˌtɔː-] ADJ **1** lindernd, mildernd **2** abschwächend, erleichternd **3** besänftigend, mäßigend, beruhigend

mitosis [maɪˈtəʊsɪs; *Br a.* mɪ-] *pl* -ses [-siːz] S BIOL Mitose *f (indirekte Zellkernteilung)*; **mitotic** [-ˈtɒtɪk; *US* -ˈtɑ-] ADJ (ADV ~ally) mitotisch

mitral [ˈmaɪtrəl] ADJ **1** Mitra… **2** mitral, bischofsmützenförmig **3** ANAT mitral: **~ valve** Mitralklappe *f (zweizipfelige Herzklappe zwischen dem linken Vorhof u. der linken Herzkammer)*

mitre, **mitred** *bes Br für* miter, mitered

mitt [mɪt] S **1** Halbhandschuh *m (langer Handschuh ohne Finger od mit halben Fingern)* **2** → mitten 1 **3** *sl* Flosse *f*, Pfote *f (Hand)* **4** *sl* Boxhandschuh *m*

mittelschmerz [ˈmɪtlʃmeə(r)ts] S MED Mittel-, Intermenstrualschmerz *m*

mitten [ˈmɪtn] S **1** Fausthandschuh *m*, Fäustling *m* **2** → mitt 1 **3** → mitt 4

mittimus [ˈmɪtɪməs] S JUR Einweisungsanordnung *f*

mix [mɪks] **A** V/T *prät u. pperf* mixed, *US a.* mixt **1** (ver)mischen, vermengen *(beide:* **with** mit), *e-n Cocktail etc* mixen, *den Teig* anrühren: **~ sb a drink** j-m e-n Drink mixen; **~ into** mischen in *(akk)*, beimischen *(dat)* **2** *oft* **~ up** zusammen-, durcheinandermischen **3** **~ up** **a** gründlich mischen **b** (völlig) durcheinanderbringen **c** verwechseln (**with** mit) **4** **be ~ed up** **a** verwickelt sein *od* werden (**in** in *akk*) **b** *(geistig)* ganz durcheinander sein; **get ~ed up with sb** sich mit j-m einlassen **5** BIOL kreuzen **6** *Stoffe* melieren **7** *fig* verbinden: **~ business with pleasure** das Angenehme mit dem Nützlichen verbinden **8** **~ it (up)** *sl* sich e-n harten Kampf liefern **B** V/I **1** sich (ver)mischen **2** sich mischen lassen **3** **~ well** kontaktfreudig sein: **~ well with** gut mit *j-m* auskommen **4** verkehren (**with** mit; **in** in *dat*): **~ in the best society** **5** BIOL sich kreuzen **6** *US umg* **a** sich (ein)mischen (**into**, **in** in *akk*) **b** sich einlassen (**with sb** mit j-m) **C** S **1** Mischung *f*, Gemisch *n* **2** (koch-, back- *od* gebrauchsfertige) Mischung: → cake mix **3** *umg* Durcheinander *n*, Mischmasch *m* **4** *sl* Keilerei *f*

mixed [mɪkst] ADJ **1** gemischt *(a. fig Gesellschaft, Kommission, Konto etc)*: **with ~ feelings** mit gemischten Gefühlen; **have ~ feelings about sth** **a** e-r Sache mit gemischten Gefühlen gegenüberstehen **b** bei e-r Sache hin u. her gerissen sein **2** vermischt **3** Misch… **4** *umg* verwirrt, konfus **5** BOT gemischt, Misch… **6** MATH gemischt *(Bruch etc)* **7** unterschiedlich: **of ~ success**; **~ bag** S *umg* bunte Mischung; **~ blessing** S zweifelhaftes Vergnügen; **~ blood** S **1** gemischtes Blut, gemischte (rassische) Abstammung **2** Mischling *m*, Halbblut *n*; **~ cargo** S WIRTSCH Stückgutladung *f*; **~ cloth** S meliertes Tuch; **~ construction** S ARCH Gemischtbauweise *f*; **~ doubles** SPL *Tennis etc*: **a** gemischtes Doppel *n* **b** *(als sg konstruiert) a.* **~ match** gemischtes Doppel, Mixed *n*; **~ partner** Mixedpartner(in); **~ team** gemischtes Doppel, Mixed *n*; **~ drink** S Mixgetränk *n*; **~ economy** S WIRTSCH gemischte Wirtschaftsform; **~-economy** ADJ WIRTSCH gemischtwirtschaftlich; **~ education** S SCHULE Gemeinschaftserziehung *f*, Koedukation *f*; **~ farming** S Ackerbau *m* u. Viehzucht *f*; **~ forest** S Mischwald *m*; **~ grill** S Mixed Grill *m (Gericht aus verschiedenen gegrillten Fleischstücken)*; **~ language** S Mischsprache *f*; **~ marriage** S Mischehe *f*; **~ media** SPL *(als sg konstruiert)* **1** → multimedia A **2** KUNST Mixed Media *pl*, Mischtechnik *f*; **~-media** ADJ **1** → multimedia B **2** KUNST Mixed-Media-…; **~ metaphor** S RHET Katachrese *f*, Katachresis *f*, Bildbruch *m*; **~ pickles** SPL Mixed Pickles *pl*, Mixpickles *pl (in Essig eingemachtes Mischgemüse)*; **~ price** S WIRTSCH Mischpreis *m*; **~ school** S Koedukationsschule *f*

mixed-up ADJ verwirrt, konfus

mixer [ˈmɪksə(r)] S **1** **a** Mischer(in) **b** Mixer(in) *(von Cocktails etc)* **2** Mixer *m (Küchengerät)* **3** TECH Mischer *m*, Mischmaschine *f* **4** ELEK, TV *etc* Mischpult *n*, Mischer *m* **5** **be a good (bad) ~** *umg* kontaktfreudig (kontaktarm) sein

mixing [ˈmɪksɪŋ] ADJ Misch…: **~ ratio** AUTO *etc* Mischverhältnis *n*

mixt [mɪkst] *prät u. pperf US von* mix

mixture [ˈmɪkstʃə(r)] S **1** Mischung *f*, Gemisch *n (beide:* **of …** **and** aus … und): **~ of teas** Teemischung; **it's the ~ as before** *Br umg* es gibt nichts Neues **2** **a** Mischgewebe *n* **b** Melange *f (aus verschiedenfarbigen Fasern hergestelltes Garn)*

3 AUTO Gas-Luft-Gemisch *n* **4** CHEM Gemenge *n*, Gemisch *n* **5** PHARM Mixtur *f* **6** BIOL Kreuzung *f* **7** *a.* ~ **stop** MUS Mixtur *f* (*Orgelregister*)

mix-up S **1** Wirrwarr *m*, Durcheinander *n* **2** *umg* Handgemenge *n*

miz(z)en ['mɪzn] S SCHIFF **1** Besan(segel) *m(n)* **2** → miz(z)enmast; **~mast** S Besan-, Kreuzmast *m*

mizzle[1] ['mɪzl] *US dial* **A** V/UNPERS nieseln: **it's mizzling** **B** S Nieseln *n*, Sprühregen *m*

mizzle[2] ['mɪzl] V/I *Br sl* türmen

mk(s) ABK HIST (*Währung*) mark(s PL) DM *f od pl*

MKS system [,emkeɪ'es] S MKS-System *n*, Meter-Kilogramm-Sekunde-System *n*

mkt ABK market

ml. ABK **1** *US* mail **2** milliliter(s PL); *bes Br* millilitre(s PL) ml

MLA ABK **1** *US* Modern Language Association (of America) **2** Member of the Legislative Assembly

MLD ABK MED minimum lethal dose

MLF ABK multilateral (nuclear) force

MLitt ABK Magister Litterarum, Master of Letters

MLR ABK WIRTSCH minimum lending rate Mindestkreditzins *m*

mm[1], **mm.** ABK **milimeter(s** *pl*); *bes Br* millimetre(s PL) mm

MM[2] ABK *Br* Military Medal (*ein Orden*)

mmf ABK PHYS magnetomotive force

MMus ABK Master of Music

MN ABK *Br* Merchant Navy Handelsmarine *f*

mnemonic [niː'mɒnɪk; *US* -'mɑ-] **A** ADJ (ADV ~ally) **1** mnemotechnisch **2** mnemonisch, Gedächtnis… **B** S **1** Gedächtnishilfe *f* **2** *pl* (*meist als sg konstruiert*) Mnemonik *f*, Mnemotechnik *f* (*Technik, sich etwas leichter einzuprägen*) **3** *pl* mnemonische Zeichen *pl*; **mnemotechnics** [,niːməʊ'teknɪks] → mnemonic B 2

mo [məʊ] *pl* mos S *umg* **1** Moment *m*: **half a ~** e-e Sekunde!; **I won't be half a ~** **a** ich bin gleich wieder da **b** ich bin gleich fertig, ich habs gleich **2** *Aus* Schnurrbart *m*

mo.[1] ABK month(s PL) Mon.

Mo.[2] ABK Missouri

M.O. ABK **1** WIRTSCH mail order **2** WIRTSCH money order

moa ['məʊə] S ORN Moa *m* (*ausgestorbener Schnepfenstrauß Neuseelands*)

Moabite ['məʊəbaɪt] BIBEL **A** S Moabiter(in) **B** ADJ moabitisch

moan [məʊn] **A** S Stöhnen *n*, Ächzen *n* (*a. fig des Windes etc*): **make (one's)** ~ *obs* → B 3 **B** V/I **1** stöhnen, ächzen **2** *fig* **a** ächzen (*Wind etc*) **b** (dumpf) rauschen (*Wasser*) **3** (weh)klagen, jammern **C** V/T **1** beklagen **2** *Worte etc* (hervor)stöhnen; **moanful** ADJ (ADV ~ly) (weh)klagend

moat [məʊt] MIL **A** S (*Wall-, Burg-, Stadt*) Graben *m* **B** V/T mit e-m Graben umgeben

mob [mɒb; *US* mɑb] **A** S **1** Mob *m*, zusammengerotteter Pöbel(haufen): ~ **law** Lynchjustiz *f* **2** SOZIOL Masse *f*: ~ **psychology** Massenpsychologie *f* **3** Pöbel *m*, Gesindel *n*: ~ **rule** Pöbelherrschaft *f* **4** *sl* **a** (Verbrecher)Bande *f* **b** *allg* Bande *f*, Sippschaft *f*, Clique *f* **B** V/T **1** **a** sich stürzen auf (*akk*), herfallen über (*akk*) **b** *e-n Filmstar etc* bedrängen, belagern **2** *Geschäfte etc* stürmen **C** V/I sich zusammenrotten

mobcap S HIST Morgenhaube *f* (*der Frauen*)

mobile ['məʊbaɪl; *US a.* -bəl; -,biːl] **A** ADJ **1** beweglich **2** schnell (beweglich), wendig (*a. fig Geist etc*) **3** lebhaft (*Gesichtszüge*) **4** CHEM leicht-, dünnflüssig **5** TECH fahrbar, beweglich, mobil, MIL *a.* motorisiert: ~ **artillery** fahrbare Artillerie; ~ **crane** TECH Autokran *m*; ~ **defence** (*US* **defense**) MIL bewegliche *od* elastische Verteidigung; ~ **home** Wohnwagen *m*; ~ **library** *Br* Auto-, Fahrbücherei *f*, Bücherbus *m*; ~ **(tele)phone** Mobiltelefon *n*, Handy *n*; ~ **troops** MIL schnelle *od* motorisierte Verbände; ~ **unit** **a** TECH fahrbare Anlage **b** MIL (voll) motorisierte Einheit; ~ **warfare** Bewegungskrieg *m*; ~ **workshop** Werkstattwagen *m* **6** veränderlich, unstet **7** WIRTSCH flüssig, mobil (*Kapital*) **B** S **1** beweglicher Körper, *bes* TECH beweglicher Teil (*e-s Mechanismus*) **2** Mobile *n* **3** *umg* Handy *n*

mobility [məʊ'bɪlətɪ] S **1** Beweglichkeit *f* **2** Wendigkeit *f* **3** Veränderlichkeit *f* **4** SOZIOL **a** Mobilität *f* (*der Bevölkerung*) **b** soziale Mobilität, sozialer Auf- *od* Abstieg **5** CHEM Leichtflüssigkeit *f*

mobilization [,məʊbɪlaɪ'zeɪʃn; *US* -lə'z-] S Mobilisierung *f*: **a** MIL Mobilmachung *f* **b** *bes fig* Aktivierung *f*, Aufgebot *n* (*der Kräfte etc*) **c** WIRTSCH Flüssigmachung *f*; **mobilize** **A** V/T mobilisieren: **a** MIL mobil machen **b** MIL *etc* dienstverpflichten, heranziehen **c** *fig Kräfte etc* aufbieten, einsetzen **d** WIRTSCH *Kapital* flüssigmachen **B** V/I MIL mobil machen

mobocracy [mɒ'bɒkrəsɪ; *US* mɑ'bɑ-] S **1** Mobokratie *f*, Pöbelherrschaft *f* **2** herrschender Pöbel

mobster ['mɒbstə(r); *US a.* 'mɑbstər] S *sl* Gangster *m*

moccasin ['mɒkəsɪn; *US* 'mɑ-] S **1** Mokassin *m* (*absatzloser Schuh der Indianer, a. Damenmodeschuh*) **2** ZOOL Mokassinschlange *f*

mocha ['mɒkə; *US* 'məʊkə] **A** S **1** Mokka *m* **2** Mochaleder *n* **B** ADJ Mokka…

mocha stone ['mɒkə; *US* 'məʊkə] S MINER Mochastein *m*

mock [mɒk; *US a.* mɑk] **A** V/T **1** verspotten, -höhnen, lächerlich machen **2** nachäffen **3** *poet* nachahmen **4** täuschen, narren **5** spotten (*gen*), trotzen (*dat*), Trotz bieten (*dat*), nicht achten **B** V/I sich lustig machen, spotten (*beide:* **at** über *akk*) **C** S **1** Spott *m*, Hohn *m* **2** → mockery 2, 3 **D** ADJ falsch, nachgemacht, Schein…, Pseudo…: ~ **attack** MIL Scheinangriff *m*; **with ~ indignation** mit gespielter Entrüstung

mocker ['mɒkə(r); *US a.* 'mɑ-] S **1** Spötter(in) **2** Nachäffer(in) **3** **put the ~s on sth** *Br sl* etwas vermasseln

mockery ['mɒkərɪ; *US a.* 'mɑ-] S **1** Spott *m*, Hohn *m*, Spötterei *f*: **hold sb up to ~** j-n lächerlich machen; **hold sth up to ~** etwas ins Lächerliche ziehen **2** *fig* Hohn *m* (**of** auf *akk*) **3** Zielscheibe *f* des Spottes: **make a ~ of** **a** *j-n* zum Gespött (der Leute) machen **b** *etwas* ad absurdum führen **c** *etwas* zur Farce machen **4** Nachäffung *f*

mock-heroic **A** ADJ (ADV ~ally) komisch-heroisch: ~ **poem** → B **B** S komisches Heldengedicht *od* Epos

mocking ['mɒkɪŋ; *US a.* 'mɑ-] **A** S Spott *m* **B** ADJ (ADV ~ly) spöttisch; **~bird** S ORN Spottdrossel *f*

mock| moon S ASTRON Nebenmond *m*; ~ **orange** S BOT **1** *US* Falscher Jasmin **2** Karolinischer Kirschlorbeer **3** orangenähnlicher Kürbis; ~ **pocket** S *Mode:* blinde Tasche; ~ **privet** S BOT Steinlinde *f*; ~ **sun** S ASTRON Nebensonne *f*; ~ **trial** S JUR Scheinprozess *m*; ~ **turtle soup** S GASTR Mockturtlesuppe *f*, falsche Schildkrötensuppe; **~-up** S Modell *n* (in natürlicher Größe), Attrappe *f*; ~ **velvet** S Trippsamt *m*

Mod[1] [mɒd] S *musikalisches u. literarisches Jahresfest der Hochlandschotten*

mod[2], *oft* ♀ [mɒd] S *Br bes* HIST Mod *m* (*Angehöriger e-r Gruppe männlicher Jugendlicher, die als Kleidung Anzug u. Krawatte bevorzugten*)

MOD[3] ABK *Br* Ministry of Defence

mod ABK **1** moderate **2** modern

modal ['məʊdl] **A** ADJ (ADV ~ly) **1** modal: **a** *die Art u. Weise od die Form bezeichnend* **b** *durch Verhältnisse bedingt* **2** LING, MUS, PHIL modal, Modal…: ~ **auxiliary**, ~ **verb** modales Hilfsverb; ~ **proposition** (*Logik*) Modalsatz *m* **3** *Statistik:* häufigst(er, e, es), typisch **B** S LING *umg* modales Hilfsverb

modality [məʊ'dælətɪ] S **1** Modalität *f*, Art *f* u. Weise *f*, Ausführungsart *f*: **modalities of payment** Zahlungsmodalitäten **2** MED **a** Anwendung *f* e-s (physikalisch-technischen) Heilmittels **b** physikalisch-technisches Heilmittel

mod cons [,mɒd'kɒnz] SPL *Br umg* (moderner) Komfort

mode[1] [məʊd] S **1** (Art *f* u.) Weise *f*, Methode *f*: ~ **of action** TECH Wirkungsweise; ~ **of address** Anrede *f*; ~ **of life** Lebensweise; ~ **of payment** Zahlungsweise **2** (Erscheinungs)Form *f*, Art *f*: **heat is a ~ of motion** Wärme ist e-e Form der Bewegung **3** PHIL Modus *m*, Seinsweise *f* **4** *Logik:* **a** Modalität *f* **b** Modus *m* (*e-r Schlussfigur*) **5** MUS Modus *m*, Tonart *f*, -geschlecht *n* **6** LING Modus *m*, Aussageweise *f* **7** *Statistik:* Modus *m*, häufigster Wert **8** COMPUT Modus *m* (*einstellbare Betriebsart*)

mode[2] [məʊd] S Mode *f*: **be all the ~** große Mode sein

model ['mɒdl; *US* 'mɑdl] **A** S **1** Muster *n*, Vorbild *n* (*beide:* **for** für): **after** (*od* **on**) **the ~ of** nach dem Muster von (*od gen*); **he is a ~ of self-control** er ist ein Muster an Selbstbeherrschung; **take sb as a ~** sich j-n zum Vorbild nehmen **2** (*fig* Denk)Modell *n*, Nachbildung *f* **3** Muster *n*, Vorlage *f* **4** MAL *etc* Modell *n*: **act as a ~ to a painter** e-m Maler Modell stehen *od* sitzen **5** *Mode:* Model *n*: **a** Mannequin *n* **b** Dressman *m* **6** Modellkleid *n* **7** TECH **a** Bau(weise) *m(f)* **b** (Bau)Muster *n*, Modell *n*, Typ(e) *m(f)* **8** Urbild *n*, -typ *m* **9** *dial* Ebenbild *n* **B** ADJ **1** vorbildlich, musterhaft, Muster…: ~ **farm** landwirtschaftlicher Musterbetrieb; ~ **husband** Mustergatte *m*; ~ **marriage** Musterehe *f*; ~ **plant** Musterbetrieb *m* **2** Modell…: ~ **airplane**; ~ **house**; ~ **builder** Modellbauer(in); ~ **construction unit** Modellbaukasten *m*; ~ **dress** → A 6; ~ **school** Muster-, Experimentierschule *f* **C** V/T *prät u. pperf* **-eled**, *bes Br* **-elled** **1** nach Modell formen *od* herstellen **2** modellieren, nachbilden **3** Form geben (*dat*) **4** abformen **5** *Mode: Kleider etc* vorführen **6** *fig* formen, bilden, gestalten (*alle:* **after, on, upon** nach [dem Vorbild *gen*]): ~ **o.s. on** sich *j-n* zum Vorbild nehmen **D** V/I **1** ein Modell *od* Modelle herstellen **2** KUNST modellieren **3** plastische Gestalt annehmen (*Grafik*) **4** Modell stehen *od* sitzen (**for** *dat*) **5** modeln, als Model *od* Mannequin *od* Dressman arbeiten

modeler, *bes Br* **modeller** ['mɒdlə(r); *US* 'mɑ-] S **1** Modellierer(in) **2** Modellbauer(in);

modeling, *bes Br* **modelling** **A** S **1** Modellieren *n* **2** Formgebung *f*, Formung *f* **3** *Grafik:* Verleihen *n* e-s plastischen Aussehens **4** Modellstehen *n od* -sitzen *n* **B** ADJ Modellier…: ~ **clay** Modelliermasse *f*, -ton *m*

modem ['məʊdem] S COMPUT Modem *m*, *a. n* (*Gerät zur Übertragung von Daten über Fernsprechleitungen*)

moderate ['mɒdərət; *US* 'mɑ-] **A** ADJ (ADV ~ly) **1** mäßig: **a** gemäßigt (*a. Sprache etc*), zurückhaltend: **be ~ in drinking** maßvoll im Trinken sein, im Trinken maßhalten **b** einfach, frugal (*Lebensweise*) **c** mittelmäßig **d** gering (*Interesse etc*): **~ly successful** mäßig erfolgreich **e** vernünftig, angemessen, niedrig (*Forderungen, Preise etc*) **2** POL gemäßigt **3** mild

M

(*Strafe, Winter etc*) **B** S Gemäßigte(r) *m/f(m)* (*a.* POL) **C** V/T [-reɪt] **1** mäßigen, mildern: **~ one's language** sich mäßigen **2** beruhigen **3** einschränken, abmildern **4** PHYS, TECH dämpfen, abbremsen: **~ the volume of one's TV set** sein Fernsehgerät auf Zimmerlautstärke stellen **5** *e-e Versammlung etc* leiten **D** V/I **1** sich mäßigen **2** sich beruhigen, nachlassen (*Wind etc*) **3 ~ over** → C 5; **~ breeze** S METEO mäßige Brise (*Windstärke 4*); **~ gale** S METEO steifer Wind (*Windstärke 7*)

moderateness ['mɒdərətnɪs; *US* 'mɑ-] S **1** Mäßigkeit *f* **2** Gemäßigtheit *f* **3** Milde *f* **4** Mittelmäßigkeit *f* **5** Angemessenheit *f*

moderation [,mɒdə'reɪʃn; *US* ,mɑ-] S **1** Mäßigung *f*, Maß(halten) *n*: **in ~** in *od* mit Maßen; **drinking in ~** maßvolles Trinken; **drink in ~** maßvoll im Trinken sein, im Trinken maßhalten **2** Mäßigkeit *f* **3** *oft* ≈s *pl* UNIV erste öffentliche Prüfung für den B.A.-Grad (*in Oxford*)

moderatism ['mɒdərətɪzəm; *US* 'mɑ-] S Mäßigung *f*, gemäßigte Anschauung

moderato [,mɒdə'rɑ:təʊ; *US* ,mɑ-] ADJ & ADV MUS moderato, mäßig

moderator ['mɒdəreɪtə(r); *US* 'mɑ-] S **1** Mäßiger(in), Beruhiger(in) **2** Beruhigungsmittel *n* **3** Schlichter(in), Vermittler(in) **4** Vorsitzende(r) *m/f(m)*, Diskussionsleiter(in) **5** Moderator *m*, Moderatorin *f*: **a** *Vorsitzende(r) e-s leitenden Kollegiums reformierter Kirchen* **b** TV *Programmleiter(in)* **6** PHYS, TECH Moderator *m*: **a** Dämpfer *m* **b** Ölzuflussregler *m* **c** Reaktionsbremse *f* (*im Atommeiler*) **7** UNIV **a** *Prüfer(in) bei den* ***Moderations*** (*in Oxford*) **b** *Vorsitzende(r) bei der höchsten Mathematikprüfung* (*in Cambridge*)

modern ['mɒdə(r)n; *US* 'mɑ-] **A** ADJ (ADV **~ly**) **1** modern, neuzeitlich: **~ times** *pl* die Neuzeit **2** modern, (neu)modisch **3** *meist* ≈ LING **a** modern, Neu... **b** neuer(er, e, es): ≈ **English** Neuenglisch *n*, das Neuenglische; ≈ **Greek** Neugriechisch *n*, das Neugriechische; **~ languages** **a** neuere Sprachen **b** UNIV (*als Fach*) Neuphilologie *f* **B** S **1** modern eingestellter Mensch **2** Mensch *m* der Neuzeit: **the ~s** die Neueren **3** TYPO neuzeitliche Antiqua; **~ dance** S Modern Dance *m*, Ausdruckstanz *m*; **~-day** ADJ heutig, von heute; **~ greats** SPL (*Oxford*) *Bezeichnung der Fächergruppe Staatswissenschaft, Volkswirtschaft u. Philosophie*

modernism ['mɒdə(r)nɪzəm; *US* 'mɑ-] S **1** Modernismus *m*: **a** *Streben nach Modernität* **b** KUNST, *Literatur*: modernes Stilmittel **2** ≈ KATH Modernismus *m* (*e-e liberalwissenschaftliche Reformbewegung*); **modernist** **A** S **1** Modernist(in) **2** ≈ KATH Modernist(in) **B** ADJ **1** modernistisch **2** ≈ KATH modernistisch

modernity [mɒ'dɜ:nətɪ; *US* mɑ'dɜr-] S Modernität *f*

modernization [,mɒdənaɪ'zeɪʃn; *US* ,mɑdərnə'z-] S Modernisierung *f*

modernize **A** V/T modernisieren **B** V/I sich der modernen Zeit anpassen

modern jazz S Modern Jazz *m* (*e-e Stilrichtung des Jazz*)

modernness S Modernität *f*

modern| pentathlete S SPORT moderne(r) Fünfkämpfer(in); **~ pentathlon** S SPORT moderner Fünfkampf

modest ['mɒdɪst; *US* 'mɑ-] ADJ (ADV **~ly**) **1** bescheiden, zurückhaltend **2** anspruchslos, bescheiden (*Person od Sache*): **~ income** bescheidenes Einkommen **3** sittsam, schamhaft **4** maßvoll, bescheiden, vernünftig; **modesty** S **1** Bescheidenheit *f*: **in all ~** bei aller Bescheidenheit **2** Anspruchslosigkeit *f*, Einfachheit *f* **3** Schamgefühl *n*, Sittsamkeit *f* **4** *a.* **~ vest** Spitzeneinsatz *m* (*im Kleiderausschnitt*)

modi ['məʊdi:; -daɪ] *pl von* **modus**

modicum ['mɒdɪkəm; *US* 'mɑ-; 'məʊ-] S kleine Menge, (*ein*) bisschen: **a ~ of sense** ein Funke Verstand; **a ~ of truth** ein Körnchen Wahrheit; **there isn't a ~ of truth in that story** an der Geschichte ist kein Wort wahr

modifiable ['mɒdɪfaɪəbl; *US* 'mɑ-] ADJ modifizierbar, (ab)änderungsfähig

modification [,mɒdɪfɪ'keɪʃn; *US* ,mɑ-] S **1** *allg* Modifikation *f*: **a** Abänderung *f*, Abwandlung *f*: **make a ~ to sth** etwas modifizieren, an e-r Sache e-e (teilweise) Änderung vornehmen **b** Abart *f*, modifizierte Form, TECH *a.* abgeänderte Ausführung **c** Einschränkung *f*, nähere Bestimmung **d** BIOL nicht erbliche Abänderung **e** LING nähere Bestimmung **f** LING lautliche Veränderung, *bes* Umlaut *m* **g** LING teilweise Umwandlung, *bes* Angleichung *f* (*e-s Lehnwortes*) **2** Mäßigung *f*, Milderung *f*

modificative ['mɒdɪfɪkeɪtɪv; *US* 'mɑ-], **modificatory** [-fɪkeɪtərɪ; *US* -fɪkə,təʊri:; -,tɔ:-] ADJ modifizierend

modifier ['mɒdɪfaɪə(r); *US* 'mɑ-] S **1** *j-d, der od etwas, was modifiziert* **2** LING **a** nähere Bestimmung: → misplace 3 **b** e-e lautliche Modifikation anzeigendes diakritisches Zeichen (*Umlautzeichen etc*)

modify ['mɒdɪfaɪ; *US* 'mɑ-] V/T **1** modifizieren: **a** abändern, abwandeln, teilweise umwandeln **b** einschränken, näher bestimmen (*a.* LING) **2** LING *e-n Vokal* umlauten **3** mildern, mäßigen, abschwächen

modish ['məʊdɪʃ] ADJ (ADV **~ly**) modisch

mods, *oft* ≈ [mɒdz; *US* mɑdz] SPL *umg für* moderation 3

modular ['mɒdjʊlə; *US* 'mɑdʒələr] ADJ **1** MATH Modul... **2** TECH Modul...: **~ design** Modulbauweise *f* **3** *fig* bausteinartig

modulate ['mɒdjʊleɪt; *US* 'mɑdʒə-] **A** V/T **1** abstimmen, regulieren **2** anpassen (**to** an *akk*) **3** dämpfen **4** *die Stimme, den Ton etc* modulieren (*a. Funk*) **5** *ein Gebet etc* (im Sprechgesang) rezitieren **B** V/I **1** *Funk*: modulieren **2** MUS **a** modulieren (**from ... to** von ... nach), die Tonart wechseln **b** (*beim Vortrag*) modulieren **3** allmählich übergehen (**into** in *akk*); **modulation** S **1** Abstimmung *f*, Regulierung *f* **2** Anpassung *f* **3** Dämpfung *f* **4** MUS, *a. Funk u. Stimme*: Modulation *f* **5** Intonation *f*, Tonfall *m* **6** ARCH *Bestimmung der Proportionen durch den Modul*; **modulator** [-tə(r)] S ELEK Modulator *m*; **modulatory** [-lətərɪ; *US* -lə,təʊri:; -,tɔ:-] ADJ MUS Modulations...

module ['mɒdju:l; *US* 'mɑdʒu:l] S **1** MATH Modul *m*, Verhältniszahl *f* **2** ARCH Modul *m*, Model *m* (*Halbmesser des unteren Teils e-r antiken Säule*) **3** TECH Modul *m* (*Maß für die Berechnung der Zahngröße bei Zahnrädern*) **4** TECH Baueinheit *f*: **~ construction** Baukastensystem *n* **5** *Raumfahrt*: (*Kommando- etc*) Kapsel *f* **6** TECH *allg* Modul *n* (*austauschbare Funktionseinheit*), ELEK *a.* Baustein *m*

modulus ['mɒdjʊləs; *US* 'mɑdʒə-] *pl* **-li** [-laɪ] S PHYS, TECH Modul *m*, Materialkonstante *f*: **~ of elasticity** Elastizitätsmodul

modus| operandi ['məʊdəs,ɒpə'rændi:; -daɪ; *US* -,ɑpə-] *pl* modi operandi ['məʊdi:; 'məʊdaɪ] S Modus *m* Operandi, Verfahrensweise *f*; **~ vivendi** [-vi:'vendi:; -daɪ] *pl* modi vivendi ['məʊdi:; 'məʊdaɪ] S **1** Modus *m* Vivendi (*erträgliche Form des Zusammenlebens*) **2** Lebensweise *f*

mog [mɒg], **moggy** ['mɒgɪ] S *Br sl* Katze *f*

Mogadiscio [,mɒgə'dɪʃəʊ; -ʃɪəʊ; *US* ,mɑ-] S, **Mogadishu** [-'dɪʃu:] S Mogadischu *n*

Mogul[1] ['məʊgʌl; məʊ'gʌl] S **1** Mongole *m*, Mongolin *f* **2** HIST Mogul *m* (*Angehöriger e-r mohammedanischen Dynastie in Indien*): **the ~ empire** das Reich der Moguln **3** ≈ *fig* großes Tier *umg*, Magnat *m*: ≈ **of the film industry** Filmmogul *m*

mogul[2] ['məʊgl] S Buckel *m* (*e-r Skipiste*)

MOH ABK *Br* Medical Officer of Health

mohair ['məʊheə(r)] S Mohair *m*: **a** Angora-, Mohairwolle *f* **b** *Stoff aus Angorawolle*

Mohammed [məʊ'hæmed; -ɪd] EIGENN Mohammed *m* (*570-632; Stifter des Islam*)

Mohammedan [məʊ'hæmɪdən] *hist neg!* **A** ADJ mohammedanisch *hist neg!* **B** S Mohammedaner(in) *hist neg!*; **Mohammedanism** S *hist neg!* Mohammedanismus *m hist neg!*; **Mohammedanize** V/T *hist neg!* zum Mohammedanismus bekehren *hist neg!*

Mohave [məʊ'hɑ:vɪ] *pl* **-ves**, *bes koll* **-ve** S Mohave-Indianer(in), Mohave *m*

Mohawk ['məʊhɔ:k] *pl* **-hawks**, *bes koll* **-hawk** S Mohawk-Indianer(in), Mohawk *m*

Mohegan [məʊ'hi:gən] *pl* **-gans**, *bes koll* **-gan** S Mohegan-Indianer(in), Mohegan *m*

Mohican ['məʊɪkən; *US* məʊ'hi:-] **A** *pl* **-cans**, *bes koll* **-can** S Mohikaner(in) **B** ADJ mohikanisch

Mohock ['məʊhɒk; *US* -,hɑk] S *Mitglied von größtenteils aus Aristokraten bestehenden Banden in London (18. Jh.)*

moiety ['mɔɪətɪ] S **1** Hälfte *f* **2** Teil *m*

moil [mɔɪl] V/I *obs u. dial* sich schinden, sich abrackern (*beide umg*)

moire [mwɑ:(r); *US a.* 'mɔɪər] S Moiré *n*, *a. m*, moirierter Stoff, Moiréseide *f*

moiré ['mwɑ:reɪ; *US* mwɑ:'reɪ; mɔ:'reɪ] **A** ADJ **1** moiriert, gewässert, geflammt, mit Wellenmuster **2** mit Wellenlinien auf der Rückseite (*Briefmarke*) **3** wie moirierte Seide glänzend (*Metall*) **B** S **1** Moiré *n*, Wasserglanz *m* **2** → moire

moist [mɔɪst] ADJ (ADV **~ly**) feucht (**with** von): **~ with tears** tränenfeucht

moisten ['mɔɪsn] **A** V/T an-, befeuchten, benetzen: **~ one's lips** sich die Lippen an- *od* befeuchten **B** V/I feucht werden

moistness ['mɔɪstnɪs] S Feuchtheit *f*

moisture ['mɔɪstʃə(r)] S Feuchtigkeit *f*: **~ cream** → moisturizer 1; **~ meter** Feuchtigkeitsmesser *m*; **~-proof**, **~-resistant** feuchtigkeitsbeständig

moisturize ['mɔɪstʃəraɪz] V/T **1** *die Haut* mit e-r Feuchtigkeitscreme behandeln **2** *die Luft* befeuchten; **moisturizer** S **1** *Kosmetik*: Feuchtigkeitscreme *f* **2** TECH Luftbefeuchter *m*; **moisturizing cream** → moisturizer 1

moke [məʊk] S *sl* **1** *Br* Esel *m* **2** *Aus* Klepper *m*

mol → mole[4]

molar[1] ['məʊlə(r)] **A** S Molar *m*, Backen-, Mahlzahn *m* **B** ADJ Molar..., Mahl..., Backen...: **~ tooth** → A

molar[2] ['məʊlə(r)] ADJ **1** PHYS Massen...: **~ motion** **2** CHEM molar, Molar..., Mol...: **~ number** Molzahl *f*; **~ weight** Mol-, Molargewicht *n*

molar[3] ['məʊlə(r)] ADJ MED Molen...

molasses [məʊ'læsɪz; mə-] SPL (*als sg konstruiert*) **1** *US* Melasse *f* **2** (Zucker)Sirup *m*

mold[1], *bes Br* **mould** [məʊld] **A** S **1** TECH (*Gieß-, Guss*) Form *f*: **break the ~** *fig* den üblichen Rahmen sprengen, neue Wege gehen; **be cast** (*od* **made**) **in the same (a different) ~** *fig* aus demselben (e-m anderen) Holz geschnitzt sein; **he's made in his father's ~** er ist aus demselben Holz geschnitzt wie sein Vater; **~ candle** gegossene Kerze **2** (Körper)Bau *m*, Gestalt *f*, (*äußere*) Form **3** Art *f*, Natur *f*, Wesen *n*, Charakter *m* **4** TECH **a** Hohlform *f* **b** Pressform *f*: **(female) ~** Matrize *f*; **male ~** Patrize *f* **c** Kokille *f*, Hartgussform *f* **d** (Form)Modell *n* c Gesenk *n* f *Dreherei*: Druckfutter *n* 5 TECH Gussmaterial *n* 6 TECH Guss(stück) *m(n)* 7 *Schiffbau*: Mall *n*: ~ **loft** Mall-, Schnürboden *m* 8 ARCH a Sims *m/n* b Leiste *f* c Hohlkehle *f* 9 GASTR a Form *f* (*für Speisen*) b *in der Form hergestellte Speise* 10 GEOL Abdruck *m* (*e-r Versteinerung*) B V/T 1 TECH gießen 2 (ab)formen, modellieren 3 formen (*a. fig den Charakter etc*), bilden (**out of** aus), gestalten (**on** nach dem Muster von [*od gen*]): ~ **sb's character** *a.* j-s Charakter prägen 4 *e-n Teig etc* formen (**into** zu), kneten 5 mit erhabenen Mustern verzieren 6 profilieren C V/I Form *od* Gestalt annehmen, sich formen (lassen)

mold[2], *bes Br* **mould** [məʊld] A S 1 a Schimmel *m* b Moder *m* 2 BOT Schimmelpilz *m* B V/I (ver)schimmeln, schimm(e)lig werden

mold[3], *bes Br* **mould** [məʊld] S 1 lockere Erde, *bes* Ackerkrume *f*: **a man of** ~ ein Erdenkloß *m*, ein Sterblicher *m* 2 Humus(boden) *m*

moldable, *bes Br* **mouldable** ['məʊldəbl] ADJ formbar, bildsam: ~ **material** Pressmasse *f*

Moldavia [mɒl'deɪvɪə; *US* mal-] S Moldawien *n*

Moldavian [mɒl'deɪvɪən; *US a.* mal-] A S 1 Moldauer(in) 2 LING Moldauisch *n*, das Moldauische B ADJ moldauisch

moldboard, *bes Br* **mouldboard** S 1 AGR Streichbrett *n*, -blech *n* (*am Pflug*) 2 Formbrett *n* (*der Maurer*)

molder[1], *bes Br* **moulder** ['məʊldə(r)] S 1 Gießer *m* 2 Modellierer(in), Bildner(in), Gestalter(in) 3 Formmaschine *f* 4 TYPO Muttergalvano *n*

molder[2], *bes Br* **moulder** ['məʊldə(r)] V/I *a.* ~ **away** 1 a vermodern b zerfallen 2 *fig* verkümmern

moldiness, *bes Br* **mouldiness** ['məʊldɪnɪs] S 1 a Schimm(e)ligkeit *f* b Moder *m* 2 Schalheit *f* (*a. fig*) 3 *sl* Fadheit *f*

molding, *bes Br* **moulding** ['məʊldɪŋ] S 1 Formen *n*, Formung *f*, Formgebung *f* 2 Formgießerei *f* 3 Modellieren *n* 4 (*etwas*) Geformtes, TECH Formstück *n*, Pressteil *n* 5 ARCH → mold[1] A 8; ~ **board** S 1 Kuchen-, Nudelbrett *n* 2 Modellierbrett *n* 3 Formbrett *n* 4 geharzte Pappe; ~ **clay** S TECH Formerde *f*, -ton *m*; ~ **machine** S TECH 1 Kehl(hobel)maschine *f* (*für Holzbearbeitung*) 2 *Gießerei*: Formmaschine *f* 3 Blechformmaschine *f* 4 Spritzmaschine *f* (*für Spritzguss etc*); ~ **plane** S TECH Kehl-, Hohlkehlenhobel *m*; ~ **press** S TECH Formpresse *f*; ~ **sand** S TECH Form-, Gießsand *m*

Moldova ['mɒldəvə; *US* 'mal-] S → Moldavia

Moldovan [mɒl'dəʊvən; *US a.* mal-] → Moldavian

moldy, *bes Br* **mouldy** ['məʊldɪ] ADJ 1 a verschimmelt, schimm(e)lig: **get** (*od* **go**) ~ → mold[2] B b mod(e)rig: ~ **smell** Modergeruch *m* 2 Schimmel..., schimmelartig: ~ **cheese** Schimmelkäse *m*; ~ **fungi** Schimmelpilze 3 muffig, schal (*a. fig*) 4 *sl* fad

mole[1] [məʊl] S 1 ZOOL Maulwurf *m*: ~ **cricket** Maulwurfsgrille *f*; **(as) blind as a** ~ blind wie ein Maulwurf 2 TECH Tunnelvortriebsmaschine *f* 3 *umg* Maulwurf *m* (*Agent, der sich lange im Hintergrund hält*)

mole[2] [məʊl] S (kleines) Muttermal, *bes* Leberfleck *m*

mole[3] [məʊl] S 1 Mole *f*, Hafendamm *m* 2 (künstlicher) Hafen

mole[4] [məʊl] S CHEM Mol *n*, Grammmolekül *n*

mole[5] [məʊl] S MED Mole *f*, Windei *n*

molecular [məʊ'lekjʊlə(r); *bes US* mə'lekjə-] ADJ (ADV ~ly) CHEM, PHYS molekular, Molekular...: ~ **biologist** Molekularbiologe *m*, -biologin *f*; ~ **biology** Molekularbiologie *f* (*Forschungszweig der Biologie, der die Lösung biologischer Probleme auf molekularer Ebene anstrebt*); ~ **energy** Molekularkraft *f*; ~ **film** (mono)molekulare Schicht; ~ **formula** Molekular-, Molekülformel *f*; ~ **genetics** *pl* (*als sg konstruiert*) Molekulargenetik *f* (*Teilgebiet der Genetik, das sich mit den Zusammenhängen zwischen der Vererbung u. den chemisch-physikalischen Eigenschaften der Gene befasst*); ~ **weight** Molekulargewicht *n*

molecularity [mə,lekjʊ'lærətɪ] S CHEM, PHYS Molekularzustand *m*

molecule ['mɒlɪkjuːl; *US* 'ma-] S 1 CHEM, PHYS a Molekül *n*, Molekel *f* b → mole[4] 2 *fig* winziges Teilchen

mole|head S SCHIFF Molenkopf *m*; ~**hill** S Maulwurfshügel *m*: → mountain A 1; ~**plough**, *bes US* ~ **plow** S AGR Maulwurfspflug *m*; ~ **rat** S ZOOL 1 Blindmaus *f* 2 a (*e-e*) Maulwurfsratte b *a.* **Cape** ~ Sandmull *m*; ~**skin** S 1 Maulwurfsfell *n* 2 Moleskin *m/n*, Englischleder *n* (*ein Baumwollgewebe*) 3 *pl*, *a.* **pair of** ~**s** Moleskinhose *f*

molest [məʊ'lest; mə'l-] V/T (*a. unsittlich*) belästigen, *j-m* lästig *od* zur Last fallen; **molestation** [,məʊle'steɪʃn] S Belästigung *f*

moline [mə'laɪn; -'liːn] ADJ *Heraldik*: kreuzeisenförmig, Anker...

moll [mɒl; *US a.* mal] S *sl* 1 Nutte *f pej* 2 Gangsterbraut *f*

mollah ['mɒlə; *US a.* 'malə] → mullah

mollification [,mɒlɪfɪ'keɪʃn; *US* ,ma-] S 1 Besänftigung *f*, Beruhigung *f*, Beschwichtigung *f* 2 Milderung *f* 3 Erweichung *f*; **mollify** [-faɪ] V/T 1 besänftigen, beruhigen, beschwichtigen 2 mildern 3 erweichen

mollusc → mollusk

molluscan [mɒ'lʌskən; *US* mə-; ma-] A ADJ Weichtier... B S Weichtier *n*; **molluscoid** ZOOL A ADJ 1 weichtierähnlich 2 zu den Muschellingen gehörig B S 1 weichtierähnliches Tier 2 Muschelling *m*; **molluscous** ADJ 1 ZOOL Weichtier... 2 schwammig, molluskenhaft

mollusk ['mɒləsk; *US* 'ma-] S ZOOL Molluske *f*, Weichtier *n*

mollycoddle ['mɒlɪ,kɒdl; *US* 'maliː,kadl] A S Weichling *m* B V/T verweichlichen, -zärteln, -hätscheln

Molly Maguire [,mɒlɪmə'gwaɪə(r); *US* ,ma-] *pl* Molly Maguires S 1 *Mitglied e-s irischen Landpächter-Geheimbundes um 1843* 2 *Mitglied e-s bis 1877 in den Kohlendistrikten von Pennsylvanien tätigen Geheimbundes*

Moloch ['məʊlɒk; *US* -,lak; 'malək] S 1 Moloch *m* (*alttestamentarischer Gott, dem Kinderopfer dargebracht wurden*): **the** ~ **of war** *fig* der Moloch Krieg 2 ♀ ZOOL Moloch *m*

Molotov cocktail ['mɒlətɒf; *US a.* 'ma-; 'məʊ-] S Molotowcocktail *m*

molt, *bes Br* **moult** [məʊlt] A V/I 1 (sich) mausern 2 sich häuten B V/T *Federn, Haare, Haut etc* abwerfen, verlieren C S 1 Mauser(ung) *f*: **be in** ~ in der Mauser sein 2 Häutung *f* 3 beim Mausern abgeworfene Federn *pl*, beim Haarwechsel verlorene Haare *pl*, abgestoßene Haut

molten ['məʊltən] ADJ 1 geschmolzen, flüssig 2 gegossen, Guss...

mol. wt. ABK PHYS molecular weight Mol

moly ['məʊlɪ] S 1 BOT Goldlauch *m* 2 Moly *n* (*zauberabwehrendes Kraut in der Odyssee*)

molybdate [mɒ'lɪbdeɪt; *bes US* mə-] S CHEM Molybdat *n*, molybdänsaures Salz; **molybdenite** [-dɪnaɪt] S MINER Molybdänit *m*, Molybdänglanz *m*

molybdenum [mɒ'lɪbdɪnəm; *bes US* mə-] S CHEM Molybdän *n*; **molybdic** [-dɪk] ADJ CHEM Molybdän...: ~ **acid**

mom [mɒm; *US* mam] S *bes US umg* Mama *f*

mom-and-pop store S *US umg* Tante-Emma-Laden *m*

moment ['məʊmənt] S 1 Moment *m*, Augenblick *m*: **just a** ~! a *a.* **wait a** ~! Moment mal! a Augenblick!; **in a** ~ a gleich, sofort b in Sekundenschnelle 2 (*bestimmter*) Zeitpunkt, Augenblick *m*: **come here this** ~! *obs* komm sofort her!; **the very** ~ **I saw him** in dem Augenblick, in dem ich ihn sah; sobald ich ihn sah; **at the** ~ im Augenblick, augenblicklich, im Moment, momentan: a gerade jetzt b *bes Br a.* **at this** ~ **in time** derzeit, gegenwärtig, zum gegenwärtigen Zeitpunkt; **at the last** ~ im letzten Augenblick; **at any** ~ jederzeit; *he'll arrive* **(at) any** ~ jeden Moment; **for the** ~ fürs Erste; **not for the** ~ im Augenblick nicht; **live for the** ~ für den Augenblick leben; **for a** ~ e-n Augenblick (lang); **not for a** ~ keinen Augenblick (lang); **to the** ~ auf die Sekunde genau, pünktlich; **the** ~ der (geeignete) Augenblick; **the catchword of the** ~ die Losung der Stunde *od* des Tages; **the** ~ **of truth** die Stunde der Wahrheit; **his** ~ **of truth came when ...** die Stunde der Wahrheit kam für ihn, als ... 3 *meist pl fig* (große) Stunde, großer Augenblick: **he had his** ~**s** 4 Punkt *m*, Stadium *n* (*e-r Entwicklung*) 5 Bedeutung *f*, Tragweite *f*, Belang *m* (**to** für): **of great (little)** ~ von großer (geringer) Bedeutung *od* Tragweite; **of no** ~ bedeutungs-, belanglos 6 Moment *n*: a PHIL *wesentlicher, unselbstständiger Bestandteil* b *wesentlicher Umstand* 7 PHYS Moment *n*: ~ **of a force** Moment e-r Kraft, Kraftmoment; ~ **of inertia** Trägheitsmoment 8 *Statistik*: statistisches Gewicht

momenta [məʊ'mentə] *pl von* momentum

momental [məʊ'mentl] ADJ PHYS Momenten...

momentarily ['məʊməntərəlɪ; *US* ,məʊmən'terə-] ADV 1 für e-n Augenblick, kurz, vorübergehend 2 *US* jeden Augenblick; **momentary** [-tərɪ; *US* -,teriː] ADJ (ADV → momentarily) 1 momentan, augenblicklich 2 vorübergehend, kurz, flüchtig 3 jeden Augenblick geschehend *od* möglich

momently ['məʊməntlɪ] ADV 1 → momentarily 2 von Sekunde zu Sekunde

momentous [məʊ'mentəs] ADJ (ADV ~ly) bedeutsam, bedeutend, folgenschwer, von großer Tragweite; **momentousness** S Bedeutung *f*, Wichtigkeit *f*, Tragweite *f*

momentum [məʊ'mentəm] *pl* -ta [-tə] S 1 Moment *n*: a PHYS Impuls *m*, Bewegungsgröße *f* b TECH Triebkraft *f*: ~ **theorem** Momentensatz *m*; ~ **transfer** Impulsübertragung *f*; ~ **of torsion** Drehmoment; → inertia 1 2 *allg* Wucht *f*, Schwung *m*, Stoßkraft *f*: **gather** (*od* **gain**) ~ in Fahrt kommen, Stoßkraft gewinnen, *fig a.* an Boden gewinnen (*Bewegung etc*); **lose** ~ an Schwung verlieren (*a. fig*)

mon.[1] ABK monetary

Mon.[2] ABK 1 Monaghan 2 Monday Mo.

Monacan ['mɒnəkən; mə'nɑːkən; *US a.* 'manəkən] → Monegasque

monacid [mɒn'æsɪd; *US* ,man-] → monoacid

Monaco ['mɒnəkəʊ; *US* 'ma-] S Monaco *n* (*Fürstentum an der französischen Riviera*)

monad ['mɒnæd; *bes US* 'məʊ-] S 1 PHIL Monade *f*: a *die Einheit, das Unteilbare* b *die letzte, in sich geschlossene, vollendete Ureinheit* 2 BIOL Einzeller *m* 3 CHEM einwertiges Element *od* Atom *od* Radikal

monadelphous [,mɒnə'delfəs; *US* ,man-] ADJ BOT einbrüderig

monades ['mɒnədiːz; *US* 'məʊ-; 'ma-] *pl von* monas

M

monadic [mɒ'nædɪk; US məʊ-; mɑ-] ADJ 1 PHIL monadisch, Monaden... 2 MATH eingliedrig, -stellig
Monaghan ['mɒnəhən; -xən; US 'mɑ-] S Monaghan n (*Grafschaft im nordöstlichen Irland*)
monandrous [mɒ'nændrəs; US mə-; mɑ-] ADJ 1 BOT einmännig 2 monogam (*Frau*); **monandry** [mɒ'nændrɪ; US 'mɑn,æn-] S 1 BOT Einmännigkeit f 2 Monogamie f
monarch ['mɒnə(r)k; US 'mɑ-] S 1 Monarch(in), (Allein)Herrscher(in) 2 *fig* König(in), Herr(in) 3 ZOOL Chrysippusfalter m; **monarchal** [mɒ'nɑ:(r)kl; US mə-; mɑ-] ADJ (ADV ~ly) monarchisch; **monarchic** ADJ, **monarchical** ADJ (ADV ~ly) 1 monarchisch 2 monarchistisch
monarchism ['mɒnə(r)kɪzəm; US 'mɑ-] S Monarchismus m; **monarchist** A S Monarchist(in) B ADJ monarchistisch
monarchy ['mɒnə(r)kɪ; US 'mɑ-] S 1 Monarchie f: **constitutional ~** konstitutionelle Monarchie 2 Alleinherrschaft f
monas ['mɒnæs; *bes US* 'məʊ-] *pl* monades ['mɒnədi:z; US 'məʊ-; 'mɑ-] S → monad 1, 2
monastery ['mɒnəstərɪ; US 'mɑnə,steri:] S (Mönchs)Kloster n
monastic [mə'næstɪk] A ADJ (ADV ~ally) monastisch: a klösterlich, Kloster...: **~ community** Klostergemeinschaft f; **~ simplicity** klösterliche Einfachheit b mönchisch (*a. fig*), Mönchs...: **~ order** Mönchsorden m; **~ vows** *pl* Mönchsgelübde n B S Mönch m; **monasticism** [-tɪsɪzəm] S 1 Mönch(s)tum n 2 Klosterleben n, mönchisches Leben
monatomic [,mɒnə'tɒmɪk; US ,mɑnə'tɑ-] ADJ (ADV ~ally) CHEM einatomig
monaxial [mɒ'næksɪəl; US mɑ-] ADJ BOT monaxon, einachsig
Monday ['mʌndɪ] S Montag m: **on ~** (am) Montag; **on ~s** montags
Monegasque [,mɒnɪ'gæsk; US ,mɑ-] A S Monegasse m, Monegassin f B ADJ monegassisch
Monel metal® [mɒ'nel; US məʊ-] S TECH Monelmetall® n
monetary ['mʌnɪtərɪ; US 'mɑnə,teri:] ADJ WIRTSCH 1 Währungs...: **~ policy (reform, unit,** *etc*); **~ management** Maßnahmen *pl* zur Erhaltung der Währungsstabilität 2 Münz...: **~ standard** Münzfuß m 3 Geld..., geldlich, finanziell (*Angelegenheiten etc*)
monetize ['mʌnɪtaɪz; US 'mɑnə-] V/T 1 zu Münzen prägen 2 zum gesetzlichen Zahlungsmittel machen 3 den Münzfuß (*gen*) festsetzen
money ['mʌnɪ] S WIRTSCH 1 Geld n: **~ of account** Rechnungsmünze f; **be out of ~** kein Geld (mehr) haben; **I'm not made of ~** *umg* ich bin doch kein Millionär!; **~ due** ausstehendes Geld; **~ on account** Guthaben n; **~ on hand** verfügbares Geld; **get one's ~'s worth** etwas (*Vollwertiges*) für sein Geld bekommen; **your ~ or your life!** Geld od Leben!; **be (right) on the ~** *US umg* (genau) ins Schwarze treffen; **for ~** gegen Bezahlung; **for ~ reasons** aus finanziellen Gründen; **for my ~** *umg* m-r Meinung nach; → call A 16 b, ready A 7, short A 8 2 Geld n, Vermögen n: **marry ~** reich *od* Geld heiraten; **~ makes the world go round** (*Sprichwort*) Geld regiert die Welt; **~ for jam** (*od* **old rope**) *Br umg* guter Profit für wenig Mühe, leicht verdientes Geld; **have ~ to burn** *umg* Geld wie Heu haben; **be in the ~** *umg* reich *od* vermögend sein; → roll B 5 3 Geldsorte f 4 Zahlungsmittel n (*jeder Art*) 5 Geldbetrag m, -summe f: **I'll bet you any ~ that ...** *umg* ich wette mit dir um jeden Betrag, dass ...; **be any man's ~** *umg* a für Geld (fast) alles tun b für Geld mit jedem Mann ins Bett gehen 6 *pl* JUR *od obs* Gelder *pl*, (Geld)Beträge *pl*; **~-back guarantee** S Geld-zurück-Garantie f; **~-bag** S 1 Geldsack m 2 *pl* (*als sg konstruiert*) *umg* Geldsack m (*reiche Person*); **~ bill** S POL Finanzvorlage f; **~ box** S *bes Br* Sparbüchse f; **~ broker** S WIRTSCH Geld-, Finanzmakler(in); **~changer** S 1 (Geld)-Wechsler(in) 2 *bes US* Wechselautomat m
moneyed ['mʌnɪd] ADJ wohlhabend, reich, vermögend, begütert: **the ~ classes** *pl* die besitzende Klasse
money|grubber S Raffke m, Raffzahn m (*beide umg pej*); **~grubbing** ADJ geldgierig; **~-hungry** ADJ geldhungrig; **~ laundering** S *umg* Geldwäsche f; **~ laundry** S *umg* Geldwaschanlage f; **~lender** S Geldverleiher(in)
moneyless ADJ ohne Geld, mittellos
money| machine *US* → cash dispenser; **~maker** S 1 cleverer Geschäftsmann, *pej a.* Moneymaker m 2 a einträgliche Sache b Verkaufsschlager m c gut gehendes Unternehmen; **~making** A ADJ gewinnbringend, einträglich B S Geldverdienen n; **~ market** S WIRTSCH Geldmarkt m; **~ order** S WIRTSCH 1 Zahlungsanweisung f 2 Postanweisung f; **~ spider** S *e-e Deckennetzspinne, die angeblich Glück bringt*; **~ spinner** S *bes Br umg* a Verkaufshit m b Goldgrube f: **be a real ~** e-e wahre Goldgrube sein; **~wort** S BOT Pfennigkraut n
monger ['mʌŋgə(r)] S (*obs außer in Zusammensetzungen*) 1 Händler(in): → fishmonger, *etc* 2 *fig pej* → scandalmonger, scaremonger *etc*
Mongol ['mɒŋgɒl; US 'mɑŋgəl; -,gəʊl] A S 1 Mongole m, Mongolin f (*Einwohner[in] der Mongolei*) 2 Mongole m, Mongolin f, Mongolide(r) *m/f(m)* (*Angehörige[r] der mongoliden Rasse*) 3 LING Mongolisch n, das Mongolische 4 ♀ → Mongolian B 2 B ADJ → Mongolian A; **Mongolia** [mɒŋ'gəʊljə; -lɪə; US mɑn-; mɑŋ-] S Mongolei f;
Mongolian [-'gəʊljən; -ɪən] A ADJ 1 mongolisch 2 mongolid (*Rasse*) 3 ♀ MED *neg!* mongoloid *neg!*, am Down-Syndrom leidend B S 1 → Mongol A 1 2 ♀ MED *neg!* Mongoloide(r) *m/f(m) neg!*, am Down-Syndrom Leidende(r) *m/f(m)*; **Mongolism** ['mɒŋgɒlɪzəm; US 'mɑŋgə,-] S MED *neg!* Down-Syndrom n (*durch Schlitzaugen etc gekennzeichnete Form der geistigen Behinderung*); **Mongoloid** A ADJ 1 → Mongolian A 2 2 mongoloid (*den Mongolen ähnlich*) 3 ♀ *neg!* → Mongolian A 3 B S 1 → Mongol A 2 2 Mongoloide(r) *m/f(m)* (*Angehörige[r] e-r nicht rein mongoliden Rasse mit mongolenähnlichen Merkmalen*) 3 ♀ → Mongolian B 2
mongoose ['mɒŋgu:s; US 'mɑŋ-] *pl* -gooses S ZOOL 1 Mungo m (*e-e Schleichkatze*) 2 Mongoz(maki) m (*ein Halbaffe*)
mongrel ['mʌŋgrəl] A S 1 BIOL Bastard m, Kreuzungsprodukt n 2 Promenadenmischung f *umg* 3 Mischling m (*Mensch*) 4 Zwischending n B ADJ 1 Bastard...: **~ race** Mischrasse f 2 undefinierbar
mongst, 'mongst [mʌŋst; mʌŋkst] *abk für* among
monicker → moniker
monies ['mʌnɪz] SPL → money 6
moniker ['mɒnɪkə(r); US 'mɑ-] S *sl* (Spitz)Name m
monism ['mɒnɪzəm; US 'məʊ-; 'mɑ-] S PHIL Monismus m (*Auffassung, die den Bestand od die Entstehung der Welt aus einem Stoff, einer Substanz od einem Prinzip erklärt*)
monition [məʊ'nɪʃn; mə'n-] S 1 (Er)Mahnung f 2 Warnung f 3 JUR Vorladung f 4 REL Mahnbrief m
monitor ['mɒnɪtə(r); US 'mɑ-] A S 1 Überwacher(in) 2 SCHULE *Schüler, der Aufsichts- u. Strafgewalt hat, bes* Klassenordner m 3 SCHIFF a HIST Monitor m (*ein Panzerschiffstyp*) b Feuerlöschboot n 4 TECH Wendestrahlrohr n 5 ELEK *etc* Monitor m: a Abhör-, Mithörgerät n b *a.* **~ screen** Kontrollgerät n, -schirm m 6 Monitor m, Warn-, Anzeigegerät n (*für Radioaktivität*) 7 *a.* **~ lizard** ZOOL Waran(eidechse) *m(f)* B V/T 1 ELEK, TEL *etc, a. Funk:* ab-, mithören, überwachen, *die Akustik etc* durch Abhören kontrollieren 2 PHYS auf Radioaktivität überprüfen 3 *allg* überwachen; **monitorial** [-'tɔ:rɪəl; US *a.* -'təʊ-] ADJ (ADV ~ly) 1 → monitory 2 SCHULE Klassenordner...: **~ duties**; **monitoring** ADJ ELEK Mithör..., Überwachungs...: **~ desk** Misch-, Reglerpult n; **~ operator** Tonmeister(in); **monitorship** S SCHULE Stelle f *od* Funktion f e-s Klassenordners; **monitory** [-tərɪ; US -,təʊri:; -,tɔ:-] ADJ 1 (er)mahnend, Mahn... 2 warnend
monitress ['mɒnɪtrɪs; US 'mɑ-] S SCHULE *Schülerin, die Aufsichts- u. Strafgewalt hat, bes* Klassenordnerin f
monk [mʌŋk] S 1 Mönch m 2 a ZOOL Mönchsaffe m b FISCH Engelhai m 3 TYPO *bes Br* Schmierstelle f; **monkery** [-ərɪ] S 1 *oft pej* a Kloster-, Mönchsleben n b Mönch(s)-tum n c *pl* Mönchspraktiken *pl* 2 KOLL Mönche *pl* 3 Mönchskloster n
monkey ['mʌŋkɪ] A S 1 ZOOL a Affe m b *engS.* kleinerer (langschwänziger) Affe: **make a ~ (out) of sb** *umg* j-n zum Gespött machen; **have a ~ on one's back** *US sl* rauschgiftsüchtig sein; **I don't give a ~'s (fart)** *sl* das ist mir scheißegal 2 (kleiner) Schlingel 3 TECH a Ramme f, Rammbock m b Fallhammer m, -bär m, -klotz m, Hammerbär m 4 kleiner Schmelztiegel 5 *Br sl* **get** (*od* **put) sb's ~ up** j-n auf die Palme bringen; **get one's ~ up** hochgehen 6 *sl* a *Br* 500 Pfund b *US* 500 Dollar B V/I 1 **~ about** (*od* **around)** (herum)albern, Unsinn machen 2 *a.* **~ about** (*od* **around) (with)** *umg* (herum)spielen (mit), herumpfuschen *pej* (an *dat*) C V/T nachäffen, verspotten; **~ bars** SPL *US* Klettergerüst n; **~ bread** S BOT 1 → baobab 2 Affenbrotbaum-Frucht f; **~ business** S *umg* 1 krumme Touren *pl* 2 Schabernack m, Unfug m; **~ engine** S TECH (Pfahl)Ramme f; **~ flower** S BOT Gauklerblume f; **~ jacket** S SCHIFF, MIL Affenjacke f, Affenjäckchen n; **~ nut** *Br obs für* peanut; **~ puzzle** S BOT Araukarie f, Chilefichte f; **~shines** SPL *US umg* → monkey business 2; **~ suit** S *US sl* 1 MIL Uniform f 2 a Smoking m b Abend-, Gesellschaftsanzug m; **~ tricks** SPL *Br umg* → monkey business 2; **~ wrench** S TECH Engländer m, verstellbarer Schraubenschlüssel: **throw a ~ into the machinery** *US umg* Sand ins Getriebe streuen
monkfish S 1 → angel shark 2 → angler 2
Mon-Khmer [,məʊn'kmeə; US -kə'meər] S LING Mon-Khmer-Sprachen *pl* (*e-e Sprachgruppe in Hinterindien*)
monkhood S 1 Mönch(s)tum n 2 KOLL Mönche *pl*; **monkish** ADJ (ADV ~ly) 1 Mönchs... 2 *meist pej* mönchisch
monk seal S ZOOL Mönchsrobbe f
monkshood S BOT Eisenhut m
Monmouthshire ['mɒnməθʃə(r); -ʃɪə(r); US 'mɑn-] S Monmouthshire n (*Grafschaft in Südostwales*)
mono- [mɒnəʊ; -nə; US mɑ-] *Wortelement mit der Bedeutung* ein, einzeln, einfach
mono ['mɒnəʊ; US 'mɑ-] A S 1 RADIO *etc* Mono n: **broadcast in ~** 2 *pl* -os *umg* a Monogerät n b Monoschallplatte f B ADJ RADIO *etc* Mono...: **~ broadcast (record,** *etc*)

M

monoacid CHEM **A** ADJ einsäurig **B** S einbasige Säure
monobasic ADJ CHEM einbasisch, einbasig
monocarpellary [-ˈkɑː(r)pɪlərɪ; US -pəˌleriː] ADJ BOT aus nur einem Fruchtblatt bestehend; **monocarpic** ADJ BOT nur einmal fruchtend; **monocarpous** ADJ BOT **1** einfrüchtig (*Blüte*) **2** → monocarpic
monocellular ADJ BIOL einzellig
Monoceros [məˈnɒsərɒs; US -ˈnɑsərəs] S ASTRON Einhorn *n* (*Sternbild*)
monochloride S CHEM Monochlorid *n*
monochord S MUS Monochord *n* (*Instrument zur Ton- u. Intervallmessung, das aus e-r über e-n Resonanzkasten gespannten Saite besteht*)
monochromatic ADJ (ADV ~ally), *a.* **monochroic** [-ˈkrəʊɪk] ADJ PHYS monochromatisch, einfarbig; **monochrome** **A** S **1** einfarbiges Gemälde **2** Schwarz-Weiß-Aufnahme *f* **B** ADJ **1** monochrom, einfarbig **2** Schwarz-Weiß...: **~ film**; **monochromist** S Spezialist(in) für einfarbige Malerei
monocle [ˈmɒnəkl; US ˈmɑnɪkəl] S Monokel *n*; **monocled** ADJ ein Monokel tragend, mit Monokel
monoclinal [-ˈklaɪnl] GEOL **A** ADJ (ADV ~ly) monoklin (*in nur einer Richtung geneigt*) **B** S → monocline; **monocline** [-klaɪn] S GEOL Monokline *f* (*in nur einer Richtung geneigtes Gesteinspaket*); **monoclinic** [-ˈklɪnɪk] ADJ MINER monoklin (*e-e Kristallform betreffend, bei der e-e Achse schiefwinklig zu den beiden anderen, aufeinander senkrechten Achsen steht*); **monoclinous** [-ˈklaɪnəs] ADJ BOT monoklin, zwitt(e)rig
monocoque [ˈmɒnəkɒk; US ˈmɑnəˌkəʊk; -ˌkɑk] S **1** FLUG Schalenrumpf *m*: **~ construction** TECH Schalenbau(weise) *m(f)* **2** Monocoque *n* (*Schalenkonstruktion in Rennwagen, die das Chassis u. den Rahmen ersetzt*)
monocotyledon [-ˌkɒtɪˈliːdən; US -ˌkɑ-] S BOT Monokotyledone *f*, Einkeimblättrige *f*
monocracy [mɒˈnɒkrəsɪ; US mɑˈnɑ-; mə-] S Monokratie *f*, Alleinherrschaft *f*
monocular [mɒˈnɒkjʊlə(r); US mɑˈnɑ-; mə-] ADJ (ADV ~ly) **1** einäugig **2** monokular, für nur ein Auge, nur mit einem Auge
monoculture S AGR Monokultur *f* (*einseitiger Anbau der gleichen Pflanzen über längere Zeit*)
monocycle → unicycle; **monocyclic** ADJ (ADV ~ally) **1** CHEM, MATH, PHYS monozyklisch **2** BOT, ZOOL in nur einem Kreis angeordnet **3** BOT → annual A 2
monocyte [ˈmɒnəʊsaɪt; US ˈmɑnə-] S MED Monozyt *m* (*größtes weißes Blutkörperchen*)
monodactylous [-ˈdæktɪləs] ADJ ZOOL einfingrig, einzehig
monodic [mɒˈnɒdɪk; US məˈnɑ-] ADJ (ADV ~ally) MUS monodisch
monodrama S THEAT Monodrama *n*, Einpersonenstück *n*
monody [ˈmɒnədɪ; US ˈmɑ-] S MUS Monodie *f*: **a** *Antike: mit Instrumentalbegleitung vorgetragenes Sololied* **b** HIST *klare einstimmige Melodieführung mit Akkordbegleitung* **c** *einstimmiger Gesang*
monoecism [mɒˈniːsɪzəm; mə-; US *a.* mɑ-] S BIOL Monözie *f*, Einhäusigkeit *f*
monofilm S CHEM, PHYS monomolekulare Schicht
monogamic [-ˈgæmɪk] → monogamous; **monogamist** [mɒˈnɒgəmɪst; US məˈnɑ-] S Monogamist(in); **monogamous** ADJ (ADV ~ly) monogam, monogamisch; **monogamy** S Monogamie *f*, Einehe *f*
monogenesis S **1** BIOL Monogenese *f*, Monogenesis *f*: **a** *Theorie von der Herleitung jeder gegebenen Gruppe von Lebewesen aus je einer gemeinsamen Stammform* **b** ungeschlechtliche Fortpflanzung **2** → monogenism **3** *Genetik*: Monogenie *f* (*Erscheinung, dass bei der Ausbildung e-s Merkmals nur ein Gen beteiligt ist*); **monogenism** [mɒˈnɒdʒɪnɪzəm; US məˈnɑ-] S Monogenismus *m* (*Lehre, nach der das Menschengeschlecht auf ein Stammpaar zurückgeht*)
monoglot [ˈmɒnəglɒt; US ˈmɑnəˌglɑt] **A** ADJ monoglott, einsprachig **B** S einsprachige Person
monogony [məˈnɒgənɪ; US -ˈnɑ-] S BIOL Monogonie *f*, ungeschlechtliche Fortpflanzung
monogram [ˈmɒnəgræm; US ˈmɑ-] S Monogramm *n*; **monogrammed** ADJ mit Monogramm
monograph [ˈmɒnəgrɑːf; -græf; US ˈmɑnəˌgræf] **A** S Monografie *f* (*wissenschaftliche Darstellung e-s einzelnen Themas etc*) **B** V/T in e-r Monografie behandeln; **monographer** [mɒˈnɒgrəfə(r); US məˈnɑ-] S Verfasser(in) e-r Monografie; **monographic** ADJ (ADV ~ally) monografisch; **monographist** [mɒˈnɒgrəfɪst; US məˈnɑ-] → monographer
monogynous [mɒˈnɒdʒɪnəs; US məˈnɑ-] ADJ **1** BOT einweibig **2** monogam (*Mann*) **3** ZOOL **a** mit nur einem Weibchen **b** monogyn (*nur ein einziges Eier legendes Weibchen [als Königin] aufweisend*) (*Bienenvolk etc*)
monohydrate S CHEM Monohydrat *n*; **monohydric** ADJ CHEM einwertig (*bes Alkohol*)
monokini [ˌmɒnəˈkiːnɪ; US ˌmɑ-] S Monokini *m*, Minikini *m* (*Damenbadebekleidung ohne Oberteil*)
monolatry [mɒˈnɒlətrɪ; US məˈnɑ-] S Monolatrie *f* (*Verehrung nur eines Gottes, ohne die Existenz weiterer Götter zu leugnen*)
monolingual **A** ADJ (ADV ~ly) einsprachig **B** S einsprachige Person; **monolingualism** S Einsprachigkeit *f*
monolith [ˈmɒnəʊlɪθ; US ˈmɑnə-] S **1** Monolith *m*: **a** *großer Steinblock* **b** *aus e-m einzigen Stein hergestelltes Kunstwerk* **2** Betonblock *m*, -stein *m*; **monolithic** ADJ (ADV ~ally) ARCH monolith(isch) (*a. fig*): **~ integrated circuit** ELEK monolithische integrierte Schaltung
monolog US → monologue
monologic [ˌmɒnəˈlɒdʒɪk; US ˌmɑnlˈɑdʒɪk], **monological** ADJ monologisch; **monologist** [mɒˈnɒlədʒɪst; US məˈnɑ-] S **1** Monologsprecher(in) **2** *pej j-d, der die Unterhaltung ganz allein bestreitet*; **monologize** V/I monologisieren, ein Selbstgespräch führen; **monologue** [ˈmɒnəlɒg; US ˈmɑnlˌɔːg; -ˌɑg] S Monolog *m*: **a** THEAT *u. weitS.* Selbstgespräch *n*: → interior A 1 **b** *von einer Person aufgeführtes dramatisches Gedicht* **c** *pej* lange Rede (*in der Unterhaltung*); **monologuist** → monologist 1
monomania S PSYCH Monomanie *f* (*zwanghafte Besessenheit von einer Idee etc*); **monomaniac** **A** S Monomane *m*, Monomanin *f* **B** ADJ monoman(isch)
monomark S *Br als Identifikationszeichen registrierte Kombination von Buchstaben und/oder Ziffern*
monomer [ˈmɒnəmə(r); US ˈmɑ-] S CHEM Monomer(e) *n*; **monomeric** [-ˈmerɪk] ADJ monomer
monometalism S WIRTSCH Monometallismus *m* (*Währungssystem, in dem nur ein Währungsmetall als gesetzliches Zahlungsmittel anerkannt ist*)
monometer [mɒˈnɒmɪtə; US məˈnɑmətər; mɑ-] S LIT Monometer *m* (*aus nur einem Versmaß bestehende metrische Einheit, die selbstständig nur als Satzschluss verwendet wird*)
monomial [mɒˈnəʊmɪəl; US mɑ-; mə-] MATH **A** ADJ monomisch, eingliedrig **B** S Monom *n*, eingliedrige Zahlengröße
monomolecular ADJ CHEM, PHYS monomolekular
monomorphic, **monomorphous** [-fəs] ADJ BIOL monomorph, gleich gestaltet
mononucleosis [ˈmɒnəʊˌnjuːklɪˈəʊsɪs; US ˈmɑnəˌnuː-] S MED Mononukleose *f* (*Zunahme od Überwiegen der einfachkernigen Leukozyten im Blut od Erkrankung mit e-r solchen Zunahme als charakteristischem Symptom*): **infectious ~** Pfeiffer-Drüsenfieber *n*
monophasic ADJ ELEK einphasig
monophobia S PSYCH Monophobie *f* (*krankhafte Angst vor dem Alleinsein*)
monophthong [ˈmɒnəfθɒŋ; US ˈmɑ-] S LING Monophthong *m*, einfacher Selbstlaut; **monophthongal** [-gl] ADJ monophthongisch; **monophthongize** V/T monophthongieren
monophyletic ADJ BIOL monophyletisch, einstämmig
Monophysite [mɒˈnɒfɪsaɪt; US məˈnɑ-] S REL Monophysit(in); **Monophysitism** [-ɪsɪtɪzəm] S Monophysitismus *m* (*von einigen Ostkirchen vertretene Lehre, nach der die zwei Naturen Christi zu e-r neuen gottmenschlichen Natur verbunden sind*)
monoplane S FLUG Eindecker *m*
monoplegia [-ˈpliːdʒə] S MED Monoplegie *f* (*Lähmung e-s einzelnen Gliedes*); **monoplegic** [-ˈpliːdʒɪk] ADJ monoplegisch
monopodium S *irr* BOT Monopodium *n* (*einheitliche echte Hauptachse bei Verzweigungen*)
monopolism [məˈnɒpəlɪzəm; US -ˈnɑ-] S WIRTSCH Monopolwirtschaft *f*; **monopolist** S WIRTSCH Monopolist(in); **monopolistic** ADJ (ADV ~ally) WIRTSCH monopolistisch, marktbeherrschend, Monopol...: **~ position**; **~ competition** WIRTSCH monopolistische Konkurrenz; **monopolization** S WIRTSCH Monopolisierung *f*; **monopolize** V/T **1** WIRTSCH monopolisieren **2** *fig* **a** an sich reißen: **~ the conversation** die Unterhaltung ganz allein bestreiten **b** *j-n od etwas* mit Beschlag belegen: **my mind was ~d by this problem** ich konnte an nichts anderes als an dieses Problem denken, alle m-e Gedanken kreisten um dieses Problem; **monopolizer** S WIRTSCH *j-d, der (etwas) monopolisiert*; **monopoly** [-lɪ] S WIRTSCH **1** Monopol(stellung) *n(f)* **2** **(of)** Monopol *n* (auf *akk*), Alleinverkaufs-, Alleinbetriebs-, Alleinherstellungsrecht *n* (für): **have a ~ on** ein Monopol haben auf (*akk*) **3** *a. allg* Monopol *n*, alleiniger Besitz, alleiniges Vorrecht: **~ of learning** Bildungsmonopol; **he thinks he has a ~ on intelligence** er glaubt, er hat die Intelligenz für sich gepachtet *umg* **4** Monopol *n*, (*etwas*) Monopolisiertes **5** Monopolgesellschaft *f*: **Monopolies and Mergers Commission** *Br* (*etwa*) Kartellbehörde *f*
monopteron [mɒˈnɒptərɒn; mə-; US mɑˈnɑptərɑn] *pl* -ra [-rə] S, **monopteros** [-rɒs; -rəs; US -rɑs; -rəs] *pl* **-roi** [-rɔɪ] S ARCH Monopteros *m* (*von e-r Säulenreihe umgebener antiker Tempel*)
monorail S TECH Einschienenbahn *f*
monosodium glutamate S CHEM Mononatriumglutamat *n*
monosome [ˈmɒnəsəʊm; US ˈmɑ-] S *Genetik*: Monosom *n* (*einzeln bleibendes Chromosom im diploiden Zellkern*)
monosyllabic ADJ (ADV ~ally) LING einsilbig (*a. fig Antworten, Person etc*), monosyllabisch; **monosyllabism** S Einsilbigkeit *f*; **monosyllable** S Monosyllabum *n*, einsilbiges Wort: **speak in ~s** einsilbige Antworten geben
monotheism S REL Monotheismus *m* (*Glaube an e-n einzigen Gott*); **monotheist** [ˈmɒnəʊθiːˌɪst; -ˌθiːɪst; US ˈmɑnəˌθiːəst] REL **A** S Monotheist(in) **B** ADJ monotheistisch;

M

monotheistic ADJ, **monotheistical** ADJ (ADV ~ly) monotheistisch
monotint → monochrome
monotone [ˈmɒnətəʊn; US ˈmɑ-] **A** S **1** monotones Geräusch, gleichbleibender Ton, eintönige Wiederholung: **speak in a ~** monoton sprechen **2** monotones Rezitieren *od* Singen **3** → monotony **B** ADJ → monotonous; **monotonic** [-ˈtɒnɪk; US -ˈtɑ-] ADJ (ADV ~ally) MUS monoton (*a.* MATH), eintönig; **monotonous** [məˈnɒtnəs; US -ˈnɑ-] ADJ (ADV ~ly) monoton, eintönig, *fig a.* einförmig: **in a ~ voice** mit monotoner Stimme; **monotony** [-tnɪ], *a.* **monotonousness** S Monotonie *f*, Eintönigkeit *f*, *fig a.* Einförmigkeit *f*, (ewiges) Einerlei
monotrematous [-ˈtriːmətəs; -ˈtrem-] ADJ ZOOL zu den Kloakentieren gehörend; **monotreme** [-triːm] S Kloakentier *n*
monotype®[1] S TYPO **1** *meist* ℒ® (*geschützte Marke*) Monotype *f* (*Setz- u. Gießmaschine für Einzelbuchstaben*) **2** **a** mit der Monotype hergestellte Letter **b** Monotypesatz *m* **3** Monotypie *f* (*Abdruck e-s auf e-e Metallplatte etc gemalten Bildes*)
monotype[2] S BIOL einziger Vertreter (*e-r Gruppe*), *bes* einzige Art (*e-r Gattung etc*)
monovalence, **monovalency** S CHEM Monovalenz *f*, Einwertigkeit *f*; **monovalent** ADJ monovalent, einwertig
monoxide [mɒˈnɒksaɪd; US məˈnɑ-] S CHEM Monoxyd *n*, Monoxid *n*
Monroe Doctrine [mənˈrəʊ; *Br a.* ˈmʌnrəʊ] S POL Monroedoktrin *f* (*von Präsident Monroe 1823 verkündeter Grundsatz der gegenseitigen Nichteinmischung*)
monsoon [mɒnˈsuːn; US mɑn-] S **1** Monsun *m*: **dry ~** Wintermonsun; **wet ~** Sommer-, Regenmonsun **2** (sommerliche) Regenzeit (*in Südasien*) **3** *umg* Wolkenbruch *m*
mons pubis [ˌmɒnzˈpjuːbɪs; US ˌmɑnz-] *pl* **montes pubis** [ˌmɒntiːz-; -teɪz-; US ˌmɑn-] S ANAT Schamberg *m*, -hügel *m*
monster [ˈmɒnstə(r); US ˈmɑn-] **A** S **1** Monster *n*, Ungeheuer *n*, Scheusal *n* (*a. fig*): → green-eyed 2 **2** Monstrum *n*: **a** Missgeburt *f*, -gestalt *f*, -bildung *f* **b** *fig* Ungeheuer *n*, (*etwas*) Ungeheuerliches *od* Unförmiges, Koloss *m* **B** ADJ ungeheuer(lich), Riesen…, Monster…: **~ film** Monsterfilm *m*; **~ meeting** Massenversammlung *f*
monstera [ˈmɒnstərə; US ˈmɑn-] S BOT Monstera *f*, Philodendron *m*
monstrance [ˈmɒnstrəns; US ˈmɑn-] S KATH Monstranz *f* (*Gefäß für die geweihte Hostie*)
monstrosity [mɒnˈstrɒsətɪ; US mɑnˈstrɑs-] S **1** Ungeheuerlichkeit *f* **2** → monster A 2
monstrous [ˈmɒnstrəs; US ˈmɑn-] ADJ (ADV ~ly) **1** monströs: **a** ungeheuer, riesenhaft **b** ungeheuerlich, fürchterlich, grässlich, scheußlich **c** missgestaltet, unförmig, ungestalt **2** un-, widernatürlich **3** absurd; **monstrousness** S **1** Monstrosität *f*: **a** Riesenhaftigkeit *f* **b** Ungeheuerlichkeit *f* **2** Widernatürlichkeit *f*
mons veneris [ˌmɒnzˈvenərɪs; US ˌmɑnz-] *pl* **montes veneris** [ˌmɒntiːz; -teɪz-; US ˌmɑn-] S ANAT Venusberg *m*, Schamberg *m*, -hügel *m*
Mont. ABK Montana
montage [mɒnˈtɑːʒ; US mɑn-; məʊn-] S **1** KUNST, FILM *etc* Montage *f* **2** Fotomontage *f*
Montana [mɒnˈtænə; US mɑn-] S Montana *n* (*Staat im Nordwesten der USA*)
Montanan [mɒnˈtænən; US mɑn-] **A** S Bewohner(in) von Montana (*USA*) **B** ADJ aus *od* von Montana
montane [ˈmɒnteɪn; US ˈmɑn-; mɑnˈteɪn] ADJ BOT, ZOOL Gebirgs…, Berg…: **~ plants**
Mont Blanc [ˌmɔ̃ːmˈblɑ̃ːŋ; ˌmɔ̃ːˈblɑ̃ː] EIGENN Mont Blanc *m* (*höchster Berg der Alpen*)
monte [ˈmɒntiː] S US **a** *a.* **~ bank** *ein Bauernfängerspiel mit Karten* **b** → three-card monte
Monte Carlo [ˌmɒntɪˈkɑː(r)ləʊ; US ˌmɑ-] S Monte Carlo *n* (*Stadtbezirk von Monaco*)
Monte Carlo method [ˌmɒntɪˈkɑː(r)ləʊ; US ˌmɑn-] S MATH Monte-Carlo-Methode *f*
Montenegrin [ˌmɒntɪˈniːgrɪn; US ˌmɑn-] **A** S Montenegriner(in) **B** ADJ montenegrinisch
montes pubis [ˌmɒntiːzˈpjuːbɪs; -teɪz-; US ˌmɑn-] *pl von* mons pubis
Montessori school [ˌmɒntəˈsɔːrɪ; US ˌmɑn-] S Montessori-Schule *f* (*Schule, in der die Schüler mithilfe geeigneter Arbeits- u. Übungsmaterialien zu konzentrierter Einzelarbeit geführt werden*)
montes veneris [ˌmɒntiːzˈvenərɪs; -teɪz-; US ˌmɑn-] *pl von* mons veneris
Montezuma's revenge [ˌmɒntɪˈzuːməz; US ˌmɑn-] S MED *sl* Montezumas Rache *f hum*
month [mʌnθ] S **1** Monat *m*: **after an absence of two ~s** nach zweimonatiger Abwesenheit; **by the ~** monatlich; **once a ~** einmal im Monat; **we haven't seen each other in a ~ of Sundays** *umg* wir haben uns schon seit e-r Ewigkeit nicht mehr gesehen; **I wouldn't go out with her in a ~ of Sundays** *umg* mit der würde ich nie u. nimmer ausgehen; **never in a ~ of Sundays!** nie im Leben!; → pregnant 1 a **2** **a** vier Wochen **b** 30 Tage
monthly [ˈmʌnθlɪ] **A** S **1** Monatsschrift *f* **2** *a. pl* PHYSIOL *umg* Periode *f*: **she's got her ~** sie hat ihre Tage *umg* **B** ADJ **1** e-n Monat dauernd **2** monatlich **3** Monats…: **~ salary**; **~ instal(l)ment** Monatsrate *f*; **~ (season) ticket** BAHN *etc Br* Monatskarte *f* **C** ADV monatlich, einmal im Monat, jeden Monat
month's mind S KATH Monatsgedächtnis *n* (*Gedenkmesse*)
monticule [ˈmɒntɪkjuːl; US ˈmɑn-] S (kleiner) Hügel, Höcker *m*
monument [ˈmɒnjʊmənt; US ˈmɑnjə-] S **1** *a. fig* Monument *n*, Denkmal *n* (**to** für; **of** *gen*): **erect a ~ to sb's memory** zum Gedenken an j-n ein Denkmal errichten; **a ~ of literature** ein Literaturdenkmal; **the** ℒ *e-e hohe Säule in London zur Erinnerung an den großen Brand im Jahre 1666* **2** Baudenkmal *n* **3** Grabmal *n*, -stein *m* **4** *obs* Statue *f*
monumental [ˌmɒnjʊˈmentl; US ˌmɑnjə-] ADJ (ADV ~ly) **1** monumental: **a** großartig, gewaltig, imposant **b** KUNST überlebensgroß: **~ painting** Kolossal-, Monumentalgemälde *n* **2** hervorragend, bedeutend (*Ereignis etc*) **3** *umg* kolossal, Riesen…: **a ~ error**; **~ stupidity** **4** Denkmal(s)… **5** Gedenk…: **~ chapel** Gedenkkapelle *f* **6** Grabmal(s)…: **~ mason** Steinbildhauer(in)
monumentalize [ˌmɒnjʊˈmentəlaɪz; US ˌmɑnjə-] V/T *fig j-m od e-r Sache* ein Denkmal setzen, *j-n od etwas* verewigen
moo [muː] **A** V/I muhen **B** S **1** Muhen *n* **2** *Br sl pej obs* (blöde) Kuh
mooch [muːtʃ] *sl* **A** V/I *a.* **~ about** (*od* **around**) **a** herumlungern *pej* **b** herumstrolchen *pej*: **~ along** dahinlatschen **B** V/T **1** *bes US* abstauben, mitgehen lassen (*beide umg*) **2** schnorren *umg*: **~ sth off sb** j-m etwas abschnorren
moocow S *Kindersprache*: Muhkuh *f*
mood[1] [muːd] S **1** Stimmung *f* (*a.* KUNST), Laune *f*: **be in the (in no** *od* **out of the) ~ to do sth** (nicht) dazu aufgelegt sein, etwas zu tun, (keine) Lust haben, etwas zu tun; **be in the ~ to work** zur Arbeit aufgelegt sein; **be in the ~ for sth** zu etwas aufgelegt sein; **be in the right ~** in der richtigen Stimmung sein; **be in a good (bad) ~** gute (schlechte) Laune haben, gut (schlecht) aufgelegt sein; **be in no giving ~** nicht in Geberlaune sein; **I'm in no laughing ~** mir ist nicht nach *od* zum Lachen zumute; **what's his ~ today?** wie ist er heute aufgelegt?; **his ~s change very quickly** er ist sehr launenhaft; **change of ~**, **~ change**, *US a.* **~ swing** Stimmungsumschwung *m*; **~ music** stimmungsvolle Musik **2** **be in a ~** schlechte Laune haben, schlecht aufgelegt sein; **he's in one of his ~s again** er hat wieder einmal schlechte Laune
mood[2] [muːd] S **1** LING Modus *m*, Aussageweise *f* **2** MUS Tonart *f*
moodiness [ˈmuːdɪnɪs] S **1** Launenhaftigkeit *f* **2** Übellaunigkeit *f*, Verstimmtheit *f* **3** Niedergeschlagenheit *f*
moody [ˈmuːdɪ] ADJ (ADV moodily) **1** launisch, launenhaft: **be ~** *a.* Launen haben **2** übellaunig, verstimmt **3** niedergeschlagen, trübsinnig
moola(h) [ˈmuːlə] S *bes US sl* Knete *f* (*Geld*)
moon [muːn] **A** S **1** (*poet a. als Femininum konstruiert*) Mond *m*: **there is no ~ tonight** heute ist e-e mondlose Nacht; **the man in the ~** der Mann im Mond; **once in a blue ~** *umg* alle Jubeljahre (einmal); **bay** (*US* **bark**) **(at) the ~** *umg* s-e Energie vergeuden; **be over the ~** *umg* überglücklich sein (**at, about** über *akk*); **be over the ~ with joy** *umg* außer sich sein vor Freude; **cry for the ~** *Br umg* nach etwas Unmöglichem verlangen; **promise sb the ~** *umg* j-m das Blaue vom Himmel versprechen; **reach for the ~** nach den Sternen greifen **2** ASTRON Mond *m*, Satellit *m*: **the ~s of Jupiter** die Monde des Jupiter **3** *poet* Mond *m*, Monat *m* **4** (*bes* Halb)Mond *m*, (*etwas*) (Halb)Mondförmiges **5** *Alchimie*: Silber *n* **6** *sl* nackter Hintern **B** V/I **1** **~ about** (*od* **around**) **a** herumtrödeln **b** ziellos herumstreichen **2** (**over**) **a** träumen (von) **b** schmachten (nach) **3** *sl* (die Hosen runterlassen u.) s-n nackten Hintern zeigen **C** V/T **1** **~ away** *die Zeit* vertrödeln, -träumen **2** *sl j-m* s-n nackten Hintern zeigen; **~ball** S *Tennis*: Mondball *m*; **~beam** S Mondstrahl *m*; **~-blind** ADJ **1** VET mondblind (*Pferd*) **2** MED nachtblind; **~ blindness** S **1** VET Mondblindheit *f* **2** MED Nachtblindheit *f*; **~ boot** S *Br* Moonboot *m* (*dick gefütterter Kunststoffstiefel*); **~ buggy** S Mondfahrzeug *n*; **~calf** S *irr* **1** Mondkalb *n*, Trottel *m* (*beide pej*) **2** Träumer(in) **3** MED *obs* Monstrum *n*; **~child** S *irr* ASTROL Krebs *m* (*im Zeichen Krebs geborener Mensch*)
mooned [muːnd] ADJ **1** mit e-m (Halb)Mond geschmückt **2** (halb-)mondförmig; **mooner** S **1** Trödler(in) **2** *sl j-d, der anderen s-n nackten Hintern zeigt*
moon|eye S **1** VET **a** an Mondblindheit erkranktes Auge **b** Mondblindheit *f* **2** FISCH Amer. Mondfisch *m*; **~-eyed** ADJ **1** mit großen Augen **2** VET mondblind; **~-faced** ADJ mit e-m (Voll)Mondgesicht: **be ~** ein (Voll)Mondgesicht haben
Moonie [ˈmuːnɪ] S *umg* Anhänger(in) der Mun-Sekte: **the ~s** *pl* die Mun-Sekte
moon landing S Mondlandung *f*
moonless ADJ mondlos (*Nacht*)
moon|light **A** S **1** Mondlicht *n*, -schein *m* **2** *umg* Schwarzarbeit *f* **B** ADJ **1** Mondlicht…: **a ~ walk** ein Mondscheinspaziergang; → flit B 4 **2** → moonlit **C** V/I *umg* **a** noch e-n Nebenjob am Abend haben **b** schwarzarbeiten (*Br a. bei gleichzeitigem Bezug von Arbeitslosenunterstützung*); **~lighter** S **1** *umg* **a** *j-d, der noch e-n Nebenjob am Abend hat* **b** Schwarzarbeiter(in) **2** HIST Mondscheinler *m* (*Teilnehmer an nächtlichen Ausschreitungen gegen Grundbesitzer in Irland*); **~lighting** S **1** *umg* Schwarzarbeit *f* **2** HIST *nächtliche Ausschreitungen gegen Grundbesitzer in Irland*; **~lit** ADJ vom Mond

beleuchtet, mondhell: ~ **night** Mondnacht *f*; **~quake** S Mondbeben *n*; **~raker** S SCHIFF Mondsegel *n*; **~rise** S Mondaufgang *m*; **~scape** S Mondlandschaft *f*; **~set** S Monduntergang *m*; **~shine** S 1 Mondschein *m* 2 *fig umg* Schrott *m* (*Unsinn*) 3 *US umg* geschmuggelter *od* schwarzgebrannter Alkohol; **~shiner** S *US umg* a Alkoholschmuggler(in) b Schwarzbrenner(in); **~shot** S 1 Abschuss *m od* Start *m* e-r Mondrakete 2 Mondflug *m*; **~stone** S MINER Mondstein *m*; **~stricken**, **~struck** ADJ nicht (recht) bei Trost *umg*; **~walk** S Mondspaziergang *m*

moony ['mu:nɪ] ADJ 1 Mond…, Mondes… 2 mondhell 3 *umg* a verträumt b dösig 4 *Br sl* bekloppt, bescheuert

moor[1] [mʊə(r)] S (*bes* Hoch)Moor *n*

moor[2] [mʊə(r)] SCHIFF A V/T vertäuen, festmachen B V/I 1 festmachen 2 festgemacht *od* vertäut liegen

Moor[3] [mʊə(r)] S Maure *m*, Maurin *f*

moorage ['mʊərɪdʒ] S SCHIFF 1 Vertäuung *f* 2 Liegeplatz *m* 3 Anlegegebühr *f*

moor|cock S ORN *bes Br* (*männliches*) Schottisches Moor-Schneehuhn; **~fowl** S ORN *bes Br obs* Schottisches Moor-Schneehuhn; **~hen** S ORN 1 *bes Br* (*weibliches*) Schottisches Moor--Schneehuhn 2 Gemeines Teichhuhn

mooring ['mʊərɪŋ] S 1 SCHIFF Festmachen *n* 2 *meist pl* a Vertäuung *f*: **lose one's ~s** *fig* den Halt verlieren b Verankerung *f*, Befestigung *f*: **rip sth from its ~s** etwas aus s-r Verankerung reißen 3 *meist pl* SCHIFF Liegeplatz *m*; **~ buoy** S SCHIFF Vertäuboje *f*

Moorish ['mʊərɪʃ] ADJ maurisch

moorland [-lənd; -lænd] S *bes Br* Moorland *n*

moory ['mʊərɪ] ADJ moorig, Moor…

moose [mu:s] *pl* moose S ZOOL Elch *m*; **~ test** S AUTO Elchtest *m*

moot [mu:t] A S 1 HIST *Br* (beratende) Volksversammlung 2 JUR, UNIV Diskussion *f* hypothetischer (Rechts-)Fälle B V/T *e-e Frage* aufwerfen, anschneiden C ADJ 1 JUR hypothetisch, fiktiv (*Fall*) 2 strittig (*Punkt, Frage*) 3 (rein) akademisch

mop[1] [mɒp; *US* mɑp] A S 1 Mop *m* 2 Scheuer-, Wischlappen *m* 3 (*Haar*) Wust *m* 4 Tupfer *m*, Bausch *m* 5 TECH Schwabbelscheibe *f* B V/T 1 moppen: **~ the floor with sb** *sl* a j-n fertigmachen b SPORT *etc* j-n vernichtend schlagen; **~ one's face** sich das Gesicht (ab)wischen (**with** mit) 2 **~ up** a aufwischen b *umg e-n Profit etc* schlucken c *umg e-e Arbeit etc* erledigen d MIL *sl ein Gebiet (vom Feind)* säubern e MIL *sl restliche Feindtruppen* erledigen 3 abtupfen (**from** von) 4 TECH schwabbeln

mop[2] [mɒp; *US* mɑp] A V/I *meist* **~ and mow** Gesichter schneiden B S Grimasse *f*: **~s and mows** Grimassen

mopboard S ARCH *US* Fuß-, Scheuer-, Sockelleiste *f*

mope [məʊp] A V/I 1 den Kopf hängen lassen, Trübsal blasen 2 **~ about** (*od* **around**) mit e-r Leichenbittermiene herumlaufen B V/T **~ o.s., be ~d** a → A 1 b sich mopsen (*langweilen*) C S 1 Trübsalbläser(in) 2 *pl* Trübsinn *m*, trübe Stimmung: **have (a fit of) the ~s** e-n Moralischen haben *umg*

moped ['məʊped] S AUTO *Br* Moped *n*

moper ['məʊpə(r)] → mope C 1

moping ['məʊpɪŋ] ADJ (ADV **~ly**), **mopish** ADJ (ADV **~ly**) trübselig, kopfhängerisch; **mopishness** → mope C 2

moppet ['mɒpɪt; *US* 'mɑ-] S *umg* a *bes US* (kleines) Kind b → poppet 1

mopping-up ['mɒpɪŋʌp; *US* 'mɑ-] S MIL *sl* Säuberung *f* (*vom Feind*): **~ operation** Säuberungsaktion *f*

moquette [mɒ'ket; *bes US* məʊ-] S Mokett *m* (*ein Plüschgewebe*)

moraine [mɒ'reɪn; *bes US* mə-] S GEOL (*Gletscher*) Moräne *f*: **lateral ~** Seitenmoräne; **medial ~** Mittelmoräne; **morainic** ADJ Moränen…

moral ['mɒrəl; *US a.* 'mɑ-] A ADJ (ADV → morally) 1 moralisch, sittlich: **~ sense** moralisches *od* sittliches Empfinden; **♀ Rearmament** Moralische Aufrüstung 2 moralisch, geistig, innerlich: **~ obligation** moralische Verpflichtung; **have a ~ obligation** (*od* **responsibility**) **to do sth** moralisch verpflichtet sein, etwas zu tun; **~ support** moralische Unterstützung; **give sb ~ support** j-n moralisch unterstützen; **~ victory** (*od* **win**) moralischer Sieg; **~ winner** moralische(r) Sieger(in) 3 Moral…, Sitten…: **~ law** Sittengesetz *n* 4 moralisch, sittenstreng, sittsam, tugendhaft (*Leben etc*) 5 (sittlich) gut (*Tat etc*) 6 innerlich, charakterlich: **~ly firm** innerlich gefestigt; → fiber 3 c 7 moralisch, vernunftgemäß: **~ certainty** moralische Gewissheit B S 1 Moral *f*, Lehre *f* (*e-r Geschichte etc*): **there is a ~ to the story** die Geschichte hat e-e Moral; **the ~ of the story is that …** die Moral der Geschichte ist, dass …; **draw the ~ from** die Lehre ziehen aus 2 moralischer Grundsatz: **point a ~** den sittlichen Standpunkt betonen 3 *pl* Moral *f*, Sitten *pl*, sittliches Verhalten: **code of ~s** Sittenkodex *m*

morale [mɒ'rɑ:l; *US* mə'ræl] S Moral *f*, Stimmung *f*: **the ~ of the army** die (Kampf)Moral *od* Stimmung der Truppe; **raise (lower) the ~** die Moral heben (senken); → raiser 1; **morale-boosting** ADJ die (Arbeits-, Kampf- *etc*)Moral stärkend, aufrüttelnd (*Rede etc*)

moral hazard S *Versicherungswesen*: subjektives Risiko (*Risiko falscher Angaben des Versicherten*)

moralism ['mɒrəlɪzəm; *US a.* 'mɑ-] S 1 Moralspruch *m* 2 Moralisieren *n* 3 Leben *n* nach den Grundsätzen der bloßen Moral (*Ggs religiöses Leben*) 4 Moralismus *m* ([übertriebene] *Beurteilung aller Dinge unter moralischen Grundsätzen*);

moralist S 1 Moralist(in), Moralphilosoph(in) 2 *pej* Moralist(in), Sittenrichter(in) 3 (rein) moralischer Mensch (*Ggs gläubiger Mensch*)

morality [mə'rælətɪ; mɒ-] S 1 Moral *f*, Sittlichkeit *f*, Tugend(haftigkeit) *f*: **lead a life of perfect ~** ein streng moralisches Leben führen 2 Moralität *f*, sittliche Gesinnung 3 Ethik *f*, Sittenlehre *f* 4 moralische Grundsätze *pl*, Ethik *f* (*e-r Person etc*): **commercial ~** Geschäftsmoral *f* 5 *pej* Moralpredigt *f* 6 *a.* **~ play** THEAT, HIST Moralität *f* (*Drama von betont lehrhafter Tendenz*)

moralize ['mɒrəlaɪz; *US a.* 'mɑ-] A V/I moralisieren(**on, about** über *akk*), *pej a.* Moral predigen B V/T 1 moralisch auslegen, die Moral (*gen*) aufzeigen 2 die Moral (*gen*) heben; **moralizer** S *pej* Moralprediger(in), -apostel *m*; **morally** [-rəlɪ] ADV 1 moralisch (*etc*; → moral A) 2 aus moralischen Gründen 3 **~ certain** *obs* sehr wahrscheinlich: **it is ~ certain that he'll come** er kommt sehr wahrscheinlich

moral| philosophy S Moralphilosophie *f* (*Lehre von den Grundlagen u. dem Wesen der Sittlichkeit*); **~ theology** S Moraltheologie *f* (*Disziplin der katholischen Theologie, die menschliches Handeln angesichts der in der Bibel bezeugten Offenbarung erforscht u. beurteilt*)

morass [mə'ræs] S 1 Morast *m* 2 *fig* Wirrnis *f*

moratorium [ˌmɒrə'tɔ:rɪəm; *US a.* ˌmɑrə-'təʊ-] *pl* -ria [-rɪə], -riums S 1 WIRTSCH Moratorium *n*: a (befristeter) Zahlungsaufschub b (*Vergleichsverfahren*) Stundungsvergleich *m* 2 Moratorium *n*: a POL (*Verlangen nach*) *Aufschub e-r fälligen Angelegenheit od e-s geplanten Vorhabens* b MIL *Phase, in der die Rüstung auf e-m bestimmten Stand gehalten wird* 3 vorläufige Einstellung (**on** *gen*); **moratory** [-tərɪ; *US* -ˌtəuri:; -ˌtɔ:-] ADJ Moratoriums…

Moravia [mə'reɪvjə; -vɪə] S Mähren *n*; **Moravian** [mə'reɪvjən; -ɪən] A S 1 Mähre *m*, Mährin *f* 2 REL Herrnhuter(in) 3 LING Mährisch *n*, das Mährische B ADJ 1 mährisch 2 REL herrnhutisch: **~ Brethren** *pl* Herrnhuter Brüdergemeine *f*

Moray ['mʌrɪ; *US* 'mɜri:], **Morayshire** ['-ʃə(r); '-ʃɪə(r)] S Moray *n* (*Verwaltungsregion in Nordschottland*)

morbid ['mɔ:(r)bɪd] ADJ (ADV **~ly**) 1 morbid, krankhaft, pathologisch (*alle a. fig*): **his ~ sense of humo(u)r** sein makabrer Humor 2 grässlich, grauenhaft 3 a trübsinnig b pessimistisch; **morbidity** S Morbidität *f*: a Krankhaftigkeit *f* b Erkrankungsziffer *f*

morbific [mɔ:(r)'bɪfɪk] ADJ (ADV **~ally**) MED 1 krankheitserregend 2 krank machend

morbilli [mɔ:(r)'bɪlaɪ] SPL (*als sg konstruiert*) MED Morbilli *pl*, Masern *pl*

mordacious [mɔ:(r)'deɪʃəs] ADJ (ADV **~ly**) *bes fig* beißend, bissig; **mordacity** [-'dæsətɪ], **mordancy** [-dənsɪ] S *bes fig* Bissigkeit *f*, beißende Schärfe

mordant ['mɔ:(r)dənt] A ADJ (ADV **~ly**) 1 beißend: a brennend (*Schmerz*) b scharf, sarkastisch (*Worte etc*) 2 TECH a beizend, ätzend b fixierend (*Farben*) B S TECH a Ätzwasser *n* b (*bes Färberei*) Beize *f* c Grund *m*, Kleb(e)stoff *m*

mordent ['mɔ:(r)dənt; *US a.* mɔ:r'dent] S MUS Mordent *m* (*Verzierung, die aus e-m einfachen od mehrfachen Wechsel e-r Note mit ihrer unteren Nebennote besteht*)

more [mɔ:(r); *US a.* 'məʊər] A ADJ 1 mehr: **~ money (people,** *etc*); **(no) ~ than** (nicht) mehr als; **they are ~ than we are** sie sind zahlreicher als wir 2 mehr, noch (mehr), weiter: **some ~ tea** noch etwas Tee; **one ~ day** noch ein(en) Tag; **two ~ miles** noch zwei Meilen, zwei weitere Meilen; **some ~ children** noch einige Kinder; **so much the ~ courage** umso mehr Mut; **he is no ~** er ist nicht mehr (*ist tot*) 3 größer (*obs außer in*): **(the) ~ fool you!** du bist vielleicht ein Dummkopf!; **the ~ part** der größere Teil B ADV 1 mehr, in höherem Maße: **they work ~** sie arbeiten mehr; **~ in theory than in practice** mehr in der Theorie als in der Praxis; **~ dead than alive** mehr *od* eher tot als lebendig; **~ and ~** immer mehr; **~ and ~ difficult** immer schwieriger; **~ or less** a mehr oder weniger b ungefähr; **the ~** umso mehr; **the ~ so because …** umso mehr, da …; **all the ~ so** nur umso mehr; **so much the ~ as …** umso mehr als …; **the ~ you have, the ~ you want** (*Sprichwort*) je mehr man hat, desto mehr will man; **no** (*od* **not any**) **~ than … ebenso** wenig wie …; **neither** (*od* **no**) **~ nor less than stupid** nicht mehr u. nicht weniger als dumm, einfach dumm; **~ than happy** überglücklich 2 (*zur Bildung des komp*): **~ conscientiously** gewissenhafter; **~ important** wichtiger; **~ often** öfter; → able 1 3 noch: **never ~** niemals wieder; **once ~** noch einmal; **twice ~** noch zweimal; **two hours (miles) ~** noch zwei Stunden (Meilen) 4 darüber hinaus, überdies: **it is wrong and, ~, it is foolish** C S 1 Mehr *n* (**of an** *dat*) 2 mehr: **~ than one person has seen it** mehr als einer hat es gesehen; **we shall see ~ of you** wir werden dich noch öfter sehen; **and what is ~** u. was noch wichtiger *od* schwerwiegender ist; **some ~, a little ~** noch etwas

(mehr); **no ~** nichts mehr; **what ~ do you want?** was willst du denn noch?
moreen [mɔːˈriːn; *US a.* mə-] S *ein moiriertes Woll- od Baumwollgewebe*
moreish [ˈmɔːrɪʃ; *US a.* ˈməʊ-] ADJ: **be very ~** *Br umg* nach (noch) mehr schmecken
morel [mɒˈrel; mə-] S BOT 1 Morchel *f* 2 (*bes* Schwarzer) Nachtschatten 3 → morello
morello [məˈreləʊ] *pl* -los S, *a.* **~ cherry** BOT Morelle *f*, Schwarze Sauerweichsel
moreover [mɔːˈreʊvə(r)] ADV außerdem, überdies, ferner, weiter
mores [ˈmɔːriːz; *bes US* -reɪz] SPL SOZIOL Sittenkodex *m*
Moresque [mɔːˈresk] A ADJ maurisch B S maurischer Stil
more-than-average ADJ überdurchschnittlich
Morgan [ˈmɔː(r)gən] S Morgan *m* (*ein leichtes amer. Zug- u. Reitpferd*)
morganatic [ˌmɔː(r)gəˈnætɪk] ADJ (ADV ~ally) morganatisch: **~ marriage** morganatische Ehe, Ehe *f* zur linken Hand
morgue [mɔː(r)g] S 1 Leichenschauhaus *n* 2 *umg* Archiv *n* (*e-s Zeitungsverlages etc*)
moribund [ˈmɒrɪbʌnd; *US a.* ˈmɑr-] ADJ 1 sterbend, im Sterben liegend, dem Tode geweiht 2 *fig* zum Aussterben verurteilt (*Tradition etc*), zum Scheitern verurteilt (*Plan etc*)
morion[1] [ˈmɔːrɪən; *US* ˈməʊrɪˌɑn] S MINER Morion *m*
morion[2] [ˈmɔːrɪən; *US* ˈməʊrɪˌɑn] S MIL, HIST Sturmhaube *f*
Morisco [məˈrɪskəʊ] A *pl* -cos, -coes S 1 Maure *m*, Maurin *f* (*bes in Spanien*) 2 ♀ a maurischer Tanz b → morris B ADJ maurisch
morish → moreish
Mormon [ˈmɔː(r)mən] REL A S Mormone *m*, Mormonin *f* B ADJ mormonisch: **the ~ Church** die mormonische Kirche, die Kirche Jesu Christi der Heiligen der letzten Tage; **~ State** *US* (*Beiname des Staates*) Utah *n*; **Mormonism** S REL Mormonentum *n*
morn [mɔː(r)n] S 1 *poet* Morgen *m* 2 *schott* **the ~** morgen; **the ~'s night** morgen Abend
morning [ˈmɔː(r)nɪŋ] A S 1 Morgen *m*, Vormittag *m*: **in the ~** a morgens, am Morgen, vormittags, am Vormittag b *a.* **tomorrow ~** morgen früh *od* Vormittag; **at four (o'clock) in the ~** um vier Uhr früh, früh um vier; **on the ~ of May 5** am Morgen des 5. Mai; **from ~ till night** von morgens bis abends; **one (fine) ~** e-s (schönen) Morgens; **(on) this ~** an diesem Morgen; **this ~** heute Morgen *od* früh *od* Vormittag; **the ~ after** am Morgen darauf, am darauffolgenden Morgen; **the ~ after (the night before)** *umg* der Katzenjammer, der Kater; **with (the) ~** *poet* gegen Morgen; **good ~!** guten Morgen!, (*am Vormittag*) guten Tag!; **~!** *umg* Morgen!, Tag! 2 *fig* Morgen *m*, Anfang *m*, Beginn *m* (*des Lebens etc*) 3 Morgendämmerung *f* B ADJ a Morgen…, Vormittags…: **~ walk**; **~ paper** Morgenzeitung *f* b Früh…: **~ train**
morning|-after pill S MED Pille *f* danach; **~ coat** S Cut(away) *m*; **~ dress** S 1 *US* Hauskleid *n* (*der Frau*) 2 Stresemann *m*; **~ gift** S JUR, HIST Morgengabe *f*; **~ glory** S BOT Trichter-, Prunk-, Purpurwinde *f*; **~ gun** S MIL Weckschuss *m*; **~ performance** S Frühvorstellung *f*, Matinee *f*; **~ prayer** S REL 1 Morgengebet *n* 2 *oft* **Morning Prayer** → matin A 1
mornings [ˈmɔː(r)nɪŋz] ADV *bes US* morgens, vormittags
morning| sickness S MED morgendliche Übelkeit (*während der Schwangerschaft*); **~ star** S 1 ASTRON Morgenstern *m* (*bes Venus*) 2 MIL, HIST Morgenstern *m*
Moroccan [məˈrɒkən; *US* -ˈrɑ-] A ADJ marokkanisch B S Marokkaner(in)
morocco[1] [məˈrɒkəʊ; *US* -ˈrɑ-] S *a.* **~ leather** Maroquin *m*, *a. n*, Marokkoleder *n*
Morocco[2] [məˈrɒkəʊ; *US* -ˈrɑ-] S Marokko *n*
moron [ˈmɔːrɒn; *US* ˈməʊərˌɑn] S 1 Schwachsinnige(r) *m/f(m)* 2 *pej* Schwachkopf *m*, Trottel *m*; **moronic** [mɒˈrɒnɪk; *US* məˈrɑ-] ADJ (ADV ~ally) schwachsinnig
morose [məˈrəʊs] ADJ (ADV ~ly) mürrisch, verdrießlich; **moroseness** S Verdrießlichkeit *f*, mürrisches Wesen
-morph [mɔː(r)f] *Wortelement mit der Bedeutung* Form, Gestalt
morph. ABK 1 morphological 2 morphology
morpheme [ˈmɔː(r)fiːm] S LING Morphem *n*: a *kleinstes bedeutungstragendes Sprachelement* b *gestaltbestimmendes Sprachelement*
Morpheus [ˈmɔː(r)fjuːs; -fɪəs] EIGENN Morpheus *m* (*Gott der Träume*): **rest in the arms of ~** in Morpheus' Armen ruhen
morphia [ˈmɔː(r)fjə; -fɪə] S *obs*, **morphine** [ˈmɔː(r)fiːn] S CHEM Morphin *n*, Morphium *n*
morphing [ˈmɔː(r)fɪŋ] S Morphing *n* (*computergesteuerte Bildtransformation*)
morphinism [ˈmɔː(r)fɪnɪzəm] S Morphinismus *m*, Morphin-, Morphiumsucht *f*; **morphinist** S Morphinist(in), Morphin-, Morphiumsüchtige(r) *m/f(m)*
morphogenesis [ˌmɔː(r)fəʊˈdʒenɪsɪs] S BIOL Morphogenesis *f*, Morphogenese *f*, Gestaltbildung *f*; **morphogenetic** [-dʒɪˈnetɪk] ADJ morphogenetisch, gestaltbildend
morphol. ABK 1 morphological 2 morphology
morphologic [ˌmɔː(r)fəˈlɒdʒɪk; *US* -ˈlɑ-] ADJ, **morphological** [-kl] ADJ (ADV ~ly) morphologisch: **~ element** Formelement *n*; **morphologist** [-ˈfɒlədʒɪst; *US* -ˈfɑ-] S Morphologe *m*, Morphologin *f*; **morphology** S 1 Morphologie *f*: a BIOL *Lehre vom Bau u. von der Gestalt der Lebewesen u. ihrer Organe* b GEOG *Lehre von den Oberflächenformen der Erde* c LING Formenlehre *f* 2 Form *f*, Struktur *f* (*e-s politischen Systems etc*); **morphosis** [mɔː(r)ˈfəʊsɪs; *US bes* ˈmɔːrfəsəs] *pl* -ses [-siːz] S BIOL Morphose *f* (*durch Umwelteinflüsse verursachte Gestaltvariationen e-s Organismus od e-s Organs*)
morris [ˈmɒrɪs; *US a.* ˈmɑ-] S *a.* **~ dance** HIST Moriskentanz *m*; ♀ **chair** S *ein Lehnstuhl mit verstellbarer Rückenlehne u. losen Sitzpolstern*
morrow [ˈmɒrəʊ; *US a.* ˈmɑ-] S 1 RHET morgiger *od* folgender Tag: **on the ~** am folgenden Tag; **the ~ of** a der Tag nach b *fig* die Zeit unmittelbar nach; **on the ~ of** *fig* (in der Zeit) unmittelbar nach; → thought[1] 4 2 *obs* Morgen *m*: **good ~!**
Morse [mɔː(r)s] A ADJ Morse… B S *umg für* a Morse code b Morse telegraph C V/T & V/I ♀ morsen; **~ code**, *a.* **~ alphabet** S Morsealphabet *n*
morsel [ˈmɔː(r)sl] A S 1 Bissen *m*, Happen *m* 2 Stückchen *n*: **a ~ of** ein bisschen; **a ~ of sense** *fig* ein Funke Verstand 3 Leckerbissen *m* (*a. fig*) B V/T in kleine Stückchen teilen: **~ (out)** in kleinen Portionen austeilen
Morse| signal S Morsezeichen *n*; **~ telegraph** S ELEK Morseapparat *m*
mort[1] [mɔː(r)t] S JAGD (Hirsch)Totsignal *n*
mort[2] [mɔː(r)t] S dreijähriger Lachs
mortadella [ˌmɔː(r)təˈdelə] S Mortadella *f*
mortal [ˈmɔː(r)tl] A ADJ (ADV ~ly) 1 sterblich: **a ~ man** ein Sterblicher; → frame A 13, remain B 3 2 tödlich (**to** für): **be in ~ danger** in Lebensgefahr schweben 3 tödlich, auf Leben u. Tod: **~ enemies** Todfeinde; **~ hatred** tödlicher Hass; **~ offence** (*bes US* **offense**) tödliche Beleidigung; **~ly offended** tödlich beleidigt 4 Tod(es)…: **~ agony** Todeskampf *m*; **~ fear** Todesangst *f*; **~ hour** Todesstunde *f*; → sin[1] A 1 5 menschlich, irdisch, vergänglich, Menschen…: **this ~ life** dieses vergängliche Leben; **by no ~ means** *umg* auf keine menschenmögliche Art; **of no ~ use** *umg* völlig zwecklos; **every ~ thing** *umg* alles Menschenmögliche 6 *umg* Mords…, mordsmäßig: **I'm in a ~ hurry** ich habs furchtbar eilig 7 *umg* ewig (lang), sterbenslangweilig: **three ~ hours** drei endlose Stunden; **have to wait a ~ time** endlos lange warten müssen B S 1 Sterbliche(r) *m/f(m)*: **an ordinary ~** ein gewöhnlicher Sterblicher 2 *hum* Kerl *m*
mortality [mɔː(r)ˈtælətɪ] S 1 Sterblichkeit *f* 2 die (sterbliche) Menschheit 3 *a.* **~ rate** a Mortalität *f*, Sterblichkeit(sziffer) *f*: **~ table** Sterblichkeitstabelle *f* b TECH Verschleiß(-quote) *m(f)*
mortar[1] [ˈmɔː(r)tə(r)] A S 1 Mörser *m*, Reibschale *f* 2 METALL Pochtrog *m*, -lade *f* 3 MIL a HIST Mörser *m* (*Geschütz*) b Granatwerfer *m* 4 (Feuerwerks)Böller *m* B V/T MIL a HIST mit Mörsern beschießen b mit Granatfeuer belegen
mortar[2] [ˈmɔː(r)tə(r)] ARCH A S Mörtel *m* B V/T mörteln, mit Mörtel verbinden
mortar|board S 1 Mörtelbrett *n* (*der Maurer*) 2 UNIV (quadratisches) Barett; **~ boat**, **~ vessel** S SCHIFF, HIST Bombarde *f*, Mörserschiff *n*
mortgage [ˈmɔː(r)gɪdʒ] JUR A S 1 Verpfändung *f*: **give in ~** verpfänden 2 Pfandbrief *m* 3 Pfandrecht *n* 4 Hypothek *f*: **by ~** hypothekarisch; **lend on ~** auf Hypothek (ver)leihen; **take out a ~** e-e Hypothek aufnehmen (**on** auf *akk*) 5 Hypothekenbrief *m* B V/T 1 verpfänden (**to** an *akk*) (*a. fig*) 2 hypothekarisch *od* mit e-r Hypothek belasten, e-e Hypothek aufnehmen auf (*akk*); **~ bond** S (Hypotheken)Pfandbrief *m*; **~ deed** S JUR 1 Pfandbrief *m* 2 Hypothekenbrief *m*
mortgagee [ˌmɔː(r)gəˈdʒiː] S JUR Hypothekar(in), Pfand- *od* Hypothekengläubiger(in); **~ clause** S Klausel *f* (*in der Feuerversicherungspolice*) zum Schutz des Hypothekengläubigers
mortgage repossession S *Wiederinbesitznahme e-s hypothekarisch belasteten Hauses durch e-e Bank etc*
mortgagor [ˌmɔː(r)gəˈdʒɔː(r)], *a.* **mortgager** [ˈmɔː(r)gɪdʒə(r)] S JUR Pfand- *od* Hypothekenschuldner(in)
mortice → mortise
mortician [mɔːrˈtɪʃən] S *bes US* Leichenbestatter(in)
mortification [ˌmɔː(r)tɪfɪˈkeɪʃn] S 1 Demütigung *f*, Kränkung *f* 2 Ärger *m*, Verdruss *m*: **to one's ~** zu s-m Verdruss 3 Kasteiung *f* 4 Abtötung *f* (*von Leidenschaften*) 5 MED Absterben *n*, Nekrose *f*; **mortified** [-faɪd] ADJ 1 a gedemütigt, gekränkt b verärgert (**at** über *akk*) 2 MED abgestorben, nekrotisch; **mortify** [-faɪ] A V/T 1 demütigen, kränken 2 ärgern, verdrießen 3 *j-s Gefühle* verletzen 4 *den Körper, das Fleisch* kasteien 5 *Leidenschaften* abtöten 6 MED *bes Gewebe* absterben lassen B V/I MED absterben, nekrotisieren (*bes Gewebe*)
mortise [ˈmɔː(r)tɪs] A S 1 TECH a Zapfenloch *n* b Stemmloch *n* c (Keil)Nut *f* d Falz *m*, Fuge *f* 2 *fig* fester Halt, feste Stütze B V/T 1 TECH a verzapfen b nuten c einzapfen (**into** in *akk*) d einlassen e verzinken, -schwalben 2 *allg* fest verbinden, *fig a.* verankern (**in** in *dat*); **~ chisel** S Stech-, Lochbeitel *m*,

Stemmmeißel *m*; **~ ga(u)ge** S Zapfenstreichmaß *n*; **~ joint** S TECH Zapfenverbindung *f*, Verzapfung *f*; **~ lock** S TECH Einstemm-, Einsteckschloss *n*; **~ wheel** S TECH 1 Zapfenrad *n*, -getriebe *n* 2 Zahnrad *n* mit Winkelzähnen

mortmain ['mɔː(r)tmeɪn] S JUR unveräußerlicher Besitz, Besitz *m* der Toten Hand: **in ~** unveräußerlich

mortuary ['mɔːtjʊərɪ; *US* 'mɔːrtʃəˌweriː] A S Leichenhalle *f* B ADJ Begräbnis..., Leichen..., Toten...

mos. ABK months PL Mon.

mosaic[1] [məʊ'zeɪɪk] A S 1 Mosaik *n* (*a. fig*) 2 FLUG (Luftbild)Mosaik *n*, Reihenbild *n* 3 BOT Mosaikkrankheit *f* B ADJ (ADV **~ally**) 1 Mosaik... 2 mosaikartig C V/T 1 mit Mosaik schmücken 2 zu e-m Mosaik zusammenstellen

Mosaic[2] [məʊ'zeɪɪk] ADJ mosaisch: **~ law** das mosaische Gesetz

mosaic| disease BOT Mosaikkrankheit *f*; **~ gold** S *Musivgold *n* (*goldglänzende Schuppen aus Zinnsulfid*)

mosaicist [məʊ'zeɪɪsɪst] S Mosaizist(in) (*Hersteller[in] von Mosaiken*)

mosaic vision S ZOOL musivisches Sehen (*Sehen mit Facettenaugen*)

moschatel [ˌmɒskə'tel; *US* ˌmas-] S BOT Moschuskraut *n*

Moscow ['mɒskəʊ; *US* 'maskaʊ; -kəʊ] S Moskau *n*

Moselle[1] [məʊ'zel] S Mosel *f*

Moselle[2], ♀ [məʊ'zel] S Mosel(wein) *m*

Moses basket ['məʊzɪz] S *Br* Trag(e)korb *m* (*für Babys*)

mosey ['məʊziː] V/I *US umg* 1 schlendern: **~ along** (dahin)schlendern: **we'd better ~ along** wir machen uns besser auf die Beine 2 abhauen

moshav [məʊ'ʃaːv] *pl* -shavim [-ʃə'viːm] S Moschaw *m* (*Genossenschaftssiedlung in Israel*)

Moslem ['mɒzlem; *US* 'mazləm], **Moslemism** → Muslim, Muslimism

mosque [mɒsk; *US* mask] S Moschee *f*

mosquito [mə'skiːtəʊ] *pl* -toes, -tos S ZOOL a Moskito *m* b *allg* Stechmücke *f*; **~ boat** S SCHIFF, MIL Schnellboot *n*; **~ net** S Moskitonetz *n*

moss [mɒs] A S 1 Moos *n* 2 BOT Laubmoos *n* 3 *bes schott* (Torf)Moor *n* B V/T & V/I (sich) mit Moos bedecken; **~ agate** S MINER Moosachat *m*; **~ animal** → bryozoan; **~back** S 1 *alter Fisch etc, dessen Rücken Moos anzusetzen scheint* 2 *US umg* a Ultrakonservative(r) *m/f(m)* b altmodischer Kerl c Hinterwäldler(in)

Mössbauer effect ['mɒsˌbaʊə(r)] S PHYS Mößbauer-Effekt *m* (*rückstoßfreie Kernresonanzabsorption von Gammastrahlen*)

moss| campion S BOT Stängelloses Leimkraut; **~ green** S Moosgrün *n*; **~-green** ADJ moosgrün; **~-grown** ADJ 1 moosbewachsen, bemoost 2 *fig* altmodisch

mossiness ['mɒsɪnɪs] S 1 Moosigkeit *f*, Bemoostheit *f* 2 Moosartigkeit *f*

moss| pink S BOT Zwergphlox *m*; **~ rose** S BOT Moosrose *f*; **~trooper** S HIST Wegelagerer *m* (*an der englisch-schottischen Grenze*)

mossy ['mɒsɪ] ADJ 1 moosig, bemoost, moosbewachsen 2 moosartig 3 Moos...: **~ green** Moosgrün *n*

most [məʊst] A ADJ (ADV → mostly) 1 meist(er, e, es), größt(er, e, es): **for the ~ part** größten-, meistenteils 2 (*vor Substantiv im pl, meist ohne Artikel*) die meisten: **~ people** die meisten Leute; **(the) ~ votes** die meisten Stimmen B S 1 (*das*) Meiste, (*das*) Höchste, (*das*) Äußerste: **the ~ he accomplished** das Höchste, das er vollbrachte; **make the ~ of sth** a etwas nach Kräften ausnützen, (noch) das Beste aus e-r Sache herausholen *od* machen b (*zum eigenen Vorteil*) etwas ins beste *od* schlechteste Licht stellen; **at (the) ~** höchstens, bestenfalls 2 das meiste, der größte Teil: **he spent ~ of his time there** er verbrachte die meiste Zeit dort 3 die meisten *pl*: **better than ~** besser als die meisten; **~ of my friends** die meisten m-r Freunde C ADV 1 am meisten: **what ~ tempted me** was mich am meisten lockte; **~ of all** am allermeisten 2 (*zur Bildung des sup*): **the ~ important point** der wichtigste Punkt; **~ deeply impressed** am tiefsten beeindruckt; **~ rapidly** am schnellsten, schnellstens; **~ certainly** ganz sicher 3 (*vor adj*) höchst, äußerst, überaus: **he's ~ likely to come** er kommt höchstwahrscheinlich 4 *US umg od dial* fast, beinahe: **~ every morning**

most-favo(u)red-nation clause S WIRTSCH, POL Meistbegünstigungsklausel *f*

mostly ['məʊstlɪ] ADV 1 größtenteils, im Wesentlichen, in der Hauptsache 2 hauptsächlich, meist(ens)

mot[1] [məʊ] → bon mot

MOT[2] [ˌeməʊ'tiː] S *Br* a *a.* **~ test** (*etwa*) TÜV-Prüfung *f*: **my car has failed** (*od* **hasn't got through**) **its** (*od* **the**) **~** mein Wagen ist nicht durch den TÜV gekommen b *a.* **~ certificate** (*etwa*) TÜV-Bescheinigung *f*: **the car has still got three months ~** der Wagen hat noch drei Monate TÜV

MOT[3] ABK *Br* Ministry of Transport

mote[1] [məʊt] S (Sonnen)Stäubchen *n*, winziges Teilchen: **the ~ in another's eye** BIBEL der Splitter im Auge des anderen

mote[2] [məʊt] V/AUX *obs* mag, möge, darf: **so ~ it be** so sei es

motel [məʊ'tel] S Motel *n*

motet [məʊ'tet] S MUS Motette *f* (*auf e-m Bibelspruch aufbauender Kirchengesang ohne Instrumentalbegleitung*)

moth [mɒθ] S ZOOL 1 *pl* moths Nachtfalter *m* 2 *pl* moths, *bes koll* moth (Kleider)Motte *f*; **~ball** A S Mottenkugel *f*: **put in ~s** → B B V/T 1 *Kleidung, Kriegsschiffe etc* einmotten 2 *fig e-n Plan etc* auf Eis legen *umg*; **~-eaten** ADJ 1 von Motten zerfressen, mottenzerfressen 2 *fig* veraltet

mother[1] ['mʌðə(r)] A S 1 Mutter *f* (*a. fig*): **a ~ of four** e-e Mutter von vier Kindern; **~'s boy** Muttersöhnchen *n*; **♀'s Day** Muttertag *m*; **♀ Earth** die Mutter Erde; **♀ Nature** die Mutter Natur; **~'s ruin** *Br sl* Gin *m*; **♀ Russia** Mütterchen *n* Russland; **old ♀ XY** *umg* die alte Frau XY 2 ♀ *umg* (*Anrede*) Oma! 3 → mother superior 4 *a.* **artificial ~** künstliche Glucke 5 *bes US vulg* → motherfucker B ADJ Mutter... C V/T 1 *meist fig* gebären, hervorbringen 2 bemuttern 3 die Mutterschaft (*gen*) anerkennen 4 *fig* a die Urheberschaft (*gen*) anerkennen b die Urheberschaft (*gen*) zuschreiben (**on sb** j-m): **~ a novel on sb** j-m e-n Roman zuschreiben

mother[2] ['mʌðə(r)] A S Essigmutter *f* B V/I Essigmutter ansetzen

Mother Carey's chicken ['keərɪ] S ORN Sturmschwalbe *f*

mother|board S COMPUT Motherboard *n*, Hauptplatine *f* (*Grundplatte e-s Computers, auf der alle wesentlichen Baugruppen angeordnet sind*); **~ cell** S BIOL Mutterzelle *f*; **~ church** S 1 Mutterkirche *f* 2 Kathedrale *f*; **~ country** S 1 Mutterland *n* 2 Vater-, Heimatland *n*; **~ fixation** S PSYCH Mutterbindung *f*, -fixierung *f*: **have a ~** auf s-e Mutter fixiert sein; **~fucker** S *bes US vulg* a Scheißkerl *m*, Arschloch *n* (*beide pej*) b Scheißding *n pej*; **~fucking** ADJ *bes US vulg* → fucking A; **♀ Goose rhyme** S *US* Kinderreim *m*, -lied *n*, -vers *m*; **~ hen** S ORN Glucke *f*

motherhood ['mʌðə(r)hʊd] S 1 Mutterschaft *f*: **~ doesn't suit her** die Mutterrolle steht ihr nicht 2 KOLL (*die*) Mütter *pl*

Mother Hubbard ['hʌbə(r)d] S (*ein*) *weites, loses Frauenkleid*

Mothering Sunday ['mʌðərɪŋ] S *Br* Muttertag *m*

mother|-in-law *pl* mothers-in-law, mother-in-laws S Schwiegermutter *f*: **~ joke** Schwiegermutterwitz *m*; **~land** → mother country

motherless ['mʌðə(r)lɪs] ADJ mutterlos: **be ~** keine Mutter (mehr) haben; **motherliness** S Mütterlichkeit *f*

mother| liquor, *a.* **~ liquid** S CHEM Mutterlauge *f*; **~ lode** S *Bergbau*: Hauptader *f*

motherly ['mʌðə(r)lɪ] A ADJ 1 mütterlich 2 Mutter...: **~ instinct (love**, *etc*) B ADV *obs* mütterlich, in mütterlicher Weise

mother|-naked ADJ splitternackt; **♀ of God** S Muttergottes *f*; **~-of-pearl** A S Perlmutter *f/n*, Perlmutt *n* B ADJ perlmuttern, Perlmutt...; **~ of vinegar** → mother[2] A; **~ ship** S SCHIFF *bes Br* Mutterschiff *n*

mother's milk S Muttermilch *f*: **drink** (*od* **suck, take**) **sth in with the ~** *fig* etwas mit der Muttermilch einsaugen

mother| superior *pl* mother superiors, mothers superior S REL Oberin *f*, Äbtissin *f*; **~ tie** S PSYCH Mutterbindung *f*; **~-to-be** *pl* mothers-to-be S werdende Mutter; **~ tongue** S 1 Muttersprache *f* 2 LING Stammsprache *f*; **~ wit** S Mutterwitz *m*; **~wort** S BOT 1 Herzgespann *n* 2 Beifuß *m*

mothproof A ADJ mottensicher B V/T mottensicher machen

mothy ['mɒθɪ] ADJ 1 voller Motten 2 mottenzerfressen

motif [məʊ'tiːf] S 1 MUS a Motiv *n*, kurzes Thema b Leitmotiv *n* 2 KUNST, *Literatur*: Motiv *n*, Vorwurf *m* 3 *fig* a Leitgedanke *m* b Strukturprinzip *n* 4 *Handarbeit*: Applikation *f*, Aufnäharbeit *f*

motile ['məʊtaɪl; *US a.* -tl] A ADJ BIOL freibeweglich B S PSYCH motorischer Mensch; **motility** [məʊ'tɪlətɪ] S BIOL Motilität *f*, selbstständiges Bewegungsvermögen

motion ['məʊʃn] A S 1 Bewegung *f* (*a.* MATH, MUS, PHYS): **go through the ~s** nur so tun; **go through the ~s of doing sth** a etwas pro forma tun b so tun, als ob man etwas täte 2 Gang *m* (*a.* TECH), Bewegung *f*: **be in ~** in Gang sein (*a. fig*), in Bewegung sein; **the train was already in ~ when** *he jumped on* der Zug hatte sich bereits in Bewegung gesetzt, als; **put** (*od* **set**) **in ~** in Gang bringen (*a. fig*), in Bewegung setzen; → idle A 5, lost B 1 3 Bewegung *f*, Geste *f*, Wink *m*: **~ of the head** Zeichen *n* mit dem Kopf, Kopfbewegung 4 Antrieb *m*: **of one's own ~** a aus eigenem Antrieb b freiwillig 5 *pl* Schritte *pl*, Tun *n*, Handlungen *pl*: **watch sb's ~s** 6 JUR, PARL *etc* Antrag *m*: **bring forward** (*od* **propose**) **a ~** (e-n) Antrag stellen (**for** auf *akk*); **on the ~ of** auf Antrag von (*od gen*); → carry B 11 b 7 TECH Steuerung *f*: **~ bar** Führungsstange *f* 8 MED a Stuhl(gang) *m*: **have a ~** Stuhlgang haben b *oft pl* Stuhl *m* 9 *obs* a Puppenspiel *n* b Puppe *f*, Marionette *f* B V/I winken (**with** mit; **to, at** *dat*) C V/T *j-m* (zu)winken, *j-n* durch e-n Wink auffordern, *j-m* ein Zeichen geben (*alle*: **to do** zu tun): **~ sb into the room** j-n ins Zimmer winken; **~ sb into a chair** j-n mit e-r Handbewegung auffordern, Platz zu nehmen; **motional** ADJ Bewegungs...; **motionless** ADJ

M

(ADV ~ly) bewegungs-, regungslos, unbeweglich
motion| picture S US (Kino)Film m; **~-picture** ADJ US Film…: **~ camera**; **~ projector** Filmprojektor m; **~ theater** Filmtheater n, Kino n; **~ sickness** S MED Kinetose f, bes See-, Luft-, Autokrankheit f; **~ study** S WIRTSCH Bewegungsstudie f; **~ therapy** S MED Bewegungstherapie f
motivate ['məʊtɪveɪt] V/T 1 motivieren, begründen 2 anregen, hervorrufen 3 j-n motivieren, anspornen: **he always needs sth to ~ him** er braucht immer e-e Motivation; **motivation** S 1 Motivierung f: a Begründung f b Motivation f, Ansporn m 2 Anregung f 3 Motivation f, Antrieb m; **motivational** ADJ Motiv…: **~ research** WIRTSCH, PSYCH Motivforschung f
motive ['məʊtɪv] A S 1 Motiv n, Beweggrund m (beide: **for** zu) 2 → motif 1, 2 B ADJ treibend (a. fig): **~ power** Antriebskraft f, bes fig Triebkraft f, fig treibende Kraft C V/T meist passiv der Beweggrund sein von (od gen), veranlassen, bestimmen: **an act ~d by hatred** e-e von Hass bestimmte Tat
motivity [məʊ'tɪvətɪ] S Bewegungsfähigkeit f, -kraft f
mot juste, pl mots justes [ˌməʊ'ʒuːst; moʒyst] S passender od treffender Ausdruck
motley ['mɒtlɪ; US 'mɑ-] A ADJ (kunter)bunt (a. fig) B S 1 HIST Narrenkleid n: **wear the ~** fig den Narren spielen 2 fig buntes Gemisch, Kunterbunt n
moto ['məʊtəʊ] S US umg Motivation f
motocross ['məʊtəkrɒs; US -təʊˌk-] S SPORT Moto-Cross n
motor ['məʊtə(r)] A S 1 TECH Motor m 2 fig treibende Kraft, Motor m 3 bes Br a Kraftwagen m, Auto(mobil) n b Motorfahrzeug n 4 pl WIRTSCH Automobilaktien pl B ADJ 1 (an)treibend 2 Motor… 3 Auto… 4 PHYSIOL motorisch, Bewegungs…: **~ nerve** C V/I (in e-m Kraftfahrzeug) fahren D V/T bes Br in e-m Kraftfahrzeug befördern
Motorail train ['məʊtəreɪl] S Br Autoreisezug m
motor| bicycle S 1 Motorrad n 2 US a Moped n b Mofa n; **~bike** umg für motor bicycle; **~boat** S Motorboot n; **~boating** S 1 Motorbootfahren n, -sport m 2 ELEK Blubbern n; **~bus** S Autobus m, Omnibus m; **~cade** [-keɪd] S Auto-, Wagenkolonne f, Auto-, Wagenkorso m; **~car** S 1 bes Br (Kraft)Wagen m, Kraftfahrzeug n, Auto(mobil) n: **~ industry** Auto(mobil)industrie f 2 BAHN Triebwagen m; **~ caravan** S Br Wohnmobil n; **~ coach** S Br (Reise)Bus m; **~ court** US → motel; **~cycle** A S Motorrad n: **(pair of) ~ goggles** pl Motorradbrille f; **~ race** Motorradrennen n; **~ racer** Motorradrennfahrer(in) B V/I a Motorrad fahren b mit dem Motorrad fahren; **~cyclist** S Motorradfahrer(in); **~-driven** ADJ mit Motorantrieb, Motor…; **~drome** [-drəʊm] S Motodrom n, Auto- od Motorrad(rund)rennstrecke f
motored ['məʊtə(r)d] ADJ TECH 1 motorisiert, mit e-m Motor od mit Motoren (versehen) 2 …motorig
motor| generator S ELEK Motorgenerator m; **~ home** S Wohn-, Reisemobil n; **~ industry** S Autoindustrie f
motoring ['məʊtərɪŋ] A S 1 Autofahren n 2 Motorsport m 3 Kraftfahrzeugwesen n B ADJ Verkehrs…, Auto…: **~ accident**; **~ offence** (bes US **offense**) Verkehrsdelikt n; **motorist** S Kraft-, Autofahrer(in)
motorization [ˌməʊtəraɪ'zeɪʃn; US -rə'z-] S Motorisierung f; **motorize** V/T motorisieren: **be ~d** motorisiert sein (a. hum ein Auto haben); **~d division** MIL leichte Division; **~d unit** MIL (voll) motorisierte Einheit
motor| launch S Motorbarkasse f; **~ lorry** S Br Lastkraftwagen m; **~man** [-mən] S irr Wagenführer m (e-s elektrischen Triebwagens); **~mind** S: **have ~** fig nicht abschalten können umg; **~mouth** S US umg Quasselstrippe f; **~ oil** S TECH Motoröl n; **~ pool** S MIL Fahrbereitschaft f; **~ racing** S Autorennsport m; **~ scooter** S Motorroller m; **~ ship** S SCHIFF Motorschiff n; **~ show** S Automobilausstellung f, Automobilsalon m; **~ torpedo boat** S SCHIFF, MIL Schnellboot n; **~ truck** S bes US Last(kraft)wagen m; **~ van** S Br (kleiner) Lastkraftwagen, Lieferwagen m; **~ vehicle** S Kraftfahrzeug n; **~way** S Br Autobahn f: **~ junction** Autobahndreieck n; **~ madness** a Raserei f (bei Nebel etc) b Massenkarambolage f auf der Autobahn
mottle ['mɒtl; US 'mɑtl] A V/T sprenkeln, marmorieren B S 1 (Farb)Fleck m 2 Sprenk(e)lung f C ADJ → mottled; **mottled** ADJ gesprenkelt, gefleckt, bunt; **mottling** S Sprenk(e)lung f, Tüpf(e)lung f
motto ['mɒtəʊ; US 'mɑ-] pl -toes, -tos S 1 Motto n: a Denk-, Sinnspruch m b Wahlspruch m c Kennwort n 2 MUS Leitthema n 3 Scherzspruch m (als Beilage zu Karnevalsartikeln etc); **mottoed** ['mɒtəʊd; US 'mɑ-] ADJ mit e-m Motto versehen
mouf(f)lon ['muːflɒn; US muː'fləʊn] S ZOOL Mufflon m (ein Wildschaf)
mouillé ['mwiːeɪ; US muː'jeɪ] → palatal A 2 a
moujik → muzhik
mould bes Br für mold[1,2,3]
mouldable, **moulder**, **mouldiness**, **moulding**, **mouldy** bes Br für moldable, etc
moulin ['muːlɪn; US muː'læ̃] S GEOL Gletschermühle f
moult bes Br für molt
mound[1] [maʊnd] A S 1 Erdwall m, -hügel m 2 Damm m 3 a Grabhügel m b (Archäologie) Hügelgrab n 4 (natürlicher) Hügel: **~ of work** fig Berg m Arbeit; **♀ Builders** HIST Moundbuilders (nordamer. Indianerstämme) B V/T 1 mit e-m Erdwall umgeben od versehen 2 auf-, zusammenhäufen
mound[2] [maʊnd] S HIST Reichsapfel m
mount[1] [maʊnt] A V/T 1 e-n Berg, ein Pferd etc, fig den Thron besteigen: **~ one's bicycle** auf sein Fahrrad steigen 2 die Treppen hinaufgehen 3 e-n Fluss hinauffahren 4 Truppen etc beritten machen: **~ed police** (als pl konstruiert) berittene Polizei 5 ein Kind etc setzen (**on** auf ein Pferd etc) 6 errichten, a. e-e Maschine aufstellen, montieren 7 anbringen, einbauen, befestigen 8 ein Bild, Papier etc aufkleben, -ziehen, Briefmarken etc einkleben 9 zusammenstellen, arrangieren 10 FOTO, TV etc montieren 11 MIL a ein Geschütz in Stellung bringen b Posten aufstellen c Posten beziehen: → guard C 3 12 SCHIFF, MIL ausgerüstet od bewaffnet sein mit, Geschütze etc führen, haben 13 TECH a e-n Edelstein fassen b ein Gewehr anschäften c ein Messer etc stielen, mit e-m Griff versehen d ein Werkstück einspannen 14 THEAT in Szene setzen, inszenieren, fig a. aufziehen 15 wissenschaftlich: a ein Versuchsobjekt präparieren b ein Präparat (im Mikroskop) fixieren 16 ZOOL decken, bespringen, begatten 17 ein Tier (in natürlicher Haltung) ausstopfen od präparieren 18 etwas ausstellen, zeigen B V/I 1 (auf-, empor-, hinauf-, hoch)steigen 2 aufsitzen, aufs Pferd steigen 3 fig steigen, (an)wachsen, zunehmen, sich auftürmen: **~ing debts (difficulties, suspense)** wachsende Schulden (Schwierigkeiten, Spannung) 4 oft **~ up** sich belaufen (**to** auf akk): **it ~s up** es läppert sich zusammen umg C S 1 a Gestell n, Ständer m, Träger m b Fassung f c Gehäuse n d Aufziehkarton m, -leinwand f e Passepartout n, Wechselrahmen m 2 MIL (Geschütz)Lafette f 3 Reittier n, bes Pferd n 4 Objektträger m (am Mikroskop) 5 Philatelie: (Klebe)Falz m 6 umg Ritt m: **have a ~** reiten dürfen
mount[2] [maʊnt] S 1 poet a Berg m b Hügel m 2 ♀ (in Eigennamen) Berg m: **♀ Sinai** der Berg Sinai; **♀ Everest** der Mount Everest 3 Handlesekunst: (Hand)Berg m: → Venus A
mountain ['maʊntɪn] A S 1 Berg m (a. fig), pl a. Gebirge n: **a ~ of rubbish** (US **garbage**) ein Müllberg; **a ~ of work** ein Berg Arbeit; **make a ~ out of a molehill** (Redew) aus e-r Mücke e-n Elefanten machen; **in the ~s** im Gebirge; **if the ~ will not go to Muhammed, then Muhammed must go to the ~** (Sprichwort) wenn der Berg nicht zum Propheten kommt, muss der Prophet wohl zum Berge kommen 2 **the ♀** HIST der Berg (Jakobinerpartei der französischen Nationalversammlung) B ADJ Berg…, Gebirgs…: **~ people** Berg-, Gebirgsbewohner; **~ ash** S BOT 1 (e-e) Eberesche 2 ein australischer Fieberbaum; **~ bike** S Mountainbike n; **~ biker** S Mountainbiker(in); **~ chain** S Berg-, Gebirgskette f; **~ climber** S Bergsteiger(in); **~ dew** S US umg schwarzgebrannter Whiskey
mountaineer [ˌmaʊntɪ'nɪə(r)] A S 1 Berg-, Gebirgsbewohner(in) 2 Bergsteiger(in) B V/I bergsteigen; **mountaineering** A S Bergsteigen n B ADJ bergsteigerisch: **~ expedition** Bergpartie f
mountain| farmer S Bergbauer m, -bäuerin f; **~ lion** → cougar
mountainous ['maʊntɪnəs] ADJ 1 bergig, gebirgig: **~ area** Gebirgsgegend f 2 Berg…, Gebirgs… 3 fig riesig, gewaltig: **~ waves** haushohe Wellen
mountain| railway S Bergbahn f; **~ range** S Gebirgszug m, -kette f; **~ rescue** S Bergrettungsaktion f: **~ team** Bergrettungsmannschaft f
mountains classification S Radsport: Bergwertung f
mountain| sheep S irr ZOOL 1 Dickhornschaf n 2 Bergschaf n (e-e Hausschafrasse); **~ sickness** S MED Berg-, Höhenkrankheit f; **~side** S Berg(ab)hang m, (Ab)Hang m; **~ slide** S Bergrutsch m; **♀ Standard Time** S die zu 105° westlicher Länge gehörende Zonenzeit in den USA; **♀ State** S US (Beiname für den Staat) West Virginia n; **♀ Time** → Mountain Standard Time; **~top** A S Berggipfel m B ADJ Gipfel…; **~ troops** SPL MIL Gebirgstruppen pl
mountebank ['maʊntɪbæŋk] S 1 Quacksalber m 2 Scharlatan m; **mountebankery** [-ərɪ], **mountebankism** S 1 Quacksalberei f 2 Scharlatanerie f
Mount Everest ['evərɪst] EIGENN Mount Everest m (höchster Berg der Erde im östlichen Himalaja)
mounting ['maʊntɪŋ] S 1 TECH a Einbau m, Aufstellung f, Montage f (a. FOTO, TV etc) b Gestell n, Fassung f, Rahmen m c Befestigung f, Aufhängung f d (Auf)Lagerung f, Einbettung f e Armatur f f Fassung f (e-s Edelsteins) g Garnitur f, Ausstattung f h pl Fenster-, Türbeschläge pl i pl Gewirre n (an Türschlössern) j Weberei: Geschirr n, Zeug n 2 ELEK (Ver)Schaltung f, Installation f 3 MIL a Lafette f b Ausrüstung f 4 (An-, Auf)Steigen n; **~ bracket** S Befestigungsschelle f
Mount Kilimanjaro [ˌkɪlɪmən'dʒɑːrəʊ] EI-

GENN Kilimandscharo *m*; **Mount Kosciusko** [ˌkɒsɪˈʌskəʊ; US ˌkɑzɪ-] EIGENN *höchster Berg Australiens, im Bundesstaat Victoria*; **Mount McKinley** [məˈkɪnlɪ] EIGENN *Berg in Alaska; höchster Berg in Nordamerika*; **Mount of Olives** [ˈɒlɪvz; US ˈɑl-] EIGENN Ölberg *m*

mourn [mɔː(r)n; *US a.* ˈməʊərn] A V/I 1 trauern (**at, over** über *akk*; **for, over** um) 2 Trauer(kleidung) tragen, trauern B V/T 1 *j-n* betrauern, um *j-n* trauern 2 *etwas* beklagen 3 traurig *od* klagend sagen *od* singen; **mourner** S 1 a Trauernde(r) *m/f(m)*, Leidtragende(r) *m/f(m)* b Trauergast *m* 2 REL US Büßer(in) *(j-d, der öffentlich s-e Sünden bekennt)*: **~'s bench** Büßerbank *f*

mournful ADJ (ADV **~ly**) 1 trauervoll, düster, Trauer… 2 traurig; **mournfulness** S Traurigkeit *f*

mourning [ˈmɔː(r)nɪŋ; *US a.* ˈməʊr-] A S 1 Trauer *f*: a Trauern *n*: **day of national ~** Staatstrauertag *m* b Trauerzeit *f* 2 Trauer(kleidung) *f*: **in ~** in Trauer; **be (dressed) in ~** Trauer tragen; **go into ~** Trauer anlegen B ADJ (ADV **~ly**) 1 trauernd, traurig, trauervoll 2 Trauer…: **~ band** Trauerband *n*, -flor *m*; **~ dove** S ORN Trauertaube *f*

mousaka → moussaka

mouse A S [maʊs] *pl* **mice** [maɪs] 1 ZOOL Maus *f*: **(as) quiet as a ~** a mäus-chenstill b *(von Natur aus)* ruhig u. zurückhaltend; **(as) timid as a ~** wahnsinnig schüchtern 2 *fig* Feigling *m*, Angsthase *m* 3 *bes US umg* Maus *f*, Häschen *n* *(Mädchen)* 4 *umg* Veilchen *n* *(blaues Auge)* 5 *pl a.* **mouses** COMPUT Maus *f* B V/I [maʊz] 1 mausen, Mäuse fangen: **go mousing** auf Mäusejagd gehen 2 herumschnüffeln (**for** nach), herumschleichen; **~ button** S COMPUT Maustaste *f*; **~ click** S COMPUT Mausklick *m*; **~-colo(u)red** ADJ mausfarbig, -grau; **~-controlled**, **~-driven** ADJ COMPUT mausgesteuert; **~ driver** COMPUT Maustreiber *m*; **~ ear** S BOT 1 Mausöhrlein *n* 2 *(ein)* Hornkraut *n* 3 Vergissmeinnicht *n*; **~hole** S Mauseloch *n*; **~ mat**, **~ pad** S COMPUT Mauspad *n* *(Unterlage, auf der die Maus bewegt wird)*; **~ pointer** S COMPUT Mauszeiger *m*; **~ potato** S *umg j-d, der den ganzen Tag am Computer sitzt*

mouser [ˈmaʊzə(r); -sə(r)] S Mäusefänger(in): **our cat is a good ~**

mousetrap S 1 Mausefalle *f*: **~ (cheese)** *bes Br umg* billiger Käse 2 *fig* Falle *f*

mouse wheel S COMPUT Mausrad *n*

mousquetaire [ˌmuːskəˈteə(r)] → musketeer

moussaka [mʊˈsɑːkə] S GASTR Moussaka *n* *(Gericht aus überbackenen Auberginen etc)*

mousse [muːs] S 1 GASTR Mousse *f*: a *kaltes Vor- od Zwischengericht aus Schinken etc* b *e-e schaumartige Süßspeise* 2 Schaumfestiger *m*

mousseline [ˈmuːslɪn; *bes US* ˌmuːsˈliːn] S Musselin *m* *(ein Gewebe)*

moustache, US **mustache** [məˈstɑːʃ; US ˈmʌsˌtæʃ; məsˈtæʃ] S 1 Schnurrbart *m* 2 ZOOL Schnurrbart *m*, Schnurrhaare *pl*; **moustached**, US **mustached** [-ʃt] ADJ mit Schnurrbart, schnurrbärtig

Moust(i)erian [muːˈstɪərɪən] S *Anthropologie*: Moustérien *n* *(Kulturstufe der älteren Altsteinzeit)*

mousy [ˈmaʊsɪ] ADJ (ADV **mousily**) 1 von Mäusen heimgesucht 2 mauseartig, Mäuse…, Mause… 3 a mausgrau b mattbraun *(bes Haar)* 4 *fig* grau, farblos 5 a unscheinbar b furchtsam 6 leise, still

mouth A S [maʊθ] *pl* **mouths** [maʊðz] 1 Mund *m*: **she has three ~s to feed** sie hat drei hungrige Mäuler zu stopfen; **give ~** Laut geben, anschlagen *(Hund)*; **give ~ to one's thoughts** s-n Gedanken Ausdruck verleihen; **keep one's ~ shut** *umg* die *od* s-e Klappe halten; **place** (*od* **put**) **words into sb's ~** a j-m Worte in den Mund legen b j-m erklären, was er sagen soll; **take the words out of sb's ~** j-m das Wort aus dem Mund nehmen; **down in the ~** *umg* deprimiert; **from sb's ~** aus j-s Munde; **from ~ to ~** von Mund zu Mund; **in everybody's ~** in aller Munde; → big A 1, button C 1, shut A 1, stop A 8, word *Bes Redew*, wrong A 2 2 ZOOL Maul *n*, Schnauze *f*, Rachen *m*: → horse A 1 3 Mündung *f* *(e-s Flusses, e-r Schusswaffe etc)*: **the ~ of the river** die Flussmündung 4 Öffnung *f* *(e-r Flasche, e-s Sackes etc)* 5 Ein-, Ausgang *m* *(e-r Höhle, Röhre etc)* 6 Ein-, Ausfahrt *f* *(Hafen etc)* 7 → mouthpiece 1 8 Grimasse *f* 9 *umg* a Angeberei *f* b Gequassel *n*: **he's all ~** der hört überhaupt nie auf zu reden 10 TECH a Mundloch *n* b Schnauze *f* c Mündung *f*, Öffnung *f* d Gichtöffnung *f* *(des Hochofens)* e Abstichloch *n* *(am Hoch-, Schmelzofen)* f *pl* Rostfeuerungen *pl* g (Schacht)Mundloch *n*, (Schacht)Mündung *f* 11 *(beim Pferd)* Maul *n* *(Art der Reaktion auf Zügelhilfen)*: **with a good ~** weichmäulig B V/T [maʊð] 1 *etwas* affektiert *od* gespreizt (aus)sprechen 2 a (aus-)sprechen b *Worte (unhörbar)* mit den Lippen formen 3 in den Mund *od* ins Maul nehmen 4 sorgfältig kauen, im Mund herumwälzen C V/I 1 (laut *od* affektiert) sprechen 2 Grimassen schneiden (**at** *dat*)

mouth care S Mundpflege *f*

mouthful S 1 *(ein)* Mund *m* voll, Bissen *m*, Brocken *m*: **I can't eat another ~** ich bringe keinen Bissen mehr hinunter 2 kleine Menge 3 Bandwurm *m*, ellenlanges Wort *(beide umg)* 4 Zungenbrecher *m umg* 5 *bes US umg* großes Wort: **you've said a ~!** du sprichst ein großes Wort gelassen aus!

mouth| gag S MED Mundsperrer *m*; **~ organ** S MUS Mundharmonika *f*; **~piece** S 1 MUS Mundstück *n*, Ansatz *m* *(beim Blasinstrument)* 2 a TEL Sprechmuschel *f* b TECH Mundstück *n* *(a. der Tabakspfeife)*, Tülle *f* 3 *fig* a Sprachrohr *n* *(a. Person)*, Organ *n* b Sprecher(in) 4 Gebiss *n* *(des Pferdezaumes)* 5 *Boxen*: Mund-, Zahnschutz *m* 6 MIL (Atem)Mundstück *n* *(der Gasmaske)* 7 JUR *bes US sl* Strafverteidiger(in); **~pipe** S MUS 1 Labialpfeife *f* *(der Orgel)* 2 Anblasröhre *f* *(bei Blasinstrumenten)*; **~-to-~** ADJ: **~ resuscitation** MED Mund-zu-Mund-Beatmung *f*; **~ ulcer** S MED Aphthe *f*; **~wash** S MED Mundwasser *n*; **~watering** ADJ appetitlich, lecker

mouthy [ˈmaʊðɪ; *US a.* -θiː] ADJ (ADV **mouthily**) 1 schwülstig, bombastisch 2 geschwätzig

movability [ˌmuːvəˈbɪlətɪ] S Beweglichkeit *f*, Bewegbarkeit *f*

movable [ˈmuːvəbl] A ADJ (ADV **movably**) 1 beweglich *(a.* JUR, TECH*)*, bewegbar: **~ crane** Laufkran *m*; **~ feast** REL beweglicher Feiertag; **~ goods**, **~ property** → B 2; **~ kidney** MED Wanderniere *f* 2 TECH a verschiebbar, verstellbar b fahrbar B S 1 *pl* Möbel *pl*, Mobiliar *n* 2 *pl* JUR Mobilien *pl*, bewegliches Vermögen; **movableness** → movability

move [muːv] A V/T 1 a (von der Stelle) bewegen, rücken b *e-n Körperteil* bewegen, rühren c transportieren d COMPUT *e-e Textstelle etc* verschieben: **~ up** MIL *Truppen* heranbringen *od* vorziehen; SCHULE *Br e-n Schüler* versetzen; **~ down** SCHULE *Br e-n Schüler* zurückstufen; → heaven 1 2 a entfernen, fortbringen, -schaffen: **~ one's car** s-n Wagen wegfahren; → goal post b *s-n Wohnsitz, e-e Militäreinheit etc* verlegen (**to** nach): **~ house** *Br* umziehen; **~ sb** *umg* j-s Umzug durchführen c *e-n Angestellten etc* versetzen (**to** nach) 3 bewegen, in Bewegung *od* in Gang setzen *od* halten, (an)treiben: **~ on** a vorwärtstreiben b *j-n* auffordern, weiterzugehen 4 *fig* bewegen, rühren, ergreifen: **be ~d to tears** zu Tränen gerührt sein 5 *j-n* veranlassen, bewegen *(beide:* **to** zu; **to do** zu tun*)*: **~ sb from an opinion** j-n von e-r Ansicht abbringen; **~ sb to anger** j-n erzürnen; **feel ~d to say sth** sich veranlasst fühlen, etwas zu sagen 6 *Schach etc*: ziehen *od* e-n Zug machen mit 7 *den Appetit, ein Organ etc* anregen: → bowel A 1 b 8 *j-n* erregen, aufregen 9 *etwas* beantragen, (e-n) Antrag stellen auf *(akk)*: **~ that …** beantragen, dass …; **he ~d that the meeting (should) be adjourned** er beantragte, die Sitzung zu vertagen; **~ an amendment** PARL e-n Abänderungsantrag stellen 10 *e-n Antrag* stellen, einbringen 11 WIRTSCH absetzen, verkaufen B V/I 1 a sich bewegen, sich rühren, sich regen: **don't ~!** keine Bewegung! b *fig* sich ändern *(Ansichten etc)* 2 sich fortbewegen, gehen, fahren: **begin** (*od* **start**) **to ~**, **~ off** sich in Bewegung setzen *(Zug etc)*; **~ on** weitergehen; **~ along, please** bitte weitergehen!; **~ away** sich entfernen (**from** von); **~ in** a anrücken *(Polizei etc)* b vorgehen (**on** gegen *Demonstranten etc)* c *fig* ins Haus stehen *(Veränderungen etc)* (**on** *dat*); **~ (up) into 3rd place** SPORT *etc* auf den 3. Platz klettern *od* (vor)rücken; **~ forward** *fig* Fortschritte machen, vorankommen; **~ up** SPORT aufsteigen; **~ with the times** mit der Zeit gehen; **~ to the top of the table** SPORT sich an die Tabellenspitze setzen; **be really moving** *umg* e-n ganz schönen Zahn draufhaben 3 umziehen (**to** nach): **~ (away)** aus-, fort-, wegziehen; **~ to** ziehen nach; **~ in** einziehen; **~ into** einziehen in *(akk)*, beziehen; **~ out** ausziehen (**of** aus); **if ~d** falls verzogen 4 *fig* voran-, fortschreiten: **the plot of the novel ~s swiftly**; **things began to ~** die Sache kam in Gang, es tat sich etwas 5 laufen, in Gang sein *(Maschine etc)* 6 verkehren (**with** mit), sich bewegen: **~ in rarefied circles** sich in exklusiven Kreisen bewegen 7 vorgehen, Schritte *od* etwas unternehmen, handeln *(alle:* **in sth** in e-r Sache; **against** gegen*)*: **he ~d quickly** er handelte rasch 8 **~ for** beantragen, (e-n) Antrag stellen auf *(akk)*: **~ for an adjournment** 9 *Schach etc*: e-n Zug machen, ziehen 10 MED sich entleeren *(Darm)*: **his bowels have ~d** er hat Stuhlgang gehabt 11 WIRTSCH a gehen *umg*, Absatz finden *(Ware)* b **~ up** anziehen, steigen *(Preise)* 12 BIBEL leben: **~ in God** C S 1 (Fort)Bewegung *f*, Aufbruch *m*: **on the ~** a in Bewegung b auf den Beinen c auf Achse; **get a ~ on** *umg* sich beeilen; **get a ~ on** *umg* Tempo!, mach(t) schon!, los!; **make a ~** a aufbrechen b sich (von der Stelle) rühren c *fig* handeln; **make no ~** keine Anstalten machen (**to do zu tun**) 2 Auszug *m* (**from** aus), Umzug *m* 3 a *Schach etc*: Zug *m*: **it's your ~** Sie sind am Zug b *fig* Schritt *m*, Maßnahme *f*: **a clever ~** ein kluger Schachzug *od* Schritt; **make the first ~** den ersten Schritt tun; **make one's ~** handeln 4 SPORT a Kombination *f* b Spielzug *m*

moveability, **moveable**, **moveableness** → movability *etc*

movement [ˈmuːvmənt] S 1 Bewegung *f* *(a. fig* MAL, POL, REL *etc)*: **free ~** Freizügigkeit *f* *(der Arbeitskräfte etc)*; **free ~ of goods** WIRTSCH freier Güteraustausch; **without ~** bewegungslos 2 *pl* Aktivitäten *pl* 3 (rasche) Entwicklung, Fortschreiten *n* *(von Ereignissen)*, Fortgang *m* *(e-r Handlung etc)* 4 Bestrebung *f*, Tendenz *f*, Richtung *f* 5 moderne Richtung: **be in the ~** mit

M

der Zeit (mit)gehen 6 Rhythmus *m*, rhythmische Bewegung *(von Versen etc)* 7 MUS a Satz *m* *(e-r Sonate etc)* b Tempo *n* 8 MIL *(Truppen- od Flotten)* Bewegung *f*: **~ by air** Lufttransport *m*; **~ order** Marschbefehl *m* 9 TECH a Bewegung *f* b Lauf *m* *(e-r Maschine)* c Gang-, Gehwerk *n* *(der Uhr)*, Antriebsmechanismus *m* 10 (Hand-)Griff *m*: **with two ~s** 11 PHYSIOL a Stuhlgang *m* b Stuhl *m* 12 WIRTSCH Umsatz *m* 13 → move C 4

mover ['mu:və(r)] S 1 *fig* treibende Kraft, Triebkraft *f* *(Person od Sache)*: **~s and shakers** *bes US umg* mächtige u. einflussreiche Personen 2 TECH Triebwerk *n*, Motor *m*: → prime mover 3 Antragsteller(in) 4 *US* a Spediteur(in) b (Möbel)Packer *m*

movie ['mu:vɪ] *bes US umg* A S 1 (Kino)Film *m* 2 Kino *n* 3 *pl* a Film(branche) *m(f)* b Kinovorstellung *f*: **go to the ~s** ins Kino gehen B ADJ Film…, Kino…: **~ camera** Filmkamera *f*; **~ film** Kinofilm *m*; **~ projector** Filmprojektor *m*; **~ star** Filmstar *m*; **~goer** S *bes US umg* Kinobesucher(in); **~land** S *bes US umg* Filmwelt *f*

moving ['mu:vɪŋ] ADJ (ADV **~ly**) 1 beweglich, sich bewegend: **the ~ parts** die beweglichen Teile *(e-r Maschine etc)*; **~ traffic** fließender Verkehr; *fall* **from a ~ train** aus e-m fahrenden Zug 2 beweglich, bewegend: **~ spirit** *fig* treibende Kraft, Triebkraft *f* 3 *fig* a rührend, bewegend, ergreifend b eindringlich, packend; **~ average** S *Statistik*: gleitender Durchschnitt; **~ coil** S ELEK Drehspule *f*; **~ magnet** S ELEK Drehmagnet *m*; **~ picture** → motion picture; **~ sand** S GEOL Wandersand *m*; **~ sidewalk** S *bes US* Rollsteig *m*; **~ staircase**, **~ stairway** S Rolltreppe *f*; **~ van** S Möbelwagen *m*

M

mow¹ [məʊ] *prät* mowed, *pperf* mowed, mown [məʊn] A VT (ab)mähen, schneiden: **~ down** niedermähen *(a. fig)* B VI mähen

mow² [məʊ] S 1 Heu-, Getreidevorrat *m* *(in der Scheune)* 2 Heu-, Getreideboden *m* *(der Scheune)*

mow³ [maʊ; *US a.* məʊ] *obs* A S Grimasse *f* B VI Grimassen schneiden

mower ['məʊə(r)] S 1 Mäher(in), Schnitter(in) 2 TECH Mähmaschine *f* 3 TECH Rasenmäher *m*

mowing ['məʊɪŋ] A S Mähen *n*, Mahd *f* B ADJ Mäh…: **~ machine**

mown [məʊn] *pperf von* mow¹

moxie ['mɑksi:] S *US sl* 1 Pep *m*, Schwung *m* 2 Mumm *m* 3 Fachwissen *n*, Sachkenntnis *f*

Mozambican [ˌməʊzəm'bi:kən] A S Mosambikaner(in), Mosambiker(-in) B ADJ mosambikanisch, mosambikisch

Mozambique [ˌməʊzəm'bi:k] S Mosambik *n*

MP ABK 1 *Br* Member of Parliament 2 Military Police(man)

m.p. ABK PHYS melting point

m.p.g. ABK miles per gallon

m.p.h. ABK miles per hour

MPhil ABK Master of Philosophy

MPS ABK Member of the Pharmaceutical *(od* Philological, Physical*)* Society

MPV ABK multi-purpose vehicle

Mr¹ → mister 1

MR² ABK *Br* Master of the Rolls

MRA ABK Moral Rearmament

MRBM ABK MIL medium-range ballistic missile Mittelstreckenrakete *f*

MRC ABK *Br* Medical Research Council

MRCA ABK multirole combat aircraft

MRI ABK MED magnetic resonance imaging

MRP ABK WIRTSCH manufacturer's recommended price

Mrs ['mɪsɪz] S Frau *f* *(Anrede für verheiratete Frauen, mit folgendem Familiennamen)*: **~ Smith** Frau Smith

Ms¹ [mɪz] *Anrede (mit folgendem Familiennamen) für Frauen, deren Familienstand man nicht kennt od die nicht als „Miss" od „Mrs" etc tituliert werden wollen*

MS² ABK 1 Master of Surgery 2 MED multiple sclerosis 3 motor ship

MS., **ms.** ABK manuscript Ms.

MSc¹ ABK Master of Science

MSC² ABK *Br* Manpower Services Commission

M.S.L., **m.s.l.** ABK mean sea level

MSS, **mss** ABK manuscripts PL Mss.

MST ABK *US* Mountain Standard Time *(Zeitzone Nordamerikas)*

Mt ABK mount(ain)

mt. ABK megaton Mt

MTB ABK *Br* motor torpedo boat

MTech ABK Master of Technology

mtg ABK meeting

mtg(e) ABK WIRTSCH mortgage

Mt Rev. ABK Most Reverend Erzbischof *m* … *(plus voller Name)*

mu [mju:; *US a.* mu:] S My *n* *(griechischer Buchstabe)*

much [mʌtʃ] *komp* more [mɔ:(r); *US a.* 'məʊər], *sup* most [məʊst] A ADJ viel: **I haven't got ~ money on me; it wasn't ~ fun** es war kein sonderliches Vergnügen; **he's too ~ for me** *umg* ich werde nicht mit ihm fertig; **get too ~ for sb** j-m über den Kopf wachsen *(Arbeit etc)* B S Menge *f*, große Sache: **nothing ~** nichts Besonderes; **it did not come to ~** es kam nicht viel dabei heraus; **think ~ of** viel halten von, e-e hohe Meinung haben von, große Stücke halten auf *(akk)*; **I don't think ~ of him as a teacher** ich halte nicht viel von ihm als Lehrer; **he is not ~ of a dancer** er ist kein großer *od* berühmter Tänzer; **I'm not ~ of a drinker** ich mach mir nicht viel aus Alkohol; **he's not ~ of a husband** er ist kein besonders guter Ehemann; **he's not ~ of a scholar** mit s-r Bildung ist es nicht weit her; **it is ~ of him even to come** schon allein, dass er kommt, will viel heißen; **too ~ of a good thing** zu viel des Guten; → make B 14 C ADV 1 sehr: **we ~ regret** wir bedauern sehr; **~ to my regret** sehr zu m-m Bedauern; **~ to my surprise** zu m-r großen Überraschung; **it's not ~ good** *umg* a es ist nicht besonders gut b es schmeckt nicht besonders 2 *(in Zusammensetzungen)* viel: **~-admired**; **~-decorated** MIL hochdekoriert; **~-travel(l)ed** a weit *od* viel gereist, weit herumgekommen b viel befahren; **~-vaunted** viel gerühmt 3 *(vor komp)* viel, weit, erheblich: **~ stronger** viel stärker 4 *(vor sup)* bei Weitem, weitaus: **~ the oldest** 5 fast, annähernd, ziemlich (genau), mehr od weniger: **he did it in ~ the same way** er tat es auf ungefähr die gleiche Weise; **it is ~ the same thing** es ist ziemlich dasselbe

Besondere Redewendungen: **as ~** a so viel b so sehr c ungefähr, etwa **as ~ as** so viel wie; **(as) ~ as I would like** so gern ich auch möchte; **as ~ more** *(od* **again)** noch einmal so viel (as wie); **he said as ~** das war (ungefähr) der Sinn s-r Worte; **this is as ~ as to say** das soll so viel heißen wie, das heißt mit anderen Worten; *he made a gesture* **as ~ as to say** so, als ob er sagen wollte; **I thought as ~** das habe ich mir gedacht; **he, as ~ as any** er so gut wie irgendeiner; **so ~** a so sehr b so viel c lauter, nichts als **so ~ the better** umso besser (for für); **so ~ for today** so viel für heute; **so ~ for our plans** so viel (wäre also) zu unseren Plänen (zu sagen); **not so ~ as** nicht einmal; **without so ~ as to move** ohne sich auch nur zu bewegen; **so ~ so** (und zwar) so sehr; **~ less** a viel weniger b geschweige denn **not ~** *umg (als Antwort)* wohl kaum; **~ like a child** ganz wie ein Kind

muchness ['mʌtʃnɪs] S große Menge *(obs außer in)*: **much of a ~** *Br umg* ziemlich *od* praktisch dasselbe; **they are much of a ~** sie sind praktisch einer wie der andere

mucic ['mju:sɪk] ADJ schleimig

mucilage ['mju:sɪlɪdʒ] S 1 BOT (Pflanzen)Schleim *m* 2 Klebstoff *m*, Gummilösung *f*; **mucilaginous** [ˌmju:sɪ'lædʒɪnəs] ADJ 1 BOT a schleimig b Schleim absondernd: **~ cell** Schleimzelle *f* 2 klebrig

mucin ['mju:sɪn] S *Biochemie*: Muzin *n* *(von Hautdrüsen od Schleimhäuten abgesonderter Schleimstoff)*

muck [mʌk] A S 1 Mist *m* 2 Schmutz *m* *(a. fig)*: **they are (as) common as ~** a es gibt sie wie Sand am Meer *umg* b sie sind schrecklich gewöhnlich 3 *umg* (Sau)Fraß *m* 4 *bes Br umg* Mist *m*, Quatsch *m*: **make a ~ of** → B 4 5 *a.* **~ soil** GEOL Sumpferde *f* 6 *Bergbau*: Kohlengrus *m* B VT 1 düngen 2 *a.* **~ out** ausmisten: **~ out the pigs** den Schweinestall ausmisten 3 *oft* **~ up** schmutzig machen 4 *oft* **~ up** *bes Br umg* verpfuschen, vermasseln, *e-n Zeitplan etc* durcheinanderbringen C VI 1 *meist* **~ about** *(od* **around)** *bes Br umg* a herumgammeln b herumpfuschen (**with** an *dat*) c herumalbern, -blödeln 2 **~ in** *bes Br umg* mit anpacken (**with** bei)

mucker ['mʌkə(r)] S 1 *Bergbau*: Lader *m* 2 *bes Br sl* a Kumpel *m* b Bauer *m*, ungehobelter Kerl

muckheap S Misthaufen *m*

muckle ['mʌkl] *schott* A ADJ groß B ADV sehr

muck|rake A S Mistharke *f* B VI 1 Skandale aufdecken 2 *fig* im Schmutz wühlen; **~raking** ADJ: **~ newspaper** Skandalblatt *n*

mucky ['mʌkɪ] ADJ (ADV muckily) 1 schmutzig *(a. fig)* 2 *bes Br umg* scheußlich *(Wetter)*

mucoid ['mju:kɔɪd] *(Biochemie)* A ADJ schleimig, schleimartig B S Mukoid *n* *(ein dem Muzin ähnlicher Schleimstoff)*

mucosa [mju:'kəʊsə; -zə] *pl* -sae [-si:; -zi:] S ANAT Mukosa *f*, Schleimhaut *f*

mucosity [mju:'kɒsətɪ; *US* -'kɑ-] S 1 Schleimigkeit *f* 2 Schleimartigkeit *f*

mucous ['mju:kəs] ADJ 1 mukös, schleimig 2 Schleim absondernd: **~ membrane** ANAT Schleimhaut *f*; **~ membrane of the mouth** Mundschleimhaut *f*

mucro ['mju:krəʊ] *pl* -crones [ˌ-'krəʊni:z] S BOT, ZOOL Spitze *f*, Fortsatz *m*

mucus ['mju:kəs] S BIOL Mucus *m*, Schleim *m*

mud [mʌd] A S Schlamm *m*, Morast *m*: **drag sb (sb's name) through the ~** *fig* j-n (j-s Namen) durch *od* in den Schmutz ziehen; **sling (***od* **throw) ~ at sb** *fig* j-n mit Schmutz bewerfen; **his name is ~ (with me)** *umg* er ist (bei mir) unten durch; **(here's) ~ in your eye!** *umg* prösterchen!; **~ sticks** *fig* etwas bleibt immer hängen; → clear A 1 B VT 1 den Schlamm aufwühlen in *(dat)*, trüben 2 mit Schlamm beschmieren

mud| bath S 1 MED Moor-, Schlammbad *n* 2 SPORT Schlammschlacht *f*; **~cat** S FISCH *US (ein)* Katzenwels *m*

muddiness ['mʌdɪnɪs] S 1 Schlammigkeit *f*, Trübheit *f* *(a. des Lichts)* 2 Schmutzigkeit *f*

muddle ['mʌdl] A S 1 a Durcheinander *n*, Unordnung *f* b Verwirrung *f*: **be in a ~** durcheinander sein *(Dinge, Person)*; **get in(to) a ~** durcheinandergeraten *(Dinge)*; konfus werden *(Person)*; **make a ~ of sth** etwas durcheinanderbringen B VT 1 *a.* **~ up** durcheinanderbringen: a in Unordnung bringen b konfus machen c verwechseln (**with** mit) 2 *US ein Getränk* a mixen b (um)rühren 3 → mud B 1 C

V/I ~ **along** (*od* **on**) vor sich hin wursteln *umg*; ~ **through** sich durchwursteln *umg*; ~**head** S Wirrkopf *m*; ~**headed** ADJ wirr(köpfig), konfus; ~**headedness** S Wirrköpfigkeit *f*

muddler ['mʌdlə(r)] S 1 *US* Rührlöffel *m*, Rührstab *m* 2 a Wirrkopf *m* b *j-d, der sich durchwurstelt*

muddy ['mʌdɪ] A ADJ (ADV muddily) 1 schlammig, trüb(e) (*a. Licht*): **fish in ~ waters** *fig umg* im Trüben fischen 2 schmutzig, verdreckt: **a ~ brown** ein schmutziges Braun 3 *fig* a wirr, verworren b unklar, verschwommen 4 blass, verwaschen (*Farbe*) 5 im Schlamm lebend, Schlamm… B V/T 1 → mud B 2 schmutzig machen

mud| eel S FISCH 1 Armmolch *m* 2 Schlammaal *m*; ~ **flap** S AUTO *bes Br* Schmutzfänger *m*; ~ **flat** S *oft pl* Watt *n*; ~**guard** S 1 AUTO Kotflügel *m* 2 Schutzblech *n* (*am Fahrrad etc*) 3 AUTO *bes US* Schmutzfänger *m*; ~**hole** S 1 Schlammloch *n* 2 TECH Schlammablass *m*; ~ **hut** S Lehmhütte *f*; ~ **lark** S *bes Br sl* Gassenjunge *m*; ~ **lava** S GEOL Schlammlava *f*; ~ **pack** S MED Fango-, Schlammpackung *f*; ~ **pie** S *Kuchen aus nassem Sand etc*; ~**slinger** S Verleumder(in); ~**slinging** A S Verleumdung *f* B ADJ verleumderisch; ~**sucker** S FISCH Kalifornischer Schlammfisch; ~ **turtle** S ZOOL *US e-e amer. Schildkröte, bes* a Klappschildkröte *f* b Alligatorschildkröte *f*; ~ **volcano** S GEOL Salse *f*, Schlammvulkan *m*

muenster ['mʊnstə(r); *US a.* 'mʌn-] S Münsterkäse *m*

muesli ['mju:zlɪ] S Müsli *n*

muezzin [mu:'ezɪn] S REL Muezzin *m* (*Ausrufer, der vom Minarett die Zeiten zum Gebet verkündet*)

muff [mʌf] A S 1 Muff *m* 2 SPORT *u. fig umg* Patzer *m* 3 *umg* Flasche *f*, Stümper(in) 4 TECH a Stutzen *m* b Muffe *f*, Flanschstück *n* c *Glasherstellung*: Walze *f* 5 ORN Federbüschel *n* (*am Kopf*) B V/T *a.* ~ **up** SPORT *u. fig umg* verpatzen C V/I *umg* stümpern, patzen

muffin ['mʌfɪn] S Muffin *n*: a *Br* Hefeteigsemmel *f* b *US kleine süße Semmel*

muffineer [,mʌfɪ'nɪə(r)] S Salz- *od* Zuckerstreuer *m*

muffle ['mʌfl] A V/T 1 *oft* ~ **up** einhüllen, einmumme(l)n *umg* 2 *den Schall etc* dämpfen: ~**d voices** gedämpfte Stimmen 3 *fig* zum Schweigen bringen B S 1 dumpfer *od* gedämpfter Ton 2 (Schall)Dämpfer *m* 3 a METALL Muffel *f*: ~ **furnace** Muffelofen *m* b TECH Flaschenzug *m* 4 ZOOL Muffel *f*, Windfang *m* (*Teil der Tierschnauze*)

muffler ['mʌflə(r)] S 1 dicker Schal 2 TECH a Schalldämpfer *m* b AUTO *US* Auspufftopf *m* 3 MUS Dämpfer *m*

mufti ['mʌftɪ; *US a.* 'mʊf-] S 1 Mufti *m* (*islamischer Rechtsgelehrter*) 2 *bes* MIL Zivil (-kleidung) *n(f)*: **in ~** in Zivil

mug [mʌg] A S 1 Kanne *f*, Krug *m* 2 a Becher *m* b große Tasse 3 *sl* a Visage *f*: ~ **shot** Kopfbild *n* (*bes für das Verbrecheralbum*), FILM *etc* Groß-, Nahaufnahme *f* b Fresse *f vulg* c Grimasse *f*: **pull ~s** Grimassen schneiden 4 *sl* a *Br* Gimpel *m*, Trottel *m* (*beide pej*): **be a ~'s game** nichts (ein)bringen b *Br* Büffler(in) c *US* Ganove *m*, Ganovin *f* B V/T 1 *sl bes e-n Verbrecher* fotografieren 2 *umg* (*bes auf der Straße*) überfallen u. ausrauben 3 *a.* ~ **up** *Br sl etwas* büffeln C V/I *sl* 1 Grimassen *od* e-e Grimasse schneiden 2 *Br* büffeln

mugger[1] ['mʌgə(r)] S 1 *umg* (*bes* Straßen)Räuber(in) 2 *US sl* Schmierenkomödiant(in)

mugger[2] ['mʌgə(r)] S ZOOL Sumpfkrokodil *n*

mugginess ['mʌgɪnɪs] S Schwüle *f*

mugging ['mʌgɪŋ] S *umg* Raubüberfall *m*, *bes* Straßenraub *m*

muggins ['mʌgɪnz] *pl* -ginses, *a.* -gins S 1 *Br sl* a Trottel *m pej* b ich Trottel! 2 *e-e Form des Dominospiels* 3 *ein Kartenspiel*

muggy ['mʌgɪ] ADJ schwül (*Wetter*)

mugwump ['mʌgwʌmp] S POL *US* a Unabhängige(r) *m/f(m)* b unsichere(r) Kantonist(in) (*unzuverlässige Person*)

Muhammad [mə'hæmɪd] EIGENN Mohammed *m* (*570-632; Stifter des Islam*)

Muhammadan [mʊ'hæmədən; *US bes* məʊ-], **Muhammedan** [-mɪ-] → Mohammedan

mulatto [mju:'lætəʊ; *US a.* mʊ-] A *pl* -tos, (*US nur*) -toes S Mulatte *m*, Mulattin *f* B ADJ 1 Mulatten… 2 gelbbraun

mulberry ['mʌlbərɪ; *US a.* -,beri:] S 1 *a.* ~ **tree** BOT Maulbeerbaum *m* 2 Maulbeere *f* 3 dunkler Purpur (*Farbton*)

mulch [mʌltʃ; *Br a.* mʌlʃ] AGR A S Mulch *m* B V/T *den Boden* mulchen

mulct [mʌlkt] A S Geldstrafe *f* B V/T 1 mit e-r Geldstrafe belegen: **he was ~ed £50** er musste 50 Pfund Strafe bezahlen 2 a *j-n* betrügen (**of** um) b *Geld etc* abknöpfen (**from sb** j-m)

mule[1] [mju:l] S 1 ZOOL a Maultier *n* b Maulesel *m*: **(as) stubborn** (*od* **obstinate**) **as a ~** (so) störrisch wie ein Maulesel; **he's stubborn as a ~** *a.* er ist ein sturer Bock 2 BIOL Bastard *m*, Hybride *f* (*bes von Kanarienvögeln*) 3 *umg* sturer Bock, Dickkopf *m* 4 TECH a Förderlokomotive *f* b *Spinnerei*: Mulemaschine *f*

mule[2] [mju:l] S Pantoffel *m*

mule| deer S ZOOL Maultierhirsch *m*; ~ **skinner** S *US umg* Maultiertreiber(in)

muleteer [,mju:lɪ'tɪə(r)] S Maultiertreiber(in)

mule| track S Saumpfad *m*; ~ **twist** S TECH Einschuss-, Mulegarn *n*

muley ['mju:lɪ; *US a.* 'mu:-] ADJ & S *US* hornlos(es Rind); ~ **saw** S TECH *US* Blockbandsäge *f*

mulish ['mju:lɪʃ] ADJ (ADV ~ly) stur: ~ **stubborness** (*od* **obstinacy**) → mulishness; **mulishness** S Sturheit *f*

mull[1] [mʌl] S Torfmull *m*

mull[2] [mʌl] V/T: ~ **over** nachdenken über (*akk*)

mull[3] [mʌl] V/T *ein Getränk* erhitzen u. würzen: ~**ed wine** Glühwein *m*

mull[4] [mʌl] S (MED Verband) Mull *m*

mull[5] [mʌl] S *schott* Vorgebirge *n*

mulla → mullah

mullah ['mʌlə; 'mʊlə] S REL Mulla(h) *m* (*islamischer Geistlicher u. Gelehrter*)

mullein ['mʌlɪn] S BOT Königskerze *f*

muller ['mʌlə(r)] S TECH 1 Reibstein *m*, Läufer *m* 2 Mahl-, Schleifapparat *m*

mullet[1] ['mʌlɪt] S FISCH 1 *a.* **gray** (*bes Br* **grey**) ~ Meeräsche *f* 2 *a.* **red** ~ Seebarbe *f*

mullet[2] ['mʌlɪt] S *Heraldik*: fünf- *od* sechszackiger Stern

mulley → muley

mulligan ['mʌlɪgən] S GASTR *US* Eintopfgericht *n*

mulligatawny [,mʌlɪgə'tɔ:nɪ; *US a.* -'tɑ-] S GASTR (*e-e*) Currysuppe

mulligrubs ['mʌlɪgrʌbz] SPL (*a. als sg konstruiert*) *US umg* miese Laune

mullion ['mʌlɪən; -jən] ARCH A S Mittelpfosten *m* (*am Fenster etc*) B V/T mit Mittelpfosten versehen: **a ~ed window** ein Fenster mit Mittelpfosten

mullock ['mʌlək] S: **poke ~ at** *Aus umg* verspotten

multangular [mʌl'tæŋgjʊlə(r)] ADJ vielwink(e)lig, -eckig

multeity [mʌl'ti:ətɪ] S Vielheit *f*

multi- [mʌltɪ] *Wortelement mit der Bedeutung* viel…, mehr…, …reich, Mehrfach…, Multi…

multiangular → multangular; **multicellular** ADJ BIOL mehr-, vielzellig; **multichannel** ADJ mehrkanalig: ~ **system** (*Telekommunikation*) Mehrkanalsystem *n*

multicide [-saɪd] S Massenmord *m*

multicolo(u)r, multicolo(u)red ADJ mehrfarbig, Mehrfarben…; **multicultural** ADJ (ADV ~ly) multikulturell; **multidimensional** ADJ (ADV ~ly) multidimensional, mehrdimensional

multifarious [,mʌltɪ'feərɪəs] ADJ (ADV ~ly) 1 mannigfaltig, vielfältig 2 BOT vielreihig 3 JUR verschiedene ungleichartige Ansprüche in sich vereinigend (*Klageschrift*)

multifold ADJ viel-, mehrfach

multiform ADJ vielförmig, -gestaltig; **multiformity** S Vielförmigkeit *f*, -gestaltigkeit *f*

multifunctional ADJ (ADV ~ly) multifunktional, Multifunktions…: ~ **keyboard** COMPUT Multifunktionstastatur *f*; **multigrade** ADJ: ~ **oil** AUTO Mehrbereichsöl *n*; **multigravida** [,mʌltɪ'grævɪdə] *pl* -dae [-di:], -das S Multi-, Plurigravida *f* (*Frau, die schon mehrere Schwangerschaften gehabt hat*); **multilateral** ADJ (ADV ~ly) 1 mehr-, vielseitig 2 POL multilateral, mehrseitig (*Abkommen etc*); **multilayer(ed)** ADJ mehr-, vielschichtig (*beide a. fig*); **multilingual** A ADJ (ADV ~ly) mehrsprachig B S mehrsprachige Person; **multilingualism** S Mehrsprachigkeit *f*; **multimedia** A SPL (*als sg konstruiert*) Multimedia *n*, Medienverbund *m* B ADJ multimedial, Multimedia…: ~ **group** Medienkonzern *m*; **multimillionaire** S Multimillionär *m*; **multimodal** ADJ MATH mehrgipflig, mit mehreren Extremwerten; **multinational** A ADJ (ADV ~ly) a WIRTSCH multinational (*Konzern*) b ~ **state** Vielvölkerstaat *m* B S WIRTSCH *umg* Multi *m*; **multipack** S Multipack *n*, *a. m*

multipara [mʌl'tɪpərə] *pl* -rae [-ri:], -ras S 1 MED Multipara *f* (*Frau, die schon mehrmals geboren hat*) 2 ZOOL *Tier, das mehrere Junge gleichzeitig wirft*; **multiparous** ADJ 1 MED schon mehrmals geboren habend: ~ **woman** → multipara 1 2 ZOOL mehrere Junge gleichzeitig werfend 3 BOT mehrere Achsen *od* Äste treibend

multipartite ADJ 1 vielteilig 2 → multilateral 2; **multiparty** ADJ POL Mehrparteien…: ~ **system**; **multiphase** ADJ ELEK mehrphasig: ~ **current** Mehrphasenstrom *m*; **multiplane** S FLUG Mehr-, Vieldecker *m*

multiple ['mʌltɪpl] A ADJ (ADV multiply) 1 viel-, mehrfach 2 mannigfaltig, vielfältig, MED *etc a.* multipel 3 mehrere, viele: **the tool has ~ functions** 4 ELEK, TECH a Mehr(-fach)…, Vielfach… b Parallel…: ~ **connection** → B 2 B S 1 *a.* MATH (*das*) Vielfache 2 ELEK Parallelanordnung *f*, -schaltung *f*: **in ~** parallel (geschaltet) 3 *umg* → multiple store; ~ **alleles** SPL BIOL multiple Allele *pl*; ~ **birth** S MED Mehrlingsgeburt *f*; ~ **cable** S ELEK Vielfachkabel *n*; ~**-choice** ADJ Multiple-Choice-…: ~ **examination**; ~**-contact switch** S ELEK Wahlschalter *m*; ~ **cropping** S AGR mehrfache Bebauung (*e-s Feldes im selben Jahr*); ~**-disk clutch** S TECH Mehrscheiben-, Lamellenkupplung *f*; ~ **dwelling** S Mehrfamilienhaus *n*; ~ **factors** SPL BIOL polymere Gene *pl*; ~ **fruit** S BOT Sammelfrucht *f*; ~ **neuritis** → polyneuritis; ~ **personality** S PSYCH multiple Persönlichkeit; ~ **plug** S ELEK Mehrfach-, Vielfachstecker *m*; ~**-purpose** ADJ Mehrzweck…: ~ **vehicle**; ~ **root** S MATH mehrfache Wurzel; ~ **sclerosis** S MED multiple Sklerose; ~ **store** S WIRTSCH *bes Br* Ketten-, Filialgeschäft *n*; ~ **tangent** S MATH mehrfache Tangente; ~ **thread** S TECH mehrgängiges Gewinde

M

multiplex ['mʌltɪpleks] **A** ADJ **1** mehr-, vielfach: ~ **eye** ZOOL Facettenauge *n* **2** ELEK Mehr(fach)…: ~ **operation** → c; ~ **system** Mehrfachbetrieb *m* **B** V/T ELEK **a** gleichzeitig senden **b** in Mehrfachschaltung betreiben **C** S ELEK Multiplexverfahren *n*, Vielfachübertragung *f*; **multiplexer** S COMPUT Multiplexer *m* (*Gerät, das Signale von mehreren Eingangsleitungen auf eine Ausgangsleitung überträgt*)
multipliable ['mʌltɪplaɪəbl], **multiplicable** [-plɪkəbl] ADJ multiplizierbar; **multiplicand** [-'kænd] S MATH Multiplikand *m* (*Zahl, die mit e-r anderen multipliziert werden soll*); **multiplicate** [-keɪt] ADJ mehr-, vielfach
multiplication [ˌmʌltɪplɪ'keɪʃn] S **1** Vermehrung *f* (a. BIOL), Vervielfachung *f* **2** MATH Multiplikation *f*: ~ **sign** Malzeichen *n*; ~ **table** Multiplikationstabelle *f*; ~ **tables** *pl* Einmaleins *n* **3** TECH (Getriebe)Übersetzung *f*
multiplicative [ˌmʌltɪ'plɪkətɪv; 'mʌltɪplɪkeɪtɪv] **A** ADJ (ADV ~ly) **1** vervielfältigend **2** MATH multiplikativ (*die Multiplikation betreffend*) **B** S LING Multiplikativum *n*, Vervielfältigungszahlwort *n*; **multiplicity** [-'plɪsətɪ] S **1** Vielfältigkeit *f*, Vielfalt *f* **2** Mannigfaltigkeit *f* **3** Menge *f*, Vielzahl *f* **4** MATH **a** Mehrwertigkeit *f* **b** Mehrfachheit *f*
multiplier ['mʌltɪplaɪə(r)] S **1** Vermehrer(in) **2** MATH Multiplikator *m* (*Zahl, mit der e-e andere multipliziert werden soll*) **3** PHYS Multiplier *m*, Sekundärelektronenvervielfacher *m*
multiply ['mʌltɪplaɪ] **A** V/T **1** vermehren (a. BIOL), vervielfachen: **~ing glass** OPT Vergrößerungsglas *n*, -linse *f*; ~ **one's chances** s-e Chancen erhöhen *od* vergrößern **2** MATH multiplizieren, malnehmen (*beide:* **by** mit): **6 multiplied by 5 is 30** 6 mal 5 ist 30; ~ **two numbers together** zwei Zahlen miteinander multiplizieren **3** ELEK vielfachschalten **B** V/I **1** sich vermehren (a. BIOL), sich vervielfachen: **our chances multiplied** unsere Chancen erhöhten *od* vergrößerten sich **2** MATH multiplizieren, malnehmen
multipolar ADJ **1** ELEK multipolar, viel-, mehrpolig **2** MED multi-, pluripolar (*Nervenzelle*); **multiprocessing** S IT Multiprocessing *n* (*gleichzeitige Bearbeitung e-s Programms durch mehrere miteinander verbundene Computer*); **multiprocessor** S COMPUT Multi-, Mehrprozessor *m* (*ein digitales Rechensystem*); **multiprogramming** S IT Multiprogramming *n*, Mehrprogrammbetrieb *m*; **multipurpose** ADJ Mehrzweck…: ~ **furniture**; **multiracial** ADJ (ADV ~ly) mehr-, gemischtrassig: ~ **state** Vielvölkerstaat *m*; **multiseater** S FLUG Mehrsitzer *m*; **multiskill** V/T *Azubis etc* vielseitig ausbilden; **multispeed transmission** S TECH Mehrganggetriebe *n*; **multistage** ADJ TECH mehrstufig, Mehrstufen…: ~ **rocket**; **multistor(e)y** **A** ADJ mehrgeschossig, vielstöckig: ~ **block of flats** *Br* Wohnhochhaus *n*; ~ **building** Hochhaus *n*; ~ **car park** Park(hoch)haus *n* **B** S Park(hoch)haus *n*; **multisyllabic** ADJ (ADV ~ally) mehr-, vielsilbig; **multisyllable** S mehr- *od* vielsilbiges Wort; **multitasking** S IT Multitasking *n* (*gleichzeitiges Abarbeiten mehrerer Tasks in einem Computer*)
multitude ['mʌltɪtjuːd; *US a.* -ˌtuːd] S **1** große Zahl, Vielzahl *f*: **for a ~ of reasons** aus vielerlei Gründen **2** Vielheit *f* **3** Menschenmenge *f*: **the ~(s** *pl*) die Masse; **multitudinism** S Prinzip *n* des Vorrechts der Masse (*vor dem Individuum*); **multitudinous** ADJ (ADV ~ly) **1** zahlreich **2** mannigfaltig, vielfältig
multivalence S CHEM Mehr-, Vielwertigkeit *f*; **multivalent** ADJ mehr-, vielwertig
multiversity [ˌmʌltɪ'vɜrsətiː] S *US* Mammutuniversität *f*
multivitamin **A** S Multivitaminpräparat *n* **B** ADJ Multivitamin…: ~ **tablet**
multivocal [mʌl'tɪvəkl] ADJ mehr-, vieldeutig
multivolume(d) ADJ mehr-, vielbändig
multure ['mʌltʃə(r)] S HIST *od schott* Mahlgeld *n*
mum¹ [mʌm] **A** INT pst!: **~'s the word** nicht weitersagen!, kein Wort darüber! **B** ADJ still, stumm: **keep** ~ den Mund halten, nichts verraten (**about** von); **keep ~ about sth** *a.* etwas nicht weitersagen
mum² [mʌm] V/I sich vermummen
mum³ [mʌm] S HIST Mumme *f* (*süßliches dickes Bier*)
mum⁴ [mʌm] S *bes Br umg* Mama *f*
mumble ['mʌmbl] **A** V/T **1** **a** nuscheln **b** murmeln **2** herumkauen auf (*dat*) **B** V/I nuscheln **C** S Nuscheln *n*; **~-the-peg** S *US mit e-m Taschenmesser gespieltes Kinderspiel*
mumbo jumbo [ˌmʌmbəʊ'dʒʌmbəʊ] *pl* mumbo jumbos S **1** Götze *m*, Idol *n* **2** Brimborium *n* **3** Kauderwelsch *n*
mumchance ['mʌmtʃɑːns; *US* -ˌtʃæns] ADJ sprachlos
mummer ['mʌmə(r)] S **1** Vermummte(r) *m/f(m)*, Maske *f* (*Person*) **2** Pantomime *m*, Pantomimin *f* **3** *hum od pej* Komödiant(in); **mummery** S **1** Pantomime *f* **2** *pej* Mummenschanz *m*
mummification [ˌmʌmɪfɪ'keɪʃn] S **1** Mumifizierung *f*, Mumifikation *f* **2** MED Mumifikation *f*, trockener Brand; **mummified** [-faɪd] ADJ **1** mumifiziert **2** vertrocknet, -dörrt **3** MED mumifiziert, trocken brandig; **mummify** [-faɪ] **A** V/T mumifizieren **B** V/I **1** vertrocknen, -dorren, (ver-, ein)schrumpeln **2** MED mumifizieren, austrocknen
mummy¹ ['mʌmɪ] **A** S **1** Mumie *f* (*a. fig*) **2** Brei *m*, breiige Masse: **beat sb to a** ~ *fig* j-n zu Brei schlagen *sl* **3** MAL Mumie *f* (*braune Farbe*) **4** verschrumpelte Frucht **B** V/T → mummify A
mummy² ['mʌmɪ] S *bes Br umg* Mami *f*, Mutti *f*; **~'s boy** S *Br pej* Muttersöhnchen *n*
mump¹ [mʌmp] V/I *obs* **1** **a** schmollen **b** schlecht gelaunt sein **2** schweigen
mump² [mʌmp] V/I *obs umg* schnorren, betteln
mumps [mʌmps] SPL (*als sg konstruiert*) MED Mumps *m*, Ziegenpeter *m*: **have (the)** ~ Mumps haben
mumpsimus ['mʌmpsɪməs] S **1** hartnäckiger Irrtum **2** *j-d, der sich nicht von e-m hartnäckigen Irrtum abbringen lässt*
mum-to-be *pl* mums-to-be S *bes Br umg* werdende Mutter
mun. ABK municipal
munch [mʌntʃ] V/T & V/I mampfen: ~ **away at** *etwas* mampfen
Munchausen syndrome [mʌn'tʃɔːzn; *US* 'mʌnˌtʃaʊzən] S PSYCH Münchhausen-Syndrom *n* (*psychische Störung, bei der märchenähnliche Erlebnisse erfunden u. vom Erzähler zeitweise selbst für wahr gehalten werden*)
mundane [ˌmʌn'deɪn; 'mʌndeɪn] ADJ (ADV ~ly) **1** weltlich, Welt… **2** irdisch, weltlich: ~ **poetry** weltliche Dichtung **3** **a** alltäglich, profan **b** prosaisch, sachlich-nüchtern
munga ['mʌŋgə] S *Aus sl* Futter *n* (*Essen*)
mungo ['mʌŋgəʊ] S Mungo *m*, Reißwollgarn *n*, -gewebe *n*
Munich ['mjuːnɪk] S München *n*; **Munich Agreement** ['mjuːnɪk] S HIST (*das*) Münch(e)ner Abkommen
municipal [mjuː'nɪsɪpl] ADJ (ADV ~ly) städtisch, Stadt…, kommunal, Gemeinde…: ~ **council** Stadt-, Gemeinderat *m*; ~ **elections** Kommunalwahlen; ~ **bond** S WIRTSCH *US* Kommunalobligation *f*; ~ **corporation** S kommunale Körperschaft
municipality [mjuːˌnɪsɪ'pælətɪ] S **1** Gemeinde *f* **2** (*a. als pl konstruiert*) Kommunalbehörde *f*, -verwaltung *f*
municipalize [mjuː'nɪsɪpəlaɪz] V/T **1** *e-e Gemeinde* mit Obrigkeitsgewalt ausstatten **2** *e-n Betrieb etc* kommunalisieren, in Gemeindebesitz überführen
municipal| loan S WIRTSCH Kommunalanleihe *f*, städtische Anleihe; ~ **rates** SPL *Br*, ~ **taxes** SPL *US* WIRTSCH Gemeindesteuern *pl*, -abgaben *pl*
munificence [mjuː'nɪfɪsns] S Freigebigkeit *f*, Großzügigkeit *f*; **munificent** ADJ (ADV ~ly) freigebig, großzügig (*a. Geschenk etc*)
muniment ['mjuːnɪmənt] S **1** *pl* JUR Rechtsurkunde *f* **2** *obs* Schutzmittel *n*, -waffe *f*
munition [mjuː'nɪʃn] **A** S **1** *meist pl* MIL Kriegsmaterial *n*, -vorräte *pl*, *bes* Munition *f*: **~(s) factory** Rüstungsbetrieb *m*; **~(s) worker** Arbeiter(in) in e-m Rüstungsbetrieb **2** *allg* Ausrüstung *f* **B** V/T ausrüsten, mit Material *od* Munition versehen
Munster ['mʌnstə(r)] S *Provinz in Südirland*
muntjac, *a.* **muntjak** ['mʌntdʒæk] S ZOOL **1** Muntjak(hirsch) *m*, *bes* Indischer Muntjak **2** Schopfhirsch *m*
muon ['mjuːɒn; *US* -ˌɑn] S PHYS Myon *n* (*ein Elementarteilchen*)
mural ['mjʊərəl] **A** ADJ **1** Wand… **2** wandartig **B** S **a** Wandbild *n* **b** Wandgemälde *n* **c** Deckengemälde *n*
murder ['mɜːdə; *US* 'mɜrdər] **A** S **(of)** Mord *m* (an *dat*), Ermordung *f* (*gen*): **first-degree (second-degree)** ~ JUR *US* Mord (Totschlag) *m*; ~ **hunt** Jagd *f* nach dem *od* e-m Mörder; ~ **trial** Mordprozess *m*; ~ **victim** Mordopfer *n*; ~ **weapon** Mordwaffe *f*; ~ **will out** *fig* die Sonne bringt es an den Tag; **the ~ is out** *fig* das Geheimnis ist gelüftet; **cry** (*od* **scream**) **blue** ~ *umg* zetermordio schreien; **it was ~ repairing the TV set** *umg* es war e-e Wahnsinnsarbeit, den Fernseher zu richten; **that will be ~!** *umg* das ist glatter Selbstmord!; **get away with** ~ *umg* sich alles erlauben können; **let sb get away with** ~ *umg* j-m alles durchgehen lassen **B** V/T **1** (er)morden: **I could ~ him** ich könnte ihn umbringen **2** hinschlachten, morden **3** *umg etwas* verhunzen; **murderer** S Mörder *m*; **murderess** [-rɪs] S Mörderin *f*; **murderous** ADJ (ADV ~ly) **1** mörderisch (*a. fig Hitze, Tempo etc*) **2** Mord…: ~ **intent** Mordabsicht *f*; ~ **weapon** Mordwaffe *f* **3** mordgierig
murex ['mjʊəreks] *pl* -rexes, -rices [-rɪsiːz] S ZOOL Wulstschnecke *f*
murine ['mjʊəraɪn; -rɪn] S ZOOL **a** Maus *f* **b** Ratte *f*
murk [mɜːk; *US* mɜrk] *obs* → murky; **murkiness** S **1** Dunkelheit *f*, Düsterkeit *f* **2** Nebligkeit *f*; **murky** ADJ (ADV murkily) **1** dunkel, düster: **a ~ past** e-e dunkle Vergangenheit **2** neb(e)lig **3** *fig* vage
murmur ['mɜːmə; *US* 'mɜrmər] **A** S **1** Murmeln *n*, leises Rauschen **2** *a.* ~ **of voices** Gemurmel *n* **3** Murren *n*: *he obeyed* **without a** ~ ohne zu murren **4** MED (*Herz*) Geräusch *n* **5** *a.* ~ **vowel** LING Murmellaut *m* **B** V/I **1** murmeln: **a** leise sprechen **b** leise rauschen (*Wasser etc*) **2** murren (**at, against** gegen) **C** V/T *etwas* murmeln: ~ **one's approval** zustimmend murmeln; **murmurous** ADJ (ADV ~ly) **1** murmelnd **2** gemurmelt (*Worte*) **3** murrend
murphy ['mɜːfɪ; *US* 'mɜrfiː] S *sl* Kartoffel *f*; **≈ bed** S *US* Schrankbett *n*; **≈'s Law** S *bes US umg Gesetz, nach dem alles, was schiefgehen kann, auch wirklich schiefgeht*

M

murrain ['mʌrɪn; US a. 'mɜrən] S 1 VET Viehseuche f 2 obs Pest f: a ~ on you! dass dich die Pest hole!
murrey ['mʌrɪ; US a. 'mɜri:] S Heraldik: Braunrot n
mus. ABK 1 museum 2 music 3 musical 4 musician
musaceous [mju:'zeɪʃəs] ADJ BOT zu den Bananengewächsen gehörig
MusB(ac) ABK Musicae Baccalaureus, Bachelor of Music
muscadel [,mʌskə'del] → muscat
muscat ['mʌskət; US a. -,kæt], **muscatel** [-'tel] S 1 Muskateller(traube) m(f) 2 Muskateller(wein) m
muscle ['mʌsl] A S 1 ANAT Muskel m: ~ **cramp** Muskelkrampf m; ~ **fibre** (bes US **fiber**) Muskelfaser f; ~ **power** Muskelkraft f; ~ **sense** PHYSIOL Muskelgefühl n, -sinn m; **not move a** ~ fig nicht mit der Wimper zucken 2 Muskeln pl: **be all** ~ nur aus Muskeln bestehen 3 fig Macht f, Einfluss m 4 US sl a angeheuerter Schläger, angeheuerte Schläger pl b Gorilla(s) m(pl) (Leibwächter) B V/T ~ **one's way** umg sich drängen (**into** in akk; **through** durch): ~ **one's way into** fig → C C V/I ~ **in on** fig umg sich eindrängen in (akk); **~-bound** ADJ 1 mit überentwickelter Muskulatur: **be** ~ e-e überentwickelte Muskulatur haben 2 fig starr (Regeln etc)
muscled ['mʌsld] ADJ in Zusammensetzungen ... muskelig
muscle| group S ANAT Muskelpartie f; **~man** [-mæn] S irr 1 umg Muskelmann m, -paket n 2 sl Gorilla m (Leibwächter); ~ **pill** S MED umg Muskelpille f
Muscovite ['mʌskəʊvaɪt; bes US -kə,v-] A S 1 a Moskowiter(in) b HIST Russe m, Russin f 2 ♀ MINER Muskowit m, Kaliglimmer m B ADJ a moskowitisch b HIST russisch
Muscovy ['mʌskəʊvɪ] S HIST Russland n; ~ **duck** S ORN Moschusente f
muscular ['mʌskjʊlə(r)] ADJ (ADV ~ly) 1 Muskel...: ~ **atrophy** MED Muskelatrophie f, -schwund m; ~ **dystrophy** MED Muskeldystrophie f; ~ **system** PHYSIOL Muskulatur f; → insertion 7 b 2 muskulös, kräftig 3 fig kraftvoll; **muscularity** [-'lærətɪ] S muskulöser Körperbau; **musculature** [-lətʃə(r)] S PHYSIOL Muskulatur f
MusD(oc) ABK Musicae Doctor, Doctor of Music
muse[1] [mju:z] A V/I 1 grübeln: ~ **on** (od **upon, over**) → B 2 in Gedanken versunken sein, träumen 3 obs nachdenklich blicken B V/T grübeln über (akk od dat), nachgrübeln über (akk)
Muse[2] [mju:z] S 1 MYTH Muse f: **son of the ~s** hum Musensohn m 2 meist ♀ Muse f (e-s Dichters)
museology [,mju:zɪ'ɒlədʒɪ; US -'ɑl-] S Museologie f, Museumskunde f
muser ['mju:zə(r)] S 1 Grübler(in) 2 Träumer(in)
musette [mju:'zet] S 1 MUS Musette f: a *kleiner Dudelsack* b *Zungenregister der Orgel* c *langsamer ländlicher Tanz in dreiteiligem Takt* d *trioartiger Zwischensatz*, bes *in der Gavotte* 2 → musette bag; ~ **bag** S MIL etc US Proviantbeutel m
museum [mju:'zɪəm] S Museum n: ~ **attendant** Museumsaufseher(in), -wärter(in); ~ **piece** Museumsstück n (a. fig)
mush[1] [mʌʃ] S 1 weiche Masse, Brei m 2 US Maismehlbrei m 3 umg a Gefühlsduselei f b sentimentales ‚Zeug 4 RADIO Knistergeräusch n: ~ **area** (Radar) Störgebiet n 5 Br sl Visage f
mush[2] [mʌʃ] US A V/I a durch den Schnee stapfen b mit Hundeschlitten fahren B V/T *die Schlittenhunde* anfeuern; **musher** S US Musher m, Hundeschlittenführer(in)
mushroom ['mʌʃrʊm; -ru:m] A S 1 BOT a Ständerpilz m b allg (Speise)Pilz m, bes (Wiesen)Champignon m: **grow like ~s** wie Pilze aus dem Boden schießen 2 (etwas) Pilzförmiges, z. B. Explosions-, bes Atompilz m 3 US sl *Unbeteiligter, der bei e-r Schießerei ums Leben kommt* B ADJ 1 Pilz...: a ~ **dish** 2 pilzförmig: ~ **anchor** SCHIFF Pilz-, Schirmanker m; ~ **bulb** ELEK Pilzbirne f; ~ **cloud** Explosions-, bes Atompilz m; ~ **head** TECH Pilzkopf m (Niet); ~ **insulator** ELEK Pilzisolator m; ~ **valve** (pilzförmiges) Tellerventil 3 fig a pilzartig: ~ **growth** rapides Wachstum b (über Nacht) aus dem Boden geschossen c kurzlebig (Ruhm etc) C V/I 1 Pilze sammeln 2 fig a wie Pilze aus dem Boden schießen b rapid ansteigen od wachsen 3 pilzförmige Gestalt annehmen D V/T umg *e-e Zigarette* ausdrücken
mushy ['mʌʃɪ] ADJ (ADV mushily) 1 breiig, weich 2 umg gefühlsduselig, sentimental
music ['mju:zɪk] S 1 Musik f: ~ **for wind** Blasmusik; **play** ~ Musik machen, musizieren; **shall I put on some ~?** soll ich ein bisschen Musik machen?; **set** (od **put**) **sth to** ~ etwas vertonen; **that's ~ to my ears** das ist Musik in m-n Ohren; **face the** ~ umg die Suppe(, die man sich eingebrockt hat,) auslöffeln 2 a Musikstück n, Komposition f b koll Kompositionen pl 3 Noten(blatt) pl(n): **play from** ~ vom Blatt spielen; **can you read ~?** kannst du Noten lesen? 4 KOLL Musikalien pl 5 fig Musik f, Wohllaut m, Gesang m: **the** ~ **of the birds** der Gesang der Vögel 6 Musikalität f 7 JAGD Geläute n, Gebell n der Jagdhunde 8 (Musik-)Kapelle f, Orchester n
musical ['mju:zɪkl] A ADJ (ADV ~ly) 1 Musik...: ~ **history**; ~ **instrument**; **in** ~ **circles** in Musikkreisen 2 wohlklingend, melodisch 3 musikalisch: ~ **sense** Musikalität f B S Musical n; ~ **box** S bes Br Spieldose f; ~ **chairs** SPL (als sg konstruiert) Reise f nach Jerusalem (Gesellschaftsspiel); ~ **comedy** S musikalische Komödie; ~ **critic** S Musikkritiker(in); ~ **director** S musikalischer Leiter
musicale [,mju:zɪ'kæl; -'kɑ:l] S MUS US Hauskonzert n
musical| film S Musikfilm m; ~ **glasses** SPL MUS Glasharfe f
musicality [,mju:zɪ'kælətɪ], **musicalness** ['mju:zɪklnɪs] S 1 Musikalität f 2 Wohlklang m, (das) Musikalische
musical| saw S Singende Säge; ~ **theater**, bes Br ~ **theatre** S Musiktheater n
musicassette ['mju:zɪkæ,set] S Musicassette f, Musikkassette f
music| book S Notenheft n, -buch n; ~ **box** S bes US Spieldose f; ~ **case** S Notenmappe f; ~ **center**, bes Br ~ **centre** S Kompaktanlage f; ~ **drama** S MUS Musikdrama n; ~ **hall** S bes Br a Varieté n b Varietétheater n
musician [mju:'zɪʃn] S 1 (bes Berufs-)Musiker(in): **be a good** ~ a gut spielen od singen b sehr musikalisch sein 2 Musikant m; **musicianship** S musikalisches Können
music lover S Musikliebhaber(in)
musicological [,mju:zɪkə'lɒdʒɪkl; US -'lɑ-] ADJ (ADV ~ly) musikologisch, musikwissenschaftlich; **musicologist** [,mju:zɪ'kɒlədʒɪst; US -'kɑ-] S Musikologe m, Musikologin f, Musikwissenschaftler(in); **musicology** S Musikologie f, Musikwissenschaft f
music| paper S Notenpapier n; ~ **rack** S Notenhalter m; ~ **shop** S Musikalienhandlung f; ~ **stand** S Notenständer m; ~ **stool** S Klavierstuhl m; ~ **teacher** S Musiklehrer(in); ~ **wire** S MUS 1 Saitendraht m 2 Draht-, Stahlsaite f
musing ['mju:zɪŋ] A S Grübeln n B ADJ (ADV ~ly) 1 grübelnd, grüblerisch 2 in Gedanken (versunken)
musk [mʌsk] S 1 Moschus m, Bisam m 2 Moschusgeruch m 3 → musk deer 4 BOT Moschuspflanze f; ~ **bag** S ZOOL Moschusbeutel m; ~ **deer** S ZOOL Moschustier n; ~ **duck** S ORN Moschusente f
muskeg ['mʌskeg; US a. -,keɪg] S bes Can 1 (Tundra)Moor n 2 BOT Torf-, Sumpfmoos n
muskellunge ['mʌskəlʌndʒ] pl -lunges [-ɪz], bes koll -lunge S FISCH Muskalunge m
musket ['mʌskɪt] S MIL, HIST Muskete f, Flinte f; **musketeer** [-'tɪə(r)] S MIL, HIST Musketier m; **musketry** [-rɪ] S MIL 1 HIST KOLL a Musketen pl b Musketiere pl 2 Schießunterricht m: ~ **manual** Schießvorschrift f
musk| ox S irr ZOOL Moschusochse m; ~ **plant** S BOT Moschus-Gauklerblume f; **~rat** S 1 pl -rats, bes koll -rat ZOOL Bisamratte f 2 pl -rats Bisam m (Fell); ~ **rose** S BOT Moschusrose f
musky ['mʌskɪ] ADJ (ADV muskily) 1 nach Moschus riechend 2 moschusartig, Moschus...
Muslim ['mʊzlɪm] REL A pl -lims, -lim S Moslem m, Moslime f, Muslim m, Muslime f B ADJ moslemisch, muslimisch
Muslimism S Islam m
muslin ['mʌzlɪn] S Musselin m (feines, locker gewebtes Baumwollgewebe)
muso ['mju:zəʊ] pl -os S Aus sl (bes Berufs)Musiker(in)
musquash ['mʌskwɒʃ; US a. -,kwɑʃ] bes Br → muskrat (bes 2)
muss [mʌs] US umg A S Verhau m, Durcheinander n B V/T oft ~ **up** a in Unordnung bringen, durcheinanderbringen: ~ **sb's hair** j-m das Haar zerzausen a zerknittern
mussel ['mʌsl] S ZOOL (e-e) zweischalige Muschel, bes a Miesmuschel f b Flussmuschel f
Mussulman ['mʌslmən] obs A pl -mans S Muselman(n) m B ADJ muselmanisch
mussy ['mʌsɪ:] ADJ (ADV mussily) US umg a unordentlich, (Haar) zerzaust b zerknittert
must[1] [mʌst] A V/AUX 3. sg präs must, prät must, inf u. Partizipien fehlen 1 ich, er, sie, es muss, du musst, wir, sie, Sie müssen, ihr müsst: **all men** ~ **die** alle Menschen müssen sterben; **I** ~ **go now** ich muss jetzt gehen; ~ **he do that?** muss er das tun?; **he** ~ **be over eighty** er muss über achtzig (Jahre alt) sein; **it** ~ **look strange** es muss (notwendigerweise) merkwürdig aussehen; **you** ~ **have heard it** du musst es gehört haben 2 (mit Negationen) er, sie, es darf, du darfst, wir, sie, Sie dürfen, ihr dürft: **you** ~ **not smoke here** du darfst hier nicht rauchen 3 (als prät) er, sie, es musste, du musstest, wir, sie, Sie mussten, ihr musstet: **it was too late now, he** ~ **go on** es war bereits zu spät, er musste weitergehen; **just as I was busiest, he** ~ **come** gerade als ich am meisten zu tun hatte, musste er kommen 4 (als prät mit Negationen) er, sie, es durfte, du durftest, wir, sie, Sie durften, ihr durftet B ADJ unerlässlich, unbedingt zu erledigen(d) (etc), absolut notwendig: a ~ **book**, bes US a ~ **read book** ein Buch, das man (unbedingt) lesen od gelesen haben muss; a ~ **see play** bes US ein Stück, das man unbedingt sehen od gesehen haben muss C S Muss n, Unerlässlichkeit f, absolute Notwendigkeit: **it is a(n absolute)** ~ es ist unerlässlich od unbedingt erforderlich; **this place is a** ~ **for tourists** diesen Ort muss man (als Tourist) gesehen haben
must[2] [mʌst] S Most m
must[3] [mʌst] S 1 Moder m, Schimmel m 2

M

Dumpfigkeit *f*, Modrigkeit *f*

must[4] [mʌst] A S Brunst *f*, Wut *f* (*männlicher Elefanten od Kamele*) B ADJ brünstig, wütend

mustache, **mustached** *US für* moustache *etc*

mustachio [məˈstɑːʃɪəʊ; *US a.* məsˈtæʃ-] *pl* -chios S *oft pl* Schnauzbart *m*; **mustachioed** ADJ schnauzbärtig

mustang [ˈmʌstæŋ] S ZOOL Mustang *m* (*halbwildes Präriepferd*)

mustard [ˈmʌstə(r)d] A S 1 Senf *m*, Mostrich *m*: **be (as) keen as ~** *bes Br umg* a **(on)** ganz versessen auf (*akk*), Feuer u. Flamme sein (für) b mit Feuereifer bei der Sache sein c e-n messerscharfen Verstand haben *umg* 2 Senfmehl *n* 3 BOT (*ein*) Senf *m* 4 *bes US sl* Pep *m*, Schwung *m*: **cut the ~** es bringen *umg* 5 Senfgelb *n* B ADJ senfgelb; **~ gas** S CHEM, MIL Senfgas *n*, Gelbkreuz *n*; **~ oil** S CHEM ätherisches Senföl; **~ plaster** S MED Senfpflaster *n*; **~ seed** S 1 BOT Senfsame *m*: **grain of ~** BIBEL Senfkorn *n* 2 JAGD Vogelschrot *m/n*

musteline [ˈmʌstɪlaɪn; -lɪn] ZOOL A ADJ 1 zu den Mardern gehörig 2 wieselartig B S marderartiges Raubtier

muster [ˈmʌstə(r)] A V/T 1 MIL a (zum Appell) antreten lassen b mustern, die Anwesenheit (*gen*) feststellen c aufbieten: **~ in** *US* (*zum Wehrdienst*) einziehen; **~ out** *US* entlassen, ausmustern 2 zusammenrufen, -bringen, versammeln 3 *j-n od etwas* auftreiben 4 *a.* **~ up** *fig s-e Kraft, s-n Mut etc* aufbieten, zusammennehmen: **~ up all one's strength** alle Kräfte aufbieten; **~ up sympathy** Mitleid aufbringen *od* fühlen; → courage 5 sich belaufen auf (*akk*), zählen, ausmachen B V/I 1 MIL (zum Appell) antreten 2 sich versammeln 3 **~ into** *US* in *das Heer, den Staatsdienst etc* eintreten C S 1 MIL a (Antreten *n* zum) Appell *m* b Inspektion *f*, Musterung *f*, Parade *f*: **pass ~** *fig* a durchgehen (**with** bei) b ganz passabel sein, den Anforderungen genügen 2 MIL *u. fig* Aufgebot *n* 3 → muster roll; **~ book** S MIL Stammrollenbuch *n*; **~ roll** S 1 SCHIFF Musterrolle *f* 2 MIL Stammrolle *f*

must-have A S Muss *n*, etwas, das man einfach haben muss B ADJ: **a ~ CD** e-e CD, die in jede Sammlung gehört

mustiness [ˈmʌstɪnɪs] S 1 Muffigkeit *f* 2 Modrigkeit *f* 3 Schalheit *f* (*a. fig*) 4 *fig* Verstaubtheit *f*

must-see S: **the new play is a ~** *US umg* das neue Stück muss man unbedingt sehen *od* gesehen haben

musty [ˈmʌstɪ] ADJ (ADV mustily) 1 muffig 2 mod(e)rig 3 schal (*a. fig*), abgestanden 4 *fig* a verstaubt, antiquiert b fad(e), abgedroschen

mut. ABK 1 multilated 2 mutual

mutability [ˌmjuːtəˈbɪlətɪ] S 1 Veränderlichkeit *f* 2 *fig* Unbeständigkeit *f* 3 BIOL Mutationsfähigkeit *f*; **mutable** ADJ (ADV mutably) 1 veränderlich, wechselhaft 2 *fig* unbeständig, wankelmütig 3 BIOL mutationsfähig

mutagen [ˈmjuːtədʒən] S BIOL Mutagen *n* (*Substanz etc, die Mutationen auslösen kann*)

mutant [ˈmjuːtənt] BIOL A ADJ 1 mutierend 2 mutationsbedingt B S Mutant *m*, Mutante *f* (*durch Mutation verändertes Individuum*)

mutate [mjuːˈteɪt; *US a.* ˈmjuːˌteɪt] A V/T 1 verändern 2 LING umlauten: **~d vowel** Umlaut *m* B V/I 1 sich ändern, wechseln 2 LING umlauten 3 BIOL mutieren

mutation [mjuːˈteɪʃn] S 1 (Ver)Änderung *f* 2 Umwandlung *f*: **~ of energy** PHYS Energieumformung *f* 3 BIOL a Mutation *f* (*spontane od künstliche Veränderung im Erbgefüge*) b Mutationsprodukt *n* 4 LING Umlaut *m* 5 *a.* **~ stop** MUS Obertonregister *n*; **mutational** ADJ BIOL Mutations…

mutatis mutandis [muːˌtɑːtɪsmuːˈtændɪs] ADV mutatis mutandis, mit den nötigen Abänderungen

mutative [ˈmjuːtətɪv; *US a.* -ˌteɪ-; *Br a.* mjuːˈteɪtɪv] ADJ BIOL mutativ (*sich spontan ändernd*)

mute [mjuːt] A ADJ (ADV **~ly**) 1 stumm 2 *weitS.* stumm: a still, schweigend b wort-, sprachlos: **stand ~** stumm *od* sprachlos dastehen; **stand ~ (of malice)** JUR die Antwort verweigern 3 LING stumm (*Buchstabe etc*): **~ sound** → B 4 b B S 1 Stumme(r) *m/f(m)* 2 THEAT *obs* Statist(in) 3 MUS Dämpfer *m* 4 LING a stummer Buchstabe b Verschlusslaut *m* C V/T *ein Instrument* dämpfen; **muteness** S 1 Stummheit *f* 2 Sprachlosigkeit *f*

mute swan S ORN Höckerschwan *m*

mutic [ˈmjuːtɪk] → muticous 2; **muticous** ADJ (ADV **~ly**) 1 BOT stachel-, dornlos 2 ZOOL unbewaffnet

mutilate [ˈmjuːtɪleɪt] V/T verstümmeln (*a. fig*); **mutilation** S Verstümm(e)lung *f*

mutineer [ˌmjuːtɪˈnɪə(r)] A S Meuterer *m*, Meuterin *f* B V/I meutern; **mutinous** ADJ (ADV **~ly**) 1 meuternd 2 meuterisch, aufrührerisch, rebellisch, *weitS. a.* aufsässig 3 wild (*Leidenschaften etc*)

mutiny [ˈmjuːtɪnɪ] A S 1 Meuterei *f*: ☡ **Act** *Br* HIST Militärstrafgesetz *n* 2 Auflehnung *f*, Rebellion *f* B V/I meutern

mutism [ˈmjuːtɪzəm] S 1 Stummheit *f* 2 PSYCH Mutismus *m* (*Stummheit ohne organischen Defekt*)

mutt [mʌt] S *sl* 1 Trottel *m pej* 2 Köter *m*

mutter [ˈmʌtə(r)] A V/I 1 murmeln: **~ (away) to o.s.** vor sich hin murmeln 2 murren (**about** über *akk*) B V/T murmeln C S 1 Gemurmel *n* 2 Murren *n*

mutton [ˈmʌtn] S Hammel-, Schaffleisch *n*: **be ~ dressed (up) as lamb** *Br* auf jung machen; → dead A 1; **~ chop** S Hammelkotelett *n*; **~chop** A ADJ: **~ whiskers** → B B S SPL **muttons** Koteletten *pl* (*Backenbart*); **~head** S *sl* Schafskopf *m*

muttony [ˈmʌtnɪ] ADJ Hammel (-fleisch)…

mutual [ˈmjuːtʃʊəl; *US* -tʃəwəl] ADJ (ADV **~ly**) 1 gegen-, wechselseitig: **be ~** auf Gegenseitigkeit beruhen; **~ aid** gegenseitige Hilfe; **~ aid association**, **~ benefit society** Unterstützungsverein *m* auf Gegenseitigkeit; **~ building association** Baugenossenschaft *f*; **~ conductance** ELEK Gegenkapazität *f*, Steilheit *f*; **by ~ consent** (*od* **agreement**) in gegenseitigem *od* beiderseitigem Einvernehmen; **~ contributory negligence** JUR beiderseitiges Verschulden; **be ~ly exclusive** einander *od* sich ausschließen; **~ fund** WIRTSCH *US* Investmentfonds *m*; **~ insurance (company)** Versicherung(sverein) *f(m)* auf Gegenseitigkeit; **~ investment trust** WIRTSCH *US* Investmentfonds *m*; **~ savings bank** *bes US* Sparkasse *f* (auf genossenschaftlicher Grundlage); **~ will** JUR gegenseitiges Testament 2 gemeinsam: **a ~ friend**

mutualism [ˈmjuːtjʊəlɪzəm; -tʃʊə-; *US* -tʃəwəˌ-] S BIOL Mutualismus *m* (*enge zwischenartliche Beziehungen von Organismen zum beiderseitigen Nutzen*)

mutuality [ˌmjuːtjʊˈælətɪ; -tʃʊˈæ-; *US* -tʃəˈwæ-] S Gegenseitigkeit *f*; **mutualize** [-əlaɪz] V/T 1 auf die Grundlage der Gegenseitigkeit stellen 2 WIRTSCH *US ein Unternehmen so umgestalten, dass die Angestellten od Kunden die Mehrheit der Anteile besitzen*

Muzak® [ˈmjuːzæk] S (*über Satellit, Leitung etc übertragene*) Beries(e)lungsmusik *f*

muzhik, **muzjik** [ˈmuːʒɪk; *US* muːˈʒiːk] S Muschik *m* (*Bauer im zaristischen Russland*)

muzzle [ˈmʌzl] A S 1 ZOOL Maul *n*, Schnauze *f* 2 Maulkorb *m* (*a. fig*) 3 MIL Mündung *f* (*e-r Feuerwaffe*): **~ blast (burst, flash, report)** Mündungsdruck *m* (-krepierer *m*, -feuer *n*, -knall *m*) 4 TECH Tülle *f*, Mündung *f* B V/T e-n Maulkorb anlegen (*dat*), *fig a. die Presse etc* knebeln, mundtot machen, *j-m* den Mund stopfen C V/I (*mit der Schnauze*) herumwühlen, -schnüffeln; **~ brake** S MIL Mündungsbremse *f*; **~-loader** S MIL, HIST Vorderlader *m*; **~ sight** S MIL Korn *n* (*Visier*); **~ velocity** S *Ballistik:* Anfangs-, Mündungsgeschwindigkeit *f*

muzzy [ˈmʌzɪ] ADJ (ADV muzzily) 1 a verwirrt b benommen c (*vom Alkohol*) benebelt *umg* 2 verschwommen, unscharf 3 stumpfsinnig

MV ABK 1 ELEK megavolt MV 2 SCHIFF motor vessel 3 muzzle velocity

MVO ABK *Br* Member of the Royal Victorian Order (*Ordensmitglied*)

MW ABK 1 ELEK megawatt MW 2 ELEK medium wave MW

my [maɪ] POSS PR mein, meine: **I must wash ~ face** ich muss mir das Gesicht waschen; **(oh) ~!** *umg* a (*erstaunt*) (du) meine Güte! b (*erfreut*) ach!

myalgia [maɪˈældʒɪə; *US a.* -dʒə] S MED Myalgie *f*, Muskelschmerz *m*

myall [ˈmaɪɔːl; -əl] S, *a.* **~ wood** *s* BOT Violettholz *n*

Myanmar [ˌmaɪənˈmɑː(r)] S Myanmar *n*

mycelium [maɪˈsiːlɪəm] *pl* -lia [-ə] S BOT Myzel(ium) *n* (*Gesamtheit der Vegetationskörper der Pilze*)

mycetoma [ˌmaɪsɪˈtəʊmə] *pl* -mata [-tə], -mas S MED Myzetom *n* (*e-e durch Pilze hervorgerufene Infektion*)

mycetozoan [maɪˌsiːtəʊˈzəʊən; *US* -təˈz-] S BOT Schleimpilz *m*

mycologic [ˌmaɪkəˈlɒdʒɪk; *US* -ˈlɑ-], **mycological** [-kl] ADJ (ADV **~ly**) mykologisch; **mycologist** [-ˈkɒlədʒɪst; *US* -ˈkɑ-] S Mykologe *m*, Mykologin *f*; **mycology** [-dʒɪ] S BOT 1 Mykologie *f*, Pilzkunde *f* 2 Pilzflora *f*, Pilze *pl* (*e-s Gebiets*)

mycosis [maɪˈkəʊsɪs] S MED Mykose *f*, Pilzkrankheit *f*

mydriasis [mɪˈdraɪəsɪs; maɪ-] S MED Mydriase *f*, Pupillenerweiterung *f*

myelin [ˈmaɪəlɪn], **myeline** [-liːn] S BIOL Myelin *n* (*e-e Isolationssubstanz in der Markscheide von Nervenfasern*)

myelitis [ˌmaɪəˈlaɪtɪs] S MED Myelitis *f*: a Rückenmarkentzündung *f* b Knochenmarkentzündung *f*

myeloid [ˈmaɪəlɔɪd] ADJ PHYSIOL myeloid: a Rückenmark… b Knochenmark…

myeloma [ˌmaɪəˈləʊmə] *pl* -mata [-mətə], -mas S MED Myelom *n*, Knochenmarkgeschwulst *f*

myiasis [ˈmaɪəsɪs; *US a.* maɪˈaɪə-; miːˈaɪə-] *pl* -ses [-siːz] S MED, VET Myiasis *f* (*e-e durch Fliegenmaden verursachte Krankheit*)

mynheer [maɪnˈhɪə(r); -ˈheə(r); məˈnɪə(r)] S *hum* Mijnheer *m*, Holländer *m*

M.Y.O.B. ABK mind your own business kümmere dich um d-e eigenen Angelegenheiten!

myocardiogram [ˌmaɪəʊˈkɑː(r)dɪəgræm; *US* ˌmaɪəˈk-] S MED Elektrokardiogramm *n*; **myocardiograph** [-græf; *Br a.* -grɑːf] S MED Elektrokardiograf *m*, EKG-Apparat *m*

myocarditis [ˌmaɪəʊkɑː(r)ˈdaɪtɪs; *US* ˌmaɪə-] S MED Myokarditis *f*, Herzmuskelentzündung *f*; **myocardium** [-dɪəm] *pl* -dia [-dɪə] S PHYSIOL Myokard(ium) *n*, Herzmuskel *m*

myogram [ˈmaɪəgræm] S MED Myogramm *n* (*Kurvendiagramm der Muskelzuckungen*)

myologic [ˌmaɪəˈlɒdʒɪk; *US* -ˈlɑ-], **myological** [-kl] ADJ myologisch; **myologist**

[-'ɒlədʒɪst; US -'ɑl-] S Myologe m, Myologin f; **myology** [-dʒɪ] S Myologie f (Lehre von den Muskeln)
myoma [maɪ'əʊmə] pl -mata [-tə], -mas S MED Myom n, Muskelgeschwulst f; **myomatous** [-təs] ADJ myomatös
myope ['maɪəʊp] S MED Myope(r) m/f(m), Kurzsichtige(r) m/f(m)
myopia [maɪ'əʊpjə; -pɪə] S MED Myopie f, Kurzsichtigkeit f (a. fig); **myopic** [-'ɒpɪk; US -'əʊ-; -'ɑ-] ADJ (ADV ~ally) myop, kurzsichtig
myosin ['maɪəsɪn] S Biochemie: Myosin n, Muskeleiweiß n
myosis [maɪ'əʊsɪs] pl -ses [-si:z] S MED Miosis f, (krankhafte) Pupillenverengung
myosotis [,maɪəʊ'səʊtɪs; US -ə's-], a. **myosote** S BOT Myosotis f, Vergissmeinnicht n
myotic [maɪ'ɒtɪk; US -'ɑ-] MED, PHARM A ADJ miotisch, pupillenverengend B S Miotikum n (pupillenverengendes Mittel)
myri- [mɪrɪ], **myria-** [mɪrɪə] Wortelement mit der Bedeutung zehntausend
myriad ['mɪrɪəd] A S Myriade f: a obs Anzahl von 10 000 b fig Unzahl f: **a ~ of** → B B ADJ unzählige, zahllose
myriapod [-pɒd; US -,pɑd] S ZOOL Myriapode m, Myriopode m, Tausendfüß(l)er m
myrmecology [,mɜ:mɪ'kɒlədʒɪ; US ,mɜrmə-'kɑ-] S Myrmekologie f, Ameisenkunde f
myrmecophile ['mɜ:mɪkəʊfaɪl; US 'mɜrməkə,f-] S ZOOL Ameisengast m (Insekt)
myrmidon ['mɜ:mɪdən; US 'mɜrmə,dɑn] pl -midons, -midones [-'mɪdəni:z] S Scherge m, Handlanger m
myrrh [mɜ:; US mɜr] S BOT Myrrhe f: a Süßdolde f b *Harz e-s Balsambaums*
myrtle ['mɜ:tl; US 'mɜrtl] S BOT 1 Myrte f 2 US a Immergrün n b Kalifornischer Berglorbeer 3 a. **~ green** Myrtengrün n
myself [maɪ'self; mɪ-] PRON 1 intensivierend (ich) selbst: **I did it ~** ich habe es selbst getan; **I ~ wouldn't do it** ich (persönlich) würde es sein lassen 2 reflexiv mir (dat), mich (akk): **I cut ~** ich habe mich geschnitten 3 mir selbst, mich selbst: **I brought it for ~** ich habe es für mich (selbst) mitgebracht; **I want a room to ~** ich will ein Zimmer für mich allein
mysterious [mɪ'stɪərɪəs] ADJ mysteriös: a geheimnisvoll: **be very ~ about** ein großes Geheimnis machen aus b rätsel-, schleierhaft, unerklärlich; **mysteriously** ADV auf mysteriöse Weise, unter mysteriösen Umständen; **mysteriousness** S Rätselhaftigkeit f, Unerklärlichkeit f, (das) Geheimnisvolle od Mysteriöse
mystery[1] ['mɪstərɪ; -trɪ] S 1 Geheimnis n, Rätsel n (beide: **to** für od dat): **it is a (complete) ~ to me** es ist mir (völlig) schleierhaft, ich kann es mir (absolut) nicht erklären; **make a ~ out of sth** aus etwas ein Geheimnis machen, mit etwas heimlichtun 2 Rätselhaftigkeit f, Unerklärlichkeit f 3 REL Mysterium n, geoffenbarte Glaubenswahrheit 4 KATH a (heilige) Wandlung (von Brot u. Wein) b pl Sakramente pl c Geheimnis n (des Rosenkranzes) 5 pl Antike: Mysterien pl (Geheimkulte, die nur Eingeweihten zugänglich waren) 6 → mystery play 7 Kriminalfilm m, -geschichte f, -roman m, -stück n
mystery[2] ['mɪstərɪ; -trɪ] S obs 1 Handwerk n, Beruf m 2 Gilde f, Zunft f
mystery| model S AUTO Erlkönig m; **~monger** S Heimlichtuer(in), Geheimniskrämer(in), -tuer(in); **~ play** S Mysterium n, Mysterienspiel n (mittelalterliches geistliches Drama); **~ tour** S Fahrt f ins Blaue
mystic ['mɪstɪk] A ADJ (ADV ~ally) 1 mystisch 2 esoterisch, geheim 3 → mysterious 4 Zauber...: **~ formula** Zauberformel f 5 JUR US versiegelt, geheim (Testament) 6 → mystical 1 B S 1 Mystiker(in) 2 Schwärmer(in)
mystical ['mɪstɪkl] ADJ (ADV ~ly) 1 symbolisch, mystisch, sinnbildlich 2 REL mystisch, intuitiv 3 → mysterious
mysticism ['mɪstɪsɪzəm] S 1 PHIL, REL a Mystizismus m, Glaubensschwärmerei f b Mystik f 2 vage Mutmaßung
mystification [,mɪstɪfɪ'keɪʃn] S 1 Täuschung f, Irreführung f 2 Verwirrung f; **mystified** [-faɪd] ADJ verwirrt, perplex: **be mystified** vor e-m Rätsel stehen; **mystify** [-faɪ] V/T 1 täuschen, hinters Licht führen 2 verwirren, vor ein Rätsel stellen 3 in Dunkel hüllen
mystique [mɪ'sti:k] S Aura f, geheimnisvoller Nimbus
myth [mɪθ] S 1 (Götter-, Helden)Sage f, Mythos m, Mythus m, Mythe f 2 a Märchen n, erfundene Geschichte b koll Sagen pl, Mythen pl: **realm of ~** Sagenwelt f 3 Fantasiegebilde n 4 POL, SOZIOL Mythos m: **the ~ of racial superiority**; → explode A 2 5 fig Mythus m: a mythische Gestalt, legendär gewordene Person b legendär gewordene Sache c Nimbus m; **mythic** ADJ, **mythical** ADJ (ADV ~ly) 1 mythisch, sagenhaft, legendär (alle a. fig) 2 Sagen... 3 mythisch: **~ literature** 4 fig erdichtet, fiktiv
mythographer [mɪ'θɒgrəfə(r); US -'θɑ-] S Mythograf(in) (j-d, der Mythen sammelt u. aufschreibt); **mythography** S 1 Mythensammlung f 2 beschreibende Mythologie
mythol. ABK 1 mythological 2 mythology
mythologic [,mɪθə'lɒdʒɪk] ADJ, **mythological** [-kl] ADJ (ADV ~ly) mythologisch
mythologist [mɪ'θɒlədʒɪst; US -'θɑ-] S Mythologe m, Mythologin f; **mythologize** V/T mythologisieren: a mythologisch erklären b e-n Mythos od e-e Sage machen aus; **mythology** [-dʒɪ] S Mythologie f: a *Gesamtheit der mythischen Überlieferung e-s Volkes* b *wissenschaftliche Erforschung u. Darstellung der Mythen*
mythomania [,mɪθəʊ'meɪnjə; US -θə'm-] S PSYCH Mythomanie f (krankhafter Hang zur Übertreibung)
mythopoeic [,mɪθəʊ'pi:ɪk; US -θə'p-] ADJ Mythen schaffend; **mythopoeism** S Mythen-, Sagenschöpfung f; **mythopoeist** S Mythenschöpfer m; **mythopoetic** → mythopoeic
myx(o)edema [,mɪksɪ'di:mə] S MED Myxödem n (e-e auf Unterfunktion der Schilddrüse beruhende körperliche u. geistige Erkrankung)
myxoma [mɪk'səʊmə] pl -mata [-tə], -mas S MED Myxom n (gutartige Geschwulst aus Schleimgewebe)
myxomatosis [,mɪksəʊmə'təʊsɪs; US mɪk-,səʊmə't-] S VET Myxomatose f (e-e meist tödlich verlaufende Viruserkrankung bei Hasen u. Kaninchen)
myxomycete [,mɪksəʊmaɪ'si:t; US a. -'maɪ-,si:t] S BOT Myxomyzet m, Schleimpilz m

N

N[1], **n** [en] pl N's, Ns, n's, **ns** [enz] S 1 N, n n (Buchstabe) 2 **n** MATH n (unbestimmte Konstante) 3 TYPO → en A 2 4 CHEM N n (Stickstoff)
N[2] ABK 1 (Schach) knight 2 PHYS newton N 3 north N 4 northern nördl. 5 noun Subst.
n.[1] ABK 1 natus, born geb. 2 neuter 3 LING nominative Nom. 4 noon 5 north N 6 northern nördl. 7 note 8 noun Subst. 9 number Nr.
N.[2] ABK 1 National(ist) 2 Navy 3 north N 4 northern nördl.
NA ABK North America
n/a ABK not applicable
NAAFI ABK Br Navy, Army, and Air Force Institutes (*Truppenbetreuungsorganisation der brit. Streitkräfte, z. B. für Kantinen u. Geschäfte zuständig; auch Kurzbezeichnunug für Kantine od Geschäft dieser Organisation*)
NAACP ABK US National Association for the Advancement of Colored People
nab [næb] V/T umg 1 schnappen, erwischen (a. erreichen): **did you ~ the postman?** hast du den Briefträger noch erwischt?; → act A 1 2 (sich) etwas schnappen
nablab ['næblæb] S alkoholarmes od alkoholfreies Bier
nabob ['neɪbɒb; US -,bɑb] S 1 HIST Nabob m (Statthalter im vorkolonialen Indien) 2 fig Nabob m, Krösus m
nacelle [næ'sel; nə-] S FLUG a Rumpf m (e-s Flugzeugs) b Gondel f (e-s Ballons, Luftschiffs)
nacre ['neɪkə(r)] S Perlmutter f/n, Perlmutt n; **nacreous** [-krɪəs], **nacrous** ADJ 1 perlmutterartig 2 perlmuttern, Perlmutt(er)...
nadir ['neɪ,dɪə(r); -də(r)] S 1 ASTRON Nadir m, Fußpunkt m 2 fig tiefster Stand, Tief-, Nullpunkt m: **his spirits sank to** (od **reached**) **their ~** s-e Stimmung sank auf den Nullpunkt; **nadiral** ADJ Nadir..., im Nadir befindlich
naevus ['ni:vəs] pl -vi [-vaɪ] S MED bes Br Naevus m, Muttermal n: **vascular ~** Feuermal n
naff [næf] Br sl A ADJ 1 geschmacklos (Film etc) 2 hirnrissig umg B V/I **~ off!** verpiss dich! sl
NAFTA ABK New Zealand and Australia Free Trade Agreement
nag[1] [næg] A V/T 1 herumnörgeln od herummeckern an (dat) 2 **~ sb for sth** j-m mit etwas in den Ohren liegen colloq.; **~ sb into doing sth** j-m so lange zusetzen, bis er etwas tut; **she ~ged him into leaving the house** sie ekelte ihn aus dem Haus; **~ sb to do sth** j-m zusetzen, damit er etwas tut B V/I 1 nörgeln, meckern: **~ at** → A 1 2 **~ at sb to do sth** j-m zusetzen, damit er etwas tut 3 nagen, bohren (Schmerz etc) C S Nörgler(in)
nag[2] [næg] S 1 kleines Reitpferd, Pony n 2 umg pej Klepper m, Schindmähre f
nagger ['nægə(r)] S Nörgler(in); **nagging** A S Nörgelei f B ADJ (ADV ~ly) 1 nörgelnd, meckernd 2 fig nagend, bohrend; **naggish**, **naggy** ADJ nörg(e)lig
Nahum ['neɪhəm] EIGENN & S BIBEL (das Buch) Nahum m
naiad ['naɪæd; US a. 'neɪəd] pl -ads, -ades [-ədi:z] S 1 Antike: MYTH Najade f, Wassernymphe f 2 fig (Bade)Nixe f
naïf [nɑ:'i:f; naɪ'i:f] → naive
nail [neɪl] A S 1 (Finger-, Zehen) Nagel m: → bite A 1 2 TECH Nagel m 3 ZOOL a Nagel m b Klaue f, Kralle f c Nagel m (harte, hornige Platte auf der Schnabelspitze einiger Entenvögel) 4 Br HIST ein Längenmaß (= 5,715 cm) B V/T 1 (an)nageln (**on** auf akk; **to** an akk): **~ed to the spot** fig wie angenagelt; → color A 12 2 benageln, mit Nägeln beschlagen 3 → nail up 2 4 fig j-n festhalten (**to** an dat) (Pflicht etc) 5 fig die Augen etc heften, s-e Aufmerksamkeit richten (beide: **on** auf akk): **keep one's eyes ~ed on sb** j-n nicht aus den Augen lassen 6 → nail down 2 7 umg e-n Verbrecher etc schnappen, erwischen 8 umg (sich) etwas schnappen 9 umg a j-n zur Rede stellen (**about** wegen) b j-n in die Enge treiben 10 umg klauen, sich etwas unter den Nagel reißen 11 umg a etwas spitzkriegen (entdecken) b etwas anprangern
Besondere Redewendungen: **a ~ in sb's coffin** fig

ein Nagel zu j-s Sarg; **on the ~** *umg* auf der Stelle, sofort; **pay on the ~** *umg* bar bezahlen; **to the ~** bis ins Letzte, vollendet; **(as) hard as ~s** a *a.* **(as) tough as ~s** von eiserner Gesundheit c eisern, unerbittlich; **(as) right as ~s** ganz recht *od* richtig; → **bed** *Bes Redew*, **hit** B 2

Phrasal Verbs: **nail| down** V/T 1 ver-, zunageln 2 *fig j-n* festnageln (**to** auf *akk*), beim Wort nehmen 3 *fig* a *ein Argument etc* endgültig beweisen b *e-n Streit etc* endgültig beilegen; **~ up** V/T 1 zusammennageln 2 zu-, vernageln

nail| bed S ANAT Nagelbett *n*; **~ bit** S TECH Nagelbohrer *m*; **~-biter** S 1 Nägelkauer(in) 2 *fig* spannungsgeladenes Buch *etc*: **the game was a real ~** das Spiel war ein echter Krimi; **~-biting** A S 1 Nägelkauen *n* 2 *fig* Nervosität *f* B ADJ *fig* a bang b atemberaubend, atemlos *(Spannung etc)* c spannungsgeladen *(Buch etc)*; **~ brush** S Nagelbürste *f*; **~ clippers** SPL, *a.* **pair of ~** Nagelzange *f*; **~ enamel** S Nagellack *m*

nailer ['neɪlə(r)] S 1 *bes* HIST Nagelschmied *m*, Nagler *m*: **work like a ~** *obs* wie ein Besessener arbeiten 2 a TECH Nagelmaschine *f* b Zunagler(in)

nail| file S Nagelfeile *f*; **~ hardener** S Nagelhärter *m*; **~head** S TECH Nagelkopf *m*; **~ matrix** S *a. irr* ANAT Nagelbett *n*; **~ polish** S Nagellack *m*; **~-polish remover** S Nagellackentferner *m*; **~ puller** S TECH Nagel(aus)zieher *m*; **~ scissors** SPL, *a.* **pair of ~** Nagelschere *f*; **~ varnish** S *bes Br* Nagellack *m*; **~-varnish remover** S *bes Br* Nagellackentferner *m*

naive, **naïve** [nɑː'iːv; naɪ'iːv] ADJ (ADV ~ly) naiv: a natürlich, unbefangen: **~ painting** KUNST naive Malerei; **~ realism** PHIL naiver Realismus b kindlich c einfältig, töricht d arglos; **naiveté**, **naivete**, **naïveté** [-teɪ], **naivety** S 1 Naivität *f* 2 naive Bemerkung *etc*

naked ['neɪkɪd] ADJ (ADV ~ly) 1 nackt: **~ flames** *pl* offenes Feuer 2 bloß, nackt: **with the ~ eye** mit bloßem *od* nacktem Auge 3 nackt, blank *(Schwert etc)* 4 nackt, kahl *(Felsen, Wände etc)*: **a ~ room** ein kahler Raum 5 entblößt (**of** von *od gen*): **a tree ~ of leaves** ein entlaubter Baum; **~ of all provisions** bar aller Vorräte 6 a schutz-, wehrlos b preisgegeben, ausgeliefert *(beide:* **to** *dat)* 7 nackt, ungeschminkt, unverblümt *(Fakten, Wahrheit etc)*: **~ hatred** nackter *od* blanker Hass 8 JUR bloß, ohne Rechtsanspruch, unbestätigt: **~ debenture** *Br* ungesicherte Schuldverschreibung; **~ confession** unbestätigtes Geständnis; **~ possession** tatsächlicher Besitz *(ohne Rechtsanspruch)* 9 BOT nackt, unbehaart, blattlos: **~ lady** Herbstzeitlose *f* 10 ZOOL nackt: a unbehaart b federlos c ohne Schale *od* Haus

nakedness ['neɪkɪdnɪs] S 1 Nacktheit *f*, Blöße *f* 2 Kahlheit *f* 3 Schutz-, Wehrlosigkeit *f* 4 Armut *f*, Mangel *m (beide:* **of** an *dat)* 5 Ungeschminktheit *f*

NALGO ABK *Br* National and Local Government Officers' Association

namable ['neɪməbl] ADJ 1 benennbar 2 nennenswert

namby-pamby [ˌnæmbɪ'pæmbɪ] A ADJ 1 seicht, abgeschmackt 2 geziert, affektiert, etepetete 3 sentimental 4 verweichlicht, verzärtelt B S 1 sentimentales Zeug, Kitsch *m* 2 sentimentale Person 3 Mutterkind *n*, *(Junge, Mann a.)* Muttersöhnchen *n*

name [neɪm] A V/T 1 (be)nennen (**after**, *US a.* **for** nach), e-n Namen geben *(dat)*: **he had a street ~d after him** nach ihm wurde e-e Straße benannt 2 mit Namen nennen, beim Namen nennen 3 nennen, erwähnen, anführen: **he was ~d in the report**; **~ but one** um nur einen zu nennen; **you ~ it, it's in this car** es gibt nichts, was es in diesem Wagen nicht gibt; **~ names** Namen nennen 4 a ernennen zu b nominieren, vorschlagen *(beide:* **for** für) c wählen zu d benennen, bekannt geben 5 *ein Datum etc* festsetzen, bestimmen: *how much do you want for this car?* **~ your own price** wie viel wollen Sie denn zahlen?, was ist er Ihnen denn wert? 6 PARL *Br* zur Ordnung rufen B ADJ 1 Namen(s)... 2 *US* berühmt C S 1 Name *m*: **what is your ~?** wie heißen Sie? 2 Name *m*, Bezeichnung *f*, Benennung *f* 3 Schimpfname *m*: **call sb ~s** a j-n beschimpfen b j-n verspotten 4 Name *m*, Ruf *m*: **a bad ~** 5 (berühmter) Name, (guter) Ruf, Ruhm *m*: **a man of ~** ein Mann von Ruf 6 Name *m*, Berühmtheit *f*, berühmte Persönlichkeit: **the great ~s of our century** die großen Namen unseres Jahrhunderts 7 a Sippe *f*, Geschlecht *n*, Familie *f* b Rasse *f* c Volk *n*

Besondere Redewendungen: **by ~** a mit Namen, namentlich b namens c dem Namen nach; **call sth by its proper ~** etwas beim richtigen Namen nennen; **mention by ~** namentlich erwähnen; **know sb by ~** a j-n mit Namen kennen b j-n nur dem Namen nach kennen; **by** *(od* **under) the ~ of A.** unter dem Namen A.; **a man by** *(od* **of) the ~ of A.** ein Mann namens A.; **in ~ only** nur dem Namen nach; **in all** *(od* **everything) but ~** wenn auch nicht dem Namen nach; **in the ~ of** a um *(gen)* willen b im Namen *(gen)* c unter dem Namen *(gen)* d auf den Namen *(gen)*; **in the ~ of the law** im Namen des Gesetzes; **in one's own ~** in eigenem Namen; **be in sb's ~** auf j-s Namen eingetragen *od* zugelassen sein; **be a ~ in show business** e-n Namen im Showbusiness haben; **get a bad ~** in Verruf kommen; **I haven't got a penny to my ~** ich besitze keinen Pfennig; **give one's ~** s-n Namen nennen; **give it a ~!** *umg* (he)raus damit!, sagen Sie, was Sie wollen!; **give sb a bad ~** j-n in Verruf bringen; **give a dog a bad ~ (and hang him)** *(Sprichwort)* einmal in Verruf, immer in Verruf; **have a bad ~** in schlechtem Ruf stehen (**among** bei); **have a ~ for being a coward** im Rufe stehen *od* dafür bekannt sein, ein Feigling zu sein; **make one's ~**, **make a ~ for o.s.**, **make o.s. a ~** sich e-n Namen machen (**as** als; **by** durch); **put one's ~ down for** a kandidieren für b sich anmelden für c sich vormerken lassen für; **send in one's ~** sich (an)melden; **he had his ~ taken** SPORT er wurde verwarnt; **what's in a ~?** was bedeutet schon ein Name?, Namen sind Schall u. Rauch; **be the ~ of the game** das Wichtigste sein; das sein, worauf es ankommt; **profit is the ~ of the game in business** im Geschäftsleben dreht sich alles um Gewinn

nameable → namable

name-calling S (gegenseitige) Beschimpfungen *pl*

named [neɪmd] ADJ 1 genannt, namens: **a boy ~ Peter** 2 genannt, erwähnt: **~ above** oben genannt

name| day S 1 KATH Namenstag *m* 2 WIRTSCH *Br* Abrechnungs-, Skontrierungstag *m*; **~-drop** V/I *umg* dadurch Eindruck schinden, dass man ständig (angebliche) prominente Bekannte erwähnt: *he doesn't know any famous actors,* **he's just ~ping** er versucht nur, mit ihren Namen Eindruck zu schinden; **~-dropper** S *umg j-d, der dadurch Eindruck schindet, dass er ständig (angebliche) prominente Bekannte erwähnt:* **he's a ~** er muss ständig erwähnen, wen er alles kennt; **~-dropping** S *umg Eindruckschinden durch ständige Erwähnung (angeblicher) prominenter Bekannter*

nameless ['neɪmlɪs] ADJ (ADV ~ly) 1 namenlos, unbekannt 2 ungenannt, unerwähnt: **a person who shall be ~** j-d, der ungenannt bleiben soll 3 anonym 4 unehelich *(Kind)* 5 namenlos, unbeschreiblich *(Furcht etc)* 6 unaussprechlich *(Greueltaten)*

namely ['neɪmlɪ] ADV nämlich

name| part S THEAT Titelrolle *f*, -partie *f*; **~ plate** S 1 Tür-, Firmen-, Namensschild *n* 2 TECH Typen-, Leistungsschild *n*; **~sake** S Namensvetter *m*, -schwester *f*: **she is her grandmother's ~** sie ist nach ihrer Großmutter benannt; **~ tag** S *(am Revers etc getragenes)* Namensschild; **~tape** S Wäschezeichen *n*

Namibia [nə'mɪbɪə] S Namibia *n (Staat in Südwestafrika)*; **Namibian** [nə'mɪbɪən] A S Namibier(in) B ADJ namibisch

naming ['neɪmɪŋ] S Namen(s)gebung *f*

nan [næn], **nan(n)a** ['nænə] S Oma *f*, Omi *f*

nana ['nɑːnə] S *Aus sl* Birne *f (Kopf)*: **do one's ~** aufbrausen, hochgehen *umg*; **be off one's ~** übergeschnappt sein *umg*

nancy, *a.* **~ boy** ['nænsɪ] S *pej* 1 Weichling *m*, Muttersöhnchen *n* 2 Schwule(r) *m*

NAND circuit [nænd] S COMPUT NAND-Schaltung *f*

nanism ['neɪnɪzəm; 'næ-] S MED Nanismus *m*, Zwergwuchs *m*

nankeen [næn'kiːn; næŋ-] S 1 Nanking *m (rötlich gelbes, festes Baumwollzeug)* 2 *pl*, *a.* **pair of ~s** Nankinghose *f* 3 Rötlichgelb *n* 4 ♀, *a.* ♀ **porcelain** *weißes chinesisches Porzellan mit blauem Muster*

nanny ['nænɪ] S 1 *bes Br* Kindermädchen *n* 2 *a.* **~ goat** Geiß *f*, weibliche Ziege 3 *bes Br* Oma *f*, Omi *f*

nanosecond ['nænəʊ-; *US* -nə-] S Nanosekunde *f (e-e milliardstel Sekunde)*

nap[1] [næp] A V/I 1 ein Schläfchen *od* ein Nickerchen machen 2 *fig* schlafen, nicht auf der Hut sein: **catch sb ~ping** j-n überrumpeln *od* überraschen B S Schläfchen *n*, Nickerchen *n*: **have** *(od* **take) a ~** → A 1

nap[2] [næp] A S 1 Haar(seite) *n(f) (e-s Gewebes)* 2 a *Spinnerei*: Noppe *f* b *Weberei*: (Gewebe)Flor *m* B V/T noppen

nap[3] [næp] A S 1 a Napoleon *n (ein Kartenspiel)* b *Ansagen aller fünf Stiche in diesem Spiel*: **a ~ hand** *fig* e-e aussichtsreiche Lage, gute Chance(n); **go ~** alle fünf Stiche ansagen, *fig* alles auf eine Karte setzen 2 *Pferderennen*: hundertprozentiger Tip B V/T *Pferderennen: ein Pferd* zum Favoriten erklären

napalm® ['neɪpɑːm; *US a.* -ˌpɑlm] A S Napalm® *n*: **~ bomb** Napalmbombe *f* B V/T mit Napalmbomben belegen *od* angreifen

nape [neɪp] S *meist* **~ of the neck** Genick *n*, Nacken *m*

napery ['neɪpərɪ] S Tischwäsche *f*

naphtha ['næfθə; 'næpθə] S CHEM 1 Naphtha *n/f*, Schwerbenzin *n* 2 *obs* Naphtha *n/f*, Erdöl *n*; **naphthalene** [-liːn] S Naphthalin *n*; **naphthalenic** [-'lenɪk] ADJ naphthalinsauer: **~ acid** Naphthalsäure *f*; **naphthalin** [-θəlɪn], **naphthaline** [-liːn] → naphthalene; **naphthalize** V/T naphthalisieren; **naphthene** [-θiːn] S Naphthen *n*; **naphthol** [-θɒl; *US a.* -ˌθəʊl] S Naphthol *n*; **naphthyl** [-θaɪl; *bes US* -θɪl] S Naphthyl *n*

Napierian [nə'pɪərɪən; neɪ-] ADJ MATH Napiersch(er, e, es), Napersch(er, e, es): **~ logarithm**

napkin ['næpkɪn] S 1 Serviette *f*: **~ ring** Serviettenring *m* 2 → nappy[2] 3 *bes US* (Damen-, Monats)Binde *f*

Naples ['neɪplz] S Neapel *n*
napless ['næplɪs] ADJ ungenoppt, glatt *(Stoff)*
napoleon [nə'pəʊljən] S 1 HIST Napoleon *m*, Napoleondor *m (20-Franc-Stück in Gold)* 2 → nap³ A 1 a 3 *US Cremeschnitte aus Blätterteig;* **Napoleonic** [-lɪ'ɒnɪk; *US* -'ɑnɪk] ADJ napoleonisch: **the ~ Wars** HIST die napoleonischen Kriege
nappa ['næpə] S Nappa(leder) *n*
nappe [næp] S 1 GEOL (Überschiebungs)Decke *f* 2 MATH Schale *f (Teil e-s Kegelmantels)*
napped [næpt] ADJ geraut, genoppt
napper¹ ['næpə(r)] S TECH Tuchnopper *m (Maschine od Arbeiter)*
napper² ['næpə] S *Br sl* Birne *f (Kopf)*
napping ['næpɪŋ] S TECH 1 Ausnoppen *n (der Wolle)* 2 Rauen *n (des Tuches)*: **~ comb** Aufstreichkamm *m*; **~ mill** Raumaschine *f*
nappy¹ ['næpɪ] ADJ *Br bes Bier*: a mit Schaum (-krone) b stark, berauschend
nappy² ['næpɪ] S *bes Br* Windel *f*: **change a baby's ~** ein Baby wickeln; **be out of nappies** aus dem Wickelalter heraus sein; **~ rash** MED Windelekzem *n*
narc [nɑ:rk] S *US sl* Beamte(r) *m od* Beamtin *f* des Rauschgiftdezernats, Drogen-, Rauschgiftfahnder(in): **~s** *pl* Rauschgiftdezernat *n*
narceine ['nɑ:(r)si:n; *bes US* -sii:n] S CHEM Narcein *n*
narcissi [nɑ:(r)'sɪsaɪ] *pl von* narcissus
narcissism [nɑ:'sɪsɪzəm; *bes US* 'nɑ:(r)sɪsɪzəm] S PSYCH Narzissmus *m (Verliebtsein in sich selbst)*; **narcissist** [nɑ:'sɪsɪst; *bes US* 'nɑ:(r)sɪsɪst] Narzisst(in); **narcissistic** ADJ narzisstisch
narcissus [nɑ:(r)'sɪsəs] *pl* -cissuses, -cissi [-saɪ] S BOT Narzisse *f*
narco ['nɑ:rkəʊ] *pl* -cos S → narc
narcoanalysis [,nɑ:(r)kəʊə'næləsɪs] S Narkoanalyse *f (unter Narkose durchgeführte Psychoanalyse)*
narcolepsy ['nɑ:(r)kə,lepsɪ] S MED Narkolepsie *f (anfallweise auftretender Schlafzwang)*
narcosis [nɑ:(r)'kəʊsɪs] *pl* -ses [-si:z] S MED Narkose *f*
narcosynthesis [,nɑ:(r)kəʊ'sɪnθɪsɪs] S PSYCH Narkosynthese *f (Freisetzung unterdrückter Affekte mithilfe von Arzneimitteln)*
narcotherapy [,nɑ:(r)kəʊ'θerəpɪ] S PSYCH Psychotherapie *f* mithilfe von Beruhigungsmitteln
narcotic [nɑ:(r)'kɒtɪk; *US* -'kɑ-] A ADJ (ADV ~ally) a MED narkotisch, betäubend, einschläfernd *(a. fig)* b Rausch...: **~ drug** Rauschgift *n*; **~ addiction** Rauschgiftsucht *f* B S a MED Narkotikum *n*, Betäubungsmittel *n (a. fig)* b *oft pl* Rauschgift *n*: **~s agent** Drogenfahnder(in); **~s squad** Rauschgiftdezernat *n*
narcotism ['nɑ:(r)kətɪzəm] S 1 Narkotismus *m (Sucht nach Narkosemitteln)* 2 narkotischer Zustand *od* Rausch, Narkose *f*
narcotize ['nɑ:(r)kətaɪz] V/T narkotisieren
nard [nɑ:(r)d] S 1 BOT Narde *f* 2 Nardensalbe *f*
nares ['neəri:z] *pl von* naris
narghile, nargile(h) ['nɑ:(r)gɪlɪ; -leɪ] S Nargileh *f/n (Wasserpfeife)*
narial ['neərɪəl] ADJ ANAT Nasenloch...
naris ['neərɪs] *pl* -es [-i:z] S ANAT Naris *f*, Nasenloch *n*
nark¹ [nɑ:k] *sl* A S 1 *Br* (Polizei)Spitzel *m* 2 *Br* Nörgler(in) 3 *Aus* Spielverderber(in) B V/T 1 *Br j-n* bespitzeln 2 *Br j-n* ärgern: **be ~ed** verärgert sein, sich ärgern *(beide:* **at, by** *über akk)* C V/I 1 *Br* spitzeln: **~ on** → B 1 2 *Br* nörgeln
nark² → narc
narky ['nɑ:kɪ] ADJ *Br sl* 1 gereizt 2 grantig
narrate [nə'reɪt; næ-; *US a.* 'nær,eɪt] V/T 1 erzählen 2 berichten (über *akk od* von), schildern; **narration** S 1 Erzählung *f*, Geschichte *f* 2 Erzählen *n* 3 RHET Darstellung *f* der Tatsachen; **narrative** ['nærətɪv] A S 1 Erzählung *f*, Geschichte *f* 2 Bericht *m*, Schilderung *f* B ADJ 1 erzählend *(Gedicht etc)*: **~ literature** erzählende Dichtung; **~ perspective** Erzählperspektive *f* 2 Erzählungs...: **~ skill** Erzählungsgabe *f*; **narratively** ADV als *od* in Form e-r Erzählung; **narrator** [nə'reɪtə(r); næ-; *US a.* 'nær,eɪtər] S Erzähler(in)
narrow ['nærəʊ] A ADJ (ADV → *a.* narrowly) 1 eng, schmal: **from a ~ angle** SPORT aus spitzem Winkel; **the ~ seas** *pl* GEOG der Ärmelkanal u. die Irische See; → pass C 1 a, thought¹ 4 2 eng *(a. fig)*, *(räumlich)* beschränkt, knapp: **the ~ bed** *obs od poet* das Grab; **within ~ bounds** in engen Grenzen; **in the ~est sense** im engsten Sinne 3 zusammengekniffen *(Augen)* 4 *fig* eingeschränkt, beschränkt 5 → narrow-minded 6 knapp, dürftig, kärglich *(Einkommen etc)* 7 knapp *(Mehrheit, Sieg etc)*: **win by a ~ majority** knapp gewinnen; **by a ~ margin** knapp, mit knappem Vorsprung; **they won ~ly but deservedly** sie gewannen knapp, aber verdient; → escape C 1, shave C 1, squeak C 3, squeeze C 10 8 gründlich, eingehend, (peinlich) genau *(Nachforschungen etc)* B V/I 1 enger *od* schmäler werden, sich verengen ([in]to zu): **his eyes ~ed to slits** 2 knapp(er) werden, zusammenschrumpfen (**to** auf *akk*) 3 *fig* sich annähern: **our positions have ~ed** C V/T 1 enger *od* schmäler machen, verenge(r)n, *die Augen* zusammenkneifen, SPORT *den (Schuss)Winkel* verkürzen: **~ the angle** 2 ein-, beengen 3 *a.* **~ down** a be-, einschränken *(beide:* **to** auf *akk)* b *fig* eingrenzen, einkreisen 4 verringern, vermindern 5 *Maschen* abnehmen 6 engstirnig machen D S 1 Enge *f*, enge *od* schmale Stelle 2 *meist pl* a (Meer)Enge *f* b *bes US* Engpass *m*
narrow|cast V/I *prät u. pperf* -cast, -casted RADIO, TV *US* zielgruppenorientierte Programme ausstrahlen; **~ ga(u)ge** S BAHN Schmalspur *f*; **~-ga(u)ge**, *a.* **~-ga(u)ged** ADJ BAHN schmalspurig, Schmalspur...
narrowly ADV mit knapper Not: **he ~ escaped assassination** er entging knapp e-m Attentat; **he ~ escaped death** er ist gerade noch mit dem Leben davongekommen; **he ~ escaped drowning** er wäre beinahe *od umg* um ein Haar ertrunken
narrow|-minded ADJ (ADV ~ly) engstirnig, borniert; **~-mindedness** S Engstirnigkeit *f*, Borniertheit *f*
narrowness S 1 Enge *f*, Schmalheit *f* 2 Knappheit *f* 3 → narrow-mindedness 4 Gründlichkeit *f*
narthex ['nɑ:(r)θeks] S ARCH Narthex *m (innere Kirchenvorhalle)*
narwhal ['nɑ:(r)wəl; *US a.* -,hwɑl], *a.* **narwal** [-wəl], **narwhale** [-weɪl; -hweɪl] S ZOOL Narwal *m*, Einhornwal *m*
nary ['neəri:] ADJ *US umg obs* kein(e): **~ a man** kein einziger Mann
NAS ABK National Academy of Science
NASA ABK *US* National Aeronautics and Space Administration NASA *f*
nasal ['neɪzl] A ADJ (ADV → nasally) 1 ANAT Nasen...: **~ bone** Nasenbein *n*; **~ cavity** Nasenhöhle *f*; **~ concha** Nasenmuschel *f*; **~ mucous membrane** Nasenschleimhaut *f*; **~ passages** Nasenluftwege; **~ septum** Nasenscheidewand *f*; **~ spray** MED, PHARM Nasenspray *m/n*; **~ strip** *bes* SPORT Nasenpflaster *n* 2 LING nasal, Nasal...: **~ consonant (vowel)** Nasalkonsonant (-vokal) *m*; **~ twang** Näseln *n*, nasale Aussprache B S LING Nasal(laut) *m*; **nasality** [-'zælətɪ] S Nasalität *f*
nasalization [,neɪzəlaɪ'zeɪʃn; *US* -lə'z-] S 1 Nasalierung *f*, nasale Aussprache 2 Näseln *n*; **nasalize** A V/T nasalieren B V/I näseln, durch die Nase sprechen; **nasally** ADV 1 nasal, durch die Nase 2 näselnd
nascence ['næsns; 'neɪ-], **nascency** ['næsnsɪ; 'neɪ-] S Entstehen *n*, Werden *n*
nascent ['næsnt; 'neɪ-] ADJ 1 werdend, entstehend, aufkommend: **~ suspicion** aufkommendes Misstrauen; **in the ~ state** im Entwicklungszustand, im Werden 2 CHEM frei werdend, in statu nascendi, naszierend: **~ state, ~ condition** Status *m* nascendi
naseberry ['neɪz,berɪ] S BOT Sapotillbaum *m*
nastiness ['nɑ:stɪnɪs; *US* 'næs-] S 1 Schmutzigkeit *f (a. fig)* 2 Ekligkeit *f*, Widerlichkeit *f* 3 Gefährlichkeit *f* 4 a Gehässigkeit *f*, Bosheit *f* b Gemeinheit *f* c Übellaunigkeit *f*
nasturtium [nə'stɜ:ʃəm; *US* -'stɜr-] S BOT Kapuzinerkresse *f*
nasty ['nɑ:stɪ; *US* 'næs-] A ADJ (ADV nastily) 1 schmutzig 2 ekelhaft, eklig, widerlich *(Geschmack etc)* 3 abstoßend, unangenehm *(Eigenschaft etc)* 4 *fig* schmutzig, zotig *(Buch etc)* 5 böse, schlimm, gefährlich, tückisch: **~ accident** böser Unfall; **~ cold** böse Erkältung; **~ dipping shot** *(Fußball)* tückischer Aufsetzer 6 a hässlich *(Benehmen, Charakter)*, boshaft, gehässig *(Person)*: **he has a ~ temper** mit ihm ist nicht gut Kirschen essen *umg* b gemein, niederträchtig, fies *(Trick etc)* c übel gelaunt, übellaunig, eklig: **turn ~** unangenehm werden d ekelhaft *(Kerl etc)* B S *Br umg* pornografische *od* gewaltverherrlichende Videokassette
NAS/UWT ABK *Br* National Association of Schoolmasters/Union of Women Teachers
nat. ABK 1 national 2 native 3 natural
natal ['neɪtl] ADJ Geburts...
natality [neɪ'tælətɪ] S *bes US* Geburtenrate *f*, -ziffer *f*
natant ['neɪtənt] ADJ schwimmend; **natation** [nə'teɪʃn; *US* neɪ-; næ-] S Schwimmen *n*; **natatorial** [,nætə'tɔ:rɪəl; *US a.* ,neɪtə'təʊ-], **natatory** ['neɪtətərɪ; nə'teɪtərɪ; *US* 'neɪtə,təʊri:; -,tɔ:-] ADJ Schwimm...: **~ bird**
natch [nætʃ] INT *umg* natürlich!, klar!, logo!
nates ['neɪti:z] *pl von* natis
natheless ['neɪθlɪs], **nathless** ['næθlɪs] *obs* A ADV → nonetheless B PRÄP → notwithstanding A
nation ['neɪʃn] S 1 Nation *f*: a Volk *n* b Staat *m* 2 (Einzel)Stamm *m (e-s Bundes von Indianerstämmen)*
national ['næʃənl] A ADJ (ADV ~ly) 1 national, National..., Landes..., Volks...: **~ champion** SPORT Landesmeister(in); **~ championship** SPORT Landesmeisterschaft *f*; **~ colo(u)rs** Landesfarben; **~ costume** National-, Landestracht *f*; **~ currency** WIRTSCH Landeswährung *f*; **~ dish** GASTR Nationalgericht *n*; **~ emblem** Hoheitszeichen *n*; **~ epic** Nationalepos *n*; **~ government** Allparteienregierung *f*; **~ health** Volksgesundheit *f*; **~ hero** Volksheld *m*; **~ language** Landessprache *f*; **~ pride** Nationalstolz *m*; **~ record** SPORT Landesrekord *m*; **~ team** SPORT Nationalmannschaft *f*; → mourning A 1 a 2 staatlich, öffentlich, Staats...: **~ debt** Staatsverschuldung *f*; → wealth 3 3 a landesweit *(Streik etc)*, überregional *(Zeitung, Sender etc)*: **~ curriculum** SCHULE landesweit gültiger Lehrplan; **there is a ~ shortage of ...** landesweit fehlt *od* fehlen ... b Bundes... *(bei Bundesstaaten)* c inländisch: **~ call** TEL Inlandsgespräch *n*; **~ news** *pl (als sg konstruiert)* Nachrichten *pl* aus dem Inland 4 POL (ein)heimisch 5 vaterländisch, patriotisch B S 1 Staatsangehörige(r) *m/f(m)* 2 überregionale Zeitung; **~**

N

anthem S Nationalhymne *f*; ~ **assembly** S POL Nationalversammlung *f*; ~ **bank** S WIRTSCH Landes-, Nationalbank *f*; ~ **convention** S POL *US* Nationalkonvent *m*, -parteitag *m (e-r Partei, um den Präsidentschaftskandidaten aufzustellen, das Wahlprogramm festzulegen etc)*; ~ **economy** S WIRTSCH Nationalökonomie *f*, Volkswirtschaft *f*; ≈ **Giro** S *Br* Postgirodienst *m*: ~ **account** Postgirokonto *n*; ≈ **Guard** S *US* Nationalgarde *f*; ≈ **Health** S: **get sth on the** ~ *Br umg* etwas auf Kasse bekommen; ≈ **Health Service** S *Br* Staatlicher Gesundheitsdienst: **get sth on the** ~ etwas auf Krankenkasse bekommen; ~ **income** S WIRTSCH Volkseinkommen *n*; ≈ **Insurance** S *Br* Sozialversicherung *f*: ~ **number** Sozialversicherungsnummer *f*

nationalism [ˈnæʃnəlɪzəm] S 1 Nationalgefühl *n*, -bewusstsein *n* 2 POL a Nationalismus *m* b nationale Politik; **nationalist** A S POL Nationalist(in) B ADJ nationalistisch; **nationalistic** ADJ (ADV ~ally) nationalistisch

nationality [ˌnæʃəˈnælətɪ] S 1 Nationalität *f*, Staatsangehörigkeit *f*: **have French** ~ die französische Staatsangehörigkeit besitzen *od* haben 2 nationale Eigenart, Nationalcharakter *m* 3 nationale Einheit *od* Unabhängigkeit 4 Nation *f* 5 Nationalgefühl *n*

nationalization [ˌnæʃnəlaɪˈzeɪʃn; *US* -ləˈz-] S 1 Einbürgerung *f*, Naturalisierung *f* 2 WIRTSCH Verstaatlichung *f* 3 Verwandlung *f* in e-e *(einheitliche, unabhängige etc)* Nation; **nationalize** V/T 1 einbürgern, naturalisieren 2 WIRTSCH verstaatlichen 3 zu e-r Nation machen 4 *etwas* zur Sache der Nation machen: ~ **a holiday** e-n Feiertag zum Nationalfeiertag erheben

National| Lottery S *Br* Lotto *n*; ≈ **monument** S Nationaldenkmal *n*; ≈ **park** S Nationalpark *m*; ≈ **product** S WIRTSCH Sozialprodukt *n*; ≈ **service** S *bes Br* 1 Wehr-, Militärdienst *m*: **do one's** ~ s-n Wehrdienst ableisten 2 Wehrpflicht *f*; ~ **Socialism** S POL, HIST Nationalsozialismus *m*; ~ **Socialist** POL, HIST A S Nationalsozialist(in) B ADJ nationalsozialistisch

nationhood S (nationale) Souveränität, Status *m* e-r Nation

nation| state S POL Nationalstaat *m*; **~wide** ADJ allgemein, das ganze Land umfassend, national, landesweit: **a** ~ **broadcast** (RADIO, TV) e-e landesweit ausgestrahlte Sendung

natis [ˈneɪtɪs] *pl* -tes [-tiːz] S ANAT Natis *f*, Gesäßbacke *f*, *pl a.* Gesäß *n*

native [ˈneɪtɪv] A ADJ (ADV ~ly) 1 angeboren (**to sb** j-m), natürlich *(Fähigkeit etc)* 2 eingeboren, Ureinwohner…, Eingeborenen…: ~ **quarter** Eingeborenenviertel *n*; **go** ~ *umg* die Lebensweise der Eingeborenen *od* Einheimischen annehmen; ≈ **American** Indianer(in) 3 (ein)heimisch, inländisch, Landes…: ~ **plant** einheimische Pflanze; ~ **product** Landesprodukt *n* 4 heimatlich, Heimat…: ~ **country** Geburts-, Vaterland *n*; ~ **language** Muttersprache f; ~ **town** Heimat-, Vaterstadt *f*; ~ **place** Geburts-, Heimatort *m*; **in his** ~ **France** in s-m Mutterland Frankreich; **are you** ~ **to London?** sind Sie gebürtiger Londoner? 5 ursprünglich, urwüchsig, naturhaft *(Schönheit etc)* 6 ursprünglich, eigentlich: **the** ~ **sense of a word** 7 *Bergbau:* gediegen (vorkommend), bergfein *(Metall etc)* 8 MINER a roh, Jungfern… b natürlich vorkommend 9 *obs* nahe verwandt (**to** *dat*, mit) B S 1 Ureinwohner(in) 2 Einheimische(r) *m/f(m)*: **a** ~ **of Berlin** ein gebürtiger Berliner; **are you a** ~ **here?** sind Sie von hier? 3 BOT, ZOOL einheimisches Gewächs *od* Tier 4 *Br* Native *f (künstlich gezüchtete Auster)*

native|-born ADJ gebürtig: **a** ~ **American**; ~ **speaker** S Muttersprachler(in): ~ **of English** englischer Muttersprachler

nativism [ˈneɪtɪvɪzəm] S 1 POL *bes US* Begünstigung *f* der Einheimischen vor den Einwanderern 2 PSYCH Nativismus *m (Theorie, wonach bestimmte Fähigkeiten od Vorstellungen angeboren sind)*

nativity [nəˈtɪvətɪ; *US a.* neɪ-] S 1 Geburt *f (a. fig)*: **the place of my** ~ mein Geburtsort 2 Geburt *f*, Herkunft *f* 3 ≈ REL a **the** ≈ die Geburt Christi *(a.* MAL *etc)* b Weihnachten *n u. pl* c Mariä Geburt *f (8. September)*: ~ **play** Krippenspiel *n* 4 ASTROL Nativität *f*, (Geburts)Horoskop *n*

natl ABK national

NATO, **Nato** [ˈneɪtəʊ] S ABK North Atlantic Treaty Organization MIL, POL die NATO *od* Nato: ~ **country** NATO-Land *n*, Nato-Land *n*

natron [ˈneɪtrən; *US a.* -ˌtrɑn] S MINER Natrit *m*

NATSOPA ABK *Br* National Society of Operative Printers, Graphical and Media Personnel

natter [ˈnætə(r)] *bes Br umg* A V/I *a.* ~ **away** schwatzen, plaudern B S Plausch *m*, Schwatz *m*: **have a** ~ e-n Plausch *od* Schwatz halten

nattiness [ˈnætɪnɪs] S *umg* Schick *m*; **natty** ADJ (ADV nattily) *umg* schick: **he's a** ~ **dresser** er ist immer schick angezogen

natural [ˈnætʃrəl] A ADJ (ADV → naturally) 1 natürlich, Natur…: **a** ~ **blonde** e-e echte Blondine; **die a** ~ **death** e-s natürlichen Todes sterben; ~ **disaster** Naturkatastrophe *f*; **there is a** ~ **explanation for it** es gibt e-e natürliche Erklärung dafür; ~ **ice** Natureis *n*; ~ **law** Naturgesetz *n*; ~ **wonder** Naturwunder *n*; → person 1, representative A 1 2 naturgemäß, der menschlichen Natur entsprechend 3 naturbedingt, den Naturgesetzen entsprechend *od* folgend 4 angeboren, eigen *(beide:* **to** *dat)*: ~ **talent** natürliche Begabung 5 geboren *(Führungsperson etc)* 6 real, wirklich, physisch 7 selbstverständlich, natürlich: **it comes quite** ~ **to him** es fällt ihm leicht 8 natürlich, ungezwungen, ungekünstelt *(Benehmen etc)* 9 üblich, normal, natürlich: **it is** ~ **for him to get drunk** es ist ganz normal, dass er sich betrinkt; → wastage 1 10 naturgetreu, natürlich wirkend *(Nachahmung, Bild etc)* 11 unbearbeitet, Natur…, Roh…: ~ **food** naturbelassene Lebensmittel *pl* 12 naturhaft, urwüchsig: ~ **landscape** Naturlandschaft *f* 13 a unehelich b leiblich *(Eltern etc)* 14 BOT in der Natur *od* wild wachsend 15 MATH natürlich *(Logarithmus, Zahl)* 16 MUS a ohne Vorzeichen b mit e-m Auflösungszeichen (versehen) *(Note)* c Vokal…: ~ **music** B S 1 *obs* Idiot(in), Schwachsinnige(r) *m/f(m)* 2 *umg* a Naturtalent *n (Person)*: **be a** ~ **for** (wie) geboren *od* geschaffen sein für b (sicherer) Erfolg *(a. Person)*, *(e-e)* klare Sache' (**for sb** für j-n) 3 MUS a Auflösungszeichen *n* b aufgelöste Note c Stammton *m* d weiße Taste *(e-r Klaviatur)*

natural|-born ADJ geboren *(a. von Natur aus begabt)*, gebürtig; ~ **childbirth** S MED natürliche Geburt; ~ **frequency** S PHYS Eigenfrequenz *f*; ~ **gas** S GEOL Erdgas *n*; ~ **gender** S LING natürliches Geschlecht; ~ **history** S Naturgeschichte *f*

naturalism [ˈnætʃrəlɪzəm] S 1 Naturalismus *m*: a PHIL *Weltanschauung, nach der alles aus der Natur u. diese allein aus sich selbst erklärbar ist* b KUNST *e-e möglichst genaue Wiedergabe der Wirklichkeit anstrebender Kunststil* 2 REL Naturglaube *m*; **naturalist** A S 1 Naturforscher(in), *bes* a Zoologe *m*, Zoologin *f* b Botaniker(in) 2 KUNST, PHIL Naturalist(in) 3 REL Naturgläubige(r) *m/f(m)* B ADJ → naturalistic 1; **naturalistic** ADJ (ADV ~ally) 1 KUNST, PHIL naturalistisch 2 REL naturgläubig 3 naturkundlich, -geschichtlich

naturalization [ˌnætʃrəlaɪˈzeɪʃn; *US* -ləˈz-] S 1 POL Naturalisierung *f*, Einbürgerung *f (a. fig)* 2 Akklimatisierung *f*; **naturalize** A V/T 1 naturalisieren, einbürgern 2 *fig* einbürgern: a LING *etc* aufnehmen, einführen: **the word has become ~d in English** das Wort hat sich im Englischen eingebürgert b BOT, ZOOL heimisch machen: **become ~d** einheimisch werden 3 akklimatisieren 4 e-e natürliche Erklärung geben für B V/I 1 eingebürgert *od* naturalisiert werden 2 sich akklimatisieren

naturally [ˈnætʃrəlɪ] ADV 1 von Natur (aus): **her hair is** ~ **red** 2 instinktiv, spontan: **learning comes** ~ **to him** das Lernen fällt ihm leicht 3 auf natürlichem Wege, natürlich 4 natürlich, *int a.* klar!

naturalness S *allg* Natürlichkeit *f*

natural| order S 1 natürliche (An-)Ordnung 2 BOT Ordnung *f* des natürlichen Pflanzensystems; ~ **philosopher** S 1 Naturphilosoph(in) 2 Naturwissenschaftler(in); ~ **philosophy** S 1 Naturphilosophie *f (philosophische, metaphysische etc Bemühungen, die Natur zu interpretieren)* 2 (die) Naturwissenschaften *pl*; ~ **religion** S PHIL natürliche Religion; ~ **rights** SPL JUR, POL Naturrechte *pl (der Menschen)*; ~ **scale** S 1 MUS Stammtonleiter *f*, Naturskala *f* 2 MATH Achse *f* der natürlichen Zahlen; ~ **science** S Naturwissenschaft *f*; ~ **scientist** S Naturwissenschaftler(in); ~ **selection** S BIOL natürliche Auslese; ~ **sign** S MUS Auflösungszeichen *n*, Auflöser *m*; ~ **steel** S METALL Renn-, Roh-, Wolfsstahl *m*; ~ **vowel** S LING Naturvokal *m (unbetonter Vokal mittlerer Zungenstellung, bes der Schwa-Laut)*

N

nature [ˈneɪtʃə(r)] S 1 *allg* Natur *f*: a Schöpfung *f*, Weltall *n* b *a.* ≈ Naturkräfte *pl*: → course A 9, debt 1 c natürliche Landschaft: **the beauty of** ~ die Schönheit der Natur d Naturzustand *m*: **back to** ~ zurück zur Natur; ~ **cure** Naturheilverfahren *n*; → state A 4 e Konstitution *f (des Menschen etc)*: ~ **calls** *umg* ich muss mal; → ease B 3, relieve A 1 f Wirklichkeit *f*: **from** ~ MAL nach der Natur; → true A 4 2 Natur *f*: a Charakter *m*, (Eigen)Art *f*, Wesen *n*, Veranlagung *f*: **by** ~ von Natur (aus); **it is (in) her** ~ es liegt in ihrem Wesen; → alien A 6, human A 1, second[1] A 1 b (Gemüts)Art *f*, Naturell *n*, Wesen *n*: **her sunny** ~; **of good** ~ gutherzig, -mütig c *koll* natürliche Triebe *pl od* Instinkte *pl* 3 Art *f*, Sorte *f*: **he's an engineer or sth of that** ~ er ist Ingenieur od so etwas Ähnliches; **things of this** ~ Dinge dieser Art; ~ **of the business** WIRTSCH Gegenstand *m* der Firma; **of a business** ~ geschäftlicher Art; **of a grave** ~ ernster Natur; **it is in the** ~ **of things** es liegt in der Natur der Sache 4 (natürliche) Beschaffenheit: **the** ~ **of gases**; ≈ **Conservancy Council** S *Br* Naturschutzbehörde *f*; ~ **conservation** S Naturschutz *m*

-natured [neɪtʃə(r)d] *in Zusammensetzungen* geartet, …artig, …mütig: → good-natured *etc*

nature| reserve S Naturschutzgebiet *n*; ~ **study** S SCHULE Naturkunde *f*; ~ **trail** S Naturlehrpfad *m*; ~ **worship** S REL Naturanbetung *f*

naturism [ˈneɪtʃərɪzəm] S Naturismus *m*, Freikörperkultur *f*; **naturist** S Naturist(in), FKK-Anhänger(in)

naturopath [ˈneɪtʃərəpæθ; *US a.* nəˈtjʊrə-] S MED 1 Naturarzt *m*, -ärztin *f* 2 Naturheilkundige(r) *m/f(m)*; **naturopathy** [ˌneɪtʃəˈrɒpəθɪ; *US* -ˈrɑ-] S 1 Naturheilverfahren *n* 2 Naturheilkunde *f*

naught [nɔːt; *US a.* nɑːt] A S 1 *bes US* Null *f* 2 *obs od poet* Verderben *n*: **bring (come) to ~** zunichtemachen (werden) 3 *obs od poet* nichts: **care ~ for** nichts übrighaben für; **set at ~** *etwas* ignorieren, in den Wind schlagen; **all for ~** alles umsonst B ADJ *obs od poet* a wertlos b verloren, vernichtet c böse, schlecht, sündhaft C ADV *obs od poet* keineswegs

naughtiness [ˈnɔːtɪnɪs; *US a.* ˈnɑː-] S Ungezogenheit *f*, Unartigkeit *f*; **naughty** ADJ (ADV naughtily) 1 ungezogen, unartig *(Kind)* 2 ungehörig *(Benehmen)* 3 unanständig *(Witz etc)*

Nauruan [nɑːˈuːruːən; nəʊˈruːən] A S Nauruer(in) B ADJ nauruisch

nausea [ˈnɔːsjə; -zɪə; *US a.* -ʃə; -ʒə] S 1 Übelkeit *f*, Brechreiz *m* 2 *fig* Ekel *m*; **nauseant** MED A ADJ Übelkeit erregend B S Brechmittel *n*; **nauseate** [-sɪeɪt; -zɪ-; *US a.* -ʒɪˌeɪt; -ʃɪ-] A V/I (e-n) Brechreiz empfinden, sich ekeln (**at** vor *dat*) B V/T 1 sich ekeln vor *(dat)* 2 mit Ekel erfüllen, anekeln, *j-m* Übelkeit erregen: **be ~d (at)** → A; **he was ~d by** ihm wurde übel von; **nauseating** ADJ (ADV ~ly) ekelerregend, widerlich; **nauseation** S 1 Übelsein *n* 2 Ekel *m* 3 Anekeln *n*; **nauseous** [-sjəs; *US* -zɪəs; -ʃəs] ADJ (ADV ~ly) ekelhaft, Übelkeit erregend, widerlich, abscheulich *(alle a. fig)*

naut. ABK nautical

nautical [ˈnɔːtɪkl; *US a.* ˈnɑːt-] ADJ (ADV ~ly) SCHIFF nautisch, Schiffs…, Marine…, See(-fahrts)…; **~ almanac** S SCHIFF nautisches Jahrbuch; **~ chart** S SCHIFF Seekarte *f*; **~ mile** S SCHIFF Seemeile *f*

nautilus [ˈnɔːtɪləs; *US a.* ˈnɑː-] *pl* -luses, -li [-laɪ] S FISCH 1 Nautilus *m* 2 → paper nautilus

nav. ABK 1 naval 2 navigable 3 navigation 4 navigator

naval [ˈneɪvl] ADJ SCHIFF 1 Flotten…, (Kriegs)Marine…: → establishment 8 2 See…, Schiffs…: → supremacy 2; **~ academy** S SCHIFF Marineakademie *f*; **~ architect** S SCHIFF Schiff(s)bauer(in); **~ architecture** S Schiff(s)bau *m*; **~ attaché** S SCHIFF, POL Marineattaché *m*; **~ base** S SCHIFF Flottenstützpunkt *m*, -basis *f*; **~ battle** S SCHIFF, MIL Seeschlacht *f*; **~ blockade** S SCHIFF Seeblockade *f*; **~ cadet** S SCHIFF Seekadett *m*; **~ engineer** S Schiff(s)-bauingenieur(in); **~ exercises** SPL SCHIFF, MIL Flottenmanöver *n*; **~ forces** SPL SCHIFF Seestreitkräfte *pl*; **~ officer** S SCHIFF, MIL Marineoffizier *m*; **~ port** S Kriegshafen *m*; **~ power** S SCHIFF, POL Seemacht *f*: **the ~s** die Seemächte; **~ stores** SPL 1 SCHIFF Schiffsbedarf *m* 2 Kiefernharz- u. Kiefernölprodukte *pl*

nave[1] [neɪv] S ARCH Mittel-, Hauptschiff *n (e-r Kirche)*

nave[2] [neɪv] S TECH (Rad)Nabe *f*: **~ box** Nabenbüchse *f*

navel [ˈneɪvl] S 1 ANAT Nabel *m*: **contemplate** (*od* **gaze at**) **one's (own) ~** *fig* Nabelschau halten 2 *fig* Nabel *m*, Mittelpunkt *m* 3 *Heraldik*: Mittelpunkt *m* des Feldes 4 Navelorange *f*; **~ orange** S Navelorange *f*

navicert [ˈnævɪsɜːt; *US* -ˌsɜrt] S WIRTSCH, SCHIFF Navicert *n (Geleitschein für neutrale [Handels]Schiffe im Krieg)*

navicular [nəˈvɪkjʊlə(r)] A ADJ boot-, kahnförmig: **~ bone** → B B S ANAT Kahnbein *n*; **naviculare** [-ˈlɑːriː; *US a.* -ˈleəriː] → navicular B

navig. ABK navigation

navigability [ˌnævɪgəˈbɪlətɪ] S 1 SCHIFF a Schiffbarkeit *f*, Befahrbarkeit *f* b Fahrtüchtigkeit *f* 2 FLUG Lenkbarkeit *f*; **navigable** ADJ 1 SCHIFF a schiffbar, (be)fahrbar b fahrtüchtig 2 FLUG lenkbar *(Luftschiff, Ballon)*; **navigableness** → navigability

navigate [ˈnævɪgeɪt] A V/I 1 (zu Schiff) fahren, segeln 2 *bes* FLUG, SCHIFF navigieren, steuern, orten *(alle:* **to** nach) B V/T 1 SCHIFF a befahren, beschiffen b *die Meere etc* durchfahren 2 FLUG durchfliegen 3 FLUG, SCHIFF steuern, lenken, navigieren

navigating officer [ˈnævɪgeɪtɪŋ] S FLUG, SCHIFF Navigationsoffizier *m*

navigation [ˌnævɪˈgeɪʃn] S 1 SCHIFF Schifffahrt *f*, Seefahrt *f* 2 Navigation *f*: a SCHIFF Nautik *f*, Schifffahrtskunde *f* b FLUG Flugzeugführung *f*, *engS.* Navigationskunde *f* c FLUG, SCHIFF Ortung *f* 3 *obs* a Schiffe *pl* b (künstlicher) Wasserweg; ♀ **Act** S HIST Navigationsakte *f (1651)*

navigational [-ʃənl] ADJ Navigations…: **~ aid**; **~ chart** → navigation chart; **~ satellite** → navigation satellite

navigation| bar S COMPUT Navigationsleiste *f*; **~ channel** S SCHIFF Fahrwasser *n*; **~ chart** S Navigationskarte *f*; **~ guide** S FLUG, SCHIFF Bake *f*; **~ head** S SCHIFF Schiffbarkeitsgrenze *f*, Endhafen *m*; **~ light** S FLUG Positionslicht *n*; **~ satellite** S Navigationssatellit *m*

navigator [ˈnævɪgeɪtə(r)] S 1 SCHIFF a Seefahrer *m* b Nautiker *m* c Steuermann *m* d Navigationsoffizier *m* 2 FLUG a Navigator *m* b Beobachter *m*

navvy [ˈnævɪ] S *Br* a Erdarbeiter *m* b Bauarbeiter *m*

navy [ˈneɪvɪ] S 1 *meist* ♀ SCHIFF Kriegsmarine *f*: → Royal Navy 2 SCHIFF Kriegsflotte *f* 3 *obs allg* SCHIFF Flotte *f* 4 → navy blue; **~ blue** S Marineblau *n*; **~-blue** ADJ marineblau; ♀ **Cross** S SCHIFF *US ein Tapferkeitsorden für Verdienste im Seekrieg*; **~ cut** S Marineschnitt *m (Tabak)*; ♀ **List** S SCHIFF *Br* Marinerangliste *f*; **~ plug** S (starker, dunkler) Plattentabak; ♀ **Register** S SCHIFF *US (jährlich erscheinende) Liste der Offiziere u. Schiffe der US-Marine*; **~ yard** S SCHIFF *bes US* Marinewerft *f*

nawab [nəˈwɑːb] → nabob 1

nay [neɪ] A ADV 1 *a.* INT nein: **say sb ~** es j-m verbieten 2 *obs* ja sogar: **it is enough, ~, too much** B S 1 PARL *etc* Gegen-, Neinstimme *f*: **the ~s have it** der Antrag ist abgelehnt! 2 *obs* Nein *n*

Nazarene [ˌnæzəˈriːn] S Nazarener *m*: a *Bewohner von Nazareth* b *Christus* c *Anhänger Christi* d *streng judenchristlicher Sektierer*

Nazi [ˈnɑːtsɪ; *US a.* ˈnætsiː] POL, HIST A S Nazi *m (Nationalsozialist)* B ADJ N'S-…, Nazi…; **Nazism**, *a.* **Naziism** S Nazismus *m*

NB ABK, **n.b.** nota bene, note well NB

N.B. ABK New Brunswick

NBA ABK *US* National Basketball Association

NBC ABK 1 *US* National Broadcasting Company NBC *f* 2 MIL nuclear, biological, and chemical ABC-…

N.B.G., **nbg** ABK no bloody good nicht zu gebrauchen, völlig wertlos

NBS ABK *US* National Bureau of Standards *(Normungsorganisation)*

N.C. ABK North Carolina

NCAA ABK *US* National Collegiate Athletic Association

NCC ABK *Br* Nature Conservancy Council

NCO ABK MIL noncommissioned officer

NCP ABK POL *Aus* National Country Party

NCU ABK *Br* National Communications Union

n.d.[1] ABK no date o. J.

N.D.[2] ABK North Dakota

N.Dak. ABK North Dakota

NDE ABK near-death experience

NE ABK 1 northeast NO, NE 2 northeastern nordöstl.

NEA ABK *US* National Education Association

Neanderthal [nɪˈændə(r)tɑːl; *US* -ˌtɔːl; -ˌθɔːl] A ADJ 1 **~ man** HIST Neandertaler *m* 2 *a.* ♀ a unkultiviert, ungebildet b primitiv 3 *a.* ♀ *umg* ultrakonservativ, reaktionär B S: *a.* ♀ 1 unkultivierter *od* ungebildeter *od* primitiver Mensch 2 *umg* Ultrakonservative(r) *m/f(m)*, Reaktionär(in)

neap [niːp] A ADJ: **~ tide** → B B S Nippflut *f*

Neapolitan [nɪəˈpɒlɪtən; *US* -ˈpɑ-] A ADJ neapolitanisch: **~ ice cream** → B 2 B S 1 Neapolitaner(in) 2 Fürst-Pückler-Eis *n*

near [nɪə(r)] A ADV 1 nahe, (ganz) in der Nähe, dicht dabei 2 nahe (bevorstehend) *(Zeitpunkt, Ereignis etc)* 3 nahe (heran), näher: **he stepped ~** 4 nahezu, beinahe, fast: **£1,000 is not anywhere ~ enough** 1000 Pfund sind bei Weitem nicht genug *od* sind auch nicht annähernd genug; **not anywhere ~ as bad as** nicht annähernd so schlecht wie, bei Weitem nicht so schlecht wie 5 *obs* sparsam: **live ~** sparsam *od* kärglich leben 6 *fig* eng *(verwandt, befreundet etc)* 7 SCHIFF hart *(am Winde)*: **sail ~ to the wind** B ADJ (ADV → nearly) 1 nahe (gelegen), in der Nähe: **the ~est place** der nächstgelegene Ort 2 kurz, nahe: **the ~est way** der kürzeste Weg 3 nahe *(Zeitpunkt, Ereignis etc)*: **Christmas is ~**; **the ~ future** 4 nahe (verwandt): **the ~est relations** die nächsten Verwandten 5 eng (befreundet *od* vertraut): **a ~ friend** ein guter *od* enger Freund; **my ~est and dearest friend** mein bester Freund; **my ~est and dearest** m-e Lieben 6 knapp: **we had a ~ escape** wir sind mit knapper Not entkommen; **~ miss** FLUG, AUTO Beinahe-, Fastzusammenstoß *m*; **be a ~ miss** a knapp danebengehen *(Schuss etc)* b *fig* knapp scheitern; **that was a ~ thing** *umg* das hätte ins Auge gehen können, das ist gerade noch einmal gut gegangen 7 genau, wörtlich, wortgetreu *(Übersetzung etc)* 8 *umg* knaus(e)rig C PRÄP 1 nahe *(dat)*, in der *od* die Nähe von *(od gen)*, nahe an *(dat) od* bei, unweit *(gen)*: **~ sb** in j-s Nähe; **a house ~ the station** ein Haus in Bahnhofsnähe; **get ~ the end of one's career** sich dem Ende s-r Laufbahn nähern; **~ completion** der Vollendung nahe, nahezu fertiggestellt; **~ here** a nicht weit von hier b hier in der Nähe; **his opinion is very ~ my own** wir sind fast der gleichen Meinung; **be ~ doing sth** nahe daran sein, etwas zu tun; → bone[1] A 1 2 *(zeitlich)* nahe, nicht weit von D V/T & V/I sich nähern, näher kommen *(dat)*: **be ~ing completion** der Vollendung entgegengehen

Besondere Redewendungen: **~ at hand** a → A 1 b → A 2 **~ by** → nearby A; **come** (*od* **go**) **~ to** a sich ungefähr belaufen auf *(akk)* b *e-r Sache* sehr nahe *od* fast gleichkommen, fast *etwas* sein **she came ~ to tears** sie war den Tränen nahe, sie hätte fast geweint; **come** (*od* **go**) **~ to doing sth** etwas fast *od* beinahe tun; **not come ~ to sth** in keinem Verhältnis stehen zu etwas; → draw near, nowhere A 3

near| beer S alkoholarmes *od* -freies Bier; **~-beginner** S Anfänger(in) mit Vorkenntnissen

nearby A ADV [ˌnɪə(r)ˈbaɪ] in der Nähe, nahe B ADJ [ˈnɪə(r)baɪ] → near B 1

Nearctic [nɪˈɑː(r)ktɪk; *US a.* -ˈɑːrtɪk] ADJ GEOG nearktisch *(zum gemäßigten u. arktischen Nordamerika gehörend)*

N

near|-death experience S Sterbeerlebnis n; **2 East** S GEOG, POL **1** Br obs (die) Balkanstaaten pl **2** (der) Nahe Osten
nearly ['nɪə(r)lɪ] ADV **1** beinahe, fast: **it's ~ five** es ist gleich fünf **2** annähernd: **he is not ~ so stupid** er ist bei Weitem nicht od nicht annähernd so dumm **3** nahe, eng (verwandt etc)
nearness ['nɪə(r)nɪs] S **1** Nähe f **2** große Ähnlichkeit **3** umg Knaus(e)rigkeit f
near| point S OPT Nahpunkt m; **~side** S AUTO Br Beifahrerseite f: **~ door** Beifahrertür f; **~sighted** ADJ (ADV ~ly) MED kurzsichtig; **~sightedness** S MED Kurzsichtigkeit f
neat[1] [ni:t] ADJ (ADV ~ly) **1** sauber: **a** ordentlich, reinlich, gepflegt: **(as) ~ as a pin** blitzsauber umg; **keep sth ~** etwas sauber halten **b** hübsch, gefällig, nett, adrett, geschmackvoll **c** sorgfältig: **~ style** gewandter Stil **d** übersichtlich **e** geschickt: **a ~ solution** e-e saubere od elegante Lösung **f** tadellos (Arbeit etc) **2** raffiniert, schlau (Plan etc) **3** hübsch, schön (beide umg) (Profit etc) **4** treffend (Antwort etc) **5** bes US sl klasse, prima **6** **a** rein: **~ silk** **b** pur: **drink one's whisky ~**; **two ~ whiskies** zwei Whisky pur
neat[2] [ni:t] obs od dial **A** pl neat S Ochse m, Rind n **B** ADJ Rind(er)…: **~ leather** Rind(s)leder n
'neath, neath [ni:θ] obs od poet → beneath B
neatherd S obs od dial Kuhhirte m
Neath Port Talbot ['ni:θ,pɔ:(r)t'tælbət] S Neath Port Talbot n (Grafschaft in Südwales)
neatness ['ni:tnɪs] S **1** Sauberkeit f, Ordentlichkeit f **2** Gefälligkeit f, Nettigkeit f **3** Raffiniertheit f, Schlauheit f, Schläue f **4** Reinheit f
neat's-foot oil S Klauenfett n
Neb. ABK Nebraska
NEB ABK **1** National Enterprise Board **2** New English Bible
nebbish ['nebɪʃ] S US sl Schlappschwanz m pej
Nebr. ABK Nebraska
Nebraska [nɪ'bræskə; nə-] S Nebraska n (Mittelstaat der USA); **Nebraskan** [nɪ'bræskən] **A** ADJ aus od von Nebraska **B** S Bewohner(in) von Nebraska
nebula ['nebjʊlə] pl -lae [-li:], -las S **1** ASTRON Nebel(fleck) m **2** MED **a** Wolke f, Trübheit f (im Urin) **b** Hornhauttrübung f **3** Verstäubungsflüssigkeit f; **nebular** ADJ ASTRON **1** Nebel(fleck)…, Nebular…: **~ hypothesis** Nebularhypothese f (Hypothese, nach der das Sonnensystem aus e-m Urnebel entstanden ist) **2** nebelartig
nebulize ['nebjʊlaɪz] V/T Flüssigkeiten zerstäuben; **nebulizer** S Zerstäuber m
nebulosity [,nebjʊ'lɒsətɪ; US -'lɑ-] S **1** Neb(e)ligkeit f **2** Trübheit f **3** fig Verschwommenheit f **4** ASTRON **a** Nebelhülle f **b** Nebel(-fleck) m
nebulous ['nebjʊləs] ADJ (ADV ~ly) **1** neb(e)lig **2** trüb, wolkig (Flüssigkeit) **3** fig verschwommen, nebelhaft **4** ASTRON **a** nebelartig **b** Nebel…: **~ star** Nebelstern m
necessarily ['nesəsərəlɪ; bes US ,nesə'serəlɪ] ADV notwendigerweise, zwangsläufig: **not ~** **a** nicht unbedingt **b** nicht zwangsläufig
necessary ['nesəsərɪ; US -,seri:] **A** ADJ **1** notwendig, nötig, erforderlich (alle: **to, for** für): **~ for life** lebensnotwendig; **it is ~ for me to do it** ich muss es tun; **a ~ evil** ein notwendiges Übel; **if ~** gegebenen-, not-, nötigenfalls **2** unvermeidlich, zwangsläufig, unumgänglich (Konsequenz etc) **3** unumstößlich (Wahrheit etc) **B** S **1** Erfordernis n, Bedürfnis n: **necessaries of life** Lebensbedarf m, -bedürfnisse, a. JUR für den Lebensunterhalt notwendige Dinge od Aufwendungen; **be a ~ of life** lebensnotwendig sein; **I haven't got the ~** umg hum mir fehlt das nötige Kleingeld **2** **the ~** das Unvermeidliche od Unumgängliche
necessitarian [nɪ,sesɪ'teərɪən] PHIL **A** S Determinist(in) **B** ADJ deterministisch; **necessitarianism** S Determinismus m (→ determinism)
necessitate [nɪ'sesɪteɪt] V/T **1** etwas notwendig od nötig machen, erfordern: **~ doing sth** es notwendig machen, etwas zu tun **2** j-n zwingen, nötigen (beide: **to do** zu tun); **necessitation** S Nötigung f
necessitous [nɪ'sesɪtəs] ADJ (ADV ~ly) **1** bedürftig, Not leidend **2** dürftig, ärmlich (Verhältnisse)
necessity [nɪ'sesətɪ] S **1** Notwendigkeit f: **a** Erforderlichkeit f: **as a ~, of** (od **by**) **~** notwendigerweise, zwangsläufig, notgedrungen; **be an absolute ~** unbedingt notwendig sein; **there is no ~ for** es besteht keine Notwendigkeit zu **b** Unumgänglichkeit f, Unvermeidlichkeit f **c** Zwang m: **be under the ~ of doing sth** gezwungen sein, etwas zu tun **2** (dringendes) Bedürfnis: **necessities of life** lebensnotwendiger Bedarf; **be a ~ of life** lebensnotwendig sein **3** Not f, Zwangslage f: **~ is the mother of invention** (Sprichwort) Not macht erfinderisch; **~ knows no law** (Sprichwort) Not kennt kein Gebot; **in case of ~** im Notfall; → virtue 3 **4** Not(lage) f, Bedürftigkeit f **5** JUR Notstand m
neck [nek] **A** S **1** Hals m (a. weitS. e-r Flasche, am Gewehr, am Saiteninstrument) **2** Nacken m, Genick n: **break one's ~** **a** sich das Genick brechen **b** fig umg sich fast umbringen (**doing sth** um etwas zu tun) **3** **a** (Land-, Meer)Enge f **b** Engpass m **4** → neckline **5** Hals m (von Schlachtvieh): **~ of lamb** Lammfleisch n vom Hals **6** ANAT Hals m (bes e-s Organs): **~ of a tooth** Zahnhals; **~ of the uterus** Gebärmutterhals **7** GEOL Stiel(gang) m, Schlotgang m **8** ARCH Halsglied n (e-r Säule) **9** TECH **a** (Wellen)Hals m **b** Schenkel m (e-r Achse) **c** (abgesetzter) Zapfen **d** Füllstutzen m **e** Ansatz m (e-r Schraube) **10** TYPO Konus m (der Type) **B** V/T **1** e-m Huhn etc den Hals umdrehen od den Kopf abschlagen **2** umg (ab)knutschen, knutschen od schmusen mit **3** a. **~ out** TECH e-n Hohlkörper aushalsen **C** V/I umg knutschen, schmusen
Besondere Redewendungen: **~ of the woods** umg **a** Nachbarschaft f **b** Gegend f; **~ and ~** Kopf an Kopf (a. fig); **be ~ and ~** Kopf an Kopf liegen; **win by a ~** um e-e Halslänge (fig um e-e Nasenlänge) gewinnen; **~ and crop** obs mit Stumpf u. Stiel; **get** (od **catch**) **it in the ~** umg eins aufs Dach bekommen; **~ or nothing** umg auf Biegen od Brechen; **it is ~ or nothing** jetzt geht es aufs Ganze, jetzt geht es um alles od nichts; **on** (od **in**) **the ~ of** unmittelbar nach; **up to one's ~** bis zum Hals; **be up to one's ~ in debt** bis über die Ohren od bis an den Hals in Schulden stecken (alle umg); **have sb round one's ~** j-n am Hals haben umg; **risk one's ~** Kopf u. Kragen riskieren; **save one's ~** den Kopf aus der Schlinge ziehen; **stick one's ~ out** sich weit aus dem Fenster lehnen; → dead A 1
neck|-and-neck ADJ: **~ race** Kopf-an-Kopf-Rennen n (a. fig); **~band** S Halsbündchen n; **~ chain** S Halskette f, -kettchen n; **~cloth** S HIST Halstuch n
-necked [nekt] ADJ …halsig, …nackig
neckerchief ['nekə(r)tʃɪf] pl -chiefs, -chieves [-tʃi:vz] S Halstuch n
necking ['nekɪŋ] S **1** ARCH Säulenhals m **2** TECH Aushalsen n **3** umg Geknutsche n, Geschmuse n
necklace ['neklɪs] S **1** Halskette f **2** Halsband n: **~ microphone** Kehlkopfmikrofon n
necklet ['neklɪt] S Halskettchen n
neck| lever S Ringen: Nackenhebel m; **~line** S Ausschnitt m (am Kleid): **with a low ~** tief ausgeschnitten; → plunging neckline; **~mo(u)ld, ~ mo(u)lding** S ARCH Halsring m (e-r Säule); **~piece** S **1** Pelzkragen m **2** TECH Kehle f, Hals(stück) m(n); **~tie** S US **1** Krawatte f, Schlips m **2** sl Schlinge f (des Henkers); **~wear** S KOLL Krawatten pl, Kragen pl, Halstücher pl
necrobiosis [,nekrəʊbaɪ'əʊsɪs] S MED Nekrobiose f (langsames Absterben von Zellen im Organismus); **necrobiotic** [-'ɒtɪk; US -'ɑt-] ADJ nekrobiotisch
necrolatry [nek'rɒlətrɪ; US -'rɑl-] S Totenverehrung f
necrologist [ne'krɒlədʒɪst; US -'krɑ-] S Schreiber(in) von Nekrologen; **necrology** [-dʒɪ] S **1** Toten-, Sterbeliste f **2** Nekrolog m, Nachruf m
necromancer ['nekrəʊmænsə(r)] S **1** bes Antike: Nekromant m **2** allg Schwarzkünstler m; **necromancy** S **1** bes Antike: Nekromantie f (Weissagung durch Beschwörung der Geister von Toten) **2** allg Schwarze Kunst
necromania [,nekrəʊ'meɪnjə; -nɪə] S MED, PSYCH Nekromanie f (→ necrophilia)
necromantic [,nekrəʊ'mæntɪk] ADJ (ADV ~ally) **1** bes Antike: nekromantisch **2** allg Zauber…
necrophagous [ne'krɒfəgəs; US -krɑ-] ADJ ZOOL nekrophag, Aas fressend
necrophilia [,nekrəʊ'fɪlɪə] S MED, PSYCH Nekrophilie f: **a** auf Leichen gerichtetes sexuelles Triebverlangen **b** sexuelle Leichenschändung; **necrophiliac** [-ɪæk] ADJ nekrophil
necrophilism S **1** → necrophilia **2** starke Todessehnsucht
necrophobia [,nekrəʊ'fəʊbɪə] S MED, PSYCH Nekrophobie f (krankhafte Angst vor dem Tod od vor Toten); **necrophobic** ADJ nekrophob
necropolis [ne'krɒpəlɪs; US -'krɑ-] pl -olises, -oleis [-leɪs] S **1** Antike: Nekropolis f, Totenstadt f **2** HIST (großer) Friedhof
necropsy ['nekrɒpsɪ; US -,rɑp-], **necroscopy** [ne'krɒskəpɪ; US -'krɑ-] S MED Nekropsie f, Autopsie f, Obduktion f
necrose [ne'krəʊs; 'nekrəʊs] MED **A** V/I nekrotisieren, absterben (Zellgewebe) **B** V/T nekrotisieren; **necrosis** [-sɪs] S **1** MED Nekrose f, Gewebstod m: **~ of the bone** Knochenfraß m **2** BOT Brand m; **necrotic** [-'krɒtɪk; US -'krɑ-] ADJ MED nekrotisch
nectar ['nektə(r)] S **1** MYTH Nektar m, Göttertrank m: **her words were ~ to him** ihre Worte waren Musik in s-n Ohren od umg gingen ihm runter wie Öl; **taste the ~ of success** s-n Erfolg auskosten **2** BOT Nektar m **3** bes US **a** Fruchtsaftkonzentrat n **b** Fruchtsaftgetränk n
nectarean [nek'teərɪən], **nectareous** ADJ **1** Nektar… **2** nektarsüß
nectariferous [,nektə'rɪfərəs] ADJ BOT Nektar tragend od liefernd
nectarine ['nektərɪn; US ,nektə'ri:n] S BOT Nektarine f
nectary ['nektərɪ] S BOT, ZOOL Nektarium n, Honigdrüse f
neddy ['nedɪ] S **1** Kindersprache: Br Esel m **2** fig umg Br Esel m **3** Aus umg. (bes Renn)Pferd n
nee, bes Br **née** [neɪ] ADJ geborene (vor dem Mädchennamen e-r verheirateten Frau): **Mrs Jones ~ Good**
need [ni:d] **A** S **1** (**of, for**) Bedürfnis n (nach), Bedarf m (an dat): **be** (od **stand**) **in ~ of sth** etwas brauchen, etwas nötig haben; **in ~ of help** hilfs-, hilfebedürftig; **in ~ of repair** reparaturbedürftig; **have no ~ to do sth** kein Bedürfnis haben, etwas zu tun (→ A 3); **fill a ~**

e-m Bedürfnis entgegenkommen 2 Mangel *m* (**of, for** an *dat*), Fehlen *n*: **feel the ~ of** (*od* **for**) **sth** etwas vermissen, Mangel an e-r Sache verspüren 3 (dringende) Notwendigkeit: **there is no ~ for you to come** es ist nicht notwendig *od* nötig, dass du kommst; du brauchst nicht zu kommen; **have no ~ to do sth** keinen Grund haben, etwas zu tun (→ A 1); **have ~ to do sth** etwas tun müssen; **the ~ for victory** das unbedingte Gewinnenmüssen 4 Not(lage) *f*: **in case of ~, if ~ be, if ~ arise** nötigenfalls, im Notfall 5 Armut *f*, Not *f*: **in ~** in Not 6 *pl* Erfordernisse *pl*, Bedürfnisse *pl* B V/T 1 benötigen, nötig haben, brauchen, bedürfen (*gen*): **that's all I ~** *iron* das fehlt mir gerade noch!, auch das noch!; **your hair ~s cutting** du musst dir wieder einmal die Haare schneiden lassen; **feel ~ed** das Gefühl haben, gebraucht zu werden; **"chains ~ed"** AUTO „Ketten erforderlich" 2 erfordern: **it ~s all your strength** C V/I *obs meist unpers* nötig sein: **it ~s not** (*od* **it does not ~**) **that ...** es ist nicht nötig, dass ...; **there ~s no excuse** e-e Entschuldigung ist nicht nötig D V/AUX 1 müssen, brauchen: **it ~s to be done** es muss getan werden; **it ~s but to become known** *obs* es braucht nur bekannt zu werden 2 (*vor e-r Verneinung u. in Fragen, ohne* **to**; *3. sg präs* **need**) brauchen, müssen: **she ~ not do it** sie braucht es nicht zu tun; **you ~ not have come** du hättest nicht zu kommen brauchen; **~ he do it?** muss er es tun?

needful ['ni:dfʊl] A ADJ (ADV ~ly) nötig, notwendig (*beide:* **for** für) B S (*das*) Nötige: **the ~** *umg* das nötige Kleingeld; **needfulness** S Notwendigkeit *f*

neediness ['ni:dɪnɪs] S Bedürftigkeit *f*, Armut *f*

needle ['ni:dl] A S 1 (*Näh-, Strick- etc*) Nadel *f*: (**as**) **sharp as a ~** *fig* äußerst intelligent, auf Draht *umg*; **get** (*od* **take**) **the ~** *Br umg* hochgehen, wütend werden; **give** *sb* **the ~** → B 5; **a ~ in a haystack** *fig* e-e Stecknadel im Heuhaufen *od* Heuschober; **be on the ~** *sl* an der Nadel hängen, fixen (*drogenabhängig sein*) 2 *fig* Spitze *f*, boshafte *od* sarkastische Bemerkung 3 TECH a (*Abspiel-, Grammofon-, Magnet*) Nadel *f* b Ventilnadel *f* c AUTO Schwimmernadel *f* (*im Vergaser*) d Zeiger *m* e Zunge *f* (*der Waage*) f *Bergbau*: Räumnadel *f* g *Weberei*: Rietnadel *f* (*beim Jacquardstuhl*) h *Gravierkunst*: Radiernadel *f* 4 BOT Nadel *f* 5 (Fels)Nadel *f*, Felsspitze *f* 6 Obelisk *m* 7 MINER Kristallnadel *f* B V/T 1 (*mit e-r Nadel*) nähen 2 durchstechen 3 MED punktieren 4 *fig* anstacheln (**into** zu) 5 *umg j-n* aufziehen, hänseln (*beide:* **about** wegen) 6 *umg* e-n Schuss Alkohol hinzufügen zu *e-m Getränk* 7 **~ one's way through** a sich (durch)schlängeln durch b sich durchschlängeln 8 *e-e Erzählung etc* würzen (**with humo[u]r** mit Humor); **~ bearing** S TECH Nadellager *n*; **~ biopsy** S MED Nadelbiopsie *f*; **~cord** S Feinkord *m*; **~craft** → needlework; **~ point** S 1 → needle-point lace 2 Petit Point *n*, *a. m* (*feine Nadelarbeit*); **~-point lace** S Nadelspitze *f* (*Ggs Klöppelspitze*)

needless ['ni:dlɪs] ADJ unnötig, überflüssig: **~ to say** selbstredend, selbstverständlich: **~ to say, he was late again** er kam natürlich wieder zu spät; **needlessly** ADV unnötig(erweise); **needlessness** S Unnötigkeit *f*, Überflüssigkeit *f*

needle| valve S TECH Nadelventil *n*; **~woman** S *irr* Näherin *f*; **~work** S Hand-, Nadelarbeit *f*: **do ~** handarbeiten; **~ magazine** Handarbeitsheft *n*; **~ shop** (*bes US* **store**) Handarbeitsgeschäft *n*

needs [ni:dz] ADV *obs od hum* unbedingt, notwendigerweise, durchaus (*meist mit* **must** *gebraucht*): **if you must ~ do it** wenn du es unbedingt tun willst

needy ['ni:dɪ] A ADJ (ADV **needily**) bedürftig, Not leidend B S: **the ~** *koll* die Bedürftigen *od* Notleidenden *pl*

ne'er [neə(r)] *bes poet für* never; **~-do-well** A S Taugenichts *m* B ADJ nichtsnutzig

nefarious [nɪ'feərɪəs] ADJ (ADV ~ly) ruchlos, gemein, schändlich; **nefariousness** S Ruchlosigkeit *f*

neg [neg] S FOTO *umg* Negativ *n*

neg. ABK 1 negation 2 negative(ly) neg.

negaholic [ˌnegə'hɒlɪk; US -'hɑl-] S *umg* Pessimist(in)

negate [nɪ'geɪt] V/T 1 negieren, verneinen, leugnen 2 *e-e Wirkung etc* neutralisieren, aufheben; **negation** S 1 Negieren *n*, Verneinung *f*, Verneinen *n* 2 Neutralisierung *f*, Aufhebung *f* 3 PHIL a *Logik*: Negation *f* (*Aussageverbindung, die den Wahrheitswert e-r Aussage in ihr Gegenteil verkehrt*) b Nichts *n*

negative ['negətɪv] A ADJ (ADV ~ly) 1 negativ: a verneinend: **~ outlook on life** negative Lebenseinstellung b abschlägig, ablehnend (*Antwort etc*): **~!** *bes* MIL nein!; **~ vote** Gegenstimme *f* c erfolglos, ergebnislos: **~!** *bes* MIL Fehlanzeige! d nachteilig (*Folgen etc*) 2 *fig* farblos 3 BIOL, CHEM, ELEK, MATH, FOTO, PHYS negativ, MED *a.* ohne Befund: **he was ~** sein Befund war negativ B S 1 Verneinung *f*, Negierung *f*: **answer in the ~** verneinen; **the answer was in the ~** die Antwort fiel negativ aus; **the vote was in the ~** die Abstimmung ergab keine Mehrheit 2 abschlägige Antwort 3 LING Negation *f*, Verneinung *f*, Verneinungssatz *m*, -wort *n* 4 a Einspruch *m*, Veto *n* b Gegenstimme 5 negative Eigenschaft, Negativum *n* 6 ELEK negativer Pol 7 MATH a Minuszeichen *n* b negative Zahl 8 FOTO Negativ *n* C V/T 1 → negate 1 2 verwerfen, ablehnen 3 widerlegen 4 → negate 2; **~ acceleration** S PHYS Verzögerung *f*, negative Beschleunigung; **~ conductor** S ELEK Minusleitung *f*; **~ electrode** S ELEK negative Elektrode, Kathode *f*; **~ equity** S *Notwendigkeit, ein Haus etc unterhalb des Preises zu verkaufen, zu dem man es früher gekauft hat*; **~ feedback** S ELEK Gegenkopplung *f*; **~ lens** S OPT Zerstreuungslinse *f*

negativeness S (*das*) Negative, negativer Charakter

negative| pole S negativer Pol: a ELEK Minuspol *m* b PHYS Südpol *m* (*e-s Magneten*); **~ proton** S PHYS Antiproton *n*; **~ sign** S MATH Minuszeichen *n*, negatives Vorzeichen

negativism ['negətɪvɪzəm] S Negativismus *m*: a *negative Einstellung od Grundhaltung* b PSYCH *Widerstand Geisteskranker sowohl gegen innere Antriebe als auch gegen äußere Anregungen*

negativity [ˌnegə'tɪvətɪ] → negativeness

negator [nɪ'geɪtə(r)] S COMPUT Negator *m*, Negationsschaltung *f*, NICHT-Glied *n*; **negatory** ['negətərɪ; US -ˌtəʊri:; -ˌtɔ:-] ADJ verneinend, ablehnend, negativ

neglect [nɪ'glekt] A V/T 1 vernachlässigen, nicht sorgen für, schlecht behandeln: **~ed appearance** ungepflegte Erscheinung; **~ed child** verwahrlostes Kind 2 missachten, gering schätzen 3 es versäumen *od* unterlassen (**doing** *od* **to do** zu tun), außer Acht lassen 4 übersehen, -gehen B S 1 Vernachlässigung *f* 2 Missachtung *f* 3 Unterlassung *f*, Versäumnis *n*: **~ of duty** Pflichtversäumnis 4 Übergehen *n*, -sehen *n* 5 Nachlässigkeit *f*, Unterlassung *f* 6 Verwahrlosung *f*: **be in a state of ~** vernachlässigt *od* verwahrlost sein

neglectful [-fʊl] ADJ (ADV ~ly) → negligent 1; **neglectfulness** → negligence 1

negligee, negligé(e) ['neglɪ:ʒeɪ; US ˌneglə'ʒeɪ] S 1 Negligee *n* (*eleganter Morgenmantel*) 2 saloppe Kleidung

negligence ['neglɪdʒəns] S 1 Nachlässigkeit *f*, Unachtsamkeit *f*: **dress with ~** sich nachlässig kleiden 2 JUR Fahrlässigkeit *f*: → contributory A 4; **negligent** ADJ (ADV ~ly) 1 nachlässig, unachtsam: **be ~ of** *j-n, etwas* vernachlässigen, *etwas* außer Acht lassen 2 JUR fahrlässig 3 lässig, salopp, ungezwungen

negligible ['neglɪdʒəbl] ADJ (ADV **negligibly**) 1 nebensächlich, unwesentlich 2 geringfügig, unbedeutend, nicht der Rede wert: → quantity 4

negotiability [nɪˌgəʊʃjə'bɪlətɪ; -ʃɪə-] S WIRTSCH 1 Verkäuflichkeit *f* 2 Bank-, Börsenfähigkeit *f* 3 Begebbarkeit *f*, Übertragbarkeit *f* 4 Verwertbarkeit *f*

negotiable [nɪ'gəʊʃjəbl; -ʃɪə-] ADJ (ADV negotiably) 1 WIRTSCH a umsetzbar, verkäuflich, veräußerlich b verkehrsfähig c bank-, börsenfähig d (durch Indossament) übertragbar, begebbar e verwertbar: **not ~** nur zur Verrechnung; **~ instrument** begebbares Wertpapier 2 begehbar (*Weg*), befahrbar (*Straße*), überwindbar (*Hindernis*) 3 auf dem Verhandlungsweg erreichbar: **"salary ~"** „Gehalt nach Vereinbarung"; **not be ~** kein Diskussionsgegenstand sein, nicht zur Diskussion stehen

negotiate [nɪ'gəʊʃɪeɪt] A V/I verhandeln, in Verhandlung stehen (*beide:* **with** mit; **for, about, on** um, wegen, über *akk*): **negotiating position** Verhandlungsposition *f*; **~ skills** *pl* Verhandlungsgeschick *n*; **negotiating table** Verhandlungstisch *m* B V/T 1 *e-n Vertrag etc* aushandeln (**with** mit) 2 verhandeln über (*akk*) 3 WIRTSCH a *e-n Wechsel* begeben, unterbringen: **~ back** zurückbegeben b umsetzen, verkaufen 4 a *e-e Straße etc* passieren, *ein Hindernis etc* überwinden, *e-e Kurve* nehmen, *e-e Steigung etc* schaffen b *ein Musikstück etc* meistern

negotiation [nɪˌgəʊʃɪ'eɪʃn] S 1 Verhandlung *f*: **after long ~(s)** nach langen Verhandlungen; **enter into ~s** in Verhandlungen eintreten; **the contract is still under ~** über den Vertrag wird noch verhandelt; **by way of ~** auf dem Verhandlungsweg; **~ skills** *pl* Verhandlungsgeschick *n* 2 Aushandeln *n* (*e-s Vertrags etc*) 3 WIRTSCH Begebung *f*, Unterbringung *f* (*e-s Wechsels*): **further ~** Weiterbegebung 4 Passieren *n* (*e-r Straße etc*), Überwindung *f* (*e-s Hindernisses etc*), Nehmen *n* (*e-r Kurve*)

negotiator [nɪ'gəʊʃɪeɪtə(r)] S Unterhändler(in)

Negress ['ni:grɪs] S *neg!* Schwarze *f*

Negrillo [ne'grɪləʊ; nɪ-] *pl* -los, *bes koll* -lo S Negrille *m*, Pygmäe *m* (*Afrikas*)

Negrito [ne'gri:təʊ; nɪ-] *pl* -tos, -toes S Negrito *m* (*Angehöriger e-r aussterbenden zwergwüchsigen Rasse auf den Philippinen etc*)

negritude ['negrɪtju:d-; 'ni:-; US *bes* -ˌtu:d] S Negritude *f* (*Rückbesinnung der Afrikaner u. Afroamerikaner auf afrikanische Kulturtraditionen*)

Negro ['ni:grəʊ] *neg!* A *pl* -groes S *neg!* Schwarzer *m* B ADJ von Schwarzen, Neger... *neg!*: **~ spiritual** Negro-Spiritual *n*, *a. m*

Negroid ['ni:grɔɪd] A ADJ 1 negrid (*die eigentlichen Schwarzen, Papua-Melanesier u. Negritos umfassend*) 2 negroid (*der schwarzen Rasse ähnlich*) B S 1 Negride(r) *m/f(m)* 2 Negroide(r) *m/f(m)*

Negus[1] ['ni:gəs] S HIST Negus *m* (*äthiopischer Herrschertitel*)

negus[2] ['ni:gəs] S Negus *m*, Glühwein *m*

Nehemiah [ˌni:ɪ'maɪə; ˌni:hɪ-; ˌni:ə-], **Nehemias** [-əs] EIGENN & S BIBEL (das Buch) Nehemia *m*

neigh [neɪ] A V/I wiehern *(Pferd)* B S Wiehern *n*

neighbor, *bes Br* **neighbour** [ˈneɪbə(r)] A S 1 Nachbar(in): **~ at table** Tischnachbar(in) 2 Nächste(r) *m/f(m)*, Mitmensch *m* B ADJ benachbart, angrenzend, Nachbar…: **~ states** C V/T (an)grenzen an *(akk)* D V/I 1 benachbart sein, in der Nachbarschaft wohnen 2 (an)grenzen (**on, upon** an *akk*) 3 **~ with** *US* gutnachbarliche Beziehungen unterhalten zu; **neighborhood**, *bes Br* **neighbourhood** A S 1 Nachbarschaft *f*: **in the ~ of** a in der Umgebung *od* Gegend von *(od gen)* b *fig* ungefähr, etwa, um (… herum); **a man from the ~** ein Mann aus der Nachbarschaft 2 KOLL Nachbarn *pl*, Nachbarschaft *f* 3 Gegend *f*, Viertel *n*: **a fashionable ~** B ADJ aus der Nachbarschaft: **a ~ boy**; **neighboring**, *bes Br* **neighbouring** ADJ 1 benachbart, angrenzend: **~ state** Anlieger-, Anrainerstaat *m* 2 Nachbar…; **neighborliness**, *bes Br* **neighbourliness** S (gut)nachbarliches Verhalten; **neighborly**, *bes Br* **neighbourly** ADJ 1 (gut)nachbarlich 2 Nachbarschafts…: **~ help**

neighbour, *etc bes Br für* neighbor *etc*

neither [ˈnaɪðə(r); *bes US* ˈniːðə(r)] A ADJ & PRON kein(er, e, es) (von beiden): **on ~ side** auf keiner der beiden Seiten; **~ of you** keiner von euch (beiden) B KONJ 1 weder: **~ they nor we have done it** weder sie noch wir haben es getan; **~ you nor he knows** weder du weißt es noch er; **~ more nor less** nicht mehr u. nicht weniger 2 noch (auch), auch nicht, ebenso wenig: *I don't smoke.* **~ do I, me ~** ich auch nicht

nek [nek] S *SAfr* (Gebirgs)Pass *m*

nekton [ˈnektɒn; *US* -tən; -ˌtɑn] S BIOL Nekton *n (im Wasser aktiv schwimmende Lebewesen, z. B. Fische)*

nelly [ˈnelɪ] S: **not on your ~** *Br umg* nie u. nimmer!, nie im Leben!

nelson [ˈnelsn] S *Ringen*: Nelson *m*, Nackenhebel *m*

Neman [ˈnemən] S *(Fluss)* Memel *f*

nematode [ˈnemətəʊd] S ZOOL Nematode *f*, Fadenwurm *m*

nem. con. [ˌnemˈkɒn; *US* -ˈkɑn] ADV ABK nemine contradicente *(= unanimously)* einstimmig, ohne Gegenstimme

Nemean [nɪˈmiːən; *US a.* ˈniːmɪən] ADJ *Antike*: nemeisch

Nemesis [ˈnemɪsɪs] S 1 MYTH Nemesis *f (die griechische Göttin der ausgleichenden Gerechtigkeit)* 2 *a.* ♀ *fig* Nemesis *f (ausgleichende Gerechtigkeit)*

nemo [ˈniːməʊ] *pl* **-mos** S RADIO, TV *bes US* Außenübertragung *f*

neo- [niːəʊ] *Wortelement mit der Bedeutung* neu, jung, neo…, Neo…

neoarsphenamine [-ɑː(r)sˈfenəmɪn; -miːn] S CHEM, MED Neosalvarsan *n*, Neoarsphenamin *n (synthetisch hergestelltes Präparat gegen Syphilis etc)*

neoclassic, **neoclassical** ADJ neoklassizistisch; **neoclassicism** S Neoklassizismus *m (formalistische u. historisierende Tendenzen in der Architektur des 20. Jh.s)*

neocolonial POL A ADJ neokolonialistisch B S neokolonialistische Macht; **neocolonialism** S Neokolonialismus *m (die Politik entwickelter Industrienationen, ehemalige Kolonien wirtschaftlich u. politisch abhängig zu halten)*

Neo-Darwinism S Neodarwinismus *m (Abstammungslehre, die das Auftreten neuer Arten durch Mutationen in Verbindung mit natürlicher Auslese zu erklären versucht)*

neodymium [ˌniːəʊˈdɪmɪəm] S CHEM Neodym *n*

neofascism S POL Neofaschismus *m*; **neofascist** A S Neofaschist(in) B ADJ neofaschistisch

Neogaea [ˌniːəʊˈdʒiːə] S *Tiergeografie*: Neogäa *f*: a *Großraum, der sowohl die neotropische Region als auch die antarktische Region umfasst* b neotropische Region

Neogene [ˈniːəʊdʒiːn] GEOL A S Neogen *n*, Jungtertiär *n* B ADJ neogen

neo-Gothic ADJ ARCH neugotisch

neogrammarian S LING, HIST Junggrammatiker *m*

neoimpressionism → pointillism

Neo-Latin LING A S 1 Romanisch *n*, das Romanische 2 Neulatein *n*, das Neulateinische B ADJ 1 romanisch 2 neulateinisch

neolith [ˈniːəʊlɪθ; *US* ˈniːə,l-] S jungsteinzeitliches Gerät; **neolithic** ADJ 1 neolithisch, jungsteinzeitlich: ♀ **Period** Neolithikum *n*, Jungsteinzeit *f* 2 *fig* vorsintflutlich

neologism [niːˈɒlədʒɪzəm; *US* -ˈɑl-] S LING a Neologismus *m*, Wortneubildung *f*, Neuwort *n* b neue Bedeutung *(e-s Worts)*; **neologize** V/I neue Wörter bilden *od* benutzen

neon [ˈniːən; -ɒn; *US* -ˌɑn] S CHEM Neon *n*: **~ lamp** Neonlampe *f*; **~ sign** Neon-, Leuchtreklame *f*

neo-Nazi POL A S Neonazi *m* B ADJ neonazistisch; **neo-Nazism** S Neonazismus *m*

neopaganism S Neuheidentum *n*

neophobia S Neophobie *f*, Neuerungsscheu *f*

neophyte [ˈniːəʊfaɪt] S 1 Neophyt(in): a *in der urchristlichen Gemeinde: durch die Taufe in die christliche Gemeinde neu Aufgenommene(r)* b *später: neues Mitglied e-s Klosters* 2 KATH a Jungpriester *m* b Novize *m*, Novizin *f* 3 *fig* Neuling *m*, Anfänger(in)

neoplasm [ˈniːəʊplæzəm] S MED Neoplasma *n*, Geschwulst *f*

neoplasty [ˈniːəʊplæstɪ] S MED Neubildung *f* durch plastische Operation

Neo-Platonism S PHIL Neuplatonismus *m (antikes, den Platonismus erneuerndes u. umformendes System)*; **Neo-Platonist** S Neuplatoniker *m*

neopoverty S neue Armut

neoprofessional S SPORT Profineuling *m*, Neuprofi *m*

neoteric [ˌniːəʊˈterɪk] ADJ (ADV **~ally**) modern

neoterism [nɪˈɒtərɪzəm; *US* -ˈɑt-] S neues Wort, neuer Ausdruck; **neoterist** S Sprachneuerer *m*, -neuerin *f*; **neoterize** V/I neue Wörter *od* Ausdrücke einführen

Neotropical ADJ neotropisch *(zu den Tropen der Neuen Welt gehörend)*

Neozoic [ˌniːəʊˈzəʊɪk] GEOL A S Neozoikum *n*, Erdneuzeit *f* B ADJ neozoisch

Nepal [nɪˈpɔːl; -ˈpɑːl] S Nepal *n (Königreich südlich des Himalaja)*; **Nepalese** [ˌnepɔːˈliːz; *bes US* -pəˈl-] A S 1 Nepalese *m*, Nepalesin *f*: **the ~** *koll* die Nepalesen *pl* 2 → Nepali A 2 B ADJ nepalesisch; **Nepali** [nɪˈpɔːlɪ] A S 1 *pl* **-lis**, **-li** → Nepalese A 1 2 LING Nepali *n* B ADJ → Nepalese B

nepheline [ˈnefɪlɪn; -liːn], **nephelite** [-laɪt] S MINER Nephelin *m*

nephew [ˈnefjuː] S 1 Neffe *m* 2 *obs* a Enkel(in) b Nichte *f* c Vetter *m*

nephological [ˌnefəˈlɒdʒɪkl; *US* -ˈlɑ-] ADJ wolkenkundlich; **nephology** [nɪˈfɒlədʒɪ; *US* neˈfɑ-] S Wolkenkunde *f*

nephoscope [ˈnefəskəʊp] S METEO Nephoskop *n (Gerät zur Bestimmung der Richtung u. Geschwindigkeit des Wolkenzuges)*

nephralgia [neˈfrældʒə; nɪ-] S MED Nephralgie *f*, Nierenschmerz *m*

nephrectomy [nɪˈfrektəmɪ] S MED Nephrektomie *f (operative Entfernung e-r Niere)*

nephric [ˈnefrɪk] ADJ ANAT, MED Nieren…

nephrite [ˈnefraɪt] S MINER Nephrit *m*, Beilstein *m*

nephritic [nɪˈfrɪtɪk] ADJ 1 ANAT, MED Nieren… 2 MED nephritisch

nephritis [neˈfraɪtɪs; nɪ-] S MED Nephritis *f*, Nierenentzündung *f*

nephrolith [ˈnefrəlɪθ] S MED Nephrolith *m*, Nierenstein *m*

nephrologist [neˈfrɒlədʒɪst; nɪ-; *US* -ˈfrɑ-] S MED Nephrologe *m*, Nephrologin *f*; **nephrology** [-dʒɪ] S Nephrologie *(Wissenschaft von den Nierenkrankheiten)*

nephrotomy [neˈfrɒtəmɪ; nɪ-; *US* -ˈfrɑ-] S MED Nephrotomie *f (operative Öffnung der Niere)*

nepotic [nɪˈpɒtɪk; *US* -ˈpɑ-] ADJ nepotisch; **nepotism** [ˈnepətɪzəm] S Nepotismus *m*, Vetternwirtschaft *f*

Neptune [ˈneptjuːn; *US a.* -ˌtuːn] A EIGENN *Antike*: Neptun *m (Gott des Meeres)* B S ASTRON Neptun *m (Planet)*; **Neptunian** ADJ 1 Neptun…, Meeres… 2 *oft* ♀ GEOL neptunisch *(durch Einwirkung von Wasser entstanden)*

neptunium [nepˈtjuːnɪəm; *US a.* -ˈtuː-] S CHEM Neptunium *n*: **~ series** Neptuniumreihe *f*

NERC ABK *Br* Natural Environment Research Council

nerd [nɜːd; *US* nɜrd] S *sl* 1 Trottel *m pej* 2 Computerfreak *m*; **nerdy** ADJ *sl* vertrottelt

Nereid [ˈnɪərɪɪd] *pl* **-ides** [nəˈriːədiːz] S *Antike*: MYTH Nereide *f*, Meernymphe *f*

Nernst lamp [neə(r)nst] S PHYS Nernst-Lampe *f*

nervation [nɜːˈveɪʃn; *US* ˌnɜr-], **nervature** [-vətʃə(r)] S BOT, ZOOL a Nervatur *f*, Äderung *f* b *koll* Adern *pl*

nerve [nɜːv; *US* nɜrv] A S 1 Nerv *m*: **get on sb's ~s** j-m auf die Nerven gehen *od* fallen, j-n aufregen; **rob sb of their ~** j-m den Nerv rauben; **a bundle** *(od* **bag) of ~s** *umg* ein Nervenbündel; **both of them were a bag of ~s** sie waren beide Nervenbündel; **have weak ~s** schwache Nerven *od umg* ein schwaches Nervenkostüm haben, nervenschwach sein; **have ~s of iron (steel)** eiserne Nerven (Nerven aus Stahl) haben; **touch** *(od* **hit) a ~** *fig* e-n wunden Punkt treffen 2 *fig* a Kraft *f*, Stärke *f*, Energie *f* b Mut *m* c Selbstbeherrschung *f* d *umg* Frechheit *f*, Unverfrorenheit *f*, Nerven *pl*: **what (a) ~!** *umg*, **of all the ~!** *umg* so e-e Frechheit!; **lose one's ~** den Mut *od* die Nerven verlieren; **have the ~ to do sth** den Nerv haben, etwas zu tun *umg*; **he's got a ~** *umg* der hat vielleicht Nerven! 3 *pl* Nervosität *f*: **get ~s** Nerven bekommen; **he doesn't know what ~s are** er kennt keine Nerven 4 BOT Nerv *m*, Ader *f (vom Blatt)* 5 ZOOL Ader *f (am Insektenflügel)* 6 ARCH *(Gewölbe)* Rippe *f* 7 Sehne *f (obs außer in)*: **strain every ~** *fig* alle Nerven anspannen, s-e ganze Kraft zusammennehmen B V/T *fig* a *(körperlich)* stärken b *(seelisch)* stärken, ermutigen: **~ o.s.** sich seelisch *od* moralisch vorbereiten (**for** auf *akk*), sich seelisch *od* moralisch darauf vorbereiten (**to do** zu tun); **~ block** S MED Leitungsanästhesie *f*; **~ cell** S ANAT Nervenzelle *f*; **~ center**, *bes Br* **~ centre** S 1 ANAT Nervenzentrum *n* 2 *fig* Schaltzentrale *f*; **~ cord** S ANAT Nervenstrang *m*

nerved [nɜːvd; *US* nɜrvd] ADJ 1 nervig *(meist in Zusammensetzungen)*: **strong-~** mit starken Nerven, nervenstark 2 BOT, ZOOL gerippt, geädert

nerve| fascicle S ANAT Nervenbündel *n*; **~ fiber**, *bes Br* **~ fibre** S ANAT Nervenfaser *f*; **~ gas** S MIL Nervengas *n*; **~ impulse** S Nervenreiz *m*

nerveless ADJ (ADV **~ly**) 1 a kraft-, energielos

N

b mutlos 2 ohne Nerven, kaltblütig 3 BOT ohne Adern, nervenlos
nerve| poison S Nervengift *n*; **~-(w)racking** ADJ nervenaufreibend
nervine ['nɜːviːn; *US* 'nɜr-] MED A ADJ 1 nervenberuhigend, -stärkend 2 Nerven... B S nervenstärkendes Mittel
nervous ['nɜːvəs; *US* 'nɜr-] ADJ (ADV **~ly**) 1 Nerven..., nervös: **~ disease** Nervenkrankheit *f*; **~ energy** Nervenkraft *f*; **~ excitement** nervöse Erregung; **~ exhaustion** nervöse Erschöpfung; **~ fever** Nervenfieber *n*; **~ strain** Nervenbelastung *f*, nervliche Belastung; **~ system** Nervensystem *n*; **~ tension** Nervenanspannung *f*; → breakdown 1, collapse C 4, wreck A 2 2 nervös: a nervenschwach, erregbar b aufgeregt c gereizt d ängstlich, scheu, unsicher: **make sb ~** j-n nervös machen (**with** mit); **he feels** (*od* **is**) **~ of her** sie macht ihn nervös 3 aufregend 4 *obs* a sehnig, kräftig, nervig b markig (*Stil etc*); **nervousness** S 1 Nervosität *f* 2 *obs* Sehnigkeit *f*, Kraft *f*, Nervigkeit *f*
nervure ['nɜːvjʊə; *US* 'nɜrvjər] → nerve A 4, A 5, A 6
nervy ['nɜːvɪ; *US* 'nɜr-] ADJ (ADV **nervily**) 1 a kühn, mutig b *US umg* frech, unverfroren 2 *Br umg* nervös, aufgeregt 3 *umg* nervenaufreibend 4 *obs* → nervous 4 a
nescience ['nesɪəns] S Unwissenheit *f*; **nescient** ADJ unwissend
ness [nes] S *obs* Vorgebirge *n*
nest [nest] A S 1 ORN, ZOOL Nest *n*: → befoul, feather B 1, foul D 1 2 *fig* a Nest *n*, behagliches Heim b Zufluchtsort *m* 3 *fig* a Schlupfwinkel *m*, Versteck *n* b Brutstätte *f*: **~ of vice** Lasterhöhle *f* 4 Brut *f* (*junger Tiere*): **take a ~** ein Nest ausnehmen 5 MIL (*Widerstands-, Maschinengewehr- etc*) Nest *n*: **a ~ of machine guns** 6 Serie *f*, Satz *m* (*ineinanderpassender Dinge, wie Schüsseln, Tische etc*) 7 GEOL Nest *n*, geschlossenes Gesteinslager: **~ of ore** Erznest 8 TECH Satz *m*, Gruppe *f* (*miteinander arbeitender Räder, Flaschenzüge etc*): **~ of boiler tubes** Heizrohrbündel *n* B V/I 1 a ein Nest bauen b nisten: **~ing box** → nest box 2 sich einnisten, sich niederlassen 3 Vogelnester suchen u. ausnehmen C V/T 1 unterbringen 2 *Töpfe etc* ineinanderstellen *od* -setzen
nest| box S 1 Legenest *n* 2 Nistkasten *m*; **~ egg** S 1 Nestei *n* 2 *fig* Not-, Spargroschen *m*
nestle ['nesl] A V/I 1 *a.* **~ down** sich behaglich niederlassen, es sich gemütlich machen (*beide:* **in** in *dat*) 2 sich anschmiegen *od* kuscheln (**on, against** an *akk*) 3 sich einnisten B V/T schmiegen, kuscheln (**on, against** an *akk*)
nestling ['nestlɪŋ; 'neslɪŋ] S 1 ORN Nestling *m*: **~ feather** Erstlings-, Nestdune *f* 2 *fig* Nesthäkchen *n*
Nestor, *a.* ♀ ['nestɔː(r); -tə(r)] S Nestor *m* (*weiser alter Mann od Ratgeber*)
net[1] [net] A S 1 Netz *n*: **play well at the ~** (*Tennis*) gut am Netz spielen 2 *fig* Netz *n*, Garn *n*, Schlinge(n) *f(pl)* 3 netzartiges Gewebe, Netz *n* (*Tüll, Gaze etc*) 4 (*Straßen-, Leitungs-, Sender- etc*) Netz *n*: **the** ♀ das Internet 5 MATH (*Koordinaten*) Netz *n* 6 *Tennis etc*: a ins Netz geschlagener Ball b Netzball *m*, -roller *m* B V/T 1 mit e-m Netz fangen 2 *fig* einfangen: **she's ~ted (herself) a rich husband, she's ~ted a rich husband for herself** sie hat sich e-n reichen Mann geangelt *umg* 3 mit Netzen *od* e-m Netz umgeben *od* bedecken *od* abdecken 4 mit Netzen abfischen 5 in Filet arbeiten, knüpfen 6 *Tennis etc: den Ball* ins Netz schlagen C V/I 1 Netz- *od* Filetarbeit machen 2 *Tennis etc*: den Ball ins Netz schlagen 3 SPORT ins Netz treffen

net[2] [net] A ADJ 1 WIRTSCH netto, Netto..., Rein..., Roh... 2 End...: **~ result** B V/T 1 WIRTSCH netto einbringen, e-n Reingewinn von ... abwerfen: **the deal ~ted him £10,000** (*od* **£10,000 for him**) das Geschäft brachte ihm netto 10 000 Pfund ein 2 WIRTSCH netto verdienen *od* einnehmen, e-n Reingewinn haben von C S WIRTSCH a Nettoeinkommen *n* b Reingewinn *m* c Nettogewicht *n*
net| amount S WIRTSCH Netto-, Reinbetrag *m*; **~ approach** S *Tennis*: Netzangriff *m*; **~ balance** S WIRTSCH Nettosaldo *m*, Reinüberschuss *m*; **~ball** S 1 *US* → net[1] A 6 b 2 SPORT *Br* Korbball(spiel) *m(n)*; **~ cash** S WIRTSCH netto Kasse; **~ cord** S *Tennis etc*: a Netzband *n* b *Br* → net[1] A 6 b; **~-cord judge** S *Tennis*: Netzrichter(in); **~ curtain** S Store *m*
Neth. ABK Netherlands PL
nether ['neðə(r)] ADJ *obs od hum* 1 unter(er, e, es), Unter...: **~ garments** Beinkleider 2 nieder(er, e, es), Nieder...
Netherlander ['neðə(r)ləndə(r); *US a.* -ˌlæn-] S Niederländer(in); **Netherlandic** ADJ niederländisch; **Netherlands** ['neðə(r)ləndz] SPL Niederlande *pl*
nethermost ['neðə(r)məʊst] ADJ tiefst(er, e, es), unterst(er, e, es)
nether| regions SPL, **~ world** S MYTH Unterwelt *f*
net income S WIRTSCH Nettoeinkommen *n*
netiquette ['netɪket; ˌnetɪ'ket] S *Internet*: Verhaltenskodex *m*, Netzetikette *f*
netizen ['netɪzn] S INTERNET Netizen *m*, Netzbürger(in)
net| present value S WIRTSCH Kapitalwert *m*; **~ price** S WIRTSCH Nettopreis *m*; **~ proceeds** SPL WIRTSCH Rein-, Nettoeinnahme(n) *f(pl)*, -erlös *m*, -ertrag *m*; **~ profit** S WIRTSCH Netto-, Reingewinn *m*
nett → net[2]
netted ['netɪd] ADJ 1 netzförmig, maschig 2 mit Netzen *od* e-m Netz umgeben *od* bedeckt *od* abgedeckt 3 BOT, ZOOL netzartig geädert
netting ['netɪŋ] S 1 Netzstricken *n*, Filetarbeit *f* 2 Netz(werk) *n*, Geflecht *n* (*a. aus Draht*), MIL Tarngeflecht *n*, -netze *pl*
nettle ['netl] A S BOT Nessel *f*: **grasp the ~** *fig* (endlich) aktiv werden B V/T *fig* ärgern, reizen (*beide:* **with** mit): **be ~d at** aufgebracht sein über (*akk*); **~ cloth** S WIRTSCH Nesseltuch *n*; **~ rash** S MED Nesselausschlag *m*: **get (a) ~** e-n Nesselausschlag bekommen
net| weight S WIRTSCH Netto-, Reingewicht *n*; **~work** A S 1 Netz-, Maschenwerk *n*, Geflecht *n*, Netz *n* 2 Filet *n*, Netz-, Filetarbeit *f* 3 *fig* (*a. Eisenbahn-, Fluss-, Händler-, Straßen- etc*) Netz *n*: **~ of roads; a ~ of 200 branches; ~ of intrigues** Netz von Intrigen; **~ of roots** BOT Wurzelgeflecht *n* 4 ELEK a (*Leitungs-, Verteilungs*) Netz *n* b RADIO, TV Sendernetz *n*, -gruppe *f* c COMPUT, *Schaltungstechnik*: Netzwerk *n* B V/T 1 zusammenschließen (**with** mit) 2 COMPUT vernetzen (**with** mit) 3 RADIO, TV landesweit ausstrahlen *od* übertragen C V/I 1 sich zusammentun *od* zusammenschließen (**with** mit) 2 COMPUT vernetzt sein (**with** mit); **~worker** S *bes US j-d, der Geschäftsbeziehungen u. -kontakte durch zwanglose Treffen anknüpft*; **~working** S 1 COMPUT Vernetzung *f* 2 *bes US das Anknüpfen von Geschäftsbeziehungen u. -kontakten durch zwanglose Treffen*; **~ yield** S WIRTSCH Netto-, Reinertrag *m*
neume [njuːm; *US a.* nuːm] S MUS Neume *f* (*mittelalterliches Notenhilfszeichen*)
neural ['njʊərəl; *US a.* 'nʊrəl] ADJ ANAT neural, Nerven...: **~ network** IT Neural-, Neuronalnetzwerk *n* (*Netzwerk, dessen Struktur dem menschlichen Gehirn nachempfunden ist*)
neuralgia [ˌnjʊə'rældʒə; *US a.* nʊ'r-] S MED Neuralgie *f*, Nervenschmerz *m*; **neuralgic** ADJ (ADV **~ally**) neuralgisch
neurasthenia [ˌnjʊərəs'θiːnjə; -nɪə; *US a.* ˌnʊr-] S MED Neurasthenie *f*, Nervenschwäche *f*; **neurasthenic** [-'θenɪk] A ADJ (ADV **~ally**) neurasthenisch, nervenschwach B S Neurastheniker(in)
neurectomy [ˌnjʊə'rektəmɪ; *US a.* nʊ'r-] S MED Neurektomie *f* (*Nervenschnitt, wobei ein Stück e-s Nervs entfernt wird*)
neurilemma [ˌnjʊərɪ'lemə; *US a.* ˌnʊrə-] S ANAT Neurilemm(a) *n*, Neurolemm(a) *n*, Nervenscheide *f*
neuritic [ˌnjʊə'rɪtɪk; *US a.* nʊ'r-] ADJ MED neuritisch; **neuritis** [-'raɪtɪs] S Neuritis *f*, Nervenentzündung *f*
neuro- [njʊərəʊ; *US a.* nʊrə] *Wortelement mit der Bedeutung* Nerven..., die Nerven betreffend
neurobiological ADJ (ADV **~ly**) neurobiologisch
neurobiologist S Neurobiologe *m*, -biologin *f*
neurobiology S Neurobiologie *f* (*interdisziplinäre Forschungsrichtung, die sich mit Struktur u. Funktion des Nervensystems beschäftigt*)
neuroblast [-blæst] S BIOL Neuroblast *m* (*unausgereifte Nervenzelle*)
neurocomputer S Neural-, Neuronalcomputer *m*
neurodystonia S MED vegetative Dystonie (*durch Erkrankung des vegetativen Nervensystems bedingter Symptomenkomplex*)
neuroglia [ˌnjʊə'rɒglɪə; *US* -'rɑ-; *a.* nʊ'r-] S ANAT Neuroglia *f* (*Stützgewebe des zentralen Nervensystems*)
neurological [ˌnjʊərə'lɒdʒɪkl; *US* -'lɑ-; *a.* ˌnʊrə-] ADJ (ADV **~ly**) MED neurologisch; **neurologist** [-'rɒlədʒɪst; *US* -'rɑ-] S Neurologe *m*, Neurologin *f*, Nervenarzt *m*, -ärztin *f*; **neurology** [-dʒɪ] S Neurologie *f* (*Lehre von den Nervenkrankheiten*)
neurolysis [ˌnjʊə'rɒlɪsɪs; *US* -'rɑ-; *a.* nʊ'r-] S MED Neurolyse *f* (*operative Herauslösung von Nerven aus Narbengewebe*)
neuroma [ˌnjʊə'rəʊmə; *US a.* nʊ'r-] *pl* -mata [-tə], -mas S MED Neurom *n*, Nervengeschwulst *f*
neuron ['njʊərɒn; *US* 'nʊrɑn], *bes Br* **neurone** ['njʊərəʊn; *US a.* 'nʊr-] S BIOL Neuron *n* (*Nervenzellkörper u. s-e Fortsätze*)
neuropath [-pæθ] S MED Neuropath(in); **neuropathic** ADJ (ADV **~ally**) neuropathisch; **neuropathological** ADJ (ADV **~ly**) neuropathologisch; **neuropathologist** S Neuropathologe *m*, -pathologin *f*; **neuropathology** S Neuropathologie *f* (*Teilgebiet der Pathologie, das sich mit krankhaften Vorgängen u. Veränderungen des Nervensystems befasst*); **neuropathy** S Neuropathie *f*, Nervenleiden *n*
neurophysiology S MED Neuro-, Nervenphysiologie *f* (*Teilgebiet der Physiologie, das sich mit den Funktionsweisen des Nervensystems befasst*)
neuropsychiatry S Neuropsychiatrie *f* (*Fachgebiet der Medizin, das sich mit neurologischen u. psychischen Störungen befasst*)
neuroptera [ˌnjʊə'rɒptərə; *US* -'rɑ-; *a.* nʊ'r-] *pl von* neuropteron
neuropteran [ˌnjʊə'rɒptərən; *US* -'rɑ-; *a.* nʊ'r-] ZOOL A ADJ Netzflügler... B S Netzflügler *m*, *pl a.* Neuropteren *pl*
neuropteron [ˌnjʊə'rɒptərən; *US* -'rɑ-; *a.* nʊ'r-] *pl* -tera [-rə] → neuropteran B
neurosis [ˌnjʊə'rəʊsɪs; *US a.* nʊ'r-] *pl* -ses [-siːz] S MED Neurose *f* (*e-e psychische Störung ohne organische Ursachen*)

neurosurgeon S MED Neurochirurg(in); **neurosurgery** S Neurochirurgie *f* *(Fachgebiet der Medizin, das sich mit chirurgischen Eingriffen an Gehirn, Rückenmark u. Nervensystem befasst)*; **neurosurgical** ADJ (ADV ~ly) neurochirurgisch

neurotic [ˌnjʊəˈrɒtɪk; US -ˈrɑ-; *a.* nʊˈr-] A ADJ (ADV ~ally) neurotisch (*a. pej*) B S Neurotiker(in) (*a. pej*)

neurotomy [ˌnjʊəˈrɒtəmɪ; US -ˈrɑ-; *a.* nʊˈr-] S MED Neurotomie *f*, Nervenschnitt *m*

neurotoxin [ˌnjʊərəʊˈtɒksɪn; US -ˈtɑ-; *a.* ˌnʊrə-] S MED Neurotoxin *n*, Nervengift *n*

neut. ABK LING neuter Neut(r).

neuter [ˈnjuːtə(r); US *a.* ˈnuː-] A ADJ 1 LING a neutral, sächlich b US intransitiv (*Verb*) 2 BIOL a geschlechtslos, ungeschlechtig b mit nur rudimentären Geschlechtsorganen 3 *obs* neutral B S 1 LING a Neutrum *n*, sächliches Hauptwort b US intransitives Verb, Intransitivum *n* 2 BOT Blüte *f* ohne Staubgefäße u. Stempel 3 ZOOL geschlechtsloses *od* kastriertes Tier C V/T *ein Tier* kastrieren

neutral [ˈnjuːtrəl; US *a.* ˈnuː-] A ADJ (ADV ~ly) 1 neutral, parteilos, unparteiisch: **be ~ in** neutral sein in (*dat*): **~ ship** neutrales Schiff; **~ zone** (*Eishockey*) neutrale Zone, neutrales Drittel 2 neutral, unbestimmt, farblos 3 neutral (*a.* CHEM, ELEK), gleichgültig, indifferent (*alle:* **to** gegenüber) 4 → neuter A 2 5 AUTO a Ruhe..., Null... (*Lage*) b Leerlauf... (*Gang*) B S 1 Neutrale(r) *m/f(m)*, Parteilose(r) *m/f(m)* 2 POL a neutraler Staat b Angehörige(r) *m/f(m)* e-s neutralen Staates 3 AUTO, TECH a Ruhelage *f* b Leerlaufstellung *f* (*des Getriebes*): **the car is in ~** es ist kein Gang eingelegt; **put the car in ~** den Gang herausnehmen; **~ axis** S *irr* MATH, PHYS, TECH neutrale Achse, Nulllinie *f*; **~ conductor** S ELEK Mittel-, Neutralleiter *m*; **~ equilibrium** S *a. irr* PHYS indifferentes Gleichgewicht; **~ gear** S AUTO, TECH Leerlauf *m*

N

neutralism S POL Neutralismus *m*, Neutralitätspolitik *f*; **neutralist** A S Neutralist(in) B ADJ neutralistisch

neutrality [njuːˈtræləti; US *a.* nuː-] S *allg* Neutralität *f*

neutralization [ˌnjuːtrəlaɪˈzeɪʃn; US -ləˈz-; *a.* ˌnuː-] S 1 Neutralisierung *f*, Ausgleich *m*, (gegenseitige) Aufhebung 2 CHEM Neutralisation *f* 3 POL Neutralitätserklärung *f* (*e-s Staates etc*) 4 ELEK Neutralisation *f*, Entkopplung *f*; **neutralize** V/T 1 neutralisieren (*a.* CHEM), ausgleichen: **~ each other** sich gegenseitig aufheben 2 POL für neutral erklären 3 ELEK neutralisieren, entkoppeln 4 SPORT *s-n Gegenspieler* kaltstellen *umg*

neutral| line S 1 MATH, PHYS Neutrale *f*, neutrale Linie 2 PHYS Nulllinie *f* 3 → neutral axis; **~ position** S TECH Nullstellung *f*, Leerlaufstellung *f*, Ruhelage *f*, Ausgangsstellung *f*; **~ wire** S ELEK Nullleiter *m*

neutrino [njuːˈtriːnəʊ; US *a.* nuː-] *pl* -nos S PHYS Neutrino *n* (*masseloses Elementarteilchen ohne elektrische Ladung*)

neutron [ˈnjuːtrɒn; US -ˌtrɑn; *a.* ˈnuː-] S PHYS Neutron *n* (*Elementarteilchen, neben dem Proton einer der beiden Bausteine des Atomkerns*): **~ bomb** MIL Neutronenbombe *f*; **~ number** Neutronenzahl *f*; **~ star** ASTRON Neutronenstern *m*; **~ weapon** MIL Neutronenwaffe *f*

Nev. ABK Nevada

Nevada [neˈvɑːdə; US nəˈvædə; *a.* -ˈvɑː-] Nevada *n* (*Staat im Westen der USA*); **Nevadan** [neˈvɑːdən; nə-; US *a.* -ˈvæ-] A ADJ von *od* aus Nevada B S Bewohner(in) von Nevada

névé [ˈneveɪ; US neɪˈveɪ] S GEOL Firn (-feld *n*) *m*

never [ˈnevə(r)] ADV 1 nie, niemals, nimmer (-mehr): **~ before** noch nie(mals); **~ do that again!** tu das nie wieder! 2 durchaus nicht, (ganz u. gar) nicht, nicht im Geringsten 3 *umg* doch nicht, (doch) wohl nicht: **you ~ mean to tell me that**

Besondere Redewendungen: **~ fear** nur keine Bange!, keine Sorge!; **~ say ~** man soll nie „nie" sagen; **well, I ~ (did)!** *umg* nein, so was!, das ist ja unerhört!; **~ so** auch noch so, so sehr auch; **were he ~ so bad** mag er auch noch so schlecht sein; **~ so much** noch so sehr *od* viel; **~ so much as** nicht einmal, sogar nicht; **he ~ so much as answered** er hat noch nicht einmal geantwortet; **~ ever** garantiert nie, nie u. nimmer; **~ ever have I felt so ashamed** ich habe mich noch nie so geschämt; → die¹ A 1, mind C 1, C 2

never|-ending ADJ endlos, unaufhörlich, nicht enden wollend (*Diskussionen etc*); **~-failing** ADJ 1 unfehlbar, untrüglich 2 nie versiegend; **~more** ADV *poet* nimmermehr, nie wieder; **~-never** A S 1 **buy sth on the ~** *Br umg* etwas auf Pump *od* auf Stottern kaufen 2 *a.* **~ land** a australischer Busch b *fig* Wolkenkuckucksheim *n* B ADJ illusorisch: **the ~ world of the cinema** die Traumwelt des Films

nevertheless ADV nichtsdestoweniger, dessen ungeachtet, dennoch, trotzdem

nevus US → naevus

new [njuː; US *a.* nuː] A ADJ (ADV → newly) 1 *allg* neu: **nothing ~** nichts Neues; **that is not ~ to me** das ist mir nichts Neues, das weiß ich schon; **be ~ to the program(me)** neu im Programm sein; **what's ~?** was gibt es Neues?; **~ mother** junge Mutter; → arrival 3, broom A 1, leaf A 4 2 LING neu, modern 3 *bes pej* neumodisch 4 neu (*Kartoffeln, Obst etc*), frisch (*Brot, Milch etc*): **~ snow** Neuschnee *m* 5 neu (entdeckt *od* erschienen *od* erstanden *od* geschaffen): **~ coinage** Neuprägung *f* (*Wort etc*); **~ moon** Neumond *m*; **~ publications** Neuerscheinungen; **the ~ woman** die Frau von heute, die moderne Frau 6 unerforscht: **~ ground** Neuland *n* (*a. fig*) 7 neu (gewählt *od* ernannt) (*Präsident etc*) 8 **(to)** a (*j-m*) unbekannt b (noch) nicht vertraut (mit *e-r Sache*), (noch) unerfahren *od* ungeübt (in *dat*) c (*j-m*) (noch) neu *od* ungewohnt 9 neu, ander(er, e, es), besser: **feel a ~ man** sich wie neugeboren fühlen; **lead a ~ life** ein neues (*besseres*) Leben führen 10 neu, erneut: **a ~ start** ein neuer Anfang 11 (*bes bei Ortsnamen*) Neu... B ADV 1 neuerlich, erneut 2 neu, frisch (*bes in Zusammensetzungen*): **~-built** neu erbaut

newborn A ADJ 1 neugeboren: → babe 1 2 *fig* neu gewonnen (*Mut etc*) B S Neugeborene(s) *n*: **clothes for ~s**; **the ~** *koll* die Neugeborenen *pl*

New Brunswick [ˌnjuːˈbrʌnzwɪk; US *bes* ˌnuː-] S Neubraunschweig *n* (*Provinz im Südosten Kanadas*)

new| cap S SPORT *Br* Nationalmannschaftsneuling *m*; **~ chum** S *Aus umg kürzlich eingewanderter Brite*; **~comer** S 1 Neuankömmling *m* 2 Neuling *m* (**to a subject** auf e-m Gebiet): **~ to the team** SPORT Mannschaftsneuling *m*; **~ criticism** S New Criticism *m* (*e-e vorwiegend formalästhetisch wertende Form der Literaturkritik*); **♀ Deal** S HIST New Deal *m* (*Wirtschafts- u. Sozialpolitik des Präsidenten F. D. Roosevelt*)

New Delhi [ˌnjuːˈdelɪ; US *bes* ˌnuː-] N Neu-Delhi *n*

newel [ˈnjuːəl; US *a.* ˈnuːəl] S TECH 1 Spindel *f* (*e-r Wendeltreppe, Gussform etc*) 2 *a.* **~ post** Endpfosten *m* (*e-r Geländerstange*)

New England [ˌnjuːˈɪŋglənd; US *bes* ˌnuː-] S Neuengland *n*

New| England boiled dinner → boiled dinner; **~ Englander** S Neuengländer(in); **♀-fangled** [-ˌfæŋgld] ADJ *pej* neumodisch; **♀-fashioned** ADJ modisch, modern; **♀-found** ADJ neu (entdeckt)

Newfoundland¹ [ˈnjuːfəndlənd; -fənl-; ˌ--ˈlænd; US *bes* ˈnuː-; ˌnuː-] S Neufundland *n*

Newfoundland² [ˈnjuːˈfəndlənd; US ˈnuː-fənd-] S ZOOL Neufundländer *m* (*ein dem Bernhardiner ähnelnder Hund*)

Newfoundlander [ˈnjuːfəndləndə(r); US *a.* ˈnuː-] S Neufundländer(in)

New Guinea [ˌnjuːˈgɪnɪ; US *bes* ˌnuː-] S Neuguinea *n*

New Hampshire [ˌnjuːˈhæmpʃə(r); -ˌʃɪə(r); US ˌnuː-] S New Hampshire *n* (*Staat im Nordosten der USA*)

newish [ˈnjuːɪʃ; US *a.* ˈnuːɪʃ] ADJ (ADV ~ly) ziemlich neu

New Jersey [ˌnjuːˈdʒɜːzɪ; US ˌnuːˈdʒɜrziː; *a.* ˌnjuː-] S New Jersey *n* (*Staat im Osten der USA*)

New| Jerusalem Church S REL *die auf den Lehren Emanuel Swedenborgs fußende Kirche*; **♀-laid** ADJ frisch (gelegt) (*Eier*); **~ Latin** → Neo-Latin A 2; **~ Left** S POL (*die*) Neue Linke; **♀ look** S New Look *m* (*neue Linie, neuer Stil*); **♀-look** ADJ neu

newly [ˈnjuːlɪ; US *a.* ˈnuː-] ADV 1 neulich, kürzlich, jüngst: **~ married** jungverheiratet *od* -vermählt 2 von Neuem: **~ raised hope** neu erweckte Hoffnung 3 anders: **~ arranged furniture** umgestellte Möbel *pl*; **~wed** A ADJ jungverheiratet *od* -vermählt (*Paar*): **a ~ husband** ein frischgebackener Ehemann *umg* B SPL **newlyweds** Jungverheiratete *pl*, -vermählte *pl*: *Mr and Mrs Crane* **are ~s** sind jungverheiratet

New Mexico [ˌnjuːˈmeksɪkəʊ; US *bes* ˌnuː-] S New Mexico *n* (*Staat im Südwesten der USA*)

newness [ˈnjuːnɪs; US *a.* ˈnuː-] S 1 (*Zustand der*) Neuheit *f*, (*das*) Neue 2 (*das*) Neue, (*etwas*) Neues 3 *fig* Unerfahrenheit *f*

Newport [ˈnjuːpɔː(r)t; US *bes* ˈnuː-] S Newport *n* (*Grafschaft u. Stadt in Südwales*)

new-rich A ADJ neureich B S Neureiche(r) *m/f(m)*: **the ~** *koll* die Neureichen *pl*

news [njuːz; US *a.* nuːz] SPL (*als sg konstruiert*) 1 (*das*) Neue, Neuigkeit(en) *f(pl)*, (*etwas*) Neues, Nachricht(en) *f(pl)*, (RADIO, TV) Nachrichten *pl*: **a piece** (*od* **an item) of ~** e-e Neuigkeit *od* Nachricht; **at this ~** bei dieser Nachricht; **good (bad) ~** gute (schlechte) Nachricht(en); **here is the ~** RADIO Sie hören Nachrichten; **have ~ from sb** von j-m Nachricht haben; **we've had no ~ from her for a long time** wir haben schon lange nichts mehr von ihr gehört; **I heard on the ~ that ...** ich hörte in den Nachrichten, dass ...; **what('s the) ~?** was gibt es Neues?; **it is ~ to me** das ist mir (ganz) neu; **it's ~ to me that ...** es ist mir (ganz) neu, dass ...; **ill ~ flies** (*od* **comes) apace, bad ~ travels fast** (*Sprichwort*) schlechte Nachrichten erfährt man bald *od* verbreiten sich schnell; **no ~ is good ~** (*Sprichwort*) keine Nachricht ist gute Nachricht; → bad¹ A 8, break¹ B 13, good B 9 a 2 neueste (Zeitungs-etc)Nachrichten *pl*: **be in the ~** a (in der Öffentlichkeit) von sich reden machen b Schlagzeilen machen; **~ agency** S Nachrichtenagentur *f*, -büro *n*; **~ agent** S *bes Br* Zeitungshändler(in); **~ blackout** S Nachrichtensperre *f*: **impose** (*od* **order) a ~ on** e-e Nachrichtensperre verhängen über (*akk*); **~boy** S Zeitungsjunge *m*; **~break** S US (*für Zeitungsleser*) interessantes Ereignis; **~ bulletin** S Bulletin *n*; **~cast** S RADIO, TV Nachrichtensendung *f*; **~caster** S RADIO, TV Nachrichtensprecher(in); **~ cinema** S HIST bes Br Aktualitätenkino n, Aki n; ~ **conference** S Pressekonferenz f: **at a ~** auf e-r Pressekonferenz; ~ **dealer** S US Zeitungshändler(in); ~ **flash** S RADIO, TV Kurzmeldung f; ~**girl** S 1 Zeitungsausträgerin f 2 Zeitungsverkäuferin f; ~**group** S Newsgroup f (Schwarzes Brett des Internets); ~**hawk** S bes US umg Zeitungsschnüffler(in); ~ **headlines** SPL Kurznachrichten pl, Nachrichten pl in Schlagzeilen; ~**hound** → newshawk

newsiness ['nju:zınıs; US a. 'nu:-] S umg 1 Überfülle f von Nachrichten od Neuigkeiten 2 Geschwätzigkeit f, Schwatzhaftigkeit f

news|letter S Rundschreiben n, Mitteilungsblatt n; ~ **magazine** S Nachrichtenmagazin n; ~**maker** S US *j-d, der od etwas, was für die Medien interessant ist*; ~**man** [-mən] S irr US 1 Reporter m 2 RADIO, TV a Nachrichtensprecher m b Moderator m (e-r Nachrichtensendung) 3 a Zeitungsverkäufer m b Zeitungsausträger m; ~ **media** SPL (a. als sg konstruiert) Medien pl; ~**monger** S obs Klatschmaul n

New South Wales [,nju:saʊθ'weılz; US bes ,nu:-] S Neusüdwales n (*austral. Bundesstaat*)

newspaper ['nju:s-; 'nju:z-; US bes 'nu:z-] S 1 Zeitung f (a. Verlag) 2 Zeitungspapier n; ~ **clipping** S US, ~ **cutting** S Br Zeitungsausschnitt m; ~**man** [-mæn] S irr 1 a Reporter m b Redakteur m c Journalist m 2 Zeitungsverleger m; ~ **publisher** S Zeitungsverleger(in); ~ **rack** S Zeitungsständer m; ~ **stand** → newsstand; ~**woman** S irr 1 a Reporterin f b Redakteurin f c Journalistin f 2 Zeitungsverlegerin f

newspeak S *als bewusst mehrdeutig u. irreführend empfundene Sprache der Bürokraten u. Politiker* (*nach G. Orwells „1984"*)

news|print S Zeitungspapier n; ~**reader** bes Br für newscaster; ~**reel** S FILM hist Wochenschau f; ~ **release** S Pressemitteilung f; ~**room** S Nachrichtenredaktion f; ~ **service** S Nachrichtendienst m; ~**sheet** S Informationsblatt n; ~**stand** S Zeitungskiosk m, -stand m; ~ **theater**, bes Br ~ **theatre** S HIST Aktualitätenkino n, Aki n

New Style S neue Zeitrechnung (nach dem gregorianischen Kalender)

news| vendor S bes Br Zeitungsverkäufer(in); ~**woman** S irr US 1 Reporterin f 2 RADIO, TV a Nachrichtensprecherin f b Moderatorin f (e-r Nachrichtensendung) 3 a Zeitungsverkäuferin f b Zeitungsausträgerin f; ~**worthiness** S Interessantheit f für die Medien; ~**worthy** ADJ für die Medien interessant (Person), (Ereignis a.) berichtenswert

newsy ['nju:zı; US a. 'nu:zi:] umg A S US Zeitungsjunge m B ADJ 1 a voller Neuigkeiten b mit hohem Nachrichtengehalt 2 geschwätzig, schwatzhaft

newt [nju:t; US a. nu:t] S ZOOL Wassermolch m: → drunk B 1

New| Testament S BIBEL (das) Neue Testament; ~ **Thought** S REL *e-e moderne religiöse Bewegung, die an die Macht des Geistes glaubt, den Körper zu beherrschen u. Krankheiten fernzuhalten od zu heilen*

newton ['nju:tn; US a. 'nu:tn] S PHYS Newton n (physikalische Krafteinheit)

Newtonian [nju:'təʊnjən; -ıən; US a. nu:-] A ADJ newtonsch: ~ **mechanics** pl (als sg konstruiert) newtonsche Mechanik B S 1 Anhänger(in) Newtons 2 a. ~ **telescope** PHYS newtonsches Spiegelfernrohr

new| town S Satelliten-, Trabantenstadt f; ~ **trial** S JUR Wiederaufnahmeverfahren n; ~ **wave** S FILM etc neue Welle; ~ **wool** S: pure ~ reine Schurwolle; ♀ **World** S (die) Neue Welt; ~ **year** S 1 oft **New Year** (das) neue Jahr: → happy 4, resolution 2 2 **New Year** Neujahrstag m; ♀ **Year's Day** S Neujahr(stag) n(m); ♀ **Year's Eve** S Silvester (-abend) m/n(m)

New York [,nju:'jɔ:(r)k; US bes ,nu:-] S New York n a *Staat im Osten der USA* b *größte Stadt der USA*

New Zealand [,nju:'zi:lənd; US bes ,nu:-] A Neuseeland n B ADJ neuseeländisch; ♀ **Zealander** S Neuseeländer(in)

next [nekst] A ADJ 1 (Ort, Lage) nächst(er, e, es), nächststehend: **the ~ house**; → door Bes Redew 2 (Zeit, Reihenfolge) nächst(er, e, es), (unmittelbar) folgend: ~ **month** nächsten Monat; ~ **time** das nächste Mal, ein andermal, in Zukunft; **the ~ day** am nächsten od folgenden od anderen Tag 3 unmittelbar vorhergehend od folgend: ~ **in size** nächstgrößer(er, e, es) od nächstkleiner(er, e, es) 4 (an Rang) nächst(er, e, es) B ADV 1 (Ort, Zeit etc) als Nächste(r) od Nächstes, gleich darauf: **come ~** als Nächster (Nächste, Nächstes) folgen; **his turn comes ~ after hers** er kommt unmittelbar nach ihr dran 2 nächstens, demnächst, das nächste Mal: **when I saw him ~** als ich ihn das nächste Mal sah 3 (bei Aufzählung) dann, darauf C PRÄP obs 1 gleich neben (dat od akk) 2 gleich nach (Rang, Reihenfolge) D S (der, die, das) Nächste: ~, **please** der Nächste, bitte!; **the ~ to come** der Nächste; **you are ~** Sie sind als Nächster dran; **you'll be ~** du wirst der Nächste sein; **"to be continued in our ~"** „Fortsetzung folgt"; **in my ~** obs in m-m nächsten Schreiben

Besondere Redewendungen: ~ **to** a gleich neben (dat od akk) b gleich nach (Rang, Reihenfolge) c beinahe, fast unmöglich etc, so gut wie nichts etc ~ **to useless** praktisch zwecklos; ~ **to last** zweitletzt(er, e, es); **I got it for ~ to nothing** ich hab's für e-n Apfel u. ein Ei bekommen umg; ~ **to the** (od **one's**) **skin** auf der bloßen Haut; ~ **but one** übernächst(er, e, es); **the ~ best thing to do** das Nächstbeste; **(the) ~ moment** im nächsten Augenblick; **the ~ man** (od **person**) der erste Beste; **I'm as honest as the ~ man** ich bin genauso ehrlich wie jeder andere od wie alle anderen; **my washing machine is as good as the ~ one** m-e Waschmaschine ist ebenso gut wie alle anderen; **the river ~** (od **the ~ river**) **to the Thames in length** der nächstlängste Fluss nach der Themse; **not till ~ time** hum nie mehr bis zum nächsten Mal; → what Bes Redew

next|-door ADJ im Nebenhaus, benachbart, (von) nebenan: **the ~ baker** der Bäcker nebenan; ~ **house** Nachbar-, Nebenhaus n; **we are ~ neighbo(u)rs** wir wohnen Tür an Tür; ~ **friend** S JUR Prozesspfleger(in) (e-s Minderjährigen etc); ~ **of kin** S a (der od die) nächste Verwandte b (als pl konstruiert) (die) nächsten Angehörigen pl od Verwandten pl; ~**-to-the-last** ADJ vorletzt(er, e, es); ~ **world** S Jenseits n

nexus ['neksəs] pl -us S Nexus m, Verknüpfung f, Zusammenhang m

NF ABK 1 Newfoundland 2 Br POL National Front (*extrem rechtsgerichtete Vereinigung*)

Nfd. ABK Newfoundland

NFL ABK US National Football League

NFT ABK Br National Film Theatre

NFU ABK Br National Farmers' Union

n.g.[1] ABK no good

N.G.[2] ABK 1 US National Guard 2 New Guinea

NGA ABK Br National Graphical Association

NGO ABK nongovernmental organization

N.H. ABK New Hampshire

NHI ABK Br National Health Insurance

NHL ABK US National Hockey League

NHS [,eneıtʃ'es] ABK Br National Health Service (*für Patienten kostenfreies Gesundheitssystem in GB*); ~ **abortion** S MED Br Abtreibung f auf Krankenschein; ~ **frame** S Br Kassengestell n; ~ **glasses** SPL, a. **pair of ~** Br Kassenbrille f; ~ **treatment** S MED Br Behandlung f auf Krankenschein

NI ABK 1 National Insurance 2 Northern Ireland

niacin ['naıəsın] S CHEM, MED Niacin n (Nikotinsäure)

Niagara [naı'ægərə; -grə] Niagara m (*Fluss zwischen Erie- u. Ontariosee*)

nib [nıb] A S 1 ORN Schnabel m 2 allg Spitze f, engS. Spitze f (e-r Schreibfeder) 3 Schreibfeder f 4 pl Kaffee- od Kakaobohnenstückchen pl B V/T 1 mit e-r Spitze versehen 2 etwas spitz(er) machen, anspitzen

nibble ['nıbl] A V/T 1 a knabbern b knabbern an (dat), anknabbern c ein Loch etc knabbern (**in** in akk): ~ **one's food** im Essen herumstochern; ~ **off** abknabbern 2 den Köder vorsichtig anbeißen (Fisch) B V/I 1 knabbern (**at, on** an dat): ~ **at** (od **on**) a. etwas anknabbern; ~ **at one's food** im Essen herumstochern; ~ **(away) at** j-s Ersparnisse etc annagen 2 (fast) anbeißen (Fisch; a. fig Käufer) 3 fig kritteln C S 1 Knabbern n 2 (vorsichtiges) Anbeißen (der Fische) 3 (kleiner) Bissen, Happen m

Nibelung ['ni:bəlʊŋ] pl -lungs, -lungen [-ən] S MYTH Nibelunge m

nibs [nıbz] SPL (als sg konstruiert): **his ~** umg hum der hohe Herr

Nicaragua [,nıkə'rægjʊə; bes US -'rɑ:gwə] S Nicaragua n (*Staat in Mittelamerika*); **Nicaraguan** [,nıkə'rægjʊən; bes US -'rɑ:gwən] A S Nicaraguaner(in) B ADJ nicaraguanisch

nice[1] [naıs] ADJ (ADV → nicely) 1 fein, zart 2 fein, lecker (Speise etc) 3 nett, freundlich, lieb (alle: **to sb** zu j-m) 4 nett, hübsch, schön (alle a. iron): **a ~ girl**; ~ **weather** schönes Wetter; **a ~ mess** iron e-e schöne Bescherung; ~ **and fat** schön fett; ~ **and warm** hübsch od schön warm 5 heikel, wählerisch (beide: **about** in dat) 6 fein, scharf, genau: **a ~ distinction** ein feiner Unterschied; ~ **judg(e)ment** feines Urteilsvermögen; **have a ~ ear** ein scharfes Ohr haben 7 (peinlich) genau, sorgfältig, gewissenhaft 8 fig heikel, kitzlig, schwierig: **a ~ question** e-e heikle Frage 9 (meist mit **not**) obs anständig: **not a ~ song** ein unanständiges Lied

Nice[2] [ni:s] S Nizza n

nicely ['naıslı] ADV 1 fein, nett: ~ **written** nett geschrieben 2 gut, fein, ausgezeichnet: **that will do ~** a das genügt vollauf b das passt ausgezeichnet; **she is doing ~** es geht ihr gut od besser, sie macht gute Fortschritte; **talk ~ to sb** j-m gute Worte geben 3 sorgfältig, genau 4 iron schön: **I was done ~** sl ich wurde ganz schön reingelegt

Nicene Creed [,naı'si:n; 'naısi:n] S REL Nizänum n, Nizäisches Glaubensbekenntnis

niceness ['naısnıs] S 1 Feinheit f (des Geschmacks etc), Schärfe f (des Urteils) 2 Nettheit f, (das) Nette 3 Nettigkeit f, Freundlichheit f 4 → nicety 2

nicety ['naısətı] S 1 Feinheit f, Schärfe f (des Urteils etc) 2 peinliche Genauigkeit: **to a ~** äußerst od peinlich genau 3 Spitzfindigkeit f 4 pl feine Unterschiede pl, Feinheiten pl: **not stand upon niceties** es nicht so genau nehmen 5 wählerisches Wesen 6 pl Annehmlichkeiten pl: **the niceties of life**

niche [nıtʃ; ni:ʃ] A S 1 ARCH Nische f 2 fig Platz m, wo man hingehört: **he has finally found his ~ in life** er hat endlich s-n Platz

N

im Leben gefunden; er weiß jetzt endlich, wo er hingehört 3 *fig* (ruhiges) Plätzchen B VT 1 mit e-r Nische versehen 2 in e-e Nische stellen

nicht [nɪxt] S *schott* a Nacht *f* b Abend *m*: → morn 2

nick [nɪk] A S 1 Kerbe *f*, Einkerbung *f*, Einschnitt *m* 2 Kerbholz *n* 3 TECH Einschnitt *m*, Schlitz *m* (*am Schraubenkopf*) 4 TYPO Signatur (-rinne) *f* 5 (*rechter*) Zeitpunkt: **in the ~ of time** a im richtigen Augenblick, wie gerufen b im letzten Moment, gerade noch (rechtzeitig) 6 *Br sl* a Kittchen *n*: **be in the ~** im Kittchen sitzen b Polizeirevier *n* 7 **be in good ~** *Br umg* gut in Schuss sein B VT 1 (ein)kerben, einschneiden: **~ out** auszacken; **~ o.s. while shaving** sich beim Rasieren schneiden 2 *etwas* glücklich treffen: **~ the time** gerade den richtigen Zeitpunkt treffen 3 *e-n Zug etc* (gerade noch) erwischen *umg* 4 *Br sl* a *j-n* schnappen (*festnehmen*) b *j-n* einlochen (*einsperren*) 5 *Br sl* klauen 6 **~ sb (for) $100** *US sl* j-m 100 Dollar abknöpfen C VI **~ off** *umg* sich aus dem Staub machen

nickel ['nɪkl] A S 1 CHEM, MINER Nickel *n*: **antimonial ~** Nickelspießglanzerz *n*; **arsenical ~** Arseniknickel; **chloride of ~** Nickelchlorid *n* 2 *US umg* Fünfcentstück *n*: **not worth a (plugged) ~** keinen Pfifferling wert *umg* B ADJ Nickel… C VT *prät u. pperf* **-eled**, *bes Br* **-elled** vernickeln; **~ bloom** S MINER Nickelblüte *f*; **~ glance** S MINER Nickelglanz *m*

nickelic [nɪ'kelɪk] ADJ CHEM, MINER nickelhaltig, Nickel…; **nickeliferous** [ˌnɪkə'lɪfərəs] ADJ MINER nickelhaltig; **nickelize** VT vernickeln

nickel|-plate VT TECH vernickeln; **~-plated** ADJ vernickelt, nickelplattiert; **~-plating** S Vernick(e)lung *f*; **~ silver** S Neusilber *n*; **~ steel** S Nickelstahl *m*

nicker[1] ['nɪkə(r)] VI 1 wiehern (*Pferd*) 2 kichern

nicker[2] ['nɪkə] *pl* **nicker** S *Br sl obs* Pfund *n* (Sterling): **it cost me 20 ~**

nicknack → knickknack

nickname ['nɪkneɪm] A S 1 Spitzname *m* 2 Kosename *m* B VT e-n Spitznamen geben (*dat*): **~ sb …** j-m den Spitznamen … geben

nicotinamide [ˌnɪkə'tiːnəmaɪd; -'tɪn-] S CHEM Nikotinamid *n*

nicotine ['nɪkətiːn] S CHEM Nikotin *n*; **~ content** S Nikotingehalt *m*: **of low ~** nikotinarm; **~ patch** S Nikotinpflaster *n*; **~-stained** ADJ nikotingelb (*Finger*)

nicotinic [ˌnɪkə'tiːnɪk; -'tɪ-] ADJ nikotinisch, Nikotin…: **~ acid**

nicotinism ['nɪkətiːnɪzəm; -tɪn-] S MED Nikotinismus *m*, Nikotinvergiftung *f*; **nicotinize** VT CHEM mit Nikotin sättigen *od* vergiften

nictate ['nɪkteɪt], **nictitate** ['nɪktɪteɪt] VI blinzeln: **nictitating membrane** ANAT Blinzel-, Nickhaut *f*

nictitation [ˌnɪktɪ'teɪʃn] S MED Niktitation *f* (*krampfhaftes Blinzeln, z. B. bei e-r Bindehautentzündung*)

nidation [naɪ'deɪʃn] S PHYSIOL Nidation *f*, Eieinnistung *f*

niddle-noddle ['nɪdl,nɒdl; *US* -ˌnɑdl] A VI wackeln B VT mit *dem Kopf* wackeln C ADJ wackelnd

nide [naɪd] S a (*bes* Fasanen)Nest *n* b (*bes* Fasanen)Brut *f*

nidi ['naɪdaɪ] *pl von* nidus

nidificate ['nɪdɪfɪkeɪt; *US a.* naɪ'dɪ-], **nidify** ['nɪdɪfaɪ] VI ORN ein Nest bauen, nisten

nid-nod ['nɪdnɒd; *US* -ˌnɑd] VI ständig *od* mehrmals nicken

nidus ['naɪdəs] *pl* **-di** [-daɪ] S 1 ZOOL Nest *n*, Brutstätte *f* 2 MED Herd *m*, Nest *n* (*e-r Krankheit*)

niece [niːs] S Nichte *f*

niello [nɪ'eləʊ] A *pl* **-li** [-lɪ], **-los** S 1 Niello *n*, Schwarzschmelz *m* (*schwarz ausgefüllte Metallgravierung*) 2 *a.* **~ work** Niello(arbeit) *n(f)* B VT niellieren

Nietzschean ['niːtʃɪən] A S Nietzscheanhänger(in) B ADJ Nietzsches Lehre betreffend; **Nietzscheanism** S die Philosophie Friedrich Nietzsches

nieve [niːv] S *bes schott* Faust *f*

niff [nɪf] S *Br sl* Gestank *m*; **niffy** ADJ *Br sl* stinkend: **be ~** stinken

nifty ['nɪftɪ] ADJ (ADV **niftily**) *umg* 1 a flott (*Kleidung*) b klasse (*Gerät, Idee etc*) 2 anständig (*Gewinn etc*) 3 flink: **be ~ on one's feet** flink auf den Beinen sein

Niger ['naɪdʒə(r)] S Niger a *m Größter Fluss Westafrikas* b *n* [*Br* niː'ʒeə] *Staat in Westafrika*

Nigeria [naɪ'dʒɪərɪə] S Nigeria *n* (*Staat in Westafrika*); **Nigerian** [naɪ'dʒɪərɪən] A S Nigerianer(in) B ADJ nigerianisch

Nigerien [niː'ʒeərɪən; *US* 'naɪdʒərɪən] A S Nigrer(in) B ADJ nigrisch

niggard ['nɪgə(r)d] A S Geizhals *m* B ADJ *obs* → niggardly; **niggardliness** S Geiz *m*; **niggardly** ADJ 1 geizig 2 armselig, kümmerlich (*Geschenk etc*)

nigger ['nɪgə(r)] S *sl neg!* 1 *stark beleidigend* Nigger *m*: **there's a ~ in the woodpile** *fig* die Sache hat e-n Haken; **the ~ in the woodpile is that …** der Haken an der Sache ist, dass … 2 *US* Mensch *m* zweiter Klasse; **~ heaven** S THEAT *US sl neg!* Olymp *m*: **in the ~** auf dem Olymp

niggle ['nɪgl] A VI 1 a (pedantisch) herumtüfteln (**about, over** an *dat*) b pedantisch sein 2 herumnörgeln (**at** an *dat*) 3 **~ at** *fig* nagen an (*dat*), plagen, quälen: **the matter ~d at his brain** die Sache ging ihm nicht aus dem Kopf B VT herumnörgeln an (*dat*); **niggler** S 1 a Tüftler(in) b Pedant(in) 2 Nörgler(in); **niggling** ADJ (ADV **~ly**) 1 a tüftelig *umg* b pedantisch 2 nörglerisch 3 *fig* nagend, quälend 4 **~ foul** SPORT Nick(e)ligkeit *f*

nigh [naɪ] *obs od poet* A ADV (*Zeit u. Ort*) nahe (**to** *dat od* **an** *dat od akk*): **~ to** (*od* **into**) **death** dem Tode nahe; **~ but** beinahe; **draw ~ to** sich nähern (*dat*) B PRÄP nahe (bei *dat*), neben (*akk od dat*) C ADJ nahe

night [naɪt] S 1 Nacht *f*: **at ~, by ~, in the ~** in der *od* bei Nacht, nachts; **bid** (*od* **wish**) **sb good ~** j-m gute Nacht wünschen; **~'s lodging** Nachtquartier *n*; **~ of love** Liebesnacht 2 Abend *m*: **last ~** gestern Abend; **the ~ before last** vorgestern Abend; **a ~ of Wagner** ein Wagnerabend; **on the ~ of May 5th** am Abend des 5. Mai; **Friday is our card ~** freitagabends spielen wir immer Karten 3 *fig* Nacht *f*, Dunkel *n*, Dunkelheit *f*

Besondere Redewendungen: **~ and day** Tag u. Nacht; **they are like ~ and day** sie sind so verschieden wie Tag u. Nacht; **late at ~** (tief) in der Nacht, spät abends; **over ~** über Nacht; **~ out** freier Abend; **have a ~ out** (*od* **off**) a e-n Abend lang ausspannen b ausgehen; **have an early (a late) ~** früh (spät) schlafen gehen; **have a good (bad) ~** gut (schlecht) schlafen; **make a ~ of it** die Nacht durchfeiern, durchmachen; **stay the ~** übernachten (**at** in *dat*; **at sb's** bei j-m); **I'm looking for somewhere to stay the ~** ich suche e-e Übernachtungsmöglichkeit; **turn ~ into day** die Nacht zum Tage machen

night| air S Nachtluft *f*; **~ attack** S MIL Nachtangriff *m*; **~ bell** S Nachtglocke *f*; **~ bird** S 1 ORN Nachtvogel *m* 2 *fig* a Nachtmensch *m*, Nachteule *f umg hum* b Nachtschwärmer(in); **~blind** ADJ MED nachtblind; **~ blindness** S MED Nachtblindheit *f*; **~ bloomers** SPL BOT Nachtblüher *pl*; **~-blooming** ADJ BOT nachtblütig; **~-blooming cereus** ['sɪərɪəs] S BOT Königin *f* der Nacht; **~cap** S 1 HIST Nachtmütze *f*, -haube *f* 2 *fig* Schlaf-, Schlummertrunk *m* 3 SPORT *US umg* letztes Spiel des Tages, (*Pferderennsport*) letztes Rennen des Tages; **~ chair** S Nachtstuhl *m*; **~clothes** SPL Nachtwäsche *f*; **~club** S Nachtklub *m*, Nachtlokal *n*; **~ combat** S MIL Nachtgefecht *n*; **~ cream** S *Kosmetik*: Nachtcreme *f*; **~ depository** *US* → night safe; **~dress** S Nachthemd *n* (*für Frauen u. Kinder*); **~ duty** S Nachtdienst *m*: **be on ~** Nachtdienst haben; **~ exposure** S FOTO Nachtaufnahme *f*; **~fall** S Einbruch *m* der Nacht *od* Dunkelheit: **at ~** bei Einbruch der Dunkelheit; **~ fighter** S FLUG, MIL Nachtjagdflugzeug *n*, Nachtjäger *m*; **~ flight** S Nachtflug *m*; **~ glass** S Nachtfernrohr *n*, -glas *n*; **~gown** → nightdress; **~hawk** S 1 ORN Amerikanischer Ziegenmelker 2 → night owl 2

nightie ['naɪtɪ] *umg* → nightdress

nightingale ['naɪtɪŋgeɪl; *US a.* -tən,g-] S ORN Nachtigall *f*

night|jar S ORN Ziegenmelker *m*; **~ latch** S Nachtschloss *n* (*Schnappschloss*); **~ leave** S MIL Urlaub *m* bis zum Wecken; **~ life** S Nachtleben *n*; **~ light** S Nachtlicht *n* (*für Kinder etc*); **~long** A ADJ e-e *od* die ganze Nacht dauernd B ADV die ganze Nacht (hindurch)

nightly ['naɪtlɪ] A ADJ 1 a nächtlich, Nacht… b abendlich, Abend… 2 a jede Nacht stattfindend, (all)nächtlich b jeden Abend stattfindend, (all)abendlich B ADV 1 a nachts b abends 2 a jede Nacht, (all)nächtlich b jeden Abend, (all)abendlich

nightmare ['naɪtmeə(r)] S 1 Nachtmahr *m* (*böser Geist*) 2 Albtraum *m* (*a. fig*): **suffer ~s over** (*od* **about**) Albträume haben wegen 3 *fig* Schreckgespenst *n*; **nightmarish** ADJ (ADV **~ly**) beklemmend, albtraumhaft

night|-night INT *umg* Nacht!; **~ nurse** S Nachtschwester *f*; **~ owl** S 1 ORN Nachteule *f* 2 *umg* a Nachteule *f umg hum*, Nachtmensch *m* b Nachtschwärmer(in); **~ person** S Nachtmensch *m*; **~ porter** S Nachtportier *m*; **~ rider** S HIST *US Mitglied e-r berittenen Terroristenbande*; **~ robe** *US* → nightdress

nights [naɪts] ADV *bes US* bei Nacht, nachts

night| safe S *Br* Nachttresor *m*; **~-safe container** S Geldbombe *f*; **~ school** S Abendschule *f*; **~shade** S BOT 1 Nachtschatten *m*: **~ family** Nachtschattengewächse *pl* 2 Tollkirsche *f*; **~ shift** S Nachtschicht *f*, -dienst *m*: **be on ~** Nachtschicht *od* -dienst haben; **~shirt** S Nachthemd *n* (*für Männer u. Knaben*); **~ sight** → night vision 2; **~ sky** S Nachthimmel *m*, nächtlicher Himmel; **~spot** *umg für* nightclub; **~stand** S *US* Nachttisch *m*; **~ stick** S *US* Gummiknüppel *m*, Schlagstock *m* (*der Polizei*); **~ sweat** S, *US* **~ sweats** SPL MED Nachtschweiß *m*; **~ table** → nightstand; **~ terror** S PSYCH Nachtangst *f*; **~tide** *poet* → nighttime A; **~time** A S Nacht(zeit) *f*: **at** (*od* **in the**) **~** zur Nachtzeit, nachts B ADJ nächtlich, Nacht…; **~ vision** S 1 nächtliche Erscheinung 2 MED Nachtsehvermögen *n*; **~ vision scope** S MIL *etc* Nachtsichtgerät *n*; **~walker** S *bes US* Strichmädchen *n umg*; **~ watch** S 1 Nachtwache *f* 2 Nachtwächter *m*, *US a. pl*; **~ watchman** S *irr* Nachtwächter *m*; **~wear** S Nachtwäsche *f*; **~work** S Nachtarbeit *f*

nighty ['naɪtɪ] *umg* → nightdress

nigrescent [naɪ'gresnt] ADJ schwärzlich

nigritude ['nɪgrɪtjuːd; US a. 'naɪ-; -ˌtuːd] S Schwärze *f*

nihilism ['naɪɪlɪzəm; US a. 'niːə-] S Nihilismus *m*: a PHIL *Überzeugung von der Nichtigkeit alles Seienden* b *allg bedingungslose Verneinung aller Normen, Werte etc*; **nihilist** A S Nihilist(in) B ADJ → nihilistic; **nihilistic** ADJ nihilistisch

nil [nɪl] S: **his influence is ~** sein Einfluss ist gleich Null; **win two ~** (*od* **by two goals to ~**) **(2-0)** SPORT *Br* zwei zu null (2:0) gewinnen

Nile| green S Nilgrün *n*; **~-green** ADJ nilgrün

nill [nɪl] V/T & V/I *obs* nicht wollen: **will he, ~ he** ob er will od nicht

Nile [naɪl] S Nil *m*; **Nilotic** [naɪ'lɒtɪk; US -'lɑ-] ADJ Nil…

nilpotent ['nɪlpətənt; US -ˌpəʊ-] ADJ MATH nilpotent (*Element*)

nimbi ['nɪmbaɪ] *pl von* nimbus

nimble ['nɪmbl] ADJ (ADV nimbly) 1 flink, behänd(e) 2 *fig* a geistig beweglich: **~ mind** beweglicher Geist, rasche Auffassungsgabe b lebhaft (*Fantasie*) 3 *fig* geschickt aufgebaut (*Romanhandlung etc*); **nimbleness** S 1 Flinkheit *f*, Behändigkeit *f* 2 *fig* a (geistige) Beweglichkeit b Lebhaftigkeit *f* 3 *fig* geschickter Aufbau

nimbostratus [ˌnɪmbəʊ'streɪtəs; US a. -'strætəs] S *irr* METEO Nimbostratus *m* (*mächtige, tief hängende Regenwolke*)

nimbus ['nɪmbəs] *pl* -bi [-baɪ], -buses S 1 → nimbostratus 2 Nimbus *m*: a Heiligenschein *m*, Strahlenkranz *m* (*auf Gemälden etc*) b *fig* Ruhm(esglanz) *m*, Geltung *f*

nimby, *a.* **NIMBY** ['nɪmbɪ] S *j-d, der nach dem Sankt-Florians-Prinzip handelt*

niminy-piminy [ˌnɪmɪnɪ'pɪmɪnɪ] ADJ affektiert, geziert

Nimrod ['nɪmrɒd; US -ˌrɑd] EIGENN BIBEL *u.* S *fig* Nimrod *m* (*großer Jäger*)

nincompoop ['nɪnkəmpuːp] S *umg* Einfaltspinsel *m*, Trottel *m* (*beide pej*)

nine [naɪn] A ADJ neun B S 1 Neun *f* (*Zahl, Spielkarte etc*): **the ~ of hearts** die Herzneun; **by ~s** immer neun auf einmal 2 **the** ♀ *pl* die neun Musen 3 SPORT US (Baseball)Mannschaft *f*
Besondere Redewendungen: **~ times out of ten** *umg* in neun von zehn Fällen, fast immer; **be dressed (up) to the ~s** *umg* piekfein angezogen sein, sich in Schale geworfen haben (*beide umg*); → cloud A 1, wonder A 1, yard[1] 1

ninefold ['naɪnfəʊld] A ADJ & ADV neunfach B S (*das*) Neunfache

ninepin S 1 Kegel *m*: **~ alley** Kegelbahn *f* 2 *pl* (*als sg konstruiert*) Kegeln *n*: **play ~s** Kegel spielen, kegeln

nineteen [ˌnaɪn'tiːn] A ADJ neunzehn: → dozen B S Neunzehn *f*; **nineteenth** [-'tiːnθ] A ADJ 1 neunzehnt(er, e, es): **the ~ hole** (*Golf*) *umg hum* ‚das neunzehnte Loch (*Bar des Golfplatzes*) 2 neunzehntel B S 1 (*der, die, das*) Neunzehnte 2 Neunzehntel *n*

ninetieth ['naɪntɪɪθ] A ADJ 1 neunzigst(er, e, es) 2 neunzigstel B S 1 (*der, die, das*) Neunzigste 2 Neunzigstel *n*

nine|-to-five ADJ 1 mit der üblichen Arbeitszeit (*Job etc*) 2 **~ mentality** *pej* Angestelltenmentalität *f*; **~-to-fiver** S *j-d, der die übliche Arbeitszeit hat*

ninety ['naɪntɪ] A S Neunzig *f*: **he is in his nineties** er ist in den Neunzigern; **in the nineties** in den Neunzigerjahren (*e-s Jahrhunderts*) B ADJ neunzig

ninny ['nɪnɪ], *a.* **ninnyhammer** [-ˌhæmə(r)] S *umg* Dussel *m*; **ninnyish** ADJ dusslig *umg*

ninth [naɪnθ] A ADJ 1 neunt(er, e, es): **in the ~ place** neuntens, an neunter Stelle 2 neuntel B S 1 (*der, die, das*) Neunte: **the ~ of May** der 9. Mai; **it's the ~ today** heute ist der Neunte 2 Neuntel *n* 3 MUS None *f*: **~ chord** Nonenakkord *m*; **ninthly** ADV neuntens

niobic [naɪ'əʊbɪk] ADJ CHEM Niob…: **~ acid**

niobium [naɪ'əʊbɪəm] S CHEM Niob *n*, Niobium *n*

nip[1] [nɪp] A V/T 1 kneifen, zwicken: **~ sb's** (*od* **sb on the**) **arm** j-n in den Arm kneifen *od* zwicken; **the dog ~ped my leg** der Hund zwickte mich ins Bein; **~ one's finger in the door** sich den Finger in der Tür einklemmen; **~ off** abzwicken, abknipsen 2 *Pflanzen* schädigen (*Frost etc*): → bud[1] A 3 3 **be ~ped by the ice** vom Eis eingeschlossen sein (*Schiff*) 4 *sl* a klauen b *bes US* schnappen, verhaften B V/I 1 **~ at** schnappen nach (*Hund etc*) 2 *bes Br umg* flitzen, sausen: **~ in** a hinein-, hereinflitzen b AUTO einscheren; **I'll ~ out to buy some cigarettes** ich hol mir nur schnell ein paar Zigaretten C S 1 Kniff *m*: **give sb's arm a ~**, **give sb a ~ on the arm** j-n in den Arm kneifen *od* zwicken; **give one's finger a ~ in the door** sich den Finger in der Tür einklemmen 2 Schädigung *f* (*durch Frost etc*) 3 a Kälte *f*: **there's a ~ in the air** es ist ganz schön frisch b strenger Frost 4 **a ~ of** ein bisschen: **he went out for a ~ of fresh air** er ging frische Luft schnappen

nip[2] [nɪp] A V/I & V/T nippen (an *dat*), ein Schlückchen nehmen (von) B S Schlückchen *n*: **a ~ of whisky**

Nip[3] [nɪp] S *sl pej* Japs *m* (*Japaner*)

nip| and tuck ADV *bes US* Kopf an Kopf (*a. fig*): **be ~** Kopf an Kopf liegen; **~-and-tuck** ADJ: **~ race** *bes US* Kopf-an-Kopf-Rennen *n* (*a. fig*)

nipper ['nɪpə(r)] S 1 *bes Br umg* Dreikäsehoch *m umg hum* 2 ZOOL Schere *f* (*e-s Krebses etc*) 3 *pl, a.* **pair of ~s** TECH Beiß-, Kneifzange *f* 4 SCHIFF (Kabelar)Zeising *f*

nipping ['nɪpɪŋ] ADJ (ADV **~ly**) 1 kneifend 2 beißend, schneidend (*Kälte, Wind; a. fig Spott etc*) 3 *fig* bissig

nipple ['nɪpl] S 1 ANAT Brustwarze *f* 2 (Gummi)Sauger *m* (*e-r Saugflasche*) 3 TECH (*Schmier*) Nippel *m*; **~ shield** S MED (Brust-)Warzenhütchen *n* (*für stillende Mütter*); **~wort** S BOT Hasenkohl *m*

Nipponese [ˌnɪpə'niːz] A S Japaner(in): **the ~** *koll* die Japaner *pl* B ADJ japanisch

nippy ['nɪpɪ] ADJ (ADV nippily) 1 frisch, kühl (*Wetter*) 2 *bes Br umg* a fix, schnell: **be ~** sich beeilen b spritzig (*Wagen*) 3 scharf, beißend (*Geschmack*) 4 bissig (*Hund*)

NIRC ABK US National Industrial Relations Court

NIREX ABK *Br* Nuclear Industry Radioactive Waste Executive

nirvana, *a.* ♀ [ˌnɪə(r)'vɑːnə; nɜː'v-; US nɜr-] S *Buddhismus*: Nirwana *n*: a *völlige, selige Ruhe als erhoffter Endzustand* b *Loslösung vom Kreislauf der Wiedergeburt*

nisei [niː'seɪ; 'niːseɪ] *pl* -sei S *in den USA geborene(r) Japaner(in)*

nisi ['naɪsaɪ] KONJ: **decree ~** JUR vorläufiges Scheidungsurteil

Nissen hut ['nɪsn] S Nissenhütte *f*

nisus ['naɪsəs] *pl* -sus S Trieb *m*, MED *a.* Nisus *m*

nit[1] [nɪt] S ZOOL Nisse *f* (*Ei e-r Laus*)

nit[2] [nɪt] S *Br umg* Dussel *m*

nit[3] [nɪt] S: **keep ~** *Aus umg* Schmiere stehen, aufpassen

niter, *bes Br* **nitre** ['naɪtə(r)] S CHEM Salpeter *m*: **~ cake** Natriumkuchen *m*

niton ['naɪtɒn; US -ˌɑn; *a.* 'niːt-] S CHEM Niton *n*

nit|-picker S *umg* Korinthenkacker(in) *pej*; **~-picking** *umg* A ADJ korinthenkackerisch *pej* B S Korinthenkackerei *f pej*

nitrate ['naɪtreɪt] CHEM A S Nitrat *n* B V/T nitrieren; **nitration** S Nitrierung *f*

nitre *bes Br für* niter

nitric ['naɪtrɪk] ADJ CHEM salpetersauer, Salpeter…, Stickstoff…; **~ acid** S CHEM Salpetersäure *f*; **~ oxide** S CHEM Stickstoffoxyd *n*; **~ peroxide** S CHEM Stickstofftetroxyd *n*

nitride ['naɪtraɪd] CHEM A S Nitrid *n* B V/T nitrieren, nitrierhärten; **nitriferous** [-'trɪfərəs] ADJ 1 stickstoffhaltig 2 salpeterhaltig; **nitrification** [-fɪ'keɪʃn] S Nitrierung *f*; **nitrify** [-faɪ] A V/T nitrieren B V/I sich in Salpeter verwandeln

nitrite ['naɪtraɪt] S CHEM Nitrit *n*

nitro- [naɪtrəʊ] *Wortelement mit der Bedeutung* Nitro…, Salpeter…

nitrobacterium S *irr* MED Stickstoffbakterie *f*

nitrobenzene, **nitrobenzol(e)** S CHEM Nitrobenzol *n*

nitrocellulose S CHEM Nitrozellulose *f*, Zellulosenitrat *n*: **~ lacquer** Nitrozelluloselack *m*

nitrogelatin(e) S CHEM Nitrogelatine *f*, Gelatinedynamit *n*

nitrogen ['naɪtrədʒən] S CHEM Nitrogen *n*, Stickstoff *m*; **~ fixation** S CHEM 1 Umwandlung *f* des freien Stickstoffs (*in technisch verwertbare Verbindungen*) 2 Assimilation *f* des Luftstickstoffs (*durch bestimmte Bodenbakterien*)

nitrogenize [naɪ'trɒdʒɪnaɪz; US -'trɑ-; *a.* 'naɪtrədʒəˌn-] V/T CHEM mit Stickstoff verbinden *od* anreichern: **~d foods** stickstoffhaltige Nahrungsmittel

nitrogenous [naɪ'trɒdʒɪnəs; US -'trɑ-] ADJ CHEM stickstoffhaltig

nitroglycerin(e) S CHEM Nitroglycerin *n*

nitrohydrochloric ADJ CHEM Salpetersalz…: **~ acid**

nitrous ['naɪtrəs] ADJ CHEM Salpeter…, salpeterhaltig, salpetrig; **~ acid** S salpetrige Säure; **~ anhydride** S Salpetrigsäureanhydrid *n*, Stickstofftrioxyd *n*; **~ oxide** S Stickstoffoxydul *n*, Lachgas *n*

nitty[1] ['nɪtɪ] ADJ voller Nissen

nitty[2] ['nɪtɪ] ADJ *Br umg* duss(e)lig

nitty-gritty [ˌnɪtɪ'grɪtɪ] S: **get down** (*od* **come**) **to the ~** *umg* zur Sache kommen

nitwit ['nɪtwɪt] S *umg* Dussel *m*

nival ['naɪvl] ADJ BOT im Schnee wachsend

nix[1] [nɪks] S Nix *m*, Wassergeist *m*

nix[2] [nɪks] US *umg* A PRON nix *umg*, nichts B ADV & INT nein: **say ~ to** Nein sagen zu C V/T a ablehnen b verhindern c verbieten D S a Ablehnung *f* b Verhinderung *f* c Verbot *f*

nixie[1] ['nɪksɪ] S (Wasser)Nixe *f*

nixie[2] ['nɪksiː] S US *umg* unzustellbare Postsache

N.J. ABK New Jersey

n.l. ABK non licet, it is not permitted

NLRB ABK US National Labor Relations Board

nm ABK SCHIFF nautical mile(s PL) sm

N.M. ABK New Mexico

N. Mex. ABK New Mexico

NMR ABK nuclear magnetic resonance

no[1] [nəʊ] A ADV 1 *a.* INT nein: **~!** (*zu e-m Kleinkind od e-m Hund*) pfui!; **answer ~** Nein sagen; **say ~ to** Nein sagen zu; **I won't take ~ for an answer** ein Nein lasse ich nicht gelten 2 (*nach* **or** *am Ende e-s Satzes*) *Br sl* nicht: **whether or ~** ob od nicht; **permitted or ~** erlaubt od nicht 3 (*beim komp*) um nichts, nicht: **~ better a writer** kein besserer Schriftsteller; **~ longer (ago) than yesterday** erst gestern B *pl* noes S 1 Nein *n*, verneinende Antwort, Absage *f*,

N

Weigerung *f*: **a clear ~ to** ein klares Nein auf (*akk*) *od* zu 2 PARL Nein-, Gegenstimme *f*: **the ayes and ~es** die Stimmen für u. wider; **the ~es have it** die Mehrheit ist dagegen, der Antrag ist abgelehnt C ADJ 1 kein(e): **~ success** kein Erfolg; **~ hope** keine Hoffnung; **~ one** keiner, niemand; **at ~ time** nie; **in ~ time (at all)** im Nu, im Handumdrehen; → way[1] *Bes Redew* 2 kein(e), alles andere als ein(e): **he is ~ artist; he is ~ Englishman** er ist kein (typischer) Engländer 3 *vor ger*: **"~ fishing"** „Angeln verboten!"; → deny A 1, knowing B, please A 2, saying 1

No² [nəʊ] *pl* No S No *n* (*ein altjapanisches Drama*)

No. ABK 1 north N 2 northern nördl. 3 number Nr.

no-account ADJ *US bes dial* nichtsnutzig

Noachian [nəʊ'eɪkɪən], *a.* **Noachic** [-'ækɪk; -'eɪkɪk] ADJ BIBEL Noah u. s-e Zeit betreffend

Noah's| ark ['nəʊəz] S 1 BIBEL Arche *f* Noah(s) *od* Noä 2 ZOOL Archenmuschel *f*; **~-ark** V/I *US sl* in Hochwasserhosen herumlaufen

nob¹ [nɒb; *US* nɑb] S *umg* Birne *f* (*Kopf*)

nob² [nɒb; *US* nɑb] S *bes Br umg* feiner Pinkel

nobble ['nɒbl] V/T *Br umg* 1 *j-n* kidnappen 2 a *j-n* (*durch Bestechung etc*) auf s-e Seite ziehen b bestechen 3 sich an *j-n* ranmachen *umg* 4 sich *etwas* unter den Nagel reißen *umg* 5 SPORT *ein Rennpferd* (*durch Drogen etc*) müde machen

Nobel prize [nəʊ'bel] S Nobelpreis *m*: **Nobel peace prize** Friedensnobelpreis; **~ winner** Nobelpreisträger(in)

nobiliary [nəʊ'bɪljərɪ; *US a.* -lɪˌeriː] ADJ ad(e)lig, Adels...

nobility [nəʊ'bɪlətɪ] S 1 *fig* Adel *m*, Größe *f*, Würde *f*, Vornehmheit *f*: **~ of mind** → noble-mindedness; **~ of soul** Seelenadel, -größe 2 a Adel(sstand) *m*, (*die*) Adligen *pl* b (*bes in England*) Hochadel *m*: **the ~ and gentry** der hohe u. niedere Adel 3 Adel *m*, hohe *od* ad(e)lige Abstammung

N

noble ['nəʊbl] A ADJ (ADV nobly) 1 ad(e)lig, von Adel: **be of ~ birth** adliger Abstammung sein 2 edel, erlaucht 3 *fig* edel, Edel..., erhaben, groß(mütig), nobel, vortrefflich: **the ~ art** (*od* **science**) die edle Kunst der Selbstverteidigung (*Boxen*) 4 prächtig, stattlich (*Gebäude*) 5 prächtig geschmückt (**with** mit) 6 PHYS Edel...: **~ gas**; **~ metals** B S 1 (hoher) Adliger, HIST Edelmann *m*: **the ~s** der Adel, die Adligen 2 HIST Nobel *m* (*alte englische Goldmünze*); **~ fir** S BOT Riesen-, Silbertanne *f*; **~man** [-mən] S *irr* (hoher) Adliger, HIST Edelmann *m*; **~-minded** ADJ (ADV **~ly**) edelmütig; **~-mindedness** S Edelmut *m*, vornehme Denkungsart

nobleness ['nəʊblnɪs] S 1 Adel *m*, hohe *od* ad(e)lige Abstammung 2 *fig* → noble-mindedness

noble| rot S Edelfäule *f*; **~ savage** S edler Wilder; **~woman** S *irr* (hohe) Adlige, HIST Edelfrau *f*

nobody ['nəʊbədɪ; -ˌbɒdɪ; *US* -ˌbɑ-] A S *fig* Niemand *m*: **be a ~** B PRON niemand, keiner

no-brainer S *umg* Kinderspiel *n*; leichte Entscheidung: **it's a ~** das versteht sich von selbst, da muss man nicht lange überlegen

nock [nɒk; *US* nɑk] A S 1 *Bogenschießen*: Kerbe *f* (*für den Pfeil*) 2 Nuss *f* (*e-r Armbrust*) B V/T 1 *den Pfeil* auf die Kerbe legen 2 *e-n Bogen* einkerben

no-claim(s) bonus S *Haftpflichtversicherung*: Schadenfreiheitsrabatt *m*

noctambulation [nɒkˌtæmbjʊ'leɪʃn; *US* nɑk-], **noctambulism** [-lɪzəm] S MED Somnambulismus *m*, Schlaf-, Nachtwandeln *n*; **noctambulist** S Somnambule(r) *m/f(m)*, Schlaf-, Nachtwandler(in)

noctiluca [ˌnɒktɪ'luːkə; *US* ˌnɑk-] *pl* -cae [-siː] S ZOOL Noctiluca *f*, Meerleuchte *f*

noctuid ['nɒktjʊɪd; *US* 'nɑktʃəwəd] S ZOOL Eule *f* (*ein Nachtschmetterling*)

noctule ['nɒktjuːl; *US* 'nɑktʃuːl] S ZOOL Abendsegler *m*, Frühfliegende Fledermaus

nocturn ['nɒktɜːn; *US* 'nɑkˌtɜrn] S KATH Nachtmette *f*; **nocturnal** [-nl] ADJ (ADV **~ly**) 1 nächtlich, Nacht...: **~ comfort** Schlafkomfort *m* 2 BOT nachtblütig 3 ZOOL nachtaktiv: **~ bird** Nachtvogel *m*

nocturne ['nɒktɜːn; *US* 'nɑkˌtɜrn] S 1 MAL Nachtstück *n* 2 MUS Nocturne *n/f* (*elegisches od träumerisches Klavierstück in einem Satz*)

nocuous ['nɒkjʊəs; *US* 'nɑkjəwəs] ADJ (ADV **~ly**) 1 schädlich 2 giftig (*Schlangen*)

nod [nɒd; *US* nɑd] A V/I 1 nicken: **~ to** (*od* **at**) **sb** j-m zunicken; **~ding acquaintance** a oberflächliche(r) Bekannte(r) b Grußbekanntschaft *f*, flüchtige Bekanntschaft (*beide*: **with** mit); **have a ~ding acquaintance with sb** j-n flüchtig kennen; **he has only a ~ding acquaintance with mathematics** er hat nur oberflächliche Mathematikkenntnisse; **we are on ~ding terms** wir stehen auf dem Grüßfuß *umg* 2 *weitS.* nicken, wippen (*Blumen, Hutfedern etc*) 3 *fig* sich (in Demut) neigen (**to** vor *dat*) 4 nicken, (*im Sitzen*) schlafen: **~ off** einnicken 5 *fig* schlafen, unaufmerksam sein: **Homer sometimes ~s** (*Sprichwort*) zuweilen schlummert auch Homer B V/T 1 **~ one's head** mit dem Kopf nicken 2 a (durch Nicken) andeuten: **~ one's assent** (*od* **agreement**) zustimmend nicken b **~ sb out** j-n hinauswinken C S 1 *a.* **~ of the head** (Kopf)Nicken *n*: **give a ~** nicken; **give sb a ~** j-m zunicken; **give the ~ to** *fig* zustimmen (*dat*); **~s** *pl* **of assent** (*od* **agreement**) zustimmendes Nicken; **a ~ is as good as a wink** (**to a blind horse** [*od* **man**]) (*Sprichwort*) *umg* ein kurzer Wink *od* e-e Andeutung genügt; **on the ~** *Br umg* a ohne weitere Diskussion b *obs* auf Pump 2 Nickerchen *n*: **go to the land of ~** einnicken

nodal ['nəʊdl] ADJ Knoten...; **~ curve** S MATH Knoten(punkts)kurve *f*; **~ point** S 1 MUS, PHYS Schwingungsknoten *m* 2 MATH, PHYS Knotenpunkt *m*

noddle ['nɒdl; *US* 'nɑ-] S *umg obs* 1 Birne *f* (*Kopf*) 2 Grips *m* (*Verstand*): **use your ~!** streng d-n Grips an!

node [nəʊd] S 1 *allg* Knoten *m* (*a.* ASTRON, BOT, MATH; *a. fig im Drama etc*): **~ of a curve** MATH Knotenpunkt *m* e-r Kurve 2 MED Knoten *m*, Knötchen *n*, Überbein *n*: **gouty ~** Gichtknoten; **singer's ~** Stimmband-, Sängerknötchen; **vital ~** Lebensknoten 3 PHYS Schwingungsknoten *m*

nodi ['nəʊdaɪ] *pl von* nodus

nodical ['nɒdɪkl; 'nəʊ-; *US* 'nɑ-] ADJ: **~ month** ASTRON drakonitischer Monat

nodose ['nəʊdəʊs; nəʊ'dəʊs] ADJ knotig (*a.* MED), voller Knoten; **nodosity** [-'dɒsətɪ; *US* -'dɑ-] S 1 knotige Beschaffenheit 2 Knoten *m*

nodular ['nɒdjʊlə; *US* 'nɑdʒələr] ADJ knoten-, MED *a.* knötchenförmig

nodule ['nɒdjuːl; *US* 'nɑdʒuːl] S 1 BOT, MED Knötchen *n* 2 GEOL, MINER Nest *n*, Niere *f*

nodus ['nəʊdəs] *pl* -di [-daɪ] S *fig* verzwickte Lage

noesis [nəʊ'iːsɪs] S PHIL Noesis *f*: a geistiges Erfassen b Sinneneinheit *f* e-r Wahrnehmung; **noetic** [-'etɪk] ADJ noetisch

no|-fault compensation S *Versicherung: sofortige Entschädigung bei Körperverletzung ohne vorherige Klärung der Schuldfrage*; **~-fly zone** S MIL Flugverbotszone *f*; **~-frills** ADJ ohne besondere Ausstattung (*Wohnung etc*), (*a. Feier, Essen etc*) schlicht: **a ~ car** a ein Wagen ohne Extras b ein Wagen ohne Schnickschnack *umg*

nog¹ [nɒg; *US* nɑg] S Flip *m* (*alkoholisches Mischgetränk mit Ei*)

nog² [nɒg; *US* nɑg] A S 1 a Holznagel *m* b Holzklotz *m* 2 ARCH a Holm *m* (*quer liegender Balken*) b *Maurerei*: (*in die Wand eingelassener*) Holzblock, Riegel *m* B V/T 1 mit e-m Holznagel befestigen 2 *ein Mauerwerk* mit Holzbarren einfassen, *ein Fachwerk* ausmauern

noggin ['nɒgɪn; *US* 'nɑ-] S 1 kleiner Krug *od* Becher 2 *kleines Flüssigkeitsmaß* (= ¼ *pint*): **what about a ~?** wie wärs mit e-m Schluck? 3 *umg* → noddle

nogging ['nɒgɪŋ; *US* 'nɑgən; -ɪŋ] S ARCH Riegelmauer *f*, (ausgemauertes) Fachwerk

no|-go area S *Stadtteil, der aus Furcht vor Feindseligkeiten s-r Bewohner von Leuten anderer Stadtteile nicht betreten wird*; **~-good** *US umg* A S Nichtsnutz *m* B ADJ nichtsnutzig; **~-hoper** S *Aus umg* Flasche *f*, Niete *f*

nohow ['nəʊhaʊ] ADV: **not ... ~** *sl* einfach nicht: **I can't learn this ~**

noil [nɔɪl] S TECH Kämmling *m*, Kurzwolle *f*

no-iron ADJ *bes US* bügelfrei, No-iron-...: **~ shirt**

noise [nɔɪz] A S 1 Lärm *m*, Getöse *n*, Krach *m*, Geschrei *n*: **~ of battle** Gefechtslärm; **hold your ~!** *umg* halt den Mund! 2 Geräusch *n*: **what's that ~?** was ist das für ein Geräusch?; **a small ~** ein leises Geräusch; **there is too much ~ here** hier ist es zu laut; **not make a ~** ganz leise *od* still sein 3 Rauschen *n* (*a.* ELEK *Störung*), Summen *n* 4 *fig* Krach *m*, Streit *m*: **make a ~** Krach machen (**about** wegen)(→ A 5) 5 *fig* Aufsehen *n*, Geschrei *n*: **make a ~** viel Tamtam machen *umg* (**about** wegen)(→ A 4); **make a great ~ in the world** großes Aufsehen erregen, viel von sich reden machen 6 *obs* Gerücht *n* B V/T **~ about** (*od* **abroad, around**) *etwas* verbreiten: **it's being ~d about that ...** man erzählt sich, dass ...; **~ abatement** S a Lärmbekämpfung *f* b Lärmschutz *m*; **~-abatement** ADJ: **~ zone** Lärmschutzzone *f*; **~ barrier** S Lärmschutzwall *m*; **~ control** → noise abatement; **~ diode** S ELEK Rauschdiode *f*; **~ factor** S ELEK Störfaktor *m*; **~ field intensity** S ELEK Störfeldstärke *f*; **~ figure** → noise factor

noiseless ['nɔɪzlɪs] ADJ (ADV **~ly**) geräuschlos (*a.* TECH), lautlos, still; **noiselessness** S Geräuschlosigkeit *f*

noise| level S 1 Lärmpegel *m* (*Auto etc*) 2 RADIO Rausch-, Störpegel *m* 3 *Akustik*: Lärm-, Störpegel *m*; **~ limiter** S ELEK Störbegrenzer *m*; **~maker** S *US* Lärminstrument *n*, (*a. Person*) Krachmacher *m*; **~ meter** S ELEK Geräuschmesser *m*; **~ nuisance, ~ pollution** S Lärmbelästigung *f*; **~ protection** S Lärmschutz *m*; **~ spectrum** S *irr* RADIO Rauschspektrum *n*; **~ suppression, ~ suppressor** S ELEK Störschutz *m*

noisette [nwɑː'zet; *US* nwə-] S 1 GASTR Noisette *f* (*rundes Fleischstück aus der Keule bestimmter Schlachttiere*) 2 Noisette(schokolade) *f*

noise voltage S ELEK Stör-, Geräuschspannung *f*

noisiness ['nɔɪzɪnɪs] S 1 → noise A 1 2 lärmendes Wesen

noisome ['nɔɪsəm] ADJ (ADV **~ly**) 1 schädlich, ungesund 2 widerlich (*Geruch*); **noisomeness** S 1 Schädlichkeit *f* 2 Widerlichkeit *f*

noisy ['nɔɪzɪ] ADJ (ADV noisily) 1 geräuschvoll (*a.* TECH), laut, (*Auseinandersetzung etc*) lautstark 2 lärmend, laut (*Kinder etc*)

noli me tangere ['nəʊlɪˌmeɪ'tæŋgərɪ; US ˌnəʊliːmiː'tændʒəriː; -ˌlaɪ-] S 1 MAL Nolimetangere n (Darstellung des der Maria Magdalena erscheinenden auferstandenen Christus) 2 BOT Nolimetangere n, Rührmichnichtan n, Springkraut n

nolle ['nɒliː], **nollepros** [-'prɒs] JUR US A VT a die Zurücknahme e-r (Zivil)Klage einleiten b ein (Straf)Verfahren einstellen B S → nolle prosequi

nolle prosequi [ˌnɒlɪ'prɒsɪkwaɪ; US ˌnɑliː-'prɑ-] S JUR 1 Zurücknahme f der (Zivil)Klage 2 Einstellung f des (Straf)Verfahrens

no-load S ELEK Leerlauf m: ~ **speed** Leerlaufdrehzahl f

nolo contendere [ˌnəʊləʊkən'tendəriː] S JUR US Aussage f (e-s Angeklagten) ohne ausdrückliches Eingeständnis e-r Schuld (die zwar zu s-r Verurteilung führt, ihn aber berechtigt, in e-m Parallelverfahren s-e Schuld zu leugnen)

nol-pros [ˌnɑl'prɑs] → nolle A

nol. pros. ABK JUR nolle prosequi, do not prosecute

noma ['nəʊmə] S MED Noma f, Gesichts-, Wangenbrand m

nomad ['nəʊmæd] A ADJ → nomadic B S Nomade m, Nomadin f; **nomadic** ADJ (ADV ~ally) nomadisch, Nomaden..., fig a. unstet; **nomadism** S Nomadismus m, Nomadentum n; **nomadize** A VI nomadisieren, ein Wanderleben führen B VT 1 zu Nomaden machen 2 Nomaden sesshaft machen in (dat)

no-man's-land S 1 herrenloses Gebiet 2 MIL u. fig Niemandsland n

nombril ['nɒmbrɪl; US 'nɑm-] S Heraldik: Nabel m (des Wappenschilds)

nom de plume pl noms de plume [ˌnɔ̃mdə'pluːm; ˌnɒm-; US ˌnɑmdɪ'pluːm] S Nom m de Plume, Pseudonym n (e-s Schriftstellers)

nomenclature [nəʊ'menklətʃə(r); bes US 'nəʊmənkleɪ-] S 1 Nomenklatur f: a (wissenschaftliche) Namengebung b Namensverzeichnis n 2 (fachliche) Terminologie, Fachsprache f 3 KOLL Namen pl, Bezeichnungen pl 4 MATH Benennung f, Bezeichnung f

nominal ['nɒmɪnl; US 'nɑ-] ADJ (ADV ~ly) 1 Namen... 2 (nur) dem Namen nach, nominell, Nominal...: ~ **consideration** JUR formale Gegenleistung (z. B. $1); ~ **rank** Titularrang m; a ~ **fine** e-e nominelle (sehr geringe) Geldstrafe 3 LING nominal, Nominal...: ~ **phrase** 4 ELEK, TECH Nenn..., Soll..., Nominal...; ~ **account** S WIRTSCH Sachkonto n; ~ **capacity** S ELEK, TECH Nennleistung f, -kapazität f; ~ **capital** S WIRTSCH Nominal-, Nennkapital n; ~ **current** S ELEK Nennstrom m; ~ **frequency** S ELEK Sollfrequenz f; ~ **interest** S WIRTSCH Nominalzinsfuß m

nominalism S PHIL Nominalismus m (Lehre, nach der allgemeine Gattungen u. Arten sowie deren Begriffe nicht Wirklichkeit, sondern nur Namen od allgemeine Vorstellungen sind); **nominalist** S Nominalist(in); **nominalistic** ADJ (ADV ~ally) nominalistisch

nominal| output S TECH Nennleistung f; ~ **par** S WIRTSCH Nenn-, Nominalwert m; ~ **parity** S WIRTSCH Nennwertparität f; ~ **price** S WIRTSCH nomineller Kurs (Preis); ~ **speed** S ELEK Nenndrehzahl f; ~ **stock** → nominal capital; ~ **value** S WIRTSCH Nominal-, Nennwert m

nominate A VT ['nɒmɪneɪt; US 'nɑ-] 1 (to) berufen, ernennen (zu), einsetzen (in ein Amt): **be ~d** (**as** od **to be**) **executor** als Testamentsvollstrecker eingesetzt werden 2 (**for**) (als Kandidaten) nominieren (für), vorschlagen (als), als Kandidaten aufstellen (für) 3 obs (be)nennen, bezeichnen B ADJ [-nɪt] 1 berufen, ernannt 2 nominiert

nomination [ˌnɒmɪ'neɪʃn; US ˌnɑ-] S 1 (**to**) Berufung f, Ernennung f (zu), Einsetzung f (in akk): **in ~** vorgeschlagen (**for** für); **place sb's name in ~ for** j-n vorschlagen für 2 Vorschlagsrecht n 3 Aufstellung f, Nominierung f, Vorwahl f (e-s Kandidaten): ~ **day** Wahlvorschlagstermin m

nominative ['nɒmɪnətɪv; US 'nɑ-] A ADJ (ADV ~ly) 1 LING nominativ, nominativisch: ~ **case** → B 2 durch Ernennung eingesetzt B S LING Nominativ m, erster Fall

nominator ['nɒmɪneɪtə(r); US 'nɑ-] S Ernennende(r) m/f(m); **nominee** [-'niː] S 1 (für ein Amt etc) Vorgeschlagene(r) m/f(m), Designierte(r) m/f(m), Kandidat(in) 2 WIRTSCH Begünstigte(r) m/f(m), Empfänger(in) (e-r Rente etc)

nomism ['nəʊmɪzəm] S REL Nomismus m (Grundauffassung, nach der dem Gesetz überragende Bedeutung als theoretischer Leitwert beigemessen wird)

nomogram ['nəʊməgræm; Br a. 'nɒ-; US a. 'nɑ-], **nomograph** [-grɑːf; bes US -græf] S MATH Nomogramm n (Schaubild od Zeichnung zum grafischen Rechnen)

non- [nɒn; US nɑn] Wortelement mit der Bedeutung nicht..., Nicht..., un...

nonacceptance S Annahmeverweigerung f, Nichtannahme f

nonachiever S j-d, der es zu nichts bringt

nonage ['nəʊnɪdʒ; Br a. 'nɒ-; US a. 'nɑ-] S 1 Unmündigkeit f, Minderjährigkeit f 2 fig a Kindheit f b Unreife f

nonagenarian [ˌnəʊnədʒɪ'neərɪən; Br a. ˌnɒn-; US a. ˌnɑn-] A ADJ a neunzigjährig b in den Neunzigern B S Neunziger(in), Neunzigjährige(r) m/f(m)

nonaggression S Gewaltverzicht m: ~ **pact** Nichtangriffspakt m

nonagon ['nɒnəgɒn; US 'nəʊnəˌgɑn; 'nɑ-] S MATH Nonagon n, Neuneck n; **nonagonal** [nɒ'nægənl; US nəʊ-; nɑ-] ADJ nonagonal, neuneckig

nonalcoholic ADJ alkoholfrei

nonaligned POL A ADJ blockfrei B S blockfreies Land: **the ~** koll die Blockfreien pl; **nonalignment** S Blockfreiheit f: **policy of ~** Neutralitätspolitik f

no-name ADJ: ~ **product** No-NameProdukt n

nonappearance S Nichterscheinen n (vor Gericht etc)

nonary ['nəʊnərɪ] A ADJ auf neun aufgebaut (Zählsystem): ~ **system** B S *Zahl in e-m auf neun aufgebauten Zählsystem*

nonassessable ADJ WIRTSCH 1 Br nicht steuerpflichtig, steuerfrei 2 ~ **stock** US nicht nachschusspflichtige Aktien pl

nonattendance S Nichtteilnahme f

nonbeliever S 1 Ungläubige(r) m/f(m), Atheist(in) 2 *j-d, der nicht an e-e Sache glaubt*: **a ~ in ghosts**

nonbelligerent A ADJ nicht Krieg führend B S nicht am Krieg teilnehmende Nation

nonbook A S rein kommerzielles Buch B ADJ: ~ **item** Non-Book-Artikel m (in e-r Buchhandlung angebotener Artikel, der kein Buch ist)

nonbreakable ADJ unzerbrechlich

nonbreaking ADJ TYPO, COMPUT geschützt: ~ **hyphen** geschützter Trennstrich; ~ **space** geschütztes Leerzeichen

nonce [nɒns; US nɑns] S: **for the ~** a für das eine Mal, nur für diesen Fall b einstweilen; ~ **word** S LING Ad-hoc-Bildung f

nonchalance ['nɒnʃələns; US ˌnɑnʃə'lɑːns; 'nɑnʃəˌl-] S Nonchalance f, Lässigkeit f, Unbekümmertheit f, Ungezwungenheit f; **nonchalant** ADJ (ADV ~ly) nonchalant , unbekümmert, ungezwungen, lässig

noncom ['nɒnkɒm; US 'nɑnˌkɑm] umg für noncommissioned officer

noncombatant MIL A S Nichtkombattant(in): a *j-d, der nicht an Kampfhandlungen teilnimmt* b Zivilist(in) (zu Kriegszeiten): **~s** pl a. Zivilbevölkerung f B ADJ nicht am Kampf beteiligt

noncommissioned officer S MIL Unteroffizier m

noncommittal ADJ (ADV ~ly) 1 unverbindlich, nichtssagend (Antwort etc) 2 zurückhaltend: **be ~** sich nicht festlegen wollen

noncommitted ADJ POL blockfrei

noncompliance S 1 (**with**) Zuwiderhandlung f (gegen), Nichtbefolgung f (von od gen) 2 Nichterfüllung f, Nichteinhaltung f (beide: **with** von od gen)

non compos (mentis) [ˌnɒn'kɒmpəs (-'mentɪs); US ˌnɑn'kɑm-] ADJ JUR od hum unzurechnungsfähig

nonconductor S ELEK Nichtleiter m

nonconformism S Nonkonformismus m (von der herrschenden weltanschaulichen od gesellschaftlich-politischen Einstellung unabhängige od abweichende Haltung); **nonconformist** A S 1 Nonkonformist(in) 2 REL Br Nonkonformist(in), Dissident(in) (Angehörige[r] e-r protestantischen Freikirche) B ADJ nonkonformistisch, REL Br a. dissident; **nonconformity** S 1 mangelnde Übereinstimmung (**with** mit) od Anpassung (**to** an akk) 2 → nonconformism 3 REL Br Dissidententum n (Zugehörigkeit zu e-r protestantischen Freikirche) 4 SOZIOL Nonkonformität f (Verhalten, das von dem der Gruppe abweicht)

noncontact ADJ SPORT körperlos (Spiel)

noncontentious ADJ: ~ **litigation** JUR freiwillige Gerichtsbarkeit

noncontributory ADJ beitragsfrei (Organisation etc)

noncooperation S 1 Verweigerung f der Zusammen- od Mitarbeit 2 HIST Non-Cooperation f (Vorgehensweise Gandhis)

noncorrosive ADJ (ADV ~ly) TECH 1 korrosionsfrei 2 rostbeständig (Stahl) 3 säurefest

noncrease ADJ knitterfrei, -fest

noncutting ADJ TECH spanlos: ~ **shaping** spanlose Formung

noncyclical ADJ (ADV ~ly) WIRTSCH keinen Konjunkturschwankungen unterworfen, konjunkturunabhängig

nondancer S Nichttänzer(in)

nondazzling ADJ TECH blendfrei

nondelivery S 1 WIRTSCH, JUR Nichtauslieferung f 2 Postwesen: Nichtzustellung f

nondenominational ADJ (ADV ~ly) nicht konfessionsgebunden: ~ **school** Simultan-, Gemeinschaftsschule f

nondescript ['nɒndɪskrɪpt; US ˌnɑndɪ's-] A ADJ 1 schwer zu beschreiben(d) od unterzubringen(d), nicht klassifizierbar, unbestimmbar 2 unbedeutend, nichtssagend B S unbedeutende od nichtssagende Person od Sache, (etwas) Undefinierbares

nondirectional ADJ RADIO ungerichtet: ~ **aerial** (bes US **antenna**) Rundstrahlantenne f; ~ **beacon** FLUG ungerichtetes Funkfeuer

nondiscrimination principle S Diskriminierungsverbot n

none [nʌn] A PRON & S (meist als pl konstruiert) kein(er, e, es), niemand: ~ **of them are** (od **is**) **here** keiner von ihnen (allen) ist hier; **I have ~** ich habe keine(n) B ADV in keiner Weise, nicht im Geringsten: ~ **too high** keineswegs zu hoch

Besondere Redewendungen: ~ **of the clearest** keineswegs klar; ~ **other than** kein anderer als; ~ **more so than he** keiner mehr als er; **we ~ of us believe it** keiner von uns glaubt es;

N

here are ~ but friends hier sind lauter *od* nichts als Freunde; **~ but the best tea is good enough** nur der beste Tee ist gut genug; **~ of your tricks!** lass deine Späße!; **~ of that** nichts dergleichen; **he will have ~ of me** er will von mir nichts wissen; **I will have ~ of it** das lasse ich keinesfalls zu; **his face showed ~ of his surprise** man sah s-m Gesicht nicht an, wie überrascht er war; **~ the less** nichtsdestoweniger, dennoch, trotzdem; **~ too soon** kein bisschen zu früh, im letzten Augenblick; **~ too pleasant** nicht gerade angenehm; **he was ~ too pleased** er war gar nicht erfreut, er war wenig entzückt; → business A 9, second[1] A 2, wise[1] A 2

noneffective A ADJ 1 wirkungslos 2 SCHIFF, MIL dienstuntauglich B S SCHIFF, MIL Dienstuntaugliche(r) *m*

nonego S PHIL Nicht-Ich *n*

nonentity [nɒˈnentətɪ; *US* nɑ-] S 1 Nichtvorhandensein *n* 2 *etwas, was nicht existiert* 3 *fig pej* Null *f (Person)*

nones [naʊnz] SPL *(a. als sg konstruiert)* 1 *Antike:* Nonen *pl (9. Tag vor den Iden im altrömischen Kalender)* 2 KATH Mittagsoffizium *n (ein Stundengebet)*

nonessential A ADJ unwesentlich B S unwesentliche Sache, Nebensächlichkeit *f*

nonesuch [ˈnʌnsʌtʃ] A ADJ unvergleichlich B S 1 *Person od Sache, die nicht ihresgleichen hat* 2 BOT a Brennende Liebe b Nonpareilleapfel *m*

nonetheless ADV nichtsdestoweniger, dennoch, trotzdem

nonevent S *umg* Reinfall *m*, Pleite *f*

nonexistence S Nichtvorhandensein *n*, Fehlen *n*; **nonexistent** ADJ nicht existierend

nonfading ADJ (ADV ~ly) lichtecht

nonfat ADJ fettarm, Mager...

nonfeasance S JUR (pflichtwidrige) Unterlassung

nonferrous ADJ 1 nicht eisenhaltig 2 Nichteisen...: **~ metal**

nonfiction S Sachbücher *pl*, -literatur *f*

nonfissionable ADJ CHEM, PHYS nicht spaltbar

nonflammable ADJ nicht entzündbar *od* entflammbar

nonfreezing ADJ kältebeständig: **~ mixture** Frostschutzmittel *n*

nonfulfil(l)ment S Nichterfüllung *f*

nong [nɒŋ] S *Aus umg* 1 Trottel *m pej* 2 Flasche *f*, Niete *f (beide pej)*

nonglare ADJ spiegelfrei *(Glas)*

nonhazardous ADJ (ADV ~ly) ungefährlich

nonhuman ADJ 1 nicht zur menschlichen Rasse gehörig 2 nicht für den menschlichen Verzehr bestimmt

nonidentical ADJ 1 nicht identisch 2 BIOL zweieiig *(Zwillinge)*

nonillion [nəʊˈnɪljən] S MATH 1 *US* Quintillion *f* (10^{30}) 2 *Br* Nonillion *f* (10^{54})

noninductive ADJ ELEK induktionsfrei

noninflammable ADJ nicht entflammbar *od* entzündbar

non-interest-bearing ADJ WIRTSCH zinslos, unverzinslich

noninterference S POL Nichteinmischung *f*

nonintersecting ADJ kreuzungsfrei

nonintervention S POL Nichteinmischung *f*

noniron ADJ bügelfrei, No-iron-...: **~ shirt**

nonjuror S Eidesverweigerer *m*, -verweigerin *f*

nonjury ADJ JUR ohne Hinzuziehung von Geschworenen: **~ trial** summarisches Verfahren

nonladdering ADJ *bes Br* maschenfest, laufmaschensicher

nonleaded [-ˈledɪd] ADJ CHEM bleifrei *(Benzin)*

nonlethal ADJ *bes US* für nichtmilitärische Zwecke *(Auslandshilfe)*

nonlinear ADJ ELEK, MATH, PHYS nichtlinear

nonmember S Nichtmitglied *n*

nonmetal S CHEM Nichtmetall *n*; **nonmetallic** ADJ nichtmetallisch: **~ element** Metalloid *n*

nonmoral ADJ (ADV ~ly) amoralisch

nonnegotiable ADJ WIRTSCH 1 nicht übertragbar, nicht begebbar: **~ bill** (**check**, *Br* **cheque**) Rektawechsel *m* (-scheck *m*) 2 nicht börsen- *od* bankfähig

nonnuclear ADJ 1 ohne Atomwaffen *(Land)* 2 MIL konventionell *(Kriegführung)* 3 TECH ohne Atomkraft *(Antriebssystem)*

no-no *pl* -nos, -no's S *umg* etwas (strikt) Verbotenes: **sweets are ~s (with him)** Süßigkeiten sind tabu (für ihn)

nonobjective ADJ KUNST abstrakt, gegenstandslos

nonobservance S Nichtbeachtung *f*

non obst. ABK non obstante, notwithstanding

no-nonsense ADJ sachlich, nüchtern, *(Warnung etc)* unmissverständlich

nonpaid ADJ unentgeltlich

nonpareil [ˈnɒnpərəl; *US* ˌnɑnpəˈrel] A ADJ unvergleichlich: **of ~ beauty** B S 1 unvergleichliche Person *od* Sache 2 TYPO Nonpareille(schrift) *f* 3 *US* a *pl* Liebesperlen *pl* b mit Liebesperlen verziertes Schokoladenplätzchen 4 ORN *US* Papstfink *m*

nonparticipating ADJ 1 nicht teilhabend *od* -nehmend 2 WIRTSCH ohne Gewinnbeteiligung *(Versicherungspolice)*

nonpartisan ADJ 1 POL parteiunabhängig, überparteilich, nicht parteigebunden 2 unvoreingenommen, objektiv, unparteiisch

nonparty → nonpartisan

nonpayment S *bes* WIRTSCH Nicht(be)zahlung *f*

nonperformance S Nichtleistung *f*, -erfüllung *f*

nonperishable A ADJ haltbar *(Lebensmittel)* B SPL **nonperishables** haltbare Lebensmittel *pl*

nonperson S 1 Unperson *f (aus dem öffentlichen Bewusstsein eliminierte Person)* 2 Person *f* ohne Ansehen

nonplus A V/T *prät u. pperf* -plused, *bes Br* -plussed *j-n* (völlig) verwirren: **be ~(s)ed** völlig ratlos sein B S Verwirrung *f*: **he is at** (*od* **he has been brought to**) **a ~** er ist völlig ratlos

nonpoisonous ADJ (ADV ~ly) ungiftig

nonpolitical ADJ (ADV ~ly) 1 unpolitisch 2 unpolitisch, an Politik uninteressiert

nonpolluting ADJ umweltfreundlich, ungiftig

nonproductive ADJ (ADV ~ly) *bes* WIRTSCH 1 unproduktiv *(Arbeit, Angestellter etc)* 2 unergiebig *(Ölquelle etc)*

nonprofessional A ADJ 1 nicht fachmännisch, amateurhaft 2 nicht berufsmäßig *od* professionell, Amateur... *(a.* SPORT) 3 ohne *(bes* akademische) Berufsausbildung B S Amateur(in) *(a.* SPORT), Nichtfachmann *m*, -fachfrau *f*

nonprofit, *Br* **non-profit-making** ADJ gemeinnützig *(Institution)*

nonproliferation S POL Nichtweitergabe *f* von Atomwaffen: **~ treaty** Atomsperrvertrag *m*

non pros. ABK non prosequitur, he does not prosecute

non-pros [ˌnɒnˈprɒs; *US* ˌnɑnˈprɑs] V/T JUR *e-n Kläger* (wegen Nichterscheinens) abweisen;

non prosequitur [ˌnɒnprəʊˈsekwɪtə(r); *US* ˌnɑnprəˈs-] S Abweisung *f (e-s Klägers)* (wegen Nichterscheinens)

nonquota ADJ *bes* WIRTSCH nicht kontingentiert *(Importe etc)*

nonrecurring ADJ einmalig *(Zahlung etc)*

nonrepresentational ADJ KUNST gegenstandslos, abstrakt

nonresident A ADJ 1 nicht ansässig 2 nicht im Haus wohnend B S 1 Nichtansässige(r) *m/f(m)* 2 nicht im Haus Wohnende(r) *m/f(m)*, *engS.* nicht im Haus wohnender Gast *(e-s Hotelrestaurants etc)* 3 WIRTSCH Devisenausländer(in)

nonresistance S Widerstandslosigkeit *f*

nonrestrictive ADJ: **~ relative clause** LING nicht einschränkender Relativsatz

nonreturnable ADJ Einweg...: **~ bottle**

nonreturn valve S TECH Rückschlagventil *n*

nonrigid ADJ FLUG, TECH unstarr *(Luftschiff etc; a.* PHYS *Molekül)*

nonrun ADJ *bes US* maschenfest, laufmaschensicher

nonscheduled ADJ 1 außerplanmäßig *(Flug etc)* 2 FLUG Charter...: **~ airline**

nonsense [ˈnɒnsəns; *US* ˈnɑn-] A S 1 Nonsens *m*, Unsinn *m*, dummes Zeug *(alle a int)*: **talk ~** 2 Unsinn *m*, Mätzchen *pl umg*: **stand no ~** sich nichts gefallen lassen, nicht mit sich spaßen lassen; **there is no ~ about him** er ist ein ganz kühler *od* sachlicher Typ 3 Un-, Widersinnigkeit *f*: **make ~ of**, *Br a.* **make a ~ of** a ad absurdum führen b illusorisch machen 4 Kleinigkeiten *pl*, Kinkerlitzchen *pl umg* B ADJ → nonsensical: **~ verses** Nonsensverse; **~ word** Nonsenswort *n*

nonsensical [nɒnˈsensɪkl; *US* nɑn-] ADJ (ADV ~ly) unsinnig

non seq. ABK non sequitur, it does not follow

non sequitur [ˌnɒnˈsekwɪtə(r); *US* -nɑn-] S Trugschluss *m*, unlogische Folgerung

nonskid, **nonslip** ADJ rutschsicher, -fest: **~ chain** Gleitschutzkette *f*; **~ road surface** schleuderfreie Straßenoberfläche; **~ tire** *(bes Br* **tyre**) Gleitschutzreifen *m*; **~ tread** Gleitschutzprofil *n (am Reifen)*

nonsmoker S 1 Nichtraucher(in) 2 BAHN *Br* Nichtraucher(abteil) *m(n)*; **nonsmoking** ADJ Nichtraucher...

nonstandard ADJ 1 Sonder..., ausgefallen *(Schuhgröße etc)* 2 LING nicht hoch- *od* schriftsprachlich, umgangssprachlich

nonstarter S: **be a ~** keine *od* kaum e-e Chance haben *(Person u. Sache)*

nonstick ADJ mit Antihaftbeschichtung *(Pfanne etc)*

nonstop A ADJ durchgehend *(Zug etc)*, ohne Unterbrechung *(Reise etc)*, ohne Zwischenlandung *(Flug)*: **~ flight** *a.* Nonstop-Flug *m*; **~ operation** TECH 24-Stunden-Betrieb *m*; **"~ performance"** „durchgehend Vorstellung" B ADV nonstop, ohne Unterbrechung *od* Zwischenlandung: **talk ~** ununterbrochen reden

nonsuch → nonesuch

nonsuit JUR A S 1 *(erzwungene)* Zurücknahme e-r Klage 2 Abweisung *f* e-r Klage B V/T 1 *den Kläger* mit der Klage abweisen 2 *e-e Klage (wegen Versäumnis des Klägers)* abweisen

nonsupport S JUR Nichterfüllung *f* e-r Unterhaltsverpflichtung

nonswimmer S Nichtschwimmer(in)

non-tax-paid ADJ WIRTSCH *US* (noch) unversteuert: **~ liquor**

nontechnical ADJ (ADV ~ly) 1 *allg* nicht technisch 2 nicht fachlich 3 volkstümlich, nicht fachsprachlich

nontitle ADJ: **~ bout** (*od* **fight**) *(Boxen)* Nicht-

N

titelkampf *m*

nontoxic ADJ (ADV ~ally) ungiftig

non-U ADJ *Br umg* unfein, nicht vornehm *(Ausdruck etc)*

nonuniform ADJ PHYS ungleichmäßig *(a.* MATH), ungleichförmig *(Bewegung)*

nonunion ADJ WIRTSCH **1** keiner Gewerkschaft angehörig, nicht organisiert: **~ shop** *US* gewerkschaftsfreier Betrieb **2** gewerkschaftsfeindlich; **nonunionism** S WIRTSCH Gewerkschaftsfeindlichkeit *f*; **nonunionist** S WIRTSCH **1** nicht organisierte(r) Arbeiter(in) **2** Gewerkschaftsgegner(in), -feind(in)

nonvalent ADJ CHEM, MATH, PHYS nullwertig

nonvalue bill S WIRTSCH Gefälligkeitsakzept *n*, -wechsel *m*

nonverbal ADJ (ADV ~ly) nichtverbal, ohne Worte

nonviolence S Gewaltlosigkeit *f*; **nonviolent** ADJ (ADV ~ly) gewaltlos *(Demonstration, Protest etc)*

nonvoter S POL Nichtwähler(in)

nonwarranty S JUR Haftungsausschluss *m*

nonwhite A S Farbige(r) *m/f(m)* B ADJ farbig

no-obligation ADJ unverbindlich

noodle[1] ['nu:dl] S *umg* **1** Dussel *m* **2** *US* Birne *f (Kopf)*

noodle[2] ['nu:dl] S Nudel *f*: **~ soup** Nudelsuppe *f*

nook [nʊk] S **1** Winkel *m*, Ecke *f*: **search for sth in every ~ and cranny** nach etwas in jedem Winkel *od* in allen Ecken suchen; **a shady ~** ein schattiges Plätzchen *od* Fleckchen **2** ARCH Nische *f*

nookie ['nʊkɪ] S *umg hum* Nümmerchen *n (Geschlechtsverkehr)*: **have a ~** ein Nümmerchen machen *od* schieben

noon [nu:n], *a.* **~day**, **~tide**, **~time** A S **1** Mittag(szeit) *m(f)*: **at ~** zu *od* am Mittag; **at high ~** um 12 Uhr mittags **2** *fig poet* Höhepunkt *m* B ADJ mittägig, Mittags…

noose [nu:s] A S Schlinge *f*: **slip one's head out of the hangman's ~** *fig* mit knapper Not dem Galgen entgehen; **put one's head in a ~** *fig* den Kopf in die Schlinge stecken B V/T **1** schlingen (**over** über *akk*; **round** um) **2** in *od* mit e-r Schlinge fangen

noosphere ['nəʊəsfɪə(r)] S *Evolutionismus*: Noosphäre *f (Übergang von der Natur zur Kultur)*

noov(e) [nu:v] *sl* A ADJ neureich B S Neureiche(r) *m/f(m)*

NOP ABK TYPO not our publication

nopal ['nəʊpəl; *US a.* nəʊ'pɑ:l] S BOT Nopalpflanze *f*, Feigenkaktus *m*

no-par ADJ WIRTSCH nennwertlos *(Aktie)*

nope [nəʊp] ADV *umg* nein

nor [nɔ:(r); nə(r)] KONJ **1** → neither B 1: **~ … ~** *obs od poet* weder … noch **2** noch (auch), auch nicht, ebenso wenig: *I don't smoke.* **~ do I** ich auch nicht

NOR circuit S COMPUT NOR-Schaltung *f*, WEDER-NOCH-Schaltung *f*

Nordic ['nɔ:(r)dɪk] A ADJ nordisch *(nordeuropäisch)*: **~ combined** *(Skisport)* nordische Kombination; **~ race** nordische Rasse; **~ skiing** nordischer Skisport B S nordischer Typ

Norf. ABK Norfolk

Norfolk ['nɔ:(r)fək] S Norfolk *n* a *Grafschaft in Ostengland* b *Hafenstadt in Virginia, USA*; **~ jacket** ['nɔ:(r)fək] S *e-e lose Jacke mit Gürtel*

norks [nɔ:ks] SPL *Aus sl* Titten *pl (Brüste)*

norland ['nɔ:(r)lənd] S *Br poet* Nordland *n*

norm [nɔ:(r)m] S **1** Norm *f (a.* WIRTSCH, MATH), Regel *f*, Richtschnur *f* **2** BIOL Typus *m* **3** *bes* SCHULE Durchschnittsleistung *f*

norm. ABK normal

normal ['nɔ:(r)ml] A ADJ (ADV → normally) **1** normal *(a.* BIOL, CHEM *etc)*: Normal…, gewöhnlich, üblich: **it is quite ~ for him to come home late** er kommt meistens spät nach Hause; **at the end of ~ time** SPORT am Ende der regulären Spielzeit **2** MATH normal: a richtig: **~ error curve** normale Fehlerkurve b lot-, senkrecht: **~ line** → B 4 a; **~ plane** → B 4 b B S **1** normale Person *od* Sache **2** *(das)* Normale, Normalzustand *m*: **be back to ~** sich normalisiert haben, wieder normal sein; **train services are back to ~** die Züge verkehren wieder normal; **return** (*od* **go back**) **to ~** sich normalisieren; **be above (below) ~** a über (unter) dem Durchschnitt liegen, überdurchschnittlich (unterdurchschnittlich) sein b über (unter) dem Normalwert liegen **3** Normaltyp *m* **4** MATH a Normale *f*, Senkrechte *f* b senkrechte Ebene, Normalebene *f*; **~ acceleration** S MATH, PHYS Normalbeschleunigung *f*

normalcy ['nɔ:(r)mlsɪ] *bes US* → normality

normal hill S *Skispringen*: Normalschanze *f*

normality [nɔ:(r)'mælətɪ] S Normalität, Normalzustand *m*: **return to ~** sich normalisieren

normalization [ˌnɔ:(r)məlaɪ'zeɪʃn; *US* -lə'z-] S **1** Normalisierung *f* **2** Normung *f*, Vereinheitlichung *f*; **normalize** A V/T **1** normalisieren **2** normen, vereinheitlichen **3** TECH normalglühen B V/I sich normalisieren; **normally** ADV **1** normal **2** normalerweise, (für) gewöhnlich

normal| output, **~ power** S TECH Normalleistung *f*; **~ school** S HIST *US* Lehrerbildungsanstalt *f*; **~ speed** S TECH **1** Normalgeschwindigkeit *f* **2** Betriebsdrehzahl *f*

Norman ['nɔ:(r)mən] A S **1** HIST Normanne *m*, Normannin *f* **2** Bewohner(in) der Normandie **3** LING Normannisch *n*, das Normannische B ADJ normannisch: **~ architecture**, **~ style** normannischer Rundbogenstil; **the ~ Conquest** die normannische Eroberung *(von England, 1066)*

Normandy ['nɔ:(r)məndɪ] S Normandie *f*

Norman French S LING Anglonormannisch *n*, -französisch *n*, das Anglonormannische *od* -französische

normative ['nɔ:(r)mətɪv] ADJ (ADV ~ly) normativ *(a.* LING)

Norn [nɔ:(r)n] S MYTH Norne *f*

Norse [nɔ:(r)s] A ADJ **1** skandinavisch **2** altnordisch **3** *(bes* alt)norwegisch B S **1** LING a Altnordisch *n*, das Altnordische b *(bes* Alt)-Norwegisch, das *(bes* Alt)Norwegische **2** KOLL a *(die)* Norweger *pl* b HIST *(die)* Wikinger *pl*

Norseman ['nɔ:(r)smən] S *irr* HIST Wikinger *m*

north [nɔ:(r)θ] A S **1** Norden *m*: **in the ~ of** im Norden von *(od gen)*; **to the ~ of** → C 3; **from the ~** aus dem Norden **2** *a.* Ω Norden *m*, nördlicher Landesteil: **the Ω of Germany** Norddeutschland *n*; **the Ω** a *Br* Nordengland *n* b *US* der Norden, die Nordstaaten *pl* **3** *poet* Nord(wind) *m* B ADJ nördlich, Nord… C ADV **1** nach Norden, nordwärts **2** *obs* aus dem Norden *(bes Wind)* **3** **~ of** nördlich von *(od gen)*: → border A 4

North American A ADJ nordamerikanisch B S Nordamerikaner(in)

Northamptonshire [nɔ:(r)'θæmptənʃə(r); -ˌʃɪə(r); nɔ:(r)θ'hæ-] S Northamptonshire *n (Grafschaft in Mittelengland)*

Northants. ABK Northamptonshire

North Atlantic Treaty S POL Nordatlantikpakt *m*

North Ayrshire [ˌnɔ:θ'eə(r)ʃə(r); -ʃɪə(r)] S Nord-Ayrshire *n (Verwaltungsregion in Südwestschottland)*

north|bound ADJ nach Norden gehend *od* fahrend: **the ~ traffic** der Verkehr in Richtung Norden; **~ by east** S Nordnordost *m*; **~ by west** S Nordnordwest *m*

North Carolina [ˌkærə'laɪnə] S Nord-Carolina *n (Staat im Süden der USA)*

North| Country S: **the ~** *Br* Nordengland *n (England nördlich des Humber)*; **Ω countryman** [-mən] S *irr Br* Nordengländer *m*

North Dakota [də'kəʊtə] S Norddakota *n (Staat der USA)*

north|east [ˌnɔ:(r)θ'i:st; SCHIFF nɔ:r'i:st] A S Nordosten *m* B ADJ nordöstlich, Nordost…: **Ω Passage** GEOG Nordostpassage *f* C ADV nordöstlich, nach Nordosten; **~easter** S Nordostwind *m*; **~easterly** A ADJ nordöstlich, Nordost… B ADV von *od* nach Nordosten; **~eastern** → northeast B; **~eastward** A ADJ & ADV nordöstlich, nach Nordosten B S nordöstliche Richtung; **~eastwardly** ADJ & ADV nordostwärts (gelegen *od* gerichtet)

northerly A ADJ nördlich, Nord… B ADV von *od* nach Norden C S Nordwind *m*

northern ['nɔ:ðn; *US* 'nɔ:rðərn] ADJ **1** nördlich, Nord…: **Ω Cross** ASTRON Kreuz *n* des Nordens; **Ω Europe** Nordeuropa *n*; **~ lights** *pl* PHYS Nordlicht *n* **2** nordwärts, Nord…: **~ course** Nordkurs *m*

northerner S **1** Bewohner(in) des Nordens *(e-s Landes)* **2** Ω *US* Nordstaatler(in)

Northern Ireland ['aɪə(r)lənd] S Nordirland *n*

northernmost ADJ nördlichst(er, e, es)

Northern Territory S Nordterritorium *n (austral. Bundesstaat)*

northing ['nɔ:(r)θɪŋ; -ðɪŋ] S **1** ASTRON nördliche Deklination *(e-s Planeten)* **2** SCHIFF Weg *m od* Distanz *f* nach Norden

North| Korea [kə'rɪə] S Nordkorea *n*; **~ Korean** A S Nordkoreaner(in) B ADJ nordkoreanisch

North Lanarkshire [ˌnɔ:(r)θ'lænə(r)kʃə(r); -ʃɪə(r)] S Nord-Lanarkshire *n (Verwaltungsregion im südwestlichen Zentralschottland)*

North|land [-lənd] S *bes poet* Nordland *n*; **~man** [-mən] S *irr* Nordländer *m*

north|-northeast [ˌnɔ:(r)θnɔ:(r)θ'i:st; SCHIFF ˌnɔ:(r)nɔ:r'i:st] A ADJ nordnordöstlich, Nordnordost… B ADV nach *od* aus Nordnordosten C S Nordnordost *m*; **~-northwest** A ADJ nordnordwestlich, Nordnordwest… B ADV nach *od* aus Nordnordwesten C S Nordnordwest *m*

north| point S PHYS Nordpunkt *m*; **Ω Pole** S Nordpol *m*; **Ω Sea** S Nordsee *f*; **Ω-South** ADJ POL Nord-Süd-…: **~ dialog(ue)**; **~ divide** Nord-Süd-Gefälle *n*; **Ω Star** S ASTRON Polarstern *m*: **~ State** *US (Beiname für den Staat)* Minnesota *n*

Northum(b). ABK Northumberland

Northumberland [nɔ:(r)'θʌmbə(r)lənd] S Northumberland *n (Grafschaft in Nordengland)*

northward ADJ & ADV nördlich, nordwärts, nach Norden: **in a ~ direction** in nördlicher Richtung, Richtung Norden; **northwards** ADV → northward

north|west [ˌnɔ:(r)θ'west; SCHIFF nɔ:(r)'west] A S Nordwesten *m* B ADJ nordwestlich, Nordwest…: **Ω Passage** GEOG Nordwestpassage *f* C ADV nach *od* aus Nordwesten; **~wester** S Nordwestwind *m*; **~westerly** A ADJ nordwestlich, Nordwest… B ADV von *od* nach Nordwesten; **~western** → northwest B

Northwest Territories SPL Nordwestterritorien *pl*

north|westward A ADJ & ADV nordwestlich, nach Nordwesten B S nordwestliche Rich-

tung; **~westwardly** ADJ & ADV nordwestwärts (gelegen *od* gerichtet)
North Yorkshire ['jɔ:(r)kʃə(r); -ʃɪə(r)] S Nord-Yorkshire *n* (*Grafschaft in Nordengland*)
Norw. ABK 1 Norway 2 Norwegian
Norway ['nɔ:(r)weɪ] S Norwegen *n*
Norway| pine S BOT Amer. Rotkiefer *f*; **~ rat** S ZOOL Wanderratte *f*; **~ spruce** S BOT Gemeine Fichte, Rottanne *f*
Norwegian [nɔ:(r)'wi:dʒən] A ADJ norwegisch: **she's ~** sie ist Norwegerin B S 1 Norweger(in) 2 LING Norwegisch *n*, das Norwegische
nor'wester [nɔ:(r)'westə(r)] → northwester
Nos. ABK numbers PL Nrn.
nose [nəʊz] A S 1 ANAT Nase *f*: → blow[1] C 9, pick[1] B 13 2 *fig* Nase *f*, Riecher *m umg* (*beide:* **for** für) 3 → bouquet 2 4 *bes* TECH a Nase *f*, Vorsprung *m*, (MIL Geschoss)Spitze *f*, Schnabel *m* b Mündung *f* c Schneidkopf *m* (*e-s Drehstahls etc*) 5 (Schiffs)Bug *m* 6 AUTO Schnauze *f* (*Vorderteil des Autos*) 7 FLUG Nase *f*, (Rumpf)Bug *m*, Kanzel *f* B V/T 1 riechen, wittern 2 beschnüffeln 3 mit der Nase berühren *od* stoßen 4 *fig* a *s-n Weg* vorsichtig suchen: **the car ~d its way through the fog** das Auto tastete sich durch den Nebel b *ein Auto etc* vorsichtig fahren: **~ the car out of the garage** 5 durch die Nase *od* näselnd aussprechen 6 *umg* → nose out 2 C V/I 1 a. **~ about, ~ around** *umg* (herum)schnüffeln (**after, for** nach; **among** in *dat*) 2 **~ into** *umg* s-e Nase stecken in (*akk*) 3 **the car ~d through the fog** das Auto tastete sich durch den Nebel
Besondere Redewendungen: **bite** (*od* **snap**) **sb's ~ off** *umg* j-n anschnauzen *od* anfahren; **cut off one's ~ to spite one's face** sich ins eigene Fleisch schneiden; **follow one's ~** a immer der Nase nach gehen b *fig* s-m Instinkt folgen; **get ~ of** *umg* Wind bekommen von; **get up sb's ~** *Br umg* j-m auf den Wecker fallen *od* gehen; **keep one's ~ clean** *umg* sich nichts zuschulden kommen lassen; **keep your ~ out of my affairs** *umg* halte dich aus m-n Angelegenheiten heraus!; **lead sb by the ~** *umg* j-n ‚unter s-r Fuchtel haben, j-n gängeln; **look down one's ~ at** *umg* die Nase rümpfen über (*akk*); **pay through the ~** *umg* sich dumm u. dämlich zahlen; **poke** (*od* **put, stick, thrust**) **one's ~ into** *umg* s-e Nase in *e-e Sache* stecken; **put sb's ~ out of joint** *umg* a j-n ausstechen b j-n vor den Kopf stoßen; **see no further than (the end of) one's ~** *umg* a kurzsichtig sein b *fig* nicht weiter sehen als s-e Nase (reicht); **turn up one's ~** *umg* die Nase rümpfen (**at** über *akk*); **win by a ~** (*Pferderennsport*) um e-e Nasenlänge gewinnen (*a. fig*); **(as) plain as the ~ on your face** *umg* sonnenklar; **on the ~** *bes US umg* (ganz) genau, *engS.* pünktlich; **under sb's (very) ~** a direkt vor j-s Nase b vor j-s Augen; → grindstone 1, powder B 1, thumb B 4
Phrasal Verbs: **nose| down** FLUG A V/T *das Flugzeug* andrücken B V/I andrücken, im Steilflug niedergehen; **~ out** V/T 1 ausschnüffeln, ausspionieren, herausbekommen 2 *Pferderennsport:* um e-e Nasenlänge schlagen (*a. fig*); **~ over** V/I FLUG sich überschlagen, e-n Kopfstand machen; **~ up** FLUG A V/T *das Flugzeug* hochziehen B V/I steil hochgehen
nose| ape S ZOOL Nasenaffe *m*; **~ bag** S Fress-, Futterbeutel *m* (*für Pferde*); **~band** S Nasenriemen *m* (*am Zaumzeug*); **~bleed** S MED Nasenbluten *n*: **have a ~** Nasenbluten haben; **~ candy** S *US sl* Koks *m*, Schnee *m* (*Kokain*); **~ cone** S Raketenspitze *f*
nosed [nəʊzd] ADJ (*meist in Zusammensetzungen*) mit e-r *dicken etc* Nase, ...nasig

nose| dive S 1 FLUG Sturzflug *m* 2 WIRTSCH *umg* (Preis- *etc*)Sturz *m*: **prices took a ~** die Preise purzelten; **send the dollar into a ~** den Dollar purzeln lassen; **~-dive** V/I 1 FLUG e-n Sturzflug machen 2 WIRTSCH *umg* purzeln (*Kurse, Preise*); **~ drops** SPL MED, PHARM Nasentropfen *pl*
no-see-um [ˌnəʊ'si:əm] S ZOOL *US* Gnitze *f*, Bartmücke *f*
nose| flute S MUS Nasenflöte *f*; **~gay** S Sträußchen *n*; **~ gear** S FLUG Bugfahrwerk *n*; **~-heavy** ADJ FLUG vorderlastig; **~ job** S MED Nasenkorrektur *f*; **~-picker** S Nasenbohrer(in); **~-picking** S Nasenbohren *n*; **~piece** S 1 HIST Nasenteil *m/n* (*e-s Helms*) 2 TECH Mundstück *n* (*vom Blasebalg, Schlauch etc*) 3 TECH Revolver *m* (*Objektivende e-s Mikroskops*) 4 Steg *m* (*e-r Brille*); **~ pipe** S TECH Balgrohr *n*, Düse *f*; **~ plaster** S *bes* SPORT Nasenpflaster *n*; **~ rag** S *sl* Rotzfahne *f*; **~ ring** S Nasenring *m* (*a. Schmuck*); **~ spray** S MED, PHARM Nasenspray *m/n*; **~ wheel** S FLUG Bugrad *n*
nosey → nosy
nosh [nɒʃ; *US* nɑʃ] *sl* A S 1 *bes Br* a Essen *n*: **have a ~** (etwas) essen; **have a quick ~** schnell etwas essen b Küche *f*: **Chinese ~** 2 *US* Bissen *m*, Happen *m*: **have a ~** e-n Happen essen B V/I 1 *bes Br* essen 2 *US* e-n Bissen *od* Happen essen
no-show ['nəʊʃəʊ] A S No-Show *m* (*j-d, der etwas Gebuchtes od Bestelltes nicht in Anspruch nimmt*) B ADJ: **~ charge** *od* **fee** Gebühr *f*, die bei Nichterscheinen, Nichtantritt der Reise *etc* anfällt
nosh-up S *Br sl* reichhaltiges Essen; **have a ~** spachteln *sl*
no-side S *Rugby:* Spielende *n*
nosing ['nəʊzɪŋ] S ARCH Nase *f*, Ausladung *f*: **~ of the steps** (*od* **of the staircase**) Treppenkante *f*; **~-over** *pl* nosings-over S FLUG Kopfstand *m* (*beim Landen*)
no-smoking ADJ Nichtraucher...
nosographer [nɒ'sɒgrəfə(r); *US* nəʊ'sɑ-] S MED Nosograf(in); **nosographic** [ˌnɒsə'græfɪk; *US* ˌnɑ-] ADJ (ADV **~ally**) nosografisch; **nosography** [-fɪ] S Nosografie *f* (*systematische Bezeichnung u. Beschreibung von Krankheiten*)
nosological [ˌnɒsə'lɒdʒɪkl; *US* ˌnəʊsə'l-] ADJ (ADV **~ly**) MED nosologisch; **nosologist** [nɒ'sɒlədʒɪst; *US* nəʊ'sɑ-] S Nosologe *m*, Nosologin *f*; **nosology** S Nosologie *f*, Krankheitslehre *f*
nostalgia [nɒ'stældʒɪə; -dʒə; *US* nɑ-] S 1 MED Nostalgie *f*, Heimweh *n* 2 Nostalgie *f*, *weitS.* Sehnsucht *f* (**for** nach *etwas Vergangenem etc*) 3 Wehmut *f*, wehmütige Erinnerung; **nostalgic** ADJ (ADV **~ally**) 1 MED an Heimweh leidend, Heimweh... 2 nostalgisch, *weitS.* sehnsüchtig 3 wehmütig
nostril ['nɒstrəl; *US* 'nɑs-] S Nasenloch *n*, *bes* ZOOL Nüster *f*
nostrum ['nɒstrəm; *US* 'nɑs-] S 1 MED Geheimmittel *n*, Quacksalbermedizin *f* 2 *fig* (**for**) Allheilmittel *n* (gegen), Patentrezept *n* (für)
nosy ['nəʊzɪ] ADJ (ADV **noisily**) *umg* neugierig: **~ parker** *bes Br* Schnüffler(in) *pej*
not [nɒt; *US* nɑt] ADV 1 nicht: → yet A 1, A 2 2 **~ a** kein(e): **~ a few** nicht wenige 3 **~ that ...** nicht, dass ...; nicht als ob ...
Besondere Redewendungen: **I think ~** ich glaube nicht; **I know ~** *obs od poet* ich weiß (es) nicht; **it is wrong, is it ~** (*od* **isn't it**)**?** es ist falsch, nicht wahr?; **he is ~ an Englishman** er ist kein Engländer; **~ if I know it** nicht, wenn es nach mir geht

nota ['nəʊtə] *pl von* notum
notabilia [ˌnəʊtə'bɪlɪə] SPL *das* Bemerkenswerte
notability [ˌnəʊtə'bɪlətɪ] S 1 bedeutende *od* prominente Persönlichkeit, *pl* (*die*) Honoratioren *pl*, (*die*) Prominenz 2 hervorragende Eigenschaft, Bedeutung *f*
notable ['nəʊtəbl] A ADJ 1 beachtens-, bemerkenswert, denkwürdig: **a ~ exception** e-e rühmliche Ausnahme 2 ansehnlich, beträchtlich (*Unterschied etc*) 3 angesehen, bedeutend (*Wissenschaftler etc*) B S → notability 1; **notably** ADV 1 beträchtlich: **be ~ absent** durch Abwesenheit glänzen (**from** bei) 2 besonders, vor allem
notarial [nəʊ'teərɪəl] ADJ (ADV **~ly**) JUR 1 notariell, Notariats... 2 notariell (beglaubigt)
notarize ['nəʊtəraɪz] V/T JUR notariell beurkunden *od* beglaubigen: **have sth ~d** etwas notariell beglaubigen lassen
notary ['nəʊtərɪ] S *meist* **~ public** JUR Notar(in): **attested by (a) ~** notariell beglaubigt
notate [nəʊ'teɪt; *US* 'nəʊˌt-] V/T MUS notieren, in Notenschrift schreiben *od* aufzeichnen
notation [nəʊ'teɪʃn] S 1 Aufzeichnung *f*: a Notierung *f* b Notiz *f* 2 *bes* CHEM, MATH Bezeichnungssystem *n*, Schreibweise *f*, Bezeichnung *f*: **chemical ~** chemisches Formelzeichen 3 MUS a Notenschrift *f* b Notation *f*, Aufzeichnen *n* in Notenschrift
notch [nɒtʃ; *US* nɑtʃ] A S 1 Kerbe *f*, Einschnitt *m*, Aussparung *f*, Falz *m*, Nut(e) *f* 2 *Zimmerei:* Kamm *m* 3 TYPO Signatur(rinne) *f* 4 MIL, TECH (Visier)Kimme *f*: **~ and bead sights** Kimme u. Korn 5 GEOL *US* a Engpass *m* b Kehle *f* 6 *umg* Grad *m*, Stufe *f*: **be a ~ above** e-e Klasse besser sein als; **several ~es better** um einiges besser B V/T 1 *bes* TECH (ein)kerben, (ein)schneiden, einfeilen 2 TECH ausklinken 3 TECH nuten, falzen 4 *oft* **~ up** *umg e-n Sieg, Einnahmen etc* erzielen: **~ sb sth** j-m etwas einbringen
notched [nɒtʃt; *US* nɑtʃt] ADJ 1 TECH (ein)gekerbt, mit Nuten (versehen) 2 BOT grob gezähnt (*Blatt*)
NOT circuit [nɒt; *US* nɑt] S COMPUT NICHT-Glied *n*, Negationsschaltung *f*, NICHT-Schaltung *f*
note [nəʊt] A S 1 (Kenn)Zeichen *n*, Merkmal *n* 2 *fig* Ansehen *n*, Ruf *m*, Bedeutung *f*: **a man of ~** ein bedeutender Mann; **nothing of ~** nichts von Bedeutung; **worthy of ~** beachtenswert 3 Notiz *f*, Kenntnisnahme *f*, Beachtung *f*: **take ~ of sth** a von etwas Notiz *od* etwas zur Kenntnis nehmen b etwas beachten 4 Notiz *f*, Aufzeichnung *f*: **make a ~ of sth** sich etwas notieren *od* vormerken; **speak without ~s** frei sprechen; **take ~s** sich Notizen machen (**of** über *akk*); → compare A 3, mental[2] A 1 5 (diplomatische) Note: **exchange of ~s** Notenwechsel *m* 6 Briefchen *n*, Zettel (-chen) *m(n)* 7 TYPO a Anmerkung *f* b Satzzeichen *n* 8 WIRTSCH a Nota *f*, Rechnung *f*: **as per ~** laut Nota b (Schuld)Schein *m*: **~ of hand** → promissory note; **bought and sold ~** Schlussschein *m*; **~s payable (receivable)** *US* Wechselverbindlichkeiten (-forderungen) c Banknote *f*, Geldschein *m*: **~ issue** Notenausgabe *f*, -kontingent *n* d Vermerk *m*, Notiz *f* e Mitteilung *f*: **~ of exchange** Kursblatt *n* 9 MUS a Note *f*: → off B 2 b *bes Br* Ton *m* c *bes Br* Taste *f*: **strike the ~s** die Tasten anschlagen 10 *poet* Klang *m*, Melodie *f*, *bes* (Vogel)Gesang *m* 11 *fig* Ton(art) *m(f)*: **strike the right ~** den richtigen Ton treffen; **strike a false ~** a sich im Ton vergreifen b sich danebenbenehmen; **on this ~** in diesem Sinne; *he closed his speech* **on this (encouraging) ~**

mit diesen (ermunternden) Worten; → change A 1 12 fig a Ton m, Beiklang m: **with a ~ of irritation** mit e-m Unterton von Ärger b Note f, Element n, Faktor m: **a ~ of realism** e-e realistische Note B V/T 1 bemerken 2 (besonders) beachten od achten auf (akk): **~ that …** beachten, dass … 3 oft **~ down** (sich) etwas aufschreiben od notieren 4 WIRTSCH e-n Wechsel protestieren lassen: **bill (of exchange) ~d for protest** protestierter Wechsel 5 bes Preise angeben

note| bank S WIRTSCH Notenbank f; **~book** S 1 Notizbuch n 2 WIRTSCH, JUR Kladde f 3 Notebook n (Personalcomputer im Buchformat); **~ broker** S WIRTSCH US Wechselmakler(in); **~case** S bes Br Brieftasche f

noted [ˈnəʊtɪd] ADJ 1 bekannt, berühmt (beide: **for** wegen) 2 WIRTSCH notiert: **~ before official hours** vorbörslich (Kurs); **notedly** ADV ausgesprochen, deutlich, besonders

note|pad S 1 Notizblock m 2 Notepad n (Personalcomputer im Notizblockformat); **~ paper** S Briefpapier n; **~ row** S Zwölftonmusik: Reihe f; **~ value** S MUS Zeitwert m

noteworthy ADJ (ADV noteworthily) bemerkenswert (Buch etc)

not-for-profit ADJ US gemeinnützig (Institution)

NOT gate → NOT circuit

nothing [ˈnʌθɪŋ] A PRON nichts (**of** von): **as if ~ had happened** als ob nichts passiert sei; **~ much** nicht (sehr) viel, nichts Bedeutendes B S 1 Nichts n: **~ zu** od in nichts; **for ~** umsonst: a kostenlos b grundlos c vergeblich; → Bes Redew 2 fig Nichts n, Unwichtigkeit f 3 Kleinigkeit f, Nichts n 4 pl Nichtigkeiten pl, leere Redensarten pl: **say sweet** (od **soft**) **~s** Süßholz raspeln umg 5 Null f (a. Person) C ADV umg durchaus nicht, keineswegs: **~ like so bad as** bei Weitem nicht so schlecht wie; **~ like complete** alles andere als od längst nicht vollständig D INT (in Antworten) umg nichts dergleichen!, keine Spur!, Unsinn!

Besondere Redewendungen: **good for ~** zu nichts zu gebrauchen; **~ additional** nichts weiter; **~ doing** umg a das kommt nicht infrage! b nichts zu machen! **~ but** nichts als, nur; **~ if not courageous** sehr mutig; **not for ~** nicht umsonst, nicht ohne Grund; **(in) ~ flat** umg im Handumdrehen; **that's ~** a das ist od macht od bedeutet gar nichts b das gilt nicht **that's ~ to** das ist nichts im Vergleich zu; **that is ~ to what we have seen** das ist nichts gegen das, was wir gesehen haben; **that's ~ to me** das bedeutet mir nichts; **that is ~ to you** das geht dich nichts an; **he is ~ to me** er bedeutet mir nichts, er ist mir gleichgültig; **there is ~ to** (od **in**) **it** a da ist nichts dabei, das ist ganz einfach b an der Sache ist nichts dran **there is ~ like** es geht nichts über (akk); **end in ~** sich in nichts auflösen; **feel like ~ on earth** umg sich hundeelend fühlen; **make ~ of sth** a nicht viel Wesens von etwas machen b sich nichts aus etwas machen **I can make ~ of him (it)** ich kann mit ihm (damit) nichts anfangen, ich werde aus ihm (daraus) nicht schlau; **say ~ of** (Redew) ganz zu schweigen von; **think ~ of** nichts halten von, sich nichts machen aus; **think ~ of doing sth** nichts dabei finden, etwas zu tun; → daunt 1, go¹ C 23, have Bes Redew, kind¹ 1

nothingness S 1 Nichts n: a Nichtsein n b Nichtigkeit f 2 Leere f: **a feeling of ~**

notice [ˈnəʊtɪs] A S 1 Beachtung f: **avoid ~** (Redew) um Aufsehen zu vermeiden; **that's beneath my ~** das nehme ich nicht zur Kenntnis; **bring sth to sb's ~** j-m etwas zur Kenntnis bringen, j-n von etwas in Kenntnis setzen, j-n von etwas unterrichten; **come to sb's ~** j-m bekannt werden, j-m zur Kenntnis gelangen; **escape ~** unbemerkt bleiben; **escape sb's ~** j-m od j-s Aufmerksamkeit entgehen; **take (no) ~ of** a (keine) Notiz nehmen von b (nicht) beachten; "**~**" „zur Beachtung!" 2 Notiz f, Nachricht f, Anzeige f, Meldung f, Ankündigung f, Mitteilung f: **~ of an engagement** Verlobungsanzeige f; **this is to give ~ that …** es wird hiermit bekannt gemacht, dass …; **give sb ~ of sth** j-n von etwas benachrichtigen; **on short ~** bes US kurzfristig, auf Abruf 3 Anzeige f, Ankündigung f, Hinweis m, Bekanntgabe f, Benachrichtigung f, Mitteilung f, Bericht m, Anmeldung f: **~ of assessment** WIRTSCH Steuerbescheid m; **~ of a loss** Verlustanzeige; **give ~ of appeal** JUR Berufung anmelden od einlegen; **give ~ of motion** a e-n Antrag anmelden b PARL e-n Initiativantrag stellen; **give ~ of a patent** ein Patent anmelden; **serve ~ upon sb** JUR j-m e-e Vorladung zustellen, j-n vorladen 4 a Warnung f b Kündigung(sfrist) f: **subject to a month's ~** mit monatlicher Kündigung; **give sb (their) ~ (for Easter)** j-m (zu Ostern) kündigen; **give the company** (od **give in**) **one's ~** kündigen; **give sb three months' ~** j-m drei Monate vorher kündigen; **we have been given ~ to quit** uns ist (die Wohnung) gekündigt worden; **I am under ~ to leave** mir ist gekündigt worden; **at a day's ~** binnen e-s Tages; **at a moment's ~** jeden Augenblick, sogleich, jederzeit; **at short ~** kurzfristig, auf Abruf; sofort, auf Anhieb; **it's a bit short ~** umg das kommt etwas plötzlich; **till** (od **until**) **further ~** bis auf Weiteres; **without ~** fristlos (entlassen etc) 5 schriftliche Bemerkung, (a. Presse-, Zeitungs) Notiz f, (bes kurze kritische) Rezension, (Buch- etc) Besprechung f: **receive good ~s** gute Kritiken erhalten B V/T 1 bemerken: **~ sb do(ing) sth** bemerken, dass j-d etwas tut; j-n etwas tun sehen 2 (besonders) beachten od achten auf (akk): **~ that …** beachten, dass … 3 anzeigen, melden, bekannt machen 4 bes JUR benachrichtigen C V/I es bemerken

noticeable ADJ (ADV noticeably) 1 wahrnehmbar, merklich, sichtlich: **~ results** spürbare Folgen 2 bemerkenswert, beachtlich 3 auffällig, ins Auge fallend

notice| board S bes Br 1 Anschlagbrett n, Schwarzes Brett 2 Warnungstafel f, Warnschild n; **~ period** S Kündigungsfrist f

notifiable [ˈnəʊtɪfaɪəbl] ADJ meldepflichtig (bes Krankheit)

notification [ˌnəʊtɪfɪˈkeɪʃn] S 1 (förmliche) Anzeige, Meldung f, (a. amtliche) Mitteilung, Bekanntmachung f, Benachrichtigung f 2 schriftliche Ankündigung

notify [ˈnəʊtɪfaɪ] V/T 1 (förmlich) bekannt geben, anzeigen, avisieren, melden, (amtlich) mitteilen (alle: **sth to sb** j-m etwas) 2 **(of)** j-n benachrichtigen, in Kenntnis setzen (von, über akk; **that** dass), j-n unterrichten (von)

notion [ˈnəʊʃn] S 1 Begriff m (a. MATH, PHIL), Gedanke m, Idee f, Vorstellung f, weitS. a. Ahnung f (**of** von): **not have the vaguest** (od **faintest**) **~ of sth** nicht die leiseste Ahnung von etwas haben; **I had no ~ of this** davon war mir nichts bekannt; **I have a ~ that …** ich denke mir, dass … 2 Meinung f, Ansicht f: **fall into the ~ that …** auf den Gedanken kommen, dass … 3 Neigung f, Lust f, Absicht f, Impuls m: **he hasn't a ~ of doing it** es fällt ihm gar nicht ein, es zu tun 4 Grille f, verrückte Idee: **take the ~ of doing sth** auf die Idee kommen, etwas zu tun 5 pl bes US Kurzwaren pl

notional [ˈnəʊʃənl] ADJ (ADV ~ly) 1 begrifflich, Begriffs… 2 PHIL rein gedanklich, spekulativ (nicht empirisch) 3 theoretisch 4 fiktiv, angenommen (Betrag etc)

notochord [ˈnəʊtəkɔː(r)d] S ANAT, ZOOL Rückenstrang m

Notogaea [ˌnəʊtəˈdʒiːə] S Tiergeografie: Notogäa f, australische Region

notoriety [ˌnəʊtəˈraɪətɪ] S 1 allgemeine Bekanntheit, a. pej (traurige) Berühmtheit, schlechter Ruf: **achieve** (od **gain**) **~** traurige Berühmtheit erlangen 2 pej Berüchtigtsein n, (das) Notorische 3 all- od weltbekannte Person od Sache (a. pej)

notorious [nəʊˈtɔːrɪəs; US a. -ˈtəʊ-] ADJ (ADV ~ly) notorisch: a offenkundig, all-, weltbekannt, wohlbekannt (alle a. pej), iron bekannt wie ein bunter Hund b pej berüchtigt (**for** wegen): **be ~ for being sth** dafür bekannt sein, etwas zu sein; **a ~ly violent man** ein für s-e Gewalttätigkeit berüchtigter Mann; **notoriousness** → notoriety 1, 2

no-trump (Bridge) A ADJ ohne Trumpf, Ohne-Trumpf-… B S a Ohne-Trumpf-Ansage f b Ohne-Trumpf-Spiel n

Nottinghamshire [ˈnɒtɪŋəmʃə(r); -ʃɪə(r); US ˈnɑ-] S Nottinghamshire n (Grafschaft in Mittelengland)

Notts. ABK Nottinghamshire

notum [ˈnəʊtəm] pl -ta [-tə] S ZOOL Notum n, Rücken(platte) m(f) (bei Insekten)

notwithstanding [ˌnɒtwɪθˈstændɪŋ; -wɪð-; US ˌnɑt-] A PRÄP ungeachtet, unbeschadet, trotz (gen): **~ the objections** ungeachtet od trotz der Einwände; **his great reputation ~** trotz s-s hohen Ansehens B KONJ a. **~ that** obgleich C ADV nichtsdestoweniger, dennoch

nougat [ˈnuːgɑː; US bes -gət] S weißer Nugat, türkischer Honig

nought [nɔːt; US a. nɑːt] 1 Br → naught A 1 2 → naught A 2, A 3, B, C; **~s and crosses** SPL (als sg konstruiert) Br Spiel, bei dem in e-m Feld von Kästchen Dreierreihen von Kreisen bzw Kreuzen erzielt werden müssen

noumenon [ˈnuːmɪnən; ˈnaʊ-; US -ˌnɑn] pl -na [-nə] S PHIL Noumenon n, Ding n an sich, reines Gedankending, bloße Idee

noun [naʊn] LING A S Substantiv n, Hauptwort n B ADJ substantivisch: **~ phrase** Nominalphrase f

nourish [ˈnʌrɪʃ; US bes ˈnɜrɪʃ] V/T 1 (er)nähren, erhalten (beide: **on** von) 2 fig ein Gefühl nähren, hegen 3 fig (be)stärken, aufrechterhalten; **nourishing** ADJ nahrhaft, Nähr…: **~ cream** (Kosmetik) Nährcreme f; **~ power** Nährkraft f, -wert m; **nourishment** S 1 Ernährung f 2 Nahrung f (a. fig): **take ~** Nahrung zu sich nehmen

nous [naʊs; US bes nuːs] S 1 PHIL Vernunft f, Verstand m 2 Br umg Grips m

nouveau riche [ˌnuːvəʊˈriːʃ] A pl nouveaux riches [ˌnuːvəʊˈriːʃ] S Neureiche(r) m/f(m) B ADJ neureich

nouvelle cuisine [ˌnuːvelkwɪˈziːn; bes US nuːˌvel-] S Nouvelle Cuisine f (e-e um 1970 in Frankreich aufgekommene Richtung der Kochkunst)

Nov. ABK November Nov.

nova [ˈnəʊvə] pl -vae [-viː], -vas S ASTRON Nova f (Fixstern, der kurzfristig durch innere Explosionen hell aufleuchtet)

Nova Scotia [ˌnəʊvəˈskəʊʃə] S Neuschottland n (ostkanadische Provinz)

novation [nəʊˈveɪʃn] S JUR Novation f: a Forderungsablösung f b Forderungsübertragung f

novel [ˈnɒvl; US ˈnɑvəl] A ADJ 1 (ganz) neu(-artig) 2 ungewöhnlich B S Roman m: **the ~** der Roman (als Gattung): **~ of manners** Sittenroman; **~ writer** → novelist

novelese [ˌnɒvəˈliːz; *US* ˌnɑ-] S *pej* Groschenromanstil *m*

novelette [ˌnɒvəˈlet; *US* ˌnɑ-] S 1 a Kurzroman *m* b *bes Br pej* Groschenroman *m*, seichter *od* kitschiger Unterhaltungsroman 2 MUS Romanze *f*; **novelettish** ADJ *bes Br pej* a seicht b rührselig, kitschig

novelist [ˈnɒvəlɪst; *US* ˈnɑ-] S Romanschriftsteller(in), Romancier *m*; **novelistic** ADJ (ADV ~ally) romanhaft, Roman…; **novelization** [ˌnɒvəlaɪˈzeɪʃn; *US* ˌnɑvələˈz-] S Darstellung *f* in Romanform: **~s of films** nachträgliche Romanfassungen von Filmen; **novelize** V/T in Romanform darstellen

novella [nəʊˈvelə] *pl* -las, -le [-liː; -leɪ] S Novelle *f*

novelty [ˈnɒvltɪ; *US* ˈnɑ-] S 1 Neuheit *f*: a (*das*) Neue (*e-r Sache*): **the ~ had soon worn off** der Reiz des Neuen war bald verflogen b (*etwas*) Neues: **be no ~ to** nichts Neues sein für 2 (*etwas*) Ungewöhnliches 3 *pl* Krimskrams *m umg*, billige Neuheiten; **~ effect** S Reiz *m* des Neuen

November [nəʊˈvembə(r)] S November *m*: **in ~** im November

novena [nəʊˈviːnə] *pl* -nae [-niː; -neɪ] S KATH Novene *f* (*neuntägige Andacht*)

novice [ˈnɒvɪs; *US* ˈnɑ-] A S 1 Anfänger(in), Neuling *m* (*beide:* **at** auf *e-m Gebiet*): **he's a ~ at swimming** → B 1 2 KATH Novize *m*, Novizin *f* (*e-s Ordens*) 3 BIBEL Neubekehrte(r) *m/f(m)* B ADJ 1 **he's a ~ swimmer** er hat gerade erst schwimmen gelernt 2 noch nie prämiiert (*z. B. Hund bei e-r Ausstellung*); **novitiate**, *a.* **noviciate** [nəʊˈvɪʃɪət; -ɪeɪt; *US a.* -ˈvɪʃət] S 1 Lehrzeit *f*, Lehre *f* 2 KATH a Noviziat *n*, Probezeit *f* b → novice A 1, A 2

now[1] [naʊ] A ADV 1 nun, gegenwärtig, jetzt: **from ~ (on), as of ~** von jetzt an; **up to ~** bis jetzt 2 sofort 3 eben, soeben: **just ~** gerade eben, (erst) vor ein paar Minuten 4 (*in der Erzählung*) nun, dann, darauf, damals 5 (*nicht zeitlich*) nun (aber): **~ I hold quite different opinions** B KONJ *a.* **~ that** nun aber da, nun da, da nun, jetzt wo: **~ he is gone** nun da er fort ist C S *poet* Jetzt *n* D ADJ *sl* modern: **it's a ~ tendency to do sth** es ist gerade in, etwas zu tun

Besondere Redewendungen: **before ~** a schon einmal, schon früher b früher, eher, vorher **by ~** mittlerweile, jetzt, inzwischen; **~ if** wenn (nun) aber; **how ~?** nun?, was gibt's?, was soll das heißen?; **what is it ~?** was ist jetzt schon wieder los?; **now … now** bald … bald; **~ and again, ~ and then, (every) ~ and then** von Zeit zu Zeit, hie(r) u. da, dann u. wann, gelegentlich, mitunter; **~ then** (nun) also; **what ~?** was nun?; **it's ~ or never** jetzt oder nie

NOW[2] ABK *US* National Organization for Women

nowadays [ˈnaʊədeɪz] A ADV heutzutage B S: **the cars of ~** die Autos von heute

noway(s) ADV *bes US* keineswegs, in keiner Weise

nowhere A ADV 1 nirgends, nirgendwo: **come (in)** (*od* **finish**) **~** SPORT unter „ferner liefen" *od* im geschlagenen Feld enden; **have ~ to live (stay)** kein Zuhause (keine Bleibe) haben 2 nirgendwohin: **get ~** nicht weit kommen, keinerlei Erfolg haben, nichts erreichen (**with sb** bei j-m); **get ~ in life** es im Leben zu nichts bringen; **this will get you ~** damit *od* so kommst du auch nicht weiter, das bringt dich auch nicht weiter; **£10 goes ~** mit 10 Pfund kommt man nicht sehr weit *od* kann man nicht sehr viel anfangen 3 **~ near** bei Weitem nicht, auch nicht annähernd: **£100 is ~ near enough** B S Nirgendwo *n*, *weitS.* Wildnis *f*, Abgelegenheit *f*: **appear from** (*od* **out of**) **~** aus dem Nichts auftauchen; **miles from ~** in e-r gottverlassenen Gegend; **live (out) in the middle of ~** am Ende der Welt wohnen; *the train stopped* **in the middle of ~** auf freier Strecke

nowheres *US sl* → nowhere A

no-win ADJ: **~ situation** ausweglose Situation

nowise → noway(s)

noxious [ˈnɒkʃəs; *US* ˈnɑ-] ADJ (ADV ~ly) schädlich: a verderblich b ungesund (**to** für): **~ substances** CHEM Schadstoffe; **noxiousness** S Schädlichkeit *f*

noyade [nwɑːˈjɑːd] S HIST Noyade *f*, (Hinrichtung *f* durch) Ertränken *n*

nozzle [ˈnɒzl; *US* ˈnɑzəl] S 1 *obs* Schnauze *f*, Rüssel *m* 2 *sl* Rüssel *m* (*Nase*) 3 TECH Schnauze *f*, Tülle *f*, Schnabel *m*, Mundstück *n*, Ausguss *m*, Röhre *f* (*an Gefäßen etc*) 4 TECH Stutzen *m*, Mündung *f*, Ausström(ungs)öffnung *f* (*an Röhren etc*) 5 TECH (*Kraftstoff- etc*) Düse *f*, Zerstäuber *m*: **~ angle** Anstellwinkel *m* der Düse; **~ ring** a Düsenring *m* b Leitkranz *m* 6 TECH Zapfpistole *f*

NP ABK 1 neuropsychiatric 2 neuropsychiatry 3 new penny (*od* pence) 4 notary public 5 LING noun phrase

n.p. ABK 1 TYPO new paragraph neuer Absatz 2 TYPO no place of publication

NPA ABK Newspaper Publishers' Association

NPL ABK *Br* National Physical Laboratory

NPR ABK *US* National Public Radio

NPV ABK WIRTSCH net present value Kapitalwert *m*

nr ABK near

NRA ABK *US* National Rifle Administration

n.s. ABK[1] not specified

N.S.[2] ABK Nova Scotia

NSB ABK *Br* National Savings Bank

NSC ABK *US* National Security Council

NSF ABK 1 *US* National Science Foundation 2 WIRTSCH not sufficient funds ungenügende Deckung

NSPCC ABK *Br* National Society for the Prevention of Cruelty to Children

NSU ABK MED nonspecific urethritis

N.S.W. ABK New South Wales

NT ABK 1 National Trust (*Organisation zur Erhaltung historisch bedeutender Bauten u. für Naturschutz in England, Wales u. Nordirland*) 2 BIBEL New Testament NT

nth [enθ] ADJ MATH n-te(r), n-te(s): **~ degree** n-ter Grad, beliebiger bestimmter Grad; **the ~ degree** a MATH bis zum n-ten Grade b *fig* im höchsten Maße; **for the ~ time** *fig* zum x-ten Mal

NTP ABK normal temperature and pressure

nt. wt. ABK WIRTSCH net weight Nettogewicht *n*

nu [njuː; *US a.* nuː] S Ny *n* (*griechischer Buchstabe*)

NUAAW ABK *Br* National Union of Agricultural and Allied Workers

nuance [ˈnjuːɑːns; *US a.* ˈnuː-] A S Nuance *f*: a Schattierung *f*, Feinheit *f*, feiner Unterschied: **~s of colo(u)r** Farbnuancen b Spur *f*, Kleinigkeit *f* B V/T nuancieren

nub [nʌb] S 1 Knopf *m*, Knötchen *n*, Auswuchs *m* 2 (kleiner) Klumpen, Nuss *f* (*Kohle etc*) 3 **the ~** *fig* der springende Punkt (**of** bei *e-r Sache*)

nubbin [ˈnʌbən] S *US* unvollkommen ausgebildete Frucht, *bes* kleiner *od* verkümmerter Maiskolben

nubble [ˈnʌbl] → nub 1; **nubbly** [-blɪ] ADJ knotig

nubecula [njuːˈbekjʊlə; *US a.* nuː-] *pl* -lae [-liː] S ASTRON Nebelfleck *m*

Nubia [ˈnjuːbjə; -bɪə; *US bes* ˈnuːbɪə] S Nubien *n*; **Nubian** [ˈnjuːbjən; -ɪən; *US a.* ˈnuː-] HIST A ADJ nubisch B S 1 Nubier(in) 2 LING Nubisch *n*, das Nubische

nubile [ˈnjuːbaɪl; *US a.* ˈnuːbəl] ADJ 1 mannbar, heiratsfähig, JUR ehemündig 2 sexy (*attraktiv*); **nubility** S Mannbarkeit *f*, Heiratsfähigkeit *f*, JUR Ehemündigkeit *f*

nucellus [njuːˈseləs; *US a.* nuː-] *pl* -li [-laɪ] S BOT Nucellus *m* (*innerer Teil der Samenanlage, der den Embryosack enthält*)

nucha [ˈnjuːkə; *US a.* ˈnuː-] *pl* -chae [-kiː] S ANAT, ZOOL Nucha *f*, Nacken *m*; **nuchal** ADJ nuchal, Nacken…

nuciform [ˈnjuːsɪfɔː(r)m; *US a.* ˈnuː-] ADJ nussförmig

nuclear [ˈnjuːklɪə(r); *US a.* ˈnuː-] A ADJ 1 kernförmig, Kern… 2 PHYS nuklear, Nuklear…; (Atom)Kern…, Atom…, atomar 3 atomgetrieben, mit Atomantrieb, Atom… B S 1 Kernwaffe *f*, *bes* Atomrakete *f* 2 POL Atom-, Nuklearmacht *f* 3 Atom-, Kernkraft *f*; **~ age** S Atomzeitalter *n*; **~ attack** S MIL Atomangriff *m*; **~ bomb** S Atombombe *f*; **~ charge** S PHYS Kernladung *f*; **~ chemistry** S CHEM Kernchemie *f*; **~ deterrent** S POL atomare Abschreckung; **~ disarmament** S MIL nukleare Abrüstung; **~ disintegration** S PHYS Kernzerfall *m*; **~ division** S BIOL Kernteilung *f*; **~ electron** S PHYS Kernelektron *n*; **~ energy** S PHYS Atom-, Kernenergie *f*; **~ family** S SOZIOL Kernfamilie *f*; **~ fission** S PHYS Kernspaltung *f*; **~-free** ADJ *Zone etc:* a atom-, kernwaffenfrei b nuklearfrei; **~ fuel** S PHYS Kernbrennstoff *m*; **~ fuel rod** S PHYS (Kern)Brennstab *m*; **~ fusion** S PHYS Kernfusion *f*, -verschmelzung *f*; **~ matter** S PHYS Kernmaterie *f*; **~ medicine** S MED Nuklearmedizin *f*; **~ membrane** S BIOL Kernmembran *f*; **~ migration** S BIOL Kernübertritt *m*; **~ model** S PHYS Kernmodell *n*; **~ particle** S PHYS Kernteilchen *n*; **~ phaseout** S Ausstieg *m* aus der Kernenergie *f*, Atomausstieg; **~ physicist** S PHYS Kernphysiker(in); **~ physics** SPL (*als sg konstruiert*) PHYS Kernphysik *f*; **~ polymerism** S CHEM Kernpolymerie *f*; **~ power** S 1 PHYS Atom-, Kernkraft *f* 2 POL Atom-, Nuklearmacht *f*; **~-powered** → nuclear A 3; **~ power industry** S Kernkraftindustrie *f*; **~ power plant** S Atom-, Kernkraftwerk *n*; **~ reaction** S PHYS Kernreaktion *f*; **~ reactor** S PHYS Atom-, Kernreaktor *m*; **~ scientist** S Atomwissenschaftler(in); **~ ship** S Reaktorschiff *n*; **~ submarine** S Atom-U-Boot *n*; **~ test** S PHYS Atomtest *m*; **~ theory** S PHYS Kerntheorie *f*; **~ war(fare)** S Atomkrieg(führung) *m(f)*; **~ warhead** S MIL Atomsprengkopf *m*; **~ waste** S Atommüll *m*, atomare Abfälle *pl*; **~ weapons** SPL MIL Atom-, Kernwaffen *pl*

nuclease [ˈnjuːklɪeɪz; -eɪs; *US a.* ˈnuː-] S CHEM Nuklease *f*

nucleate [ˈnjuːklɪeɪt; *US a.* ˈnuː-] PHYS A V/T zu e-m Kern bilden B V/I e-n Kern bilden C ADJ [-ɪət; -ɪeɪt] e-n Kern besitzend, Kern…; **nucleated** ADJ 1 kernhaltig 2 e-n Kern bildend: **~ village** Haufendorf *n*; **nucleation** S Kernbildung *f*

nuclei [ˈnjuːklɪaɪ; *US a.* ˈnuː-] *pl von* nucleus

nucleic [ˈnjuːklɪɪk; *US* nʊˈkliːɪk; -ˈkleɪ-] ADJ CHEM Nuklein…: **~ acid**

nuclein [ˈnjuːklɪɪn; *US a.* ˈnuː-] S CHEM Nuklein *n*

nucleole [ˈnjuːklɪəʊl; *US a.* ˈnuː-] → nucleolus

nucleolus [ˌnjuːklɪˈəʊləs; *bes US* njuːˈkliːələs; *US a.* nuː-] *pl* -li [-kaɪ] S BIOL Nukleole *f*, Nukleolus *m*, Kernkörperchen *n*

nucleon [ˈnjuːklɪɒn; *US* -ˌɑn; *a.* ˈnuː-] S PHYS Nukleon *n*, (Atom)Kernbaustein *m* (*Proton od*

Neutron); **nucleonics** S̲P̲L̲ (als sg konstruiert) Nukleonik f (Wissenschaft von den Atomkernen)

nucleoplasm ['nju:kliəplæzəm; US a. 'nu:-] S̲ BIOL (Zell)Kernplasma n

nucleoprotein [ˌnju:kliəʊ'prəʊti:n; US a. ˌnu:-] S̲ BIOL, CHEM Nukleoprotein n (komplexe Verbindung von Proteinen u. Nukleinsäuren)

nucleus ['nju:kliəs; US a. 'nu:-] pl -clei [-aɪ], a. **-cleuses** S̲ 1 allg (a. PHYS Atom-, ASTRON Kometen-, BIOL Zell)Kern m 2 fig Kern m: a Mittelpunkt m b Grundstock m 3 OPT Kernschatten m 4 MATH Kern m (e-r Integralgleichung etc) 5 GEOL Kerngebiet n

nuclide ['nju:klaɪd; US a. 'nu:-] S̲ PHYS Nuklid n (Atomart mit bestimmter Ordnungszahl u. Nukleonenzahl)

nuddy ['nʌdɪ] S̲: **in the ~** bes Br u. Aus umg im Adams- od Evaskostüm

nude [nju:d; US a. nu:d] A A̲D̲J̲ 1 nackt: **~ beach** Nacktbadestrand m, FKK-Strand m; **~ model** Aktmodell n; **~ photograph** Aktaufnahme f; **~ scene** (FILM etc) Nacktszene f; **~ swimming** (od **bathing**) Nacktbaden n 2 JUR mangels Gegenleistung unverbindlich (Vertrag) 3 nackt, kahl (Hang etc) 4 fleischfarben B S̲ 1 KUNST Akt m 2 **the ~** nackter Zustand, Nacktheit f: **in the ~** nackt; **study from the ~** KUNST Aktstudie f; **nudeness** S̲ Nacktheit f

nudge[1] [nʌdʒ] A V̲/̲T̲ 1 j-n anstoßen, stupsen umg: **~ sb's memory** fig j-s Gedächtnis ein bisschen nachhelfen 2 fig nahe herankommen an (akk): **~ the impossible** so gut wie od praktisch unmöglich sein B V̲/̲I̲ sich vorsichtig e-n Weg bahnen (**through** durch) C S̲ Stups m, Stupser m (beide umg): **give sb a ~** a. j-n stupsen umg

nudge[2] [nʊdʒ] S̲ US sl Nervensäge f

nudibranchiate [ˌnju:dɪ'bræŋkɪeɪt; US bes -kɪət; a. ˌnu:-] ZOOL A A̲D̲J̲ nacktkiemig B S̲ Nacktkiemer m (Schnecke)

nudie ['nju:dɪ; US a. 'nu:-] umg A S̲ 1 a Nacktfilm m b THEAT Nacktstück n c Nacktmagazin n 2 Nackte(r) m/f(m) B A̲D̲J̲ Nackt…: **~ film**

nudism ['nju:dɪzəm; US a. 'nu:-] S̲ Nudismus m, Freikörper-, Nacktkultur f; **nudist** S̲ Nudist(in), Anhänger(in) der Freikörperkultur, FKK-Anhänger(in), FKKler(in) umg: **~ beach** Nacktbadestrand m, FKK-Strand m

nudity ['nju:dətɪ; US a. 'nu:-] S̲ 1 Nacktheit f: **there is a lot of ~ in this film** in diesem Film gibt es viele Nacktszenen 2 Kahlheit f 3 KUNST Akt(figur) m(f)

nudzh → nudge[2]

nugatory ['nju:gətərɪ; US -ˌtəʊri:; -ˌtɔ:-; a. 'nu:-] A̲D̲J̲ 1 wertlos 2 bes JUR unwirksam, nichtig

nugget ['nʌgɪt] S̲ 1 Nugget n (natürlicher Goldklumpen) 2 fig Brocken m, Bruchstück n: **~s of information** bruchstückhafte Information(en); **nuggety** A̲D̲J̲ Aus umg untersetzt, stämmig

nuisance ['nju:sns; US a. 'nu:-] S̲ 1 (etwas) Lästiges od Unangenehmes, Ärgernis n, Plage f, Last f, Belästigung f, Missstand m: **dust ~** Staubplage; **it's a ~ to us** es ist uns e-e (große) Plage od Last; **what a ~!** wie ärgerlich!, das ist ja zum Auswachsen! umg 2 Landplage f, Nervensäge f, Quälgeist m (alle umg): **be a ~ to sb** j-m lästig fallen, j-n nerven; **make a ~ of o.s.** anderen Leuten auf die Nerven gehen od fallen; **don't be a ~!** nerv mich nicht! 3 JUR Polizeiwidrigkeit f, Störung f: **"commit no ~"** „das Verunreinigen (dieses Ortes) ist verboten!"; **public ~** öffentliches Ärgernis (a. fig); **private ~** Besitzstörung f; **cause ~ to sb** j-n im Besitz stören; **~ call** S̲ TEL Schockanruf m, pl a. Telefonterror m; **~ caller** S̲ TEL Schockanrufer(in); **~ tax** S̲ bes US umg lästige (Verbrauchs)Steuer; **~ value** S̲: **have some** (od **a certain**) **~** bes POL für einige Umtriebe sorgen

NUJ A̲B̲K̲ Br National Union of Journalists (Gewerkschaft)

nuke [nju:k; US a. nu:k] bes US umg A S̲ 1 pl Atom-, Kernwaffen pl 2 Atom-, Kernreaktor m 3 Atom-, Kernenergie f B V̲/̲T̲ 1 mit Kernwaffen angreifen od verteidigen od zerstören 2 im Mikrowellenherd auftauen, erwärmen etc

null [nʌl] A A̲D̲J̲ 1 fehlend, nicht vorhanden 2 MATH leer 3 bes JUR (null u.) nichtig, ungültig: **declare ~ and void** für null u. nichtig erklären 4 a nichtssagend b unbedeutend B S̲ 1 ELEK, MATH Null f: **~ balance** ELEK Nullabgleich m; **~ hypothesis** MATH Nullhypothese f; **~ method** ELEK Nullpunktmethode f; **~ set** (Mengenlehre) Nullmenge f 2 ELEK a (bei Funkpeilgeräten) Minimum n, Peilnull f b (bei Empfangsgeräten) toter Punkt (auf der Frequenzskala)

nullification [ˌnʌlɪfɪ'keɪʃn] S̲ 1 Ungültigkeitserklärung f 2 Aufhebung f

nullifidian [ˌnʌlɪ'fɪdɪən] A S̲ Ungläubige(r) m/f(m) (a. REL), Zweifler(in) B A̲D̲J̲ ungläubig, zweiflerisch

nullify ['nʌlɪfaɪ] V̲/̲T̲ 1 für ungültig od für null u. nichtig erklären 2 aufheben

nullipara [nʌ'lɪpərə] pl -rae [-ri:], -ras S̲ MED Nullipara f (Frau, die noch nicht geboren hat); **nulliparous** [-rəs] A̲D̲J̲ noch nicht geboren habend: **~ woman** → nullipara

nullity ['nʌlətɪ] S̲ 1 Unwirksamkeit f (a. JUR) 2 bes JUR Ungültigkeit f, Nichtigkeit f: **decree of ~** (**of a marriage**) Nichtigkeitsurteil n od Annullierung f e-r Ehe; **~ suit** Nichtigkeitsklage f; **be a ~** (null u.) nichtig sein 3 Nichts n: **the ~ of life** die Sinnlosigkeit des Lebens 4 Null f pej (Person)

NUM A̲B̲K̲ Br National Union of Mineworkers (Gewerkschaft)

num. A̲B̲K̲ number; numeral(s)

numb [nʌm] A A̲D̲J̲ 1 starr, erstarrt (**with** vor Kälte etc), taub (Finger etc): **be ~ with fear** starr vor Angst sein 2 fig a betäubt: **be ~ with grief** wie betäubt vor Schmerz sein b abgestumpft sein B V̲/̲T̲ 1 starr od taub machen, erstarren lassen 2 fig a betäuben b abstumpfen

number ['nʌmbə(r)] A S̲ 1 MATH Zahl f, Ziffer f: **be good at ~s** gut im Rechnen sein 2 (Auto-, Haus-, Telefon-, Zimmer- etc) Nummer f: **by ~s** nummernweise; **sorry, wrong ~** falsch verbunden!; **have** (**got**) **sb's ~** umg j-n durchschaut haben; **his ~ is** (od **has come**) **up** umg s-e Stunde hat geschlagen, jetzt ist er dran; → dial B 1, number one 3 (An)Zahl f: **beyond ~** zahllos; **a ~ of people** mehrere Leute; **a great ~ of people** sehr viele Leute; **five in ~** fünf an der Zahl; **~s of times** zu wiederholten Malen; **times without ~** unzählige Male; **five times the ~ of people** fünfmal so viele Leute; **in large ~s** in großen Mengen, in großer Zahl; **in round ~s** rund; **one of their ~** e-r aus ihrer Mitte; **win by** (**force of**) **~s** aufgrund zahlenmäßiger Überlegenheit gewinnen 4 WIRTSCH a (An)Zahl f, Nummer f: **raise to the full ~** komplettieren b Artikel m, Ware f 5 Heft n, Nummer f, Ausgabe f (e-r Zeitschrift etc), Lieferung f (e-s Werks): **appear in ~s** in Lieferungen erscheinen; → back number 6 LING Numerus m, Zahl f: **in the singular ~** im Singular, in der Einzahl 7 poet a Silben-, Versmaß n b pl Verse pl, Poesie f 8 THEAT etc (Programm-)Nummer f: **do a ~ on** bes US sl a e-n Film etc verreißen, e-n Schauspieler etc a. in der Luft zerreißen b e-n Antrag etc abschmettern c sich über ein Thema etc (unterhaltsam) auslassen d j-n bescheißen 9 MUS Nummer f, Stück n 10 umg **do ~ one** (**two**) (bes Kindersprache) sein kleines (großes) Geschäft machen; **do ~ three** hum Papi u. Mami spielen (miteinander schlafen) 11 sl ˌKäfer m, Mieze f (Mädchen) 12 sl → joint A 7 13 **ℒs** pl (als sg konstruiert) BIBEL die Numeri pl, das Vierte Buch Mose 14 umg schickes Kleidungsstück 15 pl (a. als sg konstruiert) → number pool B V̲/̲T̲ 1 (zusammen)zählen, aufrechnen: **~ off** abzählen; **his days are ~ed** s-e Tage sind gezählt 2 fig zählen, rechnen (beide: **among**, **with** zu) 3 nummerieren: **~ consecutively** durchnummerieren; **~ed account** Nummernkonto n 4 sich belaufen auf (akk) 5 Jahre zählen, alt sein C V̲/̲I̲ 1 **~ in** sich belaufen auf (akk) 2 fig zählen (**among**, **with** zu) 3 **~ off** MIL bes Br abzählen

numbering S̲ Nummerierung f

numberless A̲D̲J̲ (A̲D̲V̲ ~ly) unzählig, zahllos

number| one A A̲D̲J̲ a erstklassig b (aller)höchst(er, e, es): **of ~ priority** von größter Dringlichkeit B S̲ 1 die Nummer eins 2 erste Klasse 3 umg die eigene Person, das liebe Ich: **look after** (od **take care of**) **~** (vor allem) an sich selbst denken 4 → number A 10; **~ pad** S̲ COMPUT Ziffernblock n; **~plate** S̲ Br Nummernschild n, Kennzeichen n; **~ polygon** S̲ MATH Zahlenvieleck n, -polygon n; **~ pool** S̲ US (Art) Zahlenlotto n; **~ series** S̲ irr MATH Zahlenreihe f; **~ square** S̲ MATH Zahlenquadrat n, -viereck n; **~ symbol** S̲ MATH Zahlzeichen n; **~ symbolism** S̲ Zahlensymbolik f; **ℒ Ten**, **ℒ 10** S̲ *der Amtssitz des britischen Premierministers*; **~ theory** S̲ MATH Zahlentheorie f; **~ work** S̲ MATH Rechnen n: **do ~** rechnen

numbness S̲ 1 Erstarrung f, Starrheit f, Taubheit f 2 fig Betäubung f

numbskull → numskull

numerable ['nju:mərəbl; US a. 'nu:-] A̲D̲J̲ (A̲D̲V̲ numerably) zählbar

numeracy ['nju:mərəsɪ; US a. 'nu:-] S̲ rechnerische Fähigkeiten pl

numeral ['nju:mərəl; US a. 'nu:-] A A̲D̲J̲ numerisch, Zahl(en)…: **~ language** Ziffernsprache f; **~ script** Ziffernschrift f B S̲ 1 MATH Ziffer f 2 LING Numerale n, Zahlwort n

numerary ['nju:mərərɪ; US -ˌreri:; a. 'nu:-] A̲D̲J̲ Zahl(en)…

numerate A A̲D̲J̲ ['nju:mərət; US a. 'nu:-] rechenkundig: **be ~** rechnen können B V̲/̲T̲ [-reɪt] aufzählen; **numeration** [-'reɪʃn] S̲ 1 MATH Zählen n: **decimal ~** Dezimal(zahlen)system n 2 Zähl-, Rechenkunst f 3 Aufzählung f; **numerative** [-rətɪv; US a. -ˌreɪ-] A̲D̲J̲ zählend, Zahl(en)…: **~ system** Zahlensystem n; **numerator** [-reɪtə(r)] S̲ MATH Zähler m (e-s Bruches)

numerical [nju:'merɪkl; US a. nʊ-] A̲D̲J̲ (A̲D̲V̲ ~ly) 1 MATH numerisch, Zahlen…: **~ equation**; **~ analysis** numerische Analyse, Ziffernwertung f; **~ order** Zahlen-, Nummernfolge f; **~ value** Zahlenwert m; → quantity 4 2 numerisch, zahlenmäßig (Überlegenheit etc): **have ~ superiority over** j-m zahlenmäßig überlegen sein

numerology [ˌnju:mə'rɒlədʒɪ; US -'rɑ-; a. ˌnu:-] S̲ Numerologie f, mystische Zahlenlehre

numerous ['nju:mərəs; US a. 'nu:-] A̲D̲J̲ (A̲D̲V̲ ~ly) zahlreich: **~ly attended** stark besucht; **~ people** zahlreiche od (sehr) viele Leute; **it happened ~ times** es geschah sehr oft; **numerousness** S̲ große Zahl, Menge f

Numidian [nju:'mɪdɪən; US a. nʊ-] HIST A A̲D̲J̲ numidisch B S̲ 1 Numidier(in) 2 LING Numidisch n, das Numidische

N

numis(m). ABK numismatic(s PL)
numismatic [ˌnjuːmɪzˈmætɪk; US a. ˌnuː-] A ADJ (ADV ~ally) numismatisch, Münz(en)…: ~ **value** Sammlerwert m B S **numismatics** pl (als sg konstruiert) Numismatik f, Münzkunde f; **numismatist** [-ˈmɪzmətɪst], **numismatologist** [-ˈtɒlədʒɪst; US -ˈtɑ-] S Numismatiker(in): a Münzkenner(in) b Münzsammler(in); **numismatology** [-dʒɪ] → numismatic B
nummary [ˈnʌmərɪ] ADJ Münz(en)…;
nummular [-jʊlə(r)] ADJ 1 Münz(en)… 2 ANAT, MED nummulär (münzenförmig aussehend)
numskull [ˈnʌmskʌl] S Hohlkopf m
nun [nʌn] S 1 REL Nonne f 2 ORN a Br Blaumeise f b Schleiertaube f c → nunbird; **~bird** S ORN (ein) Faulvogel m; **~ buoy** S SCHIFF Spitztonne f, -boje f
Nunc Dimittis [ˌnʌŋkdɪˈmɪtɪs] S 1 REL Nunc Dimittis n, Hymne f Simeons (Lukas 2, 29-32) 2 **nunc dimittis** fig a Erlaubnis f, sich zu entfernen b Abschied m
nunciature [ˈnʌnsɪətʃə(r); US a. -ˌtʃʊr; -ˌtʊr] S KATH Nuntiatur f; **nuncio** [ˈnʌnʃɪəʊ; -sɪəʊ] pl -os S Nuntius m (ständiger diplomatischer Vertreter des Papstes); **nuncupative** [ˈnʌŋkjʊpeɪtɪv; nʌŋˈkjuːpətɪv] ADJ JUR mündlich: ~ **will** mündliches Testament, bes MIL Not-, SCHIFF Seetestament n
nunhood S 1 Nonnentum n 2 KOLL Nonnen pl; **nunlike** ADJ nonnenhaft
nunnery [ˈnʌnərɪ] S Nonnenkloster n
NUPE ABK Br National Union of Public Employees (*Gewerkschaft der Angestellten im Öffentlichen Dienst*)
nuptial [ˈnʌpʃl; -tʃəl] A ADJ (ADV ~ly) hochzeitlich, Hochzeit(s)…, Ehe…, Braut…: ~ **bed** Brautbett n; ~ **ceremony** Trauungsfeierlichkeit f; ~ **day** Hochzeitstag m; ~ **flight** Hochzeitsflug m (der Bienen); ~ **plumage** ORN Sommer-, Hochzeitskleid n B S meist pl Hochzeit f, Trauung f
NUR ABK Br National Union of Railwaymen (*Eisenbahnergewerkschaft*)
Nuremberg [ˈnjʊərəmbɜːg; US ˈnʊrəmˌbɜrg; a. ˈnjʊr-] S Nürnberg n
nurse [nɜːs; US nɜrs] A S 1 (Säug)Amme f 2 Kindermädchen n 3 (Kranken)Schwester f, (-)Pfleger m: **~'s aide** Schwesternhelferin f, Hilfspfleger m 4 a Stillen n, Stillzeit f b Pflege: **at ~** in Pflege; **put out to ~** Kinder in Pflege geben 5 fig Nährerin f, Nährmutter f 6 ZOOL Arbeiterin f, Arbeitsbiene f 7 AGR *Strauch od Baum, der e-e junge Pflanze schützt* 8 ZOOL Amme f (ungeschlechtlicher Organismus) B V/T 1 a ein Kind säugen, stillen, e-m Kind die Brust geben; → viper 2 b ~ **in one's arms** ein Kind in den Armen wiegen 2 ein Kind auf-, großziehen 3 Kranke pflegen: ~ **sb back to health** j-n gesund pflegen 4 a e-e Krankheit auskurieren b s-e Stimme etc schonen 5 das Knie, den Nacken etc schützend (mit verschlungenen Händen) umfassen 6 fig Gefühle etc a hegen, nähren b entfachen 7 fig nähren, fördern 8 sparsam od schonend mit s-m Geld etc umgehen: ~ **a glass of wine** sich an e-m Glas Wein festhalten umg 9 sich eifrig kümmern um, sich etwas, a. POL s-n Wahlkreis warmhalten umg C V/I 1 stillen 2 die Brust nehmen (Säugling) 3 als Krankenschwester od Krankenpfleger tätig sein
nurse| cell S BIOL Nähr-, Saftzelle f; **~ crop** S AGR Untersaat f
nurseling → nursling
nursemaid S Kindermädchen n
nursery [ˈnɜːsərɪ; US ˈnɜr-] S 1 Kinderzimmer n 2 a Tagesheim n, -stätte f b → nursery school 3 Gärtnerei f, Baumschule f 4 fig a Schule f b pej Brutstätte f 5 a. ~ **stakes** pl SPORT (Pferde)Rennen n für Zweijährige; **~ garden** Br → nursery 3; **~maid** → nursemaid; **~man** [-mən] S irr Pflanzenzüchter m, Baumgärtner m; ~ **nurse** S Br Kinderpflegerin f; ~ **plant** S AGR Setzling m; ~ **rhyme** S Kinderlied n, -reim m, -vers m; ~ **school** S Kindergarten m: ~ **teacher** Kindergärtnerin f, Erzieherin f; ~ **slope** S Skisport: Idiotenhügel m umg, Anfängerhügel m
nursing [ˈnɜːsɪŋ; US ˈnɜr-] A S 1 Säugen n, Stillen n 2 Krankenpflege f B ADJ Pflege…, Kranken…; ~ **auxiliary** S Schwesternhelferin f, Hilfspfleger m; ~ **bottle** S bes US Saugflasche f; ~ **father** S obs Pflegevater m; ~ **fees** SPL MED Pflegekosten pl; ~ **home** S 1 bes Br a Privatklinik f b private Entbindungsklinik 2 Pflegeheim n; ~ **mother** S 1 stillende Mutter 2 obs Pflegemutter f; ~ **period** S Stillzeit f; ~ **staff** S (a. als pl konstruiert) Pflegepersonal n; ~ **treatment** S Pflege (-behandlung) f
nursling [ˈnɜːslɪŋ; US ˈnɜrs-] S 1 Säugling m 2 fig Schützling m
nurture [ˈnɜːtʃə; US ˈnɜrtʃər] A V/T 1 (er)nähren 2 auf-, erziehen 3 → nurse B 6 B S 1 Nahrung f 2 Erziehung f
NUS ABK 1 Br National Union of Seamen (Gewerkschaft) 2 Br National Union of Students (Gewerkschaft)
nut[1] [nʌt] A S 1 BOT Nuss f: **be a hard** (od **tough**) **to crack** fig e-e harte Nuss sein, (Person) schwierig sein; **not for ~s** Br umg überhaupt nicht; **he can't play for ~s** Br umg er spielt miserabel 2 TECH a (Schrauben)Mutter f: **the ~s and bolts** fig die praktischen Grundlagen b Triebel m c Radnabenmutter f d Türschlossnuss f 3 MUS a Frosch m (am Bogen) b Saitensattel m 4 pl WIRTSCH Br Nusskohle f 5 umg a Birne f (Kopf): **be (go) off one's ~** verrückt sein (werden); **do one's ~** Br durchdrehen b Verrückte(r) m/f(m), Spinner(in): **be a car (tennis) ~** autonärrisch (tennisverrückt) sein; **be a ~ on** total abfahren auf (akk) sl 6 pl vulg Eier pl (Hoden) B V/I Nüsse pflücken
NUT[2] ABK Br National Union of Teachers (Gewerkschaft)
nutation [njuːˈteɪʃn; US a. nuː-] S 1 (MED krankhaftes) Nicken 2 ASTRON Nutation f (periodische Schwankung der Erdachse) 3 BOT Nutation f (selbsttätige, ohne äußeren Reiz ausgeführte Wachstumsbewegung)
nut| bolt S TECH 1 Mutterbolzen m 2 Bolzen m od Schraube f mit Mutter; **~brown** ADJ nussbraun; **~case** S sl Verrückte(r) m/f(m), Spinner(in); **~cracker** S 1 a. pl Nussknacker m: **a (pair of) ~(s)** ein Nussknacker 2 ORN a Nussknacker m, Tannenhäher m b → nuthatch; **~gall** S Gallapfel m; **~hatch** S ORN (ein) Kleiber m, bes Spechtmeise f; **~house** S umg Klapsmühle f
nutmeg [ˈnʌtmeg] A S 1 BOT Muskatnuss f 2 → nutmeg tree 3 Fußball: umg Beinschuss m, Tunnel m B V/T Fußball: umg s-n Gegenspieler tunneln; ♀ **State** S US (Beiname für den Staat) Connecticut n; ~ **tree** S BOT Echter Muskatnussbaum
nut| oil S Nussöl n; **~pecker** → nuthatch; **~ pine** S BOT 1 Pinie f 2 *e-e Kiefer mit essbarem Samen*
nutria [ˈnjuːtrɪə; US a. ˈnuː-] S 1 ZOOL Nutria f, Biberratte f 2 Nutria m (Fell der Biberratte)
nutrient [ˈnjuːtrɪənt; US a. ˈnuː-] A ADJ 1 nährend, nahrhaft 2 Ernährungs…, Nähr…: ~ **base** BIOL Nährsubstrat n; ~ **cream** (Kosmetik) Nährcreme f; ~ **medium** BIOL Nährsubstanz f; ~ **solution** BIOL Nährlösung f B S 1 Nährstoff m 2 BIOL Baustoff m
nutriment [ˈnjuːtrɪmənt; US a. ˈnuː-] S 1 Nahrung f 2 Nährstoff m
nutrition [njuːˈtrɪʃn; US a. nʊ-] S 1 Ernährung f 2 Nahrung f: ~ **cycle** Nahrungskreislauf m; **nutritional** ADJ Ernährungs…: ~ **deficiency** MED Mangelernährung f; ~ **disorder** MED Ernährungsstörung f; ~ **value** Nährwert m; **nutritionist** S Ernährungswissenschaftler(in)
nutritious [njuːˈtrɪʃəs; US a. nʊ-] ADJ (ADV ~ly) nährend, nahrhaft; **nutritiousness** S Nahrhaftigkeit f
nutritive [ˈnjuːtrətɪv; US a. ˈnuː-] ADJ (ADV ~ly) 1 nährend, nahrhaft: ~ **value** Nährwert m 2 Ernährungs…, Nähr…: ~ **medium** BIOL Nährsubstanz f; **nutritiveness** S Nahrhaftigkeit f
nuts [nʌts] umg A ADJ: **be ~** a verrückt sein, spinnen b **(about, on, over)** verrückt sein (nach), wild od sl scharf sein (auf akk): **she's ~ about cars (tennis)** sie ist autonärrisch (tennisverrückt); **he's ~ about her** er ist in sie total verschossen umg; **drive ~** verrückt machen; **go ~** verrückt werden B INT bes US du bist wohl verrückt!: ~ **to you!** rutsch mir den Buckel runter!, du kannst mich mal! (beide umg); **~-and-bolts** ADJ 1 praxisbezogen, praktisch 2 grundlegend, fundamental
nutshell S BOT Nussschale f: **(put it) in a ~** fig kurz gesagt, mit einem Wort
nutter [ˈnʌtə] S Br umg Verrückte(r) m/f(m), Spinner(in)
nut tree S BOT 1 (Wal)Nussbaum m 2 Haselnussstrauch m
nutty [ˈnʌtɪ] ADJ (ADV nuttily) 1 Nuss…: ~ **cake**; ~ **taste** 2 umg verrückt (Person, Idee etc): **be ~** → nuts A
nux vomica [ˌnʌksˈvɒmɪkə; US -ˈvɑ-] S 1 PHARM Brech-, Speinuss f 2 BOT Brechnussbaum m
nuzzle [ˈnʌzl] A V/T 1 den Boden mit der Schnauze aufwühlen (Schwein) 2 mit der Schnauze od der Nase od dem Kopf reiben (an dat): ~ **o.s.** → B 2; ~ **one's head** → B 2 3 ein Kind liebkosen, hätscheln B V/I 1 mit der Schnauze im Boden wühlen, stöbern (**in** in dat; **for** nach) 2 a. ~ **up** a den Kopf drücken (**at** an akk; **against** gegen) b sich (an)schmiegen od kuscheln (**to** an akk)
NW ABK 1 northwest NW 2 northwestern nordwestl.
N.W.T. ABK Northwest Territories
N.Y. ABK New York
N.Y.C. ABK New York City
nyctalgia [nɪkˈtældʒə; -dʒɪə] S MED Nyktalgie f, Nachtschmerz m
nyctalopia [ˌnɪktəˈləʊpɪə] S MED Hemeralopie f, Nachtblindheit f
nyctinasty [ˈnɪktɪˌnæstɪ] S BOT Nyktinastie f (mit dem Tag-Nacht-Rhythmus zusammenhängende Bewegung der Pflanzen); **nyctinastic** ADJ nyktinastisch (Bewegung)
nyctophobia [ˌnɪktəʊˈfəʊbjə; -bɪə] S PSYCH Nyktophobie f (krankhafte Furcht vor Dunkelheit u. Nacht)
nylon [ˈnaɪlɒn; US -ˌlɑn] S 1 Nylon n 2 pl, a. ~ **stockings** Nylons pl umg, Nylonstrümpfe pl
nymph [nɪmf] S 1 Antike: Nymphe f 2 bes poet schönes Mädchen 3 ZOOL Nymphe f (Insektenlarve mit unvollständiger Verwandlung)
nympha [ˈnɪmfə] pl -phae [-fiː] S 1 ZOOL → nymph 3 2 ANAT Nympha f, kleine Schamlippe
nymphaeaceous [ˌnɪmfɪˈeɪʃəs] ADJ BOT zu den See- od Wasserrosen gehörig
nymphean [ˈnɪmfɪən; nɪmˈfiːən] ADJ Nymphen…
nymphet [nɪmˈfet; ˈnɪmfɪt] S Nymphchen n
nympho [ˈnɪmfəʊ] pl -phos S umg für nym-

phomaniac B
nympholepsy [ˈnɪmfəˌlepsɪ] S PSYCH 1 Verzückung f 2 krankhafter Drang nach etwas Unerreichbarem
nymphomania [ˌnɪmfəʊˈmeɪnɪə] S PSYCH Nymphomanie f, Mannstollheit f umg; **nymphomaniac** [-nɪæk] A ADJ nymphoman(isch), mannstoll umg B S Nymphomanin f
NYSE ABK New York Stock Exchange (Börse)
nystagmus [nɪˈstægməs] S MED Nystagmus m, Augenzittern n
NZ ABK New Zealand

O¹, o [əʊ] pl O's, Os, Oes, **o's, os, oes** [əʊz] S 1 O, o n (Buchstabe) 2 **O** Null f (Ziffer, a. TEL)
O² [əʊ] INT bes poet o: **O God!**
o.¹ ABK 1 PHARM octarius, pint 2 TYPO octavo 3 old
O.² ABK Ohio
o'¹ [ə] Kurzform für die Präpositionen **of**, **on**: **two ~clock** zwei Uhr; **twice ~ Sundays** obs od poet zweimal am Sonntag; **a cup ~ tea** umg e-e Tasse Tee
O'² [əʊ; ə] (Präfix bei Eigennamen irischer Herkunft) Abkömmling m von: **O'Neill, O'Brian**
oaf [əʊf] S 1 Dummkopf m 2 Flegel m; **oafish** ADJ (ADV ~ly) 1 einfältig, dumm 2 flegelhaft; **oafishness** S 1 Einfältigkeit f, Dummheit f 2 Flegelhaftigkeit f
oak [əʊk] A S 1 BOT Eiche f: **barren ~** Schwarzeiche; → heart 4 2 poet Eichenlaub n 3 Eichenholz n 4 UNIV Br äußere Tür (e-r Doppeltür in Colleges in Oxford u. Cambridge): **sport one's ~** nicht zu sprechen sein 5 **the** ℒ**s** pl (als sg konstruiert) SPORT *berühmtes Stutenrennen in Epsom* B ADJ eichen, Eichen…: **~ table**; **~ apple** S BOT Gallapfel m
oaken [ˈəʊkən] bes poet → oak B
oak|fern S BOT Eichenfarn m; **~ gall** S BOT Gallapfel m; **~ leaf cluster** S MIL US Eichenlaub n (an Orden); **~-panel(l)ed** ADJ eichengetäfelt; **~ tree** → oak A 1
oakum [ˈəʊkəm] S SCHIFF Kalfatwerg n
O & M ABK WIRTSCH organization and methods
OAP ABK Br old-age pensioner
oar [ɔː(r); US a. əʊr] A V/T rudern: **they were ~ing their way across the lake** sie ruderten über den See B V/I rudern C S 1 SCHIFF, SPORT Ruder n (a. ZOOL), Riemen m 2 SPORT Ruderer m, Ruderin f 3 Brauerei: Krücke f
Besondere Redewendungen: **boat the ~s** die Riemen einziehen; **be chained to the ~s** obs schwer schuften müssen; **not have both ~s in the water** bes US umg nicht alle Tassen im Schrank haben; **lie on one's ~s** a die Riemen glatt legen b fig die Hände in den Schoß legen; **pull hard on the ~s** sich kräftig in die Ruder legen; **put** (od **shove, stick**) **one's ~ in** umg s-n Senf dazugeben; **rest on one's ~s** fig ausspannen; **ship the ~s** die Riemen klarmachen; **ship your ~s** die Ruder einlegen!
oarblade S SCHIFF, SPORT Ruder-, Riemenblatt n
oared [ɔː(r)d; US a. əʊrd] ADJ 1 mit Rudern (versehen), Ruder… 2 in Zusammensetzungen …rud(e)rig
oarlock S SCHIFF US Ruder-, Riemendolle f
oarsman [ˈɔː(r)zmən; US a. ˈəʊrz-] S irr bes SPORT Ruderer m; **oarsmanship** S Rudern n
oarswoman S irr bes SPORT Ruderin f
OAS ABK Organization of American States OAS f
oasis [əʊˈeɪsɪs] pl -ses [-siːz] S Oase f (a. fig): **an ~ of calm** e-e Oase der Ruhe; **an ~ in the desert** fig a e-e willkommene Abwechslung b ein kleiner Lichtblick
oast [əʊst] S Brauerei: a Darrofen m b a. **~ house** Darre f
oat [əʊt] S 1 a BOT Hafer(pflanze) m(f) b pl Hafer(körner) m(pl): **be off one's ~s** umg keinen Appetit haben; **he feels his ~s** umg a ihn sticht der Hafer b bes US er kommt sich wichtig vor; **get one's ~s** umg bumsen vulg (Geschlechtsverkehr haben); **he's gone off his ~s** umg ihm ist der Appetit vergangen; **sow one's (wild) ~s** sich die Hörner abstoßen 2 poet Pfeife f (aus e-m Haferhalm); **~cake** S Haferkuchen m
oaten [ˈəʊtn] ADJ 1 aus Haferstroh 2 Hafer(-mehl)…; **oater** S umg Western m (Film)
oat grass S BOT Wilder Hafer
oath [əʊθ; pl əʊðz] S 1 Eid m, Schwur m: **~ of allegiance** a Treueid b MIL Fahneneid; **~ of disclosure** JUR Offenbarungseid; **~ of office** Amts-, Diensteid; → supremacy 1 2 Fluch m, Verwünschung f
Besondere Redewendungen: **(up)on** (od **under**) **~** unter Eid, eidlich; **upon my ~!** das kann ich beschwören!; **administer an ~ to sb, put sb under ~** j-m den Eid abnehmen, j-n vereidigen; **be on** (od **under**) **~** unter Eid stehen; **bind by ~** eidlich verpflichten; **break one's ~** eidbrüchig werden, s-n Eid brechen; **swear** (od **take**) **an ~** e-n Eid leisten od ablegen, schwören (beide: **on, to** auf akk); **in lieu of an ~** an Eides statt
oat|meal A S 1 Hafermehl n 2 US Haferbrei m 3 Graubeige n B ADJ graubeige; **~ straw** S Haferstroh n
OAU ABK Organization of African Unity OAU f
OB ABK RADIO, TV Br outside broadcast Außenübertragung f
ob. ABK obiit, he (od she) died
Obadiah [ˌəʊbəˈdaɪə] EIGENN & S BIBEL (das Buch) Obadja m od Abdias m
obbligato [ˌɒblɪˈgɑːtəʊ; US ˌɑb-] MUS A ADJ obligat, selbstständig B pl -tos, -ti [-tiː] S obligate od selbstständige Begleitstimme
obconic [ɒbˈkɒnɪk; US ɑbˈkɑ-] ADJ BOT verkehrt kegelförmig; **obcordate** [ɒbˈkɔː(r)deɪt; US ɑb-] ADJ BOT verkehrt herzförmig
obduracy [ˈɒbdjʊrəsɪ; US ˈɑbdə-; -djə-; ɑbˈdʊ-] S 1 Verstocktheit f, Halsstarrigkeit f 2 Hartherzigkeit f; **obdurate** [-rət] ADJ (ADV ~ly) 1 verstockt, halsstarrig 2 hartherzig; **obdurateness** → obduracy
OBE ABK 1 Officer of the (Order of the) British Empire (Ordensmitglied) 2 (Parapsychologie) Br out-of-body experience
obedience [əˈbiːdjəns; -ɪəns; US a. əʊˈb-] S 1 Gehorsam m (**to** gegen): **in ~ to** in Übereinstimmung mit, gemäß (dat) 2 REL a Obedienz f, Gehorsam(spflicht) m(f) b Obrigkeitssphäre f
obedient [əˈbiːdjənt; -ɪənt; US a. əʊˈb-] ADJ (ADV ~ly) gehorsam: **be ~** gehorchen (**to** dat); **Your ~ servant** (Briefschluss) obs Ihr ergebenster od untertänigster Diener
obeisance [əʊˈbeɪsəns; US a. -ˈbiːs-] S 1 Verbeugung f, Verneigung f: **make a deep ~ to** e-e tiefe Verbeugung machen vor (dat) 2 Ehrerbietung f, Reverenz f: **do** (od **make, pay**) **~ to sb** j-m s-e Reverenz bezeigen od erweisen; **obeisant** ADJ (ADV ~ly) ehrerbietig
obeli [ˈɒbɪlaɪ; US ˈɑb-] pl von obelus
obelisk [ˈɒbəlɪsk; US ˈɑb-] S 1 Obelisk m (vierkantige, nach oben spitz zulaufende Säule) 2 TYPO a → obelus 1 b Kreuz n, Verweisungszeichen n (für Randbemerkungen etc)
obelize [ˈɒbəlaɪz; US ˈɑb-] V/T TYPO ein Wort etc mit e-m Obelisk markieren
obelus [ˈɒbɪləs; US ˈɑb-] pl -li [-laɪ] S TYPO 1 Obelisk m (Zeichen für fragwürdige Stellen) 2 → obelisk 2 b
obese [əʊˈbiːs] ADJ fett(leibig), korpulent; **obeseness, obesity** S Fettheit f, Fettleibigkeit f, Korpulenz f, MED Obesität f
obey [əˈbeɪ; əʊ-] A V/T 1 j-m gehorchen, folgen 2 Folge leisten (dat), befolgen (akk): **~ an order**; **~ the law** sich an das Gesetz halten B V/I gehorchen, folgen
obfuscate [ˈɒbfʌskeɪt; US ˈɑbfəˌskeɪt; ɑbˈfʌs-] V/T 1 verdunkeln, verfinstern 2 fig j-s Urteil etc trüben, verwirren 3 fig Fakten etc vernebeln, verschleiern; **obfuscation** S 1 Verdunk(e)lung f, Verfinsterung f 2 fig Trübung f, Verwirrung f 3 fig Verneb(e)lung f, Verschleierung f
obi [ˈəʊbɪ] pl obis, obi S Obi m (kunstvoller Gürtel zum japanischen Kimono)
obit [ˈɒbɪt; US əʊˈbɪt; ˈəʊbət] S 1 REL obs a Gottesdienst m bei der Wiederkehr des Todestages b Seelenmesse f 2 umg → obituary
obituary [əˈbɪtjʊərɪ; US -tʃəˌweriː] S 1 a. **~ notice** Todesanzeige f 2 Nachruf m (**on** auf akk)
obj(ect). ABK 1 object 2 objection 3 objective
object¹ [əbˈdʒekt] A V/T einwenden (**that** dass) B V/I 1 Einwendungen machen, Einspruch erheben, protestieren (alle: **to** gegen): **I ~** ich erhebe Einspruch 2 etwas einwenden, etwas dagegen haben: **~ to sth** etwas beanstanden, etwas gegen e-e Sache (einzuwenden) haben; **do you ~ to my smoking?** haben Sie etwas dagegen, wenn ich rauche?; **if you don't ~** wenn Sie nichts dagegen haben
object² [ˈɒbdʒɪkt; US ˈɑb-] S 1 Objekt n (a. KUNST), Gegenstand m (a. fig des Mitleids etc), Ding n: **the ~ of his study** der Gegenstand s-r Studie; **~ of invention** Erfindungsgegenstand; **money (is) no ~** Geld od der Preis spielt keine Rolle 2 iron komische od scheußliche Person od Sache: **what an ~ you are!** wie sehen Sie denn aus!; **a pretty ~ it looked** es sah schön aus 3 Ziel n, Zweck m, Absicht f: **with the ~ of doing sth** mit der Absicht, etwas zu tun; **with this ~ (in view** od **in mind)** zu diesem Zweck, in dieser Absicht; **this was not the ~ of the exercise** das war nicht der Zweck der Übung; **there is no ~ in doing that** es hat keinen Zweck od Sinn, das zu tun; **have no ~ in life** kein Ziel haben; **make it one's ~ to do sth** es sich zum Ziel setzen, etwas zu tun 4 LING a Objekt n: → direct C 7, indirect 5 b *von e-r Präposition abhängiges Wort* 5 PHIL Nicht-Ich n, Objekt n
object|ball S Billard: Zielball m; **~ clause** S LING Objektsatz m; **~ drawing** S bes TECH Zeichnen n nach Vorlagen od Modellen; **~ glass** S OPT Objektiv(linse) n(f)
objectification [əbˌdʒektɪfɪˈkeɪʃn] S Objektivierung f; **objectify** [ɒbˈdʒektɪfaɪ; US əb-] V/T objektivieren
objection [əbˈdʒekʃn] S 1 a Einwendung f, -spruch m, -wand m (alle a. JUR), Einwurf m, Bedenken n (alle: **to** gegen) b Abneigung f, Widerwille m (beide: **to** gegen): **any ~s?** umg was dagegen?; **are there any ~s?** irgendwelche Einwände?; **I have no ~ to him** ich habe nichts gegen ihn, ich habe an ihm nichts auszusetzen; **make** (od **raise**) **an ~ to sth** gegen etwas e-n Einwand erheben; **he raised no ~ to my going there** er hatte nichts dagegen

O

(einzuwenden), dass ich dorthin ging *od* gehe; **take ~ to sth** gegen etwas Protest erheben *od* protestieren 2 Reklamation *f*, Beanstandung *f*; **objectionable** ADJ (ADV objectionably) 1 nicht einwandfrei: a zu beanstanden(d), abzulehnen(d) b anrüchig 2 unerwünscht 3 unangenehm (**to** *dat od* für) 4 anstößig

objective [əbˈdʒektɪv; *US a.* ɑb-] A ADJ (ADV ~ly) 1 objektiv, tatsächlich: **~ facts** objektive Tatsachen 2 objektiv, sachlich, unpersönlich, vorurteilslos 3 LING Objekts…: **~ case** → B 2; **~ genitive** Genitivus *m* obiectivus 4 Ziel…: **~ function** MATH Zielfunktion *f*; **~ point** MIL Operations-, Angriffsziel *n* B S 1 OPT Objektiv (-linse) *n(f)* 2 LING Objektskasus *m* 3 (*bes* MIL Operations-, Angriffs)Ziel *n*; **objectiveness** → objectivity; **objectivism** S PHIL Objektivismus *m* (*erkenntnistheoretische Lehre, nach der Erfahrungsinhalte objektiv Gegebenes sind*); **objectivist** A S Objektivist(in) B ADJ objektivistisch; **objectivistic** ADJ (ADV ~ally) objektivistisch; **objectivity** [ˌɒbdʒekˈtɪvətɪ; *US* ˌɑb-] S Objektivität *f*; **objectivization** → objectification; **objectivize** → objectify

object| language S LING Objektsprache *f*; **~ lens** S OPT Objektiv(linse) *n(f)*

objectless ADJ (ADV ~ly) gegenstands-, zweck-, ziellos

object lesson S *fig* Schulbeispiel *n* (**in** für)

objector [əbˈdʒektə(r)] S Gegner(in) (**to** *gen*): → conscientious objector

object| plate S TECH Objektträger *m* (*am Mikroskop etc*); **~ program** S IT Objekt-, Zielprogramm *n*; **~ slide** → object plate; **~ stage** S TECH Objekttisch *m*; **~ teaching** S Anschauungsunterricht *m*

objet d'art *pl* objets d'art [ˌɒbʒeɪˈdɑː(r); ɔbʒɛdar] S (*oft* kleiner) Kunstgegenstand

objet trouvé *pl* objets trouvés [ˈɒbʒeɪˌtruːˈveɪ; ɔbʒɛtruve] S KUNST Objet *n* trouvé (*ohne jede Veränderung in e-m Kunstwerk präsentierter Gebrauchsgegenstand*)

objurgate [ˈɒbdʒɜːɡeɪt; *US* ˈɑbdʒər-] VT tadeln, schelten; **objurgation** S Tadel *m*, Schelte(n) *f(n)*; **objurgatory** [ɒbˈdʒɜːɡətərɪ; *US* əbˈdʒɜrɡəˌtəʊriː; -ˌtɔː-] ADJ tadelnd, scheltend

O

obl. ABK 1 oblique 2 oblong

oblate[1] [ˈɒbleɪt; *US* ɑbˈleɪt; ˈɑbˌl-] ADJ MATH, PHYS (*an den Polen*) abgeflacht, abgeplattet, sphäroid

oblate[2] [ˈɒbleɪt; *US* ˈɑb-] S KATH Oblate *m* (*j-d, der sich e-m Orden od Kloster angeschlossen hat, ohne Vollmitglied zu sein*)

oblation [əʊˈbleɪʃn; əˈb-] S 1 REL Opferung *f*, Darbringung *f* (*bes von Brot u. Wein*) 2 REL Opfer (-gabe) *n(f)* 3 Gabe *f*

obligate [ˈɒblɪɡeɪt; *US* ˈɑb-] A VT *a.* JUR *j-n* verpflichten (**to do** zu tun): **feel ~d** sich verpflichtet fühlen B ADJ [*a.* -ɡət] BIOL obligatorisch (*Parasit*)

obligation [ˌɒblɪˈɡeɪʃn; *US* ˌɑb-] S 1 Verpflichten *n*, Verpflichtung *f* 2 Verpflichtung *f*, Verbindlichkeit *f*, Obliegenheit *f*, Pflicht *f*: **of ~** obligatorisch; **be under an ~ to sb** j-m (zu Dank) verpflichtet sein; **be under an (no) ~ to do sth** (nicht) verpflichtet sein, etwas zu tun; **feel an ~ to do sth** sich verpflichtet fühlen, etwas zu tun; **have a legal ~ to do sth** gesetzlich *od* rechtlich verpflichtet sein, etwas zu tun; **place** (*od* **put**) **an ~ on sb to do sth** j-n (dazu) verpflichten, etwas zu tun; **place** (*od* **put**) **sb under an ~ (to sb)** j-m e-e Dankespflicht (j-m gegenüber) auferlegen 3 WIRTSCH a Schuldverpflichtung *f*, -verschreibung *f*, Obligation *f* b Verpflichtung *f*, Verbindlichkeit *f*: **~ to pay** Zahlungsverpflichtung; **with no ~ to buy** ohne Kaufzwang; **there is absolutely no ~ to buy** es besteht keinerlei Kaufverpflichtung; **without ~** unverbindlich, freibleibend

obligato → obbligato

obligatory [əˈblɪɡətərɪ; *US* -ˌtəʊriː; -ˌtɔː-; ɑˈb-] ADJ (ADV obligatorily) verpflichtend, bindend, (rechts)verbindlich, obligatorisch (*alle:* **on, upon** für), Zwangs…, Pflicht…: **~ agreement** bindende Abmachung; **~ investment** WIRTSCH Pflichteinlage *f*

oblige [əˈblaɪdʒ] A VT 1 der Aufforderung *od* Bitte nachkommen: **she's always ready to ~** a sie ist sehr entgegenkommend *od* gefällig b *euph hum* sie ist allzeit bereit 2 **~ with** *umg ein Lied etc* vortragen *od* zum Besten geben 3 erwünscht sein: **an early reply will ~** um baldige Antwort wird gebeten B VT 1 *j-n* nötigen, zwingen (*beide:* **to do** zu tun): **I was ~d to do sth** ich sah mich *od* war genötigt *od* gezwungen, etwas zu tun; ich musste etwas tun 2 a *j-n* verpflichten (**to do** zu tun): **feel ~d** sich verpflichtet fühlen b *j-n* zu Dank verpflichten: **(I'm) much ~d (to you)** ich bin Ihnen sehr zu Dank verpflichtet!, besten Dank!; **I am ~d to you for it** ich bin Ihnen dafür sehr verbunden; **will you ~ me by doing this?** wären Sie so freundlich, das zu tun? 3 *j-m* gefällig sein, e-n Gefallen tun, *j-n* erfreuen (**with a song** mit e-m Lied): **~ you** Ihnen zu Gefallen; **anything to ~ you** selbstverständlich, wenn ich Ihnen damit e-n Gefallen erweise!; **(will you) ~ me by leaving the room!** würden Sie bitte das Zimmer verlassen! 4 JUR *j-n* (*durch Eid etc*) binden (**to** an *akk*): **~ o.s.** sich verpflichten

obligee [ˌɒblɪˈdʒiː; *US* ˌɑb-] S WIRTSCH, JUR Forderungsberechtigte(r) *m/f(m)*, (Obligations)-Gläubiger(in)

obliging [əˈblaɪdʒɪŋ] ADJ (ADV ~ly) verbindlich, gefällig, zuvor-, entgegenkommend; **obligingness** S Gefälligkeit *f*, Zuvorkommenheit *f*

obligor [ˌɒblɪˈɡɔː(r); *US* ˌɑb-] S WIRTSCH, JUR (Obligations)Schuldner(in)

oblique [əˈbliːk; *US a.* əʊˈb-; -ˈblaɪk] A ADJ (ADV ~ly) 1 *bes* MATH schief, schiefwink(e)lig, schräg: **~ aerial photograph** → B 2; **~ angle** MATH schiefer Winkel; **at an ~ angle to** im spitzen Winkel zu; **~ presentation** MED Schräg-, Schieflage *f* (*des Kindes*); **~ stroke** → B 1; **~ triangle** MATH schiefwink(e)liges Dreieck 2 indirekt (*Anschuldigung etc*): **~ glance** Seitenblick *m* 3 a unmoralisch b unredlich 4 LING **~ case** Casus *m* obliquus, abhängiger Fall; **~ narration** (*od* **speech**) indirekte Rede B S 1 Schrägstrich *m* 2 *Landvermessung:* Schrägluftbild *n*; **obliqueness** → obliquity

obliquity [əˈblɪkwətɪ; *US bes* əʊˈb-] S 1 *bes* MATH Schiefe *f*, Schiefheit *f*, Schrägheit *f*: **~ of the ecliptic** ASTRON Schiefe der Ekliptik 2 Indirektheit *f* 3 a Unmoralität *f* b Unredlichkeit *f*

obliterate [əˈblɪtəreɪt; *US a.* əʊˈb-] VT 1 MIL *etc* völlig zerstören, dem Erdboden gleichmachen 2 *e-e Schrift* a löschen b unleserlich machen 3 *die Sonne etc* völlig verdecken 4 *e-e Briefmarke etc* entwerten 5 *Erinnerungen etc* auslöschen 6 MED veröden; **obliteration** S 1 *bes* MIL völlige Zerstörung 2 völlige Verdeckung 3 Entwertung *f* 4 Auslöschung *f* 5 MED Verödung *f*

oblivion [əˈblɪvɪən; *US a.* əʊˈb-; ɑˈb-] S 1 Vergessenheit *f*: **be in ~** in Vergessenheit geraten sein; **fall** (*od* **sink**) **into ~** in Vergessenheit geraten; **disappear into political ~** in der politischen Versenkung verschwinden; **rescue sth from ~** etwas der Vergessenheit entreißen 2 JUR, POL Amnestie *f*, Straferlass *m*

oblivious [əˈblɪvɪəs; *US* əʊˈb-; ɑˈb-] ADJ: **be ~ of** (*od* **to**) **sth** a sich e-r Sache nicht bewusst sein b etwas nicht wahrnehmen *od* bemerken

oblong [ˈɒblɒŋ; *US* ˈɑb-] A ADJ 1 länglich: **~ hole** TECH Langloch *n* 2 MATH rechteckig B S MATH Rechteck *n*

obloquy [ˈɒbləkwɪ; *US* ˈɑb-] S 1 Verleumdung *f*, Schmähung *f*: **cast ~ (up)on sb** j-m Schlechtes nachsagen; **fall into ~** in Verruf kommen 2 Schmach *f*

obnoxious [əbˈnɒkʃəs; *US* -ˈnɑk-; *a.* ɑbˈn-] ADJ (ADV ~ly) 1 widerlich (*Geruch, Kerl etc*) 2 *obs* gefährdet, bedroht 3 *obs* a tadelnswert, -würdig b sträflich, strafwürdig; **obnoxiousness** S 1 Widerlichkeit *f* 2 *obs* Gefährdung *f* 3 *obs* Sträflichkeit *f*

oboe [ˈəʊbəʊ] S MUS Oboe *f*; **oboist** S Oboist(in)

obol [ˈɒbɒl; *US* ˈɑbəl; ˈəʊ-] S *Antike:* Obolus *m* (*altgriechische Münze*)

obovate [ɒbˈəʊveɪt; *US* ɑb-] ADJ BOT oboval, verkehrt eirund

obs. ABK 1 obscure 2 observation 3 observatory 4 obsolete

obscene [əbˈsiːn; *US a.* ɑb-] ADJ (ADV ~ly) 1 unzüchtig (*a.* JUR), unanständig, zotig, obszön: **~ talker** Zotenreißer(in) 2 widerlich, abscheulich; **obscenity** [əbˈsenətɪ; *US a.* ɑb-] S 1 Unzüchtigkeit *f*, Unanständigkeit *f*, Obszönität *f*: **obscenities** Obszönitäten, Zoten 2 Widerlichkeit *f*, Abscheulichkeit *f*

obscurant [ɒbˈskjʊərənt; *US* ɑb-] S Obskurant(in), Dunkelmann *m*

obscurantism [ˌɒbskjʊəˈræntɪzəm; *US* ˌɑb-; *a.* ɑbˈskjʊrənˌtɪzəm] S Obskurantismus *m* (*feindselige Haltung gegenüber jeder Art von Aufklärung*); **obscurantist** [ˌɒbskjʊəˈræntɪst; *US* ˌɑb-; *a.* ɑbˈskjʊrəntɪst] A S → obscurant B ADJ obskurantisch

obscuration [ˌɒbskjʊəˈreɪʃn; *US* ˌɑb-] S 1 Verdunk(e)lung *f* 2 MED Verschattung *f*

obscure [əbˈskjʊə(r); *US a.* ɑb-] A ADJ 1 dunkel, finster 2 unscharf (*Bild*), matt (*Farbe*) 3 *poet* nächtlich, Nacht… 4 *fig* dunkel: a unklar: **~ words** dunkle Worte; **~ motives** undurchsichtige Motive; **for some ~ reason** aus e-m unerfindlichen Grund b undeutlich (*Gefühl etc*) 5 *fig* obskur, unbekannt (*Schriftsteller etc*): **an ~ disease** e-e unbekannte Krankheit 6 schwach (*Puls, Stimme etc*) 7 *fig* einsam, verborgen: **live an ~ life** 8 *fig* unauffällig B S → obscurity C VT 1 verdunkeln, verfinstern 2 *fig* verkleinern, in den Schatten stellen 3 *fig* unverständlich *od* undeutlich machen 4 verbergen (**to** *dat od* vor *dat*) 5 LING *e-n Vokal, Laut* abschwächen; **obscurely** ADV *fig* dunkel, auf unklare *od* geheimnisvolle Weise

obscurity [əbˈskjʊərətɪ; *US a.* ɑb-] S 1 Dunkelheit *f* (*a. fig*) 2 *fig* Unklarheit *f*, Undeutlichkeit *f* 3 *fig* Obskurität *f*, Unbekanntheit *f*: **retire into ~** sich vom öffentlichen *od* gesellschaftlichen Leben zurückziehen; **be lost in ~** vergessen sein 4 obskure *od* dunkle Person *od* Sache 5 MAL dunkler Fleck

obsecrate [ˈɒbsɪkreɪt; *US* ˈɑb-] VT *obs j-n* flehentlich bitten, *etwas* erflehen; **obsecration** S flehentliche Bitte

obsequial [ɒbˈsiːkwɪəl; *US* əb-; ɑb-] ADJ Begräbnis…

obsequies [ˈɒbsɪkwɪz; *US* ˈɑb-] SPL Trauerfeierlichkeit(en) *f(pl)*

obsequious [əbˈsiːkwɪəs; *US a.* ɑb-] ADJ (ADV ~ly) unterwürfig (**to** gegen), servil, kriecherisch; **obsequiousness** S Unterwürfigkeit *f*, Servilität *f*

observable [əbˈzɜːvəbl; *US* -ˈzɜr-] ADJ (ADV observably) 1 bemerkbar, wahrnehmbar, merklich 2 beachtens-, bemerkenswert 3 zu beachten(d)

observance [əb'zɜːvns; *US* -'zɜr-] S 1 Befolgung *f*, Beachtung *f*, Einhaltung *f* (*e-r Vorschrift etc*) 2 Pflege *f* (*e-s Brauchs etc*), Feier *f*, Begehung *f* (*e-s Festes etc*) 3 Brauch *m*, Sitte *f* 4 Regel *f*, Vorschrift *f* 5 KATH Observanz *f* (*Befolgung der strengen Regel e-s Mönchsordens*) 6 *obs* Ehrerbietung *f*

observant [əb'zɜːvnt; *US* -'zɜr-] ADJ (ADV ~ly) 1 **be ~ of** beachten, befolgen: **he is very ~ of forms** er hält sehr auf Formen 2 aufmerksam: **be ~ of** achten auf (*akk*)

observation [ˌɒbzə(r)'veɪʃn; *US* ˌɑb-] A S 1 Beobachtung *f*: a Überwachung *f* b Wahrnehmung *f*: **be under ~** unter Beobachtung stehen; **be in hospital under ~** zur Beobachtung im Krankenhaus sein; **fall under sb's ~** von j-m bemerkt *od* wahrgenommen werden; **keep sb under ~** j-n beobachten (lassen); **they kept her in hospital for ~** sie behielten sie zur Beobachtung im Krankenhaus; **take an ~** SCHIFF das Besteck nehmen; **period of ~** Beobachtungszeitraum *m* 2 Bemerkung *f*: **final ~** Schlussbemerkung 3 *a.* **powers** *pl* **of ~** Beobachtungsgabe *f*, -vermögen *n* 4 → observance 1 B ADJ Beobachtungs..., Aussichts...; **observational** [-ʃənl] ADJ (ADV ~ly) 1 Beobachtungs... 2 beobachtend, auf Beobachtung(en) begründet

observation| car S BAHN Aussichtswagen *m*; **~ deck** S SCHIFF Peildeck n; **~ port** S 1 TECH Guckloch *n*, Kontrollfenster *n* 2 MIL Sehklappe *f*; **~ post** S *bes* MIL Beobachtungsstelle *f*, -stand *m*, -posten *m*; **~ tower** S Aussichtsturm *m*

observatory [əb'zɜːvətrɪ; *US* əb'zɜrvəˌtəʊriː; -ˌtɔː-] S Observatorium *n*: a (Wetter)Warte *f* b ASTRON Sternwarte *f*

observe [əb'zɜːv; *US* əb'zɜrv] A V/T 1 beobachten: a überwachen, (*polizeilich etc*) observieren b betrachten, verfolgen, studieren c (be)merken, wahrnehmen, sehen: **he was ~d entering the bank** er wurde beim Betreten der Bank beobachtet 2 *Landvermessung: e-n Winkel* messen 3 SCHIFF peilen 4 *fig* a *e-e Vorschrift etc* einhalten, befolgen, beachten b *e-n Brauch etc* pflegen, *ein Fest etc* feiern, begehen: **~ silence** Stillschweigen bewahren 5 bemerken, sagen (*beide:* **that** dass) B V/I 1 aufmerksam sein 2 Beobachtungen machen 3 Bemerkungen machen, sich äußern (*beide:* **on** über *akk*); **observer** S 1 Beobachter(in) (*a.* POL), Zuschauer(in) 2 Befolger(in): **he is an ~ of the Sabbath** er hält den Sabbat heilig 3 FLUG *bes* HIST a Beobachter *m* (*im Flugzeug*) b *Flugmeldedienst*: Luftspäher *m*; **observing** ADJ (ADV ~ly) aufmerksam

obsess [əb'ses] A V/T *j-n* quälen, heimsuchen, verfolgen: **be ~ed by** (*od* **with**) **an idea** von e-r Idee besessen sein; **like an ~ed (man)** wie ein Besessener; **an ~ed angler** ein passionierter Angler B V/I *bes US umg* sich ständig (unnötige) Sorgen machen (**about** um, wegen)

obsession [əb'seʃn; *US a.* ɑb-] S 1 Besessenheit *f*: **have an ~ with** (*od* **about**) besessen sein von 2 fixe Idee, PSYCH Obsession *f*, Zwangsvorstellung *f*; **obsessional** ADJ (ADV ~ly) PSYCH obsessiv, zwanghaft, Zwangs...: **~ neurosis**; **be ~ about cleanliness** e-n Reinlichkeits- *od* Sauberkeitsfimmel haben (*beide umg*)

obsidian [ɒb'sɪdɪən; *US* əb-] S MINER Obsidian *m*

obsolesce [ˌɒbsəʊ'les; *US* ˌɑbsə'les] V/I veralten; **obsolescence** S Veralten *n*: → plan B 1; **obsolescent** ADJ (ADV ~ly) 1 veraltend 2 BIOL rudimentär, verkümmernd

obsolete ['ɒbsəliːt; *US* 'ɑbsə-; ˌɑbsə'l-] ADJ (ADV ~ly) 1 veraltet: **become ~** veralten 2 BIOL a zurückgeblieben, rudimentär b fehlend; **obsoleteness** S 1 Veraltetsein *n* 2 BIOL unvollkommene Entwicklung

obstacle ['ɒbstəkl;; *US* 'ɑbstɪkəl] S Hindernis *n* (**to** für) (*a. fig*): **be an ~ to sth** etwas behindern, e-r Sache im Weg stehen; **put ~s in sb's way** j-m Hindernisse in den Weg legen; **~ course** MIL Hindernisbahn *f*; **~ race** SPORT Hindernisrennen *n* (*a. fig*)

obstetric [ɒb'stetrɪk; *US* əb-; ɒb-] MED A ADJ Geburts...: **~ ward** Entbindungsstation *f* B S **obstetrics** *pl* (*als sg konstruiert*) Obstetrik *f*, Geburtshilfe *f*; **obstetrical** [-kl] → obstetric A

obstetrician [ˌɒbste'trɪʃn; *US* ˌɑbstə-] S MED Geburtshelfer(in)

obstinacy ['ɒbstɪnəsɪ; *US* 'ɑb-] S Hartnäckigkeit *f* (*a. fig*), Halsstarrigkeit *f*, Eigensinn *m*; **obstinate** ['ɒbstənət; *US* 'ɑb-] ADJ (ADV ~ly) 1 hartnäckig, halsstarrig, eigensinnig 2 *fig* hartnäckig (*Krankheit, Widerstand etc*); **obstinateness** → obstinacy

obstipation [ˌɒbstɪ'peɪʃn; *US* ˌɑb-] S MED Obstipation *f*, Verstopfung *f*

obstreperous [əb'strepərəs; *US a.* ɑb-] ADJ (ADV ~ly) 1 aufsässig, aufmüpfig *umg* 2 a lärmend b ausgelassen; **obstreperousness** S 1 Aufsässigkeit *f*, Aufmüpfigkeit *f umg* 2 Ausgelassenheit *f*

obstruct [əb'strʌkt; *US a.* ɑb-] A V/T 1 *e-e Straße, e-n Durchgang etc* blockieren, versperren, verstopfen, *e-n Kanal, e-e Röhre, a.* MED *e-e Arterie* verstopfen 2 *die Aussicht etc* versperren, die Sicht versperren auf (*akk*): **~ sb's view** j-m die Sicht nehmen 3 *den Straßenverkehr, fig den Fortschritt, die Entwicklung etc* (be)hindern, hemmen, aufhalten, zum Erliegen bringen, *e-e Gesetzesvorlage etc* blockieren, sich *e-m Plan etc* in den Weg stellen 4 *Fußball etc: e-n Gegenspieler* behindern, sperren, JUR *e-e Amtsperson* behindern (**in** bei): **~ a policeman in the execution of his duty** e-n Polizisten an der Ausübung s-r Pflicht hindern B V/I POL Obstruktion treiben

obstruction [əb'strʌkʃn; *US a.* ɑb-] S 1 Blockierung *f*, Versperrung *f*, Verstopfung *f* (*a.* MED) 2 Behinderung *f*, Hemmung *f*: **~ of justice** JUR Verdunk(e)lung *f* 3 Hindernis *n* (**to** für) 4 POL Obstruktion *f*: **policy of ~** → obstructionism; **practice ~** Obstruktion treiben 5 *Fußball etc*: Sperren *n* (ohne Ball); **obstructionism** [-ʃənɪzəm] S POL Obstruktionspolitik *f*; **obstructionist** POL A S Obstruktionspolitiker(in); *j-d, der ständig Obstruktion treibt* B ADJ Obstruktions...

obstructive [əb'strʌktɪv; *US a.* ɑb-] ADJ (ADV ~ly) 1 blockierend, versperrend, verstopfend 2 hinderlich, hemmend (*beide:* **of, to** für): **be ~ of sth** etwas behindern 3 POL Obstruktions...

obstruent ['ɒbstruənt; *US* 'ɑbztrəwənt; 'ɑbs-] ADJ & S MED, PHARM verstopfend(es Mittel)

obtain [əb'teɪn; *US a.* ɑb-] A V/T 1 erlangen, erhalten, bekommen, sich *etwas* verschaffen: **~ sth by flattery** sich etwas erschmeicheln; **~ sth by false pretences** (*US* **pretenses**) JUR sich etwas erschleichen; **~ legal force** Rechtskraft erlangen; **details can be ~ed from** Näheres ist zu erfahren bei; **~ sth for sb** j-m etwas beschaffen 2 *s-n Willen, s-e Wünsche etc* durchsetzen 3 erreichen 4 WIRTSCH *e-n Preis* erzielen B V/I 1 (vor)herrschen, bestehen, üblich sein: **the custom ~s** es besteht die Sitte, es ist üblich 2 in Geltung sein, Geltung haben, in Kraft sein 3 *obs* siegen, Erfolg haben; **obtainable** ADJ 1 erreichbar, erlangbar 2 *bes* WIRTSCH erhältlich, zu erhalten(d) (*beide:* **at** bei): **~ on order** auf Bestellung erhältlich; **no longer ~** nicht mehr lieferbar, vergriffen

obtrude [əb'truːd; *US a.* ɑb-] A V/T *etwas* aufdrängen, -nötigen, -zwingen (*alle:* **upon, on** *dat*): **~ one's opinion (up)on sb** j-m s-e Ansicht aufzwingen; **~ o.s. (up)on** → B B V/I sich aufdrängen (**upon, on** *dat*); **obtruder** S Auf-, Zudringliche(r) *m/f(m)*

obtrusion [əb'truːʒn; *US a.* ɑb-] S 1 Aufdrängen *n*, Aufnötigung *f*: **the ~ of one's opinion (up)on others** wenn man s-e Ansicht anderen aufzwingen will 2 Aufdringlichkeit *f*; **obtrusive** [-sɪv] ADJ (ADV ~ly) 1 auf-, zudringlich (*Person*) 2 aufdringlich, auffällig, unangenehm auffallend (*Sache*); **obtrusiveness** S Aufdringlichkeit *f*

obturate ['ɒbtjʊəreɪt; *US* 'ɑbtə-; -tjə-] V/T 1 ver-, zustopfen, verschließen 2 TECH (ab)dichten, lidern; **obturation** S 1 Verstopfung *f*, Verschließung *f* 2 TECH (Ab)Dichtung *f*, Liderung *f*; **obturator** [-tə(r)] S 1 Schließvorrichtung *f*, Verschluss *m* 2 TECH (Ab)Dichtung(smittel) *f(n)* 3 MED Obturator *m*, Gaumenverschlussplatte *f*

obtuse [əb'tjuːs; *US a.* ɑb-; -'tuːs] ADJ (ADV ~ly) 1 stumpf, abgestumpft 2 MATH a stumpf (*Winkel*) b stumpfwink(e)lig (*Dreieck*) 3 begriffsstutzig, beschränkt 4 dumpf (*Klang, Schmerz etc*); **obtuse-angled** ADJ stumpfwink(e)lig

obtuseness S 1 Stumpfheit *f* 2 Begriffsstutzigkeit *f*, Beschränktheit *f*

OB van [ˌəʊ'biː] S RADIO, TV *Br* Übertragungswagen *m*

obverse ['ɒbvɜːs; *US* 'ɑbˌvɜrs; *a.* ɑb'v-] A S 1 Bild-, Vorderseite *f*, Avers *m* (*e-r Münze*) 2 Vorderseite *f* 3 Gegenstück *n*, (*die*) andere Seite, Kehrseite *f* 4 *Logik*: umgekehrter Schluss B ADJ [*US bes* ɑb'vɜrs] 1 Vorder..., dem Betrachter zugekehrt 2 entsprechend 3 BOT nach der Spitze zu breiter werdend; **obversely** ADV umgekehrt

obvert [ɒb'vɜːt; *US* ɑb'vɜrt] V/T *Logik: e-n Schluss* umkehren

obviate ['ɒbvɪeɪt; *US* 'ɑb-] V/T 1 *e-r Sache* begegnen, zuvorkommen, vorbeugen, *etwas* verhindern, verhüten, abwenden 2 beseitigen 3 erübrigen, überflüssig machen; **obviation** S 1 Vorbeugen *n*, Verhütung *f* 2 Beseitigung *f* 3 Erübrigung *f*

obvious ['ɒbvɪəs; *US* 'ɑb-] ADJ (ADV ~ly) offensichtlich, augenfällig, klar, deutlich, naheliegend, einleuchtend, *iron* durchsichtig: **for ~ reasons** aus erklärlichen Gründen; **make ~** deutlich machen; **it is (very) ~ that ...** es liegt (klar) auf der Hand, dass ...; **it was the ~ thing to do** es war das Nächstliegende; **it should have been ~ to him that ...** es hätte ihm klar sein müssen, dass ...; **he was the ~ choice** kein anderer kam dafür infrage; **that's stating the ~** das ist nichts Neues; **obviousness** S Offensichtlichkeit *f*, Augenfälligkeit *f*, Deutlichkeit *f*

OC ABK MIL Officer Commanding befehlshabender Offizier

o/c ABK WIRTSCH overcharge

Oc. ABK Ocean

ocarina [ˌɒkə'riːnə; *US* ˌɑk-] S MUS Okarina *f* (*ein Blasinstrument*)

occ(as). ABK occasional(ly)

occasion [ə'keɪʒn] A S 1 (günstige) Gelegenheit, günstiger Augenblick, richtiger Zeitpunkt: **take ~ to do sth** die Gelegenheit ergreifen, etwas zu tun 2 (**of**) Gelegenheit *f* (zu), Möglichkeit *f* (*gen*): **have ~ to do sth** die Gelegenheit haben, etwas zu tun 3 (besondere) Gelegenheit, Anlass *m*: **on this ~** bei dieser Gelegenheit; **on the ~ of** anlässlich (*gen*), aus Anlass (*gen*); **on ~** a bei Gelegenheit, gelegentlich b wenn nötig; **for the ~** für diese besondere Gelegenheit, eigens zu diesem Anlass *od* Zweck 4 (*bes* festliches) Ereignis: **celebrate the ~** a das Ereignis fei-

O

ern b (Redew) zur Feier des Tages; **rise to the ~** sich der Lage gewachsen zeigen; → mark¹ B 6 **5** Anlass m, Anstoß m: **give ~ to sth, be the ~ of sth** etwas veranlassen, den Anstoß zu etwas geben **6** (for) Grund m (zu), Ursache f (gen), Veranlassung f (zu): **there is no ~ to be afraid** es besteht kein Grund zur Besorgnis **7** pl obs Geschäfte pl, Angelegenheiten pl: **go about one's ~s** s-n Geschäften nachgehen **B** V/T veranlassen, verursachen, bewirken: **~ sb sth** j-m etwas verursachen; **this ~ed him to go** dies veranlasste ihn zu gehen

occasional [əˈkeɪʒənl] ADJ (ADV → occasionally) **1** gelegentlich, Gelegenheits…: **~ showers** vereinzelte (Regen)Schauer; **~ strollers** vereinzelte Spaziergänger; **~ writer** Gelegenheitsschriftsteller(in); **pay sb the ~ visit** j-n hin u. wieder besuchen; **smoke an ~ cigarette** gelegentlich od hin u. wieder e-e Zigarette rauchen **2** für e-e bestimmte Gelegenheit: **~ poem** Gelegenheitsgedicht n **3** veranlassend: **~ cause** Anlass m; **occasionalism** S PHIL Okkasionalismus m (Theorie, nach der die Wechselwirkung zwischen Leib u. Seele auf direkte Eingriffe Gottes „bei Gelegenheit" zurückgeführt wird); **occasionalist** S Okkasionalist(in); **occasionalistic** ADJ (ADV ~ally) okkasionalistisch

occasionally [əˈkeɪʒnəlɪ] ADV gelegentlich, hin u. wieder, mitunter

Occident [ˈɒksɪdənt; US ˈɑk-; a. -ˌdent] S **1** Okzident m, Abendland n **2** ♀ Westen m; **Occidental** [-ˈdentl] **A** ADJ (ADV ~ly) **1** okzidental (isch), abendländisch **2** ♀ westlich **B** S Abendländer(in); **Occidentalism** S abendländische Kultur; **Occidentalize** V/T verwestlichen

occipita [ɒkˈsɪpɪtə; US ɑk-] pl von occiput

occipital [ɒkˈsɪpɪtl; US ɑk-] ANAT, ZOOL **A** ADJ okzipital, Hinterhaupt(s)…: **~ bone** → B **B** S Hinterhauptsbein n

occiput [ˈɒksɪpʌt; US ˈɑk-] pl -puts, occipita [-ˈsɪpɪtə] S ANAT, ZOOL Okziput n, Hinterhaupt n, -kopf m

occlude [ɒˈkluːd; US ə-; ɑ-] **A** V/T **1** verstopfen, verschließen **2** CHEM Gase okkludieren, absorbieren **3** **~d front** → occlusion 3 c **B** V/I MED schließen (untere u. obere Zähne)

occlusion [ɒˈkluːʒn; US ə-] S **1** Verstopfung f, Verschließung f **2** Verschluss m **3** Okklusion f: a MED Biss m, (normale) Schlussbissstellung (der Zähne): **abnormal ~** Bissanomalie f b CHEM Absorption f c METEO Zusammentreffen e-r Kalt- u. e-r Warmfront; **occlusive** [-sɪv] **A** ADJ **1** verschließend, Verschluss… **2** MED Okklusiv… **B** S Okklusiv m, Verschlusslaut m

occult [ɒˈkʌlt; US -ə-; ɑ-] **A** ADJ [US a. ˈɑkˌʌlt] (ADV ~ly) **1** okkult: a geheimnisvoll, verborgen b magisch, übersinnlich c geheim, Geheim…: **~ sciences** okkulte Wissenschaften **2** wissenschaftlich hist geheim **B** S **the ~** das Okkulte **C** V/T verbergen, verdecken, ASTRON verfinstern **D** V/I verdeckt werden; **occultism** [ˈɒkəltɪzəm; US ˈɑkˌʌl-; əˈkʌl-] S Okkultismus m (Lehren u. Praktiken, die auf übersinnlicher Wahrnehmung beruhen); **occultist** [ˈɒkəltɪst; US ˈɑkˌʌl-; əˈkʌl-] **A** S Okkultist(in) **B** ADJ okkultistisch

occupancy [ˈɒkjʊpənsɪ; US ˈɑk-] S **1** Besitzergreifung f (a. JUR), Bezug m (e-r Wohnung etc) **2** Innehaben n, Besitz m: **during his ~ of the post** solange er die Stelle innehat(te) **3** Inanspruchnahme f (von Zeit); **occupant** S **1** bes JUR Besitzergreifer(in) **2** Besitzer(in), Inhaber(in) **3** Bewohner(in), Insasse m, Insassin f: **the ~s of the house** die Bewohner des Hauses; **the ~s of the car** die Insassen des Wagens

occupation [ˌɒkjʊˈpeɪʃn; US ˌɑk-] **A** S **1** Besitz m, Innehaben n **2** Besitznahme f, -ergreifung f **3** MIL, POL Okkupation f, Besetzung f **4** Beschäftigung f: **without ~** beschäftigungslos **5** Beruf m: **his ~ is dentistry** er ist Zahnarzt (von Beruf); **what's his ~?** was ist er von Beruf? **B** ADJ MIL, POL Besatzungs…: **~ troops**

occupational [ˌɒkjuːˈpeɪʃənl; US ˌɑkjə-] ADJ (ADV ~ly) **1** beruflich, Berufs… **2** Beschäftigungs… **3** betrieblich, Betriebs…; **~ accident** S Arbeitsunfall m; **~ disease** S Berufskrankheit f; **~ group** S WIRTSCH Berufsgruppe f; **~ hazard** S Berufsrisiko n; **~ medicine** S Arbeitsmedizin f; **~ pension** S Betriebsrente f; **~ psychology** S Arbeitspsychologie f; **~ therapist** S MED Beschäftigungstherapeut(in); **~ therapy** S MED Beschäftigungstherapie f

occupier [ˈɒkjʊpaɪə(r); US ˈɑk-] S **1** Besitzergreifer(in) **2** Br a Besitzer(in) b Pächter(in)

occupy [ˈɒkjʊpaɪ; US ˈɑk-] V/T **1** Land etc in Besitz nehmen, Besitz ergreifen von: **~ the first two places** SPORT etc die ersten beiden Plätze belegen **2** MIL besetzen **3** **be occupied** besetzt sein (Platz) **4** fig ein Amt etc bekleiden, innehaben: **~ the chair** den Vorsitz führen **5** bewohnen **6** Raum einnehmen **7** Zeit in Anspruch nehmen **8** j-n beschäftigen, anstellen: **~ o.s.** sich beschäftigen od befassen (**with** mit); **be occupied with one's own thoughts** mit s-n eigenen Gedanken beschäftigt sein; **be occupied with** (od **in**) **doing sth** damit beschäftigt od befasst sein, etwas zu tun **9** fig j-s Geist beschäftigen

occur [əˈkɜː; US əˈkɜr] V/I **1** sich ereignen, vorfallen, vorkommen, eintreten, geschehen: **demonstrations ~red** es kam zu Demonstrationen **2** vorkommen, sich finden: **it ~s in Shakespeare** es kommt bei Shakespeare vor, es begegnet einem bei Shakespeare; **black sheep ~ in all families** schwarze Schafe gibt es in jeder Familie **3** zustoßen (**to** dat) **4** einfallen od in den Sinn kommen (**to sb** j-m): **it ~red to me that …** mir fiel ein od mir kam der Gedanke, dass …; **this had never ~red to me** darauf war ich noch nie gekommen **5** begegnen, vorkommen, passieren (alle: **to sb** j-m);

occurrence [əˈkʌrəns; US əˈkɜrəns] S **1** Vorkommen n, Auftreten n: **be of frequent (rare) ~** häufig (selten) vorkommen **2** Ereignis n, Vorfall m, Vorkommnis n: **be an everyday ~** etwas (ganz) Alltägliches sein

ocean [ˈəʊʃn] S **1** Ozean m, Meer n: **~ bill of lading** WIRTSCH Konnossement n, Seefrachtbrief m; **~ chart** Seekarte f; **~ climate** Meeres-, Seeklima n; **~ disposal** US, **~ dumping** Verklappung f; **~ farming** → mariculture; **~-going** hochseetüchtig, Hochsee…; **~ greyhound** schneller Ocean-Liner; **~ lane** Schifffahrtsroute f; **~ liner** Ocean-Liner m, Überseedampfer m, Linienschiff n; **~ traffic** Seeverkehr m; **~ yacht** Hochseejacht f **2** fig Meer n, riesige Fläche: **an ~ of flowers** ein Blumenmeer **3** Br umg **there were ~s of food and drink** es gab jede Menge zu essen u. zu trinken; **he's got ~s of time** er hat massenhaft Zeit

oceanarium [ˌəʊʃəˈneərɪəm] pl -iums, -ia [-ɪə] S Ozeanarium n (großes Meerwasseraquarium)

Oceania [ˌəʊʃɪˈeɪnjə; -nɪə; US a. -ˈænɪə] S Ozeanien n; **Oceanian** [ˌəʊʃɪˈeɪnjən; -ɪən; US a. -ˈæn-] **A** ADJ ozeanisch (von Ozeanien) **B** S Ozeanier(in)

oceanic [ˌəʊʃɪˈænɪk] ADJ **1** ozeanisch, Ozean…, Meer(es)…: **~ fauna** Meeresfauna f **2** fig riesig, ungeheuer, gewaltig **3** ♀ → Oceanian A

Oceanid [əʊˈsɪənɪd] pl -nids, -anides [ˌəʊsɪˈænɪdiːz] S Antike Ozeanide f, Meeresnymphe f

oceanographer [ˌəʊʃjəˈnɒɡrəfə(r); US -ʃə-ˈnɑ-] S Ozeanograf(in), Meereskundler(in); **oceanographic** [-nəʊˈɡræfɪk; US -ʃənəˈɡ-] ADJ (ADV ~ally) ozeanografisch, meereskundlich; **oceanography** [-ˈnɒɡrəfɪ; US -ˈnɑ-] S Ozeanografie f, Meereskunde f

oceanologic [ˌəʊʃjənəʊˈlɒdʒɪk; US -ʃənəˈlɑ-] ADJ (ADV ~ally) ozeanologisch, meereskundlich; **oceanologist** [-ˈnɒlədʒɪst; US -ˈnɑ-] S Ozeanologe m, Ozeanologin f, Meereskundler(in); **oceanology** [-dʒɪ] S Ozeanologie f, Meereskunde f

ocellation [ˌɒsɪˈleɪʃn; US ˌəʊsə-] S ZOOL augenförmige Zeichnung

ocellus [əʊˈseləs] pl -li [-laɪ] S ZOOL **1** Ozelle f, Punktauge n **2** Facette f **3** Augenfleck m

ocelot [ˈəʊsɪlɒt; US -ˌlɑt; a. ˈɑ-] S ZOOL Ozelot m

ocher, bes Br **ochre** [ˈəʊkə(r)] **A** S **1** MINER Ocker m/n: **antimonial ~, antimony ~** Spießglanz-, Antimonocker; **blue** (od **iron**) **~** Eisenocker; **brown ~, spruce ~** brauner Eisenocker **2** Ockerfarbe f, bes Ockergelb n **B** ADJ ockerfarben, bes ockergelb **C** V/T mit Ocker färben

ocherous [ˈəʊkərəs], bes Br **ochreous** [ˈəʊkrɪəs] ADJ **1** MINER Ocker… **2** MINER ockerhaltig **3** ockerartig **4** ockerfarben

ochlocracy [ɒkˈlɒkrəsɪ; US ɑkˈlɑk-] S Antike: Ochlokratie f, Pöbelherrschaft f

ochlophobia [ˌɒkləˈfəʊbjə; -bɪə; US ˌɑk-] S PSYCH Ochlophobie f (krankhafte Furcht vor Menschenansammlungen)

ochraceous [əʊˈkreɪʃəs] → ocherous

ochre, ochreous bes Br für ocher, ocherous

ochroid [ˈəʊkrɔɪd] ADJ ockergelb

ochrous [ˈəʊkrəs] → ocherous

o'clock [əˈklɒk; US əˈklɑk] ADV Uhr (bei Zeitangaben): **four ~** vier Uhr

OCR ABK IT optical character recognition

ocrea [ˈɒkrɪə; US ˈɑk-; ˈəʊ-] pl -reae [-rɪiː] S **1** BOT Ochrea f, Röhrenblatt n **2** ZOOL Hülle f, Scheide f

oct.¹ ABK TYPO octavo

Oct.² ABK October Okt.

octachord [ˈɒktəkɔː(r)d; US ˈɑk-] S MUS **1** achtsaitiges Instrument **2** Achttonsystem n

octad [ˈɒktæd; US ˈɑk-] S **1** Achtergruppe f **2** CHEM achtwertiges Element od Atom od Radikal

octagon [ˈɒktəɡən; US ˈɑktəˌɡɑn] **A** S MATH Achteck n **B** ADJ → octagonal; **octagonal** [ɒkˈtæɡənl; US ɑk-] ADJ (ADV ~ly) **1** achteckig, -seitig, -kantig **2** Achtkant…

octahedral [ˌɒktəˈhedrəl; US ˌɑktəˈhiːdrəl] ADJ MATH, MINER oktaedrisch, achtflächig; **octahedron** [-drən] pl -drons, -dra [-drə] S MATH, MINER Oktaeder n, Achtflach n, Achtflächner m

octal| base [ˈɒktəl; US ˈɑk-] S ELEK Oktalsockel m; **~ digit** S IT Oktalziffer f; **~ notation** S IT Oktalschreibweise f

octamerous [ɒkˈtæmərəs; US ɑk-] ADJ **1** achtteilig **2** BOT achtzählig; **octameter** [-mɪtə(r)] LIT **A** ADJ achtfüßig **B** S achtfüßiger Vers

octane [ˈɒkteɪn; US ˈɑk-] S CHEM Oktan n; **~ number, ~ rating** S CHEM, TECH Oktanzahl f (des Kraftstoffs)

octangle [ˈɒkˌtæŋɡl; US ˈɑk-] S MATH Achteck n; **octangular** [-ˈtæŋɡjʊlə(r)] ADJ achteckig

octant [ˈɒktənt; US ˈɑk-] S **1** MATH Oktant m (achter Teil des Kreises od der Kugel): **~ of a circle** Achtelkreis m **2** MATH (Raum)Oktant m **3** SCHIFF Oktant m (Winkelmessinstrument) **4** ASTRON Oktilschein m

octavalent [ˌɒktəˈveɪlənt; US ˌɑk-] ADJ CHEM

achtwertig
octave ['ɒktɪv; US 'ɑk-; a. -ˌteɪv] A S 1 MUS Oktave f: a *Intervall von acht Tonstufen* b *achter Ton der diatonischen Tonleiter* 2 Achtergruppe f, Satz m von acht Dingen 3 (der, die, das) Achte (e-r Reihe) 4 LIT Oktave f (achtzeiliger Verssatz) 5 [-teɪv; US a. -tɪv] KATH Oktav(e) f (die achttägige Nachfeier hoher Kirchenfeste, engS. die Feier des achten Tages) 6 Fechten: Oktav f (e-e Klingenhaltung) B ADJ 1 aus acht Stück etc bestehend 2 achtzeilig (Strophe) 3 MUS Oktav…, e-e Oktave höher klingend; ~ **coupler** S MUS Oktavkoppel f (an Orgel u. Cembalo); ~ **flute** S MUS 1 Pikkoloflöte f 2 Oktavflöte f (Orgelregister)
octavo [ɒk'teɪvəʊ; US ɑk-; -'tɑ:-] TYPO A pl -vos S 1 Oktav(format) n (Achtelbogengröße): large ~ Großoktav 2 Oktavband m B ADJ Oktav…: ~ **volume** → A 2
octennial [ɒk'tenjəl; -nɪəl; US ɑk-] ADJ (ADV ~ly) 1 achtjährlich 2 achtjährig
octet(te) [ɒk'tet; US ɑk-] S 1 MUS Oktett n: a *Komposition für acht Instrumental- od Singstimmen* b *Gruppe von acht Instrumentalisten od Sängern* 2 LIT achtzeilige Strophe 3 PHYS Oktett n (Achtergruppe von Elektronen in der Außenschale der Atomhülle) 4 Achtergruppe f, Satz m von acht Dingen
octillion [ɒk'tɪljən; US ɑk-] S MATH 1 Br Oktillion f (10^{48}) 2 US Quadrilliarde f (10^{27})
October [ɒk'təʊbə(r); US ɑk-] S Oktober m: **in ~** im Oktober; ~ **Revolution** S HIST (die) Oktoberrevolution (1917)
octode ['ɒktəʊd; US 'ɑk-] S ELEK Oktode f, Achtpolröhre f
octodecimo [ˌɒktəʊ'desɪməʊ; US ˌɑktə'd-] TYPO A pl -mos S 1 Oktodez (-format) n (Achtzehntelbogengröße) 2 Oktodezband m B ADJ Oktodez…: ~ **volume** → A 2
octogenarian [ˌɒktəʊdʒɪ'neərɪən; US ˌɑktədʒə-], **octogenary** [ɒk'tɒdʒɪnərɪ; US ɑk'tɑdʒəˌneri:] A ADJ a achtzigjährig b in den Achtzigern B S Achtzigjährige(r) m/f(m), Achtziger(in) (a. Person in den Achtzigern)
octonary ['ɒktənərɪ; US 'ɑktəˌneri:] A ADJ mit der Zahl acht als Grundlage, auf acht aufgebaut, Achter… B S 1 → octave A 2 2 LIT Achtzeiler m
octopi ['ɒktəpaɪ; US 'ɑk-] pl von octopus
octopod ['ɒktəpɒd; US 'ɑktəˌpɑd] S ZOOL Oktopode m, Krake m
octopus ['ɒktəpəs; US 'ɑk-] pl -puses, -pi [-paɪ] S 1 ZOOL Oktopus m, Gemeiner Krake 2 → octopod 3 fig Krake m
octosyllabic [ˌɒktəʊsɪ'læbɪk; US ˌɑktəsə-] A ADJ achtsilbig B S achtsilbiger Vers, Achtsilb(l)er m; **octosyllable** ['ɒktəʊˌsɪləbl; US 'ɑktəˌs-; ˌɑktə's-] S 1 achtsilbiges Wort 2 → octosyllabic B
octroi ['ɒktrwɑ:; US ˌɑktrə'wɑ:] S HIST Oktroi m/n (städtische Steuer auf eingeführte Lebensmittel etc)
octuple ['ɒktjʊpl; US 'ɑk-; a. -ˌtu:-] A ADJ achtfach B S (das) Achtfache C V/T verachtfachen
octuplet ['ɒktjʊplɪt; US ɑk'tʌ-] S 1 Achtergruppe f 2 MUS Oktole f
octuplicate [ɒk'tju:plɪkeɪt; US ɑk-; a. -'tu:-] A V/T 1 verachtfachen 2 ein Dokument achtfach ausfertigen B ADJ [-kət] achtfach C S [-kət] 1 achtfache Ausfertigung: **in ~** 2 e-s von acht (gleichen) Dingen: **~s** acht Exemplare
ocular ['ɒkjʊlə(r); US 'ɑk-] A ADJ Augen…: ~ **migraine** (**muscle**, etc) B S PHYS Okular n (dem Auge zugewandte Linse e-s optischen Geräts); **ocularly** ADV durch Augenschein, mit eigenen Augen
oculist ['ɒkjʊlɪst; US 'ɑk-] S Augenarzt m, -ärztin f
oculo- [ɒkjʊlə; US ɑk-] Wortelement mit der Bedeutung Augen…
od [ɒd; US ɑd] S HIST Od n (hypothetische Naturkraft)
OD [ˌəʊ'di:] ABK overdose sl A S 1 Überdosis f (Rauschgift): **take an ~** → B 1 2 Drogenopfer n, -tote(r) m/f(m) B V/I prät u. pperf OD'd, ODed [-'di:d] 1 e-e Überdosis nehmen: **~ on heroine** e-e Überdosis Heroin nehmen 2 a an e-r Überdosis sterben b sich den goldenen Schuss setzen
O/D ABK 1 WIRTSCH on demand 2 WIRTSCH overdraft (Konto)Überziehung f
O.D. ABK 1 US Officer of the Day 2 MIL US olive drab olivgrau 3 outside diameter 4 WIRTSCH overdrawn
odalisk, meist **odalisque** ['əʊdəlɪsk] S Odaliske f (weiße Haremssklavin)
odd [ɒd; US ɑd] A ADJ (ADV → oddly) 1 sonderbar, seltsam, merkwürdig, komisch, eigenartig: **an ~ fish** umg ein komischer Kauz; **the ~ thing about it is that …** das Merkwürdige daran ist, dass … 2 (nach Zahlen etc) u. etliche, (u.) einige od etwas (darüber): **50-~** über 50, einige 50; **300-~ pages** einige 300 Seiten, etwas über 300 Seiten; **50,000-~** etwas über 50 000; **~ lot** WIRTSCH a gebrochener Börsenschluss (z. B. weniger als 100 Aktien) b US geringe Menge, kleiner Effektenabschnitt 3 (bei Geldsummen etc) u. etwas: **it cost five pounds ~** es kostete etwas über fünf Pfund; **three dollars and some ~ cents** drei Dollar u. noch ein paar Cents 4 (noch) übrig, überzählig, restlich 5 ungerade (Zahl): **~ and even** gerade u. ungerade; **~ years** Jahre mit ungerader Jahreszahl 6 (bei Zweiteilung) (als Rest) übrig bleibend: **be the ~ man** die entscheidende Stimme haben (bei Stimmengleichheit); **~ man out** a Ausscheiden n (durch Abzählen) b Außenseiter(in); **be the ~ man out** überzählig sein (Person), nicht dazu passen (Sache) 7 Einzel…, einzeln: **~ pair** Einzelpaar n (Schuhe etc); **an ~ shoe** ein einzelner Schuh 8 ausgefallen (Kleidergröße etc) 9 gelegentlich, Gelegenheits…: **~ jobs** Gelegenheitsarbeiten, gelegentliche kleine Arbeiten; **at ~ times** (od **moments**) dann u. wann, zwischendurch, gelegentlich B S 1 (das) Seltsame, (das) Sonderbare 2 Golf: a Br Vorgabeschlag m b überzähliger Schlag: **have played the ~** e-n Schlag mehr gebraucht haben als der Gegner 3 → odds
odd|ball bes US umg A S komischer Kauz B ADJ sonderbar, kauzig, wunderlich; **⁁s** Oddfellow m (Mitglied des Independent Order of Oddfellows, e-r internationalen humanitären Bruderschaft)
oddish ADJ etwas seltsam
oddity S 1 a → odd B 1 b Merkwürdigkeit f, Eigenartigkeit f 2 komischer Kauz 3 merkwürdige Sache
odd|-jobber S, **~-jobman** [-mən] S irr Gelegenheitsarbeiter m, bes im Haus: Mädchen n für alles umg
oddly ADV 1 seltsam (etc; → odd A 1) 2 auf seltsame Weise 3 a. **~ enough** seltsamer-, merkwürdigerweise
oddment S 1 pl Reste pl, Überbleibsel pl: **~s of cloth** Stoffreste pl 2 (übrig gebliebenes) Einzelstück
oddness S 1 Ungeradheit f (e-r Zahl) 2 → oddity 1, 3
odd-pinnate ADJ BOT unpaarig gefiedert
odds [ɒdz; US ɑdz] SPL (1-7 a. als sg konstruiert) 1 Ungleichheit f, Verschiedenheit f: **make ~ even** die Ungleichheit(en) beseitigen 2 Br Unterschied m: **what's the ~?** was macht es (schon) aus?; **it is** (od **makes**) **no ~** es spielt keine Rolle; **what ~ is it to him?** was geht es ihn an? 3 Vorteil m, Überlegenheit f, Übermacht f: **the ~ are in our favo(u)r, the ~ lie on our side** der Vorteil liegt auf unserer Seite; **the ~ are against us** wir sind im Nachteil; **against long ~** gegen große Übermacht, mit wenig Aussicht auf Erfolg; **by** (**long** od **all**) **~** bei Weitem, in jeder Hinsicht 4 Vorgabe f (im Spiel): **give sb ~** j-m e-e Vorgabe geben; **that won't make any ~** fig das bringt nichts 5 ungleiche Wette: **lay (the) ~ of three to one** drei gegen eins wetten; **lay (the) long ~** den größeren Einsatz machen; **take the ~** e-e ungleiche Wette eingehen 6 (Gewinn-)Chancen pl: **the ~ are 5 to 1** die Chancen stehen 5 gegen 1; **the ~ are** (od **it is ~**) **that he will come** er kommt wahrscheinlich; **the ~ are on him** er hat die besten Chancen, alles spricht für ihn; **the ~ are against him** er hat kaum e-e Chance, s-e Aussichten sind gering 7 Uneinigkeit f (bes in den Wendungen): **be at ~** a sich nicht vertragen (**with** mit) b sich widersprechen; **be at ~ with** im Widerspruch stehen zu; **set at ~** uneinig machen, gegeneinander aufhetzen 8 Kleinigkeiten pl, einzelne Stück pl, Reste pl: **~ and ends** a allerlei Kleinigkeiten m, Krimskrams m umg b Reste, Restchen, Abfälle; **~ and sods** Br a Krimskrams m umg b Hansel(n) umg (Leute); **~-on** ADJ (sehr) aussichtsreich (Kandidat etc): **~ favo(u)rite** hoher od klarer Favorit; **start ~** als hoher od klarer Favorit starten; **it's ~ that …** es sieht ganz so aus, als ob …; es ist so gut wie sicher, dass …; **it's ~ that he won't come** er kommt sehr wahrscheinlich nicht; **~ certainty** sichere Sache; **he is an ~ certainty** er hat die größten Chancen, sein Sieg steht so gut wie fest
ode [əʊd] S Ode f (**to** an akk)
Odin ['əʊdɪn] EIGENN MYTH Odin m (Herr u. König der Götter u. Menschen)
odious ['əʊdjəs; -ɪəs] ADJ (ADV ~ly) 1 verhasst 2 widerwärtig; **odiousness** S 1 Verhasstheit f 2 Widerwärtigkeit f
odium ['əʊdjəm; -ɪəm] S 1 Verhasstheit f: **be held in ~** verhasst sein (**by** bei) 2 Odium n, Makel m, Schimpf m 3 Hass m
ODM ABK Ministry of Overseas Development
odometer [əʊ'dɒmɪtə(r); US -'dɑ-] S US 1 Hodometer n, Wegmesser m 2 AUTO Meilenzähler m
odontalgia [ˌɒdɒn'tældʒɪə; US ˌəʊˌdɑn-] S MED Odontalgie f, Zahnschmerz m; **odontiasis** [-'taɪəsɪs] S Zahnen n
odontoblast [ɒ'dɒntəblɑ:st; -blæst; US əʊ'dɑntəˌblæst] S PHYSIOL Odontoblast m (Bildungszelle des Zahnbeins)
odontological [ɒˌdɒntə'lɒdʒɪkl; US əʊˌdɑntə'lɑ-] ADJ (ADV ~ly) odontologisch; **odontologist** [ˌɒdɒn'tɒlədʒɪst; US ˌəʊdɑn'tɑ-; ˌɑdɑn-] S Odontologe m, Odontologin f; **odontology** S Odontologie f, Zahnheilkunde f
odor, bes Br **odour** ['əʊdə(r)] S 1 Geruch m 2 Duft m, Wohlgeruch m 3 fig Geruch m, Ruf m: **the ~ of sanctity** der Geruch der Heiligkeit; **be in good** (**bad** od **ill**) **~ with sb** bei j-m in gutem (schlechtem) Rufe stehen, bei j-m gut (schlecht) angeschrieben sein 4 fig Geruch m, Anhauch m (beide: **of** von)
odor-free, bes Br **odour-free** ADJ geruchsfrei
odoriferous [ˌəʊdə'rɪfərəs] ADJ (ADV ~ly) 1 wohlriechend, duftend 2 allg riechend, e-n Geruch ausströmend; **odoriferousness** S Wohlgeruch m, Duft m
odorless, bes Br **odourless** ['əʊdə(r)lɪs] ADJ geruchlos; **odorous** → odoriferous; **odorousness** → odoriferousness
odour, **odourless** bes Br für odor, odorless

Odyssean [ˌɒdɪˈsiːən; *US* ˌɑdəˈs-] ADJ Odyssee…, odysseisch; **Odyssey** [ˈɒdɪsɪ; *US* ˈɑd-] S Odyssee *f (a. fig, oft* ♎*)*
OE ABK 1 LING Old English 2 omissions excepted Auslassungen vorbehalten
OECD ABK Organization for Economic Cooperation and Development OECD *f*
oecological, **oecologist**, **oecology** → ecological *etc*
oecumenic, *etc* → ecumenic *etc*
OED ABK Oxford English Dictionary
oedema, **oedematous**, **oedematose** *bes Br für* edema *etc*
oedipal [ˈiːdɪpəl; *US a.* ˈedə-] ADJ PSYCH ödipal, Ödipus…
Oedipus complex [ˈiːdɪpəs; *US a.* ˈedə-] S PSYCH Ödipuskomplex *m*
oeil-de-boeuf *pl* oeils-de-boeuf [œjdəbœf] S ARCH Œil-de-bœuf *n (rundes od ovales Dachfenster)*
oenological [ˌiːnəˈlɒdʒɪkl; *US* -ˈlɑ-] ADJ (ADV ~ly) önologisch; **oenologist** [iːˈnɒlədʒɪst; *US* -ˈnɑ-] S Önologe *m*, Önologin *f*; **oenology** S Önologie *f*, Wein(bau)kunde *f*
o'er [ˈəʊə(r)] *poet für* over
oersted [ˈɜːsted; *US* ˈɜr-] S PHYS Oersted *n (Einheit der magnetischen Erregung)*
oesophageal [iːˌsɒfəˈdʒiːəl; *US* ɪˌsɑ-] ADJ ANAT, MED ösophagisch: **~ orifice** Mageneingang *m*; **oesophagus** [iːˈsɒfəgəs; *US* ɪˈsɑ-] *pl* **-gi** [-gaɪ] S ANAT Ösophagus *m*, Speiseröhre *f*
oestriol [ˈiːstrɪɒl; ˈes-; *US* ˈestraɪˌɔːl; eˈstraɪ-] S BIOL, CHEM Östriol *n (ein schwaches Östrogen)*
oestrogen [ˈiːstrəʊdʒən; *US* ˈestrə-] S BIOL, CHEM Östrogen *n (ein weibliches Sexualhormon)*
oestrone [ˈiːstrəʊn; *US* ˈes-] S BIOL, CHEM Östron *n*, Follikelhormon *n*
oestrous [ˈiːstrəs; *US* ˈes-] ADJ ZOOL östrisch, östral, Brunst…: **~ cycle** östrischer *od* östraler Zyklus
oeuvre [ˈɜːvrə; œvr(ə)] S Œuvre *n*, *(bes* Gesamt)Werk *n (e-s Künstlers)*
of [ɒv; əv; *US* əv; ɑv] PRÄP 1 *allg* von 2 *zur Bezeichnung des Genitivs*: **the tail ~ the dog** der Schwanz des Hundes; **the tail ~ a dog** der *od* ein Hundeschwanz; **the folly ~ his action** die Dummheit s-r Handlung 3 *Ort*: bei: **the Battle ~ Hastings** 4 *Entfernung, Trennung, Befreiung*: a von: **south ~ London** südlich von London; **within ten miles ~ London** im Umkreis von 10 Meilen um London; **cure (rid) ~ sth** von etwas heilen (befreien) b *(gen)* **he was robbed ~ his wallet** er wurde s-r Brieftasche beraubt, ihm wurde die Brieftasche geraubt c um: **cheat sb ~ sth** 5 *Herkunft*: von, aus: **~ good family** aus e-r guten Familie; **Mr X ~ London** Mr. X aus London 6 *Teil*: von *od gen*: **the best ~ my friends**; **a friend ~ mine** ein Freund von mir, e-r m-r Freunde; **that red nose ~ his** s-e rote Nase 7 *Eigenschaft*: von, mit: **a man ~ courage** ein mutiger Mann, ein Mann mit Mut; **a man ~ no importance** ein unbedeutender Mensch; **a fool ~ a man** ein (ausgemachter) Narr 8 *Stoff*: aus, von: **a dress ~ silk** ein Kleid aus *od* von Seide, ein Seidenkleid; **(made) ~ steel** aus Stahl (hergestellt), stählern, Stahl… 9 *Urheberschaft, Art u. Weise*: von: **the works ~ Byron**; **it was clever ~ him**; **~ o.s.** von selbst, von sich aus; **he has a son ~ his first marriage** er hat e-n Sohn aus erster Ehe 10 *Ursache, Grund*: a von, an *(dat)*: **die ~ cancer** an Krebs sterben b aus: **~ charity** c vor *(dat)*: → afraid d auf *(akk)*: **be proud ~** e über *(akk)*: **be ashamed ~** f nach: **smell ~** 11 *Beziehung*: hinsichtlich *(gen)*: **it is true ~ every case** das trifft in jedem Fall zu 12 *Thema*: a von, über *(akk)*: **speak ~ sth** b an *(akk)*: **think ~ sth** 13 *Apposition, im Deutschen nicht ausgedrückt*: a **the city ~ London** die Stadt London; **the month ~ April** der Monat April b *Maß*: **a piece ~ meat** ein Stück Fleisch 14 *Genitivus obiectivus*: a zu: **the love ~ God** b vor *(dat)*: → fear A 3 c bei: **an audience ~ the king** e-e Audienz beim König 15 *Zeit*: a *umg* an *(dat)*, in *(dat)*: **~ an evening** e-s Abends; **~ late years** in den letzten Jahren b von: **your letter ~ March 3rd** Ihr Schreiben vom 3. März c *US* vor *(bei Zeitangaben)*: **ten ~ three**
off [ɒf] A ADV 1 *(meist in Verbindung mit Verben)* fort, weg, davon: **be ~** a weg *od* fort sein b (weg)gehen c SPORT starten; **be ~!**, **~ you go!**, **~ with you!** fort mit dir!, weg!; **~ to bed with you!** ins Bett mit euch!; **where are you ~ to?** wo gehst du hin?; **he's ~ sick today** er hat sich für heute krankgemeldet 2 ab…, aus…, los…: **the apple is ~** der Apfel ist ab; **have one's shoes ~** s-e *od* die Schuhe ausgezogen haben; → hat *Bes Redew* 3 weg, entfernt: **three miles ~** 4 *Zeitpunkt*: von jetzt an, hin: **Christmas is a week ~** bis Weihnachten ist es e-e Woche; **~ and on** a ab u. zu, hin u. wieder b ab u. an, mit (kurzen) Unterbrechungen 5 **5% ~** WIRTSCH 5% Nachlass 6 TECH aus (geschaltet), abgeschaltet, abgestellt *(Maschine, Radio etc)*, (ab)gesperrt *(Gas etc)*, zu *(Hahn etc)*: **"~"** „aus" 7 **be ~** ausfallen, nicht stattfinden: **the bet is ~** die Wette gilt nicht mehr; **their engagement is ~** sie haben ihre Verlobung gelöst; **the whole thing is ~** die ganze Sache ist abgeblasen *od* ins Wasser gefallen *(beide umg)* 8 aus(gegangen), (aus)verkauft, nicht mehr vorrätig, alle: **oranges are ~** 9 frei *(von Arbeit)*: **take a day ~** sich e-n Tag freinehmen; **have one day a week ~** einen Tag in der Woche freihaben; **give sb the afternoon ~** j-m den Nachmittag freigeben; **she's ~ today** sie hat heute ihren freien Tag 10 ganz, zu Ende: → *die Verbindungen mit den verschiedenen Verben* 11 WIRTSCH flau: **the market is ~** 12 nicht mehr frisch, (leicht) verdorben *(Nahrungsmittel)*: **the milk is ~** die Milch hat e-n Stich *umg* 13 SPORT nicht in Form 14 *bes US* im Irrtum: **you are ~ on that point** da bist du auf dem Holzweg *umg* 15 **be a little ~** *umg* e-n (leichten) Stich haben 16 SCHIFF vom Lande *etc* ab 17 **well (badly) ~** gut (schlecht) d(a)ran *od* gestellt *od* situiert; **how are you ~ for …?** wie sieht es bei dir mit … aus?, wie steht es bei dir mit …? B PRÄP 1 weg von, fort von, von (… weg *od* ab *od* herunter): **climb ~ the horse** vom Pferd (herunter)steigen; **take sth ~ the table** etwas vom Tisch (weg)nehmen; **he drove them ~ the seas** er vertrieb sie von den Weltmeeren; **eat ~ a plate** von e-m Teller essen; **cut a slice ~ the loaf** e-e Scheibe vom Laib abschneiden; **take 5 percent** *(Br* **per cent)** **~ the price** 5 Prozent vom Preis abziehen 2 weg von, entfernt von, abseits von *(od gen)*, von … ab: **a street ~ Piccadilly** e-e Seitenstraße von Piccadilly; **~ the ball** SPORT ohne Ball; **sing ~ the note** falsch singen; **be ~ size** vom Maß abweichen 3 frei von: → duty A 2 4 **be ~ sth** a etwas nicht mehr mögen b kuriert von etwas sein *umg*: **be ~ smoking** nicht mehr rauchen; → drug A 2 5 SCHIFF auf der Höhe von *Trafalgar etc*, vor *der Küste etc*: **three miles ~ shore** 6 von: → dine A C ADJ 1 (weiter) entfernt 2 Seiten…, Neben…: **~ street** 3 *fig* Neben…, sekundär, nebensächlich 4 recht(er, e, es) *(von Tieren, Fuhrwerken etc)*: **the ~ hind leg** das rechte Hinterbein; **the ~ horse** das rechte Pferd, das Handpferd 5 SCHIFF weiter von der Küste entfernt, seewärts gelegen 6 ab(-), los (-gegangen), weg: **the button is ~** der Knopf ist ab 7 (arbeits-, dienst)frei: **an ~ day** ein freier Tag *(→ c 8)* 8 schlecht: **an ~ day** ein schlechter Tag *(an dem alles misslingt) (→ c 7)*; **I'm having one of my ~ days** heute geht mir alles schief, das ist heute nicht mein Tag; **he must have written this on an ~ day** er muss e-n schlechten Tag gehabt haben, als er das geschrieben hat; **an ~ year for fruit** ein schlechtes Obstjahr; → off year 9 *bes* WIRTSCH flau, still, tot: **~ season** *a.* Nebensaison *f* 10 *bes* WIRTSCH minderwertig, von schlechter Qualität: **~ shade** Fehlfarbe *f* 11 **I am feeling rather ~ today** ich bin heute nicht ganz auf der Höhe *umg* 12 *fig* schwach, entfernt: → chance A 3 D V/T *US sl j-n* umlegen E V/I *meist imp* verschwinden F INT fort!, weg!, raus!: **hands ~!** Hände weg!
off. ABK 1 offer 2 offered 3 office 4 officer 5 official
offal [ˈɒfl; *US a.* ˈɑfəl] S 1 Abfall *m* 2 a Fleischabfall *m (bes Gedärme)* b GASTR *Br* Innereien *pl* 3 Aas *n* 4 *fig* Schund *m*
Offaly [ˈɒfəlɪ; *US a.* ˈɑf-] S Offaly *n (Grafschaft in Mittelirland)*
off|beat A S MUS 1 Auftakt *m*, unbetonter Taktteil 2 *Jazz*: Off-Beat *m (gegen den Grundschlag gesetzte Akzente)* B ADJ *umg* ausgefallen, extravagant *(Farben, Kleidung etc)*; **~-Broadway** ADJ *US* Off-Broadway-… *(in bewusster Opposition zum Broadway)*; **~cast** A ADJ → cast-off B S → castoff 1; **~-center**, *bes Br* **~-centre** ADJ 1 verrutscht, nicht genau ausgerichtet 2 TECH außermittig, exzentrisch, Exzenter… 3 *fig* exzentrisch, ausgefallen; **~-colo(u)r** ADJ 1 a farblich abweichend b nicht lupenrein *(Edelstein)* 2 zweideutig, schlüpfrig, nicht salonfähig *(Witz etc)*; **~cut** S Rest *m*: **~s from a factory** Fabrikreste; **~-duty** ADJ: **an ~ policeman** ein Polizist, der nicht im Dienst ist *od* war
offence, *US* **offense** [əˈfens] S 1 *allg* Vergehen *n*, Verstoß *m (beide:* **against** gegen) 2 JUR a Straftat *f*, strafbare Handlung: **commit an ~** sich strafbar machen b Übertretung *f*, Vergehen *n* 3 Anstoß *m*, Ärgernis *n*, Kränkung *f*, Beleidigung *f*: **cause** (*od* **give**) **~** Anstoß *od* Ärgernis erregen (**to** bei); **take ~ (at)** Anstoß nehmen (an *dat*), beleidigt *od* gekränkt sein (durch, über *akk*), *(etwas)* übel nehmen; **he is quick** (*od* **swift**) **to take ~** er ist schnell beleidigt; **no ~** (**meant** *od* **intended**) nichts für ungut!, es war nicht bös gemeint!; **no ~ (taken)** (ist) schon gut!; **an ~ against good taste** e-e Beleidigung des guten Geschmacks; **this is an ~ to the eye** das beleidigt das Auge 4 Angriff *m*, Aggression *f*: **~ is the best defence** *(Sprichwort)* Angriff ist die beste Verteidigung 5 *bes* **rock of ~** BIBEL Stein *m* des Anstoßes; **offenceless**, *US* **offenseless** ADJ (ADV ~ly) harmlos
offend [əˈfend] A V/T 1 verletzen, beleidigen, kränken, *j-m* zu nahe treten: **be ~ed at** (*od* **by**) **sth** sich durch etwas beleidigt fühlen; **be ~ed with** (*od* **by**) **sb** sich durch j-n beleidigt fühlen; **~ sb's delicacy** j-s Zartgefühl verletzen; **it ~s his sense of hono(u)r** es verletzt sein Ehrgefühl; **it ~s the eye (ear)** es beleidigt das Auge (Ohr) 2 BIBEL *j-m* ein Stein des Anstoßes sein: **if thy right eye ~ thee** wenn dich dein rechtes Auge ärgert 3 *obs* a sündigen gegen b sich vergehen an *(dat)* B V/I 1 verletzen, beleidigen, kränken 2 Anstoß erregen 3 **(against)** sündigen (an *dat*, gegen), sich vergehen (an *dat*), verstoßen (gegen); **offendedly** [-ɪdlɪ] ADV verletzt, beleidigt, *bes* in beleidigtem Ton; **offender** S 1 Übel-, Missetäter(in) 2 JUR Straffällige(r) *m/f(m)*: **first ~** nicht Vorbestrafte(r) *m/f(m)*, Ersttäter(in); **offending** ADJ (ADV ~ly) 1 verletzend, beleidigend, krän-

O

kend 2 anstößig

offense, **offenseless** *US für* offence, offenceless

offensive [əˈfensɪv] A ADJ (ADV ~ly) 1 beleidigend, anstößig, Anstoß *od* Ärgernis erregend, ungehörig *(Worte etc)*: **they got ~** sie wurden ausfallend 2 unangenehm, übel, widerwärtig, ekelhaft *(Geruch etc)*: **~ mood** üble Laune 3 angreifend, offensiv: **~ and defensive alliance** Schutz-u.-Trutz-Bündnis *n*; **~ war** Angriffs-, Offensivkrieg *m*; **~ rebound** *(Basketball)* Offensivrebound *m*; **~ weapons** MIL Angriffs-, Offensivwaffen; **~ play** SPORT Angriffs-, Offensivspiel *n* B S Offensive *f*: a Angriff *m*: **be on the ~** aggressiv sein; **take the ~** die Offensive ergreifen, zum Angriff übergehen b *fig* Kampagne *f*, Bewegung *f*: **peace ~**; **offensiveness** S 1 *(das)* Beleidigende, Anstößigkeit *f* 2 Widerwärtigkeit *f*

offer [ˈɒfə(r); *US a.* ˈɑf-] A V/T 1 *j-m etwas* anbieten: → resistance 1 2 a WIRTSCH *e-e Ware* anbieten, offerieren: **~ for sale** zum Verkauf anbieten; **~ed price** *(Börse)* Briefkurs *m* b WIRTSCH *e-n Preis, e-e Summe* bieten c *e-n Preis, e-e Belohnung* aussetzen 3 *e-e Meinung etc* vorbringen, äußern, *e-n Vorschlag* machen: **~ an opinion** *a.* sich äußern; **he ~ed no apology** er brachte keine Entschuldigung vor 4 (dar)bieten: **the search ~ed some difficulties** die Suche bot einige Schwierigkeiten; **no opportunity ~ed itself** es bot *od* ergab sich keine Gelegenheit; **this window ~s a fine view** von diesem Fenster hat man e-e schöne Aussicht; **London has many things to ~** London hat viel zu bieten 5 sich bereit erklären, sich erbötig machen *(beide:* **to do** zu tun*)*: **~ to help (sb)** (j-m) s-e Hilfe anbieten 6 Anstalten machen, sich anschicken *(beide:* **to do** zu tun*)*: **he did not ~ to defend himself** er machte keine Anstalten, sich zu wehren 7 *oft* **~ up** a *ein Opfer, Gebet, Geschenk* darbringen b *Tiere etc* opfern (**to** *dat*) B V/I 1 sich (dar)bieten: **no opportunity ~ed** es bot *od* ergab sich keine Gelegenheit 2 *let him do it* **if he ~s** wenn er es *od* wenn er sich anbietet 3 REL opfern C S 1 *allg* Angebot *n*: **~ of assistance** Unterstützungsangebot; **his ~ of help** sein Angebot zu helfen, s-e angebotene Hilfe; **she's had an ~ (of marriage)** sie hat e-n (Heirats)Antrag bekommen; **make sb an ~ of sth** j-m etwas anbieten (→ C 2) 2 WIRTSCH a (An)Gebot *n*, Offerte *f* *(beide:* **of** über *akk*, von*)*: **make sb an ~** j-m ein Angebot machen (→ C 1); **an ~ for sale** ein Verkaufsangebot; **on ~** zu verkaufen, verkäuflich; *Br* im Angebot; **be on ~** *a.* angeboten werden; *£200* **or near ~** Verhandlungsbasis b *Börse*: Brief 3 Vorbringen *n* 4 Vorschlag *m*

offerer S 1 Anbietende(r) *m/f(m)* 2 REL Opfernde(r) *m/f(m)*; **offering** S 1 REL a Opfern *n*, Opferung *f*, Darbringung *f* b *(dargebrachtes)* Opfer: **bloody (bloodless) ~** (un)blutiges Opfer 2 *bes* REL Spende *f*, Gabe *f* 3 → offer C 1

offertory [ˈɒfə(r)tərɪ; *US* -ˌtəʊriː; -ˌtɔː-; *a.* ˈɑf-] S REL 1 *a.* ♀ Offertorium *n*: a KATH Opferung *f (von Brot u. Wein)* b Opfergebet *n od* -gesang *m* 2 Kollekte *f*, Geldsammlung *f* 3 Opfer(geld) *n*; **~ box** S Opferstock *m*

offhand A ADV aus dem Stegreif *od* Kopf, auf Anhieb, so ohne Weiteres: **I couldn't say ~** B ADJ 1 unvorbereitet, improvisiert, Stegreif…: **an ~ speech** 2 lässig *(Art etc)*, hingeworfen *(Bemerkung)*: **be ~ about sth** a über etwas hinweggehen b etwas leichtnehmen 3 freihändig: **~ shooting** stehend freihändiges Schießen; **offhanded** ADJ (ADV offhandedly) → offhand B; **offhandedness** S Lässigkeit *f*

office [ˈɒfɪs; *US a.* ˈɑfəs] S 1 Büro *n*, *(e-r Institution)* Geschäftsstelle *f*, *(Anwalts)* Kanzlei *f*, *US* Sprechzimmer *n (e-s Arztes)*: **at the ~** im Büro 2 Behörde *f*, Amt *n*, Dienststelle *f*: **the ~ of the Court** JUR die Geschäftsstelle des Gerichts 3 *meist* ♀ Ministerium *n*, (Ministerial)Amt *n (bes in Großbritannien)*: ♀ **of Education** Unterrichtsbehörde *f (in USA)*; → foreign 1 4 *bes* WIRTSCH Zweigstelle *f*, Filiale *f*: **our Liverpool ~** 5 WIRTSCH *(bes* Versicherungs)Gesellschaft *f* 6 *(bes* öffentliches *od* staatliches) Amt, Posten *m*: **enter upon an ~** ein Amt antreten; **be in (out of) ~** a (nicht mehr) im Amt sein b (nicht mehr) an der Macht sein *(Regierung)*; **hold an ~** ein Amt bekleiden *od* innehaben; **leave** (*od* **resign**) **one's ~** zurücktreten, sein Amt niederlegen; **take ~** sein Amt antreten *od* übernehmen; **soon after he took ~** kurz nach s-r Amtsübernahme 7 Funktion *f (a. e-r Sache)*, Aufgabe *f*, Pflicht *f*: **it is my ~ to advise him** es ist m-e Aufgabe, ihn zu beraten 8 Dienst *m*, Gefälligkeit *f*: **do sb a good (bad) ~** j-m e-n guten (schlechten) Dienst erweisen; **through sb's ~s** durch j-s Hilfe; → good offices 9 Ehrendienst *m*, Ehre *f*: **perform the last ~s to** *e-m Toten* die letzte Ehre erweisen 10 REL a Gottesdienstordnung *f*, Liturgie *f* b Gottesdienst *m*: **~ of baptism** Taufgottesdienst 11 *a.* **divine ~** REL Brevier *n*: **say ~** das Brevier beten 12 REL a Abend- *od* Morgengebet *n (in der anglikanischen Kirche)* b KATH Introitus *m (Eingangsgesang in der Messe)* c KATH Messe *f* 13 *pl bes Br* a Wirtschaftsteil *m*, -raum *m od* -räume *pl od* -gebäude *n od pl (e-s Gutes etc)* b **the usual ~s** Küche, Bad, WC *etc* 14 *sl* Tipp *m*: **give sb the ~** j-m e-n Tipp geben; **take the ~** e-n Tipp befolgen

office| action S (Prüfungs)Bescheid *m (des Patentamtes)*; **~ bearer** S Amtsinhaber(in), -träger(in); **~ block** S *Br* Bürogebäude *n*, -haus *n*; **~ boy** S Bürogehilfe *m*; **~ building** *US* → office block; **~ clerk** S Büroangestellte(r) *m/f(m)*; **~ climate** S Betriebsklima *n*; **~ equipment** S Büroeinrichtung *f*; **~ girl** S Bürogehilfin *f*; **~holder** S Amtsinhaber(in), (Staats)Beamte(r) *m*, (-)Beamtin *f*; **~ hours** SPL Dienst-, Amts-, Geschäftsstunden *pl*, Geschäftszeit *f*: **after ~** nach Dienst- *od* Geschäftsschluss; **~ hunter** S Postenjäger(in); **~ job** S Büroposten *m*

officer [ˈɒfɪsə(r); *US a.* ˈɑf-] A S 1 *bes* MIL Offizier *m*: **~ of the day** Offizier vom (Tages)Dienst; **~ of the guard** Offizier vom Ortsdienst; **~ cadet** Fähnrich *m*, Offiziersanwärter *m* 2 Polizist(in), Polizeibeamte(r) *m*, -beamtin *f*, *(Anrede)* Herr Wachtmeister!, Frau Wachtmeisterin! 3 Beamte(r) *m*, Beamtin *f*, Funktionär(in), Amtsträger(in) *(im öffentlichen od privaten Dienst)* 4 Vorstandsmitglied *n (e-s Klubs, e-r Gesellschaft etc)* B V/T 1 MIL a Offiziere stellen *(dat)* b *e-e Einheit etc* als Offizier befehligen *(meist passiv)*: **be ~ed by** befehligt werden von 2 *fig* leiten, führen

office| seeker S *bes US* 1 Stellensuchende(r) *m/f(m)* 2 Postenjäger(in); **~ supplies** SPL Bürobedarf *m*; **~ tower** S Bürohochhaus *n*

official [əˈfɪʃl] A ADJ (ADV ~ly) 1 offiziell, amtlich, Amts…, Dienst…, dienstlich, behördlich: **~ act** Amtshandlung *f*; **~ call** TEL Dienstgespräch *n*; **~ car** Dienstwagen *m*; **~ duties** Amts-, Dienstpflichten; **~ family** *US (Journalistensprache)* Kabinett *n* des Präsidenten der USA; **~ language** Amtssprache *f*; **~ oath** Amts-, Diensteid *m*; **~ powers** *pl* Amtsgewalt *f*, -vollmacht *f*; **~ residence** a Amtssitz *m* b Amtswohnung *f*; **~ secrecy** Amtsverschwiegenheit *f*; **~ secret** Amts-, Dienstgeheimnis *n*; **~ trip** Dienstreise *f*; **for ~ use only** nur für den Dienstgebrauch; → channel A 7, misconduct B 2 2 offiziell, amtlich (bestätigt *od* autorisiert) *(Bericht etc)*: **is this ~?** ist das amtlich?; → denial 3 3 offiziell, amtlich (bevollmächtigt): **~ly** von Amts wegen; → receiver 3 a 4 offiziell, formell, förmlich: **an ~ dinner** ein offizielles Essen; **~ manner** förmliches Benehmen 5 PHARM offiziell *(als Heilmittel anerkannt)* B S 1 Beamte(r) *m*, Beamtin *f* 2 *(Gewerkschafts- etc)* Funktionär(in) 3 FUSSB **the ~s** Schieds- und Linienrichter *pl*; **officialdom** S 1 Beamtenstand *m*, -tum *n*, *(die)* Beamten *pl* 2 → officialism 2; **officialese** [-ʃəˈliːz] S Amtsenglisch *n*, Behördensprache *f*; **officialism** S 1 Amtsmethoden *pl*, behördliches System 2 Paragrafenreiterei *f*, Bürokratie *f*, Amtsschimmel *m* 3 → officialdom 1; **officialize** V/T 1 amtlich machen, amtlichen Charakter geben *(dat)* 2 reglementieren

officiant [əˈfɪʃɪənt] S amtierender Geistlicher, KATH Offiziant *m (Geistlicher, der die Messe liest)*

officiary [əˈfɪʃɪərɪ; *US* -ˌeriː] ADJ amtlich, offiziell

officiate [əˈfɪʃɪeɪt] V/I 1 amtieren, fungieren *(beide:* **as** als) 2 den Gottesdienst leiten, KATH die Messe lesen: **~ at a marriage** e-e Trauung vornehmen

officinal [ˌɒfɪˈsaɪnl; ɒˈfɪsɪnl; *US a.* ˌɑfəˈs-; ɑˈfɪ-] PHARM A ADJ (ADV ~ly) 1 offizinell *(als Heilmittel anerkannt)* 2 Arznei…, Heil…: **~ drug** → B 2 a; **~ herb** → B 2 b; **~ plant** → B 2 c B S 1 offizinelles Heilmittel 2 a Arzneidroge *f* b Heilkraut *n* c Heilpflanze *f*

officious [əˈfɪʃəs] ADJ (ADV ~ly) 1 aufdringlich, übertrieben diensteifrig 2 offiziös, halbamtlich *(Erklärung etc)* 3 *obs* gefällig; **officiousness** S Aufdringlichkeit *f*, übertriebener Diensteifer

offing [ˈɒfɪŋ; *US a.* ˈɑf-] S SCHIFF Räumte *f*, Seeraum *m*, offene See *(wo kein Lotse benötigt wird)*: **be in the ~** a auf offener See sein b *fig* (nahe) bevorstehen, sich abzeichnen *od* anbahnen, in Sicht sein; **get the ~** die offene See gewinnen; **hold out in the ~** See halten; **keep a good ~ from the coast** von der Küste gut freihalten

offish [ˈɒfɪʃ] ADJ (ADV ~ly) *umg* reserviert, unnahbar, kühl, steif; **offishness** S *umg* Reserviertheit *f*, Unnahbarkeit *f*

off|-key ADJ MUS falsch; **~let** S TECH Abzugsrohr *n*; **~-licence** S *Br* 1 Schankkonzession *f* über die Straße 2 Wein- u. Spirituosenhandlung *f*; **~line** *(Computer)* A ADV offline *(getrennt von der Datenverarbeitungsanlage arbeitend)* B ADJ Offline…: **~ processing** Offlineverarbeitung *f*; **~-load** V/T *fig etwas* loswerden (**on, onto** bei); **~-peak** ADJ abfallend, unter der Spitze liegend, außerhalb der Spitzen(belastungs)zeit: **~ electricity** Nachtstrom *m*; **~ hours** verkehrsschwache Stunden; **~ load** ELEK Belastungstal *n*; **~ tariff** Nacht(strom)tarif *m*; **~-piste** ADJ *Skisport*: abseits der Piste; **~ position** S TECH Ausschalt-, Nullstellung *f*; **~print** A S Sonder(ab)druck *m*, Separat(ab)druck *m (beide:* **from** aus) B V/T e-n Sonder(ab)druck anfertigen von; **~-putting** ADJ *Br umg* a unangenehm, störend b unsympathisch *(Person, Wesen)*; **~-road** ADJ: **~ vehicle** Off-road-, Geländefahrzeug *n*; **~-sales** SPL *Br* Verkauf *m* von Wein u. Spirituosen über die Straße; **~scouring** S *oft pl* 1 Kehricht *m/n*, Schmutz *m* 2 *fig* Abschaum *m*: **the ~s of humanity**; **~-screen** (FILM, TV) A ADJ Off-…: **~ voice** B ADV: **speak ~** aus dem Off sprechen

offset [ˈɒfset] A S 1 Ausgleich *m*, Kompensation *f*: **as an ~** zum Ausgleich, als Ausgleich *(beide:* **to** für) 2 WIRTSCH Verrechnung *f*: **~ account** Verrechnungskonto *n* 3 Aufbruch *m (zu e-r Reise etc)* 4 BOT a Ableger *m* b kurzer Ausläufer 5 → offshoot 2, 3 6 TYPO a Offset-

O

druck *m* **b** Abziehen *n*, Abliegen *n* (*bes noch feuchten Druckes*) **c** *Lithografie*: Abzug *m*, Patrize *f* **7** **a** TECH Kröpfung *f* **b** *Bergbau*: kurze Sohle, kurzer Querschlag **c** ELEK (Ab)Zweigleitung *f* **8** *Landvermessung*: Ordinate *f* (*die zweite Koordinate e-s Punktes*) **9** (*Mauer- etc*) Absatz *m* **10** GEOL gangartiger Fortsatz (*von Intrusivkörpern*) **B** ADJ **1** TYPO Offset...: **~ press** Offsetpresse *f* **2** TECH versetzt: **~ carrier** TV versetzter Träger **C** V/T *irr* **1** ausgleichen, aufwiegen, wettmachen: **the gains ~ the losses** **2** WIRTSCH **a** **(against)** aufrechnen (gegen), verrechnen (mit) **b** ausgleichen, kompensieren **3** TYPO im Offsetverfahren drucken **4** TECH *ein Rohr, e-e Stange etc* kröpfen **5** ARCH *e-e Mauer etc* absetzen **D** V/I (scharf) abzweigen; **~ bulb** S BOT Brutzwiebel *f*; **~ lithography** → photo-offset; **~ sheet** S TYPO Durchschussbogen *m*

off|shoot S **1** BOT Sprössling *m*, Ausläufer *m*, Ableger *m* (*a. fig*) **2** Abzweigung *f* (*e-s Flusses, e-r Straße etc*), Ausläufer *m* (*e-s Gebirges*) **3** *fig* Seitenzweig *m*, -linie *f* (*e-s Stammbaums etc*); **~shore** **A** ADV **1** von der Küste ab *od* her **2** in einiger Entfernung von der Küste: **three miles ~** drei Meilen vor der Küste **B** ADJ **1** küstennah (*Fischerei etc*): **~ drilling** Offshorebohrung *f* **2** ablandig: **~ breeze** (*od* **wind**) Landwind *m* **3** Auslands..., im Ausland: **~ account** Auslandskonto *n*; **~ order** *US* Offshoreauftrag *m*; **~side** **A** S **1** SPORT Abseits (-stellung) *n(f)*, -position *f*: → appeal B 1, flag[1] B 3, whistle A 1 **2** AUTO *Br* Fahrerseite *f*: **~ door** Fahrertür *f* **B** ADJ & ADV SPORT abseits: **be ~** abseitsstehen, im Abseits stehen; **catch** (*od* **play, put**) **sb ~** j-n ins Abseits laufen lassen, j-n abseits stellen; **run ~** (*od* **into an ~ position**) ins Abseits laufen; **~ decision** Abseitsentscheidung *f*; **~ position** Abseitsstellung *f*, -position *f*; **from an ~ position** aus Abseitsstellung; **~ rule** (*od* **law**) Abseitsregel *f*; **~ trap** Abseitsfalle *f*; **~ whistle** Abseitspfiff *m*; → adjudge A 1 b, rule B 4; **~size** S TECH Maßabweichung *f*; **~spring** *pl* -spring S **1** Nachkommen(schaft) *pl(f)* **2** Ab-, Nachkömmling *m*, Nachkomme *m*, Kind *n*, Sprössling *m* **3** *fig* Ergebnis *n*, Frucht *f*, Resultat *n*; **~stage** ADJ & ADV hinter der Bühne, hinter den Kulissen (*a. fig*); **~-street** ADJ in Neben- *od* Seitenstraßen: **~ parking**; **~take** S TECH Abzug(srohr) *m(n)*; **~-the-cuff** ADJ **1** Stegreif...: **~ speech** **2** spontan (*Entschluss*); **~-the-peg** ADJ *bes Br*, **~-the-rack** ADJ von der Stange, Konfektions...: **~ suit**; **~-the-record** ADJ nicht für die Öffentlichkeit bestimmt, inoffiziell; **~-the-shelf** ADJ **1** zum Mitnehmen **2** Standard...; **~-the-shoulder** ADJ schulterfrei (*Kleid*); **~-the-wall** ADJ *sl* verrückt (*Ideen etc*); **~-white** **A** S gebrochenes Weiß **B** ADJ gebrochen weiß; **~ year** S POL *US* *Jahr, in dem keine Wahlen auf nationaler Ebene, bes keine Präsidentschaftswahlen stattfinden*

oft [ɒft] ADV *obs od poet* oft: **many a time and ~** oft; (*nicht obs in Zusammensetzungen wie*) **~-told** oft erzählt; **~-recurring** oft wiederkehrend

OFTEL ABK *Br* Office of Telecommunications (*Aufsichtsbehörde für Telekommunikationsunternehmen*)

often [ˈɒfn; ˈɒftən] **A** ADV oft(mals), häufig: **as ~ as not** ziemlich oft; **every so ~** ab u. zu, gelegentlich; **more ~ than not** meistens **B** ADJ *obs* häufig; **~times**, *a.* **ofttimes** ADV *obs od poet* oft(mals)

o.g.[1] ABK **1** SPORT own goal Eigentor *n* **2** (*Philatelie*) original gum Originalgummi(erung) *m(f)*

O.G.[2] ABK **1** Olympic Games **2** MIL Officer of the Guard Gardeoffizier *m*

ogam → ogham

ogee [ˈəʊdʒiː] S **1** S-Kurve *f*, S-förmige Linie **2** ARCH **a** Karnies *n*, Glocken-, Rinnleiste *f* **b** *a.* **~ arch** Eselsrücken *m* (*Bogenform*)

ogham [ˈɒgəm; *US* ˈəʊəm; ˈɑgəm] S **1** Og(h)ham(schrift) *n(f)* (*altirische Schrift*) **2** Og(h)aminschrift *f*

ogive [ˈəʊdʒaɪv] S **1** ARCH **a** diagonale Gratrippe (*e-s gotischen Gewölbes*) **b** Spitzbogen *m* **2** MIL Geschosskopf *m* **3** *Statistik*: Häufigkeitsverteilungskurve *f*

ogle [ˈəʊgl] **A** V/T **1** liebäugeln mit, *j-m* Augen machen *umg* **2** beäugen, anlinsen **B** V/I **~ at** liebäugeln mit, *j-m* Augen machen *umg* **C** S verliebter Blick

ogre [ˈəʊgə(r)] S **1** Oger *m*, (Menschen fressendes) Ungeheuer, *bes* Riese *m* (*im Märchen*) **2** Scheusal *n*, Ungeheuer *n*, Unmensch *m* **3** *fig* Schreckgespenst *n*: **the ~ of unemployment**; **ogreish** [-gərɪʃ] ADJ schrecklich; **ogress** [-grɪs] S Menschenfresserin *f*, Riesin *f* (*im Märchen*); **ogrish** [-grɪʃ] → ogreish

oh[1] [əʊ] **A** INT oh! **B** S Oh *n*

OH[2] ABK Ohio

OHC ABK AUTO TECH overhead camshaft oben liegende Nockenwelle

ohdee [ˌəʊˈdiː] → OD B

Ohio [əʊˈhaɪəʊ] S Ohio **a** *n Staat im Osten der USA* **b** *m größter linker Nebenfluss des Mississippi, USA*; **Ohioan** [əʊˈhaɪəwən] **A** ADJ Ohio..., aus Ohio **B** S Einwohner(in) von Ohio

ohm [əʊm] S ELEK Ohm *n* (*Einheit des elektrischen Widerstands*); **ohmage** S Ohmzahl *f*; **ohmic** ADJ ohmsch(er, e, es): **~ resistance** ohmscher Widerstand; **ohmmeter** [ˈəʊmˌmiːtə(r)] S ELEK Ohmmeter *n*

OHMS ABK On His (*od* Her) Majesty's Service im Dienst Seiner (Ihrer) Majestät

Ohm's Law [əʊmz] S PHYS ohmsches Gesetz

oho, o(h) ho [əʊˈhəʊ] INT **1** (*überrascht*) oho! **2** (*frohlockend*) ah!, aha!

OHP ABK overhead projector Overheadprojektor *m*

oi [ɔɪ] INT *umg* he!, he du!

-oid [ɔɪd] *Wortelement mit der Bedeutung* ähnlich: → spheroid *etc*

oik [ɔɪk] S *Br sl* **1** Trottel *m pej* **2** Prolo *m* (*Prolet*)

oil [ɔɪl] **A** S **1** Öl *n*: **pour ~ on the fire** (*od* **flames**) *fig* Öl ins Feuer gießen; **pour ~ on the waters** (*od* **on troubled waters**) *fig* Öl auf die Wogen gießen *od* schütten, die Gemüter beruhigen; **smell of ~** *fig* mehr Fleiß als Geist *od* Talent verraten; **strike ~** **a** Erdöl finden, auf Öl stoßen **b** *umg* Glück *od* Erfolg haben, *engS.* fündig werden; → lavender A 1, midnight B, turpentine 2 **2** Ölfarbe *f*: **paint in ~s** in Öl malen **3** Ölgemälde *n* **4** Ölzeug *n* **B** V/T TECH (ein)ölen, einfetten, schmieren: **~ one's tongue** *fig* schmeicheln; **~ the wheels** *fig* für e-n reibungslosen Ablauf sorgen; → palm[1] A 1

oil| bath S TECH Ölbad *n*; **~-bearing** ADJ GEOL ölhaltig, Öl führend; **~ box** S TECH Schmierbüchse *f*; **~ brake** S AUTO Öldruckbremse *f*; **~ burner** S TECH Ölbrenner *m*; **~-burning** ADJ Öl...: **~ lamp**; **~ cake** S Ölkuchen *m*; **~can** S Öl-, Schmierkanne *f*; **~ carrier** S SCHIFF (Öl)Tanker *m*; **~ change** S AUTO Ölwechsel *m*: **do an ~** e-n Ölwechsel machen; **~cloth** S **1** Wachstuch *n*, -leinwand *f* **2** → oilskin; **~ colo(u)r** S Ölfarbe *f*; **~-cooled** ADJ TECH ölgekühlt; **~ crisis** S *irr* WIRTSCH Ölkrise *f*; **~cup** S TECH Öler *m*, Schmierbüchse *f*; **~ derrick** S Öhlbohrturm *m*; **~ dipstick** S AUTO Ölmessstab *m*; **~ drum** S Ölfass *n*

oiled [ɔɪld] ADJ **1** (ein)geölt: **~ silk** Ölseide *f*, Ölbatist *m* **2** **he's well ~** *umg* er hat ordentlich getankt

oiler [ˈɔɪlə(r)] S **1** SCHIFF, TECH Öler *m*, Schmierer *m* (*Person od Vorrichtung*) **2** TECH Öl-, Schmierkanne *f* **3** *pl US umg für* oilskin 2 **4** Ölquelle *f* **5** SCHIFF (Öl)Tanker *m*

oil| feeder S TECH **1** Selbstschmierer *m*, -öler *m* **2** AUTO Spritzkännchen *n*; **~field** S Ölfeld *n*; **~ filler tube** S TECH Öleinfüllstutzen *m*; **~ film** S Öl-, Schmierfilm *m*; **~ filter** S TECH Ölfilter *m/n*; **~fired** ADJ ölbetrieben, Öl...: **~ central heating** Ölzentralheizung *f*; **~ gage** → oil gauge; **~ gas** S Ölgas *n*; **~ gauge** S TECH Ölstandsanzeiger *m*; **~ gland** S **1** ORN Bürzeldrüse *f* **2** ANAT Talgdrüse *f*

oiliness [ˈɔɪlɪnɪs] S **1** ölige Beschaffenheit **2** Fettigkeit *f* **3** *fig* Schmierigkeit *f*

oil| lamp S Öllampe *f*; **~ level** S AUTO Ölstand *m*; **~ magnate** S Ölmagnat *m*; **~man** [-mən] S *irr* **1** Unternehmer *m* in der Ölbranche **2** Ölhändler *m*; **~ meal** S gemahlener Ölkuchen; **~ paint** S Ölfarbe *f*; **~ painting** S **1** Ölmalerei *f* **2** Ölgemälde *n*, Ölbild *n*: **she's no ~** *umg* sie ist keine strahlende Schönheit; **~ palm** S BOT Ölpalme *f*; **~ pan** S AUTO Ölwanne *f*; **~paper** S Ölpapier *n*; **~ pollution** S Ölpest *f*; **~ pressure** S TECH Öldruck *m*; **~-producing country** S Ölförderland *n*; **~proof** ADJ *bes* TECH ölbeständig, öldicht, ölundurchlässig; **~ pump** S TECH Ölpumpe *f*; **~ refinery** S Ölraffinerie *f*; **~ rig** S (Öl)Bohrinsel *f*; **~ sand** S GEOL Ölsand *m*; **~ seal** S TECH Öldichtung *f*; **~-sealed** ADJ öldicht; **~ shale** S GEOL Ölschiefer *m*; **~ sheik(h)** S Ölscheich *m*; **~skin** S **1** Ölhaut *f* **2** *meist pl* Ölzeug *n*; **~ slick** S Ölteppich *m* (*auf der Wasseroberfläche*); **~ spill** S Ölkatastrophe *f* (*Tankerunglück*); **~stone** S TECH Abzieh-, Ölstein *m*; **~stove** S Ölofen *m*; **~ sump** S AUTO Ölwanne *f*; **~ switch** S TECH Ölschalter *m*; **~ tanker** S SCHIFF (Öl)Tanker *m*; **~tight** ADJ TECH öldicht; **~ varnish** S Öllack *m*; **~ well** S Ölquelle *f*

oily [ˈɔɪlɪ] ADJ **1** *allg* ölig **2** fettig (*Essen, Haar etc*) **3** *fig* ölig (*Lächeln etc*), schmierig (*Art etc*)

ointment [ˈɔɪntmənt] S PHARM Salbe *f*

Oireachtas [ˈerəkθəs; ˈerəx-] S *das Parlament der Republik Irland*

OJ ABK *US* orange juice

O.K., OK, okay [ˌəʊˈkeɪ] *umg* **A** ADJ **1** *präd* **a** okay, in Ordnung: **he's ~ again** ihm geht's (*gesundheitlich*) wieder gut; **it's ~ with** (*od* **by**) **me** mir ist's recht; **is it ~ with** (*od* **by**) **you if ...?** macht es dir was aus, wenn ...?; *sorry I'm late*; **that's ~** schon gut **b** ganz gut, nicht schlecht: **the play was ~** **2** *bes US* **a** zuverlässig **b** sympathisch: **an ~ guy** **B** ADV **1** **a** gut, prima: **he's doing ~** es geht ihm rundum gut, er ist glücklich u. zufrieden; **XY rules ~** *Br* XY ist der King *sl* **b** ganz gut, nicht schlecht: **she managed ~** sie ist ganz gut zurechtgekommen **2** okay (*als Antwort od in Fragen*): **let's go there, ~?** **C** INT okay: **~, I'll get it for you** **D** V/T absegnen *umg*, *e-r Sache* sein Okay geben *od* zustimmen **E** S Okay *n*, Zustimmung *f*: **give the** (*od* **one's**) **~** sein Okay geben, zustimmen (*beide:* **to** *dat*); **I got the ~ to leave early** ich durfte früher gehen

oke [əʊk] → O.K. A 1, B 1

okey-doke [ˌəʊkɪˈdəʊk], **okey-dokey** [ˌ-ˈdəʊkɪ] → O.K. A, B, C

Okie [ˈəʊkiː] S *US meist pej* **1** Wanderarbeiter(in) aus Oklahoma (*bes* HIST *während der Weltwirtschaftskrise*) **2** Einwohner(in) von Oklahoma **3** landwirtschaftliche(r) Wanderarbeiter(in)

Okla. ABK Oklahoma

Oklahoma [ˌəʊkləˈhəʊmə] S Ohio *n* (*südlicher Mittelstaat der USA*)

O

okra ['əʊkrə] S 1 BOT Essbarer Eibisch, Rosenpappel *f*, Gumbo *m* 2 → gumbo A 1

old [əʊld] A ADJ *komp* older ['əʊldə(r)], *a.* elder ['eldə(r)], *sup* oldest ['əʊldɪst], *a.* eldest ['eldɪst] 1 alt, betagt: **get ~** alt werden; **grow ~ together** zusammen alt werden; **I could grow ~ here** hier könnte ich alt werden; **she's a woman to grow ~ with** sie ist e-e Frau fürs Leben; **you're only as ~ as you feel (yourself to be)** man ist nur so alt, wie man sich fühlt; *she married a man* **~ enough to be her father** der ihr Vater sein könnte; **~ moon** abnehmender Mond; **~ people's home** Alters-, Altenheim *n*; → head *Bes Redew*, hill A 1, time A 1, young A 1 2 *zehn Jahre etc* alt: **he's ten years ~**; **the second half was only five minutes ~ when …** SPORT die zweite Halbzeit war erst fünf Minuten alt, als …; **a ten-year-~ boy** ein zehnjähriger Junge; **five-year-~s** Fünfjährige 3 alt(hergebracht) *(Tradition etc)*: **an ~ name** ein altbekannter Name 4 vergangen, früher, alt: **call up ~ memories** alte Erinnerungen wachrufen; **the ~ country** die *od* s-e alte Heimat; **the ~ year** das alte *od* vergangene Jahr; **the good ~ times** *pl* die gute alte Zeit; **it's like ~ times** es ist wie in alten Zeiten; ≈ **London** Alt-London *n* 5 alt(bekannt, -bewährt): **an ~ friend** ein alter Freund; → old boy, old master, *etc* 6 alt, abgenutzt *(Gerät etc)*: **~ clothes** alte *od* (ab)getragene Kleider 7 a alt(modisch) b verkalkt *pej*: → fogy 8 alt (-erfahren), gewiegt, gewitz(ig)t: **~ bachelor** eingefleischter Junggeselle; **he is ~ in crime (folly)** er ist ein abgefeimter Verbrecher (unverbesserlicher Narr); **~ offender** alter Sünder; → hand A 12 9 *umg* (gute[r]) alte(r), liebe(r): **the ~ woman** m-e Alte *(Mutter, Frau)*; → bean A 6, old man 1 10 *umg (verstärkend)* **have a fine ~ time** sich köstlich amüsieren; **a jolly ~ row** ein Mordskrach *m*; **any ~ thing** irgendetwas *(gleichgültig was)*; **I can use any ~ thing** ich hab für alles Verwendung; **come any ~ time** komm, wann es dir gerade passt; **any ~ how** ganz egal wie; → any C 1 B S 1 **the ~** *koll* die Alten *pl* 2 *adjektivisch od adverbial*: **of ~** a ehedem, seit alters b von jeher; **as of ~** wie eh u. je; **from of ~** seit alters, von alters her; **times of ~** alte Zeiten

old| age S (hohes) Alter: **in one's ~** im Alter; **~ comes to all of us** wir werden alle einmal alt; **die from** *(od* **of)** **~** an Altersschwäche sterben; **spend one's ~ in** s-n Lebensabend verbringen in *(dat)*; → live[1] A 2; **~-age** ADJ Alt…, Alters…: **~ disease** Alterskrankheit *f*; **~ insurance** Altersversicherung *f*; **~ pension** *(US a.* **benefit)** (Alters)Rente *f*, Pension *f*, Ruhegeld *n*; **~ pensioner** (Alters)Rentner(in), Pensionär(in), Ruhegeldempfänger(in); ≈ **Bailey** ['beɪlɪ] S Old Bailey *n (Gericht für Strafsachen von größerer Bedeutung für London u. Umgebung)*; **~ boy** S 1 *Br* ehemaliger Schüler, Ehemalige(r) *m* 2 *bes Br umg* a alter Junge! *(Anrede)* b Alte(r) *m*; **~-boy network** S *Br pej Filzokratie unter Absolventen von Public Schools u. Eliteuniversitäten*; ≈ **Catholic** A S Altkatholik(in) B ADJ altkatholisch; **~-clothesman** [-mæn] S *irr* Altkleiderhändler *m*; ≈ **Dominion** S *US (Beiname des Staates)* Virginia *n*

olden ['əʊldən] ADJ *obs od poet* alt: **in ~ days** *(od* **times)** in alten Zeiten

Old| English S LING Altenglisch *n*, das Altenglische *(etwa 450-1150)*; ≈**-established** ADJ alteingesessen *(Firma etc)*, alt *(Brauch etc)*

olde-worlde [,əʊldɪ'wɜːldɪ] ADJ *Br umg* 1 auf alt gemacht *od umg* getrimmt 2 → old-world

old|fangled ADJ *pej* altmodisch; **~ fashioned**, *a.* **Old Fashioned** S *US ein Cocktail aus Whiskey, Bitterem etc*; **~-fashioned** ADJ (ADV **~ly**) 1 altmodisch: **an ~ butler** ein Butler der alten Schule 2 *Br dial* altklug *(Kind)* 3 *Br umg* missbilligend *(Blick)*: **she gave him an ~ look** sie sah ihn missbilligend an, sie warf ihm e-n missbilligenden Blick zu; **~-fog(e)-yish** ADJ verknöchert, rückständig, altmodisch; **~ girl** S 1 *Br* ehemalige Schülerin, Ehemalige *f* 2 *umg* altes Mädchen; ≈ **Glory** S *(Beiname für)* das Sternenbanner *(Flagge der USA)*; **~ gold** S Altgold *n (ein Farbton)*; **~-gold** ADJ altgolden; ≈ **Guard** S 1 *US der konservative Flügel e-r politischen Partei, bes der Republikaner* 2 *meist* **old guard** *die konservativen* Mitglieder *(e-r Organisation etc)*; **~ hat** ADJ: **be ~** *umg* ein alter Hut sein; **that joke is ~** *umg* der Witz hat e-n Bart; ≈ **High German** S LING Althochdeutsch *n*, das Althochdeutsche; ≈ **Icelandic** S LING Altisländisch *n*, das Altisländische

oldie ['əʊldɪ] S *umg* 1 Oldie *m (alter Schlager)* 2 Witz *m* mit Bart

oldish ['əʊldɪʃ] ADJ ältlich: **an ~ man** ein älterer Mann

Old| Lady of Threadneedle Street [,θred'niːdl] S *(Spitzname für die)* Bank von England; **~ Latin** S LING Altlatein *n*, das Altlateinische; ≈**-line** ADJ 1 *US* konservativ 2 althergebracht, traditionell 3 e-r alten Linie entstammend; **~ Line State** S *US (Beiname für den Staat)* Maryland *n*; **~ Low German** S LING Altniederdeutsch *n*, das Altniederdeutsche; ≈ **maid** S 1 alte Jungfer 2 *umg* altjüngferliche Person 3 *ein Kartenspiel*; ≈**-maidish** ADJ altjüngferlich; ≈ **man** S *irr* 1 *umg* a **the ~** mein Alter *(Vater, Mann)* b *(der)* Alte *(SCHIFF der Kapitän)* c Alter!, alter Junge! *(Anrede)* 2 alter Mann, Greis *m* 3 **the ~** REL der alte Adam 4 *Aus umg ausgewachsenes männliches Känguru* 5 ORN Regenkuckuck *m*; ≈ **master** S MAL alter Meister *(Künstler od Gemälde)*; **~ Nick** [nɪk] S *umg hum* der Leibhaftige, der Teufel; **~ Norse** S LING 1 Altnorwegisch *n*, das Altnorwegische 2 → Old Icelandic; **~ Pretender** S HIST *(der)* Alte Prätendent *(Jakob Eduard, Sohn Jakobs II. von England)*; ≈ **rose** S Altrosa *n*; ≈**-rose** ADJ altrosa; **~ Saxon** S LING Altsächsisch *n*, das Altsächsische; ≈ **school** S: **of the ~** *fig* der alten Schule; ≈**-school** ADJ *fig* der alten Schule; ≈ **school tie** S *Br* 1 *Krawatte mit den Farben e-r Schule, bes e-r Public School* 2 *fig Filzokratie unter Absolventen von Public Schools*

oldster ['əʊldstə(r)] S 1 *umg* älterer *od* alter Mensch 2 SCHIFF *Br (schon 4 Jahre dienender)* Seekadett

old| style S 1 **Old Style** Zeitrechnung *f* nach dem julianischen Kalender *(in England bis 1752)* 2 TYPO Mediäval(schrift) *f*; ≈ **Testament** BIBEL A S *(das)* Alte Testament B ADJ alttestamentarisch; **~-time** ADJ aus alter Zeit, alt: **the ~ sailing ships**; **~-timer** S 1 alter Hase *umg* 2 *bes US* Alte(r) *m*; **~ wives' tale** S Altweiber-, Ammenmärchen *n*; **~-womanish** ADJ altweiberhaft; ≈ **World** S 1 *(die)* Alte Welt *(Europa, Asien u. Afrika)* 2 *(die)* östliche Hemisphäre; **~-world** ADJ 1 altertümlich, anheimelnd, malerisch *(Städtchen etc)* 2 altertümlich, alt *(Inschrift etc)* 3 alt, antik *(Einrichtung etc)* 4 altmodisch, überholt, unmodern

oleaginous [,əʊlɪ'ædʒɪnəs] ADJ 1 ölartig, ölig, Öl… 2 ölhaltig

oleander [,əʊlɪ'ændə(r); *US a.* 'əʊlɪ,æ-] S BOT Oleander *m*

oleaster [,əʊlɪ'æstə(r); *US a.* 'əʊlɪ,æ-] S BOT 1 Schmalblättrige Ölweide 2 Oleaster *m*, Wilder Ölbaum

oleate ['əʊlɪeɪt] S CHEM Oleat *n*

olefiant ['əʊlɪfaɪənt; əʊ'liːfɪənt] ADJ CHEM Öl bildend *(Gas)*

oleic [əʊ'liːɪk] ADJ CHEM Ölsäure…: **~ amide**; **~ acid** Ölsäure *f*

oleiferous [,əʊlɪ'ɪfərəs] ADJ BOT ölhaltig

olein ['əʊlɪɪn] S CHEM 1 Olein *n*, Elain *n* 2 *flüssiger Bestandteil e-s Fettes* 3 handelsübliche Ölsäure

oleo- [əʊlɪəʊ] *Wortelement mit der Bedeutung* Öl…

oleo ['əʊlɪəʊ] *pl* -os *umg für* oleomargarin(e)

oleograph ['əʊlɪəʊgrɑːf; *US* -,græf] S Öldruck *m (Bild)*; **oleography** [,əʊlɪ'ɒgrəfɪ; *US* -'ɑg-] S TECH Öldruck(verfahren) *m(n)*

oleomargarin(e) S *US* Margarine *f*

oleoresin S CHEM Oleoresin *n*, Fettharz *n*, Terpentin *n*

oleo strut S FLUG Ölfederbein *n*, hydraulischer Stoßdämpfer

O level ['əʊ,levl] S SCHULE *Br* HIST *(etwa)* mittlere Reife: **he has three ~s** er hat die mittlere Reife in drei Fächern gemacht

olfaction [ɒl'fækʃn; *US* ɑl-] S 1 Geruchssinn *m* 2 Riechen *n*; **olfactory** ADJ Geruchs…, Riech…: **~ nerves**; **~ tubercle** Riechwulst *m*

olibanum [ɒ'lɪbənəm; *US* əʊ-] S Olibanum *n*, Weihrauch *m*

olid ['ɒlɪd; *US* 'ɑləd] ADJ übel riechend

oligarch ['ɒlɪgɑː(r)k; *US* 'ɑlə-] S POL Oligarch(in); **oligarchic** ADJ (ADV **~ally**) oligarchisch; **oligarchy** S Oligarchie *f*: a *Staatsform, in der e-e kleine Gruppe die Macht ausübt* b *Staat, in dem e-e Oligarchie besteht*

Oligocene [ɒ'lɪgəʊsiːn; *US* 'ɑlɪgəʊ,siːn] GEOL A ADJ oligozän B S Oligozän *n (drittälteste Stufe des Tertiärs)*

oligopoly [,ɒlɪ'gɒpəlɪ; *US* ,ɑlə'gɑ-] S WIRTSCH Oligopol *n (Marktbeherrschung durch einige wenige Großunternehmen)*

oligopsony [,ɒlɪ'gɒpsənɪ; *US* ,ɑlə'gɑ-] S WIRTSCH Oligopson *n (Vorhandensein nur weniger Nachfrager auf dem Markt)*

oligotrophic [,ɒlɪgəʊ'trɒfɪk; *US* ,ɑlɪgəʊ'trəʊfɪk] ADJ BIOL oligotroph, nährstoffarm *(Böden, Gewässer)*

olio ['əʊlɪəʊ] *pl* -os S 1 GASTR a Ragout *n* b → olla 2 2 *fig* Gemisch *n*, Mischmasch *m* 3 MUS Potpourri *n* 4 Sammelband *m*

olive ['ɒlɪv; *US* 'ɑl-] A S 1 BOT Olive(nbaum) *f(m)*, Ölbaum *m* 2 Olive *f (Frucht)* 3 Olivenholz *n* 4 a Oliv *n* b Olivgrün *n* 5 olivenförmiger Gegenstand *(z. B. Knopf)* 6 ANAT Olive *f*, Olivkörper *m (im Gehirn)* 7 ORN *Br* Austernfischer *m* 8 GASTR kleine Roulade B ADJ 1 olivenartig, Oliven… 2 a oliv(en)farben, -farbig b olivgrün

olive| branch S Ölzweig *m (Symbol des Friedens)*: **hold out the** *(od* **an)** **~** *fig* ein Friedens- *od* Versöhnungsangebot machen; **~ brown** S Olivbraun *n*; **~-brown** ADJ olivbraun; **~ drab** S 1 *bes US* Olivgrau *n* 2 MIL *US* a olivgrauer Uniformstoff b olivgraue Uniform; **~-drab** ADJ *bes US* olivgrau; **~ green** S Olivgrün *n*; **~-green** ADJ olivgrün; **~ oil** S Olivenöl *n*; **~ tree** → olive A 1; **~ wood** → olive A 3

olivine [,ɒlɪ'viːn; *US* 'ɑlə,viːn] S MINER Olivin *m*

olla ['ɒlə; *US* 'ɑlə] S 1 Kochtopf *m* 2 GASTR Olla *f* podrida *(stark gewürztes Eintopfgericht aus Fleisch u. Gemüse)*

olla podrida [,ɒləpɒ'driːdə; *US* ,ɑləpə-] S 1 → olla 2 2 → olio 1 a, 2

ology ['ɒlədʒɪ; *US* 'ɑl-] S *umg* 1 Wissenschaftszweig *m* 2 Wissensgebiet *n*

Olympiad [əʊ'lɪmpɪæd; ə'l-] S 1 Olympiade *f (Zeitraum von 4 Jahren zwischen zwei Olympischen Spielen)* 2 Olympiade *f*, Olympische Spiele *pl* 3 *(Schach- etc)* Olympiade *f*

Olympian [əʊˈlɪmpɪən; əˈl-] **A** ADJ **1** *Antike*: olympisch **2** *fig* **a** himmlisch **b** erhaben, majestätisch **3** → Olympic A **B** S **1** *Antike*: Olympier *m (griechische Gottheit)* **2** *bes US* Olympiateilnehmer(in); **Olympic** **A** ADJ olympisch, Olympia…: **~ Games** → B; **Summer (Winter) ~ Games** Olympische Sommer-(Winter)spiele; **~ champion** Olympiasieger(in); **~ competitor** (*od* **participant**) Olympiateilnehmer(in); **~ medal** Olympiamedaille *f*; **~ qualifying standard** Olympianorm *f*; **~ rings** olympische Ringe; **~ spirit** olympischer Geist; **~ stadium** Olympiastadion *n*; **~ team** Olympiamannschaft *f*; **~ trials** Olympiaausscheidungen *pl*; **~ village** olympisches Dorf; **~ year** Olympiajahr *n* **B** SPL **Olympics** Olympische Spiele *pl*, Olympiade *f*

Olympus [əʊˈlɪmpəs; əˈl-] **A** EIGENN *Antike*: Olymp *m (Sitz der griechischen Götter)* **B** S *poet* Olymp *m*, Himmel *m*

OM ABK *Br* Order of Merit Verdienstorden *m*

Omaha [ˈəʊməhɑː; *US a.* -ˌhɔː] *pl* -has, *bes koll* -ha S Omahaindianer(in)

Oman [əʊˈmɑːn] S Oman *n (Staat auf der Arabischen Halbinsel)*; **Omani** [əʊˈmɑːnɪ] **A** S Omaner(in) **B** ADJ omanisch

omasum [əʊˈmeɪsəm] *pl* -sa [-sə] S Omasus *m*, Blättermagen *m (der Wiederkäuer)*

OMB ABK POL *US* Office of Management and Budget

omber, *bes Br* **ombre** [ˈɒmbə(r); *US* ˈɑm-] S L'hombre *n*, Lomber *n (ein altes Kartenspiel)*

ombudsman [ˈɒmbʊdzmən; *US* ˈɑm-] S *irr* **1** POL Ombudsmann *m*: **a** *Beauftragter des Parlaments für Beschwerden von Staatsbürgern* **b** Europäischer Bürgerbeauftragter **2** Beschwerdestelle *f*, Schiedsrichter *m*

omega [ˈəʊmɪgə; *US* əʊˈmegə; -ˈmiː-] S **1** Omega *n (langes O u. griechischer Buchstabe)* **2** *fig* Ende *n*

omelet(te) [ˈɒmlɪt; *US* ˈɑm-] S GASTR Omelett *n*: **you can't make an ~ without breaking eggs** *(Sprichwort)* wo gehobelt wird, (da) fallen Späne

omen [ˈəʊmen; *bes US* -mən] **A** S Omen *n*, Vorzeichen *n*: **good (ill, bad) ~** gutes (böses) Omen **B** V/T (hin)deuten auf *(akk)*, verheißen; **omened** ADJ verheißend: → ill-omened

omentum [əʊˈmentəm] *pl* -ta [-tə] S ANAT Omentum *n*, Netz *n*, Fett-, Eingeweidehaut *f*

omicron [əʊˈmaɪkrən; *US* ˈɑməˌkrɑn] S Omikron *n (kurzes O u. griechischer Buchstabe)*

ominous [ˈɒmɪnəs; *US* ˈɑm-] ADJ (ADV **~ly**) ominös, unheilvoll: **that's ~** das lässt nichts Gutes ahnen

omissible [əʊˈmɪsɪbl] ADJ auszulassen(d), auslassbar

omission [əˈmɪʃn; əʊ-] S **1** Aus-, Weglassung *f* **2** Unterlassung *f*, Versäumnis *n*: **sin of ~** Unterlassungssünde *f*; **omissive** [əʊˈmɪsɪv] ADJ (ADV **~ly**) **1** aus-, weglassend, Unterlassungs… **2** nachlässig

omit [əˈmɪt; əʊ-] V/T **1** aus-, weglassen *(beide: **from** aus)*: **~ a dividend** WIRTSCH e-e Dividende ausfallen lassen; **~ sb from a team** SPORT j-n nicht aufstellen **2** unterlassen, versäumen: **~ doing** (*od* **to do**) **sth** vergessen *od* (es) versäumen, etwas zu tun

ommateum [ˌɒməˈtiːəm; *US* ˌɑm-] *pl* -tea [-ˈtiːə] S ZOOL Facettenauge *n (von Insekten u. Gliederfüßern)*; **ommatidium** [-ˈtɪdɪəm] *pl* -ia [-ɪə] S Ommatidium *n (Einzelauge e-s Facettenauges)*

ommatophores [ɒˈmætəfɔː(r)z; *US* əˈmæt-; ɑˈm-] SPL ZOOL Ommatophoren *pl (hinteres, längeres Fühlerpaar der Schnecken)*

omni- [ɒmnɪ; *US* ɑmnɪ] *Wortelement mit der Bedeutung* All…, all…

omnibus [ˈɒmnɪbəs; *US* ˈɑm-] **A** S **1** AUTO *obs* Omnibus *m*, (Auto)Bus *m*: → Clapham **2** Sammelband *m* **B** ADJ Sammel…; **~ account** S WIRTSCH Sammelkonto *n*; **~ bar** S ELEK Sammelschiene *f*; **~ bill** S PARL Vorlage *f* zu e-m Mantelgesetz *n*; **~ clause** S WIRTSCH Sammelklausel *f*

omnicompetent ADJ auf allen Gebieten kompetent

omnidirectional ADJ ELEK rundstrahlend: **~ aerial** (*bes US* **antenna**) Rundstrahlantenne *f*; **~ microphone** Allrichtungsmikrofon *n*; **~ range** → omnirange

omnifarious [ˌɒmnɪˈfeərɪəs; *US* ˌɑm-] ADJ mannigfaltig; **omnifariousness** S Mannigfaltigkeit *f*

omnific [ɒmˈnɪfɪk; *US* ɑm-] ADJ allschaffend

omnipotence [ɒmˈnɪpətəns; *US* ɑm-] S Omnipotenz *f*, Allmacht *f*; **omnipotent** **A** ADJ (ADV **~ly**) omnipotent, allmächtig **B** S: **the** ⁓ der Allmächtige *(Gott)*

omnipresence S Omnipräsenz *f*, Allgegenwart *f*; **omnipresent** ADJ omnipräsent, allgegenwärtig

omnirange S FLUG Drehfunkfeuer *n*

omniscience [ɒmˈnɪsɪəns; *US* ɑmˈnɪʃəns] S **1** Omniszienz *f*, Allwissenheit *f* **2** umfassendes *od* enzyklopädisches Wissen; **omniscient** **A** ADJ (ADV **~ly**) allwissend **B** S: **the** ⁓ der Allwissende *(Gott)*

omnium-gatherum [ˌɒmnɪəmˈgæðərəm; *US* ˌɑm-] S Sammelsurium *n*

omnivore [ˈɒmnɪvɔː(r); *US* ˈɑm-] S ZOOL Omnivore *m*, Allesfresser *m*; **omnivorous** [-ˈnɪvərəs] ADJ (ADV **~ly**) **1** ZOOL omnivor **2** *fig* alles verschlingend *(bes Leser)*

omphalos [ˈɒmfəlɒs; *US* ˈɑmfəˌlɑs] *pl* -li [-laɪ] S **1** ANAT, *poet* Omphalos *m*, Nabel *m* **2** *Antike*: Omphalos *m (heiliger Stein in Delphi, der als Mittelpunkt der Erde gedeutet wurde)* **3** Mittelpunkt *m*

omphaloskepsis [ˌɒmfələʊˈskepsɪs; *US* ˌɑm-] S Omphaloskopie *f*, Nabelschau *f (zur mystischen Versenkung)*

on [ɒn; *US a.* ɑn] **A** PRÄP **1** *meist* auf *(dat od akk)* *(siehe die mit* **on** *verbundenen Wörter)* **2** *(getragen von)* auf *(dat)*, an *(dat)*, in *(dat)*: **the scar ~ his face** die Narbe in s-m Gesicht; **a ring ~ one's finger** ein Ring am Finger; **have you got a lighter ~ you?** haben Sie ein Feuerzeug bei sich?; **find sth ~ sb** etwas bei j-m finden **3** *(festgemacht od sehr nahe)* an *(dat)*: **the dog is ~ the chain**; **~ the Thames** **4** *(Richtung, Ziel)* auf *(akk)* … (hin), an *(akk)*, zu: **a blow ~ the chin** ein Schlag ans Kinn; **drop sth ~ the floor** etwas auf den Fußboden *od* zu Boden fallen lassen; **hang sth ~ a peg** etwas an e-n Haken hängen **5** *fig (auf der Grundlage von)* auf *(akk)* … (hin): **based ~ facts** auf Tatsachen begründet; **live ~ air** von (der) Luft leben; **this car runs ~ petrol** dieser Wagen fährt mit Benzin; **a scholar ~ a foundation** ein Stipendiat (e-r Stiftung); **borrow ~ jewels** sich auf Schmuck (-stücke) Geld borgen; **a duty ~ silk** (ein) Zoll auf Seide; **interest ~ one's capital** Zinsen auf sein Kapital **6** *(aufeinanderfolgend)* auf *(akk)*, über *(akk)*, nach: **loss ~ loss** Verlust auf *od* über Verlust, ein Verlust nach dem andern; **be ~ one's second glass** bei s-m zweiten Glas sein **7** *(gehörig)* zu, *(beschäftigt)* bei, in *(dat)*, an *(dat)*: **be ~ a committee (the jury, the general staff)** zu e-m Ausschuss (zu den Geschworenen, zum Generalstab) gehören; **be ~ the "Daily Mail"** bei der „Daily Mail" (beschäftigt) sein **8** *(Zustand)* in *(dat)*, auf *(dat)*: **be ~ sth** etwas *(ein Medikament etc)* (ständig) nehmen; **be ~ pills** tablettenabhängig *od* -süchtig sein **9** *(gerichtet)* auf *(akk)*: **an attack ~ sb (sth)**; **a joke ~ me** ein Spaß auf m-e Kosten; **shut (open) the door ~ sb** j-m die Tür verschließen (öffnen); **the strain tells severely ~ him** die Anstrengung nimmt ihn sichtlich mit; **it's ~ me** *umg* das geht auf m-e Rechnung, das zahle ich, *(im Lokal a.)* du bist eingeladen; **have nothing ~ sb** *umg* **a** j-m nichts voraus haben **b** j-m nichts anhaben können; **have sth ~ sb** *umg* e-e Handhabe gegen j-n haben, etwas Belastendes über j-n wissen **10** *(Thema)* über *(akk)*: **an agreement (a lecture, an opinion) ~ sth**; **talk ~ a subject** **11** *(Zeitpunkt)* an *(dat)*: **~ Sunday**, **~ the 1st of April**, **~ April 1st**; **~ or after April 1st** ab *od* mit Wirkung vom 1. April; **~ or before April 1st** bis zum *od* bis spätestens am 1. April; **~ being asked** als ich *etc* (danach) gefragt wurde **12** nachdem: **~ leaving school, he …** nachdem er die Schule verlassen hatte, … **13** gegenüber, im Vergleich zu: **losses were £100,000 down ~ the previous year** **B** ADV **1** *(a in Zusammensetzungen mit Verben)* (dar)auf(…): **place (screw,** *etc***) ~** **2** *bes Kleidung*: **a** an…: **have (put) a coat ~** **b** auf…: **keep one's hat ~** **3** *(a in Zusammensetzungen mit Verben)* weiter(…): **talk (walk,** *etc***) ~; and so ~** u. so weiter; **~ and ~** immer weiter; **~ and off** **a** ab und zu **b** ab und an, mit Unterbrechungen; **from that day ~** von dem Tage an; **~ with the show!** weiter im Programm!; **~ to … auf** *(akk)* … (hinauf *od* hinaus) **C** ADJ *präd* **1** **be ~** **a** im Gange sein *(Spiel etc)*, vor sich gehen: **what's ~?** was ist los?; **what's ~ in London?** was ist in London los?, was tut sich in London?; **have you anything ~ tomorrow?** haben Sie morgen etwas vor?; **that's not ~!** das ist nicht drin! *umg* **a** an sein *umg (Licht, Radio, Wasser etc)*, an-, eingeschaltet sein, laufen, auf sein *umg (Hahn)*: **~ - off** TECH An - Aus; **the light is ~** das Licht brennt *od* ist an (-geschaltet); **the brakes are ~** die Bremsen sind angezogen; **the race is ~** SPORT das Rennen ist gestartet; **you are ~!** abgemacht! **b** THEAT gegeben werden *(Stück)*, laufen *(Film)*, (RADIO, TV) gesendet werden *(Programm)* **c** d(a)ran *(an der Reihe)* sein **d** (mit) dabei sein, mitmachen **2** **be ~ to** *umg etwas* spitzgekriegt haben, über *j-n od etwas* im Bilde sein **3** *umg* **be a bit ~** e-n Schwips haben; **be well ~** ganz schön blau sein **4** **he's always ~ at me** *umg* er bearbeitet mich ständig, er liegt mir dauernd in den Ohren *(beide:* **about** *wegen)*

onager [ˈɒnəgə; *US* ˈɑnɪdʒər] *pl* -gri [-graɪ], -gers S **1** ZOOL Onager *m*, Persischer Halbesel **2** MIL, HIST Onager *m*, Wurfmaschine *f*

on-air ADJ RADIO, TV Live-…: **an ~ interview**

onanism [ˈəʊnənɪzəm] S MED, PSYCH **1** Coitus *m* interruptus **2** Onanie *f*, Selbstbefriedigung *f*; **onanist** S **1** *j-d, der den Coitus interruptus praktiziert* **2** Onanist(in)

on-board ADJ FLUG *etc* bordeigen, Bord…: **~ computer**

ONC ABK SCHULE *Br* Ordinary National Certificate *(Qualifikation in e-m technischen Fach)*

on-camera ADJ & ADV RADIO, TV vor der Kamera

once [wʌns] **A** ADV **1** einmal: **you only live ~** man lebt nur einmal; **~ and again**, **~ or twice** ein paar Mal, einige Male; **~ again**, **~ more** noch einmal; **~ a day** einmal täglich; **~ in a while** (*od* **way**) von Zeit zu Zeit, hin u. wieder, dann u. wann; **~ and for all** ein für alle Mal, zum ersten u. (zum) letzten Mal; → bitten B, lifetime A, moon A 1 **2** je(mals), überhaupt *(in bedingenden od verneinenden Sätzen)*: **if ~ he should suspect** wenn er jemals misstrauisch werden sollte; **not ~** nicht ein *od* kein einziges Mal, nie(mals) **3** (früher *od* später) einmal, einst: **~ (upon a time) there was** es war ein-

O

mal (*Märchenanfang*); a **~-famous doctrine** e-e einst(mals) berühmte Lehre B S 1 (*das*) eine *od* einzige Mal: **every ~ in a while** von Zeit zu Zeit; **this ~** dieses eine Mal, (für) diesmal (*ausnahmsweise*); **~ is no custom** (*Sprichwort*) einmal ist keinmal 2 **at ~** auf einmal, zugleich, gleichzeitig: **don't all speak at ~** redet nicht alle auf einmal *od* durcheinander!; **at ~ a scientist and a poet** Wissenschaftler u. Dichter zugleich 3 **at ~** sogleich, sofort, schnellstens: **all at ~** plötzlich, mit einem Male, schlagartig C KONJ sobald *od* wenn … (einmal), wenn nur *od* erst: **~ that is accomplished, all will be well** wenn das erst (einmal) geschafft ist, ist alles gut; **~ he hesitates** sobald er zögert D ADJ einstig, ehemalig

once|-in-a-lifetime ADJ einmalig; **~-over** S *umg* 1 rascher abschätzender Blick, kurze Musterung, flüchtige Überprüfung: **give** (*s.o od sth*) **the** (*od* **a**) **~** *j-n* mit einem Blick abschätzen, *j-n od etwas* (rasch) mal ansehen, *ein Buch etc* (flüchtig) durchsehen 2 **give sb the** (*od* **a**) **~** j-n in die Mache nehmen (*verprügeln*)

onchocerciasis [ˌɒŋkəʊsə(r)ˈkaɪəsɪs; *US* ˌɑŋ-] S MED Onchozerkose *f*, Flussblindheit *f*

oncogenic [ˌɒŋkəʊˈdʒenɪk; *US* ˌɑŋ-] ADJ MED onkogen (*bösartige Geschwülste erzeugend*)

oncology [ɒŋˈkɒlədʒɪ; *US* ɑŋˈkɑl-; *a.* ɑn-] S MED Onkologie *f* (*Lehre von den Geschwülsten*)

oncoming [ˈɒnˌkʌmɪŋ; *US a.* ˈɑn-] A ADJ 1 (heran)nahend, entgegenkommend (*Wagen etc*): **~ traffic** Gegenverkehr *m* 2 *fig* kommend (*Generation, Jahr etc*): **an ~ visit** ein bevorstehender Besuch B S Nahen *n*: **the ~ of spring**

on-cost S WIRTSCH *Br* Gemeinkosten *pl*

OND ABK SCHULE *Br* Ordinary National Diploma (*Diplom in e-m technischen Fach*)

on dit *pl* on dits [õdi] S Ondit *n*, Gerücht *n*

ondograph [ˈɒndəʊgrɑːf; *US* ˈɑndəˌgræf] S ELEK, PHYS Wellenschreiber *m*

one [wʌn] A ADJ 1 ein, eine, ein: **~ apple** ein Apfel; **~ man in ten** einer von zehn; **~ or two** ein oder zwei, ein paar; **he spoke to him as ~ man to another** er redete mit ihm von Mann zu Mann; → hundred A 1, thousand A 1 2 (*emphatisch*) ein, eine, ein, ein einziger, eine einzige, ein einziges: **all were of ~ mind** sie waren alle einer Meinung; **he is ~ with me on this** er ist mit mir darüber einer Meinung; **be made ~** ehelich verbunden werden; **for ~ thing** zunächst einmal; **no ~ man could do it** allein könnte das niemand schaffen; **his ~ thought** sein einziger Gedanke; **the ~ way to do it** die einzige Möglichkeit(, es zu tun); **my ~ and only hope** m-e einzige Hoffnung; **the ~ and only Mr X** der unvergleichliche *od* einzigartige Mr. X; → man A 5 3 **all ~** *nur präd* alles eins, ein u. dasselbe: **it is all ~ to me** es ist mir (ganz) egal; **it's ~ fine job** es ist e-e einmalig schöne Arbeit 4 ein gewisser, eine gewisse, ein gewisses, ein, eine, ein: **~ day** eines Tages (*in Zukunft od Vergangenheit*); **~ of these days** irgendwann (ein)mal; **~ John Smith** ein gewisser John Smith B S 1 Eins *f*, eins: **~ is half of two** eins ist die Hälfte von zwei; **a Roman ~** e-e römische Eins; **~ and a half** ein(und)einhalb, anderthalb; **I bet ten to ~ (that …)** ich wette zehn zu eins(, dass …); **at ~ o'clock** um ein Uhr; **~-ten** ein Uhr zehn, zehn nach eins; **in the year ~** anno dazumal; **be ~ up on sb** j-m (um e-e Nasenlänge) voraus sein; → number one 2 (*der, die*) Einzelne, (*das*) einzelne (Stück): **the all and the ~** die Gesamtheit u. der Einzelne; **~ by ~**, **~ after another**, **~ after the other** einer nach dem andern; **~ with another** eins zum anderen gerechnet; **by ~s and twos** einzeln u. zu zweien *od* zweit; **I for ~** ich zum Beispiel 3 Einheit *f*: **be at ~ with sb** mit j-m einer Meinung *od* einig sein; **be at ~ with nature** eins mit der Natur sein; **be at ~ with life** rundherum zufrieden sein; **all in ~** a alle gemeinsam b alles in einem 4 Ein(s)er *m*, *bes* Eindollarnote *f* C PRON 1 ein(er), eine, ein(es), jemand: **as ~** wie ein Mann, geschlossen; **on this question they were as ~** in dieser Frage waren sich alle einig; **as ~ enchanted** wie verzaubert; **as ~ deprived of their senses** wie von Sinnen; **~ of the poets** einer der Dichter; **~ who** einer, der; **the ~ who** der(jenige), der *od* welcher; **~ so cautious** j-d, der so vorsichtig ist; ein so vorsichtiger Mann; **help ~ another** einander *od* sich gegenseitig helfen; **have you heard the ~ about …?** kennen Sie den (*Witz*) schon von …?; **~ for all and all for ~** einer für alle u. alle für einen 2 (*Stützwort, meist unübersetzt*): **a sly ~** ein ganz Schlauer; **the little ~s** die Kleinen (*Kinder*); **that ~** der, die, das da (*od* dort); **a red pencil and a blue ~** ein roter Bleistift und ein blauer; **the portraits are fine ~s** die Porträts sind gut; **the picture is a realistic ~** das Bild ist realistisch; → anyone, each A, many A 1, someone 3 man: **~ knows** 4 **~'s** sein, seine, sein: **break ~'s leg** sich das Bein brechen; **lose ~'s way** sich verirren 5 *umg* a ein anständiges Ding (*hervorragende Sache, bes tüchtiger Schlag*) b Kanone *f fig*, Könner(in): **~ in the eye** *fig* ein Denkzettel; **that's a good ~!** nicht schlecht!; **you are a ~!** du bist mir vielleicht einer!; → land C 6

one|-armed ADJ einarmig: **~ bandit** *umg* einarmiger Bandit (*Spielautomat*); **~-eyed** ADJ einäugig; **~-handed** ADJ 1 *a.* ADV einhändig, mit (nur) einer Hand 2 mit (nur) einer Hand zu bedienen(d); **~-hit wonder** S Eintagsfliege *f umg*; **~-horse** ADJ 1 einspännig: **~ coach** Einspänner *m* 2 *umg* armselig, klein: **this ~ town** dieses Nest *od* Kaff (*beide umg*); **~-ideaed**, **~-idea'd** ADJ von nur einem Gedanken beherrscht, monoman

oneiric [əʊˈnaɪrɪk] ADJ Traum…: **~ image** Traumbild *n*; **oneirocritic** [-rəʊˈkrɪtɪk] S Traumdeuter(in); **oneirocritical** ADJ (ADV ~ly) traumdeutend, traumdeuterisch; **oneiromancy** [-mænsɪ] S Traumdeutung *f*

one|-knob tuning S ELEK Einknopfabstimmung *f*, -bedienung *f*; **~-lane** ADJ einspurig (*Fahrbahn*); **~-legged** [-ˈlegɪd; -ˈlegd] ADJ 1 einbeinig 2 *fig* unzulänglich, einseitig; **~-line business** S WIRTSCH Fachgeschäft *n*; **~-liner** S *umg* witzige Bemerkung; **~-man** ADJ Einmann…: **~ band** Einmannkapelle *f*; **~ bus** Einmannbus *m*; **~ business** *Br* WIRTSCH Einmannbetrieb *m*; **~ dog** Hund, der nur einer Person gehorcht; **~ play** THEAT Einpersonenstück *n*; **~ show** a One-Man-Show *f* b Ausstellung *f* der Werke eines Künstlers; **~-master** S SCHIFF Einmaster *m*

oneness [ˈwʌnnɪs] S 1 Einheit *f* 2 Gleichheit *f*, Identität *f* 3 Einigkeit *f*, Übereinstimmung *f*, Einklang *m* 4 Einzigartigkeit *f*

one|-night stand S 1 THEAT *etc* einmaliges Gastspiel 2 *umg* a One-Night-Stand *m* (*sexuelles Abenteuer für nur eine Nacht*): **have a ~** ein Abenteuer für eine Nacht haben b Mädchen *n etc* für eine Nacht; **~-off** *Br* A ADJ a einmalig (*Chance, Zahlung etc*) b zum einmaligen Gebrauch (bestimmt) B S a etwas Einmaliges b zum einmaligen Gebrauch bestimmter Gegenstand; **~-one** ADJ MATH *u. Logik*: 1 umkehrbar eindeutig (gerichtet) 2 → one-to-one 2; **~-parent** ADJ: **~ child** Kind, das mit nur einem Elternteil aufwächst; **~ family** Einelternfamilie *f*; **~-party** ADJ POL Einparteien…: **~ system**; **~-person** ADJ Einpersonen…: **~ household**; **~-piece** A ADJ 1 einteilig (*Badeanzug etc*) 2 TECH aus einem Stück B S einteiliges Kleidungsstück, *bes* einteiliger Badeanzug, Einteiler *m*; **~-piecer** → one-piece B; **~-place** ADJ MATH einstellig, eingliedrig; **~-price shop** S Einheitspreisladen *m*

oner [ˈwʌnə] S *Br umg* 1 Kanone *f fig*, Könner *m* (*beide*: **at** in *dat*) 2 Pfund *n* (*wuchtiger Schlag*) 3 **in a ~** mit einem *od* auf einen Zug

onerous [ˈɒnərəs; ˈəʊ-; *US* ˈɑn-] ADJ (ADV ~ly) 1 schwer (*Aufgabe etc*) 2 **~ act** JUR Auflage *f*; **~ property** WIRTSCH belastete Vermögensteile *pl*; **onerousness** S Schwere *f*

oneself PRON 1 *reflexiv* sich (selbst *od* selber): **by ~** ganz allein; **cut ~** sich schneiden 2 (*emphatisch*) sich selbst *od* selber: **the greatest victory is to conquer ~** der größte Sieg ist der Sieg über sich selbst 3 man selbst *od* selber: **be ~** sich normal *od* natürlich benehmen *od* geben; **not be ~** a nicht auf der Höhe sein *umg* b nicht ganz bei Verstand sein; **be ~ again** wieder ganz der Alte sein; **how different others are from ~** wie verschieden andere von einem selbst sind

one|-shot *bes US* A ADJ 1 → one-off A 2 sofortig: **a ~ solution** e-e Lösung auf Anhieb B S → one-off B; **~-sided** ADJ (ADV ~ly) einseitig (*a. fig*); **~-sidedness** S Einseitigkeit *f* (*a. fig*); **~-term(ed)** ADJ MATH eingliedrig (*Ausdruck*); **~-time** ADJ früher, ehemalig; **~-to-one** ADJ 1 **~ teaching**, **teaching on a ~ basis** SCHULE Einzelunterricht *m* 2 MATH *u. Logik*: isomorph (*einander in verschiedenen Systemen entsprechend*); **~-track** ADJ BAHN eingleisig: **have a ~ mind** a eingleisig denken b immer nur das eine im Kopf haben; **~-two** A S 1 *Fußball*: Doppelpass *m* 2 *Boxen*: Eins-zwei-Kombination *f* B V/T *Fußball*: mit e-m Doppelpass ausspielen; **~-up** V/T *umg j-m* (um e-e Nasenlänge) voraus sein; **~-upmanship** S *umg* die Kunst, den anderen immer (um e-e Nasenlänge) voraus zu sein; **~-valued** ADJ MATH einwertig; **~-way** ADJ 1 Einweg(e)…, Einbahn…: **~ cock** TECH Einwegehahn *m*; **~ glass panel** Spionglasscheibe *f*; **~ street** Einbahnstraße *f*; **~ switch** TECH Einwegeschalter *m*; **~ ticket** *US* a einfache Fahrkarte b FLUG einfaches Ticket; **~ traffic** Einbahnverkehr *m* 2 einseitig (*Abkommen etc*); **~-woman** ADJ Einfrau…: **~ show** a One-Woman-Show *f* b Ausstellung *f* der Werke einer Künstlerin

ongoing A ADJ laufend (*Projekte, Tätigkeiten etc*) B SPL **ongoings** *schott* Vorgänge *pl*, Treiben *n*

onion [ˈʌnjən] S BOT Zwiebel *f*: **know one's ~s** *umg* sein Geschäft verstehen; **~ dome** S ARCH Zwiebelkuppel *f* (*e-r Kirche*); **~ ring** S Zwiebelring *m*; **~skin** S 1 Zwiebelschale *f* 2 Florpost(papier) *f(n)*; **~ soup** S GASTR Zwiebelsuppe *f*

online (*Computer*) A ADV online (*in direkter Verbindung mit der Datenverarbeitungsanlage arbeitend*): **order ~** B ADJ Online…: **~ processing** Onlineverarbeitung *f*

onlooker S Zuschauer(in), (*an e-m Unfallort etc*) Schaulustige(r) *m/f(m)*; **onlooking** ADJ zuschauend, schaulustig

only [ˈəʊnlɪ] A ADJ 1 einzig(er, e, es), alleinig: **the ~ son** der einzige Sohn; **he's an ~ child** er ist ein Einzelkind; **he's the ~ person for the position** er kommt als Einziger für den Posten infrage; → begotten B, one A 2 2 einzigartig B ADV 1 nur, bloß: **you're ~ jealous** du bist doch nur eifersüchtig; **I can ~ hope that …** ich kann nur hoffen, dass …; **not ~ … but (also)** nicht nur …, sondern auch; **if ~** a wenn nur b wenn auch nur; **if ~ he would leave!**, **if he would ~ leave!** wenn er doch

O

nur endlich ginge! 2 erst: ~ **yesterday** erst gestern, gestern noch; ~ **just** eben erst, gerade; ~ **just enough money** gerade genug Geld C KONJ 1 jedoch, nur, bloß: *he wants to go,* ~ **he can't** er kann nur nicht 2 ~ **that** ... nur dass ..., außer wenn ...; ~ **bill** S WIRTSCH Sola-, Eigenwechsel *m*

o.n.o. ABK or near(est) offer VB, Verhandlungsbasis *f*

on-off switch S ELEK Ein-Aus-Schalter *m*

onomasiology [ˌɒnəʊmeɪsɪˈɒlədʒɪ; *US* ˌɑnəˌmeɪsɪˈɑl-] S LING 1 Onomasiologie *f*, Bezeichnungslehre *f* 2 → onomastic B

onomastic [ˌɒnəʊˈmæstɪk; *US* ˌɑnə-] A ADJ 1 LING onomastisch 2 JUR von der Handschrift der Urkunde abweichend *(Unterschrift)* B S **onomastics** *pl (als sg konstruiert)* Onomastik *f*, Namenkunde *f*

onomatopoeia [ˌɒnəʊmætəˈpiːə; *US* ˌɑnəˌmætə-] S LING Onomatopöie *f*, Lautmalerei *f*; **onomatopoeic**, **onomatopoetic** [-pəʊˈetɪk] ADJ (ADV ~ally) onomatopoetisch, lautmalerisch

on|position S TECH Einschaltstellung *f*; **~rush** S Ansturm *m*; **~set** S 1 MIL Angriff *m*, Sturm *m* 2 Anfang *m*, Beginn *m*, Einbruch *m (des Winters etc)*, Einsetzen *n*: **at the first** ~ gleich beim ersten Anlauf 3 MED Ausbruch *m (e-r Krankheit)*; **~shore** ADJ & ADV 1 landwärts: ~ **wind** auflandiger Wind 2 a in Küstennähe: ~ **fishing** Küstenfischerei *f* b an Land, an der Küste; **~-side** ADJ & ADV SPORT nicht abseits: **be** ~ nicht abseitsstehen, nicht im Abseits stehen; **~slaught** S heftiger Angriff *(a. fig)*: **make an ~ on sb** *fig* j-n heftig attackieren

Ont. ABK Ontario

Ontario [ɒnˈteərɪəʊ; *US* ɑnˈter-] S Ontario *n (Provinz in Ostkanada)*

on-the|-job ADJ praktisch *(Ausbildung)*; **~-spot** ADJ an Ort u. Stelle: **our ~ reporter** unser Reporter vor Ort

onto PRÄP 1 auf *(akk)*: ~ the floor 2 **be ~ sth** hinter etwas gekommen sein, etwas spitzgekriegt haben *umg*; **he's ~ you** er ist dir auf die Schliche gekommen, er hat dich durchschaut

ontogenesis [ˌɒntəʊˈdʒenɪsɪs; *US* ˌɑntə-] S BIOL Ontogenese *f*, Ontogenie *f*, Individualentwicklung *f*; **ontogenetic** [-dʒɪˈnetɪk] ADJ (ADV ~ally) ontogenetisch; **ontogeny** [ɒnˈtɒdʒɪnɪ; *US* ɑnˈtɑ-] → ontogenesis

ontological [ˌɒntəʊˈlɒdʒɪkl; *US* ˌɑntəˈlɑ-] ADJ (ADV ~ly) PHIL ontologisch: ~ **argument** ontologischer Gottesbeweis; **ontology** [ɒnˈtɒlədʒɪ; *US* ɑnˈtɑ-] S Ontologie *f (Lehre vom Wesen u. von den Eigenschaften des Seienden)*

onus [ˈəʊnəs] S 1 *fig* a Last *f*, Bürde *f* b Verpflichtung *f* 2 **(of)** Verantwortung *f* (für), Schuld *f* (an *dat*): **put the ~ onto sb** j-m die Schuld zuschieben 3 *a.* ~ **of proof** JUR Beweislast *f*: **the ~ rests with him** die Beweislast trifft ihn; ~ **probandi** [prəʊˈbændɪ] → onus 3

onward [ˈɒnwə(r)d; *US a.* ˈɑn-] A ADV 1 vorwärts, weiter: **from the tenth century** ~ vom 10. Jahrhundert an 2 weiter vorn: **it lies farther** ~ es liegt noch ein Stück weiter B ADJ nach vorn, Vorwärts...: **the ~ march of time** das Fortschreiten der Zeit; → booking 1

onwards → onward A

onychia [əʊˈnɪkɪə] S MED Onychie *f*, Nagelbettentzündung *f*

onyx [ˈɒnɪks; *US* ˈɑ-] S MINER Onyx *m*

oocyte [ˈəʊəsaɪt] S BIOL Oozyte *f*, unreife Eizelle

oodles [ˈuːdlz] SPL *umg*: ~ **of** haufenweise: **he has ~ of money** er hat Geld wie Heu; ~ **of time** jede Menge *od* massenhaft Zeit

oof [uːf] S *Br sl* Knete *f (Geld)*

oogamy [əʊˈɒgəmɪ; *US* -ˈɑg-] S BIOL Oogamie *f (Vereinigung e-r großen unbeweglichen Eizelle mit e-r kleinen männlichen Geschlechtszelle)*

oogenesis [ˌəʊəˈdʒenɪsɪs] S Oogenese *f*, Ovogenese *f*, Eientwicklung *f*

oolite [ˈəʊəlaɪt] S GEOL Oolith *m*, Erbsenstein *m*

oomiak → umiak

oompah [ˈuːmpɑː; ˈʊm-] ADJ: ~ **music** Blechmusik *f*

oomph [ʊmf] S *sl* 1 Pep *m*, Schwung *m* 2 Sex (-Appeal) *m*: **have** ~ sexy sein

oops [ʊps; uːps] INT hoppla!

oosperm [ˈəʊəspɜːm; *US* -ˌspɜrm] → zygote

ooze [uːz] A V/I 1 sickern: ~ **in (through)** einsickern (durchsickern), eindringen (durchdringen) *(a. Licht, Geräusche etc)*; ~ **away** a versickern b *fig* dahinschwinden; **his courage ~d away** sein Mut schwand; ~ **out** a aussickern b entweichen *(Luft, Gas)* c *fig* durchsickern *(Geheimnis etc)* 2 ~ **with** → B 1, B 2 B V/T 1 absondern: **the wound was oozing blood** aus der Wunde sickerte Blut 2 *fig* a *Charme* ausstrahlen, *Optimismus, gute Laune etc a.* verströmen b von *Sarkasmus etc* triefen C S 1 Sickern *n* 2 Saft *m*, Flüssigkeit *f* 3 TECH Lohbrühe *f*: ~ **leather** lohgares Leder 4 a Schlick *m*, Mudd *m* b Morast *m*, Schlamm(boden) *m*

oozy [ˈuːzɪ] ADJ (ADV oozily) 1 schlammig, schlick(er)ig: ~ **bank** SCHIFF Muddbank *f*; ~ **bottom** SCHIFF Schlickgrund *m* 2 schleimig 3 feucht

op[1] [ɒp; *US* ɑp] *umg* → operation 9

OP[2] ABK MIL observation post

op. ABK 1 opera 2 operation 3 operator 4 opposite 5 optical opt. 6 opus Op.

o.p. ABK out of print

opacity [əʊˈpæsətɪ] S 1 Opazität *f*, Undurchsichtigkeit *f*, Lichtundurchlässigkeit *f* 2 Undurchlässigkeit *f* **(to** für *Strahlen etc)* 3 Dunkelheit *f (a. fig)*, Trübheit *f* 4 MED Trübung *f*: ~ **of the lens** Linsentrübung 5 *fig* a Unklarheit *f*, Unverständlichkeit *f* b Unverständigkeit *f*, Dummheit *f*

opal [ˈəʊpl] S MINER Opal *m*: ~ **glass** Opalglas *n*; **opalesce** [-pəˈles] V/I opaleszieren *(opalartig schillern)*; **opalescence** S Opaleszenz *f*; **opalescent** ADJ opaleszent; **opaline** A ADJ [ˈəʊpəlaɪn; *US a.* -ˌliːn] opalartig, Opal... B S [ˈəʊpəliːn] Opalglas *n*

opaque [əʊˈpeɪk] A ADJ (ADV ~ly) 1 opak, undurchsichtig, lichtundurchlässig: ~ **glass** Opakglas *n*; ~ **projector** *US* Episkop *n (Projektor für undurchsichtige Bilder)* 2 undurchlässig **(to** für *Strahlen etc)*: ~ **to infrared (rays)** infrarotundurchlässig; ~ **meal** MED Kontrastmahlzeit *f*, -brei *m (vor e-r Röntgenaufnahme)* 3 dunkel, glanzlos, trüb 4 *fig* a unklar, dunkel, unverständlich b unverständig, dumm B S 1 *(etwas)* Opakes *etc* (→ A) 2 FOTO Abdecklack *m*; **opaqueness** → opacity

op|art [ɒp; *US* ɑp] S KUNST Op-Art *f*; ~ **artist** S Op-Artist *m*, Vertreter(in) der Op-Art

op. cit. ABK opere citato, in the work quoted op. cit.

OPEC [ˈəʊpek] S ABK *(a. als pl konstruiert)* Organization of Petroleum-Exporting Countries die OPEC *(Organisation der Erdöl exportierenden Länder)*: ~ **country** OPEC-Land *n*

open [ˈəʊpən] A S 1 **the** ~ a das offene Land b die offene *od* hohe See c der freie Himmel: **in the** ~ im Freien, unter freiem Himmel, in der freien Natur, an der frischen Luft, *(Bergbau)* über Tag 2 **the** ~ die Öffentlichkeit: **bring into the** ~ an die Öffentlichkeit bringen; **come into the** ~ *fig* a sich zeigen, hervorkommen b sich erklären, offen reden, Farbe bekennen c an die Öffentlichkeit treten **(with sth** mit etwas); **draw sb into the** ~ j-n hervorlocken, j-n aus s-m Versteck locken 3 *bes Golf, Tennis: (für Amateure u. Profis)* offenes Turnier: **the French** ~ *pl* die French Open *pl* B ADJ (ADV ~ly) 1 *allg* offen *(Buch, Fenster, Flasche etc)*: **sleep with the window** ~ bei offenem Fenster schlafen; ~ **chain** CHEM offene Kette; ~ **prison** JUR offenes Gefängnis; ~ **visibility** SCHIFF klare Sicht; **the door is** ~ die Tür ist *od* steht offen, die Tür ist geöffnet *od umg* auf; **cut** ~ aufschneiden; **get** ~ *e-e Tür etc* aufbekommen, -bringen; **hold the door ~ for sb** j-m die Tür aufhalten; **keep** (*od* **leave**) ~ *e-e Tür etc* auflassen; **keep one's eyes** ~ *fig* die Augen offen halten; **pull** ~ *e-e Schublade etc* aufziehen; **throw** ~ *e-e Tür etc* aufreißen, -stoßen (→ B 7); **with ~ eyes** mit offenen Augen *(a. fig)*; → arm[1] *Bes Redew*, book A 1, bowel A 1 b, door *Bes Redew*, order A 5, punctuation 1 2 MED offen *(Tuberkulose, Wunde etc)* 3 offen, frei, zugänglich: ~ **country** offenes Gelände; ~ **field** freies Feld; ~ **sea** offenes Meer, hohe See; ~ **spaces** öffentliche Plätze *(Parkanlagen etc)*; → air[1] A 1 4 frei, offen: **an ~ car** ein offener Wagen; ~ **motor** ELEK offener *od* ungeschützter Motor; **lay** ~ bloß-, freilegen (→ B 11) 5 offen, eisfrei *(Hafen, Wasser etc)*: ~ **winter** frostfreier Winter 6 geöffnet, offen, *präd a.* auf *umg*: **the shop (museum,** *etc*) **is ~; the lines are ~ from ... to ...** Sie können von ... bis ... anrufen; **we are** ~ wir haben geöffnet 7 *fig* offen **(to** für), öffentlich, (jedem) zugänglich: **be ~ to** offenstehen *(dat)*; **throw** ~ a der Öffentlichkeit zugänglich machen b zugänglich machen **(to** *dat*, für)(→ B 1); ~ **tournament** → A 3; ~ **competition** freier Wettbewerb; ~ **letter** offener Brief; ~ **market** WIRTSCH offener *od* freier Markt; ~ **position** freie *od* offene (Arbeits)Stelle; ~ **sale** öffentliche Versteigerung; ~ **session** öffentliche Sitzung; ~ **for subscription** WIRTSCH zur Zeichnung aufgelegt; ~ **to the public** für die Öffentlichkeit zugänglich; ~ **to traffic** für den Verkehr freigegeben; **in ~ court** JUR in öffentlicher Sitzung *od* Verhandlung 8 *fig* zugänglich, aufgeschlossen *(beide:* **to** für *od dat)*: **be ~ to suggestions** für Vorschläge offen sein; → bribery, conviction 2, mind A 2 9 *fig* ausgesetzt, unterworfen *(beide:* **to** *der Kritik etc)*: ~ **to question** anfechtbar; ~ **to temptation** anfällig gegen die Versuchung; **lay o.s. ~ to criticism** sich der Kritik aussetzen; **leave o.s. wide ~ to sb** sich j-m gegenüber e-e (große) Blöße geben; **that is ~ to argument** darüber lässt sich streiten; **be ~ to different interpretations** verschiedene Deutungen zulassen; → misconstruction 1 10 offen(kundig), unverhüllt *(Verachtung etc)*: **an ~ secret** ein offenes Geheimnis 11 offen, freimütig: **I will be ~ with you** ich will ganz offen mit Ihnen reden; ~ **and aboveboard** offen u. ehrlich; **lay** ~ a offen darlegen b aufdecken, enthüllen (→ B 4) 12 unentschieden, offen *(Frage, Kampf etc)* 13 *fig* frei *(ohne Verbote)*: ~ **pattern** JUR ungeschütztes Muster; ~ **season** Jagd-, Fischzeit *f (Ggs Schonzeit)* 14 frei *(Zeit)*: **keep a day** ~ sich e-n Tag freihalten 15 lückenhaft *(Gebiss etc)*: ~ **population** geringe Bevölkerungsdichte 16 durchbrochen *(Gewebe, Handarbeit)* 17 WIRTSCH laufend *(Konto, Kredit, Rechnung)*: ~ **cheque** *Br* Barscheck *m* 18 LING offen *(Silbe, Vokal)*: ~ **consonant** Reibelaut *m* 19 MUS a weit *(Lage, Satz)* b leer *(Saite etc)*: ~ **harmony** weiter Satz; ~ **note** Grundton *m (e-r Saite etc)* 20 TYPO licht: ~ **matter** lichter *od* weit durchschossener Satz; ~ **type** Konturschrift *f* C V/T 1 *allg* öffnen, aufmachen, *die Au-*

gen, ein Buch a. aufschlagen: ~ **the circuit** ELEK den Stromkreis ausschalten od unterbrechen; ~ **one's mouth** fig den Mund aufmachen; → bowel A 1 b, door Bes Redew **2** eröffnen (**an account** WIRTSCH ein Konto; **a business** WIRTSCH ein Geschäft; **a credit** WIRTSCH e-n Kredit od ein Akkreditiv; **the debate** die Debatte; **fire** MIL das Feuer [**at, on** auf akk]; **a prospect** e-e Aussicht): ~ **an account** a. ein Konto anlegen; ~ **the case** JUR die Verhandlung (durch Vortrag des eigenen Standpunkts) eröffnen; ~ **new markets** WIRTSCH neue Märkte erschließen; ~ **negotiations** Verhandlungen anknüpfen, in Verhandlungen eintreten; ~ **a road to traffic** e-e Straße dem Verkehr übergeben; ~ **diplomatic relations** POL diplomatische Beziehungen aufnehmen **3** aufschneiden, -stechen, öffnen (alle a. MED) **4** Gefühle, Gedanken enthüllen, s-e Absichten kundtun: ~ **o.s. to sb** sich j-m mitteilen; → heart Bes Redew **5** JUR in der Schwebe lassen: ~ **a judg(e)ment** beschließen, e-e nochmalige Verhandlung über e-e bereits gefällte Entscheidung zuzulassen **6** bes SCHIFF ein bisher verdecktes Objekt in Sicht bekommen **D** V/I **1** sich öffnen od auftun, aufgehen (Tür etc): **"doors ~ at 7 p.m."** „Einlass ab 19 Uhr"; → heaven 4 **2** (**to**) fig sich (dem Auge, Geist etc) erschließen od zeigen od auftun **3** führen, gehen (Fenster, Tür) **4** fig **a** anfangen, beginnen (Börse, Schule etc) **b** öffnen, aufmachen (Laden, Büro etc) **c** anlaufen (Film), eröffnen (Ausstellung etc) **d** (e-n Brief, s-e Rede) beginnen (**with** mit) **5** **a** allg öffnen **b** das Buch aufschlagen: **let's ~ at page 50** **6** SCHIFF in Sicht kommen

Phrasal Verbs: **open| out** **A** V/T ausbreiten, e-n Stadtplan etc auseinanderfalten **B** V/I **1** sich ausbreiten od ausdehnen od ausweiten, sich erweitern **2** aufgehen, sich öffnen (Blumen) **3** AUTO aufdrehen, Gas geben **4** auftauen, mitteilsam werden; ~ **up** **A** V/T **1** aufmachen, aufschließen: ~ **old wounds** fig alte Wunden aufreißen **2** e-n neuen Markt etc erschließen, neue Möglichkeiten etc eröffnen **3** SPORT die Verteidigung aufreißen **B** V/I **1** aufmachen (a. SPORT), aufschließen **2** MIL das Feuer eröffnen (**at, on** auf akk) **3** fig **a** loslegen (**with** mit Worten, Schlägen etc) **b** auftauen, mitteilsam werden: **he finally opened up about** (od **on**) **his problems** er sprach endlich freier über s-e Probleme **4** sich zeigen, sich auftun (Möglichkeiten etc) **5** SPORT an Farbe gewinnen (Spiel)

open|-access library S Br Freihandbibliothek f; ~ **account** S WIRTSCH **1** laufendes Konto **2** (noch) offenstehende Rechnung; **~-air** ADJ Freiluft..., Freilicht...: ~ **swimming pool** Freibad n; ~ **meeting** Versammlung f im Freien od unter freiem Himmel; ~ **theater** (bes Br **theatre**) Freilichttheater n; ~ **festival** Open-Air-Festival n; → conveyance 6; **~-and-shut** ADJ simpel, ganz einfach: **an ~ case** ein klarer Fall; **~-armed** ADJ warm, herzlich (Empfang); **~-cast** ADJ: ~ **mining** bes Br Tagebau m; **~-circuit** ADJ ELEK Arbeitsstrom...: ~ **operation** Arbeitsstrombetrieb m; ~ **voltage** Leerlaufspannung f; ~ **television** öffentliches (Ggs z. B. innerbetriebliches) Fernsehen; **~-cut** bes US → open-cast; ~ **day** S Br Tag m der offenen Tür; **~-door** ADJ frei zugänglich: ~ **policy** (Handels)Politik f der offenen Tür; **~-end** ADJ **1** WIRTSCH mit nicht begrenzter Zahl von auszugebenden Anteilen (Investmentgesellschaft) **2** ELEK (am Ende) offen, leerlaufend **3** ~ **wrench** TECH Gabelschlüssel m; **~-ended** ADJ **1** → open-end **2** **a** mit unbegrenzter Laufzeit (Vertrag) **b** zeitlich unbegrenzt: ~ **discussion** Open-End-Diskussion f **3** ausbaufähig (Programm etc)

opener ['əʊpnə(r)] S **1** (Büchsen- etc) Öffner m (Gerät) **2** Baumwollspinnerei: Öffner m, (Reiß)Wolf m **3** Eröffnende(r) m/f(m) (e-s Spiels etc) **4** bes US **a** SPORT Eröffnungsspiel n **b** Eröffnungsnummer f (e-r Show etc)

open|-eyed ADJ **1** mit großen Augen, staunend **2** fig wachsam, mit offenen Augen; **~-faced** ADJ **1** mit offenem Gesichtsausdruck **2** ohne Sprungdeckel (Uhr); **~-handed** ADJ (ADV ~ly) freigebig, (Angebot etc a.) großzügig; **~-handedness** S Freigebigkeit f; **~-heart** ADJ MED am offenen Herzen: ~ **surgery** Offenherzchirurgie f; **~-hearted** ADJ (ADV ~ly) offen(herzig), aufrichtig; **~-heartedness** S Offenheit f, Offenherzigkeit f, Aufrichtigkeit f; **~-hearth** ADJ TECH: ~ **furnace** Siemens-Martin-Ofen m; ~ **process** Siemens-Martin-Verfahren n; ~ **house** S **1** **keep** ~ ein offenes Haus haben od führen **2** US → open day; ~ **housing** S US Verbot rassischer od religiöser Diskriminierung bei Verkauf od Vermietung von Häusern etc

opening ['əʊpnɪŋ] **A** S **1** (das) Öffnen, Eröffnung f **2** **a** Öffnung f, Erweiterung f, Lücke f, Loch n, Bresche f, Spalt m **b** (Fechten) Blöße f **3** Durchfahrt f, Durchlass m **4** a. TECH (Spann)Weite f **5** freie Stelle **6** US (Wald)Lichtung f **7** fig Eröffnung f (e-s Akkreditivs, e-s Kontos, e-s Testaments, e-s Unternehmens etc): ~ **of diplomatic relations** POL Aufnahme f diplomatischer Beziehungen **8** TECH Inbetriebnahme f, a. (feierliche) Einweihung **9** fig Erschließung f (e-s neuen Marktes etc) **10** **a** Eröffnung f (des Kampfes etc; a. beim Schach), Beginn m, einleitender Teil (a. JUR): ~ **of the stock market** WIRTSCH Börsenbeginn **b** Anrede f (im Brief) **11** THEAT Eröffnungsvorstellung f **12** Gelegenheit f, (WIRTSCH Absatz)Möglichkeit f (beide: **for** für) **B** ADJ **1** Öffnungs...: ~ **time**; ~ **time is at ...** das Geschäft etc ist ab ... geöffnet **2** Eröffnungs...: ~ **ceremony** (**game, speech,** etc); ~ **balance sheet** WIRTSCH Eröffnungsbilanz f; ~ **gun** fig (**of**) Startschuss m (zu), Eröffnung f (gen); ~ **height** (Leichtathletik) Anfangshöhe f; ~ **night** THEAT Eröffnungsvorstellung f; ~ **pace** SPORT Anfangstempo n; ~ **price** WIRTSCH Eröffnungskurs m

open|-market ADJ WIRTSCH Freimarkt...: ~ **paper** marktgängiges od im Freiverkehr gehandeltes Wertpapier; ~ **policy** Offenmarktpolitik f; **~-minded** ADJ (ADV ~ly) aufgeschlossen, vorurteilslos; **~-mindedness** S Aufgeschlossenheit f; **~-mouthed** ADJ **1** mit offenem Mund, weitS. a. gaffend (vor Erstaunen) **2** fig gierig; **~-necked** ADJ mit offenem Kragen (Hemd etc); **~-plan** ADJ durchgehend (Stockwerk etc): ~ **office** Großraumbüro n; ~ **schoolroom** Br Unterrichtssaal m (für mehrere Klassen); ~ **policy** S WIRTSCH offene (Versicherungs)Police, Pauschalpolice f; ~ **primary** S POL US Aufstellung von Wahlkandidaten, an der sich alle Wähler ohne Angabe der Parteizugehörigkeit beteiligen können; ~ **sandwich** S belegtes Brot; ~ **sesame** S Sesam-öffne-dich n; **~-shelf library** S US Freihandbibliothek f; ~ **shop** S WIRTSCH Open Shop m (Betrieb, der auch Nichtgewerkschaftsmitglieder beschäftigt); **~-stack library** → open-shelf library; ♀ **University** S Br Fern(seh)universität f (deren Kurse a. ohne entsprechenden Schulabschluss belegt werden können); **~work** S Durchbrucharbeit f

opera[1] ['ɒpərə; US 'ɑ-] **A** S **1** MUS Oper f **2** Opernhaus n, Oper f: **go to the ~** in die Oper gehen **B** ADJ Opern...: ~ **composer**

opera[2] ['ɒpərə; US 'əʊ-; 'ɑ-] pl von opus

operable ['ɒpərəbl; US 'ɑ-] ADJ (ADV operably) **1** durchführbar **2** TECH betriebsfähig **3** MED operierbar, operabel

opéra bouffe pl -ra(s) bouffes [ˌɒpərəˈbuːf; US ˌɑ-; ɔperabuf] S MUS Opera f buffa, komische Oper

opera cloak S Abendmantel m

opéra comique pl -ra(s) -miques [ˌɒpərəkɒˈmiːk; US ˌɑpərəˈkɑ-; ɔperakɔmik] S MUS Opéra f comique (mit gesprochenen Dialogen durchsetzte Spieloper)

opera| glasses SPL a. **pair of ~** Opernglas n; ~ **hat** S Klappzylinder m, Chapeau m claque; ~ **house** → opera[1] A 2

operand ['ɒpərənd; US ˌɑpəˈrænd] S IT Operand m, Rechengröße f

operant ['ɒpərənt; US 'ɑ-] ADJ **1** wirksam **2** PSYCH operant, nicht reizgebunden: ~ **conditioning** operante Konditionierung

operate ['ɒpəreɪt; US 'ɑ-] **A** V/I **1** bes TECH arbeiten, in Betrieb od Tätigkeit sein, funktionieren, laufen (Maschine etc), ansprechen (Relais): ~ **on batteries** mit Batterien betrieben werden; ~ **at a deficit** WIRTSCH mit Verlust arbeiten **2** wirksam werden od sein, (ein)wirken (**on, upon** auf akk), hinwirken (**for** auf akk): ~ **to the prejudice of** sich zum Nachteil (gen) auswirken **3** MED operieren ([**up**]**on sb** j-n): **be ~d on for appendicitis** am Blinddarm operiert werden **4** WIRTSCH **a** spekulieren: ~ **for a fall** (**rise**) auf Baisse (auf Hausse) od à la baisse (à la hausse) spekulieren **b** tätig sein **5** MIL operieren, strategische Bewegungen durchführen **B** V/T **1** bewirken, verursachen, schaffen, (mit sich) bringen **2** TECH e-e Maschine laufen lassen, bedienen, ein Gerät handhaben, e-n Schalter, e-e Bremse etc betätigen, e-n Arbeitsvorgang steuern, regulieren, ein Auto etc lenken, fahren: → safe A 3 **3** ein Unternehmen, Geschäft betreiben, führen, etwas aus-, durchführen

operatic [ˌɒpəˈrætɪk; US ˌɑ-] ADJ (ADV ~ally) opernhaft (a. fig pej), Opern...: ~ **composer** Opernkomponist m; ~ **singer** Opernsänger(in)

operating ADJ **1** bes TECH in Betrieb befindlich, Betriebs..., Arbeits...: ~ **characteristic** Laufeigenschaft f; ~ **circuit** Arbeitsstromkreis m; ~ **conditions** (od **data**) Betriebsdaten; ~ **instructions** Bedienungsanleitung f, Betriebsanweisung f; ~ **lever** Betätigungshebel m; ~ **speed** Betriebsdrehzahl f, Ansprechgeschwindigkeit f (e-s Relais) (→ 2); ~ **system** IT Betriebssystem n; ~ **time** Schaltzeit f; ~ **voltage** Betriebsspannung f **2** WIRTSCH Betriebs..., betrieblich: ~ **assets** Vermögenswerte; ~ **company** US **a** Betriebsgesellschaft f (Ggs **holding company**) **b** Transportunternehmen n; ~ **costs** (od **expenses**) Betriebs-, Geschäftsunkosten; ~ **director** Betriebsdirektor m, -leiter m; ~ **efficiency** betriebliche Leistungsfähigkeit; ~ **licence** (US **license**) Betriebserlaubnis f; ~ **loss** Betriebsverlust m; ~ **profit** Betriebsgewinn m; ~ **speed** Arbeitsgeschwindigkeit f (→ 1); ~ **statement** Gewinn- u. Verlustrechnung f, Betriebsbilanz f; ~ **supplies** Betriebsstoffe **3** MED operierend, Operations...: ~ **light** Operationsleuchte f; ~ **room** US, ~ **theatre** Br Operationssaal m; ~ **surgeon** → operator 6; ~ **table** Operationstisch m

operation [ˌɒpəˈreɪʃn; US ˌɑ-] S **1** Wirken n, Wirkung f (beide: **on** auf akk) **2** bes JUR (Rechts)Wirksamkeit f, Geltung f: **by ~ of law** kraft Gesetzes; **come into ~** wirksam werden, in Kraft treten; **be in ~** in Kraft od wirksam sein **3** TECH Betrieb m, Tätigkeit f, Lauf m (e-r Maschine etc): **in ~** in Betrieb; **put** (od **set**) **in** (**out of**) ~ in (außer) Betrieb setzen; → ready A 1 **4** bes TECH **a** Wirkungs-, Arbeitsweise f **b** Arbeits(vor)gang m, Verfahren n, (Arbeits)Prozess m: ~ **of thinking** fig Denkvor-

O

gang, -prozess; **chemical ~** chemischer Prozess; **~s research** WIRTSCH Unternehmensforschung *f*; **~s scheduling** Arbeitsvorbereitung *f*, zeitliche Arbeitsplanung 5 TECH Inbetriebsetzung *f*, Handhabung *f*, Bedienung *f* *(e-r Maschine etc)* 6 Arbeit *f*: **building ~s** Bauarbeiten 7 WIRTSCH a Betrieb *m*: **continuous ~** durchgehender (Tag- u. Nacht)Betrieb; **in ~** in Betrieb b Unternehmen *n*, -nehmung *f*, Betrieb *m*: **commercial ~** c Geschäft *n* d *(Börse)* Transaktion *f* 8 MATH Operation *f*, Ausführung *f* *(e-r Rechenvorschrift)* 9 MED Operation *f*, (chirurgischer) Eingriff: **~ for appendicitis** Blinddarmoperation; **~ on** *(od* **to)** **the neck** Halsoperation; **have an ~** operiert werden; **perform an ~ (on sb)** (an j-m) e-n (chirurgischen) Eingriff vornehmen; **major (minor) ~** a größere (kleinere *od* harmlose) Operation b *umg* große Sache, schwere Geburt (Kleinigkeit *f*) 10 MIL Operation *f*, Einsatz *m*, Unternehmung *f*, (Angriffs)Unternehmen *n*: **air-borne** *(bes US* **airlanded)** **~** Luftlandeunternehmen; **theater** *(bes Br* **theatre)** **of ~s** Einsatz-, Operationsgebiet *n*

operational [ˌɒpəˈreɪʃənl; *US* ˌɑ-] ADJ 1 TECH a Funktions…, Betriebs…, Arbeits…: **~ electrode** Arbeitselektrode *f* b betriebsbereit 2 WIRTSCH betrieblich, Betriebs…: **~ research** *Br* Unternehmensforschung *f* 3 MIL Einsatz…, Operations…, einsatzfähig: **~ aircraft** Einsatzflugzeug *n*; **~ area** Einsatzgebiet *n*; **~ fatigue** Kriegsneurose *f*; **~ height** Einsatzflughöhe *f* 4 SCHIFF klar, fahrbereit

operationalism [ˌɒpəˈreɪʃnəlɪzəm; *US* ˌɑ-] S PHIL Operationalismus *m* *(Auffassung, nach der wissenschaftliche Begriffe nur dann e-n empirischen Gehalt besitzen, wenn sie mithilfe bestimmter Operationen gewonnen werden)*; **operationalistic** ADJ operationalistisch

operative [ˈɒpərətɪv; ˈɒpəreɪ-; *US* ˈɑ-] A ADJ 1 wirkend: **the ~ date** das maßgebliche Datum; **the ~ point** der springende Punkt; **the ~ word** das Wort, auf das es ankommt, JUR *a.* das rechtsbegründende Wort 2 wirksam *(Dosis etc)*: **become ~** in Kraft treten, (rechts)wirksam werden; **be ~** in Kraft *od* wirksam sein 3 praktisch: **the ~ part of the work** 4 WIRTSCH, TECH Arbeits…, Betriebs…, betrieblich, betriebsfähig: **~ condition** betriebsfähiger Zustand; **~ position** Arbeitslage *f* 5 MED operativ, chirurgisch, Operations…: **~ treatment** operative Behandlung; **~ dentistry** Zahn- u. Kieferchirurgie *f* 6 arbeitend, tätig, beschäftigt B S 1 Werktätige(r) *m/f(m)*, *bes* a Facharbeiter(in) b angelernte(r) Arbeiter(in) c Handwerker(in) d Mechaniker(in) 2 *US* Privatdetektiv *m*

operatize [ˈɒpərətaɪz; *US* ˈɑ-] V/T e-e Oper machen aus

operator [ˈɒpəreɪtə(r); *US* ˈɑ-] S 1 *(der, die, das)* Wirkende 2 TECH Bedienungsmann *m*, -person *f*, Arbeiter(in), *(Kran- etc)* Führer(in) 3 Vermittlung *f*, Fräulein *n* (vom Amt): **~-connected call** handvermitteltes Gespräch 4 Filmvorführer(in) 5 Kameramann *m*, -frau *f* 6 WIRTSCH a Unternehmer(in) b Betreiber(in) c *(Börse)* (berufsmäßige[r]) Spekulant(in): **~ for a fall** Baissespekulant; **~ for a rise** Haussespekulant 6 MED Operateur(in), operierender Arzt, operierende Ärztin 7 MATH Operator *m* *(e-e durch ein Symbol gekennzeichnete Rechen- od Zuordnungsvorschrift für bestimmte Größen)* 8 IT Operator *m*, Operatorin *f* *(Fachkraft für die Bedienung e-r Datenverarbeitungsanlage)* 9 **a smooth** *(od* **clever)** **~** *umg* ein raffinierter Kerl

opercular [əʊˈpɜːkjʊlə(r); *US* -ˈpɜr-] ADJ 1 BOT, ZOOL Deckel… 2 FISCH Kiemendeckel…; **operculum** [-ləm] *pl* -la [-lə] S 1 BOT Deckel *m* 2 a ZOOL Operculum *n*, Deckel *m* *(der Schnecken)* b FISCH Kiemendeckel *m* *(der Fische)*

opere citato [ˌɒpəriːsaɪˈteɪtəʊ; *US* -reɪ-; *a.* -kəˈtɑː-] ADV am angegebenen Ort, in dem zitierten Werk

operetta [ˌɒpəˈretə; *US* ˌɑp-] S Operette *f*; **operettist** S Operettenkomponist *m*

operon [ˈɒpərɒn; *US* ˈɑpəˌrɑn] S *Genetik:* Operon *n* *(Einheit der Genregulation)*

ophidian [ɒˈfɪdɪən; *US* əʊ-] A ADJ schlangenartig, Schlangen… B S Schlange *f*

ophiolatry [ˌɒfɪˈɒlətrɪ; *US* ˌɑfɪˈɑl-] S Ophiolatrie *f*, Schlangenanbetung *f*; **ophiology** [-dʒɪ] S Schlangenkunde *f*

ophite [ˈəʊfaɪt; *US a.* ˈɑf-] S MINER Ophit *m*

ophthalmia [ɒfˈθælmɪə; *US* ɑf-] S MED Ophthalmie *f*, Augenentzündung *f*; **ophthalmic** ADJ ophthalmisch, Augen…: **~ hospital** Augenklinik *f*; **~ migraine** Augenmigräne *f*; **~ optician** Augenoptiker(in); **ophthalmitis** [-ˈmaɪtɪs] → ophthalmia

ophthalmologist [ˌɒfθælˈmɒlədʒɪst; *US* ˌɑfˌθælˈmɑ-] S Ophthalmologe *m*, Ophthalmologin *f*, Augenarzt *m*, -ärztin *f*; **ophthalmology** [-dʒɪ] Ophthalmologie *f* *(Lehre von den Augenkrankheiten)*

ophthalmoscope [ɒfˈθælməskəʊp; *US* ɑf-] S MED Ophthalmoskop *n*, Augenspiegel *m*; **ophthalmoscopy** [-ˈmɒskəpɪ; *US* -ˈmɑs-] S MED Ophthalmoskopie *f* *(Ausspiegelung des Augenhintergrundes)*

opiate [ˈəʊpɪət; -eɪt] PHARM A S 1 Opiat *n*, Opiumpräparat *n* 2 Schlafmittel *n* 3 Beruhigungs-, Betäubungsmittel *n* *(a. fig)*: **~ for the people** *fig* Opium *n* fürs Volk B ADJ 1 opiumhaltig 2 einschläfernd 3 beruhigend, betäubend *(a. fig)*

opine [əʊˈpaɪn] V/T meinen (**that** dass)

opinion [əˈpɪnjən] S 1 Meinung *f*, Ansicht *f*, Stellungnahme *f*: **in my ~** m-s Erachtens, m-r Meinung *od* Ansicht nach; **be of the ~ that …** der Meinung sein, dass …; **that is a matter of ~** das ist Ansichtssache; **I am entirely of your ~** ich bin (voll u.) ganz Ihrer Meinung 2 *meist* **public ~** die öffentliche Meinung: **~ former** Meinungsbildner(in); **~-forming** meinungsbildend; **~ leader** Opinionleader *m*, Meinungsführer(in); **~ poll** Meinungsbefragung *f*, -umfrage *f*; **~ pollster** Meinungsforscher(in); **~ research** Meinungsforschung *f*, Demoskopie *f*; **~ scale** Meinungs-, Einstellungsskala *f* 3 Meinung *f*: **form an ~ on** *(od* **about)** sich e-e Meinung bilden über *(akk)*; **have a high (low** *od* **poor)** **~ of** e-e (keine) hohe Meinung haben von; **have no ~ of** nichts *od* nicht viel halten von 4 (schriftliches) Gutachten (**on** über *akk*) 5 *meist pl* Überzeugung *f*: **act up to one's ~s, have the courage of one's ~(s)** zu s-r Überzeugung stehen, nach s-r Überzeugung handeln 6 JUR Urteilsbegründung *f*

opinionated [əˈpɪnjəneɪtɪd], **opinionative** [-nətɪv; *US* -ˌneɪ-] ADJ (ADV ~ly) 1 starr-, eigensinnig, eigenwillig 2 schulmeisterlich, überheblich

opisthobranch [əˈpɪsθəbræŋk], **opisthobranchiate** [-kieɪt; -kɪɪt] S ZOOL Hinterkiemer *m* *(Schnecke)*

opium [ˈəʊpjəm; -ɪəm] S Opium *n*: **~ den** Opiumhöhle *f*; **~ habit** → opiumism 1; **~ poppy** BOT Schlafmohn *m*; **♀ War** HIST Opiumkrieg *m*; **opiumism** S MED 1 Opiumsucht *f* 2 (chronische) Opiumvergiftung

opossum [əˈpɒsəm; *US* əˈpɑ-] S 1 ZOOL Nordamer. Opossum *n*, (Virginische) Beutelratte 2 ZOOL a **ursine ~** bärenartiger Beutelmarder b **vulpine ~** Fuchskusu *m*, Austral. Opossum *n* 3 a Opossum(fell) *n* b Opossum(pelz) *m*

opp. ABK 1 opposed 2 opposite

oppidan [ˈɒpɪdən; *US* ˈɑ-] A ADJ städtisch, Stadt… B S Städter(in)

oppilate [ˈɒpɪleɪt; *US* ˈɑ-] V/T MED verstopfen

opponency [əˈpəʊnənsɪ] S Gegensatz *m*, Gegnerschaft *f*; **opponent** A ADJ 1 → opposing 1 2 entgegenstehend, -gesetzt *(beide:* **to** *dat)*, gegnerisch B S Gegner(in) *(a.* JUR, SPORT), Widersacher(in), Gegenspieler(in) *(a.* SPORT), Opponent(in)

opportune [ˈɒpətjuːn; *US* ˌɑpərˈtjuːn; -ˈtuːn] ADJ 1 opportun, günstig, passend, angebracht, zweckmäßig, gelegen 2 rechtzeitig; **opportunely** ADV 1 → opportune 2 im richtigen Augenblick; **opportuneness** S 1 Zweckmäßigkeit *f* 2 Rechtzeitigkeit *f*

opportunism [ˈɒpətjuːnɪzəm; *US* ˌɑpərˈtjuː-; -ˈtuː-] S 1 Opportunismus *m* 2 SPORT Abstauberqualitäten *pl*; **opportunist** [ˈɒpətjuːnɪst; *US* ˌɑpərˈtjuː-; -ˈtuː-] A S 1 Opportunist(in) 2 SPORT Abstauber(in) B ADJ 1 opportunistisch 2 SPORT Abstauber…: **~ goal**; **opportunistic** ADJ (ADV ~ally) opportunistisch

opportunity [ˌɒpəˈtjuːnətɪ; *US* ˌɑpərˈtjuː-; -ˈtuː-] S *(günstige)* Gelegenheit, Möglichkeit *f* *(beide:* **of doing, to do** zu tun; **for sth** für *od* zu etwas): **afford** (*od* **give**) **sb an ~** j-m (die) Gelegenheit bieten *od* geben; **miss** (*od* **lose**) **the ~** die Gelegenheit verpassen; **seize** (*od* **take**) **an ~** e-e Gelegenheit ergreifen *od* nutzen; **seize the ~** die Gelegenheit beim Schopf ergreifen; **take sth as an ~ to do sth** etwas zum Anlass nehmen, etwas zu tun; **at the first** (*od* **earliest**) **~** bei der erstbesten Gelegenheit; **at your earliest ~** so bald wie möglich; **at every ~** bei jeder Gelegenheit; **~ makes the thief** *(Sprichwort)* Gelegenheit macht Diebe; → equal A 1, equality 1; **~ cost** S WIRTSCH Opportunitätskosten *pl*

oppose [əˈpəʊz] V/T 1 *(vergleichend)* gegenüberstellen (**to** *dat*) 2 entgegensetzen, -stellen *(beide:* **to** *dat)* 3 *j-m od e-r Sache* entgegentreten *od* -arbeiten, sich widersetzen *(dat)*, angehen gegen, bekämpfen, opponieren gegen 4 JUR *US* gegen *e-e Patentanmeldung* Einspruch erheben 5 *e-r Sache* entgegenstehen, hemmen *(akk)*; **opposed** ADJ 1 entgegengesetzt (**to** *dat*) *(a.* MATH), gegensätzlich, grundverschieden, unvereinbar: **as ~ to** im Gegensatz zu 2 abgeneigt (**to** *dat*): **be ~** dagegen sein; **be ~ to** *j-m od e-r Sache* feindlich *od* ablehnend gegenüberstehen, gegen *j-n od etwas* sein 3 TECH Gegen…: **~ ions** Gegenionen; **~ piston engine** Gegenkolben-, Boxermotor *m*; **opposer** S 1 → opponent B 2 JUR *US j-d, der gegen die Erteilung e-s Patents od Gebrauchsmusters Einspruch erhebt*; **opposing** ADJ (ADV ~ly) 1 gegenüberliegend, -stehend 2 (sich) widersetzend, opponierend, gegnerisch: **~ team** SPORT gegnerische Mannschaft 3 → opposed 1: **~ view** Gegenmeinung *f* 4 *a.* PHYS, TECH entgegenwirkend, Gegen…: **~ force** PHYS Gegenkraft *f*

opposite [ˈɒpəzɪt; *US* ˈɑ-] A ADJ (ADV ~ly) 1 gegenüberliegend, -stehend *(beide:* **to** *dat)*, Gegen…: **~ angle** Gegen-, Scheitelwinkel *m*; **~ edge** Gegenkante *f*; **two sides and the angle ~ to the third** zwei Seiten u. der eingeschlossene Winkel 2 umgekehrt, entgegengesetzt: **~ course** Gegenkurs *m* *(a. fig)*; **take the ~ course** auf Gegenkurs gehen; **~ direction** entgegengesetzte Richtung, Gegenrichtung *f*; **~ signs** MATH entgegengesetzte Vorzeichen; **in ~ phase** TECH gegenphasig; **of ~ sign** MATH ungleichnamig; **~ pistons** gegenläufige Kolben; **~ polarity** ELEK Gegenpolung *f* 3 gegensätzlich, entgegengesetzt, gegenteilig, (grund)verschieden, ander(er, e, es):

words of ~ meaning Wörter mit entgegengesetzter Bedeutung; → sex A 2 4 gegnerisch, Gegen…: **~ number** a (Amts)Kollege *m (e-s Ministers etc)* b Pendant *n*, Gegenstück *n (Person u. Sache)*; **~ team** SPORT gegnerische Mannschaft 5 BOT gegenständig *(Blätter)* B S Gegenteil *n (a.* MATH*)*, Gegensatz *m*: **the very** *(od* **exact)** **~ of** das genaue Gegenteil von *(od gen)*; **be just** *(od* **completely, exactly)** **the ~** genau das Gegenteil sein; **quite the ~!** ganz im Gegenteil!; → attract B 2 C ADV gegenüber (**to** *dat*) D PRÄP 1 gegenüber *(dat)*: **~ me** mir gegenüber 2 **play ~ XY** FILM *etc* neben XY spielen

opposition [ˌɒpəˈzɪʃn; *US* ˌɑ-] S 1 Widerstand *m* (**to** gegen): **offer a determined ~** entschlossen(en) Widerstand leisten (**to** gegen *od dat*); **meet with** *(od* **to face)** **stiff ~** auf heftigen Widerstand stoßen 2 Gegensatz *m*, Widerspruch *m*: **act in ~ to** zuwiderhandeln *(dat)*; **be in ~ to** in Gegensatz stehen zu 3 *Logik*: Gegensatz *m* 4 Opposition *f*: a POL Oppositionspartei(en) *f(pl)*: **be in ~** in der Opposition sein; **~ party** Oppositionspartei *f*; **~ politician** Oppositionspolitiker(in) b ASTRON Gegenstellung *f* 5 Gegenüberstellung *f* 6 *(das)* Gegenüberstehen *od* -liegen 7 TECH Gegenläufigkeit *f* 8 JUR a Widerspruch *m* b *US* Einspruch *m* (**to** gegen *e-e Patentanmeldung*); **oppositional** ADJ 1 POL oppositionell, Oppositions… 2 gegensätzlich, Widerstands…; **oppositionist** S Oppositionelle(r) *m/f(m)*

oppress [əˈpres] V/T 1 *(seelisch)* bedrücken 2 unterdrücken, tyrannisieren, schikanieren 3 *fig* lasten auf *(dat)*: **he felt ~ed with** *(od* **by)** **the heat** die Hitze lastete schwer auf ihm; **oppression** S 1 Unterdrückung *f*, Tyrannisierung *f* 2 a *a.* JUR Schikane(n) *f(pl)* b JUR Missbrauch *m* der Amtsgewalt 3 Druck *m*, Bedrängnis *f*, Not *f* 4 *(seelische)* Bedrücktheit 5 MED Beklemmung *f*; **oppressive** [-sɪv] ADJ (ADV **~ly**) 1 *(seelisch)* bedrückend 2 drückend *(Steuern etc)* 3 tyrannisch, hart, grausam 4 JUR schikanös 5 *(drückend)* schwül, drückend; **oppressiveness** S 1 Druck *m* 2 Schwere *f*, Schwüle *f*; **oppressor** [-sə(r)] S Unterdrücker(in), Tyrann(in)

opprobrious [əˈprəʊbrɪəs] ADJ (ADV **~ly**) 1 schmähend, Schmäh…: **~ language** Schmähreden *pl* 2 schmählich, schändlich, infam, gemein *(Verhalten etc)*; **opprobrium** [-əm] S 1 Schmach *f*, Schande *f (beide:* **to** für*)* 2 Schmähung(en) *f(pl)*

oppugn [ɒˈpjuːn; *US* ə-; ɑ-] V/T anfechten, bestreiten

ops ABK operations PL

opt. ABK 1 LING optative 2 optical opt. 3 optician 4 optics PL 5 optimum 6 optional

opt [ɒpt; *US* ɑpt] V/I wählen (**between** zwischen *dat*), sich entscheiden (**to do** zu tun; **in favo[u]r of, for** für): **~ out** a sich dagegen entscheiden b abspringen, zurücktreten (**of** von) c aussteigen (**of** aus *der Gesellschaft etc*); **optative** [ˈɒptətɪv; *US* ˈɑp-] A ADJ 1 Wunsch… 2 LING optativisch: **~ mood** → B B S LING Optativ *m*, Wunschform *f*

optic [ˈɒptɪk; *US* ˈɑp-] A ADJ (ADV **~ally**) 1 Augen…, Seh…, Gesichts…: **~ angle** Seh-, Gesichts(feld)winkel *m*; **~ axis** → optical axis; **~ light filter** TV Graufilter *m/n*, -scheibe *f*; **~ nerve** Seh-, Augennerv *m*; **~ surgery** Augenchirurgie *f*; **~ thalamus** Sehhügel *m (im Gehirn)*; → disk 7, tract¹ 3 2 → optical B S 1 *pl hum* Gucker *pl (Augen)* 2 *pl (als sg konstruiert)* PHYS Optik *f (Lehre vom Licht)*

optical [ˈɒptɪkl; *US* ˈɑp-] ADJ (ADV **~ly**) ANAT, PHYS optisch: **~ bench** optische Bank; **~ character reader** COMPUT optischer Klarschriftleser; **~ character recognition** IT optische Zeichenerkennung; **~ density** optische Dichte; **~ fiber** *(bes Br* **fibre)** → glass fiber; **~ flat** *(od* **plane)** optische Ebene; **~ glass** optisches Glas; **~ illusion** optische Täuschung; **~ microscope** Lichtmikroskop *n*; **~ sound** Lichtton *m*; **~ sound recorder** Gerät *n* zur optischen Schallaufzeichnung; → screen A 12 a; **~ art** → op art; **~ axis** S *irr* PHYS 1 optische Achse 2 Sehachse *f*

optician [ɒpˈtɪʃn; *US* ɑp-] S Optiker(in)

optima [ˈɒptɪmə; *US* ˈɑp-] *pl von* optimum A

optimal [ˈɒptɪml; *US* ˈɑp-] → optimum B

optimism [ˈɒptɪmɪzəm; *US* ˈɑp-] S Optimismus *m*; **optimist** S Optimist(in): **be an ~** → optimize A; **optimistic** ADJ, **optimistical** ADJ (ADV **~ly**) optimistisch; **optimize** A V/I (ein) Optimist sein B V/T 1 WIRTSCH, TECH optimieren 2 das Beste machen aus

optimum [ˈɒptɪməm; *US* ˈɑp-] A *pl* -ma [-mə], -mums S Optimum *n* B ADJ optimal: **in ~ condition** in Bestzustand, bestens erhalten

option [ˈɒpʃn; *US* ˈɑp-] S 1 Wahlfreiheit *f*, freie Wahl *od* Entscheidung, Entscheidungsfreiheit *f*: **~ of a fine** Recht *n*, e-e Geldstrafe *(anstelle der Haft)* zu wählen; **local ~** Recht *n* unterer Instanzen, den Verkauf von Wein u. Spirituosen zu verbieten 2 Wahl *f*: **at one's ~** nach Wahl; **make one's ~** s-e Wahl treffen; **leave** *(od* **keep)** **one's ~s open** sich alle Möglichkeiten offenlassen 3 Option *f*, Alternative *f*, Wahlmöglichkeit: **none of the ~s is satisfactory**; **I had no ~ but to …** ich musste …, ich hatte keine andere Wahl als …, mir blieb nichts anderes übrig als …; **choose** *(od* **go for)** **the soft ~** es sich leicht machen 4 WIRTSCH Option *f*, Vorkaufs-, Optionsrecht *n (alle:* **on** auf *akk)*: **~ to buy** Kaufoption; **~ rate** Prämiensatz *m*; **take up (abandon) an ~** ein Optionsrecht (nicht) ausüben; → buyer 1, seller 1 5 *bes* AUTO Extra *n*, *pl a.* Sonderausstattung *f* 6 *Versicherung*: Option *f (Wahlmöglichkeit des Versicherungsnehmers in Bezug auf die Form der Versicherungsleistung)*; **optional** [-ʃənl] ADJ (ADV **~ly**) 1 freigestellt, wahlfrei, freiwillig, fakultativ, nach Wahl: **~ bonds** *US* kündbare Obligationen; **~ extra** → option 5; **be an ~ extra** gegen Aufpreis erhältlich sein; **~ insurance** fakultative Versicherung; **~ subject** SCHULE Wahlfach *n* 2 WIRTSCH Options…: **~ clause**; **~ bargain** Prämiengeschäft *n*

optoelectronic [ˌɒptəʊɪlekˈtrɒnɪk; *US* ˌɑˈp-; -ˈtrɑn-] A ADJ (ADV **~ally**) optoelektronisch B S **optoelectronics** *pl (als sg konstruiert)* Optoelektronik *f (Teilgebiet der Elektronik, das die auf der Wechselwirkung von Optik u. Elektronik beruhenden physikalischen Effekte zur Herstellung besonderer elektronischer Schaltungen ausnutzt)*

optometer [ɒpˈtɒmɪtə(r); *US* ɑpˈtɑ-] S MED Optometer *n (Gerät zur Messung der Sehweite)*; **optometry** [-trɪ] S 1 Optometrie *f* 2 Sehprüfung *f*, Augenuntersuchung *f*

optophone [ˈɒptəfəʊn; *US* ˈɑp-] S Optofon *n (Leseapparat für Blinde, der Buchstaben mithilfe der Selenzelle in Töne umsetzt)*

opulence [ˈɒpjʊləns; *US* ˈɑp-] S Opulenz *f*, (großer) Reichtum, (Über)Fülle *f*, Überfluss *m*: **live in ~** im Überfluss leben; **opulent** ADJ (ADV **~ly**) 1 wohlhabend, (sehr) reich *(a. fig)* 2 opulent, üppig *(Mahl etc)* 3 BOT blütenreich, farbenprächtig

opus [ˈəʊpəs] *pl* opera [ˈɒpərə; *US* ˈəʊ-] S *(einzelnes)* Werk, Opus *n*: **~ number** MUS Opusnummer *f*; → magnum opus; **opuscule** [ɒˈpʌskjuːl; *US* əʊ-] S kleines (literarisches *od* musikalisches) Werk

or¹ [ɔː(r)] KONJ 1 oder: **in a day ~ two** in ein bis zwei Tagen; **~ so I believe** glaube ich zumindest; → either C 1, C 2, so¹ A 4 2 → else 3 3 *(nach neg)* noch, u. kein, u. auch nicht

or² [ɔː(r)] *obs od poet* A KONJ ehe (dass), bevor: **~ ever**, **~ e'er**, **~ ere** bevor, ehe (dass) B PRÄP vor *(akk od dat)*

or³ [ɔː(r)] S *Heraldik*: Gold *n*, Gelb *n*

OR⁴ ABK 1 official records PL 2 WIRTSCH operational research Unternehmensforschung *f* 3 MIL other ranks PL

o.r. ABK WIRTSCH owner's risk

orach, **orache** [ˈɒrɪtʃ; *US a.* ˈɑ-] S BOT Melde *f*

oracle [ˈɒrəkl; *US a.* ˈɑ-] A S 1 *Antike*: Orakel *n*: **the ~ of Apollo at Delphi**; **work the ~** *Br umg* ein bisschen nachhelfen 2 Orakel(spruch) *n(m)*: a orakelhafter Ausspruch b Weissagung *f* 3 REL a Botschaft *f* b *pl* Bibel *f* 4 REL *(das)* Allerheiligste *(im jüdischen Tempel)* 5 *fig* weiser Mann, Prophet *m*, unfehlbare Autorität B V/T & V/I orakeln; **oracular** [ɒˈrækjʊlə(r); *US a.* əˈr-] ADJ (ADV **~ly**) 1 orakelhaft *(a. fig dunkel, rätselhaft)*, Orakel… 2 weise *(Person)*; **oracularity** [-ˈlærətɪ] S Orakelhaftigkeit *f*

oracy [ˈɒrəsɪ; *US a.* ˈɑr-] S Sprachgewandtheit *f*

oral [ˈɔːrəl; *US a.* ˈəʊ-; ˈɑ-] A ADJ (ADV **~ly**) 1 mündlich *(Prüfung, Vertrag etc)*: **~ history** Oral History *f (Geschichte, die sich mit der Befragung lebender Zeugen befasst)* 2 ANAT oral *(a.* LING *Laut)*, Mund…: **~ cavity** Mundhöhle *f*; **~ contraceptive** MED orales Kontrazeptivum; **~ flora** Mundflora *f*; **~ hygiene** Mundpflege *f*; **~ intercourse** *(od* **sex)** Oralverkehr *m*; **~ surgeon** Kieferchirurg(in); **~ surgery** Kieferchirurgie *f*; **for ~ use** zur innerlichen Anwendung *(Arznei)*; **~ vaccination** MED Schluckimpfung *f*; **~ vaccine** MED Schluckimpfstoff *m* 3 PSYCH oral, Oral…: **~ eroticism** *(od* **erotism)** Oralerotik *f*; **~ stage** orale Phase, Oralphase *f* B S SCHULE mündliche Prüfung, *(das)* Mündliche

orang [ˈɔːræŋ; *US* əˈræŋ] → orangoutang

orange¹ [ˈɒrɪndʒ; *US a.* ˈɑr-] A S 1 a. **sweet ~** BOT Orange *f*, Apfelsine *f*: **bitter ~** Pomeranze *f* 2 Orange(nbaum) *f(m)* 3 Orange *n (Farbe)* B ADJ 1 Orangen…: **~ juice** 2 orange(nfarben)

Orange² [ˈɒrɪndʒ; *US a.* ˈɑr-] A EIGENN HIST Oranien *n*: **Prince of ~** Prinz von Oranien *(bes Wilhelm III. von England)* B ADJ oranisch

orangeade [ˌɒrɪndʒˈeɪd; *US a.* ˌɑr-] S 1 *bes Br* Orangenlimonade *f* 2 *Getränk aus frisch ausgepressten Orangen u. Wasser*

orange blossom S Orangenblüte *f*

Orange Free State [ˈɒrɪndʒ; *US a.* ˈɑr-] S Oranjefreistaat *m*

orange| lead [led] S CHEM Orangemennige *f*; **℗man** [-mən] S *irr* HIST Orangeman *m (Mitglied der* **Orange Society***)*; **℗men's Day** [-mənz] S *der 12. Juli (nordirischer Gedenktag, an dem man der Schlacht an der Boyne, 1. 7. 1690, gedenkt)*; **~ peel** S 1 Orangen-, Apfelsinenschale *f* 2 a. **~ effect** Orangenschaleneffekt *m (bei Spritzlackierungen)*

orangery [ˈɒrɪndʒərɪ; *US a.* ˈɑr-] S Orangerie *f*

Orange| Society S HIST *1795 in Nordirland gegründete antikatholische Ordensverbindung*; **℗ squash** S *Br Getränk aus Orangenkonzentrat u. Wasser*; **℗ stick** S Manikürestäbchen *n*; **℗ tree** Orange(nbaum *m*); **℗ zest** S GASTR *(bes* geriebene) Orangenschale

orangoutang [ɔːˌræŋuːˈtæŋ; *US* əˈræŋəˌtæŋ], **orangutan** [-ˈtæn] S ZOOL Orang-Utan *m*

orate [ɔːˈreɪt] V/I 1 e-e Rede halten (**to** vor *dat*) 2 *hum od pej* (lange) Reden halten *od* schwingen, salbadern; **oration** S (offizielle *od* feierliche) Rede; **orator** [ˈɒrətə(r); *US a.* ˈɑ-] S 1

O

a Redner(in) b Rhetoriker(in) 2 JUR US Kläger *m* (*in* **equity**-*Prozessen*)
oratorical [ˌɒrəˈtɒrɪkl; *US a.* ˌɑrəˈtɑr-] ADJ (ADV ~ly) rednerisch, Redner…, oratorisch, rhetorisch, Rede…
oratorio [ˌɒrəˈtɔːrɪəʊ; *US* -ˈtəʊ-; *a.* ˌɑr-] *pl* -rios S MUS Oratorium *n*
oratory[1] [ˈɒrətərɪ; *US* -ˌtəʊriː; -ˌtɔː-; *a.* ˈɑ-] S Redekunst *f*, Rhetorik *f*
oratory[2] [ˈɒrətərɪ; *US* -ˌtəʊriː; -ˌtɔː-; *a.* ˈɑ-] S REL 1 Kapelle *f*, Andachtsraum *m* 2 ♀ KATH, HIST Oratorium *n* (*Name verschiedener Kongregationen von Weltgeistlichen ohne Klostergelübde*)
orb [ɔː(r)b] A S 1 Kugel *f* 2 *poet* Gestirn *n*, Himmelskörper *m* 3 *obs* Erde *f* (*Planet*) 4 *poet* a Augapfel *m* b Auge *n* 5 HIST Reichsapfel *m* 6 *poet* a Kreis *m* b Ring *m* c Rad *n* d Scheibe *f* 7 ASTRON Einflussgebiet *n* (*e-s Planeten etc*) B V/T 1 zu e-m Kreis *od* e-r Kugel formen 2 *poet* umringen C V/I 1 sich im Kreis bewegen 2 sich runden
orbicular [ɔː(r)ˈbɪkjʊlə(r)], **orbiculate** [-lət] ADJ 1 kugelförmig 2 rund, kreis-, scheibenförmig 3 ringförmig, Ring…
orbit [ˈɔː(r)bɪt] A S 1 (ASTRON Kreis-, Umlauf-, PHYS Elektronen)Bahn *f*: **get (put) into** ~ in e-e Umlaufbahn gelangen (bringen) 2 *fig* a Bereich *m*, Wirkungskreis *m* b POL (Macht)Bereich *m*, Einflusssphäre *f* 3 ANAT, ZOOL a Augenhöhle *f* b Auge *n* 4 ORN Augen(lider)haut *f* B V/T 1 *die Erde etc* umkreisen 2 *e-n Satelliten etc* auf e-e Umlaufbahn bringen C V/I die Erde *etc* umkreisen, sich auf e-r Umlaufbahn bewegen
orbital [ˈɔː(r)bɪtl] A ADJ 1 ANAT, ZOOL orbital, Augenhöhlen…: ~ **cavity** Augenhöhle *f* 2 ASTRON, PHYS Bahn…: ~ **debris** Weltraummüll *m*; ~ **electron** Bahnelektron *n*; ~ **velocity** Umlaufgeschwindigkeit *f* 3 ~ **road** Ringstraße *f* B S CHEM, PHYS Orbital *n*
orc [ɔː(r)k] S 1 → grampus 2 (Meeres)Ungeheuer *n*; **orca** [-kə] → killer whale
Orcadian [ɔː(r)ˈkeɪdjən; -dɪən] A ADJ Orkney-… B S Bewohner(in) der Orkney-Inseln
orch. ABK 1 orchestra 2 orchestral
orchard [ˈɔː(r)tʃə(r)d] S a Obstgarten *m* b Obstplantage *f*; **orchardist** S, **orchardman** [-mən] S *irr* Obstzüchter *m*, Obstgärtner *m*
orchestra [ˈɔː(r)kɪstrə] S 1 MUS Orchester *n* 2 THEAT a *a.* ~ **pit** Orchester(raum) *n(m)*, -graben *m* b *bes US* Parkett *n* 3 *Antike*: Orchestra *f* (*halbkreisförmiger Platz vor der Bühne*)
orchestral [ɔː(r)ˈkestrəl] ADJ (ADV ~ly) MUS 1 Orchester…: ~ **concert (suite**, *etc*) 2 orchestral
orchestrate [ˈɔː(r)kɪstreɪt] V/T 1 MUS orchestrieren (*a. fig*) 2 *fig e-e Kampagne etc* inszenieren; **orchestration** [ˌɔː(r)keˈstreɪʃn] S MUS Orchestrierung *f*, *fig a.* Inszenierung *f*
orchestrina [ˌɔː(r)kɪˈstriːnə], **orchestrion** [ɔː(r)ˈkestrɪən] S MUS Orchestrion *n* (*automatische Orgel*)
orchid [ˈɔː(r)kɪd] S BOT Orchidee *f*; **orchidaceous** [-ˈdeɪʃəs] ADJ BOT Orchideen…; **orchidology** [-ˈdɒlədʒɪ; *US* -ˈdɑ-] S BOT Orchideenkunde *f*
orchil [ˈɔː(r)kɪl; -tʃɪl] → archil
orchis [ˈɔː(r)kɪs] S BOT 1 Orchidee *f* 2 Orchis *f*, Knabenkraut *n*
orchitis [ɔː(r)ˈkaɪtɪs] S MED Orchitis *f*, Hodenentzündung *f*
OR circuit S COMPUT ODER-Schaltung *f*
ord. ABK 1 order 2 ordinal 3 ordinance 4 ordinary gewöhnl.
ordain [ɔː(r)ˈdeɪn] V/T 1 *a.* ~ *sb* **priest** KATH ordinieren, zum Priester weihen 2 bestimmen, fügen (*Gott, Schicksal*) 3 anordnen, verfügen
ordeal [ɔː(r)ˈdiːl] S 1 HIST Gottesurteil *n*: ~ **by battle** Gottesurteil durch Zweikampf; ~ **by fire** Feuerprobe *f*; ~ **by water** Wasserprobe *f* 2 *fig* Zerreiß-, Feuerprobe *f* 3 *fig* Qual *f*, Nervenprobe *f*, Martyrium *n*, Tortur *f*
order [ˈɔː(r)də(r)] A S 1 Ordnung *f*, geordneter Zustand: **love of** ~ Ordnungsliebe *f*; **bring some** ~ **into** Ordnung bringen in (*akk*); **keep** ~ Ordnung halten; → *Bes Redew* 2 (öffentliche) Ordnung: ~ **was restored** die Ordnung wurde wiederhergestellt 3 Ordnung *f* (*a.* BIOL *Kategorie*), System *n* (*a.* BOT): **the old** ~ **was upset** die alte Ordnung wurde umgestoßen 4 (An)Ordnung *f*, Reihenfolge *f*: ~ **of precedence** (*od* **priority**) Rangordnung; **in** ~ **of importance** nach Wichtigkeit; → alphabetic 5 Ordnung *f*, Aufstellung *f*: **in close (open)** ~ MIL in geschlossener (geöffneter) Ordnung 6 MIL vorschriftsmäßige Uniform u. Ausrüstung: → marching A 7 PARL *etc* (Geschäfts)Ordnung *f*: **a call to** ~ ein Ordnungsruf; **call to** ~ zur Ordnung rufen; **rise to (a point of)** ~ zur Geschäftsordnung sprechen; **rule sb out of** ~ j-m das Wort entziehen; ~ **of the day**, ~ **of business** Tagesordnung (→ A 10); **be the** ~ **of the day** auf der Tagesordnung stehen (*a. fig*); **pass to the** ~ **of the day** zur Tagesordnung übergehen 8 Zustand *m*: **in bad** ~ nicht in Ordnung, in schlechtem Zustand; **in good** ~ in Ordnung, in gutem Zustand 9 LING (Satz)Stellung *f*, Wortfolge *f* 10 Befehl *m*, Instruktion *f* (*beide a.* IT), Anordnung *f*: ~**s are** ~**s** Befehl ist Befehl; ~ **in council** POL *Br* Kabinettsbefehl; **give** ~**s** (*od* **an** ~, **the** ~) **for sth to be done** (*od* **that sth [should] be done**) Befehl geben, etwas zu tun *od* dass etwas getan werde; ~ **of the day** MIL Tagesbefehl (→ A 7); → marching A 11 Verfügung *f*, Befehl *m*, Auftrag *m*: ~ **to pay** Zahlungsbefehl, -anweisung *f*; ~ **of remittance** Überweisungsauftrag 12 JUR (*Gerichts*) Beschluss *m*, Verfügung *f*, Befehl *m*: **release** ~ Freilassungsbeschluss; → mandamus 13 Art *f*, Klasse *f*, Grad *m*, Rang *m*: **of a high** ~ von hohem Rang; **of quite another** ~ von ganz anderer Art 14 MATH Ordnung *f*, Grad *m*: **equation of the first** ~ Gleichung *f* ersten Grades 15 (Größen)Ordnung *f*: **of** (*od* **in**) (*US* **on**) **the** ~ **of** in der Größenordnung von 16 Klasse *f*, (Gesellschafts)Schicht *f*: **the military** ~ der Soldatenstand 17 a Orden *m* (*Gemeinschaft von Personen*) b (geistlicher) Orden: **the Franciscan** ♀ der Franziskanerorden c *a.* ~ **of knighthood** HIST (Ritter)Orden *m* 18 Orden *m*: **Knight of the** ♀ **of the Garter** Ritter *m* des Hosenbandordens; → bath[2] A 7, thistle 19 Ordenszeichen *n*: → Order of Merit 1 20 REL a Weihe(stufe) *f*: **major** ~**s** höhere Weihen b *pl*, *meist* **holy** ~**s** (heilige) Weihen *pl*, Priesterweihe *f*: **take (holy)** ~**s** die heiligen Weihen empfangen, in den geistlichen Stand treten; **be in (holy)** ~**s** dem geistlichen Stand angehören 21 REL Ordnung *f* (*der Messe etc*): ~ **of confession** Beichtordnung 22 Ordnung *f*, Chor *m* (*der Engel*): ♀ **of the Seraphim** 23 ARCH (Säulen)Ordnung *f*: **Doric** ~ dorische Säulenordnung 24 ARCH Stil *m* 25 WIRTSCH Bestellung *f* (*a. Ware*), Auftrag *m* (**for** für): **give** (*od* **place**) **an** ~ e-n Auftrag erteilen, e-e Bestellung aufgeben *od* machen; **make to** ~ a auf Bestellung anfertigen b nach Maß anfertigen; **shoes made to** ~ Maßschuhe; → tall A 4 26 a Bestellung *f* (*im Restaurant etc*): **last** ~**s, please** *Br* die letzten Bestellungen!, (*etwa*) Polizeistunde! b *umg* Portion *f* 27 WIRTSCH Order *f* (*Zahlungsauftrag*): **pay to sb's** ~ an j-s Order zahlen; **pay to the** ~ **of** (*Wechselindossament*) für mich an (*akk*); **payable to** ~ zahlbar an Order; **own** ~ eigene Order; **check** (*Br* **cheque**) **to** ~ Orderscheck *m* 28 *bes Br* Einlassschein *m*, *bes* Freikarte *f* B V/T 1 *j-m od e-e Sache* befehlen, *etwas* anordnen: **he** ~**ed the bridge to be built** er befahl, die Brücke zu bauen; **he** ~**ed him to come** er befahl ihm zu kommen, er ließ ihn kommen 2 *j-n* schicken, beordern (*beide:* **to** nach): ~ **sb home** j-n nach Hause schicken; ~ **sb out of one's house** j-n aus s-m Haus weisen; ~ **sb off the field** SPORT j-n vom Platz stellen 3 MED *j-m etwas* verordnen: ~ **sb to (stay in) bed** j-m Bettruhe verordnen 4 *Bücher, ein Glas Bier etc* bestellen 5 regeln, leiten, führen 6 MIL *das Gewehr* bei Fuß stellen: ~ **arms!** Gewehr ab! 7 *fig* ordnen: ~ **one's affairs** s-e Angelegenheiten in Ordnung bringen, sein Haus bestellen; **an** ~**ed life** ein geordnetes Leben C V/I 1 befehlen, Befehle geben 2 Auftäge erteilen, Bestellungen machen: **are you ready to** ~ **now?** (*im Restaurant*) haben Sie schon gewählt?; **have you** ~**ed yet?** (*im Restaurant*) haben Sie schon bestellt?

Besondere Redewendungen: **at the** ~ MIL Gewehr bei Fuß; **by** ~ a befehls- *od* auftragsgemäß b im Auftrag (*abk* i.A.; *vor der Unterschrift*) **by** (*od* **on**) ~ **of** a auf Befehl von (*od gen*) b im Auftrag von (*od gen*) c WIRTSCH auf Order von (*od gen*) **in** ~ a in Ordnung (*a. fig gut, richtig*) b der Reihe nach, in der richtigen Reihenfolge c in Übereinstimmung mit der Geschäftsordnung, zulässig d angebracht **in** ~ **to** um zu; *the meeting has been adjourned* **in** ~ **for me to prepare my speech** damit ich m-e Rede vorbereiten kann; **in** ~ **that** … damit …; **in short** ~ *US umg* sofort, unverzüglich; **keep in** ~ in Ordnung halten, instand halten; **put in** ~ in Ordnung bringen; **set in** ~ ordnen; **on** ~ WIRTSCH a auf *od* bei Bestellung b bestellt, in Auftrag **on the** ~ **of** a nach Art von (*od gen*) b *a.* **on** ~**s of** WIRTSCH bei Abnahme *od* Bezug von (*od gen*) c *a.* **on** ~**s of** auf Befehl von (*od gen*) **out of** ~ nicht in Ordnung: a in Unordnung b defekt c MED gestört d im Widerspruch zur Geschäftsordnung, unzulässig **I know I am out of** ~ **in saying that** … ich weiß, es ist unangebracht, wenn ich sage, dass …; **till further** ~**s** a bis auf weiteren Befehl b bis auf Weiteres ~ a befehlsgemäß b auftragsgemäß c → A 25 d → A 27 **be under** (*od* **have**) ~**s to do sth** Befehl *od* Order haben, etwas zu tun; **be just under** ~**s** nur Befehle ausführen; **my** ~**s are to do sth** ich habe Befehl, etwas zu tun

Phrasal Verbs: **order| about**, ~ **around** V/T herumkommandieren; ~ **away** V/T 1 weg-, fortschicken 2 abführen lassen; ~ **back** V/T zurückbeordern; ~ **in** V/T hereinkommen lassen; ~ **off** V/T SPORT vom Platz stellen; ~ **out** V/T 1 hinausschicken, -beordern 2 a hinausweisen b *e-n Diplomaten* ausweisen 3 *Militär, Polizei* aufbieten
order| bill S WIRTSCH Orderwechsel *m*; ~ **bill of lading** S WIRTSCH, SCHIFF Orderkonnossement *n*; ~ **book** S 1 WIRTSCH a Bestell-, Auftragsbuch *n* b *fig* Auftragsbestand *m* 2 PARL *Br* Liste *f* der angemeldeten Anträge 3 SCHIFF, MIL Parolebuch *n*; ~ **check**, *Br* ~ **cheque** S WIRTSCH Orderscheck *m*; ~ **form** S WIRTSCH Bestellschein *m*, -formular *n*; ~ **instrument** S WIRTSCH Orderpapier *n*
orderless → disorderly A
orderliness [ˈɔː(r)də(r)lɪnɪs] S 1 Ordentlichkeit *f* 2 Planmäßigkeit *f*
orderly A ADJ 1 ordentlich, geordnet 2 geordnet, planmäßig, methodisch 3 ruhig, ge-

sittet, friedlich *(Bürger etc)* 4 SCHIFF, MIL a im *od* vom Dienst, diensthabend *od* -tuend b Ordonnanz…: **on ~ duty** auf Ordonnanz B ADV ordnungsgemäß, planmäßig C S 1 MIL a Ordonnanz *f* b Sanitätsunteroffizier *m*, Krankenträger *m*, Sanitäter *m* c (Offiziers)Bursche *m* 2 Krankenpfleger *m*; **~ book** S MIL Befehls-, Parolebuch *n*; **~ officer** S MIL 1 Ordonnanzoffizier *m* 2 Offizier *m* vom Dienst; **~ room** S MIL Geschäftszimmer *n*, Schreibstube *f*

order| number S WIRTSCH Bestellnummer *f*; **♀ of Merit** S 1 *Br* Verdienstorden *m (für militärische, wissenschaftliche, künstlerische u. berufliche Verdienste verliehen)* 2 *a.* **order of merit** *(Golf)* (europäische) Preisgeldrangliste; **♀ of the British Empire** S Orden *m* des British Empire *(Verdienstorden)*; **♀ of the Garter** S Hosenbandorden *m (der höchste brit. Orden)*; **~ pad** S Bestell(schein)block *m*; **~ paper** S 1 *bes* PARL Sitzungsprogramm *n*, (schriftliche) Tagesordnung 2 WIRTSCH Orderpapier *n*; **~ position** S WIRTSCH Auftragslage *f*; **~ processing** S WIRTSCH Auftragsabwicklung *f*; **~ slip** S Bestellzettel *m*

ordinal ['ɔː(r)dınl; *US a.* 'ɔːrdnəl] A ADJ 1 MATH Ordnungs…, Ordinal…: **~ number** → B1 2 BOT, ZOOL Ordnungs… B S 1 MATH Ordinal-, Ordnungszahl *f* 2 REL a Ordinale *n (Regelbuch für die Ordinierung anglikanischer Geistlicher)* b *oft* ♀ Ordinarium *n (Ritualbuch od Gottesdienstordnung)*

ordinance ['ɔː(r)dınəns; -dn-] S 1 *(amtliche)* Verordnung, Verfügung *f*, Erlass *m* 2 REL a *(festgesetzter)* Brauch, Ritus *m* b Sakrament *n*

ordinand [,ɔː(r)dı'nænd] S KATH Weihekandidat *m*

ordinarily ['ɔːdnrəlı; *US* ,ɔːrdn'er-] ADV 1 normalerweise, gewöhnlich 2 wie gewöhnlich, wie üblich, normal

ordinary ['ɔː(r)dnrı; *US* -,eriː] A ADJ (ADV → ordinarily) 1 üblich, gewöhnlich, normal: **~ care** JUR verkehrsübliche Sorgfalt; **in ~ speech** im landläufigen Sinne, im allgemeinen Sprachgebrauch; **in the ~ way** normalerweise, gewöhnlich; → fare A3, mortal B1 2 gewöhnlich, alltäglich, Durchschnitts…: **an ~ face** ein Alltagsgesicht *n* 3 *a.* JUR ordentlich, ständig: **~ court** ordentliches Gericht; **~ member** ordentliches Mitglied B S 1 *(das)* Übliche, *(das)* Normale: **education above the ~** überdurchschnittliche *od* außergewöhnliche Bildung; **out of the ~** ungewöhnlich, unüblich; **nothing out of the ~** nichts Ungewöhnliches 2 **in ~** ordentlich, von Amts wegen: **judge in ~** ordentlicher Richter; **physician in ~ (of a king)** Leibarzt *m* (e-s Königs) 3 REL Ordinarium *n*, Gottesdienst-, *bes* Messordnung *f* 4 *a.* ♀ REL Ordinarius *m (Bischof od Erzbischof mit ordentlicher Jurisdiktionsgewalt)* 5 JUR a ordentliche(r) Richter(in) b ♀, *a.* **Lord** ♀ *(in Schottland) e-r der 5 Richter des* ***Court of Session*** *(→ session 3 a), die das* ***Outer House*** *bilden* c *US* Nachlassrichter(in) 6 *Heraldik:* einfaches Heroldsstück 7 HIST *US* Hochrad *n (frühe Form des Fahrrads)* 8 *Br obs* a Alltags-, Hausmannskost *f* b Tagesgericht *n (in Wirtshäusern etc)* 9 *Br obs* Wirtshaus *n*, Gaststätte *f*; **~ creditor** S WIRTSCH gewöhnliche(r) *od* nicht bevorrechtigte(r) Gläubiger(in); **♀ level** → O level; **~ life insurance** S WIRTSCH Großlebensversicherung *f*; **~ seaman** S *irr* SCHIFF Leichtmatrose *m*; **~ share** S WIRTSCH *bes Br* Stammaktie *f*

ordinate ['ɔː(r)dnət; *US a.* -,eıt] S MATH Ordinate *f*

ordination [,ɔː(r)dı'neıʃn] S 1 KATH Ordination *f*, Priesterweihe *f* 2 Bestimmung *f*, Ratschluss *m (Gottes etc)*

ordnance ['ɔː(r)dnəns] S MIL 1 Artillerie *f*, Geschütze *pl*: **a piece of ~** ein Geschütz *n* 2 Feldzeugmaterial *n* 3 Feldzeugwesen *n*; **~ datum** S *Landvermessung:* mittlere Höhe über Normalnull; **~ map** S MIL 1 *US* Generalstabskarte *f* 2 *Br* Messtischblatt *n*; **♀ Survey** S *Br* amtliche Landesvermessungsstelle: **~ map** a Messtischblatt *n* b (1:100000) Generalstabskarte *f*

Ordovician [,ɔː(r)dəʊ'vıʃıən; *US* -ʃən] GEOL A S Ordovizium *n (untere Abteilung des Silurs)* B ADJ ordovizisch

ordure ['ɔː,djʊə; *US* 'ɔːrdʒər] S 1 Kot *m* 2 *fig* Unflat *m*

Ore. ABK Oregon

ore [ɔː(r)] S MINER Erz *n*; **~-bearing** ADJ GEOL Erz führend, erzhaltig

orectic [ɒ'rektık; *US* əʊ'r-] ADJ SCHULE orektisch *(die Aspekte der Erfahrung betreffend)*

Oreg. ABK Oregon

oregano [,ɒrı'gɑːnəʊ; *bes US* ə'regənəʊ] S GASTR Origano *m*, Oregano *m*

Oregon ['ɒrıgən; *US a.* 'ɑr-] S Oregon *n (Staat im Nordwesten der USA)*; **Oregonian** [,ɒrı'gəʊnjən; -ıən; *US a.* ,ɑ-] A S Bewohner(in) von Oregon B ADJ aus Oregon, Oregon-…

ore| hammer S Erzhammer *m*, Pochschlegel *m*; **~ hearth** S TECH Schmelzherd *m*; **~ mill** S Erzmühle *f*; **~ sieve** S Erzsieb *n*, Überhebsieb *n*; **~ smelting** S (Kupfer)Rohschmelzen *n*; **~ washing** S Erzschlämmen *n*

orfe [ɔː(r)f] S FISCH Orfe *f*

org. ABK 1 organic 2 organization 3 organized

organ ['ɔː(r)gən] S 1 Organ *n*: a ANAT *Körperteil mit einheitlicher Funktion:* **~ of Corti** ['kɔː(r)tı] Corti-Organ; **~ of equilibrium** Gleichgewichtsorgan; **~ of sense** Sinnesorgan; **~ of sight** Sehorgan; **~s of speech** Sprechwerkzeuge b *fig* Sprachrohr *n (Zeitung, Zeitschrift)*: **party ~** Parteiorgan c *Institution od Behörde, die bestimmte Aufgaben ausführt* d Stimme *f*: **his loud ~** sein lautes Organ; **influential ~s of public opinion** maßgebliche Stimmen der Öffentlichkeit 2 MUS a Orgel *f*: → theater organ b Werk *n (e-r Orgel)*: → great organ c → American organ d → barrel organ e → street organ f *obs od* BIBEL Musik-, *bes* Blasinstrument *n*

organ| bank S MED Organbank *f*; **~ bellows** S *irr* MUS Orgelbalg *m*, Blasebalg *m* e-r Orgel; **~ blower** S MUS 1 Bälgetreter(in) *(der Orgel)* 2 elektrisch betriebenes Windwerk *(an der Orgel)*

organdie, *bes US* **organdy** ['ɔː(r)gəndı] S Organdy *m (feines Baumwollgewebe)*

organ| donor S MED Organspender(in); **~-donor card** S Organspenderausweis *m*; **~-grinder** S Drehorgelspieler(in), Leierkastenmann *m*

organic [ɔː(r)'gænık] A ADJ (ADV **~ally**) 1 *allg* organisch: **~ compound** CHEM organische Verbindung; **~ chemist** Organiker(in); **~ chemistry** organische Chemie; **~ disease** Organkrankheit *f*; **~ psychosis** organisch bedingte Psychose; **~ waste** a organische Abfallprodukte *pl* b Biomüll *m*; **an ~ whole** ein organisches Ganzes 2 konstitutionell: **~ law** Staatsgrundgesetz *n* 3 a aus biologischem Anbau, Bio… *(Nahrungsmittel)* b biologisch (-dynamisch) *(Anbau)*: **~ farming** ökologischer Landbau *od* Anbau B S Dünger *m*, Pestizid *n etc* auf pflanzlicher *od* tierischer Basis

organism ['ɔː(r)gənızəm] S BIOL *u. fig* Organismus *m*; **organismal** [,ɔː(r)gə'nızməl] ADJ (ADV **~ly**), **organismic** ADJ (ADV **~ally**) organismisch

organist ['ɔː(r)gənıst] S MUS Organist(in)

organization [,ɔː(r)gənaı'zeıʃn; *US* -nə'z-] S 1 Organisation *f*: a Organisierung *f*, Bildung *f*, Gründung *f* b (organischer *od* systematischer) Aufbau, (Aus)Gestaltung *f*, Gliederung *f*, Anordnung *f* c Zusammenschluss *m*, Verband *m*, Gesellschaft *f*, Körperschaft *f*: **administrative ~** Verwaltungsapparat *m*; **party ~** POL Parteiorganisation; **♀ of African Unity** Organisation für Afrikanische Einheit; **♀ of American States** Organisation der Amerikanischen Staaten; **♀ of Petroleum-Exporting Countries** Organisation der Erdöl exportierenden Länder 2 Organismus *m*, organisiertes Ganzes, System *n*; **organizational** ADJ (ADV **~ly**) organisatorisch, Organisations…

organization| chart S Organisationsplan *m*; **~ man** S *irr* 1 guter Organisator, Organisationstalent *n* 2 *j-d, der die Belange der Organisation, für die er tätig ist, über s-e eigenen stellt*

organize ['ɔː(r)gənaız] A V/T 1 organisieren: a einrichten, aufbauen b gründen, ins Leben rufen, schaffen c veranstalten, *e-e Sportveranstaltung a.* ausrichten: **~d tour** Gesellschaftsreise *f* d gestalten, anordnen: **be allowed to ~ the day as one wants** sich den Tag so einrichten können, wie man will 2 *Fakten etc* in ein System bringen: **~d crime** das organisierte Verbrechen; **I must get (myself) ~d** ich muss Ordnung in mein Leben bringen; **she is very ~d** *(od* **a very ~d person)** sie hat alles gut im Griff; **~ one's thoughts** s-e Gedanken ordnen 3 *bes* WIRTSCH organisieren: **~d labo(u)r** gewerkschaftlich organisierte Arbeitnehmer *pl*; **they ~d themselves into** sie organisierten sich in *(dat)* B V/I *bes* WIRTSCH sich organisieren; **organizer** S Organisator *m*, Organisatorin *f*, SPORT *etc a.* Veranstalter(in), SPORT *a.* Ausrichter(in); **organizing** ADJ 1 Organisations…: **~ committee** 2 **~ principle** Ordnungsprinzip *n*

organ loft S MUS Orgelchor *m*

organogenesis [,ɔː(r)gənəʊ'dʒenısıs; *US a.* ɔːr,gænə-] S BIOL Organogenese *f (Prozess der Organbildung)*

organography [,ɔː(r)gə'nɒgrəfı; *US* -'nɑg-] S Organografie *f*: a BIOL, MED *Beschreibung der Organe* b BOT *Erforschung der Pflanzenorgane*

organology [,ɔː(r)gə'nɒlədʒı; *US* -'nɑl-] S BIOL, MED Organologie *f (Lehre von den Organen)*

organometallic [ɔː(r),gænəʊmı'tælık] ADJ CHEM metallorganisch: **~ compound** metallorganische Verbindung, Organometallverbindung *f*

organotherapy [,ɔː(r)gənəʊ'θerəpı; *US a.* ɔːr,gænə-] S MED Organtherapie *f (Verwendung von aus tierischen Organen od Sekreten gewonnenen Arzneimitteln zur Behandlung von Krankheiten)*

organ| pipe S MUS Orgelpfeife *f*; **~ screen** S ARCH Orgellettner *m*; **~ stop** S MUS Orgelregister *n*, -zug *m*

organza [ɔː(r)'gænzə] S Organza *m (steifes, sehr feines, transparentes Gewebe aus Natur- od Kunstseide)*

organzine ['ɔː(r)gənziːn] S Organsin *m/n (ein bei Seidengeweben als Kettgarn verwendeter Zwirn aus Naturseide)*

orgasm ['ɔː(r)gæzəm] A S 1 MED Orgasmus *m*, Höhepunkt *m (der geschlechtlichen Erregung)* 2 heftige Erregung B V/I e-n Orgasmus haben *od* bekommen; **orgasmic**, **orgastic** ADJ orgastisch

orgiastic [,ɔː(r)dʒı'æstık] ADJ orgiastisch, ausschweifend, zügellos

orgy ['ɔː(r)dʒı] S Orgie *f (a. fig)*

oriel (window) ['ɔːrıəl; *US a.* 'əʊ-] S ARCH Erkerfenster *n*

orient ['ɔːrıənt; *US a.* 'əʊ-; -,ent] A S 1 a *poet* Orient *m*, Osten *m*, Morgen *m* b *obs* Sonnenaufgang *m*, östliche Himmelsgegend **2** **the** ≈ GEOG **a** der Orient, *poet* das Morgenland **b** (Ost)Asien *n* **3** **a** Perle *f* von hohem Glanz **b** Wasser *n* (*e-r Perle*) **B** ADJ **1** *obs* aufgehend: **the ~ sun** **2** *poet* orientalisch, östlich **3** von hohem Glanz (*Perlen*) **C** V/T ['ɔːrɪent; *US a.* 'əʊ-] **1** *e-e Kirche etc* osten **2** orten, die Lage *od* die Richtung bestimmen von (*od gen*) **3** **a** CHEM, PHYS orientieren **b** TECH ausrichten, einstellen **4** *e-e Landkarte* einnorden **5** *fig etwas* ausrichten (**toward[s]** auf *akk*): **~ o.s.** sich orientieren (**by** an *dat*, nach) (*a. fig*); **~ o.s. to a new situation** sich auf e-e neue Situation einstellen; **psychology-~ed research** psychologisch ausgerichtete Forschung **6** *neue Mitarbeiter etc* einführen

oriental [ˌɔːrɪ'entl; *US a.* ˌəʊ-] **A** ADJ **1** → orient B 2 **2** *meist* ≈ **a** orientalisch, *poet* morgenländisch: ≈ **carpet** (*od* **rug**) Orientteppich *m*; **~ sore** MED Orientbeule *f*; ≈ **studies** *pl* Orientalistik *f* **b** (ost)asiatisch **B** S **a** Orientale *m*, Orientalin *f* **b** (Ost)Asiate *m*, (-)Asiatin *f*

Orientalism, *a.* ≈ [ˌɔːrɪ'entəlɪzəm; *US* ˌəʊ-] S **1** Orientalismus *m*: **a** orientalisches Wesen **b** orientalische (Sprach)Eigenheit **2** Orientalistik *f*; **Orientalist**, *a.* ≈ *s* Orientalist(in)

Orientalize, *a.* ≈ [ˌɔːrɪ'entəlaɪz; *US* ˌəʊ-] V/T & V/I (sich) orientalisieren

orientate ['ɔːrɪenteɪt; *US a.* 'əʊ-] → orient c

orientation [ˌɔːrɪen'teɪʃn; *US a.* ˌəʊ-] S **1** Ostung *f* (*e-r Kirche*) **2** Anlage *f*, Richtung *f* **3** Orientierung *f* (*a. fig u.* CHEM), Ortung *f*, Richtungs-, Lagebestimmung *f*, Ausrichtung *f* (*a. fig*) **4** Orientierungssinn *m* **5** Einführung *f*; **~ course** S Einführungslehrgang *m*; **~ talk** S Einführungsgespräch *n*

orienteer [ˌɔːrɪen'tɪə(r); *US a.* ˌəʊ-] S SPORT Orientierungsläufer(in); **orienteering** S Orientierungslauf *m*

orifice ['ɒrɪfɪs; *US a.* 'ɑr-] S *bes* ANAT, TECH Öffnung *f*, Mündung *f*: **~ (of the body)** Körperöffnung

oriflamme ['ɒrɪflæm; *US a.* 'ɑr-] S **1** HIST Oriflamme *f* (*Kriegsfahne der Könige von Frankreich*) **2** Banner *n*, Fahne *f*

O

orig. ABK **1** origin **2** original(ly)

origami [ˌɒrɪ'gɑːmɪ] S Origami *n*, Papierfaltkunst *f*

origan ['ɒrɪgən] S BOT Origano *m*, Wilder Majoran

origin ['ɒrɪdʒɪn; *US a.* 'ɑr-] S **1** Ursprung *m*: **a** Quelle *f* (*e-s Flusses*): **have its ~ in** entspringen in (*dat*) **b** Abstammung *f*, Herkunft *f*: **of humble ~(s)** von niederer Herkunft; **a word of Latin ~** ein Wort lateinischen Ursprungs; **a man of Spanish ~** ein Mann spanischer Herkunft; **have its ~ in** zurückgehen auf (*akk*); (her)stammen von *od* aus **c** Anfang *m*, Entstehung *f*: **the ~ of species** der Ursprung der Arten **2** MATH Koordinatennullpunkt *m*, -ursprung *m*

original [ə'rɪdʒənl] **A** ADJ (ADV → originally) **1** original, Original..., Ur..., ursprünglich, echt: **~ gum** (*Philatelie*) Originalgummi *m/n*; **~ packaging** Originalverpackung *f*; **a television in its ~ packaging** ein original verpackter Fernseher; **the ~ picture** das Originalbild; **~ program(me)** (*Eiskunstlauf*) Originalprogramm *n*; **the ~ text** der Ur- *od* Originaltext; → wort[2] **2** erst(er, e, es), ursprünglich, Ur...: **~ capital** WIRTSCH *US* Gründungskapital *n*; **~ copy** Erstausfertigung *f*; **the ~ inventor** der ursprüngliche Erfinder; **~ jurisdiction** JUR erstinstanzliche Zuständigkeit; **have ~ jurisdiction** in erster Instanz zuständig sein; **~ share** WIRTSCH *bes Br* Stammaktie *f*; **~ value** Anschaffungs-, Neuwert *m*; → gravity A 4, sin[1] A 1 **3** originell, neu (*Idee etc*) **4** selbstständig, unabhängig (*Denker, Forschung etc*) **5** schöpferisch, ursprünglich: **~ genius** Schöpfergeist *m* **6** ureigen, urwüchsig, Ur...: **~ behavio(u)r** urwüchsiges Benehmen; **~ nature** Urnatur *f* **B** S **1** Original *n*: **a** Urbild *n*, Urstück *n* **b** Urfassung *f*, Urtext *m*: **in the ~** im Original, im Urtext, *a.* in der Ursprache, JUR urschriftlich **2** Original *n* *umg* (*exzentrischer Mensch*) **3** BOT, ZOOL Stammform *f*

originality [əˌrɪdʒə'nælətɪ] S **1** Originalität *f*: **a** Ursprünglichkeit *f*, Echtheit *f* **b** Eigentümlichkeit *f*, Eigenart *f*, origineller Charakter **c** Neuheit *f* **2** Unabhängigkeit *f*, Selbstständigkeit *f* **3** (*das*) Schöpferische

originally [ə'rɪdʒənəlɪ] ADV **1** ursprünglich, zuerst **2** hauptsächlich, eigentlich **3** von Anfang an, schon immer **4** originell

originate [ə'rɪdʒəneɪt] **A** V/I **1** (**from**) entstehen, entspringen (aus), s-n Ursprung *od* s-e Ursache haben (in *dat*), herstammen (von *od* aus), ausgehen (von) **2** ausgehen (**with, from** von *j-m*) **3** *US* ausgehen (**in** von) (*Zug etc*) **B** V/T **1** hervorbringen, verursachen, erzeugen, schaffen, ins Leben rufen **2** den Anfang machen mit, den Grund legen zu; **origination** S **1** Hervorbringung *f*, Erzeugung *f*, (Er)Schaffung *f*: **~ costs** Entstehungskosten **2** → origin 1 b, 1 c; **originative** ADJ (ADV ~ly) erschaffend, schöpferisch; **originator** [-tə(r)] S Urheber(in), Begründer(in), Schöpfer(in)

oriole ['ɔːrɪəʊl; *US a.* 'əʊ-] S ORN Pirol *m*, Goldamsel *f*

orison ['ɒrɪzən; *US a.* -sən; *a.* 'ɑ-] S *poet* Gebet *n*

Orkney Islands ['ɔː(r)knɪ], **Orkneys** [-nɪz] SPL Orkneyinseln *pl* (*a. eigene Verwaltungsregion Schottlands*)

orle [ɔː(r)l] S *Heraldik:* Innenbord *m*

orlop (deck) ['ɔː(r)lɒp; *US* -ˌlɑp] S SCHIFF Plattform-, Raum-, Orlopdeck *n*

ormer ['ɔː(r)mə(r)] S ZOOL Seeohr *n*

ormolu ['ɔː(r)məʊluː] S Ormulu *m*: **a** Malergold *n* **b** Goldbronze *f*

ornament **A** S ['ɔː(r)nəmənt] **1** Ornament *n*, Verzierung *f* (*a.* MUS), Schmuck *m*: **by way of ~** zur *od* als Verzierung **2** *fig* Zier(de) *f* (**to** für *od gen*): **he was an ~ to the club** **3** KOLL Ornamente *pl*, Ornamentik *f*, Verzierungen *pl*, schmückendes Beiwerk **4** *meist pl* REL Kirchengerät *n* **B** V/T [-ment] verzieren, schmücken (*beide:* **with** mit); **ornamental** [-'mentl] ADJ (ADV ~ly) ornamental, schmückend, dekorativ, Zier...: **~ castings** *pl* Kunstguss *m*; **~ plants** Zierpflanzen; **~ type** Zierschrift *f*; → ironwork 1; **ornamentalism** S Vorliebe *f* für Verzierungen; **ornamentation** S Ornamentierung *f*, Ausschmückung *f*, Verzierung *f*; **ornamentist** S Dekorateur(in), *bes* Dekorationsmaler(in)

ornate [ɔː(r)'neɪt] ADJ (ADV ~ly) **1** reich verziert *od* geschmückt **2** überladen (*Stil etc*) **3** blumig (*Sprache*)

ornery ['ɔː(r)nərɪ] ADJ *bes US umg od dial* **1** → ordinary **2** ekelhaft, übellaunig **3** störrisch, unfolgsam **4** gemein, übel (*Trick etc*)

ornis ['ɔː(r)nɪs] S Vogelwelt *f*

ornithologic [ˌɔː(r)nɪθə'lɒdʒɪk; *US* -'lɑ-] ADJ, **ornithological** [-kl] ADJ (ADV ~ly) ornithologisch; **ornithologist** [-'θɒlədʒɪst; *US* -'θɑ-] S Ornithologe *m*, Ornithologin *f*; **ornithology** [-dʒɪ] S Ornithologie *f*, Vogelkunde *f*

ornithomancy ['ɔː(r)nɪθəʊˌmænsɪ] S *Antike:* Ornithomantie *f* (*Orakelfindung durch Beobachtung des Vogelflugs*)

ornithopter ['ɔː(r)nɪθɒptə(r); *US* -ˌθɑp-] *a.* FLUG Ornithopter *m*, Schwingenflügler *m*

ornithorhynchus [ˌɔː(r)nɪθəʊ'rɪŋkəs] S ORN Ornithorhynchus *m*, Schnabeltier *n*

ornithosis [ˌɔː(r)nɪ'θəʊsɪs] S VET Ornithose *f* (*von Vögeln übertragene Infektionskrankheit*)

orography [ɒ'rɒgrəfɪ; *US* -'rɑg-] S Orografie *f* (*Beschreibung des Reliefs der Erdoberfläche*)

orometer [ɒ'rɒmɪtə(r); *US* -'rɑ-] S METEO Höhenbarometer *n*

orotund ['ɒrəʊtʌnd; *US a.* 'ɑ-; 'əʊ-] ADJ **1** volltönend (*Stimme*) **2** bombastisch, pompös (*Stil*)

orphan ['ɔː(r)fn] **A** S (Voll)Waise *f*, Waisenkind *n*: **~s' home** Waisenhaus *n* **B** ADJ Waisen..., verwaist: **~ child** → A **C** V/T zur Waise machen: **be ~ed** zur Waise werden, verwaisen; **~ed** verwaist; **orphanage** ['ɔː(r)fənɪdʒ] S **1** Waisenhaus *n* **2** Verwaistheit *f*; **orphanhood** → orphanage 2; **orphanize** → orphan c

Orphean [ɔː'fiːən; *US* 'ɔːrfiːən] ADJ **1** → Orphic 1 **2** verzaubernd, bannend (*Musik etc*)

Orphic ['ɔː(r)fɪk] ADJ **1** *Antike:* orphisch **2** *a.* ≈ mystisch, geheimnisvoll **3** → Orphean 2

orphrey ['ɔː(r)frɪ] S (Gold)Borte *f*

orrery ['ɒrərɪ; *US a.* 'ɑ-] S ASTRON Orrery *n* (*mechanisches Gerät, das die relativen Bewegungen einiger Planeten anzeigt*)

orris[1] ['ɒrɪs; *US a.* 'ɑ-] S BOT **1** Florentiner Schwertlilie *f* **2** Veilchenwurzel *f*

orris[2] ['ɒrɪs; *US a.* 'ɑ-] S **1** Gold-, Silberborte *f* *od* -spitze *f* **2** Gold-, Silberstickerei *f*

orrisroot → orris[1] 2

orth. ABK **1** orthodox **2** MED orthop(a)edic **3** MED orthop(a)edics PL

ortho- [ɔː(r)θəʊ] *Wortelement mit den Bedeutungen:* **a** recht, korrekt, richtig **b** (senk)recht **c** gerade **d** CHEM ortho... **e** PHYS ortho... (*parallelen Spin bezeichnend*)

orthochromatic ADJ (ADV ~ally) FOTO orthochromatisch, farb(wert)richtig

orthoclase ['ɔː(r)θəʊkleɪs; -kleɪz] S MINER Orthoklas *m*

orthodontia [ˌɔː(r)θəʊ'dɒntɪə; *US* -'dɑntʃə] S **1** → orthodontics **2** Orthodontie *f* (*Behandlung von Gebissanomalien*); **orthodontics** [-tɪks] SPL (*als sg konstruiert*) Kieferorthopädie *f*

orthodox ['ɔː(r)θədɒks; *US* -ˌdɑks] ADJ (ADV ~ly) **1** REL orthodox: **a** streng-, rechtgläubig **b** ≈ griechisch-orthodox: ≈ **Church** griechisch-orthodoxe Kirche **c** *US* die Dreifaltigkeitslehre vertretend **2** *allg* orthodox (*der herkömmlichen Anschauung entsprechend*) **3** *fig* konventionell, üblich **4** **~ sleep** PSYCH orthodoxer Schlaf; **orthodoxy** S Orthodoxie *f*: **a** REL Recht-, Strenggläubigkeit *f* **b** *allg* orthodoxes Denken **c** orthodoxer *od* konventioneller Charakter

orthoepy ['ɔː(r)θəʊepɪ; *US* -θəˌwepiː] S LING Orthoepie *f* (*Lehre von der richtigen Aussprache*)

orthogenesis S Orthogenese *f*: **a** BIOL *geradlinige Stammesentwicklung* **b** SOZIOL *Lehre von der Gleichförmigkeit sozialer Entwicklung in jeder Kulturepoche*

orthogonal [ɔː(r)'θɒgənl; *US* -'θɑg-] ADJ (ADV ~ly) MATH orthogonal, rechtwink(e)lig: **~ projection** → orthographic projection

orthographic ADJ, **orthographical** ADJ (ADV ~ly) **1** orthografisch, Rechtschreib(-ungs)... **2** → orthogonal

orthographic projection S TECH orthogonale Parallelprojektion

orthography [ɔː(r)'θɒgrəfɪ; *US* -'θɑg-] S **1** Orthografie *f*, Rechtschreibung *f* **2** → orthographic projection

orthop(a)edic [ˌɔː(r)θəʊ'piːdɪk] MED **A** ADJ (ADV ~ally) orthopädisch: **~ collar** Halskrause *f*, -krawatte *f*; **~ hospital** orthopädische Klinik **B** S **orthop(a)edics** *pl* (*als sg konstruiert*) Orthopädie *f* (*Lehre von der Entstehung, Verhütung u. Behandlung von Formveränderungen u. Funktionsstörungen des Stütz- u. Bewegungsapparates*);

orthop(a)edist S Orthopäde *m*, Orthopädin *f*
orthopsychiatry S vorbeugende Psychiatrie
orthopteron [ɔː(r)'θɒptərɒn; US -'θaptəran] *pl* -tera [-rə] S ZOOL Orthoptere *f*, Orthopteron *n*, Geradflügler *m*
orthoptic [ɔː(r)'θɒptɪk; US -'θap-] MED A ADJ normalsichtig, Normalsicht...: **~ exercises** mechanische Sehübungen B S **orthoptics** *pl* *(als sg konstruiert)* MED Orthoptik *f (Behandlung des Schielens durch Augenmuskeltraining)*
orthorhombic ADJ MINER orthorhombisch *(System)*
orthoscopic [,ɔː(r)θəʊ'skɒpɪk; US -'ska-] ADJ orthoskopisch, tiefenrichtig, verzeichnungs-, verzerrungsfrei
orthotone ADJ LING den Eigenton bewahrend, nicht enklitisch *(Wort)*
ortolan ['ɔː(r)tələn] S ORN Ortolan *m*, Gartenammer *f*
OS ABK *Br* Ordnance Survey
o/s ABK 1 WIRTSCH out of stock nicht (mehr) vorrätig 2 WIRTSCH outstanding
o.s. ABK 1 old series 2 only son 3 WIRTSCH out of stock nicht (mehr) vorrätig
Oscan ['ɒskən; US 'as-] A S 1 Osker(in) *(Angehörige[r] der ältesten samnitischen Bevölkerung Kampaniens)* 2 LING Oskisch *n*, das Oskische B ADJ oskisch
Oscar[1] ['ɒskə; US 'askər] S Oscar *m (alljährlich in den USA verliehener Filmpreis in Form e-r Statuette)*
oscar[2] ['ɒskə; US 'askər] S *Aus sl* Knete *f (Geld)*
oscillate ['ɒsɪleɪt; US 'a-] A V/I 1 *bes* PHYS oszillieren, schwingen, pendeln 2 *fig* (hin u. her) schwanken (**between** zwischen *dat*) 3 ELEK a hochfrequente Schwingungen ausführen *od* erzeugen b unbeabsichtigt *od* wild schwingen B V/T in Schwingungen versetzen; **oscillating** ADJ (ADV ~ly) 1 oszillierend, schwingend, pendelnd: **~ axle** AUTO Schwingachse *f*; **~ beacon** FLUG Pendelfeuer *n*; **~ circuit** ELEK Schwingkreis *m*; **~ current** ELEK oszillierender Strom, Schwingstrom *m*; **~ mirror** Schwing-, Kippspiegel *m*; **~ universe theory** GEOL Oszillationstheorie *f* 2 *fig* schwankend, unschlüssig
oscillation [,ɒsɪ'leɪʃn; US ,a-] S 1 *bes* PHYS Oszillation *f*, Schwingung *f*, Pendelbewegung *f*: **~ frequency** Schwingungszahl *f*, Frequenz *f* 2 *fig* Schwanken *n*, Unschlüssigkeit *f* 3 ELEK a *(einzelner)* Ladungswechsel b Stoßspannung *f*, Impuls *m* c Periode *f*, volle Schwingung; **oscillator** [-tə(r)] S 1 ELEK Oszillator *m* 2 *fig* Schwankende(r) *m/f(m)*
oscillatory ['ɒsɪlətərɪ; US 'asələ,təʊriː; -,tɔː-] → oscillating 1
oscillogram [ə'sɪləʊgræm; US a's-] S ELEK, PHYS Oszillogramm *n*; **oscillograph** [-grɑːf; US -,græf] S Oszillograf *m*: **~ tube** → oscilloscope
oscilloscope [ə'sɪləʊskəʊp; US a's-] S ELEK, PHYS Oszilloskop *n*, Kathodenstrahlröhre *f*
osculant ['ɒskjʊlənt; US 'as-] ADJ 1 ZOOL eng anhaftend 2 BIOL ein Zwischenglied *(zwischen zwei Gruppen)* bildend; **oscular** ADJ 1 MATH oskulär *(e-e Berührung höherer Ordnung betreffend)* 2 *bes hum* Kuss...
osculate ['ɒskjʊleɪt; US 'as-] V/T & V/I 1 *bes hum* (sich) küssen 2 MATH oskulieren, e-e Oskulation bilden
osculating| circle S MATH Oskulations-, Schmiegungskreis *m*; **~ curve** S oskulierende Kurve; **~ plane** S Schmiegungsebene *f*
osculation [,ɒskjʊ'leɪʃn; US ,as-] S 1 *bes hum* a Kuss *m* b Küssen *n* 2 MATH Oskulation *f*, Berührung *f* zweier Kurven: **point of ~** Berührungspunkt *m*
osculatory ['ɒskjʊlətərɪ; US 'askjələ,təʊriː; -,tɔː-] ADJ 1 *bes hum* küssend, Kuss... 2 MATH oskulierend, Oskulations...
OSHA ABK POL *US* Occupational Safety and Health Administration
osier ['əʊʒə(r)] S 1 BOT Korbweide *f*: **~ bed** Weidenpflanzung *f* 2 Weidenrute *f*: **~ basket** Weidenkorb *m*; **~ furniture** Korbmöbel *pl*
Oslo ['ɒzləʊ; 'ɒs-; US 'az-; 'as-] S Oslo *n* *(Hauptstadt von Norwegen)*
Osmanli [ɒz'mænlɪ; US az-] HIST A S 1 Osmane *m*, Osmanin *f* 2 *a.* **~ Turkish** LING Osmanisch *n*, das Osmanische B ADJ osmanisch
osmic ['ɒzmɪk; US 'az-] ADJ CHEM Osmium...
osmium ['ɒzmɪəm; US 'az-] S CHEM Osmium *n*
osmosis [ɒz'məʊsɪs; US az-] S CHEM Osmose *f*; **osmotic** [-'mɒtɪk; US -'ma-] ADJ (ADV ~ally) osmotisch
osmund ['ɒzmənd; US 'az-] S BOT Rispenfarn *m*
osnaburg ['ɒznəbɜːg; US 'aznə,bɜrg] S Osnabrücker Leinwand *f*
osprey ['ɒsprɪ; US 'as-] S 1 ORN Fischadler *m* 2 Reiherfeder *f*
ossein ['ɒsɪɪn; US 'a-] S BIOL, CHEM Ossein *n*, Knochenleim *m*
osseous ['ɒsɪəs; US 'a-] ADJ knöchern, Knochen...
ossicle ['ɒsɪkl; US 'a-] S ANAT Knöchelchen *n*
ossiferous [ɒ'sɪfərəs; US a's-] ADJ *(bes fossile)* Knochen enthaltend
ossification [,ɒsɪfɪ'keɪʃn; US ,a-] S MED Verknöcherung *f*; **ossified** [-faɪd] ADJ MED verknöchert *(a. fig)*, ossifiziert
ossify ['ɒsɪfaɪ; US 'a-] A V/T ossifizieren, verknöchern (lassen) B V/I 1 ossifizieren, verknöchern 2 *fig* verknöchern, in Konventionen erstarren
ossuary ['ɒsjʊərɪ; US 'aʃə,weriː] S Ossarium *n*: a Beinhaus *n* b *Antike*: Gebeinurne *f*
osteal ['ɒstɪəl; US 'as-] → osseous
osteitis [,ɒstɪ'aɪtɪs; US ,as-] S MED Osteitis *f*, Knochenentzündung *f*
Ostend [ɒ'stend; US as'tend] S Ostende *n* *(belgische Hafenstadt)*
ostensible [ɒ'stensəbl; US a's-] ADJ (ADV ostensibly) 1 scheinbar 2 an-, vorgeblich 3 vorgeschoben: **~ partner** Strohmann *m*; **ostensive** ADJ (ADV ~ly) 1 ostensiv: a (auf)zeigend, anschaulich machend, darlegend b *fig* herausfordernd, prahlerisch 2 → ostensible; **ostensory** [-sərɪ] → monstrance
ostentation [,ɒsten'teɪʃn; US ,as-] S 1 (protzige) Zurschaustellung 2 Protzerei *f umg*, Prahlerei *f* 3 Gepränge *n*, Prachtentfaltung *f*; **ostentatious** ADJ (ADV ~ly) 1 großtuerisch, prahlerisch: **be ~ about sth** etwas protzig zur Schau stellen, mit etwas protzen *(beide umg)* 2 (bewusst) herausfordernd, ostentativ, betont, demonstrativ 3 prunkhaft, prächtig
osteo- [ɒstɪəʊ; US as-] *Wortelement mit der Bedeutung* Knochen...
osteoarthritis S MED Osteoarthritis *f* *(Knochen- u. Gelenkentzündung)*
osteoblast ['ɒstɪəʊblæst; US 'astɪə-] S PHYSIOL Osteoblast *m (Zelle, die das Knochengewebe bildet)*
osteoclasis [,ɒstɪ'ɒkləsɪs; US ,astɪ'ak-] S MED 1 Osteoklasie *f*, (chirurgische) Knochenfraktur 2 Knochengewebszerstörung *f*; **osteoclast** ['ɒstɪəʊklæst; US 'as-] S Osteoklast *m*: a *Instrument zum Zerbrechen von Knochen* b *Knochen resorbierende Riesenzelle*
osteogenesis S PHYSIOL Osteogenese *f*, Knochenbildung *f*; **osteogenetic**, **osteogenic** [-'dʒenɪk], **osteogenous** [,ɒstɪ'ɒdʒɪnəs; US ,astɪ'adʒə-] ADJ osteogen, Knochen bildend
osteologist [,ɒstɪ'ɒlədʒɪst; US ,astɪ'alə-] S Osteologe *m*, Osteologin *f*; **osteology** S Osteologie *f (Wissenschaft von den Knochen)*
osteoma [,ɒstɪ'əʊmə; US ,as-] *pl* -mas, -mata [-mətə] S MED Osteom *n*, gutartige Knochengeschwulst; **osteomalacia** [-mə'leɪʃɪə] S MED Osteomalazie *f*, Knochenerweichung *f*
osteomyelitis S MED Osteomyelitis *f*, Knochenmarkentzündung *f*
osteoplastic [,ɒstɪə'plæstɪk; US ,as-] ADJ osteoplastisch: a PHYSIOL Knochen bildend b MED knochenplastisch; **osteoplasty** [-,plæstɪ] S MED Osteoplastik *f*, Knochenplastik *f*
osteoporosis [,ɒstɪəʊpɔː'rəʊsɪs; US ,astɪəʊpə-] S MED Osteoporose *f (Schwund des festen Knochengewebes bei Zunahme der Markräume)*
osteotome ['ɒstɪətəʊm; US 'as-] S MED Osteotom *n*, Knochenmeißel *m*; **osteotomy** [,ɒstɪ'ɒtəmɪ; US ,astɪ'a-] S Osteotomie *f* *(operative Durchmeißelung e-s Knochens)*
ostiary ['ɒstɪərɪ; US 'astɪ,eriː] S 1 KATH Ostiarius *m (Inhaber der niedersten der niederen Weihen)* 2 Pförtner *m (e-r Kirche etc)*
ostitis [ɒ'staɪtɪs; US a'st-] S MED Ostitis *f*, Knochenentzündung *f*
ostler ['ɒslə; US 'aslər] S HIST Stallknecht *m* *(bes in e-m Gasthaus)*
ostracism ['ɒstrəsɪzəm; US 'as-] S 1 *Antike*: Scherbengericht *n* 2 *fig* a Verbannung *f* b Ächtung *f*; **ostracize** V/T 1 *Antike*: (durch das Scherbengericht) verbannen 2 *fig* a verbannen b ächten, (aus der Gesellschaft) ausstoßen, verfemen
ostracod ['ɒstrəkɒd; US 'astrə,kad] S ZOOL Muschelkrebs *m*
ostrich ['ɒstrɪtʃ; US 'as-] A *pl* -triches, *bes koll* -trich S ORN Strauß *m*: **behave like an ~**, **play ~** den Kopf in den Sand stecken; **have the digestion of an ~** e-n Magen wie ein Pferd haben B ADJ Strauß(en)...: **~ feather** *(od* **plume)** Straußenfeder *f*; **~ fern** S BOT Straußfarn *m*; **~ policy** S *fig* Vogel-Strauß-Politik *f*
Ostrogoth ['ɒstrəʊgɒθ; US 'astrə,gaθ] S HIST Ostgote *m*, Ostgotin *f*; **Ostrogothic** ADJ ostgotisch, Ostgoten...: **the ~ Empire** das ostgotische Reich
Ostyak ['ɒstɪæk; US 'as-] S 1 *pl* -aks, *bes koll* -ak Ostjake *m*, Ostjakin *f (finnisch-ugrisches Volk)* 2 LING Ostjakisch *n*, das Ostjakische
OT ABK 1 occupational therapy 2 BIBEL Old Testament AT 3 overtime
otalgia [əʊ'tældʒɪə; -dʒə] S MED Otalgie *f*, Ohrenschmerz *m*
OTC ABK MIL *Br* Officers' Training Corps
other ['ʌðə(r)] A ADJ 1 ander(er, e, es): **~ people think otherwise** andere Leute denken anders; **there is no ~ place to go to** man kann sonst nirgends hingehen; **~ things being equal** bei sonst gleichen Bedingungen; **the ~ side** JUR die Gegenseite 2 *(vor s im pl)* andere, übrige: **the ~ guests** 3 ander(er, e, es), weiter(er, e, es), sonstig(er, e, es): **many ~ things**; **one ~ person** e-e weitere Person, (noch) j-d anders; **the ~ two** die anderen beiden, die beiden anderen; **any ~ questions?** sonst noch Fragen? 4 anders (**than** als): **I would not have him ~ than he is** ich möchte ihn nicht anders haben, als er ist; **no person ~ than yourself** niemand außer dir 5 **(from, than)** anders (als), verschieden (von): **far ~ from ours** ganz anders als der unsere 6 zweit(er, e, es) *(obs außer in)*: **every ~** jeder (jede, jedes) zweite: **every ~ year** jedes zweite Jahr, alle zwei Jahre; **every ~ day** jeden zwei-

O

ten Tag **7** vorübergehend *(obs außer in)*: **the ~ day** neulich, kürzlich; **the ~ night** neulich Abend **B** PRON ander(er, e, es): **the ~** der *od* die *od* das andere; **~s say** andere sagen; **the two ~s** die beiden anderen; **of all ~s** vor allen anderen; **no** (*od* **none**) **~ than** kein anderer als; **someone or ~** irgendwer, irgendjemand; **some day** (*od* **time**) **or ~** e-s Tages, irgendwann einmal; **some way or ~** irgendwie, auf irgendeine Weise; **some singer or ~** irgend so ein Sänger; → each B, one C 1 **C** ADV anders (**than** als): **you can't get there ~ than by car** man kommt nur mit dem Wagen (dort)hin

other-directed ADJ konformistisch, fremdbestimmt: **be ~** *a.* sich immer nach anderen richten

otherly ADV: **~ abled** *bes US euph* (körper)behindert

otherness ['ʌðə(r)nɪs] S Anderssein *n*, Verschiedenheit *f*

otherwhere ADV *poet* **1** anderswo **2** anderswohin, woandershin

otherwise ['ʌðə(r)waɪz] **A** ADV **1** (*a.* KONJ) sonst, andernfalls: **~ you will not get it** **2** sonst, im Übrigen: **stupid but ~ harmless**; **this ~ excellent dictionary** **3** anderweitig: **~ occupied**; **unless you are ~ engaged** wenn du nichts anderes vorhast **4** anders (**than** als): **we think ~** wir sind anderer Meinung; **not ~ than** nicht anders als, genauso wie; **X, ~ (called) Y** X, auch Y genannt; X alias Y **5** *(nach* **or** *od* **and** *zum Ausdruck des Gegenteils)*: **the advantages or ~ of sth** die Vor- oder Nachteile e-r Sache; **berries edible and ~** essbare und nichtessbare Beeren **B** ADJ **1** sonstig: **his ~ rudeness** s-e sonstige Grobheit; **his political enemies, his ~ friends** s-e politischen Gegner, sonst aber s-e Freunde **2** anders: **rather tall than ~** eher groß als klein

other| world S Jenseits *n*; **~worldliness** S **1** Jenseitigkeit *f* **2** Jenseitsgerichtetheit *f* **3** *fig* Weltfremdheit *f*; **~worldly** ADJ **1** jenseitig, Jenseits… **2** auf das Jenseits gerichtet **3** *fig* weltfremd

otic ['əʊtɪk] ADJ ANAT Ohr…

otiose ['əʊʃɪəʊs] ADJ (ADV **~ly**) **1** müßig, träg(e), untätig **2** müßig, zwecklos; **otiosity** [-'ɒsətɪ; *US* -'ɑ-] S **1** Muße *f*, Müßiggang *m* **2** Zwecklosigkeit *f*

otitis [əʊ'taɪtɪs] S MED Otitis *f*, Ohr(en)entzündung *f*: **~ media** Mittelohrentzündung

otolaryngologist ['əʊtəʊˌlærɪŋ'gɒlədʒɪst; *US* -'gɑ-] S MED Hals-Nasen-Ohren-Arzt *m*, -Ärztin *f*; **otolaryngology** S Hals-, Nasen- u. Ohrenheilkunde *f*

otologist [əʊ'tɒlədʒɪst; *US* -'tɑ-] S MED Ologe *m*, Otologin *f*, Ohrenarzt *m*, -ärztin *f*; **otology** S Otologie *f*, Ohrenheilkunde *f*

otorhinolaryngologist ['əʊtəʊˌraɪnəʊˌlærɪŋ'gɒlədʒɪst; *US* -'gɑ-] → otolaryngologist; **otorhinolaryngology** → otolaryngology

otoscope ['əʊtəskəʊp] S Otoskop *n*, Ohrenspiegel *m*

OTS ABK MIL Officers' Training School

ottava rima [əʊˌtɑːvə'riːmə] S LIT Ottaverime *pl*, Stanze *f*, Oktave *f (Strophe aus 8 fünfhebigen jambischen Versen mit dem Reimschema abababcc)*

Ottawa ['ɒtəwə; *US* 'ɑt; *a.* -ˌwɑː] S Ottawa *n (Hauptstadt von Kanada)*

otter ['ɒtə; *US* 'ɑtər] S **1** *pl* -ters, *bes koll* -ter ZOOL Otter *m* **2** Otterfell *n*, -pelz *m* **3** *(ein)* Fischfanggerät *n*; **~hound** S JAGD Otterhund *m*

Otto engine ['ɒtəʊ; *US* 'ɑtəʊ] S AUTO Ottomotor *m*

Ottoman ['ɒtəʊmən; *US* 'ɑtə-] **A** ADJ HIST osmanisch, türkisch: **the ~ Empire** das Osmanische Reich **B** *pl* -mans S **1** Osmane *m*, Osmanin *f*, Türke *m*, Türkin *f* **2** ♀ Ottomane *f*: **a** *Art Sofa* **b** Polsterhocker *m* **3** ♀ Ottoman *m (ein Gewebe)*

OU ABK **1** Oxford University **2** Open University

oubliette [ˌuːblɪ'et] S Oubliette *f*, (Burg)Verlies *n*

ouch[1] [aʊtʃ] INT autsch!, au!

ouch[2] [aʊtʃ] S HIST Spange *f*

ought[1] [ɔːt] **A** V/AUX *(nur präs u. prät; mit folgendem inf mit* **to**, *obs od poet a. ohne* **to**) *ich, er, sie, es* sollte, *du* solltest, *ihr* solltet, *wir, sie, Sie* sollten: **he ~ to do it** er sollte es (eigentlich) tun; **he ~ (not) to have seen it** er hätte es (nicht) sehen sollen; **you ~ to have known better** du hättest es besser wissen sollen *od* müssen **B** S Soll *n*, (moralische) Pflicht

ought[2] [ɔːt] S Null *f*

ought[3] → aught B

Ouija (board)® ['wiːdʒɑː; -dʒə] S Alphabettafel *f (für spiritistische Sitzungen)*

ounce[1] [aʊns] S **1** Unze *f (als Handelsgewicht = 28,35 g; als Troygewicht = 31,1 g)* **2** → fluid ounce **3** *fig* Körnchen *n*, Funken *m*, *ein* bisschen: **an ~ of common sense** ein Funken gesunden Menschenverstandes; **an ~ of truth** ein Körnchen Wahrheit; **there isn't an ~ of truth in** (*od* **to**) **that story** an der Geschichte ist kein Wort wahr; **an ~ of practice is worth a pound of theory** *(Sprichwort)* Probieren geht über Studieren

ounce[2] [aʊns] S ZOOL **1** Irbis *m*, Schneeleopard *m* **2** *poet* Luchs *m*

our ['aʊə(r)] POSS PR unser, uns(e)re: ♀ **Father** REL Vaterunser *n*; → lady A 7

ours ['aʊə(r)z] POSS PR unser (uns[e]re), der (die, das) uns(e)re: **I like ~ better** mir gefällt das unsere besser; **a friend of ~** ein Freund von uns; **this world of ~** diese unsere Welt; **that house of ~** unser Haus; **this car is ~** das ist unser Wagen, dieser Wagen gehört uns

ourself [ˌaʊə(r)'self] PRON *(sg von* ourselves, *beim Pluralis Majestatis gebraucht) obs* **1** Uns (selbst) **2** (höchst)selbst: **We** ♀ Wir höchstselbst

ourselves [ˌaʊə(r)'selvz] PRON **1** *reflexiv* uns *(akk od dat)* **2** *intensivierend* (wir) selbst: **we did it ~** wir haben es selbst getan **3** uns selbst: **we brought it for ~** wir haben es für uns (selbst) mitgebracht

ousel → ouzel

oust [aʊst] V/T **1** (**from** aus) **a** vertreiben **b** verdrängen: **~ sb from office** j-n aus s-m Amt entfernen, j-n s-s Amtes entheben; **~ from the market** WIRTSCH vom Markt verdrängen; **~ from the lead** SPORT von der Spitze verdrängen **2** JUR *j-n* enteignen, um s-n Besitz bringen; **ouster** S *bes US* **1** **a** Entfernung *f* (aus dem Amt), (Amts)Enthebung *f* **b** *allg* Verdrängung *f* **2** JUR **a** Enteignung *f* **b** Besitzentziehung *f*

out [aʊt] **A** ADV **1** *(a. in Verbindung mit Verben)* **a** hinaus*(-gehen, -werfen etc)* **b** heraus*(-kommen, -schauen etc)* **c** aus*(-brechen, -pumpen, -sterben etc)* **d** aus*(-probieren, -rüsten etc)*: **voyage ~** Ausreise *f*; **way ~** Ausgang *m*; **on the way ~** beim Hinausgehen; **have one's tonsils ~** sich die Mandeln herausnehmen lassen; **he had his tonsils ~ yesterday** ihm wurden gestern die Mandeln herausgenommen; **have a tooth ~** sich e-n Zahn ziehen lassen; **insure ~ and home** WIRTSCH hin u. zurück versichern; **~ with him!** hinaus *od umg* raus mit ihm!; **~ with it!** hinaus *od* heraus damit! (→ A 10); **that's ~** das kommt nicht infrage!; **~ of** → C 4 **2** außen, draußen, fort: **he is ~** er ist draußen; **~ and about** (wieder) auf den Beinen; **he is ~ for a walk** er macht gerade e-n Spaziergang **3** nicht zu Hause: **be ~ on business** geschäftlich unterwegs *od* verreist sein; **we had an evening ~** wir sind am Abend ausgegangen **4** von der Arbeit abwesend: **be ~ on account of illness** wegen Krankheit der Arbeit fernbleiben; **a day ~** ein freier Tag **5** im *od* in den Streik: **be ~** streiken; → go out 10 **6** **a** ins Freie **b** draußen, im Freien **c** SCHIFF draußen, auf See **d** MIL im Felde **7** als Hausangestellte beschäftigt **8** raus, *(aus dem Gefängnis etc)* entlassen: **~ on bail** gegen Bürgschaft auf freiem Fuß **9** heraus, veröffentlicht, an der *od* an die Öffentlichkeit: **(just) ~** (soeben) erschienen *(Buch)*; **it came ~ in June** es kam im Juni heraus, es erschien im Juni; *his first single* **will be ~ next week** kommt nächste Woche auf den Markt; **the girl is not yet ~** das Mädchen ist noch nicht in die Gesellschaft eingeführt (worden) **10** heraus, ans Licht, zum Vorschein, entdeckt, -hüllt, -faltet: **the chickens are ~** die Küken sind ausgeschlüpft; **the flowers are ~** **a** die Blumen sind heraus *od* blühen **b** die Blüten sind entfaltet; **the secret is ~** das Geheimnis ist enthüllt *od* gelüftet (worden); **~ with it!** heraus damit!, heraus mit der Sprache! (→ A 1) **11** **be ~ for** es abgesehen haben auf *(akk)*, aus sein auf *(akk)*: **be ~ for prey** auf Raub aus sein **12** **be ~ for sth** sich für etwas einsetzen *od* erklären **13** **be ~ to do sth** darauf aus sein *od* darauf abzielen, etwas zu tun **14** weit u. breit, in der Welt *(bes zur Verstärkung des sup)*: **the best thing ~**; **~ and away** bei Weitem **15** SPORT aus: **a** nicht (mehr) im Spiel **b** im Aus **16** *Boxen*: k. o.: **~ on one's feet** **a** stehend k. o. **b** *fig* schwer angeschlagen, erledigt *(beide umg)* **17** POL draußen, raus, nicht (mehr) im Amt, nicht (mehr) am Ruder: **the Democrats are ~** **18** aus der Mode, out: **boogie woogie is ~** **19** aus, vorüber, vorbei, zu Ende: **school is ~** *US* die Schule ist aus; **before the week is ~** vor Ende der Woche **20** aus, erloschen: **the fire is ~**; **the lights are ~** **21** aus(gegangen), verbraucht, alle: **the potatoes are ~** **22** aus der Übung: **my fingers are ~** **23** zu Ende, bis zum Ende, ganz: **tired ~** vollständig erschöpft; **~ and ~** durch u. durch, ganz u. gar; → hear A 3, sit out A 1 **24** nicht an der richtigen Stelle *od* im richtigen Zustand, *z. B.* **a** verrenkt *(Arm etc)* **b** geistesgestört, verrückt **c** über die Ufer getreten *(Fluss)* **25** löch(e)rig, zerrissen, durchgescheuert: → elbow A 1 **26** ärmer um: **be $10 ~** **27** **a** verpachtet, vermietet **b** verliehen, ausgeliehen *(Geld, a. Buch)*: **land ~ at rent** verpachtetes Land; **~ at interest** auf Zinsen ausgeliehen *(Geld)* **28** unrichtig, im Irrtum (befangen): **his calculations are ~** s-e Berechnungen stimmen nicht; **be (far) ~** sich (gewaltig) irren, (ganz) auf dem Holzweg sein *fig* **29** entzweit, verkracht *umg*: **be ~ with s.o** **30** verärgert, ärgerlich **31** laut: **laugh ~** laut (heraus)lachen; **speak ~!** **a** sprich lauter! **b** heraus damit! **B** ADJ **1** Außen…: **~ edge**; **~ islands** entlegene *od* abgelegene Inseln **2** POL nicht (mehr) im Amt *od* am Ruder (befindlich): **~ party** Oppositionspartei *f* **3** abgehend *(Zug etc)* **C** PRÄP **1** (heraus *od* hervor) aus *(obs außer nach* **from**): **from ~ the house** aus dem Haus heraus **2** aus, heraus *od* hinaus aus *od* zu: **~ the window** zum Fenster hinaus, aus dem Fenster **3** *US umg* **a** hinaus **b** draußen an *(dat) od* in *(dat)*: **drive ~ Main Street** die Hauptstraße (entlang) hinausfahren; **live ~ Main Street** (weiter) draußen an der Hauptstraße wohnen **4** **~ of** **a** aus (… heraus): **~ of the bottle (house**, *etc)* **b** zu … hinaus: **~**

of the window (house, *etc*) c aus, von: **two ~ of three Americans** zwei von drei Amerikanern a außerhalb, außer *Reichweite, Sicht etc* b außer *Atem, Übung etc*: **be ~ of sth** etwas nicht (mehr) haben; **we are ~ of oil** uns ist das Öl ausgegangen, wir haben kein Öl mehr c aus *der Mode, Richtung etc*: **~ of drawing** verzeichnet; **be ~ of it** *umg* weg vom Fenster sein; → alignment 3, focus A 1, question A 4 d außerhalb (*gen od* von): **five miles ~ of Oxford**; **be ~ of it** *fig* nicht dabei sein (dürfen); **feel ~ of it** sich ausgeschlossen fühlen; → door *Bes Redew* e um *etwas betrügen* f von, aus: **get sth ~ of sb** etwas von j-m bekommen; **he got more (pleasure) ~ of it** er hatte mehr davon g (hergestellt) aus: **made ~ of paper** h *fig* aus *Bosheit, Furcht, Mitleid etc* i ZOOL abstammend von, aus *e-r Stute etc* D INT 1 hinaus!, raus!: **~ with** → A 1, A 10 2 **~ (up)on** *obs* pfui *od* Schande über (*akk*): **~ upon you!** E S 1 *US* Außenseite *f*: → in D 2 2 *bes US* Ausweg *m* (*a. fig*) 3 *Tennis etc*: Ausball *m* 4 **the ~s** *pl* POL die Opposition, die nicht regierende Partei 5 *pl US* Streit *m*: **at ~s** (*od* **on the ~s**) **with** im Streit mit, auf gespanntem Fuße mit 6 *US umg* a *schlechte etc* Leistung b Schönheitsfehler *m* 7 TYPO Auslassung *f*, Leiche *f* 8 *pl* WIRTSCH *US* ausgegangene Bestände *pl od* Waren *pl* F V/T 1 hinauswerfen, verjagen 2 *umg* outen, als schwul bloßstellen G V/I ans Licht *od* zum Vorschein kommen: → murder A

out|achieve V/T *j-n* übertreffen; **~act** V/T THEAT *etc* an die Wand spielen

outage ['aʊtɪdʒ] S 1 fehlende *od* verlorene Menge (*z. B. aus e-m Behälter*), Schwund *m* 2 TECH (*bes* Strom)Ausfall *m*

out|-and-out ADJ absolut, ausgesprochen: **an ~ lie** e-e faustdicke Lüge *umg*; **an ~ villain** ein Erzschurke; **~-and-outer** S *sl* 1 Hundertfünfzigprozentige(r) *m/f(m)*, Radikale(r) *m/f(m)* 2 (*etwas*) Hundertprozentiges *od* ganz Typisches (*s-r Art*); **~asight** ADJ *sl* 1 toll, super 2 unverschämt (*Preise etc*); **~back** *Aus* A S: **the ~** das Hinterland, der Busch B ADJ & ADV im *od* in den *od* aus dem Busch: **~ life** das Leben im Busch; **~balance** V/T überwiegen, -treffen; **~bid** V/T *irr* (*bei Auktionen, Kartenspielen*) überbieten (*a. fig*); **~board** SCHIFF A ADJ Außenbord...: **~ motor** B ADV außenbords C S 1 Außenbordmotor *m* 2 Außenborder *m* (*Boot*); **~bound** ADJ SCHIFF a auslaufend b auf der Ausreise befindlich: **~ cargo** (*od* **freight**) Hin-, Ausgangsfracht *f*; **~box** V/T (*im Boxen*) schlagen, ausboxen; **~brake** V/T *Motorsport: j-n* ausbremsen; **~brave** V/T 1 trotzen *od* Trotz bieten (*dat*) 2 an Tapferkeit *od* Kühnheit übertreffen; **~break** S 1 Ausbruch *m* (*e-r Epidemie etc*): **at the ~ of war** bei Kriegsausbruch; **~ of temper** Zorn(es)ausbruch, Wutanfall *m* 2 Aufruhr *m*; **~breeding** S ZOOL Kreuzen *n* entfernt verwandter *od* nicht zuchtverwandter Tiere; **~building** S Nebengebäude *n*; **~burst** S Ausbruch *m* (*a. fig*): **(emotional) ~** Gefühlsausbruch; **~cast** A ADJ 1 verstoßen, verbannt, (*von der Gesellschaft*) ausgestoßen 2 a verfemt, verächtlich b abgetan B S 1 Ausgestoßene(r) *m/f(m)* 2 (*etwas*) Verfemtes 3 Abfall *m*, Ausschuss *m*; **~caste** ['-kɑːst; *US* '-ˌkæst] A S a aus der Kaste Ausgestoßene(r) *m/f(m)* b Kastenlose(r) *m/f(m)* B ADJ a kastenlos b (*aus der Kaste*) ausgestoßen C V/T (*aus der Kaste*) ausstoßen; **~class** V/T *j-m od e-r Sache* weit überlegen sein, *j-n od etwas* weit übertreffen, SPORT *a. j-n* deklassieren; **~come** S 1 Ergebnis *n*, Resultat *n*, Folge *f*, Produkt *n*: **what was the ~ of the talks?** was ist bei den Gesprächen herausgekommen? 2 Schluss(folgerung) *m(f)*; **~crop** A S ['-krɒp; *US* '-ˌkrɑp] 1 GEOL a Zutageliegen *n*, Anstehen *n* b Ausgehendes *n*, Ausbiss *m* 2 *fig* Zutagetreten *n* B V/I [ˌ-'krɒp; *US* ˌ-'krɑp] 1 GEOL zutage liegen *od* treten, ausbeißen, anstehen 2 *fig* zutage treten; **~crossing** S BIOL Kreuzen *n* von nicht miteinander verwandten Tieren *od* Pflanzen innerhalb derselben Abart *od* Rasse; **~cry** S 1 Aufschrei *m*, Schrei *m* der Entrüstung 2 WIRTSCH a Versteigerung *f* b Ausrufen *n*; **~dare** V/T 1 Trotz bieten *od* trotzen (*dat*) 2 mehr wagen als *j-d*; **~date** V/T verdrängen, veralten lassen: **the invention of cassette recorders ~d tape recorders** durch die Erfindung des Kassettenrecorders kamen Tonbandgeräte aus der Mode; **~dated** ADJ überholt, veraltet; **~distance** V/T 1 (weit) hinter sich lassen (*a. fig*) 2 *fig* überflügeln; **~do** V/T *irr* 1 **(in)** übertreffen (an *od* in *dat*), ausstechen (in *dat*): **~ o.s.** sich selbst übertreffen; **he is not to be outdone in efficiency** er ist an Tüchtigkeit nicht zu übertreffen; **(in order) not to be outdone** um nicht zurückzustehen (**by** hinter *dat*) 2 schlagen, besiegen (*beide:* **in** in *dat*); **~door** ADJ Außen..., außerhalb des Hauses, im Freien (befindlich *od* sich ereignend): **~ advertising** Außen-, Straßenreklame *f*; **~ aerial** (*bes US* **antenna**) Außenantenne *f*; **~ dress** Straßenkleid *n*; **~ exercises** *pl* Bewegung *f* im Freien; **~ games** Spiele für draußen *od* im Freien; **~ garments** *pl* Straßenkleidung *f*; **~ performance** THEAT Freilichtaufführung *f*; **~ season** *bes* SPORT Freiluftsaison *f*; **~ shoes** Straßenschuhe; **~ shot** FOTO Außenaufnahme *f*; **~ temperature** Außentemperatur *f*; → servant 1; **~doors** A ADV 1 draußen, im Freien 2 hinaus, ins Freie B SPL (*als sg konstruiert*) **the (great) ~** die freie Natur, Gottes freie Natur; **outdoorsy** ['aʊtdɔː(r)sɪ] ADJ *bes US umg* naturverbunden: **I'm an ~ person** ich bin kein Stubenhocker; ich bin gern draußen unterwegs; **he's an ~ type** er ist gern draußen in der Natur; **~drink** V/T *irr* unter den Tisch trinken *sl*

outer ['aʊtə(r)] A ADJ 1 Außen...: **~ city** *US* Außenbezirke *pl* (*e-r Stadt*); **~ cover** FLUG Außenhaut *f*; **~ diameter** Außendurchmesser *m*; **~ garments** *pl* a Oberbekleidung *f* b Überkleidung *f*; **~ harbo(u)r** SCHIFF Außen-, Vorhafen *m*; **the ~ man** die äußere Erscheinung, das Äußere; **~ office** Vorzimmer *n*; **~ space** Weltraum *m*; **~ surface** Außenfläche *f*, -seite *f*, Oberfläche *f* 2 äußerst(er, e, es), fernst(er, e, es) B S 1 *Bogenschießen*: äußerer Ring (*der Scheibe*) 2 SPORT *Aus* unüberdachte (Zuschauer)Ränge *pl*: **on the ~** *fig* vernachlässigt; **♀ House** S JUR *schott erstinstanzliches Gericht für Zivilsachen*; **~most** [-məʊst] ADJ äußerst(er, e, es); **~ parts**, **~ voices** SPL MUS Ober- u. Unterstimme *f* (*Sopran u. Bass*); **~wear** S a Oberbekleidung *f* b Überkleidung *f*

out|face V/T 1 Trotz bieten *od* trotzen (*dat*), mutig *od* gefasst begegnen (*dat*): **~ a situation** e-r Lage Herr werden 2 *j-n* mit e-m Blick *od* mit Blicken aus der Fassung *od* zum Schweigen bringen; **~fall** S Mündung *f* (*e-s Flusses etc*), Austrittsöffnung *f* (*e-s Rohrs etc*); **~field** S weitab liegende Felder *pl* (*e-r Farm*); **~fight** V/T *irr* niederkämpfen, schlagen; **~fighter** S SPORT Distanzboxer(in); **~fit** A S 1 a Ausrüstung *f*, Ausstattung *f* (*für e-e Reise etc*), TECH *a.* Gerät(e) *n(pl)*, Werkzeug(e) *n(pl)*, Utensilien *pl*: **travel(l)ing ~** Reiseausrüstung; **cooking ~** Küchengeräte, Kochutensilien; **puncture ~** AUTO Reifenflickzeug *n*; **the whole ~** *umg* der ganze Krempel b Outfit *n*, Kleidung *f* 2 (*a. als pl konstruiert*) *umg* a Verein *m*, Laden *m*, Gesellschaft *f*, Gruppe *f* (*von Personen*) b MIL Haufen *m*, Einheit *f* c (Arbeits)Gruppe *f* d Gruppe *f*, Organisation *f* B V/T ausrüsten, ausstatten (*beide:* **with** mit); **~fitter** S 1 *bes Br* Herrenausstatter *m* (*Geschäft*) 2 Ausrüstungslieferant(in) 3 Fachhändler(in): **electrical ~** Elektrohändler *m*; **~flank** V/T 1 MIL die Flanke *des Feindes* umfassen, umgehen (*a. fig*): **~ing attack** Umfassungsangriff *m* 2 *fig* überlisten; **~flow** S Ausfluss *m* (*a.* MED): **~ of gold** WIRTSCH Goldabfluss *m*; **~fly** V/T *irr* weiter *od* schneller fliegen als; **~foot** V/T 1 schneller fahren als (*Boot*) 2 ein besserer Läufer, Tänzer *etc* sein als *j-d*; **~fox** V/T überlisten; **~general** V/T *prät u. pperf* -aled, *bes Br* -alled 1 ein besserer Stratege *od* Taktiker sein als *j-d* 2 → outmaneuver; **~go** A V/T *irr* [ˌ-'gəʊ] *fig* übertreffen B S ['-gəʊ] *pl* -goes 1 WIRTSCH (Gesamt)Ausgaben *pl*, (Geld)Auslagen *pl* 2 Ausströmen *n*, -fluss *m*; **~going** A ADJ 1 weg-, fortgehend 2 abtretend, ausscheidend: **~ partner** WIRTSCH ausscheidender Gesellschafter; **the ~ president** der aus dem Amt scheidende Präsident 3 SCHIFF, BAHN *etc, a.* ELEK, TEL abgehend: **~ circuit** ELEK abgehende Leitung, Ausgangsleitung *f*; **~ traffic** FLUG Abgangsverkehr *m*; **~ mail** Postausgang *m* 4 zurückgehend (*Flut*) 5 PSYCH aus sich herausgehend, mitteilsam, extrovertiert B S 1 Ausgehen *n*, Ausgang *m* 2 *meist pl bes Br* (Geld)Ausgaben *pl* 3 Ab-, Ausfluss *m*; **~group** S SOZIOL Outgroup *f* (*Gruppe, der man sich nicht zugehörig fühlt u. von der man sich distanziert*); **~grow** V/T *irr* 1 größer werden als, schneller wachsen als, hinauswachsen über (*akk*) 2 *j-m* über den Kopf wachsen 3 → grow out of 1 4 → grow out of 3; **~growth** S 1 natürliche Entwicklung *od* Folge, Ergebnis *n* 2 Nebenerscheinung *f* 3 Heraus-, Hervorwachsen *n* 4 MED Auswuchs *m*; **~guess** V/T *j-s* Absichten durchschauen *od* zuvorkommen; **~gun** V/T *umg* ausstechen, übertreffen; **~-Herod** [-'herəd] V/T: **~ Herod** noch schlimmer wüten als Herodes; **his cruelty ~s Herod** s-e Grausamkeit ist mit Worten kaum zu beschreiben; **~house** S 1 Nebengebäude *n* 2 *bes US* Außenabort *m*

outing ['aʊtɪŋ] S 1 Ausflug *m*: **go for** (*od* **on**) **an ~** e-n Ausflug machen 2 SPORT *bes US* a Spiel *n* b Kampf *m*; **~ flannel** S *US* leichter Baumwollflanell

out|jockey → outmaneuver; **~jump** V/T besser *od* höher *od* weiter springen als, (*Fußball a.*) überspringen; **~lander** S 1 *bes poet* a Ausländer(in) b Fremde(r) *m/f(m)* 2 *SAfr* → uitlander; **~landish** ADJ (ADV ~ly) 1 fremdartig, seltsam, exotisch, ausgefallen 2 a unkultiviert b rückständig 3 abgelegen 4 *bes poet* ausländisch; **~last** V/T überdauern, -leben

outlaw A S 1 JUR, HIST Geächtete(r) *m*, Vogelfreie(r) *m* 2 Bandit *m*, Verbrecher *m* 3 *US* bösartiges Pferd B V/T 1 JUR, HIST ächten, für vogelfrei erklären 2 JUR *US* für verjährt erklären: **~ed claim** verjährter Anspruch 3 verbieten, für ungesetzlich erklären 4 *den Krieg etc* ächten, verfemen C ADJ **~ strike** *US* wilder *od* ungesetzlicher Streik; **outlawry** [-rɪ] S 1 JUR, HIST a Acht *f* (u. Bann *m*) b Ächtung *f* 2 Verbot *n* 3 JUR Gesetzesmissachtung *f* 4 Verbrechertum *n* 5 JUR *US* Ausschluss *m* (*e-r Klage etc wegen Verjährung*) 6 Ächtung *f*, Verfemung *f*

out|lay A V/T *irr* [ˌ-'leɪ] *Geld* ausgeben (**on** für) B S ['-leɪ] (Geld)Auslage(n) *f(pl)*, Ausgabe(n) *f(pl)* (*beide:* **on, for** für): **initial ~** Anschaffungskosten *pl*; **~let** ['aʊtlet] S 1 Auslass *m*, Austritt *m*, Abzug *m*, Abzugs-, Abflussöffnung *f* 2 AUTO Abluftstutzen *m* 3 ELEK Steckdose *f* 4 RADIO, TV Sendestation *f* 5 *fig* Ventil *n*, Be-

O

tätigungsfeld *n*: **find an ~ for one's emotions** s-n Gefühlen Luft machen können; **seek an ~ for one's creative instincts** ein Betätigungsfeld für s-n Schöpfungstrieb suchen 6 WIRTSCH a Absatzmarkt *m*, -möglichkeit *f*, -gebiet *n* b Einzelhandelsgeschäft *n*, Verkaufsstelle *f*; **~lier** [-ˌlaɪə(r)] S 1 Auswärtige(r) *m/f(m)*, Pendler(in) 2 GEOL Ausleger *m*; **~line** A S 1 a Umriss(linie) *m(f)* b *meist pl* Umrisse *pl*, Konturen *pl*, Silhouette *f* 2 a Konturzeichnung *f* b Umriss-, Konturlinie *f*: **in ~** in Konturzeichnung; im Grundriss 3 Entwurf *m*, Skizze *f*: **~ view** Gliederungsansicht *f* (*auf dem PC*) 4 **(of)** (*allgemeiner*) Umriss (von) *od* Überblick (über *akk*): **in broad** (*od* **rough**) **~** in großen Zügen, in groben Umrissen 5 Abriss *m*, Grundzüge *pl*: **an ~ of history** ein Abriss der Geschichte 6 TYPO Konturschrift *f* B V/T 1 umreißen, entwerfen, skizzieren, *fig a.* in Umrissen darlegen, e-n Überblick geben über (*akk*), in groben Zügen darstellen 2 die Umrisse *od* Konturen zeigen von: **~d (against)** scharf abgehoben (von), sich (als Silhouette) abzeichnend (gegen) *od* abhebend (von); **~live** V/T überleben: a länger leben als *j-d*: **she ~d him by four years** sie überlebte ihn um vier Jahre b *etwas* überdauern: **have ~d its usefulness** unbrauchbar geworden sein, ausgedient haben c *etwas* überstehen, hinwegkommen über (*akk*); **~look** S 1 (Aus)Blick *m*, (Aus)Sicht *f* 2 (*a.* Welt)Anschauung *f*, Auffassung *f*, Ansicht(en) *f(pl)*, Einstellung *f*, Standpunkt *m*, POL *a.* Zielsetzung *f*: **his ~ (up)on life** s-e Lebensanschauung *od* -auffassung *od* -einstellung 3 (Zukunfts)Aussicht(en) *f(pl)*: **further ~** METEO weitere Aussichten 4 Ausguck *m*, Ausschau *f*, Warte *f*: **on the ~ for** *fig* auf der Suche nach, Ausschau haltend nach 5 Wacht *f*, Wache *f*; **~lying** ADJ 1 außerhalb *od* abseits gelegen, abgelegen, entlegen, Außen...: **~ district** Außenbezirk *m* 2 auswärtig 3 *fig* am Rande liegend, nebensächlich; **~man** V/T 1 → outnumber 2 männlicher sein als; **~maneuver**, *bes Br* **~manoeuvre** V/T ausmanövrieren (*a. fig*); **~march** V/T schneller marschieren als; **~match** V/T übertreffen, überflügeln; **~mode** A V/T → outdate B V/I aus der Mode kommen, veralten; **~moded** → outdated; **~most** [-məʊst] ADJ äußerst(er, e, es) (*a. fig*)

outness ['aʊtnɪs] S PHIL Sein *n* außerhalb des Wahrnehmenden

outnumber V/T *j-m* zahlenmäßig überlegen sein: **applicants far ~ jobs** es gibt weit mehr Bewerber als Stellen; **be ~ed** in der Minderheit sein; **be ~ed by sb** j-m zahlenmäßig unterlegen sein

out-of|-balance ADJ TECH unausgeglichen, exzentrisch: **~ force** Unwuchtkraft *f*; **~ load** ELEK unsymmetrische Belastung, Schieflast *f*; **~-body experience** S *Parapsychologie*: *US* außerkörperliches Erlebnis; **~-bounds** ADJ: **~ park (to)** Park *m*, dessen Betreten (für, *dat*) verboten ist; **~ area** Sperrgebiet *n*, -bezirk *m*; **~-court** ADJ außergerichtlich (*Einigung etc*); **~-date** ADJ veraltet, überholt; **~-door** → outdoor; **~-doors** A ADJ → outdoor B SPL (*als sg konstruiert*) → outdoors B; **~-focus** ADJ 1 unscharf eingestellt (*Kamera etc*), unscharf (*Foto etc*) 2 *fig* unklar, verschwommen; **~-place** ADJ unangebracht, deplatziert; **~-pocket** ADJ bar bezahlt: **~ expenses** (Bar)Auslagen, Spesen; **~-print** A ADJ vergriffen B S vergriffener Titel; **~-round** ADJ TECH unrund; **~-school** ADJ außerschulisch (*Aktivitäten etc*); **~-sight** → outasight; **~-state** ADJ *US* aus e-m anderen Bundesstaat; **~-the-body experience** *Br* → out-of-body experience; **~-the-way** ADJ 1 abgelegen 2 *fig* a ungewöhnlich, ausgefallen b wenig bekannt; **~-town** ADJ auswärtig (*a.* WIRTSCH): **~ bill** *Br* Distanzwechsel *m*; **~-work** ADJ arbeitslos

out|pace V/T überholen, *j-n* hinter sich lassen (*beide a. fig*); **~patient** S MED ambulante(r) Patient(in): **~s' department** Ambulanz *f*, Poliklinik *f*; **~ treatment** ambulante Behandlung; **receive ~ treatment** ambulant behandelt werden; **~perform** V/T besser arbeiten als, mehr leisten als, übertreffen; **~placement** S WIRTSCH Outplacement *n* (*Entlassung von Arbeitskräften bei gleichzeitiger Vermittlung an ein anderes Unternehmen*); **~play** V/T SPORT *j-m* spielerisch überlegen sein, besser spielen als; **~point** V/T 1 a *bes* SPORT mehr Punkte erzielen *od* bekommen als b SPORT auspunkten, nach Punkten besiegen *od* schlagen, Punktsieger werden über (*akk*) 2 SCHIFF dichter am Wind segeln als; **~port** S SCHIFF Außen-, Vorhafen *m*; **~post** S MIL Vorposten *m* (*a. fig*); **~pour** A S ['-pɔː(r); *US a.* '-ˌpaʊər] 1 Hervorströmen *n* 2 Guss *m*, Strom *m* B V/T [ˌ-'pɔː(r); *US a.* ˌ-'paʊər] ausschütten, ausgießen; **~pouring** S 1 *meist pl* (Gefühls)Erguss *m* 2 → outpour A; **~put** A S Output *m*: a WIRTSCH, TECH Arbeitsertrag *m*, -leistung *f* b WIRTSCH Ausstoß *m*, Ertrag *m*, Produktion *f* c *Bergbau*: Förderung *f*, Fördermenge *f* d ELEK Ausgangsleistung *f* e ELEK Ausgang *m* (*an Geräten*) f IT (Daten)Ausgabe *f* B ADJ 1 TECH Leistungs...: **~ capacity** Leistungsfähigkeit *f*, (*e-r Maschine a.*) Stückleistung *f*; **~ device** COMPUT Ausgabegerät *n*; **~ file** COMPUT Ausgabedatei *f* 2 ELEK Ausgangs... C V/T *prät u. pperf* -put, -putted COMPUT *Daten* ausgeben

outrage ['aʊtreɪdʒ] A S 1 a Schandtat *f* b Gräueltat *f* c Ausschreitung *f* 2 Skandal *m*: **an ~ against** ein Verbrechen gegen (*die Menschlichkeit etc*), e-e grobe Verletzung (*des Anstands etc*), e-e Vergewaltigung (*der Gerechtigkeit etc*) 3 *a.* **sense of ~** Empörung *f* (**at** über *akk*) B V/T 1 sich vergehen an (*dat*), Gewalt antun (*dat*), vergewaltigen (*a. fig*) 2 *Gefühle, den Anstand etc* mit Füßen treten, grob verletzen 3 empören: **be ~d at** (*od* **by**) sich empören über (*akk*); **outrageous** [-dʒəs] ADJ (ADV **~ly**) 1 abscheulich, verbrecherisch 2 empörend: **~ prices** unerhörte *od* unverschämte Preise; **an ~ assertion** e-e ungeheuerliche Behauptung; **outrageousness** S 1 (*das*) Abscheuliche 2 Unerhörtheit *f*, Unverschämtheit *f*, Ungeheuerlichkeit *f*

outrank V/T 1 im Rang *od* rangmäßig höher stehen als 2 wichtiger sein als, Vorrang haben vor (*dat*)

outré ['uːtreɪ; *US* uː'treɪ] ADJ ausgefallen, überspannt, extravagant

out|reach V/T 1 *Boxen*: *j-m* an Reichweite überlegen sein 2 *fig* übersteigen, -treffen; **~ride** A V/T *irr* [ˌ-'raɪd] 1 a besser *od* schneller reiten als, *j-m* davonreiten b besser *od* schneller (Fahr- *od* Motorrad) fahren als, *j-m* davonfahren 2 SCHIFF *e-n Sturm* ausreiten B S [*US* '-ˌraɪd] LIT unbetonte freie Silbe(n *pl*); **~rider** S 1 a Vorreiter *m* b berittener Begleiter 2 *US* berittener Viehhirt; **~rigger** S 1 SCHIFF, *Rudern*: Ausleger *m* 2 Auslegerboot *n*; **~right** A ADJ ['-raɪt] 1 uneingeschränkt, vorbehaltlos: **~ owner** Volleigentümer(in); **~ purchase** a fester Kaufabschluss b Kauf *m* gegen sofortige Bezahlung der Gesamtsumme 2 völlig, total: **an ~ lie** e-e ausgemachte *od* glatte Lüge; **~ loss** Totalverlust *m* 3 direkt, offen (*Art*) B ADV [-'raɪt] 1 → A 1: **buy ~** a e-n festen Kaufabschluss tätigen b *etwas* gegen sofortige Lieferung kaufen c sofort den ganzen Preis für *etwas* bezahlen 2 → A 2: **he's ~ third** SPORT er ist alleiniger Dritter 3 → A 3 4 sofort, auf der Stelle: **he was killed ~**; **~rival** V/T übertreffen, überbieten (*beide*: **in** an *od* in *dat*), ausstechen; **~run** A V/T *irr* [ˌ-'rʌn] 1 schneller laufen als, *j-m* davonlaufen 2 *fig* übertreffen, übersteigen, hinausgehen über (*akk*): **his imagination outran the facts** s-e Fantasie ging mit ihm durch 3 *j-m od e-r Sache* entrinnen B S ['-rʌn] *Skisport*: Auslauf *m*; **~runner** S 1 HIST (Vor)Läufer *m* (*Bedienter*) 2 Leithund *m* (*bei Hundeschlitten*); **~sail** V/T SCHIFF (*beim Segeln*) überholen, tot-, aussegeln; **~sell** V/T *irr* 1 a mehr (Bücher, Schallplatten *etc*) verkaufen als b ein besserer Verkäufer sein als 2 a sich besser verkaufen als b *obs* e-n höheren Preis erzielen als

outsert ['aʊtsɜːt; *US* -ˌsɜrt] S TYPO Beischaltblatt *n od* -blätter *pl*

out|set S 1 Anfang *m*, Beginn *m*: **at the ~** am Anfang; **at the very ~ of his career** ganz am Anfang s-r Laufbahn; **from the ~** (gleich) von Anfang an 2 Aufbruch *m* (*zu e-r Reise*) 3 → outsert 4 SCHIFF zurückgehender Gezeitenstrom; **~shine** V/T *irr* überstrahlen, *fig a.* in den Schatten stellen; **~shoot** V/T *irr* 1 besser schießen als 2 *fig* hinausschießen über (*akk*)

outside [ˌaʊt'saɪd] A S 1 Außenseite *f*, (*das*) Äußere: **from the ~** von außen; **judge sth from the ~** etwas als Außenstehender beurteilen; **on the ~** außen (→ A 2); **on the ~ of** a an der Außenseite (*gen*) b jenseits (*gen*); **~ of the post** SPORT Außenpfosten *m* 2 *fig* (*das*) Äußere, (äußere) Erscheinung, Oberfläche *f*, (*das*) Vordergründige: **on the ~** äußerlich, nach außen hin (→ A 1) 3 Außenwelt *f* 4 *umg* (*das*) Äußerste, äußerste Grenze: **at the (very) ~** (aller)höchstens, äußerstenfalls 5 Straßenseite *f* (*e-s Radwegs etc*) 6 SPORT Außenstürmer(in): **~ right** Rechtsaußen *m* 7 *pl* Außenblätter *pl* (*e-s Ries*) B ADJ 1 äußer(er, e, es), Außen..., an der Außenseite befindlich, von außen kommend: **~ broadcast** (RADIO, TV) Außenübertragung *f*; **~ diameter** äußerer Durchmesser, Außendurchmesser *m*; **~ influences** äußere Einflüsse; **~ interference** Einmischung *f* von außen; **~ lane** SPORT Außenbahn *f*; **in the ~ lane** auf der Außenbahn; **~ lavatory** Außentoilette *f*; **~ loop** FLUG Looping *m* vorwärts; **~ measurements** Außenmaße; **~ pressure** Druck *m* von außen (*a. fig*); **~ seat** Außensitz *m*; **~ ski** Außenski *m*; **~ track** SPORT Außenbahn *f* (*äußerer Teil der Bahn*); **~ world** Außenwelt *f* 2 im Freien getan (*Arbeit*) 3 außen stehend, extern: **~ broker** WIRTSCH freie(r) Makler(in); **~ capital** WIRTSCH Fremdkapital *n*; **~ help** fremde Hilfe; **~ market** WIRTSCH Freiverkehr *m*; **an ~ opinion** die Meinung e-s Außenstehenden; **an ~ person** ein Außenstehender 4 äußerst: **quote the ~ prices** die äußersten Preise angeben 5 außerberuflich, UNIV außerakademisch (*Aktivitäten etc*) 6 **~ chance** a kleine *od* geringe Chance b SPORT Außenseiterchance *f* C ADV 1 draußen, *engS. a.* im Freien: **he's ~ again** *umg* er ist wieder auf freiem Fuß; **~ of** a außerhalb (*gen*) b *US umg* außer, ausgenommen 2 heraus, hinaus: **come ~!** komm heraus!; **~ (with you)!** raus (mit dir)! 3 (von) außen, an der Außenseite: **painted red ~** D PRÄP 1 außerhalb, jenseits (*gen*) (*beide a. fig*): **it is ~ his own experience** es liegt außerhalb s-r eigenen Erfahrung; **her time was just one second ~ the record** SPORT ihre Zeit lag nur eine Sekunde über dem Rekord 2 außer: **no one knows ~ you and me**

outsider [ˌaʊt'saɪdə(r)] S 1 Außenseiter(in): a Außenstehende(r) *m/f(m)* b Außenseiter(in) der Gesellschaft **c** SPORT *Wettkampfteilnehmer(in) mit geringen Siegeschancen*: **~ chance** Außenseiterchance *f* **2** WIRTSCH freie(r) Makler(in)

out|sit VT *irr* länger sitzen (bleiben) als; **~size** **A** S Übergröße *f* (*a. Kleidungsstück*): **~ department** Abteilung *f* für Übergrößen **B** ADJ übergroß, überdimensional; **~sized** → outsize B; **~skirts** SPL Außenbezirke *pl*, Stadtrand *m*, *a. fig* Rand(gebiet) *m(n)*, Peripherie *f* (*e-s Themas, Faches etc*): **on the ~ of** am Stadtrand von; **~sleep** VT *irr* verschlafen (*a. fig*); **~smart** *umg* → outwit; **~sole** S Lauf-, Außensohle *f* (*e-s Schuhs*); **~source** VT *Arbeit* outsourcen, außer Haus geben; **~sourcing** S Outsourcing *n*; **~span** VT *SAfr Tiere* ausspannen; **~speak** VT *irr* ein besserer Redner sein als; **~speed** VT *irr* schneller sein als; **~spend** VT *irr* mehr ausgeben als: **~ one's income** über s-e Verhältnisse leben; **~spoken** ADJ (ADV **~ly**) **1** offen(herzig), freimütig: **be ~** kein Blatt vor den Mund nehmen; **she was very ~ about it** sie äußerte sich sehr offen darüber **2** unverblümt, ungeschminkt (*Kritik etc*): **~ novel** realistischer Roman; **~spokenness** S **1** Offenheit *f*, Freimut *m*, Freimütigkeit *f* **2** Unverblümtheit *f*; **~spread** VT *irr allg* ausbreiten, *die Arme a.* ausstrecken: **with arms ~** mit ausgestreckten Armen; **~standing** **A** ADJ [ˌ-ˈstændɪŋ] (ADV **~ly**) **1** *bes fig* hervorragend (**for** durch, wegen): **an ~ personality** e-e prominente Persönlichkeit **2** *bes* WIRTSCH unerledigt, rückständig, ausstehend (*Forderung etc*): **~ debts** → B; **~ interest** unbezahlte (Aktiv)Zinsen *pl* **3** WIRTSCH ausgegeben (*Aktienkapital etc*) **B** S [ˈ-ˌstændɪŋ] *pl* WIRTSCH unbeglichene Rechnungen *pl*, ausstehende Gelder *pl*, Außenstände *pl*, Forderungen *pl*; **~stare** VT mit e-m Blick *od* mit Blicken aus der Fassung *od* zum Schweigen bringen; **~station** S Außenstation *f*; **~stay** VT länger bleiben als: → welcome B; **~step** VT überschreiten (*a. fig*): **~ the truth** übertreiben; **~stretch** VT **1** ausstrecken: **with ~ed arms** **2** hinausreichen über (*akk*) **3** (aus-)strecken, (aus)dehnen; **~strip** VT **1** überholen, hinter sich lassen (*beide a. fig*) **2** *fig* übertreffen, -flügeln: **~ all expectations** alle Erwartungen übertreffen; **~take** S FILM, TV geschnittene Szene; **~talk** VT **1** in Grund u. Boden reden **2** (mit Worten) überfahren *fig*; **~tell** VT *irr* mehr aussagen *od* aussagekräftiger sein als; **~think** VT *irr* **1** *j-m* geistig überlegen sein **2** schneller schalten als *j-d*; **~-to-out** ADJ von einem Ende zum anderen (gemessen); **~tray** S Postausgangskorb *m*; **~turn** S WIRTSCH **1** Ertrag *m* **2** Ausstoß *m*, Produktion *f* **3** Ausfall *m*: **~ sample** Ausfallmuster *n*; **~value** VT wertvoller sein als (*a. fig*); **~vie** *ppr* -vying VT übertreffen, -bieten; **~vote** VT *j-n* überstimmen, *e-e Gesetzesvorlage etc* zu Fall bringen: **be ~d** e-e Abstimmungsniederlage erleiden

outward [ˈaʊtwə(r)d] **A** ADJ **1** äußer(er, e, es), sichtbar, Außen…: **the ~ events** *pl* das äußer(lich)e *od* vordergründige Geschehen; **~ seeming** dem Anschein nach; **his ~ cheerfulness** s-e zur Schau getragene Fröhlichkeit **2** *a.* MED *u. fig pej* äußerlich: **for ~ application** MED zur äußerlichen Anwendung; **the ~ man** **a** REL der äußerliche Mensch **b** *hum* der äußere Adam **3** nach (dr)außen gerichtet *od* führend, Aus(wärts)…, Hin…: **~ angle** MATH Außenwinkel *m*; **~ cargo**, **~ freight** SCHIFF ausgehende Ladung, Hinfracht *f*; **~ journey** Aus-, Hinreise *f*; **~ room** Außenzimmer *n*; **~ trade** WIRTSCH Ausfuhrhandel *m* **B** S **1** (*das*) Äußere **2** materielle Welt **C** ADV **1** (nach) auswärts, nach außen: **clear ~** SCHIFF ausklarieren; **travel ~ via X** über X ausreisen; → bound² **2** → outwardly; **outwardly** ADV **1** äußerlich, nach außen hin: **be ~ calm** **2** nach außen (hin), auswärts **3** außen, an der Oberfläche; **outwardness** S **1** äußere Form **2** Außenlage *f* **3** Äußerlichkeit *f*; **outwards** → outward C

out|wash S GEOL Sander *m*; **~wear** VT *irr* **1** abnutzen **2** *fig* erschöpfen, aufreiben **3** überdauern, haltbarer *od* dauerhafter sein als; **~weigh** VT **1** mehr wiegen *od* schwerer sein als **2** *fig* **a** überwiegen, gewichtiger sein als **b** *e-e Sache* aufwiegen; **~wit** VT überlisten, austricksen; **~work** S **1** MIL Außenwerk *n* **2** *fig* Bollwerk *n* **3** Außenarbeit *f* **4** Heimarbeit *f*; **~worker** S **1** Außenarbeiter(in) **2** Heimarbeiter(in); **~worn** ADJ **1** abgetragen, abgenutzt **2** überholt (*Vorstellungen etc*) **3** veraltet **4** erschöpft; **~write** VT *irr* e-n besseren Stil schreiben als

ouzel [ˈuːzl] S ORN *obs* Amsel *f*

ova [ˈəʊvə] *pl von* ovum

oval [ˈəʊvl] **A** ADJ (ADV **~ly**) oval, eirund, eiförmig: **the ♀ Office** *das Büro des US-Präsidenten im Weißen Haus* **B** S **1** Oval *n*: **the ♀** *ein berühmter Kricketplatz in London* **2** *US umg* Ei *n* (*Football-Ball*)

ovalbumin [əʊˈvælbjʊmɪn; *US* ˌɑːvælˈbjuːmən; *a.* ˌəʊ-] S BIOL, CHEM Ovalbumin *n* (*Eiweißkörper des Eiklars*)

ovarian [əʊˈveərɪən] ADJ **1** ANAT Eierstock… **2** BOT Fruchtknoten…

ovariectomy [əʊˌveərɪˈektəmɪ] S MED Ovar(i)ektomie *f* (*operative Entfernung der Eierstöcke*); **ovariotomy** [-ˈɒtəmɪ; *US* -ˈɑ-] S Ovariotomie *f* (*operativer Einschnitt am Eierstock*); **ovaritis** [ˌəʊvəˈraɪtɪs] S Eierstockentzündung *f*

ovary [ˈəʊvərɪ] S Ovarium *n*: **a** ANAT Eierstock *m* **b** BOT Fruchtknoten *m*

ovate [ˈəʊveɪt] ADJ eiförmig

ovation [əʊˈveɪʃn] S Ovation *f*, Beifallssturm *m*: **give sb a standing ~** j-m stehend e-e Ovation bereiten

oven [ˈʌvn] S **1** Backofen *m*, Bratofen *m*, -röhre *f*: **it's like an ~ in here** hier ist e-e Hitze wie in e-m Backofen **2** Heißluft-, *bes* Trockenkammer *f* **3** TECH (kleiner) Ofen (*zum Rösten, Schmelzen etc*) **4** Heißluft-Sterilisierapparat *m*; **ovenable** ADJ ofenfertig (*Fertiggericht*)

oven| cloth S Topflappen *m*; **~ coke** S TECH Ofenkoks *m*; **~-dry** ADJ TECH ofentrocken; **~ glove**, **~ mitt** S Topfhandschuh *m*; **~-ready** ADJ **a** backfertig **b** bratfertig; **~-safe** ADJ ofenfest; **~-to-table ware**, **~ware** S feuerfestes Geschirr

over [ˈəʊvə(r)] **A** PRÄP **1** (*Grundbedeutung*) über (*dat od akk*) **2** (*Lage*) über (*dat*): **the lamp ~ his head** **3** (*Richtung, Bewegung*) über (*akk*), über (*akk*) … hin, über (*akk*) … (hin)weg: **jump ~ the fence**; **the bridge ~ the Danube** die Brücke über die Donau; **he escaped ~ the border** er entkam über die Grenze; **he will get ~ it** *fig* er wird darüber hinwegkommen **4** durch: **~ the air** **5** *Br* über (*dat*), jenseits (*gen*), auf der anderen Seite von (*od gen*): **~ the sea** in Übersee, jenseits des Meeres; **~ the street** (*od* **road**) auf der anderen Straßenseite; **~ the way** gegenüber **6** über (*dat*), bei: **he fell asleep ~ his work** er schlief über s-r Arbeit ein; **~ a cup of tea** bei e-r Tasse Tee **7** über (*akk*), wegen: **worry ~ sth** **8** (*Herrschaft, Autorität, Rang*) über (*dat od akk*): **be ~ sb** über j-m stehen; **reign ~ a kingdom** über ein Königreich herrschen; **he set him ~ the others** er setzte ihn über die anderen **9** vor (*dat*): **preference ~ the others** Vorzug vor den andern **10** über (*akk*), mehr als: **~ a mile**; **~ 10 dollars**; **~ a week** über e-e Woche, länger als e-e Woche; **~ and above** zusätzlich zu, außer (→ B 13) **11** über (*akk*), während: **~ the weekend**; **~ the years** im Laufe der Jahre; **~ many years** viele Jahre hindurch **12** durch: **he went ~ his notes** er ging s-e Notizen durch **B** ADV **1** hinüber…, darüber…: **he jumped ~** **2** hinüber… (**to** zu): **he ran ~ to his mother** **3** *fig* über…, zur anderen Seite *od* Partei: **they went ~ to the enemy** sie liefen zum Feind über **4** herüber…: **come ~!** **5** drüben: **~ by the tree** drüben beim Baum; **~ in Canada** (drüben) in Kanada; **~ there** **a** da drüben **b** *US umg* (drüben) in Europa; **~ against** gegenüber (*dat*) (*a. fig im Gegensatz od im Vergleich zu*) **6** (genau) darüber: **the bird is directly ~** **7** darüber(…), über…(*-decken etc*): **paint sth ~** etwas übermalen **8** (*meist in Verbindung mit Verben*) **a** über…(*-geben etc*) **b** über…(*-kochen etc*) **9** (*oft in Verbindung mit Verben*) **a** um…(*-fallen, -werfen etc*) **b** herum…(*-drehen etc*) **10** durch(weg), von Anfang bis (zum) Ende: **one foot ~** ein Fuß im Durchmesser; **covered (all) ~ with red spots** ganz *od* über u. über mit roten Flecken bedeckt; **the world ~** **a** in der ganzen Welt **b** durch die ganze Welt **11** (gründlich) über…(*-legen, -denken etc*) **12** nochmals, wieder: **(all) ~ again** nochmal, (ganz) von vorn; **~ and ~ again** immer (u. immer) wieder; **do sth ~** etwas nochmals tun; **ten times ~** zehnmal hintereinander **13** darüber, mehr: **children of ten years and ~** Kinder ab 10 Jahren; **10 ounces and ~** 10 Unzen u. mehr; **~ and above** außerdem, obendrein, überdies (→ A 10) **14** übrig: **have sth ~** **15** (*zeitlich, im Deutschen oft unübersetzt*) **a** ständig **b** länger: **we stayed ~ till Monday** wir blieben bis Montag **16** zu Ende, vorüber, vorbei: **the lesson is ~**; **~!** (*Funksprechverkehr*) over!, kommen!; **~ and out!** (*Funksprechverkehr*) over and out! (*Ende des Gesamtgesprächs*); **all ~** ganz vorbei; **all ~ with** erledigt, vorüber; **it's all ~ with him** es ist aus u. vorbei mit ihm, er ist endgültig erledigt *umg*; **all ~ and done with** total erledigt **C** ADJ **1** ober(er, e, es), Ober… **2** äußer(er, e, es), Außen… **3** überzählig, überschüssig, übrig **D** S Überschuss *m*: **~ of exports** Exportüberschuss

over|abundant ADJ (ADV **~ly**) überreich(-lich), übermäßig; **~achieve** VI mehr leisten als erwartet, (*in e-r Prüfung*) besser abschneiden als erwartet; **~achiever** S *j-d, der mehr leistet od besser abschneidet als erwartet*; **~act** THEAT *etc* **A** VT *e-e Rolle* überziehen, übertreiben, übertrieben spielen **B** VI übertreiben (*a. fig*); **~active** ADJ (ADV **~ly**) **1** übermäßig tätig *od* aktiv **2** übersteigert (*Fantasie*)

overage¹ [ˈəʊvərɪdʒ] S WIRTSCH (*bes* Waren-)Überschuss *m*

overage² [ˌəʊvə(r)ˈeɪdʒ] ADJ zu alt

over|all **A** ADJ [ˈəʊvərɔːl] **1** gesamt, Gesamt…: **~ direction** Gesamtleitung *f*; **~ efficiency** TECH Gesamtwirkungsgrad *m*; **~ lead** SPORT Gesamtführung *f*; **have the ~ lead** im Gesamtklassement führen; **~ leader** SPORT Führende(r) *m/f(m)* im Gesamtklassement; **~ length** Gesamtlänge *f*; **remain in second ~ place** SPORT auf dem zweiten Platz im Gesamtklassement bleiben; **~ title** Sammeltitel *m* (*e-r Reihe*); **~ victory** SPORT Gesamtsieg *m* **2** total, global **B** ADV [ˌəʊvərˈɔːl] **1** allgemein **2** insgesamt, alles in allem: **his third place ~** SPORT sein dritter Platz im Gesamtklassement **C** S [ˈəʊvərɔːl] **1** *pl*, *a.* **pair of ~s** **a** Overall *m* **b** Latzhose *f* **2** *Br* Arbeitskittel *m*, -mantel *m*; **~ambitious** ADJ (ADV **~ly**) übertrieben *od* allzu ehrgeizig; **~anxious** ADJ (ADV **~ly**) **1** überängstlich **2** überbegierig: **be ~ to do sth** sich

O

überschlagen, um etwas zu tun *umg*; **not be (exactly) ~ to do sth** nicht (unbedingt) scharf darauf sein, etwas zu tun *sl*; **~arch** VT überwölben, -spannen; **~awe** VT **1** tief beeindrucken **2** einschüchtern; **~balance** **A** VT **1** aus dem Gleichgewicht bringen, umstoßen, umkippen **2** *fig* überwiegen, gewichtiger sein als **B** VI um-, überkippen, Übergewicht bekommen, das Gleichgewicht verlieren **C** S Übergewicht *n*

overbear VT *irr* **1** niederdrücken, zu Boden drücken **2** *e-n Angriff etc* zurückschlagen **3** *Einwände etc* zurückweisen **4** tyrannisieren; **overbearing** ADJ (ADV ~ly) **1** herrschsüchtig, herrisch **2** von überragender Bedeutung

over|bid [ˌ-ˈbɪd] **A** VT *irr* **1** WIRTSCH **a** überbieten, mehr bieten als **b** zu viel bieten für; **2** *Bridge*: **a** überreizen **b** zu hoch mit *e-m Blatt* reizen; **B** VI **1** WIRTSCH zu viel bieten **2** WIRTSCH mehr bieten, ein höheres Angebot machen **C** S [ˈ-bɪd] WIRTSCH **a** Mehrgebot *n* **b** Überangebot *n*;; **~bite** S *Zahnmedizin*: Überbiss *m*; **~blouse** S Kasackbluse *f*; **~blown** ADJ **1** verblühend, am Verblühen **2** MUS überblasen (*Ton*) **3** METALL übergar (*Stahl*) **4** geschwollen, hochtrabend, schwülstig (*Ausdrucksweise etc*); **~board** ADV SCHIFF über Bord: **man ~!** Mann über Bord!; **fall ~** über Bord gehen; **go ~ for** (*od* **about**) *umg* hingerissen sein von, Feuer u. Flamme sein für; **throw ~** über Bord werfen (*a. fig*); **~book** VT *e-n Flug, ein Hotel etc* überbuchen; **~brim** VI & VT überfließen (lassen); **~build** VT *irr* **1** überbauen, bebauen **2** zu dicht bebauen **3** zu groß *od* zu prächtig (er)bauen; **~burden** VT überladen, -lasten (*a. fig*); **~busy** ADJ (ADV overbusily) **1** zu sehr beschäftigt **2** übergeschäftig; **~buy** *irr* **A** VT **1** zu viel *Ware etc* (ein)kaufen **2** teurer (ein)kaufen als *j-d* **3** *etwas* zu teuer einkaufen **B** VI zu teuer *od* über Bedarf (ein)kaufen; **~call** VT *Kartenspiel*: überbieten; **~capacity** S WIRTSCH Überkapazität *f*; **~capitalize** VT WIRTSCH **1** e-n zu hohen Nennwert für das Stammkapital *e-s Unternehmens* angeben **2** das Kapital überschätzen von **3** überkapitalisieren; **~cast** **A** ADJ [ˈəʊvə(r)kɑːst; *US* -ˌkæst] **1** bewölkt, bedeckt (*Himmel*) **2** trüb(e), düster (*beide a. fig*) **3** überwendlich (genäht): **~ stitch** Schlingstich *m* **4** GEOL überkippt, liegend (*tektonische Falte*) **B** VT *irr* [ˌ-ˈkɑːst; *US* ˌ--ˈkæst] **1** (*mit Wolken*) überziehen, bedecken, *a. fig* umwölken, verdunkeln, trüben **2** [*US* ˈ-ˌkæst] (um)säumen, umstechen **C** VI sich bewölken, sich beziehen, sich überziehen (*Himmel*); **~cautious** ADJ (ADV ~ly) übertrieben vorsichtig, übervorsichtig; **~cautiousness** S übertriebene Vorsicht; **~certification** S WIRTSCH Bestätigung *f* e-s Überziehungsschecks; **~charge** **A** VT **1** *j-m* zu viel berechnen *od* abverlangen: **~ sb (by) £10** j-m 10 Pfund zu viel berechnen **2** *e-n Betrag* zu viel verlangen **3** *etwas* zu hoch berechnen **4** überbelasten, ELEK, TECH *a.* überladen (*a. fig*) **B** VI zu viel verlangen (**for** für) **C** S [*US* ˈəʊvərˌtʃɑːrdʒ] **1** zu hohe Berechnung **2** WIRTSCH **a** Überpreis *m* **b** Überforderung *f*, -teuerung *f* **c** Mehrbetrag *m*, Aufschlag *m*: **~ for arrears** Säumniszuschlag *m*; **3** ELEK, TECH Überladung *f* (*a. fig*); **~cloud** **A** VT → overcast B **B** VI **1** → overcast C **2** *fig* sich umwölken, sich trüben; **~coat** S Mantel *m*; **~come** **A** VT *irr* überwältigen, -winden, -mannen, bezwingen (*alle a. fig*): **~ dangers** Gefahren bestehen; **~ one's nerves** s-e Nerven besiegen; **~ an obstacle** ein Hindernis nehmen; **~ sb's opposition** j-s Widerstand überwinden; **he was ~ with** (*od* **by**) **emotion** er wurde von s-n Gefühlen übermannt **B** VI siegreich sein, siegen; **~compensate** VI: **~ for** *bes* PSYCH *Komplexe etc* überkompensieren; **~compensation** S *bes* PSYCH Überkompensation *f*; **~confident** ADJ (ADV ~ly) **1** übertrieben selbstbewusst **2** allzusehr vertrauend (**of** auf *akk*) **3** zu optimistisch: **be ~ of victory** zu siegessicher sein; **~confidence** S **1** übersteigertes Selbstvertrauen *od* -bewusstsein **2** zu großes Vertrauen (**in** auf *akk*) **3** zu großer Optimismus; **~critical** ADJ (ADV ~ly) überkritisch, allzu kritisch (**of** gegenüber); **~crop** VT AGR Raubbau treiben mit, zugrunde wirtschaften; **~crowded** ADJ **1** überfüllt (*Raum, Zug etc*), übervölkert (*Stadt etc*) **2** *fig* überlaufen (*Beruf*); **~crust** VT überkrusten; **~current** S ELEK Überstrom *m*; **~delicacy** S **1** übergroße Zartheit *od* Empfindlichkeit **2** übertriebenes Fein- *od* Zartgefühl; **~develop** VT *bes* FOTO überentwickeln; **~discharge** ELEK **A** S übermäßige Entladung (*e-r Batterie*), Überbelastung *f* **B** VT übermäßig entladen, überbelasten; **~do** VT *irr* **1** übertreiben, zu weit treiben **2** zu weit gehen mit *od* in (*dat*), *etwas* zu arg treiben, überziehen: **~ it** (*od* **things**) **a** zu weit gehen, den Bogen überspannen **b** des Guten zu viel tun **3** zu stark *od* zu lange kochen *od* braten: **overdone** *a.* übergar; **~dose** **A** S [ˈ-dəʊs] **1** Überdosis *f* **2** *fig* Zuviel *n* (**of** an *dat*) **B** VT [ˌ-ˈdəʊs] **1** *j-m* e-e zu starke Dosis geben: **be ~d on sth** *fig* mit etwas übersättigt sein **2** *etwas* überdosieren **C** VI **1** **a** e-e Überdosis *od* Überdosen (*Rauschgift*) nehmen **b** an e-r Überdosis sterben; **2** **~ on** *fig Gefühle etc* überbetonen, übertreiben; **~draft** S **1** TECH Oberzug *m* **2** WIRTSCH **a** (Konto)Überziehung *f* **b** Überziehung *f*, überzogener Betrag: **have an ~ of £100** sein Konto um 100 Pfund überzogen haben, **c** Überziehungskredit *m*;; **~dramatize** VT *fig* überdramatisieren; **~draught** *bes Br für* overdraft 1; **~draw** **A** VT *irr* **1** WIRTSCH *ein Konto* überziehen (**by** um): **my account is £200 ~n** mein Konto ist um 200 Pfund überzogen; **I'm ~n** ich habe mein Konto überzogen, mein Konto ist überzogen **2** *e-n Bogen* überspannen **3** *fig* übertreiben, *Forderungen etc* überziehen, THEAT *etc Personen* überzeichnen **B** VI WIRTSCH sein Konto überziehen; **~dress** VT & VI (sich) zu vornehm anziehen: **~ed** *a.* overdressed; **~drive** **A** VT *irr* [ˌ-ˈdraɪv] **1** abschinden, hetzen **2** zu weit treiben, übertreiben **3** ELEK *e-e Röhre* übersteuern **4** *a.* **~ the headlamps** AUTO bei Dunkelheit zu schnell fahren **B** S [ˈ-draɪv] AUTO Overdrive *m*, Schongang *m*; **~due** ADJ **1** *a.* WIRTSCH, SCHIFF, BAHN *etc* überfällig: **she's ~** sie müsste schon längst hier sein; **she's a week ~** sie (*ihre Periode*) ist e-e Woche überfällig; **the train is ~** der Zug hat Verspätung; **an ~ bill** WIRTSCH ein überfälliger Wechsel **2** *a.* **long ~** *fig* längst fällig **3** *fig* übermäßig; **~eager** ADJ (ADV ~ly) übereifrig; **~eagerness** S Übereifer *m*; **~eat** VI & VT *irr* **1** sich überessen (**on** an) **2** zu viel essen; **~emphasis** S Überbetonung *f*: **put an ~ on** → overemphasize; **~emphasize** VT überbetonen, zu großen Nachdruck legen auf (*akk*); **~employment** S WIRTSCH Überbeschäftigung *f*; **~enthusiastic** ADJ (ADV ~ally) übertrieben begeistert (**about** von): **he wasn't exactly ~** s-e Begeisterung hielt sich in Grenzen; **~estimate** **A** VT [ˌ-ˈestɪmeɪt] **1** zu hoch schätzen *od* veranschlagen **2** *fig* überschätzen, überbewerten **B** S [ˌ-ˈestɪmət] Überschätzung *f*, Überbewertung *f*; **~estimation** → overestimate B; **~excite** VT **1** zu sehr aufregen **2** überreizen **3** ELEK übererregen; **~exert** VT (**o.s.** sich) überanstrengen; **~exertion** S Überanstrengung *f*; **~exploit** VT Raubbau treiben mit; **~exploitation** S Raubbau *m* (**of** an *dat*); **~expose** VT **1** FOTO überbelichten **2** MED *etc* zu stark aussetzen (**to** *e-r Strahlenbelastung etc*); **~exposure** S FOTO Überbelichtung *f*; **~extend** VT: **~ o.s.** (**financially**, *etc*) sich (finanziell *etc*) übernehmen: **be ~ed** sich finanziell übernommen haben; **~fall** S **1** SCHIFF **a** *pl* überbrechende Seen *pl* (*an Klippen etc*) **b** Abfall *m* (*im Boden e-s Gewässers*); **2** TECH Überfall *m*, -lauf *m* (*e-r Schleuse etc*); **~fatigue** **A** VT übermüden, überanstrengen **B** S Übermüdung *f*, Überanstrengung *f*; **~fault** S GEOL widersinnige Verwerfung; **~feed** VT *irr* überfüttern, überernähren; **~feeding** S Überfütterung *f*, Überernährung *f*; **~fish** VT *ein Gewässer* überfischen; **~flight** S FLUG Überfliegen *n*

over|flow [ˌ-ˈfləʊ] **A** VI **1** überlaufen, -fließen, -strömen (*Flüssigkeit, Gefäß etc*), über die Ufer treten (*Fluss etc*) **2** überquellen (**with** von): **a room ~ing with people**; **an ~ing harvest** e-e überreiche Ernte **3** *fig* überquellen, -strömen, -fließen (*alle*: **with** von): **a heart ~ing with gratitude** **4** im Überfluss vorhanden sein **B** VT **1** überfluten, -schwemmen **2** hinwegfluten über (*akk*), laufen *od* fließen über (*akk*): **~ its banks** über die Ufer treten **3** zum Überlaufen bringen **4** nicht mehr Platz finden in (*dat*): **the crowd ~ed the hall**; **the crowd ~ed the hall into the street** der Saal war so voll, dass die Leute bis auf die Straße standen **C** S [ˈ-fləʊ] **1** Überschwemmung *f*, Überfließen *n* **2** Überschuss *m* (**of** an *dat*): **~ of population** Bevölkerungsüberschuss; **~ meeting** Parallelversammlung *f* (*nicht mehr Platz findender Personen*) **3** TECH **a** *a.* ELEK Überlauf *m* **b** *a.* **~ pipe** Überlaufrohr *n* **c** *a.* **~ basin** Überlaufbassin *n*: **~ drain** Überlaufkanal *m*; **~ valve** Überlaufventil *n* **d** IT Overflow *m* (*Überschreitung der Speicherkapazität*) **4** LIT Enjambement *n*, Versbrechung *f*; **~flowing** **A** ADJ (ADV ~ly) **1** überfließend, -laufend, -strömend **2** *fig* überquellend, -strömend (*Freundlichkeit, Herz etc*) **3** *fig* überreich **B** S Überfließen *n*, -strömen *n*: **full to ~** voll zum Überlaufen, *weitS.* zum Platzen voll

over|fly VT *irr* überfliegen; **~fold** GEOL **A** S [ˈ-fəʊld] überkippte Falte **B** VT [ˌ-ˈfəʊld] überkippen; **~fond** ADJ: **be ~ of** *j-n, etwas* nur zu gern mögen; **be ~ of doing sth** etwas nur zu gern tun; **~freight** S WIRTSCH Überfracht *f*; **~fulfil(l)** VT WIRTSCH *ein Soll* übererfüllen; **~fulfil(l)ment** S WIRTSCH Übererfüllung *f*; **~garment** S Oberbekleidungsstück *n*, *pl a.* Oberbekleidung *f*; **~glaze** ADJ: **~ colo(u)r** (*Keramik*) Aufglasur-, Überglasurfarbe *f*; **~ground** ADJ über der Erde (befindlich), oberirdisch; **~grow** *irr* **A** VT **1** überwachsen, -wuchern **2** hinauswachsen über (*akk*), zu groß werden für **B** VI **1** zu groß werden **2** überwuchert werden; **~grown** [ˌ-ˈgrəʊn; *attr* ˈ-grəʊn] ADJ **1** überwachsen, -wuchert (*beide*: **with** von) **2** übergroß; **~growth** S **1** Überwucherung *f* **2** übermäßiges Wachstum; **~hand** **A** ADJ **1** **~ service** (*Tennis*) Hochaufschlag *m* **2** (*a.* ADV *Näherei*: überwendlich **3** **~ knot** einfacher Knoten **B** VT & VI überwendlich nähen; **~hang** [ˌ-ˈhæŋ] **A** VT *irr* **1** hängen über (*dat*) **2** hervorstehen *od* -ragen *od* überhängen über (*akk*) **3** *fig* (drohend) schweben über (*dat*), drohen (*dat*) **B** VI überhängen, hervorstehen, -kragen (*alle a.* ARCH) **C** S [ˈ-hæŋ] **1** Überhang *m* (*a.* ARCH, SCHIFF), TECH *a.* Ausladung *f* **2** FLUG Überhang *m*, vorstehendes Tragflächenende; **~happy** ADJ (ADV overhappily) ADJ überglücklich; **~haste** S Übereile *f*:; **~hasty**

ADJ (ADV **overhastily**) übereilt, vorschnell; **~haul** A V/T [ˌ-ˈhɔːl] 1 TECH *e-e Maschine etc* überholen 2 *e-n Plan etc* überprüfen 3 *j-n, ein Fahrzeug* überholen B S [ˈ-hɔːl] 1 TECH Überholung *f*: **complete ~** Generalüberholung 2 Überprüfung *f*

overhead A ADV [ˌ-ˈhed] 1 (dr)oben: **the stars ~** die Sterne droben; **there is an artist living ~** oben *od* (im Stockwerk) darüber wohnt ein Künstler; **"works ~"** „Vorsicht, Dacharbeiten!" 2 TECH (*a.* von) oben: **the material enters and leaves ~** B ADJ [ˈ-hed] 1 **~ aerial** (*bes US* **antenna**) ELEK Freileitungskabel *n*; **~ line** ELEK Frei-, Oberleitung *f*; **~ projector** Overhead-, Tageslichtprojektor *m*; **~ railway** *Br* Hochbahn *f*; **~ transparency** Folie *f* 2 AUTO a **~ valve** hängendes *od* oben gesteuertes Ventil; **~-valve engine** oben gesteuerter Motor b **~ camshaft** oben liegende Nockenwelle 3 **~ costs** (*od* **expenses**) → C 1 4 SPORT Überkopf…: **~ stroke** → C 2; **~ kick** (*Fußball*) (Fall)Rückzieher *m* C S [ˈ-hed] 1 WIRTSCH *Br meist pl* Gemeinkosten *pl* 2 *bes Tennis*: Überkopfball *m*

over|hear V/T *irr ein Gespräch etc* zufällig hören, mitbekommen, aufschnappen: **I ~d him say (-ing) that …** ich hörte ihn zufällig sagen, dass …; **~heat** A V/T *e-n Motor* überhitzen, *e-n Raum* überheizen: **~ itself** → B; **~ed** überhitzt (*a. fig*), überheizt B V/I TECH heiß laufen; **~hung** A *prät u. pperf von* overhang B ADJ [*attr a.* ˈ-hʌŋ] 1 überhängend 2 (von oben) herabhängend, TECH fliegend (angeordnet), freitragend: **~ door** hängende Schiebetür; **~indulge** A V/T 1 zu nachsichtig behandeln, *j-m* zu viel durchgehen lassen 2 *e-r Leidenschaft etc* übermäßig frönen B V/I 1 des Guten zu viel tun: **~ in** sich allzu sehr ergehen in (*dat*) 2 zu sehr zusprechen (**in** *dat*); **~indulgence** S 1 allzu große Nachsicht 2 übermäßiger Genuss; **~indulgent** ADJ (ADV **~ly**) allzu nachsichtig (**toward[s]** gegenüber, mit); **~insurance** S WIRTSCH Überversicherung *f*; **~insure** V/T & V/I (sich) überversichern; **~issue** WIRTSCH A S Überemission *f* B V/T zu viel *Aktien etc* ausgeben; **~joyed** [ˌ-ˈdʒɔɪd] ADJ außer sich vor Freude, überglücklich (*beide:* **at, by** über *akk*): **he wasn't exactly ~** s-e Freude hielt sich in Grenzen; **~kill** S 1 MIL Overkill *n, a. m* (*Situation, in der ein Staat mehr [Atom]Waffen besitzt, als nötig sind, gegnerische Staaten zu vernichten*) 2 *fig* Zuviel *n* (**of an** *dat*); **~laden** ADJ überladen (*a. fig*), überlastet (*a.* ELEK), überbelastet (*alle:* **with** mit); **~land** A ADV [ˌ-ˈlænd; ˈ-lænd] über Land, auf dem Landweg, zu Lande B ADJ [ˈ-lænd] (Über-)Land…: **~ route** Landweg *m*; **~ transport** Überland-, Fernverkehr *m*; **~lap** [ˌ-ˈlæp] A V/T 1 übergreifen auf (*akk*) *od* in (*akk*), sich überschneiden mit, teilweise zusammenfallen mit 2 hinausgehen über (*akk*) 3 TECH überlappen 4 FILM überblenden B V/I 1 sich überschneiden, teilweise zusammenfallen, sich teilweise decken, auf- *od* ineinander übergreifen: **~ping back** (*bes Fußball*) Offensivverteidiger(in) 2 TECH überlappen, übergreifen C S [ˈ-læp] 1 Übergreifen *n*, Überschneiden *n* 2 Überschneidung *f* 3 TECH a Überlappung *f* b *a.* GEOL, PHYS Überlagerung *f*

overlay[1] *prät von* overlie

overlay[2] A V/T *irr* [ˌ-ˈleɪ] 1 darüber legen *od* breiten, obenauf legen 2 bedecken, überziehen, belegen: **overlaid with gold** mit Gold überzogen B S [ˈ-leɪ] 1 Bedeckung *f* 2 Auflage *f*, Überzug *m*: **an ~ of gold** e-e Goldauflage 3 Planpause *f*

over|leaf ADV umstehend, umseitig: **"see ~"** „siehe umseitig"; **~leap** V/T *a. irr* 1 springen über (*akk*), überspringen (*a. fig*) 2 *sein Ziel* überspringen, hinausspringen über (*akk*); **~lie** V/T *irr* 1 liegen auf *od* über (*dat*) 2 GEOL überlagern; **~load** A V/T [ˌ-ˈləʊd] überladen, -lasten (*a.* ELEK), überbelasten (*alle:* **with** mit) B S [ˈ-ləʊd] Überbelastung *f*: **~ capacity** ELEK Überlastbarkeit *f*; **~long** ADJ & ADV überlang, zu lang; **~look** A V/T [ˌ-ˈlʊk] 1 übersehen 2 *fig* (geflissentlich) übersehen, hinwegsehen über (*akk*), nicht beachten, ignorieren 3 (von oben) überblicken 4 überblicken, Aussicht gewähren auf (*akk*): **a room ~ing the sea** ein Zimmer mit Blick aufs Meer *od* mit Meeresblick 5 überwachen, beaufsichtigen 6 (*bes prüfend od lesend*) durchsehen B S [ˈ-ˌlʊk] *US* Aussichtspunkt *m*; **~lord** S 1 Oberherr *m* 2 *fig* maßgebende Person, *pl a.* Spitzen *pl*; **~lordship** S Oberherrschaft *f*

overly [ˈəʊvə(r)lɪ] ADV übermäßig, allzu (sehr): **~ eager** übereifrig; **he was not ~ enthusiastic** s-e Begeisterung hielt sich in Grenzen

over|lying ADJ 1 darüberliegend 2 GEOL übergelagert (*Schicht*); **~man** A S *irr* [ˈ-mæn] 1 Aufseher *m* 2 PHIL Übermensch *m* B V/T [ˌ-ˈmæn] *ein Schiff etc* zu stark bemannen: **~ned** a zu stark bemannt b (personell) überbesetzt; **~mantel** S Kaminaufsatz *m*; **~many** ADJ (all)zu viele; **~mark** V/T SPORT überbewerten; **~master** → overpower; **~motivated** ADJ übermotiviert; **~much** A ADJ allzu viel: **he didn't show ~ enthusiasm** s-e Begeisterung hielt sich in Grenzen B ADV allzu (sehr *od* viel), übermäßig: **I don't like him ~** ich mag ihn nicht besonders; **~nice** ADJ überfein (*Unterschiede etc*); **~night** A ADV [ˌ-ˈnaɪt] über Nacht, die Nacht über, während der Nacht: **he became famous ~** er wurde über Nacht berühmt; **stay ~** übernachten B ADJ [ˌ-ˈnaɪt; ˈ-naɪt] Nacht…, Übernachtungs…: **~ bag** Reisetasche *f*; **~ case** Handkoffer *m*; **~ guests** Übernachtungsgäste; **~ lodging** Nachtquartier *n*; **~ stop** (*od* **stay**) Übernachtung *f*; → fame 1 a; **~nourished** ADJ überernährt; **~nourishment**, **~nutrition** S Überernährung *f*; **~occupied** ADJ überbelegt (*Haus etc*); **~page** → overleaf; **~pass** S (Straßen)Überführung *f*; **~pay** V/T *irr* 1 *j-n, etwas* überbezahlen 2 *j-m* (*versehentlich etc*) zu viel bezahlen; **~payment** S Überbezahlung *f*; **~people** V/T übervölkern; **~persuade** V/T überreden; **~physical** ADJ (ADV **~ly**) SPORT überhart: **be ~** den körperlichen Einsatz übertreiben; **~play** A V/T 1 → overact A 2 *etwas* hochspielen 3 **~ one's hand** *fig* sich überreizen *od* übernehmen, zu hoch reizen B V/I → overact B; **~plus** S Überschuss *m* (**of** an *dat*); **~populate** V/T übervölkern; **~population** S 1 Übervölkerung *f* 2 Überbevölkerung *f*; **~power** V/T überwältigen, *fig a.* übermannen: **~ing** *fig* a überwältigend (*Gefühl*), penetrant (*Geruch*) b herrisch; **~pressure** S TECH Überdruck *m*: **~ valve** Überdruck- *od* Sicherheitsventil *n*; **~price** V/T WIRTSCH *etwas* überteuert anbieten: **~d** überteuert; **~print** A V/T [ˌ-ˈprɪnt] TYPO überdrucken B S [ˈ-prɪnt] 1 TYPO Über-, Aufdruck *m* 2 a Aufdruck *m* (*auf Briefmarken*) b Briefmarke *f* mit Aufdruck; **~produce** V/T WIRTSCH zu viel *Ware* produzieren; **~production** S WIRTSCH Überproduktion *f*: **agricultural ~** Überproduktion landwirtschaftlicher Güter; **~proportionate** ADJ (ADV **~ly**) überproportional; **~protect** V/T *ein Kind* zu sehr behüten, überbeschützen; **~protection** S Überprotektion *f*; **~protective** ADJ (ADV **~ly**) überfürsorglich, ängstlich (*Eltern*); **~proud** ADJ (ADV **~ly**) überstolz (**of** auf *akk*; **to** *inf* zu *inf*); **~qualified** ADJ überqualifiziert; **~rate** V/T 1 überschätzen, überbewerten (*a.* SPORT) 2 WIRTSCH zu hoch veranschlagen; **~reach** A V/T 1 überragen 2 **~ o.s.** *fig* sich übernehmen 3 übervorteilen, -listen B V/I *fig* zu weit gehen; **~react** V/I überreagieren, übertrieben reagieren (**to** auf *akk*); **~reaction** S Überreaktion *f*, übertriebene Reaktion (**to** auf *akk*); **~rev** V/T *e-n Motor* überdrehen; **~ride** V/T *irr* 1 reiten durch *od* über (*akk*) 2 überreiten, *j-n* niederreiten 3 *ein Pferd* überanstrengen 4 *fig* hinweggehen *od* sich hinwegsetzen über (*akk*) 5 *fig* umstoßen, aufheben: **~ a veto** ein Veto umstoßen 6 *fig* den Vorrang haben vor (*dat*); **~rider** S AUTO *Br* Stoßstangenhorn *n*; **~riding** ADJ überwiegend, hauptsächlich: **~ claim** JUR vorrangiger Anspruch; **his ~ concern was** es ging ihm vor allem darum (**to do** zu tun); **of ~ importance** von überragender Bedeutung; **~ripe** ADJ überreif; **~roll bar** S AUTO Überrollbügel *m*; **~rule** V/T 1 *e-n Vorschlag* verwerfen, ablehnen, zurückweisen 2 *j-n* überstimmen 3 *ein Urteil* aufheben 4 *fig* die Oberhand gewinnen über (*akk*); **~ruling** ADJ (ADV **~ly**) beherrschend, übermächtig

over|run A V/T *irr* [ˌ-ˈrʌn] 1 a *Land etc* überfluten, -schwemmen (*a. fig*) b MIL einfallen in (*akk*), herfallen über (*akk*), überrollen (*a. fig*) 2 überlaufen: **be ~ with** überlaufen sein *od* wimmeln von 3 überwuchern 4 *fig* rasch um sich greifen in (*dat*) 5 TYPO umbrechen 6 BAHN *ein Signal* überfahren 7 **~ the allotted time** (*bes* RADIO, TV) überziehen (**by** um) B V/I länger dauern als vorgesehen, (*bes* RADIO, TV) überziehen (**by** um): **the meeting overran by an hour** die Besprechung dauerte e-e Stunde länger als vorgesehen C S [ˈ-rʌn] 1 Überflutung *f etc*; → A, B 2 *bes* RADIO, TV Überziehung *f* (**of** um) 3 IT Datenverlust *m* D ADJ [ˈ-rʌn] **~ brake** TECH Auflaufbremse *f* (*des Anhängers*); **~score** V/T aus-, durchstreichen; **~scrupulous** ADJ (ADV **~ly**) allzu gewissenhaft, übergenau; **~seas** A ADV a nach *od* in Übersee b ins *od* im Ausland B ADJ a überseeisch, Übersee…, aus Übersee b ausländisch, Auslands…, aus dem Ausland C SPL (*als sg konstruiert*) *umg* das Ausland

oversee V/T *irr* 1 beaufsichtigen, überwachen 2 a zufällig sehen b heimlich beobachten; **overseer** S 1 Aufseher(in) 2 *meist* **~ of the poor** *Br* HIST Armenpfleger(in)

over|sell *irr* A V/T 1 WIRTSCH *e-e Ware* über die Lieferungsfähigkeit *od* den Bestand hinaus verkaufen 2 WIRTSCH durch betont aggressive Methoden verkaufen 3 *fig* übertrieben anpreisen, hochjubeln B V/I WIRTSCH betont aggressive Verkaufsmethoden anwenden; **~sensitive** ADJ (ADV **~ly**) überempfindlich (**to** gegen); **~set** *irr* A V/T 1 a umwerfen, umkippen b *fig* durcheinanderbringen 2 (*gesundheitlich od geistig*) zerrütten B V/I umstürzen, umkippen; **~sew** [ˈ-səʊ; ˌ-ˈsəʊ] V/T *irr* überwendlich nähen; **~sexed** ADJ 1 sexbesessen: **be ~** unersättlich sein 2 mannstoll, nymphomanisch; **~shadow** V/T 1 *fig* in den Schatten stellen, (*bes* an Bedeutung) überragen 2 *bes fig* überschatten, e-n Schatten werfen auf (*akk*), verdüstern, trüben; **~shoe** S Überschuh *m*; **~shoot** V/T *irr* über *ein Ziel* hinausschießen (*a. fig*): → mark[1] A 13; **~shot** ADJ 1 TECH ober-, oberschlächtig 2 MED vorstehend (*Oberkiefer*); **~side** [ˈ-saɪd; ˌ-ˈsaɪd] SCHIFF A ADV über Schiffsseite B ADJ Überbord…: **~ delivery** Überbordauslieferung *f*; **~sight** S 1 Versehen *n*: **by** (*od* **through an**) **~** aus Versehen, versehentlich 2 (**of**) Aufsicht *f* (über *akk*), Beaufsichtigung *f* (*gen*): **~ system** Überwachungssystem *n*; **~simplification** S (zu) grobe Vereinfachung, Vergröberung *f*; **~sim-**

O

plify V/T (zu) grob vereinfachen, vergröbern; **~size** A ADJ [ˌ-ˈsaɪz] übergroß, überdimensional, mit Übergröße B S [ˈ-saɪz] Übergröße *f (a. Gegenstand)*; **~sized** [ˈ-saɪzd; ˌ-ˈsaɪzd] → oversize A; **~sleep** *irr* A V/T 1 *e-n Zeitpunkt* verschlafen 2 ~ **o.s.** → B B V/I (sich) verschlafen; **~sleeve** S Ärmelschoner *m*; **~soul** S PHIL Überseele *f*; **~specialization** S Überspezialisierung *f*; **~spend** *irr* A V/I zu viel ausgeben B V/T 1 mehr ausgeben als, *e-e bestimmte Ausgabensumme* überschreiten: ~ **one's income** → B 2 2 ~ **o.s.** über s-e Verhältnisse leben; **~spill** S *bes Br* Bevölkerungsüberschuss *m*: ~ **town** Satelliten-, Trabantenstadt *f*; **~spread** V/T *irr* überziehen, sich ausbreiten über *(akk)*; **~staffed** ADJ (personell) überbesetzt; **~state** V/T übertreiben, übertrieben darstellen: ~ **one's case** in s-n Behauptungen zu weit gehen, zu stark auftragen; **~statement** S Overstatement *n*, Übertreibung *f*, übertriebene Darstellung: **this is a bit of an** ~ das ist leicht übertrieben; **~stay** V/T länger bleiben als, *e-e Zeit* überschreiten, *s-n Urlaub* überziehen: ~ **one's time (by two days)** (zwei Tage) länger als vorgesehen bleiben; → welcome B; **~steer** V/I AUTO übersteuern *(Auto)*; **~step** V/T *fig s-e Kompetenz etc* überschreiten: → mark[1] A 13; **~stock** A V/T 1 überreichlich eindecken (**with** mit) 2 WIRTSCH überbeliefern, *den Markt* überschwemmen *(beide:* **with** mit*)*: ~ **o.s.** → B; **we are ~ed on this item** wir haben zu große Bestände dieses Artikels 3 in zu großen Mengen auf Lager halten B V/I sich zu reichlich eindecken (**with** mit); **~strain** A V/T [ˌ-ˈstreɪn] überanstrengen, überbeanspruchen, überstrapazieren *(a. fig)*: ~ **o.s.** sich übernehmen; ~ **one's conscience** übertriebene Skrupel haben B S [*a.* ˈ-streɪn] Überanstrengung *f*; **~stretch** V/T überdehnen, -spannen; **~strung** ADJ 1 [ˌ-ˈstrʌŋ] überreizt *(Nerven, Person)* 2 [ˈ-strʌŋ] MUS kreuzsaitig *(Klavier)*; **~stuff** V/T zu viel (hinein)stopfen in *(akk)*; **~subscribe** V/T 1 WIRTSCH *e-e Anleihe* überzeichnen 2 **the play was ~d** es konnten bei Weitem nicht alle Kartenwünsche berücksichtigt werden; **~subscription** S WIRTSCH Überzeichnung *f*; **~supply** S 1 (**of**) überreichliche Versorgung (mit), zu großer Vorrat (an *dat*) 2 Überangebot *n* (**of** an *dat*)

overt [ˈəʊvɜːt; *US* əʊˈvɜrt] ADJ (ADV ~ly) 1 offen: ~ **act** offenkundige Handlung; ~ **hostility** offene *od* unverhohlene Feindschaft 2 *Heraldik:* geöffnet

over|take *irr* A V/T 1 einholen 2 überholen *(a. fig)* 3 *j-n* überraschen *(Dunkelheit etc)* B V/I überholen: **overtaking maneuver** *(bes Br* **manoeuvre***)* AUTO Überholmanöver *n*; **~task** → overtax 2; **~tax** V/T 1 zu hoch besteuern, überbesteuern 2 überfordern, überbeanspruchen, zu hohe Anforderungen stellen an *(akk)*, *j-s Geduld etc* überstrapazieren: ~ **one's strength** (*od* **o.s.**) sich übernehmen; **~taxation** S 1 Überbesteuerung *f* 2 Überforderung *f*, Überbeanspruchung *f*, Überstrapazierung *f*; **~-the-counter** ADJ 1 ~ **market** WIRTSCH Over-the-Counter-Market *m*: a *Br Handel von nicht börsennotierten Unternehmenstiteln durch Effektenhandelsfirmen, die nicht Börsenmitglied sind* b *US Handel von Effekten außerhalb der Börsensäle, engS.* Telefonverkehr *m* 2 rezeptfrei *(Medikament)*; **~throw** A V/T *irr* [ˌ-ˈθrəʊ] 1 umstoßen, umkippen 2 *e-e Regierung etc* stürzen 3 *obs den Geist* zerrütten B S [ˈ-θrəʊ] *fig* (Um)Sturz *m*; **~time** [ˈ-taɪm] A S 1 WIRTSCH a Überstunden *pl*: **be on** (*od* **do**) ~ Überstunden machen; **two hours** ~ zwei Überstunden b Überstundenvergütung *f* 2 *allg* zusätzliche (Arbeits)Zeit 3 SPORT *US* Verlängerung *f*: **after** ~; **the game went into** ~ das Spiel ging in die Verlängerung B ADV über die Zeit (hinaus): **work** ~ a Überstunden machen b *fig* sich ranhalten; **his mouth worked** ~ *umg* er brachte den Mund nicht mehr zu, er hörte nicht mehr auf zu reden; **the game went** ~ SPORT *US* das Spiel ging in die Verlängerung C ADJ WIRTSCH Überstunden..., Mehrarbeits...: ~ **pay** → A 1 b; ~ **premium** Überstundenzuschlag *m* D V/T [ˌ-ˈtaɪm] FOTO überbelichten; **~tire** V/T übermüden; **~tone** S 1 MUS Oberton *m* 2 *meist pl fig* Unterton *m*, -töne *pl*: **it had ~s of** es schwang darin etwas von … mit; **~top** V/T überragen *(a. fig)*; **~trade** V/I WIRTSCH über die eigenen (Zahlungs- *od* Verkaufs)Möglichkeiten hinaus Handel treiben; **~train** SPORT A V/I zu viel *od* zu hart trainieren B V/T übertrainieren; **~trump** [ˈ-trʌmp; ˌ-ˈtrʌmp] V/T & V/I *Kartenspiel:* übertrumpfen

overture [ˈəʊvə(r)ˌtjʊə(r); *bes US* -ˌtʃʊə(r)] S 1 MUS Ouvertüre *f* (**to** zu) 2 *fig* Einleitung *f*, Vorspiel *n (beide:* **to** zu*)* 3 *meist pl* Vorschlag *m*, Angebot *n*: **peace ~s** Friedensangebot 4 *pl* Annäherungsversuche *pl* (**to** bei)

over|turn [ˌ-ˈtɜːn; *US* ˌ-ˈtɜrn] A V/T 1 umstoßen, umkippen 2 *e-e Regierung etc* stürzen, *e-e bestehende Ordnung etc* umstürzen, JUR *ein Urteil etc* aufheben B V/I umkippen, *(Boot a.)* kentern, *(Auto)* sich überschlagen C S [ˈ-tɜːn; *US* ˈ-ˌtɜrn] *fig* (Um)Sturz *m*; **~type** V/T COMPUT *e-n Text* überschreiben; **~-under** *US* A ADJ doppelläufig *(Flinte, Gewehr)* B S Zwilling *m*; **~use** A V/T zu häufig gebrauchen *od* verwenden B S zu häufiger Gebrauch, zu häufige Verwendung; **~value** V/T überbewerten; **~view** S *fig* Überblick *m* (**of** über *akk*); **~weening** ADJ (ADV ~ly) 1 anmaßend, arrogant, eingebildet, überheblich 2 maßlos; **~weigh** V/T 1 schwerer sein als 2 niederdrücken *(a. fig)*; **~weight** A S [ˈ-weɪt] Übergewicht *n (a. fig)* B ADJ [ˌ-ˈweɪt] übergewichtig *(Mensch)*, mit Über- *od* Mehrgewicht: **be** ~ Übergewicht haben, *(Gegenstand etc a.)* zu schwer sein; **be ~ by five pounds**, **be five pounds** ~ fünf Pfund Übergewicht haben; ~ **luggage** *(US od* FLUG **baggage***)* Übergepäck *n*; **~whelm** V/T 1 überwältigen, *fig a.* übermannen 2 überschütten, -häufen *(beide:* **with** mit*)*: ~ **sb with questions** 3 a (unter sich) begraben, verschütten b überfluten, -schwemmen; **~whelming** ADJ (ADV ~ly) überwältigend: ~ **evidence** erdrückende Beweise *pl*; ~ **favo(u)rite** SPORT *etc* haushohe(r) Favorit(in); **~ly** mit überwältigender Mehrheit; **~wind** [ˌ-ˈwaɪnd] V/T *irr e-e Uhr etc* überdrehen; **~winter** A V/I überwintern *(a.* BOT, ZOOL*)*, den Winter verbringen *(beide:* **at, in** in *dat)* B V/T *Pflanzen* überwintern, *a. Tiere* über den Winter bringen; **~work** [ˌ-ˈwɜːk; *US* ˌ-ˈwɜrk] A V/T überanstrengen, mit Arbeit überlasten, überstrapazieren *(a. fig ein Thema etc)*: **~ed** a SPORT überlastet *(Hintermannschaft etc)* b gestresst, überarbeitet; ~ **o.s.** → B B V/I sich überarbeiten C S 1 Arbeitsüberlastung *f* 2 Überarbeitung *f* 3 [ˈ-wɜːk; *US* ˈ-ˌwɜrk] Mehrarbeit *f*; **~write** V/T *irr* 1 *a.* V/I a zu blumig *od* schwülstig schreiben b zu weitschweifig schreiben: **overwritten** *a.* überladen 2 COMPUT *e-n Text* überschreiben; **~wrought** ADJ 1 *obs* überarbeitet, erschöpft 2 überreizt 3 überladen, gekünstelt *(Stil etc)*; **~zealous** ADJ (ADV ~ly) übereifrig

Ovidian [ɒˈvɪdɪən; əʊ-; *US* ɑˈv-] ADJ ovidisch, des Ovid

oviduct [ˈəʊvɪdʌkt] S ANAT Ovidukt *m*, Eileiter *m*; **oviform** [ˈəʊvɪfɔː(r)m] ADJ eiförmig

ovine [ˈəʊvaɪn] ADJ ZOOL 1 Schaf(s)… 2 schafartig

oviparous [əʊˈvɪpərəs] ADJ (ADV ~ly) ZOOL ovipar, Eier legend; **oviposit** [ˌəʊvɪˈpɒzɪt; *US* -ˈpɑ-] V/I Eier ablegen; **oviposition** [-pəˈzɪʃn] S Eiablage *f*; **ovipositor** [-ˈpɒzɪtə(r); *US* -ˈpɑ-] S Ovipositor *m*, Legeröhre *f (der Insekten u. Fische)*

ovisac [ˈəʊvɪsæk] S ZOOL Eiersack *m*

ovogenesis [ˌəʊvəʊˈdʒenɪsɪs] → oogenesis

ovoid [ˈəʊvɔɪd] ADJ & S eiförmig(er Körper)

ovoviviparous [ˌəʊvəʊvɪˈvɪpərəs; *bes US* -vaɪ-ˈvɪ-] ADJ ZOOL ovovivipar *(Eier mit voll entwickelten Embryonen ablegend)*

ovular [ˈəʊvjʊlə(r)], *a.* **ovulary** [-lərɪ; *US* -ˌleriː] ADJ BIOL ovulär, Ovular…, Ei…; **ovulation** [ˌɒvjʊˈleɪʃn; ˌəʊv-; *US* ˌɑv-] S Ovulation *f*, Eisprung *m*; **ovule** [ˈəʊvjuːl; *US a.* ˈɑv-] S 1 BIOL Ovulum *n*, Ei *n* 2 BOT Samenanlage *f*; **ovum** [ˈəʊvəm] *pl* ova [ˈəʊvə] S BIOL Ovum *n*, Ei(zelle) *n(f)*

ow [aʊ] INT au!

owe [əʊ] A V/T 1 *j-m etwas* schulden, schuldig sein *(beide:* **for** für*)*: ~ **sb money (respect, an explanation,** *etc***)**; **you ~ that to yourself (to your reputation)** das bist du dir (d-m Namen) schuldig; ~ **it to sb** es j-m schuldig sein (**to do** zu tun); **I think I ~ you an apology** ich glaube, ich muss mich bei dir entschuldigen; **I ~ you one** *umg* du hast bei mir was gut; → grudge C 2 bei *j-m* Schulden haben, *j-m* Geld schulden: **I still ~ him** er bekommt noch Geld von mir (**for** für) 3 *etwas* verdanken, zu verdanken haben *(dat)*, *j-m* Dank schulden für: **to this circumstance we ~ our lives** diesem Umstand verdanken wir unser Leben; **I ~ him a lot** ich habe ihm viel zu verdanken 4 *obs* besitzen B V/I 1 Schulden haben: **how much does he ~?** wie viel Schulden hat er?; **he still ~s for his house** er zahlt noch immer an s-m Haus ab 2 die Bezahlung schuldig sein (**for** für)

owing [ˈəʊɪŋ] ADJ 1 geschuldet: **the amount** ~ der unbezahlte Betrag; **be** ~ zu zahlen sein, noch offenstehen; **have** ~ ausstehen haben 2 ~ **to** infolge *(gen)*, wegen *(gen)*, dank *(dat)*: **be ~ to** zurückzuführen sein auf *(akk)*, zuzuschreiben sein *(dat)*

owl [aʊl] S 1 ORN Eule *f*: **a wise old** ~ *iron* ein kluges Kerlchen; → solemn 1 2 *a.* ~ **pigeon** ORN *e-e Haustaubenrasse* 3 *fig* a → night owl 2 b alte Eule *(feierliche od langweilige Person)*

owlet [ˈaʊlɪt] S 1 ORN junge Eule, Eulchen *n* 2 ORN kleine Eule, *bes* Steinkauz *m* 3 *a.* ~ **moth** ZOOL Eule *f (ein Nachtfalter)*

owlish ADJ (ADV ~ly) eulenhaft *(Aussehen etc)*

owl monkey S ZOOL Nachtaffe *m*

own [əʊn] A V/T 1 besitzen: **who ~s this car?** wem gehört dieser Wagen?; **it is ~ed by his uncle** es ist im Besitz s-s Onkels, es gehört s-m Onkel 2 als eigen anerkennen, die Urheberschaft *od* den Besitz *(gen)* zugeben 3 zugeben, (ein)gestehen, einräumen: ~ **o.s. defeated** sich geschlagen bekennen B V/I 1 sich bekennen (**to** zu): ~ **to** *sth* → A 3 2 ~ **up** es zugeben: ~ **up to doing sth** zugeben *od* gestehen, etwas getan zu haben C ADJ 1 eigen: **my ~ country** mein Vaterland; **she saw it with her ~ eyes** sie sah es mit eigenen Augen; ~ **resources** Eigenmittel; **my ~ self** ich selbst 2 eigen(artig), besonder(er, e, es): **it has a value all its ~** es hat e-n ganz besonderen *od* eigenen Wert 3 selbst: **I prepare my ~ breakfast** ich mache mir das Frühstück selbst; **name your ~ day** setze den Tag selbst fest 4 *(bes im Vokativ)* (innig) geliebt, einzig: **my ~ child!**; **my ~!** mein Schatz! 5 *(absolut gebraucht)* a Eigen *n*, Eigentum *n* b Angehörige *pl*: **it is my ~** es ist mein Eigen, es gehört mir; **may I have it for my ~?** darf ich es haben *od* behalten?; **call sth one's ~** etwas sein Eigen nennen 6 (*ohne Possessivum gebraucht*) *selten* leiblich (*Bruder etc*)

Besondere Redewendungen: **let me have my ~** gebt mir, was mir zukommt; **come into one's ~** a s-n rechtmäßigen Besitz erlangen; das erlangen, was e-m zusteht b zur Geltung kommen c (wieder) zu s-m Recht kommen; **she has a car of her ~** sie hat ein eigenes Auto; **he has a room of his very ~** er hat ein Zimmer ganz für sich; **he has a way of his ~** er hat e-e eigene Art; **it has a life of its ~** es hat ein Eigenleben; **on one's ~** a selbstständig, unabhängig b von sich aus, aus eigenem Antrieb c ohne fremde Hilfe d auf eigene Verantwortung; **be left on one's ~** sich selbst überlassen sein; **score a goal on one's ~** SPORT ein Tor im Alleingang erzielen; → get back A 2, hold[2] B 13 a

-owned [əʊnd] ADJ *in Zusammensetzungen* gehörig, gehörend (*dat*), in j-s Besitz: → state B 1

owner S 1 JUR a Eigentümer(in) b Inhaber(in) (*von Rechten, e-r Firma, e-s Kontos etc*) 2 *weitS.* Besitzer(in), (*Fahrzeug-, Hunde- etc*) Halter(in): **~-driver** *j-d, der sein eigenes Auto fährt*; **~-occupation** Eigennutzung *f* (*von Eigentumswohnung od Haus*); **~-occupied** eigengenutzt; **~-occupied house** Eigenheim *n*; **~-occupier** Eigenheimbesitzer *m*; **at ~'s risk** WIRTSCH auf eigene Gefahr

ownerless ADJ herrenlos (*Hund etc*)

ownership S 1 JUR a Eigentum(srecht) *n* b Inhaberschaft *f* 2 *weitS.* a Besitz *m* b Besitzverhältnisse *pl*

own goal S SPORT Eigentor *n*

ox [ɒks; *US* ɑks] *pl* oxen [-ən] S 1 Ochse *m*: **(as) strong as an ~** so stark wie ein Bär, bärenstark; **he's as strong as an ~** *a.* er hat Bärenkräfte 2 (Haus)Rind *n*

oxalate ['ɒksəleɪt; -lɪt; *US* 'ɑk-] S CHEM Oxalat *n*

oxalic [ɒk'sælɪk; *US* ɑk-] ADJ CHEM Oxal..., oxalsauer: **~ acid** Oxal-, Kleesäure *f*

oxalis ['ɒksəlɪs; *US* ɑk'sæ-] S BOT Sauerklee *m*

ox|blood (red) S *dunkle, rötlich braune Farbe*; **~bow** [-bəʊ] S 1 Halsbogen *m* (*des Ochsenjochs*) 2 *a.* **~ lake** → cutoff 2

Oxbridge ['ɒksbrɪdʒ; *US* 'ɑks-] S (die Universitäten) Oxford u. Cambridge *pl*

oxcart S Ochsenkarren *m*

oxen ['ɒksən; *US* 'ɑk-] *pl von* ox

oxer ['ɒksə; *US* 'ɑksər] S *Springreiten*: Oxer *m*

ox|eye S 1 ARCH Rundfenster *n* 2 BOT a **white ~, ~ daisy** Margerite *f* b *a.* **yellow ~** Gelbe Wucherblume c Ochsen-, Rindsauge *n* d *US* Sonnenauge *n* 3 ORN *US* a Kiebitz-Regenpfeifer *m* b *dial* (*bes* Kohl)Meise *f*; **~-eyed** ADJ kuhäugig

Oxf. ABK Oxford

Oxfam ['ɒksfæm; *US* 'ɑks-] S ABK Oxford Committee for Famine Relief *britische karitative Organisation zur Hilfe für die Dritte Welt*: **~ shop** *Laden, dessen Verkaufserlös der Dritten Welt zugutekommt*

Oxford ['ɒksfə(r)d; *US* 'ɑks-] S 1 Oxford *n* (*Universitäts- u. Industriestadt in Mittelengland*) 2 → Oxford Down 3 *a.* ≗ Schnürhalbschuh *m* 4 *a.* ≗ Oxford *n* (*Hemdenstoff aus farbig gestreifter od karierter, nicht gerauter Baumwolle*); **~ accent** S Oxforder Akzent *m*; **~ bags** SPL *a.* **pair of ~** *Br bes* HIST sehr weite Hose; **~ blue** S *ein Dunkelblau mit violettem Ton*; **~ Down** S ZOOL Oxford(shire)schaf *n*; **~ English** S Oxford-Englisch *n*; **~ frame** S *Br Bilderrahmen mit sich an den Ecken kreuzenden u. etwas vorstehenden Leisten*; **~ Group (Movement)** S REL, HIST Oxfordgruppenbewegung *f*; **~ mixture** S Oxford *n* (*Herrenanzugstoff aus festen harten Zwirnen*); **~ Movement** S REL, HIST Oxfordbewegung *f*; **~shire** ['ɒksfə(r)dʃə(r); -ˌʃɪə(r); *US* 'ɑks-] S Oxfordshire *n* (*Grafschaft in Mittelengland*); **~ shoe**, *US a.* **~ tie** → Oxford 2

oxhide S 1 Rindshaut *f* 2 Rindsleder *n*

oxid ['ɒksɪd; *US* 'ɑk-] → oxide

oxidant ['ɒksɪdənt; *US* 'ɑksə-] S CHEM Oxidans *n*, Oxidationsmittel *n*; **oxidase** [-deɪs] S BIOL, CHEM Oxidase *f* (*Sauerstoff übertragendes Enzym*)

oxidate ['ɒksɪdeɪt; *US* 'ɑksə-] → oxidize; **oxidation** S CHEM Oxidation *f*, Oxidierung *f*

oxide ['ɒksaɪd; *US* 'ɑk-] S CHEM Oxid *n*

oxidimetry [ˌɒksɪ'dɪmətrɪ; *US* ˌɑk-] S CHEM Oxidimetrie *f*, Redoxanalyse *f*

oxidizable ['ɒksɪdaɪzəbl; *US* 'ɑk-] ADJ CHEM oxidierbar

oxidize ['ɒksɪdaɪz; *US* 'ɑk-] CHEM A VT 1 oxidieren: a mit Sauerstoff verbinden b dehydrieren c *e-m Atom od Ion* Elektronen entziehen 2 METALL passivieren (*mit e-r dünnen Oxidschicht überziehen*) B VI oxidieren; **oxidizer** S Oxidator *m*, Sauerstoffträger *m* (*bei Raketentreibstoffen*); **oxidizing** ADJ: **~ agent** Oxidationsmittel *n*, Oxidans *n*

oxlip S BOT Hohe Schlüsselblume

Oxon. ABK 1 Oxfordshire 2 Oxoniensis, of Oxford University (*in akademischen Titeln*)

Oxonian [ɒk'səʊnjən; -nɪən; *US* ɑk-] A ADJ von *od* aus Oxford B S 1 Student(in) an der *od* Absolvent(in) der Universität Oxford 2 Einwohner(in) von Oxford

oxpecker S ORN Nashornvogel *m*

oxtail S GASTR Ochsenschwanz *m*: **~ soup**

oxy- [ɒksɪ; *US* ɑksɪ] *Wortelement mit den Bedeutungen*: a Sauerstoff... b scharf, sauer

oxyacetylene ADJ CHEM, TECH Azetylen-Sauerstoff-...: **~ cutting** autogenes Brennschneiden; **~ torch** Schneidbrenner *m*; **~ welding** Autogenschweißen *n*

oxyacid S CHEM 1 Sauerstoffsäure *f* 2 Oxysäure *f*

oxygen ['ɒksɪdʒən; *US* 'ɑk-] S CHEM Sauerstoff *m*: **~ acid** Sauerstoffsäure *f*; **~ apparatus** Atemgerät *n*; **~ consumption** PHYSIOL Sauerstoffverbrauch *m*; **~ debt** (*Sportmedizin*) Sauerstoffschuld *f*; **~ mask** MED Sauerstoffmaske *f*; **~ supply** Sauerstoffzufuhr *f*; **~ tent** MED Sauerstoffzelt *n*

oxygenate ['ɒksɪdʒəneɪt; *US* 'ɑk-] VT 1 oxidieren, mit Sauerstoff verbinden *od* behandeln 2 mit Sauerstoff anreichern *od* sättigen

oxygenous [ɒk'sɪdʒənəs; *US* ɑk-] ADJ CHEM 1 Sauerstoff... 2 sauerstoffhaltig

oxyh(a)emoglobin S BIOL, CHEM Oxyhämoglobin *n*; **oxyhydrogen** S CHEM Knallgas *n*: **~ blowpipe** TECH Knallgasgebläse *n*

oxymoron [ˌɒksɪ'mɔːrɒn; *US* ˌɑksɪ'məʊərˌɑn] *pl* -mora [-rə] S Oxymoron *n* (*rhetorische Figur durch Verbindung zweier sich widersprechender Begriffe*)

oy → oi

oyer ['ɔɪə(r)] S JUR 1 HIST gerichtliche Untersuchung 2 → oyer and terminer; **~ and terminer** ['tɜːmɪnə(r); *US* 'tɜr-] S JUR 1 HIST gerichtliche Untersuchung u. Entscheidung 2 HIST *Br meist* **commission** (*od* **writ**) **of ~** *königliche Ermächtigung an die Richter der Assisengerichte, Gericht zu halten* 3 *US Bezeichnung einiger höherer Gerichtshöfe für Strafsachen*

oyez, *a.* **oyes** [əʊ'jes; *US bes* əʊ'jeɪ] INT Achtung! (*meist dreimal geäußerter Ruf der Gerichtsdiener od* HIST *der Ausrufer*)

oyster ['ɔɪstə(r)] A S 1 ZOOL Auster *f*: **~s on the shell** frische Austern; **he thinks the world is his ~** *fig* er meint, er kann alles haben; **be (as) close as an ~** *fig* verschwiegen sein wie ein Grab; **he was as close as an ~ on it** er sagte kein Wort davon 2 *austernförmiges Stück Fleisch in der Höhlung des Beckenknochens von Geflügel* 3 *umg* zugeknöpfter Mensch B ADJ Austern...: **~ knife**; **~ bank** S, **~ bed** S Austernbank *f*, -bett *n*; **~catcher** S ORN Austernfischer *m*; **~ cracker** S *US gesalzener Keks, der zu Austerngerichten gereicht wird*; **~ farm** S Austernpark *m*

oystering S 1 Austernfischerei *f* 2 *Möbelherstellung*: a Austernmuster *n* b Zusammenpassung *f* der Musterung (*bei Schranktüren etc*)

oz. ABK ounce(s PL)

ozocerite [əʊ'zəʊsərɪt; *US* ˌəʊzəʊ'sɪərˌaɪt], **ozokerite** [-kə-; *US* -'kɪər-] S GEOL Ozokerit *m*, Erdwachs *n*

ozone ['əʊzəʊn] S 1 CHEM Ozon *n/m*: **~ alert** Ozonalarm *m*; **~-depleting** die Ozonschicht abbauend; **~ depletion** Abbau *m* der Ozonschicht; **~-friendly** ozonfreundlich; **~ hole** Ozonloch *n*; **~ layer** (*od* **shield**) Ozonschicht *f* (*der Erdatmosphäre*); **~ level** Ozonwert *m* 2 *umg* Ozon *m/n* (*frische, sauerstoffreiche Luft*)

ozonic [əʊ'zɒnɪk; *US* -'zəʊ-; -'zɑ-] ADJ 1 ozonisch, Ozon... 2 ozonhaltig

ozonide ['əʊzəʊnaɪd] S CHEM Ozonid *n*

ozoniferous [ˌəʊzəʊ'nɪfərəs] ADJ ozonhaltig

ozonization [ˌəʊzəʊnaɪ'zeɪʃn; *US* -nə'z-] S CHEM Ozonisierung *f*; **ozonize** A VT ozonisieren: a in Ozon verwandeln b mit Ozon behandeln B VI sich in Ozon verwandeln; **ozonizer** S Ozonisator, Ozongenerator *m*

ozonolysis [ˌəʊzəʊ'nɒləsɪs; *US* -nɑl-] S CHEM Ozonolyse *f*, Ozonspaltung *f*

ozonosphere [əʊ'zəʊnəˌsfɪə(r); *Br a.* -'zɒn-] S METEO Ozonosphäre *f* (*durch höheren Ozongehalt gekennzeichnete Schicht der Erdatmosphäre*)

ozonous ['əʊzəʊnəs] → ozonic

ozostomia [ˌəʊzəʊ'stəʊmɪə] S MED übler Mundgeruch

ozs ABK ounces PL

P

P[1], p [piː] *pl* **P's, Ps, p's, ps** [piːz] S P, p *n* (*Buchstabe*): **mind one's p's and q's** *umg* sich anständig aufführen

P[2] ABK 1 parking 2 (*Schach*) pawn 3 PHYS power; 4 PHYS pressure

p. ABK 1 page S. 2 part T. 3 LING participle Part. 4 past 5 *Br* penny, pence 6 per 7 post, after 8 power

pa[1] [pɑː] S *umg* Papa *m*, Vati *m*

PA[2] ABK 1 personal assistant 2 JUR power of attorney 3 press agent 4 Press Association 5 WIRTSCH private account 6 public-address system Lautsprecheranlage *f* 7 *US* purchasing agent Einkäufer(in)

Pa. ABK Pennsylvania

p.a. ABK 1 per annum, by the year p.a. 2 *US* press agent

pabulum ['pæbjʊləm] S Nahrung *f* (*a. fig*): **mental ~**

PABX ABK TEL *Br* private automatic branch exchange

PAC ABK *US* political action committee

Pac. ABK Pacific

pace[1] [peɪs] A S 1 (Marsch)Geschwindigkeit *f*, Tempo *n* (*a.* SPORT; *a. fig e-r Handlung etc*), *bes Pferderennsport*: Pace *f*: **go** (*od* **hit**) **the ~** a ein scharfes Tempo anschlagen b *fig* flott leben; **keep ~ with** Schritt halten *od* mitkommen mit (*a. fig*); **keep ~ with the times** mit der Zeit gehen; **set the ~** das Tempo angeben (*a.*

fig), SPORT das Tempo machen; **stand** (*od* **stay**) **the ~** Schritt halten, mithalten (*beide a. fig*); **at a great ~** in schnellem Tempo; **at a very slow ~** ganz langsam 2 Schritt *m*: **~ for ~** Schritt für Schritt 3 Schritt *m* (*als Maß*): **geometrical** (*od* **great**) **~** Doppelschritt (*5 Fuß = 1,524 m*); **military ~** Militärschritt 4 Gang(art) *m(f)*, Schritt *m*: **ordinary ~** MIL Marschschritt; **quick ~** MIL Geschwindschritt 5 Gangart *f* (*bes des Pferdes*): **put a horse through its ~s** ein Pferd alle Gangarten machen lassen; **put sb through their ~s** *fig* j-n auf Herz u. Nieren prüfen; **show one's ~s** *fig* zeigen, was man kann 6 Passgang *m* (*des Pferdes*) B V/T 1 SPORT Schrittmacher sein für, *j-m* Schrittmacherdienste leisten 2 *fig* a das Tempo (*gen*) bestimmen b Schritt halten mit c vorangehen (*dat*) 3 *a.* **~ out** (*od* **off**) ab-, ausschreiten 4 *ein Zimmer etc* durchschreiten, -messen 5 a *bes e-m Pferd* bestimmte Gangarten beibringen b *ein Pferd* im Passgang gehen lassen C V/I 1 (einher)schreiten 2 **~ around** (*od* **about**) hin u. her laufen: **~ up and down** auf u. ab gehen 3 im Passgang gehen (*Pferd*)

pace[2] [ˈpeɪsɪ] PRÄP ohne *j-m* zu nahe treten zu wollen: **~ Mr Brown**

pace car S *Motorsport*: Pacecar *n*, Führungsauto *n*

paced [peɪst] ADJ 1 mit (*bestimmter*) Gangart, *langsam etc* gehend *od* schreitend: **slow-~** 2 SPORT mit Schrittmacher gefahren *od* gelaufen: **~ rider** (*Radsport*) Steher *m*; **~ race** (*Radsport*) Steherrennen *n*

pace| judg(e)ment S SPORT Tempogefühl *n*; **~ lap** S *Motorsport*: Aufwärmrunde *f*; **~maker** S 1 SPORT a Schrittmacher(in) (*a. fig*), (*Pferd*) Pacemacher *m*, -maker *m*: **act as ~ to sb** → pace[1] B 1 b Führpferd *n* 2 MED (*Herz*) Schrittmacher *m*; **~making** S SPORT Schrittmacherdienste *pl* (*a. fig*): **do the ~** für Tempo sorgen; **do the ~ for sb** j-m Schrittmacherdienste leisten

pacer [ˈpeɪsə(r)] S 1 → pacemaker 1 2 Pacer *m*, Passgänger *m* (*Pferd*)

pace|setter → pacemaker 1; **~setting** → pacemaking

pacha → pasha

pachisi [pəˈtʃiːzɪ] S *ein dem Backgammon ähnliches Spiel*

pachyderm [ˈpækɪdɜːm; US -ˌdɜrm] S ZOOL Dickhäuter *m*; **pachydermatous** [-mətəs], **pachydermous** ADJ 1 ZOOL dickhäutig 2 *fig* dickfellig 3 BOT dickwandig

pacific [pəˈsɪfɪk] A ADJ (ADV **~ally**) 1 friedlich, friedfertig, friedliebend 2 versöhnlich, Friedens…: **~ policy** 3 ruhig, friedlich 4 ♀ Pazifik…, pazifisch: **the ♀ islands** die pazifischen Inseln B S **the ♀** der Pazifik, der Pazifische *od* Stille *od* Große Ozean

pacification [ˌpæsɪfɪˈkeɪʃn] S 1 Befriedung *f* 2 Beruhigung *f*, Besänftigung *f*, Beschwichtigung *f* 3 Aussöhnung *f*; **pacificatory** [pəˈsɪfɪkətərɪ; US -ˌtəʊriː; -ˌtɔː-] ADJ versöhnlich, friedlich

Pacific| Ocean S: **the ~** → pacific B; **~ Standard Time** S *e-e nordamer. Zonenzeit*

pacifier [ˈpæsɪfaɪə(r)] S 1 Friedensstifter(in) 2 (*etwas*) Beruhigendes, *a.* Beruhigungsmittel *n* 3 US (*für Kleinkinder*) a Schnuller *m* b Beißring *m*

pacifism [ˈpæsɪfɪzəm] S Pazifismus *m* (*Grundhaltung, die bedingungslose Friedensbereitschaft fordert*); **pacifist** A S Pazifist(in) B ADJ pazifistisch

pacify [ˈpæsɪfaɪ] V/T 1 *ein Land* befrieden 2 beruhigen, besänftigen, beschwichtigen 3 aussöhnen 4 versöhnlich stimmen

pack [pæk] A S 1 a Pack(en) *m*, Ballen *m*, Bündel *n* b (Informations- *etc*)Mappe *f*, (-)Unterlagen *pl* 2 US Packung *f*, Schachtel *f* (*Zigaretten*), Päckchen *n*, Paket *n* 3 MIL a Tornister *m* b Rückentrage *f* (*für Kabelrollen etc*) c Fallschirmpackhülle *f* 4 *a.* **~ of films** FOTO Filmpack *m* 5 *a.* **~ of cards** Spiel *n* Karten, Kartenspiel *n* 6 ELEK Netzteil *n* 7 (Schub *m*) Konserven *pl* 8 Verpackung(sweise) *f*, Konservierung(smethode) *f* 9 Menge *f*, Haufen *m*: **a ~ of lies** ein Haufen Lügen, ein Sack voll Lügen; **a ~ of nonsense** lauter Unsinn 10 Pack *n*, Bande *f*: **a ~ of thieves** e-e Räuberbande 11 (*Hunde*) Meute *f*, (-)Koppel *f*: **~ of hounds** 12 a Rudel *n* (*von Wölfen etc; a.* MIL *von U-Booten etc*): **~ of wolves** Wolfsrudel b SPORT Feld *n*: **finish in the ~** im Feld landen 13 *Rugby*: Stürmer *pl*, Sturm *m* 14 Packeis *n* 15 *Kosmetik*, MED: Packung *f*: → face pack, *etc* B V/T 1 *oft* **~ up** ein-, zusammen-, ab-, verpacken: **~ sb sth** j-m etwas einpacken; **~ed lunch** Lunchpaket(e) *n(pl)* 2 a *a.* **~ down** zusammenpressen b *Tabak* stopfen c IT *e-e Datei etc* packen, komprimieren 3 *a.* **~ together** zusammenpferchen: → sardine[1] 4 vollstopfen: **~ed** a *Br umg* **~ed-out** bis auf den letzten Platz gefüllt, brechend voll a SPORT massiert (*Abwehr*); **a ~ed house** THEAT ein ausverkauftes Haus; **~ed with** voll von, voll(er) *Autos etc*; **~ one's defence** (*US* **defense**) SPORT die Abwehr massieren 5 (voll)packen: **~ the cases** die Koffer packen; **I am ~ed** ich habe gepackt 6 *die Geschworenenbank, e-n Ausschuss etc* mit s-n (eigenen) Leuten besetzen 7 konservieren, *bes* eindosen 8 TECH (ab)dichten 9 bepacken, beladen 10 *US e-e Last etc* tragen 11 a *US umg e-e Waffe etc* (bei sich) tragen b **~ a hard punch** *umg* (*Boxen*) e-n harten Schlag haben; *fig* e-e scharfe Klinge führen 12 *US umg* enthalten: **the book ~s a wealth of information** 13 *meist* **~ off** *umg* (rasch) fortschicken, (eilig) wegbringen, fortjagen: **he ~ed his children off to bed** er verfrachtete s-e Kinder ins Bett *umg*; **~ sb back** j-n zurückschicken 14 *meist* **~ up** (*od* **in**) *umg* aufhören *od* Schluss machen mit, aufstecken: **~ up smoking** das Rauchen aufgeben; **~ it in!** hör endlich auf (damit)! 15 MED einpacken C V/I 1 packen: **~ up** zusammenpacken; **~ up** (**and go home**) *fig umg* einpacken (*es aufgeben*) 2 sich *gut etc* verpacken *od* konservieren lassen 3 a *a.* **~ together** sich zusammendrängen *od* zusammenscharen b sich drängen (**into** in *akk*) 4 fest werden, sich fest zusammenballen, backen: **wet snow ~s easily** 5 *meist* **~ off** *umg* sich packen, sich davonmachen: **send sb ~ing** j-n fortjagen 6 *umg* a *meist* **~ up** (*od* **in**) aufhören, Feierabend machen b *meist* **~ up** (*od* **in**) es aufstecken *umg* c **~ up** absterben, verrecken (*Motor*): **the engine ~ed up on me** mir ist der Motor abgestorben d **~ up** (*od* **in**) den *od* s-n Geist aufgeben *umg* (*Waschmaschine etc*)

package [ˈpækɪdʒ] A S 1 Paket *n*, Pack *m*, Ballen *m*, Frachtstück *n* 2 Packung *f*: **a ~ of spaghetti** 3 Verpackung *f*: a Verpacken *n* b Emballage *f* 4 TECH (betriebsfertige) Baueinheit, (Geräte)Baugruppe *f* 5 a *bes US* (als Ganzes *od* im Block verkauftes) (Fernseh- *etc*)-Programm b Paket *n*: **~ of questions** Fragenkatalog *m* 6 IT Paket *n*, Komplex *m* (*von Programmen etc*) 7 *US sl* Vorstrafenregister *n* B V/T 1 a verpacken b zu Paketen *od* e-m Paket abpacken, *bes* WIRTSCH paketieren 2 *fig* a zusammenstellen b verbinden, vereinigen (*beide* **with** mit) c en bloc anbieten *od* verkaufen: **~d tour** → package tour; **~ deal** S 1 a Pauschalarrangement *n* b Pauschalangebot *n* 2 Paket *n*; **~ holiday** S *Br* Pauschalurlaub *m*; **~ insert** S PHARM Packungsbeilage *f*, Beipackzettel *m*

packager S Packager *m* (*j-d, der außer Haus sämtliche redaktionellen Arbeiten e-s Buches etc ausführt u. als Gesamtpaket an den Verlag abliefert*)

package| store S *US* Wein- u. Spirituosenhandlung *f*; **~ tour** S Pauschalreise *f*

packaging A S 1 (Einzel)Verpackung: → original A 1 2 Verpackung(smaterial) *f(n)* B ADJ Verpackungs…: **~ machine**; **~ artist** Verpackungskünstler(in); **~ line** Packstraße *f* (*in e-r Fabrik*)

pack| animal S Pack-, Last-, Tragtier *n*; **~cloth** S Packtuch *n*, -leinwand *f*; **~ drill** S MIL Strafexerzieren *n* in voller Marschausrüstung

packer [ˈpækə(r)] S 1 (Ver)Packer(in) 2 WIRTSCH a Ab-, Verpacker(in), Großhändler(in) b *US* Konservenhersteller(in): **meat ~s** 3 Verpackungsmaschine *f* 4 TECH Stampfgerät *n*

packet [ˈpækɪt] A S 1 a kleines Paket, Päckchen *n*: **a ~ of cigarettes** e-e Schachtel *od* Packung Zigaretten; **~ of three** *Br umg* Dreierpack *m* (*Kondome*) b IT Datenpaket *n* 2 **sell sb a ~** *umg* j-n hinters Licht führen *od umg* anschmieren 3 SCHIFF Postschiff *n*, Paketboot *n* 4 *Br sl* Haufen *m* Geld: **a nice ~** e-e hübsche Stange Geld *umg*; **make** (*od* **earn**) **a ~** ein Schweinegeld verdienen *sl*; **cost a ~** ein Heidengeld kosten 5 **catch** (*od* **get, cop, stop**) **a ~** *Br sl* a e-e (Kugel) verpasst bekommen b in Schwulitäten kommen c sein Fett (ab)kriegen d eins aufs Dach kriegen, was zu hören bekommen (*beide*: **from** von) B V/T (zu e-m Paket) verpacken, *bes* WIRTSCH paketieren; **~ boat**, **~ ship** → packet A 3; **~ switching** S IT Paketvermittlung *f*

pack|horse S 1 Pack-, Lastpferd *n* 2 *fig* Last-, Packesel *m*: **I'm not your ~!** ich bin doch nicht dein Lastesel!; **~ ice** S Packeis *n*

packing S 1 Packen *n*: **do one's ~** packen 2 Verpacken *n* 3 Verpackung *f* 4 Konservierung *f* 5 TECH a (Ab)Dichtung *f*, Packung *f* b Dichtung *f* c Dichtungsmaterial *n* d Füllmaterial *n*, Füllung *f* 6 IT Verdichtung *f* (*von Informationen*) 7 Zusammenballen *n*; **~ box** S 1 Packkiste *f* 2 TECH Stopfbüchse *f*; **~ case** S Packkiste *f*; **~ density** S IT Informations-, Packungsdichte *f*; **~ department** S Packerei *f* (*e-r Firma*); **~ fraction** S *Kernphysik*: Packungsanteil *m*; **~ house** S, **~ plant** S Abpackbetrieb *m*; **~ ring** S TECH 1 Dichtungsring *m* 2 Kolbenring *m*

pack|man [-mən] S *irr* Hausierer *m*; **~ rat** S 1 ZOOL Packratte *f* 2 *US umg* sammelwütiger Mensch; **~saddle** S Pack-, Saumsattel *m*; **~thread** S (starker) Bindfaden; **~ train** S Tragtierkolonne *f*

pact [pækt] S Pakt *m*: **make a ~ with sb** mit j-m e-n Pakt schließen

pad[1] [pæd] A S 1 Polster *n*, Kissen *n* 2 SPORT (*Knie- etc*) Schützer *m*, Schutzpolster *n* 3 Reit-, Sitzkissen *n* 4 a *allg* Unterlage *f* b COMPUT (*Maus*)Pad *n* c TECH Konsole *f* (*für Hilfsgeräte*) 5 (*Notiz-, Schreib*) Block *m* 6 (*Stempel*) Kissen *n* 7 a Tupfer *m* b *US* (Damen-, Monats)Binde *f* 8 ZOOL (Fuß)Ballen *m* 9 JAGD Pfote *f* (*des Fuchses, Hasen etc*) 10 FLUG (*Hubschrauber-*) Start- u. Landeplatz *m* 11 (*Abschuss*) Rampe *f* (*für Raketen, Raumfahrzeuge*) 12 ELEK Dämpfungsglied *n* 13 *sl* a Falle *f* (*Bett*) b Schlafzimmer *n* c Bude *f* (*Wohnung od Zimmer*) 14 **be on the ~** *US sl* Schmiergelder kassieren (*Polizist*) B V/T 1 *a.* **~ out** (aus)polstern, ausstopfen, wattieren: **~ded cell** Gummizelle *f* 2 *oft* **~ out** *e-e Rede etc* aufblähen *umg* (**with** mit) 3 *Papierblätter* zu e-m Block zusammenkleben

pad[2] [pæd] A S 1 Tappen *n* (*Geräusch*) 2 *obs od*

dial dahintrottendes Pferd 3 → footpad B V/T wandern durch C V/I 1 *a.* ~ **along** (dahin)trotten 2 tappen 3 wandern: ~ **around the country** durchs Land wandern

pad calendar S *US* Abreißkalender *m*

padder ['pædə(r)] S ELEK Padding-Kondensator *m*

padding S 1 (Aus)Polstern *n*, Wattieren *n* 2 Polsterung *f*, Wattierung *f* 3 *a.* ~ **material** Polstermaterial *n* 4 *fig* überflüssiges Beiwerk, leeres Füllwerk, (Zeilen)Füllsel *pl*; ~ **capacitor** → padder

paddle¹ ['pædl] A S 1 Paddel *n* 2 SCHIFF a Schaufel *f (e-s Schaufelrades)* b Schaufelrad *n (e-s Flussdampfers)* c → paddle steamer 3 TECH a Schaufel *f (e-s unterschlächtigen Wasserrades)* b Schütz *n*, Falltor *n (an Schleusen)* 4 Waschbleuel *m*, -schlegel *m* 5 TECH Kratze *f*, Rührstange *f* 6 ZOOL Flosse *f (e-s Wals etc)* 7 Tischtennisschläger *m* 8 *(tischtennisschlägerförmiges)* Nummernschild *(bei Auktionen)* B V/I paddeln *(a. schwimmen)* C V/T 1 paddeln: → canoe A 1 2 *Wäsche* bläuen 3 TECH *(mit e-r Rührstange)* rühren 4 *US umg j-m* den Hintern versohlen

paddle² ['pædl] A V/I 1 *(im Wasser etc)* (herum)plan(t)schen 2 watscheln B S Plan(t)schen *n*: **have a** ~ → A 1

paddle| board S (Rad)Schaufel *f*; ~ **box** S SCHIFF Radkasten *m*

paddler S Paddler(in)

paddle| steamer S SCHIFF Raddampfer *m*; ~ **tennis** S *Art Tennisspiel mit Holzschlägern u. Schaumgummiball*; ~ **wheel** S SCHIFF, *a.* TECH Schaufelrad *n*

paddling pool S *bes Br* Plan(t)schbecken *n*

paddock¹ ['pædək] S 1 *(bes* Pferde-)Koppel *f* 2 *Pferderennsport*: Sattelplatz *m* 3 *Motorsport*: Fahrerlager *n*

paddock² ['pædək] S ZOOL *obs od Br dial* 1 Frosch *m* 2 Kröte *f*

Paddy¹ ['pædɪ] S *umg, a. pej* Paddy *m*, Ire *m*

paddy² ['pædɪ] S 1 Reis *m*, *bes* Reis *m* auf dem Halm 2 WIRTSCH Paddy *m*, ungeschälter Reis 3 *a.* ~ **field** Reisfeld *n*

paddy³ ['pædɪ] S *Br umg* Koller *m*, Wutanfall *m*: **she's in one of her paddies** sie hat wieder mal e-n Koller

paddy| wagon S *US umg* grüne Minna *(Polizeigefangenenwagen)*; ~**whack** S *umg* 1 *Br* → paddy³ 2 a Haue *f umg*, Schläge *pl* b Klatsch *m*, Klaps *m*

padlock ['pædlɒk; *US* -ˌlɑk] A S Vorhängeschloss *n* B V/T 1 ein Vorhängeschloss anbringen an *(dat)*, mit e-m Vorhängeschloss verschließen 2 *US ein Theater etc* behördlich schließen

padre ['pɑːdrɪ; *US a.* -reɪ] S 1 Pater *m*, Vater *m (Priester)* 2 SCHIFF, MIL *umg* Kaplan *m*, Geistliche(r) *m*

paean ['piːən] S 1 *Antike*: Päan *m (altgriechisches Chorlied)* 2 *allg* Freuden-, Lobgesang *m* 3 *fig* überschwängliches Lob: **the film received a ~ from the critics** der Film wurde von der Kritik begeistert aufgenommen

paederast, *etc* → pederast *etc*

paediatric, *etc bes Br für* pediatric *etc*

paedogenesis, *etc bes Br für* pedogenesis *etc*

paedological, *etc bes Br für* pedological¹, *etc*

paedophile, *etc bes Br für* pedophile *etc*

paella [paɪ'elə; *US* pɑː'elə; pɑː'eɪlə; -'eɪljə] S GASTR Paella *f (spanisches Reisgericht mit Fleisch, Fisch etc)*

pagan ['peɪgən] A S Heide *m*, Heidin *f (beide a. fig)* B ADJ heidnisch; **pagandom** S Heidentum *n*: a *koll (die)* Heiden *pl* b heidnisches Wesen; **paganism** S 1 → pagandom 2 Gottlosigkeit *f*; **paganize** V/T & V/I heidnisch machen (werden)

page¹ [peɪdʒ] A S 1 Seite *f*, (COMPUT *a.*) Page *f*: **the article is on ~ 22** der Artikel steht auf Seite 22; **four-~** vierseitig; **he took ~s and ~s of notes** er machte sich seitenweise Notizen; ~ **three girl** *Br* Pin-up-Girl *n (in e-r Boulevardzeitung)* 2 *fig* Chronik *f*, Bericht *m*, Buch *n* 3 *fig* Blatt *n*: **a glorious ~ in Roman history** ein Ruhmesblatt in der römischen Geschichte 4 TYPO Schriftseite *f*, (ganzseitige) Kolumne B V/T → paginate C V/I ~ **through** *ein Buch etc* durchblättern

page² [peɪdʒ] A S 1 HIST Page *m*, Edelknabe *m* 2 Page *m*, junger *(engS.* Hotel)Diener B V/T 1 *j-n* (per Lautsprecher *od* durch e-n Pagen) ausrufen lassen: **paging Mr XY** Herr XY, bitte! 2 mit *j-m* über e-n Funkrufempfänger Kontakt aufnehmen, *j-n* anpiepsen *umg*

pageant ['pædʒənt] S 1 a *(bes* historischer) Umzug, Festzug *m* b (historisches) Festspiel 2 Prunk *m*, Gepränge *n*, Pomp *m* 3 *fig* a (prächtiges, wechselvolles) Bild b *pej* leerer Prunk c *pej* hohler Schein; **pageantry** [-trɪ] → pageant 2, 3

pageboy S 1 → page² A 2 2 Pagenschnitt *m*, *engS.* Innenrolle *f (Damenfrisur)*

page| break S COMPUT Seitenumbruch *m*; ~ **printer** S COMPUT Seitendrucker *m*

pager ['peɪdʒə(r)] S Funkrufempfänger *m*, Piepser *m umg*

Paget's| cancer ['pædʒɪts] → Paget's disease; ~ **disease** S MED Paget-Krankheit *f*: a Paget-Syndrom *n* b Paget-Krebs *m*, -Karzinom *n*

pageturner S *umg* spannendes Buch

paginal ['pædʒɪnl] ADJ Seiten…: **a ~ reprint** ein seitenweiser Nachdruck; **paginate** [-neɪt] V/T paginieren; **pagination**, *a.* **paging** ['peɪdʒɪŋ] S Paginierung *f*, Seitennummerierung *f*

pagoda [pə'gəʊdə] S Pagode *f*: a *Tempel in China etc* b *alte ostindische Goldmünze*; ~ **tree** S BOT Sophore *f*

pah [pɑː] INT 1 pfui! 2 *pej* pah!

paid [peɪd] A *prät u. pperf von* pay¹ B ADJ bezahlt: ~ **political broadcast** (RADIO, TV) *US* parteipolitische Sendung *(bes vor Wahlen)*; **fully** ~ voll eingezahlt *od* einbezahlt; ~ **for** bezahlt, vergütet; ~ **in** → paid-in; ~ **up** → paid-up; **put ~ to** *bes Br umg* ein Ende machen *(dat)*, *Hoffnungen etc* zunichtemachen; **that puts ~ to his dirty tricks** damit ist es Schluss *od* hat es sich mit s-n gemeinen Tricks; **~-in** ADJ 1 WIRTSCH (voll) eingezahlt: ~ **capital** Einlagekapital *n*; ~ **surplus** Reservekapital, das aus dem Verkauf von Aktien stammt 2 → paid-up 2; **~-up** ADJ 1 → paid-in 1: ~ **insurance** voll eingezahlte Versicherung(sprämie) 2 **fully ~ member** Mitglied *n* ohne Beitragsrückstände, *weitS. u. fig* vollwertiges Mitglied; ~ **membership** zahlende Mitglieder *pl* 3 getilgt, abbezahlt *(Schulden)*

pail [peɪl] S Eimer *m*, Kübel *m*; **pailful** [-fʊl] S *(ein)* Eimer *m* (voll): **by ~s** eimerweise; **a ~ of water** ein Eimer (voll) Wasser

paillasse ['pælıæs; *bes US* pæl'jæs] S *bes US* Strohsack *m*

paillette [pæl'jet; *US* paɪ'et; peɪ'jet] S Paillette *f*, Flitterblättchen *n*

pain [peɪn] A S 1 Schmerz(en) *m(pl)*: **be in (great, constant) ~** (große *od* starke, ständig) Schmerzen haben; **I have a ~ in my stomach** mir tut der Magen weh; **be a ~ in the neck** *umg* e-e Nervensäge sein; **give sb a ~ in the neck** *umg* j-m auf den Wecker gehen; **be a ~ in the arse** *(US* **ass)** *vulg* einem auf die Eier gehen 2 Schmerz *m*, Leid *n*, Kummer *m*: **give** *(od* **cause) sb ~** j-m Kummer machen 3 *pl* Mühe *f*, Bemühungen *pl*: **be at ~s, take ~s** sich Mühe geben, sich bemühen, sich anstrengen; **go to** *(od* **take) great ~s** große Sorgfalt verwenden (**over** auf *akk*), sich große Mühe geben; **spare no ~s** keine Mühe scheuen; **all he got for his ~s** der (ganze) Dank (für s-e Mühe); **no ~s, no gains** *(Sprichwort)* ohne Fleiß kein Preis 4 *pl* MED (Geburts)Wehen *pl* 5 Strafe *f (obs außer in)*: **(up)on** *(od* **under) ~ of** unter Androhung von *(od gen)*, bei Strafe von; **on** *(od* **under) ~ of death** bei Todesstrafe B V/T 1 *j-n* schmerzen, *j-m* Schmerzen bereiten, *j-m* wehtun, *fig a. j-n* schmerzlich berühren, *j-n* peinigen 2 *umg* fuchsen, ärgern; ~ **barrier** S Schmerzgrenze *f*

pained [peɪnd] ADJ 1 gequält, schmerzlich *(Gesichtsausdruck etc)* 2 peinlich *(Schweigen etc)*

painful ADJ 1 schmerzend, schmerzhaft: **be ~** schmerzen, wehtun; ~ **point** MED (Nerven)Druckpunkt *m* 2 a schmerzlich, quälend *(Erinnerungen etc)* b peinlich: **produce a ~ impression** peinlich wirken c unangenehm 3 mühsam, beschwerlich; **painfully** ADV 1 → painful 2 peinlich, übertrieben: **she is ~ particular** sie nimmt alles peinlich *od* übertrieben genau 3 in peinlicher Weise; **painfulness** S 1 Schmerzhaftigkeit *f* 2 Schmerzlichkeit *f* 3 Peinlichkeit *f* 4 Beschwerlichkeit *f*

painkiller, **painkilling drug** S MED, PHARM schmerzstillendes Mittel, Schmerzmittel *n*

painless ADJ (ADV ~ly) 1 schmerzlos 2 *fig umg* leicht, einfach *(Methode etc)*

painstaking A ADJ sorgfältig, gewissenhaft B S Sorgfalt *f*, Gewissenhaftigkeit *f*

paint [peɪnt] A V/T 1 *ein Bild, j-n* malen: **~ a gloomy (rosy, vivid) picture of sth** etwas in düsteren (rosigen, glühenden) Farben malen *od* schildern *od* beschreiben; → color A 6 2 anmalen, bemalen: ~ **sth green** etwas grün anmalen 3 (an)streichen, tünchen, *ein Auto etc* lackieren: ~ **one's nails** sich die Fingernägel lackieren; ~ **out** *(od* **over)** übermalen; ~ **o.s. into a corner** *fig* sich in e-e ausweglose Situation manövrieren; ~ **the town red** *umg* auf den Putz hauen, (schwer) einen draufmachen; → black A 6, lily A 1 4 MED *e-e Salbe etc* auftragen, *den Hals, e-e Wunde* (aus-)pinseln: ~ **with iodine** jodieren 5 *oft pej* schminken: ~ **one's face** → B 3 B V/I 1 malen 2 streichen 3 *oft pej* sich anmalen *(schminken)* C S 1 (Anstrich)Farbe *f*, Tünche *f*, *(Auto- etc)* Lack *m* 2 → coat A 6: **(as) fresh as ~** *umg* frisch u. munter; **"wet ~"** „frisch gestrichen!" 3 Farbe *f (in fester Form)*, (Tusch)Farbe: **(as) clever** *(od* **smart) as ~** *umg* blitzgescheit 4 *oft pej* Make-up *n*, Schminke *f* 5 MED, PHARM Tinktur *f* 6 *US* Scheck(e) *m (Pferd)*; **~ball** S *Kriegsspiel, bei dem mit Farbpatronen geschossen wird*; **~box** S 1 Farb(en)-, Malkasten *m* 2 *oft pej* Schminkdose *f*; **~brush** S (Maler-, Tusch)Pinsel *m*

painted ['peɪntɪd] ADJ 1 gemalt, bemalt, gestrichen, lackiert 2 *bes* BOT, ZOOL bunt, scheckig 3 *fig* gefärbt, verfälscht; ~ **bunting** S ORN 1 Papstfink *m* 2 Bunte Spornammer; ~ **cup** S BOT Scharlachrote Kastillea; ~ **lady** S 1 ZOOL Distelfalter *m* 2 BOT Rote Wucherblume; ~ **woman** S *irr* Flittchen *n pej*

painter¹ ['peɪntə(r)] S 1 (Kunst)Maler(in): ~ **to the Marquis of X** Hofmaler des Marquis von X 2 Maler(in), Anstreicher(in): **~'s colic** MED Bleikolik *f*; **~'s shop** a Malerwerkstatt *f* b *(Auto- etc)* Lackiererei *f* 3 *(Auto- etc)* Lackierer(in)

painter² ['peɪntə(r)] S SCHIFF Fang-, Vorleine *f*: **cut the ~** a die Fangleine kappen b *fig* alle Brücken hinter sich abbrechen

painter³ ['peɪntə(r)] → cougar

pain| therapy S MED Schmerztherapie *f*; ~ **threshold** S Schmerzschwelle *f*, -grenze *f*

painting ['peɪntɪŋ] S **1** Malen *n*, Malerei *f*: **~ in oil** Ölmalerei; **~ on glass** Glasmalerei **2** Gemälde *n*, Bild *n* **3** a Malerarbeit(en) *f(pl)* b (Farb)Anstrich *m*, Bemalung *f* c Lackieren *n* **4** *oft pej* Schminken *n*

paint| refresher S TECH Neuglanzpolitur *f*; **~ remover** S TECH (Farben)Abbeizmittel *n*; **~ shop** S *(Auto- etc)* Lackiererei *f*; **~-spraying pistol** S TECH (Anstreich)Spritzpistole *f*; **~ thinner** S Farbverdünner *m*; **~work** S **1** → painting 3 **2** Lack *m (e-s Autos etc)*

pair [peə(r)] A S **1** Paar *n*: **a ~ of boots** (**eyes, legs,** *etc*): *they arrived, etc* **in pairs** paarweise; *these two gloves* **don't make a ~** gehören *od* passen nicht zusammen; **I've got only one ~ of hands** *umg* ich hab (schließlich) nur zwei Hände, ich kann nicht mehr als arbeiten **2** *etwas Zweiteiliges, meist unübersetzt*: → glass A 8 c, scissor B 1, trouser A 1, *etc*; **two ~s of glasses** zwei Brillen **3** Paar *n*, Pärchen *n (Mann u. Frau,* ZOOL *Männchen u. Weibchen)*: **~ skating** *(Eis-, Rollkunstlauf)* Paarlauf(en) *m(n)*; **~ skater** Paarläufer(in) **4** POL a *zwei Mitglieder verschiedener Parteien, die ein Abkommen getroffen haben, bei bestimmten Entscheidungen sich der Stimme zu enthalten od der Sitzung fernzubleiben* b *dieses Abkommen* c *e-r dieser Partner* **5** Gegenstück *n*, *(der, die, das)* andere *od* zweite *(von e-m Paar)*: **where is the ~ to this shoe?** wo ist der zweite Schuh? **6** (Zweier)Gespann *n*: **a ~ of horses**, *a.* **a ~-horse, a ~** ein (Zweier)Gespann; **carriage and ~** Zweispänner *m* **7** *Rudern*: Zweier *m (Mannschaft)*: → coxed, pair-oar **8** *a.* **kinematic ~** TECH Elementenpaar *n*: **sliding ~** Prismen-, Ebenenpaar **9** *Kartenspiel*: a Paar *n*, Pärchen *n (zwei gleichwertige Karten)* b Paar *n (zwei Spieler, die als Partner spielen)* **10** *Bergbau*: Kameradschaft *f (Arbeitsgruppe)* **11** **~ of stairs** (*od* **steps**) *Br* Treppe *f* B V/T **1** *a.* **~ off** (*od* **up**) paarweise anordnen, in Zweiergruppen einteilen: **~ off** *(junge) Leute* zusammenbringen, verkuppeln; **he was ~ed (up) with** SPORT *etc* er bekam … als Partner(in) **2** *Tiere* paaren (**with** mit) C V/I **1** zusammenpassen, ein schönes Paar bilden **2** sich verbinden, sich vereinigen *(beide:* **with sb** mit j-m) **3** sich paaren *(Tiere)* **4** *a.* **~ off** POL *(mit e-m Mitglied e-r anderen Partei)* ein Abkommen treffen (→ A 4) **5** *a.* **~ off** (*od* **up**) Paare bilden

paired [peə(r)d] ADJ gepaart, paarig, paarweise: → associate D 7

pairing S **1** BIOL, ZOOL Paarung *f*: **~ of chromosomes** Chromosomenpaarung; **~ season, ~ time** Paarungszeit *f* **2** SPORT Paarung *f*

pair-oar S *Rudern*: Zweier *m (Boot)*

pajama *US für* pyjama: **~ party** → slumber party

Paki ['pækɪ] S *Br sl (bes ein in Großbritannien ansässiger)* Pakistani *m*

Pakistan [,pɑːkɪ'stɑːn; ,pækɪ'stæn] S Pakistan *n*

Pakistani [,pɑːkɪ'stɑːnɪ; *US bes* ,pækɪ'stæniː] A ADJ pakistanisch B *pl* -is, -i S Pakistani *m*, Pakistaner(in)

pal[1] [pæl] *umg* A S Kumpel, Spezi *m (beide umg)*, Freund *m*, Kamerad *m*, Kumpan *m*: **listen, ~,** … *bes US* hör mal, Freundchen, … B V/I *meist* **~ up** sich anfreunden (**with sb** mit j-m)

PAL[2] ABK TV phase alternation line PAL *n (Farbfernsehersystem)*

pal.[1] ABK **1** pal(a)eography **2** pal(a)eontology

Pal.[2] ABK Palestine

palace ['pælɪs] S **1** Schloss *n*, Palast *m*, Palais *n* **2** Palast *m (stattliches Gebäude)*: **~ of justice** Justizpalast **3** Palast *m (großes Vergnügungslokal, Kino etc)*; **~ guard** S **1** Palastwache *f* **2** *fig pej* Clique *f* um e-n Regierungschef *etc*, Kamarilla *f*; **~ revolution** S POL Palastrevolution *f*

paladin ['pælədɪn] S **1** HIST *u. fig* Paladin *m* **2** HIST (fahrender) Ritter

palae(o)- *bes Br für* paleo-

Palaearctic, palaeoanthropic, *etc bes Br* → Palearctic, paleoanthropic *etc*

palanquin, *a.* **palankeen** [,pælən'kiːn] S Palankin *m (ostindische Sänfte)*

palatable ['pælətəbl] ADJ (ADV palatably) wohlschmeckend, schmackhaft *(a. fig)*: **make sth ~ to s.o**

palatal ['pælətl] A ADJ **1** Gaumen… **2** LING a mouilliert, erweicht *(Konsonant; mit Nebenartikulation e-s [j])* b palatal *(am harten Gaumen gebildet) (Vokal)* B S **1** ANAT Gaumenknochen *m* **2** LING Palatal(laut) *m*, Vordergaumenlaut *m*;

palatalize [-təlaɪz] V/T *e-n Laut* palatalisieren

palate ['pælət] S **1** ANAT Palatum *n*, Gaumen *m* **2** *fig* (**for**) Gaumen *m* (für), Geschmack *m* (an *dat*): **have no ~ for sth** keinen Sinn für etwas haben

palatial [pə'leɪʃl] ADJ palastartig, Palast…, Schloss…: **~ hotel** Hotelpalast *m*

palatinate [pə'lætɪnət] A S **1** HIST Pfalzgrafschaft *f* **2** **the** ♀ die (Rhein)Pfalz B ADJ ♀ Pfälzer(…), pfälzisch: ♀ **wine** Pfälzer Wein *m*

palatine[1] ['pælətaɪn] A ADJ **1** HIST Pfalz…: **count ~** Pfalzgraf *m*; **county ~** Pfalzgrafschaft *f*; **County** ♀ *Br (das Gebiet der ehemaligen)* Pfalzgrafschaft Lancashire u. Cheshire **2** pfalzgräflich **3** ♀ → palatinate B B S **1** Pfalzgraf *m* **2** ♀ Pfälzer(in) *(Einwohner[in] der Rheinpfalz)* **3** ♀, ♀ **Hill** Palatin(ischer Hügel) *m (in Rom)*

palatine[2] ['pælətaɪn] ANAT A ADJ Gaumen…: **~ arch** Gaumendach *n*, -gewölbe *n*; **~ tonsil** (Gaumen-, Hals)Mandel *f* B S Gaumenbein *n*

palato- [pælətəʊ] *Wortelement mit der Bedeutung* Gaumen…

palaver [pə'lɑːvə(r); *US a.* -'læ-] A S **1** *bes* HIST Palaver *n (Unterhandlung zwischen od mit afrikanischen Eingeborenen)* **2** Unterhandlung *f*, -redung *f*, Konferenz *f* **3** *pej* Palaver *n*, Geschwätz *n* **4** *umg* Wirbel *m*, Theater *n* B V/I **1** unterhandeln **2** *pej* palavern, quasseln C V/T a *j-m* schmeicheln b *j-n* beschwatzen (**into** zu)

pale[1] [peɪl] A S **1** *a. Heraldik*: Pfahl *m* **2** *bes fig* umgrenzter Raum, Bereich *m*, (enge) Grenzen *pl*, Schranken *pl*: **be beyond** (*od* **outside**) **the ~** *fig* jenseits der Grenzen des Erlaubten sein; **go beyond the ~** zu weit gehen; **within the ~ of the Church** im Schoß der Kirche **3** HIST Gebiet *n*, Gau *m*: **the** (**English** *od* **Irish**) ♀ *der einst englischer Gerichtsbarkeit unterstehende östliche Teil Irlands;* **the English** ♀ *das ehemals englische Gebiet um Calais* B V/T **1** *a.* **~ in** a einpfählen, -zäunen b *fig* umschließen, einschließen **2** HIST pfählen

pale[2] [peɪl] A ADJ (ADV **~ly**) **1** blass, bleich, fahl: **turn ~** → B 1; **~ with fright** bleich vor Schreck, schreckensbleich; **(as) ~ as ashes (clay, death)** aschfahl (kreidebleich, totenbleich *od* -blass) **2** hell, blass, matt *(Farben)*: **~ ale** Pale Ale *n (helles Bier)*; **~ green** Blass-, Zartgrün *n*; **~-green** blass-, zartgrün; **a ~ imitation** *fig* ein Abklatsch B V/I **1** blass *od* bleich werden, erbleichen, erblassen *(alle:* **at** bei) **2** *fig* verblassen (**before, beside, by** [*od* **in**] **comparison with** neben *dat*); **~ into insignificance** völlig bedeutungslos werden C V/T bleich machen, erbleichen lassen: **the sight of the blood ~d him** beim Anblick des Blutes wurde er blass

pale[3] [peɪl] → palea

pale- → paleo-

palea ['peɪlɪə] *pl* -leae [-lɪiː] S BOT **1** Spreublättchen *n* **2** Vorspelze *f*

Palearctic [,pælɪ'ɑː(r)ktɪk; *US bes* ,peɪ-] *(Biogeografie) US* A ADJ paläarktisch, altarktisch B S paläarktische Region

paleethnology [,pælɪ-; *US bes* ,peɪlɪ-] S *US* Paläethnologie *f (völkerkundliche Auswertung vorgeschichtlicher Funde)*

paleface S *pej* HIST Bleichgesicht *n (Ggs Indianer)*

paleness S Blässe *f*

paleo- [pælɪəʊ; *US bes* peɪ-], *vor Vokalen a* **pale-** [pælɪ; *US bes* peɪ-] *US Wortelement mit der Bedeutung* alt…, ur…, Ur…

paleoanthropic [-æn'θrɒpɪk; *US* -'θrɑ-] ADJ *US* Urmenschen…

paleobotany S BOT *US* Paläobotanik *f (Wissenschaft von den fossilen Pflanzen)*

Paleocene ['pælɪəʊsiːn; *US bes* 'peɪ-] GEOL *US* A S Paleozän *n (älteste Abteilung des Tertiärs)* B ADJ paleozän

paleoclimatology S *US* Paläoklimatologie *f (Wissenschaft von den Klimaten der Erdgeschichte)*

Paleogene ['pælɪəʊdʒiːn; *US bes* 'peɪ-] GEOL *US* A S Paläogen *n*, Alttertiär *n* B ADJ paläogen

paleogeography S *US* Paläogeografie *f (Wissenschaft von der Gestaltung der Erdoberfläche in früheren Zeiten)*

paleographer [,pælɪ'ɒgrəfə(r); *US bes* ,peɪlɪ'ɑ-] S *US* Paläograf(in); **paleographic** [-əʊ'græfɪk] ADJ (ADV **~ally**) *US* paläografisch; **paleography** S *US* **1** alte Schriftarten *pl*, alte Schriftdenkmäler *pl od* Texte *pl* **2** Paläografie *f (Handschriftenkunde)*

paleolith ['pælɪəʊlɪθ; *US bes* 'peɪ-] S *US* Paläolith *m (Werkzeug der Altsteinzeit)*; **paleolithic** *US* A ADJ *meist* ♀ paläolithisch, altsteinzeitlich B S ♀ Paläolithikum *n*, ältere Steinzeit, Altsteinzeit *f*

paleontological ADJ (ADV **~ly**) *US* paläontologisch; **paleontologist** [-'tɒlədʒɪst; *US* -'tɑ-] S *US* Paläontologe *m*, Paläontologin *f*; **paleontology** S *US* Paläontologie *f (Wissenschaft von den Lebewesen vergangener Erdperioden)*

Paleotropical *US* A ADJ paläotropisch B S paläotropische Region, Paläotropis *f*

Paleozoic [,pælɪəʊ'zəʊɪk; *US bes* ,peɪ-] GEOL *US* A ADJ paläozoisch: **~ era** → B B S Paläozoikum *n*, Erdaltertum *n*

paleozoology S *US* Paläozoologie *f (Wissenschaft von den fossilen Tieren)*

Palestine ['pæləstaɪn; *US a.* -,stiːn] S Palästina *n*

Palestine Liberation Organization ['pæləstaɪn] S Palästinensische Befreiungsbewegung

Palestinian [,pælə'stɪnɪən] A ADJ palästinensisch B S Palästinenser(in)

paletot ['pæltəʊ; *US a.* 'pælə,təʊ] S Paletot *m (dreiviertellanger Damen- od Herrenmantel)*

palette ['pælət] S **1** Palette *f*: a MAL Malerscheibe *f* b *fig* Farbenskala *f* **2** TECH Brustplatte *f (am Drillbohrer)* **3** MIL, HIST Achselgrubenplatte *f (der Rüstung)*; **~ knife** S *irr* MAL Streichmesser *n*, Spachtel *m/f*

palfrey ['pɔːlfrɪ] S *obs od poet* Zelter *m*, (Damen)Reitpferd *n*

Pali ['pɑːlɪ] S Pali *n (mittelindische Schriftsprache, in der ein Teil der buddhistischen Literatur abgefasst ist)*

palimony ['pælə,məʊniː] S *US sl Unterhaltszahlungen od Abfindungen an den Partner, mit dem man zusammengelebt hat*

palimpsest ['pælɪmpsest; *US a.* pə'lɪmp-] S Palimpsest *m/n (doppelt beschriebenes Pergament)*: **double ~** zweimal neu beschriebenes Blatt

palindrome ['pælɪndrəʊm] S Palindrom *n (e-e Lautreihe, die, vor- u. rückwärts gelesen, denselben Sinn ergibt, z. B. Otto)*; **palindromic** [-'drɒmɪk; *US* -'drəʊ-] ADJ (ADV **~ally**) palindromisch

P

paling ['peılıŋ] S 1 Umpfählung *f*, Pfahlzaun *m*, Staket *n*, Lattenzaun *m*, Pfahlwerk *n* 2 Holzpfähle *pl*, Pfahlholz *n* 3 (Zaun)Pfahl *m*; ~ **board** S TECH *Br* Schalbrett *n*

palingenesis [,pælın'dʒenısıs] S Palingenese *f*: a REL Wiedergeburt *f* b BIOL *Wiederholung stammesgeschichtlicher Vorstufen während der Keimesentwicklung*

palinode ['pælınəʊd] S Palinodie *f* (*Gedicht, das die Aussage e-s früheren widerruft*)

palisade [,pælı'seıd] A S 1 Palisade *f*, Pfahlsperre *f*, Zaun *m* 2 Schanz-, Palisadenpfahl *m* 3 *meist pl US* Reihe *f* steiler Klippen, Steilufer *n* B V/T mit Pfählen *od* e-r Palisade umgeben

palisander [,pælı'sændə(r)] S Palisander (-holz) *m(n)*

palish ['peılıʃ] ADJ blässlich

pall¹ [pɔ:l] S 1 a Bahr-, Sarg-, Leichentuch *n* b Sarg *m* (*bes während der Beerdigung*) 2 *fig* Mantel *m*, Hülle *f*, Decke *f*: ~ **of smoke** a Dunst-, Rauchglocke *f* b Rauchwolke *f* 3 REL a → pallium 2 b Palla *f*, Kelchdecke *f* c Altartuch *n*, *bes* Mess-, Hostientuch *n* 4 *obs* Mantel *m* 5 *Heraldik*: Gabel(kreuz) *f(n)*

pall² [pɔ:l] A V/I 1 ~ **(up)on** a jeden Reiz verlieren für b *j-n* kaltlassen, langweilen, anöden 2 schal *od* fad(e) *od* langweilig werden, s-n Reiz verlieren 3 nachlassen, erlahmen (*Interesse etc*) B V/T übersättigen, *den Appetit etc* verderben (*beide a. fig*)

palladia [pə'leıdıə] *pl von* palladium¹

Palladian¹ [pə'leıdjən; -dıən] ADJ 1 die Pallas Athene betreffend 2 *fig* a gelehrt b weise, klug

Palladian² [pə'leıdjən; -dıən; *US a.* -'lɑ:dıən] ADJ ARCH palladianisch (*den Stil des A. Palladio, gestorben 1580, betreffend*)

palladium¹ [pə'leıdjəm; -dıəm] *pl* **-dia** [-dıə] S 1 ♀ *Antike*: Palladium *n* (*Statue der Pallas Athene*) 2 *fig* Hort *m*, Schutz *m*

palladium² [pə'leıdjəm; -dıəm] S CHEM Palladium *n*

pallbearer S a Sargträger *m* b *j-d, der neben dem Sarg geht*

pallet¹ ['pælıt] S (Stroh)Lager *n*, Strohsack *m*, Pritsche *f*, *US a.* (Schlaf)Decke *f* (*auf dem Fußboden*)

pallet² ['pælıt] S 1 *Töpferei*: a Streichmesser *n* b Dreh-, Töpferscheibe *f* 2 MAL Palette *f* 3 Trockenbett *n* (*für Keramik, Ziegel etc*) 4 Palette *f* (*für Gabelstapler etc*) 5 TECH Klaue *f* (*e-r Sperrklinke*) 6 *a.* ~ **of escapement** Hemmung *f* (*e-r Uhr*) 7 *Orgel*: a (Kegel)Ventil *n* b Sperrklappe *f* 8 *Buchbinderei*: Vergoldestempel *m*

palletize V/T 1 palettieren: a auf e-e Palette packen b mittels Palette verstauen *od* befördern 2 *ein Lagerhaus etc* auf Gabelstaplerbetrieb umstellen

pallet truck S Gabelstapler *m*

pallia ['pælıə] *pl von* pallium

palliasse ['pælıæs; *bes US* pæl'jæs] *bes Br für* paillasse

palliate ['pælıeıt] V/T 1 MED *Schmerzen, e-e Krankheit etc* lindern 2 *fig e-n Fehler etc* bemänteln, beschönigen; **palliation** S 1 MED Linderung *f* 2 *fig* Bemäntelung *f*, Beschönigung *f*; **palliative** [-ıətıv; *US a.* -ı,eıtıv] A ADJ 1 MED palliativ, lindernd 2 *fig* bemäntelnd, beschönigend B S MED, PHARM Palliativ(um) *n*, Linderungsmittel *n*; **palliatory** [-ətərı; *US* -ə-,təʊri:; -,tɔ:-] → palliative A

pallid ['pælıd] ADJ (ADV ~ly) blass (*a. fig*), bleich, farblos (*a.* BOT *u. fig*): **a ~ performance** e-e schwache Leistung; **pallidness**, *a.* **pallidity** [pə'lıdətı] S Blässe *f*

pallium ['pælıəm] *pl* **-lia** [-lıə], **-liums** S 1 *Antike*: Pallium *n*, Philosophenmantel *m* 2 KATH Pallium *n* (*Schulterband der Erzbischöfe*) 3 REL Palla *f*, Altartuch *n* 4 ANAT (Ge)Hirnmantel *m* 5 ZOOL Mantel *m* (*der Weichtiere*)

pall-mall [,pæl'mæl; *US a.* ,pɔ:l'mɔ:l] S HIST a Mailspiel *n* (*Art Krocket*) b Mailbahn *f*

Pall Mall [,pæl'mæl] S *berühmte Londoner Straße, Zentrum des Klublebens*

pallor ['pælə(r)] S Blässe *f*

pally ['pælı] ADJ *umg* 1 befreundet (**with** mit): **they're very ~** sie sind dicke Freunde 2 *pej* plump-vertraulich

palm¹ [pɑ:m; *US a.* pɑ:lm] A S 1 (innere) Handfläche, Handteller *m*, hohle Hand: **grease** (*od* **oil**) **sb's ~** *umg* j-n schmieren (**with** mit); **have an itching** (*od* **itchy**) ~ e-e offene Hand haben (*bestechlich sein*); **hold** (*od* **have**) **sb in the ~ of one's hand** j-n völlig in der Hand *od* in s-r Gewalt haben; **read sb's ~** j-m aus der Hand lesen; → cross B 1 2 Innenhand(fläche) *f* (*des Handschuhs*) 3 ZOOL Vorderfußsohle *f* (*von Affen, Bären*) 4 Handbreit *f* (*Längenmaß*) 5 SCHIFF a (Ruder)Blatt *n* b Ankerflunke *f*, -flügel *m* 6 JAGD Schaufel *f* (*vom Elch u. Damhirsch*) B V/T 1 (*mit der flachen Hand*) betasten, streicheln 2 a (*in der Hand*) verschwinden lassen, palmieren (*bes Zauberkünstler*) b *umg* klauen, verschwinden lassen 3 *umg* ~ **sth off as** etwas an den Mann bringen als; ~ **sth off on(to) sb** j-m etwas andrehen *od* aufhängen; ~ **sb off with sth** a j-m etwas andrehen *od* aufhängen b j-n mit etwas abspeisen; ~ **o.s. off as** sich ausgeben als 4 ~ **out** *den Ball* abklatschen (*Tormann*): **~ed-out shot** Abklatscher *m*

palm² [pɑ:m; *US a.* pɑ:lm] S 1 BOT Palme *f* 2 Palmwedel *m*, -zweig *m* 3 *fig* Siegespalme *f*, Krone *f*, Sieg *m*: **the ~ of martyrdom** die Krone des Märtyrertums; **bear** (*od* **win**) **the ~** den Sieg davontragen *od* erringen; **yield the ~** (**to sb**) sich (j-m) geschlagen geben

palmar ['pælmə(r)] ADJ ANAT palmar, Handflächen..., Handteller...

palmate ['pælmıt; *bes US* -meıt] ADJ (ADV ~ly), *a.* **palmated** [-meıtıd] ADJ 1 BOT handförmig (gefingert *od* geteilt): **palmately veined** hand-, strahlennervig 2 ZOOL schwimmfüßig 3 ZOOL handförmig: ~ **antler** → palm¹ A 6

palm| beach S Palmenstrand *m*; ~ **butter** → palm oil 1; ~ **cabbage** S BOT Palmkohl *m*

palmette [pæl'met; 'pælmet] S ARCH Palmette *f* (*palmblattähnliche Verzierung*)

palmetto [pæl'metəʊ] *pl* -tos, -toes S BOT a (*e-e*) Kohlpalme b Fächerpalme *f* c *a.* **blue ~** Stachelrutenpalme *f* d Palmito *m*, Zwergpalme *f*; ♀ **State** S *US* (*Beiname für den Staat*) Südkarolina *n*

palm| grease S *umg* Schmiergelder *pl*; ~ **honey** S Palmhonig *m*

palmist ['pɑ:mıst; *US a.* 'pɑ:lm-] S Chiromant(in), Handleser(in); **palmistry** [-trı] S Chiromantie *f*, Handlesekunst *f*

palmitic [pæl'mıtık] ADJ: ~ **acid** CHEM Palmitinsäure *f*

palmitin ['pælmıtın] S CHEM Tripalmitin *n*

palm| kale S AGR Stängel-, Palmkohl *m*; ~ **oil** S 1 Palmbutter *f*, -öl *n* 2 → palm grease; ~ **reader** → palmist; ~ **sugar** S Palmzucker *m*; ♀ **Sunday** S REL Palmsonntag *m*; **~top** S Palmtop *m* (*ein mobiler Kleinstcomputer*); ~ **tree** S Palme *f*; ~ **wine** S Palmwein *m*

palmy ['pɑ:mı; *US a.* 'pɑ:lmi:] ADJ 1 palmenreich, Palmen... 2 palmenartig 3 *fig* blühend, glorreich: ~ **days** *pl* Glanz-, Blütezeit *f*

palooka [pə'lu:kə] S *US sl* 1 *Boxen*: Niete *f*, Flasche *f* 2 Blödmann *m umg*

palp [pælp] S ZOOL Palpe *f*, (Mund)Taster *m*, Fühler *m*

palpability [,pælpə'bılətı] S 1 Fühl-, Greif-, Tastbarkeit *f* 2 *fig* Augenfälligkeit *f*, Deutlichkeit *f* 3 *fig* Handgreiflichkeit *f*, Offensichtlichkeit *f*; **palpable** ADJ (ADV **palpably**) 1 fühl-, greif-, tastbar 2 *fig* augenfällig, deutlich 3 *fig* handgreiflich, offensichtlich (*Lüge etc*)

palpate ['pælpeıt] V/T *bes* MED befühlen, be-, abtasten; **palpation** S Be-, Abtasten *n*

palpitant ['pælpıtənt] ADJ klopfend, pochend; **palpitate** [-teıt] V/I 1 klopfen, pochen (*Herz*) 2 zittern (**with** vor *dat*); **palpitation** S *a. pl* Herzklopfen *n*

palsgrave ['pɔ:lzgreıv] S HIST Pfalzgraf *m*; **palsgravine** [-grə,vi:n] S Pfalzgräfin *f*

palsied ['pɔ:lzıd] ADJ 1 gelähmt 2 zitt(e)rig, wack(e)lig

palstave ['pɔ:lsteıv] S HIST (Bronze)Kelt *m*

palsy ['pɔ:lzı] A S 1 MED Lähmung *f*: **cerebral ~** Gehirnlähmung; **wasting ~** progressive Muskelatrophie; **shaking ~** Schüttellähmung; → writer 1 2 *fig* lähmender Einfluss, Lähmung *f*, Ohnmacht *f* B V/T lähmen (*a. fig*)

palsy-walsy [,pælzı'wælzı] → pally

palter ['pɔ:ltə(r)] V/I 1 (**with sb**) gemein handeln (an j-m), sein Spiel treiben (mit j-m) 2 schachern, feilschen (*beide*: **about sth** um etwas)

paltriness ['pɔ:ltrınıs] S 1 Armseligkeit *f* 2 Wertlosigkeit *f* 3 Schäbigkeit *f*; **paltry** ['pɔ:ltrı] ADJ (ADV **paltrily**) 1 armselig, schäbig (*Betrag etc*): **a ~ two pounds** lumpige zwei Pfund *umg* 2 wert-, nutzlos 3 dürftig, fadenscheinig (*Ausrede etc*) 4 schäbig, schofel, gemein: **a ~ lie** e-e gemeine Lüge

paludal [pə'lu:dl] ADJ 1 sumpfig, Sumpf... 2 MED Malaria...

pampas ['pæmpəz; -pəs] SPL Pampas *pl* (*südamer. Grasebene*); ~ **grass** S BOT Pampasgras *n*

pamper ['pæmpə(r)] V/T 1 verwöhnen, *ein Kind a.* verhätscheln 2 *fig s-n Stolz etc* nähren, hätscheln 3 *e-m Gelüst etc* frönen

pampero [pæm'peərəʊ; pɑ:m-] *pl* -ros S Pampero *m*, Pampaswind *m*

pamphlet ['pæmflıt] S 1 Broschüre *f*, Druckschrift *f*, Heft *n* 2 Flugblatt *n*, -schrift *f* 3 (kurze, kritische) Abhandlung, Aufsatz *m*; **pamphleteer** [-'tıə(r)] S Verfasser(in) von Flugschriften *etc*

Pan¹ [pæn] EIGENN *Antike*: Pan *m* (*Gott*)

pan² [pæn] A S 1 a Pfanne *f*: → frying pan b Topf *m* 2 TECH Pfanne *f*, Tiegel *m*, Becken *n*, Mulde *f*, Trog *m*, Schale *f*, (*bes Br a.* Klosett)Schüssel *f* 3 Schale *f* (*e-r Waage*) 4 Mulde *f* (*im Erdboden*) 5 *oft* ~ **grinder** TECH Kollergang *m* 6 TECH a Rührwäsche *f* (*zur Aufbereitung von Goldsand*) b Setzkasten *m* 7 TECH Türangelpfanne *f* 8 MIL, HIST Pfanne *f* (*e-s Vorderladers*): → flash A 2 9 a Wasserloch *n* b Salzteich *m* c künstliches Salz(wasser)loch (*zur Gewinnung von Siedesalz*) 10 ANAT a Hirnschale *f* b Kniescheibe *f* 11 (treibende) Eisscholle 12 *sl* Visage *f* 13 *umg* Verriss *m*, vernichtende Kritik: **have sb on the ~** j-n fertigmachen *umg* B V/T 1 *oft* ~ **out** (*od* **off**) *Goldsand* (aus)waschen, *Gold* auswaschen 2 *Salz* durch Sieden gewinnen 3 *umg* verreißen, vernichtend kritisieren C V/I ~ **out** a ergiebig sein (*an Gold*) b *umg* sich bezahlt machen, klappen: ~ **out well** hinhauen, einschlagen

pan³ [pæn] A V/T *die Filmkamera* schwenken, fahren B V/I 1 panoramieren, die (Film)Kamera fahren *od* schwenken 2 schwenken (*Kamera*) C S 1 FILM Schwenk *m* 2 FOTO panchromatischer Film

pan⁴ [pæn] S ARCH 1 Fach *n* 2 Wandplatte *f*

pan⁵ [pæn; *US* pɑ:n] S 1 BOT Betelpfefferblatt *n* 2 Betel *m* (*Reiz- u. Genussmittel*)

Pan. ABK Panama

pan- [pæn] *Wortelement mit der Bedeutung* all...,

P

ganz…, gesamt…

panacea [ˌpænəˈsɪə] S Allheilmittel *n*, *fig a.* Patentrezept *n*; **panacean** ADJ allheilend

panache [pəˈnæʃ; -ˈnɑːʃ] S 1 Helm-, Federbusch *m* 2 *fig* Elan *m*, Schwung *m*

panada [pəˈnɑːdə] S GASTR Panade *f*

Pan-African ADJ panafrikanisch; **Pan-Africanism** S POL Panafrikanismus *m* (*die sich auf ethnische Gemeinsamkeiten berufende Bestrebung, die Diskriminierung aller Menschen schwarzer Hautfarbe zu beseitigen*)

panama[1] [ˌpænəˈmɑː; *bes US* ˈpænəmɑː; *US a.* -ˌmɔː], ♀ **hat** S Panamahut *m*

Panama[2] [ˌpænəˈmɑː; ˈpænəmɑː; *US a.* -ˈmɔː; -ˌmɔː] S Panama *n* a *Staat in Mittelamerika* b *Hauptstadt von a*

Panamanian [ˌpænəˈmeɪnjən; -ɪən] A S Panamaer(in) B ADJ panamaisch

Pan-American ADJ panamerikanisch: **Pan American Games** SPORT Panamerikanische Spiele; **Pan American Union** HIST Panamerikanische Union; **Pan-Americanism** S POL Panamerikanismus *m* (*auf kontinentalen Gemeinsamkeiten basierendes Streben nach Zusammenarbeit aller amerikanischen Staaten*)

panatel(l)a [ˌpænəˈtelə] S *e-e lange, dünne Zigarre*

pancake A S 1 Pfann-, Eierkuchen *m*: → flat[1] B 1 2 *a.* **~ landing** FLUG *Landung, bei der das Flugzeug vor dem Aufsetzen durchsackt* 3 *a.* **~ make-up** festes Puder-Make-up B V/I & V/T FLUG bei der Landung durchsacken (lassen) C ADJ 1 ♀ **Day** *Br umg* Fastnachtsdienstag *m*; **~ roll** GASTR *Br* Frühlingsrolle *f* 2 **~ ice** Scheibeneis *n* 3 flach, Flach…: **~ coil** Flachspule *f*

Panchen Lama [ˈpɑːntʃən] S REL Pantschen-Lama *m*

panchromatic [ˌpænkrəʊˈmætɪk] ADJ FOTO panchromatisch (*empfindlich für alle Farben*): **a ~ film**; **~ filter** Panfilter *n/m*; **panchromatism** [-ˈkrəʊmətɪzəm] S Panchromasie *f*

pancreas [ˈpæŋkrɪəs] S ANAT Pankreas *n*, Bauchspeicheldrüse *f*

pancreatic [ˌpæŋkrɪˈætɪk] ADJ PHYSIOL Pankreas…, Bauchspeicheldrüsen…: **~ juice** Pankreassaft *m*, -sekret *n*, Bauchspeichel *m*; **pancreatin** [-krɪətɪn] S Pankreatin *n*: a PHYSIOL *die in der Bauchspeicheldrüse erzeugten, Eiweiß verdauenden Säfte* b PHARM *aus tierischer Bauchspeicheldrüse erzeugtes Eiweiß abbauendes Enzympräparat*

panda [ˈpændə] S ZOOL 1 *a.* **lesser ~** Panda *m*, Katzenbär *m* 2 *a.* **giant ~** Riesenpanda *m*; **~ car** S *Br* (Funk)Streifenwagen *m*; **~ crossing** S *Br* Fußgängerüberweg *m* mit Druckampel

Pandean [pænˈdiːən; ˈpændɪən] ADJ den (Gott) Pan betreffend: **~ pipes** *pl* Panflöte *f*

pandemic [pænˈdemɪk] A ADJ 1 MED pandemisch (*sich über weite Teile e-s Landes etc ausbreitend*): **~ disease** → *a.* B 2 *fig* allgemein B S MED Pandemie *f*

pandemonium [ˌpændɪˈməʊnjəm; -nɪəm] S 1 *meist* ♀ Pandämonium *n* (*Aufenthaltsort der Dämonen*) 2 Hölle *f* 3 *fig* a Chaos *n*, Tumult *m* b Höllenlärm *m umg*

pander [ˈpændə(r)] A S 1 a Kuppler(in) b Zuhälter(in) 2 *fig j-d, der aus den Schwächen u. Lastern anderer Kapital schlägt* B V/T verkuppeln C V/I 1 kuppeln 2 **(to)** (*e-m Laster etc*) Vorschub leisten, (*e-e Leidenschaft etc*) nähren, stärken: **~ to sb's ambition** j-s Ehrgeiz anstacheln; **panderer** → pander A 1

P and L ABK WIRTSCH profit and loss

Pandora[1] [pænˈdɔːrə; *US a.* -ˈdəʊrə] EIGENN *Antike:* Pandora *f* (*die Frau, die alles Unheil auf die Erde brachte*): **~'s box** die Büchse der Pandora

pandora[2] [pænˈdɔːrə; *US a.* -ˈdəʊrə], **pandore** [-dɔː(r); *US bes* -ˌdəʊər] S MUS, HIST Pandora *f* (*Laute*)

pandowdy [pænˈdaʊdiː] S *US* (*ein*) Apfelauflauf *m*

p. & p. ABK postage and packing Porto *n*und Verpackung *f*

pandy [ˈpændɪ] S SCHULE *bes schott u. Ir* Tatze *f* (*Schlag auf die Hand*)

pane [peɪn] A S 1 (*Fenster*) Scheibe *f* 2 (rechteckige) Fläche, Feld *n*, Fach *n*, Platte *f*, Tafel *f*, (*Tür*) Füllung *f*, Kassette *f* (*e-r Decke*): **a ~ of glass** e-e Glasscheibe 3 ebene Seitenfläche, *bes* Finne *f* (*des Hammers*), Facette *f* (*e-s Edelsteins*), Kante *f* (*e-r Schraubenmutter*) B V/T Scheiben einsetzen in (*akk*), *Fenster* verglasen;

paned ADJ 1 aus verschiedenfarbigen Streifen zusammengesetzt (*Kleid*) 2 mit (…) Scheiben (versehen) 3 *in Zusammensetzungen* …seitig: **a six-~ nut** e-e Sechskantmutter

panegyric [ˌpænɪˈdʒɪrɪk] A S (**on, upon**) Lobrede *f*, Lobeshymne *f* (auf *akk*), Lobpreisung *f* (*gen*), Lobschrift *f* (über *akk*) B ADJ → panegyrical; **panegyrical** ADJ (ADV **~ly**) lobredend, -preisend; **panegyrist** S Panegyriker(in), Lobredner(in); **panegyrize** [-dʒɪraɪz] V/T (lob)preisen, verherrlichen, *umg* in den Himmel heben

panel [ˈpænl] A S 1 ARCH Paneel *n*, (vertieftes) Feld, Fach *n*, (*Tür*) Füllung *f*, Verkleidung *f*, (*Wand*) Täfelung *f* 2 ARCH Fensterquadrat *n* 3 Tafel *f* (*Holz*), Platte *f* (*Blech etc*) 4 MAL Holztafel *f*, Gemälde *n* auf Holz 5 ELEK, TECH a Brett *n*, Instrumenten-, Armaturenbrett *n* b Schalttafel(feld) *f(n)*, Feld *n* c RADIO *etc* Feld *n*, Einschub *m* d Frontplatte *f* (*e-s Instruments*): **~(-type) meter** Einbauinstrument *n*; **~ view** Vorderansicht *f* (*e-s Instruments*) 6 FOTO a schmales hohes Format b Bild *n* im Hochformat 7 (farbiger) Einsatzstreifen (*am Kleid*) 8 FLUG a MIL Flieger-, Signaltuch *n* b Hüllenbahn *f* (*am Luftschiff*) c Stoffbahn *f* (*am Fallschirm*) d Streifen *m* der Bespannung (*vom Flugzeugflügel*), Verkleidung(sblech) *f(n)* 9 (Bau)Abteilung *f*, (-)Abschnitt *m* 10 *Bergbau:* a (Abbau-)Feld *n* b Haufen *m* zubereiteter Erze 11 *Buchbinderei:* Titelfeld *n* 12 Blatt *n* Pergament 13 JUR a *a.* **~ of jurors** Geschworenenliste *f* b *a.* **~ of jurors** (*die*) Geschworenen *pl* c *schott* Angeklagte(r) *m/f(m)*: **in** (*od* **on**) **the ~** *schott* angeklagt 14 (Unter)Ausschuss *m*, Forum *n*, Gremium *n*, Kommission *f*, Kammer *f* 15 a Diskussionsteilnehmer *pl*, -runde *f* b Rateteam *n* 16 *Markt-, Meinungsforschung:* Befragtengruppe *f*, Testgruppe *f* 17 WIRTSCH (fortlaufende) Reihe von Werbeillustrationen 18 Buchserie *f*, *z. B.* Trilogie *f* 19 *Br* HIST a Liste *f* der Kassenärzte b (Verzeichnis *n* der) Kassenpatienten *pl* B V/T *prät u. pperf* **-eled**, *bes Br* **-elled** 1 täfeln, paneelieren, in Felder einteilen 2 (als Scheiben) einsetzen 3 *ein Kleid* mit Einsatzstreifen verzieren 4 JUR a in die Geschworenenliste eintragen b *schott* anklagen

panel| beater S Autospengler(in); **~ board** S 1 Füllbrett *n*, Wand- *od* Parkettafel *f* 2 ELEK Schaltbrett *n*, -tafel *f*; **~ discussion** S Podiumsdiskussion *f*, -gespräch *n* (*über ein festgesetztes Thema mit ausgewählten Teilnehmern*); **~ game** S TV *etc* Ratespiel *n*, Quiz(programm) *n* (*mit ausgewählten Teilnehmern*); **~ heater** S Flächenheizkörper *m*

paneling, *bes Br* **panelling** [ˈpænlɪŋ] S Täfelung *f*, Verkleidung *f*

panelist, *bes Br* **panellist** [ˈpænlɪst] S 1 Diskussionsteilnehmer(in), -redner(in) 2 TV *etc* Teilnehmer(in) an e-m Quizprogramm

panel| mounting S TECH Paneelmontage *f*; **~ pin** S Stift *m*; **~ radiator** → panel heater; **~ saw** S Laubsäge *f*; **~ system** S Listensystem *n* (*für die Auswahl von Delegierten etc*); **~ truck** S *US* Lieferwagen *m*; **~ wall** S ARCH Füll-, Verbindungswand *f*; **~work** S Tafel-, Fachwerk *n*

pang [pæŋ] S stechender Schmerz, Stich *m* (*a. fig*), Stechen *n*: **~s** *pl* **of hunger** nagender Hunger; **~s** *pl* **of love** Liebesschmerz *m*; **~ of conscience**, **~s** *pl* **of remorse** Gewissensbisse

Pan-Germanism S HIST Pangermanismus *m* (*die Betonung des gemeinsamen Stammesbewusstseins der Völker germanischer Abstammung, später, bes im Nationalsozialismus, das Bestreben, alle Deutschsprachigen in e-m Nationalstaat zu vereinigen*)

pangram [ˈpæŋgræm] S *Satz, in dem alle Buchstaben des Alphabets vorkommen*

panhandle [ˈpænˌhændl] A S 1 Pfannenstiel *m* 2 *US* Panhandle *m* (*halbinselartiger, weit in fremdes Territorium hineinragender Teil e-s Staates*): ♀ **State** (*Beiname für den Staat*) West Virginia *n* B V/T *US umg bes Passanten* anbetteln C V/I *US umg* (*bes auf der Straße*) betteln; **panhandler** S *US umg* (*bes* Straßen)Bettler(in)

panic[1] [ˈpænɪk] S BOT (*e-e*) (Kolben)Hirse

panic[2] [ˈpænɪk] A ADJ 1 panisch (*Furcht etc*): **~ haste** wilde *od* blinde Hast; **~ braking** AUTO scharfes Bremsen; **~ buying** Angstkäufe *pl*; **be at ~ stations** rotieren *umg*; **it was ~ stations all round** alles war am Rotieren *umg* 2 Not…: **~ button**; **hit** (*od* **press**) **the ~ button** *fig umg* panisch reagieren B S 1 Panik *f*, panischer Schrecken: **be in** (**get into**) **a ~** in Panik sein (geraten); **throw into a ~** → C 1 2 **be a(n absolute) ~** *US sl* zum Totlachen sein C V/T *prät u. pperf* **-icked** 1 in Panik *od* panischen Schrecken versetzen, eine Panik auslösen unter (*dat*) 2 *US sl das Publikum* zum Brüllen bringen D V/I 1 von panischem Schrecken erfasst *od* ergriffen werden, in Panik geraten: **don't ~!** *umg* nur keine Aufregung *od* Panik! 2 sich zu e-r Kurzschlusshandlung hinreißen lassen, *umg* durchdrehen

panic grass → panic[1]

panicky [ˈpænɪkɪ] ADJ *umg* 1 überängstlich, -nervös 2 **get ~** → panic[2] D 1

panicle [ˈpænɪkl] S BOT Rispe *f*

panic|monger S Panikmacher(in); **~mongering** S Panikmache *f*; **~proof** ADJ WIRTSCH krisensicher; **~ reaction** S Kurzschlusshandlung *f*, -reaktion *f*; **~-stricken**, **~-struck** ADJ von panischem Schrecken erfasst *od* ergriffen; **~ switch** S FLUG Bedienungsknopf *m* für e-n Schleudersitz

panjandrum [pænˈdʒændrəm] S *hum* Wichtigtuer(in)

panlogism [ˈpænlədʒɪzəm] S PHIL Panlogismus *m* (*Lehre, nach der das ganze Weltall als Verwirklichung der Vernunft aufzufassen ist*)

panmixia [pænˈmɪksɪə] S BIOL Panmixie *f* (*Mischung durch zufallsbedingte Paarung*)

pannage [ˈpænɪdʒ] S *Br obs* 1 JUR a Mastrecht *n* b Mastgeld *n* 2 Eichel-, Buchenmast *f* (*der Schweine*)

panne [pæn] S Panne *m*, Glanzsamt *m*

pannier [ˈpænɪə(r); -njə(r)] S 1 (Trag)Korb *m*: **a pair of ~s** e-e Satteltasche (*am Fahr-, Motorrad*) 2 HIST a Reifrock *m* b Reifrockgestell *n*

pannikin [ˈpænɪkɪn] S *bes Br* 1 Pfännchen *n* 2 *kleines Trinkgefäß aus Metall*

panning [ˈpænɪŋ] S FILM Panoramierung *f*, (Kamera)Schwenkung *f*: **~ shot** Schwenk *m*

panoply [ˈpænəplɪ] S 1 vollständige Rüstung 2 *fig* a (prächtige) Aufmachung b prächtige Umrahmung

panorama [ˌpænəˈrɑːmə; *US a.* -ˈræmə] S 1 Panorama *n*, Rundblick *m* 2 a MAL Rundgemälde *n* b vorbeiziehender Bildstreifen 3 a FILM Schwenk *m* b FOTO Panorama-, Rundblickaufnahme *f*: ~ **head** Schwenkkopf *m*; ~ **lens** Weitwinkelobjektiv *n* 4 dauernd wechselndes Bild 5 *fig* Folge *f* von Bildern (*vor dem geistigen Auge*) 6 *fig* vollständiger Überblick (**of** über *akk*)

panoramic [ˌpænəˈræmɪk] ADJ (ADV ~**ally**) panoramisch, Rundblick…: ~ **camera** FOTO Panoramakamera *f*; ~ **photograph** → panorama 3 b; ~ **reception** ELEK Panoramaempfang *m*; ~ **screen** FILM Panoramaleinwand *f*; ~ **sight** MIL Rundblick-, Panoramafernrohr *n*; ~ **view** a Rundblick *m* (**of** über *akk*) b → panorama 6

Panpipe, ♀ S *oft pl* MUS Panflöte *f*

Pan-Slavism S HIST Panslawismus *m* (*Bestreben, alle Slawen politisch u. kulturell zusammenzuschließen*)

pansy [ˈpænzɪ] S 1 BOT Stiefmütterchen *n* 2 *umg pej* a Bubi *m* (*Weichling*) b Homo *m*, Schwule(r) *m* (*Homosexueller*)

pant[1] [pænt] A V/I 1 keuchen (*a. fig Zug etc*), schnaufen: ~ **for breath** nach Luft schnappen 2 keuchen(d rennen) 3 *fig* lechzen (**after, for** nach; **to do sth** danach, etwas zu tun) B V/T ~ **out** *Worte* (hervor)keuchen C S 1 Keuchen *n*, Schnaufen *n* 2 Atemstoß *m*

pant[2] [pænt] *bes US* A ADJ Hosen…: ~ **leg** B S Hosenbein *n*

pantalet(te)s [ˌpæntəˈlets] SPL: (**a pair of**) ~ *bes US* HIST Biedermeierhosen *pl* (*für Damen*)

pantaloon [ˌpæntəˈluːn] S 1 THEAT Hanswurst *m*, dummer August 2 *pl*, *a.* **pair of** ~**s** HIST Pantalons *pl* (*Herrenhose*)

pantechnicon [pænˈteknɪkən] S *Br* 1 Möbellager *n* 2 Möbelwagen *m*

pantheism [ˈpænθiːɪzəm] S PHIL Pantheismus *m* (*Lehre, in der Gott u. die Welt identisch sind*); **pantheist** A S Pantheist(in) B ADJ pantheistisch; **pantheistic** ADJ, **pantheistical** ADJ (ADV ~**ly**) → pantheist B

pantheon [ˈpænθɪən; *US* -θiːˌɑn] S 1 *Antike*: Pantheon *n* (*Tempel*) 2 Pantheon *n*, Ehrentempel *m* 3 Pantheon *n* (*Gesamtheit der Gottheiten*)

panther [ˈpænθə(r)] *pl* -thers, *bes koll* -ther S ZOOL Panther *m*: a Leopard *m* b *a.* **American** ~ Puma *m* c Jaguar *m*

panties [ˈpæntɪz] SPL *a.* **pair of** ~ Höschen *n* (*für Kinder*), (*für Damen a.*) Schlüpfer *m*, Slip *m*

pantihose [ˈpæntɪhəʊz] S *bes US* Strumpfhose *f*

pantile [ˈpæntaɪl] S ARCH Hohlpfanne *f*

pantisocracy [ˌpæntɪˈsɒkrəsɪ; *US* -ˈsɑk-] S *Gemeinschaft, Gruppe etc, in der alle gleich sind*

panto [ˈpæntəʊ] *pl* -tos S *Br umg für* pantomime A 2, A 3, A 4, A 5

pantograph [ˈpæntəʊɡrɑːf; *bes US* -təɡræf] S 1 ELEK Scherenstromabnehmer *m* 2 TECH Storchschnabel *m*, Pantograf *m* (*Zeichengerät*)

pantomime [ˈpæntəmaɪm] A S 1 *Antike*: Pantomimus *m* 2 THEAT Pantomime *f* (*stummes Spiel*) 3 *Br um Weihnachten herum aufgeführtes Märchenspiel* 4 Mienen-, Gebärdenspiel *n* 5 *bes Br umg* Theater *n* B V/T durch Gebärden ausdrücken, pantomimisch darstellen, mimen C V/I sich durch Gebärden ausdrücken; **pantomimic** [-ˈmɪmɪk] ADJ (ADV ~**ally**) pantomimisch

pantry [ˈpæntrɪ] S 1 a Speise-, Vorratskammer *f* b Speiseschrank *m* 2 Anrichteraum *m* (*für kalte Speisen*)

pants [pænts] SPL *a.* **pair of** ~ 1 *bes US* Hose *f*: **kick in the** ~ *umg* a Tritt *m* in den Hintern b *fig* Zigarre *f* (*Zurechtweisung*), Rüffel *m* c *fig* Rückschlag *m*; **catch sb with their** ~ **down** *umg* j-n überrumpeln; **by the seat of one's** ~ *umg* über den Daumen gepeilt; **in long (short)** ~ *umg* (noch nicht) erwachsen; **bore (scare) the** ~ **off sb** *umg* j-n zu Tode langweilen (erschrecken); **talk the** ~ **off sb** *umg* j-m ein Loch *od* Löcher in den Bauch reden; ~ **suit** → pantsuit; → big A 1, wear[1] A 1 2 *Br* Unterhose *f*

pant|skirt S *bes US* Hosenrock *m*; ~**suit** S *bes US* Hosenanzug *m*

panty| girdle [ˈpæntɪ] S Miederhöschen *n*; ~**hose** → pantihose; ~ **liner** S Slipeinlage *f*; ~**waist** S *US* 1 HIST (*Art*) Hemdhöschen *n* (*für Kinder*) 2 *sl* halbe Portion, Weichling *m*

panzer [ˈpæntsə(r); ˈpænzə(r)] MIL, HIST A ADJ Panzer…: ~ **division** B S Panzer *m*

pap[1] [pæp] S ANAT *obs od dial* Brustwarze *f*

pap[2] [pæp] S 1 Brei *m* 2 *fig* a Gefasel *n* b seichte Unterhaltungslektüre

papacy [ˈpeɪpəsɪ] S 1 päpstliches Amt, päpstliche Würde 2 ♀ Papsttum *n* 3 Pontifikat *n*, Amtszeit *f* e-s Papstes: **during the** ~ **of …** unter Papst …

papal [ˈpeɪpl] ADJ (ADV ~ly) 1 päpstlich 2 römisch-katholisch

papalism [ˈpeɪpəlɪzəm] S Papsttum *n*; **papalist** S Papist(in), Anhänger(in) des Papsttums; **papalize** A V/T päpstlich machen, zum römisch-katholischen Glauben bekehren B V/I päpstlich (gesinnt) werden

Papal States SPL HIST Kirchenstaat *m*

papaveraceous [pəˌpeɪvəˈreɪʃəs; *US* -ˌpæ-] ADJ BOT zu den Mohngewächsen gehörig; **papaverine** [-riːn; -rɪn] S CHEM Papaverin *n*

papaw[1] [pəˈpɔː] S *bes Br für* papaya

papaw[2] [ˈpɑːpɔː; ˈpɔːpɔː] S BOT *US* a (*ein*) Papau *m*, (*ein*) Papaw(baum) *m* b (*essbare*) Papaufrucht

papaya [pəˈpaɪə] S BOT 1 Papaya *m*, Melonenbaum *m* 2 Papayafrucht *f*

paper [ˈpeɪpə(r)] A S 1 TECH a Papier *n* b Pappe *f* c Tapete *f* 2 Papier *n* (*als Schreibmaterial*): ~ **does not blush** Papier ist geduldig; **on** ~ *fig* auf dem Paier: a theoretisch b noch im Planungsstadium c SPORT der Papierform nach; **it is not worth the** ~ **it is written on** es ist schade um das Papier, das dafür verschwendet wurde; → commit 2 3 Blatt *n* Papier 4 *pl* a (Personal-, Ausweis)Papiere *pl*, Beglaubigungs-, Legitimationspapiere *pl* b Urkunden *pl*, Dokumente *pl*: (**ship's**) ~**s** Schiffspapiere; **send in one's** ~**s** s-n Abschied nehmen c Schriftstücke *pl*, Akten *pl*, (*amtliche*) Unterlagen *pl*: **move for** ~**s** *bes* PARL die Vorlage der Unterlagen (*e-s Falles*) beantragen 5 WIRTSCH a (Wert)Papier *n* b Wechsel *m*: **best** ~**s** erstklassige Wechsel; ~ **credit** Wechselkredit *m* c Papiergeld *n*: **convertible** ~ (*in Gold*) einlösbares Papiergeld; ~ **currency** Papier(geld)-währung *f* 6 a schriftliche Prüfung b Prüfungsarbeit *f* 7 (**on** über *akk*) a Aufsatz *m*, (wissenschaftliche) Abhandlung, Papier *n* b Vortrag *m*, Vorlesung *f*, Referat *n*: **read a** ~ e-n Vortrag halten, referieren 8 Zeitung *f*, Blatt *n*: **be in the** ~**(s)** in der Zeitung stehen; **it was in all the** ~**s** es stand in allen Zeitungen 9 Brief *m*, Heft *n*, Büchlein *n* (*mit Nadeln etc*) 10 THEAT *umg* Freikarte *f* B ADJ 1 aus Papier *od* Pappe (gemacht), papieren, Papier…, Papp…: ~ **cup** Pappbecher *m* 2 papierähnlich, (hauch)dünn (*Wände etc*) 3 nur auf dem Papier vorhanden (*Stadt etc*) C V/T 1 in Papier einwickeln 2 mit Papier ausschlagen 3 tapezieren 4 mit Papier versehen 5 *oft* ~ **up** *Buchbinderei*: das Vorsatzpapier einkleben in (*akk*) 6 mit Sandpapier polieren 7 ~ **over** a überkleben b *fig Differenzen etc* (notdürftig) übertünchen: → crack A 3 8 THEAT *umg das Haus* durch Verteilung von Freikarten füllen

paper|back A S Paperback *n*, Taschenbuch *n*: **in** ~ als Taschenbuch B ADJ broschiert, Taschenbuch…: ~ **edition** C V/T *bes Br* als Taschenbuch herausbringen; ~**backed** → paperback B; ~ **bag** S (Papier)Tüte *f*; ~ **bank** S Altpapiercontainer *m*; ~**board** A S Pappe *f*, Papp(en)deckel *m* B ADJ Papp(en)deckel…, Papp…: ~ **stock** Graupappe *f*; ~**bound** → paperback B; ~**boy** S Zeitungsjunge *m*; ~ **chase** S 1 Schnitzeljagd *f* 2 *US* Papierkram *m umg*; ~ **clip** S Büro-, Heftklammer *f*; ~ **cutter** S TECH 1 Papierschneidemaschine *f* 2 → paper knife; ~ **exercise** S MIL Planspiel *n*; ~ **fastener** S Musterbeutelklammer *f*; ~ **feed** S TECH Papiereinzug *m*; ~**girl** S Zeitungsmädchen *n*; ~ **gold** S WIRTSCH *umg* Sonderziehungsrechte *pl* (beim Internationalen Währungsfonds); ~ **handkerchief** S Papiertaschentuch *n*; ~**hanger** S 1 Tapezierer(in) 2 *US sl* Scheckbetrüger(in); ~**hanging** S 1 Tapezieren *n* 2 *pl obs* Tapete(n) *f(pl)*; ~ **jam** S Papierstau *m* (*in e-m Fotokopiergerät etc*); ~ **knife** S *irr* 1 TECH Papiermesser *n*, (Falz)Bein *n* 2 Brieföffner *m*; ~ **mill** S Papierfabrik *f*, -mühle *f*; ~ **money** S Papiergeld *n*, Banknoten *pl*; ~ **napkin** S Papierserviette *f*; ~ **nautilus** S FISCH Papierboot *n*, -nautilus *m* (*Tintenfisch*); ~ **office** S HIST Staatsarchiv *n*; ~ **profit** S WIRTSCH rechnerischer Gewinn; ~ **round** S: **have a** ~ Zeitungen austragen; **I haven't done my** ~ **yet** ich habe die Zeitungen noch nicht ausgetragen; ~ **size** S Papierformat *n*; ~ **tape** S COMPUT *etc*: Lochstreifen *m*; ~**-thin** ADJ hauchdünn (*a. fig Mehrheit etc*), papierdünn; ~ **tiger** S *fig* Papiertiger *m*, (*Person a.*) Gummilöwe *m*; ~ **tissue** S Papiertuch *n*; ~ **wasp** S ZOOL Papierwespe *f*; ~**weight** A S 1 Briefbeschwerer *m* 2 SPORT Papiergewicht(ler) *n(m)* B ADJ SPORT Papiergewichts…; ~**work** S Schreibarbeit(en) *f(pl)*, Papierkram *m umg*

papery [ˈpeɪpərɪ] ADJ a papierähnlich b papierdünn

papier-mâché [ˌpæpjeɪˈmæʃeɪ; *US* ˌpeɪpərməˈʃeɪ] A S Pappmaché *n* B ADJ Pappmaché…

papilionaceous [pəˌpɪlɪəˈneɪʃəs] ADJ BOT schmetterlingsblütig

papilla [pəˈpɪlə] *pl* -lae [-liː] S 1 ANAT, BOT Papille *f*, Wärzchen *n* 2 ANAT Geschmackspapille *f*

papism [ˈpeɪpɪzəm] → papistry; **papist** *pej* A S Papist(in), Kathole *m* B ADJ → papistic; **papistic** [pəˈpɪstɪk] ADJ, **papistical** ADJ (ADV ~ly) *pej* papistisch; **papistry** [ˈpeɪpɪstrɪ] S *pej* Papismus *m*

pa(p)poose [pəˈpuːs] S a Indianerbaby *n* b Indianerkind *n*

pappus [ˈpæpəs] *pl* -pi [-aɪ] S 1 BOT a Haarkrone *f* b Federkelch *m* 2 Flaum *m*

pappy[1] [ˈpæpɪ] ADJ breiig

pappy[2] [ˈpæpiː] S *US umg* Papa *m*, Vati *m*

paprika [ˈpæprɪkə; *bes US* pæˈpriːkə] S Paprika *m* (*Pflanze od Gewürz*)

Pap| smear, ~ **test** [pæp] S MED Abstrich *m*

Papuan [ˈpɑːpʊən; ˈpæpjʊən; *US* ˈpæpjəwən] A ADJ papuanisch B S 1 Papua *m* 2 LING Papuasprache *f*, das Papua

Papua New Guinea [ˈpɑːpʊəˌnjuːˈɡɪnɪ; ˈpæpjʊə-; *US* ˈpæpjəwəˌnuːˈɡɪniː; ˈpɑːpəwə-] S Papua-Neuguinea *n*

Papua New Guinean [-ˈɡɪnɪən] A S Einwohner(in) Papua-Neuguineas B ADJ aus Papua-Neuguinea

papule [ˈpæpjuːl] S Papel *f*, Hautknötchen *n*

papyrus [pəˈpaɪərəs] *pl* -ri [-raɪ], -ruses S 1 BOT Papyrus(staude) *m(f)* 2 *Antike*: Papyrus(-rolle) *m(f)*, -text *m*

par [pɑː(r)] A S 1 WIRTSCH Nennwert *m*: **at** ~ zum Nennwert, al pari; **above (below)** ~ über (unter) pari *od* dem Nennwert (→ A 4);

P

(commercial) ~ of exchange Wechselpari(tät *f*), Parikurs *m* 2 Ebenbürtigkeit *f*: be on a ~ with gleich *od* ebenbürtig *od* gewachsen sein (*dat*), entsprechen (*dat*); put on a ~ with gleichstellen mit 3 normaler Zustand: above ~ in bester Form *od* Verfassung; be up to (below) ~ *umg* (*gesundheitlich etc*) (nicht) auf der Höhe sein; on a ~ *Br* im Durchschnitt 4 *Golf*: Par *n* (*festgesetzte Schlagzahl*): above (below) ~ über (unter) Par (→ A 1); that's ~ for the course *umg* das ist ganz normal (for für) B ADJ 1 WIRTSCH pari, (dem Nennwert) gleich: ~ clearance *US* Clearing *n* zum Pariwert; ~ rate of exchange Wechsel-, Währungsparität *f*; ~ value Pari-, Nennwert *m* 2 normal, durchschnittlich: ~ line (of stock) WIRTSCH Aktienmittelwert *m* C V/T ~ a hole (*Golf*) an e-m Loch ein Par spielen

par. ABK 1 paragraph Par. 2 parallel 3 parenthesis 4 parish Gde.

para[1] ['pærə] S *umg* 1 MIL Fallschirmjäger *m* 2 TYPO Absatz *m*

para[2] ['pɑːrə] *pl* -ras, -ra S Para *m*: a *türkische Münze* (1/40 *Piaster*) b *jugoslawische Münzeinheit* (1/100 *Dinar*)

para-[1] [pærə] *Wortelement mit den Bedeutungen* 1 neben, über ... hinaus 2 falsch 3 ähnlich 4 CHEM a neben, ähnlich b *gewisse Benzolderivate u. Verbindungen ähnlicher Struktur bezeichnend* 5 MED a fehlerhaft, gestört b ergänzend c umgebend

para-[2] [pærə] *Wortelement mit den Bedeutungen* a Schutz... b Fallschirm...

parable ['pærəbl] S Parabel *f*, (*a.* BIBEL) Gleichnis *n*: speak in ~s in Gleichnissen sprechen

parabola [pə'ræbələ] S MATH Parabel *f*: (*a.* pair of) ~ compasses *pl* Parabelzirkel *m*

parabolic [ˌpærə'bɒlɪk; *US* -'bɑ-] ADJ (ADV ~ally) 1 → parabolical 2 MATH parabolisch, Parabel...: ~ arc 3 TECH parabelförmig, parabolisch: ~ aerial (*bes US* antenna) Parabolantenne *f*; ~ mirror (*od* reflector) Parabolspiegel *m*; **parabolical** ADJ (ADV ~ly) parabolisch, gleichnishaft

parabolist [pə'ræbəlɪst] S a Parabeldichter(in) b Parabelerzähler(in); **parabolize** V/T 1 durch e-e Parabel *od* durch Parabeln ausdrücken 2 TECH parabolisch machen

paraboloid [pə'ræbəlɔɪd] S MATH Paraboloid *n* (*gekrümmte Fläche ohne Mittelpunkt*); **paraboloidal** ADJ paraboloid

parabrake → brake parachute

parachute ['pærəʃuːt] A S 1 FLUG Fallschirm *m*: ~ jump Fallschirmabsprung *m*; ~ jumper Fallschirmspringer(in) 2 BOT Schirmflieger *m* 3 ZOOL Patagium *n*, Flug-, Fallschirm-, Flatterhaut *f* 4 TECH *e-e Halte- od Sicherheitsvorrichtung, z. B.* Fangvorrichtung *f* (*für e-n Aufzug od Förderkorb*) B V/T mit dem Fallschirm absetzen *od* abwerfen C V/I 1 mit dem Fallschirm abspringen 2 (wie) mit e-m Fallschirm schweben; ~ brake → brake parachute; ~ troops SPL MIL Fallschirmtruppen *pl*

parachutist S FLUG 1 Fallschirmspringer(in) 2 MIL Fallschirmjäger *m*

Paraclete ['pærəkliːt] S REL Paraklet *m* (*der Heilige Geist*)

parade [pə'reɪd] A S 1 (Zur)Schaustellen *n*, Vorführung *f*, Parade *f*: make a ~ of → B 2, B 3 2 MIL a Parade *f* (*Truppenschau od Vorbeimarsch*) (before vor *dat*): be on ~ e-e Parade abhalten; inspect the ~ die Parade abnehmen b Appell *m*: ~ rest! rührt euch! c *a.* ~ ground MIL Parade-, Exerzierplatz *m* 3 (Auf-, Vorbei-)Marsch *m*, (Um)Zug *m* 4 *bes Br* (Strand)Promenade *f* 5 *Fechten*: Parade *f* B V/T 1 zur Schau stellen, vorführen 2 *fig* zur Schau tragen, prunken *od* protzen *od* sich brüsten mit: ~ one's knowledge sein Wissen anbringen 3 auf- *od* vorbeimarschieren *od* paradieren lassen 4 *e-e Straße* entlangstolzieren, auf u. ab marschieren, in *e-m Zimmer etc* herumstolzieren C V/I 1 promenieren, sich zur Schau stellen, stolzieren 2 MIL paradieren, (in Paradeformation) (vorbei)marschieren 3 a e-n Umzug veranstalten, durch die Straßen ziehen b vorbeiziehen; ~ ring S *Pferdesport*: Führring *m*

paradigm ['pærədaɪm; *US a.* -ˌdɪm] S Paradigma *n*: a Beispiel *n*, Muster *n* b LING Beugungsmuster *n*; **paradigmatic** [-dɪg'mætɪk] ADJ (ADV ~ally) paradigmatisch

paradisaic [ˌpærədɪ'seɪɪk; *US* -ˌdaɪ's-] ADJ, **paradisaical** [-kl] ADJ (ADV ~ly) paradiesisch (*a. fig*)

paradise ['pærədaɪs] S 1 (BIBEL ♀) Paradies *n*: a Garten *m* Eden b Himmel *m* c *fig* (siebenter) Himmel: an earthly ~ ein Paradies auf Erden; holiday (*bes US* vacation) ~ Urlaubsparadies; → bird of paradise, fool's paradise 2 (*orientalischer*) Lustgarten; ~ apple S BOT Paradiesapfel *m*; ~ fish S Paradiesfisch *m*

paradisiac [ˌpærə'dɪsɪæk], **paradisiacal** [-dɪ'saɪəkl; *US a.* -ˌdaɪ-] → paradisaic

parados ['pærədɒs; *US* -ˌdɑs; -ˌdəʊs] S MIL Rückenwehr *f*

paradox ['pærədɒks; *US* -ˌdɑks] S Paradoxon *n*, Paradox *n*; **paradoxical** ADJ (ADV ~ly) paradox: ~ sleep PSYCH REM-Schlaf *m*, paradoxer Schlaf; ~ly (enough) paradoxerweise; **paradoxicality** [-sɪ'kæləti] S Paradoxie *f*; **paradoxy** S Paradoxie *f*

paradrop → airdrop

paraffin ['pærəfɪn], **paraffine** [-fiːn; *US a.* -fɪn] A S 1 Paraffin *n*: liquid ~ Paraffinöl *n*; solid ~ Erdwachs *n*; ~ wax Paraffin (*für Kerzen*) 2 *a.* ~ oil *Br* Paraffin(öl) *n*: a Leucht-, Brenn-, Heizöl *n* b Schmieröl *n* B V/T mit Paraffin behandeln, paraffinieren

paraglider S 1 Gleitschirm *m* 2 Gleitschirmflieger(in); **paragliding** S Gleitschirmfliegen *n*

paragoge [ˌpærə'gəʊdʒɪ; *US a.* 'pærəˌg-] S LING Paragoge *f* (*Endverlängerung e-s Worts, z. B.* among-st)

paragon ['pærəgən; *US a.* -ˌgɑn] A S 1 Muster *n*, Vorbild *n*: ~ of virtue Muster *od* (*iron*) Ausbund *m* an Tugend 2 TYPO Text *f* (*Schriftgrad*) B V/T *obs od poet* vergleichen (with mit)

paragraph ['pærəgrɑːf; *bes US* -græf] A S 1 TYPO a Absatz *m*, Abschnitt *m*, Paragraf *m* b (*ein p-ähnliches*) Verweis- *od* Absatzzeichen: ~ figure (*Eis-, Rollkunstlauf*) Paragraf; ~ mark COMPUT Absatzmarke *f* 2 kurzer (Zeitungs)Artikel B V/T 1 in Absätze einteilen 2 e-n (kurzen Zeitungs)Artikel schreiben über (*akk*); **paragrapher** S 1 Verfasser(in) kurzer Zeitungsartikel 2 Leitartikler(in) (*e-r Zeitung*)

paragraphia [ˌpærə'grɑːfɪə; *US* -'græ-] S MED Paragrafie *f* (*Störung des Schreibvermögens*)

Paraguay ['pærəgwaɪ; -gweɪ] S 1 Paraguay *n* (*Staat in Südamerika*) 2 Paraguay *m* (*Fluss in Brasilien u. Paraguay*)

Paraguayan [ˌpærə'gwaɪən; -'gweɪən] A ADJ paraguayisch B S Paraguayer(in)

parakeet ['pærəkiːt] S ORN Sittich *m*

paraldehyde [pə'rældɪhaɪd] S CHEM Paraldehyd *n*

paralegal S *US j-d, der als Berater u. Vertreter in Rechtsangelegenheiten tätig ist, ohne Anwalt zu sein*

paralinguistic LING A ADJ paralinguistisch B S paralinguistics *pl* (*als sg konstruiert*) Paralinguistik *f* (*Teilgebiet der Linguistik, das sich mit Erscheinungen befasst, die das menschliche Sprachverhalten begleiten od mit ihm verbunden sind, ohne im engeren Sinne sprachlich zu sein*)

paralipsis [ˌpærə'lɪpsɪs] *pl* -ses [-siːz] S LING Paralipse *f* (*rhetorische Figur, durch die man das betont, was man angeblich übergehen will, z. B. „ganz zu schweigen von"*)

parallactic [ˌpærə'læktɪk] ADJ (ADV ~ally) ASTRON, PHYS parallaktisch: ~ motion ASTRON parallaktische Bewegung; **parallax** [-læks] S Parallaxe *f*: a ASTRON *Entfernung e-s Sterns, die mithilfe zweier von verschiedenen Standorten ausgehender Geraden bestimmt wird* b PHYS *Winkel, den zwei Geraden bilden, die von verschiedenen Standorten auf einen Punkt gerichtet sind*

parallel ['pærəlel] A ADJ 1 MATH, MUS, TECH parallel (with, to zu, mit): ~ bars *pl* (*Turnen*) Barren *m*; at the ~ bars am Barren; ~ computer Simultanrechenanlage *f*, -rechner *m*; ~ connection → B 4; ~ cousins Kinder zweier Brüder *od* zweier Schwestern; ~ processing IT Parallelverarbeitung *f*; ~ slalom (*Skisport*) Parallelslalom *m*; ~ stroke milling TECH Zeilenfräsen *n*; ~ turn (*Skisport*) Parallelschwung *m*; run ~ to parallel verlaufen zu 2 *fig* parallel, gleich(gerichtet, -laufend): ~ case Parallelfall *m*; research work on ~ lines Forschungsarbeit *f* in der gleichen Richtung; ~ passage gleichlautende Stelle, Parallele *f* (*in e-m Text*) B S 1 MATH *u. fig* Parallele *f*: draw a ~ to e-e Parallele ziehen zu; draw a ~ between *fig* e-e Parallele ziehen zwischen (*dat*), (miteinander) vergleichen; have close ~s with e-e starke Ähnlichkeit haben mit; in ~ with parallel zu 2 MATH Parallelität *f* (*a. fig Gleichheit*) 3 *a.* ~ of latitude GEOG Breitenkreis *m* 4 ELEK Parallel-, Nebeneinanderschaltung *f*: in ~ parallel *od* nebeneinander(geschaltet) 5 Gegenstück *n*, Entsprechung *f*: have no ~ nicht seinesgleichen haben, einzigartig sein; without (a) ~ ohnegleichen 6 MIL Parallele *f*, Quergraben *m* 7 TYPO (*aus 2 senkrechten Strichen bestehendes*) Verweiszeichen C V/T *prät u. pperf* -leled, *bes Br* -lelled 1 (with) gegenüberstellen (*dat*), vergleichen (mit) 2 anpassen, angleichen (*beide:* with, to *dat*) 3 gleichkommen *od* entsprechen (*dat*) 4 etwas Gleiches *od* Entsprechendes zu *e-r Sache od j-m* finden 5 *bes US umg* parallel (ver)laufen zu, laufen neben (*dat*) 6 ELEK parallel schalten

parallelepiped [ˌpærəle'lepɪped; 'pærəˌlelə'paɪped; *US a.* -'pɪpəd] S MATH Parallelepiped *n*, Parallelflach *n*

parallelism S 1 MATH Parallelismus *m*, Parallelität *f* (*a. fig*) 2 PHIL (psychophysischer) Parallelismus (*Hypothese, nach der zwischen der Tätigkeit des Gehirns u. dem verstandesmäßigen Geschehen e-e Beziehung besteht, die als parallel anzusehen ist*) 3 LING Parallelismus *m* (*formale u. inhaltliche Übereinstimmung zwischen aufeinanderfolgenden Teilstücken od Versen*)

parallelogram [ˌpærə'leləʊgræm; *bes US* -'lelə-] S MATH Parallelogramm *n* (*Viereck, bei dem je zwei sich gegenüberliegende Seiten parallel u. gleich lang sind*): ~ linkage system TECH Parallelogrammgestänge *n*; ~ of forces PHYS Kräfteparallelogramm

paralogism [pə'rælədʒɪzəm] S PHIL *obs* Paralogismus *m*, *a. allg* Trugschluss *m*; **paralogize** V/I falsche Schlüsse ziehen

Paralympics [ˌpærə'lɪmpɪks] SPL SPORT Paralympics *pl*, Behindertenolympiade *f*

paralysation, **paralyse** *bes Br für* paralyzation, paralyze

paralysis [pə'rælɪsɪs] *pl* -ses [-siːz] S 1 MED Paralyse *f*, Lähmung *f*: → general paralysis 2 *fig* Lähmung *f*: a Lahmlegung *f* b Danie-

P

derliegen *n* c Ohnmacht *f*; **paralytic** [ˌpærəˈlɪtɪk] A ADJ (ADV ~ally) 1 MED paralytisch: a Lähmungs…, lähmend: ~ **shock** Schrecklähmung *f* b gelähmt (*a. fig*) 2 *Br umg* sternhagelvoll (*sehr betrunken*) B S MED Paralytiker(in), Gelähmte(r) *m/f(m)*; **paralyzation**, *bes Br* **paralysation** [-laɪˈzeɪʃn; *US* -ləˈz-] S 1 MED Lähmung *f* (*a. fig*) 2 *fig* Lahmlegung *f*; **paralyze**, *bes Br* **paralyse** V/T 1 MED paralysieren, lähmen: **be ~d with** *fig* starr *od* wie gelähmt sein vor (*dat*) 2 *fig* a *den Verkehr etc* lähmen, lahmlegen, zum Erliegen bringen b *Anstrengungen etc* zunichtemachen c *j-n* entnerven, zermürben

paramagnetic ADJ PHYS paramagnetisch; **paramagnetism** S Paramagnetismus *m* (*Erscheinung, dass Stoffe in e-m äußeren Magnetfeld e-e Magnetisierung in Richtung dieses Feldes erfahren*)

paramedic S 1 US *Arzt od Ärztin, der/die sich über abgelegenen Gegenden mit dem Fallschirm absetzen lässt* 2 *bes US* a ärztliche(r) Assistent(in) (*der [die] Spritzen verabreicht, Röntgenaufnahmen macht etc*) b (Rettungs)Sanitäter(in), Rettungsassistent(in) (*z. B. im Notarztwagen*)

parameter [pəˈræmɪtə(r)] S 1 MATH Parameter *m* (*konstante od unbestimmt gelassene Hilfsvariable*) 2 *Statistik*: Parameter *m* (*charakteristischer Zahlenwert e-r Verteilung*) 3 *pl* Rahmen *m*: **within the ~s of** im Rahmen (*gen*)

parametric [ˌpærəˈmetrɪk] ADJ MATH parametrisch, Parameter…

paramilitary ADJ paramilitärisch

paramount [ˈpærəmaʊnt] A ADJ 1 höher stehend (**to** als), oberst(er, e, es), übergeordnet, höchst(er, e, es): **lord ~** HIST oberster (Lehns)Herr 2 an erster Stelle *od* an der Spitze stehend, größt(er, e, es), überragend, ausschlaggebend: **of ~ importance** von (aller)größter Bedeutung B S oberste(r) Herrscher(in); **paramountcy** [-sɪ] S größte Bedeutung

paramour [ˈpærəˌmʊə(r)] S *obs* Buhle *m/f*, Geliebte(r) *m/f(m)*, Mätresse *f*

paranoia [ˌpærəˈnɔɪə] S MED, PSYCH Paranoia *f* (*Störung der Geistestätigkeit mit systematisiertem Wahn*); **paranoiac** [-æk] A ADJ (ADV ~ally) paranoisch B S Paranoiker(in); **paranoid** ADJ paranoid (*der Paranoia ähnlich*)

paranormal ADJ (ADV ~ly) *Parapsychologie*: paranormal, übersinnlich

parapet [ˈpærəpɪt; -pet] S 1 MIL Brustwehr *f*, Wall *m* 2 ARCH (*Brücken*) Geländer *n*, (*Balkon-, Fenster-*) Brüstung *f*; **parapeted** ADJ mit e-r Brustwehr *etc* (versehen)

paraph [ˈpærəf; *US a.* pəˈræf] S Paraphe *f*, (Unterschrifts)Schnörkel *m*

paraphase ADJ ELEK: ~ **amplifier** Paraphasenverstärker *m*; ~ **coupling** Gegentaktschaltung *f* mit Phasenumkehr

paraphernalia [ˌpærəfəˈneɪljə; *US a.* -fər-] SPL 1 persönlicher Besitz, Siebensachen *pl umg* 2 (*a. als sg konstruiert*) a Utensilien *pl* b Ausrüstung *f* 3 (*als sg konstruiert*) JUR, HIST Paraphernalgut *n* (*der Ehefrau*)

paraphilia [ˌpærəˈfɪlɪə] S PSYCH Paraphilie *f* (*Zwang, andere Menschen durch anstößige Wörter sexuell zu belästigen*); **paraphiliac** [-æk] A ADJ paraphil B S Paraphile(r) *m/f(m)*

paraphrase [ˈpærəfreɪz] A S 1 *bes* SCHULE Interpretation *f*, freie Wiedergabe (*e-s Textes*) 2 Paraphrase *f* (*a.* MUS), Umschreibung *f* B V/T & V/I 1 paraphrasieren (*a.* MUS), interpretieren, (*e-n Text*) frei wiedergeben 2 umschreiben

paraphrastic [ˌpærəˈfræstɪk] ADJ (ADV ~ally) paraphrastisch, umschreibend

paraplegia [ˌpærəˈpliːdʒə; *US a.* -dʒɪə] S MED a Paraplegie *f*, doppelseitige Lähmung b Querschnittslähmung *f*; **paraplegic** A ADJ a paraplegisch: **be ~** doppelseitig gelähmt sein b querschnittsgelähmt B S a Paraplegiker(in) b Querschnittsgelähmte(r) *m/f(m)*

parapsychological ADJ (ADV ~ly) parapsychologisch; **parapsychologist** S Parapsychologe *m*, Parapsychologin *f*; **parapsychology** S Parapsychologie *f* (*Lehre von den übersinnlichen Erscheinungen*)

paraquet [ˈpærəket] → parakeet

Pará rubber [pəˈrɑː; ˈpɑːrə] S Parakautschuk *m*, -gummi *m/n*

parasailing S Parasailing *n* (*Freizeitsport, bei dem ein von e-m Motorboot gezogener Sportler mit e-m fallschirmartigen Segel über größere Wasserstrecken fliegt*)

parascience S Grenzwissenschaft *f*

paraselene [ˌpærəsɪˈliːnɪ] *pl* -nae [-niː; *US a.* -ˌnaɪ] S ASTRON Nebenmond *m*

parasite [ˈpærəsaɪt] S 1 BIOL Parasit *m*, Schmarotzer *m* 2 *fig* Parasit *m*, Schmarotzer(in)

parasitic [ˌpærəˈsɪtɪk] ADJ (ADV ~ally) 1 BIOL parasitisch (*a.* LING), parasitär (*a.* MED), schmarotzend, *fig a.* schmarotzerhaft, schmarotzerisch 2 ELEK, TECH schädlich, störend: ~ **current** Fremdstrom *m*; ~ **drag** FLUG schädlicher (Luft)Widerstand; ~ **loss** Kriechverlust *m*; ~ **oscillation** Streu-, Störschwingung *f*; ~ **suppressor** Schwingschutzwiderstand *m*; **parasitical** ADJ (ADV ~ly) → parasitic 1

parasiticide [ˌpærəˈsɪtɪsaɪd] ADJ & S Parasiten tötend(es Mittel); **parasitism** [-saɪtɪzəm] S BIOL Parasitismus *m* (*a.* MED), Schmarotzertum *n* (*a. fig*)

parasol [ˈpærəsɒl; *US a.* -ˌsɑl] S Sonnenschirm *m*

parasuicide S 1 *mehr als Hilfeschrei denn als Selbsttötung gedachter Selbstmordversuch* 2 *j-d, der e-n solchen Selbstmordversuch unternimmt*

parasympathetic ADJ PHYSIOL parasympathisch: ~ **nerve** Parasympathikus *m*

paratactic ADJ (ADV ~ally) LING parataktisch, nebenordnend; **parataxis** S Parataxe *f*, Nebenordnung *f* (*von Sätzen od Satzgliedern*)

parathyroid (gland) S ANAT Nebenschilddrüse *f*

paratroop MIL A ADJ Fallschirmjäger…, Luftlande… B SPL **paratroops** Fallschirmjägertruppen *f*; **paratrooper** S Fallschirmjäger *m*

paratyphoid (fever) S MED Paratyphus *m*

paravane [ˈpærəveɪn] S SCHIFF, MIL Minenabweiser *m*, Ottergerät *n*

par avion [paravjõ] ADV mit Luftpost

parboil [ˈpɑː(r)bɔɪl] V/T GASTR ankochen

parbuckle [ˈpɑː(r)ˌbʌkl] A S 1 Schrot-Tau *n* (*zum Ab- u. Aufladen von Fässern*) 2 Doppelschlinge *f* (*um ein Fass etc*) B V/T schroten

parcel [ˈpɑː(r)sl] A S 1 Bündel *n*: ~ **of clothes** Kleiderbündel 2 Paket *n*, Päckchen *n*: ~ **of shares** Aktienpaket; **do up in ~s** einpacken 3 *pl* Stückgüter *pl* 4 WIRTSCH Posten *m*, Partie *f* (*Ware*): **in ~s** in kleinen Posten, stück-, packweise 5 *pej* Haufe(n) *m* 6 *a.* ~ **of land** Parzelle *f* B V/T *prät u. pperf* -celed, *bes Br* -celled 1 *meist* ~ **out** auf-, aus-, abteilen, *Land* parzellieren 2 *a.* ~ **up** einpacken, (ver)packen 3 SCHIFF *ein Tau* (be)schmarten C ADV halb, teilweise (*obs außer in*): ~**-gilt** teilvergoldet; ~ **bomb** S Paketbombe *f*; ~ **counter** S Paketannahme *f od* -ausgabe *f*; ~ **delivery** S Paketzustellung *f*; ~ **post** S Paketpost *f*

parcenary [ˈpɑː(r)sɪnərɪ; *US* -ˌeriː] S JUR Mitbesitz *m* (*durch Erbschaft*); **parcener** S Miterbe *m*, Miterbin *f*

parch [pɑː(r)tʃ] A V/T 1 rösten, dörren 2 ausdörren, -trocknen, (ver)sengen: **be ~ed** am Verdursten sein B V/I 1 ausdörren, -trocknen 2 rösten, schmoren; **parching** ADJ sengend (*Hitze etc*)

parchment [ˈpɑː(r)tʃmənt] S 1 Pergament *n* 2 Pergamentpapier *n* 3 Pergament(urkunde) *n(f)*, Urkunde *f*

parclose [ˈpɑː(r)kləʊz] S Gitter *n* (*um Altar od Grabmal*)

pard [pɑːrd], **pardner** [-nər] S *US umg* Partner *m*, Kumpel *m*

pardon [ˈpɑː(r)dn] A V/T 1 *j-m od e-e Sache* verzeihen, *j-n od etwas* entschuldigen: ~ **me** Verzeihung!, Entschuldigung!, entschuldigen Sie *od* verzeihen Sie bitte!; ~ **me for interrupting you** verzeihen *od* entschuldigen Sie, wenn ich Sie unterbreche!; **if you'll ~ the expression** wenn ich so sagen darf 2 *e-e Schuld* vergeben 3 *j-m* das Leben schenken, *j-m* die Strafe erlassen, *j-n* begnadigen B S 1 Verzeihung *f*: **a thousand ~s** ich bitte (Sie) tausendmal um Entschuldigung; **beg** (*od* **ask**) **sb's ~** j-n um Verzeihung *od* Entschuldigung bitten; **I beg your ~** a entschuldigen Sie *od* verzeihen Sie bitte!, Verzeihung!, Entschuldigung! b *umg a.* **~?** wie bitte? a wie bitte?, erlauben Sie mal!, ich muss doch sehr bitten! 2 Vergebung *f* (**for** *gen*) 3 Begnadigung *f*, Straferlass *m*, Amnestie *f*: → general pardon 4 Pardon *m*, Gnade *f* 5 KATH Ablass *m*; **pardonable** ADJ (ADV **pardonably**) verzeihlich (*Fehler*), lässlich (*Sünde*); **pardoner** S KATH, HIST Ablassprediger *m*, *pej* Ablasskrämer *m*

pare [peə(r)] V/T 1 *Äpfel etc* schälen: ~ **off** (ab)schälen (*a.* TECH) 2 (be-)schneiden, stutzen (*a. fig*): ~ **one's nails** sich die (Finger)Nägel schneiden; → claw A 1 3 ~ **down** a abnagen (**to** bis auf *akk*) b *fig* beschneiden, einschränken

paren. ABK parenthesis

parencephalon [ˌpærenˈsefəlɒn; -lən; *US* -ɪnˈsefəˌlɑn] S ANAT Kleinhirn *n*

parenchyma [pəˈreŋkɪmə] S 1 Parenchym *n*: a BIOL, BOT Grundgewebe *n* b ANAT Organgewebe *n* 2 MED Tumorgewebe *n*

parent [ˈpeərənt; *US* ˈpær-; ˈper-] A S 1 Elternteil *m*, *pl* Eltern *pl*: **~-teacher association** SCHULE Eltern-Lehrer-Vertretung *f*; **~s' night** SCHULE Elternabend *m* 2 Vorfahr(in), Stammvater *m*, -mutter *f*: **our first ~s, Adam and Eve** unsere Voreltern, Adam u. Eva 3 BIOL Elter *n/m* 4 *fig* a Urheber(in) b Ursprung *m*, Ursache *f* 5 WIRTSCH Mutter *f* (*Muttergesellschaft*) B ADJ 1 BIOL Stamm…, Mutter…: ~ **cell** Mutterzelle *f* 2 ursprünglich, Ur…: ~ **form** Urform *f* 3 *fig* Mutter…, Stamm…: ~ **atom** PHYS Ausgangsatom *n*; ~ **company** WIRTSCH Stammhaus *n*, Muttergesellschaft *f*; ~ **folder** COMPUT übergeordneter Ordner; ~ **frequencies** Primärfrequenzen; ~ **lattice** PHYS Hauptgitter *n*; ~ **material** a Urstoff *m* b GEOL Mutter-, Ausgangsgestein *n*; ~ **organization** Dachorganisation *f*; ~ **patent** JUR Stammpatent *n*; ~ **rock** GEOL Mutter-, Ausgangsgestein *n*; ~ **ship** SCHIFF, MIL Mutterschiff *n*; ~ **unit** MIL Stammtruppenteil *m*; **parentage** S 1 Abkunft *f*, Abstammung *f*, Familie *f*: **of unknown ~** unbekannter Herkunft 2 Elternschaft *f* 3 *fig* Ursprung *m*; **parental** [pəˈrentl] ADJ (ADV ~ly) 1 elterlich, Eltern…: ~ **love**; ~ **authority** (*od* **power**) JUR elterliche Gewalt; **without ~ consent** ohne elterliche Zustimmung, ohne Zustimmung der Eltern; ~ **home** (*od* **school**) *US* Schule *f* für schwer erziehbare Kinder; ~ **leave** Mutterschaftsurlaub *m*; → control B 7 c 2 *Genetik*: parental: ~ **generation** Parental-, Elterngeneration *f*

parenthesis [pəˈrenθɪsɪs] *pl* -theses [-siːz] S 1 LING Parenthese *f*, Einschaltung *f*: **by way of ~** beiläufig 2 (runde) Klammer: **put in parentheses** einklammern 3 *fig* Zwischenspiel *n*, Episode *f*; **parenthesize** V/T 1 *Worte* einschalten, -flechten 2 *ein Wort etc* einklammern 3 *e-e Rede* mit eingeschalteten Erklärungen spicken; **parenthetic** [ˌpærənˈθetɪk] ADJ, **parenthetical** ADJ (ADV ~ly) 1 parenthetisch: a eingeschaltet b beiläufig 2 Klammer…, eingeklammert 3 zu Parenthesen neigend

parenthood S Elternschaft *f*; **parenting** S Kindererziehung *f*; **parentless** ADJ elternlos

parer [ˈpeərə(r)] S Schälmesser *n*, Schäler *m*

paresis [pəˈriːsɪs, ˈpærɪsɪs] S MED 1 Parese *f*, unvollständige Lähmung 2 → general paresis

paretic [pəˈretɪk] MED A ADJ paretisch, Parese… B S an Parese Leidende(r) *m/f(m)*

parget [ˈpɑː(r)dʒɪt] A S 1 Gips(stein) *m* 2 Verputz *m*, Bewurf *m* 3 Stuck *m* B V/T *prät u. pperf* -geted, *bes Br* getted 1 verputzen 2 mit Stuck verzieren; **parget(t)ing** S Stuckarbeit(en) *f(pl)*, Stuck(verzierung) *m(f)*

parhelia [pɑː(r)ˈhiːljə] *pl von* parhelion

parheliacal [ˌpɑː(r)hiːˈlaɪəkl] ADJ ASTRON parhelisch, Nebensonnen…

parhelion [pɑː(r)ˈhiːljən] *pl* -lia [-ljə] S Parhelion *n*, Nebensonne *f*

pariah [ˈpærɪə; *bes US* pəˈraɪə] S Paria *m*: a *der niedersten Kaste angehörender Inder* b *von der Gesellschaft Ausgestoßener*; **~ dog** S Pariahund *m*

Parian [ˈpeərɪən; *US* ˈpær-; ˈper-] A ADJ 1 parisch (*Marmor*) 2 TECH Parian… B S TECH Parian *n*, Elfenbeinporzellan *n*

parietal [pəˈraɪɪtl] A ADJ 1 *bes* ANAT parietal: a *a.* BIOL, BOT wandständig, Wand…: **~ cell** Wandzelle *f* b seitlich c Scheitel(bein)…: **~ bone** → B; **~ lobe** Scheitellappen *m* (*des Gehirns*) 2 SCHULE *US* intern, Haus…: **~ board** *Aufsichtsrat e-s College* B S ANAT Scheitelbein *n*

pari-mutuel [ˌpærɪˈmjuːtʃʊəl; *US* -tʃəwəl; -tʃəl] ADJ: **~ machine** (*Pferdesport*) *bes US* Totalisator *m*

paring [ˈpeərɪŋ] S 1 Schälen *n* 2 (Be-)Schneiden *n*, Stutzen *n* (*a. fig*) 3 *pl* a (*Kartoffel- etc*) Schalen *pl* b TECH Späne *pl*, Schabsel *pl*, Schnitzel *pl*; **~ chisel** S TECH Ball(en)eisen *n*; **~ gouge** S TECH Hohlbeitel *m*; **~ knife** S *irr* TECH 1 Schälmesser *n* (*für Obst etc*) 2 Beschneidmesser *n*

pari passu [ˌpærɪˈpæsuː; ˌpɑːrɪˈpɑː-] ADV JUR gleichrangig, -berechtigt

paripinnate [ˌpærɪˈpɪnɪt; *bes US* -neɪt] ADJ BOT paarig gefiedert

Paris [ˈpærɪs] A S Paris *n* B ADJ Pariser; **~ daisy** S BOT Strauchmargerite *f*; **~ green** S Pariser *od* Schweinfurter Grün *n*

parish [ˈpærɪʃ] A S 1 REL a Kirchspiel *n*, Pfarrbezirk *m* b *a. koll* Gemeinde *f* 2 POL *bes Br* Gemeinde *f*: **go** (*od* **be**) **on the ~** HIST der Gemeinde zur Last fallen, von der Gemeinde unterhalten werden 3 POL *US* (*Louisiana*) Kreis *m* B ADJ 1 Kirchen…, Pfarr…: **~ church** Pfarrkirche *f*; **~ clerk** Küster *m*; **~ house** Pfarrhaus *n*; **~ register** Kirchenbuch *n*, -register *n* 2 POL Gemeinde…: **~ council** Gemeinderat *m*; **~-pump politics** *pl* (*als sg konstruiert*) *pej* Kirchturmpolitik *f*; **parishioner** [pəˈrɪʃənə(r)] S Gemeinde(mit)glied *n*

Parisian [pəˈrɪzjən; *US* pəˈrɪʒən] A S Pariser(in) B ADJ Pariser

parisyllabic [ˌpærɪsɪˈlæbɪk] ADJ LING parisyllabisch, gleichsilbig

parity [ˈpærətɪ] S 1 Gleichheit *f*: **~ of pay** Lohngleichheit 2 WIRTSCH a Parität *f* b Umrechnungskurs *m*: **at the ~ of** zum Umrechnungskurs von; **~ clause** Paritätsklausel *f*; **~ price** Parikurs *m* 3 *bes* REL Parität *f*, gleichberechtigte Stellung 4 IT Parität *f*: **~ bit** Paritätsbit *n*; **~ check** Paritätsprüfung *f*, -kontrolle *f*

park [pɑː(r)k] A S 1 Park *m*, (Park)Anlagen *pl*: **were you born in a ~?** *umg hum* habt ihr zu Hause Säcke vor den Türen? 2 Naturschutzgebiet *n*, Park *m* 3 JUR *Br* (*königlicher*) Wildpark 4 *bes* MIL (*Fahrzeug-, Geschütz-, Sanitäts- etc*) Park *m* 5 *US* Parkplatz *m* 6 a *US* (*Sport*) Platz *m* b **the ~** *Br umg* der Fußballplatz: → kick B 1 B V/T 1 AUTO parken, abstellen: **a ~ed car** ein parkendes Fahrzeug; **he's ~ed over there** er parkt dort drüben; **~ o.s.** *umg* sich hinhocken, sich pflanzen 2 *umg* abstellen, lassen: **~ one's bag at the station**; **~ one's children with the neighbo(u)rs** die Kinder bei den Nachbarn lassen C V/I 1 parken: **a place to ~** ein Parkplatz 2 einparken 3 *US umg* im Auto schmusen

parka [ˈpɑː(r)kə] S Parka *m/f*

park-and-ride (system) S Park-and-ride--System *n*

park bench S Parkbank *f*

parkin [ˈpɑː(r)kɪn] S *Br* (*Art*) Pfefferkuchen *m*

parking [ˈpɑː(r)kɪŋ] S 1 Parken *n*: **"no ~"** „Parken verboten!"; **~ was very difficult** es war schwierig, e-n Parkplatz zu finden; **is there ~ on this side of the street?** darf man auf dieser Straßenseite parken? 2 Parkplätze *pl*, Parkfläche *f*: **there is ample ~ available** es stehen genügend Parkplätze zur Verfügung; **~ bay** S (Kunden)Parkplatz *m*; **~ brake** S AUTO *US* Hand-, Feststellbremse *f*; **~ disc** S Parkscheibe *f*; **~ fee** S Parkgebühr *f*; **~ garage** S *US* Park(hoch)haus *n*; **~ level** S Parkebene *f*; **~ light** S Standlicht *n*, Parkleuchte *f*, Parklicht *n*; **~ lot** S *US* Parkplatz *m*; **~ meter** S TECH Park(zeit)uhr *f*; **~ offender** S Falschparker(in), Parksünder(in); **~ orbit** S *Raumfahrt*: Parkbahn *f*; **~ place** S Parkplatz *m*, Parklücke *f*; **~ ramp** FLUG Vorfeld *n* (*vor den Hangars etc*); **~ space** S 1 → parking place 2 Abstellfläche *f*; **~ ticket** S Strafzettel *m* (wegen falschen Parkens), Knöllchen *n*

parkinsonism [ˈpɑː(r)kɪnsənɪzəm] → Parkinson's disease

Parkinson's| disease [ˈpɑː(r)kɪnsnz] S MED parkinsonsche Krankheit, Schüttellähmung *f*; **~ law** S *hum* parkinsonsches Gesetz

park|keeper S Parkwächter(in); **~land** S Parklandschaft *f*; **~way** S *US* Allee *f*

parky [ˈpɑːkɪ] ADJ *Br umg* kühl, frisch (*Luft etc*)

Parl. ABK Parliament(ary)

parlance [ˈpɑː(r)ləns] S Ausdrucksweise *f*, Sprache *f*: **in common ~** einfach *od* verständlich ausgedrückt, auf gut Deutsch; **in legal ~** in der Rechtssprache, juristisch ausgedrückt; **in modern ~** im modernen Sprachgebrauch

parlay [ˈpɑːrˌleɪ; -liː] *US* A V/T 1 *Wett-, Spielgewinn* wieder einsetzen 2 *fig* aus *j-m od e-r Sache* Kapital schlagen 3 *fig* erweitern, ausbauen (*beide*: **into** zu) B V/I e-n *od* den Spielgewinn wieder einsetzen C S 1 erneuter Einsatz e-s Gewinns 2 *fig* Erweiterung *f*, Ausbau *m*

parley [ˈpɑː(r)lɪ] A S 1 Gespräch *n*, Unterredung *f*, Verhandlung *f*, Konferenz *f* 2 *bes* MIL (Waffenstillstands)Verhandlung(en) *f(pl)*, Unterhandlungen *pl*: **beat** (*od* **sound**) **a ~** HIST Schamade schlagen (*zum Zeichen der Waffenstreckung*) B V/I 1 sich besprechen (**with** mit) 2 *bes* MIL ver-, unterhandeln (**with** mit) C V/T *bes hum Französisch etc* parlieren

parleyvoo [ˌpɑː(r)lɪˈvuː] *umg, oft hum* A S 1 Französisch *n* 2 Franzose *m* B V/I französisch parlieren

parliament [ˈpɑː(r)ləmənt] S 1 Parlament *n*, Volksvertretung *f* 2 *meist* ♀ das (*brit.*) Parlament: **enter** (*od* **get into, go into**) ♀ ins Parlament gewählt werden; **Houses of ♀** Parlament(sgebäude *n*); **Member of ♀** Mitglied *n* des Unterhauses, Abgeordnete(r) *m/f(m)*; → act A 3; **♀ Act** S *Br hist der die Macht des Oberhauses stark einschränkende Parlamentsbeschluss von 1911*

parliamentarian [ˌpɑː(r)ləmenˈteərɪən] POL A S 1 Fachmann *m od* Fachfrau *f* in parlamentarischen Verfahrensfragen 2 *oft* ♀ *Br* Parlamentarier(in) 3 ♀ HIST Anhänger(in) des englischen Parlaments (*im Bürgerkrieg*) B ADJ → parliamentary; **parliamentarianism**, **parliamentarism** [-ˈmentərɪzəm] S parlamentarisches System, Parlamentarismus *m*;

parliamentary [-tərɪ] ADJ 1 parlamentarisch, Parlaments…: **~ debate**; **~ commission of inquiry** parlamentarischer Untersuchungsausschuss; **♀ Commissioner** *Br* → ombudsman 1 a; **~ group** (*od* **party**) Fraktion *f*; **~ (party) leader** Fraktionsvorsitzende(r) *m/f(m)*; **~ seat** Sitz *m* im Parlament 2 parlamentarisch regiert, demokratisch (*Staat*)

parlor, *bes Br* **parlour** [ˈpɑː(r)lə(r)] A S 1 *obs* Wohnzimmer *n* 2 *obs* Besuchszimmer *n*, Salon *m* 3 Empfangs-, Sprechzimmer *n*, (*e-s Klosters a.*) Lokutorium *n* 4 Klub-, Gesellschaftszimmer *n* (*e-s Hotels*) 5 *bes US* (*Schönheits- etc*) Salon *m* B ADJ *obs* Wohnzimmer…: **~ furniture**; **~ car** S BAHN *US* Salonwagen *m*; **~ game** S Gesellschaftsspiel *n*; **~maid** S *bes* HIST Hausmädchen *n*

parlour, *etc bes Br für* parlor *etc*

parlous [ˈpɑː(r)ləs] *obs od hum* A ADJ (ADV ~ly) 1 prekär (*Lage etc*) 2 gerissen, schlau B ADV arg, schrecklich

Parmesan (cheese) [ˈpɑː(r)mɪzæn] S Parmesan(käse) *m*

parochial [pəˈrəʊkjəl; -ɪəl] ADJ (ADV ~ly) 1 parochial, Pfarr…, Kirchen…, Gemeinde…: **~ church council** Kirchenvorstand *m*; **~ school** *US* kirchliche Privatschule 2 *fig* beschränkt, eng(stirnig): **~ politics** *pl* (*als sg konstruiert*) *pej* Kirchturmpolitik *f*; **parochialism** S *fig* Beschränktheit *f*, Engstirnigkeit *f*

parodist [ˈpærədɪst] S Parodist(in)

parody [ˈpærədɪ] A S 1 Parodie *f* (**of, on** auf *akk*) 2 Parodierung *f* 3 *fig* Abklatsch *m* (**of, on** *gen*) B V/T parodieren

parol [pəˈrəʊl; *US a.* ˈpærəl] A S JUR mündliche Erklärung: **by ~** mündlich, auf mündliche Vereinbarung, durch mündliche Erklärung B ADJ *bes* JUR a (bloß) mündlich b unbeglaubigt, ungesiegelt: **~ contract** formloser (*mündlicher od schriftlicher*) Vertrag; **~ evidence** Zeugenbeweis *m*

parole [pəˈrəʊl] A S 1 JUR a bedingte Haftentlassung *od* bedingte Strafaussetzung (*bei weiterer Polizeiaufsicht*) b Hafturlaub *m*: **~ board** Kommission *f* für (bedingte) Haftentlassungen; **he is out on ~** er wurde bedingt entlassen, s-e Strafe wurde bedingt ausgesetzt; er hat Hafturlaub; **break one's ~** nach e-m Hafturlaub nicht mehr in die Strafanstalt zurückkehren; **put sb on ~** → B 2 *a.* **~ of hono(u)r** *bes* MIL Ehrenwort *n*, Wort *n*; **on ~** auf Ehrenwort 3 MIL Parole *f*, Kennwort *n* B V/T **~ sb** JUR a j-n bedingt entlassen, j-s Strafe bedingt aussetzen b j-m Hafturlaub gewähren

parolee [pərəʊˈliː; *US a.* pəˈrəʊˌliː; ˌpærəˈliː] S JUR a bedingt Haftentlassene(r) *m/f(m)* b *j-d auf Hafturlaub*

paronym [ˈpærənɪm] S LING stammverwandtes Wort

paroquet [ˈpærəket] → parakeet

parotid [pəˈrɒtɪd; *US* -ˈrɑ-] ANAT A ADJ: ~

P

gland → B B S Parotis *f*, Ohrspeicheldrüse *f*; **parotiditis** [-ˈdaɪtɪs], **parotitis** [ˌpærəʊˈtaɪtɪs] S MED Parotitis *f*: a *Entzündung der Ohrspeicheldrüse* b Mumps *m*, Ziegenpeter *m*

paroxysm [ˈpærəksɪzəm] S, *oft pl* 1 MED Paroxysmus *m*, Krampf *m*, Anfall *m*: **~ of laughter** Lachkrampf, -anfall 2 *fig* (heftiger Gefühls)-Ausbruch, Anfall *m*: **~ of rage** Wutanfall; **paroxysmal** [-ˈsɪzməl] ADJ (ADV **~ly**) krampfartig

paroxytone [pəˈrɒksɪtəʊn; *US* pærˈɑk-] S LING Paroxytonon *n* (*auf der vorletzten Silbe betontes Wort*)

parquet A V/T [ˈpɑːkeɪ; *US* pɑːrˈkeɪ] parkettieren, mit Parkett auslegen B S [ˈpɑː(r)keɪ; *US a.* pɑːrˈkeɪ] 1 Parkett *n*: **~ floor** Parkettfußboden *m* 2 THEAT *bes US* Parkett *n*; **parquetry** [ˈpɑː(r)kɪtrɪ] S Parkett(arbeit) *n(f)*

parr [pɑː(r)] *pl* **parrs**, *bes koll* **parr** S FISCH junger Lachs

parricidal [ˌpærɪˈsaɪdl] ADJ vater-, muttermörderisch; **parricide** S 1 Vater-, Muttermörder(in) 2 Vater-, Muttermord *m*

parrot [ˈpærət] A S 1 ORN Papagei *m*: **~'s perch** Papageienschaukel *f* (*Foltermethode*): **be (as) sick as a ~** *Br* wahnsinnig enttäuscht sein (*nach e-r Niederlage etc*) 2 *fig* Papagei *m*, Nachschwätzer(in) B V/T (wie ein Papagei) nachplappern; **~ cry** S nachgeplappertes Geschwätz; **~ disease** S MED Papageienkrankheit *f*; **~-fashion** ADV: **learn sth ~** etwas mechanisch *od* stur lernen; **repeat sth ~** etwas (wie ein Papagei) nachplappern; **~ fever** → parrot disease; **~ fish** S FISCH 1 Papageifisch *m* 2 (*ein*) Lippfisch *m*

parry [ˈpærɪ] A V/T *e-n Schlag, Stoß* parieren, abwehren: **~ a question** e-e Frage parieren B V/I parieren (*a. fig*) C S *Fechten*: Parade *f*, Abwehr *f*

parse [pɑː(r)z; *US a.* pɑːrs] V/T 1 LING *e-n Satz* grammatisch zergliedern, *e-n Satzteil* analysieren, *ein Wort* grammatisch definieren 2 IT *Daten* parsen (*analysieren u. kodieren*)

parsec [ˈpɑː(r)sek] S ASTRON Parsek *n* (*3,26 Lichtjahre*)

Parsee [ˌpɑːˈsiː; *US* ˈpɑːrˌsiː] S REL Parse *m*, Parsin *f*; **Parseeism** S Parsismus *m* (*von Zarathustra gestiftete altpersische Religion, bes in ihrer heutigen indischen Form*)

parser [ˈpɑː(r)sə(r)] S IT Parser *m* (*Programm*)

parsimonious [ˌpɑː(r)sɪˈməʊnjəs; -nɪəs] ADJ (ADV **~ly**) 1 sparsam, geizig, knaus(e)rig *umg* (*alle*: **of** mit) 2 armselig, kärglich; **parsimoniousness** → parsimony; **parsimony** [ˈpɑː(r)sɪmənɪ; *US* -ˌməʊniː] S Sparsamkeit *f*, Geiz *m*, Knauserei *f umg*

parsley [ˈpɑː(r)slɪ] S BOT Petersilie *f*

parsnip [ˈpɑː(r)snɪp] S BOT Pastinak *m*, Pastinake *f*: **fine words butter no ~s** (*Sprichwort*) *obs* mit Worten allein ist nicht geholfen

parson [ˈpɑː(r)sn] S 1 Pfarrer *m* 2 *umg pej* Pfaffe *m*: **~'s nose** *bes Br hum* Bürzel *m* (*e-r Gans etc*); **parsonage** S Pfarrhaus *n*, Pfarrei *f*

part [pɑː(r)t] A S 1 Teil *m/n*, Bestandteil *m*, Stück *n*: **be ~ and parcel of sth** e-n wesentlichen Bestandteil von etwas bilden; **~ of speech** LING Wortart *f*; **in ~** teilweise, zum Teil, auszugsweise, in gewissem Grade; **~ of the year** (nur) während e-s Teils des Jahres; **for the better** (*od* **best**) **~ of the year** fast das ganze Jahr (hindurch), den größten Teil des Jahres, die meiste Zeit im Jahr; **for the better** (*od* **best**) **~ of two years** (schon) fast zwei Jahre; **that is (a) ~ of my life** das gehört zu m-m Leben; **payment in ~** Abschlagszahlung *f*; **three-~** dreiteilig 2 PHYS (An)Teil *m*: **~ by volume (weight)** Raumanteil (Gewichtsanteil); **three ~s of water** drei Teile Wasser 3 MATH Bruchteil *m*: **three ~s** drei Viertel 4 TECH a (Bau-, Einzel)Teil *n*: **~s list** Ersatzteil-, Stückliste *f* b Ersatzteil *n* 5 Anteil *m*: **take ~ (in)** teilnehmen *od* sich beteiligen (*an dat*), mitmachen (bei); **have a ~ in sth** an etwas teilhaben; **have neither ~ nor lot in sth** nicht das Geringste mit e-r Sache zu tun haben; **he wanted no ~ of the proposal** er wollte von dem Vorschlag nichts wissen 6 (*Körper*) Teil *m*, Glied *n*: **soft ~s** Weichteile; **the ~s** die Geschlechtsteile 7 *Buchhandel*: Lieferung *f*: **the book appears in ~s** das Werk erscheint in Lieferungen 8 *fig* Teil *m/n*, Seite *f*: **the most ~** die Mehrheit, das Meiste (*von etwas*); **for my ~** ich für mein(en) Teil; **for the most ~** a in den meisten Fällen, meistenteils b größtenteils, zum größten Teil; **on the ~ of** vonseiten, seitens (*gen*); **on my ~** von m-r Seite, von mir; **take sth in good ~** etwas nicht übel nehmen 9 Seite *f*, Partei *f*: **he took my ~, he took ~ with me** er ergriff m-e Partei 10 Pflicht *f*: **do one's ~** das Seinige *od* s-e Schuldigkeit tun; **it is not my ~ to do this** es ist nicht m-e Aufgabe, das zu tun 11 THEAT *etc* a *a. fig* Rolle *f*: **act** (*od* **play**) **a ~** e-e Rolle spielen (**in** bei); **the Government's ~ in the strike** die Rolle, die die Regierung bei dem Streik spielte; **he's just acting a ~** er tut nur so, er schauspielert nur; → dress B 1 b Rollenbuch *n* 12 MUS (Sing- *od* Instrumental-)Stimme *f*, Partie *f*: **sing in ~s** mehrstimmig singen; **for** (*od* **in, of**) **several ~s** mehrstimmig; **three-~** dreistimmig, für drei Stimmen 13 *pl* (geistige) Fähigkeiten *pl*, Talent *n*: **he is a man of (many) ~s** er ist ein fähiger Kopf, er ist vielseitig begabt 14 Gegend *f*, Teil *m* (*e-s Landes, der Erde*): **in these ~s** hier (-zulande); **she's not from these ~s** sie stammt nicht von hier *od* aus dieser Gegend; **in foreign ~s** im Ausland 15 *US* (Haar)Scheitel *m* B V/T 1 a (ab-, ein-, zer)teilen: → company A 1 b *e-n Vorhang* aufziehen 2 *Familien, Kämpfende etc* trennen: **he's not easily ~ed from his money** er trennt sich nur ungern von s-m Geld 3 *Metalle* scheiden 4 *das Haar* scheiteln C V/I 1 a sich lösen, abgehen (*Knopf etc*), aufgehen (*Naht etc*) b aufgehen (*Vorhang*) 2 SCHIFF brechen (*Ankerkette, Tau*): **~ from the anchor** den Anker verlieren 3 auseinandergehen, sich trennen: **~ (as) friends** in Freundschaft auseinandergehen 4 **~ with** *etwas* aufgeben, sich von *j-m od etwas* trennen: **~ with money** *umg* Geld herausrücken *od* lockermachen 5 *euph* verscheiden, sterben D ADJ Teil...: **~ damage** Teilschaden *m*; **~ delivery** WIRTSCH Teillieferung *f* E ADV teilweise, zum Teil: **made ~ of iron, ~ of wood** teils aus Eisen, teils aus Holz (bestehend); **~ truth** zum Teil wahr; **~-done** zum Teil erledigt; **~-finished** halb fertig

part. ABK 1 LING participle Part. 2 particular bes

partake [pɑː(r)ˈteɪk; *US a.* pər-] *obs od hum* A V/I *irr* 1 teilnehmen, -haben (*beide*: **in** an *dat*) 2 **~ of** etwas (an sich) haben (von): **his manner ~s of insolence** es ist etwas Unverschämtes in s-m Benehmen 3 **~ of** mitessen, *j-s Mahlzeit* teilen 4 **~ of** essen, einnehmen, zu sich nehmen B V/T teilen, teilhaben an (*dat*)

parterre [pɑː(r)ˈteə(r)] S 1 französischer Garten 2 THEAT *bes US* Parterre *n*

part| exchange S: **take (give) sth in ~** etwas in Zahlung nehmen (geben); **~-finance** V/T teilfinanzieren

parthenogenesis [ˌpɑː(r)θɪnəʊˈdʒenɪsɪs] S Parthenogenese *f*: a BOT Jungfernfrüchtigkeit *f* b ZOOL Jungfernzeugung *f* c REL Jungfrauengeburt *f*; **parthenogenetic** [-dʒɪˈnetɪk] ADJ (ADV **~ally**) parthenogenetisch

Parthian [ˈpɑː(r)θjən; -ɪən] ADJ parthisch: **~ shot** *fig* letzte boshafte Bemerkung (*beim Abschied*)

partial [ˈpɑː(r)ʃl] A ADJ (ADV → partially) 1 teilweise, partiell, Teil...: **~ acceptance** WIRTSCH Teilakzept *n*; **~ amount** Teilbetrag *m*; **~ delivery** WIRTSCH Teillieferung *f*; **~ denture** (*Zahnmedizin*) Teilprothese *f*; **~ eclipse** ASTRON partielle Finsternis; **~ fraction** MATH Partialbruch *m*; **~ payment** Teilzahlung *f*; **~ product** MATH Teilprodukt *n*; **~ success** Teilerfolg *m*; **~ view** Teilansicht *f* 2 parteiisch, voreingenommen: **be ~ to sth** *umg* e-e Schwäche *od* besondere Vorliebe haben für etwas B S MUS, PHYS Teilton *m*: **upper ~** Oberton *m*; **partiality** [-ʃɪˈælətɪ; *US a.* -ˈʃæl-] S 1 Parteilichkeit *f*, Voreingenommenheit *f* 2 *umg* besondere Vorliebe, Schwäche *f* (*beide*: **for** für); **partially** [-ʃəlɪ] ADV teilweise, zum Teil: **be ~ to blame for sth** mitschuldig an etwas sein; **~ furnished** teilmöbliert; **~ sighted** sehbehindert

partible [ˈpɑː(r)təbl] ADJ teil-, trennbar

participant [pɑː(r)ˈtɪsɪpənt; *US a.* pər-] A ADJ teilnehmend, Teilnehmer..., (mit)beteiligt B S Teilnehmer(in) (**in** an *dat*)

participate [pɑː(r)ˈtɪsɪpeɪt; *US a.* pər-] A V/T *obs* teilen, gemeinsam haben (*beide*: **with** mit) B V/I 1 (**in**) teilnehmen, mitwirken, sich beteiligen (*an dat*), mitmachen (bei) 2 beteiligt sein (**in** an *dat*): **~ in sth with sb** etwas mit j-m teilen *od* gemeinsam haben 3 am Gewinn beteiligt sein 4 **~ of** etwas (an sich) haben (von); **participating** ADJ 1 WIRTSCH gewinnberechtigt, mit Gewinnbeteiligung (*Versicherungspolice etc*): **~ rights** Gewinnbeteiligungsrechte; **~ share** *bes Br* dividendenberechtigte Aktie 2 teilnehmend, Teilnehmer..., (mit)beteiligt: **~ country** *EU etc*: Teilnehmerland *n*; **participation** S 1 Teilnahme *f*, Beteiligung *f*, Mitwirkung *f* (*alle*: **in** an *dat*): **~ show** Rundfunk- *od* Fernsehveranstaltung *f* mit Beteiligung des Publikums 2 WIRTSCH Teilhaberschaft *f*, Beteiligung *f* (*beide*: **in** an *dat*): **~ in the profits** Gewinnbeteiligung; **~s** Anteile; **participator** [-tə(r)] S Teilnehmer(in) (**in** an *dat*)

participial [ˌpɑː(r)tɪˈsɪpɪəl] ADJ (ADV **~ly**) LING partizipial (*Adjektiv etc*); **participle** [-sɪpl] S Partizip *n*, Mittelwort *n*: → past A 2, present[1] A 6

particle [ˈpɑː(r)tɪkl] S 1 Teilchen *n*, Stückchen *n* 2 *fig* Fünkchen *n*, Spur *f*: **there is not a ~ of truth in it** daran ist nicht ein einziges Wort wahr 3 PHYS Partikel *n, a. f*, (*Masse-, Stoff*) Teilchen *n*: **~ accelerator** Teilchenbeschleuniger *m* 4 LING Partikel *f* (*unbeugbares Wort*) 5 KATH Partikel *f* (*kleine Hostie*); **~ physicist** S Hochenergiephysiker(in); **~ physics** SPL (*als sg konstruiert*) Hochenergie-, Elementarteilchenphysik *f*

parti-colo(u)red ADJ bunt, vielfarbig

particular [pə(r)ˈtɪkjʊlə(r)] A ADJ (ADV → particularly) 1 besonder(er, e, es), einzeln, speziell, Sonder...: **it is of no ~ importance** es ist nicht besonders wichtig; **for no ~ reason** aus keinem besonderen Grund; **this ~ case** dieser spezielle Fall 2 individuell, ausgeprägt, ureigen 3 ins Einzelne gehend, umständlich, ausführlich 4 peinlich genau, eigen: **be ~ in** (*od* **about**) es sehr genau nehmen mit, Wert legen auf (*akk*) 5 heikel, wählerisch (*beide*: **in, about, as to** in *dat*): **not too ~** *iron* nicht gerade wählerisch (*in s-n Methoden etc*) 6 eigentümlich, seltsam, sonderbar, merkwürdig 7 PHIL begrenzt 8 JUR a dem Besitzer nur beschränkt

P

gehörig b nur beschränkten Besitz genießend *(Pächter etc)* B S 1 a Einzelheit *f*, einzelner Punkt, besonderer Umstand b *pl* nähere Umstände *pl od* Angaben *pl*, *(das)* Nähere: **in ~** insbesondere; **enter** *(od* **go)** **into ~s** sich auf Einzelheiten einlassen, ins Einzelne gehen; **for further ~s apply to ...** nähere Auskünfte erteilt ... 2 *pl* Personalien *pl*, Angaben *pl (zur Person)* 3 *umg* Spezialität *f*: **a London ~** e-e Londoner Spezialität, etwas für London Typisches; **~ average** S JUR, SCHIFF besondere Havarie

particularism S Partikularismus *m*: a Sonderbestrebungen *pl* b POL Kleinstaaterei *f* c REL Lehre *f* von der Gnadenwahl

particularity [pə(r),tɪkjʊˈlærətɪ] S 1 Besonderheit *f*, Eigentümlichkeit *f* 2 besonderer Umstand, Einzelheit *f* 3 Ausführlichkeit *f* 4 peinliche Genauigkeit, Eigenheit *f*; **particularization** [-ləraɪˈzeɪʃn; *US* -rəˈz-] S Detaillierung *f*, Spezifizierung *f*; **particularize** A V/T 1 detaillieren, spezifizieren, einzeln anführen, ausführlich angeben 2 eingehend darstellen 3 umständlich anführen B V/I auf Einzelheiten eingehen, ins Einzelne gehen; **particularly** ADV 1 besonders, im Besonderen: **not ~** nicht sonderlich 2 ungewöhnlich, auf besondere Weise 3 ausdrücklich

parting A ADJ 1 Trennungs..., Abschieds...: **~ gift**; **~ kiss**; **~ breath** letzter Atemzug 2 trennend, abteilend, Trenn...: **~ tool** TECH Trennwerkzeug *n*, Einstichstahl *m*; **~ wall** Trennwand *f* B S 1 Abschied *m*, Scheiden *n*, Trennung *f* 2 *euph* Tod *m* 3 a Trennlinie *f* b Gabelung *f* c *bes Br* (Haar)Scheitel *m*: **~ of the ways** Weggabelung, *fig* Scheideweg *m*; **after the ~ of the ways** nachdem sich ihre *etc* Wege getrennt hatten 4 CHEM, PHYS Scheidung *f*: **~ silver** Scheidesilber *n* 5 *Gießerei*: a *a.* **~ sand** Streusand *m*, trockener Formsand b *a.* **~ line** Teilfuge *f (e-r Gussform)* 6 GEOL Trennschicht *f* 7 SCHIFF Bruch *m*, Reißen *n*; **~ shot** S *fig* letzte boshafte Bemerkung *(beim Abschied)*

partisan[1] [ˌpɑːtɪˈzæn; *US* ˈpɑːrtəzən] A S 1 a Parteigänger(in) b Anhänger(in), Unterstützer(in): **~ of peace** Friedenskämpfer(in) 2 MIL Partisan(in) B ADJ 1 a parteigängerisch b Partei...: **~ spirit** Parteigeist *m* 2 parteiisch, voreingenommen 3 MIL Partisanen...: **~ warfare** Partisanenkrieg *m*

partisan[2] [ˈpɑːtɪzæn; *US* ˈpɑːrtəzən] S MIL, HIST Partisane *f (e-e Stoßwaffe)*

partisanship [ˌpɑːtɪˈzænʃɪp; *US* ˈpɑːrtəzən-ˌʃɪp] S 1 a Parteigängertum *n* b Unterstützung *f* 2 parteiische Haltung, Voreingenommenheit *f*

partite [ˈpɑː(r)taɪt] ADJ 1 geteilt *(a.* BOT) 2 *in Zusammensetzungen* ...teilig: → **bipartite** *etc*

partition [pɑː(r)ˈtɪʃn] A S 1 (Ver-, Auf)Teilung *f*: **the first ~ of Poland** die erste Teilung Polens 2 JUR (Erb)Auseinandersetzung *f* 3 Trennung *f*, Absonderung *f* 4 Scheide-, Querwand *f*, Fach *n (im Schrank etc)*: **~ wall** Trennwand; **wall of ~** *fig* Trennungslinie *f* 5 ARCH (Bretter)Verschlag *m* B V/T 1 (ver-, auf)teilen 2 JUR *e-e Erbschaft* auseinandersetzen 3 **~ off** abteilen, abtrennen

partitive [ˈpɑː(r)tɪtɪv] A ADJ 1 teilend, Teil... 2 LING partitiv: **~ genitive** partitiver Genitiv, Genitivus *m* partitivus B S LING partitives Wort

partizan → partisan[1], partisan[2]

partly ADV zum Teil, teilweise, teils: **~ ..., ~ ...** teils ..., teils ...; **be ~ responsible for** mitschuldig sein an *(dat)*

partner [ˈpɑː(r)tnə(r)] A S 1 *allg* Partner(in): **~ swapping** *umg* Partnertausch *m* 2 WIRTSCH Gesellschafter(in), (Geschäfts)Teilhaber(in), Sozius *m*, Sozia *f*, Kompagnon *m*: **general** *(od* **ordinary)** **~** Komplementär(in), unbeschränkt haftender Gesellschafter; **limited** *(US* **special)** **~** Kommanditist(in); **senior ~** Seniorpartner *m*, Hauptteilhaber; **sleeping** *(od* **dormant**, *US* **silent)** **~** stiller Teilhaber mit unbeschränkter Haftung; → **acting** A 1, **junior** A 2 3 a Lebensgefährte *m*, -gefährtin *f* b Gatte *m*, Gattin *f* 4 *pl* SCHIFF Fischung *f (e-s Mastes)* B V/T 1 *a.* **~ up** vereinigen, zusammenbringen 2 sich mit *j-m* zusammentun *od* assoziieren *od* vereinigen: **be ~ed with sb** j-n zum Partner haben;

partnership S 1 Teilhaberschaft *f*, Partnerschaft *f*, Mitbeteiligung *f* **(in** an *dat)*: **sleeping** *(od* **dormant**, *US* **silent)** **~** WIRTSCH stille Teilhaberschaft mit voller Haftung; **go into ~ with** sich zusammentun mit 2 WIRTSCH a Personen-, Personalgesellschaft *f* b *a.* **general** *(od* **ordinary)** **~** offene Handelsgesellschaft; **limited** *(US* **special)** **~** Kommanditgesellschaft; **deed of ~** → 3; **enter into a ~ with** → **partner** B 2 3 Gesellschaftsvertrag *m* 4 *fig* Zusammenarbeit *f*, Zusammenwirken *n*

part| owner S 1 Miteigentümer(in) 2 SCHIFF Mitreeder(in); **~ payment** S Teil-, Abschlagszahlung *f*: **in ~** a als Abschlagszahlung b auf *od* in Raten; **he gave me £100 in ~** er gab mir erst einmal 100 Pfund

partridge [ˈpɑː(r)trɪdʒ] *pl* **partridges**, *bes koll* **partridge** S ORN 1 Rebhuhn *n* 2 Steinhuhn *n*, *bes* Rothuhn *n* 3 *US (ein)* Waldhuhn *n*

part| singing S MUS mehrstimmiger Gesang; **~ song** S MUS mehrstimmiges Lied; **~-time** A ADJ Teilzeit..., Halbtags...: **~ farmer** Nebenerwerbslandwirt(in); **~ job** Teilzeitbeschäftigung *f*; **~ worker** → **part-timer** B ADV halbtags: **work ~**; **~-timer** S Teilzeitbeschäftigte(r) *m/f(m)*, Halbtagskraft *f*

parturient [pɑː(r)ˈtjʊərɪənt; *US a.* -ˈtʊr-] ADJ a gebärend, kreißend b Gebär..., Geburts...: **~ pangs** Geburtswehen; **parturifacient** [-ˈfeɪʃnt] MED A ADJ Wehen anregend B S Wehenmittel *n*; **parturition** S Gebären *n*

part|way ADV *umg* 1 ein bisschen 2 teilweise, zum Teil 3 ein Stück; **~ work** S TYPO Partwork *n*, Lieferungs-, Fortsetzungswerk *n*; **~ writing** S MUS polyfoner Satz

party [ˈpɑː(r)tɪ] A S 1 POL Partei *f*: **within the ~** innerparteilich, parteiintern; **discipline within the ~** Parteidisziplin *f*; **two-~ system** Zweiparteiensystem *n* 2 Trupp *m*: a MIL Abteilung *f*, Kommando *n* b *(Arbeits-)* Gruppe *f* c *(Rettungs- etc)* Mannschaft *f*: **my ~** *bes US sl* m-e Leute 3 Partie *f*, Gesellschaft *f*: **hunting ~**; **a ~ of mountaineers** e-e Gruppe von Bergsteigern; **we were a ~ of three** wir waren zu dritt; **make one of the ~** sich anschließen, mitmachen, dabei sein 4 Einladung *f*, Gesellschaft *f*, Party *f*: **give a ~**; **at a ~** auf e-r Gesellschaft *od* Party; **the ~ is over!** *fig* die schönen Tage sind vorüber!; **it's your ~!** *US umg* das ist dein Bier! 5 JUR *(Prozess- etc)* Partei *f*: **contracting ~**, **~ to a contract** Vertragspartei, Kontrahent(in); → **third party** 1 6 Teilnehmer(in) *(a.* TEL), Beteiligte(r) *m/f(m)*: **be a ~ to sth** an e-r Sache beteiligt sein, etwas mitmachen, mit etwas zu tun haben; **parties interested** WIRTSCH Interessenten; **the parties concerned** die Beteiligten 7 *umg* Kerl *m* 8 SPORT Aufgebot *n*: **provisional ~** vorläufiges Aufgebot B ADJ 1 Partei...: **~ discipline** **(member, spirit**, *etc)*; **~ adherent** *(od* **follower)** Parteianhänger(in); **~ card** Parteibuch *n*; **~ chairman** **(chairwoman)** Parteivorsitzende(r) *m* (Parteivorsitzende *f*); **~ doctrine** *(od* **program[me])** Parteiprogramm *n*; **~ headquarters** *pl (oft als sg konstruiert)* Parteizentrale *f*; **~ machine** Parteiapparat *m*, -maschinerie *f*; **~ man** Parteimann *m*, -gänger *m* 2 Party...: **~ game** Gesellschaftsspiel *n (bes für Kinder)*; **~ girl** Partygirl *n*, -mädchen *n*; **~ pooper** *umg* Muffel *m* 3 *Heraldik*: in gleiche Teile geteilt

party| line S 1 TEL Gemeinschaftsanschluss *m* 2 JUR *bes US* Grenze *f* zwischen benachbarten Grundstücken 3 POL Parteilinie *f*, -direktiven *pl*: **follow the ~** linientreu sein; **voting was on ~s** bei der Abstimmung herrschte Fraktionszwang; **what is the ~ on ...?** wie steht die Partei zu ...?; **~ liner** S POL linientreues Parteimitglied; **~ per fess** ADJ *Heraldik*: waagerecht geteilt; **~ per pale** ADJ *Heraldik*: der Länge nach geteilt; **~ piece** → **party trick**; **~-political** ADJ (ADV **~ly**) parteipolitisch: **~ broadcast** (RADIO, TV) *bes Br* parteipolitische Sendung *(bes vor Wahlen)*; **~ politics** SPL *(als sg konstruiert)* Parteipolitik *f*; **~ ticket** S 1 Gruppenfahrkarte *f* 2 POL *US* (Kandidaten)Liste *f* e-r Partei; **~ trick** S *bes* SPORT Kabinettstückchen *n*: **he went through one of his ~s** er zeigte eines s-r Kabinettstückchen; **~ wall** S ARCH 1 gemeinsame Wand *od* Mauer 2 Brandmauer *f*

parvenu [ˈpɑː(r)vənjuː; *US a.* -ˌnuː] A S Parvenü *m*, Emporkömmling *m* B ADJ parvenühaft

parvis [ˈpɑː(r)vɪs] S ARCH Vorhof *m*, Vorplatz *m (bes e-r Kirche)*

pas [pɑː] *pl* **pas** [pɑːz] S 1 *obs* Vortritt *m*: **give the ~ to sb** j-m den Vortritt geben *od* lassen 2 Pas *m*, Tanzschritt *m*

pascal[1] [ˈpæskəl] S PHYS Pascal *n (Einheit des Drucks)*

PASCAL[2] [pæˈskæl] S IT PASCAL *n (e-e Programmiersprache)*

Pasch [pɑːsk; *bes US* pæsk], *a.* **Pascha** [-kə] S REL *obs* Passah *n*, Osterfest *n (der Juden)*

paschal REL A ADJ Oster..., Passah...: **~ lamb** a Osterlamm *n* b *Heraldik*: ***weißes schreitendes Lamm, das ein silbernes Banner mit rotem Kreuz trägt*** B S 1 Osterkerze *f* 2 Ostermahl *n*; **~ flower** → **pasqueflower**

pas de deux [padədø] *pl* **pas de deux** S *Ballett*: Pas *m* de deux *(Tanz für zwei)*

pasha [ˈpɑːʃə; ˈpæʃə; pəˈʃɑː] S HIST Pascha *m*

paso doble [ˌpæsəʊˈdəʊbleɪ] S MUS Paso *m* doble

pasqueflower [ˈpɑːsk-; *bes US* ˈpæsk-] S BOT Küchenschelle *f*

pasquinade [ˌpæskwɪˈneɪd] S Pasquill *n*, (anonyme) Schmähschrift

pass [pɑːs; *US* pæs] A V/T 1 a *etwas* passieren, vorbei-, vorübergehen, -fahren, -fließen, -kommen, -reiten, -ziehen an *(dat)* b *Tennis*: *j-n* passieren 2 vorbeifahren an *(dat)*, überholen *(a.* AUTO): **we ~ed his car** 3 *fig* übergehen, -springen, keine Notiz nehmen von 4 WIRTSCH *e-e Dividende* ausfallen lassen 5 *e-e Schranke, ein Hindernis* passieren 6 durch-, überschreiten, durchqueren, -reiten, -reisen, -ziehen, passieren: **~ a river** e-n Fluss überqueren 7 durchschneiden *(Linie)* 8 a *ein Examen* bestehen b *e-n Prüfling* bestehen *od* durchkommen lassen: **~ sb (as) fit** *(od* **ready) for work** MED j-n gesundschreiben c *etwas* durchgehen lassen 9 *fig* hinausgehen über *(akk)*, übersteigen, -schreiten, -treffen: **it ~es my comprehension** *(od* **understanding)** es geht über m-n Verstand *od* Horizont; **just ~ing seventeen** gerade erst siebzehn Jahre alt 10 *(durch etwas)* hindurchleiten, -führen *(beide, a.* TECH), *a. die Hand* gleiten lassen: **~ a wire through a hole**; **he ~ed his hand over his forehead** er fuhr sich mit der Hand über die Stirn 11 *(durch ein Sieb)* passieren, durchseihen 12 vorbei-, durchlassen, passieren lassen 13 *Zeit* ver-, zubringen: **~ the time reading** sich die Zeit mit

Lesen vertreiben; → time A 4 14 *e-n Gegenstand* reichen, geben, (*a.* JUR *Falschgeld*) weitergeben: **~ me the salt, please** reichen Sie mir bitte das Salz; → buck[1] A 8, hat *Bes Redew* 15 übersenden, *a. e-n Funkspruch* befördern 16 SPORT *den Ball* abspielen, passen (*beide:* **to** zu): **~ the ball** *a.* abspielen 17 JUR *Eigentum, e-n Rechtstitel* übertragen, (*letztwillig*) zukommen lassen 18 *e-n Vorschlag* durchbringen, -setzen, *ein Gesetz* verabschieden, *e-e Resolution* annehmen 19 abgeben, übertragen: **~ the chair** den Vorsitz abgeben (**to sb** an j-n) 20 rechtskräftig machen 21 (als gültig) anerkennen, gelten lassen, genehmigen 22 (**on, upon**) *e-e Meinung* äußern (über *akk*), *e-e Bemerkung* fallen lassen *od* machen, *e-n Kommentar* geben (zu), *ein Kompliment* machen: **~ criticism on** Kritik üben an (*dat*); **~ an opinion on** *a.* sich äußern über (*akk*) *od* zu 23 *ein Urteil* abgeben, fällen, JUR *a.* sprechen (*alle:* **on, upon** über *akk*) 24 MED a *Eiter, Nierensteine etc* ausscheiden b *den Darm* entleeren c *Wasser* lassen 25 *ein Türschloss* öffnen **B** VI 1 sich (fort)bewegen, (*von e-m Ort zu e-m andern*) gehen, reiten, fahren, ziehen *etc* 2 vorbei-, vorübergehen, -fahren, -ziehen *etc* (**by** an *dat*), AUTO überholen: **let sb ~** j-n vorbei- *od* durchlassen 3 fahren *etc* (**through** durch): **it has just ~ed through my mind** *fig* es ist mir eben durch den Kopf gegangen 4 übergehen (**to** auf *akk;* **into the hands of** in die Hände *gen*), übertragen werden (**to** auf *akk*), fallen (**to** an *akk*): **it ~es to the heirs** es geht auf die Erben über, es fällt an die Erben 5 durchkommen, (die Prüfung) bestehen 6 übergehen: **~ from a solid (in)to a liquid state** vom festen in den flüssigen Zustand übergehen 7 vergehen, vorübergehen (*Zeit etc, a. Schmerz etc*), verstreichen (*Zeit*): **the pain will ~** der Schmerz wird vergehen; **fashions ~** Moden kommen u. gehen 8 *euph* entschlafen 9 sich zutragen, sich abspielen, vor sich gehen, passieren: **it came to ~ that …** *bes* BIBEL es begab sich *od* es geschah, dass …; **bring sth to ~** etwas bewirken 10 **harsh words ~ed between them** es fielen harte Worte zwischen ihnen *od* bei ihrer Auseinandersetzung 11 (**for, as**) gelten (für, als), gehalten werden (für), angesehen werden (für): **he ~es for a much younger man** er wird für viel jünger gehalten; **this ~es for gold** das soll angeblich Gold sein 12 a an-, hingehen, leidlich sein b durchgehen, unbeanstandet bleiben, geduldet werden: **let sth ~** etwas durchgehen *od* gelten lassen; **let that ~** reden wir nicht mehr davon 13 PARL *etc* durchgehen, bewilligt *od* zum Gesetz erhoben werden, Rechtskraft erlangen 14 angenommen werden, gelten, (als gültig) anerkannt werden 15 gangbar sein, Geltung finden (*Grundsätze, Ideen*) 16 JUR gefällt werden, ergehen (*Urteil, Entscheidung*) 17 MED abgehen, abgeführt *od* ausgeschieden werden 18 SPORT (den Ball) abspielen *od* passen (**to** zu): **~ back to the goalkeeper** (*Fußball*) zum Torhüter zurückspielen 19 *Kartenspiel:* passen: (**I**) **~!** *a. fig* ich passe!; **I ~ on that!** *fig* da muss ich passen! **C** S 1 a (Gebirgs)Pass *m*: (**narrow**) **~** Engpass; **hold the ~** *fig obs* sich behaupten; **sell the ~** *fig obs* abtrünnig werden b Durchfahrt *f* c schiffbarer Kanal 2 a Ausweis *m*, Passier-, Erlaubnisschein *m* b *bes* Freikarte *f*, BAHN *etc* Freifahrkarte *f*, -schein *m* 3 MIL Urlaubsschein *m* 4 *bes Br* Bestehen *n* (*e-r Prüfung*): **get a ~ in physics** s-e Physikprüfung bestehen 5 *fig* a Schritt *m*, Abschnitt *m* b *umg* (schlimme) Lage: **things have come to a fine** (*od* **pretty, sorry**) **~** es ist ganz schön weit gekommen 6 **make a ~ over** *fig etwas* überfliegen 7 a Handbewegung *f* (*e-s Zauberkünstlers*) b manueller (Zauber)Trick 8 Bestreichung *f*, Strich *m* (*beim Hypnotisieren etc*) 9 *Maltechnik:* Strich *m* 10 SPORT Pass *m*, Ab-, Zuspiel *n*: **from a ~ by** auf Pass von 11 *Kartenspiel:* Passen *n* 12 *Fechten:* Ausfall *m* 13 **make a ~ at** *umg* Annäherungsversuche machen bei 14 TECH Durchlauf *m* (*abgeschlossener Arbeitszyklus*)

Phrasal Verbs: **pass| along** VI: **~, please** (*im Bus*) bitte durchgehen! ; **~ away** **A** VT 1 *Zeit* ver-, zubringen: **~ the time reading** sich die Zeit mit Lesen vertreiben **B** VI 1 vorüber-, vorbeigehen, vergehen (*Zeit, Schmerz etc*), sich legen (*Sturm*) 2 *euph* entschlafen (*sterben*); **~ beyond** VI hinausgehen über (*akk*) (*a. fig*); **~ by** **A** VI 1 vorüber-, vorbeigehen, passieren: **sb passing by** ein Passant 2 unter dem Namen … bekannt sein 3 → pass away B 1 **B** VT 1 vorüber-, vorbeigehen an (*dat*) (*a. fig*): **life has passed her by** 2 a *etwas od j-n* übergehen (**in silence** stillschweigend; **for promotion** bei der Beförderung) b *j-n* schneiden; **~ down** **A** VT 1 herunter-, hinunterreichen (*beide:* **sb sth** j-m etwas; **from** von) 2 (**to**) *e-e Tradition etc* weitergeben (*dat od* an *akk*), *Bräuche etc* überliefern (*dat*) **B** VI → pass along; **~ for** → pass B 11; **~ in** VT 1 einlassen 2 einreichen, einhändigen: → check A 12; **~ into** **A** VT 1 *etwas* einführen in (*akk*) **B** VI 1 (hinein)gehen *etc* in (*akk*): **~ history** in die Geschichte eingehen 2 übergehen in (*akk*): **~ law** (zum) Gesetz werden, Rechtskraft erlangen; **~ off** **A** VT 1 *j-n od etwas* ausgeben (**as** für, als) **B** VI 1 *gut etc* vorbei-, vorübergehen, vonstattengehen, verlaufen 2 vergehen (*Schmerz etc*) 3 durchgehen (**as** als); **~ on** **A** VT 1 a weiterleiten, -geben, -reichen (**to** *dat od* an *akk*), befördern b → pass down A 2 c durch-, weitersagen d *e-e Krankheit etc* übertragen, *e-n Erbfaktor etc* weitergeben 2 *j-m etwas* unterschieben, *od pej* andrehen 3 WIRTSCH *Lohnerhöhungen etc* abwälzen (**to** auf *akk*) 4 → pass A 22, A 23 **B** VI 1 weitergehen 2 übergehen (**to** zu) 3 → pass away B 2; **~ out** **A** VI 1 hinausgehen, -fließen 2 *umg* umkippen (*ohnmächtig werden*) **B** VT *Getränke etc* spendieren, *Proben etc* ver-, austeilen; **~ over** **A** VI 1 hinübergehen, überqueren 2 hinüberführen (**to** zu) 3 überleiten (**to** zu) **B** VT 1 übergehen, ignorieren (*beide:* **in silence** stillschweigend) 2 übertragen (**to** *dat*): → baby A 1 3 *etwas* aus-, weglassen 4 *fig* → pass by B 1 5 sich *e-e Chance etc* entgehen lassen, *e-e Chance etc* verpassen: **~ doing sth** (es) versäumen, etwas zu tun; **~ round** **A** VT herumreichen, *ein Gerücht etc* in Umlauf setzen: **be passed round** *a.* die Runde machen; → hat *Bes Redew* **B** VI herumgereicht werden, *a. fig* die Runde machen, *fig* in Umlauf sein; **~ through** **A** VT 1 durch … führen *od* leiten *od* stecken 2 durch … schleusen **B** VI 1 durchfahren, -gehen, -queren, -reisen, -schreiten *etc*, durch … gehen *etc*, durchfließen: **be passing through** auf der Durchreise sein 2 (hin)durchführen, durch … führen (*Draht, Tunnel etc*) 3 durchbohren 4 durchmachen, erleben 5 *Seiten etc* überfliegen; **~ up** VT *umg* 1 → pass over B 5 2 *j-n* ignorieren, schneiden; **~ upon** → pass on A 2, pass A 22, A 23

pass. ABK 1 passenger 2 LING passive Pass.

passable ADJ (ADV passably) 1 passierbar (*Straße etc*) 2 umlauffähig (*Falschgeld etc*) 3 passabel, leidlich

passade [pæˈseɪd] S *Dressurreiten:* Passade *f* (*kurz ausgeführte Wendung im Galopp mit gleichzeitig ausgeführtem Fußwechsel*)

passage[1] [ˈpæsɪdʒ] S 1 Herein-, Heraus-, Vorüber-, Durchgehen *n*, Durchgang *m*, -reise *f*, -fahrt *f*, -fließen *n*: **"no ~"** „kein Durchgang!", „keine Durchfahrt!"; → bird of passage 2 Passage *f*, Durch-, Verbindungsgang *m* 3 a Furt *f* b Kanal *m* 4 *bes Br* Gang *m*, Korridor *m* 5 (*See-, Flug*) Reise *f*, (*See-, Über*) Fahrt *f*, Flug *m*: **book a ~** e-e Schiffskarte lösen (**to** nach); **work one's ~** s-e Überfahrt abarbeiten; → rough A 5 6 TECH Durchtritt *m*, -lass *m* 7 Vergehen *n*, -streichen *n*, Ablauf *m*: **the ~ of time; with the ~ of time** im Laufe der Zeit 8 PARL Durchgehen *n*, -kommen *n*, Annahme *f*, Inkrafttreten *n* (*e-s Gesetzes*) 9 WIRTSCH (Waren)Transit *m*, Durchgang *m* 10 (Text)Stelle *f*, Passus *m* (*in e-m Buch etc*) 11 MUS Passage *f*, Lauf *m* 12 Übergang *m* (**from … to, into** von … in *akk*, zu) 13 PHYSIOL (Darm)Entleerung *f*, Stuhlgang *m* 14 ANAT (*Gehör- etc*) Gang *m*, (*Harn- etc*) Weg(e) *m(pl)*

passage[2] [ˈpæsɪdʒ; pæˈsɑːʒ] S *Dressurreiten:* Passage *f* (*Trab in höchster Versammlung, bei dem die diagonalen Beinpaare schwungvoll gehoben u. länger in der Beugung gehalten werden*)

passage| at arms S 1 Waffengang *m* 2 *fig* Wortgefecht *n*, Rededuell *n*, Schlagabtausch *m*; **~ bed** S GEOL Übergangsschicht *f*; **~ boat** S SCHIFF Fährboot *n*; **~way** S Durchgang *m*, Korridor *m*, Passage *f*

passant [ˈpæsənt] ADJ *Heraldik:* schreitend

pass|band S ELEK Durchlassbereich *m*: **~ amplifier** Bandpassverstärker *m*; **~ attenuation** Durchlass-, Lochdämpfung *f*; **~book** S 1 a *Br* Kontobuch *n* (*bei e-r Bausparkasse*) b *bes US* Sparbuch *n* 2 Buch *n* über kreditierte Waren; **~ check** S *US* Passierschein *m*; **~ degree** S UNIV *Br unterster akademischer Grad*

passé [ˈpɑːseɪ; ˈpæ-; *US* pæˈseɪ; pɑse] ADJ a vergangen b veraltet, überholt c verblüht: **a ~ beauty** e-e verblühte Schönheit; **be ~** passé sein

passel [ˈpæsəl] S *bes US umg* Gruppe *f*, Reihe *f*

passement [ˈpæsmənt] S Tresse *f*, Borte *f*; **passementerie** [-ˈmentrɪ] S Posamenten *pl*, Besatz *m*

passenger [ˈpæsɪndʒə(r)] **A** S 1 Passagier(in), Fahr-, Fluggast *m*, Reisende(r) *m/f(m)*, (*Auto- etc*) Insasse *m*, (-)Insassin *f* 2 *Br umg j-d, der mit durchgeschleppt wird:* **there's no room for ~s in our team** in unserer Mannschaft ist kein Platz für Leute, die nicht mitziehen **B** ADJ Passagier…: **~ boat** (**list, plane**, *etc*); **~ cabin** S FLUG Fluggastraum *m*; **~ car** S 1 BAHN *US* Personenwagen *m* 2 Personen(kraft)wagen *m*, Pkw *m*; **~ lift** S *Br* Personenaufzug *m*; **~ mile** S Passagiermeile *f* (*Rechnungseinheit bei Beförderungskosten*); **~ pigeon** S ORN, HIST Wandertaube *f*; **~ traffic** S Personenverkehr *m*; **~ train** S Personenzug *m*

passe-partout [ˌpæspɑː(r)ˈtuː; pɑspartu] S 1 Hauptschlüssel *m* 2 Passepartout *n* (*Bildumrandung aus leichter Pappe*)

passer-by *pl* passers-by S Passant(in)

passerine [ˈpæsəraɪn] **A** ADJ zu den Sperlingsvögeln gehörig **B** S Sperlingsvogel *m*

pass examination S UNIV *Br unterstes Abschlussexamen*

passibility [ˌpæsɪˈbɪlətɪ] S Empfindungsvermögen *n*; **passible** ADJ (ADV passibly) empfindungsfähig

passim [ˈpæsɪm] ADV passim, hier u. da, an verschiedenen Stellen (*in Büchern*)

passing [ˈpɑːsɪŋ; *US* ˈpæs-] **A** ADJ (ADV **~ly**) 1 vorbei-, vorüber-, durchgehend: **~ axle** TECH durchgehende Achse; **~ contact** ELEK Wischkontakt *m* 2 vorübergehend, flüchtig, vergänglich 3 flüchtig (*Blick, Gedanke etc*) 4 a SCHULE befriedigend: **a ~ grade** *US* die Note „befriedigend" b **he has a ~ acquaintance with German** er hat recht brauchbare

Deutschkenntnisse B ADV obs überaus, sehr C S 1 Vorbei-, Durch-, Hinübergehen *n*: **in ~** a im Vorbeigehen b *fig* beiläufig, nebenbei, am Rande 2 Überholen *n* 3 Dahinschwinden *n* 4 *euph* Entschlafen *n*, Ableben *n* 5 Übergang *m*: **~ of title** JUR Eigentumsübertragung *f* 6 POL Annahme *f*, Durchgehen *n* (*e-s Gesetzes*); **~ bell** S Totenglocke *f*; **~ lane** S AUTO Überholspur *f*; **~ note** S MUS Durchgangston *m*; **~ place** S AUTO Ausweichstelle *f*; **~ shot** S *Tennis*: Passierschlag *m*; **~ tone** S *US* → passing note

passion ['pæʃn] S 1 Leidenschaft *f*, heftige Gemütsbewegung *od* -erregung, leidenschaftlicher (Gefühls)Ausbruch: **she broke into a ~ of tears** sie brach in heftiges Weinen aus; **without any ~** ohne jede Emotion; → heat A 4 2 Wut *f*, Zorn *m*: **fly into a ~** e-n Wutanfall bekommen 3 Leidenschaft *f*, heftige Liebe, heißes (*sexuelles*) Verlangen 4 Leidenschaft *f*: a heißer Wunsch b Passion *f*, Vorliebe *f* (*beide*: **for** für): **it has become a ~ with him** es ist ihm zur Leidenschaft geworden, er tut es leidenschaftlich gern(e); **he's got a ~ for playing football (for collecting stamps)** er spielt leidenschaftlich gern Fußball (er ist begeisterter Briefmarkensammler); **she's got a ~ for antiques** Antiquitäten sind ihre große Leidenschaft c Liebhaberei *f*, Passion *f*: **fishing is his great ~** Angeln ist s-e große Leidenschaft d große Liebe (*Person*) 5 ♀ REL a Passion *f* (*a.* MUS, MAL), Leiden *n* Christi b Passion(sgeschichte) *f*, Leidensgeschichte *f* c *obs* Martyrium *n*

passional ['pæʃənl] S Passional *n* (*Sammlung von Märtyrergeschichten*); **passionate** [-nət] ADJ (ADV ~ly) 1 leidenschaftlich (*a. fig*): **a ~ speech** *a.* e-e emotionale Rede; **he's a ~ chess player** *a.* er spielt für sein Leben gern Schach 2 heftig, hitzig, jähzornig; **passionateness** S Leidenschaftlichkeit *f*

passion|flower S BOT Passionsblume *f*; **~ fruit** S BOT Passionsfrucht *f*

passionless ADJ (ADV ~ly) leidenschaftslos

Passion| play S REL Passionsspiel *n*; **~ Sunday** S Passionssonntag *m*; **~ Week** S 1 Karwoche *f* 2 *Woche zwischen Passionssonntag u. Palmsonntag*

passivate ['pæsɪveɪt] V/T CHEM *unedle Metalle* passivieren

passive ['pæsɪv] A ADJ (ADV ~ly) 1 LING passivisch, passiv: **~ noun** passivisches Substantiv (*z. B.* **employee**); **~ verb** passiv konstruiertes Verb; **~ voice** → B 2 *allg, a.* ELEK, MED, SPORT passiv: **~ obedience** blinder Gehorsam; **~ resistance** passiver Widerstand; **~ satellite** (*Raumforschung*) Passivsatellit *m*; **~ smoking** passives Rauchen, Passivrauchen *n*; **~ vocabulary** passiver Wortschatz; → resister 3 WIRTSCH untätig, nicht zinstragend, passiv: **~ debt** unverzinsliche Schuld; **~ trade** Passivhandel *m* 4 CHEM träge, indifferent B S LING Passiv *n*, Leideform *f*; **passiveness**, **passivity** S Passivität *f*; **passivize** V/T LING ins Passiv setzen

passkey S 1 (*bes* Haus- *od* Wohnungs)Schlüssel *m* 2 Hauptschlüssel *m* 3 Dietrich *m*

Passover ['pɑːsˌəʊvə(r); *US* 'pæs-] S 1 REL Passah *n*, jüdisches Osterfest 2 ♀ Osterlamm *n*

passport ['pɑːspɔːt; *US* 'pæsˌpəʊərt; -ˌpɔːrt] S 1 (Reise)Pass *m*: **~ control** (*od* **inspection**) Passkontrolle *f*; **~ photograph** Passfoto *n*; **~ picture** Passbild *n* 2 WIRTSCH Passierschein *m* (*zur zollfreien Ein- u. Ausfuhr*) 3 *fig* Weg *m*, Schlüssel *m* (*beide*: **to** zu)

password S Kennwort *n*: a Parole *f*, Losung *f* b COMPUT Passwort *n*

past [pɑːst; *US* pæst] A ADJ 1 vergangen, verflossen, ehemalig: **those days are ~** die(se) Zeiten sind vorüber; **for some time ~** seit einiger Zeit; **learn from ~ mistakes** aus Fehlern in der Vergangenheit lernen; **that's (all) ~ history** *umg* das gehört der Vergangenheit an, das ist Schnee von gestern 2 LING Vergangenheits...: **~ participle** Partizip *n* Perfekt, Mittelwort *n* der Vergangenheit; **~ perfect** Plusquamperfekt *n*, Vorvergangenheit *f*; **~ tense** Vergangenheit *f*, Präteritum *n* 3 vorig(er, e, es), früher(er, e, es), ehemalig(er, e, es): **the ~ president** B S 1 Vergangenheit *f*: → thing[2] 3 2 (*persönliche, oft dunkle*) Vergangenheit, Vorleben *n*: **a woman with a ~** e-e Frau mit Vergangenheit 3 LING Vergangenheit(sform) *f* C ADV (*örtlich u. zeitlich*) vorbei..., vorüber...: **run ~** vorbeilaufen D PRÄP 1 (*zeitlich*) nach, über (*akk*): **half ~ seven** halb acht; **it's ~ three** es ist drei (Uhr) durch; **she is ~ forty** sie ist über vierzig 2 a (*örtlich*) an ... (*dat*) vorbei *od* vorüber: **he ran ~ the house** b hinter (*dat*): **the hospital is about two miles ~ the church** 3 *fig* über ... (*akk*) hinaus: **they are ~ caring** sie kümmert das alles nicht mehr; **I would not put it ~ him** *umg* a das traue ich ihm glatt *od* ohne Weiteres zu b ich traue es ihm glatt *od* ohne Weiteres zu (**to do sth** dass er etwas tut); **I would not put it ~ him to forget it** *umg* er ist imstande u. vergisst es; **he's ~ it** *umg* er hat s-e beste Zeit hinter sich; **my car's ~ it** *umg* mein Wagen machts nicht mehr lang; **he's getting ~ it** *umg* er kommt allmählich in die Jahre

pasta ['pæstə; *bes US* 'pɑːstə] S Teigwaren *pl*

paste [peɪst] A S 1 a (*Batterie-, Fisch-, Zahn- etc*) Paste *f*: **~ solder** TECH Lötpaste b *US* → pastry 1 2 Kleister *m*, Klebstoff *m*, Papp *m* 3 TECH Glasmasse *f* 4 MINER (Ton)Masse *f* 5 a Paste *f* (*zur Diamantenherstellung*) b Simili *n/m*, künstlicher Edelstein 6 TECH (*Ton-, Gips- etc*) Brei *m* (*in der Prozellan- u. Steingutherstellung*) B V/T 1 (fest-, zusammen)kleben, kleistern, pappen 2 bekleben (**with** mit) 3 *meist* **~ up** a auf-, ankleben (**on, to** auf, an *akk*), einkleben (**in** in *akk*) b *ein Loch etc* verkleistern c TYPO e-n Klebeumbruch machen von 4 ELEK, TECH *Akkuplatten* pastieren 5 COMPUT *ein Wort etc* einfügen 6 *sl* (durch-)hauen: **he ~d him one** er klebte ihm eine; **~board** A S 1 Pappe *f*, Papp(en)deckel *m*, Karton *m* 2 *sl* a Visitenkarte *f* b Spielkarte *f* c Eintrittskarte *f* 3 *US* Nudelbrett *n* B ADJ 1 Papp(en)..., Karton..., aus Pappe 2 *fig* unecht, wertlos, kitschig; **~down** S *Buchbinderei*: Vorsatz *m*, Vorsatzblatt *n*; **~ job** S *pej* zusammengestoppeltes Machwerk

pastel ['pæstl; *bes US* pæ'stel] A S 1 BOT Färberwaid *m* 2 Waidblau *n* (*Farbe*) 3 Pastellstift *m* 4 Pastellmalerei *f* 5 Pastell(zeichnung) *n(f)* 6 Pastellfarbe *f*, -ton *m* B ADJ 1 Pastell...: **a ~ drawing** 2 a Pastell..., pastellfarben b zart, duftig (*Farbe*); **pastel(l)ist** ['pæstəlɪst; *US* pæ'stəlɪst] S Pastellmaler(in)

paster ['peɪstər] S *US* Aufklebezettel *m*, Klebstreifen *m*, -papier *n*

pastern ['pæstɜːn; *US* -tərn] S ZOOL Fessel *f* (*vom Pferd*): **~ joint** Fesselgelenk *n*

paste-up S TYPO Klebeumbruch *m*

pasteurization [ˌpæstəraɪ'zeɪʃn; *US* -rə'z-; *a.* -tʃərə'z-] S CHEM Pasteurisierung *f*; **pasteurize** V/T pasteurisieren, keimfrei machen

pasticcio [pæ'stɪtʃəʊ] *pl* **-cios, -ci** [-tʃɪ] → pastiche

pastiche [pæ'stiːʃ] S 1 Pastiche *m*, Pasticcio *n*: a MAL *im Stil e-s anderen Malers angefertigtes Bild* b MUS *aus Stücken verschiedener Komponisten zusammengesetzte Oper* 2 *fig* Mischmasch *m*

pastille ['pæstəl; *bes US* pæs'tiːl] S 1 Räuchermittel *n* 2 PHARM Pastille *f*

pastime ['pɑːstaɪm; *US* 'pæs-] S Zeitvertreib *m*, Freizeitbeschäftigung *f*: **reading is his favo(u)rite ~**; **as a ~** zum Zeitvertreib

pastiness ['peɪstɪnɪs] S 1 breiiger Zustand, breiiges *od* teigiges Aussehen 2 *fig* käsiges Aussehen

pasting ['peɪstɪŋ] S 1 Kleistern *n*, Kleben *n* 2 Klebstoff *m* 3 *sl* Dresche *f*, (Tracht *f*) Prügel *pl*

past master S Altmeister *m*, wahrer Meister *od* Künstler (in s-m Fach), großer Könner: **be a ~ at** (*od* **in, of**) nicht zu übertreffen sein in (*dat*)

pastor ['pɑːstə; *US* 'pæstər] S Pfarrer(in), Pastor *m*, Pastorin *f*; **pastoral** A ADJ 1 Schäfer..., Hirten..., idyllisch, ländlich 2 REL pastoral, seelsorgerisch (*Verantwortung etc*): **~ letter** → B 4 a; **~ staff** KATH Pastorale *n*, Bischofs-, Krummstab *m*; **~ theology** KATH Pastoraltheologie *f* (*Lehre von den Gemeindeämtern u. der Seelsorge*) B S 1 Schäfer-, Hirtengedicht *n*, Idylle *f* 2 *bes* MAL Pastorale *n/f*, ländliche Szene 3 MUS a Schäferspiel *n* b ländliche Kantate c Pastorale *n/f* 4 REL a KATH Hirtenbrief *m* (*e-s Bischofs*) b *pl*, *a.* ♀ **Epistles** Pastoralbriefe *pl* (*des Apostels Paulus*)

pastorale [ˌpæstə'rɑːl; -'ræl] *pl* **-rali** [-'rɑːliː], **-rales** S MUS Pastorale *n/f*

pastorate [*Br* 'pɑːstərət; *US* 'pæs-] S 1 Pastorat *n*, Pfarramt *n* 2 KOLL (*die*) Geistlichen *pl*, Geistlichkeit *f* 3 *US* Pfarrhaus *n*

pastry ['peɪstrɪ] S 1 (*Blätter-, Mürbe- etc*) Teig *m* 2 *Br meist pl* (Fein)Gebäck *n*; **~ cook** S Konditor *m*, Konditorin *f*; **~ fork** S Kuchengabel *f*

pasturage ['pɑːstjʊrɪdʒ; *US* 'pæstʃər-] S 1 Weiden *n* (*von Vieh*) 2 Weidegras *n*, Grasfutter *n* 3 Weide(land) *f(n)*

pasture ['pɑːstʃə; *US* 'pæstʃər] A S 1 Weideland *n*: **seek greener ~s** *fig* sich nach besseren Möglichkeiten umsehen; **retire to ~** *fig* abtreten (*in den Ruhestand treten*) 2 → pasturage 2 B ADJ Weide... C V/I grasen, weiden D V/T 1 weiden, auf die Weide treiben 2 *Land* als Weideland verwenden 3 abweiden

pasty[1] ['peɪstɪ] ADJ 1 breiig, teigig, kleist(e)rig 2 blässlich, käsig *umg*

pasty[2] ['pæstɪ; *Br a.* 'pɑːstɪ] S (Fleisch)Pastete *f*

PA system [ˌpiː'eɪ] S Lautsprecheranlage *f*

pat[1] [pæt] A S 1 Klaps *m*: **give sb a ~**; **give sb a ~ on the head (shoulder)** j-m den Kopf tätscheln (auf die Schulter klopfen); **~ on the back** *fig umg* Schulterklopfen *n*; **give sb (o.s.) a ~ on the back** *fig umg* j-m (sich selbst) auf die Schulter klopfen 2 Portion *f* (*bes Butter*) 3 (*Kuh*) Fladen *m* 4 Trappeln *n* B V/T a tätscheln b *den Mund etc* abtupfen (**with** mit): **~ sb on the head (shoulder)** j-m den Kopf tätscheln (auf die Schulter klopfen); **~ sb (o.s.) on the back** *fig umg* j-m (sich selbst) auf die Schulter klopfen; **~ down** *die Haare etc* an-, festdrücken, *Erde etc* festklopfen; **~ sb down for weapons** *US* j-n nach Waffen abklopfen C V/I trappeln

pat[2] [pæt] A ADV 1 **have** (*od* **know**) **sth (off) ~** etwas aus dem Effeff *od* wie am Schnürchen können (*beide umg*) 2 wie aus der Pistole geschossen: **answer ~**; **the answer came ~** 3 **stand ~** *fig bes US* festbleiben, nicht nachgeben (*beide*: **on** bei) 4 im rechten Augenblick, wie gerufen B ADJ glatt (*Antwort etc*)

Pat[3] [pæt] S *umg* Ire *m*

pat. ABK 1 patent 2 patented 3 *US* pattern

patagium [pə'teɪdʒɪəm] *pl* **-gia** [-ə] S ZOOL Patagium *n*, Flughaut *f* (*der Fledermäuse etc*)

patch [pætʃ] A S 1 Fleck *m*, Flicken *m*, Stück *n* Stoff *etc*, Lappen *m*: **that's not a ~ on** *Br umg* das ist gar nicht zu vergleichen mit *od* gar nichts gegen 2 MIL etc Tuchabzeichen n 3 Schönheitspflästerchen n 4 MED a (Heft-)Pflaster n b (Augen) Klappe f 5 Fleck m, Stück n Land od Rasen, Stelle f: **a ~ of beans** ein mit Bohnen bepflanztes Stückchen Land 6 Stelle f, Abschnitt m (in e-m Buch) 7 ZOOL etc (Farb)Fleck m: **~ of rust** Rostfleck, -stelle f 8 a Stück(chen) n, Brocken m: **~ of fog** Nebelschwaden m b pl Bruchstücke pl, (etwas) Zusammengestoppeltes umg: **in ~es** stellenweise; **strike** (od **have, hit, be in**) **a bad ~** e-e Pechsträhne od kein Glück od e-n schwarzen Tag haben 9 IT Direktkorrektur f B V/T 1 flicken, (e-n) Flicken einsetzen in (akk), ausbessern 2 mit Flecken od Stellen versehen: **a hillside ~ed with grass** ein stellenweise mit Gras bewachsener Hügel 3 **~ up** fig a ein Auto, e-n Verletzten etc zusammenflicken umg, e-e Ehe etc kitten umg b ein Buch etc zusammenstoppeln umg c e-n Streit etc beilegen: **~ things up** sich zusammenraufen d Differenzen etc übertünchen, beschönigen 4 ELEK a (ein)stöpseln b zusammenschalten; **~board** S COMPUT Schalt-, Steckbrett n, Schaltplatte f; **~ card** S COMPUT Änderungs-, Korrekturkarte f; **~cord** S ELEK Steckschnur f; **~ kit** S Flickzeug n

patchouli ['pætʃʊlɪ; US a. pə'tʃu:li:] S Patschuli n (Pflanze od Parfüm)

patch| pocket S aufgesetzte Tasche; **~ test** S MED Einreib-, Tuberkulinprobe f; **~work** A S 1 fig pej Flickwerk n 2 Patchwork n: a *Technik zur Herstellung von Decken* etc, *bei der Teile von verschiedener Farbe etc harmonisch zusammengefügt werden* b Arbeit in der Technik von a 3 fig Mischmasch m B ADJ 1 Patchwork-… 2 fig zusammengestoppelt

patchy ADJ (ADV patchily) 1 voller Flicken 2 fig zusammengestoppelt umg 3 fleckig 4 fig uneinheitlich, ungleich-, unregelmäßig: **~ fog** Nebelschwaden pl; **~ mist** Dunstschwaden pl

pat-down S US Abklopfen n, Leibesvisitation f

pate [peɪt] S Schädel m, Kopf m: **bald ~** Glatze f

pâté ['pæteɪ; US pɑ:'teɪ; pæ-; pɑte] S GASTR Pastete f

-pated [peɪtɪd] in Zusammensetzungen …köpfig

pâté de foie gras ['pæteɪdə,fwa:'grɑ:; US pɑ:'teɪ-; pɑte də fwa grɑ] S GASTR Gänseleberpastete f

patella [pə'telə] pl -lae [-li:] S ANAT Patella f, Kniescheibe f; **patellar** ADJ patellar: **~ reflex** Patellar(sehnen)-, Knie(sehnen)reflex m

paten ['pætən] S REL Patene f, Hostienteller m

patency ['peɪtənsɪ] S 1 Offenkundigkeit f 2 MED Offensein n, Durchgängigkeit f (e-s Ganges, Kanals etc)

patent ['peɪtənt; bes US 'pæ-] A ADJ (ADV **~ly**) 1 offen: → letter[1] A 3 2 ['peɪtənt] offen(-kundig): **be ~** auf der Hand liegen; **become ~ from** klar hervorgehen aus (dat); **~ly wrong** offenkundig falsch 3 mit offiziellen Privilegien ausgestattet 4 patentiert, gesetzlich geschützt: **~ article** Markenartikel m 5 Patent…: **~ agent** (US **attorney**) Patentanwalt m, -anwältin f; **~ application** Patentanmeldung f; **~ claim** Patentanspruch m; **~ law** (objektives) Patentrecht; **♀ Office** Patentamt n; **~ right** (subjektives) Patentrecht; **~ roll** Br Patentregister n; **~ specification** Patentbeschreibung f, -schrift f 6 Br umg patent, (äußerst) praktisch (Methoden etc) B S 1 Patent n, Privileg n, Freibrief m, Bestallung f 2 Patent n (für e-e Erfindung) (**on** auf akk), Patenturkunde f: **~ of addition** Zusatzpatent; **take out a ~ for** → C 2; **~ applied for, ~ pending** (zum) Patent angemeldet 3 Br umg Spezialrezept n (**for** für, gegen) C V/T 1 patentieren, patentrechtlich schützen, ein Patent erteilen auf (akk) 2 (sich) etwas patentieren lassen 3 TECH patentieren, glühen; **patentable** ADJ JUR patentfähig; **patentee** [-'ti:] S Patentinhaber(in)

patent| leather S TECH Lack-, Glanzleder n; **~-leather** ADJ: **~ shoes** Lackschuhe; **~ log** S SCHIFF Patentlog n; **~ medicine** S PHARM rezeptfreie (Marken)Medizin

pater ['peɪtə(r)] S SCHULE Br umg hum alter Herr (Vater); **paterfamilias** [-fə'mɪlɪæs; US -əs] pl patresfamilias [,peɪtri:z-; ,pɑ:treɪz-] S Familienoberhaupt n, -vater m

paternal [pə'tɜ:nl; US -'tɜr-] ADJ (ADV **~ly**) 1 väterlich 2 Großvater etc väterlicherseits: **my ~ grandfather**; **paternalism** S bes POL Paternalismus m (Bevormundung durch den Staat etc); **paternalist** ADJ, **paternalistic** ADJ (ADV **~ally**) paternalistisch

paternity [pə'tɜ:nətɪ; US -'tɜr-] S 1 Vaterschaft f (a. fig): **declare ~** JUR die Vaterschaft feststellen; **~ leave** Vaterschaftsurlaub m; **~ suit** JUR Vaterschaftsprozess m; **~ test** JUR, MED Vaterschaftstest m 2 fig Urheberschaft f

paternoster [,pætə'nɒstə; US 'pætər,nastər; ,pɑ:tər'nɑ-] A S 1 REL Paternoster n, Vaterunser n 2 KATH a Vaterunserperle f b obs Paternosterschnur f (Rosenkranz) 3 ARCH Perlstab m 4 a. **~ line** *Angelschnur mit Haken in Zwischenräumen u. kugelförmigen Senkern* 5 Zauberspruch m 6 TECH Paternoster(aufzug) m B ADJ TECH Paternoster…

path [pɑ:θ; US pæθ], pl paths [-ðz; US a. -θs] S 1 a (Fuß) Pfad m, (-)Weg m: **a pass into the ~ of** (Fußball) ein Pass in den Lauf von (od gen) b IT Pfad m 2 fig Weg m (**to** zu): **the ~ to success**; **stand in sb's ~** j-m im Weg stehen; → cross B 3, C 2, tread B 1 3 PHYS, TECH Bahn f: **~ of current** Stromweg m; **~ of discharge** ELEK Entladungsstrecke f; **~ of electrons** Elektronenbahn 4 ASTRON Bahn f

path. ABK 1 pathological path. 2 pathology Path.

pathetic [pə'θetɪk] ADJ (ADV **~ally**) 1 obs pathetisch, übertrieben gefühlvoll 2 bemitleidenswert, mitleiderregend: **a ~ sight** ein Bild des Jammers 3 **the ~ fallacy** die Vermenschlichung der Natur (in der Literatur etc) 4 Br kläglich (Versuch etc), erbärmlich, miserabel (Leistung etc): **be ~** zu nichts zu gebrauchen sein

pathfinder S 1 Forschungs-, Entdeckungsreisende(r) m/f(m) 2 FLUG, MIL Pfadfinder m (Flugzeug) 3 fig Bahnbrecher(in), Wegbereiter(in)

pathic ['pæθɪk] S 1 Leidtragende(r) m/f(m), Opfer n 2 Lustknabe m

pathless ADJ pfad-, weglos

pathname S Pfadname m

pathogen ['pæθədʒen] S MED Krankheitserreger m

pathogenesis [,pæθə'dʒenɪsɪs] S MED Pathogenese f (Entstehung e-r Krankheit); **pathogenetic** [-dʒɪ'netɪk], **pathogenic** ADJ pathogen, krankheitserregend; **pathogeny** [pə'θɒdʒɪnɪ; US -'θɑ-] → pathogenesis

pathognomy [pə'θɒgnəmɪ; US -'θɑ-] S MED Pathognomik f, -gnostik f, Symptomenlehre f

pathol. ABK 1 pathological pathol. 2 pathology Pathol.

pathological [,pæθə'lɒdʒɪkl; US -'lɑ-] ADJ (ADV **~ly**) MED pathologisch: a krankhaft: **he's ~ly jealous** b *die Krankheitslehre betreffend*; **pathologist** [pə'θɒlədʒɪst; US -'θɑ-] S MED Pathologe m, Pathologin f; **pathology** [-dʒɪ] S 1 Pathologie f, Krankheitslehre f 2 pathologischer Befund

pathos ['peɪθɒs; US -,θɑs] S 1 obs Pathos n, Gefühlsüberschwang m 2 (das) Mitleiderregende 3 Mitleid n

pathway → path 1 a, 2

patience ['peɪʃns] S 1 Geduld f: a Ausdauer f b Nachsicht f, Langmut f: **lose one's ~** die Geduld verlieren; **I lost my ~** a. mir riss der Geduldsfaden umg; **lose ~ with** die Geduld verlieren mit; **be out of ~ with sb** j-n nicht mehr ertragen können; **have no ~ with sb** nichts übrighaben für j-n; **try sb's ~** j-s Geduld auf die Probe stellen; → Job[2], saint A 1 2 BOT Gartenampfer m 3 bes Br Patience f (Kartenspiel): **play ~** Patiencen od e-e Patience legen

patient ['peɪʃnt] A ADJ (ADV **~ly**) 1 geduldig: a ausdauernd, beharrlich: **be ~** sich gedulden; **be ~ of sth** etwas (geduldig) ertragen; → Job[2] b nachsichtig: **be ~ with** a. Geduld haben mit 2 **be ~ of** obs etwas zulassen, gestatten: **this passage is ~ of two interpretations** B S 1 Patient(in), Kranke(r) m/f(m) 2 JUR Br Geistesgestörte(r) m/f(m) (in e-r psychiatrischen Abteilung) 3 obs Leidtragende(r) m/f(m), Opfer n; **patienthood** S Krankenstand m, Kranksein n: **during his ~ at the hospital** während s-s Krankenhausaufenthalts

patina ['pætɪnə; US a. pə'ti:nə] S 1 Patina f (a. fig), Edelrost m 2 Altersfärbung f; **patinate** [-neɪt] A V/T patinieren B V/I Patina ansetzen (a. fig); **patinous** ADJ patiniert

patio ['pætɪəʊ] pl -os S 1 ARCH Patio m, Innenhof m 2 Veranda f, Terrasse f: **~ door** Terrassentür f

patisserie [pə'ti:səri:; -'tɪs-] S a Feingebäck n b Konditorei f

Patna rice ['pætnə; 'pʌtnə] S Patnareis m

patois ['pætwɑ:; patwa] pl patois [-wɑ:z] S Patois n: a Dialekt m, Mundart f b Jargon m

patrial ['peɪtrɪəl] S JUR Br *j-d, der durch Abstammung, langjährigen Wohnsitz od Ehe Anrecht auf brit. Staatsbürgerschaft hat*

patriarch ['peɪtrɪɑ:(r)k] S 1 REL Patriarch m: a BIBEL Erzvater m b Oberbischof m 2 fig ehrwürdiger alter Mann 3 Familien-, Stammesoberhaupt n; **patriarchal** [-'ɑ:(r)kl] ADJ (ADV **~ly**) patriarchalisch (a. fig ehrwürdig); **patriarchate** [-kɪt; -keɪt] S Patriarchat n; **patriarchy** S Patriarchat n, patriarchalische Regierungsform

patrician [pə'trɪʃn] A ADJ 1 HIST patrizisch, Patrizier… 2 aristokratisch B S 1 HIST Patrizier(in) 2 Aristokrat(in)

patricidal [,pætrɪ'saɪdl] ADJ vatermörderisch; **patricide** S 1 Vatermord m 2 Vatermörder(in)

patrimony ['pætrɪmənɪ; US 'pætrə,məʊni:] S 1 Patrimonium n, Erbvermögen n, väterliches Erbteil 2 Vermögen n (a. fig) 3 Kirchengut n

patriot ['pætrɪət; bes US 'peɪ-] S Patriot(in); **patriotic** [-'ɒtɪk; US -'ɑtɪk] ADJ (ADV **~ally**) patriotisch: **~ song** vaterländisches Lied; **patriotism** S Patriotismus m, Vaterlandsliebe f

patristic [pə'trɪstɪk] REL A ADJ (ADV **~ally**) patristisch B S **patristics** pl (als sg konstruiert) Patristik f (Wissenschaft von den Schriften u. Lehren der Kirchenväter)

patrol [pə'trəʊl] A V/I 1 patrouillieren (Soldaten), FLUG Patrouille fliegen, auf Streife sein (Polizisten), s-e Runde machen (Wachmann) 2 MIL auf Spähdienst sein B V/T abpatrouillieren, FLUG e-e Strecke abfliegen, auf Streife sein in (dat), s-e Runde machen in (dat) C S 1 Patrouille f, Streife f, Runde f: **on ~** auf Patrouille, auf Streife 2 a MIL Patrouille f, Späh-, Stoßtrupp m b (Polizei)Streife f: **~ activity** Spähtrupptätigkeit f; **~ car** (Funk-)Streifenwagen m, MIL (Panzer)Spähwagen m; **~ vessel** SCHIFF Küstenwachboot *n*; ~ **wagon** *US* (Polizei)Gefangenenwagen *m* 3 ~ **mission** FLUG Patrouillen-, Streifenflug *m*; **patrol-man** [-mæn; -mən] S *irr* 1 *bes US* Polizeistreife *f*, Polizist *m* auf Streife 2 *Br* motorisierter Pannenhelfer *(e-s Automobilklubs)*

patron [ˈpeɪtrən] S 1 Patron *m*, Schutz-, Schirmherr *m* 2 Gönner *m*, Mäzen *m*: ~ **of the fine arts** Förderer *m* der schönen Künste 3 REL a Kirchenpatron *m* b → patron saint 4 a (Stamm)Kunde *m* b Stammgast *m*, (ständiger) Besucher *(a.* THEAT)

patronage [ˈpætrənɪdʒ; *US a.* ˈpeɪ-] S 1 Schirmherrschaft *f*: **under the ~ of** unter der Schirmherrschaft von *(od gen)* 2 Gönnerschaft *f*, Mäzenatentum *n*, Förderung *f* 3 JUR Patronatsrecht *n* 4 Kundschaft *f* 5 gönnerhaftes *od* herablassendes Benehmen 6 *US* Recht *n* der Ämterbesetzung

patroness [ˌpeɪtrəˈnes; *bes US* ˈpeɪtrənɪs] S 1 Patronin *f*, Schutz-, Schirmherrin *f* 2 Gönnerin *f*, Förderin *f* 3 REL Schutzheilige *f*

patronize [ˈpætrənaɪz; *US a.* ˈpeɪ-] V/T 1 beschirmen, beschützen 2 fördern, unterstützen 3 (Stamm)Kunde *od* Stammgast sein bei, *ein Theater etc* regelmäßig besuchen 4 gönnerhaft *od* herablassend behandeln; **patronizer** S 1 Förderer *m*, Förderin *f*, Gönner(in) 2 regelmäßige(r) Besucher(in), (Stamm)Kunde *m*, (-)Kundin *f*; **patronizing** ADJ (ADV ~ly) gönnerhaft, herablassend: ~ **air** Gönnermiene *f*

patron saint S REL Schutzheilige(r) *m/f(m)*

patronymic [ˌpætrəˈnɪmɪk] LING A ADJ patronymisch *(vom Namen des Vaters abgeleitet)*: ~ **name** → B B S Patronymikon *n (vom Namen des Vaters abgeleiteter Eigenname)*

patsy [ˈpætsiː] S *US sl* 1 Zielscheibe *f* des Spotts 2 Sündenbock *m* 3 gutgläubiger Trottel: **I'm not your ~!** ich lass mich doch von dir nicht verschaukeln! *umg*

pattée [ˈpæteɪ; -tɪ; *US* pəˈteɪ] ADJ *Heraldik*: mit verbreiterten Enden: **cross** ~ Schaufelkreuz *n*

patten [ˈpætn] S 1 Holzschuh *m* 2 Stelzschuh *m* 3 ARCH Säulenfuß *m*

patter[1] [ˈpætə(r)] A V/I 1 schwatzen, plappern 2 (e-n) Jargon sprechen 3 a das Gebet *etc* herunterleiern *pej* b THEAT den Text herunterrasseln *umg* B V/T 1 plappern, schwatzen 2 a THEAT *e-n Text* herunterrasseln *umg* b *ein Gebet etc* herunterleiern *pej* C S 1 Geplapper *n* 2 Fachjargon *m*, *(Soziologen- etc)* Chinesisch *n*: **thieves'** ~ Gaunersprache *f* 3 THEAT a Revolverschnauze *f (e-s Komikers)* b ~ **song** *humorvolles Lied, dessen Text heruntergerasselt wird*

patter[2] [ˈpætə(r)] A V/I 1 prasseln *(Regen etc)* 2 trappeln *(Füße)* B S 1 Prasseln *n (des Regens etc)* 2 (Fuß)Getrappel *n*

pattern [ˈpætə(r)n] A S 1 *(a. Schnitt-, Strick)* Muster *n*, Vorlage *f*, Modell *n* 2 WIRTSCH Muster *n*: a (Waren)Probe *f*, Musterstück *n* b Dessin *n*, Motiv *n (von Stoffen)*: **by ~ post** *Postwesen*: als Muster ohne Wert 3 *fig* Muster *n*, Vorbild *n*, Beispiel *n*: **on the ~ of** nach dem Muster von *(od gen)* 4 *US* Stoff *m* zu e-m Kleid *etc* 5 Probemodell *n (e-r Münze)* 6 TECH a Schablone *f* b Gussmodell *n* c Lehre *f* 7 *(a. oszillografisches)* Bild, *(a. Eisblumen)* Muster *n* 8 (Schuss-, Treffer)Bild *n (e-r Waffe)* 9 *Eiskunstlauf*: Zeichnung *f* 10 *(a. künstlerische)* Gestaltung, Anlage *f*, Struktur *f*, Komposition *f*, Schema *n*, Gesamtbild *n*, Muster *n*, (gefügte) Form: **the ~ of a novel** die Anlage *od* der Aufbau e-s Romans 11 Verhaltensweise *f*, *(Denk- etc)* Gewohnheiten *pl*: **behavio(u)r ~** Verhaltensmuster *n* 12 *meist pl* Gesetzmäßigkeit(en) *f(pl)*: **historical ~s** B V/T 1 (nach)bilden, gestalten, formen *(alle:* **after** nach): ~ **one's conduct on sb** sich (in s-m Benehmen) ein Beispiel an j-m nehmen 2 mit Muster(n) verzieren, mustern 3 nachahmen C V/I ein Muster bilden D ADJ 1 Muster…, vorbildlich 2 typisch

pattern| bombing S FLUG, MIL (Bomben)Flächenwurf *m*, Bombenteppich(e) *m(pl)*; ~ **book** S WIRTSCH Musterbuch *n*; ~ **maker** S TECH Modellmacher(in); ~ **making** S TECH Modellanfertigung *f*

patty [ˈpætɪ] S 1 Pastetchen *n*: ~ **shell** ungefüllte Blätterteigpastete 2 vorgeformte Portion Rinderhack *(für Hamburger etc)*

patzer [ˈpaːtsər] S *US sl* dilettantisch(e) Schachspieler(in)

PAU ABK Pan American Union

paucity [ˈpɔːsətɪ] S geringe Zahl *od* Menge

Pauline [ˈpɔːlaɪn] ADJ REL paulinisch; **Paulinism** [-lɪnɪzəm] S REL Paulinismus *m*, paulinische Theologie

paunch [pɔːntʃ; *US a.* pɑːntʃ] S 1 (dicker) Bauch, Wanst *m* 2 ZOOL Pansen *m (der Wiederkäuer)* 3 SCHIFF Stoßmatte *f*; **paunchy** ADJ dickbäuchig

pauper [ˈpɔːpə(r)] A S 1 Arme(r) *m/f(m)*: ~**'s grave** Armengrab *n* 2 *US* Unterstützungsempfänger(in) 3 JUR *US* a unter Armenrecht Klagende(r) *m/f(m)* b Beklagte(r) *m/f(m)*, der *od* die das Armenrecht genießt B ADJ Armen…; **pauperism** S Verarmung *f*, Armut *f*; **pauperize** V/T arm machen

pause [pɔːz] A S 1 Pause *f*, Unterbrechung *f*: **make a ~** → B 1; **a ~ to take breath** e-e Atem- *od* Verschnaufpause; ~ **for effect** Kunstpause 2 Zögern *n*: **it gives one ~** es gibt einem zu denken, es stimmt einen nachdenklich 3 TYPO Gedankenstrich *m*: ~ **dots** Auslassungspunkte 4 MUS Fermate *f*, Haltezeichen *n*: → general pause 5 Absatz *m*, Zäsur *f* B V/I 1 e-e Pause machen *od* einlegen, pausieren: ~ **for breath** e-e Verschnaufpause machen; ~ **for effect** e-e Kunstpause machen 2 zögern 3 verweilen (**on, upon** bei): ~ **upon a word**; ~ **upon a note** *(od* **tone**) MUS e-n Ton aushalten; ~ **switch** S TECH Pausentaste *f (e-s Kassettenrekorders)*

pavan(e) [ˈpævən; *bes US* pəˈvæn; pəˈvɑːn] S MUS, HIST Pavane *f (ein Tanz)*

pave [peɪv] V/T *e-e Straße* pflastern, *den Boden* belegen (**with** mit): ~ **the way for** *fig* den Weg ebnen für, anbahnen; ~**d runway** FLUG befestigte Start- u. Landebahn; **the way to Hell is ~d with good intentions** *(Sprichwort)* der Weg zur Hölle ist mit guten Vorsätzen gepflastert; **pavement** S 1 *(Straßen)* Pflaster *n* 2 *Br* Bürgersteig *m*, Trottoir *n*: ~ **artist** Pflastermaler(in); ~ **café** Straßencafé *n*; ~ **pounder** *umg* Bordsteinschwalbe *f*, Strichmädchen *n* 3 *US* Fahrbahn *f* 4 Pflasterung *f*, Fußboden(belag) *m*; **paver** S 1 Pflasterer *m* 2 Plattenleger *m* 3 Pflasterstein *m*, Fußbodenplatte *f* 4 *US* Straßenbetonmischer *m*

pavilion [pəˈvɪljən] A S 1 (großes) Zelt 2 Zeltdach *n* 3 ARCH Pavillon *m*, Gartenhäuschen *n* 4 ARCH Seitenflügel *m*, Anbau *m* 5 WIRTSCH *(Messe)* Pavillon *m* 6 SPORT *Br* Sportplatzgebäude *n* B V/T mit Zelten versehen *od* bedecken; ~ **Chinois** [ʃiːˈnwɑː] S MIL, MUS Schellenbaum *m*

paving [ˈpeɪvɪŋ] S 1 Pflastern *n*, (Be)Pflasterung *f* 2 Straßenpflaster *n*, -decke *f* 3 (Fuß)Bodenbelag *m*; ~ **beetle** S TECH Pflaster-, Handramme *f*; ~ **stone** S Pflasterstein *m*; ~ **tile** S Fliese *f*

pavior, *bes Br* **paviour** [ˈpeɪvjə(r)] S Pflasterer *m*

pavis(e) [ˈpævɪs] S MIL, HIST Pavese *f (großer Schild)*

paw [pɔː] A S 1 Pfote *f*, Tatze *f* 2 *umg* a Pfote *f (Hand)*: ~**s off!** Pfoten weg! b Klaue *f (Handschrift)* B V/T 1 *(mit dem Vorderfuß od der Pfote)* scharren in *(dat)* 2 *umg* betatschen: a derb *od* ungeschickt anfassen b befummeln, begrabschen *(beide sl)*: ~ **the air** (wild) in der Luft herumfuchteln *umg* C V/I 1 scharren 2 *a.* ~ **about** *(od* **around**) *umg* (herum)fummeln

pawky [ˈpɔːkɪ] ADJ *bes schott* trocken *(Humor)*

pawl [pɔːl] S 1 TECH Sperrhaken *m*, -klinke *f*, Klaue *f* 2 SCHIFF Pall *n*

pawn[1] [pɔːn; *US a.* pɑːn] A S Pfand (-gegenstand *m*, -sache *f*) *n*, Unterpfand *n (a. fig)*, JUR *u. fig a.* Faustpfand *n*: **in ~** verpfändet, versetzt; **put in ~** → B 1 B V/T 1 verpfänden *(a. fig)*, versetzen 2 WIRTSCH *Wertpapiere* lombardieren

pawn[2] [pɔːn; *US a.* pɑːn] S 1 *Schachspiel*: Bauer *m* 2 *fig* (bloße) Schachfigur

pawnbroker S Pfandleiher(in); **pawnbroking** S Pfandleihgeschäft *n*

pawnee [ˌpɔːˈniː] S JUR Pfandinhaber(in), -nehmer(in); **pawner**, **pawnor** [-nə(r)] S Pfandschuldner(in)

pawn|shop S Leihhaus *n*, Pfandhaus *n*, -leihe *f*; ~ **ticket** S Pfandschein *m*

pax[1] [pæks] A S 1 REL Pax *f*, Kuss-, Paxtafel *f* 2 Friedenskuss *m* B INT SCHULE *Br umg* Friede!

PAX[2] ABK TEL *Br* private automatic exchange private automatisierte Telefonvermittlung

pay[1] [peɪ] A S 1 Bezahlung *f* 2 (Arbeits)Lohn *m*, Löhnung *f*, Gehalt *n*, Bezahlung *f*, Besoldung *f*, Sold *m (a. fig)*, MIL (Wehr)Sold *m*: **be in the ~ of sb** bei j-m beschäftigt sein, *bes pej* in j-s Sold stehen; **work without ~** unentgeltlich arbeiten; → full pay 3 *fig* Belohnung *f*, Lohn *m* 4 **he's good ~** *umg* er ist ein guter Zahler 5 GEOL *US* erdölreiche Gesteinsschicht B V/T *präp u. pperf* **paid**, *obs* **payed** *(außer* **pay out** 3) 1 *etwas* (ab-, aus)zahlen, entrichten, abführen, *e-e Rechnung* (be)zahlen, begleichen, *e-e Hypothek* ablösen, *e-n Wechsel* einlösen: ~ **sth for sb** etwas für j-n bezahlen *od* auslegen; ~ **into** auf *ein Konto* einzahlen; ~ **one's way** a ohne Verlust arbeiten b s-n Verbindlichkeiten nachkommen c auskommen (mit dem, was man hat) 2 *j-n* bezahlen: ~ **the driver** *(Bus etc)* beim Fahrer bezahlen; **let me ~ you for the book** lass mich dir das Buch bezahlen; **I cannot ~ him for his loyalty** ich kann ihm s-e Treue nicht (be)lohnen 3 *fig* (be)lohnen, vergelten *(beide:* **for** für) 4 *Aufmerksamkeit* schenken, *e-n Besuch* abstatten, *Ehre* erweisen, *ein Kompliment* machen *(etc, siehe die Verbindungen mit den verschiedenen Substantiven)* 5 entschädigen (**for** für) 6 sich für *j-n* lohnen, *j-m* nützen, *j-m* etwas einbringen C V/I 1 zahlen, Zahlung leisten *(beide:* **for** für): ~ **for** *a. etwas* bezahlen *(a. fig büßen)*, die Kosten tragen für; **I paid for his drinks** ich habe ihm die Getränke bezahlt; **he had to ~ dearly for it** *fig* er musste es bitter büßen, es kam ihn teuer zu stehen, er musste dafür teuer bezahlen; ~ **by check** *(Br* **cheque**) per Scheck zahlen; ~ **cash** (in) bar bezahlen 2 sich lohnen, sich rentieren, sich bezahlt machen, sich auszahlen *od* rechnen: **crime doesn't ~**; **it ~s to do sth** es macht sich bezahlt, etwas zu tun

Phrasal Verbs: **pay| back** → repay: → coin A 1; ~ **down** V/T 1 bar bezahlen 2 e-e Anzahlung machen von; ~ **in** V/T 1 *(a.* V/I) einzahlen 2 → pay up A 2; ~ **off** A V/T 1 *j-n* auszahlen, *Seeleute* abmustern 2 a *etwas* ab(be)zahlen, tilgen, abtragen b *e-n Gläubiger* befriedigen 3 ~ **sb's meanness**, **pay sb off for his meanness** *bes US* j-m s-e Gemeinheit heimzahlen 4 *e-e Schnur etc* ausgeben, laufen lassen 5 SCHIFF leewärts steuern **6** *umg j-m* Schmiergelder zahlen **B** *V/I umg für* pay¹ B 2; ~ **out** *V/T* **1** auszahlen **2** *umg* → pay off A 3 **3** *prät u. pperf* payed SCHIFF *ein Tau, e-e Kette etc* (aus)stecken, auslegen, abrollen; ~ **up** **A** *V/T* **1** *j-n od etwas* voll *od* sofort bezahlen **2** WIRTSCH *Anteile, e-e Versicherungsprämie etc* voll einzahlen: → paid-up **3** *e-e Schuld etc* tilgen, abbezahlen **B** *V/I* zahlen: **make sb ~** j-n zur Kasse bitten *fig*

pay² [peɪ] *V/T* SCHIFF auspichen, teeren

payable [ˈpeɪəbl] *ADJ* (*ADV* payably) **1** zu zahlen(d), (ein)zahlbar, schuldig, fällig: **make a check** (*Br* **cheque**) **~ to sb** e-n Scheck auf j-n ausstellen **2** WIRTSCH rentabel, lohnend, gewinnbringend

pay|-as-you-earn *ADJ*: ~ **system** WIRTSCH *Br* Quellenabzugsverfahren *n*; **~back** *S* **1** Rückzahlung *f*, (-)Erstattung *f* **2** *a.* ~ **period** Tilgungszeit *f*; ~ **bar** *S Bar auf e-r Party etc, an der die Getränke vom Gast gezahlt werden müssen*; ~ **bed** *S Br* Privatbett *n* (*in e-r Klinik*); ~ **book** *S* MIL Soldbuch *n*; **~box** *S Br* Kassenhäus-chen *n*; ~ **bracket** *S* Lohn-, Gehaltsgruppe *f*; **~check** *S US* **1** Lohn-, Gehaltsscheck *m* **2** Lohn *m*, Gehalt *n*; **~cheque** *Br* → paycheck 1; ~ **claim** *S* Lohn-, Gehaltsforderung *f*; **~day** *S* **1** Zahltag *m* **2** *Terminbörse: Br* Abrechnungstag *m*; ~ **demand** → pay claim; ~ **differential** *S* Lohn-, Gehaltsgefälle *n*; ~ **dirt** *S US* **1** GEOL abbauwürdiges Erzlager **2** *fig umg* Volltreffer *m*: **hit** (*od* **strike**) ~ e-n Volltreffer landen

PAYE *ABK* WIRTSCH *Br* pay as you earn

payee [peɪˈiː] *S* **1** Zahlungsempfänger(in) **2** Wechselnehmer(in), Remittent(in)

pay envelope *S US* Lohntüte *f*

payer [ˈpeɪə(r)] *S* **1** (Aus-, Be)Zahlende(r) *m/f(m)*, Zahler(in) **2** (*Wechsel*) Bezogene(r) *m/f(m)*, Trassat(in)

paying **A** *ADJ* lohnend, einträglich, lukrativ, rentabel: **not ~** unrentabel **B** *S* Zahlung *f*: **~ back** Rückzahlung; **~ in** Einzahlung; **~ off** Abzahlung, Abtragung *f*; **~ out** Auszahlung, Abführung *f*; ~ **guest** *S* Paying Guest *m*, zahlender Gast; **~-in slip** *S* Einzahlungsschein *m*

pay| load *S* **1** WIRTSCH Nutzlast *f* (*e-s Flugzeugs etc*): ~ **capacity** Ladefähigkeit *f* **2** MIL Sprengladung *f* (*im Gefechtskopf e-s Geschosses*) **3** WIRTSCH *US* Lohnanteil *m*, (*die*) Löhne *pl* (*e-s Unternehmens*); **~master** *S* **1** Zahlmeister *m* **2** Geldgeber *m*

payment *S* **1** (Be-, Ein-, Aus)Zahlung *f*, Entrichtung *f*, Abtragung *f* (*von Schulden*), Einlösung *f* (*e-s Wechsels*): **~ in cash** Barzahlung; **~ in kind** Sachleistung *f*; **~ of duty** Verzollung *f*; **on ~** (**of**) nach Eingang (*gen*), gegen Zahlung (von *od gen*); **accept in ~** in Zahlung nehmen **2** gezahlte Summe, Bezahlung *f* **3** → pay¹ A 2, A 3

paynim [ˈpeɪnɪm] *S obs* **1** Heide *m*, Heidin *f* **2** Muselman(in)

payoff *S* **1** Abzahlung *f*, Tilgung *f* **2** *fig* Abrechnung *f*, Rache *f* **3** *umg* Höhepunkt *m*, Clou *m*, (*e-s Witzes a.*) Pointe *f* **4** *umg* Schmiergelder *pl*

payola [peɪˈəʊlə] *S bes US sl* **1** Bestechung *f* **2** (*bes an e-n Discjockey od e-e Rundfunkanstalt gezahlte*) Schmiergelder *pl*

pay|out *S* Auszahlung(ssumme) *f*; ~ **packet** *S Br* Lohntüte *f*; ~ **phone** *umg für* pay telephone; ~ **policy** *S* Lohnpolitik *f*; ~ **rise** *S* Lohn-, Gehaltserhöhung *f*; **~roll** *S* **1** Lohn-, Gehaltsliste *f*: **be on sb's ~** auf j-s Gehaltsliste stehen (*a. pej*); **have** (*od* **keep**) **sb on one's ~** j-n (bei sich) beschäftigen; **he is no longer on our ~** er arbeitet nicht mehr für *od* bei uns **2** Lohnkosten *pl*: **the firm has a huge ~**; **~roll tax** *S US* Lohnsummensteuer *f*; **~ round** *S* Lohnrunde *f*; ~ **slip** *S* Lohn-, Gehaltsstreifen *m*; ~ **station** *S US* Münzfernsprecher *m*; ~ **telephone** *S* Münzfernsprecher *m*; ~ **television**, ~ **TV** *S* Pay-TV *n*, Bezahlfernsehen *n*

payt *ABK* payment

PBX *ABK* TEL *Br* private branch exchange private Telefonvermittlungsstelle

PC *ABK* **1** personal computer PC *m* **2** *Br* Police Constable **3** politically correct **4** political correctness **5** postcard **6** *Br* Privy Council Kronrat *m* **7** *Br* Privy Councillor

P/C *ABK* **1** WIRTSCH petty cash Portokasse *f* **2** WIRTSCH price(s *PL*) current aktueller Preis (aktuelle Preise *pl*)

pc. *ABK* **1** *US* piece **2** price(s *PL*)

p.c. *ABK* WIRTSCH price(s *PL*) current aktueller Preis (aktuelle Preise *pl*)

PCB *ABK* COMPUT printed circuit board Platine *f*, Leiterplatte *f*

PCM *ABK* ELEK pulse-code modulation

pcs *ABK* pieces *PL* Stück *pl*

pct. *ABK US* percent

pd¹ *ABK* paid bez.

PD² *ABK* **1** per diem, by the day pro Tag **2** *US* Police Department (städtische) Polizeibehörde

PDA *ABK* COMPUT personal digital assistant PDA *m*

P.D.Q. *ABK sl* pretty damn quick verdammt schnell

PDSA *ABK Br* People's Dispensary for Sick Animals (*Tierklinik karitativer Organisationen*)

PDT *ABK US* Pacific Daylight Time (*Sommerzeit der Zeitzone Pacific in Nordamerika*)

P.E. *ABK* **1** physical education Sport *m* (*Schulfach*) **2** TYPO printer's error **3** (*Statistik*) probable error

pea [piː] **A** *S* **1** BOT Erbse *f*: → like¹ A 5 **2** BOT Ackererbse *f* **3** kleines Kohlen- *od* Erzstück **B** *ADJ* erbsengroß, -förmig: **~ coal** Erbskohle *f*

peace [piːs] **A** *S* **1** Friede(n) *m*: **at ~** im Frieden, im Friedenszustand; **the two countries are at ~** zwischen den beiden Ländern herrscht Frieden; **make ~** Frieden schließen (**with** mit) **2** JUR Landfrieden *m*, öffentliche Sicherheit, öffentliche Ruhe u. Ordnung: **keep the ~** die öffentliche Ordnung aufrechterhalten; → breach *Bes Redew*, disturb A **3** *fig* Friede(n) *m*, (innere) Ruhe: **~ of mind** Seelenfrieden, innerer Friede; **hold one's ~** sich ruhig verhalten, den Mund halten; **leave in ~** in Ruhe *od* Frieden lassen; **live in ~ and quiet** in Ruhe u. Frieden leben; **be at ~** *euph* in Frieden ruhen (*tot sein*); → rest¹ B 1 **4** Versöhnung *f*, Eintracht *f*: **live in ~ with** in Frieden leben mit; **make one's ~ with sb** s-n Frieden mit j-m machen, sich mit j-m aus- *od* versöhnen; **make** (**one's**) **~ with o.s.** mit sich selbst ins Reine kommen **5** friedliche Ruhe *od* Stille **B** *INT* pst!, still!, sei(d) ruhig! **C** *ADJ* Friedens…: **~ conference** (**initiative, movement, offensive, offer, process, symbol, treaty,** *etc*); → establishment 10

peaceable [ˈpiːsəbl] *ADJ* (*ADV* peaceably) **1** friedlich, friedfertig, friedliebend **2** ruhig, friedlich (*Diskussion etc*); **peaceableness** *S* Friedlichkeit *f*, Friedfertigkeit *f*

Peace| Corps *S US* Friedenskorps *n*; ♀ **dividend** *S* Friedensdividende *f* (*durch das Ende des Wettrüstens eingesparte Haushaltsmittel*); ♀ **feeler** *S meist pl* Friedensfühler *m*: **put out ~s** Friedensfühler ausstrecken

peaceful *ADJ* (*ADV* **~ly**) friedlich: **pass away ~ly** sanft entschlafen; **the demonstration passed off ~ly** die Demonstration verlief ohne Zwischenfälle; → coexistence; **peacefulness** *S* Friedlichkeit *f*

peace|keeper *S* Friedenswächter(in); **~keeping** **A** *S* Friedenssicherung *f* **B** *ADJ* Friedens…: **~ force** Friedenstruppe *f*; **~-loving** *ADJ* friedliebend; **~maker** *S* Friedensstifter(in)

peacenik [ˈpiːsnɪk] *S US sl, oft pej* **1** Kriegsgegner(in) **2** Teilnehmer(in) an Antikriegsdemonstrationen

peace| offering *S* **1** REL Sühneopfer *n* **2** **a** Versöhnungsgeschenk *n* **b** versöhnliche Geste; ~ **officer** *S* Sicherheitsbeamte(r) *m*, -beamtin *f*, Schutzpolizist(in); ~ **pipe** *S* Friedenspfeife *f*: **smoke the ~**; ~ **sign** *S* Friedenszeichen *n*: **give the ~** das Friedenszeichen machen; ~ **studies** *SPL* Friedensforschung *f*; **~time** **A** *S* Friedenszeiten *pl*: **in ~** im Frieden **B** *ADJ* in Friedenszeiten, Friedens…: **~ strength** MIL Friedensstärke *f*

peach¹ [piːtʃ] **A** *S* **1** BOT **a** Pfirsich *m* **b** *a.* **~ tree** Pfirsichbaum *m* **2** Pfirsichfarbe *f* **3** *umg* prima *od* klasse Person *od* Sache: **a ~ of a guy** ein Prachtkerl *umg*; **a ~ of a girl** ein süßes *od* bildhübsches Mädchen **B** *ADJ* pfirsichfarben

peach² [piːtʃ] *V/T*: **~ against** (*od* **on**) *sl e-n Komplizen* verpfeifen *sl*, *e-n Schulkameraden* verpetzen

peach| blossom *S* Pfirsichblüte *f*; **~blow** **A** *S* **1** rosarote Glasur **2** Rosarot *n* (*Farbe*) **B** *ADJ* rosarot; ~ **brandy** *S* Pfirsichlikör *m*

peachick *S* ORN junger Pfau

peach Melba *S* GASTR Pfirsich *m* Melba

peachy *ADJ* **1** pfirsichartig, -weich **2** *umg* prima, klasse, toll

peacoat → pea jacket

peacock [ˈpiːkɒk; *US* -ˌkɑk] **A** *S* **1** *pl* -cocks, *bes koll* -cock ORN Pfau *m*: → proud A 2, vain 3 **2** *fig* (eitler) Pfau *od* Fatzke *umg pej* **B** *V/I* **a** sich aufblähen **b** wie ein Pfau einherstolzieren; **~ blue** *S* Pfauenblau *n* (*Farbe*); **~-blue** *ADJ* pfauenblau; ~ **butterfly** *S* ZOOL Tagpfauenauge *n*

peacockish *ADJ* (*ADV* **~ly**) stolz, aufgeblasen *umg*

pea|fowl *pl* -fowls, *bes koll* -fowl *S* ORN Pfau *m*; ~ **green** *S* Erbsen-, Maigrün *n* (*Farbe*); **~-green** *ADJ* erbsen-, maigrün; **~hen** *S* ORN Pfauhenne *f*; ~ **jacket** *S* SCHIFF Kolani *m* (*hüftlanges Jackett aus dickem, dunkelblauem Wollstoff*)

peak¹ [piːk] **A** *S* **1** Spitze *f* **2** **a** Bergspitze *f* **b** Horn *n*, spitzer Berg **3** *fig* Gipfel *m*, Höhepunkt *m*: **at the ~ of happiness** auf dem Gipfel des Glücks; **be at a ~** **a** e-e Blüte erleben **b** in sein; **bring a team to its ~** SPORT e-e Mannschaft in Höchstform bringen **4** MATH, PHYS Höchst-, Scheitelwert *m*, Scheitel(punkt) *m* **5** (*Leistungs- etc*) Spitze *f*, Höchststand *m*: **~ of oscillation** Schwingungsmaximum *n*; **reach the ~** TECH den Höchststand erreichen **6** Hauptbelastung *f*, Stoßzeit *f* (*e-s Elektrizitäts-, Gas- od Verkehrsnetzes*) **7** WIRTSCH Maximal-, Höchstpreis *m* **8** (*Mützen*) Schild *m*, (-)Schirm *m* **9** SCHIFF Pick *f* (*engerer Teil des Schiffsraums an den Enden des Schiffs*) **B** *ADJ* Spitzen…, Maximal…, Höchst…, Haupt…: **~ current** ELEK Spitzenstrom *m*; **~ factor** Scheitelfaktor *m*; **~** (**traffic**) **hours** *pl* Hauptverkehrszeit *f*, Stoßzeit *f*; **~ load** Spitzen-, Maximalbelastung *f* (*a.* ELEK); **~ season** Hochsaison *f*; **~ time** **a** *Br* Hochkonjunktur *f* **b** *Br* Stoßzeit *f*, Hauptverkehrszeit *f* **c** ELEK *Br* Hauptbelastungszeit *f* **d** (RADIO, TV) *bes Br* Hauptsendezeit *f*; **~ travel** (*od* **tourist**) **season** Hauptreisesaison *f*; **~ value** Scheitelwert *m* **C** *V/I* **1** den Höchststand erreichen **2** den Höhepunkt s-r Laufbahn erreichen

peak[2] [pi:k] VI a abmagern b kränkeln
peaked[1] [pi:kt] ADJ 1 spitz(ig) 2 Schild…, Schirm…: **~ cap**
peaked[2] [pi:kt; US 'pi:kəd] ADJ (ADV ~ly) kränklich (aussehend)
peaky[1] ADJ 1 gebirgig, bergig 2 spitz(ig)
peaky[2] ADJ (ADV peakily) → peaked[2]
peal [pi:l] A S 1 *(Glocken)* Läuten *n*: **~ of bells** 2 Glockenspiel *n* 3 *(Donner)* Schlag *m*: **~ of thunder**; **~s** *pl* **of laughter** schallendes Gelächter B VI 1 läuten 2 erschallen C VT erschallen lassen
Peano| curve [pi:'ɑ:nəʊ] S MATH peanosche Kurve; **~'s axioms, ~'s postulates** SPL MATH peanosches Axiomensystem
peanut A S 1 BOT Erdnuss *f* 2 *umg* a US Wicht *m*, halbe Portion b US kleines Würstchen *(unbedeutender Mensch)* c *pl* Peanuts *pl umg*, lächerliche Summe: **for ~s** für e-n Apfel u. ein Ei *umg*; **pay sb ~s** j-m e-n Hungerlohn zahlen B ADJ US *umg* klein, unbedeutend *(Politiker etc)*; **~ butter** S Erdnussbutter *f*; **~ gallery** S THEAT US *umg* Olymp *m*: **in the ~** auf dem Olymp; **no remarks from the ~!** *hum* Ruhe auf den billigen Plätzen!; **~ oil** S Erdnussöl *n*
pear [peə(r)] S 1 BOT a Birne *f* b *a.* **~ tree** Birnbaum *m* 2 Birne *f*, birnenförmiger Gegenstand
pearl [pɜ:l; US pɜrl] A S 1 Perle *f (a. fig)*: **cast** *(od* **throw)** **~s before swine** Perlen vor die Säue werfen 2 Perlmutt(er) *n(f)* 3 PHARM Perle *f*, Kügelchen *n* 4 TYPO Perl(schrift) *f*, -druck *m* B VI 1 Perlen bilden, perlen, tropfen 2 nach Perlen suchen *od* tauchen C ADJ 1 Perl(en)… 2 Perlmutt(er)… 3 geperlt, perlenförmig; **~ ash** S CHEM Perlasche *f*; **~ barley** S Perlgraupen *pl*; **~ diver** S Perlentaucher(in)
pearled ADJ 1 mit Perlen besetzt 2 perlfarbig
pearl| fisher S Perlenfischer(in); **~ gray**, *bes Br* **~ grey** S Perl-, Blassgrau *n (Farbe)*; **~-gray**, *bes Br* **~-grey** ADJ perl-, blassgrau; **~ onion** S BOT Perlzwiebel *f*; **~ oyster** S ZOOL Perlmuschel *f*; **~ stitch** S *Stickerei*: Perlstich *m*
pearly A ADJ 1 Perl(en)…: a perlenartig b perlenförmig c perlenbesetzt 2 a perlenfarbig b perlweiß 3 Perlmutt(er)… B S *Br* a *pl* Perlmutt(er)knöpfe *pl* b *pl* mit Perlmutt(er)knöpfen besetzte Kleidungsstücke *pl* c *Londoner Straßenhändler(in), der/die bei festlichen Gelegenheiten mit Perlmutt(er)knöpfen besetzte Kleidungsstücke trägt*; **~ gates** SPL 1 **Pearly Gates** Himmelstür *f* 2 *Br sl* Beißerchen *pl (Zähne)*; **~ king, ~ queen** → pearly B c
pearmain ['pɜ:meɪn; 'peə-; US 'peər,m-] S Parmäne *f (e-e Apfelsorte)*
pear-shaped ADJ birnenförmig
peasant ['peznt] A S 1 Kleinbauer *m*: **℘s' Revolt** Bauernaufstand *m (bes der in England, 1381)*; **℘s' War** Bauernkrieg *m (in Deutschland 1524-25)* 2 *fig umg* Bauer *m* B ADJ kleinbäuerlich, Kleinbauern…; **peasantry** [-trɪ] S 1 Kleinbauernstand *m* 2 KOLL *(die)* Kleinbauern *pl*
pease [pi:z] *pl* pease S BOT *obs od bes Br dial* Erbse *f*; **~ pudding** S GASTR *bes Br* Erbs(en)brei *m*, -püree *n*
pea|shooter S Blas-, Pusterohr *n*; **~ soup** S 1 Erbs(en)suppe *f* 2 *umg* Waschküche *f (dicker, gelber Nebel)*; **~souper** S *umg* 1 *bes Br* → pea soup 2 2 *Can pej* Frankokanadier(in)
peat [pi:t] S 1 Torf *m*: **cut** *(od* **dig)** **~** Torf stechen; **~ bath** MED Moorbad *n*; **~ bog** Torfmoor *n*; **~ coal** Torfkohle *f*, Lignit *m*; **~ gas** Torfgas *n*; **~ moss** BOT Torfmoos *n* 2 Torfstück *n*, -sode *f*; **peatery** [-ərɪ] S Torfmoor *n*;
peaty ADJ torfig
pebble ['pebl] A S 1 Kiesel(stein) *m*: **(as) smooth as a ~** spiegelglatt; **you are not the only ~ on the beach** es gibt auch noch andere, du bist nicht der *od* die Einzige 2 Achat *m* 3 Bergkristall *m* 4 PHYS Linse *f* aus Bergkristall B VT 1 mit Kies bestreuen, kiese(l)n 2 TECH *Leder* krispeln; **pebbled** ADJ gekiest, kieselig
pebble| dash S TECH Rauputz *m*; **~-dashed** ADJ mit Rauputz (versehen); **~ leather** S TECH gekrispeltes Leder
pebbly ['peblɪ] ADJ Kiesel…: **~ beach**
pecan [pɪ'kæn; US *a.* -'kɑ:n] S BOT 1 Pecanobaum *m* 2 *a.* **~ nut** Pekannuss *f*
peccadillo [,pekə'dɪləʊ] *pl* -los, -loes S 1 kleine Sünde 2 geringfügiges Vergehen, Kavaliersdelikt *n*
peccancy ['pekənsɪ] S Sündhaftigkeit *f*; **peccant** ADJ 1 sündig, böse, verderbt 2 MED krankhaft
peccavi [pe'kɑ:vi:] S Schuldbekenntnis *n*: **cry ~** sich schuldig bekennen
peck[1] [pek] S 1 Peck *n (Trockenmaß; Br 9,1, US 8,8 Liter)* 2 *fig* Menge *f*: **a ~ of trouble** e-e Menge Ärger
peck[2] [pek] A VT 1 *(mit dem Schnabel od e-m Werkzeug)* (auf)picken, (-)hacken 2 *a.* **~ out** *ein Loch* picken 3 *Körner etc* aufpicken 4 *umg j-m* e-n flüchtigen Kuss geben B VI 1 **(at)** hacken, picken (nach), einhacken (auf *akk*): **~ at sb** *fig* auf j-m herumhacken, an j-m herumnörgeln *(beide umg)*; **~ at one's food** (lustlos) im Essen herumstochern 2 *umg* futtern *(essen)* C S 1 **give sb a ~** nach j-m hacken 2 (aufgehacktes) Loch 3 *umg* Futter *n*, Essen *n* 4 *umg* flüchtiger Kuss
pecker ['pekə(r)] S 1 Picke *f*, Hacke *f* 2 TECH Abfühlnadel *f* 3 *US sl* Schwanz *m (Penis)* 4 **keep one's ~ up** *Br umg* die Ohren steifhalten
pecking order ['pekɪŋ] S ORN *u. fig* Hackordnung *f*
peckish ADJ *bes Br umg* hungrig
peck order → pecking order
Peck's bad boy [peks] S *US* Enfant *n* terrible
Pecksniffian [pek'snɪfɪən] ADJ scheinheilig, heuchlerisch
pecs [peks] SPL *umg* Brustmuskeln *pl*
pecten ['pektən] *pl* -tens, -tines [-təni:z] S 1 ORN Kammhaut *f* 2 Kammmuschel *f* 3 kammartiger Körperanhang
pectic ['pektɪk] ADJ CHEM Pektin…: **~ acid**; **pectin** [-tɪn] S Pektin *n*
pectines ['pektəni:z] *pl von* pecten
pectoral ['pektərəl] A ADJ 1 Brust…: **~ cross** → B 2 2 ANAT, MED pektoral, Brust… B S 1 Brustplatte *f (der Rüstung)* 2 KATH Pektorale *n*, Brustkreuz *n (des Bischofs)* 3 PHARM Brust-, Hustenmittel *n* 4 ANAT Brustmuskel *m* 5 *a.* **~ fin** FISCH Brustflosse *f*
peculate ['pekjʊleɪt] A VI öffentliche Gelder *etc* unterschlagen, Unterschlagungen begehen B VT veruntreuen, unterschlagen; **peculation** S Unterschlagung *f*, Veruntreuung *f*; **peculator** [-tə(r)] S Veruntreuer(in)
peculiar [pɪ'kju:ljə(r)] A ADJ (ADV → peculiarly) 1 eigentümlich **(to** *dat*): **be ~ to** *a.* typisch sein für; **~ institution** *US* HIST Sklaverei *f* 2 eigenartig, seltsam, sonderbar 3 besonder(er, e, es): **~ people** REL a *(das)* auserwählte Volk b *e-e englische Sekte* B S 1 ausschließliches Eigentum 2 *Kirche, die nicht der Gerichtsbarkeit des Bischofs untersteht* 3 TYPO Sonderzeichen *n*
peculiarity [pɪ,kju:lɪ'ærətɪ] S 1 Eigenheit *f*, Eigentümlichkeit *f*, Besonderheit *f*: **be a ~ of** *a.* typisch sein für 2 Seltsamkeit *f*, Eigenartigkeit *f*
peculiarly ADV 1 eigentümlich, -artig 2 eigenartigerweise 3 besonders
pecuniary [pɪ'kju:njərɪ; US -nɪ,eri:] ADJ pekuniär, geldlich, Geld…: **~ advantage** Vermögensvorteil *m*; **~ aid** finanzielle Unterstützung; **~ difficulties** Geldschwierigkeiten
ped [ped] *umg* A S Fußgänger(in) B ADJ Fußgänger…: **~ crossing**
pedagogic [,pedə'gɒdʒɪk; US -'gɑ-; -'gəʊ-] A ADJ (ADV ~ally) 1 pädagogisch 2 *pej* schulmeisterlich B S **pedagogics** *pl (als sg konstruiert)* Pädagogik *f*, Erziehungslehre *f*, -wissenschaft *f*; **pedagogue** [-gɒg; US -,gɑg] S 1 *obs od hum* Pädagoge *m*, Pädagogin *f*, Erzieher(in) 2 *pej* Schulmeister(in); **pedagogy** [-gɒdʒɪ; -gɒgɪ; US -,gəʊdʒi:; -,gɑ-] → pedagogic B
pedal ['pedl] A S 1 Pedal *n (am Klavier, Fahrrad etc)*, Fußhebel *m*, Tretkurbel *f* 2 *a.* **~ note** MUS a Pedalton *m* b Orgelton *m* B VI *prät u. pperf* -aled, *bes Br* -alled 1 MUS, TECH das Pedal treten 2 strampeln *(Rad fahren)* C ADJ Pedal…, Fuß…: **~ bin** Treteimer *m*; **~ board** MUS Pedalklaviatur *f*; **~ boat** Tretboot *n*; **~ brake** TECH Fußbremse *f*; **~ car** Tretauto *n*; **~ control** Fußschaltung *f*, FLUG Pedalsteuerung *f*; **~-operated pump** Fußpumpe *f*; **~ point** MUS a lange Pedalnote b Orgelpunkt *m*; **(pair of) ~ pushers** *pl US* dreiviertellange Hose *(für Mädchen)*; **~ switch** Fußschalter *m*
pedalo ['pedələʊ] *pl* -los, -loes S Tretboot *n*
pedant ['pedənt] S 1 Pedant(in), Kleinigkeitskrämer(in) 2 Buchgelehrte(r) *m/f(m)* 3 Schulmeister(in); **pedantic** [pɪ'dæntɪk] ADJ (ADV ~ally) 1 pedantisch **(about** wenn es um … geht) 2 buchgelehrt 3 schulmeisterlich
pedantry ['pedəntrɪ] S 1 Pedanterie *f* 2 Buchgelehrsamkeit *f* 3 Schulmeisterei *f*
peddle ['pedl] A VI 1 hausieren gehen 2 *fig obs* sich mit Kleinigkeiten abgeben, tändeln **(with** mit) B VT 1 hausieren (gehen) mit, *fig a.* verbreiten 2 **~ drugs** dealen, mit Drogen *od* Rauschgift handeln; **peddler** S 1 *US* Hausierer(in) 2 Dealer(in), Drogen-, Rauschgifthändler(in); **peddling** A ADJ (ADV ~ly) *obs* unbedeutend, nichtig, wertlos B S 1 Hausierhandel *m*, Hausieren *n* 2 Dealen *n*, Drogen-, Rauschgifthandel *m*
pederast ['pedəræst] S Päderast *m*; **pederastic** ADJ (ADV ~ally) päderastisch; **pederasty** S Päderastie *f*, Knabenliebe *f*
pedestal ['pedɪstl] S 1 ARCH Piedestal *n*, Sockel *m*, Postament *n*, Säulenfuß *m*: **place** *(od* **put, set)** **sb on a ~** *fig* j-n auf ein Podest stellen *od* heben; **knock sb off their ~** *fig* j-n von s-m Podest herunterholen 2 TECH a Untergestell *n*, Sockel *m* b (Lager)Bock *m*: **~ ashtray** Standascher *m*; **~ mat** Klosettumrahmung *f*, WC-Vorlage *f*
pedestrian [pɪ'destrɪən] A ADJ 1 zu Fuß, Fuß… 2 Fußgänger…: **~ crossing** *Br* Fußgängerüberweg *m*; **~ island** *(od* **refuge)** Verkehrs-, Fußgängerinsel *f*; **~ precinct** *(od* **zone)** Fußgängerzone *f* 3 Spazier… 4 *fig* a prosaisch, trocken, langweilig *(Stil etc)* b fantasielos B S Fußgänger(in); **pedestrianize** VT in e-e Fußgängerzone umwandeln
pediatric [,pi:di:'ætrɪk] MED *US* A ADJ pädiatrisch B S **pediatrics** *pl (als sg konstruiert)* Pädiatrie *f*, Kinderheilkunde *f*; **pediatrician** [-di:ə'trɪʃən] S Pädiater *m*, Kinderarzt *m*, -ärztin *f*; **pediatrist** → pediatrician
pedicel ['pedɪsel] S 1 BOT Blütenstiel *m*, -stängel *m* 2 ANAT, ZOOL Stiel *m*
pedicle ['pedɪkl] S 1 BOT Blütenstängel *m* 2 MED Stiel *m (e-s Tumors)*
pedicular [pɪ'dɪkjʊlə(r)] ADJ 1 Läuse… 2 lausig, verlaust
pediculosis [pɪ,dɪkjʊ'ləʊsɪs] S MED Pedikulo-

se *f* (*Läusebefall u. die damit zusammenhängenden krankhaften Erscheinungen*)

pediculous [pɪ'dɪkjʊləs] → pedicular 2

pedicure ['pedɪˌkjʊə(r)] S Pediküre *f*: a Fußpflege *f* b Fußpfleger(in); **pedicurist** → pedicure b

pedigree ['pedɪgriː] A S 1 Stammbaum *m* (*a.* ZOOL *u. fig*), Ahnentafel *f* 2 Ab-, Herkunft *f* 3 lange Ahnenreihe B ADJ mit e-m Stammbaum, reinrassig, Zucht…: ~ **race** Zuchtstamm *m*, -rasse *f*; **pedigreed** → pedigree B

pediment ['pedɪmənt] S 1 ARCH a Giebel (-feld) *m(n)* b Ziergiebel *m* 2 GEOG Pediment *n* (*durch Abtragung hervorgerufene, terrassenartige Fläche am Fuß von Gebirgen, bes in [halb]trockenen Gebieten*); **pedimental** [-'mentl], **pedimented** [-men-] ADJ 1 Giebel… 2 GEOL Pediment…

pedlar *bes Br für* peddler 1

pedogenesis [ˌpiːdəʊ'dʒenɪsɪs] S BIOL US Pädogenese *f* (*Fortpflanzung im Larvenstadium*)

pedological[1] [ˌpiːdə'lɒdʒɪkl; *US* -'lɑ-] ADJ *US* pädologisch

pedological[2] [ˌpiːdə'lɒdʒɪkl; *US* ˌpedə'lɑ-] ADJ pedologisch

pedologist[1] [pɪ'dɒlədʒɪst; *US* piː'dɑ-] S *US* Pädologe *m*, Pädologin *f*

pedologist[2] [pɪ'dɒlədʒɪst; *US* -'dɑ-; *a.* pe-] S Pedologe *m*, Pedologin *f*

pedology[1] [pɪ'dɒlədʒɪ; *US* piː'dɑ-] S *US* Pädologie *f* (*Wissenschaft von der normalen Entwicklung des Kindes*)

pedology[2] [pɪ'dɒlədʒɪ; *US* -'dɑ-; *a.* pe-] S Pedologie *f*, Bodenkunde *f*

pedometer [pɪ'dɒmɪtə(r); *US* -'dɑ-] S Pedometer *n*, Schrittzähler *m*

pedophile ['piːdəʊfaɪl] MED, PSYCH *US* A ADJ pädophil B S Pädophile(r) *m/f(m)*; **pedophilia** [-'fɪlɪə] S Pädophilie *f* (*sexuelle Zuneigung Erwachsener zu Kindern*); **pedophiliac** [-'fɪlɪæk] → pedophile

pedosphere ['piːdəʊˌsfɪə(r)] S GEOL Pedosphäre *f* (*Bodenbereich der Biosphäre*)

peduncle [pɪ'dʌŋkl] S 1 BOT Blütenstandstiel *m*, Blütenzweig *m* 2 ZOOL Stiel *m*, ANAT Schaft *m* 3 ANAT Zirbel-, Hirnstiel *m*; **peduncled**, **peduncular** [-kjʊlə(r)] ADJ 1 BOT Blütenstandstiel… 2 ZOOL Stiel… 3 ANAT Stiel…, gestielt

pee[1] [piː] S P, p *n* (*Buchstabe*)

pee[2] [piː] *sl* A V/I pinkeln, pissen *sl* B S 1 Pisse *f sl* 2 **have** (**go for**) **a** ~ pinkeln (gehen) *sl*

peek[1] [piːk] A V/I 1 gucken, spähen (*beide:* **into** in *akk*) 2 ~ **out** hervorgucken (*a. fig*) 3 ~ **at** e-n flüchtigen *od* verstohlenen Blick werfen auf (*akk*) B S flüchtiger *od* verstohlener Blick: **have** (*od* **take**) **a** ~ **at** → A 3

peek[2] [piːk] S Piepsen *n*

peekaboo ['piːkəbuː] A S Guck-guck-Spiel *n* B KONJ guck, guck!, kuckuck! C ADJ a mit Lochmuster (*Bluse etc*) b durchsichtig (*Negligee etc*)

peel[1] [piːl] A V/T 1 *e-e Frucht, Kartoffeln, Bäume* schälen: ~ (**off**) abschälen, ab-, entrinden, *e-e Folie, Tapete etc* abziehen, ablösen; ~**ed barley** Graupen *pl*; **keep one's eyes ~ed** die Augen offen halten (**for** nach) 2 *a.* ~ **off** *ein Kleid etc* abstreifen, ausziehen B V/I 1 *a.* ~ **off** sich (ab)schälen, abblättern, abköckeln, (ab)schilfern 2 *umg* sich entblättern (*sich ausziehen*) 3 ~ **off** FLUG, MIL (*aus e-m Verband*) ausscheren C S Schale *f*, Rinde *f*, Haut *f*

peel[2] [piːl] S TECH 1 Backschaufel *f*, Brotschieber *m* 2 TYPO Aufhängekreuz *n* 3 *Papierherstellung*: Rieshänge *f*

peel[3] [piːl] S *Br* HIST Wehrturm *m*

peeler[1] ['piːlə(r)] S 1 (*Kartoffel- etc*) Schäler *m* (*Gerät u. Person*) 2 *bes US sl* Stripperin *f*

peeler[2] ['piːlə] S *Br sl obs* Polyp *m umg*, Polizist *m*

peeling S 1 Schälen *n* 2 (*abgeschälte*) Schale, Rinde *f*, Haut *f*: **potato ~s** Kartoffelschalen

peen [piːn] TECH A S Finne *f*, Hammerbahn *f* B V/T mit der Finne bearbeiten

peep[1] [piːp] A V/I piep(s)en (*Vogel, a. Kind etc*): **he never dared ~ again** er wagte nie wieder „piep" zu sagen B S 1 Piep(s)en *n* 2 *umg* Piepser *m* (*Ton*)

peep[2] [piːp] A V/I 1 gucken, lugen, neugierig *od* verstohlen blicken (*alle:* **into** in *akk*) 2 *oft* ~ **out** hervorgucken, -schauen, -lugen (*alle a. fig*) 3 ~ **at** e-n neugierigen *od* verstohlenen Blick werfen auf (*akk*) B S 1 neugieriger *od* verstohlener Blick: **have** (*od* **take**) **a** ~ **at** → A 3 2 Blick *m* (**of** in *akk*), (Durch)Sicht *f* 3 **at** ~ **of day** *poet* bei Tagesanbruch

peepbo ['piːpbəʊ] → peekaboo A, B

peeper[1] ['piːpə(r)] S 1 Piepmatz *m* (*Vogel*) 2 ZOOL *US* Zirpfrosch *m*

peeper[2] ['piːpə(r)] S 1 → peeping Tom 2 *pl umg* Gucker *pl* (*Augen*)

peephole S Guckloch *n*, Sehspalt *m*, (*in e-r Tür*) Spion *m*

peeping Tom [ˌpiːpɪŋ'tɒm; *US* -'tɑm] S Spanner *m* (*Voyeur*)

peep| show S 1 Guckkastenschau *f* 2 Peepshow *f* (*Sich-zur-Schau-Stellen e-s nackten Mädchens, das gegen Geldeinwurf durch das Guckfenster e-r Kabine betrachtet werden kann*); ~ **sight** S MIL, TECH Lochvisier *n*; ~**-toe** ADJ zehenfrei (*Schuh etc*)

peepul ['piːpl] S BOT Pepul-, Bobaum *m*

peer[1] [pɪə(r)] V/I 1 angestrengt schauen, starren (*beide:* **into** in *akk*): ~ **at** (sich) *j-n od etwas* genau ansehen *od* begucken, *j-n od etwas* anstarren 2 *poet* sich zeigen, erscheinen, zum Vorschein kommen 3 hervorgucken, -lugen

peer[2] [pɪə(r)] A S 1 Gleiche(r) *m/f(m)*, Ebenbürtige(r) *m/f(m)*, Gleichrangige(r) *m/f(m)*: **without a ~** ohnegleichen, unvergleichlich; **he associates with his ~s** er gesellt sich zu seinesgleichen; **in song he has no ~** im Singen kommt ihm keiner gleich; **be the ~(s) of** den Vergleich aushalten mit; ~ **group** PSYCH, SOZIOL Peer-Group *f* (*Bezugsgruppe e-s Individuums, die aus Personen gleichen Alters, gleicher od ähnlicher Interessenlage u. ähnlicher sozialer Herkunft besteht u. es in Bezug auf Handeln u. Urteilen stark beeinflusst*); ~ **pressure** PSYCH, SOZIOL (*von Gleichaltrigen etc ausgeübter*) Erwartungsdruck 2 *a.* ~ **of the realm** Peer *m* (*Mitglied des brit. Hochadels, das das Recht hat, im Oberhaus zu sitzen*): → hereditary 1, life peer B V/T gleichkommen (*dat*)

peerage ['pɪərɪdʒ] S 1 Peerage *f*: a Peerswürde *f* b Hochadel *m*, *koll a.* (*die*) Peers *pl*: **he was raised to the** (*od* **given a**) ~ er wurde in den (*höheren*) Adelsstand erhoben 2 Adelskalender *m*; **peeress** S Peeress *f*: a Gemahlin *f* e-s Peers b hohe Adlige (*die selbst den Titel trägt*): ~ **in her own right** Peeress im eigenen Recht; **peerless** ADJ (ADV ~ly) unvergleichlich, einzig(artig), beispiellos; **peerlessness** S Unvergleichlichkeit *f*

peeve [piːv] V/T *umg* (ver)ärgern: **it ~s me that** … es wurmt mich, dass … *umg*; **peeved** ADJ *umg* sauer (**about** über *akk*)

peevish ADJ (ADV ~ly) a nörg(e)lig, queng(e)lig (*Kind*) b gereizt (*Person, Stimme etc*); **peevishness** S Gereiztheit *f*

peewee ['piːwiː] *US umg* A S 1 (*etwas*) Winziges, (*a. Person*) Winzling *m* 2 (*bes* Ton)Murmel *f* B ADJ winzig

peewit ['piːwɪt; *US a.* 'pjuːɪt] S ORN Kiebitz *m*

peg [peg] A S 1 a (*Holz-,* (*Landvermessung:*) *Absteck*)Pflock *m* b (*Holz*) Nagel *m*, (*Holz-, Schuh*) Stift *m* c TECH Dübel *m*, Zapfen *m* d TECH Keil *m*, Splint *m* e TECH Knagge *f*, Mitnehmer *m* f TEL Stöpsel *m* g *Bergsteigen*: (*Kletter*)Haken *m*: **take sb down a ~** (**or two**) *umg* j-m e-n Dämpfer aufsetzen; **come down a ~** *umg* zurückstecken; **a round ~ in a square hole**, **a square ~ in a round hole** ein Mensch am falschen Platz 2 Kleiderhaken *m*: **hang one's coat on the ~** s-n Mantel an den Haken hängen; **off the ~** von der Stange (*Anzug*) 3 *Br* (*Wäsche*) Klammer *f* 4 (*Zelt*) Hering *m* 5 MUS Wirbel *m* (*an Saiteninstrumenten*) 6 *fig* Aufhänger *m* (*im Journalismus etc*): **a good ~ on which to hang a story** ein guter Aufhänger für e-e Story; **a ~ to hang one's claims on** ein Vorwand für s-e Ansprüche 7 *Br* Gläschen *n* (Alkohol), *bes* Whisky *m* mit Soda 8 *umg* a → peg leg b Stelze *f* (*Bein*) B V/T 1 *a.* ~ **down** mit e-m Pflock *od* mit Pflöcken befestigen, anpflocken 2 TECH (an-, ver)dübeln 3 *meist* ~ **out** *Landvermessung: Land* abstecken: ~ **out one's claims** *fig* s-e Ansprüche geltend machen 4 *a.* ~ **down** *Preise etc* festlegen (**at** auf *akk*), stützen: ~**ged price** Stützkurs *m* 5 *Wäsche* (fest)klammern 6 *umg Steine etc* schmeißen (**at** nach) 7 ~ **sb down to** *umg* j-n festnageln auf (*akk*) C V/I 1 *meist* ~ **away** (*od* **along**) *umg* a dranbleiben (**at** an *e-r Arbeit*) b schuften 2 *umg* sausen, rasen 3 ~ **out** *umg* a zusammenklappen (*e-n Schwächeanfall erleiden*) b den Löffel weglegen (*sterben*)

Pegasus ['pegəsəs] S 1 MYTH Pegasus *m*, Pegasos *m*, Flügelpferd *n*, -ross *n* 2 *gen* -si [-saɪ] ASTRON Pegasus *m* (*Sternbild*)

peg|board S 1 Spielbrett *n* 2 Aufhängeplatte *f* (*für Ausstellungsstücke, Werkzeuge etc*) 3 ELEK Stecktafel *f*; ~**box** S MUS Wirbelkasten *m*; ~ **leg** S *umg* (Mensch *m* mit e-m) Holzbein *n*; ~ **switch** S ELEK Umschalter *m*; ~ **top** S 1 Kreisel *m* 2 *pl*, *a.* **pair of ~s** *Mode*: Karottenhose *f*; ~**-top** ADJ über den Hüften weit u. unten eng: ~ **trousers** → peg top 2

P.E.I. ABK Prince Edward Island

peignoir ['peɪnwɑː; *US* peɪn'wɑːr; pen-] S Morgenrock *m*, Negligee *n*

pejorative ['piːdʒərətɪv; pɪ'dʒɒrətɪv; *US a.* -'dʒɑr-; 'pedʒəˌreɪ-] A ADJ (ADV ~ly) pejorativ, abschätzig, herabsetzend B S LING Pejorativum *n*, abschätziges Wort

peke [piːk] *umg für* Pekingese 2

Pekinese [ˌpiːkɪ'niːz] → Pekingese

Peking [ˌpiː'kɪŋ] S → Beijing

Peking duck ['piːkɪŋ] S GASTR Pekingente *f*

Pekingese [ˌpiːkɪŋ'iːz] *pl* -ese S 1 Bewohner(in) von Peking: **the ~** *koll* die Bewohner *pl* von Peking 2 Pekinese *m* (*Hund*)

Peking man [ˌpiː'kɪŋ] S *irr* HIST Peking-mensch *m*

pekoe ['piːkəʊ] S Pekoe(tee) *m*

pelage ['pelɪdʒ] S ZOOL Körperbedeckung *f* der Säugetiere

pelagian [pe'leɪdʒɪən] ADJ BIOL pelagisch (*im freien Meer lebend*)

pelargonic [ˌpelə(r)'gɒnɪk; *US* -'gɑ-; -'gəʊ-] ADJ CHEM Pelargon…: ~ **acid**; **pelargonium** [-'gəʊnjəm; -ɪəm] S BOT Pelargonie *f*

pelerine ['peləriːn; *US* -rən; ˌpelə'riːn] S Pelerine *f* (*Umhang*)

pelf [pelf] S *pej* (schnöder) Mammon

pelham ['peləm] S Pelham *m* (*Zaumzeug aus Kandare u. beweglichem Trensenmundstück*)

pelican ['pelɪkən] S 1 ORN Pelikan *m*: ~ **in her piety** *fig* Pelikan, der sich die Brust aufreißt, um s-e Jungen mit s-m Blut zu füttern (*Sinnbild Christi od der Nächstenliebe*) 2 → pelican crossing; ~ **crossing** S Ampelübergang *m*; ≗ **State** S *US* (*Beiname für den Staat*) Louisiana *n*

pelisse [pe'liːs] S (*langer*) Damen- *od* Herrenmantel (*mit Pelzbesatz*)

pellagra [pe'leɪgrə; -'læg-] S MED Pellagra *n*

P

(*e-e Vitaminmangelkrankheit*)

pellet ['pelɪt] S 1 Kügelchen *n* 2 PHARM Kügelchen *n*, Pille *f*, Mikrodragee *n* 3 Schrotkorn *n* (*Munition*) 4 Kugelverzierung *f*: ~ **mo(u)lding** ARCH Kugelfries *m* 5 ORN Gewölbe *n*

pellicle ['pelɪkl] S Häutchen *n*, Membran *f*; **pellicular** [-'lɪkjʊlə(r)] ADJ häutchenförmig, membranartig

pellitory ['pelɪtərɪ; *US* -ˌtəʊri:; -ˌtɔ:-] S BOT 1 Mauerkraut *n* 2 Mutterkraut *n* 3 Speichelwurz *f* 4 Schafgarbe *f*

pell-mell [ˌpel'mel] A ADV 1 wild durcheinander 2 unordentlich, wie Kraut u. Rüben *umg* 3 überstürzt, Hals über Kopf *umg* B ADJ 1 kunterbunt 2 überstürzt C S Durcheinander *n*, Wirrwarr *m*

pellucid [pe'lju:sɪd; -'lu:-; *US* pə'lu:-] ADJ durchsichtig, klar (*a. fig*)

pelmet ['pelmɪt] S *Br* Blende *f* (*für e-e Gardinenleiste*)

pelt[1] [pelt] S 1 Fell *n*, (rohe) Haut, (Tier)Pelz *m* 2 *bes US hum* Fell *n*, Haut *f* (*des Menschen*): **in one's ~** im Adams- *od* Evaskostüm *hum*

pelt[2] [pelt] A V/T 1 *j-n* bewerfen (**with** mit), *j-n* bombardieren (**with** mit) (*a. fig*) 2 *j-n* verprügeln, *j-m* das Fell gerben *umg* B V/I 1 mit Steinen *etc* werfen (**at** nach) 2 *a.* ~ **down** (nieder)prasseln (*Regen etc*): **~ing rain** Platzregen *m*; **it was ~ing down**, *bes Br* **it was ~ing with rain** es goss in Strömen 3 stürmen, stürzen C S 1 Schlag *m* 2 Wurf *m* 3 Prasseln *n*, Klatschen *n* (*von Regen, Schlägen*) 4 Eile *f*: **(at) full ~** mit voller Geschwindigkeit, mit Karacho *umg*

peltate ['pelteɪt] ADJ BOT 1 mit dem Stängel in der Mitte (angewachsen) 2 schildförmig (*Blatt*)

Peltier| effect ['peltɪeɪ] S PHYS Peltier-Effekt *m*; ~ **element** S ELEK Peltier-Element *n*

peltry ['peltrɪ] S 1 Rauch-, Pelzwaren *pl* 2 Fell *n*, Haut *f*

pelt wool S TECH Sterblingswolle *f*

pelvic ['pelvɪk] ADJ ANAT Becken...: ~ **arch** (*od* **girdle**) Beckengürtel *m*; ~ **cavity** Beckenhöhle *f*; ~ **fin** FISCH Bauchflosse *f*; ~ **inlet** Beckeneingang *m*; ~ **presentation** MED Becken(end)lage *f*

pelvis ['pelvɪs] *pl* -ves [-vi:z] S ANAT Pelvis *f*, Becken *n*

Pembrokeshire ['pembrʊkʃə(r); -ʃɪə(r)] S Pembrokeshire *n* (*Grafschaft in Südwestwales*)

pemmican ['pemɪkən] S Pemmikan *m* (*gepresstes Dörrfleisch*)

pen[1] [pen] A S 1 Gehege *n*, Pferch *m*, (*Schaf*) Hürde *f*, Verschlag *m* (*für Geflügel etc*), (*Hühner*) Stall *m* 2 Laufstall *m* (*für Kleinkinder*) 3 (Stau-)Damm *m* 4 SCHIFF, MIL U-Boot-Bunker *m* B V/T *prät u. pperf* **penned**, *US a.* **pent** *a.* ~ **in**, ~ **up** a einpferchen, -schließen b *fig j-s* Aktionsradius *etc* einengen: **feel ~ned in** sich eingeengt fühlen

pen[2] [pen] A S 1 a (*Schreib*) Feder *f* b Federhalter *m* c Füller *m* d Kugelschreiber *m*: **take ~ in hand, take up one's ~** zur Feder greifen; **put** (*od* **set**) **~ to paper** die Feder ansetzen; ~ **and ink** Schreibzeug *n*; **the ~ is mightier than the sword** (*Sprichwort*) die Feder ist mächtiger als das Schwert 2 *fig* Feder *f*, Stil *m*: **he has a sharp ~** er führt e-e spitze Feder 3 *fig* a Schriftstellerei *f* b Schriftsteller(in) B V/T 1 (auf-, nieder)schreiben 2 ab-, verfassen

pen[3] [pen] S ORN weiblicher Schwan

pen[4] [pen] S *US sl* Kittchen *n* (*Gefängnis*)

PEN[5] ABK International Association of Poets, Playwrights, Editors, Essayists, and Novelists PEN-Club *m*

pen. ABK peninsula

penal ['pi:nl] ADJ (ADV ~ly) 1 Straf...: ~ **code** Strafgesetzbuch *n*; ~ **colony** (*od* **settlement**) Sträflingskolonie *f*; ~ **duty** Strafzoll *m*; ~ **institution** Straf(vollzugs)anstalt *f*, Justizvollzugsanstalt *f*; ~ **law** Strafrecht *n*; ~ **reform** Strafrechtsreform *f*; ~ **servitude** *Br* HIST Zuchthaus (-strafe) *n(f)*; ~ **sum** Vertrags-, Konventionalstrafe *f* 2 strafbar, sträflich: ~ **act** (*od* **offence**, *US* **offense**) strafbare Handlung, Straftat *f*; **not be a ~ offence** nicht strafbar sein; **penalization** [-nəlaɪ'zeɪʃn; *US* -lə'z-] S Bestrafung *f*; **penalize** V/T 1 bestrafen, mit e-r Strafe belegen 2 bestrafen, belasten, benachteiligen 3 *etwas* unter Strafe stellen

penalty ['penltɪ] S 1 (*gesetzliche*) Strafe: **on** (*od* **under**) ~ **of** bei Strafe von, unter Androhung von (*od gen*); **on ~ of death** bei Todesstrafe; **penalties** Strafbestimmungen; **pay** (*od* **bear**) **the ~ of sth** etwas büßen 2 (*Geld-, a. Vertrags*) Strafe *f*, Buße *f* 3 *fig* Nachteil *m*: **the ~ of fame** der Fluch des Ruhms 4 SPORT a Strafe *f* b Strafpunkt *m* c (*Fußball*) Elfmeter *m* d (*Hockey*) Siebenmeter *m* e (*Eishockey*) Penalty *m*; ~ **area** S *Fußball*: Strafraum *m*; ~ **box** S 1 → penalty area 2 *Eishockey*: Strafbank *f*: **be in the ~** auf der Strafbank sitzen; **put in the ~** auf die Strafbank schicken; ~ **clause** S JUR Strafklausel *f* (*e-s Vertrags*); ~ **corner** S *Hockey*: Strafecke *f*; ~ **goal** S *Fußball*: Elfmetertor *n*; ~ **kick** S 1 *Fußball*: Strafstoß *m* 2 *Rugby*: Straftritt *m*; ~ **kick mark** S *Fußball*: Strafstoßmarke *f*; ~ **killer** S *Eishockey*: Penalty-Killer(in), Unterzahlspezialist(in); ~ **killing** S *Eishockey*: Penalty-Killing *n*, Unterzahlspiel *n*; ~ **rates** SPL WIRTSCH *Aus* Zulagen *pl* (*für Überstunden etc*); ~ **shootout** S a *Fußball*: Elfmeterschießen *n* b *Eishockey*: Penalty-Schießen *n*; ~ **shot** S 1 *Eishockey*: Strafschuss *m* 2 *Golf*: Strafschlag *m* 3 *Basketball*: *US* Freiwurf *m*; ~ **spot** S 1 *Fußball*: Elfmeterpunkt *m* 2 *Hockey*: Siebenmeterpunkt *m*; ~ **stroke** S *Golf, Hockey*: Strafschlag *m*; ~ **taker** S *Fußball*: Elfmeterschütze *m*, -schützin *f*; ~ **timekeeper** S *Eishockey etc*: Strafzeitnehmer(in)

penance ['penəns] S 1 REL Buße *f*, Reue *f*: **do ~ (for sth)** a (für etwas) Buße tun b *fig* (etwas) büßen 2 REL *oft* ♀ (Sakrament *n* der) Buße *f od* Beichte *f* 3 *fig* Strafe *f*: **it's a ~ for ...** das ist die Strafe für ...

pen-and-ink A ADJ: ~ **drawing** Federzeichnung *f* B S *Br sl hum* Gestank *m*

penates [pe'nɑ:teɪz; *bes US* pə'neɪti:z] SPL *Antike*: Penaten *pl*, Hausgötter *pl*

pence [pens] *pl von* penny 1

penchant ['pɑ̃:ŋʃɑ̃:ŋ; *US* 'pentʃənt] S (**for**) Neigung *f*, Hang *m* (zu), Vorliebe *f* (für): **have a ~ for doing sth** dazu neigen, etwas zu tun

pencil ['pensl] A S 1 (*Blei-, Zeichen-, Farb*) Stift *m*: **red ~** Rotstift; **in ~** mit Bleistift 2 a *obs* (Maler)Pinsel *m* b *fig* Mal-, Zeichenkunst *f* c *fig* Stil *m* (*e-s Zeichners*) 3 MED, TECH, *Kosmetik*: Stift *m* 4 ZOOL Büschel *n* 5 MATH, PHYS (*Strahlen*) Bündel *n*, Büschel *n*: ~ **of light** Lichtbündel; ~ **of planes** Ebenenbüschel; ~ **beam** Schmalbündel, bleistiftförmiges Strahlenbündel B V/T *prät u. pperf* **-ciled**, *bes Br* **-cilled** 1 zeichnen, entwerfen 2 mit e-m Bleistift aufschreiben *od* anzeichnen *od* anstreichen 3 mit e-m Stift behandeln, *die Augenbrauen etc* nachziehen; ~ **case** S Federmäppchen *n*

penciled, *bes Br* **pencilled** ADJ 1 fein gezeichnet *od* gestrichelt 2 mit Bleistift gezeichnet *od* geschrieben *od* angestrichen 3 büschelig (*a.* PHYS) 4 MATH, PHYS gebündelt (*Strahlen etc*)

pencil| eraser S Radiergummi *m*; ~ **pusher** *US* → penpusher; ~ **sharpener** S (Bleistift)Spitzer *m*

pendant ['pendənt] A S 1 (*Ohr- etc*) Gehänge *n*, Anhänger *m* (*e-r Halskette etc*) 2 Behang *m* (*z. B. an Kronleuchtern*) 3 *a.* ~ **lamp** Hängeleuchter *m*, -lampe *f* 4 *a.* ~ **bow** Bügel *m*, Gehänge *n* (*e-r Uhr*) 5 *fig* Anhang *m* (*e-s Buches etc*), Anhängsel *n* 6 [*a.* 'pɑ̃:dɑ̃:] Pendant *n*, Seiten-, Gegenstück *n* (*alle*: **to** zu) 7 SCHIFF Stander *m* (*fest montierte Stahltrosse auf e-m Schiff*) 8 ARCH herabhängender Schlussstein B ADJ → pendent A: ~ **cord** ELEK Hängeschnur *f*; ~ **switch** Schnurschalter *m*

pendency ['pendənsɪ] S *bes* JUR Schweben *n*, Anhängigkeit *f*: **during the ~ of a suit** → pendente lite

pendent ['pendənt] A ADJ 1 (herab-)hängend, Hänge... 2 überhängend (*Fels etc*) 3 *fig* JUR → pending A 2 4 LING unvollständig B S → pendant A

pendente lite [penˌdentɪ'laɪtɪ] ADV JUR bei schwebendem Verfahren, während der Anhängigkeit e-s Verfahrens

pendentive [pen'dentɪv] S ARCH 1 Hänge-, Strebebogen *m* 2 Pendentif *n* (*Gewölbezwickel*)

pending ['pendɪŋ] A ADJ 1 bevorstehend, *engS.* drohend 2 *fig bes* JUR schwebend, anhängig, (noch) unentschieden: **cases ~ before the Court** (vor dem Gericht) anhängige Sachen 3 anstehend: **matters ~**; **be ~** anstehen B PRÄP a während b bis zu: ~ **further information** bis weitere Auskünfte vorliegen

pendulous ['pendjʊləs; *US* -dʒə-; -də-] ADJ (herab)hängend, pendelnd: ~ **abdomen** Hängebauch *m*; ~ **breasts** *pl* Hängebusen *m*; ~ **motion** Pendelbewegung *f*

pendulum ['pendjʊləm; *US* -dʒə-; -də-] A S 1 MATH, PHYS Pendel *n* 2 TECH a Pendel *n*, Perpendikel *n/m* (*e-r Uhr*) b Schwunggewicht *n* 3 *fig* Pendel *n*, wechselnde Stimmung *od* Haltung: **the ~ of public opinion** B ADJ Pendel...: ~ **clock** (**contact, saw, weight**, *etc*); ~ **wheel** Unruh *f*

penetrable ['penɪtrəbl] ADJ (ADV **penetrably**) durchdringlich

penetralia [ˌpenɪ'treɪljə; -lɪə] SPL 1 (*das*) Innerste 2 *fig* Geheimnisse *pl*, intime Dinge *pl*

penetrate ['penɪtreɪt] A V/T 1 durchdringen, eindringen in (*akk*), durchbohren, -schlagen, (*a.* MIL *taktisch*) durchstoßen, dringen durch 2 FLUG, MIL einfliegen *od* -dringen in (*akk*) 3 *fig* a (*seelisch*) durchdringen, erfüllen, ergreifen b (*geistig*) eindringen in (*akk*), erforschen, ergründen, durchschauen: ~ **sb's disguise** j-n durchschauen B V/I 1 eindringen (**into** in *akk*), durchdringen (**to** zu), dringen (**through** durch): ~ **deep into the skin** tief in die Haut eindringen (*Creme etc*); ~ **into a secret** *fig* ein Geheimnis ergründen 2 durch-, vordringen, sich e-n Weg bahnen (**to** bis zu, zu) 3 ankommen (*verstanden werden*): **the idea has ~d** der Groschen ist gefallen *umg*; **penetrating** ADJ (ADV ~ly) 1 *allg* durchdringend (*Blick, Schrei, Wind etc*): ~ **intellect** scharfer Verstand; ~ **odo(u)r** penetranter Geruch; ~ **power** → penetration 2 2 scharfsinnig 3 bohrend (*Blick, Frage*); **penetratingness** S Scharfsinn *m*

penetration [ˌpenɪ'treɪʃn] S 1 Ein-, Durchdringen *n*, Durchbohren *n*, -stoßen *n*, MIL Durch-, Einbruch *m*, FLUG Einflug *m* 2 Eindringungsvermögen *n*, Durchschlagskraft *f*, Tiefenwirkung *f* 3 OPT, PHYS Schärfe *f*, Auflösungsvermögen *n* 4 *fig* Ergründung *f* 5 *fig* Durchdringung *f*, Ein-, Vordringen *n*, Einflussnahme *f*: **peaceful ~ of a country** friedliche Durchdringung e-s Landes 6 *fig* Scharfsinn *m*, scharfer Verstand

penetrative ['penɪtrətɪv; *bes US* -treɪtɪv] ADJ (ADV ~ly) 1 durchdringend, Eindringungs...: ~ **effect** Eindringungstiefe *f* (*e-s Geschosses*) 2 → penetrating 3 eindringlich

pen| feather S ORN Schwungfeder *f*; **~ friend** S Brieffreund(in)
penguin ['peŋgwɪn; *US a.* 'pen-] S ORN Pinguin *m*; **~ suit** S *umg Raumfahrt*: Raumanzug *m*
penholder S Federhalter *m*; **~ grip** S *Tischtennis*: Penholdergriff *m*
penial ['pi:nɪəl] ADJ ANAT Penis...
penicillate [,penɪ'sɪlɪt; -leɪt] ADJ BOT, ZOOL 1 pinselförmig 2 streifig
penicillin [,penɪ'sɪlɪn] S MED Penizillin *n*
penile ['pi:naɪl] ADJ ANAT Penis...
penin. ABK peninsula
peninsula [pɪ'nɪnsjʊlə; *US* -sələ; -tʃələ] S Halbinsel *f*: **the (Iberian) ≈** die Pyrenäenhalbinsel; **peninsular** ADJ 1 peninsular(isch), Halbinsel...: **the ≈ War** der Peninsular- *od* Halbinselkrieg *(Napoleons gegen die Spanier; 1808-14)*; **≈ State** *US (Beiname für den Staat)* Florida *n* 2 halbinselförmig
penis ['pi:nɪs] *pl* -nises, -nes [-ni:z] S ANAT Penis *m*, männliches Glied; **~ envy** S PSYCH Penisneid *m*
penitence ['penɪtəns] S Buße *f*: a REL Bußfertigkeit *f* b Reue *f*, Zerknirschung *f*; **penitent** A ADJ (ADV ~ly) a REL bußfertig b reuig, zerknirscht B S 1 REL Bußfertige(r) *m/f(m)*, Büßer(in) 2 KATH Pönitent(in), Beichtkind *n*; **penitential** [-'tenʃl] A ADJ (ADV ~ly) 1 → penitent A a 2 REL als Buße auferlegt, Buß...: **~ psalm** Bußpsalm *m* B S *a.* **~ book** KATH Pönitenz-, Bußbuch *n*
penitentiary [,penɪ'tenʃərɪ] A S 1 KATH Pönitentiar *m*, Bußpriester *m*, Beichtvater *m* 2 KATH *(päpstliches)* Bußgericht: **Grand ≈** *Kardinal, der dem päpstlichen Bußgericht vorsteht* 3 *US (Staats)* Gefängnis *n* B ADJ 1 REL Buß...: **~ priest**; **~ pilgrim** Bußpilger *m* 2 **~ crime** *US* Verbrechen, auf das e-e Gefängnisstrafe steht
pen|knife S *irr* Taschenmesser *n*; **~man** [-mən] S *irr* 1 Schreiber *m* 2 Schönschreiber *m*, Kalligraf *m* 3 Mann *m* der Feder, Literat *m*; **~manship** S 1 Schönschreibkunst *f*, Kalligrafie *f* 2 Stil *m* 3 a schriftstellerisches Können, Kunst *f* des Schreibens b schriftstellerische Leistung
Penn(a). ABK Pennsylvania
pen name S Schriftstellerdeckname *m*, Pseudonym *n*
pennant ['penənt] S 1 SCHIFF a Stander *m* *(dreieckige Flagge)* b → pendant A 7 2 Wimpel *m*, (MIL, HIST Lanzen)Fähnchen *n* 3 SPORT *US* Sieges-, Meisterschaftswimpel *m* 4 MUS *US* Fähnchen *n*
penniless ['penɪlɪs] ADJ (ADV ~ly) ohne e-n Pfennig (Geld), mittellos, arm: **be ~** keinen Pfennig Geld haben
Pennine Chain [,penaɪn'tʃeɪn] S Penninisches Gebirge
pennon ['penən] S 1 → pennant 1 a, 2 2 *poet* Fittich *m*, Schwinge *f*
Pennsylvania Dutch [,pensɪl'veɪnjə; -nɪə] S 1 KOLL Pennsylvanisch-Deutsche *pl*, in Pennsylvania lebende Deutschamerikaner *pl* 2 LING Pennsylvanisch-Deutsch *n*
Pennsylvanian A ADJ pennsylvanisch B S Pennsylvanier(in)
penny ['penɪ] S 1 *pl* pennies, *bes koll* pence [pens] *Br* Penny *m* *(1/100 Pfund)*: **in pennies** in Pennymünzen; **in for a ~, in for a pound** *(Sprichwort)* a wer A sagt, muss auch B sagen b wenn schon, denn schon; **take care of the pence, and the pounds will take care of themselves** *(Sprichwort)* spare im Kleinen, dann hast du im Großen; **a ~ for your thoughts** ich gäb was dafür, wenn ich wüsste, woran Sie jetzt denken; **a pretty** (*od* **tidy**) **~** *umg* ein hübsches Sümmchen, e-e Stange Geld; **the ~ has dropped** *umg* der Groschen ist gefallen; **a bad ~ always turns up** *(Sprichwort) pej* solche Leute kommen immer wieder; **they are two** (*od* **ten**) **a ~** *umg* a sie sind spottbillig, man bekommt sie nachgeworfen b es gibt sie wie Sand am Meer; **it won't cost you a ~** es wird dich keinen Pfennig kosten; **count (the) pennies** jeden Pfennig umdrehen; **he hasn't got two pence to rub together** *umg* er hat keinen Pfennig Geld; **spend a ~** *euph* mal verschwinden; → honest A 3, name *Bes Redew* 2 *pl* pennies *US* Cent *m*
penny|-a-liner S *bes Br pej obs* Schreiberling *m*; **~ ante** S *US* 1 *Pokerspiel, bei dem der (erste) Einsatz e-n Cent beträgt* 2 *umg* kleine Fische *pl* *(unbedeutende Sache)*; **~ arcade** S *bes US* Spielsalon *m*; **≈ Black** S *Philatelie: (die)* schwarze Queen Victoria; **~ dreadful** *pl* -fuls S *bes Br umg* Groschenheft *n*, -roman *m*; **~-farthing** S HIST *Br* Hochrad *n* *(frühe Form des Fahrrads)*; **~ gaff** → gaff[2]; **~-pincher** S *umg* Pfennigfuchser(in); **~-pinching** *umg* A S Pfennigfuchserei *f* B ADJ knaus(e)rig *umg*; **~royal** S BOT Poleiminze *f*, Flohkraut *n*; **~weight** S Pennyweight *n* *(1/20 Unze = 1,555 g)*; **~ whistle** S MUS Blechflöte *f*; **~-wise** ADJ: **be ~** im Kleinen sparsam sein; **be ~ and pound-foolish** im Kleinen sparsam u. im Großen verschwenderisch sein, am falschen Ende sparen; **~wort** S BOT 1 Nabelkraut *n* 2 Wassernabel *m* 3 *(e-e)* Sibthorpie 4 Zymbelkraut *n*; **~worth** ['penəθ; 'penɪwəθ; *US* 'peni:,wɜrθ] S 1 *was man für e-n Penny kaufen kann*: **a (ten) ~ of sweets** für e-n Penny (zehn Pence) Bonbons 2 *(bes* guter) Kauf: **a good ~** *a.* sehr preisgünstig 3 **not a ~ of sense** nicht für fünf Pfennig Verstand *umg*
penology [pi:'nɒlədʒɪ; *US* -'nɑ-] S Pönologie *f* *(Lehre von den Strafen u. ihrer Vollstreckung)*
pen| pal S *umg* Brieffreund(in); **~pusher** S *umg* Bürohengst *m*; **~pushing** S *umg* Schreibkram *m*
pensile ['pensaɪl] ADJ (herab)hängend, Hänge...
pension[1] ['penʃn] A S Rente *f*, Pension *f*, Ruhegeld *n*: **be on a ~** e-e Rente beziehen; **~ fund** Pensionskasse *f*; **~ plan** (*od* **scheme**) (Alters)Versorgungsplan *m* B V/T **~ off** a *j-n* pensionieren, in den Ruhestand versetzen b *umg e-e Maschine etc* ausrangieren
pension[2] ['pɑ:ŋsɪɔ̃:ŋ; *US* pɑ:ns'jəʊn] S 1 Pension *f*, Fremdenheim *n* 2 Vollpension *f*
pensionable ['penʃənəbl] ADJ renten-, pensionsberechtigt: **of ~ age** im Renten- *od* Pensionsalter
pensionary ['penʃənərɪ; *US* -,neri:] A ADJ 1 Renten..., Pensions... 2 pensioniert, im Ruhestand B S 1 → pensioner 2 *pej* Mietling *m*
pensioner ['penʃənə(r)] S Rentner(in), Pensionär(in), Ruhegeldempfänger(-in)
pensive ['pensɪv] ADJ (ADV ~ly) 1 nachdenklich, gedankenvoll 2 ernst, tiefsinnig; **pensiveness** S 1 Nachdenklichkeit *f* 2 Tiefsinn *m*
penstock S TECH 1 Schützenwehr *n*, Stauanlage *f* 2 Mühlgraben *m* 3 Rohrzuleitung *f*, Druckrohr *n*
pent [pent] *US prät u. pperf von* pen[1]: → pent-up
pentacle ['pentəkl] → pentagram
pentad ['pentæd] S 1 Fünfergruppe *f* 2 CHEM fünfwertiges Element *od* Radikal 3 Jahrfünft *n*
pentagon ['pentəgən; *US* -,gɑn] 1 MATH Fünfeck *n* 2 **the ≈** *US* das Pentagon: a *das Gebäude des amer. Verteidigungsministeriums* b *das amer. Verteidigungsministerium*; **pentagonal** [-'tægənl] ADJ MATH fünfeckig
pentagram ['pentəgræm] S Pentagramm *n*, Drudenfuß *m*
pentahedral [,pentə'hi:drəl] ADJ MATH fünfflächig; **pentahedron** [-drɒn; *bes US* -drən] *pl* -drons, -dra [-drə] S Pentaeder *n*, Fünfflächner *m*, -flach *n*
pentameter [pen'tæmɪtə(r)] S LIT Pentameter *m* *(ein fünffüßiger Vers)*
pentane ['penteɪn] S CHEM Pentan *n*
pentasyllabic [,pentəsɪ'læbɪk] ADJ LING, LIT fünfsilbig
Pentateuch ['pentətju:k; *US a.* -,tu:k] S BIBEL Pentateuch *m* *(die 5 Bücher Mose)*
pentathlete [pen'tæθli:t] S SPORT Fünfkämpfer(in); **pentathlon** [-lɒn; *US* -,lɑn] S Fünfkampf *m*
pentatomic [,pentə'tɒmɪk; *US* -'tɑ-] ADJ CHEM 1 fünfatomig 2 fünfwertig
pentatonic [,pentə'tɒnɪk; *US* -'tɑ-] ADJ MUS pentatonisch *(fünfstufig)*
pentavalent [,pentə'veɪlənt] ADJ CHEM fünfwertig
Pentecost ['pentɪkɒst; *US a.* -,kɑst] S REL 1 Pfingsten *n od pl*, Pfingstfest *n* 2 jüdisches Erntefest; **Pentecostal** ADJ pfingstlich, Pfingst...; **Pentecostalism** S Pfingstbewegung *f*
penthouse ['penthaʊs] S ARCH 1 Wetter-, Vor-, Schutzdach *n* 2 Penthouse *n* *(Luxuswohnung auf dem Flachdach e-s Hochhauses)* 3 Anbau *m*, Nebengebäude *n*
pentode ['pentəʊd] S ELEK Pentode *f*, Fünfpolröhre *f*
pentstemon [pent'stemən; *bes US* -'sti:-] S BOT Bartfaden *m*
pent-up ADJ 1 eingepfercht 2 *fig* angestaut *(Gefühle)*: **~ demand** *US* Nachholbedarf *m*
penult [pe'nʌlt; *US* 'pi:,n-] S LING, LIT vorletzte Silbe; **penultimate** [pe'nʌltɪmət; *US* pɪ-] A ADJ vorletzt(er, e, es) B S → penult
penumbra [pɪ'nʌmbrə] *pl* -brae [-bri:], -bras S 1 PHYS Halbschatten *m* *(a. fig)* 2 ASTRON Penumbra *f* *(dunkleres Randgebiet e-s Sonnenflecks)* 3 MAL Übergang *m* von hell zu dunkel; **penumbral** ADJ halbdunkel, Halbschatten...
penurious [pɪ'njʊərɪəs; *US a.* -'nʊr-] ADJ (ADV ~ly) 1 karg 2 arm 3 geizig; **penury** ['penjʊrɪ] S 1 Armut *f*, Not *f*: **live in utter ~** in bitterer Armut leben 2 Knappheit *f*, Mangel *m* *(beide: **of** an dat)*
peon ['pi:ən] S 1 *[Br bes* pju:n] Soldat *m od* Polizist *m od* Bote *m* *(in Indien u. Ceylon)* 2 Peon *m*: a Tagelöhner *m* *(in Südamerika)* b *(durch Geldschulden)* zu Dienst verpflichteter Arbeiter *(Mexiko)* 3 *US* zu Arbeit herangezogener Sträfling; **peonage**, **peonism** S 1 Dienstbarkeit *f*, Leibeigenschaft *f* 2 *US* Peonage *f*, System *n* der Verdingung von Sträflingen an Unternehmer
peony ['pɪənɪ] S BOT Pfingstrose *f*
people ['pi:pl] A S *(1-6 als pl konstruiert)* 1 KOLL die Menschen *pl*, die Leute *pl*: **English ~** (die) Engländer; **London ~** die Londoner (Bevölkerung); **literary ~** Literaten; **a great many ~** sehr viele Leute; **some ~** manche (Leute); **I don't like to keep ~ waiting** ich lasse die Leute nicht gern warten 2 man: **~ say that ...** man sagt, dass ... 3 Leute *pl*, Personen *pl*: **there were ten ~ present**; **he of all ~** ausgerechnet er; **know the right ~** die richtigen Leute kennen, gute Beziehungen haben; **~ carrier** (*od* **mover**) a Personenbeförderungsmittel *n* *(Rollsteig, Rolltreppe etc)* b → minivan 4 *(mit poss pr) umg* Leute *pl*, Familie *f*, Angehörige(n) *pl*: **my ~** 5 Leute *pl* *(Untergeordnete)*: **he treated his ~ well** 6 **the ~** a das *(gemeine)* Volk, die Masse (des Volkes) b die Bürger *pl od* Wähler *pl*, die Bevölkerung: **~ power** Basisdemokratie *f*; **the ≈'s Party** *US* HIST die Volkspartei *(1891 gegründete Partei der* **Populists**); **~'s**

front Volksfront *f*; **~'s man** Mann *m* des Volkes; **~'s democracy** Volksdemokratie *f*; **~'s republic** Volksrepublik *f* **7** *pl* **peoples** Volk *n*, Nation *f*: **the ~s of Europe**; → chosen B **B** VT besiedeln, bevölkern (*beide*: **with** mit)

pep[1] [pep] *umg* **A** S Elan *m*, Schwung *m*, Schmiss *m*, Pep *m*: **~ pill** Aufputschpille *f*; **~ talk** Anfeuerung *f*, anfeuernde *od* aufmunternde Worte *pl* **B** VT *meist* **~ up** a *j-n* aufmöbeln, in Schwung bringen (*beide umg*) b **~ things up** Schwung in den Laden bringen (*beide umg*)

PEP[2] ABK political and economic planning

pepper ['pepə(r)] **A** S **1** a Pfeffer *m* (*Gewürz*): **black (white) ~** b Paprikaschote *f* **2** BOT Pfefferstrauch *m*, *bes* a Spanischer Pfeffer b Roter Pfeffer, Cayennepfeffer *m* c Paprika *m* **3** *pfefferähnliches, scharfes Gewürz (z. B. Ingwer)*: **~ cake** Gewürz-, Pfefferkuchen *m* **B** VT **1** pfeffern **2** *allg* würzen **3** bestreuen, sprenkeln, übersäen (*alle*: **with** mit) **4** *fig e-e Rede, den Stil etc* würzen, pfeffern (*beide*: **with** mit) **5** bepfeffern (**with** mit), *fig a.* bombardieren (**with** mit *Fragen etc*) **6** verprügeln; **~-and-salt** **A** ADJ **1** pfeffer- u. salzfarben, grau getüpfelt *od* gesprenkelt (*Stoff*) **2** grau meliert (*Haar*) **B** S **1** a Pfeffer u. Salz *n* (*Stoff*) b Anzug *m* in Pfeffer u. Salz **2** Pfeffer-und-Salz-Farbe *f od* -Muster *n*; **~box** S US Pfefferstreuer *m*; **~corn** **A** S **1** Pfefferkorn *n*: **white ~s** *pl* weißer Pfeffer **2** *fig* Bagatelle *f*, Lappalie *f* **B** ADJ **~ rent** a geringfügige Miete b nominelle Miete; **~ mill** S Pfeffermühle *f*

peppermint ['pepə(r)mɪnt] S **1** BOT Pfefferminze *f* **2** *a.* **~ oil** Pfefferminzöl *n* **3** *a.* **~ drop** (*od* **lozenge**) Pfefferminzpastille *f*, -plätzchen *n*, -bonbon *m/n*; **~ camphor** S CHEM Menthol *n*

pepper pot S **1** Pfefferstreuer *m* **2** *westindisches, stark gewürztes Eintopfgericht* **3** *a.* **Philadelphia ~** US *stark gewürzte Suppe mit Kaldaunen etc*

peppery ['pepərɪ] ADJ **1** pfeff(e)rig, pfefferartig, scharf, beißend **2** *fig* jähzornig, hitzig **3** *fig* gepfeffert, scharf, beißend (*Stil etc*)

peppy ['pepɪ] ADJ (ADV **peppily**) *umg* schmissig, schwungvoll, forsch

pepsin(e) ['pepsɪn] S *Biochemie*: Pepsin *n* (*Eiweiß spaltendes Enzym des Magensaftes*)

peptic ['peptɪk] ANAT, MED **A** ADJ **1** Verdauungs…: **~ gland** Fundusdrüse *f*; **~ ulcer** Magengeschwür *n* **2** peptisch, verdauungsfördernd **B** S verdauungsförderndes Mittel

peptone ['peptəʊn] S *Biochemie*: Pepton *n* (*Abbaustoff des Eiweißes*)

per [pɜː; pə; US pɜr; pər] PRÄP **1** per, durch: **~ bearer** durch Überbringer; **~ post** durch die Post, auf dem Postwege; **~ rail** per Bahn **2** pro, für: **~ annum** ['ænəm] pro Jahr, jährlich; **~ capita** ['kæpɪtə] pro Kopf *od* Person; **~ capita income** Pro-Kopf-Einkommen *n*; **~ capita quota** Kopfquote *f*; **~ cent** pro *od* vom Hundert (→ percent); **~ mil(l)** [mɪl] pro Tausend, pro mille; **~ second** in der *od* pro Sekunde; → per contra, per diem **3** *meist* **as ~** laut, gemäß: → usual A

per. ABK **1** period **2** person Pers.

peracid [pɜːr'æsɪd] S CHEM Persäure *f*

peradventure [pərəd'ventʃə(r); US 'pɜrəd,v-] *obs* **A** ADV a vielleicht b zufällig **B** S **1** Zufall *m* **2** a Zweifel *m* b Unsicherheit *f*

perambulate [pə'ræmbjʊleɪt] **A** VT **1** durchwandern **2** begehen (*prüfend abschreiten*) **B** VI umherwandern; **perambulation** S **1** Durchwandern *n* **2** Begehung *f*; **perambulator** [-tə(r)] S **1** *bes Br* Kinderwagen *m* **2** (Durch)Wanderer *m*, (-)Wanderin *f* **3** TECH Wegmesser *m*, Messrad *n*

percale [pə(r)'keɪl; US *a.* 'pɜr,k-] S Perkal *m* (*ein Baumwollstoff*); **percaline** ['pɜːkəliːn; US ,pɜrkə'l-] S Perkalin *n* (*ein Baumwollgewebe*)

perceivable [pə(r)'siːvəbl] ADJ (ADV **perceivably**) **1** wahrnehmbar, merklich, spürbar **2** verständlich; **perceive** VT **1** wahrnehmen, empfinden, (be)merken, spüren **2** verstehen, erkennen, begreifen

percent, *Br* **per cent** [pə(r)'sent] **A** ADJ & ADV …prozentig: **a four ~ share**; **a hundred ~** hundertprozentig (*a. umg völlig etc*) **B** S **1** Prozent *n* (%): **~ by volume** Volumen-, Raumprozent **2** *pl* WIRTSCH Wertpapiere *pl* mit feststehendem Zinssatz: **three ~s** dreiprozentige Wertpapiere

percentage [pə(r)'sentɪdʒ] **A** S **1** Prozentsatz *m*: a MATH Hundertsatz *m* b *allg* Anteil *m* (**of** an *dat*) **2** Prozentgehalt *m*: **~ by weight** Gewichtsprozent *n* **3** WIRTSCH Prozente *pl* **4** Gewinnanteil *m*, Provision *f*, Prozente *pl* **5** *umg* Gewinn *m*, Vorteil *m*: **there's no ~ in doing sth** es bringt nichts, etwas zu tun **B** ADJ **1** prozentual (*Verbesserung etc*) **2** Prozent…: **~ point**; **~ sign**; **in ~ terms** prozentual (gesehen)

percept ['pɜːsept; US 'pɜr-] S wahrgenommener Gegenstand

perceptibility [pə(r),septə'bɪlətɪ] S Wahrnehmbarkeit *f*, PHIL *a.* Perzeptibilität *f*; **perceptible** ADJ (ADV **perceptibly**) wahrnehmbar, PHIL *a.* perzeptibel, merklich

perception [pə(r)'sepʃn] S **1** (sinnliche *od* geistige) Wahrnehmung, Empfindung *f*: **~ of light** Lichtempfindung **2** Wahrnehmungsvermögen *n* **3** Auffassung(sgabe) *f* **4** Vorstellung *f* (**of** von); **perceptional** [-ʃənl] ADJ Wahrnehmungs…; **perceptive** [-tɪv] ADJ (ADV **~ly**) **1** wahrnehmend, Wahrnehmungs… **2** auffassungsfähig, scharfsichtig; **perceptivity** [,pɜːsep'tɪvətɪ; US ,pɜr-], **perceptiveness** → perception 2

perceptual [pə(r)'septjʊəl; US -tʃəwəl; -tʃəl] ADJ PHIL Wahrnehmungs…

perch[1] [pɜːtʃ; US pɜrtʃ] *pl* **perches** [-ɪz], *bes koll* **perch** S FISCH Flussbarsch *m*

perch[2] [pɜːtʃ; US pɜrtʃ] **A** S **1** (Sitz-)Stange *f* (*für Vögel*), Hühnerstange *f* **2** *umg* hoher (Sitz)Platz, hohe Lage: **knock sb off their ~** j-n von s-m hohen Ross herunterholen; **come off one's ~** von s-m hohen Ross herunterkommen *od* -steigen **3** *Landvermessung*: Messstange *f* **4** *Br* Perch *n* (*Längenmaß = 5½ yards*): **(square) ~** Perch *n* (*Flächenmaß = 30¼ yards*) **5** SCHIFF Pricke *f*, Stangenseezeichen *n* **6** Lang-, Lenkbaum *m* (*e-s Wagens*) **B** VI **1** **(on)** a sich setzen *od* niederlassen (auf *akk*) b sitzen (auf *dat*) (*Vögel*) **2** *fig* thronen **C** VT setzen (**on** auf *etwas Hohes*): **~ o.s.** sich setzen (**on** auf *akk*); **be ~ed** sitzen (**on** auf *dat*)

perchance [pə'tʃɑːns; US pər'tʃæns] ADV *obs od poet* a vielleicht b zufällig

percher ['pɜːtʃə; US 'pɜrtʃər] S ORN Sitzfüßer *m*, -vogel *m*

Percheron ['pɜːʃərɒn; US 'pɜrtʃə,rɑn] S Percheron(pferd) *m(n)*

perchlorate [pə(r)'klɔːreɪt; US *a.* -'kləʊə-; -rət] S CHEM überchlorsaures Salz, Perchlorat *n*; **perchloric** ADJ überchlorig: **~ acid** Über- *od* Perchlorsäure *f*; **perchloride** [-raɪd] S Perchlorid *n*

perchlorinate [pə(r)'klɔːrɪneɪt; US *a.* -'kləʊrə-] VT CHEM perchlorieren

perchromate [pə(r)'krəʊmeɪt] S CHEM Perchromat *n*; **perchromic** ADJ Perchrom…

percipience [pə(r)'sɪpɪəns] S **1** Wahrnehmung *f* **2** Wahrnehmungsvermögen *n*; **percipient** **A** ADJ (ADV **~ly**) **1** wahrnehmend, Wahrnehmungs… **2** scharfsichtig **B** S Wahrnehmer(in)

percolate ['pɜːkəleɪt; US 'pɜr-] **A** VT **1** *Kaffee etc* filtern, filtrieren, durchseihen, durchsickern lassen **2** (durch)sickern durch (*a. fig*) **B** VI **1** durchsintern, -sickern, -laufen, versickern: **percolating tank** Sickertank *m* **2** gefiltert werden **3** *fig* durchsickern, bekannt werden **4** *fig* eindringen (**into** in *akk*) **C** S Perkolat *n*, Filtrat *n*; **percolation** S **1** Durchseihung *f*, Filtration *f* **2** *fig* Durchsickern *n*, Eindringen *n*; **percolator** [-tə(r)] S **1** Filtrierapparat *m*, Perkolator *m* **2** Kaffeemaschine *f*

per contra [,pɜː'kɒntrə; US ,pɜr'kɑn-; pər'k-] ADV **1** WIRTSCH auf der Gegenseite (*der Bilanz*), als Gegenforderung *od* -leistung **2** im Gegenteil

percuss [pə(r)'kʌs] VT MED perkutieren, abklopfen

percussion [pə(r)'kʌʃn] **A** S **1** Schlag *m*, Stoß *m*, Erschütterung *f* **2** *fig* Wirkung *f*: **have ~** nicht ohne Wirkung bleiben **3** MED a Perkussion *f*, Abklopfen *n* b Klopfmassage *f* **4** MUS *koll* Schlaginstrumente *pl*, -zeug *n* **B** ADJ Schlag…, Stoß…: **~ cap** Zündhütchen *n*; **~ drill** TECH Schlag-, Stoßbohrer *m*; **~ fuse** MIL Aufschlagzünder *m*; **~ instrument** MUS Schlaginstrument *n*; **~ wave** Stoßwelle *f*; **~ welding** TECH Schlag-, Stoßschweißen *n* **C** VT MED a perkutieren, abklopfen b durch Beklopfen massieren; **percussionist** [-ʃənɪst] S MUS Schlagzeuger(in); **percussive** [-sɪv] ADJ (ADV **~ly**) **1** schlagend, Schlag…, Stoß…: **~ drill** TECH Schlag-, Stoßbohrer *m*; **~ welding** TECH Schlag-, Stoßschweißen *n* **2** *fig* heftig, wirkungsvoll

percutaneous [,pɜːkjuː'teɪnjəs; -nɪəs; US ,pɜr-] ADJ MED perkutan, durch die Haut hindurch(gehend)

per diem [,pɜː'daɪem; -'diːem; US ,pɜr-; pər-] **A** ADV & ADJ **1** täglich, pro Tag: **~ rate** Tagessatz *m* **2** tagweise (festgelegt *od* bezahlt) (*Arbeit etc*) **B** S Tagegeld *n*

perdition [pə(r)'dɪʃn] S **1** *obs* Verderben *n*, Vernichtung *f* **2** ewige Verdammnis **3** Hölle *f*

perdu(e) [pɜː'djuː; US pɜr'duː] ADJ **1** MIL *obs* im Hinterhalt, auf der Lauer: **lie ~** **2** versteckt

perdurable [pə(r)'djʊərəbl; US *a.* -'dʊr-] ADJ (ADV **perdurably**) **1** dauernd, immerwährend **2** dauerhaft, unverwüstlich

peregrinate ['perɪgrɪneɪt] **A** VI umherwandern, -reisen **B** VT durchwandern, bereisen; **peregrination** S **1** Wandern *n*, Wanderschaft *f* **2** Wanderung *f*, Reise *f*

peregrine ['perɪgrɪn; -griːn] S *a.* **~ falcon** ORN Wanderfalke *m*

peremptoriness [pə'remptərɪnɪs] S **1** Entschiedenheit *f*, Bestimmtheit *f* **2** gebieterische Art, herrisches Wesen **3** Endgültigkeit *f*; **peremptory** [-tərɪ] ADJ (ADV **peremptorily**) **1** entschieden, bestimmt **2** entscheidend, endgültig **3** bestimmt, zwingend, definitiv **4** herrisch, gebieterisch **5** JUR absprechend: **~ exception** (*od* **plea**) US peremptorische *od* dauernde Einrede; → challenge A 6 a **6** *umg* plötzlich

perennial [pə'renjəl; -nɪəl] **A** ADJ (ADV **~ly**) **1** das Jahr *od* Jahre hindurch dauernd, beständig: **~ river** perennierender (*dauernd Wasser führender*) Fluss **2** immerwährend, anhaltend: **the ~ loser** der ewige Verlierer **3** BOT perennierend, ausdauernd **B** S BOT perennierende Pflanze

perestroika [,perə'strɔɪkə] S WIRTSCH, POL, HIST Perestroika *f* (*Umbildung des sowjetischen Systems*)

perf. ABK **1** perfect Perf. **2** performance **3** perforated **4** perforation

perfect ['pɜːfɪkt; US 'pɜr-] **A** ADJ (ADV → perfectly) **1** vollkommen, vollendet, fehler-, tadel-, makellos, perfekt: **a ~ crime** ein perfektes Verbrechen; **~ line** *(Skisport etc)* Ideallinie *f*; **~ marriage** Musterehe *f*; **~ pass** SPORT Musterpass *m*; **~ pitch** absolutes Gehör; **make ~** → C 1; → practice A 2 a **2** perfekt *(gründlich ausgebildet)* (**in** in *dat*) **3** gänzlich, vollständig, genau: **a ~ circle** ein vollkommener Kreis; **~ strangers** wildfremde Leute; **he's a ~ stranger to me** er ist mir völlig unbekannt **4** *umg* rein, komplett *(Unfug etc)*: **a ~ fool** ein kompletter *od* ausgemachter Narr **5** LING vollendet: **~ participle** Partizip *n* Perfekt, Mittelwort *n* der Vergangenheit; **~ tense** → B **6** MUS vollkommen: **~ cadence** authentische Kadenz; **~ interval** reines Intervall **7** MATH ganz *(Zahl)* **B** S LING Perfekt *n*, vollendete Gegenwart: → future perfect, past A 2, present[1] A 6 **C** V/T [pə(r)ˈfekt] **1** vervollkommnen, perfektionieren **2** vervollständigen **3** *j-n* vervollkommnen: **~ o.s. in** sich vervollkommnen in *(dat)*; **perfectible** ADJ perfektionierbar

perfection [pə(r)ˈfekʃn] S **1** Vervollkommnung *f*, Vollendung *f* **2** Vollkommenheit *f*, Perfektion *f*: **bring to ~** vervollkommnen, perfektionieren **3** Vollendung *f*, Gipfel *m*, Krone *f*: **~** vollkommen, meisterlich **4** Makel-, Fehlerlosigkeit *f* **5** *pl* Fertigkeiten *pl*

perfectionism S Perfektionismus *m*: **a** PHIL *Lehre von der Vervollkommnung des Menschen als sittliches Ziel der Entwicklung der Menschheit u. als Sinn der Geschichte* **b** *übertriebenes Streben nach Perfektion*; **perfectionist** **A** S Perfektionist(in) **B** ADJ perfektionistisch

perfectly ADV **1** vollkommen, gänzlich, völlig: **~ normal** völlig normal; **~ satisfied** restlos zufrieden **2** *umg* ganz, absolut, geradezu: **~ wonderful** einfach wunderbar

perfervid [pɜːˈfɜːvɪd; *US* pərˈfɜr-; ˌpɜr-] ADJ (ADV **~ly**) *fig* glühend, heiß, inbrünstig

perfidious [pə(r)ˈfɪdɪəs; *US a.* ˌpɜr-] ADJ (ADV **~ly**) perfid, treulos, verräterisch, falsch, hinterlistig, heimtückisch; **perfidiousness**, **perfidy** [ˈpɜːfɪdɪ; *US* ˈpɜr-] S Perfidie *f*, Treulosigkeit *f*, Falschheit *f*, (Heim)Tücke *f*, Verrat *m*

perforate **A** V/T [ˈpɜːfəreɪt; *US* ˈpɜr-] perforieren, durchbohren, -löchern, lochen: **~d disk** TECH (Kreis)Lochscheibe *f*; **~d plate** TECH Siebblech *n*; **~d stamps** gezähnte Briefmarken; **~d tape** *bes US* Lochstreifen *m* **B** ADJ [-rɪt; *US a.* -ˌreɪt] **1** perforiert, durchbohrt, -löchert, gelocht, gezähnt **2** *Heraldik*: durchbrochen; **perforation** S **1** Perforation *f*, Durchbohrung *f*, -löcherung *f*, Lochung *f*: **~ of the stomach** MED Magendurchbruch *m*, -perforation **2** Perforierung *f*, (kleine) Löcher *pl*, Zähnung *f*; **perforator** [-tə(r)] S **1** Locher *m* *(Person u. Instrument)* **2** TECH Perforiermaschine *f*

perforce [pə(r)ˈfɔː(r)s; *US a.* -ˈfəʊərs] ADJ notgedrungen, gezwungenermaßen, wohl oder übel

perform [pə(r)ˈfɔː(r)m] **A** V/T **1** *e-e Arbeit, e-n Dienst etc* leisten, verrichten, machen, tun, durch-, ausführen, vollbringen, *e-e Pflicht, a. e-n Vertrag* erfüllen, *e-r Verpflichtung* nachkommen, *e-e Operation* durchführen (**on** bei) **2** *e-e Zeremonie etc* vollziehen **3** *ein Theaterstück, Konzert etc* geben, aufführen, spielen, *e-e Rolle* spielen, darstellen, *e-n Trick etc* vorführen, zeigen **4** *(auf e-m Instrument)* spielen, vortragen **B** V/I **1** s-e Aufgabe erfüllen, etwas tun *od* leisten *od* ausführen: **~ well** **a** *bes* SPORT e-e gute Leistung bringen **b** SCHULE gut abschneiden; **she ~ed well** *umg* sie war gut *(im Bett)*; **he couldn't ~** *umg* er konnte nicht **2** TECH funktionieren, arbeiten *(Maschine etc)*: *this car* **~s better** leistet mehr **3** JUR s-n Verpflichtungen *etc* nachkommen: **failure to ~** Nichterfüllung *f* **4** THEAT *etc* e-e Vorstellung geben, auftreten, spielen: **~ on the piano** Klavier spielen, etwas auf dem Klavier vortragen; **~ on television** im Fernsehen auftreten; **she has ~ed in many films** sie hat schon in vielen Filmen mitgewirkt **5** Kunststücke machen *(Tier)*; **performable** ADJ aus-, aufführbar

performance [pə(r)ˈfɔː(r)məns] S **1** Verrichtung *f*, Durch-, Ausführung *f*, Leistung *f* (*a.* SPORT), Erfüllung *f* *(e-r Pflicht, e-s Versprechens)*, PSYCH Performance *f* *(Leistung in Handlungstests)*: **in the ~ of his duty** in Ausübung s-r Pflicht; **he gave a remarkable ~** er bot e-e bemerkenswerte Leistung; **~-oriented** leistungsorientiert; **~ pay** WIRTSCH Leistungsprämie *f*; **~ principle** SOZIOL Leistungsprinzip *n*; **~-related** leistungsbezogen; **~ test** **a** SCHULE Leistungsprüfung *f* **b** PSYCH Performancetest *m* **2** JUR Leistung *f*, (Vertrags)Erfüllung *f*: **~ in kind** Sachleistung **3** Vollziehung *f* **4** **a** MUS, THEAT Aufführung *f*, Vorstellung *f*, Vortrag *m*: **~ on the piano** Klaviervortrag **b** MUS, THEAT Darstellung(skunst) *f*, Vortrag(skunst) *m(f)*, Spiel *n* **c** Performance *f* *(e-m Happening ähnliche, meist von e-m einzelnen Künstler dargebotene Aktion)*: **~ artist** Performer(in) **5** *(literarische)* Leistung *od* Arbeit **6** TECH **a** *(Arbeits)* Leistung *f* *(e-r Maschine etc)* **b** Arbeitsweise *f*, Betrieb *m*: **~ characteristic** (Leistungs)Kennwert *m*; **~ chart** Leistungsdiagramm *n*; **~ data** *pl a. als sg konstruiert)* Leistungswerte *pl*; **~ standard** Gütenorm *f* **7** WIRTSCH **a** *(gute etc)* Leistung *(z. B. Produkt e-s Unternehmens)* **b** Güte *f*, Qualität *f* *(e-s Produkts)* **8** LING Performanz *f* *(Gebrauch der Sprache)* **9** *umg* schlechtes Benehmen: **what a ~!** der *etc* hat sich vielleicht aufgeführt!

performance-enhancing ADJ leistungssteigernd: **~ drug** leistungssteigernde Substanz

performer S **1** Ausführende(r) *m/f(m)*, Vollbringer(in) **2** Schauspieler(in), Darsteller(in), Künstler(in), Musiker(in), Vortragende(r) *m/f(m)*, Tänzer(in) **3** Leistungssportler(in); **performing** ADJ **1** Aufführungs…: **~ rights** **2** dressiert *(Seehund etc)* **3** darstellend *(Künste)*

perfume **A** V/T [pə(r)ˈfjuːm] **a** durchduften, mit Duft erfüllen: **the flowers ~d the whole room** der Duft der Blumen erfüllte den ganzen Raum **b** parfümieren **B** S [ˈpɜːfjuːm; *US* ˈpɜr-] **1** Duft *m*, Wohlgeruch *m*: **~ dynamics** *pl* Raumluftverbesserung *f* *(in Büros etc mit dem Ziel der Leistungssteigerung)* **2** Parfüm *n*; **perfumer** S **a** Parfümeur(in), Parfümeriehersteller(in) **b** Parfümeriehändler(in); **perfumery** [-ərɪ] S **1** Parfümerie(n) *f(pl)* **2** Parfümherstellung *f* **3** Parfümfabrik *f* **4** Parfümerie(geschäft) *f(n)*

perfunctoriness [pə(r)ˈfʌŋktərɪnɪs] S Oberflächlichkeit *f*, Flüchtigkeit *f*; **perfunctory** ADJ (ADV **perfunctorily**) **1** oberflächlich, flüchtig **2** mechanisch **3** nichtssagend

pergola [ˈpɜːɡələ; *US* ˈpɜr-; pərˈɡəʊlə] S Pergola *f*: **a** Laube *f* **b** Laubengang *m*

perh. ABK perhaps viell.

perhaps [pə(r)ˈhæps; præps] ADV vielleicht

peri [ˈpɪərɪ] S MYTH Peri *m/f*, Elf *m*, Elfe *f*, Fee *f* *(in Persien)*

peri- [perɪ] *Wortelement mit der Bedeutung* **a** um … herum, rund um **b** *bes* MED umgebend **c** nahe bei

perianth [ˈperɪænθ] S BOT Perianth(ium) *n*, Blütenhülle *f*

pericarditis [ˌperɪkɑː(r)ˈdaɪtɪs] S MED Perikarditis *f*, Herzbeutelentzündung *f*; **pericardium** [-djəm; -ɪəm] *pl* **-dia** [-djə; -ɪə] S ANAT **1** Perikard(ium) *n*, Herzbeutel *m* **2** Herzfell *n*

pericarp [ˈperɪkɑː(r)p] S BOT Perikarp *n*, Fruchthülle *f*

periclase [ˈperɪkleɪs] S MINER Periklas *m*

Periclean [ˌperɪˈkliːən] ADJ *Antike*: perikleisch

pericranium *pl* **-nia** S ANAT Perikranium *n* *(äußere Knochenhaut des Schädels)*

perigee [ˈperɪdʒiː] S ASTRON Perigäum *n*, Erdnähe *f*

perigon [ˈperɪɡən] S MATH Vollwinkel *m*

perihelion [-ˈhiːljən] *pl* **-lia** [-ə] S ASTRON Perihel(ium) *n*, Sonnennähe *f*

peril [ˈperɪl] **A** S Gefahr *f*, Risiko *n* (*a.* WIRTSCH): **be in ~ of one's life** in Lebensgefahr sein *od* schweben; **at one's ~** auf eigene Gefahr *od* eigenes Risiko; **at the ~ of** auf die Gefahr hin, dass **B** V/T *prät u. pperf* **-iled**, *bes Br* **-illed** gefährden

perilous [ˈperɪləs] ADJ (ADV **~ly**) gefährlich, gefahrvoll

perimeter [pəˈrɪmɪtə(r)] S **1** Peripherie *f*: **a** MATH Umkreis *m* **b** *allg* Rand *m*, äußere Umgrenzungslinie **2** MED, PHYS Perimeter *n* *(Instrument zur Bestimmung des Gesichtsfeldes)*; **perimetry** [-trɪ] S MED, PHYS Perimetrie *f*, Gesichtsfeldmessung *f*

perineum [ˌperɪˈniːəm] *pl* **-nea** [-ə] S ANAT Perineum *n*, Damm *m*

perineurium [ˌperɪˈnjʊərɪəm; *US a.* -ˈnʊr-] *pl* **-ria** [-ə] S ANAT Perineurium *n*, Nervenscheide *f*

period [ˈpɪərɪəd] **A** S **1** Periode *f*, Zyklus *m*, regelmäßige Wiederkehr **2** Periode *f*, Zeit(-dauer) *f*, -raum *m*, -spanne *f*, Frist *f*: **~ of appeal** Berufungsfrist; **~ of exposure** FOTO Belichtungszeit; **~ of incubation** MED Inkubationszeit; **~ of office** Amtsdauer *f*; **~ of pressure** SPORT Drangperiode; **~ of recession** WIRTSCH Rezessionsphase *f*; **~ of validity** Gültigkeitsdauer *f*; **the Reformation ~** die Reformationszeit; **for a ~** für einige Zeit; **for a ~ of** für die Dauer von; → observation A 1, probation 3, remand B 1 b **3** **a** Zeit(alter) *f(n)*: → glacial 2, *etc* **b** *(das)* gegenwärtige Zeitalter, *(die)* Gegenwart: **the fashion of the ~** die augenblickliche Mode; **a girl of the ~** ein modernes Mädchen **4** ASTRON Umlaufzeit *f* **5** SCHULE (Unterrichts)Stunde *f* **6** SPORT Spielabschnitt *m*, *z. B. Eishockey*: Drittel *n* **7** ELEK, PHYS Periode *f*, Schwingdauer *f* **8** MATH Periode *f* *(wiederkehrende Gruppe von Ziffern im Dezimalbruch)* **9** MUS *(bes* Achttakt)Periode *f* **10** PHYSIOL Periode *f* *(der Frau)*: → miss[2] A 1 **11** (Sprech)Pause *f*, Absatz *m* **12** LING **a** *bes US* Punkt *m* **b** Gliedersatz *m*, Satzgefüge *n* **c** *allg* wohlgefügter Satz **B** ADJ **a** zeitgeschichtlich, -genössisch, historisch, Zeit… **b** Stil…: **a ~ play** ein Zeitstück *n*; **~ furniture** Stilmöbel *pl*; **~ house** Haus *n* im Zeitstil; **~ dress** historisches Kostüm

periodic[1] [ˌpɪərɪˈɒdɪk; *US* -ˈɑ-] ADJ (ADV **~ally**) **1** periodisch, Kreis…, regelmäßig wiederkehrend: → periodic law, *etc* **2** LING wohlgefügt *(Satz)*

periodic[2] [ˌpɜːraɪˈɒdɪk; *US* -ˈɑ-] ADJ CHEM perjod-, überjodsauer

periodical [ˌpɪərɪˈɒdɪkl; *US* -ˈɑ-] **A** ADJ (ADV **~ly**) **1** → periodic[1] 1 **2** regelmäßig erscheinend **3** Zeitschriften… **B** S Zeitschrift *f*

periodicity [ˌpɪərɪəˈdɪsətɪ] S **1** Periodizität *f* **2** CHEM Stellung *f* e-s Elements im periodischen System **3** ELEK, PHYS Frequenz *f*

periodic| law [ˌpɪərɪˈɒdɪk; *US* -ˈɑ-] S CHEM Gesetz *n* der Periodizität der Eigenschaften bei den chemischen Elementen; **~ system** S periodisches System der Elemente; **~ table** S Tabelle *f* des periodischen Systems

periosteum [ˌperɪˈɒstɪəm; *US* -ˈɑs-] *pl* **-tea** [-ə] S ANAT Periost *n*, Knochenhaut *f*; **periosti-**

P

tis [-'staitis] S MED Periostitis *f*, Knochenhautentzündung *f*

peripatetic [ˌperipəˈtetik] A ADJ (ADV ~ally) 1 (umher)wandernd, Wander… 2 ♀ PHIL, HIST peripatetisch 3 SCHULE *bes Br* an mehreren Schulen unterrichtend B S 1 ♀ PHIL, HIST Peripatetiker *m* (*Schüler des Aristoteles*) 2 *hum* Wanderer *m*

peripeteia [ˌperipɪˈtaɪə; -ˈtiːə], **peripetia** [-ˈtaɪə] S THEAT Peripetie *f*, Umschwung *m*

peripheral [pəˈrɪfərəl] A ADJ (ADV ~ly) 1 *a. fig* peripherisch, an der Peripherie (befindlich), Rand…: **a ~ figure** *fig* e-e Randfigur; **sex is ~ to his life** Sex spielt in s-m Leben nur e-e untergeordnete Rolle 2 PHYS, TECH peripherisch, Umfangs…: **~ velocity** 3 ANAT, ZOOL peripher (*Nervensystem etc*) 4 **~ device** (*od* **unit**) → B B S COMPUT peripheres Gerät, Peripheriegerät *n*, *pl a.* Peripherie *f*; **periphery** [-ərɪ] S Peripherie *f*, *fig a.* Rand *m*, Grenze *f*: **on the ~ of the town** am Stadtrand

periphrasis [pəˈrɪfrəsɪs] *pl* -ses [-siːz] S Periphrase *f*, Umschreibung *f*; **periphrastic** [-ˈfræstɪk] ADJ (ADV ~ally) periphrastisch, umschreibend

periscope [ˈperɪskəʊp] S TECH Periskop *n*, Sehrohr *n* (*bes e-s Unterseeboots od Panzers*); **periscopic** [-ˈskɒpɪk; US -ˈskɑ-] ADJ (ADV ~ally) 1 PHYS periskopisch, konkav(o)-konvex 2 periskopähnlich 3 Rundsicht…

perish [ˈperɪʃ] A V/I 1 umkommen, zugrunde gehen, sterben (**by, of** durch, an *dat*; **with** vor *dat*), untergehen, (*tödlich*) verunglücken: **~ by cold** erfrieren; **~ by drowning** ertrinken; **we nearly ~ed with fright** wir kamen vor Schrecken fast um; **~ the thought!** Gott bewahre *od* behüte! 2 brüchig werden, verschleißen (*Material*), verderben, schlecht werden (*Lebensmittel*) B V/T 1 *meist passiv* zugrunde richten, vernichten: **be ~ed with** *umg* (fast) umkommen vor *Hunger, Kälte etc*; **~ed** *umg* halbtot vor Hunger *od* Kälte 2 *Material* brüchig machen, verschleißen, *Lebensmittel* verderben; **perishable** A ADJ leicht verderblich: **~ goods** → B B SPL **perishables** leicht verderbliche Waren *pl*

perisher [ˈperɪʃə(r)] S *bes Br umg, oft hum* Schlingel *m*; **perishing** ADJ (ADV ~ly) *umg* 1 *a.* **~ly cold** saukalt 2 verdammt

perissodactyl(e) [pəˌrɪsəʊˈdæktɪl] ZOOL A ADJ unpaarzehig B S unpaarzehiges Huftier

peristalith [pəˈrɪstəlɪθ] S HIST *Reihe von aufrecht stehenden, e-n Grabhügel umgebenden Steinen*

peristalsis [ˌperɪˈstælsɪs; US *a.* -ˈstɔːl-; -ˈstɑːl-] *pl* -ses [-siːz] S PHYSIOL Peristaltik *f* (*wellenartig fortschreitende Kontraktionsvorgänge von Hohlorganen, z. B. des Magens, wobei deren Inhalt weiterbefördert wird*); **peristaltic** [-tɪk] ADJ (ADV ~ally) peristaltisch

peristyle [ˈperɪstaɪl] S ARCH Peristyl *n* (*von Säulen umgebener Innenhof antiker Bauten*)

peritoneal [ˌperɪtəʊˈniːəl] ADJ ANAT peritoneal, Bauchfell…: **~ cavity** Bauchhöhle *f*; **peritoneum** [-əm] *pl* -nea [-ə], -neums S Peritoneum *n*, Bauchfell *n*

peritonitis [ˌperɪtəʊˈnaɪtɪs] S MED Peritonitis *f*, Bauchfellentzündung *f*

periwig [ˈperɪwɪg] S HIST Perücke *f*

periwinkle[1] [ˈperɪˌwɪŋkl] S BOT Immergrün *n*

periwinkle[2] [ˈperɪˌwɪŋkl] S ZOOL (*essbare*) Strandschnecke

perjure [ˈpɜːdʒə; US ˈpɜrdʒər] V/T: **~ o.s.** e-n Meineid leisten; **perjured** ADJ meineidig; **perjurer** S Meineidige(r) *m/f(m)*; **perjury** S Meineid *m*: **commit ~** e-n Meineid leisten

perk[1] [pɜːk; US pɜrk] *umg* A V/I 1 den Kopf *od* die Nase hoch tragen, selbstbewusst *od* forsch *od* überheblich *od* dreist auftreten 2 **~ up** a aufleben b munter werden c *Aus sl* kotzen B V/T 1 *meist* **~ up** *den Kopf* heben, ZOOL *die Ohren, den Schwanz* aufstellen 2 *meist* **~ up** aufmotzen *sl*: **~ o.s. (up)** sich schön machen 3 **~ up** *j-n* aufmöbeln *sl*, munter machen

perk[2] [pɜːk] *Br umg für* **perquisite** 1

perk[3] [pɜːk; US pɜrk] *umg* A V/T *Kaffee* filtern B V/I durchlaufen

perkiness [ˈpɜːkɪnɪs; US ˈpɜr-] S 1 Lebhaftigkeit *f* 2 Keckheit *f*, forsche Art

perky ADJ (ADV **perkily**) *umg* 1 munter, lebhaft 2 forsch, keck, selbstbewusst, dreist

perle [pɜːl; US pɜrl] S PHARM Perle *f*

perm [pɜːm; US pɜrm] *umg* A S Dauerwelle *f*: **give sb a ~** j-m e-e Dauerwelle machen B V/T Dauerwellen machen in (*akk*): **~ sb's hair** j-m e-e Dauerwelle machen; **get one's hair ~ed** sich e-e Dauerwelle machen lassen C V/I: **my hair doesn't ~ very well** Dauerwellen halten bei mir nicht sehr gut

permanence [ˈpɜːmənəns; US ˈpɜr-] S Permanenz *f* (*a.* PHYS), Beständigkeit *f*, Dauerhaftigkeit *f*; **permanency** S 1 → permanence: **it has no ~** es ist nicht von Dauer 2 (*etwas*) Dauerhaftes *od* Bleibendes 3 Lebens-, Dauerstellung *f*, feste Anstellung; **permanent** [-nənt] A ADJ (ADV ~ly) 1 ständig (*Ausschuss etc*), permanent, (fort)dauernd, fortwährend, anhaltend, bleibend, dauerhaft, Dauer…: **~ assets** WIRTSCH feste Anlagen, Anlagevermögen *n*; **~ condition** Dauerzustand *m*; ♀ **Court of Arbitration** Ständiger Schiedsgerichtshof (*in Den Haag*); **~ deformation** bleibende Verformung; **~ echo** (*Radar*) Festzeichen *n*; **~ effect** Dauerwirkung *f*; **~ institution** Dauereinrichtung *f* (*a. fig*); **~ magnet** PHYS Permanentmagnet *m*; **~ memory** COMPUT permanenter Speicher; **~ position** → permanency 3; **~-press** bügelfrei, formbeständig; **~ protection** Dauerschutz *m*; **~ secretary** POL *Br* ständiger (*fachlicher*) Staatssekretär; **~ situation** → permanency 3; **~ solution** Dauerlösung *f*; **~ wave** Dauerwelle *f*; **~ white** CHEM Permanent-, Barytweiß *n*; **~ way** BAHN *Br* Bahnkörper *m*, Oberbau *m*; → **fixture** 1 a, **residence** 1 2 MIL ortsfest (*Geschützstellung etc*) B S US Dauerwelle *f*

permanganate [pɜːˈmæŋgəneɪt; US pər-; ˌpɜr-] S CHEM Permanganat *n*: **~ of potash, potassium ~** Kaliumpermanganat; **permanganic** [ˌpɜːmæŋˈgænɪk; US ˌpɜr-] ADJ Übermangan…, Permangan…: **~ acid**

permeability [ˌpɜːmjəˈbɪlətɪ; US ˌpɜrmɪə-] S Durchlässigkeit *f*, Durchdringbarkeit *f*, *bes* PHYS Permeabilität *f*: **~ to gas(es)** PHYS Gasdurchlässigkeit; **permeable** ADJ (ADV **permeably**) durchdringbar, durchlässig, *bes* PHYS permeabel (**to** für)

permeance [ˈpɜːmjəns; US ˈpɜrmɪ-] S 1 Durchdringung *f* 2 PHYS magnetischer Leitwert; **permeant** ADJ durchdringend

permeate [ˈpɜːmɪeɪt; US ˈpɜr-] A V/T durchdringen B V/I dringen (**into** in *akk*), sich verbreiten (**among** unter *dat*), durchsickern (**through** durch); **permeation** S Eindringen *n*, Durchdringung *f*

permissible [pə(r)ˈmɪsəbl] ADJ (ADV **permissibly**) zulässig, statthaft, erlaubt: **~ deviation** (*od* **variation**) TECH Toleranz(bereich) *f(m)*, zulässige Abweichung; **~ expenses** WIRTSCH abzugsfähige Unkosten

permission [pə(r)ˈmɪʃn] S Erlaubnis *f*, Genehmigung *f*, Zulassung *f*: **with** (*od* **by**) **~ of sb** mit j-s Erlaubnis; **with your ~** wenn Sie gestatten; **without ~** unerlaubt; **by special ~** mit besonderer Erlaubnis; **ask ~** um Erlaubnis fragen *od* bitten; **ask sb for ~, ask sb's ~** j-n um Erlaubnis bitten (**to do** zu tun); **get sb's ~** a j-s Erlaubnis einholen b j-s Erlaubnis bekommen; **give sb ~ to do sth** j-m erlauben, etwas zu tun; **~ to land** FLUG Landeerlaubnis

permissive [pə(r)ˈmɪsɪv] ADJ (ADV ~ly) 1 zulässig, erlaubt 2 tolerant, liberal 3 (sexuell) freizügig: **~ society** tabufreie Gesellschaft 4 JUR fakultativ; **permissiveness** S 1 Zulässigkeit *f* 2 Toleranz *f* 3 (sexuelle) Freizügigkeit

permit[1] [pə(r)ˈmɪt] A V/T erlauben, gestatten, zulassen, dulden: **will you ~ me to say that …** gestatten Sie mir zu bemerken, dass …; **~ o.s. sth** sich etwas erlauben *od* gönnen B V/I 1 es erlauben, es gestatten: **if circumstances ~, circumstances ~ting** wenn es die Umstände erlauben; **wheather (time) ~ting** wenn es das Wetter (die Zeit) erlaubt 2 **~ of** *etwas* zulassen: **the rule ~s of no exception** C S [ˈpɜːmɪt; US ˈpɜr-; pərˈmɪt] 1 Genehmigung *f*, Erlaubnis *f* 2 Passierschein *m*

permit[2] [ˈpɜrˌmɪt] S FISCH US Pompano *m*

permittivity [ˌpɜːmɪˈtɪvətɪ; US ˌpɜr-] S ELEK Permittivität *f*, Dielektrizitätskonstante *f*

permutation [ˌpɜːmjuːˈteɪʃn; US ˌpɜrmjʊ-] S Permutation *f* (*a.* MATH), Vertauschung *f*, Umstellung *f*: **~ lock** Vexierschloss *n*; **permute** [pə(r)ˈmjuːt] V/T permutieren (*a.* MATH), vertauschen, umstellen

pernicious [pə(r)ˈnɪʃəs] ADJ (ADV ~ly) 1 verderblich, schädlich (**to** für) 2 MED perniziös, bösartig: **~ an(a)emia** perniziöse Anämie; **perniciousness** S 1 Schädlichkeit *f* 2 MED Bösartigkeit *f*

pernicketiness [pə(r)ˈnɪkətɪnɪs] S *umg* Pingeligkeit *f*, Kleinlichkeit *f*; **pernickety** ADJ *umg* 1 pingelig, kleinlich 2 kitz(e)lig (*Aufgabe etc*)

perorate [ˈperəreɪt] V/I 1 e-e langatmige Rede halten 2 e-e Rede (zusammenfassend) abschließen; **peroration** S (zusammenfassender) Redeschluss

peroxide [pəˈrɒksaɪd; US -ˈrɑk-] A S CHEM 1 Superoxid *n*: **~ of sodium** Natriumsuperoxid 2 *weitS.* Wasserstoffsuperoxid *n*: **~ blonde** *umg* Wasserstoffblondine *f* B V/T *das Haar* mit Wasserstoffsuperoxid bleichen; **peroxidize** [-ˈrɒksɪdaɪz; US -ˈrɑk-] V/T & V/I peroxidieren

perpend[1] [pə(r)ˈpend] *obs od hum* A V/T erwägen B V/I nachdenken

perpend[2] [ˈpɜːpənd; US ˈpɜr-] S *a.* **~ stone** ARCH Vollbinder *m*

perpendicular [ˌpɜːpənˈdɪkjʊlə(r); US ˌpɜr-] A ADJ (ADV ~ly) 1 senk-, lotrecht (*beide:* **to** zu) 2 rechtwink(e)lig (**to** auf *dat*) 3 *Bergbau:* seiger 4 steil, abschüssig 5 aufrecht (*a. fig*) 6 ♀ ARCH perpendikular, spätgotisch: ♀ **style** Perpendikularstil *m*, englische Spätgotik B S 1 (Einfalls)Lot *n*, Senkrechte *f*: **out of (the) ~** schief, nicht senkrecht; **raise (let fall, drop) a ~ on a line** ein Lot errichten (fällen) 2 TECH (Senk)Lot *n*, Senkwaage *f* 3 aufrechte Stellung *od* Haltung (*a. fig*) 4 *pl* SCHIFF, TECH Perpendikel *pl*, Lote *pl*: **length between ~s** Gesamtschiffslänge *f*; **perpendicularity** [-ˈlærətɪ] S Senkrechtstehen *n*, senkrechte Richtung *od* Haltung

perpetrate [ˈpɜːpɪtreɪt; US ˈpɜr-] V/T 1 *ein Verbrechen etc* begehen, verüben 2 *hum ein Buch etc* verbrechen; **perpetration** S Begehung *f*, Verübung *f*; **perpetrator** [-tə(r)] S Täter(in)

perpetual [pə(r)ˈpetʃʊəl; US pərˈpetʃəwəl; -tʃəl] A ADJ (ADV ~ly) 1 fortwährend, immerwährend, unaufhörlich, (be)ständig, andauernd, ewig: **~ calendar** ewiger Kalender; **~ check** Dauerschach *n*; **~ inventory** WIRTSCH permanente *od* laufende Inventur; **~ motion** beständige Bewegung; **~ motion machine** Perpetuum mobile *n*; **~ snow** ewiger Schnee 2 lebenslänglich, unabsetzbar (*Präsident etc*) 3

WIRTSCH, JUR unablösbar, unkündbar (*Pachtvertrag etc*) 4 BOT a perennierend, ausdauernd b immer blühend

perpetuate [pəˈpetʃʊeɪt; US pərˈpetʃəˌweɪt] V/T aufrechterhalten, erhalten: **~ evidence** JUR Beweise sichern; **~ sb's memory** j-s Andenken lebendig erhalten; **perpetuation** S (Aufrecht)Erhaltung *f*

perpetuity [ˌpɜːpɪˈtjuːətɪ; US ˌpɜr-; *a.* -ˈtuː-] S 1 ewiger Bestand: **in ~** auf ewig, für alle Ewigkeit *od* Zeiten 2 JUR unbegrenzte Dauer 3 JUR Unveräußerlichkeit(sverfügung) *f* 4 WIRTSCH ewige *od* lebenslängliche (Jahres)Rente

perplex [pə(r)ˈpleks] V/T 1 *j-n* verwirren, verblüffen, bestürzt machen 2 *etwas* verwirren, komplizieren; **perplexed** ADJ 1 verwirrt, verblüfft, bestürzt (*Person*) 2 verworren, verwickelt (*Sache*); **perplexity** S 1 Verwirrung *f*, Verblüffung *f*, Bestürzung *f* 2 Verwick(e)lung *f*, Verworrenheit *f*

per pro(c). ABK per procurationem, by proxy pperf., ppa.

perquisite [ˈpɜːkwɪzɪt; US ˈpɜr-] S 1 Vergünstigung *f* 2 Trinkgeld *n* 3 Privileg *n*, Vorrecht *n*

perron [ˈperən; US *a.* peˈrəʊn] S ARCH Freitreppe *f*

perry [ˈperɪ] S Birnenmost *m*

pers. ABK 1 person Pers. 2 personal(ly) pers(önl).

perse [pɜːs; US pɜrs] A ADJ graublau B S Graublau *n*

per se [ˌpɜːˈseɪ; US ˌpɜr-] ADV als solch(er, e, es), an sich

persecute [ˈpɜːsɪkjuːt; US ˈpɜr-] V/T 1 POL, REL verfolgen 2 a plagen, belästigen b drangsalieren, schikanieren, peinigen; **persecution** S 1 (*bes politische od religiöse*) Verfolgung: **mania** (*od* **delusions** *pl*) **of ~**, **~ mania** PSYCH Verfolgungswahn *m*; **have a ~ complex** an Verfolgungswahn leiden 2 a Plage *f*, Belästigung *f* b Drangsalierung *f*, Schikane(n) *f(pl)*; **persecutional** [-ʃənl] ADJ Verfolgungs…: **~ mania** PSYCH Verfolgungswahn *m*; **persecutor** [-tə(r)] S 1 Verfolger(in) 2 Peiniger(in)

perseity [ˌpɜːˈseɪətɪ; US ˌpɜr-; *a.* -ˈsiː-] S PHIL Perseität *f* (*das Durch-sich-selbst-Sein, das nur von sich abhängt*)

Perseus [ˈpɜːsjuːs; US ˈpɜrˌsuːs; -sɪəs] EIGENN *Antike u.* S ASTRON Perseus *m*

perseverance [ˌpɜːsɪˈvɪərəns; US ˌpɜr-] S 1 Beharrlichkeit *f*, Ausdauer *f* 2 *a.* **final ~**, **~ of the saints** (*Kalvinismus*) Beharren *n* in der Gnade; **perseverant** ADJ beharrlich, ausdauernd

perseverate [pə(r)ˈsevəreɪt] V/I 1 PSYCH perseverieren, ständig wiederkehren (*Gedanken etc*) 2 immer wiederkehren (*Melodie, Motiv*); **perseveration** S PSYCH Perseveration *f*: a *Tendenz seelischer Erlebnisse u. Inhalte, im Bewusstsein zu verharren* b *krankhaftes Verweilen bei ein u. demselben Denkinhalt*

persevere [ˌpɜːsɪˈvɪə(r); US ˌpɜr-] V/I 1 (**at, in, with**) beharren (auf *dat*, bei), ausharren (bei), fortfahren (mit), festhalten (an *dat*): **~ in doing sth** (unbeirrt) mit etwas fortfahren 2 auf s-m Standpunkt beharren; **persevering** ADJ (ADV **~ly**) beharrlich, standhaft

Persia [ˈpɜːʃə; US ˈpɜrʒə] S Persien *n*

Persian [ˈpɜːʃn; US ˈpɜrʒən] A ADJ persisch B S 1 Perser(in) 2 LING Persisch *n*, das Persische; **~ blinds** SPL Jalousien *pl*; **~ carpet** S Perser(teppich) *m*; **~ cat** S ZOOL Perserkatze *f*

persiennes [ˌpɜːsɪˈenz; US ˌpɜrzɪ-] SPL Jalousien *pl*

persiflage [ˌpɜːsɪˈflɑːʒ; US ˈpɜrsɪˌflɑːʒ; ˈper-] S Persiflage *f*, (*feine*) Verspottung

persimmon [pɜːˈsɪmən; US pər-] S BOT Persimone *f*: a Dattelpflaumenbaum *m* b Dattel-, Kakipflaume *f*

persist [pə(r)ˈsɪst] V/I 1 (**in**) verharren (auf *dat*, bei), (fest)bleiben (bei), hartnäckig bestehen (auf *dat*), beharren (auf *dat*, bei): **he ~ed in doing so** er fuhr (unbeirrt) damit fort; **he ~s in saying** er bleibt bei s-r Behauptung, er behauptet steif u. fest *umg* 2 weiterarbeiten (**with** an *dat*) 3 fortdauern, fortbestehen, weiter bestehen, anhalten; **persistence**, **persistency** S 1 Beharren *n* (**in** auf *dat*, bei), Beharrlichkeit *f*, Fortdauer *f* 2 Hartnäckigkeit *f*, Ausdauer *f*, beharrliche Versuche *pl*, hartnäckiges Fortfahren (**in** in *dat*) 3 PHYS Beharrung(szustand) *f(m)*, Nachwirkung *f*, Wirkungsdauer *f*: **~ of force** Erhaltung *f* der Kraft; **~ of motion** Beharrungsvermögen *n*; **~ (of vision)** OPT Augenträgheit *f* 4 TV Nachleuchtdauer *f*; **persistent** ADJ (ADV **~ly**) 1 beharrlich, ausdauernd: **~ cough** hartnäckiger Husten 2 anhaltend (*Nachfrage, Regen etc*): **~ thief** Gewohnheitsdieb(in); **~ unemployment** Dauerarbeitslosigkeit *f* 3 CHEM a schwer flüchtig (*Gas*) b MIL sesshaft: **~ (chemical warfare) agent** sesshafter Kampfstoff 4 BOT perennierend, ausdauernd

persnickety [pɜrˈsnɪkətiː] US → pernickety

person [ˈpɜːsn; US ˈpɜrsn] S 1 Person *f* (*a. pej*), (Einzel)Wesen *n*, Individuum *n*: **in ~** in (eigener) Person, persönlich; **in the ~ of** in Person (*gen*); **juristic (natural) ~** JUR juristische (natürliche) Person; **no ~** niemand; **I like him as a ~** ich mag ihn als Mensch; → AIDS 2 (*das*) Äußere, Körper *m*, Leib *m*: **carry sth on** (*od* **about**) **one's ~** etwas bei sich tragen 3 → persona 1

persona [pɜːˈsəʊnə; US pər-] *pl* **-nae** [-niː] S 1 a THEAT Person *f*, Charakter *m*: → dramatis personae b Figur *f*, Gestalt *f* (*in der Literatur*) 2 a Image *n*, Persönlichkeitsbild *n* b PSYCH Person(a) *f* (*die äußere Einstellung od Haltung e-s Menschen*)

personable [ˈpɜːsnəbl; US ˈpɜrs-] ADJ (ADV personably) a sympathisch (*bes Mann*) b von sympathischem *od* angenehmem Äußeren

personage [ˈpɜːsnɪdʒ; US ˈpɜrs-] S 1 (hohe *od* unbedeutende) Persönlichkeit 2 → persona 1 3 *bes pej* Person *f*

persona grata [ˈgrɑːtə; ˈgreɪtə; US *a.* ˈgrætə] *pl* personae gratae [-tiː] S Persona *f* grata: a *gern gesehener Mensch* b *Diplomat, gegen den vonseiten des Gastlandes kein Einwand erhoben wird*

personal [ˈpɜːsnl; US ˈpɜrsnəl] A ADJ (ADV **~ly**) 1 persönlich, Personen…, Personal…: **~ account** WIRTSCH Privatkonto *n*; **~ assistant** persönliche(r) Assistent(in); **~ call** TEL Voranmeldung(sgespräch) *f(n)* (→ A 2); **~ column** a (Rubrik *f* für) private Kleinanzeigen *pl* b *engS.* (Rubrik *f* für) Kontaktanzeigen *pl*; **put an ad in the ~ column** e-e private Kleinanzeige *od* e-e Kontaktanzeige aufgeben; **~ computer** Personal Computer *m*; **~ credit** Personalkredit *m*; **~ damage** (*od* **injury**) Körperbeschädigung *f*, Personenschaden *m*; **~ data** *pl a. als sg konstruiert*) Personalien *pl*; **~ equation** persönliche Gleichung; **~ file** Personalakte *f*; **~ income** Privateinkommen *n*; **~ liberty** persönliche Freiheit; **~ organizer** Terminplaner *m*; **~ record** Personalakte *f*; **~ status** Personen-, Familienstand *m*; **~ stereo** Walkman® *m*; **~ tax** Personal-, Personensteuer *f*; **~ union** WIRTSCH, POL Personalunion *f*; → representative A 1, wealth 3 b 2 persönlich, privat, vertraulich (*Brief etc*): **~ call** TEL Privatgespräch *n* (→ A 1); **~ effects** Dinge *pl* für den persönlichen Gebrauch (*Kleidung, Toilettenartikel etc*); **~ identification number** Geheimzahl *f*; **~ life** Privatleben *n*; **~ matter** Privatsache *f*, -angelegenheit *f*; **~ opinion** eigene *od* persönliche Meinung; **know sb ~ly** j-n privat kennen 3 äußer(er, e, es), körperlich: **~ charms** *pl* (persönliche) Ausstrahlung; **~ hygiene** Körperpflege *f* 4 persönlich, anzüglich (*Bemerkung etc*): **get ~** anzüglich *od* persönlich *od* ausfallend werden; **take sth ~ly** etwas persönlich nehmen 5 PHIL, REL persönlich: **a ~ God** 6 JUR persönlich, beweglich: **~ estate** (*od* **property**) → personalty 7 LING persönlich: **~ pronoun** Personalpronomen *n*, persönliches Fürwort 8 personell: **~ composition** personelle Zusammensetzung B S US a private Kleinanzeige b *engS.* Kontaktanzeige *f*: **~s** *pl* (Rubrik *f* für) private Kleinanzeigen *pl od* Kontaktanzeigen *pl*

personalia [ˌpɜːsəˈneɪljə; US ˌpɜr-] SPL 1 Persönliches *n* (*biografische Notizen, Anekdoten*) 2 Privatsachen *pl*

personalism [ˈpɜːsnəlɪzəm; US ˈpɜrs-] S Personalismus *m*: a PHIL *Lehre, die den Menschen nicht primär als denkendes, sondern als handelndes, praktisches Wesen betrachtet* b PSYCH *Lehre, die das Verhältnis des Ichs zum Gegenstand betont u. den Personenbegriff in den Mittelpunkt stellt*

personality [ˌpɜːsəˈnælətɪ; US ˌpɜr-] S 1 Persönlichkeit *f*, Person *f*: **she is a strong ~** sie ist e-e starke Persönlichkeit; **~ cult** POL Personen-, Persönlichkeitskult *m* 2 → personage 1 3 Persönlichkeit *f* (*a.* PSYCH), Charakter *m*, Mentalität *f*: **~ change** PSYCH Persönlichkeitsveränderung *f*; **~ development** PSYCH Persönlichkeitsentwicklung *f*; **~ disorder** PSYCH Persönlichkeitsstörung *f*; **~ inventory** PSYCH Persönlichkeitsfragebogen *m*; **~ structure** PSYCH Persönlichkeitsstruktur *f*; **~ test** PSYCH Persönlichkeitstest *m*; **~ type** PSYCH Persönlichkeitstyp *m* 4 (ausgeprägte) Individualität, persönliche Ausstrahlung, Persönlichkeit *f* 5 *pl* Persönliches *n*, Anzüglichkeiten *pl*, anzügliche *od* persönliche *od* ausfallende Bemerkungen *pl* 6 JUR Persönlichkeit *f*

personalize [ˈpɜːsnəlaɪz; US ˈpɜrs-] A V/T 1 personifizieren 2 verkörpern 3 a *e-r Sache* e-e persönliche Note verleihen b *etwas* auf s-e Person abstimmen: **~ sth for sb's requirements** etwas auf j-s persönliche Bedürfnisse zuschneiden B V/I anzüglich *od* persönlich *od* ausfallend werden

personalty [ˈpɜːsnltɪ; US ˈpɜrsnəl-] S JUR bewegliches Vermögen

persona non grata [ˈgrɑːtə; ˈgreɪtə; US *a.* ˈgrætə] *pl* personae non gratae [-tiː] S Persona *f* non grata: a *unerwünschte Person* b *Diplomat, dessen (weitere) Anwesenheit vom Gastland nicht (mehr) erwünscht ist*

personate [ˈpɜːsəneɪt; US ˈpɜr-] A V/T 1 vor-, darstellen 2 personifizieren 3 JUR sich (fälschlich) ausgeben für *od* als B V/I THEAT e-e Rolle spielen; **personation** S 1 Vor-, Darstellung *f* 2 Personifikation *f* 3 Nachahmung *f* 4 JUR fälschliches Sichausgeben (**of** für, als)

personhood [ˈpɜːsnhʊd; US ˈpɜr-] S Persönlichkeit *f* (*a.* PSYCH)

personification [ˌpɜːˌsɒnɪfɪˈkeɪʃn; US pərˌsɑn-] S 1 Personifikation *f*, Verkörperung *f*: **be the ~ of avarice** der Geiz in Person sein 2 Vermenschlichung *f* (*der Natur etc in der Sprache*); **personify** [-faɪ] V/T 1 personifizieren, verkörpern, versinnbildlichen: **be avarice personified** der Geiz in Person sein 2 vermenschlichen

personnel [ˌpɜːsəˈnel; US ˌpɜr-] A S 1 (*meist als pl konstruiert*) a Personal *n*, Belegschaft *f*

P

(e-s Betriebs etc) b MIL Mannschaften pl, bes SCHIFF Besatzung f (e-s Schiffs etc): ~ **carrier** Mannschafts(transport)wagen m 2 WIRTSCH Personalabteilung f B ADJ Personal…: ~ **department** → A 2; ~ **files** Personalakten; ~**-intensive** personalintensiv; ~ **manager** (od **director**) Personalchef m, -direktor m; ~ **officer** Personalsachbearbeiter(in)

person-to-person call S TEL US *handvermitteltes Ferngespräch, das nur dann bezahlt werden muss, wenn der gewünschte Gesprächspartner erreicht werden kann*

perspective [pə(r)'spektɪv] A S 1 MATH, MAL etc Perspektive f: **in (true)** ~ in richtiger Perspektive, perspektivisch (richtig) (→ A 3); **the houses are out of** ~ bei den Häusern stimmt die Perspektive nicht 2 perspektivische Zeichnung 3 Perspektive f: a Aussicht f, Ausblick m (beide a. fig), Durchblick m b fig Blick m für die Dinge im richtigen Verhältnis: **he has no** ~ er sieht die Dinge nicht im richtigen Verhältnis (zueinander); **in** ~ in Aussicht, weitS. im richtigen Verhältnis (→ A 1); **keep sth in** ~ etwas relativ sehen; **put sth into** ~ etwas in die richtige Perspektive rücken B ADJ perspektivisch (Zeichnung etc): ~ **formula** CHEM Spiegelbild-Isomerie f

Perspectivism [pə(r)'spektɪvɪzəm] S PHIL Perspektivismus m (Betrachtung der Welt unter bestimmten Gesichtspunkten)

perspex®, ⚲ ['pɜːspeks] S Br Plexiglas® n

perspicacious [ˌpɜːspɪ'keɪʃəs; US ˌpɜr-] ADJ (ADV ~ly) 1 scharfsinnig 2 durchdringend (Verstand); **perspicacity** [-'kæsətɪ] S Scharfblick m, -sinn m

perspicuity [ˌpɜːspɪ'kjuːətɪ; US ˌpɜr-] S Deutlichkeit f, Klarheit f, Verständlichkeit f; **perspicuous** [pə(r)'spɪkjʊəs; US -jəwəs] ADJ (ADV ~ly) deutlich, klar, (leicht) verständlich

perspiration [ˌpɜːspə'reɪʃn; US ˌpɜr-] S 1 Ausdünsten n, Ausdünstung f, Schwitzen n, Transpirieren n 2 Schweiß m; **perspiratory** [pə(r)'spaɪərətərɪ; US -ˌtəuriː; -ˌtɔː-] ADJ Transpirations…, Schweiß…: ~ **gland** ANAT Schweißdrüse f; **perspire** [pə(r)'spaɪə(r)] A V/I schwitzen, transpirieren B V/T ausschwitzen

persuadable [pə(r)'sweɪdəbl] ADJ zu überreden(d)

persuade [pə(r)'sweɪd] V/T 1 j-n überreden (**into** zu; **to do** [od **into doing**] **sth** [dazu,] etwas zu tun): ~ **sb out of sth** j-m etwas ausreden 2 j-n überzeugen (**of** von; **that** dass): **he ~d himself** a er hat sich überzeugt b er hat sich eingeredet od eingebildet; **persuader** S 1 Überreder(in): → **hidden** B 1 2 umg Überredungsmittel n (Pistole etc); **persuasible** [-səbl] → persuadable

persuasion [pə(r)'sweɪʒn] S 1 Überredung f 2 a. **power(s** pl**) of** ~ Überredungsgabe f, -kunst f, Überzeugungskraft f 3 Überzeugung f, (fester) Glaube, (feste) Meinung: **he is of the ~ that …** er ist der Überzeugung od Meinung, dass … 4 REL Glaube m, Glaubensrichtung f: **politicians of all ~s** Politiker aller Richtungen 5 umg hum a Art f, Sorte f b Geschlecht n: **the female** ~; **persuasive** [-sɪv] A ADJ (ADV ~ly) a überredend b überzeugend: ~ **power(s** pl**)** → persuasion 2 B S 1 JUR überzeugender Beweisgrund 2 Überredungsmittel n; **persuasiveness** S 1 überzeugende Art 2 → persuasion 2

persulfate, bes Br **persulphate** [pɜː'sʌlfeɪt; US ˌpɜr-] S CHEM Per-, Übersulfat n

pert[1] [pɜːt; US pɜrt] ADJ (ADV ~ly) keck (a. fig Hut etc), kess

PERT[2] ABK program(me) evaluation and review technique

pert. ABK pertaining betr.

pertain [pɜː'teɪn; US pər-] V/I 1 gehören (**to** dat od zu) 2 (**to**) betreffen (akk), sich beziehen (auf akk): ~**ing to** betreffend (akk)

Perth [pɜːθ; US pɜrθ] S Perth n (Hauptstadt des australischen Bundesstaates Westaustralien)

Perth and Kinross [ˌpɜːθəndkɪn'rɒs; US ˌpɜrθ-] S Perth und Kinross n (Verwaltungsregion in Ostschottland)

pertinacious [ˌpɜːtɪ'neɪʃəs; US ˌpɜr-] ADJ (ADV ~ly) 1 hartnäckig, zäh 2 beharrlich, standhaft; **pertinacity** [-'næsətɪ] S 1 Hartnäckigkeit f, Zähigkeit f 2 Beharrlichkeit f, Standhaftigkeit f

pertinence ['pɜːtɪnəns; US 'pɜr-], a. **pertinency** [-sɪ] S 1 Angemessenheit f 2 Sachdienlichkeit f, Zweckmäßigkeit f, Relevanz f; **pertinent** ADJ (ADV ~ly) 1 angemessen, passend, richtig 2 zur Sache gehörig, einschlägig, relevant, sach-, zweckdienlich: **be ~ to** Bezug haben od sich beziehen auf (akk)

pertness ['pɜːtnɪs; US 'pɜrt-] S Keckheit f, Kessheit f

perturb [pə'tɜːb; US pər'tɜrb] V/T beunruhigen, stören (a. ASTRON), verwirren; **perturbation** [ˌpɜːtə(r)'beɪʃn; US ˌpɜr-] S 1 Beunruhigung f, Störung f, Verwirrung f 2 ASTRON Perturbation f (Störung in der Bewegung e-s Sterns)

pertussis [pə(r)'tʌsɪs] S MED Pertussis f, Keuchhusten m

Peru [pə'ruː] S Peru n

peruke [pə'ruːk] S HIST Perücke f

perusal [pə'ruːzl] S sorgfältiges Durchlesen, Durchsicht f, Prüfung f: **for ~** zur Einsicht; **peruse** V/T 1 sorgfältig durchlesen 2 allg (durch)lesen, weitS. durchgehen, prüfen

Peruvian [pə'ruːvjən; -ɪən] A ADJ peruanisch B S Peruaner(in); ~ **bark** S PHARM Chinarinde f

pervade [pə(r)'veɪd] V/T durchdringen, -ziehen, erfüllen (alle a. fig); **pervasion** [-ʒn] S Durchdringung f (a. fig); **pervasive** [-sɪv] ADJ (ADV ~ly) 1 durchdringend 2 fig überall vorhanden, vor-, beherrschend

perverse [pə'vɜːs; US pər'vɜrs; 'pɜrˌv-] ADJ (ADV ~ly) 1 verkehrt, falsch, Fehl… 2 verderbt, schlecht, böse 3 verdreht, wunderlich 4 launisch, zänkisch 5 verstockt 6 PSYCH pervers, widernatürlich; **perverseness** → perversity; **perversion** [-ʃn; US a. -ʒən] S 1 Verdrehung f, Umkehrung f, Entstellung f: ~ **of justice** JUR Rechtsbeugung f; ~ **of history** Geschichtsklitterung f 2 bes REL Verirrung f, Abkehr f (vom Guten etc) 3 PSYCH Perversion f 4 MATH Umkehrung f (e-r Figur); **perversity** S 1 Verkehrtheit f 2 Verderbtheit f 3 Verdrehtheit f, Wunderlichkeit f 4 Verstocktheit f 5 PSYCH Perversität f, Widernatürlichkeit f; **perversive** ADJ verderblich (**of** für)

pervert A V/T [pə'vɜːt; US pər'vɜrt] 1 verdrehen, verkehren, entstellen, fälschen, pervertieren (a. PSYCH): ~ **the course of justice** JUR das Recht beugen 2 j-n verderben, verführen B S ['pɜːvɜːt; US 'pɜrˌvɜrt] 1 bes REL Abtrünnige(r) m/f(m) 2 PSYCH perverser Mensch; **perverted** → perverse 1, 2, 3, 6; **perverter** S 1 Verdreher(in) 2 Verführer(in)

pervious ['pɜːvjəs; US 'pɜrvɪəs] ADJ (ADV ~ly) 1 durchlässig (a. PHYS, TECH), durchdringbar (beide: **to** für): ~ **to light** lichtdurchlässig 2 fig (**to**) zugänglich (für), offen (dat) 3 TECH undicht; **perviousness** S Durchlässigkeit f

peseta [pə'seɪtə] S Peseta f (spanische Münze u. Währungseinheit)

pesky ['peskɪ] ADJ (ADV **peskily**) US umg verteufelt, verdammt, (Problem etc a.) vertrackt

peso ['peɪsəʊ; US a. 'pe-] pl -sos S Peso m (Silbermünze u. Währungseinheit süd- u. mittelamer. Staaten u. der Philippinen)

pessary ['pesərɪ] S MED 1 Pessar n: a (Gebär)Mutterring m b *Muttermundverschluss zur Empfängnisverhütung* 2 Scheidenzäpfchen n

pessimism ['pesɪmɪzəm] S Pessimismus m, Schwarzseherei f; **pessimist** S Pessimist(in), Schwarzseher(in); **pessimistic** ADJ, **pessimistical** ADJ (ADV ~ly) pessimistisch: **be ~ about sth** für etwas schwarzsehen

pest [pest] S 1 a bes HIST Pest f b Seuche f (a. fig): ~ **hole** Seuchenherd m; **the ~ of corruption** die Seuche der Korruption 2 fig a Ekel n, Nervensäge f (beide umg), lästiger Mensch b lästige Sache, Plage f 3 BIOL Schädling m: ~ **control** Schädlingsbekämpfung f

pester ['pestə(r)] V/T j-n belästigen, quälen, plagen, nerven, j-m auf die Nerven gehen (alle: **with** mit): ~ **sb for sth** j-m wegen etwas keine Ruhe lassen; ~ **sb to do sth** j-n drängeln, etwas zu tun; ~ **sb into doing sth** j-n so lange quälen, bis er etwas tut; ~ **the life out of sb** umg a j-m hart zusetzen b j-n (mit Bitten, Fragen etc) bis aufs Blut peinigen

pesticidal [ˌpestɪ'saɪdl] ADJ schädlingsbekämpfend; **pesticide** S CHEM Pestizid n, Schädlingsbekämpfungsmittel n

pestiferous [pe'stɪfərəs] → pestilent

pestilence ['pestɪləns] S MED a bes HIST Pestilenz f, Pest f b Seuche f; **pestilent**, **pestilential** [-'lenʃl] ADJ (ADV ~ly) 1 MED a bes HIST pestbringend b bes HIST Pest…: ~ **bubo** Pestbeule f c ansteckend d tödlich 2 fig verderblich, schädlich (Einfluss etc) 3 fig, oft hum lästig, unausstehlich

pestle ['pesl; -tl] A S 1 Mörserkeule f, Stößel m 2 CHEM Pistill n B V/T zerstoßen, -stampfen

pet[1] [pet] A S 1 Haus-, Heimtier n 2 a oft pej Liebling m: **the teacher's ~** der Liebling des Lehrers b Schatz m fig B ADJ 1 Lieblings…: ~ **dog** Schoßhund m; ~ **form** Koseform f; ~ **mistake (theory)** Lieblingsfehler m (-theorie f); ~ **name** Kosename m; → abomination 3, aversion 2, hate C 2 2 Tier…: ~ **food**; ~ **shop** Tierhandlung f, Zoogeschäft n, -handlung f C V/T 1 (ver)hätscheln 2 streicheln, liebkosen D V/I umg Petting machen

pet[2] [pet] S: **be in a ~** a beleidigt sein b gereizt sein c schlecht gelaunt sein

petal ['petl] S BOT Petal n, Blütenblatt n

petard [pe'tɑː(r)d; pɪ-] S 1 MIL, HIST Petarde f (mit Sprengpulver gefülltes Metallgefäß zur Sprengung von Festungsmauern): → hoist[2] 2 Petarde f (mit lautem Knall explodierender Feuerwerkskörper)

Peter[1] ['piːtə(r)] EIGENN Peter m, BIBEL Petrus m: **(the Epistles of)** ~ die Petrusbriefe pl; **~('s) pence** KATH Peterspfennig m; **rob ~ to pay Paul** ein Loch stopfen u. ein anderes aufreißen

peter[2] ['piːtə(r)] V/I: ~ **out** versickern (Bach etc), allmählich zu Ende gehen (Vorräte etc), versanden (Unterhaltung etc), sich verlieren (Erinnerung etc), sich totlaufen (Verhandlungen etc), SPORT verflachen (Spiel etc)

peter[3] ['piːtə(r)] S sl 1 a Geldschrank m b Ladenkasse f c Geldkassette f 2 Gefängniszelle f 3 JUR Zeugenstand m

peter[4] ['piːtə(r)] S bes US sl Pimmel m, Zipfel m (Penis)

peterman [-mən] S irr sl Schränker m, Geldschrankknacker m

Peter Pan [pæn] EIGENN: **he's a real ~** a er wird einfach nicht älter, (innerlich a.) er ist im Herzen jung geblieben b pej der wird auch nie erwachsen; **XY, the ~ of show business** XY, der ewig junge Showstar

petiolate ['petɪəʊleɪt], a. **petiolated** ADJ BOT, MED gestielt; **petiole** [-əʊl] S BOT Petiolus m, Blattstiel m

petit ['peti] → petty 1
petite [pə'ti:t] ADJ zierlich *(Frau)*
petit four [,peti'fɔ:(r); *US a.* -'fəʊər; pətifur] *pl* petits fours [,peti'fɔ:(r)z; *US a.* -'fəʊərz; pətifur] S Petit Four *n (feines Kleinbackwerk)*
petition [pɪ'tɪʃn] A S Bitte *f*, Bittschrift *f*, Petition *f*, Eingabe *f (a. Patentrecht)*, Gesuch *n*, JUR (schriftlicher) Antrag: ≈ **of Right** *Br* HIST Bittschrift um Herstellung des Rechts *(1628)*; **file a ~ for divorce** JUR e-e Scheidungsklage einreichen; **~ for clemency** (*od* **mercy, pardon**) JUR Gnadengesuch; **~ in lunacy** JUR Antrag auf Entmündigung; → bankruptcy 1 B VT 1 *j-n* bitten, ersuchen, schriftlich einkommen bei 2 bitten um, nachsuchen um C VI (**for**) bitten, nach-, ansuchen, einkommen, e-e Bittschrift *od* ein Gesuch einreichen (um), (e-n) Antrag stellen (auf *akk*): **~ for divorce** die Scheidungsklage einreichen; **petitioner** S Antragsteller(in): a Bitt-, Gesuchsteller(in), Petent(in) b JUR (Scheidungs)Kläger(in)
Petrarchan sonnet [pe'trɑ:(r)kən] S petrarkisches Sonett
petrel ['petrəl; *US a.* 'pi:-] S ORN Sturmvogel *m*
petrifaction [,petrɪ'fækʃn], **petrification** [,petrɪfɪ'keɪʃn] S 1 Versteinerung *f (Vorgang) (a. fig)*, GEOL, BIOL *a.* Petrifikation *f* 2 GEOL, BIOL Petrefakt *n*, Versteinerung *f (Ergebnis)*
petrify ['petrɪfaɪ] A VT 1 GEOL, BIOL petrifizieren, versteinern 2 *fig* versteinern: a verhärten b erstarren lassen (**with** vor *Schreck etc*): **petrified with horror** vor Schreck wie versteinert, starr *od* gelähmt vor Schreck B VI GEOL, BIOL petrifizieren, *a. fig* versteinern, zu Stein werden
Petrine ['pi:traɪn] ADJ REL petrinisch, Petrus…
petrochemical [,petrəʊ'kemɪkl] A ADJ (ADV ~ly) petrochemisch B S petrochemisches Produkt; **petrochemistry** S Petrochemie *f (Zweig der chemischen Technik, der Erdöl u. Erdgas u. daraus gewonnene Kohlenwasserstoffe als Ausgangsstoffe verarbeitet)*
petrodollar ['petrəʊ,dɒlə; *US* -,dɑlər] S WIRTSCH Petro-, Erdöldollar *m*
petroglyph ['petrəglɪf] S HIST Petroglyphe *f*, Felszeichnung *f*
petrographer [pɪ'trɒgrəfə(r); *US* -'trɑ-] S Petrograf(in); **petrographic** [,petrəʊ'græfɪk] ADJ (ADV ~ally) petrografisch; **petrography** [-fɪ] S Petrografie *f (Wissenschaft von der mineralogischen u. chemischen Zusammensetzung der Gesteine)*
petrol ['petrəl] S AUTO *Br* Benzin *n*: **~ bomb** Benzinbombe *f*, Molotowcocktail *m*; **~ cap** Tankdeckel *m*, -verschluss *m*; **~ coupon** Benzingutschein *m*; **~ engine** Benzin-, Vergasermotor *m*; **~ ga(u)ge** Benzinuhr *f*; **~ level** Benzinstand *m*; **~ pipe** Benzinleitung *f*; **~ pump** a Benzinpumpe *f* b Tank-, Zapfsäule *f*; **~ station** Tankstelle *f*; **~ tax** Mineralöl-, Benzinsteuer *f*
petrolatum [,petrə'leɪtəm] S 1 CHEM Petrolatum *n* 2 PHARM, *Kosmetik*: Vaselin(e) *n(f)*
petrol-bomb VT *Br* mit Benzinbomben *od* Molotowcocktails angreifen
petroleum [pɪ'trəʊljəm; -ɪəm] S Erd-, Mineralöl *n*; **~ ether** S CHEM Petroläther *m*; **~ jelly** → petrolatum; **~ refinery** S CHEM Erdölraffinerie *f*
petrolic [pɪ'trɒlɪk; *US* -'trɑ-] ADJ CHEM Petrol…, petrolsauer: **~ acid** Petrolsäure *f*
petrologic [,petrə'lɒdʒɪk; *US* -'lɑ-] ADJ (ADV ~ally) petrologisch; **petrologist** [pe'trɒlədʒɪst; *US* -'trɑ-] S Petrologe *m*, Petrologin *f*; **petrology** [-dʒɪ] S Petrologie *f*, Gesteinskunde *f*
petrous ['petrəs; 'pi:-] ADJ 1 steinhart, felsig 2 ANAT petrös, Felsenbein…
petticoat ['petɪkəʊt] A S 1 Unterrock *m* 2 *fig hum* Weib *n*, *pej a.* Weibsbild *n* 3 ELEK a *a.* **~ insulator** Glockenisolator *m* b Isolierglocke *f* B ADJ 1 *hum* Frauen…, weiblich, *pej* Weiber…: **~ government** Frauenherrschaft *f*, Weiberregiment *n* 2 ELEK, TECH Glocken…
pettifog ['petɪfɒg; *US a.* -,fɑg] VI 1 sich als Winkeladvokat(in) betätigen 2 Haarspalterei treiben; **pettifogger** S 1 Winkeladvokat(in), Rechtsverdreher(in) 2 Haarspalter(in); **pettifoggery** [-ərɪ] S 1 Rechtsverdrehung *f* 2 Haarspalterei *f*; **pettifogging** ADJ 1 belanglos, unwichtig *(Einzelheiten)* 2 rechtsverdrehend 3 haarspalterisch
pettiness ['petɪnɪs] S 1 Geringfügigkeit *f* 2 Engstirnigkeit *f*, Kleinlichkeit *f*
petting ['petɪŋ] S *umg* Petting *n (körperliche Berührungen ohne Ausübung des Geschlechtsverkehrs)*
petting zoo S *US* Streichelzoo *m*
pettish ['petɪʃ] ADJ (ADV ~ly) gereizt; **pettishness** S Gereiztheit *f*
pettitoes ['petɪtəʊz] SPL GASTR Schweinsfüße *pl*
petty ['petɪ] ADJ (ADV pettily) 1 unbedeutend, geringfügig, klein, Klein…, Bagatell…: **~ cash** WIRTSCH kleine Kasse, Hand-, Portokasse *f*; **~ prince** HIST Duodezfürst *m*; **~ offence** (*bes US* **offense**) (leichtes) Vergehen, Bagatelldelikt *n*; **~ state** Kleinstaat *m* 2 engstirnig, kleinlich; **~ average** S JUR, SCHIFF kleine Havarie, Teilschaden *m*; **~ bourgeois** S Kleinbürger(in); **~-bourgeois** ADJ kleinbürgerlich; **~ bourgeoisie** S Kleinbürgertum *n*; **~ jury** S JUR *US* Urteilsjury *f*; **~ larceny** S JUR *US* einfacher Diebstahl; **~-minded** ADJ (ADV ~ly) → petty 2; **~ officer** S SCHIFF, MIL Maat *m (Unteroffizier)*; **~ sessions** SPL JUR *obs Br* **magistrates' court** → magistrate 1
petulance ['petjʊləns; *US* -tʃə-] S Bockigkeit *f*; **petulant** ADJ (ADV ~ly) bockig
petunia [pɪ'tju:njə; *US a.* -'tu:njə] S 1 BOT Petunie *f* 2 Violett *n (Farbe)*
petuntse, *a.* **petuntze** [pɪ'tʌntsɪ; -'tʊn-] S MINER Petuntse *f*
pew [pju:] S 1 (Kirchen)Bank *f*, Bankreihe *f*, Kirchenstuhl *m*, *pl a.* Kirchengestühl *n* 2 *Br umg* (Sitz)Platz *m*: **take a ~** sich platzen *umg*; **pewage** S 1 Kirchengestühl *n* 2 Gebühr(en) *f(pl)* für e-n Kirchenstuhl
pewit ['pi:wɪt; *US a.* 'pju:ət] S ORN Kiebitz *m*
pewter ['pju:tə(r)] A S 1 Pewter *m (Zinn-Antimon-Kupfer-Legierung für Tafelgeräte etc)*, *weitS.* Zinn *n* 2 a Zinngefäß *n*, *z. B.* Zinnbecher *m* b *a.* **~ ware** Zinngeschirr *n* 3 Blaugrau *n (Farbe)* B ADJ 1 Zinn… 2 blaugrau; **pewterer** S Zinngießer(in)
peyote [peɪ'əʊtɪ], **peyotl** [-tl] S 1 → mescal 1 2 → mescaline
PFC, Pfc. ABK MIL *US* Private first class Obergefreiter *m*
pfd. ABK WIRTSCH preferred
PG ABK 1 *(Filmkennzeichnung)* parental guidance *(Erklärung u. Orientierung durch Eltern sinnvoll)* 2 paying guest 3 UNIV postgraduate
PGA ABK Professional Golfers' Association
pg. ABK page S.
PGR ABK psychogalvanic response
pH [,pi:'eɪtʃ] S *a.* **~ value** CHEM pH-Wert *m*
ph. ABK phase
PHA ABK *US* Public Housing Administration
phaeton ['feɪtn], *US a.* **phaeton** ['feɪətn] S Phaeton *m*: a *leichter vierrädriger Zweispänner* b AUTO, HIST *offener, mehrsitziger Pkw mit losen Seitenteilen u. Scheren- od Klappverdeck*
phagocyte ['fægəʊsaɪt] S BIOL, MED Phagozyt *m*, Fresszelle *f*
phalange ['fælændʒ; *US* 'feɪ,l-; fə'lændʒ] *pl* phalanges [-dʒi:z] S 1 → phalanx 3 2 BOT Staubfädenbündel *n* 3 ZOOL Tarsenglied *n*
phalanges ['fælændʒi:z *bzw* fæ'lændʒi:z] *pl von* phalange, phalanx
phalanx ['fælæŋks; *US* 'feɪ-] *pl* -lanxes, -langes [fæ'lændʒi:z] S 1 *(a. als pl konstruiert) Antike*: MIL Phalanx *f*, geschlossene Schlachtreihe 2 *(a. als pl konstruiert) fig* Phalanx *f*, geschlossene Front: **in ~** geschlossen, einmütig 3 ANAT Phalanx *f*, Finger-, Zehenglied *n* 4 → phalange 2; **phalanxed** ADJ e-e Phalanx bildend, geschlossen
phalarope ['fælərəʊp] S ORN Wassertreter *m*
phalli ['fælaɪ] *pl von* phallus
phallic ['fælɪk] ADJ phallisch: **~ cult** Phalluskult *m*; **~ phase** (*od* **stage**) PSYCH phallische Phase; **~ symbol** Phallussymbol *n*; **phallicism** [-sɪzəm], **phallism** S Phalluskult *m*
phallocracy [fæ'lɒkrəsɪ; *US* -'lɑ-] S Phallokratie *f (gesellschaftliche Unterdrückung der Frau durch den Mann)*; **phallocrat** ['fæləʊkræt] S Phallokrat *m*; **phallocratic** ADJ (ADV ~ally) phallokratisch
phallus ['fæləs] *pl* -li [-laɪ], -luses S Phallus *m ([erigierter] Penis)*
phanerogam ['fænərəʊgæm] S BOT Phanerogame *f*, Samenpflanze *f*
phanotron ['fænəʊtrɒn; *US* -nə,trɑn] S ELEK Phanotron *n*, ungesteuerte Gleichrichterröhre
phantasm ['fæntæzəm] S 1 → phantom A 1 a, A 1 b 2 PSYCH Phantasma *n*, Sinnestäuschung *f*, Trugbild *n*
phantasmagoria [,fæntæzmə'gɒrɪə; *US* fæn,tæzmə'gəʊrɪə; -'gɔ:-] S Phantasmagorie *f*, Trug-, Wahngebilde *n*; **phantasmagoric** [,fæntæzmə'gɒrɪk; *US* fæn,tæzmə'gəʊrɪk; -'gɔ:-; -'gɑ-] ADJ (ADV ~ally) phantasmagorisch, traumhaft, gespensterhaft, trügerisch; **phantasmagory** → phantasmagoria
phantasmal [fæn'tæzml] ADJ (ADV ~ly) 1 unwirklich, trügerisch 2 gespenster-, geisterhaft
phantasy *obs* → fantasy
phantom ['fæntəm] A S 1 Phantom *n*: a Trugbild *n* b Geistererscheinung *f* c *fig* Albtraum *m*, Schreckgespenst *n*: **the ~ of war** 2 MED Phantom *n*, anatomisches Modell B ADJ 1 Geister…, Gespenster…, gespenstisch 2 scheinbar, illusorisch, eingebildet 3 fiktiv C VT ELEK zum Viererkreis schalten; **~ circuit** S ELEK Phantomleitung *f*, Viererkreis *m*, -leitung *f*; **~ limb** S MED, PSYCH Phantomglied *n*; **~ limb pain** S MED, PSYCH Phantomschmerz *m*; **~ pregnancy** S MED, PSYCH Scheinschwangerschaft *f*; **~ rider** S Geisterreiter *m*; **~ ship** S Geisterschiff *n*; **~ tumo(u)r** S MED Scheingeschwulst *f*, Pseudotumor *m*; **~ view** S TECH (Konstruktions)Durchsicht *f*
phar. ABK 1 pharmaceutical 2 pharmacist 3 pharmacopoeia 4 pharmacy
Pharaoh ['feərəʊ] S HIST Pharao *m*; **Pharaonic** [feə'rɒnɪk], *bes US* **Pharaonic** [,feəreɪ'ɒ-; *US* ,fereɪ'ɑ-; ,fæ-] ADJ pharaonisch
pharisaic [,færɪ'seɪɪk] ADJ, **pharisaical** [-kl] ADJ (ADV ~ly) pharisäisch, selbstgerecht, heuchlerisch; **pharisaism** [-seɪɪzəm] S 1 Pharisäismus *m*, Selbstgerechtigkeit *f*, Heuchelei *f* 2 ≈ REL, HIST Pharisäismus *m (Lehre der Pharisäer)*; **Pharisee** [-si:] S 1 REL, HIST Pharisäer *m* 2 ≈ *fig* Pharisäer(in), Selbstgerechte(r) *m/f(m)*, Heuchler(in); **phariseeism** → pharisaism
pharm. ABK 1 pharmaceutical 2 pharmacist 3 pharmacopoeia 4 pharmacy
pharmaceutic [,fɑ:mə'sju:tɪk; -'su:-; *US* ,fɑ:rmə'su:-] A ADJ (ADV ~ally) → pharmaceu-

P

tical A B S 1 → pharmaceutical B 2 *pl (als sg konstruiert)* Pharmazeutik *f*, Pharmazie *f*, Arzneikunde *f*; **pharmaceutical** [-kl] A ADJ (ADV ~ly) pharmazeutisch: **~ chemist** Arzneimittelchemiker(in); **~ industry** pharmazeutische Industrie, Pharmaindustrie *f* B S Pharmakon *n*, Pharmazeutikum *n*, Arzneimittel *n*; **pharmacist** [-məsɪst], *a.* **pharmaceutist** S a Pharmazeut(in) b Apotheker(in)

pharmacodynamics [ˌfɑː(r)məkəʊdaɪˈnæmɪks] SPL *(als sg konstruiert)* MED, PHARM Pharmakodynamik *f (Teilgebiet der Medizin u. der Pharmazeutik, das sich mit der Wirkung von Arzneimitteln befasst)*

pharmacognosy [ˌfɑː(r)məˈkɒgnəsɪ; US -ˈkɑg-] S MED, PHARM Pharmakognosie *f (Lehre von der Erkennung u. Bestimmung von Medikamentenrohstoffen)*

pharmacological [ˌfɑː(r)məkəˈlɒdʒɪkl; US -ˈlɑ-] ADJ (ADV ~ly) pharmakologisch; **pharmacologist** [-ˈkɒlədʒɪst; US -ˈkɑl-] S Pharmakologe *m*, Pharmakologin *f*; **pharmacology** S Pharmakologie *f*, Arzneimittellehre *f*; **pharmacopoeia** [-kəˈpiːə] S MED 1 Pharmakopöe *f*, Arzneibuch *n* 2 Bestand *m od* Vorrat *m* an Arzneimitteln

pharmacy [ˈfɑː(r)məsɪ] S 1 → pharmaceutic B 2 2 Apotheke *f*

pharyngeal [ˌfærɪnˈdʒiːəl; fəˈrɪndʒiːəl], *a.* **pharyngal** [fəˈrɪŋgl] ADJ 1 ANAT, MED pharyngeal, Schlund…, Rachen…: **~ cavity** Rachenraum *m*; **~ tonsil** Rachenmandel *f* 2 LING pharyngal (gebildet), Rachen…: **~ sound** Pharyngal(laut) *m*, Rachenlaut *m*

pharynges [fəˈrɪndʒiːz] *pl von* pharynx

pharyngitis [ˌfærɪnˈdʒaɪtɪs] S MED Pharyngitis *f*, Rachenkatarrh *m*

pharyngological [ˌfærɪŋgəˈlɒdʒɪkl; US fəˌrɪŋgəˈlɑ-] ADJ (ADV ~ly) MED pharyngologisch; **pharyngologist** [ˌfærɪŋˈgɒlədʒɪst; US -ˈgɑ-] S Pharyngologe *m*, Pharyngologin *f*; **pharyngology** S Pharyngologie *f (Lehre von den Rachenkrankheiten)*

pharyngoscope [fəˈrɪŋgəskəʊp] S MED Pharyngoskop *n*, Rachenspiegel *m*; **pharyngoscopy** [ˌfærɪŋˈgɒskəpɪ; US -ˈgɑ-] S Pharyngoskopie *f*, Rachenausspieg(e)lung *f*

pharynx [ˈfærɪŋks] *pl* pharynges [fəˈrɪndʒiːz], pharynxes S ANAT Pharynx *m*, Schlund *m*, Rachen *m*

phase [feɪz] A S 1 Phase *f*: **~s of the moon** ASTRON Mondphasen; **in (out of) ~** ELEK, PHYS phasengleich (-verschoben); **~ angle** ELEK Phasenwinkel *m*; **~ contrast microscope** OPT Phasenkontrastmikroskop *n*; **~-corrected** ELEK phasenkorrigiert; **~ lag (lead)** ELEK, PHYS Phasennacheilung *f* (-voreilung *f*); **~ modulation** ELEK Phasenmodulation *f*; **~ opposition** ELEK, MATH, PHYS Gegenphasigkeit *f*; **~ rule** CHEM, PHYS (gibbssche) Phasenregel; **~ shift (-ing)** ELEK Phasenverschiebung *f*; **~ speed** *(od* **velocity)** PHYS Phasengeschwindigkeit *f*; **~ voltage** ELEK Phasenspannung *f* 2 (Entwicklungs)Stufe *f*, Stadium *n*, Phase *f*: **~ of life** Lebensphase, -abschnitt *m* 3 Aspekt *m*, Seite *f*, Gesichtspunkt *m*: **the ~s of a question** B V/T 1 ELEK, PHYS in Phase bringen 2 aufeinander abstimmen, *Maschinen etc* gleichschalten, synchronisieren 3 stufenweise durchführen: **~d** stufenweise 4 (nach den Erfordernissen) stufenweise planen, staffeln 5 **~ down** stufenweise verringern *od* abbauen 6 **~ in** stufenweise einführen *od* eingliedern 7 **~ out** *e-n Service etc* stufenweise abbauen, *e-e Regelung etc* stufenweise außer Kraft setzen, *ein veraltetes Gerät etc* nach u. nach aus dem Verkehr ziehen, *ein Produkt* auslaufen lassen C V/I 1 **~ in** stufenweise eingeführt werden 2 **~ out** stufenweise abgebaut werden *(Service etc)*, stufenweise außer Kraft gesetzt werden *(Regelung etc)*, nach u. nach aus dem Verkehr gezogen werden *(veraltetes Gerät etc)*, auslaufen *(Produkt)*

phaseal [ˈfeɪzjəl; -ɪəl] ADJ phasisch, Phasen…

phase|-down S stufenweise Verringerung, stufenweiser Abbau; **~-out** S stufenweiser Abbau, stufenweise Außerkraftsetzung

phasic [ˈfeɪzɪk] ADJ phasisch, Phasen…

pH-balanced ADJ CHEM pH-neutral

PhD [ˌpiːeɪtʃˈdiː] S ABK Philosophiae Doctor, Doctor of Philosophy: **do a** *(od* **one's)** **~** promovieren, den *od* s-n Doktor machen

pheasant [ˈfeznt] S ORN Fasan *m*; **pheasantry** [-trɪ] S Fasanerie *f*

pheasant's-eye S BOT 1 Adonisröschen *n* 2 Dichternarzisse *f*

phenanthrene [fɪˈnænθriːn] S CHEM Phenanthren *n*

phenix *US für* phoenix

phenobarbital [ˌfiːnəʊˈbɑː(r)bɪtl; US -ˌtɔːl; -ˌtæl], *bes Br* **phenobarbitone** [ˌfiːnəʊˈbɑː(r)bɪtəʊn] S CHEM, PHARM Phenobarbital *n*, Phenobarbiton *n*

phenol [ˈfiːnɒl; US *a.* -ˌnəʊl] S CHEM a Phenol *n* b Karbolsäure *f*; **phenolate** [ˈfiːnəleɪt] S Phenolat *n*; **phenolic** [fɪˈnɒlɪk; US -ˈnəʊ-; -ˈnɑ-] A ADJ: **~ resin** → B B S Phenolharz *n*

phenology [fɪˈnɒlədʒɪ; US -ˈnɑl-] S Phänologie *f (Wissenschaft von den jahreszeitlich bedingten Erscheinungsformen bei Tier u. Pflanze)*

phenolphthalein [ˌfiːnɒlˈfθælɪɪn; US ˌfiːnl-ˈθælɪən] S CHEM Phenolphthalein *n*

phenomena [fəˈnɒmɪnə; US fɪˈnɑm-] *pl von* phenomenon; **phenomenal** [-mɪnl] ADJ (ADV ~ly) phänomenal: a PHIL Erscheinungs…: **~ world** b *fig* unglaublich, fantastisch; **phenomenalism** S PHIL Phänomenalismus *m (erkenntnistheoretische Lehre, dass nicht die Dinge an sich, sondern nur ihre Erscheinungen erkennbar sind)*; **phenomenalist** A S Phänomenalist(in) B ADJ phänomenalistisch

phenomenology [fəˌnɒmɪˈnɒlədʒɪ; US fɪˌnɑməˈnɑl-] S PHIL Phänomenologie *f (Richtung, die das im Bewusstsein Gegebene ausschließlich in s-r Wesenheit zur Anschauung bringen will)*

phenomenon [fəˈnɒmɪnən; US fɪˈnɑmɪnən; -ˌnɑn] *pl* -na [-nə] S 1 *a.* PHIL, PHYS Phänomen *n*, Erscheinung *f*: **~ of nature** Naturphänomen 2 *pl a.* -nons *fig* Phänomen *n*, *(ein)* wahres Wunder *(Sache od Person)*

phenoplast [ˈfiːnəʊplæst] → phenolic B

phenotype [ˈfiːnəʊtaɪp] S BIOL Phänotyp(us) *m*, (äußeres) Erscheinungsbild; **phenotypic** [-ˈtɪpɪk] ADJ (ADV ~ally) phänotypisch

phenyl [ˈfenɪl; ˈfiːnɪl; *Br a.* ˈfiːnaɪl] ADJ: **~ group** CHEM Phenyl(gruppe) *n(f)*; **phenylene** [ˈfenɪliːn] ADJ: **~ group** CHEM Phenylen(-gruppe) *n(f)*; **phenylic** [fɪˈnɪlɪk] ADJ: **~ acid** → phenol

pheon [ˈfiːɒn; US -ˌɑn] S *Heraldik:* Pfeilspitze *f*

pheromone [ˈferəməʊn] S BIOL Pheromon *n (von Tieren ausgeschiedener Wirkstoff, der bei anderen Tieren der gleichen Art ein bestimmtes Verhalten bewirkt)*

phew [fjuː; pfjuː] INT puh!

phi [faɪ] S Phi *n (griechischer Buchstabe)*

phial [ˈfaɪəl] S *(bes* Arznei)Fläschchen *n*

Phi Beta Kappa [ˌfaɪˌbeɪtəˈkæpə] S UNIV US a *Vereinigung herausragender College-Studenten* b *ein Mitglied dieser Vereinigung*

phil. ABK 1 philosophical philos. 2 philosophy Philos.

Phila. ABK Philadelphia

Philadelphia lawyer [ˌfɪləˈdelfjə] S US gerissener Jurist *od* Anwalt

philander [fɪˈlændə(r)] V/I a flirten, schäkern *(beide:* **with** mit) b den Frauen nachstellen: **~ with** *e-r Frau* nachstellen; **philanderer** S Schürzenjäger *m*

philanthrope [ˈfɪlənθrəʊp] → philanthropist

philanthropic [ˌfɪlənˈθrɒpɪk; US -ˈθrɑ-] ADJ, **philanthropical** [-kl] ADJ (ADV ~ly) philanthropisch, menschenfreundlich; **philanthropist** S Philanthrop(in), Menschenfreund (-in); **philanthropy** S Philanthropie *f*, Menschenfreundlichkeit *f*

philatelic [ˌfɪləˈtelɪk] ADJ (ADV ~ally) philatelistisch, Briefmarken…; **philatelist** [fɪˈlætəlɪst] S Philatelist(in): a Briefmarkensammler(in) b Briefmarkenkundler(in); **philately** S Philatelie *f*: a Briefmarkensammeln *n* b Briefmarkenkunde *f*

Philemon [fɪˈliːmɒn; faɪ-; US -mən] EIGENN & S BIBEL (Brief *m* des Paulus an) Philemon *m*

philharmonic [ˌfɪlɑː(r)ˈmɒnɪk; ˌfɪlə(r)-; US -ˈmɑnɪk] A ADJ philharmonisch: **~ orchestra** *a.* Philharmonie *f*; **~ society** Philharmonie *f* B S Philharmonie *f*

Philippians [fɪˈlɪpɪənz] SPL *(als sg konstruiert)* BIBEL (Brief *m* des Paulus an die) Philipper, Philipperbrief *m*

philippic [fɪˈlɪpɪk] S Philippika *f (Straf- od Kampfrede)*

Philippine [ˈfɪlɪpiːn] ADJ 1 philippinisch, Philippinen… 2 Filipino…

Philippine Islands [ˈfɪlɪpiːn] SPL, **Philippines** [-piːnz] SPL *(die)* Philippinen *pl*

Philistine [ˈfɪlɪstaɪn; US -ˌstiːn] A S 1 BIBEL Philister *m* 2 *meist* ♀ *fig* a Philister(in), Spießbürger(in) b Banause *m*, Banausin *f* B ADJ *meist* ♀ a philisterhaft, spießbürgerlich b banausisch; **philistinism** [-stɪnɪzəm] S a Philistertum *n*, Philisterei *f*, Spießbürgertum *n* b Banausentum *n*

Phillips| curve [ˈfɪlɪps] S *Statistik:* Phillips-Kurve *f (grafische Darstellung des Verhältnisses von Inflation u. Arbeitslosigkeit)*; **~ screw®** S TECH Kreuzschlitzschraube *f*; **~ screwdriver®** S TECH Kreuzschlitzschraubenzieher *m*

philodendron [ˌfɪləˈdendrən] *pl* -drons, -dra [-drə] S BOT Philodendron *m/n*

philol. ABK 1 philological philol. 2 philology Philol.

philologer [fɪˈlɒlədʒə(r); US -ˈlɑ-] → philologist

philological [ˌfɪləˈlɒdʒɪkl; US -ˈlɑ-] ADJ (ADV ~ly) 1 US philologisch 2 *obs* sprachwissenschaftlich; **philologist** [-ˈlɒlədʒɪst; US -ˈlɑ-] S 1 US Philologe *m*, Philologin *f* 2 *obs* Sprachwissenschaftler(in); **philology** S 1 US Philologie *f*, Literatur- u. Sprachwissenschaft *f* 2 *obs (bes* historische *od* vergleichende) Sprachwissenschaft

philomel [ˈfɪləmel], **philomela** [-əʊˈmiːlə] S *poet* Philomele *f*, Philomela *f (Nachtigall)*

philos. ABK 1 philosopher 2 philosophical philos.

philosopher [fɪˈlɒsəfə(r); US -ˈlɑs-] S 1 Philosoph(in): **~'s stone** *(Alchimie)* Stein *m* der Weisen 2 *fig* Philosoph(in) *(j-d, der das Leben mit weiser Gelassenheit betrachtet)*

philosophic [ˌfɪləˈsɒfɪk; US -ˈsɑf-] ADJ (ADV ~ally) → philosophical; **philosophical** [-kl] ADJ (ADV ~ly) philosophisch *(a. fig weise, gelassen)*: **~ anthropology** philosophische Anthropologie *(philosophische Richtung, die sich mit dem Sein u. dem Wesen des Menschen befasst)*; **philosophize** A V/T philosophisch erklären B V/I philosophieren (**about, on** über *akk*)

philosophy [fɪˈlɒsəfɪ; US -ˈlɑs-] S 1 Philosophie *f*: **~ of history** Geschichtsphilosophie *(Lehre vom Sinn u. Wesen der Geschichte)* 2 *a.* **~**

P

of life (Lebens)Philosophie *f*, Welt-, Lebensanschauung *f* **3** *fig* Gelassenheit *f*

philter, *bes Br* **philtre** ['fıltə(r)] S **1** Liebestrank *m* **2** Zaubertrank *m*

phimosis [faı'məʊsıs; *US a.* fə'm-] S MED Phimose *f*, Vorhautverengung *f*

phi-phenomenon [ˌfaıfə'nɒmınən; *US* -'nɑ-] S *irr* PHYS Phi-Phänomen *n* (*Vorgänge bei der Wahrnehmung e-r Scheinbewegung*)

phishing ['fıʃıŋ] S INTERNET Phishing *n* (*Ausspionieren persönlicher Daten*)

phiz [fız], *a.* **phizog** ['fızɒg; *US* -ˌɑg] S *sl* Visage *f*

phlebitis [flı'baıtıs] S MED Phlebitis *f*, Venenentzündung *f*

phlebology [flı'bɒlədʒı; *US* -'bɑ-] S MED Phlebologie *f* (*Teilgebiet der Medizin, das sich mit den Venen u. ihren Erkrankungen befasst*)

phlebotomy [flı'bɒtəmı; *US* -'bɑ-] S MED Phlebotomie *f*, Veneneröffnung *f*

phlegm [flem] S **1** PHYSIOL Schleim *m* (*a. Humoralpathologie*) **2** *fig* Phlegma *n*: **a** (geistige) Trägheit, Schwerfälligkeit *f* **b** Gleichgültigkeit *f*, Teilnahmslosigkeit *f* **3** *fig* Selbstbeherrschung *f*, stoische Ruhe

phlegmatic [fleg'mætık] ADJ (ADV **~ally**) **1** phlegmatisch: **a** (geistig) träg(e), schwerfällig **b** gleichgültig, teilnahmslos **2** selbstbeherrscht

phloem ['fləʊem] S BOT Phloem *n*, Siebteil *m* (*der Leitbündel*)

phlogistic [flɒ'dʒıstık; *US* fləʊ-] ADJ MED phlogistisch, entzündlich; **phlogiston** [-tən] S CHEM, HIST Phlogiston *n* (*hypothetischer Stoff, der bei der Verbrennung entweicht*)

phlox [flɒks; *US* flɑks] S BOT Phlox *m/f*, Flammenblume *f*

Phnom Penh [ˌnɒm'pen; *US a.* ˌnɑm-] S Phnom Penh *n*

phobia ['fəʊbjə; -bıə] S PSYCH Phobie *f*: **have a ~ about** krankhafte Angst haben vor (*dat*); **he's got a ~ about dogs** er hat e-e Hundephobie; **phobic** **A** S Phobiker(in) **B** ADJ phobisch

phocomelia [ˌfəʊkəʊ'mi:ljə; -ıə] S MED Phokomelie *f* (*Missbildung, bei der Hände u. Füße fast am Rumpf ansetzen*)

Phoebe ['fi:bı] **A** EIGENN *Antike*: Phöbe *f* **B** S *poet* der Mond

Phoebus ['fi:bəs] **A** EIGENN *Antike*: Phöbus *m* **B** S *poet* Phöbus *m* (*die Sonne*)

Phoenician [fı'nıʃıən; *bes US* -'nıʃən] HIST **A** S **1** Phönizier(in), Phöniker(in) **2** LING Phönizisch *n*, Phönikisch *n*, das Phönizische *od* Phönikische **B** ADJ phönizisch, phönikisch

phoenix ['fi:nıks] S **1** Phönix *m* (*sagenhafter Wundervogel*): **rise like a ~ from the ashes** → phoenix-like **2** *fig* (wahres) Wunder (*Person od Sache*) **3** *fig* Phönix *m* (aus der Asche) (*etwas Wiedererstandenes*) **4** ♎ *gen* **-nicis** [fı'ni:sıs; 'fi:nısi:z] ASTRON Phönix *m* (*Sternbild*); **~-like** ADV: **rise ~** wie (ein) Phoenix aus der Asche steigen

phon [fɒn; *US* fɑn] S PHYS Phon *n* (*Maßeinheit der Lautstärke*)

phon. ABK **1** phonetic phon. **2** phonetics PL

phonate [fəʊ'neıt; *US* 'fəʊˌn-] V/I Laute bilden; **phonation** S Phonation *f*, Laut-, Stimmbildung *f*

phone¹ [fəʊn] S LING (Einzel)Laut *m*

phone² [fəʊn] S, V/T & V/I *umg für* telephone: **give sb a ~, ~ sb up** j-n anrufen; **somebody on the ~ for you!** Telefon für dich!; **~ book** Telefonbuch *n*; **~ back** (*j-n*) zurückrufen

phone|card S Telefonkarte *f*; **~-in** S RADIO, TV: Sendung *f* mit telefonischer Zuhörer- *od* Zuschauerbeteiligung, RADIO *a.* Hörer-, Funksprechstunde *f*: **~ request program(me)** Telefonwunschkonzert *n*

phoneme ['fəʊni:m] S LING Phonem *n* (*kleinste bedeutungsunterscheidende sprachliche Einheit*); **phonemic** [fəʊ-; fə-] **A** ADJ (ADV **~ally**) **1** Phonem... **2** phonematisch, phonemisch **B** S **phonemics** *pl* (*als sg konstruiert*) Phonematik *f*, Phonemik *f* (*Teilgebiet der Phonologie, das sich mit den Phonemen beschäftigt*)

phonet. ABK **1** phonetic phon(et). **2** phonetics PL

phone|tapper S Abhörer(in); **~tapping** S Abhören *n*

phonetic [fəʊ'netık; fə-] **A** ADJ (ADV **~ally**) phonetisch, lautlich: **~ alphabet** **a** phonetisches Alphabet, Lautschrift *f* **b** MIL, TEL *etc* Buchstabieralphabet *n*; **~ character** (*od* **symbol**) Lautzeichen *n*; **~ transcription** Lautschrift *f*; **~ value** Lautwert *m* **B** S **phonetics** *pl* (*als sg konstruiert*) **1** Phonetik *f*, Laut(bildungs)lehre *f* **2** Lautsystem *n* (*e-r Sprache*); **phonetician** [ˌfəʊnı'tıʃn] S Phonetiker(in); **phoneticize** V/T phonetisch darstellen

phoney ['fəʊnı] *umg* **A** ADJ falsch (*Adresse, Name etc*), (*Brief, Dokument etc a.*) gefälscht, (*Schmuck, Gefühle etc a.*) unecht, (*Geschichte etc*) erfunden, (*Akzent etc*) aufgesetzt, gekünstelt, (*Moral etc*) verlogen: **~ firm** Schein-, Schwindelfirma *f*; **there's sth ~ about it** daran ist etwas faul *umg* **B** S **1** **a** Schwindel *m* **b** Fälschung *f* **2** **a** Blender(in) **b** Schwindler(in): **he's a ~** er ist nicht echt *umg* **C** V/T *meist* **~ up** *ein Dokument etc* fälschen

phonic ['fəʊnık; 'fɒ-; *US* 'fɑnık] **A** ADJ (ADV **~ally**) phonisch (*die Stimme od die Stimmbildung betreffend*) **B** S **phonics** *pl* (*als sg konstruiert*) **1** SCHULE Lautiermethode *f* **2** *obs* Phonik *f*, Schall-, Tonlehre *f* **3** *obs* → phonetic B

phonocardiogram [ˌfəʊnə-] S MED Phonokardiogramm *n*, (*einzelne*) Herztonaufzeichnung; **phonocardiograph** S Phonokardiograf *m* (*Gerät zur Herztonaufzeichnung*); **phonocardiography** S Phonokardiografie *f*, Herztonaufzeichnung *f*

phonogram ['fəʊnəgræm] S **1** Lautzeichen *n* **2** TECH Phonogramm *n*, Schallaufzeichnung *f*; **phonograph** [-grɑ:f; *bes US* -græf] S **1** TECH, HIST Phonograph *m*, Tonaufnahmegerät *n* **2** US **a** HIST Grammofon *n* **b** Plattenspieler *m*; **phonographic** [-'græfık] ADJ (ADV **~ally**) phonographisch; **phonography** [fəʊ'nɒgrəfı; fə'n-; *US* -'nɑg-] S **1** Kurzschrift *f* auf phonetischer Grundlage, *bes* Pitmans Stenografie **2** LING Phonographie *f* (*möglichst lautgetreue Wiedergabe sprachlicher Laute mithilfe grafischer Zeichen*)

phonological [ˌfəʊnə'lɒdʒıkl; *US* -nl'ɑdʒ-] ADJ (ADV **~ly**) phonologisch; **phonologist** [fəʊ'nɒlədʒıst; *US* -'nɑ-] S Phonologe *m*, Phonologin *f*; **phonology** S Phonologie *f* (*Teilgebiet der Sprachwissenschaft, in dem das System der einzelnen Laute u. Lautgruppen untersucht wird*)

phonometer [fəʊ'nɒmıtə(r); fə'n-; *US* -'nɑm-] S PHYS Phonometer *n* (*Gerät zur Messung des Schalls u. der Lautstärke*); **phonometry** [-trı] S Phonometrie *f* (*Teilbereich der Akustik, der sich mit der Messung akustischer Reize u. ihrer Empfindung befasst*)

phonon ['fəʊnɒn; *US* -ˌnɑn] S PHYS Phonon *n*, Schallquant *n*

phony *bes US* → phoney

phooey ['fu:i:] INT *umg* pfui!

phormium ['fɔ:(r)mıəm] S BOT Flachslilie *f*

phosgene ['fɒzdʒi:n; *US* 'fɑz-] S CHEM Phosgen *n*

phosphate ['fɒsfeıt; *US* 'fɑs-] S CHEM **1** Phosphat *n*: **~-free** phosphatfrei **2** AGR Phosphat(-düngemittel) *n*; **phosphatic** [-'fætık] ADJ **1** Phosphat... **2** phosphathaltig

phosphatize ['fɒsfətaız; *US* 'fɑs-] V/T **1** *Seide* phosphatieren **2** METALL phosphatieren, parkerisieren **3** CHEM in ein Phosphat verwandeln

phosphene ['fɒsfi:n; *US* 'fɑs-] S MED Phosphen *n* (*subjektiv wahrgenommene Lichterscheinung*)

phosphide ['fɒsfaıd; *US* 'fɑs-] S CHEM Phosphid *n*; **phosphine** [-fi:n] S CHEM **1** Phosphin *n*, Phosphorwasserstoff *m* **2** *pl* Phosphine *pl*; **phosphite** [-faıt] S CHEM Phosphit *n*

phosphor ['fɒsfə; *US* 'fɑsfər; -ˌfɔ:r] CHEM **A** S Phosphor *m* **B** ADJ Phosphor...: **~ bronze** METALL Phosphorbronze *f*; **phosphorate** [-fəreıt] V/T **1** phosphorisieren **2** phosphoreszierend machen

phosphoresce [ˌfɒsfə'res; *US* ˌfɑs-] V/I phosphoreszieren; **phosphorescence** S Phosphoreszenz *f*; **phosphorescent** ADJ (ADV **~ly**) phosphoreszierend

phosphori ['fɒsfəraı; *US* 'fɑs-] *pl von* phosphorus

phosphoric [fɒs'fɒrık; *US* fɑs'fɔ:rık; -'fɑr-] ADJ phosphorhaltig, Phosphor...: **~ acid** Phosphorsäure *f*

phosphorism ['fɒsfərızəm; *US* 'fɑs-] S MED Phosphorismus *m*, Phosphorvergiftung *f*

phosphorize ['fɒsfəraız; *US* 'fɑs-] → phosphorate 1

phosphorous ['fɒsfərəs; *US* 'fɑs-] ADJ CHEM phosphorig (*Säure etc*)

phosphorus ['fɒsfərəs; *US* 'fɑs-] *pl* **-ri** [-raı] S **1** CHEM Phosphor *m* **2** *meist pl* PHYS Phosphor *m* (*phosphoreszierender Stoff*) **3** ♎ ASTRON, *poet* Phosphoros *m*, Morgenstern *m*

phot [fɒt; *bes US* fəʊt] S PHYS Phot *n* (*Einheit der spezifischen Lichtausstrahlung*)

phot. ABK **1** photograph **2** photographer Fotogr. **3** photographic fotogr. **4** photography Fotogr.

photic ['fəʊtık] ADJ **1** Licht... **2** BIOL Licht ausstrahlend (*Organismus*) **3** BIOL euphotisch, lichtreich: **~ zone** euphotische Region (*e-s Gewässers*)

photo ['fəʊtəʊ] *umg* **A** *pl* **-tos** S Foto *n*, Bild *n*, Aufnahme *f*: **in the ~** auf dem Foto; **~ album** Fotoalbum *n*; **~ library** **a** Bildarchiv *n* **b** Fotothek *f*; **~ safari** Fotosafari *f*; **take a ~ of** e-e Aufnahme machen von (*od gen*), *j-n, etwas* aufnehmen **B** V/T fotografieren knipsen *umg* (*beide a v/i*), aufnehmen

photo- [fəʊtəʊ] *Wortelement mit den Bedeutungen* **a** Licht... **b** Fotografie..., fotografisch

photoactinic ADJ PHYS fotoaktinisch (strahlend)

photobiological ADJ (ADV **~ly**) fotobiologisch; **photobiology** S Fotobiologie *f* (*Teilgebiet der Biologie, das sich mit der Untersuchung lichtabhängiger pflanzlicher u. tierischer Lebensvorgänge beschäftigt*)

photobiotic ADJ BIOL lichtbedürftig

photocall *Br* → photo opportunity

photocell S ELEK Fotozelle *f*, fotoelektrische Zelle

photochemical ADJ (ADV **~ly**) fotochemisch; **photochemistry** S Fotochemie *f* (*Teilgebiet der Chemie, das sich mit chemischen Reaktionen befasst, die bei der Einwirkung von Licht od anderer elektromagnetischer Strahlung ablaufen*)

photochromy [-ˌkrəʊmı] S HIST Farbfotografie *f*

photocompose V/T TYPO *bes US* im Foto- *od* Filmsatz herstellen; **photocomposer** S *bes US* Foto-, Filmsetzmaschine *f*; **photocomposition** S *bes US* Foto-, Filmsatz *m*

photoconductivity S PHYS Fotoleitfähigkeit

photocopier S Fotokopierer *m*, Fotokopiergerät *n*; **photocopy** **A** V/T fotokopieren, ab-

P

lichten B S Fotokopie *f*, Ablichtung *f*: **make** (*od* **take**) **a ~ of** e-e Fotokopie machen von (*od gen*)

photocurrent S PHYS lichtelektrischer Strom, Fotostrom *m*

photodisintegration S *Atomphysik*: Kernfotoeffekt *m*, Fotoumwandlung *f*

photodissociation S CHEM Fotodissoziation *f*, optische Dissoziation

photodrama → photoplay

photoelectric ADJ (ADV ~ally) PHYS fotoelektrisch: **~ cell** → photocell; **~ current** → photocurrent; **~ effect** Fotoeffekt *m*; **~ meter** FOTO fotoelektrischer Belichtungsmesser; **~ tube** → phototube; **photoelectrical** ADJ (ADV ~ly) → photoelectric; **photoelectricity** S Fotoelektrizität *f* (*Gesamtheit der durch Lichteinwirkung in Materie hervorgerufenen elektrischen Erscheinungen*)

photoelectron S PHYS Fotoelektron *n*

photoemission S PHYS Fotoemission *f*, äußerer Fotoeffekt

photoengraving S TYPO Helio-, Fotogravüre *f* (→ heliogravure)

photo finish S 1 SPORT Fotofinish *n* (*Finish, dessen Sieger nur durch Zielfotografie ermittelt werden kann*) 2 *fig* Kopf-an-Kopf-Rennen *n*; **photo-finish** ADJ: **~ camera** SPORT Zielkamera *f*

Photofit (picture)® S Phantombild *n* (*aus verschiedenen Fotos zusammengesetzt*)

photoflash (lamp) → flash bulb

photoflood (lamp) S Flutlichtlampe *f*

photogelatin ADJ: **~ process** TYPO Lichtdruck(verfahren) *m(n)*

photogen ['fəʊtəʊdʒen] S BIOL a Leuchtorganismus *m* b Leuchtstoff *m* (*e-s Leuchtorganismus*); **photogene** [-dʒiːn] S PSYCH Nachbild *n*

photogenic [,fəʊtəʊ'dʒenɪk] ADJ (ADV ~ally) 1 fotogen: **he's very ~** *a.* er lässt sich gut fotografieren 2 BIOL Licht erzeugend, Leucht…: **~ bacteria** Leuchtbakterien

photogrammetry [,fəʊtəʊ'græmɪtrɪ] S Fotogrammetrie *f*, (Raum)Bildmessung *f*

photograph ['fəʊtəgrɑːf; *bes US* -græf] A S Fotografie *f*, (Licht)Bild *n*, Aufnahme *f*: **in the ~** auf der Fotografie; **"no ~s"** „Fotografieren nicht gestattet"; **take a ~ of** → B; **take ~s** Aufnahmen machen, fotografieren B V/T fotografieren, aufnehmen, e-e Aufnahme machen von (*od gen*) C V/I 1 fotografieren 2 fotografiert werden: **she ~s well** sie lässt sich gut fotografieren, sie ist sehr fotogen; **he does not ~ well** er lässt sich schlecht fotografieren, er wird nicht gut auf Bildern; **photographer** [fə'tɒgrəfə(r); *US* -'tɑg-] S Fotograf(in); **photographic** [-'græfɪk] ADJ (ADV ~ally) 1 fotografisch, Foto…, Bild…: **~ equipment** Fotoausrüstung *f*; **~ laboratory** Fotolabor *n*; **~ library** a Bildarchiv *n* b Fotothek *f*; **~ memory** fotografisches Gedächtnis; **~ safari** Fotosafari *f*; **~ sound** Lichtton *m*; **~ sound recorder** optischer Tonschreiber; **~ storage** COMPUT fotografischer Speicher; **~ studio** Fotoatelier *n*, -studio *n* 2 *fig* fotografisch (genau): **~ accuracy** fotografische Genauigkeit; **photography** [fə'tɒgrəfɪ; *US* -'tɑg-] S 1 Fotografie *f* (*Verfahren*) 2 Fotografien *pl*, Aufnahmen *pl* (*in e-m Buch etc*)

photogravure S TYPO Helio-, Fotogravüre *f* (→ heliogravure)

photojournalism S Bildjournalismus *m*; **photojournalist** S Bildjournalist(in)

photolitho *pl* -os S *abk für* photolithograph A, photolithography; **photolithograph** TYPO A S Fotolithografie *f* (*Bild*) B V/T fotolithografieren; **photolithographic** ADJ (ADV ~ally) fotolithografisch; **photolithography** S Fotolithografie *f* (*Verfahren zur Herstellung von Druckformen für den Offsetdruck*); **photolithoprint** S Fotolithografie *f* (*Bild*)

photolysis [fəʊ'tɒlɪsɪs; *US* -'tɑl-] S CHEM Fotolyse *f*

photomap S Luftbildkarte *f*

photomechanical ADJ (ADV ~ly) TYPO fotomechanisch

photometer [fəʊ'tɒmɪtə(r); *US* -'tɑm-] S PHYS Fotometer *n*, Lichtstärkemesser *m*; **photometry** S Fotometrie *f*, Lichtstärkemessung *f*

photomicrograph S Mikrofotografie *f* (*Bild*); **photomicrographic** ADJ (ADV ~ally) mikrofotografisch; **photomicrography** S Mikrofotografie *f* (→ microphotography)

photomontage S Fotomontage *f* (*Technik u. Bild*)

photomural S FOTO a Riesenvergrößerung *f* (*als Wandschmuck*) b Fototapete *f*

photon ['fəʊtɒn; *US* -,tɑn] S PHYS Photon *n*, Licht-, Strahlungsquant *n*

photoneutron S *Atomphysik*: Photoneutron *n* (*Neutron, das infolge der Wechselwirkung e-s Photons mit e-m Kern frei wird*)

photonovel S Fotoroman *m*

photo-offset S TYPO fotolithografischer Offsetdruck

photo opportunity S Fototermin *m*

photophobia S MED Fotophobie *f*, Lichtscheu *f*

photoplay S FILM, TV Drehbuch *n*

photorealism S KUNST Fotorealismus *m* (*Stilrichtung in der Malerei, bei der dem Maler Fotografien als Vorlagen für s-e Bilder dienen*)

photoreconnaissance S FLUG, MIL Bildaufklärung *f*

photosensitive ADJ (ADV ~ly) lichtempfindlich; **photosensitivity** S Lichtempfindlichkeit *f*; **photosensitize** V/T lichtempfindlich machen

photoset, *etc* → filmset *etc*

photosphere S Fotosphäre *f*, Lichtkreis *m* (*bes der Sonne*)

photostat ['fəʊtəʊstæt] A S 1 Fotokopie *f*, Ablichtung *f* 2 ℒ® Photostat *m* (*ein Fotokopiergerät*) B V/T *prät u. pperf* -stated, -statted fotokopieren, ablichten; **photostatic** ADJ Kopier…, Ablichtungs…: **~ copy** → photostat A 1

photosynthesis S BIOL, CHEM Fotosynthese *f* (*Ausnutzung von Licht durch die grüne Pflanze für die Umwandlung von Kohlendioxid in Kohlenhydrate*)

phototelegram S Bildtelegramm *n*; **phototelegraphy** S Bildtelegrafie *f*

phototherapy S MED Fototherapie *f*, Lichtbehandlung *f*

phototropism S BOT Fototropismus *m* (→ heliotropism)

phototube S ELEK Fotozelle *f*

phototypesetter → photocomposer; **phototypesetting** → photocomposition

phr. ABK phrase

phrasal verb ['freɪzl] S LING *Verb in Verbindung mit e-m Adverb u./od e-r Präposition*

phrase [freɪz] A S 1 (Rede)Wendung *f*, Redensart *f*, (idiomatischer) Ausdruck: **he's good at turning a ~** er kann gut formulieren 2 *pej* Phrase *f* 3 LING Phrase *f*, Satzglied *n* 4 MUS Phrase *f* (*selbstständiger Abschnitt e-s musikalischen Gedankens*) B V/T formulieren, in Worte fassen C V/I MUS phrasieren; **~ book** S Sprachführer *m*; **~maker** S 1 *j-d, der gut formulieren kann* 2 *pej* Phrasendrescher(in); **~monger** → phrasemaker 2

phraseogram ['freɪzɪəgræm] S *Stenografie*: Satz-, Wortgruppenkürzel *n*; **phraseograph** [-grɑːf; *bes US* -græf] S Kürzelsatz *m*, -gruppe *f*

phraseologist [,freɪzɪ'ɒlədʒɪst; *US* -'ɑl-] → phrasemaker 1; **phraseology** S a Ausdrucksweise *f*, Sprache *f* b Jargon *m*

phrase| structure S LING Phrasenstruktur *f*; **~-structure grammar** S LING Phrasenstrukturgrammatik *f*

phrenetic *obs für* frenetic

phrenic ['frenɪk] ADJ ANAT, MED Zwerchfell…

phrenological [,frenə'lɒdʒɪkl; *US* -'lɑ-] ADJ (ADV ~ly) phrenologisch; **phrenologist** [-'nɒlədʒɪst; *US* -'nɑl-] S Phrenologe *m*, Phrenologin *f*; **phrenology** S Phrenologie *f* (*als irrig erwiesene Lehre, nach der die geistig-seelischen Anlagen des Menschen aus den Schädelformen erkennbar sind*)

Phrygian ['frɪdʒɪən; *US a.* -dʒən] A S 1 HIST Phryger(in) 2 LING, HIST Phrygisch *n*, das Phrygische B ADJ 1 HIST phrygisch 2 MUS phrygisch (*Tonart*)

PHS ABK *US* Public Health Service

phthalein ['θælɪɪn; 'fθæl-] S CHEM Phthalein *n*; **phthalic** ['θælɪk; 'fθælɪk] ADJ Phthal…: **~ acid**

phthisis ['θaɪsɪs; 'fθaɪ-; *US bes* 'taɪ-; 'tɪ-] S MED Phtise *f*, Phtisis *f*: a *Verfall des Körpers od einzelner Organe* b Lungentuberkulose *f*

phut [fʌt] *Br* A INT fft! (*lautmalend*) B ADV: **go ~** *umg* a kaputtgehen (*a. fig Ehe etc*) b *fig* platzen (*Plan etc*)

phycology [faɪ'kɒlədʒɪ; *US* -'kɑ-] S Phykologie *f*, Algenkunde *f*

phyla ['faɪlə] *pl von* phylum

phylactery [fɪ'læktərɪ] S 1 REL Phylakterion *n*, Gebetsriemen *m* (*der Juden*) 2 *obs* Phylakterion *n*, Amulett *n* 3 *fig* Gedächtnishilfe *f*, -stütze *f*

phyletic [faɪ'letɪk] ADJ (ADV ~ally) BIOL phyletisch (*die Abstammung betreffend*)

phylloquinone [,fɪləʊkwɪ'nəʊn] S CHEM, MED Phyllochinon *n* (*Vitamin K_1*)

phyllotaxy ['fɪləʊ,tæksɪ] S, *a.* **phyllotaxis** [-'tæksɪs] *pl* -taxes [-iːz] S BOT Phyllotaxis *f*, Blattstellung *f*

phylloxera [fɪ'lɒksərə; ,fɪlɒk'sɪərə; *US* fɪ'lɑk-; ,fɪlɑk's-] *pl* -rae [-riː], -ras S ZOOL Reblaus *f*

phylogenesis [,faɪləʊ'dʒenɪsɪs] → phylogeny; **phylogenetic** [-dʒɪ'netɪk] ADJ (ADV ~ally) phylogenetisch, stammesgeschichtlich; **phylogeny** [-'lɒdʒənɪ; *US* -'lɑ-] S Phylogenese *f*, Phylogenie *f*, Stammesgeschichte *f*

phylum ['faɪləm] *pl* -la [-lə] S 1 BIOL Phylum *n*, (Tier- *od* Pflanzen)Stamm *m* 2 LING Sprachstamm *m*

phys. ABK 1 physical phys. 2 physician 3 physics PL 4 physiological physiol. 5 physiology Physiol.

physiatrics [,fɪzɪ'ætrɪks] SPL (*als sg konstruiert*) *US* → physiotherapy

physic ['fɪzɪk] A S 1 Arznei(mittel) *f(n)*, Medizin *f*, *bes* Abführmittel *n* 2 *obs* Heilkunde *f* 3 a *obs* → A 3 b b **physics** *pl* (*als sg konstruiert*) Physik *f* B V/T *prät u. pperf* physicked [-ɪkt] 1 *obs* mit Arzneimitteln behandeln 2 *obs* a *j-m* ein Abführmittel geben b abführend bei *j-m* wirken 3 *obs* heilen, kurieren (*beide a. fig*)

physical ['fɪzɪkl] A ADJ (ADV → physically) 1 physisch, körperlich: **~ condition** Gesundheitszustand *m* (→ A 2); **~ culture** Körperkultur *f*; **~ education** SCHULE Leibeserziehung *f*; **~ education student** Sportstudent(in); **~ examination** ärztliche Untersuchung, MIL Musterung *f*; **~ fitness** a körperliche Tauglichkeit b Fitness *f*; **~ force** physische Gewalt; **~ handicap** MED Körperbehinderung *f*; **~ inventory** WIRTSCH Bestandsaufnahme *f*; **~ possession** JUR tatsächlicher *od* physischer Besitz; ~

P

stock WIRTSCH Lagerbestand *m*; **~ strength** Körperkraft *f*; **~ training** SCHULE Leibeserziehung *f* 2 physikalisch: **~ anthropology** biologische Anthropologie *(Teilgebiet der Biologie, das sich speziell mit dem Menschen beschäftigt)*; **~ chemistry** physikalische Chemie, Physikochemie *f* *(Grenzgebiet zwischen Physik u. Chemie, das sich mit den bei chemischen Vorgängen auftretenden Erscheinungen befasst)*; **~ condition** Aggregatzustand *m* (→ A 1); **~ geography** → physiography 1; **~ therapy** MED physikalische Therapie (→ physiotherapy); → jerk[1] A 3 3 naturwissenschaftlich 4 naturgesetzlich, physisch: **~ impossibility** *umg* völlige Unmöglichkeit 5 natürlich 6 sinnlich, fleischlich 7 materiell 8 SPORT a körperbetont: **be too ~** den Körpereinsatz übertreiben b ruppig B S ärztliche Untersuchung, MIL Musterung *f*; **physically** ADV → physical A: **~ handicapped** (*od* **incapacitated**, *US euph* **challenged**) MED körperbehindert; **~ impossible** *umg* völlig unmöglich; **~ superior** körperlich überlegen

physical science S exakte Naturwissenschaften *pl*

physician [fɪˈzɪʃn] S Arzt *m*, Ärztin *f*

physicist [ˈfɪzɪsɪst] S Physiker(in)

physicochemical [ˌfɪzɪkəʊ-] ADJ (ADV **~ly**) physikochemisch

physio [ˈfɪzɪəʊ] *pl* -os S *umg* → physiotherapist

physiocracy [ˌfɪzɪˈɒkrəsɪ; *US* -ˈɑk-] S HIST Physiokratie *f* *(Lehre, nach der Boden- u. Landwirtschaft die alleinigen Reichtumsquellen waren)*

physiognomic [ˌfɪzɪəˈnɒmɪk; *US* -ˈnɑm-; -ˈgnɑm-] ADJ, **physiognomical** [-kl] ADJ (ADV **~ly**) physiognomisch; **physiognomist** [-ˈɒnəmɪst; *US* -ˈɑn-; -ˈɑgn-] S Physiognom(in), Physiognomiker(in); **physiognomy** S 1 Physiognomie *f*: a Gesichtsausdruck *m*, -züge *pl* b *fig* äußere Erscheinung, Struktur *f* 2 Physiognomik *f* *(Deutung der Wesensart aus der leiblichen Erscheinung)*

physiography [ˌfɪzɪˈɒgrəfɪ; *US* -ˈɑg-] S 1 physische Geografie, Physiogeografie *f* *(Teilgebiet der Geografie, das sich mit den naturbedingten geografischen Erscheinungen befasst)* 2 → geomorphology 3 Naturbeschreibung *f*

physiologic [ˌfɪzɪəˈlɒdʒɪk; *US* -ˈlɑ-] ADJ, **physiological** [-kl] ADJ (ADV **~ly**) physiologisch: **~ psychology** physiologische Psychologie *(Teilgebiet der Psychologie, das sich mit den die Funktionen des zentralen Nervensystems u. der Sinnesorgane betreffenden physiologischen Grundlagen der psychischen Phänomene befasst)*; **physiologist** [-ˈɒlədʒɪst; *US* -ˈɑl-] S Physiologe *m*, Physiologin *f*; **physiology** S Physiologie *f* *(Wissenschaft von den Lebensvorgängen u. Lebensäußerungen bes des Menschen)*

physiotherapeutic [ˈfɪzɪəʊ-] ADJ (ADV **~ally**) MED physiotherapeutisch; **physiotherapist** S Physiotherapeut(in); **physiotherapy** S Physiotherapie *f* *(Behandlung bestimmter Krankheiten mit naturgegebenen od physikalischen Mitteln)*

physique [fɪˈziːk] S Körper(bau) *m*, Wuchs *m*, Statur *f*

phyto [faɪtəʊ] *Wortelement mit der Bedeutung* Pflanzen…

phytogenesis [ˌfaɪtəʊˈdʒenɪsɪs] S BOT Pflanzenentstehungslehre *f*; **phytogenic** [ˌfaɪtəʊˈdʒenɪk] ADJ phytogen, pflanzlichen Ursprungs; **phytogeny** → phytogenesis

phytogeography S Phytogeografie *f*, Pflanzengeografie *f*

phytography [faɪˈtɒgrəfɪ; *US* -ˈtɑg-] S genaue Pflanzenbeschreibung

phytolite [ˈfaɪtəlaɪt], **phytolith** [-lɪθ] S GEOL Phytolith *m* *(Sedimentgestein, das ausschließlich od größtenteils aus Pflanzenresten entstanden ist)*

phytological [ˌfaɪtəˈlɒdʒɪkl; *US* -ˈlɑ-] ADJ (ADV **~ly**) BOT phytologisch; **phytology** [-ˈtɒlədʒɪ; *US* -ˈtɑl-] S Phytologie *f*, Pflanzenkunde *f*

phytopathology S BOT Phytopathologie *f* *(Wissenschaft von den Pflanzenkrankheiten u. -schädlingen)*

phytosanitary ADJ: **~ inspection** pflanzenschutzrechtliche Kontrolle

pi[1] [paɪ] S 1 Pi *n* *(griechischer Buchstabe)* 2 MATH p *n*, (die Zahl) Pi *n* *(Verhältnis des Kreisumfanges zum Durchmesser)*

pi[2] [paɪ] ADJ *bes Br sl* fromm

pi[3] → pie[3]

piaffe [pɪˈæf; pjæf] *(Dressurreiten)* A V/I piaffieren B S Piaffe *f*

pia mater [ˈpaɪəˈmeɪtə(r); ˌpiːə-; -ˈmɑː-] S ANAT Pia Mater *f*, weiche Hirnhaut

pianette [pɪəˈnet] S MUS Pianette *f* *(niedriges Kleinklavier)*; **pianissimo** [pjæˈnɪsɪməʊ; *US* ˌpiːəˈn-] MUS A ADJ & ADV pianissimo, sehr leise B *pl* -mos S Pianissimo *n*; **pianist** [ˈpɪənɪst; pɪˈænɪst] S Pianist(in)

piano[1] [pɪˈænəʊ; pɪˈɑː-] *pl* -os S MUS Klavier *n*: **at the ~** am Klavier; **on the ~** auf dem Klavier; **~ accordion** Akkordeon *n*; **~ player** a Klavierspieler(in) b mechanische Antriebsvorrichtung *(e-s Klaviers)*; **~ sonata** Klaviersonate *f*; **~ stool** Klavierstuhl *m*, -hocker *m*, -schemel *m*; **~ teacher** Klavierlehrer(in); **~ trio** Klaviertrio *n* *(Komposition u. Ensemble)*; **~ tuner** Klavierstimmer(in); **~ wire** TECH Stahldraht *m*; → recital 2

piano[2] [ˈpjɑːnəʊ; pɪˈɑː-] MUS A *pl* -nos S Piano *n* *(leises Spiel)*: **~ pedal** Pianopedal *n*, linkes Pedal B ADJ & ADV piano, leise

pianoforte [ˌpjænəʊˈfɔː(r)tɪ; *US a.* piːˈænəˌfɔːrt] S MUS Pianoforte *n*, Klavier *n*

pianola [pɪəˈnəʊlə] S 1 ® MUS Pianola *n* *(selbsttätig spielendes Klavier)* 2 *sl* a *a.* **~ hand** *(Kartenspiel)* Bombenkarte *f umg* b Kinderspiel *n*, kinderleichte Sache

piassava [ˌpiːəˈsɑːvə], *a.* **piassaba** [-bə] S 1 *a.* **~ fiber** (*bes Br* **fibre**) Piassave(faser) *f* 2 BOT Piassava-Palme *f*

piaster, **piastre** [pɪˈæstə(r)] S Piaster *m*: a *Währungseinheit Ägyptens, des Libanons u. der Türkei* b HIST *Bezeichnung der spanischen Pesostücke*

piazza [pɪˈætsə; pɪˈɑːtsə] S 1 Piazza *f*, öffentlicher Platz 2 [piːˈæzə; -ˈɑːzə] *US* (große) Veranda

pibroch [ˈpiːbrɒk; *US* -ˌbrɑk] S MUS Pibroch *m* *(schottisches Musikstück mit Variationen für den Dudelsack)*

pic [pɪk] *pl* pics, pix [pɪks] S *umg* 1 Foto *n* 2 (Spiel)Film *m*

pica[1] [ˈpaɪkə] S TYPO Cicero *f*, Pica *f* *(Schriftgrad)*

pica[2] [ˈpaɪkə] S MED, PSYCH Pikazismus *m* *(abnormes Verlangen nach ausgefallenen Speisen, bes bei Schwangeren, od nach ungenießbaren Stoffen, bes bei Geisteskranken)*

picador [ˈpɪkədɔː(r)] S *Stierkampf*: Picador *m*, Pikador *m* *(Lanzenreiter)*

picaresque [ˌpɪkəˈresk] ADJ pikaresk, pikarisch: **~ novel** Schelmenroman *m*

picaroon [ˌpɪkəˈruːn] *obs* A S 1 Gauner *m* 2 Abenteurer *m* 3 Pirat *m* B V/I seeräubern

picayune [ˌpɪkɪˈjuːn] *US* A S 1 kleine Münze, *bes* Fünfcentstück *n* 2 *fig umg* Lappalie *f*, Kleinigkeit *f* 3 *fig umg* Null *f* *(unbedeutender Mensch)* B ADJ → picayunish; **picayunish** ADJ (ADV **~ly**) *US umg* 1 unbedeutend, klein *(Betrag etc)* 2 engstirnig, kleinlich

piccalilli [ˈpɪkəlɪlɪ; ˌpɪkəˈl-] S Piccalilli *pl* *(e-e Art Mixed Pickles)*

piccaninny [ˈpɪkənɪnɪ; ˌpɪkəˈn-] S *neg!* schwarzes Kind

piccolo [ˈpɪkələʊ] *pl* -los S MUS Pikkoloflöte *f*; **piccoloist** S Pikkoloflötist(in)

pick[1] [pɪk] A S 1 TECH a Spitz-, Kreuzhacke *f*, Picke *f*, Pickel *m* b *Bergbau*: (Keil)Haue *f* 2 Hacken *n*, Schlag *m* 3 Auswahl *f*, Wahl *f*: **have one's ~ of** auswählen können aus; **take your ~** suchen Sie sich etwas aus, Sie haben die Wahl; **he was our ~** unsere Wahl fiel auf ihn 4 Auslese *f*, *(der, die, das)* Beste: **the ~ of the basket** (*od* **bunch**) das (Aller)Beste, das Beste vom Besten 5 TYPO Spieß *m* *(mitdruckendes Ausschlussstück)* 6 AGR, WIRTSCH Ernte *(die gepflückt wird)* 7 MUS → plectrum B V/T 1 aufhacken, -picken 2 *ein Loch* hacken: → hole A 1 3 *Körner* aufpicken 4 auflesen, sammeln 5 *Blumen, Obst* pflücken: **he ~ed her a few flowers** er pflückte ihr ein paar Blumen 6 *Beeren* abzupfen 7 *Gemüse* verlesen, säubern 8 *US Hühner etc* rupfen 9 *Wolle* zupfen 10 *Knochen* abnagen: → bone[1] A 1 11 METALL *Erz* scheiden, (aus)klauben 12 *den Grind etc* (mit den Fingernägeln) abkratzen 13 bohren *od* stochern in *(dat)*: **~ one's nose** in der Nase bohren, popeln *umg*; **~ one's teeth** in den Zähnen (herum)stochern 14 *umg* lustlos essen, herumstochern in *(dat)* 15 *ein Türschloss* (mit e-m Dietrich *etc*) öffnen, knacken: **~ sb's pocket** j-m die Tasche ausräumen *umg*; → brain A 2 16 *e-n Streit* vom Zaun brechen: **~ a quarrel with sb** mit j-m anbändeln *od* Streit suchen 17 *fig* (sorgfältig) auswählen, aussuchen: **you've ~ed the wrong time** du hast dir die falsche Zeit ausgesucht; **~ one's way** (*od* **steps**) a sich e-n *od* s-n Weg suchen *od* bahnen b *fig* sich durchlavieren; **~ a winner** *fig* das große Los ziehen; **~ one's words** s-e Worte (sorgfältig) wählen 18 ausfasern, zerpflücken, zerreißen *(a. fig)*: → piece A 2 19 MUS *US Saiten* zupfen, *Banjo etc* spielen C V/I 1 hacken, picke(l)n 2 lustlos essen, im Essen herumstochern 3 sorgfältig wählen: **~ and choose** a wählerisch sein b sich bei der Auswahl Zeit lassen 4 *a.* **~ and steal** klauen *umg*, stehlen

Phrasal Verbs: **pick| at** V/I 1 **~ one's food** im Essen herumstochern 2 a herummäkeln *od* -nörgeln an *(dat)* b herumhacken auf *j-m*; **~ off** V/T 1 (ab)pflücken, abreißen, abrupfen 2 (einzeln) abschießen, wegputzen *sl*; **~ on** V/I 1 → pick at 2 2 *j-n (für etwas Unangenehmes)* aussuchen: **why ~ me?** warum ausgerechnet ich?; **~ out** V/T 1 (sich) *etwas* auswählen 2 ausmachen, erkennen 3 *fig den Sinn etc* herausbekommen *od* -finden, herauskriegen 4 *j-n* (schnell) herausfinden (**from [among]** aus *e-r Gruppe etc*) 5 sich *e-e Melodie (auf dem Klavier etc)* zusammensuchen 6 (farblich) absetzen, durch Farbkontrast hervorheben 7 *fig* hervorheben; **~ over** V/T (gründlich) durchsehen, -gehen, auslesen; **~ up** A V/T 1 *den Boden* aufhacken 2 a aufheben, -nehmen, -lesen, in die Hand nehmen, packen, ergreifen, SPORT *e-n Pass* aufnehmen b aufpicken *(Vogel)*: **~ things after sb** hinter j-m herräumen; → gauntlet[1] 2 3 *umg* a aufnehmen: **the train stops to ~ passengers** b *j-n* abholen (**at the station** vom Bahnhof) c *etwas* (ab)holen (**from** von) 4 *umg* a *ein Mädchen* aufgabeln, auflesen b *j-n* aus dem Wasser ziehen c sich *e-e Krankheit etc* holen *od* einfangen d *e-n Anhalter* mitnehmen 5 *umg j-n* aufgreifen, hochnehmen *(verhaften)* 6 *e-e Spur* aufnehmen 7 *Strickmaschen* aufnehmen 8 *umg e-n Rundfunksender* bekommen, (rein)kriegen 9 *e-e Sendung* empfangen, (ab)hören, *e-n Funkspruch etc* auffangen 10 in Sicht bekommen 11 in den Schweinwerfer bekommen 12 ergattern, erstehen, aufgabeln: **~ a few dollars** sich (mit

Gelegenheitsarbeiten *etc*) ein paar Dollar verdienen **13** mitbekommen, mitkriegen, zufällig erfahren *od* hören, aufschnappen: **~ a knowledge of French** ein bisschen Französisch lernen **14** *Mut, Kraft etc* wiedererlangen: **~ courage** Mut fassen **15** gewinnen, einheimsen *umg*: **~ profit** Profit machen; **~ victories** *bes* SPORT (ständig) Siege ernten *od* einheimsen **16** gewinnen *od* zunehmen an *Macht, Stärke etc*: **~ speed** → B 4 **17** **pick o.s. up** sich hochrappeln *umg*: **a** aufstehen **b** (wieder) hochkommen, sich erholen **18** *e-e Erzählung etc* wieder aufnehmen: → thread A 6 **19** *umg* mitgehen lassen *(stehlen)* **20** *US umg e-e Rechnung* übernehmen (u. bezahlen) **B** VI **1** **~ after sb** hinter j-m herräumen **2** *fig* **a** wieder auf die Beine kommen, *a.* WIRTSCH sich (wieder) erholen **b** besser werden *(Wetter etc)* **3** Bekanntschaft schließen, sich anfreunden *(beide:* **with** mit) **4** Geschwindigkeit aufnehmen, schneller werden, auf Touren *od* in Fahrt kommen **5** *fig* stärker werden *(Wind etc)*

pick² [pɪk] **A** VT *Weberei: Schützen* werfen **B** s **a** Schützenschlag *m (Bewegung des Weberschiffchens)* **b** Schuss *m (einzelner Querfaden)*

pickaback [ˈpɪkəbæk] **A** ADJ & ADV huckepack: **carry sb ~** **B** s: **give sb a ~** j-n huckepack tragen; **~ plane** s FLUG Huckepackflugzeug *n*

pickaninny *bes US* → piccaninny

pickax(e) TECH **A** s (Breit- *od* Spitz-)Hacke *f*, Pickel *m* **B** VT aufhacken **C** VI hacken, pickeln

picked [pɪkt] ADJ (besonders) ausgewählt, ausgesucht, auserlesen

picker s Pflücker(in)

pickerel [ˈpɪkərəl] *pl* **-els**, *bes koll* **-el** s FISCH *(Br* junger) Hecht

picket [ˈpɪkɪt] **A** s **1** Pflock *m* **2** Zaunlatte *f*, Pfahl *m*: **~ fence** Lattenzaun *m*, Palisade(nzaun) *f(m)* **3** Weidepflock *m* **4** Streikposten *m*: **~ line** Streikpostenkette *f* **5** MIL Vorposten *m* **B** VT **1** einpfählen **2** mit Pfählen befestigen **3** *ein Pferd* anpflocken **4** **a** Streikposten aufstellen vor *(dat)*, durch Streikposten blockieren, mit Streikposten besetzen **b** (als Streikposten) anhalten *od* belästigen **5** MIL (durch Vorposten) sichern **C** VI Streikposten stehen; **~ boat** s Patrouillenboot *n (der Hafenpolizei)*

picketer s Streikposten *m*

pick hammer s TECH **1** Spitzhaube *f*, -hammer *m* **2** Brechhammer *m*

picking [ˈpɪkɪŋ] s **1** Auflesen *n*, Sammeln *n*: **it's there for the ~** *fig* es liegt auf der Straße, man braucht nur zuzugreifen **2** Pflücken *n*: **of one's own ~** selbst gepflückt **3** *pl* Nachlese *f*, Überbleibsel *pl*, Reste *pl* **4** *pl*, *a.* **~s and stealings** **a** unehrlich erworbene Nebeneinkünfte, unehrlicher Gewinn **b** (Diebes)Beute *f*, Fang *m* **5** *pl* Profit *m*

pickle [ˈpɪkl] **A** s **1** Essig-, Gewürzgurke *f*, saure Gurke **2** *meist pl* Pickles *pl*, Eingepökelte(s) *n*; → **mixed pickles** **3** Essigsoße *f (zum Einlegen)*, saure Würztunke, Essigbrühe *f* **4** (Salz)Lake *f*, Pökel *m* **5** METALL Beize *f* **6** *umg* Patsche *f*: **I was in a nice ~** ich saß ganz schön in der Patsche **7** *umg* Balg *m/n*, Früchtchen *n*, Gör *n (freches Kind)* **B** VT **1** in Essig einlegen, marinieren: **~d cucumber** → A 1 **2** einlegen, (ein)pökeln **3** TECH *Metall* (ab)beizen, *Bleche* dekapieren: **pickling agent** Abbeizmittel *n* **4** AGR *Saatgut* beizen; **pickled** ADJ **1** gepökelt, eingesalzen, Essig…, Salz…: **~ herring** Salzhering *m* **2** *umg* blau, voll *(betrunken)*

pick|lock s **1** Einbrecher(in) **2** Dietrich *m*; **~-me-up** s *umg* **1** Stärkung *f*, *bes* Schnäpschen *n* **2** *fig* Stärkung *f*; **~pocket** **A** s Taschendieb(in) **B** VT: **be ~ed** von Taschendieben bestohlen werden; **~thank** s *obs* Schmeichler(in)

pickup s **1** *umg* **a** zufällige Bekanntschaft, Straßen-, Reisebekanntschaft *f* **b** Flittchen *n pej (Dirne)* **c** Anhalter(in) **2** *a.* **~ point** Einstiegstelle *f*, Abholstelle *f* **3** *sl* **a** Verhaftung *f* **b** Verhaftete(r) *m/f(m)* **4** *sl für* pick-me-up **5** *a.* **~ truck** AUTO Pick-up *m (kleiner Pritschenwagen)* **6** AUTO Beschleunigung(svermögen) *f(n)*, Anzugsmoment *n* **7** RADIO, TV **a** Aufnahme- u. Übertragungsapparatur *f* **b** Aufnahme *f (von Veranstaltungen außerhalb des Sendehauses)* **8** ELEK Pick-up *m*, Tonabnehmer *m*: **~ arm** Tonarm *m*; **~ cartridge** Tonabnehmerkopf *m* **9** ELEK Schalldose *f* **10** Geber *m (am Messgerät)*: **~ element** Aufnahmeorgan *n* **11** TV **a** Abtasten *n*, Aufnahme *f* **b** Abtastgerät *n* **12** ELEK Ansprechen *n (e-s Relais)*: **~ voltage** Ansprechspannung *f* **13** *umg (etwas)* zufällig Aufgelesenes, Fund *m* **14** *umg (etwas)* Improvisiertes: **~ (dinner)** improvisierte Mahlzeit **15** AGR, TECH Aufnehmer *m*, Greifer *m (Zusatzgerät am Mähdrescher)*: **~ baler** Aufnehmerpresse *f* **16** WIRTSCH Erholung *f*, (Wieder)Belebung *f*: **~ (in prices)** Anziehen *n* der Preise

Pickwickian [pɪkˈwɪkɪən] ADJ *meist hum* pickwicksch *(nach Samuel Pickwick in den „Pickwick Papers" von Dickens)*: **a word used in a ~ sense** ein nicht wörtlich zu nehmender Ausdruck

picky [ˈpɪkɪ] ADJ (ADV pickily) heikel, mäk(e)lig: **be a very ~ eater** im Essen sehr heikel sein

picnic [ˈpɪknɪk] **A** s **1** **a** Picknick *n* **b** Ausflug *m* (mit Picknick): **go on** *(od* **for)** **a ~** ein Picknick machen; **~ hamper** Picknickkorb *m* **2** *umg* **a** Vergnügen *n* **b** Kinderspiel *n*: **it's no ~ (doing sth)** es ist kein Honiglecken (, etwas zu tun) *umg* **3** TECH *US Standardgröße für Konservenbüchsen* **4** *a.* **~ ham** *(od* **shoulder)** GASTR *US* Schweineschulter *f* **5** *bes Aus umg* unangenehmes Erlebnis **B** VI *prät u. pperf* **-nicked** ein Picknick *etc* machen, picknicken; **picnicker** s Teilnehmer(in) an e-m Picknick

pico- [piːkəʊ] *Wortelement mit der Bedeutung* ein Billionstel: **~farad** Pikofarad *n*

picot [ˈpiːkəʊ; piːˈkəʊ] s Picot *m (Zierschlinge an Spitzen etc)*

picquet → picket A 4

picric acid [ˈpɪkrɪk] s CHEM Pikrinsäure *f*

Pict [pɪkt] s HIST Pikte *m*, Piktin *f*; **Pictish** ADJ piktisch

pictogram [ˈpɪktəʊgræm] s Piktogramm *n (grafisches Symbol)*

pictograph [ˈpɪktəʊgrɑːf; *bes US* -græf] s **1** Piktogramm *n* **2** Ideogramm *n*, Bilderschriftzeichen *n* **3** piktografische Inschrift; **pictography** [-ˈtɒgrəfɪ; *US* -ˈtɑ-] s Piktografie *f*, Bilderschrift *f*

pictorial [pɪkˈtɔːrɪəl; *US a.* -ˈtəʊ-] **A** ADJ (ADV ~ly) **1** malerisch, Maler…: **~ art** Malerei *f* **2** bildlich, Bilder…, illustriert: **~ advertising** Bildwerbung *f*; **~ representation** bildliche Darstellung **3** *fig* malerisch, bildhaft **B** s **1** Illustrierte *f (Zeitung)* **2** *Postwesen*: Bildermarke *f*

picture [ˈpɪktʃə(r)] **A** s **1** Bild *n (a. TV)*: *he isn't* **in the ~** auf dem Bild; **his face was a ~** du hättest sein Gesicht sehen sollen! **2** Abbildung *f*, Illustration *f* **3** Bild *n*, Gemälde *n*: **sit for one's ~** sich malen lassen; → pretty A 1 **4** (geistiges) Bild, Vorstellung *f*: **form a ~ of sth** sich von etwas ein Bild machen **5** *umg* Bild *n*, Verkörperung *f*: **he looks the very ~ of health** er sieht aus wie das blühende Leben; **look the ~ of misery** ein Bild des Jammers bieten, wie ein Häufchen Elend *od* Unglück aussehen **6** Ebenbild *n*: **the child is the ~ of his father** **7** *fig* anschauliche Darstellung *od* Schilderung, Bild *n*, (Sitten)Gemälde *n (in Worten)*: **Gibbon's ~ of ancient Rome** **8** *umg* bildschöne Sache *od* Person: **she is a perfect ~** sie ist bildschön; **the hat is a ~** der Hut ist ein Gedicht **9** *umg* Blickfeld *n*: **be in the ~** **a** sichtbar sein, e-e Rolle spielen **b** im Bild *od* auf dem Laufenden sein (**about** über *akk*); **come into the ~** in Erscheinung treten; **drop out of the ~** (von der Bildfläche) verschwinden; **put sb in the ~** j-n ins Bild setzen (**about** über *akk*); **keep sb in the ~** j-n auf dem Laufenden halten (**about** über *akk*); **out of the ~** **a** nicht von Interesse, ohne Belang **b** weg vom Fenster *umg* **10** FOTO Aufnahme *f*, Bild *n*: **~ of the family** Familienbild; **take a ~ of** e-e Aufnahme machen von *(od gen)*, *j-n, etwas* aufnehmen; **may I take your ~?** darf ich e-e Aufnahme von Ihnen machen? **11** **a** Film *m* **b** *pl bes Br* Kino *n*: **go to the ~s** ins Kino gehen **c** *pl bes Br* Film *m (Filmwelt)*: **be in ~s** beim Film sein **12** *a.* **clinical ~** MED klinisches Bild, Krankheitsbild *n*, Befund *m* **B** VT **1** abbilden, darstellen, malen **2** *fig* anschaulich schildern, beschreiben, (in Worten) ausmalen **3** *a.* **~ to oneself** *fig* sich ein Bild machen von, sich *etwas* ausmalen *od* vorstellen **4** *e-e Empfindung etc* ausdrücken, erkennen lassen, spiegeln, zeigen **C** ADJ **1** Bilder… **2** Film…

picture| book s Bilderbuch *n*; **~ card** s *Kartenspiel*: Bildkarte *f*, Bild *n*; **~ composition** s KUNST Bildkomposition *f*; **~ definition** s FOTO, TV Bildschärfe *f*; **~ frame** s Bilderrahmen *m*; **~ frequency** s TV Bildfrequenz *f*; **~ gallery** s Bilder-, Gemäldegalerie *f*; **~goer** s *Br obs (bes* häufige[r]) Kinobesucher(in); **~ hat** s breitkrempiger (, federgeschmückter) Damenhut; **~ house** s *Br obs* Lichtspielhaus *n*; **~ library** s Filmarchiv *n*; **~ palace** s *Br obs* Filmpalast *m*; **~ postcard** Ansichtskarte *f*; **~-postcard** ADJ malerisch *(Dorf etc)*; **~ puzzle** s **1** Vexierbild *n* **2** Bilderrätsel *n*; **~ quality** s TV Bildqualität *f*; **~ search** s Bildsuchlauf *m (e-s Videorekorders)*; **~ show** s *obs* Film(vorführung) *m(f)*

picturesque [ˌpɪktʃəˈresk] **A** ADJ (ADV ~ly) **1** pittoresk, malerisch *(Dorf etc)* **2** bildhaft, anschaulich *(Sprache)* **B** s *(das)* Malerische; **picturesqueness** s *(das)* Malerische

picture| telegraphy s Bildtelegrafie *f*; **~ theatre** s *Br obs* Filmtheater *n*; **~ transmission** s ELEK Bildübertragung *f*, Bildfunk *m*; **~ transmitter** s ELEK Bild(übertragungs)sender *m*; **~ tube** s TV Bildröhre *f*; **~ window** s Panoramafenster *n*; **~ writing** s Bilderschrift *f*

picturize [ˈpɪktʃəraɪz] VT **1** *US* verfilmen **2** mit Bildern ausstatten, bebildern **3** bildlich darstellen

picul [ˈpɪkəl] s WIRTSCH Pikul *m/n (ostasiatisches Handelsgewicht; reichlich 60 kg)*

piddle [ˈpɪdl] **A** VI **1** *a.* **~ about** *(od* **around)** herumtrödeln **2** *umg* Pipi machen *(Kindersprache)*, pinkeln **B** VT *meist* **~ away** *s-e Zeit* vertrödeln **C** s *umg* **a** Pipi *n (Kindersprache)* **b** **do one's** *(od* **have a)** **~** → A 2; **piddler** s Trödler(in) *umg*; **piddling** [-dlɪŋ] ADJ (ADV ~ly) *umg* unbedeutend, belanglos

pidgin [ˈpɪdʒɪn] s Pidgin *n*, Mischsprache *f*, *pej* Kauderwelsch *n*; **~ English** s Pidginenglisch *n (Mischsprache aus e-m sehr vereinfachten Englisch u. e-r od mehreren anderen Sprachen)*

pie¹ [paɪ] s ORN *obs od dial* Elster *f*

pie² [paɪ] s Pie *f*: **a** *(Fleisch- etc)* Pastete *f*: → finger A 1, humble A **b** *(meist* gedeckter) *(Apfel- etc)* Kuchen: **a share in** *(od* **a slice of)** **the ~** *umg* ein Stück vom Kuchen; **~ in the sky** *umg* **a** Luftschlösser *pl* **b** leere Versprechungen *pl*; **promise sb ~ in the sky** **a** j-m das Blaue vom Himmel (herunter) versprechen *umg* **b**

P

j-m den Himmel auf Erden versprechen; **be (as) easy as ~** *umg* kinderleicht *od* ein Kinderspiel sein
pie[3] [paɪ] A S TYPO Zwiebelfisch(e) *m(pl)* B V/T TYPO *den Satz* zusammenwerfen
pie[4] [paɪ] S HIST *e-e kleine indische Münze*
pie[5] [paɪ] S REL, HIST *vor der Reformation in England benutztes liturgisches Regelbuch*
piebald [ˈpaɪbɔːld] A ADJ scheckig, gescheckt, bunt: **~ horse** Schecke *m/f* B S scheckiges Tier, *bes* Schecke *m/f (Pferd)*
piece [piːs] A S 1 Stück *n*: **all of a ~** aus einem Guss; **be all of a ~ with** a (ganz) genau passen zu b (ganz) typisch sein für; *twenty pounds* **a ~** das Stück; **~ by ~** Stück für Stück; **by the ~** a stückweise *verkaufen* b im (Stück-)Akkord *arbeiten od bezahlt werden*; **~ of cake** *umg* Kinderspiel *n*; **~ of land** Stück Land, Grundstück; **~ of luggage** Gepäckstück 2 (Bruch)Stück *n*: **in ~s** in Stücke(n), entzwei, kaputt, in Scherben; **break** (*od* **fall**) **to ~s** zerbrechen, entzweigehen; **go to ~s** a in Stücke gehen (*a. fig*) b *fig* zusammenbrechen *(Person)*; **pull** (*od* **pick, tear**) **to ~s** a in Stücke reißen b *fig e-e Äußerung etc* zerpflücken; **pick up the ~s!** *hum* nun steh schon wieder auf! 3 Teil *m/n (e-r Maschine etc)*: **take to ~s** auseinandernehmen, zerlegen 4 Beispiel *n*, Fall *m*: → advice 1, mind A 4, news 1, *etc* 5 *zur Bezeichnung der (handels)üblichen Mengeneinheit*: a Stück *n (Einzelteil)*: → apparatus 1 b, furniture 1, *etc* b Ballen *m*: **a ~ of cotton cloth** ein Ballen Baumwollstoff c Rolle *f*: **a ~ of wallpaper** e-e Rolle Tapete d *obs* Stückfass *n*, Stück *n*, Fass *n*: **a ~ of wine** 6 Teil *m/n (e-s Services etc)*: **a 30-~ service** ein 30-teiliges Service 7 MIL Geschütz *n*, Stück *n* 8 (Geld)Stück *n*, Münze *f*: **~ of eight** HIST Peso *m* 9 *a.* **~ of work** Stück *n* Arbeit, Werkstück *n*: **he's a nasty ~ of work** *umg* er ist ein übler Kunde 10 (Kunst)Werk *n*: a MAL Stück *n*, Gemälde *n* b kleines *(literarisches)* Werk c (Bühnen)Stück *n* d (Musik)Stück *n*: **say one's ~** *umg* sagen, was man auf dem Herzen hat 11 *pej od hum* Stückchen *n*: **he's a ~ of a philosopher** er ist ein kleiner Philosoph 12 *sl* a **a nice ~** ein sexy Zahn *sl* b Nummer *f vulg (Geschlechtsverkehr)*: **have a ~** e-e Nummer machen *od* schieben *vulg*; → arse A 4 13 (Spiel)Figur *f*, *bes* a *Schachspiel*: Figur *f* b *Brettspiel*: Stein *m* 14 *umg* a Weilchen *n* b kleines Stück, Stück *n* Wegs B V/T 1 *a.* **~ up** (zusammen)flicken, ausbessern, zusammenstückeln 2 *a.* **~ out** vervollständigen, ergänzen 3 *a.* **~ out** ein Stück *od* Stücke ansetzen an *(akk) od* einsetzen in *(akk)* 4 **~ out** vergrößern, verlängern, strecken (*a. fig*) 5 *oft* **~ together** *a. fig* zusammensetzen, zusammenstückeln
piece cost S WIRTSCH Stückkosten *pl*
pièce de résistance [pjɛs də rezistɑ̃s] S 1 Hauptgericht *n (e-r Mahlzeit)* 2 Krönung *f*, Höhepunkt *m (e-r Veranstaltung etc)*, Glanz-, Schmuckstück *n (e-r Sammlung etc)*
piece| goods SPL Meter-, Schnittware *f*; **~meal** A ADV 1 stückweise, Stück für Stück, allmählich 2 in Stücke: **tear sth ~** B ADJ 1 stückchenweise, allmählich: **~ tactics** *pl* Salamitaktik *f* 2 unsystematisch *(Vorgehen etc)*; **~ rate** S Akkordsatz *m*; **~ wages** SPL Akkord-, Stücklohn *m*; **~work** S Akkordarbeit *f*: **do ~** (im) Akkord arbeiten; **~ wages** → piece wages; **~worker** S Akkordarbeiter(in)
pie chart S *Statistik*: Kreisdiagramm *n*
piecrust S leere *od* ungefüllte Pastete, Pastetenkruste *f*
pied [paɪd] ADJ 1 *bes* ZOOL gescheckt, bunt (-scheckig), Scheck..., Bunt... 2 bunt gekleidet: ♀ **Piper (of Hamelin)** *(der)* Rattenfänger von Hameln; **~ piper** *fig* Rattenfänger(in)
pied-à-terre *pl* pieds-à-terre [ˌpjeɪtɑːˈteə(r)] S Zweitwohnung *f*
piedmont [ˈpiːdmənt; *US* -ˌmɑnt] S GEOL Piedmontfläche *f (Fläche am Fuß e-s Gebirges)*
pie-dog → pye-dog
pie|-eater S *Aus umg* Null *f (unbedeutender Mensch)*; **~-eyed** ADJ *sl* blau *(betrunken)*; **~-flinging** S Tortenschlacht *f*; **~ graph** → pie chart; **~-in-the-sky** ADJ unrealistisch *(Vorstellung)*, unerfüllbar *(Versprechen)*; **~man** [-mən] S *irr Br obs* Pastetenverkäufer *m*; **~plant** S BOT *US* Rhabarber *m*
pier [pɪə(r)] S 1 Pier *m*, SCHIFF *a. f (Landungsbrücke)* 2 Landungssteg *m* 3 Mole *f*, Hafendamm *m* 4 Kai *m* 5 *(Brücken- od Tor- od Stütz)* Pfeiler *m* 6 *Mauerstück zwischen Fenstern*;
pierage S Kaigeld *n*
pierce [pɪə(r)s] A V/T 1 a durchbohren, -stechen: **~ sb's ears** j-m die Ohrläppchen durchstechen; **he had his tongue ~d** er ließ sich die Zunge piercen b sich bohren in *(akk)*, (ein)dringen in *(akk)* 2 *fig* durchdringen: **a cry ~d the silence** ein Schrei zerriss die Stille; **the cold ~d him to the bone** die Kälte drang ihm bis ins Mark 3 TECH durchlöchern, lochen, perforieren 4 *bes* MIL a durchstoßen, -brechen b eindringen *od* -brechen in *(akk)*: **~ the enemy's lines** 5 *fig ein Geheimnis etc* durchschauen, ergründen, eindringen in *(akk)* 6 *fig j-n, j-s Herz od Gefühle* tief bewegen, verwunden B V/I (ein)dringen (**into** in *akk*), dringen (**through** durch); **piercer** S TECH Bohrer *m*, Locher *m*; **piercing** A S Durchbohren *n*, -stechen *n*, Piercing *n* B ADJ (ADV **~ly**) durchdringend: **~ cold** schneidende Kälte; **~ eyes** stechende Augen, durchdringender Blick; **~ pain** stechender Schmerz; **~ shriek** durchdringender *od* gellender Schrei
pier| glass S Pfeilerspiegel *m*; **~head** S Molenkopf *m*
Pierrot [ˈpɪərəʊ] S 1 Pierrot *m (Lustspielfigur)* 2 ♀ Hanswurst *m*
pier table S Pfeiler-, Spiegeltisch *m*
pietà [ˌpɪeˈtɑː; *US* ˌpiːeɪˈtɑː] S KUNST Pietà *f (Darstellung der trauernden Maria mit dem Leichnam Christi auf dem Schoß)*
pietism [ˈpaɪətɪzəm] S REL 1 ♀ HIST Pietismus *m (e-e protestantische Bewegung zur Erneuerung des frommen Lebens u. e-r ihm dienenden Reform der Kirche)* 2 → piety 3 *pej* Frömmelei *f*; **pietist** A S 1 ♀ HIST Pietist(in) 2 frommer Mensch 3 *pej* Frömmler(in) B ADJ → pietistic; **pietistic** ADJ (ADV **~ally**) 1 ♀ HIST pietistisch 2 fromm 3 *pej* frömmelnd
piety [ˈpaɪətɪ] S 1 Frömmigkeit *f* 2 (**to**) Pietät *f* (gegenüber), Ehrfurcht *f* (vor *dat*)
piezoelectric [paɪˌiːzəʊ; *US a.* piːˌeɪzəʊ-] ADJ (ADV **~ally**) PHYS piezoelektrisch: **~ effect** piezoelektrischer Effekt, Piezoeffekt *m*; **piezoelectricity** S Piezoelektrizität *f (durch Druck entstandene Elektrizität bei manchen Kristallen)*
piezometer [ˌpaɪɪˈzɒmɪtə(r); *US* -ˈzɑm-; *a.* ˌpiːə-] S PHYS Piezometer *n*, Druckmesser *m*
piffle [ˈpɪfl] *umg* A V/I 1 quatschen, Blech *od* Unsinn reden 2 Quatsch machen B S Unsinn *m*, Quatsch *m*, Blech *n*: **talk ~** → A 1; **piffler** [-flə(r)] S *umg* Quatschkopf *m*; **piffling** ADJ *umg* unbedeutend, belanglos
pig [pɪg] A S 1 Schwein *n*: **sow in ~** trächtige Sau; **the sow is in ~** die Sau ist trächtig; **buy a ~ in a poke** *fig* die Katze im Sack kaufen; **~s might fly** *bes hum* da müsste schon ein Wunder geschehen 2 *umg pej* a Fressack *m* b Ferkel *n*, Schwein *n (unanständiger od schmutziger Mensch)*: **make a ~ of o.s.** sich den Bauch vollschlagen 3 *umg pej* a Ekel *n*, Brechmittel *n (Person)* b Dickschädel *m (Person)* c Scheißding *n* 4 *sl* a Bulle *m pej (Polizist)* b *US* Schlampe *f* 5 TECH a Massel *f*, (Roheisen)Barren *m* b Roheisen *n* c Block *m*, Mulde *f (bes Blei)* B V/I 1 frischen, ferkeln *(Junge werfen)* 2 → C 1 3 **~ out** *bes US umg* sich den Bauch vollschlagen: **~ out on** (*od* **with**) sich (den Bauch) vollschlagen mit C V/T 1 **~ it** *umg* hausen 2 *umg* verdrücken: **~ o.s. on** (*od* **with**) sich (den Bauch) vollschlagen mit; **~boat** S SCHIFF *US sl* U-Boot *n*
pigeon[1] [ˈpɪdʒɪn] S 1 *pl* -geons, *bes koll* -geon Taube *f*: → milk B 1 2 *sl* Gimpel *m pej*, leichtes Opfer 3 → clay pigeon 4 *US sl* netter Käfer
pigeon[2] [ˈpɪdʒɪn] S 1 → pidgin 2 *Br umg* Sache *f*, Angelegenheit *f*: **that's not my ~** a das ist nicht mein Bier *umg* b das ist nicht mein Fall
pigeon| breast S MED Hühnerbrust *f*; **~-breasted** ADJ hühnerbrüstig; **~hole** A S 1 (Ablege-, Schub)Fach *n (im Schreibtisch etc)* 2 Taubenloch *n* 3 *fig* Kategorie *f*: **put people in ~s** Menschen in Schubladen einordnen *od* stecken B V/T 1 in Fächer einteilen, mit Fächern versehen 2 in ein Fach legen, einordnen, *Akten* ablegen 3 *fig* a beiseitelegen, zurückstellen b zu den Akten legen c auf die lange Bank schieben, die Erledigung *e-r Sache* verschleppen, *e-n Plan etc* auf Eis legen 4 *fig j-n od etwas* einordnen, *Menschen a.* in Schubladen einordnen *od* stecken; **~-hearted** ADJ furchtsam, feige; **~ house** → pigeonry; **~-livered** → pigeon-hearted; **~-toed** ADJ: **walk ~** über den großen Onkel gehen *umg*
pigeonry [ˈpɪdʒɪnrɪ] S Taubenhaus *n*, -schlag *m*
pig flu S Schweinegrippe *f*
piggery [ˈpɪgərɪ] S *bes Br* 1 Schweinefarm *f* 2 Schweinestall *m*
piggie → piggy
piggish [ˈpɪgɪʃ] ADJ (ADV **~ly**) 1 schweinisch, unflätig 2 gierig, gefräßig 3 dickköpfig 4 dreckig
piggy [ˈpɪgɪ] A S *Kindersprache*: Schweinchen *n*, Ferkel(chen) *n* B ADJ 1 Schweins...: **~ eyes** 2 → piggish; **~back** A ADJ & ADV → pickaback A B S → pickaback B C V/T *j-n, etwas* huckepack tragen D V/I *US fig* sich anhängen (**on, onto** an *akk*); **~ bank** S Sparschwein(chen) *n*
pig|headed ADJ (ADV **~ly**) dickköpfig; **~headedness** S Dickköpfigkeit *f*; **~ influenza** S Schweinegrippe *f*; **~ iron** S TECH Massel-, Roheisen *n*; **~ Latin** S *Kindergeheimsprache, die durch systematische Wortveränderungen gebildet wird*; **~ lead** [led] S TECH Blockblei *n*
piglet [ˈpɪglɪt], **pigling** [-lɪŋ] S Ferkel *n*, Schweinchen *n*
pigmeat S *Br* a Schweinefleisch *n* b Schinken *m* c Speck *m*
pigment [ˈpɪgmənt] A S 1 *a.* BIOL Pigment *n* 2 Farbe *f*, Farbstoff *m*, -körper *m* B V/T & V/I (sich) pigmentieren, (sich) färben; **pigmentary** [-tərɪ; *US* -ˌteriː], *a.* **pigmental** [-ˈmentl] ADJ Pigment...; **pigmentation** S 1 BIOL Pigmentation *f*, Färbung *f* 2 MED Pigmentierung *f*
pigmy → pygmy
pig|nut S BOT 1 Erdkastanie *f* 2 *US* Schweins-Hickory *f*; **~pen** *bes US* → pigsty
pig's ear S *Br sl* 1 Bier *n* 2 **make a ~ of sth** etwas vermasseln *umg*
pig|skin A S 1 Schweinehaut *f* 2 Schweinsleder *n* 3 *US umg* a Sattel *m* b Leder *n (Ball)* B ADJ schweinsledern; **~sticker** S 1 Wildschweinjäger *m* 2 a Saupieß *m*, Saufeder *f* b Hirschfänger *m* c Schlachtmesser *n*;

~**sticking** S Wildschweinjagd *f* (mit Saufeder), Sauhatz *f*; ~**sty** S Schweinestall *m*, *fig pej a.* Saustall *m*: **it's like a ~ in here** hier schauts aus wie in e-m Schweinestall *od* in e-r Räuberhöhle; ~**swill** S 1 Schweinefutter *n* 2 *fig pej* Spülwasser *n* (*dünner Kaffee etc*); ~**tail** S 1 aufgerollter (Kau)Tabak 2 (Haar)Zopf *m*; ~**wash** → pigswill; ~**weed** S BOT 1 Gänsefuß *m* 2 Fuchsschwanz *m*

pike[1] [paɪk] *pl* pikes, *bes koll* pike S FISCH Hecht *m*

pike[2] [paɪk] A S MIL, HIST Pike *f*, (Lang)Spieß *m* B V/T durchbohren, aufspießen

pike[3] [paɪk] S (*a. Speer- etc*) Spitze *f*, Stachel *m*

pike[4] [paɪk] S 1 Schlagbaum *m* (*e-r Mautstraße*) 2 Maut *f*, Straßenbenutzungsgebühr *f* 3 Mautstraße *f*, gebührenpflichtige Straße

pike[5] [paɪk] S *Br dial* Bergspitze *f*

pike[6] [paɪk] S *Wasserspringen, Turnen*: Hechtsprung *m*

pike|man [-mən] S *irr* 1 MIL, HIST Pikenier *m* 2 *Bergbau*: Hauer *m* 3 Mauteinnehmer *m*; ~**perch** S FISCH Hechtbarsch *m*, Zander *m*; ~ **pole** S US 1 Einreißhaken *m* (*der Feuerwehr*) 2 Hakenstange *f* (*der Flößer*)

piker ['paɪkə(r)] S *sl* 1 US vorsichtige(r) Spieler(in) 2 US Geizhals *m* 3 *Aus* Faulenzer(in), Drückeberger(in)

pikestaff S *irr* MIL, HIST Pikenschaft *m*: **(as) plain as a ~** a deutlich sichtbar, ins Auge springend, unübersehbar b *fig* sonnenklar; **he's as plain as a ~** er sieht alles andere als gut aus

pilaf(f) ['pɪlæf; US pɪ'lɑːf] → pilau

pilaster [pɪ'læstə(r); *US bes* 'paɪ,læstər] S ARCH Pilaster *m*, (*viereckiger*) Stützpfeiler

pilau [pɪ'laʊ; 'piːlaʊ; US pɪ'lɔː; 'piːlɔː], **pilaw** [pɪ'lɔː] S Pilau *m* (*orientalisches Reisgericht*)

pilch [pɪltʃ] S *Br obs* dreieckige Flanellwindel (*über der Mullwindel*)

pilchard ['pɪltʃə(r)d] S FISCH 1 Pilchard *m* 2 (Kalifornische) Sardine

pile[1] [paɪl] A S 1 Haufen *m*: **a ~ of stones** 2 Stapel *m*, Stoß *m*: **a ~ of books**; **a ~ of arms** e-e Gewehrpyramide; **a ~ of wood** ein Holzstoß 3 Scheiterhaufen *m* (*zur Feuerbestattung*) 4 a großes Gebäude b Gebäudekomplex *m* 5 *umg* Haufen *m*: **a ~ of work** 6 *umg* Haufen *m od* Masse *f* (Geld): **make a** (*od* **one's**) **~ (from)** e-e Menge Geld machen (mit), ein Vermögen verdienen, sich gesundstoßen *umg*; **make a ~ of money** e-e Stange Geld verdienen (an *dat*, mit); **he has ~s of money** er hat Geld wie Heu *umg* 7 ELEK (*galvanische, voltaische etc*) Säule 8 (*Atom*) Meiler *m*, (*Kern-*) Reaktor *m* 9 METALL Schweiß(eisen)paket *n* B V/T 1 *a.* **~ up** (*od* **on**) (an-, auf)häufen, (auf)stapeln, aufschichten: **~ up points** (*Boxen, Ringen*) (fleißig) punkten; → arm[2] *Bes Redew* 2 aufspeichern (*a. fig*) 3 schaufeln, laden (*beide*: **on** auf *akk*): **~ the food on one's plate** 4 überhäufen, -laden (*a. fig*): **~ a table with food** 5 *umg* aufhäufen: **~ it on** dick auftragen; **~ on the pressure** für Druck sorgen (*a.* SPORT); → agony 1 6 **~ up** *umg* a SCHIFF *das Schiff* auflaufen lassen b *sein Auto* kaputt fahren c mit *dem Flugzeug* Bruch machen *sl* C V/I 1 *meist* **~ up** sich (auf- *od* an)häufen, sich ansammeln, sich stapeln, sich auftürmen (*alle a. fig*): → pressure A 5 2 **~ up** *umg* a SCHIFF auflaufen, stranden b AUTO aufeinander auffahren c FLUG Bruch machen *sl* 3 *umg* sich drängen *od* zwängen: **~ out** (sich) herausdrängen (**of** aus); **~ into** a (sich) (hinein)drängen in (*akk*) b sich auf *e-n Gegner etc* stürzen c sich über *sein Essen etc* hermachen

pile[2] [paɪl] A S 1 TECH (*a. Heraldik* Spitz)Pfahl *m* 2 (*Stütz*) Pfahl *m*, (*Eisen- etc*) Pfeiler *m*: **~ pier** Pfahljoch *n*; **~ plank** Spundpfahl 3 *Antike*: HIST Wurfspieß *m* B V/T 1 ver-, unterpfählen, durch Pfähle verstärken *od* stützen 2 Pfähle (hinein)treiben *od* (ein)rammen in (*akk*)

pile[3] [paɪl] A S 1 Flaum *m* 2 Wolle *f*, Pelz *m*, Haar *n* (*des Fells*) 3 *Weberei*: a Samt *m*, Velours *m*, Felbel *m* b Flor *m*, Pol *m* (*samtartige Oberfläche*): **~ weaving** Samtweberei *f* B ADJ …fach gewebt: **a three-~ carpet**

pileate ['paɪlɪeɪt; -lɪət; 'pɪl-] ADJ 1 BOT behutet 2 ORN Schopf…, Hauben…

pile| bridge S TECH (Pfahl)Jochbrücke *f*; ~ **driver** S TECH 1 (Pfahl)Ramme *f* 2 Rammklotz *m*, Bär *m* 3 SPORT *Br umg* Pfund *n* (*wichtiger Schlag od Schuss*); ~ **dwelling** S Pfahlbau *m*

piles [paɪlz] SPL MED Hämorrhoiden *pl*

pile-up S *umg* a AUTO Massenkarambolage *f* b (*Radsport*) Massensturz *m*

pilfer ['pɪlfə(r)] V/T & V/I klauen (*stehlen*); **pilferage** S (geringfügiger) Diebstahl; **pilferer** S Dieb(in)

pilgrim ['pɪlgrɪm] S 1 Pilger(in), Wallfahrer(in) 2 *fig* (Erden)Pilger(in), Wanderer *m*, Wanderin *f* 3 ♀ HIST Pilgervater *m*: **the ♀ Fathers** die Pilgerväter (*1620 nach New England ausgewanderte englische Puritaner*); **pilgrimage** A S 1 Pilger-, Wallfahrt *f* (*beide a. fig*): **~ church** Wallfahrtskirche *f*; **place of ~** Wallfahrtsort *m* 2 *fig* a irdische Pilgerfahrt, Erdenleben *n* b (lange) Wanderschaft *od* Reise B V/I pilgern, wallfahr(t)en

piliferous [paɪ'lɪfərəs] ADJ BOT, ZOOL behaart; **piliform** ['paɪlɪfɔː(r)m; 'pɪl-] ADJ BOT haarförmig, -artig

pill [pɪl] A S 1 Pille *f* (*a. fig*): **a bitter ~ (for sb) to swallow** *fig* e-e bittere Pille (für j-n); **gild** (*od* **sugar, sweeten**) **the ~** die bittere Pille versüßen; **swallow the ~** a die (bittere) Pille schlucken b in den sauren Apfel beißen 2 *sl* Brechmittel *n*, Ekel *n* (*Person*) 3 SPORT *sl* (*Golf- etc*) Ball *m* 4 **the ~** MED, PHARM *umg* die (Antibaby)Pille: **be** (*od* **go**) **on the ~** die Pille nehmen 5 *pl vulg* Eier *pl* (*Hoden*) B V/T *sl j-n* (*bei e-r Wahl*) ablehnen, durchfallen lassen: **he was ~ed** er fiel durch

pillage ['pɪlɪdʒ] A V/T 1 (aus)plündern 2 rauben, erbeuten B V/I plündern C S 1 Plünderung *f*, Plündern *n* 2 Beute *f*; **pillager** S Plünderer *m*, Plünderin *f*

pillar ['pɪlə(r)] A S 1 Pfeiler *m*, Ständer *m*: **run from ~ to post** *fig* von Pontius zu Pilatus laufen 2 ARCH Säule *f*: **he turned into a ~ of salt** er erstarrte zur Salzsäule 3 (*Rauch-, Wasser- etc*) Säule *f*: **a ~ of smoke** 4 *fig* Säule *f*, Stütze *f*: **the ~s of society**; **the ~s of wisdom** die Säulen der Weisheit; **he was a ~ of strength** er stand da wie ein Fels in der Brandung 5 *bes* TECH Sockel *m*, Stütze *f*, Support *m* 6 *Bergbau*: (Abbau)Pfeiler *m*: **~ of coal** Kohlenpfeiler 7 *Reitsport*: Ständer *m* B V/T mit Pfeilern *od* Säulen versehen *od* stützen *od* schmücken; ~ **box** S *Br* Briefkasten *m* (in Säulenform); ~**-box red** *Br* A S Knallrot *n* B ADJ knallrot

pillared ['pɪlə(r)d] ADJ 1 mit Säulen *od* Pfeilern (versehen) 2 säulenförmig

pill|box S 1 Pillenschachtel *f* 2 MIL *sl* Bunker *m* 3 *a.* **~ hat** Pillbox *f* (*kleiner, runder Damenhut*); ~**head** S *sl* Tablettensüchtige(r) *m/f(m)*

pillion ['pɪljən] A S 1 leichter (Damen)Sattel 2 Sattelkissen *n* (*für e-e zweite Person*) 3 *a.* **~ seat** AUTO Soziussitz *m*: **~ rider** Sozius *m*, Sozia *f* B ADV **ride ~** auf dem Soziussitz (mit)fahren

pilliwinks ['pɪlɪwɪŋks] SPL (*a. als sg konstruiert*) HIST Daumenschrauben *pl*

pillock ['pɪlək] S *Br sl* Schwachkopf *m*

pillory ['pɪlərɪ] A S HIST Pranger *m* (*a. fig*): **be in the ~** am Pranger stehen B V/T 1 an den Pranger stellen 2 *fig* anprangern

pillow ['pɪləʊ] A S 1 (Kopf)Kissen *n*, Polster *n*: **take counsel of one's ~** die Sache (noch einmal) überschlafen *od* beschlafen 2 Klöppelkissen *n* 3 TECH (Zapfen)Lager *n*, Pfanne *f* B V/T 1 auf (ein) (Kopf)Kissen legen *od* betten 2 **~ up** hoch betten, mit (Kopf)Kissen stützen 3 als Kissen dienen für; ~ **block** S TECH Lagerblock *m*, Pfanne *f*; ~**case** S (Kopf)Kissenbezug *m*; ~ **fight** S Kissenschlacht *f*; ~ **lace** S Klöppel-, Kissenspitzen *pl*; ~ **sham** S *bes US* Kissendecke *f*; ~ **slip** → pillowcase; ~ **talk** S Bettgeflüster *n*

pillwort S BOT Pillenkraut *n*

pilose ['paɪləʊs] ADJ BOT, ZOOL behaart

pilot ['paɪlət] A S 1 SCHIFF Lotse *m*, Lotsin *f*: **licensed ~** seeamtlich befähigter Lotse 2 FLUG Pilot(in): a Flugzeugführer(in) b Ballonführer(in): **~ instructor** Fluglehrer(in); **~'s licence** (US **license**) Flug-, Pilotenschein *m* 3 a Führer(in), Leiter(in) (*beide a. fig*) b Berater(in): **drop the ~** den Berater in die Wüste schicken 4 BAHN US Schienenräumer *m* 5 TECH a Betätigungselement *n*, Kraftglied *n* b Führungszapfen *m* 6 → pilot wire 7 a RADIO, TV Pilotsendung *f* b TV Pilotfilm *m* B V/T 1 SCHIFF lotsen (*a.* AUTO), *fig a.* führen, leiten: **~ through** durchlotsen (*a. fig*); **~ a bill through Congress** e-n Gesetzentwurf durch den Kongress bringen 2 FLUG steuern, lenken, fliegen C ADJ 1 Versuchs…, Probe…: **~ experiment** Vorversuch *m*; **~ film** TV Pilotfilm *m*; **~ model** Versuchsmodell *n*; **~ scheme** Versuchs-, Pilotprojekt *n*; **~ study** Pilot-, Leitstudie *f* 2 Hilfs…: **~ parachute** → pilot chute 3 TECH Steuer…, Kontroll…, Leit…; **pilotage** S 1 SCHIFF Lotsen(dienste) *n(pl)*: **certificate of ~** Lotsenpatent *n*; **compulsory ~** Lotsenzwang *m* 2 Lotsengebühr *f*, -geld *n* 3 FLUG a Fliegerei *f* b Bodennavigation *f* 4 *fig* Leitung *f*

pilot| balloon S FLUG Pilotballon *m*; ~ **beam** S TECH Leitstrahl *m*; ~ **biscuit** S Schiffszwieback *m*; ~ **boat** S SCHIFF Lotsenboot *n*; ~ **bob** S SPORT Spurschlitten *m*; ~ **burner** S TECH Zündflamme *f*; ~ **cable** S ELEK Leitkabel *n*; ~ **cell** S ELEK Prüfzelle *f*; ~ **chute** S FLUG Hilfs-, Ausziehfallschirm *m*; ~ **cloth** S dunkelblauer Fries (*für Marinekleidung*); ~ **engine** S BAHN Leerlokomotive *f*; ~ **fish** S FISCH 1 Lotsen-, Pilotfisch *m* 2 US Silberfelchen *m*; ~ **flag** S SCHIFF Lotsenflagge *f*; ~**house** S SCHIFF Brücken-, Ruderhaus *n* (*der gedeckte Teil der Kommandobrücke*); ~ **lamp** S Kontrolllampe *f*

pilotless ['paɪlətlɪs] ADJ führerlos, unbemannt (*Flugzeug etc*)

pilot| light S 1 → pilot burner 2 → pilot lamp 3 Zündflamme *f* (*e-s Gasboilers etc*); ~ **nut** S TECH Führungsmutter *f*; ~ **officer** S FLUG, MIL Fliegerleutnant *m*; ~ **plant** S 1 Versuchs-, Pilotanlage *f* 2 Musterbetrieb *m*; ~ **trainee** S FLUG Flugschüler(in); ~ **valve** S TECH Vorsteuerventil *n*; ~ **wire** S ELEK 1 Steuerleitung *f* 2 Prüf-, Messader *f* 3 Hilfsleiter *m* 4 (Kabel)Prüfdraht *m*

pilous ['paɪləs] → pilose

Pilsener ['pɪlznə(r)], **Pilsner** ['pɪlznə(r)] S Pils *n*, Pils(e)ner *n* (*ein helles Bier*)

pilular ['pɪljʊlə(r)] ADJ PHARM pillenartig, Pillen…

pilule ['pɪljuːl] S PHARM kleine Pille

pimento [pɪ'mentəʊ], **pimiento** [pɪm'jentəʊ] *pl* -tos S BOT *bes Br* 1 Piment *m/n*, Nelkenpfeffer *m* 2 Pimentbaum *m*

pimp[1] [pɪmp] A S a Kuppler(in) b Zuhälter(in) B V/I a sich als Kuppler betätigen b von Zuhälterei leben: ~ **for sb** j-s Zuhälter sein

pimp[2] [pɪmp] *bes Aus sl* **A** S Spitzel *m*, Informant(in) **B** V/I: ~ **on** *j-n* denunzieren

pimpernel ['pɪmpə(r)nel] S BOT Pimpernell *m*

pimping S Zuhälterei *f*

pimple ['pɪmpl] MED **A** S Pustel *f*, Pickel *m* **B** V/I pick(e)lig werden; **pimpled, pimply** ADJ pick(e)lig

pin[1] [pɪn] **A** S **1** (Steck)Nadel *f*: **~s and needles** *pl umg* Kribbeln *n* (*in eingeschlafenen Gliedern*); **I've got ~s and needles in my left leg** es kribbelt mir *od* mich im linken Bein, mir ist das linke Bein eingeschlafen; **be on ~s and needles** *umg* wie auf glühenden Kohlen sitzen, kribb(e)lig sein; **for two ~s I'd hit him** *umg* dem hau ich jetzt bald eine runter!; → care B 4, neat[1] 1 **2** (*Schmuck-, Haar-, Hut*) Nadel *f* **3** (Anstecknadel *f*, Abzeichen *n*: **(as) clean as a new ~** strahlend sauber, blitzsauber **4** *US dial* nadelförmige (Berg)Spitze **5** TECH Pflock *m*, Dübel *m*, Bolzen *m*, Zapfen *m*, Stift *m*, Pinne *f*: **~ with thread** Gewindezapfen; **split ~** Splint *m*; **~ base** ELEK Stiftsockel *m*; **~ bearing** Nadel-, Stiftlager *n*; **~ drill** Zapfenbohrer *m* **6** TECH Dorn *m* **7** TECH Achsnagel *m* (*e-s Wagens*) **8** MIL, TECH (Auf-, Vor)Räumer *m* (*e-s Gewehrs*) **9** ELEK (Isolator)Stütze *f* **10** SCHIFF Pinne *f*: **~ of a compass** Kompasspinne *od* -spitze *f* **11** Reißnagel *m*, -zwecke *f* **12** *bes US* Wäscheklammer *f* **13** Nudelholz *n*, -rolle *f* **14** *pl umg* Gestell *n* (*Beine*): **that knocked him off his ~s** das hat ihn umgeschmissen *umg* **15** MUS Wirbel *m* (*an Saiteninstrumenten*) **16** *Golf*: Flaggenstock *m* **17** **a** *Kegeln*: Kegel *m* **b** *Bowling*: Pin *m* **18** *Schach*: Fess(e)lung *f* **B** V/T **1** *a.* **~ up (to, on)** heften, stecken (an *akk*), festmachen, befestigen (an *dat*): **~ a rose on a dress**; **~ up** hoch-, aufstecken; **~ the blame on sb** j-m die Schuld in die Schuhe schieben; **~ a murder on sb** *umg* j-m e-n Mord anhängen; **~ one's hopes on** s-e (ganze) Hoffnung setzen auf (*akk*), bauen auf (*akk*); → faith 1 **2** pressen, drücken (*beide: against, to* gegen, an *akk*), festhalten: **~ sb's ears back** *umg* **a** j-n verprügeln **b** j-n herunterputzen, j-n anschnauzen; **~ against the ropes** (*Boxen*) an die Seile nageln **3** *a.* **~ down** **a** zu Boden pressen **b** *fig j-n* festnageln (**to** auf *e-e Aussage, ein Versprechen etc*) **c** MIL *Feindkräfte* fesseln (*a. Schach*) **d** *etwas* genau bestimmen *od* definieren **4** TECH verbolzen

PIN[2] [pɪn] S ABK (personal identification number) *a.* **~ number** Geheimzahl *f*

pinaceous [paɪ'neɪʃəs] ADJ BOT zu den Kieferngewächsen gehörig

pinafore ['pɪnəfɔː(r); *US a.* -ˌfəʊər] S **1** *bes Br* **a** Schürze *f* **b** → pinafore dress **2** *bes US* Kittel *m*; **~ dress** S *bes Br* Trägerkleid *n*, -rock *m*

pinaster [paɪ'næstə(r)] S BOT Strandföhre *f*

pinball S Flippern *n*: **play ~** flippern; **~ machine** S Flipper(automat) *m*

pin| bit S TECH Bohrspitze *f*; **~ bolt** S TECH Federbolzen *m*

pince-nez [ˌpæns'neɪ] *pl* pince-nez [ˌpæns'neɪz] S Kneifer *m*

pincer ['pɪnsə(r)] **A** ADJ Zangen...: **~ movement** MIL Zangenbewegung *f* **B** SPL **pincers** **1** [*US a.* 'pɪntʃərz] TECH (Kneif-, Beiß)Zange *f*: **a pair of ~s** e-e Kneifzange **2** MIL Zange *f*, zangenförmige Umfassung (*des Gegners*) **3** MED, TYPO Pinzette *f* **4** ZOOL **a** Krebsschere *f* **b** Schwanzzange *f*

pinch [pɪntʃ] **A** V/T **1** **a** *j-n* zwicken, kneifen **b** sich *etwas* quetschen *od* (ein)klemmen: **~ closed** sich *die Nase etc* zuzwicken; **~ off** abzwicken, abkneifen; **~ sb's arm** j-n in den Arm zwicken *od* kneifen; **~ one's fingers in the door** sich die Finger in der Tür klemmen; **~ one's lips together** die Lippen zusammenkneifen; **~ a nerve** sich e-n Nerv einklemmen; **a ~ed nerve** ein eingeklemmter Nerv **2** drücken (*Schuh etc*) **3** beengen, einengen **4** *fig* (be)drücken, beengen, beschränken: **be ~ed** in Bedrängnis sein, Not leiden, knapp sein (**for** an *dat*); **be ~ed for money** knapp bei Kasse sein *umg*; **be ~ed for time** wenig Zeit haben; **~ed circumstances** beschränkte Verhältnisse **5** *fig* beißen (*bes Kälte*), plagen, quälen (*Durst, Hunger etc*): **be ~ed with cold** durchgefroren sein; **be ~ed with hunger** ausgehungert sein; **a ~ed face** ein schmales *od* spitzes *od* abgehärmtes Gesicht **6** *sl* **a** *etwas* klemmen, klauen: **~ sb's girlfriend** j-m die Freundin ausspannen **b** *j-n* schnappen (*verhaften*) **B** V/I **1** drücken (*Schuh, a. fig Not etc*), kneifen, zwicken: **~ing want** drückende Not; → shoe *Bes Redew* **2** *fig* quälen (*Durst etc*) **3** *a.* **~ and scrape** sich nichts gönnen **4** *sl* klauen (*stehlen*) **C** S **1** Kneifen *n*, Zwicken *n*: **give sb a ~** j-n kneifen *od* zwicken **2** *fig* Druck *m*, Notlage *f*: **the ~ of hunger** der quälende Hunger; **at** (*od* **on**, *US meist* **in**) **a ~** im Notfall, zur Not, notfalls; **if it comes to the ~** wenn es zum Äußersten kommt; **feel the ~** die schlechte Lage zu spüren bekommen **3** Prise *f* (*Salz, Tabak etc*): → salt[1] A 1 **4** Quäntchen *n* (*Butter etc*) **5** *sl* Festnahme *f*, Verhaftung *f*

pinch-beck ['pɪntʃbek] **A** S Tombak *m*, Talmi *n* (*a. fig*) **B** ADJ **1** Talmi... (*a. fig*) **2** unecht, nachgemacht

pinchcock S CHEM Quetschhahn *m*

pin cherry S BOT Amer. Weichselkirsche *f*

pinch|-hit V/I *irr US umg* einspringen: **~ for sb** *a.* j-n vertreten; **~ hitter** S *US umg* Vertreter(in); **~penny** **A** ADJ knaus(e)rig *umg* **B** S Knauser(in) *umg*

pincushion S Nadelkissen *n*

Pindaric [pɪn'dærɪk] **A** ADJ pindarisch: **~ ode** → B **B** S LIT pindarische Ode

pine[1] [paɪn] S **1** BOT **a** Kiefer *f* **b** Föhre *f* **c** Pinie *f*: **Austrian ~** Schwarzkiefer; **Brazilian ~** (*e-e*) Schirmtanne **2** Kiefernholz *n* **3** *umg* Ananas *f*

pine[2] [paɪn] V/I **1** sich (sehr) sehnen, schmachten (*beide:* **for** nach) **2** *meist* **~ away** dahinkümmern, vor Gram vergehen **3** sich (vor Kummer) verzehren (**about, over** wegen)

pineal| body, ~ gland ['pɪnɪəl; *US a.* 'paɪ-] S ANAT Zirbeldrüse *f*

pineapple ['paɪnˌæpl] S **1** BOT Ananas *f* **2** *sl* Handgranate *f*

pine| cone S BOT Kiefernzapfen *m*; **~ marten** S ZOOL Baum-, Edelmarder *m*; **~ needle** S BOT Kiefernnadel *f*; **~ oil** S Kiefernnadelöl *n*

pinery ['paɪnərɪ] S **1** Treibhaus *n* für Ananas **2** Kiefernpflanzung *f*

pine| squirrel S ZOOL Amer. Eichhörnchen *n*; **~ tar** S Kienteer *m*; **~ tree** → pine[1] 1; **℞ Tree State** S *US* (*Beiname für den Staat*) Maine *n*

pinetum [paɪ'niːtəm] *pl* -ta [-tə] S Nadelholzschonung *f*

pin|feather S ORN Stoppelfeder *f*; **~fold** S **1** Gehege *n*, Pferch *m*, (*Schaf*) Hürde *f* **2** *Stall für verirrtes Vieh*

ping [pɪŋ] **A** V/I **1** pfeifen, zischen (*Kugel*), schwirren (*Mücke etc*) **2** AUTO *US* klingeln **B** S **1** Pfeifen *n*, Zischen *n*, Schwirren *n* **2** AUTO *US* Klingeln *n*

pingpong ['pɪŋpɒŋ; *US a.* -ˌpaŋ] S Pingpong *n* (*Tischtennis*); **~ diplomacy** S POL Pingpongdiplomatie *f*

pinguid ['pɪŋgwɪd] ADJ (ADV **~ly**) fettig, ölig

pin|head **1** (Steck)Nadelkopf *m* **2** *etwas Winziges* **3** *umg* Schwachkopf *m*; **~headed** ADJ *umg* schwachköpfig; **~hole** S **1** Nadelloch *n* **2** OPT, FOTO Nadelstich *m*: **~ camera** Lochkamera *f*; **~ diaphragm** Lochblende *f*

pinic ['paɪnɪk; 'pɪn-] ADJ CHEM Fichtenharz...; **~ acid** S Pininsäure *f*

pinion[1] ['pɪnjən] S TECH **1** Ritzel *n*, Antriebs(kegel)rad *n*: **~ drive** Ritzelantrieb *m*; **~ shaft** Ritzelwelle *f* **2** Kammwalze *f*

pinion[2] ['pɪnjən] **A** S **1** ORN **a** Flügelspitze *f* **b** *a.* **~ feather** (Schwung)Feder *f* **2** *poet* Schwinge *f*, Fittich *m*, Flügel *m* **B** V/T **1** die Flügel stutzen (*dat*) **2** **a** **~ sb's arms** j-m die Arme fesseln **b** *j-m* die Arme fesseln **3** *j-n* festbinden (**to** an *dat*)

pink[1] [pɪŋk] **A** S **1** BOT Nelke *f*: **plumed** (*od* **feathered, garden**) **~** Federnelke **2** Rosa *n* **3** *bes Br* **a** Scharlachrot *n* **b** (scharlach)roter Jagdrock **c** Rotrock *m* (*Teilnehmer e-r Fuchsjagd*) **4** *oft* ℞ POL *US umg* rot *od* kommunistisch Angehauchte(r) *m/f(m)* **5** *fig* Muster(beispiel) *n*, Gipfel *m*, Krone *f*, höchster Grad: **the ~ of fashion** die allerneueste Mode; **in the ~ (of health)** bei bester Gesundheit; **the ~ of perfection** die höchste Vollendung; **the ~ of politeness** der Gipfel der Höflichkeit; **he is the ~ of politeness** er ist die Höflichkeit in Person **B** ADJ **1** rosa(farben): **see ~ elephants** *hum* weiße Mäuse sehen; **~ slip** *US umg* blauer Brief (*Kündigungsschreiben*); **give** *sb* **the ~ slip** → pink-slip **2** *oft* ℞ POL *US umg* rot *od* kommunistisch angehaucht, rötlich **3** rosa (*Homosexuelle betreffend*)

pink[2] [pɪŋk] V/T **1** *a.* **~ out** auszacken, (kunstvoll) ausschneiden **2** durchbohren, -stechen **3** mit e-m Lochmuster verzieren

pink[3] [pɪŋk] S SCHIFF Pinke *f*: **a** *dreimastiger Küstensegler* **b** *ein Fischerboot*

pink[4] [pɪŋk] V/I AUTO *Br* klingeln

pink|-collar ADJ: **~ jobs** typische Frauenberufe; **~eye** S MED, VET epidemische Bindehautentzündung

pinkie ['pɪŋkɪ] S *schott u. US* (*der*) kleine Finger

pinking ['pɪŋkɪŋ] S AUTO *Br* Klingeln *n*; **~ shears** SPL, *a.* **pair of ~** Zickzackschere *f*

pinkish ['pɪŋkɪʃ] ADJ rötlich (*a.* POL *US umg*), blassrosa

pinkness ['pɪŋknɪs] S Rosa *n*

pink noise S *vom Band kommende Geräusche, die angeblich auf Babys beruhigend wirken*

pinko ['pɪŋkəʊ] *pl* -os, -oes S → pink[1] A 4

pink-slip V/T *US umg j-m* den blauen Brief schicken (*j-m kündigen*): **be ~ped** den blauen Brief bekommen

Pinkster ['pɪŋkstər] *US dial* **A** S Pfingsten *n od pl* **B** ADJ Pfingst...

pink tea S *US umg* steife (Tee)Gesellschaft, steifer Empfang

pinky ['pɪŋkɪ] → pinkie

pin money S **1** Taschengeld *n* (der Hausfrau) **2** selbst verdientes Taschengeld (der Hausfrau)

pinna ['pɪnə] *pl* -nas S **1** ANAT Ohrmuschel *f* **2** ZOOL **a** Feder *f*, Flügel *m* **b** Flosse *f* **3** BOT Fieder(blatt) *f(n)*

pinnace ['pɪnɪs] S SCHIFF Pinasse *f*

pinnacle ['pɪnəkl] **A** S **1** ARCH **a** Fiale *f*, Spitzturm *m* **b** Zinne *f* **2** (*Fels-, Berg*) Spitze *f*, Gipfel *m* **3** *fig* Gipfel *m*, Spitze *f*, Höhepunkt *m*: **on the ~ of fame** auf dem Gipfel des Ruhms **B** V/T **1** ARCH mit Zinnen *etc* versehen **2** erhöhen **3** den Gipfel bilden von (*od gen*), krönen (*beide a. fig*)

pinnate ['pɪnɪt; -neɪt] ADJ BOT, ORN gefiedert

pinner ['pɪnə(r)] S **1** Schürze *f* **2** HIST Flügelhaube *f*

pinniped ZOOL **A** ADJ flossen-, schwimmfüßig **B** S Flossen-, Schwimmfüßer *m*

pinnule ['pɪnjuːl] S 1 Federchen *n* 2 ZOOL a sechsstrahlige Kalknadel *(bei Schwämmen)* b Seitenast *m (e-s Haarsternarmes)* 3 ZOOL Flössel *n* 4 BOT Fiederblättchen *n*

pinny ['pɪnɪ] S *umg* Schürze *f*

pinochle, **pinocle** ['piːnʌkl] S Binokel *n (ein Kartenspiel)*

pinole [pɪ'nəʊliː] S *US aus gerösteten Pinolekörnern gemahlenes Mehl*

pin|point A S 1 Nadelspitze *f* 2 winziger Punkt 3 *fig* Bagatelle *f* 4 MIL a *(strategischer etc)* Punkt b Punktziel *n* B V/T 1 MIL a *das Ziel* (haar)genau festlegen *od* bestimmen *od* bombardieren *od* treffen b einzeln bombardieren 2 *fig* genau festlegen *od* bestimmen 3 *fig* klar hervortreten lassen, ein Schlaglicht werfen auf *(akk)* C ADJ 1 *bes* MIL (haar)genau, Punkt…: **~ attack** Punktzielangriff *m*; **~ bombing** Bombenpunktwurf *m*, gezielter Bombenwurf; **~ center** *(bes Br* **centre**) *(Fußball)* Maßflanke *f*, millimetergenaue Flanke; **~ target** Punktziel *n* 2 *fig* genau, detailliert *(Planung)* 3 **~ strike** WIRTSCH Schwerpunktstreik *m*; **~prick** A S 1 Nadelstich *m (a. fig)*: **policy of ~s** Politik *f* der Nadelstiche 2 *fig* Stichelei *f*, spitze Bemerkung B V/T *fig j-m* Nadelstiche versetzen, *j-m* mit Stichelreden zusetzen

pinscher ['pɪnʃə(r)] S ZOOL Pinscher *m*

pin|-sharp ADJ gestochen scharf *(Bild)*; **~stripe** A S 1 Nadelstreifen *m* 2 a Nadelstreifenmuster *n* b Nadelstreifenstoff *m* c Nadelstreifenanzug *m*, -kostüm *n* B ADJ mit Nadelstreifen, Nadelstreifen…: **~ suit**; **~-striped** → pinstripe B

pint [paɪnt] S 1 Pint *n (Br 0,568 l, US 0,473 l)* 2 *Br umg* Halbe *m/f/n* (Bier): **he's gone out for a ~** er ist ein Bier trinken gegangen; **meet for a ~** sich auf ein Bier treffen

pinta ['paɪntə] S *Br umg (ungefähr)* halber Liter Milch *od* Bier: **a ~ milk**

pin table → pinball machine

pintado [pɪn'tɑːdəʊ] *pl* -dos S 1 *a.* **~ petrel** ORN Kaptaube *f* 2 ORN Perlhuhn *n* 3 FISCH Spanische Makrele

pintail *pl* -tails, *bes koll* -tail S ORN Spießente *f*

pintle ['pɪntl] S 1 TECH (Dreh)Bolzen *m*, Zapfen *m* 2 AUTO (Einspritz)Düsennadel *f*

pinto ['pɪntəʊ] US A *pl* -tos S 1 Scheck(e) *m*, Schecke *f (Pferd)* 2 *a.* **~ bean** BOT gefleckte Feldbohne B ADJ scheckig, gescheckt

pint-size(d) ['paɪnt-] ADJ *umg* winzig: **~ company** Zwergfirma *f*

pin|up A S 1 *a.* **~ girl** Pin-up-Girl *n* 2 Pin-up-Foto *n (a. e-s Mannes)* B ADJ *US* Wand…: **~ lamp**; **~wheel** S 1 *US* Windrädchen *n (Kinderspielzeug)* 2 Feuerrad *n (Feuerwerkskörper)*

Pinxter → Pinkster

piny ['paɪnɪ] ADJ 1 mit Kiefern bewachsen 2 Kiefern…

piolet [pjəʊ'leɪ; ˌpiːə-] S *Bergsteigen:* Eispickel *m*

pion ['paɪɒn; *US* -ˌɑn] S PHYS Pion *n (ein Elementarteilchen)*

pioneer [ˌpaɪə'nɪə(r)] A S 1 MIL Pionier (-soldat) *m* 2 *fig* Pionier(in) *(Erschließer[in] von Neuland etc)*, Vorkämpfer(in), Bahnbrecher(in), Wegbereiter(in), Vorreiter(in): **a ~ in** *(od* **of**) **cancer research** ein Pionier (in) der Krebsforschung B V/I *fig* den Weg bahnen *od* ebnen, bahnbrechende Arbeit leisten: **~ing work** Pionierarbeit *f* C V/T 1 *fig* den Weg bahnen *od* bereiten für, bahnbrechende Arbeit leisten für 2 *fig* als Erste(r) herausbringen *od* schaffen, einführen D ADJ *fig* Pionier…, bahnbrechend, wegbereitend, Versuchs…, erst(er, e, es): **~ model** Erstmodell *n*

pious ['paɪəs] ADJ (ADV **~ly**) 1 fromm: **~ fraud** *fig* frommer Betrug; **~ hope** *fig* frommer Wunsch 2 andächtig *(a. fig Schweigen etc)* 3 heuchlerisch, scheinheilig 4 *obs* fromm, brav *(Kind)*

pip[1] [pɪp] A S 1 VET Pips *m (Geflügelkrankheit)* 2 *Br umg* miese Laune: **give sb the ~** → B B V/T *Br umg j-m* auf die Nerven gehen, *j-n* nerven

pip[2] [pɪp] S 1 *bes Br* Auge *n (auf Spielkarten)*, Punkt *m (auf Würfeln etc)* 2 (Obst)Kern *m* 3 BOT a Einzelfrucht *f (der Ananas)* b Einzelblüte *f* 4 MIL *bes Br umg* Stern *m (Schulterabzeichen der Offiziere)* 5 *Radar:* Blip *m*, Bildspur *f* 6 *Br (kurzer, hoher)* Ton *(e-s Pausen- od Zeitzeichens etc)*

pip[3] [pɪp] *Br umg* A V/T 1 a *(bei e-r Prüfung etc)* durchfallen lassen b durchfallen bei 2 *fig j-n* knapp besiegen *od* schlagen: **~ sb at the post** a SPORT j-n im Ziel abfangen b *fig* j-m um Haaresbreite zuvorkommen 3 abknallen *(erschießen)* 4 *j-n* ächten *od* auf die schwarze Liste setzen B V/I *a.* **~ out** den Löffel weglegen *(sterben)*

pipal ['piːpl; *US a.* 'paɪpəl] → peepul

pipe [paɪp] A S 1 TECH a Rohr *n*, Röhre *f* b (Rohr)Leitung *f* 2 *a.* **flexible ~** TECH Schlauch *m* 3 a Pfeife *f* Tabak *(Menge)* b Pfeife *f*: **~ of peace** Friedenspfeife; **put that in your ~ and smoke it!** *umg* schreib dir das hinter die Ohren! 4 MUS a Pfeife *f*, (einfache) Flöte b *(Orgel)* Pfeife *f* c *pl* Dudelsack *m* d (Holz)Blasinstrument *n* 5 SCHIFF Bootsmannspfeife *f* 6 Piep(s)en *n* 7 *umg* a Luftröhre *f*: **clear one's ~** sich räuspern b *pl* Stimmbänder *pl* 8 BOT hohler (Pflanzen)Stängel 9 GEOL Schlot *m* 10 METALL Lunker *m* 11 *Bergbau:* (Wetter)Lutte *f* 12 a Pipe *f (Hohlmaß von unterschiedlicher Größe)* b großes Wein- *od* Ölfass 13 Glasbläserpfeife *f* 14 *US sl* kleine Fische *pl*, Kinderspiel *n* B V/T 1 (durch ein Rohr *od* Rohre *od* e-e Rohrleitung) (weiter)leiten: **~d water** Leitungswasser *n* 2 *(durch ein Kabel etc)* leiten, *weitS.* befördern, pumpen, schleusen, *e-e Radiosendung etc* übertragen: **~d music** *pej* Musik *f* aus dem Lautsprecher, Musikberies(e)lung *f* 3 Rohre *od* Röhren *od* e-e Rohrleitung legen in *(akk)* 4 pfeifen, flöten, auf e-r Pfeife *od* Flöte (vor)spielen *od* blasen 5 SCHIFF *die Mannschaft* zusammenpfeifen: **~ side** Seite pfeifen *(zur Begrüßung hoher Vorgesetzter)* 6 piep(s)en 7 *e-e Torte etc* spritzen, mit Spritzguss verzieren 8 *Kleider* paspelieren, mit Biesen besetzen 9 BOT absenken 10 *US sl* a betrachten b bemerken C V/I 1 pfeifen *(a. Wind, Kugel etc)*, auf e-r Pfeife *od* Flöte blasen, flöten 2 a piep(s)en *(Vogel etc)* b piepsen, piepsend sprechen *od* singen c zirpen: **~ down** *umg* die Luft anhalten, den Mund halten; **~ up** a loslegen *(Sänger, Band etc)* b den Mund aufmachen, losreden

pipe| bend S TECH Rohrknie *n*; **~ bomb** S Rohrbombe *f*; **~ bowl** S Pfeifenkopf *m*; **~ burst** S Rohrbruch *m*; **~ clamp** → pipe clip; **~clay** A S MINER Pfeifen-, Töpferton *m* B V/T mit Pfeifenton weißen; **~ cleaner** S Pfeifenreiniger *m*; **~ clip** S TECH Rohrschelle *f*; **~ dream** S Wunschtraum *m*, *pej* Hirngespinst *n*; **~fish** S FISCH Seenadel *f*; **~ fitter** S a Rohrleger *m* b Klempner *m*; **~ knife** S *irr* Pfeifenbesteck *n*; **~layer** S Rohrleger *m*; **~line** A S 1 Rohrleitung *f*, *(für Erdöl, Erdgas etc)* Pipeline *f*: **in the ~** *fig* in Vorbereitung *(Pläne etc)*, im Kommen *(Entwicklung etc)*, im Anrollen *(Aktion etc)*; **have in the ~** *fig* zu erwarten haben, rechnen können mit 2 *fig* (geheimer) Draht, (geheime) Verbindung *od* (Informations)Quelle 3 *(Versorgungs- etc)* System *n* B V/T 1 in Pipelines transportieren 2 e-e Pipeline *od* Pipelines verlegen in *(dat)*; **~ major** S MIL, MUS Führer *m* e-r Dudelsackkapelle

pip-emma [ˌpɪp'emə] ADV *Br obs* nachmittags

pipe organ S MUS Orgel *f*

piper ['paɪpə(r)] S a Dudelsackpfeifer(in) b Flötenspieler(in): **pay the ~** *fig* die Zeche bezahlen, *weitS.* der Dumme sein; **he who pays the ~ calls the tune** *(Sprichwort)* wer bezahlt, darf auch bestimmen

pipe| rack S Pfeifenständer *m*; **~ roll** S *Br* HIST Schatzkammerabrechnung *f*; **~ stem** S Pfeifenstiel *m*; **~stone** S MINER *(Art)* roter Tonstein, Pfeifenstein *m*; **~ stopper** S Pfeifenstopfer *m*; **~ tool** S Pfeifenbesteck *n*

pipette, *a.* **pipet** [pɪ'pet; *US* paɪ-] S CHEM Pipette *f (Stechheber)*

pipe| vine S BOT Pfeifenwinde *f*; **~work** S 1 MUS Pfeifenwerk *n (der Orgel)* 2 Röhrenwerk *n*, Röhren *pl*; **~ wrench** S TECH Rohrzange *f*

piping ['paɪpɪŋ] A S 1 TECH Rohrleitung *f*, -netz *n*, Röhrenwerk *n* 2 TECH Rohrverlegung *f* 3 METALL a Lunker *m* b Lunkerbildung *f* 4 Dudelsack- *od* Flötenmusik *f* 5 Pfiff *m* 6 Piep(s)en *n* 7 Schnurbesatz *m*, Paspel *f (an Uniformen)*, Biese *f* 8 GASTR Spritzguss *m* B ADJ 1 pfeifend, schrill 2 *obs* friedlich, idyllisch: **in the ~ time(s) of peace** in tiefsten Friedenszeiten C ADV zischend: **~ hot** kochend heiß

pipistrelle [ˌpɪpɪ'strel] S ZOOL Zwergfledermaus *f*

pipit ['pɪpɪt] S ORN Pieper *m*

pipkin ['pɪpkɪn] S Töpfchen *n*

pippin ['pɪpɪn] S *ein süßer Apfel*

pipsqueak S *umg pej* Würstchen *n (Person)*

pipy ['paɪpɪ] ADJ 1 röhrenartig, -förmig 2 piep(s)end

piquancy ['piːkənsɪ; *US a.* 'pɪkwənsiː] S 1 Pikantheit *f*, *(das)* Pikante, Pikanterie *f* 2 pikantes Gericht, Delikatesse *f*; **piquant** ADJ (ADV **~ly**) pikant *(Soße, a. fig Witz etc)*, würzig, prickelnd *(a. fig)*

pique[1] [piːk] A V/T 1 (auf)reizen, sticheln, ärgern, kränken, verstimmen, *j-s Stolz etc* verletzen: **be ~d** pikiert *od* verärgert sein (**at** über *akk*) 2 *j-s Neugier etc* reizen, wecken 3 **~ o.s. (on, upon)** sich etwas einbilden (auf *akk*), sich brüsten (mit) B S 1 Groll *m* 2 Gereiztheit *f*, Verstimmung *f*, Ärger *m*, Gekränktheit *f*: **in a (fit of) ~** verärgert

pique[2] [piːk] *(Pikettspiel)* A S Dreißiger *m* B V/I dreißig Punkte gewinnen C V/T *j-m* dreißig Punkte abgewinnen

piqué ['piːkeɪ; *US a.* pɪ'keɪ] S Pikee *m (ein Gewebe)*

piquet [pɪ'ket; pɪ'keɪ] S Pikett *n (ein Kartenspiel)*

piracy ['paɪərəsɪ] S 1 Seeräuberei *f*, Piraterie *f* 2 a *allg* Plagiat *n* b Raubdruck *m*, unerlaubter Nachdruck, Copyright-Verletzung *f* c Raubpressung *f (e-r Schallplatte)* 3 Patentverletzung *f*

piragua [pɪ'rɑːgwə; -'ræg-] S SCHIFF 1 Piragua *f (Einbaum)* 2 *zweimastiges flaches Segelboot*

piranha [pɪ'rɑːnə; *US* -'rɑːnjə; -'rænjə] *pl* -nhas, *bes koll* -nha S FISCH Piranha *m*

pirate ['paɪərət] A S 1 Pirat *m*, Seeräuber *m* 2 Piraten-, Seeräuberschiff *n* 3 a *allg* Plagiator *m*, Plagiatorin *f* b Raubdrucker(in) c Raubpresser(in) 4 *j-d, der sich e-r Patentverletzung schuldig macht* 5 *j-d, der e-n Piratensender betreibt* B ADJ 1 Piraten…: **~ ship** 2 Raub…: **~ copy** Raubkopie *f*; **~ record** Raubpressung *f*, -platte *f*; **~ edition** Raubdruck *m* 3 Schwarz…: **~ listener**; **~ (radio) station** Piraten-, Schwarzsender *m* C V/T 1 kapern, (aus)plündern *(a. weitS.)* 2 plagiieren, unerlaubt nachdrucken *od* nachpressen: **~d copy** Raubkopie *f*; **~d edition** Raubdruck *m*; **~d record** Raubplatte *f*, -pressung *f* D V/I 1 Seeräuberei (be)treiben 2 plündern; **piratical** [paɪ'rætɪkl] ADJ (ADV **~ly**) 1 seeräuberisch, See-

P

räuber..., Piraten... **2** Raub...: **~ edition** Raubdruck *m* **3** *fig* piratenhaft

pirogue [pɪ'rəʊg; *US bes* 'piː,r-] → piragua 1

pirouette [,pɪrʊ'et; *US* -rə'wet] **A** S Pirouette *f*: **do a ~** → B **B** V/I pirouettieren, e-e Pirouette ausführen *od* drehen

piscary ['pɪskərɪ] S **1** *a.* **common of ~** Fischereiberechtigung *f* (*in fremden Gewässern*) **2** Fischgründe *pl*, Fanggebiet *n*, -platz *m*; **piscatorial** [-'tɔːrɪəl; *US a.* -'təʊ-], **piscatory** [-tərɪ; *US* -,təʊriː; -,tɔː-] ADJ Fischerei..., Fischer...

Piscean ['paɪsiːən; 'pɪs-] ASTROL **A** ADJ Fisch...: **be ~** (ein) Fisch sein **B** S Fisch *m* (*Person*): **be a ~** (ein) Fisch sein

Pisces ['paɪsiːz; 'pɪs-] **A** S ASTRON, ASTROL *pl* (*als sg konstruiert*) Fische *pl* (*Sternbild u. Tierkreiszeichen*): **be a ~** (ein) Fisch sein **B** ADJ ASTROL Fisch...: **be ~** (ein) Fisch sein

pisciculture ['pɪsɪkʌltʃə(r); *US a.* 'paɪsə,k-] S Fischzucht *f*; **pisciculturist** S Fischzüchter(in)

piscina [pɪ'siːnə; -'saɪ-] *pl* -nae [-niː], -nas S KATH *bes* HIST Piscina *f* (*Ablaufbecken am Altar od in der Sakristei*); **piscine** ['pɪsaɪn; *US a.* 'paɪ-,siːn] ADJ Fisch...; **piscivorous** [pɪ'sɪvərəs] ADJ Fisch fressend

pish [pɪʃ; pʃ] INT **1** pfui!, puh! **2** pah!, Quatsch!

pishogue [pɪ'ʃəʊg] S *Ir* Hexerei *f*

pisiform ['pɪsɪfɔː(r)m; *bes US* 'paɪ-] **A** ADJ erbsenförmig, Erbsen... **B** S *a.* **~ bone** ANAT Erbsenbein *n*

piss [pɪs] *vulg* **A** V/I **1** pissen, schiffen (*urinieren*): **~ on sth** *fig* auf etwas scheißen **2** **~ off** (*meist als imp*) sich verpissen *sl* (*verschwinden*) **3** **~ about** (*od* **around**) **a** herumblödeln *umg* **b** herumgammeln *umg* **4** *unpers* schiffen (*stark regnen*): **it's ~ing (down)** **B** V/T **1** anpissen, bepissen, pissen *od* schiffen in (*akk*): **~ the bed** **2** **~ o.s.** sich (halb) totlachen, sich vor Lachen in die Hosen machen (*beide umg*) **3** **~ off** *j-n* ankotzen *sl* (*Arbeit etc*): **be ~ed off** stocksauer sein *umg*; **be ~ed off with** die Schnauze voll haben von *umg* **C** S **1** Pisse *f*, Schiffe *f* (*beide sl*): **take the ~ out of sb** *Br* j-n verarschen (*veralbern*) **2** Pissen *n*, Schiffen *n* (*beide sl*): **have (to go for) a ~** pissen *od* schiffen (gehen) *sl* **3** *Aus* Bier *n*; **~ artist** S *Br vulg* Säufer(in)

pissed [pɪst] ADJ *vulg* **1** *Br* blau (*betrunken*): **(as) ~ as a newt, ~ out of one's head** (*od* **mind**) sternhagelvoll, stinkbesoffen *umg* **2** *a.* **~-off** *US* stocksauer *umg* (*wütend*)

piss|pot S *US vulg* Pisspott *m* (*Nachttopf*); **~-take** S *Br vulg* Verarschung *f*; **~-up** S *Br vulg* Besäufnis *n*

pistachio [pɪ'stɑːʃɪəʊ; -'stæʃ-] **A** S **1** *pl* -os BOT Pistazie *f* (*Baum u. Frucht*) **2** *a.* **~ green** Pistaziengrün *n* **B** ADJ pistaziengrün

piste [piːst] S **1** *Skisport*: Piste *f* **2** *Fechten*: Planche *f*

pistil ['pɪstɪl] S BOT Pistill *n*, Stempel *m*, Griffel *m*; **pistillate** [-lət; -leɪt] ADJ mit Stempel(n) (versehen), weiblich (*Blüte*)

pistol ['pɪstl] **A** S Pistole *f*: **hold a ~ to sb's head** *fig* j-m die Pistole auf die Brust setzen **B** V/T *prät u. pperf* -toled, *bes Br* -tolled mit e-r Pistole erschießen

pistole [pɪ'stəʊl] S Pistole *f* (*alte Goldmünze*)

pistol| grip S TECH Pistolengriff *m*; **~-grip nozzle** S TECH Zapfpistole *f*; **~ point** S: **at ~** mit vorgehaltener Pistole *od* Waffe, mit Waffengewalt; **~ shot** S Pistolenschuss *m*; **~whip** V/T *US* mit e-r Pistole auf *j-n* einschlagen

piston ['pɪstən] S **1** TECH Kolben *m* **2** *a.* **~ valve** MUS Piston *n*, (Gleit)Ventil *n* (*bei Blasinstrumenten*) **3** *a.* **~ knob** MUS Kombinationsknopf *m* (*der Orgel*); **~ displacement** S Hubraum *m* (*e-s Zylinders*); **~ drill** S Kolbenbohrmaschine *f*; **~ engine** S Kolbenmotor *m*; **~ pump** S Kolbenpumpe *f*; **~ ring** S Kolbenring *m*; **~ rod** S Kolben-, Pleuelstange *f*; **~ stroke** S Kolbenhub *m*; **~ valve** S **1** Kolbenventil *n* **2** → piston 2

pit[1] [pɪt] **A** S **1** Grube *f* (*a.* ANAT), Loch *n*, Vertiefung *f*: **~ of the stomach** ANAT Magengrube **2** Fallgrube *f*, Falle *f*: **dig a ~ for sb** *fig* j-m e-e Falle stellen **3** Abgrund *m* (*a. fig*): **the ~s** *umg* das Letzte **4** *a.* **~ of hell** (Abgrund *m* der) Hölle *f*, Höllenschlund *m* **5** *Bergbau*: **a** (*bes Kohlen*) Grube *f*, Zeche *f* **b** (*bes Kohlen*) Schacht *m*: **~ bottom** Füllort *m* (*im Schacht*) **6** MED (*Pocken-, Blattern*) Narbe *f* **7** METALL (*Korrosions*) Narbe *f*, (*Rost*) Grübchen *n* **8** TECH **a** (*Arbeits-, Wartungs*) Grube *f* **b** *Gießerei*: Dammgrube *f* **c** (*Kies- etc*) Grube *f* **d** Abstichherd *m*, Schlackengrube *f* **9** MIL **a** Schützenloch *n* **b** Anzeigerdeckung *f* (*beim Schießstand*) **10** THEAT *bes Br* **a** (erstes) Parkett: **~ stalls** *pl* zweites Parkett, Parterre *n* **b** → orchestra 2 a **11** *US* Börse *f*, Maklerstand *m* (*der Produktenbörse*): **grain ~** Getreidebörse **12** Kampfplatz *m* (*bes für Hahnenkämpfe*) **13** *Motorsport*: Box *f*: **~ lane** Boxengasse *f*; **~ stop** Boxenstopp *m*; **he had to stop at the ~s, he had to make a ~ stop** er musste an die Boxen; **make a ~ stop** *fig* Zwischenstation machen (**in** in *dat*) **14** AGR (*Rüben- etc*) Miete *f* **15** *Leichtathletik*: Sprunggrube *f* **16** BOT Tüpfel *m* (*dünne Stelle in e-r Zellwand*) **17** *Br hum* Bett *n* **B** V/T **1** Gruben *od* Löcher *od* Vertiefungen bilden in (*dat*) *od* graben in (*akk*), METALL (*durch Korrosion*) an-, zerfressen **2** mit Narben bedecken: **~ted with smallpox** pockennarbig **3** AGR *Rüben etc* einmieten **4** (**against**) **a** (*feindlich*) gegenüberstellen (*dat*), (als Gegner) aufstellen (gegen) **b** *j-n* ausspielen (gegen) **c** *s-e Kräfte etc* messen (mit) *od* aufbieten (gegen), *ein Argument etc* ins Feld führen (gegen) **C** V/I **1** Löcher *od* Vertiefungen bilden, sich aushöhlen **2** (pocken-, blatter)narbig werden **3** sich festfressen (*Kolben*) **4** MED (*auf Fingerdruck*) e-e Druckstelle hinterlassen

pit[2] [pɪt] *bes US* **A** S (Obst)Stein *m*, Kern *m* **B** V/T entsteinen, -kernen

pita (bread) ['piːtə; 'pɪtə] S *US* Fladenbrot *n*

pitapat [,pɪtə'pæt] **A** ADV ticktack, klippklapp: **his heart went ~** sein Herz klopfte heftig **B** S Getrappel *n*

pitch[1] [pɪtʃ] **A** S **1** MINER Pech *n*: → mineral pitch **2** BOT (rohes Terpentin-)Harz **B** V/T (ver)pechen, (-)pichen: **~ed thread** Pechdraht *m*

pitch[2] [pɪtʃ] **A** V/T **1** *ein Zelt, ein Lager, e-n Verkaufsstand etc* aufschlagen, -stellen, *e-e Leiter etc* anlegen, *ein Lager etc* errichten: **~ one's tent** *fig* s-e Zelte aufschlagen **2** *e-n Pfosten etc* einrammen, -schlagen, befestigen **3** *e-n Speer etc* werfen, schleudern: **~ a coin** e-e Münze hochwerfen (*zum Losen etc*) **4** *Heu etc* (auf)laden, (-)gabeln **5** MIL, HIST in Schlachtordnung aufstellen: **~ed battle** **a** regelrechte *od* offene (Feld)Schlacht **b** *fig* knallharte Auseinandersetzung **6** (*der Höhe od dem Wert etc nach*) festsetzen, -legen: **~ one's expectations too high** s-e Erwartungen zu hoch schrauben, zu viel erwarten; **~ one's hopes too high** s-e Hoffnungen zu hoch stecken **7** *fig e-e Rede etc* abstimmen (**on** auf *akk*), (*auf bestimmte Weise*) ausdrücken **8** MUS **a** *ein Instrument* (*auf e-e bestimmte Tonhöhe*) stimmen **b** *ein Lied etc* (*in bestimmter Tonhöhe*) anstimmen *od* singen *od* spielen, die Tonhöhe *für ein Lied etc* festsetzen *od* anschlagen: **~ the voice high** hoch anstimmen *od* singen; **his voice was well ~ed** er hatte e-e gute Stimmlage **9** *Golf*: *den Ball* pitchen **10** *fig den Sinn etc* richten (**toward[s]** auf *akk*) **11** *e-e Straße* (be)schottern, (mit unbehauenen Steinen) pflastern, *e-e Böschung* (mit unbehauenen Steinen) verpacken **12** *Kartenspiel*: *e-e Farbe* durch Ausspielen zum Trumpf machen, *die Trumpffarbe* durch Ausspielen festlegen **13** *Ware* **a** zum Verkauf anbieten, ausstellen **b** anpreisen **14** *umg e-e Geschichte etc* auftischen: → tale 3, yarn A 3 **B** V/I **1** (*bes kopfüber*) (hin)stürzen, hinschlagen **2** aufschlagen, -prallen (*Ball etc*) **3** taumeln **4** SCHIFF stampfen (*Schiff*) **5** werfen **6** *Golf*: pitchen, e-n Pitch schlagen *od* spielen **7** sich neigen (*Dach etc*) **8** **a** ein Zelt *od* Lager aufschlagen, (sich) lagern **b** e-n (Verkaufs)Stand aufschlagen **9** (**on, upon**) sich entscheiden (für), verfallen (auf *akk*) **10** **~ in** *umg* **a** sich (tüchtig) ins Zeug legen, loslegen, sich ranmachen **b** tüchtig zulangen (*essen*) **c** einspringen, aushelfen (*beide*: **with** mit) **d** mit anpacken (**with** bei) **11** **~ into** *umg* **a** losgehen auf *j-n*, herfallen über *das Essen* **b** sich (mit Schwung) an *die Arbeit* machen **12** *umg* **a** SPORT *allg* spielen **b** *fig* kämpfen **C** S **1** Wurf *m* (*a.* SPORT): **what's the ~?** *US sl* was ist los?; **I get the ~** *US sl* ich kapiere **2** SCHIFF Stampfen *n* **3** Neigung *f*, Gefälle *n* (*e-s Daches etc*) **4** Höhe *f* **5** MUS Tonhöhe *f*: **~ level** Ton- *od* Stimmlage *f*; **~ name** absoluter Notenname; **~ number** Schwingungszahl *f* (*e-s Tones*) **6** MUS **a** (*tatsächliche, absolute*) Stimmung (*e-s Instruments*) **b** richtige Tonhöhe (*in der Ausführung*): **above (below) ~** zu hoch (tief); **sing true to ~** tonrein singen **7** MUS Normalton (-höhe) *m(f)*, Kammerton *m*: → concert A 1 a **8** *a.* **sense of ~** MUS Tonbewusstsein *n*: **have absolute** (*od* **perfect**) **~** das absolute Gehör haben **9** Grad *m*, Stufe *f*, Höhe *f* (*a. fig*): **~ of an arch** Bogenhöhe; **fly a high ~** hoch fliegen **10** *fig* äußerster (*höchster od tiefster*) Punkt, höchster Grad, Gipfel *m*: **to the highest ~** aufs Äußerste **11** *bes Br* **a** Stand *m* (*e-s Straßenhändlers etc*) **b** (Stand)Platz *m*: **queer sb's ~** *umg* j-m die Tour vermasseln, j-m e-n Strich durch die Rechnung machen **12** WIRTSCH *Br* (Waren)Angebot *n* **13** *sl* **a** Anpreisung *f* **b** Verkaufsgespräch *n* **c** Werbeanzeige *f* **14** *sl* Platte *f*, Masche *f* (*beide pej*) **15** SPORT Spielfeld *n*: **~ inspection** Platzbesichtigung *f* **16** *Golf*: Pitch(-Shot) *m* (*kurzer Annäherungsschlag zur Fahne*) **17** TECH **a** Teilung *f* (*e-s Gewindes, Zahnrads etc*) **b** FLUG (Blatt)Steigung *f* (*e-r Luftschraube*) **c** Schränkung *f* (*e-r Säge*) **18** **a** Lochabstand *m* **b** Rillenabstand *m* (*der Schallplatte*)

pitch| accent S LING musikalischer (Ton)Akzent; **~ angle** S Steigungswinkel *m*; **~-black** ADJ pechschwarz; **~blende** [-blend] S MINER (Uran)Pechblende *f*; **~ circle** S TECH Teilkreis *m* (*e-s Zahnrads*); **~ coal** S Pechkohle *f*; **~-dark** ADJ pechschwarz, stockdunkel (*Nacht*)

pitcher[1] ['pɪtʃə(r)] S *Golf*: Pitcher *m* (*Eisenschläger Nr. 7*)

pitcher[2] ['pɪtʃə(r)] S (*bes* irdener) (Wasser)Krug: **the ~ goes (once) too often to the well** (*Sprichwort*) *obs* der Krug geht so lange zum Brunnen, bis er bricht

pitchfork **A** S AGR Heu-, Mistgabel *f* **B** V/T **1** mit e-r Heu- *od* Mistgabel werfen, gabeln **2** *fig* drängen, schubsen (*beide*: **into** in *akk*): **~ troops into a battle** Truppen in die Schlacht werfen

pitching ['pɪtʃɪŋ] S **1** Werfen *n*, Schleudern *n* **2** Aufstellen *n*, Errichten *n* (*e-s Zeltes etc*) **3** WIRTSCH Ausstellung *f* (*von Waren*) **4** *Straßenbau*: Pflasterung *f* **5** *Wasserbau*: Steinpackung *f* **6** SCHIFF Stampfen *n* (*e-s Schiffs*); **~ moment** S TECH Kippmoment *n*; **~ wedge** S *Golf*: Pitching-Wedge *m* (*Schläger für kurze Annäherungs-*

P

schläge)
pitch| invasion S *Br* SPORT Sturm *m* auf das Spielfeld *(durch begeisterte od erboste Zuschauer)*;~ **line** S TECH Teilungslinie *f*; **~man** [-mən] S *irr US umg* 1 Straßenhändler *m* 2 Werbefritze *m pej*; **~ pine** S BOT Amer. Pechkiefer *f*; **~ pipe** S MUS Stimmpfeife *f*; **~ point** S TECH Berührungspunkt *m* auf dem Teilkreis; **~ shot** → pitch² C 16; **~stone** S GEOL Pechstein *m*
pitchy [ˈpɪtʃɪ] ADJ 1 teerig, voll(er) Pech *od* Teer 2 pech-, teerartig
pit| closure S Zechenstilllegung *f*; **~ coal** S Steinkohle *f*; **~ disaster** S Grubenunglück *n*
piteous [ˈpɪtɪəs] ADJ (ADV ~ly) mitleiderregend, herzzerreißend, *a. pej* erbärmlich, jämmerlich, kläglich
pit|fall S 1 Fallgrube *f* 2 *fig* Fallstrick *m*; **~ fire** S Grubenbrand *m*
pith [pɪθ] A S 1 BOT a Mark *n* b weiße Haut *(e-r Orange etc)* 2 (Rücken-, Knochen)Mark *n* 3 *a.* **~ and marrow** *fig* Mark *n*, Kern *m*, Quintessenz *f* 4 *fig* Kraft *f*, Prägnanz *f*, Eindringlichkeit *f* 5 *fig* Gewicht *n*, Bedeutung *f* B V/T 1 *ein Tier* durch Durchbohren des Rückenmarks töten 2 BOT das Mark aus *e-r Pflanze* entfernen
pithead S *(Bergbau)* 1 Füllort *m*, Schachtöffnung *f* 2 Fördergerüst *n*; **~ work** S Arbeit *f* über Tage
pithecanthropus [ˌpɪθɪkænˈθrəʊpəs; -ˈkænθrəpəs] *pl* **-pi** [-paɪ] S HIST Pithekanthropus *m*, Affen-, Vormensch *m*
pith helmet S Tropenhelm *m*
pithiness [ˈpɪθɪnɪs] S 1 *(das)* Markige, Markigkeit *f* 2 *fig* Kernigkeit *f*, Prägnanz *f*, Kraft *f*; **pithless** ADJ (ADV ~ly) 1 marklos 2 *fig* kraftlos, schwach
pithy ADJ (ADV pithily) 1 markig, markartig 2 voller Mark 3 *fig* markig, kernig, prägnant, kraftvoll: **a ~ saying** ein Kernspruch
pitiable [ˈpɪtɪəbl] ADJ (ADV pitiably) 1 bemitleidens-, bedauernswert, mitleiderregend, *a. pej* erbärmlich, elend, jämmerlich, kläglich 2 *fig pej* armselig, dürftig
pitiful [ˈpɪtɪfʊl] ADJ (ADV ~ly) 1 *obs* mitleidig, mitleid(s)voll 2 → pitiable; **pitifulness** S 1 *obs* Mitleid *n* 2 Erbärmlichkeit *f*, Jämmerlichkeit *f*
pitiless [ˈpɪtɪlɪs] ADJ (ADV ~ly) unbarmherzig, mitleid(s)-, erbarmungslos; **pitilessness** S Unbarmherzigkeit *f*
pitman [-mən] S 1 *irr* Bergmann *m*, Knappe *m*, Kumpel *m*, Grubenarbeiter *m* 2 *pl* **-mans** TECH *US* → connecting rod
piton [ˈpiːtɔ̃ːn; -tɒn; *US* -ˌtɑn] S *Bergsteigen:* (Kletter)Haken *m*
Pitot tube [ˈpiːtəʊ] S PHYS Pitotrohr *n (ein Staudruckmesser)*
pit| pony S *Bergbau: bes Br* Grubenpony *n*; **~ prop** S *Bergbau:* (Gruben)Stempel *m*, Grubenholz *n*; **~ saw** S TECH Schrot-, Zugsäge *f*
pitta (bread) [ˈpɪtə] S *Br* Fladenbrot *n*
pittance [ˈpɪtəns] S 1 Hungerlohn *m*, paar Pfennige *pl*, Almosen *n* 2 (kleines) bisschen, Häppchen *n*: **the small ~ of learning** das kümmerliche Wissen
pitter-patter A ADV tripptrapp, klippklapp: **his heart went ~** sein Herz klopfte heftig B S Tripptrapp *n*, Trippeln *n*, *(von Regen etc)* Plätschern *n*
pitting [ˈpɪtɪŋ] S 1 a (Aus)Graben *n*, Aushöhlen *n* b Grübchenbildung *f* 2 METALL Körnung *f*, Lochfraß *m*, Grübchenkorrosion *f*, Angefressensein *n (der inneren Kesselfläche)* 3 KOLL Narben *pl*, Grübchen *pl*, Löcher *pl* 4 *Bergbau:* Schachtbau *m*
pittosporum [pɪˈtɒspərəm; *US* -tɑs-] S BOT Klebsame *m*

pituitary [pɪˈtjʊɪtərɪ; *US* pəˈtjuːəˌteriː; -ˈtuːə-] ADJ PHYSIOL pituitär, Schleim absondernd, Schleim…: **~ extract** Hypophysenpräparat *n*; **~ body, ~ gland** S ANAT Hypophyse *f*, Hirnanhang(sdrüse) *m(f)*
pity [ˈpɪtɪ] A S 1 Mitleid *n*, Erbarmen *n*, (mitleidiges) Bedauern, Mitgefühl *n*: **out of ~** aus Mitleid; **feel ~ for, have ~ on** Mitleid haben mit; **take ~ on** Mitleid bekommen mit; **for ~'s sake!** um Himmels willen! 2 traurige Tatsache, Jammer *m*: **it is a (great) ~** es ist (sehr) schade *od* bedauerlich; **what a ~!** wie schade!; **more's the ~** *umg* leider; **it is a thousand pities** es ist jammerschade; **the ~ of it is that …** es ist nur schade *od* ein Jammer, dass …; der (einzige) Nachteil (dabei) ist, dass … B V/T bemitleiden, bedauern, Mitleid haben mit: **I ~ you** du tust mir leid *(a. iron)*; **pitying** ADJ (ADV ~ly) mitleid(s)voll, mitleidig
pityriasis [ˌpɪtɪˈraɪəsɪs] S MED Pityriasis *f (e-e Hautkrankheit mit Schuppenbildung)*
pivot [ˈpɪvət] A S 1 TECH a (Dreh)Punkt *m* b (Dreh)Zapfen *m* c Stift *m* d Spindel *f* e Achse *f (e-r Waage etc)*: **turn on a ~** sich um e-n Zapfen drehen 2 (Tür)Angel *f* 3 MIL innerer Flügelmann, Schwenkungspunkt *m* 4 *fig* a Dreh-, Angelpunkt *m* b Mittelpunkt *m* c Schlüsselfigur *f*, *(Fußball etc)* Schaltstation *f (Spieler)* 5 *Basketball:* Sternschritt *m* 6 *Handball:* Kreisläufer(in) B V/T TECH a mit e-m Zapfen *etc* versehen b drehbar lagern c (ein)schwenken, drehen: **be ~ed on** sich drehen um *(a. fig)*; **~ed** → D 1; **~ed lever** Schwenkhebel *m* C V/I 1 sich (wie) um e-e Achse *etc* drehen: → maneuver A 1 a 2 *meist fig* sich drehen (**upon, on** um) 3 MIL schwenken 4 *Basketball:* pivotieren, e-n Sternschritt ausführen D ADJ 1 TECH Zapfen…, auf Zapfen gelagert, Schwenk…, schwenkbar 2 → pivotal
pivotal [ˈpɪvətl] ADJ (ADV ~ly) 1 Zapfen…, Angel…: **~ point** Angelpunkt *m (a. fig)* 2 *fig* zentral, Kardinal…, Haupt…, Schlüssel…: **~ question** zentrale Frage; **~ man** → pivot A 4 c; **~ position** Schlüsselposition *f*
pivot| bearing S TECH Schwenk-, Zapfenlager *n*; **~ bolt** S TECH Drehbolzen *m*; **~ bridge** S TECH Drehbrücke *f*; **~ man** S *irr* → pivot A 4 c; **~-mounted** ADJ TECH schwenkbar; **~ pin** S TECH Kipp-, Lagerzapfen *m*; **~ suspension** S TECH Spitzenaufhängung *f*; **~ tooth** S *irr* MED Stiftzahn *m*
pix¹ → pyx
pix² [pɪks] *pl von* pic
pixel [ˈpɪksl] S IT *etc* Pixel *n*, Bildpunkt *m*
pixie → pixy
pixilated [ˈpɪksɪleɪtɪd] ADJ *bes US umg* 1 verdreht, nicht ganz richtig, leicht verrückt 2 schrullig, verschroben 3 schelmisch 4 blau *(betrunken)*
pixy [ˈpɪksɪ] S Kobold *m*
pizazz → pizzazz
pizza [ˈpiːtsə] S GASTR Pizza *f*; **~ parlo(u)r** S Pizzeria *f*
pizzazz [pəˈzæz] S *bes US umg* 1 Schmiss *m*, Pep *m* 2 Glamour *m/n*
pizzeria [ˌpiːtsəˈriːə] S Pizzeria *f*
pizzicato [ˌpɪtsɪˈkɑːtəʊ] MUS A ADJ & ADV pizzicato, gezupft B *pl* **-cati** [-tɪ], **-catos** S Pizzicato *n*
pizzle [ˈpɪzl] S 1 ZOOL Fiesel *m (Ochsenpenis)* 2 Ochsenziemer *m*
pj's, PJ's [ˌpiːˈdʒeɪz] ABK *US umg* pajamas PL
pk¹ ABK 1 pack 2 park 3 peak
PK² ABK *(Parapsychologie)* psychokinesis
pkg(s). ABK package(s PL) Packg(n).
P/L ABK WIRTSCH profit and loss
pl. ABK 1 place Pl. 2 plate 3 plural Pl.
PLA ABK Port of London Authority

placability [ˌplækəˈbɪlətɪ; ˌpleɪk-] → placableness; **placable** ADJ (ADV placably) versöhnlich, nachgiebig; **placableness** S Versöhnlichkeit *f*
placard [ˈplækɑː(r)d; *US a.* -kərd] A S a Plakat *n* b Transparent *n* B V/T 1 mit Plakaten bekleben 2 a durch Plakate bekannt geben, anschlagen b Plakatwerbung machen für
placate [pləˈkeɪt; *US* ˈpleɪkˌeɪt; ˈplæk-] V/T beschwichtigen, besänftigen, versöhnlich stimmen; **placatory** [pləˈkeɪtərɪ; *US* ˈpleɪkəˌtəʊriː; -ˌtɔː-; ˈplæk-] ADJ beschwichtigend, versöhnlich, Versöhnungs…
place [pleɪs] A S 1 Ort *m*, Stelle *f*, Platz *m*: **from ~ to ~** von Ort zu Ort; **in ~s** stellenweise; **the goalkeeper was exactly in the right ~** SPORT der Torhüter stand goldrichtig; **all over the ~** *umg* überall; **his hair was all over the ~** *umg* er war ganz zerzaust; **come to the wrong ~** an die falsche Adresse geraten; **keep sb's ~** j-m s-n Platz frei halten (**in a queue** in e-r Schlange); **lay a ~ for sb** für j-n decken; **take ~** stattfinden; **win a ~ in the semifinals** SPORT ins Halbfinale einziehen, sich fürs Halbfinale qualifizieren; → safe A 1 2 *(mit adj)* Stelle *f*: **a wet ~ on the floor** 3 *(eingenommene)* Stelle: **take sb's ~** a j-s Stelle einnehmen b j-n vertreten; **take the ~ of** ersetzen, an die Stelle treten von *(od gen)*; **in ~ of** anstelle von *(od gen)*; **if I were in your ~ I would …** ich an Ihrer Stelle würde …; wenn ich Sie wäre, würde ich …; **put yourself in my ~** versetzen Sie sich (doch einmal) in m-e Lage! 4 Platz *m (Raum)*: **give ~ (to)** Platz machen *(für od dat) (a. fig)*, nachgeben *(dat)* 5 *(richtiger od ordnungsgemäßer)* Platz *(a. fig)*: *in his library* **every book has its ~** hat jedes Buch s-n Platz; **find one's ~** sich zurechtfinden; **know one's ~** wissen, wohin man gehört; **in (out of) ~** (nicht) am (richtigen) Platz; **this remark was out of ~** diese Bemerkung war deplatziert *od* unangebracht; **feel out of ~** sich fehl am Platz fühlen; **this is not the ~ for** a das *od* hier ist nicht der (geeignete) Ort für b das ist nicht der richtige Zeitpunkt für; **such people have no ~ in our club** für solche Leute ist kein Platz in unserem Verein; **put sth back in its ~** etwas (an s-n Platz) zurücklegen *od* -stellen; **put sb back in their ~** j-n in die *od* s-e Schranken verweisen; → click¹ B 4, fall into 1, slot¹ C 6 Ort *m*, Stätte *f*: **one of the best ~s to eat** e-s der besten Restaurants *od* Speiselokale; **~ of amusement** Vergnügungsstätte; **~ of birth** Geburtsort; **~ of interest** Sehenswürdigkeit *f*; **~ of work** Arbeitsplatz *m*, -stelle *f*; **~ of worship** a Kultstätte b Gotteshaus *n*; **go ~s** a ausgehen b (umher)reisen c *fig* es zu etwas bringen; → assembly 1 7 WIRTSCH Ort *m*, Platz *m*, Sitz *m*: **~ of business** Geschäftssitz; **~ of delivery** Erfüllungsort; **~ of jurisdiction** Gerichtsstand *m*; **~ of payment** Zahlungsort; **from this ~** ab hier; → destination 1 8 Haus *n*, Wohnung *f*: **at his ~** bei ihm (zu Hause); **he came over to my ~ yesterday** er kam gestern zu mir; **your ~ or mine?** *umg* bei dir od bei mir? 9 Ort(schaft) *m(f)*: **in this ~** hier; **Munich is a nice ~ to live** in München lebt man angenehm *od* lässt es sich angenehm leben; → exile A 1 10 Gegend *f*: **of this ~** hiesig 11 THEAT Ort *m* (der Handlung) 12 *umg* Lokal *n*: **go to a Greek ~** zum Griechen gehen 13 SCHIFF Platz *m*, Hafen *m*: **~ of tran(s)shipment** Umschlagplatz; **~ of call** Anlaufhafen 14 Raum *m (Ggs Zeit)* 15 Stelle *f (in e-m Buch etc)*: **lose one's ~** die Seite verblättern *od* verschlagen; **I've lost my ~** *a.* ich weiß nicht mehr, wo *(an welcher Stelle)* ich war; *the audience laughed* **in the right ~s** an den richtigen

Stellen **16** MATH *(Dezimal)* Stelle *f*: **of many ~s** vielstellig; **~ value** Stellenwert *m* **17** Platz *m*, Stelle *f (in e-r Reihenfolge)*: **in the first ~** **a** an erster Stelle, erstens, zuerst, als Erst(er, e, es) **b** in erster Linie **c** überhaupt (erst) **d** ursprünglich; **why did you do it in the first ~?** warum haben Sie es überhaupt getan?; **you should not have done it in the first ~** Sie hätten es von vornherein bleiben lassen sollen; **why didn't you admit it in the first ~?** warum hast du es nicht gleich zugegeben?; **in the last ~** an letzter Stelle, zuletzt, als letzt(er, e, es); schließlich; → second[1] A 1 **18** SPORT *etc* Platz *m*: **in third ~** auf dem dritten Platz; **take third ~** den dritten Platz belegen; → second[1] A 1 **19** (Sitz)Platz *m*, Sitz *m*: **take your ~s** nehmen Sie Ihre Plätze ein! **20** **a** (An)Stellung *f*, (Arbeits)Stelle *f*, Posten *m*: **out of ~** stellenlos **b** UNIV Studienplatz *m* **21** Amt *n*: **a** Dienst *m*: **in ~** im Amt *(Minister etc)*, im Staatsdienst **b** *fig* Aufgabe *f*, Pflicht *f*: **it is not my ~ to do this** es ist nicht m-e Aufgabe, dies zu tun **22** *(soziale)* Stellung, Stand *m*, Rang *m*: **in high ~s** an hoher Stelle; **persons in high ~s** hochstehende Persönlichkeiten **23** *fig* Grund *m*: **there's no ~ for doubt** es besteht kein Grund zu zweifeln **B** VT **1** stellen, setzen, legen *(alle a. fig)*: **~ together** *Tische etc* zusammenstellen; **~ a call** ein (Telefon)Gespräch anmelden; **~ a coffin** e-n Sarg aufbahren; **~ in order** zurechtstellen, ordnen; **~ sb in a difficult ~** j-n in e-e schwierige Lage bringen; **he ~s hono(u)r above wealth** ihm ist Ehre wichtiger als Reichtum; **~ on record** aufzeichnen, (schriftlich) festhalten; **he ~d a ring on her finger** er steckte ihr e-n Ring an den Finger; *(siehe die Verbindungen mit den entsprechenden Substantiven)*; **the referee was well ~d** SPORT der Schiedsrichter stand günstig **2** *Posten etc* aufstellen: **~ o.s.** sich aufstellen *od* postieren **3** **I can't ~ him** ich weiß nicht, wo ich ihn unterbringen *od* wohin ich ihn tun soll *(woher ich ihn kenne)* **4** *e-n Wohnungssuchenden etc* unterbringen (**with** bei), *e-n Arbeitssuchenden a.* vermitteln **5** *j-n* ein-, anstellen **6** *j-n* ernennen *od* in ein Amt einsetzen **7** (der Lage nach) näher bestimmen **8** WIRTSCH **a** *e-e Anleihe, Kapital* unterbringen **b** (**with**) *Aufträge* erteilen *(dat)*, vergeben (an *akk*), *e-e Bestellung* aufgeben (bei) **c** *e-n Vertrag, e-e Versicherung* abschließen: **~ an issue** e-e Emission unterbringen *od* platzieren **9** *Ware* absetzen **10** **a** **be ~d** SPORT sich platzieren, platziert sein, unter den ersten drei sein: **be ~d 6th** sich an 6. Stelle platzieren **b** **how are you ~d for money?** *bes Br* wie sieht es bei dir finanziell aus? **11** SPORT **a** *den Ball* platzieren **b** *Rugby: ein Tor* mit e-m Platztritt schießen **12** ELEK schalten: **~ in parallel** parallel schalten **C** VI SPORT *US* **a** → B 10 a **b** den zweiten Platz belegen

place bet S *Pferdesport*: Platzwette *f*

placebo [plə'siːbəʊ] *pl* -bos, -boes S **1** [*US* plɑː'tʃeɪbəʊ] KATH *Vesperhymnus für die Toten* **2** MED, PHARM Placebo *n*, Scheinarznei *f*, Leer-, Blindpräparat *n* **3** *fig* Beruhigungspille *f*; **~ effect** S MED, PSYCH Placeboeffekt *m*

place| brick S TECH Weichbrand *m*, Kreuzstein *m*; **~ card** S Platz-, Tischkarte *f*; **~ hunter** S Postenjäger(in); **~ hunting** S Postenjägerei *f*; **~ kick** S *Rugby*: Platztritt *m*; **~man** [-mən] S *irr bes Br pej* Pöstcheninhaber *m*, Futterkrippenpolitiker *m*; **~ mat** S Set *n/m*, Platzdeckchen *n*

placement ['pleɪsmənt] S **1** Stellen *n*, Setzen *n*, Legen *n (alle a. fig)* **2** Unterbringung *f (a.* WIRTSCH*)*, Vermittlung *f* **3** WIRTSCH **a** Platzierung *f* **b** Vergabe *f* **c** Abschluss *m* **4** SPORT **a** Platzieren *n (des Balles)* **b** *a.* **~ shot** *(Tennis)* tödlich platzierter Ball *sl* **5** Stellung *f*, Lage *f*; **~ test** S SCHULE Einstufungsprüfung *f*, -test *m*

place name S Ortsname *m*

placenta [plə'sentə] *pl* -tae [-tiː], -tas S **1** PHYSIOL Plazenta *f*, Mutterkuchen *m*, Nachgeburt *f* **2** BOT Samenleiste *f*; **placental** ADJ **1** PHYSIOL plazentar, Mutterkuchen... **2** BOT Samenträger...

placer ['plæsə(r)] S MINER **1** *bes US (Gold- etc)* Seife *f* **2** seifengold- *od* erzseifenhaltige Stelle; **~ gold** S Seifen-, Waschgold *n*; **~ mining** S *bes US* Goldwaschen *n*

place setting S Gedeck *n*

placet ['pleɪset] S Plazet *n*, Zustimmung *f*, Einwilligung *f*

placid ['plæsɪd] ADJ (ADV ~ly) **1** ruhig, gelassen *(Person)* **2** ruhig *(Gewässer)*; **placidity** [plæ'sɪdətɪ] S Ruhe *f*, Gelassenheit *f*; **placidness** → placidity

placket ['plækɪt] S **1** Schlitz *m (in e-m Kleid etc, der das An- u. Ausziehen erleichtert)* **2** Tasche *f (bes in e-m Frauenrock)* **3** *obs* **a** Unterrock *m* **b** Frauenzimmer *n*

placoid ['plækɔɪd] ADJ: **~ scales** FISCH Plakoidschuppen *(des Hais)*

plagal ['pleɪgəl] ADJ MUS plagal: **~ cadence** plagale Kadenz

plagiarism ['pleɪdʒjərɪzəm; *US* -dʒə-] S Plagiat *n*, *(Plagiieren a.)* geistiger Diebstahl; **plagiarist** S Plagiator *m*, Plagiatorin *f*; **plagiarize** **A** VT plagiieren **B** VI ein Plagiat begehen, plagiieren; **plagiary** [-ərɪ; *US a.* -dʒɪˌeriː] S *obs* **1** → plagiarism **2** → plagiarist

plagiotropic [ˌpleɪdʒɪəʊ'trɒpɪk; *US* -dʒə'trəʊ-; -'trɑ-] ADJ BOT plagiotrop *(waagrecht od schräg wachsend)*

plague [pleɪg] **A** S **1** MED **a** Seuche *f* **b** *bes* HIST Pest *f*: **~ bubo** Pestbeule *f*; **avoid sth like the ~** etwas wie die Pest meiden **2** *fig* Plage *f*, Heimsuchung *f*, Geißel *f*: **~ of rats** Rattenplage; **the ten ~s** BIBEL die Zehn Plagen; **a ~ on it!** *obs* hols der Teufel! **3** *umg* **a** Plage *f* **b** Quälgeist *m*, Nervensäge *f (Mensch)* **B** VT **1** plagen, quälen: **be ~d by pain** schmerzgeplagt sein **2** *umg* belästigen (**with** mit)

plagu(e)y ['pleɪgɪ] ADJ & ADV *umg obs* verflixt, verteufelt

plaice [pleɪs] *pl* plaice S FISCH Scholle *f*, Goldbutt *m*

plaid [plæd] **A** S **1** Plaid *n*, *a. m*: **a** *Teil der schottischen Nationaltracht* **b** Schotten(stoff) *m* **2** Schottenmuster *n* **B** ADJ (bunt) kariert: **~ rug** Plaid *n*, *a. m*

plain[1] [pleɪn] **A** ADJ (ADV ~ly) **1** einfach, gewöhnlich, schlicht: **~ clothes** *pl* Zivil(kleidung) *n(f)*; **in ~ clothes** in Zivil; **~ cooking** gutbürgerliche Küche; **~ fare** Hausmannskost *f*; **~ living** schlichte *od* einfache Lebensweise; **~ paper** unlin(i)iertes Papier; **~ postcard** gewöhnliche Postkarte; **~ scale** natürlicher Maßstab; **~ yogurt** Naturjoghurt *m/n*; → cover A 8 **2** schlicht, schmucklos, kahl *(Zimmer etc)*, ungemustert, einfarbig *(Stoff)*, unkoloriert *(Fotos etc)*, glatt *(Spitzen etc)*: **~ knitting** Rechts-, Glattstrickerei *f*; **~ sewing** Weißnäherei *f* **3** unscheinbar, farb-, reizlos, wenig anziehend: **a ~ girl** ein reizloses Mädchen; → Jane A **4** klar (u. deutlich), unmissverständlich, offen: **in ~ terms** rundheraus (gesagt); **the ~ truth** die nackte Wahrheit **5** klar, offensichtlich, offenbar, -kundig, deutlich, leicht verständlich: **in ~ language** **a** ohne Umschweife, klipp u. klar **b** *Telegrafie etc* im Klartext, offen, unverschlüsselt; **make sth ~** etwas klarstellen; **make sth ~ to sb** **a** j-m etwas klarmachen **b** j-m etwas klar zu verstehen geben; **make o.s.** (*od* **one's meaning**) **~** sich klar ausdrücken, sich verständlich machen **6** unverdünnt, pur *(alkoholisches Getränk)* **7** ausgesprochen, rein, bar *(Unsinn etc)*: **~ folly** heller Wahnsinn **8** offen (u. ehrlich): **~ dealing** Redlichkeit *f*; **be ~ with sb** j-m gegenüber offen sein **9** **a** mittelmäßig, unbedeutend, Durchschnitts... **b** → sailing A 1 **10** METALL unlegiert *(Stahl)* **11** *bes US* eben, flach, *a.* TECH glatt: **~ country** flaches Land; **~ bearing** Gleitlager *n*; **~ fit** Schlichtpassung *f*; **~ roll** Glattwalze *f* **B** ADV *umg* völlig: **he's just ~ stupid** er ist ganz einfach dumm **C** S **1** Ebene *f*, Flachland *n* **2** **the ≈s** *pl US* die Prärie

plain[2] [pleɪn] VI *obs od poet* (weh)klagen

plain| chocolate S *Br* zart- *od* halbbittere Schokolade; **~-clothes** ADJ *Polizist etc* in Zivil: **a ~ policeman**; **~clothesman** [-mən] S *irr* Polizist *m od* Kriminalbeamte(r) *m* in Zivil

plainness S **1** Einfachheit *f*, Schlichtheit *f* **2** Schmucklosigkeit *f*, Einfarbigkeit *f* **3** Unscheinbarkeit *f*, Reizlosigkeit *f* **4** Klarheit *f*, Offenheit *f* **5** Deutlichkeit *f* **6** *bes US* Ebenheit *f*

Plain| People SPL *US Bezeichnung für verschiedene Sektierer, z. B. Mennoniten, die e-n einfachen Lebensstil haben*; **≈ sailing** S SCHIFF Anwindsegeln *n*

plainsman [-mən] S *irr US* Präriebewohner *m*

plain|song S MUS **1** *(alter einstimmiger, nicht rhythmisierter, bes gregorianischer)* Kirchen-, Choralgesang, Cantus *m* planus **2** *(bes* gregorianische*)* Choralmelodie **3** Cantus *m* firmus *(Hauptmelodie e-s Chor- od Instrumentalsatzes)*; **~ speaking** S Aufrichtigkeit *f*, Offenheit *f*; **~-spoken** ADJ offen, freimütig: **be ~** *a.* geradeheraus sein; sagen, was man denkt

plaint [pleɪnt] S **1** *obs od poet* Beschwerde *f*, Klage *f* **2** *obs od poet* (Weh)Klage *f* **3** JUR Klage (-schrift) *f*

plaintiff ['pleɪntɪf] S JUR (Zivil)Kläger(in): **party ~** klägerische Partei; → error 3; **plaintive** ['pleɪntɪv] ADJ (ADV ~ly) traurig, klagend, wehmütig, Klage...: **~ song**; **~ voice** wehleidige Stimme

plait [plæt; *US a.* pleɪt] **A** S **1** Zopf *m* **2** *(Haar-, Stroh)* Geflecht *n* **3** Falte *f* **B** VT **1** *Haar, e-e Matte etc* flechten **2** verflechten **3** falten

plan [plæn] **A** S **1** **a** *(Spiel-, Wirtschafts-, Arbeits)* Plan *m*: **~ of action** Schlachtplan *(a. fig)*; **according to ~** planmäßig, -gemäß; *if all goes* **according to ~** nach Plan; **make ~s (for the future)** (Zukunfts)Pläne schmieden; **remain below ~** das Planziel nicht erreichen **b** SCHULE Gliederung *f (e-s Aufsatzes)* **2** Plan *m*, Absicht *f*: **that was our ~** so hatten wir es geplant; **change one's ~s** umdisponieren **3** Verfahren *n*, Methode *f* **4** *(Lage-, Stadt)* Plan *m* **5** Grundriss *m*: **~ view** Draufsicht *f*; **in ~ form** im Grundriss **6** TECH (Maß)Zeichnung *f*, Riss *m*: **lay out a ~** e-n Plan aufreißen **7** Vertikalebene *f (beim perspektivischen Zeichnen)* **B** VT **1** planen, entwerfen, e-n Plan ausarbeiten *od* entwerfen für *od* zu: **~ sth ahead** etwas vorausplanen; **~ned economy** Planwirtschaft *f*; **~ned obsolescence** geplanter Verschleiß; **~ned parenthood** Familienplanung *f*; **~ned promotion** Regelbeförderung *f*; **~ned retreat** MIL planmäßiger Rückzug **2** planen, beabsichtigen *(beide:* **to do** zu tun*)* **3** grafisch darstellen **C** VI **1** planen, Pläne machen: **~ ahead** vorausplanen; **~ for** (*od* **on**) einplanen, rechnen mit **2** **~ on doing sth** planen *od* beabsichtigen, etwas zu tun

planar ['pleɪnə(r)] ADJ ELEK Planar...: **~ diode** Planardiode *f*; **~ process** Planarprozess *m*

planarian [plə'neərɪən] S ZOOL Planarie *f*, Strudelwurm *m*

planchette [plɑːn'ʃet; *US* plæn-] S Planchette *f (Alphabettafel für spiritistische Sitzungen)*

P

Planck('s) constant [plæŋk(s)] S PHYS plancksches Wirkungsquantum, plancksche Konstante

plane[1] [pleɪn] S BOT Platane *f*

plane[2] [pleɪn] A ADJ 1 flach, eben 2 TECH plan, Plan…: **~ mirror** Planspiegel *m* 3 MATH eben (*Figur*): **~ curve** einfach gekrümmte Kurve; **~ polarization** lineare Polarisation B S 1 Ebene *f*, (ebene) Fläche: **~ of polarization** PHYS Polarisationsebene; **~ of projection** MATH Rissebene; **~ of reference** *bes* MATH Bezugsebene; **~ of refraction** PHYS Brechungsebene; **on the upward ~** *fig* im Anstieg, ansteigend 2 *fig* (*a. Bewusstseins*) Ebene *f*, (*Wertigkeits-*) Stufe *f*, Niveau *n*, Bereich *m*: **on the same ~ as** auf dem gleichen Niveau wie 3 *Bergbau*: Förderstrecke *f* 4 TECH Hobel *m* C VT 1 (ein)ebnen, glätten, planieren, TECH *a.* schlichten, *Bleche* abrichten 2 TECH hobeln: **~ away** (*od* **off**) *Kanten etc* abhobeln, glatt hobeln; **~ down** *ein Brett etc* abhobeln 3 TYPO bestoßen

plane[3] [pleɪn] FLUG A S 1 Flugzeug *n*: **by ~** auf dem Luftweg, mit dem Flugzeug; **go by ~** fliegen; **~ crash** Flugzeugabsturz *m* 2 Tragfläche *f* B VI 1 gleiten, segeln 2 fliegen

plane| angle S MATH Flächenwinkel *m*; **~ chart** S SCHIFF Plankarte *f* (*gleichgradige Seekarte*); **~ geometry** S MATH Planimetrie *f* (*Teilgebiet der Geometrie, das sich mit der Messung u. Berechnung der Flächeninhalte ebener Figuren befasst*)

planer ['pleɪnə(r)] S TECH 1 Hobel (-maschine *f*) *m* 2 TYPO Klopfholz *n* 3 Streichbrett *n* (*der Former*)

plane sailing S SCHIFF Plansegeln *n*

planet ['plænɪt] S ASTRON Planet *m*: **the inferior (superior) ~s** die inneren (äußeren) Planeten; **minor ~s** Asteroiden; **primary ~** Hauptplanet; **secondary ~** Planetenmond *m*

plane| table S TECH Messtisch *m*; **~-table** ADJ: **~ map** TECH Messtischblatt *n*

planetarium [,plænɪ'teərɪəm] *pl* -iums, -ia [-ə] S ASTRON Planetarium *n*; **planetary** [-tərɪ; US -,teri:] ADJ 1 ASTRON planetarisch, Planeten…: **~ nebula** planetarischer Nebel 2 umherirrend, unstet 3 a irdisch, weltlich b global, weltweit 4 TECH Planeten…: **~ gear** Planeten-, Umlaufrad *n*; **~ gear train** Planeten-, Umlaufgetriebe *n*

planetesimal [,plænɪ'tesɪməl] S ASTRON kleiner meteorähnlicher Körper

planetoid ['plænɪtɔɪd] S ASTRON Planetoid *m* (*ein sich in e-r elliptischen Bahn um die Sonne bewegender planetenähnlicher Himmelskörper*)

planetological [,plænɪtə'lɒdʒɪkl; US ,plænətl'ɑ-] ADJ (ADV **~ly**) ASTRON planetologisch; **planetologist** [-'tɒlədʒɪst; US -'tɑ-] S Planetologe *m*, Planetologin *f*; **planetology** S Planetologie *f* (*Erforschung der Oberflächenformationen der Planeten u. ihrer Satelliten*)

plangent ['plændʒənt] ADJ (ADV **~ly**) 1 schallend 2 getragen (*Melodie etc*)

planification [,plænɪfɪ'keɪʃn] S *bes US umg* systematische Planung; **planify** [-faɪ] VT *bes US umg* systematisch planen

planimeter [plæ'nɪmɪtə(r); US pleɪ-; plə-] S TECH Planimeter *n* (*Gerät zum Messen des Flächeninhalts ebener Figuren*); **planimetry** [-trɪ] → plane geometry

planing ['pleɪnɪŋ] S 1 Hobeln *n* 2 Planieren *n*; **~ bench** S TECH Hobel-, Schlichtmaschine *f*

planish ['plænɪʃ] VT TECH 1 glätten, (ab)schlichten, planieren 2 *Holz* glatt hobeln 3 *Metall* glatt hämmern, ausbeulen: **~ing hammer** Schlichthammer *m* 4 polieren

planisphere ['plænɪ,sfɪə(r); US *a.* 'pleɪ-] S ASTRON Planiglob(ium) *n*, -sphäre *f* (*ebene Darstellung e-r Halbkugel*)

plank [plæŋk] A S 1 (*a.* Schiffs)Planke *f*, Bohle *f*, (Fußboden)Diele *f*, Brett *n*: **(as) thick as two short ~s** *umg* strohdumm; **~ bridge** Bohlenbrücke *f*; **~ flooring** Bohlenbelag *m*; **be made to walk the ~** SCHIFF, HIST über e-e Schiffsplanke ins Meer getrieben werden 2 *fig* Halt *m*, Stütze *f* 3 POL Schwerpunkt *m* (*e-s Parteiprogramms*) 4 *Bergbau*: Schwarte *f* B VT 1 mit Planken *etc* belegen, beplanken, dielen 2 TECH verschalen, (*Bergbau*) verzimmern 3 *bes US e-e Speise* (*meist garniert*) auf e-m Brett servieren 4 → plonk[1] A 1; **~ bed** S (Holz)Pritsche *f* (*im Gefängnis etc*)

planking ['plæŋkɪŋ] S 1 Beplanken *n*, Verschalen *n* 2 KOLL Planken *pl* 3 Beplankung *f*, (Holz)Verschalung *f*, (Bretter)Verkleidung *f*, Bohlenbelag *m*

plankton ['plæŋktən] S ZOOL Plankton *n*; **planktonic** [-'tɒnɪk; US -'tɑn-] ADJ planktonisch

planless ADJ (ADV **~ly**) planlos

planner ['plænə(r)] S Planer(in); **planning** S Planen *n*, Planung *f*: **~ for the future** Zukunftsplanung; **~ permission** *Br* Baugenehmigung *f*; **~ stage** Planungsstadium *n*; **be in the ~ stages** sich im Planungsstadium befinden

plano-concave [,pleɪnəʊ'kɒnkeɪv; US -'kɑn-] ADJ PHYS plankonkav (*Linse*); **plano-convex** [-'kɒnveks; US -'kɑn-] ADJ PHYS plankonvex (*Linse*)

planography [plə'nɒgrəfɪ; US -'nɑ-; *a.* pleɪ-] S TYPO Flachdruck *m* (*Verfahren*)

plan-position indicator S *Radar*: Rundsichtanzeigegerät *n*

plant [plɑːnt; US plænt] A S 1 BOT Pflanze *f*, Gewächs *n*: **~ animal** → zoophyte; **~ disease** Pflanzenkrankheit *f*; **~ extract** Pflanzenextrakt *m*; **~ fibrin** Pflanzenfaserstoff *m*; **~ kingdom** Pflanzenreich *n*; **~ louse** Blattlaus *f*; **~ pest** Pflanzenschädling *m*; **~ pot** *Br* Blumentopf *m* 2 BOT Setzling *m*, Steckling *m* 3 Wachstum *n*: **in ~** im Wachstum befindlich; **be in ~** sich im Wachstum befinden; **miss ~** nicht aufgehen *od* keimen 4 (Betriebs-, Fabrik)Anlage *f*, Werk *n*, Fabrik *f*, Betrieb *m*: **~ closure** Betriebsstilllegung *f*; **~ engineer** Betriebsingenieur(in); **~ manager** Betriebsleiter *m* 5 Maschinenanlage *f*, Aggregat *n*, Apparatur *f*: **electric ~** elektrische Anlage 6 Betriebseinrichtung *f*, (Betriebs)Material *n*, Inventar *n*, Gerätschaften *pl*: **~ equipment** Werksausrüstung *f* 7 *Regeltechnik*: Regelstrecke *f* 8 *US* (*Schul-, Krankenhaus- etc*) Anlage(n) *f(pl)* 9 *Bergbau*: (Schacht-, Gruben)Anlage *f* 10 *umg* a *etwas Untergeschobenes, z. B. falsches Beweisstück* b Falle *f*, Schwindel *m* c (Polizei)Spitzel *m*, (eingeschleuste[r]) Geheimagent(in) B VT 1 (ein-, an)pflanzen: **~ out** aus-, um-, verpflanzen; **the time to ~ primulas** die Pflanzzeit für Primeln 2 *Land etc* bepflanzen (**with** mit) 3 *e-n Garten etc* anlegen 4 *e-e Kolonie etc* gründen 5 *e-e Fischbrut* aussetzen, *Austern* verpflanzen 6 **~ sth in sb('s mind)** *fig* j-m etwas einpflanzen *od* einimpfen 7 *Pfähle etc* setzen, *j-n* postieren, *Posten etc* aufstellen: **~ o.s. in front of sb** sich vor j-m aufbauen *od* aufpflanzen *umg* 8 *umg* **~ a knife in sb's back** j-m ein Messer in den Rücken stoßen; **~ a blow on sb's nose** j-m e-n Schlag auf die Nase verpassen; **~ a kiss on sb's cheek** j-m e-n Kuss auf die Backe drücken 9 *umg* a *e-n Spitzel etc* einschleusen b *e-e Nachricht etc* lancieren (**in the papers** in die Presse) c *e-e Bombe* legen, *e-e Wanze etc* anbringen d **~ sth on sb** j-m etwas unterschieben

plantain[1] ['plæntɪn] S BOT Wegerich *m*

plantain[2] ['plæntɪn] S BOT 1 Pisang *m*, Paradiesfeige *f* 2 Plante *f*, Kochbanane *f*: **~ eater** ORN Bananenfresser *m*

plantar ['plæntə(r)] ADJ ANAT plantar, Fußsohlen…

plantation [plæn'teɪʃn] S 1 Pflanzung *f*, Plantage *f* 2 (Wald)Schonung *f* 3 Gründung *f* 4 HIST Ansiedlung *f*

planter ['plɑːntə; US 'plæntər] S 1 Pflanzer(in), Plantagenbesitzer(in) 2 HIST Siedler(in), Kolonist(in) 3 Gründer(in) 4 AGR Pflanzmaschine *f* 5 Pflanzgefäß *n*

plantigrade ['plæntɪgreɪd] ZOOL A ADJ auf den Fußsohlen gehend B S Sohlengänger *m* (*Mensch, Bär etc*)

plantlet ['plɑːntlɪt; US 'plænt-] S Pflänzchen *n*

plaque [plɑːk; *bes US* plæk] 1 (Schmuck)Platte *f* 2 Gedenktafel *f* 3 Agraffe *f*, (Ordens)Schnalle *f*, Spange *f* 4 MED, ZOOL Fleck *m* 5 *Zahnmedizin*: Plaque *f*, Zahnbelag *m*

plaquette [plæ'ket] S Plakette *f*, kleine (Relief)Platte

plash[1] [plæʃ] VT *bes Br* a *Zweige* zu e-r Hecke verflechten b *e-e Hecke* durch Verflechten der Zweige ausbessern

plash[2] [plæʃ] A VI 1 platschen, plätschern: **~!** platsch! 2 (*im Wasser*) plan(t)schen 3 spritzen B VT 1 platschen *od* klatschen auf (*akk*) 2 bespritzen, besprengen C S 1 Platschen *n*, Plätschern *n* 2 Spritzen *n* 3 Pfütze *f*

plashy ['plæʃɪ] ADJ 1 plätschernd, klatschend, spritzend 2 a sumpfig, matschig b nass c voller Pfützen

plasm ['plæzəm] → plasma

plasma ['plæzmə] S 1 BIOL (*Milch-, Blut-, Muskel*) Plasma *n* 2 → protoplasm 1 3 MINER Plasma *n*, grüner Chalcedon 4 PHYS Plasma *n* (*leuchtendes Gasgemisch, das bei der Ionisation entsteht*): **~ jet** Plasmastrom *m*; **~ physicist** Plasmaphysiker(in); **~ physics** *pl* (*als sg konstruiert*) Plasmaphysik *f*; **~ torch** TECH Plasmabrenner *m*; **plasmatic** [-'mætɪk], **plasmic** ADJ BIOL (proto)plasmatisch, Plasma…

plasmogamy [plæz'mɒgəmɪ; US -'mɑ-] S BIOL Plasmogamie *f* (*Verschmelzung des Plasmas der Gameten*)

plasmolysis [plæz'mɒlɪsɪs; US -'mɑl-] S BIOL Plasmolyse *f* (*Ablösung des Protoplasmas von der Zellwand durch Entzug von Wasser*)

plasmosome ['plæzməsəʊm] S BIOL Mikrosom *n*, Zellkern *m*

plaster ['plɑːstə; US 'plæstər] A S 1 MED (*Heft-, Senf*) Pflaster *n* 2 *a.* **~ of Paris** MED Gips *m*: **a leg in ~** ein Gipsbein 3 *a.* **~ of Paris** a (gebrannter) Gips b Stuck *m*, (feiner) Gipsmörtel 4 ARCH Mörtel *m*, (Ver)Putz *m*, Bewurf *m*, Tünche *f* B VT 1 a verputzen b (ver)gipsen: **~ over** *fig* übertünchen 2 dick auftragen, (*mit e-r Schicht*) bedecken 3 MED bepflastern, ein Pflaster legen auf (*akk*) 4 *fig* ein Pflästerchen legen auf (*akk*), *e-n Schmerz etc* lindern 5 a bekleben, bepflastern (*beide:* **with** mit *Plakaten etc*) b *ein Plakat etc* kleben (**on, to** an *od* auf *akk*) 6 *umg* bepflastern (**with** mit *Bomben, Steinen etc*) 7 *fig* überhäufen, überschütten (*beide:* **with** mit *Lob etc*) 8 **~ down** *umg* sich *das Haar* anklatschen 9 SPORT *umg* überfahren (*hoch besiegen*); **~ bandage** S MED Gipsbinde *f*; **~board** S TECH Fasergipsplatte *f*; **~ cast** S 1 Gipsabdruck *m*, -abguss *m* 2 MED Gipsverband *m*: **he's got his leg in a ~** er hat sein Bein in Gips

plastered ['plɑːstə(r)d; US 'plæs-] ADJ *umg* blau (*betrunken*): **get ~** sich volllaufen lassen

plasterer ['plɑːstərə; US 'plæstərər] S Stuckateur(in), Stuck-, Gipsarbeiter(in); **plastering** S 1 (Ver)Putz *m*, Bewurf *m* 2 Stuck *m* 3 Stuckarbeit *f*, Stuckatur *f* 4 Gipsen *n*

plaster saint S *fig* Heilige(r) *m/f(m)* *pej*

plastic ['plæstɪk] A ADJ (ADV ~ally) 1 plastisch, bildend: **~ art(s** *pl*) bildende Kunst 2 formgebend, gestaltend 3 (ver)formbar, modellier-, knetbar, plastisch: **~ clay** plastischer *od* bildfähiger Ton 4 TECH Kunststoff…, Plastik…: **~ bag** Plastiktüte *f*, -beutel *m*; **~ bullet** Plastikgeschoss *n*; **~ film** Plastikfolie *f*; **(synthetic) ~ material** → B 1; **~ money** Plastikgeld *n*; **~ wrap** *US* Klarsichtfolie *f* 5 MED plastisch (*Operation etc*): → plastic surgery 6 BIOL plastisch 7 *fig* formbar (*Charakter etc*) 8 *fig* plastisch, anschaulich 9 **~ bomb** MIL *etc* Plastikbombe *f* B S 1 TECH a Kunst-, Plastikstoff *m*: **~-coated** kunststoffbeschichtet b (Kunstharz)Pressstoff *m* 2 Plastikgeld *n*

Plasticine® ['plæstɪsiːn] S *entspricht etwa* Plastilin® *n* (*e-e Knetmasse*)

plasticity [plæ'stɪsətɪ] S Plastizität *f*: a TECH (Ver)Formbarkeit *f* b *fig* Anschaulichkeit *f*

plasticize ['plæstɪsaɪz] V/T TECH plastifizieren, plastisch machen; **plasticizer** S Weichmacher *m*

plastics ['plæstɪks] ADJ Kunststoff…, Plastik…: **~ industry** Kunststoffindustrie *f*

plastic| surgeon S MED Facharzt *m od* Fachärztin *f* für plastische Chirurgie, Schönheitschirurg(in); **~ surgery** S MED plastische Chirurgie, Schönheitschirurgie *f*

plastron ['plæstrən] S 1 Plastron *m/n*: a MIL, HIST Brustplatte *f* b (*Fechten*) Brustpolster *n* 2 Plastron *m/n*: a breiter Seidenschlips b Brustlatz *m* (*an Frauentrachten*) 3 ZOOL Plastron *m/n*, Bauchpanzer *m* (*der Schildkröten*)

plat¹ [plæt] *US* → plot A 1

plat² [plæt] → plait

plat. ABK 1 plateau 2 MIL platoon

platan ['plætən] → plane¹

platband ['plætbænd] S ARCH Streifen *m*, Borte *f*, Kranzleiste *f*

plate [pleɪt] A S 1 Teller *m*: **a ~ of soup** ein Teller Suppe; **have a lot on one's ~** *fig umg* viel am Hals *od* um die Ohren haben; **hand** (*od* **give**) **sb sth on a ~** *fig umg* j-m etwas auf e-m Tablett servieren 2 *US* Gedeck *n* für e-e Person 3 Platte *f*: **a ~ of fish** GASTR e-e Fischplatte 4 (*Kollekten*) Teller *m* 5 (*Namens-, Firmen-, Tür*) Schild *n*, Tafel *f* 6 (Bild)Tafel *f* (*Buchillustration*) 7 FOTO Platte 8 *bes* TECH a (*Glas-, Metall*) Platte *f* b Plattenglas *n* 9 ELEK, TECH a Anode *f* (*e-r Elektronenröhre etc*): **~ voltage** Anodenspannung *f* b Platte *f*, Elektrode *f* (*e-s Akkumulators*) 10 TECH a Scheibe *f*, Lamelle *f* (*e-r Kupplung etc*) b Deckel *m* 11 TYPO (*Druck-, Stereotyp*) Platte *f* 12 TECH Plattenabdruck *m* 13 KUNST a (*Stahl-, Kupfer*) Stich *m* b Holzschnitt *m* 14 TECH a (Grob)Blech *n* b Blechtafel *f* 15 TECH Teller-, Hartzinn *n* 16 plattierte Ware 17 (*Gold-, Silber-, Tafel*) Besteck *n* 18 SPORT a Pokal *m* (*bes bei Pferderennen*) b Pokalrennen *n* 19 *Heraldik*: silberner Kreis, Silberpfennig *m* 20 **~s** *pl* **(of meat)** *Br sl* Plattfüße *pl* B V/T TECH 1 mit Platten belegen, panzern 2 plattieren, dublieren, (mit Metall) überziehen 3 *Papier* kalandern, satinieren 4 TYPO a stereotypieren b Druckplatten herstellen von

plate armo(u)r S 1 HIST Plattenpanzer *m* 2 SCHIFF, TECH Plattenpanzer(ung) *m(f)*

plateau ['plætəʊ; plæ'təʊ] *pl* -teaux, -teaus [-təʊz] S 1 Plateau *n*, Hochebene *f* 2 a *zeitweiliger Zustand der Stabilität in e-r Aufwärtsentwicklung* b *flache Stelle in e-r* (*bes Intelligenz*)*Kurve* 3 Tafelaufsatz *m* 4 Plakette *f* 5 flacher Damenhut

plate| basket S *Br* Besteckkorb *m*; **~ circuit** S ELEK Anodenkreis *m*

plated ['pleɪtɪd] ADJ 1 mit (Metall-)Platten belegt, gepanzert 2 TECH plattiert, metallüberzogen, versilbert, vergoldet, dubliert 3 *Textilwesen*: plattiert, umsponnen

plate|ful [-fʊl] *pl* -fuls S ein Teller *m* (voll); **~ glass** S Flachglas *n*; **~holder** S FOTO (Platten)Kassette *f*; **~ iron** S TECH Eisenblech *n*, Walzeisen *n*, -blech *n*; **~layer** S BAHN *Br* Streckenarbeiter *m*; **~ machine** S 1 TECH Dreh-, Töpferscheibe *f* (*mit Maschinenantrieb*) 2 PHYS Scheibenelektrisiermaschine *f*; **~ mark** → hallmark A 1

platen ['plætən] S TYPO 1 Platte *f*, (Druck)Tiegel *m*: **~ press** Tiegeldruckpresse *f* 2 Walze *f* (*der Schreibmaschine*) 3 Druckzylinder *m* (*der Rotationsmaschine*)

plate| paper S TECH Kupferdruckpapier *n*; **~ powder** S Putzpulver *n* (*für Tafelsilber*); **~ press** S TYPO Tiegeldruckpresse *f*; **~ printing** S TYPO 1 Kupferdruck *m* 2 Plattendruck *m* (*für Textilien*)

plater ['pleɪtə(r)] S SPORT mittelmäßiges Rennpferd

plate| rack S Geschirrständer *m*; **~ shears** SPL *a.* **pair of ~** TECH Blechschere *f*; **~ spring** S TECH Blattfeder *f*; **~ tectonics** SPL (*als sg konstruiert*) GEOL Plattentektonik *f*

platform ['plætfɔː(r)m] S 1 Plattform *f*, (Redner)Tribüne *f*, Podium *n* 2 *fig* öffentliches Forum (*Diskussion*) 3 a (*bes* parteipolitische) Grundsätze *pl* b POL Parteiprogramm *n*, Plattform *f* c *bes US* programmatische Wahlerklärung 4 TECH Rampe *f*, (*Lauf-, Steuer*) Bühne *f* 5 BAHN a Bahnsteig *m* b Plattform *f* (*US am Waggonende, Br bes am Bus etc*) 6 a Treppenabsatz *m* b Absatz *m* (*an e-r Felswand*) 7 Terrasse *f* 8 GEOL a Hochebene *f* b Terrasse *f* 9 *a.* **~ sole** Plateausohle: **~ shoes** Schuhe mit Plateausohle 10 Raumstation *f*; **~ car** *bes US* → flatcar; **~ crane** S TECH Laufkran *m*; **~ scale** S TECH Brückenwaage *f*; **~ ticket** S Bahnsteigkarte *f*

plating ['pleɪtɪŋ] S 1 Panzerung *f* 2 Panzerplatten *pl* 3 TECH Beplattung *f*, Metallauflage *f*, Verkleidung *f* (*mit Metallplatten*) 4 TECH Plattieren *n*

platiniferous [ˌplætɪ'nɪfərəs] ADJ platinhaltig

platinize ['plætɪnaɪz] V/T 1 TECH platinieren, mit Platin überziehen 2 CHEM mit Platin verbinden

platinoid ['plætɪnɔɪd] CHEM A ADJ platinartig B S 1 Platinmetall *n* 2 Platinoid *n* (*Legierung*)

platinotype ['plætɪnəʊtaɪp] S FOTO Platindruck(verfahren) *m(n)*

platinous ['plætɪnəs] ADJ CHEM platinhaltig (*mit zweiwertigem Platin*): **~ chloride** Platinchlorür *n*

platinum ['plætɪnəm] S CHEM Platin *n*: **~ hair** platinblondes Haar; **~ black** S CHEM Platinschwarz *n*; **~ blonde** S *umg* Platinblonde *f*; **~-blonde** ADJ *umg* platinblond; **~ point** S ELEK Platinspitze *f*, -kontakt *m*

platitude ['plætɪtjuːd; *US a.* -ˌtuːd] S *fig* Plattitüde *f*, Plattheit *f*, Gemeinplatz *m*; **platitudinarian** [-dɪ'neərɪən] → platitudinizer; **platitudinize** V/I sich in Gemeinplätzen ergehen; **platitudinizer** S Phrasendrescher(in); **platitudinous** ADJ (ADV ~ly) platt, seicht, phrasenhaft

Plato ['pleɪtəʊ] EIGENN Plato(n) *m* (*427?-347 v.Chr.; Griechischer Philosoph*)

Platonic [plə'tɒnɪk; *US* -'tɑn-] ADJ (ADV ~ally) 1 platonisch, Plato… 2 *oft* ♀ platonisch, rein geistig: **~ love** platonische Liebe; **~ solid** S MATH platonischer Körper (*e-r der 5 regulären Polyeder*); **~ year** S ASTRON platonisches Jahr (*etwa 26 000 Jahre*)

Platonism ['pleɪtəʊnɪzəm; -tən-] S Platonismus *m*, platonische Philosophie; **Platonist** S Platoniker *m*

platoon [plə'tuːn] S (*a. als pl konstruiert*) MIL Zug *m*

platter ['plætə(r)] S *US* 1 (Servier-)Platte *f*: **hand** (*od* **give**) **sb sth on a ~** *fig umg* j-m etwas auf e-m Tablett servieren 2 *sl* (Schall)Platte *f*

platycephalous [ˌplætɪ'sefələs] ADJ ANAT platysephal, flach-, breitköpfig

platyhelminth [ˌplætɪ'helmɪnθ] S ZOOL Plattwurm *m*

platypus ['plætɪpəs] S ZOOL Schnabeltier *n*

platy(r)rhine ['plætɪraɪn] ZOOL A ADJ breitnasig B S Breitnasenaffe *m*, *pl a.* Platyrrhina *pl*

plaudit ['plɔːdɪt] S *meist pl* Beifall *m* (*a. fig*), Applaus *m*

plausibility [ˌplɔːzə'bɪlətɪ] S 1 Plausibilität *f* (*a.* IT), Glaubhaftigkeit *f*: **~ check** Plausibilitätskontrolle *f* 2 einnehmendes Wesen; **plausible** ['plɔːzəbl] ADJ (ADV plausibly) 1 plausibel, glaubhaft, einleuchtend 2 einnehmend, gewinnend (*Wesen*) 3 vertrauenerweckend, glaubwürdig, überzeugend 4 geeignet, möglich 5 geschickt (*Lügner etc*)

play [pleɪ] A S 1 (*Glücks-, Wett-, Unterhaltungs*) Spiel *n* (*a.* SPORT) 2 Spiel(en) *n*: **children at ~** spielende Kinder; **watch children at ~** Kindern beim Spielen zusehen; **be at ~** a spielen b *Kartenspiel*: am Ausspielen sein c *Schach*: am Zug sein; **it is your ~** Sie sind am Spiel; **in (out of) ~** SPORT (noch) im Spiel (im Aus) (*Ball*); **keep the ball in ~** den Ball im Spiel halten; **the ball went out of ~** der Ball ging ins Aus; **hold in ~** *fig* beschäftigen; **have more of the ~** SPORT mehr vom Spiel haben, die größeren Spielanteile haben 3 Spiel(weise) *n(f)*: **that was pretty ~** das war gut (gespielt); **fair ~** faires Spiel, *a. fig* Fairness *f*, Fairplay *n*, Anständigkeit *f*; → foul play 4 *fig* Spiel *n*, Spielerei *f*: **a ~ (up)on words** ein Wortspiel 5 Kurzweil *f*, Vergnügen *n*, Zeitvertreib *m* 6 Scherz *m*, Spaß *m*: **in ~** im Scherz 7 a Schauspiel *n*, (*Theater-, Bühnen*) Stück *n* b Vorstellung *f*: **go to a ~** ins Theater gehen; **(as) good as a ~** äußerst amüsant *od* interessant 8 MUS Spiel *n*, Vortrag *m* 9 (*Liebes*) Spiel(e) *n(pl)*, (*erotisches*) Spiel 10 *fig* Spiel *n* (*von Licht auf Wasser etc*): **~ of colo(u)rs (muscles)** Farben-(Muskel)spiel 11 (flinke) Handhabung (*meist in Zusammensetzungen*): → swordplay 12 Tätigkeit *f*, Bewegung *f*, Gang *m*: **bring** (*od* **put**) **into ~** a in Gang bringen b ins Spiel *od* zur Anwendung bringen, *all s-e Routine etc* aufbieten; **come into ~** ins Spiel kommen; **make ~** a Wirkung haben b s-n Zweck erfüllen; **make ~ with** zur Geltung bringen, sich brüsten mit; **make great ~ of sth** viel Aufheben(s) *od* Wesens von etwas machen; **in full ~** in vollem Gange; **lively ~ of fantasy** lebhafte Fantasie 13 a TECH Spiel *n*: **give the rope some ~** das Seil locker lassen b Bewegungsfreiheit *f*, *fig a.* Spielraum *m*: **full ~ of the mind** freie Entfaltung des Geistes; **allow** (*od* **give**) **full** (*od* **free**) **~ to** *e-r Sache, s-r Fantasie etc* freien Lauf lassen 14 *umg* Manöver *n*, Trick *m*, Schachzug *m*: **make a ~ for** sich bemühen um, es abgesehen haben auf (*akk*) 15 *US sl* a Beachtung *f* b Publizität *f*, Propaganda *f* B V/I 1 a spielen (*a.* MUS, SPORT, THEAT *u. fig*)(**for** um *Geld etc*) b mitspielen (*a. fig mitmachen*): **~ at** *Ball, Karten etc* spielen; *fig* sich nur so nebenbei mit *etwas* beschäftigen; **~ at business** ein bisschen in Geschäften machen; **~ at keeping shop** Kaufmann spielen; **~ for time** Zeit zu gewinnen suchen; SPORT auf Zeit spielen; **~ for a cup** e-n Pokal ausspielen; **~ to win** auf Sieg spielen; **what do you think you are ~ing at?** was soll denn das?; **~ (up)on** MUS auf *e-m Instrument* spielen; mit *Worten* spielen; *fig j-s Schwächen* (geschickt) ausnutzen; **~ with**

spielen mit (*a. fig e-m Gedanken, j-s Gefühlen etc; a. engS. herumfingern an*); ~ **up to** *j-m* schöntun, sich bei *j-m* einschmeicheln; ~ **safe** *umg* auf Nummer sicher gehen; **he will not ~ again this season** er fällt für den Rest der Saison aus; → fair[1] B 4, false B, gallery 3 a **2** a *Kartenspiel*: ausspielen b *Schach*: am Zug sein, ziehen: **white to ~** Weiß zieht *od* ist am Zuge **3** a herumspielen, sich amüsieren b Unsinn treiben c scherzen **4** a sich tummeln b flattern, gaukeln c spielen (*Lächeln, Licht etc*) (**on** auf *dat*) d schillern (*Farbe*) e in Betrieb sein (*Springbrunnen*) **5** a schießen b spritzen c strahlen, streichen: ~ **on** gerichtet sein auf (*akk*), bespritzen (*Schlauch, Wasserstrahl*), anstrahlen, absuchen (*Scheinwerfer*) **6** TECH a Spiel (-raum) haben b sich bewegen (*Kolben etc*) **7** **be ~ing well** SPORT gut bespielbar sein (*Platz*) **C** V/T **1** *Karten, Tennis etc, a.* MUS, THEAT *e-e Rolle, ein Stück etc* spielen, *e-e Nationalhymne* abspielen, SPORT *ein Spiel* austragen: ~ **(sth on) the piano** (etwas auf dem) Klavier spielen; ~ **sb sth** j-m etwas vorspielen; ~ **shop (pirates)** Kaufmann (Piraten) spielen; ~ **the great lady** sich als große Dame aufspielen; ~ **both ends against the middle** *fig* vorsichtig lavieren, raffiniert vorgehen; ~ **it safe** *umg* auf Nummer sicher gehen; ~ **it differently** es anders handhaben *od* machen; ~ **it low down** *sl* ein gemeines Spiel treiben (**on** mit *j-m*); ~ **the races** bei (Pferde)Rennen wetten; **~ed out** *fig* a erledigt', fertig, erschöpft b verbraucht (*Talent etc*), abgetakelt (*Schauspieler etc*) c abgedroschen (*Witz*), überstrapaziert (*These etc*); (*siehe die Verbindungen mit den entsprechenden Substantiven*) **2** SPORT a antreten *od* spielen gegen: ~ **sb at chess** gegen j-n Schach spielen b *e-n Spieler* aufstellen, in die Mannschaft (auf)nehmen **3** a *e-e Karte* ausspielen (*a. fig*) b *e-e Schachfigur* ziehen **4** spielen *od* Vorstellungen geben in (*dat*): ~ **the larger cities** **5** *ein Geschütz, e-n Scheinwerfer, e-n Licht- od Wasserstrahl etc* richten (**on** auf *akk*): ~ **a hose on sth** etwas bespritzen; ~ **colo(u)red lights on sth** etwas bunt anstrahlen **6** FUSSB **the ball ~ed him** das war angeschossene Hand

Phrasal Verbs: **play| about** → play around; ~ **along** **A** V/I a mitziehen *umg*, mitspielen: ~ **with** sich arrangieren mit b zum Schein mitspielen *od umg* mitziehen: ~ **with** zum Schein eingehen auf (*akk*); ~ **with sb** → B **B** V/T: **play sb along** zum Schein auf j-s Vorschlag *etc* eingehen; ~ **around** V/I **1** herumspielen, sich amüsieren **2** sich abgeben (**with** mit); ~ **at** → play B 1; ~ **away** **A** V/T **1** *ein Vermögen etc* verspielen **2** *fig Zeit etc* vergeuden **B** V/I drauflosspielen; ~ **back** V/T **1** *ein Tonband etc* abspielen: **play sth back to sb** j-m etwas vorspielen **2** SPORT *den Ball* zurückspielen (**to** zu); ~ **down** V/T bagatellisieren, herunterspielen; ~ **in** V/T *das neue Jahr etc* musikalisch begrüßen; ~ **off** **A** V/T **1** a *ein Spiel* beenden b SPORT ein Entscheidungsspiel austragen um *e-e Meisterschaft etc* **2** *fig j-n* ausspielen (**against** gegen) **B** V/I ein Entscheidungsspiel austragen (**for** um); ~ **on** V/I **A** V/I **1** SPORT weiterspielen: **the referee signalled them to ~** **2** → play B 1, B 4 c, B 5 **B** V/T → play C 5; ~ **out** V/T **1** THEAT *e-e Szene etc* darstellen: **be played out** sich abspielen (*Romanze etc*) **2** *ein Spiel* beenden, zu Ende spielen **3** *Vorräte etc* erschöpfen: **played out** → play C 1 **4** *das alte Jahr etc* musikalisch verabschieden; ~ **up** **A** V/I **1** lauter spielen **2** SPORT *umg* aufdrehen (*das Tempo steigern etc*): **~!** Tempo! **3** *Br umg* verrücktspielen, Schwierigkeiten machen (*Auto, Bein etc*): **my back's playing up again** ich habs (mal) wieder im Kreuz **4** ~ **to** → play B 1 **B** V/T **1** aufbauschen, hochspielen **2** **play sb up** *Br umg* a j-n auf die Palme bringen b j-m Schwierigkeiten machen (*Bein etc*): **my back's playing me up again** ich habs (mal) wieder im Kreuz; ~ **upon** V/I **1** → play B 1 **2** wirken auf (*akk*); ~ **up to** → play B 1

playa ['plaɪə] S GEOL *US* Playa *f*, Salztonebene *f*

playable ['pleɪəbl] ADJ **1** spielbar **2** THEAT bühnenreif, -gerecht **3** SPORT bespielbar (*Platz etc*)

play|act V/I *pej* schauspielern, so tun, als ob; ~ **actor** S *meist pej* Schauspieler *m*; **~back** S **1** Wiedergabe *f*, Abspielen *n*: ~ **head** Wiedergabe-, Tonabnehmerkopf *m* **2** *a.* ~ **machine** Wiedergabegerät *n*; **~bill** S **1** Theaterplakat *n* **2** *US* Programm (-heft) *n*; **~book** S **1** THEAT Textbuch *n* **2** SPORT Lehrbuch *n*; **~box** S *bes Br* Spielzeugkasten *m*, -schachtel *f*; **~boy** S Playboy *m*; **~clothes** SPL *US* Sport- *od* Freizeitkleidung *f*; **~day** S schulfreier Tag; ~ **dough** S *US* Knetmasse *f*

player ['pleɪə(r)] S **1** SPORT, *a.* MUS Spieler(in): **~s' bench** Spielerbank *f* **2** (Glücks)Spieler(in) **3** *bes obs* Schauspieler(in) **4** SPORT *Br* Berufsspieler(in); **~-manager** S *Fußball*: Spielertrainer *m*; ~ **piano** S MUS mechanisches Klavier

playfellow → playmate

playful ['pleɪfʊl] ADJ (ADV **~ly**) **1** spielerisch **2** verspielt (*Kätzchen etc*) **3** ausgelassen, munter **4** schelmisch, neckisch: **be in a ~ mood** zu Späßen aufgelegt sein; **playfulness** S **1** Munterkeit *f*, Ausgelassenheit *f* **2** Verspieltheit *f*

play|girl S Playgirl *n*; **~goer** S Theaterbesucher(in); **~ground** S **1** a Spielplatz *m* b *fig* Tummelplatz *m* **2** Schulhof *m*; ~ **group** → playschool; **~house** S **1** THEAT Schauspielhaus *n* **2** *bes US* Spielhaus *n* (*für Kinder*)

playing| card ['pleɪɪŋ] S Spielkarte *f*; ~ **coach** S SPORT Spielertrainer(in); ~ **field** S Sportplatz *m*; ~ **method** S SPORT Spielweise *f*; ~ **rhythm** S SPORT Spielrhythmus *m*; ~ **rules** SPL Spielregeln *pl*; ~ **staff** S (*a. als pl konstruiert*) SPORT Spielerdecke *f*; ~ **time** S SPORT Spielzeit *f*

playlet ['pleɪlɪt] S kurzes Schauspiel

play|maker S SPORT Spielmacher(in); **~mate** S **1** Spielkamerad(in) **2** Gespiele *m*, Gespielin *f*; **~-off** S SPORT Entscheidungsspiel *n*, (*Golf*) Stechen *n*: ~ **hole** Extraloch *n*; **~pen** S Laufgitter *n*, -stall *m*; **~pit** S Sandkasten *m*; ~ **reading** S THEAT szenische Lesung; **~room** S Spielzimmer *n*; **~school** S Spielgruppe *f*

playsome ['pleɪsəm] → playful

play|suit S Spielhös-chen *n*; ~ **therapy** S PSYCH Spieltherapie *f*; **~thing** S Spielzeug *n* (*fig a. Person*); **~time** S **1** Freizeit *f*, Zeit *f* zum Spielen **2** SCHULE große Pause; **~wear** → playclothes; **~wright** S Dramatiker(in), Stückeschreiber(in)

plaza ['plɑːzə; 'plæzə] S **1** öffentlicher Platz, Marktplatz *m* (*in Städten*) **2** *bes US* Einkaufszentrum *n*

plc, PLC ABK WIRTSCH public limited company AG *f*

plea [pliː] S **1** Vorwand *m*, Ausrede *f*: **on** (*od* **under**) **the ~ of** (*od* **that ...**) unter dem Vorwand (*gen*) *od* dass ... **2** JUR a Verteidigung *f* b Einlassung *f* des Angeklagten: ~ **of guilty** Schuldgeständnis *n* **3** JUR Einspruch *m*, (Rechts)Einwand *m*, Einrede *f*: **enter** (*od* **put in**) **a ~** e-e Einrede erheben; **make a ~** Einspruch erheben; ~ **in bar** *US* Antrag *m* auf Sachabweisung; ~ **in abatement** *US* Antrag *m* auf Prozessabweisung **4** *fig* **(for)** a (dringende) Bitte, Gesuch *n* (um): ~ **for mercy** Gnadengesuch b Befürwortung *f* (*gen*); ~ **bargaining** S JUR Verfahrensabsprache *f* (*inoffizielle Absprache, nach der ein Angeklagter durch Schuldbekenntnis dem Gericht Prozesszeit erspart u. dafür e-e milde Strafe zugesichert bekommt*)

pleach [pliːtʃ] → plash[1]

plead [pliːd] **A** V/I *prät u. pperf* **pleaded** [-ɪd], **plead** [pled], *bes schott u. US* **pled** [pled] **1** JUR a plädieren (**for** für) (*a. fig*), e-n *od* den Fall (vor Gericht) vertreten b e-n *od* den Fall erörtern, Beweisgründe vorbringen (**for** für; **against** gegen) c sich zu s-r Verteidigung äußern: ~ **(not) guilty** sich (nicht) schuldig bekennen (**to** *gen*); ~ **guilty to doing sth** sich schuldig bekennen, etwas getan zu haben **2** flehentlich *od* inständig bitten (**for** um; **with sb** j-n) **3** sich einsetzen *od* verwenden (**with** bei; **for** für) **4** einwenden *od* geltend machen (**that** dass): **his youth ~s for him** s-e Jugend spricht für ihn **B** V/T **1** JUR *u. fig* als Verteidigung anführen, sich berufen auf (*akk*), *Kopfschmerzen etc* vorschützen **2** JUR erörtern **3** *e-e Sache* vertreten, verteidigen, sich einsetzen für: ~ **sb's cause** **4** JUR (als Beweisgrund) vorbringen, anführen; **pleadable** ADJ JUR **1** rechtsgültig, rechtlich vertretbar, triftig **2** zu erörtern(d); **pleader** S **1** JUR *u. fig* Anwalt *m*, Anwältin *f*, Sachwalter(in) **2** *fig* Fürsprecher(in); **pleading** **A** S **1** JUR a Plädoyer *n* b Plädieren *n*, Führen *n* e-r Rechtssache c Parteivorbringen *n* d *pl* (gerichtliche) Verhandlungen *pl* **2** *pl* JUR *bes Br* vorbereitende Schriftsätze *pl*, Vorverhandlung *f* **3** Eintreten *n* (**for** für), Fürsprache *f* **4** Bitten *n* (**for** um) **B** ADJ (ADV **~ly**) flehend, bittend, inständig

pleasance ['plezəns] S *obs od poet* **1** Lustgarten *m* **2** Wonne *f*, Vergnügen *n*

pleasant ['pleznt] ADJ (ADV **~ly**) **1** angenehm (*Arbeit, Geruch, Leben, Traum, Überraschung etc*), erfreulich, wohltuend (*Nachricht etc*), vergnüglich: **a ~ breeze** e-e angenehme *od* wohltuende Brise; ~ **to the taste** angenehm im Geschmack; **be ~ly surprised** angenehm überrascht sein; → dream A 1 **2** freundlich (*Wetter, Person, Zimmer*): **be ~ to sb** nett zu j-m sein **3** *obs* vergnügt, lustig, heiter; **pleasantness** S **1** (*das*) Angenehme *od* Erfreuliche **2** Freundlichkeit *f* **3** *obs* Heiterkeit *f*; **pleasantry** [-trɪ] S **1** → pleasantness 1 **2** Scherz *m* **3** Nettigkeit *f*: **they exchanged pleasantries**

please [pliːz] **A** V/T **1** *j-m* gefallen *od* angenehm sein *od* zusagen, *j-n* erfreuen: **it ~s me, I am ~d with it** es gefällt mir; **I shall** (*od* **will**) **be ~d** es wäre mir ein Vergnügen; **I am only too ~d to do it** ich tue es mit dem größten Vergnügen; **be ~d with** a befriedigt sein von b Vergnügen haben an (*dat*) c Gefallen finden an (*dat*); **be ~d with o.s.** selbstzufrieden sein; **be ~d at** erfreut sein über (*akk*); **he was (as) ~d as Punch** *umg* er freute sich wie ein Schneekönig, er strahlte wie ein Honigkuchenpferd; **be ~d to say** sich freuen, sagen zu können; **I am ~d to hear that ...** ich freue mich *od* es freut mich zu hören, dass ... **2** befriedigen, zufriedenstellen: **I am ~d with you** ich bin mit Ihnen zufrieden; ~ **o.s.** tun (u. lassen), was man will; ~ **yourself** a bitte bedienen Sie sich b (ganz) wie Sie wünschen; **only to ~ you** nur Ihnen zuliebe; **do sth to ~ sb** j-m etwas zu Gefallen tun; **there is no pleasing him, you can't ~ him** man kann es ihm einfach nicht recht machen; → hard A 3 **3** *a. iron* geruhen, belieben (*beide:* **to do** zu tun): ~ **God** so Gott will **B** V/I **1** a gefallen, angenehm sein, Anklang finden b zufriedenstellen, befriedigen: → anxious 2 **2**

as you ~ wie Sie wünschen; **go where you ~** gehen Sie, wohin Sie Lust haben; **take as many as you ~** nehmen Sie so viele *od* wie viele Sie wollen *od* für richtig halten *Besondere Redewendungen:* **~** bitte; **(yes,) ~** a (ja,) bitte b (oh ja,) gerne **~ come here** komm bitte her; **if you ~** a *a. iron* wenn ich bitten darf, wenn es Ihnen recht ist b *iron* gefälligst c *obs* man stelle sich vor!, denken Sie nur!

pleasing ['pli:zɪŋ] ADJ (ADV **~ly**) erfreulich *(Fortschritte etc)*, nett *(Person)*, gefällig, ansprechend *(Design etc)*: **be ~ to the ear (eye)** das Ohr (Auge) erfreuen

pleasurable ['pleʒərəbl; *US a.* 'pleɪ-] ADJ (ADV **pleasurably**) angenehm, wohltuend

pleasure ['pleʒə(r); *US a.* 'pleɪ-] A S 1 Vergnügen *n*, Freude *f*: **my ~, it was a ~** es war mir ein Vergnügen!; **with ~** mit Vergnügen!; **for ~** zum Vergnügen; **we had the ~ of meeting him** wir hatten das Vergnügen, ihn kennenzulernen; **may I have the ~ (of the next dance with you)?** darf ich (um den nächsten Tanz) bitten?; **give sb ~** j-m Vergnügen *od* Freude bereiten, j-m Spaß *od* Freude machen; **take ~ in** Vergnügen *od* Freude *od* Gefallen finden an *(dat)*; **take ~ in doing sth** Vergnügen *od* Freude *od* Gefallen daran finden, etwas zu tun; **he takes (a) ~ in contradicting** es macht ihm Spaß zu widersprechen; **take one's ~** sich vergnügen; → business A 6 2 (sinnlicher) Genuss: **a man of ~** ein Genussmensch; **~s of the flesh** fleischliche Genüsse; → lady A 1 3 Gefallen *m*, Gefälligkeit *f*: **do sb a ~** j-m e-n Gefallen tun, j-m e-e Gefälligkeit erweisen 4 Belieben *n*, Gutdünken *n*, Ermessen *n*: **at ~** nach Belieben; **at the Court's ~** nach dem Ermessen des Gerichts; **what is your ~?** womit kann ich dienen?; **it is our ~** wir belieben *od* geruhen *(Formel vor Beschlüssen hoher Würdenträger)*; **during Her (His) Majesty's ~** *Br* auf unbestimmte Zeit *(Haftstrafe)*; **make known one's ~** s-n Willen kundtun 5 *(sexueller)* Genuss, Befriedigung *f*: **he took his ~ of her** er hat sich mit ihr vergnügt B V/T *obs* 1 *j-m* Freude machen *od* bereiten 2 *j-m (sexuellen)* Genuss verschaffen, *j-n* befriedigen C V/I sich erfreuen *od* vergnügen, Freude haben *(alle:* **in** an *dat)* D ADJ Vergnügungs…

pleasure| boat S Vergnügungs-, Ausflugsdampfer *m*; **~ ground** S Vergnügungspark *m*; **~-loving** ADJ lebenslustig; **~ principle** S PSYCH Lustprinzip *n*; **~-seeker** S Vergnügungssüchtige(r) *m/f(m)*; **~-seeking** ADJ vergnügungssüchtig; **~ trip** S Vergnügungsreise *f*

pleat [pli:t] A S *(Rock- etc)* Falte *f*, Bügelfalte *f* B V/T falten, fälteln, plissieren: **~ed skirt** Plissee-, Faltenrock *m*

pleb [pleb] *umg für* plebeian B

plebby ['plebɪ] ADJ *Br umg* primitiv *(Person etc)*

plebe [pli:b] S *US umg Student der untersten Klasse in West Point od der Marineakademie in Annapolis*

plebeian [plɪ'bi:ən] A ADJ (ADV **~ly**) plebejisch B S 1 Plebejer(in) 2 *pej* Prolet(in); **plebeianism** S Plebejertum *n*, plebejische Art

plebiscitary [plə'bɪsɪtərɪ; *US* -ˌteri:; ˌplebə'saɪtəri:] ADJ Volksabstimmungs…; **plebiscite** ['plebɪsɪt; -saɪt] S Plebiszit *n*, Volksabstimmung *f*, -entscheid *m*: **by ~** durch e-e Volksabstimmung

plectrum ['plektrəm] *pl* -trums, -tra [-trə] S MUS Plektrum *n*, Plektron *n* *(Plättchen, mit dem die Saiten von Zupfinstrumenten angerissen werden)*

pled [pled] *bes schott u. US prät u. pperf von* plead

pledge [pledʒ] A S 1 a (Faust-, Unter)Pfand *n*, Pfandgegenstand *m* b Verpfändung *f* c Bürgschaft *f*, Sicherheit *f* d HIST Bürge *m*, Geisel *f*: **in ~ of** als Pfand für, *fig* als Beweis für, als Zeichen *(gen)*; **hold in ~** als Pfand halten; **put in ~** verpfänden; **take out of ~** *ein Pfand* auslösen 2 Versprechen *n*, feste Zusage, Gelübde *n*, Gelöbnis *n*: **take** (*od* **sign**) **the ~** dem Alkohol abschwören 3 *he told me that* **under (the) ~ of secrecy** unter dem Siegel der Verschwiegenheit 4 *a.* **~ of love** *fig* Pfand *n* der Liebe *(Kind)* 5 *US* Anwärter(in) auf Mitgliedschaft in e-m Verein *od* e-r Verbindung B V/T 1 verpfänden (**sth to sb** j-m etwas), ein Pfand bestellen für, e-e Sicherheit leisten für, als Sicherheit *od* zum Pfand geben: **~ one's word** *fig* sein Wort verpfänden; **~d article** Pfandobjekt *n*; **~d merchandise** sicherungsübereignete Ware(n *pl*); **~d securities** lombardierte Effekten 2 *j-n* verpflichten (**to** zu, auf *akk*): **~ sb to secrecy** j-n zur Verschwiegenheit verpflichten; **~ o.s.** geloben, sich verpflichten; **pledgeable** ADJ verpfändbar; **pledgee** [ple'dʒi:] S Pfandnehmer(in), -inhaber(in), -gläubiger(in); **pledgeor** [ple'dʒɔ:(r); *US a.* 'pledʒər] S JUR, **pledger** S Pfandgeber(in), -schuldner(in)

pledget ['pledʒɪt] S MED (Watte)Bausch *m*, Tupfer *m*

pledgor → pledgeor

Pleiad ['plaɪəd; *US* 'pli:əd] *pl* **Pleiades** [-di:z] S ASTRON Plejade *f (offener Sternhaufen im Sternbild Stier)*

plein|-air [ˌpleɪn'eə(r)] ADJ: **~ painting** Freilichtmalerei *f*, Pleinair(malerei) *n(f)*, Pleinairismus *m*; **~-airist** S Pleinairist(in)

Pleistocene ['plaɪstəʊsi:n; -stəs-] GEOL A S Pleistozän *n*, Eiszeitalter *n* B ADJ Pleistozän…

plena ['pli:nə; *US a.* 'plenə] *pl von* plenum

plenary ['pli:nərɪ; 'plen-] ADJ (ADV **plenarily**) 1 voll(ständig), Voll…, Plenar…: **~ session** (*od* **sitting**) Plenarsitzung *f* 2 voll(kommen), uneingeschränkt: **~ indulgence** KATH vollkommener Ablass; **~ powers** *pl* (*od* **authority**) unbeschränkte Vollmacht, Generalvollmacht *f*

plenipotentiary [ˌplenɪpəʊ'tenʃərɪ; *US* -pə'tentʃəri:; -tʃɪˌeri:] A S (General)Bevollmächtigte(r) *m/f(m)*, bevollmächtigte(r) Gesandte(r) *od* Minister(in) B ADJ 1 bevollmächtigt, uneingeschränkte Vollmacht besitzend 2 absolut, unbeschränkt

plenitude ['plenɪtju:d; *US a.* -ˌtu:d] S 1 → plenty A 2 Vollkommenheit *f*

plenteous ['plentjəs; -ɪəs] ADJ (ADV **~ly**) *meist poet* 1 reich(lich) 2 ergiebig, fruchtbar *(beide:* **in, of** an *dat)*; **plenteousness** → plenty A

plentiful ['plentɪfʊl] ADJ (ADV **~ly**) 1 reich(-lich), im Überfluss (vorhanden) 2 fruchtbar, ergiebig; **plentifulness** → plenty A

plenty ['plentɪ] A S Fülle *f*, Überfluss *m*, Reichtum *m (alle:* **of** an *dat)*: **years of ~** Jahre des Überflusses; **have ~ of sth** mit etwas reichlich versehen sein, etwas in Hülle u. Fülle haben; **in ~** im Überfluss; **~ of money (time)** e-e Menge *od* (sehr) viel Geld (Zeit); **~ of times** sehr oft; → horn A 6 B PRON genug, reichlich: **give sb ~ to eat**; **that's ~** das genügt, das reicht C ADV *umg* 1 bei Weitem *(oft unübersetzt)*: **~ good enough** gut genug 2 *US* mächtig, ganz schön: **he was ~ mad**

plenum ['pli:nəm; *US a.* 'ple-] *pl* -nums, -na [-nə] S 1 Plenum *n*, Vollversammlung *f* 2 PHYS a (vollkommen) ausgefüllter Raum b mit komprimierter Luft gefüllter Raum: **~ chamber** Luftkammer *f*

pleonasm ['plɪəʊnæzəm] S LING Pleonasmus *m (überflüssiger Zusatz zu e-m Wort)*; **pleonastic** [-'næstɪk] ADJ (ADV **~ally**) pleonastisch

plessor ['plesə(r)] → plexor

plethora ['pleθərə] S 1 MED *obs* Plethora *f (Volumenvermehrung des Blutes)* 2 *fig* Überfülle *f*, -maß *n*, Zuviel *n (alle:* **of** an *dat)*; **plethoric** [-'θɒrɪk; *US a.* -'θɑr-] ADJ (ADV **~ally**) 1 MED *obs* plethorisch 2 *fig* überreichlich 3 *fig* überladen *(Rede etc)*

pleuch, pleugh [plu:x; plu:] *schott* → plough

pleura ['plʊərə] *pl* -rae [-ri:] S ANAT, ZOOL Pleura *f*, Brust-, Rippenfell *n*; **pleural** ADJ pleural, Brustfell…, Rippenfell…: **~ cavity** Pleuralhöhle *f*

pleurisy ['plʊərəsɪ] S MED Pleuritis *f*, Brustfell-, Rippenfellentzündung *f*; **pleuritic** [-'rɪtɪk] ADJ pleuritisch

pleurocarpous [ˌplʊərəʊ'kɑ:(r)pəs] ADJ BOT pleurokarp, seitenfrüchtig

pleuropneumonia [ˌplʊərəʊnju'məʊnjə; *US a.* -nʊ'm-] S MED Pleuropneumonie *f*, Lungen- u. Brustfellentzündung *f*

Plexiglas®, plexiglass ['pleksɪglɑ:s; *US* -glæs] S *bes US* Plexiglas® *n*

plexor ['pleksə(r)] S MED Perkussionshammer *m*

plexus ['pleksəs] *pl* -uses, -us S 1 ANAT Plexus *m*, Gefäß- *od* Nervengeflecht *n* 2 *fig* Geflecht *n*

plf(f) ABK JUR plaintiff

pliability [ˌplaɪə'bɪlətɪ] S 1 Biegsamkeit *f*, Geschmeidigkeit *f* 2 *fig* Flexibilität *f*, Anpassungsfähigkeit *f* 3 *fig* Nachgiebigkeit *f*, Fügsamkeit *f*; **pliable** ADJ (ADV **pliably**) 1 biegsam, geschmeidig 2 *fig* flexibel, anpassungsfähig 3 *fig* nachgiebig, fügsam

pliancy ['plaɪənsɪ] → pliability; **pliant** ADJ (ADV **~ly**) → pliable

plica ['plaɪkə] *pl* -cae [-si:] S 1 *a.* **~ polonica** [pə'lɒnɪkə; *US* -'lɑ-] MED Weichselzopf *m* 2 ANAT (Haut)Falte *f*; **plicate** [-keɪt], **plicated** [-tɪd] ADJ BOT, GEOL, ZOOL faltig, fächerförmig; **plication** [plaɪ-], **plicature** ['plɪkətʃə(r); *US a.* 'plaɪk-] S 1 Falten(bildung) *n(f)* 2 Falte *f (a.* GEOL)

pliers ['plaɪə(r)z] SPL *(US a. als sg konstruiert)* TECH Beiß-, Kneifzange *f*: **a pair of ~** e-e Beißzange

plight[1] [plaɪt] S unerfreulicher *od* bedauernswerter Zustand, missliche Lage, Not-, Zwangslage *f*, Misere *f*

plight[2] [plaɪt] *bes poet* A V/T *sein Wort* verpfänden, *Treue etc* geloben, etwas zu tun: **~ one's word to do sth** geloben, etwas zu tun; **~ one's troth** das Eheversprechen geben B S Gelöbnis *n*

plimsole → plimsoll

plimsoll ['plɪmsəl] S *Br obs* Turnschuh *m (aus Segeltuch)*

Plimsoll| line ['plɪmsəl] S SCHIFF (Tief)Ladelinie *f*; **~ mark** S SCHIFF Freibord-, Lademarke *f*, Plimsoll-Marke *f*

plinth [plɪnθ] S ARCH 1 Plinthe *f*, Säulenplatte *f* 2 Sockel *m* 3 Fußleiste *f (e-r Wand)*

Pliocene ['plaɪəʊsi:n; -əs-] GEOL A S Pliozän *n (jüngste Stufe des Jungtertiärs)* B ADJ Pliozän…

plissé ['pli:seɪ; 'plɪs-; *US* plɪ'seɪ] S Plissee *n*

PLO ABK Palestine Liberation Organization PLO *f*

plod [plɒd; *US* plɑd] A V/I 1 *a.* **~ along** (*od* **on**) sich dahinschleppen, (einher)stapfen 2 **~ away** *fig* sich abmühen *od* abplagen (**at** mit), schuften *umg* B V/T **~ one's way** → A 1 C S 1 schleppender *od* schwerfälliger Gang 2 Stapfen *n* 3 Schufterei *f umg*; **plodder** S 1 *fig* Arbeitstier *n* 2 TECH Strangpresse *f*; **plodding** A ADJ (ADV **~ly**) 1 schwerfällig (gehend), stapfend 2 angestrengt, unverdrossen (arbeitend) 3 *fig* schwerfällig, langweilig B S Schufterei

plonk[1] [plɒŋk; *US a.* plɑŋk] A V/T 1 *a.* **~ down** *etwas* (hin)schmeißen, (-)knallen *(beide umg)*: **~ o.s. into a chair** sich in e-n Sessel schmeißen 2 *e-e Saite, ein Saiteninstrument* zupfen, zupfen auf *(dat)* B V/I *a.* **~ down** knallen *umg* (**on**

auf *akk)* C S hartes Geräusch, Knall *m* D ADV 1 hart, knallend 2 (haar)genau: **~ in the middle** E INT peng!

plonk² [plɒŋk] S *Br u. Aus umg* billiger (u. schlechter) Wein

plonker ['plɒŋkə] S *Br sl* 1 Schwanz *m (Penis)* 2 Idiot *m*

plonko ['plɒŋkəʊ] *pl* **-os** S *Aus sl* Weinsäufer(in).

plop [plɒp; *US a.* plɑp] A VI plumpsen *umg, (bes ins Wasser)* platschen: **~ into a chair** sich in e-n Sessel plumpsen lassen B VT platschen *od umg* plumpsen lassen: **~ the tray on the table** das Tablett auf den Tisch knallen C S Plumps(en) *m(n) umg*, Platsch(en) *m(n)* D ADV mit e-m Plumps *od* Platsch, plumpsend, platschend E INT plumps!, platsch!

plosion ['pləʊʒn] S LING Verschluss (-sprengung *f*) *m*; **plosive** [-sɪv] A ADJ plosiv, Verschluss… B S Plosiv(laut) *m*, Verschlusslaut *m*

plot [plɒt; *US* plɑt] A S 1 Stück(chen) *n* (Land), Parzelle *f*, Grundstück *n* 2 *bes US* (Lage-, Bau-)Plan *m*, (Grund)Riss *m*, Diagramm *n*, grafische Darstellung 3 MIL a *Artillerie*: Zielort *m* b *Radar*: Standort *m* 4 (geheimer) Plan, Komplott *n*, Anschlag *m*, Verschwörung *f*, Intrige *f*: **brew a ~** ein Komplott schmieden 5 Handlung(sablauf) *f(m)*, Fabel *f (e-s Romans, Dramas etc)*, *a.* Intrige *f*, Verwick(e)lung *f (e-r Komödie)*: → thicken B 5 B VT 1 e-n Plan anfertigen von *(od gen)*, *etwas* planen, entwerfen 2 *e-e Position etc* in e-n Plan einzeichnen 3 a *a.* TECH aufzeichnen, registrieren, schreiben *(Gerät)*: **~ a curve** e-e Kurve grafisch darstellen *od* bestimmen *od* auswerten, e-e Kennlinie aufnehmen b *bes* IT plotten 4 FLUG, SCHIFF *den Kurs* abstecken, ermitteln 5 *Luftbilder* auswerten 6 *a.* **~ out** *e-e Linie etc* trassieren, abstecken 7 *a.* **~ out** *Land* parzellieren 8 *e-e Verschwörung* planen, aushecken, *e-e Meuterei* anzetteln 9 *e-e Romanhandlung etc* entwickeln, ersinnen C VI **(against)** Ränke *od* ein Komplott schmieden, intrigieren, sich verschwören (gegen), e-n Anschlag verüben (auf *akk*)

plotless ADJ THEAT *etc* handlungsarm

plotter ['plɒtə; *US* 'plɑtər] S 1 Planzeichner(in) 2 Auswerter(in) 3 *bes* COMPUT Plotter *m*, Kurvenschreiber *m*, -zeichner *m* 4 Anstifter(in) 5 Ränkeschmied(in), Intrigant(in), Verschwörer(in)

plotting ['plɒtɪŋ; *US a.* 'plɑ-] S 1 Planzeichnen *n* 2 Auswertung *f* 3 TECH Aufzeichnung *f*, Registrierung *f* 4 *Radar*: Mitkoppeln *n* 5 Intrigieren *n*

plough, *bes US* **plow** [plaʊ] A S 1 AGR Pflug *m*: **put one's hand to the ~** *fig* Hand ans Werk legen 2 ♇ ASTRON *(der)* Große Bär *od* Wagen 3 *Tischlerei*: Falzhobel *m* 4 *Buchbinderei*: Beschneidhobel *m* 5 ELEK Stromabnehmer *m (für e-e unterirdische Stromschiene)* B VT 1 (um)pflügen: **~ back** a ein-, unterpflügen b *fig* reinvestieren; **~ one's profits back into the firm** s-e Gewinne wieder in das Geschäft stecken; **~ under** unterpflügen *(a. fig)*; **~ a lonely furrow** *fig* (ganz) allein auf weiter Flur stehen; **~ one's own furrow** *fig* s-n eigenen Weg gehen; **~ed land** Ackerland *n*; → sand A 2 2 *fig* a *das Wasser etc* (durch)furchen, *die Wellen* pflügen b *das Gesicht* (zer)furchen c sich *e-n Weg* bahnen: **~ one's way** C VI 1 pflügen, ackern 2 sich (um)pflügen (lassen) 3 *fig* sich (mühsam) e-n Weg bahnen: **~ through a book** *umg* (sich durch) ein Buch durchackern; **~ ahead** unverdrossen weitermachen 4 **~ into** *Fahrzeug*: a rasen in *(akk)* b sich bohren in *(akk)* 5 *Br sl* (in e-r Prüfung) durchrasseln *od* durchfallen; **~boy** S 1 Gespannführer *m* 2 Bauernjunge *m*; **~ horse** S Ackerpferd *n*; **~man** [-mən] S *irr* Pflüger *m*: **~'s lunch** Imbiss *m* aus Brot, Käse *etc*; **~ plane** S TECH Nuthobel *m*; **~ press** S *Buchbinderei*: Beschneidpresse *f*; **~share** S AGR Pflugschar *f*; **~tail** S AGR Pflugsterz *m*

plover ['plʌvə(r); *US a.* 'pləʊ-] S ORN 1 *(ein)* Regenpfeifer *m* 2 Gelbschenkelwasserläufer *m* 3 Kiebitz *m*

plow, *etc bes US für* plough *etc*

ploy [plɔɪ] S 1 *bes Br* a Beschäftigung *f* b Zeitvertreib *m* 2 Masche *f*, Tour *f umg*, Trick *m*

PLP ABK *Br* Parliamentary Labour Party

PLR ABK *Br* public lending right

PLSS ABK *(Raumfahrt)* portable life-support system

pluck [plʌk] A S 1 Zupfen *n* 2 Ruck *m*, Zug *m* 3 GASTR Innereien *pl* 4 *fig* Mut *m*, Schneid *m/f*, Mumm *m* B VT 1 *Obst, Blumen etc* pflücken 2 a *a.* **~ out** *Federn, Haar, Unkraut etc* auszupfen b *Geflügel* rupfen: → crow¹ 1 3 zupfen an *(dat)*: **~ sb's sleeve** j-n am Ärmel zupfen 4 → courage 5 *Wolle* verlesen 6 MUS *Saiten, ein Saiteninstrument* zupfen 7 *umg* a *j-n* rupfen, ausnehmen b *j-n* übers Ohr hauen C VI **~ at** zupfen an *(dat)*: **~ at sb's sleeve** j-n am Ärmel zupfen;

plucked ADJ: **~ instrument** MUS Zupfinstrument *n*; **pluckiness** → pluck A 4; **plucky** ADJ (ADV pluckily) mutig

plug [plʌg] A S 1 a Pflock *m*, Stöpsel *m*, Zapfen *m*, (Fass)Spund *m* b Dübel *m* 2 MED *(Blut-, Watte- etc)* Pfropf(en) *m* 3 *(Zahn)* Plombe *f* 4 ELEK Stecker *m*, Stöpsel *m*: **~ and socket** Steck(er)verbindung *f*; **pull the ~ on** *umg* a MED *j-m* aktive Sterbehilfe leisten b *fig e-e Sache* sterben lassen 5 AUTO *(Zünd)* Kerze *f* 6 Hydrant *m* 7 Verschlussschraube *f*, *(Hahn-, Ventil)* Küken *n* 8 *umg* Spülvorrichtung *f (im Klosett)*: **pull the ~** (die Spülung) ziehen 9 Priem *m (Stück Kautabak)* 10 *umg* a Empfehlung *f*, Tipp *m*, Hinweis *m* b RADIO, TV, *Zeitung*: Werbung *f*: **give sth a ~** Werbung für etwas machen 11 WIRTSCH *sl* Ladenhüter *m* 12 *US sl* alter Klepper 13 *sl* Schuss *m* 14 *sl* (Faust-)Schlag *m*: **take a ~ at** → B 6 a 15 → plug hat B VT 1 *a.* **~ up** zu-, verstopfen, zupfropfen, zustöpseln, *ein Fass* verspunden 2 dübeln (**to** an *akk*) 3 *e-n Zahn* plombieren 4 **~ in** ELEK *ein Gerät* einstecken, anschließen 5 *umg* pushen, ständig Werbung machen für 6 *sl* a *j-m* ein Ding *(e-n Schlag od e-e Kugel)* verpassen *sl* b *e-n Hasen etc* abknallen *sl* C VI 1 **~ in** ELEK sich anschließen lassen: **where does the TV ~ in?** wo wird der Fernseher angeschlossen? 2 *a.* **~ along** *(od* **away)** *umg* sich abschuften (**at** mit)

plug|board S ELEK Schalttafel *f*; **~-compatible** ADJ IT steckerkompatibel

plugger ['plʌgə(r)] S MED Stopfer *m (zum Zahnfüllen)*; **plugging** S *umg* Werbung *f*

plug| hat S *US sl* Angströhre *f hum (Zylinder)*; **~hole** S Abfluss *m*; **~-in** A ADJ ELEK anschließbar: **~ unit** Steckeinheit *f* B S IT Plug-in *n*, Zusatzsoftware *f*

plugola [plʌ'gəʊlə] S *US sl an Rundfunksprecher etc für Schleichwerbung gezahlte Schmiergelder*

plug|-ugly *umg* A S *US* Schläger *m*, Rowdy *m* B ADJ potthässlich *umg*; **~ valve** S TECH Auslaufventil *n*; **~ welding** S TECH (Niet)Lochschweißen *n*; **~ wrench** S TECH (Zünd)Kerzenschlüssel *m*

plum [plʌm] A S 1 BOT Pflaume *f*, Zwetsch(g)e *f*: **~ brandy** Zwetschgenwasser *n*; **~ tomato** Flaschentomate *f* 2 *a.* **~ tree** BOT Pflaumen-, Zwetsch(g)enbaum *m* 3 BOT *Baum od Frucht mehrerer pflaumenartiger Gewächse, z. B.* Dattelpflaume *f* 4 Rosine *f (im Backwerk etc)*: **~ cake** Rosinenkuchen *m*; **~ pudding** → Christmas pudding 5 *umg* Rosine *f (das Beste, a. aus e-m Buch)* 6 *a.* **~ job** *umg* ruhiger, gut bezahlter Posten 7 *bes US umg* warmer Regen, unverhoffter Gewinn, WIRTSCH Sonderdividende *f* 8 Pflaumenblau *n* B ADJ pflaumenblau

plumage ['plu:mɪdʒ] S ORN Gefieder *n*; **plumaged** ADJ gefiedert

plumb [plʌm] A S 1 Bleigewicht *n* 2 TECH (Blei)Lot *n*, Senkblei *n*: **out of ~, off ~** nicht im Lot, aus dem Lot, nicht senkrecht 3 SCHIFF (Echo)Lot *n* B ADJ 1 lot-, senkrecht 2 *bes US umg* völlig, glatt, rein: **this is ~ nonsense** C ADV 1 lot-, senkrecht 2 *umg* (haar)genau: **~ in the middle** 3 *bes US umg* komplett, total: **~ crazy** D VT 1 lotrecht machen 2 a SCHIFF *die Meerestiefe* (ab-, aus)loten, sondieren b *fig* sondieren, erforschen, ergründen: **~ the depths of** bis in die Tiefen *(gen)* vordringen; *etwas* in (all) s-n Tiefen durchleben 3 TECH (mit Blei) verlöten, verbleien 4 Wasser- *od* Gasleitungen in *e-m Haus* legen E VI klempnern

plumbago [plʌm'beɪgəʊ] *pl* **-gos** S 1 MINER a Grafit *m*, Reißblei *n* b Bleiglanz *m* 2 BOT Bleiwurz *f*

plumb bob → plumb A 2

plumbeous ['plʌmbɪəs] ADJ 1 bleiern, bleiartig 2 bleifarben 3 *Keramik*: mit Blei glasiert

plumber ['plʌmə(r)] S 1 Klempner(in), Installateur(in): **~'s friend** *(od* **helper)** *US* → plunger 8 2 *obs* Bleiarbeiter *m*; **plumbery** S 1 Klempnerwerkstatt *f* 2 → plumbing 1

plumbic ['plʌmbɪk] ADJ CHEM Blei…: **~ chloride** Bleitetrachlorid *n*; **plumbiferous** [-'bɪfərəs] ADJ bleihaltig

plumbing ['plʌmɪŋ] S 1 Klempner-, Installationsarbeiten *pl* 2 Rohre *pl*, Rohrleitungen *pl* 3 *obs* Blei(gießer)arbeit *f* 4 SCHIFF Ausloten *n*

plumbism ['plʌmbɪzəm] S MED Bleivergiftung *f*

plumb line S 1 Senkschnur *f*, -blei *n* 2 → plumb rule

plumbo- [plʌmbəʊ] CHEM, MINER *Wortelement mit der Bedeutung* Blei…: **plumbosolvent** Blei zersetzend

plumbous ['plʌmbəs] ADJ 1 bleihaltig 2 CHEM Blei…: **~ sulfate** Bleisulfat *n*

plumb rule S TECH Lot-, Senkwaage *f*

plume [plu:m] A S 1 große Feder: **~ of an ostrich** Straußenfeder; **borrowed ~s** *fig* fremde Federn 2 (Hut-, Schmuck)Feder *f* 3 Feder-, Helmbusch *m* 4 *poet* a Feder *f* b Federkleid *n*, Gefieder *n* 5 Siegesfeder *f*: **win the ~** den Sieg davontragen *(a. fig)* 6 *fig federähnliches Gebilde*: a *a.* **~ of cloud** Federwolke *f* b *a.* **~ of smoke** Rauchfahne *f* B VT 1 mit Federn schmücken 2 ORN *sich das Gefieder* putzen: **the duck was pluming its feathers** 3 **~ o.s. (up)on** sich brüsten mit, sich etwas einbilden auf *(akk)*

plumed [plu:md] ADJ 1 gefiedert 2 mit Federn geschmückt: **~ hat** Federhut *m*

plumeless ADJ federlos, ungefiedert

plummet ['plʌmɪt] A S 1 (Blei)Lot *n*, Senkblei *n* 2 TECH Senkwaage *f* 3 (Blei)Senker *m (zum Fischen)* B VI 1 (herab)stürzen *(Flugzeug etc)* 2 *fig* stürzen *(Preise, Kurse etc)*, absacken *(Blutdruck etc, a. Person)*

plummy ['plʌmɪ] ADJ 1 pflaumenartig, Pflaumen… 2 reich an Pflaumen *od* Rosinen 3 *Br umg* prima, toll: **~ job** Bombenjob *m* 4 *umg Stimme*: a sonor b *pej* affektiert

plumose ['plu:məʊs] ADJ 1 ORN gefiedert 2 BOT, ZOOL federartig

plump¹ [plʌmp] A ADJ 1 drall, mollig, pummelig, rundlich 2 dick *(a. Brieftasche etc)*: **~ cheeks** Pausbacken; **a ~ cheque** *(US* **check)**

ein dicker Scheck *umg* 3 fleischig *(Ente etc)* B VT ~ **out** runden, runder werden lassen; ~ **up** a *ein Kissen etc* aufschütteln b *ein Tier* mästen C VI ~ **out** sich runden, rund werden; ~ **up** (Fett) ansetzen

plump[2] [plʌmp] A VI 1 *a.* ~ **down** (hin)plumpsen *umg*, fallen: ~ **down in** sich in *e-n Sessel etc* fallen lassen 2 ~ **for** a *Br* stimmen für b *bes Br* sich entscheiden für c *bes US e-e Mannschaft etc* unterstützen B VT 1 *a.* ~ **down** plumpsen lassen *umg*: ~ **o.s. down in** sich in *e-n Sessel etc* fallen lassen 2 *a.* ~ **out** *umg* mit *s-r Meinung etc* herausplatzen, unverblümt *od* geradeheraus sagen C S Plumps(en) *m(n) umg* D ADV 1 plumpsend, mit e-m Plumps *umg*: **fall ~ into the water** 2 *umg* unverblümt, geradeheraus E ADJ (ADV ~ly) 1 plump *(Lüge etc)* 2 deutlich, glatt *(Ablehnung etc)*

plumper[1] ['plʌmpə(r)] S Bausch *m*

plumper[2] ['plʌmpə(r)] S Plumps *m umg*

plumpness[1] S Drallheit *f*, Rundlichkeit *f*; **plumpness**[2] S 1 Plumpheit *f* 2 Deutlichkeit *f*

plumule ['plu:mju:l] S 1 ORN Flaumfeder *f* 2 BOT Plumula *f*, Sprossknospe *f (des Keimlings)*

plumy ['plu:mɪ] → plumose

plunder ['plʌndə(r)] A VT 1 *e-e Stadt etc* (aus)plündern 2 *Wertgegenstände* rauben B VI plündern C S 1 Plünderung *f* 2 Beute *f*; **plunderage** S 1 Plünderung *f* 2 a Unterschlagen *n (von Waren auf Schiffen)* b unterschlagene Waren *pl*; **plunderer** S Plünd(e)rer *m*, Plünderin *f*

plunge [plʌndʒ] A VT 1 (ein)tauchen (**in, into** in *akk*) *(a. fig)*: ~ **the room in darkness** *fig* das Zimmer in Dunkel tauchen *od* hüllen 2 *e-e Waffe* stoßen (**into sb's heart** j-m ins Herz) 3 ~ **into** *fig* a *j-n* in *Schulden etc* stürzen: ~ **o.s. into debts** b *e-e Nation* in *e-n Krieg* stürzen *od* treiben B VI 1 (ein)tauchen (**in, into** in *akk*) 2 stürzen, stürmen *(beide:* **into** in *akk)* 3 *fig* sich stürzen (**into** in *Schulden, e-e Tätigkeit etc)* 4 SCHIFF stampfen *(Schiff)* 5 sich nach vorn werfen *(Pferd etc)* 6 (ab)stürzen, steil abfallen *(Klippe etc)* 7 stürzen *(Preise, Kurse etc)* 8 *umg* hasardieren, alles auf eine Karte setzen C S 1 (Ein)Tauchen *n* 2 *Schwimmen*: (Kopf)Sprung *m*: **take the ~** *fig* den (Ab)Sprung wagen 3 Sturz *m*, *(a.* Vorwärts)Stürzen *n* 4 Sprung-, Tauchbecken *n*; ~ **bath** S Voll-, Tauchbad *n*; ~ **battery** S ELEK Tauchbatterie *f*

plunger ['plʌndʒə(r)] S 1 Taucher(in) 2 *a.* ~ **piston** TECH Tauchkolben *m*: ~ **pump** Plungerpumpe *f* 3 TECH Stempel *m*, Stößel *m* 4 ELEK *(Tauch)* Kern *m*, Tauchbolzen *m*: ~ **coil** (*od* **solenoid**) Tauchkernspule *f* 5 ELEK Tauchspule *f* 6 AUTO Ventilkolben *m* 7 MIL *etc* Schlagbolzen *m* 8 Abflussstampfer *m*, *(in der Küche a.)* Ausgussstampfer *m* 9 *umg* Hasardeur *m*, Hasardeuse *f*

plunging| battery ['plʌndʒɪŋ] → plunge battery; ~ **neckline** S tiefer Ausschnitt: **a dress with a ~** ein tief ausgeschnittenes Kleid

plunk [plʌŋk] → plonk[1]

pluperfect [,plu:'pɜ:fɪkt; *US* -'pɜr-] S *a.* ~ **tense** LING Plusquamperfekt *n*, Vorvergangenheit *f*

plural ['plʊərəl] A ADJ (ADV ~ly) 1 mehrfach, aus mehreren bestehend: ~ **executive** *US* Vorstand(skollegium) *m(n)*; ~ **marriage** Mehrehe *f*; ~ **scattering** PHYS Mehrfachstreuung *f*; ~ **society** SOZIOL pluralistische Gesellschaft; ~ **voting** POL Mehrstimmenwahlrecht *n* 2 LING Plural..., Mehrzahl..., im Plural, in der Mehrzahl, pluralisch: ~ **number** → B; **a ~ noun** ein Substantiv im Plural B S LING Plural *m*, Mehrzahl *f*; **pluralism** S 1 Vielheit *f*, Vielfalt *f*, Vielzahl *f* 2 a Besitz *m* mehrerer Ämter b → plurality 5 3 Pluralismus *m*: a PHIL *Anschauung, nach der die Wirklichkeit aus vielen selbstständigen, einheitslosen Weltprinzipien besteht* b SOZIOL *Vielfalt der nebeneinander bestehenden, aufeinander einwirkenden Interessen, Anschauungen, Meinungen etc innerhalb e-s Staates*; **pluralist** A ADJ PHIL, SOZIOL pluralistisch B S PHIL Pluralist(in); **pluralistic** ADJ (ADV ~ally) → pluralist A

plurality [,plʊə'rælətɪ] S 1 Pluralität *f*, Mehrheit *f*, Über-, Mehrzahl *f* 2 Pluralität *f*, Vielzahl *f*, große Anzahl *od* Menge 3 SOZIOL pluralistische Struktur 4 POL *(US bes* relative) Stimmenmehrheit 5 *a.* ~ **of benefices** REL Besitz *m* mehrerer Pfründen *od* Ämter; **pluralize** A VT LING 1 in den Plural setzen 2 als *od* im Plural gebrauchen, im Plural ausdrücken B VI REL mehrere Pfründen *od* Ämter innehaben

plus [plʌs] A PRÄP 1 plus, und 2 *bes* WIRTSCH zuzüglich *(gen)*: **a sum ~ interest** ein Betrag zuzüglich (der) Zinsen 3 *umg* und auch B ADJ 1 Plus..., *a.* Extra...: ~ **pressure** TECH Atmosphärenüberdruck *m*; ~ **sign** a MATH Pluszeichen *n* b *fig* gutes Zeichen; ~ **or minus 5%** plus/minus 5%; ~ **factor** *fig* Pluspunkt *m* 2 ELEK, MATH positiv, Plus...: ~ **quantity** positive Größe; ~ **terminal** Pluspol *m* 3 *all the children* **are 10 ~** sind 10 Jahre alt od älter C S 1 Plus(zeichen) *n* 2 Plus *n*, Mehr *n*, Überschuss *m* 3 *fig* Plus(punkt) *n(m)*: **be a ~** *a.* von Vorteil sein; ~ **fours** SPL, *a.* **pair of ~** Überfallhose *f*

plush [plʌʃ] A S Plüsch *m* B ADJ (ADV ~ly) 1 plüschen, Plüsch... 2 *umg* feudal, Nobel...: **a ~ restaurant**

plushy ['plʌʃɪ] ADJ 1 a → plush B 1 b plüschartig 2 → plush B 2

plussage ['plʌsɪdʒ] S *US* Mehrbetrag *m*, Überschuss *m*

Pluto ['plu:təʊ] EIGENN 1 MYTH Pluto *m (griechischer Gott der Unterwelt)* 2 ASTRON Pluto *m (Planet)*

plutocracy [plu:'tɒkrəsɪ; *US* -'tɑk-] S 1 Plutokratie *f*: a Geldherrschaft *f* b *Land mit Geldherrschaft* 2 KOLL Geldadel *m*, -aristokratie *f*, Plutokraten *pl*; **plutocrat** ['plu:təʊkræt] S Plutokrat(in); **plutocratic** ADJ (ADV ~ally) plutokratisch

pluton ['plu:tɒn; *US* -,tɑn] S GEOL Pluton *m (großer Tiefengesteinskörper innerhalb der Erdkruste)*

Plutonian [plu:'təʊnjən; -ɪən] ADJ MYTH plutonisch, Pluto...; **plutonic** [-'tɒnɪk; *US* -'tɑ-] ADJ GEOL plutonisch: ~ **action** vulkanische Tätigkeit; ~ **rocks** plutonische Gesteine

plutonium [plu:'təʊnjəm; -ɪəm] S CHEM Plutonium *n*: ~ **bomb** MIL Plutoniumbombe *f*; ~ **economy** Plutoniumwirtschaft *f*

pluvial ['plu:vjəl; -ɪəl] ADJ 1 regenreich, Regen... 2 GEOL durch Regen verursacht

pluviometer [,plu:vɪ'ɒmɪtə(r); *US* -'ɑm-] S METEO Pluviometer *n*, Regenmesser *m*

ply[1] [plaɪ] A VT 1 *obs od poet ein Arbeitsgerät* handhaben, hantieren *od* umgehen mit: ~ **one's needle** nähen 2 *obs od poet ein Gewerbe* betreiben, ausüben, *s-m Gewerbe* nachgehen 3 (**with**) bearbeiten (mit) *(a. fig)*, *fig j-m* (mit *Fragen etc*) zusetzen, *j-n* (mit *etwas*) überhäufen: ~ **the horses with a whip** (dauernd) mit der Peitsche auf die Pferde einschlagen; ~ **sb with drink** j-n zum Trinken nötigen 4 *ein Feuer etc* in Gang halten, (ständig) versehen *(beide:* **with** mit) 5 *e-e Strecke* regelmäßig befahren, verkehren auf *(dat)*: **the ferryboat plies the river** B VI 1 verkehren, hin- u. herfahren, pendeln (**between ... and** zwischen *dat* ... u.) 2 *bes Br* auf Beschäftigung warten, s-n Stand(platz) haben: **a taxi driver ~ing for hire** ein auf Kunden wartender Taxifahrer

ply[2] [plaɪ] A S 1 Falte *f* 2 *(Garn)* Strähne *f* 3 *(Stoff-, Sperrholz- etc)* Lage *f*, Schicht *f*: **three-~** a dreifach *(Garn etc)* b dreifach gewebt *(Teppich)* c dreilagig *(Sperrholz)* 4 *umg* → plywood 5 *bes US fig* Hang *m*, Neigung *f* B VT *Garn etc* fachen, in Strähnen legen

plywood S Sperr-, Furnierholz *n*

pm[1], **p.m.** [,pi:'em] ABK post meridiem, after noon: **at 5 ~** um 5 Uhr nachmittags, um 17 Uhr; **at 9 ~** um 9 Uhr abends, um 21 Uhr; **the 5 ~ (train)** der 17-Uhr-Zug

pm[2], **p.m.** ABK postmortem (examination) Autopsie *f*, Obduktion *f*

pm[3] ABK WIRTSCH premium

PM[4] ABK 1 Paymaster 2 Police Magistrate Polizeirichter(in) 3 Postmaster 4 postmortem (examination) Autopsie *f*, Obduktion *f* 5 *Br* Prime Minister

PMG ABK 1 *Br* Paymaster General Generalzahlmeister(in) *(des Finanzministeriums)* 2 Postmaster General Postminister(in)

PMS ABK MED premenstrual syndrome prämenstruelles Syndrom

PMT ABK MED premenstrual tension prämenstruelles Syndrom

P/N, **p.n.** ABK WIRTSCH promissory note Schuldschein *m*

pneuma ['nju:mə; *US a.* 'nu:mə] S Pneuma *n*: a PHIL *ätherische Substanz, die als Lebensprinzip angesehen wurde* b REL Geist *m* Gottes, Heiliger Geist

pneumatic [nju:'mætɪk; *US a.* nʊ'm-] A ADJ (ADV ~ally) 1 *bes* PHYS, TECH pneumatisch, Luft..., TECH Druck(luft)..., Pressluft... 2 PHIL, REL pneumatisch 3 *umg* kurvenreich *(Mädchen)* B S 1 → pneumatic tire 2 Fahrzeug *n* mit Luftbereifung 3 *pl (als sg konstruiert)* PHYS Pneumatik *f (Lehre von der Luft u. ihren Bewegungen)*; ~ **bones** SPL ZOOL pneumatische Knochen *pl*; ~ **brake** S TECH pneumatische Bremse, Druckluftbremse *f*; ~ **dispatch** S Rohrpost *f*; ~ **drill** S TECH Pressluftbohrer *m*; ~ **hammer** S TECH Presslufthammer *m*; ~ **tire**, *bes Br* ~ **tyre** S TECH Luftreifen *m*, *pl a.* Luftbereifung *f*; ~ **trough** S CHEM pneumatische Wanne; ~ **tube conveyor** S Rohrpostanlage *f*

pneumato- [nju:mətəʊ-; *US a.* nu:-] *Wortelement mit den Bedeutungen* a Luft... b Atem...

pneumatology [,nju:mə'tɒlədʒɪ; *US* -'tɑ-; *a.* ,nu:-] S 1 REL Pneumatologie *f*: a *Lehre vom Heiligen Geist* b *Lehre von den Engeln u. Dämonen* 2 *obs* Pneumatologie *f (Psychologie)* 3 *obs* Pneumatologie *f (Pneumatik)*

pneumatolysis [,nju:mə'tɒləsɪs; *US* -'tɑl-; *a.* ,nu:-] S GEOL Pneumatolyse *f (Wirkung der Gase e-r Schmelze auf das Nebengestein u. die erstarrende Schmelze selbst)*; **pneumatolytic** [-,mætə'lɪtɪk] ADJ pneumatolytisch

pneumatometer [,nju:mə'tɒmɪtə(r); *US* -'tɑm-; *a.* ,nu:-] S MED Pneumatometer *n (Gerät zur Messung des Luftdrucks beim Aus- u. Einatmen)*

pneumatotherapy S Pneumatotherapie *f*, Luftbehandlung *f*

pneumectomy [nju:'mektəmɪ; *US a.* nu:-] → pneumonectomy

pneumoconiosis ['nju:məʊ,kəʊnɪ'əʊsɪs; *US a.* 'nu:-] S MED Pneumo(no)koniose *f*, Staublunge *f*

pneumodynamics [,nju:məʊdaɪ'næmɪks; *US a.* ,nu:-] → pneumatic B 3

pneumonectomy [,nju:məʊ'nektəmɪ; *US a.* ,nu:mə'n-] S MED Pneumektonie *f*, Pneumonektonie *f (operative Entfernung e-s Lungenflügels)*

pneumonia [nju:'məʊnjə; *US a.* nʊ'm-] S MED Pneumonie *f*, Lungenentzündung *f*: **catch ~**

P

sich e-e Lungenentzündung holen; **pneumonic** [-'mɒnɪk; *US* -'mɑn-; *a.* nʊ'm-] ADJ 1 ANAT, MED Lungen... 2 MED pneumonisch
pneumonoconiosis ['nju:mənəʊ,kəʊnɪ'əʊsɪs; *US a.* 'nu:-] → pneumoconiosis
pneumonoultramicroscopicsilicovolcanoconiosis ['nju:mənəʊ,ʌltrə,maɪkrə,skɒpɪk'sɪlɪkəʊvɒl,keɪnəʊ,kəʊnɪ'əʊsɪs; *US* -skɑp-; -vɑl-; *a.* 'nu:-] S MED *e-e von Kieselgurstaub verursachte Lungenkrankheit*
Pnom Penh S → Phnom Penh
po[1] [pəʊ] *pl* pos S *Br umg* Thron *m*, (Nacht)Topf *m*
PO[2] ABK 1 postal order 2 post office
POA ABK *Br* Prison Officers' Association
poach[1] [pəʊtʃ] A VT 1 *den Boden* zertrampeln, aufwühlen 2 (zu e-m Brei) anrühren 3 wildern, unerlaubt jagen *od* fangen 4 *Ideen etc* stehlen 5 *Arbeitskräfte, Kunden* abwerben (**from sb** j-m) 6 *Tennis, Badminton: (dem Doppelpartner zugedachte)* Bälle wegnehmen B VI 1 a weich *od* matschig *od* zertrampelt werden *(Boden)* b (im Schlamm *etc*) einsinken 2 (**on**) a unbefugt eindringen (in *akk*) b *fig* übergreifen (auf *akk*): → preserve B 2 b 3 wildern
poach[2] [pəʊtʃ] VT *Eier* pochieren: **~ed egg** pochiertes *od* verlorenes Ei
poacher[1] ['pəʊtʃə(r)] S Wilderer *m*, Wilderin *f*, Wilddieb(in)
poacher[2] ['pəʊtʃə(r)] S Pochierpfanne *f*
poaching ['pəʊtʃɪŋ] S Wildern *n*, Wilderei *f*
poachy ['pəʊtʃɪ] ADJ sumpfig
POB ABK post-office box Post(schließ)fach *n*
PO box ['pi:əʊ] S Post(schließ)fach *n*
pochard ['pəʊtʃə(r)d] *pl* -chards, *bes koll* -chard S ORN Tafelente *f*
pochette [pɒ'ʃet; *US* pəʊ-] S 1 Handtäschchen *n* 2 *Philatelie:* Klemmtasche *f*
pock [pɒk; *US* pɑk] S MED 1 Pocke *f*, Blatter *f*, (Pocken)Pustel *f* 2 Pockennarbe *f*; **pocked** → pockmarked
pocket ['pɒkɪt; *US* 'pɑ-] A S 1 *(Hosen- etc)* Tasche *f*: **with nothing in one's ~ except** mit nichts in der Tasche als; **be** (*od* **live**) **in each other's ~s** *bes Br umg* sich auf der Pelle sitzen; **have sb (sth) in one's ~** *fig* j-n (etwas) in der Tasche haben *umg*; **put one's hand in one's ~** *fig* in die Tasche greifen *umg*; **put sb in one's ~** *fig* j-n in die Tasche stecken, mit j-m fertig werden *umg*; **put one's pride in one's ~** s-n Stolz überwinden 2 a Geldbeutel *m (a. fig)* b *fig* (Geld)Mittel *pl*, Finanzen *pl*: **pay for sth out of one's own ~** etwas aus eigener *od* aus der eigenen Tasche bezahlen; **be in (out of) ~** Gewinn gemacht (draufgezahlt) haben; **be 5 dollars in (out of) ~** 5 Dollar profitiert (verloren) haben, um 5 Dollar reicher (ärmer) sein; **he will suffer in his ~** *fig obs* es wird ihm an den Geldbeutel gehen; **suit all ~s** (*od* **every ~**) für jeden Geldbeutel; → line[2] 4 3 Sack *m*, Beutel *m* 4 ANAT, ZOOL Tasche *f* 5 GEOL Einschluss *m* 6 *Bergbau: (Erz, bes Gold)* Nest *n* 7 *Billard:* Tasche *f*, Loch *n* 8 MIL Kessel *m*: **~ of resistance** Widerstandsnest *n* 9 SPORT ungünstige Position *(e-s eingeschlossenen Läufers etc)* 10 (vereinzelte) Gruppe *od* (vereinzelter) Gebietsteil: **~ of unemployment** Gebiet *n* mit hoher Arbeitslosigkeit B ADJ 1 Taschen... 2 Klein... C VT 1 in die Tasche stecken, einstecken 2 *fig* in die eigene Tasche stecken 3 *fig* a *e-e Kränkung etc* einstecken, hinnehmen b *Gefühle* unterdrücken, hinunterschlucken: **~ one's pride** s-n Stolz überwinden 4 *e-e Billardkugel* einlochen 5 POL *US e-e Gesetzesvorlage* nicht unterschreiben *(bes Präsident)* 6 MIL *den Gegner* einkesseln 7 SPORT *e-n Läufer etc* einschließen
pocket| billiards SPL *(als sg konstruiert)* Poolbillard *n*: **play ~** *sl hum* Taschenbillard spielen; **~ book** S 1 *Br* Notizbuch *n* 2 a Brieftasche *f* b *US fig* Geldbeutel *m*: **the average ~** der Durchschnittsgeldbeutel, das Normaleinkommen; **this is beyond my ~** das kann ich mir nicht leisten 3 *US* Handtasche *f* 4 *US* Taschenbuch *n*; **~ borough** S *Br hist Wahlkreis, der sich in den Händen e-r einzigen Person od Familie befand*; **~ calculator** S Taschenrechner *m*; **~ camera** S FOTO Pocketkamera *f*; **~ edition** S *US* Taschenausgabe *f (e-s Buchs)*
pocketful [-fʊl] S *e-e* Tasche (voll): **a ~ of money** a e-e Tasche voll Geld b *fig umg* e-e Stange Geld
pocket| handkerchief S Taschentuch *n*; **~-handkerchief** ADJ im Westentaschenformat: **a ~ garden**; **~knife** S *irr* Taschenmesser *n*
pocketless ADJ taschenlos
pocket| lighter S Taschenfeuerzeug *n*; **~ money** S 1 *Br (wöchentlich an Kinder gezahltes)* Taschengeld 2 Taschengeld *n (kleinerer Geldbetrag zur Bestreitung persönlicher Ausgaben)*; **~ mouse** S *irr* ZOOL Taschenspringmaus *f*; **~ piece** S Glücksmünze *f*, -pfennig *m*; **~ size** S Taschenformat *n*; **~-size(d)** ADJ 1 im Taschenformat: **a ~ camera** 2 *fig* im Westentaschenformat: **a ~ garden**; **~ veto** S POL *US durch Verzögerung der Unterzeichnung ausgeübtes Veto (des Präsidenten od e-s Gouverneurs) gegen e-e Gesetzesvorlage*; **~ watch** S Taschenuhr *f*
pockmark S Pockennarbe *f*; **pockmarked** ADJ 1 pockennarbig, pockig 2 **be ~ with** übersät sein mit
pocky ['pɒkɪ; *US* 'pɑ-] → pockmarked 1
pococurante [,pəʊkəʊkjʊə'ræntɪ; *US a.* -kʊ'r-] A ADJ gleichgültig B *pl* -ti [-ti:] S gleichgültiger Mensch
pod[1] [pɒd; *US* pɑd] S ZOOL Herde *f (Wale, Robben)*, Schwarm *m (Vögel)*
pod[2] [pɒd; *US* pɑd] A S 1 BOT Hülse *f*, Schale *f*, Schote *f* 2 *bes* ZOOL (Schutz-)Hülle *f*, *a.* Kokon *m (der Seidenraupe)*, Beutel *m (des Moschustiers)* 3 FLUG *(Triebwerk)* Gondel *f* B VI Hülsen ansetzen C VT *Erbsen etc* aushülsen
POD[3] ABK WIRTSCH pay on delivery Zahlung *f* bei Lieferung
podagra [pəʊ'dægrə; pə'd-] S MED Podagra *n*: a Fußgicht *f* b Gicht *f* der großen Zehe
pod auger S TECH Schlangenbohrer *m*
podginess ['pɒdʒɪnɪs; *US* 'pɑ-] S *bes Br umg, bes pej* Dicklichkeit *f*; **podgy** ADJ (ADV podgily) *bes Br umg, bes pej* pumm(e)lig, dicklich: **~ fingers** Wurstfinger
podia ['pəʊdɪə] *pl von* podium
podiatrist [pə'daɪətrɪst; pəʊ-] S *US* Fußpfleger(in), Pediküre *f*; **podiatry** [-tri:] S *US* Fußpflege *f*, Pediküre *f*
podium ['pəʊdɪəm] *pl* -dia [-dɪə], -diums S 1 ARCH Podium *n (a.* MUS *des Dirigenten)*, Podest *n/m* 2 ARCH *Antike:* a erhöhte Sitzreihe *(im Amphitheater)* b Podiumsockel *m (e-s Tempels)* 3 durchgehende Bank *(rund um e-n Raum)* 4 ZOOL (Saug)Fuß *m*
pod pepper S BOT Schotenpfeffer *m*, Paprika *m*
Podunk ['pəʊ,dʌŋk] S *US pej* Krähwinkel *n (typische Kleinstadt)*
POE ABK 1 MIL port of embarkation Einschiffungshafen *m* 2 port of entry a Einreise(flug)hafen *m* b Einlaufhafen *m (e-s Schiffes)* c Einfuhr(zoll)stelle *f*
poem ['pəʊɪm] S Gedicht *n (a. fig)*
poenology → penology
poesy ['pəʊɪzɪ] S *obs* 1 Poesie *f*, Dichtkunst *f* 2 Gedicht *n*
poet ['pəʊɪt] S Dichter *m*, Poet *m*: **&s' Corner** Dichterecke *f*, -winkel *m (Ehrenplatz der in der Westminsterabtei beigesetzten Dichter)*; → poet laureate
poet. ABK 1 poetic(al) poet. 2 poetry
poetaster [,pəʊɪ'tæstə(r); *US* 'pəʊət,æ-] S *pej* Poetaster(in), Dichterling *m*; **poetess** S Dichterin *f*, Poetin *f*
poetic [pəʊ'etɪk] A ADJ (ADV ~ally) poetisch: a dichterisch b in Gedicht- *od* Versform c romantisch, stimmungsvoll: **~ justice** *fig* ausgleichende Gerechtigkeit; **~ licence** (*US* **license**) dichterische Freiheit B S *meist pl (als sg konstruiert)* Poetik *f (Lehre vom Wesen, von der Funktion etc der Dichtung)*; **poetical** ADJ (ADV ~ly) → poetic A
poeticize [pəʊ'etɪsaɪz], **poetize** ['pəʊɪtaɪz] A VI dichten B VT 1 dichterisch gestalten, in Verse bringen 2 (im Gedicht) besingen
poet laureate *pl* poets laureate S Poeta *m* laureatus: a *Träger e-s ihm für besondere Leistungen verliehenen Ehrentitels* b *Br* Hofdichter *m*
poetry ['pəʊɪtrɪ] S 1 Poesie *f*, Dichtkunst *f* 2 Dichtung *f*, *koll* Dichtungen *pl*, Gedichte *pl*: **dramatic ~** dramatische Dichtung 3 Poesie *f (Ggs Prosa)*: **prose ~** dichterische Prosa 4 Poesie *f*: a dichterisches Gefühl: **he has much ~** b *fig* Romantik *f*, Stimmung *f*
po-faced [,pəʊ'feɪst] ADJ *Br umg* streng dreinschauend
pogo stick ['pəʊgəʊ] S Springstock *m*
pogrom ['pɒgrəm; *US* 'pəʊ-; pə'grɑm] S Pogrom *m/n*, (*bes* Juden)Verfolgung *f*
poi [pɔɪ; 'pəʊɪ] S Poi *m (in Hawaii; Brei aus vergorenen Tarowurzeln)*
poignancy ['pɔɪnənsɪ; 'pɔɪnj-] S 1 Schärfe *f (von Gerüchen etc)*, durchdringender Geschmack *od* Geruch 2 *fig* Schärfe *f*, Bitterkeit *f*, Heftigkeit *f* 3 Schmerzlichkeit *f*; **poignant** ADJ (ADV ~ly) 1 scharf, beißend *(Geruch, Geschmack)*: **~ perfume** aufdringliches Parfüm 2 pikant *(a. fig)* 3 *fig* bitter, quälend: **~ hunger** quälender Hunger; **~ regret** bittere Reue 4 *fig* brennend *(Interesse)* 5 *fig* ergreifend *(Szene etc)* 6 *fig* beißend, bissig, scharf *(Witz)* 7 *fig* treffend, prägnant, genau *(Beobachtung etc)* 8 scharf, durchdringend *(Blick)*
poikilitic [,pɔɪkɪ'lɪtɪk] ADJ GEOL poikilitisch *(Mineralkörner einschließend)*
poikilothermal [,pɔɪkɪləʊ'θɜ:ml; *US* -'θɜr-məl], **poikilothermic** [-mɪk] ADJ ZOOL 1 poikilotherm, wechselwarm 2 kaltblütig
poinsettia [pɔɪn'setɪə] S BOT Poinsettie *f*, Weihnachtsstern *m*
point [pɔɪnt] A S 1 *(Nadel-, Messer-, Schwert-, Bleistift- etc)* Spitze *f*: **not put too fine a ~ upon sth** etwas nicht gerade gewählt ausdrücken; **at the ~ of the pistol** mit vorgehaltener Pistole *od* Waffe, mit Waffengewalt; **at the ~ of the sword** *fig* unter Zwang, mit Gewalt 2 *obs* a Dolch *m* b Schwert *n* 3 TECH spitzes Instrument, *bes* a Stecheisen *n* b Grabstichel *m*, Griffel *m* c Radier-, Ätznadel *f* d Ahle *f* 4 GEOG a Landspitze *f* b Bergspitze *f* 5 JAGD (Geweih)Ende *n*, Sprosse *f* 6 *pl* Gliedmaßen *pl (bes von Pferden)* 7 LING Punkt *m (am Satzende)* 8 TYPO a Punktur *f* b (typografischer) Punkt (= *0,376 mm*) c Punkt *m (Blindenschrift)* 9 MATH *(geometrischer)* Punkt: → intersection 2, 3 a 10 MATH *(Dezimal)* Punkt *m*, Komma *n*: **(nought) ~ three** *(in Ziffern:* 0.3 *od* .3*)* null Komma drei (0,3); **9 ~s** *fig* 90%, fast das Ganze; **possession is nine ~s of the law** *(Sprichwort)* der Besitzende hat fast immer das Gesetz auf s-r Seite 11 *a.* **~ of the compass** Kompassstrich *m* 12 Punkt *m*: a bestimmte Stelle b PHYS Grad *m (e-r Skala)*, Stufe *f (a.* TECH *e-s Schalters)*: **4 ~s below zero** 4 Grad unter null; **~ of action**

(*od* application) Angriffspunkt (*der Kraft*); ~ of contact Berührungspunkt; ~ of impact MIL Aufschlag-, Auftreffpunkt; ~ of no return a FLUG Gefahrenmitte *f*, Umkehrgrenzpunkt *m* b *fig* Punkt, von dem es kein Zurück mehr gibt; up to a ~ *fig* bis zu e-m gewissen Grad; → boiling point, freezing A 1, *etc* 13 GEOG Himmelsrichtung *f* 14 Punkt *m*, Stelle *f*, Ort *m*: ~ of destination Bestimmungsort; ~ of entry WIRTSCH Eingangshafen *m*; ~ of lubrication TECH Schmierstelle *f*, Schmiernippel *m* 15 Anschluss-, Verbindungspunkt *m*, *bes* a ELEK Kontakt(punkt) *m* b ELEK *Br* Steckdose *f* 16 Grenz-, Höhe-, Gipfelpunkt *m*, Grenze *f*: ~ of culmination Kulminations-, Höhepunkt; frankness to the ~ of insult Offenheit, die schon an Beleidigung grenzt; it gave a ~ to their day das setzte ihrem Tag ein Glanzlicht auf 17 a *a.* ~ of time Zeitpunkt *m*, Augenblick *m* b kritischer Punkt, entscheidendes Stadium: when it came to the ~ als es so weit war, als es darauf ankam; at this ~ in diesem Augenblick, *weitS.* an dieser Stelle, hier (*in e-r Rede etc*); at the ~ of death im Sterben, im Augenblick des Todes; be on the ~ of doing sth im Begriff *od* auf dem Sprung sein, etwas zu tun; at that ~ in time *US* damals; at this ~ in time *US* jetzt 18 Punkt *m* (*e-r Tagesordnung etc*), (Einzel-, Teil)Frage *f*: a case in ~ ein einschlägiger Fall, ein (typisches) Beispiel; at all ~s in allen Punkten, in jeder Hinsicht; differ on several ~s in etlichen Punkten nicht übereinstimmen; ~ of comparison Vergleichspunkt; a ~ of interest e-e interessante Einzelheit; ~ of order PARL Antrag *m* zur Geschäftsordnung; five-~ plan Fünfpunkteplan *m*; → controversy 3, order A 7, question A 2 19 entscheidender *od* springender Punkt, Kernpunkt *m*, -frage *f*: come (speak) to the ~ zur Sache kommen (sprechen); beside the ~ a nicht zur Sache gehörig, abwegig b unwichtig, unerheblich; be beside the ~ *a.* nichts zur Sache tun; to the ~ zur Sache (gehörig), sachdienlich, sachlich, (zu-)treffend; make a ~ ein Argument anbringen, s-e Ansicht durchsetzen; the ~ I'm trying to make is that ... was ich sagen will, ist, dass ...; make a ~ of a Wert *od* Gewicht legen auf (*akk*), bestehen auf (*dat*) b sich *etwas* zum Prinzip machen; make the ~ that ... bemerken, dass ...; that is the ~ das ist die Frage *od* der springende Punkt; that's not the ~ darum geht es nicht; the ~ is that ... die Sache ist die, dass ...; that's the ~ I wanted to make darauf wollte ich hinaus; you have a ~ there es ist etwas dran an dem, was Sie sagen; I take your ~ ich verstehe, was Sie meinen; it hasn't got much ~ es ist nicht sehr wichtig 20 Pointe *f* (*e-s Witzes etc*) 21 *a.* ~ of view Stand-, Gesichtspunkt *m*, Ansicht *f*: from a political ~ of view vom politischen Standpunkt aus (gesehen), politisch gesehen; make sth a ~ of hono(u)r etwas als Ehrensache betrachten; it's a ~ of hono(u)r to him das ist Ehrensache für ihn; in ~ of hinsichtlich (*gen*); in ~ of fact tatsächlich; → press A 13, stretch A 11 22 Ziel *n*, Zweck *m*, Absicht *f*: carry (*od* make) one's ~ sich *od* s-e Ansicht durchsetzen; what's the ~ of doing that? was für e-n Sinn *od* Zweck hat es, das zu tun?; what's your ~ in doing that? was bezweckst du damit?; there is no ~ in going there es hat keinen Zweck *od* es ist sinnlos hinzugehen 23 Nachdruck *m*: give ~ to one's words s-n Worten Gewicht *od* Nachdruck verleihen 24 (hervorstechende) Eigenschaft, (Charakter)Zug *m*: good (bad) ~s gute (schlechte) Eigenschaften; a noble ~ in her ein edler Zug an ihr; strong ~ starke Seite, Stärke *f*; weak ~ wunder Punkt, schwache Seite; it has its ~s es hat so s-e Vorzüge 25 *Tierzucht*: besonderes Rassenmerkmal 26 Punkt *m* (*e-s Bewertungs- od Rationierungssystems*): ~ rationing Punktrationierung *f* 27 WIRTSCH *Börsensprache*: Punkt *m*, Point *m* (*bei Kursschwankungen*) 28 SPORT Punkt *m*: three ~s from three games drei Punkte aus drei Spielen; be on five ~s bei fünf Punkten liegen; win (lose) on ~s nach Punkten gewinnen (verlieren); ~s defeat Punktniederlage *f*; ~s win Punktsieg *m*, Sieg *m* nach Punkten; winner on ~s, ~s winner Punktsieger(in); beat sb on ~s j-n nach Punkten schlagen; be in the ~s auf e-m Punkterang liegen; finish out of the ~s außerhalb der Punkteränge enden; give ~s to sb a j-m vorgeben b *fig* j-m überlegen sein; be ~s better than sb *fig* j-m hoch überlegen sein; → score B 1 29 *Boxen*: Punkt *m*, Kinnspitze *f* 30 *Würfel-, Kartenspiel*: Auge *n*, Punkt *m* 31 *Handarbeit*: a Näh-, Nadelspitze *f* (*Ggs Klöppelspitze*) b Handarbeitsspitze *f* c → point lace d Stickstich *m* 32 MUS a Stakkatopunkt *m* b Wiederholungszeichen *n* c charakteristisches Motiv d Imitationsmotiv *n* e (*Themen*) Einsatz *m* 33 MIL a Spitze *f* (*e-r Vorhut*) b Ende *n* (*e-r Nachhut*) 34 JAGD Stehen *n* (*des Hundes*): make (*od* come to) a ~ (vor)stehen (*vor dem Wild*) 35 BAHN a Weiche *f* b *Br* Weichenschiene *f* 36 *Heraldik*: Feld *n* (*e-s Wappens*) 37 potatoes and ~ *sl* Kartoffeln mit ohne was dazu **B** *V/T* 1 *e-n Bleistift etc* (an-, zu)spitzen 2 *fig s-e Worte etc* pointieren, betonen 3 *e-e Waffe etc* richten (at auf *akk*): ~ one's finger at sb a (mit dem Finger) auf j-n deuten *od* zeigen b *a.* ~ a (*od* the) finger at sb *fig* mit Fingern *od* dem Finger auf j-n zeigen; ~ (up)on *s-e Augen, Gedanken etc* richten auf (*akk*); ~ to *den Kurs, j-s Aufmerksamkeit* lenken auf (*akk*), *j-n* bringen auf (*akk*) 4 zeigen: ~ the way den Weg weisen (*a. fig*); ~ out a zeigen b *fig* hinweisen *od* aufmerksam machen auf (*akk*), betonen c *fig* aufzeigen (*a. Fehler*), klarmachen d *fig* ausführen, darlegen; ~ out to sb that ... j-n darauf aufmerksam machen, dass ... 5 *a.* ~ up *fig* betonen, unterstreichen (*beide:* with mit) 6 MATH *Dezimalstellen* durch e-n Punkt *od* ein Komma trennen: ~ off places Stellen abstreichen 7 ~ up a ARCH verfugen b TECH *e-e Fuge* glatt streichen 8 JAGD *e-m Wild* vorstehen **C** *V/I* 1 (mit dem Finger) deuten, weisen (*beide:* at, to auf *akk*) 2 ~ to nach *e-r Richtung* weisen *od* liegen (*Haus*) 3 ~ to *fig* a hinweisen, -deuten auf (*akk*): everything ~s to his guilt b ab-, hinzielen auf (*akk*) 4 SCHIFF hart am Wind segeln 5 JAGD vorstehen (*Jagdhund*) 6 MED reifen (*Abszess etc*)

point|-blank **A** *ADV* 1 aus kürzester Entfernung 2 direkt 3 *fig* rundheraus, unverblümt **B** *ADJ* 1 aus kürzester Entfernung: a ~ shot JAGD *a.* ein Kern- *od* Fleckschuss; at ~ range aus kürzester Entfernung 2 *fig* unverblümt, offen: a ~ refusal e-e glatte Abfuhr *umg*; ~ **contact** *S* ELEK Spitzenkontakt *m*; ~ **discharge** *S* ELEK Spitzenentladung *f*; ~ **duty** *S bes Br* Postendienst *m* (*e-s Verkehrspolizisten*)

pointe [pɔınt] *S* (Stellung *f* auf der) Fußspitze *f* (*beim Ballett*)

pointed ['pɔıntıd] *ADJ* (*ADV* ~ly) 1 spitz(ig) 2 spitz (zulaufend), zugespitzt: ~ arch ARCH Spitzbogen *m*; ~ file Spitzfeile *f*; ~ roof (*gotisches*) Spitzdach; ~ style gotischer Stil, Spitzbogenstil *m* 3 *fig* scharf, pointiert (*Stil, Bemerkung*), anzüglich 4 *fig* treffend, deutlich 5 *fig* ostentativ; **pointedness** *S* 1 Spitzigkeit *f* 2 *fig* Schärfe *f*, Anzüglichkeit *f* 3 *fig* Deutlichkeit *f*, (*das*) Treffende

pointer ['pɔıntə(r)] *S* 1 MIL *bes US* Richtschütze *m*, -kanonier *m* 2 Zeiger *m* (*e-s Computers, e-r Uhr od e-s Messgeräts*) 3 Zeigestock *m* 4 Radier-, Ätznadel *f* 5 JAGD a Pointer *m* (*gescheckter Vorsteh- od Hühnerhund*) b *in Zusammensetzungen* ...ender *m*: twelve-~ 6 *umg* a Hinweis *m*, Tipp *m* b Hinweis *m* (to auf *akk*)

pointillism ['pwæ̃nti:jızəm; 'pɔıntılı-] *S* MAL Pointillismus *m*, Neoimpressionismus *m* (*Stilrichtung, in der ungemischte Farben punktförmig nebeneinandergesetzt wurden*); **pointillist** **A** *S* Pointillist(in) **B** *ADJ* pointillistisch; **pointillistic** *ADJ* (*ADV* ~ally) pointillistisch

point lace *S* 1 genähte Spitze(n *pl*), Bändchenspitze *f* 2 Bändchenarbeit *f*

pointless *ADJ* (*ADV* ~ly) 1 ohne Spitze, stumpf 2 *a.* SPORT punktlos 3 *fig* sinn-, zwecklos 4 ohne Pointe (*Witz etc*) 5 nichtssagend

pointsman [-mən] *S irr Br* 1 Verkehrsschutzmann *m*, -polizist *m* 2 BAHN Weichensteller *m*

point| source *S* PHYS Punktquelle *f*, punktförmige (Licht)Quelle; ~ **system** *S* 1 Punktsystem *n* (*zur Leistungsbewertung; a.* SPORT) 2 TYPO Punktsystem *n* (*Einteilung der Schriftgröße nach Punkten*) 3 Punktschrift *f* (*für Blinde*); ~**-to-point** **A** *S Pferdesport*: Geländejagdrennen *n* **B** *ADJ*: ~ (radio) communication Funkverkehr *m* zwischen zwei festen Punkten; ~ race → A

pointy|-head ['pɔınti:,hed] *S US sl, meist pej* 1 Eierkopf *m* (*Intellektueller*) 2 Holzkopf *m* (*Person*); ~**-headed** *ADJ US sl* hirnrissig

poise [pɔız] **A** *S* 1 Gleichgewicht *n* 2 Schwebe(zustand) *f(m)* 3 (Körper-)Haltung *f* 4 *fig* a (innere) Ausgeglichenheit, Gelassenheit *f* b sicheres Auftreten, Sicherheit *f*, Haltung *f* 5 *fig* Schwebe *f*, Unentschiedenheit *f*: hang at ~ sich in der Schwebe befinden 6 Gewicht *n* (*der Schnellwaage od der Uhr*) **B** *V/T* 1 a ins Gleichgewicht bringen b im Gleichgewicht halten c *etwas* balancieren: ~ o.s. on one's toes sich auf die Zehenspitzen stellen; be ~d a im Gleichgewicht sein, *fig* gelassen *od* ausgeglichen sein b *fig* schweben: the sick man is ~d between life and death 2 *den Kopf, e-e Waffe etc* halten **C** *V/I* (in der Luft) schweben

poison ['pɔızn] **A** *S* a Gift *n* (*a. fig*): meat is ~ for you; take ~; what's your ~? *umg hum* was willst du trinken?; → hate A 1 b *fig* verderblicher Einfluss **B** *V/T* 1 (o.s. sich) vergiften, *e-m Getränk etc* Gift beimischen: ~ed arrow Giftpfeil *m* 2 MED *bes Br* infizieren: ~ one's hand sich die Hand infizieren 3 CHEM die Wirkung zerstören von (*od gen*) 4 *fig die Atmosphäre etc* vergiften: ~ sb's mind against sb j-n gegen j-n aufhetzen **C** *ADJ* Gift...: ~ cabinet Giftschrank *m*; **poisoner** *S* a Giftmörder(in) b Giftmischer(in)

poison| fang *S* ZOOL Giftzahn *m*; ~ **fish** *S* FISCH Gift-, Stachelrochen *m*; ~ **gas** *S* Giftgas *n*; ~ **gland** *S* ZOOL Giftdrüse *f*

poisoning ['pɔızənıŋ] *S* 1 Vergiftung *f* 2 Giftmord *m*

poison| ivy *S* BOT Giftsumach *m*, -efeu *m*; ~ **nut** *S* BOT Brechnuss *f*

poisonous ['pɔıznəs] *ADJ* (*ADV* ~ly) 1 giftig, Gift...: ~ gas (snake, *etc*) 2 *fig* a verderblich (*Einfluss etc*) b giftig, bösartig: a ~ tongue e-e giftige Zunge

poison-pen letter *S* verleumderischer *od* obszöner anonymer Brief

Poisson| distribution ['pwa:sən; *US* pwa:'səʊn] *S Statistik*: Poisson-Verteilung *f*; ~**'s ratio** *S* PHYS, TECH Kontraktionskoeffizient *m*

poitrel ['pɔıtrəl] *S* MIL, HIST Brustharnisch *m* (*der Pferde*)

poke[1] [pəʊk] **A** *V/T* 1 a stoßen: ~ sb in the ribs j-m e-n Rippenstoß geben *od* versetzen; ~ in hineinstoßen; ~ sb's eye out j-m das Au-

P

ge ausstoßen *od* ausschlagen b *umg j-m* e-n (Faust)Schlag versetzen c *vulg e-e Frau* stoßen, vögeln *(beide vulg)* 2 *ein Loch* stoßen (**in** in *akk*) 3 *a.* **~ up** *das Feuer* schüren 4 *den Kopf* stecken: → nose *Bes Redew* 5 **~ fun at sb** sich über j-n lustig machen B V/I 1 stoßen, stechen *(beide:* **at** nach), stochern (**in** in *dat*) 2 suchen, tasten: **~ about** (*od* **around**) **for** (herum)suchen *od* (-)tappen nach 3 *a.* **~ about** (*od* **around**) (herum)stöbern, (-)wühlen 4 *fig* a *a.* **~ and pry** (herum)schnüffeln, (-)spionieren b sich einmischen (**into** in *fremde Angelegenheiten*) 5 **~ about** (*od* **around**) *umg* herumtrödeln, bummeln C S 1 a Stoß *m*: **give sb a ~ in the ribs** j-m e-n Rippenstoß geben *od* versetzen b *umg* (Faust)Schlag *m* 2 *vulg* Nummer *f* *(Geschlechtsverkehr)*: **have a ~** e-e Nummer machen *od* schieben *vulg* 3 *US* → slowpoke

poke² [pəʊk] S *obs od dial* Beutel *m*, kleiner Sack: → pig A 1

poke³ [pəʊk] S *a.* **~ bonnet** HIST Kiepenhut *m*, Schute *f*

pokeberry S BOT Kermesbeere *f*

poker¹ ['pəʊkə(r)] S Feuer-, Schürhaken *m*: **(as) stiff as a ~** a kerzengerade b stocksteif *(a. fig)*

poker² ['pəʊkə(r)] S Poker(spiel) *n*: **play ~** pokern

poker| face S Pokergesicht *n*, Pokerface *n* *(undurchdringliches, unbewegtes Gesicht; a. Person)*; **~-faced** ADJ mit unbewegtem Gesicht; **~ work** S Brandmalerei *f*

pok(e)y ['pəʊkɪ] A ADJ *umg* 1 *meist* **~ little** *pej* winzig: **a ~ little room** 2 *bes US* lahm *(phlegmatisch)* 3 *US* unelegant, unmodern *(Kleidungsstück)* B S *US sl* Knast *m*: **in the ~** im Knast; **put sb in the ~** j-n in den Knast stecken (**for** wegen)

pol [pɒl; *US* pɑl] S *umg* Politiker(in)

pol.¹ ABK 1 political pol. 2 politics PL Pol.

Pol.² ABK 1 Poland 2 Polish poln.

Polack ['pəʊlæk; *US a.* -ˌlɑk] S 1 *obs* Pole *m*, Polin *f* 2 *pej (Schimpfwort)* Polack(e) *m*, Polackin *f*

Poland ['pəʊlənd] S Polen *n*

polar ['pəʊlə(r)] A ADJ 1 polar, Polar...: **~ air** METEO Polarluft *f*, polare Kaltluft; **~ angle** ASTRON, MATH Polarwinkel *m*; **~ axis** ASTRON, MATH Polarachse *f*; **~ bear** ZOOL Eis-, Polarbär *m*; **~ body** BIOL Polkörper(chen) *m(n)*; **~ circle** GEOG Polarkreis *m*; **~ distance** ASTRON, MATH Poldistanz *f*; **~ explorer** Polarforscher(in); **~ fox** ZOOL Polarfuchs *m*; **~ front** METEO Polarfront *f*; **~ lights** *pl* ASTRON Polarlicht *n*; **~ night** Polarnacht *f*; **~ projection** *(Kartografie)* Polarprojektion *f*; **~ regions** *pl* Polargebiet *n*; **~ star** Polarstern *m* 2 MATH, PHYS polar: **~ coordinates** *pl* Polarkoordinaten (system) *pl(n)*; **~ curve** Polarkurve *f*; **~ equation** Gleichung *f* in Polarkoordinaten; **~ line** → B a 3 *fig* polar, genau entgegengesetzt (wirkend) 4 *fig* zentral, bestimmend *(Prinzip etc)* B S Polare *f*: a MATH *Verbindungsgerade der Berührungspunkte zweier Tangenten an e-n Kegelschnitt* b FLUG *Kurvenzug in der grafischen Darstellung der aerodynamischen Eigenschaften e-s Tragflügels od e-s Flugzeugs in e-m rechtwinkligen Koordinatensystem*

polarimeter [ˌpəʊlə'rɪmɪtə(r)] S PHYS Polarimeter *n (Gerät zur Messung der Drehung der Polarisationsebene von Licht mithilfe optisch aktiver Substanzen)*

polariscope [pəʊ'lærɪskəʊp] S PHYS Polariskop *n (Gerät, mit dem e-e Unterscheidung zwischen teilweise od linear polarisiertem Licht u. natürlichem Licht möglich ist)*

polarity [pəʊ'lærətɪ] S PHYS Polarität *f (a. fig Gegensätzlichkeit)*; **polarization** [ˌpəʊləraɪ'zeɪʃn; *US* -rə'z-] S 1 ELEK, PHYS Polarisation *f (a. fig)* 2 *fig* Ausrichtung *f* (**toward[s]** auf *akk*); **polarize** A V/T 1 ELEK, PHYS polarisieren: **~d relay** polarisiertes *od* gepoltes Relais 2 *fig* polarisieren, spalten *(beide:* **into** in *zwei Lager etc)* 3 *fig* ausrichten (**toward[s]** auf *akk*): **be ~d towards profit** Gewinn orientiert sein B V/I *fig* sich polarisieren, sich spalten *(beide:* **into** in *akk)*; **polarizer** S PHYS Polarisator *m*; **polarizing** ADJ PHYS Polarisations...: **~ microscope**; **~ filter** Polarisationsfilter *n/m*

polarography [ˌpəʊlə'rɒgrəfɪ; *US* -'rɑg-] S Polarografie *f (elektrochemische Analysenmethode)*

Polaroid® ['pəʊlərɔɪd] S 1 Polaroidfolie® *f* 2 *a.* **~® camera** Polaroid(kamera)® *f* 3 *pl, a.* **pair of ~s** Polaroidbrille *f*

polder ['pɒldə; *US* 'pəʊldər; 'pɑl-] S Polder *m* *(eingedeichtes Marschland)*

pole¹ [pəʊl] A S 1 Posten *m*, Pfahl *m* 2 *(Bohnen-, Zelt- etc)* Stange *f*, *(Leichtathletik: a.* Sprung)Stab *m*: **be up the ~** *Br umg* a nicht ganz dicht sein b in Schwulitäten sein c auf dem Holzweg sein; **I wouldn't touch him (it) with a ten-foot ~** *US umg* a den (das) würde ich nicht einmal mit der Beißzange anfassen b mit dem (damit) möchte ich nichts zu tun haben 3 *(Ski)* Stock 4 *(Leitungs)* Mast *m* 5 *(Wagen)* Deichsel *f* 6 SCHIFF a Flaggenmast *m* b Staken *m* c Winterbramstänge *f*: **under (bare) ~s** vor Topp u. Takel 7 → rod 9 B V/T 1 *ein Boot* staken 2 *Bohnen etc* stängen

pole² [pəʊl] S 1 ASTRON, GEOG *(Erd-, Himmels)* Pol *m*: **from ~ to ~** a durch die ganz Welt b in der ganzen Welt 2 MATH Pol *m*: a *Endpunkt der Achse durch Kreis od Kugel* b *fester Punkt, auf den andere Punkte Bezug haben* 3 ELEK, PHYS Pol *m*: **like ~s** gleiche *od* gleichnamige Pole; **unlike (opposite) ~s** ungleiche (entgegengesetzte) Pole 4 BIOL Pol *m (in gedachter Achse, bes in der Eizelle bei der Reifeteilung)* 5 MED Pol *m (der Nervenzelle)* 6 **they are ~s apart** (*od* **asunder**) *fig* zwischen ihnen liegen Welten, sie trennen Welten

Pole³ [pəʊl] S Pole *m*, Polin *f*

pole|ax(e) A S 1 HIST Streitaxt *f* 2 SCHIFF a HIST Enterbeil *n* b Kappbeil *n* 3 Schlächterbeil *n* B V/T 1 *ein Tier* (mit dem Beil) schlachten, mit der Axt erschlagen: **he feels like poleaxed** er fühlt sich wie vor den Kopf geschlagen 2 *j-n* fällen, niederschlagen; **~ bean** S BOT Stangenbohne *f*; **~cat** *pl* -cats, *bes koll* -cat S ZOOL 1 Iltis *m* 2 *US* Skunk *m*; **~ changer** S ELEK Polwechsler *m*; **~ changing** S ELEK Polwechsel *m*, Umpolen *n*; **~ charge** S MIL gestreckte Ladung

pol. econ. ABK political economy Volkswirtschaft *f*; *als Fach:* VWL

pole jump, *etc bes US* → pole vault *etc*

polemic [pɒ'lemɪk; *bes US* pə'l-] A ADJ (ADV **~ally**) polemisch, streitbar B S 1 Polemiker(in) 2 Polemik *f*, Auseinandersetzung *f* 3 *pl (als sg konstruiert)* Polemik *f*, Polemisieren *n* 4 *pl (als sg konstruiert)* REL polemische Theologie; **polemical** ADJ (ADV **~ly**) → polemic A; **polemicist** [-sɪst] S Polemiker(in); **polemicize** V/I polemisieren (**against** gegen); **polemist** ['pɒlɪmɪst; *US* 'pɑ-; pə'lem-] → polemicist; **polemize** → polemicize

polemological [pəˌlemə'lɒdʒɪkl; *US* -'lɑ-] ADJ (ADV **~ly**) polemologisch; **polemologist** [ˌpɒle'mɒlədʒɪst; *US* ˌpəʊlə'mɑl-] S Polemologe *m*, Polemologin *f*, Konflikt-, Kriegsforscher(in); **polemology** S Polemologie *f*, Konflikt-, Kriegsforschung *f*

pole| position S 1 *Motorsport:* die Poleposition *(vorderste Startposition des Trainingsschnellsten)*: **be in ~** die Poleposition haben 2 *fig* führende Stellung; **~ star** S 1 ASTRON Polarstern *m* 2 *fig* Leitstern *m*; **~ vault** S *Leichtathletik:* Stabhochsprung *m*; **~-vault** V/I stabhochspringen; **~ vaulter** S Stabhochspringer(in)

police [pə'liːs] A S 1 Polizei(behörde, -verwaltung) *f* 2 KOLL *(als pl konstruiert)* Polizei *f*, Polizisten *pl*: **there are many ~ in this town** es gibt viel Polizei in dieser Stadt; **five ~** fünf Polizisten; **help** (*od* **assist**) **the ~ with their inquiries** *bes Br euph* von der Polizei vernommen werden; **we are ~** wir sind von der Polizei 3 *bes* MIL *US* Ordnungsdienst *m* B V/T 1 (polizeilich) überwachen 2 *ein Land etc* unter (Polizei)Gewalt halten 3 *fig* überwachen, kontrollieren 4 MIL *US* in Ordnung bringen *od* halten, säubern C ADJ Polizei..., polizeilich: → presence 1 a; **~ blotter** S *US* Dienstbuch *n (e-r Polizeistation)*; **~ cadet** S Polizeischüler(in); **~ constable** S *Br* Polizist(in); **~ cordon** S Polizeiabsperrung *f*; **~ court magistrates' court** → magistrate 1; **~ dog** S 1 Polizeihund *m* 2 (deutscher) Schäferhund; **~ escort** S Polizeieskorte *f*; **~ force** S Polizei (-truppe) *f*; **~ headquarters** SPL *(oft als sg konstruiert)* Polizeipräsidium *n*; **~ magistrate** S *US* Polizeirichter(in)

police|man [-mən] S *irr* Polizist *m*, Schutzmann *m*; **~ message** S RADIO Reiseruf *m*; **~ offense** S JUR *US* Übertretung *f*; **~ officer** S Polizeibeamte(r) *m*, -beamtin *f*; **~ power** S 1 Polizeigewalt *f* 2 *US Staatsgewalt zum Schutz der Öffentlichkeit gegen Übergriffe von Einzelpersonen*; **~ protection** S Polizeischutz *m*: **give sb ~**; **~ record** S JUR Strafregister *n*: **have a ~** vorbestraft sein; **~ state** S Polizeistaat *m*; **~ station** S Polizeiwache *f*, -revier *n*; **~ supervision** S Polizeiaufsicht *f*; **~ van** S Gefangenenwagen *m (der Polizei)*

policewoman S *irr* Polizistin *f*

policing [pə'liːsɪŋ] S Polizeiarbeit *f*

policlinic [ˌpɒlɪ'klɪnɪk; *US* ˌpɑlə-] S Poliklinik *f*, Ambulanz *f (e-s Krankenhauses)*

policy¹ ['pɒləsɪ; *US* 'pɑl-] S 1 Verfahren(sweise) *n(f)*, Taktik *f*, Politik *f*: **it is our ~** es ist unser Grundsatz, wir haben es uns zur Regel gemacht *(beide:* **to do** zu tun); → honesty 1 a 2 Politik *f (Wege u. Ziele der Staatsführung)*, politische Linie: **~ adviser** politische(r) Berater(in); → nonalignment, obstruction 4, pinprick A 1 3 Klugheit *f*, Zweckmäßigkeit *f*: **the ~ of this act is doubtful** es fragt sich, ob dieses Vorgehen klug ist 4 Erfahrung *f*, (Welt)Klugheit *f* 5 Schlauheit *f*, Gerissenheit *f* 6 *obs* a Regime *n*, Staatswesen *n* b Staatswissenschaft *f* 7 *schott* Park(anlagen) *m(pl) (e-s Landhauses)*

policy² ['pɒləsɪ; *US* 'pɑl-] S 1 (Versicherungs)Police *f*, Versicherungsschein *m*: **~ broker** Versicherungsagent(in); **~ holder** Versicherungsnehmer(in), Policeinhaber(in) 2 *US* Zahlenlotto *n*

polio ['pəʊlɪəʊ] S MED *umg* Polio *f*

poliomyelitis [ˌpəʊlɪəʊmaɪə'laɪtɪs] S MED Poliomyelitis *f*, spinale Kinderlähmung

polish¹ ['pɒlɪʃ; *US* 'pɑ-] A V/T 1 polieren, glätten 2 *Schuhe* putzen, wichsen 3 TECH (ab-, glanz)schleifen, (ab)schmirgeln 4 *fig* abschleifen, (aus)feilen, verfeinern, verschönern: **~ off** *umg* a *e-n Gegner* abservieren *(besiegen od töten)* b *e-e Arbeit* wegschaffen *(schnell erledigen)* c *Essen* wegputzen, verdrücken; **~ up** *Kenntnisse* aufpolieren B V/I glatt *od* glänzend werden, sich polieren lassen C S 1 Politur *f*, (Hoch)Glanz *m*, Glätte *f* 2 Polieren *n*: **give sth a ~** etwas polieren 3 Polier-, Glanzmittel *n*, Politur *f*: a Schuhcreme *f* b Möbelpolitur *f* c Polierpaste *f* d TECH Poliersand *m* e Bohnerwachs *n* 4 *fig* Schliff *m*, feine Sitten *pl*: **he lacks ~** er hat keinen Schliff 5 *fig* Glanz *m*,

Vollkommenheit *f*
Polish[2] ['pəʊlɪʃ] A ADJ polnisch B S LING Polnisch *n*, das Polnische
polished ['pɒlɪʃt; *US* 'pɑ-] ADJ 1 poliert, glatt, glänzend: **highly ~** spiegelblank *(Fußboden)* 2 *fig* geschliffen: a höflich b gebildet, fein, elegant c brillant 3 *fig* gepflegt *(Unterhaltung)*; **polisher** S 1 Polierer(in), Schleifer(in) 2 TECH a Polierfeile *f*, -stahl *m*, -scheibe *f*, -bürste *f* b Poliermaschine *f* 3 → polish[1] C 3; **polishing** A S Polieren *n*, Glätten *n*, Schleifen *n* B ADJ Polier…, Putz…: **~ file** Polierfeile *f*; **~ powder** Polier-, Schleifpulver *n*; **~ wax** Bohnerwachs *n*
polit.[1] ABK 1 political pol(it). 2 politics PL Pol(it).
Politburo ['pɒlɪt,bjʊərəʊ; *US* 'pɑ-; 'pəʊ-] S POL *bes* HIST Politbüro *n*
polite [pə'laɪt] ADJ (ADV ~ly) 1 höflich, artig *(beide:* **to, toward[s]** zu*)*: **~ly** *a.* in höflicher Form, in höflichem Ton; **~ applause** höflicher Applaus; *I laughed* **to be ~** aus Höflichkeit 2 *obs* kultiviert, gebildet, fein: **~ arts** schöne Künste; **~ letters** schöne Literatur, Belletristik *f*; **~ society** feine Gesellschaft; **politeness** S Höflichkeit *f*, Artigkeit *f*
politesse [,pɒlɪ'tes; *US a.* ,pɑ-] S (ausgesuchte) Höflichkeit, Artigkeit *f*
politic ['pɒlɪtɪk; *US* 'pɑl-] ADJ (ADV ~ally) 1 diplomatisch, staatsklug 2 *fig* a diplomatisch, (welt)klug b schlau, berechnend, politisch 3 *obs* politisch, staatlich: → body A 7
political [pə'lɪtɪkl] ADJ (ADV ~ly) 1 politisch: **~ prisoner** politische(r) Gefangene(r); → asylum 3, aware 1, awareness 1 2 (partei)politisch: **a ~ issue** ein Politikum 3 a politisch interessiert b politisch tätig 4 staatlich, Staats…, Regierungs…: **~ system** Regierungssystem *n* 5 staatsbürgerlich *(Rechte etc)* 6 **~ly correct** politisch korrekt; **~ correctness** S Political Correctness *f*, politische Korrektheit; **~ economist** S Volkswirtschaftler(in); **~ economy** S Volkswirtschaft *f*; **~ geography** S politische Geografie; **~ science** S Politikwissenschaft *f*, Politologie *f*; **~ scientist** S Politikwissenschaftler(in), Politologe *m*, Politologin *f*
politician [,pɒlɪ'tɪʃn; *US* ,pɑlə-] S 1 Politiker(in) 2 a (Partei)Politiker(in) b *bes US* politische(r) Opportunist(in); **politicize** [pə'lɪtɪsaɪz] A V/I politisieren: a über Politik diskutieren b sich politisch betätigen B V/T politisieren: a zu politischer Aktivität bringen b unter politischen Gesichtspunkten behandeln; **politick** ['pɒlɪtɪk; *US* 'pɑlə-] → politicize A
politico [pə'lɪtɪ,kəʊ] *pl* -cos S *US umg für* politician 2
politico- [pəlɪtɪkəʊ] *Wortelement mit der Bedeutung* politisch-…: **~-economical** a wirtschaftspolitisch b volkswirtschaftlich; **~-scientific** a politisch-wissenschaftlich b staatswissenschaftlich
politics ['pɒlɪtɪks; *US* 'pɑlə-] SPL *(oft als sg konstruiert)* 1 Politik *f*, Staatskunst *f*, -führung *f* 2 → political science 3 (Partei-, Staats)Politik *f*: **in ~** in der Politik 4 (partei)politisches Leben: → go into 2 5 *(als pl konstruiert)* politische Überzeugung *od* Einstellung: **what are his ~?** wie ist er politisch eingestellt?, wo steht er politisch? 6 *fig* (Interessen)Politik *f* 7 *bes US* politische Machenschaften *pl*: **play ~** Winkelzüge machen, manipulieren
polity ['pɒlətɪ; *US* 'pɑ-] S 1 Regierungsform *f*, Verfassung *f*, politische Ordnung 2 Staats-, Gemeinwesen *n*, Staat *m*
polka ['pɒlkə; *bes US* 'pəʊl-] A S MUS Polka *f* B V/I Polka tanzen; **~ dot** [*US* 'pəʊkə] S a Punkt *m*, Tupfen *m (auf e-m Kleid etc)* b Punkt-, Tupfenmuster *n* c gepunkteter *od* getupfter Stoff; **~-dot** ADJ gepunktet, getupft
poll[1] [pəʊl] A S 1 *bes* ZOOL Hinterkopf *m* 2 breites, flaches Ende *(e-s Hammers etc)* 3 (Einzel)Person *f* 4 POL Wahl *f*, Stimmabgabe *f*, Abstimmung *f*: **heavy (poor) ~** starke (geringe) Wahlbeteiligung 5 Stimm(en)zählung *f* 6 a Wählerliste *f* b Steuerliste *f* 7 Wahlergebnis *n*, Stimmenzahl *f* 8 *US meist pl* Wahllokal *n*: **go to the ~s** zur Wahl gehen 9 (Ergebnis *n* e-r) (Meinungs)Umfrage *f*: **do a ~** e-e Meinungsumfrage durchführen B V/T 1 *Haar etc* stutzen, *ein Tier, Haare etc* scheren 2 *e-n Baum* kappen, *e-e Pflanze* köpfen, *e-m Rind* die Hörner stutzen 3 JUR *e-e Urkunde* gleichmäßig *(ohne Indentation)* zuschneiden 4 in e-e Wähler- *od* Steuerliste eintragen 5 *Wahlstimmen* a erhalten, auf sich vereinigen *(Wahlkandidat)* b abgeben *(Wähler)* 6 *die Bevölkerung* befragen 7 IT *Terminals etc* zyklisch abfragen *od* abrufen C V/I wählen, abstimmen, s-e Stimme abgeben: **~ for** stimmen für
poll[2] [pɒl; *US* pɑl] → polly
pollable ['pəʊləbl] ADJ wählbar
pollack ['pɒlək; *US* 'pɑ-] *pl* -lacks, *bes koll* -lack S FISCH Pollack *m*
pollan ['pɒlən; *US* 'pɑ-] S FISCH Irische Maräne
pollard ['pɒləd; *US* 'pɑlərd] A S 1 gekappter Baum 2 ZOOL a hornloses Tier b Hirsch, der sein Geweih abgeworfen hat, Kahlhirsch *m* 3 (Weizen)Kleie *f* B V/T *e-n Baum* kappen
pollbook ['pəʊl-] S Wählerliste *f*
polled [pəʊld] ADJ ZOOL hornlos
pollee [pəʊ'li:] S *bes US* Befragte(r) *m/f(m)*
pollen ['pɒlən; *US* 'pɑ-] A S BOT Pollen *m*, Blütenstaub *m* B V/T mit Blütenstaub bedecken, bestäuben; **~ analysis** S *irr* Pollenanalyse *f*; **~ brush** S ZOOL Pollenbürste *f (der Bienen)*; **~ count** S Pollenwerte *pl*; **~ sac** S BOT Pollensack *m*; **~ tube** S BOT Pollenschlauch *m*
poll evil [pəʊl] S VET Kopfgeschwulst *f (bei Pferden)*
pollex ['pɒleks; *US* 'pɑ-] *pl* -lices [-lɪsi:z] S ANAT Daumen *m*
pollinate ['pɒləneɪt; *US* 'pɑ-] V/T BOT bestäuben, (mit Blütenstaub) befruchten; **pollination** S 1 Ausstreuen *n* des Blütenstaubes 2 Bestäubung *f*
polling ['pəʊlɪŋ] A S Wählen *n*, Wahl *f*: **heavy (poor) ~** starke (geringe) Wahlbeteiligung B ADJ 1 Wahl…: **~ book** Wählerliste *f*; **~ booth** Wahlkabine *f*, -zelle *f*; **~ clerk** Wahlprotokollführer(in); **~ day** Wahltag *m*; **~ district** Wahlbezirk *m*; **~ place** *US*, **~ station** *bes Br* Wahllokal *n* 2 **~ institute** Meinungsforschungsinstitut *n*
polliniferous [,pɒlɪ'nɪfərəs; *US* ,pɑlə-] ADJ BOT 1 Blütenstaub erzeugend 2 Pollen tragend
polliwog ['pɒlɪwɒg; *US* 'pɑlɪ,wɑg] S ZOOL *Br dial od US* Kaulquappe *f*
pollock *bes Br für* pollack
polloi [pə'lɔɪ] → hoi polloi
poll parrot [pɒl; *US a.* pɑl] → polly
pollster ['pəʊlstə(r)] S Meinungsforscher(in)
poll tax [pəʊl] S Kopfsteuer *f*
pollutant [pə'lu:tənt] S Schadstoff *m*
pollute [pə'lu:t] V/T 1 beflecken, besudeln, beschmutzen *(alle a. fig)* 2 *fig* in den Schmutz ziehen 3 *Wasser etc* verunreinigen, verschmutzen, *die Umwelt etc a.* belasten 4 REL entweihen 5 *(moralisch)* verderben; **polluter** S Umweltverschmutzer(in): **~ pays principle** Verursacherprinzip *n*; **pollution** S 1 Befleckung *f*, Beschmutzung *f (beide a. fig)* 2 Verunreinigung *f*, Verschmutzung *f*, Belastung *f*: **~ control** Umweltschutz *m*; **~ level** Schadstoffbelastung *f* 3 *fig* Entweihung *f*
poll watcher [pəʊl] S Wahlbeobachter(in)
polly ['pɒlɪ; *US* 'pɑli:] S zahmer Papagei
pollywog → polliwog
polo ['pəʊləʊ] S 1 SPORT Polo *n*: **~ coat** Kamelhaarmantel *m*; **~ shirt** Polohemd *n*; **~ stick** Polostock *m* 2 → water polo 3 *a.* **~ neck** *bes Br* a Rollkragen *m* b Rollkragenpullover *m*: **~-neck** mit Rollkragen, Rollkragen…; **poloist** S SPORT Polospieler(in)
polonaise [,pɒlə'neɪz; *US* ,pɑ-; ,pəʊ-] S MUS Polonaise *f*
polonium [pə'ləʊnjəm; -ɪəm] S CHEM Polonium *n*
polony [pə'ləʊnɪ] S *Br* grobe Zervelatwurst
poltergeist ['pɒltəgaɪst; *US* 'pəʊltər,g-] S Polter-, Klopfgeist *m*
poltroon [pɒl'tru:n; *US* pɑl-] S *obs* Feigling *m*; **poltroonery** [-ərɪ] S *obs* Feigheit *f*
poly- [pɒlɪ; *US* pɑ-] *Wortelement mit der Bedeutung* viel, mehr: **polyangular** *bes* MATH vieleckig, Vielecks…; **polyanthous** BOT vielblütig; **polyaxial** mehr-, vielachsig; **polydimensional** mehrdimensional
poly ['pɒlɪ; *US* 'pɑli:] *umg für* polytechnic B
polyacid S CHEM mehrbasige Säure
polyamide S CHEM Polyamid *n*
polyandrous [-'ændrəs] ADJ polyandrisch; **polyandry** [-ændrɪ] S Polyandrie *f*: a *(Völkerkunde)* Vielmännerei *f* b ZOOL *Begattung e-s Weibchens durch mehrere Männchen*
polyanthus [-'ænθəs] S BOT 1 Hohe Schlüsselblume 2 Tazette *f*
polyatomic ADJ CHEM mehratomig *(Molekül)*
polycarpic [-'kɑ:(r)pɪk], **polycarpous** [-pəs] ADJ BOT polykarp(isch): a mit vielen Fruchtblättern b ausdauernd *(wiederholt fruchtend u. blühend)*
polycellular ADJ BIOL mehr-, vielzellig
polycentrism [-'sentrɪzəm] S POL Polyzentrismus *m (Machtbereich, in dem die Vorherrschaft von mehreren Zentren ausgeht)*
polychromatic ADJ (ADV ~ally) polychrom, viel-, mehrfarbig
polychrome A ADJ 1 viel-, mehr-, buntfarbig, bunt: **~ printing** Bunt-, Mehrfarbendruck *m* 2 bunt (bemalt) B S 1 a vielfarbiger *(bes* Kunst*)*Gegenstand b bunt bemalte Plastik 2 Vielfarbigkeit *f*
polyclinic S allgemeines Krankenhaus
polycotyledon S BOT Pflanze *f* mit mehr als zwei Keimblättern
polyester S CHEM Polyester *m*; **polyether** S Polyäther *m*; **polyethylene** S *bes US* Polyäthylen *n*
polygamic [-'gæmɪk] ADJ (ADV ~ally) → polygamous; **polygamist** [pə'lɪgəmɪst] S Polygamist(in); **polygamous** ADJ polygam *(a.* BOT, ZOOL*)*; **polygamy** S Polygamie *f (a.* BOT, ZOOL*)*, Vielehe *f*
polygenesis S 1 BIOL Polygenese *f*, Polygenesis *f (Theorie von der stammesgeschichtlichen Herleitung jeder gegebenen Gruppe von Lebewesen aus jeweils mehreren Stammformen)* 2 *Genetik*: Polygenie *f (Zusammenwirken mehrerer Gene bei der Ausbildung e-s Merkmals)*
polygenism [pə'lɪdʒənɪzəm] S Polygenismus *m (Lehre, nach der das Menschengeschlecht auf mehrere Stammpaare zurückgeht)*
polyglot ['pɒlɪglɒt; *US* 'pɑlɪ,glɑt] A ADJ polyglott, mehrsprachig B S 1 Polyglotte *f (Buch, bes Bibel, in mehreren Sprachen)* 2 Polyglotte(r) *m/f(m)*, mehrsprachige Person 3 Sprachengemisch *n*, *pej* Sprachengewirr *n*; **polyglotism** S Mehrsprachigkeit *f*
polygon ['pɒlɪgən; *US* 'pɑlɪ,gɑn] S MATH a

Polygon *n*, Vieleck *n* b Polygonalzahl *f*: **~ of forces** PHYS, TECH Kräftepolygon; **~ connection** ELEK Vieleckschaltung *f*
polygonal [pɒ'lɪgənl; *US* pə'l-] ADJ (ADV ~ly) polygonal, vieleckig
polygraph [-grɑ:f; *bes US* -græf] A S Polygraf *m*, *bes* Lügendetektor *m* B V/T e-m Lügendetektortest unterziehen
polygyny [pə'lɪdʒɪnɪ] S Polygynie *f*: a Vielweiberei *f* b BOT Vielweibigkeit *f* (*Blüte mit vielen Stempeln*) c ZOOL Zusammenleben *n* mit mehreren Weibchen
polyhedral [-'hedrəl; *bes US* -'hi:-] ADJ 1 MATH polyedrisch, vielflächig, Polyeder... 2 vielförmig; **polyhedron** [-drən] *pl* -drons, -dra [-drə] S MATH Polyeder *n*, Vielflach *n*
polymath [-mæθ] S Polyhistor *m*, Universalgelehrte(r) *m*
polymer ['pɒlɪmə; *US* 'pɑləmər] S CHEM Polymer(e) *n*, polymerer Körper; **polymeric** [-'merɪk] ADJ polymer; **polymerism** [pə'lɪmərɪzəm] S Polymerie *f*; **polymerization** [pə,lɪməraɪ'zeɪʃn; *US* -rə'z-] S Polymerisation *f*; **polymerize** A V/T polymerisieren B V/I polymere Körper bilden
polymolecular ADJ CHEM polymolekular, hochmolekular
polymorph S 1 CHEM polymorpher Körper 2 BIOL vielgestaltige Art; **polymorphic** ADJ polymorph, vielgestaltig; **polymorphism** S Polymorphismus *m*, Polymorphie *f*, Vielgestaltigkeit *f*; **polymorphous** → polymorphic
Polynesia [,pɒlɪ'ni:zjə; -ʒjə; *bes US* -ʒə; -ʃə; *US* ,pɑlə-] S Polynesien *n*
Polynesian [,pɒlɪ'ni:zjən; *US* ,pɑlə'ni:ʒən] A ADJ polynesisch B S 1 Polynesier(in) 2 LING Polynesisch *n*, das Polynesische
polyneuritis S MED Polyneuritis *f* (*Entzündung mehrerer Nerven*)
polynomial [-'nəʊmjəl; -ɪəl] A ADJ 1 MATH polynomisch, mehr-, vielglied(e)rig 2 BOT, ZOOL vielnamig B S MATH Polynom *n* (*vielgliedriger Ausdruck*)
polynuclear ADJ MED polynukleär, vielkernig (*Zellen etc*)
polyp ['pɒlɪp; *US* 'pɑləp] S 1 ZOOL Polyp *m* (*festsitzende Form der Hohltiere*) 2 MED Polyp *m* (*Wucherung*)
polyphase ADJ *bes* ELEK mehr-, verschiedenphasig, Mehrphasen...: **~ current** Mehrphasen-, Drehstrom *m*
polyphonic [,pɒlɪ'fɒnɪk; *US* ,pɑlə'fɑ-] ADJ (ADV ~ally) 1 vielstimmig, mehrtönig 2 MUS polyfon, *bes* kontrapunktisch 3 LING phonetisch mehrdeutig; **polyphonist** [pə'lɪfənɪst] S MUS Polyfoniker(in), Kontrapunktiker(in); **polyphony** [pə'lɪfənɪ] S 1 Viel-, Mehrtönigkeit *f*, Vielklang *m* 2 MUS Polyfonie *f*, Kontrapunktik *f* 3 LING lautliche Mehrdeutigkeit (*e-s Schriftzeichens*)
polypi ['pɒlɪpaɪ; *US* 'pɑl-] *pl von* polypus
polypod [-pɒd; *US* -,pɑd] A ADJ mit vielen Beinen *od* Füßen B S ZOOL Vielfüßer *m*
polyptych ['pɒlɪptɪk; *US* 'pɑl-; pə'lɪptɪk] S Polyptychon *n* (*mehrteilige, zusammenklappbare Tafel, bes Altar mit mehr als 3 Flügeln*)
polypus ['pɒlɪpəs; *US* 'pɑl-] *pl* -pi [-paɪ] → polyp 2
polystyle ADJ ARCH vielsäulig
polystyrene [-'staɪri:n] S CHEM Polystyrol *n*, *bes* Styropor® *n*
polysyllabic ADJ (ADV ~ally) LING polysyllabisch, mehr-, vielsilbig; **polysyllabism** S 1 Vielsilbigkeit *f* 2 Verwendung *f od* Bildung *f* vielsilbiger Wörter; **polysyllable** S Polysyllabum *n*, vielsilbiges Wort
polysynthesis S LING Polysynthese *f* (*Zusammenfassung mehrerer Satzteile zu e-m einzigen Wort*); **polysynthetic** ADJ, **polysynthetical** ADJ (ADV ~ly) polysynthetisch (*Sprachen*)
polytechnic [-'teknɪk] A ADJ polytechnisch B S Polytechnikum *n*, polytechnische Schule
polytheism S Polytheismus *m*, Vielgötterei *f*; **polytheist** S Polytheist(in); **polytheistic** ADJ, **polytheistical** ADJ (ADV ~ly) polytheistisch
polythene [-θi:n] S CHEM *bes Br* Polyäthylen *n*: **~ bag** Frischhaltebeutel *m*
polytonality S MUS Polytonalität *f* (*gleichzeitiges Auftreten mehrerer Tonarten in den einzelnen Stimmen e-s Musikstücks*)
polytropic [-'trɒpɪk; *US* -'trɑ-] ADJ BIOL polytrop (*sehr anpassungsfähig*)
polyvalence S BIOL, CHEM Polyvalenz *f*, Mehrwertigkeit *f*; **polyvalent** ADJ polyvalent, mehrwertig
polyvinyl ADJ CHEM polymerisierte Vinylverbindungen betreffend, Polyvinyl...: **~ chlorid(e)** Polyvinylchlorid *n*
pom [pɒm] → pommy
pomace ['pʌmɪs] S 1 (Apfel)Fruchtmasse *f*, (-)Trester *pl* 2 Brei *m*, zerstampfte Masse; **~ fly** S ZOOL Obstfliege *f*
pomade [pə'mɑ:d; *bes US* pəʊ'meɪd] A S (Haar)Pomade *f* B V/T pomadisieren, mit Pomade einreiben
pomander [pəʊ'mændə(r); *US a.* 'pəʊ,m-] S HIST Parfüm-, Ambrakugel *f*
pomatum [pəʊ'meɪtəm; -'mɑ:-] → pomade A
pome [pəʊm] S BOT Apfel-, Kernfrucht *f*
pomegranate ['pɒmɪ,grænɪt; *US* 'pɑm-] S BOT 1 *a.* **~ tree** Granatapfelbaum *m* 2 Granatapfel *m*
pomelo ['pɒmɪləʊ; *US* 'pɑm-] *pl* -los S BOT *bes US* Grapefruit *f*, Pampelmuse *f*
Pomerania [,pɒmə'reɪnjə; -nɪə; *US* ,pɑ-] S Pommern *n*
Pomeranian [,pɒmə'reɪnjən; -ɪən; *US* ,pɑ-] A ADJ pommer(i)sch B S 1 Pommer(in) 2 *a.* **~ dog** Spitz *m*
pomfret ['pʌmfrɪt; *US a.* 'pɑm-] S FISCH 1 Brachsenmakrele *f* 2 Butterfisch *m*
pomiculture ['pɒmɪkʌltʃə(r); *US* 'pəʊ-] S Obstbaumzucht *f*
pommel ['pʌml] A S [*Br a.* 'pɒml; *US a.* 'pɑməl] 1 (*Degen- etc*) Knauf *m*, (*Sattel*) Knopf *m* 2 *Gerberei*: Krispelholz *n* 3 *Turnen*: (*Pferd*) Pausche *f*: **~ horse** Seitpferd *n* B V/T *prät u. pperf* -meled, *bes Br* -melled 1 (mit den Fäusten) eintrommeln auf (*akk*) 2 *Gerberei*: krispeln
pommy ['pɒmɪ] S *sl* brit. Einwanderer (in Australien *od* Neuseeland)
pomology [pɒ'mɒlədʒɪ; *US* pəʊ'mɑ-] S Pomologie *f*, Obst(bau)kunde *f*
pomp [pɒmp; *US* pɑmp] S Pomp *m*, Prunk *m*, Gepränge *n*, (*a.* eitle *od* leere) Pracht
Pompeian [pɒm'peɪən; -'pi:ən; *US* pɑm-] A ADJ pompejisch, pompejanisch: **~ red** pompejanisch-, ziegelrot B S Pompejer(in), Pompejaner(in)
pom-pom ['pɒmpɒm; *US* 'pɑm,pɑm] S MIL *bes* HIST Pompom *n* (*automatisches Schnellfeuergeschütz*)
pompon ['pɔ̃:mpɔ̃:ŋ; 'pɒmpɒn; *US* 'pɑm,pɑn] S Pompon *m*, (*ballförmige*) Quaste
pomposity [pɒm'pɒsətɪ; *US* pɑm'pɑs-] S 1 Prunk *m*, Pomp *m* 2 Wichtigtuerei *f*, Aufgeblasenheit *f* 3 Schwülstigkeit *f*, Bombast *m* (*im Ausdruck*); **pompous** ADJ (ADV ~ly) 1 pompös, prunkvoll 2 wichtigtuerisch, aufgeblasen 3 bombastisch, schwülstig (*Sprache*)
'pon [pɒn; *US* pɑn] *obs od poet abk für* upon
ponce [pɒns] *Br pej* A S 1 Zuhälter *m* 2 Schwule(r) *m*, *bes* Tunte *f pej* B V/I 1 von Zuhälterei leben: **~ for sb** j-s Zuhälter sein 2 **~ about** (*od* **around**) herumtänzeln
ponceau [pɒn'səʊ; *US* pɑn-] S Ponceau *n*: a Hochrot *n* b CHEM *scharlachroter Farbstoff*
poncho ['pɒntʃəʊ; *US* 'pɑn-] *pl* -chos S Poncho *m* (*ein Umhang*)
poncing ['pɒnsɪŋ] S *Br sl* Zuhälterei *f*; **poncy** ADJ *Br sl* 1 schwul (*homosexuell*) 2 tuntig *pej* (*Getue*), tänzelnd (*Gang*)
pond [pɒnd; *US* pɑnd] A S (*Br bes* künstlicher) Teich, Weiher *m*, Tümpel *m* B V/T *Wasser* (*in e-m Teich*) sammeln, *e-n Bach* (zu e-m Teich) stauen C V/I e-n Teich *od* Tümpel bilden; **~ apple** S BOT Alligatorapfel *m*
ponder ['pɒndə; *US* 'pɑndər] A V/I (**on, over**) nachdenken, -sinnen, -grübeln (über *akk*), grübeln (über *akk od dat*): **make sb ~** j-n nachdenklich stimmen, j-m zu denken geben B V/T erwägen (*a.* **doing sth** etwas zu tun), überlegen, nachdenken über (*akk*): **~ one's words** s-e Worte abwägen; **ponderability** S Wägbarkeit *f*; **ponderable** ADJ (ADV ponderably) wägbar, ab-, einschätzbar; **pondering** ADJ (ADV ~ly) nachdenklich, grüblerisch: **~ silence** nachdenkliches Schweigen
ponderosity [,pɒndə'rɒsətɪ; *US* ,pɑndə'rɑs-] S 1 Schwere *f* 2 *fig* Schwerfälligkeit *f*
ponderous ['pɒndərəs; *US* 'pɑn-] ADJ (ADV ~ly) 1 schwer 2 *fig* schwerfällig (*Stil etc*) 3 *fig* langweilig; **ponderousness** → ponderosity
pond lily → water lily
pone[1] [pəʊn] S *a.* **~ bread** *US* Maisbrot *n*
pone[2] ['pəʊnɪ; pəʊn] S *Kartenspiel: Spieler, der abhebt*
pong [pɒŋ] *Br umg* A S Gestank *m* B V/I stinken
pongee [pɒn'dʒi:; *US* pɑn-; 'pɑn,dʒi:] S Japanseide *f*
poniard ['pɒnjəd; *US* 'pɑnjərd] A S Dolch *m* B V/T erdolchen
pontiff ['pɒntɪf; *US* 'pɑn-] S 1 *Antike*: Pontifex *m*, Oberpriester *m* 2 Hohepriester *m* 3 KATH Papst *m*
pontifical [pɒn'tɪfɪkl; *US* pɑn't-] A ADJ (ADV ~ly) 1 *Antike*: (ober)priesterlich 2 KATH pontifikal: a bischöflich: ♀ **College** Bischofskollegium *n*; ♀ **Mass** Pontifikalamt *n* b *bes* päpstlich 3 hohepriesterlich 4 *fig* a feierlich, würdevoll b dogmatisch, päpstlich, überheblich B S 1 Pontifikale *n* (*Zeremonienbuch der Bischöfe*) 2 *pl* → pontificalia
pontificalia [,pɒntɪfɪ'keɪljə; -ɪə; *US* pɑn,tɪfə'keɪ-] SPL Pontifikalien *pl* (*bischöfliche od päpstliche Amtstracht u. Insignien*)
pontificate [pɒn'tɪfɪkeɪt; *US* pɑn-] A V/I 1 als (Hoher)Priester *od* Bischof *od* in päpstlicher Würde amtieren 2 KATH ein Pontifikalamt halten 3 *fig* a sich päpstlich gebärden, sich für unfehlbar halten b sich dogmatisch auslassen (**on** über *akk*) B S [*Br bes* -kɪt; *US a.* -kət] *Antike u.* KATH Pontifikat *n/m*
pontify ['pɒntɪfaɪ; *US* 'pɑn-] → pontificate A 3
pontoon[1] [pɒn'tu:n; *US* pɑn-] A S 1 Ponton *m*, Brückenkahn *m*: **~ bridge** Ponton-, Schiffsbrücke *f*; **~ train** Brückenkolonne *f* 2 SCHIFF Kielleichter *m*, Prahm *m* 3 FLUG Schwimmer *m* (*e-s Wasserflugzeugs*) B V/T *e-n Fluss* mit Pontons *od* e-r Pontonbrücke überqueren
pontoon[2] [pɒn'tu:n] S *Br* Siebzehnundvier *n*
pony ['pəʊnɪ] A S 1 Pony *n* 2 *Br sl* 25 Pfund (*Betrag*) 3 SCHULE *US sl* a Eselsbrücke *f*, Klatsche *f* (*Übersetzungshilfe*) b Spickzettel *m* 4 a kleines (*Schnaps- etc*) Glas b Gläschen *n* (*Schnaps etc*) B V/T *US* 1 *sl e-e Übersetzung* mithilfe e-r Klatsche anfertigen 2 **~ up** *umg e-e Rechnung etc* berappen, blechen; **~ express** S *erster Schnellpostdienst im Westen der USA (1860-61)*; **~tail** S Pferdeschwanz *m* (*Frisur*): **wear one's**

hair in a ~ e-n Pferdeschwanz tragen; ~ **trekking** S *Br* Ponyreiten *n*

poo [puː] *(Kindersprache)* A S 1 Aa *n* 2 **do a ~** Aa machen B V/I & V/T Aa machen (in *akk*)

pooch [puːtʃ] S *bes US umg* Köter *m*

poodle [ˈpuːdl] S ZOOL Pudel *m*: **be sb's ~** *Br pej* immer nach j-s Pfeife tanzen

poof [pʊf; puːf], **poofter** [-tə] S *Br pej* Schwule(r) *m*

pooh[1] [puː; pʊ] INT *pej* pah!

pooh[2] [puː] → poo A

Pooh-Bah [ˌpuːˈbɑː; *US* ˈpuːˌbɑː] S HUM *Wichtigtuer, der viele Ämter innehat*

pooh-pooh [ˌpuːˈpuː] A V/T geringschätzig behandeln, *etwas* als unwichtig abtun, die Nase rümpfen *od* geringschätzig hinweggehen über *(akk)* B V/I die Nase rümpfen, geringschätzig tun

pool[1] [puːl] A S 1 Pfuhl *m*, Teich *m*, Weiher *m*, Tümpel *m* 2 Pfütze *f*, Lache *f*: **~ of blood** Blutlache 3 a *(Schwimm)* Becken *n*, Bassin *n* b → **swimming pool** 4 *tiefe, unbewegte Stelle e-s Flusses* 5 GEOL petroleumhaltige Gesteinspartie 6 *Schweißtechnik*: Schmelzbad *n*: **~ cathode** flüssige Kathode B V/T *Gestein* unterminieren

pool[2] [puːl] A S 1 *Kartenspiel*: a Gesamteinsatz *m* b (Spiel)Kasse *f* 2 *meist pl* *(Fußball- etc)* Toto *n/m*: **he must have won (on) the ~s** der muss im Lotto gewonnen haben; **a win on the ~s** ein Totogewinn; **~s coupon** Tippschein, -zettel *m* 3 *Billard*: a *Br* Poulespiel *n* b *US* Poolbillard *n* 4 *Fechten*: Ausscheidungsrunde *f* 5 WIRTSCH a Pool *m*, Kartell *n*, Ring *m*, Interessengemeinschaft *f*, -verband *m* b Arbeitsgemeinschaft *f* c *(Preis- etc)* Abkommen *n* d gemeinsamer Fonds, gemeinsame Kasse 6 **~ of players** SPORT a (Spieler)Kader *m* b Aufgebot *n* B V/T 1 a *Geld, Kapital, a. Unternehmen* zusammenlegen: **~ funds** zusammenschießen b *e-n Gewinn* untereinander verteilen c *das Geschäftsrisiko* verteilen 2 *fig Kräfte etc* vereinen C V/I ein Kartell bilden

pool|room S *US* 1 Billardzimmer *n* 2 Spielsalon *m* 3 Wettannahmestelle *f*; **~ table** S *US* Billardtisch *m*

poop[1] [puːp] SCHIFF A S 1 Heck *n*: **~ lantern** Hecklicht *n* 2 *a.* **~ deck** (erhöhtes) Achterdeck: **~ cabin** Kajüte *f* unter dem Achterdeck 3 *obs* (Achter)Hütte *f* B V/T *das Schiff* von hinten treffen: **be ~ed** e-e Sturzsee von hinten bekommen

poop[2] [puːp] *US* A V/I 1 → poo B 2 **~ out** *sl* a *bes* SPORT aussteigen *(aufgeben)* b den *od* s-n Geist aufgeben, kaputtgehen B V/T *sl j-n* schlauchen *(erschöpfen)*: **~ed (out)** geschlaucht, fertig C S *Kindersprache*: Aa *n*: **make ~**

poop[3] [puːp] S *umg* Einfaltspinsel *m*, Trottel *m* *(beide pej)*

pooper [ˈpuːpə(r)] S *umg* Muffel *m*

poo-poo → poo A

poor [pɔː; *bes US* pʊə(r)] A ADJ (ADV → poorly B) 1 arm, mittellos; → quarter A 15 2 arm, ohne Geldreserven, schlecht fundiert *(Staat, Verein etc)* 3 armselig, ärmlich, kümmerlich *(Leben etc)*, *(Frühstück etc a.)* dürftig: **~ dresses** *pl* ärmliche Kleidung 4 mager *(Boden, Erz, Vieh etc)*, schlecht, unergiebig *(Boden, Ernte etc)* 5 *fig* arm (in an *dat*), schlecht, mangelhaft, schwach *(Gesundheit, Leistung, Spieler, Sicht, Verständigung etc)*: **he's a ~ eater** er ist ein schlechter Esser; **a ~ lookout** schlechte Aussichten *pl*; **~ in spirit** BIBEL arm im Geiste, geistig arm 6 *pej* jämmerlich *(Kreatur etc)* 7 *umg* arm, bedauerns-, bemitleidenswert *(alle oft hum)*: **~ me!** ich Ärmste(r)!; **my ~ mother** m-e arme *(oft verstorbene)* Mutter; **in my ~ opinion** *iron* m-r unmaßgeblichen Meinung nach; → opinion 3, self A 1 B S **the ~** *koll* die Armen *pl*

poor| box S HIST Armen-, Almosenbüchse *f*; **~house** S HIST Armenhaus *n*; **~ law** S JUR, HIST Armengesetz(gebung) *n(f)*, öffentliches Fürsorgerecht

poorly A ADJ *umg* schlecht, kränklich: **he looks ~** er sieht schlecht aus B ADV 1 armselig: **he is ~ off** es geht ihm schlecht; **he's ~ off for** es fehlt *od* mangelt ihm an *(dat)* 2 *fig* schlecht, mangelhaft: **~ gifted** schwach begabt; **do ~** a SPORT *etc* schlecht spielen b schlecht abschneiden (in in *dat*); **think ~ of** nicht viel halten von

poorness → poverty

poor| rate S HIST Armensteuer *f*; **~ relation** S *fig* Stiefkind *n*; **~ relief** S HIST Armenfürsorge *f*, -pflege *f*; **~-spirited** ADJ 1 feig(e) 2 mutlos, verzagt

poort [pɔː(r)t; pʊə(r)t; *US a.* pəʊərt] S enger Pass *(in Südafrika)*

poor white trash S *US pej* weißer Pöbel

poove [puːv] → poof

pop[1] [pɒp; *US* pɑp] A V/I 1 knallen *(Flaschenkork, Feuerwerk etc)* 2 aufplatzen, aufspringen *(Kastanien, Mais)* 3 *umg* ballern (at auf *akk*) 4 *umg* flitzen, huschen: **~ in** hereinplatzen, auf e-n Sprung vorbeikommen *umg (Besuch)*; **~ into** vorbeischauen bei; **~ off** a abhauen, sich aus dem Staub machen *umg* b den Löffel weglegen *fig* c loslegen (about über *akk*); **~ off at sb** j-m ein paar Freundlichkeiten sagen *umg*; **he's just ~ped out for a few minutes** er ist nur mal kurz weggegangen; **~ up** (plötzlich) auftauchen *(a. fig Schwierigkeit etc)* 5 *a.* **~ out** heraustreten, aus den Höhlen treten *(Augen)*: **his eyes were almost ~ping out of his head** ihm quollen fast die Augen aus dem Kopf B V/T 1 a knallen *od* platzen lassen: **~ corn** *US* Mais rösten b *Br* mit Druckknöpfen befestigen 2 *a.* **~ off** *umg* a *ein Gewehr etc* abfeuern b *Hasen etc* abknallen *sl* 3 *umg* (schnell) (weg)stecken *od wohin* tun: **~ one's head in the door** (plötzlich) den Kopf zur Tür hereinstecken; **~ away** schnell wegstecken; **~ on** *den Hut* aufstülpen; **~ out** a hinausstecken b *das Licht* auslöschen; **~ pills** *bes US* tablettensüchtig sein; **~ a few pills** *bes US* ein paar Tabletten einwerfen *umg* 4 *umg* mit *e-r Frage etc* herausplatzen: **~ the question** e-r Frau e-n Heiratsantrag machen 5 *Br umg (im Leihhaus)* versetzen: → clog A 3 a C S 1 Knall *m* 2 *umg* Schuss *m*: **take a ~ at** ballern auf *(akk)* 3 *umg* Limo *f* *(Limonade)* 4 **in ~** *Br umg* versetzt, im Leihhaus D INT peng! E ADV mit e-m Knall: **go ~** knallen

pop[2] [pɒp; *US* pɑp] A S *a.* **~ music** a Schlagermusik *f* b Pop(musik) *m(f)* B ADJ 1 volkstümlich *(Konzert etc)* 2 Schlager…: **~ singer**; **~ song** Schlager *m* 3 Pop…: **~ concert (festival, group, singer,** *etc)*

pop[3] [pɒp; *US* pɑp] S *bes US umg* 1 Papa *m*, Vati *m* 2 Opa *m*

pop[4] [pɑp] → Popsicle

pop. ABK 1 popular(ly) 2 population Bev.

pop| art S Pop-Art *f*; **~ artist** S Vertreter(in) der Pop-Art

popcorn S Popcorn *n*, Puffmais *m*

pope[1] [pəʊp] S 1 *meist* ♀ KATH Papst *m*: **~'s nose** *US umg hum* Bürzel *m (e-r Gans etc)*; **is the ♀ Catholic?** *umg hum* was denn sonst?; was denkst denn du? 2 REL a Pope *m* b Patriarch *m*, *fig* Papst *m*, Autorität *f*

pope[2] [pəʊp] S FISCH Kaulbarsch *m*

popedom [ˈpəʊpdəm] S Papsttum *n*

popery [ˈpəʊpərɪ] S *pej* Papismus *m*, Katholizismus *m*

pop|eyed ADJ *umg* a glotzäugig b **be ~** Stielaugen machen (with vor *dat*); **~gun** S Spielzeuggewehr *n*, -pistole *f*

popinjay [ˈpɒpɪndʒeɪ; *US* ˈpɑp-] 1 Geck *m*, Laffe *m* 2 Papagei *m*

popish [ˈpəʊpɪʃ] ADJ (ADV **~ly**) *pej* papistisch

poplar [ˈpɒplə; *US* ˈpɑplər] S BOT Pappel *f*

poplin [ˈpɒplɪn; *US* ˈpɑp-] S Popelin *m*, Popeline *m/f* *(ein fein geripptes Gewebe aus Baumwolle etc)*

popliteal [pɒpˈlɪtɪəl; ˌpɒplɪˈtiːəl; *US* ˌpɑpləˈt-] ADJ ANAT Kniekehlen…: **~ artery** Ende *n* der Oberschenkelarterie; **~ nerve** Ende *n* des Ischiasnervs

popover [ˈpɑpˌəʊvər] S *US rasch ausgebackenes, stark aufgehendes Backwerk*

poppa [ˈpɒpə; *US* ˈpɑpə] *US* → pop[3]

popper [ˈpɒpə] S *Br* Druckknopf *m*

poppet [ˈpɒpɪt; *US* ˈpɑ-] S 1 *Br umg* Schätzchen *n*, Schatz *m* 2 TECH a *a.* **~ head** Docke *f (e-r Drehbank)* b *a.* **~ valve** Schnüffelventil *n* 3 SCHIFF Schlittenständer *m*

poppy [ˈpɒpɪ; *US* ˈpɑpiː] A S 1 BOT Mohn (-blume) *m(f)* 2 *Br (am Poppy Day als Zeichen des Gedenkens getragene)* (künstliche) Mohnblume 3 Mohnextrakt *m*, *a. n*, *z. B.* Opium *n* 4 *a.* **~ red** Mohnrot *n* B ADJ mohnrot; **~cock** S *umg* Quatsch *m*, dummes Zeug; **♀ Day** S *Br umg* Volkstrauertag *m (Sonntag vor od nach dem 11. November)*; **~head** S BOT Mohnkapsel *f (a.* ARCH); **~seed** S Mohn(samen) *m*: **~ cake** Mohnkuchen *m*

popshop S *Br umg* Leih-, Pfandhaus *n*

Popsicle® [ˈpɑpˌsɪkəl] S *US* Eis *n* am Stiel

popsy [ˈpɒpsɪ; *US* ˈpɑpsiː] S *Br umg obs* steiler Zahn

populace [ˈpɒpjʊləs; *US* ˈpɑp-] S 1 *pej* Pöbel *m* 2 (breite) Masse, Volk *n*

popular [ˈpɒpjʊlə; *US* ˈpɑpjələr] A ADJ (ADV → popularly) 1 Volks…: **~ front** POL Volksfront *f*; **~ government** Volksherrschaft *f*; **~ uprising** Volksaufstand *m*; **the ~ voice** die Stimme des Volkes 2 allgemein, weitverbreitet *(Irrtum, Unzufriedenheit etc)* 3 populär, (allgemein) beliebt *(beide:* **with** bei): **make o.s. ~ with** sich bei *j-m* beliebt machen; **be very ~** sich großer Beliebtheit erfreuen; **be ~ with** bei *j-m* gut angeschrieben sein; **the ~ hero** der Held des Tages; **~ taste** Publikumsgeschmack *m* 4 a populär, volkstümlich b allgemein *od* leicht verständlich, Populär…: **~ etymology** LING Volksetymologie *f*; **~ magazine** populäre Zeitschrift; **~ music** volkstümliche Musik; **~ newspaper** Boulevardblatt *n*, -zeitung *f*; **~ press** Boulevardpresse *f*; **~ science** Populärwissenschaft *f*; **~ writer** Volksschriftsteller(in) 5 volkstümlich, (für jeden) erschwinglich: **~ edition** Volksausgabe *f*; **~ prices** volkstümliche Preise B SPL **populars** Boulevardpresse *f*

popularity [ˌpɒpjʊˈlærətɪ; *US* ˌpɑpjəˈl-] S Popularität *f*: a Volkstümlichkeit *f* b Beliebtheit *f* (**with** bei): **have little ~** wenig populär sein; **his ~ rating has gone down (by) two per cent** er ist auf der Beliebtheitsskala um zwei Prozent gesunken; **popularization** [-ləraɪˈzeɪʃn; *US* -rəˈz-] S Popularisierung *f*; **popularize** [-ləraɪz] V/T popularisieren: a populär machen b allgemein verständlich darstellen *od* machen

popularly ADV 1 allgemein: **it is ~ believed that …** 2 populär, volkstümlich, allgemein verständlich 3 im Volksmund, landläufig

populate [ˈpɒpjʊleɪt; *US* ˈpɑp-] V/T 1 bevölkern, besiedeln 2 *meist passiv* bewohnen

population [ˌpɒpjʊˈleɪʃn; *US* ˌpɑp-] S 1 Bevölkerung *f*, Einwohnerschaft *f* 2 Bevölkerungs-, Einwohnerzahl *f* 3 *(bes* statistische) Gesamtzahl, *(Fahrzeug-, Schweine-, Wild- etc)* Bestand *m (e-s Landes)* 4 BIOL Population *f*: a *in der Natur begrenzte, kreuzungsfähige Individuenmenge* b Bewohner *pl*, (Art)Bestand *m (e-s bestimmten Lebensraums)*; **~ biology** (= *social*

P

anthropology) → social A 5; ~ **counter** S TECH Gesamtheitszähler m (Qualitätskontrolle); ~ **density** S Bevölkerungsdichte f; ~ **explosion** S Bevölkerungsexplosion f; ~ **genetics** SPL (als sg konstruiert) Populationsgenetik f (Spezialgebiet der Genetik, das die durch Mutation u. Selektion verursachten Veränderungen von Genhäufigkeiten innerhalb bestimmter Individuumgruppen e-r Art untersucht); ~ **imbalance** S Bevölkerungsungleichgewicht n; ~ **movement** S Bevölkerungsbewegung f; ~ **parameter** S SOZIOL statistische Hilfs- od Querschnittzahl; ~ **policy** S Bevölkerungspolitik f; ~ **projection** S Bevölkerungsprojektion f; ~ **statistics** SPL Bevölkerungsstatistik f; ~ **theory** S Bevölkerungstheorie f

Populism ['pɒpjʊlɪzəm; US 'pɑp-] S POL 1 US HIST Prinzipien pl der **People's Party** 2 meist ♀ a pej Populismus m (Politik, die aus opportunistischen Gründen in der Bevölkerung verbreitete Stimmungen der Unzufriedenheit etc aufgreift, um Volksnähe zu demonstrieren) b Volksnähe f; **Populist** POL A S 1 US HIST Anhänger(in) des **Populism**, Mitglied n der **People's Party** 2 meist ♀ a pej Populist(in) b volksnahe(r) Politiker(in) B ADJ meist ♀ a pej populistisch b volksnah

populous ['pɒpjʊləs; US 'pɑp-] ADJ (ADV ~ly) dicht besiedelt od bevölkert; **populousness** S dichte Besied(e)lung, Bevölkerungsdichte f

pop|-up ADJ 1 mit Auswerfautomatik (Toaster) 2 Stehauf...: ~ **book**; ~ **valve** S TECH Sicherheitsventil n; ~ **wine** S billiger, aromatisierter Wein

porbeagle ['pɔː(r),biːgl] S FISCH Heringshai m

porcelain ['pɔː(r)səlɪn; US a. 'pəʊr-] A S Porzellan n B ADJ Porzellan...; ~ **cement** S Porzellankitt m; ~ **clay** S MINER Porzellanerde f, Kaolin m/n; ~ **enamel** S (Porzellan)Email n

porcelainize V/T zu Porzellan brennen

porch [pɔː(r)tʃ; US a. pəʊrtʃ] S 1 Portal n, überdachte Vorhalle, Vorbau m 2 bes US Veranda f

porcine ['pɔː(r)saɪn] ADJ 1 ZOOL zur Familie der Schweine gehörig 2 schweineartig 3 fig schweinisch

porcupine ['pɔː(r)kjʊpaɪn] S 1 ZOOL Stachelschwein n 2 Spinnerei: Igel m, Nadel-, Kammwalze f

pore[1] [pɔː(r); US a. pəʊr] V/I 1 **(over)** (etwas) eifrig studieren, vertieft sein (in akk), brüten (über dat) 2 **(on, over)** nachgrübeln (über akk), grübeln (über akk od dat)

pore[2] [pɔː(r); US a. pəʊr] S BIOL etc Pore f: **he was sweating at every ~** der Schweiß brach ihm aus allen Poren

porgy ['pɔː(r)dʒɪ] pl -gies, bes koll -gy S FISCH 1 meist **red ~** Amer. Goldbrassen m 2 (ein) Rotbrassen m

poriferous [pɔː'rɪfərəs] ADJ porig, mit Poren (versehen)

porism ['pɔːrɪzəm] S Logik: Porisma n (Ableitung aus e-m anderen Satz)

pork [pɔː(r)k; US a. pəʊrk] S 1 Schweinefleisch n 2 US umg *von der Regierung aus politischen Gründen gewährte (finanzielle) Begünstigung od Stellung*; ~ **barrel** S US umg *aus politischen Gründen gewährte staatliche Zuschüsse*; ~ **belly** S GASTR Schweinebauch m; ~ **chop** S Schweinekotelett n; ~ **cutlet** S Schweineschnitzel n

porker S Mastschwein n, -ferkel n

porkling [-lɪŋ] S Ferkel n

pork| pie S Schweinepastete f; **~pie hat** S bes Br flacher (Herren)Hut

porky[1] ADJ 1 Schweinefleisch...: ~ **smell** 2 umg fett, dick

porky[2] S US umg Stachelschwein n

porn [pɔː(r)n] umg A S Porno m (Pornografie): **hard ~** harter Porno; **soft ~** Softporno B ADJ Porno...: ~ **film** Porno(film) m; ~ **magazine** Porno(heft) m(n); ~ **shop** Pornoshop m, -laden m

porno ['pɔː(r)nəʊ] → porn

pornographer [pɔː'nɒgrəfə; US pɔːr'nɑgrəfər] S Pornograf(in), Verfasser(in) pornografischer Schriften; **pornographic** [-nə'græfɪk] ADJ (ADV ~ally) pornografisch; **pornography** S Pornografie f

porny ['pɔː(r)nɪ] ADJ umg pornografisch, Porno...

porosity [pɔː'rɒsətɪ; US pə'rɑs-] S Porosität f

porous ['pɔːrəs; US a. 'pəʊrəs] ADJ (ADV ~ly) porös: a durchlässig (a. fig Grenze etc) b mit Poren (versehen)

porphyry ['pɔː(r)fɪrɪ] S GEOL Porphyr m (dichtes, feinkörniges Ergussgestein mit eingestreuten Kristalleinsprenglingen)

porpoise ['pɔː(r)pəs] A pl -poises, bes koll -poise S ZOOL 1 Tümmler m, Meerschwein n 2 Delfin m B V/I FLUG wellenförmig landen od aufsteigen

porrect [pə'rekt] ADJ BOT, ZOOL ausgestreckt

porridge ['pɒrɪdʒ; US a. 'pɑr-] S 1 Porridge m/n, Haferbrei m: **do ~** Br sl Knast schieben; → breath 1 2 Brei m

porringer ['pɒrɪndʒə(r); US a. 'pɑr-] S (Suppen- etc) Napf m

port[1] [pɔː(r)t; US a. pəʊrt] S 1 SCHIFF Hafen m: ~ **authority** Hafenbehörde f; ~ **dues** Hafengebühren; ~ **facilities** Hafenanlagen pl; ~ **of call** a Anlaufhafen b fig umg Ziel n; ~ **of delivery** (od **discharge**) Löschhafen, -platz m; ~ **of departure** Abgangshafen; ~ **of destination** Bestimmungshafen; ~ **of entry** Einlaufhafen (→ 3); ~ **of registry** Heimathafen; ~ **of tran(s)shipment** Umschlaghafen; **any ~ in a storm** fig in der Not frisst der Teufel Fliegen 2 a. ~ **city** Hafenstadt f 3 WIRTSCH bes US Grenz-, Zollkontrollstelle f: ~ **of entry** Einfuhr(zoll)stelle (→ 1) 4 fig (sicherer) Hafen

port[2] [pɔː(r)t; US a. pəʊrt] FLUG, SCHIFF A S Backbord n: **on the ~ bow!** SCHIFF Backbord achteraus!; **on the ~ quarter!** SCHIFF Backbord voraus!; **cast to ~** SCHIFF nach Backbord fallen B ADJ Backbord...: ~ **side** Backbord (-seite) n(f) C ADV a nach Backbord b backbord(s) D V/T & V/I nach Backbord halten

port[3] [pɔː(r)t; US a. pəʊrt] S 1 bes schott Tor n, Pforte f (e-r Festung od e-r Stadt) 2 SCHIFF a (Lade)Luke f, (-)Pforte f b (Pfort)Deckel m, (-)Luke f c Bullauge n d Geschützpforte f 3 MIL Schießscharte f (a. am Panzer) 4 TECH (Auslass-, Einlass) Öffnung f, Abzug m 5 COMPUT Port m (Schnittstelle, die ein peripheres Gerät mit dem Bus verbindet)

port[4] [pɔː(r)t; US a. pəʊrt] S Portwein m

port[5] [pɔː(r)t; US a. pəʊrt] V/T: → arm[2] Bes Redew

Port. ABK 1 Portugal 2 Portuguese

portable ['pɔː(r)təbl; US a. 'pəʊrt-] A ADJ (ADV portably) 1 tragbar: ~ **firearm** Handfeuerwaffe f; ~ **radio (set)** a → B 1 a b MIL Tornisterfunkgerät n; ~ **record player** → B 1 c; ~ **tape recorder** → B 1 d; ~ **television set** → B 1 b; ~ **typewriter** → B 2 2 transportabel, (orts)beweglich: ~ **aerial** (bes US **antenna**) ortsveränderliche Antenne; ~ **derrick** fahrbarer Kran; ~ **fire extinguisher** Handfeuerlöscher m; ~ **searchlight** Handscheinwerfer m B S 1 a Kofferradio n b Portable n, tragbares Fernsehgerät c Phonokoffer m d Koffertonbandgerät n 2 Reiseschreibmaschine f

portage ['pɔː(r)tɪdʒ; US a. 'pəʊrt-] A S 1 Transport m 2 WIRTSCH Fracht f, Rollgeld n 3 SCHIFF a Portage f, Trageplatz m b Tragen n (von Kähnen etc) über e-e Portage B V/T e-n Kahn etc über e-e Portage tragen

portal[1] ['pɔː(r)tl; US a. 'pəʊrtl] S 1 Eingang m, Pforte f: **the ~s of heaven** bes poet die Himmelspforten 2 (e-r Kirche etc) Portal n 3 INTERNET Portal n

portal[2] ['pɔː(r)tl; US a. 'pəʊrtl] ANAT A ADJ Pfort(ader)...: ~ **vein** → B B S Pfortader f

portal-to-portal pay S WIRTSCH *Arbeitslohn, berechnet für die Zeit vom Betreten der Fabrik etc bis zu ihrem Verlassen*

portamento [,pɔː(r)tə'mentəʊ; US a. ,pəʊrtə-] pl -ti [-tiː] S MUS Portament(o) n (ein gleitender Übergang von einem Ton zum darauffolgenden)

portative ['pɔː(r)tətɪv; US a. 'pəʊrtə-] A ADJ PHYS tragfähig: ~ **force** Tragkraft f B S a. ~ **organ** MUS, HIST Portativ n (kleine tragbare Orgel)

portcullis [,pɔː(r)t'kʌlɪs] S MIL, HIST Fallgatter n, -gitter n

porte-cochere [,pɔː(r)tkɒ'ʃeə; US -kəʊ'ʃeər; a. ,pəʊrt-] S 1 Wagenauffahrt f 2 US Schutzdach n (vor Hauseingängen)

portend [pɔː(r)'tend; US a. pəʊr-] V/T hindeuten auf (akk): **what does this ~?** was hat das zu bedeuten?

portent ['pɔː(r)tent; US a. 'pəʊr-] S 1 (bes schlimmes) (Vor-, An)Zeichen, (bes böses) Omen: **the ~s of war** die Vorboten od Vorzeichen des Krieges 2 Wunder n; **portentous** [-təs] ADJ (ADV ~ly) 1 unheilvoll 2 a wunderbar b beeindruckend 3 a selbstgefällig b selbstherrlich

porter[1] ['pɔː(r)tə(r); US a. 'pəʊr-] S bes Br a Pförtner m: **~'s lodge** Pförtnerloge f b Portier m

porter[2] ['pɔː(r)tə(r); US a. 'pəʊr-] S 1 (Gepäck)Träger m 2 BAHN US (Salon- od Schlafwagen)Schaffner(in)

porter[3] ['pɔː(r)tə(r); US a. 'pəʊr-] S Porter m, a. n (dunkles, starkes Bier)

porterage S 1 Tragen n (von Gepäckstücken) 2 Trägerlohn m

porterhouse S 1 HIST Bierhaus n 2 a. ~ **steak** GASTR Porterhousesteak n (Steak aus dem Rippenstück des Rinds mit [Knochen u.] Filet)

port|fire S MIL etc HIST langsam brennender Zünder, Zeitzündschnur f; **~folio** pl -os S 1 a Aktentasche f b Mappe f (für Fotos, Zeichnungen etc) 2 Portefeuille n, Geschäftsbereich m (e-s Ministers): **minister without ~** 3 WIRTSCH Portefeuille n, Bestand m (an Wertpapieren): ~ **of bills** Wechselportefeuille, -bestand; **~hole** S 1 SCHIFF → port[3] 2 b, 2 c 2 TECH → port[3] 4

portico ['pɔː(r)tɪkəʊ; US a. 'pəʊrt-] pl -cos, -coes S ARCH Portikus m, Säulenvorbau m

portion ['pɔː(r)ʃn; US a. 'pəʊrʃən] A S 1 **(of)** Anteil m (an dat), Teil m (gen) 2 Portion f (Essen) 3 Teil m/n, Stück n (e-s Buches, e-s Gebiets, e-r Strecke etc) 4 Menge f, Quantum n 5 JUR a Mitgift f, Aussteuer f b Erbteil n: **legal ~** Pflichtteil m/n 6 fig Los n, Schicksal n B V/T 1 meist ~ **out** aufteilen (**among, between** unter akk) 2 a e-e Tochter ausstatten, aussteuern b j-n (bei der Erbteilung) bedenken

portliness ['pɔː(r)tlɪnɪs; US a. 'pəʊrt-] S 1 obs Stattlichkeit f, würdiges Aussehen 2 Beleibtheit f, Korpulenz f; **portly** ADJ 1 obs stattlich, würdevoll 2 beleibt, korpulent

portmanteau [,pɔː(r)t'mæntəʊ; US a. pəʊrt-] pl -teaus, -teaux [-təʊz] S HIST Schrankkoffer m; ~ **word** S LING Kurzwort n (z. B. **smog** aus **smoke** u. **fog**)

portrait ['pɔː(r)trɪt; -treɪt; US a. 'pəʊr-] S 1 a Porträt n, Bild(nis) n b FOTO Porträt (-aufnahme) n(f): **take sb's ~** j-n porträtieren, ein Porträt von j-m machen; ~ **bust** Porträtbüste f; ~ **painter** Porträtmaler(in); ~ **photographer** Porträtfotograf(in) 2 fig Porträt n, Bild *n*: **give** (*od* **paint**) **a realistic ~ of** ein realistisches Bild zeichnen von (*od gen*) 3 **in ~** (**mode** *od* **format**) im Hochformat; **portraitist** S Porträtist(in), Porträtmaler(in), -fotograf(in)

portraiture [ˈpɔː(r)trɪtʃə(r); *US a.* -ˌtʃʊər; ˈpəʊr-] S 1 → portrait 1, 2 2 a Porträtmalerei *f* b FOTO Porträtfotografie *f*

portray [pɔː(r)ˈtreɪ; *US a.* pəʊr-] V/T 1 porträtieren 2 *fig* schildern, darstellen (*beide*: **as** als) 3 THEAT *etc j-n* darstellen; **portrayal** S 1 Porträtieren *n* 2 Porträt *n* 3 *fig* Schilderung *f*, Darstellung *f*; **portrayer** S 1 → portraitist 2 *fig* Schilderer *m*, Schilderin *f*

Portugal [ˈpɔːtjʊgl; -tʃʊgl; *US* ˈpɔːrtʃɪgəl] S Portugal *n*

Portuguese [ˌpɔːtʃʊˈgiːz; *US* ˌpɔːrtʃə-; ˌpəʊrtʃə-] A S 1 Portugiese *m*, Portugiesin *f*: **the ~** *koll* die Portugiesen *pl* 2 LING Portugiesisch *n*, das Portugiesische B ADJ portugiesisch

port-wine stain S MED Feuermal *n*

POS ABK point of sale Verkaufsstelle *f*

pos. ABK 1 position Pos. 2 positive pos.

pose[1] [pəʊz] A V/T 1 auf-, hinstellen, e-e Pose einnehmen lassen: **~ a model for a photograph** 2 a *ein Problem, e-e Frage* aufwerfen b *e-e Bedrohung, Gefahr etc* darstellen 3 *e-e Behauptung* aufstellen, *e-n Anspruch* erheben 4 (**as**) hinstellen (als), ausgeben (für, als) B V/I 1 sich in Positur setzen *od* werfen 2 a MAL Modell stehen *od* sitzen (**for** *dat*) b sich fotografieren lassen c als Maler- *od* Fotomodell arbeiten 3 posieren, e-e Pose einnehmen 4 (**as**) auftreten (als), sich ausgeben (für, als) C S Pose *f* (*a. fig*), Positur *f*, Haltung *f*, Stellung *f*

pose[2] [pəʊz] V/T verwirren, in Verlegenheit bringen

posed [pəʊzd] ADJ gestellt (*Aufnahme*)

poser[1] [ˈpəʊzə(r)] → poseur

poser[2] [ˈpəʊzə(r)] S knifflige Frage, schwieriges Problem

poseur [pəʊˈzɜː; *US a.* -ˈzɜr] S Poseur(in), Blender(in)

posh [pɒʃ; *US* pɑʃ] *bes Br umg* A ADJ feudal, piekfein, todschick: **~ accent** vornehmer Akzent; **~ hotel** Nobelhotel *n*; **~ part of town** Nobelgegend *f* B ADV: **talk ~** a hochgestochen sprechen *umg* b mit vornehmem Akzent sprechen

posit [ˈpɒzɪt; *US* ˈpɑzət] PHIL A V/T postulieren B S Postulat *n*

position [pəˈzɪʃn] A S 1 a Position *f* (*a.* ASTRON), Lage *f*, Stand(ort) *m*: **~ of the sun** Sonnenstand *m*; **a good ~ to shoot** SPORT e-e gute Schussposition; **in** (**out of**) **~** (nicht) in der richtigen Lage; **draw the goalkeeper out of ~** SPORT den Torhüter herauslocken b *bes* SPORT Position *f*, Platz *m*: **be in third ~** in dritter Position *od* an dritter Stelle *od* auf dem dritten Platz liegen 2 FLUG, SCHIFF Position *f*, SCHIFF *a.* Besteck *n*: **~ lights** a FLUG, SCHIFF Positionslichter b AUTO Begrenzungslichter 3 (*körperliche*) Lage, Stellung *f*, (*a. Ballett*) Position *f*: **upright ~** aufrechte (Körper)Haltung 4 MED a (anatomische *od* richtige) Lage (*e-s Organs od Gliedes*) b (Kinds)Lage *f* (*im Mutterleib*) 5 TECH (Schalt- *etc*)Stellung *f*: **~ of rest** Ruhelage *f*, -stellung 6 MIL (Verteidigungs)Stellung *f*: **~ warfare** Stellungskrieg *m* 7 MUS Lage *f* (*von Akkordtönen*): **first** (*od* **root**) **~** Grundstellung *f*, -lage; **close** (**open**) **~** enge (weite) Lage 8 MUS a Lage *f* (*bestimmtes Gebiet des Griffbretts bei Saiteninstrumenten*) b Zugstellung *f* (*bei der Posaune*) 9 IT (Wert)Stelle *f* 10 Position *f*, Situation *f*, Lage *f*: **put** (*od* **place**) **sb in an awkward ~** j-n in e-e unangenehme Lage bringen; **be in a ~ to do sth** in der Lage sein, etwas zu tun; **not be in a** (*od* **be in no**) **~ to do sth** nicht in der Lage sein, etwas zu tun 11 (Sach)Lage *f*, Stand *m* (*der Dinge*): **financial ~** Finanzlage, Vermögensverhältnisse *pl*; **legal ~** Rechtslage 12 soziale Stellung, gesellschaftlicher Rang: **people of ~** Leute von Rang 13 Position *f*, Stellung *f*, Amt *n*, Posten *m*: **hold a** (**responsible**) **~** e-e (verantwortliche) Stelle innehaben; **~ of power** Machtposition; **~ of trust** Vertrauensstellung, -posten 14 *fig* (Ein)Stellung *f*, Standpunkt *m*, Haltung *f*: **define one's ~** s-n Standpunkt darlegen; **take up a ~ on a question** zu e-r Frage Stellung nehmen 15 MATH, PHIL (Grund-, Lehr)Satz *m*, Behauptung *f* B V/T 1 in die richtige Lage *od* Stellung bringen, an den rechten Platz stellen, aufstellen, TECH *a.* (ein)stellen, anbringen 2 *Polizisten etc* postieren

positional [pəˈzɪʃənl] ADJ Positions…, Stellungs…, Lage…: **~ error** SPORT Stellungsfehler *m*; **~ marking** SPORT Raumdeckung *f*; **~ notation** IT Stellenschreibweise *f*, -darstellung *f*; **~ play** SPORT Stellungsspiel *n*; **~ warfare** Stellungskrieg *m*

position| finder S 1 MIL Richtvorrichtung *f* 2 a FLUG, SCHIFF, TECH Ortungsgerät *n* b ELEK Funkortungsgerät *n*; **~ paper** S POL *etc* Positionspapier *n*

positive [ˈpɒzətɪv; *US* ˈpɑz-] A ADJ (ADV **~ly**) 1 bestimmt, ausdrücklich (*Befehl etc*), definitiv, fest (*Angebot, Versprechen etc*), unbedingt: **~ law** JUR positives Recht 2 sicher, eindeutig, feststehend, unumstößlich (*Beweise, Fakten etc*) 3 positiv, tatsächlich, auf Tatsachen beruhend: **~ fraud** JUR (vorsätzlicher) Betrug 4 konkret, wirklich 5 positiv, bejahend, zustimmend (*Antwort etc*): **be ~** e-e positive Lebenseinstellung haben 6 überzeugt, (absolut) sicher: *are you sure?* **~!** absolut sicher!; **be ~ about sth** e-r Sache (absolut) sicher sein, etwas felsenfest glauben *od* behaupten; **feel** (*od* **be**) **~ that …** sicher sein, dass … 7 selbstbewusst, hartnäckig, rechthaberisch 8 PHIL positiv: a ohne Skepsis b empirisch c **~ philosophy** → positivism 9 positiv, positive Eigenschaften besitzend 10 ausgesprochen, absolut: **a ~ fool** ein ausgemachter Narr; **~ly unthinkable** absolut undenkbar 11 MATH positiv (*größer als Null*): **~ sign** positives Vorzeichen, Pluszeichen *n* 12 BIOL, ELEK, FOTO, PHYS positiv: **~ electricity**; **~ electrode** positive Elektrode, Anode *f*; **~ electron** → positron; **~ feedback** Mitkopplung *f*, positive Rückkopplung; **~ plate** Plusplatte *f*; **~ pole** Pluspol *m* 13 MED (reaktions-)positiv (*Test*) 14 LING im Positiv stehend: **~ degree** → B 3 B S 1 Positivum *n*, (*etwas*) Positives, positive Eigenschaft 2 FOTO Positiv *n* 3 LING Positiv *m*, Grundstufe *f* (*e-s Adjektivs*); **positiveness** S 1 Bestimmtheit *f* 2 Eindeutigkeit *f* 3 Wirklichkeit *f* 4 Hartnäckigkeit *f*

positivism [ˈpɒzɪtɪvɪzəm; *US* ˈpɑzə-] S PHIL Positivismus *m* (*Denkweise, die nur in dem unmittelbar Wahrgenommenen e-e sichere Grundlage des Erkennens sieht*); **positivist** A S Positivist(in) B ADJ → positivistic; **positivistic** ADJ (ADV **~ally**) positivistisch

positron [ˈpɒzɪtrɒn; *US* ˈpɑzəˌtrɑn] S PHYS Positron *n* (*positiv geladenes Elementarteilchen, dessen Masse gleich der Elektronenmasse ist*)

posology [pəˈsɒlədʒɪ; *US* -ˈsɑl-] S MED Posologie *f* (*Lehre von der Dosierung der Arzneimittel*)

poss. ABK 1 possession 2 LING possessive Poss.-… 3 possible mögl. 4 possibly viell.

posse [ˈpɒsɪ; *US* ˈpɑsiː] S 1 *meist* **~ comitatus** [ˌkɑməˈteɪtəs] *US* Aufgebot *n* (*e-s Sheriffs*) 2 *allg* Schar *f* 3 Gang *f*, Bande *f*

possess [pəˈzes] V/T 1 *allg, a. fig Eigenschaften, Mut, Kenntnisse etc* besitzen, haben 2 im Besitz haben, (inne)haben: → possessed 1 3 Gewalt haben über (*akk*), *a. weitS. e-e Sprache etc* beherrschen: **~ one's soul in patience** *obs* sich in Geduld fassen 4 *fig* (*geistig*) beherrschen, erfüllen (**with** mit) 5 *j-n* in den Besitz bringen *od* zum Besitzer machen (**of, with** von *od gen*): **be ~ed of sth** etwas besitzen; **~ o.s. of sth** etwas in Besitz nehmen, sich e-r Sache bemächtigen

possessed [pəˈzest] ADJ 1 im Besitz (**of** *gen od* von): **be ~ of sth** etwas besitzen 2 besessen: **~ by the devil** (**by** *od* **with an idea**) vom Teufel (von e-r Idee) besessen; **like a man ~** wie ein Besessener 3 beherrscht, ruhig 4 LING mit e-m Genitiv verbunden (*Substantiv*)

possession [pəˈzeʃn] S 1 (*abstrakter*) Besitz (*a.* JUR): **~** (**of the ball**) SPORT Ballbesitz; **in ~ of** im Besitz von (*od gen*); **be in** (*od* **have**) **~ of the puck** (*Eishockey*) in Scheibenbesitz sein; **come into ~ of sth** in den Besitz e-r Sache gelangen; **keep ~** SPORT im Ballbesitz bleiben; **put sb in ~ of sth** j-n in den Besitz e-r Sache bringen; **take ~ of** a Besitz ergreifen von, in Besitz nehmen b JUR beschlagnahmen c MIL *e-e Stadt etc* einnehmen, *ein Gebiet etc* besetzen; **win ~** SPORT in Ballbesitz kommen; → adverse 5, faculty 3, firearm, naked 8, point A 10 2 *pl* Besitz(tum) *m*(*n*), Habe *f* 3 *pl* Besitzungen *pl*, Liegenschaften *pl*: **foreign ~s** auswärtige Besitzungen 4 Besessenheit *f* 5 Besessensein *n* (**by the devil** vom Teufel) 6 (Selbst)Beherrschung *f*

possessive [pəˈzesɪv] A ADJ (ADV **~ly**) 1 Besitz… 2 besitzgierig: **~ instinct** Besitztrieb *m*, -streben *n* 3 besitzergreifend (*Mutter*): **~ wife** *a.* krankhaft eifersüchtige (Ehe)Frau; **~ love** selbstsüchtige *od* tyrannische Liebe 4 LING possessiv: **~ adjective** Possessivadjektiv *n*; **~ case** → B b; **~ pronoun** → B a B S LING a Possessiv(um) *n*, Possessivpronomen *n*, besitzanzeigendes Fürwort b Genitiv *m*, zweiter Fall; **possessiveness** S 1 Besitzgier *f* 2 selbstsüchtige *od* tyrannische Art *od* Liebe

possessor [pəˈzesə(r)] S Besitzer(in), Inhaber(in); **possessory** [-ərɪ] ADJ Besitz…: **~ action** Besitz(schutz)klage *f*; **~ right** Besitzrecht *n*

posset [ˈpɒsɪt; *US* ˈpɑsət] S *Getränk aus heißer Milch mit Bier od Wein u. Gewürzen*

possibility [ˌpɒsəˈbɪlətɪ; *US* ˌpɑsə-] S 1 Möglichkeit *f* (**of** zu, für): **there is no ~ of doing sth** es besteht keine Möglichkeit, etwas zu tun; **there is no ~ of his coming** es besteht keine Möglichkeit, dass er kommt; **there is still a ~ that …** es besteht nach wie vor die Möglichkeit, dass … 2 Möglichkeit *f*; *j-d, der od etwas, was infrage kommt:* **be a ~** im Bereich des Möglichen liegen 3 *pl* a Möglichkeiten *pl*, (Zukunfts)Aussichten *pl* b (Entwicklungs)Möglichkeiten *pl*, (-)Fähigkeiten *pl*

possible [ˈpɒsəbl; *US* ˈpɑsəbəl] A ADJ 1 möglich (**with** bei; **to** *dat*; **for** für): **this is ~ with him** das ist bei ihm möglich; **make it ~ for sb to do sth** es j-m ermöglichen, etwas zu tun 2 eventuell, etwaig, denkbar B S 1 **the ~** das (Menschen)Mögliche 2 infrage kommende(r) Kandidat(in) *od* Gewinner(in) *od* Konkurrent(in) *od* SPORT Spieler(in) (*in e-r Mannschaft*); **possibly** [-blɪ] ADV 1 möglicherweise, vielleicht 2 (irgend) möglich: **if I ~ can** wenn ich irgend kann; **I cannot ~ do this** ich kann das unmöglich *od* auf keinen Fall tun; **how can I ~ do it?** wie kann ich es nur *od* bloß machen?

possum [ˈpɒsəm; *US* ˈpɑs-] S *umg für* opossum: **play ~** sich tot *od* schlafend *od* dumm stellen

P

post[1] [pəʊst] A S 1 Pfahl *m*, (*a. Tür-, Tor*)Pfosten *m*, Ständer *m*, (*Telegrafen- etc*) Stange *f*, (-)Mast *m*: **near ~** FUSSB kurzer Pfosten; **far ~** FUSSB langer Pfosten; → deaf A 1 2 Anschlagsäule *f* 3 SPORT (*Start- od Ziel*) Pfosten *m*, (-)Linie *f*: **be beaten at the ~** kurz vor dem *od* im Ziel abgefangen werden 4 *Bergbau*: a Streckenpfeiler *m* b Vertikalschicht *f* aus Kohle *od* Sandstein B VT 1 *a.* **~ up** *ein Plakat etc* anschlagen, ankleben 2 *e-e Mauer* mit Plakaten *od* Zetteln bekleben 3 *etwas* (durch Aushang *od* in e-r Liste) bekannt geben 4 öffentlich anprangern 5 FLUG, SCHIFF *ein Flugzeug etc* (*als vermisst od überfällig*) melden: **~ a plane as missing (as overdue)** 6 US (durch Verbotstafeln) vor unbefugtem Zutritt schützen: **~ed property** Besitz, zu dem der Zutritt verboten ist 7 **~ a time of …** SPORT e-e Zeit von … erzielen

post[2] [pəʊst] A S 1 MIL a Posten *m*, Standort *m*, Stellung *f*: **advanced ~** vorgeschobener Posten b Standort *m*, Garnison *f*: **~ exchange** *US Laden für Truppenangehörige*; **~ headquarters** *pl* (*oft als sg konstruiert*) Standortkommandantur *f* c Standort-, Stationierungstruppe *f* d (Wach)Posten *m* 2 MIL *Br* (Horn)Signal *n*: **first ~** Wecken *n*; **last ~** Zapfenstreich *m* 3 Posten *m*, Platz *m*, Stand(platz) *m*: **remain at one's ~** auf s-m Posten bleiben; → first-aid 4 Posten *m*, (An)Stellung *f*, Stelle *f*, Amt *n*: **~ of a secretary** Stelle als Sekretär(in) 5 Handelsniederlassung *f* 6 WIRTSCH Makler-, Börsenstand *m* B VT 1 *e-n Polizisten etc* aufstellen, postieren 2 *bes Br e-n Beamten etc* versetzen, MIL *e-n Offizier etc* abkommandieren (*beide*: **to** nach): **he has been ~ed away** er ist abkommandiert worden

post[3] [pəʊst] A S 1 *bes Br* Post® *f*: a *als Institution* b Postamt *n* c Post-, Briefkasten *m*: **by ~** mit der *od* per Post 2 *bes Br* Post *f*: a Postzustellung *f* b Postsendungen *pl*, -sachen *pl* c Nachricht *f*: **today's ~** die heutige Post 3 HIST a Postkutsche *f* b Poststation *f* c Eilbote *m*, Kurier *m* 4 *bes Br* Briefpapier *n* (*Format 16" x 20"*) B VI 1 HIST mit der Post(kutsche) reisen 2 *obs* (dahin)eilen C VT 1 *bes Br* zur Post geben, aufgeben, in den Briefkasten werfen *od* stecken, mit der Post (zu)senden 2 *a.* **~ up** *j-n* informieren, unterrichten: **keep sb ~ed** j-n auf dem Laufenden halten; **well ~ed** gut unterrichtet 3 WIRTSCH eintragen, verbuchen, *ein Konto* (ins Hauptbuch) übertragen: **~ up** *das Hauptbuch* nachtragen, *die Bücher* in Ordnung bringen

post- [pəʊst] *Wortelement mit der Bedeutung* nach, hinter, Nach…

postage ['pəʊstɪdʒ] S Porto *n*: **what is the ~ for a letter to …?** wie viel kostet ein Brief nach …?; **"~ will be paid by addressee"** „Porto zahlt Empfänger"; **~-due stamp** S Nachgebühr-, Strafportomarke *f*; **~ meter** S *bes US* Frankiermaschine *f*, Freistempler *m*; **~ stamp** S Briefmarke *f*, Postwertzeichen *n*

postal ['pəʊstəl] A ADJ 1 postalisch, Post…: **~ card** *US* → postcard; **~ cash order** Postnachnahme *f*; **~ chess** Fernschach *n*; **~ charges** Postgebühren; **~ code** → postcode; **~ delivery zone** *US* Postzustellzone *f*; **~ district** Postzustellbezirk *m*; **~ meter** → postage meter; **~ money order** Postanweisung *f*; **~ order** *Br* Postanweisung *f* (*für kleine Beträge*); **~ savings bank** *US* Postsparkasse *f*; **~ service** Postdienst *m*; **~ shopping** Versandhandel *m*; **~ vote** POL *Br* a Briefwahl *f* b Briefwahlstimme *f*; **~ voter** POL *Br* Briefwähler(in); → universal A 6, wrapper 4 2 *bes US* feindselig B S *US umg* → postcard

post|bag S *bes Br* 1 Postsack *m*, -beutel *m* 2 Leser-, Hörer-, Zuschauerpost *f* (*anlässlich e-s bestimmten Ereignisses*); **~box** S *bes Br* Briefkasten *m*; **~card** S 1 Postkarte *f* 2 Ansichtskarte *f*; **~ chaise** S HIST Postkutsche *f*; **~code** S *Br* Postleitzahl *f*

postdate VT 1 *e-n Brief etc* vordatieren 2 jüngeren *od* späteren Datums sein als

postdiluvial, **postdiluvian** ADJ nachsintflutlich

postdoctoral ADJ nach der *od* im Anschluss an die Promotion

postentry S 1 WIRTSCH nachträgliche (Ver)Buchung 2 WIRTSCH nachträgliche Zollerklärung 3 SPORT Nachnennung *f*, -meldung *f*

poster ['pəʊstə(r)] S 1 Plakatankleber(in) 2 Plakat *n*: **~ paint** (*od* **colo[u]r**) Plakatfarbe *f* 3 Poster *m/n*

poste restante [ˌpəʊst'restɑ̃:nt; *US* -res'tɑ:nt] A ADV postlagernd B S *bes Br* Aufbewahrungs- u. Ausgabestelle *f* für postlagernde Sendungen

posterior [pɒ'stɪərɪə; *US* pəʊ'stɪrɪər; pɑ'st-] A ADJ (ADV **~ly**) 1 später(er, e, es): **be ~ to** (*zeitlich od örtlich*) kommen nach, folgen auf (*akk*) 2 ANAT, BOT hinter(er, e, es), Hinter… B S *oft hum* Hinterteil *n*, Hintern *m umg*

posterity [pɒ'sterətɪ; *US* pɑ-] S 1 Nachkommen(schaft) *pl(f)* 2 Nachwelt *f*: **go down to ~** in die Geschichte eingehen

postern ['pəʊstɜ:n; *US* -tərn; *a.* 'pɑs-] S a Hintertür *f* b Neben-, Seiteneingang *m*

post-free ADJ & ADV 1 portofrei 2 *Br* freigemacht, frankiert

postgraduate A ADJ nach dem ersten akademischen Grad: **~ studies** *pl a.* weiterführendes Studium; **~ student** → B B S *j-d, der nach dem ersten akademischen Grad weiterstudiert*

posthaste ADV eiligst, schnellstens, Hals über Kopf *umg*

post| horn S HIST Posthorn *n*; **~ horse** S HIST Postpferd *n*; **~house** S HIST Posthalterei *f*, Poststation *f*

posthumous ['pɒstjʊməs; *US* 'pɑstʃəməs] ADJ (ADV **~ly**) posthum, postum: a *nach des Vaters Tod geboren* b nachgelassen, hinterlassen (*Gedichtband etc*) c nach dem Tod fortdauernd: **~ fame** Nachruhm *m* d nachträglich (*Verleihung e-r Auszeichnung etc*)

posthypnotic ADJ posthypnotisch: **~ suggestion** posthypnotische Suggestion

postiche [pɒ'sti:ʃ] A ADJ 1 nachgemacht, künstlich 2 ARCH nachträglich hinzugefügt (*Ornament etc*) B S 1 Nachahmung *f* 2 ARCH nachträglich hinzugefügtes Ornament *etc* 3 Postiche *f*: a Perücke *f* b Haarteil *n*

postie ['pəʊstɪ] S *schott u. Aus umg* Briefträger *m*, Postbote *m*

postil ['pɒstɪl; *US* 'pɑs-] S REL Postille *f*, Predigtbuch *n*, -sammlung *f*

postimpressionism S MAL Nachimpressionismus *m*; **postimpressionist** A S Nachimpressionist(in) B ADJ nachimpressionistisch; **postimpressionistic** ADJ nachimpressionistisch

posting ['pəʊstɪŋ] S Versetzung *f* (*e-s Beamten etc*), MIL Abkommandierung *f*

postliminium [ˌpəʊstlɪ'mɪnɪəm], **postliminy** [-'lɪmɪnɪ] S JUR Postliminium *n* (*Wiederherstellung des früheren Rechtszustandes*)

postlude [-lu:d] S MUS Postludium *n*, Nachspiel *n*

post|man [-mən] S *irr bes Br* Briefträger *m*, Postbote *m*: **do a ~'s job between** *fig* als Briefträger fungieren zwischen (*dat*); **~'s knock** → post office 2; **~mark** A S Poststempel *m*: → date[2] A 4 B VT *Briefe etc* (ab)stempeln: **the letter was ~ed London** der Brief war in London abgestempelt

postmaster S Postamtsvorsteher *m*; **~ general** *pl* postmasters general S Postminister *m*

postmeridian ADJ Nachmittags…, Abend…

post meridiem [ˌpəʊstmə'rɪdɪəm] ADV → pm[1]

postmillennialism S REL Lehre *f* von der Wiederkehr Christi nach tausend Jahren

postmistress S Postamtsvorsteherin *f*

postmodern ADJ ARCH, KUNST postmodern; **postmodernism** S Postmoderne *f*; **postmodernist** A ADJ postmodern B S Vertreter(in) der Postmoderne

postmortem [-'mɔ:(r)tem; -təm] A ADJ JUR, MED nach dem Tode (eintretend *od* stattfindend): **~ examination** → B 1 B S 1 JUR, MED Autopsie *f*, Obduktion *f*: **carry out a ~** e-e Autopsie vornehmen (**on** an *dat*); **carry out a ~ on** *a.* obduzieren 2 *fig* Manöverkritik *f*, nachträgliche Diskussion *od* Analyse: **hold a ~ on sth** etwas nachträglich analysieren

postnatal ADJ postnatal, nach der Geburt (stattfindend): **~ depression** MED, PSYCH Schwangerschaftspsychose *f*, postnatale Depression

postnuptial ADJ (ADV **~ly**) nach der Hochzeit (stattfindend)

post oak S BOT Pfahleiche *f*

post-obit (bond) S WIRTSCH nach dem Tode e-r dritten Person fälliger Schuldschein

post office S 1 Post(amt) *f(n)*: **the Post Office** die Post (*Institution*); → general post office 2 *US ein bes auf Kinderpartys gespieltes Kussspiel*

post-office| box S Post(schließ)fach *n*; **~ savings bank** S Postsparkasse *f*

postoperative ADJ (ADV **~ly**) MED postoperativ: **~ complications** nachträgliche Komplikationen

postpaid ADJ & ADV *bes US* freigemacht, frankiert

postpone [ˌpəʊst'pəʊn] VT 1 verschieben (**to** auf *akk*), aufschieben (**to** auf *akk*; **till, until** bis): **he ~d seeing his doctor** er verschob s-n Arztbesuch 2 *j-n od etwas* unterordnen (**to** *dat*), hintansetzen 3 LING *das Verb etc* nachstellen; **postponement** S 1 Verschiebung *f*, Aufschub *m* 2 Unterordnung *f* (**to** unter *akk*), Hintansetzung *f* 3 LING Nachstellung *f*

postposition S 1 Nachstellung *f*, -setzung *f* 2 LING a Nachstellung *f* b Postposition *f*, nachgestelltes (Verhältnis)Wort; **postpositive** ADJ (ADV **~ly**) LING postpositiv, nachgestellt

postprandial ADJ nach dem Essen, nach Tisch: **~ speech** Tischrede *f*; **~ walk** Verdauungsspaziergang *m umg*

postscript S 1 Postskriptum *n* (*zu e-m Brief*), Nachschrift *f* 2 Nachtrag *m* (*zu e-m Buch*) 3 Nachbemerkung *f* (*zu e-r Rede etc*)

postsynchronize VT FILM, TV nachsynchronisieren

post town S Postort *m*

posttraumatic ADJ MED posttraumatisch: **~ stress disorder** (*od* **syndrome**) MED posttraumatisches Syndrom

posttreatment ADJ MED nach der Behandlung (erfolgend *od* stattfindend): **~ examination** Nachuntersuchung *f*

postulant ['pɒstjʊlənt; *US* 'pɑstʃə-] S 1 Antragsteller(in) 2 KATH Postulant (-in) (*Ordenskandidat[in] in der Probezeit*); **postulate** [-leɪt] A VT 1 fordern, verlangen 2 postulieren, (als gegeben) voraussetzen 3 REL *j-n* postulieren, vorbehaltlich der Zustimmung e-r höheren Instanz ernennen B VI verlangen

P

(**for** nach) C S [-lət; -leɪt] Postulat *n*, Voraussetzung *f*, (Grund)Bedingung *f*; **postulation** S 1 Gesuch *n*, Forderung *f* 2 *Logik*: Postulat *n*, unentbehrliche Annahme

postural ['pɒstʃərəl; *US* 'pɑs-] ADJ Haltungs…: **~ exercises**

posture ['pɒstʃə(r); *US* 'pɑs-] A S 1 (Körper)Haltung *f*, (*e-e bestimmte a.*) Stellung *f*: **he's got bad ~** er hat e-e schlechte Haltung *od* e-n Haltungsfehler 2 *a.* MAL, THEAT Pose *f*, Positur *f* 3 *fig* Haltung *f* (**on** in *dat*, **zu**) 4 Lage *f* (*a. fig*) B V/T e-e bestimmte Haltung *od* Stellung geben (*dat*), aufstellen C V/I 1 sich in Positur setzen *od* werfen 2 posieren, e-e Pose einnehmen 3 (**as**) auftreten (als), sich ausgeben (für, als); **posturer** S Poseur(in), Blender(in)

postviral ADJ: **~ (fatigue) syndrome** MED postvirales Syndrom

postvocalic ADJ (ADV **~ally**) LING postvokal, nach e-m Vokal (stehend)

postwar ADJ Nachkriegs…: **the ~ generation**; **~ era** (*od* **years** *pl*) Nachkriegszeit *f*

postwoman S *irr bes Br* Briefträgerin *f*, Postbotin *f*

posy ['pəʊzɪ] S 1 Sträußchen *n* 2 *obs* Motto *n*, Denkspruch *m* (*in e-m Ring etc*)

pot[1] [pɒt; *US* pɑt] A S 1 (*Blumen-, Koch-, Nacht- etc*) Topf *m*: **set** (*od* **put**) **a child on the ~** ein Kind aufs Töpfchen setzen; **it's (a case of) the pot calling the kettle black** *umg* ein Esel schilt den andern Langohr; **go to ~** *umg* a vor die Hunde gehen, auf den Hund kommen (*Person*) b kaputtgehen (*Sache*) c ins Wasser fallen (*Pläne, Vorhaben etc*); **keep the ~ boiling** a sich über Wasser halten b die Sache in Schwung halten; **a ~ of money** *sl* ein Heidengeld; **he has ~s of money** *sl* er hat Geld wie Heu 2 a Kanne *f* b Bierkanne *f*, Bierkrug *m* c Kännchen *n*, Portion *f* (*Tee etc*) 3 TECH Tiegel *m*, Gefäß *n*: **~ annealing** Kastenglühen *n*; **~ galvanization** Feuerverzinkung *f* 4 SPORT *sl* Pokal *m* 5 Pot *m*, (Spiel)Einsatz *m* 6 *Fischfang*: a (*e-e*) Reuse *f* b Hummerkorb *m*, -falle *f* 7 → pot shot 8 *sl* Pot *n*: a Hasch *n* (*Haschisch*): **smoke ~** haschen, kiffen (*beide sl*) b Grass *n* (*Marihuana*): **smoke ~** kiffen *sl* B V/T 1 a in e-n Topf tun, *Pflanzen* eintopfen: **~ted plant** Topfpflanze *f* b (in e-m Topf) kochen 2 *Fleisch* einlegen, einmachen: **~ted meat** Fleischkonserven *pl*; **~ted ham** Büchsen-, Dosenschinken *m* 3 *umg ein Kind* aufs Töpfchen setzen 4 JAGD *Wild* abknallen *sl* 5 *umg* einheimsen, erbeuten 6 *e-n Billardball* einlochen 7 *e-e Keramik* herstellen C V/I *umg* (los)ballern (**at** auf *akk*)

pot[2] [pɒt; *US* pɑt] S *umg für* potentiometer

pot. ABK potential

potable ['pəʊtəbl] A ADJ trinkbar, Trink… B S Getränk *n*

potage [pɒ'tɑːʒ; *bes US* pəʊ-] S dicke Suppe

potamic [pə'tæmɪk] ADJ potamisch; **potamology** [ˌpɒtə'mɒlədʒɪ; *US* ˌpɑtə'mɑ-] S Potamologie *f* (*Erforschung von Flüssen*)

potash ['pɒtæʃ; *US* 'pɑtˌæʃ] S CHEM 1 Pottasche *f*, Kaliumkarbonat *n*: **~ fertilizer** Kalidünger *m*; **~ mine** Kalibergwerk *n* 2 Ätzkali *n* 3 Kaliumoxid *n* 4 Kalium *n* (*nur in gewissen Ausdrücken*): **~ lye** Kalilauge *f*; **~ salts** Kalisalze

potassic [pə'tæsɪk] ADJ CHEM Kalium…, Kali…

potassium [pə'tæsjəm; -ɪəm] S CHEM Kalium *n*: → permanganate; **~ carbonate** S Kaliumkarbonat *n*, Pottasche *f*; **~ chlorate** S Kaliumchlorat *n*; **~ cyanide** S Kaliumcyanid *n*, Zyankali *n*; **~ hydroxide** S Kaliumhydroxid *n*, Ätzkali *n*; **~ nitrate** S Kaliumnitrat *n*

potation [pəʊ'teɪʃn] S 1 Trinken *n* 2 (*bes* alkoholisches) Getränk 3 Schluck *m*, Zug *m*

potato [pə'teɪtəʊ] *pl* -toes S Kartoffel *f*: **drop like a hot ~** *fig j-n od etwas* wie e-e heiße Kartoffel fallen lassen; **hot ~** *umg* heißes Eisen; **one ~, two ~es**, *etc* (*beim Sekundenzählen*) einundzwanzig, zweiundzwanzig *etc*; **~ beetle** S ZOOL Kartoffelkäfer *m*; **~ blight** → potato disease; **~ bug** *bes US* → potato beetle; **~ chips** SPL 1 *Br* Pommes frites *pl* 2 *US* Kartoffelchips *pl*; **~ crisps** SPL *Br* Kartoffelchips *pl*; **~ disease** S Kartoffelkrankheit *f*, -fäule *f*; **~ masher** S Kartoffelstampfer *m*; **~ peeler** S Kartoffelschäler *m*; **~ rot** → potato disease; **~ salad** S Kartoffelsalat *m*; **~ soup** S Kartoffelsuppe *f*

pot|bellied ADJ 1 schmerbäuchig 2 mit aufgetriebenem *od* aufgeblähtem Bauch; **~belly** S 1 Schmerbauch *m umg* (*a. Person*) 2 aufgetriebener Bauch, Blähbauch *m umg* 3 *a.* **~ stove** *US* Kanonenofen *m*; **~boiler** S *umg* rein kommerziell ausgerichtete (künstlerische) Arbeit; **~bound** ADJ in e-m zu kleinen Topf (*Pflanze*); **~boy** S *obs* Bier-, Schankkellner *m*; **~ cheese** *US* → cottage cheese; **~ companion** S *obs* Zechkumpan *m*

poteen [pɒ'tiːn; -'tʃiːn; *US* pə-] S schwarzgebrannter Whisky (*in Irland*)

potency ['pəʊtənsɪ], *a.* **potence** S 1 Stärke *f*, Macht *f* 2 Einfluss *m* 3 a Wirksamkeit *f*, Kraft *f* b Stärke *f*, (*berauschende, giftige, chemische etc*) Wirkung c Potenz *f* (*Grad der Verdünnung*) 4 PHYSIOL Potenz *f*: a Zeugungsfähigkeit *f* b *Fähigkeit e-s Mannes, den Geschlechtsakt zu vollziehen*: **~ pill** MED, PHARM Potenzpille *f*

potent[1] ['pəʊtənt] ADJ (ADV **~ly**) 1 mächtig, stark 2 einflussreich 3 wirksam, durchschlagend 4 zwingend, überzeugend (*Argument etc*) 5 stark (*alkoholisches Getränk, Medikament etc*) 6 PHYSIOL potent: a zeugungsfähig b *fähig, den Geschlechtsakt zu vollziehen* 7 (geistig) potent, schöpferisch 8 potent, finanzstark

potent[2] ['pəʊtənt] ADJ *Heraldik*: mit krückenförmigen Enden: **cross ~** Krückenkreuz *n*

potentate ['pəʊtənteɪt] S Potentat *m*, Machthaber *m*, Herrscher *m*

potential [pəʊ'tenʃl; pə't-] A ADJ (ADV → potentially) 1 potenziell, möglich: **~ market** WIRTSCH potenzieller Markt; **~ murderer** potenzieller Mörder 2 LING Möglichkeits…: **~ mode**, **~ mood** → B 1 3 PHYS potenziell, gebunden: **~ energy** potenzielle Energie, Energie *f* der Lage B S 1 LING Potenzialis *m*, Möglichkeitsform *f* 2 a PHYS Potenzial *n* (*a.* ELEK) b ELEK Spannung *f* 3 (*Industrie-, Kriegs-, Menschen- etc*) Potenzial *n*, Reserven *pl* 4 Leistungsfähigkeit *f*, SPORT *a.* Leistungsstärke *f*: **have the ~ to be a top manager** das Zeug zu e-m Spitzenmanager haben; **~ difference** S MATH, PHYS Potenzialdifferenz *f*, ELEK Spannungsunterschied *m*; **~ equation** S MATH Potenzialgleichung *f*; **~ flow** S PHYS Potenzialströmung *f*; **~ function** S MATH Potenzialfunktion *f*

potentiality [pəʊˌtenʃɪ'ælətɪ; pəˌt-] S 1 Potenzialität *f*, (Entwicklungs-)Möglichkeit *f* 2 Wirkungsvermögen *n*, innere *od* latente Kraft; **potentially** [-ʃəlɪ] ADV möglicherweise, potenziell

potentiate [pəʊ'tenʃɪeɪt; pə't-] V/T 1 wirksam(er) machen 2 PHARM *die Wirkung e-r Arznei* (durch Zusatz e-r zweiten Arznei) verstärken

potentilla [ˌpəʊtən'tɪlə] S BOT Fingerkraut *n*

potentiometer [pəʊˌtenʃɪ'ɒmɪtə; *US* pəˌtentʃiː'ɑmətər] S ELEK Potentiometer *n*, Spannungsteiler *m*

pothead S *sl* Hascher(in), Kiffer(in)

pother ['pɒðə; *US* 'pɑðər] A S 1 Tumult *m*, Aufruhr *m*, Lärm *m* 2 *umg* Aufregung *f*, Theater *n*: **be in a ~ about sth** e-n großen Wirbel um etwas machen 3 Rauch- *od* Staubwolke *f* B V/T in Aufruhr versetzen

pot|herb S Küchenkraut *n*; **~holder** S *US* Topflappen *m*; **~hole** S 1 *Br* (unterirdische) Höhle 2 GEOL a Strudelloch *n* b Gletschertopf *m*, Strudelkessel *m* 3 AUTO Schlagloch *n*; **~holed** ADJ voller Schlaglöcher; **~holer** S *Br* Hobbyhöhlenforscher(in); **~holing** S *Br* Erkundung *f* von Höhlen; **~hook** S 1 Topf-, Kesselhaken *m* 2 a Schnörkel *m* (*bes beim Schreibenlernen geübt*): **~s and hangers** Schnörkel u. Schlingen b *pl* Gekritzel *n*; **~house** S *obs* Wirtshaus *n*; **~hunter** S *pej* 1 Aasjäger *m* 2 SPORT *umg* Trophäenjäger(in)

potion ['pəʊʃn] S Trank *m*

potlatch ['pɒtlætʃ; *US* 'pɑtˌl-] S *US umg* (wilde) Party

pot|luck S: **take ~** a mit dem vorliebnehmen, was es gerade (zu essen) gibt b sich aufs Geratewohl entscheiden c es aufs Geratewohl probieren; **~man** [-mən] S *irr* → potboy; **~ metal** S Schmelzfarbglas *n*; **~pie** S GASTR *bes US* 1 (*e-e*) Fleischpastete *f* 2 Kalbs- *od* Geflügelfrikassee *n* mit Klößen; **~ plant** S Topfpflanze *f*

potpourri [ˌpəʊ'pʊriː; *bes US* -pʊ'riː] S 1 Duftmischung *f* 2 Potpourri *n*: a MUS *Zusammenstellung verschiedener Musikstücke* b *fig* Kunterbunt *n*, Allerlei *n* 3 GASTR Eintopf *m*

pot roast S GASTR Schmorbraten *m*

Potsdam Agreement ['pɒtsdæm; *US* 'pɑ-] S HIST (*das*) Potsdamer Abkommen

pot|sherd [-ʃɜːd; *US* -ˌʃɜrd] S *Archäologie*: (Topf)Scherbe *f*; **~ shot** S 1 unweidmännischer Schuss 2 Nahschuss *m*, hinterhältiger Schuss 3 (wahllos *od* aufs Geratewohl abgegebener) Schuss: **take ~s at** knallen auf (*akk*) *umg* 4 *fig* Seitenhieb *m*: **take a ~ at sb** j-m e-n Seitenhieb versetzen

pottage ['pɒtɪdʒ; *US* 'pɑt-] S GASTR dicke Gemüsesuppe (mit Fleisch)

potted ['pɑtəd] ADJ 1 → pot[1] B 1, B 2 2 *Br umg* kurz gefasst: **~ version** Kurzfassung *f* 3 *US sl* blau (*betrunken*)

potter[1] ['pɒtə; *US* 'pɑtər] S Töpfer(in): **~'s clay** (*od* **earth**) Töpferton *m*; **~'s wheel** Töpferscheibe *f*

potter[2] ['pɒtə; *US* 'pɑtər] A V/I: *oft* **~ about** (*od* **around**) 1 herumwerkeln, -hantieren *umg*: **she's ~ing about (in) the house** 2 herumtrödeln 3 herumpfuschen *umg* (**at** an *dat*) 4 (herum)stöbern (*Hund*) B V/T **~ away** *Zeit* vertrödeln *umg*

potter's field S *US Friedhof für Arme u. Nichtidentifizierte*

pottery ['pɒtərɪ; *US* 'pɑ-] S 1 Töpfer-, Tonware(n) *f(pl)*, Steingut *n*, Keramik *f* 2 Töpferei *f*, Töpferwerkstatt *f*: **the Potteries** *pl a. als sg konstruiert*) *Zentrum der keramischen Industrie in Nord-Staffordshire* 3 Töpferei *f*, Keramik (-herstellung) *f*

potting shed ['pɒtɪŋ; *US* 'pɑ-] S *bes Br* (Geräte- *etc*)Schuppen *m*

Pott's disease [pɒts; *US* pɑts] S MED pottsche Krankheit, Wirbeltuberkulose *f*

potty[1] ['pɒtɪ; *US* 'pɑtiː] ADJ *bes Br umg* 1 verrückt (**about** nach): **~ about football** fußballverrückt 2 klein, unbedeutend: **a ~ (little) place** ein Nest *od* Kaff (*beide umg*)

potty[2] ['pɒtɪ; *US* 'pɑtiː] S 1 Töpfchen *n* 2 (*Kindersprache*) *US* Klo *n*; **~-trained** ADJ sauber (*Kind*)

pot|-valiant ADJ (ADV **~ly**) *obs od poet* vom Trinken mutig: **he is ~** er hat sich Mut angetrunken; **~-valo(u)r** S *obs od poet* angetrunkener Mut

pouch [paʊtʃ] A S 1 (*Geld-, Tabaks- etc*) Beutel *m*, (*Leder, Trag, a Post*) Tasche *f*, (kleiner) Sack 2 MIL a Patronentasche *f* b HIST Pulverbeutel

P

m 3 (Verpackungs)Beutel *m* (*aus Zellophan etc*) 4 POL *US* Kuriersack *m*, -tasche *f* 5 ANAT (Tränen)Sack *m* 6 ZOOL a Beutel *m* (*der Beuteltiere*) b Kehlhautsack *m* (*des Pelikans*) c Backentasche *f* (*der Taschenratten etc*) 7 BOT Sack *m*, Beutel *m* B V/T 1 in e-n Beutel *etc* tun *od* stecken 2 *fig* einstecken, in die Tasche stecken 3 bauschen C V/I 1 sich bauschen 2 sackartig fallen (*Kleid*); **pouched** [-tʃt] ADJ ZOOL Beutel…: ~ **frog**; ~ **rat** Beutel-, Taschenratte *f*

pouf(fe) [puːf] S 1 *bes* HIST a Haarrolle *f*, -knoten *m* b Einlage *f*, Polster *n* (*zum Ausfüllen e-s Haarknotens*) 2 Puff *m*, (rundes) Sitzpolster 3 HIST Turnüre *f* (*Gesäßpolster unter Damenkleidern*) 4 → poof

poulard(e) [ˈpuːlɑːd; *US* pʊˈlɑːrd] S Poularde *f*

poult [pəʊlt] S ORN a junger Truthahn b junges Huhn c junger Fasan; **poulterer** S Geflügelhändler(in)

poultice [ˈpəʊltɪs] MED A S Breiumschlag *m*, -packung *f* B V/T e-n Breiumschlag auflegen auf (*akk*)

poultry [ˈpəʊltrɪ] S a (*als pl konstruiert*) Geflügel *n* (*Tiere*) b Geflügel *n* (*Fleisch*): ~ **farm** Geflügelfarm *f*; ~ **farmer** Geflügelzüchter(in); ~ **farming** Geflügelzucht *f*; **~man** [-mən] S *irr* Geflügelzüchter *m od* -händler *m*

pounce[1] [paʊns] A V/I 1 *a. fig* a (**at**) sich stürzen (auf *akk*), herfallen (über *akk*) b herabstoßen (**on, upon** auf *akk*) (*Raubvogel*) 2 (plötzlich) stürzen: **he ~d into the room** 3 *fig* sich stürzen (**on, upon** auf *e-n Fehler, e-e Gelegenheit etc*) 4 *fig* zuschlagen, (plötzlich) loslegen B S 1 ORN Fang *m*, Klaue *f* (*e-s Raubvogels*) 2 a Satz *m*, Sprung *m* b Herabstoßen *n* (*e-s Raubvogels*): **on the ~** sprungbereit

pounce[2] [paʊns] A S 1 Glättpulver *n*, *bes* Bimssteinpulver *n* 2 Pauspulver *n*, *bes* Holzkohlepulver *n* (*zum Durchpausen perforierter Muster*) 3 durchgepaustes (*bes* Stick)Muster B V/T 1 (mit Bimssteinpulver *etc*) abreiben, glätten 2 (mit Pauspulver) durchpausen

pounce| box S 1 Streusandbüchse *f* 2 Pauspulverbüchse *f*; ~ **paper** S Pauspapier *n*

pouncet (box) [ˈpaʊnsɪt] S 1 *poet* Parfüm-, Riechdös-chen *n* 2 → pounce box

pound[1] [paʊnd] A V/T 1 zerstoßen, zerstampfen, zermalmen (*alle:* **into** zu) 2 trommeln *od* hämmern auf (*akk*) *od* an (*akk*) *od* gegen, mit den Fäusten bearbeiten, schlagen: ~ **the piano** auf dem Klavier (herum)hämmern; ~ **sense into sb** j-m Vernunft einhämmern 3 (fest)stampfen, rammen 4 *meist* ~ **out** a glatt hämmern b *e-e Melodie* herunterhämmern (*auf dem Klavier*) B V/I 1 hämmern (*a. Herz:* **with** vor *dat*), trommeln, schlagen: ~ **on** (*od* **at**) **a door** an e-e Tür hämmern 2 *meist* ~ **along** stampfen, mit wuchtigen Schritten gehen 3 stampfen (*Maschine etc*) 4 ~ (**away**) **at** MIL unter schweren (Dauer)Beschuss nehmen C S 1 schwerer Stoß *od* Schlag 2 Stampfen *n*

pound[2] [paʊnd] *pl* pounds, KOLL **pound** S 1 Pfund *n* (*Gewichtseinheit*): a *Avoirdupois = 16 ounces = 453,39 g*: **a ~ of cherries** einPfund Kirschen; **get** (*od* **have**) **one's ~ of flesh** *fig* das bekommen, was einem zusteht; **demand one's ~ of flesh of sb** *fig* j-m nichts schenken b *Troygewicht = 12 ounces = 373,2418 g* 2 *a.* ~ **sterling** (*Zeichen £ vor der Zahl*) Pfund *n* (Sterling) (*Währungseinheit in Großbritannien*): **5 ~s (£ 5)** 5 Pfund (Sterling); **pay 5p in the ~** 5% Zinsen zahlen; **pay twenty shillings in the ~** *fig obs* voll bezahlen 3 *andere Währungseinheiten*: Pfund *n*: a (**Egyptian**) ~ Ägyptisches Pfund (*= 100 Piaster*) b (**Syrian**) ~ Syrisches Pfund (*= 100 Piaster*) c (**Israeli**) ~ Israelisches Pfund (*alte Währungseinheit in Israel*)

pound[3] [paʊnd] A S 1 a Tierheim *n* b Abstellplatz *m* für (polizeilich) abgeschleppte Fahrzeuge 2 *obs* Hürde *f* für verlaufenes Vieh 3 (Vieh-, *bes* Schaf)Hürde *f*, Pferch *m* 4 JAGD Hürdenfalle *f* 5 Fischfalle *f* B V/T *oft* ~ **up** einsperren, -pferchen

poundage [ˈpaʊndɪdʒ] S 1 Anteil *m od* Gebühr *f* pro Pfund (*Sterling*) 2 Bezahlung *f* pro Pfund (*Gewicht*) 3 Gewicht *n* in Pfund

poundal [ˈpaʊndəl] S PHYS Poundal *n* (*alte englische Maßeinheit der Kraft, etwa = 0,002 PS od = 0,144 mkg/sec*)

pound cake S *US* reichhaltiger Früchtekuchen

-pounder S *in Zusammensetzungen* …pfünder *m*

pound-foolish ADJ: → penny-wise

pounding [ˈpaʊndɪŋ] S 1 MIL schwerer (Dauer)Beschuss: **take a ~** schwer bombardiert werden 2 SPORT *umg* schwere Schlappe: **they took a ~** sie mussten e-e schwere Schlappe einstecken

pour [pɔː(r); *US a.* paʊr] A S 1 Strömen *n* 2 (Regen)Guss *m* 3 METALL Einguss *m* B V/T 1 gießen, schütten (*beide:* **from, out of** aus; **into, in** in *akk*; **on, upon** auf *akk*): ~ **sth on o.s.** sich mit etwas übergießen; ~ **sb a cup of tea** (**a glass of wine**) j-m e-e Tasse Tee eingießen (ein Glas Wein einschenken); ~ **money into** Geld pumpen in (*akk*) *umg*; → oil A 1, scorn A 2, water *Bes Redew* 2 *a.* ~ **forth**, ~ **out** a ausgießen, (aus)strömen lassen b *fig sein Herz* ausschütten c *Flüche etc* aus-, hervorstoßen: **be ~ed** fließen (**into** in *akk*); **the river ~s itself into the lake** der Fluss ergießt sich in den See; ~ **out drinks** Getränke eingießen, einschenken; ~ **off** abgießen; → heart *Bes Redew* C V/I 1 strömen, rinnen (*beide:* **into** in *akk*; **from** aus): ~ **down** (her)nieder-, hinunterströmen; **it is ~ing with rain** es gießt in Strömen; **it never rains but it ~s** *fig* es kommt immer gleich knüppeldick, *engS.* ein Unglück kommt selten allein 2 einschenken 3 ~ **forth** sich ergießen, (aus)strömen (*beide:* **from** aus) 4 *fig* strömen (*Menschenmenge etc*): ~ **in** hereinströmen (*a. fig Aufträge, Briefe etc*); ~ **out of** (heraus)strömen aus 5 TECH (*in die Form*) gießen: ~ **from the bottom** (**top**) steigend (fallend) gießen; **pourable** ADJ TECH vergießbar: ~ **compound** Gussmasse *f*

pourboire [ˈpʊəbwɑː; *US* pʊərbˈwɑːr] S Trinkgeld *n*

pouring [ˈpɔːrɪŋ; *US a.* ˈpəʊr-] A ADJ 1 strömend (*Regen*) 2 TECH Gieß…, Guss…: ~ **gate** Gießtrichter *m* B ADV triefend: ~ **wet** C S METALL (Ver-)Gießen *n*

pourparler [ˌpʊə(r)ˈpɑːleɪ; *US* -pɑːrˈleɪ] S a Meinungsaustausch *m* b vorbereitendes Gespräch

pour point S 1 → flow point 1 2 → setting point

pourpoint [ˈpʊə(r)pɔɪnt] S HIST Wams *n*

pour test S CHEM, TECH Stockpunktbestimmung *f*

pout[1] [paʊt] A V/I 1 die Lippen spitzen *od* aufwerfen 2 a e-e Schnute *od* e-n Flunsch ziehen (*beide umg*) b *fig* schmollen 3 vorstehen (*Lippen*) B V/T 1 *die Lippen, den Mund* (*schmollend*) aufwerfen, (*a. zum Kuss*) spitzen 2 *etwas* schmollen(d sagen) C S 1 Schnute *f*, Flunsch *m* (*beide umg*), Schmollmund *m* 2 Schmollen *n*: **have the ~s** schmollen, im Schmollwinkel sitzen

pout[2] [paʊt] *pl* pouts, *bes koll* pout S (*ein*) Schellfisch *m*

pouter [ˈpaʊtə(r)] S 1 *a.* ~ **pigeon** ORN Kropftaube *f* 2 → pout[2]

poverty [ˈpɒvə(r)tɪ; *US* ˈpɑ-] S 1 Armut *f*, Not *f*, Mangel *m* (**of, in** an *dat*): **live in ~** in Armut leben; ~ **in vitamins** Vitaminmangel; → reduce A 16 2 *fig* Armut *f*, Dürftigkeit *f*, Armseligkeit *f*: ~ **of ideas** Ideen-, Gedankenarmut; ~ **of imagination** Fantasielosigkeit *f* 3 Unergiebigkeit *f* (*des Bodens etc*); ~ **level**, ~ **line** S SOZIOL Armutsgrenze *f*: **be on the ~** an der Armutsgrenze leben; **live below the ~** unterhalb der Armutsgrenze leben; **~-stricken** ADJ in Armut lebend, Not leidend, verarmt; ~ **trap** S *Situation, in der sich die wirtschaftliche Lage e-s Sozialhilfeempfängers dadurch verschlechtert, dass er e-e Erwerbstätigkeit aufnimmt, weil er damit keinen Anspruch mehr auf Sozialhilfe hat*

POW ABK prisoner of war

powder [ˈpaʊdə(r)] A S 1 a (*Schieß-, Back- etc*) Pulver *n* (*a.* PHARM): **not be worth (the) ~ and shot** *umg obs* nicht der Mühe wert sein; **keep one's ~ dry** *umg* sein Pulver trocken halten, auf der Hut *od* in Bereitschaft sein; **take a ~** *US sl* türmen (*flüchten*) b → powder snow 2 (*Gesichts- etc*) Puder *m*, *umg n* B V/T 1 pulverisieren: **~ed eggs** *pl* Trockenei *n*, Eipulver *n*; **~ed milk** Trockenmilch *f*, Milchpulver *n*; **~ed sugar** Puderzucker *m* 2 (be-, über)pudern, einpudern: ~ **one's nose** a sich die Nase pudern b *euph* mal kurz verschwinden 3 (**with** mit) a bestäuben, bestreuen b übersäen C V/I zu Pulver werden, (in Staub) zerfallen; ~ **blue** S Taubenblau *n*, Graublau *n* (*Farbe*); **~-blue** ADJ taubenblau, graublau; ~ **boy** → powder monkey 1; ~ **burn** S MED Verbrennung *f* durch Pulverexplosion; ~ **compact** S Puderdose *f*; ~ **down** S ZOOL Puderdune *f*; ~ **flask** S MIL, HIST Pulverflasche *f*; ~ **horn** S MIL, HIST Pulverhorn *n*; ~ **keg** S MIL, HIST Pulverfass *n* (*a. fig*): **sit on a ~**; **be a ~** e-m Pulverfass gleichen; ~ **magazine** S MIL, HIST Pulverkammer *f*, -magazin *n*; **~man** [-mæn; -mən] S *irr* 1 → powder monkey 2 2 *sl Schränker, der Sprengstoff benutzt*; ~ **metallurgy** S TECH Pulvermetallurgie *f*, Metallkeramik *f*; ~ **mill** S HIST Pulvermühle *f*; ~ **monkey** S 1 SCHIFF, HIST Pulverjunge (*der das Pulver aus der Munitionskammer holte*) 2 Sprengstoffverwalter *m* (*in Steinbrüchen etc*); ~ **puff** S Puderquaste *f*; **~-puff** ADJ *US umg* Frauen…, Damen…: ~ **soccer**; ~ **room** S (Damen)Toilette *f*; ~ **snow** S Pulverschnee *m*

powdery ADJ 1 pulverig, Pulver…: ~ **snow** Pulverschnee *m* 2 staubig, bestäubt 3 (leicht) zerreibbar

power [ˈpaʊə(r)] A S 1 Kraft *f*, Stärke *f*, Macht *f*, Vermögen *n*: **it was out of** (*od* **not in**) **his ~ to do it** es stand nicht in s-r Macht, es zu tun; **more ~ to your elbow!** *bes Br umg* viel Erfolg!; **do all in one's ~** alles tun, was in s-r Macht steht; **it is beyond my ~** es übersteigt m-e Kraft 2 (*a. physische*) Kraft, Energie *f* 3 Wucht *f*, Gewalt *f*, Kraft *f* 4 *meist pl* a (*hypnotische etc*) Kräfte *pl* b (geistige) Fähigkeiten *pl*: ~ **to concentrate**, **~(s) of concentration** Konzentrationsvermögen *n*, -fähigkeit *f*; → observation A 3, persuasion 2 Talent *n* 5 Macht *f*, Gewalt *f*, Autorität *f*, Herrschaft *f* (*alle:* **over** über *akk*): **the ~ of money** die Macht des Geldes; **be in ~** an der Macht *od umg* am Ruder sein; **be in sb's ~** in j-s Gewalt sein; **come into ~** an die Macht *od umg* ans Ruder kommen, zur Macht gelangen; **have sb in one's ~** j-n in seiner Gewalt haben; **have (no) ~ over sb** (keinen) Einfluss auf j-n haben; → key[1] A 1 6 JUR (Handlungs-, Vertretungs)Vollmacht *f*, Befugnis *f*: ~ **of testation** Testierfähigkeit *f*; → attorney b, full[1] A 11, go beyond 7 POL Gewalt *f* (*als Staatsfunktion*): → legislative A 1, separation 1, *etc* 8 POL (Macht)Befugnis *f*, (Amts)Gewalt *f* 9 POL Macht *f*, Staat *m*: →

P

Great Powers 10 Machtfaktor *m*, einflussreiche Stelle *od* Person: **the ~s that be** die maßgeblichen (Regierungs)Stellen; **~ behind the throne** graue Eminenz 11 höhere Macht: **the heavenly ~s** die himmlischen Mächte; → darkness 4 12 **℘s** *pl* REL Mächte *pl* (*6. Ordnung der Engel*) 13 *umg* Menge *f*: **a ~ of people**; **it did him a ~ of good** es hat ihm unwahrscheinlich gutgetan 14 MATH Potenz *f*: **~ series** Potenzreihe *f*; **raise to the third ~** in die dritte Potenz erheben 15 ELEK, PHYS Kraft *f*, Leistung *f*, Energie *f*: **~ per unit surface** (*od* **area**) Flächenleistung 16 ELEK (Stark)Strom *m* 17 RADIO, TV Sendestärke *f* 18 TECH a mechanische Kraft, Antriebskraft *f* b → horsepower 1: **~ on** a mit laufendem Motor b (mit) Vollgas; **~ off** mit abgestelltem Motor, im Leerlauf; **under one's own ~** mit eigener Kraft, *fig a.* unter eigener Regie 19 OPT Vergrößerungskraft *f*, (Brenn)Stärke *f* (*e-r Linse*) B V/T TECH mit (*mechanischer etc*) Kraft betreiben, antreiben, (*mit Motor*) ausrüsten: → rocket-powered C V/I TECH mit Motorkraft fahren

power| aerial S AUTO *bes Br* Motorantenne *f*; **~ amplifier** S 1 RADIO *etc* Kraft-, Endverstärker *m* 2 FILM Hauptverstärker *m*; **~ antenna** *bes US* → power aerial; **~-assisted** ADJ AUTO, TECH Servo…: **~ steering**; **~ base** S POL Machtbasis *f*; **~boat** S Motor-, Rennboot *n*; **~ brake** S AUTO Servobremse *f*; **~ broker** S POL *bes US* Drahtzieher(in); **~ cable** S ELEK 1 (Stark)Stromkabel *n* 2 Hochspannungsleitung *f*; **~ circuit** S ELEK Starkstrom-, Kraftstromkreis *m*; **~ consumption** S ELEK Strom-, Energieverbrauch *m*; **~ current** S ELEK Stark-, Kraftstrom *m*; **~ cut** S ELEK 1 Stromsperre *f* 2 Strom-, Netzausfall *m*; **~ demand** S ELEK Strom-, Energiebedarf *m*; **~ dive** S FLUG Vollgassturzflug *m*; **~-dive** V/I FLUG e-n Sturzflug ohne Motordrosslung ausführen; **~ dressing** S Karrierelook *m*, durchgestyltes Outfit; **~ drill** S TECH elektrische Bohrmaschine; **~ drive** S TECH Kraftantrieb *m*; **~-driven** ADJ TECH kraftbetrieben, Kraft…; **~ economy** S ELEK Strom-, Energiewirtschaft *f*; **~ engineering** S ELEK Starkstromtechnik *f*; **~ factor** S ELEK, PHYS Leistungsfaktor *m*; **~ failure** S ELEK Strom-, Netzausfall *m*; **~ feed** S TECH Kraftvorschub *m*

powerful [ˈpaʊə(r)fʊl] ADJ (ADV **~ly**) 1 mächtig, einflussreich (*Staat etc*) 2 kräftig (*Schlag etc*), stark (*Medikament, Motor etc*) 3 durchschlagend, wirkungsvoll (*Argument etc*) 4 wuchtig (*Stil etc*): **~ plot** packende Handlung 5 *US dial* groß: **a ~ lot of money**

power| gas S Treibgas *n*; **~ generation** S ELEK Stromerzeugung *f*; **~ glider** S FLUG Motorsegler *m*; **~house** S 1 ELEK, TECH a → power station b Maschinenhaus *n* 2 *umg* a dynamische Person b treibende Kraft: **~ of the attack** SPORT Angriffsmotor *m*; **~-hungry** ADJ machthungrig, -gierig; **~ lathe** S TECH Hochleistungsdrehbank *f*

powerless ADJ (ADV **~ly**) machtlos: **be ~ to do sth** nicht in der Lage sein, etwas zu tun; **powerlessness** S Machtlosigkeit *f*

power| lifting S SPORT Kraftdreikampf *m*; **~ line** S ELEK 1 Starkstromleitung *f* 2 Überlandleitung *f*; **~ lock** S AUTO Zentralverrieg(e)lung *f*; **~ loom** S TECH mechanischer Webstuhl; **~ loss** S ELEK, PHYS 1 Leistungs-, Energieverlust *m* 2 Verlustleistung *f*; **~-loss factor** S ELEK, PHYS Verlustfaktor *m*; **~ loudspeaker** S Groß(flächen)lautsprecher *m*; **~ mower** S Motorrasenmäher *m*; **~-operated** ADJ TECH kraftbetätigt, -betrieben: **~ brake** AUTO Servobremse *f*; **~ output** S ELEK, TECH Ausgangs-, Nennleistung *f*, Leistungsabgabe *f*; **~ pack** S ELEK Netzteil *n*; **~ plant** S 1 → power station 2 Maschinensatz *m*, Aggregat *n*, Triebwerk(-anlage) *n(f)*; **~ play** S *bes Eishockey*: Powerplay *n* (*anhaltender massiver Ansturm auf das gegnerische Tor*); **~ point** S ELEK *Br* Steckdose *f*; **~ politician** S Machtpolitiker(in); **~ politics** SPL (*als sg konstruiert*) Machtpolitik *f*; **~-propelled** → power-driven; **~ reactor** S *Atomphysik*: Leistungsreaktor *m*; **~ serve**, **~ service** S *Tennis*: Kanonenaufschlag *m*; **~ sharing** S Teilhabe *f* an der Macht; **~ shovel** S TECH Löffelbagger *m*; **~ station** S ELEK Elektrizitäts-, Kraftwerk *n*; **~ steering** S AUTO Servolenkung *f*; **~ strip** S *bes* SPORT Nasenpflaster *n*; **~ stroke** S AUTO Arbeitshub *m*; **~ structure** S 1 Machtstruktur *f* 2 Machtelite *f* (*innerhalb e-r Institution*); **~ struggle** S POL *etc* Machtkampf *m*; **~ supply** S ELEK 1 Energie-, Stromversorgung *f*, Netz(anschluss) *n(m)* 2 *a.* **~ pack** (*od* **unit**) Netzteil *n*; **~ transformer** S ELEK 1 Netztransformator *m*, Netztrafo *m* 2 Leistungstransformator *m*; **~ transmission** S TECH Leistungs-, Kraftübertragung *f*; **~ unit** S 1 → power station 2 → power plant 2

powwow [ˈpaʊwaʊ] A S 1 Powwow *n*: a HIST (indianischer) Medizinmann b HIST (indianische) Versammlung c *indianische Veranstaltung mit ehemaligen Zeremonialtänzen* 2 *US umg* Besprechung *f* B V/I *US umg* sich besprechen

Powys [ˈpaʊɪs; ˈpaʊɪs] S Powys *n* (*Grafschaft im östlichen Wales*)

pox [pɒks; *US* pɑks] MED A S 1 a Pocken *pl*, Blattern *pl* b *allg* Pusteln *pl* 2 *umg* Syph *f* (*Syphilis*): **give** *sb* **the ~** → B B V/T *umg j-m e-e* Syph anhängen

pp. ABK pages PL S.

p.p. ABK 1 parcel post 2 LING past participle P.P., Part. Perf. 3 per procurationem, by proxy pperf., ppa. 4 *bes US* postpaid freigemacht, frankiert 5 (*auf Rezepten*) post prandium, after a meal 6 prepaid vorausbezahlt; *Postwesen*: frankiert

ppd ABK 1 *bes US* postpaid freigemacht, frankiert 2 prepaid vorausbezahlt; *Postwesen*: frankiert

ppm ABK CHEM parts per million

PPS ABK 1 parliamentary private secretary 2 post postscriptum, additional postscript PPS

p.q. ABK previous question

pr[1] ABK 1 pair 2 paper 3 power

PR[2] ABK 1 proportional representation 2 public relations PL PR 3 Puerto Rico

pr. ABK 1 PHARM per rectum, through the rectum anal (anzuwenden, einzuführen) 2 WIRTSCH preferred 3 LING pronoun Pron.

practicability [ˌpræktɪkəˈbɪlətɪ] S 1 Durch-, Ausführbarkeit *f* 2 Anwendbarkeit *f*, Brauchbarkeit *f* 3 Passierbarkeit *f*; **practicable** ADJ (ADV practicably) 1 durch-, ausführbar 2 anwendbar, verwendbar, brauchbar 3 passierbar (*Straße etc*) 4 THEAT praktikabel (*Dekoration*); **practicableness** → practicability

practical [ˈpræktɪkl] ADJ (ADV → practically) 1 praktisch, angewandt (*Ggs theoretisch*): **~ agriculture** praktische Landwirtschaft; **the ~ application of a rule** die praktische Anwendung e-r Regel; **~ chemistry** angewandte Chemie; **~ knowledge** praktisches Wissen, praktische Kenntnisse *pl*; **~ training** praktische Ausbildung; → mechanic B 2 b 2 praktisch, zweckmäßig, nützlich, brauchbar (*Methode, Vorschlag etc*) 3 praktisch, in der Praxis tätig: **a ~ man** ein Mann der Praxis 4 praktisch: a praktisch denkend *od* veranlagt (*Person*) b aufs Praktische gerichtet (*Denken*) 5 praktisch, faktisch, tatsächlich: **he is a ~ atheist** er ist praktisch ein Atheist; **he has ~ control of** er hat praktisch die Kontrolle über (*akk*) 6 sachlich 7 praktisch ausgebildet (*nicht staatlich geprüft*): **a ~ nurse** 8 handgreiflich, grob: **~ joke** Streich *m*; **play a ~ joke on sb** j-m e-n Streich spielen; **~ joker** Witzbold *m* 9 THEAT → practicable 4; **practicality** [-ˈkælətɪ] S (*das*) Praktische: a praktisches Wesen b praktische Anwendbarkeit

practically [ˈpræktɪklɪ] ADV praktisch, so gut wie: **he knows ~ nothing**

practicalness [ˈpræktɪklnɪs] → practicality

practice [ˈpræktɪs] A S 1 Brauch *m*, Gewohnheit *f*, Praxis *f*, übliches Verfahren: **make a ~ of sth** sich etwas zur Gewohnheit machen; **don't make a ~ of it** lass es nicht zur Gewohnheit werden *od* einreißen; **it is the ~** es ist üblich (**to do sth** etwas zu tun; **for sb to do sth** dass j-d etwas tut); **it is common ~** es ist allgemein üblich; **it is not the usual ~ for him to get drunk** es ist bei ihm nicht üblich, dass er sich betrinkt; üblicherweise betrinkt er sich nicht 2 a Übung *f* (*a.* MIL, MUS): **~ makes perfect** (*Sprichwort*) Übung macht den Meister; **be in** (**out of**) **~** in (aus) der Übung sein; **keep in ~** in der Übung bleiben b *Motorsport etc*: Training *n* 3 Praxis *f* (*Ggs Theorie*): **in ~** in der Praxis; **put in(to) ~** in die Praxis *od* Tat umsetzen; **~-orient(at)ed** praxisorientiert 4 (*Arzt- etc*) Praxis *f*: **he has a large ~**; **be in ~** praktizieren, e-e Praxis haben 5 a Handlungsweise *f*, Praktik *f* b *oft pl pej* (unsaubere) Praktiken *pl*, Machenschaften *pl*, Schliche *pl* 6 JUR Verfahren(sregeln) *n(pl)*, formelles Recht 7 TECH Verfahren *n*, Technik *f*: **welding ~** Schweißtechnik 8 MATH welsche *od* italienische Praktik (*e-e Rechnungsart*) B ADJ Übungs…: **~ alarm** Probealarm *m*; **~ alert** MIL Übungsalarm *m*; **~ ammunition** Übungsmunition *f*; **~ cartridge** Exerzierpatrone *f*; **~ flight** FLUG Übungsflug *m*; **~ run** AUTO Trainingsfahrt *f* C V/T *bes Br* **practise** [-tɪs] 1 üben, (gewohnheitsmäßig) tun *od* (be)treiben: **~ politeness** höflich sein; **~ what you preach** tue selbst, was du predigst 2 (*als Beruf*) ausüben, tätig sein als *od* in (*dat*), *ein Geschäft etc* betreiben: **~ medicine** (**law**) als Arzt (Anwalt) praktizieren 3 (ein)üben, sich üben in (*dat*), MUS *etwas* (*auf e-m Instrument*) üben: **~ dancing** sich im Tanzen üben; **~ a piece of music** ein Musikstück (ein)üben 4 *j-n* üben, schulen, ausbilden 5 verüben: **~ a fraud on sb** j-n arglistig täuschen D V/I 1 handeln, tun, verfahren 2 praktizieren (**as** als *Arzt, Jurist*): **practicing** (*bes Br* **practising**) **Catholic** praktizierender Katholik 3 (sich) üben: **~ on the piano** (sich auf dem) Klavier üben 4 **~ (up)on** a *j-n* bearbeiten *umg* b *j-s Schwächen etc* ausnützen, sich *etwas* zunutze machen, missbrauchen

practiced, *bes Br* **practised** [ˈpræktɪst] ADJ geübt (**in** in *dat*) (*Person, a. Auge, Hand*)

practise *bes Br für* practice C, D; **practised** *bes Br für* practiced

practitioner [prækˈtɪʃnə(r)] S Praktiker(in): → general practitioner, legal A 3, medical practitioner

praecipe [ˈpriːsɪpɪ; *US a.* ˈpres-] S JUR *gerichtlicher Befehl, etwas zu tun od den Grund des Unterlassens anzugeben*

praedial [ˈpriːdɪəl] ADJ JUR prädial, Prädial… (*ein unbewegliches Gut betreffend*)

praetor [ˈpriːtə(r)] S *Antike*: Prätor *m* (*höchster [Justiz]Beamter im alten Rom*); **praetorial**

[-'tɔːrɪəl; US a. -'təʊ-] → praetorian A; **praetorian** A ADJ 1 prätorisch *(e-n Prätor betreffend)* 2 oft ♀ prätorianisch: ♀ **Guard** Prätorianergarde *f* B S oft ♀ Prätorianer *m (Angehöriger der Prätorianergarde)*

pragmatic [præg'mætɪk] A ADJ (ADV ~ally) 1 PHIL pragmatisch: ~ **sanction** → B 2 2 pragmatisch: a belehrend, lehrhaft b praktisch (denkend), sachlich, nüchtern 3 geschäftig, eifrig, tätig 4 a übereifrig, auf-, zudringlich b starrsinnig, rechthaberisch, von sich eingenommen B S 1 → pragmatist 3, 4 2 HIST pragmatische Sanktion *(die Staatsangelegenheiten regelndes Grundgesetz)* 3 pl *(als sg konstruiert)* Pragmatik *f (linguistische Disziplin, die das Sprachverhalten sowie das Verhältnis zwischen sprachlichen Zeichen u. interpretierendem Menschen untersucht)*; **pragmatical** ADJ (ADV ~ly) → pragmatic A

pragmatism ['prægmətɪzəm] S 1 Übereifer *m*, Auf-, Zudringlichkeit *f* 2 rechthaberisches Wesen, Eigensinn *m* 3 PHIL Pragmatismus *m (Lehre, die im Handeln das Wesen des Menschen erblickt u. Wert sowie Unwert des Denkens danach bemisst)* 4 Pragmatik *f*, nüchterne, praktische Betrachtungs- *od* Handlungsweise, Sachlichkeit *f*; **pragmatist** S 1 PHIL Pragmatiker(in), Pragmatist(in) 2 Pragmatiker(in), praktischer *od* nüchterner Mensch 3 auf- *od* zudringliche Person, Übereifrige(r) *m/f(m)* 4 rechthaberische Person; **pragmatize** V/T 1 als real darstellen 2 vernunftmäßig erklären, rationalisieren

Prague [prɑːg] S Prag *n*; **Prague Spring** [prɑːg] S POL, HIST *(der)* Prager Frühling

prairie ['preərɪ] S 1 Grasebene *f*, Steppe *f* 2 Prärie *f (in Nordamerika)* 3 US grasbewachsene (Wald)Lichtung; ~ **dog** S ZOOL Präriehund *m*; ~ **fox** S ZOOL Kittfuchs *m*; ~ **oyster** S Prärieauster *f (scharf gewürztes Mixgetränk aus Eigelb u. Weinbrand)*; ♀ **Provinces** SPL *Beiname der westkanadischen Provinzen Manitoba, Saskatchewan u. Alberta*; ~ **schooner** S US Planwagen *m (der frühen Siedler)*; ♀ **State** S US *(Beiname für den Staat)* Illinois *n*; ~ **wolf** S irr Präriewolf *m*, Coyote *m*

praise [preɪz] A V/T 1 loben, rühmen, preisen: → sky A 1, term A 2 2 *bes Gott* (lob)preisen, loben B S 1 Lob *n*: **damn with faint** ~ auf die sanfte Art zerreißen; **be loud in one's** ~ **of** (*od* **for**), **be full of** ~ **for** voll des Lobes sein über *(akk)*, nicht mit Lob sparen für; **sing sb's** ~**s** ein Loblied auf j-n singen; **sing one's own** ~**s** sich selbst beweihräuchern; **receive** (*od* **win**) **high** ~ hohes Lob ernten (**from** von); **in sb's** ~ zu j-s Lob; **make a speech in** ~ **of** e-e Lobrede halten auf *(akk)*; **above** (*od* **beyond**) ~ über alles Lob erhaben 2 Lobpreisung *f*; **praiseworthiness** S Löblichkeit *f*, lobenswerte Eigenschaft; **praiseworthy** ADJ (ADV praiseworthily) lobenswert, löblich

Prakrit ['prɑːkrɪt] S LING Prakrit *n (alte mittelindische Dialekte)*

praline ['prɑːliːn; US a. 'preɪ-] S Praline *f* mit Nussfüllung

pram[1] [prɑːm; US a. præm] S SCHIFF Prahm *m*, Leichter *m*

pram[2] [præm] S *bes Br umg* Kinderwagen *m*

prance [prɑːns; US præns] A V/I 1 *Pferd*: a sich bäumen, steigen b tänzeln 2 *fig* (einher)stolzieren, paradieren 3 a. ~ **about** (*od* **around**) *umg* herumhüpfen, -tanzen B V/T *ein Pferd* steigen *od* tänzeln lassen C S 1 Tänzeln *n* 2 Stolzieren *n*, Paradieren *n* 3 *umg* Herumhüpfen *n*, -tanzen *n*; **prancer** S tänzelndes Pferd

prandial ['prændɪəl] ADJ Essens…, Tisch…

prang [præŋ] *Br umg* A S 1 FLUG Bruchlandung *f* 2 AUTO schwerer Unfall 3 FLUG, MIL Luftangriff *m* 4 *fig* (große) Leistung B V/T 1 FLUG Bruch machen mit 2 *ein Auto* zu Schrott fahren 3 FLUG, MIL *e-e Stadt etc* zusammenbomben

prank[1] [præŋk] S 1 Streich *m*, Schabernack *m*: **play a** ~ **on sb** j-m e-n Streich spielen 2 Kapriole *f*, Faxe *f (e-r Maschine etc)*

prank[2] [præŋk] A V/T *meist* ~ **out** (*od* **up**) herausputzen, schmücken B V/I prunken, prangen

prankish ADJ (ADV ~ly) zu Streichen aufgelegt

prankster ['præŋkstə(r)] S Witzbold *m*

p'raps [præps] *umg für* perhaps

prase [preɪz] S MINER Prasem *m*

prat [præt] *sl* A S 1 Hintern *m umg*, Hinterteil *n oft hum* 2 *Br* Trottel *m pej* B V/T ~ **away** mit dem Hintern wegschubsen *umg*

prate [preɪt] A V/I faseln, schwafeln *(beide umg)* B V/T *etwas* daherfaseln *od* -schwafeln *(beide umg)* C S Gefasel *n*, Geschwafel *n (beide umg)*; **prater** S Fas(e)ler(in), Schwaf(e)ler(in) *(beide umg)*

pratfall S *US sl* a Sturz *m* auf den Hintern b *fig* Bauchlandung *f*, Blamage *f*: **have** (*od* **take**) **a** ~ sich auf den Hintern setzen; *fig* e-e Bauchlandung machen, sich blamieren

pratincole ['prætɪŋkəʊl; US a. 'preɪ-] S ORN Brachschwalbe *f*

prating ['preɪtɪŋ] A ADJ (ADV ~ly) faselnd, schwafelnd *(beide umg)* B S → prate c

pratique ['prætiːk; *bes US* præ'tiːk] S SCHIFF Anlauferlaubnis *f*

prattle ['prætl] A V/I plappern *umg* B V/T *etwas* daherplappern *umg*; **prattler** S Plappermaul *n umg*

prawn [prɔːn; US a. prɑːn] A S FISCH Garnele *f* B V/I Garnelen fangen; ~ **cocktail** S Krabbencocktail *m*

praxis ['præksɪs] *pl* praxises, praxes [-iːz] S 1 Praxis *f*, Ausübung *f* 2 Brauch *m*, Gewohnheit *f*

pray [preɪ] A V/T 1 *j-n* inständig bitten, anflehen *(beide:* **for** um): ~, **consider!** *obs* bitte bedenken Sie doch! 2 *Gott etc* anflehen, flehen zu 3 *etwas* inständig erbitten, erflehen 4 *ein Gebet* beten B V/I 1 (**for**) bitten, ersuchen (um), beantragen *(akk)* 2 REL beten (**to** zu; **for** für): **he is past** ~**ing for** a er ist unheilbar krank b *fig* bei ihm ist Hopfen u. Malz verloren

prayer[1] [preə(r)] S 1 a Gebet *n*: **put up a** ~ **to God** ein Gebet an Gott richten *od* zu Gott emporsenden; **say one's** ~**s** beten b Beten *n*: **gather in** ~ sich zum Gebet versammeln 2 *meist pl* Andacht *f* 3 inständige Bitte, Flehen *n* 4 Gesuch *n*, Ersuchen *n*, JUR a. Antrag *m*, Klagebegehren *n* 5 *US umg* Hauch *m* e-r Chance: **he doesn't have a** ~ **of getting it** er hat nicht die geringste Chance, es zu bekommen

prayer[2] ['preɪə(r)] S Beter(in), Betende(r) *m/f(m)*

prayer| bead S KATH Rosenkranzperle *f*; ~ **book** S 1 Gebetbuch *n* 2 **Prayer Book** Gebetbuch *n* der anglikanischen Kirche

prayerful ['preə(r)fʊl] ADJ (ADV ~ly) 1 fromm, andächtig 2 inständig

prayer| mat → prayer rug; ~ **meeting** S Gebetsversammlung *f*; ~ **rug** S Gebetsteppich *m*; ~ **shawl** S Gebetsmantel *m*; ~ **wheel** S Gebetsmühle *f*

praying| insect, ~ **mantis** ['preɪɪŋ] S ZOOL Gottesanbeterin *f*

PRB ABK Pre-Raphaelite Brotherhood

pre- [priː; prɪ] *Wortelement mit den Bedeutungen:* a *(zeitlich)* vor, vorher, früher als b *(räumlich)* vor, davor

preach [priːtʃ] A V/I 1 (**to**) predigen (zu *od* vor *e-r Gemeinde etc*), e-e Predigt halten *(dat od* vor *dat)*: ~ **to the converted** *fig* offene Türen einrennen 2 *fig* predigen: ~ **at sb** j-m e-e (Moral)Predigt halten (**about** wegen) B V/T 1 *etwas* predigen: ~ **the gospel** das Evangelium predigen *od* verkündigen; ~ **a sermon** e-e Predigt halten 2 *etwas* predigen, lehren, ermahnen zu: ~ **charity** Nächstenliebe predigen 3 ~ **down** predigen gegen, herziehen über *(akk)* 4 ~ **up** predigen für, (in Predigten) loben *od* (an)preisen C S *umg* Predigt *f*, Sermon *m*;

preacher S 1 Prediger(in) 2 ♀ BIBEL Kohelet *m*, *(der)* Prediger Salomo *(Buch des Alten Testaments)*; **preachify** [-ɪfaɪ] V/I *umg* salbadern, (*bes* Moral) predigen; **preaching** S 1 Predigen *n* 2 Predigt *f* 3 Lehre *f* 4 *pej* Salbaderei *f*; **preachment** S *pej* Salbadern *n*, Sermon *m*, *(langweilige)* Moralpredigt; **preachy** ADJ (ADV preachily) *umg* salbadernd, moralisierend: **don't get** ~ bitte keine Moralpredigten!

preamble [priː'æmbl; 'priːæm-] A S 1 Präambel *f (a.* JUR), Einleitung *f (beide:* **to** zu) 2 Kopf *m (e-s Funkspruchs etc)* 3 Oberbegriff *m (e-r Patentschrift)* 4 *fig* Einleitung *f*, Vorspiel *n*, Auftakt *m (alle:* **to** zu) B V/I e-e Präambel verfassen, mit e-r Einleitung beginnen C V/T präambulieren, e-e Präambel verfassen zu

preamp S *umg für* preamplifier

preamplifier S ELEK Vorverstärker *m*

preannounce V/T vorher anzeigen *od* ankündigen; **preannouncement** S Vorankündigung *f*, Voranzeige *f*

prearrange V/T vorher abmachen *od* anordnen *od* bestimmen; **prearrangement** S vorherige Abmachung *od* Anordnung *od* Bestimmung

prebend ['prebənd] S 1 Präbende *f*, Pfründe *f* 2 → prebendary; **prebendal** [prɪ'bendl] ADJ 1 Pfründen… 2 e-e Pfründe innehabend; **prebendary** [-dərɪ; US -ˌderiː] S Präbendar *m*, Pfründner *m*

prec. ABK 1 preceded 2 preceding vorausg., vorherg.

precalculate V/T vorausberechnen

Pre-Cambrian GEOL A ADJ präkambrisch B S Präkambrium *n*, Erdurzeit *f*

precarious [prɪ'keərɪəs] ADJ (ADV ~ly) 1 prekär, unsicher *(Lage etc)*: ~ **state of health** bedenklicher Gesundheitszustand 2 gefährlich, riskant 3 anfechtbar, fragwürdig *(Annahme etc)* 4 JUR widerruflich, aufkündbar, auf Widerruf (eingeräumt *od* zugeteilt); **precariousness** S 1 Unsicherheit *f* 2 Gefährlichkeit *f* 3 Fragwürdigkeit *f*

precast V/T irr *Betonteile etc* vorfabrizieren

precatory ['prekətərɪ; US -ˌtəʊriː; -ˌtɔː-] ADJ e-e Bitte enthaltend, Bitt…: **in** ~ **words** *(in Testamenten)* als Bitte *(nicht als Auftrag)* formuliert; ~ **trust** *(testamentarische)* Bitte, die als bindend gilt

precaution [prɪ'kɔːʃn] S 1 Vorkehrung *f*, Vorsichtsmaßregel *f*, -maßnahme *f*: **take** ~**s** a Vorsichtsmaßregeln *od* Vorsorge treffen b MED ein Verhütungsmittel nehmen, verhüten; **as a** ~ vorsichtshalber, vorsorglich 2 Vorsicht *f*; **precautionary** [-ʃnərɪ; US -ʃəˌneriː] ADJ 1 vorbeugend, Vorsichts…: ~ **measure** → precaution 1 2 Warn(ungs)…: ~ **signal** Warnsignal *n*

precede [ˌpriː'siːd; prɪ-] A V/T 1 a. *fig (a. zeitlich)* voraus-, vorangehen *(dat)*: **the words that** ~ **this paragraph**; **the years preceding his death** die Jahre vor s-m Tod 2 den Vorrang *od* Vortritt *od* Vorzug haben vor *(dat)*, vorgehen *(dat)*, rangieren vor *(dat)* 3 (**by, with sth**) (durch etwas) einleiten, *e-r Sache* (etwas) vorausschicken: **he** ~**d his measures by an explanation** B V/I 1 voran-, vorausgehen 2 den Vorrang *od* Vortritt haben

precedence ['presɪdəns; priː'siːdəns; prɪ'siː-] S 1 Voran-, Vorhergehen *n*: **have the ~ of sth** e-r Sache (zeitlich) vorangehen 2 Vorrang *m*, Vorzug *m*, Vortritt *m*, Vorrecht *n*: **take ~ of** (*od* **over**) → precede A 2 3 Rangordnung *f*; **precedency** [-sɪ] → precedence

precedent[1] ['presɪdənt] S 1 JUR Präzedenzfall *m* (*a. fig*), Präjudiz *n*: **without ~** ohne Beispiel, noch nie da gewesen; **set a ~** e-n Präzedenzfall schaffen; **take sth as a ~** etwas als Präzedenzfall betrachten 2 Tradition *f*: **break with ~** mit der Tradition brechen

precedent[2] [prɪ'siːdənt; 'presɪ-] ADJ (ADV **~ly**) vorhergehend, voraus-, vorangehend: **condition ~** a Vorbedingung *f* b aufschiebende Bedingung

precedented ['presɪdəntɪd] ADJ e-n Präzedenzfall habend, schon einmal da gewesen

preceding [ˌpriː'siːdɪŋ; prɪ-] ADJ vorhergehend: **~ endorser** WIRTSCH Vormann *m* (*beim Wechsel*); **the ~ day** am Tag davor

precensor [ˌpriː'sensə(r)] V/T e-r Vorzensur unterwerfen; **precensorship** S Vorzensur *f*

precentor [ˌpriː'sentə(r); prɪ-] S MUS, REL a Präzentor *m*, Vorsänger *m* b Kantor *m*

precept ['priːsept] S 1 (*a.* göttliches) Gebot 2 Regel *f*, Richtschnur *f* 3 Vorschrift *f* 4 Lehre *f*, Unterweisung *f* 5 JUR a Gerichtsbefehl *m* b (schriftliche gerichtliche) Weisung *od* Anordnung c Einziehungs- *od* Zahlungsbefehl *m* d Vorladung *f*; **preceptive** [prɪ'septɪv] ADJ (ADV **~ly**) 1 befehlend, verordnend 2 lehrhaft, didaktisch; **preceptor** [-tə(r)] S Lehrer(in)

precerebral ADJ ANAT Vorderhirn…

precession [prɪ'seʃn] S Präzession *f*: a TECH *die Bewegung des Kreisels infolge e-s äußeren Drehmoments* b *a.* **~ of the equinoxes** ASTRON *Vorrücken der Tagundnachtgleichen*

pre-Christian ADJ vorchristlich

precinct ['priːsɪŋkt] S 1 eingefriedeter Bezirk (*Br bes um e-e Kirche*): **cathedral ~s** *pl* Domfreiheit *f* 2 US Bezirk *m*, *bes* a (Polizei)Revier *n* b Wahlbezirk *m*, -kreis *m*: **~ captain** (*od* **leader**) Wahlkreisleiter(in) (*e-r Partei*) 3 *pl* Umgebung *f*, Bereich *m* 4 *pl fig* Bereich *m*, Grenzen *pl*: **within the ~s of** innerhalb der Grenzen von (*od gen*), innerhalb (*gen*)

preciosity [ˌpreʃɪ'ɒsətɪ; *US* -'ɑs-] S Preziosität *f*, Geziertheit *f*, Affektiertheit *f*

precious ['preʃəs] A ADJ (ADV **~ly**) 1 kostbar, wertvoll (*a. fig Erinnerungen etc*) 2 Edel…: **a ~ stone**; **~ metals** 3 *iron* schön, nett, fein: **a ~ mess** e-e schöne Geschichte 4 *umg* schön, beträchtlich: **a ~ lot better than** bei Weitem besser als 5 *fig* preziös, überfeinert, affektiert, geziert (*Stil etc*) B ADV *umg* reichlich, herzlich: **~ little** C S Schatz *m*, Liebling *m*; **preciousness** S 1 Kostbarkeit *f* 2 → preciosity

precipice ['presɪpɪs] S 1 (jäher) Abgrund 2 *fig* a Abgrund *m*: **stand on the edge of a ~** b Klippe *f*

precipitable [prɪ'sɪpɪtəbl] ADJ CHEM abscheidbar, niederschlagbar, fällbar

precipitancy [prɪ'sɪpɪtənsɪ], *a.* **precipitance** S 1 Eile *f*: **with the utmost ~** in größter Eile 2 Hast *f*, Übereilung *f*, -stürzung *f*

precipitant [prɪ'sɪpɪtənt] A ADJ (ADV **~ly**) 1 (steil) abstürzend, jäh 2 *fig* hastig, eilig, jäh 3 *fig* übereilt, -stürzt, voreilig 4 CHEM sich als Niederschlag absetzend B S CHEM Fällungsmittel *n*

precipitate [prɪ'sɪpɪteɪt] A V/T 1 hinunter-, herunterstürzen 2 *fig e-e Krise etc* a auslösen b beschleunigen 3 *fig j-n* (hinein)stürzen (**into** in *akk*): **~ a country into war** 4 CHEM (aus)fällen, niederschlagen B V/I CHEM, METEO sich niederschlagen C ADJ [-tət] (ADV **~ly**) 1 jäh(lings) hinabstürzend, steil abfallend: **~ labo(u)r** MED Sturzgeburt *f* 2 *fig* überstürzt, -eilt, voreilig 3 eilig, hastig 4 jäh, plötzlich D S [-teɪt; -tət] CHEM Fällprodukt *n*, Niederschlag *m*; **precipitateness** S Überstürzung *f*

precipitation [prɪˌsɪpɪ'teɪʃn] S 1 jäher Sturz, (Herunter-, Hinunter)Stürzen *n* 2 *fig* Überstürzung *f*, -eilung *f*, (ungestüme) Eile, Hast *f* 3 CHEM Fällung *f*, Niederschlagen *n* 4 METEO (atmosphärischer) Niederschlag: **~ activity** Niederschlagstätigkeit *f* 5 *Spiritismus*: Materialisation *f* (*von Geistern*); **precipitator** [-tə(r)] S CHEM a → precipitant B b Ausfällapparat *m*

precipitous [prɪ'sɪpɪtəs] ADJ (ADV **~ly**) 1 jäh, steil (abfallend), abschüssig 2 *fig* überstürzt, -eilt, voreilig

précis ['preɪsiː; *US a.* preɪ'siː] A *pl* **précis** [-iːz] S Précis *m*, Inhaltsangabe *f*, Zusammenfassung *f* B V/T zusammenfassen

precise [prɪ'saɪs] ADJ 1 präzis(e), genau (*Antwort, Anweisungen etc*): **~ instrument** Präzisionsinstrument *n*; **to be ~** (*Redew*) genauer gesagt, um genau zu sein 2 präzis(e), exakt, (peinlich) genau, korrekt 3 genau, richtig (*Betrag, Zeitpunkt etc*): **this is the ~ hat I wanted** das ist genau der Hut, den ich wollte 4 übergenau, pedantisch; **precisely** ADV 1 → precise: **at nine o'clock ~** 2 gerade, genau, ausgerechnet 3 (*als Antwort*) genau (das meinte ich)!; **preciseness** S übertriebene Genauigkeit, Pedanterie *f*

precisian [prɪ'sɪʒn] S *bes* REL Rigorist(in)

precision [prɪ'sɪʒn] A S Präzision *f*, Genauigkeit *f*, TECH *a.* Genauigkeitsgrad *m*: **express sth with ~** etwas präzis(e) ausdrücken; **arms of ~** MIL Präzisionswaffen B ADJ TECH Präzisions…, Fein…: **~ adjustment** a Feineinstellung *f* b *Artillerie*: genaues Einschießen; **~ balance** Präzisions-, Feinwaage *f*; **~ bombing** gezielter Bombenwurf, Punktzielbombenwurf *m*; **~ instrument** Präzisionsinstrument *n*; **~ mechanic** Feinmechaniker(in); **~ mechanics** *pl* (*als sg konstruiert*) Feinmechanik *f*; **~ tool** Präzisionswerkzeug *n*; **precisionist** S Pedant(in), Übergenaue(r) *m/f(m)*

precision-made ADJ TECH Präzisions…

preclinical ADJ MED vorklinisch

preclude [prɪ'kluːd] V/T 1 ausschließen (**from** von) 2 *etwas* verhindern, ausschalten, -schließen, *e-r Sache* vorbeugen *od* zuvorkommen, *Einwände etc* vorwegnehmen 3 *j-n* hindern (**from** an *dat*; **from doing sth** [daran,] etwas zu tun)

preclusion [prɪ'kluːʒn] S 1 Ausschließung *f*, Ausschluss *m* (*beide*: **from** von) 2 Verhinderung *f*; **preclusive** [-sɪv] ADJ (ADV **~ly**)(**of** *akk*) a ausschließend b (ver)hindernd: **be ~ of sth** etwas ausschließen *od* verhindern

precocial [prɪ'kəʊʃl] ORN A ADJ: **~ bird** → B B S Nestflüchter *m*

precocious [prɪ'kəʊʃəs] ADJ (ADV **~ly**) 1 frühreif (*Kind*), (*a. Bemerkung etc*) altklug 2 BOT a frühreif b früh blühend; **precociousness**, **precocity** [-'kɒsətɪ; *US* -'kɑ-] S Frühreife *f* (*a.* BOT), Altklugheit *f*

precognition S 1 *Parapsychologie*: Präkognition *f* (*Vorauswissen zukünftiger Vorgänge*) 2 JUR *schott* Zeugenvernehmung *f* vor der Verhandlung

preconceive V/T (sich) *etwas* vorher ausdenken, sich *etwas* vorher vorstellen: **~d opinion** → preconception; **preconception** S (**about**) vorgefasste Meinung (über *akk*), *a.* Vorurteil *n* (gegen)

preconcert [ˌpriːkən'sɜːt; *US* -'sɜrt] V/T vorher verabreden *od* vereinbaren: **~ed** verabredet, *pej* abgekartet

precondemn V/T vorverurteilen; **precondemnation** S Vorverurteilung *f*

precondition A S Vorbedingung *f*, Voraussetzung *f*: **make sth a ~** etwas zur Bedingung *od* Voraussetzung machen; **he made it a ~ that …** er machte es zur Voraussetzung, dass … B V/T 1 *Material etc* vorbehandeln 2 a *j-n* (entsprechend) vorbereiten *od* einstimmen b *j-n* in die entsprechende Stimmung versetzen

preconization [ˌpriːkənaɪ'zeɪʃn; *US* -nə'z-] S 1 öffentliche Verkündigung 2 KATH Präkonisation *f*; **preconize** V/T 1 öffentlich verkündigen 2 KATH präkonisieren (*feierlich zum Bischof ernennen*)

preconscious PSYCH A ADJ (ADV **~ly**) vorbewusst B S: **the ~** das Vorbewusste

precontract JUR A S [ˌpriː'kɒntrækt; *US* -'kɑn-] Vorvertrag *m* B V/T [ˌpriːkən'trækt] 1 e-n Vorvertrag mit *j-m* abschließen 2 e-n Vorvertrag abschließen über (*akk*) C V/I e-n Vorvertrag abschließen

precook V/T vorkochen

precool V/T vorkühlen

precordial [prɪ'kɔːdjəl; *US* -'kɔːrdʒəl] ADJ ANAT, MED präkordial (*vor dem Herzen [liegend]*): **~ anxiety** Präkordialangst *f*; **~ depression** Herzgrube *f*; **~ pain** Präkordialschmerz *m*

precursor [ˌpriː'kɜːsə; *US* -'kɜrsər] S 1 Vorläufer(in) (**of, to** *gen*): **be the ~ of sth** *a.* e-r Sache vorangehen 2 (**of, to** *gen*) a Vorbote *m*, Vorbotin *f* (*des Frühlings etc*) b (erstes) Anzeichen (*e-r Erkältung etc*) 3 (Amts)Vorgänger(in); **precursory** [-sərɪ] ADJ 1 vorher-, vorausgehend 2 einleitend, vorbereitend

pred. ABK LING predicate Präd.

predaceous, **predacious** [prɪ'deɪʃəs] ADJ ZOOL räuberisch: **~ animal** Raubtier *n*; **~ instinct** Raub(tier)instinkt *m*

predate V/T 1 zurückdatieren (**by** um), ein früheres Datum setzen auf (*akk*) 2 (*zeitlich*) voran-, vorausgehen (*dat*), aus der Zeit stammen vor (*dat*)

predation [prɪ'deɪʃn] S 1 Plünderung *f* 2 *Ökologie*: räuberisches Verhalten (*von Tieren etc*): **~ pressure** predatorischer Druck

predator ['predətə(r)] S 1 raub- *od* habgieriger Mensch 2 BIOL räuberisches (Lebe)Wesen; **predatory** [-tərɪ; *US* -ˌtəuriː; -ˌtɔː-] ADJ (ADV predatorily) 1 räuberisch, Raub…: **~ animal** Raubtier *n*; **~ bird** Raubvogel *m*; **~ excursion** Raubzug *m*; **~ war** Raubkrieg *m* 2 a raubgierig b habgierig

predecease V/T früher als *j-d* sterben, vor *j-m* sterben

predecessor ['priːdɪsesə(r); ˌpriːdɪ's-] S 1 Vorgänger(in): **~ in office** Amtsvorgänger(in) 2 Vorfahr(e) *m*, Vorfahrin *f*

predefine V/T vorher abgrenzen *od* bestimmen

predella [prɪ'delə] *pl* **-le** [-liː; -leɪ] S Predella *f*: a Sockel *m* e-s Altarschreins *od* -aufsatzes b Bild *n* auf e-m Altaraufsatz

predestinarian [priːˌdestɪ'neərɪən] REL A S Anhänger(in) der Prädestinationslehre B ADJ *die Prädestinationslehre betreffend*; **predestinarianism** S Prädestinationslehre *f* (*Lehre, nach der die Erwählung od Verwerfung des Menschen ausschließlich dem persönlichen Willen Gottes entspringt*)

predestinate [ˌpriː'destɪneɪt] A V/T → predestine B ADJ [-nət; -neɪt] prädestiniert, vorherbestimmt; **predestination** S Prädestination *f*, Vorherbestimmung *f*; **predestine** [-tɪn] V/T REL *u. weitS.* prädestinieren, vorherbestimmen (*beide*: **to** für, zu): **he was ~d to do sth** es war ihm vorherbestimmt, etwas zu tun; **his plan was ~d to failure** (*od* **to fail**) sein Plan

P

war von vornherein zum Scheitern verurteilt
predeterminate ADJ vorherbestimmt; **predetermination** S 1 REL Vorherbestimmung *f* 2 vorheriger Beschluss, vorherige Bestimmung 3 vorgefasster Entschluss
predetermine V/T 1 *Kosten etc* vorher festsetzen *od* bestimmen: **~ sb to sth** j-n für etwas vorbestimmen 2 TECH vorherbestimmen, vorausberechnen 3 REL vorherbestimmen
predial → praedial
predicable ['predɪkəbl] A ADJ (ADV **predicably**) aussagbar B SPL **predicables** PHIL Prädikabilien *pl* (*die fünf logischen Begriffe des Aristoteles*)
predicament [prɪ'dɪkəmənt] S 1 PHIL a Prädikament *n*, Kategorie *f* (*des Aristoteles*) b Ordnung *f*, Klasse *f*, Kategorie *f* 2 missliche Lage, Zwangslage *f*: **be in a ~** sich in e-r Zwangslage befinden, in e-r Zwangslage sein 3 *obs* Lage *f*, Situation *f*
predicant ['predɪkənt] REL A ADJ predigend, Prediger... B S 1 Prediger(in) 2 Predigerbruder *m*, -schwester *f*
predicate A V/T ['predɪkeɪt] 1 behaupten, aussagen 2 PHIL prädizieren, aussagen 3 gründen, basieren (*beide:* **on, upon** auf *dat*): **be ~d on** beruhen *od* basieren auf (*dat*), *etwas* voraussetzen B S [-kət] 1 PHIL Prädikat *n*, Aussage *f* 2 LING Prädikat *n*, Satzaussage *f* C ADJ [-kət] 1 LING Prädikat(s)..., prädikativ: **~ adjective** prädikatives Adjektiv; **~ noun** (*od* **nominative**) Prädikatsnomen *n* 2 **~ calculus** (*Logik*) Prädikatenkalkül *n*; **~ logic** Prädikatenlogik *f*
predication [ˌpredɪ'keɪʃn] S Aussage *f*, Behauptung *f*; **predicative** [prɪ'dɪkətɪv; *US* 'predɪkətɪv; -ˌkeɪ-] ADJ (ADV **~ly**) LING prädikativ (*Adjektiv*)
predicatory ['predɪkətərɪ; *US* -kəˌtəʊriː; -ˌtɔː-] ADJ 1 predigend, Prediger... 2 gepredigt
predict [prɪ'dɪkt] A V/T vorher-, voraussagen, prophezeien B V/I Vorher- *od* Voraussagen machen; **predictable** ADJ voraus-, vorhersagbar: **he's quite ~** bei ihm weiß man genau, wie er reagiert; er ist leicht auszumachen; **predictably** ADV a wie vorherzusehen war b man kann jetzt schon sagen, dass ...
prediction [prɪ'dɪkʃn] S Vorher-, Voraussage *f*, Prophezeiung *f*: **against all ~s** entgegen allen Voraussagen; **predictive** [-tɪv] ADJ (ADV **~ly**) vorher-, voraussagend, prophezeiend (*alle:* **of** *akk*): **be ~ of** schließen lassen auf (*akk*), ein Vorzeichen sein für; **~ signs** Vorzeichen; **predictor** [-tə(r)] S 1 Prophet(in) 2 FLUG, TECH Kommandogerät *n* 3 *Statistik*: Prädiktor *m* (*zur Vorhersage e-s Merkmals herangezogene Variable*)
predigest V/T 1 (künstlich) vorverdauen 2 *fig* a *Lehrstoff etc* vorkauen b *Stoff etc* verdaulicher machen, leicht fasslich darstellen
predilection [ˌpriːdɪ'lekʃn; *US a.* ˌpredə'l-] S Vorliebe *f* (**for** für): **have a ~ for sth**
predispose V/T 1 *j-n* geneigt *od* empfänglich machen (**to** für): **~ sb in favo(u)r of sb (sth)** j-n für j-n (etwas) einnehmen: **be ~d to do sth** a geneigt sein, etwas zu tun b dazu neigen, etwas zu tun 2 *bes* MED prädisponieren, empfänglich *od* anfällig machen (*alle:* **to** für): **be ~d to** prädisponiert *od* empfänglich *od* anfällig sein für, neigen zu; **predisposition** S (**to**) Neigung *f* (zu), Empfänglichkeit *f* (für), MED *a.* Prädisposition *f*, Anfälligkeit *f* (für)
prednisone ['prednɪsəʊn] S MED, PHARM Prednison *n* (*Medikament mit entzündungshemmender u. antiallergischer Wirkung*)
predominance, *a.* **predominancy** S 1 Vorherrschaft *f*, Vormacht(stellung) *f* 2 *fig* Vorherrschen *n*, Überwiegen *n*, Übergewicht *n* (**in** in *dat*; **over** über *akk*) 3 Überlegenheit *f*; **predominant** ADJ (ADV **~ly**) 1 vorherrschend, überwiegend, vorwiegend: **be ~** vorherrschen, überwiegen, vorwiegen 2 überlegen
predominate V/I 1 vorherrschen, überwiegen, vorwiegen 2 (*zahlenmäßig, geistig, körperlich etc*) überlegen sein 3 die Oberhand *od* das Übergewicht haben (**over** über *akk*) 4 herrschen, die Herrschaft haben (*beide:* **over** über *akk*); **predominating** → predominant
pre-election A S Auswahl *f* im Voraus B ADJ vor der Wahl (gegeben *od* stattgefunden): **~ pledge** (*od* **promise**) Wahlversprechen *n*
preemie ['priːmiː] S *bes US umg* Frühchen *n*, Frühgeburt *f*
pre-eminence S herausragende Stellung, Vorrangstellung *f*; **pre-eminent** ADJ herausragend: **be ~** hervorstechen, sich hervortun (*beide:* **in** in *dat*; **among** unter *dat*); **~ly** *a.* in hohem Maße
pre-emphasis S *Funkwesen*: Preemphasis *f*, Vorverzerrung *f*
pre-empt A V/T 1 *etwas* aufgrund e-s Vorkaufsrechts erwerben 2 *US* HIST sich durch Bewirtschaftung das Vorkaufsrecht *von Staatsland* sichern 3 zuvorkommen (*dat*), *e-e Forderung etc* unterlaufen B V/I *Bridge*: zwingend ansagen; **pre-emption** S Vorkaufsrecht *n*; **pre-emptive** ADJ 1 Vorkaufs...: **~ right** 2 **~ bid** (*Bridge*) *Ansage, die (durch ihre Höhe) weitere Ansagen ausschließt* 3 MIL Präventiv...: **~ war**; **~ strike** Präventivschlag *m*; **pre-emptor** S Vorkaufsberechtigte(r) *m/f(m)*
preen [priːn] V/T 1 sich *das Gefieder etc* putzen: **~ o.s.** sich putzen, (*Person a.*) sich herrichten *od* zurechtmachen 2 **~ o.s.** sich etwas einbilden (**on** auf *akk*); **~ gland** S ORN Bürzeldrüse *f*
pre-exist A V/I vorher vorhanden sein *od* existieren B V/T vorhanden sein *od* existieren vor (*dat*); **pre-existence** S 1 vorheriges Vorhandensein, vorherige Existenz 2 REL Präexistenz *f*: a *Dasein der Seele vor Eintritt in den Körper* b *Vorhandensein e-r Ideenwelt in den Gedanken Gottes vor der Erstehung der materiellen Welt*; **pre-existent** ADJ 1 vorher vorhanden *od* existierend 2 GEOL präexistent (*vor dem Einsetzen e-r bestimmten Entwicklung vorhanden*)
pref. ABK 1 preface Vorw. 2 preference 3 preferred 4 LING prefix
prefab ['priːfæb] *umg* A ADJ → prefabricated B S Fertighaus *n*
prefabricate V/T vorfabrizieren, (*genormte*) Fertigteile für *Häuser etc* herstellen; **prefabricated** ADJ vorgefertigt, zusammensetzbar, Fertig...: **~ house** Fertighaus *n*; **prefabrication** S Vorfertigung *f*
preface ['prefɪs] A S 1 Vorwort *n*, Vorrede *f*, Einleitung *f*, Geleitwort *n* (*alle:* **to** zu) 2 *fig* Einleitung *f*, Vorspiel *n* (*beide:* **to** zu) 3 *meist* ♀ KATH Präfation *f* (*Eingangsteil des eucharistischen Hochgebetes*) B V/T 1 *e-e Rede etc* einleiten (**with** mit), ein Vorwort *etc* schreiben zu *e-m Buch etc* 2 die Einleitung sein zu
prefatory ['prefətərɪ; *US* -ˌtəʊriː; -ˌtɔː-] ADJ (ADV **prefatorily**) einleitend, Einleitungs...
prefect ['priːfekt] S 1 Präfekt *m*: a (*im alten Rom*) Statthalter *m*, Befehlshaber *m* b (*in Frankreich*) leitender Regierungsbeamter: **~ of police** Polizeipräsident *m* (*von Paris*) c KATH Vorsteher *m* (*e-s Jesuitenkollegs etc*) 2 SCHULE *bes Br Aufsicht führende(r) ältere(r) Schüler(in)*; **prefectorial** [-'tɔːrɪəl; *US a.* -'təʊ-] ADJ Präfekten...
prefecture ['priːfektʃə(r)] S Präfektur *f*
prefer [prɪ'fɜː; *US* -'fɜr] V/T 1 vorziehen, bevorzugen, lieber haben *od* mögen *od* sehen *od* tun: **I ~ to stay at home** ich ziehe es vor, zu Hause zu bleiben; **I ~ to go today** ich gehe lieber heute; **he ~red to die rather than pay** a er wäre lieber gestorben, als dass er gezahlt hätte b er starb lieber, als zu zahlen; **~ wine to beer** Wein (dem) Bier vorziehen, Wein lieber mögen als Bier; **I should ~ you not to go** mir wäre es lieber, wenn Sie nicht gingen 2 befördern (**to [the rank of]** zum) 3 JUR *e-n Gläubiger* begünstigen, *a. e-e Forderung* bevorzugt befriedigen 4 *ein Gesuch*, JUR *e-e Klage* einreichen (**to** bei; **against** gegen): **~ claims against sb** Ansprüche gegen j-n erheben *od* geltend machen; **preferable** ['prefərəbl] ADJ 1 (**to**) vorzuziehen(d) (*dat*), vorzüglicher *od* besser (als) 2 wünschenswert; **preferably** [-blɪ] ADV vorzugsweise, lieber, besser, möglichst
preference ['prefərəns] S 1 a Bevorzugung *f*, Vorzug *m* (*beide:* **above, before, over, to** vor *dat*): **give ~ to sb** j-m den Vorzug geben; **he always drinks wine in ~ to beer** er trinkt lieber Wein als Bier; **she bought the more expensive coat in ~ to the cheaper one** sie kaufte den teureren Mantel u. nicht den billigeren b *etwas Bevorzugtes*: **which of the two is your ~?** welches von beiden ziehen Sie vor *od* haben Sie lieber? 2 Vorliebe *f* (**for** für): **have a ~ for sth**; **by ~** a mit (besonderer) Vorliebe b lieber; **his ~ is for** er bevorzugt (*akk*) 3 Wahl *f*: **of sb's ~** nach (j-s) Wahl 4 WIRTSCH, JUR Vor(zugs)recht *n*, Priorität(srecht) *f(n)*, Bevorrechtigung *f*: **~ bond** Prioritätsobligation *f*; **~ dividend** Vorzugsdividende *f*; **~ share** *Br* Vorzugsaktie *f* 5 WIRTSCH a Vorzug *m*, Vergünstigung *f* b Vorzugs-, Meistbegünstigungstarif *m* (*Br bes zwischen Mutterland u. Commonwealth*) 6 WIRTSCH, JUR bevorzugte Befriedigung (*a. im Konkurs*): **(fraudulent) ~** Gläubigerbegünstigung *f*
preferential [ˌprefə'renʃl] ADJ (ADV → **preferentially**) 1 bevorzugt, Vorzugs...: **~ treatment**; **give ~ treatment to** *j-n* bevorzugt behandeln, bevorzugen 2 WIRTSCH, JUR bevorrechtigt (*Anspruch, Gläubiger etc*): **~ duty** Vorzugszoll *m*; **~ tariff** Vorzugstarif *m*; **preferentialism** [-ʃəlɪzəm] S WIRTSCH Präferenzsystem *n* (*handelspolitische Verbindung von Ländern durch Vorzugszölle etc*); **preferentially** ADV 1 bevorzugt 2 vorzugsweise
preferential| shop S WIRTSCH *US Betrieb, in dem Gewerkschaftsmitglieder (bes bei der Anstellung) bevorzugt werden*; **~ voting** S POL Vorzugswahlsystem *n* (*bei dem der Wähler 2 od mehr Kandidaten in e-r von ihm gewünschten Reihenfolge wählt*)
preferment [prɪ'fɜːmənt; *US* -'fɜr-] S 1 Beförderung *f* (**to [the rank of]** zum) 2 höheres Amt 3 JUR Einreichung *f* (*e-r Klage*)
preferred [prɪ'fɜːd; *US* -'fɜrd] ADJ bevorzugt, Vorzugs..., WIRTSCH *a.* bevorrechtigt: **~ creditor** bevorrechtigter Gläubiger; **~ dividend** *US* Vorzugsdividende *f*; **~ stock** *US* Vorzugsaktie *f*
prefigure V/T 1 hindeuten auf (*akk*) 2 sich *etwas* ausmalen *od* vorstellen
prefix A V/T [ˌpriː'fɪks; 'priːfɪks] 1 voranstellen, vorausgehen lassen (*beide:* **to** *dat*) 2 *a.* LING *ein Wort, e-e Silbe* vorsetzen (**to** *dat*) B S ['priːfɪks] 1 LING Präfix *n*, Vorsilbe *f* 2 (*dem Namen*) vorangestellter Titel 3 TEL Vorwählnummer *f*, Vorwahl(nummer) *f*
preformation S BIOL Präformation *f* (*angenommene Vorherbildung des fertigen Organismus im Keim*)
preg [preg] ADJ *umg* schwanger
pregenital ADJ: **~ phase** (*od* **stage**) PSYCH prägenitale Phase
preggers ['pregə(r)z] ADJ *bes Br umg* schwanger: **she's ~** *a.* bei ihr ist etwas (Kleines) unterwegs
preglacial ADJ GEOL präglazial, voreiszeitlich

pregnable ['pregnəbl] ADJ 1 einnehmbar (*Stadt etc*) 2 *fig* anfechtbar (*Argument etc*)
pregnancy ['pregnənsı] S 1 a Schwangerschaft *f* (*der Frau*) b Trächtigkeit *f* (*bei Tieren*): **during ~** während der Schwangerschaft; **~ test** Schwangerschaftstest *m* 2 *fig* Fruchtbarkeit *f* 3 *fig* Schöpferkraft *f*, Gedankenfülle *f*, Ideenreichtum *m* 4 *fig* Bedeutungsgehalt *m*, -schwere *f*
pregnant ['pregnənt] ADJ (ADV ~ly) 1 a schwanger (**with** mit; **by** von) (*Frau*): **be six months ~** im 6. Monat (schwanger) sein; **how many months have you been ~?** im wievielten Monat sind Sie?; **get ~** schwanger werden; **make ~** schwängern b trächtig (*Tier*) c JAGD beschlagen (*Schalenwild*) 2 *fig* fruchtbar, reich (*beide*: **in** an *dat*) 3 *fig* ideen-, einfalls-, geistreich 4 *a.* **~ with meaning** *fig* bedeutungsvoll, -schwer (*Pause etc*): **~ with symbolic significance** symbolträchtig; **~ with suspense** spannungsgeladen
preheat V/T TECH vorwärmen, AUTO vorglühen, *e-e Bratröhre* vorheizen
prehensile [prı'hensaıl; *US a.* -səl] ADJ 1 ZOOL Greif...: **~ organ** Greif-, Haftorgan *n*; **~ tail** Greifschwanz *m* 2 *fig* von schneller Auffassungsgabe 3 *fig* (hab)gierig
prehistoric ADJ, **prehistorical** ADJ (ADV ~ly) 1 prähistorisch, vorgeschichtlich 2 *fig* vorsintflutlich; **prehistory** S 1 Prähistorie *f*, Vorgeschichte *f* 2 *fig* Vorgeschichte *f*
preignition S AUTO Frühzündung *f*
preinform V/T vorab informieren (**of, about** über *akk*)
prejudge V/T sich vorschnell ein Urteil bilden über (*akk*), vorschnell beurteilen: **~ the issue** sich vorschnell e-e Meinung bilden; **prejudg(e)ment** S (**of**) vorschnelles Urteil (über *akk*), vorschnelle Beurteilung (*gen*)
prejudice ['predʒʊdıs; -dʒə-] A S 1 Vorurteil *n*, Voreingenommenheit *f*, vorgefasste Meinung, JUR Befangenheit *f*: **have a ~ against** Vorurteile haben gegen 2 *a.* JUR Nachteil *m*, Schaden *m*: **in** (*od* **to**) **the ~ of** zum Nachteil von (*od gen*); **work to the ~ of** sich nachteilig auswirken für; **without ~** ohne Schaden für die eigenen Rechte *od* Ansprüche; **without ~ to** ohne Schaden für, unbeschadet (*gen*); **be without ~ to sth** etwas unberührt lassen B V/T 1 *j-n* mit e-m Vorurteil erfüllen, (günstig *od* ungünstig) beeinflussen, *j-n* einnehmen (**in favo[u]r of** für; **against** gegen) 2 *a.* JUR beeinträchtigen, benachteiligen, *j-m od e-r Sache* schaden, *e-r Sache* Abbruch tun; **prejudiced** [-st] ADJ 1 (vor)eingenommen (**against** gegen [-über]; **in favo[u]r of** für): **be ~** *a.* e-e vorgefasste Meinung haben 2 JUR befangen; **prejudicial** [-'dıʃl] ADJ (ADV ~ly) nachteilig, schädlich (*beide:* **to** für): **be ~ to** *a.* a *j-m* schaden b *e-r Sache* abträglich sein
prelacy ['preləsı] S REL 1 Prälatur *f*: a Prälatenwürde *f* b Amtsbereich *m* e-s Prälaten 2 KOLL Prälaten(stand) *pl(m)*, -tum *n*; **prelate** [-lıt] S Prälat *m*
prelaw ADJ UNIV *US*: **~ course** *Kurs, der auf das Rechtsstudium vorbereitet*; **~ student** *Student(in), der/die e-n* **~ course** *besucht*
prelim. ABK preliminary vorl.
preliminarily [prı'lımınərəlı; *US* prı,lımə'nerəli:] ADV 1 einleitend, als Einleitung, zuvor 2 vorläufig 3 **~ to** vor (*dat*)
preliminary [prı'lımınərı; *US* -,neri:] A ADJ 1 einleitend, vorbereitend, vorausgehend, Vor...: **~ bout** (*od* **fight**) (*Boxen*) Rahmenkampf *m*; **~ discussion** Vorbesprechung *f*; **~ draft** Vorentwurf *m*; **~ exam(ination)** Vorprüfung *f*; **~ fighter** (*Boxen*) Rahmenkämpfer(in); **~ measures** vorbereitende Maßnahmen; **~ remarks** Vorbemerkungen; **~ round** SPORT Vorrunde *f*; **~ work** Vorarbeit *f*; **~ to** vor (*dat*); **be ~ to sth** e-r Sache vorausgehen; → heat A 7 b 2 vorläufig, Vor...: **~ dressing** MED Notverband *m* B S 1 *meist pl* Einleitung *f*, Vorbereitung(en) *f(pl)*, vorbereitende Maßnahmen *pl*, Präliminarien *pl* (*a.* JUR, POL *e-s Vertrages*), JUR, POL Vorverhandlungen *pl* 2 Vorprüfung *f* 3 a SPORT Vorspiel *n* b *Boxen*: Rahmenkampf *m*
prelims ['pri:lımz] SPL 1 UNIV Vorprüfung *f* 2 TYPO Titelei *f*
prelude ['prelju:d; *US a.* 'preı,lu:d] A S 1 Vorspiel *n*, Einleitung *f* (*beide a. fig*), *fig* Auftakt *m* (*alle*: **to** zu) 2 MUS Präludium *n* B V/T 1 MUS a (mit e-m Präludium) einleiten b als Präludium spielen 2 *bes fig* einleiten, das Vorspiel *od* der Auftakt sein zu C V/I 1 MUS a präludieren, ein Präludium spielen b als Vorspiel dienen (**to** für, zu) 2 *fig* das Vorspiel *od* die Einleitung bilden (**to** zu)
prelusive [prı'lju:sıv; *US a.* -'lu:-] ADJ (ADV ~ly) einleitend
prem [prem] S *umg* Frühchen *n*, Frühgeburt *f*
prem. ABK premium
premarital ADJ vorehelich (*Sex etc*): **~ contract** Ehevertrag *m*
premature ['premətʃə; *US* ,pri:mə'tʊr; -'tʃʊr] ADJ (ADV ~ly) 1 früh-, vorzeitig, verfrüht: **~ baby** Frühgeburt *f*, Frühchen *n*; **~ birth** Frühgeburt *f*; **~ death** frühzeitiger Tod; **die ~ly** früh sterben; **~ ejaculation** MED Ejaculatio *f* praecox, vorzeitiger Samenerguss; **~ ignition** AUTO Frühzündung *f*; **~ retirement** Vorruhestand *n*; **the baby was six weeks ~** das Kind kam sechs Wochen zu früh auf die Welt 2 *fig* voreilig, -schnell, übereilt (*Entschluss etc*) 3 frühreif; **prematureness**, **prematurity** [,premə'tʃʊərətı; *US* ,pri:mə'tʊrətı] S 1 Früh-, Vorzeitigkeit *f* 2 Voreiligkeit *f*, Übereiltheit *f* 3 Frühreife *f*
premaxilla S *irr* ANAT Zwischenkiefer *m*
premed [,pri:'med] S *umg für* 1 **premedication**; → premedication 2 **premedical student**; → premedical
premedic *umg für* **premedical student**; → premedical; **premedical** ADJ UNIV *US*: **~ course** *Kurs, der auf das Medizinstudium vorbereitet*; **~ student** *Student(in), der/die e-n* **~ course** *besucht*; **premedication** S MED Vorbehandlung *f* (*vor e-r Operation*)
premedieval ADJ vormittelalterlich
premeditate V/T sich *etwas* vorher überlegen, *bes pej etwas* planen: **~d** vorsätzlich (*Mord etc*); **premeditatedly** [-ıdlı] ADV mit Vorbedacht, *pej* vorsätzlich; **premeditation** S Vorbedacht *m*, *pej* Vorsatz *m*: **with ~** → premeditatedly
premenstrual ADJ prämenstruell: **~ syndrome** (*od* **tension**) MED prämenstruelles Syndrom
premie → preemie
premier ['premjə; *US* prı'mjıər; 'pri:mi:ər] A ADJ 1 rangältest(er, e, es) 2 wichtigst(er, e, es), Haupt... 3 erst(er, e, es), frühest(er, e, es) B S Premier(minister) *m*, Premierministerin *f*
premiere, **première** ['premıeə; *US* prı'mjeər; prı'mıər] THEAT *etc* A S 1 Premiere *f*, Ur-, Erstaufführung *f*: **the play had its ~ last night** das Stück hatte gestern Abend Premiere 2 erste Darstellerin (*e-s Ensembles*) B V/T ur-, erstaufführen: **be ~d** → *a.* C C V/I Premiere haben
premiership S Amt *n od* Würde *f* des Premierministers
premillennial ADJ (ADV ~ly) vor der Jahrtausendwende: **~ tension**
premise[1] [prı'maız; *bes US* 'premıs] V/T 1 vorausschicken, vorher erwähnen 2 PHIL postulieren
premise[2] ['premıs] S 1 Prämisse *f*: a PHIL Vordersatz *m* (*im Syllogismus*): **major (minor) ~** Ober-(Unter)satz *m* b Voraussetzung *f*: **on the ~ that ...** unter der Prämisse, dass ... 2 *pl* JUR (*das*) Obenerwähnte (*in Urkunden*), (*das*) vorher Gesagte *od* Vereinbarte: **in the ~s** im Vorstehenden; **in these ~s** in Hinsicht auf das eben Erwähnte 3 *pl* a Grundstück *n* b Haus *n* nebst Zubehör (*Nebengebäude, Grund u. Boden*) c Lokal *n*, Räumlichkeiten *pl*: **on the ~s** an Ort u. Stelle; auf dem Grundstück; im Hause *od* Lokal
premiss ['premıs] → premise[2] 1
premium ['pri:mjəm; -mıəm] S 1 (Leistungs-etc)Prämie *f*, Bonus *m*, Belohnung *f*, (Sieges)Preis *m*, (*Überstunden- etc*) Zuschlag *m*: **~ (savings) bonds** WIRTSCH *Br zinslose Staatsobligationen, die an e-r wöchentlichen Ziehung teilnehmen*; **~ offer** Zugabeangebot *n* 2 (*Versicherungs*) Prämie *f*: **~ reserve** Prämienreserve *f*; **free of ~** prämienfrei 3 WIRTSCH Aufgeld *n*, Agio *n*: **be at a ~** a über pari stehen b *fig* hoch im Kurs stehen, sehr gefragt (*u. deshalb teurer als normal*) sein; **sell at a ~** mit Aufgeld verkaufen; **put** (*od* **place**) **a ~ on** *fig* großen Wert legen auf (*akk*) 4 *bes* HIST Lehrgeld *n* 5 *Börse*: Prämie *f*, Reuegeld *n* (*bei Termingeschäften*) 6 WIRTSCH *US* Kreditgebühr *f* 7 **~ (gasoline)** AUTO *US* Super(benzin) *n*
premolar S ANAT Prämolar *m* (*vorderer Backenzahn*)
premonition S 1 Vorwarnung *f* 2 Vorahnung *f*, Vorgefühl *n*: **have a ~ of** e-e Vorahnung haben von; **premonitory** ADJ warnend: **~ symptom** MED Warnsymptom *n*
Premonstratensian [,pri:mɒnstrə'tensjən; -ʃn; *US* ,pri:manstrə'tenʃən] S KATH Prämonstratenser *m*: **~ order** Prämonstratenserorden *m*
prenatal MED A ADJ (ADV ~ly) pränatal, vorgeburtlich, vor der Geburt: **~ care** Mutterschaftsvorsorge *f*; **~ clinic** Schwangerenberatungsstelle *f*; **~ examination** Mutterschaftsvorsorgeuntersuchung *f*; **~ exercises** *pl* Schwangerschaftsgymnastik *f* B S *umg* Mutterschaftsvorsorgeuntersuchung *f*
prenominal ADJ (ADV ~ly) LING attributiv (*Adjektiv*)
prentice ['prentıs] *obs für* apprentice
prenuptial ADJ vorehelich: **~ agreement** Ehevertrag *m*
preoccupancy S 1 a frühere Besitznahme b Recht *n* der früheren Besitznahme 2 → preoccupation 2, 3
preoccupation S 1 frühere Besitznahme 2 (**with**) a Beschäftigtsein *n* (mit), Vertieftsein *n* (in *akk*), Konzentration *f* (auf *akk*) b Sorge *f* (um) 3 Geistesabwesenheit *f* 4 *etwas, was einen beschäftigt*: **he's got many ~s at the moment** ihn beschäftigen zurzeit viele Dinge
preoccupied ADJ 1 (**with**) a in Anspruch genommen (von), vertieft (in *akk*) b besorgt (um) 2 gedankenverloren, geistesabwesend; **preoccupy** V/T 1 vorher *od* vor anderen in Besitz nehmen 2 *j-n* (völlig) in Anspruch nehmen, *j-s Gedanken od j-n* (stark) beschäftigen
pre-Olympic ADJ vorolympisch
preordain V/T vorherbestimmen: **he was ~ed to succeed, it was ~ed that he should succeed, his success was ~ed** sein Erfolg war ihm vorherbestimmt; **preordainment**, **preordination** S Vorherbestimmung *f*
prep [prep] *umg* A S 1 a → preparatory school b *US* Schüler(in) e-r **preparatory school** 2 *Br* → preparation 10 B ADJ → preparatory: **~ school** → preparatory school

P

C VI **1** US sich vorbereiten (**for** auf *akk*) **2** US auf e-e **preparatory school** gehen **D** VT US vorbereiten (**for** auf *akk*)

prep. ABK **1** preparation **2** preparatory **3** LING preposition Präp.

prepack, **prepackage** VT abpacken: **prepacked fruit**

prepaid ADJ vorausbezahlt, *Postwesen*: frankiert, freigemacht: **~ envelope** Freiumschlag *m*

preparation [ˌprepəˈreɪʃn] S **1** Vorbereitung *f* (**for** für), *(Pisten)* Präparierung *f*: **in ~ for** als Vorbereitung auf *(akk)*; **be in ~** in Vorbereitung sein; **not do enough ~ for** sich nicht genug vorbereiten auf *(akk)*; **make ~s** Vorbereitungen *od* Anstalten treffen; **~s for war**, **warlike ~s** Kriegsvorbereitungen; **~ time** Vorbereitungszeit *f* **2** Vorbereitetsein *n* (**for** auf *akk*) **3** Herstellung *f*, Zubereitung *f (von Tee, Speisen etc)* **4** *Bergbau*: Aufbereitung *f (von Erzen etc)* **5** Vorbehandlung *f*, Präparieren *n*, Imprägnieren *n (von Holz etc)* **6** CHEM Präparat *n*, PHARM *a.* Arznei(mittel) *f(n)* **7** BIOL, MED (mikroskopisches Untersuchungs-)Präparat **8** Abfassung *f (e-r Urkunde etc)* **9** REL Vorbereitung(sgottesdienst) *f(m)* **10** SCHULE *Br* **a** Hausaufgaben *pl* **b** Vorbereitungsstunde *f*: **do one's ~** Hausaufgaben machen; **supervised ~** Hausaufgabenüberwachung *f* **11** MUS **a** (Dissonanz)Vorbereitung *f* **b** Einleitung(sfigur) *f*

preparative [prɪˈpærətɪv] **A** ADJ (ADV **~ly**) → preparatory **B** S Vorbereitung *f* (**for** für, auf *akk*), vorbereitende Maßnahme

preparator [ˈprepəreɪtə; US prɪˈpærətər] S Präparator *m*, Präparatorin *f*

preparatory [prɪˈpærətərɪ; US -ˌtəʊriː; -ˌtɔː-] ADJ (ADV **preparatorily**) **1** vorbereitend: **be ~ to** als Vorbereitung dienen für *od* zu *od* auf *(akk)*; **~ to** **a** im Hinblick auf *(akk)* **b** vor *(dat)*; **~ to my journey** vor m-r Reise; **~ to doing sth** bevor *od* ehe man etwas tut **2** *bes* SCHULE Vor(bereitungs)...; **~ school** S **a** *US auf ein **College** vorbereitende (Privat)Schule* **b** *Br auf e-e **Public School** vorbereitende (Privat)Schule*

prepare [prɪˈpeə(r)] **A** VT **1** vor-, zubereiten, zurechtmachen, fertig machen, (her)richten: **~ a meal** e-e Mahlzeit zubereiten; **~ sth for eating** etwas tischfertig zubereiten; **~ a festival** ein Fest vorbereiten; **~ a piste** *(Skisport)* e-e Piste präparieren **2** *j-n (seelisch)* vorbereiten (**for** auf *akk*): **~ sb to do sth** j-n darauf vorbereiten, etwas zu tun; **~ o.s. to do sth** Anstalten machen, etwas zu tun; **~ o.s. for sth** sich auf etwas gefasst machen; **~ sb for bad news** j-n auf e-e schlechte Nachricht vorbereiten **3** *e-e Rede, Schularbeiten, e-n Schüler etc* vorbereiten: **~ one's lessons** sich für den Unterricht vorbereiten **4** anfertigen, ausarbeiten, *e-n Plan* entwerfen, *e-e Urkunde etc* abfassen **5** CHEM, TECH **a** anfertigen, herstellen **b** *Holz etc* vorbehandeln, präparieren, imprägnieren **6** *Erze etc* aufbereiten **7** CHEM darstellen **8** MUS **a** *e-e Dissonanz* vorbereiten **b** *e-n Triller etc* einleiten **B** VI **1** (**for**) sich vorbereiten (auf *akk*), Vorbereitungen *od* Anstalten treffen (für): **~ for war** (sich) zum Krieg rüsten: **~ to ...!** MIL fertig zum ...!; **~ to do sth** sich darauf vorbereiten, etwas zu tun **2** sich gefasst machen (**for** auf *akk*); **prepared** ADJ **1** vor-, zubereitet, fertig **2** *fig* bereit, gewillt, willens *(alle:* **to do** zu tun) **3** (**for**) vorbereitet (auf *akk*), gefasst (auf *akk*), gerüstet (für); **preparedly** [-ˈpeə(r)dlɪ; *US bes* -rɪd-] ADV **preparedness** [-ˈpeə(r)dnɪs; *US bes* -rɪd-] S **1** Bereitschaft *f* (**to do** zu tun) **2** Vorbereitetsein *n* (**for** auf *akk*)

preparental ADJ für zukünftige Eltern: **~ instruction**

prepay VT *irr* vorausbezahlen, *e-n Brief etc* frankieren, freimachen: → prepaid; **prepayable** ADJ im Voraus zahlbar *od* zu (be)zahlen(d); **prepayment** S Voraus(be)zahlung *f*, *Postwesen*: Frankierung *f*, Freimachung *f*

prepense [prɪˈpens] ADJ (ADV **~ly**) JUR vorsätzlich: → malice 5

preponderance [prɪˈpɒndərəns; US -ˈpɑn-], *a.* **preponderancy** [-sɪ] S **1** gewichtsmäßige Überlegenheit **2** *fig* (**over**) Überlegenheit *f* (über *akk*, gegenüber), Übergewicht *n* (über *akk*), überwiegende Zahl: **there is a ~ of women** die Frauen sind in der Überzahl; **preponderant** ADJ (ADV **~ly**) **1** gewichtsmäßig überlegen, schwerer **2** *fig* überlegen, überwiegend: **be ~** überwiegen, in der Überzahl sein; **a ~ misunderstanding** ein vorherrschendes Missverständnis

preponderate [prɪˈpɒndəreɪt; US -ˈpɑn-] VI **1** schwerer *od* gewichtsmäßig überlegen sein **2** *fig* (**over**) überlegen sein *(dat)*, in der Überzahl sein, überwiegen (gegenüber), vorherrschen **3** *obs* sich neigen *(Waagschale etc)*

preposition [ˌprepəˈzɪʃn] S LING Präposition *f*, Verhältniswort *n*; **prepositional** [-ʃənl] ADJ (ADV **~ly**) präpositional: **~ object** präpositionales Objekt, Präpositionalobjekt *n*; **~ phrase** Präpositionalphrase *f*; **prepositive** [prɪˈpɒzətɪv; US -ˈpɑz-] ADJ (ADV **~ly**) LING vorangesetzt, -stehend

prepossess VT **1** *j-n* beschäftigen **2** **a** *j-n* einnehmen (**in favo[u]r of** für; **against** gegen) **b** *j-n* für sich einnehmen: **be ~ed by** eingenommen sein von; **prepossessing** ADJ (ADV **~ly**) einnehmend, gewinnend, anziehend; **prepossession** S Eingenommenheit *f*

preposterous [prɪˈpɒstərəs; US -ˈpɑs-] ADJ (ADV **~ly**) **1** absurd, widersinnig **2** lächerlich, lachhaft, grotesk; **preposterousness** S **1** Absurdität *f*, Widersinnigkeit *f* **2** Lächerlichkeit *f*

prepotence, **prepotency** S **1** Vorherrschaft *f*, Übermacht *f*, Überlegenheit *f* **2** BIOL stärkere Fortpflanzungs- *od* Vererbungskraft; **prepotent** ADJ (ADV **~ly**) **1** vorherrschend, (an Kraft) überlegen, stärker **2** (über)mächtig **3** BIOL sich stärker fortpflanzend *od* vererbend

preppy [ˈprepɪ] *US umg* **A** S **1** (ehemalige[r]) Schüler(in) e-r **preparatory school** **2** *(ehemalige[r]) Schüler(in) e-r **preparatory school**, der/die aus e-m wohlhabenden, konservativen Elternhaus stammt u. sich teuer u. gepflegt kleidet* **B** ADJ für e-n *od* e-e **preppy** typisch *(Einstellung, Kleidung etc)*

preprint **A** S [ˈpriːprɪnt] **1** Vorabdruck *m (e-s Buches etc)* **2** Teilausgabe *f (e-s Gesamtwerks)* **B** VT [ˌpriːˈprɪnt] vorabdrucken, im Voraus veröffentlichen

preprogram, *Br a.* **preprogramme** VT vorprogrammieren

prepubertal ADJ PSYCH vorpubertär; **prepuberty** S Vorpubertät *f*

prepublication → preprint A 1

prepuce [ˈpriːpjuːs] S ANAT Präputium *n*, Vorhaut *f*

Pre-Raphaelite [ˌpriːˈræfəlaɪt; *bes US* -ˈræfɪə-] **A** ADJ präraffaelitisch: **~ Brotherhood** *(1848 gegründete)* Präraffaelitische Bruderschaft *(Gruppe von Malern, die in den Vorläufern Raffaels ihr Vorbild sahen)* **B** S Präraffaelit *m*; **Pre-Raphaelitism** [-laɪtɪzəm] S Stil *m od* Grundsätze *pl* der Präraffaeliten

prerecorded ADJ **1** vorher aufgenommen: **~ broadcast** Aufnahme *f*, Aufzeichnung *f* **2** bespielt *(Tonband etc)*

pre-release S Vorabversion *f*

prerequisite **A** ADJ (unbedingt) erforderlich (**of**, **for**, **to** für) **B** S Vorbedingung *f*, (Grund)Voraussetzung *f* (**of**, **for**, **to** für): **the ~ to being sth** die Voraussetzung dafür, etwas zu sein

prerogative [prɪˈrɒgətɪv; US -ˈrɑg-] **A** S Prärogativ(e) *n(f)*, Privileg *n*, Vorrecht *n*: **~ of mercy** Begnadigungsrecht *n* **B** ADJ bevorrechtigt: **~ right** Vorrecht *n*; **~ court** S JUR *Br* HIST *u.* US Nachlassgericht *n*

pres.[1] ABK **1** present **2** presidency

Pres.[2] ABK President

presage [ˈpresɪdʒ] **A** VT [*a.* prɪˈseɪdʒ] **1** *meist Böses* ahnen **2** (vorher) anzeigen *od* ankündigen, hindeuten auf *(akk)* **3** weissagen, prophezeien **B** S **1** Omen *n*, Warn(ungs)-, Vor-, Anzeichen *n* **2** (Vor)Ahnung *f*, Vorgefühl *n* **3** Vorbedeutung *f*

Presb. ABK Presbyterian

presbycusia [ˌprezbɪˈkjuːzjə; *bes US* -ʒə] S MED Presbyakusis *f*, Altersschwerhörigkeit *f*

presbyopia [ˌprezbɪˈəʊpjə; -pɪə] S Presbyopie *f*, Alters(weit)sichtigkeit *f*; **presbyopic** [-ˈɒpɪk; US -ˈəʊ-; -ˈɑ-] ADJ alters(weit)sichtig

presbyter [ˈprezbɪtə(r); US *a.* ˈpres-] S REL **1** (Kirchen)Älteste(r) *m* **2** (Hilfs)Geistliche(r) *m*, (-)Priester *m (in Episkopalkirchen)*; **presbyteral** → presbyterial; **presbyterate** [-rət; -reɪt] S **1** Amt *n* e-s Kirchenältesten **2** → presbytery 1

presbyterial [ˌprezbɪˈtɪərɪəl; US *a.* ˌpres-] ADJ REL presbyterial, Presbyterial..., von Kirchenältesten ausgehend *od* geleitet; **Presbyterian** **A** ADJ presbyterianisch *(Kirche etc)* **B** S Presbyterianer(in); **Presbyterianism** S Presbyterianertum *n*, -lehre *f*

presbytery [ˈprezbɪtərɪ; US -ˌteriː; *a.* ˈpres-] S REL **1** Presbyterium *n*: **a** *koll* HIST *(die)* Kirchenältesten *pl* **b** *Art Kreissynode in Presbyterianerkirchen* **c** Chor(raum) *m (Altarplatz)* **2** Sprengel *m*, Pfarrbezirk *m* **3** KATH Pfarrhaus *n*

preschool SCHULE **A** ADJ [ˌpriːˈskuːl] vorschulisch: **of ~ age** im Vorschulalter; **~ child** Vorschulkind *n* **B** S [ˈpriːskuːl] *(kindergartenähnliche)* Vorschule; **preschooler** S Vorschulkind *n*

prescience [ˈpresɪəns; ˈpreʃɪ-; US *a.* ˈpriːʃɪ-; -sɪ-] S Weitblick *m*; **prescient** ADJ (ADV **~ly**) weitblickend

prescientific ADJ vorwissenschaftlich

prescind [prɪˈsɪnd] **A** VT *fig* (**from**) absondern, (ab)trennen (von), ausklammern (aus) **B** VI absehen, Abstand nehmen *(beide:* **from** von)

prescore VT FILM, TV vorsynchronisieren

prescribable [prɪˈskraɪbəbl] ADJ MED verschreibungs-, rezeptpflichtig; **prescribe** [-ˈskraɪb] **A** VT **1** vorschreiben (**sth to sb** j-m etwas), *etwas* anordnen: (**as**) **~d** (wie) vorgeschrieben, vorschriftsmäßig **2** MED verschreiben, verordnen (**sth for sb** j-m etwas; **for sth** gegen etwas) **B** VI **1** Vorschriften machen, Anordnungen treffen **2** **a** etwas verschreiben *od* verordnen (**to**, **for** *dat*) **b** ein Rezept ausstellen (**for sb** j-m): **~ for sb** *allg* j-n ärztlich behandeln **3** JUR **a** verjähren **b** Verjährung *od* Ersitzung geltend machen (**to**, **for** für, auf *akk*)

prescript [ˈpriːskrɪpt] S Vorschrift *f*, Anordnung *f*

prescription [prɪˈskrɪpʃn] S **1** Vorschrift *f*, Verordnung *f* **2** MED **a** Rezept *n (a. fig)* **b** verordnete Medizin: **take one's ~** s-e Arznei einnehmen; **available on ~ only** verschreibungs-, rezeptpflichtig; **without ~** rezeptfrei; **~ charge** Rezeptgebühr *f*; **~ drug** verschreibungs- *od* rezeptpflichtiges Medikament; **~ form** Rezept *n (Formular)*; **~ glasses** *pl* ärztlich verordnete *od* vom Arzt verschriebene Brille;

P

~ pad Rezeptblock *m* **3** JUR **a** **(negative)** ~ (Verlust *m* e-s Rechtes durch) Verjährung *f* **b** **(positive)** ~ Ersitzung *f*

prescriptive [prɪˈskrɪptɪv] ADJ (ADV ~ly) **1** verordnend, vorschreibend, präskriptiv (*a.* LING): **~ grammar** **2** JUR **a** ersessen (*Recht*) **b** Verjährungs…: **~ period**; **~ debt** verjährte Schuld **3** (alt)herkömmlich

preselect V/T vorher (aus)wählen; **preselection** S **1** TECH Vorwahl *f* (*a.* TEL), Voreinstellung *f* **2** RADIO Vorselektion *f*; **preselective** ADJ AUTO, TECH Vorwähler…: **~ transmission** AUTO Vorwählergetriebe *n*; **preselector** S **1** AUTO, TECH, TEL Vorwähler *m*: **~ gear** AUTO Vorwählergetriebe *n* **2** *a.* **~ stage** RADIO HF-Eingangsstufe *f*

preseminal ADJ BIOL vor der Befruchtung, noch nicht befruchtet (*Ei*)

presence [ˈprezns] S **1** **a** Gegenwart *f*, Anwesenheit *f*, Präsenz *f*: **in the ~ of**, **in** *sb's* **~** in Gegenwart *od* in Anwesenheit *od* im Beisein von (*od gen*); **in the ~ of witnesses** vor Zeugen; **~ of mind** Geistesgegenwart; **have the ~ of mind to do sth** die Geistesgegenwart haben *od* so geistesgegenwärtig sein, etwas zu tun; **he had the ~ of mind to jump out of the way** *a.* er sprang geistesgegenwärtig zur Seite; **make one's ~ felt** sich bemerkbar machen; **police ~** Polizeipräsenz; → impose A 2 a, save[1] A 9 **b** MIL, POL militärische Präsenz **2** (unmittelbare) Nähe, Vorhandensein *n*: **bring sb into the ~ of the king** j-n vor den König bringen; **be admitted into the ~** (zur Audienz) vorgelassen werden; **in the ~ of danger** angesichts der Gefahr **3** *bes Br* hohe Persönlichkeit(en *pl*) **4** **a** (*das*) Äußere, Aussehen *n*, (stattliche) Erscheinung **b** Auftreten *n*, Haltung *f* **c** (persönliche) Ausstrahlung (*e-s Schauspielers etc*) **d** (*das*) Eindrucksvolle, Wirksamkeit *f* **5** Anwesenheit *f* e-s unsichtbaren Geistes: **feel a ~**; **~ chamber** S *bes Br* Audienz-, Empfangssaal *m*

presenile ADJ MED präsenil; **presenility** S Präsenilität *f*, vorzeitiges Altern

present[1] [ˈpreznt] **A** ADJ (ADV → presently) **1** gegenwärtig, anwesend (*beide:* **in a place** an e-m Ort; **at** bei *e-r Feier etc*), vorhanden (*a.* CHEM *etc*): **were you ~?** warst du da(bei)?; **those ~**, **~ company** die Anwesenden; **be ~ at** teilnehmen an (*dat*), *e-r Sache* beiwohnen, bei *e-m Fest etc* zugegen sein; **~!** (*bei Namensaufruf*) hier! **2** gegenwärtig, augenblicklich, derzeitig, jetzig, momentan: **the ~ time** (*od* **day**) die Gegenwart; **~ value** Gegenwarts-, WIRTSCH Tageswert *m* **3** heutig (*bes Tag*), laufend (*bes Jahr, Monat*) **4** *fig* **(to)** gegenwärtig *od* vor Augen (*dat*), lebendig (in *dat*): **it is ~ to my mind** es ist mir gegenwärtig **5** vorliegend: **the ~ case** (**document**, *etc*); **the ~ writer** der Schreiber *od* Verfasser (dieser Zeilen) **6** LING präsentisch, im Präsens *od* in der Gegenwart (stehend *od* gebraucht): **~ participle** Partizip *n* Präsens, Mittelwort *n* der Gegenwart; **~ perfect** Perfekt *n*, zweite Vergangenheit; **~ tense** Präsens *n*, Gegenwart *f* **B** S **1** Gegenwart *f*: **at ~** im Augenblick, augenblicklich, gegenwärtig, zum gegenwärtigen Zeitpunkt, momentan; **for the ~** vorläufig, für den Augenblick, einstweilen **2** LING (Verb *n* im) Präsens *n*, (Zeitwort *n* in der) Gegenwart *f* **3** *pl* JUR (vorliegendes) Schriftstück *od* Dokument: **by these ~s** hiermit, hierdurch; **know all men by these ~s that …** hiermit wird allen kundgetan, dass …

present[2] [prɪˈzent] **A** V/T **1** *j-n* beschenken, (*mit e-m Preis etc*) bedenken: **~ sb with sth** j-m etwas schenken *od* verehren; **~ sb with a problem** j-n vor ein Problem stellen; **be ~ed with a prize** e-n Preis (überreicht) bekommen **2** darbieten, (über)reichen, *etwas* schenken: **~ sth to sb** j-m etwas schenken; **~ a message** e-e Botschaft überbringen; **~ one's compliments to sb** sich j-m empfehlen **3** *j-n* vorstellen (**to sb** j-m), einführen (**at** bei): **~ o.s.** **a** sich vorstellen **b** sich einfinden, erscheinen, sich melden (*alle:* **for** zu) **c** *fig* sich bieten (*Möglichkeit etc*) **4** bei Hof vorstellen *od* einführen: **be ~ed** **5** **~ no difficulty to sb** j-m keine Schwierigkeit bieten; **~ a problem (a threat)** ein Problem (e-e Bedrohung) darstellen; **~ an appearance (of)** erscheinen (als); **~ a smiling face** ein lächelndes Gesicht zeigen **6** WIRTSCH *e-n Wechsel, Scheck* (zur Zahlung) vorlegen, präsentieren: **~ a bill for acceptance** e-n Wechsel zum Akzept vorlegen **7** *ein Gesuch, e-e Klage* einreichen, vorlegen, unterbreiten **8** *e-e Bitte, Klage, ein Argument etc* vorbringen, *e-n Gedanken, Wunsch* äußern, unterbreiten: **~ a case** e-n Fall vortragen *od* vor Gericht vertreten **9** JUR **a** Klage *od* Anzeige erstatten gegen **b** *ein Vergehen* anzeigen **10** *ein Theaterstück, e-n Film etc* darbieten, geben, zeigen, *a. e-e Sendung* bringen, *e-e Sendung* moderieren **11** *e-e Rolle* spielen, verkörpern **12** *fig* vergegenwärtigen, vor Augen führen, schildern, darstellen **13** *j-n* (*für ein Amt*) vorschlagen **14** MIL **a** *das Gewehr* präsentieren **b** *e-e Waffe* in Anschlag bringen, anlegen, richten (**at** auf *akk*): → arm[2] *Bes Redew* **B** S MIL **a** Präsentiergriff *m* **b** (Gewehr)Anschlag *m*: **at the ~** in Präsentierhaltung; **~ arms** Präsentierstellung *f*

present[3] [ˈpreznt] S Geschenk *n*, Präsent *n*, Gabe *f*: **make sb a ~ of sth**, **make a ~ of sth to sb** j-m etwas zum Geschenk machen *od* schenken; **what do you want for a ~?** was willst du als Geschenk?

presentable [prɪˈzentəbl] ADJ (ADV presentably) **1** präsentabel, als Geschenk *od* zum Anbieten geeignet **2** annehmbar: **in ~ form** **3** vorzeigbar, tageslichttauglich (*Person*) **4** ansehnlich, stattlich **5** darstellbar, auszudrücken(d)

presentation [ˌprezənˈteɪʃn; *US a.* ˌpriː-] S **1** Schenkung *f*, (feierliche) Überreichung *od* Übergabe: **~ of prizes** Preisüberreichung, -verteilung *f*; **~ copy** Widmungs-, Freiexemplar *n* **2** Gabe *f*, Geschenk *n*: **~ case** Geschenketui *n* **3** Vorstellung *f* (*e-r Person*), Einführung *f* **4** Vorstellung *f*, Erscheinen *n* **5** Darstellung *f*, Schilderung *f* **6** MED Demonstration *f* (*im Kolleg*) **7** THEAT, FILM Darbietung *f*, Vor-, Aufführung *f*, (RADIO, TV) Moderation *f* (*e-r Sendung*) **8** (Zur)Schaustellung *f* **9** WIRTSCH (Waren)Aufmachung *f*, Ausstattung *f* **10** Einreichung *f*, Vorlage *f*, Eingabe *f* **11** WIRTSCH (*Wechsel- etc*) Vorlage *f*: **(up)on ~** gegen Vorlage; **payable on ~** zahlbar bei Sicht; **mature (up)on ~** bei Sicht fällig werden **12** **a** Vorschlag(srecht) *m(n)* **b** Ernennung *f* (REL *Br bes für ein geistliches Amt*) **13** MED (*Kinds*) Lage *f* (*im Uterus*): **~ of the f(o)etus** **14** PHIL, PSYCH **a** Wahrnehmung *f* **b** Vorstellung *f* **15** ♀ REL **a** ♀ **of the Virgin Mary** Darstellung *f* Mariä (*21. November*) **b** ♀ **of Christ in the Temple** Darstellung *f* Christi im Tempel, Mariä Lichtmess (*2. Februar*)

present-day ADJ heutig, gegenwärtig, jetzig, modern: **~ English** modernes Englisch; **~ Britain** das Großbritannien von heute

presentee [ˌprezənˈtiː] S **1** *bes* REL (*für ein geistliches Amt*) Vorgeschlagene(r) *m* **2** *j-d, dem etwas präsentiert od vorgelegt wird*

presenteeism [ˌprezənˈtiːɪzəm] S *Mehrarbeiten und ständiges Präsentsein am Arbeitsplatz, um Vorgesetzte zu beeindrucken*

presenter [prɪˈzentə(r)] S **1** WIRTSCH Überbringer(in) (*e-s Schecks*) **2** RADIO, TV *Br* Moderator *m*, Moderatorin *f*

presentiment [prɪˈzentɪmənt] S (Vor)Gefühl *n*, (*meist* böse Vor)Ahnung: **have a ~ of sth** etwas ahnen; **have a ~ that …** das Gefühl haben, dass …

presentive [prɪˈzentɪv] ADJ (ADV ~ly) *bes* LING anschaulich, begrifflich (*Wort*)

presently [ˈpreznthɪ] ADV **1** in Kürze, bald **2** *bes US* gegenwärtig, momentan, derzeit **3** *obs* sofort

presentment [prɪˈzentmənt] S **1** Darstellung *f*, Wiedergabe *f*, Bild *n* **2** THEAT *etc* Darstellung *f*, -bietung *f*, Aufführung *f* **3** → presentation 10 **4** WIRTSCH → presentation 11 **5** JUR Anklage *f od* Untersuchung *f* von Amts wegen, *bes* von der Anklagejury verfasste Anklageschrift **6** REL Klage *f* beim visitierenden Bischof *od* Archidiakon **7** PHIL, PSYCH Vorstellung *f*

preservable [prɪˈzɜːvəbl; *US* -ˈzɜr-] ADJ (ADV preservably) erhaltbar, zu erhalten(d), konservierbar

preservation [ˌprezə(r)ˈveɪʃn] S **1** Bewahrung *f*, (Er)Rettung *f*, Schutz *m* (*alle:* **from** vor *dat*): **~ of natural beauty** Naturschutz; **there is a ~ order on this building** *bes Br* dieses Gebäude steht unter Denkmalschutz; **put a ~ order on** *bes Br* unter Denkmalschutz stellen **2** Erhaltung *f*: **in good ~**, **in a good state of ~** gut erhalten; **~ of area** MATH Flächentreue *f*; **~ of evidence** JUR Beweis-, Spurensicherung *f* **3** Konservierung *f* (*a.* TECH), Einmachen *n*, -kochen *n*, -legen *n*

preservative [prɪˈzɜːvətɪv; *US* -ˈzɜr-] **A** ADJ **1** schützend, bewahrend, Schutz… **2** erhaltend **3** konservierend (*a.* TECH) **B** S Konservierungsmittel *n* (*a.* TECH)

preserve [prɪˈzɜːv; *US* -ˈzɜrv] **A** V/T **1** bewahren, behüten, (er)retten, (be)schützen (*alle:* **from** vor *dat*) **2** erhalten, vor dem Verderb schützen: **well ~d** gut erhalten **3** aufbewahren, -heben **4** konservieren (*a.* TECH), *Obst etc* einkochen, -machen, -legen: **~d meat** Büchsen-, Dosenfleisch *n*, *koll* Fleischkonserven *pl*; **preserving jar** Einmach-, Einweckglas *n* **5** JAGD *bes Br Wild, Fische* hegen **6** *fig e-e Haltung, Ruhe, j-s Andenken etc* (be)wahren **B** S **1** *meist pl* (*das*) Eingemachte, Konserve(n) *f(pl)* **2** *meist pl* **a** JAGD *bes Br* (*Wild*) Reservat *n*, (-)Park *m*, (*Jagd-, Fisch*) Gehege *n* **b** *fig* Gehege *n*, Reich *n*: **break into** (*od* **poach on**) **sb's ~s** j-m ins Gehege kommen; **preserver** S **1** Bewahrer(in), (Aufrecht)Erhalter(in), (Er)Retter(in) **2** → preservative A 3 **3** *bes Br* Heger *m*, Wildhüter *m*

preset V/T *irr* TECH vorher einstellen

preshave (lotion) S Preshave(-Lotion) *n(f)* (*vor der Rasur angewendetes Gesichtswasser*)

preshrink V/T *irr e-n Stoff* vorschrumpfen

preside [prɪˈzaɪd] V/I **1** die Aufsicht *od* den Vorsitz haben *od* führen (**at** bei; **over** über *akk*), präsidieren: **~ over** (*od* **at**) **a meeting** e-e Versammlung leiten **2** MUS *u. fig* führen **3** *fig* herrschen: **~ over** beherrschen **4** **~ over** *fig etwas* mit ansehen müssen

presidency [ˈprezɪdənsɪ] S **1** Präsidium *n*, Vorsitz *m*, (Ober)Aufsicht *f* **2** *oft* ♀ Präsidentschaft *f*, Präsidentenamt *n* (*bes in USA*): **his election to ~** s-e Wahl zum Präsidenten; **be elected to ~** zum Präsidenten gewählt werden; **candidate for ~** Präsidentschaftskandidat(in) **3** Amtszeit *f od* -bereich *m* (*e-s Präsidenten*) **4** REL **a** lokale Mormonenbehörde **b** **First** ♀ (*die aus dem Propheten u. zwei Beiräten bestehende*) oberste Mormonenbehörde **5** *oft* ♀ *Br* HIST Präsidentschaft *f* (*e-e der ehemaligen brit.-indischen Provinzen Bengalen, Bombay u. Madras*)

P

president ['prezɪdənt] S 1 Präsident(in), Vorsitzende(r) *m/f(m)*, Vorstand *m (e-r Körperschaft)*, WIRTSCH *US* Generaldirektor *m*, -direktorin *f* 2 *oft* ♀ Präsident(in) *(Staatsoberhaupt e-r Republik)* 3 ♀ **of the Board of Trade** *Br* Handelsminister(in) 4 UNIV *bes US* Rektor *m*, Rektorin *f* 5 REL Oberhaupt *n (der Mormonenkirche)*

president-elect S *(der od die)* gewählte Präsident(in) *(vor Amtsantritt)*

presidential [,prezɪ'denʃl] ADJ (ADV ~ly) 1 Präsidenten..., Präsidentschafts...: ~ **address** Ansprache *f* des Präsidenten *od* Vorsitzenden; ~ **candidate** Präsidentschaftskandidat(in); ~ **chair** *fig* Präsidentenstuhl *m od* -amt *n*; ~ **election** Präsidentenwahl *f*; ~ **message** *US* Botschaft *f* des Präsidenten an den Kongress; ~ **system** Präsidialsystem *n*; ~ **term** Amtsperiode *f* des Präsidenten; ~ **year** *US umg* Jahr *n* der Präsidentenwahl 2 den Vorsitz *od* die (Ober)Aufsicht führend, vorsitzend; ~ **primary** S POL *US* Vorwahl *f* zur Nominierung des Präsidentschaftskandidaten *(innerhalb e-r Partei)*

presidio [prɪ'sɪdɪəʊ] *pl* -os S MIL Standort *m*, Garnison *f*

presoak S Einweichmittel *n*

press [pres] A V/T 1 (zusammen)pressen, (-)drücken: ~ **sb's hand** j-m die Hand drücken; ~ **one's nose against the window** die Nase gegen die Scheibe pressen *od* an die Scheibe quetschen; → flesh A 1 2 drücken auf *(akk)*: ~ **the button** (auf) den Knopf drücken 3 niederdrücken, drücken auf *(akk)* 4 *Saft, e-e Frucht etc* (aus)pressen, (-)quetschen 5 *bes* TECH *a. Schallplatten* pressen 6 *Kleider* plätten, bügeln 7 *(zusammen-, vorwärts-, weg- etc)* drängen, (-)treiben: ~ **on** weiterdrängen, -treiben 8 MIL (hart) bedrängen 9 *j-n* bedrängen: a in die Enge treiben, Druck ausüben auf *(akk)*: ~ **sb for money** von j-m Geld erpressen b *j-n* bestürmen, *j-m* zusetzen: ~ **sb to do sth** j-n drängen, etwas zu tun; darauf drängen, dass j-d etwas tut; ~ **sb for sth** j-n dringend um etwas bitten; **be ~ed for money** in Geldverlegenheit sein; **be ~ed for time** unter Zeitdruck stehen, es eilig haben; → hard B 2 10 *j-n, ein Tier* antreiben, hetzen 11 SCHIFF, MIL, HIST zwangsausheben, zum Kriegsdienst pressen, *Matrosen a.* schanghaien 12 ~ **sth (up)on sb** j-m etwas aufdrängen *od* -nötigen 13 Nachdruck legen auf *(akk)*: ~ **one's point** auf s-r Forderung *od* Meinung nachdrücklich bestehen; ~ **home** a *e-e Forderung etc* durchsetzen b *e-n Angriff* energisch durchführen c *e-n Vorteil* ausnutzen; → charge C 9 B V/I 1 a pressen, drücken b *fig* Druck ausüben 2 plätten, bügeln 3 drängen: **time ~es** die Zeit drängt 4 **(for)** dringen *od* drängen (auf *akk*), fordern *(akk)*: ~ **for the equalizer** SPORT auf den Ausgleich drängen; ~ **for sb to do sth** j-n drängen, etwas zu tun; darauf drängen, dass j-d etwas tut 5 (sich) drängen **(to** zu, nach): ~ **forward** (sich) vordrängen; ~ **in (up)on sb** a auf j-n eindringen b *fig* auf j-n enstürmen *(Probleme etc)*; ~ **on** vorwärtsdrängen, weitereilen; ~ **ahead** *(od* **forward, on)** *fig* weitermachen **(with** mit) C S 1 TECH *(a. Frucht- etc)* Presse *f* 2 TYPO (Drucker)Presse *f* 3 TYPO a Druckerei(raum) *f(m)* b Druckerei (-anstalt) *f* c Druckerei(wesen) *f(n)* d Druck *m*, Drucken *n*: **correct the ~** Korrektur lesen; **go to (the) ~** in Druck gehen, gedruckt werden; **send to (the) ~** in Druck geben; **in the ~** im Druck (befindlich); **coming from the ~** neu erschienen *(bes Buch)*; **ready for the ~** druckfertig 4 **the ~** die Presse *(das Zeitungswesen, a. koll die Zeitungen od die Presseleute)* 5 Presse(kommentar) *f(m)*, -kritik *f*: **have a good (bad) ~** e-e gute (schlechte) Presse haben 6 Spanner *m (für Skier od Tennisschläger)* 7 *(Bücher-, Kleider-, bes Wäsche)* Schrank *m* 8 a Drücken *n*, Pressen *n* b Plätten *n*, Bügeln *n*: **give sth a ~** etwas drücken *od* pressen *od* bügeln; **at the ~ of a button** auf Knopfdruck 9 Andrang *m*, Gedränge *n*, Menschenmenge *f* 10 *fig* a Druck *m*, Hast *f* b Dringlichkeit *f*, Drang *m (der Geschäfte)* 11 ~ **of sail**, ~ **of canvas** SCHIFF a (Segel)Press *m* *(Druck sämtlicher gesetzter Segel)* b Prangen *n* *(Beisetzen sämtlicher Segel)*: **carry a ~ of sail** Segel pressen; **under a ~ of canvas** mit vollen Segeln 12 SCHIFF, MIL, HIST Zwangsaushebung *f*

press| agency S Presseagentur *f*, -büro *n*, Nachrichtenagentur *f*, -büro *n*; ~ **agent** S Presseagent(in); ~ **association** S Presseverband *m (der den Zeitungen Nachrichten übermittelt)*; ~ **attaché** S Presseattaché *m*; ~ **baron** S Pressezar *m*, Zeitungskönig *m*; **~board** S Pressspan *m*; ~ **box** S *bes* SPORT Pressetribüne *f*: **in the ~** auf der Pressetribüne; ~ **bureau** → press agency; ~ **button** S TECH (Druck)Knopf *m*, (-)Taste *f*; ~ **campaign** S Pressekampagne *f*, -feldzug *m*; ~ **card** S Presseausweis *m*; ~ **center**, *bes Br* ~ **centre** S Pressezentrum *n*; ~ **clipping** S *bes US* Zeitungsausschnitt *m*; ♀ **Complaints Commission** S *Br* Presserat *m*; ~ **conference** S Pressekonferenz *f*: **at a ~** auf e-r Pressekonferenz; ~ **copy** S Rezensionsexemplar *n*; ~ **corps** S *irr (die)* akkreditierten Journalisten *pl*; ♀ **Council** S *Br obs* Presserat *m*; ~ **coverage** S Berichterstattung *f* in der Presse; ~ **cutting** *bes Br für* press clipping

pressed [prest] ADJ gepresst, Press...

presser ['presə(r)] S 1 Presser(in): a *Glasindustrie, keramische Industrie*: Formenpresser(in) b Tuchpresser(in) 2 Plätter(in), Bügler(in) 3 TECH Pressvorrichtung *f*

press| gallery S Pressetribüne *f (bes im Parlament)*: **in the ~** auf der Pressetribüne; ~ **gang** S SCHIFF, HIST Presspatrouille *f*; **~-gang** V/T: ~ **sb into doing sth** j-n drängen, etwas zu tun

pressie ['prezi] S *Aus umg* Geschenk *n*

pressing A ADJ (ADV ~ly) 1 pressend, drückend: ~ **defence** *(US* **defense)** *(Basketball)* Pressdeckung *f* 2 *fig* a (be)drückend *(Not etc)* b dringend, dringlich: ~ **danger** drohende Gefahr B S 1 (Aus)Pressen *n* 2 TECH a Stanzen *n* b *Papierfabrikation*: Satinieren *n*, Glätten *n* 3 TECH Pressling *m* 4 *Schallplattenfabrikation*: a Pressplatte *f* b Pressung *f* c Auflage *f*; ~ **roller** S TECH 1 *Spinnerei*: Druck-, Lederwalze *f* 2 *Papierfabrikation*: a Satinierwalze *f* b *pl* Satinierwalzwerk *n*

press| key S ELEK (Druck)Taste *f*; ~ **kit** S Pressemappe *f*; ~ **lord** → press baron; **~man** [-mæn; -mən] S *irr* 1 Drucker *m* 2 *bes Br* Pressemann *m umg*, Journalist *m*; **~mark** S *bes Br* Signatur *f*, Bibliotheksnummer *f (e-s Buches)*; ~ **office** S Pressestelle *f*; ~ **officer** S Pressereferent(in)

pressor ['presə(r); -sɔː(r)] ADJ MED blutdruckerhöhend

press| photographer S Pressefotograf(in); ~ **proof** S TYPO 1 Revisionsabzug *m*, -bogen *m* 2 Maschinenabzug *m*; ~ **reception** S Presseempfang *m*: **at a ~** auf e-m Presseempfang; ~ **release** S Pressemitteilung *f*, -verlautbarung *f*; ~ **report** S Pressebericht *m*; ~ **representative** S Pressevertreter(in); **~room** S TYPO Druckerei(raum) *f(m)*, Maschinensaal *m*; **~run** S TYPO 1 Auflage(n)druck *m* 2 Auflage *f*; ~ **secretary** S Pressesekretär(in); **~-show** V/T *irr ein Fernsehspiel etc* der Presse vorab vorführen; ~ **spokesman** S *irr* Pressesprecher *m*; ~ **spokesperson** S Pressesprecher(in); ~ **spokeswoman** S *irr* Pressesprecherin *f*; ~ **stud** S *bes Br* Druckknopf *m*; ~ **time** S TYPO (Zeitpunkt *m* der) Drucklegung; **~-up** S SPORT *Br* Liegestütz *m*: **do a ~** e-n Liegestütz machen

pressural ['preʃərəl] ADJ Druck...

pressure ['preʃə(r)] A S 1 Drücken *n*, Pressen *n*, Druck *m*: → blood pressure 2 PHYS, TECH Druck *m*: ~ **per unit area** Flächendruck; ~ **boiler (lever, pump, valve)** Druckkessel *m* (-hebel *m*, -pumpe *f*, -ventil *n*); ~ **of axle** AUTO, TECH Achsdruck; → high pressure, low pressure 1 3 METEO *(Luft)* Druck *m*: → high pressure, low pressure 2 4 *fig* Druck *m*, Last *f*: ~ **of taxation** Steuerlast; **the ~ of business** der Drang *od* Druck der Geschäfte 5 *fig* (moralischer) Druck, Zwang *m*: **under ~** unter Druck; ~ **to do well** Leistungsdruck; **be under ~ to do well** unter Erfolgszwang stehen; **bring ~ to bear upon sb** auf j-n Druck ausüben; **put** *(od* **place) ~ (up)on sb** j-n unter Druck setzen; ~ **was piling up on him** er geriet unter Druck; **this was only one of the ~s piling up on him** das war nur einer der Punkte, derentwegen er unter Druck geriet 6 Bedrängnis *f*, Not *f*, Drangsal *f*: **financial ~**; ~ **of conscience** Gewissensnot B V/T 1 a → pressurize A 1, A 2 b → pressure-cook 2 unter Druck setzen *(bes US a. fig)* 3 *bes US* → pressurize A 3 b

pressure| altitude S METEO barometrische Höhe; ~ **cabin** S FLUG Druck(ausgleichs)-kabine *f*; **~-cook** V/T im Schnellkochtopf kochen; ~ **cooker** S Schnellkochtopf *m*; ~ **equalization** S Druckausgleich *m*; ~ **ga(u)ge** S TECH Druckmesser *m*, Manometer *n*; ~ **gradient** S METEO *(atmosphärischer)* Druckgradient, spezifisches Druckgefälle; ~ **greasing** S TECH Hochdruckschmierung *f*; ~ **group** S Pressuregroup *f* *(Interessenverband, der - oft mit Druckmitteln - auf Parteien etc Einfluss zu gewinnen sucht)*; ~ **head** S 1 PHYS Staudruck(messer) *m*, Druckgefälle *n*, -höhe *f* 2 TECH Förderhöhe *f (e-r Pumpe)*; ~ **ice** S Packeis *n*; ~ **lubrication** S TECH Druck(umlauf)schmierung *f*; ~ **pipe** S TECH Druckrohr *n*, -leitung *f*; ~ **point** S 1 MED a Druckpunkt *m*, druckempfindlicher Punkt b Gefäßdruckpunkt *m* 2 *fig* Angriffspunkt *m*; **~-proof** ADJ FLUG druckfest *(Flugzeugkabine)*; **~-sensitive** ADJ (ADV ~ly) MED *etc* druckempfindlich; ~ **suit** S FLUG Druckanzug *m*; ~ **tank** S TECH Druckbehälter *m*; ~ **tube** S TECH Druckmess-, Staurohr *n*; ~ **wave** S PHYS Druckwelle *f*; ~ **welding** S TECH Pressschweißen *n*

pressurize ['preʃəraɪz] A V/T 1 unter Überdruck halten, *bes* FLUG druckfest machen: **~d cabin** → pressure cabin 2 CHEM, TECH unter Druck setzen, *(durch Druckluftzufuhr)* belüften: **~d water reactor** Druckwasserreaktor *m* 3 *fig bes Br* a *j-n* unter Druck setzen b *j-n* drängen **(into** zu; **into doing sth, to do sth** [dazu,] etwas zu tun) B V/I *bes Fußball*: *bes Br* drücken;

pressurizer S FLUG Druckanlage *f*

presswork S TYPO 1 Druck(en) *m(n)* 2 Druckerzeugnis *n*

prestidigitation ['prestɪ,dɪdʒɪ'teɪʃn] S 1 Fingerfertigkeit *f* 2 Taschenspielerkunst *f*;

prestidigitator [-tə(r)] S Taschenspieler(in) *(a. fig)*

prestige [pre'stiːʒ; *US a.* -'stiːdʒ] S Prestige *n*, Geltung *f*, Ansehen *n*: ~ **car** Renommierwagen *m*; ~ **hotel** Renommierhotel *n*

prestigious [pre'stɪdʒəs] ADJ (ADV ~ly) 1 renommiert *(Schule, Autor etc)* 2 mit Prestige, Prestige...: **a ~ job**

prestissimo [pre'stɪsɪməʊ] MUS A ADV prestissimo, äußerst schnell **B** *pl* -mos S Prestissimo *n*

prest money S *Br* HIST Handgeld *n* *(für Rekruten)*

presto ['prestəʊ] **A** ADV **1** MUS presto, (sehr) schnell **2** schnell, geschwind: **hey ~!** *(Zauberformel) bes Br* Simsalabim! **B** ADJ schnell, geschwind **C** *pl* -tos S MUS Presto *n*

prestressed ADJ TECH vorgespannt: **~ concrete** Spannbeton *m*

pre-strike ballot S WIRTSCH Urabstimmung *f*

presumable [prɪ'zjuːməbl; *bes US* -'zuːm-] ADJ (ADV presumably) vermutlich, mutmaßlich, wahrscheinlich

presume [prɪ'zjuːm; *bes US* -'zuːm] **A** V/T **1** annehmen, vermuten, schließen (**from** aus), voraussetzen **2** JUR *(mangels Gegenbeweises)* als wahr annehmen: **he is missing, ~d dead** er ist verschollen **3** sich *etwas* erlauben *od* herausnehmen: **~ to do sth** sich erdreisten *od* sich anmaßen *od* (es) wagen, etwas zu tun **4** vermuten, mutmaßen: **I ~** (wie) ich vermute, vermutlich **B** V/I **1** anmaßend sein **2** **~ (up)on sth** etwas ausnutzen; **presumedly** [-mɪdlɪ] ADV mutmaßlich, vermutlich; **presuming** ADJ (ADV ~ly) vermessen, anmaßend

presumption [prɪ'zʌmpʃn; -'zʌmʃn] S **1** Vermutung *f*, Annahme *f*, Mutmaßung *f* **2** JUR Präsumtion *f*, Vermutung *f*: **~ of a fact** Tatsachenvermutung; **~ of law** Rechtsvermutung, gesetzliche Vermutung *(der Wahrheit bis zum Beweis des Gegenteils)* **3** Wahrscheinlichkeit *f*, (Grund *m* zu der) Annahme *f*: **the ~ is that he will come** es ist anzunehmen, dass er kommt; **there is a strong ~ of his death** es ist mit Sicherheit anzunehmen, dass er tot ist **4** Vermessenheit *f*, Anmaßung *f* **5** Dünkel *m*

presumptive [prɪ'zʌmptɪv; -'zʌmtɪv] ADJ (ADV ~ly) vermutlich, mutmaßlich, JUR *a.* präsumtiv: **~ evidence** Indizienbeweis *m*; **~ proof** Wahrscheinlichkeitsbeweis *m*; **~ title** präsumtives Eigentum; → heir

presumptuous [prɪ'zʌmptjʊəs; -'zʌmt-; *US* -tʃəwəs] ADJ (ADV ~ly) **1** anmaßend, vermessen **2** eingebildet, dünkelhaft, überheblich; **presumptuousness** → presumption 3

presuppose V/T voraussetzen: **a** im Voraus annehmen *(Person)* **b** zur Voraussetzung haben *(Sache)*; **presupposition** S Voraussetzung *f*

pretax ADJ WIRTSCH vor Steuern: **~ profits**

pre-teen ADJ & S *bes US* (Kind *n*) im Alter zwischen 9 u. 12

pretence, *US* **pretense** [prɪ'tens; *US a.* 'priː,t-] S **1** Anspruch *m*: **make no ~ to** keinen Anspruch erheben auf *(akk)* **2** Vortäuschung *f*, Vorwand *m*, Scheingrund *m*: → false pretences **3** *fig* Anschein *m*, Verstellung *f*: **make a ~ of order** den Anschein von Ordnung erwecken; **abandon the ~** die Maske fallen lassen; **make ~ of doing sth** sich den Anschein geben, etwas zu tun; **she made ~ of being asleep** sie stellte sich schlafend **4** → pretentiousness 2

pretend [prɪ'tend] **A** V/T **1** vorgeben, -täuschen, -schützen, heucheln: **~ sleep** (*od* **to be asleep**) sich schlafend stellen; **he ~ed he didn't know me** (*od* **not to know me**) er tat, als ob er mich nicht kannte; **let's ~ we are** (*od* **to be**) **cowboys** lass uns Cowboy spielen **2** sich erdreisten, sich anmaßen *(beide:* **to do** zu tun) **3** behaupten (**to do** zu tun) **B** V/I **1** sich verstellen, heucheln: **he is only ~ing** er tut nur so **2** Anspruch erheben (**to** auf *den Thron etc*); **pretended** ADJ (ADV ~ly) vorgetäuscht, an-, vorgeblich: **~ indifference** gespielte Gleichgültigkeit; **pretender** S **1** Beanspruchende(r) *m/f(m)*, Bewerber(in) **2** *j-d, der Ansprüche stellt* (**to** auf *akk*) **3** *a.* **~ to the throne** (Thron)Prätendent(in) **4** Heuchler(in)

pretense *US für* pretence

pretension [prɪ'tenʃn] S **1** Anspruch *m* (**to** auf *akk*): **make no ~s to** keinen Anspruch erheben auf; **of great ~s** anspruchsvoll; **of no ~s** anspruchslos **2** *pl* Absichten *pl*, Ambitionen *pl* **3** → pretentiousness

pretentious [prɪ'tenʃəs] ADJ (ADV ~ly) **1** anmaßend **2** prätentiös, anspruchsvoll, hochgestochen **3** protzig, großspurig; **pretentiousness** S **1** Anmaßung *f*, Dünkel *m* **2** *(das)* Prätentiöse *od* Anspruchsvolle, hochgestochene Art

preterhuman [,priːtə(r)'hjuːmən] ADJ übermenschlich

preterit, *bes Br* **preterite** ['pretərɪt] LING **A** ADJ Vergangenheits…: **~ tense** → B **B** S Präteritum *n*, (erste) Vergangenheit, (Verb *n* im) Imperfekt *n*

preteritive [priː'terɪtɪv] ADJ LING nur im Präteritum gebräuchlich

preternatural [,priːtə(r)'nætʃrəl] ADJ (ADV ~ly) **1** unnatürlich, abnorm, außergewöhnlich **2** übernatürlich

pretext ['priːtekst] S Vorwand *m*, Ausrede *f*: **under** (*od* **on, upon**) **the ~ of** unter dem Vorwand *(gen)*; **under the ~ of doing sth** unter dem Vorwand, etwas tun zu wollen; **use sth as a ~ to do** (*od* **for doing**) **sth** etwas als Vorwand benutzen *od* zum Vorwand nehmen, etwas zu tun

pre-titles sequence S FILM, TV Vorspannszene *f*, einleitende Szene

pretonic ADJ LING vortonig, vor dem Hauptton liegend

pretreat V/T vorbehandeln; **pretreatment** S Vorbehandlung *f*

pretrial JUR **A** S Vorverhandlung *f* **B** ADJ vor der (Haupt)Verhandlung: **~ detention** *US* Untersuchungshaft *f*

prettify ['prɪtɪfaɪ] V/T **1** **a** verschönern **b** *pej* verkitschen **2** *fig* bemänteln, beschönigen

prettiness ['prɪtɪnɪs] S **1** Hübschheit *f*, Nettigkeit *f*, Niedlichkeit *f* **2** Anmut *f* **3** Geziertheit *f* *(bes im Ausdruck)* **4** *(etwas)* Hübsches

pretty ['prɪtɪ] **A** ADJ (ADV prettily) **1** hübsch, nett, niedlich: **(as) ~ as a picture** sehr hübsch **2** anmutig **3** bezaubernd, charmant **4** *a. iron* schön, fein, sauber: **a ~ mess!** e-e schöne Geschichte! **5** *umg* (ganz) schön, hübsch, beträchtlich: **a ~ way off** ein ganz schönes Stück weg von hier; → penny 1 **6** geziert, affektiert **7** geschickt **8** treffend **B** ADV **a** ganz, ziemlich **b** einigermaßen, leidlich: **~ cold** ganz schön kalt; **~ good** recht gut, nicht schlecht; **~ near** nahe daran, ziemlich nahe; **~ close to perfection** nahezu vollkommen; **this is ~ much** (*od* **well**) **the same** das ist (so) ziemlich *od* fast dasselbe; **be sitting ~** *umg* ausgesorgt haben **C** S hübsches Mädchen **1** hübsche Sache **2** *pl bes US* schöne Sachen *pl od* Kleider *pl*, *bes* Schmuck(sachen) *m(pl)* **D** V/T *meist* **~ up** *etwas* verschönern: **~ o.s.** sich hübsch machen

pretty-pretty ADJ *bes Br umg* kitschig

pretzel ['pretsəl] S (Salz)Brezel *f*

prev. ABK previous(ly)

prevail [prɪ'veɪl] V/I **1** vorherrschen, überwiegen, (weit)verbreitet sein: **dark hair ~s among Italians**; **silence ~ed** es herrschte Schweigen **2** **a** die Oberhand *od* das Übergewicht gewinnen *od* haben (**over** über *akk*), JUR obsiegen **b** *fig* überwiegen, den Ausschlag geben, maß- *od* ausschlaggebend sein **3** überhandnehmen **4** sich Geltung verschaffen, sich durchsetzen *od* behaupten (**against** gegen) **5** **~ (up)on sb to do sth** j-n dazu bewegen *od* bringen, etwas zu tun; **he could not be ~ed upon** er war nicht dazu zu bewegen; **~ (up)on o.s.** es über sich *od* übers Herz bringen; **prevailing** ADJ (ADV ~ly) **1** die Oberhand habend, überlegen: **the ~ party** JUR die obsiegende Partei **2** (vor)herrschend, allgemein (geltend *od* gültig), maßgebend: **the ~ opinion** die herrschende Meinung; **under the ~ circumstances** unter den obwaltenden Umständen; **~ tone** *bes* WIRTSCH Grundstimmung *f*

prevalence ['prevələns] S **1** Vorherrschen *n*, Überwiegen *n*, weite Verbreitung **2** Überhandnehmen *n*; **prevalent** ADJ (ADV ~ly) **1** (vor)herrschend, häufig, weitverbreitet: **be ~** vorherrschen, weitverbreitet sein **2** → prevailing 1

prevaricate [prɪ'værɪkeɪt] V/I **1** Ausflüchte machen (**over** wegen): **he ~d over getting the job** er wich der Frage aus, wie er die Stelle bekommen hatte **2** wider Pflicht u. Gewissen handeln **3** JUR **a** ein Vergehen verheimlichen *od* verdunkeln **b** *obs* Parteiverrat begehen *(Anwalt)*; **prevarication** S **1** Ausflucht *f* **2** *obs* JUR Anwaltstreubruch *m*, Parteiverrat *m*; **prevaricator** [-tə(r)] S Ausflüchtemacher(in)

prevenient [prɪ'viːnjənt] ADJ (ADV ~ly) vorher-, vorangehend

prevent [prɪ'vent] V/T **1** verhindern, -hüten, *e-r Sache* vorbeugen *od* zuvorkommen: **~ misunderstandings, …** um Missverständnissen vorzubeugen, … **2** (**from**) *j-n* hindern (an *dat*), abhalten, fernhalten (von): **~ sb (from) coming** j-n am Kommen hindern, j-n vom Kommen abhalten **3** *obs od* BIBEL *j-m* (schützend) vorangehen, mit *j-m* sein: **God's grace ~s us**; **preventable** ADJ (ADV preventably) verhütbar, abwendbar; **preventative** → preventive; **preventer** S **1** Verhüter(in) **2** Vorbeugungs-, Verhütungs-, Schutzmaßnahme *f*, -mittel *n* **3** SCHIFF Sicherungstau *n*

preventible → preventable

prevention [prɪ'venʃn] S **1** Verhinderung *f*, Verhütung *f*: **~ of accidents** Unfallverhütung; **~ of crime** Verbrechensverhütung, vorbeugende Verbrechensbekämpfung **2** *bes* MED Vorbeugung *f*, Prophylaxe *f*: **~ is better than cure** *(Sprichwort)* vorbeugen ist besser als heilen

preventive [prɪ'ventɪv] **A** ADJ (ADV ~ly) verhütend, *bes* JUR, MED vorbeugend, präventiv, Vorbeugungs…, Schutz…, MED prophylaktisch: **~ arrest** Schutzhaft *f*; **~ detention** **a** *Br* Sicherungsverwahrung *f* **b** *US* Vorbeugungs-, Vorbeugehaft *f*; **~ inoculation** Schutzimpfung *f*; **~ measure** → B 2; **~ medicine** Präventivmedizin *f*; **2 Service** *Br* Küstenschutzdienst *m*; **~ treatment** Präventivbehandlung *f*; **~ war** Präventivkrieg *m* **B** S **1** **a** Vorbeugungs-, Schutzmittel *n*, MED *a.* Präventivmittel *n* **b** MED empfängnisverhütendes Mittel **2** Präventivmaßnahme *f*, vorbeugende Maßnahme

preview **A** S **1** FILM **a** Voraufführung *f* **b** (Programm)Vorschau *f* **2** Vorbesichtigung *f* *(e-r Ausstellung etc)*, MAL Vernissage *f* **3** Vorbesprechung *f* *(e-s Buches)* **4** RADIO, TV Probe *f* **5** *allg* Voraus-, Vorschau *f* *(beide:* **of** auf *akk)* **6** COMPUT Seitenansicht *f* **B** V/T **1** vorher sehen *od* zeigen *od* vorführen **2** e-e Voraus- *od* Vorschau geben auf *(akk)*

previous ['priːvjəs; -vɪəs] **A** ADJ **1** vorher-, vorausgehend, Vor…: **~ action** JUR Vorausklage *f*; **~ conviction** JUR Vorstrafe *f*; **he has had no ~ convictions** er ist nicht vorbestraft; **~ endorser, ~ holder** WIRTSCH Vormann *m* (*beim Wechsel*); ~ **knowledge** Vorkenntnisse *pl*; **without ~ notice** ohne vorherige Ankündigung; ~ **owner** Vorbesitzer(in), frühere(r) Besitzer(in); ~ **question** PARL a *Br Antrag, die Debatte zu beenden, um e-e Abstimmung zu verhindern* b *Antrag, ohne weitere Debatte abzustimmen*; **move** (*od* **put**) **the ~ question** *Br* beantragen, zur Tagesordnung überzugehen; ~ **year** Vorjahr *n* 2 *umg* verfrüht, voreilig 3 ~ **to** vor (*dat*) B ADV ~ **to** vor (*dat*): ~ **to moving here he lived in Glasgow** bevor er hierher zog, lebte er in Glasgow; **previously** ADV vorher, zuvor, früher: ~ **convicted** JUR vorbestraft; ~ **owned** aus zweiter Hand

prevision S Vorhersehen *n*

prevocational ADJ vorberuflich: ~ **training** Berufsschulausbildung *f*

prevue → preview

prewar ADJ Vorkriegs...: ~ **prices**

prexy ['preksi:], *a.* **prex** [preks] S UNIV *US sl* Rektor *m*, Rektorin *f*

prey [preɪ] A S ZOOL *u. fig* Raub *m*, Beute *f*, Opfer *n*: **be easy ~ for** (*od* **to**) e-e leichte Beute *od* ein leichtes Opfer sein für; **fall ~ to** *j-m od e-r Sache* zum Opfer fallen, die Beute (*gen*) werden; **fall ~ to circumstances** ein Opfer der Verhältnisse werden; **fall ~ to doubts** von Zweifeln befallen werden; → beast 2, bird of prey, fish A 1 B V/I 1 auf Raub *od* Beute ausgehen 2 (**on, upon**), a ZOOL Jagd machen (auf *akk*), erbeuten, fressen (*akk*) b *fig* berauben, ausplündern (*akk*) c *fig* ausbeuten, -saugen (*akk*) d *fig* nagen, zehren (an *dat*): **it ~ed upon his mind** (*od* **upon him**) es ließ ihm keine Ruhe, es quälte *od* verfolgte ihn

prezzie → pressie

priapic [praɪ'æpɪk; -'eɪ-] ADJ phallisch

priapism ['praɪəpɪzəm] S MED Priapismus *m* (*schmerzhafte Dauererektion*)

price [praɪs] A S 1 WIRTSCH a (Kauf)Preis *m*, Kosten *pl* b *Börse*: Kurs(wert) *m*: ~ **of issue** Zeichnungs-, Emissionspreis; ~ **per unit** Stückpreis; **secure** (*od* **get**) **a good ~** e-n guten Preis erzielen; **operate at a low ~** mit niedrigen Preisen arbeiten; **everyone has their ~** *fig* jeder hat s-n Preis; **beyond** (*od* **without**) ~ von unschätzbarem Wert, unbezahlbar; **at a ~** für entsprechendes Geld, wenn man das nötige Kleingeld hat *iron.*; **at a** (*od* **the**) ~ **of** zum Preis von 2 (Kopf)Preis *m*: **put** (*od* **set**) **a ~ on sb's head** e-n Preis auf j-s Kopf aussetzen; **there's a ~ on his head** auf s-n Kopf ist ein Preis ausgesetzt 3 Lohn *m*, Belohnung *f*, Preis *m* 4 *fig* Preis *m*, Opfer *n*: **at a (heavy) ~** um e-n hohen Preis, unter schweren Opfern; **(not) at any ~** um jeden (keinen) Preis; **that is too high a ~ to pay for freedom** das ist ein zu hoher Preis für die Freiheit 5 (Wett-, Gewinn)Chance(n) *f(pl)*: **what ~ ...?** *sl* a welche Chancen hat ...? b was nützt ...? c wie steht es mit ...? B V/T 1 WIRTSCH a den Preis festsetzen für b *Ware* auszeichnen: ~ **o.s. out of the market** durch überhöhte Preise nicht mehr konkurrenzfähig sein; → priced 2 bewerten: ~ **sth high (low)** e-r Sache großen (geringen *od* wenig) Wert beimessen 3 *umg* nach dem Preis *e-r Ware* fragen

price| agreement S Preisvereinbarung *f*, -absprache *f*; ~ **ceiling** S Preisgrenze *f*, Höchstpreis *m*; **~-conscious** ADJ (ADV ~ly) preisbewusst; ~ **control** S Preiskontrolle *f*, -überwachung *f*; **~-controlled** ADJ preisgebunden; ~ **cut** S Preissenkung *f*; **~-cut** V/T *irr bes US* den Preis *od* die Preise senken für; ~ **cutter** S Preisbrecher(in); ~ **cutting** S Preisdrückerei *f*

priced [praɪst] ADJ 1 mit Preisangabe (versehen) 2 *in Zusammensetzungen* zu ... Preisen: → low-priced *etc*

price| discrimination S Preisdiskriminierung *f*; **~-earnings ratio** S Kurs-Gewinn-Verhältnis *n* (*bei Aktien*); ~ **fixing** S 1 → price agreement 2 → price control 3 Preisbindung *f* der zweiten Hand; ~ **freeze** S Preisstopp *m*; ~ **increase** S Preiserhöhung *f*; ~ **index** S *a. irr* Preisindex *m*; ~ **leader** S *bes US* Preisführer(in)

priceless ADJ (ADV ~ly) 1 von unschätzbarem Wert, unbezahlbar 2 *fig umg* zu komisch, zum Schreien: **you look ~ in those trousers!**

price| level S Preisniveau *n*; ~ **limit** S (Preis)Limit *n*, Preisgrenze *f*; ~ **list** S 1 Preisliste *f*, -verzeichnis *n* 2 *Börse*: Kurszettel *m*; **~-maintained** ADJ preisgebunden; ~ **maintenance** S Preisbindung *f* der zweiten Hand; ~ **margin** S Preisspanne *f*; ~ **policy** S Preispolitik *f*; ~ **range** S 1 Preisskala *f* 2 Preisklasse *f*, -kategorie *f* (*e-s Hotels etc*); ~ **ring** S Preiskartell *n*; ~ **rise** S Preiserhöhung *f*; ~ **saving** S Preisersparnis *f*; ~ **stability** S Preisstabilität *f*; ~ **structure** S Preisstruktur *f*, -gefüge *n*; ~ **support** S *US* Preisstützung *f*; ~ **tag**, ~ **ticket** S Preisschild *n*, -zettel *m*; ~ **war** S Preiskrieg *m*, -kampf *m*

pricey ['praɪsɪ] ADJ *umg* teuer

prick [prɪk] A S 1 (*Insekten-, Nadel- etc*) Stich *m* 2 Stich *m*, Stechen *n*, stechender Schmerz: **~s of conscience** *fig* Gewissensbisse 3 spitzer Gegenstand 4 TECH Stichel *m*, Pfriem(en) *m*, Ahle *f* 5 Dorn *m*, Stachel *m* (*a. fig*) 6 *obs* Stachelstock *m*: **kick against the ~s** *fig* gegen *od* wider den Stachel löcken 7 (Hasen)Fährte *f* 8 *vulg* a Schwanz *m* (*Penis*) b *a.* **stupid ~** Arschloch *n* (*Person*) B V/T 1 (ein-, durch)stechen, pieken: ~ **o.s. with** sich stechen mit; ~ **one's finger** sich in den Finger stechen; **his conscience ~ed him** *fig* sein Gewissen plagte ihn, er hatte Gewissensbisse; *his misdemeano(u)r* **~ed his conscience** bereitete ihm Gewissensbisse 2 *obs* anstacheln, anspornen, antreiben 3 punktieren, lochen 4 *a.* ~ **out** *ein Muster* ausstechen 5 *oft* ~ **off** a *den Kurs, e-e Entfernung etc* (auf der Karte) abstecken, SCHIFF pricken b (mit dem Stechzirkel) abstechen 6 ~ **up one's ears** die Ohren spitzen (*a. fig*) 7 AGR *Pflanzen* pikieren: ~ **in** (**out** *od* **off**) ein-(aus)pflanzen 8 prickeln auf *od* in (*dat*) C V/I 1 stechen (*a. schmerzen*) 2 ~ **up** sich aufrichten (*Ohren*) 3 *obs od* HIST a (dem Pferd) die Sporen geben b sprengen, jagen

pricker ['prɪkə(r)] S 1 TECH Stecheisen *n*, *bes* a Pfriem(en) *m*, Ahle *f* b *Lederfabrikation*: Locheisen *n* 2 METALL Schieß-, Räumnadel *f* 3 HIST leichter Reiter 4 *US* Stachel *m*, Dorn *m*

pricket ['prɪkɪt] S 1 (Kerzenhalter *m* mit) Dorn *m* 2 ZOOL *bes Br* Spießer *m*, Spießbock *m*

pricking ['prɪkɪŋ] S Stechen *n* (*Schmerz*): **~s of conscience** Gewissensbisse

prickle ['prɪkl] A S 1 Stachel *m*, Dorn *m* 2 Prickeln *n*, Kribbeln *n* (*der Haut*) B V/T 1 stechen, lochen 2 auf *der Haut* prickeln *od* kribbeln C V/I prickeln, kribbeln; **~back** S FISCH Stichling *m*; ~ **cell** S ANAT Stachelzelle *f* (*der Oberhaut*)

prickly ['prɪklɪ] ADJ 1 stach(e)lig, dornig 2 kribbelnd, prickelnd 3 *fig* reizbar 4 *fig* kompliziert, verzwickt; ~ **ash** S BOT Gelbholzbaum *m*; ~ **heat** S MED Frieselausschlag *m*; ~ **pear** S BOT Feigenkaktus *m* (*u. dessen Frucht*), indische Feige

pricy → pricey

pride [praɪd] A S 1 Stolz *m*, Hochmut *m*: ~ **goes before a fall** (*Sprichwort*) Hochmut kommt vor dem Fall 2 Stolz *m*, Selbstgefühl *n*: ~ **of place** a Ehrenplatz *m* b *fig* Vorrang *m* c *pej* Standesdünkel *m*; **take ~ of place** *fig* den Vorrang haben, die erste Stelle einnehmen; **take (a) ~ in** stolz sein auf (*akk*); **a smile of ~** ein stolzes Lächeln 3 Stolz *m* (*Gegenstand des Stolzes*): **he is the ~ of his family**; **the ~ of a collection** das Glanzstück e-r Sammlung; **be sb's ~ and joy** j-s ganzer Stolz sein 4 Höhe *f*, Blüte *f*: **in the ~ of his years** in s-n besten Jahren; **in the ~ of manhood** im besten Mannesalter; **in the ~ of the season** in der besten Jahreszeit 5 *obs od poet* Pracht *f*, Zierde *f*, Schmuck *m* 6 Schar *f*, Rudel *n* (*bes von Löwen*) 7 **in his ~** *Heraldik*: Rad schlagend (*Pfau*) 8 *obs* a Vollkraft *f* b Übermut *m* c *bes* ZOOL Brunst *f* B V/T ~ **o.s.** (**on, upon**) stolz sein (auf *akk*), sich rühmen (*gen*), sich brüsten (mit), sich etwas einbilden (auf *akk*)

prie-dieu ['pri:djɜ:] S Betpult *n*, Betschemel *m*

prier ['praɪə(r)] S neugierige Person

priest [pri:st] S 1 *allg* Priester(in) 2 REL Geistliche(r) *m*: a *anglikanische Kirche*: Pfarrer *m* b KATH Priester *m*, Pfarrer *m* 3 *Br* kleiner Hammer (*zum Töten gefangener Fische*); **~craft** S *pej* Pfaffenlist *f*

priestess ['pri:stɪs] S Priesterin *f*

priesthood S 1 Priesteramt *n*, -würde *f*: **enter the ~** Priester werden 2 KOLL Priesterschaft *f*, Geistlichkeit *f*

priestly ADJ priesterlich, Priester...

priest-ridden ADJ unter Priester- *od pej* Pfaffenherrschaft (stehend), klerikalistisch

prig[1] [prɪg] S 1 (selbstgefällige[r]) Pedant(in) 2 von sich *od* s-r (*geistigen*) Überlegenheit überzeugter Mensch, selbstgefälliger *od* eingebildeter Mensch 3 Tugendbold *m*

prig[2] [prɪg] *bes Br sl* A V/T klauen B S Langfinger *m* (*Dieb[in]*)

priggery ['prɪgərɪ] S 1 Pedanterie *f* 2 Einbildung *f*, Dünkel *m* 3 tugendhaftes Getue

priggish ['prɪgɪʃ] ADJ (ADV ~ly) 1 selbstgefällig, dünkelhaft, eingebildet 2 pedantisch 3 tugendhaft; **priggishness**, **priggism** ['prɪgɪzəm] → priggery

prill [prɪl] S *Bergbau*: reingeklaubtes Erz, Klauberz *n*

prim [prɪm] A ADJ (ADV ~ly) 1 (pedantisch) sauber, ordentlich 2 steif, formell 3 affektiert, gekünstelt 4 spröde, geziert, zimperlich 5 → priggish B V/T *den Mund, das Gesicht* affektiert verziehen

prim. ABK 1 primary 2 primate 3 primitive

prima ballerina ['pri:mə] *pl* prima ballerinas S Primaballerina *f*

primacy ['praɪməsɪ] S 1 Primat *m/n*, Vorrang *m*: **give ~ to** den Vorrang geben (*dat*) 2 REL Primat *m/n*: a *Würde od Sprengel e-s Primas* b *Vorrangstellung od Gerichtsbarkeit des Papstes*

prima donna [ˌpri:mə'dɒnə; *US* -'dɑnə] *pl* prima donnas S Primadonna *f* (*a. fig*)

primaeval → primeval

prima facie [ˌpraɪmə'feɪʃi:] ADJ & ADV auf den ersten Blick, dem ersten Anschein nach: ~ **case** JUR Fall *m*, bei dem der Tatbestand einfach liegt; ~ **evidence** Prima-facie-Beweis *m*, Anscheinsbeweis *m*

primal ['praɪml] ADJ (ADV ~ly) 1 erst(er, e, es), frühest(er, e, es), ursprünglich: ~ **scream** Urschrei *m*; ~ **(scream) therapy** PSYCH Urschreitherapie *f* 2 wichtigst(er, e, es), Haupt...

primarily ['praɪmərəlɪ; *bes US* praɪ'merəlɪ] ADV 1 zuerst, ursprünglich, anfänglich 2 in erster Linie, vor allem, primär

primary ['praɪmərɪ; *US a.* -ˌmeri:] A ADJ 1 erst(er, e, es), ursprünglich, anfänglich, Erst..., Anfangs..., Ur...: ~ **election** → B 6 a; ~ **infection** MED Erstansteckung *f*; ~ **instinct**

Urinstinkt *m*; ~ **matter** Urstoff *m*, Urmaterie *f*; ~ **meeting** → B 6 b; ~ **rocks** *pl* Urgestein *n*, Urgebirge *n*; ~ **tumo(u)r** Primärtumor *m* (*bes des Krebses*) **2** primär, hauptsächlich, wichtigst(er, e, es), Haupt…: ~ **accent** (*od* **stress**) LING Hauptakzent *m*; ~ **circuit** → B 4 a; ~ **colo(u)r** → B 2; ~ **concern** Hauptsorge *f*; ~ **electrons** PHYS primäre Elektronen, Primärelektronen; ~ **emission** ELEK Primäremission *f*; ~ **evidence** JUR **a** gesetzliches Beweismittel **b** Prima-facie-Beweis *m*, Anscheinsbeweis *m*; ~ **group** SOZIOL Primärgruppe *f*; **of** ~ **importance** von höchster Wichtigkeit; ~ **liability** JUR unmittelbare Haftung; ~ **literature** Primärliteratur *f*; ~ **planet** → B 5; ~ **quality** Haupteigenschaft *f*; ~ **quill** (*od* **feather**) → B 3 a; ~ **road** Straße *f* erster Ordnung; ~ **winding** → B 4 b; ~ **wing** → B 3 b **3** grundlegend, elementar, Grund…: ~ **education** **a** *US* Grundschul-, *Br* Grund- u. Hauptschul(aus)bildung *f* **b** *US* Grundschul-, *Br* Grund- u. Hauptschulwesen *n*; ~ **school** **a** *Br* Grund- u. Hauptschule *f* **b** *US* Grundschule *f*; ~ **industry** Grundstoffindustrie *f*; ~ **ingredient** (*od* **component**) Grund-, Hauptbestandteil *m*; ~ **meaning** Ur-, Grundbedeutung *f*; ~ **product** **a** WIRTSCH Grundstoff *m* **b** Urprodukt *n* **4** GEOL **a** paläozoisch **b** zuerst *od* ursprünglich entstanden **5** CHEM **a** primär, sauer **b** Primär… **6** LING **a** primär (*aus e-r unabgeleiteten Form*) abgeleitet (*Ableitung*) **b** zu e-r Hauptzeit gehörig, *bes* auf Präsens *od* Futur bezüglich **B** S **1** (*der, die, das*) Erste *od* Wichtigste, Hauptsache *f* **2** Primär-, Grundfarbe *f* **3** ZOOL **a** ORN Hauptfeder *f*, Schwungfeder *f* erster Reihe **b** Vorderflügel *m* (*von Insekten*) **4** ELEK **a** Primär(strom)kreis *m* **b** Primärwicklung *f* **5** ASTRON Hauptplanet *m* **6** POL *US* **a** Vorwahl *f* (zur Aufstellung von Wahlkandidaten) **b** Versammlung *f* zur Nominierung der Wahlkandidaten

primate S **1** ['praɪmət; -meɪt] REL *bes Br* Primas *m*: ♀ **of England** *Titel des Erzbischofs von York*; ♀ **of All England** *Titel des Erzbischofs von Canterbury* **2** ['praɪmeɪt] ZOOL Primat *m*, Herrentier *n*; **Primates** [praɪ'meɪtiːz] SPL ZOOL Primaten *pl*, Herrentiere *pl* (*Ordnung*)

primatial [praɪ'meɪʃl] ADJ *bes Br* erzbischöflich: ~ **rank** Rang *m* e-s Primas

primatology [ˌpraɪmə'tɒlədʒɪ; *US* -'tɑ-] S ZOOL Primatologie *f* (*Erforschung der Herrentiere*)

prime [praɪm] **A** ADJ (ADV ~ly) **1** erst(er, e, es), wichtigst(er, e, es), wesentlichst(er, e, es), Haupt…: **of** ~ **importance** von höchster Wichtigkeit; ~ **reason** Hauptgrund *m*; ~ **suspect** Hauptverdächtigte(r) *m/f(m)* **2** erstklassig, vorzüglich, prima (*Investition, Qualität etc*): ~ **bill** erstklassiger Wechsel; **in** ~ **condition** in Bestzustand **3** primär, grundlegend **4** erst(er, e, es), Erst…, Ur…: ~ **father** Urvater *m* **5** MATH **a** unteilbar: ~ **factor** Primfaktor *m*; ~ **number** Primzahl *f*; ~ **number theorem** Primzahlsatz *m*; ~ **power** Primzahlpotenz *f* **b** *a.* ~ **to each other** teilerfremd, ohne gemeinsamen Teiler: **31 is** ~ **to 63** 31 ist teilerfremd zu 63 **B** S **1** Anfang *m*, Beginn *m*: ~ **of the day** (**year**) Tagesanbruch *m* (Frühling *m*) **2** *fig* Blüte(zeit) *f*: **in the** ~ **of youth** (**life**) in der Blüte der Jugend (des Lebens); **in his** ~ in der Blüte s-r Jahre, im besten (Mannes)Alter; **in the** ~ **of his career** auf dem Höhepunkt s-r Laufbahn **3** (*das*) Beste, höchste Vollkommenheit **4** → prime rate **5** KATH, HIST Prim *f* (*im klösterlichen Stundengebet die Gebetszeit zur ersten Tagesstunde*) **6** MATH **a** Primzahl *f* **b** Primfaktor *m* **c** Strich *m*, (Zeichen *n* für) Bogenminute *f* ['']: **x** ~ (**x'**) x Strich (x') **7** MUS **a** *a.* ~ **interval** Prim(intervall) *f(n)*, Prime *f* **b** *a.* ~ **tone** Prim(ton) *f(m)*, Prime *f* **8** *Fechten*: Prim *f* **C** V/T **1** vorbereiten **2** MIL *e-e Waffe* laden, *Bomben, Munition* scharf machen: ~**d** schuss-, zündfertig **3** MAL, TECH grundieren **4** TECH *e-e Pumpe* anlassen, angießen: ~ **the pump** WIRTSCH die Wirtschaft ankurbeln **5** AUTO **a** *Kraftstoff* vorpumpen **b** Anlasskraftstoff in *e-n Motor* einspritzen **6** ELEK vorspannen **7** mit Strichindex versehen **8** *j-n* instruieren, vorbereiten (**for** auf *akk*)

prime| conductor S ELEK Hauptleiter *m*; ~ **cost** S WIRTSCH **1** Herstellungs-, Selbstkosten *pl* **2** *US* Einzelkosten *pl*; ~ **fore rib** → prime rib; ~ **interest rate**, ~ **lending rate** → prime rate; ~ **meridian** S ASTRON, GEOG Nullmeridian *m*; ~ **minister** S Premierminister(in): **Prime Minister's question time** PARL *Br* Fragestunde *f*; ~ **mover** S **1** PHYS Primärkraft *f*, bewegende Kraft **2** TECH **a** Antriebsmaschine *f* **b** Zugmaschine *f* (*Sattelschlepper etc*), (*a.* MIL Geschütz)Schlepper *m*, Triebwagen *m* (*e-r Straßenbahn*) **3** *fig* Triebfeder *f*, treibende Kraft **4** PHIL **a** unbewegter Beweger **b** **Prime Mover** Gott *m*, höhere Macht

primer[1] ['praɪmə(r)] S **1** MIL, TECH Zündvorrichtung *f*, -hütchen *n*, Sprengkapsel *f* **2** Zündbolzen *m* (*am Gewehr*) **3** *Bergbau*: Zünddraht *m* **4** *bes* AUTO Einspritzvorrichtung *f*: ~ **pump** Anlasseinspritzpumpe *f*; ~ **valve** Anlassventil *n* **5** TECH Grundier-, Spachtelmasse *f*

primer[2] ['praɪmə(r); *bes US* 'prɪmə(r)] S **1** **a** Fibel *f*, Abc-Buch *n* **b** Elementarbuch *n*, (Anfangs)Lehrbuch *n* **c** *fig* Leitfaden *m* **2** ['prɪmə(r)] TYPO *Bezeichnung für Schriftgrößen*: **great** ~ **a** (*etwa*) Doppelborgis(schrift) *f* (*18 Punkt*) **b** (*etwa*) Tertia(schrift) *f* (*16 Punkt*); **long** ~ Korpus(schrift) *f* (*10 Punkt*)

prime| rate S WIRTSCH Prime Rate *f* (*Diskontsatz für Großbanken, dem Leitzinsfunktion zukommt*); ~ **rib** S GASTR Hochrippe *f*

primero [prɪ'meərəʊ; -'mɪə-] S HIST Primenspiel *n* (*ein Kartenglücksspiel*)

prime time S RADIO, TV *bes US* Hauptsendezeit *f*

primeval [praɪ'miːvl] ADJ (ADV ~ly) uranfänglich, urzeitlich, Ur…: ~ **forest** Urwald *m*; ~ **times** Urzeiten

primi ['priːmɪ] *pl von* primo

priming ['praɪmɪŋ] S **1** MIL, TECH Zündsatz *m*, -masse *f*, Zündung *f* **2** AUTO Einspritzen *n* von Anlasskraftstoff **3** TECH **a** Grundierung *f*, Grundieren *n*: ~ **coat** Grundieranstrich *m*; ~ **colo(u)r** Grundierfarbe *f* **b** *a.* ~ **material** Spachtelmasse *f* **4** *a.* ~ **of the tide** verfrühtes Eintreten der Flut **5** Vorbereitung *f* (**for** auf *akk*), Instruktion *f*; ~ **charge** S **1** MIL, TECH Zünd-, Initialladung *f* **2** MIL Aufladung *f* (*bei Pioniersprengmitteln*); ~ **needle** S MIL Zündnadel *f*, -bolzen *m*

primipara [praɪ'mɪpərə] *pl* -rae [-riː], -ras S MED Primipara *f*, Erstgebärende *f*; **primiparous** ADJ erstgebärend: ~ **woman** → primipara

primitive ['prɪmɪtɪv] **A** ADJ (ADV ~ly) **1** erst(er, e, es), ursprünglich, Ur…: ♀ **Church** REL Urkirche *f*; ~ **races** Ur-, Naturvölker; ~ **rocks** *pl* Urgestein *n* **2** *allg, a. pej* primitiv (*Kultur, Mensch; a. fig Denkweise, Konstruktion etc*) **3** altmodisch **4** LING Stamm…: ~ **verb** **5** MATH **a** Grund…, Ausgangs…: ~ **figure** **b** primitiv (*Wurzel etc*) **6** BIOL **a** → primordial 2 a **b** primitiv, niedrig entwickelt **c** Ur…: ~ **brain** Urhirn *n*; ~ **segment** Ursegment *n* **B** S **1** (*der, die, das*) Primitive: **the** ~**s** die Primitiven (*Naturvölker*) **2** **a** *pej* primitiver Mensch **b** einfacher Mensch, Naturbursche *m* **3** KUNST **a** primitiver *od* naiver Künstler **b** Frühmeister *m* (*e-r Kunstrichtung*) **c** Früher Meister (*des späten Mittelalters od der Frührenaissance, a. Bild*) **4** LING Stammwort *n*; ~ **colo(u)r** S Grund-, Primärfarbe *f*

primitivism ['prɪmɪtɪvɪzəm] S **1** Primitivität *f* **2** KUNST Primitivismus *m* (*Kunstrichtung, die sich an der Kunst primitiver Völker orientiert*)

primness ['prɪmnɪs] S **1** (pedantische) Sauberkeit, Ordentlichkeit *f* **2** Steifheit *f* **3** Affektiertheit *f* **4** Sprödigkeit *f*, Zimperlichkeit *f*

primo ['priːməʊ] **A** *pl* -mos, -mi [-mɪ] S MUS **1** erste Stimme (*im Duett etc*) **2** Primo *n*, Diskantpart *m*, -partie *f* (*beim Vierhändigspielen*) **B** ADJ *US sl* **a** erstklassig **b** wichtigst(er, e, es)

primogenital [ˌpraɪməʊ'dʒenɪtl], **primogenitary** ADJ Erstgeburts…: ~ **right**; **primogenitor** [-tə(r)] S (Ur)Ahn *m*, Stammvater *m*, Vorfahr *m*; **primogeniture** [-tʃə(r); -ˌtʃʊə(r)] S **1** Erstgeburt *f* **2** JUR Primogenitur *f*, Erstgeburtsrecht *n*

primordial [praɪ'mɔː(r)djəl; -ɪəl] ADJ (ADV ~ly) **1** primordial, ursprünglich, uranfänglich, Ur…: ~ **matter** Urstoff *m*; ~ **soup** Urschleim *m* **2** BIOL **a** primordial, im Ansatz vorhanden, Ur… **b** *Embryologie*: im Keime angelegt, Ur… **c** Anfangs…, Jugend…: ~ **leaf** Jugendblatt *n*

primrose ['prɪmrəʊz] **A** S **1** BOT **a** Primel *f*, Schlüsselblume *f*, Himmel(s)schlüssel *m* **b** *a.* **evening** ~ Nachtkerze *f* **2** *a.* ~ **yellow** Schlüsselblumengelb *n* **B** ADJ **1** **a** primelartig **b** schlüsselblumengelb **2** sinnenfreudig: **the** ~ **path** *poet* der Pfad des Vergnügens; ♀ **League** S *Br e-e 1883 gegründete konservative Vereinigung*

primula ['prɪmjʊlə] S BOT Primel *f*

primum mobile [ˌpraɪməm'məʊbɪlɪ] S **1** ASTRON, HIST *äußerste der 10 Sphären des Universums* **2** → prime mover 3

primus[1] ['praɪməs] **A** ADJ: ~ **inter pares** [ˌɪntə(r)'pɑːriːz; *bes US* -'pær-] Primus inter Pares, der Erste unter Gleichen **B** S REL Primus *m*, präsidierender Bischof (*der schottischen Episkopalkirche*)

Primus®[2] ['praɪməs] *a.* ~ **stove** S Primuskocher *m*

prin. ABK **1** principal(ly) **2** principle

prince [prɪns] S **1** Fürst *m*, Landesherr *m*, Herrscher *m* **2** Prinz *m* (*Sohn od männlicher Angehöriger e-s Herrscherhauses*): ~ **of the blood** Prinz von (königlichem) Geblüt; **the** ♀ **of Wales** der Prinz von Wales (*Titel des brit. Thronfolgers*); ♀ **Imperial** Kronprinz (*e-s Kaiserreichs*); ~ **royal** Kronprinz; ~ **regent** Prinzregent *m*; ♀ **Charming** *fig* Märchenprinz; → consort A 1 **3** **a** Fürst *m* (*Adelstitel*) **b** Prinz *m* (*Höflichkeitsanrede für e-n Herzog, Marquis od Earl*): ♀**-elector** HIST (*deutscher*) Kurfürst **4** *fig* Fürst *m*, Herrscher *m*: ♀ **of Darkness** *poet* Fürst der Finsternis, Höllenfürst (*der Satan*); ♀ **of Peace** *poet* Friedensfürst (*Christus*); ~ **of the** (**Holy Roman**) **Church** Kirchenfürst (*Titel e-s Kardinals*) **5** *fig* König *m*, Erste(r) *m*: ♀**s of the Apostles** Apostelfürsten (*Petrus u. Paulus*); ~ **of poets** Dichterfürst *m*; ♀ **Albert** S HIST *US* Gehrock *m*

princedom S **1** Fürstenstand *m*, -würde *f* **2** Fürstentum *n*

princekin [-kɪn], **prince-ling** [-lɪŋ] S **1** kleiner Prinz **2** *pej* Zwergfürst *m*

princely ADJ fürstlich (*a. fig*)

princess [prɪn'ses; *attr u. US* 'prɪnses] **A** S **1** Prinzessin *f*: ~ **royal** *älteste Tochter e-s Herrschers* **2** Fürstin *f* **B** ADJ *Damenmode*: Prinzess…: ~ **dress**; ~ **line** Prinzessform *f*

principal ['prɪnsəpl] **A** ADJ (ADV → principally) **1** erst(er, e, es), hauptsächlich, Haupt…: ~ **actor** **a** THEAT *etc* Hauptdarsteller *m* **b** Haupttäter *m* **c** *fig* Hauptakteur *m*; ~ **axis** MATH, TECH Hauptachse *f*; ~ **beam** → B 12; **the** ♀ **Boy** *Br männliche Hauptrolle in der* *pantomime, die von e-r jungen Frau gespielt wird*; ~ **character** Hauptfigur *f*, -person *f (e-s Romans etc)*; ~ **clause** LING Hauptsatz *m*; ~ **creditor (debtor)** WIRTSCH, JUR Hauptgläubiger(in) (-schuldner[in]); ~ **matrix** MATH Hauptdiagonale *f*; ~ **meridian** *Landvermessung: US* Meridianlinie *f*; ~ **office**, ~ **place of business** WIRTSCH Hauptgeschäftsstelle *f*, -niederlassung *f*; ~ **parts** a Hauptteile b LING Stammformen *(e-s Verbs)*; ~ **plane (of symmetry)** MATH Symmetrieebene *f*; ~ **point** MATH Augenpunkt *m*; ~ **shareholder** *(bes US* **stockholder***)* Hauptaktionär(in); ~ **suspect** Hauptverdächtige(r) *m/f(m)*; ~ **visual ray** PHYS Sehstrahl *m* 2 MUS a Haupt..., Stamm...: ~ **chord** Stammakkord *m*; ~ **key** Haupttonart *f*; ~ **part** → B 9 a; ~ **stop** → B 9 c; ~ **theme** → B 9 b b erst(er, e, es), Solo...: ~ **horn** 3 WIRTSCH Kapital...: ~ **amount** B S 1 Haupt(person) *n (f)* 2 SCHULE Direktor *m*, Direktorin *f*, Rektor *m*, Rektorin *f*, Schulleiter(in) 3 Chef(in) 4 a Anführer(in), Rädelsführer(in) b JUR Haupttäter(in), -schuldige(r) *m/f(m)*: ~ **in the first degree** Haupttäter(in); ~ **in the second degree** Mittäter(in) 5 JUR a Vollmacht-, Auftraggeber(in) b Mandant(in) 6 Duellant *m (Ggs Sekundant)* 7 WIRTSCH (Grund)Kapital *n*, Hauptsumme *f*: ~ **and interest** Kapital u. Zins(en) 8 WIRTSCH *(Besitz-, Nachlass- etc)* Masse *f* 9 MUS a Hauptsatz *m od* -stimme *f* b Hauptthema *n*, *a.* Dux *m*, Führer *m (in der Fuge)* c Prinzipal *n (Orgelregister)* d (Orchester)Solist(in) 10 *Ballett:* Solist(in), Solotänzer(in) 11 Hauptsache *f* 12 Haupt-, Stützbalken *m* 13 KUNST a Hauptmotiv *n* b Original *n*

principality [ˌprɪnsɪˈpælətɪ] S 1 Fürstentum *n*: **the** ♀ **of Monaco** 2 Fürstenwürde *f*, -herrschaft *f* 3 **the** ♀ *Br* Wales *n* 4 *pl* REL Fürsten *pl (e-e der neun Rangstufen der Engel)*

principally [ˈprɪnsəplɪ] ADV hauptsächlich, in der Hauptsache

principia [prɪnˈsɪpɪə] SPL Grundprinzipien *pl*, Grundlagen *pl*

principle [ˈprɪnsəpl] S 1 Prinzip *n*, Grundsatz *m*: **a man of** ~ ein Mann mit Prinzipien *od* Grundsätzen; ~ **of efficiency** Leistungsprinzip 2 (Grund-)Prinzip *n*, (-)Regel *f*, Leitsatz *m*: ~ **of law** Rechtsgrundsatz *m*; **in** ~ im Prinzip, prinzipiell; **on** ~ aus Prinzip, prinzipiell, grundsätzlich; **on the** ~ **that ...** nach dem Grundsatz, dass ... 3 Grundwahrheit *f*, -begriff *m*, -lehre *f*, Prinzip *n*: **the ~s of the Stoics** 4 *wissenschaftlich:* Prinzip *n*, (Natur)Gesetz *n*, Satz *m*: ~ **of averages** Mittelwertsatz; ~ **of least action** Prinzip der geringsten Wirkung; ~ **of relativity** Relativitätstheorie *f*, -lehre *f (Einsteins)*; ~ **of sums** Summensatz; → causality 1 5 Grund(lage) *m(f)*, Quelle *f*, Ursprung *m*, treibende Kraft 6 Grundzug *m*, Charakteristikum *n* 7 CHEM Grundbestandteil *m*; **principled** ADJ 1 prinzipiell 2 *meist in Zusammensetzungen* mit *hohen etc* Grundsätzen: → high-principled *etc*

prink [prɪŋk] *umg* A VI *a.* ~ **up** sich herausputzen, sich fein machen B VT herausputzen: ~ **o.s. (up)** → A

print [prɪnt] A VT 1 drucken (lassen), in Druck geben: ~ **in italics** kursiv drucken; ~ **waste** makulieren 2 *ein Buch etc* verlegen, herausgeben 3 (ab)drucken: **~ed form** Vordruck *m*, Formular *n*; **~ed matter**, **~ed paper(s** *pl)* *Postwesen:* Drucksache(n) *f(pl)*; **~ed circuit** ELEK gedruckter Schaltkreis 4 bedrucken: **~ed (wall)paper** bedruckte Tapete(n *pl*); **~ed goods** Druckstoffe 5 in Druckschrift schreiben: **~ed characters** Druckbuchstaben 6 *e-n Stempel etc* aufdrücken (**on** *dat*), drücken (**on** auf *akk*), *e-n Eindruck, e-e Spur* hinterlassen (**on** auf *dat*), *ein Muster etc* ab-, aufdrucken, drücken (**in** in *akk*) 7 ~ **itself** sich einprägen (**on sb's mind** j-m) 8 ~ **out** a *a.* ~ **off** FOTO abziehen, kopieren a COMPUT ausdrucken B VI 1 drucken: a Bücher *etc* verlegen *od* veröffentlichen b Abdrucke machen c Drucker(in) sein 2 gedruckt werden, sich im Druck befinden: **the book is ~ing** 3 in Druckschrift schreiben 4 a sich drucken lassen b FOTO sich abziehen lassen: ~ **badly** schlechte Abzüge liefern C S 1 TYPO Druck *m*: **in** ~ a im Druck (erschienen) b vorrätig *(Buch)*; **out of** ~ vergriffen 2 TYPO Druck *m (Schriftart)*: → cold A 4 b 3 Druckschrift *f*, -buchstaben *pl* 4 Drucksache *f*, -schrift *f*, *bes US* Zeitung *f*, Blatt *n*: **daily ~s** *bes US* Tageszeitungen; **the ~s** *pl bes US* die Presse; **rush into** ~ sich in die Öffentlichkeit flüchten; **appear in** ~ im Druck erscheinen 5 Aufdruck *m* 6 Druck *m (Bild etc)* 7 Druck *m*: a *(Stahl-, Kupfer)* Stich *m*, Radierung *f* b Holzschnitt *m* c Lithografie *f* 8 Zeitungspapier *n* 9 *(etwas)* Geformtes, Stück *n* (geformte) Butter 10 *(Finger- etc)* Abdruck *m*, Eindruck *m*, Spur *f*: **~s of steps** Fußspuren *od* -(s)tapfen; ~ **of a wheel** Radspur; ~ **of a fox** Fuchsfährte *f* 11 Druckmuster *n* 12 bedruckter Kattun, Druckstoff *m*: ~ **dress** Kattunkleid *n* 13 FOTO Abzug *m*, Kopie *f* 14 Lichtpause *f* 15 TECH a Stempel *m*, Form *f*: ~ **cutter** Formenschneider *m* b *(Butter- etc)* Form *f*, (-)Model *m* c Gesenk *n (zum Formen von Metall)*

printable ADJ 1 druckfähig: **his answer was not** ~ 2 druckfertig, -reif *(Manuskript)*

printer S 1 *(Buch- etc)* Drucker(in): **~'s devil** Setzerjunge *m*; **~'s error** Druckfehler *m*; **~'s flower** Vignette *f*; **~'s mark** Druckerzeichen *n*; **~'s pie** Zwiebelfisch *m*; → ink A 3 2 Druckereibesitzer(in) 3 TECH a → printing machine, printing press b COMPUT Printer *m*, Drucker *m* c FOTO Printer *m (Kopiergerät)*

printery S *bes US* Druckerei *f*

printing S 1 Drucken *n* 2 (Buch)Druck *m*, Buchdruckerkunst *f* 3 *(etwas)* Gedrucktes, Drucksache *f* 4 Auflage(ziffer) *f* 5 *pl* Druckpapier *n* 6 Tuchdruck *m* 7 FOTO Abziehen *n*, Kopieren *n*; ~ **block** S Druckform *f*, Klischee *n*; ~ **frame** S FOTO Kopierrahmen *m*; ~ **ink** S Druckerschwärze *f*, -farbe *f*; ~ **machine** S TECH *bes Br* Druckmaschine *f*; ~ **office** S (Buch)Druckerei *f*: **lithographic** ~ lithografische Anstalt; **~-out** ADJ FOTO Kopier...: ~ **paper**; ~ **paper** S 1 Druckpapier *n* 2 Lichtpauspapier *n* 3 Kopierpapier *n*; ~ **press** S Druckerpresse *f*; ~ **works** SPL *(oft als sg konstruiert)* → printing office

print| job S COMPUT Druckauftrag *m*; ~ **journalist** S Zeitungsjournalist(in); **~line** S TYPO (Druck)Zeile *f*; **~maker** S Grafiker(in); ~ **media** SPL *(a. als sg konstruiert)* Printmedien *pl*; **~out** S COMPUT Ausdruck *m*; ~ **run** S Auflage *f*; ~ **shop** S 1 Grafikhandlung *f* 2 Druckerei *f*

prion [ˈpraɪən; -ɒn; *US* -ˌɑn] S BIOL, MED Prion *n (Eiweißpartikel, das z. B. bei der Creuzfeldt-Jakob-Krankheit gefunden wird u. als Erreger dieser Krankheit vermutet wird)*

prior[1] [ˈpraɪə(r)] A ADJ 1 **(to)** früher, älter (als), vorausgehend *(dat)*: ~ **art** *(Patentrecht)* Stand *m* der Technik, Vorwegnahme *f*; ~ **patent** älteres Patent; ~ **holder** frühere(r) Inhaber(in), Vorbesitzer(in); ~ **redemption** WIRTSCH vorzeitige Tilgung; ~ **use** Vorbenutzung *f*; **conception is ~ to creation** die Idee geht der Gestaltung voraus; → subject B 4 2 vordringlich, Vorzugs...: ~ **right** *(od* **claim***)* Vorzugsrecht *n*; ~ **condition** erste Voraussetzung; ~ **preferred stock** WIRTSCH *US* Sondervorzugsaktien *pl* B ADV ~ **to** *(zeitlich)* vor *(dat)*: ~ **to the war**

prior[2] [ˈpraɪə(r)] S REL Prior *m (Vorsteher e-s Klosters)*

priorate [ˈpraɪərət] S Priorat *n*: a Amt *n od* Amtszeit *f* e-s Priors b *Klostergemeinschaft, die e-m Prior untersteht*; **prioress** [-rɪs] S Priorin *f*

prioritize [praɪˈɒrətaɪz; *US a.* -ˈɑr-] A VT 1 Prioritäten setzen bei 2 *etwas* vorrangig behandeln B VI Prioritäten setzen

priority [praɪˈɒrətɪ; *US a.* -ˈɑr-] S 1 Priorität *f (a. JUR)*, Vorrang *m (a. e-s Anspruchs etc)*, Vorzug *m (alle:* **over, to** vor *dat)*: **have** *(od* **take***)* ~ **of** den Vorrang haben *od* genießen vor *(dat)*; **set** *(od* **establish***)* **priorities** Prioritäten setzen 2 Dringlichkeit(sstufe) *f*: ~ **call** TEL Vorrangsgespräch *n*; ~ **list** Dringlichkeitsliste *f*; **be high on the** ~ **list** ganz oben auf der Dringlichkeitsliste stehen; ~ **rating** Dringlichkeitseinstufung *f*; **of first** *(od* **top***)* ~ von größter Dringlichkeit; **give** ~ **treatment to** *etwas* vorrangig behandeln; **give high ~ to** *etwas* besonders vordringlich behandeln; **have high (low)** ~ dringend anstehen (nicht so dringend sein) 3 vordringliche Sache: ~ **project** vordringliches Projekt 4 Priorität *f*, (zeitliches) Vorhergehen: ~ **of birth** Erstgeburt *f* 5 AUTO Vorfahrt(srecht) *f(n)*: ~ **road** Vorfahrtsstraße *f*; ~ **rule** Vorfahrtsregel *f*

priory [ˈpraɪərɪ] S REL Priorei *f*

prise → prize[3]

prism [ˈprɪzəm] S MATH, MINER, PHYS Prisma *n (a. fig)*: **(pair of)** ~ **binoculars** *pl* Prismen(fern)glas *n*; ~ **viewfinder** FOTO Prismensucher *m*

prismatic [prɪzˈmætɪk] ADJ (ADV **~ally**) 1 prismatisch, Prismen...: ~ **colo(u)rs** Regenbogenfarben; ~ **spectrum** Dispersionsspektrum *n* 2 → orthorhombic

prismatoid [ˈprɪzmətɔɪd] S MATH Prismatoid *n*, Körperstumpf *m*

prison [ˈprɪzn] S Gefängnis *n (a. fig)*: **in** ~ im Gefängnis; **go to** ~ ins Gefängnis wandern *umg*; **put into** ~, **send to** ~ ins Gefängnis schicken *od umg* stecken; → throw into 1, thrust A 3; ~ **breach**, ~ **breaking** S Ausbruch *m* aus dem Gefängnis; ~ **camp** S Gefangenenlager *n*; ~ **cell** S Gefängniszelle *f*

prisoner [ˈprɪznə(r)] S 1 Gefangene(r) *m/f(m) (a. fig)*, Häftling *m*: ~ **of conscience** politischer Häftling; ~ **of war** Kriegsgefangene(r); **hold** *(od* **keep***)* **(take) sb** ~ j-n gefangen halten (nehmen); **give o.s. up as a** ~ sich gefangen geben; **he is a** ~ **to** *fig* er ist gefesselt an *(akk)*; ~ **exchange** Gefangenenaustausch *m*; → remand A 1 a, B 1 2 Angeklagte(r) *m/f(m)*: → bar A 16

prison| escort service S *Br private Truppe zur Begleitung von Häftlingen zwischen Gefängnis u. Gericht etc*; ~ **officer** S Strafvollzugsbeamte(r) *m*, -beamtin *f*; ~ **psychosis** S *irr* Haftpsychose *f*; ~ **sentence** S Gefängnis-, Freiheitsstrafe *f*; ~ **staff** S *(a. als pl konstruiert)* Vollzugsbedienstete *pl*, -personal *n*; ~ **visitor** S *Br* Gefangenenbetreuer(in)

prissy [ˈprɪsɪ] ADJ (ADV **prissily**) *umg* 1 zimperlich, etepetete 2 kleinlich, pedantisch

pristine [ˈprɪstaɪn; *bes US* -tiːn] ADJ 1 a ursprünglich b urtümlich, unverfälscht, unverdorben 2 ehemalig

prithee [ˈprɪðɪ] INT *obs* bitte

priv. ABK 1 private priv. 2 LING privative

privacy [ˈprɪvəsɪ; *bes US* ˈpraɪ-] S 1 Zurückgezogenheit *f*, Ungestörtheit *f*, Abgeschiedenheit *f*, Einsamkeit *f*: **disturb sb's** ~ j-n stören; **he lived in absolute** ~ er lebte völlig zurückgezogen 2 a Privatleben *n* b JUR Intim-, Privatsphäre *f*: **invasion of** ~ Eingriff *m* in die Privatsphäre; **right of ~** Persönlichkeitsrecht *n* **3** Heimlichkeit *f*, Geheimhaltung *f*: **talk to sb in ~** mit j-m unter vier Augen sprechen; **in strict ~** streng vertraulich

private [ˈpraɪvɪt] **A** ADJ (ADV → privately) **1** privat, Privat…, eigen(er, e, es), Eigen…, persönlich: **~ account** Privatkonto *n*; **~ address** Privatadresse *f*, -anschrift *f*; **~ affair** (*od* **concern, matter**) Privatsache *f*, -angelegenheit *f*; **~ army** Privatarmee *f*; **~ audience** Privataudienz *f*; **~ bill** PARL *Gesetzesvorlage in privatem od lokalem Interesse*; **~ citizen** Privatperson *f*; **~ collection** Privatsammlung *f*; **~ consumer** Privatverbraucher(in); **~ consumption** Eigenverbrauch *m*; **~ gentleman** Privatier *m*; **~ health insurance** private Krankenversicherung; **have ~ health insurance** privat versichert sein; **~ law** JUR Privatrecht *n*; **~ liability** persönliche Haftung; **~ life** Privatleben *n*; **~ patient** MED *Br* Privatpatient(in); **~ person** Privatperson *f*; **~ property** Privateigentum *n*, -besitz *m*; **~ secretary** Privatsekretär(in); **~ treatment** MED *Br* Behandlung *f* als Privatpatient(in) **2** privat, nicht öffentlich: **sell by ~ bargain** (*od* **contract**) unter der Hand verkaufen; **at ~ sale** unter der Hand (verkauft *etc*); **~ beach** eigener Strand (*e-s Hotels*); **~ (limited) company** WIRTSCH *Br* Gesellschaft *f* mit beschränkter Haftung; **~ corporation** **a** JUR privatrechtliche Körperschaft **b** WIRTSCH *US* Gesellschaft *f* mit beschränkter Haftung; **~ enterprise** privates Unternehmertum, Privatwirtschaft *f*; **~ eye** *bes US umg*, **~ investigator** (*od* **detective**) Privatdetektiv(in); **~ firm** Einzelfirma *f*; **~ industry** Privatindustrie *f*, -wirtschaft *f*; **~ instruction** (*od* **lessons** *pl*) Privatunterricht *m*; **~ performance** THEAT *etc* geschlossene Vorstellung; **~ road** Privatweg *m*; **~ school** Privatschule *f*; **~ sector** WIRTSCH Privatsektor *m*; **~ theater** (*bes Br* **theatre**) Liebhabertheater *n*; **~ view** → preview A 2; → dick 2, hand A 6, nuisance 3 **3** **be a very ~ person** sehr zurückgezogen leben; **wish to be ~** den Wunsch haben, (für sich) allein zu sein *od* nicht gestört zu werden; **~ prayer** stilles Gebet **4** privat, der Öffentlichkeit nicht bekannt, nicht für die Öffentlichkeit bestimmt: **~ reasons** **a** private Gründe **b** Hintergründe **5** geheim: **keep sth ~** etwas geheim halten *od* vertraulich behandeln; **~ negotiations** geheime Verhandlungen; **~ parts** → B 2 **6** vertraulich (*Informationen etc*): **this is for your ~ ear** dies sage ich Ihnen ganz im Vertrauen; **be ~ to sth** in etwas eingeweiht sein, über etwas Bescheid wissen **7** nicht amtlich *od* öffentlich, außeramtlich (*Angelegenheit*) **8** PARL *bes Br* **~ member** *nicht der Regierung angehörende(r) Abgeordnete(r)*; **~ member's bill** *von e-m* **private member** *eingebrachte Gesetzesvorlage* **9** JUR außergerichtlich: **~ arrangement** gütlicher Vergleich **10** **~ soldier** → B 1 **B** S **1** MIL (einfacher) Soldat: **~ 1st class** *US* Gefreite(r) *m* **2** *pl* Geschlechtsteile *pl* **3** **in ~** **a** im Privatleben, privat **b** insgeheim **c** unter vier Augen **d** in privatem Kreis **e** unter Ausschluss der Öffentlichkeit

privateer [ˌpraɪvəˈtɪə(r)] HIST **A** S **1** Freibeuter *m*, Kaperschiff *n* **2** Kapitän *m* e-s Kaperschiffes **3** *pl* Mannschaft *f* e-s Kaperschiffes **B** V/I Kaperei treiben

privately ADV **1** privat, als Privatperson: **~ owned** in Privatbesitz; **settle sth ~** etwas privat *od* intern *od* außergerichtlich regeln **2** persönlich, vertraulich **3** heimlich, insgeheim

privation [praɪˈveɪʃn] S **a** Not *f* **b** Entbehrung *f*: **a life full of ~** ein entsagungsreiches *od* entsagungsvolles Leben; **his life of ~** sein entbehrungsreiches Leben; **suffer many ~s** viele Entbehrungen erleiden

privative [ˈprɪvətɪv] **A** ADJ (ADV **~ly**) **1** viele Entbehrungen mit sich bringend **2** LING privativ (*das Fehlen od die Ausschließung e-s bestimmten Merkmals etc kennzeichnend*) **B** S LING privatives Präfix *od* Suffix

privatization [ˌpraɪvətaɪˈzeɪʃn; *US* -təˈz-] S Privatisierung *f*; **privatize** V/T *e-n staatlichen Betrieb etc* privatisieren

privet [ˈprɪvɪt] S BOT Liguster *m*

privilege [ˈprɪvɪlɪdʒ] **A** S **1** Privileg *n*, Sonder-, Vorrecht *n*, Vergünstigung *f*: **breach of ~** **a** Übertretung *f* der Machtbefugnis **b** PARL *Br* Vergehen *n* gegen die Vorrechte des Parlaments; **~ of Parliament** PARL *Br* Immunität *f* der Abgeordneten; **~ from arrest** JUR persönliche Immunität; **~ of self-defence** (*US* **-defense**) JUR (Recht *n* der) Notwehr *f*; **with kitchen ~s** mit Küchenbenutzung; **~ tax** WIRTSCH *US* Konzessionssteuer *f* **2** *fig* (besonderer) Vorzug: **have the ~ of being admitted** den Vorzug haben, zugelassen zu werden; **it is a ~ to converse with him** es ist e-e besondere Ehre, mit ihm sprechen zu dürfen **3** *US* (verbürgtes *od* verfassungsmäßiges) Recht, Grundrecht *n*: **this is his ~** das ist sein gutes Recht; **it is my ~ to do this** es steht mir frei, das zu tun **4** *Börse*: Prämien- *od* Stellgeschäft *n*: **~ broker** *US* Prämienmakler(in) **B** V/T **1** privilegieren, bevorrechtigen, bevorzugen, *j-m* das Vorrecht einräumen (**to do** zu tun): **be ~d to do sth** die Ehre *od* den Vorzug haben, etwas zu tun **2** ausnehmen, befreien (*beide*: **from** von)

privileged ADJ privilegiert, bevorrechtigt: **the ~ classes** die privilegierten Schichten; **~ communication** JUR vertrauliche Mitteilung; **~ debt** *US* bevorrechtigte (Schuld)Forderung; **~ motion** PARL Dringlichkeitsantrag *m*; **~ treatment** Vorzugsbehandlung *f*

privily [ˈprɪvɪlɪ] ADV *obs od poet* insgeheim

privity [ˈprɪvətɪ] S **1** JUR Rechtsbeziehung *f* **2** (*bes* vertrauliches) Mitwissen, Mitwisserschaft *f*: **with his ~ and consent** mit s-m Wissen u. Einverständnis

privy [ˈprɪvɪ] **A** ADJ (ADV → privily) **1** eingeweiht (**to** in *akk*): **many persons were ~ to it** viele waren darin eingeweiht, viele wussten darum; **he was made ~ to it** er wurde (mit) ins Vertrauen gezogen **2** JUR (mit)beteiligt (**to** an *dat*) **3** *meist poet* heimlich, geheim: **~ stairs** *pl* Hintertreppe *f* **B** S **1** JUR Beteiligte(r) *m/f(m)*, Mitinteressent(in) (*beide*: **to** an *dat*) **2** (*bes* Außen)Abort *m*, Abtritt *m*; **~ council** S *meist* **Privy Council** *Br* Geheimer Staatsrat, Kronrat *m*: **Judicial Committee of the Privy Council** Justizausschuss *m* des Staatsrats (*höchste Berufungsinstanz für bestimmte Commonwealth-Länder*); **≈ Councillor** S *Br* Geheimer (Staats)Rat (*Person*); **~ purse** S **1** königliche Privatschatulle **2** **(Keeper of the) Privy Purse** *Br* Intendant *m* der Zivilliste; **~ seal** S *Br* **1** Geheimsiegel *n*, (*das*) Kleine Siegel **2** → Lord Privy Seal

Prix des Nations [ˌpriːdeɪnɑːsˈjəʊnz] S *Springreiten*: Preis *m* der Nationen

prize¹ [praɪz] **A** S **1** (Sieger)Preis *m* (*a. fig*), Auszeichnung *f*: **~ of hono(u)r** Ehrenpreis **2** (*a.* Lotterie)Gewinn *m*: **first ~** der erste Preis, der Hauptgewinn; **win first ~** **a** den ersten Preis gewinnen **b** *fig* das große Los ziehen **3** Lohn *m*, Belohnung *f* **B** ADJ **1** preisgekrönt, prämiiert **2** Preis… **3** erstklassig **4** *pej* Riesen…: **~ idiot**; **a ~ prick** *vulg* ein Arschloch der Sonderklasse **C** V/T (hoch) schätzen, würdigen: **~ sth more than …** etwas höher (ein)schätzen als …

prize² [praɪz] **A** S **1** SCHIFF, MIL Prise *f* (*Schiff, Ladung*) **2** Beute *f* **B** V/T *ein Schiff* aufbringen

prize³ [praɪz] *bes Br* **A** V/T **1** (auf)stemmen: **~ open** (mit e-m Hebel) aufbrechen, aufstemmen; **~ up** hochwuchten *od* -stemmen **2** **~ a secret out of sb** **a** j-m ein Geheimnis entreißen **b** ein Geheimnis aus j-m herauspressen **B** S **1** Hebelwirkung *f*, -kraft *f* **2** Hebel *m*

prize| competition S Preisausschreiben *n*; **~ court** S SCHIFF, MIL Prisengericht *n*; **~ crew** S SCHIFF, MIL Prisenkommando *n*; **~ fight** S **1** HIST Preisboxkampf *m* **2** *US* Berufsboxkampf *m*; **~ fighter** S **1** HIST Preisboxer *m* **2** *US* Berufsboxer(in); **~ list** S Gewinnliste *f*; **~ money** S **1** SCHIFF, MIL Prisengeld(er) *n(pl)* **2** *bes* SPORT Preisgeld *n*; **~ ring** S *US* **1** *Boxen*: Ring *m* **2** (*das*) Berufsboxen; **~winner** S **1** Preisträger(in), (*in Lotterie*) Gewinner(in) **2** prämiierter Film *etc*; **~winning** ADJ preisgekrönt, prämiiert

pro¹ [prəʊ] **A** *pl* pros S **1** Jastimme *f*, Stimme *f* dafür **2** Argument *n* dafür: **the ~s and cons** das Für u. Wider, das Pro u. Kontra **3** Befürworter(in) **B** ADV dafür **C** PRÄP für

pro² [prəʊ] *umg* **A** *pl* pros **1** SPORT Profi *m* (*a. fig*): **turn ~** ins Profilager überwechseln **2** *Br obs* Nutte *f* (*Prostituierte*) **B** ADJ SPORT Profi…: **~ player**

PRO³ ABK **1** Public Record(s) Office (*e-e Art Nationalarchiv*) **2** public relations officer Öffentlichkeitsarbeiter(in)

pro- [prəʊ] *Wortelement mit den Bedeutungen* **a** (eintretend) für, pro…, …freundlich: **~-German** **b** stellvertretend, Vize…, Pro… **c** vor (*räumlich u. zeitlich*)

pro-am [ˌprəʊˈæm] ADJ SPORT *umg* für Profis u. Amateure, offen (*Golfturnier etc*)

prob. ABK **1** probable, probably wahrsch(einl). **2** problem

probabilism [ˈprɒbəbɪlɪzəm; *US* ˈprɑ-] S Probabilismus *m*: **a** PHIL *Auffassung, dass es in Wissenschaft u. Philosophie keine absoluten Wahrheiten, sondern nur Wahrscheinlichkeiten gibt* **b** KATH *Lehre, nach der in Zweifelsfällen e-e Handlung erlaubt ist, wenn gute Gründe dafürsprechen*

probability [ˌprɒbəˈbɪlətɪ; *US* ˌprɑ-] S **1** Wahrscheinlichkeit *f* (*a.* MATH): **against all ~** entgegen aller Wahrscheinlichkeit; **in all ~** aller Wahrscheinlichkeit nach, höchstwahrscheinlich; **the ~ is that …** es ist zu erwarten *od* anzunehmen, dass …; **there is little ~ of an agreement being reached** die Wahrscheinlichkeit, dass ein Übereinkommen erzielt wird, ist gering; **there's a strong ~ that …** mit großer *od* hoher Wahrscheinlichkeit …; **~ calculus** Wahrscheinlichkeitsrechnung *f*; **~ density** Wahrscheinlichkeitsdichte *f*; **~ distribution** (*Statistik*) Wahrscheinlichkeitsverteilung *f*; **~ theory** Wahrscheinlichkeitstheorie *f* **2** (*etwas*) Wahrscheinliches, Wahrscheinlichkeit *f*

probable [ˈprɒbəbl; *US* ˈprɑ-] **A** ADJ (ADV probably) **1** wahrscheinlich, vermutlich, mutmaßlich: **it is (highly) ~ that …** (höchst)wahrscheinlich …; **it is more than ~ that …** es ist mehr als wahrscheinlich, dass …; **~ cause** JUR hinreichender (Tat)Verdacht; **he is the ~ writer of this article** er ist wahrscheinlich der Verfasser dieses Artikels **2** wahrscheinlich, glaubhaft, glaubwürdig, einleuchtend **B** S wahrscheinliche(r) Kandidat(in) *od* (SPORT) Teilnehmer(in)

proband [ˈprəʊbænd] S *Genealogie*: Proband(in) (*Person, deren Ahnentafel aufgestellt wird*)

probang [ˈprəʊbæŋ] S MED Schlundsonde *f*

probate [ˈprəʊbeɪt; *Br a.* -bɪt] JUR **A** S **1** gerichtliche Testamentsbestätigung **2** Abschrift *f* e-s gerichtlich bestätigten Testaments **B** V/T *US ein Testament* gerichtlich bestätigen; **~**

P

court S US Nachlassgericht *n*
probation [prəˈbeɪʃn; US prəʊ-] S 1 (*bes* Eignungs)Prüfung *f*, Probe *f* 2 Probezeit *f*: **on ~** auf Probe; **I'm still on ~** ich bin noch in der Probezeit; **year of ~** Probejahr *n* 3 JUR Strafaussetzung *f* zur Bewährung: **place** (*od* **put) sb on ~ (for two years)** j-s Strafe (auf zwei Jahre) zur Bewährung aussetzen; **period** (*od* **time) of ~** Bewährungsfrist *f*; **~ officer** Bewährungshelfer(in) 4 REL Noviziat *n*; **probationary** [-ʃnərɪ; US -ʃəˌneriː], *a.* **probational** ADJ 1 Probe…: **~ period** (*od* **time**) Probezeit *f* 2 JUR a bedingt freigelassen b Bewährungs…: **~ period** (*od* **time**) Bewährungsfrist *f*; **probationer** S 1 Probekandidat(in), Angestellte(r) *m/f(m)* auf Probe, *z. B.* Lernschwester *f* 2 *fig* Neuling *m* 3 REL Novize *m/f* 4 JUR a *j-d, dessen Strafe zur Bewährung ausgesetzt ist* b auf Bewährung bedingt Strafentlassene(r) *m/f(m)*
probative [ˈprəʊbətɪv] ADJ als Beweis dienend (**of** für): **be ~ of** beweisen; **~ facts** JUR beweiserhebliche Tatsachen; **~ force** Beweiskraft *f*
probe [prəʊb] A VT 1 MED sondieren (*a. fig*) 2 *fig* eindringen in (*akk*), erforschen, (gründlich) untersuchen, *a. j-n* aushorchen B VI *fig* (forschend) eindringen (**into** in *akk*): **~ into the subconscious mind**; **~ deep into a matter** e-r Angelegenheit auf den Grund gehen C S 1 MED Sonde *f*: **(pair of) ~ scissors** *pl* Wundschere *f* 2 TECH Sonde *f*, Tastkopf *m* 3 (*Mond- etc*) Sonde *f*, Versuchsrakete *f*, Forschungssatellit *m* 4 *fig* Sondierung *f* 5 *fig bes US* Untersuchung *f*; **probing** ADJ bohrend (*Frage*)
probity [ˈprəʊbətɪ] S Rechtschaffenheit *f*, Redlichkeit *f*
problem [ˈprɒbləm; US ˈprɑ-] A S 1 Problem *n*, problematische *od* schwierige Aufgabe *od* Frage, Schwierigkeit *f*: **~s of adjustment** Anpassungsprobleme; **this poses a ~ for me** das stellt mich vor ein Problem; **we are facing a ~** wir sehen uns vor ein Problem gestellt; **without (any) ~** (völlig) problemlos; **no ~** a kein Problem! b US bitte! (*auf Dank od Entschuldigung*) 2 MATH Aufgabe *f*, Problem *n* (*a.* PHIL, *Schach etc*): **set a ~** e-e Aufgabe stellen 3 *fig* Rätsel *n*: **it is a ~ to me** es ist mir unverständlich *od* ein Rätsel B ADJ problematisch: **~ area** (*Kosmetik etc*) Problemzone *f*; **~ child** Problemkind *n*; **~ drama** Problemdrama *n*; **~ drinker** *euph* Alkoholiker(in); **~ novel** Problemroman *m*; **~-orient(at)ed** problemorientiert; **~ play** Problemstück *n*
problematic [ˌprɒbləˈmætɪk; US ˌprɑ-] A ADJ (ADV **~ally**) 1 problematisch, zweifelhaft 2 fragwürdig, dunkel: **of ~ origin** fragwürdiger Herkunft B SPL **problematics** US Problematik *f*; **problematical** ADJ (ADV **~ly**) → problematic A
proboscis [prəʊˈbɒsɪs; US prəˈbɑ-] *pl* **-cises** [-sɪsiːz], **-cides** [-sɪdiːz] S 1 ZOOL a (*Elefanten- etc*) Rüssel *m* b (*Insekten-, Stech*) Rüssel *m* 2 *fig hum* Rüssel *m* (*Nase*); **~ monkey** S ZOOL Nasenaffe *m*
proc. ABK 1 proceedings PL 2 procedure 3 process
procaine [ˈprəʊkeɪn] S CHEM Prokain *n*
procambium [prəʊˈkæmbɪəm] S BOT Procambium *n* (*Bildungsgewebe der Leitbündel*)
procedural [prəˈsiːdʒərəl] ADJ (ADV **~ly**) 1 JUR prozessual, verfahrensrechtlich: **~ law** Verfahrensrecht *n* 2 Verfahrens…: **~ motion** PARL Antrag *m* zur Geschäftsordnung
procedure [prəˈsiːdʒə(r)] S 1 *allg* Verfahren *n* (*a.* TECH), Vorgehen *n* 2 JUR (*bes* prozessrechtliches) Verfahren: → **rule** A 4 3 Handlungsweise *f*, Verhalten *n*, (eingeschlagener) Weg
proceed A VI [prəˈsiːd; prəʊ-] 1 weitergehen, -fahren *etc*, sich begeben (**to** nach) 2 *fig* weitergehen (*Handlung etc*), fortschreiten: **the play will now ~** das Spiel geht jetzt weiter 3 vor sich gehen, vonstattengehen 4 vorwärtsgehen, vorrücken, *fig a.* Fortschritte machen, vorankommen 5 fortfahren, weitermachen (*beide:* **with, in** mit, in *s-r Rede etc*): **~ with one's work** s-e Arbeit fortsetzen; **~ on one's journey** s-e Reise fortsetzen, weiterreisen 6 fortfahren (zu sprechen): **he ~ed to say** dann sagte er 7 (*bes nach e-m Plan*) vorgehen, verfahren: **~ with sth** etwas durchführen *od* in Angriff nehmen; **~ on the assumption that …** davon ausgehen, dass … 8 schreiten *od* übergehen (**to** zu), sich machen (**to** an *akk*), sich anschicken (**to do** zu tun): **~ to attack** zum Angriff übergehen; **~ to business** an die Arbeit gehen, anfangen, beginnen; **~ to the election** zur Wahl schreiten; **~ to another subject** das Thema wechseln 9 **(from)** ausgehen, herrühren, kommen (von) (*Geräusch, Hoffnung, Resultat, Krankheit etc*), (*e-r Hoffnung etc*) entspringen 10 JUR (gerichtlich) vorgehen, e-n Prozess anstrengen, prozessieren (*alle:* **against** gegen) 11 *Br* promovieren (**to** zum), e-n akademischen Grad erlangen: **he ~ed to (the degree of) M.A.** er erlangte den Grad e-s Magisters B S [ˈprəʊsiːd] → proceeds
proceeding S 1 a Vorgehen *n*, Verfahren *n* b Maßnahme *f*, Handlung *f* 2 *pl* JUR Verfahren *n*, (Gerichts)Verhandlung(en) *f(pl)*: **institute** (*od* **take) ~s against** ein Verfahren einleiten *od* gerichtlich vorgehen gegen 3 *pl* (Tätigkeits-, Sitzungs)Berichte *pl*, (JUR Prozess)Akten *pl*
proceeds [ˈprəʊsiːdz] SPL 1 Erlös *m* (**from a sale** aus e-m Verkauf), Ertrag *m*, Gewinn *m* 2 Einnahmen *pl*
process[1] [ˈprəʊses; US *a.* ˈprɑ-] A S 1 *a.* TECH Verfahren *n*, Prozess *m*: **~ of manufacture** a Herstellungsverfahren b Herstellungsprozess, -vorgang *m*, Werdegang *m*; **in ~ of construction** im Bau (befindlich); **be in the ~ of doing sth** dabei sein, etwas zu tun; **~ annealing** METALL Zwischenglühung *f*; **~ average** mittlere Fertigungsgüte; **~ automation** Prozessautomatisierung *f*; **~ chart** WIRTSCH Arbeitsablaufdiagramm *n*; **~ control** IT Prozesssteuerung *f*; **~ engineering** Verfahrenstechnik *f*; **~ steam** TECH Betriebsdampf *m*; **~ variable** (*Verfahrenstechnik*) Prozessvariable *f*; **~ water** TECH Betriebswasser *n* 2 Vorgang *m*, Verlauf *m*, Prozess *m* (*a.* PHYS): **~ of combustion** Verbrennungsvorgang; **~es of life** Lebensvorgänge; **mental ~, ~ of thinking** Denkprozess 3 Arbeitsgang *m* 4 Fortgang *m*, -schreiten *n*, (Ver)Lauf *m* (*der Zeit*): **in ~ of time** im Laufe der Zeit; **be in ~** im Gange sein, sich abwickeln; **in ~ of** im Verlauf von (*od gen*); **the machine was damaged in the ~** dabei wurde die Maschine beschädigt 5 CHEM a → A 1, A 2: **~ cheese** *bes US* Schmelzkäse *m* b Reaktionsfolge *f* 6 TYPO fotomechanisches Reproduktionsverfahren: **~ printing** Drei- *od* Vierfarbendruck *m* 7 FOTO Übereinanderkopieren *n* 8 JUR a Zustellung(en) *f(pl)*, *bes* Vorladung *f* b Rechtsgang *m*, (Gerichts)Verfahren *n*: **due ~ of law** ordentliches Verfahren, rechtliches Gehör 9 ANAT Fortsatz *m* 10 BOT Auswuchs *m* 11 *fig* Vorsprung *m* 12 MATH Auflösungsverfahren *n* (*e-r Aufgabe*) B VT 1 bearbeiten, behandeln, e-m Verfahren unterwerfen 2 verarbeiten, *Lebensmittel* haltbar machen, *Milch etc* sterilisieren, (chemisch) behandeln, *Stoff* imprägnieren, *Rohstoffe etc* aufbereiten: **~ into** verarbeiten zu; **~ information** Daten verarbeiten; **~ed cheese** Schmelzkäse *m* 3 JUR a vorladen b gerichtlich belangen 4 FOTO (fotomechanisch) reproduzieren *od* vervielfältigen 5 *fig j-s Fall etc* bearbeiten
process[2] [prəˈses] VI *bes Br* 1 in e-r Prozession (mit)gehen 2 ziehen
processing [ˈprəʊsesɪŋ; US *a.* ˈprɑ-] S 1 TECH Vered(e)lung *f*: **~ industry** weiterverarbeitende Industrie 2 TECH Verarbeitung *f*: **~ plant** Aufbereitungsanlage *f*; **~ program** IT Verarbeitungsprogramm *n*; **~ unit** IT Verarbeitungseinheit *f* 3 *fig* Bearbeitung *f*
procession [prəˈseʃn] A S 1 Prozession *f*, (feierlicher) (Auf-, Um)Zug: **go in ~** → B 2 *a.* **~ of the Holy Spirit** REL Ausströmen *n* des Heiligen Geistes B VI (in e-r Prozession) ziehen; **processional** [-ʃənl] A S REL a Prozessionsbuch *n* b Prozessionshymne *f* B ADJ Prozessions…; **processionary** [-ʃnərɪ; US -ʃəˌneriː] A S → processional A B ADJ 1 → processional B 2 **~ moth** ZOOL Prozessionsspinner *m*
processor [ˈprəʊsesə(r); US *a.* ˈprɑ-] S 1 Verarbeiter(in) 2 *fig* (Sach)Bearbeiter(in) 3 COMPUT Prozessor *m*, Zentraleinheit *f*
pro-choice ADJ: **~ campaigner** → pro-choicer; **pro-choicer** S Befürworter(in) der Abtreibungsfreiheit
proclaim [prəˈkleɪm; prəʊ-] VT 1 proklamieren, verkünden, bekannt machen: **~ war** den Krieg erklären; **~ sb a traitor** j-n zum Verräter erklären; **~ sb king** j-n zum König ausrufen 2 kennzeichnen, verraten 3 *Gott etc* (lob)preisen 4 a den Ausnahmezustand über *ein Gebiet etc* verhängen b unter Quarantäne stellen 5 HIST in die Acht erklären 6 *e-e Versammlung etc* verbieten; **proclamation** [ˌprɒkləˈmeɪʃn; US ˌprɑ-] S 1 Proklamation *f*, Verkündung *f*, Bekanntmachung *f* 2 (Lob)Preisung *f* 3 Verhängung *f* des Ausnahmezustandes 4 Verbot *n*; **proclamatory** [prəˈklæmətərɪ; US -ˌtəʊriː; -ˌtɔː-] ADJ proklamierend, verkündend
proclitic [prəʊˈklɪtɪk] LING A ADJ proklitisch (*sich an ein folgendes betontes Wort anlehnend*) B S proklitisches Wort
proclivity [prəˈklɪvətɪ; prəʊ-] S Neigung *f*, Hang *m* (*beide:* **to, toward[s]** zu)
proconsul [ˌprəʊˈkɒnsəl; US -ˈkɑn-] S 1 *Antike:* (*römischer*) Prokonsul, Statthalter *m* (*e-r Provinz*) 2 Statthalter *m* (*e-r Kolonie etc*); **proconsulate** [-ˈkɒnsjʊlət; US -ˈkɑnsələt] S Prokonsulat *n*, Statthalterschaft *f*
procrastinate [prəʊˈkræstɪneɪt] A VI zaudern, zögern B VT hinauszögern, verschleppen; **procrastination** S 1 Zaudern *n*, Zögern *n*: **~ is the thief of time** (*Sprichwort*) (*etwa*) was du heute kannst besorgen, das verschiebe nicht auf morgen 2 Verzögerung *f*, Verschleppung *f*; **procrastinator** [-tə(r)] S Zaud(e)rer *m*, Zauderin *f*, Zögerer *m*, Zögerin *f*
procreant [ˈprəʊkrɪənt] → procreative; **procreate** [-eɪt] A VT 1 BIOL zeugen: **~ offspring** → B 2 *fig* erzeugen, ins Leben rufen B VI BIOL sich fortpflanzen; **procreation** S 1 BIOL a Zeugung *f* b Fortpflanzung *f* 2 *fig* Erzeugung *f*; **procreative** ADJ BIOL zeugungsfähig, Zeugungs…: **~ capacity** Zeugungsfähigkeit *f*; **procreator** [-tə(r)] S BIOL Erzeuger *m* (*a. fig*)
Procrustean [prəʊˈkrʌstɪən] ADJ starr, unnachgiebig
proctocele [ˈprɒktəʊsiːl; US ˈprɑktəˌs-] S MED Proktozele *f*, Mastdarmvorfall *m*
proctology [prɒkˈtɒlədʒɪ; US prɑkˈtɑ-] S MED Proktologie *f* (*Lehre von den Funktionen u. Erkrankungen des Mastdarms u. des Afters*)
proctor [ˈprɒktə; US ˈprɑktər] A S 1 UNIV a *Br* Disziplinarbeamte(r) *m* b US Aufsichtfüh-

rende(r) *m* (*bei Prüfungen*) 2 JUR Anwalt *m* (*vor geistlichen u. Seerechtsgerichten*) 3 *a.* **King's** (*od* **Queen's**) **~** JUR *Br Beamter der* ***Family Division****, der verpflichtet ist, bei vermuteter Kollusion der Parteien in das Verfahren einzugreifen* B VT UNIV *US* die Aufsicht bei *e-r Prüfung* führen

proctoscope ['prɒktəskəʊp; *US* 'prɑ-] S MED Rektoskop *n*, Mastdarmspiegel *m*; **proctoscopy** [-'tɒskəpɪ; *US* -'tɑ-] S Rektoskopie *f*, Mastdarmspieg(e)lung *f*

procurable [prə'kjʊərəbl] ADJ beschaffbar, erhältlich, zu beschaffen(d): **easily ~**

procuration [,prɒkjʊə'reɪʃn; *US* ,prɑkjə'r-] S 1 → procurement 1 2 (Stell)Vertretung *f* 3 Bevollmächtigung *f* 4 WIRTSCH, JUR (*schriftliche*) Vollmacht: **by** (*od* **per**) **~** per Vollmacht 5 *a.* **~ fee** (*od* **money**) WIRTSCH Makler-, Vermittlungsgebühr *f* 6 JUR → procuring 2

procurator ['prɒkjʊəreɪtə(r); *US* 'prɑkjə-] S JUR 1 Anwalt *m*: **& General** *Br* Königlicher Anwalt des Schatzamtes; **~ fiscal** *schott* Staatsanwalt 2 Bevollmächtigte(r) *m*

procure [prə'kjʊə(r)] A VT 1 (sich) *etwas* be- *od* verschaffen, (sich) *etwas* besorgen: **~ sth for sb** (*od* **sb sth**) j-m etwas beschaffen *etc*; **~ evidence** Beweise liefern *od* beibringen 2 *Reichtum etc* erwerben, erlangen 3 *ein Mädchen* verkuppeln, besorgen (**for sb** j-m) 4 bewirken, veranlassen, herbeiführen: **~ sb to commit a crime** j-n zu e-r Straftat anstiften B VI a kuppeln b Zuhälterei treiben; **procurement** S 1 Besorgung *f*, Beschaffung *f*: **~ of capital** Kapitalbeschaffung 2 Erwerbung *f*, Erlangung *f* 3 Bewirkung *f*, Veranlassung *f*; **procurer** S 1 Beschaffer(in), Vermittler(in) 2 a Kuppler *m* b Zuhälter *m*; **procuress** [-rɪs] S a Kupplerin *f* b Zuhälter(in); **procuring** S 1 → procurement 2 a Kuppelei *f* b Zuhälterei *f*

prod [prɒd; *US* prɑd] A VT 1 *j-n, etwas* (an)stoßen (**with** mit): **~ sb in the ribs** j-m in die Rippen stoßen, j-m e-n Rippenstoß versetzen 2 *fig j-n* antreiben (**into** zu): **~ sb into action** j-n aktiv werden lassen; **~ sb into doing sth** j-n drängen, etwas zu tun; **~ sb's memory** j-s Gedächtnis nachhelfen B VI **~ at** stoßen nach C S 1 Stoß *m*: **give sb a ~ in the ribs** j-m e-n Rippenstoß versetzen 2 *fig* Ansporn *m*: **give sb's memory a ~** j-s Gedächtnis nachhelfen 3 spitzes Werkzeug, *bes* Ahle *f* 4 Stachelstock *m*

prod ABK 1 produce(d) 2 product

prodigal ['prɒdɪgl; *US* 'prɑd-] A ADJ (ADV **~ly**) verschwenderisch (**of** mit): **be ~ of** → prodigalize; **he was ~ of compliments** er geizte nicht mit Komplimenten; **she's ~ of ideas** sie steckt voller Ideen; **the ~ son** BIBEL der verlorene Sohn B S Verschwender(in); **prodigality** [-'gælətɪ] S 1 Verschwendung(ssucht) *f* 2 (verschwenderische) Fülle (**of** an *dat*); **prodigalize** [-gəlaɪz] VT *sein Geld etc* verschwenden, verschwenderisch umgehen mit

prodigious [prə'dɪdʒəs] ADJ (ADV **~ly**) 1 erstaunlich, wunderbar, großartig: **he's got a ~ memory** er hat ein sagenhaftes Gedächtnis 2 gewaltig, ungeheuer

prodigy ['prɒdɪdʒɪ; *US* 'prɑ-] S 1 Wunder *n* (*Sache, Person*): **~ of nature** Naturwunder; **a ~ of** a ein Wunder an (*dat*) b *pej* ein Ausbund an (*dat*) 2 außergewöhnliches Talent: **a musical ~** ein musikalisches Wunderkind; → child prodigy, infant B 2

prodromal ['prɒdrəməl; *bes US* prəʊ'drəʊməl] ADJ MED prodromal; **prodrome** ['prəʊdrəʊm] S Prodrom *n*, Prodromalsymptom *n* (*Frühsymptom e-r Krankheit*)

produce [prə'dju:s; *US a.* -'du:s] A VT 1 a *Künstler etc* hervorbringen, *Werke etc* schaffen b hervorrufen, bewirken, *e-e Wirkung* erzielen: **~ a smile** ein Lächeln hervorrufen 2 *Waren etc* produzieren, erzeugen, herstellen, fertigen, *ein Buch* herausbringen *od* verfassen, *Erz, Kohle etc* gewinnen, fördern 3 a BOT *Früchte etc* hervorbringen b ZOOL *Junge* werfen c *hum ein Kind etc* bekommen 4 WIRTSCH *e-n Gewinn etc* (ein)bringen, (-)tragen, abwerfen, erzielen: **capital ~s interest** Kapital trägt *od* bringt Zinsen 5 heraus-, hervorziehen, -holen (*alle:* **from** aus *der Tasche etc*) 6 *s-n Ausweis etc* (vor)zeigen, vorlegen 7 *Zeugen, Beweise etc* beibringen 8 *Gründe* vorbringen, anführen 9 *e-n Film* produzieren, herausbringen, *ein Theaterstück, Hör- od Fernsehspiel* a aufführen b einstudieren, inszenieren, THEAT, RADIO *Br* Regie führen bei: **~ o.s.** *fig* sich produzieren 10 *e-n Schauspieler etc* herausbringen 11 MATH *e-e Linie* verlängern B VI 1 produzieren: **the factory has not yet begun to ~** die Fabrik hat die Produktion noch nicht aufgenommen 2 a BOT (Früchte) tragen b ZOOL werfen c *hum* Nachwuchs bekommen 3 WIRTSCH Gewinn(e) abwerfen C S **produce** ['prɒdju:s; *US* 'prɑdu:s] 1 (*Boden-, Landes*) Produkte *pl*, (*Natur*) Erzeugnis(se) *n(pl)*: **~ exchange** Produktenbörse *f*; **~ market** Waren-, Produktenmarkt *m* 2 Ertrag *m*, Gewinn *m* 3 TECH (Erz)Ausbeute *f* 4 TECH Leistung *f*, Ausstoß *m*

producer [prə'dju:sə(r); *US a.* -'du:-] S 1 Erzeuger(in), Hersteller(in): **~ country** WIRTSCH Erzeugerland *n*; **~ price** Herstellerpreis *m* 2 WIRTSCH Produzent(in), Fabrikant(in): **~('s) goods** Produktionsgüter 3 a FILM Produzent(in), Produktionsleiter(in) b THEAT, RADIO *Br* Regisseur(in), Spielleiter(in) 4 TECH Generator *m*: **~ gas** Generatorgas *n*; **producible** ADJ 1 erzeugbar, herstellbar, produzierbar 2 vorzuzeigen(d) 3 beizubringen(d); **producing** ADJ Produktions…, Herstellungs…

product ['prɒdʌkt; *US* 'prɑdəkt] S 1 Produkt *n*, Erzeugnis *n* (*a.* WIRTSCH, TECH): **~ engineering** Fertigungstechnik *f*; **~ liability** Produkthaftung *f*; **~ line** a Herstellungsprogramm *n* b Erzeugnisgruppe *f*; **~ manager** Produktmanager *m*; **~ patent** Stoffpatent *n*; **~ placement** (FILM, TV) Product-Placement *n* (*Form der Schleichwerbung, bei der ein Produkt als Requisit in die Handlung einbezogen wird*) 2 CHEM, MATH Produkt *n* 3 *fig* (*a.* Geistes)Produkt *n*, Ergebnis *n*, Resultat *n*, Frucht *f*, Werk *n* 4 *fig* Produkt *n* (*Person*): **he was the ~ of his time**

production [prə'dʌkʃn] S 1 (*Kälte-, Strom- etc*) Erzeugung *f*, (*Rauch- etc*) Bildung *f*: **~ of current** (**smoke**) 2 WIRTSCH Produktion *f*, Herstellung *f*, Erzeugung *f*, Fabrikation *f*, Fertigung *f*: **be in ~** serienmäßig hergestellt werden; **be in good ~** in genügend großer Menge *od* Zahl hergestellt werden; **go into ~** a die Produktion aufnehmen (*Fabrik*) b in Produktion gehen (*Ware*) 3 a CHEM, MINER, *Bergbau*: Gewinnung *f*: **~ of gold** Goldgewinnung b *Bergbau*: Förderleistung *f* 4 (Arbeits)Erzeugnis *n*, (*a.* Natur)Produkt *n*, Fabrikat *n* 5 *fig* (*meist literarisches*) Produkt, Ergebnis *n*, Werk *n*, Schöpfung *f*, Frucht *f* 6 Hervorbringen *n* (*von Künstlern etc*) 7 Vorlage *f* (*s-s Ausweises etc*) 8 Beibringung *f* (*von Zeugen, Beweisen etc*) 9 Vorbringen *n*, Anführung *f* (*von Gründen*) 10 Hervorholen *n*, -ziehen *n* (*beide:* **from** aus *der Tasche etc*) 11 MATH Verlängerung *f* 12 THEAT *etc* Aufführung *f*, Inszenierung *f*: **make a ~ (out) of sth** *fig umg* viel Theater um etwas machen 13 a FILM, TV Produktion *f* b THEAT, RADIO *Br* Regie *f*, Spielleitung *f*; **productional** [-ʃənl] ADJ Produktions…

production| bonus S WIRTSCH Leistungsprämie *f*; **~ capacity** S WIRTSCH Produktionskapazität *f*, Leistungsfähigkeit *f*; **~ car** S AUTO Serienwagen *m*; **~ control** S WIRTSCH Produktions-, Fertigungskontrolle *f*; **~ costs** SPL WIRTSCH Produktions-, Gestehungskosten *pl*; **~ department** S WIRTSCH Herstellungsabteilung *f*; **~ director** S RADIO, TV Sendeleiter(in); **~ engineer** S Betriebsingenieur(in); **~ line** S TECH Fertigungsstraße *f*, Fließband *n*; **~ manager** S WIRTSCH Produktions-, Herstellungsleiter *m*; **~ part** S Fertigungsteil *m/n*; **~ planning** S WIRTSCH Produktions-, Fertigungsplanung *f*; **~ site** S Produktionsstätte *f*

productive [prə'dʌktɪv] ADJ (ADV **~ly**) 1 **be ~** produzieren: **be ~ of** → produce A 1, A 2 2 produktiv, ergiebig, ertragreich, rentabel: **~ capital** WIRTSCH gewinnbringendes Kapital; **~ labo(u)r** produktive (*unmittelbar am Fabrikationsprozess beteiligte*) Arbeitskräfte *pl* 3 produzierend, herstellend, leistungsfähig: **~ bed** (*Bergbau*) abbauwürdige Lagerstätte 4 *fig* produktiv, fruchtbar, schöpferisch (*Schriftsteller etc*); **productiveness**, **productivity** [,prɒdʌk'tɪvətɪ; *US* ,prɑ-; prəʊ,dʌk't-] S Produktivität *f* (*a. fig*), Ergiebigkeit *f*, Ertragsfähigkeit *f*, Rentabilität *f*

proem ['prəʊem] S Vorwort *n* (**to** zu)

pro-European A ADJ 1 proeuropäisch 2 die Zugehörigkeit Großbritanniens zur Europäischen Union befürwortend B S 1 Proeuropäer(in) 2 Befürworter(in) der britischen Zugehörigkeit zur Europäischen Union

prof [prɒf; *US* prɑf] S *umg* Prof *m* (*Professor*)

Prof. ABK Professor Prof.

profanation [,prɒfə'neɪʃn; *US* ,prɑ-; ,prəʊ-] S Profanierung *f*, Entweihung *f*

profane [prə'feɪn; *US a.* prəʊ-] A ADJ (ADV **~ly**) 1 profan, weltlich: **~ building** Profanbau *m*; **~ history** Profangeschichte *f*; **~ literature** weltliche Literatur 2 (gottes)lästerlich, gottlos, gemein 3 unheilig, heidnisch (*Riten etc*) 4 uneingeweiht (**to** in *akk*), nicht zugelassen (**to** zu), außenstehend 5 profan, gewöhnlich B VT profanieren, entweihen, *e-n Feiertag etc* entheiligen; **profanity** [-'fænətɪ] S 1 Profanität *f*, Weltlichkeit *f* 2 Gottlosigkeit *f* 3 a Fluchen *n* b *pl* Flüche *pl*, Lästerungen *pl*

profess [prə'fes] VT 1 (*a.* öffentlich) erklären, *Interesse, Reue etc* bekunden, sich hinstellen *od* bezeichnen (**to be** als): **~ o.s. a communist** sich zum Kommunismus bekennen 2 beteuern, versichern, *pej a.* zur Schau tragen, heucheln 3 sich zu *e-m Glauben etc* bekennen 4 eintreten für, *Grundsätze etc* vertreten 5 (*als Beruf*) ausüben, betreiben: **~ surgery** (von Beruf) Chirurg sein 6 a Fachmann sein in (*dat*), *ein Fachgebiet* beherrschen b sich als Fachmann ausgeben in (*dat*) 7 Professor sein für, lehren 8 REL in e-n Orden aufnehmen; **professed** [-st] ADJ 1 erklärt, ausgesprochen: **a ~ enemy of the European Union**; **~ Christian** Bekenntnischrist(in) 2 angeblich, vorgeblich 3 Berufs…, von Beruf, berufsmäßig 4 REL (in e-n Orden) aufgenommen: **~ monk** Profess *m*; **~ professedly** [-sɪdlɪ; *US a.* -'festli:] ADV 1 angeblich 2 erklärtermaßen, nach eigener Angabe 3 offenkundig

profession [prə'feʃn] S 1 (*bes* akademischer *od* freier) Beruf, Stand *m*: **the ~s** die akademischen Berufe; **by ~** von Beruf; **the world's oldest ~** *euph* das älteste Gewerbe der Welt; → military profession 2 **the ~** *koll* der Beruf *od* Stand, die (gesamten) Vertreter *pl od* Angehörigen *pl* e-s Berufes *od* Standes: → medical A 1 3 (Glaubens)Bekenntnis *n* 4 Bekundung *f*, (*a.* falsche) Versicherung *od* Behauptung, Erklärung *f*, Beteuerung *f*: **~ of faith** Treuebekennt-

P

nis *n*; ~ **of friendship** Freundschaftsbeteuerung 5 REL Profess *f*: a (Ordens)Gelübde *n* b Ablegung *f* des (Ordens)Gelübdes

professional [prəˈfeʃənl] A ADJ (ADV ~ly) 1 Berufs…, beruflich, Amts…, Standes…: ~ **association** Berufsgenossenschaft *f*; ~ **ethics** *pl* Berufsethos *n*; ~ **hono(u)r** Berufsehre *f*; ~ **jealousy** Brot-, Konkurrenzneid *m*; ~ **life** Berufsleben *n*; ~ **name** Künstlername *m*; ~ **pride** Standesdünkel *m*; ~ **secrecy** (*od* **discretion**) Berufsgeheimnis *n*, Schweigepflicht *f*; ~ **secret** Berufsgeheimnis *n*; → misconduct B 2 2 Fach…, Berufs…, fachlich: ~ **competence** Fachkompetenz *f*; ~ **school** Fach-, Berufsschule *f*; ~ **studies** *pl* Fachstudium *n*; **in a ~ way** berufsmäßig, professionell; ~ **man** Mann *m* vom Fach (→ A 4) 3 Berufs…, professionell (*a.* SPORT): ~ **boxing** Berufsboxen *n*; ~ **career** Profikarriere *f*; ~ **foul** (*Fußball*) Notbremse *f fig*; **commit a ~ foul** die Notbremse ziehen; ~ **offer** Profiangebot *n*; ~ **player** Profi *m*; ~ **record** Kampfrekord *m* (*e-s Berufsboxers*); ~ **team** Profimannschaft *f* 4 freiberuflich, akademisch: ~ **man** Angehörige(r) *m* e-s freien Berufes, Akademiker *m* (→ A 2); **the ~ classes** die höheren Berufsstände 5 fachlich ausgebildet, gelernt: **he's a ~ gardener** 6 unentwegt, *pej* Berufs…: ~ **patriot** 7 a (**very**) ~ (ausgesprochen) gekonnt b *pej* routiniert: **his ~ smile** B S 1 SPORT a Berufssportler(in) *od* -spieler(in), Profi *m*: **turn ~** ins Profilager überwechseln; **his first year as a ~** sein erstes Profijahr b (*Golf-, Tennis- etc*) Lehrer(in) 2 Fachmann *m*, -frau *f* 3 Angehörige(r) *m/f(m)* e-s freien Berufes, Akademiker(in); **professionalism** [-ʃnəlɪzəm] S 1 Professionalität *f* 2 SPORT Professionalismus *m*, Profitum *n*

professor [prəˈfesə(r)] S 1 Professor *m*, Professorin *f*: ~ **of history** Professor für Geschichte; → adjunct B 1, assistant A 2, associate C 3, full professor 2 *US* Hochschullehrer(in) 3 Fachmann *m*, -frau *f*, Lehrmeister(in) (*a. hum*) 4 Bekenner(in): **be a ~ of** sich bekennen zu; **professorate** [-rɪt] S 1 → professorship 2 KOLL (*die*) Professoren *pl*, Professorenschaft *f* (*e-r Universität etc*); **professorial** [ˌprɒfɪˈsɔːrɪəl; *US* ˌprəʊfəˈsəʊ-; ˌprɑ-] ADJ (ADV ~ly) professoral, professorenhaft, e-s Professors, Professoren…: ~ **chair** Lehrstuhl *m*, Professur *f*; **professoriate** [-rɪət] S 1 → professorate 2 2 → professorship; **professorship** S Professur *f*, Lehrstuhl *m*: **be appointed to a ~** e-n Lehrstuhl bekommen

proffer [ˈprɒfə; *US* ˈprɑfər] A S Angebot *n* B V/T anbieten

proficiency [prəˈfɪʃnsɪ] S (hohes) Leistungsniveau, (gute) Leistungen *pl*, Können *n*: ~ **test** Leistungstest *m*; **proficient** A ADJ (ADV ~ly) tüchtig, geübt, bewandert, erfahren (*alle:* **in**, **at** in *dat*): **a ~ swimmer** ein guter Schwimmer; **he's ~ at operating a computer** er kann gut mit e-m Computer umgehen B S *obs* Fachmann *m*, -frau *f*

profile [ˈprəʊfaɪl] A S 1 Profil *n*: a Seitenansicht *f*, -bild *n* b Umriss(linien) *m(pl)*, Kontur *f*: **in ~** im Profil; **keep a low ~** *fig* sich zurückhalten 2 *a.* ARCH, TECH Profil *n*, Längsschnitt *m*, (*bes* senkrechter) Durchschnitt 3 Querschnitt *m* (*a. fig*) 4 Kurzporträt *n* 5 (*historische etc*) Skizze 6 (*bes Persönlichkeits-, Leistungs*) Diagramm *n*, (*Täter*) Profil *n* B V/T 1 im Profil darstellen, profilieren 2 TECH im Quer- *od* Längsschnitt zeichnen 3 TECH a profilieren, fassonieren b kopierfräsen 4 *fig* ein Kurzporträt schreiben über (*akk*); ~ **cutter** S TECH Fassonfräser(in); ~ **drag** S FLUG Profilwiderstand *m* (*der Tragfläche*); ~ **milling** S Fasson-, Umrissfräsen *n*

profiler [ˈprəʊfaɪlə(r)] S 1 Profilfahnder(in) 2 → profiling machine; **profiling machine** S TECH Kopierfräsmaschine *f*

profit [ˈprɒfɪt; *US* ˈprɑ-] A S 1 (WIRTSCH *meist pl*) Gewinn *m*, Profit *m*: **make a ~** Gewinn erzielen *od* ziehen (**on**, **out of** aus); **they made a ~ of £3,000 on the deal** sie machten bei dem Geschäft 3000 Pfund Gewinn; **sell at a ~** mit Gewinn verkaufen; **yield a ~** Gewinn abwerfen; ~ **and loss account** Gewinn-u.-Verlust-Rechnung *f*; ~ **center** (*bes Br* **centre**) Profitcenter *n* (*Abteilung e-r Firma, die für ihre Kosten u. Gewinne selbst veantwortlich ist*); ~ **margin** Gewinnspanne *f*; ~ **maximation** Gewinnmaximierung *f*; ~ **sharing** Gewinnbeteiligung *f*; ~ **taking** (*Börse*) Gewinnmitnahmen *pl* 2 *meist pl* a Ertrag *m*, Erlös *m* b Reinertrag *m* 3 JUR Nutzung *f*, Früchte *pl* (*aus Land*) 4 (*a. geistiger*) Gewinn, Nutzen *m*, Vorteil *m*: **turn sth to ~** aus etwas Nutzen ziehen; **one's ~** zu s-m Vorteil B V/I 1 (**by**, **from**) Nutzen *od* Gewinn ziehen (aus), profitieren (von): ~ **by** sich *etwas* zunutze machen, *e-e Gelegenheit* ausnutzen 2 nutzen, nützen, vorteilhaft sein C V/T *j-m* nützen *od* nutzen, von Nutzen *od* Vorteil sein für; **profitability** → profitableness; **profitable** ADJ (ADV profitably) 1 gewinnbringend, einträglich, lohnend, rentabel: **be ~** sich rentieren; **sell sth profitably** etwas mit Gewinn verkaufen 2 vorteilhaft, nützlich (*beide:* **to** für), nutzbringend; **profitableness** S 1 Einträglichkeit *f*, Rentabilität *f* 2 Nützlichkeit *f*

profiteer [ˌprɒfɪˈtɪə(r); *US* ˌprɑfəˈt-] A S Profitmacher(in), (*Kriegs- etc*) Gewinnler(in), Schieber(in), Wucherer *m*, Wucherin *f* B V/I Schiebergeschäfte *od* Wuchergeschäfte machen, schieben; **profiteering** S Schiebergeschäfte *pl*, Wuchergeschäfte *pl*

profiterole [prəˈfɪtərəʊl] S GASTR *kleiner Windbeutel mit Schokosahnefüllung*

profitless ADJ (ADV ~ly) 1 nicht einträglich, ohne Gewinn, unrentabel 2 nutzlos

profligacy [ˈprɒflɪɡəsɪ; *US* ˈprɑf-] S 1 Lasterhaftigkeit *f*, Verworfenheit *f*, Liederlichkeit *f* 2 Verschwendung(ssucht) *f*; **profligate** [-ɡət] A ADJ (ADV ~ly) 1 lasterhaft, verworfen, liederlich, ausschweifend 2 verschwenderisch: **be ~ of** verschwenderisch umgehen mit B S 1 lasterhafter Mensch 2 Verschwender(in)

pro forma [ˌprəʊˈfɔː(r)mə] A ADV pro forma, der Form wegen, zum Schein B ADJ Pro-Forma-…: ~ **invoice** WIRTSCH Pro-Forma-Rechnung *f*

profound [prəˈfaʊnd] A ADJ 1 tief (*Schlaf, Seufzer, Verbeugung etc*) 2 profund: a tiefschürfend, -gründig, -sinnig, inhaltsschwer b gründlich: ~ **knowledge** profundes Wissen 3 unergründlich (*Gedicht etc*) 4 tief, groß: ~ **indifference** vollkommene Gleichgültigkeit; ~ **interest** starkes Interesse; ~ **pain** heftiger *od* großer Schmerz; ~ **respect** große *od* größte Hochachtung B S *poet* Tiefe *f*, Abgrund *m*: **the ~** die Tiefe, das (tiefe) Meer; **profoundly** ADV 1 tief (*etc*; → profound A) 2 äußerst, höchst: ~ **glad** 3 völlig: ~ **deaf**; **profoundness** → profundity

profundity [prəˈfʌndətɪ] S 1 (große) Tiefe, Abgrund *m* (*a. fig*) 2 Profundität *f*, Tiefgründigkeit *f*, Tiefsinnigkeit *f* 3 Scharfsinn *m*, durchdringender Verstand 4 *pl* tiefgründige Probleme *pl od* Theorien *pl* 5 Weisheit *f*, profunder Ausspruch 6 Stärke *f*, hoher Grad (*der Erregung etc*)

profuse [prəˈfjuːs] ADJ (ADV ~ly) 1 (über)reich (**of**, **in** an *dat*), üppig, ausgiebig: **bleed ~ly** stark bluten 2 (*oft* allzu) freigebig, großzügig, verschwenderisch (*alle:* **of**, **in** mit): **be ~ in one's thanks** überschwänglich danken; **~ly illustrated** reich illustriert; **profuseness**, **profusion** [-ˈfjuːʒn] S 1 (Über)Fülle *f*, Überfluss *m* (*beide:* **of** an *dat*): **in profusion** in Hülle u. Fülle 2 Verschwendung *f*, allzu große Freigebigkeit

prog [prɒɡ] S *Br umg* (*bes Fernseh*) Programm *n*

prog. ABK 1 program(me) Progr. 2 progress 3 progressive

progenitive [prəʊˈdʒenɪtɪv] ADJ 1 Zeugungs…: ~ **act** 2 zeugungsfähig; **progenitor** [-tə(r)] S 1 Vorfahr(e) *m*, Vorfahrin *f* 2 *fig* Vorläufer(in)

progeny [ˈprɒdʒənɪ; *US* ˈprɑ-] S 1 Nachkommenschaft *f* (*a.* BOT), Nachkommen *pl*, Kinder *pl*, ZOOL (*die*) Jungen *pl*, Brut *f* 2 *fig* Frucht *f*, Produkt *n*, Ergebnis *n*

progeria [prəʊˈdʒɪərɪə] S MED Progerie *f* (*vorzeitige Vergreisung*)

progesterone [prəʊˈdʒestərəʊn] S BIOL Progesteron *n* (*Gelbkörperhormon, das die Schwangerschaftsvorgänge reguliert*)

progestin [prəˈdʒestɪn; prəʊ-] S BIOL Gestagen *n* (*Keimdrüsenhormon, das der Vorbereitung u. Erhaltung der Schwangerschaft dient*)

prognathic [prɒɡˈnæθɪk; *US* prɑɡ-; *a.* -ˈneɪ-] → prognathous; **prognathism** [-nəθɪzəm] S MED a Prognathie *f*, Vorstehen *n* des Oberkiefers b Progenie *f*, Vorstehen *n* des Unterkiefers; **prognathous** [prɒɡˈneɪθəs; ˈprɒɡnəθəs; *US* -ɑɡ-] ADJ a prognathisch, mit vorstehendem Oberkiefer b progenisch, mit vorstehendem Unterkiefer; **prognathy** [-nəθɪ] → prognathism

prognosis [prɒɡˈnəʊsɪs; *US* prɑɡ-] *pl* -ses [-siːz] S MED Prognose *f*, *allg a.* Voraus-, Vorhersage *f*: **to make a ~** e-e Prognose stellen; **prognostic** [-ˈnɒstɪk; *US* -ˈnɑs-] A ADJ (ADV ~ally) MED prognostisch, *allg a.* vorher-, voraussagend B S 1 Voraus-, Vorhersage *f* 2 (An-, Vor)Zeichen *n*, *bes* MED Prognostikon *n*, Prognostikum *n*; **prognosticate** [-keɪt] A V/T 1 MED prognostizieren, *allg a.* vorher-, voraussagen 2 anzeigen, ankündigen B V/I e-e Prognose stellen; **prognostication** S 1 → prognosis 2 Vorzeichen *n*

pro-government ADJ regierungsfreundlich

program[1], *bes Br* **programme** [ˈprəʊɡræm] A S 1 (*Studien-, Partei- etc*) Programm *n*: **what's the ~ for today?** *umg* was steht heute auf dem Programm? 2 THEAT *etc* Programm *n*: a Spielplan *m* b Programmheft *n* c Darbietung *f*: ~ **music** Programmmusik *f*; ~ **picture** Beifilm *m*; ~ **seller** Programmverkäufer(in) 3 RADIO, TV Programm *n*: a Sendefolge *f* b Sendung *f*: **to be on the ~** im Programm sein, auf dem Programm stehen; ~ **director** Programmdirektor(in); ~ **policy** Programmpolitik *f*; ~ **slot** Programmplatz *m* 4 Lehrplan *m* B V/T *prät u. pperf* -grammed, *US a.* -gramed 1 ein Programm aufstellen *od* zusammenstellen für 2 auf das Programm setzen, ansetzen 3 planen, vorbereiten

program[2], *Br a.* **programme** [ˈprəʊɡræm] IT A S Programm *n*: **~-controlled** programmgesteuert; ~ **exit** Ausgang *m*; ~ **library** Programmbibliothek *f*; ~ **sequence** Programmfolge *f*; ~ **step** Programmschritt *m* B V/T *prät u. pperf* -grammed, *US a.* -gramed programmieren (*a. fig*): **to ~ sth to do sth** etwas so programmieren, dass es etwas tut; **~med instruction** SCHULE programmierter Unterricht

programable, **programer**, **programing** *US* → programmable, programmer, programming

programmable [ˈprəʊɡræməbl; prəʊˈɡr-] ADJ IT programmierbar: ~ **read-only memory** programmierbarer Festspeicher; **programmatic** [-ɡrəˈmætɪk] ADJ (ADV ~ally) 1 programmatisch 2 programmmusikartig; **programme** → program¹, program²; **programmer** S IT Programmierer(in); **programming** A S 1 RADIO, TV Programmgestaltung f 2 IT Programmierung f B ADJ IT Programmier…: ~ **error** Programmierfehler m; ~ **language** Programmiersprache f

progress A S ['prəʊgres; US 'prɑg-] (*nur sg außer 8*) 1 **to make slow** ~ langsam vorankommen (*Schiff etc*) 2 *fig* Fortschritt m, -schritte pl: **to make** ~ → B 3; ~ **chart** Ist-Leistungskurve f; ~ **chaser** *für die Einhaltung von Produktionszeitplänen verantwortliche Person*; ~ **engineer** Entwicklungsingenieur(in); ~ **report** Tätigkeits-, Zwischenbericht m 3 *fig* fortschreitende Entwicklung: **in** ~ im Werden (begriffen) (→ A 6) 4 *fig* Fortschreiten n 5 MIL Vordringen n 6 *fig* Fortgang m, (Ver)Lauf m: **to be in** ~ im Gange sein (→ A 3); **in** ~ **of time** im Laufe der Zeit 7 *fig* Überhandnehmen n, Umsichgreifen n: **the disease made rapid** ~ die Krankheit griff schnell um sich 8 *meist* HIST *Br* Rundreise f (*e-s Herrschers*) B V/I **progress** [prəʊ'gres; prə'g-] 1 *fig* fortschreiten, weitergehen, s-n Fortgang nehmen: **as the game ~ed** SPORT mit fortlaufender Spieldauer 2 MIL vordringen 3 sich (fort-, weiter)entwickeln, gedeihen (*beide:* **to** zu) (*Vorhaben etc*): **to** ~ **towards completion** s-r Vollendung entgegengehen 4 *fig* überhandnehmen, um sich greifen 5 *fig* Fortschritte machen, vorankommen, vorwärtskommen (*alle:* **in** in *dat*)

progression [prəʊ'greʃn] S 1 Vorwärts-, Fortbewegung f 2 Weiterentwicklung f, Verlauf m 3 (Aufeinander)Folge f 4 Progression f: a MATH Reihe f b Staff(e)lung f (*e-r Steuer etc*) 5 MUS a Sequenz f (*Motivversetzung*) b Fortschreitung f (*Stimmbewegung*); **progressional** [-ʃənl] ADJ (ADV ~ly) 1 fortschreitend 2 Fortschritts…; **progressionist** [-ʃnɪst], **progressist** [prəʊ'gresɪst; US 'prɑgrəs-] S *bes* POL Fortschrittler(in)

progressive [prəʊ'gresɪv] A ADJ 1 progressiv, fortschrittlich (*Person od Sache*) (*beide a.* POL): ~ **party** Fortschrittspartei f; ~ **jazz** progressiver Jazz 2 progressiv, fortschreitend, fortlaufend, sich weiterentwickelnd: **a** ~ **step** *fig* ein Schritt nach vorn; ~ **assembly** (*od* **operations** *pl*) TECH fließende Fertigung, Fließbandmontage f; ~ **scanning** TV Zeile-für-Zeile-Abtastung f; ~ **wave** MATH, PHYS fortschreitende Welle 3 vorwärtsgerichtet, (allmählich) vorrückend: ~ **movement** Vorwärtsbewegung f 4 progressiv, gestaffelt: ~ **tax** WIRTSCH Progressivsteuer f; ~ **total** Staffelsumme f 5 (fort)laufend (*Nummern etc*) 6 zunehmend, fortschreitend (*Verschlechterung etc*), *bes* MED *a.* progressiv (*Lähmung etc*) 7 LING progressiv: ~ **assimilation** Anpassung f an den vorangehenden Konsonanten; ~ **form** Verlaufsform f B S Progressive(r) m/f(m), Fortschrittler(in) (*beide a.* POL); **progressively** ADV schritt-, stufenweise, nach u. nach, zunehmend, in zunehmendem Maße; **progressiveness** S Fortschrittlichkeit f; **progressivism** S Grundsätze pl der Fortschrittler

prohibit [prə'hɪbɪt; prəʊ'h-] V/T 1 verbieten, untersagen (*beide:* **sth** etwas; **sb from doing sth** j-m, etwas zu tun): **~ed** verboten, unzulässig; **"smoking (strictly) ~ed"** „Rauchen (streng) verboten!"; **~ed area** Sperrgebiet n; → degree 2 2 verhindern, unterbinden (*beide:* **sth being done** dass etwas geschieht) 3 hindern (**sb from doing sth** j-n daran, etwas zu tun); **prohibition** [ˌprəʊɪ'bɪʃn] S 1 Verbot n 2 (HIST *US meist* ♀) Prohibition f, Alkoholverbot n 3 → writ¹ 1; **prohibitionist** S Prohibitionist(in), Verfechter(in) des Alkoholverbots

prohibitive [prə'hɪbɪtɪv; prəʊ'h-] ADJ (ADV ~ly) 1 verbietend, untersagend 2 WIRTSCH Prohibitiv…, Schutz…, Sperr…: ~ **duty** (*od* **tariff**) Prohibitivzoll m; ~ **system** Prohibitivzollsystem n; ~ **tax** Prohibitivsteuer f 3 unerschwinglich (*Preise*): ~ **cost** untragbare Kosten pl; **~ly expensive** unerschwinglich teuer; **prohibitory** [-tərɪ; US -ˌtəʊriː; -ˌtɔː-] → prohibitive

project [prə'dʒekt] A V/T 1 projektieren, planen, entwerfen 2 werfen, schleudern: **to** ~ **sb to fame** j-n mit einem Schlag berühmt machen 3 *Licht, Schatten etc* werfen, *ein Bild etc a.* projizieren (*beide:* **against** gegen; **on** auf *akk*) 4 CHEM, MATH projizieren: **~ing plane** Projektionsebene f 5 *fig* projizieren: **to** ~ **o.s.** (*od* **one's thoughts**) **into** sich (hinein)versetzen in (*akk*); **to** ~ **one's feelings into** s-e Gefühle übertragen auf (*akk*) 6 darlegen, aufzeigen, vermitteln 7 vorspringen lassen: **~ed piers** ARCH Vorlagen, Gurtbogen B V/I vorspringen, -stehen, -ragen (*alle:* **over** über *akk*), (*Ohren*) abstehen: **to** ~ **into** hineinragen in (*akk*); **~ing ears** abstehende Ohren C S **project** ['prɒdʒekt; US 'prɑ-] 1 Projekt n, Plan m, (*a. Bau*) Vorhaben n, Entwurf m: ~ **engineer** Projektingenieur(in); ~ **manager** Projektleiter m, -manager m 2 SCHULE Projekt n, Planaufgabe f (*die den Schülern freie Gestaltungsmöglichkeit bietet*)

projectile [prəʊ'dʒektaɪl; US prə'dʒektəl] A S 1 Geschoss n, Projektil n 2 (Wurf)Geschoss n B ADJ 1 (an)treibend, Stoß…, Trieb…: ~ **force** 2 Wurf…: ~ **anchor** SCHIFF Ankerrakete f

projection [prə'dʒekʃn] S 1 Vorsprung m, vorspringender Teil *od* Gegenstand 2 ARCH *etc* Auskragung f, Ausladung f, Überhang m 3 Vorstehen n, (Her)Vorspringen n, -ragen n 4 Fortsatz m 5 Werfen n, Schleudern n, (Vorwärts-, Vor)Treiben n 6 Wurf m, Stoß m, Schub m 7 MATH Projektion f: → upright A 1 8 (Karten)Projektion f 9 FOTO Projektion f: a Projizieren n (*von Lichtbildern*) b Lichtbild n 10 Vorführen n (*von Filmen*): ~ **booth** (*od* **room**) Vorführkabine f, -raum m; ~ **screen** Bild-, Projektionswand f 11 PSYCH Projektion f: a Hinausverlegung f (*von Empfindungen etc*), Vergegenständlichen n (*von Vorstellungen etc*) b Übertragung f von Schuldgefühlen *etc* (*auf andere*) 12 *fig* Widerspieg(e)lung f 13 Planen n, Entwerfen n 14 Entwurf m 15 (Ein)Schätzung f, Zukunftsbild n (*aufgrund der herrschenden Tendenz*) 16 *Meinungsforschung, Statistik*: Hochrechnung f; **projectional** [-ʃənl] ADJ Projektions…; **projectionist** [-ʃnɪst] S Filmvorführer(in)

projective [prə'dʒektɪv] ADJ 1 projektiv (*Geometrie etc*) 2 Projektions…: ~ **plane** 3 projizierend (*a.* PSYCH): ~ **test** PSYCH Projektionstest m (*zur Erfassung der Gesamtpersönlichkeit*)

projector [prə'dʒektə(r)] S 1 Projektionsapparat m, (Licht)Bildwerfer m, Projektor m 2 TECH Scheinwerfer m 3 a Planer(in) b *pej* Pläneschmied(in), Projektemacher(in)

projet ['prɒʒeɪ; US prəʊ'ʒeɪ] S 1 → project C 1 2 *Völkerrecht*: Vertragsskizze f

prolapse MED A S ['prəʊlæps] Prolaps(us) m, Vorfall m: ~ **of the uterus** Gebärmuttervorfall B V/I [prəʊ'læps] prolabieren, vorfallen; **prolapsus** [-səs] → prolapse A

prolate ['prəʊleɪt] ADJ MATH gestreckt, flach

prole [prəʊl] S *bes Br umg pej* Prolo m, Prolet(in)

prolegomenon [ˌprəʊle'gɒmɪnən; US -lɪ'gɑm-] *pl* -ena [-nə] S Prolegomenon n, Vorbemerkung f, *pl a.* Vorwort n (*alle:* **to** zu)

prolepsis [prəʊ'lepsɪs] *pl* -ses [-siːz] S RHET Prolepsis f: a Vorausbeantwortung f (*möglicher Einwände*) b *Vorwegnahme e-s Satzgliedes, bes des Subjekts e-s Gliedsatzes*

proletarian [ˌprəʊlɪ'teərɪən] A ADJ proletarisch, Proletarier… B S Proletarier(in); **proletariat(e)** [-rɪət] S 1 Proletariat n, Proletarier pl: → dictatorship 2 *Antike*: Proletariat n (*im alten Rom*)

pro-life ADJ: ~ **campaigner** → pro-lifer; ~ **group** Gruppe f von Abtreibungsgegnern; **pro-lifer** S Abtreibungsgegner(in)

proliferate [prəʊ'lɪfəreɪt; prə'l-] V/I 1 BIOL sich stark vermehren 2 MED proliferieren, wuchern 3 sich stark ausbreiten (*a. fig*); **proliferation** S 1 BIOL starke Vermehrung 2 MED Proliferation f, Wucherung f 3 starke Ausbreitung (*a. fig*)

prolific [prəʊ'lɪfɪk; prə'l-] ADJ (ADV ~ally) 1 BIOL fruchtbar: **to be very** ~ → *a.* proliferate 1 2 *fig* reich (**of, in** an *dat*) 3 *fig* fruchtbar, (sehr) produktiv (*Schriftsteller etc*); **prolificacy** [-kəsɪ], **prolificity** [ˌprəʊlɪ'fɪsətɪ], **prolificness** S 1 BIOL Fruchtbarkeit f 2 *fig* Reichtum m (**of** an *dat*) 3 *fig* Produktivität f

prolix ['prəʊlɪks; prəʊ'lɪks] ADJ (ADV ~ly) weitschweifig; **prolixity** S Weitschweifigkeit f

prolly ['prɒlɪ; US 'prɑliː] ADV *sl* wahrscheinlich

prolog *US für* prologue

prologize ['prəʊlɒgaɪz; *US a.* -ˌlɑg-; -ləˌdʒ-] *US für* prologuize

prologue ['prəʊlɒg; *US a.* -ˌlɑg] A S 1 *bes* THEAT Prolog m (*a. Radsport*), Einleitung f (*beide:* **to** zu) 2 *fig* Einleitung f, Vorspiel n, Auftakt m (*alle:* **to** zu) B V/T mit e-m Prolog einleiten; **prologuize** V/I e-n Prolog verfassen *od* sprechen

prolong [prəʊ'lɒŋ; prə'l-] V/T 1 verlängern, (aus)dehnen: **~ed** anhaltend (*Applaus, Regen etc*), ausgedehnt, länger (*Zeitraum*), SPORT lang gezogen (*Spurt*); **after a ~ed illness** nach langer Krankheit; **for a ~ed period** längere Zeit 2 WIRTSCH *e-n Wechsel etc* prolongieren

prolongation [ˌprəʊlɒŋ'geɪʃn] S 1 Verlängerung f, (Aus)Dehnung f 2 Prolongierung f (*e-s Wechsels etc*), Fristverlängerung f, Aufschub m: ~ **business** (*Börse*) Prolongationsgeschäft n

prolonged-action ADJ PHARM mit Langzeitwirkung: ~ **medicine** Depotpräparat n

prolusion [prəʊ'luːʒn] S 1 Einführung f, Vorwort n (*beide:* **to** zu) 2 kurze Abhandlung

prom¹ [prɒm; US prɑm] S *umg* 1 *US* → promenade A 3 2 *bes Br* a (Strand)Promenade f b → promenade concert

PROM² [prɒm; US prɑm] S ABK programmable read only memory IT PROM n (*programmierbarer Festspeicher*)

prom. ABK promontory

promenade [ˌprɒmə'nɑːd; US ˌprɑ-; *a.* -'neɪd] A S 1 Promenade f: a Spaziergang m b Spazierweg m, Wandelhalle f, *bes Br* Strandpromenade f 2 feierlicher Einzug der Ballgäste 3 *US* Highschool- *od* College-Ball m B V/I promenieren, spazieren gehen C V/T 1 promenieren *od* (herum)spazieren in (*dat*) *od* auf (*dat*) 2 a spazieren führen, (herum)führen b *bes pej* vorführen; ~ **concert** S MUS *bes Br Konzert in ungezwungener Atmosphäre*; ~ **deck** S SCHIFF Promenadendeck n

promenader S Spaziergänger(in)

Promethean [prə'miːθjən; -ɪən] ADJ prometheisch, himmelstürmend

promethium [prə'miːθɪəm] S CHEM Promethium n

prominence ['prɒmɪnəns; US 'prɑmə-] S 1 (Her)Vorragen n, -stehen n, -springen n 2 deutliche Sichtbarkeit, Auffälligkeit f 3 *fig* Bedeutung f, Berühmtheit f: **to bring into** ~ a berühmt machen b klar herausstellen, her-

P

vorheben; **to come into ~** in den Vordergrund rücken, hervortreten; **to give ~ to sth** etwas hervorkehren 4 Vorsprung *m*, (Vor)Wölbung *f*, auffälliger Gegenstand, in die Augen fallende Stelle 5 ASTRON Protuberanz *f (aus dem Sonneninnern aufschießende glühende Gasmasse)*; **prominent** ADJ (ADV ~ly) 1 vorstehend, -springend: **~ cheekbones (teeth)** vorstehende Backenknochen (Zähne); **the most ~ peak** der höchste Gipfel 2 markant, auffallend, in die Augen fallend, hervorstechend *(Eigenschaft)* 3 prominent: a führend *(Persönlichkeit)*, hervorragend b berühmt

promiscuity [ˌprɒmɪˈskjuːətɪ; *US* ˌprɑməsˈk-] S 1 bunte Mischung 2 Wahllosigkeit *f* 3 Promiskuität *f (Geschlechtsverkehr mit häufig wechselnden Partnern)*; **promiscuous** [prəˈmɪskjʊəs; *US* -kjəwəs] ADJ (ADV ~ly) 1 bunt gemischt 2 wahl-, unterschiedslos 3 promiskuitiv, promiskuos, promiskuös: a *Geschlechtsverkehr mit häufig wechselnden Partnern habend*: **a ~ girl** ein Mädchen, das häufig den Partner wechselt b *durch Promiskuität gekennzeichnet (Leben etc)* 4 *umg* zufällig

promise [ˈprɒmɪs; *US* ˈprɑ-] A S 1 Versprechen *n*, Zusage *f (beide:* **to sb** j-m gegenüber*)*: **a ~ is a ~** versprochen ist versprochen; **~ of** *(od* **to)** **help** Versprechen zu helfen; **~ to pay** Zahlungsversprechen; **to break (keep) one's ~** sein Versprechen brechen (halten); **to make a ~** ein Versprechen geben; **breach of ~** a Wortbruch *m* b Bruch *m* des Eheversprechens 2 *fig* Hoffnung *f*, Aussicht *f (beide:* **of** auf *akk*, zu *inf)*, Erwartung *f*: **a young man of (great) ~** ein vielversprechender *od* hoffnungsvoller junger Mann; **to show some (great) ~** gewisse (gute) Ansätze zeigen B V/T 1 versprechen, zusagen, in Aussicht stellen: **I ~ you** a das kann ich Ihnen versichern b ich warne Sie; **to be ~d** (in die Ehe) versprochen sein; → earth A 1, moon A 1 2 *fig* versprechen, erwarten *od* hoffen lassen, ankündigen: **to ~ o.s. sth** sich etwas versprechen *od* erhoffen; **it ~s to be a fine day** der Tag verspricht schön zu werden C V/I 1 ein Versprechen geben, Versprechungen machen: *she won't come.* **but she ~d!** aber sie hat es (doch) versprochen!; **I ~** versprochen! 2 *fig* Hoffnungen erwecken: **he ~s well** er lässt sich gut an; **the weather ~s fine** das Wetter verspricht gut zu werden

Promised Land [ˈprɒmɪst; *US* ˈprɑ-] S 1 BIBEL *(das)* Gelobte Land 2 *fig* Paradies *n*

promisee [ˌprɒmɪˈsiː; *US* ˌprɑ-] S JUR Versprechensempfänger(in), Berechtigte(r) *m/f(m)*

promising ADJ (ADV ~ly) vielversprechend, hoffnungs-, verheißungsvoll, aussichtsreich

promisor [ˈprɒmɪsɔː; ˌprɒmɪˈsɔː; *US* ˌprɑməˈsɔːər] S JUR Versprechensgeber(in), Verpflichtete(r) *m/f(m)*

promissory [ˈprɒmɪsərɪ; *US* ˈprɑməˌsəʊriː; -ˌsɔː-] ADJ versprechend: **to be ~ of sth** etwas versprechen; **~ note** S 1 WIRTSCH, JUR Schuldschein *m* 2 Gutschein *m (für e-e Dienstleistung etc)*

promo [ˈprəʊməʊ] *bes US umg* A ADJ Werbe..., Reklame...: **~ leaflet** B *pl* -mos S RADIO, TV (Werbe)Spot *m*, *(Zeitung etc)* Anzeige *f*

promontory [ˈprɒməntrɪ; *US* ˈprɑmənˌtəʊriː; -ˌtɔː-] S 1 *(bes* felsige*)* Landspitze *od* Landzunge 2 ANAT vorspringender (Körper)Teil

promote [prəˈməʊt] V/T 1 fördern, unterstützen 2 *pej* Vorschub leisten *(dat)*, fördern, verschlimmern 3 befördern: **to be ~d** a befördert werden, avancieren b SPORT aufsteigen (**to** in *akk*); **he was ~d (to be) colonel, he was ~d to the rank of colonel** er wurde zum Oberst befördert; **~d club** *(od* **team)** SPORT Aufsteiger *m* 4 *Schach: e-n Bauern* verwandeln 5 POL *e-e Gesetzesvorlage* a unterstützen b einbringen 6 WIRTSCH *e-e Gesellschaft* gründen 7 WIRTSCH a *den Verkauf* (durch Werbung) steigern *od* fördern b werben für 8 SPORT *e-n Boxkampf etc* veranstalten 9 JUR *ein Verfahren* einleiten 10 SCHULE *US e-n Schüler* versetzen 11 *US sl e-e Flasche Wein etc* organisieren; **promoter** S 1 Förderer *m*, Förderin *f*, Befürworter(in) 2 WIRTSCH Gründer(in): **~s' shares** Gründeraktien 3 Promoter(in), Veranstalter(in) *(e-s Boxkampfes etc)*; **promotion** S 1 a Beförderung *f*: **~ list** Beförderungsliste *f*; **~ prospects** Beförderungschancen, Aufstiegsmöglichkeiten; **to get ~** befördert werden b SPORT Aufstieg *m* (**to** in *akk*): **to gain ~** aufsteigen 2 Förderung *f*, Unterstützung *f*: **export ~** WIRTSCH Exportförderung 3 WIRTSCH Gründung *f* 4 WIRTSCH a Verkaufsförderung *f* b Werbung *f*: **~ manager** Werbeleiter *m* 5 *Schach*: Verwandlung *f*; **promotional** [-ʃənl] ADJ 1 Beförderungs... 2 fördernd 3 WIRTSCH Reklame..., Werbe...: **~ campaign**; **~ material**; **~ gift** Werbegeschenk *n*; **promotive** ADJ fördernd

prompt [prɒmpt; prɒmt; *US* prɑ-] A ADJ (ADV ~ly) 1 unverzüglich, prompt, sofortig, umgehend: **a ~ reply** e-e prompte *od* umgehende Antwort; **assistance was ~** (die) Hilfe ließ nicht (lange) auf sich warten; **to be ~ in doing** *(od* **to do)** **sth** etwas unverzüglich tun; **he's always ~ to criticize** er ist mit Kritik schnell bei der Hand 2 WIRTSCH a pünktlich *(a. allg)*: **~ly at 8 o'clock** Punkt 8 Uhr b sofort liefer- u. zahlbar: **for ~ cash** gegen sofortige Kasse B ADV pünktlich: **at 8 o'clock ~** Punkt 8 Uhr C V/T 1 *j-n* bewegen, veranlassen *(beide:* **to sth** zu etwas; **to do sth** [dazu,] etwas zu tun*)* 2 *etwas* veranlassen, *Kritik etc* hervorrufen, *Gedanken etc* wecken 3 a THEAT *j-m* soufflieren b *bes* SCHULE *j-m* ein-, vorsagen c *j-m* weiterhelfen D V/I a THEAT soufflieren b *bes* SCHULE ein-, vorsagen E S 1 WIRTSCH a Ziel *n*, Zahlungsfrist *f*: **at a ~ of 2 months** gegen Zweimonatsziel b Kaufvertrag *m* mit Zahlungsziel 2 (erinnernde) Mahnung 3 IT Prompt *m*, Eingabeaufforderung *f* 4 a THEAT Soufflieren *n* b *bes* SCHULE Ein-, Vorsagen *n*; **~book** S THEAT Soufflierbuch *n*; **~ box** S THEAT Souffleurkasten *m*; **~ copy** → promptbook

prompter S 1 Veranlasser(in) 2 a THEAT Souffleur *m*, Souffleuse *f* b *bes* SCHULE Ein-, Vorsager(in); **prompting** S 1 → prompt E 4 2 **the ~s** *pl* **of one's heart (conscience)** die Stimme s-s Herzens (Gewissens)

promptitude [ˈprɒmptɪtjuːd; ˈprɒmtɪ-; *US* ˈprɑm-; *a.* -ˌtuːd], **promptness** S 1 Promptheit *f* 2 Pünktlichkeit *f*

prompt| note S WIRTSCH *Verkaufsnota mit Angabe der zu zahlenden Summe u. der Zahlungsfrist*; **~ side** S *(Br rechte, US linke)* *Bühnenseite, auf der der Souffleur sitzt*

promulgate [ˈprɒmlgeɪt; *US* ˈprɑməlˌgeɪt, prəʊˈmʌl-] V/T 1 *ein Gesetz etc* verkünden 2 *e-e Lehre etc* verbreiten; **promulgation** S 1 Verkündung *f* 2 Verbreitung *f*; **promulgator** [-tə(r)] S 1 Verkünder(in) 2 Verbreiter(in)

pron. ABK 1 LING pronoun Pron. 2 pronounced 3 pronunciation

prone [prəʊn] ADJ (ADV ~ly) 1 (vornüber) geneigt *od* gebeugt 2 *fig* **(to)** neigend (zu), anfällig (für): **he's very ~ to colds** er ist sehr erkältungsanfällig 3 auf dem Bauch *od* mit dem Gesicht nach unten liegend, (flach) hingestreckt (auf dem Bauch liegend): **~ position** a *a.* SPORT Bauchlage *f* b MIL *etc* Anschlag *m* liegend 4 mit nach unten gedrehter Handfläche 5 abschüssig; **proneness** S **(to)** Neigung *f*, Hang *m* (zu), Anfälligkeit *f* (für)

prong [prɒŋ; *US a.* prɑŋ] A S 1 Zinke *f (e-r Heugabel etc)*, Zacke *f*, Spitze *f*, Dorn *m* 2 *(Geweih)* Sprosse *f* 3 Horn *n* B V/T aufspießen

pronged [prɒŋd; *US a.* prɑŋd] ADJ gezinkt, zackig

pronghorn *pl* -horns, *bes koll* -horn S ZOOL Gabelantilope *f*

pronominal [prəʊˈnɒmɪnl; *US* -ˈnɑ-] ADJ (ADV ~ly) LING pronominal, Pronominal...

pronoun [ˈprəʊnaʊn] S LING Pronomen *n*, Fürwort *n*

pronounce [prəˈnaʊns] A V/T 1 aussprechen *(a.* LING*)*: **pronouncing dictionary** Aussprachewörterbuch *n* 2 erklären für, bezeichnen als: **~ sb dead** j-n für tot erklären 3 *ein Urteil* aussprechen, verkünden, *den Segen* erteilen 4 behaupten (**that** dass) B V/I 1 Stellung nehmen, s-e Meinung äußern *(beide:* **on** zu*)*: **~ in favo(u)r of (against) sth** sich für (gegen) etwas aussprechen 2 e-e *gute etc* Aussprache haben: **~ well**; **pronounceable** ADJ aussprechbar, auszusprechen(d); **pronounced** [-st] ADJ 1 ausgeprägt: **walk with a ~ limp** stark hinken 2 entschieden *(Ansichten etc)*, *(Gegner etc a.)* ausgesprochen, erklärt; **pronouncedly** [-stlɪ; -ɪdlɪ] ADV ausgesprochen: **~ good**; **pronouncement** S 1 Erklärung *f*: **make a ~** e-e Erklärung abgeben (**on** zu) 2 *(Urteils)* Verkündung *f*

pronto [ˈprɒntəʊ; *US* ˈprɑn-] ADV *umg* fix: **and ~** aber dalli

pronucleus [ˌprəʊˈnjuːklɪəs; *US a.* -ˈnuː-] *pl* -clei [-klɪaɪ] S BIOL Urzellkern *m*

pronunciamento [prəˌnʌnsɪəˈmentəʊ; *US* prəʊˌn-] *pl* -tos S 1 Aufruf *m* 2 (revolutionäres) Manifest

pronunciation [prəˌnʌnsɪˈeɪʃn] S Aussprache *f*: **~ difficulties** Ausspracheschwierigkeiten

proof [pruːf] A ADJ 1 *(wasser- etc)* dicht, (-)undurchlässig, *(hitze)* beständig, *(kugel)* sicher: **~ against rain** regenfest, -dicht 2 gefeit, gewappnet, immun *(alle:* **against** gegen*)*: **they are ~ against such weather** ein solches Wetter kann ihnen nichts anhaben 3 unzugänglich *(a. fig)*: **~ against bribes** unbestechlich; **~ against entreaties** unerbittlich 4 Probe..., Prüf...: **~ load** Probebelastung *f*; **~ stress** Prüfspannung *f* 5 CHEM probehaltig, normalstark *(alkoholische Flüssigkeit)* 6 *US Feingold od -silber betreffend, das die Münzämter der USA als Standard benutzen* B S 1 Beweis *m*, Nachweis *m*: **in ~ of ...** zum *od* als Beweis *(gen)*; **give ~ of** *etwas* beweisen, unter Beweis stellen; **~ of age** Altersnachweis; **~ of purchase** Kaufbeleg *m*, -nachweis; **~ to the contrary** Gegenbeweis 2 JUR Beweis(mittel) *m(n od pl)*, -stück *n*, Beleg(e) *m(pl)* 3 JUR (schriftliche) (Beweis-, Zeugen-)Aussage 4 Probe *f (a.* MATH*)*, *(a.* TECH Material*)*Prüfung *f*: **put to the ~** auf die Probe stellen; **the ~ of the pudding is in the eating** *(Sprichwort)* Probieren geht über Studieren 5 TYPO a Korrekturfahne *f*, -bogen *m* b Probedruck *m*, -abzug *m (a.* FOTO*)*: **clean ~** Revisionsbogen; **foul ~** unkorrigierter Abzug; **correct ~s, read ~** Korrektur lesen 6 *Münzkunde*: Probeprägung *f* 7 a Normalstärke *f (alkoholischer Getränke)* b Proof *n (Maß für den Alkoholgehalt von Getränken)* C V/T 1 → waterproof C 2 → proofread B

proof|read *irr* A V/I Korrektur lesen B V/T *ein Buch etc* Korrektur lesen; **~reader** S Korrektor *m*, Korrektorin *f*; **~reading** S Korrekturlesen *n*; **~ sheet** → proof B 5; **~ spirit** S Normalalkohol *m*

prop[1] [prɒp; *US* prɑp] A S 1 Stütze *f (a.*

SCHIFF), (Stütz)Pfahl *m* 2 *fig* Stütze *f*, Halt *m*: **be a ~ to sb** j-m e-e Stütze sein; **~ word** LING Stützwort *n* 3 ARCH, TECH Stempel *m*, Stützbalken *m*, Strebe *f* 4 TECH Drehpunkt *m* (*e-s Hebels*) B VT 1 stützen 2 *a.* **~ up** a (ab)stützen, TECH *a.* absteifen, verstreben, AUTO aufbocken b *sich, etwas* lehnen (**against** gegen) c *fig e-e Währung etc* stützen

prop² [prɒp; *US* prɑp] S THEAT Requisit *n*

prop³ [prɒp; *US* prɑp] S FLUG *umg* Propeller *m*: **~ plane** Propellermaschine *f*; → propjet

prop. ABK 1 proper(ly) 2 property 3 proposition

propaedeutic [ˌprəʊpiːˈdjuːtɪk; *US a.* -ˈduː-] A ADJ propädeutisch, einführend (*wissenschaftlicher Kurs etc*) B S *oft pl* Propädeutik *f*, Einführung *f* (**to** in *akk*); **propaedeutical** → propaedeutic A

propaganda [ˌprɒpəˈgændə; *US* ˌprɑ-; ˌprəʊ-] S 1 *a. pej* Propaganda *f*: **~ film** Propagandafilm *m*; **~ value** Propagandawert *m* 2 WIRTSCH Werbung *f*, Reklame *f*: **~ week** Werbewoche *f* 3 ≗, *a.* **Congregation of ≗** KATH Propagandakongregation *f* (*Kardinalskongregation, Zentrale für Weltmission*)

propagandism [ˌprɒpəˈgændɪzəm; *US* ˌprɑ-; ˌprəʊ-] S Propaganda *f*: a propagandistische Tätigkeit b Propagandawesen *n*; **propagandist** A S Propagandist(in): a *j-d, der Propaganda macht* b WIRTSCH Werbefachmann *m*, -fachfrau *f* B ADJ propagandistisch; **propagandistic** ADJ (ADV **~ally**) propagandistisch; **propagandize** A VT 1 Propaganda machen für, propagieren 2 Propaganda in *e-m Land etc* machen 3 durch Propaganda beeinflussen B VI Propaganda machen

propagate [ˈprɒpəgeɪt; *US* ˈprɑ-] A VT 1 BIOL, *a.* PHYS *e-n Ton, e-e Bewegung, Licht* fortpflanzen, BIOL *a.* züchten: **~ o.s.**, **be ~d** → B 1 2 *e-e Lehre etc* propagieren, verbreiten 3 *e-e Krankheit etc* übertragen B VI 1 sich fortpflanzen *od* vermehren 2 sich aus-, verbreiten; **propagation** S 1 Fortpflanzung *f*, Vermehrung *f* 2 Propagierung *f*, Verbreitung *f* 3 Übertragung *f*: **~ time** Laufzeit *f* (*e-s elektronischen Signals etc*); **propagative** ADJ Fortpflanzungs…; **propagator** [-tə(r)] S 1 beheizbare Saatkiste 2 Propagator *m*, Propagatorin *f*

propane [ˈprəʊpeɪn] S CHEM Propan *n*

proparoxytone [ˌprəʊpəˈrɒksɪtəʊn; *US* -ˈrɑk-] S LING Proparoxytonon *n* (*auf der drittletzten Silbe betontes Wort*)

propel [prəˈpel] VT antreiben, vorwärtstreiben (*beide a.* TECH *u. fig*): → rocket-propelled, *etc*; **propellant** A S 1 MIL, TECH Treibstoff *m*, -mittel *n*: **~ (charge)** Treibladung *f* (*e-r Rakete etc*); **~ cutoff** Brennschluss *m* 2 CHEM Treibgas *n* 3 MIL Treibladung *f* 4 *fig* → propellent B 1 B ADJ → propellent A; **propellent** A ADJ antreibend, vorwärtstreibend: **~ power** Antriebs-, Triebkraft *f* B S 1 *fig* treibende Kraft 2 → propellant A 1, A 2, A 3

propeller [prəˈpelə(r)] S 1 Propeller *m*: a Luftschraube *f* b Schiffsschraube *f* c TECH Antriebsgerät *n*, -aggregat *n*: **~-driven** mit (Luft)Schraubenantrieb 2 Schiff *n* mit Schraubenantrieb; **~ blade** S 1 FLUG Luftschraubenblatt *n* 2 SCHIFF Schraubenflügel *m*; **~ disk** S FLUG, SCHIFF Propeller-, Schraubenkreis *m*; **~ pitch** S FLUG, SCHIFF Propellersteigung *f*; **~ pump** S TECH Flügel-, Rotationspumpe *f*; **~ shaft** S 1 FLUG, SCHIFF Propellerwelle *f* 2 TECH *US* Kardanwelle *f*; **~ turbine** S FLUG, SCHIFF Propeller-Turbotriebwerk *n*

propelling [prəˈpelɪŋ] ADJ Antriebs…, Treib…, Trieb…: **~ charge** Treibladung *f* (*e-r Rakete etc*); **~ nozzle** Schubdüse *f*; **~ pencil** *Br* Drehbleistift *m*

propensity [prəˈpensətɪ] S Hang *m*, Neigung *f* (*beide:* **for, to, toward[s]** zu): **have a ~ to sudden anger** sehr schnell wütend werden; **~ to consume** WIRTSCH Konsumneigung; **have a ~ to do sth** dazu neigen, etwas zu tun

proper [ˈprɒpə; *US* ˈprɑpər] A ADJ 1 richtig, passend, geeignet, angebracht, angemessen, zweckmäßig, ordnungsgemäß: **~ adjustment** richtige Einstellung; **in ~ form** in gebührender *od* angemessener Form; **in the ~ place** am rechten Platz; **in ~ time** rechtzeitig, termingerecht; **all in its ~ time** alles zu s-r Zeit; **do as you think (it)** ~ tun Sie, was Sie für richtig halten; → right A 1 2 wirklich, echt, richtig (-gehend): **~ fraction** MATH echter Bruch 3 anständig, schicklich, korrekt, einwandfrei (*Benehmen etc*): **it is ~** es (ge)ziemt *od* schickt sich; **~ people** anständige *od* feine Leute 4 a tugendhaft b zimperlich 5 eigen (**to** *dat*), besonder(er, e, es): **every animal has its ~ instincts**; **electricity ~ to vitreous bodies** Elektrizität, die Gegenständen aus Glas eigen ist 6 genau, exakt: **in the ~ meaning of the word** streng genommen 7 (*meist nachgestellt*) eigentlich: **philosophy ~** die eigentliche Philosophie; **in Europe ~** in Europa selbst; **round ~** SPORT (*Pokal- etc*) Hauptrunde *f* 8 gewöhnlich, normal 9 maßgebend, zuständig: **the ~ authorities** 10 *bes Br umg* ordentlich, anständig, tüchtig, gehörig, gründlich, richtig: **a ~ licking** e-e gehörige Tracht Prügel 11 *umg* ausgesprochen, richtig: **he is a ~ rascal** 12 LING a Eigen…: **~ name** (*od* **noun**) Eigenname *m* b von e-m Eigennamen abgeleitet: **"Bostonian" is a ~ adjective** 13 ASTRON Eigen…: **~ motion** 14 *Heraldik* in natürlichen Farben: **an eagle ~** 15 REL nur für besondere (Fest-)Tage bestimmt (*Psalm etc*) 16 eigen(er, e, es): **with my own ~ eyes** B ADV *dial od umg* mächtig, sehr: **I am ~ glad** C S REL Offizium *n od* Psalm *m etc* für e-n besonderen (Fest)Tag;

properly ADV richtig (*etc*; → proper A): **behave ~** sich (anständig) benehmen; **~ speaking** streng genommen

propertied [ˈprɒpətɪd; *US* ˈprɑpər-] ADJ besitzend, begütert: **the ~ classes** die besitzenden Schichten, *pej a.* das Besitzbürgertum

property [ˈprɒpə(r)tɪ; *US* ˈprɑ-] S 1 Eigentum *n*, Vermögen *n*, Besitztum *n*, Besitz *m*, Hab *n* u. Gut *n*: **law of ~** Sachenrecht *n*; **man of ~** begüterter Mann; **damage to ~** Sachschaden *m*; **common ~** Gemeingut *n*; → industrial property, intellectual A 1, left property, literary 2, lost B 1, personal A 6, stolen B 2 a Grundbesitz *m*, -eigentum *n*, Landbesitz *m*, Liegenschaften *pl* b Grundstück *n* 3 JUR Eigentum(srecht) *n*: **beneficial ~** Nießbrauch *m* 4 PHYS Eigenschaft *f*: **~ of material** Werkstoffeigenschaft 5 Fähigkeit *f*, Vermögen *n*: **insulating ~** ELEK Isolationsvermögen; **sliding ~** TECH Gleitfähigkeit 6 Eigenheit *f*, -art *f*, Merkmal *n* (*a.* PHIL) 7 THEAT Requisit *n*; **~ assets** SPL WIRTSCH Vermögenswerte *pl*; **~ consultant** S Vermögensberater(in); **~ crime** S JUR Eigentumsdelikt *n*; **~ developer** S Bauträger *m*; **~ giant** S Baulöwe *m*; **~-increment tax** S Vermögenszuwachssteuer *f*; **~ insurance** S WIRTSCH Sachversicherung *f*; **~ levy** S WIRTSCH Vermögensabgabe *f*; **~ man** S *irr* THEAT Requisiteur *m*; **~ market** S WIRTSCH Grundstücks-, Immobilienmarkt *m*; **~ master** → property man; **~ room** S THEAT Requisitenkammer *f*; **~ tax** S WIRTSCH 1 Vermögenssteuer *f* 2 Grundsteuer *f*

prophase [ˈprəʊfeɪz] S BIOL Prophase *f* (*erste Phase der Kernteilung*)

prophecy [ˈprɒfɪsɪ; *US* ˈprɑ-] S Prophezeiung *f* (*a. fig*), Weissagung *f*: **make a ~** e-e Prophezeiung machen; **prophesy** [-saɪ] *a. fig* A VT prophezeien, weis-, voraussagen (*alle a.* **that** dass) B VI Prophezeiungen machen

prophet [ˈprɒfɪt; *US* ˈprɑ-] S 1 Prophet *m* (*a. fig*): **a ~ is without hono(u)r in his own country** (*Sprichwort*) der Prophet gilt nichts in s-m Vaterlande; **~ of doom** Schwarzseher; **the ≗s** *pl* (*als sg konstruiert*) BIBEL die Propheten (*Schriften des Alten Testaments*); **the Major (Minor) ≗s** BIBEL die großen (kleinen) Propheten 2 **the ≗** der Prophet (*Mohammed*); **prophetess** S Prophetin *f*

prophetic [prəˈfetɪk] ADJ, **prophetical** [-kl] ADJ (ADV **~ly**) prophetisch (*a. fig*): **be prophetic of sth** etwas prophezeien *od* ankündigen

prophylactic [ˌprɒfɪˈlæktɪk; *US* ˌprəʊ-] A ADJ (ADV **~ally**) *bes* MED prophylaktisch, vorbeugend, Vorbeugungs…, Schutz… B S 1 MED Prophylaktikum *n*, vorbeugendes Mittel 2 vorbeugende Maßnahme 3 *bes US* Verhütungsmittel *n*, *bes* Kondom *n*; **prophylaxis** [-ˈlæksɪs] S MED Prophylaxe *f*, Präventivbehandlung *f*, Vorbeugung *f*

prophyll [ˈprəʊfɪl] S BOT Vorblatt *n*

propinquity [prəˈpɪŋkwətɪ] S 1 Nähe *f* 2 nahe Verwandtschaft

propitiate [prəˈpɪʃɪeɪt; *US a.* prəʊ-] VT 1 versöhnen, besänftigen 2 günstig stimmen; **propitiation** S Versöhnung *f*, Besänftigung *f*; **propitiator** [-tə(r)] S Versöhner(in); **propitiatory** [-ʃɪətərɪ; *US* -ˌtəʊriː; -ˌtɔː-] ADJ (ADV **propitiatorily**) versöhnend, Versöhnungs…

propitious [prəˈpɪʃəs] ADJ (ADV **~ly**) **(to)** 1 günstig, vorteilhaft (für): **~ sign** gutes Zeichen 2 gnädig, geneigt (*dat*); **propitiousness** S 1 Günstigkeit *f*, Vorteilhaftigkeit *f* 2 Gunst *f*, Geneigtheit *f*

propjet S FLUG 1 *a.* **~ engine** Turbo-Prop-Triebwerk *n* 2 *a.* **~ plane** Turbo-Prop-Flugzeug *n*

propman [-mæn] S *irr* THEAT Requisiteur *m*

propolis [ˈprɒpəlɪs; *US* ˈprɑ-] S Propolis *f* (*Wabenbaustoff der Bienen*)

proponent [prəˈpəʊnənt] S 1 Vorschlagende(r) *m/f(m)*, Antragsteller(in) 2 JUR präsumtiver Testamentserbe, präsumtive Testamentserbin 3 Befürworter(in), Verfechter(in)

proportion [prəˈpɔː(r)ʃn; *US a.* -ˈpəʊr-] A S 1 Verhältnis *n* (**of … to** von … zu): **in ~ as** in dem Maß, wie; je nachdem, wie; **in ~ to** im Verhältnis zu; **be paid in ~ to the number of hours one works** nach Arbeitsstunden bezahlt werden; **out of all ~** unverhältnismäßig; **be out of all ~ to** in keinem Verhältnis *od* in keiner Relation stehen zu; **what ~ of …?** wie viel von (*od gen*) …? 2 richtiges Verhältnis, Gleich-, Ebenmaß *n*: **the painting is out of ~** die Proportionen des Bildes stimmen nicht; **see things in (out of) ~** *fig* die Dinge (nicht) im richtigen Verhältnis sehen 3 (verhältnismäßiger) Anteil: **in ~** anteilig 4 CHEM, MATH Proportion *f*, Verhältnis *n*: **law of multiple ~s** Gesetz *n* der multiplen Proportionen 5 MATH a Verhältnisgleichung *f*, Proportion *f* b Dreisatz(rechnung) *m(f)*, Regeldetri *f* c *a.* **geometric ~** Verhältnisgleichheit *f* 6 *meist pl* Ausmaß(e) *n(pl)*, Größe(nverhältnisse) *f(pl)*, Dimensionen *pl* 7 MUS a Schwingungsverhältnis *n* b Rhythmus *m* 8 *fig* a Symmetrie *f* b Harmonie *f* B VT 1 **(to)** in das richtige Verhältnis bringen (mit, zu), anpassen (*dat*) 2 verhältnis- *od* anteilmäßig verteilen 3 symmetrisch *od* harmonisch gestalten: **well ~ed** ebenmäßig, wohlgestaltet, -proportioniert 4 proportionieren, bemessen, dimensionieren; **proportional** [-ʃənl] A ADJ (ADV ~ly) 1 → proportionate A 2 proportional (*a.* MATH), verhältnismäßig, Proportions…: **(pair of) ~ compasses** (*od* **dividers**) *pl* Reduktionszirkel *m*; **~ control(ler)** TECH Proportionalregler *m*, P-Regler *m*; **~ number** (*Statistik*) Verhältniszahl *f*; **~ representation** POL Verhältnis-, Proportionalwahl(system) *f(n)*; **~ spacing** COMPUT Proportionalschrift *f* 3 anteil-, mengenmäßig (*Verteilung etc*) 4 proportional, im gleichen Verhältnis stehend (**to** mit, zu) 5 MATH Proportionalitäts…: **~ calculus** B S MATH Proportionale *f* (*Glied e-r Verhältnisgleichung*); **proportionality** [-ʃəˈnælətɪ] S 1 Verhältnismäßigkeit *f*, Proportionalität *f*: **~ factor** Verhältniszahl *f* 2 Angemessenheit *f*

proportionate A ADJ [prəˈpɔː(r)ʃnət; *US a.* -ˈpəʊr-] (ADV ~ly) (**to**) im richtigen Verhältnis (stehend) (zu), angemessen, entsprechend (*dat*), proportional: **~ share** WIRTSCH Verhältnisanteil *m*, anteilmäßige Befriedigung, Quote *f* B V/T [-neɪt] angemessen machen, proportional zuteilen; **proportionment** S 1 verhältnismäßige (Ver)Teilung 2 Abmessung *f*, Bemessung *f*

proposal [prəˈpəʊzl] S 1 Vorschlag *m*, *a.* WIRTSCH Angebot *n*, Antrag *m*: **~s of** (*od* **for**) **peace** Friedensangebote; **~ form** Antrag(sformular *n*) 2 (Heirats)Antrag *m*: **she had a ~** sie bekam e-n Heiratsantrag

propose [prəˈpəʊz] A V/T 1 vorschlagen (**sth to sb** j-m etwas; **sb for** j-n für *od* als; **that** dass; **doing** zu tun): **~ marriage to** *j-m* e-n Heiratsantrag machen 2 PARL, POL a (als Kandidaten) vorschlagen, aufstellen b unterbreiten, beantragen, *e-e Resolution* einbringen, *ein Misstrauensvotum* stellen *od* beantragen; → motion A 6 3 beabsichtigen, vorhaben, gedenken (**to do** zu tun): **the ~d voyage** die geplante Seereise 4 e-n Trinkspruch *od* Toast ausbringen auf (*akk*), trinken auf *etwas od* auf *j-s* Wohl: → health 3, toast[2] A 1 B V/I 1 planen: **man ~s, (but) God disposes** (*Sprichwort*) der Mensch denkt, Gott lenkt 2 (**to**) e-n Heiratsantrag machen (*dat*), anhalten (um *j-n od j-s* Hand); **proposer** S Antragsteller(in)

proposition [ˌprɒpəˈzɪʃn; *US* ˌprɑ-] A S 1 Vorschlag *m*, Antrag *m*: **make sb a ~** a j-m e-n Vorschlag machen b j-m (*e-m Mädchen etc*) e-n unsittlichen Antrag machen 2 (vorgeschlagener) Plan, Projekt *n*, Vorhaben *n* 3 WIRTSCH Angebot *n* 4 Behauptung *f* 5 *umg* a Sache *f*: **an easy ~** kleine Fische; **a tough ~** e-e harte Nuss b Typ *m*: **he's a tough ~** mit ihm ist nicht gut Kirschen essen 6 *umg* Geschäft *n*, Unternehmen *n* 7 RHET Protasis *f*, Vor-, Hauptsatz *m* 8 *Logik*: Satz *m*, Behauptung *f* 9 MATH (Lehr)Satz *m*, Theorem *n* B V/T *j-m* e-n Vorschlag machen, *bes e-m Mädchen etc* e-n unsittlichen Antrag machen; **propositional** [-ʃənl] ADJ MATH *etc* Satz…

propound [prəˈpaʊnd] V/T 1 a *e-e Theorie etc* vertreten b *ein Problem etc* zur Debatte stellen 2 vorschlagen 3 **~ a will** JUR *Br* auf Anerkennung e-s Testaments klagen

propr. ABK proprietor

proprietary [prəˈpraɪətərɪ; *US* -ˌteriː] A ADJ 1 Eigentums…, Vermögens…: **~ right** Eigentumsrecht *n* 2 Eigentümer…, Besitzer…, Inhaber…: **~ company** WIRTSCH a *US* Holding-, Dachgesellschaft *f* b *Br* Familiengesellschaft *f* 3 besitzend, begütert: **the ~ classes** die besitzenden Schichten, *pej a.* das Besitzbürgertum 4 WIRTSCH gesetzlich geschützt (*Arznei, Ware*): **~ article** Markenartikel *m*; **~ name** Markenbezeichnung *f* B S 1 Eigentümer *m od pl*: **the landed ~** die Grundbesitzer 2 Eigentum *n*, Besitz *m*: **landed ~** Grundbesitz 3 JUR Eigentumsrecht *n* 4 PHARM a medizinischer Markenartikel b nicht rezeptpflichtiges Medikament 5 HIST *Br* Gouverneur *m* über e-e Kolonie (*in den heutigen USA*): **~ colony** *Kolonie, deren Verwaltung von der brit. Krone Privatpersonen übertragen wurde*

proprietor [prəˈpraɪətə(r)] S 1 Eigentümer *m*, Besitzer *m*, (Geschäfts)Inhaber *m*: **sole ~** a Alleininhaber *m* b WIRTSCH *US* Einzelkaufmann *m* 2 Anteilseigner *m*, Gesellschafter *m* 3 → proprietary B 5; **proprietorial** [-ˈtɔːrɪəl; *US a.* -ˈtəʊ-] → proprietary A 1, A 2; **proprietorship** S 1 Eigentum(srecht) *n* (**in** an *dat*) 2 Verlagsrecht *n* 3 *Bilanz*: Eigenkapital *n* 4 **sole ~** a alleiniges Eigentumsrecht b WIRTSCH *US* Einzelunternehmen *n*; **proprietress** [-trɪs] S Eigentümerin *f*

propriety [prəˈpraɪətɪ] S 1 Schicklichkeit *f*, Anstand *m* 2 *pl* Anstandsformen *pl*, -regeln *pl*, gute Sitten *pl*: **it is not in keeping with the proprieties** es schickt sich nicht 3 Angemessenheit *f*, Richtigkeit *f* 4 *obs* a Privatbesitz *m* b Eigentumsrecht *n*

proptosis [prɒpˈtəʊsɪs; *US* prɑp-] *pl* -ses [-siːz] → exophthalmia

propulsion [prəˈpʌlʃn] S 1 TECH Antrieb *m* (*a. fig*), Antriebskraft *f*: **~ nozzle** Rückstoßdüse *f* 2 Fortbewegung *f*; **propulsive** [-sɪv] ADJ antreibend, vorwärtstreibend (*a. fig*): **~ charge** Treibsatz *m*; **~ force** Triebkraft *f*; **~ jet** Treibstrahl *m*; **propulsor** [-sə(r)] S TECH Treibmittel *n*, -satz *m*

propyl [ˈprəʊpɪl] S CHEM Propyl *n*

propyla [ˈprɒpɪlə; *US* ˈprɑ-] *pl von* propylon

propylaeum [ˌprɒpɪˈliːəm; *US* ˌprɑ-; ˌprəʊ-] *pl* -laea [-ˈliːə] S *Antike*: ARCH 1 **the Propylaea** *pl* die Propyläen *pl* (*der Akropolis*) 2 → propylon

propylene [ˈprəʊpɪliːn] S CHEM Propylen *n*

propylon [ˈprɒpɪlɒn; *US* ˈprɑpəˌlɑn] *pl* -lons, -la [-lə] S *Antike*: ARCH Propylon *n* (*Tempeleingang etc*)

pro rata [ˌprəʊˈrɑːtə; -ˈreɪtə] ADJ & ADV anteilmäßig, anteilig

prorate [prəʊˈreɪt; ˈprəʊreɪt] V/T *bes US* anteilmäßig ver- *od* aufteilen *od* berechnen; **proration** [-ˈreɪʃn] S *bes US* anteilmäßige Ver- *od* Aufteilung *od* Berechnung

prorogation [ˌprəʊrəˈgeɪʃn; -rəʊˈg-] S *bes* PARL Vertagung *f*; **prorogue** [prəˈrəʊg] V/T vertagen

prosaic [prəʊˈzeɪɪk] ADJ (ADV ~ally) 1 Prosa… 2 *fig* prosaisch, alltäglich, fantasielos, nüchtern, trocken; **prosaicism** [-sɪzəm], **prosaism** [ˈprəʊzeɪɪzəm] S Prosaismus *m*: a prosaischer Charakter b prosaischer Ausdruck *od* Stil; **prosaist** S Prosaiker(in): a Prosaschriftsteller(in) b *fig* nüchterner Mensch

proscenium [prəʊˈsiːnjəm; -ɪəm] *pl* -nia [-njə; -nɪə], -niums S THEAT 1 Proszenium *n*, Vorderbühne *f* 2 *Antike*: Bühne *f*; **~ box** S THEAT Proszeniumsloge *f*

proscribe [prəʊˈskraɪb] V/T 1 proskribieren: a HIST ächten (*a. fig*), für vogelfrei erklären b verbannen 2 a verurteilen b verbieten; **proscription** [-ˈskrɪpʃn] S 1 Proskription *f*: a HIST Ächtung *f* (*a. fig*) b Verbannung *f* 2 a Verurteilung *f* b Verbot *n*; **proscriptive** [-tɪv] ADJ (ADV ~ly) 1 HIST ächtend, Ächtungs… (*beide a. fig*) 2 verbietend, Verbots…

prose [prəʊz] A S 1 Prosa *f* 2 *fig* Prosa *f*, Nüchternheit *f*, Alltäglichkeit *f* 3 *fig* langweiliges *od* alltägliches Gerede 4 SCHULE, UNIV *bes Br* Übersetzung *f* in die Fremdsprache: **do an Italian ~** e-e Übersetzung ins Italienische machen B ADJ 1 Prosa…: **~ drama**; **~ writer** Prosaschriftsteller(in); → poetry 3 2 *fig* prosaisch, alltäglich, nüchtern C V/T 1 in Prosa schreiben 2 langweilig erzählen

prosector [prəʊˈsektə(r)] S MED Prosektor *m* (*Arzt, der Sektionen durchführt*)

prosecute [ˈprɒsɪkjuːt; *US* ˈprɑs-] A V/T 1 *e-n Plan etc* verfolgen, weiterführen: **~ an action** JUR e-n Prozess führen *od* betreiben 2 *ein Gewerbe, Studien etc* betreiben 3 *e-e Untersuchung* durchführen 4 *ein Gebiet etc* untersuchen, erforschen 5 JUR a strafrechtlich verfolgen b gerichtlich verfolgen, belangen, anklagen (*alle*: **for** wegen) c *e-e Forderung etc* einklagen: **~ a trial** die Anklage bei e-m Prozess vertreten; **prosecuting attorney** (*Br* **counsel**) Anklagevertreter(in), Staatsanwalt *m*, -anwältin *f*; **prosecuting witness** a Nebenkläger(in) b Belastungszeuge *m*, -zeugin *f* B V/I 1 JUR gerichtlich vorgehen 2 JUR als Kläger auftreten, die Anklage vertreten: **Mr N, prosecuting, said** Herr N, der Vertreter der Anklage, sagte

prosecution [ˌprɒsɪˈkjuːʃn; *US* ˌprɑs-] S 1 Verfolgung *f*, Fortsetzung *f* (*e-s Planes etc*) 2 Betreiben *n* (*e-s Gewerbes, von Studien etc*) 3 Durchführung *f* (*e-r Untersuchung*) 4 Untersuchung *f*, Erforschung *f* (*e-s Gebietes etc*) 5 JUR a strafrechtliche Verfolgung, Strafverfolgung *f*, Anklage *f* b Einklagen *n* (*e-r Forderung etc*): → liable 2 6 **the ~** JUR die Staatsanwaltschaft, die Anklage(behörde): → witness A 1; **prosecutor** [-tə(r)] S JUR (An)Kläger(in): **public ~** Staatsanwalt *m*, -anwältin *f*, öffentliche(r) Ankläger(in)

proselyte [ˈprɒsɪlaɪt; *US* ˈprɑs-] A S 1 Proselyt(in), Neubekehrte(r) *m/f(m)* (*a. fig*), Konvertit(in) 2 BIBEL Proselyt(in), zum Judentum Übergetretene(r) *m/f(m)* B V/T 1 bekehren, zu(m) Proselyten machen 2 *fig* gewinnen (**to** für) C V/I Anhänger gewinnen (*a. fig*); **proselytism** [-ɪlɪtɪzəm; *US a.* -laɪ-] S Proselytismus *m*: a Bekehrungseifer *m*, *pej* Proselytenmacherei *f* b Proselytentum *n*; **proselytize** [-ɪlɪtaɪz] → proselyte B, C; **proselytizer** S Bekehrer(in), *pej* Proselytenmacher(in)

proseminar [prəʊˈsemɪnɑː(r)] S UNIV Pro-, Vorseminar *n*

prosencephalic [ˈprɒs-; *US* ˈprɑs-] ADJ ANAT Vorderhirn…; **prosencephalon** *pl* -ala [-lə] S Prosenzephalon *n*, Vorderhirn *n*

prosenchyma [prɒsˈeŋkɪmə; *US* prɑˈs-] S BOT Prosenchym *n*, Fasergewebe *n*

proser [ˈprəʊzə(r)] S langweilige(r) Erzähler(in)

prosiness [ˈprəʊzɪnɪs] S 1 prosaischer Charakter, Nüchternheit *f* 2 Langweiligkeit *f*, Weitschweifigkeit *f*

prosodic [prəˈsɒdɪk; *US* -ˈsɑd-] ADJ, **prosodical** [-kl] ADJ (ADV ~ly) prosodisch

prosodist [ˈprɒsədɪst; *US* ˈprɑs-] S Prosodiker(in); **prosody** [-dɪ] S 1 Verslehre *f* 2 LING Prosodie *f* (*Lehre von der metrisch-rhythmischen Behandlung der Sprache*)

prosopopoeia [ˌprɒsəpəˈpiːə; *US* prəˌsəʊ-] S RHET Prosopopöie *f*: a *Personifizierung lebloser Dinge* b *Einführung e-r abwesenden Person*

prospect [ˈprɒspekt; *US* ˈprɑs-] A S 1 (Aus)Sicht *f*, (-)Blick *m* (**of** auf *akk*; **over** über *akk*) 2 *fig* Aussicht *f* (**of** auf *akk*; **of being** zu sein): **be in ~** in Aussicht stehen, zu erwarten sein; **hold out a ~ of** *etwas* in Aussicht stellen; **have sth in ~** etwas in Aussicht haben; **no ~ of success** keine Erfolgsaussichten; **there is a ~ that …** es besteht Aussicht, dass …; **at the ~ of** in Erwartung (*gen*); **what a ~!** *iron* schöne Aussichten! 3 *fig* Vor(aus)schau *f* (**of** auf *akk*): **a ~ of future events** 4 a WIRTSCH *etc* Interessent(in) b WIRTSCH mögliche(r) *od* potentielle(r) Kunde/Kundin *od* Käufer(in) c mögliche(r) Kandidat(in) 5 *Bergbau*: a (*Erz- etc*) Anzeichen *n*

P

b Schürfprobe *f* c Stelle *f* mit (*Erz- etc*) Anzeichen d Schürfstelle *f*, Lagerstätte *f* e Schürfbetrieb *m* 6 *obs fig* Überblick *m* (**of** über *akk*): **on nearer ~** bei näherer Betrachtung B VT [*Br meist* prə'spekt] 1 *ein Gebiet* durchforschen, untersuchen (*beide:* **for** nach *Gold etc*): **~ a district** e-e Gegend auf das Vorhandensein von Lagerstätten untersuchen 2 MINER *e-e Fundstelle etc* versuchsweise erschürfen, auf Erz-, Goldhaltigkeit *etc* untersuchen C VI [*Br meist* prə'spekt] 1 MINER suchen *od* schürfen *od* graben (**for** nach): **~ for oil** nach Öl bohren; **~ing licence** (*US* **license**) Schürfrecht *n* 2 MINER sich *gut, schlecht* (zur Ausbeute) eignen 3 *fig* suchen, Um- *od* Ausschau halten (*alle:* **for** nach)

prospective [prə'spektɪv] ADJ (ADV **~ly**) 1 (zu)künftig, angehend, voraussichtlich: **~ buyer** Kaufinteressent(in), potentielle(r) Käufer(in); **the ~ professor** der angehende Professor; **he is my ~ son-in-law** er ist mein zukünftiger Schwiegersohn; **~ mother** werdende Mutter 2 *fig* vorausschauend

prospector [prə'spektə(r); *US* 'prɑs,p-] S a *Bergwesen:* Prospektor *m*, Erz-, Goldschürfer *m* b Goldsucher *m*

prospectus [prə'spektəs] S Prospekt *m:* a Werbeschrift *f* b Ankündigung *f* (*e-s Buches etc*) c WIRTSCH Subskriptionsanzeige *f* d Schul-, Universitätsprospekt *m*

prosper ['prɒspə; *US* 'prɑspər] A VI 1 Glück *od* Erfolg haben (**in** bei), vorwärtskommen 2 gedeihen (*a.* BOT), florieren, blühen (*Unternehmen etc*) 3 glücken, von Erfolg begleitet sein (*Unterfangen etc*) B VT *obs* begünstigen, *j-m* hold *od* gewogen sein, *etwas* gelingen *od* gedeihen lassen; **prosperity** [-'sperətɪ] S 1 Gedeihen *n* 2 WIRTSCH Prosperität *f*, Wohlstand *m:* **~ gap** Wohlstandsgefälle *n;* **~ index** Wohlstandsindex *m;* **~ phase** Hochkonjunktur *f* 3 *pl* glückliche *od* günstige Umstände; **prosperous** ADJ (ADV **~ly**) 1 gedeihend, florierend, blühend: **~ years** Jahre des Wohlstands 2 wohlhabend 3 günstig

prostate ['prɒsteɪt; *US* 'prɑs-] ANAT A S *a.* **~ gland** Prostata *f*, Vorsteherdrüse *f* B ADJ → prostatic

prostatectomy [,prɒstə'tektəmɪ; *US* ,prɑs-] S MED Prostatektomie *f* (*[teilweise] Entfernung der Vorsteherdrüse*)

prostatic [prɒ'stætɪk; *US* prɑ-] ADJ ANAT Prostata…: **~ cancer**

prostatitis [,prɒstə'taɪtɪs; *US* ,prɑs-] S MED Prostatitis *f*, Prostataentzündung *f*

prosternum S *a. irr* ZOOL Vorderbrust (-schild *m*) *f* (*e-s Insekts*)

prosthesis ['prɒsθɪsɪs; prɒs'θi:-; *US* 'prɑs-; prɑs'θ-] *pl* **-ses** [-si:z] S 1 MED Prothese *f* 2 MED prothetische Ersetzung (*e-s fehlenden Körperteils*) 3 LING Prosthese *f* (*Vorsetzen e-s Buchstabens od e-r Silbe vor ein Wort*); **prosthetic** [-'θetɪk] A ADJ (ADV **~ally**) 1 MED prothetisch, Prothesen…: **~ dentistry** → prosthodontia 2 LING prosthetisch, vorgesetzt (*Buchstabe, Silbe*) B S **prosthetics** *pl* (*als sg konstruiert*) MED Prothetik *f* (*Wissenschaftsbereich, der sich mit der Entwicklung u. Herstellung von Prothesen befasst*); **prosthetist** [prɒs'θi:-; *US* 'prɑsθə-] S Prothetiker(in)

prosthodontia [,prɒsθəʊ'dɒnʃjə; -ʃə; *US* ,prɑsθə'dɑntʃɪə; -tʃə] S, **prosthodontics** [-tɪks] SPL (*als sg konstruiert*) MED zahnärztliche Prothetik, Zahnersatzkunde *f;* **prosthodontist** [-tɪst] S Zahnprothetiker(in)

prostitute ['prɒstɪtju:t; *US* 'prɑs-; *a.* -,tu:t] A S a Prostituierte *f* b Strichjunge *m* B VT 1 prostituieren: **~ o.s.** sich prostituieren *od* verkaufen (*a. fig*) 2 *fig* (für ehrlose Zwecke) her-, preisgeben, entwürdigen, *sein Talent etc* wegwerfen; **prostitution** S 1 Prostitution *f*, gewerbsmäßige Unzucht 2 *fig* Entwürdigung *f*, Preisgabe *f*

prostrate A VT [prɒ'streɪt; *US* 'prɑs,t-] 1 zu Boden werfen *od* strecken, niederwerfen: **~ o.s.** *fig* sich in den Staub werfen, sich demütigen (*beide:* **before** vor *dat*) 2 *fig* unterwerfen, niederzwingen 3 entkräften, erschöpfen 4 *fig* niederschmettern B ADJ ['prɒstreɪt; *US* 'prɑs-] 1 hingestreckt 2 a erschöpft (**with** vor *dat*) b daniederliegend: **a ~ country** ein am Boden liegendes *od* zugrunde gerichtetes Land; **~ with grief** gramgebeugt 3 *fig* unterwürfig, demütig 4 *fig* fußfällig, im Staube liegend 5 BOT, ZOOL (nieder)liegend; **prostration** S 1 Niederwerfen *n* 2 Fußfall *m* (*a. fig*) 3 *fig* Unterwerfung *f*, Niederzwingung *f* 4 Erschöpfung(szustand) *f(m)* 5 Unterwürfigkeit *f*, Demütigkeit *f*

prostyle ['prəʊstaɪl] S *Antike:* ARCH Prostylos *m* (*[Tempel]Bau mit offener Säulenvorhalle*)

prosy ['prəʊzɪ] ADJ (ADV **prosily**) 1 langweilig, weitschweifig 2 nüchtern, prosaisch

prosyllogism [prəʊ'sɪlədʒɪzəm] S PHIL Prosyllogismus *m*, Einleitungs-, Vorschluss *m*

Prot. ABK Protestant prot.

protagonist [prəʊ'tægənɪst] S 1 THEAT Hauptfigur *f*, Held(in), Träger(in) der Handlung 2 *fig* Protagonist(in): a Hauptperson *f* b Vorkämpfer(in)

protamine ['prəʊtəmi:n] S *Biochemie:* Protamin *n* (*einfacher, schwefelfreier Eiweißkörper*)

protanopia [,prəʊtə'nəʊpjə; -pɪə] S MED Protanopie *f*, Rotblindheit *f*

protasis ['prɒtəsɪs; *US* 'prɑt-] *pl* **-ses** [-si:z] S Protasis *f:* a LING Vordersatz *m*, (vorgestellter) Bedingungssatz b *Antike:* THEAT Vorspiel *n*

protean [prəʊ'ti:ən; 'prəʊtɪən] ADJ 1 veränderlich 2 *fig* proteisch, wandelbar, unstet 3 *fig* vielseitig (*Schauspieler*)

protease ['prəʊtɪeɪs] S *Biochemie:* Protease *f* (*ein Eiweiß spaltendes Enzym*)

protect [prə'tekt] A VT 1 (be)schützen (**from** vor *dat;* **against** gegen): **~ed area** Naturschutzgebiet *n;* **~ed by copyright** urheberrechtlich geschützt; **~ed by letters patent** patentrechtlich geschützt; **~ed state** POL Schutzstaat *m;* **~ zone** Schutzzone *f;* → interest A 7 2 WIRTSCH *e-n Industriezweig etc* (*durch Schutzzölle*) schützen 3 WIRTSCH für *e-n Wechsel* einstehen 4 TECH (ab)sichern, schützen, abschirmen: **~ed switch** Schutzschalter *m* 5 schonen 6 *e-e Schachfigur* decken B VI sich schützen

protection [prə'tekʃn] S 1 Schutz *m* (**from** vor *dat;* **against** gegen): **~ of interests** Interessenwahrung *f* 2 WIRTSCH, JUR (Rechts)Schutz *m:* **~ of industrial property** gewerblicher Rechtsschutz; **legal ~ of registered designs** Gebrauchsmusterschutz; **~ against dismissal** Kündigungsschutz 3 WIRTSCH Schutzzoll *m* 4 WIRTSCH Schutzzoll(politik) *m(f)*, -system *n* 5 WIRTSCH **~ of a bill** Einstehen *n* für e-n Wechsel; **give ~ to a bill** für e-n Wechsel einstehen 6 JUR, SCHIFF *US* Schutz-, Geleitbrief *m* 7 Protektion *f*, Gönnerschaft *f* 8 a Protektion *f* (*Schutz gegen Verfolgung durch Polizei od Gangster*) b *a.* **~ money** Schutzgeld *n:* **~ racket** *Organisation, die Schutzgelder erpresst* 9 TECH Schutz *m;* **protectionism** [-ʃənɪzəm] S WIRTSCH Protektionismus *m:* a Schutzzollpolitik *f* b Schutzzollsystem *n;* **protectionist** A S 1 Protektionist(in), Verfechter(in) der Schutzzollpolitik 2 Naturschützer(in) B ADJ protektionistisch, Schutzzoll…

protective [prə'tektɪv] ADJ (ADV **~ly**) 1 Schutz…, (be)schützend, Schutz gewährend: **~ clothing** Schutzkleidung *f;* **~ coating** Schutzüberzug *m*, -anstrich *m;* **~ coloration** ZOOL Schutzfärbung *f:* **~ conveyance** JUR Sicherungsübereignung *f;* **~ cup** (*Boxen*) Tiefschutz *m;* **~ custody** Schutzhaft *f;* **take sb into ~ custody** j-n in Schutzhaft nehmen; **~ duty** (*od* **tariff**) Schutzzoll *m;* **(pair of) ~ goggles** *pl* Schutzbrille *f;* **~ layer** Schutzschicht *f* 2 WIRTSCH Schutzzoll…: **~ system** 3 fürsorglich, beschützerisch (*beide:* **toward[s]** gegenüber)

protector [prə'tektə(r)] S 1 Beschützer *m*, Schutz-, Schirmherr *m*, Gönner *m* 2 TECH *etc* Schutz(vorrichtung) *m(f)*, -mittel *n*, Schützer *m*, Schoner *m* 3 HIST a Protektor *m*, Reichsverweser *m* b → Lord Protector; **protectoral** ADJ Protektor…, schutzherrlich; **protectorate** [-rət] S Protektorat *n:* a Schutzherrschaft *f* b Schutzgebiet *n* c Protektorwürde *f* d ♀ HIST *Regierungszeit Oliver u. Richard Cromwells als* ***Lord Protector;*** **protectory** S (Kinder)Fürsorgeheim *n;* **protectress** S Beschützerin *f*, Schutz-, Schirmherrin *f*

protégé ['prəʊteʒeɪ] S Protegé *m*, Schützling *m;* **protégée** ['prəʊteʒeɪ] S (*weiblicher*) Schützling

proteid ['prəʊti:d; -ti:ɪd] S *Biochemie:* Proteid *n* (*Eiweiß, das mit nichteiweißartigen Stoffen zusammengesetzt ist*)

protein ['prəʊti:n; -ti:ɪn] (*Biochemie*) A S Protein *n*, Eiweiß *n* B ADJ proteinartig, -haltig, Protein…

pro temp [,prəʊ'temp], **pro tempore** [-pərɪ] ADV pro tempore, einstweilen, vorläufig

proteolysis [,prəʊtɪ'ɒlɪsɪs; *US* -'ɑlə-] S *Biochemie:* Proteolyse *f* (*Aufspaltung von Eiweißkörpern in Aminosäuren*)

Proterozoic [,prɒtərəʊ'zəʊɪk; *US* ,prɑtərə'z-] GEOL A ADJ proterozoisch B S Proterozoikum *n* (*ein Abschnitt der Erdurzeit*)

protest A S ['prəʊtest] 1 Protest *m:* **in ~ (at, against), as a ~ (against)** aus Protest (gegen); **enter** (*od* **lodge**) **a ~** Protest erheben *od* Verwahrung einlegen (**with** bei; **against** gegen); **under ~** unter Protest; **without ~** widerspruchslos; **~ march** Protestmarsch *m;* **~ meeting** Protestversammlung *f;* **~ rally** Protestkundgebung *f;* **~ singer** Protestsänger(in); **~ song** Protestsong *m*, -lied *n* 2 WIRTSCH, JUR (Wechsel)Protest *m* 3 *a.* **ship's ~** JUR, SCHIFF Seeprotest *m*, Verklarung *f:* **extend ~** Verklarung ablegen 4 *Br* Minderheitsprotest *m* (*im Oberhaus, gegen e-n Antrag*) B VI [prə'test] 1 protestieren (**at, against, about** gegen; **to** bei) 2 a e-e (feierliche) Erklärung abgeben b die Wahrheit (*s-r Worte etc*) beteuern C VT [prə'test] 1 *US* protestieren gegen 2 WIRTSCH, JUR *e-n Wechsel* protestieren: **have a bill ~ed** e-n Wechsel zu Protest gehen lassen 3 beteuern (**sth** etwas; **that** dass): **~ one's innocence**

Protestant ['prɒtɪstənt; *US* 'prɑ-] REL A S Protestant(in): **be a ~** *a.* protestantisch sein B ADJ protestantisch; **~ Episcopal Church** S *die anglikanische Kirche in den USA;* **~ ethic** S *Religionssoziologie:* protestantische Ethik (*ethisch-religiöse Entstehungsgrundlage der kapitalistischen Wirtschaftsgesinnung*)

Protestantism S Protestantismus *m;* **Protestantize** VT protestantisch machen, zum Protestantismus bekehren

protestation [,prəʊte'steɪʃn; *US a.* ,prɑtəs't-] S 1 Beteuerung *f:* **~s of innocence** Unschuldsbeteuerungen 2 Protest *m* (**against** gegen)

protester [prə'testə(r)] S Protestierende(r)

m/f(m)

proteus ['prəʊtju:s; -tɪəs; *US a.* -,tu:s] S Proteus *m (eine Bakteriengattung)*

prothalamium [,prəʊθə'leɪmɪəm] *pl* -mia [-ə] S Hochzeitsgedicht *n*

prothallium [prəʊ'θælɪəm] *pl* -lia [-lɪə] S BOT Prothallium *n*, Vorkeim *m*

prothesis ['prɒθɪsɪs; *US* 'prɑ-] → prosthesis 3

prothorax S *a. irr* ZOOL Prothorax *m*, erster Brustring *(der Insekten)*

protist ['prəʊtɪst] S BIOL Protist *m*, Einzeller *m*

protium ['prəʊtjəm; -ɪəm; *US a.* -ʃɪəm] S CHEM Protium *n*

proto- [prəʊtəʊ; -tə] *Wortelement mit den Bedeutungen* a erst(er, e, es) b Urform von ..., Ur..., Proto...

protoblast ['prəʊtəblæst] S BIOL membranlose Zelle

protocol ['prəʊtəkɒl; *US a.* -,kɑl] A S 1 (Verhandlungs)Protokoll *n*, Sitzungsbericht *m*: **record in ~** zu Protokoll nehmen, protokollieren 2 POL Protokoll *n*: a *diplomatische Etikette*: **~ demands that ...** das Protokoll verlangt, dass ... b Vorvertrag *m*, Vertragsabreden *pl* c Zusatzprotokoll *n* 3 IT Protokoll *n (genormte Verfahrensvorschrift für die Datenübermittlung, durch die die Datenformate u. der Datenfluss festgelegt werden)* B V/I das Protokoll führen; **~ statement** S *Wissenschaftstheorie*: Protokollsatz *m*

Proto-Germanic LING A ADJ urgermanisch B S Urgermanisch *n*, das Urgermanische

protohistory S Urgeschichte *f*

protohuman A S Urmensch *m* B ADJ urmenschlich

protolanguage S Ursprache *f*

protomorph ['prəʊtəmɔ:(r)f] S BIOL Urform *f*; **protomorphic** ADJ primär, primitiv, ursprünglich

proton ['prəʊtɒn; *US* -,tɑn] S PHYS Proton *n (positiv geladenes Elementarteilchen)*: **~ microscope** Protonenmikroskop *n*; **~ number** Protonenzahl *f*; **~ ray** Protonenstrahl *m*; **~ synchrotron** Protonensynchrotron *n*, -beschleuniger *m*

protophyte ['prəʊtəfaɪt] S BOT Protophyton *n*, Protophyt *m (einfachste einzellige Pflanze)*

protoplasm ['prəʊtəʊplæzəm] S BIOL 1 Protoplasma *n (Grundsubstanz der Zelle)* 2 Urschleim *m*; **protoplasmic** [-mɪk] ADJ protoplasmatisch

protoplast ['prəʊtəʊplæst] S BIOL Protoplast *m (Plasmakörper der Zelle)*

protostar S ASTRON Protostern *m (Vorstufe in der Sternenentwicklung)*

prototrophic ADJ BIOL autotroph *(durch Fotosynthese ernährbar)*

prototypal → prototypical

prototype S Prototyp *m (a.* BIOL*)*: a Urbild *n*, Urtyp *m*, Urform *f* b Urmuster *n* c TECH (Richt)Modell *n*, Ausgangsbautyp *m*; **prototypical** ADJ prototypisch, Ur...

protoxide [prəʊ'tɒksaɪd; *US* -'ɑk-] S CHEM Protoxid *n*: **~ of iron** Eisen(II)-Oxid *n*

protozoan [,prəʊtə'zəʊn] ZOOL A ADJ Protozoen... B *pl* -zoans, *bes koll* -zoa S → protozoon; **protozoology** [-'ɒlədʒɪ; *US* -'ɑl-] S Protozoologie *f*; **protozoon** [-ən; -ɒn; *US* -,ɑn] *pl* -zoa [-ə] S Protozoon *n*, Urtierchen *n*, Einzeller *m*

protract [prə'trækt; *US a.* prəʊ-] V/T 1 in die Länge ziehen, hinausziehen, -zögern, verschleppen: **~ed illness** langwierige Krankheit; **~ed defence** (*US* **defense**) MIL hinhaltende Verteidigung; **~ed stay in hospital** längerer Krankenhausaufenthalt 2 MATH mit e-m Winkelmesser *od* maßstab(s)getreu zeichnen *od* auftragen 3 *s-e Krallen* aus-, vorstrecken; **protractile** [-taɪl; *US a.* -təl] ADJ ZOOL aus-, vorstreckbar; **protraction** S 1 Hinausziehen *n*, -zögern *n*, Verschleppen *n* 2 MATH maßstab(s)getreue *od* winkeltreue Zeichnung 3 ZOOL Aus-, Vorstrecken *n* 4 LIT Silbendehnung *f*; **protractor** [-tə(r)] S 1 MATH, *Landvermessung*: Transporteur *m*, Gradbogen *m*, Winkelmesser *m* 2 ANAT Vorzieh-, Streckmuskel *m*

protrude [prə'tru:d; *US* prəʊ-] A V/I heraus-, (her)vorstehen, -ragen, -treten: **protruding chin** vorspringendes Kinn; **protruding teeth** vorstehende Zähne B V/T herausstrecken, (her-)vortreten lassen; **protrusible** [-səbl], **protrusile** [-saɪl; *US a.* -səl] ADJ vor-, ausstreckbar, verlängerungsfähig; **protrusion** [-ʒn] S 1 Herausragen *n*, Hervorstehen *n*, -treten *n*, Vorspringen *n* 2 Vorwölbung *f*, -sprung *m*, Ausbuchtung *f*, (her)vorstehender Teil; **protrusive** ADJ (ADV ~ly) vorstehend, hervortretend

protuberance [prə'tju:bərəns; *US* prəʊ-; *a.* -'tu:-] S 1 (her)vortretende Stelle, Vorsprung *m* 2 MED Protuberanz *f*, Vorsprung *m (an Knochen od Organen)* 3 → prominence 5 4 (Her)Vortreten *n*, -stehen *n*; **protuberant** ADJ (ADV ~ly) (her)vorstehend, -tretend, -quellend

proud [praʊd] A ADJ (ADV ~ly) 1 stolz (**of** auf *akk*): **be ~ to do sth** stolz darauf sein, etwas zu tun; **that is nothing to be ~ of** darauf kann man sich wirklich nichts einbilden 2 dünkelhaft, hochmütig, eingebildet: **(as) ~ as a peacock** *fig* stolz *od* eitel wie ein Pfau; **not be too ~ to do sth** sich nicht zu gut sein, etwas zu tun; → Lucifer 1 3 stolz (machend), mit Stolz erfüllend: **a ~ day** ein stolzer Tag (**for** für) 4 stolz, prächtig *(Schiff etc)* 5 selbstbewusst 6 **~ flesh** MED wildes Fleisch, Granulationsgewebe *n* 7 *US* sehr erfreut: **I'm ~ to meet you** 8 *bes Br* herausstehend: **be** (*od* **stand**) **~ of** herausragen über *(akk)* 9 ZOOL brunftig B ADV *umg* **do sb ~** a j-m alle Ehre machen b j-n königlich bewirten, j-n verwöhnen; **do o.s. ~** es sich gut gehen lassen

prov. ABK 1 province 2 provincial 3 provisional vorl. 4 provost

provable ['pru:vəbl] ADJ (ADV provably) nachweisbar, beweisbar

prove [pru:v] A V/T *prät* proved, *pperf* proved, *bes US* proven 1 er-, nach-, beweisen: **~ sth to sb** j-m etwas beweisen; **~ to o.s. that ...** sich beweisen, dass ...; **~ adultery** beweisen, dass Ehebruch vorliegt; **~ one's alibi** sein Alibi nachweisen; **~ one's case** beweisen, dass man recht hat; **~ by chemical tests** chemisch nachweisen; **~ sb guilty** j-s Schuld erweisen; → right A 2, wrong A 1 2 JUR *ein Testament* bestätigen (lassen) 3 bekunden, unter Beweis stellen, zeigen 4 *a.* TECH prüfen, erproben, e-r (Material)Prüfung unterziehen: **a ~d remedy** ein erprobtes *od* bewährtes Mittel; **~ o.s.** a sich bewähren b sich beweisen c sich erweisen als; → proving 1 5 MATH die Probe machen auf *(akk)* B V/I 1 sich herausstellen *od* erweisen als: **~ (to be) necessary**; **~ a great success; his fears ~d groundless; he will ~ (to be) the heir** es wird sich herausstellen, dass er der Erbe ist; **~ true (false)** a sich als richtig (falsch) herausstellen b sich (nicht) bestätigen *(Voraussage etc)* 2 sich bestätigen *od* bewähren als 3 ausfallen, sich ergeben: **it will ~ otherwise** es wird anders kommen *od* ausfallen 4 aufgehen *(Teig)*

proven ['pru:vən] A *bes US pperf von* prove B ADJ 1 be-, erwiesen, nachgewiesen: **not ~** JUR *schott* Schuldbeweis nicht erbracht 2 bewährt, erprobt

provenance ['prɒvənəns; *US* 'prɑv-] S Herkunft *f*, Ursprung *m*, Provenienz *f*

Provençal [,prɒvɑ̃:n'sɑ:l; *US* ,prɑvən-; ,prəʊ-] A S 1 Provenzale *m*, Provenzalin *f* 2 LING Provenzalisch *n*, das Provenzalische B ADJ provenzalisch

provender ['prɒvɪndə(r); *US* 'prɑv-] S 1 AGR (Trocken)Futter *n* 2 *umg hum* Futter *n (Lebensmittel)*

provenience [prə'vi:njəns] → provenance

proventriculus [,prəʊven'trɪkjʊləs] *pl* -uli [-laɪ] S ZOOL 1 Kaumagen *m (der Insekten)* 2 Drüsenmagen *m (der Vögel)*

proverb ['prɒvɜ:b; *US* 'prɑv,ɜrb] S 1 Sprichwort *n*: **he is a ~ for shrewdness** *fig* s-e Schlauheit ist sprichwörtlich *od (pej)* berüchtigt 2 **the (Book of) ⁓s** *pl (als sg konstruiert)* BIBEL die Sprüche *pl* (Salomonis); **proverbial** [prə'vɜ:bjəl; *US* -'vɜrbɪəl] ADJ (ADV ~ly) sprichwörtlich *(a. fig)*

provide [prə'vaɪd] A V/T 1 versorgen, ausstatten, beliefern *(alle:* **with** mit*)*: **the car is ~d with a radio** der Wagen hat ein Radio *od* ist mit e-m Radio ausgestattet; **~d with illustrations** illustriert, mit Illustrationen (versehen) 2 ver-, beschaffen, besorgen, liefern, zur Verfügung stellen, (bereit)stellen: **he ~s maintenance for them** er sorgt für ihren Unterhalt; **~ payment** WIRTSCH Deckung anschaffen, für Zahlung sorgen; **~ an opportunity** e-e Gelegenheit schaffen *od* bieten 3 JUR a vorsehen, -schreiben, bestimmen *(alle:* **that** dass*) (Gesetz, Vertrag etc)* b den Vorbehalt machen (**that** dass): **providing (that)** → provided B V/I 1 Vorsorge *od* Vorkehrungen *od* (geeignete) Maßnahmen treffen, vorsorgen, sich sichern *(alle:* **against** vor *dat*, gegen*)*: **~ against** a (sich) schützen vor *(dat)* b *etwas* unmöglich machen, verhindern; **~ for the future** für die Zukunft vorsorgen 2 **~ for** a für *j-n od j-s Lebensunterhalt* sorgen: **she has three children to ~ for** sie hat drei Kinder zu versorgen b *Maßnahmen* vorsehen c *e-r Sache* Rechnung tragen, *Bedürfnisse* befriedigen d *Gelder etc* bereitstellen 3 **unless otherwise ~d** JUR sofern nichts Gegenteiliges bestimmt ist

provided [prə'vaɪdɪd] KONJ *a.* **~ that** 1 vorausgesetzt(, dass); unter der Voraussetzung *od* Bedingung, dass 2 sofern, wenn (überhaupt)

providence ['prɒvɪdəns; *US* 'prɑ-] S 1 (göttliche) Vorsehung *od* Fügung: **by divine ~** a von Gottes Gnaden b durch göttliche Fügung; → tempt 4 2 ⁓ die Vorsehung, Gott *m* 3 Sparsamkeit *f* 4 Vorsorge *f*, (weise) Voraussicht; **provident** ADJ (ADV ~ly) 1 vorausblickend, vor-, fürsorglich: **God's ~ care** die göttliche Fürsorge; **~ bank** Sparkasse *f*; **~ fund** Unterstützungs-, Hilfskasse *f*; **~ society** Versicherungsverein *m* auf Gegenseitigkeit 2 haushälterisch, sparsam

providential [,prɒvɪ'denʃl; *US* ,prɑ-] ADJ 1 durch die (göttliche) Vorsehung bestimmt *od* bewirkt, schicksalhaft, göttlich 2 günstig, glücklich, gnädig *(Geschick etc)*; **providentially** [-ʃəlɪ] ADV 1 durch (göttliche) Fügung, schicksalhaft 2 glücklicherweise, durch die Gunst des Schicksals

provider [prə'vaɪdə(r)] S 1 Versorger(in), Ernährer(in) *(der Familie)*: **good ~** *umg* treu sorgende(r) Mutter (Vater) 2 WIRTSCH Lieferant(in) 3 SPORT Vorbereiter(in) 4 *bes Internet*: Provider *m*, Anbieter *m*

province ['prɒvɪns; *US* 'prɑ-] S 1 Provinz *f*, *(großer)* (Verwaltungs)Bezirk 2 **the ~s** *pl* die Provinz *(Ggs Stadt)*; **the ⁓s** *pl US umg* Kanada *n* 3 Gebiet *n*, Landstrich *m*, Gegend *f* 4 REL a Kirchenprovinz *f (erzbischöflicher Gerichtsbezirk)*

P

b Ordensprovinz *f* **5** (*größeres*) (Wissens)Gebiet, Fach *n*: **this is quite another ~** **6** Fach *n*, Aufgabenbereich *m*, Wirkungskreis *m*, Amt *n*: **that is not within my ~** a das schlägt nicht in mein Fach, das fällt nicht in mein Ressort b das ist nicht m-s Amtes

provincial [prəˈvɪnʃl] **A** ADJ (ADV ~ly) **1** Provinz…, provinziell: **~ bank** Provinz-, Provinzialbank *f*; **~ town** Provinzstadt *f* **2** Provinz… (*Ggs städtisch*), provinziell, kleinstädtisch, ländlich: **~ press** Provinzpresse *f* **3** *fig pej* provinziell, engstirnig, beschränkt, spießbürgerlich **4** *fig pej* provinzlerisch, ungehobelt (*Manieren etc*) **B** S **1** Provinzbewohner(in), j-d aus der Provinz **2** *fig pej* Provinzler(in) **3** REL (Ordens)Provinzial *m*; **provincialism** [-ʃəlɪzəm] S Provinzialismus *m*: a provinzielle Eigenart b mundartlicher Ausdruck c *pej* provinzielle Beschränktheit d *pej* Kleingeisterei *f*, Provinzlertum *n* e *pej* linkisches Benehmen *od* Wesen; **provinciality** [-ʃɪˈælətɪ] → provincialism; **provincialize** [-ʃəlaɪz] V/T provinziell machen, provinzlerischen Charakter geben (*dat*)

proving [ˈpruːvɪŋ] S **1** Prüfen *n*, Erprobung *f*: **~ flight** Aufklärungsflug *m* (*zur Umweltkontrolle*); **~ ground** TECH Versuchsfeld *n* (*a. fig*), -gelände *n* **2** **~ of a will** JUR Eröffnung *f* u. Bestätigung *f* e-s Testaments

provision [prəˈvɪʒn] **A** S **1** a Vorkehrung *f*, Vorsorge *f*, (vorsorgliche) Maßnahme b Vor-, Einrichtung *f*: **make ~** vorsorgen *od* Vorkehrungen treffen (**for** für), sich schützen (**against** vor *dat*, gegen) **2** JUR Bestimmung *f*, Vorschrift *f*: **come within the ~s of the law** unter die gesetzlichen Bestimmungen fallen **3** JUR Bedingung *f*, Vorbehalt *m*: **with the ~ that …** unter der Bedingung, dass … **4** Beschaffung *f*, Besorgung *f*, Bereitstellung *f*: **~ of funds** WIRTSCH Kapitalbeschaffung **5** *pl* (Lebensmittel)Vorräte *pl*, (-)Vorrat *m* (*beide*: **of** an *dat*), Nahrungs-, Lebensmittel *pl*, Proviant *m*: **~ dealer** (*od* **merchant**) Lebensmittelhändler(in) **6** *meist pl bes* WIRTSCH Rückstellungen *pl*, -lagen *pl*, Reserven *pl*, (angelegter) Vorrat (**of** an *dat*): **make ~s** Rückstellungen bilden **B** V/T mit Lebensmitteln *od* Proviant versorgen, verproviantieren

provisional [prəˈvɪʒənl] **A** ADJ provisorisch, vorläufig, einstweilig, behelfsmäßig, Behelfs…: **~ agreement** vorläufige *od* einstweilige Anordnung, Provisorium *n*; **~ law** Übergangsgesetz *n*; **~ licence** *Br offizielle Fahrerlaubnis vor dem Erwerb des Führerscheins*; **~ patent** vorläufiges Patent; **be in ~ 4th place** SPORT vorläufig auf dem 4. Platz liegen; **~ receipt** Interimsquittung *f*; **~ regulations** Übergangsbestimmungen; **~ result** SPORT vorläufiges *od* inoffizielles Endergebnis; **~ solution** Übergangslösung *f* **B** S **1** Provisorium *n* (*Briefmarke*) **2** ♀ POL *Ir* Mitglied *n* der provisorischen irisch-republikanischen Armee; **provisionally** [-ʒnəlɪ] ADV provisorisch, vorläufig, einstweilen, bis auf Weiteres; **provisionary** [-ʒnərɪ; *US* -ʒəˌneriː] → provisional A

proviso [prəˈvaɪzəʊ] *pl* -sos S JUR Bedingung *f*, (Bedingungs)Klausel *f*, Vorbehalt *m*: **with one ~** unter einer Bedingung; **with the ~ that …** unter der Bedingung *od* mit der Maßgabe, dass …; **make it a ~ that …** zur Bedingung machen, dass …; **~ clause** Vorbehaltsklausel *f*

provisorily [prəˈvaɪzərəlɪ] ADV **1** bedingt, unter *od* mit Vorbehalt **2** → provisory 2; **provisory** [-rɪ] ADJ **1** bedingend, bedingt, vorbehaltlich **2** provisorisch, vorläufig, einstweilig

Provo [ˈprəʊvəʊ] *pl* -vos S *umg für* provisional B 2

provocation [ˌprɒvəˈkeɪʃn; *US* ˌprɑ-] S **1** Provokation *f* (*a.* JUR), Herausforderung *f* **2** Provokation *f*, Heraufbeschwörung *f*, Erregung *f* **3** Provokation *f*, (An)Reiz *m* **4** Verärgerung *f*, (*a.* Grund *m* zum) Ärger *m*: **at the slightest ~** beim geringsten Anlass

provocative [prəˈvɒkətɪv; *US* -ˈvɑk-] **A** ADJ (ADV ~ly) **1** (*a. sexuell*) herausfordernd, aufreizend (**of** zu), erregend, provozierend (wirkend): **be ~ of** → provoke 2; **~ test** MED Reizprobe *f* **2** *fig* a anregend, stimulierend b reizvoll, interessant c kühn, provozierend (*Roman etc*) **B** S Reiz(mittel) *m(n)*, Stimulans *n*, Antrieb *m* (**of, for** zu); **provocativeness** S herausforderndes *od* aufreizendes Wesen

provoke [prəˈvəʊk] V/T **1** *j-n* provozieren, reizen, erzürnen, (ver)ärgern, aufbringen: **be ~d** aufgebracht sein **2** *etwas* provozieren, hervorrufen, heraufbeschwören, *ein Gefühl a.* erregen: **~ thought** zum Denken anregen, Denkanstöße geben **3** *j-n* (*zum Handeln*) provozieren, bewegen, reizen, herausfordern: **~ sb to do sth** j-n dazu bewegen, etwas zu tun; **~ sb into doing sth** j-n so provozieren, dass er etwas tut; **~ sb into sth** j-n zu etwas provozieren; **provoking** ADJ (ADV ~ly) **1** → provocative A 1 **2** unerträglich, unausstehlich

provost¹ [ˈprɒvəst; *US* ˈprɑ-; ˈprəʊˌvəʊst] S **1** Vorsteher(in) **2** UNIV a *Br Rektor(in) gewisser Colleges* b *US hohe(r) Verwaltungsbeamter(-beamtin* **3** KATH (Dom)Propst *m* **4** *schott* Bürgermeister(in)

provost² [ˈprɒvəst; *US* ˈprɑ-; ˈprəʊˌvəʊst] S *Br* Militärpolizist *m*

provost| court [prəˈvəʊ; *US* ˈprəʊvəʊ] S Militärgericht *n* (*zur Aburteilung kleinerer Vergehen in e-m besetzten Gebiet*); **~ guard** S *bes US e-m provost marshal unterstellter Trupp der Militärpolizei*; **~ marshal** S Kommandeur *m* der Militärpolizei

prow¹ [praʊ] S **1** SCHIFF Bug *m*, Schiffsschnabel *m* **2** FLUG Nase *f*, Bug *m* (*e-s Flugzeugs*) **3** *poet* Kiel *m* (*Schiff*)

prow² [praʊ] ADJ *obs* tapfer, kühn

prowess [ˈpraʊɪs] S **1** Tapferkeit *f*, (Helden)Mut *m* **2** Heldentat *f* **3** überragendes Können, Tüchtigkeit *f*

prowl [praʊl] **A** V/I *a.* **~ about** (*od* **around**) herumschleichen, -streichen **B** V/T herumschleichen *od* -streifen in (*dat*) **C** S Herumschleichen *n*, -streifen *n*: **be on the ~** a → A b auf Raub aus sein (*Raubtier etc*): **the cat is on the ~ for mice** die Katze ist auf Mäusejagd a *umg* j-n zum Abschleppen suchen; **~ car** *US* Streifenwagen *m*; **prowler** S: **she saw a ~ behind the house** sie sah, wie j-d hinter dem Haus herumschlich; sie sah e-e verdächtige Person, die hinter dem Haus herumschlich

prox. ABK proximo, next month

proximal [ˈprɒksɪml; *US* ˈprɑksəməl] ADJ (ADV ~ly) ANAT proximal (*dem zentralen Teil e-s Gliedes od der Körpermitte zu gelegen*)

proximate [ˈprɒksɪmət; *US* ˈprɑ-] ADJ (ADV ~ly) **1** nächst(er, e, es), folgend(er, e, es), sich (unmittelbar) anschließend, unmittelbar: **~ cause** unmittelbare Ursache **2** naheliegend **3** kurz bevorstehend (*Ereignis etc*) **4** annähernd: **~ estimate** ungefähre Schätzung; **~ analysis** CHEM quantitative Analyse; **~ principles** (*od* **substances**) CHEM ungefähre *od* approximative Grundsubstanzen

proxime accessit [ˌprɒksɪmɪækˈsesɪt; *US* ˌprɑ-]: **he was (got a) ~** (*bei Wettkämpfen etc*) er war (wurde) Zweiter

proximity [prɒkˈsɪmətɪ; *US* prɑk-] S Nähe *f* (**to** zu): **in the ~ of** in der Nähe von (*od gen*); **in close ~** in nächster *od* unmittelbarer Nähe; **~ fuse** (*bes US* **fuze**) MIL Annäherungszünder *m*

proximo [ˈprɒksɪməʊ; *US* ˈprɑk-] ADV (des) nächsten Monats: **on the 1st ~**

proxy [ˈprɒksɪ; *US* ˈprɑk-] S **1** (Stell)Vertretung *f*, (Handlungs)Vollmacht *f*: **by ~** in Vertretung, aufgrund e-r Vollmacht (→ 2); **marriage by ~** Ferntrauung *f* **2** (Stell)Vertreter(in), Bevollmächtigte(r) *m/f(m)*: **by ~** durch e-n Bevollmächtigten (→ 1); **stand ~ for sb** als Stellvertreter(in) fungieren für j-n **3** Vollmacht(surkunde) *f*

prs¹ ABK pairs PL

PRS² ABK **1** Performing Rights Society Gesellschaft *f* für Aufführungsrechte **2** *Br* President of the Royal Society

prude [pruːd] S prüder Mensch: **be a ~** prüde sein

prudence [ˈpruːdns] S **1** Klugheit *f*, Vernunft *f* **2** Um-, Vorsicht *f*, Besonnenheit *f*, Überlegtheit *f* **3** Maß-, Haushalten *n*

prudent [ˈpruːdnt] ADJ (ADV → prudently) **1** klug, vernünftig **2** um-, vorsichtig, besonnen, überlegt

prudential [prʊˈdenʃl] ADJ (ADV ~ly) **1** → prudent 1, 2 **2** (*a.* sach)verständig: **~ committee** *US* beratender Ausschuss

prudently [ˈpruːdntlɪ] ADV kluger-, vernünftigerweise, wohlweislich

prudery [ˈpruːdərɪ] S Prüderie *f*

prudish [ˈpruːdɪʃ] ADJ (ADV ~ly) prüde; **prudishness** → prudery

prune¹ [pruːn] S **1** BOT Pflaume *f* **2** Back-, Dörrpflaume *f* **3** *Br sl* blöder Heini, Blödmann *m*

prune² [pruːn] V/T **1** *Bäume etc* ausputzen, beschneiden: **~ back** zurückschneiden **2** *a.* **~ off**, **~ away** wegschneiden, abhauen **3** zu(recht)stutzen, von Überflüssigem befreien, befreien (**of** von), säubern, *e-n Text etc* zusammenstreichen, straffen **4** *a.* **~ down** *fig die Bürokratie etc* beschneiden, *die Ausgaben etc* kürzen

prunella¹ [prʊˈnelə] S *ein Kammgarngewebe*

prunella² [prʊˈnelə] S BOT Braunelle *f*

prunelle [prʊˈnel] → prunella¹

prunello [prʊˈneləʊ] → prunella¹

pruning [ˈpruːnɪŋ] S **1** Ausputzen *n*, Beschneiden *n* (*von Bäumen etc*) **2** *pl* Reisholz *n* (*beschnittener Bäume*); **~ hook** S Heckensichel *f*; **~ knife** S *irr* Baum-, Gartenmesser *n*; **~ shears** SPL, *a.* **pair of ~** Baum-, Gartenschere *f*

prunt [prʌnt] S Glasschmuckperlen *pl* (*als Zierde für Vasen etc*)

prurience [ˈprʊərɪəns], **pruriency** [-sɪ] S Lüsternheit *f*; **prurient** ADJ (ADV ~ly) **1** lüstern **2** (*sexuell*) erregend

pruriginous [prʊəˈrɪdʒɪnəs] ADJ MED pruriginös, juckend; **prurigo** [-ˈraɪgəʊ] S Prurigo *m* (*juckende Hautkrankheit mit Knötchen*); **pruritus** [-ˈraɪtəs] S Pruritus *m* ([*krankhaftes*] *Hautjucken*)

Prussia [ˈprʌʃə] S HIST Preußen *n*

Prussian [ˈprʌʃn] **A** ADJ preußisch **B** S Preuße *m*, Preußin *f*; **~ blue** S Preußischblau *n*; **~-blue** ADJ preußischblau

Prussianism [ˈprʌʃənɪzəm] S Preußentum *n*, preußisches Wesen; **Prussianize** V/T preußisch machen

prussiate [ˈprʌʃɪət; *US* -sɪˌeɪt] S CHEM Prussiat *n*

prussic acid [ˈprʌsɪk] S CHEM Blausäure *f*

pry¹ [praɪ] **A** V/I (neugierig) spähen, neugierig gucken *od* sein: **~ about** (*od* **around**) herumschnüffeln; **~ into sth** a etwas zu erforschen suchen b *pej* s-e Nase in etwas stecken **B** S neugierige Person

pry² [praɪ] *bes US für* prize³

pry bar S TECH Nagel(aus)zieher *m*

pryer [ˈpraɪə(r)] S neugierige Person

prying ADJ (ADV ~ly) neugierig, (herum)schnüffelnd

P

PS ABK **1** passenger steamer **2** police sergeant **3** postscript PS *n* **4** private secretary **5** public school

ps. ABK **1** pieces PL **2** postscript

psalm [sɑːm; *US a.* sɑːlm] S **1** Psalm *m* **2 the (Book of) P~s** *pl (als sg konstruiert)* BIBEL die Psalmen *pl*; **~book** S Psalmenbuch *n*, Psalter *m*

psalmist S Psalmist *m*: **the** ♀ der Psalmist *(bes David)*

psalmodic [sæl'mɒdɪk; *US* -'mɑ-] ADJ psalmodisch; **psalmodist** ['sælmədɪst; 'sɑːm-; *US a.* 'sɑːlm-] S **1** Psalmodist *m*, Psalmensänger *m* **2** Psalmist *m*; **psalmodize** V/I psalmodieren; **psalmody** S **1** Psalmodie *f*, Psalmensingen *n*, -gesang *m* **2** KOLL Psalmen *pl*

Psalter ['sɔːltə(r)] S BIBEL Psalter *m*, (Buch *n* der) Psalmen *pl*; **psalterium** [-'tɪərɪəm] *pl* -ria [-rɪə] S ZOOL Psalter *m*, Blättermagen *m* *(der Wiederkäuer)*; **psaltery** [-tərɪ] S MUS, HIST Psalterium *n*, Psalter *m (Hackbrett)*

psammite ['sæmaɪt] S GEOL Psammit *m*, Sandstein *m*

PSAT ABK *US* Preliminary Scholastic Aptitude Test *(ein Schuleignungstest)*

PSBR ABK WIRTSCH *Br* public sector borrowing requirement Kreditbedarf *m* der öffentlichen Hand

psephology [se'fɒlədʒɪ; *US* sɪ'fɑl-] S Psephologie *f (statistische u. soziologische Analyse von Wahlen)*

pseud [sjuːd; *bes US* suːd] *umg* **A** S Pseudointellektuelle(r) *m/f(m)* **B** ADJ **1** pseudointellektuell **2** → pseudo

pseud. ABK pseudonym

pseudo ['sjuːdəʊ; *bes US* 'suː-] ADJ *umg* falsch, unecht

pseudoarthrosis [ˌsjuːdəʊɑː(r)'θrəʊsɪs; *bes US* ˌsuː-] *pl* -ses [-siːz] S MED Pseud(o)arthrose *f*, Falschgelenk *n*

pseudocarp ['sjuːdəʊkɑː(r)p; *bes US* 'suː-] S BOT Scheinfrucht *f*

pseudointellectual **A** ADJ (ADV ~ly) pseudointellektuell **B** S Pseudointellektuelle(r) *m/f(m)*

pseudomorph S MINER Pseudomorphose *f (Auftreten e-s Minerals in der Form e-s anderen Minerals)*

pseudonym ['sjuːdənɪm; *bes US* 'suː-] S Pseudonym *n*, Deckname *m*: **write under the ~ of XY** unter dem Pseudonym XY schreiben; **pseudonymity** S **1** Pseudonymität *f*, Erscheinen *n* unter e-m Pseudonym **2** Führen *n* e-s Pseudonyms; **pseudonymous** [-'dɒnɪməs; *US* -'dɑn-] ADJ (ADV ~ly) pseudonym

pseudopod ['sjuːdəʊpɒd; *US* 'suːdəˌpɑd], **pseudopodium** [-'pəʊdɪəm] *pl* -dia [-dɪə] S ZOOL Pseudopodium *n*, Scheinfüßchen *n*

pseudopregnancy S MED Scheinschwangerschaft *f*

psf, p.s.f. ABK TECH pounds per square foot

pshaw [pʃɔː; ʃɔː] INT *pej* pah!

psi[1] [psaɪ; saɪ] S **1** Psi *n (griechischer Buchstabe)* **2** Psi *n (Symbol für Parapsychisches)*: **~ phenomena** Psiphänomene

psi[2] ABK, **p.s.i.** TECH pounds per square inch

psilanthropism [saɪ'lænθrəpɪzəm] S REL Psilanthropismus *m (Lehre, dass Christus nur ein Mensch war)*

psilosis [saɪ'ləʊsɪs] S **1** MED Psilosis *f*, Haarausfall *m* **2** → sprue[2]

psi particle S PHYS Psiteilchen *n*

psittacosis [ˌpsɪtə'kəʊsɪs; *bes US* ˌsɪtə'k-] S MED Psittakose *f*, Papageienkrankheit *f*

psoas ['səʊəs] S ANAT Psoas *m*, Lendenmuskel *m*

psora ['sɔːrə; *US* 'səʊrə] S MED **a** → scabies **b** → psoriasis

psoriasis [sɒ'raɪəsɪs; *bes US* sə'r-] S MED Psoriasis *f*, Schuppenflechte *f*

PSS ABK postscripts PL

PST ABK *US* Pacific Standard Time *(e-e Zeitzone Nordamerikas)*

PSTN ABK public switched telephone network

PSV ABK public service vehicle

psych [saɪk] *umg* **A** V/T **1** (psycho-)analysieren, psychoanalytisch behandeln *od* untersuchen **2** *meist* **~ out a** *j-n, etwas* durchschauen **b** *j-n* psychologisch fertigmachen *umg* **3** *meist* **~ up** auf-, hochputschen **B** V/I **1** *meist* **~ out** ausflippen *umg* **2** *meist* **~ up** sich (innerlich) vorbereiten, sich einstimmen *(beide:* **for** *auf akk)*

psych. ABK **1** psychological(ly) psychol. **2** psychology

psychasthenia [ˌsaɪkæs'θiːnjə; -nɪə] S PSYCH Psychasthenie *f (mit Angst u. Zwangsvorstellungen verbundene seelische Schwäche)*

Psyche[1] ['saɪkɪ] S **1** *Antike*: Psyche *f (Personifikation der Seele)* **2** ♀ Psyche *f*: **a** Seele *f* **b** Geist *m*

psyche[2] [saɪk] → psych

psychedelic [ˌsaɪkɪ'delɪk] **A** ADJ (ADV ~ally) psychedelisch, *(Drogen etc a.)* bewusstseinsverändernd **B** S **1** Psychedelikum *n*, bewusstseinsverändernde Droge **2** *j-d, der nach bewusstseinsverändernden Drogen süchtig ist*

psychiatric [ˌsaɪkɪ'ætrɪk] ADJ, **psychiatrical** [-kl] ADJ (ADV ~ly) **a** psychiatrisch: **~ hospital** psychiatrische Klinik, Nervenklinik *f* **b** psychisch *(Störung etc)*; **psychiatrist** [-'kaɪətrɪst; sə'k-] S MED Psychiater(in); **psychiatry** [-trɪ] S MED Psychiatrie *f*

psychic ['saɪkɪk] **A** ADJ (ADV ~ally) **1** psychisch, seelisch(-geistig), Seelen…: **~ determinism** psychischer Determinismus *(Lehre, nach der alle psychischen Phänomene durch physiologische, soziale od innerseelische Gegebenheiten bedingt sind)*; **~ energizer** *bes US* Antidepressivum *n* **2** übersinnlich *(Kräfte etc)*: **~ healer** Geistheiler(in); **~ phenomena** parapsychische Phänomene **3** parapsychologisch: **~ research** Para-Forschung *f* **4 a** medial **b** medial begabt *od* veranlagt: **be ~** *engS. a.* hellsehen können **B** S **1** medial begabter *od* veranlagter Mensch, Medium *n* **2** *(das)* Psychische **3** *pl (als sg konstruiert)* **a** Psychologie *f* **b** Parapsychologie *f*; **psychical** [-kl] → psychic A

psycho- [saɪkəʊ] *Wortelement mit den Bedeutungen* **a** Seelen…, Geistes… **b** psychisch

psycho ['saɪkəʊ] **A** *pl* -chos S *umg für* psychopath **B** ADJ *umg für* psychopathic

psychoactive ADJ MED, PHARM psychotrop *(auf die Psyche einwirkend)*

psychoanalyse *bes Br für* psychoanalyze; **psychoanalysis** F Psychoanalyse *f*: **have ~** sich e-r Psychoanalyse unterziehen; **psychoanalyst** S Psychoanalytiker(in); **psychoanalytic** ADJ, **psychoanalytical** ADJ (ADV ~ly) psychoanalytisch; **psychoanalyze** V/T *US* psychoanalysieren, psychoanalytisch behandeln *od* untersuchen

psychobabble S *umg* **a** Psychologenchinesisch *n* **b** Psychiaterchinesisch *n*

psychobiology S PSYCH Psychobiologie *f (psychologische Richtung, die das Verhalten u. die Verhaltensstörungen als Ausdruck psychophysischen Geschehens betrachtet)*

psychochemical S MED, PHARM Psychopharmakon *n*

psychodrama S PSYCH Psychodrama *n (psychotherapeutische Methode, die Patienten ihre Konfliktsituationen schauspielerisch darstellen zu lassen)*

psychodynamics SPL *(als sg konstruiert)* PSYCH Psychodynamik *f (Lehre von den Ursachen psychischer Vorgänge)*

psychogalvanic ADJ: **~ response** MED, PSYCH psychogalvanischer Reflex, psychogalvanische Reaktion

psychogenesis S PSYCH Psychogenese *f*, Psychogenesis *f (Entwicklung der Seele od des Seelenlebens)*

psychogenic ADJ (ADV ~ally) psychogen, seelisch bedingt

psychograph ['saɪkəʊgrɑːf; *bes US* -græf] S **1** PSYCH Psychogramm *n (grafische Darstellung von Fähigkeiten u. Eigenarten e-r Persönlichkeit)* **2** psychologisch angelegte Biografie

psychohistory S *Darstellung u. Deutung e-r historischen Persönlichkeit mit den Mitteln der Psychoanalyse*

psychokinesis S *Parapsychologie*: Psychokinese *f (physikalisch nicht erklärbarer Einfluss e-s Menschen auf materielles Geschehen)*

psycholinguistics SPL *(als sg konstruiert)* LING Psycholinguistik *f (sprachwissenschaftliche Disziplin, die die psychischen Voraussetzungen des Sprachgebrauchs u. des Spracherwerbs untersucht)*

psychologic [ˌsaɪkə'lɒdʒɪk; *US* -'lɑ-] → psychological; **psychological** [-kl] ADJ (ADV ~ly) **1** psychologisch: **the ~ moment** der (psychologisch) richtige Augenblick; **~ novel** psychologischer Roman; **~ thriller** Psychothriller *m*; **~ warfare a** psychologische Kriegführung **b** *fig* Psychoterror *m* **2** psychisch

psychologism [saɪ'kɒlədʒɪzəm; *US* -'kɑ-] S Psychologismus *m (Überbewertung der Psychologie als Grundwissenschaft)*

psychologist [saɪ'kɒlədʒɪst; *US* -'kɑ-] S Psychologe *m*, Psychologin *f*

psychologize [saɪ'kɒlədʒaɪz; *US* -'kɑ-] V/I *pej* psychologisieren

psychology [saɪkɒlədʒɪ; *US* -'kɑ-] S **1** Psychologie *f (Wissenschaft u. psychologisches Feingefühl)* **2** *umg* Psychologie *f*, Psyche *f*

psychometrics [ˌsaɪkə'metrɪks] SPL *(als sg konstruiert)* PSYCH Psychometrie *f (messendes Erfassen psychischer Fähigkeiten, Funktionen etc)*

psychometry [saɪ'kɒmətrɪ; *US* -'kɑ-] S **1** → psychometrics **2** *Parapsychologie*: Psychometrie *f (Verfahren, durch Kontakt mit e-m Gegenstand über dessen Besitzer Aussagen zu machen)*

psychomotor ADJ PHYSIOL psychomotorisch *(willkürlich gesteuert)*

psychoneurosis S *irr* MED, PSYCH Psychoneurose *f (Neurose, die sich hauptsächlich in abnormen seelischen Reaktionen äußert)*

psychopath ['saɪkəʊpæθ; -kə-] S Psychopath(in); **psychopathic** ADJ (ADV ~ally) psychopathisch: **~ personality** psychopathische Persönlichkeit

psychopathology S Psychopathologie *f (medizinische Disziplin, die sich mit den pathologischen Vorgängen bzw krankhaften Veränderungen des Seelenlebens befasst)*

psychopathy [saɪ'kɒpəθɪ; *US* -'kɑ-] S **1** Psychopathie *f (abnorme Abweichung in der Persönlichkeitsstruktur, die sich im Gefühlsleben, im Charakter etc ausprägt)* **2** *allg* Geisteskrankheit *f*, -störung *f*

psychophysical ADJ (ADV ~ly) psychophysisch: **~ parallelism** PHIL psychophysischer Parallelismus *(Hypothese, nach der zwischen der Tätigkeit des Gehirns u. dem verstandesmäßigen Geschehen e-e parallele Beziehung besteht)*; **psychophysics** SPL *(als sg konstruiert)* PSYCH Psychophysik *f (Teilgebiet der experimentellen Psychologie, das sich mit den Beziehungen zwischen physischen Reizen u. Sinnesempfindungen befasst)*

psychophysiology S Psychophysiologie *f (Richtung der Persönlichkeitsforschung, die sich mit den Beziehungen zwischen psychischen u. physischen Funktionen befasst)*

psychosexual ADJ (ADV ~ly) psychosexuell

P

(die psychischen Aspekte der Sexualität betreffend)

psychosis [saɪˈkəʊsɪs] *pl* -ses [-siːz] S MED, PSYCH Psychose *f (Krankheit mit erheblichen Störungen psychischer Funktionen)*

psychosomatic MED A ADJ (ADV ~ally) psychosomatisch B S **psychosomatics** *pl (als sg konstruiert)* Psychosomatik *f (Wissenschaft von der Bedeutung seelischer Vorgänge für die Entstehung u. den Verlauf körperlicher Krankheiten)*

psychosurgery S MED 1 Psychochirurgie *f (Gehirnchirurgie zur Behandlung von Geisteskrankheiten)* 2 *engS.* → leucotomy

psychotherapeutic MED A ADJ (ADV ~ally) psychotherapeutisch B S **psychotherapeutics** *pl (als sg konstruiert)* Psychotherapeutik *f*

psychotherapist S MED Psychotherapeut(in); **psychotherapy** S Psychotherapie *f*

psychotic [saɪˈkɒtɪk; *US* -ˈkɑ-] PSYCH A ADJ (ADV ~ally) psychotisch B S Psychotiker(in)

psychotropic [ˌsaɪkəʊˈtrɒpɪk; *US* -kəˈtrɑ-] ADJ MED psychotrop *(auf die Psyche einwirkend)*: **~ drug** Psychopharmakon *n*

psychrometer [saɪˈkrɒmɪtə(r); *US* -ˈkrɑ-] S PHYS Psychrometer *n (aus 2 Thermometern bestehender Luftfeuchtigkeitsmesser)*

psychrophilic [ˌsaɪkrəʊˈfɪlɪk] ADJ BIOL psychrophil, Kälte liebend

psychrophyte [ˈsaɪkrəʊfaɪt] S BOT Psychrophyt *m*, Kälte liebende Pflanze

pt[1] ABK 1 part T. 2 payment 3 pint(s PL) 4 point 5 port

PT[2] ABK 1 *US* Pacific Time *(e-e Zeitzone Nordamerikas)* 2 physical training Leibeserziehung *f* 3 HIST *Br* purchase tax

pta[1] ABK HIST peseta

PTA[2] ABK parent-teacher association Eltern-Lehrer-Vereinigung *f*

ptarmigan [ˈtɑː(r)mɪgən] *pl* -gans, *bes koll* -gan S ORN Schneehuhn *n*

PT boat [ˌpiːˈtiː] S SCHIFF, MIL *US* Schnellboot *n*

Pte ABK MIL Private Gefreiter *m*

pteridology [ˌterɪˈdɒlədʒɪ; *US* -ˈdɑl-] S BOT Farnkunde *f*

pteridophyte [ˈterɪdəfaɪt] S BOT Pteridophyt *m*, Farnpflanze *f*

pterodactyl [ˌterəʊˈdæktɪl; ˌterəˈd-] S ZOOL, HIST Pterodaktylus *m*, Flugsaurier *m*

pteropod [ˈterəʊpɒd; *US* ˈterəˌpɑd] S ZOOL Pteropode *m*, Flügelschnecke *f*

pterosaur [ˈterəʊsɔː; *US* ˈterəˌsɔːr] S ZOOL, HIST Pterosaurier *m*, Flugechse *f*

PTO ABK, **pto** please turn over b. w.

Ptolemaic [ˌtɒlɪˈmeɪɪk; *US* ˌtɑlə-] ADJ ptolemäisch: **~ system** ptolemäisches System *od* Weltbild

ptomaine [ˈtəʊmeɪn; təʊˈm-] S CHEM Ptomain *n*: **~ poisoning** MED Lebensmittelvergiftung *f*

ptosis [ˈtəʊsɪs] S MED Ptosis *f (Herabhängen des [gelähmten] Oberlides)*

pts ABK 1 parts PL 2 payments PL 3 pints PL 4 points PL 5 ports PL

ptyalin [ˈtaɪəlɪn] S *Biochemie*: Ptyalin *n (Stärke spaltendes Speichelenzym)*; **ptyalism** S MED Ptyalismus *m*, Speichelfluss *m*

pub. ABK 1 public öffentl. 2 publication 3 published 4 publisher 5 publishing

pub [pʌb] A S 1 *bes Br* Pub *n*, Kneipe *f umg*: **~ team** Kneipenmannschaft *f* 2 *Aus* Hotel *n* B V/I **go ~bing** *bes Br umg* a in die Kneipe gehen b e-n Kneipenbummel machen; **~ crawl** S *bes Br umg* Kneipenbummel *m*: **go on a ~** → pub-crawl; **~-crawl** V/I *bes Br umg* e-n Kneipenbummel machen

puberal [ˈpjuːbərəl], **pubertal** [ˈpjuːbə(r)tl] ADJ Pubertäts…

puberty [ˈpjuːbə(r)tɪ] S Pubertät *f*: **be going through ~** in der Pubertät sein, pubertieren; **reach ~** in die Pubertät kommen

pubes[1] [ˈpjuːbiːz] S ANAT a Pubes *f*, Schamgegend *f* b Schamhaare *pl*

pubes[2] [ˈpjuːbiːz] *pl von* pubis

pubescence [pjuːˈbesns] S 1 Pubeszenz *f*, Pubertät *f* 2 BOT, ZOOL feine Behaarung, Flaumhaar *n*; **pubescent** ADJ 1 pubeszent, pubertierend 2 BOT, ZOOL fein behaart

pubic [ˈpjuːbɪk] ADJ ANAT Scham…: **~ arch** Schambogen *m*; **~ bone** Schambein *n*; **~ hair** Schamhaare *pl*; **~ symphysis** Scham(bein)fuge *f*

pubis [ˈpjuːbɪs] *pl* -bes [-biːz] S ANAT Schambein *n*

public [ˈpʌblɪk] A ADJ (ADV → publicly) a öffentlich *(stattfindend)* b öffentlich, allgemein bekannt c öffentlich *(Einrichtung, Straße etc)* d Staats…, staatlich: **it's a bit too ~ here** hier sind (mir) zu viele Leute; **go ~** sich an die Öffentlichkeit wenden, an die Öffentlichkeit treten *(beide:* **with** mit); WIRTSCH sich in e-e Aktiengesellschaft umwandeln; **make ~** publik machen, bekannt machen; **~ accountant** WIRTSCH *US* Wirtschaftsprüfer(in); **~-address system** Lautsprecheranlage *f*; **over the ~-address system** über Lautsprecher; **~ appearance** Auftreten *n* in der Öffentlichkeit; **make one's first ~ appearance** zum ersten Mal öffentlich auftreten; **~ assistance** *US* Sozialhilfe *f*; **~ bar** *Br* Schankraum *m (e-s Pubs)*; **~ bill** PARL *Gesetzesvorlage, die öffentliche Angelegenheiten betrifft*; **~ (limited) company** WIRTSCH *Br* Aktiengesellschaft *f*; **~ convenience** *bes Br* öffentliche Toilette, Bedürfnisanstalt *f*; **~ corporation** öffentlich-rechtliche Körperschaft; **~ debt** *bes US* öffentliche Schuld, Staatsschuld *f*; **~ defender** JUR *US* Offizial-, Pflichtverteidiger(in); **~ domain** *US* Staatsländereien *pl*, staatlicher Grundbesitz; *(Internet)* frei verfügbare Software; **be in the ~ domain** JUR *US* nicht mehr *(durch Copyright od Patent)* geschützt sein; **~ enemy** Staatsfeind(in); **~ enterprise** staatliches Unternehmertum; **be in the ~ eye** im Blickpunkt der Öffentlichkeit stehen; **~ expenditure** Ausgaben *pl* der öffentlichen Hand, Staatsausgaben *pl*; **at the ~ expense** auf Kosten des Steuerzahlers; **~ figure** Persönlichkeit *f* des öffentlichen Lebens; **~ finances** Staatsfinanzen; **~ gallery** PARL Zuschauertribüne *f*; **~ health** öffentliches Gesundheitswesen; **~ health policy** Gesundheitspolitik *f*; **~ health service** *US* staatlicher Gesundheitsdienst; **~ holiday** gesetzlicher Feiertag; **~ house** *Br* Gaststätte *f*; **~ information** Unterrichtung *f* der Öffentlichkeit; **be in the ~ interest** im öffentlichen Interesse liegen; **~ law** öffentliches Recht; **~ lending right** Anspruch *m (e-s Autors)* auf e-e Bibliotheksabgabe; **~ library** öffentliche Bücherei, Volksbücherei *f*; **~ life** das öffentliche Leben; **retire** *(od* **withdraw) from ~ life** sich ins Privatleben zurückziehen; **~ ownership** Staatseigentum *n* (**of** an *dat*); **~ policy** JUR Rechtsordnung *f*; **against ~ policy** sittenwidrig; **~ pressure** (der) Druck der Öffentlichkeit; **~ purse** Staatskasse *f*; **~ relations** *pl a. als sg konstruiert)* Public Relations *pl*, Öffentlichkeitsarbeit *f*; **~ relations department** Public-Relations-Abteilung *f*; **~ relations officer** Öffentlichkeitsreferent(in); **~ sale** öffentliche Versteigerung, Auktion *f*; **~ school** *Br* Public School *f (Privatschule der Sekundarstufe mit angeschlossenem Internat)*; *US* staatliche Schule; **~ sector** WIRTSCH öffentlicher Sektor; **~ securities** WIRTSCH Staatspapiere; **~ servant** Angestellte(r) *m/f(m)* im öffentlichen Dienst; **~ service** öffentlicher Dienst; *US* Bereitstellung *f* von Versorgungsdiensten; **~-service corporation** *US* öffentlicher Versorgungsbetrieb; **~ spending** Ausgaben *pl* der öffentlichen Hand, Staatsausgaben *pl*; **~ spirit** Gemeinsinn *m*; **~-spirited** mit Gemeinsinn *(Person)*, von Gemeinsinn zeugend *(Handlung etc)*; **be ~-spirited** Gemeinsinn haben; **~ transport** öffentliches Verkehrswesen; öffentliche Verkehrsmittel *pl*; **~ utility** öffentlicher Versorgungsbetrieb; **~ works** staatliche Bauprojekte; → notary, nuisance 3, opinion 2, prosecutor B S 1 **in ~** in der Öffentlichkeit, öffentlich 2 *(a. als pl konstruiert)* a *(die)* Öffentlichkeit: **appear before the ~** an die Öffentlichkeit treten; **be open to (members of) the ~** der Öffentlichkeit zugänglich sein; **exclude the ~** JUR die Öffentlichkeit ausschließen; → general A 3 b Publikum *n*, *(e-s Autors a.)* Leserschaft *f*: **bring sb's pictures to a large ~** j-s Bilder e-r breiten Öffentlichkeit bekannt machen

publican [ˈpʌblɪkən] S 1 *bes Br* (Gast)Wirt(in) 2 HIST, *bes* BIBEL Zöllner *m*

publication [ˌpʌblɪˈkeɪʃn] S 1 Bekanntmachung *f*, -gabe *f* 2 Veröffentlichung *f*: a Herausgabe *f (von Druckwerken)* b Publikation *f*, Verlagswerk *n*, (Druck)Schrift *f*: **monthly ~** Monatsschrift; **be a monthly ~** monatlich erscheinen; **new ~s** Neuerscheinungen, neu erschienene Werke; **~ date** Erscheinungsdatum *n*

publicist [ˈpʌblɪsɪst] S 1 Publizist(in) 2 JUR Völkerrechtler(in) 3 Werbeagent(in)

publicity [pʌbˈlɪsətɪ] S 1 Publizität *f*, Öffentlichkeit *f (a.* JUR *e-s Verfahrens)*: **give sth ~** etwas publik machen; **avoid ~** öffentliches Aufsehen vermeiden 2 WIRTSCH *u. allg* Publicity *f*, Reklame *f*, Werbung *f* 3 Bekanntheit *f*, Berühmtheit *f*: **seek ~** bekannt werden wollen; **~ agency** S Werbeagentur *f*; **~ agent** S Werbeagent(in); **~ campaign** S Werbefeldzug *m*; **~ department** S WIRTSCH Werbeabteilung *f*; **~ film** S Werbefilm *m*; **~ gimmick** S *umg* Werbegag *m*; **~ man** S *irr* Werbefachmann *m*; **~ manager** S Werbeleiter *m*

publicize [ˈpʌblɪsaɪz] V/T 1 publik machen 2 Reklame *od* Werbung machen für, propagieren

publicly [ˈpʌblɪklɪ] ADV 1 öffentlich, in der Öffentlichkeit 2 von der Öffentlichkeit, vom Volk 3 für die Öffentlichkeit, für das Volk

publish [ˈpʌblɪʃ] A V/T 1 (offiziell) bekannt machen *od* geben 2 (formell) verkünden 3 publizieren, veröffentlichen 4 *Bücher etc* verlegen, herausbringen: **just ~ed** (so)eben erschienen; **~ed by XY** im Verlag *od* bei XY erschienen; **~ed by the author** im Selbstverlag; **~ed quarterly** erscheint vierteljährlich 5 JUR *e-e Beleidigung* (vor Dritten) äußern, verbreiten B V/I erscheinen, herauskommen *(Buch etc)*; **publishable** ADJ 1 zu veröffentlichen(d) 2 zur Veröffentlichung geeignet

publisher [ˈpʌblɪʃə(r)] S 1 Verleger(in), Herausgeber(in): **~'s reader** Lektor(in) 2 *pl* Verlag *m*, Verlagsanstalt *f*, -haus *n* 3 *bes US* Zeitungsverleger(in) 4 JUR Verbreiter(in) von Beleidigungen

publishing [ˈpʌblɪʃɪŋ] A S Verlagswesen *n* B ADJ Verlags…; **~ business** S Verlagsgeschäft *n*, -buchhandel *m*; **~ house** → publisher 2

puce [pjuːs] A ADJ braunrot B S Braunrot *n*

puck [pʌk] S 1 Kobold *m* 2 *fig* Schelm *m*, Witzbold *m* 3 *Eishockey*: Puck *m*, Scheibe *f* 4 Andrückrolle *f (beim Tonbandgerät etc)*

pucka → pukka

pucker [ˈpʌkə(r)] A V/T: *oft* **~ up** 1 runzeln, fälteln, Runzeln *od* Falten bilden in *(dat)* 2 *den Mund, die Lippen* schürzen, spitzen, *a. die Stirn, e-n Stoff* kräuseln, *die Stirn* runzeln, *die Augen* zusammenkneifen **B** V/I **1** sich kräuseln, sich zusammenziehen, sich falten, Falten werfen, Runzeln bilden **2** die Stirn runzeln **C** S **1** Runzel *f*, Falte *f* **2** Bausch *m* **3** *fig umg* Aufregung *f* (**about** über *akk*, wegen); **puckery** [-ərɪ] ADJ **1** runz(e)lig, faltig **2** leicht Falten bildend *(Stoff)*

puckish [ˈpʌkɪʃ] ADJ (ADV ~ly) koboldhaft, mutwillig, boshaft

pud[2] [pʊd] *bes Br umg für* pudding 1, 2

puddening [ˈpʊdənɪŋ; ˈpʊdnɪŋ] S SCHIFF Tauwulst *m*

pudding [ˈpʊdɪŋ] S **1** **a** *Br* Nachspeise *f*, -tisch *m* **b** Auflauf *m*, Brei *m* **c** Pudding *m (im Wasserbad gekochte Mehlspeise)* **d** *(Art)* Fleischpastete *f*: → proof B 4 **2** *(Art)* Wurst *f*: → black pudding, white pudding **3** SCHIFF → puddening; **~ club** S: **be in the ~** *umg* ein Kind kriegen; **~ stone** S MINER Puddingstein *m*

puddle [ˈpʌdl] **A** S **1** Pfütze *f*, Lache *f* **2** Lehmstrich *m*, -schlag *m* **B** V/T **1** mit Pfützen bedecken **2** in Matsch verwandeln: **a field ~d by cattle** **3** *Wasser* trüben **4** *Lehm* zu Lehmstrich verarbeiten **5** mit Lehm(strich) abdichten **6** METALL puddeln, im Flammofen frischen: **~(d) steel** Puddelstahl *m* **C** V/I **1** *a.* **~ about** (*od* **around**) in Pfützen herumplanschen *od* -waten *(beide umg)* **2** *fig* herumpfuschen (**at** an *dat*); **~ ball** S TECH Luppe *f*; **~ iron** S TECH Puddeleisen *n*; **~ jumper** S *umg* Klapperkasten *m (altes Fahrzeug)*

puddler [ˈpʌdlə(r)] S METALL Puddler *m (Arbeiter od Gerät)*

puddling [ˈpʌdlɪŋ] S **1** METALL Puddeln *n*, Puddelverfahren n **2** TECH **a** Lehm-, Tonschlag *m* **b** → puddle A 2; **~ furnace** S TECH Puddelofen *m*

pudency [ˈpjuːdənsɪ] S Verschämtheit *f*

pudendal [pjuːˈdendl] ADJ ANAT pudendal, Scham...: **~ cleft** Schamspalte *f*; **pudendum** [-dəm] *pl* -da [-də] S *meist pl (bes* weibliche) äußere Geschlechtsteile *pl*, (weibliche) Scham, Vulva *f*

pudge [pʌdʒ] S *bes US umg* Dickerchen *n*;

pudgy *bes US für* podgy

pueblo [pʊˈebləʊ; ˈpwe-] *pl* -los S **1** Pueblo *m (Siedlung der Puebloindianer)* **2** *US* **a** Dorf *n* **b** (Klein)Stadt *f* **3** ♀ Puebloindianer(in)

puerile [ˈpjʊəraɪl; *US a.* -rəl] ADJ (ADV ~ly) **1** pueril, kindlich **2** *pej* kindisch; **puerilism** [-rɪlɪzəm] S PSYCH Puerilismus *m (kindisches Verhalten von Erwachsenen)*; **puerility** [-ˈrɪlətɪ] S **1** Puerilität *f*: **a** kindliches Wesen **b** *pej* kindisches Wesen **2** Kinderei *f*

puerperal [pjuːˈɜːpərəl; *US* -ˈɜr-] ADJ puerperal, Kindbett...: **~ fever** (*od* **sepsis**) Puerperal-, Kindbettfieber *n*; **~ psychosis** Puerperal-, Kindbettpsychose *f*; **puerperium** [-ə(r)ˈpɪərɪəm] S MED Puerperium *n*, Kind-, Wochenbett *n*

Puerto Rican [ˌpwɜːtəʊˈriːkən; *US* ˌpəʊrtəˈr-; ˌpɔːr-] **A** ADJ puertoricanisch **B** S Puertoricaner(in)

Puerto Rico [ˌpwɜːtəʊˈriːkəʊ; ˌpweətəʊ-; *US* ˌpɔːrtəˈr-; ˌpwertəˈr-] S Puerto Rico *n*

puff [pʌf] **A** S **1** **a** kurzer Atemzug, Schnaufer *m umg* **b** Atem *m*: **out of ~** außer Atem **2** leichter Windstoß, Hauch *m* **3** Zug *m (beim Rauchen)*: **have a ~ at** e-n Zug machen an *(dat)* **4** Paffen *n (der Pfeife etc)* **5** leichter Knall **6** *(Rauch)* Stoß *m*: **~ of smoke** **7** Schwellung *f*, Beule *f* **8** **a** marktschreierische Anpreisung, aufdringliche Reklame **b** lobhudelnde Kritik: **~ is part of the trade** *(Sprichwort)* Klappern gehört zum Handwerk; **give sb a ~** j-n hochjubeln **9** *bes Br sl pej* Schwule(r) *m (Homosexueller)* **10** leichtes Backwerk, *bes* Windbeutel *m* **11** Puderquaste *f* **12** Bausch *m*, Puffe *f (an Kleidern)* **13** Steppdecke *f* **B** V/I **1** paffen (**at** an *e-r Zigarre etc*): **~ at one's pipe** *a.* s-e Pfeife paffen **2** Rauch ausstoßen **3** blasen, pusten **4** schnaufen, schnaufen, keuchen, pusten: **~ and blow** keuchen u. schnaufen **5** (dahin- *etc*)keuchen: **the train ~ed out of the station** der Zug dampfte aus dem Bahnhof **6** *meist* **~ out** (*od* **up**) sich (auf)blähen: **his face ~ed out** sein Gesicht wurde aufgedunsen **C** V/T **1** blasen, pusten **2** *e-e Zigarre etc* paffen **3** (auf)blähen, aufblasen: **~ed eyes** verschwollene Augen; **~ed sleeve** Puffärmel *m* **4** *meist* **~ out** außer Atem bringen: **~ed** außer Atem **5** übertrieben loben **6** marktschreierisch anpreisen **7** pudern **8** den Preis *(gen)* künstlich in die Höhe treiben *(auf Auktionen)*

Phrasal Verbs: **puff| away** **A** V/T wegblasen **B** V/I **1** **~ at one's pipe** s-e Pfeife paffen **2** abdampfen *(Zug)*; **~ out** **A** V/T **1** hinausblasen **2** *e-e Kerze etc* ausblasen, -pusten **3** → puff C 3: **puffed out with pride** *fig* stolzgeschwellt **4** *Worte* (hervor)keuchen **B** V/I **1** hinausdampfen *(Zug)* **2** → puff B 6; **~ up** **A** V/T **1** aufblähen, -blasen **2** *fig* aufgeblasen machen: **puff o.s. up** sich aufblasen; **puffed up with pride** stolzgeschwellt **B** V/I **1** in Wölkchen hochsteigen **2** hinaufkeuchen *(a. Zug)* **3** → puff B 6

puff| adder S ZOOL Puffotter *f*; **~ball** S BOT **1** Bofist *m* **2** *umg* Federkrone *f (des Löwenzahns)*; **~ box** S Puderdose *f*

puffed-up ADJ aufgedunsen *(Gesicht)*

puffer [ˈpʌfə(r)] S **1** Paffer(in) **2** Marktschreier(in) **3** Lobhudler(in) **4** Preistreiber(in), Scheinbieter(in) *(bei Auktionen)*; **puffery** [-ərɪ] S **1** Lobhudelei *f* **2** marktschreierische Anpreisung

puffin [ˈpʌfɪn] S ORN **a** *(ein)* Alk *m*, *bes* Papageientaucher *m* **b** *(ein)* Lund *m*; **~ crossing** S sensorengesteuerter Ampelübergang

puffiness [ˈpʌfɪnɪs] S **1** Kurzatmigkeit *f* **2** Aufgeblähtheit *f* **3** Aufgedunsenheit *f* **4** *fig* Schwülstigkeit *f* **5** *fig* Aufgeblasenheit *f*

puffing [ˈpʌfɪŋ] S **1** Aufblähung *f* **2** → puff A 8 a **3** Scheinbieten *n*, Preistreiberei *f (bei Auktionen)*

puff| paste S *US*, **~ pastry** S Blätterteig *m*; **~-puff** S *Br (Kindersprache)* **1** Lokomotive *f* **2** Puffpuff *f (Zug)*; **~ sleeve** S Puffärmel *m*

puffy [ˈpʌfɪ] ADJ (ADV puffily) **1** böig *(Wind)* **2** kurzatmig, keuchend **3** aufgebläht: **~ eyes** verschwollene Augen **4** bauschig, gebauscht **5** aufgedunsen *(Gesicht)* **6** *fig* schwülstig, bombastisch **7** *fig* aufgeblasen

pug[1] [pʌg] S *a.* **~ dog** Mops *m*

pug[2] [pʌg] **A** V/T **1** *Lehm etc* mischen u. kneten, schlagen **2** mit Lehmschlag *od* Mörtel *etc* ausfüllen *od* abdichten *(bes zur Schalldämpfung)* **3** mit Wasser knetbar machen **B** S geneteter *od* geschlagener Lehm

pug[3] [pʌg] S *sl* Boxer(in)

pugilism [ˈpjuːdʒɪlɪzəm] S Boxen *n*, Faustkampf *m*; **pugilist** S (Berufs)Boxer(in), Faustkämpfer(in); **pugilistic** ADJ (ADV ~ally) Box..., Boxer..., boxerisch

pugmill S TECH Mischmühle *f*

pugnacious [pʌgˈneɪʃəs] ADJ (ADV ~ly) **1** kampflustig, kämpferisch **2** streitsüchtig; **pugnaciousness**, **pugnacity** [-ˈnæsətɪ] S **1** Kampf(es)lust *f* **2** Streitsucht *f*

pug| nose S Stumpfnase *f*; **~-nosed** ADJ stumpfnasig

puisne [ˈpjuːnɪ] **A** ADJ JUR **1** jünger **2** rangjünger, untergeordnet: **~ judge** → B 2 **3** nachgeordnet **B** S **1** *(bes* Rang)Jüngere(r) *m/f(m)* **2** JUR **a** *Br* einfache(r) Richter(in) am **High Court of Justice** **b** *US* beisitzende(r) Richter(in), Beisitzer(in)

puissance [ˈpjuːɪsns; ˈpwɪsns] S **1** *poet* Macht *f*, Gewalt *f* **2** *obs* Kriegsmacht *f*, Heer *n* **3** [ˈpwiːsɑ̃ːns] *Springreiten:* Mächtigkeitsspringen *n*; **puissant** ADJ (ADV ~ly) *poet* mächtig, gewaltig

puja [ˈpuːdʒɑː] S *Hinduismus:* **a** Anbetung *f* **b** religiöses Fest

puke [pjuːk] *sl* **A** V/I kotzen *sl*: **it makes me ~** es ist zum Kotzen *fig* **B** V/T *a.* **~ up** auskotzen *sl* **C** S **1** Kotze *f sl* **2** *fig* Brechmittel *n*

pukka [ˈpʌkə] ADJ *bes IndEng* **1** echt, wirklich: **~ sahib** ein wirklicher Herr **2** erstklassig, tadellos

pulchritude [ˈpʌlkrɪtjuːd; *US a.* -ˌtuːd] S *poet* Schönheit *f*; **pulchritudinous** [-dɪnəs] ADJ *poet (körperlich)* schön

pule [pjuːl] V/I wimmern

Pulitzer Prize [ˈpjuːlɪtsə(r)] S Pulitzerpreis *m (jährlich verliehener amer. Preis für hervorragende Leistungen in Literatur od Journalistik)*

pull [pʊl] **A** S **1** Ziehen *n*, Zerren *n* **2** Zug *m*, Ruck *m*: **give sth a strong ~** kräftig an etwas ziehen **3** TECH Zug(kraft) *m(f)*: **have more ~** *fig* den längeren Arm haben, am längeren Hebel sitzen **4** Anziehungskraft *f (a. fig)*: **her charm has lost its ~** *fig* ihr Charme zieht *od* greift nicht mehr **5** *fig* Zugkraft *f*, Werbewirksamkeit *f* **6** ELEK Anzugskraft *f (e-s Relais)* **7** Zug *m*, Schluck *m (beide:* **at** aus) **8** Zug(griff) *m*, -leine *f* **9** **a** Ruderpartie *f*, Bootsfahrt *f* **b** Ruderschlag *m*: **go for a ~** e-e Ruderpartie machen **10** *Golf:* Pull *m (Schlag, bei dem der Ball an e-m Punkt landet, der in e-r der Schlaghand entgegengesetzten Richtung vom Ziel liegt)* **11** Zügeln *n*, Verhalten *n (e-s Pferdes)* **12** ermüdende Steigung **13** (**long ~** große) Anstrengung, , Schlauch *m umg*, *fig a.* Durststrecke *f* **14** Vorteil *m* (**over, of** vor *dat*, gegenüber) **15** *umg* (**with**) *(heimlicher)* Einfluss (auf *akk*), Beziehungen *pl* (zu): **he has some ~ with the Almighty** er hat e-n Draht zum lieben Gott **16** TYPO Fahne *f*, erster Abzug, Probeabzug *m* **B** V/T **1** ziehen: **~ the blanket over one's head** sich die Decke über den Kopf ziehen **2** zerren (an *dat*): **~ sb's ears**, **~ sb by the ears** j-n an den Ohren ziehen; **~ a muscle** sich e-e Muskelzerrung zuziehen, sich etwas zerren; *siehe a. die Verbindungen mit den entsprechenden Substantiven, z. B.* face A 2, leg *Bes Redew* **3** reißen: → piece A 2 **4** *a.* **~ out** *e-e Pflanze* ausreißen **5** *a.* **~ out** *e-n Zahn* ziehen **6** *Blumen, Äpfel etc* pflücken **7** *Flachs* raufen, zupfen **8** **a** *e-e Gans etc* rupfen **b** *Leder* enthaaren **9** *Unterstützung, Kundschaft* gewinnen, sich *etwas* sichern **10** *Golf: den Ball* pullen (→ A 10) **11** **a** *ein Pferd* zügeln **b** *ein Rennpferd* pullen, verhalten **12** **~ one's punches** **a** *(Boxen)* verhalten schlagen **b** *fig* sich zurückhalten; **not ~ one's punches**, **~ no punches** *fig* vom Leder ziehen, kein Blatt vor den Mund nehmen **13** *ein Boot* rudern: **~ a good oar** gut rudern; → weight A 3 **14** Riemen haben: **the boat ~s four oars** das Boot führt vier Riemen **15** TYPO *Fahnen* abziehen **16** *ein Messer etc* ziehen: **~ a pistol on sb** j-n mit der Pistole bedrohen **17** *sl etwas* drehen *(etwas ausführen)*: → fast[1] A 1, job[1] A 7 **18** *sl etwas* tun, hinter sich bringen, *Wache* schieben **19** *sl s-n Rang etc* betonen, raushängen *(beide:* **on sb** j-m gegenüber) **20** **a** *a.* **~ in** *Zuschauer etc* anziehen, anlocken **b** *Stimmen* bekommen **21** *US sl* **a** *e-n Streik* ausrufen **b** *e-n Betrieb* zum Streik aufrufen **22** *sl* **a** → pull in A 4 **b** e-e Razzia machen in *(dat)*, *e-e Spielhölle etc* ausheben **23** *e-n Antrag etc* zurückziehen **24** SPORT *e-n Spieler* vom Platz *od* vom Eis nehmen *(Trainer)* **C** V/I **1** ziehen (**at** an *dat*) **2** zerren, reißen *(beide:* **at** an *dat*) **3** am Zügel reißen *(Pferd)* **4** ziehen, saugen (**at** an *der Pfeife* etc) 5 e-n Zug machen, trinken (*beide:* **at** aus) 6 sich vorwärts bewegen *od* arbeiten: **~ into the station** BAHN (in den Bahnhof) einfahren; **~ to the kerb** (*bes US* **curb**) an den Bordstein heranfahren 7 *Golf:* pullen, e-n Pull schlagen *od* spielen (→ A 10) 8 *sl* ziehen, Zugkraft haben (*Reklame etc*)

Phrasal Verbs: **pull| about** VT herumzerren; **~ ahead** VI vorbeiziehen (**of** an *dat*) (*Auto etc*) (*a. fig*); **~ apart** A VT 1 auseinandernehmen, zerlegen 2 *fig* a *ein Buch etc* verreißen b *ein Argument etc* zerpflücken B VI sich *leicht etc* auseinandernehmen *od* zerlegen lassen; **~ around** → pull about; **~ aside** VT zur Seite schieben: **the cloak of secrecy was pulled aside** *fig* der Schleier des Geheimnisses wurde gelüftet; **~ away** A VT wegziehen, wegreißen B VI 1 anfahren (*Bus etc*) 2 sich losreißen (**from** von) 3 sich absetzen (**from** von), SPORT *a.* sich frei machen; **~ back** A VT 1 zurückziehen (*a.* MIL): **~ the game** SPORT das Spiel aus dem Feuer reißen 2 *fig* hemmen, aufhalten 3 SPORT *ein Tor etc* aufholen, *Zeit a.* gutmachen B VI 1 *bes* MIL sich zurückziehen, *fig a.* e-n Rückzieher machen: **~ from an offer** ein Angebot zurückziehen 2 *fig* sich einschränken, kürzertreten; **~ down** VT 1 herunterziehen, -reißen: **pull one's hat down over one's eyes** sich den Hut über die Augen ziehen 2 *ein Gebäude etc* ab-, niederreißen 3 *fig* a verreißen b herabsetzen; 4 (*meist im pperf*) a schwächen b entmutigen; 5 *Preise etc* drücken 6 *US sl e-n Lohn etc* kassieren, beziehen: **he's pulling down quite a bit** er verdient ganz schön; **~ in** A VT 1 hereinziehen 2 einziehen: **pull o.s. in** den Bauch einziehen; → horn A 2 3 *ein Pferd* zügeln, parieren 4 → pull B 20 a 5 *bes Br sl j-n* hochnehmen (*verhaften*) 6 *sl* → pull down 6 B VI 1 anhalten, stehen bleiben 2 (**at**) ankommen (in *dat*, an *dat*), *bes* einfahren (in *akk*) (*Zug*); **~ off** A VT 1 wegziehen, wegreißen 2 *den Hut* abnehmen (**to** vor *dat*), *die Schuhe etc* ausziehen: **~ one's clothes** sich die Kleider vom Leib reißen 3 *e-n Preis* gewinnen, *a. e-n Sieg* davontragen 4 *umg* zuwege bringen, schaffen, schaukeln 5 **pull o.s. off** *vulg* sich e-n runterholen (*masturbieren*) B VI 1 sich in Bewegung setzen, abfahren 2 abstoßen (*Boot*); **~ on** VT *ein Kleid etc* an-, überziehen; **~ out** A VT 1 a herausziehen, *e-e Buchseite etc a.* heraustrennen: → chestnut A 1, fire A 1, pull B 4, B 5, stop C 9 f b *e-n Tisch etc* ausziehen; 2 FLUG *ein Flugzeug* hochziehen, (*aus dem Sturzflug*) abfangen 3 dehnen 4 *fig* in die Länge ziehen 5 MIL *Truppen* abziehen B VI 1 abfahren (*Zug etc*): **~ of the station** den Bahnhof verlassen 2 ausscheren (*Fahrzeug*) 3 MIL abziehen 4 *fig* sich zurückziehen, *a.* SPORT aussteigen (*beide:* **of** aus); **~ over** VT & VI (s-n Wagen) an die *od* zur Seite fahren; **~ round** A VT 1 herumdrehen 2 a *j-n* wieder zu sich bringen b *j-n* wieder auf die Beine bringen (*Kognak etc*) c *e-n Kranken* wieder hinkriegen, durchbringen; B VI a wieder zu sich kommen b wieder auf die Beine kommen c durchkommen;; **~ through** A VT 1 durchziehen 2 *e-n Gewehrlauf etc* reinigen 3 *e-n Kranken* wieder hinkriegen, *a. e-e Firma, e-n Prüfling etc* durchbringen: **pull sb through to a good time** SPORT j-n zu e-r guten Zeit mitziehen 4 *etwas* erfolgreich durchführen B VI durchkommen, (*a. Firma etc*) wieder auf die Beine kommen, sich erholen; **~ together** A VT 1 **pull o.s. together** sich zusammenreißen *od* zusammennehmen 2 *e-e Partei etc* zusammenschweißen B VI (gut) zusammenarbeiten, harmonieren, an einem Strang ziehen; **~ under** VT *e-n Schwimmer* unter Wasser *od* nach unten ziehen; **~ up** A VT 1 (her)auf-, hochziehen, SCHIFF *e-e Flagge* hissen 2 *ein Flugzeug* hochziehen 3 ausreißen 4 *ein Pferd, Fahrzeug* anhalten 5 zurückhalten, *j-m* Einhalt gebieten 6 *j-n* zur Rede stellen, zurechtweisen (*beide:* **about, over** wegen) B VI 1 (an)halten 2 *fig* bremsen 3 SPORT sich nach vorn schieben: **~ on sb** j-m gegenüber Boden gutmachen; **~ with** (*od* **to**) **sb** j-n einholen 4 FLUG abheben 5 ELEK ansprechen (*Magnet*), abziehen (*Relais*)

pull|back S 1 Hemmnis *n* 2 *bes* MIL Rückzug *m* 3 *US* Reaktionär(in) 4 TECH Rücksteller *m*: **~ spring** Rückholfeder *f*; **~ box** S ELEK Anschlusskasten *m*; **~ cord** S Zugleine *f*, -schnur *f*; **~ date** S *US* (Mindest)Haltbarkeitsdatum *n* (*auf Lebensmittelpackungen*)

puller ['pʊlə(r)] S 1 TECH Ausziehvorrichtung *f*, (*Korken- etc*) Zieher *m*: **~ airscrew** FLUG Zugschraube *f*; **~ screw** TECH Abziehschraube *f* 2 Puller *m* (*Pferd, das am Zaum nach vorn reißt*) 3 WIRTSCH *sl* Zugpferd *n*, Schlager *m*

pullet ['pʊlɪt] S Junghenne *f*

pulley ['pʊlɪ] TECH A S 1 Rolle *f* (*bes e-s Flaschenzugs*) 2 Flasche *f* (*Verbindung mehrerer Rollen*) 3 Flaschenzug *m* 4 SCHIFF Talje *f* 5 (*Transmissions*) Scheibe *f* B VT mittels Flaschenzug *od* Rollen bewegen; **~ block** S TECH (Roll)Kloben *m*; **~ chain** S TECH Flaschenzugkette *f*; **~ drive** S TECH Riemenscheibenantrieb *m*

pull-in S *Br* Rasthaus *n* (*bes für Fernfahrer*)

Pullman® ['pʊlmən] *pl* -mans S BAHN Pullmanwagen *m* (*Salon- od Schlafwagen*)

pull|-off A S 1 FLUG Lösen *n* des Fallschirms (*beim Absprung*) 2 (*leichter etc*) Abzug (*bei Schusswaffen*) B ADJ TECH Abzieh…: **~ spring**; **~-on** A ADJ Überzieh… B S Kleidungsstück *n* (*ohne Knöpfe etc*) zum Überziehen; **~-out** A S 1 a Faltblatt *n* (*e-s Buches etc*) b heraustrennbare Seite 2 FLUG Hochziehen *n* (*aus dem Sturzflug*) 3 MIL (*Truppen*) Abzug *m*: **~ of troops** B ADJ 1 ausziehbar: **~ seat** Schiebesitz *m* 2 a Falt…: **~ map** b heraustrennbar; **~over** A S Pullover *m* B ADJ Überzieh…; **~ strap** S (Zug)Schlaufe *f*, (Stiefel)Strippe *f*; **~ switch** S ELEK Zugschalter *m*; **~-through** S TECH Reinigungskette *f* (*für Schusswaffen*)

pullulate ['pʌljʊleɪt] VI 1 (hervor)sprossen, knospen 2 Knospen treiben 3 keimen (*Samen*) 4 BIOL sich rasch vermehren 5 *fig* wuchern, sich rasch ausbreiten 6 *fig* wimmeln (**with** von); **pullulation** S 1 Sprossen *n*, Knospen *n* 2 Keimen *n* 3 BIOL rasche Vermehrung 4 *fig* Wucherung *f*

pull-up S 1 → pull-in 2 Klimmzug *m*: **do a ~** e-n Klimmzug machen 3 FLUG (kurzes) Hochziehen (*des Flugzeugs*)

pulmonary ['pʌlmənərɪ; *US* -ˌneri:; *a.* 'pʊl-] ADJ pulmonal, Lungen…: **~ disease**; **~ artery** ANAT Lungenschlagader *f*; **~ circulation** PHYSIOL Lungenkreislauf *m*, kleiner Blutkreislauf; **~ embolism** MED Lungenembolie *f*; **~ emphysema** MED Lungenemphysem *n*; **~ fibrosis** MED Lungenfibrose *f*; **~ infarct(ion)** MED Lungeninfarkt *m*; **~ tuberculosis** MED Lungentuberkulose *f*; → lobe 1

pulmonate ['pʌlmənət; -neɪt] ZOOL A ADJ Lungen…, mit Lungen (ausgestattet): **~ mollusc** → B B S Lungenschnecke *f*

pulmonic [pʌl'mɒnɪk; *US* -'mɑn-; *a.* pʊl'm-] ADJ Lungen…

pulp [pʌlp] A S 1 Fruchtfleisch *n*: **orange ~** 2 BOT Stängelmark *n* 3 weicher *od* fleischiger Teil 4 *a.* **dental ~** ANAT (Zahn)Pulpa *f* 5 Brei *m*, breiige Masse: **boil sth to a ~** etwas zerkochen; **reduce** (*od* **crush**) **to (a) ~** a → B 1 b *fig a.* **beat to a ~** zu Brei schlagen; **be reduced to a ~** *fig* völlig am Boden zerstört sein 6 *Papierherstellung:* a Pulpe *f*, Papierbrei *m*, *bes* Ganzzeug *n* b Zellstoff *m*: **~ factory** Holzschleiferei *f* 7 *Bergbau:* a Schlich *n*, Wascherz *n* b Scheide-, Guterz *n* (*trocken aufbereitetes, zerkleinertes Erz*) 8 Maische *f*, Schnitzel *pl* (*Zucker*) 9 *pej* **~ (magazine)** Schund-, Groschenheft *n*; **~ (novel)** Schund-, Groschenroman *m*; **~ literature** Schundliteratur *f* B VT 1 in Brei verwandeln 2 *Druckerzeugnisse* einstampfen 3 *Früchte* entfleischen C VI breiig werden; **~board** S Zellstoffpappe *f*; **~ cavity** S ANAT Pulpahöhle *f*; **~ engine** S *Papierherstellung:* (Ganzzeug)Holländer *m*

pulper S 1 → pulp engine 2 AGR (*Rüben*) Breimühle *f*

pulpiness ['pʌlpɪnɪs] S 1 Weichheit *f* u. Saftigkeit *f* 2 Fleischigkeit *f* 3 Schwammigkeit *f* 4 Matschigkeit *f*

pulpit ['pʊlpɪt] S 1 Kanzel *f*: **in the ~** auf der Kanzel 2 **the ~** *koll* a die Unterweisung in der Schrift b die Geistlichkeit, KATH *a.* der Klerus 3 *fig* Kanzel *f*, Plattform *f* 4 TECH Bedienungsstand *m*; **pulpiteer** [-'tɪə(r)] S *oft pej* Prediger(in)

pulpous ['pʌlpəs] → pulpy

pulpwood S Papier-, Faserholz *n*

pulpy ['pʌlpɪ] ADJ (ADV pulpily) 1 weich u. saftig 2 fleischig 3 schwammig 4 breiig, matschig

pulque ['pʊlkɪ; -keɪ] S Pulque *m* (*gegorener Agavensaft; berauschendes mexikanisches Getränk*)

pulsar ['pʌlsə; *bes US* -sɑ:(r)] S ASTRON Pulsar *m* (*Quelle kosmischer Strahlungen*)

pulsate [pʌl'seɪt; *bes US* 'pʌlseɪt] VI 1 pulsieren (*a.* ELEK), (rhythmisch) pochen *od* schlagen: **the blood was pulsating through his veins** das Blut pulsierte in s-n Adern 2 vibrieren 3 *fig* pulsieren

pulsatile ['pʌlsətaɪl; *US a.* -təl] ADJ pulsierend

pulsating [pʌl'seɪtɪŋ; *bes US* 'pʌlseɪt-] ADJ 1 pulsierend (*a.* ELEK): **~ load** ELEK stoßweise Belastung 2 *fig* pulsierend: **~ rhythm** beschwingter Rhythmus; **~ tunes** beschwingte Weisen 3 *fig* aufregend, spannend

pulsation [pʌl'seɪʃn] S 1 Pulsieren *n* (*a.* ELEK *u. fig*), (rhythmisches) Pochen *od* Schlagen 2 Pulsschlag *m* (*a. fig*) 3 Vibrieren *n*

pulsatory ['pʌlsətərɪ; *US* -ˌtəʊri:; -ˌtɔ:-] → pulsating

pulse[1] [pʌls] A S 1 Puls(schlag) *m* (*a. fig*): **rapid** (*od* **quick**) **~** schneller Puls; **~ beat** (*einzelner*) Pulsschlag; **~ rate** MED Pulsfrequenz *f*, -schlag *m*, -zahl *f*; **feel** (*od* **take**) **sb's ~** j-m den Puls fühlen (*a. fig j-s Gesinnung od Meinung zu ergründen suchen*); **keep one's finger on the ~ of** *fig* die Hand am Puls (*gen*) haben 2 Pulsieren *n* (*a. fig*) 3 ELEK, PHYS Impuls *m*, (Strom)Stoß *m*: **~ generator** Impulsgenerator *m*, -geber *m*; **~-modulated** impulsmoduliert; **~ shaping circuit** Impulsformerschaltung *f*; **~ train** Impulsserie *f* 4 *fig* Vitalität *f*, Schwung *m* B VI → pulsate C VT ELEK impulsweise (aus)strahlen *od* senden

pulse[2] [pʌls] S Hülsenfrüchte *pl*

pulsejet (engine) S FLUG Verpuffungstriebwerk *n*

pulsimeter [pʌl'sɪmɪtə(r)] S MED Pulsmesser *m*

pulsometer [pʌl'sɒmɪtə(r); *US* -'sɑm-] S 1 → pulsimeter 2 Pulsometer *n* (*kolbenlose Dampfdruckpumpe*)

pulverable ['pʌlvərəbl] → pulverizable

pulverizable ['pʌlvəraɪzəbl] ADJ 1 pulverisierbar 2 zerstäubbar; **pulverization** [-aɪ'z-; *US* -ə'z-] S 1 Pulverisierung *f* 2 Zerstäubung *f* 3 *fig* Zermalmung *f*

pulverize ['pʌlvəraɪz] A VT 1 pulverisieren,

P

(zu Staub) zermahlen, -stoßen, -reiben 2 *e-e Flüssigkeit* zerstäuben 3 MIL zermalmen, aufreiben, SPORT *e-n Gegner, a. Argumente* auseinandernehmen, *e-n Redner, Einwände etc* niedermachen, SPORT *e-e Zeit* pulverisieren B V/I (in Staub) zerfallen, zu Staub werden; **pulverizer** S 1 Zerkleinerer *m*, Pulverisiermühle *f*, Mahlanlage *f* 2 AGR Krümelegge *f* 3 Zerstäuber *m*

pulverulent [pʌlˈverʊlənt] ADJ 1 (fein)pulverig 2 (leicht) zerbröckelnd 3 staubig

puma [ˈpjuːmə; *US a.* ˈpuːmə] S 1 ZOOL Puma *m* 2 Pumafell *n*

pumice [ˈpʌmɪs] A S *a.* ~ **stone** Bimsstein *m* B V/T mit Bimsstein abreiben *od* glätten, (ab)bimsen

pummel → pommel

pump¹ [pʌmp] A S 1 a Pumpe *f* b *(Tank-, Zapf)* Säule *f* 2 Pumpen(stoß) *n(m)* 3 *umg* Pumpe *f (Herz)* B V/T 1 pumpen: ~ **sb's stomach** MED j-m den Magen auspumpen; ~ **dry** auspumpen, leer pumpen; ~ **out** auspumpen *(a. fig erschöpfen)*; ~ **up** a hochpumpen b *e-n Reifen etc* aufpumpen; ~ **money into** WIRTSCH Geld pumpen in *(akk)*; ~ **bullets into sb** j-n mit Blei vollpumpen *sl*; ~ **iron** *sl* Bodybuilding machen; ~**ed storage station** TECH Pumpspeicherwerk *n* 2 a *j-n* ausholen *(ausfragen)* b *Informationen* herausholen (**out of** aus) 3 → pump-handle 4 betätigen, *bes Pedale* treten C V/I 1 pumpen *(a. fig Herz etc)* 2 (**for**) krampfhaft suchen *od* forschen (nach), *(bes Informationen)* zu erhalten suchen

pump² [pʌmp] S 1 Pumps *m (leichter Halbschuh)* 2 *Br* Turnschuh *m (aus Segeltuch)*

pump attendant S Tankwart(in)

pumpernickel [ˈpʊmpə(r)nɪkl; ˈpʌm-] S Pumpernickel *m*

pump| gun S *(Jagd)Gewehr mit halb automatischem Nachladeschloss*; ~ **handle** S 1 Pumpenschwengel *m* 2 *umg* überschwänglicher Händedruck; ~**-handle** V/T *umg j-s Hand* überschwänglich schütteln

pumpkin [ˈpʌmpkɪn; *US a.* ˈpʌŋkən] S BOT *(bes Garten)*Kürbis *m*

pump| price S Zapfpreis *m (von Benzin)*; ~ **priming** S WIRTSCH Ankurb(e)lung *f* der Wirtschaft; ~ **rod** S TECH Pumpenstange *f*; ~ **room** S 1 Pumpenhaus *n* 2 Trinkhalle *f (in Kurbädern)*; ~ **storage station** S TECH Pumpspeicherwerk *n*

pun¹ [pʌn] A S Wortspiel *n* (**on** über *akk*, mit) B V/I Wortspiele *od* ein Wortspiel machen (**on** über *akk*)

pun² [pʌn] V/T *Br* (fest)stampfen

punch¹ [pʌntʃ] A S 1 (Faust)Schlag *m*: **with one** ~ mit einem Schlag *(a. fig)*; → beat¹ C 8 b, pull B 12 2 Schlag(kraft) *m(f)*: → pack B 11 b 3 *fig umg* a Schlagkraft *f*, Wucht *f* b Schwung *m*, Schmiss *m* 4 → punch line B V/T 1 *(mit der Faust)* schlagen, *j-m* e-n (Faust)Schlag versetzen: ~ **sb to the ground** j-n zu Boden schlagen; ~ **sb up** *Br umg* j-n zusammenschlagen; **he's got a face I'd like to** ~ er hat ein (richtiges) Ohrfeigengesicht 2 (ein-)hämmern auf *(akk)*: ~ **the typewriter** 3 *US Vieh* treiben

punch² [pʌntʃ] TECH A S 1 Stanzwerkzeug *n*, -stempel *m*, Lochstanze *f*, -eisen *n*, Durchschlag *m* 2 Lochzange *f* 3 *(Papier)* Locher *m* 4 Prägestempel *m* 5 Patrize *f* 6 Lochung *f*, Stanzung *f* B V/T 1 a durchschlagen, lochen b *Zahlen, Buchstaben* punzen, stempeln, prägen, einschlagen c *a.* ~ **out** aus-, lochstanzen d (an)körnen 2 *e-e (Fahr- etc)Karte* lochen, knipsen, zwicken 3 *Daten* a auf Lochkarten aufnehmen b eingeben: ~**ed card** Lochkarte *f*; ~**ed tape** Lochstreifen *m* 4 *ein Gerät* betätigen, *e-e Kontrolluhr* stechen 5 *e-n Nagel, Stift* treiben: ~ **in** (*od* **down**) eintreiben 6 durchbohren 7 ~ **up** *e-n Geldbetrag* eintippen C V/I ~ **in** (**out**) *US* einstempeln (ausstempeln)

punch³ [pʌntʃ] S Punsch *m*

Punch⁴ [pʌntʃ] S Punch *m*, Kasperle *n/m*, Hanswurst *m*: ~ **and Judy show** Kasperletheater *n*; → please A 1

punch|ball S *Boxen*: *Br* Punchingball *m*, (Mais)Birne *f*; ~ **bowl** S 1 Punschbowle *f* 2 GEOG *Br* Schüssel *f*; ~ **card** S Lochkarte *f*; ~**-drunk** ADJ 1 mit Boxersyndrom: **be** ~ ein Boxersyndrom haben 2 *fig* verwirrt, durcheinander

puncheon¹ [ˈpʌntʃən] S 1 (Holz-, Stütz)Pfosten *m* 2 TECH → punch² A 1

puncheon² [ˈpʌntʃən] S HIST Puncheon *n (großes Fass, 324-540 l enthaltend)*

puncher [ˈpʌntʃə(r)] S 1 Schläger *m*, *(Boxen a.)* Puncher *m* 2 TECH Locheisen *n*, Locher *m* 3 *US umg* Cowboy *m*

punching| bag S *US* 1 → punchball 2 *fig umg* Prügelknabe *m*; ~ **die** S TECH Stanzmatrize *f*; ~ **power** S *Boxen*: Schlagkraft *f*; ~ **press** → punch press

punch| ladle S Punschlöffel *m*; ~ **line** S Pointe *f*; ~ **pliers** SPL, *a.* **pair of** ~ Lochzange *f*; ~ **power** S *Boxen*: Schlagkraft *f*; ~ **press** S TECH Loch-, Stanzpresse *f*; ~**-up** S *Br umg* Schlägerei *f*, Rauferei *f*

punchy [ˈpʌntʃɪ] ADJ (ADV punchily) *umg* 1 *fig* a schlagkräftig, wuchtig b schwungvoll, schmissig: **a** ~ **story** e-e flott geschriebene Geschichte 2 → punch-drunk

punctate [ˈpʌŋkteɪt], **punctated** [-tɪd] ADJ 1 punktiert *(a.* BOT, ZOOL*)* 2 punktförmig 3 MED durch Pünktchen *od* Tüpfelchen gekennzeichnet

punctation [pʌŋkˈteɪʃn] S 1 Punktierung *f* 2 Tüpf(e)lung *f* 3 Punkt *m*, Tüpfel *m/n*

punctilio [pʌŋkˈtɪlɪəʊ] *pl* -ios S 1 peinliche Genauigkeit *od* Korrektheit 2 Feinheit *f (des Benehmens etc)*; **punctilious** ADJ (ADV ~ly) 1 peinlich korrekt 2 peinlich *(Genauigkeit)*; **punctiliousness** → punctilio 1

punctual [ˈpʌŋktjʊəl; *US* -tʃəwəl] ADJ (ADV ~ly) 1 pünktlich: **be** ~ **for an appointment** pünktlich zu e-r Verabredung kommen; **be** ~ **in doing sth** etwas pünktlich tun 2 MATH punktförmig, Punkt…: ~ **coordinate** Punktkoordinate *f*; **punctuality** [-ˈælətɪ] S Pünktlichkeit *f*: ~ **is the politeness of kings** *(Sprichwort)* Pünktlichkeit ist die Höflichkeit der Könige

punctuate [ˈpʌŋktjʊeɪt; -tʃʊ-; *US* -tʃəˌweɪt] A V/T 1 interpunktieren, Satzzeichen setzen in *(akk)* 2 *fig* (**with**) unterbrechen (durch, mit), durchsetzen (mit) 3 *fig* unterstreichen, betonen B V/I Satzzeichen setzen; **punctuation** S 1 Interpunktion *f*, Zeichensetzung *f*: **close** ~ strikte Zeichensetzung; **open** ~ weniger strikte Zeichensetzung; ~ **mark** Interpunktions-, Satzzeichen *n* 2 *fig* Unterbrechung *f*, Durchsetzung *f* 3 *fig* Unterstreichung *f*, Betonung *f*; **punctuative** [-eɪtɪv] ADJ Interpunktions…

puncture [ˈpʌŋktʃə(r)] A V/T 1 a durchstechen: **a** ~**d lung** MED ein perforierter Lungenflügel b Löcher *od* ein Loch stechen in *(akk)* 2 *ein Loch* stechen (**in** in *akk*) 3 AUTO *etc* ein Loch machen in *(akk)*: **a piece of glass** ~**d the tire** (*bes Br* **tyre**) e-e Glasscherbe war schuld an der Reifenpanne 4 ELEK *e-e Isolation* durchschlagen 5 MED punktieren 6 *fig j-s Stolz etc* verletzen B V/I 1 ein Loch bekommen *(Reifen)*, *(a. Luftballon etc)* platzen 2 ELEK durchschlagen C S 1 Einstich *m*, Loch *n* 2 AUTO *etc* Reifenpanne *f*: ~ **outfit** Flickzeug *n* 3 ELEK Durchschlag *m* 4 MED Punktion *f*, Punktur *f*; ~ **needle** S MED Punktionsnadel *f*; ~**proof** ADJ 1 nagel-, pannensicher *(Reifen)* 2 ELEK durchschlagsicher; ~ **strength** S ELEK Durchschlagfestigkeit *f*

pundit [ˈpʌndɪt] S 1 Pandit *m (brahmanischer Gelehrter)* 2 *bes hum* a gelehrtes Haus, Gelehrte(r) *m* b weiser Mann, großer Experte; **punditry** [-rɪ] S (brahmanische) Gelehrsamkeit

pung [pʌŋ] S *US* Kastenschlitten *m*

pungency [ˈpʌndʒənsɪ] S Schärfe *f*; **pungent** ADJ (ADV ~ly) 1 scharf *(im Geschmack)* 2 stechend, beißend, ätzend *(Geruch etc)* 3 *fig* beißend *(Satire etc)* 4 *fig* a stechend *(Schmerz)* b bitter *(Reue etc)* 5 *fig* prickelnd, pikant 6 *bes* BOT stach(e)lig, spitzig

Punic [ˈpjuːnɪk] ADJ 1 HIST punisch: **the** ~ **Wars** die Punischen Kriege 2 *fig* verräterisch, treulos: ~ **faith** punische Treue, Treulosigkeit *f*

puniness [ˈpjuːnɪnɪs] S 1 Schwächlichkeit *f* 2 *fig* Armseligkeit *f*

punish [ˈpʌnɪʃ] V/T 1 *j-n* (be)strafen (**for** für, wegen) 2 *ein Vergehen etc* bestrafen, ahnden 3 *umg* a *e-n Boxer, a. allg j-n* übel zurichten b arg mitnehmen, schlauchen, strapazieren, fertigmachen 4 *umg* in *e-e Speise etc* reinhauen; **punishable** ADJ (ADV punishably) strafbar: ~ **offence** (*US* **offense**) Straftat *f*, strafbare Handlung; **murder is** ~ **by death** auf Mord steht die Todesstrafe; **punishing** ADJ (ADV ~ly) hart, vernichtend *(Kritik etc)*, mörderisch, zermürbend *(Rennen etc)*; **punishment** S 1 Bestrafung *f* (**by** durch) 2 Strafe *f (a.* JUR*)*: **for** (*od* **as**) **a** ~ als *od* zur Strafe 3 *umg* a grobe Behandlung b *Boxen*: Prügel *pl*: **take a** ~ e-e Menge einstecken müssen c Strapaze *f*, Schlauch *m*: **be subjected to heavy** ~ arg mitgenommen *od* strapaziert werden

punitive [ˈpjuːnətɪv] ADJ (ADV ~ly) 1 strafend, Straf…: ~ **expedition**; ~ **damages** *pl* JUR *US* Strafe einschließender Schadenersatz; ~ **justice** Strafjustiz *f*; ~ **law** Strafgesetz *n* 2 extrem hoch *(Steuern etc)*

punitory [ˈpjuːnətərɪ; *US* -ˌtəʊriː; -ˌtɔː-] → punitive

Punjab [ˌpʌnˈdʒɑːb; ˈpʌndʒɑːb] S Pandschab *n*

Punjabi [ˌpʌnˈdʒɑːbiː] S 1 Bewohner(in) des Pandschab 2 LING Pandschabi *n (e-e vorderindische Sprache)*

punk [pʌŋk] A S 1 Zunderholz *n*, verfaultes Holz 2 a Zunder *m* b Wundschwamm *m* 3 *sl* a Anfänger(in) b Flasche *f*, Niete *f (beide umg)* c kleiner *od* junger Ganove d Quatschkopf *m*, Blödmann *m (beide umg)* 4 *obs* a Lustknabe *m* b Metze *f*, Dirne *f* 5 *sl* Mist *m*: a Schund *m* b Quatsch *m* 6 Punk *m (Bewegung)*, *(Anhänger[in] a.)* Punker(in) 7 MUS a Punk *m* b Punker(in) B ADJ 1 *sl* miserabel, elend, billig 2 Punk… *(a.* MUS*)*

punkie [ˈpʌŋkɪ] S ZOOL Gritze *f*, Bartmücke *f*

punk| rock S MUS Punkrock *m (e-e Stilart der Rockmusik)*; ~ **rocker** S MUS Punkrocker(in)

punnet [ˈpʌnɪt] S Körbchen *n*, Schale *f (als Verkaufsmenge für Erdbeeren etc)*

punster [ˈpʌnstə(r)] S *j-d, der ständig Wortspiele macht*

punt¹ [pʌnt] A S *bes Br* Stechkahn *m* B V/T 1 *ein Boot* staken 2 in e-m Stechkahn befördern C V/I staken

punt² [pʌnt] *(Rugby)* A S Falltritt *m* B V/T & V/I (den Ball) aus der Hand (ab)schlagen

punt³ [pʌnt] A V/I 1 *Kartenspiel etc*: gegen die Bank setzen 2 *umg* a *(auf ein Pferd)* setzen b *allg* wetten B S → punter² 1

punt⁴ [pʊnt] S Irisches Pfund

punter¹ [ˈpʌntə(r)] S Stechkahnfahrer(in)

punter² [ˈpʌntə(r)] S *umg* 1 a (Glücks)Spieler(in) b Wetter(in) 2 Kunde *m*, Kundin *f* 3 *Br* Freier *m* (*e-r Prostituierten*)

puny ['pju:nı] ADJ (ADV punily) 1 a klein b schwächlich 2 *fig* kümmerlich, armselig

pup [pʌp] A S 1 junger Hund: **in ~** trächtig (*Hündin*); **sell sb a ~** *Br umg* j-n übers Ohr hauen 2 a junger Seehund b junger Otter 3 *oft* **young ~** *fig bes Br* → puppy 3 B V/T & V/I (Junge) werfen

pupa ['pju:pə] *pl* -pae [-pi:], -pas S ZOOL Puppe *f*; **pupal** ADJ ZOOL Puppen...

pupate ['pju:peıt] V/I ZOOL sich verpuppen; **pupation** S ZOOL Verpuppung *f*

pupil[1] ['pju:pl; -pıl] S 1 Schüler(in) (*a.* MUS *etc*: **of** von *od gen*): **~ magazine** Schülermagazin *n* 2 JUR Mündel *m/n* (*Junge unter 14, Mädchen unter 12*)

pupil[2] ['pju:pl; -pıl] S ANAT Pupille *f*

pupil(l)age ['pju:pılıdʒ] S 1 Schulzeit *f* 2 JUR Unmündigkeit *f*

pupil(l)ar ['pju:pılə(r)], **pupi(l)lary** [-lərı; *US* -ˌleri:] ADJ 1 JUR Mündel... 2 ANAT Pupillen...: **~ reflex** Pupillarreflex *m*

puppet ['pʌpıt] S Marionette *f* (*a. fig*), Puppe *f*: **~ government** Marionettenregierung *f*; **be the ~ master** *fig* die Fäden ziehen; **~ show** (*od* **play**) Marionetten-, Puppenspiel *n*; **~ state** Marionettenstaat *m*; **~ valve** TECH Tellerventil *n*; **puppeteer** [-'tıə(r)] S Puppenspieler(in); **puppetry** [-trı] S 1 Puppenspielkunst *f* 2 *obs fig* Mummenschanz *m*

puppy ['pʌpı] S 1 junger Hund 2 (*das*) Junge (*verschiedener anderer Tiere*) 3 *fig* (junger) Schnösel, eingebildeter Fatzke (*beide a. pej*); **~ dog** S *Kindersprache*: Hündchen *n*; **~ fat** S *Br umg* Babyspeck *m*; **~ love** → calf love

pup tent S MIL *US* Zweimannzelt *n*

pur → purr

purblind ['pɜ:blaınd; *US* 'pɜrˌbl-] ADJ (ADV ~ly) 1 *fig* kurzsichtig, borniert, dumm 2 halb blind 3 *obs* blind; **purblindness** S 1 *fig* Kurzsichtigkeit *f* 2 Halbblindheit *f* 3 *obs* Blindheit *f*

purchasable ['pɜ:tʃəsəbl; *US* 'pɜr-] ADJ käuflich (*a. fig*)

purchase ['pɜ:tʃəs; *US* 'pɜr-] A V/T 1 kaufen, erstehen, (käuflich) erwerben 2 erkaufen (**at the expense of** auf Kosten *gen*): **dearly ~d** teuer erkauft 3 *fig* kaufen (*bestechen*) 4 JUR erwerben (*außer durch Erbschaft*) 5 SCHIFF, TECH a hochwinden, -ziehen b (mit Hebelkraft) heben *od* bewegen B S 1 (An-, Ein)Kauf *m*: **by ~** durch Kauf, käuflich; **make a ~ of sth** etwas kaufen; **make ~s** Einkäufe machen 2 Kauf(-objekt) *m(n)*, Anschaffung *f* 3 *Bilanz*: Wareneingänge *pl* 4 JUR Erwerbung *f* (*außer durch Erbschaft*) 5 (Jahres)Ertrag *m*: **at ten years' ~** zum Zehnfachen des Jahresertrags; **his life is not worth a day's ~** er lebt keinen Tag mehr, er macht es nicht mehr lange 6 Hebevorrichtung *f*, *bes* a Flaschenzug *m* b SCHIFF Talje *f* 7 Hebelkraft *f*, -wirkung *f* 8 guter Angriffs- *od* Ansatzpunkt 9 *fig* a einflussreiche Position, Machtstellung *f* b Machtmittel *n*, Handhabe *f*; **~ account** S WIRTSCH Wareneingangskonto *n*; **~ book**, **~ journal** S WIRTSCH Wareneingangsbuch *n*; **~ money** S Kaufsumme *f*; **~ price** S Kaufpreis *m*

purchaser S 1 Käufer(in), WIRTSCH *a.* Abnehmer(in) 2 JUR Erwerber(in) (*außer durch Erbschaft*) 3 → purchasing agent

purchase tax S *Br* HIST Erwerbs-, Kaufsteuer *f*

purchasing| agent S WIRTSCH Einkäufer(in) (*e-r Firma*); **~ association** S Einkaufsgenossenschaft *f*; **~ department** S Einkaufsabteilung *f*; **~ power** S Kaufkraft *f*: **excessive ~** Kaufkraftüberhang *m*

pure [pjʊə(r)] ADJ (ADV → purely) 1 a pur, unvermischt, rein (*Seide etc*): **~ alcohol** reiner Alkohol; **~ gold** reines *od* pures Gold; **~ white** reines Weiß b lupenrein (*Diamant*) 2 rein, makellos: **~ Italian** reines Italienisch; **a ~ friendship** e-e reine Freundschaft 3 rein, sauber (*Hände etc*) 4 (*moralisch*) rein: a unschuldig, unbefleckt b unberührt, keusch (*Mädchen*) 5 rein, unverfälscht 6 MUS a (ton)rein b obertonfrei 7 klar (*Stil*) 8 BIOL a reinrassig, -blütig b homozygot, reinerbig: **~ line** reine Abstammungslinie 9 rein, theoretisch: **~ science** reine Wissenschaft 10 rein (*Kunst*) 11 pur, rein, völlig (*Unsinn etc*): **a ~ formality** e-e reine Förmlichkeit; **laziness ~ and simple** reine Faulheit 12 rein, pur (*Zufall*): **by ~ accident** (*od* **chance**) rein zufällig 13 rein (*Sprachlaut*)

pure|blood A ADJ → purebred A B S → purebred B; **~blooded** → purebred A; **~bred** A ADJ reinrassig, rasserein B S reinrassiges Tier; **~ culture** S BIOL Reinkultur *f*

purée ['pjʊəreı; *US* pjʊ'reı] A S Püree *n* B V/T pürieren

purely ['pjʊə(r)lı] ADV 1 rein 2 rein, ganz: **~ by accident** (*od* **chance**) rein zufällig 3 *a.* **~ and simply** ausschließlich; **pureness** S Reinheit *f*

purfle ['pɜ:fl; *US* 'pɜrfəl] V/T 1 *bes ein Kleid* mit e-r Schmuckborte verzieren 2 *bes* ARCH (am Rand) mit Ornamenten verzieren

purgation [pɜ:'geıʃn; *US* ˌpɜr'g-] S 1 *bes* REL *u. fig*, *a.* JUR, HIST Reinigung *f* 2 MED Darmentleerung *f*, Entschlackung *f*; **purgative** [-gətıv] A ADJ (ADV ~ly) 1 reinigend (*a.* JUR, HIST) 2 MED purgativ, abführend, Abführ...: **have a ~ effect** abführend wirken, abführen B S PHARM Purgativ(um) *n*, Abführmittel *n*; **purgatorial** [-'tɔ:rıəl; *US a.* -'təʊ-] ADJ 1 REL Reinigungs..., Sühne... 2 KATH Fegefeuer...

purgatory ['pɜ:gətərı; *US* 'pɜrgəˌtəʊri:; -ˌtɔ:-] S 1 *oft* ♀ KATH das Purgatorium, das Fegefeuer *n* 2 *fig* die Hölle

purge [pɜ:dʒ; *US* pɜrdʒ] A V/T 1 reinigen, säubern, befreien (*alle:* **of, from** von) 2 *fig j-n* reinigen (**of, from** von), von Schuld *od* Verdacht freisprechen: **~ o.s. of a suspicion** sich von e-m Verdacht reinigen 3 *e-e Flüssigkeit* klären, läutern 4 MED a *bes den Darm* entleeren, entschlacken b *j-m* (ein) Abführmittel geben 5 *ein Verbrechen* sühnen 6 POL a *e-e Partei etc* säubern b *j-n* (aus der Partei *etc*) ausschließen c *j-n* liquidieren (*töten*) B V/I 1 sich läutern 2 MED a purgieren, abführen (*Medikament*) b Stuhlgang haben C S 1 Reinigung *f*, Säuberung *f* 2 MED Darmentleerung *f*, Entschlackung *f* 3 POL Säuberung(saktion) *f* 4 → purgative B

purification [ˌpjʊərıfı'keıʃn] S 1 Reinigung *f* (*a.* REL): ♀ (**of the Virgin Mary**) Mariä Lichtmess *od* Reinigung (*2. Februar*) 2 TECH Reinigung *f* (*a.* METALL), Klärung *f*, (Ab)Läuterung *f*, *a.* Regenerierung *f* (*von Altöl*); **~ plant** S Kläranlage *f*

purificator ['pjʊərıfıkeıtə(r)] S REL Purifikatorium *n* (*Tuch zur Reinigung des Kelches*)

purificatory [*Br* 'pjʊərıfıkeıtərı; *US* pjʊr'ıfıkəˌtəʊri:; -ˌtɔ:-] ADJ reinigend, Reinigungs...

purifier ['pjʊərıfaıə(r)] S 1 Reiniger(in) 2 TECH a Reinigungsmittel *n*, Reiniger *m* b Reinigungsapparat *m*

purify ['pjʊərıfaı] A V/T 1 *a. fig* reinigen (**of, from** von) 2 TECH reinigen, läutern, klären, aufbereiten, raffinieren: **~ing plant** Reinigungsanlage *f*; **purified steel** Frischstahl *m* B V/I sich läutern

Purim ['pjʊərım; *bes US* 'pʊərım] S Purimfest *n* (*jüdisches Freudenfest*)

purin ['pjʊərın], **purine** ['pjʊəri:n] S CHEM Purin *n*

purism ['pjʊərızəm] S Purismus *m*: a Sprachreinigung *f* b *Kunstrichtung im 20. Jh., die e-e klare, strenge Kunst auf der Basis rein architektonischer u. geometrischer Form fordert*; **purist** A S Purist(in), LING *a.* Sprachreiniger(in) B ADJ puristisch; **puristic** ADJ (ADV ~ally) puristisch

Puritan ['pjʊərıtən] A S 1 HIST Puritaner(in) 2 *meist* ♀ *fig* Puritaner(in), (übertrieben) sittenstrenger Mensch B ADJ 1 HIST puritanisch 2 *oft* ♀ → puritanical; **puritanical** [-'tænıkl] ADJ (ADV ~ly) puritanisch, (übertrieben) sittenstreng; **Puritanism** S 1 HIST Puritanismus *m* 2 *oft* ♀ *fig* Puritanismus *m*, (übertriebene) Sittenstrenge

purity ['pjʊərətı] S 1 Reinheit *f* 2 Keuschheit *f*

purl[1] [pɜ:l; *US* pɜrl] A V/I 1 murmeln, plätschern (*Bach*) 2 wirbeln, sich kräuseln B S Murmeln *n*, Plätschern *n*

purl[2] [pɜ:l; *US* pɜrl] A V/T 1 → purfle 1 2 (um)säumen, einfassen 3 *etwas* links stricken B V/I links stricken C S 1 Gold- *od* Silberdrahtlitze *f* 2 a Zäckchen(borte) *n(f)* b Häkelkante *f* c Linksstricken *n* 3 *a.* **~ stitch** linke Masche

purl[3] [pɜ:l; *US* pɜrl] A V/I 1 *oft* **~ round** herumwirbeln 2 *umg* a umkippen b kentern (*Boot*) c vom Pferd stürzen B V/T *umg* a umkippen, -werfen b *e-n Reiter* abwerfen C S *umg* 1 Stoß *m* 2 (schwerer) Sturz

purl[4] [pɜ:l; *US* pɜrl] S HIST 1 Wermutbier *n* 2 gewürztes Warmbier mit Gin

purler ['pɜ:lə; *US* 'pɜrlər] S *bes Br umg* schwerer Sturz: **come a ~** längelang hinstürzen

purlieu ['pɜ:lju:; *US* 'pɜrlu:; -ju:] S 1 *Br* HIST *aus e-m königlichen Forst ausgegliedertes, aber noch teilweise den Forstgesetzen unterworfenes Land* 2 *meist pl* Umgegend *f*, Randbezirk(e) *m(pl)* 3 *meist pl fig* Jagdgründe *pl* 4 armes *od* schmutziges Viertel (*e-r Stadt*)

purlin(e) ['pɜ:lın; *US* 'pɜr-] S ARCH Pfette *f*

purloin [pɜ:'lɔın; *US* pɜr-] V/T entwenden, (*a. v/i*) stehlen; **purloiner** S Dieb(in)

purple ['pɜ:pl; *US* 'pɜrpəl] A S 1 Purpur *m* 2 Purpur(kleid) *m(n)* 3 *fig* Purpur *m* (*Herrscher- od Kardinalswürde*): **raise to the ~** zum Kardinal ernennen, *j-m* den Purpur verleihen B ADJ 1 purpurn, purpurrot, Purpur... 2 *Stil*: a brillant, effektvoll b rhetorisch, bombastisch: **~ passage**, **~ patch** Glanzstelle *f* (*a. iron*); *Aus sl* Glücks-, Erfolgssträhne *f* 3 *US* lästerlich (*Sprache*) C V/T & V/I (sich) purpurn färben; **~ emperor** S ZOOL Großer Schillerfalter; ♀ **Heart** S 1 MIL *US* Verwundetenabzeichen *n* 2 **purple heart** PHARM *bes Br umg* (*herzförmige*) Amphetamintablette

purplish ['pɜ:plıʃ; *US* 'pɜr-], **purply** [-plı] ADJ ins Purpurne spielend

purport A V/T ['pɜ:pət; pɜ:'pɔ:t; *US* pər'pəʊrt; -'pɔ:rt] 1 behaupten, vorgeben: **~ to be** (**to do**) angeblich sein (tun); **not ~ to be comprehensive** keinen Anspruch auf Vollständigkeit erheben; **the letter ~s to be written by him** der Brief erweckt den Eindruck, als wäre er von ihm geschrieben; der Brief ist anscheinend von ihm geschrieben 2 besagen, beinhalten, zum Inhalt haben, ausdrücken (wollen) B S ['pɜ:pət; -pɔ:t; *US* 'pɜrˌpəʊrt; -ˌpɔ:rt] Tenor *m*, Sinn *m*

purpose ['pɜ:pəs; *US* 'pɜr-] A V/T beabsichtigen, vorhaben (*beide:* **sth** etwas; **doing** *od* **to do** zu tun) B S 1 Zweck *m*: **for this ~** zu diesem Zweck; **for what ~?** zu welchem Zweck?, wozu? 2 (*angestrebtes*) Ziel: **give some ~ to**

P

one's life s-m Leben ein Ziel geben 3 Absicht *f*, Vorhaben *n*: **honesty of ~** Ehrlichkeit *f* der Absicht(en); **novel with a ~, ~ novel** Tendenzroman *m* 4 *a.* **strength** (*od* **sense**) **of ~** Entschlusskraft *f*, Zielstrebigkeit *f*: **weak of ~** ohne Entschlusskraft 5 (*wesentliche*) Sache 6 Wirkung *f*

Besondere Redewendungen: **for all practical ~s** praktisch (genommen *od* gesehen); **for the ~ of** a zwecks, um zu b im Sinne *des Gesetzes etc*; **of set ~** absichtlich, *bes* JUR vorsätzlich; **on ~** absichtlich, mit Absicht; **to the ~** a zur Sache (gehörig), sachlich b zweckdienlich; **be to little ~** wenig Zweck haben; **to no ~** vergeblich, umsonst; **turn sth to good ~** etwas gut anwenden *od* nutzen; → intent A 1, serve B 5

purpose-built ADJ *bes Br* für e-n speziellen Zweck gebaut, speziell (gebaut), Zweck...

purposeful [-fʊl] ADJ (ADV ~ly) 1 zielbewusst, entschlossen 2 zweckmäßig, -voll 3 absichtlich

purposeless ADJ (ADV ~ly) 1 zwecklos 2 ziel-, planlos 3 unentschlossen

purposely ADV absichtlich, *bes* JUR vorsätzlich

purposive [ˈpɜːpəsɪv; *US* ˈpɜr-] ADJ (ADV ~ly) 1 zweckmäßig, -voll, -dienlich 2 absichtlich, bewusst, *a.* gezielt 3 zielstrebig, -bewusst

purpose-trained ADJ mit Spezialausbildung

purpresture [pɜːˈprestʃə(r); *US* ˌpɜr-] S JUR widerrechtliche Aneignung fremden Grundbesitzes

purpura [ˈpɜːpjʊrə; *US* ˈpɜr-; *a.* -pʊrə] S MED Purpura *f*, Blutfleckenkrankheit *f*

purpuric [pɜːˈpjʊərɪk; *US* ˌpɜr-] ADJ 1 MED Purpura... 2 CHEM purpursauer: **~ acid** Purpursäure *f*

purr [pɜː; *US* pɜr] A V/I 1 schnurren (*Katze etc*) 2 surren, summen (*Motor etc*) 3 vor Behagen schnurren B V/T *etwas* summen, säuseln (*sagen*) C S 1 Schnurren *n* 2 Surren *n*, Summen *n*

purse [pɜːs; *US* pɜrs] A S 1 a Geldbeutel *m*, Portemonnaie *n* b Brieftasche *f* (*a. fig*) c *US* Handtasche *f*: **light ~** *fig* kleiner Geldbeutel; **that is beyond my ~** das übersteigt m-e Finanzen 2 Fonds *m*: **common ~** gemeinsame Kasse 3 gesammeltes Geldgeschenk: **make up a ~ for** Geld sammeln für 4 SPORT a Siegprämie *f* b *Boxen*: Börse *f* c *bes US* Dotierung *f* (*e-s Tennisturniers etc*) B V/T 1 *a.* **~ up** in Falten legen: **~ one's brow** die Stirn runzeln; **~ one's lips** die Lippen schürzen 2 *obs Geld* einstecken C V/I sich (in Falten) zusammenziehen, sich runzeln; **~-proud** ADJ geldstolz

purser [ˈpɜːsə; *US* ˈpɜrsər] S 1 SCHIFF Zahl-, Proviantmeister *m* 2 FLUG Purser *m* (*leitender Steward im Flugzeug*)

purse| seine S *Fischfang*: Beutelnetz *n*; **~ silk** S Kordonettseide *f*; **~ snatcher** S *US* Handtaschenräuber(in); **~ strings** SPL: **hold** (*od* **control**) **the ~** die Finanzen verwalten; **tighten** (**loosen**) **the ~** den Geldhahn zudrehen (aufdrehen)

purslane [ˈpɜːslɪn; *US* ˈpɜr-] S BOT Portulak (-gewächs) *m(n)*

pursuance [pə(r)ˈsjuːəns; *bes US* -ˈsuː-] S Ausführung *f*, Verfolgung *f*, Verfolg *m*: **in** (**the**) **~ of** a im Verfolg (*gen*) b → pursuant; **in ~ of one's duty** a in Ausübung s-r Pflicht b pflichtgemäß; **in ~ of truth** auf der Suche nach (der) Wahrheit; **pursuant** ADJ: **~ to** *e-r Vorschrift etc* gemäß *od* entsprechend, laut *e-m Befehl etc*, gemäß *Paragraf 1 etc*

pursue [pə(r)ˈsjuː; *bes US* -ˈsuː] A V/T 1 *j-n* verfolgen, *j-m* nachsetzen, *j-n* jagen 2 *e-n Zweck, ein Ziel, e-n Plan* verfolgen 3 nach *Glück etc* streben, *dem Vergnügen etc* nachgehen 4 *bes fig e-n Kurs, Weg* einschlagen, folgen (*dat*) 5 *Studien, e-n Beruf etc* betreiben, nachgehen (*dat*) 6 weiterführen, fortsetzen, fortfahren in (*dat*) 7 *ein Thema etc* weiterführen, verfolgen, weiterdiskutieren 8 JUR *bes schott* anklagen B V/I 1 **~ after** → A 1 2 fortfahren (*bes im Sprechen*), weitermachen; **pursuer** S 1 Verfolger(in) 2 JUR *bes schott* (An)Kläger(in)

pursuit [pə(r)ˈsjuːt; *bes US* -ˈsuːt] S 1 (**of**) Verfolgung *f* (*gen*), Jagd *f* (auf *akk*): **be in ~ of sb** → pursue A 1; **in hot ~** dicht auf den Fersen *umg* 2 Streben *n*, Trachten *n*, Jagd *f* (*alle*: **of** nach): **~ of gain** (*od* **profit**) Gewinnstreben 3 Verfolgung *f*, Verfolg *m* (*e-s Plans etc*) 4 Beschäftigung *f*, Betätigung *f*, Beruf *m* 5 Ausübung *f* (*e-s Gewerbes etc*), Betreiben *n* (*von Studien etc*) 6 *pl* Studien *pl*, Arbeiten *pl*, Geschäfte *pl* 7 Ziel *n*, Zweck *m* 8 *Radsport*: Verfolgung *f*; **~ plane** S MIL, HIST Jagdflugzeug *n*, Jäger *m*; **~ race** S *Radsport*: Verfolgungsrennen *n*; **~ rider** S *Radsport*: Verfolgungsfahrer(in)

pursuivant [ˈpɜːsɪvənt; *US* ˈpɜr-] S 1 Unterherold *m* (*niederste Heroldsklasse*) 2 *poet* Begleiter *m*

pursy [ˈpɜːsɪ; *US* ˈpɜr-] ADJ 1 kurzatmig 2 *obs* beleibt, korpulent 3 protzig

purulence [ˈpjʊərʊləns], *a.* **purulency** [-sɪ] S MED 1 Eitrigkeit *f* 2 Eiter *m*; **purulent** ADJ (ADV ~ly) MED eiternd, eit(e)rig: **~ discharge** Eiterfluss *m*; **~ matter** Eiter *m*

purvey [pə(r)ˈveɪ] V/T 1 *bes Lebensmittel* liefern (**to** an *akk*) 2 *Lügen etc* verbreiten; **purveyance** S 1 Lieferung *f* (*bes von Lebensmitteln*) 2 Verbreitung *f* (*von Lügen etc*); **purveyor** [-ə(r)] S 1 Lieferant(in): **♀ to the Royal Household** Königlicher Hoflieferant 2 HIST *Beamter, der Einkäufe etc für die Krone tätigte* 3 Verbreiter(in) (*von Lügen etc*)

purview [ˈpɜːvjuː; *US* ˈpɜrˌvjuː] S 1 JUR verfügender Teil (*e-s Gesetzes*) 2 (Anwendungs)Bereich *m*, Geltungsgebiet *n* (*e-s Gesetzes etc*) 3 JUR Zuständigkeit(sbereich) *f(m)*: **that is within** (**outside**) **our ~** das fällt (nicht) in unseren Zuständigkeitsbereich 4 Wirkungskreis *m*, Tätigkeitsfeld *n*, Sphäre *f*, Gebiet *n* 5 Gesichtskreis *m*, Blickfeld *n* (*a. fig*)

pus [pʌs] S MED Eiter *m*: **~ focus** Eiterherd *m*

push [pʊʃ] A S 1 Stoß *m*, Schubs *m*: **at a ~** *bes Br umg* a notfalls, wenn es sein muss b wenn nichts dazwischenkommt; **give sb a ~** a j-m e-n Stoß geben *od* versetzen b AUTO j-n anschieben; **give sb the ~** *Br umg* j-n rausschmeißen (*entlassen*); **get the ~** *Br umg* rausgeschmissen werden, fliegen (*entlassen werden*); **if it comes to the ~**, *US* **if ~ comes to shove** wenn es hart auf hart geht, wenn es ernst wird; **when it came to the ~**, *US* **when ~ came to shove** als es hart auf hart ging, als es ernst wurde 2 ARCH, GEOL, TECH (horizontaler) Druck, Schub *m* 3 Anstrengung *f*, Bemühung *f*: **make a ~** sich mächtig anstrengen; **at the first ~** auf Anhieb 4 Vorstoß *m* (**for** auf *akk*) (*a. fig*): **make a ~** 5 MIL (Groß)Offensive *f*: **make a ~** e-e Offensive starten 6 (Werbe)Kampagne *f* 7 *fig* Anstoß *m*, Antrieb *m* 8 Druck *m*, Drang *m* (*der Verhältnisse*) 9 *umg* Schwung *m*, Energie *f*, Tatkraft *f* 10 *umg* Protektion *f*: *get a job* **by ~** durch Protektion 11 *umg* (Menschen)Menge *f* 12 *Aus sl* a Clique *f* b Verein *m*, Bande *f* B V/T 1 stoßen, schieben, schubsen, drücken: **~ away** wegstoßen; **~ open** aufstoßen; **~ over** umstoßen, umwerfen 2 drängen: **~ the enemy into the sea** den Feind ins Meer treiben; **~ one's way through** sich durchdrängen (durch) 3 (an)treiben, drängen (*beide*: **to** zu; **to do** zu tun): **~ sb for** j-n bedrängen wegen, j-m zusetzen wegen; **~ sb for payment** bei j-m auf Bezahlung drängen; **I am ~ed for time** ich bin in Zeitnot, ich komme ins Gedränge; **be ~ed for money** in Geldverlegenheit sein; **~ sth on sb** j-m etwas aufdrängen 4 *a.* **~ ahead** (*od* **forward, on**) *e-e Angelegenheit* energisch betreiben *od* verfolgen, vorantreiben: **~ sth too far** etwas zu weit treiben; **~ one's luck** *umg* übermütig werden 5 *a.* **~ through** (*od* **home**) *etwas* durchsetzen, -drücken, *e-n Vorteil* ausnutzen 6 Reklame machen für, die Trommel rühren für 7 *umg* verkaufen, *Drogen* pushen: **~ drugs** *a.* dealen 8 *umg* sich *e-m Alter* nähern: **he is ~ing seventy** er geht auf die Siebzig zu C V/I 1 schieben, stoßen, schubsen 2 drücken, drängen: **~ by** (*od* **past**) **sb** sich an j-m vorbeidrängen 3 sich tüchtig ins Zeug legen: **~ for** drängen auf (*akk*) 4 (rücksichtslos) vorwärtsstreben (*nach höherer Stellung etc*) 5 **~ ahead** (*od* **forward, on**) **with** → B 6

Phrasal Verbs: **push| about** V/T herumschubsen (*a. fig umg schikanieren*); **~ ahead** A V/T → push B 4 B V/I → push C 5; **~ along** V/I *umg* sich auf die Socken machen; **~ around** → push about; **~ aside** V/T 1 zur Seite schieben, abdrängen 2 *fig* an die Wand drängen; **~ away** → push B 1; **~ back** V/T 1 *s-n Stuhl etc* zurückschieben 2 *Demonstranten etc*, MIL *den Feind* zurückdrängen: → boundary 1 3 sich *das Haar* aus der Stirn streichen *od* zurückstreichen, *s-e Brille* wieder hochschieben: **~ one's hair**; **~ forward** A V/T 1 → push B 4 2 **push o.s. forward** *fig* sich in den Vordergrund drängen *od* schieben B V/I 1 sich vordrängen 2 → push C 5; **~ in** V/I sich (*in e-r Schlange*) vordrängen; **~ off** A V/T 1 *Waren* abstoßen, losschlagen 2 *ein Boot* abstoßen B V/I 1 a sich abstoßen (**from** von) b SCHIFF abstoßen (**from** von) 2 *umg* abhauen 3 → push along; **~ on** A V/I 1 sich beeilen 2 → push C 5 B V/T 1 *j-n* antreiben 2 → push B 4; **~ out** A V/T 1 hinausschieben, -stoßen: → boat A 1 2 vorschieben 3 *Wurzeln, Zweige etc* treiben B V/I 1 SCHIFF in See stechen 2 hinausragen; **~ over** → push B 1; **~ through** → push B 5; **~ under** V/T: **I won't be pushed under!** ich lass' mich nicht unterkriegen!; **~ up** V/T 1 hoch-, hinaufschieben: → daisy A 1 2 *Preise etc* hochtreiben

push|ball S *bes US* Pushball(spiel) *m(n)*; **~bike** S *Br umg* Fahrrad *n*; **~ button** S TECH (Druck)Knopf *m*, (-)Taste *f*; **~-button** ADJ druckknopfgesteuert, Druckknopf...: **~ switch**; **~ control** Druckknopfsteuerung *f*; **~ telephone** Tastentelefon *n*; **~ tuning** RADIO *etc* Drucktasteneinstellung *f*; **~ warfare** automatische Kriegführung; **~cart** S 1 (Hand)Karren *m* 2 *US* Einkaufswagen *m*; **~chair** S *Br* Sportwagen *m* (*für Kinder*)

pusher S 1 TECH Schieber *m* 2 Schieber *m* (*Kinderbesteck*) 3 Schub-, Hilfslokomotive *f* 4 *a.* **~ airplane** Flugzeug *n* mit Druckschraube 5 *umg* a Streber(in), Ehrgeizling *m* b Draufgänger(in) 6 *umg* Dealer(in), Pusher(in) (*Rauschgifthändler[in]*) 7 *Aus* Sportwagen *m* (*für Kinder*); **~ barge, ~ tug** S SCHIFF Schubschiff *n*

pushful [-fʊl] ADJ (ADV ~ly) *umg* energisch, draufgängerisch

pushiness [ˈpʊʃɪnɪs] → pushingness

pushing ADJ (ADV ~ly) 1 → pushful 2 streberisch 3 auf-, zudringlich; **pushingness** S 1 aufdringliche Art, Aufdringlichkeit *f* 2 Strebertum *n*

push|-off S 1 Abstoßen *n* (*vom Ufer*) 2 *umg* Anfang *m*, Start *m*; **~over** S *umg* 1 leichte(r) Gegner(in), SPORT *a.* Punktelieferant(in) 2 Gimpel *m pej*: **he is a ~ for that** darauf fällt er (immer) prompt herein 3 Kinderspiel *n*,

Kleinigkeit *f*, kleine Fische *pl umg*; **~pin** S *US* Pin-Nagel *m*, Bildernagel *m*; **~-pull** ADJ ELEK Gegentakt…; **~ rod** S AUTO Stößelstange *f*; **~ start** S Anschieben *n*; **~-start** V/T *ein Auto* anschieben; **~-to-talk key** S *Funk:* Sprechtaste *f*; **~-up** S SPORT *US* Liegestütz *m*: **do a ~** e-n Liegestütz machen

pushy ADJ (ADV pushily) *umg* → pushing

pusillanimity [ˌpjuːsɪləˈnɪmətɪ] S Kleinmut *m*, Kleinmütigkeit *f*, Verzagtheit *f*; **pusillanimous** [-ˈlænɪməs] ADJ (ADV ~ly) kleinmütig, verzagt

puss[1] [pʊs] S *umg* **1** Mieze *f* (*a. fig Mädchen*): **~, ~, ~!** Miez, Miez, Miez!; ♀ **in Boots** der Gestiefelte Kater; **~ in the corner** Kämmerchenvermieten *n* (*ein Kinderspiel*) **2** *Br* Häs-chen *n*

puss[2] [pʊs] S *sl* Fresse *f* (*Mund*), (*Gesicht a.*) Visage *f*

pussy [ˈpʊsɪ] S **1** → puss[1] 1 **2** (*etwas*) Weiches u. Wolliges, *bes* BOT (Weiden)Kätzchen *n* **3** *vulg* **a** Muschi *f* (*Vulva*) **b** Nummer *f* (*Geschlechtsverkehr*): **have some ~** e-e Nummer machen *od* schieben *umg*, bumsen *vulg*

pussy|cat S **1** → puss[1] 1 **2** → pussy willow; **~foot A** V/I **1** (wie e-e Katze) schleichen **2** *fig umg* leisetreten **3** *fig umg* (**on**) sich nicht festlegen (auf *akk*), herumreden (um) **B** *pl* -foots S **1** Schleicher(in) **2** *fig umg* Leisetreter(in) **3** *fig umg j-d, der sich nicht festlegen will* **C** ADJ *umg* sich nicht festlegend, absichtlich unklar; **~footer** → pussyfoot B; **~footing** *umg* **A** ADJ (ADV ~ly) **1** leisetreterisch **2** → pussyfoot C **B** S Leisetreterei *f*; **~ willow** S BOT Verschiedenfarbige Weide

pustular [ˈpʌstjʊlə(r); *US bes* -tʃələr] ADJ MED **1** pustelartig, Pustel… **2** mit Pusteln bedeckt; **pustulate A** V/T & V/I [-leɪt] pustulös machen (werden) **B** ADJ [-lət; -leɪt] pustulös, mit Pusteln bedeckt; **pustulation** S Pustelbildung *f*

pustule [ˈpʌstjuːl; *US bes* -tʃuːl] S **1** MED Pustel *f*, Eiterbläs-chen *n* **2** BOT, ZOOL Warze *f*; **pustulous** [-tjʊləs; *US bes* -tʃələs] ADJ MED pustulös, pustelig

put [pʊt] **A** S **1** *bes Kugelstoßen:* Stoß *m* **2** *Börse:* Rückprämie *f* (*beim Prämiengeschäft*): → put and call (option) **B** ADJ **stay ~** *umg* sich nicht (vom Fleck) rühren **C** V/T *prät u. pperf* put **1** legen, stellen, setzen, tun: **~ it on the table** leg es auf den Tisch; **I shall ~ the matter before him** ich werde ihm die Sache vorlegen; **~ the matter in(to) his hands** leg die Angelegenheit in s-e Hände; **I ~ him above his brother** ich stelle ihn über s-n Bruder; **~ sb on a job** j-n an e-e Arbeit setzen, j-n mit e-r Arbeit betrauen; **~ eleven men behind the ball** FUSSB die ganze Mannschaft defensiv spielen lassen; **his time ~ him in 3rd place** SPORT s-e Zeit brachte ihn auf den 3. Platz; → *a. die Verbindungen mit den entsprechenden Substantiven* **2** stecken (**in one's pocket** in die Tasche): **put a lot of work into** viel Arbeit stecken in (*akk*) **3** *j-n ins Bett, in e-e unangenehme Lage etc, etwas auf den Markt, in Ordnung etc* bringen: **he ~ her across the river** er brachte *od* beförderte sie über den Fluss; **~ the cow to the bull** die Kuh zum Stier bringen; **~ into shape** in (die richtige) Form bringen; **~ sth on paper** etwas zu Papier bringen; → mind A 2, right A 5 **4** *etwas in Kraft, in Umlauf, in Gang etc, j-n in Besitz, ins Unrecht, über ein Land etc* setzen: **~ o.s. in a good light** sich ins rechte Licht setzen; **~ the case that …** gesetzt den Fall, dass …; → action 1, 2, end *Bes Redew*, foot A 1, place A 3, trust A 1 **5 ~ o.s.** sich *in j-s Hände etc* begeben: **~ o.s. under sb's care** sich in j-s Obhut begeben; **~ yourself in(to) my hands** vertraue dich mir ganz an **6** unterwerfen, aussetzen (*beide:* **to** *dat*): **I have ~ you through a lot** ich habe dir viel zugemutet; → death 1, expense *Bes Redew*, inconvenience A 2, question A 6, shame A 2, sword, test[1] A 2 **7 ~ out of** aus … hinausstellen, verdrängen *od* werfen aus, außer *Betrieb od Gefecht etc* setzen: → action 13, running A 2 **8** *Land* bepflanzen (**into, under** mit) **the fields were ~ under potatoes** auf den Feldern wurden Kartoffeln gepflanzt **9** (**to**) setzen (an *akk*), (an)treiben *od* drängen *od* zwingen (zu): **~ sb to work** j-n an die Arbeit setzen, j-n arbeiten lassen; **~ to school** zur Schule schicken; **~ to trade** *j-n* ein Handwerk lernen lassen; **~ sb to a joiner** j-n bei e-m Schreiner in die Lehre geben; **~ the horse to** (*od* **at**) **the fence** das Pferd zum Sprung über den Zaun antreiben; **~ sb to it** j-m zusetzen, j-n bedrängen; **be hard ~ to it** arg bedrängt werden, in große Bedrängnis kommen; **they were hard ~ to it to find a house** sie taten sich schwer, ein Haus zu finden; **~ sb through a book** j-n zum Durchlesen *od* -arbeiten e-s Buches zwingen; **~ sb through it** j-n auf Herz u. Nieren prüfen; → blush B 1, flight[2], pace[1] A 5 **10** veranlassen, verlocken (*beide:* **on, to** zu) **11** *in Furcht, Wut etc* versetzen: **~ sb in fear of their life** j-m e-e Todesangst einjagen; → countenance A 2, ease A 2, guard C 4, mettle 2, temper A 4 **12** übersetzen, -tragen (*beide:* **into French** ins Französische) **13** (*un*)*klar etc* ausdrücken, *klug etc* formulieren, *in Worte* fassen: **I cannot ~ it into words** ich kann es nicht in Worte fassen; **~ one's feelings into words** s-e Gefühle aussprechen; **how shall I ~ it?** wie soll ich mich *od* es ausdrücken?; **~ another way** anders gesagt *od* ausgedrückt, mit anderen Worten; → mild 1 **14** schätzen (**at** auf *akk*): **I ~ his income at £100,000 a year 15** (**to**) verwenden (für), anwenden (zu): **~ sth to a good use** etwas gut verwenden **16** *e-e Entscheidung etc* gründen (**on** auf *akk*) **17** *e-e Frage, e-n Antrag etc* stellen, vorlegen: **I ~ it to you a** ich appelliere an Sie, ich wende mich an Sie **b** ich stelle es Ihnen anheim; **I ~ it to you that …** *bes* JUR ich halte Ihnen vor, dass …; geben Sie zu, dass … **18** *Geld* setzen, wetten (*beide:* **on** auf *akk*) **19** (**into**) *Geld* stecken (in *akk*), anlegen (in *dat*), investieren (in *dat*) **20** (**on**) *e-e Steuer etc* auferlegen (*dat*), legen (auf *akk*): **~ a tax on sth** etwas besteuern **21** *die Schuld* zuschieben, geben (*beide:* **on** *dat*) **22** *die Uhr* stellen **23** (**in, into**) hinzufügen (*dat*), (hinein)tun, geben (in *akk*): **~ sugar in one's coffee** Zucker in s-n Kaffee tun **24** *bes* SPORT *die Kugel, den Stein* stoßen **25** schleudern, werfen **26** *e-e Waffe* stoßen, *e-e Kugel* schießen (*beide:* **in, into** in *akk*) **27 ~ one across sb** *umg* j-n drankriegen *od* reinlegen **D** V/I **1** sich begeben, fahren, gehen, *bes* eilen (*alle:* **for** nach): **~ to land** an Land gehen; **~ for home** *US umg* sich heimtrollen; → sea 1 **2** SCHIFF segeln, steuern, fahren **3** *US* münden, sich ergießen, fließen (*alle:* **into** in *akk*) **4 ~ upon** (*meist passiv*) **a** *j-m* zusetzen, *j-n* bedrängen **b** *j-n* ausnutzen, -nützen **c** *j-n* betrügen

Phrasal Verbs: **put| about A** V/T **1** SCHIFF den Kurs *e-s Schiffs* ändern **2** *ein Gerücht* verbreiten, in Umlauf setzen: **it's being ~ that …** man munkelt, dass … *umg* **3** *meist passiv* **a** beunruhigen **b** ärgern **c** aus der Fassung bringen **d** quälen **4 put o.s. about** *Br umg* sexuell sehr aktiv sein **B** V/I SCHIFF den Kurs ändern; **~ across** V/T **1** SCHIFF übersetzen **2** *umg etwas* schaukeln, erfolgreich durchführen, Erfolg haben mit: **put it across** Erfolg haben, es schaffen **3** *e-e Idee etc* an den Mann bringen, verkaufen, ankommen mit (*alle umg*), *etwas* durchsetzen (**to** bei): **put o.s. across** ankommen *umg* (**to** bei); **~ ahead** V/T SPORT in Führung bringen; **~ aside** V/T **1** → put away A 1, A 3 **2** *e-e Ware* zurücklegen (*im Geschäft*) **3** *e-n Streit etc* begraben, vergessen; **~ away A** V/T **1** weglegen, -stecken, -tun, beiseitelegen **2** auf-, wegräumen **3** *Geld* auf die hohe Kante legen (*zurücklegen*) **4** *ein Laster etc* ablegen **5** *umg Speisen etc* verdrücken, *Getränke* schlucken: **he can ~ quite a lot** der kann ganz schön was schlucken **6** *umg* **a** *j-n* einsperren **b** *j-n* in e-e Anstalt stecken **7** *ein Tier* einschläfern **8** HIST, BIBEL *e-e Frau* verstoßen **B** V/I SCHIFF auslaufen (**for** nach); **~ back A** V/T **1** zurückschieben, -stellen, -tun: → place A 5 **2** *die Uhr* zurückstellen, *den Zeiger* zurückdrehen: → clock[1] A 1 **3** *fig* aufhalten, hemmen **4** SCHULE *e-n Schüler* zurückversetzen **5** verschieben (**two days** um zwei Tage) **B** V/I *bes* SCHIFF umkehren, zurückkehren (**to** nach, in *akk*); **~ by** V/T **1** → put away A 1, A 3 **2** *e-r Frage etc* ausweichen **3** *fig* beiseiteschieben, *j-n* übergehen; **~ down A** V/T **1 a** hin-, niederlegen, -stellen, -setzen, absetzen: **~ the receiver** TEL (den Hörer) auflegen; → foot A 1 **b** *ein Messer etc* weglegen, -stecken **c** *Boxen:* zu Boden schlagen, auf die Bretter schicken **2** *j-n* (*auf der Fahrt*) absetzen, aussteigen lassen **3** *ein Flugzeug* aufsetzen, landen **4 a** einkellern **b** *e-n Weinkeller* anlegen **5** *j-n* (*von e-m Posten*) absetzen **6 a** *j-n* ducken, demütigen **b** *j-n* herabsetzen, schlechtmachen **7** *e-n Kritiker etc* zum Schweigen bringen **8** *e-n Aufstand* niederschlagen **9** *e-n Missstand* beseitigen, ausmerzen **10** *ein Tier* einschläfern **11** *Br etwas* aufgeben **12** notieren, aufschreiben, schriftlich niederlegen *od* festhalten **13** WIRTSCH anschreiben (**to** *dat*): **put sth down to sb's account** j-m etwas auf die Rechnung setzen **14** WIRTSCH **a** *Preise* heruntersetzen **b** *Ausgaben* beschränken **15** *j-n* eintragen *od* vormerken (**for** für): **put o.s. down** sich eintragen; → list[1] A 1 **16** zuschreiben (**to** *dat*): **I put it down to his inexperience 17** schätzen (**at, for** auf *akk*) **18** (**as, for**) *j-n* einschätzen (als), halten (für) **19** PARL *e-e Resolution etc* einbringen, vorlegen **B** V/I FLUG landen, aufsetzen; **~ forth** V/T **1** hinauslegen, -stellen, -schieben, vorschieben, -stellen **2** *die Hand etc* ausstrecken **3** zeigen, entwickeln, *Kraft etc* aufbieten **4** BOT *Knospen etc* treiben **5** veröffentlichen **6** *e-e Frage etc* vorbringen **7** behaupten; **~ forward** V/T **1** vorschieben **2** *die Uhr* vorstellen, *den Zeiger* vorrücken **3** *fig* in den Vordergrund schieben, zur Geltung bringen: **put o.s. forward a** sich hervortun **b** sich vordrängen **4** *fig* voranbringen, weiterhelfen (*dat*) **5** *e-e Meinung etc* vorbringen, *etwas* vorlegen, unterbreiten **6** *e-e Theorie* aufstellen, zur Debatte stellen **7** *e-n Kandidaten* aufstellen; **~ in A** V/T **1** herein-, hineinlegen, -stellen, -setzen, -stecken, *e-e Kassette etc* einlegen **2** hineintun, -geben, -schütten **3** einschieben, -schalten: **~ a word** e-e Bemerkung einwerfen *od* anbringen; **~ an extra hour's work** e-e Stunde mehr arbeiten; **~ a fast lap** (*Motorsport*) e-e schnelle Runde hinlegen *umg* **4** POL *e-e Partei* an die Regierung bringen **5** *Zeit* verbringen: **~ a lot of time doing sth** viel Zeit damit verbringen, etwas zu tun **6** *bes* JUR **a** *ein Gesuch etc* einreichen, *ein Dokument* vorlegen, (*e-n*) *Antrag* stellen (**to** auf *akk*) **b** *e-n Anspruch* erheben (**to, for** auf *akk*) **7** *j-n* einstellen, anstellen **8** SPORT *j-n* melden (**for** für) **B** V/I **1** SCHIFF einlaufen (**at** in *dat*) **2** einkehren (**at** in *dat*) **3** sich bewerben, nachsuchen (*beide:* **for** um): **he ~ for two days' leave** er bat um zwei Tage Urlaub; **~ for sth** etwas fordern, etwas verlangen; **~ inside** V/T *umg* *j-n* einlochen; **~ off A** V/T **1** weglegen, -stellen, beiseitelegen *od* -stellen **2** *Kleider, a. fig*

Zweifel etc ablegen **3** *etwas* ver-, aufschieben, *e-n Kauf etc* zurückstellen: **never ~ till tomorrow what you can do today** *(Sprichwort)* was du heute kannst besorgen, das verschiebe nicht auf morgen **4** *j-n* hinhalten, vertrösten, abspeisen *umg (alle:* **with** mit) **5** sich drücken vor *(dat) umg* **6** *j-n* abbringen, *j-m* abraten *(beide:* **from** von) **7** *umg j-n* aus dem Konzept bringen **8** *umg j-n* abstoßen **9** **put sth off (up)on sb** j-m etwas andrehen *umg* **10** *Passagiere* aussteigen lassen **B** V/I SCHIFF auslaufen; **~ on** V/T **1** *Kleider* anziehen, *den Hut, die Brille* aufsetzen, (sich) *e-n Ring* anstecken: → clothes 1 **2** *Rouge* auflegen: → face A 1 **3** *Fett* ansetzen: → weight A 3 **4** *Gestalt* annehmen **5** vortäuschen, -spielen, heucheln: **put it on** *umg* **a** angeben **b** übertreiben **c** schwer draufschlagen *(auf den Preis)* **d** heucheln; **they are putting it on** sie tun nur so; **put it on thick** *umg* dick auftragen; **his modesty is all ~** s-e Bescheidenheit ist nur Mache; → act A 7, agony 1, air[1] A 9, dog *Bes Redew* **6** *e-e Summe* aufschlagen (**on** auf *den Preis*) **7** *die Uhr* vorstellen, *den Zeiger* vorrücken **8** **a** an-, einschalten, *das Gas etc* aufdrehen, *den Dampf* anlassen, *das Tempo* beschleunigen **b** *e-n Topf etc* aufsetzen **9** *Kraft, a. Arbeitskräfte, e-n Sonderzug etc* einsetzen **10** *e-e Schraube, die Bremse* anziehen **11** THEAT *ein Stück* ansetzen, herausbringen **12** **put sb on to** **a** j-m e-n Tip geben für, j-n auf *e-e Idee* bringen **b** TEL j-n mit *j-m* verbinden **13** *e-e Schallplatte* auflegen, spielen: → music 1, record C 9 a; **~ out** **A** V/T **1** hinauslegen, -stellen *etc* **2** *die Hand, e-n Fühler* ausstrecken, *die Zunge* herausstrecken: → feeler 1 **3** **a** *e-e Notiz etc* aushängen **b** *Listen etc* auslegen **c** RADIO, TV senden, bringen **4** SPORT **a** zum Ausscheiden zwingen, aus dem Rennen werfen, ausschalten **b** *Boxen*: k. o. schlagen **5** sich *die Schulter etc* aus- *od* verrenken: **I've ~ my shoulder** **6** *das Licht, e-e Zigarette etc* ausmachen, *ein Feuer a.* löschen **7** **a** verwirren, aus der Fassung bringen **b** verstimmen, -ärgern: **be ~** verärgert sein (**about** über *akk*) **c** *j-m* Ungelegenheiten bereiten, *j-n* stören **8** *Kraft etc* aufbieten **9** *Geld* ausleihen (**at interest** auf Zinsen) **10** *ein Boot* aussetzen **11** *j-m die Augen* ausstechen: **~ sb's eyes** **12** *e-e Arbeit, a. ein Kind, Tier* außer Haus geben, WIRTSCH *etwas* in Auftrag geben: **~ to service** in Dienst geben *od* schicken; → nurse A 4 **13** *Knospen etc* treiben **B** V/I **1** SCHIFF auslaufen: → sea 1 **2** *US sl* herumhuren *(Frau)*; **~ over** **A** V/T **1** → put across 2, 3 **2** *e-m Film etc* Erfolg sichern, populär machen *(akk)*: **put o.s. over** sich durchsetzen, Anklang finden, ankommen *umg*; **put it over** das Publikum gewinnen **3** **put one over on** *j-n* reinlegen, übers Ohr hauen *(beide umg)* **4** *bes* JUR *e-e Sache* aufschieben, vertagen **B** V/I SCHIFF hinüberfahren; **~ through** V/T **1** durch-, ausführen **2** TEL *j-n* verbinden (**to** mit), *ein Gespräch* durchstellen (**to** zu): **~ a call to Boston** nach Boston telefonieren **3** weiterleiten (**to** an *akk*); **~ to** V/T *ein Pferd* anspannen, *e-e Lokomotive* vorspannen; **~ together** V/T **1** zusammensetzen, *a. ein Schriftwerk* zusammenstellen **2** konstruieren, bauen **3** zusammenzählen: **all ~** alle(s) zusammen; → two A 2 **4** zusammenstecken: → head *Bes Redew*; **~ up** **A** V/T **1** hinauflegen, -stellen: **put one's legs up** die Beine hochlegen **2** hochschieben, -heben, -ziehen: → back[1] A 1, shutter A 1 **3** *ein Bild, e-n Vorhang etc* aufhängen **4** *ein Plakat* anschlagen **5** sich *das Haar* hoch- *od* aufstecken: **~ one's hair** **6** *e-n Schirm* aufspannen **7** aufstellen, errichten, erbauen: **~ a tent** ein Zelt aufschlagen *od* aufbauen **8** *umg* **a** *etwas* aushecken **b** *etwas* (hin)drehen, fingieren **9** *ein Gebet* emporsenden **10** *e-e Bitte etc* vorbringen **11** *e-n Gast* (bei sich) aufnehmen, unterbringen, beherbergen **12** weglegen, beiseitelegen **13** aufbewahren **14** ein-, verpacken *(beide:* **in** in *akk od dat)*, zusammenlegen **15** HIST *sein Schwert etc* in die Scheide stecken **16** konservieren, einkochen, -machen **17** THEAT *ein Stück* aufführen **18** *ein gutes Spiel etc* zeigen, *e-n harten etc Kampf* liefern, *Widerstand* leisten: **~ a bluff** bluffen **19** (als Kandidaten) aufstellen **20** *Auktion*: an-, ausbieten: **~ for sale** meistbietend verkaufen **21** *den Preis etc* hinaufsetzen, erhöhen **22** *Wild* aufjagen **23** → banns **24** bezahlen **25** (ein)setzen *(bei e-r Wette etc)* **26** *j-n* anstiften (**to sth** zu etwas; **to doing** zu tun) **27** **~ to** **a** *j-n* informieren über *(akk)* **b** *j-m* e-n Tipp geben für **B** V/I **1** absteigen, sich einquartieren *(beide:* **at** in *dat*, bei) **2** (**for**) sich aufstellen lassen, kandidieren (für), sich bewerben (um) **3** (be)zahlen (**for** für) **4** **~ with** sich abfinden mit, sich *etwas* gefallen lassen, ruhig hinnehmen: **I'm not going to ~ with it** das werde ich mir nicht gefallen lassen

putamen [pjuːˈteɪmən; -mɪn] *pl* -tamina [-ˈtæmɪnə] S **1** BOT (Stein)Kern *m (e-r Frucht)* **2** ZOOL Schalenhaut *f (des Eies)*

put and call (option) S *Börse*: Stellagegeschäft *n*

putative [ˈpjuːtətɪv] ADJ (ADV ~ly) **1** vermeintlich **2** mutmaßlich **3** JUR putativ *(auf e-m Rechtsirrtum beruhend)*: **~ marriage** Putativehe *f (in Unkenntnis vorhandener Hindernisse in gutem Glauben geschlossen)*

put-down [ˈpʊt-] S herabsetzende Bemerkung

putlog [ˈpʌtlɒg; *US a.* ˈpʊt-; -ˌlɑg], *a.* **putlock** [-lɒk; *US* -ˌlɑk] S Rüstbalken *m*

put|-off [ˈpʊt-] S **1** Ausflucht *f*, Ausrede *f* **2** Verschiebung *f*; **~-on** **A** ADJ vorgetäuscht, -gespiegelt **B** S *bes US sl* **1** Bluff *m*, Schwindel *m* **2** affektiertes Getue; **~ option** → put A 2

put-put [ˈpʌtpʌt] **A** S Tuckern *n (e-s Motors etc)* **B** V/I tuckern

putrefacient [ˌpjuːtrɪˈfeɪʃnt] → putrefactive; **putrefaction** [-ˈfækʃn] S **1** Fäulnis *f* **2** Faulen *n*; **putrefactive** [-ˈfæktɪv] **A** ADJ **1** faulig, Fäulnis…: **~ bacterium** Fäulnisbakterium *n*; **~ fermentation** Fäulnisgärung *f* **2** Fäulnis erregend **B** S Fäulniserreger *m*; **putrefy** [-faɪ] **A** V/I (ver)faulen, in Fäulnis übergehen **B** V/T zum (Ver)Faulen bringen

putrescence [pjuːˈtresns] S **1** (Ver)Faulen *n*, Fäulnis *f* **2** Fauligkeit *f*; **putrescent** ADJ **1** (ver)faulend **2** faulig, Fäulnis…

putrid [ˈpjuːtrɪd] ADJ (ADV ~ly) **1** verfault, faul **2** Fäulnis…, Faul…: **~ fever** MED Faulfieber *n*; **~ smell** Fäulnisgeruch *m*, *weitS.* widerlicher Geruch **3** faulig **4** *fig* verderbt, moralisch verkommen **5** *umg* miserabel, saumäßig; **putridity**, **putridness** S **1** Fäulnis *f* **2** *fig* Verderbtheit *f*, moralische Verkommenheit

putsch [pʊtʃ] S POL Putsch *m*, Staatsstreich *m*

putt [pʌt] *(Golf)* **A** V/T & V/I putten **B** S Putt *m*

puttee [ˈpʌtɪ; *US a.* pʌˈtiː] S *bes* MIL, HIST Wickelgamasche *f*

putter[1] [ˈpʌtə(r)] S *Golf*: Putter *m*: **a** *Spieler(in)*: **he's a good ~** *a.* er puttet gut **b** *zum Putten verwendeter Schläger*

putter[2] [ˈpʌtər] *US* → potter[2]

putti [ˈpʊtɪ] *pl von* putto

putting green [ˈpʌtɪŋ] S *Golf*: Putting Green *n*: **a** Grün *n (Teil des Golfplatzes innerhalb e-s Radius von 20 Yards vom Loch aus)* **b** *Rasenstück zum Üben des Puttens*

putto [ˈpʊtəʊ] *pl* -ti [-tɪ] S KUNST Putte *f*

putty [ˈpʌtɪ] **A** S **1** TECH Kitt *m*: (**glaziers'**) **~** Glaser-, Fensterkitt; (**plasterers'**) **~** Kalkteig *m*; (**jewellers'**) **~** Zinnasche *f* **2** *fig* Wachs *n*: **he is ~ in her hands** **3** Hellgrau *n* **B** V/T *a.* **~ up** TECH (ver)kitten; **~ knife** S *irr* TECH Kittmesser *n*

put-up [ˈpʊt-] ADJ: **a ~ job** *umg* e-e abgekartete Sache

puzzle [ˈpʌzl] **A** S **1** Rätsel *n (a. fig)*: **be a ~ to sb** j-m ein Rätsel sein **2** **a** Denksportaufgabe *f* **b** Geduldsspiel *n* **3** schwierige Sache, kniffliges Problem **4** Verwirrung *f*, Verlegenheit *f*: **be in a ~** verwirrt sein **B** V/T **1** verwirren, vor ein Rätsel stellen, verwundern, *j-m* zu denken geben: **he was ~d what to do** er wusste nicht, was er tun sollte **2** *j-m* Kopfzerbrechen machen, *j-m* zu schaffen machen: **~ one's brains** (*od* **head**) sich den Kopf zerbrechen **3** komplizieren, durcheinanderbringen, verwirren **4** **~ out** *etwas* austüfteln, -knobeln, herausbekommen **C** V/I **1** verwirrt sein (**over, about** über *akk*) **2** (**over**) sich den Kopf zerbrechen (über *dat*), herumknobeln (an *dat*)

puzzleheaded ADJ wirrköpfig, konfus

puzzlement S Verwirrung *f*

puzzler S **1** → puzzle A 1, A 3 **2** Rätselfreund(in)

puzzling ADJ (ADV ~ly) **1** rätselhaft **2** verwirrend

PVA ABK CHEM polyvinyl acetate

PVC ABK CHEM polyvinyl chloride PVC *n*

Pvt. ABK MIL Private Gefreiter *m*

PW ABK policewoman

PWA ABK **1** person with Aids **2** *US* Public Works Administration Behörde *f* für öffentliche Bauvorhaben

PWD ABK Public Works Department (städtische) Behörde *f* für öffentliche Bauvorhaben(, Straßenreinigung etc)

PWR ABK pressurized water reactor Druckwasserreaktor *f*

pwt ABK pennyweight *(Gewichtseinheit)*

PX ABK MIL *US* post exchange (*Laden für Truppenangehörige*)

pyaemia, **pyaemic** → pyemia, pyemic

pye-dog [ˈpaɪ-] S *IndEng* streunender Hundebastard

pyelitis [ˌpaɪəˈlaɪtɪs] S MED Pyelitis *f*, Nierenbeckenentzündung *f*

pyelogram [ˈpaɪələʊgræm] S MED Pyelogramm *n (Röntgenbild des Nierenbeckens)*; **pyelography** [-ˈlɒgrəfɪ; *US* -ˈlɑg-] S Pyelografie *f (röntgenologische Darstellung des Nierenbeckens)*; **pyelonephritis** S Pyelonephritis *f (gleichzeitige Entzündung des Nierenbeckens u. der Nieren)*

pyemia [paɪˈiːmjə; -ɪə] S MED Pyämie *f (Blutvergiftung mit Eitererregern)*; **pyemic** ADJ pyämisch

pygm(a)ean [pɪgˈmiːən] → pygmy B

pygmy [ˈpɪgmɪ] **A** S **1** ♀ Pygmäe *m*, Pygmäin *f* **2** zwergwüchsiger Mensch, Zwerg(in) *(a. fig)* **3** *(etwas)* Winziges **B** ADJ **1** *oft* ♀ Pygmäen… **2** pygmäisch, zwergwüchsig **3** winzig, Zwerg… **4** *fig* unbedeutend; **pygmy chimpanzee** S ZOOL Bonobo *m*

pyjama [pəˈdʒɑːmə] *bes Br* **A** ADJ Schlafanzug…, Pyjama…: **~ top** (*od* **jacket**) Schlafanzugoberteil *n* **B** S PL **pyjamas**, *a.* **pair of ~s** Schlafanzug *m*, Pyjama *m*

pyknic [ˈpɪknɪk] **A** ADJ pyknisch *(untersetzt, gedrungen u. zu Fettansatz neigend)* **B** S Pykniker(in)

pylon [ˈpaɪlən; *US a.* -ˌlɑn] S **1** Pylon *m*, Pylone *f*: **a** *Eingangstor, bes zum ägyptischen Tempel* **b** Kabelturm *m (e-r Hängebrücke)* **c** *am Flugzeug angebrachter Träger für Lasten* **2** **a** selbst tragender Stahlmast **b** Hochspannungsmast *m*

pylorus [paɪˈlɔːrəs; *US a.* -ˈləʊ-] *pl* -ri [-raɪ] S ANAT Pylorus *m*, (Magen)Pförtner *m*

Pyongyang [ˌpjɒŋˈjæŋ; *US* piːˈɔŋˌjɑːŋ; -ˌjæŋ]

P

S Pjöngjang *n*

pyorrh(o)ea [ˌpaɪəˈrɪə] S MED Pyorrhö(e) *f*, Eiterfluss *m*

pyramid [ˈpɪrəmɪd] A S 1 ARCH, *a.* MATH *etc* Pyramide *f* (*a. fig*) 2 *pl* (*als sg konstruiert*) *Br ein Billardspiel mit 15 farbigen u. e-r weißen Kugel* B V/I 1 pyramidenförmig (aufgebaut *od* angeordnet) sein 2 WIRTSCH *Gewinne aus e-r* (*noch nicht abgeschlossenen*) *Transaktion sofort zur Durchführung e-r weiteren größeren* (*u. so immer weiter*) *verwenden* C V/T 1 pyramidenförmig aufbauen *od* anordnen *od* aufhäufen 2 WIRTSCH *Gewinne* zur Erzielung immer größerer Spekulationsgewinne verwenden

pyramidal [pɪˈræmɪdl] ADJ (ADV ~ly) 1 Pyramiden... 2 pyramidal (*a. fig umg gewaltig*), pyramidenartig, -förmig

pyramid selling S WIRTSCH Absatz *m* durch Verkauf von gestaffelten Verkaufsrechten an e-m Produkt

pyran [ˈpaɪræn; paɪˈræn] S CHEM Pyran *n*

pyranometer [ˌpaɪrəˈnɒmɪtə(r); ˌpɪ-; US -ˈnɑm-] S PHYS Pyranometer *n* (*Gerät zur Messung der Sonnen- u. Himmelsstrahlung*)

pyrargyrite [paɪˈrɑː(r)dʒɪraɪt] S MINER Pyrargyrit *m*

pyrazole [ˈpaɪrəzɒl; US ˈpɪrə-; *a.* -ˌzəʊl] S CHEM Pyrazol *n*

pyre [ˈpaɪə(r)] S Scheiterhaufen *m* (*bes zur Leichenverbrennung*)

pyrene[1] [ˈpaɪriːn] S CHEM Pyren *n*

pyrene[2] [ˈpaɪriːn] S BOT (einzelner) Kern (*e-r Beere etc*)

Pyrenean [ˌpɪrəˈniːən] ADJ GEOG pyrenäisch, Pyrenäen...

Pyrenees [ˌpɪrəˈniːz; US ˈ-ˌniːz] SPL (*die*) Pyrenäen *pl*

pyretic [paɪˈretɪk] ADJ MED 1 fieberhaft, fieb(e)rig 2 Fieber... 3 pyretisch, Fieber erzeugend; **pyretotherapy** S MED Fiebertherapie *f*

pyrexia [paɪˈreksɪə] S MED Pyrexie *f*, Fieber *n*

pyrheliometer [pəˌhiːlɪˈɒmɪtə; US ˈpaɪərˌhiːliːˈɑmətər] S PHYS Pyrheliometer *n* (*Gerät zur Messung der direkten Sonnenstrahlung*)

pyridine [ˈpɪrɪdiːn] S CHEM Pyridin *n*

pyridoxine [ˌpɪrɪˈdɒksiːn; US -ˈdɑk-] S CHEM, MED Pyridoxin *n* (*Vitamin* B_6)

pyriform [ˈpɪrɪfɔː(r)m] ADJ birnenförmig (*bes Körperorgan*)

pyrimidine [paɪˈrɪmɪdiːn; pɪˈr-] S CHEM Pyrimidin *n*

pyrite [ˈpaɪraɪt] S MINER Pyrit *m*, Schwefel-, Eisenkies *m*; **pyrites** [paɪˈraɪtiːz; pəˈr-] *pl* -tes S MINER Pyrit *m* (*allgemein für gewisse Sulfide*); **pyritic** [-ˈrɪtɪk] ADJ pyritisch

pyro- [paɪrəʊ] *Wortelement mit der Bedeutung* Feuer..., Hochtemperatur..., Hitze...

pyrocatechol [-ˈkætɪtʃɒl; -kɒl; US -ˌkəʊl; -ˌkɔːl], *a.* **pyrocatechin** [-tʃɪn; -kɪn] S CHEM Brenzkatechin *n*, Pyrokatechol *n*

pyrocellulose S CHEM Nitrozellulose *f*

pyroclastic [-ˈklæstɪk] ADJ GEOL pyroklastisch (*aus vulkanischen Auswurfsprodukten entstanden*)

pyroelectric ADJ PHYS pyroelektrisch; **pyroelectricity** S Pyroelektrizität *f* (*Entstehung elektrischer Ladungen auf Kristalloberflächen durch Temperaturänderung*)

pyrogallate [-ˈgæleɪt] S CHEM Pyrogallat *n*; **pyrogallic acid** → pyrogallol; **pyrogallol** [-lɒl; US *a.* -ˌləʊl] S Pyrogalussäure *f*, Pyrogallol *n*

pyrogen [ˈpaɪrəʊdʒen] S MED Pyrogen *n* (*aus bestimmten Bakterien gewonnener Eiweißstoff mit Fieber erzeugender Wirkung*); **pyrogenic** [-ˈdʒenɪk], **pyrogenous** [-ˈrɒdʒɪnəs; US -ˈrɑ-] ADJ 1 a Wärme erzeugend b durch Wärme erzeugt 2 MED a pyrogen, Fieber erzeugend b durch Fieber verursacht 3 GEOL pyrogen (*aus Schmelze entstanden*)

pyrography [paɪˈrɒgrəfɪ; US -ˈrɑ-] S Brand-, Brennmalerei *f*

pyroligneous ADJ CHEM holzsauer; **~ acid** S (Roh)Holzessig *m*; **~ alcohol**, **~ spirit** S Methylalkohol *m*

pyrolusite [-ˈluːsaɪt] S MINER Pyrolusit *m*, Grau-, Weichmanganerz *n*

pyrolysis [paɪˈrɒlɪsɪs; US -ˈrɑl-] S CHEM Pyrolyse *f*; **pyrolytic** [-ˈlɪtɪk] ADJ pyrolytisch

pyromancy [ˈpaɪrəʊmænsɪ] S HIST Pyromantie *f* (*Wahrsagung aus dem Feuer*)

pyromania [ˌpaɪrəʊˈmeɪnɪə] S MED, PSYCH Pyromanie *f* (*krankhafter Trieb, Brände zu legen*); **pyromaniac** [-æk] S Pyromane *m*, Pyromanin *f*; **pyromaniacal** [-məˈnaɪəkl] ADJ pyromanisch

pyrometallurgy [ˌpaɪrəʊmeˈtælədʒɪ; US -ˈmetlˌɜrdʒiː] S TECH Pyrometallurgie *f* (*Gewinnung von Metall bei hohen Temperaturen*)

pyrometer [paɪˈrɒmɪtə(r); US -ˈrɑm-] S PHYS Pyrometer *n* (*Gerät zum berührungslosen Messen hoher Temperaturen*); **pyrometry** [-trɪ] S Pyrometrie *f*

pyromorphite [-ˈmɔː(r)faɪt] S MINER Pyromorphit *m*, Grün-, Blau-, Buntbleierz *n*

pyrone [ˈpaɪrəʊn] S CHEM Pyron *m*

pyrope [ˈpaɪrəʊp] S MINER Pyrop *m*

pyrophobia [ˌpaɪrəʊˈfəʊbjə; -bɪə] S MED, PSYCH Pyrophobie *f* (*krankhafte Furcht vor Feuer*)

pyrophoric [ˌpaɪrəʊˈfɒrɪk; US *a.* -ˈfɑr-] ADJ CHEM pyrophor, selbstentzündlich

pyrophosphate S CHEM Pyrophosphat *n*

pyrophosphoric acid S Pyrophosphorsäure *f*

pyrophyllite [-ˈfɪlaɪt] S MINER Pyrophyllit *m*

pyrosis [paɪˈrəʊsɪs] S MED Pyrosis *f*, Sodbrennen *n*

pyrotechnic A ADJ (ADV ~ally) 1 pyrotechnisch 2 Feuerwerks..., feuerwerkartig (*a. fig*) 3 *fig* brillant B SPL **pyrotechnics** 1 (*als sg konstruiert*) Pyrotechnik *f*, Feuerwerkerei *f* 2 (*a. als sg konstruiert*) Feuerwerk *n* 3 (*a. als sg konstruiert*) *fig* Brillanz *f*; **pyrotechnical** ADJ (ADV ~ly) → pyrotechnic A; **pyrotechnist** S Pyrotechniker(in), Feuerwerker(in)

pyrotechny [ˈpaɪrəʊˌteknɪ] → pyrotechnic B 1

pyroxenite [paɪˈrɒksɪnaɪt; US -ˈrɑk-] S GEOL Pyroxenit *m* (*dunkles feldspatfreies Tiefengestein*)

pyroxylin [paɪˈrɒksɪlɪn; US -ˈrɑk-] S CHEM Kollodiumwolle *f*

Pyrrhic[1] [ˈpɪrɪk] ADJ: **~ victory** Pyrrhussieg *m*

pyrrhic[2] [ˈpɪrɪk] LIT A S Pyrrhichius *m* (*aus zwei Kürzen bestehender Versfuß*) B ADJ: **~ foot** → A

pyruvic| acid [paɪˈruːvɪk] S CHEM Brenztraubensäure *f*; **~ aldehyde** S CHEM Hethyl-Glyoxal *n*

Pythagoras' theorem S MATH pythagoreischer Lehrsatz

Pythagorean [paɪˌθægəˈrɪən; US *a.* pəˌθæ-] A ADJ pythagoreisch: **~ theorem** MATH pythagoreischer Lehrsatz B S PHIL Pythagoreer *m*

Pythian [ˈpɪθɪən] *Antike*: A ADJ: **~ Games** Pythische Spiele B S: **the ~** die Pythia (*Priesterin am delphischen Orakel*)

python [ˈpaɪθn; US *a.* -ˌθɑn] S 1 ZOOL Python *m*, Pythonschlange *f* 2 ZOOL *allg* Riesenschlange *f* 3 ♀ *Antike*: Python *m* (*ein von Apollo getöteter Drache*)

pythoness [ˈpaɪθənes; US -nəs] S 1 *Antike*: Pythia *f*, pythische Priesterin 2 *fig* Pythia *f*, Wahrsagerin *f*

pyuria [paɪˈjʊərɪə] S MED Pyurie *f* (*Ausscheiden eitrigen Harns*)

pyx [pɪks] A S 1 KATH Pyxis *f*, Hostienbehälter *m* 2 *a.* **~ chest** *Büchse in der königlichen brit. Münze, in der Musterstücke der geprägten Münzen zur Prüfung hinterlegt werden* B V/T *e-e Münze* a in der Pyx hinterlegen b auf Gewicht u. Feinheit prüfen

Q[1], **q** [kjuː] *pl* Q's, Qs, q's, **qs** [kjuːz] S Q, q *n* (*Buchstabe*)

Q[2] ABK (*Schach*) queen

q.[1] ABK 1 quart (*Trocken- u. Flüssigkeitsmaßeinheit*) 2 quarter 3 quarterly 4 quasi 5 query 6 question 7 quintal (*Gewichtseinheit*)

Q.[2] ABK 1 Quebec 2 Queen

QANTAS ABK Queensland and Northern Territory Aerial Services Qantas *f*

Qatar [ˈkætɑː; US ˈkɑːtɑːr; kəˈtɑːr] S Katar *n*

Qatari [kæˈtɑːrɪ; US kɑˈt-] A S Katarer(in) B ADJ katarisch

QB ABK 1 JUR *Br* Queen's Bench (*Abteilung des High Court of Justice*) 2 (*Schach*) queen's bishop

Q-boat S U-Boot-Falle *f*

QBP ABK (*Schach*) queen's bishop's pawn

QC ABK JUR *Br* Queen's Counsel Kronanwalt *m*, Kronanwältin *f*

q.e. ABK quod est, which is

QED ABK quod erat demonstrandum, which was to be proved q. e. d.

Q fever S MED Q-Fieber *n*

QKt ABK (*Schach*) queen's knight

QKtP ABK (*Schach*) queen's knight's pawn

Qld ABK Queensland

QM ABK MIL Quartermaster

QP ABK (*Schach*) queen's pawn

QPR ABK (*Fußball*) *Br* Queen's Park Rangers

QR ABK (*Schach*) queen's rook

qr. ABK quarter(ly)

QRP ABK (*Schach*) queen's rook's pawn

q.s. ABK (*auf Rezepten*) quantum sufficit, as much as suffices

Q-ship → Q-boat

QSO ABK ASTRON quasi-stellar object

qt. ABK quart(s PL) (*Trocken- u. Flüssigkeitsmaß*)

q.t. [ˌkjuːˈtiː] *umg* (= *quiet*) A ADJ ruhig, still B S: **on the ~** heimlich, verstohlen

qto ABK quarto

qts ABK quarts PL (*Maßeinheit*)

qty ABK quantity

qu. ABK 1 quart (*Maßeinheit*) 2 quarter(ly) 3 queen 4 query 5 question

qua [kweɪ; US kwɑː] ADV (*in der Eigenschaft*) als: **~ friend**

quack[1] [kwæk] A V/I 1 quaken (*Ente*) 2 *fig* schnattern, schwatzen B S 1 Quaken *n* 2 *fig* Geschwätz *n*

quack[2] [kwæk] A S 1 a *a.* **~ doctor** Quacksalber(in), Kurpfuscher(in) b *Br umg* Doktor *m*, Doktorin *f* 2 Scharlatan *m* B ADJ 1 Quacksalber..., quacksalberisch, Kurpfuscher... 2 Pseudo...: **a ~ psychologist** C V/I quacksalbern, kurpfuschen D V/T 1 herumpfuschen an (*dat*) *pej* 2 marktschreierisch anpreisen

quackery [ˈkwækərɪ] S 1 Quacksalberei *f*, Kurpfuscherei *f* 2 Scharlatanerie *f*

quack grass S BOT Ackerquecke *f*

quacksalver [ˈkwækˌsælvə(r)] *obs* → quack[2] A

quad[1] [kwɒd; US kwɑd] *umg für* quadrangle 2 a, quadraphonic, quadruplet

quad[2] [kwɒd; US kwɑd] S ELEK Viererkabel *n*

quad[3] [kwɒd; US kwɑd] → quod

quad. ABK 1 quadrangle 2 quadrant 3 quadruple
quadplex ['kwɑd,pleks] S US Vierfamilienhaus *n*
quadragenarian [,kwɒdrədʒɪ'neərıən; US ,kwɑd-] A ADJ a vierzigjährig b in den Vierzigern B S Vierziger(in) *(a. Person in den Vierzigern)*, Vierzigjährige(r) *m/f(m)*
Quadragesima [,kwɒdrə'dʒesımə; US ,kwɑd-; a. -'dʒeısə-] S REL Quadragesima *f*: a *a.* ~ **Sunday** Sonntag *m* Quadragesima *(1. Fastensonntag)* b *obs die 14-tägige christliche Fastenzeit vor Ostern*; **Quadragesimal** [-ml; US -məl] ADJ Fasten…
quadrangle ['kwɒdræŋgl; US 'kwɑd,r-] S 1 MATH Quadrangel *n*, Viereck *n* 2 a von Gebäuden umschlossener viereckiger Hof b viereckiger Gebäudekomplex 3 US Landkartenviereck *n*; **quadrangular** [-gjʊlə(r)] ADJ quadrangulär, viereckig
quadrant ['kwɒdrənt; US 'kwɑd-] S 1 MATH Quadrant *m*: a *Viertelkreis* b *Viertel des Kreisumfangs* c *Viertelebene zwischen den Achsen e-s ebenen Koordinatensystems* d *Viertelkugel* 2 ASTRON, SCHIFF, HIST Quadrant *m (Instrument)* 3 TECH Quadrant *m (viertelkreisförmiger Teil)*; **quadrantal** [-'dræntl] ADJ 1 Quadranten… 2 viertelkreisförmig
quadraphonic [,kwɒdrə'fɒnık; US ,kwɑdrə-'fɑ-] MUS, PHYS A ADJ (ADV ~ally) quadrofon(isch) B S **quadraphonics** *pl (als sg konstruiert)* Quadrofonie *f*; **quadraphony** [kwɒ'dræfənı; US kwɑ-] → quadraphonic B
quadrate ['kwɒdrət; -reıt; US 'kwɑd-] A ADJ 1 a quadratisch b rechteckig c rechtwink(e)lig 2 ~ **bone** → B B S ANAT Quadratbein *n* C V/T [kwɒ'dreıt; US 'kwɑd,r-] 1 quadratisch *od* rechteckig *od* rechtwink(e)lig machen 2 **(with)** in Übereinstimmung bringen (mit), anpassen (an *akk*) D V/I übereinstimmen (**with** mit)
quadratic [kwɒ'drætık; US kwɑ-] A ADJ (ADV ~ally) 1 quadratisch *(in der Form)* 2 MATH quadratisch *(in der zweiten Potenz)*: ~ **equation** → B 1 B S 1 MATH quadratische Gleichung, Gleichung *f* zweiten Grades 2 *pl (als sg konstruiert)* MATH Lehre *f* von den quadratischen Gleichungen
quadrature ['kwɒdrətʃə(r); US 'kwɑd-; *a.* -,tʃʊər] S 1 MATH Quadratur *f* (**of the circle** des Kreises) 2 ASTRON Quadratur *f (Stellung von 2 Himmelskörpern, wenn sie 90° voneinander entfernt sind)* 3 ELEK (Phasen)Verschiebung *f* um 90°: ~ **component** Blindkomponente *f*
quadrennia [kwɒ'drenıə; US kwɑ-] *pl von* quadrennium
quadrennial [kwɒ'drenjəl; US kwɑ'drenıəl] A ADJ (ADV ~ly) 1 vierjährig, vier Jahre dauernd *od* umfassend 2 vierjährlich (wiederkehrend), alle vier Jahre stattfindend B S 1 Zeitraum *m* von vier Jahren 2 vierter Jahrestag
quadrennium [kwɒ'drenıəm; US kwɑ-] *pl* -niums, -nia [-nıə] S Zeitraum *m* von vier Jahren
quadri- [kwɒdrı; US kwɑdrə] *Wortelement mit der Bedeutung* vier
quadricentennial A ADJ vierhundertjährig B S vierhundertster Jahrestag, Vierhundertjahrfeier *f*
quadriga [kwə'dri:gə; US kwɑ-] *pl* -gas, -gae [-dʒi:; US -,gaı] S *Antike:* Quadriga *f (zweirädriger, mit vier Pferden bespannter Wagen)*
quadrilateral A ADJ (ADV ~ly) vierseitig B S MATH Vierseit *n*, Viereck *n*
quadrilingual A ADJ (ADV ~ly) viersprachig B S viersprachige Person
quadrille [kwə'drıl; US *a.* kwɑ-] S Quadrille *f (Tanz od Musik dazu)*
quadrillion [kwɒ'drıljən; US kwɑ-] S MATH 1 *Br* Quadrillion *f* (10^{24}) 2 US Billiarde *f* (10^{15})
quadrinomial [-'nəʊmjəl; -ıəl] MATH A ADJ viergliedr(e)rig B S Quadrinom *n (aus vier Gliedern bestehende Größe)*
quadripartite ADJ 1 vierteilig 2 Vierer…, Viermächte…, zwischen vier Parteien abgeschlossen *etc*: ~ **pact** Viererpakt *m*
quadriplegia [,kwɒdrı'pli:dʒə; -dʒıə; US ,kwɑ-] S MED Quadriplegie *f (Lähmung aller vier Extremitäten)*; **quadriplegic** A ADJ quadriplegisch: **be** ~ an allen vier Extremitäten gelähmt sein B S Quadriplegiker(in)
quadrireme ['kwɒdrıri:m; US 'kwɑd-] S SCHIFF *Antike:* Quadrireme *f*, Vierruderer *m*
quadrisect ['kwɒdrısekt; US 'kɑ-] V/T vierteln; **quadrisection** S Vierteln *n*
quadrisyllabic ADJ (ADV ~ally) viersilbig; **quadrisyllable** S viersilbiges Wort
quadrivalence, quadrivalency S CHEM Vierwertigkeit *f*; **quadrivalent** ADJ vierwertig
quadrivium [kwɒ'drıvıəm; US kwɑ-] S UNIV, HIST Quadrivium *n (die vier höheren Wissensgebiete der sieben freien Künste: Arithmetik, Geometrie, Musik, Astronomie)*
quadroon [kwɒ'dru:n; US kwɑ-] S Terzerone *m*, Terzeronin *f (Nachkomme od Nachkommin e-s Weißen u. e-r Mulattin)*
quadrophonic, *etc* → quadraphonic *etc*
quadruped ['kwɒdrʊped; US 'kwɑd-] ZOOL A ADJ vierfüßig B S Vierfüß(l)er *m*; **quadrupedal** [kwɒ'dru:pıdl; ,kwɒdrʊ'pedl; US ,kwɑ-'d-; ,kwɑdrə'p-] ADJ 1 vierfüßig 2 Vierfüß(l)er…
quadruple ['kwɒdrʊpl; kwɒ'dru:pl; US kwɑ'd-; 'kwɑd-] A ADJ 1 vierfach: ~ **sculls** *pl (Rudern)* Doppelvierer *m* 2 Vierer…: ♀ **Alliance** HIST Quadrupelallianz *f*; ~ **thread** TECH viergängiges Gewinde; ~ **time** MUS Vierertakt *m* B S *(das)* Vierfache C V/T 1 vervierfachen 2 mit vier malnehmen D V/I sich vervierfachen
quadruplet ['kwɒdrʊplıt; US kwɑ'drʌplət; -'dru:p-] S 1 Vierling *m (Kind)*: ~**s** Vierlinge 2 Vierergruppe *f* 3 MUS Quartole *f (Gruppe von vier zusammengehörenden Noten, die an die Stelle von drei Noten des gleichen Zeitwertes treten)*
quadruplex ['kwɒdrʊpleks; US 'kwɑ-] ADJ 1 vierfach 2 ELEK Quadruplex…, Vierfach…: ~ **system** Quadruplexsystem *n*
quadruplicate [kwɒ'dru:plıkeıt; US kwɑ-] A V/T 1 vervierfachen 2 *ein Dokument* vierfach ausfertigen B ADJ [-kət] vierfach C S [-ket] 1 **in** ~ in vierfacher Ausfertigung 2 *e-s von 4 (gleichen) Dingen*: ~**s** 4 Exemplare
quaff [kwɑ:f; US *a.* kwæf] V/T & V/I in großen Zügen trinken; **quaffable** ADJ süffig *(Wein)*
quag [kwæg; US *a.* kwɑg] → quagmire; **quaggy** ADJ 1 sumpfig, morastig 2 schwammig, weich; **quagmire** [-maıə(r)] S 1 Morast *m*, Sumpf *m (a. fig)* 2 *fig* Wust *m*: **a** ~ **of unnecessary details**
quahog, *a.* **quahaug** ['kwɑ:hɒg; US 'kəʊ-,hɔ:g; -,hɑg] S ZOOL US Venusmuschel *f*
quaich, quaigh [kweıx] S *a.* SPORT *schott* kleiner (Silber)Pokal
quail[1] [kweıl] *pl* quails, *bes koll* quail S 1 ORN Wachtel *f* 2 US *sl* Schnepfe *f (Mädchen, Frau)*
quail[2] [kweıl] V/I 1 verzagen, den Mut verlieren 2 zittern (**with** vor *dat*; **at** bei *e-m Gedanken etc*)
quaint [kweınt] ADJ (ADV ~ly) 1 idyllisch, malerisch 2 seltsam, merkwürdig; **quaintness** S 1 idyllischer *od* malerischer Charakter 2 Seltsamkeit *f*, Merkwürdigkeit *f*
quake [kweık] A V/I zittern, beben *(Erde etc, Person*: **with** vor *dat*; **at** bei *e-m Gedanken etc)* B S 1 Zittern *n*, Beben *n* 2 *umg* Erdbeben *n*; ~**proof** *umg* A ADJ erdbebensicher B V/T erdbebensicher machen
Quaker ['kweıkə(r)] S REL Quäker *m*: ~ **gun** MIL US Geschützattrappe *f*; ~ **meeting** a Quäkerversammlung *f* b *fig* schweigsame Versammlung; **Quakeress** [-rıs] S Quäkerin *f*; **Quakerism** S Quäkertum *n*
quaking grass S BOT *(ein)* Zittergras *n*
quaky ADJ (ADV quakily) zitternd, zitt(e)rig
qualification [,kwɒlıfı'keıʃn; US ,kwɑ-] S 1 Qualifikation *f*, Befähigung *f*, Eignung *f (alle:* **for** für, zu*)*: ~ **test** Eignungsprüfung *f*, -test *m*; **have the necessary** ~**s** den Anforderungen entsprechen 2 Vorbedingung *f*, (notwendige) Voraussetzung *(beide:* **for** für*)* 3 Befähigungsnachweis *m* 4 Einschränkung *f*: **with the** ~ **that …** mit der Einschränkung, dass …; **without any** ~ ohne jede Einschränkung, bedingungslos 5 Bezeichnung *f* 6 LING Modifikation *f*, nähere Bestimmung; **qualificatory** [-kətərı; US -kə,taʊri:; -,tɔ:-] ADJ 1 einschränkend 2 qualifizierend, befähigend; **qualified** [-faıd] ADJ 1 qualifiziert, geeignet, befähigt *(alle:* **for** für*)*: **be fully** ~ e-e abgeschlossene Ausbildung haben 2 befähigt, berechtigt: ~ **for a post** anstellungsberechtigt; ~ **voter** Wahlberechtigte(r) *m/f(m)* 3 eingeschränkt, bedingt: ~ **acceptance** WIRTSCH eingeschränktes Akzept *(e-s Wechsels)*, Annahme *f* unter Vorbehalt; **in a** ~ **sense** mit Einschränkungen; **give** ~ **agreement** bedingt zustimmen; **qualifier** [-faıə(r)] S 1 SPORT a Qualifikant(in) b Qualifikationsspiel *n* c *Motorsport*: Qualifikationstraining *n* 2 LING näher bestimmendes Wort; **qualify** [-faı] A V/T 1 qualifizieren, befähigen, geeignet machen *(alle:* **for** für, zu; **to be** zu sein*)*: ~ **o.s. for** die Eignung erwerben für *od* zu 2 *(behördlich)* autorisieren 3 berechtigen (**for** zu; **to do** zu tun) 4 bezeichnen, charakterisieren *(beide:* **as** als*)* 5 einschränken 6 *e-e Bemerkung etc* abschwächen, mildern 7 *Getränke etc* vermischen, *bes* verdünnen 8 LING modifizieren, näher bestimmen B V/I 1 sich qualifizieren, sich eignen, sich als geeignet *od* tauglich erweisen, die Eignung nachweisen *od* besitzen, infrage kommen *(alle:* **for** für, zu; **as** als*)*: ~**ing examination** Eignungsprüfung *f* 2 SPORT sich qualifizieren (**for** für; **3rd** als Dritter): ~**ing game** → qualifier 1 b; ~**ing practice** → qualifier 1 c; ~**ing standard** Qualifikationsnorm *f* 3 die nötigen Fähigkeiten erwerben
qualitative ['kwɒlıtətıv; US 'kwɑlə,teı-] ADJ (ADV ~ly) qualitativ: ~ **analysis** CHEM qualitative Analyse
quality ['kwɒlətı; US 'kwɑ-] S 1 Eigenschaft *f*: **(good)** ~ gute Eigenschaft; **in the** ~ **of** (in der Eigenschaft) als 2 Beschaffenheit *f*, (Eigen)Art *f*, Natur *f* 3 *bes* WIRTSCH a Qualität *f*: **in** ~ qualitativ; **of low** (*od* **poor**) ~ minderer Qualität; ~ **of life** SOZIOL Lebensqualität; ~ **of sound** TV *etc* Tonqualität; ~ **time** ausschließlich der Familie gewidmete Zeit b (gute) Qualität, Güte *f*: ~ **control** Qualitätskontrolle *f*; ~ **factor** Gütefaktor *m*; *(Radiologie)* Bewertungs-, Qualitätsfaktor *m*; ~ **goods** Qualitätswaren; ~ **management** Qualitätsmanagement *n*; ~ **(news)paper** seriöse Zeitung c Güte(sorte) *f*, Klasse *f* 4 Erstklassigkeit *f*, Klasse *f* 5 Talent *n*, Fähigkeit *f*: **qualities of leadership** Führungsqualitäten 6 *obs* Vornehmheit *f*, vornehmer Stand: **person of** ~ Standesperson *f*; **the people** *pl* **of** ~ die vornehme Welt 7 LING, MUS Klangfarbe *f* 8 PHIL Qualität *f*
qualm [kwɑ:m; US *a.* kwɑ:lm] S 1 Übelkeit(sgefühl) *f(n)* 2 *pl fig* **(about)** Skrupel *pl* (wegen), Bedenken *pl* (gegen), Zweifel *pl* (an

Q

dat): **~s of conscience** Gewissensbisse; **feel** (*od* **have**) **no ~s about doing sth** keine Skrupel haben, etwas zu tun 3 *fig* ungutes Gefühl (**about** wegen); **qualmish** ADJ (ADV **~ly**) a voller Skrupel b immer wieder von Skrupeln geplagt

quandary ['kwɒndərı; *US* 'kwɑn-] S Verlegenheit *f*, Schwierigkeit *f*, verzwickte Lage: **be in a ~** sich in e-m Dilemma befinden, in e-r Klemme sein *od* sitzen *od* stecken *umg* (*beide:* **about, over** wegen); **he was in a ~ about** (*od* **over**) **what to do** er wusste nicht, was er tun sollte

quango ['kwæŋgəʊ] *pl* -gos S ABK quasi-autonomous nongovernmental organization *Br* unabhängige Regierungsstelle

quant [kwɒnt] *Br* A S *Stakstange mit e-r Scheibe nahe dem unteren Ende(, um das Einsinken im Schlamm zu verhindern)* B V/T & V/I mit e-m **quant** staken

quanta ['kwɒntə; *US* 'kwɑntə] *pl von* **quantum**

quantic ['kwɒntık; *US* 'kwɑn-] S MATH *ganze, rationale, homogene, algebraische Funktion von zwei od mehr Veränderlichen*

quantifiable ['kwɒntıfaıəbl; *US* 'kwɑn-] ADJ quantitativ bestimmbar, messbar; **quantification** [-fı'keıʃn] S 1 Messung *f*, Quantitätsbestimmung *f* 2 PHIL Quantifizierung *f*; **quantifier** [-faıə(r)] S PHIL Quantor *m* (*logische Partikel für quantifizierte Aussagen*); **quantify** [-faı] V/T 1 messen, quantitativ bestimmen 2 PHIL quantifizieren

quantitative ['kwɒntıtətıv; *US* 'kwɑntə'teı-] ADJ (ADV **~ly**) quantitativ, mengenmäßig, Mengen...: **~ analysis** CHEM quantitative Analyse; **~ ratio** Mengenverhältnis *n*; **quantitive** [-tətıv] → **quantitative**

quantity ['kwɒntətı; *US* 'kwɑn-] S 1 Quantität *f*, Menge *f*, Größe *f* 2 (bestimmte) Menge, Quantum *n*: **a small ~ of beer**; **~ of heat** PHYS Wärmemenge; **a ~ of cigars** e-e Anzahl Zigarren; **~ theory** WIRTSCH Quantitätstheorie *f* 3 große Menge: **in ~, in (large) quantities** in großer Menge, in großen Mengen; **~ discount** (*od* **allowance**) WIRTSCH Mengenrabatt *m*; **~ production** WIRTSCH Massenherstellung *f*; **~ purchase** Großeinkauf *m* 4 MATH Größe *f*: **negligible ~** a unwesentliche Größe, Quantité *f* négligeable b *fig* völlig unwichtige Person *etc*; **numerical ~** Zahlengröße; **unknown ~** unbekannte Größe (*a. fig*) 5 PHIL Quantität *f* 6 MUS (Ton)Dauer *f*, Länge *f* 7 LIT Quantität *f*, (Silben)Zeitmaß *n* 8 LING Quantität *f*, Lautdauer *f* 9 *Br* **bill of quantities** Baukostenvoranschlag *m*; **~ surveyor** Kalkulator *m*

quantization [ˌkwɒntaı'zeıʃn; *US* ˌkwɑntə-] S MATH, PHYS Quantelung *f*, Quantisierung *f*; **quantize** [-taız] V/T quanteln, quantisieren; **quantizer** S IT Analog-Digital-Umsetzer *m*

quantum ['kwɒntəm; *US* 'kwɑn-] A *pl* -ta [-tə] S 1 Quantum *n*, Menge *f*: **there is not a ~ of truth in his story** an s-r Geschichte ist kein Wort wahr 2 (An)Teil *m* 3 PHYS Quant *n*: a *kleinstmöglicher Wert e-r Größe* b *als Einheit auftretende kleinste Energiemenge*: **~ of action** plancksches Wirkungsquantum B ADJ bedeutsam; **~ chemistry** S Quantenchemie *f*; **~ electronics** SPL (*als sg konstruiert*) PHYS Quantenelektronik *f*; **~ field theory** S PHYS Quantenfeldtheorie *f*; **~ jump, ~ leap** S 1 PHYS Quantensprung *m* 2 *fig* entscheidender Schritt nach vorn, (endgültiger) Durchbruch; **~ mechanics** SPL (*als sg konstruiert*) PHYS Quantenmechanik *f*; **~ number** S PHYS Quantenzahl *f*; **~ physics** SPL (*als sg konstruiert*) PHYS Quantenphysik *f*; **~ state** S PHYS Quantenzustand *m*; **~ statistics** SPL (*als sg konstruiert*) Quantenstatistik *f*; **~ theory** S PHYS Quantentheorie *f*

quar. ABK quarter(ly)

quarantine ['kwɒrənti:n; *US a.* 'kwɑr-] A S 1 Quarantäne *f*: **in** (*od* **under**) **~** unter Quarantäne (stehend); **put in ~** → B 1; **~ flag** SCHIFF Quarantäneflagge *f* 2 a Quarantänestation *f* b Quarantänehafen *m* c Infektionskrankenhaus *n* 3 *fig* Isolierung *f* 4 a Zeitraum *m* von 40 Tagen (*a.* JUR *US in welchem e-e Witwe von den Erben ungestört im Haus ihres verstorbenen Gatten weiterwohnen darf*) b JUR *US* (*das*) *Recht der Witwe auf solchen ungestörten Weiterbesitz* B V/T 1 unter Quarantäne stellen 2 *fig j-n, e-e Nation etc* isolieren

quark[1] [kwɑ:(r)k; kwɔ:(r)k] S PHYS Quark *n* (*Elementarteilchen*)

quark[2] [kwɑ:(r)k] S *bes Br* Quark *m*

quarrel[1] ['kwɒrəl; *US a.* 'kwɑ-] A S 1 Streit *m* (**with** mit; **about, over** über *akk*, um, wegen; **between** zwischen *dat*): **have a ~** Streit haben; → **pick**[1] B 16 2 Beschwerde *f*, Beanstandung *f*: **have no ~ with** keinen Grund zur Klage haben über (*akk*), nichts auszusetzen haben an (*dat*) B V/I *prät u. pperf* -reled, *bes Br* -relled 1 (sich) streiten, (sich) zanken (**with** mit; **for** wegen; **about, over** über *akk*, um, wegen) 2 sich zerstreiten 3 hadern (**with one's lot** mit s-m Schicksal) 4 etwas auszusetzen haben (**with** an *dat*)

quarrel[2] ['kwɒrəl; *US a.* 'kwɑ-] S 1 kleines quadratisches *od* rhombisches Fach (*e-r Fensterscheibe*) 2 Glaserdiamant *m* 3 Steinmetzmeißel *m*

quarreler, *bes Br* **quarreller** [-lə(r)] S Streitsüchtige(r) *m/f(m)*, Streithammel *m umg*; **quarrelsome** [-səm] ADJ (ADV **~ly**) streitsüchtig; **quarrelsomeness** S Streitsucht *f*

quarrier ['kwɒrıə(r); *US a.* 'kwɑ-] S Steinbrecher *m*, -hauer *m*

quarry[1] ['kwɒrı; *US a.* 'kwɑ-] A S 1 Steinbruch *m*, (*Marmor-, Schiefer*) Bruch *m* 2 *fig* Fundgrube *f* (**of** für): **~ of information** Informationsquelle *f* B V/T 1 *Gestein* brechen 2 *fig* ausgraben, zutage fördern C V/I 1 Gestein brechen 2 *a.* **~ away** herumstöbern (**in** in *dat*)

quarry[2] ['kwɒrı; *US a.* 'kwɑ-] S 1 JAGD Beute *f* (*a. e-s Raubtiers*) 2 *fig* a Opfer *n* b Ziel *n*

quarry[3] ['kwɒrı; *US a.* 'kwɑ-] → **quarrel**[2] 1

quarry|-faced ADJ rauflächig (*Mauerwerk*); **~man** [-mən] S *irr* → **quarrier**; **~ tile** S quadratische *od* rhombische, unglasierte Steinplatte

quart[1] [kɑ:(r)t] S 1 *Fechten*: Quart *f* 2 *Pikett*: Quart *f* (*Sequenz von 4 Karten gleicher Farbe*) 3 MUS Quart(e) *f*

quart[2] [kwɔ:(r)t] S 1 Quart *n* (*Maß*): **British** (*od* **imperial**) **~** = 1,136 l (*Trocken- u. Flüssigkeitsmaß*); **US dry ~** = 1,1 l (*Trockenmaß*); **US liquid ~** 0,946 l (*Flüssigkeitsmaß*); **you can't put a ~ into a pint pot** *fig umg* irgendwann einmal ist Schluss, alles hat s-e Grenzen 2 Quartgefäß *n*

quart. ABK quarter(ly)

quartan ['kwɔ:(r)tn] MED A ADJ: **~ fever** → B a; **~ malaria** → B b B S a Quartan(a)fieber *n* b Quartana *f* (*Malaria mit etwa alle vier Tage auftretenden Fieberanfällen*)

quarte [kɑ:(r)t] S *Fechten*: Quart *f*

quarter ['kwɔ:(r)tə(r)] A S 1 Viertel *n*, vierter Teil: **~ of a century** Vierteljahrhundert *n*; **for a ~ (of) the price** zu e-m Viertel des Preises; **not a ~ as good as** nicht annähernd so gut wie; **the stadium was only a ~ full** das Stadion war nur zu e-m Viertel gefüllt 2 *US od Can* Vierteldollar *m* (= 25 Cents) 3 *a.* **~ of an hour** Viertelstunde *f*: **three ~s of an hour** Dreiviertelstunde *f*; **(a) ~ to** (*US a.* **of**) **six** (ein) Viertel vor sechs, drei Viertel sechs; **(a) ~ past** (*US a.* **after**) **six** (ein) Viertel nach sechs, Viertel sieben; **the clock strikes the ~s** die Uhr schlägt viertelstündlich 4 *a.* **~ of the year** Vierteljahr *n*, Quartal *n*: **by the ~** vierteljährlich, quartalsweise 5 ASTRON (Mond)Viertel *n* 6 *bes US* a UNIV (Studien)Quartal *n* b SCHULE Viertel *n* des Schuljahres 7 SPORT (Spiel)Viertel *n* 8 Viertelpfund *n* (*0,113 kg*) 9 *bes* SPORT Viertelmeile *f* 10 Quarter *n*: a *Br 28 lb. = 12,7 kg, US 25 lb. =11,34 kg* (*Handelsgewicht*) b *Br = 2,91 hl* (*Hohlmaß*) 11 SCHIFF a Kardinalpunkt *m*, Haupthimmelsrichtung *f* (*des Kompasses*) b Viertelstrich *m* (*des Kompasses = 2° 49'*) 12 (*Himmels-, Wind*) Richtung *f*: **what ~ is the wind in?** woher *od* von welcher Seite weht *od* kommt der Wind? (*a. fig*) 13 Gegend *f*, Teil *m* (*e-s Landes etc*): **from all ~s** von überall(her), aus allen (Himmels)Richtungen (→ A 14); **in this ~** hierzulande, in dieser Gegend; → **close quarters** 14 Stelle *f*, Seite *f*, Quelle *f*: **higher ~s** höhere Stellen; **in the highest ~s** an höchster Stelle; **in the proper ~** bei der zuständigen Stelle; **in Government ~s** in Regierungskreisen; **from all ~s** von allen Seiten (→ A 13); **from official ~s** von amtlicher Seite; → **informed** 1 15 (Stadt)Viertel *n*, (-)Bezirk *m*: **poor ~** Armenviertel; **residential ~** Wohnbezirk 16 *meist pl* MIL Quartier *n*, (Truppen)Unterkunft *f*: **be confined to ~s** Stubenarrest haben; **take up (one's) ~s** Quartier beziehen 17 *meist pl* Quartier *n*, Unterkunft *f*, Wohnung *f*, Logis *n*: **have free ~s** umsonst wohnen, freie Wohnung haben 18 *bes* MIL Pardon *m*, Schonung *f*: **ask for ~** um Schonung bitten; **give ~** Pardon geben *od* gewähren 19 (*bes* Hinter)Viertel *n* (*e-s Schlachttiers*), Kruppe *f* (*e-s Pferdes*) 20 Seitenteil *m/n*, Fersenleder *n* (*am Schuh*) 21 SCHIFF Achterschiff *n* 22 SCHIFF Posten *m*: **beat to ~s** die Mannschaft auf ihre Posten rufen 23 SCHIFF Raharm *m* 24 *Heraldik*: Quartier *n*, (Wappen)Feld *n* 25 ARCH, TECH Stollenholz *n*, Vierpass *m* B V/T 1 *etwas* in vier Teile teilen, vierteln 2 aufteilen, zerstückeln 3 HIST *j-n* vierteilen 4 *j-n* beherbergen 5 MIL einquartieren (**on, upon** bei), *Truppen* unterbringen: **~ed in barracks** kaserniert; **be ~ed at** (*od* **in**) in Garnison liegen in (*dat*); **~ o.s. on sb** *allg* sich bei j-m einquartieren 6 *Heraldik*: *ein Wappenschild* vieren C V/I 1 wohnen, leben 2 einquartiert sein, Quartier haben (*beide:* **at** in *dat*, bei) 3 umherstreifen (*Jagdhunde*) 4 SCHIFF mit Backstagswind segeln

quaterage ['kwɔ:(r)tərıdʒ] S Quartalsgehalt *n*, Vierteljahreszahlung *f*

quarter|back A S 1 *American Football*: Quarterback *m*, Spielmacher *m* 2 *US fig* Leiter *m* B V/T *US e-e Sache* leiten, dirigieren; **~ bend** S TECH rechtwink(e)liger Krümmer; **~ binding** S *Buchbinderei*: Halbfranz *n*; **~ circle** S MATH Viertelkreis *m*; **~ day** S Quartalstag *m* (*für fällige Zahlungen: in England, Wales, Irland 25.3., 24.6., 29.9., 25.12., in Schottland 2.2., 15.5., 1.8., 11.11.*); **~deck** S SCHIFF Quarterdeck *n*; **~ eagle** S HIST *e-e amer. Goldmünze* (*2,50 Dollar*); **~ face** S MAL verlorenes Profil; **~final** SPORT A S 1 *meist pl* Viertelfinale *n* 2 Viertelfinalspiel *n* B ADJ Viertelfinal...: **~ round** Viertelfinale *n*; **~finalist** S SPORT Viertelfinalist(in): **he was a ~ last year** er stand letztes Jahr im Viertelfinale; **~ horse** S Quarter Horse *n* (*e-e ursprünglich in den USA gezüchtete Pferderasse*); **~-hour** A S Viertelstunde *f* B ADJ 1 viertelstündig 2 viertelstündlich; **~-hourly** A ADJ → **quarter-hour** B B ADV jede *od* alle Viertelstunde, viertelstündlich

quartering ['kwɔ:(r)tərıŋ] A ADJ SCHIFF Backstags...: **~ wind** B S MIL Einquartierung *f*

quarterlight S AUTO *Br* Ausstellfenster *n*

quarterly ['kwɔ:(r)tə(r)lı] A ADJ 1 Viertel...

Q

2 vierteljährlich, Vierteljahres..., Quartals... B ADV 1 vierteljährlich, quartalsweise 2 *Heraldik*: geviertweise C S Vierteljahresschrift *f*
quarter|master S 1 MIL Quartiermeister *m* 2 SCHIFF Quartermeister *m*: a Steuerer *m* *(Handelsmarine)* b Steuermannsmaat *m* *(Kriegsmarine)*; **~master general** *pl* ~master generals, ~masters general S MIL *US* Generalquartiermeister *m*; **~ mile** S *bes* SPORT Viertelmeile *f*; **~-miler** S SPORT Viertelmeilenläufer(in); **~-mile race** S SPORT Viertelmeilenlauf *m*
quartern ['kwɔː(r)tə(r)n] S 1 *bes Br* Viertel *n*, vierter Teil *(bestimmter Maße u. Gewichte)* 2 *a.* **~ loaf** *Br* a Toastbrot *n* b *Brotlaib mit 1600 Gramm Backgewicht*
quarter| note S MUS *US* Viertelnote *f*; **~-phase** ADJ ELEK zweiphasig, Zweiphasen...; **~ point** S SCHIFF Viertel(kompass)strich *m*; **~ rest** S MUS *US* Viertelpause *f*; **~ round** S ARCH Viertelstab *m*; **~saw** V/T *irr* TECH *e-n Stamm* im Quartierschnitt aufsägen; **~ section** S *Landvermessung: US* quadratisches Stück Land *(160 Acres)*; **~ sessions** S PL JUR 1 *Br* HIST Kriminalgericht *n* *(mit vierteljährlichen Sitzungen, a. Berufungsinstanz für Zivilsachen)* 2 *US* *(in einigen Staaten der USA) ein ähnliches Gericht für leichtere Strafsachen*; **~staff** S *meist irr* HIST Bauernspieß *m* *(Bauernwaffe)*; **~ tone** S MUS 1 Vierteltonintervall *n* 2 Viertelton *m*
quartet, *Br a.* **quartette** [kwɔː(r)'tet] S 1 MUS Quartett *n* 2 Vierergruppe *f* *(Personen, Dinge)*
quartic ['kwɔː(r)tɪk] → biquadratic
quartile ['kwɔː(r)taɪl] S 1 ASTRON Quadratur *f*, Geviertschein *m* 2 *Statistik*: Quartil *n* *(ein Streuungsmaß)*
quarto ['kwɔː(r)təʊ] *pl* -tos TYPO A S 1 Quart(format) *n* 2 Quartband *m* B ADJ im Quartformat, Quart...
quartz [kwɔː(r)ts] S MINER Quarz *m*: **~ clock**, **~ watch** Quarzuhr *f*; **~ crystal** a Quarzkristall *m* b *(in Sendern, Quarzuhren)* Schwingquarz; **~ (glass)** TECH Quarz-, Kieselglas *n*; **~(-iodine) lamp** Quarzlampe *f*
quartziferous [kwɔː(r)'tsɪfərəs] ADJ MINER quarzig, quarzhaltig, Quarz...
quartzite ['kwɔː(r)tsaɪt] S GEOL Quarzit *m* *(ein überwiegend aus Quarzmineralien bestehendes Gestein)*
quartzose ['kwɔː(r)tsəʊs] ADJ MINER quarzig, quarzhaltig, Quarz...
quasar ['kweɪzɑː(r)] S ASTRON Quasar *m* *(kosmisches Objekt, das extrem starke Radiofrequenzstrahlung aussendet)*
quash [kwɒʃ; *US a.* kwɑʃ] V/T 1 JUR *e-e Strafe, e-e Verfügung etc* aufheben, annullieren, *e-e Anklage* abweisen, für nicht begründet erklären, *ein Verfahren* niederschlagen 2 *e-n Aufstand etc* niederschlagen
quasi ['kweɪzaɪ; 'kwɑːzɪ] A ADJ e-m ... gleichend *od* ähnlich, Quasi...: **~ contract** JUR vertragsähnliches Verhältnis; **a ~ war** ein kriegsähnlicher Zustand B ADV quasi, gewissermaßen, sozusagen, gleichsam, ...ähnlich, Quasi..., Schein...: **~-judicial** quasigerichtlich; **~-official** quasioffiziell; **~-public** halböffentlich, mit öffentlich-rechtlichen Befugnissen; **~-stellar object** ASTRON quasistellares Objekt
quatercentenary [ˌkwætəsen'tiːnərɪ; *US* ˌkwɑːtərsen'tenəri:; -'tiː-] S vierhundertster Jahrestag, Vierhundertjahrfeier *f*
quaternary [kwə'tɜːnərɪ; *US a.* 'kwɑːtərˌneri:] A ADJ 1 aus vier bestehend 2 ♀ GEOL Quartär... 3 CHEM quarternär: **~ ammonium compound** quarternäre Ammoniumverbindung B S 1 Gruppe *f* von 4 Dingen 2 Vier *f* *(Zahl)* 3 ♀ GEOL Quartär(periode) *n(f)*
quaternion [kwə'tɜːnjən; -nɪən; *US* -'tɜr-; *a.* kwɑ:-] S 1 Quaternio *f*, Vierergruppe *f* 2 MATH Quaternion *f* *(Zahlensystem mit vier komplexen Einheiten)*
quatrain ['kwɒtreɪn; *US* 'kwɑt-] S LIT Quatrain *n/m*, Vierzeiler *m*
quatre ['kætrə; *US* 'kætər] S Vier *f* *(Spielkarte, Würfel etc)*
quatrefoil ['kætrəfɔɪl; *US a.* 'kætər-] S 1 ARCH Vierpass *m* 2 BOT vierblätt(e)riges (Klee)Blatt
quattrocento [ˌkwætrəʊ'tʃentəʊ; *US* ˌkwɑː-] S Quattrocento *n* *(italienischer Kunststil des 15. Jhs., Frührenaissance)*
quaver ['kweɪvə(r)] A V/I 1 zittern (**with** vor *dat*) 2 MUS tremolieren B V/T 1 *etwas* tremolierend *od* mit übertriebenem Vibrato singen 2 *etwas* mit zitternder Stimme sagen *od* stammeln C S MUS 1 Tremolo *n* 2 *bes Br* Achtelnote *f*: **~ rest** Achtelpause *f*; **quavering** ADJ (ADV **~ly**), **quavery** ADJ 1 zitternd 2 MUS tremolierend
quay [kiː; *US a.* keɪ] S SCHIFF Kai *m*: **on the ~** am Kai; **quayage** S 1 WIRTSCH Kaigeld *n*, Kaigebühr *f* 2 KOLL Kaianlagen *pl*
quayside S: **on the ~** am Kai
Que. ABK Quebec
quean [kwiːn; *US a.* kweɪn] S *obs* 1 Weibsbild *n*, Schlampe *f pej* 2 Metze *f*, Dirne *f*, Hure *f*
queasiness ['kwiːzɪnɪs] S 1 Übelkeit *f* 2 (Über)Empfindlichkeit *f*; **queasy** ADJ (ADV queasily) 1 zur Übelkeit neigend: **he's rather ~** ihm wird leicht übel *od* schlecht 2 (über)empfindlich *(Magen etc)* 3 Übelkeit erregend *od* ekelerregend 4 **I feel ~** mir ist übel *od* schlecht 5 mäk(e)lig, heikel *(im Essen etc)* 6 **~ conscience** schlechtes Gewissen; **I'm ~ about** (*od* **at**) mir ist nicht wohl bei; **I have a ~ feeling about it** ich habe ein ungutes Gefühl dabei
Quebec [kwɪ'bek] S Quebec *n* a *Provinz Kanadas* b *Hauptstadt von* a
Quebec(k)er [kwɪ'bekə(r)] S Quebecer(in)
queen [kwiːn] A S 1 Königin *f* *(a. fig)*: ♀ **Anne is dead!** so'n Bart! *umg*; ♀ **of grace** REL Gnadenmutter *f*; **~ of the seas** Königin der Meere *(Großbritannien)*; **the** ♀ *Br umg* die Nationalhymne; → a consort A 1 dowager 1 evidence A 2 c proctor A 3 shilling b King's Bench (Division), King's Counsel, King's English, King's Guide, King's highway, King's Scout, King's speech 2 *fig* Königin *f*, Schönste *f*: ♀ **of (the) May** Maikönigin; **the ~ of watering places** die Perle der Badeorte 3 *umg* Schwule(r) *m*, *bes* Schwuchtel *f*, Tunte *f pej* *([weibischer] Homosexueller)* 4 ZOOL Königin *f*: a *a.* **~ bee** Bienenkönigin: **she acts like the ~ bee** *umg pej* sie stellt sich immer in den Mittelpunkt b *a.* **~ wasp** Wespenkönigin c *a.* **~ ant** Ameisenkönigin 5 *Kartenspiel, Schach*: Dame *f*: **~'s gambit** Damengambit *n*; **~'s pawn** Damenbauer *m*; **~ of hearts** Herzdame B V/I 1 (als Königin) regieren 2 *Schach*: in e-e Dame verwandelt werden *(Bauer)* C V/T 1 zur Königin machen *od* krönen 2 *umg* **~ it** die große Dame spielen; **~ it over sb** j-n von oben herab behandeln 3 *e-n Bienenstock* beweiseln 4 *Schach: e-n Bauern* (in e-e Dame) verwandeln; ♀ **Anne** [æn] S Queen-Anne-Stil *m* *(bes Bau- u. Möbelstil zur Zeit der Königin Anne: frühes 18. Jh.)*; **~cake** S kleiner Rosinenkuchen
queenhood S Rang *m* e-r Königin
queenly ADJ & ADV königlich, majestätisch, wie e-e Königin
queen| mother S Königinmutter *f*; **~ post** S ARCH doppelte Hängesäule; **~ regent** S regierende Königin
Queens [kwiːnz] S *Stadtteil von New York*
Queensland ['kwiːnzlənd; -lænd] S Queensland *n* *(australischer Bundesstaat)*
Queensware ['kwiːnzweə(r)], *a.* **Queen's ware** S cremefarbenes Wedgwood-Geschirr
queer [kwɪə(r)] A ADJ (ADV **~ly**) 1 seltsam, sonderbar, komisch: → bird 3, fish A 3 2 verdächtig, anrüchig, faul, komisch: **there's sth ~ about it** an der Sache stimmt etwas nicht; **be in ~** (*a.* ♀) **street** *umg* in finanziellen Schwulitäten sein 3 **I feel ~** *umg* mir ist komisch 4 *a.* **~ in the head** *umg* nicht ganz bei Trost 5 *pej* schwul *(homosexuell)* 6 *sl* a wertlos b gefälscht, falsch B V/T 1 *umg* vermasseln, verderben: → pitch[2] C 11 2 *umg* a in e-e schwierige *od* gefährliche Lage bringen b in ein schlechtes *od* falsches Licht setzen (**with** bei) C S 1 *pej* Schwule(r) *m* *(Homosexueller)* 2 *sl* Blüte *f* *(Falschgeld)*; **~-bashing** S *Br umg* Anpöbeln *n od* Verprügeln *n* von Schwulen
queerness S 1 Seltsamkeit *f* 2 *(das)* Seltsame
quell [kwel] V/T 1 *e-n Aufstand etc* niederschlagen 2 *Befürchtungen etc* verringern, *Schmerzen, Leid etc* lindern, mildern
quench [kwentʃ] V/T 1 a *Flammen, ein Feuer etc* löschen b *den Durst* löschen, stillen c *ein Verlangen* stillen d *e-e Hoffnung* zunichtemachen 2 → quell 1 3 *Asche, Koks etc* (ab)löschen 4 METALL abschrecken: **~ing and tempering** (Stahl)Vergütung *f*; **~ing bath** Abschreckbad *n* 5 ELEK *Funken, e-n Lichtbogen* löschen: **~ed spark gap** Löschfunkenstrecke *f*; **~ing choke** Löschdrossel *f* 6 ELEK *Schwingungen* abdämpfen, löschen: **~ing frequency** Pendelfrequenz *f*; **quenchless** ADJ (ADV **~ly**) unstillbar
quenelle [kə'nel] S GASTR *(Fleisch-, Fisch)* Klößchen *n*
quercine ['kwɜːsaɪn; -sɪn; *US* 'kwɜr-] ADJ BOT Eich(en)...
querist ['kwɪərɪst; *US a.* 'kweə-] S Fragesteller(in)
quern [kwɜːn; *US* kwɜrn] S Hand(getreide)mühle *f*
querulous ['kwerʊləs] ADJ (ADV **~ly**) 1 nörglerisch, nörg(e)lig 2 querköpfig; **querulousness** S 1 Nörglertum *n* 2 Querköpfigkeit *f*
query ['kwɪərɪ; *US a.* 'kweə-] A S 1 Frage *f* 2 (an)zweifelnde *od* unangenehme Frage: **without ~** anstandslos 3 Zweifel *m* 4 TYPO *(bes anzweifelndes)* Fragezeichen 5 IT Abfrage *f*: **~ language** Abfragesprache *f* B V/T 1 fragen 2 a *etwas* in Zweifel ziehen, infrage stellen b *etwas* beanstanden 3 mit (e-m) Fragezeichen versehen 4 *j-n* (be-, aus-)fragen 5 *e-n Computer* abfragen
quest [kwest] A S 1 Suche *f*, *fig a.* Streben *n* *(beide:* **for** nach): **in ~ of** auf der Suche nach 2 HIST Ritterzug *m*: **~ of the Holy Grail** Suche *f* nach dem Heiligen Gral 3 *obs* Untersuchung *f*, Nachforschung(en) *f(pl)* B V/I 1 suchen (**for**, **after** nach) 2 JAGD Wild suchen *(Jagdhunde)* C V/T suchen *od* streben nach
question ['kwestʃən] A S 1 Frage *f* *(a.* LING*)*: **beg the ~** die Frage offenlassen (**whether** ob); **your suggestion raises the ~, whether ...** Ihr Vorschlag wirft die Frage auf, ob ...; **that's a good ~** das ist e-e gute Frage, das weiß ich auch nicht; **~-and-answer** Frage-u.-Antwort-...; → pop[1] B 4 2 Frage *f*, Problem *n*, Thema *n*, (Streit)Punkt *m*: **~s of the day** Tagesfragen; **~ of fact** JUR Tatfrage; **~ of law** JUR Rechtsfrage; **the point in ~** die fragliche *od* vorliegende *od* zur Debatte stehende Sache; **the ~ is** es handelt sich darum (**to do** zu tun); **that's not the ~** darum geht es nicht; **come into ~** infrage kommen, wichtig werden; **there is no ~ of sth (of doing sth)** es ist nicht die Rede von etwas (davon, dass etwas getan wird);

~! PARL zur Sache! 3 Frage *f*, Sache *f*, Angelegenheit *f*: **~ of taste** Geschmacksfrage; **only a ~ of time** nur e-e Frage der Zeit 4 Frage *f*, Zweifel *m*: **call in (to) ~** → B 2; **there is no ~ that …, it is beyond ~ that …** es steht außer Frage, dass …; **there is no ~ about it** daran besteht kein Zweifel; **be out of ~** außer Frage stehen; **that is out of the ~** das kommt nicht infrage 5 PARL Anfrage *f*: **put the ~** zur Abstimmung schreiten 6 JUR *obs* Vernehmung *f*, Untersuchung *f*: **put to the ~** HIST *j-n* foltern **B** VT 1 *j-n* (aus-, be)fragen, JUR vernehmen, -hören: **of those ~ed, 27 said that …** von den Befragten sagten 27, dass … 2 *etwas* an-, bezweifeln, in Zweifel ziehen, infrage stellen; **questionable** ADJ (ADV **questionably**) 1 fraglich, zweifelhaft, ungewiss 2 bedenklich, fragwürdig 3 anrüchig; **questionary** [-ʃənərɪ; US -ʃəˌneriː] US → questionnaire; **questioner** S Fragesteller(in), Frager(in); **questioning** A ADJ (ADV ~ly) fragend (*a. Blick, Stimme*) **B** S Befragung *f*, JUR Vernehmung *f*, Verhör *n*; **questionless** ADJ (ADV ~ly) 1 bedingungslos, blind (*Gehorsam etc*) 2 unzweifelhaft

question| mark S Fragezeichen *n*: **a big ~ hangs over** hinter … (*dat*) steht ein großes Fragezeichen; **~ master** S *Br* Quizmaster *m*

questionnaire [ˌkwestɪəˈneə(r); *bes US* -stʃə-] S Fragebogen *m*

question| tag S LING Frageanhängsel *n*; **~ time** S PARL Fragestunde *f*

quetzal [ˈkwetsl; *US* ketˈsɑːl; -ˈsæl] S 1 ORN Quetzal *m* 2 Quetzal *m* (*Münzeinheit in Guatemala*)

queue [kjuː] A S 1 Zopf *m* 2 *bes Br* Schlange *f*, Reihe *f* (*vor Geschäften etc*): **~ of cars** Autoschlange; **a long ~ of people** e-e lange Schlange; **join the ~** sich anstellen; **stand** (*od* **wait**) **in a ~** Schlange stehen, anstehen; → jump C 2 3 IT Warteschlange *f* **B** VI *oft* **~ up** *bes Br* Schlange stehen, sich anstellen, anstehen (*alle:* **for** nach); **~-jump** VI *bes Br* a sich vordränge(l)n (*a. fig*) b AUTO aus e-r Kolonne ausscheren u. überholen; **~-jumper** S *bes Br* a *j-d, der sich vordräng(el)t* (*a. fig*) b AUTO Kolonnenspringer(in)

quibble [ˈkwɪbl] A S a Spitzfindigkeit *f*, Haarspalterei *f* b **I have just one ~** ich habe nur eine Kleinigkeit auszusetzen *od* zu bemängeln **B** VI 1 sich streiten (**with** mit; **about, over** über *e-e Kleinigkeit*): **let's not ~ about it** lassen wir es gut sein; **this is not worth quibbling about** das lohnt keinen Streit 2 herumkritteln *umg* (**about, at, over** an *dat*): **I don't want to ~, but …** ich möchte nicht spitzfindig sein *od* kleinlich erscheinen, aber …; **quibbler** S 1 Haarspalter(in) 2 Krittler(in); **quibbling** ADJ (ADV ~ly) 1 spitzfindig, haarspalterisch 2 kritt(e)lig

quick [kwɪk] A ADJ (ADV ~ly) 1 schnell, rasch, prompt, sofortig, umgehend: **~ answer (service)** prompte Antwort (Bedienung); **~ returns** *pl* WIRTSCH schneller Umsatz; **he is ~ to make friends** er schließt schnell Freundschaft; **she is ~ to learn** (*od* **at learning**) sie lernt schnell; **he's ~ to criticize** er ist schnell mit Kritik bei der Hand; → offence 3, succession 1 2 schnell, flink, geschwind, rasch: **be ~!** mach schnell!, beeil(e) dich!; **be ~ about sth** sich mit etwas beeilen; **a ~ one** *bes Br umg* → quickie 2 3 (geistig) wach, aufgeweckt, schlagfertig, fix: **~ wit** Schlagfertigkeit *f*; → uptake 1 4 schnell, fix (*prompt handelnd*) 5 hitzig, aufbrausend (*Temperament*) 6 scharf (*Auge etc*): **a ~ ear** ein feines Gehör 7 *obs* scharf (*Geruch, Geschmack, Schmerz*) 8 lose, treibend (*Sand etc*) 9 aus lebenden Pflanzen bestehend: **a ~ hedge** e-e lebende Hecke 10 *obs* lebend, lebendig 11 lebhaft (*a.* WIRTSCH) 12 *meist* **~ with child** *obs* hochschwanger 13 WIRTSCH flüssig, liquid (*Anlagen, Aktiva*) 14 *Bergbau*: erzhaltig, ergiebig **B** S 1 **the ~** *obs* KOLL die Lebenden *pl*: **the ~ and the dead** 2 BOT *Br* Hecken bildende Pflanze(n *pl*) 3 empfindliches *od* lebendes Fleisch (*bes unter den Nägeln*) 4 *fig* Mark *n*: **to the ~** a bis ins Fleisch b *fig* bis ins Mark c *fig* durch u. durch; **cut sb to the ~** j-n bis ins Mark treffen; **a Tory to the ~** ein Tory durch u. durch *od* bis auf die Knochen; **paint sb to the ~** j-n malen, wie er leibt u. lebt 5 *US* Quecksilber *n* **C** ADV geschwind, schnell, sofort; **~-acting** ADJ schnell wirkend (*Medikament etc*); **~-action** ADJ TECH Schnell…; **~ ash** S TECH Flugasche *f*; **~beam** S BOT Vogelbeerbaum *m*, Eberesche *f*; **~-break** ADJ ELEK Schnell…, Moment…: **~ switch** Momentschalter *m*; **~ fuse** Hochleistungssicherung *f*; **~-change** ADJ 1 **~ artist** THEAT Verwandlungskünstler(in) 2 **~ tool part** TECH rasch auswechselbares Werkzeugteil; **~-dissolving** ADJ schnell löslich; **~-drying** ADJ schnell trocknend (*Lack etc*)

quicken [ˈkwɪkən] A VT 1 beschleunigen 2 (wieder) lebendig machen, wiederbeleben 3 *die Fantasie etc* anregen, beleben, stimulieren, beflügeln 4 beleben, *j-m* neuen Auftrieb geben **B** VI 1 schneller werden (*Musik etc*), sich beschleunigen (*Puls, Schritte etc*) 2 belebt *od* gekräftigt werden 3 (wieder) lebendig werden 4 sich bewegen (*Fetus*)

quick| fire S MIL Schnellfeuer *n*; **~fire** ADJ 1 *a.* **quick-firing** MIL Schnellfeuer… 2 (blitz)schnell (*Fragen etc*); **~-forgotten** ADJ schnell vergessen; **~-freeze** A VT *irr* einfrieren, tiefkühlen **B** S → quick freezing; **~ freezing** S TECH (Schnell)Tiefkühl-, Gefrierverfahren *n*; **~-frozen** ADJ TECH tiefgekühlt, Tiefkühl…, Gefrier…; **~ grass** S BOT Gemeine Quecke

quickie [ˈkwɪkɪ] S *umg* 1 (*etwas*) Hingehauenes, auf die Schnelle gemachte Sache, *z. B.* billiger, improvisierter Film, rasch geschriebenes Buch *etc* 2 e-r auf die Schnelle: **have a ~** e-n kippen *od* zur Brust nehmen 3 kurze Frage 4 Quickie *m*, schnelle Nummer (*Geschlechtsverkehr*)

quick|lime S CHEM gebrannter ungelöschter Kalk, Ätzkalk *m*; **~ march** S MIL a Eilmarsch *m* b → quick time 2; **~ motion** S TECH Schnellgang *m*: **in ~** FOTO im Zeitraffer

quickness S 1 Schnelligkeit *f* 2 (geistige) Wachheit, Aufgewecktheit *f*, rasche Auffassungsgabe, Schlagfertigkeit *f* 3 Schärfe *f* (*der Beobachtung etc*): **~ of sight** (gutes) Sehvermögen, scharfe Augen *pl* 4 Lebhaftigkeit *f* (*a.* WIRTSCH) 5 Hitzigkeit *f* (*des Temperaments*)

quick|sand S GEOL Treibsand *m*; **~set** BOT *bes Br* **A** ADJ aus lebenden Pflanzen bestehend: **~ hedge** → B 2 **B** S 1 Hecken bildende Pflanze, *bes* Weißdorn *m* 2 lebende Hecke 3 Setzling *m*; **~-setting** ADJ TECH schnell abbindend (*Zement*); **~silver** A S CHEM Quecksilber *n* (*a. fig*) **B** ADJ *fig* quecksilb(e)rig, lebhaft (*Temperament*) **C** VT *e-n Spiegel* mit Zinnamalgam überziehen; **~step** A S 1 MIL Schnellschritt *m* 2 MUS Geschwindmarsch *m* 3 MUS Quickstepp *m* (*schneller Foxtrott*) **B** VI Quickstepp tanzen; **~-tempered** ADJ hitzig, aufbrausend; **~thorn** S BOT Hage-, Weißdorn *m*; **~ time** S MIL 1 schnelles Marschtempo 2 *exerziermäßiges Marschtempo von* a *Br 128 Schritt (zu je 33 Inches) pro Minute* b *US 120 Schritt (zu je 30 Inches)* 3 Gleichschritt *m*: **~ march!** im Gleichschritt, marsch!; **~ trick** S *Bridge*: sicherer Stich; **~-witted** ADJ (ADV ~ly) (geistig) wach, aufgeweckt, schlagfertig (*a. Antwort*), fix

quid[1] [kwɪd] S 1 Priem *m*, Stück *n* Kautabak 2 wiedergekäutes Futter

quid[2] [kwɪd] *pl* quid S *Br sl* Pfund *n* (Sterling)

quiddity [ˈkwɪdətɪ] S 1 Essenz *f*, Wesen *n* 2 feiner Unterschied, Feinheit *f* 3 Spitzfindigkeit *f*

quidnunc [ˈkwɪdnʌŋk] S Klatschmaul *n pej*

quid pro quo [ˌkwɪdprəʊˈkwəʊ] *pl* quid pro quos S Gegenleistung *f*, Vergütung *f*

quiescence [kwɪˈesns; kwaɪ-], **quiescency** [-sɪ] S Ruhe *f*, Stille *f*; **quiescent** ADJ (ADV ~ly) 1 ruhig, bewegungslos: **~ anode current** ELEK Anodenruhestrom *m*; **~ state** Ruhezustand *m* 2 ruhig, still

quiet [ˈkwaɪət] A ADJ (ADV ~ly) 1 ruhig, still (*beide a. fig Person etc*) 2 ruhig, leise, geräuschlos (*a.* TECH), TECH geräuschfrei: **~ run** TECH ruhiger Gang; **be ~!** sei still *od* ruhig!; **~, please** ich bitte um Ruhe!; Ruhe, bitte!; **keep ~** a sich ruhig verhalten, still sein b den Mund halten 3 ruhig, friedlich, behaglich, beschaulich (*Leben etc*): **a ~ evening** ein ruhiger *od* geruhsamer Abend; **~ conscience** ruhiges Gewissen; → anything A 2 4 bewegungslos, still (*Gewässer*) 5 *fig* versteckt, geheim, heimlich, leise: **a ~ resentment** ein heimlicher Groll; **keep sth ~** etwas geheim halten *od* für sich behalten 6 ruhig, unauffällig: **~ colo(u)rs** ruhige *od* gedämpfte Farben 7 WIRTSCH ruhig, still, flau (*Saison etc*) **B** S 1 Ruhe *f* 2 Ruhe *f*, Stille *f*: **on the ~** *umg* klammheimlich; heimlich, still u. leise 3 Ruhe *f*, Friede(n) *m*: → peace A 3 **C** VT 1 beruhigen, zur Ruhe bringen 2 beruhigen, besänftigen 3 zum Schweigen bringen **D** VI *meist* **~ down** ruhig *od* still werden, sich beruhigen; **quieten** → quiet C, D

quietism [ˈkwaɪɪtɪzəm; -aɪə-] S 1 KATH, HIST Quietismus *m* (*Lehre, die die Verschmelzung mit Gott durch die wunsch- u. willenlose Ergebung in s-n Willen anstrebte*) 2 (Gemüts)Ruhe *f*; **quietist** KATH, HIST **A** S Quietist(in) **B** ADJ quietistisch

quietness [ˈkwaɪətnɪs] S 1 Geräuschlosigkeit *f* 2 → quietude

quietude [ˈkwaɪɪtjuːd; -aɪə-; *US a.* -ˌtuːd] S 1 Stille *f*, Ruhe *f* 2 *fig* Friede(n) *m* 3 (Gemüts)Ruhe *f*

quietus [kwaɪˈiːtəs] S 1 Ende *n*, Tod *m* 2 Todes-, Gnadenstoß *m*: **give sb their ~** j-m den Gnadenstoß geben, j-m den Garaus machen; **give the ~ to a rumo(u)r** ein Gerücht endgültig zum Verstummen bringen 3 (restlose) Tilgung (*e-r Schuld*) 4 JUR a *Br* Endquittung *f* b *US* Entlastung *f* (*des Nachlassverwalters*)

quiff [kwɪf] S *Br* (Stirn)Locke *f*, Tolle *f*

quill [kwɪl] A S 1 *a.* **~ feather** ORN (Schwung-, Schwanz)Feder *f* 2 ORN Spule *f* (*unbefiederter Teil des Federkiels*) 3 *a.* **~ pen** Federkiel *m* 4 ZOOL Stachel *m* (*des Igels od Stachelschweins*) 5 MUS a Plektrum *n* b *pl* HIST Panflöte *f* 6 Schwimmer *m* (*der Angel*) 7 Zimtstange *f* 8 TECH a Hohlwelle *f* b (Weber)Spule *f* **B** VT 1 kräuseln, rund fälteln 2 *den Faden* aufspulen; **~ bit** S TECH Hohlbohrer *m*; **~ coverts** SPL ORN Deckfedern *pl*; **~ driver** S *pej* Federfuchser(in)

quilt [kwɪlt] A S 1 Steppdecke *f* 2 gesteppte (Bett)Decke **B** VT 1 steppen, durchnähen 2 einnähen 3 wattieren, (aus)polstern 4 *oft* **~ together** *fig ein Buch etc* zusammenstoppeln; **quilting** S 1 Durchnähen *n*, Steppen *n*: **~ seam** Steppnaht *f* 2 Füllung *f*, Füllmaterial *n*, Wattierung *f*: **~ cotton** Polsterwatte *f* 3 gesteppte Arbeit 4 Pikee *n* (*ein Gewebe*)

quim [kwɪm] S *Br vulg* Fotze *f*, Möse *f* (*Scheide*)

quin [kwɪn] *Br umg für* quintuplet 2

quinary [ˈkwaɪnərɪ; *US a.* ˈkwɪ-] ADJ aus fünf be-

Q

stehend, Fünf(er)…
quinate ['kwaıneıt] ADJ BOT fünffingerig *(Blatt)*
quince [kwıns] S BOT Quitte *f*
quincentenary [ˌkwınsen'ti:nərı; *US* -sen'tenəri:; -'sentnˌeri:] A ADJ fünfhundertjährig B S fünfhundertster Jahrestag, Fünfhundertjahrfeier *f*
quindecagon [kwın'dekəgɒn; *US* -ˌgɑn] S MATH Fünfzehneck *n*
quinic acid ['kwınık] S CHEM Chinasäure *f*
quinine [kwı'ni:n; *US* 'kwaıˌnaın] S CHEM, PHARM Chinin *n (als Fiebermittel verwendetes Alkaloid der Chinarinde)*
quinoid ['kwınɔıd] S CHEM Chinonverbindung *f*
quinone [kwı'nəʊn; 'kwınəʊn] S CHEM 1 Chinon *n* 2 → quinoid
quinonoid ['kwınənɔıd; kwı'nəʊ-] ADJ CHEM Chinon…
quinquagenarian [ˌkwıŋkwədʒı'neərıən] A ADJ a fünfzigjährig b in den Fünfzigern B S Fünfzigjährige(r) *m/f(m)*, Fünfziger(in) *(a. Person in den Fünfzigern)*; **quinquagenary** [kwıŋ'kwædʒənərı; *US* kwın'kwɑ:dʒəˌneri:] S fünfzigster Jahrestag
Quinquagesima, *a.* ~ **Sunday** [ˌkwıŋkwə'dʒesımə; *US a.* -'dʒeızəmə] S REL (Sonntag *m*) Quinquagesima *f (Sonntag vor Fastnacht)*
quinque- [kwıŋkwı; *US a.* kwın-] *Wortelement mit der Bedeutung* fünf…
quinquennial [kwıŋ'kwenıəl] A ADJ (ADV ~ly) 1 fünfjährig, fünf Jahre dauernd *od* umfassend 2 fünfjährlich (wiederkehrend), alle fünf Jahre stattfindend B S 1 Jahrfünft *n* 2 fünfter Jahrestag; **quinquennium** [-nıəm] *pl* -nia [-nıə] S Jahrfünft *n*
quinquepartite ADJ 1 fünfteilig 2 Fünfer…, Fünfmächte…, zwischen fünf Parteien abgeschlossen *etc*: ~ **pact** Fünferpakt *m*
quinquereme ['kwıŋkwıri:m] S SCHIFF *Antike*: Fünfruderer *m*
quinquevalence, **quinquevalency** S CHEM Fünfwertigkeit *f*; **quinquevalent** ADJ fünfwertig
quinsy ['kwınzı] S MED Hals-, Mandelentzündung *f*
quint[1] [kınt; kwınt] S *Pikett*: Quinte *f (Sequenz von 5 Karten gleicher Farbe)*
quint[2] [kwınt] S MUS Quint(e) *f*
quint[3] [kwınt] *US umg für* quintuplet 2
quintain ['kwıntın] S HIST 1 Zielpfahl *m* 2 Quintana *f*, Zielreiten *n*
quintal ['kwıntl; *US a.* 'kæntl] S Doppelzentner *m*
quintan ['kwıntn] MED A ADJ fünftägig, alle fünf Tage auftretend: ~ **fever** → B B S Fünftagefieber *n*
quinte [kænt; kɛ̃t] S *Fechten*: Quint *f*
quintessence [kwın'tesns] S 1 CHEM Quintessenz *f (a.* PHIL *u. fig)* 2 Kern *m*, Inbegriff *m* 3 a Urtyp *m* b klassisches Beispiel (**of** für, von) c (höchste) Vollkommenheit; **quintessential** [ˌkwıntı'senʃl; *US* -tʃəl] ADJ (ADV ~ly) wesentlich, typisch, reinst(er, e, es)
quintet, *Br a.* **quintette** [kwın'tet] S 1 MUS Quintett *n* 2 Fünfergruppe *f (Personen, Dinge)* 3 SPORT Fünf *f (Basketballmannschaft)*
quintic ['kwıntık] MATH A ADJ: ~ **equation** → B B S Gleichung *f* fünften Grades
quintile ['kwıntaıl] S ASTRON Quintil-, Gefünftschein *m*
quintillion [kwın'tıljən] S 1 *Br* Quintillion *f* (10^{30}) 2 *US* Trillion *f* (10^{18})
quintuple ['kwıntjʊpl; *US* kwın'tju:pəl; *a.* -'tu:-; -'tʌ-] A ADJ fünffach B S *(das)* Fünffache C V/T 1 verfünffachen 2 mit fünf malnehmen D V/I sich verfünffachen; **quintuplet** ['kwıntjʊplıt; *US* kwın'tʌplət] S 1 Fünfergruppe *f* 2 Fünfling *m (Kind)*: ~**s** Fünflinge 3 MUS Quintole *f*; **quintuplicate** [-'tju:plıkıt; *US a.* -'tu:-] A ADJ fünffach B S 1 **in** ~ in fünffacher Ausfertigung 2 *e-s von 5 (gleichen) Dingen*: ~**s** 5 Exemplare C V/T [-keıt] 1 verfünffachen 2 *ein Dokument* fünffach ausfertigen
quip [kwıp] A S 1 witziger Einfall, geistreiche Bemerkung, Bonmot *n* 2 Seitenhieb *m*, Stichelei *f* B V/I witzeln, spötteln; **quipster** [-stə(r)] S Spötter(in), Stichler(in)
quire[1] ['kwaıə(r)] S 1 TYPO Buch *n (24 Bogen)* 2 *Buchbinderei*: Lage *f*
quire[2] ['kwaıə(r)] *obs für* choir
Quirinal ['kwırınəl] A EIGENN Quirinal *m (e-r der 7 Hügel Roms)* B S Quirinal *m*: a *italienischer Königspalast auf dem Quirinal* b *fig die italienische Regierung*
quirk [kwɜ:k; *US* kwɜrk] S 1 → quip A 1, A 2 2 Eigenart *f*, seltsame Angewohnheit: **by a** ~ **of fate** durch e-e Laune des Schicksals, wie das Schicksal *od* Leben so spielt 3 Zucken *n (des Mundes etc)* 4 Kniff *m*, Trick *m*, Finte *f* 5 Schnörkel *m* 6 ARCH Hohlkehle *f*; **quirky** ADJ (ADV quirkily) 1 gerissen *(Anwalt etc)* 2 eigenartig, schrullig *(Ansichten etc)*
quirt [kwɜ:t; *US* kwɜrt] S geflochtene Reitpeitsche
quisling ['kwızlıŋ] S POL *pej* Quisling *m*, Kollaborateur *m*
quit [kwıt] A V/T *prät u. pperf* quitted, *bes US* quit 1 verzichten auf *(akk)*, *e-e Stellung* kündigen, aufgeben, *den Dienst* quittieren, sich vom *Geschäft* zurückziehen 2 *umg* aufhören mit: ~ **work** aufhören zu arbeiten; ~ **grumbling!** hör auf zu murren! 3 verlassen: **he** ~**(ted) Paris**; **she** ~**(ted) him in anger** 4 *e-e Schuld etc* bezahlen, tilgen 5 *meist* ~ **o.s.** *obs* sich benehmen: ~ **you like men!** benehmt euch wie Männer! 6 *obs* befreien 7 ~ **o.s. (of)** a sich frei machen *od* befreien (von) b *fig* sich entledigen *(gen)* 8 *poet* vergelten: ~ **love with hate**; **death** ~**s all scores** der Tod macht alles gleich B V/I 1 aufhören: **he doesn't** ~ **easily** er gibt so leicht nicht auf 2 weggehen 3 ausziehen: → notice A 4 4 kündigen C ADJ *präd* 1 frei: **go** ~ frei ausgehen; **be** ~ **for** davonkommen mit 2 frei, befreit, los *(alle:* **of** *von)*: ~ **of charges** WIRTSCH nach Abzug der Kosten, spesenfrei
quitch (grass) [kwıtʃ] S BOT Gemeine Quecke
quitclaim S JUR 1 Verzicht(leistung) *m(f) (auf Rechte)* 2 ~ **deed** a Grundstückskaufvertrag *m* b *US* Abtretungsurkunde *f (beide: ohne Haftung für Rechts- od Sachmängel)*
quite [kwaıt] ADV 1 ganz, völlig, vollständig: ~ **alone** ganz allein; ~ **another** ein ganz anderer; ~ **wrong** völlig falsch; ~ **the reverse** genau das Gegenteil 2 wirklich, tatsächlich, ziemlich: ~ **a disappointment** e-e ziemliche Enttäuschung; ~ **good** recht gut; ~ **a few** ziemlich viele; ~ **a gentleman** wirklich ein Gentleman 3 ganz, durchaus, sehr: ~ **nice** ganz *od* recht nett; ~ **possible** durchaus möglich; **not** ~ **proper** nicht ganz angebracht; **that's** ~ **the thing** a das ist genau *od* ganz das Richtige b das ist die (neueste) Mode; **he isn't** ~ er ist nicht (so) ganz gesellschaftsfähig; ~ **(so)** ganz recht
quitrent S JUR, HIST Miet-, Pachtzins *(der den Mieter von anderweitigen Leistungen befreite)*
quits [kwıts] ADJ *umg* quitt: **be (get)** ~ **with sb** mit j-m quitt sein (werden) *(a. fig)*; **let's call it** ~ a lassen wirs gut sein b sagen wir, wir sind quitt; → double B 2
quittance ['kwıtəns] S 1 Bezahlung *f*, Tilgung *f (e-r Schuld etc)* 2 WIRTSCH Quittung *f* 3 *obs* Befreiung *f* 4 *poet* Vergeltung *f*
quitter ['kwıtə(r)] S: **he's a (no)** ~ *umg* er gibt immer gleich (er gibt nie) auf
quittor ['kwıtə(r)] S VET Steingallen *pl*
quiver[1] ['kwıvə(r)] A V/I beben, zittern *(beide:* **with** vor *dat*; **at** bei *e-m Gedanken etc)* B V/T 1 (er)zittern lassen 2 *die Flügel* flatternd schlagen *(Lerche)* C S Beben *n*, Zittern *n*: **in a** ~ **of excitement** zitternd vor Aufregung
quiver[2] ['kwıvə(r)] S Köcher *m*
quiverful [-fʊl] S *(ein)* Köcher voll *m*: **a** ~ **of children** *poet* e-e ganze Schar Kinder
qui vive [ˌki:'vi:v] S: **be on the** ~ auf dem Quivive *od* auf der Hut sein
quixotic [kwık'sɒtık; *US* -'sɑ-] ADJ (ADV ~**ally**) donquichottisch, weltfremd-idealistisch; **quixotism** ['kwıksətızəm] S Donquichotterie *f*
quiz [kwız] A V/T 1 SCHULE, UNIV *US j-n* prüfen, abfragen 2 *e-n Verdächtigen* verhören, vernehmen 3 *obs bes Br* aufziehen, hänseln 4 *obs j-n* spöttisch *od* hochnäsig *(bes* durch ein Lorgnon) ansehen: ~**zing glass** Lorgnon *n* B *pl* quizzes S 1 SCHULE, UNIV *US* Aufgabe *f*: **give sb a** ~ j-m e-e Aufgabe stellen 2 Verhör *n*, Vernehmung *f* 3 RADIO, TV Quiz *n*: ~ **game** Ratespiel *n*, Quiz; ~ **program(me)**, ~ **show** Quizsendung *f* 4 *obs* Fopperei *f*, Ulk *m* 5 *obs* komischer Kauz; ~**master** S Quizmaster *m*
quizzical ['kwızıkl] ADJ (ADV ~ly) *Blick etc*: a spöttisch b hochnäsig
quod [kwɒd] S *Br sl* Kittchen *n*: **be in** ~ sitzen
quodlibet ['kwɒdlıbet; *US* 'kwɑd-] S MUS Quodlibet *n*, (Lieder)Potpourri *n*
quod vide [ˌkwɒd'vaıdi:; -'vıdeı; *US* ˌkwɑd-] ADV siehe dort
quoin [kɔın; kwɔın] A S 1 ARCH a Haus-, Mauerecke *f* b Eckstein *m* 2 TYPO Schließkeil *m* 3 SCHIFF Staukeil *m* B V/T 1 TYPO *die Druckform* schließen 2 TECH verkeilen 3 ARCH *e-e Ecke* mit Keilsteinen versehen
quoit [kɔıt; kwɔıt; *US a.* kweıt] S 1 Wurfring *m* 2 *pl (als sg konstruiert)* Wurfringspiel *n*
quondam ['kwɒndæm; *US* 'kwɑn-] ADJ ehemalig, früher(er, e, es)
Quonset hut® ['kwɒnsıt; *US* 'kwɑn-] S Nissenhütte *f*
quorate ['kwɔ:reıt] ADJ *Br* beschlussfähig
quorum ['kwɔ:rəm; *US a.* 'kwəʊ-] S Quorum *n*, beschlussfähige Anzahl *od* Mitgliederzahl: **be** (*od* **constitute**) **a** ~ beschlussfähig sein
quot. ABK quotation
quota ['kwəʊtə] S 1 Quote *f*, Anteil *m* 2 WIRTSCH *(Einfuhr- etc)* Kontingent *n*, Quote *f*, *(Liefer- etc)* Soll *n*: **fix** (*od* **impose**) **a** ~ **on** kontingentieren; ~ **goods** kontingentierte Waren; ~ **restrictions** *pl* Kontingentierung *f*; ~ **system** Quoten-, Kontingentierungssystem *n*, Quotenreg(e)lung *f* 3 *a.* ~ **of immigrants** Einwanderungsquote *f*
quotable ['kwəʊtəbl] ADJ zitierbar
quotation [kwəʊ'teıʃn] S 1 Zitat *n*, Anführung *f*, Heranziehung *f (a.* JUR): ~ **sampling** WIRTSCH statistisch gelenkte Teilauslese 2 Beleg(stelle) *m(f)* 3 WIRTSCH (Börsen-, Kurs-)Notierung *f* 4 *(verbindlicher)* Kosten(vor)anschlag: **get a** ~ e-n Kostenvoranschlag einholen 5 TYPO Steg *m*; ~ **marks** SPL Anführungszeichen *pl*, Gänsefüßchen *pl umg*: **put** (*od* **place**) **in** ~ in Anführungszeichen setzen
quote [kwəʊt] A V/T 1 zitieren (**from** aus), *(a. als Beweis)* anführen, *weitS. a.* Bezug nehmen auf *(akk)*, sich auf *ein Dokument etc* berufen, *e-e Quelle, e-n Fall* heranziehen: **he was** ~**d by the papers as saying that …** Zeitungsberichten zufolge sagte er, dass … 2 WIRTSCH *e-n Preis* aufgeben, ansetzen, berechnen 3 *Börse*: notieren: **be** ~**d at** (*od* **with**) notieren *od* im Kurs stehen mit 4 in Anführungszeichen setzen B V/I zi-

tieren (**from** aus): **~**: ... ich zitiere: ..., Zitat: ...; **~ ... unquote** Zitat ... Ende des Zitats **C** S *umg* **1** Zitat *n* **2** *pl* Gänsefüßchen *pl umg*, Anführungszeichen *pl*: **put** (*od* **place**) **in ~s** in Gänsefüßchen setzen; **smart ~s** COMPUT typografische Anführungszeichen

quoth [kwəʊθ] *obs (vorangestellt) ich, er, sie, es* sprach, sagte

quotha ['kwəʊθə] INT *obs pej* wahrlich!, fürwahr!

quotidian [kwɒ'tɪdɪən; *bes US* kwəʊ-] **A** ADJ **1** täglich: **~ fever** → B **2** alltäglich, gewöhnlich **B** S MED Quotidianfieber *n*

quotient ['kwəʊʃnt] S MATH Quotient *m*: **a** *Zähler u. Nenner e-s Bruchs, die durch Bruchstrich voneinander getrennt sind* **b** *Ergebnis e-r Division*

quo warranto [,kwəʊwɒ'ræntəʊ; *US* -wə-'rɑ:n-] *pl* -tos S JUR **1** HIST *königlicher Brief, der e-n Amtsusurpator zwang, die Berechtigung für die Ausübung s-s Amts od Privilegs nachzuweisen* **2** *ähnlicher Brief, der ein Verfahren wegen Amtsanmaßung einleitet* **3** Verfahren *n* wegen Amtsanmaßung

q.v. ABK quod vide, which see (*Verweis auf andere Stelle e-s Buches etc*)

QWERTY keyboard ['kwɜ:(r)tɪ-] S englische Tastatur

qy ABK query

R

R[1], **r** [ɑ:(r)] *pl* R's, Rs, r's, **rs** [ɑ:(r)z] S R, r *n* (*Buchstabe*): **the three Rs** Lesen *n*, Schreiben *n* u. Rechnen *n* (*reading, [w]riting, [a]rithmetic*)

R[2] ABK **1** CHEM radical **2** ELEK resistance **3** roentgen (*Maßeinheit der Strahlendosis*) **4** (*Schach*) rook **5** Royal Kgl.

r.[1] ABK **1** radius r **2** rare **3** recipe **4** river **5** road Str. **6** ruled

R.[2] ABK **1** rabbi **2** Regina, Queen **3** Republican **4** Rex, King

RA ABK **1** MIL Rear Admiral Konteradmiral *m* **2** *Br* Royal Academy **3** MIL *Br* Royal Artillery

RAAF ABK Royal Australian Air Force

rabbet ['ræbɪt] TECH **A** S **a** Fuge *f*, Falz *m*, Nut *f* **b** Falzverbindung *f* **B** V/T falzen, (zusammen)fugen; **~ joint** S TECH Falzverbindung *f*, Fuge *f* (aus Nut u. Feder); **~ plane** S TECH Falzhobel *m*

rabbi ['ræbaɪ] S **1** Rabbi *m*: **a** HIST *jüdischer Schriftgelehrter* **b** (*als Anrede*) Herr *m*, Meister *m* **2** REL Rabbiner *m*

rabbin ['ræbɪn] → rabbi 1 a

rabbinate ['ræbɪnɪt] S **1** Rabbinat *n* (*Amt od Würde e-s Rabbiners*) **2** KOLL Rabbiner *pl*

rabbinic [ræ'bɪnɪk] ADJ, **rabbinical** ADJ (ADV ~ly) rabbinisch

rabbit ['ræbɪt] **A** S **1** ZOOL Kaninchen *n*: **(as) timid as a ~** wahnsinnig schüchtern **2** ZOOL *US allg* Hase *m* **3** → Welsh rabbit **4** SPORT *umg* **a** *Br* Anfänger(in) **b** *Br* Flasche *f fig* **c** Hase *m* (*Schrittmacher bei Rekordversuchen*) **B** V/I **1** Kaninchen jagen: **go ~ing** auf Kaninchenjagd gehen **2** *a.* **~ away** (*od* **on**) *umg* quasseln, schwafeln (*beide:* **about** über *akk*, von); **~ fever** S VET Hasenpest *f*; **~ hutch** S Kaninchenstall *m*; **~ punch** S *Boxen*: (kurzer) Genickschlag; **~ warren** → warren 1, 3

rabbity ['ræbɪtɪ] ADJ **1** kaninchenartig, Kaninchen... **2** *fig* ängstlich

rabble[1] ['ræbl] S **1** Mob *m*, Pöbelhaufen *m* **2** **the ~** *pej* der Pöbel: **~-rousing** aufwieglerisch, demagogisch; **~-rouser** Aufrührer(in), Demagoge *m*, Demagogin *f*

rabble[2] ['ræbl] TECH **A** S Rührstange *f*, Kratze *f*, Krücke *f* **B** V/T umrühren

rabbler ['ræblə(r)] → rabble[2] A

Rabelaisian [,ræbə'leɪzɪən] ADJ **1** des Rabelais **2** im Stil des Rabelais (*grob-satirisch, geistvoll-frech, obszön*)

rabic ['ræbɪk] ADJ MED, VET tollwütig

rabid ['ræbɪd] ADJ (ADV ~ly) **1** wütend (*a. Hass etc*), rasend (*a. fig Hunger etc*) **2** fanatisch **3** MED, VET tollwütig; **rabidity** [rə'bɪdətɪ], **rabidness** S **1** Rasen *n*, Wut *f* **2** Fanatismus *m*

rabies ['reɪbi:z] S MED, VET Tollwut *f*

RAC ABK *Br* Royal Automobile Club

raccoon [rə'ku:n; *bes US* ræ-] S **1** *pl* -coons, *bes koll* -coon ZOOL Waschbär *m* **2** Waschbär(-pelz) *m*

race[1] [reɪs] **A** S **1** SPORT (Wett)Rennen *n*, (-)Lauf *m*: **he wasn't at the ~s** *fig umg* er hatte mit dem Ausgang des Rennens nichts zu tun **2** *pl* SPORT Pferderennen *pl*: → play C 1 **3** *fig* **(for)** Wettlauf *m*, Kampf *m* (um), Jagd *f* (nach): **a ~ against time** ein Wettlauf mit der Zeit **4** Lauf *m* (*der Gestirne, des Lebens, der Zeit*): **his ~ is run** er hat die längste Zeit gelebt **5** **a** starke Strömung **b** Stromschnelle *f* **c** Strom-, Flussbett *n* **d** Kanal *m*, Gerinne *n* **6** TECH **a** Laufring *m* (*des Kugellagers*), (Gleit)Bahn *f* **b** *Weberei*: Schützenbahn *f* **7** → slipstream A 1 **B** V/I **1** **a** an e-m Rennen teilnehmen, *bes* um die Wette laufen *od* fahren (**with, against** mit) **b** Rennen fahren **2** (*im Rennen*) laufen (**for** um) **3** (dahin)rasen, rennen: **~ about** (*od* **around**) herumrasen, -rennen; **her pulse was racing** ihr Puls jagte; **his mind was racing** *fig* die Gedanken überschlugen sich in s-m Kopf **4** TECH durchdrehen (*Rad etc*) **C** V/T **1** um die Wette laufen *od* fahren mit **2** *Pferde* rennen *od* (*in e-m Rennen*) laufen lassen **3** rasen mit *umg*: **~ sb to hospital** mit j-m ins Krankenhaus rasen **4** (durch)hetzen, (-)jagen, *Gesetze* durchpeitschen **5** TECH **a** *den Motor etc* durchdrehen lassen (*ohne Belastung*) **b** *den Motor* hochjagen: **~ up** *e-n Flugzeugmotor* abbremsen

race[2] [reɪs] S **1** Rasse *f*: **the white ~** **2** Rasse *f*: **a** Rassenzugehörigkeit *f* **b** rassische Eigenart **3** Geschlecht *n*, Stamm *m*, Familie *f* **4** Volk *n*, Nation *f* **5** Abstammung *f*: **of noble ~** edler Abstammung, vornehmer Herkunft **6** BIOL Rasse *f*, Gattung *f*, Unterart *f* **7** **a** (Menschen)Schlag *m* **b** (*Menschen- etc*) Geschlecht *n*: **the human ~** **8** Rasse *f* (*des Weins etc*)

race[3] [reɪs] S (Ingwer)Wurzel *f*

race| boat S SPORT Rennboot *n*; **~ card** S *Pferdesport*: Rennprogramm *n*; **~ conflict** S Rassenkonflikt *m*; **~course** S **1** *Pferdesport*: *Br* Rennbahn *f* **2** *US* → racetrack 1, 2; **~ director** S *Motorsport*: Rennleiter *m*; **~goer** S (*bes häufige[r]*) Rennbahnbesucher(in); **~ hatred** S Rassenhass *m*; **~horse** S Rennpferd *n*

raceme [rə'si:m; *bes US* reɪ-] S BOT Traube *f* (*Blütenstand*)

race meeting S *Pferdesport*: Rennveranstaltung *f*

racemic [rə'si:mɪk; *bes US* reɪ-] ADJ CHEM **1** racemisch **2** Trauben...: **~ acid**

racemose ['ræsɪməʊs] ADJ **1** BOT **a** traubig **b** e-e Traube tragend **2** ANAT Trauben...

racer ['reɪsə(r)] S **1** **a** (Renn)Läufer(in) **b** Rennfahrer(in) **2** Rennpferd *n* **3** Rennrad *n*, -boot *n*, -wagen *m*

race| relations SPL Beziehungen *pl* zwischen den Rassen; **~ riots** SPL Rassenkrawalle *pl*, -unruhen *pl*; **~track** S **1** *Automobilsport etc*: Rennstrecke *f* **2** *Leichtathletik*: Laufbahn *f* **3** *Pferdesport*: Rennbahn *f*; **~ walker** S *Leichtathletik*: Geher(in); **~ walking** S *Leichtathletik*: Gehen *n*; **~way** S **1** (Mühl)Gerinne *n* **2** TECH Laufring *m*

rachis ['reɪkɪs] *pl* rachides ['rækɪdi:z; 'reɪ-] S **1** BOT, ZOOL Rhachis *f*, Spindel *f* **2** ANAT Rückgrat *n*; **rachitic** [rə'kɪtɪk] ADJ MED rachitisch; **rachitis** [ræ'kaɪtɪs] S MED Rachitis *f*

Rachmanism ['rækmənɪzəm] S *Br die Ausbeutung von Slumbewohnern durch skrupellose Vermieter*

racial ['reɪʃl] ADJ (ADV ~ly) **1** rassisch **2** Rassen...: **~ conflict (discrimination, equality, hatred, integration, policy, pride, prejudice, segregation)**; **~ unrest** Rassenunruhen *pl* **3** völkisch; **racialism** S **1** Rassenkult *m* **2** Rassenpolitik *f* **3** Rassismus *m*; **racialist** **A** S Rassist(in) **B** ADJ rassistisch

raciness ['reɪsɪnɪs] S **1** Rassigkeit *f*, Rasse *f* **2** (*das*) Pikante, Würze *f* **3** Schlüpfrigkeit *f*, Gewagtheit *f*

racing ['reɪsɪŋ] **A** S **1** (Wett)Rennen *n* **2** Rennsport *m*: **he's been in ~ for many years** er fährt schon seit vielen Jahren Rennen **B** ADJ Renn...: **~ boat (car, saddle, season)**; **~ bicycle** Rennrad *n*; **~ circuit** (*Automobilsport etc*) Rennstrecke *f*; **~ cyclist** Radrennfahrer(in); **~ driver** Rennfahrer(in); **~ duel** AUTO Wettrennen *n* (*zwischen Autofahrern*); **~ man** Pferdesportliebhaber *m*; **~ stable** Rennstall *m* (*a. Radsport*); **the ~ world** die Rennwelt

racism ['reɪsɪzəm] → racialism 3; **racist** → racialist

rack[1] [ræk] **A** S **1** AGR Raufe *f* **2** Gestell *n*, (*Gewehr-, Kleider-, Zeitungs- etc*) Ständer *m*, (*Handtuch*) Halter *m*, (*Geschirr*) Brett *n*, BAHN (*Gepäck*) Netz *n*, Gepäckträger *m* (*am Fahrrad*): → bomb rack **3** Regal *n* **4** (*Streck- od Stütz*) Rahmen *m* **5** TECH Zahnstange *f*: **~(-and-pinion) gear** Zahnstangengetriebe *n* **6** HIST Folter(bank) *f*, Streckfolter *f*: **put on the ~** *bes fig j-n* auf die Folter spannen **7** *fig* (Folter)Qualen *pl*, Qual *f*, Folter *f* **B** V/T **1** (aus)recken, strecken **2** auf die Folter spannen, foltern **3** *fig* quälen, plagen, peinigen: **~ing pains** rasende Schmerzen; **~ed with pain** schmerzgequält; → brain A 2 **4** **a** *die Miete* (wucherisch) hochschrauben **b** → rack-rent **5** auf *od* in ein Gestell *od* Regal legen **6** **~ up** *bes US umg e-n Gewinn etc* erzielen

rack[2] [ræk] S: **go to ~ and ruin** verfallen (*Gebäude, Person*), dem Ruin entgegentreiben (*Land, Wirtschaft*)

rack[3] [ræk] S (schneller) Passgang

rack[4] [ræk] **A** S fliegendes Gewölk, ziehende Wolkenmassen *pl* **B** V/I (dahin)ziehen (*Wolken*)

rack[5] [ræk] V/T **1** *oft* **~ off** *Wein etc* abziehen, abfüllen **2** *Bierfässer* füllen

rack car S BAHN *US* Doppelstockwagen *m* (*für Autotransport*)

racket[1] ['rækɪt] S **1** SPORT (*Tennis- etc*) Schläger *m* **2** *pl* (*als sg konstruiert*) Rakettspiel *n* **3** Schneeschuh *m*

racket[2] ['rækɪt] **A** S **1** Krach *m*, Radau *m*, Spektakel *m*, Lärm *m* **2** Wirbel *m*, Aufregung *f* **3** **a** tolle Party, rauschendes Fest **b** Vergnügungstaumel *m* **c** Rummel *m*, Trubel *m*, Betrieb *m* (*des Gesellschaftslebens*): **go on the ~** auf den Putz hauen, (herum)sumpfen (*beide umg*) **4** (harte) Nervenprobe, Schlauch *m*: **stand the ~** *umg* **a** die Sache durchstehen **b** die Folgen zu tragen haben **c** für die Kosten aufkommen, bezahlen **5** *sl* **a** Schwindel *m*, Gaunerei *f*, Schiebung *f umg* **b** organisierte Erpressung **c** Racket *n*, Erpresserbande *f* **d** (einträgliches) Geschäft, Masche *f* **e** Beruf *m*, Branche *f*: **what's his ~?** was macht er beruflich? **B** V/I **1** Krach machen, lärmen **2**

R

meist ~ **about** (od **around**) (herum-)sumpfen *umg*

racketeer [ˌrækəˈtɪə(r)] A S 1 Gangster *m*, Erpresser(in) 2 Geschäftemacher(in), Schieber(in) *umg* B V/I 1 organisierte Erpressung betreiben 2 dunkle Geschäfte machen; **racketeering** S 1 Gangstertum *n*, organisierte Erpressung 2 Geschäftemacherei *f*

racket press S Spanner *m* (*für Tennisschläger etc*)

rackety [ˈrækɪtɪ] ADJ 1 lärmend 2 turbulent 3 ausgelassen, ausschweifend

rack| jobbing S WIRTSCH Rackjobbing *n* (*Vertriebsform, bei der sich ein Hersteller beim Einzelhändler e-e Verkaufs- od Ausstellungsfläche mietet, um sich das alleinige Belieferungsrecht für neue Produkte zu sichern*); ~ **rail** S TECH Zahnschiene *f*; ~ **railway** S Zahnradbahn *f*; ~ **rent** S 1 Wuchermiete *f*, wucherischer Pachtzins 2 JUR *Br* höchstmögliche Jahresmiete od -pacht; ~**-rent** V/T e-e Wuchermiete von *j-m* od für *etwas* verlangen; ~ **wheel** S TECH Zahnrad *n*

racon [ˈreɪkɒn; *US* -ˌkɑn] S ABK radar beacon FLUG, SCHIFF Racon *n* (*Radarantwortbake, die nur dann sendet, wenn sie von e-m Radarimpuls aktiviert wird*)

raconteur [ˌrækɒnˈtɜː; *US* ˌrækɑnˈtɜr] S (gute[r]) Erzähler(in)

racoon → raccoon

racquet → racket[1]

racy [ˈreɪsɪ] ADJ 1 rassig (*Pferd etc, a. fig Wein etc*) 2 pikant, würzig (*Geschmack etc*) 3 lebendig, geistreich, spritzig (*Geschichte etc*) 4 schlüpfrig, gewagt (*Anekdote etc*)

rad[1] [ræd] ADJ 1 *umg für* radical B 1 2 *bes US sl* geil, klasse

rad[2] [ræd] S PHYS Rad *n* (*Einheit der absorbierten Strahlendosis*)

rad. ABK 1 radiator 2 CHEM radical 3 radius 4 radix

RADA ABK *Br* Royal Academy of Dramatic Art

radar [ˈreɪdɑː(r)] A S ELEK 1 Radar *m/n* 2 *a.* ~ **set** Radar(gerät) *m/n(n)* B ADJ Radar...: ~ **approach control** FLUG Radaranflugkontrolle *f*; ~**-assisted** mit Radarhilfe; ~ **astronomy** ASTRON Radarastronomie *f*; ~ **beacon** → racon; ~ **control** Radarkontrolle *f*; ~ **display** Radarschirmbild *n*; ~ **jamming** Radarstörung *f*; ~ **screen** Radarschirm *m*; ~ **timing** Radarmessung(en) *f(pl)*; ~ **trap** Radarfalle *f umg*; ~**man** [-mən] S *irr* ELEK Bediener *m* e-s Radargerätes

radarscope [ˈreɪdɑː(r)skəʊp] S ELEK Radarschirm *m*

raddle [ˈrædl] A S MINER Rötel *m* B V/T 1 mit Rötel kennzeichnen 2 ~ **one's face** *bes Br* Rouge auflegen

radial [ˈreɪdjəl; -ɪəl] A ADJ (ADV ~ly) 1 radial, Radial...: a Strahlen..., strahlig (angeordnet) b *den Radius betreffend* 2 ANAT Speichen... 3 BOT, ZOOL radiär: ~**ly symmetrical** radiär-, radialsymmetrisch B S 1 ANAT a → radial artery b → radial nerve 2 AUTO → radial-ply tire; ~ **artery** S ANAT Speichenschlagader *f*; ~ **bearing** S TECH Radiallager *n*; ~ **drill** S TECH Radialbohrmaschine *f*; ~ **engine** S TECH Sternmotor *m*; ~**-flow turbine** S TECH Radialturbine *f*

radialize [ˈreɪdɪəlaɪz] V/T strahlenförmig anordnen

radial| nerve S ANAT Radial-, Speichennerv *m*; ~**-ply tire** (*bes Br* **tyre**) S AUTO Gürtelreifen *m*; ~ **route** S Ausfallstraße *f*; ~ **tire** → radial-ply tire

radian [ˈreɪdjən; -ɪən] S MATH Einheitswinkel *m*: ~ **measure** Bogenmaß *n*

radiance [ˈreɪdjəns; -ɪəns], **radiancy** [-sɪ] S 1 Strahlen *n*, strahlender Glanz (*a. fig*) 2 → radiation

radiant [ˈreɪdjənt; -ɪənt] A ADJ (ADV ~ly) 1 strahlend (*a. fig* **with** vor *dat*): ~ **beauty**; **the ~ bride**; **a ~ smile**; ~ **with joy** freudestrahlend; **be ~ with health** vor Gesundheit strotzen 2 PHYS Strahlungs...: ~ **energy**; ~ **flux** Strahlungsfluss *m*; ~ **heating** TECH Strahlungs-, Flächenheizung *f*; ~ **intensity** Strahlungsintensität *f*; ~ **point** → B 1 3 strahlenförmig angeordnet B S 1 PHYS a Strahl(ungs)punkt *m* b Lichtquelle *f* 2 ASTRON Radiant *m* (*scheinbarer Ausstrahlungspunkt e-s Meteorschwarms*) 3 MATH Strahl *m*

radiate [ˈreɪdɪeɪt] A V/I 1 ausstrahlen (**from** von; *a. fig*) 2 strahlenförmig ausgehen (**from** von) 3 strahlen, Strahlen aussenden 4 strahlen, leuchten B V/T 1 *Licht, Wärme etc* ausstrahlen (*a. fig*) 2 *fig Liebe etc* ausstrahlen, -strömen: ~ **health** vor Gesundheit strotzen 3 RADIO, TV ausstrahlen, senden C ADJ [*a.* -dɪɪt] radial, Strahl(en)...; **radiated** ADJ 1 → radiate C 2 PHYS ausgestrahlt, Strahlungs...

radiation [ˌreɪdɪˈeɪʃn] S 1 PHYS Strahlung *f*: ~ **belt** Strahlungsgürtel *m*; ~ **detection team** MIL Strahlenspürtrupp *m*; ~ **dose** Strahlendosis *f*; ~ **injuries** Strahlenschäden; ~ **level** Strahlungsbelastung *f*; ~ **protection** Strahlenschutz *m*; ~ **sickness** MED Strahlenkrankheit *f* 2 *fig* Ausstrahlung *f* (*a.* RADIO, TV) 3 ~ **therapy** MED a Bestrahlungstherapie *f* b → radiotherapy a

radiative [ˈreɪdɪətɪv; *bes US* -ˌeɪtɪv] ADJ Strahlungs...

radiator [ˈreɪdɪeɪtə(r)] S 1 TECH a Heizkörper *m* b AUTO *etc* Kühler *m* c Strahler *m* 2 radioaktive Substanz; ~ **coil** S TECH Kühlschlange *f*; ~ **core** S AUTO Kühlerblock *m*; ~ **grid**, ~ **grill(e)** S TECH 1 Kühlerlamellen *pl* 2 Kühlerschutzgitter *n*; ~ **mascot** S AUTO Kühlerfigur *f*

radical [ˈrædɪkl] A ADJ (ADV → radically) 1 (POL *a.* ♀) Radikal..., radikal: ~ **cure** Radikal-, Rosskur *f*; **undergo a ~ change** sich von Grund auf ändern 2 radikal, drastisch (*Maßnahmen etc*) 3 a fundamental, grundlegend (*Unterschied etc*) b eingewurzelt, ursprünglich: **the ~ evil** das Grund- od Erbübel 4 BOT, MATH Wurzel...: ~ **hairs**; ~ **axis** MATH Potenzlinie *f*; ~ **expression** MATH Wurzelausdruck *m*; ~ **plane** MATH Potenzebene *f*; ~ **sign** MATH Wurzelzeichen *n* 5 LING Wurzel..., Stamm...: ~ **word** 6 BOT grundständig (*Blätter*) 7 MUS Grund(ton)...: ~ **bass** Grundbass *m*; ~ **cadence** Grundkadenz *f* 8 CHEM Radikal...: ~ **chain (reaction)** Radikalkette *f* B S 1 *a.* ♀ POL Radikale(r) *m/f(m)* 2 MATH a Wurzel *f* b Wurzelzeichen *n* 3 MUS Grundton *m* (*e-s Akkords*) 4 LING Wurzel(buchstabe) *f(m)* 5 CHEM Radikal *n* 6 *fig* Basis *f*, Grundlage *f*

radicalism [ˈrædɪkəlɪzəm] S *bes* POL Radikalismus *m*

radicalize [ˈrædɪkəlaɪz] A V/T radikalisieren B V/I sich radikalisieren, radikal werden

radically [ˈrædɪkəlɪ] ADV 1 radikal, von Grund auf, grundlegend 2 ursprünglich

radicchio [ræˈdɪkɪəʊ; rə-; *US bes* rɑː-] S BOT Radicchio *m* (*e-e Zichorienart*)

radices [ˈreɪdɪsiːz] *pl von* radix

radicle [ˈrædɪkl] S 1 BOT a Keimwurzel *f* b Würzelchen *n* 2 ANAT (*Gefäß-, Nerven*) Wurzel *f* 3 CHEM Radikal *n*

radii [ˈreɪdɪaɪ] *pl von* radius

radio [ˈreɪdɪəʊ] A *pl* -os S 1 Funk *m*, Funkbetrieb *m* 2 Rundfunk *m*, Radio *n*: **on** (od **over**) **the ~** im Rundfunk 3 a Radio(gerät) *n*, Rundfunkempfänger *m* b Funkgerät *n* 4 Radiosender *m*, -station *f* 5 Rundfunkgesellschaft *f* 6 Radioindustrie *f* 7 *umg* Funkspruch *m* B V/T 1 senden, funken, durchgeben 2 *j-m* e-e Funkmeldung durchgeben 3 MED a röntgen, durchleuchten b mit Röntgenstrahlen od Radium behandeln C V/I funken: ~ **for help** per Funk um Hilfe bitten

radio- [reɪdɪəʊ] *Wortelement mit den Bedeutungen* 1 a drahtlos, Funk... b Radio..., Rundfunk... c funkgesteuert 2 a Radium... b radioaktiv 3 (*bes* Röntgen)Strahlungs... 4 radial, Radius... 5 ANAT Speichen...

radioactivate V/T PHYS radioaktiv machen

radioactive ADJ (ADV ~ly) radioaktiv: ~ **series** (od **chain**) PHYS Zerfallsreihe *f*; ~ **waste** Atommüll *m*; ~**ly contaminated** verstrahlt; **radioactivity** S Radioaktivität *f*

radio| advertising S Werbefunk *m*, Rundfunkwerbung *f*; ~ **alarm** S Radiowecker *m*; ~ **amateur** S Funkamateur(in); ~ **astronomy** S Radioastronomie *f* (*Teilgebiet der Astronomie, das die von Gestirnen u. kosmischen Objekten kommende Radiofrequenzstrahlung untersucht*); ~**autography** → autoradiography; ~ **beacon** S TECH Funkbake *f*, -feuer *n*; ~ **beam** S ELEK 1 (Funk)Leitstrahl *m* 2 *Funk:* Richtstrahl *m*; ~ **bearing** S TECH 1 Funkpeilung *f* 2 Peilwinkel *m*; ~**biology** S Radio-, Strahlenbiologie *f*; ~ **cab** S Funktaxi *n*; ~ **car** S *US* Funk(streifen)wagen *m*; ~**carbon** S CHEM Radiokohlenstoff *m*, Kohlenstoff 14: ~ **dating** Radiokarbonmethode *f*, C-14-Methode *f* (*zur Altersbestimmung organischer Reste*); ~**chemistry** S Radiochemie *f* (*ein Teilgebiet der Kernchemie*); ~ **commentator** S Rundfunkkommentator *m*, -kommentatorin *f*; ~ **commercials** S PL Werbefunk *m*, Rundfunkwerbung *f*; ~ **communication** S Funkverbindung *f*, -verkehr *m*; ~ **compass** S FLUG, SCHIFF Radio-, Funkkompass *m*; ~ **contact** S Funkkontakt *m*: **be in ~** Funkkontakt haben (**with** mit); ~ **control** S ELEK Funk(fern)steuerung *f*; ~**-controlled** ADJ ELEK funk-, ferngesteuert; ~ **direction finder** S ELEK Funkpeilgerät *n*; ~ **direction finding** S ELEK Funkpeilung *f*; ~ **drama** S Hörspiel *n*; ~**element** S PHYS radioaktives Element; ~ **engineering** S Funktechnik *f*; ~ **frequency** S ELEK Hoch-, Funkfrequenz *f*

radiogenic [ˌreɪdɪəʊˈdʒenɪk] ADJ (ADV ~ally) CHEM, PHYS radiogen (*von radioaktiver Herkunft*)

radiogram [ˈreɪdɪəʊgræm] S 1 Funkmeldung *f*, -telegramm *n* 2 → radiograph A 3 *Br* Musiktruhe *f*

radiograph [ˈreɪdɪəʊgrɑːf; *bes US* -græf] MED A S Radiogramm *n*, Röntgenogramm *n*, Röntgenaufnahme *f*, -bild *n*: **sectional** ~ Röntgenschnitt *m* B V/T ein Radiogramm *etc* machen von; **radiographer** [-ˈɒgrəfə(r); *US* -ˈɑg-] S Röntgenologe *m*, Röntgenologin *f*; **radiography** S Radiografie *f*, Röntgenografie *f*

radio| interferometer S ASTRON Radiointerferometer *n* (*Radioteleskop, bei dem zwei Einzelantennen zusammenwirken*); ~**isotope** S CHEM, PHYS Radioisotop *n* (*natürlich od künstlich radioaktives Isotop e-s chemischen Elements*)

radiolarian [ˌreɪdɪəʊˈleərɪən] S ZOOL Strahlentierchen *n*

radio| link S ELEK Richtfunkstrecke *f*; ~**location** S ELEK (nichtnavigatorische) Funkortung

radiological [ˌreɪdɪəʊˈlɒdʒɪkl; *US* -dɪəˈlɑ-] ADJ (ADV ~ly) MED radiologisch, röntgenologisch; **radiologist** [-ˈɒlədʒɪst; *US* -ˈɑlə-] S Radiologe *m*, Radiologin *f*, Röntgenologe *m*, Röntgenologin *f*; **radiology** [-dʒɪ] S Radiologie *f*, Röntgenologie *f*, Strahlenkunde *f*

radio|lucent ADJ (teilweise) strahlendurchlässig; ~**luminescence** S PHYS Radiolumi-

neszenz *f (durch radioaktive Strahlung hervorgerufenes Leuchten)*
radiolysis [ˌreɪdɪˈɒlɪsɪs; *US* -ˈɑlə-] S CHEM Radiolyse *f*
radio| marker S FLUG Markierungs-, Funkbake *f*, Anflugbake *f*; **~ message** S Funkmeldung *f*, -spruch *m*
radiometer [ˌreɪdɪˈɒmɪtə(r); *US* -ˈɑmə-] S PHYS Radiometer *n*, Strahlungsmesser *m*; **radiometry** [-trɪ] S Radiometrie *f*
radio|nuclide S PHYS Radionuklid *n (künstlich od natürlich radioaktives Nuklid, das sich beim radioaktiven Zerfall in ein stabiles Nuklid verwandelt)*; **~ opera** S MUS Funkoper *f*; **~ operator** S (FLUG Bord) Funker(in); **~pager** → pager
radiopaque [ˌreɪdɪəʊˈpeɪk] ADJ strahlenundurchlässig: **~ substance** MED (Röntgen)Kontrastmittel *n*
radio patrol car S *US* Funkstreife(nwagen) *f(m)*
radiophone [ˈreɪdɪəʊfəʊn] → radiotelephone A
radio|photograph S TECH Funkbild *n*, Bildtelegramm *n*; **~photography** S Bildfunk *m*; **~ play** S Hörspiel *n*; **~ range** S 1 ELEK Funkbereich *m* 2 FLUG (Vier)Kursfunkfeuer *n*
radioscopic [ˌreɪdɪəʊˈskɒpɪk; *US* -ˈskɑ-] ADJ (ADV ~ally) MED röntgenoskopisch: **~ screen** Röntgenschirm *m*; **radioscopy** [-ˈɒskəpɪ; *US* -ˈɑs-] S MED Radioskopie *f*, Röntgenuntersuchung *f*
radio|sensitive ADJ (ADV ~ly) MED strahlenempfindlich; **~ set** → radio A 3; **~ signal** S MIL *etc* Funksignal *n*; **~sonde** S METEO Radiosonde *f*; **~ source** S ASTRON Radioquelle *f*; **~ spectrum** S PHYS Funk(frequenz)spektrum *n*; **~ station** S ELEK (Radio-, Rundfunk)Sender *m*, (Rund)Funkstation *f*; **~ strontium** S CHEM, PHYS Strontium *n* 90; **~ taxi** S Funktaxi *n*; **~telegram** S ELEK Funktelegramm *n*; **~telegraph** A V/T funktelegrafisch übermitteln, funken B V/I ein Funktelegramm senden; **~telegraphy** S Funktelegrafie *f*, drahtlose Telegrafie; **~telemetry** S ELEK Telemetrie *f (automatische Übertragung von Messdaten od -werten über größere Entfernungen mithilfe der Nachrichtentechnik)*; **~telephone** ELEK A S Funktelefon *n*, Sprechfunkgerät *n* B V/T funktelefonisch übermitteln C V/I funktelefonisch anrufen; **~telephony** S Sprechfunk *m*, Funkfernsprechen *n*; **~ telescope** S ASTRON Radioteleskop *n (Gerät zum Empfang der von Gestirnen bzw aus dem Kosmos kommenden Radiofrequenzstrahlung)*; **~teletype** S Funkfernschreiber *m*; **~therapy** S MED a Radiotherapie *f*, Strahlenbehandlung *f* b → radiation 3; **~thermy** [-ˌθɜːmɪ; *US* -ˌθɜr-] S MED 1 Wärmestrahlenbehandlung *f* 2 Kurzwellenbehandlung *f*; **~ traffic** S Funkverkehr *m*; **~ transmitter** S ELEK 1 (Rundfunk)Sender *m* 2 (Funk)Sender *m*; **~ truck** S *bes US* Funk-, Übertragungswagen *m*; **~ van** *bes Br* → radio truck
radish [ˈrædɪʃ] S BOT 1 *a.* **large ~** Rettich *m* 2 *a.* **red ~** Radies-chen *n*
radium [ˈreɪdjəm; -ɪəm] S CHEM Radium *n*: **~ emanation** → radon; **~ implant** MED Radiumeinlage *f*
radius [ˈreɪdjəs; -ɪəs] *pl* -dii [-dɪaɪ], -diuses S 1 Radius *m*, Halbmesser *m*: **~ of curvature** Krümmungshalbmesser; **~ of turn** AUTO Wenderadius 2 TECH a Arm *m (e-s Sextanten)* b (Rad)Speiche *f* 3 ANAT Speiche(nknochen) *f(m)* 4 Umkreis *m*: **within a ~ of** in e-m Umkreis von 5 (Wirkungs-, Einfluss)Bereich *m*, Wirkungskreis *m*: **~ (of action)** Aktionsradius *m*, AUTO Fahrbereich 6 TECH Auslenkung *f*, Hub *m*, Exzentrizität *f* 7 BOT a Strahl *m (bes e-r Dolde)* b Strahl- *od* Zungenblüte *f*
radix [ˈreɪdɪks] *pl* radices [ˈreɪdɪsiːz] S 1 MATH Basis *f*, Grundzahl *f*: **~ point** IT Radixpunkt *m* 2 BOT, *a.* LING Wurzel *f*
radome [ˈreɪdəʊm] S a ELEK Radom *n*, Radarkuppel *f* b FLUG Radarbug *m*, -nase *f*
radon [ˈreɪdɒn; *US* -ˌdɑn] S CHEM Radon *n*
RAE ABK *Br* Royal Aircraft Establishment
RAF ABK *Br* Royal Air Force
raffia [ˈræfɪə] S 1 Raffiabast *m* 2 *meist* **~ palm** Bambuspalme *f*
raffinate [ˈræfɪneɪt] S Raffinat *n*
raffish [ˈræfɪʃ] ADJ (ADV ~ly) 1 liederlich 2 unkonventionell 3 pöbelhaft, ordinär
raffle [ˈræfl] A S Tombola *f*, Verlosung *f* B V/T *oft* **~ off** *etwas* in e-r Tombola verlosen C V/I losen (**for** um)
raft¹ [rɑːft; *US* ræft] A S 1 Floß *n* 2 a SCHIFF Rettungsfloß *n* b Raft *n (für Wildwasserfahrten benutztes großes Schlauchboot)* 3 ARCH Fundament *n*, Bodenplatte *f* B V/T 1 flößen 2 zu e-m Floß zusammenbinden 3 mit e-m Floß befahren C V/I 1 flößen 2 auf e-m Floß fahren 3 raften
raft² [rɑːft; *US* ræft] S *bes US umg* Unmenge *f*
rafter¹ [ˈrɑːftə; *US* ˈræftər] S Flößer *m*
rafter² [ˈrɑːftə; *US* ˈræftər] TECH A S (Dach)Sparren *m*, (schräger) Dachbalken B V/T mit Sparren(werk) versehen
rafting [ˈrɑːftɪŋ; *US* ˈræftɪŋ] S Rafting *n*
raftsman [ˈrɑːftsmən; *US* ˈræfts-] S *irr* Flößer *m*
rag¹ [ræg] A S 1 Fetzen *m*, Lumpen *m*, Lappen *m*: **in ~s** a in Fetzen *(Stoff etc)* b *a.* **dressed in ~s** zerlumpt, in Lumpen *(Person)*; **go from ~s to riches** sich vom armen Schlucker zum Millionär hocharbeiten; **chew the ~** *umg* a quatschen, plaudern b meckern, murren; **he lost his ~** *umg* ihm riss der Geduldsfaden; **be like a red ~ to a bull for sb** für j-n ein rotes Tuch sein; **she's on the ~** *US sl* sie hat ihre Tage 2 *meist in Zusammensetzungen (Wasch- etc)* Lappen *m*, *(Wisch- etc)* Tuch *n*, *(Putz)* Lumpen *m*: **feel like a wet ~** wie ausgelaugt sein 3 *pl Papierindustrie*: Hadern *pl*, Lumpen *pl* 4 *umg pej* Lappen *m (Kleidungsstück)*: → glad¹ A 2 5 *umg* Rotzfahne *f*, -lappen *m* 6 *umg pej* Wurstblatt *n (Zeitung)* 7 MUS a Rag *m (Ragtime)* b Ragnummer *f* B V/T MUS im Ragtimestil komponieren *od* spielen
rag² [ræg] S 1 rohe Schieferplatte 2 *Br* rohgeschiefertes Gestein
rag³ [ræg] A V/T 1 *j-n* aufziehen, verspotten *(beide:* **about, on** wegen) 2 *Br j-m* (derbe) Streiche spielen B S 1 *Br* (derber) Streich: **for** (*od* **as**) **a ~** aus Jux 2 UNIV *Br karnevalistischer Studentenumzug zu wohltätigen Zwecken, der an e-m bestimmten Tag **(rag day)** od während e-r bestimmten Woche **(rag week)** stattfindet*
ragamuffin [ˈrægəˌmʌfɪn] S (zerlumptes) Gassenkind
rag|-and-bone man S *irr Br* Lumpensammler *m*; **~bag** S 1 Lumpen-, Flickensack *m* 2 *fig bes pej* Sammelsurium *n* (**of** von); **~ bolt** S TECH Steinschraube *f*; **~ doll** S Stoffpuppe *f*
rage [reɪdʒ] A S 1 Wut(anfall) *f(m)*, Raserei *f*, Zorn *m*, Rage *f*: **be in a ~** wütend sein; **be in one of one's ~s** e-n s-r Wutanfälle haben; **fly into a ~** in Wut geraten 2 *fig* Wüten *n*, Toben *n* 3 Sucht *f*, Gier *f (beide:* **for** nach) 4 Begeisterung *f*, Taumel *m*, Rausch *m*, Ekstase *f* 5 (große) Mode: **it is (all) the ~** es ist große Mode *od umg* der letzte Schrei B V/I wüten *(a. Krankheit, Sturm)*, toben *(a. Meer, Sturm)*: **~ against** (*od* **at**) **sth** gegen etwas wettern; **a raging headache** rasende Kopfschmerzen *pl*
ragged [ˈrægɪd] ADJ (ADV ~ly) 1 zerlumpt, abgerissen *(Person, Kleidung)*: **ride** (*od* **run**) **sb ~** *US sl* j-n fertigmachen 2 struppig, zottig *(Fell)*, strubb(e)lig *(Haare)* 3 ausgefranst, zerfetzt *(Wunde)* 4 zackig, gezackt, zerklüftet: **be on the ~ edge** *fig US* am Rande des Abgrunds stehen 5 holp(e)rig *(Reim etc)* 6 zusammenhanglos *(Rede etc)* 7 verwildert *(Garten etc)* 8 a roh, unfertig *(Arbeit etc)* b mangel-, fehlerhaft: **a ~ performance** e-e dilettantische Vorstellung 9 rau *(Stimme)*
raggedy [ˈrægɪdɪ] ADJ *bes US umg* ziemlich zerlumpt *etc*
raggle-taggle [ˈræglˌtægl] ADJ ungepflegt *(Person)*
raglan [ˈræglən] S Raglan *m ([Sport]Mantel mit angeschnittenen Ärmeln)*; **~ sleeve** S Raglanärmel *m*
ragman [-mæn] S *irr* Lumpensammler *m*
ragout [ˈræguː; *US* ræˈguː] S GASTR Ragout *n*
rag| paper S *Papierindustrie*: Hadernpapier *n*; **~picker** S Lumpensammler(in); **~ rug** S *US* Flickenteppich *m*; **~stone** S GEOL Kieselsandstein *m*; **~tag** A S *meist* **~ and bobtail** *pej* Pöbel *m*, Gesindel *n* B ADJ bunt zusammengewürfelt; **~time** MUS A S Ragtime *m (ein Jazzstil)* B ADJ Ragtime…: **~ band**; **~ trade** S *umg* a Bekleidungsindustrie *f* b Kleiderbranche *f*; **~weed** S BOT 1 *Br für* ragwort 2 Ambrosiapflanze *f*; **~wort** S BOT *(ein)* Kreuzkraut *n*, *bes* Jakobs(kreuz)kraut *n*
rah [rɑː] *bes US umg für* hurrah A; **rah-rah** ADJ *bes US umg* ausgelassen
raid [reɪd] A S 1 (**on, upon**) Einfall *m* (in *akk*), Überfall *m* (auf *akk*): **make a ~ on** → B 1, B 2, B 3 2 a MIL Stoßtruppunternehmen *n* b SCHIFF, HIST Kaperfahrt *f* c FLUG *(Bomben-, Luft)* Angriff *m* 3 a (An)Sturm *m* (**on, upon** auf *akk*) b SPORT Vorstoß *m* 4 (Polizei)Razzia *f* (**on, upon** in *dat*): **make a ~ on** → B 4 5 WIRTSCH Druck *m* auf die Preise B V/T 1 überfallen, e-n Überfall machen auf *(akk)* 2 einfallen in *(akk)* 3 a stürmen, plündern b *den Kühlschrank etc* plündern 4 e-e Razzia machen in *(dat)* 5 **~ the market** WIRTSCH den Markt drücken C V/I 1 e-n Überfall machen, einfallen: **~ing party** MIL Stoßtrupp *m* 2 e-e Razzia durchführen *(Polizei)*; **raider** S 1 Räuber(in) 2 Plünderer *m*, Plünderin *f*
rail¹ [reɪl] A S 1 TECH Schiene *f*, Riegel *m* 2 Geländer *n* 3 *a.* **main ~** SCHIFF Reling *f* 4 a Schiene *f* b *pl* Gleis *n* c (Eisen)Bahn *f*: **by ~** mit der Bahn; **go off** (*od* **jump, leave, run off**) **the ~s** aus den Schienen springen, entgleisen; **go off the ~s** *fig* auf die schiefe Bahn geraten; *umg* verrückt werden; **be on the ~s** *fig* in Schwung sein *(Sache)*, auf dem rechten Weg sein *(Person)* 5 *pl* WIRTSCH Eisenbahnaktien *pl* B V/T *a.* **~ in** a mit e-m Geländer umgeben b einzäunen: **~ off** durch ein Geländer (ab)trennen; abzäunen
rail² [reɪl] S ORN Ralle *f*: **common** (*od* **water**) **~** Wasserralle *f*
rail³ [reɪl] V/I schimpfen (**at, against** über, auf *akk*): **~ at fate** mit dem Schicksal hadern
rail|car S Triebwagen *m*, Schienenbus *m*; **~card** S *Br* Berechtigungsausweis *m (für Schüler, Senioren etc)*; **~head** S 1 BAHN End-, Kopfbahnhof *m* 2 MIL Ausladebahnhof *m* 3 BAHN a Schienenkopf *m* b im Bau befindliches Ende *(e-r neuen Strecke)*
railing¹ [ˈreɪlɪŋ] S 1 BAHN Schienen *pl* 2 Geländer *n*, Gitter *n*, Barriere *f* 3 SCHIFF Reling *f*
railing² [ˈreɪlɪŋ] S Geschimpfe *n*
rail journey S Bahnreise *f*
raillery [ˈreɪlərɪ] S Neckerei *f*, Stichelei *f*, gutmütiger Spott

R

railroad ['reɪlrəʊd] A S US 1 Eisenbahn *f*: a Eisenbahnlinie *f* b *Einrichtung od Unternehmen* 2 *a.* **~ company** Eisenbahn(gesellschaft) *f* 3 *pl* Eisenbahnaktien *pl* B ADJ *US* Eisenbahn…: **~ accident** (**bridge,** *etc*); **~ junction** (Eisen)Bahn-Knotenpunkt *m*; **~ station** Bahnhof *n*; **~ strike** WIRTSCH Eisenbahnerstreik *m* C V/T 1 *US* mit der (Eisen)Bahn befördern 2 *US* Eisenbahnen bauen in (*dat*): **~ a country** 3 *e-e Gesetzesvorlage etc* durchpeitschen: **~ sb into doing sth** *umg* j-n zwingen, etwas zu tun (*ohne ihm Zeit zum Überlegen zu geben*) 4 *bes US umg j-n* (*durch falsche Beschuldigungen*) reinhängen; **~ car** S *US* Eisenbahnwagen *m*, -waggon *m*

railroader S *US* Eisenbahner(in)

railroad man S *irr US* Eisenbahner *m*

rail| strike S WIRTSCH Eisenbahnerstreik *m*; **~ train** S METALL Walzenstraße *f*

railway ['reɪlweɪ] *bes Br für* **railroad** A 1, A 2, A 3, B; **~ carriage** S *Br* Personenwagen *m*; **~ guard** S *Br* Zugbegleiter(in); **~ guide** S *Br* Kursbuch *n*; **~man** [-mən] S *irr Br* Eisenbahner *m*

raiment ['reɪmənt] S *poet* Kleidung *f*, Gewand *n*

rain [reɪn] A S 1 Regen *m* (*a. fig*): **come ~ or shine** a bei jedem Wetter b *fig* unter allen Umständen; **be (as) right as ~** *umg* a kerngesund sein b keine einzige Schramme abbekommen haben (*bei e-m Unfall etc*) c in Ordnung sein (*Sache*); **a ~ of blows** ein Schlaghagel; **a ~ of sparks** ein Funkenregen; → **pour** C 1 2 *pl* Regenfälle *pl*, -güsse *pl*: **heavy ~s**; **the ~s** die Regenzeit (*in den Tropen*) 3 Regen(wetter) *m(n)*: **we had nothing but ~ all day** B V/I 1 *unpers* regnen: **it ~ed all night**; → **pour** C 1 2 *fig* regnen: **tears ~ed down her cheeks** Tränen strömten über ihre Wangen; **blows ~ed down (up)on him** Schläge prasselten auf ihn nieder *od* hagelten auf ihn ein C V/T 1 *Tropfen etc* niedersenden, regnen: **it has ~ed itself out** es hat sich ausgeregnet; → **cat**[1] *Bes Redew* 2 *fig* (nieder)regnen *od* (-)hageln lassen: **~ blows (up)on sb** j-n mit Schlägen eindecken; **~ favo(u)rs (abuse) (up)on sb** j-n mit Gefälligkeiten (Beschimpfungen) überschütten; **it ~ed gifts** es regnete *od* hagelte Geschenke 3 **be ~ed off** (*US* **out**) (*Veranstaltung*) a wegen Regens abgebrochen werden b wegen Regens abgesagt werden: **the game was ~ed off** das Spiel fiel im wahrsten Sinne des Wortes ins Wasser; **~band** S METEO Regenlinie *f*, -bande *f*; **~ barrel** S *US* Regentonne *f*; **~bird** S ORN 1 Regenkuckuck *m* 2 Regenvogel *m* 3 Koal *m* 4 *Br* Grünspecht *m*

rainbow ['reɪnbəʊ] S 1 Regenbogen *m* (*a. fig*): **in all the colo(u)rs of the ~** in allen Regenbogenfarben; **the end of the ~** *fig* der Ort, an dem sich alle Hoffnungen erfüllen; **chase** (*od* **follow**) **a ~** *fig* e-m Trugbild nachjagen 2 ORN (*ein*) Kolibri *m*; **~ coalition** S *US gemischtrassige Gruppe, deren Mitglieder auf sozialem u. politischem Gebiet zusammenarbeiten*; **~ jersey** S *Radsport*: Regenbogentrikot *n*; **~ trout** S FISCH Regenbogenforelle *f*

rain| check S *US* 1 *Einlasskarte für die Neuansetzung e-r wegen Regens abgebrochenen (Sport)Veranstaltung*: **take a ~ on an invitation** *fig* sich e-e Einladung für später gutschreiben lassen; **may I take a ~ (on it)?** darf ich darauf später einmal zurückkommen? 2 *Gutschein, mit dem man e-e im Moment vergriffene Ware später zum gegenwärtigen Preis kaufen kann*; **~coat** S Regenmantel *m*; **~ doctor** S Regenmacher *m* (*bei primitiven Völkern*); **~drop** S Regentropfen *m*; **~fall** S 1 Regen (-schauer) *m* 2 METEO Niederschlagsmenge *f*; **~ forest** S Regenwald *m*; **~ ga(u)ge** S METEO Regenmesser *m*

raininess ['reɪnɪnɪs] S 1 Regenneigung *f* 2 Regenwetter *n*

rain|maker S 1 → **rain doctor** 2 *US sl* Staranwalt *m*, -anwältin *f*; **~proof** A ADJ regen-, wasserundurchlässig, (*Stoff a.*) imprägniert B V/T regen- *od* wasserundurchlässig machen, *Stoff a.* imprägnieren; **~ shower** S Regenschauer *m*; **~-sodden** ADJ aufgeweicht (*Boden*); **~storm** S heftiger Regen; **~tight** → **rainproof** A; **~ tire**, *bes Br* **~ tyre** S AUTO Regenreifen *m*; **~water** S Regenwasser *n*: **~ pipe** *Br* Fallrohr *n* (*der Dachrinne*); **~wear** S Regenbekleidung *f*

rainy ['reɪnɪ] ADJ (ADV **rainily**) 1 regnerisch, verregnet, Regen…: **~ weather**; **~ season** Regenzeit *f*; **save up for a ~ day** sich e-n Notgroschen zurücklegen; **save** (*od* **put away, keep**) **sth for a ~ day** etwas auf die hohe Kante legen *umg* 2 Regen bringend, Regen…: **~ clouds** 3 regenreich (*Gebiet etc*)

raise [reɪz] A V/T 1 *oft* **~ up** (in die Höhe) heben, auf-, empor-, hoch-, erheben, (*mit e-m Kran etc*) hochwinden, -ziehen, *den Vorhang etc* hochziehen, *ein gesunkenes Schiff etc* heben: **~ one's eyes** die Augen erheben, aufblicken; **~ one's** (*od* **a**) **glass to sb** das Glas auf j-n erheben; **~ one's hat** den Hut ziehen (**to sb** vor j-m; *a. fig*) *od* lüften; **~ one's hopes too high** sich zu große Hoffnungen machen; → **elbow** A 1, **eyebrow**, **power** A 14 2 aufrichten: **~ a fallen man**; **~ a ladder** e-e Leiter aufstellen 3 (auf)wecken: **~ from the dead** von den Toten (auf)erwecken 4 *e-n Geist* beschwören, zitieren: → **Cain**, **hell** A 1, *etc* 5 a *e-n Sturm der Entrüstung, ein Lächeln etc* hervorrufen: **~ a laugh** Gelächter ernten b *Erwartungen etc* (er)wecken: **~ sb's hopes** in j-m Hoffnung erwecken; **~ a suspicion** Verdacht erregen c *ein Gerücht etc* aufkommen lassen d *Schwierigkeiten* machen 6 *Blasen* ziehen 7 *Staub etc* aufwirbeln: → **dust** A 2 8 *e-e Frage* aufwerfen, *etwas* zur Sprache bringen 9 a *e-n Anspruch* erheben, geltend machen, *e-e Forderung* stellen b *Einspruch* erheben, *e-n Einwand* geltend machen, vorbringen, *Zweifel* anmelden c JUR *Klage* erheben (**with** bei) 10 *Kohle etc* fördern 11 a *Tiere* züchten b *Pflanzen* ziehen, anbauen 12 a *e-e Familie* gründen b *Kinder* auf-, großziehen 13 *ein Haus etc* errichten, erstellen, (er)bauen, *e-n Damm* aufschütten 14 a *s-e Stimme* erheben (**against** gegen): **voices have been ~d** es sind Stimmen laut geworden b *ein Geschrei* erheben 15 a **~ one's voice** die Stimme erheben, lauter sprechen b **~ one's voice to sb** j-n anschreien 16 *ein Lied* anstimmen 17 (*im Rang*) erheben: **~ to the throne** auf den Thron erheben 18 *sozial etc* heben: → **crowd**[1] A 2 19 beleben, anregen: **~ the morale** die Moral heben 20 verstärken, -größern, -mehren: **~ sb's fame** j-s Ruhm vermehren 21 *das Tempo etc* erhöhen, steigern 22 *Löhne, Preise, den Wert etc* erhöhen, hinaufsetzen: → **sight** A 9, **stake**[2] A 1 23 den Preis *od* Wert erhöhen von (*od gen*) 24 a *j-n* aufwiegeln (**against** gegen) b *e-n Aufruhr etc* anstiften, anzetteln 25 *Steuern* erheben 26 *e-e Anleihe, e-e Hypothek, e-n Kredit* aufnehmen, *Kapital* beschaffen 27 a *Geld* sammeln, zusammenbringen, beschaffen b *e-e Geldsumme* erbringen (*Aufruf etc*) 28 *ein Heer* aufstellen 29 *Farbe* (*beim Färben*) aufhellen 30 *Teig, Brot* gehen lassen, treiben: **~d pastry** Hefegebäck *n* 31 *Tuch* (auf)rauen 32 *bes US e-n Scheck etc* durch Eintragung e-r höheren Summe fälschen 33 a *e-e Belagerung, Blockade, a. ein Verbot etc* aufheben b die Aufhebung *e-r Belagerung* erzwingen 34 SCHIFF *Land etc* sichten 35 (*im Sprechfunk*) reinkriegen *umg* B V/I *Poker etc*: den Einsatz erhöhen C S 1 Erhöhung *f* 2 *US* Steigung *f* (*e-r Straße etc*) 3 *bes US* Lohn- *od* Gehaltserhöhung *f*

raised [reɪzd] ADJ 1 erhöht: **~ beach** GEOL gehobene Strandlinie 2 gesteigert 3 erhaben: **~ embroidery** Hochstickerei *f*; **~ letters** erhabene Buchstaben 4 getrieben, gehämmert 5 Hefe…: **~ cake**

raiser ['reɪzə(r)] S 1 **morale ~** Maßnahme *f* zur Hebung der (Kampf)Moral 2 Errichter(in), Erbauer(in) 3 Gründer(in) 4 Züchter(in)

raisin ['reɪzn] S Rosine *f*

raison d'être [ˌreɪzɔ̃ːn'deɪtrə; -'detrə; *US* -zəʊn-] S Daseinsberechtigung *f*, -zweck *m*

raj [rɑːdʒ] S *IndEng* Herrschaft *f*: **the ♀** die brit. Oberherrschaft (*vor 1947*)

raja(h) ['rɑːdʒə] S Radscha *m* (*indischer od malaiischer Fürst*)

rake[1] [reɪk] A S 1 Rechen *m* (*a. des Croupiers etc*), Harke *f*: **(as) thin as a ~** spindeldürr (*Person*) 2 TECH a Krücke *f*, Rührstange *f* b Kratze *f* c Schürhaken *m* B V/T 1 (glatt) rechen, (glatt) harken: **~ together** zusammenrechen, -harken 2 a (auseinander)kratzen *od* -scharren b auskratzen 3 → **rake in** 4 durchstöbern (**for** nach): **~ one's memory** sein Gedächtnis durchforsten 5 MIL (mit Feuer) bestreichen, beharken 6 (mit den Augen) absuchen, überblicken C V/I 1 rechen, harken 2 *a.* **~ about** (*od* **[a]round**) herumstöbern, (-)suchen (**in** in *dat*; **among** unter *dat*; **for, after** nach): **~ through sth** etwas durchsuchen 3 kratzen, scharren

Phrasal Verbs: **rake| in** V/T *umg Geld* kassieren: **rake it in**, **~ the shekels** das Geld nur so scheffeln, sich dumm u. dämlich verdienen (*beide umg*); **~ out** V/T 1 *Asche etc* herauskratzen 2 auskundschaften; **~ over** V/T: **~ old ashes** alte Geschichten wieder aufrühren *od* aufwärmen; **~ up** V/T 1 zusammenrechen, -harken 2 *Leute* auftreiben, *Geld a.* zusammenkratzen *umg* 3 *alte Geschichten etc* wieder aufrühren *od* aufwärmen

rake[2] [reɪk] S Roué *m*, (vornehmer) Lebemann

rake[3] [reɪk] A V/I 1 Neigung haben 2 SCHIFF a überhängen (*Steven*) b Fall haben, nach hinten geneigt sein (*Mast, Schornstein*) B V/T (nach rückwärts) neigen: **~d chair** Stuhl *m* mit geneigter Lehne C S 1 Neigung(swinkel) *f(m)*: **at a ~ of** bei e-r Neigung von 2 SCHIFF a Überhängen *n* b Fall *m* (*des Mastes od Schornsteins*) 3 FLUG Abschrägung *f* der Tragflächenspitze 4 TECH Schnitt-, Schneid(e)winkel *m*: **~ angle** Spanwinkel

rake|-off S *umg* (Gewinn)Anteil *m*; **~-round** S: **have a ~ in** herumstöbern *od* (-)suchen in (*dat*); **~-through** S: **give sth a ~** etwas durchsuchen *od* -stöbern

raking ['reɪkɪŋ] ADJ geneigt, schief

rakish[1] ['reɪkɪʃ] ADJ (ADV **~ly**) ausschweifend, wüst

rakish[2] ['reɪkɪʃ] ADJ (ADV **~ly**) 1 SCHIFF, AUTO schnittig (gebaut) 2 *fig* flott, verwegen, keck

rale, râle [rɑːl; *US a.* ræl] S MED Rasselgeräusch *n* (*der Lunge*)

rally[1] ['rælɪ] A V/T 1 *Truppen etc* (wieder) sammeln *od* ordnen 2 vereinigen, scharen (*beide:* **round, to** um) 3 *j-n* aufrütteln, -muntern 4 WIRTSCH wieder beleben, *Preise* festigen 5 *s-e Kräfte etc* sammeln, zusammennehmen B V/I 1 sich (wieder) sammeln 2 sich scharen (**round, to** um) 3 sich anschließen (**to** *dat od* an *akk*) 4 *a.* **~ round** neue Kräfte sammeln 5 sich erholen (**from** von)(*a.* WIRTSCH *Markt, Preise*) 6 SPORT sich (wieder) fangen *umg* 7 *Tennis etc*: a e-n Ballwechsel ausführen b sich einschlagen C S 1 Sammeln *n* 2 Treffen *n*, Tagung *f*, Kundgebung *f*, Versammlung *f* 3 Er-

holung *f* (*a.* WIRTSCH) **4** *Tennis etc*: **a** Ballwechsel *m* **b** Einschlagen *n* **5** *Automobilsport*: Rallye *f*
rally[2] ['rælı] VT hänseln
rallycross S *Automobilsport*: Rallye-Cross *n*
rallye ['rælı] *Automobilsport*: Rallye *f*
rallying ['rælııŋ] ADJ Sammel...: **~ cry** Parole *f*, Schlagwort *n*; **~ point** Sammelpunkt *m*, -platz *m*; **rallyist** S *Automobilsport*: Rallyefahrer(in)
ram[1] [ræm] **A** S **1** ZOOL Widder *m*, Schafbock *m* **2** ♀ ASTROL Widder *m* (*Tierkreiszeichen*) **3** MIL, HIST Sturmbock *m* **4** TECH **a** Ramme *f*, Fallhammer *m* **b** Rammbock *m*, -bär *m* **c** hydraulischer Widder **d** Druck-, Presskolben *m* **e** Tauschkolben *m*: **~ effect** FLUG Stauwirkung *f*, Auftreffwucht *f*; **~ pressure** Staudruck *m* **5** SCHIFF Ramme *f*, Rammsporn *m* **B** VT **1** *Erde etc* festrammen, -stampfen **2** *a.* **~ down** (*od* **in**) einrammen **3** (hinein)stopfen (**into** in *akk*) **4** *ein Schiff etc* rammen: **~ sth through** *US fig* e-e Sache durchboxen *od* durchdrücken; → throat A 1 **5** *a.* **~ up** **a** vollstopfen **b** verstopfen, -rammeln **6** **~ sth into sb** *fig* j-m etwas einbläuen **7** schmettern, knallen (*beide*: **against, at** gegen, an *akk*)
RAM[2] [ræm] S ABK random-access memory COMPUT RAM *n*, Arbeitsspeicher *m*
RAM[3] ABK Royal Academy of Music
Ramadan [,ræmə'dɑ:n; -'dæn] S Ramadan *m* (*islamischer Fastenmonat*)
ramark ['reımɑ:(r)k] S Radar(sende)bake *f*
Ramasan [,ræmə'zɑ:n; -'zæn] → Ramadan
ramble ['ræmbl] **A** VI **1** umherwandern, -streifen **2** **a** sich schlängeln *od* winden (*Pfad, Fluß etc*) **b** sich hinziehen (*Wald etc*) **3** BOT wuchern, üppig ranken **4** *oft* **~ on** *fig* faseln, schwafeln (*beide umg*) (*beide*: **about** über *akk*, von) **B** S Wanderung *f*, Streifzug *m* (*a. fig*); **rambler** S **1** Wand(e)rer *m*, Wand(r)erin *f* **2** *a.* **~ rose** BOT Kletterrose *f*; **rambling** **A** ADJ (ADV **~ly**) **1** umherwandernd, -streifend: **~ club** Wanderverein *m* **2** BOT üppig rankend, wuchernd: **~ rose** Kletterrose *f* **3** verschachtelt, -winkelt (*Gassen, Haus etc*) **4** *fig* weitschweifig **B** S Wandern *n*, Umherstreifen *n*
Rambo, *a.* ♀ ['ræmbəʊ] *pl* -bos S *umg* Rambo *m* (*überaggressiver Typ*)
rambunctious [ræm'bʌŋkʃəs] ADJ (ADV **~ly**) *umg* **1** laut, lärmend **2** wild, übermütig
RAMC ABK *Br* Royal Army Medical Corps
ramekin, **ramequin** ['ræmkın; -mı-] S **1** Käseauflauf *m* **2** Auflaufform *f*
ramie ['ræmı; *US a.* 'reı-] S **1** BOT Ramie *f* **2** Ramiefaser *f*
ramification [,ræmıfı'keıʃn] S **1** Verzweigung *f*, -ästelung *f* (*beide a. fig*): **the ~s of an organization**; **the ~s of an artery** die Verästelungen e-r Arterie **2** *fig* indirekte Folge, *pl a.* Weiterungen *pl* **3** Zweig *m* (*a. fig*), Spross *m*; **ramiform** [-fɔ:(r)m] ADJ **1** zweigförmig **2** verzweigt, -ästelt; **ramify** [-faı] **A** VT verzweigen (*a. fig*) **B** VI **1** sich verzweigen *od* verästeln (*beide a. fig*): **~ into** übergreifen auf (*akk*) **2** *fig* **a** sich komplizieren **b** Weiterungen (zur Folge) haben
ramjet ['ræmdʒet] S *a.* **~ engine** TECH Staustrahltriebwerk *n*: **~ propulsion** Staudüsenantrieb *m*
rammer ['ræmə(r)] S **1** TECH **a** (Hand)Ramme *f* **b** Stampfer *m* **c** *Töpferei*: Erdschlegel *m* **d** Klopfhammer *m* **2** MIL, HIST **a** Ansetzer *m* (*bei Kanonen*) **b** Ladestock *m*
ramose ['reıməʊs] ADJ (ADV **~ly**) verzweigt
ramp[1] [ræmp] **A** S **1** Rampe *f*, geneigte Fläche **2** (schräge) Auffahrt **3** (Lade)Rampe *f* **4** Krümmling *m* (*am Treppengeländer*) **5** ARCH Rampe *f*, Abdachung *f* **6** *Festungsbau*: Rampe *f* (*Auffahrt auf den Wall*) **7** FLUG **a** Gangway *f* **b** Vorfeld *n* (*vor den Hangars etc*) **B** VI **1** **a** sich (drohend) aufrichten **b** zum Sprung ansetzen (*Tier*) **2** *a.* **~ and rage** toben, wüten **3** BOT klettern, wuchern **4** ARCH ansteigen (*Mauer*) **C** VT ARCH mit e-r Rampe versehen
ramp[2] [ræmp] S *Br sl* Betrug *m*
rampage ['ræmpeıdʒ] **A** S (Herum)Toben *n*, Wüten *n* (*a. fig*): **go** (*od* **be**) **on the ~** → B **B** VI [*a.* ræm'peıdʒ] *a.* **~ about** (*od* **around**) herumtoben, wüten (*a. fig*); **rampageous** [-dʒəs] ADJ (ADV **~ly**) wild, wütend
rampancy ['ræmpənsı] S **1** Überhandnehmen *n*, Umsichgreifen *n*, Grassieren *n* **2** *fig* wilde Ausgelassenheit, Wildheit *f*; **rampant** ADJ (ADV **~ly**) **1** wild, zügellos, ausgelassen **2** überhandnehmend: **be ~** um sich greifen, grassieren **3** üppig, wuchernd (*Pflanzen*) **4** (drohend) aufgerichtet, sprungbereit (*Tier*) **5** *Heraldik*: aufsteigend: **a lion ~**
rampart ['ræmpɑ:(r)t] **A** S **1** MIL **a** (Festungs)Wall *m* **b** Brustwehr *f* **2** Schutzwall *m* (*a. fig*) **B** VT mit e-m Wall umgeben
rampion ['ræmpjən; -ıən] S BOT Rapunzelglockenblume *f*
ram|-raid **A** S Blitzeinbruch *m* (*Einbruch in ein Geschäft, bei dem ein Fahrzeug dazu verwendet wird, das Schaufenster od die Tür aufzubrechen*) **B** VT e-n Blitzeinbruch in *ein Geschäft* machen; **~rod** S **1** MIL, HIST Ladestock *m*: **(as) stiff** (*od* **straight**) **as a ~** **a** kerzengerade **b** stocksteif **2** *fig* **a** strenger Mensch **b** harter Vorgesetzter
ramshackle ['ræm,ʃækl] ADJ **1** baufällig, wack(e)lig **2** klapp(e)rig (*Fahrzeug*)
ramson ['ræmsn; -zn] S **1** BOT Bärenlauch *m* **2** *meist pl* Bärenlauchzwiebel *f*
ran[1] [ræn] *prät von* run
ran[2] [ræn] S Docke *f* Bindfaden
RAN[3] ABK Royal Australian Navy
rance [ræns] S MINER *blau u. weiß geäderter roter Marmor aus Belgien*
ranch [rɑ:ntʃ; *US* ræntʃ] *bes US* **A** S **1** Ranch *f*, Viehfarm *f*, -wirtschaft *f* **2** *allg* (*a. Hühner-, Pelztier- etc*) Farm *f* **B** VI **1** Viehzucht treiben **2** auf e-r Ranch arbeiten **C** VT *Rinder etc* züchten; **rancher** S *bes US* **1** Rancher *m*, Viehzüchter *m* **2** Farmer *m* **3** Rancharbeiter *m* **4** (*Pelztier- etc*) Züchter *m*
rancid ['rænsıd] ADJ **1** ranzig (*Butter etc*) **2** widerlich (*a. fig*); **rancidity** [-atı], **rancidness** S Ranzigkeit *f*
rancor, *bes Br* **rancour** ['ræŋkə(r)] S Erbitterung *f*, Groll *m*, Hass *m*: **feel ~ against sb** e-n Groll auf j-n haben; **rancorous** ADJ (ADV **~ly**) erbittert, boshaft, hasserfüllt, voller Groll
rand[1] [rænd] S **1** TECH Lederstreifen *m* zur Begradigung des (Schuh)Absatzes **2** Höhenzug *m*, Bergkette *f* **3** *obs od dial* Rand *m*, Grenze *f*
Rand[2] [rænd] S WIRTSCH Rand *n* (*südafrikanische Währungseinheit*)
R & B ABK MUS rhythm and blues
R & D ABK research and development
random ['rændəm] **A** ADJ wahllos, ziellos, zufällig, willkürlich, Zufalls...: **~ access** IT wahlfreier Zugriff; **~-access memory** COMPUT Arbeitsspeicher *m*; **~ error** MATH Zufallsfehler *m*; **~ mating** BIOL Zufallspaarung *f*; **~ motion** PHYS unkontrollierbare Bewegung; **~ number** IT beliebige Zahl, Zufallszahl *f*; **~ sample** (*Statistik*) Zufallsstichprobe *f*; **~ sampling** (*Statistik*) Zufallsstichprobenerhebung *f*; **~ shot** Schuss *m* ins Blaue **B** S: **at ~** aufs Geratewohl, auf gut Glück, blindlings; **talk at ~** ins Blaue hineinreden, (wild) drauflosreden
randomization [,rændəmaı'zeıʃn; *US* -mə'z-] S *Statistik etc*: Randomisierung *f*; **randomize** VT randomisieren (*e-e zufällige Auswahl treffen aus*)
R and R ABK **1** rescue and resuscitation **2** MIL *US* rest and recreation **3** MUS rock and roll
randy ['rændı] ADJ **1** *bes schott pej* ungehobelt **2** *umg* scharf, geil
ranee [,rɑ:'ni:] S Rani *f* (*indische Fürstin*)
rang [ræŋ] *prät von* ring[2]
range [reındʒ] **A** S **1** Reihe *f*, Kette *f*: **a ~ of trees** e-e Baumreihe **2** (*Berg*) Kette *f* **3** (*Koch-, Küchen*) Herd *m* **4** (*Schieß*) Stand *m* **5** Entfernung *f* (zum Ziel), Abstand *m*: **at a ~ of** aus *od* in e-r Entfernung von; **at close ~** aus nächster Nähe, aus kurzer Entfernung; **find the ~** MIL sich einschießen; **take the ~** die Entfernung schätzen **6** *bes* MIL Reich-, Trag-, Schussweite *f*, SCHIFF Laufstrecke *f* (*e-s Torpedos*): **out of** (**within**) **~** außer (in) Schuss- *od* Reichweite; → long-range 1 **7** Ausdehnung *f*, Umfang *m*, Skala *f*: **a narrow ~ of choice** e-e kleine Auswahl; **the ~ of his experience** die Spannweite s-r Erfahrung **8** WIRTSCH Kollektion *f*: **a wide ~** (**of goods**) e-e große Auswahl, ein großes Angebot; **have a wide ~ of** e-e große Auswahl haben an (*dat*), gut sortiert sein in (*dat*) **9** *fig* Bereich *m*, Spielraum *m*, Grenzen *pl*, *a.* TECH *etc* (*z. B.* Hör-, Mess-, Skalen)Bereich *m*, (*Radar*) Auffassbereich *m*, RADIO (Frequenz-, Wellen)Bereich *m*, Senderreichweite *f*: **~** (**of action**) Aktionsbereich, -radius *m*, FLUG Flugbereich; **~** (**of activities**) Betätigungsfeld *n*, Aktionsbereich; **~ of application** Anwendungsbereich; **~ of atom** PHYS Atombezirk *m*; **~ of prices** Preislage *f*, -klasse *f*; **~ of reception** (*Funk*) Empfangsbereich; **~ of uses** Verwendungsbereich, Anwendungsmöglichkeiten *pl*; **within ~ of vision** in Sichtweite **10** BOT, ZOOL Verbreitung(sgebiet) *f*(*n*) **11** *Statistik*: Streuungs-, Toleranzbreite *f*, Bereich *m* **12** MUS **a** Ton-, Stimmlage *f* **b** Ton- *od* Stimmumfang *m* **13** Richtung *f*, Lage *f* **14** *bes fig* Bereich *m*, Gebiet *n*, Raum *m*: **~ of knowledge** Wissensbereich; **~ of thought** Ideenkreis *m* **15** *bes US* Weideland *n*: **~ cattle** Freilandvieh *n* **16** (ausgedehnte) Fläche **17** (soziale) Klasse *od* Schicht **18** Streifzug *m*, Ausflug *m* **B** VT **1** (in Reihen) aufstellen *od* anordnen, aufreihen **2** einreihen, -ordnen: **~ o.s. on the side of** (*od* **with**) **sb** *fig* sich auf j-s Seite stellen, zu j-m halten **3** (systematisch) ordnen **4** einordnen, -teilen, klassifizieren **5** TYPO *Br Typen* ausgleichen, zurichten **6** *die Felder etc* durchstreifen, -wandern **7** SCHIFF längs *der Küste* fahren **8** *die Augen* schweifen lassen (**over** über *akk*) **9** *bes US das Vieh* frei weiden lassen **10** *ein Teleskop etc* einstellen **11** *Ballistik*: **a** die Flugbahn bestimmen für **b** *ein Geschütz etc* richten **c** e-e Reichweite haben von, tragen **C** VI **1** e-e Reihe *od* Linie bilden, in e-r Reihe *od* Linie stehen (*alle*: **with** mit) **2** sich erstrecken (**over** über *akk*) (*a. fig*) **3** auf einer Linie *od* Ebene liegen (**with** mit) **4** sich (in e-r Reihe) aufstellen **5** rangieren (**among** unter *dat*), im gleichen Rang stehen (**with** mit), zählen, gehören (**with** zu) **6** streifen, schweifen, wandern (*a. Augen, Blicke*): **as far as the eye could ~** so weit das Auge reichte **7** BOT, ZOOL verbreitet sein, vorkommen **8** schwanken, variieren, sich bewegen (*alle*: **from ... to ..., between ... and ...** zwischen *dat ... u. ...*) **9** **~ in** MIL sich einschießen (**on** auf *akk*) (*Geschütz*) **10** die Entfernung messen
range| finder S MIL, FOTO Entfernungsmesser *m*; **~ pole** → ranging pole
ranger ['reındʒə(r)] S **1** *bes US* Ranger *m* (*uniformierter Wächter e-s Nationalparks*) **2** *Br* Aufseher *m* e-s königlichen Forsts *od* Parks (*Titel*) **3** *US* Ranger *m* (*Angehöriger e-r [berittenen] Schutztruppe in einigen Bundesstaaten*) **4** *meist* ♀ MIL *US*

Ranger *m (Angehöriger e-r Kommandotruppe)* 5 *a.* ~ **guide** *Br* Ranger *f (Pfadfinderin über 16 Jahre)*
range rod S *Landvermessung:* Messlatte *f*
ranging| pole, ~ **rod** ['reɪndʒɪŋ] S *Landvermessung:* Messlatte *f*
Rangoon [ræŋ'gu:n] S Rangun *n*
rangy ['reɪndʒɪ] ADJ (ADV rangily) 1 a schlaksig, langglied(e)rig b schlank, geschmeidig 2 gebirgig
rani → ranee
rank[1] [ræŋk] A S 1 *(soziale)* Klasse, (Gesellschafts)Schicht *f* 2 Rang *m*, Stand *m*, (soziale) Stellung: **a man of ~** ein Mann von Stand; **of second ~** zweitrangig; **take the ~ of** den Vorrang haben vor *(dat)*; **take ~ with sb** mit j-m gleichrangig sein; **take high ~** e-n hohen Rang einnehmen; ~ **and fashion** die vornehme Welt 3 MIL *etc* Rang *m*, Dienstgrad *m*: **in ~** im Rang, rangmäßig; **he is above me in ~** er ist ranghöher als ich 4 *pl* MIL (Unteroffiziere *pl* u.) Mannschaften *pl*: ~ **and file** der Mannschaftsstand (→ A 5); **rise from the ~s** aus dem Mannschaftsstand hervorgehen, von der Pike auf dienen *(a. fig)* 5 *a.* ~ **and file** *(der)* große Haufen (→ A 4): **the ~ of workers** die große Masse *od* das Heer der Arbeiter; **the ~ of a party** die Basis e-r Partei 6 Aufstellung *f*: **form into ~s** sich formieren *od* ordnen 7 MIL Glied *n*, Linie *f*: **break ~s** a wegtreten b in Verwirrung geraten; **close the ~s** die Reihen schließen; **fall in ~s** antreten; **join the ~s** in das Heer eintreten; **quit the ~s** a aus dem Glied treten b desertieren 8 Reihe *f*, Linie *f*, Kette *f*: → cab rank 9 *Schach:* waag(e)rechte Reihe B V/T 1 in e-r Reihe *od* in Reihen aufstellen 2 (ein)ordnen, einreihen 3 *e-e Truppe etc* antreten lassen *od* aufstellen, formieren 4 a einstufen b rechnen, zählen *(beide:* **with, among** zu): **I ~ him above Shaw** ich stelle ihn über Shaw; **be ~ed 8th in the world** an 8. Stelle der Weltrangliste stehen 5 *US* e-n höheren Rang einnehmen als C V/I 1 e-e Reihe *od* Reihen bilden, sich formieren *od* ordnen 2 e-n Rang *od* e-e Stelle einnehmen: ~ **equally** gleichrangig sein; ~ **first** den ersten Rang einnehmen; ~ **high** a e-n hohen Rang einnehmen b e-n hohen Stellenwert haben; **~ing list** Rangliste *f*; **~ing officer** *US* ranghöchster Offizier; **~ing tournament** SPORT Ranglistenturnier *n* 3 gehören, zählen *(beide:* **among, with** zu), rangieren (**above** über *dat*, vor *dat*; **next to** hinter *dat*, gleich nach): ~ **as** gelten als; **he ~s next to the president** er kommt gleich nach dem Präsidenten 4 *bes* MIL (in geschlossener Formation) marschieren: ~ **off** abmarschieren 5 WIRTSCH, JUR bevorrechtigt sein *(Gläubiger etc)*
rank[2] [ræŋk] ADJ (ADV ~ly) 1 a (wild) wuchernd *(Pflanzen)* b überwuchert *(Garten etc)* 2 fruchtbar *(Boden etc)* 3 stinkend, übel riechend 4 widerlich *(Geruch, Geschmack)* 5 rein, völlig: ~ **outsider** krasse(r) Außenseiter(in); ~ **beginner** blutige(r) Anfänger(in); ~ **nonsense** blühender Unsinn 6 ekelhaft, widerwärtig 7 unanständig, schmutzig *(Sprache etc)*
rank|-and-file ADJ: ~ **member** einfaches Mitglied; **~-and-filer** *US* → rank-and-file
ranker ['ræŋkə(r)] S MIL a (einfacher) Soldat b aus dem Mannschaftsstand hervorgegangener Offizier
rankle ['ræŋkl] A V/I 1 *obs* eitern, schwären 2 *fig* gären: ~ **in sb's mind** in j-m gären, an j-m nagen *od* fressen B V/T 1 *obs* zum Eitern *od* Schwären bringen 2 *fig* gären in *(dat)*, nagen *od* fressen an *(dat)*
ransack ['rænsæk] V/T 1 durchwühlen, -stöbern *(beide:* **for** nach) 2 plündern, ausrauben
ransom ['rænsəm] A S 1 Los-, Freikauf *m*, Auslösung *f* 2 Lösegeld *n*: **hold to ~** a *j-n* bis zur Zahlung e-s Lösegelds gefangen halten b *fig j-n* erpressen; ~ **demand** Lösegeldforderung *f*; ~ **note** Erpresserbrief *m* 3 REL Erlösung *f* B V/T 1 los-, freikaufen, auslösen 2 Lösegeld verlangen für *od* von 3 REL erlösen
rant [rænt] A V/I 1 *bes schott* lärmen 2 schwadronieren, Phrasen dreschen: ~ **on about** faseln *od* schwafeln über *(akk) od* von *(beide umg)* 3 *a.* ~ **and rave** wettern *umg* (**about** über *akk*) B V/T pathetisch vortragen C S Schwulst *m*, Phrasendrescherei *f*; **ranter** S 1 laute(r) *od* pathetische(r) Redner(in) 2 Schwadroneur(in), Großsprecher(in)
ranunculus [rə'nʌŋkjʊləs; *US* -kjə-] *pl* -luses, -li [-laɪ] S BOT Ranunkel *f*, Hahnenfuß *m*
RAOC ABK *Br* Royal Army Ordnance Corps
rap[1] [ræp] A V/T 1 klopfen *od* pochen an *od* auf *(akk)*: ~ **sb's fingers**, ~ **sb over the knuckles** j-m auf die Finger klopfen *(a. fig)* 2 (hart) schlagen 3 *US umg* a *j-m* e-e dicke Zigarre verpassen *(scharf tadeln)* b *j-n, etwas* scharf kritisieren, *e-n Schauspieler, ein Stück etc* verreißen 4 *US sl* a *j-n* schnappen, verhaften b *j-n* verdonnern *umg* (**to** zu *e-r Strafe*) 5 ~ **out** a *Spiritismus:* durch Klopfen mitteilen b herauspoltern, *e-n Befehl etc* bellen *umg* B V/I 1 klopfen, pochen, schlagen *(alle:* **at, on** an *akk*): ~ **on wood (for good luck)** auf Holz klopfen 2 *bes US umg* a schwatzen, plaudern b diskutieren C S 1 Klopfen *n*, Pochen *n*: **give sb a ~ over the knuckles** j-m auf die Finger klopfen *(a. fig)* 2 (harter) Schlag 3 *a.* ~ **music** Rap *m* *(schneller, rhythmischer Sprechgesang)* 4 *US umg* a scharfe Kritik *f* (**at** an *dat*) b dicke Zigarre *(scharfer Tadel)*: **he got a ~** er bekam e-e dicke Zigarre (verpasst) 5 *bes US sl* a Schuld *f* b Anklage *f* c Strafe *f*: **beat the ~** sich rauswinden; **take the ~** (zu e-r Strafe) verdonnert werden, *fig* die Sache ausbaden müssen 6 *bes US umg* a Schwatz *m*, Plauderei *f*: **have a ~** schwatzen, plaudern b Diskussion *f*: **have a ~** diskutieren
rap[2] [ræp] S: **I don't care a ~ (for it)** das ist mir ganz egal; **it is not worth a ~** es ist keinen Pfifferling wert *umg*
rapacious [rə'peɪʃəs] ADJ (ADV ~ly) 1 habgierig 2 raubgierig, räuberisch 3 Raub…: ~ **animal**; ~ **bird**; **rapaciousness**, **rapacity** [rə'pæsətɪ] S 1 Habgier *f* 2 Raubgier *f*
rape[1] [reɪp] A S 1 Vergewaltigung *f (a. fig)*, JUR Notzucht *f*: **statutory ~** JUR *US Geschlechtsverkehr mit e-m Mädchen, das noch nicht im einwilligungsfähigen Alter (in der Regel noch nicht 18) ist* 2 *obs od poet* Entführung *f*, Raub *m*: **the ~ of the Sabine women** der Raub der Sabinerinnen B V/T 1 vergewaltigen, JUR notzüchtigen 2 *obs od poet* entführen, rauben 3 *obs e-e Stadt etc* plündern
rape[2] [reɪp] S BOT Raps *m*
rape[3] [reɪp] S *oft pl* Trester *pl*, Treber *pl*
rape| oil S Rapsöl *n*; **~seed** S Rübsamen *m*: ~ **oil** Rüböl *n*; ~ **wine** S Tresterwein *m*
rap group S *bes US umg* Diskussionsgruppe *f*
Raphaelesque [,ræfeɪə'lesk; *US* ,ræfɪə-; ,reɪ-] ADJ raffaelisch
raphe ['reɪfɪ] *pl* -phae [-fi:] S BOT, MED, ZOOL Raphe *f*, Naht *f*
raphia → raffia
rapid ['ræpɪd] A ADJ (ADV ~ly) 1 schnell, rasch, rapid(e), Schnell…: ~ **eye movement sleep** PSYCH REM-Schlaf *m*; ~ **fire** MIL Schnellfeuer *n*; ~ **reaction** (*od* **deployment**) **force** MIL schnelle Eingreiftruppe; **a ~ river** ein reißender Fluss; ~ **storage** COMPUT Schnellspeicher *m*; ~ **transit** *US* Schnellnahverkehr *m*; → succession 1 2 jäh, steil *(Hang)* 3 FOTO a lichtstark *(Objektiv)* b hochempfindlich *(Film)* B S *pl* Stromschnellen *pl*; **~-fire** ADJ 1 MIL Schnellfeuer…: ~ **gun** 2 *fig* (blitz)schnell
rapidity [rə'pɪdətɪ] S Schnelligkeit *f*, Geschwindigkeit *f*: **in great ~** in rascher Aufeinanderfolge
rapier ['reɪpjə(r); -pɪə(r)] S *Fechten:* Rapier *n*: ~ **thrust** a Stoß *m* mit dem Rapier b *fig* sarkastische Bemerkung *od* Antwort
rapine ['ræpaɪn; -pɪn] S Plünderung *f*
rapist ['reɪpɪst] S Vergewaltiger *m*
rapparee [,ræpə'ri:] S HIST irischer Bandit *od* Freibeuter *(bes im 17. Jh.)*
rappee [ræ'pi:; *US* ræ'peɪ] S *Br* HIST *ein feuchter Schnupftabak*
rappel [ræ'pel] *US* → abseil
rapper ['ræpə(r)] 1 S *(bes* Tür)Klopfer *m* 2 MUS Rapper(in)
rapport [ræ'pɔ:(r); *US a.* ræ'pəʊər] S *(bes* harmonisches) Verhältnis (**between** zwischen *dat*; **with** zu): **be en ~ with** gut harmonieren mit
rapporteur [,ræpɔ:'tɜ:; *US* -,pəʊr'tɜr] S POL Berichterstatter(in)
rapprochement [ræ'prɒʃmɑ̃:ŋ; *US* ,ræprəʊʃ'mɑ̃:] S *bes* POL (Wieder)Annäherung *f*
rapscallion [ræp'skæljən] S *obs* Halunke *m*
rap| session S *bes US umg* Gruppendiskussion *f*; ~ **sheet** S *US sl* Strafregister *n*: **have a ~** vorbestraft sein
rapt [ræpt] ADJ (ADV ~ly) 1 versunken (**in** in *akk*): ~ **in thought** gedankenverloren, -versunken 2 hingerissen, entzückt *(beide:* **with, by** von) 3 verzückt *(Lächeln etc)* 4 gespannt: **with ~ attention**
raptor ['ræptə(r)] S Raubvogel *m*
raptorial [ræp'tɔ:rɪəl; *US a.* -'təʊ-] ADJ ORN 1 Raub…: ~ **bird** 2 Greif…: ~ **claw** Greiffuß *m*, Fang *m (e-s Raubvogels)* 3 Raubvogel…
rapture ['ræptʃə(r)] S 1 Entzücken *n*, Verzückung *f*, Begeisterung *f*: **be in ~s** hingerissen *od* verzückt sein (**at, about, over** von); **go** (*od* **fall**) **into ~s** in Verzückung geraten (**at, about, over** über *akk*); ~ **of the deep** (*od* **depth**) Tiefenrausch *m (e-s Tauchers)* 2 *meist pl* Ausbruch *m* des Entzückens, Begeisterungstaumel *m*, Ekstase *f* 3 Entrückung *f* 4 Anfall *m*: **in a ~ of forgetfulness**; **raptured** ADJ verzückt, hingerissen; **rapturous** ADJ (ADV ~ly) 1 → raptured 2 stürmisch, begeistert: ~ **applause** *a.* Beifallssturm *m*, -stürme *pl*
rara avis [,rɑ:rə'ævɪs; *US* ,rærə'eɪvəs] *pl* rarae aves [,rɑ:ri:'ævi:z; *US* ,rɑ:r,aɪ'ɑ:,veɪs] S Seltenheit *f*
rare[1] [reə(r)] ADJ (ADV ~ly) 1 selten, rar: **a ~ book** ein seltenes Buch; **it is ~ for him to be late** er kommt (nur) selten zu spät; → bird 3 2 *bes* PHYS a dünn *(Luft etc)* b locker, porös *(Materie)* c schwach *(Strahlung etc)*: ~ **earth** CHEM seltene Erde; ~ **gas** Edelgas *n* 3 *fig* selten, außergewöhnlich: **of a ~ charm** 4 *umg* toll, mächtig: **give sb a ~ fright** j-m e-n Mordsschrecken einjagen; **have a ~ old time** sich köstlich amüsieren
rare[2] [reə(r)] ADJ englisch (gebraten) *(Steak)*
rarebit ['reə(r)bɪt] → Welsh rabbit
raree show ['reəri:] S 1 Guckkastenschau *f* 2 billige (Zirkus)Attraktion *(auf der Straße)*
rarefaction [,reərɪ'fækʃn] S PHYS Verdünnung *f*; **rarefactive** [-tɪv] ADJ verdünnend, Verdünnungs…; **rarefied** [-faɪd] ADJ exklusiv *(Kreise etc)*; **rarefy** [-faɪ] A V/T 1 verdünnen 2 *fig* verfeinern, -geistigen B V/I sich verdünnen
rareness → rarity
rareripe BOT *US* A ADJ frühreif, früh reifend B S frühe Sorte
raring ADJ: **be ~ to do sth** *umg* (ganz) wild *od* scharf darauf sein, etwas zu tun
rarity ['reərətɪ] S 1 Seltenheit *f*: a *seltenes*

Vorkommen b Rarität *f* 2 PHYS Verdünnung *f*
RAS ABK 1 *Br* Royal Agricultural Society 2 *Br* Royal Astronomical Society
rascal ['rɑːskəl; *US* 'ræs-] A S 1 Schuft *m*, Schurke *m*, Halunke *m* 2 *hum* a *oft* **old ~** (alter) Gauner b Schlingel *m*, Frechdachs *m* (*Kind*) B ADJ *obs* → rascally A 1; **rascality** [-'skælətɪ] S Schurkerei *f*, Gemeinheit *f*; **rascally** A ADJ 1 schurkisch, gemein, niederträchtig 2 *obs* erbärmlich B ADV *obs* → A 1
rase → raze
rash[1] [ræʃ] ADJ (ADV **~ly**) 1 hastig, übereilt, -stürzt, vorschnell 2 unbesonnen, unvorsichtig: **in a ~ moment** in e-m schwachen Augenblick
rash[2] [ræʃ] S 1 MED (Haut)Ausschlag *m*: **come out in a ~** e-n Ausschlag bekommen 2 *fig* Flut *f*: **a ~ of complaints**; **a ~ of burglaries** e-e Einbruchsserie, e-e Serie von Einbrüchen
rasher ['ræʃə(r)] S dünne Scheibe (*Frühstücksspeck, Schinken*)
rashness ['ræʃnɪs] S 1 Hast *f*, Übereiltheit *f*, -stürztheit *f* 2 Unbesonnenheit *f*, Unvorsichtigkeit *f*
rasorial [rə'sɔːrɪəl; *US a.* -'zəʊ-] ADJ ZOOL 1 scharrend 2 Hühner…
rasp [rɑːsp; *US* ræsp] A V/T 1 raspeln, feilen, schaben, (ab)kratzen 2 zerkratzen 3 *fig j-s Gefühle etc* verletzen, *das Ohr* beleidigen, *die Nerven* reizen 4 krächzen(d sagen) B V/I 1 raspeln, feilen, schaben 2 a kratzen (*Sache*) b schnarren (*Stimme*) c ratschen (*Maschine*) 3 **~ (up)on** → A 3 C S 1 TECH Raspel *f*, Grobfeile *f* 2 Reibeisen *n*
raspatory ['rɑːspətərɪ; *US* 'ræspə,təʊriː] S MED Knochenschaber *m*
raspberry ['rɑːzbərɪ; *US* 'ræz,beriː] S 1 BOT Himbeere *f* 2 BOT Himbeerstrauch *m* 3 Himbeerrot *n* 4 *sl e-n Furz nachahmender Laut der Verachtung*: **blow a ~** verächtlich prusten
rasper → rasp C 1, C 2; **rasping** A ADJ (ADV **~ly**) 1 a kratzend b krächzend, rau (*Stimme*): **~ sound** Kratzen *n*; Krächzen *n* 2 **~ shot** (*Fußball*) Bombe(nschuss) *f(m)* B S 1 Raspeln *n* 2 *pl* Semmelbrösel *pl*; **raspy** ADJ 1 → rasping A 1 2 reizbar, gereizt
Rasta ['ræstə] REL A S Rasta *m* B ADJ Rasta…; **Rastafarian** [-'feərɪən] A S Rastafari *m* B ADJ Rasta…; **Rastafarianism** S Rastafari-Bewegung *f*
raster ['ræstə(r)] S OPT, TV Raster *m*
rat [ræt] A S 1 ZOOL Ratte *f*: **smell a ~** *fig* Lunte *od* den Braten riechen; **~s!** *umg* Quatsch!; → drown B 2 2 POL *umg* Überläufer(in) 3 a *allg umg* Verräter(in) b *bes US umg* Informant(in), (Polizei)Spitzel *m* c *sl* Scheißkerl *m*, Schwein *n* 4 *umg* Streikbrecher(in) 5 *US umg* Haarpolster *n* B V/I 1 POL *umg* überlaufen, s-e Partei im Stich lassen 2 *umg* Verrat begehen: **~ on** a *j-n* im Stich lassen *od* verraten b *s-e Kumpane* verpfeifen *sl* c *e-e Aussage etc* widerrufen d aus *e-m Projekt etc* aussteigen 3 Ratten jagen *od* fangen
rata ['reɪtə; *US* 'rɑːtə] S 1 BOT Ratabaum *m* 2 Rataholz *n*
ratability [,reɪtə'bɪlətɪ] S 1 (Ab-)Schätzbarkeit *f* 2 Verhältnismäßigkeit *f* 3 *Br* Kommunalsteuerpflicht *f*; **ratable** ADJ (ADV **ratably**) 1 (ab)schätzbar, bewertbar 2 anteilmäßig, proportional 3 *Br* kommunalsteuerpflichtig: **~ value** Einheitswert *m*
ratafia [,rætə'fɪə], *a.* **ratafee** [-'fiː] S 1 Ratafia *m* (*Fruchtlikör*) 2 *a.* **~ biscuit** *Br* Mandelmakrone *f*
ratal ['reɪtl] *Br* A S Kommunalsteuersatz *m* B ADJ Steuer…
ratan → rattan
rataplan [,rætə'plæn; *US* 'rætə,p-] S Trommelwirbel *m*
rat-arsed ADJ *Br vulg sl* blau, voll (*betrunken*)
rat-a-tat [,rætə'tæt; *US* 'rætə,tæt] → rat-tat
ratatouille [,rærə'twiː; -'tuːiː] S GASTR Ratatouille *f/n* (*ein Gemüsegericht aus Auberginen, Zucchini, Tomaten etc*)
rat|bag S *Br u. Aus sl* 1 Blödmann *m* 2 Scheißkerl *m*; **~bite disease**, **~bite fever** S MED Rattenbissfieber *n*; **~catcher** S Rattenfänger(in)
ratchet ['rætʃɪt] TECH A S 1 Schaltrad *n* 2 Sperrklinke *f* 3 Ratsche *f* 4 → ratchet wheel B V/T *a.* **ratchet up** *Druck, Gewalt; a. Preise, Zinsen etc* erhöhen, höherschrauben; **~ brace** S TECH Ratsche *f*, Bohrknarre *f*; **~ coupling** S TECH Sperrklinkenkupplung *f*; **~ drill** → ratchet brace; **~ wheel** S TECH Sperrrad *n*
rate[1] [reɪt] A S 1 (Verhältnis)Ziffer *f*, Quote *f*, Rate *f*: **~ of growth (inflation)** WIRTSCH Wachstums-(Inflations)rate; **~ of increase** WIRTSCH Zuwachsrate; **~ of increase in the cost of living** Teuerungsrate; **at the ~ of** im Verhältnis von (→ A 2, A 6) 2 (*Steuer- etc*)Satz *m*, Kurs *m*, Tarif *m*: **~ of exchange** WIRTSCH Umrechnungs-, Wechselkurs; **~ of interest** Zinssatz, -fuß *m*; **carry a high ~ of interest** hoch verzinst werden; **~ of issue** Ausgabekurs; **~ of the day** Tageskurs; **railroad** (*bes Br* **railway**) **~s** *pl* Eisenbahntarif; **at the ~ of** zum Satze von (→ A 1, A 6) 3 (*festgesetzter*) Preis, Betrag *m*: **at a cheap (high) ~** zu e-m niedrigen (hohen) Preis; **at that ~** unter diesen Umständen; **at any ~** a auf jeden Fall, unter allen Umständen b wenigstens, mindestens 4 (*Post-, Strom- etc*)Gebühr *f*, Porto *n*, (*Gas-, Strom*)-Preis *m*, (*Wasser*)Geld *n* 5 *Br* Kommunalsteuer *f*, Gemeindeabgabe *f*: **~s and taxes** Kommunal- u. Staatssteuern 6 (relative) Geschwindigkeit (*a.* PHYS, TECH), Tempo *n*: **~ of energy** PHYS Energiemenge *f* pro Zeiteinheit; **~ of flow** TECH Durchflussgeschwindigkeit *od* -menge *f*; **~ of an engine** Motorleistung *f*; **at the ~ of** mit e-r Geschwindigkeit von (→ A 1, A 2) 7 Grad *m*, (Aus)Maß *n*: **at a fearful ~** in erschreckendem Ausmaß 8 Klasse *f*, Rang *m*, Grad *m*: → first-rate, *etc* 9 SCHIFF a (Schiffs)Klasse *f* b Dienstgrad *m* (*e-s Matrosen*) 10 Gang *m od* Abweichung *f* (*e-r Uhr*) B V/T 1 (ab-, ein)schätzen, taxieren (**at** auf *akk*), bewerten, einstufen 2 *j-n* einschätzen, beurteilen: **~ sb highly** j-n hoch einschätzen 3 betrachten als, halten für: **he is ~d a rich man** er gilt als reicher Mann 4 rechnen, zählen (*beide:* **among** zu): **I ~ him among my friends** 5 *e-n Preis etc* bemessen, ansetzen, *Kosten* veranschlagen: **~ up** höher einstufen *od* versichern 6 *Br* a (zur Kommunalsteuer) veranlagen b besteuern 7 SCHIFF a *ein Schiff* klassen b *e-n Seemann* einstufen 8 *e-e Uhr* regulieren 9 *etwas* wert sein, verdienen C V/I 1 angesehen werden, gelten (*beide:* **as** als): **~ high (low) (with)** hoch (niedrig) im Kurs stehen (bei), viel (wenig) gelten (bei); **~ above (below)** (*einkommensmäßig etc*) rangieren *od* stehen über (*dat*) (unter *dat*) 2 zählen (**among** zu)
rate[2] [reɪt] V/T ausschimpfen
rateability, *etc* → ratability *etc*
rated ['reɪtɪd] ADJ 1 *Br* kommunalsteuerpflichtig 2 TECH Nenn…: **~ output** (*od* **power**) Nennleistung *f*
ratel ['reɪtel; *US* 'rɑːtl; 'reɪtl] S ZOOL Ratel *m*, Honigdachs *m*
rate|payer S *Br* Kommunalsteuerzahler(in); **~paying** ADJ *Br* steuerzahlend
rater ['reɪtə(r)] S SCHIFF *in Zusammensetzungen*: **first-~** Schiff *n* höchster Klasse
rat|fink S *US sl* Scheißkerl *m*, Schweinehund *m*; **~fucking** S POL *US vulg* Rufmord (-kampagne) *m(f)*
rath[1] [rɑːθ] S HIST *Ir* 1 *befestigter Wohnsitz e-s Häuptlings* 2 Hügelfestung *f*
rath[2] [rɑːθ; *US* ræθ], **rathe** [reɪð] ADJ *obs od poet* 1 rasch 2 BOT a früh blühend b früh reifend
rather ['rɑːðə(r); *US bes* 'ræ-] A ADV 1 ziemlich, recht: **~ a success** ein ziemlicher Erfolg; **I would ~ think that …** ich würde denken, dass … 2 lieber, eher: **~ good than bad** eher gut als schlecht; **green ~ than blue** mehr *od* eher grün als blau; **from reason ~ than from love** eher *od* mehr aus Vernunftgründen als aus Liebe; **I'd ~ not** lieber nicht; **I would ~ not do it** ich möchte es lieber *od* eigentlich nicht tun; **I would** (*od* **had**) **much ~ (not) go** ich möchte viel lieber (nicht) gehen 3 (**or ~** oder) vielmehr, eigentlich: **her dream or, ~, her idol** ihr Traum oder, besser gesagt, ihr Idol; **the contrary is ~ to be supposed** vielmehr ist das Gegenteil anzunehmen; **the ~ that …** um so mehr, da … B INT *bes Br umg* na klar!, und ob!
rathskeller ['rɑːt,skelər; 'ræt-; 'ræθ-] S *US* Kellerlokal *n*
raticide ['rætɪsaɪd] S Rattenvertilgungsmittel *n*, -gift *n*
ratification [,rætɪfɪ'keɪʃn] S 1 Bestätigung *f*, Genehmigung *f* 2 POL Ratifizierung *f*: **~ clause** Ratifikationsklausel *f*; **ratify** [-faɪ] V/T 1 bestätigen, genehmigen 2 POL *e-n Vertrag* ratifizieren
rating[1] ['reɪtɪŋ] S 1 (Ab)Schätzung *f*, Beurteilung *f*, Bewertung *f* 2 SCHIFF a Dienstgrad *m* (*e-s Matrosen*) b *Br* (einfacher) Matrose c *pl Br Leute pl e-s bestimmten Dienstgrads* 3 MIL *US* Rang *m* (*e-s Spezialisten*): **the ~ of a radarman** 4 WIRTSCH Kreditwürdigkeit *f* 5 *Br* a (Kommunalsteuer)Veranlagung *f* b Steuersatz *m* 6 a (Leistungs)Beurteilung *f* b Niveau *n*, (Leistungs- *etc*) Stand *m* c SCHULE *US* (Zeugnis)Note *f* d *fig* Stellenwert *m* e RADIO, TV Einschaltquote *f*: **~s battle** (*od* **war**) Kampf *m* um die Einschaltquoten; **beat in the ~s** höhere Einschaltquoten erzielen als 7 TECH (Nenn)Leistung *f*, Betriebsdaten *pl* (*e-r Maschine etc*): **~ plate** Leistungsschild *n* 8 Tarif *m*
rating[2] ['reɪtɪŋ] S Schimpfe *f umg*: **get a ~** ausgeschimpft werden; **give sb a ~** j-n ausschimpfen
ratio ['reɪʃɪəʊ; *US a.* -ʃəʊ] *pl* -os S 1 MATH *etc* Verhältnis *n*: **in the ~ of four to three**; **~ of distribution** Verteilerschlüssel *m* 2 MATH Quotient *m* 3 WIRTSCH Wertverhältnis *n* zwischen Gold u. Silber 4 TECH Übersetzungsverhältnis *n* (*e-s Getriebes*)
ratiocinate [,rætɪ'ɒsɪneɪt; *US* -'əʊs-] V/I logisch denken, vernünftig urteilen; **ratiocination** [-'neɪʃn] S 1 logisches Denken 2 logischer Gedankengang; **ratiocinative** [-nətɪv; *US* -,neɪtɪv] ADJ logisch: **~ faculties** *pl* logisches Denkvermögen
ration ['ræʃn; *US a.* 'reɪ-] A S 1 Ration *f*: **~ book** *Br* Bezugsscheinheft *n*; **~ card** (*od* **coupon**) Bezugsschein *m*; **put sb on short ~s** j-n auf halbe Ration setzen *umg*; **you've had your ~ of television for today** du hast für heute genug ferngesehen 2 *meist pl* SCHIFF, MIL Tagesration *f*, Verpflegungssatz *m*: **~ strength** Verpflegungsstärke *f* B V/T 1 *Benzin etc* rationieren (**to** auf *akk*), *j-m* Rationen zuteilen: **we were ~ed to three eggs a month** wir bekamen nur drei Eier im Monat 2 *a.* **~ out** zuteilen (**to** *dat*)
rational ['ræʃənl] A ADJ (ADV **~ly**) 1 a rational, vernunftbegabt (*Wesen*) b rational, vernunftbestimmt (*Denken etc*) c vernünftig (*Person, Erklärung etc*) 2 MED bei klarem Verstand 3 MATH rational (*Zahl etc*): → horizon 1

B S **1** (das) Rationale od Vernünftige **2** MATH rationale Zahl

rationale [ˌræʃə'nɑːl; US -'næl] S **1** logische Grundlage, Grundprinzip n **2** vernunftmäßige Erklärung (of für)

rationalism ['ræʃnəlɪzəm] S Rationalismus m (*Geisteshaltung, die das vernunftbestimmte Denken als einzige Erkenntnisquelle ansieht*); **rationalist** **A** S Rationalist(in) **B** ADJ → rationalistic; **rationalistic** ADJ (ADV ~ally) rationalistisch

rationality [ˌræʃə'nælətɪ] S **1** Rationalität f **2** Vernunft f

rationalization [ˌræʃnəlaɪ'zeɪʃn; US -lə'z-] S **1** a Unterordnung f unter die Vernunft b → rationale 2 **2** WIRTSCH Rationalisierung f; **rationalize** **A** V/T **1** rational erklären **2** der Vernunft unterordnen: ~ **away** als vernunftwidrig ablehnen **3** WIRTSCH rationalisieren: ~ **jobs out of existence** Arbeitsplätze wegrationalisieren **4** MATH in e-e rationale Gleichung umrechnen **B** V/I **1** rational verfahren **2** rationalisieren, rationalistisch denken

rationing S Rationierung f

ratline, a. **ratlin** ['rætlɪn] S SCHIFF Webeleine f

RATO ['reɪtəʊ] S ABK rocket-assisted take-off FLUG Raketenstart m, Start m mit Raketenhilfe

ratoon [ræ'tuːn] **A** S (bes Zuckerrohr)Schössling m **B** V/I Schösslinge treiben

rat| poison S Rattengift n; ~ **race** S umg erbarmungsloser Konkurrenzkampf; ~ **run** S AUTO Br umg Ausweichroute f, Schleichweg m

ratsbane S Rattengift n

rattail S **1** a wenig behaarter Pferdeschwanz b Pferd n mit wenig behaartem Schwanz **2** *Löffel mit schleifenförmig nach hinten gebogenem Griff*

rattan [rə'tæn; ræ-] S **1** a. ~ **palm** BOT Rotangpalme f **2** Rattan n, Peddigrohr n: ~ **furniture** Rattanmöbel pl **3** Rohrstock m

rat-tat [ˌræt'tæt], a. **rat-tat-tat** [ˌrætə'tæt] S Klopfen n (an der Tür)

ratted ['rætɪd] ADJ Br sl blau, voll (betrunken)

ratter ['rætə(r)] S Rattenfänger m (Hund od Katze)

rattle ['rætl] **A** V/I **1** rattern, klappern, rasseln, klirren: ~ **at the door** an der Tür rütteln; ~ **off** losrattern, davonjagen; ~ **away at** (od **on**) **the typewriter** auf der Schreibmaschine hämmern **2** a röcheln b rasseln (Atem) **3** a. ~ **on** (drauflos)plappern, (pausenlos) quasseln umg (**about** über akk): ~ **through** → B 2 **B** V/T **1** rasseln mit od an e-r Kette etc, mit Geschirr etc klappern, an der Tür etc rütteln: ~ **sb's cage** umg j-n auf die Palme bringen; → bone[1] A 6, saber A 1 **2** ~ **off** e-e Rede etc herunterrasseln **3** umg aus der Fassung bringen, nervös machen, durcheinanderbringen: **don't get ~d!** nur nicht nervös werden! **4** ~ **up** j-n aufrütteln **C** S **1** Rattern n, Klappern n, Rasseln n, Klirren n **2** Rassel f, (Kinder)Klapper f, Schnarre f **3** Klapper f, Rassel f (der Klapperschlange) **4** Röcheln n **5** Lärm m, Krach m, Trubel m **6** BOT a a. **red** ~ Sumpfläusekraut n b a. **yellow** ~ Klappertopf m **7** Geplapper n, Geschwätz n **8** Schwätzer(in)

rattle|box S BOT a Gemeines Leimkraut b → rattle C 6 a; **~brain** S a Wirrkopf m b Schwätzer(in); **~brained** ADJ wirrköpfig; **~head**, **~headed**, **~pate**, **~pated** → rattlebrain

rattler ['rætlə(r)] S **1** j-d, der od etwas, was rasselt od klappert **2** umg Güterschnellzug m **3** ZOOL bes US umg Klapperschlange f

rattle|snake S ZOOL Klapperschlange f; **~trap** S umg Klapperkasten m, -kiste f (altes Auto)

rattling ['rætlɪŋ] ADV umg äußerst: ~ **good** prima, toll; **have a ~ good time** sich köstlich amüsieren

rattrap S **1** Rattenfalle f **2** US umg Hundehütte f, miese Bude

ratty ['rætɪ] ADJ **1** rattenverseucht **2** rattenartig, Ratten... **3** umg Haar: a strähnig b fettig **4** umg gereizt, bissig **5** US umg schäbig, verlottert

raucity ['rɔːsətɪ] → raucousness; **raucous** [-kəs] ADJ (ADV ~ly) rau, heiser (Stimme); **raucousness** S Rauheit f, Heiserkeit f

raunch [rɔːntʃ; rɑːntʃ] S umg **1** Geilheit f **2** bes US dreckiger od umg vergammelter Zustand; **raunchiness** → raunch; **raunchy** ADJ (ADV raunchily) umg **1** a ordinär, (Witz etc a.) dreckig, (Roman etc) derb b geil **2** bes US a vergammelt umg b dreckig

ravage ['rævɪdʒ] **A** S **1** Verwüstung f, Verheerung f **2** pl verheerende (Aus)Wirkungen pl: **the ~s of time** der Zahn der Zeit **B** V/T **1** a verwüsten, -heeren b plündern **2** fig verwüsten: **a face ~d by grief** ein gramzerfurchtes Gesicht **C** V/I Verheerungen anrichten; **ravager** S Verwüster(in)

rave[1] [reɪv] **A** V/I **1** delirieren, fantasieren, irrereden **2** brausen (Meer, Wind etc) **3** wettern umg (**about** über akk) **4** umg schwärmen (**about, over** von) **5** Br sl ausgelassen feiern, engS. raven **B** V/T im Delirium von sich geben, wirr hervorstoßen **C** S **1** überwältigende od betäubende Pracht: **a ~ of colo(u)r** ein Rausch od Traum von Farben **2** umg (**about, over**) Schwärmerei f (über akk, von), überschwängliches Lob (für), begeisterte Worte pl (für): **be in a ~ about** (od **over**) **sth** von etwas schwärmen; ~ **review** Bombenkritik f **3** Br sl a **~-up** heiße Fete b Rave m, a. n (Tanzparty, bes mit Technomusik) **4** Br sl Mode f: **the latest ~** der letzte Schrei

rave[2] [reɪv] S AUTO Seitenbrett n an der Ladefläche

ravel ['rævl] **A** V/T prät u. pperf -eled, bes Br -elled **1** a. ~ **out** ausfasern, aufdröseln, -trennen, entwirren (a. fig) **2** verwirren, -wickeln (beide a. fig) **3** fig komplizieren **B** V/I oft ~ **out** a sich auftrennen od auflösen, ausfasern (Gewebe etc) b fig sich entwirren, sich (auf)klären **C** S **1** Verwirrung f, Verwicklung f **2** (loser) Faden, loses Ende

ravelin ['rævlɪn] S MIL Vorschanze f

raven[1] ['reɪvn] **A** S **1** ORN (Kolk)Rabe m **2** ♀ ASTRON Rabe m (Sternbild) **B** ADJ (kohl)rabenschwarz

raven[2] ['rævn] **A** V/I **1** auf Beute aus sein **2** gierig (fr)essen **3** Heißhunger haben **B** V/T **1** erbeuten **2** (gierig) verschlingen

ravening ['rævnɪŋ] ADJ (ADV ~ly) (raub)gierig; **ravenous** ['rævənəs] ADJ (ADV ~ly) **1** ausgehungert, heißhungrig **2** gierig (**for** auf akk): ~ **for power** machtgierig, -hungrig; ~ **hunger** Heißhunger m **3** gefräßig **4** raubgierig (Tier)

raver ['reɪvə] S Br sl Raver(in) (j-d, der an e-m Rave teilnimmt)

ravine [rə'viːn] S (Berg)Schlucht f, Klamm f, Hohlweg m

raving ['reɪvɪŋ] **A** ADJ (ADV ~ly) **1** fantasierend, delirierend: **be ~** → rave[1] A 1 **2** umg toll, fantastisch: **a ~ beauty** e-e hinreißende Schönheit **B** ADV ~ **mad** umg völlig verrückt **C** S meist pl irres Gerede

ravioli [ˌrævɪ'əʊlɪ] SPL (als sg konstruiert) Ravioli pl

ravish ['rævɪʃ] V/T **1** entzücken, hinreißen: **be ~ed by** (od **with**) entzückt od hingerissen sein von **2** fig j-n hinweg-, fortraffen **3** obs e-e Frau a vergewaltigen, schänden b entführen; **ravisher** S obs a Schänder m b Entführer m; **ravishing** ADJ (ADV ~ly) hinreißend, entzückend; **ravishment** S **1** Entzücken n **2** obs a Entführung f b Schändung f

raw [rɔː] **A** ADJ (ADV ~ly) **1** roh **2** a roh, ungekocht b ungeklärt (Abwässer) **3** WIRTSCH, TECH roh, Roh..., unbearbeitet, z. B. a ungebrannt (Ton) b ungegerbt (Leder) c ungewalkt (Tuch) d ungesponnen (Wolle) e unvermischt, unverdünnt (Alkohol): ~ **fibre** (US **fiber**) Rohfaser f; ~ **material** Rohmaterial n, -stoff m (beide a. fig); ~ **oil** Rohöl n; ~ **silk** Rohseide f **4** FOTO unbelichtet: ~ **stock** Rohfilm(e) m(pl) **5** noch nicht ausgewertet, unaufbereitet (Daten etc): ~ **draft** Rohentwurf m **6** US unkultiviert, unbebaut (Land) **7** US roh, primitiv (Hütte etc) **8** a wund (gerieben) (Haut) b offen (Wunde) **9** roh, grob: a geschmacklos (Bild etc) b sl ungehobelt, wüst **10** unerfahren, grün umg: **a ~ beginner** ein blutiger Anfänger **11** unwirtlich, rau, nasskalt (Klima, Wetter) **12** umg gemein, unfair: **give sb a ~ deal** j-m übel mitspielen **B** S **1** wunde od wund geriebene Stelle **2** fig wunder Punkt: **touch sb on the ~** j-n an s-r empfindlichen Stelle od empfindlich treffen **3** WIRTSCH a Rohstoff m, -ware f b meist pl Rohzucker m **4** **in the ~** a im Natur- od Rohzustand b umg im Adams- od Evaskostüm: **life in the ~** das Leben, hart u. grausam wie es ist

raw|boned ADJ hager, knochig; **~hide** S **1** Rohleder n **2** Peitsche f (aus Rohleder)

rawinsonde ['reɪwɪnsɒnd; US -ˌsɑnd] S METEO Rawinsonde f (e-e ballongetragene Radiosonde)

Rawl|plug® ['rɔːlplʌg; US a. 'rɑːl-] S Dübel m; **♀plug** V/T dübeln (**to** an akk)

rawness S **1** Rohzustand m **2** Unerfahrenheit f **3** Unwirtlichkeit f, Rauheit f

ray[1] [reɪ] **A** S **1** (Licht) Strahl m **2** fig (Hoffnungs- etc) Strahl m, (-)Schimmer m: **not a ~ of hope** kein Fünkchen Hoffnung **3** strahlenförmiger Streifen **4** MATH, PHYS Strahl m: ~ **protection** Strahlenschutz m; ~ **treatment** MED Strahlenbehandlung f, Bestrahlung f **5** a FISCH (Flossen)Strahl m b ZOOL Radius m (des Seesterns etc) **6** BOT a Strahlenblüte f b gestielte Blüte (e-r Dolde) c Markstrahl m **B** V/I **1** Strahlen aussenden **2** sich strahlenförmig ausbreiten **C** V/T **1** a. ~ **out**, ~ **forth** ausstrahlen **2** an-, bestrahlen **3** a MED, PHYS bestrahlen b MED umg röntgen

ray[2] [reɪ] S FISCH Rochen m

ray[3] [reɪ] → re[1]

rayed [reɪd] ADJ **1** strahlenförmig **2** in Zusammensetzungen ...strahlig

ray| flower S BOT Strahlenblüte f; ~ **fungus** S irr BIOL Strahlenpilz m; ~ **gun** S Science-Fiction: Strahlenpistole f

rayless ADJ **1** strahlenlos **2** lichtlos, dunkel

Raynaud's disease ['reɪnəʊz] S MED Raynaud-Krankheit f (Krankheit mit anfallsweisen Krämpfen der Fingerarterien)

rayon ['reɪɒn; US -ˌɑn] TECH **A** S **1** Kunstseide f: ~ **staple** Zellwolle f **2** Kunstseidenprodukt n **B** ADJ kunstseiden, Kunstseiden...

raze [reɪz] V/T **1** e-e Festung etc schleifen, ein Gebäude niederreißen, e-e Stadt vollkommen zerstören: ~ **sth to the ground** etwas dem Erdboden gleichmachen **2** fig ausmerzen, -löschen, tilgen **3** obs ritzen, kratzen, streifen **4** obs auskratzen, ausradieren

razee [reɪ'ziː] **A** S SCHIFF, HIST rasiertes od um ein Deck verkleinertes Schiff **B** V/T **1** SCHIFF, HIST ein Schiff rasieren **2** fig beschneiden

razor ['reɪzə(r)] **A** S **1** Rasiermesser n: ~ **blade** Rasierklinge f; **(as) sharp as a ~** messerscharf (a. fig), (Messer) sehr scharf; **be on the ~'s** (od **on a ~**) **edge** auf (des) Messers Schnei-

R

de stehen 2 Rasierapparat *m* B V/T rasieren; **~back** S 1 *a.* **~ whale** ZOOL Finnwal *m* 2 *US spitzrückiges, halbwildes Schwein*; **~ cut** S Messerschnitt *m*; **~-cut** V/T *irr das Haar* mit dem Messer schneiden: **have one's hair ~** sich e-n Messerschnitt machen lassen; **~ strop** S Streichriemen *m*

razz [ræz] *US sl* A V/T hänseln, aufziehen (*beide:* **over** wegen) B S → raspberry 4

razzia ['ræzɪə] S HIST Raubzug *m*

razzle(-dazzle) ['ræzl(ˌdæzl); *US* ˌræzəl('dæzəl)] S *sl* 1 Rummel *m umg* 2 *US* Wirbel *m*, Tamtam *n* (*beide umg*) 3 **go on the ~** e-n draufmachen *umg*

RC ABK 1 Red Cross 2 TECH reinforced concrete Stahlbeton *m* 3 Roman Catholic r.-k.

RCA ABK 1 Radio Corporation of America 2 *Br* Royal College of Art

RCAF ABK Royal Canadian Air Force

rcd ABK received erh(a).

RCM ABK *Br* Royal College of Music

RCMP ABK Royal Canadian Mounted Police königlich-kanadische berittene Polizei

RCN ABK 1 Royal Canadian Navy 2 *Br* Royal College of Nursing

r-colo(u)red ADJ LING mit r-Färbung (*von Vokalen mit nachfolgendem r, bes im amer. Englisch*)

RCP ABK *Br* Royal College of Physicians

rcpt ABK receipt

RCS ABK 1 *Br* Royal College of Science 2 *Br* Royal College of Surgeons

RCVS ABK *Br* Royal College of Veterinary Surgeons

R/D ABK WIRTSCH refer to drawer an Aussteller zurück

rd. ABK 1 road Str. 2 rod(s PL) (*Maßeinheit*) 3 round 4 PHYS rutherford (*Maßeinheit*)

RDF ABK 1 ELEK radio direction finder 2 rapid deployment force schnelle Eingreiftruppe

RDS ABK *Postwesen: US* rural delivery service

re[1] [reɪ] S MUS re *n*: a *Solmisationssilbe* b *Tonsilbe in der Solfège-Methode*

re[2] [riː; *US a.* reɪ] PRÄP 1 JUR in Sachen: **~ John Adams** 2 a WIRTSCH betreffs b *umg* über (*akk*)

RE[3] ABK SCHULE religious education Religion *f* (*Unterrichtsfach*)

re- *Vorsilbe mit den Bedeutungen* 1 [riː] wieder, noch einmal, neu: → reprint, *etc* 2 [rɪ] zurück, wider: → revert *etc*

R.E. ABK *Br* Royal Engineers

're [(r)] *abk für* are[1]

reabsorb [ˌriːəb'sɔː(r)b] V/T resorbieren; **reabsorption** [-'sɔː(r)pʃn] S Resorption *f*

reach [riːtʃ] A V/T 1 (hin-, her)reichen, geben 2 *j-m e-n Schlag* versetzen 3 a (her)langen, nehmen: **~ sth down** etwas herunterlangen *od* -nehmen; **~ sth up** etwas hinaufreichen *od* -langen b erreichen: **can you ~ that book on the shelf?** 4 **~ out** *die Hand etc* ausstrecken: **~ out a hand for** langen *od* greifen nach 5 reichen *od* sich erstrecken *od* gehen bis an (*akk*) *od* zu: **the water ~ed his knees** das Wasser ging ihm bis an die Knie 6 *e-e Zahl etc* erreichen, sich belaufen auf (*akk*): **the cost will ~ millions** die Kosten werden in die Millionen gehen; **he ~ed a great age** er erreichte ein hohes Alter 7 *e-e Übereinkunft etc* erreichen, erzielen, gelangen zu: **~ no conclusion** zu keinem Schluss kommen 8 a *e-n Ort* erreichen, eintreffen *od* ankommen in *od* an (*dat*): **~ home** nach Hause gelangen; **~ sb's ear** j-m zu Ohren kommen b *j-n* erreichen (**on** unter *e-r Telefonnummer*): **the news only ~ed me yesterday**; **he can be ~ed at his office** er ist in s-m Büro erreichbar; **his letter never ~ed us** sein Brief ist nie bei uns angekommen 9 *das Endspiel, das Ziel etc* erreichen 10 *fig* (ein)wirken auf (*akk*), beeinflussen, *j-n* (*durch Argumente, Werbung etc*) ansprechen *od* gewinnen: **~ a large audience** ein großes Publikum erreichen 11 *obs od poet* verstehen, begreifen B V/I 1 (mit der Hand) reichen *od* greifen *od* langen (**to** bis zu) 2 a *a.* **~ out** langen, greifen (*beide:* **for** nach) (*beide a. fig*): **~ out for a medal**; **~ above o.s.** *fig* über sich hinauswachsen b **~ out** die Hand ausstrecken 3 reichen, sich erstrecken *od* ausdehnen (*alle:* **to** bis [zu]): **the water ~ed as far as his knees** das Wasser ging ihm bis an die Knie; **as far as the eye can ~** so weit das Auge reicht 4 sich belaufen (**to** auf *akk*) 5 SCHIFF mit Backstagbrise segeln C S 1 Griff *m*: **make a ~ for sth** nach etwas greifen *od* langen 2 Reich-, Tragweite *f* (*e-s Geschosses, e-r Waffe, a. der Stimme etc*): **above** (*od* **beyond, out of**) **sb's ~** außer j-s Reichweite, für j-n unerreichbar *od* unerschwinglich; **within ~** erreichbar; **within sb's ~** in j-s Reichweite, für j-n erreichbar *od* erschwinglich; **within easy ~** leicht zu erreichen; **within easy ~ of the station** vom Bahnhof aus leicht zu erreichen; **she lives within easy ~ of the shops** (*bes US* **stores**) von ihrer Wohnung aus sind die Geschäfte leicht zu erreichen 3 Ausdehnung *f*, Bereich *m*, Umfang *m*, Spannweite *f*: **have a wide ~** e-n weiten Spielraum haben, sich weit erstrecken 4 ausgedehnte Fläche: **a ~ of woodland** ein ausgedehntes Waldgebiet 5 *fig* Weite *f*, (geistige) Leistungsfähigkeit *od* Fassungskraft, (geistiger) Horizont 6 Einflusssphäre *f*, -bereich *m*: **it is not within my ~** es steht nicht in m-r Macht 7 a Kanalabschnitt *m* (*zwischen zwei Schleusen*) b (überschaubare) Flussstrecke 8 TECH Kupplungsdeichsel *f* 9 *US od obs* Vorgebirge *n*, Landzunge *f* 10 *Boxen*: Reichweite *f*

reachable ['riːtʃəbl] ADJ erreichbar

reach-me-down *bes Br umg* A ADJ 1 Konfektions..., von der Stange *umg* 2 abgelegt (*Kleidung*) B S 1 Konfektionsanzug *m*, Kleid *n* von der Stange, *pl* Konfektionskleidung *f* 2 abgelegtes Kleidungsstück: **his big brother's ~s** die Sachen, aus denen sein großer Bruder herausgewachsen ist

react [rɪ'ækt; riː-] A V/I 1 reagieren, ein-, zurückwirken, Rückwirkungen haben (*alle:* **on, upon** auf *akk*): **~ on each other** sich gegenseitig beeinflussen 2 (**to**) reagieren (auf *akk*), (*etwas*) aufnehmen, sich verhalten (auf *e-e Sache* hin, bei): **he ~ed sharply** er reagierte heftig 3 reagieren, antworten, eingehen (*alle:* **to** auf *akk*) 4 entgegenwirken, widerstreben (*beide:* **against** *dat*) 5 (*zu e-m früheren Zustand etc*) zurückgehen, -kehren 6 CHEM reagieren (**with** mit; **on, upon** auf *akk*) 7 MIL e-n Gegenschlag führen B V/T CHEM zur Reaktion bringen

re-act [ˌriː'ækt] V/T THEAT *etc* wieder aufführen

reactance [rɪ'æktəns; riː-] S ELEK Reaktanz *f*, Blindwiderstand *m*

reaction [rɪ'ækʃn; riː-] S 1 a (**to**) Reaktion *f* (auf *akk*), Verhalten *n* (auf *e-e Sache* hin, bei), Stellungnahme *f* (zu): **what was their ~ to ...?** wie haben sie auf ... reagiert? b *pl* Reaktionsfähigkeit *f*, -vermögen *n* 2 POL Reaktion *f* (*a. als Bewegung*), Rückschritt(lertum) *m(n)* 3 Reaktion *f* (**from, against** gegen), Rück-, Gegenwirkung *f* (**on, upon** auf *akk*) 4 WIRTSCH rückläufige Bewegung, (*Kurs-, Preis- etc*) Rückgang *m* 5 MIL Gegenstoß *m*, -schlag *m* 6 MED Reaktion *f*: a Rückwirkung *f* b Probe *f* 7 CHEM Reaktion *f*, Umwandlung *f* 8 PHYS a Reaktion *f*, Rückwirkung *f* b Kernreaktion *f* 9 ELEK Rückwirkung *f*, -kopp(e)lung *f*: **~ capacitor** Rückkopplungskondensator *m*; **reactionary** [-ʃnərɪ; *US* -ʃəˌneriː] A ADJ *bes* POL reaktionär, rückschrittlich B S POL Reaktionär(in)

reaction| coupling S ELEK Rückkopp(e)lung *f*; **~ engine** S TECH Reaktions-, Rückstoßmotor *m*; **~ formation** S PSYCH Reaktionsbildung *f*

reactionist → reactionary

reaction time S PHYSIOL Reaktionszeit *f*

reactivate [rɪ'æktɪveɪt; ˌriː-] V/T reaktivieren

reactive [rɪ'æktɪv; riː-] ADJ (ADV **~ly**) 1 reaktiv, rück-, gegenwirkend 2 empfänglich (**to** für), Reaktions...: **~ depression** PSYCH reaktive Depression 3 → reactionary A 4 ELEK Blind...: **~ current**; **~ coil** Drosselspule *f*

reactor [rɪ'æktə(r); riː-] S 1 CHEM a Reaktionsmittel *n* b Reaktionsgefäß *n* 2 BIOL, MED (*der, die, das*) positiv Reagierende 3 PHYS (*Kern*) Reaktor *m*: **~ blanket** Reaktorbrutmantel *m*; **~ block** Reaktorblock *m*; **~ core** Reaktorkern *m*; **~ park** Nuklearpark *m*; **~ safety** Reaktorsicherheit *f*; **~ shell** Reaktorhülle *f* 4 ELEK Drossel(spule) *f*

read[1] [riːd] A S a Lesen *n*: **can I have a ~ in your paper?** kann ich mal in d-e Zeitung schauen?; **give sth a careful ~** etwas sorgfältig durchlesen b Lektüre *f*: **it is a good ~** es liest sich gut B V/T *prät u. pperf* read [red] 1 a *allg* lesen: **he can ~ German**; **for "Jean" ~ "John"** statt „Jean" lies „John"; **take sth as ~** etwas als selbstverständlich voraussetzen; **we can take it as ~ that ...** wir können davon ausgehen, dass ...; **ability to ~ the game** SPORT Spielübersicht *f* b *a.* **~ out** vorlesen (**sth to sb** j-m etwas): → riot A 1 c *a.* **~ from notes** *e-e Rede etc* ablesen d *e-n Text* Korrektur lesen e *e-e Vorlesung, e-n Vortrag* halten f *e-e Erklärung etc* verlesen: **~ back** *ein Stenogramm etc* noch einmal vorlesen (**to sb** j-m); **~ sth into** etwas in *e-n Text* hineinlesen; **~ off** (sich) *etwas* durchlesen (→ B 9); **~ out** *j-n* ausstoßen (**of** aus *e-r Partei etc*)(→ B 10); **~ over** a *a.* **~ through** (sich) etwas durchlesen g (*formell*) vor-, verlesen (*Notar etc*); **~ up** a sich in *etwas* einlesen *od* -arbeiten b *etwas* nachlesen 2 *Funkverkehr*: verstehen: **do you ~ me?** a können Sie mich verstehen? b *fig* haben Sie mich verstanden? 3 PARL *e-e Gesetzesvorlage* lesen: **the bill was ~ for the third time** die Gesetzesvorlage wurde in dritter Lesung behandelt 4 *e-e Kurzschrift etc* lesen (können), *Zeichensprache* verstehen: **he ~s** (*od* **can ~**) **the clock** er kennt die Uhr; **~ music** Noten lesen 5 *e-n Traum etc* deuten: → fortune 3, palm[1] A 1 6 *ein Rätsel* lösen 7 *j-s Charakter etc* durchschauen: **~ sb like a book** in j-m lesen wie in e-m Buch; **~ sb's face** in j-s Gesicht lesen; → thought[1] 1 8 *e-n Satz etc* auslegen, auffassen, deuten, verstehen 9 a (an)zeigen: **the thermometer ~s 20°** b *a.* **~ off** *e-n Instrumentenstand etc* ablesen (→ B 1) 10 COMPUT lesen, abfühlen: **~ in** einlesen, -geben; **~ out** auslesen, -geben (→ B 1) 11 *bes Br* studieren, hören: → law[1] 5 C V/I 1 lesen: **he has no time to ~** er hat keine Zeit zum Lesen; **I have ~ about it** ich habe davon gelesen; → line[1] A 3 2 (vor)lesen: **~ to sb** j-m vorlesen (**from** aus) 3 e-e (Vor)Lesung *od* e-n Vortrag halten 4 (**for**) *bes Br* sich vorbereiten (auf *e-e Prüfung etc*), (*etwas*) studieren: **~ up on** sich in *etwas* einlesen *od* -arbeiten; → bar A 19 5 sich *gut etc* lesen (lassen): **this book ~s well**; **it ~s like a translation** es liest sich *od* klingt wie e-e Übersetzung 6 lauten: **the passage ~s as follows** 7 sich auslegen lassen: **this section ~s in two different ways**

read[2] [red] A *prät u. pperf von* read[1] B ADJ 1 gelesen: **the most-~ book** das meistgelesene Buch 2 → well-read

readability [ˌriːdə'bɪlətɪ] S 1 Lesbarkeit *f* 2 Leserlichkeit *f*; **readable** ADJ (ADV readably)

R

lesbar: a lesenswert b leserlich; **readableness** → readability

readdress [ˌriːəˈdres] V/T 1 e-n Brief etc umadressieren 2 ~ o.s. sich nochmals wenden (to an akk)

reader [ˈriːdə(r)] S 1 Leser(in): ~s' letters Leserbriefe 2 bes REL Vorleser(in) 3 (Verlags) Lektor m, (-)Lektorin f 4 TYPO Korrektor m, Korrektorin f 5 UNIV Br (etwa) Assistenzprofessor m, -professorin f (beide: in für) 6 UNIV US Korrekturgehilfe m, -gehilfin f 7 US Auswerter(in) (von Fachzeitschriften etc) 8 (Strom- etc) Ableser(in) 9 COMPUT Lesegerät n, Leser m 10 a SCHULE Lesebuch n b Anthologie f: a G. B. Shaw ~; **readership** S 1 bes REL Vorleseramt n 2 UNIV Br (etwa) Assistenzprofessur f (in für) 3 KOLL Leser(kreis) pl(m)

readily [ˈredɪlɪ] ADV 1 sogleich, prompt 2 bereitwillig, gern 3 leicht, ohne Weiteres

readiness [ˈredɪnɪs] S 1 Bereitschaft f: ~ for war Kriegsbereitschaft; in ~ bereit, in Bereitschaft; be in a high state of ~ in höchster Alarmbereitschaft sein od stehen; have everything in ~ for the party alles für die Party bereithaben; place in ~ bereitstellen 2 Schnelligkeit f, Raschheit f, Promptheit f: ~ of mind (od wit) a Geistesgegenwart f b schnelle Auffassungsgabe 3 Fertigkeit f, Leichtigkeit f, Gewandtheit f: ~ of tongue Zungenfertigkeit 4 Bereitwilligkeit f: ~ to help others Hilfsbereitschaft f

reading [ˈriːdɪŋ] A S 1 Lesen n: do a lot of ~ viel lesen 2 Bücherstudium n 3 (Vor)Lesung f, Vortrag m: give ~s Lesungen halten; give a ~ of one's poetry aus s-n Werken lesen 4 Belesenheit f: a man of vast (od wide) ~ ein sehr belesener Mann 5 Lektüre f, Lesestoff m: this book makes good ~ dieses Buch liest sich gut; this book is unsuitable ~ for children dieses Buch ist keine geeignete Lektüre für Kinder 6 Lesart f, Version f 7 Deutung f, Auslegung f, Auffassung f: my ~ of the law is that … ich verstehe das Gesetz so, dass … 8 PARL Lesung f (e-r Gesetzesvorlage) 9 TECH Ablesung f, Anzeige f, (Barometer- etc) Stand m, pl a. abgelesene Werte pl B ADJ Lese…

reading| brush S COMPUT Abtastbürste f; ~ **desk** S Lesepult n; ~ **glass** S 1 Vergrößerungsglas n, Lupe f 2 pl, a. pair of ~es Lesebrille f; ~ **head** S COMPUT Lesekopf m; ~ **knowledge** S: have a ~ of Italian Italienisch lesen können; ~ **lamp** S Leselampe f; ~ **matter** S 1 redaktioneller Teil (e-r Zeitung) 2 Lesestoff m; ~ **notice** S WIRTSCH Werbetext m od Anzeige f im redaktionellen Teil e-r Zeitung (im Druck angeglichen); ~ **public** S Leserschaft f, Leser pl; ~ **room** S Lesezimmer n, -saal m

readjust [ˌriːəˈdʒʌst] A V/T 1 wieder anpassen 2 wieder in Ordnung bringen 3 WIRTSCH sanieren 4 POL etc neu orientieren 5 TECH nachstellen, -richten, -regeln, korrigieren B V/I sich wieder anpassen; **readjustment** S 1 Wiederanpassung f 2 WIRTSCH Sanierung f 3 POL etc Neuorientierung f 4 TECH Korrektur f

read-me file S COMPUT Infodatei f

readmission [ˌriːədˈmɪʃn] S Wiederzulassung f (to zu); **readmit** [-ˈmɪt] V/T wieder zulassen; **readmittance** → readmission

read|-only memory [ˌriːd-] S COMPUT Festwert-, Lesespeicher m; ~**out** S IT Auslesen n, Ausgabe f; ~**-through** S THEAT etc Leseprobe f; ~**-write head** S COMPUT Lese-Schreibkopf m, Schreib-Lesekopf m

ready [ˈredɪ] A ADJ (ADV → readily) 1 bereit, fertig (beide: for sth zu etwas; to do zu tun), gerüstet (for sth für etwas): ~ for action a bereit, gerüstet b MIL einsatzbereit; ~ for battle MIL gefechtsbereit; ~ for dispatch versandfertig; ~ for sea SCHIFF seeklar; ~ for service (od operation) TECH betriebsfertig; ~ for the start SPORT startbereit; ~ for take-off FLUG startbereit, -klar; ~ for use gebrauchsfertig; ~ to move into bezugsfertig (Haus etc); be ~ with sth etwas bereithaben od bereithalten; get ~ (sich) bereit machen od fertig machen; get ~ for an examination sich auf e-e Prüfung vorbereiten; get ~ to hear some unpleasant things US umg machen Sie sich auf einige unangenehme Dinge gefasst!; have our bill ~, please machen Sie bitte unsere Rechnung fertig (im Hotel); make ~ for sich bereit machen od fertig machen für; ~ when you are meinetwegen können wir; ~, steady, go! SPORT bes Br Achtung, fertig, los!; → sail B 2 2 bereit, geneigt (beide: for sth zu etwas; to do zu tun): ~ for bed bettreif; ~ for death zum Sterben bereit; ~ to help hilfsbereit, -willig 3 a schnell, rasch, prompt (Zustimmung etc): find a ~ market (od sale) WIRTSCH raschen Absatz finden, gut gehen b bereitwillig 4 a schlagfertig, prompt (Antwort etc): ~ wit Schlagfertigkeit f b geschickt, gewandt: a ~ pen e-e gewandte Feder 5 schnell bereit od bei der Hand: he is too ~ to criticize others 6 im Begriff, nahe daran, drauf u. dran (alle: to do zu tun): → drop B 5 a 7 WIRTSCH verfügbar, greifbar (Vermögenswerte), bar (Geld): for ~ cash gegen sofortige Kasse; ~ money Bargeld n; ~ money business Bar-, Kassageschäft n 8 bequem, leicht: ~ to (od at) hand handlich, leicht zu handhaben B V/T bes US bereit machen od fertig machen: ~ o.s. a. sich darauf vorbereiten (to do zu tun) C S 1 meist the ~ (od readies pl) umg Bargeld n: be short of the ~ knapp bei Kasse sein 2 have one's rifle at the ~ sein Gewehr schussbereit od im Anschlag halten; have one's camera at the ~ s-e Kamera aufnahmebereit halten D ADV in Zusammensetzungen: ~-built house Fertighaus n; ~-cooked meal Fertiggericht n; ~-packed abgepackt

ready|-made A ADJ 1 Konfektions…, von der Stange umg: ~ clothes pl Konfektion(skleidung) f 2 gebrauchsfertig, Fertig… 3 fig Patent…: ~ solution 4 fig schablonisiert (Antworten etc) B S 1 Konfektionsartikel m 2 KUNST Readymade n (alltäglicher Gegenstand, der als Kunstwerk ausgestellt wird); ~**-mix** ADJ & S koch- od backfertig(e Mischung), Instant(suppe f etc); ~ **reckoner** S Rechentabelle f, bes a Berechnungstabelle f b Umrechnungstabelle f; ~**-to-serve** ADJ tischfertig (Speise): ~ meal a. Fertiggericht n; ~**-to-wear** → ready-made A 1, B 1; ~**-witted** ADJ (ADV ~ly) aufgeweckt, fix, schlagfertig

reaffirm [ˌriːəˈfɜːm; US -ˈfɜrm] V/T nochmals versichern od bestätigen; **reaffirmation** [ˌriːæfə(r)ˈmeɪʃn] S erneute Versicherung

reafforest [ˌriːəˈfɒrɪst; US a. -ˈfɑr-] V/T bes Br wieder aufforsten; **reafforestation** S bes Br Wiederaufforstung f

reagency [riːˈeɪdʒənsɪ] S Gegen-, Rückwirkung f

reagent [riːˈeɪdʒənt] S 1 CHEM Reagens n, Reagenz n 2 fig Gegenkraft f, -wirkung f 3 PSYCH Test-, Versuchsperson f

real[1] [rɪəl; ˈriːəl] A ADJ (ADV → really) 1 real, tatsächlich, wirklich: ~ answer MUS reale Beantwortung (in der Fuge); taken from ~ life aus dem Leben gegriffen; his ~ name sein richtiger od bürgerlicher Name; the ℛ Presence REL die Realpräsenz (wirkliche Gegenwart Christi im Altarssakrament); the ~ reason der wahre Grund; the ~ thing umg das (einzig) Wahre; the ~ world a die Arbeitswelt b die Realität; → representative A 1 2 echt, rein (Seide etc): ~ ale Br nach traditionellen Methoden hergestelltes Bier; ~ feelings echte od aufrichtige Gefühle; "upper ~ leather" „Obermaterial echt Leder"; he is a ~ man er ist ein echter od wahrer Mann 3 PHIL real: a wirklich b absolut, unabhängig vom Bewusstsein (existierend) 4 JUR a dinglich b unbeweglich, Real…: ~ account WIRTSCH Sach(wert)konto n; ~ action dingliche Klage; ~ assets unbewegliches Vermögen, Immobilien; ~ capital WIRTSCH Sachkapital n; ~ estate (od property) Grundeigentum n, -besitz m, Landbesitz m, Liegenschaften pl; ~-estate agency US Immobilienbüro n; ~-estate agent (od broker) US Grundstücks-, Immobilienmakler(in); ~ growth WIRTSCH reales Wachstum; ~ stock WIRTSCH Ist-Bestand m; ~ wage WIRTSCH Reallohn m 5 ELEK reell, ohmsch, Wirk…: ~ power Wirkleistung f 6 MATH, OPT reell (Zahl, Bild) B S 1 the ~ PHIL a das Reale od Wirkliche b die Realität, die Wirklichkeit 2 for ~ umg wirklich, richtig, echt, im Ernst, tatsächlich: his threats were for ~ s-e Drohungen waren ernst gemeint C ADV bes US umg sehr, äußerst

real[2] [reɪˈɑːl] pl -als, -ales [-ˈɑːleɪs] S Real m (ehemalige spanische Silbermünze)

realism [ˈrɪəlɪzəm] S Realismus m: a Wirklichkeitssinn b KUNST Stilrichtung, die die wirklichkeitsnahe Darstellung pflegt c PHIL Lehre, nach der die Wirklichkeit außerhalb des Bewusstseins steht; **realist** A S Realist(in) B ADJ → realistic; **realistic** ADJ (ADV ~ally) realistisch: a wirklichkeitsnah, -getreu b nüchtern, sachlich

reality [rɪˈælətɪ] S 1 Realität f, Wirklichkeit f: in ~ a in Wirklichkeit, tatsächlich b in der Praxis; become (a) ~ wahr werden (Traum etc); bring sb back to ~ j-n auf den Boden der Tatsachen zurückholen; make sth a ~ etwas verwirklichen; believe in the ~ of God an die tatsächliche Existenz Gottes glauben 2 Wirklichkeitstreue f 3 Tatsache f, Gegebenheit f; ~ **principle** S Psychoanalyse: Realitätsprinzip n (Prinzip, nach dem ein Bedürfnis aufgeschoben u. damit der Realität angepasst werden kann)

realizable [ˈrɪəlaɪzəbl] ADJ (ADV realizably) realisierbar: a zu verwirklichen(d), aus-, durchführbar b WIRTSCH verwertbar, kapitalisierbar, verkäuflich

realization [ˌrɪəlaɪˈzeɪʃn; US -ləˈz-] S 1 Erkenntnis f 2 Realisierung f, Verwirklichung f, Aus-, Durchführung f 3 Vergegenwärtigung f 4 WIRTSCH a Realisierung f, Verwertung f, Veräußerung f b Erzielung f (e-s Gewinns etc)

realize [ˈrɪəlaɪz] V/T 1 (klar) erkennen, sich etwas klarmachen, sich im Klaren sein über (akk), begreifen, einsehen: he ~d that … er sah ein, dass …; es kam ihm zum Bewusstsein, dass …; es wurde ihm klar, dass …; do you ~ that …? ist dir (eigentlich) klar, dass …? 2 ein Projekt etc verwirklichen, realisieren, aus-, durchführen 3 sich etwas vergegenwärtigen, sich etwas (lebhaft) vorstellen 4 WIRTSCH a realisieren, verwerten, veräußern, zu Geld machen, flüssigmachen b e-n Gewinn od e-n Preis erzielen, e-e Summe einbringen: how much did you ~ on …? wie viel hast du für … bekommen?

reallocate [ˌriːˈæləʊkeɪt] V/T neu verteilen od zuteilen; **reallocation** S Neuverteilung f

really [ˈrɪəlɪ] ADV 1 wirklich, tatsächlich, eigentlich: ~? wirklich?; not ~! nicht möglich! 2 ~! (rügend) ich muss schon sagen! 3 you must ~ come Sie müssen unbedingt kommen

realm [relm] S 1 Königreich n 2 fig Reich n: the ~ of dreams; → myth 2 b 3 Bereich m,

(Fach)Gebiet *n*: **in the ~ of physics** im Bereich *od* auf dem Gebiet der Physik; **be within the ~s of possibility** im Bereich des Möglichen liegen

realpolitik [reɪ'ɑːlpɒlɪˌtiːk; *US* -ˌpəʊl-] S Realpolitik *f*

real| time S IT Real-, Echtzeit *f*; **~-time** ADJ: **~ processing** IT Realzeit-, Echtzeitverarbeitung *f*

Realtor® ['riːəltər; .-ˌtɔːr] S *US* Grundstücks-, Immobilienmakler(in) *(der/die Mitglied der National Association of Real Estate Boards ist)*

realty ['rɪəltɪ] S Grundeigentum *n*, -besitz *m*, Landbesitz *m*, Liegenschaften *pl*

ream[1] [riːm] S 1 *Papierhandel*: a **short ~** HIST 480 Blatt b **long ~** 500 Blatt c **printer's** (*od* **perfect**) **~** 516 Blatt 2 *umg* **write ~s** e-n ganzen Roman schreiben; **write ~s of** ganze Bände von … schreiben; **~s (and ~s) of** zahllose, große Mengen (von)

ream[2] [riːm] V/T 1 TECH erweitern 2 *oft* **~ out** TECH a *e-e Bohrung* (auf-, aus)räumen b *das Kaliber* ausbohren c nachbohren 3 *US e-e Orange etc* auspressen 4 *US sl* a *meist* **~ out** *j-n* zusammenstauchen *umg* b *j-n* übers Ohr hauen *umg*

reamer ['riːmə(r)] S 1 TECH Reib-, Räumahle *f* 2 *US* Fruchtpresse *f*

reanimate [ˌriː'ænɪmeɪt] V/T 1 wiederbeleben 2 *fig* neu beleben; **reanimation** S 1 Wiederbelebung *f* 2 *fig* Neubelebung *f*

reap [riːp] A V/T 1 *Getreide etc* schneiden, mähen, ernten 2 *ein Feld* mähen, abernten 3 *fig* ernten: **~ a rich reward** reichen Lohn ernten; → wind[1] A 1 B V/I mähen, ernten: **he ~s where he has not sown** *fig* er erntet, wo er nicht gesät hat; **reaper** S 1 Schnitter(in), Mäher(in): **the Grim** ♀ *fig* der Sensenmann, der Schnitter Tod 2 (Getreide)Mähmaschine *f*: **~-binder** Mähbinder *m*

reappear [ˌriːə'pɪə(r)] V/I wieder erscheinen; **reappearance** S Wiedererscheinen *n*

reapplication ['riːˌæplɪ'keɪʃn] S 1 wiederholte *od* erneute Anwendung 2 erneutes Gesuch; **reapply** [ˌriːə'plaɪ] A V/T wieder *od* wiederholt anwenden B V/I 1 wieder Anwendung finden 2 **(for)** *(etwas)* wiederholt *od* erneut beantragen, sich erneut bewerben (um)

reappoint [ˌriːə'pɔɪnt] V/T wieder ernennen, wieder einsetzen *od* anstellen; **reappointment** S Wiederernennung *f*, Wiederanstellung *f*

reappraisal [ˌriːə'preɪzl] S Neubewertung *f*, Neubeurteilung *f*

rear[1] [rɪə(r)] A S 1 Hinter-, Rückseite *f*: **at** (*US* **in**) **the ~ of the house** hinter dem Haus; **in the ~ of the house** hinten im Haus 2 Hintergrund *m*: **in the ~ of** im Hintergrund *(gen)* 3 SCHIFF, AUTO Heck *n* 4 **bring up the ~** SCHIFF, MIL, SPORT die Nachhut bilden 5 *umg* Hintern *m*: **give sb a kick in the ~** j-m in den Hintern treten B ADJ 1 hinter(er, e, es), Hinter…, Rück…: **~ axle** TECH Hinterachse *f*; **~ building** Rückgebäude *n*; **~ end** a hinter(st)er Teil, Ende *n* b *umg* Hintern *m*; **~ entrance** Hintereingang *m*; **~ exit** Hinterausgang *m*; **~ fog lamp** AUTO Nebelschlussleuchte *f*; **~ lamp** (*od* **light**) AUTO *etc Br* Rück-, Schlusslicht *n*; **~ seat** AUTO Rücksitz *m*; **~ suspension** TECH Hinterradaufhängung *f* 2 SCHIFF, AUTO Heck…: **~ drive** Heckantrieb *m*; **~ engine** Heckmotor *m*; **~ spoiler** Heckspoiler *m*; **~ window** Heckscheibe *f*; **~ wiper** AUTO Heckscheibenwischer *m* 3 MIL rückwärtig

rear[2] [rɪə(r)] A V/T 1 *ein Kind* auf-, großziehen, *Tiere* züchten, *Pflanzen* ziehen, anbauen 2 ARCH errichten, (er)bauen 3 *e-e Leiter etc* aufrichten, -stellen 4 *den Kopf* heben B V/I 1 *a.* **~ up** sich aufbäumen *(Pferd)* 2 *oft* **~ up** (auf-, hoch)ragen

rear| admiral S SCHIFF Konteradmiral *m*; **~ arch** S ARCH innerer Bogen *(e-r Fenster- od Türöffnung)*; **~-end** V/T AUTO *US* auf *ein Fahrzeug* auffahren; **~-end collision** S AUTO, **~-ender** S AUTO *US umg* Auffahrunfall *m*; **~-engined** ADJ mit Heckmotor; **~guard** S *(a. als pl konstruiert)* SCHIFF, MIL Nachhut *f*: **~ action** a Nachhutgefecht *n (a. fig)* b *fig* Verzögerungstaktik *f* c *fig* Rückzugsgefecht *n*

rearm [ˌriː'ɑː(r)m] MIL A V/T 1 wieder bewaffnen 2 neu bewaffnen *od* ausrüsten B V/I wieder aufrüsten; **rearmament** [rɪ-] S 1 Wiederbewaffnung *f* 2 Ausrüstung *f* mit neuen Waffen 3 Wiederaufrüstung *f*

rearmost ['rɪə(r)məʊst] ADJ hinterst(er, e, es), letzt(er, e, es)

rearrange [ˌriːə'reɪndʒ] V/T 1 neu ordnen, umordnen, *Möbel etc* umstellen: **~ a room** die Möbel in e-m Zimmer umstellen 2 MATH umschreiben, -wandeln 3 CHEM umlagern; **rearrangement** S 1 Um-, Neuordnung *f*, Umstellung *f* 2 MATH Umschreibung *f*, -wandlung *f* 3 CHEM Umlagerung *f*

rear| sight S MIL Kimme *f*; **~ vault** S ARCH innere *(Fenster- od Tür)* Wölbung; **~view mirror** S AUTO *etc* Rückspiegel *m*

rearward ['rɪə(r)wə(r)d] A ADJ 1 hinter(er, e, es), letzt(er, e, es), rückwärtig 2 Rück(wärts)… B ADV nach hinten, rückwärts, zurück C S → rear[1] A 1, A 2, A 3; **rearwards** → rearward B

reason ['riːzn] A S 1 (Beweg)Grund *m* (**of**, **for** *gen*, für), Ursache *f* (**for** *gen*), Anlass *m* (**for** *gen*, zu, für): **have (no) ~ to do sth** (keinen) Grund *od* (keine) Veranlassung haben, etwas zu tun; **have ~s to celebrate** Grund zum Feiern haben; **I have my ~s for saying this** ich sage das nicht von ungefähr; **the ~ why** (der Grund,) weshalb; **for the same ~** aus dem gleichen Grund *od* Anlass; **for one ~ or another** aus irgendeinem Grund; **for ~s of health** aus Gesundheitsgründen; **for ~s of space** aus Platzgründen; *he did this* **for ~s best known to himself** aus unerfindlichen Gründen; *if sth like this happens,* **it is for a ~** dann hat das (s)einen Grund; **by ~ of** wegen, infolge *(gen)*; **with ~** aus gutem Grund, mit Recht; **without any ~** a *a.* **for no ~** grundlos, ohne Grund a völlig grundlos, ohne den geringsten Grund; **without good ~** ohne triftigen Grund; **not without ~** nicht ohne Grund, nicht umsonst; **there is (no) ~ to suppose that …** es besteht (kein) Grund zu der Annahme, dass …; **there is every ~ to believe that …** alles spricht dafür, dass …; **there is good ~ for optimism** es gibt guten Grund, optimistisch zu sein; **all the more ~** ein Grund mehr (**for doing, to do** zu tun) 2 Begründung *f*, Rechtfertigung *f*: **~s** *pl* **of state** Staatsräson *f* 3 *(ohne art)* Vernunft *f*: a Verstand *m* b Einsicht *f*: **within ~** innerhalb e-s vernünftigen Rahmens; **there is ~ in what you say** was du sagst, hat Hand u. Fuß; **be** (*od* **go**) **beyond all ~** völlig überzogen sein *(Forderungen etc)*; **bring sb to ~** j-n zur Vernunft *od* Räson bringen; **lose one's ~** den Verstand verlieren; **listen to ~** Vernunft annehmen; **regain one's ~** wieder zur Vernunft kommen; **it stands to ~ that …** es leuchtet ein, dass …; es ist (doch wohl) klar, dass … 4 *(ohne art)* PHIL Vernunft *f (Ggs Verstand)*: → age A 4 5 → premise[2] 1 a B V/I 1 logisch denken, vernünftig urteilen 2 **(with)** vernünftig reden (mit), *(j-m)* gut zureden, *(j-n)* zu überzeugen suchen: **he is not to be ~ed with** er lässt nicht mit sich reden C V/T 1 schließen, folgern *(beide:* **from** *aus)* 2 *oft* **~ out** (logisch) durchdenken: **~ed** wohldurchdacht 3 zu dem Schluss kommen (**that** dass) 4 ergründen (**what** was; **why** warum) 5 (vernünftig) erörtern: **~ away** *etwas* wegdiskutieren 6 *j-n* durch Argumente überzeugen: **~ sb into (out of) sth** j-m etwas ein-(aus)reden 7 begründen 8 logisch formulieren

reasonable ['riːznəbl] ADJ (ADV → reasonably) 1 vernünftig: a vernunftgemäß *(Theorie etc)* b verständig, einsichtig *(Person)*: **he is ~** er lässt mit sich reden c vernunftbegabt *(Wesen)* d angemessen, annehmbar, zumutbar *(Bedingung, Frist etc)*, billig *(Forderung)*: **~ doubt** berechtigter Zweifel; **~ care and diligence** JUR die im Verkehr erforderliche Sorgfalt; **at ~ prices** zu erschwinglichen Preisen 2 *umg* billig, günstig: **strawberries are now ~**; **reasonableness** S 1 Vernünftigkeit *f*, Verständigkeit *f* 2 Angemessenheit *f*, Zumutbarkeit *f*, Billigkeit *f*; **reasonably** [-blɪ] ADV 1 vernünftig 2 vernünftigerweise 3 ziemlich, leidlich, einigermaßen: **~ good**

reasoner ['riːznə(r)] S logischer Geist *od* Kopf *(Person)*

reasoning ['riːznɪŋ] A S 1 Denken *n*, Folgern *n*, Urteilen *n* 2 Denkweise *f* 3 Argumentation *f*, Beweisführung *f* 4 Schluss(folgerung) *m(f)*, Schlüsse *pl* 5 Argument *n*, Beweis *m* B ADJ Denk…: **~ powers** *pl* Denkfähigkeit *f*, Urteilskraft *f*

reassemblage [ˌriːə'semblɪdʒ] S Wiederversammlung *f*; **reassemble** [-bl] V/T 1 (V/I sich) wieder versammeln 2 TECH wieder zusammenbauen

reassert [ˌriːə'sɜːt; *US* -'sɜrt] V/T 1 erneut feststellen 2 wieder geltend machen

reassess [ˌriːə'ses] V/T 1 nochmals *od* neu (ab)schätzen, *fig a.* neu beurteilen 2 neu veranlagen; **reassessment** S 1 neuerliche (Ab)Schätzung 2 Neuveranlagung *f* 3 *fig* neue Beurteilung

reassign [ˌriːə'saɪn] V/T 1 wieder zuweisen *od* zuteilen 2 *j-n* wieder ernennen 3 WIRTSCH, JUR rückübertragen; **reassignment** S 1 erneute Zuweisung *od* Zuteilung 2 WIRTSCH, JUR Rückübertragung *f*

reassume [ˌriːə'sjuːm; *bes US* -'suːm] → resume

reassurance [ˌriːə'ʃʊərəns] S 1 Beruhigung *f* 2 nochmalige *od* erneute Versicherung 3 WIRTSCH → reinsurance; **reassure** V/T 1 *j-n* beruhigen 2 *etwas* nochmals versichern *od* beteuern 3 WIRTSCH → reinsure; **reassuring** ADJ (ADV ~ly) beruhigend

Réaumur ['reɪəˌmjʊə; *US* ˌreɪəʊ'mjʊər] ADJ PHYS, HIST Reaumur…: **~ scale** Reaumur-Skala *f*

reave[1] [riːv] *prät u. pperf* reaved [riːvd], reft [reft] V/T *obs od poet* 1 *j-n* berauben (**of** *gen*) 2 *etwas* rauben, entreißen *(beide:* **from** *dat)*

reave[2] [riːv] *prät u. pperf* reaved [riːvd], reft [reft] V/T & V/I *obs od poet* zerreißen, -brechen

reaver ['riːvə(r)] S *obs od poet* Räuber *m*

rebaptism [ˌriː'bæptɪzəm] S Wiedertaufe *f*; **rebaptize** [ˌriːbæp'taɪz] V/T 1 wieder taufen 2 umtaufen

rebarbative [rɪ'bɑː(r)bətɪv] ADJ abstoßend

rebate[1] ['riːbeɪt] A S 1 Rabatt *m*, (Preis)Nachlass *m*, Ermäßigung *f*, Abzug *m*: **a £100 ~** ein Nachlass von 100 Pfund 2 Zurückzahlung *f*, (Rück-)Vergütung *f* B V/T 1 *e-e Schneide etc* abstumpfen 2 *e-e Wirkung etc* vermindern, abschwächen 3 *bes US* a *e-n Betrag* abziehen, als Rabatt gewähren b *den Preis etc* ermäßigen c *j-m* e-n Rabatt *etc* gewähren

rebate[2] ['ræbɪt; 'riːbeɪt] → rabbet

rebel ['rebl] A S 1 Rebell(in) *(a. fig)*, Aufrührer(in) 2 *US* HIST Anhänger *m* der Südstaaten

(*im amer. Bürgerkrieg*) **B** ADJ **1** rebellisch, aufrührerisch **2** Rebellen… **C** V/I **rebel** [rɪ'bel] rebellieren, sich auflehnen, aufbegehren (*alle:* **against** gegen); **rebeldom** ['rebldəm] S **1** Aufruhrgebiet *n* **2** Rebellentum *n*
rebellion [rɪ'beljən] S **1** Rebellion *f*, Aufruhr *m* (*beide:* **against, to** gegen): **the** ♀ HIST der amer. Bürgerkrieg (*1861-65*); → Great Rebellion, rise A 14 **2** Auflehnung *f*
rebellious [rɪ'beljəs] ADJ (ADV **~ly**) **1** rebellisch: **a** aufständisch, aufrührerisch **b** *fig* aufsässig, widerspenstig (*a. Sache*) **2** hartnäckig (*Krankheit*); **rebelliousness** S **1** rebellisches Wesen **2** *fig* Aufsässigkeit *f*
rebind [ˌriː'baɪnd] V/T *irr ein Buch* neu (ein)binden
rebirth [ˌriː'bɜːθ; *US* -'bɜrθ] S Wiedergeburt *f* (*a. fig*)
rebook **A** V/T & V/I [ˌriː'bʊk] umbuchen, neu buchen **B** S ['riːbʊk] Umbuchung *f*, Neubuchung *f*
reboot [ˌriː'buːt] V/T & V/I *Computer* neu starten
rebore [ˌriː'bɔː(r)] V/T TECH **1** *das Bohrloch* nachbohren **2** *den Motorzylinder* ausschleifen
reborn [ˌriː'bɔː(r)n] ADJ wiedergeboren, neugeboren (*a. fig*)
rebound[1] [rɪ'baʊnd] **A** V/I **1** abprallen (**from** von): **~ing ball** SPORT Abpraller *m* **2** *fig* **a** zurückfallen (**on, upon** auf *akk*) **b** sich als Bumerang erweisen **B** S ['riːbaʊnd] **1** Abprall *m*: **catch the ball on the ~** den abprallenden Ball fangen; **she married him on the ~ (from her ex-husband)** sie heiratete ihn, um über ihre Enttäuschung (über ihren Exmann) hinwegzukommen **2** SPORT **a** Abpraller *m* **b** *Basketball:* Rebound *m*
rebound[2] [ˌriː'baʊnd] ADJ neu gebunden (*Buch*)
rebroadcast [ˌriː'brɔːdkɑːst; *US* -ˌkæst] (RADIO, TV) **A** V/T *irr* (→ broadcast) **1** *e-e Sendung* wiederholen **2** durch Relais(stationen) übertragen **B** S **1** Wiederholung(ssendung) *f* **2** Relaisübertragung *f*
rebuff [rɪ'bʌf] **A** S (schroffe) Abweisung, Abfuhr *f*: **meet with** (*od* **suffer**) **a ~ (from sb)** (bei j-m) abblitzen *umg* **B** V/T **1** *etwas* abweisen, *j-n a.* abblitzen lassen *umg* **2** *e-n Angriff* abweisen, zurückschlagen
rebuild [ˌriː'bɪld] V/T *irr* **1** wieder aufbauen **2** umbauen **3** *fig* wiederherstellen, wieder aufbauen
rebuke [rɪ'bjuːk] **A** V/T **1** *j-n* (scharf) tadeln, rügen, rüffeln, zurechtweisen (*alle:* **for** wegen) **2** *etwas* (scharf) tadeln, rügen **B** S Rüge *f*, (scharfer) Tadel, Rüffel *m*; **rebukeful** ADJ (ADV **~ly**) rügend, tadelnd, vorwurfsvoll
rebus ['riːbəs] S **1** Rebus *m/n*, Bilderrätsel *n* **2** *Heraldik:* redendes Wappen
rebut [rɪ'bʌt] *bes* JUR **A** V/T widerlegen, entkräften **B** V/I den Gegenbeweis antreten; **rebuttal** S Widerlegung *f*, Entkräftung *f*; **rebutter** S Gegenbeweis *m*
rec [rek] S **1** *Brit. umg für* **recreation ground** Spiel-, Sportplatz *m* **2** *US* **~ room** **a** Spielzimmer *n* **b** Hobbyraum *m*
rec. ABK **1** receipt **2** recipe **3** record
recalcitrance [rɪ'kælsɪtrəns], **recalcitrancy** [-sɪ] S Widerspenstigkeit *f*; **recalcitrant** **A** ADJ (ADV **~ly**) widerspenstig, aufsässig (**to** gegenüber) **B** S Widerspenstige(r) *m/f(m)*; **recalcitrate** [-treɪt] V/I aufsässig sein, sich sträuben (**against, at** gegen)
recalesce [ˌriːkə'les] V/I METALL (beim Abkühlen) wieder aufglühen; **recalescence** S Rekaleszenz *f*
recall [rɪ'kɔːl] **A** V/T **1** **a** *j-n* zurückrufen, *e-n Botschafter etc* abberufen **b** *defekte Autos etc* (in die Werkstatt) zurückrufen **2** sich erinnern an (*akk*), sich *etwas* ins Gedächtnis zurückrufen: **I can't ~ seeing her** ich kann mich nicht daran erinnern, sie gesehen zu haben **3** *j-n* erinnern (**to** an *akk*) **4** *Erinnerungen etc* wachrufen: **~ sth to sb** (*od* **sb's mind**) j-m etwas ins Gedächtnis zurückrufen, j-n an etwas erinnern **5** *j-s Aufmerksamkeit etc* erneut lenken (**to** auf *akk*) **6** *ein Versprechen etc* zurücknehmen, widerrufen, rückgängig machen **7** WIRTSCH *Kapital, e-n Kredit etc* (auf)kündigen: **until ~ed** bis auf Widerruf **8** *Gefühle etc* wieder wachrufen **9** IT *Daten (aus dem Speicher)* abrufen **B** S [*a.* 'riː-kɔːl] **1** **a** Zurückrufung *f*, Abberufung *f* **b** Rückruf *m* (in die Werkstatt), Rückrufaktion *f* **2** Widerruf *m*, Zurücknahme *f*: **beyond** (*od* **past**) **~** unwiderruflich, unabänderlich **3** WIRTSCH (Auf)Kündigung *f* **4** Gedächtnis *n*: **have the gift** (*od* **power[s]**) **of total ~** das absolute Gedächtnis haben; **~ test** SCHULE Nacherzählung *f* **5** Wachrufen *n* **6** *Marktforschung:* **a** Erinnerungsindex *m* **b** Erinnerungstest *m* **7** MIL Signal *n* zum Sammeln *od* zur Rückkehr; **recallable** ADJ widerruflich, widerrufbar
recant [rɪ'kænt] **A** V/T *e-e Behauptung etc* (formell) zurücknehmen, (öffentlich) widerrufen **B** V/I (öffentlich) widerrufen; **recantation** [ˌriːkæn'teɪʃn] S (öffentliche) Widerrufung
recap[1] TECH *US* **A** V/T [ˌriː'kæp] *Autoreifen* runderneuern **B** S ['riːˌkæp] runderneuerter (Auto)Reifen
recap[2] ['riːkæp] *umg für* recapitulate, recapitulation
recapitalization ['riːˌkæpɪtəlaɪ'zeɪʃn; *US* -lə-'z-] S WIRTSCH Neukapitalisierung *f*
recapitulate [ˌriːkə'pɪtjʊleɪt; *US* -'pɪtʃəˌl-] V/T **1** *a.* V/I rekapitulieren, kurz zusammenfassen *od* wiederholen **2** BIOL *Vorfahrenmerkmale* rekapitulieren **3** MUS *ein Thema* wieder aufnehmen; **recapitulation** [-'leɪʃn] S **1** Rekapitulation *f*, kurze Wiederholung *od* Zusammenfassung **2** BIOL Rekapitulation *f* (*Wiederholung der Stammesentwicklung in der Keimesentwicklung*): **~ theory** Rekapitulationstheorie *f* **3** MUS Reprise *f*
recaption [ˌriː'kæpʃn] S JUR Wiederwegnahme *f* (*e-s widerrechtlich vorenthaltenen Besitzes*)
recapture [ˌriː'kæptʃə(r)] **A** V/T **1** wiedererlangen **2** wieder ergreifen **3** MIL zurückerobern **4** *fig e-e Stimmung etc* wieder einfangen **B** S **1** Wiedererlangung *f* **2** Wiederergreifung *f* **3** MIL Zurückeroberung *f* **4** JUR *US* Enteignung *f* übermäßiger Gewinne durch den Staat
recast [ˌriː'kɑːst; *US* -'kæst] **A** V/T *irr* **1** TECH umgießen **2** *fig ein Werk* umarbeiten, -formen, neu-, umgestalten: **~ a novel** e-n Roman umarbeiten *od* umschreiben **3** THEAT *ein Stück, e-e Rolle* umbesetzen, neu besetzen **4** *etwas* (noch einmal) durchrechnen **B** S [*a.* 'riː-] **1** TECH Umguss *m* **2** Umarbeitung *f*, -gestaltung *f* **3** THEAT Neu-, Umbesetzung *f*
recce ['rekɪ], **recco** ['rekəʊ], **reccy** ['rekɪ] MIL *sl für* reconnaissance 1
recd, rec'd ABK received
recede [rɪ'siːd] V/I **1** (**from**) zurücktreten, -gehen (von), -weichen (vor *dat*): **his hair is beginning to ~ (from his forehead)** er bekommt e-e Stirnglatze; **his hair is receding at the temples** er hat Geheimratsecken *umg hum*; **~ into the background** *fig* in den Hintergrund treten **2** ent-, verschwinden **3** (**from**) **a** zurücktreten (von): **~ from an office** (**a contract,** *etc*) **b** Abstand nehmen (von): **~ from a project** **c** aufgeben (*akk*): **~ from an opinion** **4** *bes* WIRTSCH zurückgehen, im Wert fallen **5** POL *US* die oppositionelle Haltung im Kongress aufgeben; **receding** ADJ fliehend (*Kinn, Stirn*)
receipt [rɪ'siːt] **A** S **1** *bes* WIRTSCH Empfangsbestätigung *f*, -bescheinigung *f*, Quittung *f*: **against** (*od* **on**) **~** gegen Quittung; **~ book** Quittungsbuch *n* (→ A 4); **~ stamp** Quittungsstempel(marke) *m(f)* **2** *pl* WIRTSCH Einnahmen *pl*, Eingänge *pl* **3** *bes* WIRTSCH Empfang *m*, Erhalt *m* (*e-s Briefes, e-r Sendung*), Eingang *m* (*von Waren*): **on ~ of** bei *od* nach Empfang *od* Eingang (*gen*) **4** *obs od US dial* (Koch)Rezept *n*: **~ book** Rezeptbuch *n* (→ A 1) **B** V/T quittieren; **receiptor** [-tə(r)] S *bes US* Empfänger(in)
receivable [rɪ'siːvəbl] **A** ADJ **1** annehmbar, zulässig: **be ~** als gesetzliches Zahlungsmittel gelten **2** WIRTSCH ausstehend: **bills ~, notes ~** Rimessen, Wechselforderungen **B** S *pl* WIRTSCH Außenstände *pl*, Forderungen *pl*
receive [rɪ'siːv] **A** V/T **1** *e-n Brief, Eindruck etc* erhalten, bekommen, empfangen: **~ attention** Aufmerksamkeit finden *od* auf sich ziehen; **~ stolen goods** Hehlerei treiben **2** an-, entgegennehmen, in Empfang nehmen: **~ sb's confession** j-m die Beichte abnehmen **3** *Geld etc* einnehmen, vereinnahmen **4** RADIO, TV *e-e Sendung* empfangen **5** *e-e Last etc* tragen, *e-r Last etc* standhalten **6** fassen, aufnehmen: **this hole is large enough to ~ three men** **7** erleben, erfahren, erleiden: **~ a refusal** e-e Ablehnung erfahren, abgelehnt werden **8** *e-n Armbruch etc* davontragen: **~ a broken arm** **9** *j-n* bei sich aufnehmen **10** *e-e Nachricht etc* aufnehmen, reagieren auf (*akk*): **how did he ~ this offer?**; **his book was well ~d** sein Buch kam gut an **11** *e-n Besucher etc* empfangen, begrüßen **12** *j-n* zulassen (**to, into** zu) **13** *j-n* aufnehmen (**into** in *e-e Gemeinschaft*) **14** *e-e Doktrin etc* (als gültig) anerkennen **15** *etwas* annehmen (**as** als): **~ sth as certain**; **~ sth as prophecy** etwas als Prophezeiung auffassen **B** V/I **1** nehmen **2** (Besuch) empfangen **3** *bes Br* Hehlerei treiben **4** **a** REL das Abendmahl empfangen **b** KATH kommunizieren
received [rɪ'siːvd] ADJ **1** erhalten, empfangen: **~ with thanks** dankend erhalten **2** (allgemein *od* als gültig) anerkannt: ♀ **Pronunciation** *Br* Standardaussprache *f*; **~ text** authentischer Text; **the ~ wisdom is that …** die landläufige Meinung geht dahin, dass … **3** vorschriftsmäßig, korrekt
receive mode S IT: Empfangsbetrieb *m*
receiver [rɪ'siːvə(r)] S **1** Empfänger(in) **2** TECH **a** *Funk:* Empfänger *m*, Empfangsgerät *n* **b** TEL Hörer *m*: **~ cap** Hörmuschel *f*; → put down A 1 a, replace 4 **3** JUR **a** *a.* **official ~** gerichtlich eingesetzte(r) Zwangs- *od* Konkursverwalter(in) **b** amtlich bestellte(r) Liquidator/Liquidatorin **c** Treuhänder(in) **4** WIRTSCH (*Zoll-, Steuer*) Einnehmer(in) **5** *a.* **~ of stolen goods** Hehler(in) **6** TECH (Auffang-, Sammel)Behälter *m* **7** Rezipient *m*: **a** CHEM Sammelgefäß *n* **b** PHYS Glocke *f* (*der Luftpumpe*) **8** *Tennis etc:* Rückschläger(in); **receivership** S JUR Zwangs-, Konkursverwaltung *f*: **go into ~** unter Konkursverwaltung gestellt werden; **put into ~** unter Konkursverwaltung stellen
receiving [rɪ'siːvɪŋ] S **1** Annahme *f* **2** *Funk:* Empfang *m* **3** JUR Hehlerei *f*; **~ end** S: **be on the ~ of** *umg* **a** derjenige sein, der *etwas* ausbaden muss **b** *etwas* abkriegen **c** die Zielscheibe (*gen*) sein; **~ hopper** S TECH Schüttrumpf *m*; **~ office** S Annahmestelle *f*; **~ order** S JUR Konkurseröffnungsbeschluss *m*; **~ set** → receiver 2 a; **~ station** S *Funk:* Empfangsstation *f*
recency ['riːsnsɪ] S Neuheit *f*

recension [rɪˈsenʃn] S 1 Prüfung *f*, Revision *f*, Durchsicht *f* (*e-s Textes etc*) 2 revidierter Text

recent [ˈriːsnt] ADJ 1 vor Kurzem *od* unlängst geschehen *od* entstanden *etc*, der jüngsten Vergangenheit, neueren *od* jüngeren Datums: **~ events** noch nicht lange zurückliegende Ereignisse; **the ~ events** die jüngsten Ereignisse 2 neu (entstanden), jung, frisch: **of ~ date** neueren *od* jüngeren Datums; **a ~ photo** ein neueres Foto 3 neu, modern 4 *a.* ♀ GEOL neu(zeitlich) 5 kürzlich *od* eben (an)gekommen: **~ from Paris** frisch aus Paris; **recently** ADV kürzlich, vor Kurzem, unlängst, neulich: **till ~** bis vor Kurzem; **recentness** → recency

recept [ˈriːsept] S PSYCH Erfahrungsbegriff *m*, -bild *n*

receptacle [rɪˈseptəkl] S 1 Behälter *m*, Gefäß *n* 2 BOT Fruchtboden *m* 3 ELEK Steckdose *f* 4 Unterschlupf *m*, Aufenthaltsort *m*

receptible [rɪˈseptəbl] ADJ 1 an-, aufnehmbar 2 aufnahmefähig, empfänglich (*beide:* **of** für)

reception [rɪˈsepʃn] S 1 Empfang *m*, Erhalt *m*: **~ (desk)** Rezeption *f* (*im Hotel*); **at ~, at the ~ desk** an der Rezeption 2 Annahme *f* (*a. Volleyball*): **~ of the ball** SPORT Ballannahme 3 Zulassung *f* 4 Aufnahme *f* (**into** in *akk*) 5 (offizieller) Empfang, *a.* Empfangsabend *m*: **at a ~** auf e-m Empfang; **give sb an enthusiastic ~** j-m e-n begeisterten Empfang bereiten; **he was given a cool ~** er wurde kühl empfangen; **hold** (*od* **give**) **a ~** e-n Empfang geben; **~ committee** Empfangskomittee *n* 6 RADIO, TV Empfang *m*: **~ area** Empfangsgebiet *n*; **~ interference** Empfangsstörung *f* 7 *a.* **~ class** SCHULE *Br* a Anfängerklasse *f* b *Klasse für Einwanderer mit geringen Englischkenntnissen*

receptionist [rɪˈsepʃənɪst] S 1 Empfangsdame *f od* -chef *m* 2 MED Arzthelferin *f* (*am Empfang*)

reception room S 1 Empfangszimmer *n* 2 Wohnzimmer *n* 3 Gesellschaftszimmer *n* (*im Hotel etc*)

receptive [rɪˈseptɪv] ADJ (ADV ~ly) 1 **~ capacity** Aufnahmekapazität *f* 2 aufnahmefähig, empfänglich (*beide:* **to** für) 3 rezeptiv (*nur aufnehmend*) 4 BIOL rezeptorisch, Empfängnis…: **~ spot** Empfängnisfleck *m*; **receptiveness, receptivity** [ˌresepˈtɪvətɪ; *bes US* ˌriː-] S Aufnahmefähigkeit *f*, Empfänglichkeit *f*

receptor [rɪˈseptə(r)] S BIOL Rezeptor *m* (*Sinnesorgan*)

recess [rɪˈses; ˈriːses] A S 1 (zeitweilige) Unterbrechung (*a.* JUR *der Verhandlung*), (*US a.* Schul)Pause *f*, *bes US od* PARL Ferien *pl*: **Congress is at ~ now** zurzeit sind Kongressferien; **have ~** Pause haben 2 Schlupfwinkel *m* 3 ARCH (Wand)Vertiefung *f*, Nische *f*, Alkoven *m* 4 TECH Aussparung *f*, Einschnitt *m* 5 *pl fig* (*das*) Innere, Tiefe(n) *f(pl)*: **the ~es of the heart** die geheimen Winkel des Herzens B V/T 1 in e-e Nische stellen, zurücksetzen 2 vertiefen, e-e Nische machen in *e-e Wand etc* 3 TECH aussparen, einsenken: **~ed switch** Unterputzschalter *m* C V/I *US* e-e Pause *od* Ferien machen, die Verhandlung *od* Sitzung unterbrechen, sich vertagen

recession [rɪˈseʃn] S 1 Zurücktreten *n* 2 → recess A 3, A 4 3 REL Auszug *m* (*der Geistlichen etc nach dem Gottesdienst*) 4 WIRTSCH Rezession *f* (*(leichter) Konjunkturrückgang*); **recessional** [-ʃənl] A ADJ 1 REL Schluss…: **~ hymn** → B 2 (Parlaments)Ferien… 3 WIRTSCH Rezessions… B S REL Schlusschoral *m*; **recessionary** [-ʃnərɪ; *US* -ʃəˌneriː] ADJ WIRTSCH Rezessions…

recessive [rɪˈsesɪv] ADJ (ADV ~ly) 1 zurücktretend, -gehend 2 BIOL rezessiv (*nicht in Erscheinung tretend; Erbfaktoren*) 3 LING rückläufig (*Akzent*)

recharge [ˌriːˈtʃɑː(r)dʒ] V/T 1 wieder (be)laden 2 MIL a nachladen b von Neuem angreifen 3 ELEK *e-e Batterie* wieder auf-, nachladen: **~ one's batteries** *fig* s-n Akku aufladen, neue Kräfte tanken; **the holiday has really ~d my batteries** der Urlaub hat mir so richtig gutgetan; **rechargeable** ADJ ELEK wiederaufladbar

recheck [ˌriːˈtʃek] V/T nachprüfen

recherché [rəˈʃeəʃeɪ; *US* rəˌʃerˈʃeɪ] ADJ 1 (sorgfältig) ausgesucht 2 preziös, gekünstelt, geschraubt (*Ausdruck etc*) 3 exquisit, elegant

rechristen [ˌriːˈkrɪsn] → rebaptize

recidivism [rɪˈsɪdɪvɪzəm] S *bes* JUR Rückfall *m*, Rückfälligkeit *f*: **high ~** hohe Rückfallquote; **recidivist** A S Rückfällige(r) *m/f(m)*, Rückfalltäter(in) B ADJ rückfällig; **recidivous** ADJ rückfällig

recip. ABK 1 reciprocal 2 TECH reciprocity

recipe [ˈresɪpɪ] S 1 (Koch)Rezept *n*: **~ for making bread** Brotrezept; **~ book** Kochbuch *n*; **~ card** Kochkarte *f* 2 MED *obs u. fig* Rezept *n* (**for** für)

recipience [rɪˈsɪpɪəns], **recipiency** [-sɪ] S 1 Aufnehmen *n*, -nahme *f* 2 Aufnahmefähigkeit *f*; **recipient** A S Empfänger(in): **be the ~ of sth** etwas empfangen B ADJ 1 aufnehmend: **~ country** Empfängerland *n* 2 empfänglich, aufnahmefähig (*beide:* **to** für)

reciprocal [rɪˈsɪprəkl] A ADJ (ADV ~ly) 1 wechsel-, gegenseitig (*Zuneigung etc*): **~ insurance** WIRTSCH Versicherung *f* auf Gegenseitigkeit; **~ relationship** Wechselbeziehung *f*; **~ trade agreement** Handelsvertrag *m* auf Gegenseitigkeit 2 entsprechend, Gegen…: **~ service** Gegendienst *m* 3 (entsprechend) umgekehrt: **~ ratio** umgekehrtes Verhältnis; **~ly proportional** umgekehrt proportional 4 LING, MATH reziprok: **~ pronoun** Reziprokpronomen *n*, wechselbezügliches Fürwort; **~ value** → B 2 B S 1 Gegenstück *n* 2 MATH Kehrwert *m*

reciprocate [rɪˈsɪprəkeɪt] A V/T 1 *e-n Besuch, Gefühle etc* erwidern 2 *Komplimente etc* austauschen 3 TECH hin- u. herbewegen B V/I 1 sich erkenntlich zeigen, sich revanchieren (*beide:* **for** für; **with** mit): **glad to ~** zu Gegendiensten gern bereit 2 in Wechselbeziehung stehen 3 sich entsprechen 4 TECH sich hin- u. herbewegen: **reciprocating engine** Kolbenmaschine *f*

reciprocation [rɪˌsɪprəˈkeɪʃn] S 1 Erwiderung *f* 2 Erkenntlichkeit *f* 3 Austausch *m* 4 TECH Hinundherbewegung *f*

reciprocity [ˌresɪˈprɒsətɪ; *US* -ˈprɑ-] S 1 Reziprozität *f*, Gegen-, Wechselseitigkeit *f*, gegenseitige Beziehung 2 Austausch *m*, Zusammenarbeit *f* 3 WIRTSCH Gegenseitigkeit *f* (*in Handelsverträgen etc*): **~ clause** Gegenseitigkeitsklausel *f*

recital [rɪˈsaɪtl] S 1 a Vortrag *m*, Vorlesung *f* b → recitation 1 2 MUS (Solo)Vortrag *m*, Konzert(abend) *n(m)*, (*Orgel- etc*) Konzert *n*: **give a piano ~** ein Klavierkonzert geben; → lieder recital 3 Schilderung *f*, Bericht *m*, Erzählung *f* 4 Aufzählung *f* 5 *a.* **~ of fact** JUR Darstellung *f* des Sachverhalts

recitation [ˌresɪˈteɪʃn] S 1 Auf-, Hersagen *n* 2 Rezitieren *n* 3 Vortrag *m*, Rezitation *f* 4 SCHULE *US* a Abfragestunde *f* b reguläre Unterrichtsstunde 5 Vortragsstück *n*

recitative [ˌresɪtəˈtiːv] MUS A ADJ rezitativisch B S Rezitativ *n* (*Sprechgesang*)

recite [rɪˈsaɪt] A V/T 1 (auswendig) her-, aufsagen 2 *Gedichte etc* rezitieren, vortragen 3 JUR a *den Sachverhalt* darstellen b anführen, zitieren 4 aufzählen 5 erzählen B V/I 1 SCHULE *US* s-e Lektion aufsagen 2 rezitieren, vortragen; **reciter** S 1 Rezitator *m*, Rezitatorin *f*, Vortragskünstler(in) 2 Vortragsbuch *n*

reck [rek] *bes poet* A V/I 1 sich Sorgen machen (**of, for** um) 2 achten (**of** auf *akk*) 3 zählen, von Bedeutung sein B V/T 1 sich kümmern *od* sorgen um 2 *j-n* kümmern, angehen

reckless [ˈreklɪs] ADJ (ADV ~ly) 1 unbesorgt, unbekümmert (*beide:* **of** um): **be ~ of danger** sich um e-e Gefahr nicht kümmern 2 a sorglos, leichtsinnig, -fertig b verwegen, waghalsig 3 a rücksichtslos b JUR (bewusst) fahrlässig: **~ driving** *US* grob fahrlässiges Fahren; **recklessness** S 1 Unbesorgtheit *f*, Unbekümmertheit *f* 2 a Sorglosigkeit *f*, Leichtsinn *m*, -fertigkeit *f* b Verwegenheit *f*, Waghalsigkeit *f* 3 a Rücksichtslosigkeit *f* b JUR (bewusste) Fahrlässigkeit

reckon [ˈrekən] A V/T 1 *a.* **~ up** (be-, er)rechnen: **~ a sum** e-e Summe errechnen *od* addieren; **~ in** ein-, mitrechnen 2 betrachten, ansehen (**as, for** als) 3 halten für: **I ~ him (to be) wise** 4 rechnen, zählen (*beide:* **among** zu) 5 kalkulieren 6 meinen, der Meinung sein (*beide:* **that** dass) 7 **I ~** (*in Parenthese*) glaube ich, schätze ich 8 *sl* für gut halten: **I don't ~ his chances of success** B V/I 1 zählen, rechnen: **~ with** a rechnen mit (*a. fig*) b abrechnen mit (*a. fig*); **she is to be ~ed with** mit ihr muss man rechnen; **he's a man to be ~ed with** er ist ein Mann, mit dem man rechnen muss; **you'll have me to ~ with** du wirst es mit mir zu tun bekommen; **~ without** a nicht rechnen mit (*a. fig*) b *fig* die Rechnung machen ohne; **I had ~ed without their coming** ich hatte nicht damit gerechnet, dass sie kommen würden; **~ (up)on** a *fig* zählen auf *j-n, j-s Hilfe etc* b rechnen mit (*a. fig*); **I ~ on seeing him** ich rechne damit, ihn zu sehen; → host[2] A 2 2 zählen, von Bedeutung sein; **reckoner** [ˈreknə(r)] S 1 Rechner(in) 2 → ready reckoner

reckoning [ˈreknɪŋ] S 1 Rechnen *n*, Zählen *n* 2 Berechnung *f*: **by my ~** nach m-r Berechnung; **be out of** (*od* **out in**) **one's ~** sich verrechnet haben (*a. fig*) 3 SCHIFF Gissung *f*: → dead reckoning 4 Abrechnung *f*: **day of ~** a Tag *m* der Abrechnung b REL (*der*) Jüngste Tag 5 *obs* Rechnung *f*: **pay one's ~**

reclaim [rɪˈkleɪm] A V/T 1 *Eigentum, Rechte etc* zurückfordern, zurückverlangen, reklamieren (*alle:* **from** von) 2 *Land* urbar machen: **~ land from the sea** dem Meer Land abgewinnen 3 *Tiere* zähmen, abrichten 4 *ein Volk, Wilde* zivilisieren 5 *j-n* bekehren, bessern 6 TECH, CHEM wiedergewinnen, regenerieren (*beide:* **from** aus): **~ed rubber** Regeneratgummi *m/n* B V/I protestieren, Einspruch erheben (*beide:* **against** gegen) C S **beyond** (*od* **past**) **~** unverbesserlich

reclaimable [rɪˈkleɪməbl] ADJ (ADV **reclaimably**) 1 verbesserungsfähig 2 kulturfähig (*Land*) 3 TECH, CHEM regenerierfähig

reclamation [ˌrekləˈmeɪʃn] S 1 Reklamation *f*: a Rückforderung *f* b Einspruch *m* 2 Bekehrung *f*, Besserung *f* 3 Urbarmachung *f* 4 CHEM, TECH Wiedergewinnung *f*, Regenerierung *f*

réclame [reɪˈklɑːm] S 1 Reklame *f* 2 → showmanship 3

recline [rɪˈklaɪn] A V/I 1 sich (an-, zurück)lehnen (**on, upon** an *akk*): **reclining chair** → recliner a; **~ seat** → recliner b 2 ruhen, liegen (**on, upon** an, auf *dat*): **~d** liegend B V/T 1 (an-, zurück)lehnen (**on, upon** an *akk*) 2 hinle-

R

gen (**on, upon** auf *akk*); **recliner** S a Sessel *m* mit verstellbarer Rückenlehne b AUTO Liegesitz *m*

recluse [rɪ'klu:s; *US a.* 'rek,lu:s] A S Einsiedler(in), Klausner(in) B ADJ 1 einsam, abgeschieden (**from** von) 2 einsiedlerisch, zurückgezogen (*Leben*); **reclusion** [-ʒn] S 1 Einsamkeit *f*, Abgeschiedenheit *f* 2 Zurückgezogenheit *f*; **reclusive** ADJ → recluse B: **live ~ly** ein zurückgezogenes Leben führen, zurückgezogen leben

recoat [,ri:'kəʊt] V/T neu überziehen *od* anstreichen

recognition [,rekəg'nɪʃn] S 1 (Wieder)Erkennen *n*, Erkennung *f*: **~ light** FLUG Kennlicht *n*; **~ mark** ZOOL Kennzeichen *n*; **~ vocabulary** LING passiver Wortschatz; **beyond** (*od* **out of all**) **~** bis zur Unkenntlichkeit *verstümmelt etc*; **the town has changed beyond ~** die Stadt ist nicht mehr wiederzuerkennen 2 Erkenntnis *f* 3 Anerkennung *f*: **in** (*od* **as a**) **~ of** als Anerkennung für, in Anerkennung (*gen*); **win ~** sich durchsetzen, Anerkennung finden 4 POL (*völkerrechtliche, formelle*) Anerkennung (*e-s Staates etc*) 5 *bes US* Worterteilung *f*

recognizable ['rekəgnaɪzəbl] ADJ (**recognizably**) (wieder)erkennbar, kenntlich

recognizance [rɪ'kɒgnɪzəns; -'kɒn-; *US* -'kɑ-] S 1 JUR (*vor Gericht übernommene*) schriftliche Verpflichtung *od* Anerkennung (*zur Verhandlung zu erscheinen etc*) *od* (Schuld)Anerkenntnis 2 JUR Sicherheitsleistung *f* 3 *obs* a → recognition b (Kenn-, Merk)Zeichen *n*; **recognizant** ADJ: **be ~ of** anerkennen

recognize ['rekəgnaɪz] A V/T 1 (wieder)erkennen (**by** an *dat*) 2 *etwas* (klar) erkennen 3 *j-n, e-e Schuld etc, a.* POL *e-e Regierung etc* anerkennen (**as** als): **an internationally ~d scientist** ein international anerkannter Wissenschaftler 4 *j-s Dienste etc* lobend anerkennen 5 zugeben, einsehen (*beide:* **that** dass): **~ defeat** sich geschlagen geben 6 *j-n* (*auf der Straße*) grüßen 7 Notiz nehmen von 8 *bes US j-m* das Wort erteilen B V/I JUR *bes US* sich vor Gericht schriftlich verpflichten (**in** zu); **recognizedly** [-zɪdlɪ] ADV anerkanntermaßen

recoil A V/I [rɪ'kɔɪl] 1 zurückprallen 2 MIL zurückstoßen (*Gewehr, Rohr etc*) 3 zurückschrecken, -schaudern, -fahren, -weichen (*alle:* **from** vor *dat*) 4 *fig* zurückfallen (**on** auf *akk*) 5 *obs* zurückgehen, -weichen (*beide:* **before** vor *dat*) B S [*a.* 'ri:kɔɪl] 1 Zurückschrecken *n* 2 Rückprall *m*: **~ atom** PHYS Rückstoßatom *n* 3 MIL a Rückstoß *m* (*e-s Gewehrs*) b (Rohr)Rücklauf *m* (*e-s Geschützes*): **~ brake** Rücklaufbremse *f*; **~ cylinder** Bremszylinder *m* 4 Rückwirkung *f*, Reaktion *f*; **recoilless** ADJ MIL rückstoßfrei

recoin [,ri:'kɔɪn] V/T wieder prägen, umprägen; **recoinage** S Neu-, Umprägung *f*

recollect [,rekə'lekt] A V/T 1 sich erinnern (*gen*) *od* an (*akk*), sich besinnen auf (*akk*), sich *etwas* ins Gedächtnis zurückrufen: **~ doing sth** sich daran erinnern, etwas getan zu haben 2 **~ o.s.** *bes* REL sich versenken: **~ed** a beschaulich b gesammelt, ruhig, gefasst B V/I sich erinnern: **as far as I (can) ~** soweit ich mich erinnere, soviel mir erinnerlich ist

re-collect [,ri:kə'lekt] V/T wieder sammeln: **~ o.s.** *fig* a sich (wieder) sammeln b sich fassen; **~ one's courage** wieder Mut fassen

recollection [,rekə'lekʃn] S 1 Erinnerung(svermögen) *f(n)*, Gedächtnis *n*: **it is in my ~ that …** ich erinnere mich, dass …; **it is within my ~** es ist mir in Erinnerung *od* erinnerlich; **have no ~ of** sich nicht erinnern können an (*akk*); **the best of my ~** soweit ich mich erinnern kann 2 Erinnerung *f* (**of** an *akk*): **bring ~s to sb's mind** bei j-m Erinnerungen wachrufen 3 *bes* REL (innere) Sammlung

recollective [,rekə'lektɪv] ADJ (ADV **~ly**) 1 Erinnerungs… 2 erinnerungsfähig 3 gesammelt, ruhig

recommence [,ri:kə'mens] A V/I von Neuem *od* wieder anfangen, wieder beginnen B V/T *etwas* erneut beginnen, wieder aufnehmen; **recommencement** S Wieder-, Neubeginn *m*

recommend [,rekə'mend] V/T 1 empfehlen, vorschlagen: **~ sth to sb** j-m etwas empfehlen; **~ sb for a post** j-n für e-n Posten empfehlen; **the hotel is ~ed for its good food** das Hotel empfiehlt sich durch s-e gute Küche; **travel(l)ing by air has much to ~ it** das Reisen per Flugzeug hat viel für sich; **I ~ buying this dictionary** ich schlage vor, dieses Wörterbuch zu kaufen 2 *j-m* raten, empfehlen (*beide:* **to do** zu tun) 3 empfehlen: **his manners ~ him** s-e Manieren sprechen für ihn 4 *obs* (an) empfehlen, anvertrauen: **~ one's soul to God**; **recommendable** ADJ empfehlenswert, zu empfehlen(d), ratsam

recommendation [,rekəmen'deɪʃn] S Empfehlung *f*: a Fürsprache *f*: **on** (*od* **upon**) **the ~ of** auf Empfehlung von (*od gen*) b Vorschlag *m* c *a.* **letter of ~** Empfehlungsschreiben *n* d empfehlende Eigenschaft; **recommendatory** [-dətərɪ; *US* -də,təʊri:; -,tɔ:-] ADJ 1 empfehlend, Empfehlungs…: **~ letter** 2 als Empfehlung dienend

recommission [,ri:kə'mɪʃn] V/T 1 wieder beauftragen, wieder anstellen 2 MIL *e-n Offizier* reaktivieren 3 SCHIFF *ein Schiff* wieder in Dienst stellen

recommit [,ri:kə'mɪt] V/T 1 wieder anvertrauen *od* übergeben (**to** *dat*) 2 PARL *e-e Gesetzesvorlage* an e-n Ausschuss zurückverweisen 3 JUR *j-n* erneut einweisen (**to prison** in e-e Strafanstalt; **to an institution** in e-e Heil- u. Pflegeanstalt) 4 *ein Verbrechen etc* erneut begehen; **recommitment**, **recommittal** S 1 PARL Zurückverweisung *f* an e-n Ausschuss 2 JUR erneute Einweisung

recompense ['rekəmpens] A V/T 1 *j-n* belohnen, entschädigen (*beide:* **for** für) 2 *etwas* vergelten, lohnen (*beide:* **to sb** j-m) 3 *etwas* erstatten, ersetzen, wiedergutmachen B S 1 Entschädigung *f*, Ersatz *m*: **in** (*od* **as a**) **~ for** als Entschädigung für 2 Vergeltung *f*, Lohn *m* (*beide a. weitS. Strafe*), Belohnung *f*

recompose [,ri:kəm'pəʊz] V/T 1 wieder zusammensetzen 2 neu (an)ordnen, umgestalten, -gruppieren 3 wieder in Ordnung bringen 4 *fig* wieder beruhigen 5 TYPO neu setzen; **recomposition** [-,kɒmpə'zɪʃn; *US* -,kɑm-] S 1 Wiederzusammensetzung *f* 2 Umgestaltung *f*, Umgruppierung *f*, Neuordnung *f* 3 TYPO Neusatz *m*

reconcilable ['rekənsaɪləbl] ADJ (ADV **reconcilably**) 1 versöhnbar 2 vereinbar (**with** mit)

reconcile ['rekənsaɪl] V/T 1 *j-n* ver-, aussöhnen (*beide:* **to, with** mit): **~ o.s. to, become ~d to** *fig* sich versöhnen *od* abfinden *od* befreunden mit, sich in *sein Schicksal etc* fügen; **be ~d to** sich abgefunden haben mit; **~ o.s. to doing sth** sich mit dem Gedanken befreunden, etwas zu tun 2 *e-n Streit etc* beilegen, schlichten 3 in Einklang bringen (**with, to** mit); **reconcilement** → reconciliation; **reconciliation** [-sɪlɪ'eɪʃn] S 1 Ver-, Aussöhnung *f* 2 Schlichtung *f* 3 Einklang *m* (**between** zwischen, unter *dat*); **reconciliatory** [-'sɪlɪətərɪ; *US* -,təʊri:; -,tɔ:-] ADJ versöhnlich, Versöhnungs…

recondite [rɪ'kɒndaɪt; 'rekən-; *US* rɪ'kɑn-] ADJ (ADV **~ly**) 1 tief(gründig), abstrus, dunkel (*Buch etc*) 2 obskur (*Autor etc*) 3 *obs* versteckt

recondition [,ri:kən'dɪʃn] V/T 1 *e-n Motor etc* wieder instand setzen, (general)überholen: **~ed engine** Austauschmotor *m* 2 *Gewohnheiten etc* ändern

reconnaissance, *a.* **reconnoissance** [rɪ'kɒnɪsəns; *US* rɪ'kɑnəzəns] S 1 MIL a Erkundung *f* (*des Geländes*), Aufklärung *f* (*gegen den Feind*) b *a.* **~ party** (*od* **patrol**) Spähtrupp *m*: **~ (car)** Spähwagen *m*; **~ flight** FLUG Aufklärungsflug *m*; **~ plane** FLUG Aufklärungsflugzeug *n*, Aufklärer *m* 2 *allg* Erkundung *f*, *a.* TECH Untersuchung *f*, Erforschung *f*, GEOL *a.* Rekognoszierung *f* (*e-s Geländes*)

reconnoiter, *bes Br* **reconnoitre** [,rekə'nɔɪtə(r); *US a.* ,ri:-] A V/T 1 MIL *das Gelände etc* erkunden, *feindliche Stellungen etc* aufklären, auskundschaften, *den Feind* beobachten 2 GEOL *ein Gebiet* rekognoszieren B S → reconnaissance

reconquer [,ri:'kɒŋkə(r); *US* -'kɑŋ-] V/T wieder-, zurückerobern; **reconquest** [-kwest] S Wieder-, Zurückeroberung *f*

reconsider [,ri:kən'sɪdə(r)] A V/T 1 von Neuem erwägen, nochmals überlegen *od* -denken 2 JUR, POL *e-n Antrag etc* nochmals behandeln B V/I es sich anders überlegen; **reconsideration** S nochmalige Überlegung *od* Erwägung

reconstituent [,ri:kən'stɪtjʊənt; *US* -tʃəw-] A S MED Stärkungs-, Kräftigungsmittel *n* B ADJ *bes* MED stärkend, kräftigend

reconstitute [,ri:'kɒnstɪtju:t; *US* -'kɑnstə,tju:t; *a.* -,tu:t] V/T 1 wieder einsetzen 2 wiederherstellen, rekonstruieren 3 *Trockensubstanzen* in Wasser auflösen: **~d milk** (in Wasser) gelöste Trockenmilch 4 neu bilden, umorganisieren

reconstruct [,ri:kən'strʌkt] V/T 1 wieder aufbauen, wiederherstellen 2 umbauen (*a.* TECH *neu konstruieren*) 3 *ein Verbrechen etc* rekonstruieren 4 WIRTSCH *die Wirtschaft, ein Unternehmen* wieder aufbauen, sanieren 5 SPORT *e-e Mannschaft* neu aufbauen 6 *US j-n* bekehren; **reconstruction** S 1 Wiederaufbau *m*, -herstellung *f* 2 a Umbau *m* (*a.* TECH) b TECH Neukonstruktion *f* (*Vorgang u. Ergebnis*) 3 Rekonstruktion *f* (*e-s Verbrechens etc*) 4 WIRTSCH Sanierung *f*, Wiederaufbau *m* 5 SPORT Neuaufbau *m* 6 HIST *US* Rekonstruktion *f* (*Neuordnung der politischen Verhältnisse in den amer. Südstaaten nach dem Sezessionskrieg*); **reconstructive** ADJ wieder aufbauend, Wiederaufbau…: **~ surgery** MED Wiederherstellungschirurgie *f*

reconvene [,ri:kən'vi:n] A V/I wieder zusammenkommen *od* -treten B V/T 1 wieder sammeln 2 *ein Konzil etc* wieder einberufen

reconversion [,ri:kən'vɜ:ʃn; *US* -'vɜrʒən] S 1 Zurückverwandlung *f* 2 Umstellung *f* auf Friedensproduktion 3 REL Wiederbekehrung *f*; **reconvert** A V/T 1 zurückverwandeln, wieder verwandeln (*beide:* **into** in *akk*) 2 *e-e Industrie, e-n Betrieb* wieder auf Friedensproduktion umstellen 3 TECH a *e-e Maschine etc* wieder umstellen b METALL nachblasen (*im Konverter etc*) 4 REL wieder bekehren B V/I 1 sich zurückverwandeln (**into** in *akk*) 2 sich wieder umstellen

record [rɪ'kɔ:(r)d] A V/T 1 schriftlich niederlegen, aufzeichnen, -schreiben 2 eintragen *od* registrieren (lassen), erfassen, aufnehmen: **~ed delivery** *Postwesen: Br* Zustellung *f* gegen Empfangsbestätigung 3 JUR beurkunden, protokollieren, zu Protokoll *od* zu den Akten nehmen 4 *fig* aufzeichnen, festhalten, (der Nachwelt) überliefern 5 TECH a *Messwerte* registrieren, aufzeichnen (*beide a. Gerät*) b IT *Daten* aufzeichnen, registrieren 6 a (auf Tonband, Schallplatte *etc, a.* fotografisch) aufnehmen *od* festhalten, e-e Aufnahme machen von (*od gen*), *e-e Sendung* mitschneiden: **~ sth on tape** *a.* etwas auf Band sprechen; **~ed broadcast** (RADIO, TV) Aufzeichnung *f*; **the broadcast was ~ed** die Übertragung war e-e Aufzeichnung **b** *ein Tonband etc* bespielen **c** *e-e CD* brennen **7** *obs ein Lied* singen (*Vogel*) **8** *s-e Stimme* abgeben **9** *obs* bezeugen **B** V/I **1** aufzeichnen (*etc* → A) **2** **a** Aufnahmen machen **b** sich *gut etc* aufnehmen lassen: **her voice ~s beautifully** **C** S **record** ['rekɔː(r)d; *US bes* 'rekərd] **1** Aufzeichnung *f*, Niederschrift *f*: **on ~** **a** (geschichtlich *etc*) verzeichnet *od* nachgewiesen, schriftlich belegt **b** → C 4 **c** *das beste etc* aller Zeiten, bisher; **off the ~** inoffiziell; **on the ~** offiziell; **he hasn't gone on ~ as showing a lot of initiative** er hat sich bis jetzt nicht gerade durch viel Initiative hervorgetan; **put** (*od* **set**) **the ~ straight** die Dinge zurechtrücken; **(just) to put the ~ straight** (nur) um das einmal klarzustellen; **just for the ~** (nur) um das einmal festzuhalten **2** (schriftlicher) Bericht **3** *a.* JUR Urkunde *f*, Dokument *n*, Unterlage *f* **4** JUR **a** Protokoll *n*, Niederschrift *f* **b** (Gerichts)Akte *f*, Aktenstück *n*: **on ~** aktenkundig, in den Akten; **on the ~ of the case** nach Aktenlage; **go on ~** *fig* sich erklären *od* festlegen; **place on ~** aktenkundig machen, protokollieren; **~ office** Archiv *n* **5** **a** Register *n*, Liste *f*, Verzeichnis *n*: **keep a ~** Buch führen (**of** über *akk*) **b** Strafregister *n*, *weitS.* Vorstrafen (-register) *pl(n)*: **have a (criminal) ~** vorbestraft sein **6** *a.* TECH Registrierung *f*, Aufzeichnung *f* **7** **a** Ruf *m*, Leumund *m*, Vergangenheit *f*: **a bad ~** ein schlechter Ruf *od* Leumund **b** *gute etc* Leistung(en *pl*) (*in der Vergangenheit*): **have a brilliant ~ as an executive** hervorragende Leistungen als leitender Angestellter vorweisen können, auf e-e glänzende Karriere als leitender Angestellter zurückblicken können **8** *fig* Urkunde *f*, Zeugnis *n*: **be a ~ of sth** etwas bezeugen **9** **a** (Schall)Platte *f*: **make a ~** e-e Platte aufnehmen; **put another ~ on!** *fig umg* leg 'ne andere Platte auf! **b** (*Band- etc*) Aufnahme *f*, Aufzeichnung *f*, Mitschnitt *m* **10** SPORT, *a. weitS.* Rekord *m*, Best-, Höchstleistung *f* **D** ADJ **record** ['rekɔː(r)d; *US bes* 'rekərd] **1** SPORT *etc* Rekord...: **~ attempt** (*od* **attendance, jump, prices,** *etc*); **~ high (low)** WIRTSCH Rekordhoch *n* (Rekordtief *n*) (*e-r Währung etc*); **~ holder** Rekordhalter(in), -inhaber(in); **~ performance** *allg* Spitzenleistung *f*; **in ~ time** in Rekordzeit **2** (Schall)Platten...: **~ company**; **~ changer** Plattenwechsler *m*; **~ library** **a** Plattensammlung *f*, -archiv *n* **b** *bes* HIST Plattenverleih *m*; **~ player** Plattenspieler *m*; **~ producer** Plattenproduzent(in)

recordable [rɪ'kɔː(r)dəbl] ADJ **1** **a** für e-e Aufnahme geeignet (*Musik etc*) **b** bespielbar (*Tonband etc*) **2** registrierbar **3** wert, (*in e-r Aufnahme etc*) festgehalten zu werden

record-breaking ADJ SPORT *etc* Rekord...: **~ attempt** (**year**, *etc*): **he's in ~ form**

recorder [rɪ'kɔː(r)də(r)] S **1** **a** Registrator *m*, Registratorin *f* **b** Archivar(in) **c** Schrift-, Protokollführer(in) **d** *weitS.* Chronist(in) **2** JUR **a** *Br* nebenamtliche(r) Richter(in) auf Zeit (*bes in e-m* **crown court**) **b** *US* Strafrichter(in) (*in einigen Städten*) **3** ELEK Aufnahmegerät *n*: **a** Registrierapparat *m*, Bild-, Kurven-, Selbstschreiber *m*: **~ chart** (*od* **tape**) Registrierstreifen *m* **b** Wiedergabegerät *n*: → cassette recorder, tape recorder, video B 1 **4** Blockflöte *f*; **recording** **A** S **1** Aufzeichnung *f* (*a. fig*), TECH *a.* Registrierung *f* **2** JUR Beurkundung *f*, Protokollierung *f* **3** RADIO, TV, ELEK *etc* Aufzeichnung *f*, Mitschnitt *m* **B** ADJ **1** aufzeichnend, registrierend: **~ angel** Engel, der die guten u. bösen Taten des Menschen aufzeichnet; **~ clerk** Protokoll-, Schriftführer(in); **~ engineer** Tonmeister(in); **~ head** **a** Tonkopf *m* (*e-s Tonbandgeräts*) **b** Schreibkopf *m* (*e-s Computers*); **~ instrument** schreibendes *od* registrierendes Messgerät; **~ studio** Aufnahmestudio *n*; **~ thermometer** Temperaturschreiber *m*; **~ van** Aufnahmewagen *m* **2** (Schall)Platten...: **~ contract** Plattenvertrag *m*

recount [rɪ'kaʊnt] V/T **1** (im Einzelnen) erzählen, eingehend berichten **2** aufzählen

re-count [ˌriː'kaʊnt] **A** V/T *bes Wahlstimmen* nachzählen **B** S [*bes* 'riːkaʊnt] Nachzählung *f*

recoup [rɪ'kuːp] V/T **1** *etwas* wiedergewinnen, *e-n Verlust etc* wieder einbringen, sich *Ausgaben* zurückholen (**from** von) **2** *j-n* entschädigen, schadlos halten (*beide:* **for** für): **~ o.s.** sich schadlos halten **3** WIRTSCH, JUR einbehalten, abziehen; **recoupment** S **1** Wiedereinbringung *f*, Wiedergewinnung *f* **2** Entschädigung *f*, Schadloshaltung *f* **3** WIRTSCH, JUR Zurückbehaltung(srecht) *f(n)*

recourse [rɪ'kɔː(r)s; *US a.* 'riːˌkəʊərs] S **1** Zuflucht *f* (**to** zu): **have ~ to** (s-e) Zuflucht nehmen zu; **have ~ to foul means** zu unredlichen Mitteln greifen; **have ~ to a book** ein Buch konsultieren, in e-m Buch nachsehen **2** WIRTSCH, JUR Regress *m*, Rückgriff *m*: **~ claim** Regressanspruch *m*; **liable to ~** regresspflichtig; **liability to ~** Regresshaftung *f*, -pflicht *f*; **right of ~** Rückgriffsrecht *n*; **have ~ against sb** gegen j-n Regress nehmen

recover [rɪ'kʌvə(r)] **A** V/T **1** *a. fig den Appetit, das Bewusstsein, die Fassung, s-e Stimme etc* wiedererlangen, -finden, *etwas* wiederbekommen, zurückerlangen, -erhalten, -bekommen, -gewinnen, IT *Daten etc* wiederherstellen: **~ one's breath** wieder zu Atem kommen; **~ one's legs** wieder auf die Beine kommen; **~ land from the sea** dem Meer Land abgewinnen; → speech A 1 **2** *obs* **a** *j-n* heilen (**from** von) **b** sich erholen von, verwinden: **~ o.s.** → B 1, B 2; **be ~ed from** wiederhergestellt sein von *e-r Krankheit* **3** *Verluste etc* wiedergutmachen, wieder einbringen, wettmachen, *Zeit* wieder aufholen **4** zurückerobern **5** *eine Spur etc* wiederentdecken **6** JUR **a** *Schulden etc* ein-, beitreiben **b** *Eigentum* wieder in Besitz nehmen **c** *ein Urteil* erwirken (**against** gegen): **~ damages for** Schadenersatz erhalten für **7** *ein Fahrzeug, Schiff, e-e Raumkapsel etc* bergen, *ein Fahrzeug a.* abschleppen **8** → reclaim A 6 **9** (er)retten, befreien, erlösen (*alle:* **from** aus, von) **10** *Fechten,* MIL: *die Waffe* in (die) Ausgangsstellung bringen **B** V/I **1** genesen, wieder gesund werden: **he has fully ~ed** er ist wieder ganz gesund **2** sich erholen (**from** von) (*a.* WIRTSCH), *fig a.* s-e Fassung wiederfinden, sich (wieder) fangen *od* fassen: **be ~ing** MED auf dem Weg der Besserung sein **3** das Bewusstsein wiedererlangen, wieder zu sich kommen **4** JUR **a** recht bekommen **b** entschädigt werden, sich schadlos halten: **~ in one's (law)suit** s-n Prozess gewinnen, obsiegen **5** SPORT in die Ausgangsstellung zurückgehen **C** S → recovery 8 a

re-cover [ˌriː'kʌvə(r)] V/T wieder bedecken, *bes e-n Schirm, Sessel etc* neu beziehen

recoverable [rɪ'kʌvərəbl] ADJ **1** wiedererlangbar **2** wiedergutzumachen(d) **3** JUR ein-, beitreibbar (*Schulden etc*) **4** → reclaimable 3

recovery [rɪ'kʌvərɪ] S **1** (Zu)Rück-, Wiedererlangung *f*, -gewinnung *f*: **past** (*od* **beyond**) **~** unwiederbringlich (verloren) (→ 6) **2** JUR **a** Ein-, Beitreibung *f* (*von Schulden etc*) **b** *meist* **~ of damages** (Erlangung *f* von) Schadenersatz *m* **3** → reclamation 4 **4** Wiederentdeckung *f* (*e-r Spur etc*) **5** SCHIFF *etc* Bergung *f*: **~ vehicle** AUTO Bergungsfahrzeug *n* **6** Genesung *f*, Gesundung *f*, Erholung *f* (*a.* WIRTSCH), (*gesundheitliche*) Wiederherstellung: **be past** (*od* **beyond**) **~** unheilbar krank sein (→ 1); **make a quick ~** sich schnell erholen (**from** von); **make a complete ~** völlig gesund werden; **~ time** ELEK Erholzeit *f* (*e-s Transistors etc*), Umschaltzeit *f* (*e-r Diode etc*); **~ room** MED Aufwachraum *m*; → speedy **7** *fig* Zurückgewinnung *f* der Fassung **8** SPORT **a** *Fechten etc*: Zurückgehen *n* in die Ausgangsstellung **b** *Golf*: Bunkerschlag *m*

recreancy ['rekrɪənsɪ] S *obs* **1** Feigheit *f* **2** Abtrünnigkeit *f*, Treulosigkeit *f*; **recreant** *obs* **A** ADJ (ADV **~ly**) **1** feig(e), mutlos **2** abtrünnig, treulos **B** S **1** Feigling *m*, Memme *f* **2** Abtrünnige(r) *m/f(m)*

recreate ['rekrɪeɪt] **A** V/T **1** *j-m* Erholung *od* Entspannung gewähren **2** **~ o.s.** ausspannen, sich erholen: **~ o.s. with games** sich bei Sport u. Spiel entspannen **B** V/I → A 2

re-create [ˌriːkrɪ'eɪt] V/T neu (er)schaffen, wieder erschaffen

recreation [ˌrekrɪ'eɪʃn] S **1** Ausspannung *f*, Erholung *f*: **~ area** Erholungsgebiet *n*; **~ room** Aufenthaltsraum *m* (*in e-m Krankenhaus etc*)(→ 2) **2** Freizeitbeschäftigung *f*: **~ room** *US* **a** Spielzimmer *n* **b** Hobbyraum *m* (→ 1) **3** Spiel *n*, Sport *m*: **~ ground** Spiel-, Sportplatz *m* **4** SCHULE Pause *f*; **recreational** ADJ Erholungs..., Entspannungs..., der Erholung dienend, *Ort etc* der Erholung: **~ activities** *pl* Freizeitgestaltung *f*; **~ facilities** Erholungseinrichtungen; **~ reading** Entspannungslektüre *f*; **~ value** Freizeitwert *m*; **~ vehicle** *US* Wohnmobil *n*; **recreative** ADJ (ADV **~ly**) erholsam, entspannend

recriminate [rɪ'krɪmɪneɪt] V/I & V/T Gegenbeschuldigungen vorbringen (gegen); **recrimination** S Gegenbeschuldigung *f*: **their ~(s)** ihre gegenseitigen Beschuldigungen; **recriminative** [-nətɪv; *US* -ˌneɪtɪv], **recriminatory** [-nətərɪ; *US* -nəˌtəʊriː; -ˌtɔː-] ADJ e-e Gegenbeschuldigung darstellend *od* enthaltend

recrudesce [ˌriːkruː'des] V/I **1** wieder aufbrechen (*Wunde*) **2** sich wieder verschlimmern (*Zustand*) **3** *fig* **a** wieder ausbrechen *od* aufflackern (*latentes Übel etc*) **b** wieder aufleben; **recrudescence** S **1** Wiederaufbrechen *n* **2** neuerliche Verschlimmerung, Rückfall *m* **3** *fig* **a** Wiederausbrechen *n*, -aufflackern *n* **b** Wiederaufleben *n*; **recrudescent** ADJ wieder aufbrechend *etc*

recruit [rɪ'kruːt] **A** S **1** MIL **a** Rekrut *m* **b** (*seit 1948*) *niedrigster Dienstrang in der US-Armee* **2** neues Mitglied (**to** *gen od* in *dat*) **3** Anfänger(in), Neuling *m* **B** V/T **1** MIL rekrutieren: **a** *Rekruten* ausheben, einziehen **b** *a. allg Agenten etc* anwerben **c** *e-e Einheit etc* ergänzen, verstärken, *a.* aufstellen: **be ~ed from** sich rekrutieren aus, *fig a.* sich zusammensetzen *od* ergänzen aus **2** *Leute* heranziehen, rekrutieren **3** *den Vorrat etc* wieder auffüllen *od* auffrischen, ergänzen **4** (wieder) versorgen (**with** mit) **5** *obs j-n, j-s Gesundheit* wiederherstellen: **~ one's strength** neue Kräfte sammeln **C** V/I **1** MIL Rekruten ausheben *od* anwerben **2** *obs* sich erholen, neue Kräfte sammeln; **recruiter** S Personalvermittler(in); **recruitment** S MIL *etc* Rekrutierung *f*

recta ['rektə] *pl von* rectum

rect ABK receipt

rectal ['rektəl] ADJ (ADV **~ly**) ANAT, MED rektal: **~ gonorrh(o)ea** Mastdarmtripper *m*; **~ itching** Afterjucken *n*; **~ syringe** Klistierspritze *f*; → continence, tenesmus

rectangle ['rek,tæŋgl] S MATH Rechteck *n*
rectangular [rek'tæŋgjʊlə(r)] ADJ MATH a rechteckig b rechtwink(e)lig: **~ coordinates** rechtwink(e)lige Koordinaten; **~ hyperbola** gleichseitige Hyperbel
rectifiable ['rektɪfaɪəbl] ADJ 1 zu berichtigen(d), korrigierbar 2 CHEM, MATH rektifizierbar 3 ELEK gleichrichtbar; **rectification** [-fɪ'keɪʃn] S 1 Berichtigung *f*, Korrektur *f*, Richtigstellung *f* 2 TECH Korrektur *f*, (Null)Eichung *f*, richtige Einstellung *(e-s Instruments etc)* 3 Beseitigung *f*, Behebung *f (e-s Übels etc)* 4 CHEM, MATH Rektifikation *f* 5 ELEK Gleichrichtung *f* 6 FOTO Entzerrung *f*; **rectifier** [-faɪə(r)] S 1 Berichtiger(in) 2 CHEM, TECH Rektifizierapparat *m* 3 ELEK Gleichrichter *m* 4 FOTO Entzerrungsgerät *n*
rectify ['rektɪfaɪ] V/T 1 berichtigen, korrigieren, richtigstellen 2 TECH *ein Instrument etc* korrigieren, eichen, richtig einstellen 3 *ein Übel etc* beseitigen, beheben 4 rektifizieren: a CHEM destillieren b MATH die Länge *e-s Bogens etc* berechnen 5 ELEK gleichrichten 6 FOTO entzerren
rectilinear [,rektɪ'lɪnɪə(r)], *a.* **rectilineal** [-əl] ADJ (ADV ~ly) geradlinig
rectitude ['rektɪtjuːd; US *a.* -,tuːd] S *(charakterliche)* Geradheit, Redlichkeit *f*, Rechtschaffenheit *f*, Aufrichtigkeit *f*, Korrektheit *f*
recto ['rektəʊ] *pl* -tos S TYPO a Rekto *n*, Vorderseite *f* e-s Blatts b rechte Seite e-s Buchs c Vorderseite *f* e-r Buchdecke *od* e-s Schutzumschlags
rector ['rektə(r)] S 1 REL Pfarrer *m* 2 *bes Br* a UNIV Rektor *m*, Rektorin *f* b SCHULE Direktor *m*, Direktorin *f*; **rectorate** [-rət] S 1 REL a Pfarrstelle *f* b Amt *n od* Amtszeit *f* e-s Pfarrers 2 UNIV *bes Br* Rektorat *n (Amt od Amtszeit e-s Rektors)*; **rectorial** [-'tɔːrɪəl] ADJ 1 REL Pfarr... 2 UNIV *bes Br* Rektorats...; **rectorship** → rectorate; **rectory** [-tərɪ] S Pfarrei *f*, Pfarre *f*: a Pfarrhaus *n* b *Br* Pfarrstelle *f* c Kirchspiel *n*
rectrix ['rektrɪks] *pl* -trices [-trɪsiːz; rek'traɪsiːz] S ORN Schwanzfeder *f*
rectum ['rektəm] *pl* -tums, -ta [-tə] S ANAT Mastdarm *m*, Rektum *n*
recumbency [rɪ'kʌmbənsɪ] S 1 liegende Stellung, Liegen *n* 2 *fig* Untätigkeit *f*; **recumbent** ADJ (ADV ~ly) 1 liegend *(Statue etc)*: **~ bicycle** Liegerad *n* 2 *fig* untätig 3 BOT, ZOOL (zurück-, an)liegend
recuperate [rɪ'kjuːpəreɪt; US *a.* -'kuː-] A V/I sich erholen *(a. fig)* B V/T 1 *s-e Gesundheit etc* wiedererlangen 2 *Verluste etc* wiedergutmachen, wettmachen; **recuperation** S Erholung *f (a. fig)*; **recuperative** [-rətɪv; US -,reɪtɪv] ADJ 1 stärkend, kräftigend 2 Erholungs...: **~ capacity** Erholungsfähigkeit *f*; **recuperator** [-reɪtə(r)] S TECH 1 Rekuperator *m*, Wärmeaustauscher *m (in Feuerungseinrichtungen)* 2 Vorholer *m*: **~ spring** Vorholfeder *f*
recur [rɪ'kɜː; US rɪ'kɜr] V/I 1 wiederkehren, wieder auftreten *(Problem, Symptom etc)*, *(Schmerz a.)* wieder einsetzen: **~ring disease** wiederkehrende Krankheit 2 *fig (in Gedanken, im Gespräch)* zurückkommen (**to** auf *akk*) 3 *fig* wiederkehren *(Gedanken)* 4 *fig* zurückgreifen (**to** auf *akk*) 5 MATH (periodisch) wiederkehren: **~ring decimal** periodische Dezimalzahl; **~ring continued fraction** (unendlicher) periodischer (Dezimal)Bruch; **recurrence** [rɪ'kʌrəns; US *a.* -'kɜr-] S 1 Wiederkehr *f*, Wiederauftreten *n*, -einsetzen *n* 2 *fig* Zurückkommen *n* (**to** auf *akk*) 3 *fig* Zurückgreifen *n* (**to** auf *akk*) 4 → recursion; **recurrent** ADJ (ADV ~ly) 1 wiederkehrend: **~ fever** MED Rückfallfieber *n* 2 MATH (periodisch) wiederkehrend 3 ANAT, BOT rückläufig
recursion [rɪ'kɜːʃn; US rɪ'kɜrʒən] S MATH Rekursion *f (Zurückführung e-r zu definierenden Größe od Funktion auf eine od mehrere bereits definierte)*: **~ formula** Rekursionsformel *f*; **recursive** [-sɪv] ADJ rekursiv *(Funktion etc)*
recurvate [rɪ'kɜːvɪt; US rɪ'kɜr,veɪt] ADJ zurückgebogen
recusancy ['rekjʊzənsɪ; rɪ'kjuː-] S 1 REL, HIST Rekusantentum *n (Ablehnung der anglikanischen Kirche)* 2 Aufsässigkeit *f*; **recusant** A ADJ 1 REL, HIST dissentierend, die anglikanische Kirche ablehnend 2 aufsässig B S REL, HIST Rekusant(in)
recyclable [,riː'saɪkləbl] TECH A ADJ recycelbar, wiederverwertbar B S recycelbarer Gegenstand *etc*
recyclate [,riː'saɪklət] S wiedergewonnener Rohstoff
recycle [,riː'saɪkl] V/T TECH *Abfall etc* recyceln, wiederverwerten, wiederaufbereiten: **~d paper** Umwelt(schutz)papier *n*; **recycling** S Recycling *n*, Wiederverwertung *f*, Wiederaufbereitung *f*: **~ center** *(bes Br* **centre**) Wertstoffhof *m*; **~ plant** Müllverwertungs- u. Sortieranlage *f*
red [red] A ADJ 1 rot: **the lights are ~** die Ampel steht auf Rot; → beet 1, paint A 3, rag¹ A 1 2 rot, gerötet: **go** (*od* **turn**) **~** rot werden (**with** vor *dat*), e-n roten Kopf bekommen; **~ with fury** rot vor Wut, zornrot 3 rot (glühend) 4 rot(-haarig) 5 ZOOL rot, *bes* fuchsfarben, kastanienbraun 6 rot(häutig) 7 blutbefleckt *(Hände)* 8 *fig* blutig *(Schlacht etc)* 9 *oft* ♀ POL rot *(kommunistisch, sozialistisch etc)*: ♀ **Army** Rote Armee B S 1 Rot *n (rote Farbe)*: **at ~** bei Rot; **the lights are at ~** die Ampel steht auf Rot; **dressed in ~** rot *od* in Rot gekleidet; **see ~** *umg* rotsehen 2 *Roulette etc*: Rot *n*, Rouge *n* 3 *Billard etc*: rote Kugel 4 *umg* Rotwein *m* 5 *oft* ♀ POL Rote(r) *m/f(m) (Kommunist[in], Sozialist[in] etc)* 6 WIRTSCH **be in the ~** in den roten Zahlen sein, rote Zahlen schreiben; **my account is in the ~** mein Konto ist überzogen, ich bin im Minus; **be out of the ~** aus den roten Zahlen (heraus) sein
red. ABK reduce(d)
redact [rɪ'dækt] V/T 1 *ein Manuskript etc* redigieren 2 *e-e Erklärung etc* abfassen; **redaction** S 1 Redaktion *f*, Redigierung *f* 2 Abfassung *f*; **redactor** [-tə(r)] S 1 Redakteur(in) 2 Abfasser(in)
red| admiral S ZOOL Admiral *m (Schmetterling)*; **~ algae** SPL BOT Rotalgen *pl*; **~ ant** S ZOOL Rote Waldameise; **~ ash** S BOT Rotesche *f*; **~baiter** S US *sl* Kommunistenhasser(in); **~baiting** S US *sl* Kesseltreiben *n* gegen Kommunisten, Kommunistenhetze *f*; **~ bark** S rote Chinarinde; **~-blooded** ADJ a vor Tatendrang sprühend b kräftig *(a. Fluch etc)*, männlich; **~breast** S 1 ORN Rotkehlchen *n* 2 → red-breasted bream; **~-breasted bream** S FISCH Sonnenfisch *m*; **~brick (university)** S *Br* neuzeitliche *(später als Oxford u. Cambridge gegründete)* Universität; **~bud** S BOT Judasbaum *m*; **~ cabbage** S BOT Rotkohl *m*, Rot-, Blaukraut *n*; **~cap** S a US Gepäckträger *m (am Bahnhof)* b *Br umg* Militärpolizist *m*; **~ card** S *Fußball etc*: Rote Karte: **be shown the ~** die Rote Karte (gezeigt) bekommen; **~ carpet** S *(bei Empfängen ausgerollter)* roter Teppich: **roll out the ~ for sb** *fig* j-n mit großem Bahnhof empfangen *umg*; **~-carpet** ADJ: **give sb the ~ treatment** j-n mit großem Bahnhof empfangen *umg*; **~ cent** S US *umg* roter *od* lumpiger Heller: **he doesn't have a ~**; **it's not worth a ~**; **~ clover** S BOT Rotklee *m*; **~coat** S HIST Rotrock *m (brit. Soldat)*; **~ coral** S ZOOL Edelkoralle *f*; ♀ **Crescent** S Roter Halbmond: a *(a. als pl konstruiert)* islamische Rotkreuzorganisation b *ihr Abzeichen*; ♀ **Cross** A S Rotes Kreuz: a *(a. als pl konstruiert)* internationale Sanitätsdienstorganisation b *ihr Abzeichen* B ADJ Rote-Kreuz-..., Rotkreuz...: **~ nurse**; **~currant** S BOT Rote Johannisbeere
redd [red] V/T *oft* **~ up** *US od schott* aufräumen, in Ordnung bringen
red deer S ZOOL Edel-, Rothirsch *m*
redden ['redn] A V/T röten, rot färben B V/I rot werden: a sich röten b erröten (**with** vor *dat*)
reddish ['redɪʃ] ADJ rötlich
reddle ['redl] → raddle
red duster *umg* → Red Ensign
rede [riːd] *poet, bes Br* A V/T 1 *j-m* raten (**to do** zu tun) 2 *e-n Traum* deuten, *ein Rätsel* lösen B S 1 Rat *m* 2 Plan *m* 3 Geschichte *f* 4 Lösung *f (e-s Rätsels)*, Deutung *f (e-s Traums)*
redecorate [,riː'dekəreɪt] V/T *ein Zimmer etc* a neu streichen b neu tapezieren
redeem [rɪ'diːm] V/T 1 *e-e Hypothek etc* abzahlen, ablösen, amortisieren, tilgen 2 zurückkaufen 3 WIRTSCH *ein Staatspapier* auslosen 4 *ein Pfand etc* einlösen 5 *Gefangene etc* los-, freikaufen 6 *ein Versprechen* erfüllen, einlösen, *e-r Verpflichtung* nachkommen 7 *e-n Fehler etc* wiedergutmachen, *e-e Sünde* abbüßen 8 *e-e schlechte Eigenschaft* aufwiegen, wettmachen, versöhnen mit: **~ing feature** a versöhnender Zug b ausgleichendes Moment 9 *s-e Ehre, Rechte* wiedererlangen, wiederherstellen 10 bewahren (**from** vor *dat*) 11 (er)retten (**from** vor *dat*) 12 befreien (**from** von) 13 *bes* REL erlösen (**from** von); **redeemable** ADJ (ADV redeemably) 1 a abzahlbar, ablösbar, tilgbar b abzuzahlen(d), zu tilgen(d): **~ bonds** kündbare Obligationen; **~ loan** Tilgungsdarlehen *n* 2 zurückkaufbar 3 WIRTSCH auslosbar *(Staatspapier)* 4 einlösbar *(Pfand etc, a. Versprechen)* 5 wiedergutzumachen(d) *(Fehler)*, abzubüßen(d) *(Sünde)* 6 wiedererlangbar, wiederherstellbar *(Rechte etc)* 7 *bes* REL erlösbar; **redeemer** S 1 Einlöser(in) *(e-s Pfandes etc)* 2 (Er)Retter(in) 3 Befreier(in) 4 **the** ♀ REL der Erlöser, der Heiland
redeliver [,riːdɪ'lɪvə(r)] V/T 1 *j-n* wieder befreien (**from, out of** aus, von) 2 *etwas* zurückgeben 3 wieder aushändigen *od* ausliefern
redemption [rɪ'dempʃn] S 1 Abzahlung *f*, Ablösung *f*, Tilgung *f*, Amortisation *f (e-r Hypothek etc)*: **~ fund** US Tilgungsfonds *m*; **~ loan** Tilgungsdarlehen *n*; **~ reserve** Tilgungsrücklage *f*; **~ value** Rückkaufs-, Tilgungswert *m* 2 Rückkauf *m* 3 WIRTSCH Auslosung *f (von Staatspapieren)* 4 Einlösung *f (e-s Pfandes etc, a. e-s Versprechens)* 5 Los-, Freikauf *m (von Gefangenen etc)* 6 Wiedergutmachung *f (e-s Fehlers etc)*, Abbüßung *f (e-r Sünde)* 7 a Wettmachen *n (e-r schlechten Eigenschaft)*, Versöhnung *f* (**of** mit) b versöhnender Zug 8 Wiedererlangung *f*, Wiederherstellung *f (von Rechten etc)* 9 Bewahrung *f* (**from** vor *dat*) 10 (Er)Rettung *f* (**from** vor *dat*): **beyond** (*od* **past**) **(all) ~** hoffnungslos *od* rettungslos (verloren) 11 Befreiung *f* (**from** von) 12 *bes* REL Erlösung *f* (**from** von): **in the year of our ~ 1648** im Jahre des Heils 1648
redemptive [rɪ'demptɪv] ADJ (ADV ~ly) *bes* REL erlösend, Erlösungs...
Red Ensign S *Flagge der brit. Handelsmarine*
redeploy [,riːdɪ'plɔɪ] V/T 1 MIL umgruppieren *(a. SPORT etc)* 2 MIL, *a.* WIRTSCH verlegen; **redeployment** S 1 MIL Umgruppierung *f (a. SPORT etc)*, *(Truppen)* Verschiebung *f* 2 MIL, *a.* WIRTSCH Verlegung *f*
redeposit [,riːdɪ'pɒzɪt; US -'pa-] A V/T 1 wieder deponieren 2 *Geld* wieder einzahlen B S

R

1 neuerliche Deponierung 2 Wiedereinzahlung *f*
redesign [ˌriːdɪˈzaɪn] VT 1 umgestalten 2 umkonstruieren, umbauen
redevelop [ˌriːdɪˈveləp] VT 1 neu entwickeln 2 FOTO nachentwickeln 3 *ein Gebäude, e-n Stadtteil etc* sanieren; **redevelopment** S 1 Neuentwicklung *f* 2 FOTO Nachentwicklung *f* 3 Sanierung *f*: **~ area** Sanierungsgebiet *n*
red| eye S FOTO Rotaugeneffekt *m*; **~-eye** S 1 FLUG *umg* Nachtflug *m (bei dem der Passagier eine od mehrere Zeitzonen überquert)* 2 *US sl* Fusel *m (billiger Whiskey)*; **~-faced** ADJ mit rotem Kopf; **~ fir** S BOT *mehrere amer. Tannen, bes* a Prachttanne *f* b Douglastanne *f*; **~ flag** S 1 rote Fahne *(als Symbol der Revolution od des Marxismus)* 2 rote Signal- *od* Warnflagge; **~ fox** S ZOOL Rotfuchs *m*; **~ giant** S ASTRON roter Riese; **~ grouse** S ORN Schottisches Moor- *od* Schneehuhn; **~ gum** S 1 BOT a *(ein)* austral. Eukalyptus(baum) *m, bes* Rieseneukalyptus *m* b Amer. Amberbaum *m* 2 a Eukalyptusholz *n* b Amberbaumholz *n*; **~-handed** ADJ: **catch sb ~** j-n auf frischer Tat ertappen; **catch sb ~ while they are doing sth** j-n dabei ertappen, wie er etwas tut; **~ hat** S a Kardinalshut *m* b Kardinal *m*; **~head** S Rothaarige(r) *m/f(m)*, Rotschopf *m umg*; **~-headed** ADJ 1 rothaarig 2 ZOOL rotköpfig; **~ heat** S Rotglut *f*; **~ herring** S 1 Bückling *m* 2 *fig* a Ablenkungsmanöver *n*, Finte *f* b falsche Spur *od* Fährte: **draw a ~ across sb's path** j-n ablenken; j-m e-e falsche Spur zurücklassen
redhibition [ˌredhɪˈbɪʃn] S JUR *US* Wandlung *f*; **redhibitory** [-bɪtərɪ; *US* -bəˌtəʊriː; -ˌtɔː-] ADJ Wandlungs...: **~ action** Wandlungsklage *f*; **~ defect** Fehler *m* der Sache beim Kauf
red|-hot ADJ 1 rot glühend 2 glühend heiß 3 *fig* überschwänglich *(Begeisterung etc)* 4 *fig* hitzig, jähzornig 5 *fig* allerneuest(er, e, es), brandaktuell *(Nachrichten etc)*
redial [ˌriːˈdaɪəl] TEL A VT nochmals wählen B S Wahlwiederholung *f*
Red Indian S *neg!* Indianer(in)
redingote [ˈredɪŋgəʊt] S HIST Redingote *f (langer Überrock od Damenmantel)*
red ink S 1 rote Tinte 2 **go into ~** WIRTSCH in die roten Zahlen geraten
redintegrate [reˈdɪntɪgreɪt] VT 1 wiederherstellen 2 erneuern; **redintegration** S 1 Wiederherstellung *f* 2 Erneuerung *f*
redirect [ˌriːdɪˈrekt] A VT 1 *e-n Brief etc* nachschicken, -senden *(beide:* **to sb** j-m; **to a new address** an e-e neue Adresse*)* 2 *den Verkehr* umleiten 3 *s-n Gedanken etc* e-e neue Richtung geben, *s-e Einstellung etc* neu ausrichten **(toward[s]** auf *akk)* B ADJ **~ examination** JUR *US* abermalige Vernehmung e-s Zeugen *(durch die ihn nennende Partei)* nach dem Kreuzverhör; **redirection** S 1 Nachsendung *f* 2 Umleitung *f* 3 Neuausrichtung *f*
red iron ore S MINER Roteisenstein *m*
rediscount [ˌriːˈdɪskaʊnt] WIRTSCH A VT *e-n Wechsel etc* rediskontieren B S 1 Rediskontierung *f* 2 Rediskont *m*: **~ rate** *US* Diskontsatz *m* 3 rediskontierter Wechsel
rediscover [ˌriːdɪˈskʌvə(r)] VT wiederentdecken; **rediscovery** S Wiederentdeckung *f*
redistribute [ˌriːdɪˈstrɪbjuːt] VT 1 neu verteilen, umverteilen 2 wieder verteilen; **redistribution** [-ˈbjuːʃn] S Neu-, Umverteilung *f*
red| lead [led] S CHEM Mennige *f*; **~ lead ore** [led] S MINER Rotbleierz *n*; **~-letter day** S Freuden-, Glückstag *m*, denkwürdiger Tag *(alle:* **for** für*)*; **~ light** S 1 rotes Licht *(als Warnsignal etc)* 2 Rotlicht *n*: **go through the ~s** bei Rot über die Kreuzung fahren *od* gehen 3 *fig* Warnsignal *n*: **see the ~** die Gefahr erkennen; **~-light district** S Rotlichtbezirk *m*; **~lining** S *US die Praktik einiger Geldinstitute u. Versicherungen, den Bewohnern alter od heruntergekommener Stadtteile (aus Risikogründen) Kredite, Hypotheken u. Versicherungsschutz zu verweigern*; **~ maple** S BOT *US* Rotahorn *m*; **~ meat** S rotes Fleisch *(bes vom Rind u. Lamm)*; **~neck** S *US umg, meist pej* 1 ungebildeter weißer Landarbeiter *(bes aus den Südstaaten)* 2 *(meist der ländlichen Arbeiterklasse entstammende[r])* Eiferer *m*, Eiferin *f od* Reaktionär(in)
redness [ˈrednɪs] S 1 Röte *f* 2 Rötung *f*
redo [ˌriːˈduː] VT *irr* 1 nochmals tun *od* machen 2 nochmals richten *etc*: **~ one's hair** sich nochmals frisieren 3 → redecorate 4 IT *Daten etc* wiederherstellen
red oak S BOT 1 Roteiche *f* 2 Färbereiche *f* 3 Texas-Eiche *f* 4 Roteichenholz *n*
redolence [ˈredəʊləns; -də-] S Duft *m*; **redolent** ADJ (ADV **~ly**) 1 duftend **(of, with** nach) 2 **be ~ of** *(od* **with)** *fig* stark erinnern an *(akk)*: **~ of mystery** geheimnisumwittert
redouble [ˌriːˈdʌbl] A VT 1 *s-e Anstrengungen etc* verdoppeln 2 *Bridge: dem Gegner* Rekontra geben B VI 1 sich verdoppeln 2 *Bridge*: Rekontra geben C S *Bridge*: Rekontra *n*
redoubt [rɪˈdaʊt] S 1 MIL, HIST Redoute *f*, Schanze *f* 2 *fig* Bollwerk *n*, Bastion *f*
redoubtable [rɪˈdaʊtəbl] ADJ (ADV **redoubtably**) 1 Furcht einflößend 2 gewaltig, Respekt einflößend
redound [rɪˈdaʊnd] VI 1 **~ to sb's fame (hono[u]r,** *etc)* j-m zum Ruhm (zur Ehre *etc)* gereichen: **it will ~ to your advantage** 2 *obs* zuteilwerden, zufallen, erwachsen *(alle:* **to, unto** *dat*; **from** aus) 3 zurückfallen, -wirken *(beide:* **on, upon** auf *akk)*
red| pencil S Rotstift *m*; **~-pencil** VT 1 *e-n Fehler etc* anstreichen 2 mit dem Rotstift über *e-n Text* gehen, korrigieren; **~ pepper** S BOT 1 → cayenne 2 Roter Paprika, rote Paprikaschote
redraft [ˌriːˈdrɑːft; *US* -ˈdræft] A S 1 neuer Entwurf 2 WIRTSCH Rück-, Rikambiowechsel *m* B VT → redraw A
redraw [ˌriːˈdrɔː] A VT *irr* neu entwerfen B VI WIRTSCH zurücktrassieren **(on, upon** auf *akk)*
redress [rɪˈdres] A VT 1 *ein Unrecht* wiedergutmachen, *e-n Schaden* beheben 2 *Missstände* abschaffen, abstellen, beseitigen, *e-r Sache, e-m Übel etc* abhelfen 3 *das Gleichgewicht etc* wiederherstellen *(a. fig)* 4 *das Flugzeug* wieder aufrichten 5 *j-n* entschädigen **(for** für) B S [*US a.* ˈriːdres] 1 Wiedergutmachung *f*: **legal ~** Rechtshilfe *f*; **obtain ~ from sb** gegen j-n Regress nehmen 2 Abschaffung *f*, Beseitigung *f*, Abstellung *f* 3 Entschädigung *f* **(for** für)
re-dress [ˌriːˈdres] A VT 1 wieder anziehen *od* ankleiden 2 von Neuem zurichten 3 *e-e Wunde* neu verbinden B VI sich wieder anziehen
red|-rimmed ADJ rot gerändert *(Augen)*; ♀ **Rose** S HIST Rote Rose: a *das Haus Lancaster* b *sein Wahrzeichen*; **~ route** S *Londoner Straßenzüge mit absolutem Halteverbot, was mit roten Linien am Straßenrand angezeigt wird*; **~ sandalwood** S BOT rotes Sandelholz; ♀ **Sea** S Rotes Meer; **~ shift** S ASTRON, PHYS Rotverschiebung *f*; **~-short** ADJ rotbrüchig *(Eisen)*; **~skin** S *sl, meist pej* Rothaut *f (Indianer)*; **~ snow** S blutiger *od* roter Schnee *(gefärbt durch e-e Blutalge)*; **~ spider** S ZOOL Blattspinnmilbe *f*, Rote Spinne; **~start** S ORN Rotschwänzchen *n*; **~ tape** S *fig pej* Bürokratie *f*: **cut through the ~** die Bürokratie umgehen
reduce [rɪˈdjuːs; *US a.* rɪˈduːs] A VT 1 herabsetzen, vermindern, -ringern, reduzieren *(alle:* **by** um; **to** auf *akk)*: **~ speed** langsamer fahren; **~ one's weight (by five kilos)** (fünf Kilo) abnehmen; **~d-emission** abgasreduziert *(Auto, Motor)*; → minimum A 2 *Preise* herabsetzen *(a. Waren)*, ermäßigen **(from … to** von … auf *akk)*: **sell at ~d prices** zu herabgesetzten Preisen verkaufen; **at a ~d fare** zu ermäßigtem Fahrpreis 3 *(im Rang, Wert etc)* herabsetzen, -mindern, erniedrigen 4 *a.* **~ to the ranks** MIL degradieren: **~ to the rank of** zum … degradieren 5 schwächen, erschöpfen 6 *(finanziell)* einengen: → circumstance 2 7 **(to)** verwandeln (in *akk*, zu), machen (zu): **~ kernels** Kerne zermahlen *od* zerstampfen *od* zerkleinern; **~ to a heap of rubble** in e-n Schutthaufen verwandeln; **~d to a skeleton** zum Skelett abgemagert; *his anxiety* **~d him to a nervous wreck** machte aus ihm ein Nervenbündel; → pulp A 5 8 bringen **(to** zu, in *akk)*: **~ to a system** in ein System bringen; **~ to rules** in Regeln fassen; **~ to order** in Ordnung bringen; **~ to writing** schriftlich niederlegen; **~ theories into practice** Theorien in die Praxis umsetzen 9 zurückführen, reduzieren *(beide:* **to** auf *akk)*: **~ to absurdity** ad absurdum führen 10 zerlegen **(to** in *akk)* 11 einteilen **(to** in *akk)* 12 anpassen **(to** *dat od* an *akk)* 13 CHEM, MATH reduzieren: **~ an equation** e-e Gleichung auflösen; **~ a fraction** e-n Bruch reduzieren *od* kürzen; → denominator 1 14 verkleinern: **~d scale** verkleinerter Maßstab; **on a ~d scale** in verkleinertem Maßstab 15 METALL (aus)schmelzen **(from** aus) 16 zwingen **(to obedience** zum Gehorsam), bringen **(to despair** zur Verzweiflung; **to silence** zum Schweigen): **~ sb to poverty** *(od* **beggary)** j-n an den Bettelstab bringen; **he was ~d to selling his house** er war gezwungen, sein Haus zu verkaufen; **be ~d to tears** zu Tränen gerührt sein 17 *obs* unterwerfen, besiegen, erobern 18 beschränken **(to** auf *akk)* 19 *Farben etc* verdünnen 20 FOTO *ein Negativ etc* abschwächen 21 BIOL *e-e Zelle* reduzieren 22 MED einrenken, (wieder) einrichten 23 GASTR *e-e Soße etc* reduzieren, einkochen lassen B VI 1 *bes US (an Gewicht)* abnehmen: **be reducing** e-e Schlankheits- *od* Abmagerungskur machen 2 BIOL sich unter Chromosomenreduktion teilen
reducer S 1 Verminderer *m*, Verminderin *f*, Herabsetzer(in) 2 CHEM Reduktionsmittel *n* 3 FOTO a Abschwächer *m* b Entwickler *m* 4 PHARM Schlankheitsmittel *n* 5 TECH a Reduziermaschine *f* b Reduzierstück *n* c → reducing gear d → reducing valve 6 TECH Verdünner *m*
reducible [rɪˈdjuːsəbl; *US a.* -ˈduː-] ADJ (ADV **reducibly**) 1 reduzierbar: a zurückführbar **(to** auf *akk)*: **be ~ to** sich reduzieren *od* zurückführen lassen auf *(akk)*; **be ~ to a simpler form** sich vereinfachen lassen b CHEM, MATH reduzibel c herabsetzbar 2 verwandelbar **(to, into** in *akk)*
reducing| agent S CHEM Reduktionsmittel *n*; **~ coupling** S TECH Reduktions(verbindungs)stück *n*; **~ diet** S Schlankheits-, Abmagerungskur *f*; **~ gear** S TECH Untersetzungsgetriebe *n*; **~ glass** S Verkleinerungsglas *n*; **~ press** S TECH Reduzierpresse *f*; **~ valve** S TECH Reduzierventil *n*
reductase [rɪˈdʌkteɪz; -teɪs] S *Biochemie*: Reduktase *f (ein reduzierend wirkendes Enzym in roher Milch)*
reduction [rɪˈdʌkʃn] S 1 Herabsetzung *f*, Verminderung *f*, -ringerung *f*, Reduzierung *f (alle:* **by** um; **to** auf *akk)*: **~ in** *(od* **of) prices** Preishe-

rabsetzung, -ermäßigung *f*; ~ **in** (*od* **of**) **wages** Lohnkürzung *f*; ~ **of staff** Personalabbau *m*; ~ **of tariffs** Abbau *m* der Zölle **2** WIRTSCH Ermäßigung *f*, (Preis-)Nachlass *m*, Abzug *m*, Rabatt *m* **3** Verminderung *f*, Rückgang *m* **4** Verwandlung *f* (**into, to** in *akk*) **5** Zurückführung *f*, Reduzierung *f* (*beide:* **to** auf *akk*) **6** Zerlegung *f* (**to** in *akk*) **7** CHEM Reduktion *f* **8** MATH Reduktion *f*, Kürzung *f* (*e-s Bruches*), Vereinfachung *f* (*e-s Ausdrucks*), Auflösung *f* (*von Gleichungen*) **9** METALL (Aus)Schmelzung *f* **10** *obs* Unterwerfung *f*, Besiegung *f*, Eroberung *f* **11** FOTO Abschwächung *f* (*von Negativen*) **12** BIOL Reduktion(steilung) *f* **13** MED Einrenkung *f* **14** Verkleinerung *f* **15** MUS (*Klavier- etc*) Auszug *m*; ~ **compasses** SPL *a.* **pair of** ~ Reduktionszirkel *m*; ~ **division** → reduction 12; ~ **gear** S TECH Reduktions-, Untersetzungsgetriebe *n*; ~ **ratio** S TECH Untersetzungsverhältnis *n*

reductive [rɪˈdʌktɪv] **A** ADJ (ADV ~ly) **1** vermindernd (**of** *akk*) **2** CHEM, MATH reduzierend (**of** *akk*) **B** S CHEM Reduktionsmittel *n*

redundancy [rɪˈdʌndənsɪ], *a.* **redundance** S **1** Überfluss *m*, -fülle *f*, -maß *n* **2** Überflüssigkeit *f*, WIRTSCH *a.* Überflüssigwerden *n* (*von Arbeitskräften wegen Arbeitsmangel*), *engS.* Entlassung *f*: **dismissal for** ~ Freistellung *f*, -setzung *f*; ~ **pay(ment)** (*od* **money**) (Entlassungs)Abfindung *f* **3** Redundanz *f*: **a** Überladenheit *f* (*des Stils*), *bes* Weitschweifigkeit *f* **b** unnötige Wiederholung(en *pl*) **4** IT Redundanz *f* (*Teile, die nicht zur eigentlichen Information gehören*)

redundant [rɪˈdʌndənt] ADJ (ADV ~ly) **1** überreichlich, -mäßig **2** **a** überschüssig (*Kapital etc*) **b** überflüssig (*a.* WIRTSCH): ~ **workers** überflüssig gewordene Arbeitskräfte; **make** ~ freistellen, -setzen **3** üppig **4** überquellend, -fließend (*beide:* **of, with** von) **5** redundant: **a** überladen (*Stil etc*), *bes* weitschweifig **b** pleonastisch

reduplicate [rɪˈdjuːplɪkeɪt; *US a.* -ˈduː-] VT **1** verdoppeln **2** wiederholen **3** LING *e-n Laut, Wortteil* reduplizieren; **reduplication** S **1** Verdopp(e)lung *f* **2** Wiederholung *f* **3** LING **a** Reduplikation *f* **b** Reduplikationsform *f*; **reduplicative** [rɪˈdjuːplɪkətɪv; *US* -ˌkeɪtɪv; *a.* -ˈduː-] ADJ (ADV ~ly) **1** verdoppelnd **2** wiederholend **3** LING reduplizierend

red|ware S BOT Fingertang *m*; ~ **water** S VET Blutharnen *n*; ~ **wine** S Rotwein *m*; ~**wood** S BOT **1** Redwood *n*, Rotholz *n* **2** *Rotholz liefernder Baum, bes* **a** Eibensequoie *f* **b** Roter Sandholzbaum

redye [ˌriːˈdaɪ] *ppr* -dyeing VT **1** nachfärben **2** umfärben

ree [riː] → reeve³

re-echo [ˌriːˈekəʊ] **A** VI widerhallen (**with** von) **B** VT **1** widerhallen lassen **2** echoen, wiederholen

reed [riːd] **A** S **1** BOT Schilf(gras) *n*, *bes* **a** Schilfrohr *n*, Ried(gras) *n* **b** Schalmeien-, Pfahlrohr *n* **2** (*einzelnes*) (Schilf)Rohr: **be a broken** ~ *fig* wie ein schwankes Rohr im Wind sein **3** KOLL **a** Schilf *n*, Röhricht *n* **b** Schilf(-rohr) *n* (*als Material*) **4** *Br* (Dachdecker)Stroh *n* **5** *poet* Pfeil *m* **6** MUS **a** Rohr-, Hirtenflöte *f* **b** (Rohr)Blatt *n* **c** → reed stop **d** *a.* ~ **instrument** Rohrblatt-, Zungeninstrument *n*: **the** ~**s** die Rohrblattinstrumente (*e-s Orchesters*) **e** Zunge *f* (*der Zungeninstrumente*) **7** ARCH Rundstab *m* **8** ELEK, TECH Zunge *f*, Zungenkontakt *m* **9** TECH Weberkamm *m*, Blatt *n* **B** VT **1** *ein Dach* mit Schilf(rohr) decken **2** ARCH mit Rundstäben verzieren **3** MUS mit e-m Rohrblatt versehen; ~**bird** S ORN *US* Reisstärling *m*; ~**buck** *pl* -bucks, *bes koll* -buck S ZOOL Riedbock *m*; ~ **bunting** S ORN Rohrammer *f*

re-edit [ˌriːˈedɪt] VT *Bücher etc* neu herausgeben; **re-edition** [ˌriːɪˈdɪʃn] S Neuausgabe *f*

reedling [ˈriːdlɪŋ] S ORN Schilf-, Bartmeise *f*

reed| mace S BOT Breitblättriger Rohrkolben; ~ **organ** S MUS Harmonium *n*; ~ **pipe** S MUS Zungenpfeife *f* (*bes der Orgel*); ~ **stop** S MUS Zungenstimme *f* (*der Orgel*); ~ **switch** S ELEK Zungenschalter *m*; ~ **thrush** S ORN Drosselrohrsänger *m*

re-educate [ˌriːˈedjʊkeɪt; *US* -ˈedʒə-] VT umerziehen; **re-education** S Umerziehung *f*: ~ **camp** POL Umerziehungslager *n*

reed| voice S MUS Zungenstimme *f* (*der Orgel*); ~ **warbler** S ORN (*bes* Teich-)Rohrsänger *m*

reedy [ˈriːdɪ] ADJ (ADV reedily) **1** schilfig, schilfbedeckt, -reich **2** *bes poet* Rohr... **3** lang u. schlank **4** dünn, schwach (*Arme etc*) **5** schrill (*Stimme*)

reef¹ [riːf] S **1** GEOL Riff *n* **2** *Bergbau:* **a** Flöz *n* **b** Ader *f* **c** (*bes* Gold führender Quarz)Gang

reef² [riːf] SCHIFF **A** S Reff *n*: **take (in) a** ~ ein Segel reffen **B** VT **1** *Segel* reffen **2** *e-e Stenge, den Bugspriet* verkürzen

reefer [ˈriːfə(r)] S **1** SCHIFF **a** Reffer *m* **b** *a.* **reefing jacket** Matrosenjacke *f* **c** *US umg* Kühlschiff *n* **2** *US umg* **a** AUTO, BAHN Kühlwagen *m* **b** Kühlschrank *m* **3** *sl* (selbst gedrehte) Marihuanazigarette

reef knot S SCHIFF Kreuzknoten *m*

reek [riːk] **A** S **1** Gestank *m*: **there was a** ~ **of garlic** es roch penetrant *od* stank nach Knoblauch **2** *bes dial* **a** Rauch **b** Dampf *m*, Dunst *m* **c** (*Zigaretten- etc*) Qualm *m* **B** VI **1** stinken (**of, with** nach) **2** *fig* riechen (**of, with** nach) **C** VT **1** räuchern **2** *bes dial Rauch, Dampf etc* ausströmen (*a. fig*); **reeky** ADJ **1** stinkig, stinkend **2** *bes dial* **a** rauchend **b** dampfend **c** qualmend

reel¹ [riːl] **A** S **1** Haspel *f*, (*Garnetc*) Winde *f*: **off the** ~ **a** in einem Zug, hintereinander weg **b** aus dem Handgelenk, sofort **2** (*Garn-, Kabel-, Papier-, Schlauch- etc*) Rolle *f*, (*Bandmaß-, Farbband-, Film-, Garn-, Tonband- etc*) Spule *f*: ~ **seat belt** AUTO Automatikgurt *m* **3** Rolle *f* (*zum Aufwinden der Angelschnur*) **4** FILM **a** Film(streifen) *m* **b** (Film)Akt *m* **B** VT **1** ~ **up** aufspulen, -wickeln, -rollen, auf e-e Spule *od* Rolle wickeln **2** *meist* ~ **in** (*od* **up**) *e-n Fisch* einholen **3** ~ **off** **a** abhaspeln, abspulen **b** *fig e-e Geschichte etc* herunterrasseln *umg*

reel² [riːl] **A** VI **1** sich (schnell) drehen, wirbeln: **my head** ~**s** mir dreht sich alles, mir ist schwindlig; **the room** ~**ed before his eyes** das Zimmer drehte sich vor s-n Augen **2** wanken, taumeln: ~ **back** zurücktaumeln **3** ins Wanken geraten (*Truppen etc*) **B** VT schnell (herum)wirbeln **C** S **1** Wirbel(n) *m(n)*, Drehen *n* **2** Taumeln *n*, Wanken *n* **3** *fig* Taumel *m*, Wirbel *m*

reel³ [riːl] **A** S Reel *m* (*schottischer Volkstanz*) **B** VI (e-n) Reel tanzen

re-elect [ˌriːɪˈlekt] VT wiederwählen; **re-election** S Wiederwahl *f*: **seek** ~ sich erneut zur Wahl stellen, erneut kandidieren (**for** für)

re-eligible [ˌriːˈelɪdʒəbl] ADJ wieder wählbar

re-embark [ˌriːɪmˈbɑː(r)k] VT & VI SCHIFF (sich) wieder einschiffen; **re-embarkation** [ˈriːˌembɑː(r)ˈkeɪʃn] S SCHIFF Wiedereinschiffung *f*

re-emerge [ˌriːɪˈmɜːdʒ; *US* -ˈmɜrdʒ] VI **1** wieder auftauchen **2** *fig* wiederauftauchen, wieder auftreten; **re-emergence** S Wiederauftauchen *n*, *fig a.* Wiederauftreten *n*

re-enact [ˌriːɪˈnækt] VT **1** neu verordnen, wieder in Kraft setzen **2** THEAT neu inszenieren **3** wiederholen, *e-n Tathergang (für die Polizei)* demonstrieren *od* rekonstruieren; **re-enactment** S **1** Wiederinkraftsetzung *f* **2** THEAT Neuinszenierung *f*

re-engage [ˌriːɪnˈgeɪdʒ] VT *j-n* wieder an- *od* einstellen

re-enter [ˌriːˈentə(r)] **A** VT **1** wieder betreten, wieder eintreten in (*akk*) **2** wieder eintragen (*in e-e Liste etc*) **3** *fig* wieder eintreten in (*akk*): ~ **sb's service** **4** TECH **a** *Sekundärfarben* auftragen (*beim Kattundruck*) **b** *Kupferplatten* nachstechen **B** VI **1** wieder eintreten (**into** in *akk*) **2** *fig* wieder eintreten: ~ **into one's rights** JUR wieder in s-e Rechte eintreten; **re-entering** ADJ MATH einspringend (*Winkel*)

re-entrant [riːˈentrənt] **A** ADJ → re-entering **B** S MATH einspringender Winkel; **re-entry** [-trɪ] S **1** Wiedereintreten *n*, -eintritt *m* (*a.* JUR in den Besitz, *a. Raumfahrt:* in die Erdatmosphäre) **2** *a.* ~ **card** (*Bridge, Whist*) Führungsstich *m*

re-establish [ˌriːɪˈstæblɪʃ] VT **1** *Ordnung etc* wiederherstellen **2** wieder einführen, neu gründen

reeve¹ [riːv] S *Br* **1** HIST Vogt *m*, Statthalter *m* (*Vertreter der Krone*) **2** Gemeindevorsteher *m* (*a. in Kanada*) **3** HIST Aufseher *m*

reeve² [riːv] VT *prät u. pperf* reeved, rove [rəʊv] **1** SCHIFF **a** *das Tauende* (ein-)scheren **b** *das Tau* ziehen (**around** um; **through** durch) **2** sich (vorsichtig) hindurchwinden durch: **the ship** ~**d the shoals**

reeve³ [riːv] S ORN Kampfschnepfe *f*

re-examination [ˈriːɪgˌzæmɪˈneɪʃn] S **1** Nachprüfung *f*, Wiederholungsprüfung *f* **2** JUR **a** nochmalige (Zeugen)Vernehmung (*durch den Anwalt der Partei, die den Zeugen benannt hat*) **b** nochmalige Untersuchung; **re-examine** VT **1** nochmals prüfen **2** JUR **a** *e-n Zeugen* nochmals vernehmen **b** *e-n Fall* nochmals untersuchen

re-exchange [ˌriːɪksˈtʃeɪndʒ] S **1** Rücktausch *m* **2** WIRTSCH **a** Rück-, Gegenwechsel *m* **b** Rückwechselkosten *pl*

re-export WIRTSCH **A** VT [ˌriːekˈspɔː(r)t] *importierte Waren* wieder ausführen **B** S [ˌriːˈekspɔː(r)t] **1** → re-exportation **2** *pl* wieder ausgeführte Waren *pl*; **re-exportation** S Wiederausfuhr *f*

ref [ref] S SPORT *umg* **a** Schiri *m* (*Schiedsrichter*) **b** *Boxen:* Ringrichter *m*

ref. ABK **1** referee **2** reference **3** reformed reform.

reface [ˌriːˈfeɪs] VT ARCH mit e-r neuen Fassade versehen

refashion [ˌriːˈfæʃn] VT umgestalten, ummodeln

Ref. Ch. ABK Reformed Church

refection [rɪˈfekʃn] S **1** Erfrischung *f*, Stärkung *f* **2** Imbiss *m*

refectory [rɪˈfektərɪ] S **1** Refektorium *n* (*Speiseraum in Klöstern etc*) **2** UNIV *etc* Mensa *f*

refer [rɪˈfɜː; *US* rɪˈfɜr] **A** VT **1** verweisen, hinweisen (*beide:* **to** auf *akk*) **2** *j-n* (*bes um Auskunft, Referenzen etc*) verweisen (**to** an *j-n*) **3** (**to**) (zur Entscheidung *etc*) übergeben (*dat*), überweisen (an *akk*): ~ **a bill to a committee** PARL e-e Gesetzesvorlage an e-n Ausschuss überweisen; ~ **a patient to a specialist** e-n Patienten an e-n Facharzt überweisen; ~ **back** JUR *e-e Rechtssache* zurückverweisen (**to** an *die Unterinstanz*); "~ **to drawer**" WIRTSCH „an Aussteller zurück" **4** (**to**) zuschreiben (*dat*), zurückführen (auf *akk*) **5** zuordnen, zuweisen (*beide:* **to** *e-r Klasse etc*) **6** *e-e Bemerkung etc, a. e-n Wert* beziehen (**to** auf *akk*): ~**red to 100 degrees centigrade** bezogen auf 100° C **B** VI **1** (**to**) verweisen, hinweisen, sich beziehen, Bezug nehmen (auf *akk*), betref-

R

fen *(akk)*: **~ to sth briefly** e-e Sache streifen *od* kurz erwähnen; **~ring to my letter** Bezug nehmend *od* mit Bezug auf mein Schreiben; **the point ~red to** der erwähnte *od* betreffende Punkt **2** Bezug nehmen, sich beziehen *od* berufen *(alle:* **to sb** *auf j-n)* **3** **(to)** sich wenden (an *akk*), *(a. weitS. die Uhr, ein Buch etc)* befragen, konsultieren

referable [rɪˈfɜːrəbl; *US* -ˈfɜr-; *bes* ˈrefərəbəl] ADJ **(to)** **1** zuzuschreiben(d) *(dat)* **2** zuzuordnen(d) *(dat)* **3** sich beziehend (auf *akk*), bezüglich *(gen)*

referee [ˌrefəˈriː] **A** S **1** **a** *bes* JUR, SPORT Schiedsrichter(in), Unparteiische(r) *m/f(m)* **b** *Boxen*: Ringrichter(in) **c** JUR Sachverständige(r) *m/f(m)*, Bearbeiter(in), Referent(in) **d** JUR beauftragte(r) Richter(in) **2** PARL Referent(in), Berichterstatter(in) **3** *Br* Referenz *f* *(Auskunftgeber)*: **act as a ~ for sb** j-m als Referenz dienen **B** V/T **a** *bes* JUR, SPORT als Schiedsrichter(in) fungieren bei **b** SPORT *e-n Kampf* leiten, *ein Spiel a.* pfeifen: **the game was ~d by** *a.* das Spiel stand unter der Leitung von *(od gen)* **C** V/I **a** *bes* JUR, SPORT als Schiedsrichter(in) fungieren, SPORT *a.* pfeifen: **who's going to ~?** wer ist Schiedsrichter? **b** *Boxen*: als Ringrichter(in) fungieren; **refereeing** S SPORT **a** Schiedsrichterleistung(en) *f(pl)* **b** *Boxen*: Ringrichterleistung(en) *f(pl)*

reference [ˈrefrəns; *US a.* ˈrefərns] **A** S **1** Verweis(ung) *m(f)*, Hinweis *m* *(beide:* **to** *auf akk)*: **(list of) ~s** **a** Liste *f* der Verweise **b** Quellenangabe(n) *f(pl)*, Literaturverzeichnis *n*; **mark of ~** → A 2 a, A 4 **2** **a** Verweiszeichen *n* **b** Verweisstelle *f* **c** Beleg *m*, Unterlage *f* **d** Stichwort *n* *(in e-m Wörterbuch etc)* **3** Bezugnahme *f* (**to** auf *akk*): **in** *(od* **with)** **~ to** bezüglich *(gen)*, mit *od* unter Bezugnahme auf; **have ~ to** sich beziehen auf *(akk)*; **terms** *pl* **of ~** **a** Rahmen *m* *(e-s Abkommens etc)* **b** Aufgabenbereich *m* *(e-s Ausschusses etc)* **4** *a.* **~ number** Akten-, Geschäftszeichen *n* **5** **(to)** Anspielung *f* (auf *akk*), Erwähnung *f (gen)*: **make ~ to sth** etwas erwähnen, auf etwas anspielen; **in a clear ~ to** in deutlicher Anspielung auf **6** **(to)** Zusammenhang *m* (mit), Beziehung *f* (zu): **have no ~ to** nichts zu tun haben mit; **with ~ to him** was ihn betrifft **7** Berücksichtigung *f* (**to** *gen*) **8** **(to)** Nachschlagen *n*, -sehen *n* (in *dat*), Befragen *n*, Konsultieren *n (gen)*: **book** *(od* **work)** **of ~**, **~ book** *(od* **work)** Nachschlagewerk *n*; **~ library** **a** Nachschlagebibliothek *f* **b** *(öffentliche)* Handbibliothek *f*; **for future ~** **a** zur späteren Verwendung **b** merk dir das in Zukunft **9** **(to)** Befragung *f (gen)*, Rückfrage *f* (bei) **10** JUR Überweisung *f (e-r Sache)* (**to** an *ein Schiedsgericht etc*) **11** Zuständigkeit(sbereich) *f(m)*: **this is outside our ~** **12** **a** Referenz(en) *f(pl)*, Empfehlung(en) *f(pl)*: **for ~ please apply to** um Referenzen wenden Sie sich bitte an *(akk)*; **may I use your name as a ~?** darf ich mich auf Sie berufen? **b** *allg* Zeugnis *n*: **he had excellent ~s** **c** Referenz *f* *(Auskunftgeber)*: **give ~s** Referenzen angeben; **act as a ~ for sb** j-m als Referenz dienen **B** V/T Verweise anbringen in *e-m Buch* **C** ADJ **1** *bes* TECH Bezugs…: **~ frequency**; **~ line** **a** MATH Bezugslinie *f* **b** *Radar*: Basislinie *f*; **~ value** Bezugs-, Richtwert *m* **2** PSYCH Bezugs…: **~ group**

referenda [ˌrefəˈrendə] *pl von* referendum

referendary [ˌrefəˈrendərɪ] S JUR, HIST **a** Beisitzer *m (e-r Kommission)* **b** *Überprüfer der an den König gerichteten Bittschriften*

referendum [ˌrefəˈrendəm] *pl* -dums, -da [-də] S POL Referendum *n*, Volksentscheid *m*, -befragung *f*, -begehren *n*: **hold a ~** ein Referendum durchführen *od* abhalten

referential [ˌrefəˈrenʃl; *US* -tʃəl] ADJ **1** sich beziehend (**to** auf *akk*) **2** Verweisungs…: **~ mark** Verweiszeichen *n*

referral [rɪˈfɜːrəl] S MED **1** Überweisung *f (zu einem Facharzt)* **2** überwiesener Patient

reffing [ˈrefɪŋ] *umg* → refereeing

refill [ˌriːˈfɪl] **A** V/T wieder füllen, nach-, auffüllen **B** V/I sich wieder füllen **C** S [ˈriːfɪl] **1** Nachfüllung *f*, *bes* **a** PHARM *etc* Ersatzpackung *f* **b** *(Bleistift-, Kugelschreiber)* Mine *f* **c** Einlage *f (in e-m Ringbuch)* **2** **would you like a ~?** *umg* darf ich nachschenken? **D** ADJ → refillable; **refillable** ADJ nachfüllbar, Nachfüll…: **~ pack**

refinance [ˌriːfaɪˈnæns] V/T WIRTSCH **1** neu finanzieren **2** refinanzieren

refine [rɪˈfaɪn] **A** V/T **1** CHEM, TECH raffinieren, läutern, veredeln, *bes* **a** *Eisen* frischen **b** *Metall* feinen **c** *Stahl* gar machen **d** *Glas* läutern **e** *Petroleum, Zucker* raffinieren **2** *fig* verbessern, verfeinern, kultivieren, weiterentwickeln: **~ one's style** s-n Stil verfeinern **3** *fig* läutern, vergeistigen **B** V/I **1** sich läutern **2** sich verfeinern *od* verbessern **3** klügeln, (herum)tüfteln *(beide:* **on, upon** an *dat)* **4** **~ (up)on** weiterentwickeln, verbessern; **refined** ADJ (ADV ~ly) **1** CHEM, TECH geläutert, raffiniert, Fein…: **~ copper** Garkupfer *n*; **~ iron** Raffinier-, Paketstahl *m*; **~ lead** Raffinat-, Weichblei *n*; **~ silver** Brand-, Blicksilber *n*; **~ steel** Edelstahl *m*; **~ sugar** Feinzucker *m*, Raffinade *f* **2** *fig* gebildet, vornehm, fein, kultiviert *(Manieren etc)* **3** *fig* geläutert, vergeistigt **4** *fig* raffiniert, subtil, verfeinert **5** (über)fein, (-)genau; **refinement** S **1** Feinheit *f*, Vornehmheit *f*, gebildetes Wesen, Kultiviertheit *f* **2** Verfeinerung *f*: **a** Weiterentwicklung *f* **b** Vervollkommnung *f* **3** Feinheit *f (der Sprache etc)* **4** Raffinesse *f (des Geschmacks etc)* **5** Klügelei *f*, Spitzfindigkeit *f* **6** → refining 1; **refiner** S **1** TECH **a** (Eisen)Frischer *m* **b** Raffineur *m*, (Zucker)Sieder *m* **c** (Silber) Abtreiber *m* **2** Verfeinerer *m*, Verfeinerin *f* **3** Klügler(in), Haarspalter(in); **refinery** [-nərɪ] S TECH **1** *(Öl-, Zucker- etc)* Raffinerie *f* **2** *(Eisen-, Frisch)* Hütte *f*; **refining** S **1** CHEM, TECH Raffinierung *f*, Läuterung *f*, Vered(e)lung *f*, *bes* **a** Frischen *n (des Eisens)* **b** Feinen *n (des Metalls)* **c** Läutern *n (des Glases)* **d** Raffinieren *n (des Zuckers)*: **~ process** Veredelungsverfahren *n*; **~ furnace** Frisch-, Feinofen *m* **2** *fig* Verfeinerung *f*, Kultivierung *f*, Verbesserung *f*, Weiterentwicklung *f* **3** *fig* Läuterung *f*, Vergeistigung *f*

refit [ˌriːˈfɪt] **A** V/T **1** wieder instand setzen, ausbessern **2** neu ausrüsten *od* ausstatten **B** V/I **1** wieder instand gesetzt werden, repariert *od* überholt werden **2** sich neu ausrüsten **C** S [*a.* ˈriːfɪt] **1** Wiederinstandsetzung *f*, Ausbesserung *f* **2** Neuausrüstung *f*; **refitment** → refit C

reflation [riːˈfleɪʃn] S WIRTSCH Reflation *f* *(Wirtschaftsbelebung durch Geldschöpfung u. Exportförderung)*

reflect [rɪˈflekt] **A** V/T **1** *Strahlen, Wellen etc* reflektieren, zurückwerfen, -strahlen: **~ed wave** reflektierte Welle, Echowelle *f*; **be ~ed in** sich spiegeln in *(dat)*(→ A 3); **shine with ~ed light** *fig* sich im Ruhm e-s anderen sonnen **2** *ein Bild etc* reflektieren, (wider-)spiegeln: **~ing microscope** Spiegelmikroskop *n*; **~ing telescope** Spiegelteleskop *n* **3** *fig* (wider)spiegeln, zeigen: **the result doesn't ~ their superiority** SPORT das Ergebnis gibt ihre Überlegenheit nicht wieder; **be ~ed in** **a** sich (wider)spiegeln in *(dat)* **b** s-n Niederschlag finden in *(dat)*(→ A 1); **our prices ~ your commission** unsere Preise enthalten Ihre Provision **4** einbringen (**on** *dat*): **~ credit on sb** j-m Ehre machen **5** darüber nachdenken, überlegen *(beide:* **that** dass; **how** wie) **6** zurückbiegen **B** V/I **1** reflektieren **2** **(on, upon)** nachdenken *od* -sinnen (über *akk*), überlegen *(akk)* **3** **~ (up)on** **a** sich abfällig äußern über *(akk)* **b** ein schlechtes Licht werfen auf *(akk)* **c** *(etwas)* (ungünstig) beeinflussen, sich auswirken auf *(akk)*

reflection [rɪˈflekʃn] S **1** PHYS Reflexion *f*, Reflektierung *f*, Zurückwerfung *f*, -strahlung *f* **2** (Wider)Spiegelung *f (a. fig)*, Reflex *m*, Widerschein *m*: **a faint ~ of** *fig* ein schwacher Abglanz *(gen)*; **the result is no real ~ of his superiority** SPORT das Ergebnis gibt s-e Überlegenheit nicht richtig wieder **3** Spiegelbild *n* **4** *fig* Auswirkung *f*, Einfluss *m* **5** Überlegung *f*, Erwägung *f*: **on ~** **a** nach einigem Nachdenken **b** wenn ich *(etc)* es mir recht überlege; **cause ~** nachdenklich stimmen **6** Reflexion *f*: **a** Betrachtung *f* **b** (tiefer) Gedanke *od* Ausspruch: **~s on love** Reflexionen *od* Betrachtungen *od* Gedanken über die Liebe **7** abfällige Bemerkung (**on** über *akk*) **8** Anwurf *m*, Anschuldigung *f*: **cast ~s (up)on** in ein schlechtes Licht setzen; **be a ~ on sth** ein schlechtes Licht auf e-e Sache werfen **9** *bes* ANAT, ZOOL **a** Zurückbiegung *f* **b** zurückgebogener Teil **10** PHYSIOL Reflex *m*

reflective [rɪˈflektɪv] ADJ (ADV ~ly) **1** reflektierend, zurückwerfend, -strahlend **2** (wider)spiegelnd **3** nachdenklich, besinnlich **4** gedanklich

reflector [rɪˈflektə(r)] S **1** PHYS Reflektor *m* *(a. e-r Antenne)* **2** **a** Spiegel *m* **b** Rückstrahler *m*, Katzenauge *n (an Fahrzeugen)* **c** Scheinwerfer *m* **3** Reflektor *m*, Spiegelteleskop *n*

reflex [ˈriːfleks] **A** S **1** PHYSIOL Reflex *m*: **~ movement** Reflexbewegung *f*; **~ response** Reflexwirkung *f*, Reaktion *f* auf e-n Reiz; **~ save** SPORT Reflexparade *f* **2** (Licht)Reflex *m*, Widerschein *m* (**from** von) **3** *fig* Abglanz *m* (**of** *gen*) **4** Spiegelbild *n (a. fig)*: **~ camera** FOTO Spiegelreflexkamera *f*; **be a ~ of** *fig etwas* widerspiegeln **5** ELEK Reflexempfänger *m* **B** ADJ **1** PHYSIOL Reflex… **2** Rück…, Gegen… **3** introspektiv, reflektierend *(Gedanken)* **4** reflektiert, zurückgeworfen *(Licht etc)* **5** zurückgebogen **6** MATH einspringend *(Winkel)* **7** ELEK Reflex…; **reflexed** [rɪˈflekst] → reflex B 5; **reflexible** ADJ reflektierbar

reflexion *Br für* reflection

reflexive [rɪˈfleksɪv] **A** ADJ (ADV ~ly) **1** LING reflexiv, rückbezüglich, Reflexiv…: **~ pronoun** → B a; **~ verb** → B b **2** → reflective **3** → reflex B 3 **B** S LING **a** Reflexivpronomen *n*, rückbezügliches Fürwort **b** reflexives Verb, rückbezügliches Zeitwort **c** reflexive Form

reflexology [ˌriːflekˈsɒlədʒɪ; *US* -ˈsɑl-] S **1** MED Fußreflexmassage *f* **2** Reflexologie *f*, Reflexpsychologie *f (Forschungsrichtung, die das tierische u. menschliche Verhalten als Folge von Reflexen ansieht)*

refloat [ˌriːˈfləʊt] SCHIFF **A** V/T *ein Schiff* wieder flottmachen **B** V/I wieder flott werden

refluence [ˈrefluəns] → reflux 1; **refluent** ADJ zurückfließend, -flutend

reflux [ˈriːflʌks] S **1** Zurückfließen *n*, -fluten *n*: → flux A 4 **2** WIRTSCH *(Kapital- etc)* Rückfluss *m*

reforest [ˌriːˈfɒrɪst; *US a.* -ˈfɑ-] *bes US* → reafforest

reform [rɪˈfɔː(r)m] **A** S **1** POL *etc* Reform *f*, Verbesserung *f*: **~ jam** Reformstau *m*; **~ program(me)** Reformprogramm *n* **2** Besserung *f*: **~ school** *Br* HIST *od US* Besserungsanstalt *f* **B** V/T **1** reformieren, verbessern **2** *j-n* bessern **3** *e-n Missstand etc* beseitigen **4** JUR *US e-e Urkunde* berichtigen **C** V/I sich bessern

re-form [ˌriːˈfɔː(r)m] **A** V/T umformen, umge-

R

stalten, umbilden B VI sich umformen
reformation [ˌrefə(r)ˈmeɪʃn] S 1 Reformierung *f* 2 Besserung *f* (*des Lebenswandels etc*) 3 **the** ♀ REL, HIST die Reformation: → **period** A 2 4 JUR *US* Berichtigung *f* (*e-r Urkunde*)
re-formation [ˌriːfɔː(r)ˈmeɪʃn] S Umformung *f*, Umbildung *f*, Um-, Neugestaltung *f*
reformational [ˌrefə(r)ˈmeɪʃənl; *US a.* -ʃnəl] ADJ 1 Reform…, Reformierungs… 2 ♀ REL Reformations…
reformative [rɪˈfɔː(r)mətɪv] → **reformational** 1
re-formative [ˌriːˈfɔː(r)mətɪv] ADJ neu bildend, neu gestaltend, Um-, Neugestaltungs…
reformatory [rɪˈfɔː(r)mətərɪ; *US* -ˌtəʊriː; -ˌtɔː-] A ADJ 1 Besserungs…: **~ measures** Besserungsmaßnahmen 2 Reform… B S *Br* HIST *od US* Besserungsanstalt *f*
reformed [rɪˈfɔː(r)md] ADJ 1 verbessert 2 gebessert, bekehrt: **~ drunkard** geheilter Trinker 3 ♀ REL reformiert
re-formed [ˌriːˈfɔː(r)md] ADJ: **~ meat** Formfleisch *n*
reformer [rɪˈfɔː(r)mə(r)] S 1 (*bes kirchlicher*) Reformator 2 POL Reformer(in), Reformist(in)
reformist [rɪˈfɔː(r)mɪst] A S 1 REL Reformierte(r) *m/f(m)* 2 → **reformer** B ADJ reformerisch, reformistisch
refound[1] [ˌriːˈfaʊnd] VT wieder gründen, neu gründen
refound[2] [ˌriːˈfaʊnd] VT TECH neu gießen, umgießen, umschmelzen
refract [rɪˈfrækt] VT 1 PHYS *Strahlen, Wellen* brechen: **~ed light** gebrochenes Licht 2 CHEM *Salpeter* analysieren; **refracting** ADJ PHYS (Strahlen) brechend, Brechungs…, Refraktions…: **~ angle** Brechungswinkel *m*; **~ telescope** Refraktor *m*
refraction [rɪˈfrækʃn] S 1 PHYS (*Licht-, Strahlen*) Brechung *f*, Refraktion *f* 2 OPT Refraktionsvermögen *n*; **refractional** [-ʃənl] → **refractive**
refractive [rɪˈfræktɪv] ADJ PHYS Brechungs…, Refraktions…: **~ index**; **~ power** → **refractivity**; **refractivity** [ˌriːfrækˈtɪvətɪ] S PHYS Brechungsvermögen *n*
refractometer [ˌriːfrækˈtɒmɪtə(r); *US* -ˈtɑ-] S PHYS Refraktometer *n* (*Instrument zur Bestimmung des Brechungsvermögens*)
refractor [rɪˈfræktə(r)] S PHYS 1 brechendes Medium 2 Refraktor *m* (*Teleskop*)
refractoriness [rɪˈfræktərɪnɪs] S 1 Eigensinn *m*, Störrigkeit *f* 2 Widerstandskraft *f*, *bes* a CHEM Strengflüssigkeit *f* b TECH Feuerfestigkeit *f* 3 MED a Widerstandsfähigkeit *f* b Hartnäckigkeit *f* (*e-r Krankheit*)
refractory [rɪˈfræktərɪ] A ADJ (ADV **refractorily**) 1 eigensinnig, störrisch 2 CHEM strengflüssig 3 TECH feuerfest, -beständig: **~ clay** Schamotte(ton) *f(m)* 4 MED a widerstandsfähig b hartnäckig (*Krankheit*) c unempfindlich (*gegen Reiz etc*) B S CHEM, TECH a feuerfestes Material, Schamotte *f* b *pl* Schamottesteine *pl*
refrain[1] [rɪˈfreɪn] A VI (**from**) Abstand nehmen (von), absehen (von), sich enthalten (*gen*), unterlassen (*akk*): **~ from doing sth** etwas unterlassen; es unterlassen, etwas zu tun; **~ from laughter** (*od* **laughing**) sich das Lachen verkneifen; **~ from smoking** das Rauchen unterlassen B VT *obs* a *Gefühle etc* unterdrücken, zügeln b **~ o.s.** sich beherrschen
refrain[2] [rɪˈfreɪn] S 1 Refrain *m*, Kehrreim *m* 2 *fig* Litanei *f umg*
refrangible [rɪˈfrændʒɪbl] ADJ PHYS brechbar (*Strahlen, Wellen*)
refresh [rɪˈfreʃ] A VT 1 (**o.s.** sich) erfrischen 2 auffrischen, erneuern; COMPUT *Ansicht* aktualisieren: **~ one's memory** sein Gedächtnis auffrischen 3 a *e-e Batterie* auffüllen, -laden b *e-n Vorrat* erneuern 4 (ab)kühlen B VI 1 erfrischen 2 sich erfrischen, e-e Erfrischung *od* Stärkung zu sich nehmen 3 frische Vorräte fassen (*Schiff etc*); **refresher** S 1 Erfrischung *f* 2 *umg* Gläschen *n* 3 Mahnung *f* 4 Auffrischung *f*: **~ course** Auffrischungskurs *m*, -lehrgang *m* 5 JUR *Br* Nachschuss(honorar) *m(n)* (*e-s Anwalts*); **refreshing** ADJ (ADV **~ly**) erfrischend
refreshment [rɪˈfreʃmənt] S Erfrischung *f* (*a. Getränk etc*); **~ room** S Imbissstube *f*
refrigerant [rɪˈfrɪdʒərənt] A ADJ kühlend, Kühl… (*beide a.* MED) B S 1 MED Refrigerans *n* (*abkühlendes Mittel*) 2 TECH Kühlmittel *n*
refrigerate [rɪˈfrɪdʒəreɪt] A VT TECH kühlen, *Nahrungsmittel* tiefkühlen: **~d cargo** SCHIFF Kühlraumladung *f* B VI sich (ab)kühlen
refrigerating| chamber S TECH Kühlraum *m*; **~ engine**, **~ machine** S TECH Kälte-, Kühlmaschine *f*; **~ plant** S TECH Kühlanlage *f*
refrigeration [rɪˌfrɪdʒəˈreɪʃn] S 1 a Kühlung *f*, Kälteerzeugung *f* b Kältetechnik *f*: **~ ton** Kühltonne *f* (*Einheit im Kühltransport*) 2 MED Refrigeration *f*, Abkühlung *f*
refrigerator [rɪˈfrɪdʒəreɪtə(r)] S TECH 1 Kühlschrank *m*, -raum *m*, -kammer *f*, -anlage *f*: **~-freezer** Kühl- u. Gefrier-Kombination *f*; **~ van** (*US* **car**) BAHN Kühlwagen *m*; **~ van** (*od* **lorry**, *US* **truck**) AUTO Kühlwagen *m*; **~ vessel** SCHIFF Kühlschiff *n* 2 Kältemaschine *f* 3 Kondensator *m* (*e-s Kühlsystems*) 4 Kühler *m*, Kühlschlange *f*
refrigeratory [rɪˈfrɪdʒərətərɪ; *US* -ˌtəʊriː; -ˌtɔː-] A S 1 Kühlkondensator *m* (*e-r Kälteanlage*) 2 Kühlraum *m* B ADJ Kälte erzeugend, Kühl…
refringent [rɪˈfrɪndʒənt] → **refractive**
reft [reft] *prät u. pperf von* **reave**[1], **reave**[2]
refuel [ˌriːˈfjʊəl] VT & VI FLUG, AUTO (auf)tanken; **refuel(l)ing** S (Auf-, Nach)Tanken *n*: **~ point** FLUG Lufttankposition *f*; **~ stop** FLUG Zwischenlandung *f* zum Auftanken
refuge [ˈrefjuːdʒ] A S 1 Zuflucht *f* (*a. fig Ausweg, a. Person, Gott*), Schutz *m* (*beide:* **from** vor): **seek** (**find** *od* **take**) **~** Zuflucht suchen (finden) (**from** vor *dat*); **take ~ in sth** *fig* (s-e) Zuflucht zu etwas nehmen; **take ~ in lying** sich in Lügen flüchten; **seek ~ in flight** sein Heil in der Flucht suchen 2 Zufluchtsstätte *f*, -ort *m* 3 *a.* **~ hut** *Bergsteigen*: Schutzhütte *f* 4 *Br* Verkehrsinsel *f* B VT *obs j-m* Zuflucht gewähren C VI *obs* Schutz suchen; **refugee** [ˌrefjʊˈdʒiː] A S Flüchtling *m* B ADJ Flüchtlings…: **~ camp**; **~ government** Exilregierung *f*
refugium [rɪˈfjuːdʒɪəm] *pl* **-gia** [-dʒɪə] S BOT, ZOOL Refugialgebiet *n*
refulgence [rɪˈfʌldʒəns; *US a.* -ˈfʊl-] S Glanz *m*, Leuchten *n*; **refulgent** ADJ (ADV **~ly**) glänzend, leuchtend
refund[1] [riːˈfʌnd] A VT 1 *Geld* zurückzahlen, -erstatten, *e-n Verlust, Auslagen* ersetzen, (zu)rückvergüten 2 *j-m* Rückzahlung leisten, *j-m* s-e Auslagen ersetzen B VI Rückzahlung leisten C S [ˈriːfʌnd] (Zu)Rückzahlung *f*, -erstattung *f*, Rückvergütung *f*
refund[2] [ˌriːˈfʌnd] VT WIRTSCH *e-e Anleihe etc* neu fundieren
refundment → **refund**[1] C
refurbish [ˌriːˈfɜːbɪʃ; *US* -ˈfɜr-] VT 1 aufpolieren (*a. fig*): **~ one's image**; **~ one's French** sein Französisch auffrischen 2 renovieren 3 → **refurnish**
refurnish [ˌriːˈfɜːnɪʃ; *US* -ˈfɜr-] VT wieder *od* neu ausstatten *od* möblieren
refusal [rɪˈfjuːzl] S 1 Ablehnung *f*, Zurückweisung *f* (*e-s Angebots etc*): **~ of acceptance** Annahmeverweigerung *f*; → **meet** B 7 2 Verweigerung *f* (*e-r Bitte, e-s Befehls etc; a. Reitsport*) 3 abschlägige Antwort: **he will take no ~** er lässt sich nicht abweisen 4 Weigerung *f* (**to do sth** etwas zu tun): → **evidence** A 2 b 5 Abweisung *f* (*e-s Freiers*), Ablehnung *f* (*e-s Heiratsantrags*) 6 *Meinungsforschung*: Antwortverweigerung *f* 7 *Kartenspiel*: Nichtbedienen *n*
refuse[1] [rɪˈfjuːz] A VT 1 *ein Angebot, ein Amt, e-n Freier, Kandidaten etc* ablehnen, *ein Angebot a.* ausschlagen, *etwas od j-n* zurückweisen, *j-n* abweisen, *j-m e-e Bitte* abschlagen: **~ an order** e-n Befehl verweigern; **~ a chance** von e-r Gelegenheit keinen Gebrauch machen; **~ sb permission** j-m die Erlaubnis verweigern 2 sich weigern, es ablehnen (*beide:* **to do** zu tun): **he ~d to believe it** er wollte es einfach nicht glauben; **he ~d to be bullied** er ließ sich nicht einschüchtern; **it ~d to work** es wollte nicht funktionieren *od* gehen, es streikte *umg*; → **evidence** A 2 b 3 *den Gehorsam etc* verweigern: **~ control** sich der Kontrolle entziehen 4 *das Hindernis* verweigern (*Pferd*) 5 *Kartenspiel: Farbe* nicht bedienen B VI 1 ablehnen 2 sich weigern, es ablehnen 3 ablehnen, absagen: **he was invited but he ~d** 4 verweigern (*Pferd*) 5 *Kartenspiel*: nicht bedienen
refuse[2] [ˈrefjuːs] A S 1 Abfall *m*, Abfälle *pl*, Müll *m* 2 *fig* Auswurf *m*, -schuss *m* B ADJ 1 Abfall…, Müll…: **~ bin** Mülltonne *f*; **~ collection** Müllabfuhr *f*; **~ collector** Müllmann *m*; **~ dump** (*od* **tip**) Müllabladeplatz *m*, -deponie *f*; **~ pit** Müllgrube *f* 2 wertlos
refusenik [rɪˈfjuːznɪk] S *umg j-d, der sich weigert mitzumachen*
refutable [ˈrefjʊtəbl; rɪˈfjuː-] ADJ (ADV **refutably**) widerlegbar; **refutation** [ˌrefjuːˈteɪʃn] S Widerlegung *f*; **refute** [rɪˈfjuːt] VT widerlegen
reg. ABK 1 MIL regiment Regt. 2 register(ed) 3 registrar 4 registry 5 regular(ly) regelm. 6 regulation
regain [rɪˈɡeɪn] A VT 1 zurück-, wiedergewinnen, *a. das Bewusstsein* wiedererlangen, *die Führung* zurückerobern: **~ one's feet** wieder auf die Beine kommen; **~ one's health** wieder gesund werden 2 *das Ufer etc* wiedergewinnen, wieder erreichen 3 SPORT *s-e Form* wiederfinden B S Wiedergewinnung *f*
regal[1] [ˈriːɡl] ADJ (ADV **~ly**) 1 königlich, Königs… 2 *fig* königlich, fürstlich, prächtig
regal[2] [ˈriːɡl] S MUS Regal *n* (*kleine tragbare Orgel*)
regale [rɪˈɡeɪl] A VT 1 erfreuen, ergötzen (*beide:* **with** mit) 2 fürstlich bewirten 3 **~ o.s.** sich laben, sich gütlich tun (*beide:* **on** an *dat*) B VI → A 3 C S *obs* a erlesenes Mahl, Schmaus *m* b Leckerbissen *m* c Genuss *m*
regalia [rɪˈɡeɪljə] SPL 1 HIST Regalien *pl*, königliche Hoheitsrechte *pl* 2 königliche Insignien *pl* 3 (*Amts- od Ordens*) Insignien *pl* 4 Aufmachung *f*: **Sunday ~** Sonntagsstaat *m*
regalism [ˈriːɡəlɪzəm] S HIST *Br* Primat *m* des Königs (*bes in geistlichen Dingen*)
regality [rɪˈɡælətɪ] S 1 Königswürde *f* 2 Königsherrschaft *f*, Souveränität *f* 3 Regal *n*, königliches Hoheitsrecht 4 Königreich *n* 5 HIST *schott* a von der Krone verliehene Gerichtshoheit b Gerichtsbezirk *m* e-s mit königlicher Gerichtshoheit betrauten Lords
regard [rɪˈɡɑː(r)d] A VT 1 (aufmerksam) betrachten, ansehen 2 **~ as** betrachten als, halten für: **be ~ed as** betrachtet werden als, gelten als 3 *fig* betrachten (**with** mit *Abscheu etc*): **I ~ him kindly** ich bringe ihm freundschaftliche Gefühle entgegen 4 beachten, Beachtung schenken (*dat*) 5 berücksichtigen, res-

pektieren 6 achten, (hoch) schätzen 7 betreffen, angehen: **as ~s** was … betrifft B S 1 Blick *m* 2 Hinsicht *f* (**to** auf *akk*): **in this ~** in dieser Hinsicht; **in ~ to** (*od* **of**), **with ~ to** im Hinblick auf (*akk*); **have ~ to** a sich beziehen auf (*akk*) b in Betracht ziehen (*akk*) c → B 3 3 (**to, for**) Rücksicht(nahme) *f* (auf *akk*), Beachtung *f* (*gen*): **~ must be paid** (*od* **had**) **to his words** s-n Worten muss man Beachtung schenken; **pay no ~ to** nicht achten auf (*akk*); **without ~ to** (*od* **for**) ohne Rücksicht auf (*akk*); **have no ~ for sb's feelings** auf j-s Gefühle keine Rücksicht nehmen; **with due ~ to** (*od* **for**) **his age** unter gebührender Berücksichtigung s-s Alters 4 (Hoch)Achtung *f* (**for** vor *dat*) 5 *pl* (*bes in Briefen*) Grüße *pl*, Empfehlungen *pl*: **with kind ~s to** mit herzlichen Grüßen an (*akk*); **give him my (best) ~s** grüße ihn (herzlich) von mir

regardful ADJ (ADV **~ly**) 1 achtsam, aufmerksam (*beide*: **of** auf *akk*): **be ~ of** → regard A 4 2 rücksichtsvoll (**of** gegen): **be ~ of** → regard A 5

regarding PRÄP bezüglich, hinsichtlich (*gen*), betreffend (*akk*)

regardless A ADJ (ADV **~ly**) 1 **~ of** ungeachtet (*gen*), ohne Rücksicht auf (*akk*), unbekümmert um, trotz (*gen od dat*) 2 unbekümmert, rücksichts-, bedenken-, achtlos B ADV *umg* unbekümmert, bedenkenlos, ohne Rücksicht auf Verluste: **he went there ~** er ging trotzdem *od* dennoch hin

regatta [rɪˈgætə] S SPORT Regatta *f*

regd ABK registered

regelate [ˈriːdʒɪleɪt] V/I PHYS wieder gefrieren; **regelation** S Regelation *f*, Wiedergefrieren *n*

regency [ˈriːdʒənsɪ] A S 1 Regentschaft *f* (*Amt, Gebiet, Zeit*) 2 ♀ HIST Regentschaft(szeit) *f*, *bes* a Régence *f* (*in Frankreich, des Herzogs Philipp von Orléans 1715-23*) b *in England (1811-20) von Georg, Prinz von Wales (später Georg IV.)* B ADJ Regentschafts…

regenerate [rɪˈdʒenəreɪt] A V/T 1 regenerieren (*a.* BIOL, PHYS, TECH): a neu schaffen, umgestalten b wieder erzeugen c erneuern, neu *od* wieder bilden d wieder *od* neu beleben: **be ~d** REL wiedergeboren werden; **~ heat** TECH Wärme zurückgewinnen *od* regenerieren 2 bessern, reformieren 3 ELEK rückkoppeln B V/I 1 sich erneuern, neu aufleben 2 sich regenerieren, sich erneuern, sich neu *od* wieder bilden, nachwachsen (*Organ*) 3 sich bessern, sich reformieren C ADJ [-rət] 1 ge-, verbessert, reformiert 2 erneuert, regeneriert 3 REL wiedergeboren

regeneration [rɪˌdʒenəˈreɪʃn] S 1 Regeneration *f*: a Reformierung *f*, Besserung *f* b Neuschaffung *f*, Umgestaltung *f* c Wiederherstellung *f*, Erneuerung *f* d Neubelebung *f* e REL Wiedergeburt *f* 2 BIOL Regeneration *f*, Erneuerung *f* (*verloren gegangener Teile*) 3 ELEK Rückkopp(e)lung *f* 4 TECH Regenerierung *f*, Wiedergewinnung *f*; **regenerative** [-rətɪv; *US* -ˌreɪtɪv] ADJ (ADV **~ly**) 1 (ver)bessernd, Reformierungs… 2 neu schaffend, Umgestaltungs… 3 (sich) erneuernd, Erneuerungs…, Verjüngungs… 4 wieder *od* neu belebend 5 ELEK Rückkopp(e)lungs… 6 TECH Regenerativ… 7 BIOL Regenerations…: **~ capacity** Regenerationsvermögen *n*

regenerator [rɪˈdʒenəreɪtə(r)] S 1 Erneuerer *m*, Erneuerin *f* 2 TECH Regenerator *m*

regent [ˈriːdʒənt] A S 1 Regent(in), Reichsverweser(in) 2 UNIV *US* Mitglied *n* des Verwaltungsrats B ADJ (*dem Substantiv nachgestellt*) die Regentschaft innehabend: → prince 2, queen regent; **regentship** S Regentschaft *f*

reggae [ˈregeɪ] S MUS Reggae *m* (*aus Jamaika stammende Stilrichtung der Popmusik*)

regicidal [ˌredʒɪˈsaɪdl] ADJ königsmörderisch; **regicide** S 1 Königsmörder(in) 2 Königsmord *m*

regime, *a.* **régime** [reɪˈʒiːm] S 1 POL Regime *n*, Regierungsform *f*, (Regierungs)System *n* 2 (vor)herrschendes System 3 → regimen 1

regimen [ˈredʒɪmen] S 1 MED geregelte *od* gesunde Lebensweise, *bes* Diät *f*: **follow a strict ~** streng Diät halten 2 Regierung *f*, Herrschaft *f* 3 LING Rektion *f*

regiment A S [ˈredʒɪmənt] 1 MIL Regiment *n*: → horse A 3 2 *fig* große Zahl, Schar *f* B V/T [-ment] 1 MIL a zu Regimentern formieren b ein Regiment bilden aus c regimentieren, e-m Regiment zuteilen 2 *fig* a eingruppieren, einordnen b organisieren c unter (*bes* staatliche) Aufsicht stellen 3 *fig* reglementieren, kontrollieren, gängeln, bevormunden; **regimental** [-ˈmentl] MIL A ADJ Regiments…: **~ aid post** Truppenverband(s)platz *m*; **~ hospital** Feldlazarett *n* B SPL **regimentals** (Regiments-, Traditions)Uniform *f*; **regimentally** ADV MIL regimentsweise

regimentation [ˌredʒɪmenˈteɪʃn] S 1 Organisierung *f*, Einteilung *f* (in Gruppen) 2 *fig* Reglementierung *f*, (behördliche) Kontrolle, Bevormundung *f*

Regina [rɪˈdʒaɪnə] S JUR *Br* (*die*) Königin (*offizieller Titel der Königin von England*), *weitS. a.* die Krone, der Staat: **Elizabeth ~** Königin Elisabeth

region [ˈriːdʒən] S 1 *allg* Gebiet *n*, Bereich *m*, Gegend *f*, Region *f*: **~ of high (low) pressure** METEO Hoch-(Tief)druckgebiet; **a present in the ~ of £50** ein Geschenk im Wert von ungefähr 50 Pfund; **it costs sth in the ~ of £10,000** es kostet um die 10 000 Pfund 2 Gebiet *n*, Gegend *f*, Landstrich *m* 3 BOT, GEOG, ZOOL Region *f*, Gebiet *n* 4 (*Luft-, Meeres*) Schicht *f*, Sphäre *f* 5 *fig* Region *f*, Reich *n* (*des Universums etc*): **the upper (lower) ~s** die höheren Regionen (die Unterwelt) 6 MED (*Körper*) Gegend *f*: **cardiac ~, ~ of the heart** Herzgegend 7 (*Verwaltungs*) Bezirk *m*

regional [ˈriːdʒənl] ADJ (ADV **~ly**) 1 regional, gebiets-, strichweise, örtlich (begrenzt), *a.* MED lokal, örtlich: **~ an(a)esthesia** MED örtliche Betäubung, Lokalanästhesie *f*; **~ diagnosis** MED Herddiagnose *f*; **~ enteritis** MED Enteritis *f* regionalis (→ Crohn's disease) 2 Regional…, Bezirks…, Orts…: **~ station** RADIO Regionalsender *m*; **regionalism** S 1 a *Einteilung e-s Landes in Verwaltungsregionen mit Teilautonomie* b *Befürwortung e-r solchen Einteilung* 2 Regionalismus *m* (*Bewusstsein od Betonung der besonderen Eigenart der Bewohner e-r bestimmten Region*) 3 LING Regionalismus *m* (*nur regional gebrauchter Ausdruck*)

register[1] [ˈredʒɪstə(r)] A S 1 Register *n* (*a.* IT), Eintragungsbuch *n*, Verzeichnis *n*, (*Wähler- etc*) Liste *f*: **keep a ~ of** Buch führen über (*akk*); **~ of births, deaths, and marriages** Personenstandsregister; **~ of companies** Handelsregister; **~ of patents** Patentrolle *f*; **~ of taxes** Hebeliste *f*; **unpaid ~** WIRTSCH Verzeichnis nicht eingelöster Schecks; **~ office** *Br* Standesamt *n*; **they got married at a ~ office** sie heirateten standesamtlich; **(ship's) ~** SCHIFF a Registerbrief *m* b Schiffsregister *n*; → condolence, ton[1] 2, tonnage 1 2 Registrierung *f*: a Eintrag *m* b Eintragung *f* 3 a Register *n*, (Inhalts)Verzeichnis *n*, Index *m* b Buchzeichen *n* 4 TECH a Registriervorrichtung *f*, Zählwerk *n*: → cash register b Reguliervorrichtung *f*, Schieber *m*, Ventil *n*, Klappe *f* 5 MUS a (*Orgel*) Register *n* b Stimm-, Tonlage *f* c Stimmumfang *m* 6 TYPO Register *n*: **be in ~** Register halten 7 LING Register *n*, Sprach-, Stilebene *f* B V/T 1 registrieren, eintragen *od* -schreiben (lassen), anmelden (**for school** zur Schule), *weitS.* (amtlich) erfassen, (*a. fig e-n Erfolg etc*) verzeichnen, -buchen: **~ o.s.** POL sich in die (Wahl)Liste eintragen; **~ a company** WIRTSCH e-e Gesellschaft (handelsgerichtlich) eintragen 2 JUR a *ein Warenzeichen* anmelden b *e-n Artikel* gesetzlich schützen 3 *Postwesen: e-n Brief etc* einschreiben (lassen) 4 *Br sein Gepäck* aufgeben 5 TECH *Messwerte* registrieren, anzeigen, verzeichnen 6 *e-e Empfindung* zeigen, ausdrücken 7 TYPO *Gedrucktes* in das Register bringen 8 MIL *ein Geschütz* einschießen C V/I 1 a sich (in das Fremdenbuch, in die Wählerliste *etc*) eintragen (lassen) b UNIV *etc* sich einschreiben (**for** für) 2 sich (an)melden (**at, with** *bei der Polizei etc*) 3 TYPO Register halten 4 **it didn't ~ with me** *umg* ich hab es nicht registriert *od* zur Kenntnis genommen 5 TECH a sich decken, genau zu- *od* aufeinanderpassen b einrasten 6 MIL sich einschießen 7 MUS registrieren

register[2] [ˈredʒɪstər] S: **~ of wills** JUR *US* Urkundsbeamte(r) *m od* -beamtin *f* des Nachlassgerichts

registered [ˈredʒɪstə(r)d] ADJ 1 *allg* registriert, eingetragen 2 WIRTSCH, JUR a (handelsgerichtlich) eingetragen: **~ company (trademark**, *etc*); **~ office** eingetragener (Haupt)Sitz (*e-r Firma etc*) b gesetzlich geschützt: **~ design** (*od* **pattern**) Geschmacksmuster *n*; → trademark A 1 3 WIRTSCH registriert, Namens…: **~ bonds** Namensschuldverschreibungen; **~ capital** autorisiertes (Aktien)Kapital; **~ share** (*bes US* **stock**) Namensaktie *f* 4 *Postwesen*: eingeschrieben, Einschreibe…: **~ letter**; **send sth by ~ mail** (*bes Br* **post**) etwas per Einschreiben *od* eingeschrieben schicken 5 amtlich zugelassen (*Fahrzeug*): **~ doctor** approbierter Arzt; **~ nurse** *US* (staatlich) geprüfte Krankenschwester 6 *Tierzucht*: Zuchtbuch…

registrar [ˌredʒɪˈstrɑː; *US* ˈredʒəˌstrɑːr] S 1 *Br* Standesbeamte(r) *m*, -beamtin *f*: **~'s office** a Registratur *f* b *Br* Standesamt *n* 2 Registrator *m*, Registratorin *f*, Archivar(in), Urkundsbeamte(r) *m*, -beamtin *f*: **~ in bankruptcy** JUR *Br* Konkursrichter(in) 3 UNIV a *Br höchster Verwaltungsbeamter, höchste Verwaltungsbeamtin* b *US* Registrator *m*, Registratorin *f* 4 MED *Br Arzt/Ärztin in der klinischen Fachausbildung*

registration [ˌredʒɪˈstreɪʃn] S 1 a (*bes standesamtliche, polizeiliche, Wahl- etc*) Registrierung, Erfassung *f*, Eintragung *f* (*a.* WIRTSCH *e-r Gesellschaft, e-s Warenzeichens*), AUTO Zulassung *f* (*e-s Fahrzeugs*) b AUTO *US* Kraftfahrzeugbrief *m* 2 (*polizeiliche, Hotel-, Schul- etc*) Anmeldung, Einschreibung *f*: **~ certificate** Zulassung(spapier) *f(n)*; **~ form** (An)Meldeformular *n* 3 Kreis *m od* Zahl *f* der Erfassten, (*das*) Registrierte *od* Erfasste 4 *Postwesen*: Einschreibung *f* 5 *a.* **~ of luggage** *bes Br* (Gepäck)Aufgabe *f*: **~ window** Gepäckschalter *m* 6 MUS Registrierung *f* (*bei der Orgel*); **~ card** S 1 Anmeldeschein *m* 2 Personalkarte *f*; **~ document** *Br* → registration 1 b; **~ fee** S 1 WIRTSCH a Eintragungs-, Anmeldegebühr *f* b Umschreibungsgebühr *f* 2 *Postwesen*: Einschreib(e)gebühr *f*; **~ number** S AUTO amtliches *od* polizeiliches Kennzeichen; **~ office** S Meldestelle *f*, Einwohnermeldeamt *n*; **~ plate** S AUTO *Aus* Nummernschild *n*

registry [ˈredʒɪstrɪ] S 1 Registrierung *f* (*a.* SCHIFF *e-s Schiffs*) 2 Register *n*, Verzeichnis *n* 3 Registratur *f*; **~ office** S *Br* Standesamt *n*

Regius [ˈriːdʒjəs; -ɪəs] ADJ: **~ professor** *von der Krone berufene(r) Inhaber(in) e-s von*

R

e-m Mitglied der königlichen Familie errichteten Lehrstuhls
reglet ['reglɪt] S 1 ARCH Leistchen *n* 2 TYPO a Reglette *f*, Steg *m* b (Zeilen)Durchschuss *m*
regnal ['regnəl] ADJ Regierungs...: ~ **year**; ~ **day** Jahrestag *m* des Regierungsantritts; **regnant** ADJ 1 *(nachgestellt)* regierend: **prince** ~ 2 *fig* (vor)herrschend
regorge [rɪ'gɔ:(r)dʒ] A V/T ausspeien, erbrechen B V/I zurückfließen
regrade [,ri:'greɪd] V/T neu einstufen
regrant [,ri:'grɑ:nt; *US* -'grænt] A V/T von Neuem bewilligen B S erneute Bewilligung
regrate [rɪ'greɪt] V/T 1 *(zum Wiederverkauf)* aufkaufen 2 weiterverkaufen, wiederverkaufen; **regrater** S 1 Wiederverkäufer(in), Zwischenhändler(in) 2 *Br* Aufkäufer(in)
regress A V/I [rɪ'gres] 1 sich rückwärts bewegen 2 sich rückläufig entwickeln *(Gesellschaft etc)* 3 BIOL, PSYCH sich zurückbilden *od* -entwickeln B S ['ri:gres] 1 Rückwärtsbewegung *f* 2 Regression *f*, rückläufige Entwicklung
regression [rɪ'greʃn] S 1 → regress B 2 BIOL Regression *f*, Rückbildung *f*, -entwicklung *f* 3 PSYCH Regression *f* 4 MATH a Regression *f*, Beziehung *f* b Rückkehr *f (e-r Kurve)*
regressive [rɪ'gresɪv] ADJ (ADV ~ly) 1 zurückgehend, rückläufig 2 WIRTSCH regressiv *(Steuersystem)* 3 BIOL regressiv, sich zurückbildend *od* -entwickelnd
regret [rɪ'gret] A V/T 1 beklagen, trauern um, *j-m od e-r Sache* nachtrauern 2 bedauern, bereuen: ~ **doing sth** es bedauern *od* bereuen, etwas getan zu haben 3 *etwas* bedauern: **it is to be ~ted** es ist bedauerlich; **I ~ to say that ...** ich muss leider sagen, dass ...; **we ~ to inform you that ...** wir müssen Ihnen leider mitteilen, dass ... B S 1 Schmerz *m*, Trauer *f (beide:* **for** um) 2 Bedauern *n*, Reue *f*: **have no ~(s)** keine Reue empfinden; **have no ~s about sth** etwas nicht bereuen 3 Bedauern *n* (**at** über *akk*): **with great ~** mit großem Bedauern; → much c 1 4 *pl* Absage *f*: **send one's ~s** absagen, sich entschuldigen; **regretful** ADJ (ADV ~ly) bedauernd: **~ly** *a.* mit Bedauern; **regrettable** ADJ 1 bedauerlich 2 bedauernswert, zu bedauern(d); **regrettably** [-blɪ] ADV bedauerlicherweise, leider
regrind [,ri:'graɪnd] V/T *irr* TECH nachschleifen
regroup [,ri:'gru:p] V/T & V/I (sich) umgruppieren *od* neu gruppieren, WIRTSCH *Kapital* umschichten
regulable ['rəgjʊləbl] ADJ regulier-, einstellbar
regular ['regjʊlə(r)] A ADJ (ADV ~ly) 1 *(zeitlich)* regelmäßig, BAHN *etc a.* fahrplanmäßig: ~ **customer** a Stammkunde *m*, -kundin *f* b Stammgast *m*; ~ **customers** *pl a.* Stammpublikum *n*; ~ **voter** POL Stammwähler(in); **at ~ intervals** regelmäßig, in regelmäßigen Abständen 2 regelmäßig *(in Form od Anordnung)*, ebenmäßig *(Gesichtszüge, Zähne etc)* 3 regulär, normal, gewohnt: ~ **business** normaler Geschäftsverkehr, laufende Geschäfte *pl*; ~ **gasoline** AUTO *US* Normalbenzin *n*; ~ **lot** *(Börse)* Normaleinheit *f*; **~ly employed** fest angestellt, in ungekündigter Stellung 4 gleichmäßig *(Atmung etc)*: **at ~ speed** mit gleichbleibender Geschwindigkeit 5 regelmäßig, geregelt, geordnet *(Leben etc)*: **be in ~ employment** fest angestellt sein; ~ **habits** *pl* e-e geordnete Lebensweise 6 genau, pünktlich 7 *bes* JUR, POL richtig, vorschriftsmäßig, formgerecht: ~ **session** ordentliche Sitzung 8 a geprüft: **a ~ physician** ein approbierter Arzt b richtig, gelernt *(Koch etc)* 9 richtig, recht, ordentlich: **he has no ~ profession** 10 *umg* echt, richtig(-gehend) *(Gauner etc)*: **a ~ guy** *US umg* ein Pfundskerl 11 MATH gleichseitig *(Dreieck)* 12 LING regelmäßig *(Wortform)* 13 MIL a regulär *(Truppe)* b aktiv, Berufs...: ~ **soldier** 14 SPORT Stamm...: ~ **place**; ~ **player**; **their ~ goalkeeper** *a.* ihr etatmäßiger Torhüter; **make the ~ team** *bes US* sich e-n Stammplatz (in der Mannschaft) erobern 15 REL Ordens...: ~ **clergy** 16 POL *US* Partei(leitungs)... B S 1 AUTO *US* Normal *n (Benzin)* 2 Ordensgeistliche(r) *m* 3 MIL a aktiver Soldat, Berufssoldat *m* b *pl* reguläre Truppe(n *pl*) 4 POL *US* treue(r) Parteianhänger(in) 5 *umg* a Stammkunde *m*, -kundin *f* b Stammgast *m*: **~s** *pl a.* Stammpublikum *n* 6 SPORT *umg* Stammspieler(in)
regularity [,regjʊ'lærətɪ] S 1 Regelmäßigkeit *f* 2 Ordnung *f*, Richtigkeit *f*
regularization [,regjʊləraɪ'zeɪʃn; *US* -rə'z-] S (gesetzliche) Reg(e)lung; **regularize** V/T 1 e-r Regel unterwerfen 2 vereinheitlichen 3 (gesetzlich) regeln
regulate ['regjʊleɪt] V/T 1 regeln, lenken, ordnen: ~ **the traffic** den Verkehr regeln 2 (gesetzlich) regeln 3 PHYSIOL, TECH *etc* regulieren, regeln: ~ **the speed (digestion**, *etc*) 4 TECH *e-e Maschine, Uhr etc* (ein)stellen 5 anpassen (**according to** an *akk*) 6 *e-n Fluss etc* begradigen; **regulating** ADJ 1 regulierend, regelnd 2 TECH Regulier..., (Ein)Stell...: ~ **resistance** ELEK Regelwiderstand *m*; ~ **screw** Stellschraube *f*; ~ **unit** Stellglied *n*
regulation [,regjʊ'leɪʃn] A S 1 Reg(e)lung *f*, Regulierung *f (beide a.* PHYSIOL, TECH), TECH Einstellung *f* 2 a (Ausführungs)Verordnung *f*, Verfügung *f* b *pl* Durchführungsbestimmungen *pl* c *pl* Satzung(en) *f(pl)*, Statuten *pl* d *pl* (Dienst-, Betriebs)Vorschrift *f*: **according to ~s** nach Vorschrift, vorschriftsmäßig 3 Begradigung *f* 4 SPORT *US* reguläre Spielzeit: **at the end of ~** am Ende der regulären Spielzeit B ADJ 1 vorgeschrieben, vorschriftsmäßig: **of (the) ~ size** 2 *bes* MIL vorschriftsmäßig, Dienst...: ~ **cap** Dienstmütze *f* 3 üblich, gebräuchlich; **regulative** ['regjʊlətɪv; *US* -,leɪtɪv] ADJ regulativ *(a.* PHIL), regelnd, regulierend
regulator ['regjʊleɪtə(r)] S 1 ELEK Regler *m* 2 TECH Regulator *m*: a (Gang)Regler *m (e-r Uhr)* b *(e-e)* Wanduhr 3 TECH Regulier-, Stellvorrichtung *f*: ~ **valve** Reglerventil *n* 4 CHEM Regulator *m*; **regulatory** [-lətərɪ; *US* -lə,taʊri:; -,tɔ:-] ADJ Durch-, Ausführungs...: ~ **provisions**; → statute 1
reguli ['regjʊlaɪ] *pl von* regulus
reguline ['regjʊlaɪn; -lɪn] ADJ CHEM regulinisch: ~ **metal** kompaktes Metall
regulo ['regjʊləʊ] *pl* -los S *Br* Stufe *f (e-s Gasherdes)*: **on ~ 3** auf Stufe 3
regulus ['regjʊləs] *pl* -luses, -li [-laɪ] S 1 ♌ ASTRON Regulus *m (Stern im Löwen)* 2 TECH Regulus *m*: a (Metall-)König *m* b Speise *f (flüssiges Gussmetall)*
regurgitate [rɪ'gɜ:dʒɪteɪt; *US* -'gɜr-] A V/I zurückfließen B V/T 1 zurückfließen lassen 2 a *Essen* ausspeien, erbrechen b ZOOL *Nahrung (zur Weitergabe an Jungtiere)* hochwürgen; **regurgitation** S 1 a Rückfluss *m* b MED Regurgitation *f (durch Klappenfehler bedingter Rückfluss von Blut ins Herz od aus der Herzkammer in den Herzvorhof)* 2 a Erbrechen *n*, Ausspeien *n* b ZOOL Regurgitation *f*
rehab [,ri:'hæb] *US umg für* a rehabilitate b rehabilitation
rehabilitate [,ri:ə'bɪlɪteɪt; ,ri:hə-] V/T 1 rehabilitieren: a wieder einsetzen (**in** in *akk*) b *j-s* Ruf wiederherstellen c *e-n Versehrten* wieder ins Berufsleben eingliedern 2 *e-n Strafentlassenen* resozialisieren 3 *etwas od j-n* wiederherstellen 4 *e-n Betrieb, Altbauten etc* sanieren; **rehabilitation** S 1 Rehabilitation *f*, Rehabilitierung *f*: a Wiedereinsetzung *f* (**in** in *akk*) b Ehrenrettung *f* c *a.* **vocational ~** Wiedereingliederung *f* ins Berufsleben: ~ **center** *(bes Br* **centre**) Rehabilitationszentrum *n* 2 *a.* **social ~** Resozialisierung *f* 3 Sanierung *f*
rehandle [,ri:'hændl] V/T *ein Thema* neu bearbeiten, *etwas* umarbeiten
rehash *fig* A S ['ri:hæʃ] S 1 *(etwas)* Aufgewärmtes, Wiederholung *f*, Aufguss *m* 2 Wiederaufwärmen *n* B V/T [,ri:'hæʃ] (wieder) aufwärmen, wiederkäuen
rehear [,ri:'hɪə(r)] V/T *irr* 1 erneut anhören 2 JUR neu verhandeln; **rehearing** S JUR erneute Verhandlung
rehearsal [rɪ'hɜ:sl; *US* rɪ'hɜrsəl] S 1 MUS, THEAT, *a. fig* Probe *f*: **be in ~** einstudiert werden; **first ~** Leseprobe; **full ~** Gesamtprobe; **the play needed a lot of ~(s)** für das Stück waren viele Proben notwendig; → dress rehearsal 2 Einstudierung *f* 3 Wiederholung *f* 4 Aufzählung *f*, Litanei *f umg* 5 Aufsagen *n*, Vortrag *m*; **rehearse** A V/T 1 MUS, THEAT proben *(a. fig)*, *e-e Rolle, ein Stück etc* einstudieren 2 *j-n* einüben 3 wiederholen 4 aufzählen 5 aufsagen, vortragen 6 erzählen, berichten 7 *Möglichkeiten etc* durchspielen B V/I Proben abhalten, proben
reheat A V/T [,ri:'hi:t] *e-e Suppe etc* aufwärmen B S ['ri:hi:t] FLUG *bes Br* Nachbrennen *n*
rehouse [,ri:'haʊz] V/T (wieder *od* in e-r neuen Wohnung) unterbringen, (neuen) Wohnraum (be)schaffen für
reification [,ri:ɪfɪ'keɪʃn; *US a.* ,reɪə-] S Reifikation *f*, Vergegenständlichung *f*, Konkretisierung *f*; **reify** [-faɪ] V/T reifizieren, vergegenständlichen, konkretisieren
reign [reɪn] A S 1 Regierung(szeit) *f*: **in** (*od* **under**) **the ~ of** unter der Regierung *(gen)* 2 Herrschaft *f (a. fig der Mode etc)*: **~ of law** Rechtsstaatlichkeit *f*; **~ of terror** Schreckensherrschaft B V/I 1 regieren, herrschen *(beide:* **over** über *akk)*: **the ~ing beauty** die schönste (u. einflussreichste) Frau *(ihrer Zeit)*; **the ~ing world champion** SPORT der amtierende Weltmeister 2 *fig* herrschen: **silence ~ed** es herrschte Schweigen 3 vorherrschen, überwiegen
reimbursable [,ri:ɪm'bɜ:səbl; *US* -'bɜr-] ADJ rückzahlbar; **reimburse** V/T 1 WIRTSCH *j-n* entschädigen (**for** für): **you will be ~d for your expenses** wir werden Ihnen Ihre Auslagen (zurück)erstatten; ~ **o.s.** sich schadlos halten (**for** für) 2 *etwas* zurückzahlen, *Auslagen* erstatten, vergüten, *Kosten* decken; **reimbursement** S WIRTSCH 1 (Wieder)Erstattung *f*, (Rück)Vergütung *f*, (Kosten)Deckung *f*: ~ **credit** Rembourskredit *m* 2 Entschädigung *f*
reimport WIRTSCH A V/T [,ri:ɪm'pɔ:(r)t] *exportierte Waren* wieder einführen B S [,ri:'ɪmpɔ:(r)t] 1 → reimportation 2 *pl* wieder eingeführte Waren *pl*; **reimportation** S Wiedereinfuhr *f*
reimpression [,ri:ɪm'preʃn] S TYPO Neu-, Nachdruck *m*
rein [reɪn] A S Zügel *m (a. fig)*: **draw ~** a die Zügel anziehen b *fig* bremsen; **give a horse the ~(s)** die Zügel locker lassen; **give free** (*od* **full**) **~ to one's imagination** s-r Fantasie freien Lauf lassen *od* die Zügel schießen lassen; **keep a tight ~ on sb** *fig* j-n fest an der Kandare halten; **with a loose ~** a mit sanfter Zügelführung b *fig* mit sanfter Hand; **take** (*od* **assume**) **the ~s of government** die Zügel (der Regierung) in die Hand nehmen B V/T 1 *ein Pferd* aufzäumen 2 (mit dem Zügel) lenken:

R

~ **back** (*od* **in, up**) a verhalten b anhalten 3 *fig* lenken 4 *fig s-e Zunge etc* zügeln, im Zaum halten C V/I ~ **back** (*od* **in, up**) a verhalten b anhalten

reincarnate A V/T [ri:'ɪnkɑ:(r)neɪt; ˌri:ɪn'kɑ:(r)-] *j-m* wieder fleischliche Gestalt geben: **be ~d** wiedergeboren werden (**as** als) B ADJ [ˌri:ɪn'kɑ:(r)nɪt] wiedergeboren; **reincarnation** S Reinkarnation *f*: a (Glaube *m* an die) Seelenwanderung b Wiederverleiblichung *f*, -geburt *f*

reindeer ['reɪnˌdɪə(r)] *pl* -**deers**, *bes koll* -**deer** S ZOOL Ren *n*, Rentier *n*

reinforce [ˌri:ɪn'fɔ:(r)s] A V/T 1 MIL *u. weitS.* verstärken: ~ **the defence** (US **defense**) SPORT die Abwehr verstärken 2 *fig* a *s-e Gesundheit* kräftigen b *s-e Worte* bekräftigen c *e-n Eindruck* verstärken d *e-n Beweis* untermauern e **it ~d my determination** es bestärkte mich in m-m Entschluss 3 TECH a *allg* verstärken b *Beton* armieren: **~d concrete** Stahlbeton *m* B S TECH (Material)Verstärkung *f*; **reinforcement** S 1 Verstärkung *f* (*a.* TECH), TECH Armierung *f* (*von Beton*) 2 *pl* MIL Verstärkung *f* 3 *fig* Bekräftigung *f*, Untermauerung *f*

reins [reɪnz] SPL 1 *obs* a Nieren *pl* b Lenden *pl* 2 BIBEL Nieren *pl* (*Herz, Seele*)

reinsman ['reɪnzmən] S *irr US* Lenker *m* (*e-s Gespanns*), *bes* erfahrener Jockey *od* Trabrennfahrer

reinstal(l) [ˌri:ɪn'stɔ:l] V/T *j-n* wieder einsetzen (**in** in *akk*), *e-n entlassenen Arbeiter etc* wieder einstellen; **reinstal(l)ment** S Wiedereinsetzung *f*, -einstellung *f*

reinstate [ˌri:ɪn'steɪt] V/T 1 *j-n* wieder einsetzen (**in** in *akk*): ~ **as an amateur** SPORT reamateurisieren 2 *etwas* (wieder) instand setzen 3 *j-n od etwas* wiederherstellen, *e-e Versicherung etc* wieder aufleben lassen; **reinstatement** S 1 Wiedereinsetzung *f*: ~ **as an amateur** SPORT Reamateurisierung *f* 2 Wiederherstellung *f*

reinsurance [ˌri:ɪn'ʃʊərəns] S WIRTSCH Rückversicherung *f*; **reinsure** V/T 1 rückversichern 2 nachversichern

reintegrate [ˌri:'ɪntɪgreɪt] V/T 1 wieder vereinigen 2 wieder aufnehmen *od* eingliedern (**into** in *akk*) 3 wiederherstellen; **reintegration** S 1 Wiedervereinigung *f* 2 Wiederaufnahme *f*, -eingliederung *f* 3 Wiederherstellung *f*

reinvest [ˌri:ɪn'vest] V/T 1 WIRTSCH *e-n Gewinn etc* wieder anlegen 2 *j-n* wieder einsetzen (**in** in *akk*), wieder bekleiden (**with** mit); **reinvestiture** [-tɪtʃə(r)] S Wiedereinsetzung *f*; **reinvestment** S WIRTSCH Neu-, Wiederanlage *f*

reissue [ˌri:'ɪʃu:] A S 1 TYPO Neuauflage *f* (*in veränderter Aufmachung*) 2 Neuausgabe *f* (*von Banknoten, Briefmarken etc*): ~ **patent** Abänderungspatent *n* B V/T 1 neu auflegen 2 neu ausgeben

reiterate [ri:'ɪtəreɪt] V/T (ständig) wiederholen; **reiteration** S (ständige) Wiederholung

reject A V/T [rɪ'dʒekt] 1 *j-n od etwas* ab-, zurückweisen, *e-e Bitte* abschlagen, *etwas* verwerfen: ~ **a counsel** e-n Rat verschmähen *od* nicht annehmen; ~ **food** Nahrung *od* die Nahrungsaufnahme verweigern; **be ~ed** a POL, THEAT durchfallen *umg* b e-n Korb bekommen (*Freier*) 2 (als wertlos *od* unbrauchbar) ausscheiden, TECH *a.* ausstoßen 3 MED a *Essen* wieder von sich geben (*Magen*) b *ein verpflanztes Organ etc* abstoßen B S ['ri:dʒekt] Ausschussartikel *m*: **~s** *pl* Ausschuss(ware) *m(f)*; **rejectable** ADJ 1 ablehnbar 2 abzulehnen(d); **rejectamenta** [-tə'mentə] SPL Abfälle *pl*; **rejection** S 1 Ab-, Zurückweisung *f*, Verwerfung *f* 2 WIRTSCH a Abnahmeverweigerung *f* b → **reject** B: ~ **number** Schlechtzahl *f* (*bei Gütekontrolle*) 3 MED Abstoßung *f*; **rejector** [-tə(r)] S *a.* ~ **circuit** ELEK Sperrkreis *m*

rejoice [rɪ'dʒɔɪs] A V/I 1 (hoch)erfreut sein (**at, over** über *akk*; **to hear sth** etwas zu hören) 2 ~ **in** sich *e-r Sache* erfreuen (*etwas besitzen*) B V/T *obs* erfreuen; **rejoicing** S 1 Freude *f* (**at, over** über *akk*) 2 *meist pl* (Freuden)Fest *n*

rejoin[1] [ˌri:'dʒɔɪn] A V/T 1 sich wieder anschließen (*dat*) *od* an (*akk*), wieder eintreten in (*akk*) 2 wieder zurückkehren zu, sich wieder gesellen zu, *j-n* wieder treffen 3 wieder vereinigen, wieder zusammenfügen (*beide:* **to, with** mit) B V/I 1 sich wieder vereinigen 2 sich wieder zusammenfügen

rejoin[2] [rɪ'dʒɔɪn] A V/T erwidern B V/I JUR e-e Gegenerklärung auf e-e Replik abgeben

rejoinder [rɪ'dʒɔɪndə(r)] S 1 Erwiderung *f* 2 JUR Gegenerklärung *f* (*des Beklagten auf e-e Replik*)

rejuvenate [rɪ'dʒu:vɪneɪt] V/T & V/I (sich) verjüngen (*a.* GEOL); **rejuvenation** S Verjüngung *f*: ~ **treatment** MED Verjüngungskur *f*; **rejuvenator** [-tə(r)] S Verjüngungsmittel *n*; **rejuvenesce** [ˌri:dʒu:vɪ'nes] V/T & V/I *bes* BIOL (sich) verjüngen; **rejuvenescence** S (*a.* BIOL Zell) Verjüngung *f*; **rejuvenescent** ADJ 1 sich verjüngend 2 verjüngend; **rejuvenize** [rɪ-] V/T verjüngen

rekindle [ˌri:'kɪndl] A V/T 1 wieder anzünden 2 *fig* a *j-s Zorn etc* wieder entfachen b *etwas* neu beleben c *Hoffnungen* wiedererwecken B V/I 1 sich wieder entzünden 2 *fig* wieder entbrennen, wieder aufleben

rel. ABK 1 related 2 relating bezügl. 3 relative(ly) rel(at).

relapse [rɪ'læps] A V/I 1 zurückfallen, wieder fallen (*beide:* **into** in *akk*) 2 wieder verfallen (**into** in *akk*) 3 rückfällig werden 4 MED e-n Rückfall erleiden B S [*a.* 'ri:læps] MED Rückfall *m*: **have a ~** e-n Rückfall erleiden

relapsing fever S MED Rückfallfieber *n*

relate [rɪ'leɪt] A V/T 1 berichten, erzählen (*beide:* **to sb** j-m) 2 in Verbindung *od* Zusammenhang bringen, verbinden (*beide:* **to, with** mit): **I can't ~ these two stories** ich sehe keinen Zusammenhang zwischen diesen beiden Geschichten B V/I 1 sich beziehen (**to** auf *akk*): **relating to** in Bezug *od* mit Bezug auf (*akk*), bezüglich (*gen*), betreffend (*akk*) 2 (**to, with**) in Beziehung *od* Verbindung stehen (zu, mit), gehören (zu), verwandt sein (mit): ~ **to sb as** sich j-m gegenüber verhalten wie zu; **he doesn't ~ very well to his father** er hat kein sehr gutes Verhältnis zu s-m Vater; **related** ADJ 1 verwandt (**to, with** mit) (*a. fig*): → **blood** A 4, **marriage** 2 2 verbunden, -knüpft (*beide:* **to** mit); **relatedness** S Verwandtschaft *f*

relation [rɪ'leɪʃn] S 1 Bericht *m*, Erzählung *f* 2 Beziehung *f*, (*a. Vertrags-, Vertrauens- etc*) Verhältnis *n* 3 (*kausaler etc*) Zusammenhang 4 *pl* Beziehungen *pl*: **enter into ~s with sb** mit j-m in Beziehungen *od* Verbindung treten; → **human** A 1, **public** A a 5 Bezug *m*, Beziehung *f*: **in ~ to** in Bezug *od* im Hinblick auf (*akk*); **bear no ~ to** a (gar) nichts zu tun haben mit b in keinem Verhältnis stehen zu; **have ~ to** sich beziehen auf (*akk*) 6 a Verwandte(r) *m/f(m)*: **what ~ is he to you?** wie ist er mit dir verwandt?; **be no ~ of** nicht verwandt sein mit; **treat sb like a poor ~** j-n wie e-n armen Verwandten behandeln b Verwandtschaft *f* (*a. fig*) 7 MATH Relation *f* 8 Rückbeziehung *f*: **have ~ to April 1st** rückwirkend vom 1. April gelten; **relational** [-ʃənl] ADJ 1 verwandtschaftlich, Verwandtschafts… 2 Beziehungs…, Bezugs…: ~ **words** LING Beziehungswörter 3 IT relational (*Datenbank etc*); **relationship** S 1 Beziehung *f*, (*a.* JUR *Rechts*)-Verhältnis *n* (*beide:* **to** zu) 2 Verwandtschaft *f* (**to** mit) (*a. fig*): a Verwandtschaftsverhältnis *n*: **degree of ~** Verwandtschaftsgrad *m* b (*die*) Verwandten *pl* 3 Beziehung *f*, (Liebes)Verhältnis *n*: **have a ~ with s.o**

relative ['relətɪv] A ADJ (ADV **~ly**) 1 relativ, verhältnismäßig, Verhältnis…: ~ **address** IT relative Adresse; ~ **atomic mass** CHEM, PHYS relative Atommasse; **in ~ ease** verhältnismäßig *od* relativ wohlhabend; ~ **humidity** relative (Luft)Feuchtigkeit; ~ **majority** relative Mehrheit; ~ **number** MATH Verhältniszahl *f*; ~ **proportions** *pl* Mengen- *od* Größenverhältnis *n* 2 sich beziehend (**to** auf *akk*): ~ **value** MATH Bezugswert *m*; ~ **to** bezüglich, hinsichtlich (*gen*), betreffend (*akk*); ~ **evidence** einschlägiger Beweis 3 LING Relativ…, bezüglich: ~ **clause** → B 3 a; ~ **pronoun** → B 3 b 4 (**to**) abhängig (von), bedingt (durch): **price is ~ to demand** 5 gegenseitig, entsprechend, jeweilig 6 MUS parallel: ~ **key** Paralleltonart *f* 7 REL indirekt: ~ **worship** Bilderdienst *m* B S 1 Verwandte(r) *m/f(m)* 2 CHEM verwandtes Derivat 3 LING a Relativ-, Bezugswortsatz *m* b Relativpronomen *n*, bezügliches Fürwort 4 **the ~** das Relative; **relativeness** S Relativität *f*

relativism ['relətɪvɪzəm] S PHIL Relativismus *m* (*Anschauung, nach der jede Erkenntnis nur relativ richtig ist, nicht allgemeingültig*); **relativist** A S Relativist(in) B ADJ relativistisch

relativity [ˌrelə'tɪvətɪ] S 1 Relativität *f*: **theory of ~**, ~ **theory** PHYS (*Einsteins*) Relativitätstheorie *f* 2 (**to**) Abhängigkeit *f* (von), Bedingtheit *f* (durch)

relativize ['relətɪvaɪz] V/T relativieren

relator [rɪ'leɪtə(r)] S Erzähler(in)

relax [rɪ'læks] A V/T 1 a *die Muskeln etc* entspannen b *fig die Atmosphäre* auflockern 2 *s-n Griff, die Disziplin etc* lockern: ~ **the opening hours** die Öffnungszeiten flexibler gestalten 3 *fig* in *s-n Anstrengungen etc* nachlassen: ~ **one's pace** sein Tempo herabsetzen 4 ~ **the bowels** MED abführend wirken B V/I 1 sich entspannen (*Muskeln etc; a. Geist, Person*), relaxen, ausspannen, sich erholen, es sich bequem *od* gemütlich machen, s-e Nervosität ablegen (*Person*): ~ a mach es dir gemütlich! b reg dich ab!; **~ed** entspannt, gelöst; **he looked very ~ed** er machte e-n entspannten *od* gelösten Eindruck; **~ed atmosphere** zwanglose *od* entspannte *od* aufgelockerte Atmosphäre 2 sich lockern (*Griff, Seil etc; a. fig Disziplin etc*) 3 nachlassen (**in** in *dat*): **he ~ed in his efforts**; **attention ~ed** die Aufmerksamkeit ließ nach 4 MED erschlaffen 5 freundlicher werden;

relaxation [ˌri:læk'seɪʃn] A S 1 Entspannung *f* 2 *fig* Aus-, Entspannung *f*, Erholung *f*: **this is her favo(u)rite ~** damit entspannt sie sich am liebsten 3 Lockerung *f* (*a. fig*) 4 Nachlassen *n* 5 MED Erschlaffung *f* B ADJ 1 Entspannungs…: ~ **technique** 2 ELEK, PHYS Kipp…: ~ **circuit**; ~ **generator**; ~ **oscillation** Kippschwingung *f*; ~ **oscillator** Sägezahn-, Kippgenerator *m*; **relaxing** ADJ 1 Erholungs… 2 erholsam

relay ['ri:leɪ] A S 1 ELEK Relais *n*: ~ **station** Relaisstation *f*; ~ **switch** Schaltschütz *n* 2 TECH Hilfs-, Servomotor *m* 3 MIL *etc* Ablösung(smannschaft) *f*, neue Schicht (*von Arbeitern*): **work in** (*od* **by**) **~s** Schicht arbeiten 4 JAGD frische Meute (*Hunde*) 5 Ersatzpferde *pl*, frisches Gespann 6 Relais *n* (*Pferdewechsel, Umspannort*) 7 SPORT a *a.* ~ **race** Staffel(lauf) *f(m)*, (*Schwimmen etc*) Staffel(wettbewerb) *f(m)*: ~ **baton** (*Leichtathletik*) Staffelstab *m* b ~ **team** Staf-

R

fel *f* B VT [*Br bes* riːˈleɪ] 1 *allg* weitergeben 2 ablösen 3 ELEK mit *od* durch Relais(stationen) steuern *od* übertragen

re-lay [ˌriːˈleɪ] VT *irr* neu (ver)legen

release [rɪˈliːs] A VT 1 entlassen (**from** aus), freilassen, auf freien Fuß setzen: **~ into the wilds** *ein in Gefangenschaft gehaltenes Tier* auswildern 2 (**from**) a befreien, erlösen (von): **~ sb from pain** j-n von s-n Schmerzen erlösen *od* befreien b entbinden (von *od gen*): **~ sb from** j-m *e-e Verpflichtung* erlassen; **~ sb from a contract** j-n aus e-m Vertrag entlassen 3 a *gesperrte Konten etc* freigeben: **~ an article for publication** e-n Artikel zur Veröffentlichung freigeben; **~ a film** e-n Film (zur Aufführung) freigeben; **the film will be ~d next week** der Film kommt nächste Woche in die Kinos *od* läuft nächste Woche an; **~ a body for burial** JUR e-e Leiche zur Bestattung freigeben b *e-e Schallplatte etc* herausbringen: *his latest album* **has not been ~d yet** ist noch nicht herausgekommen c SPORT *e-n Spieler* freistellen (**for** für *die Nationalmannschaft etc*) 4 JUR *ein Recht, Eigentum* aufgeben *od* übertragen: **~ a mortgage** e-e Hypothek löschen 5 CHEM, PHYS freisetzen 6 TECH a auslösen (*a.* FOTO) b ausschalten: **~ bombs** Bomben (ab)werfen *od* ausklinken; **~ the clutch** AUTO auskuppeln; **~ gas** Gas abblasen; **~ the pedal** das Pedal loslassen B S 1 (Haft)Entlassung *f*, Freilassung *f* (**from** aus) 2 Befreiung *f*, Erlösung *f* (*beide:* **from** von): **his death came as** (*od* **was**) **a merciful ~ from his sufferings** der Tod war für ihn e-e Erlösung 3 (**from**) Entlassung *f* (aus *e-m Vertrag etc*), Entbindung *f* (von *e-r Pflicht, Schuld etc*) 4 Freigabe *f*: **first ~** (*Film*) Uraufführung *f*; **~ print** (*Film*) Verleihkopie *f*; **be on general ~** überall zu sehen sein (*Film*); **~ of energy** Freiwerden *n* von Energie 5 JUR a Verzicht(leistung) *m(f)*, Verzichturkunde *f* b (Rechts)Übertragung *f*: **~ of mortgage** Hypothekenlöschung *f* c Quittung *f* 6 TECH a Auslöser *m* (*a.* FOTO) b Auslösung *f*: **~ of bombs** MIL Bombenabwurf *m*; **~ button** Auslösetaste *f*; **~ buzzer** elektrischer Türöffner; **~ cord** FLUG Reißleine *f* (*am Fallschirm*) 7 Mitteilung *f*, Verlautbarung *f*

re-lease [ˌriːˈliːs] VT 1 wieder vermieten *od* verpachten 2 wieder mieten *od* pachten

releaser [rɪˈliːsə(r)] S 1 FOTO Auslöser *m* 2 Befreier(in), Erlöser(in); **releasing** ADJ 1 befreiend 2 TECH Auslöse…

relegate [ˈrelɪgeɪt] VT 1 relegieren, verbannen (*beide:* **out of** aus) 2 verweisen, verbannen (*beide:* **to** in *akk*): **~ details to the footnotes** 3 (**to**) verweisen (in *akk*), zuschreiben (*dat*): **~ to the sphere of legend (realm of superstition)** in das Reich der Fabel (Reich des Aberglaubens) verweisen 4 verweisen, degradieren: **he was ~d to fourth place** SPORT er wurde auf den vierten Platz verwiesen; **the club was ~d** SPORT der Verein musste absteigen *od* stieg ab (**to** in *akk*) 5 *etwas* (zur Entscheidung) überweisen (**to** an *akk*) 6 *j-n* verweisen (**to** an *akk*); **relegation** S 1 Verbannung *f* (**out of** aus) 2 Überweisung *f* (**to** an *akk*) 3 Verweisung *f* (**to** an *akk*) 4 SPORT Abstieg *m* (**to** in *akk*): **~ candidate** Abstiegskandidat(in); **in danger of ~, threatened by ~, ~-threatened** abstiegsbedroht, -gefährdet; **be in danger of ~** in Abstiegsgefahr schweben; **~ struggle** (*od* **battle**) Abstiegskampf *m*; **~ worries** Abstiegssorgen; **~ zone** Abstiegszone *f*; → jaw A 3, vortex 1

relent [rɪˈlent] VI 1 weich *od* nachgiebig werden, sich erweichen lassen, nachgeben 2 nachlassen (*Wind, Schmerz etc*) 3 sich bessern (*Wetter*); **relenting** ADJ (ADV ~ly) mitleidig, nachgiebig; **relentless** ADJ (ADV ~ly) 1 unbarmherzig, unnachgiebig, hart 2 anhaltend (*Wind, Schmerz etc*); **relentlessness** S Unbarmherzigkeit *f*, Unnachgiebigkeit *f*

relevance [ˈreləvəns], **relevancy** [-sɪ] S Relevanz *f*, (*a.* JUR Beweis)Erheblichkeit *f*, Bedeutung *f* (*alle:* **to** für); **relevant** ADJ (ADV ~ly) 1 anwendbar (**to** auf *akk*), einschlägig, zweck-, sachdienlich: **be ~ to** sich beziehen auf (*akk*) 2 relevant, belangvoll, (JUR beweis-, rechts)erheblich, von Belang (*alle:* **to** für): **not be ~ to** *a.* nichts zu tun haben mit; **that's not ~** das gehört nicht zur Sache

reliability [rɪˌlaɪəˈbɪlətɪ] S Zuverlässigkeit *f* (*a.* TECH *Betriebssicherheit*), Verlässlichkeit *f*: **~ test** TECH Zuverlässigkeitsprüfung *f*; **reliable** ADJ (ADV **reliably**) 1 zuverlässig (*a.* TECH *betriebssicher*), verlässlich: **be reliably informed that …** aus zuverlässiger Quelle wissen, dass … 2 glaubwürdig (*Zeuge etc*) 3 vertrauenswürdig, seriös, reell (*Firma etc*) 4 solid: **a ~ pair of shoes** ein Paar feste Schuhe; **reliableness** → reliability

reliance [rɪˈlaɪəns] S 1 Vertrauen *n*: **have ~ on** vertrauen auf (*akk*); **place (full) ~ on** (*od* **in**) **sb** (volles) Vertrauen in j-n setzen, sich (voll) auf j-n verlassen; **in ~ on** bauend auf (*akk*) 2 Stütze *f*, Hilfe *f* 3 Abhängigkeit *f* (**on** von); **reliant** ADJ (ADV ~ly) 1 vertrauensvoll: **be ~ on** vertrauen auf (*akk*), sich verlassen auf (*akk*) 2 zuversichtlich 3 **be ~ on** → rely 3

relic [ˈrelɪk] S 1 Relikt *n*, (Über)Rest *m*, Überbleibsel *n* (*alle a. pej*) 2 *fig* Andenken *n* (**of** an *akk*): **~s of the past** Zeugen der Vergangenheit, Altertümer 3 REL Reliquie *f* 4 *pl poet* (sterbliche) Überreste *pl*, Gebeine *pl*

relict [ˈrelɪkt] A S 1 BIOL Relikt *n* (*Restvorkommen*) 2 *obs* Witwe *f* B ADJ BIOL relikt

relief[1] [rɪˈliːf] S 1 Erleichterung *f* (*a.* MED): **a drug for the ~ of pain** ein schmerzlinderndes Mittel; **(much) to my ~, to my (great) ~** zu m-r (großen) Erleichterung; **with** (*od* **in**) **~** erleichtert; **it was a ~ to me when** ich war erleichtert, als; **give** (*od* **bring**) **some ~** MED Erleichterung bringen; → sigh A 1, C 2 Wohltat *f* (**to the eye** für das Auge) 3 a Entspannung *f*, Abwechslung *f*, angenehme Unterbrechung b *euph* sexuelle Befriedigung 4 Trost *m* 5 Entlastung *f* 6 Abhilfe *f* 7 a Unterstützung *f*, Hilfe *f*: **~ fund** Unterstützungs-, Hilfsfonds *m*; **~ works** öffentliche Bauvorhaben zur Bekämpfung der Arbeitslosigkeit b US Sozialhilfe *f*: **be on ~** Sozialhilfe beziehen 8 MIL a Entsatz *m*, Entlastung *f*: **~ attack** Entlastungsangriff *m* b *a. allg* Ablösung *f*: **~ driver** AUTO Beifahrer(in); **~ road** Entlastungsstraße *f*; **~ train** Entlastungszug *m*; **~ valve** Überdruckventil *n* 9 Vertretung *f*, Aushilfe *f*: **~ secretary** Aushilfssekretärin *f* 10 JUR a Rechtshilfe *f* b Rechtsbehelf *m*: **the ~ sought** das Klagebegehren 11 JUR, HIST Lehngeld *n*, -ware *f*

relief[2] [rɪˈliːf] S 1 Relief *n* (*a.* GEOG): **stand out in (bold) ~** plastisch *od* scharf hervortreten (*a. fig*); **bring out the facts in full ~** *fig* die Tatsachen deutlich herausarbeiten; **set into vivid ~** *fig etwas* plastisch schildern; **throw into ~** (deutlich) hervortreten lassen (*a. fig*); **be in ~ against** sich (deutlich) abheben gegen; **~ map** Relief-, Höhenkarte *f* 2 TYPO Reliefdruck *m*

relieve [rɪˈliːv] A VT 1 *Schmerzen, Not etc* lindern, *das Gewissen* erleichtern: **~ one's feelings** s-n Gefühlen Luft machen; **~ o.s.** (*od* **nature**) sich erleichtern, s-e Notdurft verrichten 2 *j-n* entlasten: **~ sb of** j-m *ein schweres Gepäckstück, e-e Arbeit etc* abnehmen, j-n von *e-r Pflicht etc* entbinden, j-n *e-r Verantwortung etc* entheben, j-n von *etwas* befreien; **~ sb's mind of all doubt** j-m jeden Zweifel nehmen; **~ sb of sth** *hum* j-n um etwas erleichtern (*j-m etwas stehlen*) 3 *j-n* erleichtern, beruhigen: **be ~d at** (*od* **with**) erleichtert sein über (*akk*); **she was ~d to hear that …** sie war erleichtert, als sie hörte, dass … 4 *Bedürftige* unterstützen 5 MIL a *e-n belagerten Platz* entsetzen b *e-e Kampftruppe* entlasten c *e-n Posten, e-e Einheit, a. allg* ablösen 6 *e-r Sache* abhelfen 7 *j-m* Recht verschaffen 8 *etwas Eintöniges* beleben, Abwechslung bringen in (*akk*) 9 TECH a entlasten (*a.* ARCH), *e-e Feder* entspannen b hinterdrehen 10 ab-, hervorheben B VI sich abheben (**against** gegen; **from** von)

relieving arch S ARCH Entlastungs-, Ablastbogen *m*

relievo [rɪˈliːvəʊ] *pl* -vos S Relief(arbeit) *n(f)*

relig. ABK 1 religion 2 religious(ly) relig.

religion [rɪˈlɪdʒən] S 1 Religion *f*, Glaube *m*: **get ~** *umg* fromm werden 2 Religiosität *f*, Frömmigkeit *f* 3 *fig* a Ehrensache *f*, Herzenspflicht *f*, heiliger Grundsatz b *iron* Fetisch *m*, Religion *f*: **be a ~ with sb** j-m heilig sein; **make a ~ of sth** etwas zur Religion erheben 4 monastisches Leben: **be in ~** e-m Orden angehören; **enter ~** in e-n Orden eintreten; **her name in ~** ihr Klostername; **religionist** S religiöse(r) Schwärmer(in) *od* Eiferer (Eiferin); **religionless** ADJ glaubens-, religionslos; **religiose** [-dʒɪəʊs] ADJ (ADV ~ly) bigott, frömmelnd; **religiosity** [-ˈɒsətɪ; US -ˈɑs-] S Bigotterie *f*, Frömmelei *f*

religious [rɪˈlɪdʒəs] A ADJ (ADV ~ly) 1 religiös, Religions…: **~ book**; **~ education** (*od* **instruction**) SCHULE Religion(sunterricht) *f(m)*; **~ holiday** kirchlicher Feiertag; **~ liberty** Religionsfreiheit *f*; **~ wars** Religionskriege; **~ zeal** Glaubenseifer *m* 2 religiös, fromm: **I'm not a ~ man** ich bin nicht religiös 3 ordensgeistlich, Ordens…: **~ order** geistlicher Orden 4 *fig* äußerst gewissenhaft: **with ~ care** mit peinlicher Sorgfalt 5 *fig* andächtig (*Schweigen etc*) B *pl* -gious S 1 Ordensbruder *m*, -schwester *f*, Mönch *m*, Nonne *f* 2 **the ~** *koll* die Gläubigen *pl*: **thousands of the ~** Tausende von Gläubigen; **religiousness** S Religiosität *f*

relinquish [rɪˈlɪŋkwɪʃ] VT 1 *e-n Plan etc* aufgeben, *e-e Hoffnung a.* fahren lassen, *e-e Idee a.* fallen lassen 2 (**to**) *e-n Besitz, ein Recht* abtreten (*dat od* an *akk*), überlassen (*dat*), preisgeben (*dat*) 3 loslassen, fahren lassen: **~ one's hold on sth** etwas loslassen 4 verzichten auf (*akk*); **relinquishment** S 1 Aufgabe *f* 2 Preisgabe *f*, Überlassung *f* 3 Verzicht *m* (**of** auf *akk*)

reliquary [ˈrelɪkwərɪ; US -ˌkweriː] S Reliquienschrein *m*

reliquiae [rɪˈlɪkwiː; US *a.* -ˌaɪ] SPL *bes* GEOL (organische) Überreste *pl*

relish [ˈrelɪʃ] A VT 1 gern essen, sich *etwas* schmecken lassen, (mit Appetit) genießen: **I did not ~ the coffee** der Kaffee war nicht nach m-m Geschmack 2 *fig* Geschmack *od* Gefallen finden an (*dat*), (mit Behagen) genießen: **I do not much ~ the idea** ich bin nicht gerade begeistert von der Aussicht (**of doing** zu tun); **I did not ~ it** es sagte mir nicht zu; **not ~ having to do sth** nicht davon begeistert sein, etwas tun zu müssen 3 *fig* würzen, schmackhaft machen (*beide:* **with** mit) B VI 1 (**of**) a schmecken (nach) b *fig* e-n Beigeschmack haben (von) 2 schmecken, munden C S 1 (Wohl-)Geschmack *m* 2 *fig* Reiz *m*: **it has lost its ~** 3 (**for**) Sinn *m* (für), Geschmack *m*, Gefallen *n* (an *dat*): **with (great) ~** a mit (großem) Appetit *essen* b mit (großem) Behagen *od* Vergnügen, *bes iron* mit Wonne *tun*; **have no ~ for** sich nichts machen aus *e-r Sache* 4 *a. fig* a Kostprobe *f* b Beigeschmack *m*, Anflug *m*,

Hauch *m* (*alle*: **of** von) 5 a Gewürz *n*, Würze *f* (*a. fig*) b Horsd'œuvre *n*, Appetithappen *m*

relive [ˌriːˈlɪv] VT *etwas* noch einmal durchleben *od* durchmachen

reload [ˌriːˈləʊd] VT 1 WIRTSCH neu (be)laden, umladen: **charges for ~ing** Umladegebühren 2 *e-e Waffe neu* laden

relocate [ˌriːləʊˈkeɪt; *US a.* -ˈləʊˌk] A VT 1 *Familien etc* umsiedeln 2 IT *ein Programm, e-e Routine* verschieben B VI umziehen (**to** nach); **relocation** [-ˈkeɪʃn] S 1 JUR *schott* Wiederverpachtung *f* 2 Umsiedlung *f* 3 Umzug *m*: **~ allowance** Umzugsbeihilfe *f* 4 IT Verschiebung *f*

relucent [rɪˈluːsnt] ADJ *obs* leuchtend, strahlend

reluct [rɪˈlʌkt] VI *obs* 1 sich auflehnen (**against** gegen) 2 sich widersetzen (**to** *dat*)

reluctance [rɪˈlʌktəns] S 1 Widerstreben *n*, Abneigung *f* (*beide*: **to** gegen; **to do sth** etwas zu tun): **with ~** → reluctantly; **show ~ to do sth** wenig Neigung zeigen, etwas zu tun 2 PHYS Reluktanz *f*, magnetischer Widerstand; **reluctant** ADJ widerwillig, widerstrebend, zögernd: **be ~ to do sth** sich sträuben, etwas zu tun; etwas nur ungern tun; **I am ~ to do that** es widerstrebt mir, das zu tun; ich tue das nur ungern; **reluctantly** ADV widerstrebend, widerwillig, ungern

reluctivity [ˌrelʌkˈtɪvətɪ; *US* rɪˌlʌk-] S PHYS Reluktivität *f*, spezifischer magnetischer Widerstand

relume [rɪˈljuːm; *bes US* rɪˈluːm] VT *obs* 1 wieder anzünden, neu entfachen (*a. fig*) 2 wieder erhellen

rely [rɪˈlaɪ] VI 1 **~ (up)on** sich verlassen *od* vertrauen *od* bauen *od* zählen auf (*akk*): **I ~ on you to do it** ich verlasse mich darauf, dass du es tust; **you can ~ on me to help you** du kannst dich auf m-e Hilfe verlassen; **have to ~ on sb** auf j-n angewiesen sein; **he can be relied upon** man kann sich auf ihn verlassen 2 **~ (up)on** sich auf *e-e Quelle, ein Buch etc* berufen *od* stützen: **the author relies on earlier works** der Autor lehnt sich an frühere Werke an 3 **~ (up)on** angewiesen sein auf (*akk*), abhängig sein von (*beide*: **for** hinsichtlich)

REM[1] ABK rapid eye movement REM

REM[2], **rem** [rem] S ABK roentgen equivalent man PHYS Rem *n* (*absorbierte Strahlendosis von der biologischen Wirksamkeit e-s Rad*)

remain [rɪˈmeɪn] A VI 1 (übrig) bleiben, (*a. fig*: **to sb** j-m): **with five games ~ing** bei noch fünf ausstehenden Spielen 2 (zurück-, ver)bleiben, noch übrig geblieben *od* vorhanden sein: **no other token of his art ~s** kein anderes Beispiel s-r Kunst ist erhalten *od* (uns) geblieben; **only half of it ~s** nur die Hälfte davon ist noch übrig *od* vorhanden; **nothing ~s (to him) but to confess** es bleibt (ihm) nichts weiter übrig, als ein Geständnis abzulegen; **little now ~s to be done** es bleibt nur noch wenig zu tun; **that ~s to be proved** das wäre (erst) noch zu beweisen; **that ~s to be seen** das bleibt abzuwarten 3 (*mit Prädikatsnomen*) bleiben: **he ~ed a bachelor** er blieb Junggeselle; **one thing ~s certain** eins ist gewiss; **she ~ed speechless** sie war sprachlos; **he ~ed standing** er blieb stehen 4 (*mit Adverbiale*) weiter(hin) sein, bleiben: **~ in existence** weiter bestehen; **~ in force** in Kraft bleiben; **he ~s in a critical condition** MED sein Zustand ist nach wie vor kritisch; **it ~ed in his memory** es blieb ihm im Gedächtnis 5 (ver)weilen, bleiben: **he ~ed in the house** 6 verbleiben (*am Briefschluss*): **I ~ yours faithfully** (*od* **sincerely**) verbleibe ich Ihr B SPL **remains** 1 *a. fig* Reste *pl*, Überreste *pl*, -bleibsel *pl* 2 *a.* **literary ~s** hinterlassene Werke *pl*, literarischer Nachlass 3 *a.* **mortal ~s** (*die*) sterblichen Überreste *pl*

remainder [rɪˈmeɪndə(r)] A S 1 Rest *m*, (*das*) Übrige: **during the ~ of the week** während der restlichen Woche 2 WIRTSCH a Restbestand *m* b Restbetrag *m* 3 (*die*) Übrigen *pl*, (*die*) anderen *pl*, (*die*) Übriggebliebenen *pl* 4 TECH Rückstand *m* 5 *pl* Überreste *pl* 6 MATH a Rest *m* b Restglied *n* 7 JUR Anwartschaft(srecht) *f(n)* (*auf Grundeigentum*): **contingent ~** bedingte Anwartschaft; **vested ~** unentziehbare Anwartschaft 8 *a. pl Buchhandel*: Restbestand *m*, Remittenden *pl* B VT *Bücher* (als Remittenden) (*billig*) abgeben, abstoßen; **remainderman** [-mən] S *irr* JUR 1 Nacherbe *m* 2 Anwärter *m*

remaining [rɪˈmeɪnɪŋ] ADJ übrig (geblieben), Rest…, verbleibend, restlich

remake A VT *irr* [ˌriːˈmeɪk] 1 wieder *od* neu machen, neu schaffen 2 neu verfilmen B S [ˈriːmeɪk] Remake *n*, Neuverfilmung *f*

remand [rɪˈmɑːnd; *US* -ˈmænd] JUR A VT 1 a *a.* **~ in custody** in die Untersuchungshaft zurückschicken: **~ed prisoner** Untersuchungsgefangene(r) *m/f(m)*, -häftling *m* b *Br* gegen Kaution *od* Sicherheitsleistung aus der Untersuchungshaft entlassen 2 *bes US e-e Rechtssache* (an die untere Instanz) zurückverweisen B S 1 a *a.* **~ in custody** Zurückschickung *f* in die Untersuchungshaft b *a.* **period of ~** Untersuchungshaft *f* c *Br* Entlassung *f* aus der Untersuchungshaft gegen Kaution *od* Sicherheitsleistung: **appear on ~** aus der Untersuchungshaft vorgeführt werden; **be on ~** in Untersuchungshaft sein; **prisoner on ~**, **~ prisoner** Untersuchungsgefangene(r) *m/f(m)*, -häftling *m*; **~ centre** (*od* **home**) *Br* Untersuchungshaftanstalt *f* für Kinder u. Jugendliche; **~ jail** (*od* **prison**) Untersuchungshaftanstalt *f*, -gefängnis *n* 2 *bes US* Zurückverweisung *f* (*e-r Rechtssache*) (an die untere Instanz)

remanence [ˈremənəns] S PHYS Remanenz *f*, Restmagnetismus *m*; **remanent** ADJ PHYS remanent (*Magnetismus*)

remark[1] [rɪˈmɑː(r)k] A VT 1 (be)merken, beobachten 2 bemerken, äußern (*beide*: **that** dass) B VI sich äußern, Bemerkungen *od* e-e Bemerkung machen (*alle*: **on, upon** über *akk*, zu) C S 1 Bemerkung *f*, Äußerung *f*: **make ~s to sb on sth** sich j-m gegenüber über etwas äußern 2 Kommentar *m*, Anmerkung *f*: **give cause to ~** Aufsehen erregen; **without ~** kommentarlos; **worthy of ~** beachtenswert

remark[2] → remarque

remarkable [rɪˈmɑː(r)kəbl] ADJ (ADV remarkably) bemerkenswert: a beachtlich (**for** wegen) b ungewöhnlich, auffallend, außerordentlich: **with ~ skill**; **remarkableness** S Ungewöhnlichkeit *f*

remarque [rɪˈmɑː(r)k] S 1 Remarque *f*, Remark *f* (*Probezeichnung am Rand der Kupferplatte*) 2 Remarquedruck *m*

remarriage [riːˈmærɪdʒ] S Wiederverheiratung *f*; **remarry** VI wieder heiraten

remaster [ˌriːˈmɑːstə(r); *US* -ˈmæs-] VT *e-e Tonaufnahme* remastern (*wiederaufbereiten*): **digitally ~ed**

Rembrandtesque [ˌrembrænˈtesk] ADJ im Stile Rembrandts (gemalt)

REME ABK MIL *Br* Royal Electrical and Mechanical Engineers

remediable [rɪˈmiːdjəbl; -dɪəbl] ADJ (ADV remediably) behebbar, abstellbar: **this is ~** dem ist abzuhelfen; **remedial** ADJ (ADV **~ly**) 1 Abhilfe schaffend: **~ measure** Abhilfemaßnahme *f* 2 heilend, Heil…: **~ gymnast** Heil-, Krankengymnast(in); **~ gymnastics** *pl* (*als sg konstruiert*) Heil-, Krankengymnastik *f* 3 SCHULE Förder…: **~ class** Förderklasse *f*; **~ teaching** Förderunterricht *m*

remediless [ˈremɪdɪlɪs] ADJ (ADV **~ly**) unheilbar, nicht wiedergutzumachen(d)

remedy [ˈremɪdɪ] A S 1 MED (Heil-)Mittel *n*, Arznei(mittel) *f(n)* (*beide*: **for, against** gegen) 2 *fig* (Gegen)Mittel *n* (**for, against** gegen), Abhilfe *f*: **beyond** (*od* **past**) **~** nicht mehr zu beheben, hoffnungslos 3 JUR Rechtsmittel *n*, -behelf *m* 4 *Münzwesen*: Toleranz *f* 5 SCHULE *Br* freier Nachmittag B VT 1 *e-n Schaden, Mangel* beheben 2 *e-n Missstand* abstellen, *e-r Sache* abhelfen, *etwas* in Ordnung bringen, korrigieren 3 MED heilen

remember [rɪˈmembə(r)] A VT 1 sich entsinnen (*gen*), sich besinnen auf (*akk*), sich erinnern an (*akk*): **~ doing sth** sich daran erinnern, etwas getan zu haben; **I ~ him as a young boy** ich habe ihn als kleinen Jungen in Erinnerung; **do you ~ me?**, *umg* **~ me?** kennst du mich noch?; **it was an event to ~** es war ein denkwürdiges Ereignis; **a sight to ~** ein unvergesslicher Anblick; **get o.s. ~ed** sich in Erinnerung bringen 2 sich *etwas* merken, nicht vergessen, eingedenk sein (*gen*), denken an (*akk*), beherzigen: **I must ~ this** das muss ich mir merken; **~ what I tell you** denke daran *od* vergiss nicht, was ich dir sage; **please ~ to post my letter** bitte vergiss nicht, m-n Brief aufzugeben; **~ sth against sb** j-m etwas nachtragen 3 (auswendig) können *od* wissen 4 denken an *j-n* (*weil man ihm etwas schenken will etc*) 5 **~ sb in one's will** j-n in s-m Testament bedenken 6 **~ sb in one's prayers** j-n in sein Gebet einschließen 7 *j-n* empfehlen, grüßen von: **please ~ me kindly to your wife** grüßen Sie bitte Ihre Gattin (von mir) B VI sich (daran) erinnern *od* entsinnen: **if I ~ rightly** wenn ich mich recht entsinne; **not that I ~** nicht, dass ich wüsste

remembrance [rɪˈmembrəns] S 1 Erinnerung *f* (**of** an *akk*), Gedächtnis *n*: **call sth to ~** sich etwas in die Erinnerung zurückrufen; **have sth in ~** etwas in Erinnerung haben; **have no ~ of** keine Erinnerung haben *od* sich nicht erinnern können an (*akk*); **to the best of my ~** soweit ich mich erinnern kann 2 Gedenken *n*, Gedächtnis *n*, Andenken *n*, Erinnerung *f*: **~ service** Gedächtnisgottesdienst *m*; **in ~ of** zur Erinnerung *od* zum Gedächtnis an (*akk*), im Gedenken an (*akk*), zu *j-s* Ehren; **Ձ Sunday**, **Ձ Day** Volkstrauertag *m* (*Sonntag vor od nach dem 11. November*) 3 Andenken *n* (*Sache*): **as a ~** als Andenken 4 *pl* (*aufgetragene*) Grüße *pl*, Empfehlungen *pl*: **give my kind ~s to all your family** herzliche Grüße an alle d-e Lieben

remigrate [ˌriːˈmaɪgreɪt] VI zurückwandern, -kehren; **remigration** S Rückwanderung *f*, Rückkehr *f*

remilitarization [riːˌmɪlɪtəraɪˈzeɪʃn; *US* -rəˈz-] S Remilitarisierung *f*; **remilitarize** VT remilitarisieren, wieder aufrüsten

remind [rɪˈmaɪnd] VT *j-n* erinnern (**of** an *akk*; **that** daran, dass): **~ sb to do sth** j-n daran erinnern, dass er etwas tut; **that ~s me** da(bei) fällt mir ein; **reminder** S 1 Mahnung *f*: **a gentle ~** ein (zarter) Wink 2 Erinnerung *f* (**of** an *Vergangenes*) 3 Erinnerungs-, Gedächtnishilfe *f* (*Knoten im Taschentuch etc*); **remindful** ADJ 1 erinnernd (**of** an *akk*) 2 **be ~ of** sich erinnern an (*akk*)

reminisce [ˌremɪˈnɪs] VI in Erinnerungen schwelgen, sich in Erinnerungen ergehen (*beide*: **about, on** an *akk*); **reminiscence** S 1 Erinnerung *f*, Reminiszenz *f*, Anekdote *f* (aus s-m Leben) 2 *pl* (Lebens)Erinnerungen

R

pl, Reminiszenzen *pl*, Memoiren *pl* **3** Anklang *m* (*an Bekanntes*): **a ~ of the Greek type in her face** etwas Griechisches in ihrem Gesicht; **reminiscent** ADJ (ADV ~ly) **1 be ~ of** sich erinnern an (*akk*)(→ 3) **2** Erinnerungs…: **~ talk** Austausch *m* von Erinnerungen **3** Erinnerungen wachrufend (**of** an *akk*), erinnerungsträchtig: **be ~ of** *a.* erinnern an (→ 1) **4** in Erinnerungen schwelgend, in der Vergangenheit lebend: **be ~ (of)** → reminisce; **reminiscential** [-ˈsenʃl] ADJ Erinnerungs…

remise¹ [rɪˈmaɪz] JUR **A** V/T *Ansprüche, Rechte etc* aufgeben, abtreten, übertragen **B** S Aufgabe *f* (*e-s Anspruchs etc*), Rechtsverzicht *m*

remise² [rəˈmiːz] **A** S **1** *obs* **a** Remise *f*, Wagenschuppen *m* **b** Mietkutsche *f* **2** *Fechten*: Rimesse *f*, Angriffsverlängerung *f* **B** V/I *Fechten*: e-e Rimesse vollführen

remiss [rɪˈmɪs] ADJ (ADV ~ly) nachlässig, säumig, lax: **be ~ in one's duties** s-e Pflichten vernachlässigen

remissible [rɪˈmɪsəbl] ADJ **1** erlässlich, zu erlassen(d) **2** verzeihlich, KATH lässlich (*Sünde*)

remission [rɪˈmɪʃn] S **1** *a.* **~ of sin(s)** Vergebung *f* (der Sünden) **2** Nachlassen *n* **3** MED Remission *f* (*vorübergehendes Nachlassen od Abklingen*): **she went into ~ yesterday** gestern ging es ihr vorübergehend besser **4 a** (*a.* teilweiser) Erlass (*e-r Strafe, Schuld, Gebühr*): **he was given three months' ~** ihm wurden drei Monate s-r Strafe erlassen **b** Nachlass *m*, Ermäßigung *f* **5** PARL, HIST *Br* Begnadigung *f*

remissness [rɪˈmɪsnɪs] S Nachlässigkeit *f*

remit [rɪˈmɪt] **A** V/T **1** *Sünden* vergeben **2** *e-e Strafe, Schuld, Gebühr* (ganz *od* teilweise) erlassen **3 a** verschieben (**to, till, until** bis; **to** auf *akk*) **b** *e-e Strafe* aussetzen (**to, till, until** bis) **4 a** in *s-n Anstrengungen etc* nachlassen **b** *s-n Zorn etc* mäßigen **5** WIRTSCH *Geld etc* überweisen (**to** *dat od* an *akk*): **~ payment** → B 2 **6** *bes* JUR **a** *e-n Fall etc* (*zur Entscheidung*) weiterleiten (**to** an *akk*) **b** → **remand** A 2 **c** *j-n* verweisen (**to** an *akk*) **B** V/I **1 a** nachlassen, abklingen **b** MED remittieren (*vorübergehend nachlassen od abklingen*) **2** WIRTSCH Zahlung leisten

remittal [rɪˈmɪtl] → remission

remittance [rɪˈmɪtəns] S WIRTSCH (*Geld-, Wechsel*) Sendung *f*, Überweisung *f*, Rimesse *f*: **~ account** Überweisungskonto *n*; **take ~** remittieren, Deckung anschaffen; **~ man** S *irr j-d, der im Ausland* (*hist Br in den Kolonien*) *von Geldsendungen aus der Heimat lebt*(*e*)

remittee [rɪˌmɪˈtiː] S WIRTSCH (Zahlungs-, Überweisungs)Empfänger(in)

remittent [rɪˈmɪtənt] MED **A** ADJ (ADV ~ly) remittierend (*vorübergehend nachlassend od abklingend*): **~ fever** → B **B** S remittierendes Fieber

remitter¹ [rɪˈmɪtə(r)] S WIRTSCH Geldsender(in), Übersender(in)

remitter² [rɪˈmɪtə(r)] S JUR Weiterleitung *f* (*e-s Falls*) (**to** an *akk*)

remnant [ˈremnənt] **A** S **1** *a. fig* Überbleibsel *n*, (Über)Rest *m* **2** WIRTSCH (Stoff)Rest *m*, *pl* Reste(r) *pl*: **~ sale** Resteverkauf *m* **3** *fig* (letzter) Rest, Spur *f* **4** PHYS Rest *m*, Residuum *n* **B** ADJ übrig geblieben, restlich, Rest…

remodel [ˌriːˈmɒdl; *US* -ˈmɑdl] V/T umbilden, -bauen, -formen, -gestalten (*a. fig*)

remold **A** V/T [ˌriːˈməʊld] **1** neu formen, umformen, umgestalten (*a. fig*) **2** *e-n Reifen* runderneuern **B** S [ˈriːməʊld] runderneuerter Reifen

remonetize [riːˈmʌnɪtaɪz; *US a.* -ˈmɑ-] V/T *Silber etc* wieder als gesetzliches Zahlungsmittel einführen

remonstrance [rɪˈmɒnstrəns; *US* -ˈmɑn-] S **1** Protest *m* (**against, at** gegen) **2** öffentliche Beschwerdeschrift: **Grand ≈** *Memorandum des Unterhauses an den König* (*1641*); **remonstrant** **A** ADJ (ADV ~ly) protestierend **B** S **1 ≈** REL, HIST Remonstrant(in) (*Mitglied e-r reformierten Sekte*) **2** Protestierende(r) *m/f(m)*, *bes* Unterzeichner(in) e-r öffentlichen Beschwerdeschrift; **remonstrate** [ˈremənstreɪt; rɪˈmɒn-; *US* rɪˈmɑn-] **A** V/I **1** protestieren (**against** gegen) **2 ~ with sb about** (*od* **on**) **sth** j-m wegen e-r Sache Vorhaltungen machen **B** V/T einwenden, (dagegen) vorbringen (*beide:* **to** *od* **with sb** j-m gegenüber; **that** dass); **remonstration** → remonstrance 1; **remonstrative** [rɪˈmɒnstrətɪv; *US* -ˈmɑn-] ADJ protestierend, Protest…

remontant [rɪˈmɒntənt; *US* -ˈmɑn-] BOT **A** ADJ remontant, nach der Hauptblüte noch einmal blühend **B** S remontante Rose

remora [ˈremərə] S FISCH Schildfisch *m*

remorse [rɪˈmɔː(r)s] S **1** Gewissensbisse *pl*, Reue *f* (*beide:* **at** über *akk*; **for** wegen): **feel ~** Gewissensbisse haben, Reue empfinden **2** Mitleid *n*: **without ~** unbarmherzig; **remorseful** ADJ (ADV ~ly) reumütig, reuig, reuevoll; **remorsefulness** S Reumütigkeit *f*; **remorseless** ADJ (ADV ~ly) unbarmherzig (*a. fig Sturm etc*); **remorselessness** S Unbarmherzigkeit *f*

remote [rɪˈməʊt] **A** ADJ (ADV ~ly) **1** (*räumlich*) fern, (weit) entfernt (*beide:* **from** von) **2** abgelegen, entlegen (*Dorf etc*) **3** (*zeitlich*) fern (*Zukunft etc*): **~ antiquity** graue Vorzeit **4** *fig* (weit) entfernt (**from** von): **an action ~ from his principles** e-e Handlungsweise, die mit s-n Prinzipien wenig gemein hat; **be ~ from the truth** von der Wahrheit (weit) entfernt sein **5** entfernt, weitläufig (*Verwandter*) **6** mittelbar, indirekt: **~ damages** Folgeschäden **7** schwach, vage, entfernt (*Ähnlichkeit, Möglichkeit etc*): **a ~ chance** e-e geringe Chance; **not the ~st idea** keine blasse Ahnung, nicht die leiseste Ahnung **8** zurückhaltend, unnahbar, distanziert **B** S RADIO, TV *bes US*: Außenübertragung *f*

remote control S TECH **1** Fernlenkung *f*, -steuerung *f* **2** Fernbedienung *f*

remote-controlled ADJ **1** ferngelenkt, -gesteuert **2** mit Fernbedienung

remoteness S **1** Ferne *f*, Entlegenheit *f* **2** Entferntheit *f* (*a. fig*) **3** zurückhaltendes *od* unnahbares Wesen

remote| pickup S IT Fernabfrage *f* (*von Daten*); **~ sensing** S Remote Sensing *n* (*Forschungsrichtung, die unter Einsatz von Raumfahrzeugen, EDV-Anlagen etc beispielsweise die Erdoberfläche aus großer Entfernung untersucht*)

rémoulade [ˌreməˈleɪd; *US* ˌreɪməˈlɑːd] S GASTR Remoulade *f*

remould → remold

remount [ˌriːˈmaʊnt] **A** V/T **1** *e-n Berg, ein Pferd etc* wieder besteigen **2** TECH **a** *e-e Maschine* wieder aufstellen *od* montieren **b** *e-e Karte etc* neu aufziehen **B** V/I wieder aufsitzen (*Reiter etc*) **C** S [*bes* ˈriːmaʊnt] **1** frisches Reitpferd **2** MIL, HIST Remonte *f*

removable [rɪˈmuːvəbl] ADJ (ADV removably) **1** absetzbar (*Beamter etc*) **2** TECH abnehmbar: **~ lining** ausknöpfbares Futter **3** wegzuschaffen(d) **4** entfernbar (*Spuren etc*): **are these spots ~?** gehen diese Flecken (wieder) raus *od* weg? **5** *fig* behebbar (*Schwierigkeiten etc*)

removal [rɪˈmuːvl] S **1** Fort-, Wegschaffen *n*, Abfuhr *f*, Abtransport *m* **2** (**to** in *akk*, nach) **a** Umzug *m* **b** Verlegung *f*: **~ of business** Geschäftsverlegung; **~ man** *Br* **a** Spediteur *m* **b** (Möbel)Packer *m*; **~ van** *Br* Möbelwagen m **3** Absetzung *f*, Entlassung *f* (*e-s Beamten etc*): **~ from office** Amtsenthebung *f* **4** *fig* Beseitigung *f* (*e-s Fehlers etc, a. e-s Gegners*), Behebung *f*: **~ of a fault** (**difficulty,** *etc*) **5** MED *e-s Organs*: **a** Entnahme *f* (*bei Verpflanzung*) **b** Entfernung *f*

remove [rɪˈmuːv] **A** V/T **1** *allg* (weg)nehmen, entfernen (**from** von, aus): **~ from the agenda** von der Tagesordnung absetzen **2** *ein Kleidungsstück* ablegen, *den Hut* abnehmen **3** TECH abnehmen, abmontieren, ausbauen **4** wegräumen, -schaffen, -bringen, fortschaffen, abtransportieren: **~ furniture** (Wohnungs)Umzüge durchführen; **~ a prisoner** e-n Gefangenen abführen (lassen); **~ by suction** TECH absaugen **5** *Möbel* umräumen, umstellen **6** *fig e-n Gegner, ein Hindernis etc* aus dem Weg räumen, beseitigen **7** *e-n Fleck, alle Spuren etc* beseitigen, entfernen **8** *fig Schwierigkeiten etc* beheben, beseitigen: **~ all apprehension** alle Befürchtungen zerstreuen **9** *e-n Beamten etc* absetzen, entlassen: **~ sb from office** *j-n* s-s Amtes entheben **10** *sein Geschäft etc* verlegen (**to** in *akk*, nach) **11** MED *ein Organ* **a** (*zur Verpflanzung*) entnehmen **b** entfernen: **he had his appendix ~d** er wurde am Blinddarm operiert **B** V/I (um)ziehen (**to** in *akk*, nach) **C** S **1** Umzug *m* **2** SCHULE *Br* Klasse *f* für lernschwache Schüler **3** *fig* Schritt *m*, Stufe *f*: **but one ~ from anarchy** nur (noch) einen Schritt von der Anarchie entfernt **4** Entfernung *f*, Abstand *m*: **at a ~** *fig* mit einigem Abstand; **stay at a ~ from** *fig* Abstand wahren zu

removed ADJ **1** (weit) entfernt (**from** von) (*a. fig*) **2** *um eine Generation verschieden*: **first cousin once ~** *Kind e-s Vetters od e-r Cousine*; **she's my first cousin once ~** sie ist die Tochter m-s Vetters *od* m-r Cousine

remover S **1** Abbeizmittel *n* **2** (*Flecken-, Nagellack- etc*) Entferner *m* **3** *Br* **a** Spediteur(in) **b** (Möbel)Packer *m*

REM sleep [rem] S PSYCH REM-Schlaf *m*

remunerate [rɪˈmjuːnəreɪt] V/T **1** *j-n* entlohnen (**for** für) **2** *j-n* entschädigen, belohnen (*beide:* **for** für) **3** *etwas* vergüten, ersetzen; **remuneration** S **1** Entlohnung *f* **2** Entschädigung *f*, Belohnung *f* **3** Vergütung *f*; **remunerative** [-rətɪv; *US a.* -ˌreɪ-] ADJ (ADV ~ly) einträglich, lohnend, lukrativ, profitabel, rentabel

Renaissance [rəˈneɪsəns; *US* ˌrenəˈsɑːns] S **1** (*die*) Renaissance (*des 15. u. 16. Jh.s*): **~ man** (*od* **woman**) Renaissancemensch *m* **2 ≈** Renaissance *f*, Wiedergeburt *f*

renal [ˈriːnl] ADJ ANAT, MED Nieren…: **~ colic**; **~ calculus** Nierenstein *m*; **~ calyx** Nierenkelch *m*; **~ failure** Nierenversagen *n*; **~ pelvis** ANAT Nierenbecken *n*

rename [ˌriːˈneɪm] V/T **1** umbenennen **2** neu benennen

renascence [rɪˈnæsns] S **1** → Renaissance 2 **2 ≈** → Renaissance 1; **renascent** ADJ wieder auflebend

rencontre [renˈkɒntə(r); *US* -ˈkɑn-] → rencounter A; **rencounter** [-ˈkaʊntə(r)] *obs* **A** S **1** MIL Zusammenstoß *m*, Treffen *n*, Scharmützel *n* **2** zufälliges Treffen **B** V/T *j-n* zufällig treffen

rend [rend] *prät u. pperf* **rent** [rent] **A** V/T **1** (zer)reißen: **~ apart** (*od* **asunder, to pieces**) zer-, entzweireißen, in Stücke reißen; **~ sth from sb** j-m etwas entreißen; **~ one's hair** sich die Haare raufen; **a cry rent the silence** ein Schrei gellte durch *od* zerriss die Stille **2** spalten (*a. fig*) **B** V/I (zer)reißen, bersten

render [ˈrendə(r)] **A** V/T **1** *berühmt, schwierig, sichtbar, (un)nötig etc* machen: **~ possible** möglich machen, ermöglichen; **~ sb unable to do sth** es j-m unmöglich machen, etwas zu tun **2** wiedergeben: **a** spiegeln (*Spiegel*), zurückwerfen (*Echo*) **b** *e-e Rolle etc* (*künstlerisch*) interpretieren, gestalten **3** *sprachlich, sinngemäß* wiedergeben: a übersetzen, -tragen (*beide:* **into French** ins Französische) b ausdrücken, formulieren 4 *a.* **~ back** zurückgeben, zurückerstatten (*beide:* **to** *dat*) 5 *meist* **~ up** a herausgeben b *fig sein Leben etc* hingeben, opfern c *fig* vergelten (**good for evil** Böses mit Gutem) 6 *meist* **~ up** *obs e-e Festung etc* übergeben (**to the enemy** dem Feind): **~ to the earth** *e-n Toten* der Erde übergeben 7 *e-n Dienst, Hilfe, Schadenersatz* leisten (**to** *dat*): **for services ~ed** für geleistete Dienste 8 *s-n Dank* abstatten (**to** *dat*) 9 *Ehre, Gehorsam* erweisen (**to** *dat*): →Caesar[2] 1 10 *Rechenschaft* ablegen, geben (*beide:* **to** *dat*; **of** über *akk*): **~ an account of sth** über etwas berichten *od* Bericht erstatten *od* Rechenschaft ablegen 11 WIRTSCH *e-e Abrechnung* vorlegen: **per account ~ed** laut Rechnung 12 *e-n Gewinn* abwerfen 13 **~ judgment** JUR *US* ein Urteil fällen *od* verkünden 14 *e-n Grund* angeben 15 *Fett* auslassen 16 ARCH roh bewerfen, berappen B V/I **~ to sb** *obs* j-n entlohnen C S 1 JUR, HIST Gegenleistung *f* 2 ARCH Rohbewurf *m*

rendering ['rendərıŋ] S 1 **~ of accounts** WIRTSCH Rechnungslegung *f* 2 Wiedergabe *f*: a Übertragung *f*, -setzung *f* b (*künstlerische*) Interpretation, Gestaltung *f*, Ausführung *f*, Vortrag *m* 3 *a.* **~ coat** ARCH Rohbewurf *m*

rendezvous ['rɒndıvuː; *US* 'rɑːndıˌvuː; -deı-] *pl* -vous [-vuːz] A S 1 a Rendezvous *n*, Verabredung *f* b Zusammenkunft *f*, Treffen *n* 2 a Treffpunkt *m* b MIL Sammelplatz *m*: **~ area** Versammlungsraum *m* B V/I *prät u. pperf* -voused [-vuːd] 1 sich treffen 2 sich versammeln C V/T *bes* MIL versammeln, vereinigen

rendition [ren'dıʃn] S 1 → rendering 2 2 **~ of judgment** JUR *US* Urteilsfällung *f*, -verkündung *f* 3 Überstellung *f* (*z. B. von Gefangenen in Drittländer*)

renegade ['renıgeıd] A S Renegat(in), Abtrünnige(r) *m/f(m)* B ADJ abtrünnig

renege [rı'niːg; rı'neıg; *US a.* -'nıg; -'neg] A V/I 1 *a.* **~ on one's word** sein Wort brechen: **~ on a promise** ein Versprechen nicht (ein)halten; **~ on a tradition** e-r Tradition untreu werden, mit e-r Tradition brechen; **~ on doing sth** sich nicht an sein Versprechen halten, etwas zu tun 2 *Kartenspiel*: nicht bedienen B V/T *obs* (ab-, ver)leugnen C S *Kartenspiel*: Nichtbedienen *n*

renegotiate [ˌriːnı'gəʊʃıeıt] A V/T neu aushandeln B V/I neu verhandeln

renegue → renege

renew [rı'njuː; *US a.* rı'nuː] A V/T 1 *e-e Bekanntschaft, ein Gelübde etc* erneuern: **give sb ~ed hope** j-m neue Hoffnung geben 2 *ein Gespräch etc* wieder aufnehmen: **~ one's efforts** erneute Anstrengungen machen; **~ed** nochmalig, erneuert 3 wieder beleben, regenerieren (*a.* BIOL) 4 *s-e Jugend, s-e Kräfte etc* wiedererlangen: **with ~ed strength** mit neuen Kräften 5 WIRTSCH, JUR *etc* a *e-n Vertrag, a. ein Patent etc* erneuern, verlängern: **~ one's passport** sich s-n Pass verlängern lassen; **~ one's visa** sein Visum erneuern lassen b *e-n Wechsel* prolongieren 6 a erneuern b restaurieren, renovieren 7 ergänzen, (wieder) auffüllen, ersetzen 8 wiederholen B V/I 1 WIRTSCH, JUR *etc* a den Vertrag *etc* verlängern b den Wechsel prolongieren 2 neu beginnen 3 sich erneuern; **renewable** ADJ 1 erneuerbar (*Energie etc*), zu erneuern(d): **be ~** erneuert werden können *od* müssen 2 WIRTSCH, JUR *etc* a verlängerungsfähig b prolongierbar; **renewal** S 1 Erneuerung *f* 2 WIRTSCH, JUR *etc* a Erneuerung *f*, Verlängerung *f* b Prolongierung *f*: **~ bill** Prolongationswechsel *m*

Renfrewshire ['renfruːʃə(r); -ʃıə(r)] S Renfrewshire *n* (*Grafschaft im westlichen Zentralschottland*)

reniform ['renıfɔː(r)m; 'riː-] ADJ nierenförmig

renin ['riːnın] S PHYSIOL Renin *n* (*Protein der Niere*)

rennet ['renıt] S 1 ZOOL Lab *n* 2 BIOL, CHEM Lab(ferment) *n*

renounce [rı'naʊns] A V/T 1 auf *e-n Anspruch etc* verzichten 2 *e-n Plan etc* aufgeben 3 sich von *j-m* lossagen, *j-n* verstoßen 4 verleugnen, *s-m Glauben etc* abschwören, *e-e Freundschaft* aufsagen, *e-n Vertrag etc* kündigen 5 entsagen (*dat*): **~ the world** (*od* **all worldly things**) der Welt entsagen 6 *etwas* von sich weisen, ablehnen 7 *Kartenspiel: e-e Farbe* nicht bedienen (können) B V/I 1 *bes* JUR Verzicht leisten 2 *Kartenspiel*: nicht bedienen (können) C S *Kartenspiel*: Nichtbedienen *n*; **renouncement** → renunciation

renovate ['renəʊveıt] V/T 1 wiederherstellen 2 renovieren, restaurieren 3 erneuern; **renovation** S Renovierung *f*, Erneuerung *f*; **renovator** [-tə(r)] S Erneuerer *m*, Erneuerin *f*

renown [rı'naʊn] S Ruhm *m*, Berühmtheit *f*, hohes Ansehen: **a man of** (**great** *od* **high**) **~** ein (hoch)berühmter Mann; **win ~** sich e-n Namen machen (**as a** als); **renowned** ADJ berühmt (**for** wegen, für), namhaft

rent[1] [rent] A S 1 a (Wohnungs)Miete *f*, Mietzins *m* b Pacht(geld) *f(n)*, -zins *m*: **let for ~** verpachten; **take at ~** pachten; **for ~** *bes US* zu vermieten *od* zu verpachten (→ A 2) 2 *bes US* Leihgebühr *f*, Miete *f*: **for ~** zu vermieten, zu verleihen (→ A 1) 3 *a.* **economic ~** WIRTSCH wirtschaftliche Rente B V/T 1 vermieten 2 verpachten 3 mieten: **~ed apartment** (*bes Br* **flat**) Mietwohnung *f* 4 pachten 5 Miete *od* Pacht verlangen von 6 *bes US* a *a.* **~ out** *etwas* verleihen, vermieten b sich *etwas* leihen *od* mieten: **~ a car** sich e-n Leih- *od* Mietwagen nehmen; **~ed car** Leih-, Mietwagen *m* C V/I vermietet *od* verpachtet werden (**at** zu)

rent[2] [rent] S 1 Riss *m* 2 Spalt *m*, Spalte *f* 3 *fig* Spaltung *f*

rent[3] [rent] *prät u. pperf von* rend

rentable ['rentəbl] ADJ a (ver)mietbar b (ver)pachtbar

rent|-a-car S *bes US* 1 *a.* **~ company** (*od* **service**) Autoverleih *m* 2 Leih-, Mietwagen *m*; **~-a-crowd** S *bes Br sl* bezahlte *od* organisierte Demonstranten, Kundgebungsteilnehmer *pl etc*

rental ['rentl] WIRTSCH A S 1 Miet- *od* Pachtbetrag *m*, -satz *m* 2 a Miete *f* b Pacht(summe) *f* 3 Miet- *od* Pachteinnahmen *pl* 4 *US* Mietgegenstand *m* 5 Register *n* der Miet- *od* Pachteinnahmen B ADJ 1 a Miet… b Pacht…: **~ allowance** *US* Mietzuschuss *m*, -beihilfe *f*; **~ charge** → A 1; **~ value** Miet- *od* Pachtwert *m* 2 *bes US* Leih…: **~ car** Leih-, Mietwagen *m*; **~ fee** Leihgebühr *f*; **~ library** Leihbücherei *f*

rent|-a-mob S *bes Br sl* bezahlte *od* organisierte Krawallmacher *pl*; **~ boy** S *Br* a Strichjunge *m* b Callboy *m*; **~-controlled** ADJ mietgebunden

renter ['rentə(r)] S 1 a Mieter(in) b Pächter(in) 2 a Vermieter(in) b Verpächter(in) 3 *bes US* Verleiher(in) 4 *bes Br* Filmverleih (er[in]) *m*

rent|-free ADJ & ADV miet- *od* pachtfrei; **~-roll** → rental A 2, A 3, A 5; **~ strike** S Mietstreik *m*

renumber [ˌriː'nʌmbə(r)] V/T neu nummerieren, umnummerieren

renunciation [rıˌnʌnsı'eıʃn] S 1 (**of**) Verzicht *m* (auf *akk*), Aufgabe *f* (*gen*): **~ of the throne** Thronverzicht 2 Entsagung *f*, Selbstverleugnung *f* 3 Ablehnung *f*; **renunciative** [-ətıv; *US* -ˌeı-] ADJ verzichtend, entsagungsvoll; **renunciatory** [-ətərı; *US* -əˌtəʊriː; -ˌtɔː-] ADJ 1 Verzicht(s)… 2 → renunciative

renvoi, renvoy [ren'vɔı] S JUR 1 Ausweisung *f* (*e-s Ausländers, bes e-s Diplomaten*) 2 *Internationales Privatrecht*: Überweisung *f* (*e-s Falles*) an ein außenstehendes (*nicht örtlich zuständiges*) Gericht

reoccupation ['riːˌɒkjʊ'peıʃn; *US* -ˌɑk-] S MIL Wiederbesetzung; **reoccupy** [-paı] V/T wieder besetzen

reoffend [ˌriːə'fend] V/I erneut straffällig werden

reopen [ˌriː'əʊpən] A V/T 1 *ein Geschäft etc* wieder eröffnen 2 wieder beginnen, wieder aufnehmen B V/I 1 sich wieder öffnen 2 wieder eröffnet, wieder aufmachen 3 wieder beginnen

reorder [ˌriː'ɔː(r)də(r)] A S WIRTSCH Neu-, Nachbestellung *f* B V/T 1 wieder ordnen, neu ordnen 2 WIRTSCH nachbestellen (*a. v/i*)

reorganization ['riːˌɔː(r)gənaı'zeıʃn; *US* -nə-'z-] S 1 Reorganisation *f*, Umbildung *f*, Neuordnung *f*, -gestaltung *f* 2 WIRTSCH Sanierung *f*; **reorganize** V/T 1 reorganisieren, neu ordnen, umbilden, umgestalten, neu gestalten 2 WIRTSCH sanieren

reorient [ˌriː'ɔːrıent], **reorientate** [-teıt] V/T neu orientieren, neu ausrichten

rep[1] [rep] S Rips *m* (*Stoff*)

rep[2] [rep] S *umg* (Handels)Vertreter(in)

rep[3] [rep] *US umg für* reputation

rep[4] [rep] *umg für* a repertory company b repertory theater

rep.[1] ABK 1 report 2 reported 3 reporter 4 representative 5 reprint

Rep.[2] ABK 1 *US* Representative 2 Republic Rep. 3 *US* Republican

repack [ˌriː'pæk] V/T umpacken

repaint [ˌriː'peınt] V/T 1 neu *od* wieder malen 2 übermalen 3 neu (an)streichen

repair[1] [rı'peə(r)] A V/T 1 reparieren, (wieder) instand setzen, *e-n Schaden* beseitigen 2 ausbessern 3 *j-s Gesundheit etc* wiederherstellen 4 *ein Unrecht etc* wiedergutmachen 5 *e-n Verlust* ersetzen, Schadenersatz leisten für B S 1 Reparatur *f*, Instandsetzung *f*: **beyond ~** nicht mehr zu reparieren, irreparabel; **be under ~** in Reparatur sein, repariert werden; **~ bill** Reparaturrechnung *f*; **~ kit** (*od* **outfit**) Reparaturwerkzeug *n*, Flickzeug *n* 2 *pl* Instandsetzungsarbeiten *pl*, Reparaturen *pl*: **I do all the ~s on my car** ich repariere an m-m Wagen alles selbst 3 Ausbesserung *f* 4 Wiederherstellung *f* 5 *a.* **state of ~** (baulicher *etc*) Zustand: **in good ~** in gutem Zustand; **out of ~** a betriebsunfähig b baufällig

repair[2] [rı'peə(r)] A V/I 1 (**to**) a sich begeben (nach *e-m Ort*, zu *j-m*) b sich wenden (an *akk*) 2 oft *od* in großer Zahl gehen B S 1 Zufluchtsort *m*, (beliebter) Aufenthaltsort 2 Treffpunkt *m*

repairable [rı'peərəbl] ADJ 1 reparaturbedürftig 2 reparabel, zu reparieren(d) 3 → reparable

repair|man [-mæn] S *irr* (Reparatur)Mechaniker *m*: **television ~** Fernsehtechniker *m*; **~ ship** S SCHIFF Werkstattschiff *n*; **~ shop** S Reparaturwerkstatt *f*

reparable ['repərəbl] ADJ (ADV reparably) 1 wiedergutzumachen(d) (*Unrecht etc*) 2 ersetzbar (*Verlust*)

reparation [ˌrepə'reıʃn] S 1 Wiedergutmachung *f*: **make ~** Genugtuung leisten 2 Entschädigung *f* 3 *pl* POL Reparationen *pl*: **~ payments** Reparationszahlungen 4 Wiederher-

R

stellung *f* 5 Ausbesserung *f*

reparative [rɪˈpærətɪv], *a.* **reparatory** [-tərɪ; *US* -ˌtəʊriː; -ˌtɔː-] ADJ 1 wiedergutmachend 2 Entschädigungs…

repartee [ˌrepɑː(r)ˈtiː] A S a schlagfertige Antwort b schlagfertiges Hin u. Her c Schlagfertigkeit *f*: **good at ~** schlagfertig B V/I schlagfertige Antworten geben

repartition [ˌriːpɑː(r)ˈtɪʃn] A S 1 Auf-, Verteilung *f* 2 Neuverteilung *f* B V/T (neu) verteilen, aufteilen

repast [rɪˈpɑːst; *US* -ˈpæst] S 1 Mahl *n* 2 Mahlzeit *f*

repatriate [riːˈpætrɪeɪt; *US a.* -ˈpeɪ-] A V/T repatriieren, (in die Heimat) zurückführen B S [-ɪt; -eɪt] Repatriierte(r) *m/f(m)*, Heimkehrer(in); **repatriation** S Repatriierung *f*, Rückführung *f*

repay [riːˈpeɪ] *irr* A V/T 1 *Geld etc* zurückzahlen, (-)erstatten: **~ sb's expenses** j-m s-e Auslagen erstatten; **I'll ~ you some time** a ich gebe dir das Geld irgendwann einmal zurück b *fig* ich werde mich irgendwann einmal erkenntlich zeigen c *fig* das zahle ich dir schon noch heim 2 *e-n Besuch etc* erwidern: **~ a blow** zurückschlagen 3 a *(positiv)* sich für *etwas* erkenntlich zeigen *od* revanchieren: **~ sb's help, ~ sb for their help** j-n für s-e Hilfe belohnen *od* entschädigen b *(negativ) etwas* vergelten, lohnen *(beide:* **with** mit*)*: **~ sb's help with ingratitude**; **~ sb's meanness, ~ sb for their meanness** j-m s-e Gemeinheit heimzahlen B V/I das Geld *etc* zurückzahlen; **repayable** ADJ rückzahlbar, zurückzuzahlen(d): **be ~** zurückgezahlt werden können *od* müssen (**over 10 years** in e-m Zeitraum von 10 Jahren); **repayment** S 1 Rückzahlung *f* 2 Erwiderung *f (e-s Besuchs etc)* 3 a Erkenntlichkeit *f* b Vergeltung *f*

repeal [rɪˈpiːl] A V/T 1 *ein Gesetz etc* aufheben, außer Kraft setzen 2 widerrufen B S 1 Widerruf *m* 2 Aufhebung *f*, Außerkraftsetzung *f*; **repealable** ADJ aufhebbar

repeat [rɪˈpiːt] A V/T 1 *ein Schuljahr, e-n Versuch etc* wiederholen: **~ an experience** etwas nochmals durchmachen *od* erleben; **~ an order (for sth)** WIRTSCH (etwas) nachbestellen; **her language does not bear ~ing** ihre *(gemeinen)* Ausdrücke lassen sich nicht wiederholen; **~ a pattern** ein Muster wiederholen *od* wiederkehren lassen; **~ o.s.** → B 1 2 wiederholen: a weitererzählen b nachsprechen (**sth after sb** j-m etwas) 3 SCHULE *ein Gedicht etc* aufsagen B V/I 1 sich wiederholen 2 *US (bei e-r Wahl widerrechtlich)* mehrere Stimmen abgeben 3 repetieren *(Uhr, a. Gewehr)* 4 aufstoßen (**on sb** j-m) *(Speisen)* C S 1 Wiederholung *f (a.* RADIO, TV*)*: **~ fee** Wiederholungsgage *f*; **~ key** Wiederholtaste *f (am Tonbandgerät etc)*; **~ performance** THEAT Wiederholung *f* 2 *(etwas)* sich Wiederholendes, *bes* Rapport *m* 3 MUS a Wiederholung *f* b Wiederholungszeichen *n* 4 *oft* **~ order** WIRTSCH Nachbestellung *f* (**for** *gen*) 5 SPORT Neuauflage *f (e-s Endspiels etc)*

repeated ADJ wiederholt, mehrmalig, neuerlich; **repeatedly** ADV wiederholt, zum wiederholten Mal, mehrmals; **repeater** S 1 Wiederholende(r) *m/f(m)* 2 Repetieruhr *f* 3 Repetier-, Mehrladegewehr *n* 4 SCHULE Repetent(in), Wiederholer(in) 5 *US Wähler(in), der (die) widerrechtlich mehrere Stimmen abgibt* 6 MATH periodische Dezimalzahl 7 JUR Rückfällige(r) *m/f(m)* 8 SCHIFF a Tochterkompass *m* b Wiederholungswimpel *m (Signal)* 9 ELEK a (Leitungs)Verstärker *m* b Relaisstelle *f*: **~ circuit** Verstärkerschaltung *f*; **~ station** Relaissender *m*; **repeating** ADJ wiederholend: **~ decimal** → repeater 6; **~ rifle** → repeater 3; **~ watch** → repeater 2

repechage [ˈrepəʃɑːʒ; ˌrepəˈʃɑːʒ] S a *Radsport, Rudern*: Hoffnungslauf *m* b *Fechten*: Trostrundengefecht *n*

repel [rɪˈpel] V/T 1 *den Feind etc* zurückschlagen, -treiben 2 *e-n Angriff etc* abschlagen, abweisen, *a. e-n Schlag etc* abwehren 3 *fig* a ab-, zurückweisen b *e-e Bitte etc* ab-, ausschlagen c *e-n Vorschlag etc* von sich weisen d *ein Dogma etc* verwerfen 4 zurückstoßen, -drängen 5 PHYS *Wasser etc* abstoßen 6 *fig j-n* abstoßen, anwidern; **repellent** A ADJ (ADV ~ly) 1 *(wasser- etc)* abstoßend 2 *fig* abstoßend, widerlich: **be ~ to sb** auf j-n abstoßend wirken B S 1 TECH Imprägniermittel *n* 2 *(bes Insekten)* Abwehrmittel *n*

repent[1] [rɪˈpent] A V/I (**of**) bereuen *(akk)*, Reue empfinden (über *akk*) B V/T bereuen: **he ~s having done that** er bereut es, das getan zu haben

repent[2] [ˈriːpənt] ADJ BOT kriechend

repentance [rɪˈpentəns] S Reue *f*; **repentant** ADJ (ADV ~ly) reuig (**of** über *akk*), reumütig, bußfertig: **be ~ of sth** etwas bereuen

repeople [ˌriːˈpiːpl] V/T wieder bevölkern *(a. mit Tieren)*

repercussion [ˌriːpə(r)ˈkʌʃn] S 1 *fig* Rück-, Nach-, Auswirkung *f (alle:* **on** auf *akk)* 2 Rückstoß *m*, -prall *m* 3 *a.* MUS Widerhall *m*, Echo *n*; **repercussive** [-sɪv] ADJ (ADV ~ly) 1 widerhallend 2 zurückwerfend

repertoire [ˈrepə(r)twɑː(r)] S THEAT Repertoire *n* (**of** an *dat*, von) *(a. fig)*: **have a large ~ of jokes** viele Witze auf Lager haben

repertory [ˈrepə(r)tərɪ; *US* -ˌtəʊriː; -ˌtɔː-] S 1 THEAT a → repertoire b → repertory company c → repertory theater 2 → repository 4; **~ company** S THEAT *Br* Repertoirebühne *f (Unternehmen)*; **~ theater**, *bes Br* **~ theatre** S Repertoiretheater *n*, -bühne *f*

repetend [ˈrepɪtend] S 1 MATH Periode *f (e-s Dezimalbruchs)* 2 MUS Refrain *m*

répétiteur [rɪˌpetɪˈtɜː; *US* ˌreɪˌpeɪtəˈtɜr] S MUS, THEAT (Kor)Repetitor *m*; **répétiteuse** [rɪˌpetɪˈtɜːz; *US* ˌreɪˌpeɪtəˈtɜːz] S MUS, THEAT (Kor)Repetitorin *f*

repetition [ˌrepɪˈtɪʃn] S 1 Wiederholung *f*: **her language does not bear ~** ihre *(gemeinen)* Ausdrücke lassen sich nicht wiederholen; **~ work** TECH Reihenfertigung *f* 2 SCHULE (Stück *n* zum) Aufsagen *n* 3 Kopie *f*, Nachbildung *f*; **repetitious** ADJ (ADV ~ly) 1 sich ständig wiederholend 2 ewig gleichbleibend, monoton; **repetitive** [rɪˈpetətɪv] ADJ (ADV ~ly) 1 sich wiederholend, wiederholt: **~ strain injury** MED Ermüdungsschmerz *m* 2 → repetitious

rephrase [ˌriːˈfreɪz] V/T neu formulieren, umformulieren

repine [rɪˈpaɪn] V/I murren, klagen *(beide:* **at** über *akk)*: **~ against one's fate** mit s-m Schicksal hadern; **repining** ADJ (ADV ~ly) murrend, mürrisch

replace [rɪˈpleɪs] V/T 1 ersetzen (**by, with** durch), an die Stelle treten von *(od gen)* 2 a *j-n* ersetzen *od* ablösen, an die Stelle treten von *(od gen)*: **be ~d by** abgelöst werden von, ersetzt werden durch b *j-n* vertreten 3 *e-n Betrag etc* (zu)rückerstatten, ersetzen 4 wieder hinstellen *od* -legen, wieder an Ort u. Stelle bringen, MED einrenken: **~ the receiver** TEL (den Hörer) auflegen 5 TECH a ersetzen, austauschen: **he had a hip ~d** MED ihm wurde ein künstliches Hüftgelenk eingesetzt b wieder einsetzen 6 MATH vertauschen; **replaceable** ADJ zu ersetzen(d), ersetzbar, TECH *a.* austauschbar; **replacement** S 1 a Ersetzen *n*, Austauschen *n* b Ersatz *m (a. Person)*: **~ card** Ersatzkarte *f*; **~ costs** WIRTSCH Wiederbeschaffungskosten; **~ key** Ersatzschlüssel *m*; **~ part** TECH Ersatzteil *n/m*; **~ vehicle** Ersatzfahrzeug *n* 2 MIL a *(ausgebildeter)* Ersatzmann b Ersatz *m*, Auffüllung *f*, Verstärkung *f*: **~ unit** Ersatztruppenteil *m* 3 Vertretung *f* 4 MED Einrenken *n*

replant [ˌriːˈplɑːnt; *US* -ˈplænt] V/T 1 neu pflanzen 2 ver-, umpflanzen *(beide a. fig)* 3 neu bepflanzen

replay SPORT A V/T [ˌriːˈpleɪ] *ein Spiel* wiederholen B S [ˈriːpleɪ] 1 Wiederholungsspiel *n* 2 → action replay

replenish [rɪˈplenɪʃ] V/T 1 (wieder) auffüllen, nachfüllen, *Vorräte a.* ergänzen *(alle:* **with** mit*)* 2 wieder füllen (**with** mit); **replenishment** S Auffüllung *f*, Ergänzung *f*: **~ ship** SCHIFF, MIL Versorgungsschiff *n*

replete [rɪˈpliːt] ADJ 1 reich (**with** an *dat*): **a film ~ with high tension** ein Film voller Hochspannung 2 gesättigt, satt; **repletion** S 1 Fülle *f* 2 Sattheit *f*: **eat to ~** sich satt essen

replevin [rɪˈplevɪn] JUR A S 1 (Klage *f* auf) Herausgabe *f* gegen Sicherheitsleistung 2 einstweilige Verfügung (auf Herausgabe) B V/T *US für* replevy A; **replevy** A V/T *entzogene od gepfändete Sachen* gegen Sicherheitsleistung zurückerlangen B S → replevin A

replica [ˈreplɪkə] S 1 KUNST Replik *f*, Originalkopie *f* 2 Kopie *f*, Reproduktion *f*, Nachbildung *f* 3 *fig* Ebenbild *n*

replicate [ˈreplɪkɪt] A ADJ *bes* BOT zurückgekrümmt *(Blatt)* B S 1 MUS Oktavverdopp(e)lung *f* 2 Wiederholung *f (e-s Experiments etc)* C V/T [-keɪt] 1 kopieren, reproduzieren, nachbilden 2 *ein Experiment etc* wiederholen

replication [ˌreplɪˈkeɪʃn] S 1 Entgegnung *f*, Erwiderung *f* 2 Widerhall *m*, Echo *n* 3 JUR Replik *f (des Klägers auf die Antwort des Beklagten)* 4 Reproduktion *f*, Kopie *f*, Nachbildung *f*

reply [rɪˈplaɪ] A V/I 1 *a. fig* antworten, erwidern *(beide:* **to sb** j-m; **to sth** auf etwas*)*: **he replied to our letter** er beantwortete unser Schreiben; **the enemy replied to our fire** MIL der Feind erwiderte das Feuer 2 JUR replizieren B V/T antworten, erwidern, entgegnen *(alle:* **that** dass*)* C S Antwort *f*, Erwiderung *f*, Entgegnung *f*: **in ~ to** a in Beantwortung *(gen)* b auf *(akk)* … hin c als Antwort *od* Reaktion auf *(akk)*; **~-paid telegram** Telegramm *n* mit bezahlter Rückantwort; **~ (postal) card** (Post)Karte *f* mit Antwortkarte; **make a ~** → A 1; **say in ~** zur Antwort geben; **there is no ~ (from that number)** TEL der Teilnehmer meldet sich nicht

repoint [ˌriːˈpɔɪnt] V/T neu verfugen

repolish [ˌriːˈpɒlɪʃ; *US* -ˈpɑ-] V/T aufpolieren *(a. fig)*

repopulate [ˌriːˈpɒpjʊleɪt; *US* -ˈpɑ-] V/T wieder bevölkern

report [rɪˈpɔː(r)t; *US a.* rɪˈpəʊərt] A S 1 a *allg* Bericht *m* (**on, into** über *akk*) b WIRTSCH *(Geschäfts- od Sitzungs- od Verhandlungs)* Bericht *m*: **~ stage** PARL Erörterungsstadium *n (e-r Gesetzesvorlage) (vor der 3. Lesung)*; **give a ~** Bericht erstatten; **month under ~** Berichtsmonat *m* 2 Referat *n*, Vortrag *m* 3 *(Presse)* Bericht *m*, (-)Meldung *f*, Nachricht *f* 4 SCHULE *Br* Zeugnis *n* 5 Anzeige *f (a.* JUR*)*, Meldung *f (zur Bestrafung)* 6 MIL Meldung *f* 7 JUR → law report 8 Gerücht *n*: **the ~ goes that …, ~ has it that …** es geht das Gerücht, dass … 9 Ruf *m*: **be of good (evil) ~** in gutem (schlechtem) Rufe stehen; **through good and evil ~** BIBEL in guten u. bösen Tagen 10 Knall *m (e-r Pistole etc)* B V/T 1 berichten (**to sb** j-m): **~ progress to sb** j-m über den Stand der Sache berichten; **move to**

~ **progress** PARL *Br* die Debatte unterbrechen **2** berichten über *(akk)*, Bericht erstatten über *(akk) (beide a. in der Presse, im Rundfunk etc)*, erzählen: **it is ~ed that …** es heißt(, dass …); **he is ~ed to be ill** es heißt, er sei krank; er soll krank sein; **he is ~ed as saying** er soll gesagt haben; **~ed speech** LING indirekte Rede **3** *e-n Unfall etc* melden: **~ o.s.** sich melden (**to** bei); **~ a missing person** eine Vermisstenanzeige aufgeben; **the car is ~ed stolen** der Wagen ist als gestohlen gemeldet; → missing 2 **4** (**to**) *j-n (zur Bestrafung)* melden *(dat)*, anzeigen (bei *j-m*)(**for** wegen): **~ sb to the police** Anzeige gegen j-n erstatten **5** PARL *(US a.* **~ out***) e-e Gesetzesvorlage* (wieder) vorlegen *(Ausschuss)* **C** V/I **1** berichten, e-n Bericht geben *od* erstatten *od* vorlegen, referieren *(alle:* **on** über *akk)* **2** als Berichterstatter arbeiten, schreiben *(beide:* **for** für): **he ~s for the "Times"** **3** Nachricht geben, sich melden **4** (**to**) sich melden, sich einfinden (bei), sich *(der Polizei etc)* stellen: **~ for duty** sich zum Dienst melden; **~ back to work** sich wieder zur Arbeit melden; **~ sick** sich krankmelden **5** **~ to** *US j-m (disziplinarisch)* unterstehen *od* unterstellt sein

reportable [rɪˈpɔː(r)təbl; *US a.* -ˈpəʊr-] ADJ **1** berichtenswert, zur Berichterstattung geeignet **2** MED anzeige-, meldepflichtig *(Krankheit)* **3** steuerpflichtig *(Einkommen)*; **reportage** [ˌrepɔːˈtɑːʒ; *US* rɪˈpəʊrtɪdʒ; *a.* -ˈpɔːr-] S **1** Reportage *f* **2** Zeitungsstil *m*

report card S SCHULE *US* Zeugnis *n*

reportedly [rɪˈpɔː(r)tɪdlɪ; *US a.* -ˈpəʊr-] ADV wie verlautet: **the president has ~ said that …** der Präsident soll gesagt haben, dass …; **reporter** S **1** Reporter(in), *(Presse)* Berichterstatter(in) **2** JUR *etc* Berichterstatter(in), Referent(in) **3** Schrift-, Protokollführer(in)

reportorial [rɪˌpɔːˈtɔːrɪəl; *US* ˌrepərˈtəʊ-; ˌriː-] ADJ *bes US* **1** Reporter… **2** reportagehaft *(Stil etc)*

repose [rɪˈpəʊz] **A** V/I **1** ruhen, schlafen *(beide a. fig)* **2** (sich) ausruhen **3** *fig* beruhen (**on** auf *dat*) **4** *fig (liebevoll)* verweilen (**on** bei) *(Gedanken)* **5** **~ in** *fig* vertrauen auf *(akk)* **B** V/T **1** *j-m* Ruhe gewähren **2** (**o.s.** sich) zur Ruhe legen **3** **~ on** legen *od* betten auf *(akk)* **4** **~ in** *fig Vertrauen, Hoffnung* setzen auf *od* in *(akk)* **5** **~d (on)** **a** ruhend, liegend (auf *dat*) **b** gebettet, gestützt (auf *akk*) **c** sich lehnend, gelehnt (auf *akk*, gegen) **C** S **1** Ruhe *f*: **a** Ausruhen *n* **b** Schlaf *m* **c** Erholung *f* **d** Friede(n) *m*, Stille *f* **e** Stillstand *m*: **seek (take) ~** Ruhe suchen (finden); **in ~** in Ruhe, untätig *(a. Vulkan)* **2** (Gemüts)Ruhe *f* **3** KUNST Harmonie *f*; **reposeful** ADJ (ADV **~ly**) ruhig, ruhevoll

repository [rɪˈpɒzɪtərɪ; *US* rɪˈpɑzəˌtəʊriː; -ˌtɔː-] S **1** **a** Behälter *m*, Gefäß *n* **b** Verwahrungsort *m* **2** (Waren)Lager *n*, Niederlage *f* **3** Museum *n* **4** *fig* Quelle *f*, Fundgrube *f (beide:* **of** für) **5** **a** Leichenhalle *f* **b** Gruft *f* **6** *fig* Vertraute(r) *m/f(m)*

repossess [ˌriːpəˈzes] V/T **1** wieder in Besitz nehmen, wiedergewinnen, *fig a.* zurückerobern **2** **~ of** *j-n* wieder in den Besitz *e-r Sache* setzen; **repossession** S Wiederinbesitznahme *f*, Wiedergewinnung *f*

repot [ˌriːˈpɒt; *US* -ˈpɑt] V/T *e-e Pflanze* umtopfen

repoussé [rəˈpuːseɪ; *US a.* rəˌpuːˈseɪ] TECH **A** ADJ getrieben *(Verzierung)* **B** S getriebene Arbeit

repp → rep[1]

repped [rept] ADJ quergerippt

repr. ABK **1** represented **2** representing **3** reprint(ed)

reprehend [ˌreprɪˈhend] V/T tadeln, rügen; **reprehensible** ADJ (ADV **reprehensibly**) tadelnswert, verwerflich; **reprehensibleness** S *(das)* Tadelnswerte, *(das)* Verwerfliche; **reprehension** S Tadel *m*, Rüge *f*, Verweis *m*

represent [ˌreprɪˈzent] **A** V/T **1** *j-n od j-s Sache, a. e-n Wahlbezirk etc* vertreten: **be ~ed at** bei *e-r Sache* vertreten sein **2** *e-n Staat, e-e Firma etc* vertreten, repräsentieren **3** THEAT **a** *e-e Rolle* darstellen, verkörpern **b** *ein Stück* aufführen, geben **4** *fig (symbolisch)* darstellen, verkörpern, bedeuten, repräsentieren, *e-r Sache* entsprechen: **~ a threat to** e-e Bedrohung *(gen)* darstellen **5** *(bildlich, grafisch)* darstellen, abbilden **6** **a** hin-, darstellen *(beide:* **as, to be** als) **b** behaupten, *(a.* entschuldigend) vorbringen *(beide:* **that** dass) **7** darlegen, -stellen, schildern, vor Augen führen *(alle:* **to sb** j-m): **~ to sb that …** j-m vorhalten, dass … **8** **~ to o.s.** sich *etwas (im Geiste)* vorstellen **B** V/I protestieren (**against** gegen)

re-present [ˌriːprɪˈzent] V/T **1** *etwas* wieder vorlegen **2** wieder vorführen **3** wieder *od* neu darbieten

representation [ˌreprɪzenˈteɪʃn] S **1** *a.* WIRTSCH, JUR, POL Vertretung *f*: → proportional A 2 **2** Repräsentation *f* **3** Verkörperung *f* **4** *(bildliche, grafische)* Darstellung, Bild *n*: **be a ~ of sth** etwas darstellen **5** Schilderung *f*, Darstellung *f*: → fraudulent **6** THEAT **a** Aufführung(en) *f(pl) (e-s Stücks)* **b** Darstellung *f (e-r Rolle)* **7** *pl* **a** Protest *m* **b** Vorhaltungen *pl*, Vorstellungen *pl (a. Völkerrecht)*: **make ~s to** Vorstellungen erheben bei, vorstellig werden bei **8** JUR Rechtsnachfolge *f*, *bes* Nacherbenschaft *f* **9** *Versicherungsrecht*: Risikobeschreibung *f* **10** *pl* JUR Vertragsabsprachen *pl* **11** PHIL Vorstellung *f*, Begriff *m*; **representational** [-ʃənl] ADJ **1** Vertretungs…: **~ power** **2** PHIL Vorstellungs…, begrifflich **3** gegenständlich *(Kunst)*

representative [ˌreprɪˈzentətɪv] **A** S **1** (Stell)Vertreter(in), Beauftragte(r) *m/f(m)*, Repräsentant(in): **authorized ~** Bevollmächtigte(r) *m/f(m)*; **(commercial) ~** (Handels)Vertreter(in), (Handlungs)Reisende(r) *m/f(m)*; **personal ~** JUR Nachlassverwalter(in); **real** (*od* **natural**) **~** JUR Erbe *m*, Erbin *f*, (Rechts-)Nachfolger(in); → diplomatic A 1 **2** POL Abgeordnete(r) *m/f(m)*, (Volks)Vertreter(in), Repräsentant(in), Musterbeispiel *n (alle:* **of** *gen)* **4** JUR Ersatzerbe *m*, -erbin *f* **B** ADJ (ADV **~ly**) **1** (**of**) **a** verkörpernd, (symbolisch) darstellend *(akk)* **b** symbolisch (für): **be ~ of sth** etwas verkörpern **2** darstellend (**of** *akk*) **3** (**of**) vertretend *(akk)*, stellvertretend (für): **in a ~ capacity** als Vertreter, stellvertretend **4** *bes* POL repräsentativ: **~ government** Repräsentativsystem *n*, parlamentarische Regierung **5** **a** typisch, charakteristisch, kennzeichnend **b** repräsentativ *(alle:* **of** für): **a ~ selection** *(bes Literatur)* e-e repräsentative Auswahl, *(Statistik)* ein repräsentativer Querschnitt; **~ sample** WIRTSCH Durchschnittsmuster *n* **6** PHIL Vorstellungs… **7** BOT, ZOOL (**of**) entsprechend *(dat)*, ein Gegenstück bildend (zu); **representativeness** S **1** Symbolcharakter *m*, -kraft *f* **2** repräsentativer Charakter

repress [rɪˈpres] V/T **1** unterdrücken, -binden, *e-n Aufruhr* niederschlagen **2** *fig die Tränen, ein Verlangen etc* unterdrücken **3** *fig* zügeln, im Zaum halten **4** PSYCH verdrängen; **repression** [-ʃn] S **1** Unterdrückung *f* **2** PSYCH Verdrängung *f*; **repressive** [-sɪv] ADJ (ADV **~ly**) repressiv, Repressiv…: **~ measures**

reprieve [rɪˈpriːv] **A** V/T **1** JUR *j-m* Strafaufschub gewähren, *j-s* Urteilsvollstreckung aussetzen **2** JUR *j-m* e-e Gnadenfrist gewähren *(a. fig)*, *j-n* begnadigen **3** *fig* **a** *j-m* e-e Atempause gönnen **b** (vorübergehend) retten (**from** vor *dat*) **B** S **1** JUR **a** Begnadigung *f* **b** (Straf-, Vollstreckungs-)Aufschub *m* **2** *fig* **a** Aufschub *m* **b** Gnadenfrist *f*, Atempause *f* **3** (vorübergehende) Rettung

reprimand [ˈreprɪmɑːnd; *US* -ˌmænd] **A** S Verweis *m*, Rüge *f*, Maßregelung *f* **B** V/T *j-m* e-n Verweis erteilen, *j-n* rügen, maßregeln *(alle:* **for** wegen, für)

reprint **A** V/T [ˌriːˈprɪnt] neu drucken *od* auflegen, nachdrucken **B** S [ˈriːprɪnt] **1** **a** Nachdruck *m* **b** Neudruck *m*, Neuauflage *f* **2** Nachdruck *m (e-r Briefmarkenserie)*

reprisal [rɪˈpraɪzl] S **1** *a.* POL Repressalie *f*, Vergeltungsmaßnahme *f*: **carry out** (*od* **take**) **~s** Repressalien ergreifen; **in** (*od* **as a**) **~** als Vergeltungsmaßnahme (**for** für) **2** HIST autorisierte Kaperung: **make ~ (up)on** sich schadlos halten an *(dat)*; → marque 1

reprise [rɪˈpriːz] S **1** *meist pl* JUR Jahreszinsen *pl* **2** MUS **a** Reprise *f (Wiederkehr des Anfangs od ersten Teils)* **b** Wiederaufnahme *f*, Wiederholung *f (e-s Themas od Teils)*

reprivatization [ˈriːˌpraɪvətaɪˈzeɪʃn; *US* -təˈz-] S WIRTSCH Reprivatisierung *f*; **reprivatize** V/T reprivatisieren

repro [ˈriːprəʊ] *pl* -**pros** S *umg* **1** TYPO **a** Repro *f (Reproduktion)* **b** Reprovorlage *f (Reproduktionsvorlage)* **2** → reproduction 4

reproach [rɪˈprəʊtʃ] **A** V/T **1** vorwerfen, -halten, zum Vorwurf machen *(alle:* **sb with sth** j-m etwas) **2** *j-m* (**o.s.** sich) Vorwürfe machen, *j-n* tadeln (**for** wegen) **3** *etwas* tadeln, rügen **4** *fig* ein Vorwurf sein für, diskreditieren **B** S **1** Vorwurf *m*, Tadel *m*: **above** (*od* **beyond**) **~** über jeden Tadel erhaben, untadelig; **without fear and ~** ohne Furcht u. Tadel; **a look of ~** ein vorwurfsvoller Blick **2** Schande *f* (**to** für): **bring ~ (up)on sb** j-m Schande *od* wenig Ehre machen; **live in ~ and ignominy** in Schimpf u. Schande leben **3** **2es** *pl bes* KATH Improperien *pl (Teil der Karfreitagsliturgie)*; **reproachful** ADJ (ADV **~ly**) vorwurfsvoll, tadelnd; **reproachless** → irreproachable

reprobate [ˈreprəʊbeɪt] **A** ADJ **1** lasterhaft, (moralisch) verkommen **2** *(von Gott)* verworfen, verdammt **B** S **1** **a** verkommenes Subjekt **b** Schurke *m* **c** Taugenichts *m*: **the ~ of his family** das schwarze Schaf der Familie **2** Verlorene(r) *m/f(m)*, *(von Gott)* Verworfene(r) *m/f(m)* **C** V/T **1** **a** missbilligen, verurteilen **b** verwerfen **2** verdammen *(Gott)*; **reprobation** S **1** Missbilligung *f*, Verurteilung *f* **2** REL Reprobation *f (Verworfensein)*

reprocess [ˌriːˈprəʊses; *US a.* -ˈprɑ-] V/T *Kernbrennstoffe* wiederaufbereiten; **reprocessing** S Wiederaufbereitung *f*: **~ plant** Wiederaufbereitungsanlage *f*

reproduce [ˌriːprəˈdjuːs; *US a.* -ˈduːs] **A** V/T **1** *bes* BIOL **a** (wieder) erzeugen, (wieder) hervorbringen *(beide a. fig)* **b** züchten **c** (**o.s.** sich) fortpflanzen: **be ~d by** sich fortpflanzen durch **2** BIOL neu bilden, regenerieren **3** wieder hervorbringen: **~ happiness** Glück wiederbringen **4** **a** *ein Experiment* wiederholen **b** SCHULE nacherzählen **5** FOTO, TYPO reproduzieren: **a** kopieren **b** abdrucken, wiedergeben **c** vervielfältigen **6** TECH reproduzieren: **a** nachbilden **b** *(akustisch od optisch)* wiedergeben **7** (sich) *etwas* vergegenwärtigen, im Geiste noch einmal erleben **8** *ein Theaterstück* neu inszenieren, *a. ein Buch* neu herausbringen **B** V/I **1** BIOL sich fortpflanzen, sich vermehren **2** *(gut, schlecht etc)* ausfallen *(Abdruck etc)*; **reproducer** S ELEK **a** Tonwiedergabegerät *n* **b** Tonabnehmer *m*; **reproducible** ADJ reproduzierbar

reproduction [ˌriːprəˈdʌkʃn] S **1** *allg* Wiedererzeugung *f* 2 BIOL Fortpflanzung *f* 3 Reproduktion *f*: a TYPO Nach-, Abdruck *m*, Vervielfältigung *f* b MAL, FOTO Kopie *f* 4 TECH Reproduktion *f*: a Nachbildung *f*: ~ **furniture** Stilmöbel *pl* b ELEK (*akustische od optische*) Wiedergabe 5 a Wiederholung *f* b SCHULE Nacherzählung *f*; ~ **proof** S TYPO Reproduktionsvorlage *f*, reproduktionsfähiger Abzug

reproductive [ˌriːprəˈdʌktɪv] ADJ (ADV ~ly) 1 sich vermehrend 2 BIOL Fortpflanzungs...: ~ **organs**; ~ **selection** natürliche Zuchtwahl 3 BIOL Regenerations... 4 ELEK Wiedergabe...: ~ **devices** 5 PSYCH reproduktiv, nachschöpferisch

reproof [rɪˈpruːf] S Tadel *m*, Rüge *f*, Verweis *m*: **speak in** ~ **of** sich missbilligend äußern über (*akk*); **a glance of** ~ ein tadelnder Blick

repro proof → repro 1 b

reproval [rɪˈpruːvl] → reproof

reprove [rɪˈpruːv] V/T (**for**) *j-n od etwas* tadeln, rügen (für, wegen), *etwas* missbilligen (wegen); **reprovingly** ADV missbilligend, tadelnd

rept ABK 1 receipt 2 report

reptant [ˈreptənt] ADJ BOT, ZOOL kriechend

reptile [ˈreptaɪl; *US a.* -tl] A S 1 ZOOL Reptil *n*, Kriechtier *n* 2 *fig* a Kriecher(in) b gemeiner Mensch c (falsche) Schlange B ADJ 1 kriechend, Kriech... 2 *fig* a kriecherisch b gemein, niederträchtig, tückisch

reptilian [repˈtɪlɪən] A ADJ 1 ZOOL reptilienhaft, Reptil(ien)..., Kriechtier... 2 *fig* → reptile B 2 b B S → reptile A

reptiliferous [ˌreptɪˈlɪfərəs] ADJ GEOL (fossile) Reptilreste enthaltend; **reptiliform** [-fɔː(r)m] ADJ ZOOL kriechtierartig

Repub. ABK Republic(an)

republic [rɪˈpʌblɪk] S POL Republik *f*: **the ~ of letters** *fig* a die Gelehrtenwelt b die literarische Welt; **republican** A ADJ 1 (POL *US* ♎) republikanisch 2 ORN gesellig B S (POL *US* ♎) Republikaner(in); **republicanism** S 1 republikanische Staatsform 2 Grundsätze *pl* der republikanischen Staatsverfassung 3 ♎ POL *US* Grundsätze *pl od* Politik *f* der Republikanischen Partei 4 republikanische Gesinnung; **republicanize** V/T republikanisieren: a zur Republik machen b republikanisch machen

republication [ˈriːˌpʌblɪˈkeɪʃn] S 1 Wiederveröffentlichung *f* 2 Neuauflage *f* (*Vorgang u. Erzeugnis*)

Republic of Ireland [-ˈaɪə(r)lənd] S Republik *f* Irland

Republic of South Africa [-ˈæfrɪkə] S Republik *f* Südafrika

republish [-lɪʃ] V/T *ein Buch, a. ein Gesetz etc* neu veröffentlichen

repudiate [rɪˈpjuːdɪeɪt] V/T 1 *bes e-e Staatsschuld* nicht anerkennen 2 JUR *e-n Vertrag* für unverbindlich erklären 3 *ein Geschenk etc* zurückweisen 4 *e-e Doktrin etc* ablehnen, nicht glauben 5 *e-n Anspruch etc* (*als unberechtigt*) verwerfen *od* zurückweisen 6 *den Sohn*, HIST *a. die Ehefrau* verstoßen 7 bestreiten, in Abrede stellen; **repudiation** S 1 Nichtanerkennung *f* 2 Zurückweisung *f* 3 Ablehnung *f* 4 Verwerfung *f* 5 Verstoßung *f*

repugn [rɪˈpjuːn] *obs* A V/T 1 widerstehen (*dat*) 2 *j-n* abstoßen, anwidern B V/I sich widersetzen (**against** *dat*); **repugnance** [rɪˈpʌgnəns], *a.* **repugnancy** [-sɪ] S 1 Widerwille *m*, Abneigung *f* (*beide:* **to, against** gegen): **in** (*od* **with**) ~ angewidert 2 Unvereinbarkeit *f* (**of** *gen od* von; **to, with** mit), (innerer) Widerspruch (**between** zwischen *dat*); **repugnant** ADJ (ADV ~ly) 1 widerlich, widerwärtig, zuwider(laufend), widerstrebend (**to** *dat*) 2 (**to, with**) widersprechend (*dat*), im Widerspruch stehend (zu), unvereinbar (mit) 3 *bes poet* widerspenstig

repulse [rɪˈpʌls] A V/T 1 *den Feind* zurückschlagen, -werfen 2 *e-n Angriff* abwehren, -schlagen, abweisen 3 *j-n* abweisen 4 *e-e Bitte* abschlagen B S 1 Abwehr *f* 2 Abweisung *f*: **meet with a** ~ abgewiesen werden 3 PHYS Rückstoß *m*; **repulsion** [-ʃn] S 1 PHYS Abstoßung *f*, Rückstoß *m*: ~ **motor** Repulsionsmotor *m* 2 Abscheu *m/f*: **with** ~ voller Abscheu; **feel ~ for sb** gegen j-n e-e heftige Abneigung haben *od* empfinden, vor j-m Abscheu haben, gegen j-n Abscheu empfinden;

repulsive [-sɪv] ADJ (ADV ~ly) 1 PHYS abstoßend, Repulsions... 2 abstoßend, widerwärtig, abscheuerregend; **repulsiveness** S Widerwärtigkeit *f*

repurchase [ˌriːˈpɜːtʃəs; *US* -ˈpɜr-] A V/T wieder-, zurückkaufen B S Rückkauf *m*

reputability [ˌrepjʊtəˈbɪlətɪ] S Achtbar-, Ehrbarkeit *f*; **reputable** ADJ (ADV reputably) 1 achtbar, geachtet, angesehen 2 anständig (*Beruf*) 3 allgemein anerkannt (*Ausdruck*)

reputation [ˌrepjʊˈteɪʃn] S 1 (guter) Ruf: **a man of** ~ ein Mann von Ruf; **have a ~ to lose** e-n Ruf zu verlieren haben; **make a** ~ sich e-n Namen machen (**as** als); → build A 1, A 4 2 Ruf *m*: **good (bad)** ~; **have a ~ as** gelten als; **have the** (*od* **a**) **~ of being** im Rufe stehen *od* dafür bekannt sein, *etwas* zu sein; **have** (*od* **enjoy**) **a ~ for** bekannt sein für *od* wegen; **have a ~ for arrogance** als arrogant gelten; **that got us a bad** ~ das hat uns in Verruf gebracht

repute [rɪˈpjuːt] A S 1 Ruf *m*, Leumund *m*: **by** ~ wie es heißt; **of ill** ~ von schlechtem Ruf, übel beleumundet, berüchtigt; **house of ill** ~ Bordell *n* 2 (guter) Ruf, (hohes) Ansehen: **a scientist of** ~ ein Wissenschaftler von Ruf; **be held in high** ~ hohes Ansehen genießen B V/T halten für: **be ~d (to be)** gelten als, gehalten werden für; **reputed** ADJ angeblich; **reputedly** ADV dem Vernehmen nach, angeblich, wie es heißt

req. ABK 1 request 2 required 3 requisition

request [rɪˈkwest] A S 1 Bitte *f*, Wunsch *m*, (*a. formelles*) An-, Ersuchen, Gesuch *n*: **make a ~ for sth** um etwas bitten; ~ **for payment** WIRTSCH Zahlungsaufforderung *f*; ~ **for extradition** (*Völkerrecht*) Auslieferungsbegehren *n*, -antrag *m*; **at** (*od* **by**) **sb's** ~ auf j-s Ansuchen *od* Bitte hin, auf j-s Veranlassung; **by** (*od* **on**) ~ auf Wunsch; **"no flowers by ~"** „es wird gebeten, von Blumenspenden Abstand zu nehmen"; ~ **denied!** (Antrag) abgelehnt! (*a. hum*); **(musical) ~ program(me)** Wunschkonzert *n*; ~ **button** COMPUT Anruftaste *f*; ~ **stop** *Br* Bedarfshaltestelle *f* 2 Nachfrage *f*: **be in (great)** ~ *a.* WIRTSCH (sehr) gefragt *od* begehrt sein; **oil came into** ~ WIRTSCH die Nachfrage nach Öl stieg B V/T 1 bitten um, ersuchen um: ~ **sth from sb** j-n um etwas ersuchen 2 *j-n* (höflich) bitten *od* (*a. amtlich*) ersuchen (**to do** zu tun)

requiem [ˈrekwɪəm] S KATH Requiem *n* (*a.* MUS), Totenmesse *f*, -amt *n*

require [rɪˈkwaɪə(r)] A V/T 1 erfordern (*Sache*): **the project ~d a lot of time (work)**; **be ~d** erforderlich sein; **if ~d** erforderlichenfalls, wenn nötig 2 *ärztliche Behandlung etc* brauchen, nötig haben, *e-r Sache* bedürfen 3 *etwas* verlangen, fordern (*beide:* **of sb** von j-m): **a task which ~s to be done** e-e Aufgabe, die erledigt werden muss 4 **(sb to do sth)** (j-n) auffordern(, etwas zu tun), (von j-m) verlangen(, dass er etwas tut): **~d element** (*Eiskunstlauf*) gefordertes Element; **~d subject** SCHULE *US* Pflichtfach *n* 5 *Br* wünschen 6 zwingen, nötigen B V/I es verlangen: **do as the law ~s** sich an das Gesetz halten; **requirement** S 1 (An)Forderung *f*, Bedingung *f*, Voraussetzung *f*: **meet the ~s** den Anforderungen entsprechen, die Bedingungen erfüllen; **place** (*od* **impose**) **~s on** Anforderungen stellen an (*akk*); **be a ~ for** erforderlich sein für 2 Erfordernis *n*, Bedürfnis *n*, *meist pl* Bedarf *m*: **meet sb's ~s of raw materials** WIRTSCH j-s Rohstoffbedarf decken

requisite [ˈrekwɪzɪt] A ADJ erforderlich, notwendig (*beide:* **to, for** für) B S 1 Erfordernis *n*, Voraussetzung *f* (*beide:* **for** für) 2 (Bedarfs-, Gebrauchs-)Artikel *m*: **camping ~s** *pl* Campingzubehör *n*; **office ~s** Büroartikel; **requisiteness** S Notwendigkeit *f*; **requisition** A S 1 Anforderung *f* (**for** an *akk*): ~ **number** Bestellnummer *f* 2 (amtliche) Aufforderung, (*a. völkerrechtliches*) Ersuchen: **make a ~ on sb for sth** j-n um etwas ersuchen 3 Erfordernis *n*, Voraussetzung *f* (*beide:* **for** für) 4 Einsatz *m*, Beanspruchung *f*: **be in (constant)** ~ (ständig) gebraucht *od* beansprucht werden 5 MIL a Requisition *f*, Beschlagnahme *f* b Inanspruchnahme *f* (von Sach- u. Dienstleistungen) (*durch Besatzungs- od Stationierungstruppen*) B V/T 1 MIL requirieren, beschlagnahmen 2 (an)fordern 3 beanspruchen

requital [rɪˈkwaɪtl] S 1 Belohnung *f*, Lohn *m* (*beide:* **for** für) 2 Vergeltung *f* (**of** für) 3 Vergütung *f* (**for** für); **requite** [rɪˈkwaɪt] V/T 1 belohnen (**for** für) 2 vergelten (**evil with good** Böses mit Gutem): ~ **sb** es j-m vergelten *od* heimzahlen 3 entschädigen für, aufwiegen (*Sache*)

reradiation [ˌriːreɪdɪˈeɪʃn] S 1 PHYS Wiederausstrahlung *f* 2 RADIO a (Oszillator)Störstrahlung *f* b Relaissendung *f*

reread [ˌriːˈriːd] V/T *irr* nochmals (durch)lesen

rerecord [ˌriːrɪˈkɔː(r)d] V/T *ein Tonband etc* überspielen: **~ing room** Mischraum *m*

reredos [ˈrɪədɒs; *US* ˈrerəˌdɑs] S ARCH 1 Retabel *n* (*verzierter Altaraufsatz*) 2 *obs* (*verzierte*) Kaminrückwand

reroute [ˌriːˈruːt] V/T 1 ELEK neu verlegen 2 *den Verkehr* umleiten

rerun [ˌriːˈrʌn] A V/T *irr* 1 *e-n Film, ein Theaterstück etc* wieder aufführen 2 RADIO, TV *ein Programm* wiederholen 3 IT *ein Programm* wiederholen 4 **be ~** SPORT wiederholt werden (*Lauf*) B S [*bes* ˈriːrʌn] 1 Reprise *f*, Wiederaufführung *f* (*e-s Films etc*) 2 RADIO, TV Wiederholung *f* 3 IT Wiederholung *f* 4 SPORT Wiederholungslauf *m*

res [riːz; *US a.* reɪs] *pl* **res** S JUR Sache *f*: → res gestae, res judicata, in re, in rem

res. ABK 1 research 2 reserve 3 residence 4 resident 5 residential 6 resides 7 resigned 8 resolution

resale [ˈriːseɪl] S Wieder-, Weiterverkauf *m*: ~ **price** Wiederverkaufspreis *m*; ~ **price maintenance** Preisbindung *f* der zweiten Hand; ~ **value** Wiederverkaufswert *m*

reschedule [ˌriːˈʃedjuːl; *US* -ˈskedʒuːl] V/T 1 a neu ansetzen *od* festlegen b *e-n Termin etc* verlegen, verschieben (*beide:* **for** auf *akk*) 2 WIRTSCH die Rückzahlungsmodalitäten ändern für

rescind [rɪˈsɪnd] V/T *bes* JUR 1 *ein Gesetz, ein Urteil etc* aufheben, annullieren 2 von *e-m Vertrag* zurücktreten 3 *e-n Kauf etc* rückgängig machen; **rescindable** ADJ aufhebbar, annullierbar

rescission [rɪˈsɪʒn] S *bes* JUR 1 Aufhebung *f*, Annullierung *f* (*e-s Gesetzes, Urteils etc*) 2 Rücktritt *m* (**of** von *e-m Vertrag*) 3 Rückgängigmachung *f* (*e-s Kaufs etc*)

rescore [ˌriːˈskɔː(r); *US a.* -ˈskaʊər] V/T MUS neu

R

instrumentieren, *bes* uminstrumentieren

rescript ['ri:skrɪpt] S KATH Reskript *n (feierliche Rechtsentscheidung)*

rescue ['reskju:] A V/T 1 **(from)** retten (aus), befreien (von), *bes etwas* bergen (aus, vor *dat*): **~ sb from drowning** j-n vor dem Ertrinken retten; **~ from oblivion** der Vergessenheit entreißen 2 JUR *j-n* (gewaltsam) befreien 3 (gewaltsam) zurückholen B S 1 Rettung *f*, Bergung *f*: **come to sb's ~** j-m zu Hilfe kommen 2 (gewaltsame) Befreiung 3 JUR (gewaltsame) Wiederinbesitznahme C ADJ Rettungs…, Bergungs…: **~ breathing** Mund-zu-Mund-Beatmung *f*; **~ effort** Rettungsversuch *m*, -bemühungen *pl*; **~ helicopter** Rettungshubschrauber *m*; **~ operations** Bergungs-, Rettungsarbeiten; **~ party** (*od* **squad, team**) Bergungs-, Rettungsmannschaft *f*; **~ vessel** SCHIFF Bergungsfahrzeug *n*; **rescuer** ['reskjʊə(r)] S 1 Befreier(in), Retter(in) 2 radikale(r) Abtreibungsgegner(in)

research [rɪ'sɜ:tʃ; *US* rɪ'sɜrtʃ; *a.* 'ri:,-] A S 1 Forschung(sarbeit) *f*, (wissenschaftliche) Untersuchung (*beide:* **in, on** über *akk*, auf dem Gebiet *gen*): **~ into sth** Erforschung *f* e-r Sache; **~ into accidents** Unfallforschung 2 (genaue) Untersuchung, Nachforschung *f* (*beide:* **after, for** nach) B V/I forschen, Forschungen anstellen, wissenschaftlich arbeiten (*alle:* **in, on** über *akk*, auf dem Gebiet *gen*): **~ into sth** etwas untersuchen *od* erforschen C V/T untersuchen, erforschen D ADJ Forschungs…: **~ center** (**engineer, laboratory, satellite, work,** *etc*); **~ assignment** (*od* **commission**) Forschungsauftrag *m*; **~ establishment** Forschungseinrichtung *f*, -institut *n*; **~ library** wissenschaftliche (Leih)Bibliothek; **~ professor** *von Vorlesungen beurlaubter Professor mit Forschungsauftrag*; **~ team** Forscherteam *n*; **~ worker** Forscher(in); **researcher** S Forscher(in)

reseat [,ri:'si:t] V/T 1 *e-n Stuhl* mit e-m neuen Sitz versehen 2 *e-n Saal etc* neu bestuhlen 3 *j-n* umsetzen 4 **~ o.s.** sich wieder setzen: **when everybody was ~ed** als alle wieder Platz genommen hatten 5 e-n neuen Hosenboden einsetzen in (*akk*) 6 TECH *ein Ventil* nachschleifen

reseau ['rezəʊ; *US* reɪ'zəʊ] *pl* -seaux, -seaus [-z] S 1 ASTRON, FOTO Gitternetz *n* 2 *Nadelarbeit:* Reseau *n*, Netzgrund *m*

resect [ri:'sekt] V/T MED resezieren, herausschneiden; **resection** S Resektion *f*

reseda ['resɪdə; *US* rɪ'si:də] A S 1 BOT Reseda *f*, Wau *m* 2 Resedagrün *n* B ADJ resedagrün

reseize [,ri:'si:z] V/T 1 wieder ergreifen 2 wieder in Besitz nehmen 3 beschlagnahmen

resell [,ri:'sel] V/T *irr* wieder verkaufen, weiterverkaufen; **reseller** S Wiederverkäufer(in)

resemblance [rɪ'zembləns] S Ähnlichkeit *f* (**to** mit; **between** zwischen *dat*): **there is a strong ~ between them** sie sind sich sehr ähnlich; **bear** (*od* **have**) **~ to** → resemble 1; **"any ~ to actual persons is purely coincidental"** „jede Ähnlichkeit mit lebenden Personen wäre rein zufällig"; **resemble** V/T 1 *j-m od e-r Sache* ähnlich sein *od* sehen, gleichen, ähneln, Ähnlichkeit haben mit 2 *obs* vergleichen (**to** mit)

resent [rɪ'zent] V/T übel nehmen, verübeln, sich ärgern über (*akk*): **~ having to do sth** sich darüber ärgern, etwas tun zu müssen; **resentful** ADJ (ADV **~ly**) 1 **(against, of)** aufgebracht (gegen), ärgerlich *od* voller Groll (auf *akk*) 2 übelnehmerisch, reizbar, empfindlich 3 böse, ärgerlich, grollend (*Worte etc*); **resentment** S 1 Ressentiment *n*, Groll *m* (*beide:* **against, at** gegen) 2 Verstimmung *f*, Unmut *m*, Unwille *m* (*alle:* **of** über *akk*)

reservation [,rezə(r)'veɪʃn] S 1 *bes US* a Reservierung *f*, Vorbestellung *f*: **make a ~** ein Zimmer *etc* bestellen b Zusage *f* (*der Reservierung*), Vormerkung *f* 2 Reservat *n*: a Naturschutzgebiet *n* b *US* Indianerreservation *f* 3 *a.* WIRTSCH, JUR a Vorbehalt *m* b Vorbehaltsklausel *f*: **with ~s** unter Vorbehalt; **without ~** (*od* **any ~s**) vorbehaltlos, ohne Vorbehalt; **with ~ as to** vorbehaltlich (*gen*); **have some ~s about sth** Bedenken hinsichtlich e-r Sache haben; → mental² A 1 4 *Br* Mittelstreifen *m* (*e-r Autobahn etc*) 5 **keep sb on the ~** *US umg* j-n bei der Stange halten

reserve [rɪ'zɜ:v; *US* rɪ'zɜrv] A V/T 1 (sich) *etwas* aufsparen *od* aufbewahren, in Reserve halten, (zurück)behalten 2 (sich) zurückhalten mit, warten mit, *etwas* ver-, aufschieben: **comment is being ~d** es wird vorläufig noch kein Kommentar gegeben; **~ judg(e)ment** JUR die Urteilsverkündung aussetzen; **~ your judg(e)ment** *fig* halte dich mit d-m Urteil zurück (**till, until** bis) 3 a *bes US* reservieren (lassen), belegen, vorbestellen b reservieren: **these seats are ~d for old people** 4 MIL *j-n* zurückstellen 5 *bes* JUR a vorbehalten (**to sb** j-m) b sich vorbehalten *od* ausbedingen: **~ the right to do** (*od* **of doing**) **sth** sich das Recht vorbehalten, etwas zu tun; **"all rights ~d"** „alle Rechte vorbehalten" 6 **be ~d to** (*od* **for**) **sb** *fig* j-m vorbehalten bleiben (**to do** zu tun) B S 1 *allg* Reserve *f* (*a. fig*), Vorrat *m*: **in ~** in Reserve, vorrätig; **~ air** PHYSIOL Reserveluft *f*; **~ capacity** ELEK, TECH Reserveleistung *f*; **~ of energy** (*od* **strength**) Kraftreserven *pl*; **~ food** BIOL Nährstoffvorrat; **~ ration** MIL eiserne Ration; **~ seat** Notsitz m; **~ tank** Reservebehälter *m*, -tank *m* 2 Ersatz *m*: **~ depot** MIL Ersatzteillager *n*; **~ part** TECH Ersatzteil *n/m* 3 WIRTSCH Reserve *f*, Rücklage *f*, -stellung *f*: **~ account** Rückstellungskonto *n*; **actual ~**, **~ maintained** Ist-Reserve; **~ currency** Leitwährung *f*; **~ fund** Reserve(fonds *m*), Rücklage; **hidden** (*od* **secret**) **~s** stille Reserven; **~ holdings** *pl* Reserveguthaben *n*; **loss ~** Rücklage für laufende Risiken; **~ ratio** Deckungssatz *m* 4 MIL a Reserve *f* b *pl* (*taktische*) Reserven *pl*: **~ officer** Reserveoffizier *m* 5 SPORT Reservespieler(in), Ersatzmann, -spieler(in) 6 a (Eingeborenen)Reservat *n* b Schutzgebiet *n*: **~ game** geschützter Wildbestand 7 Vorbehalt *m* (*a.* JUR), Einschränkung *f*: **~ price** *Br* Mindestpreis *m* (*bei Versteigerungen*); **with all ~** mit allem Vorbehalt; **without ~** ohne Vorbehalt(e), vorbehalt-, rückhaltlos 8 Zurückhaltung *f*, zurückhaltendes Wesen, Reserve *f*: **exercise ~** Zurückhaltung üben, sich reserviert verhalten; **receive the news with ~** die Nachricht mit Zurückhaltung aufnehmen; **treat sb with ~** j-n reserviert behandeln 9 *Textildruck:* Vordruckreserve *f*, Deckpappe *f*

reserved [rɪ'zɜ:vd; *US* rɪ'zɜrvd] ADJ 1 zurückhaltend, reserviert 2 Reserve…: **~ list** SCHIFF *Br* Reserveliste *f*; **reservedly** [-vɪdlɪ] ADV zurückhaltend, reserviert

reservist S MIL Reservist *m*

reservoir ['rezə(r)vwa:(r)] S 1 (Wasser)Reservoir *n*: a Wasserturm *m*, -speicher *m* b Stau-, Sammelbecken *n*, Bassin *n* 2 (*Benzin-, Öl- etc*) Behälter *m* 3 Speicher *m*, Lager *n* 4 *fig* a Reservoir *n* (**of** an *dat*) b Sammelbecken *n*

reset A V/T *irr* [,ri:'set] 1 *e-n Edelstein* neu fassen 2 TYPO neu setzen: **~ting of the type** Neusatz *m* 3 *ein Messer* neu abziehen 4 TECH a (zu)rückstellen (**to** auf *akk*) b nachstellen, -richten c *e-n Computer* (zu)rücksetzen, nullstellen: **~ switch** Rücksetzschalter *m* B S ['ri:set] TYPO Neusatz *m*

resettle [,ri:'setl] A V/T 1 *Land* wieder *od* neu besiedeln 2 a *j-n* wieder ansiedeln b *j-n* umsiedeln B V/I 1 sich wieder ansiedeln 2 *fig* sich wieder legen *od* beruhigen; **resettlement** S 1 Neubesiedlung *f* 2 a Wiederansiedlung *f* b Umsiedlung *f*

res gestae [,ri:z'dʒesti:; *US a.* ,reɪs'ges,taɪ] S JUR Tatbestand *m*, (beweiserhebliche) Tatsachen *pl*

reshape [,ri:'ʃeɪp] V/T neu formen, umgestalten, -bilden

reship [,ri:'ʃɪp] A V/T 1 *Güter* wieder verschiffen 2 umladen B V/I sich wieder anheuern lassen (*Seemann*); **reshipment** S 1 Wiederverladung *f*, Weiterversand *m* 2 Umladung *f* 3 Rückladung *f*, -fracht *f*

reshoot [,ri:'ʃu:t] V/T *irr* FILM *e-e Szene* nachdrehen

reshuffle [,ri:'ʃʌfl] A V/T 1 *Spielkarten* neu mischen 2 a *bes* POL umgruppieren, umbilden b SPORT *e-e Mannschaft etc* umbauen, umkrempeln B S a Umbildung *f*, Umgruppierung *f* b Umbau *m*

reside [rɪ'zaɪd] V/I 1 wohnen, ansässig sein, s-n (ständigen) Wohnsitz haben (*alle:* **in, at** in *dat*) 2 **(in)** *fig* a wohnen (in *dat*) b innewohnen (*dat*) 3 **(with, in)** *fig* liegen, ruhen (bei), zustehen (*dat*)

residence ['rezɪdəns] S 1 Wohnsitz *m*, -ort *m*: **permanent** (*od* **legal, fixed**) **~** fester *od* ständiger Wohnsitz; **take up (one's) ~** s-n Wohnsitz aufschlagen, sich niederlassen (*beide:* **in, at** in *dat*) 2 Sitz *m* (*e-r Behörde etc*) 3 Aufenthalt *m*: **~ permit** Aufenthaltserlaubnis *f*, -genehmigung *f* 4 (herrschaftliches) Wohnhaus, (Land)Sitz *m*, Herrenhaus *n* 5 Wohnung *f*: → official A 1 6 Wohnen *n* 7 Ortsansässigkeit *f*: **~ is required** es besteht Residenzpflicht; **in ~** am Amtsort ansässig (*Beamter*); **residency** S 1 → residence 2 Amtssitz *m*, Residenz *f* 3 Amtsbereich *m* 4 MED *US* Assistenzzeit *f* 5 HIST *Amtssitz e-s brit. Residenten an e-m indischen Fürstenhof*; **resident** A ADJ 1 ortsansässig, (ständig) wohnhaft: **~ population** Wohnbevölkerung *f* 2 im (Schul- *od* Kranken- *etc*)Haus wohnend: **a ~ tutor** (**surgeon**) 3 **(in)** *fig* innewohnend (*dat*), liegend (bei): **a right ~ in the people** ein dem Volke zustehendes Recht 4 ZOOL sesshaft: **~ birds** Standvögel B S 1 a Ortsansässige(r) *m/f(m)*, Einwohner(in) b Hotelgast *m* 2 AUTO Anlieger(in): **"~s only"** „Anliegerverkehr frei" 3 POL Resident(in), a Ministerresident(in) b HIST *Vertreter der brit. Regierung, bes an e-m indischen Fürstenhof* 4 MED *US* Assistenzarzt *m*, -ärztin *f*; **residential** [-'denʃl; *US* -tʃəl] ADJ 1 Wohn…: **~ area** (*a.* vornehme) Wohngegend; **~ estate** Wohngrundstück *n*; **~ tower** Wohnhochhaus *n*; **~ university** Internatsuniversität *f*; → quarter A 15 2 Wohnsitz…: **~ allowance** Ortszulage *f*; **~ qualifications** *pl* Wohnsitzerfordernis *f* (*für Wähler*) 3 Residenz…; **residentiary** [-ʃərɪ; *US* -tʃi:,eri:; -tʃəri:] A ADJ 1 wohnhaft, ansässig (*beide:* **in, at** in *dat*) 2 am Amtsort wohnend: **canon ~** → B B S an Residenzpflicht gebundener Kanoniker *od* Geistlicher

residua [re'zɪdjʊə] *pl von* residuum

residual [rɪ'zɪdjʊəl; *US* -dʒəwəl; -dʒəl] A ADJ (ADV **~ly**) 1 MATH zurückbleibend, übrig: **~ error** → residuum 2; **~ quantity** Differenz-, Restbetrag *m* 2 übrig (geblieben), Rest…: **~ air** PHYS Residualluft *f*; **~ current device** ELEK Unterbrecher *m*, Trennschalter *m*; **~ income** Nettoeinkommen *n*; **~ oils** Rückstandsöle; **~ product** CHEM, TECH Nebenprodukt *n*; **~ soil** GEOL Eluvialboden *m* 3 PHYS remanent

(Magnetismus) B S 1 MATH a Residuum n b Rest(wert) m, Differenz f c Abweichung f, Variation f 2 Rückstand m, Rest m 3 meist pl TV Wiederholungsgage f; **residuary** [-djʊərɪ; US -dʒəˌweriː] ADJ übrig (geblieben), restlich: **~ estate** JUR Reinnachlass m; **~ legatee** Nachvermächtnisnehmer(in)

residue [ˈrezɪdjuː; US a. -ˌduː] S 1 Rest m 2 CHEM, TECH Rest m, Residuum n (beide a. MATH), Rückstand m 3 CHEM *Teil (bes anorganischer Bestandteil) e-s Moleküls, der beim Abbau übrig bleibt* 4 JUR Reinnachlass m; **residuent** [rɪˈzɪdjʊənt; US -dʒəw-] S CHEM Nebenprodukt n, Rückstand m; **residuum** [-əm] pl -ua [-ə] S 1 bes CHEM Rest m, Rückstand m 2 MATH Residuum n, Rest(betrag) m 3 fig pej Hefe f (des Volkes etc)

resign [rɪˈzaɪn] A V/T 1 die Hoffnung, ein Recht etc aufgeben 2 auf e-n Anspruch etc verzichten 3 ein Amt etc niederlegen 4 überlassen (**to** dat): **~ sb to their fate**; **~ a property to s.o** 5 **~ o.s.** sich hingeben (**to** dat): **~ o.s. to meditation** 6 **~ o.s.** sich anvertrauen od überlassen (**to** dat): **~ o.s. to sb's guidance** 7 **~ o.s. (to)** sich ergeben od fügen (dat od in akk), sich abfinden (mit): **~ o.s. to one's fate**; **~ o.s. to doing sth** sich damit abfinden, etwas tun zu müssen B V/I 1 → A 7 2 a zurücktreten (**from** von e-m Amt), abdanken: **~ from** → a. A 3; **force sb to ~** j-n zum Rücktritt zwingen b austreten (**from** aus) 3 verzichten 4 → A 7: **~ to the inevitable** sich in das Unvermeidliche fügen

re-sign [ˌriːˈsaɪn] V/T nochmals unterzeichnen

resignation [ˌrezɪgˈneɪʃn] S 1 **(of)** Aufgabe f (gen), Verzicht m (auf akk) 2 a Rücktritt m, Abdankung f, Abschied m, Amtsniederlegung f b Abschieds-, Rücktrittsgesuch n: **send** (od **hand**) **in** (od **submit, tender**) **one's ~** s-n Rücktritt od sein Abschiedsgesuch einreichen 3 Überlassung f (**to** an akk) 4 Resignation f

resigned [rɪˈzaɪnd] ADJ 1 a resigniert: **look ~** b **be ~ to** sich abgefunden haben mit, sich fügen in (akk) 2 verabschiedet, abgedankt, außer Dienst; **resignedly** [-nɪdlɪ] ADV ergeben, resigniert; **resignedness** S Ergebenheit f (**to** in akk)

resile [rɪˈzaɪl] V/I 1 zurückschnellen, -federn 2 zurücktreten (**from a contract** von e-m Vertrag); **resilience** [rɪˈzɪlɪəns; US -jənts], a. **resiliency** S 1 Elastizität f: a Rückfederung f, Spannkraft f (a. fig) b fig Unverwüstlichkeit f 2 Zurückschnellen n, -federn n; **resilient** ADJ (ADV ~ly) elastisch: a federnd, zurückschnellend b fig spannkräftig, unverwüstlich

resin [ˈrezɪn] A S 1 Harz n 2 → rosin A 1 B V/T TECH harzen, mit Harz behandeln; **resinate** [-neɪt] A S CHEM Resinat n B V/T mit Harz imprägnieren; **resiniferous** [-ˈnɪfərəs] ADJ harzhaltig; **resinification** [reˌzɪnɪfɪˈkeɪʃn] S 1 Harzherstellung f 2 Verharzung f; **resinify** [reˈzɪnɪfaɪ] A V/T 1 mit Harz behandeln 2 harzig od zu Harz machen B V/I harzig werden (a. Öl)

resinous [ˈrezɪnəs] ADJ 1 harzig 2 Harz…

resipiscence [ˌresɪˈpɪsns] S obs od poet 1 Sinnesänderung f 2 Einsicht f

resist [rɪˈzɪst] A V/T 1 e-r Sache widerstehen od standhalten: **I cannot ~ doing it** ich kann nicht widerstehen, ich muss es einfach tun; **she could hardly ~ laughing** sie konnte sich kaum das Lachen verkneifen 2 Widerstand leisten (dat): **~ing a public officer in the execution of their duty** JUR Widerstand m gegen die Staatsgewalt 3 sich widersetzen (dat), sich wehren od sträuben gegen 4 TECH beständig sein gegen: **~ acid** säurebeständig sein 5 gegen Infektion etc widerstandsfähig sein 6 ein Projektil etc aufhalten, auf-, abfangen 7 sich e-s Lächelns etc erwehren od enthalten B V/I Widerstand leisten, sich widersetzen: **it is hard to ~** dem kann man nur schwer widerstehen C S 1 TECH Schutzpaste f, -lack m, Deckmittel n 2 TYPO Ätzgrund m 3 FOTO Abdecklack m

resistance [rɪˈzɪstəns] S 1 Widerstand m (**to** gegen): **in ~ to** aus Widerstand gegen; **take the line of least ~** den Weg des geringsten Widerstandes gehen; **~ group** Widerstandsgruppe f; **~ movement** → 5; **offer ~ (to)** Widerstand leisten (dat), sich widersetzen (dat) od wehren (gegen); **without offering ~** widerstandslos; **offer a stubborn ~** hartnäckig(en) Widerstand leisten; → break¹ B 8 2 a a. **power of ~** Widerstandskraft f (a. MED): **~ training** SPORT Ausdauertraining n b bes MED Resistenz f 3 ELEK Widerstand m (a. Bauteil): **~ bridge** Widerstands(mess)brücke f; **~ coil** Widerstandswicklung f, -spule f; **~ welding** TECH Widerstandsschweißung f 4 TECH (Biegungs-, Säure-, Stoß- etc) Festigkeit f, (Hitze-, Kälte- etc) Beständigkeit f: **~ to heat**; **~ to wear** Verschleißfestigkeit 5 oft **the R** POL die Widerstandsbewegung, der Widerstand; **resistant** A ADJ (ADV ~ly) 1 Widerstand leistend, widerstehend, -strebend 2 TECH widerstandsfähig (**to** gegen): **~ to light** lichtecht B S TECH → resist C 1; **resister** S **(passive ~)** *j-d, der (passiven) Widerstand leistet*

resistible [rɪˈzɪstəbl] ADJ (ADV resistibly) 1 zu widerstehen(d) 2 widerstandsfähig; **resistive** ADJ (ADV ~ly) 1 widerspenstig 2 widerstandsfähig 3 TECH Widerstands…; **resistivity** [ˌriːzɪsˈtɪvətɪ] S 1 (PHYS spezifische) Widerstandskraft 2 ELEK spezifischer Widerstand; **resistless** ADJ (ADV ~ly) obs 1 unwiderstehlich 2 wehr-, widerstands-, hilflos; **resistor** [-tə(r)] S ELEK Widerstand m (als Bauteil)

resit SCHULE Br A V/T irr [ˌriːˈsɪt] e-e Prüfung wiederholen B S [ˈriːsɪt] Wiederholungsprüfung f

res judicata [ˈriːzˌdʒuːdɪˈkaːtə] S JUR rechtskräftig entschiedene Sache, weitS. (materielle) Rechtskraft

resole [ˌriːˈsəʊl] V/T neu besohlen

resoluble [rɪˈzɒljʊbl; US -ˈzɑl-] ADJ (ADV resolubly) 1 lösbar (Problem etc) 2 auflösbar, zerlegbar (beide: **into** in akk)

resolute [ˈrezəluːt] ADJ (ADV ~ly) 1 resolut, entschieden, entschlossen 2 entschieden, bestimmt (Antwort etc); **resoluteness** S Entschiedenheit f, Entschlossenheit f, resolute Art

resolution [ˌrezəˈluːʃn] S 1 WIRTSCH, PARL Beschluss(fassung) m(f), Resolution f, Entschließung f: **move a ~** e-e Resolution einbringen 2 Entschluss m, Vorsatz m: **form** (od **make**) **a ~** e-n Entschluss fassen; **good ~s** gute Vorsätze; **New Year's** (od **new year**) **~s** gute Vorsätze für das neue Jahr 3 Entschlossenheit f, Entschiedenheit f, Entschlusskraft f 4 a. CHEM, MATH, OPT, PHYS, a. Metrik: Auflösung f (a. MUS, FOTO), Zerlegung f (**into** in akk): **~ of a picture** a TECH Rasterung f e-s Bildes b TV Bildauflösung 5 Bildschirm, Radar: Auflösungsvermögen n 6 (Zu)Rückführung f (**into** in akk; **to** auf akk) 7 MED a Lösung f (e-r Lungenentzündung etc) b Zerteilung f (e-s Tumors) 8 fig Lösung f (e-s Problems etc) 9 fig Zerstreuung f (von Zweifeln)

resolutive [rɪˈzɒljʊtɪv; US -ˈzɑljə-] ADJ MED a lösend b zerteilend

resolvable [rɪˈzɒlvəbl; US -ˈzɑl-] ADJ (auf)lösbar (**into** in akk)

resolve [rɪˈzɒlv; US a. rɪˈzɑlv] A V/T 1 a. CHEM, MATH, MUS, OPT auflösen (**into** in akk): **be ~d into** sich auflösen in (akk); **~d into dust** in Staub verwandelt; **be ~d into tears** in Tränen aufgelöst sein; **resolving power** OPT, FOTO Auflösungsvermögen n; → committee 1 2 ein Problem etc lösen 3 Zweifel zerstreuen 4 a sich entschließen, beschließen (beide: **to do sth** etwas zu tun) b entscheiden: **be it ~d** (Formel) wir haben die folgende Entschließung angenommen 5 analysieren 6 MED a e-n Tumor zerteilen od erweichen b e-e Lungenentzündung lösen 7 j-n dazu bestimmen od bewegen (**on** od **upon doing sth, to do sth** etwas zu tun) B V/I 1 a sich auflösen (**into** in akk; **to** zu) b wieder werden (**into, to** zu): **the tumo(u)r ~s** MED die Geschwulst zerteilt sich 2 **(on, upon)** (etwas) beschließen, sich (zu etwas) entschließen C S 1 Vorsatz m, Entschluss m 2 US → resolution 1 3 bes poet Entschlossenheit f

resolved [rɪˈzɒlvd; US a. rɪˈzɑlvd] ADJ (fest) entschlossen (**on sth** zu etwas; **to do sth** etwas zu tun); **resolvedly** [-vɪdlɪ] ADV entschlossen, entschieden

resolvent [rɪˈzɒlvənt; US a. -ˈzɑl-] A ADJ 1 a. CHEM (auf)lösend 2 MED a lösend b zerteilend B S 1 bes CHEM Lösungsmittel n 2 MED a zerteilendes Mittel b Lösemittel n, (Re)Solvens n 3 MATH Resolvente f (zur Auflösung e-r algebraischen Gleichung benötigte Hilfsgleichung)

resonance [ˈrezənəns] S 1 PHYS Resonanz f (a. MED, MUS), Nach-, Widerhall m, Mitschwingen n: **~ box** Resonanzkasten m 2 Quantenmechanik: Resonanz f: **~ neutron** Resonanzneutron n; **resonant** ADJ (ADV ~ly) 1 wider-, nachhallend (beide: **with** von) 2 volltönend (Stimme) 3 PHYS mitschwingend, resonant, Resonanz…: **~ circuit** ELEK Resonanz-, Schwingkreis m; **~ rise** Aufschaukeln n; **resonate** [-neɪt] A V/I PHYS mitschwingen: **~ to** einschwingen auf e-e Wellenlänge B V/T auf Resonanz bringen; **resonator** [-tə(r)] S 1 Akustik: Resonator m 2 ELEK Resonanzkreis m

resorb [rɪˈsɔː(r)b; -ˈz-] V/T resorbieren, (wieder) aufsaugen; **resorbence** S Resorption f, Aufsaugung f; **resorbent** ADJ resorbierend, aufsaugend

resorption [rɪˈsɔː(r)pʃn; -ˈz-] S Resorption f, Aufsaugung f

resort [rɪˈzɔː(r)t] A V/I 1 **~ to** a sich begeben zu od nach, aufsuchen (akk) b e-n Ort häufig besuchen 2 **~ to** fig s-e Zuflucht nehmen zu, greifen zu, zurückgreifen auf (akk), Gebrauch machen von: **~ to force** Gewaltmaßnahmen ergreifen, Gewalt anwenden; **~ to publicity** die Flucht in die Öffentlichkeit antreten; **~ to stealing** sich aufs Stehlen verlegen B S 1 (beliebter Aufenthalts-, Erholungs)Ort: → health 1, seaside B, etc 2 Zustrom m (von Besuchern): **a place of popular ~** ein beliebter Treffpunkt 3 (Menschen)Menge f 4 Zuflucht f (**to** zu), Mittel n: **have ~ to** → A 2; **without ~ to force** ohne Gewaltanwendung; **in the last ~, as a last ~** als letzter Ausweg, wenn alle Stricke reißen

re-sort [ˌriːˈsɔː(r)t] V/T neu sortieren, umsortieren

resound [rɪˈzaʊnd] A V/I 1 (laut) erschallen, widerhallen (beide: **with** von): **his name ~ed throughout** (od **all over**) **the country** sein Name war in aller Munde 2 erschallen, ertönen (Klang, a. fig) B V/T 1 widerhallen lassen 2 poet verkünden

resource [rɪˈsɔːs; -ˈz-; US ˈriːˌsəʊərs] S 1 Hilfsquelle f, -mittel n 2 pl a Naturreichtümer pl, Hilfsquellen pl, Bodenschätze pl (e-s Landes) b (Geld)Mittel pl 3 WIRTSCH US Aktiva pl 4 Mittel n, Zuflucht f: **as a last ~** als letztes Mittel, als letzter Ausweg; **be left to one's own ~s** sich selbst überlassen bleiben; **without ~** hoffnungs-, rettungslos 5 Findigkeit f, Wendigkeit *f*, Talent *n*: **he is full of ~** er weiß sich immer zu helfen; **resourceful** ADJ (ADV ~ly) 1 reich an Hilfsquellen 2 findig, wendig, erfinderisch, einfallsreich; **resourcefulness** → resource 5

resp. ABK 1 respective *der etc* jew. 2 respectively jew. 3 respondent

respect [rɪˈspekt] A S 1 Beziehung *f*, Hinsicht *f*: **in every (some) ~** in jeder (in gewisser) Hinsicht; **in ~ of** (*od* **to**), **with ~ to** (*od* **of**) im Hinblick auf (*akk*), hinsichtlich, bezüglich, in Anbetracht (*alle gen*); **have ~ to** sich beziehen auf (*akk*) 2 (Hoch)Achtung *f*, Respekt *m*: **have** (*od* **show**) **great ~ for, hold** *sb* **in great ~** großen Respekt haben vor (*dat*); **be held in (great) ~** hoch geachtet sein 3 **one's ~s** s-e Grüße *pl od* Empfehlungen *pl*: **give him my ~s** grüßen Sie ihn von mir; **pay one's ~s to sb** a j-n bestens grüßen b j-m s-e Aufwartung machen; **pay sb one's last ~s** j-m die letzte Ehre erweisen, j-m das letzte Geleit geben 4 Rücksicht(nahme) *f*: **have** (*od* **pay**) **~ to sth** etwas berücksichtigen; **without ~ of persons** ohne Ansehen der Person B V/T 1 (hoch) achten, respektieren, Respekt haben vor (*dat*) 2 respektieren: a achten b befolgen 3 berücksichtigen 4 betreffen: **as ~s … was …** betrifft *od* anbelangt

respectability [rɪˌspektəˈbɪlətɪ] S 1 Ansehnlichkeit *f* 2 Acht-, Ehrbarkeit *f*, Ehrenhaftigkeit *f* 3 Anständigkeit *f*, Solidität *f*, Seriosität *f* 4 Schicklichkeit *f*, Korrektheit *f* 5 Respektsperson *f*, *pl a.* Honoratioren *pl* 6 *pl* Anstandsregeln *pl*, Etikette *f*; **respectable** ADJ (ADV respectably) 1 ansehnlich, beachtlich, respektabel (*Summe etc*) 2 acht-, ehrbar, ehrenhaft (*Motive etc*) 3 anständig, solide, seriös 4 angesehen, geachtet 5 schicklich, korrekt 6 gesellschaftsfähig (*Person, a. Kleidung*)

respecter [rɪˈspektə(r)] S: **be no ~ of persons** ohne Ansehen der Person handeln, keine Unterschiede machen; **God is no ~ of persons** vor Gott sind alle gleich

respectful ADJ (ADV ~ly) respektvoll (*a. iron Entfernung*), ehrerbietig, höflich: **Yours ~ly** (*als Briefschluss*) mit vorzüglicher Hochachtung; **respecting** PRÄP betreffs (*gen*), hinsichtlich (*gen*), bezüglich (*gen*)

respective [rɪˈspektɪv] ADJ jeweilig (*jedem einzelnen zukommend*), verschieden, entsprechend: **each according to their ~ abilities** jeder nach s-n (jeweiligen) Fähigkeiten; **we went to our ~ places** wir gingen jeder an s-n Platz; **respectively** ADV (*nachgestellt*) a respektive, beziehungsweise b in dieser Reihenfolge

respell [ˌriːˈspel] V/T *a. irr* 1 LING phonetisch umschreiben 2 (nochmals) buchstabieren

respirable [ˈrespɪrəbl; rɪˈspaɪə-] ADJ 1 atembar (*Luft*) 2 atemfähig; **respiration** [ˌrespəˈreɪʃn] S Atmung *f*, Atmen *n*; **respirator** [-tə(r)] S 1 *Br* Gasmaske *f* 2 Atemfilter *m* 3 MED a Respirator *m*, Atemgerät *n* b Sauerstoffapparat *m*; **respiratory** [rɪˈspaɪərətərɪ; ˈrespɪrə-; *US* -ˌtəʊriː; -ˌtɔː-] ADJ BIOL, MED Atmungs…, Atem…: **~ arrest** Atemstillstand *m*; **~ center** (*bes Br* **centre**) Atmungszentrum *n*; **~ disease** Erkrankung *f* der Atemwege; **~ exchange** Gasaustausch *m*; **~ tract** (*od* **passages** *pl*) Atem-, Luftwege *pl*; → apparatus 3, embarrassment 3

respire [rɪˈspaɪə(r)] A V/I 1 atmen 2 *fig poet* aufatmen B V/T 1 (ein)atmen 2 *poet* atmen, ausströmen

respite [ˈrespaɪt; ˈrespɪt] A S 1 Frist *f*, (Zahlungs)Aufschub *m*, Stundung *f*: **days of ~** WIRTSCH Respekttage 2 JUR a Aussetzung *f* des Vollzugs (*der Todesstrafe*) b Strafaufschub *m* 3 (Atem-, Ruhe)Pause *f*: **without (a) ~** unablässig, ohne Unterlass B V/T 1 auf-, verschieben 2 *j-m* Aufschub gewähren, e-e Frist einräumen 3 JUR die Vollstreckung des Urteils an *j-m* aufschieben 4 *j-m* Erleichterung verschaffen, *Schmerzen etc* lindern

resplendence [rɪˈsplendəns], **resplendency** [-sɪ] S Pracht *f*; **resplendent** ADJ (ADV ~ly) prächtig

respond [rɪˈspɒnd; *US* rɪˈspand] A V/I 1 antworten (**to** auf *akk*) 2 REL (*im Wechselgesang*) respondieren, antworten 3 *fig* erwidern, antworten (*beide:* **with** mit): **he ~ed with a laugh** s-e Antwort war Gelächter 4 a (**to**) *fig* ansprechen *od* reagieren (auf *akk*) (*Person od Sache*), empfänglich sein (für), eingehen (auf *akk*) (*Person*): **~ to a call** e-m Ruf Folge leisten b mitgehen (*Zuhörer etc*) 5 ELEK, TECH reagieren, ansprechen (*Magnet, Relais, Motor etc*) (**to** auf *akk*) B S 1 ARCH (*ein*) Wandpfeiler *m* 2 REL a → responsory b → response 4 c *Gesang bei der Verlesung der Epistel*; **respondence**, **respondency** S 1 → response 2 a 2 Entsprechung *f*, Übereinstimmung *f*; **respondent** A ADJ 1 (**to**) a antwortend (auf *akk*) b reagierend (auf *akk*), empfänglich (für) 2 JUR beklagt B S 1 JUR (*bes* Scheidungs)Beklagte(r) *m/f(m)* 2 *Meinungsumfrage:* Befragte(r) *m/f(m)*; **responder** S *a.* **~ beacon** (*Radar*) Antwortbake *f*

response [rɪˈspɒns; *US* rɪˈspans] S 1 Antwort *f*, Erwiderung *f*: **in ~ to** als Antwort auf (*akk*); **give** (*od* **make**) **no ~** keine Antwort geben; **~ mode** IT Antwortmodus *m* 2 *fig* a Reaktion *f* (*a.* BIOL, PSYCH), Antwort *f* b Echo *n*, Widerhall *m* (*alle:* **to** auf *akk*): **meet with a good ~** (starken) Widerhall *od* e-e gute Aufnahme finden; **he did not get any ~ to his suggestion** er hat mit s-m Vorschlag keine Resonanz gefunden 3 ELEK, AUTO, TECH Ansprechen *n*: **~ (characteristic** *od* **curve)** a Ansprechcharakteristik *f* b Frequenzgang *m* c Filterkurve *f*; **~ (to current)** (Strom)Übertragungsfaktor *m*; **~ time** Ansprechzeit *f* (*e-s Relais etc*) 4 REL Antwort(strophe) *f*

responser → responsor

responsibility [rɪˌspɒnsəˈbɪlətɪ; *US* -ˌspan-] S 1 Verantwortlichkeit *f* 2 Verantwortung *f* (**for**, **of** für): **take (the) ~ for** die Verantwortung übernehmen für; **accept** (*od* **assume**) **~ for** (*im Nachhinein*) die Verantwortung übernehmen für; **claim ~ for** die Verantwortung für *e-n Terroranschlag etc* übernehmen; **carry the ~ of governing** die Regierungsverantwortung tragen; **share ~ for** mitverantwortlich sein für; **on one's own ~** auf eigene Verantwortung; **a position of great ~** e-e verantwortungsvolle Position 3 JUR a Zurechnungsfähigkeit *f* b Haftbarkeit *f*: **take no ~ for sth** für etwas nicht haften 4 a Vertrauenswürdigkeit *f*, Verlässlichkeit *f* b WIRTSCH Zahlungsfähigkeit *f* 5 Verbindlichkeit *f*, Verpflichtung *f*; **responsible** ADJ (ADV responsibly) 1 verantwortlich (**to** *dat;* **for** für): **be ~ to sb** j-m unterstellt sein; **be ~ to sb for sth** j-m (gegenüber) für etwas haften *od* verantwortlich sein; **not be ~ for** keine Haftung übernehmen für; **~ partner** WIRTSCH persönlich haftende(r) Gesellschafter(in) 2 JUR a zurechnungsfähig b geschäftsfähig c haftbar (**for** für) 3 verantwortungsbewusst, zuverlässig, WIRTSCH solide, zahlungsfähig 4 verantwortungsvoll (*Position etc*): **used to ~ work** an selbstständiges Arbeiten gewöhnt 5 (**for**) verantwortlich (für), Schuld (an *dat*), die Ursache (von *od gen*)

responsive [rɪˈspɒnsɪv; *US* -ˈspan-] ADJ (ADV ~ly) 1 antwortend, als Antwort (*beide:* **to** auf *akk*), Antwort… 2 (**to**) (leicht) reagierend *od* ansprechend (auf *akk*), empfänglich *od* aufgeschlossen (für): **be ~ to** a ansprechen *od* reagieren auf (*akk*) (*a.* ELEK, TECH *etc*) b eingehen auf *j-n od etwas* c *e-m Bedürfnis etc* entgegenkommen 3 TECH elastisch (*Motor*); **responsiveness** S 1 Empfänglichkeit *f* (**to** für) 2 TECH Stabilisationsvermögen *n*

responsor [rɪˈspɒnsə(r); *US* -ˈspan-] S *Radar:* Antwortgerät *n*

responsory [rɪˈspɒnsərɪ; *US* -ˈspan-] S REL Responsorium *n*, Wechselgesang *m*

rest[1] [rest] A S 1 (Nacht)Ruhe *f*: **have a good night's ~** gut schlafen; **go** (*od* **retire**) **to ~** sich zur Ruhe begeben 2 Ruhe *f*, Rast *f*, Ruhepause *f*, Erholung *f*: **day of ~** Ruhetag *m*; **give a ~ to** a *j-n, ein Pferd etc* ausruhen lassen, *die Beine etc* ausruhen b *e-e Maschine etc* ruhen lassen c *umg etwas* auf sich beruhen lassen; **take a ~, get some ~** sich ausruhen 3 Ruhe *f* (*Untätigkeit*): **volcano at ~** untätiger Vulkan 4 Ruhe *f* (*Frieden*): **be at ~** a (aus)ruhen b beruhigt sein; **put** (*od* **set**) **sb's mind at ~** a j-n beruhigen b j-m die Befangenheit nehmen; **set a matter at ~** e-e Sache (endgültig) erledigen 5 ewige *od* letzte Ruhe: **be at ~** ruhen (*Toter*); **lay to ~** zur letzten Ruhe betten 6 PHYS, TECH Ruhe(lage) *f*: **~ mass** PHYS Ruhemasse *f*; **~ contact** ELEK Ruhekontakt *m*; **be at ~** TECH sich in Ruhelage befinden 7 Ruheplatz *m* (*a. Grab*) 8 Raststätte *f* 9 Herberge *f*, Heim *n* 10 Wohnstätte *f*, Aufenthalt *m* 11 a TECH Auflage *f*, Stütze *f* b (*Fuß*) Raste *f* c (*Arm*) Lehne *f* d Support *m* (*e-r Drehbank*) e MIL (*Gewehr*) Auflage *f* f (*Nasen*) Steg *m* (*e-r Brille*) g TEL Gabel *f* 12 MUS Pause *f* 13 LIT Zäsur *f* B V/I 1 ruhen (*a. Toter*): **may he ~ in peace** er ruhe in Frieden; **~ (up)on** a ruhen auf (*dat*) (*a. Last, Blick etc*) b *fig* beruhen auf (*dat*), sich stützen *od* sich gründen auf (*akk*) c *fig* sich verlassen auf (*akk*); **let a matter ~** *fig* e-e Sache auf sich beruhen lassen; **the matter cannot ~ there** damit kann es nicht sein Bewenden haben 2 (sich) ausruhen, rasten, e-e Pause einlegen: **~ from toil** von der Arbeit ausruhen; **he never ~ed until** er ruhte (u. rastete) nicht, bis; **~ up** *US umg* (sich) ausruhen, sich erholen; **~ing** *euph* ohne Engagement (*Schauspieler*) 3 **~ with** *fig* bei *j-m* liegen, in *j-s* Händen liegen, von *j-m* abhängen: **the fault ~s with you** die Schuld liegt bei Ihnen; **it ~s with you to propose terms** es bleibt Ihnen überlassen *od* es liegt an Ihnen, Bedingungen vorzuschlagen 4 AGR brachliegen (*Ackerland*) 5 (**against**) sich stützen *od* lehnen (gegen), TECH anliegen (an *dat*) 6 sich verlassen (**on, upon** auf *akk*) 7 vertrauen (**in** auf *akk*): **~ in God** 8 JUR *US* → C 7 C V/T 1 (aus)ruhen lassen: **~ one's legs** die Beine ausruhen 2 *s-e Augen, s-e Stimme etc* schonen 3 Frieden geben (*dat*): **God ~ his soul** Gott hab ihn selig 4 (**on**) legen (auf *akk*), lagern (auf *dat*) 5 lehnen, stützen (*beide:* **against** gegen; **on** auf *akk*) 6 *fig* stützen, gründen (*beide:* **on** auf *akk*) 7 **~ one's case** JUR *US* den Beweisvortrag abschließen (*Prozesspartei*)

rest[2] [rest] A S 1 Rest *m*: **~ nitrogen** MED Reststickstoff *m* 2 (*das*) Übrige, (*die*) Übrigen *pl*: **and all the ~ of it** u. alles Übrige; **and the ~ of it** u. dergleichen; **he is like all the ~** er ist wie alle anderen; **the ~ of it** das Weitere; **the ~ of us** wir Übrigen; **for the ~** im Übrigen 3 WIRTSCH *Br* Reservefonds *m* 4 WIRTSCH *Br* a Bilanzierung *f* b Restsaldo *m* B V/I *in e-m Zustand* bleiben, weiterhin sein: **the affair ~s a mystery** die Angelegenheit bleibt ein Geheimnis; → assured A 1

rest[3] [rest] S MIL, HIST Rüsthaken *m* (*Widerlager für Turnierlanze*): **lay** (*od* **set**) **one's lance in ~** die Lanze einlegen

restant [ˈrestənt] ADJ BOT ausdauernd

restart [ˌriːˈstɑː(r)t] A V/T 1 SPORT *ein Rennen* neu starten 2 wieder in Gang setzen B V/I 1 wieder starten 2 wieder beginnen C S 1 erneuter Start, SPORT *a.* Neustart *m* 2 Wiederbeginn *m*, Wiederinbetriebnahme *f*

restate [ˌriːˈsteɪt] V/T neu (u. besser) formulieren; **restatement** S neue (u. bessere) Formulierung

restaurant [ˈrestərɔ̃ːŋ; *US* -rənt] S Restaurant *n*, Gaststätte *f*: **~ car** BAHN *bes Br* Speisewagen *m*

restaurateur [ˌrestɒrəˈtɜː; *US* ˌrestərəˈtɜr] S Gastwirt(in), Gastronom(in)

rest| cure S MED Ruhe-, Liegekur *f*; **~ day** S Ruhetag *m*

rested [ˈrestɪd] ADJ ausgeruht, erholt

rest energy S PHYS Ruh(e)energie *f*

restful ADJ (ADV ~ly) 1 ruhig, friedlich 2 erholsam, gemütlich 3 bequem

rest|harrow S BOT Hauhechel *f*; **~ home** S 1 Alten-, Altersheim *n* 2 Pflegeheim *n*; **~ house** S Rasthaus *n*

resting place S 1 Ruheplatz *m* 2 *a.* **last ~** (letzte) Ruhestätte, Grab *n*

restitution [ˌrestɪˈtjuːʃn; *US a.* -ˈtuː-] S 1 Restitution *f*: a (Zu)Rückerstattung *f* b Entschädigung *f* c Wiedergutmachung *f* d Wiederherstellung *f*: **make ~** Genugtuung *od* Ersatz leisten (**to** *dat*; **of** für); **~ of conjugal rights** JUR *Br* (Klage *f* auf) Wiederherstellung der ehelichen Rechte 2 TECH elastische Rückstellung 3 FOTO Entzerrung *f*

restive [ˈrestɪv] ADJ (ADV ~ly) 1 unruhig, nervös 2 ruhe-, rastlos 3 störrisch, widerspenstig, bockig (*alle a. Pferd*), aufsässig; **restiveness** S 1 (nervöse) Unruhe 2 Ruhe-, Rastlosigkeit *f* 3 Widerspenstigkeit *f*

restless [ˈrestlɪs] ADJ (ADV ~ly) 1 ruhe-, rastlos 2 nervös, unruhig 3 schlaflos (*Nacht*); **restlessness** S 1 Ruhe-, Rastlosigkeit *f* 2 Schlaflosigkeit *f* 3 (nervöse) Unruhe

rest mass S PHYS Ruh(e)masse *f*

restock [ˌriːˈstɒk; *US* -ˈstɑk] A V/T 1 WIRTSCH a *ein Lager* (wieder) auffüllen b *e-e Ware* wieder auf Lager nehmen 2 *ein Gewässer* wieder mit Fischen besetzen B V/I neuen Vorrat einlagern

restorable [rɪˈstɔːrəbl; *US a.* -ˈstəʊ-] ADJ wiederherstellbar

restoration [ˌrestəˈreɪʃn] S 1 *allg* Wiederherstellung *f*: **~ of health, ~ from sickness** gesundheitliche Wiederherstellung, Genesung *f* 2 Restaurierung *f* 3 TECH Instandsetzung *f* 4 Rekonstruktion *f* (*a. rekonstruiertes Modell*) 5 Rückerstattung *f*, -gabe *f* 6 Wiedereinsetzung *f* (**to** in *akk*) 7 **the** ♀ HIST die Restauration (*bes die Wiedereinsetzung der Stuarts in England, 1660*)

restorative [rɪˈstɒrətɪv; *US a.* -ˈstəʊ-] A ADJ (ADV ~ly) 1 Wiederherstellungs… 2 Restaurierungs… 3 MED stärkend B S MED Stärkungsmittel *n*

restore [rɪˈstɔː(r); *US a.* rɪˈstəʊər] V/T 1 *allg j-s Gesundheit, Ordnung etc,* COMPUT *Daten* wiederherstellen: **~ sb (to health)** j-n wiederherstellen 2 *ein Gemälde, e-e Kirche etc* restaurieren 3 TECH instand setzen 4 *ein Fossil, e-n Text etc* rekonstruieren 5 wieder einsetzen (**to** in *ein Amt, Rechte etc*): **~ a king (to the throne)** e-n König wieder auf den Thron erheben; **~ sb to liberty** j-m die Freiheit wiedergeben; **~ sb to life** j-n ins Leben zurückrufen 6 zurückerstatten, -bringen, -geben: **~ sth to its place** etwas an s-n Platz zurückbringen; **restorer** S 1 Wiederhersteller(in) 2 Restaurator *m*, Restauratorin *f* 3 Haarwuchsmittel *n*

rest period S Erholungspause *f*

restrain [rɪˈstreɪn] V/T 1 zurückhalten, hindern: **~ sb from doing sth** j-n davon abhalten *od* daran hindern, etwas zu tun; **~ing order** JUR *US* einstweilige Verfügung 2 a in Schranken halten, Einhalt gebieten (*dat*) b *ein Pferd etc, a. fig* im Zaum halten, bändigen, zügeln 3 *Gefühle* unterdrücken, *s-e Neugier etc* bezähmen 4 a einsperren, -schließen b *e-n Geisteskranken* in e-r Anstalt unterbringen: **~ sb of his liberty** j-n s-r Freiheit berauben 5 *j-s Macht etc* be-, einschränken 6 WIRTSCH *die Produktion etc* drosseln; **restrainable** ADJ zurückzuhalten(d), bezähmbar; **restrained** ADJ 1 zurückhaltend, beherrscht 2 maßvoll 3 verhalten, gedämpft; **restrainedly** [-nɪdlɪ] ADV zurückhaltend, beherrscht; maßvoll; verhalten, gedämpft

restrainer [rɪˈstreɪnə(r)] S FOTO Verzögerer *m* (*Chemikalie*)

restraint [rɪˈstreɪnt] S 1 Einschränkung *f*, Beschränkung(en) *f(pl)*, Zwang *m*: **~ of** (*od* **on, upon**) **liberty** Beschränkung der Freiheit; **~ (of prices)** WIRTSCH *obs* Embargo *n*; **~ of trade** WIRTSCH Wettbewerbsbeschränkung; **~ clause** Konkurrenzklausel *f*; **lay ~ on sb** j-m Beschränkungen auferlegen; **without ~** frei, ungehemmt, offen 2 JUR Freiheitsbeschränkung *f*, Haft *f*: **place sb under ~** j-n unter Aufsicht stellen, j-n in Gewahrsam nehmen; **under ~** entmündigt (*Geisteskranker*) 3 Beherrschtheit *f*, Zurückhaltung *f*: **call for ~** Maßhalteappell *m*

restrict [rɪˈstrɪkt] V/T a einschränken b beschränken, begrenzen (*beide:* **to** auf *akk*): **be ~ed within narrow limits** eng begrenzt sein; **be ~ed to doing** sich darauf beschränken müssen, *etwas* zu tun; **~ a road** AUTO *Br* e-e Geschwindigkeitsbegrenzung für e-e Straße einführen; **restricted** ADJ 1 eingeschränkt, beschränkt, begrenzt: **~ area** (*bes US a.* militärisches) Sperrgebiet, AUTO *Br* (Verkehrs)Zone *f* mit Geschwindigkeitsbegrenzung, FLUG *Br* Gebiet *n* mit Flugbeschränkungen; **~ district** Gebiet *n* mit bestimmten Baubeschränkungen 2 geheim (*Informationen etc*); **restriction** [-kʃn] S Ein-, Beschränkung *f* (**of** von *od gen*): **~s** *pl* **on imports** Einfuhrbeschränkung; **~ of space** räumliche Beschränktheit; **with some ~s** mit gewissen Einschränkungen; **without ~s** uneingeschränkt; **restrictive** A ADJ (ADV ~ly) be-, einschränkend (**of** *akk*): **~ clause** a LING einschränkender Relativsatz b WIRTSCH einschränkende Bestimmung; **~ endorsement** WIRTSCH beschränktes Giro B S LING Einschränkung *f*

restring [ˌriːˈstrɪŋ] V/T *irr e-n Tennisschläger etc* neu bespannen

rest room S *US* Toilette *f* (*e-s Hotels, Restaurants etc*)

restructure [ˌriːˈstrʌktʃə(r)] V/T umstrukturieren

rest stop S *US* 1 *an Autostraßen:* Rastplatz *m* 2 *kleiner:* Haltebucht *f* 3 (*Ruhepause*) Rast *f*

restyle [ˌriːˈstaɪl] V/T umarbeiten, umgestalten

result [rɪˈzʌlt] A S 1 *a.* MATH Ergebnis *n*, Resultat *n*: **without ~** ergebnislos; **the ~ was 1-0 to our team** SPORT das Ergebnis war 1:0 für unser Team 2 (gutes) Ergebnis, Erfolg *m*: **get ~s from a new treatment** mit e-r neuen Behandlung Erfolge erzielen; **the treatment is beginning to show ~s** die Behandlung zeigt erste Erfolge 3 Folge *f*, Aus-, Nachwirkung *f*: **as a ~** a die Folge war, dass … b folglich; **as a ~ of** als Folge von (*od gen*) B V/I 1 sich ergeben, resultieren (*beide:* **from** aus): **~ in** enden mit, hinauslaufen auf (*akk*), zur Folge haben (*akk*), zeitigen (*akk*); **~ing** → resultant B 2 (*logisch*) folgen (**from** aus); **resultant** A S 1 MATH, PHYS Resultante *f*, Resultierende *f* 2 (End)Ergebnis *n* B ADJ sich ergebend, (dabei *od* daraus) entstehend, resultierend (*alle:* **from** aus)

resume [rɪˈzjuːm; *bes US* rɪˈzuːm] A V/T 1 *s-e Tätigkeit etc* wieder aufnehmen, wieder anfangen, fortsetzen, -führen: **he ~d painting** er begann wieder zu malen, er malte wieder 2 *die Freiheit etc* wiedererlangen 3 *s-n Platz etc* wieder einnehmen 4 *s-n Mädchennamen etc* wieder annehmen 5 *ein Amt, das Kommando etc* wieder übernehmen 6 resümieren, zusammenfassen B V/I 1 s-e Tätigkeit wieder aufnehmen 2 weitermachen, (*a. in s-r Rede*) fortfahren 3 wieder beginnen; COMPUT den Stand-by-Modus beenden

résumé [ˈrezjuːmeɪ; *US* ˈrezəˌmeɪ] S 1 Resümee *n*, Zusammenfassung *f* 2 *US* Lebenslauf *m*

resumption [rɪˈzʌmpʃn] S 1 a Zurücknahme *f*, *a.* Wiederinbesitznahme *f* b WIRTSCH Lizenzentzug *m* 2 JUR *Zurücknahme e-s von der brit. Krone verliehenen Grundbesitzes* 3 Wiederaufnahme *f* (*e-r Tätigkeit*) 4 Wiedererlangung *f* (*der Freiheit etc*) 5 WIRTSCH (Wiederaufnahme *f* der) Barzahlungen *pl*; **resumptive** [-tɪv] ADJ (ADV ~ly) 1 resümierend, zusammenfassend 2 wiederholend

resurface [ˌriːˈsɜːfɪs; *US* -ˈsɜr-] A V/T TECH die Oberfläche (*gen*) neu bearbeiten, die Straßendecke erneuern von (*od gen*) B V/I wieder auftauchen (*U-Boot*)

resurge [rɪˈsɜːdʒ; *US* rɪˈsɜrdʒ] V/I 1 *bes hum* wiederauferstehen 2 sich wieder erheben 3 *fig* wieder erwachen, wieder aufleben; **resurgence** S Wiedererwachen *n*, Wiederaufleben *n*; **resurgent** ADJ wieder auflebend, wieder erwachend

resurrect [ˌrezəˈrekt] A V/T 1 *e-n alten Brauch etc* wieder aufleben lassen 2 *bes* HIST *e-e Leiche* ausgraben 3 *umg* wieder zum Leben erwecken B V/I auferstehen; **resurrection** S 1 (REL ♀ *die*) Auferstehung 2 Wiederaufleben *n*, Wiedererwachen *n* 3 *bes* HIST Leichenraub *m*; **resurrectional** ADJ Auferstehungs…; **resurrectionism** S *bes* HIST Leichenraub *m*; **resurrectionist** S 1 Wiedererwecker(in) 2 *j-d, der an die Auferstehung glaubt* 3 *bes* HIST Leichenräuber(in)

resuscitate [rɪˈsʌsɪteɪt] A V/T 1 wiederbeleben (*a. fig*) 2 *fig* wieder aufleben lassen B V/I 1 das Bewusstsein wiedererlangen 2 *fig* wieder aufleben; **resuscitation** S 1 Wiederbelebung *f* (*a. fig*): **attempts at ~** Wiederbelebungsversuche 2 REL Auferstehung *f*; **resuscitative** [-tətɪv; *US* -ˌteɪtɪv] ADJ wiederbelebend, Wiederbelebungs…; **resuscitator** [-tə(r)] S 1 Wiedererwecker(in) 2 Wiederbelebungs-, Sauerstoffgerät *n*

ret [ret] A V/T *Flachs etc* rösten, rötten: **be ~ted** → B B V/I verfaulen

ret. ABK 1 retain 2 retired 3 return(ed)

retable [rɪˈteɪbl; *US* ˈriːˌt-; ˈretəbəl] S REL Retabel *n*, Altaraufsatz *m*

retail[1] [ˈriːteɪl] WIRTSCH A S Klein-, Einzelhandel *m*, Kleinverkauf *m*, Detailgeschäft *n*: **by** (*US* **at**) **~** → C B ADJ Einzel-, Kleinhandels…, Detail…: **~ bookseller** Sortimentsbuchhändler(in), Sortimenter(in); **~ business** Einzelhandels-, Detailgeschäft *n*; **~ ceiling price** Verbraucherhöchstpreis *m*; **~ dealer** Einzel-, Kleinhändler(in); **~ politics** *pl* (*oft als sg konstruiert*) traditioneller Wahlkampf; **~ price** Einzelhandels-, Ladenpreis *m*; **~ price index** *Br* Einzelhandelspreisindex *m*; **~ price maintenance** Preisbindung *f*; **~ store** *US* Ladengeschäft *n* (*e-s Konzerns etc*); **~ trade** → A C ADV im Einzelhandel, einzeln, im Kleinen, en detail: **sell (buy) ~** D V/T [riːˈteɪl; *US* ˈriːˌ-] *Waren* im Kleinen *od* en detail verkaufen E V/I [riːˈteɪl; *US* ˈriːˌ-] im Kleinen *od* en detail verkauft werden (*Waren*): **it ~s at** (*od* **for**) **50 cents** es kostet im Einzelhandel 50 Cent

retail[2] [riːˈteɪl] VT *Gerüchte etc* weitererzählen, verbreiten

retailer [riːˈteɪlə(r); US ˈriː,-] S 1 WIRTSCH a Einzel-, Kleinhändler(in) b Wiederverkäufer(in) 2 Verbreiter (-in): **~ of gossip** Klatschmaul *n*, -tante *f* (*beide umg*)

retain [rɪˈteɪn] VT 1 zurück(be)halten, einbehalten 2 *e-e Eigenschaft, e-n Posten etc* behalten: **this cloth ~s its colo(u)r** dieser Stoff ist farbecht; **~ possession** SPORT am Ball *od* in Ballbesitz bleiben 3 *e-n Brauch etc* beibehalten 4 bewahrt haben: **rivers and hills ~ their Celtic names** 5 halten (**to** an *dat*; **in** in *dat*): **~ sb in one's service** 6 *j-n* in s-n Diensten halten: **~ a lawyer** JUR sich e-n Anwalt halten *od* nehmen; **~ing fee** → retainer 3 b 7 (im Gedächtnis) behalten, sich *etwas* merken: **~ sth in one's mind** (*od* **memory**) 8 TECH halten, sichern, stützen, *Wasser* stauen 9 MIL *Feindkräfte* binden

retained object [rɪˈteɪnd] S LING *in der Passivkonstruktion beibehaltenes Objekt des entsprechenden Aktivsatzes* (*z. B.* **the picture** *in* **I was shown the picture** *aus* **they showed me the picture**)

retainer [rɪˈteɪnə(r)] S 1 HIST Gefolgsmann *m* 2 **old ~** *umg* altes Faktotum 3 JUR a Verpflichtung *f* (*e-s Anwalts etc*) b (Honorar)Vorschuss *m* (*an e-n Anwalt*) c *a.* **general ~** Pauschalhonorar *n* d Prozessvollmacht *f* 4 TECH a Befestigungsteil *n* b Laufrille *f* (*im Rollenlager*) c Käfig *m* (*im Kugellager*) d Haltebügel *m* (*bei Blattfedern*)

retaining [rɪˈteɪnɪŋ] ADJ ELEK, TECH Halte…: **~ circuit** (**clip, current,** *etc*); **~ ring** Sprengod Überwurfring *m*; **~ wall** Stützmauer *f*

retake A VT *irr* [,riːˈteɪk] 1 wieder (an-, ein-, zurück)nehmen 2 MIL wieder einnehmen, zurückerobern 3 FILM *e-e Szene etc* nochmals drehen 4 SPORT *e-n Freistoß etc* wiederholen B S [ˈriːteɪk] FILM Wiederholungsaufnahme *f*, Retake *n*

retaliate [rɪˈtælɪeɪt] A VI 1 a Vergeltung üben, sich rächen ([up]**on** *od* **against sb** an j-m; **for sth** für etwas) b zurückschlagen, -treten, SPORT ein Revanchefoul begehen, (*Fußball engS.*) nachschlagen, -treten 2 SPORT, *a. in e-r Diskussion etc*: kontern (**with** mit) B VT ([**up**]**on** *od* **against sb**) sich für *etwas* rächen (an j-m), (j-m *etwas*) vergelten *od* heimzahlen; **retaliation** S Vergeltung *f*: **in** (*od* **as**) **~** als Vergeltung(smaßnahme) (**for** für); **he kicked at his opponent in ~** (*Fußball*) er schlug *od* trat nach; **~ raid** MIL Vergeltungsangriff *m*; **retaliatory** [-ətərɪ; US -jə,tәʊriː; -,tɔː-] ADJ Vergeltungs…: **~ duty** WIRTSCH Kampfzoll *m*; **~ foul** SPORT Revanchefoul *n*

retard [rɪˈtɑː(r)d] A VT 1 verlangsamen, aufhalten, hemmen 2 PHYS retardieren, verzögern, *Elektronen* bremsen: **be ~ed** nacheilen 3 BIOL retardieren 4 *j-s* Entwicklung hemmen: **(mentally) ~ed** PSYCH entwicklungsverzögert 5 AUTO *die Zündung* nachstellen: **~ed ignition** a verzögerte Zündung b Spätzündung *f* B VI sich verzögern, zurückbleiben C S 1 → retardation 2 [ˈriː,tɑːrd] US *sl* Idiot(in); **retardant** S CHEM Verzögerungsmittel *n*; **retardate** [-deɪt] S PSYCH entwicklungsverzögerter Mensch; **retardation** [,riːtɑː(r)ˈdeɪʃn] S 1 Verzögerung *f* (*a.* PHYS), Verlangsamung *f*, Verspätung *f* 2 BIOL, MATH, PHYS Retardation *f*, PHYS *a.* (*Elektronen*) Bremsung *f* 3 PSYCH a Entwicklungshemmung *f od* -verzögerung *f*, Zurückbleiben *n* b Unterentwickeltheit *f* 4 MUS a Verlangsamung *f* b aufwärtsgehender Vorhalt

retardative [rɪˈtɑː(r)dətɪv], **retardatory** [-tərɪ; US -,təʊriː; -,tɔː-] ADJ 1 verlangsamend, hemmend 2 PHYS retardierend, verzögernd

retarget [,riːˈtɑː(r)gɪt] VT 1 *ein Raumfahrzeug etc* umdirigieren 2 *ein Warenangebot etc* neu ausrichten

retch [retʃ; *Br a.* riːtʃ] A VI 1 würgen (*beim Erbrechen*) 2 sich erbrechen B S 1 Würgen *n* 2 Erbrechen *n*

retd ABK 1 retained 2 retired 3 returned

retell [,riːˈtel] VT *irr* 1 nacherzählen, nochmals erzählen, wiederholen 2 *e-e Nachricht* weitergeben

retention [rɪˈtenʃn] S 1 Zurückhalten *n*: **(right of) ~** JUR Zurückhaltungsrecht *n* 2 Einbehaltung *f* 3 Beibehaltung *f* (*e-s Brauchs etc*) 4 Bewahrung *f* 5 MED (*Harn- etc*) Verhaltung *f*: **~ of urine** 6 (Fest)Halten *n*, Halt *m*: **~ pin** TECH Arretierstift *m* 7 Merken *n*, Behalten *n*, Merkfähigkeit *f*; **retentive** [-tɪv] ADJ (ADV **~ly**) 1 mit e-m guten Gedächtnis 2 **~ memory** (*od* **mind**) gutes Gedächtnis 3 (zurück)haltend (**of** *akk*) 4 erhaltend, bewahrend: **be ~ of sth** etwas bewahren 5 a (fest)haltend b MED Halte… 6 Wasser speichernd

rethink A VT *irr* [,riːˈθɪŋk] *etwas* nochmals überdenken B S [ˈriːθɪŋk]: **have a ~ about** *umg* → A

retiary [ˈriːtɪərɪ; US ˈriːʃiː,eriː] A ADJ Netz…: **~ spider** → B B S ZOOL Netzspinne *f*

reticence [ˈretɪsəns] S 1 Verschwiegenheit *f*, Schweigsamkeit *f* 2 Zurückhaltung *f*; **reticent** ADJ (ADV **~ly**) 1 verschwiegen (**on, about** über *akk*), schweigsam 2 zurückhaltend

reticle [ˈretɪkl] S OPT Fadenkreuz *n*

reticula [rɪˈtɪkjʊlə] *pl von* reticulum

reticular [rɪˈtɪkjʊlə(r)] ADJ (ADV **~ly**) *bes* MED, TECH retikulär, netzartig, -förmig, Netz…; **reticulate** A ADJ [-lət; -leɪt] (ADV **~ly**) netzartig, -förmig: a ZOOL genetzt (*netzartig gemustert*) b BOT netzartig geädert B VT [-leɪt] netzförmig mustern *od* ädern *od* anlegen C VI sich verästeln; **reticulated** ADJ → reticular: **~ glass** Faden-, Filigranglas *n*; **reticulation** S Netzwerk *n*

reticule [ˈretɪkjuːl] S 1 → reticle 2 *obs* Ridikül *m/n*, Retikül *m/n* (*Handtasche od Handarbeitsbeutel*)

reticulum [rɪˈtɪkjʊləm] *pl* -la [-lə] S 1 ZOOL Retikulum *n*, Netzmagen *m* (*der Wiederkäuer*) 2 *bes* ANAT Netz(werk) *n*, Geflecht *n* 3 BIOL netzförmige Plasmastruktur 4 PHYSIOL a retikulierte Membran b retikuläres Endothelgewebe

retiform [ˈriːtɪfɔː(r)m; ˈre-] ADJ netzförmig

retina [ˈretɪnə] *pl* -nas, -nae [-niː] S ANAT Retina *f*, Netzhaut *f* (*des Auges*); **retinal** ADJ Netzhaut…; **retinitis** [-ˈnaɪtɪs] S MED Retinitis *f*, Netzhautentzündung *f*

retinol [ˈretɪnɒl; US ˈretn,ɑl; -,əʊl] S CHEM, MED Retinol *n* (*Vitamin* A_1)

retinoscope [ˈretɪnəskəʊp] → skiascope; **retinoscopy** [-ˈnɒskəpɪ; US -ˈnɑs-] → skiascopy

retinue [ˈretɪnjuː; US ˈretn,juː; -,uː] S Gefolge *n*

retiral [rɪˈtaɪərəl] S 1 (Sich)Zurückziehen *n* 2 Einlösung *f* (*e-s Wechsels*) 3 Rückzug *m*

retire [rɪˈtaɪə(r)] A VI 1 *allg* sich zurückziehen (*a.* MIL): **~ into o.s.** *fig* sich verschließen; **~ (to rest)** sich zur Ruhe begeben 2 *a.* **~ from business** sich vom Geschäft zurückziehen, sich zur Ruhe setzen: **~ from competition** SPORT sich vom aktiven Sport zurückziehen; **~ from politics** sich aus der Politik zurückziehen 3 *a.* **~ on a pension** in Pension *od* Rente gehen, sich pensionieren lassen, in den Ruhestand treten 4 ab-, zurücktreten: **~ from** aus *e-m Amt etc* ausscheiden 5 *fig* zurücktreten (*Hintergrund, Ufer etc*) 6 SPORT aufgeben B VT 1 *e-e Armee, e-e Nadel etc* zurückziehen 2 *Zahlungsmittel* aus dem Verkehr ziehen 3 *e-n Wechsel* einlösen 4 in den Ruhestand versetzen, verabschieden, pensionieren 5 *j-n* entlassen C S MIL Zurückziehen *n*: **sound the ~** a das Signal zum Rückzug geben b den Zapfenstreich blasen

retired [rɪˈtaɪə(r)d] ADJ (ADV **~ly**) 1 pensioniert, im Ruhestand (lebend), außer Dienst: **~ couple** Rentnerehepaar *n*; **~ general** General *m* a.D. *od* außer Dienst 2 zurückgezogen, einsam (*Leben*) 3 abgelegen, einsam (*Tal etc*) 4 Pensions…: **~ pay** Ruhegeld *n*; **be placed on the ~ list** MIL den Abschied erhalten

retiree [rɪ,taɪəˈriː] S *bes US* Ruheständler(in)

retirement [rɪˈtaɪə(r)mənt] S 1 (Sich-)Zurückziehen *n* 2 Ausscheiden *n*, Aus-, Rücktritt *m*: **his ~ from politics** sein Rückzug aus der Politik 3 Ruhestand *m*: **go into ~** sich zur Ruhe setzen; **~ age** a Renten-, Pensionsalter *n* b Altersgrenze *f*; **~ home** Alters-, Ruhesitz *m*; **~ pay** Ruhegeld *n*; **~ pension** (Alters)Rente *f*, Pension *f*, Ruhegeld *n*; **~ pensioner** (Alters)Rentner(in), Pensionär(in), Ruhegeldempfänger(in) 4 *j-s* Zurückgezogenheit *f* 5 Abgeschiedenheit *f* 6 Zufluchtsort *m* 7 MIL (planmäßige) Absetzbewegung, Rückzug *m* 8 WIRTSCH Einziehung *f*: **~s** Abgänge 9 SPORT Aufgabe *f*: **beat sb through ~ after six rounds** (*Boxen*) j-n durch Aufgabe nach der sechsten Runde schlagen

retiring [rɪˈtaɪərɪŋ] ADJ (ADV **~ly**) 1 zurückhaltend, bescheiden 2 unauffällig, dezent (*Farben*) 3 Ruhestands…, Pensions…, Renten…: **~ age** a Renten-, Pensionsalter *n* b Altersgrenze *f*; **~ pension** (Alters)Rente *f*, Pension *f*, Ruhegeld *n*

retool [,riːˈtuːl] VT 1 *e-e Fabrik* mit neuen Maschinen ausrüsten 2 *bes US* → reorganize 1

retort[1] [rɪˈtɔː(r)t] A VT 1 *ein Unrecht etc* vergelten, sich rächen für 2 *e-e Beleidigung etc* zurückgeben (**on sb** j-m) 3 erwidern (**with** mit) 4 (darauf) antworten *od* erwidern *od* sagen (*alle*: **that** dass) B S 1 (scharfe *od* treffende) Entgegnung, (schlagfertige) Antwort 2 Erwiderung *f*

retort[2] [rɪˈtɔː(r)t; US *a.* ˈriː,t-] S Retorte *f*: a CHEM Destillierkolben *m* b TECH (ein) *Ofen*: **~ furnace** Muffelofen *m*

retortion [rɪˈtɔː(r)ʃn] S 1 (Sich)Umwenden *n*, Zurückbiegen *n*, -beugen *n* 2 *Völkerrecht*: Retorsion *f* (*Vergeltungsmaßnahme*)

retouch [,riːˈtʌtʃ] A VT 1 *bes* FOTO retuschieren 2 *bes* TECH nacharbeiten, überarbeiten 3 sich *die Haare* nachfärben *od* -tönen: **~ one's hair** B S 1 FOTO Retusche *f* 2 Überarbeitung *f* 3 Nachfärben *n*, -tönung *f* (*von Haar*)

retrace [rɪˈtreɪs] A VT 1 (*a. fig s-n Stammbaum etc*) zurückverfolgen: **~ one's steps** denselben Weg zurückgehen 2 rekonstruieren, im Geiste noch einmal durchleben 3 noch einmal sorgfältig betrachten B S ELEK Rücklauf *m*

re-trace [,riːˈtreɪs] VT 1 *Umrisse etc* nachziehen 2 nochmals zeichnen

retract [rɪˈtrækt] A VT 1 *e-e Behauptung etc* zurücknehmen 2 (*a.* JUR *e-e Aussage*) widerrufen 3 *ein Angebot, e-e Anschuldigung etc* zurückziehen 4 *Fühler, Krallen etc, a.* FLUG *das Fahrgestell* einziehen B VI 1 zurücktreten (**from** von): **~ from a resolve** e-n Entschluss rückgängig machen 2 widerrufen, es zurücknehmen 3 TECH, ZOOL einziehbar sein; **retractable** ADJ einziehbar; **retractation** [,riːtrækˈteɪʃn] → retraction 1, 2; **retractile** [-taɪl; US *a.* -tl] ADJ einziehbar; **retraction** S 1 Zurücknahme *f* 2 Widerruf *m* 3 Zurückziehen *n* 4 Einziehen *n* 5

R

MED, ZOOL Retraktion *f*; **retractor** [-tə(r)] S 1 ANAT Retraktionsmuskel *m* 2 MED Retraktor *m*, Wundhaken *m*

retrain [ˌriːˈtreɪn] A V/T umschulen B V/I umschulen, sich umschulen lassen; **retraining** S *a.* **vocational ~** Umschulung *f*

retral [ˈriːtrəl] ADJ 1 rückwärtig, hinter(er, e, es) 2 Rückwärts…

retranslate [ˌriːtrænsˈleɪt] V/T (zu-)rückübersetzen; **retranslation** S Rückübersetzung *f*

retread TECH A V/T [ˌriːˈtred] *e-n Reifen* runderneuern B S [ˈriːtred] runderneuerter Reifen

retreat [rɪˈtriːt] A S 1 *bes* MIL Rückzug *m*: **beat a (hasty) ~** *fig* abhauen *umg*; **there was no ~** *fig* es gab kein Zurück 2 Sichzurückziehen *n* 3 Schlupfwinkel *m*, stiller Ort, Zufluchtsort *m* 4 Heim *n*, Anstalt *f* 5 Zurückgezogenheit *f*, Abgeschiedenheit *f* 6 REL a Freizeit *f* b KATH Exerzitien *pl*, Einkehrtage *pl* 7 MIL a Rückzugssignal *n*: **sound the** (*od* **a**) **~** zum Rückzug blasen b Fahnenappell *m* (*am Abend*), Zapfenstreich *m* 8 FLUG Rückstellung *f od* Neigung *f* (gegen die Querachse) B V/I 1 sich zurückziehen (*a.* MIL), sich entfernen: **~ within o.s.** sich in sich selbst zurückziehen, sich verschließen 2 zurückweichen: **~ing chin (forehead)** fliehendes Kinn (fliehende Stirn) 3 FLUG (zu)rückstellen C V/T *bes e-e Schachfigur* zurückziehen

re-treat [ˌriːˈtriːt] V/T *a.* TECH erneut behandeln

retrench [rɪˈtrentʃ] A V/T 1 *Ausgaben etc* einschränken, *a. Personal* abbauen 2 *ein Budget etc* beschneiden, kürzen 3 a *e-e Textstelle* streichen b *ein Buch* zusammenstreichen, kürzen 4 *bes* HIST *e-e Festung* mit inneren Verschanzungen versehen B V/I sich einschränken, Sparmaßnahmen durchführen, sparen; **retrenchment** S 1 Einschränkung *f*, Abbau *m* 2 Beschneidung *f*, Kürzung *f* 3 Sparmaßnahme *f* 4 Streichung *f* 5 *Festungsbau: bes* HIST a Innenwerk *n* b Verschanzung *f*

retrial [ˌriːˈtraɪəl] S 1 nochmalige Prüfung 2 JUR Wiederaufnahmeverfahren *n*

retribution [ˌretrɪˈbjuːʃn] S Vergeltung *f*: a Strafe *f* b Lohn *m*; **retributive** [rɪˈtrɪbjʊtɪv] ADJ (ADV ~ly) Vergeltungs…, vergeltend, strafend: **~ justice** ausgleichende Gerechtigkeit

retrievable [rɪˈtriːvəbl] ADJ (ADV retrievably) 1 wiederzugewinnen(d) 2 wiedergutzumachen(d) 3 wettzumachen(d); **retrieval** [-vl] S 1 Wiedergewinnung *f*, -erlangung *f* 2 Wiederherstellung *f* 3 Wiedergutmachung *f* 4 → retrieve C 2 5 IT Retrieval *n* (*Wiederauffinden gespeicherter Daten*): **~ system** Retrievalsystem *n*

retrieve [rɪˈtriːv] A V/T 1 JAGD apportieren 2 wiederfinden, -bekommen 3 *s-e Freiheit etc* wiedergewinnen, -erlangen 4 *e-n Fehler etc* wiedergutmachen 5 *e-n Verlust etc* wettmachen 6 *etwas* herausholen, -fischen (*beide:* **from** aus) 7 *fig etwas* herausfinden 8 retten (**from** aus) 9 der Vergessenheit entreißen 10 (sich) *etwas* ins Gedächtnis zurückrufen 11 *Tennis etc: e-n schwierigen Ball* zurückschlagen 12 COMPUT *gespeicherte Daten* abrufen *od* wieder auffinden; *Dokument aus Papierkorb* zurückholen B V/I JAGD apportieren C S 1 **beyond** (*od* **past**) **~** unwiederbringlich dahin 2 *Tennis etc:* Rückschlag *m* e-s schwierigen Balles; **retriever** S 1 Retriever *m* (*englischer Apportierhund*) 2 *allg* Apportierhund *m*

retro [ˈretrəʊ] *pl* -ros *umg für* retrorocket

retroact [ˌretrəʊˈækt] V/I 1 zurückwirken 2 entgegengesetzt wirken; **retroaction** S 1 JUR rückwirkende Kraft 2 Rückwirkung *f*; **retroactive** ADJ (ADV ~ly) 1 JUR rückwirkend: **with ~ effect from** rückwirkend ab 2 zurückwirkend

retrocede [ˌretrəʊˈsiːd] A V/I *bes* MED a zurückgehen b nach innen schlagen (*Ausschlag*) B V/T *bes* JUR wieder abtreten (**to** an *akk*); **retrocedent** ADJ 1 ASTRON → retrograde A 1 2 MED a zurückgehend b nach innen schlagend (*Ausschlag*); **retrocession** [-ˈseʃn] S 1 a Zurückgehen *n* (*a.* MED) b MED Nachinnenschlagen *n* 2 *bes* JUR Wieder-, Rückabtretung *f*; **retrocessive** [-sɪv] → retrocedent

retrochoir [ˈretrəʊˌkwaɪə(r)] S ARCH Retrochorus *m* (*Raum hinter dem Hochaltar*)

retrofit [ˌretrəʊˈfɪt] A V/T 1 nachträglich ausstatten, nachrüsten (*beide:* **with** mit *modernen Einrichtungen etc*) 2 *ein Gebäude etc* modernisieren B S [*bes* ˈretrəʊfɪt] 1 nachträgliche Ausstattung, Nachrüstung *f* 2 Modernisierung *f*

retroflected [ˌretrəʊˈflektɪd] → retroflex B; **retroflection** → retroflexion; **retroflex** A V/T & V/I (sich) nach hinten biegen B ADJ 1 zurückgebogen 2 LING retroflex (*mit nach hinten gebogener Zungenspitze gebildet*); **retroflexed** → retroflex B; **retroflexion** S Zurückkrümmung *f*, MED Retroflexion *f*

retrogradation [ˌretrəʊgrəˈdeɪʃn; *US a.* -greɪ-] S 1 → retrogression 1 2 Zurückgehen *n* 3 Rück-, Niedergang *m*

retrograde [ˈretrəʊgreɪd] A ADJ 1 ASTRON, MED, ZOOL rückläufig: **~ motion** a ASTRON Rückläufigkeit *f* (*e-s Planeten*) b ZOOL Krebs(-gang) *m* 2 a zurückgehend, rückgängig, -läufig b Rückwärts…: **~ movement** Rückwärtsbewegung *f*, *fig* rückläufige Bewegung (*der Börsenkurse etc*) 3 rückschrittlich (*Ideen etc*): **~ step** Rückschritt *m* 4 Rückzugs…, hinhaltend 5 umgekehrt (*Reihenfolge*) B ADV (nach) rückwärts, zurück(…) C V/I 1 a rückläufig sein b zurückgehen (*a.* MIL *u. fig*) 2 rückwärtsschreiten 3 *bes* BIOL entarten D S 1 Degenerierte(r) *m/f(m)* 2 → retrogression

retrogress [ˌretrəʊˈgres] V/I zurückgehen (*a. fig*); **retrogression** [-ʃn] S 1 ASTRON rückläufige Bewegung 2 *bes* BIOL a Rückentwicklung *f* b Degeneration *f* 3 Rückschritt *m* 4 Rückgang *m* 5 MUS Krebsgang *m*; **retrogressive** [-sɪv] ADJ (ADV ~ly) 1 *bes* BIOL rückschreitend: **~ metamorphosis** BIOL Rückbildung *f* 2 nach rückwärts gerichtet 3 *fig* a rückschrittlich b zurückgehend

retrorocket [ˈretrəʊ-] S *Raumfahrt:* Bremsrakete *f*

retrospect [ˈretrəʊspekt] S Rückblick *m*, -schau *f* (*beide:* **of, on** auf *akk*): **in ~** rückschauend, im Rückblick; **retrospection** [-kʃn] S 1 Erinnerung *f* 2 → retrospect 3 Zurückblicken *n*, -schauen *n*; **retrospective** ADJ (ADV ~ly) 1 retrospektiv, (zu)rückblickend, -schauend: **~ thoughts** Gedanken an die Vergangenheit 2 nach rückwärts *od* hinten (gerichtet) 3 JUR rückwirkend

retroussé [rəˈtruːseɪ; *US a.* rəˌtruːˈseɪ] ADJ nach oben gebogen: **~ nose** Stupsnase *f*

retroversion [ˌretrəʊ-] S 1 a Rückwendung *f* b Rückschau *f* 2 MED Retroversion *f*, Rückwärtsneigung *f* (*des Uterus*) 3 LING Rückübersetzung *f* 4 *fig* Umkehr *f*, Rückfall *m*; **retroverted** ADJ MED rückwärts geneigt (*Uterus*)

retry [ˌriːˈtraɪ] V/T JUR 1 *e-n Prozess* erneut verhandeln 2 neu verhandeln gegen *j-n*

retsina [retˈsiːnə] S Retsina *m* (*geharzter griechischer Weißwein*)

rettery [ˈretərɪ] S TECH (Flachs)Rösterei *f*

return [rɪˈtɜːn; *US* rɪˈtɜrn] A V/I 1 zurückkehren, -kommen (*beide:* **from** aus, von; **to** zu, nach), wiederkommen, -kehren (*beide a. fig*), *fig* wieder auftreten (*Krankheit etc*): **~ to work** an den Arbeitsplatz zurückkehren; **~ to** *fig* a auf *ein Thema, ein Vorhaben etc* zurückkommen b in *e-e Gewohnheit etc* zurückfallen, zurückkehren zu c in *e-n Zustand* zurückkehren, zu *Staub etc* werden: **~ to health** wieder gesund werden; **normal life was ~ing to the capital** in der Hauptstadt kehrte wieder das normale Leben ein; **I can always ~ to my original profession** ich kann jederzeit in m-n alten Beruf zurückgehen; → normal B 2 2 zurückfallen (**to** an *akk*) (*Besitz*) 3 antworten 4 **"~ to sender"** *Postwesen:* „zurück an Absender" 5 *Tennis etc:* retournieren B V/T 1 *e-n Besuch, e-n Gruß, j-s Liebe etc* erwidern, *ein Kompliment etc a.* zurückgeben: **~ fire** MIL das Feuer erwidern; **~ thanks** (dem Herrn) danken (*das Tischgebet sprechen*) 2 vergelten: → evil C 2 3 zurückgeben, *Geld a.* zurückzahlen 4 zurückschicken, -senden: **~ed letter** unzustellbarer Brief 5 (**to**) *leere Flaschen etc* zurückbringen (in *den Laden etc*), *ein Buch etc* zurückstellen (in *das Regal etc*), *e-n Schalter etc* zurückstellen (auf *akk*) 6 einbringen, (er)bringen, *Gewinn* abwerfen, *Zinsen* tragen: **~ a result** ein Ergebnis haben *od* zeitigen 7 JUR a (Vollzugs)Bericht erstatten über (*akk*) b *e-n Gerichtsbefehl* (mit Vollzugsbericht) vorlegen (**to** *dat*) 8 JUR *e-n Spruch* fällen (*Geschworene*): → verdict 1 9 *ein Votum* abgeben 10 (*amtlich*) erklären für *od* als, *j-n arbeitsunfähig etc* schreiben: **~ sb unfit for work** 11 (*bes* zur Steuerveranlagung) erklären, angeben (**at** mit): **he ~ed his income at £20,000** 12 (*amtlich*) melden 13 *e-e amtliche Liste etc* vorlegen *od* veröffentlichen 14 POL *Br* a *das Wahlergebnis* melden b *j-n* als Abgeordneten wählen (**to Parliament** ins Parlament) 15 umwenden, umkehren 16 *Tennis etc: e-n Ball* retournieren 17 *ein Echo, Strahlen* zurückwerfen 18 WIRTSCH *e-n Scheck* zurückweisen 19 *bes* TECH zurückführen, -leiten 20 ARCH wiederkehren lassen: a vorspringen lassen b zurücksetzen 21 *Kartenspiel: e-e Farbe* nachspielen C S 1 Rückkehr *f*, -kunft *f*, Wiederkehr *f* (*a. fig*): **by ~ (of post)** *Br* postwendend, umgehend; **on my ~** bei m-r Rückkehr; **(I wish you) many happy ~s of the day** herzlichen Glückwunsch zum Geburtstag; **the ~ to democratic conditions** die Rückkehr zu demokratischen Verhältnissen 2 Wiederauftreten *n*: **~ of cold weather** Kälterückfall *m* 3 *bes Br* a Rückfahrkarte *f* b FLUG Rückflugticket *n* 4 Erwiderung *f*, Rückgabe *f*: **on sale or ~** WIRTSCH in Kommission 5 Rücksendung *f* (*a. Ware*): **~s** a Rückgut *n* b (*Buchhandel*) Remittenden 6 zurückgewiesene *od* zurückgesandte Sache 7 WIRTSCH Rückzahlung *f*, -erstattung *f*: **~ (of premium)** (*Versicherung*) Ristorno *n*, Prämienrückzahlung 8 Entgelt *n*, Gegenleistung *f*, Vergütung *f*, Entschädigung *f*: **in ~** dafür; **expect nothing in ~** keine Gegenleistung erwarten; **in ~ for** (als Gegenleistung) für; **without ~** unentgeltlich 9 *meist pl* WIRTSCH a Umsatz *m*: **quick ~s** rascher Umsatz b Ertrag *m*, Einnahme *f*, Gewinn *m*, Verzinsung *f*: **yield** (*od* **bring**) **a ~** Nutzen abwerfen, sich rentieren 10 Erwiderung *f* (*e-s Besuches, e-s Grußes, der Liebe etc*): **~ of thanks** Tischgebet *n* 11 (*amtlicher*) Bericht, (*statistischer*) Ausweis, Aufstellung *f*: **official ~s** amtliche Ziffern 12 (*Steuer- etc*) Erklärung *f* 13 *Meinungsforschung:* a Umfrageergebnis *n* b Antwortenrücklauf *m* 14 JUR a Vorlage *f* (*e-s Gerichtsbefehls etc*) (mit Vollzugsbericht) b Vollzugsbericht *m* (*des Gerichtsvollziehers etc*) c Stellungnahme *f* 15 POL a Wahlergebnis *n* b *Br* Einzug *m* (**to Parliament** ins Parlament), Wahl *f* (*e-s Abgeordneten*) 16 Zurückbringen *n*, -stellen *n* 17 TECH a Rückführung *f*, -leitung *f* b Rücklauf *m*, -kehr *f* c ELEK Rückleitung *f* 18 Biegung *f*, Krümmung *f* 19 ARCH a Wiederkehr *f* b vorspringender *od* zurückgesetzter Teil c (Seiten)Flügel *m* d Kröpfung *f* **20** *Tennis etc*: Rückschlag *m*, Return *m* **21** SPORT Rückspiel *n* **22** *Kartenspiel*: Nachspielen *n (e-r Farbe)* **D** ADJ **1** Rück...: **~ bout** (*od* **fight**) *(Boxen)* Revanche-, Rückkampf *m*; **~ cable** ELEK Rückleitung(skabel) *f(n)*; **~ cargo** WIRTSCH Rückfracht *f*, -ladung *f*; **~ circuit** ELEK Rücklaufschaltung *f*; **~ copies** *(Buchhandel)* Remittenden; **~ current** ELEK Rückstrom *m*; **~ game** (*od* **match**) SPORT Rückspiel *n*; **~ journey** Rückreise *f*; **by ~ mail** *US* postwendend, umgehend; **~ postage** Rückporto *n*; **~ pulley** TECH Umlenkrolle *f*; **~ spring** Rückholfeder *f*; **~ ticket** *bes Br* a Rückfahrkarte *f* b FLUG Rückflugticket *n*; **~ valve** TECH Rückschlagventil *n*; **~ visit** Gegenbesuch *m*; **~ wire** ELEK Rückleiter *m*; → booking 1 **2** zurückgebogen: **~ bend** a TECH U-Röhre *f* b Haarnadelkurve *f* *(e-r Straße)* **3** **~ key** COMPUT Eingabetaste *f* **4** **~ day** JUR Verhandlungstermin *m*

returnable ADJ **1** JUR *etc* wieder zuzustellen(d), (mit Bericht) einzusenden(d) **2** zurückzugeben(d): **~ bottle** Mehrweg-, Pfandflasche *f* **3** WIRTSCH rückzahlbar

returnee [rɪˌtɜːˈniː; *US* -ˌtɜr-] S *bes US* Heimkehrer(in)

returning| board S POL *US* Wahlausschuss *m*; **~ officer** S POL *Br* Wahlleiter(in)

reunification [ˌriːjuːnɪfɪˈkeɪʃn] S POL Wiedervereinigung *f*; **reunify** [-faɪ] VT wiedervereinigen

reunion [ˌriːˈjuːnjən] S **1** *a.* MED, PHYS, POL Wiedervereinigung *f* **2** *fig* Versöhnung *f* **3** *(Familien-, Klassen- etc)* Treffen *n*, Wiedersehen *n*

Reunionism [ˌriːˈjuːnjənɪzəm] S *auf Wiedervereinigung mit der römisch-katholischen Kirche gerichtete Bewegung in der englischen Staatskirche*

reunite [ˌriːjuːˈnaɪt] **A** VT *e-e Familie etc* wiedervereinigen **B** VI sich wiedervereinigen

re-up [ˌriːˈʌp] VI MIL *US umg* sich weiterverpflichten *od* wieder verpflichten

reusable [ˌriːˈjuːsəbl] ADJ wiederverwendbar: **~ package** Mehrwegverpackung *f*; **reuse** **A** VT [ˌriːˈjuːz] wiederverwenden **B** S [-ˈjuːs] Wiederverwendung *f*

rev [rev] AUTO *umg* **A** S Umdrehung *f*: **~s per minute** Umdrehungen pro Minute, Dreh-, Tourenzahl *f*; **~ counter** Drehzahlmesser *m*, Tourenzähler *m* **B** VT **1** *meist* **~ up** *e-n Motor* hochjagen *umg* auf Touren bringen **2** **~ down** *e-n Motor* heruntertouren, drosseln **C** VI laufen, auf Touren sein *(Motor)*: **~ up** a auf Touren kommen *(Motor)* b aufdrehen, den Motor auf Touren bringen *od umg* hochjagen

Rev. ABK **1** BIBEL Revelation(s PL) **2** Reverend

revaccinate [ˌriːˈvæksɪneɪt] VT MED nachimpfen

revalorization [ˈriːˌvælərаɪˈzeɪʃn; *US* -rəˈz-] S Aufwertung *f*; **revalorize** VT WIRTSCH *e-e Währung* aufwerten

revaluate [ˌriːˈvæljʊeɪt; *US* -jəˌweɪt] VT WIRTSCH *bes US* **1** neu bewerten *od* einschätzen **2** **~ (upward)** *e-e Währung* aufwerten; **revaluation** S **1** Neubewertung *f*, Neueinschätzung *f* **2** Aufwertung *f*

revalue [ˌriːˈvæljuː] VT WIRTSCH **1** neu bewerten *od* einschätzen **2** **~ (upward)** *e-e Währung* aufwerten

revamp [ˌriːˈvæmp] VT *umg ein Haus etc* aufmöbeln, *ein Theaterstück etc* aufpolieren, *e-e Firma etc* auf Vordermann bringen

revanchism [rɪˈvæntʃɪzəm; -ˈvɑːnʃ-] S POL Revanchismus *m (nationalistische Vergeltungspolitik)*; **revanchist** **A** ADJ revanchistisch **B** S Revanchist(in)

reveal [rɪˈviːl] **A** VT **1** REL *u. fig* offenbaren (**to** *dat*): **~ed religion** Offenbarungsreligion *f* **2** a enthüllen, zeigen *(beide a. fig erkennen lassen)(beide:* **to** *dat)*: **~ sb as** (*od* **to be**) **sth** j-n als etwas erkennen lassen b zeigen, sehen lassen *(Kleid etc)*: **her dress ~s nearly everything** *a.* ihr Kleid ist sehr offenherzig **3** *fig ein Geheimnis etc* enthüllen, aufdecken, verraten (**to** *dat*) **B** S TECH a (innere) Laibung *(e-r Tür etc)* b Einfassung *f* c (Fenster)Rahmen *m (e-s Autos)*; **revealable** ADJ enthüllbar; **revealing** ADJ (ADV **~ly**) **1** enthüllend, aufschlussreich **2** offenherzig *(Kleid etc)*

reveille [rɪˈvælɪ; *US* ˈrevəliː] S MIL (Signal *n* zum) Wecken *n*

revel [ˈrevl] **A** VI *prät u. pperf* -eled, *bes Br* -elled **1** (lärmend) feiern, ausgelassen sein **2** (**in**) *fig* a schwelgen (in *dat*): **~ in doing sth** größtes Vergnügen daran haben, etwas zu tun; etwas mit wahrem Vergnügen tun; **~ in one's freedom** s-e Freiheit in vollen Zügen genießen b sich weiden *od* ergötzen (an *dat*) **B** S *meist pl* → revelry

revelation [ˌrevəˈleɪʃn] S **1** Enthüllung *f*, Offenbarung *f*: **it was a ~ to me** das hat mir die Augen geöffnet; **it was a ~ to me when ...** als ..., gingen mir plötzlich die Augen auf; **what a ~!** ach so ist das! **2** REL *(göttliche)* Offenbarung: **the** ℞**(s** *pl*), **the** ℞ **of St John (the Divine)** BIBEL die (Geheime) Offenbarung des Johannes, die Offenbarung **3** *umg (e-e)* Offenbarung *(etwas Ausgezeichnetes)* (**to sb** j-m *od* für j-n); **revelational** [-ʃənl] ADJ Offenbarungs...

reveler, *bes Br* **reveller** [ˈrevlə(r)] S **1** Feiernde(r) *m/f(m)* **2** Nachtschwärmer(in) *umg*

revelry [ˈrevlrɪ] S **1** lärmende Festlichkeit **2** Jubel *m*, Trubel *m*

revenant [ˈrevənənt] S **1** Zurückgekehrte(r) *m/f(m)* **2** Geist *m (e-s Verstorbenen)*

revendication [rɪˌvendɪˈkeɪʃn] S **1** JUR a dingliche Klage b Klage *f* auf Herausgabe *(e-s noch unbezahlten Kaufobjekts)* **2** Zurückgewinnung *f*

revenge [rɪˈvendʒ] **A** VT **1** *etwas, a. j-n* rächen **2** **be ~d (on sb for sth)**, **~ o.s. (on sb for sth)** sich (an j-m für etwas) rächen: **swear to be ~d (on sb)** (j-m) Rache schwören **B** S **1** Rache *f*: **for** (*od* **out of**) **~** aus Rache; **in** (*od* **out of**) **~ (for)** als *od* aus Rache (für); **get** (*od* **take**) **one's ~** sich rächen (→ B 2); **take one's ~ on sb (for sth)** sich an j-m (für etwas) rächen; **have** (*od* **get**) **one's ~ (on sb) for sth** sich (an j-m) für etwas rächen; → sweet A 6 **2** *bes* SPORT, *Spiel*: Revanche *f*: **give sb their ~** j-m Revanche geben; **get** (*od* **take**) **one's ~** sich revanchieren (→ B 1) **3** Rachsucht *f*, Rachgier *f*; **revengeful** ADJ (ADV **~ly**) rachsüchtig: **~ thoughts** Rachegedanken; **revengefulness** → revenge B 3; **revenger** S Rächer(in)

revenue [ˈrevənjuː; *US a.* -ˌnuː] S WIRTSCH **1** Staatseinkünfte *pl*, -einnahmen *pl*: → inland B 3, internal revenue **2** a Finanzverwaltung *f* b Fiskus *m*: **~ board** (*od* **office**) Finanzamt *n*; → defraud **3** *pl* Einnahmen *pl*, Einkünfte *pl* **4** Kapitalrente *f*, Einkommen *n*, Rente *f* **5** Ertrag *m*, Nutzung *f* **6** Einkommensquelle *f*; **~ cutter** S SCHIFF Zollkutter *m*; **~ duty** S Finanzzoll *m*; **~ expenditure** S WIRTSCH Kapitalaufwand *m* zum Ersatz verbrauchter Waren; **~ investigator** S Steuerfahnder(in); **~ officer** S Zollbeamte(r) *m*, -beamtin *f*

revenuer S *US umg* Zollbeamte(r) *m*, -beamtin *f*

revenue| stamp S WIRTSCH Banderole *f*, Steuermarke *f*; **~ tariff** S Finanzzoll *m*

reverberant [rɪˈvɜːbərənt; *US* -ˈvɜr-] ADJ (ADV **~ly**) *Akustik*: nach-, widerhallend: **~ sound level** Nachhallpegel *m*; **reverberate** [-reɪt] **A** VI PHYS a zurückstrahlen b *Akustik*: nach-, widerhallen **B** VT **1** PHYS *Hitze, Licht etc* zurückwerfen **2** METALL im Flammofen schmelzen; **reverberation** S **1** *Akustik*: Wider-, Nachhall *m*: **~ time** Nachhallzeit *f* **2** PHYS a Zurückwerfen *n*, -strahlen *n* b Rückstrahlung *f* **3** METALL Schmelzen *n* im Flammofen; **reverberator** [-tə(r)] S TECH **1** Reflektor *m* **2** Scheinwerfer *m*; **reverberatory** [-rətərɪ; *US* -rəˌtəʊriː; -ˌtɔː-] **A** ADJ PHYS zurückgeworfen **B** S *a.* **~ furnace** METALL Flammofen *m*

revere [rɪˈvɪə(r)] VT (ver)ehren

reverence [ˈrevərəns] **A** S **1** Verehrung *f* (**for** für *od gen*): **hold** (*od* **have**) **in (great) ~**, **have (great) ~ for** a *j-n* (hoch) verehren b e-e (sehr) hohe Meinung von *j-m, etwas* haben; **pay ~ to sb** j-m Verehrung zollen **2** Ehrfurcht *f* (**for** vor *dat*) **3** Ehrerbietung *f* **4** *obs* Reverenz *f*: a Verbeugung *f* b Knicks *m* **5** **Your (His)** ℞ *obs od hum* Euer (Seine) Ehrwürden **B** VT (ver)ehren; **reverend** **A** ADJ **1** ehrwürdig **2** ℞ REL ehr-, hochwürdig *(im Titel der englischen Geistlichen)*: **Very** ℞ *(im Titel e-s Dekans)*; **Right** ℞ *(Bischof)*; **Most** ℞ *(Erzbischof)*; ℞ **Mother** Mutter *f* Oberin **B** S Geistliche(r) *m*

reverent [ˈrevərənt] ADJ (ADV **~ly**), **reverential** [-ˈrenʃl] ADJ (ADV **~ly**) ehrfürchtig, ehrfurchtsvoll, ehrerbietig: **~ silence** ehrfürchtiges Schweigen

reverie [ˈrevərɪ] S **1** (Tag)Träumerei *f*: **fall into a ~** ins Träumen kommen (**about** über *akk*); **be lost in ~** sich in Träumereien verlieren **2** MUS Träumerei *f (Titel)*

revers [rɪˈvɪə(r); rɪˈveə(r)] *pl* **revers** [-z] S Revers *n/m (am Mantel etc)*

reversal [rɪˈvɜːsl; *US* rɪˈvɜrsəl] S **1** Umkehr(ung) *f*, Umschwung *m*, Umschlag *m*: **~ of opinion** Meinungsumschwung; **he suffered a ~ of fortune** das Glück verließ ihn **2** JUR Aufhebung *f*, Umstoßung *f (e-s Urteils)* **3** WIRTSCH Stornierung *f* **4** OPT, FOTO Umkehrung *f*: **~ finder** Umkehrsucher *m*; **~ film** Umkehrfilm *m*; **~ process** Umkehrentwicklung *f* **5** TECH Umsteuerung *f* **6** ELEK *(Strom)* Umkehr *f*: **~ of polarity** Umpolung *f*

reverse [rɪˈvɜːs; *US* rɪˈvɜrs] **A** ADJ (ADV **~ly**) **1** umgekehrt, verkehrt, entgegengesetzt (**to** *dat*): **~ commuting** Pendeln *n* von der Wohnung in der Innenstadt zum Arbeitsplatz an der Peripherie; **~ current** ELEK Gegen-, Sperrstrom *m*; **~ dictionary** rückläufiges Wörterbuch; **~ discrimination** positive Diskriminierung; **~ flying** FLUG Rückenflug *m*; **in ~ order** in umgekehrter Reihenfolge; **~ power** ELEK Rückleistung *f*; **~ rotation** TECH Gegendrehung *f*; **~ side** a Rück-, Kehrseite *f* b linke (Stoff)Seite **2** rückläufig, Rückwärts...: **~ curve** BAHN S-Kurve *f*; **~ gate** *(Kanuslalom)* Rückwärtstor *n*; **~ gear** → B 5; **~ lever** TECH Umsteuerungshebel *m*; **~ motion** TECH a Rückwärtsgang *m* b Rückwärtsbewegung *f* c Rücklauf *m* **B** S **1** Gegenteil *n*, *(das)* Umgekehrte: **the case is quite the ~** der Fall liegt gerade umgekehrt; **she was the ~ of polite** sie war alles andere als höflich; **she did the ~ of what we had expected** sie tat das Gegenteil dessen, was wir erwartet hatten **2** Rückschlag *m*: **~ of fortune** Schicksalsschlag *m* **3** MIL *etc* Niederlage *f* **4** a Rückseite *f* b *bes fig* Kehrseite *f*: **~ of a coin** Rückseite *od* Revers *m* e-r Münze; **on the ~** umstehend; → medal A a **5** AUTO Rückwärtsgang *m*: **put the car in(to) ~**, **change into ~** den Rückwärtsgang einlegen **6** TECH Umsteuerung *f* **C** VT **1** umkehren *(a.* ELEK, MATH, FOTO; *a. fig)*, umwenden: **~ the order of things** die Weltordnung auf den Kopf stellen; **~ the charge(s)** TEL *Br* ein R-Gespräch führen **2** *fig s-e Politik* (ganz) umstellen, *s-e Meinung etc*

R

(völlig) ändern *od* revidieren, *e-e Entscheidung etc* rückgängig machen **3** JUR *ein Urteil* umstoßen, aufheben **4** AUTO im Rückwärtsgang fahren *od* rückwärtsfahren (lassen), zurücksetzen: **~ one's car out of the garage** rückwärts aus der Garage fahren **5** ELEK **a** *a.* **~ the polarity** umpolen **b** umsteuern, *ein Relais* umlegen **6** WIRTSCH stornieren **D** VI **1** *(beim Walzer)* linksherum tanzen **2** rückwärtsfahren *od* -laufen, AUTO *a.* zurücksetzen: **~ into the garage** rückwärts in die Garage fahren

reversed ADJ **1** *Philatelie:* spiegelverkehrt *(Wasserzeichen)* **2** **~-charge call** TEL *Br* R-Gespräch *n*; **reverser** S ELEK Umkehr-, Wendeschalter *m*

reversibility [rɪˌvɜːsəˈbɪlətɪ; *US* -ˌvɜr-] S Reversibilität *f*, Umkehrbarkeit *f*; **reversible** **A** ADJ (ADV **reversibly**) **1** *a.* CHEM, MATH, PHYS reversibel, umkehrbar: **~ film** FOTO Umkehrfilm *m* **2** reversibel: **a** doppelseitig, wendbar *(Stoff etc)* **b** doppelseitig tragbar: **~ coat** → B b **3** ELEK umsteuerbar **4** JUR umstoßbar **B** S **a** doppelseitig tragbares Kleidungsstück **b** Wendemantel *m*

reversing ADJ ELEK, TECH Umkehr…, Umsteuerungs…: **~ gear** **a** TECH Wendegetriebe *n* **b** AUTO Rückwärtsgang *m*; **~ light** AUTO Rückfahrscheinwerfer *m*; **~ pole** ELEK Wendepol *m*; **~ switch** → reverser

reversion [rɪˈvɜːʃn; *US* rɪˈvɜrʒən; -ʃən] S **1** *a.* MATH Umkehrung *f* **2** JUR **a** Heim-, Rückfall *m* **b** *a.* **right of ~** Heimfallsrecht *n*: **estate in ~** mit e-m Heimfallsrecht belastetes Vermögen **3** JUR **a** Anwartschaft *f* (**of** auf *akk*) **b** Anwartschaftsrente *f* **4** WIRTSCH Versicherungssumme *f (e-r Lebensversicherung im Todesfall)* **5** BIOL **a** Rückartung *f* **b** → atavism a **6** ELEK **a** Umpolung *f* **b** Umsteuerung *f*; **reversional** [-ʃənl] → reversionary; **reversionary** [-ʃnərɪ; *US* -ʒəˌneriː; -ʃə-] ADJ **1** JUR anwartschaftlich, Anwartschafts…: **~ annuity** Rente *f* auf den Überlebensfall; **~ heir** Nacherbe *m* **2** BIOL atavistisch; **reversioner** S JUR **1** Anwärter(in) **2** Inhaber(in) e-s Heimfallrechts **3** Nacherbe *m*, -erbin *f*

revert [rɪˈvɜːt; *US* rɪˈvɜrt] **A** VI **1** zurückkehren (**to** zu *s-m Glauben etc*): **he ~ed to type** *fig* der alte Adam ist bei ihm wieder durchgebrochen **2** zurückkommen (**to** auf *e-n Brief, ein Thema etc*) **3** wieder zurückfallen (**to** in *akk*): **~ to barbarism** **4** JUR zurück-, heimfallen (*beide:* **to sb** an j-n) **5** BIOL zurückschlagen (**to** zu) **B** VT *den Blick* (zurück)wenden **C** S REL Wiederbekehrte(r) *m/f(m)*; **revertible** ADJ JUR heimfällig

revet [rɪˈvet] VT TECH *mit Mauerwerk etc* verkleiden, füttern; **revetment** S **1** TECH Befestigung *f*, Verkleidung *f*, Futtermauer *f (e-s Ufers etc)* **2** MIL **a** Splitterschutzwand *f* **b** FLUG Schutz-, Splitterboxe *f*

review [rɪˈvjuː] **A** S **1** *(Buch- etc)* Besprechung *f*, Kritik *f*, Rezension *f*: **~ copy** Rezensions-, Besprechungsexemplar *n* **2** Rundschau *f*, (kritische) Zeitschrift **3** Nachprüfung *f*, (Über)Prüfung *f*, Revision *f*: **court of ~** JUR Berufungsgericht *n*; **be under ~** überprüft werden **4** MIL Parade *f*, Truppenschau *f*: **~ order** **a** Paradeanzug *m* u. -ordnung *f* **b** *fig* Gala *f*; **pass in ~** **a** mustern **b** (vorbei)defilieren (lassen) (→ A 5) **5** Rückblick *m*, -schau *f* (*beide:* **of** auf *akk*): **pass in ~** **a** Rückschau halten auf *(akk)* **b** *etwas* Revue passieren lassen (→ A 4); **his childhood passed in ~ before his eyes** s-e Kindheit zog vor s-m inneren Auge noch einmal vorbei **6** SCHULE *US* (Stoff)Wiederholung *f* (**for** für *e-e Prüfung*) **7** Bericht *m*, Übersicht *f*, -blick *m* (*alle:* **of** über *akk*): **month under ~** Berichtsmonat *m* **8** Durchsicht *f* **9** THEAT → revue **B** VT **1** (über)prüfen, nachprüfen, e-r Revision unterziehen: **~ a case** JUR e-n Prozess im Wege der Revision überprüfen; **in ~ing our books** WIRTSCH bei Durchsicht unserer Bücher **2** SCHULE *US Stoff* wiederholen (**for** für *e-e Prüfung*) **3** MIL besichtigen, inspizieren, mustern **4** *fig* auf *sein Leben etc* zurückblicken **5** *fig e-e Situation etc* überblicken, -schauen **6** e-n Überblick geben über *(akk)* **7** *ein Buch, e-n Film etc* besprechen, rezensieren: **be well ~d** gute Kritiken erhalten **C** VI SCHULE *US* (den Stoff) wiederholen (**for** für *e-e Prüfung*)

reviewable [rɪˈvjuːəbl] ADJ **1** zu besprechen(d) **2** zu überprüfen(d) **3** JUR im Wege der Berufung *od* Revision anfechtbar; **reviewal** → review A 1, A 3, A 7; **reviewer** S Kritiker(in), Rezensent(in)

revile [rɪˈvaɪl] VT schmähen; **revilement** S Schmähung *f*

revisable [rɪˈvaɪzəbl] ADJ zu überprüfen(d), zu revidieren(d); **revisal** S **1** (Nach)Prüfung *f* **2** (nochmalige) Durchsicht **3** TYPO zweite Korrektur; **revise** **A** VT **1** revidieren: **a** *s-e Ansicht* ändern: **~ one's thinking** umdenken **b** *ein Buch etc* überarbeiten (u. verbessern): **~d edition** verbesserte Auflage; **℞d Version** *verbesserte britische Bibelausgabe (1885)*; **℞d Standard Version** *verbesserte amerikanische Bibelausgabe (1952)* **c** TYPO in zweiter Korrektur lesen **2** überprüfen, (wieder) durchsehen **3** *Br* → review B 2 **B** VI *Br* → review C **C** S **1** *a.* **~ proof** TYPO Revisionsbogen *m*, Korrekturabzug *m* **2** → revision; **reviser** S **1** TYPO Korrektor *m*, Korrektorin *f* **2** **the ~s** *pl* die Bearbeiter *pl* der **Revised Version** (→ revise A 1 b)

revision [rɪˈvɪʒn] S **1** Revision *f*: **a** Durchsicht *f*, Überprüfung *f* **b** Überarbeitung *f* **c** Korrektur *f* **2** TYPO verbesserte Ausgabe *od* Auflage **3** *Br* → review A 6; **revisionism** S POL Revisionismus *m (Streben nach Änderung e-s bestehenden Zustandes)*; **revisionist** **A** S Revisionist(in) **B** ADJ revisionistisch

revisit [ˌriːˈvɪzɪt] VT nochmals *od* wieder besuchen

revitalize [ˌriːˈvaɪtəlaɪz] VT neu beleben, wieder beleben

revival [rɪˈvaɪvl] S **1** Wiederbelebung *f (a.* JUR *von Rechten)*, WIRTSCH Sanierung *f (e-s Unternehmens etc)*: **~ of architecture**, **Gothic ~** Neugotik *f*; **℞ of Learning** (*od* **Letters**, **Literature**) HIST *(der)* Humanismus **2** Wiederaufgreifen *n (e-s veralteten Wortes etc)*, THEAT Wiederaufnahme *f (e-s vergessenen Stückes)* **3** Wiederaufleben *n*, -aufblühen *n*, Erneuerung *f*: **there has been a ~ of interest in** das Interesse an *(dat)* ist wieder aufgelebt **4** REL *bes US* **a** *a.* **~ of religion** (religiöse) Erweckung **b** *a.* **~ meeting** Erweckungsversammlung *f* **5** JUR Wiederinkrafttreten *n*; **revivalism** S **1** REL *bes US* **a** (religiöse) Erweckungsbewegung **b** Erweckungseifer *m* **2** *Neigung, Vergangenes wieder zu beleben*; **revivalist** S REL *bes US* Erweckungsprediger(in)

revive [rɪˈvaɪv] **A** VT **1** wieder beleben *(a.* JUR *Rechte)*, WIRTSCH *ein Unternehmen etc* sanieren **2** *e-n Brauch, Streit etc* wieder aufleben lassen **3** *e-n Vertrag etc* erneuern **4** *die Ordnung etc* wiederherstellen **5** *ein Thema etc* wieder aufgreifen: **~ an old play** ein altes Stück wieder auf die Bühne bringen *od* wieder aufnehmen **6** wieder einführen **7** erquicken **8** wieder in Kraft treten lassen **9** METALL frischen **B** VI **1** wieder (zum Leben) erwachen **2** das Bewusstsein wiedererlangen **3** *fig* wieder erwachen, wieder aufleben *(a.* JUR *Rechte)* **4** *bes* WIRTSCH sich erholen **5** wieder aufblühen **6** *fig* wieder aufkommen **7** JUR wieder in Kraft treten

revivification [rɪːˌvɪvɪfɪˈkeɪʃn] S **1** → revival 1, 3 **2** CHEM, TECH **a** erneute Aktivierung *(e-s Katalysators etc)* **b** Reduktion *f (e-s Metalles)*; **revivify** [-faɪ] **A** VT **1** wiederbeleben **2** *fig* wieder aufleben lassen, neu beleben **3** CHEM **a** *Reagenzien etc* reinigen **b** *ein Metalloxyd* frischen **B** VI CHEM *(als Reagenz)* wieder wirksam werden

reviviscence [ˌrevɪˈvɪsns; *bes US* ˌriːvaɪ-] S **1** → revival 1, 3 **2** Wiederaufflackern *n (e-r Krankheit etc)*; **reviviscent** ADJ wieder auflebend

revocable [ˈrevəkəbl] ADJ (ADV **revocably**) widerruflich; **revocation** [-ˈkeɪʃn] S JUR Aufhebung *f*, Widerruf *m*: **~ of licence** Lizenzentzug *m*; **revocatory** [-kətərɪ; *US* -kəˌtəʊriː; -ˌtɔː-] ADJ *bes* JUR widerrufend, Widerrufungs…

revoke [rɪˈvəʊk] **A** VT widerrufen, zurücknehmen, rückgängig machen, *a. e-n Haftbefehl etc* aufheben **B** VI **1** widerrufen **2** *Kartenspiel:* nicht bedienen **C** S *Kartenspiel:* Nichtbedienen *n*

revolt [rɪˈvəʊlt] **A** S **1** Revolte *f*, Aufruhr *m*, Aufstand *m*: **be in (a state of) ~** sich in Aufruhr befinden; **break out in ~** sich erheben **2** (innere) Empörung, Abscheu *m/f*: **in ~** voller Empörung *od* Abscheu **B** VI **1** **a** revoltieren, sich auflehnen (*beide:* **against** gegen) **b** *fig* abfallen (**from** von) **2** *fig* empört sein (**at** über *akk*), Widerwillen empfinden (**at** bei, gegen), sich sträuben *od* empören (**against**, **at** gegen) **C** VT *fig* empören, mit Abscheu erfüllen, abstoßen: **be ~ed** → B 2; **revolted** ADJ **1** aufständisch, revoltierend **2** empört; **revolter** S Rebell(in), Aufständische(r) *m/f(m)*; **revolting** ADJ (ADV **~ly**) **1** *fig* empörend, abstoßend **2** *umg* scheußlich *(Kleid etc)*, widerlich *(Geruch etc)*

revolute [ˈrevəluːt] ADJ *bes* BOT zurückgerollt

revolution [ˌrevəˈluːʃn] S **1** ASTRON **a** Kreislauf *m (a. fig des Jahres etc)* **b** Umdrehung *f* **c** Umlauf(zeit) *m(f)* **2** TECH **a** Umlauf *m*, Rotation *f (e-r Maschine etc)* **b** Umdrehung *f*: **~s per minute** Umdrehungen pro Minute, Dreh-, Tourenzahl *f*; **play a record at 45 ~s per minute** e-e Schallplatte mit 45 Umdrehungen abspielen; **~ counter** Drehzahlmesser *m*, Tourenzähler *m* **3** *fig* Revolution *f*: **a** Umwälzung *f*, Umschwung *m*, radikale (Ver)Änderung **b** POL Umsturz *m*; **revolutionary** [-ʃnərɪ; *US* -ʃəˌneriː] **A** ADJ revolutionär: **a** POL Revolutions…, Umsturz…: **~ leader** Revolutionsführer(in) **b** umwälzend, Epoche machend **B** S POL *u. fig* Revolutionär(in); **revolutionist** → revolutionary; **revolutionize** VT **1** *ein Volk etc* aufwiegeln, in Aufruhr bringen **2** *e-n Staat* revolutionieren **3** *fig* revolutionieren, von Grund auf umgestalten

revolvable [rɪˈvɒlvəbl; *US a.* -ˈvɑl-] ADJ drehbar

revolve [rɪˈvɒlv; *US a.* rɪˈvɑlv] **A** VI **1** *bes* MATH, PHYS, TECH sich drehen, kreisen, rotieren (**on** *od* **about an axis** um e-e Achse; **round** um *e-n Mittelpunkt, die Sonne etc*) **2** e-n Kreislauf bilden, (im Kreislauf) dahinrollen *(Jahreszeiten etc)* **3** *fig* (im Kopf) herumgehen: **an idea ~s in my mind** mir geht e-e Idee im Kopf herum **4** **~ about** (*od* **around**) *fig* sich um *j-n od etwas* drehen *(Gedanken etc)* **B** VT **1** drehen, rotieren lassen **2** *fig* (hin u. her) überlegen, *Gedanken, ein Problem* wälzen; **revolver** S Revolver *m*

revolving ADJ **1** **a** sich drehend, kreisend, drehbar (*alle:* **about**, **round** um) **b** Dreh…: **~ case** drehbares (Bücher)Regal; **~ chair** Drehstuhl *m*; **~ door** Drehtür *f*; **~ light** SCHIFF Drehfeuer *n*; **~ pencil** Drehbleistift *m*; **~ restaurant** Drehrestaurant *n*; **~ shutter** Rollladen *m*; **~ stage** THEAT Drehbühne *f* **2** *fig* wieder-

R

kehrend, *(im Kreislauf)* dahinrollend *(Jahreszeiten etc)*; **~ credit** S WIRTSCH Revolving-Kredit *m*; **~ fund** S WIRTSCH Umlauffonds *m*
revue [rɪ'vjuː] S 1 THEAT Revue *f* 2 satirisches *od* zeitkritisches Kabarett
revulsion [rɪ'vʌlʃn] S 1 MED Ableitung *f (z. B. von Schmerzen)* 2 *fig* Umschwung *m*: **~ of opinion** Meinungsumschwung 3 *fig* Abscheu *m/f* (**against** vor *dat*): **in ~** voller Abscheu; **revulsive** [-sɪv] A ADJ (ADV ~ly) 1 MED ableitend *(Mittel)* 2 *fig* abstoßend, widerlich B S MED ableitendes Mittel
reward [rɪ'wɔː(r)d] A S 1 Entgelt *n* 2 Belohnung *f*, *a.* Finderlohn *m*: **as a ~** als *od* zur Belohnung (**for** für); **offer a ~** e-e Belohnung aussetzen (**of** von); **he has a high ~ on his head** auf s-n Kopf ist e-e hohe Belohnung ausgesetzt; **have its ~s** sich lohnen *od* bezahlt machen 3 Vergeltung *f*, (gerechter) Lohn B V/T 1 *j-n od etwas* belohnen *(a. fig)* 2 *fig j-m* vergelten (**for sth** etwas), *j-n od etwas* bestrafen; **rewarding** ADJ (ADV ~ly) lohnend: **financially ~** einträglich; **a ~ book** ein lesenswertes Buch; **a ~ task** e-e lohnende *od* dankbare Aufgabe; **be ~** e-e lohnende *od* dankbare Aufgabe sein; **rewardless** ADJ 1 unbelohnt, 2 nicht lohnend
rewind A V/T irr [ˌriː'waɪnd] *ein Tonband, e-n Film etc* zurückspulen, *Garn etc* wieder aufwickeln *od* -spulen, *e-e Uhr* wieder aufziehen B S ['riːwaɪnd] 1 (Zu)Rückspulung *f* 2 Rücklauf *m (am Tonbandgerät etc)*: **~ button** Rücklauftaste *f* 3 Umspuler *m (Gerät)*; **rewinder** S 1 FOTO Umroller *m* 2 → rewind B 3
rewire [ˌriː'waɪə(r)] V/T ELEK neue Leitungen (ver)legen in *(dat)*
reword [ˌriː'wɜːd; US -'wɜrd] V/T neu *od* anders formulieren, umformulieren
rework [ˌriː'wɜːk; US -'wɜrk] V/T 1 *ein Thema etc* wieder verarbeiten 2 → rewrite A
rewrite A V/T irr [ˌriː'raɪt] 1 nochmals *od* neu schreiben 2 umschreiben 3 *US Presseberichte* redigieren, überarbeiten B S ['riːraɪt] 1 Neufassung *f* 2 US redigierter (Zeitungs)Bericht: **~ man** Überarbeiter *m*
Rex [reks] S JUR *Br (der)* König (→ Regina)
Reynard the Fox ['renə(r)d; *US a.* 'reɪ-] S Reineke *m* Fuchs
RF ABK 1 radio frequency 2 range finder 3 FLUG MIL *US* reconnaissance fighter Aufklärungs-Jagdflugzeug *n*
RFA ABK *Br* Royal Fleet Auxiliary
RFC ABK *Br* Rugby Football Club
RFD ABK *Postwesen: US obs* rural free delivery
RFE ABK Radio Free Europe
RGS ABK *Br* Royal Geographical Society
Rh[1] ABK Rhesus rh, Rh
RH[2] ABK 1 right hand 2 Royal Highness
RHA ABK MIL *Br* Royal Horse Artillery
rhabdomancer ['ræbdəʊmænsə(r)] S (Wünschel)Rutengänger(in); **rhabdomancy** S Rhabdomantie *f*, (Wünschel)Rutengehen *n*; **rhabdomantist** [-tɪst] S (Wünschel)Rutengänger(in)
Rhaetian ['riːʃjən; -ʃɪən] A ADJ 1 rätisch 2 rätoromanisch B S 1 Rätier(in) 2 LING Rätoromanisch *n*, das Rätoromanische
Rhaetic ['riːtɪk] GEOL A S Rhät *n (oberste Stufe des Keupers)* B ADJ rhätisch
Rhaeto-Romanic [ˌriːtəʊ-], *a.* **Rhaeto-Romance** A ADJ rätoromanisch B S LING Rätoromanisch *n*, das Rätoromanische
Rhamadhan → Ramadan
rhapsode ['ræpsəʊd] S *Antike:* Rhapsode *m (wandernder Sänger)*; **rhapsodic** [-'sɒdɪk; US -'sɑ-] ADJ, **rhapsodical** ADJ (ADV ~ly) 1 rhapsodisch 2 *fig* begeistert, überschwänglich, ekstatisch
rhapsodist ['ræpsədɪst] S 1 → rhapsode 2 Rezitator *m*, Rezitatorin *f* 3 *fig* Schwärmer(in); **rhapsodize** A V/T rhapsodenartig vortragen B V/I 1 Rhapsodien vortragen 2 *fig* schwärmen (**about, on, over** von)
rhapsody ['ræpsədɪ] S 1 Rhapsodie *f (a.* MUS) 2 *fig* schwärmerische *od* überschwängliche Äußerung *od* Rede, Schwärmerei *f*, (Wort)Schwall *m*: **go into rhapsodies** (*od* **a ~**) **about** (*od* **on, over**) in Ekstase geraten über *(akk)*
Rhea [rɪə; 'riːə] A EIGENN MYTH Rhea *f (Mutter des Zeus)* B S 1 ♀ ORN Nandu *m*, Pampasstrauß *m* 2 ASTRON Rhea *f (5. Saturnmond)*
Rhemish ['riːmɪʃ] ADJ Reimser, aus Reims (stammend)
Rhenish ['riːnɪʃ; 'renɪʃ] A ADJ rheinisch, Rhein... B S *Br* weißer Rheinwein
rheo. ABK ELEK rheostat
rheobase ['riːəʊbeɪs] S ELEK, PHYSIOL Rheobase *f (minimale Intensität e-s lang dauernden elektrischen Reizes, die gerade noch zur Reaktion e-s Nervs etc führt)*
rheologic [ˌriːəʊ'lɒdʒɪk; US -'lɑ-], **rheological** [-kl] ADJ PHYS Fließ...: **~ property** Fließvermögen *n*; **rheology** [rɪ'ɒlədʒɪ; US -'ɑlə-] S Rheologie *f*, Fließlehre *f*
rheostat ['rɪəʊstæt] S ELEK Rheostat *m*, Regelwiderstand *m*; **rheostatic** ADJ mit regelbarem Widerstand: **~ braking** Widerstandsbremsung *f*; **~ starter** Regelanlasser *m*
rheotrope ['riːəʊtrəʊp] S ELEK Pol-, Stromwender *m*
rhesus ['riːsəs] S *a.* **~ monkey** ZOOL Rhesus (-affe) *m*
Rhesus factor S MED Rhesusfaktor *m*, Rh-Faktor *m*
rhet. ABK 1 rhetoric 2 rhetorical
rhetoric ['retərɪk] S 1 Rhetorik *f*, Redekunst *f*, -stil *m* 2 a Stilistik *f* b (Schreib)Stil *m* c effektvoller Stil 3 Rede-, Wortschwall *m* 4 Vokabular *n*, (rhetorisches) Repertoire 5 *fig* (Sprach- *etc*)Gewalt *f*, Überzeugungskraft *f* 6 *fig pej* Redensarten *pl*, leere Phrasen *pl*, Phrasendrescherei *f*, Schönrederei *f*, Schwulst *m*
rhetorical [rɪ'tɒrɪkl; *US a.* -'tɑ-] ADJ (ADV ~ly) 1 rhetorisch, Redner...: → cut A 2 2 effektvoll 3 *pej* schönrednerisch, phrasenhaft, schwülstig; **~ question** S rhetorische Frage
rhetorician [ˌretə'rɪʃn] S 1 Rhetoriker(in) 2 *pej* Schönredner(in), Phrasendrescher(in)
rheum [ruːm] S MED 1 wässrige Absonderung *(der Augen od der Nase)* 2 Katarrh *m*
rheumatic [ruː'mætɪk] MED A ADJ (ADV ~ally) rheumatisch: a *auf Rheumatismus beruhend*: **~ fever** rheumatisches Fieber, akuter Gelenkrheumatismus b *an Rheumatismus leidend*: **a ~ old man** B S 1 Rheumatiker(in) 2 *pl (als sg konstruiert) Br umg* Rheuma *n*; **rheumaticky** [ruː'mætɪkɪ] ADJ *umg* rheumakrank, -leidend
rheumatism ['ruːmətɪzəm] S MED Rheumatismus *m*: **articular ~** Gelenkrheumatismus
rheumatoid ['ruːmətɔɪd] ADJ MED 1 rheumatoid *(dem Rheumatismus ähnlich)* 2 → rheumatic A; **~ arthritis** S MED primärchronische Polyarthritis, rheumatoide Arthritis
rheumy ['ruːmɪ] ADJ 1 MED katarrhalisch 2 *poet* feucht u. ungesund *(Luft etc)*
Rh factor [ˌɑːr'eɪtʃ] → Rhesus factor
RHG ABK *Br* Royal Horse Guards
rhinal ['raɪnl] ADJ ANAT, MED Nasen...: **~ mirror**
Rhine [raɪn] S Rhein *m*
Rhineland ['raɪnlænd; -lənd] S Rheinland *n*
Rhinelander ['raɪnlændə(r)] S Rheinländer(in)
rhinencephalon [ˌraɪnen'sefəlɒn; US -ˌlɑn] *pl* -lons, -la [-lə] S ANAT Rhinenzephalon *n*, Riechhirn *n*
rhinestone S MINER (imitierter) Rheinkiesel *(Bergkristall)*
Rhine wine S Rheinwein *m*
rhinitis [raɪ'naɪtɪs] S MED Rhinitis *f*, Schnupfen *m*: **allergic** (*od* **anaphylactic**) **~** Heuschnupfen; **chronic ~** Stockschnupfen
rhino[1] ['raɪnəʊ] S *bes Br sl obs* Zaster *m (Geld)*
rhino[2] ['raɪnəʊ] *pl* -nos, *bes koll* -no S *umg für* rhinoceros
rhinoceros [raɪ'nɒsərəs; US -'nɑ-] *pl* -oses, *bes koll* -os S ZOOL Rhinozeros *n*, Nashorn *n*; **~ beetle** S ZOOL *(bes* Kokosnuss-)Nashornkäfer *m*; **~ bird** S ORN Nashornvogel *m*
rhinological [ˌraɪnə'lɒdʒɪkl; US -'lɑ-] ADJ MED rhinologisch; **rhinologist** [-'nɒlədʒɪst; US -'nɑ-] S Rhinologe *m*, Rhinologin *f*, Nasenarzt *m*, -ärztin *f*; **rhinology** [-dʒɪ] S Rhinologie *f*, Nasenheilkunde *f*
rhinopharyngitis ['raɪnəʊˌfærɪn'dʒaɪtɪs] S MED Rhinopharyngitis *f*, Nasen-Rachen-Katarrh *m*
rhinoplasty ['raɪnəʊplæstɪ] S MED Rhinoplastik *f*, Nasenkorrektur *f*, -plastik *f*
rhinoscope ['raɪnəskəʊp] S MED Rhinoskop *n*, Nasenspiegel *m*; **rhinoscopic** [-'skɒpɪk; US -'skɑ-] ADJ rhinoskopisch; **rhinoscopy** [raɪ'nɒskəpɪ; US -'nɑs-] S Rhinoskopie *f*, Nasenspiegelung *f*
rhinovirus ['raɪnəʊˌvaɪrəs] S MED Rhino-, Schnupfenvirus *n/m*
rhiz- [raɪz], **rhizo-** [raɪzəʊ] BOT, ZOOL *Wortelement mit der Bedeutung* Rhizo..., rhizo..., Wurzel..., wurzel...
rhizome ['raɪzəʊm] S BOT Rhizom *n*, Wurzelstock *m*
rhizophagous [raɪ'zɒfəgəs; US -'zɑ-] ADJ ZOOL Wurzel fressend
rhizopod ['raɪzəʊpɒd; US -ˌpɑd] S ZOOL Rhizopode *m*, Wurzelfüßer *m*
Rh negative [ˌɑːr'eɪtʃ] S MED 1 Rh-negatives Blut 2 Rh-negative Person
rho [rəʊ] *pl* rhos S Rho *n (griechischer Buchstabe) (a.* MATH)
Rhodes [rəʊdz] S Rhodos *n*
Rhodian ['rəʊdjən; -ɪən] A ADJ rhodisch, der Insel Rhodos B S Rhodier(in)
rhodium ['rəʊdjəm; -ɪəm] S CHEM Rhodium *n*
rhododendron [ˌrəʊdə'dendrən] S BOT Rhododendron *m*, *a. n*, Alpenrose *f*
rhodopsin [rəʊ'dɒpsɪn; US -'dɑp-] S PHYSIOL Rhodopsin *n*, Sehpurpur *m*
rhomb [rɒm; US rɑm] → rhombus
rhombi ['rɒmbaɪ; US 'rɑm-] *pl von* rhombus
rhombic ['rɒmbɪk; US 'rɑm-] ADJ MATH rhombisch, rautenförmig: **~ aerial** *(bes US* **antenna**) ELEK Rhombusantenne *f*; **~ dodecahedron** Rhombendodekaeder *n*
rhombohedral [ˌrɒmbəʊ'hedrəl; US ˌrɑmbəʊ'hiː-] ADJ MATH, MINER rhomboedrisch; **rhombohedron** [-drən] *pl* -hedra [-drə], -hedrons S Rhomboeder *n (von 6 gleichen Rhomben begrenzte Kristallform)*
rhomboid ['rɒmbɔɪd; US 'rɑm-] A S MATH Rhomboid *n*, Parallelogramm *n* B ADJ 1 rhomben-, rautenförmig: **~ muscle** ANAT Rautenmuskel *m* 2 MATH rhomboidisch
rhombus ['rɒmbəs; US 'rɑm-] *pl* -buses, -bi [-baɪ] S MATH Rhombus *m*, Raute *f*
Rhondda Cynon Taff ['rɒndə,kʌnən'tæf; US 'rɑːndə-] S Rhondda-Cynon-Taff *n (Grafschaft in Südwales)*
Rhône, *bes US* **Rhone** [rəʊn] S Rhone *f*
rhotacism ['rəʊtəsɪzəm] S Rhotazismus *m*: a *Häufung od zu starke Aussprache des r* b *schlechte od falsche Aussprache des r* c LING *lautgesetzliche Verwandlung (insbesondere*

R

von ursprünglichem s oder l) in r
Rh positive [ˌɑːrˈeɪtʃ] S MED 1 Rh-positives Blut 2 Rh-positive Person
RHS ABK 1 *Br* Royal Historical Society 2 *Br* Royal Horticultural Society 3 Royal Humane Society
rhubarb [ˈruːbɑː(r)b] S 1 BOT Rhabarber *m* 2 *US sl* Krach *m*, Streit *m* 3 THEAT *umg* Rhabarber-Rhabarber *n* *(Volksgemurmel)*
rhumb [rʌm; rʌmb] S *a.* ~ **line** *Kartografie*, MATH: Loxodrome *f (Kurve, die jede Kurve e-r Schar unter dem gleichen Winkel schneidet)*
rhumba → rumba
rhyme [raɪm] A S 1 a LIT Reim *m* b Reimwort *n*: **"hot" and "lot" are ~s** „hot" u. „lot" reimen sich; **I can't think of a ~ for "oval"** mir fällt kein Wort ein, das sich auf „oval" reimt; **caudate** *(od* **tail[ed])** ~ Schweifreim; **double** *(od* **female, femine)** ~ weiblicher *od* klingender Reim; **male** *(od* **masculine)** ~ männlicher *od* stumpfer Reim; **middle** ~ Binnenreim *m*; **rich** ~ reicher Reim; **visual** *(od* **eye, sight)** ~ Augenreim; ~ **scheme** Reimschema *n* 2 a Reim *m*, Vers *m* b Reimverse *pl*: **put into** ~ *etwas* in Reime setzen 3 *fig* **without** ~ **or reason** ohne Sinn u. Verstand; **find no** ~ **or reason in** sich keinen Reim machen können auf *(akk)* B V/I 1 reimen, Verse machen 2 sich reimen **(with** auf *akk)* C V/T 1 reimen, in Reime bringen: **~d** in Reimform; **~d verse** Reimvers *m (Ggs Blankvers)* 2 *ein Wort* reimen lassen **(with** auf *akk)*; **rhymeless** ADJ reimlos; **rhymer**, **rhymester** [-stə(r)] S *pej* Reimschmied(in); **rhyming** S Reimen *n*: ~ **couplet** Reimpaar *n*; ~ **dictionary** Reimwörterbuch *n*; ~ **slang** Rhyming Slang *m (Slang, bei dem Wörter durch sich darauf reimende Wörter od Phrasen ersetzt werden)*
rhythm [ˈrɪðəm] S 1 LIT, MUS *u. fig* Rhythmus *m*, Takt *m*: **break sb's** ~ j-n aus dem Rhythmus bringen; **find one's** ~ *bes* SPORT s-n Rhythmus finden; **have (a sense of)** ~ Rhythmus(gefühl) haben; ~ **section** Rhythmusgruppe *f (e-r Big Band etc)*; ~ **guitar** Rhythmusgitarre *f*; ~ **method** MED Knaus-Ogino-Methode *f (Empfängnisverhütung)*; ~ **of life** Lebensrhythmus; **the ~ of my life** mein Lebensrhythmus 2 LIT Versmaß *n*, -form *f* 3 MED Pulsschlag *m (a. fig)*; **rhythmic** [ˈrɪðmɪk] A ADJ (ADV ~ally) rhythmisch: a LIT, MUS taktmäßig, in Rhythmen *od* in Versform: ~ **prose** rhythmische Prosa b *fig* takt- *od* regelmäßig (wiederkehrend); → gymnastic B 2 b B S **rhythmics** *pl (als sg konstruiert)* LIT, MUS Rhythmik *f*: a Rhythmuslehre *f*, -system *n* b rhythmischer Charakter; **rhythmical** ADJ (ADV ~ly) → rhythmic A; **rhythmless** ADJ ohne Rhythmus, unrhythmisch
RI ABK 1 Regina et Imperatrix, Queen and Empress 2 religious instruction Religionsunterricht *m* 3 Rex et Imperator, King and Emperor 4 *Br* Royal Institution
R.I. ABK Rhode Island
rial [ˈraɪəl; *US* riːˈɔːl; -ˈɑːl] S Rial *m (Münzeinheit im Iran etc)*
rialto [rɪˈæltəʊ] *pl* -tos S a Börse *f* b Markt *m*
riant [ˈraɪənt] ADJ a heiter b lächelnd
rib [rɪb] A S 1 ANAT Rippe *f*: **smite sb under the fifth** ~ BIBEL j-n erstechen 2 GASTR a Rippenstück *n* b Rippenspeer *m/n* 3 *hum* Ehehälfte *f (Ehefrau)* 4 BOT *(Blatt)* Rippe *f*, (-)Ader *f* 5 ZOOL Schaft *m (e-r Vogelfeder)* 6 TECH Stab *m*, Stange *f*, *(a. Heiz- etc)* Rippe *f* 7 ARCH, TECH *(Gewölbe)* Rippe *f*, Strebe *f* 8 SCHIFF a *(Schiffs)* Rippe *f*, Spant *n* b Spiere *f* 9 *Bergbau*: a Sicherungspfeiler *m* b (Erz)Trumm *n* 10 MUS Zarge *f (Seitenwand)* 11 Rippe *f (im Stoff; a. beim Stricken)*: ~ **stitch** *(Stricken)* linke Masche 12 *(Berg)* Rippe *f*, Vorsprung *m* 13 rippenartige Erhöhung, Welle *f* B V/T 1 mit Rippen versehen 2 *e-n Stoff etc* rippen, mit Rippen(muster) versehen 3 *umg j-n* aufziehen, hänseln *(beide:* **for** wegen)
RIBA ABK Royal Institute of British Architects
ribald [ˈrɪbəld] A ADJ (ADV ~ly) schmutzig *(Lachen etc)*, *(Witze etc a.)* zotig B S Zotenreißer(in); **ribaldry** [-rɪ] S Zoten(reißerei) *pl(f)*
riband [ˈrɪbənd] S (Zier)Band *n*
ribband [ˈrɪbənd; *US a.* ˈrɪbˌbænd] S SCHIFF 1 Führungsschwelle *f (der Holzschotten)* 2 Sente *f (Innenverstärkung der Planken)*
ribbed [rɪbd] ADJ gerippt, geriffelt: ~ **cooler** TECH Rippenkühler *m*; ~ **glass** TECH Riffelglas *n*; ~ **vault** ARCH Kreuzrippengewölbe *n*
ribbing [ˈrɪbɪŋ] S 1 ARCH, TECH Rippen(-werk *n*) *pl* 2 Rippen(muster) *pl(n)* 3 BOT *(Blatt)* Rippen *pl*
ribbon [ˈrɪbən] A S 1 Band *n*, Borte *f*: **~s** Bandwaren 2 Ordensband *n*: → blue ribbon 1 a 3 (schmaler) Streifen 4 Fetzen *m*: **in ~s** in Fetzen; **tear to ~s** in Fetzen reißen; **a ~ of mist** ein Nebelfetzen 5 Farbband *n (der Schreibmaschine etc)* 6 TECH a *(a. Metall)* Band *n*, (-)Streifen *m* b *(Holz)* Leiste *f* 7 *pl* Zügel *pl*: **handle the ~s** die Zügel in der Hand halten *(a. fig)* 8 *Spinnerei*: Strähn *m*, Strang *m* 9 *Heraldik*: Achtelsbinde *f* B V/T 1 mit Bändern schmücken, bebändern 2 streifen 3 in Streifen schneiden, in Fetzen reißen C V/I sich (wie ein Band) dahinziehen *(Straße etc)*
ribbon development S ARCH *Br* Stadtrandsiedlung *f* entlang e-r Ausfallstraße
ribboned [ˈrɪbənd] ADJ 1 mit Bändern geschmückt, bebändert 2 gebändert, gestreift
ribbon| microphone S ELEK Bändchenmikrofon *n*; ~ **saw** S Bandsäge *f*; ~ **snake** S ZOOL Bandnatter *f*
rib cage S ANAT Brustkorb *m*
riboflavin(e) [ˌraɪbəʊˈfleɪvɪn] S CHEM, MED Riboflavin *n (Vitamin B₂)*
ribonucleic acid [ˌraɪbəʊnjuːˈkliːɪk; *US* -nʊˈkliːɪk; -njʊ-; -ˈkleɪ-] S CHEM Ribonukleinsäure *f*
rib|work → ribbing; **~wort (plantain)** S BOT Spitzwegerich *m*
Ricardian [rɪˈkɑː(r)dɪən] WIRTSCH A ADJ ricardisch *(nach dem englischen Volkswirtschaftler David Ricardo; 1772 bis 1823)*: ~ **theory of rent** ricardische Grundrententheorie B S Anhänger(in) Ricardos
rice [raɪs] A S BOT Reis *m* B V/T *US Kartoffeln etc* durchpressen
rice|bird S ORN 1 Reisvogel *m (Java)* 2 *US* Reisstärling *m* 3 Reisammer *f (China)*; ~ **paddy** S Reisfeld *n*; ~ **paper** S Reispapier *n*; ~ **pudding** S Reisbrei *m*
ricer [ˈraɪsər] S *US* Kartoffel-, Gemüsepresse *f*
rice| rat S ZOOL *(e-e)* amer. Wasserratte; ~ **weevil** S ZOOL Reiskäfer *m*; ~ **wine** S Reiswein *m*
rich [rɪtʃ] A ADJ (ADV → richly) 1 reich, wohlhabend, begütert: **marry** ~ reich heiraten 2 reich **(in** an *dat)*, reichhaltig: ~ **in contrasts** kontrastreich; ~ **in hydrogen** wasserstoffreich; ~ **in ideas** ideenreich; ~ **in ornament** reich verziert 3 schwer *(Stoff)*, prächtig, kostbar *(Seide, Schmuck etc)* 4 reich geschmückt, reich verziert *(Möbel etc)* 5 reich(lich), ergiebig: ~ **harvest** reiche Ernte 6 fruchtbar, fett *(Boden)* 7 a GEOL (erz)reich, erzhaltig, fündig *(Lagerstätte)* b MINER reich, fett *(Erz)*: **strike it** ~ auf Öl *etc* stoßen, *fig* zu Geld kommen, *a.* das große Los ziehen 8 CHEM, TECH schwer *(Gas etc)*, AUTO fett, reich *(Gemisch)*: ~ **oil** Schweröl *n* 9 schwer, kräftig *(Nahrung)* 10 schwer, stark *(Parfüm, Wein)* 11 kräftig, voll, satt *(Farben)* 12 a voll, satt *(Klang)* b voll(tönend), klangvoll *(Stimme)* 13 inhalt(s)reich, -voll 14 *umg* köstlich: **that's ~!** *iron* das ist ja großartig!, *pej* das ist ein starkes Stück! 15 saftig *umg (Ausdrucksweise)* B S **the** ~ *koll* die Reichen *pl*
riches [ˈrɪtʃɪz] SPL Reichtum *m*, Reichtümer *pl*
richly [ˈrɪtʃlɪ] ADV reich(lich), in reichem Maße: **he ~ deserved the punishment** er hat die Strafe mehr als verdient
richness [ˈrɪtʃnɪs] S 1 Reichtum *m*, Reichhaltigkeit *f*, Fülle *f* 2 Pracht *f*, Glanz *m* 3 Ergiebigkeit *f* 4 (Voll)Gehalt *m*, Schwere *f (des Weins etc)* 5 Sattheit *f (von Farben)* 6 MUS *(Klang)* Fülle *f*
Richter scale [ˈrɪçtər; *US* ˈrɪktər] S *Geophysik*: Richter-Skala *f*: **an earthquake measuring** *(od* **registering)** **5.1 on the** ~ ein Erdbeben der Stärke 5,1 auf der Richter-Skala
ricinoleic acid [ˌrɪsɪnəʊˈliːɪk; *US a.* ˌraɪsnəʊ-] S CHEM Rizinol-, Rizinussäure *f*
rick[1] [rɪk] AGR A S *(Getreide-, Heu)* Schober *m* B V/T schobern
rick[2] [rɪk] *bes Br für* wrick
rickets [ˈrɪkɪts] SPL *(als sg konstruiert)* MED Rachitis *f*
rickety [ˈrɪkətɪ] ADJ 1 MED rachitisch 2 schwach *(auf den Beinen)*, gebrechlich, wack(e)lig 3 wack(e)lig *(Möbel)*, klapp(e)rig *(Auto etc)*
rickey [ˈrɪkɪ] S *Cocktail aus Gin od Wodka, Limonellensaft u. Soda*
rickrack [ˈrɪkræk] S *Näherei*: Zackenlitzen (-besatz) *pl(m)*
ricksha [ˈrɪkʃə; *US* -ʃɔː], **rickshaw** [ˈrɪkʃɔː] S Rikscha *f*
ricochet [ˈrɪkəʃeɪ] A S 1 Abprallen *n* 2 *a.* ~ **shot** Querschläger *m* B V/I *prät u. pperf* -ed, -ted abprallen **(off** von): **~(t)ing bullet** Querschläger *m*
RICS ABK *Br* Royal Institution of Chartered Surveyors
rid[1] [rɪd] *prät u. pperf* **rid**, *obs* **ridded** V/T befreien, frei machen *(beide:* **of** von): **get ~ of** a *j-n od etwas* loswerden b *Abfälle, Störungen etc* beseitigen c *e-n Brauch etc* abschaffen; **be ~ of** *j-n od etwas* los sein
rid[2] [rɪd] *obs prät u. pperf von* ride
ridable [ˈraɪdəbl] ADJ rittig *(Pferd)*
riddance [ˈrɪdəns] S: **good ~ (to him)!, good ~ to bad rubbish!** den wären wir (Gott sein Dank) los!
riddel [ˈrɪdl] S REL Altarvorhang *m*
ridden [ˈrɪdn] A *pperf von* ride B ADJ *in Zusammensetzungen* geplagt *od* gepeinigt *od* besessen von: **fever-~** fieberkrank; **pest-~** von der Pest heimgesucht
riddle[1] [ˈrɪdl] A S Rätsel *n (a. fig Person od Sache)*: **ask sb a** ~ j-m ein Rätsel aufgeben; **speak in ~s** → C; **that's a complete ~ to me** das ist mir völlig rätselhaft B V/T enträtseln C V/I *fig* in Rätseln sprechen
riddle[2] [ˈrɪdl] A S 1 grobes (Draht)Sieb, Schüttelsieb *n*, Durchwurf *m*, Rätter *m/f* 2 TECH Drahtziehplatte *f* B V/T 1 (durch-, aus)sieben 2 durchlöchern: **~d with holes** völlig durchlöchert; ~ **with bullets** mit Kugeln durchlöchern *od* durchsieben; **be ~d with errors** von *od* vor Fehlern strotzen 3 *fig j-s Ruf etc* ruinieren
ride [raɪd] A S 1 a Fahrt *f (bes auf e-m Zweirad od in e-m öffentlichen Verkehrsmittel)* b Ritt *m*: **come along for the** ~ *fig* (nur so) mitkommen; **give sb a ~ on one's back** j-n auf dem Rücken reiten lassen; **give sb a rough** ~ *fig* j-n in die Mangel nehmen *umg*; **go for a** ~ ausreiten; **go for a ~ in the car** e-e Fahrt (mit dem Auto) machen; **take sb for a** ~ *umg* j-n (im Auto entführen u.) umlegen, *fig* j-n reinlegen *od* aufs Kreuz legen; → bumpy 3 2 a *bes US* Mitfahrgelegenheit *f*: **get a ~ from sb** von j-m *(im Auto*

R

etc) mitgenommen werden; **give sb a ~** j-n mitnehmen; **thanks for the ~** danke fürs Mitnehmen; → **free ride** b *US* Wagen *m*, Taxi *n* *(Beförderungsmittel)* 3 Reitweg *m* *(bes durch e-n Wald)* B *V/I prät* **rode** [rəʊd], *obs* **rid** [rɪd], *pperf* **ridden** ['rɪdn], *obs* **rid** 1 reiten: **~ at** zureiten auf *(akk)*; **~ again** *fig* wieder da sein; → **fall** A 1 2 *fig* reiten, rittlings sitzen *(beide:* **on** auf *dat)* 3 fahren (**on a bicycle** auf e-m Fahrrad; **in** *od* **on a bus** im Bus) 4 sich fortbewegen, dahinziehen *(a. Mond, Wolke etc)*: **the moon is riding high** der Mond steht hoch am Himmel 5 *(auf dem od im Wasser)* treiben, schwimmen: **she was riding on air** *fig* sie war selig *(vor Glück)*; → **crest** A 9 6 a sich drehen (**on** auf *dat*) b *umg* abhängen (**on** von) 7 sich überlagern *(z. B. MED Knochenfragmente)*: **the rope ~s** SCHIFF das Tau läuft unklar 8 a e-e *(bestimmte)* Gangart haben, laufen *(Pferd)* b fahren, laufen *(Fahrzeug)* 9 zum Reiten *(gut etc)* geeignet sein: **the ground ~s well** 10 im Reitdress wiegen: **he ~s 12 stone(s)** 11 *umg* s-n Lauf nehmen: **let it ~!** lass die Karre laufen! *umg*; **he let the remark ~** er ließ die Bemerkung hingehen 12 **he has a lot riding** *bes US umg* für ihn steht e-e Menge auf dem Spiel C *V/T* 1 *ein Pferd etc* reiten: **~ to death** zu Tode reiten *(a. fig e-e Theorie, e-n Witz etc)*; **~ a race** an e-m Rennen teilnehmen 2 reiten *od* rittlings sitzen auf *(dat)* 3 *ein Kind etc* reiten *od* rittlings sitzen lassen (**on** auf *dat*): **they rode him on their shoulders** sie trugen ihn auf den Schultern 4 *ein Fahr-, Motorrad* fahren, fahren auf *(dat)*, *US e-n Bus, Zug* fahren, fahren in *(dat)* 5 reiten *od* schwimmen *od* schweben *od* liegen auf *(dat)*: **~ the waves** auf den Wellen reiten; → **crest** A 9 6 aufliegen *od* ruhen auf *(dat)* 7 a unterjochen, tyrannisieren, beherrschen b heimsuchen, plagen, quälen, *j-m* hart zusetzen c *umg* herumnörgeln an *(dat)*; → **ridden** B 8 durchreiten 9 SCHIFF *ein Schiff* vor Anker liegen lassen 10 *ein Pferd (beim Rennen)* (übermäßig) antreiben 11 ZOOL *(zur Paarung)* bespringen 12 → **ride out** A

Phrasal Verbs: **ride| down** *V/T* 1 ein-, überholen 2 um-, niederreiten; **~ out** A *V/T* 1 *e-n Sturm etc* abreiten 2 *fig* überstehen B *V/I* ausreiten; **~ up** *V/I* hochrutschen *(Rock etc)*

rideable → **ridable**

rider ['raɪdə(r)] S 1 Reiter(in) 2 Fahrer(in) *(bes e-s Fahr- od Motorrads)* 3 Reiter *m*, Reiterchen *n* *(auf Karteikarten etc)* 4 TECH Laufgewicht *n* *(der Waage)* 5 TECH Reiter *m*, Brücke *f* 6 Oberteil *n*, Aufsatz *m* 7 WIRTSCH, JUR a Zusatz (-klausel) *m(f)* b Beiblatt *n* c (Wechsel)Allonge *f* d *Br* zusätzliche Empfehlung (**to** zu *e-m Schuldspruch etc)* 8 Zusatz *m*, zusätzliche Bemerkung, Einschränkung *f* 9 SCHIFF a Binnenspant *n* b oberste Lage *(e-r Ladungspartie)* 10 *Bergbau*: Salband *n*

ridge [rɪdʒ] A S 1 a *(Gebirgs)* Kamm *m*, Grat *m*, Kammlinie *f* b Berg-, Hügelkette *f* c Wasserscheide *f* 2 *(Dach)* First *m* 3 Kamm *m* *(e-r Welle)* 4 Rücken *m* *(der Nase, e-s Tieres etc)* 5 AGR a *(Furchen)* Rain *m*, Reihe *f* b erhöhtes Mistbeet 6 TECH Wulst *m*, Leiste *f* 7 METEO schmaler Hochdruckkeil B *V/T* 1 (durch)furchen 2 mit e-m First versehen: **~d roof** Satteldach *n* C *V/I* sich furchen; **~pole** S 1 ARCH Firstbalken *m* 2 Firststange *f* *(e-s Zeltes)*; **~ tent** S Hauszelt *n*; **~ tile** S ARCH Firstziegel *m*; **~tree** S ARCH Firstbalken *m*; **~way** S Kammlinien-, Gratweg *m*

ridgy ['rɪdʒɪ] ADJ 1 grat- *od* kammartig 2 zerfurcht

ridicule ['rɪdɪkjuːl] A S Verspottung *f*, Spott *m*: **for fear of ~** aus Angst, sich lächerlich zu machen; **hold up to ~** → B; **lay o.s. open to ~** sich der Lächerlichkeit preisgeben; **turn (in)to ~** ins Lächerliche ziehen B *V/T* lächerlich machen, verspotten

ridiculous [rɪ'dɪkjʊləs] ADJ (ADV **~ly**) 1 lächerlich, lachhaft: **don't be ~** mach dich nicht lächerlich! 2 horrend *(Preise etc)*; **ridiculousness** S Lächerlichkeit *f*

riding ['raɪdɪŋ] A S 1 a Reiten *n* b Reitsport *m* 2 Fahren *n* 3 Reitweg *m* *(bes durch Wald)* B ADJ 1 Reit…: **~ boots** (**horse, school, whip,** *etc)*; (**pair of**) **~ breeches** *pl* Breeches(hose) *pl(f)*, Reithose *f*; **~ habit** Reitkleid *n* 2 Fahr…: **~ comfort** AUTO Fahrkomfort *m* 3 reitend *(Bote etc)* 4 SCHIFF Anker…: **~ lamp** (*od* **light**) Ankerlicht *n*

ridotto [rɪ'dɒtəʊ] *pl* **-tos** S *Br* HIST Redoute *f*, (Masken)Ball *m*

riesling ['riːzlɪŋ] S Riesling *m* *(Rebsorte u. Wein)*

rife [raɪf] ADJ 1 **be ~** (vor)herrschen, grassieren; **grow** (*od* **wax**) **~** überhandnehmen 2 (**with**) voll (von), angefüllt (mit)

riff[2] [rɪf] S *Jazz*: Riff *m* *(fortlaufende Wiederholung e-r melodischen Phrase)*

riffle ['rɪfl] A S 1 TECH Riefelung *f*, Rille *f* 2 *US* a seichter Abschnitt *(e-s Flusses)* b Stromschnelle *f* 3 *US* kleine Welle 4 Stechen *n* *(Mischen von Spielkarten)* B *V/T* 1 TECH riffeln 2 durchblättern 3 *Spielkarten* stechen *(mischen)* C *V/I* **~ through sth** etwas durchblättern

riffraff ['rɪfræf] A S 1 *(a. als pl konstruiert)* Gesindel *n* 2 Abfall *m*, Ausschuss *m* B ADJ Ausschuss…, minderwertig, wertlos

rifle[1] ['raɪfl] A S 1 Gewehr *n* *(mit gezogenem Lauf)*, Büchse *f* 2 HIST Geschütz *n* mit gezogenem Rohr 3 *pl* MIL Schützen *pl* B *V/T* *e-n Gewehrlauf etc* ziehen

rifle[2] ['raɪfl] *V/T* 1 (aus)plündern 2 rauben, stehlen 3 *ein Haus etc* durchwühlen

rifle| association S Schützenverein *m*; **~ green** S *Br* Dunkeloliv(grün) *n*; **~-green** ADJ *Br* dunkeloliv(grün); **~ grenade** S MIL Gewehrgranate *f*; **~man** [-mən] S *irr* 1 MIL Schütze *m* 2 guter Schütze; **~ practice** S MIL Schießübung *f*; **~ range** S 1 Schießstand *m* 2 Schussweite *f*: **within ~** in Schussweite; **~ salute** S MIL Präsentiergriff *m*; **~scope** S Zielfernrohr *n*; **~ shot** S 1 Gewehrschuss *m* 2 → **rifle range** 2

rifling ['raɪflɪŋ] S 1 Ziehen *n* *(e-s Gewehrlaufs etc)* 2 Züge *pl*, Drall *m*

rift[1] [rɪft] A S 1 Spalte *f*, Spalt *m*, Ritze *f* 2 Sprung *m*, Riss *m*: **a ~ in the lute** *fig bes poet* der Anfang vom Ende 3 *fig* Riss *m* (**between** zwischen *dat*), Entzweiung *f* B *V/T* (zer)spalten C *V/I* sich spalten, Risse bekommen

rift[2] [rɪft] S *US* 1 seichter Abschnitt *(e-s Flusses)* 2 Gischt *f*

rift| saw S TECH Gattersäge *f*; **~ valley** S GEOL Graben(bruch) *m*, Grabensenke *f*

rifty ['rɪftɪ] ADJ rissig

rig[1] [rɪg] A *V/T* 1 *bes* SCHIFF in Ordnung bringen, gebrauchsfertig machen 2 SCHIFF a *ein Schiff* auftakeln b *ein Segel* anschlagen 3 **~ out, ~ up** a ausrüsten, -statten *(beide:* **with** mit) b *umg j-n* ausstaffieren: **~ o.s. out** sich auftakeln 4 *oft* **~ up** (behelfsmäßig) herrichten, zusammenbauen, -basteln 5 FLUG (auf)rüsten, montieren B S 1 SCHIFF a Takelung *f* b Takelage *f* 2 (behelfsmäßige) Vorrichtung 3 Ausrüstung *f*, Ausstattung *f* 4 FLUG (Auf) Rüstung *f* 5 TECH Bohrinsel *f* 6 *umg* Aufmachung *f*, -zug *m*: **in full ~** in voller Montur 7 *US* Fuhrwerk *n*, Gespann *n* 8 *US* Sattelschlepper *m*

rig[2] [rɪg] *V/T* *e-e Wahl, die Preise etc* manipulieren

rigger ['rɪgə(r)] S 1 SCHIFF a Rigger *m*, Takler *m* b *in Zusammensetzungen* Schiff *n* mit … Takelung 2 FLUG Monteur *m*, (Rüst)Mechaniker *m* 3 ELEK Kabelleger *m* 4 Schutzgerüst *n* 5 TECH Schnur-, Riemenscheibe *f*

rigging[1] ['rɪgɪŋ] S 1 SCHIFF Takelage *f*, Takelwerk *n*, Gut *n* 2 FLUG a Verspannung *f* b Geleine *n* *(e-s Ballons)* 3 → **rig**[1] B 1, B 6

rigging[2] ['rɪgɪŋ] S *(Wahl-, Preis- etc)* Manipulation *f*

rigging| line S FLUG Fallschirm(fang)leine *f*; **~ loft** S 1 SCHIFF Takelboden *m* 2 THEAT Schnürboden *m*

right [raɪt] A ADJ (ADV → C *u.* **rightly**) 1 richtig, recht, angemessen: **it is only ~ (and proper)** es ist nur recht u. billig (**that** dass); **he is ~ to do** (*od* **in doing**) **so** er hat recht *od* er tut recht daran(, so zu handeln); **he does not do it the ~ way** er macht es nicht richtig; **the ~ thing** das Richtige; **say the ~ thing** das rechte Wort finden; **think it ~** es für richtig *od* angebracht halten; **know the ~ people** die richtigen Leute kennen, Beziehungen haben; → **all** *Bes Redew* 2 richtig: a korrekt b den Tatsachen entsprechend, wahr (-heitsgemäß): **the solution is ~** die Lösung stimmt *od* ist richtig; **is your watch ~?** geht Ihre Uhr richtig?; **am I ~ for …?** bin ich auf dem richtigen Weg nach …?; **be ~** recht haben; **~ you are!** richtig!, jawohl!; **that's ~!** ganz recht!, richtig!, stimmt!; **prove sb ~** beweisen, dass j-d recht hat; j-m recht geben *(Ereignis)*; **~?** *umg* richtig?, nicht wahr?; **~ oh** → **righto** 3 richtig, geeignet: **he is the ~ man** er ist der Richtige; **the ~ man in the ~ place** der rechte Mann am rechten Platz; **Mr (Miss) ~** *umg* der (die) Richtige *(als Ehepartner)* 4 gesund: **out of one's ~ mind, not ~ in one's** (*od* **the**) **head** *umg* nicht richtig (im Kopf), nicht ganz *od* recht bei Trost; **in one's ~ mind, quite ~ in one's** (*od* **the**) **mind** bei klarem Verstand; → **rain** A 1 5 richtig, in Ordnung: **come ~** in Ordnung kommen; **put** (*od* **set**) **~** a in Ordnung bringen b *j-n* aufklären (**on** über *akk*) c *e-n Irrtum* richtigstellen d *j-n* gesund machen; **put o.s. ~ with sb** a sich vor j-m rechtfertigen b sich mit j-m gut stellen 6 recht(er, e, es), Rechts…: **~ hand** rechte Hand *(a. fig Vertrauensperson)*; **~ side** a rechte Seite, Oberseite *f* *(a. von Stoffen, Münzen etc)* b *fig* schöne(re) Seite; **on** (*od* **to**) **the ~ side** rechts, rechter Hand; **on the ~ side of 50** noch nicht 50 (Jahre alt); **stay on the ~ side of sb** es sich mit j-m nicht verderben; → **arm**[1] *Bes Redew* 7 *obs* rechtmäßig *(Erbe etc)* 8 MATH a rechter *(Winkel)*: → **angle**[1] A 1 b rechtwink(e)lig *(Dreieck)* c gerade *(Linie)* d senkrecht *(Figur)* 9 POL recht(er, e, es), rechtsgerichtet, Rechts…: **be very ~** sehr weit rechts stehen B S 1 *bes* JUR Recht *n*: **as of ~** von Rechts wegen, kraft Gesetzes; **by ~s** eigentlich; **in the ~** im Recht; **~ or wrong** Recht od Unrecht; **know ~ from wrong** Recht von Unrecht unterscheiden können; **do sb ~** j-m Gerechtigkeit widerfahren lassen; **give sb their ~s** j-m sein Recht geben *od* lassen 2 JUR a *(subjektives)* Recht, Anrecht *n*, (Rechts)Anspruch *m* *(alle:* **to** auf *akk)* b Berechtigung *f*: **~ of inheritance** Erbschaftsanspruch; **~ of possession** Eigentumsrecht; **~ of sale** Verkaufs-, Vertriebsrecht; **~ to vote** Wahl-, Stimmrecht; **~s and duties** Rechte u. Pflichten; **by ~ of** kraft *(gen)*, aufgrund von *(od gen)*; **in ~ of his wife** a im Namen s-r Frau b vonseiten s-r Frau; **have a ~ to** (ein) Anrecht haben auf; **know one's ~s** s-e Rechte kennen; **stand on one's ~(s)** auf s-m Recht bestehen; **in one's own ~** a aus eigenem Recht b selbstständig, für sich (allein), selbst; **countess in her own ~** Gräfin *f* aus eigenem Recht *(durch Erbrecht, nicht durch Ehe)*; **be within one's own ~s** das Recht auf s-r Seite haben; **what ~ have they to do that?** mit welchem

Recht tun sie das?; **equal ~s** *pl* **for women** die Gleichberechtigung der Frau; → assemble B, assembly 1, common B 2, exist 1, privacy 2, reserve A 5, right of way, self-determination 3 WIRTSCH a *(Ankaufs-, Vorkaufs)* Recht *n*, Berechtigung *f* b *oft pl* Bezugsrecht *n (auf Aktien od Obligationen)* c Bezug(s)schein *m* 4 *(das)* Rechte *od* Richtige: **do the ~** 5 *pl* (richtige) Ordnung: **bring** *(od* **put, set) sth to ~s** etwas (wieder) in Ordnung bringen; **the world was set to ~s again** die Welt war wieder in Ordnung 6 *pl* wahrer Sachverhalt 7 *(die)* Rechte, rechte Seite *(a. von Stoff)*: **on** *(od* **at, to) the ~ (of)** zur Rechten *(gen)*, rechts (von), auf der rechten Seite (von *od gen)*, rechter Hand (von); **on our ~** zu unserer Rechten, uns zur Rechten; **the second turning to** *(od* **on) the ~** die zweite Querstraße rechts; **keep to the ~** a sich rechts halten b AUTO rechts fahren; **be to the ~ of** POL rechts stehen von 8 rechte Hand, Rechte *f* 9 *Boxen:* Rechte *f (Hand od Schlag)* 10 **the ~**, *a.* **the** ♀ POL die Rechte 11 *pl* JAGD unterste Enden *pl (des Hirschgeweihs)* C ADV 1 gerade(wegs), direkt: **~ ahead** *(od* **on)** geradeaus 2 völlig, ganz (u. gar): **turn ~ round** sich ganz herumdrehen; **rotten ~ through** durch u. durch faul 3 genau, direkt: **~ in the middle** 4 *a.* **~ away** *(od* **off)** sofort, (so)gleich: **~ at the outset** gleich am Anfang; **I'll be ~ back** ich bin gleich wieder da; **~ now** (gerade) jetzt, augenblicklich, im Moment; → start A 4 5 richtig, recht: **act** *(od* **do) ~** richtig handeln; **you did ~ to** *inf* es war richtig von dir, dass du ...; **guess ~** richtig (er)raten; **if I get you ~** wenn ich Sie richtig verstehe; → serve B 11 6 *obs* recht, ganz: **know ~ well** sehr wohl *od* recht gut wissen 7 recht, richtig, gut: **nothing goes ~ with me** (bei) mit geht alles schief; **turn out ~** gut ausgehen 8 rechts **(from** von; **to** nach), auf der rechten Seite, rechter Hand: **turn ~** (sich) nach rechts wenden; **~ and left** a rechts u. links b *fig a.* **~, left and center** *(bes Br* **centre)** überall; **~ about face!** MIL (ganze Abteilung,) kehrt! 9 *dial od umg* richtig: **I was ~ glad** 10 hoch, sehr *(in Titeln)*: → honorable 5, reverend A 2 D V/T 1 (aus-, auf)richten, in die richtige Lage bringen: **~ the machine** FLUG die Maschine abfangen; **the boat ~s herself** das Schiff richtet sich wieder auf 2 *e-n Fehler, Irrtum* berichtigen: **~ itself** a sich wieder ausgleichen b (wieder) in Ordnung kommen 3 *ein Zimmer etc* (her)richten, in Ordnung bringen 4 *ein Unrecht, e-n Schaden etc* wiedergutmachen 5 a *j-m* zu s-m Recht verhelfen b (o.s. sich) rehabilitieren E V/I a sich (wieder) aufrichten b in die richtige Lage kommen

right|about S Kehrtwendung *f*; **~-aligned** ADJ TYPO rechtsbündig; **~-angled** ADJ MATH rechtwink(e)lig *(Dreieck)*; **~-down** → downright

righten ['raɪtn] V/T in Ordnung bringen

righteous ['raɪtʃəs] A ADJ (ADV ~ly) 1 rechtschaffen, *bes* REL gerecht 2 gerecht(fertigt), berechtigt: **~ indignation at** gerechter Zorn über *(akk)*; **a ~ cause** e-e gerechte Sache 3 *pej* selbstgerecht, tugendhaft B S **the ~** *koll bes* REL die Gerechten *pl*; **righteousness** S Rechtschaffenheit *f*

right-foot shot S *Fußball:* Rechtsschuss *m*

rightful ADJ (ADV ~ly) 1 rechtmäßig *(Eigentum, Eigentümer etc)*: → claimant 1 a 2 gerecht, berechtigt: **a ~ cause** e-e gerechte Sache; **rightfulness** S 1 Rechtmäßigkeit *f* 2 Berechtigung *f*

right|-hand ADJ 1 recht(er, e, es): **~ glove**; **~ bend** Rechtskurve *f*; **~ man** *fig* rechte Hand *(Vertrauensperson)* 2 rechtshändig, mit der rechten Hand (ausgeführt): **~ blow** *(Boxen)* Rechte *f* 3 *bes* TECH rechtsgängig, -läufig, Rechts...: **~ drive** Rechtssteuerung *f*; **~ engine** rechtsläufiger Motor; **~ motion** Rechtsgang *m*; **~ rotation** Rechtsdrehung *f*; **~ screw** rechtsgängige Schraube; **~ thread** Rechtsgewinde *n*; **~ twist** Rechtsdrall *m*; **~-handed** A ADJ (ADV ~ly) 1 rechtshändig: **~ person** Rechtshänder(in); **be ~** Rechtshänder(in) sein 2 → right-hand 2, 3 B ADV mit der rechten Hand; **~-handedness** S Rechtshändigkeit *f*; **~-hander** S 1 Rechthänder(in) 2 *Boxen:* Rechte *f*

rightie → righty

rightism ['raɪtɪzəm] S POL Rechtspolitik *f*, -orientierung *f*; **rightist** A S Rechtspolitiker(in), -stehende(r) *m/f(m)*, -radikale(r) *m/f(m)* B ADJ rechts stehend, rechtsgerichtet, -radikal, Rechts...

right|-justified ADJ TYPO rechtsbündig; **~-leaning** ADJ POL nach rechts tendierend

rightly ['raɪtlɪ] ADV 1 richtig: → remember B 2 mit Recht: **~ or wrongly** zu Recht od Unrecht 3 *umg* **I don't ~ know** ich weiß nicht genau; **I can't ~ say** ich kann nicht mit Sicherheit sagen

right|-minded ADJ (ADV ~ly) rechtschaffen; **~-mindedness** S Rechtschaffenheit

rightness ['raɪtnɪs] S 1 Richtigkeit *f* 2 Rechtmäßigkeit *f* 3 Angemessenheit *f* 4 Geradheit *f*

righto [ˌraɪt'əʊ] INT *bes Br umg* alles klar, okay

right| of way *pl* rights of way S 1 *Verkehr:* Vorfahrt(srecht) *f(n)*: **it's my ~** ich habe Vorfahrt; → yield A 5 2 Wege-, Durchfahrtsrecht *n* 3 *a.* **public ~** öffentlicher Weg 4 *US Privatgelände, durch das z. B. e-e Bahnlinie od e-e Stromleitung führt*

right-to-lifer S Abtreibungsgegner(in)

rightward ['raɪtwə(r)d] A ADJ recht(er, e, es), Rechts... B ADV (nach) rechts; **rightwards** → rightward B

right| whale S ZOOL Nordwal *m*; **~ wing** S 1 *bes* MIL, POL, SPORT rechter Flügel 2 SPORT Rechtsaußen *m*; **~-wing** ADJ POL dem rechten Flügel angehörend, Rechts...: **~ extremist**; **~ ideologies** rechte Ideologien

righty ['raɪtɪ] S *umg* 1 POL Rechte(r) *m/f(m)* 2 *bes US* Rechtshänder(in)

rigid ['rɪdʒɪd] ADJ (ADV ~ly) 1 starr *(a. Person:* **with** vor *dat)*, steif, unbiegsam 2 *bes* TECH a starr, unbeweglich b (stand-, form)fest, stabil: **~ suspension** starre Aufhängung; **~ frame** starrer Rahmen 3 FLUG starr, Trag...: **~ airship** Starrluftschiff *n*; **~ helicopter** Tragschrauber *m* 4 *fig* a streng *(Disziplin, Regeln etc)* b starr *(Prinzipien etc)* c genau, strikt *(Kontrolle etc)* d unbeugsam, streng **(to** mit, zu) 5 REL streng(gläubig) *(Katholik etc)* 6 JUR fest verankert *(Verfassung etc)*; **rigidity** S 1 Starrheit *f*, Starre *f*, Steifheit *f*, Unbiegsamkeit *f* 2 TECH a Unbeweglichkeit *f* b (Stand-, Form)Festigkeit *f*, Stabilität *f* 3 *fig* a Strenge *f* b Genauigkeit *f*, Striktheit *f* c Unbeugsamkeit *f*

rigmarole ['rɪgmərəʊl] S *umg pej* 1 langatmiges Geschwätz 2 Zirkus *m*

rigor[1], *bes Br* **rigour** ['rɪgə(r)] S 1 Rigorosität *f*, Strenge *f*, Härte *f*: **the full ~ of the law** die volle Härte des Gesetzes 2 Härte(akt) *f(m)* 3 Härte *f*, Strenge *f (des Winters)*, Rauheit *f*, Unfreundlichkeit *f (des Klimas etc)*: **the ~(s) of the weather** die Unbilden der Witterung 4 Genauigkeit *f*, Exaktheit *f*, Striktheit *f*

rigor[2] ['rɪgə(r)] S MED 1 Schüttel-, Fieberfrost *m* 2 *a.* ZOOL Starre *f*: → rigor mortis

rigorism ['rɪgərɪzəm] S 1 übermäßige Härte *od* Strenge 2 (peinliche) Genauigkeit *(im Stil)* 3 Sitten-, Glaubensstrenge *f* 4 PHIL Rigorismus *m (Lehre, nach der ethisches Handeln allein aus Pflicht erfolgen kann)*; **rigorist** PHIL A S Rigorist(in) B ADJ rigoristisch

rigor mortis [ˌraɪgɔː'mɔːtɪs; *US* ˌrɪgər'mɔːrtəs] S MED Leichenstarre *f*

rigorous ['rɪgərəs] ADJ (ADV ~ly) 1 rigoros, streng, hart *(Maßnahmen etc)* 2 (peinlich) genau, exakt, strikt: **~ accuracy** peinliche Genauigkeit 3 a streng, hart *(Winter)* b rau, unfreundlich *(Klima etc)*

rigour *bes Br für* rigor[1]

rig-out *Br* → rig[1] B 6

Rig-Veda [ˌrɪg'veɪdə] S Rigweda *m (altindische Hymnensammlung; erster Teil der Veden)*

Riksdag ['rɪksdɑːg] S Reichstag *m (schwedisches Parlament)*

rile [raɪl] V/T 1 *umg* ärgern, reizen: **be ~d at** aufgebracht sein über *(akk)* 2 *US Wasser etc* aufwühlen

Riley ['raɪlɪ] EIGENN: → life *Bes Redew*

rilievo [ˌrɪlɪ'eɪvəʊ] *pl* -vi [-viː] S KUNST Relief *n*

rill[1] [rɪl] S Bächlein *n*, Rinnsal *n*

rill[2], **rille** [rɪl] S ASTRON Mondfurche *f*, -graben *m*

rim [rɪm] A S 1 Rand *m (e-s Gefäßes, Kraters etc)*: **~-fire cartridge** MIL Randfeuerpatrone *f* 2 Rand *m*, Krempe *f (e-s Huts)* 3 TECH a Felge *f*: **~ brake** Felgenbremse *f* b *(Rad-)* Kranz *m*, Felgenband *n* c *Tischlerei:* Zarge *f* d *Spinnerei:* Aufwinder *m (der Mulemaschine)* 4 *(Brillen)* Rand *m*, (-)Fassung *f* 5 *US* Arbeitsplatz *m* der (Zeitungs)Korrektoren B V/T 1 (ein)fassen, umranden, mit e-m Rand versehen 2 TECH *ein Rad* (be)felgen 3 SPORT um den Rand *des Lochs* laufen *(Golfball)*

rime[1] [raɪm] *poet* A S (Rau)Reif *m* B V/T mit Reif bedecken, bereifen

rime[2] *obs* → rhyme

rimer ['raɪmə(r)] *obs* → rhymer

rimless ['rɪmlɪs] ADJ randlos *(a. Brille)*, ohne Rand

rimmed [rɪmd] ADJ mit Rand *(a. Brille)*: → dark-rimmed, gold-rimmed, horn-rimmed *etc*

rimose [raɪ'məʊs; *US* 'raɪˌm-], **rimous** [-məs] ADJ *bes* BOT rissig, zerklüftet

rimrock S GEOL *US* Randfelsen *m*

rimy ['raɪmɪ] ADJ *meist poet* mit Reif bedeckt, bereift

rind [raɪnd] A S 1 BOT *(Baum)* Rinde *f*, Borke *f* 2 *(Brot-, Käse)* Rinde *f*, Kruste *f* 3 *(Speck)* Schwarte *f* 4 *(Obst-, Gemüse)* Schale *f* 5 ZOOL Haut *f (bes von Walen)* 6 Schale *f*, *(das)* Äußere B V/T die Rinde *etc* entfernen von, (ab)schälen, *Bäume* entrinden

rinderpest ['rɪndə(r)pest] S VET Rinderpest *f*

ring[1] [rɪŋ] A S 1 *allg* Ring *m (a.* BOT, CHEM *u. fig)*: **~s of smoke** Rauchringe *od* -kringel; **~ of atoms** PHYS Atomring; **~ of forts** Festungsgürtel *m*, -ring; **at the ~s** *(Turnen)* an den Ringen; **form a ~** e-n Kreis bilden *(Personen)*; **have (livid) ~s round one's eyes** (dunkle) Ringe um die Augen haben; **make** *(od* **run) ~s (a)round sb** *fig* j-n in die Tasche stecken; **the** ♀ **(of the Nibelungen)** MUS der Ring (des Nibelungen) 2 TECH a Ring *m*, Glied *n (e-r Kette)* b Öse *f*, Öhr *n* 3 MATH Ring(fläche) *m(f)* 4 ASTRON Hof *m* 5 (Kräusel)Locke *f* 6 a Manege *f* b *Boxen:* Ring *m*: **the ~** *weitS.* das (Berufs)Boxen, der Boxsport; **enter the ~ against** in den Ring steigen gegen; **the third man in the ~** der dritte Mann im Ring c *fig bes* POL Arena *f*: **be in the ~ for** kämpfen um 7 *Pferderennen:* a Buchmacherplatz *m* b *koll (die)* Buchmacher *pl* 8 WIRTSCH a *(Spekulations)* Ring *m*, Aufkäufergruppe *f* b Ring *m*, Kartell *n*, Syndikat *n* 9 a *(Verbrecher-, Spionage- etc)* Ring *m* b POL Clique *f* 10 ARCH a Bogenverzierung *f* b Riemchen *n (an Säulen)* 11 Teller *m (am Skistock)* B V/T

1 a *meist* ~ **about** (*od* **around, round**) umringen, umgeben, umkreisen, einkreisen b *Vieh* umreiten, zusammentreiben 2 e-n Ring bilden aus 3 beringen, *e-m Tier* e-n Ring durch die Nase ziehen 4 *Zwiebeln* in Ringe schneiden 5 *e-n Baum* ringeln C V/I 1 sich im Kreis bewegen 2 JAGD kreisen (*Falke etc*)

ring² [rɪŋ] A S 1 Geläute *n*: a Glockenklang *m*, -läuten *n* b Glockenspiel *n* (*e-r Kirche*) 2 Läuten *n*, Klingeln *n* (*Rufzeichen*) 3 *bes Br umg* Anruf *m*: **give sb a ~** j-n anrufen 4 Erklingen *n*, Ertönen *n*, Schall *m* 5 Klingen *n*, Klang *m* (*e-r Münze, der Stimme etc*): **the ~ of truth** *fig* der Klang der Wahrheit; **have the ~ of truth (authenticity)** wahr (echt) klingen; **that has a familiar ~ to me** das kommt mir (irgendwie) bekannt vor; **have a hollow ~** *fig* a hohl klingen (*Versprechen etc*) b unglaubwürdig klingen (*Protest etc*) B V/I *prät* **rang** [ræŋ], *pperf* **rung** [rʌŋ] 1 läuten, klingen (*Glocke*), klingeln (*Glöckchen*), (*Boxen*) ertönen (*Gong*): **the bell ~s** (*od* **is ~ing**) es läutet; **~ at the door** a klingeln, läuten b *fig* um Einlass bitten; **~ for sb** nach j-m klingeln 2 *oft* **~ out** erklingen, (er)schallen, (er)tönen (*a. Schuss*) 3 klingen (*Münze etc*): **my ears ~** mir klingen die Ohren 4 *a.* **~ again** *fig* widerhallen (**with** von), nachklingen: **his words rang true** s-e Worte klangen wahr *od* echt; → **hollow** C 5 TEL *bes Br* anrufen C V/T 1 *e-e Glocke* läuten: **~ the bell** a *a.* **~ the doorbell** klingeln, läuten a *fig* → **bell¹** A 1, **change** C 3 2 *ein Instrument, fig j-s Lob etc* erklingen *od* erschallen lassen 3 *e-e Münze* klingen lassen 4 → **ring up** B 1, B 2

Phrasal Verbs: **ring| around** V/I TEL *bes Br* herumtelefonieren; **~ back** V/T & V/I TEL zurückrufen; **~ down** A V/I THEAT das (Klingel)Zeichen zum Fallen des Vorhangs geben, den Vorhang niedergehen lassen B V/T: **~ the curtain** a THEAT → A b *fig* → **curtain** A 4 a; **~ in** A V/T 1 *das neue Jahr etc* einläuten 2 *bes US umg j-n od etwas* einschmuggeln B V/I 1 TEL *bes Br* sich telefonisch melden (**to** bei) 2 *US* (*bei Arbeitsbeginn*) einstempeln; **~ off** V/I TEL *bes Br* auflegen, Schluss machen; **~ out** A V/T *das alte Jahr etc* ausläuten B V/I 1 → **ring²** B 2 2 *US* (*bei Arbeitsende*) ausstempeln; **~ round** → **ring around**; **~ up** A V/I THEAT das (Klingel)Zeichen zum Hochgehen des Vorhangs geben, den Vorhang hochgehen lassen B V/T 1 TEL *bes Br* anrufen (**on** unter *e-r Nummer*) 2 **~ the curtain** a THEAT → A b *fig* das (Start)Zeichen geben (**on** zu) 3 *Preise, Waren* (in die Kasse) eintippen 4 *US* a *Überschüsse etc* verzeichnen b *Triumphe etc* feiern

ring| announcer S *Boxen*: Ringsprecher *m*; **~ a ring o' roses** S *Br* Ringelreihen *m*; **~ armature** S ELEK Ringanker *m*; **~-around-the-rosy** S *US* Ringelreihen *m*; **~-bark** V/T *e-n Baum* ringeln; **~ binder** S Ringbuch *n*; **~bolt** S TECH Ringbolzen *m*; **~ boot** S Fesselschutz *m* (*für Pferde*); **~ circuit** S *Mikrowellentechnik*: Ringkreis *m*; **~ compound** S CHEM Ringverbindung *f*; **℞ Cycle** S MUS Ring(zyklus) *m*; **~dove** S ORN 1 Ringeltaube *f* 2 Lachtaube *f*

ringed [rɪŋd] ADJ 1 beringt (*Hand etc*) 2 BOT, ZOOL Ringel…: **~ worm**; **~ plover** → **ring plover**; **~ turtle dove** → **ringdove** 3 umringt, eingeschlossen 4 ringförmig

ringer¹ [ˈrɪŋə(r)] S a *Wurfringspiel*: richtig geworfener Ring b *Hufeisenwerfen*: *US* richtig geworfenes Hufeisen c zählender Wurf, Treffer *m*

ringer² [ˈrɪŋə(r)] S 1 a Glöckner(in) b Glockenläuter(in) (*beim Wechselläuten*) 2 TEL Rufstromgeber *m* 3 a *Pferderennen*: vertauschtes Pferd b *j-d, der sich in e-n Wettkampf etc einschmuggelt* 4 *a.* **dead ~** *sl* Doppelgänger(in) (**for** von *od gen*): **be a dead ~ for sb** j-m aufs Haar gleichen, von j-m nicht zu unterscheiden sein 5 *umg* gestohlener Wagen mit falschem Kennzeichen

ring| fence S Umzäunung *f*; **~-fence** V/T 1 umzäunen 2 *Geld* festlegen, fest einplanen 3 *e-e berufliche Stellung etc* fest absichern; **~ finger** S Ringfinger *m*; **~hals** [-hæls] S ZOOL Ringhalskobra *f*, -otter *f*

ringing [ˈrɪŋɪŋ] A S 1 (Glocken)Läuten *n* 2 Klingeln *n* 3 Klingen *n*: **he has a ~ in his ears** ihm klingen die Ohren 4 a TV Bildverdopp(e)lung *f* b RADIO gedämpfte Schwingung B ADJ (ADV **~ly**) 1 klingend, schallend: **~ cheers** brausende Hochrufe; **~ laughter** schallendes Gelächter 2 *fig* eindringlich (*Appell etc*) 3 **~ tone** TEL *Br* Freiton *m*, -zeichen *n*

ringleader S Rädelsführer(in)

ringlet [ˈrɪŋlɪt] S 1 Ringlein *n* 2 (Ringel)Löckchen *n*; **ringleted** ADJ lockig, gelockt

ring| lubrication S TECH Ringschmierung *f*; **~ mail** S MIL, HIST Kettenpanzer *m*; **~ main** S ELEK Ringnetz *n*; **~master** S Zirkusdirektor *m*; **~neck** S ORN *Bezeichnung für verschiedene Vögel mit farbigem Halsstreifen*: a → **ring plover** b → **ring-necked duck** c → **ring-necked pheasant**

ring-necked ADJ *bes* ORN mit farbigem Halsstreifen; **~ duck** S ORN Amer. Kragenente *f*; **~ pheasant** S ORN Ringfasan *m*

ring| net S 1 Ringnetz *n* (*zum Lachsfang*) 2 Schmetterlingsnetz *n*; **~ oiler** S TECH Ringöler *m*; **~ ouzel** S ORN Ringdrossel *f*; **~ parkakeet**, **~ parrot** S ORN Halsbandsittich *m*; **~ plover** S ORN Halsbandregenpfeifer *m*; **~ pull** S Ringpull *m*, Dosenring *m*; **~-pull can** S Ringpull-Dose *f*, Aufreißdose *f*; **~ record** S *Boxen*: Kampfrekord *m*; **~ road** S *bes Br* 1 Umgehungsstraße *f* (*um e-e Stadt*) 2 Ringstraße *f* (*um ein Stadtviertel*); **~side** A S: **at the ~** (*Boxen*) am Ring B ADJ: **~ doctor** Ringarzt *m*; **~ seat** a Ringplatz *m* b Manegenplatz *m*; **have a ~ seat** *fig* ein Ereignis *etc* aus nächster Nähe verfolgen (können); **~ snake** S ZOOL Ringelnatter *f*; **~ spanner** S TECH *Br* (gekröpfter) Ringschlüssel; **~ stand** S CHEM Stativ *n*

ringster [ˈrɪŋstə(r)] S *bes* WIRTSCH, POL *US umg* Mitglied *n* e-s Ringes *od* e-r Clique

ring| thrush S ORN Ringdrossel *f*; **~worm** S MED, VET Scherpilzflechte *f*: **crusted ~** (Kopf)Grind *m*

rink [rɪŋk] A S 1 a (*bes* Kunst)Eisbahn *f* b Rollschuhbahn *f* 2 a *Bowls*: Spielfeld *n* b *Curling*: Rink *m*, Bahn *f* 3 *Bowls, Curling*: Mannschaft *f* B V/I 1 Schlittschuh laufen 2 Rollschuh laufen

rinky-dink [ˈrɪŋkɪˌdɪŋk] *US umg* A ADJ altmodisch B S a altmodischer Mensch b etwas Altmodisches

rinse [rɪns] A V/T 1 *oft* **~ out** (ab-, aus-, nach)spülen, ausschwenken: **~ the soap out of one's hair** sich die Seife aus dem Haar spülen 2 *Wäsche etc* spülen 3 CHEM entseifen 4 sich *die Haare* tönen: **~ one's hair** B S 1 Spülung *f*: **give sth a good ~** etwas gut (ab- *od* aus)spülen 2 Spülmittel *n* 3 Tönung *f* (*für Haar*); **rinsing** S 1 (Aus)Spülen *n*, Spülung *f* 2 *meist pl* Spülwasser *n*, Spülicht *n*

riot [ˈraɪət] A S 1 *bes* JUR Aufruhr *m*, Zusammenrottung *f*: **℞ Act** *Br* HIST Aufruhrakte *f* (*1715*); **read sb the ~ act** j-m die Leviten lesen; **~ police** (*als pl konstruiert*) Bereitschaftspolizei *f*; **~ shield** Schutzschild *m* (*der Polizisten gegen gewalttätige Demonstranten etc*); **~ squad** (*a. als pl konstruiert*) Überfallkommando *n*; **~ stick** Schlagstock *m* 2 Tumult *m*, Krawall *m*, Lärm *m* 3 *fig* Aufruhr *m* (*der Gefühle*), Ausbruch *m* (*von Leidenschaften etc*) 4 a Zügellosigkeit *f*, Ausschweifung *f* b Schwelgerei *f*, Orgie *f* c *fig* Orgie *f*: **a ~ of colo(u)r** e-e reiche Farbenpracht; **run ~** (sich aus)toben (*Kinder etc*), randalieren (*Hooligans etc*), BOT wuchern (*Pflanze*); **his imagination ran ~** die Fantasie ging mit ihm durch; **he (it) is a ~** *umg* er (es) ist einfach toll, *meist* er (es) ist zum Schreien (komisch) B V/I 1 a an e-m Aufruhr teilnehmen b e-n Aufruhr anzetteln 2 randalieren 3 a in Saus u. Braus leben b *fig* schwelgen (**in** in *dat*) C V/T *sein Leben etc* in Saus u. Braus zubringen; **rioter** S 1 Aufrührer(in) 2 Randalierer(in), Krawallmacher(in); **rioting** S Ausschreitungen *pl*; **riotous** ADJ (ADV **~ly**) 1 aufrührerisch: **~ assembly** JUR *Br* Zusammenrottung *f* 2 tumultuarisch, tobend, lärmend 3 ausgelassen, wild: **~ laughter** schallendes Gelächter 4 zügellos, ausschweifend, wild 5 üppig (*Farben*)

rip¹ [rɪp] A V/T 1 (zer)reißen, (-)schlitzen, *ein Kleid etc* zer-, auftrennen: **~ up** a zerreißen b *a.* **~ open** aufreißen (*a. Straße etc*), aufschlitzen, -trennen a SCHIFF *ein altes Schiff* abwracken b *fig* aus *e-m Vertrag etc* aussteigen *umg* 2 a *meist* **~ out** (her)austrennen, -reißen (*beide:* **of** aus) b **~ off** los-, abtrennen, -reißen, *fig sl etwas* mitgehen lassen, *e-e Bank etc* ausrauben, *j-n* abzocken, ausnehmen, neppen 3 **~ out** *e-n Fluch etc* ausstoßen B V/I 1 reißen, (auf)platzen 2 *umg* sausen, rasen: **let sth ~** *fig* e-r Sache freien Lauf lassen; **let her ~!** AUTO drück auf die Tube!; **~ into** *fig* losgehen auf *j-n*; **let ~ from 20 yards** (*Fußball*) aus 20 Yards abziehen 3 **~ out with an oath** e-n Fluch ausstoßen C S Schlitz *m*, Riss *m*

rip² [rɪp] S SCHIFF Kabbelung *f*

RIP ABK requiesca(n)t in pace, may he (*od* she) (they) rest in peace R. I. P.

riparian [raɪˈpeərɪən; rɪ-] A ADJ Ufer…: **~ owner** → B 2 B S 1 Uferbewohner(in) 2 JUR Uferanlieger(in); **riparious** ADJ BOT, ZOOL am Ufer lebend, Ufer…

rip cord S FLUG Reißleine *f*

ripe [raɪp] A ADJ (ADV **~ly**) 1 reif: a *für die Ernte od zum Pflücken geeignet* b ausgereift (*Käse, Portwein etc*) c voll entwickelt, herangereift (*Mädchen etc*): **a ~ beauty** e-e reife Schönheit d MED operationsreif (*Tumor etc*) 2 schlachtreif 3 JAGD abschussreif 4 schlagreif (*Holz*) 5 *fig* voll, blühend (*Lippen*) 6 *fig* reif, gereift: **at a ~ old age** in reifem Alter, im hohen Alter; **a ~ artist** ein vollendeter Künstler; **~ judg(e)ment** reifes Urteil; **a ~ plan** ein ausgereifter Plan 7 reif, vollendet, BIBEL erfüllt: **time is ~** die Zeit ist reif (**for** für) 8 fertig, bereit, reif (*alle:* **for** für): **~ for development** baureif 9 *umg* deftig (*Witz etc*) B V/T & V/I *bes poet für* **ripen**

ripen [ˈraɪpən] A V/I 1 reifen, reif werden (*beide a. fig*) 2 sich (voll) entwickeln, heranreifen (*beide:* **into** zu) B V/T reifen lassen (*a. fig*)

ripeness [ˈraɪpnɪs] S 1 Reife *f* 2 *fig* Reife *f*: a Gereiftheit *f* b Vollendung *f*

rip-off S *sl* 1 Diebstahl *m* 2 Raub (-überfall) *m* 3 Nepp *m sl*: **~ joint** Nepplokal *n* 4 Beschiss *m umg*

riposte [rɪˈpɒst; *bes US* rɪˈpəʊst] A S 1 *Fechten*: Riposte *f*, Nachstoß *m* 2 *fig* a schlagfertige Erwiderung b scharfe Antwort B V/I 1 *Fechten*: ripostieren, e-e Riposte ausführen 2 *fig* (schlagfertig *od* scharf) kontern

ripper [ˈrɪpə(r)] S 1 Trennmesser *n* 2 TECH a Trennmaschine *f* b Aufreißmaschine *f* (*für Straßenpflaster etc*) c → **ripsaw** A 3 *meist* **~ act** (*od* **bill**) JUR *US sl Gesetz, das Vollmacht zu ein-*

schneidenden (Personal)Veränderungen gibt 4 bes Aus sl a Prachtexemplar n b Prachtkerl m 5 Mörder, der seine Opfer aufschlitzt

ripping ['rɪpɪŋ] ADJ (ADV ~ly) 1 spaltend, (auf)trennend, (-)schlitzend: ~ **bar** Brechstange f; ~ **chisel** Stemmeisen n, Stechbeitel m 2 obs Br sl prima, toll

ripple¹ ['rɪpl] A V/I 1 (kleine) Wellen schlagen, sich kräuseln 2 (dahin-)plätschern (a. fig Gespräch etc), (dahin)rieseln, murmeln 3 (leicht) wogen (Ährenfeld): ~ **in the wind** 4 spielen (Muskeln) B V/T 1 das Wasser leicht bewegen od aufrühren, kräuseln 2 in wellenartige od wogende Bewegung versetzen C S 1 a Kräuselung f (von Wasser, Sand) b pl kleine Wellen pl, Kabbelung f c → ripple mark; **cause a ~ (on the surface)** fig a für Aufsehen sorgen b Eindruck machen 2 Rieseln n, Plätschern n 3 ELEK kleine Welle, Welligkeit f 4 fig Dahinplätschern n, (sanftes) Auf u. Ab: ~ **of conversation** munter dahinfließende Konversation; ~ **of laughter** leises od gedämpftes Lachen 5 Spiel n (der Muskeln) D ADJ ELEK pulsierend, Brumm..., Welligkeits...: ~ **voltage** Brummspannung f

ripple² ['rɪpl] A S Riffelkamm m B V/T Flachs riffeln

ripple| cloth S Zibeline f (angerauter Wollstoff); ~ **current** S ELEK Brummstrom m; ~ **mark** S GEOL Rippelmarke f

ripply ['rɪplɪ] ADJ 1 wellig, gekräuselt 2 fig murmelnd

rip|-roaring ADJ umg 1 a aufregend b ausgelassen 2 toll, enorm; **~saw** A S TECH Spaltsäge f B V/T Holz mit dem Strich sägen; **~snorter** S sl a tolle Sache b toller Kerl; **~snorting** ADJ sl → rip-roaring; **~tide** S SCHIFF 1 Stromkabbelung f 2 Ripptide f

Ripuarian [ˌrɪpjuː'eərɪən; US -pjə'wer-] HIST A ADJ ripuarisch: ~ **Frank** → B B S ripuarischer Franke

rise [raɪz] A V/I prät rose [rəʊz], pperf risen ['rɪzn] 1 sich erheben, aufstehen (**from** von): ~ **and shine!** umg raus aus den Federn! 2 a aufbrechen b die Sitzung schließen, sich vertagen 3 auf-, hoch-, emporsteigen (Vogel, Rauch, Geruch etc; a. fig Gedanke, Zorn etc): **the curtain ~s** THEAT der Vorhang geht hoch; **her colo(u)r rose** a die Röte stieg ihr ins Gesicht b ihre Wangen röteten sich (an der Luft etc); ~ **to the surface** a an die Oberfläche kommen (Fisch etc), auftauchen (U-Boot) b fig ans Tageslicht od zum Vorschein kommen; the fish **are rising well** beißen gut; **his hair rose** die Haare standen ihm zu Berge od sträubten sich ihm; **land ~s to view** SCHIFF Land kommt in Sicht; **the spirits rose** die Stimmung hob sich; **the word rose to her lips** das Wort kam ihr auf die Lippen 4 REL (von den Toten) auferstehen 5 emporsteigen, dämmern (Morgen) 6 ASTRON aufgehen (Sonne etc) 7 ansteigen, bergan gehen (Weg etc) 8 (an)steigen (**by** um) (Fieber, Fluss, Preise etc): **the barometer** (od **glass**) **has ~n** das Barometer ist gestiegen; ~ **in sb's esteem** in j-s Achtung steigen 9 sich erheben, emporragen: **the tower ~s to a height of 80 yards** der Turm erreicht e-e Höhe von 80 Yards 10 steigen, sich bäumen (Pferd): ~ **to a fence** zum Sprung über ein Hindernis ansetzen 11 aufgehen (Saat, a. Hefeteig) 12 sich bilden (**on** auf dat) (Blasen etc) 13 sich erheben, aufkommen (Wind, Sturm, Unruhe, Streit etc) 14 a. ~ **in rebellion** sich erheben, revoltieren, aufstehen: **my stomach ~s against this** mein Magen sträubt sich dagegen, a. fig es ekelt mich an; → arm² Bes Redew 15 entstehen, -springen: **the river ~s from a spring in the mountains** der Fluss entspringt aus e-r Bergquelle; **their argument rose from** (od **out of**) **a misunderstanding** ihr Streit entsprang (aus) e-m Missverständnis 16 fig sich erheben: a erhaben sein (**above** über akk): → crowd¹ A 2 b sich emporschwingen (Geist): ~ **above mediocrity** über das Mittelmaß hinausragen; → occasion A 4 17 (beruflich od gesellschaftlich) aufsteigen: ~ **to a higher rank** aufsteigen, befördert werden; ~ **in the world** vorwärtskommen, es zu etwas bringen 18 (an)wachsen, sich steigern: **the wind rose** der Wind nahm zu; **his courage rose** sein Mut wuchs 19 MUS etc (an)steigen, anschwellen (Ton), lauter werden (Stimme) B V/T a aufsteigen lassen, e-n Fisch an die Oberfläche bringen b aufsteigen sehen, a. SCHIFF ein Schiff sichten C S 1 (Auf-, Hoch)Steigen n, Aufstieg m, THEAT Hochgehen n (des Vorhangs) 2 ASTRON (Sonnen- etc) Aufgang m 3 REL Auferstehung f (von den Toten) 4 a Auftauchen n b Steigen n (des Fisches), Schnappen n (nach dem Köder): **get** (od **take**) **a ~ out of sb** fig a j-n auf den Arm nehmen umg b j-n auf die Palme bringen umg 5 fig Aufstieg m: **the ~ and fall of the Roman Empire**; **his ~ to fame** sein Aufstieg zum Ruhm; **a young artist on the ~** ein aufstrebender junger Künstler 6 (An)Steigen n: a Anschwellen n (e-s Flusses, e-s Tons etc) b Anstieg m, Erhöhung f, Zunahme f: **the ~ in temperature** der Temperaturanstieg; ~ **of (the) tide** SCHIFF Tidenhub m; ~ **and fall** Steigen u. Fallen c allg (An)Wachsen n, Steigerung f 7 WIRTSCH a (An)Steigen n, Anziehen n: ~ **in prices** Preisanstieg m b Börse: Aufschwung m, Hausse f c bes Br Aufbesserung f, Lohn-, Gehaltserhöhung f: **on the ~** im Steigen begriffen (Preise, Kurse); ~ **(of value)** Wertsteigerung f; **speculate for a ~** auf Hausse od à la hausse spekulieren; → operate A 4 a 8 Zuwachs m, Zunahme f: ~ **in population** Bevölkerungszuwachs, -zunahme 9 Ursprung m (e-r Quelle od fig), Entstehung f: **take** (od **have**) **its ~** entspringen, entstehen, s-n Ursprung nehmen 10 fig Anlass m, Ursache f: **give ~ to** a verursachen, hervorrufen, führen zu b e-n Verdacht etc aufkommen lassen, Anlass geben zu, erregen 11 a Steigung f (e-s Geländes) b Anhöhe f, Erhebung f 12 Höhe f (e-s Turmes etc)

risen ['rɪzn] pperf von rise

riser ['raɪzə(r)] S 1 → early B 1, late A 1 2 Futterstufe f (e-r Treppe) 3 Zwischenstück n 4 TECH Steigleitung f 5 Gießerei: a Gusszapfen m b Steiger m

risibility [ˌrɪzɪ'bɪlətɪ] S 1 meist pl Lachlust f 2 Gelächter n, Heiterkeit f; **risible** ADJ 1 lachlustig 2 Lach...: ~ **muscles** 3 lachhaft

rising ['raɪzɪŋ] A ADJ 1 (an-, auf-, empor)steigend, hochsteigend (a. fig): ~ **cloud** METEO Aufgleitwolke f; ~ **diphthong** LING steigender Diphthong; ~ **floor** TECH Hebebühne f; ~ **ground** a (Boden)Erhebung f, Anhöhe f b ARCH Auffahrt f; ~ **gust** FLUG Steigbö f; ~ **main** → riser 4; ~ **rhythm** LIT steigender Rhythmus; ~ **vote** PARL Abstimmung f durch Sicherheben 2 fig heranwachsend, kommend (Generation) 3 fig aufstrebend (Anwalt etc) B PRÄP umg 1 US (etwas) mehr als 2 noch nicht ganz, fast: **she is ~ 17** C S 1 Aufstehen n 2 (An-, Auf)Steigen n 3 a Steigung f b Anhöhe f 4 (An)Steigen n, Anschwellen n (e-s Flusses etc) 5 ASTRON Aufgehen n 6 US a Hefe f b zum Aufgehen bestimmte Teigmenge 7 fig Erhebung f, Aufstand m 8 Zunahme f, Erhöhung f, (An)Steigen n 9 MED a (An)Schwellung f, Geschwulst f b Ausschlag m, Pustel f 10 Aufbruch m (e-r Versammlung)

risk [rɪsk] A S 1 Wagnis n, Gefahr f, Risiko n (alle: **to** für): ~ **of infection** Infektionsgefahr, -risiko; **at all ~s** ohne Rücksicht auf Verluste; **at one's own ~** auf eigene Gefahr, auf eigenes Risiko; **at the ~ of one's life** unter Lebensgefahr, unter Einsatz s-s Lebens; **at the ~ of** (ger) auf die Gefahr hin zu (inf); **be at** (a) ~ a gefährdet od in Gefahr sein b auf dem Spiel stehen; **be at ~ from Aids** aidsgefährdet sein; **put at ~** gefährden; **be at** (od **run the**) ~ **of doing sth** Gefahr laufen, etwas zu tun; **run** (od **take**) **a ~** ein Risiko eingehen od auf sich nehmen; **not take too many ~s** nicht zu viel riskieren; ~ **factor** Risikofaktor m; ~ **group** Risikogruppe f; → calculated 1, carry B 6, security risk 2 WIRTSCH a Risiko n, (Verlust)Gefahr f b versichertes Wagnis (Ware od Person) c a. **amount at ~** Risikosumme f: ~ **capital** Risikokapital n B V/T 1 riskieren: a aufs Spiel setzen: ~ **one's life (trying to do sth)** sein Leben riskieren (bei dem Versuch, etwas zu tun); → neck Bes Redew b e-n Sprung etc wagen 2 e-n Verlust, e-e Verletzung etc riskieren, es ankommen lassen auf (akk): ~ **losing one's job** s-n Arbeitsplatz riskieren; **riskiness** S Gewagtheit f, (das) Riskante; **riskless** ADJ 1 gefahrlos 2 WIRTSCH risikolos; **risky** ADJ (ADV riskily) 1 riskant, gewagt, gefährlich 2 → risqué

risotto [rɪ'zɒtəʊ; -'sɒ-] S GASTR Risotto m

risqué ['riːskeɪ; US rɪ'skeɪ] ADJ schlüpfrig, gewagt (Witz etc)

Riss [rɪs] GEOL A S Risseiszeit f B ADJ Riss...: ~ **time** → A

rissole ['rɪsəʊl; US a. rɪ'səʊl] S GASTR Rissole f (kleine Pastete mit verschiedener Füllung)

ritardando [ˌrɪtɑː(r)'dændəʊ; US -'dɑːn-] MUS A ADJ & ADV ritardando, langsamer werdend B pl -dos S Ritardando n

rite [raɪt] S 1 REL etc Ritus m, Zeremonie f: ~ **of passage** (Völkerkunde) Übergangsritus; → last¹ A 1 2 oft ♀ REL Ritus m: a Religionsform f b Liturgie f 3 Gepflogenheit f, Brauch m

ritornello [ˌrɪtə(r)'neləʊ] pl -los, -li [-liː] S MUS, HIST Ritornell n: a Vor-, Zwischen- u. Nachspiel in Vokalwerken b Refrain m

ritual ['rɪtʃʊəl; US 'rɪtʃəwəl] A S 1 REL etc, a. fig Ritual n, Zeremoniell n 2 REL a Ritual n, Gottesdienstordnung f b Rituale n, Ritualbuch n B ADJ (ADV ~ly) 1 ritual, Ritual...: ~ **murder** Ritualmord m 2 rituell, feierlich (Tanz etc); **ritualism** S REL 1 Befolgung f des Rituals 2 (übertriebenes) Festhalten an rituellen Formen 3 Ritualismus m, Anglokatholizismus m 4 Ritenkunde f; **ritualist** S 1 Ritenkenner(in) 2 j-d, der am kirchlichen Brauchtum hängt 3 Ritualist(in), Anglokatholik(in); **ritualistic** ADJ (ADV ~ally) ritualistisch, Ritual...; **ritualize** V/T 1 ein Ritual machen aus 2 e-m Ritual unterwerfen

ritzy ['rɪtsɪ] ADJ sl stinkvornehm, feudal

riv. ABK river

rivage ['rɪvɪdʒ; 'raɪ-] S obs od poet Gestade n

rival ['raɪvl] A S Rivale m, Rivalin f, Konkurrent(in): ~ **(in love)** Nebenbuhler(in); **be ~s for** rivalisieren um; **be a ~ of** fig → C 2; **without a ~** ohnegleichen, unerreicht B ADJ rivalisierend, konkurrierend, wetteifernd, Konkurrenz...: ~ **firm** (**newspaper**, etc); ~ **candidate** Gegenkandidat(in); ~ **supporters** SPORT Anhänger der gegnerischen Mannschaft; ~ **team** SPORT gegnerische Mannschaft C V/T prät u. pperf -valed, bes Br -valled 1 rivalisieren od wetteifern od konkurrieren mit, j-m den Rang streitig machen 2 fig gleichwertig sein od gleichkommen (dat), es aufnehmen mit; **rivalry** [-rɪ] S 1 Rivalität f 2 Wettstreit m, -bewerb m, Konkurrenz(kampf) f(m): **enter into ~ with sb** mit j-m in Wettbewerb treten, j-m

Konkurrenz machen; **rivalship** S Rivalität *f*
rive [raɪv] *prät* rived, *pperf* rived [raɪvd], riven [ˈrɪvən] A V/T 1 (auf-, zer)spalten 2 zerreißen: **~ sb's heart** *fig obs* j-m das Herz brechen B V/I 1 sich spalten, zerreißen 2 *fig obs* brechen *(Herz)*
river [ˈrɪvə(r)] S 1 Fluss *m*, Strom *m*: **the ~ Thames** die Themse; **Hudson** ♀ der Hudson; **down the ~** stromab(wärts); **sell sb down the ~** *umg* j-n verraten u. verkaufen; **up the ~** a stromauf(wärts) b *US umg* ins *od* im Kittchen; → weary A 1 2 *fig (Tränen- etc)* Strom *m*: **a ~ of tears**; **~bank** S Flussufer *n*; **~ basin** S Stromgebiet *n*; **~bed** S Flussbett *n*; **~ blindness** S MED Flussblindheit *f*; **~ dam** S 1 Staudamm *m*, Talsperre *f* 2 Buhne *f*; **~ god** S Flussgott *m*; **~head** S (Fluss)Quelle *f*; **~ horse** S ZOOL *umg* Flusspferd *n*
riverine [ˈrɪvəraɪn] ADJ am Fluss (gelegen *od* wohnend), Fluss...
river| navigation S Flussschifffahrt *f*; **~ police** S *(als pl konstruiert)* Wasserschutzpolizei *f*; **~ port** S SCHIFF Binnen-, Flusshafen *m*; **~side** A S Flussufer *n*: **by the ~** am Fluss B ADJ am Ufer *od* am Fluss (gelegen), Ufer...: **a ~ villa**
rivet [ˈrɪvɪt] A S TECH Niet *m*: **~ joint** Nietverbindung *f* B V/T 1 TECH (ver)nieten: **~ on** annieten (**to** an *akk*) 2 (**to**) befestigen, festmachen (an *dat*), (an)heften (an *akk*): **~ed hatred** *fig* eingewurzelter Hass; **stand ~ed to the ground** (*od* **spot**) wie festgenagelt stehen (bleiben) 3 a *den Blick, s-e Aufmerksamkeit etc* heften, richten *(beide:* **on** auf *akk)* b *j-s Aufmerksamkeit, a. j-n* fesseln; **riveter** S TECH 1 Nieter(in) 2 Nietmaschine *f*; **riveting** S TECH 1 Nietung *f*, Nietnaht *f* 2 (Ver)Nieten *n*: **~ hammer** Niethammer *m*; **~ machine** Nietmaschine *f*
Riviera [ˌrɪvɪˈeərə] S Riviera *f*
riving| knife [ˈraɪvɪŋ] S *irr* TECH Spaltmesser *n*; **~ machine** S TECH Spaltmaschine *f*
rivulet [ˈrɪvjʊlɪt; *US a.* -və-] S Flüsschen *n*
RL ABK *Br* Rugby League
rly ABK railway
rm[1] ABK 1 ream *(Papiermengenmaß)* 2 room, Zi.
RM[2] ABK 1 *Br* Royal Mail 2 MIL *Br* Royal Marines
RMA ABK *Br* Royal Military Academy
rms ABK MATH root mean square quadratisches Mittel
RN ABK 1 registered nurse staatlich geprüfte Krankenschwester, staatlich geprüfter Pfleger 2 *Br* Royal Navy
RNA ABK CHEM ribonucleic acid RNS *f*
RNLI ABK *Br* Royal National Lifeboat Institution
RNZAF ABK Royal New Zealand Air Force
roach[1] [rəʊtʃ] *pl* -es [-tʃɪz], *bes koll* roach S FISCH Plötze *f*, Rotauge *n*
roach[2] [rəʊtʃ] A S SCHIFF Gilling *f (am Segel)* B V/T 1 SCHIFF mit e-r Gilling versehen 2 *US* a sich *das Haar* bogenförmig hochkämmen: **~ one's hair** b *e-e Pferdemähne* stutzen
roach[3] [rəʊtʃ] S 1 *bes US* → cockroach 2 *sl* Stummel *m* e-r Haschischzigarette
road [rəʊd] S 1 (Land)Straße *f*: **across the ~** gegenüber; **by ~** a auf dem Straßenweg b mit dem Auto *etc*; **one for the ~** *umg* einen *(Schnaps etc)* für unterwegs *od* zum Abschied; **off the ~** a im *od* durchs Gelände b in der Werkstatt; **take one's car off the ~** sein Auto abmelden; **on the ~** a auf der Straße b *(bes* geschäftlich) unterwegs, auf Reisen, auf Achse c THEAT *etc* auf Tournee *od umg* Tour; **get a play on the ~** mit e-m Stück auf Tournee gehen; **take (to) the ~** a *a.* **hit the ~** *sl* sich auf den Weg machen, aufbrechen b ein Tramp werden; **hold the ~ well** AUTO e-e gute Straßenlage haben; **"~ up"** „Straßenarbeiten!"; **it is a long ~ that has no turning** *(Sprichwort)* alles muss sich einmal ändern; → Damascus, Rome A 2 BAHN a *Br* Strecke *f* b *US* Bahn *f* 3 *fig* Weg *m*: **be in sb's ~** j-m im Weg stehen; **get sth out of the ~** etwas aus dem Weg räumen; **the ~ to ruin (to success)** der Weg ins Verderben (zum Erfolg) 4 *meist pl* SCHIFF Reede *f*: **lie in the ~s** auf der Reede liegen 5 *Bergbau*: Förderstrecke *f*
roadability S Fahreigenschaften *pl*, *engS.* Straßenlage *f (e-s Autos)*
road| accident S AUTO Verkehrsunfall *m*; **~ agent** S HIST *US* Straßen-, Postkutschenräuber *m*; **~bed** S 1 BAHN Bahnkörper *m* 2 TECH Straßenbettung *f*; **~block** S 1 Straßensperre *f* 2 Verkehrshindernis *n* 3 *fig* Hemmnis *n*, Hindernis *n*; **~book** S Straßenatlas *m*; **~ bridge** S Straßenbrücke *f*; **~ conditions** SPL Straßenzustand *m*; **~ contractor** S Fuhrunternehmer(in); **~ grader** S TECH Straßenhobel *m*, Planiermaschine *f*; **~ haulage** S Güterkraftverkehr *m*; **~ hog** S AUTO *umg* a rücksichtslose(r) Fahrer(in), Verkehrsrowdy *m* b *j-d, der die ganze Straße für sich braucht*; **~holding** S AUTO Straßenlage *f*; **~house** S Rasthaus *n*
roadie [ˈrəʊdɪ] S *umg* Roadie *m (j-d, der beim Auf- u. Abbau der Bühnentechnik e-r Rockgruppe hilft)*
road| machine → road grader; **~ manager** S Roadmanager *m (für die Bühnentechnik u. den Transport der benötigten Ausrüstung verantwortlicher Begleiter e-r Rockgruppe)*; **~ map** S Straßen-, Autokarte *f*; **~ marking** S Straßenmarkierung *f*; **~ metal** S Straßenbeschotterung *f*, -schotter *m*; **~ performance** S AUTO Fahreigenschaften *pl*; **~ race** S *Radsport*: Straßenrennen *n*; **~ rage** S aggressives Verhalten im Straßenverkehr; **~ rager** S aggressive(r) Verkehrsteilnehmer(in); **~ rider** S *Radsport*: Straßenfahrer(in); **~ roller** S TECH Straßenwalze *f*; **~ safety** S Verkehrssicherheit *f*; **~ salt** S AUTO Streusalz *n*; **~ scraper** → road grader; **~ sense** S AUTO instinktiv richtiges Verkehrsverhalten; **~side** A S Straßenrand *m*: **by the ~** am Straßenrand, an der Straße B ADJ an der (Land)Straße (gelegen), Straßen...: **~ inn** Rasthaus *n*; **~ sign** S Verkehrszeichen *n*, Straßenschild *n umg*; *fig*; **~stead** S SCHIFF Reede *f*
roadster [ˈrəʊdstə(r)] S 1 AUTO, HIST Roadster *m*, (offener) Sportzweisitzer 2 *Br* (starkes) Tourenrad
road| sweeper S *Br* 1 Straßenkehrer(in) 2 Straßenkehrmaschine *f*; **~ tax** S *Br* Kraftfahrzeugsteuer *f*; **~ test** S AUTO Probefahrt *f*: **do a ~** e-e Probefahrt machen; **~-test** V/T *ein Auto* Probe fahren, e-e Probefahrt machen mit; **~ toll** S Straßenbenutzungsgebühr *f*, Maut *f*; **~ tractor** S AUTO Sattelschlepper *m*; **~ user** S Verkehrsteilnehmer(in); **~ walker** S *Leichtathletik*: Straßengeher(in); **~ walking** S *Leichtathletik*: Straßengehen *n*; **~ warrior** S *umg hum* 1 *Person, die häufig per Auto auf Geschäftsreisen geht* 2 *Geschäftsreisende(r), der/die e-e mobile Internetverbindung zu seinen/ihren Kunden benutzt*; **~way** S Fahrbahn *f*; **~work** S SPORT Lauftraining *n (e-s Boxers etc)*; **~ works** SPL, *a.* **set of ~** Baustelle *f (an e-r Autobahn etc)*; **~worthiness** S AUTO Verkehrssicherheit *f (e-s Autos)*; **~worthy** ADJ verkehrssicher
roam [rəʊm] A V/I 1 *a.* **~ about** (*od* **around**) (umher)streifen, (-)wandern: **~ about the world** in der Welt herumziehen 2 *fig* schweifen *(Blicke, Gedanken etc)* B V/T durchstreifen, -wandern *(beide a. fig)*: **~ the seas** alle Meere befahren C S Wandern *n*, Umherstreifen *n*; **roamer** S 1 Herumtreiber(in) 2 Wand(e)rer *m*, Wand(r)erin *f*
roar [rɔː(r); *US a.* rəʊr] A V/I 1 brüllen (**with** vor *dat*): **~ at sb** j-n anbrüllen 2 *(vor Begeisterung od Freude)* brüllen (**at** über *akk*): **~ (with laughter)** brüllen (vor Lachen) 3 a tosen, toben, brausen *(Wind, Meer)* b (g)rollen, krachen *(Donner)* c (er-)dröhnen, donnern *(Geschütz, Motor etc)* d donnern, brausen *(Fahrzeug)* e (er)dröhnen, brausen *(beide:* **with** von) *(Ort)* 4 VET keuchen *(Pferd)* B V/T *etwas* brüllen: **~ out** *s-e Freude etc* hinausbrüllen, -schreien; **~ sb down** j-n niederbrüllen; **the crowd ~ed their approval** die Menge brüllte zustimmend C S 1 Brüllen *n*, Gebrüll *n*: **set up a ~** ein Geschrei *od* Gebrüll erheben; **set the party in a ~** (*od* **in ~s**) (**of laughter**) die Gesellschaft in schallendes Gelächter versetzen; **~ of "goal"** SPORT Torschrei *m* 2 a Tosen *n*, Toben *n*, Brausen *n (des Meeres, Windes etc)* b Krachen *n*, (G)Rollen *n (des Donners)* c Donner *m (von Geschützen)* d Lärm *m*, Dröhnen *n*, Donnern *n (von Motoren, Maschinen etc)*, Getöse *n*; **roarer** S 1 Schreihals *m* 2 VET Lungenpfeifer *m (Pferd)*; **roaring** A ADJ (ADV **~ly**) 1 brüllend (**with** vor *dat*) 2 lärmend, laut 3 tosend *(etc,* → roar A 3): → forty A 2 4 *fig* stürmisch, brausend *(Applaus)*: **a ~ feast** ein rauschendes Fest 5 *umg* großartig, fantastisch, toll: **~ business** (*od* **trade**) schwunghafter Handel; **do a ~ trade** fantastische Geschäfte machen; **in ~ health** kerngesund 6 *umg* fanatisch *(Katholik etc)* B ADV **~ drunk** *umg* sternhagelvoll C S → roar C
roast [rəʊst] A V/T 1 a braten, rösten: **~ed apple** Bratapfel *m* b schmoren: **be ~ed alive** *fig* vor Hitze fast umkommen 2 *Kaffee, Mais etc* rösten 3 *Erz* rösten, abschwelen 4 *umg* a durch den Kakao ziehen b verreißen B V/I rösten, braten, schmoren *(a. fig in der Sonne)*: **I am simply ~ing** ich komme vor Hitze fast um C S 1 Braten *m* 2 (Sorte *f*) Röstkaffee *m* 3 *umg* a Verspottung *f* b Verriss *m* 4 *US Gartenparty etc, bei der Steaks etc gebraten werden*: **a steak ~** D ADJ geröstet, gebraten, Röst...: **~ beef** Rost-, Rinderbraten *m*; **~ goose** Gänsebraten *m*; **~ meat** Braten *m*; **~ pork** Schweinebraten *m*; **roaster** S 1 Röster *m*, Röstapparat *m* 2 METALL Röstofen *m* 3 Kaffeetrommel *f* 4 a Brathähnchen *n* b Spanferkel *n* c Bratapfel *m* 5 *umg* glühend heißer *od umg* knallheißer Tag; **roasting** A ADJ 1 Röst..., Brat...: **~ charge** TECH Röstgut *n*; **~ jack** Bratenwender *m*; **~ pig** Ferkel *n* zum Braten; **~ oven** → roaster 2 2 *umg* glühend heiß, knallheiß *umg (Tag etc)* B ADV **~ hot** *umg* glühend heiß, knallheiß *umg* C S **give** *sb (sth)* **a (real** *od* **good) ~** → roast A 4
rob [rɒb; *US* rɑb] A V/T 1 a *ein Haus etc* ausrauben, (aus)plündern b *fig etwas* berauben (**of** *gen*) 2 *j-n* be-, ausrauben: **~ sb of sth** a j-m etwas rauben, j-n e-r Sache berauben *(beide a. fig)* b j-n um etwas bringen, j-m etwas nehmen; **the shock ~bed him of his speech** der Schreck raubte ihm die Sprache; **we were ~bed** SPORT wir sind verpfiffen worden; → Peter[1] B V/I rauben, plündern
robber [ˈrɒbə; *US* ˈrɑbər] S Räuber *m*: **~s' chieftain** Räuberhauptmann *m*; **~ baron** S HIST 1 Raubritter *m* 2 *US* skrupelloser Kapitalist; **~ fly** S ZOOL Bienentöter *m*; **~ gull** S ORN Raubmöwe *f*
robbery [ˈrɒbərɪ; *US* ˈrɑ-] S 1 *a.* JUR Raub *m*: **~ with violence** JUR schwerer Raub 2 Raub (überfall) *m*
robe [rəʊb] A S 1 (Amts)Robe *f*, Talar *m (von Geistlichen, Juristen etc)*: **~s** *pl* Amtstracht *f*; **the gentlemen of the (long) ~** die Juristen 2 Ro-

R

be *f*: a (wallendes) Gewand b Festgewand *n*, -kleid *n* c Abendkleid *n* d einteiliges Damenkleid e Bademantel *m*, langer Morgenrock 3 *US* wärmende (Fell- *etc*)Decke B V/T 1 *j-n* (feierlich an)kleiden, *j-m* die Robe anlegen 2 *fig* (ein)hüllen C V/I die Robe *etc* anlegen, sich ankleiden

robe-de-chambre *pl* robes-de-chambre [rɔbdəʃɑ̃br] S Morgenrock *m*, -kleid *n*

robin [ˈrɒbɪn; *US* ˈrɑ-] S ORN 1 Rotkehlchen *n* 2 *US* Wanderdrossel *f*; ≈ **Goodfellow** [ˈgʊdˌfeləʊ] S Kobold *m*

robinia [rəʊˈbɪnɪə] S BOT Robinie *f*, Scheinakazie *f*

robin redbreast → robin 1

roborant [ˈrɒbərənt; *US* ˈrɑ-; ˈrəʊ-] MED, PHARM A ADJ roborierend, stärkend B S Roborans *n*, Stärkungsmittel *n*

robot [ˈrəʊbɒt; *US* -ˌbɑt] A S 1 TECH Roboter *m* (*a. fig*) 2 *SAfr* (Verkehrs)Ampel *f* B ADJ automatisch: **~ pilot** → autopilot; **~ bomb** S MIL, HIST selbst gesteuerte Bombe (*z. B. V-Geschoss*)

robotic [rəʊˈbɒtɪk; *US* -ˈbɑ-] A ADJ a Roboter…: **~ arm** b roboterhaft B S **robotics** *pl* (*als sg konstruiert*) Robotik *f*, Robotertechnik *f*; **robotism** S Robotertum *n*; **robotize** V/T 1 TECH roboterisieren, robotisieren, automatisieren 2 *fig j-n* zum Roboter machen

robotlike ADJ roboterhaft

robotry [ˈrəʊbɒtrɪ; *US* -bɑt-] S Robotertum *n*

Rob Roy [ˌrɒbˈrɔɪ; *US* ˌrɑb-] S *US Manhattan aus schottischem Whisky*

robust [rəʊˈbʌst] ADJ (ADV **~ly**) 1 robust: a kräftig, stark (*Körper etc*): **~ health** robuste Gesundheit b kraftstrotzend, gesund, kernig, unverwüstlich (*Mann etc*) 2 derb (*Humor*) 3 TECH stabil, widerstandsfähig, robust, unverwüstlich (*Material, Möbel etc*) 4 schwer: a hart (*Arbeit*) b kräftig (*Wein*); **robustious** ADJ (ADV **~ly**) *obs* 1 robust 2 lärmend, laut 3 wild, stürmisch; **robustness** S Robustheit *f*

roc [rɒk; *US* rɑk] S MYTH (Vogel *m*) Roch *m*

rochet [ˈrɒtʃɪt; *US* ˈrɑ-] S REL Rochett *n* (*Chorhemd*)

rock[1] [rɒk; *US* rɑk] S 1 Fels(en) *m*: **built** (*od* **founded**) **on ~** *bes fig* auf Fels gebaut; **(as) firm** (*od* **steady, solid**) **as a ~** a massiv b *fig* verlässlich, zuverlässig; **be between a ~ and a hard place** *umg* zwischen Baum u. Borke sitzen *od* stecken, in e-r Zwickmühle sein *od* sitzen; → offence 5 2 KOLL Felsen *pl*, Felsgestein *n*: **(as) hard as ~** steinhart 3 GEOL Gestein *n*, Felsart *f* 4 Klippe *f* (*a. fig*): **~ a head!** SCHIFF Klippe voraus!; **on the ~s** *fig umg* a pleite, bankrott b kaputt, in die Brüche gegangen (*Ehe etc*) c on the rocks, mit Eiswürfeln (*Whisky etc*) 5 **the** ≈ *umg* Gibraltar *n*: ≈ **English** Gibraltar-Englisch *n*; ≈ **Scorpion** (*Spitzname für*) Bewohner(in) von Gibraltar 6 *US* Stein *m* 7 *fig* Fels *m*, Zuflucht *f*, Schutz *m*: **the Lord is my ~**; **the ~ of ages** *fig* a Christus b der christliche Glaube 8 *Br in Seebädern verkaufte harte, bunte Zuckerstange mit dem Namen des Ortes darauf*: **a Brighton ~** 9 *sl* Stein *m*, *bes* Diamant *m*, *pl a.* Klunkern *pl sl* 10 *US sl* a Geldstück *n*, *bes* Dollar *m* b *pl* Knete *f sl* 11 → rock salmon 12 *pl vulg* Eier *pl* (*Hoden*)

rock[2] [rɒk; *US* rɑk] A V/T 1 wiegen, schaukeln: **~ its wings** FLUG (mit den Tragflächen) wackeln 2 erschüttern, ins Wanken bringen (*beide a. fig*), schütteln, rütteln: **~ the boat** *fig* die Sache ins Wanken bringen *od* gefährden 3 *ein Kind* wiegen (**to sleep** in den Schlaf): **~ in security** *fig* in Sicherheit wiegen 4 *Sand, ein Sieb etc* rütteln 5 *Gravierkunst*: die Oberfläche *e-r Platte* aufrauen B V/I 1 (sich) schaukeln, sich wiegen 2 (sch)wanken, wackeln, taumeln 3 *US umg* ganz aus dem Häuschen sein (**with** vor *dat*): **~ with laughter** sich vor Lachen biegen 4 MUS Rock 'n' Roll tanzen 5 MUS rocken C S 1 → rock 'n' roll 2 *a.* **~ music** Rock(-musik *f*) *m*: **~ band** Rockband *f*; **~ concert** Rockkonzert *n*; **~ group** Rockgruppe *f*; **~ opera** Rockoper *f*; **~ singer** Rocksänger(in)

rock| and roll → rock 'n' roll; **~-and-roll** → rock-'n'-roll; **~ bed** S Felsengrund *m*; **~ bottom** S *umg* Tiefpunkt *m*: **prices have reached ~** die Preise sind in den Keller gefallen *od* gesunken; **his spirits reached ~** s-e Stimmung sank auf den Nullpunkt; **his supplies touched** (*od* **reached**) **~** s-e Vorräte waren (so gut wie) erschöpft; **that's ~** das schlägt dem Fass den Boden aus; **~-bottom** ADJ: **~ prices** *umg* Schleuderpreise; **~-bound** ADJ von Felsen umschlossen; **~ cake** S hart gebackenes Plätzchen; **~ candy** S *US für* rock[1] 8; **~ climbing** S (Fels)Klettern *n*; **~ cress** S BOT Gänsekresse *f*; **~ crystal** S MINER Bergkristall *m*; **~ dove** S ORN Felsentaube *f*; **~ drawings** SPL Felszeichnungen *pl*; **~ drill** S TECH Steinbohrer *m*

rocker [ˈrɒkə; *US* ˈrɑkər] S 1 Kufe *f* (*e-r Wiege etc*): **off one's ~** *sl* übergeschnappt, verrückt 2 *US* Schaukelstuhl *m* 3 Schaukelpferd *n* 4 TECH a Wippe *f* b Wiegemesser *n* c Schwing-, Kipphebel *m* d ELEK Bürstenbrücke *f* 5 MINER Wiege *f*, Schwingtrog *m* (*zur Goldwäsche*) 6 *Eiskunstlauf*: Kehre *f* 7 SCHIFF *bes US* Boot *n* mit e-m Bogenkiel 8 *Br* Rocker *m*; **~ arm** S TECH Schwenkarm *m*, Kipphebel *m*; **~ cam** S TECH Welldaumen *m*; **~ switch** S ELEK Wippschalter *m*

rockery [ˈrɒkərɪ; *US* ˈrɑ-] S Steingarten *m*

rocket[1] [ˈrɒkɪt; *US* ˈrɑ-] A S 1 Rakete *f* (*Feuerwerkskörper*), Leuchtrakete *f* (*als Signal*) 2 a TECH Rakete *f* b MIL Rakete(ngeschoss) *f(n)* 3 *fig umg bes Br* Anpfiff *m*, Zigarre *f* (*Zurechtweisung*): **get a ~** e-e Zigarre (verpasst) bekommen; **give sb a ~** j-m e-e Zigarre verpassen B ADJ Raketen…: **~ aircraft**; **~ projectile** Raketengeschoss *n* C V/I 1 (wie e-e Rakete) hochschießen 2 hochschnellen (*Preise*) 3 *fig* **he ~ed to stardom overnight** er wurde über Nacht zum Star 4 *US umg* sausen, rasen D V/T 1 MIL mit Raketen beschießen, unter Raketenbeschuss nehmen 2 *e-n Satelliten etc* mit e-r Rakete befördern (**into orbit** in e-e Umlaufbahn)

rocket[2] [ˈrɒkɪt; *US* ˈrɑ-; *a.* rɑˈket] S BOT 1 Nachtviole *f* 2 → rocket salad 3 Rauke *f* 4 *a.* **~ cress** (Echtes) Barbarakraut

rocket|-assisted ADJ: **~ take-off** Raketenstart *m*, Start *m* mit Raketenhilfe; **~ base** S Raketen(abschuss)basis *f*; **~ bomb** S MIL a (Flieger)Rakete *f*, Luft-Boden-Rakete *f* b (Artillerie)Rakete *f*, Boden-Boden-Rakete *f*; **~-driven** ADJ: **~ plane** Raketenflugzeug *n*

rocketeer [ˌrɒkɪˈtɪə(r); *US* ˌrɑ-] S a Raketenforscher(in) b Raketentechniker(in)

rocket| engine S FLUG Raketentriebwerk *n*; **~ gun** S MIL Raketenwaffe *f*: a Raketengeschütz *n* b → bazooka; **~ launcher** S MIL Raketenwerfer *m*; **~-launching site** S Raketenabschussbasis *f*; **~-powered** ADJ TECH raketengetrieben, mit Raketenantrieb; **~ projector** S MIL Raketenwerfer *m*; **~-propelled** → rocket-powered; **~ propulsion** S TECH Raketenantrieb *m*

rocketry [ˈrɒkɪtrɪ; *US* ˈrɑ-] S a Raketenforschung *f* b Raketentechnik *f*

rocket salad S BOT Senfkohl *m*

rock|fall S a Bergsturz *m* b Felssturz *m* c Steinschlag *m*; **~ flour** S MINER Bergmehl *n*; **~ garden** S Steingarten *m*; **~ hound** S *US umg* 1 Geologe *m*, Geologin *f* 2 Fossilien-, Mineralien-, Steinsammler(in)

Rockies [ˈrɒkɪz; *US* ˈrɑ-] SPL: **the ~** die Rockies *pl* (*Rocky Mountains*)

rockiness S Felsigkeit *f*, felsige *od* steinige Beschaffenheit

rocking| chair S Schaukelstuhl *m*; **~ horse** S Schaukelpferd *n*; **~ pier** S TECH schwingender Pfeiler; **~ shaft** → rockshaft; **~ turn** S *Eiskunstlauf*: Kehrtwendung *f*

rock| lobster S ZOOL Gemeine Languste; **~ martin** S ORN Felsenschwalbe *f*; **~ milk** S MINER Bergmilch *f*; **~ 'n' roll** [ˌrɒkənˈrəʊl; *US* ˌrɑ-] S MUS Rock and Roll *m*, Rock 'n' Roll *m* (*Tanz*); **~-'n'-roll** V/I MUS Rock 'n' Roll tanzen; **~ oil** S MINER Erdöl *n*; **~ pigeon** S ORN Felsentaube *f*; **~ plant** S BOT Felsen-, Alpen-, Steingartenpflanze *f*; **~-ribbed** ADJ 1 felsdurchzogen, felsig (*Küste etc*) 2 *fig US* eisern; **~rose** S BOT 1 Cistrose *f* 2 Sonnenrös-chen *n*; **~ salmon** S FISCH 1 *Br* Köhlerfisch *m* 2 *US* Amberfisch *m*; **~ salt** S MINER Steinsalz *n*; **~shaft** S TECH schwingende Welle; **~wood** S MINER Holzasbest *m*; **~ wool** S CHEM, TECH Stein-, Schlackenwolle *f*

rocky[1] [ˈrɒkɪ; *US* ˈrɑ-] ADJ 1 felsig 2 steinhart: **~ muscles** stählerne Muskeln 3 *fig* eisern

rocky[2] [ˈrɒkɪ; *US* ˈrɑ-] ADJ (ADV **rockily**) *umg* wack(e)lig: **feel ~ on one's legs** sich unsicher *od* wacklig auf den Beinen fühlen

Rocky Mountains [ˌrɒkɪˈmaʊntɪnz; *US* ˌrɑkɪˈmaʊntnz] SPL Rocky Mountains *pl* (*Gebirge im Westen der USA*)

rococo [rəʊˈkəʊkəʊ] A S Rokoko *n* B ADJ 1 Rokoko… 2 schnörk(e)lig, überladen

rod [rɒd; *US* rɑd] S 1 Rute *f*, Gerte *f* 2 BIBEL *fig* Reis *n*: a Abkomme *m* b Stamm *m* 3 (Zucht)Rute *f* (*a. fig*): **kiss the ~** *obs* sich unter die Rute beugen; **make a ~ for one's own back** *obs* sich (selbst) e-e Rute aufbinden; **spare the ~ (and spoil the child)** wer die Rute schont, verzieht das Kind 4 a Zepter *n* b (Amts)Stab *m* c *fig* Amtsgewalt *f* d *fig* Knute *f*, Tyrannei *f*: **rule with a ~ of iron** mit eiserner Faust *od* Hand *od* Rute regieren 5 (Holz)Stab *m*, Stock *m* 6 TECH a Stab *m*, Stange *f* (*Metall, als Material*): **~s** *pl* Rundeisen *n*, -stahl *m*, Walzdraht *m* b Stab *m* (*als Bauelement*), (*Treib-, Zug-, Verbindungs- etc*) Stange *f*: **~ aerial** (*bes US* **antenna**) ELEK Stabantenne *f*; **~ drive** Stangenantrieb *m* 7 a Angelrute *f* b *umg* Angler(in) 8 Messlatte *f*, -stab *m* 9 a Rod *n* (*Längenmaß: 5½ yds*) b Quadrat-Rod *n* (*30¼ square yds*) 10 Stäbchen *n* (*der Netzhaut*) 11 *a.* **~(-shaped) bacterium** BIOL Stäbchenbakterie *f* 12 *sl* Schwanz *m* (*Penis*) 13 *US sl* a Schießeisen *n*, Kanone *f* (*Pistole*) b → hot rod

rode[1] [rəʊd] *prät von* ride

rode[2] [rəʊd] S SCHIFF Ankerleine *f*

rodent [ˈrəʊdənt] ZOOL A ADJ nagend, Nage…: **~ teeth** Nagezähne B S Nagetier *n*

rodeo [rəʊˈdeɪəʊ; ˈrəʊdɪəʊ] *bes US* A *pl* -deos S Rodeo *m/n*: a Zusammentreiben *n* von Vieh (*zur Kennzeichnung etc*) b *Sammelplatz für diesen Zweck* c Cowboy-Turnier *n* d *umg* (*Auto-, Motorrad- etc*) Rodeo *m/n* B V/I an Rodeos *od* e-m Rodeo teilnehmen

rodlike ADJ stabförmig

rodomontade [ˌrɒdəmɒnˈteɪd; -ˈtɑːd; *US* ˌrɑ-; ˌrəʊ-] *poet* A S Prahlerei *f* B ADJ prahlerisch

roe[1] [rəʊ] S 1 FISCH a *a.* **hard ~** Rogen *m*, Fischlaich *m*: **~ corn** (*einzelnes*) Fischei b *a.* **soft ~** Milch *f* (*der männlichen Fische*) 2 Eier *pl* (*vom Hummer etc*) 3 (Holz)Maserung *f*

roe[2] [rəʊ] *pl* roes, *bes koll* roe S ZOOL 1 Reh *n* 2 a Ricke *f* (*weibliches Reh*) b Hindin *f*, Hirschkuh *f*

roe|buck S ZOOL Rehbock *m*; **~ deer** S

ZOOL Reh *n*

roentgen ['rɒntgən; -jən; *US* 'rentgən] PHYS **A** S Röntgen *n* (*Maßeinheit*) **B** ADJ *oft* ≈ Röntgen…: **~ diagnosis**; **~ rays**; **~ equivalent man** Rem(-Einheit) *n(f)* **C** V/T → roentgenize; **roentgenize** V/T MED **a** mit Röntgenstrahlen behandeln, bestrahlen **b** röntgen, durchleuchten

roentgenogram [rɒnt'genəgræm; *US* 'rentgənə,græm] S MED, PHYS Röntgenogramm *n*, Röntgenbild *n*, -aufnahme *f*; **roentgenograph** [-grɑːf; *US* -,græf] **A** S → roentgenogram **B** V/T ein Röntgenbild machen von

roentgenography [,rɒntgə'nɒgrəfɪ; *US* ,rentgən'ɑ-] S MED, PHYS Röntgenfotografie *f* (*Verfahren*); **roentgenologic** [-nə'lɒdʒɪk; *US* -'lɑ-] ADJ, **roentgenological** ADJ (ADV **~ly**) röntgenologisch, Röntgen…; **roentgenologist** [-'nɒlədʒɪst; *US* -n'ɑ-] S Röntgenologe *m*, Röntgenologin *f*; **roentgenology** [-dʒɪ] S Röntgenologie *f* (*Lehre von den Röntgenstrahlen u. ihrer Anwendung in Medizin u. Technik*); **roentgenoscope** [-nəskəʊp] S MED Röntgen-, Durchleuchtungsapparat *m*; **roentgenoscopy** [-'nɒskəpɪ; *US* -n'ɑs-] S MED Röntgenoskopie *f*, Röntgenuntersuchung *f*, -durchleuchtung *f*; **roentgenotherapy** [-nə'θerəpɪ] S MED Röntgentherapie *f*, -behandlung *f*

rogation [rəʊ'geɪʃn] S REL **a** (Für-)Bitte *f*, (Bitt)Litanei *f* **b** *meist pl* Bittgang *m*, -prozession *f*; ≈ **days** SPL REL Bitttage *pl*; **~ service** S REL Bittgottesdienst *m*; ≈ **Sunday** S REL (Sonntag *m*) Rogate *m*; ≈ **week** S REL Bittwoche *f*, Himmelfahrtswoche *f*

rogatory ['rɒgətərɪ; *US* 'rɑgə,təʊriː] ADJ JUR Untersuchungs…: **~ commission**; **letters** *pl* **~** Amtshilfeersuchen *n*

roger[2] ['rɒdʒə(r); *US* 'rɑ-] **A** INT **1** roger!, verstanden! **2** *umg* in Ordnung! **B** S *meist* ≈ → Jolly Roger **C** V/T *sl* bumsen *vulg* (*schlafen mit*)

rogue [rəʊg] S **1** Schurke *m*, Gauner *m*: **~s' gallery** Verbrecheralbum *n*; **~'s march** MIL, HIST *Br* Trommelwirbel *m* bei der Ausstoßung e-s Soldaten aus dem Regiment **2** *hum* Schelm *m*, Schlingel *m*, Spitzbube *m*, Strolch *m* **3** *obs* Vagabund *m* **4** BOT **a** aus der Art schlagende Pflanze **b** Missbildung *f* **5** ZOOL bösartiger Einzelgänger (*Elefant, Büffel etc*): **a ~ elephant** **6** **a** bockendes Pferd **b** Ausreißer *m* (*Pferd*)

roguery ['rəʊgərɪ] S **1** Schurkerei *f*, Gaunerei *f* **2** Schelmenstreich *m*

roguish ['rəʊgɪʃ] ADJ (ADV **~ly**) **1** schurkisch **2** schelmisch, schalkhaft, spitzbübisch **3** BOT entartet; **roguishness** S **1** Schurkenhaftigkeit *f* **2** Schalkhaftigkeit *f*

roil [rɔɪl] V/T **1** *Wasser etc* aufwühlen **2** ärgern, reizen: **be ~ed at** aufgebracht sein über (*akk*)

roister ['rɔɪstə(r)] V/I **1** krakeelen, Radau machen (*beide umg*) **2** prahlen, aufschneiden *umg*; **roisterer** S **1** Krakeeler(in) *umg* **2** Großmaul *n pej*; **roisterous** ADJ **1** lärmend, krakeelend **2** großmäulig *pej*

role, rôle [rəʊl] S THEAT *u. fig* Rolle *f*: **play a ~** e-e Rolle spielen, *fig a.* e-e Funktion ausüben; **~ of the favo(u)rite** SPORT Favoritenrolle; **what is his ~ in the firm?** welche Funktion übt er in der Firma aus?; **~ conflict** S SOZIOL Rollenkonflikt *m*; **~ play(ing)** S SCHULE, PSYCH, SOZIOL Rollenspiel *n*; **~ reversal** S SOZIOL Rollentausch *m*

roll [rəʊl] **A** S **1** HIST Schriftrolle *f*, Pergament *n* **2** **a** Urkunde *f* **b** (*bes* Namens-, Anwesenheits)Liste *f*, Verzeichnis *n* **c** JUR *Br* Anwaltsliste *f*: **call the ~** die Anwesenheitsliste verlesen, MIL e-n Anwesenheitsappell abhalten; **strike off the ~(s)** *e-n Solicitor* von der Anwaltsliste streichen; *e-m Arzt etc* die Zulassung entziehen; **~ of hono(u)r** Ehren-, *bes* Gefallenenliste, -tafel *f* **3** → hay[1] A 1 **4** (*Haar-, Kragen-, Papier- etc*) Rolle *f*: **~ of butter** Butterröllchen *n*; **~ of tobacco** Rolle Kautabak **5** Brötchen *n*, Semmel *f* **6** GASTR (*bes* Fleisch)Roulade *f* **7** ARCH **a** Wulst *m*, Rundleiste *f* **b** *Antike*: Volute *f* (*spiralförmige Einrollung am Säulenkapitell*) **8** Bodenwelle *f* **9** TECH Rolle *f*, Walze *f* (*bes in Lagern*) **10** Fließen *n*, Fluss *m* (*a. fig*) **11** **a** Brausen *n* **b** Rollen *n*, Grollen *n* **c** (*Trommel*) Wirbel *m*: **a ~ of drums** **d** Dröhnen *n* **e** ORN Triller(n) *m(n)* **12** Wurf *m* (*beim Würfeln*) **13** SCHIFF Rollen *n*, Schlingern *n* **14** wiegender Gang, Seemannsgang *m* **15** SPORT Rolle *f* (*a. beim Kunstflug*) **16** *US sl* **a** zusammengerolltes Geldscheinbündel **b** *fig* (*e-e* Masse) Geld *n* **B** V/I **1** rollen: **start ~ing** ins Rollen kommen; **tears were ~ing down her cheeks** Tränen rollten *od* liefen *od* rannen über ihre Wangen; **some heads will ~** *bes fig* einige Köpfe werden rollen: → ball[1] *Bes Redew* **2** rollen, fahren (*Fahrzeug od Fahrer*) **3** *a.* **~ along** (dahin)rollen, (-)strömen, sich (dahin)wälzen: **~ing waters** Wassermassen **4** *a.* **~ along** (dahin)ziehen (*Wolken*): **time ~s on** (*od* **by**) die Zeit vergeht; **the seasons ~ away** die Jahreszeiten gehen dahin **5** sich wälzen (*a. fig*): **be ~ing in money** *umg* im Geld schwimmen; → hay[1] A 1 **6** SPORT, *a.* FLUG e-e Rolle machen **7** SCHIFF rollen, schlingern (*Schiff*) **8** wiegend gehen: **~ing gait** → A 14 **9** rollen, sich verdrehen (*Augen*) **10** **a** grollen, rollen (*Donner*) **b** dröhnen (*Stimme etc*) **c** brausen (*Wasser, Orgel*) **d** wirbeln (*Trommel*) **e** trillern (*Vogel*) **11** sich rollen *od* wickeln *od* drehen (lassen) **12** METALL sich walzen lassen **13** TYPO sich (unter der Walze) verteilen (*Druckfarbe*) **14** würfeln **C** V/T **1** *ein Fass etc* **a** rollen **b** (herum)wälzen, (-)drehen: **~ one's eyes** die Augen rollen *od* verdrehen; **~ one's eyes at sb** *umg* j-m (schöne) Augen machen; **~ a problem round in one's mind** *fig* ein Problem wälzen **2** (dahin)rollen, fahren **3** *Wassermassen* wälzen (*Fluss*) **4** (zusammen-, auf-, ein)rollen, (-)wickeln: **~ o.s. into one's blanket** sich in die Decke (ein)wickeln **5** (durch Rollen) formen, *e-n Schneeball etc* machen: **~ a cigarette** sich e-e Zigarette drehen; **~ paste for pies** Kuchenteig ausrollen **6** *e-n Rasen, e-e Straße etc* walzen: **~ metal** Metall walzen *od* strecken; **~ed into one** *umg* alles in einem, in einer Person **7** TYPO **a** *Papier* kalandern, glätten **b** *Druckfarbe* (mit e-r Walze) auftragen **8** rollen(d sprechen): **~ one's r's** das R rollen **9** *die Trommel* wirbeln **10** SCHIFF *ein Schiff* zum Rollen bringen (*Wellen*) **11** *den Körper etc* (*beim Gehen*) wiegen **12** *US sl e-n Betrunkenen* ausnehmen, berauben **13** *e-e Drei etc* würfeln

Phrasal Verbs: **roll| about** V/I *umg* sich (vor Lachen) kugeln; **~ along** V/I **1** → roll B 3, B 4 **2** *sl* abdampfen, sich davonmachen; **~ away** → roll B 4; **~ back** **A** V/T **1** *e-n Teppich etc* zurückrollen **2** *die Vergangenheit etc* zurückbringen: **~ the years** das Rad der Zeit zurückdrehen **3** WIRTSCH *US die Preise* (*auf staatliche Anordnung*) zurückschrauben *od* senken **4** MIL *US den Feind* zurückwerfen **B** V/I **the years rolled back** das Rad der Zeit drehte sich zurück; **~ by** → roll B 4; **~ down** V/T **1** *die Ärmel* herunterkrempeln **2** AUTO *das Fenster* herunterkurbeln; **~ in** **A** V/I **1** hereinkommen, eintreffen (*Angebote, Geld etc*) **2** *umg* in die Klappe gehen **3** hereinrollen, -fahren **B** V/T *Geld etc* scheffeln; **~ on** V/I → roll B 4: **~, Saturday!** *Br* wenn es doch nur schon Samstag wäre!; **~ out** **A** V/T **1** hinausrollen, -fahren **2** METALL auswalzen, strecken **3** *e-n Kuchenteig, Teppich etc* ausrollen: → red carpet **4** **a** *ein Lied etc* (hinaus)schmettern **b** *Verse* deklamieren **5** *ein neues Produkt* präsentieren, vorstellen **B** V/I **1** hinausrollen, -fahren **2** METALL sich auswalzen lassen **3** TYPO → roll B 13; **~ over** **A** V/T herumwälzen, -drehen **B** V/I sich (*im Bett etc*) herumwälzen; **~ round** → roll C 1; **~ up** **A** V/I **1** (her)anrollen, (-)anfahren **2** sich ansammeln *od* (an)häufen **3** *umg* **a** vorfahren **b** aufkreuzen, auftauchen **c** sich zusammenrollen: **~ in bed** **B** V/T **1** (her)anfahren **2** *ein Vermögen etc* ansammeln **3** aufrollen, -wickeln **4** *die Ärmel* hoch-, aufkrempeln: → sleeve A 1 **5** AUTO *das Fenster* hochkurbeln **6** MIL *die gegnerische Front* aufrollen

rollable ['rəʊləbl] ADJ **1** (auf)rollbar, wälzbar **2** TECH walzbar

roll|about ADJ fahrbar (*Tisch etc*); **~away (bed)** S *US* (fahrbares) Raumsparbett; **~back** S *US* **1** MIL Zurückwerfen *n* (*des Feindes*) **2** WIRTSCH Zurückschrauben *n* (*von Preisen*); **~bar** S AUTO Überrollbügel *m*; **~ call** S **1** Namensaufruf *m*, -verlesung *f* **2** MIL Anwesenheitsappell *m* **3** PARL *US* namentliche Abstimmung

rolled [rəʊld] ADJ **1** gerollt, gewälzt, Roll…: **~ ham** Rollschinken *m* **2** TECH gewalzt, Walz…: **~ iron**; **~ glass** S gezogenes Glas; **~ gold** S Walzgold *n*, Golddublee *n*; **~ oats** SPL Haferflocken *pl*

roller ['rəʊlə(r)] S **1** TECH **a** Walzwerkarbeiter *m* **b** Fördermann *m*, Schlepper *m* **2** TECH (*Gleit-, Lauf-, Führungs*) Rolle *f* **3** TECH Walze *f*, Zylinder *m*, Trommel *f*, Rolle *f* **4** TECH Schreibwalze *f* (*e-r Schreibmaschine*) **5** TYPO Druckwalze *f* **6** MUS Walze *f* (*e-r Orgel etc*) **7** Rollstab *m* (*zum Aufwickeln von Landkarten etc*) **8** MED Rollbinde *f* **9** SCHIFF Roller *m*, schwerer Brecher, Sturzwelle **10** ORN **a** Flug-, Tümmlertaube *f* **b** (*e-e*) Ra(c)ke: **common ~** Blaura(c)ke **c** Harzer Roller *m* **11** *US sl* Bulle *m pej* (*Polizist*); **~ bandage** S MED Rollbinde *f*; **~ bearing** S TECH Rollen-, Wälzlager *n*; **~ blind** S Rollladen *m*, Rouleau *n*; **~ coaster** S **1** Achterbahn *f* **2** Achterbahnwagen *m*; **~ hockey** S SPORT Rollhockey *n*; **~ mill** S TECH **1** Mahl-, Quetschwerk *n* **2** → rolling mill; **~ skate** S Rollschuh *m*; **~-skate** V/I Rollschuh laufen; **~ skater** S Rollschuhläufer(in); **~ skating** S Rollschuhlaufen *n*; **~ towel** S Rollhandtuch *n*

roll| film S FOTO Rollfilm *m*; **~-front cabinet** S Rollschrank *m*

rollick ['rɒlɪk; *US* 'rɑ-] **A** V/I **1** **a** ausgelassen sein **b** herumtollen **2** das Leben genießen, schwelgen **B** S Ausgelassenheit *f*; **rollicking** **A** ADJ (ADV **~ly**) ausgelassen, übermütig **B** S *Br umg*: **get a ~** den Marsch geblasen bekommen (**from** von); **give sb a ~** j-m den Marsch blasen

rolling ['rəʊlɪŋ] **A** S **1** Rollen *n* **2** Dahinfließen *n* **3** Rollen *n*, Grollen *n* (*des Donners*) **4** Brausen *n* (*des Wassers etc*) **5** METALL Walzen *n*, Strecken *n* **6** SCHIFF Schlingern *n* **7** *das Werfen von (oft) schweren Gegenständen von der Ladefläche e-s fahrenden Lkw etc* **B** ADJ **1** rollend (*etc*; → roll B) **2** wellig (*Landschaft, Gelände*); **~ adjustment** S WIRTSCH *US* Rezessionswelle *f*; **~ barrage** S MIL Feuerwalze *f*; **~ capital** S WIRTSCH Betriebskapital *n*; **~ chair** S (Kranken)Rollstuhl *m*; **~ friction** S PHYS rollende Reibung; **~ hitch** S SCHIFF Rollstek *m* (*Knoten*); **~ kitchen** S MIL Feldküche *f*; **~ mill** S METALL Walzwerk *n*; **~ pin** S Nudelholz *n*, -rolle *f*; **~ plant** → rolling stock; **~ press** S **1** TYPO Walzenpresse *f* **2** Satinierpresse *f* (*für Papier*); **~ stock** S BAHN rollendes Material, Betriebsmittel *pl*; **~ stone** S *fig*

R

Wander-, Zugvogel *m*: **a ~ gathers no moss** *(Sprichwort)* ein unbeständiger Mensch bringt es zu nichts; **~ title** S FILM Rolltitel *m*
roll| lathe S TECH Walzendrehbank *f*; **~mop** S GASTR Rollmops *m*; **~neck** A S 1 Rollkragen *m* 2 Rollkragenpullover *m* B ADJ Rollkragen...; **~necked** → rollneck B; **~-on** S 1 Elastikschlüpfer *m* 2 *a.* **~ deodorant** Deorollstift *m*, Deoroller *m*; **~-on/~-off** ADJ: **~ ship** Roll-on-roll-off-Schiff *n* *(Spezialschiff zum Transport beladener Lastwagen od Anhänger)*; **~out** S Präsentation *f*, Vorstellung *f (e-s neuen Produktes)*; **~-top desk** S Rollpult *n*; **~ train** S METALL Walzenstrecke *f*; **~-up** S *Br umg* selbst gedrehte Zigarette
roly-poly [ˌrəʊlɪˈpəʊlɪ] A S 1 *a.* **~ pudding** GASTR *mit Marmelade od Früchten gefüllter Strudel, der gebacken od im Wasserbad gekocht wird* 2 Pummelchen *n umg (Person)* 3 *US* Stehaufmännchen *n (Spielzeug)* B ADJ pumm(e)lig *umg*, mollig
Rom[1] [rɒm; *US* rəʊm] *pl* Roma [-mə] S Rom *m*
ROM[2] [rɒm; *US* rɑm] S ABK read-only memory COMPUT ROM *n*, Lesespeicher *m*
rom.[1] ABK TYPO roman type
Rom.[2] ABK 1 Roman röm. 2 LING Romance 3 Romania 4 Romanian rumän. 5 BIBEL Romans PL Brief *man* die Römer
Roma [ˈrɒmə; *US* ˈrəʊmə] *pl von* Rom[1]
romaine (lettuce) [rəʊˈmeɪn] S BOT *US* Römischer Salat, Bindesalat *m*
Roman[1] [ˈrəʊmən] A ADJ 1 römisch *(a. Antike)*: **~ calender**; **~ alphabet** lateinisches Alphabet; **~ candle** *(etwa)* Goldregen *m (ein Feuerwerkskörper)*; **~ cement** ARCH Romankalk *m*; **~ Empire** Römisches Reich; **~ holiday** *fig* a blutrünstiges Vergnügen b Vergnügen *n* auf Kosten anderer; **~ law** römisches Recht; **~ nose** Römer-, Adlernase *f*; **~ numeral** römische Ziffer; **~ road** Römerstraße *f*; **~ snail** ZOOL Weinbergschnecke *f* 2 REL (römisch-)katholisch 3 *meist* ≈ TYPO Antiqua... B S 1 Römer(in) *(a. Antike)* 2 *meist* ≈ a Antiquabuchstabe *m* b Antiquaschrift *f* 3 REL *umg, oft pej* Kathole *m*, Katholin *f*
roman[2] [rɔmɑ̃] S HIST (Vers)Roman *m (epische Erzählung)*
roman à clef [rɔmɑ̃akle] *pl* romans à clef [rɔmɑ̃zakle] S Schlüsselroman *m*
Roman arch S ARCH romanischer Bogen
Roman Catholic REL A ADJ (römisch-)katholisch B S Katholik(in); **~ Church** S (römisch-)katholische Kirche
romance[1] [rəʊˈmæns; *US a.* ˈrəʊˌmæns] A S 1 HIST Ritter-, Versroman *m* 2 Romanze *f*: a romantische Erzählung, (romantischer) Abenteuer- *od* Liebesroman b *fig* Liebeserlebnis *n*, -affäre *f* c MUS *lyrisches Lied od Instrumentalstück* 3 *fig* Märchen *n*, fantastische Geschichte, Fantasterei *f* 4 Romantik *f*: a Zauber *m (e-r Sommernacht etc)* b romantische Idee(n *pl*) c Abenteuerlichkeit *f* B V/I 1 Romanzen dichten 2 *fig* fabulieren (**about** über *akk*) 3 ins Schwärmen geraten (**over** über *dat*)
Romance[2] [rəʊˈmæns; *US a.* ˈrəʊˌmæns] *bes* LING A ADJ romanisch: **~ peoples** Romanen B S a Romanisch *n* b *a.* **~ languages** die romanischen Sprachen *pl*
romancer S 1 Romanzendichter(in), Verfasser(in) e-s (Vers)Romans 2 *fig* a Fantast(in), Träumer(in) b Fabulant(in)
Romanes [ˈrɒmənes; *US* ˈrɑ-; ˈrəʊ-] S Romani *n*, *Sprache der Roma*
Romanesque [ˌrəʊməˈnesk] A ADJ 1 ARCH romanisch 2 ≈ romantisch, fantastisch B S *a.* **~ architecture** (*od* **style**) romanischer (Bau)Stil, Romanik *f*
roman-fleuve *pl* romans-fleuves [rɔmɑ̃flœv] S Familienroman *m*
Romania [rəʊːˈmeɪnjə; -nɪə; rʊ-] S Rumänien *n*
Romanian [rəʊːˈmeɪnjən; rʊ-; -nɪən] A ADJ rumänisch B S 1 Rumäne *m*, Rumänin *f* 2 LING Rumänisch *n*, das Rumänische
Romanic [rəʊˈmænɪk] A ADJ 1 LING → Romance[2] A 2 römisch *(Kulturform)* B S → Romance[2] B
Romanism [ˈrəʊmənɪzəm] S 1 a (römisch-)katholische Einstellung b Politik *f od* Gebräuche *pl* der (römisch-)katholischen Kirche 2 *Antike*: Römertum *n*
Romanist [ˈrəʊmənɪst] S 1 REL Katholik(in) 2 JUR, LING Romanist(in)
Romanize [ˈrəʊmənaɪz] A V/T 1 römisch machen 2 LING romanisieren *(in lateinische Schriftzeichen umsetzen)* 3 REL (römisch-)katholisch machen B V/I sich der (römisch-)katholischen Kirche anschließen
Romano- [rəʊmeɪnəʊ] *Wortelement mit der Bedeutung* römisch (und): **~-Byzantine** römisch-byzantinisch
Romans(c)h [rəʊˈmænʃ; *US* rəʊˈmɑːntʃ; -ˈmæntʃ] LING A S Romaun(t)sch *n*, Romantsch *n*, Romontsch *n* B ADJ romaunsch
romantic [rəʊˈmæntɪk] A ADJ (ADV **~ally**) *allg* romantisch: a KUNST *etc die Romantik betreffend*: **the ~ movement** die Romantik b romanhaft, abenteuerlich, fantastisch *(a. iron)* c gefühlsbetont, schwärmerisch *(Mädchen etc)* d fantastisch *(Ideen etc)* e malerisch, voll Romantik *(Stadt etc)* f gefühlvoll *(Szene etc)* g geheimnisvoll, faszinierend: **he was a ~ figure** B S 1 KUNST *etc* Romantiker(in) 2 Romantiker(in), Schwärmer(in) 3 *(das)* Romantische 4 *meist pl* romantische Ideen *pl od* Gefühle *pl*; **romanticism** [-sɪzəm] S 1 KUNST *etc* Romantik *f* 2 (Sinn *m* für) Romantik *f*, romantische Veranlagung; **romanticist** → romantic B 1, B 2; **romanticize** A V/T romantisieren: a romantisch gestalten b in romantischem Licht sehen B V/I schwärmen, romantische Ideen haben, sich in schwärmerischen Ideen ergehen
Romany [ˈrɒmənɪ; *US* ˈrɑ-; ˈrəʊ-] A S 1 Rom *m*, Romni *f* 2 KOLL *(die)* Roma *pl* 3 *(Sprache)* Romani *n* B ADJ ... der Roma
Rome [rəʊm] A S Rom *n*: **~ was not built in a day** *(Sprichwort)* Rom ist nicht an *od* in einem Tag erbaut worden; **when in ~ (do as the Romans do)** *(Sprichwort)* man sollte sich immer s-r Umgebung anpassen; **all roads lead to ~** *(Sprichwort)* alle Wege führen nach Rom B S *fig* Rom *n*: a *Antike: das Römerreich* b REL *das Papsttum, die katholische Kirche* c POL *die italienische Regierung*
Romeo [ˈrəʊmɪəʊ] *pl* -os S Casanova *m*
Romish [ˈrəʊmɪʃ] ADJ *meist pej* (römisch-)katholisch
romp [rɒmp; *US a.* rɑmp] A V/I 1 *a.* **~ about** (*od* **around**) herumtollen, sich balgen: **~ through** *fig* spielend durchkommen; **~ through an examination** e-e Prüfung mit links bestehen *umg* 2 rasen, (dahin)flitzen: **~ away** davonziehen *(Rennpferd etc)*; **~ in** (*od* **home**) leicht *od* spielend gewinnen 3 *umg* poussieren, schmusen *(beide:* **with** mit) B S 1 *obs* Wildfang *m*, Range *f* 2 Tollen *n*, Toben *n*, Balgerei *f*: **have a ~** → A 1 3 *umg* Techtelmechtel *n*, Geschmuse *n* 4 SPORT leichter *od* müheloser Sieg; **rompers** SPL, *a.* **pair of ~** (einteiliger) Spielanzug *(für Kleinkinder)*; **romping** ADJ (ADV **~ly**), **rompish** ADJ (ADV **~ly**) ADJ ausgelassen, wild
ronde [rɒnd; *US* rɑnd] S TYPO Ronde *f*, Rundschrift *f*
rondeau [ˈrɒndəʊ; *US* ˈrɑn-] *pl* -deaux [-dəʊz] S LIT Rondeau *n*, Rundreim *m (meist 13- od 10-zeilige Strophe mit Kehrreim, der sich am Anfang, im Innern u. am Ende wiederholt)*
rondel [ˈrɒndl; *US* ˈrɑndl] S LIT 1 vierzehnzeiliges Rondeau 2 → rondeau
rondo [ˈrɒndəʊ; *US* ˈrɑn-] *pl* -dos S MUS Rondo *n*
rondure [ˈrɒndjʊə; *US* ˈrɑndʒər] S *poet* 1 Rund *n*, Rundung *f* 2 Kreis *m*
röntgen, **röntgenize**, *etc* → roentgen, roentgenize *etc*
roo [ruː] S *Aus umg* Känguru *n*
rood [ruːd] S 1 REL a Kreuz *n*, Kruzifix *n (in Kirchen)* b *obs* Kreuzesstamm *m* (Christi) 2 Viertelacre *m (Flächenmaß)* 3 → rod 9 b; **~ altar** S Lettneraltar *m*; **~ arch** S ARCH 1 *Mittelbogen in e-m Lettner, auf dem das Kreuz angebracht ist* 2 Kreuznische *f (zwischen Kirchenschiff u. Chor)*; **~ loft** S ARCH Chorbühne *f*; **~ screen** S Lettner *m*; **~ spire**, **~ steeple** S Vierungsturm *m (mit Spitze)*
roof [ruːf] A S 1 ARCH (Haus)Dach *n*: **a (no) ~ over one's head** *fig* (k)ein Dach über dem Kopf; **under my ~** *fig* unter m-m Dach, in m-m Haus; **live under the same ~** unter einem Dach leben *od* wohnen (**as** mit); **raise the ~** *fig umg bes US* e-n Mordskrach schlagen; **go through the ~** *fig umg* a *bes US a.* **hit the ~** an die Decke gehen a in die Höhe schnellen, explodieren *(Preise)* 2 AUTO Verdeck *n* 3 *fig (Blätter-, Zelt)* Dach *n*: **~ of foliage**; **~ of a tent**; **~ of heaven** Himmelszelt *n*, -gewölbe *n*; **~ of the mouth** ANAT Gaumen(dach) *m(n)*; **the ~ of the world** das Dach der Welt 4 *Bergbau*: Hangende(s) *n* B V/T 1 mit e-m Dach versehen, bedachen: **~ in** (*od* **over**) überdachen; **a house ~ed with slates** ein Haus mit Schieferdach 2 *fig* bedecken, überdachen; **roofage** → roofing A; **roofer** S Dachdecker(in)
roof| garden S 1 Dachgarten *m* 2 *US* Dachrestaurant *n*; **~ guard** S Schneefang *m*
roofing A S 1 Bedachen *n*, Dachdecken *n* 2 TECH Dachhaut *f* B ADJ Dach...: **~ felt** Dachpappe *f*
roofless ADJ 1 ohne Dach, ungedeckt 2 *fig* obdachlos
roof| rack S AUTO Dachgepäckträger *m*; **~ tile** S Dachziegel *m*; **~ top** S: **shout** (*od* **scream**) **sth from the ~s** *fig* etwas ausposaunen *od* an die große Glocke hängen *(beide umg)*; **~tree** S ARCH Firstbalken *m*
rook[1] [rʊk] A S 1 ORN Saatkrähe *f* 2 *umg* Gauner(in), Bauernfänger(in) B V/T a *j-n* neppen b *j-n (beim Kartenspiel etc)* ausnehmen: **~ sb of £50** j-m 50 Pfund abnehmen
rook[2] [rʊk] S *Schach*: Turm *m*
rookery [ˈrʊkərɪ] S 1 a Krähenhorst *m* b Krähenkolonie *f* 2 ORN, ZOOL Brutplatz *m* 3 *fig* a Massen-, Elendsquartier *n* b Mietskaserne *f*
rookie [ˈrʊkɪ] S *umg* 1 MIL Rekrut *m* 2 Neuling *m*, Anfänger(in), SPORT *a.* Neuprofi *m*, Profineuling *m*
room [ruːm; rʊm] A S 1 Raum *m*, Platz *m*: **there's ~ for three on the back seat** auf dem Rücksitz haben drei Personen Platz; **make ~** Platz machen (**for** für *od dat*) *(a. fig)*; **there wasn't enough ~ to swing a cat** *umg* es war scheußlich eng 2 Raum *m*, Zimmer *n*, Stube *f*, *pl a.* Räumlichkeiten *pl*: **in my ~** in *od* auf m-m Zimmer; **~ divider** Raumteiler *m*; **~ heating** Raumheizung *f*; **~ temperature** *(a. normale)* Raum-, Zimmertemperatur; **a five-~ house** ein Haus mit fünf Räumen; **~ and board** *US* Unterkunft u. Verpflegung 3 *pl* (Miet)Wohnung *f* 4 *fig* (Spiel)Raum *m*, Gelegenheit *f*, Veranlassung *f*, Anlass *m*: **~ for complaint** Anlass zur Klage; **there is no ~**

R

for hope es besteht keine Hoffnung; **there is ~ for improvement** es ließe sich manches besser machen; → maneuver A 1 **5** **in sb's ~** an j-s Stelle **6** *Bergbau*: Abbaustrecke *f* **B** VI *bes US* **a** wohnen, logieren (*beide*: **at** in *dat*; **with** bei) **b** **~ with sb** mit j-m zusammenwohnen **C** VT *bes US j-n* (in e-m Zimmer *etc*) unterbringen; **roomed** [ru:md; rʊmd] ADJ *in Zusammensetzungen* ...zimm(e)rig: **double-~** zweizimmerig, Zweizimmer...; **roomer** S *bes US* Untermieter(in)

roomette [ru:'met; rʊm'et] S BAHN *US* Einbettabteil *n*

roomful ['ru:mfʊl; 'rʊm-] *pl* -fuls S: **a ~ of people** ein Zimmer voll(er) Leute; **the whole ~** das ganze Zimmer

roominess ['ru:mɪnɪs; 'rʊm-] S Geräumigkeit *f*

rooming| house S *US* Fremdenheim *n*, Pension *f*; **~-in** S MED Rooming-in *n* (*gemeinsame Unterbringung von Mutter u. Kind*)

room|mate S Zimmergenosse *m*, -genossin *f*, MIL Stubenkamerad *m*; **~ service** S Zimmerservice *m*: **ring for ~** nach dem Zimmerkellner klingeln

roomy ADJ (ADV roomily) **1** geräumig **2** weit (*Kleidungsstück*)

roorback ['rʊər,bæk] S *US* politische Zwecklüge (*um j-n zu diffamieren*)

roost [ru:st] **A** S **1** **a** Schlafplatz *m*, -sitz *m* (*von Vögeln*) **b** Hühnerstange *f* **c** Hühnerstall *m*: **at ~** auf der Stange; **come home to ~** *fig* auf den Urheber zurückfallen; → rule B 1 **2** *fig* Ruheplätzchen *n*, Unterkunft *f* **B** VI **1** **a** auf der Stange sitzen **b** sich zum Schlafen niederhocken (*Vögel*) **2** *fig* (*bes* vorübergehend) schlafen *od* wohnen

rooster S **1** ORN *bes US* (Haus)Hahn *m* **2** *US umg* (eitler) Gockel *a. pej*

root[1] [ru:t] **A** S **1** BOT Wurzel *f* (*a. fig*): **destroy sth ~ and branch** etwas mit Stumpf u. Stiel ausrotten; **pull out by the ~** → C 2; **strike at the ~ of sth** *fig* etwas an der Wurzel treffen; **take** (*od* **strike**) **~** → B 1; **put down ~s** *fig* sesshaft werden; **pull up one's ~s** *fig* alles aufgeben; **the ~s** *pl* **of a mountain** der Fuß e-s Berges **2** *Teil e-r Pflanze, der e-r Wurzel in Aussehen od Funktion ähnelt, z. B.* Wurzelstock *m* **3** ANAT (*Haar-, Nagel-, Zahn- etc*) Wurzel *f*: **~ of a** (*od* **the**) **hair**, *etc* **4** *fig* **a** Wurzel *f*, Quelle *f*, Ursache *f*: **the ~ of all evil** die Wurzel allen Übels; **get at** (*od* **to**) **the ~(s) of things** den Dingen auf den Grund gehen; **have its ~ in, take ~ from** → B 2 **b** Kern *m*: **the ~ of the matter**; **~ idea** Grundidee *f* **5** **a** Stammvater *m* **b** *bes* BIBEL Wurzel *f*, Reis *n*, Spross *m*: **a ~ of Jesse** **6** MATH **a** Wurzel *f*: **~ extraction** Wurzelziehen *n* **b** eingesetzter *od* gesuchter Wert (*e-r Gleichung*) **7** LING Stammwort *n*, Wurzel (-wort) *f(n)* **8** MUS Grundton *m*: **~ position** Grundstellung *f*, -lage *f* (*e-s Akkords*) **9** ASTRON, ASTROL *u. Zeitrechnung*: **a** Ausgangspunkt *m* (*e-r Berechnung*) **b** Geburtsaspekt *m* **10** TECH Wurzel *f* **11** *Aus sl* Nummer *f* (*Geschlechtsverkehr*) **B** VI **1** Wurzeln schlagen, (ein)wurzeln (*beide a. fig*), Wurzeln treiben **2** **~ in** *fig* wurzeln in (*dat*), s-n Ursprung haben in (*dat*) **C** VT **1** tief einpflanzen, einwurzeln lassen: **fear ~ed him to the ground** (*od* **spot**) *fig* er stand vor Furcht wie angewurzelt *od* angenagelt **2** **~ up** (*od* **out, away**) mit der Wurzel ausreißen (*a. fig ausrotten*)

root[2] [ru:t] **A** VI **1** (*mit der Schnauze*) wühlen (**for** nach) (*Schwein*) **2** **~ about** (*od* **around**) *fig* herumwühlen (**among** in *dat*) **B** VT **1** *den Boden* auf-, umwühlen **2** **~ out** **a** *a.* **~ up** ausgraben, aufstöbern (*beide a. fig*) **a** *e-n Brief etc* hervorzerren: **~ sb out of bed** j-n aus dem Bett treiben

root[3] [ru:t] VI (**for**) *bes US umg* **a** SPORT (*j-n*) anfeuern **b** *fig* Stimmung machen (für *j-n od etwas*), (*j-n*) (tatkräftig) unterstützen

rootage ['ru:tɪdʒ] S **1** (Ein)Wurzeln *n* **2** Wurzelwerk *n*

root| amputation S *Zahnmedizin*: Wurzel(spitzen)resektion *f*; **~-and-branch** ADJ radikal, restlos; **~ beer** S *US Limonade aus Kräuter- od Wurzelextrakten*; **~ canal** S ANAT Wurzelkanal *m* (*e-s Zahns*); **~ climber** S BOT Wurzelkletterer *m*; **~ crop** S Wurzelgemüse *n*, Knollenfrüchte *pl*, Rüben *pl*; **~ directory** S IT Hauptverzeichnis *n*

rooted ['ru:tɪd] ADJ (fest) eingewurzelt (*a. fig*): **deeply ~** *fig* tief verwurzelt; **stand ~ to the ground** (*od* **spot**) wie angewurzelt *od* angenagelt stehen (bleiben); → line[1] A 1; **rootedly** ADV von Grund auf, zutiefst; **rootedness** S Verwurz(e)lung *f*

rooter S *bes US umg* begeisterte(r) Anhänger(in)

rootle ['ru:tl] *Br* → root[2]

rootless ADJ **1** wurzellos (*a. fig*) **2** *fig* entwurzelt, ohne feste Bindung

rootlet ['ru:tlɪt] S BOT Würzelchen *n*, Wurzelfaser *f*

root| mean square S MATH quadratischer Mittelwert; **~stock** S **1** BOT Wurzelstock *m* **2** Wurzelableger *m*; **~ treatment** S *Zahnmedizin*: Wurzelbehandlung *f*; **~ tubercle** S BOT Wurzelknöllchen *n*; **~ vole** S ZOOL Wühlmaus *f*

rooty ['ru:tɪ] ADJ **1** wurz(e)lig **2** wurzelartig, Wurzel...

rope [rəʊp] **A** S **1** Seil *n*, Strick *m*, Strang *m* (*a. zum Erhängen*): **the ~** *fig* der Strick (*Tod durch den Strang*); **be at the end of one's ~** **a** (*finanziell etc*) am Ende sein **b** mit s-m Latein am Ende sein; **give sb plenty of ~** j-m viel Freiheit lassen; **give sb enough ~ to hang themselves** j-m so viel Freiheit lassen, dass er sich selbst ruiniert; **know the ~s** sich auskennen; **learn the ~s** sich einarbeiten; **show sb the ~s** j-n einarbeiten *od* anlernen **2** SCHIFF Tau *n*: **~'s end** Tauende *n* **3** (Artisten)Seil *n*: **on the high ~s** **a** hochmütig **b** hochgestimmt **4** *Bergsteigen*: **a** (Kletter)Seil *n* **b** *a.* **~ team** Seilschaft *f*: **put on the ~** sich anseilen; **be on the ~** angeseilt sein **5** *US* Lasso *m/n* **6** *pl Boxen*: (Ring)Seile *pl*: **be on the ~s** **a** (angeschlagen) in den Seilen hängen **b** *fig* am Ende (s-r Kräfte) *od umg* fertig sein; **have sb on the ~s** j-n in die Enge getrieben haben **7** *fig* Strang *m* (*Tabak etc*), Schnur *f* (*Zwiebeln, Perlen etc*): **~ of ova** ZOOL Eischnur; **~ of pearls** Perlenschnur; **~ of sand** *fig* Illusion *f*, trügerische Sicherheit **8** (lang gezogener) Faden (*e-r dicken Flüssigkeit*) **B** VT **1** *a.* **~ up** (mit e-m Seil *etc*) zusammenbinden **2** festbinden **3** *meist* **~ in** (*od* **off**) (durch ein Seil) absperren *od* abgrenzen **4** *Bergsteigen*: anseilen: **~ down (up)** *j-n* ab-(auf)seilen **5** *US* mit dem Lasso (ein)fangen **6** **~ in** *umg* **a** *Br j-n* anheuern (**to** für): **~ sb in to do sth** j-n dafür *od* dazu einspannen, etwas zu tun **b** *Br j-n* breitschlagen (**to do** zu tun): **~ sb in on** (*od* **into**) j-n hineinziehen in (*akk*) **c** *US* sich an *j-n* heranmachen (*Betrüger etc*) **C** VI **1** Fäden ziehen (*dicke Flüssigkeit*) **2** *meist* **~ up** *Bergsteigen*: sich anseilen: **~ down** sich abseilen

rope|dancer S Seiltänzer(in); **~dancing** S Seiltanzen *n*; **~ ferry** S Seilfähre *f*; **~ ladder** S **1** Strickleiter *f* **2** SCHIFF Seefallreep *n*; **~maker** S Seiler(in); **~ mo(u)lding** F ARCH Seilleiste *f*; **~ pulley** S TECH Seilrolle *f*

ropery ['rəʊpərɪ] S Seilerei *f*

rope| stitch S *Stickerei*: Stielstich *m*; **~ tow** S *Skisport*: Schlepplift *m*; **~ trick** S Seiltrick *m*; **~walk** S TECH Seiler-, Reeperbahn *f*; **~walker** → ropedancer; **~way** S TECH (Seil)Schwebebahn *f*

ropey → ropy

rope|yard S Seilerei *f*; **~ yarn** S TECH Kabelgarn *n*

ropiness ['rəʊpɪnɪs] S Dickflüssigkeit *f*, Klebrigkeit *f*; **ropy** ADJ (ADV ropily) **1** dickflüssig, klebrig, zäh(flüssig): **be ~** *a.* Fäden ziehen **2** kahmig (*Wein*) **3** strangförmig (*Muskeln*) **4** *Br umg* schäbig (*Hotel, Kleidungsstück etc*): **feel a bit ~** sich nicht ganz auf dem Posten fühlen *umg*

roque [rəʊk] S SPORT *amer. Form des Krocketspiels*

Roquefort ['rɒkfɔ:; *US* 'rəʊkfərt] S Roquefort (-käse) *m*

roquet ['rəʊkɪ; *US* rəʊ'keɪ] **A** VT & VI *Krocketspiel*: (e-n anderen Ball) treffen **B** S Treffen *n* e-s anderen Balls

ro-ro ABK roll-on/roll-off

rorqual ['rɔ:(r)kwəl] S *a.* **common ~** ZOOL Finnwal *m*

Rorschach test ['rɔ:(r)ʃɑ:k] S PSYCH Rorschach-Test *m*, Formdeutetest *m*

rosace ['rəʊzeɪs] S ARCH **1** Rosette *f* **2** → rose window

rosacean [rəʊ'zeɪʃn] BOT **A** ADJ → rosaceous 1 a **B** S Rosazee *f*, Rosengewächs *n*; **rosaceous** [-ʃəs] ADJ **1** BOT **a** zu den Rosazeen gehörig **b** rosenblütig **2** rosenartig, Rosen...

rosaria [rəʊ'zeərɪə] *pl von* rosarium

rosarian [rəʊ'zeərɪən] S **1** Rosenzüchter(in) **2** KATH Mitglied *n* e-r Rosenkranzbruderschaft

rosarium [rəʊ'zeərɪəm] (*Lat.*) *pl* -iums, -ia [-ɪə] S Rosengarten *m*

rosary ['rəʊzərɪ] S **1** KATH *oft* ♀ (*a. Buddhismus*) Rosenkranz *m* (*Gebetsschnur u. Gebete*): **joyful (sorrowful, glorious)** ♀ freudenreicher (schmerzhafter, glorreicher) Rosenkranz; **say the** ♀ den Rosenkranz beten; **Fraternity of the** ♀ Rosenkranzbruderschaft *f* **2** *obs* Rosenbeet *n*, Rosengarten *m*

Roscommon [rɒs'kɒmən; *US* rɑs'kɑ-] S Roscommon *n* (*Grafschaft in Mittelirland*)

rose[1] [rəʊz] **A** S **1** BOT Rose *f*: **~ of Jericho** Jerichorose, Rose von Jericho; **~ of Sharon** **a** Roseneibisch *m* **b** Großblumiges Johanniskraut; **the ~ of** *fig* die Rose (*das schönste Mädchen*) von (*od gen*); **everything's coming up ~s** alles macht sich *od* ist bestens; **gather (life's) ~s** *obs od poet* die Rosen des Lebens pflücken, sein Leben genießen; **it is not all ~s** es ist nicht so rosig, wie es aussieht; **his job is not all ~s** s-e Arbeit besteht nicht nur aus Annehmlichkeiten; **under the ~** sub rosa, unter dem Siegel der Verschiegenheit; **no ~ without a thorn** (*Sprichwort*) keine Rose ohne Dornen; → bed *Bes Redew* **2** Rosette *f*, Röschen *n* (*Zierrat*) **3** → rose window **4** GEOG, SCHIFF, PHYS Wind-, Kompassrose *f* **5** PHYS, TECH Kreisskala *f* **6** Brause *f* (*e-r Gießkanne etc*) **7** Rosette *f*, Rose *f* (*Edelsteinschliff od so geschliffener Stein*) **8** TECH Rosette *f*, Manschette *f* **9** ZOOL Rose *f* (*Ansatzfläche des Geweihs*) **10** *Heraldik*, HIST *Br* Rose *f* (*Wappenblume*): **Wars of the** ♀**s** Rosenkriege; → Red Rose, White Rose **B** ADJ **1** Rosen... **2** rosarot

rose[2] [rəʊz] *prät von* rise

rosé ['rəʊzeɪ; *US* rəʊ'zeɪ] S Rosé *m* (*Wein*)

roseate ['rəʊzɪət; *US a.* -,eɪt] → rosy 1, 4

rose|bay S BOT **1** Oleander *m* **2** *US* **a** Große Alpenrose **b** Pontische Alpenrose; **~bed** S Rosenbeet *n*; **~bud** S Rosenknospe *f*; **~ bug** → rose chafer 2; **~bush** S BOT Rosenstrauch *m*; ~ **chafer** S ZOOL 1 Rosenkäfer *m* 2 *US* Rosenlaubkäfer *m*; **~-cheeked** ADJ rotwangig, -backig; **~-colo(u)red** ADJ rosarot (*a. fig*): **look at** (*od* **see, view**) **the world through ~ spectacles** (*od* **glasses**) alles durch e-e rosarote Brille sehen; **~-cut** ADJ mit Rosettenschliff (*Stein*); ~ **diamond** S Rosendiamant *m*; **~fish** S Rotbarsch *m*; **~gall** S BOT Rosenapfel *m*, -schwamm *m*; ~ **garden** S Rosengarten *m*; ~ **grower** S Rosenzüchter(in); **~hip** S BOT Hagebutte *f*

rosemary ['rəʊzməri; *US* -ˌmeri:] S BOT Rosmarin *m*

roseola [rəʊ'zi:ələ; *US a.* ˌrəʊzi:'əʊlə] S MED 1 Roseole *f* (*ein Hautausschlag*) 2 → German measles

rose| pink S Rosarot *n*; **~-pink** ADJ rosarot; ~ **quartz** S MINER Rosenquarz *m*

rosery → rosary 1

rose|-tinted → rose-colo(u)red; ~ **tree** S Rosenstrauch *m*

rosette [rəʊ'zet] S 1 Rosette *f*: a (Zier)Rose *f* b Rosenornament *n* c Bandschleife *f* 2 ARCH a (Mauer)Rosette *f* b → rose window 3 BOT (*Blatt- etc*) Rosette *f* 4 → rose diamond 5 TECH Patrone *f* 6 TECH Rosette(nkupfer) *f(n)*; **rosetted** ADJ 1 mit Rosetten geschmückt 2 rosettenförmig

rose| water S Rosenwasser *n*; **~-water** ADJ 1 nach Rosenwasser duftend 2 *fig* a affektiert b süßlich, sentimental; ~ **window** S ARCH Fensterrose *f*, Rosette *f*; **~wood** S BOT Rosenholz *n*

Rosicrucian [ˌrəʊzɪ'kru:ʃjən; *US* -ʃən; *a.* ˌrɑzə-] A S Rosenkreuzer(in) (*Mitglied e-r Geheimgesellschaft*) B ADJ Rosenkreuzer…

rosin ['rɒzɪn; *US* 'rɑzn; 'rɔ:zn] A S 1 CHEM (Terpentin)Harz *n*, *bes* Kolophonium *n*, Geigenharz *n* 2 → resin A 1 B V/T mit Kolophonium einreiben

rosiness ['rəʊzɪnɪs] S (*das*) Rosige, rosiges Aussehen

ROSPA ABK *Br* Royal Society for the Prevention of Accidents

ross [rɒs; *US a.* rɑs] *bes US* A S Borke *f* B V/T *Bäume* abborken

roster ['rəʊstə(r); *US bes* 'rɑs-] S 1 SCHIFF, MIL Dienst- *od* Namensliste *f* 2 Dienstplan *m* 3 Liste *f*, Verzeichnis *n*

rostra ['rɒstrə; *US bes* 'rɑs-] *pl von* **rostrum**

rostral ['rɒstrəl; *US bes* 'rɑs-] ADJ 1 ANAT, ZOOL rostral, schnabelförmig 2 ZOOL zur Kopfspitze gehörig 3 SCHIFF, HIST Schiffsschnabel…; **rostrate** ['rɒstreɪt; *US bes* 'rɑs-], **rostrated** ADJ 1 *bes* BOT, ZOOL geschnäbelt 2 → rostral 3; **rostriferous** [-'trɪfərəs] ADJ ZOOL geschnäbelt; **rostriform** [-fɔ:(r)m] ADJ ZOOL schnabelförmig

rostrum ['rɒstrəm; *US bes* 'rɑs-] *pl* -tra [-trə], -trums S 1 a Rednerpult *n*, Podium *n* b Kanzel *f* c *fig* Plattform *f* 2 SCHIFF *Antike*: Schiffsschnabel *m* 3 ANAT, BOT, ZOOL Schnabel *m* 4 ZOOL a Kopfspitze *f* b Rüssel *m* (*von Insekten*)

rosy ['rəʊzɪ] ADJ (ADV rosily) 1 rosarot 2 rosig 3 rosengeschmückt, Rosen… 4 *fig* a rosig: → paint A 1 b rosarot; **~-cheeked** → rose-cheeked

rot [rɒt; *US* rɑt] A V/I 1 *a.* ~ **away** (ver)faulen, (-)modern (*a. fig im Gefängnis*), verrotten, verwesen: ~ **off** abfaulen 2 *a.* ~ **away** GEOL verwittern 3 *fig* (*a. moralisch*) verkommen, verrotten 4 BOT, VET an Fäule leiden B V/T 1 (ver)faulen lassen 2 BOT, VET mit Fäule anstecken C S 1 a Fäulnis *f*, Verwesung *f* b Fäule *f* c (*etwas*) Verfaultes: → dry rot 2 a BOT, VET Fäule *f* b VET → liver rot 3 *bes Br umg* Quatsch *m*, Blödsinn *m*, Unsinn *m*: **talk ~**

rot. ABK 1 rotating 2 rotation

rota ['rəʊtə] S 1 → roster 2 *bes Br* a Dienstturnus *m* b *a.* ~ **system** Turnusplan *m* 3 *meist* ♀ KATH Rota *f* (*oberster Gerichtshof der Kirche*)

Rotarian [rəʊ'teərɪən] A S Rotarier *m*, Mitglied *n* e-s Rotary Clubs B ADJ rotarisch

rotary ['rəʊtərɪ] A ADJ 1 rotierend, kreisend, sich drehend, umlaufend: ~ **movement** (*od* **motion**) Umdrehung *f*, Drehbewegung *f* 2 Rotations…, Dreh…, Kreis…, Umlauf…: ~ **control** TECH Drehregler *m*; ~ **file** Drehkartei *f*; ~ **pump** TECH Kreisel-, Umlaufpumpe *f*; ~ **switch** ELEK Drehschalter *m*; ~ **traffic** Kreisverkehr *m*; **~-wing aircraft** → rotorcraft 3 FLUG, TECH Radial…, Sternmotor… 4 *fig* turnusmäßig B S 1 TECH *durch Rotation arbeitende Maschine, bes* a → rotary engine b → rotary machine c → rotary press d ELEK → rotary converter 2 ♀ → Rotary Club 3 *US* (Verkehrs)Kreisel *m*; ♀ **Club** S Rotary Club *m* (*weltumspannende, unpolitische Vereinigung unter der Devise des Dienens*); ~ **condenser** S ELEK Drehkondensator *m*; ~ **converter** S ELEK Drehumformer *m*; ~ **current** S ELEK Drehstrom *m*; ~ **engine** S Umlaufmotor *m*; ~ **hoe** S AGR Hackfräse *f*; ♀ **International** S Rotary International *m* (*internationale Dachorganisation der Rotary Clubs*); ~ **intersection** → rotary B 3; ~ **machine** S TYPO Rotationsmaschine *f*; ~ **piston engine** S AUTO Drehkolbenmotor *m*; ~ **plough**, *bes US* ~ **plow** S TECH 1 *a.* **rotary snow plough** (*bes US* **plow**) Schneefräse *f* 2 AGR Bodenfräse *f*; ~ **press** S TYPO Rotations(druck)presse *f*; ~ **shutter** S FILM Umlaufblende *f*; ~ **tiller** → rotary plough 2

rotatable [rəʊ'teɪtəbl; *US bes* 'rəʊˌteɪ-] ADJ drehbar

rotate[1] [rəʊ'teɪt; *US* 'rəʊˌteɪt] A V/I 1 rotieren, kreisen, sich drehen, umlaufen 2 der Reihe nach *od* turnusmäßig wechseln B V/T 1 rotieren *od* kreisen lassen 2 MATH a (um e-e Achse) drehen b umklappen 3 *Personal* turnusmäßig auswechseln 4 AGR *die Frucht* wechseln

rotate[2] ['rəʊteɪt] ADJ BOT, ZOOL radförmig

rotating [rəʊ'teɪtɪŋ; *US* 'rəʊˌteɪtɪŋ] ADJ → rotary A 1: ~ **field** ELEK, PHYS Drehfeld *n*, rotierendes Feld; **~-wing aircraft** → rotorcraft

rotation [rəʊ'teɪʃn] S 1 MATH, PHYS, TECH Rotation *f*, Umdrehung *f*, Um-, Kreislauf *m*, Drehbewegung *f*: ~ **of the earth** Erdrotation, (tägliche) Erdumdrehung 2 Wechsel *m*, Abwechslung *f*: **in** (*od* **by**) ~ der Reihe nach, abwechselnd, im Turnus; ~ **in office** turnusmäßiger Wechsel im Amt 3 *a.* ~ **of crops** AGR Fruchtwechsel *m*; **rotational** [-ʃənl] ADJ 1 → rotary A 1 2 (ab)wechselnd 3 im Turnus, turnusmäßig

rotative ['rəʊtətɪv; *US* -ˌteɪ-] ADJ (ADV ~ly) 1 → rotary A 1 2 abwechselnd, regelmäßig wiederkehrend

rotator [rəʊ'teɪtə; *US* 'rəʊˌteɪtər] S 1 ANAT Rotator *m*, Dreh-, Rollmuskel *m* 2 TECH a rotierender Apparat *od* Maschinenteil b ELEK schnell laufender Elektromotor (*bes mit Außenläufer*) 3 *Quantentheorie*: Drillachse *f*

rotatory ['rəʊtətərɪ; *US* -ˌtəʊri:; -ˌtɔ:-] ADJ 1 → rotary A 1 2 *fig* abwechselnd *od* turnusmäßig (aufeinanderfolgend) 3 ~ **muscle** ANAT → rotator 1

ROTC ABK MIL *US* Reserve Officers Training Corps

rote [rəʊt] S Routine *f*: **by ~** a rein mechanisch, durch bloße Übung b auswendig: **learn a poem by ~**

rotgut S *sl* Fusel *m*

rotifer ['rəʊtɪfə(r)] S ZOOL Rädertier(chen) *n*

rotisserie [rəʊ'tɪsərɪ] S a Grill *m* b Rotisserie *f* (*Restaurant, in dem Grillgerichte vor den Augen des Gastes zubereitet werden*)

rotogravure [ˌrəʊtəʊ-; *US* -tə-] S TYPO 1 Zylindertiefdruck *m*, Kupfer(tief)druck *m* 2 → roto section

rotor ['rəʊtə(r)] S 1 FLUG Drehflügel *m*, Tragschraube *f*, Rotor *m* (*des Hubschraubers*) 2 ELEK Rotor *m*, Läufer *m*: ~ **circuit** Läuferkreis *m* 3 TECH Rotor *m* (*Drehteil e-r Maschine*) 4 SCHIFF (Flettner)Rotor *m*; **~craft** S *irr*, **~plane** S FLUG Rotorflugzeug *n*, Drehflügelflugzeug *n*; ~ **ship** S SCHIFF Rotorschiff *n*

roto section ['rəʊtəʊ] S *US* Kupfertiefdruckbeilage *f* (*e-r Zeitung*)

rotten ['rɒtn; *US* 'rɑtn] ADJ (ADV ~ly) 1 verfault, faul: ~ **egg** faules Ei; ~ **to the core** a vollkommen verfault b *fig* durch u. durch korrupt; → apple 1 2 morsch 3 brandig, stockig (*Holz*) 4 MED faul (*Zähne*) 5 *fig* a verderbt, korrupt (→ 1) b niederträchtig, gemein (*Lüge, Trick etc*): **something is ~ in the state of Denmark** (*Shakespeare*) etwas ist faul im Staate Dänemark 6 *sl* (hunds)miserabel, saumäßig (*Buch etc*): ~ **luck** Saupech *n*; ~ **weather** Sauwetter *n*; **feel ~** sich beschissen fühlen 7 VET mit der (Lungen)Fäule behaftet (*Schaf*); ~ **borough** S *Br hist* ***Wahlkreis mit nur geringer Wählerzahl***

rottenness S 1 Fäule *f*, Fäulnis *f* 2 Morschheit *f* 3 *fig* Verderbtheit *f*, Korruptheit *f*

rotter S *obs Br sl* Schweinehund *m*

rotund [rəʊ'tʌnd] ADJ (ADV ~ly) 1 rund, kreisförmig 2 rundlich, dicklich (*Mann etc*) 3 *fig* a voll(tönend), klangvoll (*Stimme*) b pompös, hochtrabend, blumig (*Phrasen etc*) 4 *fig* abgerundet, ausgewogen (*Stil etc*)

rotunda [rəʊ'tʌndə] S ARCH Rotunde *f*: a Rundbau *m* b Rundhalle *f*

rotundate [rəʊ'tʌndɪt; *US a.* -ˌdeɪt] ADJ *bes* BOT, ZOOL abgerundet

rotundity [rəʊ'tʌndətɪ] S 1 Rundheit *f* 2 Rundlichkeit *f* 3 Rundung *f*, (*das*) Runde 4 *fig* Abgerundetheit *f*, Ausgewogenheit *f*

rouble → ruble

rouche, *etc* → ruche *etc*

roué ['ru:eɪ; *US* rʊ'eɪ] S Roué *m*, (vornehmer) Lebemann

rouge [ru:ʒ] A S 1 Rouge *n* 2 TECH Polierrot *n* 3 *bes Heraldik*: Rot *n* B ADJ *Heraldik*: rot C V/I Rouge auflegen, sich schminken D V/T (rot) schminken

rough [rʌf] A ADJ (ADV → roughly) 1 *allg* rau (*Haut, Oberfläche, Stimme etc*) 2 rau, struppig (*Haar*) 3 holp(e)rig, uneben (*Straße etc*) 4 rau, unwirtlich, zerklüftet (*Gegend etc*) 5 a rau (*Wind*) b stürmisch (*Wetter*): **a ~ passage** e-e stürmische Überfahrt, *fig* e-e schwierige Zeit; **give sb a ~ passage** j-m arg zu schaffen machen; **he is in for a ~ passage** ihm steht einiges bevor; ~ **sea** SCHIFF grobe See; → ride A 1 6 *fig* a grob, roh (*Manieren, Mann etc*) b raubeinig, ungehobelt (*Kerl etc*) c heftig (*Temperament*) d rücksichtslos, hart (*Spiel etc*): ~ **stuff** *umg* Gewalttätigkeit(en) *f(pl)*; → roughhouse A 7 rau, barsch, schroff (*Person, Redeweise*): **have a ~ tongue** e-e raue Sprache sprechen, barsch sein; **give sb the ~ side of one's tongue** j-m den Marsch blasen *umg* 8 *umg* a rau (*Behandlung etc*) b hart (*Tag, Leben etc*) c garstig, böse: **it was ~** es war e-e böse Sache; **she had a ~ time** es ist ihr ziemlich dreckig gegangen *umg*; **give sb a ~ time** j-n (ganz schön) rannehmen; **it was ~ on her** es war (ganz schön) hart für sie; **that's ~ luck for him** da hat er aber Pech (gehabt) 9 roh, grob, unbearbeitet, im Rohzustand: ~ **food** grobe Kost; ~ **rice** unpolierter Reis; ~ **stone** a unbehauener Stein b un(zu)geschliffener

(Edel-)Stein; **~ style** grober *od* ungeschliffener Stil; **~ work** grobe Arbeit; → rough-and-ready, rough diamond 10 Grob…, grobe Arbeit verrichtend *(Arbeiter, Werkzeug)*: → rough file 11 unfertig, Roh…: **~ draft** Rohfassung *f*; **~ sketch** Faustskizze *f*; **in a ~ state** im Rohzustand, unfertig; → copy A 1 12 *fig* grob: a annähernd (richtig), ungefähr b flüchtig, im Überschlag: **~ analysis** Rohanalyse *f*; **a ~ guess** e-e grobe Schätzung; **at a ~ guess** grob geschätzt; **~ calculation** Überschlag(s-rechnung) *m(f)*; **~ size** TECH Rohmaß *n*; **I have a ~ idea where it is** ich kann mir ungefähr vorstellen, wo es ist; → estimate C 1, outline A 4 13 TYPO unbeschnitten *(Buchrand)* 14 primitiv, unbequem *(Unterkunft etc)* 15 herb, sauer *(Wein)* 16 PHARM drastisch *(Arzneimittel)* 17 *Br sl* schlecht: a ungenießbar, verdorben b mies: **feel ~** B S 1 Rauheit *f*, Unebenheit *f*, *(das)* Raue *od* Unebene: **over ~ and smooth** über Stock u. Stein; **take the ~ with the smooth** *fig* die Dinge nehmen, wie sie kommen; **the ~(s** *pl*) **and the smooth(s** *pl*) **of life** *fig* das Auf u. Ab des Lebens; → rough-and-tumble B 2 Rohzustand *m*: **work from the ~** aus dem Groben arbeiten; **in the ~** im Rohzustand; **he's a diamond in the ~** *US fig* er hat e-e raue Schale; **take sb in the ~** j-n nehmen, wie er ist 3 a holp(e)riger Boden b *Golf*: Rough *n (mit langem Gras bewachsene Fläche entlang der Spielbahn etc)* 4 Rowdy *m*, Rabauke *m* C ADV 1 hart: **play ~**; → cut up B 1 2 **sleep ~** im Freien *od* unter freiem Himmel übernachten D V/T 1 an-, aufrauen 2 *oft* **~ up** *j-n* misshandeln, übel zurichten 3 *meist* **~ out** *Material* roh *od* grob bearbeiten, vorbearbeiten, METALL vorwalzen, *e-e Linse, e-n Edelstein* grob schleifen 4 *ein Pferd* zureiten 5 *e-n Pferdehuf* mit Stollen versehen 6 **~ in** (*od* **out**) *e-n Plan etc* entwerfen, skizzieren 7 **~ up** *Haare, Gefieder* gegen den Strich streichen: **~ sb up the wrong way** *fig* j-n reizen *od* verstimmen 8 SPORT *e-n Gegner* hart nehmen 9 **~ it** *umg* primitiv *od* anspruchslos leben, ein spartanisches Leben führen E V/I 1 rau werden 2 SPORT (übertrieben) hart spielen

roughage [ˈrʌfɪdʒ] S 1 AGR Raufutter *n* 2 grobe Nahrung 3 BIOL Ballaststoffe *pl*

rough|-and-ready ADJ 1 grob, roh, provisorisch, Not…, Behelfs…: **in a ~ manner** behelfsmäßig, mehr schlecht als recht; **~ rule** Faustregel *f* 2 → rough A 6 b 3 schlud(e)rig *umg (Arbeiter etc)*; **~-and-tumble** A ADJ **~ fight** → B 1 B S 1 wildes Handgemenge, wüste Keilerei 2 Wirren *pl (des Krieges, des Lebens etc)*, Getümmel *n*; **~ breathing** → spiritus asper; **~cast** A S 1 a Rohguss *m* b *fig* grober *od* roher Entwurf, Rohfassung *f* 2 ARCH Roh-, Rauputz *m* B ADJ 1 im Entwurf, unfertig 2 ARCH roh verputzt C V/T *irr* 1 *e-e Geschichte etc* im Entwurf anfertigen, in groben Zügen entwerfen, skizzieren 2 ARCH berappen; **~ coat** S ARCH Roh- *od* Rauputz *m*; **~ cut** S Rohschnitt *m (e-s Films)*; **~ diamond** S Rohdiamant *m*: **he is a ~** *Br fig* er hat e-e raue Schale; **~draw** V/T *irr* in groben Zügen entwerfen, skizzieren; **~-dry** A ADJ [ˈrʌfdraɪ] nur getrocknet: **~ clothes** Trockenwäsche *f* B V/T [ˌrʌfˈdraɪ] *Wäsche* nur trocknen *(ohne sie zu bügeln od mangeln)*

roughen [ˈrʌfn] A V/I rau(er) werden B V/T *a.* **~ up** an-, aufrauen

rough| file S TECH Schruppfeile *f*; **~-handle** V/T grob *od* brutal behandeln, malträtieren; **~hew** V/T *a. irr* TECH 1 roh behauen, grob bearbeiten 2 *fig* in groben Zügen entwerfen *od* gestalten; **~hewn** ADJ 1 TECH roh behauen 2 *fig* in groben Zügen gestaltet *od* entworfen 3 *fig* grobschlächtig, ungehobelt; **~house** *sl* A S a Radau *m* b wüste Keilerei, Schlägerei *f* B V/T 1 *j-n* piesacken *umg* 2 *j-n* misshandeln, übel zurichten C V/I Radau machen, toben

roughing [ˈrʌfɪŋ] S *Eishockey*: übertriebene Härte; **~ mill** S METALL Vorwalzwerk *n*; **~ tool** S TECH Schruppmeißel *m*

roughly [ˈrʌflɪ] ADV 1 rau, roh, grob 2 grob, ungefähr, annähernd: **~ speaking** a etwa, ungefähr, über den Daumen gepeilt *umg* b ganz allgemein (gesagt)

rough|-machine V/T TECH grob bearbeiten; **~neck** S *US sl* 1 Raubein *n*, Grobian *m* 2 Rowdy *m*, Schläger *m* 3 Ölbohrarbeiter *m*

roughness [ˈrʌfnɪs] S 1 Rauheit *f*, Unebenheit *f* 2 TECH raue Stelle 3 *fig* Rohheit *f*, Grobheit *f* 4 *fig* Heftigkeit *f* 5 Herbheit *f*

rough|-plane V/T TECH vorhobeln; **~rider** S 1 Zureiter *m (von Pferden)* 2 verwegener Reiter; **~shod** ADJ scharf beschlagen *(Pferd)*: **ride ~ over** rücksichtslos über *j-n od etwas* hinweggehen; **~-turn** V/T TECH *Metall* vorschleifen, schruppen; **~-up** S *sl* wüste Schlägerei; **~wrought** ADJ grob be- *od* gearbeitet

roulade [ruːˈlɑːd] S 1 GASTR Roulade *f* 2 MUS Roulade *f*, Läufer *m (virtuose Passage für Gesang)*

roulette [ruːˈlet] S 1 Roulett(e) *n*: **~ table** Roulettetisch *m*; **~ wheel** Roulett(e) *n* 2 *Kupferstechkunst*: Roulett(e) *m (mit feinen Zähnen besetztes Rädchen)* 3 Perforierung *f (zwischen Briefmarken)*

Roumanian → Rumanian

round [raʊnd] A ADJ (ADV → roundly) 1 *allg* rund: a kugelrund b kreisrund c zylindrisch: **~ bar** Rundstab *m* d (ab)gerundet e e-n Kreis beschreibend: **~ movement** kreisförmige Bewegung f bogenförmig: **~-arched** ARCH rundbogig, Rundbogen… g rundlich, voll *(Arme, Backen)* 2 LING gerundet *(Vokal)* 3 *fig* rund, voll, ganz *(Dutzend etc)* 4 MATH ganz *(ohne Bruch)*: **in ~ numbers** a in ganzen Zahlen b *a.* **in ~ figures** auf- *od* abgerundet 5 rund, annähernd *od* ungefähr *(richtig)*: **a ~ guess** e-e ungefähre Schätzung 6 rund, beträchtlich *(Summe)* 7 *fig* abgerundet *(Stil)* 8 voll(-tönend) *(Stimme)* 9 flott, scharf *(Tempo)* 10 offen, unverblümt *(Antwort etc)*: **a ~ lie** e-e freche Lüge 11 kräftig, derb: **in ~ terms** unmissverständlich 12 weich, vollmundig *(Wein)* B S 1 Rund *n*, Kreis *m*, Ring *m*: **this earthly ~** das Erdenrund 2 *(etwas)* Rundes *n*, Rundteil *m/n*, Rundbau *m* 3 a (runde) Stange b Querstange *f* c *(Leiter)* Sprosse *f* d TECH Rundstab *m* 4 Rundung *f*: **out of ~** TECH unrund 5 *Bildhauerei*: Rund-, Freiplastik *f (Ggs Relief)*: **in the ~** a plastisch b *fig* vollkommen 6 *a.* **~ of beef** Rindskeule *f* 7 *Br* Scheibe *f*, Schnitte *f (Brot etc)* 8 Kreislauf *m*, Runde *f*: **the ~ of the seasons** der Kreislauf der Jahreszeiten; **the daily ~** der alltägliche Trott 9 a (Dienst)Runde *f*, Rundgang *m (von Polizisten, Briefträgern etc)* b MIL Rundgang *m*, Streifwache *f* c *pl* MIL *koll* Streife *f* d *a.* **ward ~** MED Visite *f (im Krankenhaus)*: **do** (*od* **go, make**) **one's ~s** s-e Runde *od* s-n Rundgang machen (**of** in *dat*) 10 a (*bes* Besichtigungs-, Inspektions)Rundgang *m*, -fahrt *f* b Rundreise *f*, Tour *f* 11 Reihe *f*, Folge *f (beide: **of** von)* 12 a *Boxen, Golf etc*: Runde *f*: **a 10-~ fight, a fight over 10 ~s** ein Kampf über 10 Runden; **first ~ to him!** die erste Runde geht an ihn!, *fig hum a.* eins zu null für ihn! b *(Verhandlungs- etc)* Runde *f*: **~ of negotiations** 13 Runde *f*, Kreis *m (von Personen)*: **go the ~s** die Runde machen, kursieren (*beide:* **of** bei, in *dat*) *(Gerücht, Witz etc)* 14 Runde *f*, Lage *f (Bier etc)*: → stand C 7 15 MIL a Salve *f* b Schuss *m*: **20 ~s of cartridge** 20 Schuss Patronen; **he did not fire a single ~** er gab keinen einzigen Schuss ab 16 *fig (Lach-, Beifalls)* Salve *f*: **~ of applause** *a.* Beifallssturm *m*; **~ after ~ of applause** nicht enden wollender Beifall 17 MUS a Kanon *m*, *Br* HIST Round *m (schlichter Rundgesang)* b Rundtanz *m*, Reigen *m* c Dreher *m* C ADV 1 *a.* **~ about** rund-, rings(her)um 2 rund(her)um, im ganzen Umkreis, überall, auf *od* von *od* nach allen Seiten: → all *Bes Redew* 3 im Umfang, mit e-m Umfang von: **a tree 30 inches ~** 4 rundherum: **~ and ~** immer rundherum; **the wheels go ~** die Räder drehen sich; **hand sth ~** etwas herumreichen; **look ~** um sich blicken; **turn ~** sich umdrehen 5 außen herum: **a long way ~** ein weiter *od* großer Umweg 6 *(zeitlich)* heran…: **summer comes ~**; **winter comes ~ again** der Winter kehrt wieder 7 *(e-e Zeit)* lang *od* hindurch: **all the year ~** das ganze Jahr lang *od* hindurch *od* über; **the clock ~** rund um die Uhr, volle 24 Stunden 8 a hinüber… b herüber…, her…: **ask sb ~** j-n her(über)bitten; **order one's car ~** (den Wagen) vorfahren lassen; → bring round, get round *etc* D PRÄP 1 (rund) um: **a tour ~ the world** e-e Reise um die Welt 2 um (… herum): **sail ~ the Cape**; **just ~ the corner** gleich um die Ecke 3 in *od* auf *(dat)* … herum: **she chased us ~ all the shops** sie jagte uns durch alle Läden 4 um (… herum), im Umkreis von *(od gen)*: **shells burst ~ him** um ihn herum platzten Granaten 5 um (… herum): **write a book ~ a story** aus e-r Geschichte ein (dickes) Buch machen; **argue ~ and ~ a subject** um ein Thema herumreden 6 *(zeitlich)* durch, während *(gen)*: **~ the day** den ganzen Tag lang; → clock[1] A 1 E V/T 1 rund machen, abrunden *(a. fig)*: → rounded 2 umkreisen 3 umgeben, umschließen 4 a *ein Kap etc* umfahren, umsegeln, herumfahren um, um *e-e Ecke* biegen *od* fahren *od* gehen b AUTO *e-e Kurve* ausfahren F V/I 1 rund werden, sich runden 2 *fig* sich abrunden 3 a die Runde machen *(Wache)* b e-n Umweg machen 4 SCHIFF drehen, wenden *(Schiff)* 5 **~ on** *umg* a *j-n* anfahren b über *j-n* herfallen

Phrasal Verbs: **round| down** V/T *e-e Zahl etc* abrunden (**to** auf *akk*); **~ off** V/T 1 *e-e Kante etc, fig s-e Ausbildung etc* abrunden 2 *fig* krönen, beschließen (*beide:* **with** mit) 3 *e-e Zahl etc* auf- *od* abrunden (**to** auf *akk*) 4 SCHIFF drehen: **round the boat off** abfallen; **~ out** A V/T 1 *dem Getreide etc* Fülle geben 2 *e-e Zahl etc* abrunden (**to** auf *akk*) 3 *e-e Geschichte etc* füllen, anreichern (*beide:* **with** mit) 4 *s-e Ausbildung etc* abrunden (**with** mit, durch) B V/I 1 voll werden *(Getreide etc)* 2 rundlich werden *(Person)*: **her figure is rounding out** sie geht ganz schön aus dem Leim *umg*; **~ to** V/I SCHIFF beidrehen; **~ up** V/T 1 *e-e Zahl etc* aufrunden (**to** auf *akk*) 2 SCHIFF *bes das Tau* einholen 3 *Vieh* zusammentreiben 4 *umg* a *e-e Verbrecherbande* ausheben b *Leute etc* zusammentrommeln, auftreiben c *etwas* auftreiben

roundabout A ADJ 1 weitschweifig, umständlich *(Erklärungen etc)*: **what a ~ way of doing things!** wie kann man nur so umständlich sein! 2 **~ way** (*od* **course, route**) Umweg *m*; **take a ~ course** e-n Umweg machen; **in a ~ way** *fig* auf Umwegen 3 rundlich, plump B S 1 Umweg *m* 2 *fig* Umschweife *pl* 3 *Br* Karussell *n*: **go on the ~** Karussell fahren; **lose on the swings what one makes on the ~s** *fig* genauso weit sein wie am Anfang; **you make up on the swings what you lose on the ~s** *fig* was man hier verliert, macht man dort wieder wett 4 *Br* (Verkehrs)Kreisel *m*

round| angle S MATH Vollwinkel *m*; **~ arch** S ARCH (romanischer) Rundbogen; **~ cell** S

ELEK Knopfzelle *f*; ~ **clam** S ZOOL Venusmuschel *f*; ~ **dance** S 1 Rundtanz *m*, Reigen *m* 2 Dreher *m*

rounded ['raʊndɪd] ADJ (ADV ~ly) 1 (ab)gerundet, rund, Rund…: ~ **edge** abgerundete Kante; ~ **number** MATH ab- *od* aufgerundete Zahl 2 gehäuft *(Teelöffel etc) (Maßangabe)* 3 *fig* abgerundet, vollendet 4 LING gerundet (gesprochen) *(Vokal)*

roundel ['raʊndl] S 1 kleine, runde Scheibe 2 ARCH a rundes Feld *od* Fenster b runde Nische 3 KUNST Rundplastik *f* 4 Medaillon *n (a. Heraldik)* 5 MIL, HIST *runde Platte an der Ritterrüstung* 6 LIT a → rondel 1 b *brit. Form des Rondeaus (9 Zeilen mit 2 Refrains)* 7 MUS, HIST *(ein)* Rundtanz *m*

roundelay ['raʊndɪleɪ] S MUS a *(ein)* Rundgesang *m* b → roundel 7

rounder S 1 TECH *Werkzeug od Maschine zum Abrunden von Kanten etc* 2 US *umg* a liederlicher Kerl b Säufer(in) *umg* 3 SPORT *Br* a *pl (als sg konstruiert)* Rounders *n*, Rundball *m (Art Baseball)* b ganzer Umlauf 4 **10-~** *(Boxen)* Zehnrundenkampf *m*

round|-eyed ADJ mit großen Augen: **stare at sb in ~ wonder** j-n mit großen, erstaunten Augen ansehen; ~ **file** S TECH Rundfeile *f*; ~ **game** S *Gesellschaftsspiel, bei dem jeder für sich allein spielt*; ~ **hand** S Rundschrift *f*; **~head** S 1 Ձ HIST Roundhead *m*, Rundkopf *m (Spitzname für e-n Anhänger des Parlaments im englischen Bürgerkrieg 1644-49)* 2 Rundkopf *m*: ~ **screw** TECH Rundkopfschraube *f*; **~house** S 1 BAHN Lokomotivschuppen *m* 2 SCHIFF, HIST Achterhütte *f* 3 HIST Gefängnis *n*, Turm *m* 4 *Boxen: sl* (wilder) Schwinger

rounding A ADJ 1 ein Rund bildend, rund (-lich) 2 TECH Rund…: ~ **tool** TECH Rundgesenk *n* B S (Ab)Rundung *f*

roundish ADJ rundlich

roundly ADV 1 rund, ungefähr 2 rundweg, rundheraus, unverblümt 3 gründlich, gehörig, tüchtig

roundness S 1 Rundung *f*, *(das)* Runde 2 *(etwas)* Rundes 3 *fig (das)* Abgerundete *od* Vollendete 4 Unverblümtheit *f*

round|nose, ~nosed ADJ TECH rund (-nasig), Rund…: **(pair of) ~ pliers** *pl* Rundzange *f*; ~ **robin** S 1 Petition *f*, Denkschrift *f (bes e-e mit im Kreis herum geschriebenen Unterschriften, um deren Reihenfolge zu verheimlichen)* 2 SPORT *US Turnier, bei dem jeder gegen jeden antritt*; **~-shouldered** ADJ mit Rundrücken: **be ~** e-n Rundrücken haben

roundsman ['raʊndzmən] S *irr Br* Austräger *m*, Ausfahrer *m*

round| steak S *direkt aus der Keule geschnittenes Beefsteak*; ~ **table** S 1 runder Tisch 2 Tafelrunde *f*: **the Round Table** a *der runde Marmortisch am Hof des Königs Artus* b die Tafelrunde (des Königs Artus) 3 a *a.* **round-table conference** Round-Table-Konferenz *f*, Konferenz *f* am runden Tisch b *Teilnehmer e-r solchen Konferenz* c *Beratungen e-r solchen Konferenz*; **~-the-clock** ADJ rund um die Uhr; **~top** S SCHIFF Krähennest *n*; ~ **towel** S Rollhandtuch *n*; ~ **trip** S US a Hin- u. Rückfahrt *f* b FLUG Hin- u. Rückflug *m*; **~-trip** ADJ: ~ **ticket** US a Rückfahrkarte *f* b FLUG Rückflugticket *n*; ~ **turn** S SCHIFF Rundtörn *m (Knoten)*: **bring up with a ~** *fig* jäh unterbrechen; **~up** S 1 a Zusammentreiben *n (von Vieh)* b *koll US* Zusammentreiber *pl (Männer u. Pferde)* c zusammengetriebene Herde 2 *umg* a Aushebung *f (e-r Verbrecherbande)* b Zusammenfassung *f*, *(Nachrichten)* Überblick *m*; **~worm** S ZOOL *(ein)* Fadenwurm *m*, *bes* MED Spulwurm *m*

roup[1] [rəʊp] *schott od Br dial* A V/T versteigern B S Versteigerung *f*

roup[2] [ruːp; *US a.* raʊp] S VET a Darre *f (der Hühner)* b Pips *m*

rouse[1] [raʊz] A V/T 1 *oft* ~ **up** wachrütteln, (auf)wecken *(beide:* **from, out of** aus) 2 *Wild etc* aufstöbern, -jagen 3 *fig j-n* auf-, wachrütteln *(beide:* **from, out of** aus), ermuntern: ~ **o.s.** sich aufraffen 4 *a.* ~ **to anger** *fig j-n* aufbringen, erzürnen 5 *fig Gefühle etc* wachrufen, *Hass etc* entfachen, *Zorn* erregen 6 TECH *Bier etc* (um)rühren 7 SCHIFF steifholen B V/I 1 *meist* ~ **up** aufwachen (**from, out of** aus) *(a. fig)* 2 *fig* wachsen *(Zorn etc)* C S MIL *bes US* Wecken *n*, Wecksignal *n*

rouse[2] [raʊz] S *Br obs* 1 Trunk *m* 2 Zechgelage *n*

rousing ADJ (ADV ~ly) 1 *fig* begeisternd, zündend, schwungvoll, mitreißend *(Rede etc)* 2 brausend, stürmisch *(Applaus etc)* 3 *fig* aufregend, spannend *(Kampagne etc)* 4 *umg* toll, fantastisch, gewaltig, ungeheuer: ~ **lie** faustdicke Lüge *umg*

roustabout ['raʊstə,baʊt] S *US* 1 a Schauermann *m*, Werft-, Hafenarbeiter *m* b Gelegenheitsarbeiter *m* 2 Handlanger *m*

rout[1] [raʊt] A S 1 Rotte *f*, (wilder) Haufen, Mob *m* 2 JUR Zusammenrottung *f*, Auflauf *m* 3 *obs* (große) Abendgesellschaft 4 *bes* MIL a wilde Flucht b vernichtende Niederlage: **put to ~** → B B V/T MIL in die Flucht schlagen

rout[2] [raʊt] A V/T 1 → root[2] B 2 ~ **out (of)** *j-n* (aus *dem Bett od e-m Versteck etc*) (heraus)treiben *od* (-)jagen 3 vertreiben 4 TECH ausfräsen *(a.* TYPO), ausschweifen B V/I → root[2] A

route [ruːt; MIL *u. US a.* raʊt] A S 1 (Reise-, Fahrt)Route *f*, (-)Weg *m*: **go the ~** *fig* bis zum Ende durchhalten; → en route 2 a *(Bahn-, Bus- etc)* Strecke *f* b FLUG (Flug)Strecke *f*, Route *f* c *(Verkehrs)* Linie *f* d SCHIFF Schifffahrtsweg *m* e (Fern)Straße *f* 3 MIL a Marschroute *f* b *Br* Marschbefehl *m*: **get the ~** Marschbefehl erhalten; ~ **column** Marschkolonne *f*; ~ **march** *Br* Übungsmarsch *m*, *US* Marsch mit Marscherleichterung; ~ **step, march!** ohne Tritt(, marsch)! 4 *fig* Weg *m* (**to** zu) 5 *Telegrafie*: Leitweg *m* 6 WIRTSCH *US* Versand(art) *m(f)* B V/T 1 MIL in Marsch setzen 2 *Güter etc* befördern, *a. weitS.* leiten, dirigieren *(alle:* **via** über *akk)* 3 die Route *od* TECH den Arbeits- *od* Werdegang festlegen von *(od gen)* 4 *e-n Antrag etc* (auf dem Dienstweg) weiterleiten 5 a ELEK *Leitungen* legen, führen b *Telegrafie*: leiten

router plane ['raʊtə(r)] S TECH Nut-, Grundhobel *m*

routine [ruː'tiːn] A S 1 a *(Geschäfts-, Amts- etc)* Routine *f* b übliche *od* gleichbleibende Prozedur, eingefahrenes Gleis, gewohnter Gang c mechanische Arbeit, (ewiges) Einerlei d Routinesache *f*, (reine) Formsache e *pej* Schablone *f* f *pej* (alter) Trott: **make a ~ of** *etwas* zur Regel werden lassen; **the daily ~** der Alltagstrott 2 *US* a *Varieté, Zirkus*: Nummer *f* b *pej* übliches Geschwätz, Masche *f*, Platte *f* 3 IT Routine *f (in sich abgeschlossener Programmteil)* 4 *Tanz etc*: Schrittfolge *f* B ADJ (ADV ~ly) 1 a alltäglich, immer gleichbleibend, üblich b laufend, regel-, routinemäßig *(Überprüfung etc)*: ~ **maintenance** laufende Wartung; ~ **order** MIL Routine-, Dienstbefehl *m* 2 routine-, gewohnheitsmäßig, mechanisch, schablonenhaft, Routine…: ~ **work**; **routinism** S 1 routinemäßiges Arbeiten 2 *(das)* Routinemäßige, Routine *f*; **routinist** S Gewohnheitsmensch *m*; **routinize** V/T e-r Routine *etc* unterwerfen, *etwas* zur Routine machen, *j-n* an e-e Routine gewöhnen

roux [ruː] S GASTR Einbrenne *f*, Mehlschwitze *f*

rove[1] [rəʊv] A V/I *a.* ~ **about** (*od* **around**) (umher)streifen, (-)wandern, (-)schweifen: **let the eye ~** *fig* den Blick schweifen lassen B V/T durchstreifen, -wandern C S a Wanderschaft *f* b (Umher)Wandern *n*

rove[2] [rəʊv] A V/T 1 *das Tau etc* anschlagen 2 *Wolle etc* ausfasern, *e-n Strumpf etc* aufräufeln 3 TECH vorspinnen B S 1 *(Woll- etc)* Strähne *f* 2 TECH → roving[1] 2

rove[3] [rəʊv] *prät u. pperf von* reeve[2]

rover[1] S TECH Vorspinnmaschine *f*

rover[2] S 1 Wand(e)rer *m*, Wand(r)erin *f* 2 a Seeräuber *m*, Pirat *m* b Piratenschiff *n* 3 ZOOL Wandertier *n*

roving[1] S TECH 1 Vorspinnen *n* 2 (grobes) Vorgespinst

roving[2] ADJ 1 umherziehend, -streifend: ~ **life** Vagabundenleben *n* 2 *fig* ausschweifend *(Fantasie)*: **have a ~ eye** gern ein Auge riskieren 3 *fig* fliegend, beweglich: ~ **police force** Einsatztruppe *f* der Polizei; ~ **reporter** rasender Reporter *umg*

roving| commission S 1 JUR Rechtshilfemandat *n* mit örtlich unbeschränkter Zuständigkeit 2 *umg* mit vielen Reisen verbundene Aufgabe; ~ **frame** S TECH Vorspinnmaschine *f*

row[1] [raʊ] *umg* A S Krach *m*: a Krawall *m*, Spektakel *m*, Radau *m* b (lauter) Streit: **get into a ~** eins aufs Dach kriegen *umg* (**over** wegen); **have a ~ with sb** Krach mit j-m haben *umg*; **kick up** (*od* **make**) **a ~** a Krach schlagen *umg* b Krach *od* Krawall machen; **what's the ~?** was ist denn los? B V/T *bes Br obs j-n* zusammenstauchen *umg* C V/I (sich) lautstark streiten (**with** mit; **about** über *akk*)

row[2] [rəʊ] S 1 *(Häuser-, Sitz- etc)* Reihe *f*: **a ~ of houses**; **in ~s** in Reihen, reihenweise; **in a ~** *fig* hinter-, nacheinander; **a hard** (*od* **long**) **~ to hoe** *fig* e-e schwere Aufgabe, e-e schwierige Sache 2 *(von Häuserreihen eingesäumte)* Straße: **Rochester** Ձ 3 TECH Bauflucht(linie) *f*

row[3] [rəʊ] A V/I rudern sich rudern (lassen): **the boat ~s easily** B V/T 1 *ein Rennen, Boot od j-n* rudern 2 rudern gegen, mit *j-m* (wett)rudern (**for** um) C S 1 Rudern *n* 2 Ruderpartie *f*: **go for a ~** rudern gehen

rowan ['raʊən; 'rəʊən] S *a.* ~ **tree** BOT Eberesche *f*; **~berry** S BOT Vogelbeere *f*

rowboat ['rəʊbəʊt] S *bes US* Ruderboot *n*

rowdiness ['raʊdɪnɪs] S Rowdytum *n*, rowdyhaftes Benehmen

rowdy ['raʊdɪ] A S Rowdy *m* B ADJ (ADV rowdily) rowdyhaft; **rowdyish** ADJ (ADV ~ly) → rowdy B; **rowdyism** → rowdiness

rowel ['raʊəl] A S Spornrädchen *n* B V/T *e-m Pferd* die Sporen geben

rowen ['raʊən] S AGR Grummet *n*

rower ['rəʊə(r)] S Rud(e)rer *m*, Rud(r)erin *f*

row house [rəʊ] S *US* Reihenhaus *n*

rowing ['rəʊɪŋ] A S Rudern *n*, Rudersport *m* B ADJ Ruder…: ~ **boat** *bes Br* Ruderboot *n*; ~ **course** Ruderstrecke *f*; ~ **machine** Ruderapparat *m*

rowlock ['rɒlək; *US* 'rɑ-] S SCHIFF Ruder-, Riemendolle *f*

royal ['rɔɪəl] A ADJ (ADV ~ly) 1 königlich, Königs…: **His (Her)** Ձ **Highness** Seine (Ihre) Königliche Hoheit; ~ **prince** Prinz *m* von königlichem Geblüt; → assent B 2, prince 2, princess A 1 2 fürstlich *(a. fig)*: **the ~ and ancient game** *obs* das Golfspiel 3 *fig* prächtig, herrlich, groß (-artig): **in ~ spirits** (in) glänzender Laune 4 *fig* gewaltig, riesig *(Dimensionen etc)*: → battle royal B S 1 *a.* Ձ *umg* Mitglied *n* des Königshauses: **the ~s** 2 SCHIFF a Oberbramsegel *n* b Oberbram-, Royalstenge *f* 3 → a royal stag b royal paper; ≈ **Academy (of Arts)** S *Br (die)* Königliche Akademie der Künste; ≈ **Air Force** S *(die)* Royal Air Force, *(die)* (Königlich) Brit. Luftwaffe; ~ **antelope** S ZOOL Zwergantilope *f*; ~ **antler** S ZOOL dritte Sprosse des Hirschgeweihs; ~ **blue** S Königsblau *n (Farbe)*; **~-blue** ADJ königsblau; ≈ **British Legion** *(British Legion)* → British A; ~ **burgh** S *schott* korporierte Stadt; ≈ **Commission** S *Br von der Regierung ernannte Sachverständige, die in grundlegenden Fragen sozialer, wirtschaftlicher u. politischer Art richtungsweisende Berichte erstellen*; ~ **coachman** S *irr* Königskutscher *m (Angelfliege)*; ≈ **Engineers** SPL *(das)* (Königlich) Brit. Pionierkorps; ~ **fern** S BOT Königsfarn *m*; ~ **flush** S *Poker*: Royal Flush *m (die obersten 5 Karten e-r Farbe)*; ≈ **Institution** S *Br Gesellschaft zur Förderung und Verbreitung naturwissenschaftlicher Kenntnisse*

royalism S 1 Royalismus *m*, Königstreue *f* 2 *umg pej* Reaktion *f*; **royalist** A S 1 Royalist(in), Königstreue(r) *m/f(m)* 2 *umg pej* Reaktionär(in) B ADJ 1 royalistisch, königstreu: **be more ~ than the King** *fig* päpstlicher als der Papst sein 2 *umg pej* reaktionär

royal| jelly S Gelée *n* royale; ≈ **Navy** S *(die)* Royal Navy, *(die)* (Königlich) Brit. Marine; ~ **octavo** S *Format etwa von der Größe 6½ x 10 Zoll*; ~ **palm** S BOT Königspalme *f*; ~ **paper** S Royalpapier *n (Schreibpapier vom Format 19 x 24 Zoll od Druckbogen vom Format 20 x 25 Zoll)*; ~ **purple** S Purpur *m (Farbe)*; **~-purple** ADJ purpurn; ~ **road** S *fig* bequemer *od* leichter Weg (**to** zu): **there is no ~ to success** Erfolg fällt e-m nicht in den Schoß; ≈ **Society** S *Br* Königliche Akademie der Naturwissenschaften; ≈ **Society for the Prevention of Cruelty to Animals** S *Br* Tierschutzverein *m*; ~ **stag** S JAGD Kapitalhirsch *m*

royalty [ˈrɔɪəltɪ] S 1 WIRTSCH, JUR Tantieme *f*: **get a ~ on** e-e Tantieme erhalten auf *(akk)* 2 WIRTSCH, JUR a Lizenzgebühr *f* b Lizenz *f*: **~ fees** Patentgebühren; **subject to payment of royalties** lizenzpflichtig c Royalty *n (Abgabe, die e-e ausländische Erdölgesellschaft dem Land zahlt, in dem das Erdöl gewonnen wird)* 3 JUR *bes* HIST Regal *n*, *(königliches od staatliches)* Privileg: a Schürfrecht *n* b Zehntrecht *n* 4 JUR *bes* HIST Abgabe *f* an den Besitzer *od* die Krone, Pachtgeld *n*, *(der)* Grundzehnte 5 Krongut *n* 6 Königtum *n*: a Königreich *n* b Königswürde *f*: **insignia of ~** Kroninsignien 7 königliche Abkunft 8 a fürstliche Persönlichkeit, Mitglied *n* des *od* e-s Königshauses b *koll od pl* Fürstlichkeiten *pl* c Königshaus *n*, königliche Familie 9 königliche Größe, Majestät *f (a. fig)*

royal| warrant S Recht *n*, den königlichen Hof zu beliefern: **hold a ~** das Recht haben, den königlichen Hof zu beliefern; ~ **we** S *oft hum* Pluralis *m* Majestatis

Roy Rogers [ˌrɔɪˈrɒdʒərz] S *US Kindergetränk aus Gingerale u. Grenadine, mit e-r Maraschinokirsche garniert*

rozzer [ˈrɒzə] S *Br sl* Bulle *m pej (Polizist)*

RP ABK 1 *Br* Received Pronunciation Standardaussprache *f (des Englischen in Südengland)* 2 Reformed Presbyterian 3 *Br* Regius professor

RPC ABK MIL *Br* Royal Pioneer Corps

RPI ABK WIRTSCH *Br* retail price index Einzelhandelspreisindex *m*

rpm ABK 1 WIRTSCH resale price maintenance Preisbindung *f* 2 TECH revolutions per minute U./min, Umdrehungen *pl* pro Minute

RPO ABK 1 *US* Railway Post Office 2 *Br* Royal Philharmonic Orchestra

rps ABK TECH revolutions per second U./s, Umdrehungen *pl* pro Sekunde

rpt ABK 1 repeat 2 report

RQ ABK BIOL respiratory quotient

RR ABK 1 *US* railroad 2 Right Reverend Bischof *m … (gefolgt von vollem Namen)*

RRP ABK WIRTSCH recommended retail price empfohlener Ladenpreis

RS ABK *Br* Royal Society *(bedeutendster, traditionsreicher naturwissenschaftlicher Verein Großbritanniens)*

RSA ABK 1 Republic of South Africa 2 Royal Scottish Academy 3 *Br* Royal Society of Arts

RSC ABK 1 *Br* Royal Shakespeare Company 2 *Br* Royal Society of Chemistry

RSFSR ABK HIST Russian Soviet Federative Socialist Republic

RSI ABK MED repetitive strain injury Ermüdungsschmerz *m*, chronisches Überlastungssyndrom

RSPB ABK *Br* Royal Society for the Protection of Birds

RSPCA ABK *Br* Royal Society for the Prevention of Cruelty to Animals

RSV ABK BIBEL Revised Standard Version *(der engl. Bibel)*

RSVP ABK répondez s'il vous plaît, please reply

rt[1] ABK right

RT[2] ABK 1 radiotelegraphy 2 radiotelephony

Rt Hon. ABK Right Hono(u)rable *der od die sehr ehrenwerte …*

Rt Revd ABK Right Reverend Bischof *m … (gefolgt von vollem Namen)*

RTT ABK radioteletype

RU ABK *Br* Rugby Union

rub [rʌb] A S 1 (Ab)Reiben *n*, Abreibung *f*, Polieren *n*: **give sth a ~** a etwas (ab)reiben b etwas polieren 2 *fig* Schwierigkeit *f*, Haken *m umg*: **there's the ~** *umg* da liegt der Hase im Pfeffer; **there's a ~ in it** *umg* die Sache hat e-n Haken 3 Unannehmlichkeit *f*: **the ~s of life** 4 *fig* Stichelei *f* 5 raue *od* aufgeriebene Stelle 6 *obs* Unebenheit *f* 7 *Bowls*: Unebenheit *f*, Hindernis *n* B V/T 1 reiben: **~ one's hands (together)** sich die Hände reiben *(a. fig*: **with** vor *dat)*; **~ sth off sth** etwas von etwas (ab-, weg)reiben *od* (-)wischen; **~ some of the shine off sth** *fig* e-r Sache etwas von ihrem Glanz nehmen; **~ sb's nose in sth** *fig umg* j-m etwas unter die Nase reiben; **~ shoulders with** *fig* es zu tun haben mit, zusammenkommen mit; → rub up A 3 2 reiben, streichen: **~ one's hand over** mit der Hand fahren über *(akk)* 3 **~ sth into** etwas einreiben *od* -massieren in *(akk)*: **~ oil into one's skin** sich (die Haut) mit Öl einreiben, sich einölen; **~ it into sb that …** *fig umg* es j-m unter die Nase reiben, dass …; → salt[1] A 1 4 streifen, reiben an *(dat)* 5 (wund) scheuern 6 a scheuern, schaben b polieren c wichsen, bohnern 7 TECH a *Nadeln* streichen b (ab)schleifen, (ab)feilen: **~ with emery (pumice)** abschmirgeln (abbimsen) 8 TYPO e-n Reliefdruck machen von, abklatschen 9 JAGD *das Gehörn* fegen *(Rotwild etc)* C V/I reiben, streifen *(beide*: **against, on** an *dat*, gegen)

Phrasal Verbs: **rub| along** V/I *bes Br umg* 1 sich (mühsam) durchschlagen 2 (**with** mit) a es aushalten b gut auskommen: **~ (together)** es miteinander aushalten; gut miteinander auskommen; **~ away** V/T 1 wegreiben, wegwischen 2 *Lack etc* abscheuern 3 *Muskelverspannung etc* wegmassieren; **~ down** V/T 1 abschmirgeln, abschleifen 2 trocken reiben *(a. Pferd)*, (ab)frottieren: **rub o.s. down** sich abreiben; **~ in** V/T einreiben, -massieren: **rub it in that …** *fig umg* darauf herumreiten, dass …; **~ off** A V/T ab-, wegreiben, ab-, wegwischen B V/I 1 abgehen *(Lack etc)*, sich abnutzen *(a. fig)* 2 **~ on(to)** *fig umg* abfärben auf *(akk)*; **~ on** → rub along; **~ out** A V/T 1 ausradieren 2 wegwischen, -reiben 3 herausreiben 4 *US sl* umlegen *(töten)* B V/I weggehen *(Fleck etc)*; **~ up** A V/T 1 (auf)polieren 2 *fig s-e Kenntnisse etc* auffrischen, aufpolieren 3 *fig umg* **rub sb up the right way** j-n bei Laune halten; **know how to rub sb up the right way** j-n (richtig) zu nehmen wissen; **rub sb up the wrong way** a j-n verschnupfen *od* verstimmen b j-m blöd kommen *umg*; **it rubs me up the wrong way** es geht mir gegen den Strich B V/I **~ on** → A 2

rub-a-dub [ˈrʌbədʌb] S Trommelwirbel *m*, -schlag *m*

rubber[1] [ˈrʌbə(r)] A S 1 (Natur)Kautschuk *m*, Gummi *n/m* 2 *bes Br* Radiergummi *m* 3 Gummiring *m*, -band *n*, (Dichtungs)Gummi *m* 4 Gummireifen *m* 5 Galosche *f* 6 a Polierer(in) b Schleifer(in) 7 Masseur(in) 8 *umg* Gummi *m (Kondom)* 9 Reibzeug *n* 10 Bohnerbürste *f* 11 a Frottier(hand)tuch *n* b Frottierhandschuh *m* 12 a Wischtuch *n* b Poliertuch *n*, -kissen *n* c *Br* Geschirrtuch *n* 13 Reibfläche *f (e-r Streichholzschachtel)* 14 TECH Schleifstein *m* 15 *Buchbinderei*: Rückeneisen *n* 16 TECH a Grobfeile *f* b Liegefeile *f (der Goldschmiede)* 17 TECH a TYPO Farbläufer *m*, Reiber *m* b Anreibmaschine *f (der Buchbinder)* 18 ELEK Reibkissen *n* 19 TECH Schmirgelpapier *n* 20 TECH (weicher) Formziegel 21 *Eishockey*: Puck *m*, Scheibe *f* 22 → rubberneck A B V/T → rubberize C V/I → rubberneck C D ADJ Gummi…

rubber[2] [ˈrʌbə(r)] S *Bridge, Whist*: Robber *m*, Rubber *m*: a *Folge von (meist drei) Partien* b *ausschlaggebende (meist dritte) Partie*

rubber| band → rubber[1] A 3; ~ **boat** S Schlauchboot *n*; ~ **boot** S *US* Gummistiefel *m*; ~ **bullet** S Gummigeschoss *n*; ~ **cement** S Gummilösung *f*; ~ **check**, *Br* ~ **cheque** S WIRTSCH *umg* geplatzter Scheck; ~ **coating** S Gummierung *f*; ~ **dinghy** S Schlauchboot *n*; ~ **file** → rubber[1] A 17; ~ **goods** SPL *euph* Kondome *pl*

rubberize [ˈrʌbəraɪz] V/T TECH mit Gummi imprägnieren *od* überziehen, gummieren

rubber| legs SPL: **have ~** *fig umg* Gummibeine haben; **~neck** *US umg* A S 1 Gaffer(in), Schaulustige(r) *m/f(m)*, Neugierige(r) *m/f(m)* 2 Tourist(in) B S neugierig gaffen, sich den Hals verrenken *umg* C V/T neugierig begaffen, sich den Hals verrenken nach *umg*; ~ **plant** S BOT Gummibaum *m*; ~ **solution** S Gummilösung *f*; ~ **stamp** S 1 Gummistempel *m* 2 *pej* a Jasager(in) b *bes US* automatische Absegnung; **~-stamp** V/T 1 (ab)stempeln 2 *pej* automatisch absegnen, Ja u. Amen sagen zu; ~ **tire**, *bes Br* ~ **tyre** → rubber[1] A 4; ~ **tree** S BOT Kautschukbaum *m*

rubbery ADJ 1 gummiartig, Gummi… 2 zäh *(Fleisch)*

rubbing [ˈrʌbɪŋ] S 1 PHYS Friktion *f*, Reibung *f* 2 TYPO Reiberdruck *m* 3 TECH Abrieb *m*; ~ **cloth** S Wisch-, Scheuertuch *n*; ~ **contact** S ELEK Schleifkontakt *m*; ~ **varnish** S TECH Schleiflack *m*; ~ **wax** S Bohnerwachs *n*

rubbish [ˈrʌbɪʃ] A S 1 Abfall *m*, Kehricht *m/n*, Müll *m* 2 (Gesteins)Schutt *m (a. GEOL)* 3 Plunder *m*, Gerümpel *n (beide umg)* 4 *fig* Quatsch *m*, Blödsinn *m*: **talk ~** 5 *Bergbau*: *(über Tage)* Abraum *m*, *(unter Tage)* Gangmasse *f*

R

B VT umg j-n schlechtmachen, *ein Buch etc* verreißen; **~ bin** S *Br* → dustbin; **~ chute** S Müllschlucker *m*; **~ dump** S Müllkippe *f*
rubbishy ADJ **1** voller Plunder *od* Gerümpel *umg*: **~ cellar** Rumpelkeller *m umg* **2** *fig* albern (*Film etc*)
rubble ['rʌbl] S **1 a** Bruchsteine *pl*, Schotter *m* **b** Trümmer *pl* **2** Bruchstein *m* **3** GEOL (Stein)Schutt *m*, Geschiebe *n* **4** Feldstein- *od* (rohes) Bruchsteinmauerwerk *n* **5** loses Packeis; **~ masonry** → rubble 4; **~stone** → rubble 2; **~work** → rubble 4
rubdown S **1** Abschmirgeln *n*, Abschleifen *n*: **give** *sth* **a ~** → rub down 1 **2** Trockenreiben *n*, (Ab)Frottieren *n*: **give** *sb* **a ~** → rub down 2; **give o.s. a ~** sich abreiben **3** Massage *f* (*bes nach sportlicher Betätigung od e-m Saunabad*)
rube [ru:b] S *US umg pej* Bauer *m*
rubefacient [,ru:bɪ'feɪʃjənt; *US* -ʃənt] MED **A** ADJ (*bes* haut)rötend **B** S Rubefaziens *n*, (*bes* haut)rötendes Mittel; **rubefaction** [-'fækʃn] S (*bes* Haut)Röte, (-)Rötung *f*; **rubefy** [-faɪ] VT *bes die Haut* röten
rubella [rʊ'belə] S MED Röteln *pl*
rubeola [rʊ'bi:əʊlə; *US* ,ru:bi:'əʊlə] S MED Masern *pl*
Rubicon ['ru:bɪkən; *US* -,kɑn] EIGENN: **cross** (*od* **pass**) **the ~** *fig* den Rubikon überschreiten
rubicund ['ru:bɪkənd; *US a.* -kʌnd] ADJ **a** rosig **b** rotgesichtig; **rubicundity** [-'kʌndətɪ] S rosiges Aussehen
rubidium [ru:'bɪdɪəm] S CHEM Rubidium *n*
rubiginous [ru:'bɪdʒɪnəs] ADJ rostbraun
Rubik('s) cube® ['ru:bɪk(s)] S Rubik-Würfel *m*, Zauberwürfel *m*
ruble ['ru:bl] S Rubel *m* (*russische Münzeinheit*)
rubric ['ru:brɪk] **A** S **1** TYPO Rubrik *f*: **a** HIST *durch rote Farbe hervorgehobene Überschrift od Initiale in mittelalterlichen Handschriften od Frühdrucken* **b** *Spalte e-s Textes etc, in die etwas eingetragen wird* **2** REL Rubrik *f* (*rot gedruckte Anweisung in liturgischen Büchern*) **B** ADJ rot (gedruckt *etc*)
rubricate ['ru:brɪkeɪt] VT **1** rot bezeichnen: **~d letters** TYPO Buchstaben in roter Schrift **2** rubrizieren: **a** mit Rubriken versehen **b** in Rubriken anordnen; **rubricator** [-tə(r)] S HIST Rubrikator *m*
rubstone S Schleifstein *m*
ruby ['ru:bɪ] **A** S **1** MINER Rubin *m* **2** Rubinrot *n* (*Farbe*) **3** *Uhrmacherei*: Stein *m* **4** TYPO *Br* HIST Pariser Schrift *f* (*Fünfeinhalbpunktschrift*) **B** ADJ **1** Rubin...: **~ ring 2** rubinrot; **~ glass** S (Gold)Rubinglas *n*; **~ spinel** S MINER Rubinspinell *m*
RUC ABK Royal Ulster Constabulary
ruche [ru:ʃ] S Rüsche *f*; **ruched** ADJ gerüscht, mit Rüschen besetzt; **ruching** S **1** KOLL Rüschenbesatz *m*, Rüschen *pl* **2** Rüschenstoff *m*
ruck¹ [rʌk] S **1** SPORT (*das*) (Haupt)Feld **2 the (common) ~** *fig* die breite Masse: **rise out of the ~** sich über den Durchschnitt erheben **3** *Rugby*: offenes Gedränge
ruck² [rʌk] **A** S Falte *f* **B** VT *oft* **~ up** hochschieben, zerknittern **C** VI *oft* **~ up** Falten werfen, hochrutschen
rucksack ['rʌksæk; 'rʊk-] S Rucksack *m*
ruckus ['rʌkəs] → ruction
ruction ['rʌkʃn] S *oft pl umg* **1** Tohuwabohu *n*, wildes Durcheinander **2** Rabatz *m umg*
rudd [rʌd] S FISCH Rotfeder *f*
rudder ['rʌdə(r)] S **1** SCHIFF, TECH (Steuer)Ruder *n*, Steuer *n* **2** FLUG Seitenruder *n*, -steuer *n*: **~ controls** *pl* Seitensteuerung *f*; **~ unit** Seitenleitwerk *n* **3** *fig* Richtschnur *f* **4** *Brauerei*: Rührkelle *f*; **~head** S SCHIFF Ruderschaft *m*
rudderless ADJ **1** ohne Ruder **2** *fig* richtungslos
rudder|post S SCHIFF Rudersteven *m*; **~stock** S SCHIFF Ruderschaft *m*
ruddiness ['rʌdɪnɪs] S Röte *f*
ruddle ['rʌdl] → raddle A, B 1
ruddock ['rʌdək] S ORN *Br dial* Rotkehlchen *n*
ruddy ['rʌdɪ] **A** ADJ (ADV ruddily) **1** rot, rötlich, gerötet **2** frisch, gesund (*Gesichtsfarbe*), rotbackig **3** *Br umg* verdammt **B** ADV *Br umg* verdammt
rude [ru:d] ADJ (ADV ~ly) **1** grob, unverschämt **2** rüde, unhöflich: **it is ~** es gehört sich nicht (**to do** zu tun) **3** ungeschlacht, plump **4** *allg* primitiv: **a** unzivilisiert **b** ungebildet **c** unwissend **d** kunstlos **e** behelfsmäßig **5** wirr (*Masse*): **~ chaos** chaotischer Urzustand **6** unverarbeitet, Roh...: **~ fare** Rohkost *f*; **~ produce** Rohprodukt(e) *n(pl)* **7** heftig, wild (*Leidenschaften, Sturm etc*) **8** roh, derb, unsanft: → awakening 1 **9** rau (*Klima*) **10** hart (*Arbeit, Los, Zeit etc*) **11** holp(e)rig (*Weg etc*) **12** wild, rau, zerklüftet (*Gegend etc*) **13 a** ungefähr, grob (*Schätzung*) **b** flüchtig (*Skizze etc*): **~ observer** oberflächlicher Beobachter **14** robust, unverwüstlich (*Gesundheit*): **be in ~ health** vor Gesundheit strotzen; **rudeness** S **1** Grobheit *f*, Unverschämtheit *f*: **~ must be met with ~** (*Sprichwort*) auf e-n groben Klotz gehört ein grober Keil **2** Unhöflichkeit *f* **3** Primitivität *f* **4** Härte *f* **5** Holp(e)rigkeit *f* **6** Rauheit *f*, Wildheit *f*
rudiment ['ru:dɪmənt] S **1** erster Anfang, Ansatz *m*, Grundlage *f* **2** *pl* Anfangsgründe *pl*, Grundlagen *pl*: **learn the ~s of** sich Grundkenntnisse aneignen in (*dat*) **3** BIOL Rudiment *n*; **rudimental** [-'mentl] ADJ (ADV ~ly) → rudimentary; **rudimentarines** S rudimentärer Zustand; **rudimentary** [-tərɪ] ADJ (ADV rudimentarily) **1** elementar, Anfangs... **2** rudimentär (*a.* BIOL)
rue¹ [ru:] S BOT Gartenraute *f*
rue² [ru:] **A** VT bereuen, bedauern, *ein Ereignis* verwünschen: **he will live to ~ it** er wird es noch bereuen; **~ the day (when) ...** den Tag verwünschen, an dem ... **B** S *obs* **1** Reue *f* **2** Mitleid *n*
rueful ADJ (ADV ~ly) **1** kläglich, jämmerlich: **the Knight of the ♀ Countenance** der Ritter von der traurigen Gestalt (*Don Quichotte*) **2** wehmütig, trübselig **3** reumütig, reuig: **be ~ about** Reue verspüren über (*akk*) **4** *obs* mitleidig; **ruefulness** S **1** Kläglichkeit *f*, Jämmerlichkeit *f* **2** Wehmütigkeit *f*, Trübseligkeit *f* **3** Reumütigkeit *f*
rufescent [ru:'fesnt] ADJ BOT rötlich
ruff¹ [rʌf] S **1** HIST Halskrause *f* (*a.* ORN, ZOOL) **2** Manschette *f* (*um Blumentöpfe etc*) **3** Rüsche *f* **4** ORN **a** Haustaube *f* mit Halskrause **b** Kampfläufer *m*
ruff² [rʌf] (*Kartenspiel*) **A** S Trumpfen *n* **B** VT & VI mit Trumpf stechen
ruff³, ruffe [rʌf] S FISCH Kaulbarsch *m*
ruffian ['rʌfjən; -fɪən] **A** S **1** Rüpel *m*, Grobian *m* **2** Raufbold *m*, Schläger *m* **B** ADJ **1** roh, brutal, gewalttätig **2** wild; **ruffianism** S Rohheit *f*, Gewalttätigkeit *f*, Brutalität *f*; **ruffianly** → ruffian B
ruffle ['rʌfl] **A** VT **1** *Stoff, das Wasser* kräuseln **2** *die Stirn* krausziehen **3** *s-e Federn, Haare* sträuben: **~ its feathers** *a.* sich aufplustern **4** *j-m das Haar* zerzausen: **~ sb's hair**; **~ sb's feathers** → A 7 **5** *Papier etc* zerknüllen, zerknittern **6** durcheinanderbringen *od* -werfen **7** *j-n* aus der Fassung bringen, aufregen, (ver)ärgern: **~ sb's temper** j-n verstimmen **8** aufrauen **9** *Seiten etc* schnell durchblättern **10** *Karten* mischen **B** VI **1** sich kräuseln **2** *fig obs* sich aufplustern, sich aufspielen **3** zerknittert *od* zerzaust werden, in Unordnung geraten **C** S **1** Kräuseln *n* **2** Rüsche *f*, Krause *f* **3** ORN Halskrause *f* **4** *fig* **a** Störung *f* **b** Aufregung *f*, Verwirrung *f*: **without ~ or excitement** in aller Ruhe
ruffler S *obs* Prahlhans *m*
rufous ['ru:fəs] ADJ rötlich braun, rotbraun
rug [rʌg] S **1** (kleiner) Teppich, (*Kamin-, Bett*) Vorleger *m*, Brücke *f*: **pull the ~ (out) from under sb** *fig* j-m den Boden unter den Füßen wegziehen; **sweep** (*od* **brush**) **sth under (-neath)** (*od* **beneath**) **the ~** *fig* etwas unter den Teppich kehren **2** *bes Br* dicke, wollene (*Reise- etc*)Decke
ruga ['ru:gə] *pl* rugae [-dʒi:; *US a.* -,gaɪ] S ANAT Ruga *f*, Falte *f*; **rugate** [-gɪt; -geɪt] ADJ faltig
rugby (football) ['rʌgbɪ] S SPORT Rugby *n*
rugged ['rʌgɪd] ADJ **1 a** zerklüftet, rau, wild (*Gegend etc*) **b** zackig, schroff (*Felsen etc*) **c** felsig (*Gipfel etc*) **2** zerfurcht (*Gesicht etc*), uneben (*Boden etc*), holp(e)rig (*Weg etc*), gefurcht (*Stirn*), runz(e)lig **3** rau (*Rinde, Stoff etc*) **4** *fig* rau, grob: **a ~ game** ein ruppiges Spiel; **~ manners** raue Sitten; **~ individualism** krasser Individualismus; **life is ~** das Leben ist hart **5** *bes US* robust, stark, stabil (*alle a.* TECH); **ruggedly** ADV unsanft, heftig, ungestüm, grob; **ruggedness** S **1 a** Wildheit *f* **b** Schroffheit *f* **2** Rauheit *f*, Grobheit *f* **3** *bes US* Robustheit *f*
rugger ['rʌgə] *Br umg für* rugby (football)
rugose ['ru:gəʊs] ADJ *bes* BOT runz(e)lig; **rugosity** [-'gɒsətɪ; *US* -'gɑ-] S **1** Runz(e)ligkeit *f* **2** Runzel *f*
ruin ['rʊɪn; 'ru:ɪn] **A** S **1** Ruine *f* (*a. fig*): **~ marble** Florentiner Marmor *m* **2** *pl* **a** Ruinen *pl*, Trümmer *pl* **b** Ruine *f*: **a castle in ~s** ein verfallenes Schloss, e-e Burgruine; **be** (*od* **lie**) **in ~s** in Trümmern liegen, *fig* zunichte sein (*Hoffnungen, Pläne*); **lay in ~s** zertrümmern, in Schutt u. Asche legen **3** Verfall *m*: **go to ~ a** verfallen **b** zugrunde gehen **4** (*a. finanzieller*) Ruin *od* Zusammenbruch, Verderben *n*, Untergang *m*: **that was his ~** das hat ihm das Genick gebrochen; **drinking will be the ~ of him** das Trinken wird ihn (noch) zugrunde richten; **you'll be the ~ of me** du ruinierst mich noch; **bring to ~** → B 2; **the ~ of my hopes (plans)** das Ende m-r Hoffnungen (Pläne) **B** VT **1** vernichten, zerstören **2** *j-n, a. e-e Sache, j-s Gesundheit etc* ruinieren, zugrunde richten, *Hoffnungen, Pläne* zunichtemachen, *Aussichten etc* verderben, *j-s Gesundheit* zerrütten: **~ one's eyes** sich die Augen verderben; **~ good English** die englische Sprache verhunzen **3** *obs ein Mädchen* verführen, entehren **C** VI *obs od poet* zerfallen; **ruination** [rʊɪ'neɪʃn; ,ru:ɪ-] S **1** Zerstörung *f*, Vernichtung *f* **2** → ruin A 4
ruined ['rʊɪnd; 'ru:-] ADJ **1** zer-, verfallen: **a ~ castle** ein verfallenes Schloss, e-e Burgruine **2** ruiniert, zugrunde gerichtet, zerrüttet: **I'm a ~ man!** ich bin ruiniert!
ruinous ['rʊɪnəs; 'ru:-] ADJ (ADV ~ly) **1** verderblich, ruinös: **be ~** zum Ruin führen; **~ price a** ruinöser *od* enormer Preis **b** Schleuderpreis *m umg* **2** zer-, verfallend, baufällig, ruinenhaft; **ruinousness** S **1** Verderblichkeit *f* **2** Baufälligkeit
rule [ru:l] **A** S **1** Regel *f*, Normalfall *m*, (*das*) Übliche: **as a ~** in der Regel, normalerweise; **as is the ~** wie es allgemein üblich ist, wie gewöhnlich; **become the ~** zur Regel werden; **make it a ~ to do sth** es sich zur Regel machen, etwas zu tun; **my ~ is** (*od* **it is a ~ with me**) **to do sth** ich habe es mir zur Regel gemacht, etwas zu tun; **by all the ~s** eigentlich; → exception 1 **2** SPORT *etc* (Spiel)Regel *f* (*a.*

R

fig), Richtschnur *f*, Grundsatz *m*: **against the ~s** regelwidrig, gegen die Regeln; **~s of action** (*od* **conduct**) Verhaltensmaßregeln, Richtlinien; **~ of thumb** Faustregel; **by ~ of thumb** über den Daumen gepeilt *umg*; **serve as a ~** als Richtschnur *od* Maßstab dienen 3 JUR *etc* a Vorschrift *f*, (gesetzliche) Bestimmung, Norm *f* b (gerichtliche) Entscheidung c Rechtsgrundsatz *m*: **by ~, according to ~** laut Vorschrift; **~s of the air** Luftverkehrsregeln; **~ of the road** Verkehrsregeln *pl*; → work B 1 4 *pl* (*Geschäfts-, Gerichts- etc*) Ordnung *f*: **(standing) ~s of procedure** a Verfahrensordnung b Geschäftsordnung 5 *a.* **standing ~** Satzung *f*: **against the ~s** satzungswidrig; **the ~s (and bylaws)** die Satzungen, die Statuten 6 WIRTSCH Usance *f*, Handelsbrauch *m* 7 MATH Regel *f*, Rechnungsart *f*: **~ of trial and error** Regula *f* falsi (*Methode zur näherungsweisen Bestimmung der Nullstelle e-r Funktion*); **~ of proportion**, **~ of three** Regeldetri *f*, Dreisatz *m*; **~ of sums** Summenregel 8 REL (*Ordens*) Regel *f* 9 Herrschaft *f*, Regierung *f*: **during (under) the ~ of** während (unter) der Regierung (*gen*); **~ of law** Rechtsstaatlichkeit *f* 10 a Lineal *n*, Maßstab *m* b Zollstock *m*: → **slide rule** 11 TECH a Richtscheit *n* b Winkel(eisen) *m(n)*, -maß *n* 12 TYPO a (*Messing*) Linie *f*: **~ case** Linienkasten *m* b Kolumnenmaß *n* (*Satzspiegel*) c *Br* Strich *m*: **em ~** Gedankenstrich; **en ~** Halbgeviert *n* 13 **the ℛs** *pl Br* HIST *Gebiet in der Nähe einiger Gefängnisse, in dem sich Gefangene gegen Kaution aufhalten konnten* B V/T 1 *ein Land etc, a. fig ein Gefühl etc* beherrschen, herrschen *od* Gewalt haben über (*akk*), regieren: **~ the roost** *fig* das Regiment führen, Herr im Haus sein; **~ o.s.** sich beherrschen 2 lenken, leiten: **be ~d by** sich leiten lassen von 3 *fig* (vor)herrschen in (*dat*) 4 anordnen, verfügen, bestimmen, entscheiden (*alle:* **that** dass): **~ out** a *j-n od etwas* ausschließen (*a.* SPORT) b *etwas* ablehnen; **~ sth out of order** etwas nicht zulassen *od* für regelwidrig erklären; **~ sb out of order** j-m das Wort entziehen; **~ offside** SPORT auf Abseits entscheiden 5 a *Papier* linieren b *e-e Linie* ziehen: **~ sth off** e-n Schlussstrich unter etwas ziehen; **~ sth out** etwas durchstreichen; **~d paper** liniertes Papier; (*Weberei*) Musterpapier *n* C V/I 1 herrschen *od* regieren (**over** über *akk*): → O.K. B 1 a 2 entscheiden (**in sb's favo[u]r** zu j-s Gunsten) 3 WIRTSCH *hoch etc* stehen, liegen, notieren: **~ high (low)** 4 vorherrschen 5 gelten, in Kraft sein (*Recht etc*)

ruler S 1 Herrscher(in) 2 Lineal *n* 3 Richtscheit *n*, -maß *n* 4 TECH Liniermaschine *f*

ruling A S 1 JUR (gerichtliche *od* richterliche) Entscheidung 2 Linie *f*, Linien *pl* 3 Herrschaft *f* B ADJ 1 herrschend: **~ coalition** Regierungskoalition *f*; **~ party** regierende Partei 2 *fig* (vor)herrschend 3 *fig* maßgebend, grundlegend (*Fall etc*) 4 WIRTSCH bestehend, laufend: **~ price** Tagespreis *m*; **~ pen** S Reißfeder *f*

rum¹ [rʌm] S 1 Rum *m* 2 *US* Alkohol *m*

rum² [rʌm] ADJ (ADV **~ly**) *bes Br sl* komisch (*eigenartig*)

rum³ [rʌm] → rummy¹

Rumania [ruːˈmeɪnjə; -nɪə; rʊ-] → Romania

Rumanian → Romanian

rumba [ˈrʌmbə; *US a.* ˈrʊmbə; ˈruːmbə] S MUS Rumba *f*, *umg m*

rumble¹ [ˈrʌmbl] A V/I 1 poltern (*a. Stimme*), rattern (*Gefährt, Zug etc*), grollen, rollen (*Donner*), knurren (*Magen*) 2 *US sl* sich Straßenschlachten *od* e-e Straßenschlacht liefern B V/T 1 *a.* **~ out** *Worte* herauspoltern 2 *ein Lied* grölen, brüllen 3 TECH in der Poliertrommel bearbeiten C S 1 Poltern, Gepolter *n*, Rattern *n*, Dröhnen *n*, Rumpeln *n*, Grollen *n*, Rollen *n*, Knurren *n* 2 *fig* a *pl* Rumoren *n* b Gerücht *n*: **there are ~s that …** man munkelt, dass … 3 TECH Poliertrommel *f* 4 HIST a Bedientensitz *m* b Gepäckraum *m* c → **rumble seat** 5 *US sl* Straßenschlacht *f* (*zwischen jugendlichen Banden*)

rumble² [ˈrʌmbl] V/T *Br umg* 1 *j-m* auf die Schliche kommen 2 *etwas* spitzkriegen *sl*

rumble seat S AUTO *US* HIST Not-, Klappsitz *m*

rumbling [ˈrʌmblɪŋ] S a Rumoren *n* b *pl* Gerücht *n*: **there are ~s that …** man munkelt, dass …

rumbustious [rʌmˈbʌstɪəs; *bes US* -tʃəs] ADJ (ADV **~ly**) *umg* 1 laut, lärmend 2 wild

rumen [ˈruːmen] *pl* -mens, -mina [-mɪnə] S ZOOL Pansen *m*

ruminant [ˈruːmɪnənt] A ADJ 1 ZOOL wiederkäuend: **~ stomach** Wiederkäuermagen *m* 2 *fig* nachdenklich, grüblerisch B S ZOOL Wiederkäuer *m*

ruminate [ˈruːmɪneɪt] A V/I 1 wiederkäuen 2 *fig* grübeln (**about, on, over** über *akk, dat*) B V/T 1 wiederkäuen 2 *fig* grübeln über (*akk, dat*); **rumination** S 1 Wiederkäuen *n* 2 *fig* Grübeln *n*; **ruminative** [-nətɪv; *US* -ˌneɪ-] ADJ (ADV **~ly**) nachdenklich, grüblerisch

rummage [ˈrʌmɪdʒ] A V/T 1 durchstöbern, -wühlen, wühlen *od* kramen in (*dat*) 2 *a.* **~ out** (*od* **up**) aus-, hervorkramen B V/I *a.* **~ about** (*od* **around**) (herum)stöbern *od* (-)wühlen *od* (-)kramen (**among, in** in *dat*): **~ through** → A 1 C S 1 *a.* **~ goods** Ramsch *m*, Ausschuss(ware) *m(f)*, Restwaren *pl* 2 **have a ~** → B 3 *obs* Wirrwarr *m*; **~ sale** S *US* 1 Ramschverkauf *m* 2 Wohltätigkeitsbasar *m*

rummer [ˈrʌmə(r)] S Römer *m*, (Wein)Pokal *m*

rummy¹ [ˈrʌmɪ] S Rommé *n* (*ein Kartenspiel*)

rummy² [ˈrʌmiː] A S *US sl* Säufer(in) *umg* B ADJ rumartig, Rum…

rummy³ [ˈrʌmɪ] → rum²

rumness [ˈrʌmnɪs] S (*das*) Komische (**of** an *dat*)

rumor, *bes Br* **rumour** [ˈruːmə(r)] A S 1 a Gerücht *n* b Gerede *n*: **~ has it** (*od* **there's a ~ circulating**) **that …** es geht das Gerücht *od* gerüchteweise verlautet, dass … 2 *obs* Lärm *m* B V/T (als Gerücht) verbreiten (*meist passiv*): **it is ~ed that …** man sagt *od* munkelt *od* es geht das Gerücht, dass …; **the company is ~ed to be in financial difficulties** man munkelt, dass die Firma in finanziellen Schwierigkeiten steckt; die Firma steckt gerüchteweise in finanziellen Schwierigkeiten; **hear it ~ed that …** gerüchteweise hören, dass …; **~ mills** SPL Gerüchteküche *f*; **~monger** S Gerüchtemacher(in)

rump [rʌmp] S 1 a ZOOL Steiß *m* b ORN Bürzel *m* 2 a *Schlächterei: bes Br* Blume *f*, Keule *f* b **~ (steak)** Rumpsteak *n* 3 *hum* Allerwerteste *m*, Hinterteil *n* 4 *fig* kümmerlicher Rest: **ℛ Parliament, the ℛ** HIST *Br* das Rumpfparlament; **~ Yugoslavia** Rest-Jugoslawien *n*

Rumpelstiltskin [ˌrʌmplˈstɪltskɪn] EIGENN Rumpelstilzchen *n*

rumple [ˈrʌmpl] A V/T 1 zerknittern, -knüllen 2 **~ sb's hair** j-m das Haar zerzausen B V/I knittern C S Knitterfalte *f*; **rumply** [-plɪ] ADJ zerknittert

rumpus [ˈrʌmpəs] S *umg* 1 Krach *m*, Spektakel *m*, Krawall *m* 2 Krach *m umg*, Streit *m*: **have a ~ with sb** sich mit j-m in die Haare geraten *umg*; **kick up a ~** Krach schlagen (**over** wegen); **~ room** S *US umg* 1 Spielzimmer *n* 2 a Hobbyraum *m*, -keller *m* b Partyraum *m*, -keller *m*

rum|runner S *US* 1 Alkoholschmuggler(in) 2 Alkoholschmugglerschiff *n*; **~running** S *US* Alkoholschmuggel *m*

run [rʌn] A S 1 a Lauf *m* (*a. fig*): **in the long ~** auf die Dauer, auf lange Sicht, langfristig; **in the short ~** auf kurze Sicht, kurzfristig; **go for** (*od* **take**) **a ~** e-n Lauf machen; **make a ~ for it** sich aus dem Staub machen *fig*; **make a ~ for the door** zur Tür rennen b SPORT Lauf *m*, Durchgang *m* (*e-s Slaloms etc*) 2 Laufen *n*, Rennen *n*: **be on the ~** a (immer) auf Trab sein *umg* b auf der Flucht sein (**from the police** vor der Polizei); **keep sb on the ~** j-n in Trab halten *umg*; **shoot on the ~** (*Fußball*) aus vollem Lauf schießen; **give sb a (good) ~ for their money** es j-m nicht leicht machen; **this car gives you a (good) ~ for your money** dieser Wagen ist sein Geld wert; **he's had a (good) ~ for his money** er ist auf s-e Kosten gekommen, er kann sich nicht beklagen 3 Laufschritt *m*: **at a ~** im Laufschritt; **go off at a ~** davonlaufen 4 Anlauf *m*: **take a ~** (e-n) Anlauf nehmen 5 SCHIFF, AUTO Fahrt *f* 6 *oft* **short ~** Spazierfahrt *f*: **go for a ~ in the car** e-e Spazierfahrt machen 7 Abstecher *m*, Ausflug *m* (*beide:* **to** nach) 8 *Reiten:* schneller Galopp 9 JAGD Hatz *f* 10 *bes* WIRTSCH Ansturm *m*, Run *m* (*beide:* **on** auf *e-e Bank, Eintrittskarten etc*), stürmische Nachfrage (**on** nach *e-r Ware*) 11 (Laich)Wanderung *f* (*der Fische*) 12 MUS Lauf *m* 13 *US* (kleiner) Wasserlauf 14 *US* Laufmasche *f* 15 (Ver)Lauf *m*, Fortgang *m*: **the ~ of events**; **~ of the play** SPORT Spielverlauf; **be against the ~ of the play** SPORT den Spielverlauf auf den Kopf stellen 16 Verlauf *m*: **the ~ of the hills** 17 a Tendenz *f* b Mode *f* 18 (*a.* SPORT Erfolgs-, Treffer)Serie *f*, Folge *f*, Reihe *f*: **a ~ of bad (good) luck** e-e Pechsträhne (e-e Glückssträhne, ein Lauf); **a ~ of good weather** e-e Schönwetterperiode; **a ~ of wins** e-e Siegesserie 19 *Kartenspiel:* Sequenz *f* 20 Auflage *f* (*e-r Zeitung etc*) 21 TECH Herstellungsmaße *pl*, -größe *f*, (*Rohr- etc*) Länge *f*, (*Betriebs*) Leistung *f*, Ausstoß *m*: **~ of mine** a Fördererz *n* b Rohkohle *f* 22 *Bergbau:* Ader *f* 23 TECH a Durchlauf *m* (*e-s Beschickungsguts*) b Charge *f*, (Beschickungs)Menge *f* 24 TECH a Arbeitsperiode *f*, Gang *m* b IT (Durch)Lauf *m* c Bedienung *f* (*e-r Maschine etc*) 25 THEAT, FILM Lauf-, Spielzeit *f*: **the play had a ~ of 44 nights** das Stück wurde 44-mal hintereinander gegeben; **the film had a ~ of six months** (*od* **a six-month ~**) der Film lief ein halbes Jahr 26 (*a. Amts*) Dauer *f*, (-)Zeit *f*: **~ of office**; **~ of validity** Gültigkeitsdauer 27 a Strecke *f* b FLUG Rollstrecke *f* c SCHIFF Etmal *n* (*vom Schiff in 24 Stunden zurückgelegte Strecke*) 28 **give sb the ~ of sth** j-m etwas zur Verfügung stellen; **have the ~ of sth** etwas zur freien Verfügung haben; **he has given me** (*od* **I have**) **the ~ of his library** ich kann jederzeit s-e Bibliothek benutzen 29 *bes Br* a Weide *f*, Trift *f* b Auslauf *m*, (*Hühner*) Hof *m* 30 a JAGD Wechsel *m*, (Wild)Bahn *f* b Maulwurfsgang *m*, Kaninchenröhre *f* 31 SPORT a (*Bob-, Rodel*) Bahn *f* b (*Ski*) Hang *m* 32 TECH a Bahn *f* b Laufschiene *f*, -planke *f* 33 TECH Rinne *f*, Kanal *m* 34 TECH Mühl-, Mahlgang *m* 35 Art *f*, Sorte *f* (*a.* WIRTSCH) 36 *meist* **common** (*od* **general**) **~** Durchschnitt *m*, (*die*) breite Masse: **the common ~ of mankind** der Durchschnittsmensch 37 a Herde *f* b Schwarm *m* (*Fische*) 38 SCHIFF (*Achter-, Vor*) Piek *f* 39 Länge *f*, Ausdehnung *f* 40 **the ~s** *pl a. als sg konstruiert*) *umg* Dünnpfiff *m* (*Durchfall*) B ADJ 1 geschmolzen 2 gegossen, geformt: **~ with lead** mit Blei ausgegossen C V/I *prät* ran [ræn], *pperf* run 1 laufen, rennen, eilen, stürzen: **~ round one's backhand** (*Tennis etc*) s-e Rückhand umlaufen 2 davonlaufen (**from** vor *dat*), Reißaus nehmen *umg* 3 SPORT a (um die Wette) lau-

R

fen b (an e-m Lauf od Rennen) teilnehmen c als Zweiter etc einkommen: **he ran second** er wurde od war Zweiter 4 **(for)** a POL kandidieren (für) b umg sich bemühen (um): **~ for election** kandidieren, sich zur Wahl stellen 5 fig laufen (Blick, Feuer, Finger, Schauer etc): **his eyes ran over it** sein Blick überflog es; **~ back over the past** Rückschau halten; **this tune (idea) keeps ~ning through my head** diese Melodie (Idee) geht mir nicht aus dem Kopf 6 fahren: **~ before the wind** vor dem Winde segeln; → ashore 7 gleiten (Schlitten etc), ziehen, wandern (Wolken etc): **let the skis ~** die Skier laufen lassen 8 zu den Laichplätzen ziehen od wandern (Fische) 9 BAHN etc verkehren, (auf e-r Strecke) fahren, gehen 10 fließen, strömen (beide a. fig), rinnen: **it ~s in the family** fig das liegt bei ihnen etc in der Familie; → blood A 1, A 4 11 lauten (Schriftstück): **the letter ~s as follows** 12 gehen (Melodie) 13 vergehen, -streichen (Zeit etc) 14 dauern: **school ~s from 9 to 5**; → running B 8 15 laufen (Theaterstück etc), gegeben werden 16 verlaufen (Straße etc, a. Vorgang), sich erstrecken, gehen, führen (Weg etc): **my talent (taste) does not ~ that way** dafür habe ich keine Begabung (keinen Sinn) 17 TECH laufen: a gleiten: **the rope ~s in a pulley** b in Betrieb od Gang sein, arbeiten (Maschine, Motor etc), gehen (Uhr, Mechanismus etc), funktionieren: **~ hot** (sich) heiß laufen; **with the engine ~ning** mit laufendem Motor 18 in Betrieb sein (Hotel, Fabrik etc) 19 zer-, auslaufen (Farbe) 20 triefen od tropfen (**with** vor Nässe etc), fließen, laufen (Nase), tränen (Augen): **~ with tears** in Tränen schwimmen 21 auslaufen (Gefäß) 22 schmelzen (Metall etc): **~ning ice** tauendes Eis 23 MED laufen, eitern 24 oft **~ up** a wachsen, wuchern b klettern, ranken 25 fluten, wogen: **a heavy sea was ~ning** SCHIFF es lief e-e schwere See 26 bes US laufen, fallen (Maschen), Laufmaschen bekommen (Strumpf etc), aufgehen (Naht) 27 WIRTSCH a laufen b fällig werden (Wechsel etc) 28 JUR gelten, in Kraft sein od bleiben, laufen: **the lease ~s for 7 years** der Pachtvertrag läuft auf 7 Jahre 29 JUR verbunden od gekoppelt sein (**with** mit) 30 (mit adj u. s) werden, sein: **~ dry** a versiegen (Quelle) b austrocknen c keine Milch mehr geben (Kuh) d fig erschöpft sein e fig sich ausgeschrieben haben (Autor); → high B 1, low[1] A 5, riot A 4, short A 5, A 8, wild B 31 WIRTSCH stehen auf (dat) (Preis, Ware) 32 klein etc ausfallen: **~ small** D V/T 1 e-n Weg etc laufen, einschlagen, e-e Strecke etc durchlaufen (a. fig), zurücklegen: **~ its course** fig s-n Verlauf nehmen; **things must ~ their course** man muss den Dingen ihren Lauf lassen 2 fahren (a. SCHIFF), e-e Strecke be-, durchfahren: **~ 22 knots** SCHIFF mit 22 Knoten fahren 3 ein Rennen austragen, laufen, e-n Wettlauf machen: **~ races** Wettrennen veranstalten 4 um die Wette laufen mit, laufen gegen 5 fig sich messen mit: **~ sb close** dicht herankommen an j-n (a. fig) 6 ein Pferd a treiben, hetzen b laufen lassen, (für ein Rennen a.) melden 7 POL j-n als Kandidaten aufstellen (**for** für) 8 JAGD jagen, e-e Spur verfolgen (a. fig): **~ to earth** a e-n Fuchs im Bau aufstöbern, bis in s-n Bau verfolgen b fig j-n, etwas aufstöbern, ausfindig machen 9 Botengänge, Besorgungen machen, Botschaften überbringen 10 entfliehen (dat): **~ the country** außer Landes flüchten 11 passieren: **~ the guard** ungesehen durch die Wache kommen; → blockade A 1 12 Vieh a treiben b weiden lassen 13 SCHIFF, BAHN etc fahren od verkehren lassen, e-n Sonderzug etc einsetzen 14 befördern, transportieren 15 Alkohol etc schmuggeln 16 s-e Finger etc laufen od gleiten lassen (**over** über akk): **~ one's comb through one's hair** (sich) mit dem Kamm durchs Haar fahren 17 TECH laufen od rollen od gleiten lassen 18 e-n Film laufen lassen 19 e-e Artikelserie etc veröffentlichen, bringen 20 TECH e-e Maschine etc laufen lassen, bedienen 21 e-n Betrieb etc verwalten, führen, leiten, ein Geschäft, e-e Fabrik etc betreiben: **~ the household** den Haushalt führen od schmeißen; → show A 15 22 hineingeraten (lassen) in (akk): **~ debts** Schulden machen; **~ the danger of** (ger) Gefahr laufen zu (inf); → risk A 1 23 geben, fließen lassen, Wasser etc führen (Leitung): **this faucet ~s hot water** aus diesem Hahn kommt heißes Wasser 24 Gold etc (mit sich) führen (Fluss) 25 Fieber, Temperatur haben 26 a Metall schmelzen b verschmelzen c Blei etc gießen 27 stoßen, stechen (beide: **through** durch): → run into B 1 28 e-e Linie, e-n Graben etc ziehen, e-e Straße etc anlegen, e-e Brücke schlagen 29 Bergbau: e-e Strecke treiben 30 ELEK e-e Leitung verlegen, führen 31 ein Bad, das Badewasser einlaufen lassen 32 schieben, führen (beide: **through** durch): → run into B 2 33 (bei Spielen) e-e bestimmte Punktzahl etc hintereinander erzielen: **~ fifteen** auf fünfzehn (Punkte etc) kommen 34 e-e Schleuse öffnen: **~ dry** leerlaufen lassen 35 e-e Naht etc mit Vorderstich nähen, heften 36 j-n belangen (**for** wegen)

Phrasal Verbs: **run| about** → run around; **~ across** V/I a j-n zufällig treffen, j-m über den Weg laufen b stoßen auf (akk); **~ after** V/I hinter (dat) herlaufen od -sein, j-m, e-m Bus etc nachlaufen (alle a. fig): **he is greatly ~** er hat großen Zulauf; **I can't keep running after you all day!** umg ich bin doch nicht nur für dich da! ; **~ against** A V/I 1 zusammenstoßen mit, laufen od fahren gegen, anfahren 2 POL kandidieren gegen 3 fig a gegen ... sein, ungünstig sein für b anrennen gegen B V/T mit dem Kopf etc stoßen gegen, mit dem Wagen etc fahren gegen: **run one's head against a brick wall** fig mit dem Kopf gegen die Wand rennen; **~ along** V/I (dahin)fahren, (-)laufen: **~!** umg ab mit dir!; **I have got to ~ now** umg nun muss ich aber gehen; **~ around** V/I 1 herumrennen: **~ in circles** fig sich im Kreis bewegen od drehen 2 sich herumtreiben (**with** mit); **~ at** V/I losstürzen auf (akk); **~ away** V/I **(from)** davonlaufen (dat od vor dat), durchgehen (dat) (a. Pferd, Auto etc): **~ from home** von zu Hause ausreißen; **~ from difficulties** vor Schwierigkeiten davonlaufen; **~ from a subject** von e-m Thema abschweifen; **~ with** a mit j-m, etwas durchbrennen b mit j-m durchgehen (a. Fantasie, Temperament) c mitgehen lassen (stehlen) d Geld etc verschlingen, ins Geld etc gehen e SPORT e-n Satz etc klar gewinnen f fig sich in e-e Idee etc verrennen; **don't ~ with the idea** (od **notion**) **that ...** glauben Sie ja nicht, dass ...; **~ back** A V/I zurücklaufen: **~ over sth** fig etwas noch einmal durchgehen B V/T ein Band, e-n Film (zu)rückspulen; **~ down** A V/I 1 herab-, herunter-, hinunterlaufen (a. Tränen etc) 2 ablaufen (Uhr), leer werden (Batterie) 3 abfließen (Flut, Wasser etc) 4 sinken, abnehmen (Zahl, Wert etc) 5 fig herunterkommen B V/T 1 AUTO, etc anfahren, überfahren 2 SCHIFF in den Grund bohren 3 j-n einholen 4 Wild, a. e-n Verbrecher zur Strecke bringen 5 erschöpfen, e-e Batterie zu stark entladen: **be ~** erschöpft od abgespannt sein 6 ausfindig machen, aufstöbern 7 herabsetzen: a die Qualität, den Preis etc mindern b die Belegschaft etc abbauen c fig schlechtmachen 8 e-n Betrieb etc herunterwirtschaften; **~ for** V/I 1 auf (akk) zulaufen od losrennen 2 **~ it** Reißaus nehmen 3 → life Bes Redew, run C 4; **~ in** A V/I 1 hinein-, hereinlaufen: **~ to sb** j-n (kurz) besuchen 2 übereinstimmen (**with** mit) 3 TYPO kürzer werden, einlaufen (Manuskript) B V/T 1 hineinlaufen lassen 2 hineinstecken, -stechen 3 einfügen (a. TYPO) 4 umg einbuchten (**for** wegen) 5 TECH e-e Maschine (sich) einlaufen lassen, ein Auto etc einfahren; **~ into** A V/I 1 (hinein)laufen od (-)rennen in (akk): **~ a punch** (Boxen) in e-n Schlag hineinlaufen; **~ strong opposition** auf starken Widerstand stoßen 2 SCHIFF in den Hafen einlaufen 3 → run against A 1 4 → run across 5 a geraten in (akk): **~ financial difficulties** b sich stürzen in (akk): **~ debt** 6 werden od sich entwickeln zu 7 sich belaufen auf (akk): **it runs into millions** das geht in die Millionen; **~ money** ins Geld laufen; → edition 3 B V/T 1 ein Messer etc stoßen od rennen in (akk): **run a splinter into one's finger** sich e-n Splitter in den Finger reißen 2 etwas stecken od (ein)führen in (akk) 3 stürzen in (akk): **run sb into financial difficulties** 4 → run against B; **~ off** A V/I 1 → run away 2 herunterfahren od -laufen von: **the car ran off the road** der Wagen kam von der Straße ab; → rail[1] A 4 3 ablaufen, abfließen 4 WIRTSCH ablaufen, fällig werden (Wechsel etc) B V/T 1 etwas hinhauen umg, schnell erledigen 2 ein Gedicht etc herunterrasseln 3 ablaufen lassen 4 TYPO abdrucken, abziehen 5 ein Rennen etc a starten b austragen 6 davonjagen 7 → foot A 1; **~ on** A V/I 1 weiterlaufen 2 weitergehen, fortlaufen, fortgesetzt werden (alle: **to** bis) 3 dahingehen (Jahre etc) 4 (bes unaufhörlich) reden (**about** über akk, von) 5 (in der Rede etc) fortfahren 6 anwachsen (**into** zu) 7 TYPO (ohne Absatz) fortlaufen 8 handeln von, sich drehen um, betreffen: **the conversation ran on politics** 9 (fortwährend) denken an (akk), sich beschäftigen mit 10 mit e-m Treibstoff fahren: **~ unleaded petrol**; **~ electricity** elektrisch betrieben werden B V/T TYPO a fortlaufend setzen b anhängen; **~ out** A V/I 1 herauslaufen (a. Tormann), hinauslaufen (beide a. Flüssigkeit): **~ of a port** SCHIFF (aus e-m Hafen) auslaufen 2 auslaufen (Gefäß) 3 a ablaufen (Zeit etc), zu Ende gehen: **time is running out** die Zeit wird knapp; **my patience has ~** m-e Geduld ist am Ende b auslaufen (Vertrag etc) 4 a ausgehen, knapp werden (Vorrat): **my batteries have ~** m-e Batterien sind leer; **my batteries ran out in the middle of the song** mitten im Lied gaben m-e Batterien den Geist auf b keinen Vorrat (mehr) haben (**of** an dat): **have ~ of gasoline** (Br **petrol**) kein Benzin mehr haben; **we have ~ of this article** dieser Artikel ist uns ausgegangen; *can you give me a cigarette?* **I've ~** mir sind m-e ausgegangen; **we are running out of time** unsere Zeit wird knapp, uns läuft die Zeit davon 5 sich verausgaben 6 hervorstechen, herausragen, 7 sich erstrecken 8 TYPO länger werden (Text) 9 das Spiel od den Kampf beenden (auf bestimmte Weise): **~ a winner** als Sieger hervorgehen 10 **~ on sb** umg j-n im Stich lassen B V/T 1 ein Rennen etc zu Ende laufen, beenden, etwas vollenden 2 hinausjagen, -treiben 3 ein Kabel etc ausrollen 4 erschöpfen: **run o.s. out** bis zur Erschöpfung laufen; **be ~** a (vom Laufen) ausgepumpt sein b ausverkauft sein; **~ over** A V/I 1 a hinüber-, herüberlaufen b laufen od gleiten über (akk) 2 überfliegen, durchgehen, -lesen 3 überlaufen, -fließen 4 **~ with** strotzen vor Energie etc 5 **~ one's time** (RADIO, TV etc)überziehen B V/T 1 AUTO, etc überfahren 2 a etwas rasch durchnehmen b etwas schnell durchgehen *od* -sehen, (rasch) überfliegen **3** → run D 16; **~ through** **A** V/I **1** → run over A 2 **2** kurz erzählen, streifen **3** durchmachen, erleben **4** sich hindurchziehen durch **5** *ein Vermögen etc* durchbringen **6** THEAT *e-e Szene etc* durchspielen **B** V/T **1** durchbohren, -stoßen **2** *ein Wort* durchstreichen **3** *e-n Zug (ohne Halt)* durchfahren lassen **4** → run over B 2 **5** → run D 16; **~ to** V/I **1** sich belaufen auf (*akk*) **2** (aus)reichen für: **my money will not ~ that** **3** sich entwickeln zu, neigen zu **4** hervorbringen (*a. fig*) **5** allzu sehr *Blätter etc* treiben (*Pflanze*): → fat B 2, seed A 1 **6** *umg* sich *etwas* leisten; **~ up** **A** V/I **1** herauf-, hinauflaufen, -fahren **2** *fig* schnell anwachsen, hochschießen **3** anwachsen *od* sich belaufen (**to** auf *akk*) **4** zulaufen (**to** auf *akk*): **~ against a wall** *fig* gegen e-e Wand anrennen **5** einlaufen, -gehen (*Kleidung beim Waschen*) **B** V/T **1** anwachsen lassen: **~ debts** Schulden machen **2** *e-e Rechnung* auflaufen lassen **3** *den Preis etc* in die Höhe treiben **4** *ein Haus etc* schnell hochziehen **5** *e-e Flagge etc* aufziehen, hissen **6** TECH *den Motor* hochlaufen *od* warm laufen lassen **7** *ein Kleidungsstück* zusammenhauen (*schnell nähen*) **8** *Zahlen* schnell zusammenzählen; **~ upon** → run on A 8, A 9, A 10

runabout S **1** Herumtreiber(in) **2** (typisches) Stadtauto **3** leichtes Motorboot

runagate ['rʌnəgeɪt] S *obs* **1** Ausreißer(in) **2** → runabout 1 **3** → renegade A

run|-around S **1** **give sb the ~** *umg* **a** j-n hinhalten, j-m ausweichen **b** j-n an der Nase herumführen *umg* **c** *bes Tennis*: j-n laufen lassen, j-n herumhetzen: **he was given the ~** er musste sehr viel laufen; **they gave them the ~** (*Fußball*) sie ließen Ball u. Gegner laufen **2** TYPO (*der*) ein Klischee umgebende Text; **~away** **A** S **1** Ausreißer(in), (*Pferd*) Durchgänger *m* **2** PHYS Durchgehen *n* (*e-s Atomreaktors*) **3** *bes* SPORT Kantersieg *m* **B** ADJ flüchtig, entwichen (*Häftling etc*): **~ car** Wagen, der sich selbstständig gemacht hat; **~ inflation** WIRTSCH galoppierende Inflation; **~ marriage** (*od* **match**) Heirat *f* e-s durchgebrannten Liebespaares; **~ race** SPORT mühelos *od* mit großem Vorsprung gewonnenes Rennen; **~ soldier** Deserteur *m*; **~ victory** (*od* **win**) → A 3; **~back** S *Tennis*: Auslauf *m* hinter der Grundlinie

rundle ['rʌndl] S **1** Rad *n* (*bes e-s Schubkarrens*) **2** (Leiter)Sprosse *f*

rundlet ['rʌndlɪt] S *Br hist Flüssigkeitsmaß, meist 18 Gallonen*

run|-down ADJ **1** abgespannt, erschöpft, erledigt **2** baufällig **3** abgelaufen (*Uhr*), leer (*Batterie*); **~down** S **1** Abbau *m* **2** *umg* genaue Übersicht (**on** über *akk*)

rune [ru:n] S **1** Rune *f* **2** Zauberspruch *m*; **~stone** S Runenstein *m*

rung[1] [rʌŋ] *pperf von* ring[2]

rung[2] [rʌŋ] S **1** Sprosse *f* (*e-r Leiter*): **start on the bottom** (*od* **first**) **~ of the ladder** (*beruflich etc*) klein *od* ganz unten anfangen; → top[1] B 1 **2** Querleiste *f* **3** (Rad)Speiche *f*

runic ['ru:nɪk] ADJ runisch, Runen...: **~ alphabet**

run-in S **1** TYPO Einschiebung *f* **2** *umg* Krach *m*, Streit *m*: **have a ~ with sb** Krach *od* e-n Zusammenstoß mit j-m haben; **~ groove** S Einlaufrille *f* (*auf Schallplatten*)

runlet ['rʌnlɪt] S *obs* (*Bier-, Wein- etc*) Fässchen *n*

runnel ['rʌnl] S **1** *poet* Rinnsal *n* **2** Rinne *f*

runner ['rʌnə(r)] S **1** Läufer(in) **2** Rennpferd *n*: **there were nine ~s in the race** es waren neun Pferde am Start **3** (*Bank- etc*) Bote *m*, (-)Botin *f* **4** *bes US umg* Vertreter(in), Handlungsreisende(r) *m/f(m)* **5** **a** (*Alkohol- etc*) Schmuggler(in), (*Drogen*) Kurier(in) **b** Schmugglerschiff n **6** MIL Meldegänger *m*, Melder *m* **7** *US* Maschinist(in) **8** Geschäftsführer(in), Leiter(in) **9** SPORT Laufschuh *m* **10** Läufer *m* (*langer, schmaler Teppich*) **11** Tischläufer *m* **12** (*Schlitten-, Schlittschuh- etc*) Kufe *f* **13** Schieber *m* (*am Schirm etc*) **14** TECH Laufschiene *f* **15** TECH (*Turbinen- etc*) Laufrad *n*, Läufer *m* **16** TECH Kollerstein *m* **17** *Spinnerei*: Läufer *m* **18** *Gießerei*: Abstich-, Gießrinne *f* **19** BOT **a** Ausläufer *m* **b** Ausläuferpflanze *f* **c** Kletterpflanze *f* **20** ORN Ralle *f* **21** FISCH Goldstöcker *m* **22** TYPO Zeilenzähler *m*, Marginalziffer *f*; **~ bean** S BOT *Br* Stangenbohne *f*; **~-up** *pl* runners-up, runner-ups S Zweite(r) *m/f(m)*, SPORT *a.* Vizemeister(in) (*beide*: **to** hinter *dat*): **~ prizes** weitere (Haupt)Preise

running ['rʌnɪŋ] **A** S **1** Laufen *n*, Lauf *m* (*a.* TECH): **~ off the ball** SPORT das Spiel ohne Ball; **be full of ~** SPORT lauf- *od* konditionsstark sein **2** (Wett)Laufen *n*, (-)Rennen *n*, Wettlauf *m* (*a. fig*): **be still in the ~** noch gut im Rennen liegen (*a. fig*: **for** um); **be out of the ~** aus dem Rennen sein (*a. fig*: **for** um); **put sb out of the ~** j-n aus dem Rennen werfen (*a. fig*); **make the ~** *Br* **a** das Tempo machen **b** *fig* das Tempo angeben **c** *fig* tonangebend sein; **take (up) the ~** *Br* sich an die Spitze setzen (*a. fig*) **3** Schmuggel *m* **4** Leitung *f*, Führung *f* **5** Überwachung *f*, Bedienung *f* (*e-r Maschine*) **6** Brechen *n* (*e-r Blockade*) **B** ADJ **1** laufend (*a.* TECH), fahrend: **be in ~ order** in fahrbereitem Zustand sein **2** flüchtig (*Blick*) **3** laufend (*Ausgaben, Monat etc*): **have a ~ battle** ständig im Streit liegen (**with** mit) **4** WIRTSCH laufend, offen: → running account **5** fließend: **~ water** *a.* Fließwasser *n* **6** MED laufend, eiternd (*Wunde*) **7** flüssig **8** aufeinanderfolgend: **for three days ~** drei Tage hintereinander **9** (fort)laufend (*Muster etc*) **10** laufend, gleitend (*Seil etc*) **11** linear gemessen: **per ~ meter** (*bes Br* **metre**) pro laufenden Meter **12** BOT **a** rankend **b** kriechend **13** MUS laufend: **~ passages** Läufe

running| account S WIRTSCH **1** laufende *od* offene Rechnung **2** laufendes Konto, Kontokorrent *n*; **~ board** S AUTO, HIST Trittbrett *n*; **~ commentary** S RADIO (Live)Reportage *f* (**on** über *akk*, von); **~ costs** SPL Betriebskosten *pl*, laufende Kosten *pl*; **~ fit** S TECH Laufsitz *m*; **~ hand** S Schreibschrift *f*; **~ head(line)** S TYPO (lebender) Kolumnentitel; **~-in** S TECH Einlaufen *n*; **~ jump** S Sprung *m* mit Anlauf: **go and take a ~!** *umg* rutsch mir doch den Buckel runter!; **~ knot** S Laufknoten *m*; **~ light** S SCHIFF Positionslampe *f*, Fahrlicht *n*; **~ mate** S **1** POL *US* Kandidat(in) für die Vizepräsidentschaft **2** *Pferderennen*: Schrittmacherpferd *n* **3** *US umg* ständige(r) Begleiter(in); **~ rigging** S SCHIFF laufendes Gut; **~ shoe** S SPORT Laufschuh *m*; **~ shot** S FILM Fahraufnahme *f*; **~ speed** S TECH **1** Umlaufgeschwindigkeit *f* **2** Fahrgeschwindigkeit *f*; **~ stitch** S Vorderstich *m*; **~ surface** S Gleitfläche *f* (*e-s Skis*); **~ text** S TYPO fortlaufender Text; **~ title** → running head(line)

runny ['rʌnɪ] ADJ **1** (zu) flüssig, zerlaufend **2** laufend (*Nase*)

runoff S **1** SPORT Entscheidungslauf *m*, -rennen *n* **2** GEOL Abfluss *m* **3** TECH Abstich *m*; **~ area** S SPORT Sturzraum *m*; **~ primary** S POL *US* Stichwahl *f*, endgültige Vorwahl (*e-r Partei e-s amer. Bundesstaates*); **~ vote** S POL Stichwahl *f*

run|-of-the-mill ADJ ganz gewöhnlich, durchschnittlich, Durchschnitts...; **~-on** **A** ADJ **1** TYPO angehängt, fortlaufend gesetzt: **~ copies** *pl* Fortdruck *m*; **~ sentence** LING **a** zusammengesetzter Satz **b** Bandwurmsatz *m* **2** LIT mit Versbrechung **B** S **1** **a** angehängtes Wort **b** fortlaufend gesetzter Text **2** AUTO *US* Nachdieseln *n*; **~-out groove** S Auslaufrille *f* (*auf der Schallplatte*); **~proof** ADJ *US* laufmaschensicher, maschenfest

runt [rʌnt] S **1** ZOOL **a** Kümmerer *m* **b** *kleinstes Ferkel e-s Wurfs* **2** *pej* lächerlicher Zwerg **3** ORN *e-e große, kräftige Haustaubenrasse*

run|-through S **1** **a** Überfliegen *n* (*e-s Briefs etc*) **b** kursorische Lektüre (*e-s Buchs*) **c** kurze Zusammenfassung: **give sth a ~** etwas überfliegen **2** THEAT schnelle Probe; **~time** S IT Laufzeit *f* (*e-s Programms etc*); **~-up** S **1** SPORT Anlauf *m*: **take a ~** Anlauf nehmen **2** WIRTSCH *US* Preis-, Kursanstieg *m* **3** FLUG kurzer Probelauf (*der Motoren vor dem Start*) **4** **during** (*od* **in**) **the ~ to** *fig* im Vorfeld (*gen*); **~way** S **1** FLUG Start- u. Landebahn *f*, Piste *f*: **~ lights** *pl* Pistenbefeuerung *f* **2** SPORT Anlauf(bahn) *m(f)* **3** *bes US* Flussbett *n* **4** JAGD Wildpfad *m*, (Wild)Wechsel *m*: **~ watching** Ansitzjagd *f* **5** Auslauf *m*, (*Hühner*) Hof *m* **6** THEAT *etc* Laufsteg *m* **7** *bes US* Holzrutsche *f*

rupee [ru:'pi:] S Rupie *f* (*Währungseinheit in Indien, Pakistan u. Sri Lanka*)

rupture ['rʌptʃə(r)] **A** S **1** Bruch *m*, Riss *m* (*beide a.* MED): **~ of the follicle** PHYSIOL Follikel-, Eisprung *m*; **~ of a muscle** Muskelriss; **~ support** Bruchband *n* **2** Brechen *n*, Zerplatzen *n*, -reißen *n* **3** *fig* **a** Bruch *m*: **avoid an open ~** **b** Abbruch *m*: **diplomatic ~** Abbruch der diplomatischen Beziehungen **B** V/T **1** zerbrechen, -reißen: **~ a muscle** MED sich e-n Muskelriss zuziehen; **~ o.s.** → C 2; **be ~d** → C 1; **~d duck** MIL *US sl* Adlerabzeichen *n* **2** *fig* auseinanderbrechen lassen **C** V/I **1** zerbrechen, -platzen, -reißen **2** MED sich e-n Bruch heben *od* zuziehen **3** auseinanderbrechen

rural ['rʊərəl] ADJ (ADV ~ly) **1** ländlich, Land...: **~ delivery service** *US postalischer Zustell- u. Abholdienst in ländlichen Gemeinden, in denen es kein Postamt gibt*; **~ population** Landbevölkerung *f*; → exodus 2 **2** landwirtschaftlich **3** ländlich, rustikal, einfach; **ruralist**, *US* **ruralite** S **1** Landbewohner(in) **2** *j-d, der das Landleben dem Stadtleben vorzieht*; **rurality** [-'rælətɪ] S **1** Ländlichkeit *f*, ländlicher Charakter **2** ländliche Umgebung; **ruralize** **A** V/T **1** e-n ländlichen Charakter geben (*dat*) **2** auf das Landleben umstellen **B** V/I **1** auf dem Lande leben **2** sich auf das Landleben umstellen **3** ländlich werden, *pej* verbauern

Ruritanian [,rʊərɪ'teɪnjən; *US* ,rʊrə'teɪnɪən] ADJ abenteuerlich (*politische Verhältnisse etc*)

ruse [ru:z; *US a.* ru:s] S List *f*, Trick *m*

rush[1] [rʌʃ] **A** V/I **1** stürmen, jagen, rasen, stürzen: **~ about** (*od* **around**) herumhetzen, -hasten; **~ at sb** auf j-n losstürzen; **~ in** hereinstürzen, -stürmen; **~ into certain death** in den sicheren Tod rennen; **~ into extremes** ins Extrem verfallen; **~ into marriage** überstürzt heiraten; **an idea ~ed into my mind** (*od* **upon me**) ein Gedanke schoss mir durch den Kopf; **blood ~ed to her face** das Blut schoss ihr ins Gesicht; **~ through** **a** hetzen *od* hasten durch **b** *ein Buch etc* hastig lesen **c** *e-e Mahlzeit* hastig essen **d** *e-e Arbeit* hastig erledigen; → conclusion 3, print C 4 **2** dahinbrausen, -fegen (*Wind*) **B** V/T **1** (an)treiben, drängen, hetzen: **I refuse to be ~ed** ich lasse mich nicht drängen; **~ up prices** WIRTSCH *US* die Preise in die Höhe treiben; **be ~ed for time** *umg* unter Zeitdruck stehen; → foot A 1 **2** schnell *od* auf dem schnellsten Wege (hin)bringen *od* (-)schaffen: **~ sb to hospital** *a.* j-n mit Blaulicht ins Krankenhaus bringen **3** *e-e Arbeit etc* hastig erledigen: **~ a**

R

bill (through) e-e Gesetzesvorlage durchpeitschen 4 überstürzen, -eilen, übers Knie brechen *umg* 5 losstürmen auf *(akk)*, angreifen, anrennen gegen *(a.* SPORT): ~ **the goal** 6 im Sturm nehmen *(a. fig)*, erstürmen 7 über *ein Hindernis* hinwegsetzen 8 *US sl* mit Aufmerksamkeiten überhäufen, umwerben 9 *Br umg j-n* neppen (£5 um 5 Pfund): **how much did they ~ you for it?** wie viel haben sie dir dafür abgeknöpft? C S 1 (Vorwärts)Stürmen *n*, Dahinschießen *n*, -jagen *n* 2 Brausen *n (des Windes)* 3 Eile *f*: **at a ~, on the ~** *umg* in aller Eile, schnellstens; **with a ~** plötzlich; **there's no ~** es hat keine Eile, es eilt nicht 4 *fig* a (An)Sturm *m* (**for** auf *akk*) *(a.* WIRTSCH) b (Massen-)Andrang *m* c *bes* WIRTSCH stürmische Nachfrage (**on, for** nach): **make a ~ for** losstürzen auf *(akk)* 5 MED (Blut)Andrang *m* 6 *fig* a plötzlicher Ausbruch (**of** von *Tränen etc*) b plötzliche Anwandlung, Anfall *m (beide:* **of** von *Mitleid etc)* c *sl* ([wie] durch Drogen erzeugter) Euphorieschub *od* Gefühlskick 7 a Drang *m (der Geschäfte)*, Hetze *f umg* b Hochbetrieb *m*, -druck *m* c Überhäufung *f* (**of** mit *Arbeit etc*) 8 SCHULE *US* (Wett)Kampf *m* 9 *pl* FILM Schnellkopie *f* D ADJ 1 eilig, dringend, Eil... 2 geschäftig, Hochbetriebs...

rush² [rʌʃ] A S 1 BOT Binse *f* 2 KOLL Binsen *pl* 3 ORN Binsenhuhn *n* 4 *fig* Deut *m*: **not worth a ~** keinen Pfifferling wert *umg*; **I don't care a ~** es ist mir völlig schnurz *umg* B ADJ Binsen...: **~-bottomed chair** Binsenstuhl *m*

rush| basket S Binsenkorb *m*; **~ candle** S HIST Binsenlicht *n*; **~ hour** S Hauptverkehrszeit *f*, Stoßzeit *f*; **~-hour** ADJ: **~ traffic** Stoß-, Berufsverkehr *m*; **~ job** S eilige Arbeit, dringende Sache; **~ light** → rush candle; **~ order** S WIRTSCH Eilauftrag *m*; **~ week** S UNIV *US Woche (im Herbst), in der Verbindungen Partys etc veranstalten, um neue Mitglieder zu gewinnen*

rushy ['rʌʃɪ] ADJ 1 voller Binsen, binsenbestanden 2 mit Binsen bedeckt 3 Binsen...

rusk [rʌsk] S Zwieback *m*

Russ [rʌs] *obs* A S 1 *pl* Russ, Russes Reuße *m*, Reußin *f* 2 → Russian A 2 B ADJ → Russian B

Russ. ABK 1 Russia 2 Russian russ.

Russell's paradox ['rʌslz] S *Logik*: russellsche Antinomie, russellsches Paradox

russet ['rʌsɪt] A ADJ 1 a rostbraun b rotgelb c rotgrau 2 *obs* bäu(e)risch, grob 3 *obs* schlicht, einfach B S 1 a Rostbraun *n* b Rotgelb *n* c Rotgrau *n* 2 grobes handgewebtes Tuch 3 *ein rötlicher Winterapfel*; **russety** → russet A 1

Russia ['rʌʃə] S Russland *n*

Russia leather ['rʌʃə] S Juchten(leder) *m/n(n)*

Russian ['rʌʃn] A S 1 Russe *m*, Russin *f* 2 LING Russisch *n*, das Russische B ADJ russisch: **she's ~** sie ist Russin; **~ dolls** *pl* Matrioschka *f*; **~ Orthodox** russisch-orthodox; **the ~ Orthodox Church** die russisch-orthodoxe Kirche; **~ roulette** russisches Roulett(e); **~ salad** GASTR russischer Salat

Russianization [ˌrʌʃənaɪ'zeɪʃn; *US* -nə'z-] S Russifizierung *f*; **Russianize** V/T russifizieren, russisch machen

Russification [ˌrʌsɪfɪ'keɪʃn], **Russify** [-faɪ] → Russianization, Russianize

Russki, Russky ['rʌskɪ; 'rʊskɪ] *bes US sl pej* Russki *m*

Russo- [rʌsəʊ; *US a.* rʌsə] *Wortelement mit der Bedeutung* a russisch b russisch-...

Russophile [-faɪl] A S Russophile(r) *m/f(m)*, Russenfreund(in) B ADJ russophil, russenfreundlich

Russophobe [-fəʊb] Russophobe(r) *m/f(m)*, Russenfeind(in); **Russophobic** ADJ russophob, russenfeindlich

rust [rʌst] A S 1 Rost *m*: **gather ~** Rost ansetzen 2 a Rostfleck *m* b Moder-, Stockfleck *m* 3 Rostbraun *n* 4 BOT a Rost *m*, Brand *m* b *a.* **~ fungus** Rostpilz *m* B V/I 1 (ein-, ver)rosten, rostig werden: **~ through** durchrosten 2 *fig* verkümmern *(Talent etc)*, rosten *(Person)*, einrosten *(Kenntnisse)* 3 BOT brandig werden C V/T 1 verrosten lassen, rostig machen 2 stockfleckig machen 3 *fig sein Talent etc* verkümmern lassen 4 BOT brandig machen D ADJ rostbraun, -farben; **~ bucket** S AUTO *umg* Rostlaube *f*; **~-colo(u)red** → rust

rustic ['rʌstɪk] A ADJ (ADV ~ally) 1 rustikal, ländlich, Land... 2 einfach, schlicht 3 grob, bäu(e)risch, ungehobelt *(Manieren etc)* 4 roh (gearbeitet) 5 ARCH Rustika..., mit Bossenwerk verziert 6 TYPO unregelmäßig geformt, Rustika... B S 1 (einfacher) Bauer, (einfache) Bäuerin 2 a Bauer *m*, Bäuerin *f (beide a. pej)* b Provinzler(in); **rusticate** ['rʌstɪkeɪt] A V/I 1 aufs Land gehen 2 auf dem Land leben *od* wohnen 3 a ein ländliches Leben führen b *pej* verbauern B V/T 1 aufs Land schicken 2 *pej* verbauern lassen 3 UNIV *Br* zeitweilig relegieren 4 ARCH mit Bossenwerk verzieren; **rustication** S 1 Landaufenthalt *m* 2 *pej* Verbauerung *f* 3 UNIV *Br* zeitweilige Relegation 4 ARCH Rustika *f*, Bossenwerk *n*; **rusticity** [rʌ'stɪsətɪ] S 1 ländlicher *od* rustikaler Charakter 2 bäu(e)risches Wesen, ungehobelte Art 3 (ländliche) Einfachheit

rustic| ware S hellbraune Terrakotta; **~ work** S 1 ARCH Rustika *f*, Bossenwerk *n* 2 *roh gezimmerte Sommerhäuser, Gartenmöbel etc*

rustiness ['rʌstɪnɪs] S 1 Rostigkeit *f* 2 *fig* Eingerostetsein *n* 3 Rauheit *f*, Heiserkeit *f*

rustle ['rʌsl] A V/I 1 rascheln *(Blätter etc)*, rauschen, knistern *(Seide etc)* 2 *bes US umg* mit *od* unter Hochdruck arbeiten, wühlen B V/T 1 rascheln lassen, rascheln mit *od* in *(dat)*: **~ a newspaper** mit e-r Zeitung rascheln 2 *meist* **~ up** *umg* a *Geld, Hilfe etc* organisieren, auftreiben b *ein Essen* zaubern 3 *bes US Vieh* stehlen C S Rascheln *n*, Rauschen *n*, Knistern *n*; **rustler** S *bes US* 1 *umg* Wühler(in) 2 Viehdieb *m*

rustless ADJ 1 rostfrei 2 → rustproof A

rust|out S 1 Durchrosten *n* 2 durchgerostete Stelle; **~ perforation** S Durchrosten *n*; **~proof** A ADJ rostfrei, -beständig, nicht rostend B V/T rostfrei *od* -beständig machen; **~-through** S Durchrosten *n*

rusty ['rʌstɪ] ADJ (ADV rustily) 1 rostig, verrostet: **get ~** → rust B 1 2 *fig* eingerostet *(Kenntnisse)*, verkümmert *(Talent etc)*: **get ~** → rust B 2 3 rostfarben 4 BOT vom Rost(pilz) befallen 5 abgetragen, schäbig *(Kleidung)* 6 heiser, rau *(Stimme)*

rut¹ [rʌt] A S 1 (Wagen-, Fahr)Spur *f* 2 Furche *f* 3 *fig* (altes) Gleis, alter Trott: **get into a ~** in e-n Trott verfallen; **be in a ~** sich in ausgefahrenen Gleisen bewegen B V/T furchen

rut² [rʌt] ZOOL A S 1 a Brunft *f (des Hirsches)* b *allg* Brunst *f* 2 Brunft-, Brunstzeit *f* B V/I brunften, brunsten C V/T decken, bespringen

rutabaga [ˌruːtə'beɪgə] S AGR, BOT *US* Kohl-, Steckrübe *f*

Ruth¹ [ruːθ] S *a.* **Book of ≈** BIBEL (das Buch) Ruth *f*

ruth² [ruːθ] S 1 *obs* Mitleid *n* 2 Reue *f* 3 Leid *n*

Ruthenian [ruː'θiːnjən; -nɪən] A S 1 HIST Ruthene *m*, Ruthenin *f* 2 LING Ruthenisch *n*, das Ruthenische B ADJ ruthenisch

rutherford ['rʌðə(r)fə(r)d] S PHYS Rutherford *n (Maßeinheit der Strahlungswärme e-r radioaktiven Strahlungsquelle)*

ruthless ['ruːθlɪs] ADJ (ADV ~ly) 1 unbarmherzig, grausam, hart 2 rücksichts-, skrupellos; **ruthlessness** S 1 Unbarmherzigkeit *f* 2 Rücksichts-, Skrupellosigkeit *f*

Rutland ['rʌtlənd] S Rutland *n (Grafschaft in Ostmittelengland)*

rutting ['rʌtɪŋ] A S → rut² A B ADJ Brunst..., Brunft...: **~ time** (*od* **season**) Brunft-, Brunstzeit *f*; **ruttish** ADJ (ADV ~ly) 1 ZOOL brunftig, brünstig 2 → rutty²

rutty¹ ['rʌtɪ] ADJ 1 zerfurcht, voller Furchen 2 ausgefahren

rutty² ['rʌtɪ] ADJ brünstig, geil

RV ABK 1 rat(e)able value Einheitswert *m* 2 *US* recreational vehicle Wohnmobil *n* 3 BIBEL Revised Version *(verbesserte Bibelausgabe)*

R.W. ABK 1 Right Worshipful *der od die* hochverehrte, sehr geehrte, hoch geachtete *(Anrede bei bestimmtem Berufen od für alteingesessene Firmen)* 2 Right Worthy *der od die* hochwürdige, hoch geachtete *(Anrede für bestimmte Personen)*

Rwanda [rʊ'ændə; *US* -'ɑn-] S Ruanda *n*

Rwandan [rʊ'ændən; *US* -'ɑːn-] A S Ruander(in) B ADJ ruandisch

rwy ABK railway

Ryder Cup ['raɪdə(r)] S *Golf*: Ryder Cup *m (alle zwei Jahre ausgetragener Wettbewerb zwischen den besten Profis Europas u. der USA)*: **~ player** Ryder-Cup-Spieler *m*

rye [raɪ] S 1 BOT Roggen *m* 2 Rye *m (Roggenwhisky)* 3 *bes US* Roggenbrot *n*; **~ bread** S Roggenbrot *n*; **~ flour** S Roggenmehl *n*; **~ grass** S BOT Englisches Raigras; **~ whisk(e)y** S Roggenwhisk(e)y *m*

ryot ['raɪət] S *IndEng* a Kleinbauer *m* b Pächter

S

S¹, s [es] A *pl* S's, Ss, s's, ss ['esɪz] S 1 S, s *n (Buchstabe)* 2 **S** S *n*, S-förmiger Gegenstand B ADJ **S** S-..., S-förmig: **S bend** S-Kurve *f*

S² ABK small S

s.¹ ABK 1 second(s PL) s, Sek. 2 section 3 see s. 4 series 5 set 6 HIST *Br* shilling(s PL) 7 sign 8 signed gez. 9 singular Sg. 10 son

S.² ABK 1 Sabbath 2 Saint Hl. 3 Saturday Sa. 4 Saxon 5 Senate 6 Socialist 7 Society Ges. 8 Socius, Fellow 9 south S 10 southern südl. 11 submarine(s PL)

's¹ [z *nach Vokalen u. stimmhaften Konsonanten*; s *nach stimmlosen Konsonanten*] 1 *umg für* is: **he's here** 2 *umg für* has: **she's just come** 3 *umg für* does: **what's he think about it?**

's² [z *nach Vokalen u. stimmhaften Konsonanten*; s *nach stimmlosen Konsonanten*; ɪz *nach Zischlauten*] *zur Bildung des Possessivs*: **the boy's mother**

's³ [s] *umg für* us: **let's go!**

SA ABK 1 Salvation Army 2 South Africa 3 South America 4 South Australia

Sa. ABK Saturday Sa.

s.a. ABK 1 sex appeal 2 sine anno, without year (*od* date) o. J. 3 subject to approval

sab [sæb] *umg* → hunt saboteur

Sab. ABK Sabbath

Sabaoth [sæ'beɪɒθ; 'sæbeɪɒθ; *US* -ɑθ; -əʊθ] SPL BIBEL Zebaoth *pl*, Heerscharen *pl*: **the Lord of ~** der Herr Zebaoth, der Herr der Heerscharen

sabbat ['sæbæt; -ət; *US a.* sæ'bɑː] → Sabbath 3

Sabbatarian [ˌsæbə'teərɪən] REL A S 1 *j-d, der den Sabbat heiligt* 2 *j-d, der den Sonntag streng einhält* B ADJ Sabbat...

Sabbath ['sæbəθ] S 1 REL Sabbat *m*: **keep (break) the ~** den Sabbat heiligen (entheiligen) 2 REL Sonntag *m* 3 *meist* **witches' ~** Hexensabbat *m*
Sabbatic [sə'bætɪk] ADJ → Sabbatical A
Sabbatical [sə'bætɪkl] A ADJ 1 Sabbat… 2 ♀ **leave** → B a B S ♀ UNIV a Forschungsurlaub *m*: **be on ~** im Forschungsurlaub sein b → sabbatical year 2; ♀ **year** S 1 Sabbatjahr *n* (*der Juden*) 2 UNIV Forschungsjahr *n*
saber, *bes Br* **sabre** ['seɪbə(r)] A S 1 Säbel *m* (*a. Fechten*): **rattle one's ~** *fig* mit dem Säbel rasseln 2 MIL, HIST Kavallerist *m* B V/T 1 niedersäbeln 2 mit dem Säbel verwunden; **~ cut** S 1 Säbelhieb *m* 2 Schmiss *m*; **~ fencer** S SPORT Säbelfechter *m*; **~ fencing** S SPORT Säbelfechten *n*; **~ rattling** S *fig* Säbelrasseln *n*; **~-toothed tiger** S ZOOL Säbel(zahn)-tiger *m*
sabin ['sæbɪn; 'seɪ-] S PHYS Sabin *n* (*Einheit der Schallabsorption*)
Sabine ['sæbaɪn; *US* 'seɪ-] HIST A ADJ sabinisch B S Sabiner(in)
sable ['seɪbl] A S 1 *pl* **-bles**, *bes koll* **-ble** ZOOL a Zobel *m* b (*bes* Fichten-)Marder *m* 2 Zobelfell *n*, -pelz *m* 3 *bes Heraldik*: Schwarz *n* 4 *meist pl poet* Trauer(kleidung) *f* B ADJ 1 Zobel… 2 *Heraldik*: schwarz 3 *poet* schwarz, finster: **his ~ Majesty** der Fürst der Finsternis (*der Teufel*)
sabot ['sæbəʊ; *US a.* sæ'bəʊ] S 1 Holzschuh *m* 2 MIL Geschoss- *od* Führungsring *m*
sabotage ['sæbətɑːʒ] A S Sabotage *f*: **act of ~** Sabotageakt *m*; **commit ~** → C B V/T a sabotieren b e-n Sabotageakt verüben gegen C V/I Sabotage begehen *od* treiben; **saboteur** [-'tɜː; *US* -'tɜr] S 1 Saboteur(in) 2 → hunt saboteur
sabra ['sɑːbrə] S Sabre *m* (*in Israel geborenes Kind jüdischer Einwanderer*)
sabre, *etc bes Br für* saber *etc*
sabretache ['sæbə(r)tæʃ; *US a.* 'seɪ-] S MIL, HIST Säbeltasche *f* (*e-s Kavalleristen*)
sabulous ['sæbjʊləs] ADJ Sand…, sandig, grießig: **~ urine** MED Harngrieß *m*
saburra [sə'bʌrə; *US* -'bɜrə] S MED Saburra *f*, fuliginöse Ablagerung
sac[1] [sæk] S 1 ANAT, BOT, ZOOL Sack *m*, Beutel *m* 2 → sack[1] A 5
SAC[2] ABK Strategic Air Command
saccade [sæ'kɑːd] S MED Sakkate *f* (*Zuckung der Augen, wenn der Fixationspunkt verändert wird*)
saccate ['sækət; *bes US* -eɪt] ADJ ANAT, BOT, ZOOL 1 sack-, beutelförmig 2 in e-m Sack *od* Beutel befindlich
saccharate ['sækəreɪt] S CHEM Saccharat *n*; **saccharated** ADJ zucker-, saccharosehaltig
saccharic [sə'kærɪk] ADJ CHEM Zucker…: **~ acid**
sacchariferous [ˌsækə'rɪfərəs] ADJ CHEM zuckerhaltig, Zucker erzeugend; **saccharify** [sə'kærɪfaɪ; sæ-] V/T 1 saccharifizieren, verzuckern 2 zuckern, süßen
saccharimeter [ˌsækə'rɪmɪtə(r)] S Saccharimeter *n* (*Gerät zur Bestimmung des Zuckergehalts*)
saccharin(e) ['sækərɪn] S CHEM Saccharin *n*
saccharine ['sækəraɪn; -riːn; *US bes* -rən] ADJ 1 Zucker…, Süßstoff… 2 *fig* honig-, zuckersüß (*Lächeln etc*); **saccharinic** [-'rɪnɪk] ADJ CHEM Zucker…
saccharinize ['sækərɪnaɪz] V/T 1 mit Saccharin süßen 2 *fig* versüßen
saccharoid ['sækərɔɪd] CHEM, MINER A ADJ zuckerartig, körnig B S zuckerartige Substanz
saccharose ['sækərəʊs; -rəʊz] S CHEM Saccharose *f*, Rohrzucker *m*
saccule ['sækjuːl] S *bes* ANAT Säckchen *n*
sacerdocy ['sæsə(r)dəʊsɪ; *US a.* 'sæk-] S Priestertum *n*; **sacerdotage** [-tɪdʒ] S *bes pej* 1 Pfaffentum *n* 2 Pfaffenstaat *m* 3 Pfaffenherrschaft *f*; **sacerdotal** ADJ (ADV ~ly) 1 priesterlich, Priester… 2 *durch den Glauben an e-e von Gott berufene Priesterschaft gekennzeichnet*; **sacerdotalism** S 1 Priestertum *n* 2 *pej* Pfaffentum *n*
sachem ['seɪtʃəm] S 1 Sachem *m* (*bei den nordamer. Indianern*): a (*a.* Bundes)Häuptling *m* b Mitglied *n* des Rates (*des Irokesenbundes*) 2 *US hum* großes Tier, *bes* POL Parteiboss *m*
sachet ['sæʃeɪ; *US* sæ'ʃeɪ] S 1 Duftkissen *n* 2 Schamponkissen *n*
sack[1] [sæk] A S 1 Sack *m* 2 *umg* **get the ~** a fliegen, an die Luft gesetzt (*entlassen*) werden b *von e-m Mädchen* den Laufpass bekommen; **give sb the ~** → B 2; **he was threatened with the ~** ihm wurde mit Rausschmiss gedroht 3 Sack *m* (voll) 4 *US* (Verpackungs)Beutel *m*, (Papier)Sack *m*, Tüte *f* 5 a Umhang *m* b (kurzer) loser Mantel c → sack coat d HIST Kontusche *f* (*loses Frauen- od Kinderkleid des 18. Jhs.*) e → sack dress 6 *sl* Falle *f*, Klappe *f* (*Bett*): **he's still in the ~** er liegt noch in der Falle; **hit the ~** sich in die Falle *od* Klappe hauen *umg* B V/T 1 einsacken, in Säcke *od* Beutel (ab)füllen 2 *umg* a *j-n* an die Luft setzen (*entlassen*) b *e-m Liebhaber* den Laufpass geben C V/I **~ in** *sl* sich in die Falle *od* Klappe hauen
sack[2] [sæk] A V/T *e-e Stadt etc* (aus)plündern B S Plünderung *f*: **put to ~** → A
sack[3] [sæk] S *Br obs* (*aus SW-Europa importierter*) trockener Weißwein
sack|but ['sækbʌt] S MUS, HIST 1 Posaune *f* 2 BIBEL (*Art*) Harfe *f*; **~cloth** S Sackleinen *n*, -leinwand *f*: **wear ~ and ashes** *fig* in Sack u. Asche gehen; **~ coat** S *US* Sakko *m/n*; **~ dress** S Sackkleid *n*; **~ful** [-fʊl] → sack[1] A 3
sacking ['sækɪŋ] → sackcloth
sack| race S Sackhüpfwettbewerb *m*; **~ racing** S Sackhüpfen *n*
sacque → sack[1] A 5
sacra ['seɪkrə; 'sæk-] *pl von* sacrum
sacral[1] ['seɪkrəl; *US a.* 'sæk-] ADJ REL sakral, Sakral…
sacral[2] ['seɪkrəl; *US a.* 'sæk-] ANAT A ADJ sakral, Sakral…, Kreuz(bein)… B S 1 Kreuz(bein)-, Sakralwirbel *m* 2 Sakralnerv *m*
sacrament ['sækrəmənt] S 1 REL Sakrament *n* (*Gnadenmittel*): **the ♀, the ~ (of the altar), the Blessed** (*od* **Holy**) **♀** das Altar(s)sakrament, (*protestantische Kirche*) das (heilige) Abendmahl, KATH das heilige Sakrament, die heilige Kommunion; **the last ~s** die Sterbesakramente; **administer (receive) the ~** das Abendmahl *od* die Kommunion spenden (empfangen); **take the ~** zum Abendmahl *od* zur Kommunion gehen 2 Zeichen *n*, Symbol *n* (*beide:* **of** für) 3 feierlicher *od* heiliger Eid 4 Mysterium *n*;
sacramental [-'mentl] A ADJ (ADV ~ly) 1 sakramental, Sakraments…, heilig: **~ wine** Messwein *m* 2 *fig* feierlich, heilig 3 symbolhaft B S KATH heiliger *od* sakramentaler Ritus *od* Gegenstand
sacrarium [sə'kreərɪəm] *pl* **-ia** [-rɪə] S 1 REL a Chor *m*, (Hoch)Altarstätte *f* b KATH → piscina 2 *Antike*: Heiligtum *n*
sacred ['seɪkrɪd] ADJ (ADV ~ly) 1 REL heilig (**to** *dat*) 2 geweiht, gewidmet (**to** *dat*): **a place ~ to her memory** ein ihrem Andenken geweihter Ort; **"~ to the memory of"** (*auf Grabsteinen*) „dem Gedenken von … geweiht" 3 *fig* heilig (*Eid, Pflicht etc*): **~ right** geheiligtes Recht; **is nothing ~ any more?** ist denn nichts mehr heilig?; **hold sth ~** etwas heilighalten 4 kirchlich, geistlich, Kirchen…: **~ music**; **~ architecture** Sakralbauten *pl*; **~ building** Sakralbau *m*; **~ history** a biblische Geschichte b Religionsgeschichte *f*; **~ poetry** geistliche Dichtung; **♀ College** S KATH Heiliges Kollegium, Kardinalskollegium *n*; **~ cow** S *fig umg* heilige Kuh
sacredness S Heiligkeit *f*, (*das*) Heilige
sacrifice ['sækrɪfaɪs] A S [*US a.* -fəs] 1 REL a Opfer *n*, Opferung *f* b Kreuzesopfer *n* (*Jesu*): **♀ of the Mass** Messopfer 2 a REL *od fig* Opfer *n* (*das Geopferte*) b *fig* Opfer *n*, Aufopferung *f* c (**of**) Verzicht *m* (auf *akk*), Aufgabe *f* (*gen*): **make ~s** → C 2; **make a ~ of sth** etwas opfern; **make sb a ~** j-m ein Opfer bringen; **at some ~ of accuracy** unter einigem Verzicht auf Genauigkeit; **the great** (*od* **last**) **~** das höchste Opfer, *bes* der Heldentod 3 WIRTSCH Verlust *m*, Einbuße *f*: **sell at a ~** → B 3 B V/T 1 REL opfern (**to** *dat*) 2 opfern (*a. Schach*), hin-, aufgeben, verzichten auf (*akk*): **~ o.s.** sich (auf)opfern (**for** für); **~ one's life** sein Leben opfern *od* hingeben (**for** für) 3 WIRTSCH mit Verlust verkaufen C V/I 1 REL opfern 2 *fig* Opfer bringen
sacrificial [ˌsækrɪ'fɪʃl] ADJ (ADV ~ly) 1 REL Opfer…: **~ lamb**; **~ victim** Opfer *n* 2 aufopferungsvoll
sacrilege ['sækrɪlɪdʒ] S Sakrileg *n*: a Kirchen- *od* Tempelschändung *f*, *bes* Kirchenraub *m* b Entweihung *f*, Schändung *f* c *allg* Frevel *m*; **sacrilegious** [-'lɪdʒəs] ADJ (ADV ~ly) sakrilegisch: a kirchenschänderisch b entweihend c *allg* frevlerisch
sacring ['seɪkrɪŋ] S 1 Weihung *f* (*der Hostie u. des Weins zur Messe*) 2 Weihe *f* (*e-s Geistlichen*) 3 Salbung *f* (*e-s Herrschers*)
sacristan ['sækrɪstən], *a.* **sacrist** ['sækrɪst; 'seɪk-] S REL Sakristan *m*, Mesner *m*, Küster *m*
sacristy ['sækrɪstɪ] S REL Sakristei *f*
sacrosanct ['sækrəʊsæŋkt] ADJ *oft pej od hum* sakrosankt, hochheilig, unantastbar
sacrum ['seɪkrəm; 'sæk-] *pl* **-cra** [-krə] S ANAT Sakrum *n*, Kreuzbein *n*
SAD ABK MED PSYCH seasonal affective disorder jahreszeitlich bedingte Depression
sad [sæd] ADJ (ADV → sadly) 1 (**at**) traurig (über *akk*), betrübt, niedergeschlagen (wegen *gen*): **a ~der and a wiser man** j-d, der durch Schaden klug geworden ist; *it is* **~ but true** traurig, aber wahr 2 melancholisch, schwermütig (*Erinnerungen etc*): **in ~ earnest** *obs* in bitterem Ernst 3 bedauerlich (*Irrtum etc*), traurig (*Pflicht etc*), tragisch (*Unfall etc*): **~ to say** bedauerlicherweise 4 arg, schlimm (*Zustand etc*) 5 *pej* elend, jämmerlich: **a ~ coward** ein elender Feigling; **a ~ dog** ein verkommenes Subjekt 6 dunkel, matt (*Farbe*) 7 teigig, klitschig (*Brot etc*); **sadden** [-dn] A V/T traurig machen *od* stimmen, betrüben B V/I traurig werden (**at** über *akk*)
saddle ['sædl] A S 1 (*Pferde-, a. Fahrrad- etc*) Sattel *m*: **be in the ~** a im Sattel sitzen b *fig* im Amt *od* an der Macht sein; **be firm in one's ~** *fig* fest im Sattel sitzen; **put the ~ on the wrong (right) horse** *fig* die Schuld dem Falschen (Richtigen) zuschieben 2 Rücken *m* (*des Pferdes*) 3 GASTR Rücken(stück) *m(n)*: **~ of mutton** Hammelrücken 4 ORN Bürzel *m* 5 (*Berg*) Sattel *m* 6 TECH a Lagerschale *f* (*e-r Achse*) b *Buchbinderei*: Buchrücken *m* c *Schuhmacherei*: Seitenkappen *pl* d Querholz *n* e Bettschlitten *m*, Support *m* (*an Werkzeugmaschinen*) f ELEK Sattelstütze *f* (*an Leitungsmasten*) g Türschwelle *f* B V/T 1 *ein Pferd* satteln: **~ up** aufsatteln 2 *bes fig* a belasten (**with** mit) b *e-e Aufgabe etc* aufbürden, -laden, -halsen (**on, upon** *dat*) c *etwas* zur Last legen (**on, upon** *dat*): **~ sb with a responsibility, ~ a responsibility (up)on sb** j-m e-e Verantwortung aufbürden *od* -laden; **be ~d with sth** etwas am Hals haben *umg* C V/I 1 satteln: **~ up** aufsatteln 2

S

aufsitzen
saddle|back A S 1 Bergsattel *m* 2 ARCH Satteldach *n* 3 ZOOL *Tier mit sattelförmiger Rückenzeichnung, bes* a Nebelkrähe *f* b männliche Sattelrobbe c Mantelmöwe *f* 4 hohlrückiges Pferd B ADJ → saddlebacked; **~backed** ADJ 1 hohlrückig *(Pferd etc)* 2 sattelförmig; **~bag** S Satteltasche *f*; **~ blanket** S Woilach *m*; **~bow** [-bəʊ] S Zwiesel *m*; **~cloth** S 1 Schabracke *f*, Satteldecke *f* 2 → saddle blanket; **~ horse** S Reitpferd *n*; **~nose** S Sattelnase *f*
saddler S Sattler *m*
saddle roof S ARCH Satteldach *n*
saddlery ['sædlərɪ] S 1 Sattlerei *f* 2 Sattelzeug *n*
saddle| sore S Sattelwunde *f*; **~sore** ADJ: **be ~** a sich wund gerieben haben b *Radsport*: Sitzbeschwerden haben
Sadducean [,sædjʊ'siːən; *US* -dʒə's-] ADJ HIST sadduzäisch; **Sadducee** [-siː] S Sadduzäer *m*
sadism ['seɪdɪzəm; 'sæd-; 'sɑːd-] S PSYCH Sadismus *m*; **sadist** S Sadist(in); **sadistic** [sə'dɪstɪk] ADJ (ADV ~ally) sadistisch
sadly ['sædlɪ] ADV 1 traurig, betrübt 2 unglücklicher-, bedauerlicherweise, leider 3 arg, äußerst: **he will be ~ missed by all of us** er wird uns allen sehr fehlen, wir werden ihn alle schmerzlich vermissen
sadness ['sædnɪs] S Traurigkeit *f*
sadomasochism [,seɪdəʊ'mæsəkɪzəm; ,sæd-] S PSYCH Sadomasochismus *m*; **sadomasochistic** ADJ (ADV ~ally) sadomasochistisch; **sadomasochist** S Sadomasochist(in)
sad sack S *US sl* 1 MIL Kompanietrottel *m* 2 Flasche *f*, Trottel *m* *(beide pej)*
s.a.e. ABK stamped addressed envelope frankierter u. mit (eigener) Anschrift versehener Briefumschlag
safari [sə'fɑːrɪ] S Safari *f*: **on ~** auf Safari; **~ park** Safaripark *m*; **~ suit** Safarianzug *m*; **safarist** S Safariteilnehmer(in)
safe [seɪf] A ADJ (ADV ~ly) 1 sicher (**from** vor *dat*): **~ area** MIL Schutzzone *f*; **a ~ place** ein sicherer Ort; **keep sth ~** (*od* **in a ~ place**) etwas sicher aufbewahren; **we are ~ from disturbance here** hier sind wir ungestört; **you are ~ with him** bei ihm bist du sicher aufgehoben; **better to be ~ than sorry** *(Sprichwort)* Vorsicht ist die Mutter der Weisheit *od* der Porzellankiste; **make the game ~** SPORT alles klarmachen 2 sicher, unversehrt, außer Gefahr *(a. Patient)*: **he has ~ly arrived** er ist gut angekommen; **he arrived ~ and sound** er kam heil u. gesund an 3 sicher, ungefährlich, gefahrlos: **~ (to operate)** TECH betriebssicher; **~ current** maximal zulässiger Strom; **~ period** PHYSIOL *(die)* unfruchtbaren Tage *(der Frau)*; **~ sex** Safer Sex *m*; **~ stress** TECH zulässige Beanspruchung; **the rope is ~** das Seil hält; **is it ~ to go there?** kann man da ungefährdet *od* gefahrlos hingehen?; **in ~ custody** → A 7; **(as) ~ as houses** *umg* absolut sicher; **it is ~ to say that ..., one can ~ly say that ...** man kann ruhig sagen, dass ...; **it is ~ to assume that ...** man kann ohne Weiteres *od* getrost annehmen, dass ...; **be on the ~ side** *(Redew)* um ganz sicherzugehen, um auf der sicheren Seite zu sein; → load A 6 a, play B 1, C 1, safe house 4 vorsichtig *(Schätzung etc)* 5 sicher, zuverlässig *(Führer, Methode etc)* 6 sicher, voraussichtlich *(Sieger etc)*: **~ seat** PARL sicherer Wahlkreis; **he is ~ to be there** er wird sicher da sein 7 in sicherem Gewahrsam *(a. Gangster etc)* B S 1 Safe *m*, Tresor *m*, Geldschrank *m* 2 → meat safe 3 *US sl* Gummi *m* *(Kondom)*
safe|blower, ~breaker → safecracker; **~-conduct** S 1 Geleitbrief *m* 2 freies *od* sicheres Geleit; **~cracker** S Geldschrankknacker *m*; **~ deposit** S Tresor(raum) *m*; **~-deposit box** S Tresor(fach) *m(n)*, Safe *m*; **~guard** A S 1 Sicherung *f*: a *allg* Schutz *m* (**against** gegen, vor *dat*) b Vorsichtsmaßnahme *f* (**against** gegen) c Sicherheitsklausel *f* d TECH Schutzvorrichtung *f* 2 *obs* a Geleit-, Schutzbrief *m* b sicheres Geleit 3 Schutzwache *f* B VT schützen, sichern *(beide:* **against** gegen, vor *dat)*: **~ing duty** WIRTSCH Schutzzoll *m*; → interest A 7; **~ house** S *Br (etwa)* konspirative Wohnung; **~keeping** S sicherer Gewahrsam, sichere Verwahrung: **it's in ~ with him** bei ihm ist es gut aufgehoben; **~light** S FOTO 1 Dunkelkammerlampe *f* 2 Schutzfilter *m/n* *(von* 1*)*
safeness → safety A 1, A 2, A 3
safety ['seɪftɪ] A S 1 Sicherheit *f*: **be in ~**; **jump to ~** sich durch e-n Sprung in Sicherheit bringen; **swim to ~** sich schwimmend in Sicherheit bringen 2 Sicherheit *f*, Gefahrlosigkeit *f*: **~ (of operation)** TECH Betriebssicherheit; **~ in flight** FLUG Flugsicherheit; **~ on the road** Verkehrssicherheit; **we cannot do it with ~** wir können es nicht ohne Gefahr tun; **there is ~ in numbers** zu mehreren ist man sicherer; **play for ~** a sichergehen (wollen), Risiken vermeiden b SPORT auf Sicherheit spielen; **~ first!** Sicherheit über alles!; **~-first scheme** Unfallverhütungsprogramm *n* 3 Sicherheit *f*, Zuverlässigkeit *f*, Verlässlichkeit *f* *(e-s Mechanismus, Verfahrens etc)* 4 Sicherung *f*, Schutz *m* *(beide:* **against** gegen, vor *dat)* 5 Schutz-, Sicherheitsvorrichtung *f*, Sicherung *f* 6 Sicherung(sflügel) *f(m)* *(am Gewehr etc)*: **at ~** gesichert B ADJ Sicherheits...
safety| belt S 1 Sicherheitsgürtel *m* 2 FLUG, AUTO *etc* Sicherheitsgurt *m*: **wear a ~** angegurtet *od* angeschnallt sein; **~ binding** S Sicherheitsbindung *f (am Ski)*; **~ bolt** S TECH 1 Sicherheitsriegel *m* 2 Sicherungsbolzen *m* *(am Gewehr)*; **~ buoy** S SCHIFF Rettungsboje *f*; **~ catch** S TECH 1 Sicherung *f (an Aufzügen etc)* 2 Sicherheitsriegel *m* 3 Sicherungsflügel *m (am Gewehr etc)*: **release the ~ of** *e-e Waffe* entsichern; **have the ~ off** entsichert sein; **~ cell** S AUTO Sicherheitszelle *f*; **~ chain** S Sicherheitskette *f*; **~ clause** S Sicherheitsklausel *f*; **~ curtain** S THEAT eiserner Vorhang; **~ device** → safety A 5; **~ factor** S TECH Sicherheitsfaktor *m*; **~ fence** S SPORT Fangzaun *m*; **~ film** S Sicherheitsfilm *m*, nicht entzündlicher Film; **~ fund** S WIRTSCH Sicherheitsfonds *m (bei Banken)*; **~ fuse** S 1 TECH Sicherheitszünder *m*, -zündschnur *f* 2 ELEK a (Schmelz)Sicherung *f* b Sicherheitsausschalter *m*; **~ glass** S TECH Sicherheitsglas *n*; **~ island** S *US* Verkehrsinsel *f*; **~ lamp** S *Bergbau*: Gruben-, Sicherheitslampe *f*; **~ lock** S TECH Sicherheitsschloss *n*; **~ match** S Sicherheitszündholz *n*; **~ measure** S Sicherheitsmaßnahme *f*, -vorkehrung *f*; **~ net** S *(a. fig soziales)* (Sicherheits)Netz *n*; **~ pin** S Sicherheitsnadel *f*; **~ precautions, ~ provisions** SPL Sicherheitsvorkehrungen *pl*; **~ razor** S Rasierapparat *m*; **~ rules** SPL Sicherheits-, Unfallverhütungsvorschriften *pl*; **~ sheet** S Sprungtuch *n* *(der Feuerwehr)*; **~ standards** SPL Sicherheitsnormen *pl*; **~ stop** S TECH selbsttätige Hemmung; **~ switch** S ELEK Sicherheitsschalter *m*; **~ system** S Sicherheitssystem *n*; **~ valve** S 1 TECH Überdruck-, Sicherheitsventil *n* 2 *fig* Ventil *n* (**for** für)
saffian ['sæfɪən] S Saffian(leder) *m(n)*
safflower ['sæflaʊə(r)] S 1 BOT Saflor *m*, Färberdistel *f* 2 PHARM, TECH getrocknete Saflorblüten *pl*: **~ oil** Safloröl *n* 3 Saflorfarbstoff *m*
saffron ['sæfrən] A S 1 BOT Echter Safran 2 GASTR, PHARM Safran *m* 3 Safrangelb *n* B ADJ 1 Safran... 2 safrangelb
sag [sæg] A VI 1 sich *(bes* in der Mitte*)* senken, durch-, absacken, *bes* TECH durchhängen *(Brücke, Leitung, Seil etc)* 2 abfallen, (herab)hängen 3 sinken, fallen, absacken, nachlassen *(alle a. fig)*, WIRTSCH nachgeben *(Markt, Preise etc)*: **~ging spirits** *pl* sinkender Mut; **the novel ~s towards the end** der Roman fällt gegen Ende sehr ab 4 zusammensacken: **his face ~ged** sein Gesicht verfiel 5 SCHIFF *(meist* **~ to leeward***)* nach Lee) (ab)treiben 6 ver-, zerlaufen *(Lack, Farbe etc)* B S 1 Durch-, Absacken *n* 2 Senkung *f* 3 TECH Durchhang *m* 4 WIRTSCH vorübergehende Preisabschwächung 5 Sinken *n*, Nachlassen *n* *(beide a. fig)*
saga ['sɑːgə] S 1 *(altnordische)* Saga 2 Sage *f*, (Helden)Erzählung *f* 3 *(Familien- etc)* Geschichte *f* 4 *pej* (ganzer) Roman
sagacious [sə'geɪʃəs] ADJ (ADV ~ly) scharfsinnig, klug *(a. Tier)*; **sagacity** [-'gæsətɪ] S Scharfsinn *m*, Klugheit *f*
sage[1] [seɪdʒ] A S Weise(r) *m/f(m)* B ADJ (ADV ~ly) weise, klug, verständig
sage[2] [seɪdʒ] S BOT Salbei *m/f*: **~ tea**
sage|brush S BOT *(ein)* nordamer. Beifuß *m*; **~ green** S Salbeigrün *n*; **~-green** ADJ salbeigrün
saggar, *a.* **sagger** ['sægə(r)] S *Keramik*: Muffel *f*, Brennkapsel *f*
sagging ['sægɪŋ], **saggy** ADJ 1 Hänge...: **~ cheeks**; **~ breasts** *pl* Hängebusen *m* 2 durchgelegen *(Matratze etc)*, durchgesessen *(Sofa etc)*
Sagitta [sə'dʒɪtə] S 1 [*Br bes* sə'gɪtə] ASTRON Sagitta *f*, Pfeil *m (Sternbild)* 2 ♀ ZOOL Sagitta *f*, Pfeilwurm *m* 3 ♀ MATH Pfeilhöhe *f*; **sagittal** ['sædʒɪtl] ADJ sagittal *(bes* BIOL, MED, PHYS*)*, pfeilartig, Pfeil...: **~ suture** Pfeilnaht *f*
Sagittarian [,sædʒɪ'teərɪən] ASTROL A ADJ → Sagittarius B B S Schütze *m (Person)*: **be a ~** (ein) Schütze sein; **Sagittarius** [-ɪəs] A S ASTRON, ASTROL Schütze *m (Sternbild u. Tierkreiszeichen)*: **be a ~** (ein) Schütze sein B ADJ ASTROL Schütze...: **be ~** (ein) Schütze sein
sagittate ['sædʒɪteɪt] ADJ *bes* BOT pfeilförmig
sago ['seɪgəʊ] S Sago *m*; **~ palm** S BOT Sagopalme *f*
Sahara [sə'hɑːrə; *US a.* -'hærə; -'heərə] S Sahara *f (Wüste in Nordafrika)*
sahib [sɑːb; 'sɑːhɪb; 'sɑːɪb] S *bes* HIST Sahib *m* *(titelähnliche Bezeichnung für e-n Europäer in Indien u. Pakistan)*, Herr *m*
said [sed] A *prät u. pperf von* say[1] B ADJ *bes* JUR vorerwähnt, besagt *(Zeuge etc)*
saiga ['saɪgə] S ZOOL Saiga *f*, Steppenantilope *f*
sail [seɪl] A S 1 SCHIFF a Segel *n* b *koll* Segel(-werk) *pl(n)*: **lower** (*od* **strike**) **~** die Segel streichen *(a. fig)*; **make ~** a die Segel (bei)setzen b mehr Segel beisetzen c *a.* **set ~** auslaufen (**for** nach); **take in ~** a die Segel einholen b *fig* zurückstecken; **under ~** unter Segel, auf der Fahrt; **under full ~** mit vollen Segeln 2 SCHIFF a (Segel)Schiff *n*: **travel by ~** → B 1 a b *koll* (Segel)Schiffe *pl* 3 (Segel)Fahrt *f*: **have (go for) a ~** segeln (gehen) 4 a Segel *n* *(e-s Windmühlenflügels)* b Flügel *m* *(e-r Windmühle)* 5 JAGD *u. poet* Flügel *m* 6 ZOOL a Segel *n* *(Rückenflosse der Seglerfische)* b Tentakel *m* *(e-s Nautilus)* B VI 1 SCHIFF a *allg* mit e-m Schiff *od* zu Schiff fahren *od* reisen b fahren *(Schiff)* c *bes* SPORT segeln; → color A 12, wind[1] A 1 2 SCHIFF a auslaufen *(Schiff)* b abfahren, absegeln *(beide:* **from** von; **for, to** nach*)*: **ready to ~** segelfertig, klar zum Auslaufen 3 a *a.* **~**

along *fig* dahingleiten, -schweben, segeln (*Wolke, Vogel*) b **~ through an examination** e-e Prüfung spielend schaffen 4 *fig* fliegen (*Luftschiff, Vogel*) 5 *fig* (*bes stolz*) schweben, rauschen, segeln: **she ~ed down the corridor** 6 **~ in** *umg* a rangehen, zupacken b sich (*in e-e Diskussion etc*) einschalten 7 **~ into** *umg* a *j-n od etwas* attackieren, herfallen über (*akk*) b rangehen an (*akk*), *etwas* tüchtig anpacken c sich in *e-e Diskussion etc* einschalten C V/T 1 SCHIFF durchsegeln, befahren 2 SCHIFF a *allg das Schiff* steuern b *ein Segelboot* segeln 3 *poet* durch *die Luft* schweben

sailable ['seɪləbl] ADJ SCHIFF 1 schiffbar, befahrbar 2 segelfertig

sail|boat S *US* Segelboot *n*; **~cloth** S SCHIFF Segeltuch *n*

sailer S SCHIFF Segler *m* (*Schiff*)

sailing A S 1 SCHIFF (Segel)Schifffahrt *f*, Navigation *f*: **from then on it was (all)** (*od* **everything was**) **plain ~** *fig* von da an ging alles glatt *umg* 2 Segelsport *m*, Segeln *n* 3 Abfahrt *f* (**for** nach) B ADJ Segel...: → trim C 1; **~ boat** S *Br* Segelboot *n*; **~ orders** SPL SCHIFF 1 Fahrtauftrag *m* 2 Befehl *m* zum Auslaufen; **~ school** S SPORT Segelschule *f*; **~ ship**, **~ vessel** S Segelschiff *n*; **~ yacht** S Segeljacht *f*

sail| loft S Segelmacherwerkstatt *f* (*an Bord*); **~maker** S Segelmacher(in)

sailor ['seɪlə(r)] S 1 Matrose *m*, Seemann *m*: **~ collar** Matrosenkragen *m*; **~ hat** → 3; **~ suit** → 4; **~'s-choice** FISCH Seemanns Bester *m*; **~s' home** Seemannsheim *n*; **~'s knot** Schifferknoten *m* 2 *von Seereisenden*: **be a good ~** seefest sein; **be a bad ~** leicht seekrank werden 3 Matrosenhut *m* (*für Kinder etc*) 4 Matrosenanzug *m*

sail|plane A S Segelflugzeug *n* B V/I segelfliegen; **~ yard** S SCHIFF Segelstange *f*, Rah *f*

sain [seɪn] V/T *obs* 1 bekreuzigen 2 segnen

sainfoin ['sænfɔɪn; 'seɪn-] S BOT Esparsette *f*

saint [seɪnt] A S 1 (*vor Eigennamen* ♀, *meist abgekürzt* **St** [snt; sənt; *US a.* seɪnt]) REL, *a. fig u. iron* Heilige(r) *m/f(m)*: **patience of a ~** Engelsgeduld *f*; **it is enough to try the patience of a ~** das könnte sogar e-n Engel zur Verzweiflung treiben; **lead the life of a ~** wie ein Heiliger leben; **~'s day** Tag *m* e-s *od* e-r Heiligen 2 REL Selige(r) *m/f(m)* B V/T 1 heiligsprechen 2 heiligen: **~ it** → C C V/I a wie ein Heiliger leben b den Heiligen spielen

Saint Andrew ['ændruː] EIGENN der heilige Andreas (*Apostel; Schutzheiliger Schottlands*); **~'s Cross** S Andreaskreuz *n*

Saint Anthony's fire ['æntənɪz; *US* -θə-] S MED a Wundrose *f* b → ergotism b

Saint Bartholomew [bɑː(r)'θɒləmjuː; *US* -'θɑl-] EIGENN der heilige Bartholomäus; **~'s Day Massacre** S Bartholomäusnacht *f* (*in Paris am 24. August 1572*)

Saint Bernard ['bɜːnəd; *US* 'bɜrnərd] S Bernhardiner *m* (*Hund*)

Saint David ['deɪvɪd] EIGENN der heilige David (*Schutzheiliger von Wales*)

sainted ['seɪntɪd] ADJ 1 *bes* REL heilig (-gesprochen): → aunt 2 heilig, fromm 3 anbetungswürdig 4 geheiligt, geweiht (*Ort*) 5 selig (*Verstorbener*)

Saint Elmo's fire ['elməʊz] S METEO Elmsfeuer *n*

Saint George [dʒɔː(r)dʒ] → George 1

sainthood S 1 Heiligkeit *f* (*a. iron*) 2 KOLL (*die*) Heiligen *pl*

Saint James's Palace ['dʒeɪmzɪz] S *ein Schloss in London (von 1697 bis 1837 Residenz der brit. Könige)*

Saint John's wort [snt'dʒɑnzwɜːt; *US* sənt-'dʒɑnz,wɜrt] S BOT Johanniskraut *n*

Saint Lawrence River [snt'lɒrəns; *US* seɪnt-'lɔːrəns; -'lɑːr-] S Sankt-Lorenz-Strom *m*

Saint Leger ['ledʒə(r)] S Saint Leger *n* (*e-e der wichtigsten Zuchtprüfungen für dreijährige Pferde*)

saintlike ['seɪntlaɪk] → saintly

saintliness ['seɪntlɪnɪs] S 1 Heiligkeit *f* (*a. iron*), Frömmigkeit *f* 2 Heiligmäßigkeit *f*

Saint Luke's summer [luːks] S Altweibersommer *m*

saintly ['seɪntlɪ] ADJ 1 heilig (*a. iron*), fromm 2 heiligmäßig (*Leben*)

Saint Martin's summer ['mɑː(r)tɪnz] S später Nachsommer (*im November*)

Saint Patrick ['pætrɪk] EIGENN der heilige Patrick (*Schutzheiliger Irlands*); **~'s Day** S Tag *m* des heiligen Patrick (*der 17. März*)

Saint Paul's (Cathedral) [pɔːlz] S die Paulskathedrale (*in London*)

Saint Peter ['piːtə(r)] EIGENN Sankt Petrus, der heilige Petrus; **~'s** S die Peterskirche (*in Rom*)

Saint Sophia [səʊ'faɪə; sə'f-] S die Hagia Sophia

Saint Valentine's Day ['væləntaɪnz] S Valentinstag *m* (*14. Februar*)

Saint Vitus's dance ['vaɪtəsɪz] S MED Veitstanz *m*

saith [seθ] *obs od poet 3. sg präs von* say[1]

sake[1] [seɪk] S: **for the ~ of** um ... (*gen*) willen, *j-m* zuliebe, wegen (*gen*), halber (*gen*); **for appearances' ~** um den Schein zu wahren; **art for art's ~** Kunst *f* als Selbstzweck, L'art pour l'art *n*; **for convenience's ~** der Einfachheit halber, aus Bequemlichkeitsgründen; **for God's (heaven's) ~** um Gottes (Himmels) willen; **for his ~** ihm zuliebe, seinetwegen; **for my own ~ as well as yours** um meinetwillen ebenso wie um deinetwillen; **for the ~ of peace** um des lieben Friedens willen; **for safety's ~** sicherheitshalber; **for old times' ~**, **for old ~'s ~** eingedenk alter Zeiten; → formality 2 b, goodness 5

sake[2] ['sɑːkɪ] S Sake *m*, Reiswein *m*

saker ['seɪkə(r)] S ORN Würgfalke *m*

saki ['sɑːkɪ] S ZOOL Saki *m*, Schweifaffe *m*

sal[1] [sæl] S CHEM, PHARM Salz *n*: **~ ammoniac** Salmiaksalz

sal[2] [sɑːl] S 1 BOT Sal-, Saulbaum *m* 2 Sal *n*, Saul *n*, Surreyn *n* (*Holz von 1*)

salaam [sə'lɑːm] A S Salam *m*, Salem *m*, Selam *m* (*orientalischer Gruß*) B V/T & V/I mit e-m Salam (be)grüßen

salability, *bes Br* **saleability** [,seɪlə'bɪlətɪ] S 1 Verkäuflichkeit *f* 2 WIRTSCH Marktfähigkeit *f*, Gangbarkeit *f*; **salable**, *bes Br* **saleable** ADJ 1 verkäuflich 2 WIRTSCH marktfähig, gängig

salacious [sə'leɪʃəs] ADJ (ADV ~ly) 1 geil, wollüstig 2 obszön, zotig; **salaciousness**, **salacity** [-'læsətɪ] S 1 Geilheit *f*, Wollust *f* 2 Obszönität *f*

salad ['sæləd] S 1 GASTR a Salat *m* b *Gericht aus kaltem Fleisch, Fisch od Käse auf verschiedenen rohen Gemüsen* 2 BOT Salat (-gewächs) *m(n)*, -pflanze *f*, *bes US* Gartensalat *m* 3 *fig* Salat *m* (*Durcheinander*); **~ cream** S Salatmayonnaise *f*; **~ days** SPL: **in my ~** als ich noch jung u. unerfahren war; **~ dish** S Salatschüssel *f*; **~ drawer** S Gemüseschale *f* (*im Kühlschrank*); **~ dressing** S Dressing *n*, Salatsoße *f*; **~ oil** S Salatöl *n*; **~ servers** SPL Salatbesteck *n*

salamander ['sælə,mændə(r)] S 1 ZOOL Salamander *m* 2 Salamander *m* (*Feuergeist*) 3 *j-d, der große Hitze ertragen kann* 4 a rot glühendes (Schür)Eisen (*zum Anzünden*) b TECH (*Bau*)*Ofen zur Verhinderung des Einfrierens von Zement etc* c *glühende (Eisen)Schaufel, die über Gebäck gehalten wird, um es zu bräunen* 5 METALL Ofensau *f*; **salamandrine** [-drɪn] ADJ salamanderartig, Salamander...

salami [sə'lɑːmɪ] S Salami *f*; **~ tactics** SPL *bes* POL Salamitaktik *f*

salariat [sə'leərɪət] S (Klasse *f* der) Angestellte(n) *pl od* Gehaltsempfänger *pl*

salaried ['sælərɪd] ADJ 1 (fest) bezahlt, (fest) angestellt: **~ employee** Angestellte(r) *m/f(m)*, Gehaltsempfänger(in) 2 bezahlt (*Stellung etc*)

salary ['sælərɪ] A S Gehalt *n* B V/T (*mit e-m Gehalt*) bezahlen, *j-m* ein Gehalt zahlen; **~ account** S Gehaltskonto *n*; **~ earner** S Angestellte(r) *m/f(m)*, Gehaltsempfänger(in)

salchow ['sælkəʊ] S *Eis-, Rollkunstlauf*: Salchow *m*

sale [seɪl] S 1 WIRTSCH Verkauf *m*, Veräußerung *f*: **the ~ of my car wasn't easy** es war nicht einfach, m-n Wagen zu verkaufen; **by private ~** unter der Hand; **for ~** zu verkaufen; **not for ~** unverkäuflich; **on ~ or return** in Kommission; **on a ~-or-return basis** auf Kommissionsbasis; **be on ~** a verkauft werden, erhältlich sein b *a.* **be up for ~** zum Verkauf stehen c *US* im Angebot sein; **~ of work** *Wohltätigkeitsbasar mit eigenen Bastelarbeiten etc*; → forced 1 2 WIRTSCH Verkauf *m*, Vertrieb *m*, (*von Bier etc*) Ausschank *m*: → return C 4 3 *meist pl* WIRTSCH Ab-, Umsatz *m*: **the book had a total ~ of ... copies** von dem Buch wurden insgesamt ... Exemplare verkauft; **the company had ~s of $50 million last year** die Firma setzte letztes Jahr 50 Millionen Dollar um; → ready A 3 4 *meist pl* WIRTSCH (*Sommer- etc*) Schlussverkauf *m* 5 öffentliche Versteigerung, Auktion *f*: → execution 3 f, indulgence 10, put up A 20; **saleability**, **saleable** *bes Br für* salability, salable

saleratus [,sælə'reɪtəs] S CHEM Natriumbikarbonat *n*

saleroom *bes Br für* salesroom

sales| account [seɪlz] S WIRTSCH Warenausgangs-, Verkaufskonto *n*; **~ agent** S (Handels)Vertreter(in); **~ appeal** S WIRTSCH Zugkraft *f*, Anziehungskraft *f* auf Kunden; **~ area** S Verkaufs-, Absatzgebiet *n*; **~ chart** S Verkaufsschaubild *n*, -tabelle *f*, -kurve *f*; **~ check** S Kassenbeleg *m*; **~clerk** S *US* (Laden)Verkäufer(in); **~ department** S Verkauf(sabteilung) *m(f)*; **~ drive** S WIRTSCH Verkaufskampagne *f*; **~ finance company** S WIRTSCH 1 Absatzfinanzierungsgesellschaft *f* 2 Teilzahlungskreditinstitut *n*; **~girl** S (Laden)Verkäuferin *f*; **~ journal** S WIRTSCH Warenausgangsbuch *n*; **~lady** *US* → saleswoman; **~man** [-mən] S *irr* 1 Verkäufer *m* 2 (Handlungs)Reisende(r) *m*, (Handels)Vertreter *m*: **"no ~ will call"** (*in Anzeigen*) „kein Vertreterbesuch" 3 *fig US* Reisende(r) *m* (**of** in *dat*): **a ~ of popular religion**; **~ manager** S Salesmanager *m*, Verkaufsleiter *m*

salesmanship ['seɪlzmənʃɪp] S 1 WIRTSCH Verkaufstechnik *f* 2 WIRTSCH Verkaufsgewandtheit *f*, Geschäftstüchtigkeit *f* 3 *fig* Überzeugungskunst *f*; wirkungsvolle Art, e-e Idee *etc* an den Mann zu bringen

sales| network S WIRTSCH Absatznetz *n*; **~people** SPL Verkaufspersonal *n*; **~person** S Verkäufer(in); **~ promotion** S WIRTSCH Salespromotion *f*, Absatz-, Verkaufsförderung *f*; **~ receipt** S *bes Br* Kassenbeleg *m*; **~ representative** S (Handels)Vertreter(in), (Handlungs)Reisende(r) *m/f(m)*; **~ resistance** S Kaufabneigung *f*, Widerstand *m* (*des potentiellen Kunden*); **~room** S Verkaufs-, *bes* Auktionsraum *m*, -lokal *n*; **~ slip** S *US* Kassenbeleg *m*; **~ talk** S 1 WIRTSCH Verkaufsgespräch *n* 2

S

fig anpreisende Worte *pl*, Überredungskünste *pl*; **~ tax** S *US* Umsatzsteuer *f*; **~ volume** S WIRTSCH Absatzvolumen *n*; **~woman** S *irr* 1 Verkäuferin *f* 2 (Handlungs)Reisende *f*, (Handels)Vertreterin *f*
Salian ['seɪljən; -ıən] HIST A S Salier(in) B ADJ salisch
Salic[1] ['sælık; 'seı-] ADJ → Salian B: **~ law** Salisches Gesetz, Lex *f* salica
salic[2] ['sælık; 'seı-] ADJ MINER salisch
salicin(e) ['sælısın] S CHEM Salizin *n*
salicional [sə'lıʃənl] S MUS Salicional *n* (*dem Streicherklang ähnliches Orgelregister*)
salicyl ['sælısıl] S CHEM Salizyl *n*; **salicylate** [sæ'lısıleıt; *bes US* sə'l-] A S CHEM Salizylat *n* B V/T mit Salizylsäure behandeln; **salicylic** [,sælı'sılık] ADJ CHEM Salizyl...: **~ acid**
salience ['seıljəns], **saliency** [-sı] S 1 Hervorspringen *n*, Herausragen *n* 2 vorspringende Stelle, Vorsprung *m* 3 *fig* Betonung *f*: **give ~ to sth** etwas herausstellen
salient ['seıljənt] A ADJ (ADV ~ly) 1 (her)vorspringend, herausragend: **~ angle** MATH ausspringender Winkel; **~ point** *fig* springender Punkt 2 *fig* hervorstechend, ins Auge springend 3 *Heraldik od hum* springend 4 *poet* (hervor)sprudelnd B S 1 MATH ausspringender Winkel 2 MIL Frontausbuchtung *f*
saliferous [sæ'lıfərəs] ADJ 1 Salz bildend 2 *bes* GEOL salzhaltig; **salifiable** ['sælıfaıəbl] ADJ CHEM Salz bildend; **salify** [-faı] V/T CHEM 1 ein Salz *od* Salze bilden mit 2 *e-e Säure od Base* in das Salz überführen
salimeter [sæ'lımıtə(r); *US a.* seı'l-] → salinometer
salina [sə'laınə] S Salzsee *m od* -sumpf *m od* -quelle *f*
saline ['seılaın; *US a.* -,li:n] A ADJ 1 salzig, salzhaltig, Salz...: **~ lake** 2 PHARM salinisch B S [*Br* sə'laın] 1 → salina 2 a salinisches Mittel b physiologische Kochsalzlösung 3 CHEM a Salzlösung *f* b *pl* Salze *pl*; **salinity** [sə'lınətı] S 1 Salzigkeit *f* 2 Salzhaltigkeit *f*, Salzgehalt *m*
salinometer [,sælı'nɒmıtə(r); *US* -'nɑm-] S CHEM, TECH Salinometer *n* (*Gerät zur Bestimmung des Salzgehalts*)
Salique ['sælık; 'seı-] → Salic[1]
saliva [sə'laıvə] S Speichel(flüssigkeit) *m(f)*: **~ test** (*Pferdesport*) Speichelprobe *f*; **take a ~ sample from sb** j-m e-e Speichelprobe entnehmen
salivary ['sælıvərı; *US* -,veri:] ADJ Speichel...: **~ gland**
salivate ['sælıveıt] MED A V/T bei *j-m* Speichelfluss hervorrufen B V/I 1 Speichelfluss haben 2 Speichel absondern, speicheln; **salivation** S 1 Speichelabsonderung *f* 2 Salivation *f*, Speichelfluss *m*
sallow[1] ['sæləʊ] S BOT (*bes* Sal)Weide *f*
sallow[2] ['sæləʊ] ADJ (ADV ~ly) blässlich, fahl; **sallowness** S Fahlheit *f*, fahle Blässe
sallow thorn S BOT Sanddorn *m*
sally ['sælı] A S 1 MIL Ausfall *m* 2 Ausflug *m*, Abstecher *m* 3 *fig* geistreicher Ausspruch *od* Einfall, Geistesblitz *m* 4 *fig* Ausbruch *m*: **~ of anger** Zornesausbruch 5 *obs* Eskapade *f*, Streich *m* 6 ARCH (*Balken*) Vorsprung *m* B V/I 1 *oft* **~ out** MIL e-n Ausfall machen, hervorbrechen 2 *meist* **~ forth** (*od* **out**) sich aufmachen, aufbrechen
Sally| Army ['sælı] S *Br umg* Heilsarmee *f*; **~ Lunn** [lʌn] S *ein leichter Teekuchen*
salmagundi [,sælmə'gʌndı] S 1 HIST *Br* bunter Teller (*Salat, kalter Braten etc*) 2 *fig* Mischung *f*, Mischmasch *m*
salmi ['sælmı] S Salmi *n*, Wildragout *n*
salmon ['sæmən] A S 1 *pl* -ons, *bes koll* -on FISCH Lachs *m*, Salm *m* 2 Lachsrosa *n*, -rot *n* B ADJ lachsfarben, -farbig, -rosa, -rot
salmonella [,sælmə'nelə] S 1 BIOL a *pl* -lae [-li:] Salmonelle *f* b *koll* Salmonellen *pl*: **~ infection** MED Salmonelleninfektion *f*; **~ poisoning** MED Salmonellenvergiftung *f* 2 MED *umg* a Salmonelleninfektion *f* b Salmonellenvergiftung *f*; **salmonellosis** S MED Salmonellose *f*, Salmonelleninfektion *f*
salmon| ladder S Lachsleiter *f*; **~ pink** → salmon A 2; **~-pink** → salmon B; **~ trout** S FISCH 1 Lachsforelle *f* 2 amer. Seeforelle *f*
salon ['sælɔ̃:ŋ; *US* sə'lɑ:n] S Salon *m*: a Empfangs-, Gesellschaftszimmer *n* b Ausstellungsraum *m* c *fig* schöngeistiger Treffpunkt d WIRTSCH vornehmes Geschäft; **~ music** S Salonmusik *f*
saloon [sə'lu:n] S 1 Salon *m* (*bes in Hotels etc*), (Gesellschafts)Saal *m* 2 SCHIFF a Salon *m* (*Aufenthaltsraum*) b *a.* **~ cabin** SCHIFF Kabine *f* erster Klasse 3 *Br* a → saloon bar b → saloon car 1 c BAHN Salonwagen *m* 4 *US* Kneipe *f umg* 5 *obs* Salon *m*, Empfangs-, Gesellschaftszimmer *n*; **~ bar** S *Br vornehmerer u. teurerer Teil e-s Pubs*; **~ car** S *Br* 1 AUTO Limousine *f* 2 → saloon 3 c; **~ carriage** → saloon 3 c; **~ deck** S SCHIFF Salondeck *n*; **~ keeper** S *US* Kneipenwirt(in)
Salop ['sæləp] S HIST Salop *n* (*ehemalige Grafschaft in Westengland*)
salopettes [,sælə'pets] SPL *a.* **pair of ~** gesteppte Skilatzhose
salpinges [sæl'pındʒi:z] *pl von* salpinx
salpingitis [,sælpın'dʒaıtıs] S MED Salpingitis *f*, Eileiterentzündung *f*
salpinx ['sælpıŋks] *pl* -pinges [-'pındʒi:z] S ANAT Salpinx *f*: a Eileiter *m* b Ohrtrompete *f*
salsa ['sælsə; *US* 'sɑ:lsə] S 1 MUS Salsa *m* (*e-e aus Lateinamerika stammende Art von Tanzmusik*) 2 GASTR Salsasoße *f*
salt[1] [sɔ:lt] A S 1 (Koch)Salz *n*: **eat sb's ~** *fig obs* a j-s Gast sein b von j-m abhängig sein; **with a grain** (*od* **pinch**) **of ~** *fig* cum grano salis, mit Vorbehalt; **in ~** (ein)gesalzen, (ein)gepökelt; **not be worth one's ~** nichts taugen, keinen Schuss Pulver wert sein *umg*; **the ~ of the earth** BIBEL *u. fig* das Salz der Erde; **rub ~ into sb's wounds** *fig* j-m Salz auf *od* in die Wunde streuen 2 Salz(fässchen) *n*: **pass me the ~, please**; **above (below) the ~** *obs* am oberen (unteren) Ende der Tafel 3 CHEM Salz *n* 4 *meist pl* MED, PHARM a (*bes* Abführ)Salz *n* b → smelling salts c *umg für* Epsom salts 5 *fig* Würze *f*, Salz *n* 6 *fig* Witz *m*, Esprit *m*: **a speech full of ~** 7 *a.* **old ~** (alter) Seebär B V/T 1 salzen, würzen (*beide a. fig*) 2 (ein)salzen, mit Salz bestreuen, *bes* pökeln: **~ed meat** Pökel-, Salzfleisch *n* 3 FOTO *Papier* mit Fixiersalz behandeln 4 *dem Vieh* Salz geben 5 CHEM a mit (e-m) Salz behandeln b *meist* **~ out** aussalzen 6 *fig* durchsetzen (**with** mit): **a committee ~ed with businessmen** 7 *umg* a *die Geschäftsbücher etc* frisieren *umg* b *ein Bohrloch, e-e Mine etc* (betrügerisch) anreichern 8 **~ away** (*od* **down**) a einsalzen, -pökeln b *umg Geld etc* auf die hohe Kante legen C ADJ 1 Salz..., salzig 2 (ein)gesalzen, (ein)gepökelt, Salz..., Pökel...: **~ beef** gepökeltes Rindfleisch 3 BOT Salz..., halophil
salt[2] [sɔ:lt] ADJ *obs* geil
SALT[3] ABK Strategic Arms Limitation Talks (*od* Treaty) SALT
saltant ['sæltənt] ADJ *Heraldik*: springend
saltation [sæl'teıʃn] S 1 Springen *n*, Tanzen *n* 2 Sprung *m* 3 Springtanz *m* 4 plötzlicher Umschwung 5 BIOL Saltation *f*, Evolutionssprung *m*; **saltatory** [-tətərı; *US* -,təʊri:; -,tɔ:-] ADJ 1 hüpfend, springend 2 Spring..., Sprung... 3 Tanz... 4 *fig* sprunghaft
salt| cake S CHEM technisches Natriumsulfat; **~cellar** S 1 a Salzfässchen *n* b Salzstreuer *m* 2 *Br umg* Salzfässchen *n* (*Vertiefung über dem Schlüsselbein*)
salted ['sɔ:ltıd] ADJ 1 a gesalzen b → salt[1] C 2 2 *umg* routiniert, erfahren
salter ['sɔ:ltə(r)] S 1 a Salzsieder(in) b Salzhändler(in) 2 Einsalzer(in)
saltern ['sɔ:ltə(r)n] S TECH 1 Saline *f* 2 Salzgarten *m* (*Verdunstungsbassins*)
salt|-free ADJ salzlos (*Diät etc*); **~ glaze** S *Keramik*: Salzglasur *f*
saltier ['sæltıə(r); 'sɔ:l-; -taıə(r)] S *Heraldik*: Schrägkreuz *n*
saltiness ['sɔ:ltınıs] S Salzigkeit *f*
saltire ['sɔ:ltaıə(r); 'sæl-] → saltier
salt| junk S SCHIFF *umg* Salzfleisch *n*; **~ lake** S Salzsee *m*; **~ lick** S Salzlecke *f* (*für Wild*); **~ marsh** S 1 Salzsumpf *m* 2 Butenmarsch *f*; **~ mine** S Salzbergwerk *n*
saltness S Salzigkeit *f*
salt pan S 1 TECH Salzsiedepfanne *f* 2 GEOG Salzpfanne *f*
saltpeter, *bes Br* **saltpetre** ['sɔ:lt,pi:tə(r); ,sɔ:lt'p-] S CHEM Salpeter *m*
salt| pit S Salzgrube *f*; **~ shaker** S *US* Salzstreuer *m*; **~ spring** S Salzquelle *f*; **~ stick** S Salzstange *f*; **~ water** S Salzwasser *n*; **~water** ADJ Salzwasser...; **~ well** S Salzbrunnen *m*; **~works** SPL (*oft als sg konstruiert*) Saline *f*; **~wort** S BOT Salzkraut *n*
salty ['sɔ:ltı] ADJ 1 salzig 2 *fig* pikant, anzüglich
salubrious [sə'lu:brıəs] ADJ (ADV ~ly) 1 heilsam, gesund, zuträglich, bekömmlich: **a ~ climate** ein gesundes Klima 2 vornehm (*Gegend etc*)
salubriousness, **salubrity** [-ətı] S Heilsamkeit *f*, Zuträglichkeit *f*, Bekömmlichkeit *f*
salutariness ['sæljʊtərınıs; *US* -,teri:-] → salubriousness; **salutary** ADJ 1 heilsam, gesund (*beide a. fig*), zuträglich: **a ~ experience** ein heilsames Erlebnis 2 MED Heil...
salutation [,sælju:'teıʃn; *US* -ljə't-] S 1 Begrüßung *f*, Gruß *m*: **in ~** zum Gruß; → angelic 2 Anrede *f* (*im Brief*) 3 Gruß-, Begrüßungsformel *f*
salutatory [sə'lu:tətrı; *US* -,tɔ:ri:; -,təʊ-] ADJ Begrüßungs..., Gruß...
salute [sə'lu:t] A V/T 1 grüßen, (*durch e-e Geste etc*) begrüßen 2 *weitS.* empfangen, *j-m* begegnen (*beide*: **with** mit *e-m Lächeln etc*) 3 *dem Auge od Ohr* begegnen *od* sich bieten: **a strange sight ~d the eye** 4 SCHIFF, MIL salutieren vor (*dat*), grüßen 5 *fig* grüßen, ehren, feiern 6 *obs od poet* küssen B V/I 1 grüßen (**to** *akk*) 2 SCHIFF, MIL a (**to**) salutieren (vor *dat*), grüßen (*akk*) b Salut schießen C S 1 Gruß *m* (*a. Fechten*), Begrüßung *f* 2 MIL a Gruß *m*, Ehrenbezeigung *f* b Salut *m*: **fire a ~** Salut schießen; **fire a 21-gun ~** 21 Schuss Salut abgeben; **stand at the ~** salutieren; **take the ~** a den Gruß erwidern b die Parade abnehmen c die Front (der Ehrenkompanie) abschreiten 3 *US* Frosch *m* (*ein Feuerwerkskörper*) 4 *obs od poet* (Begrüßungs)Kuss *m*
salvable ['sælvəbl] ADJ (ADV salvably) 1 erlösbar, errettbar 2 zu retten(d), zu bergen(d)
Salvadoran [,sælvə'dɔ:rən], **Salvadorian** [-rıən] A S Salvadorianer(in) B ADJ salvodorianisch
salvage ['sælvıdʒ] A S 1 SCHIFF *etc* a Bergung *f*, Rettung *f* (*e-s Schiffs od s-r Ladung, a. brandgefährdeter Güter etc*) b Bergungsgut *n* c *a.* **~ money** Bergegeld *n*: **~ vessel** Bergungs-

fahrzeug *n*, *a.* Hebeschiff *n*; ~ **(work)** Aufräumungsarbeiten *pl* **2** *Versicherung*: Wert *m* der bei e-m Brand geretteten Waren **3** *fig* (Er)Rettung (**from** aus) **4** TECH **a** Wiederverwertung *f* (*von Industrieabfällen etc*) **b** verwertbares Altmaterial: ~ **value** Schrottwert *m* **B** V/T **1** bergen, retten (*a.* MED *u. fig*): ~ **the situation** die Situation retten **2** *Altmaterial* verwerten

salvation [sælˈveɪʃn] S **1** (Er)Rettung *f* (**from** aus) **2** Heil *n*, Rettung *f* **3** REL **a** (Seelen)Heil *n*, Seelenrettung *f* **b** Erlösung *f*: **find** ~ das Heil finden; ♀ **Army** S REL Heilsarmee *f*

salvationism [sælˈveɪʃnɪzəm] S REL **1** Seelenrettungslehre *f* **2** ♀ Salutismus *m* (*Grundsätze der Heilsarmee*); **Salvationist** S REL Heilsarmist(in)

salve¹ [sælv; sɑːv; US sæv] **A** S **1** (Heil)Salbe *f* **2** *fig* Pflaster *n*, Balsam *m*, Trost *m*: **a** ~ **for wounded feelings** ein Trostpflästerchen **3** *fig* Beruhigungsmittel *n* (*fürs Gewissen etc*) **B** V/T **1** (ein)salben **2** *fig das Gewissen etc* beruhigen, beschwichtigen **3** *fig* beschönigen **4** *fig e-n Schaden, Zweifel etc* beheben

salve² [sælv] → salvage B

salver [ˈsælvə(r)] S Tablett *n*, Präsentierteller *m*

salvia [ˈsælvɪə] S BOT Salbei *m/f*

salvo¹ [ˈsælvəʊ] *pl* -vos, -voes S **1** MIL Salve *f*: ~ **fire** *bes* SCHIFF Salvenfeuer *n* **2** ~ **of applause** Beifallssturm *m*; ~ **of laughter** Lachsalve *f*

salvo² [ˈsælvəʊ] *pl* -vos S **1** Ausrede *f* **2** *bes* JUR Vorbehalt(sklausel) *m(f)*: **with an express** ~ **of their rights** unter ausdrücklicher Wahrung ihrer Rechte

sal volatile [ˌsælvəˈlætəlɪ] S PHARM Hirschhornsalz *n*

salvor [ˈsælvə(r)] S SCHIFF Berger *m*

SAM ABK MIL surface-to-air missile Boden-Luft-Rakete *f*

samara [ˈsæmərə] S BOT Flügelfrucht *f*

Samaritan [səˈmærɪtən] **A** S **1** Samaritaner(in), Samariter(in): **the good** ~ BIBEL der barmherzige Samariter; → Telephone Samaritans **2** *a.* **good** ~ *fig* barmherziger Samariter (*guter Mensch*) **B** ADJ **1** samaritisch **2** *fig* barmherzig

samarium [səˈmeərɪəm] S CHEM Samarium *n*

samarskite [səˈmɑː(r)skaɪt] S MINER Samarskit *m*

samba [ˈsæmbə] MUS **A** S Samba *f*, *umg m* **B** V/I Samba tanzen

Sam Browne belt [ˌsæmˈbraʊn] S MIL ledernes (Offiziers)Koppel mit Schulterriemen

same [seɪm] **A** ADJ (*mit vorhergehendem bestimmtem Artikel od hinweisendem Fürwort*) **1** selb(er, e, es), gleich: **on the** ~ **day**; **her time was the** ~ **as the German record** SPORT ihre Zeit bedeutete die Einstellung des deutschen Rekordes; **they are the** ~ **age** sie sind gleich alt; **with this** ~ **knife** mit ebendiesem Messer; **the film with the** ~ **name** der gleichnamige Film; **at the** ~ **price as** zu demselben Preis wie; **the** ~ **thing as** das Gleiche wie; **which is the** ~ **thing** was dasselbe ist; **it comes to the** ~ **thing** es läuft auf dasselbe hinaus; **the very** (*od* **just the, exactly the**) ~ **thing** genau dasselbe; **the two problems are really one and the** ~ die beiden Probleme sind eigentlich ein u. dasselbe; **they are all the** ~ *bes pej* sie sind alle gleich; **he is no longer the** ~ **man** er ist nicht mehr der Gleiche *od* der Alte; **things will never be the** ~ **again** es wird niemals mehr so sein, wie es einmal war; → time A 6 **2** (*ohne art*) eintönig **B** PRON **1** der-, die-, dasselbe, der *od* die *od* das Gleiche: ~ **here** *umg* so geht es mir auch, ganz meinerseits; **everything tasted the** ~ alles schmeckte gleich; **it is all the** ~ **to me** es ist mir ganz gleich *od* einerlei; **if it's all the** ~ **to you** wenn es dir nichts ausmacht **2** **the** ~ **a** *a.* JUR der- *od* dieselbe, die erwähnte *od* besagte Person **b** JUR, REL er, sie, es, dieser, diese, dies(es) **3** (*ohne art*) WIRTSCH *od umg* der- *od* die- *od* dasselbe: **£5 for alterations to** ~ **C** ADV **the** ~ in derselben Weise, genauso, ebenso (*alle:* **as** wie); **all** (*od* **just**) **the** ~ dennoch, trotzdem; **(the)** ~ **to you** (*danke*) gleichfalls (*a. pej*); → brass knob, knob 1

sameness [ˈseɪmnɪs] S **1** Gleichheit *f*: **all his songs have a certain** ~ **about them** alle s-e Lieder sind irgendwie gleich **2** Eintönigkeit *f*

samey [ˈseɪmɪ] ADJ *Br umg* eintönig

samite [ˈsæmaɪt; ˈseɪm-] S HIST *schwerer, mit Gold durchwirkter Seidenstoff*

samlet [ˈsæmlɪt] S junger Lachs

Samoan [səˈməʊən] **A** ADJ samoanisch **B** S **1** Samoaner(in) **2** LING Samoanisch *n*, das Samoanische

samovar [ˌsæməʊˈvɑː; US ˈsæməˌvɑːr] S Samowar *m* (*russische Teemaschine*)

samp [sæmp] S US Maisgrütze *f*

sampan [ˈsæmpæn] S Sampan *m* (*chinesisches [Haus]Boot*)

samphire [ˈsæmfaɪə(r)] S BOT **1** Meerfenchel *m* **2** Queller *m*

sample [ˈsɑːmpl; US ˈsæmpəl] **A** S **1** WIRTSCH **a** (Waren-, Qualitäts)Probe *f*, (Stück-, Typen)Muster *n*, *a. allg* Probe *f*: **take a** ~ **from sb's blood** j-m e-e Blutprobe nehmen **b** Probepackung *f* **c** Ausstellungsmuster *n*, -stück *n* **d** *Gütekontrolle*: Stichprobe(nmuster) *f(n)*: **by** ~ **post** *Postwesen*: als Muster ohne Wert; **up to** ~ dem Muster entsprechend **2** *Statistik*: Sample *n*, Stichprobe *f*, Probeerhebung *f*, (Erhebungs)Auswahl *f* **3** *fig* Musterbeispiel *n*, typisches Exemplar **4** *fig* (Kost)Probe *f*: **a** ~ **of his courage**; **that's a** ~ **of her behavio(u)r** das ist typisch für sie **B** V/T **1** probieren, e-e Probe nehmen von, *bes* GASTR kosten **2** e-e Stichprobe machen bei, (stichprobenweise) testen, e-e Auswahl erheben von **3** stichprobenweise ergeben **4** ein Gegenstück *od* etwas Gleichwertiges finden für **5** ein (typisches) Beispiel sein für, als Muster dienen für **6** e-e Probe zeigen von **7** kopieren **8** IT *e-e Kommandofunktion etc* abfragen, *ein Signal etc* abtasten **C** ADJ **1** Muster…, Probe…: ~ **book** WIRTSCH Musterbuch *n*; ~ **card** WIRTSCH Muster-, Probekarte *f*; ~ **case** Musterkoffer *m* **2** Stichproben…, Auswahl…; **sampler** S **1** Probierer(in), Prüfer(in) **2** *Stickerei*: Sticktuch *n* **3** COMPUT Abtaster *m* **4** ELEK Sampler *m* (*Gerät zur Speicherung u. Wiedergabe verschiedener Schall- od Klangspektren*) **5** Sampler *m* (*CD, auf der Titel von verschiedenen Sängern etc zusammengestellt sind*); **sampling** S **1** WIRTSCH Musterkollektion *f* **2** WIRTSCH Bemusterung *f* **3** WIRTSCH Werbung *f* durch Verteilung von Probepackungen **4** Stichprobenerhebung *f*, (Umfrage *f od* Prüfung *f* nach e-m) Auswahlverfahren *n*, Erhebung *f* e-r (repräsentativen) Auswahl: ~ **inspection** Stichprobenkontrolle *f* **5** Muster(stück) *n*, Probe *f* **6** Probieren *n* (*von Speisen etc*) **7** IT Abfragen *n*, Abtasten *n*

Samson [ˈsæmsn] S *fig* Samson *m*, Herkules *m*

Samuel [ˈsæmjʊəl; US -jəwəl; -jəl] EIGENN & S BIBEL (das Buch) Samuel *m*

samurai [ˈsæmʊraɪ; -mjʊ-] *pl* -rai S HIST Samurai *m* (*Angehöriger des japanischen Kriegerstandes*)

sanative [ˈsænətɪv] ADJ heilend, heilsam, heilkräftig, Heil(ungs)…

sanatorium [ˌsænəˈtɔːrɪəm; US *a.* -ˈtəʊ-] *pl* -riums, -ria [-rɪə] S MED **1** Sanatorium *n*, *bes* **a** Lungenheilstätte *f* **b** Erholungsheim *n* **2** (*bes* Höhen)Luftkurort *m* **3** *Br* Krankenzimmer *n* (*in e-m Internat*)

sanatory [ˈsænətərɪ; US -ˌtəʊriː-] → sanative

sancta [ˈsæŋktə] *pl von* sanctum

sanctification [ˌsæŋktɪfɪˈkeɪʃn] S REL **1** Heiligmachung *f* **2** Weihung *f*, Heiligung *f*; **sanctified** [-faɪd] ADJ **1** geheiligt, geweiht **2** heilig u. unverletzlich **3** → sanctimonious; **sanctify** [-faɪ] V/T heiligen: **a** weihen **b** (von Sünden) reinigen **c** rechtfertigen: → end C 10 **d** heilig u. unverletzlich machen

sanctimonious [ˌsæŋktɪˈməʊnjəs; -nɪəs] ADJ (ADV ~ly) frömmelnd, scheinheilig: **be** ~ frömmeln; **sanctimoniousness**, **sanctimony** [-məʊnɪ] S Scheinheiligkeit *f*, Frömmelei *f*

sanction [ˈsæŋkʃn] **A** S **1** Sanktion *f*, (*nachträgliche*) Billigung *od* Zustimmung: **give one's** ~ **to** → B a **2** JUR **a** Sanktionierung *f* (*e-s Gesetzes etc*) **b** POL Sanktion *f*: **impose** (*od* **place**) ~**s on** Sanktionen verhängen gegen *od* über (*akk*) **c** (gesetzliche) Strafe **d** HIST Dekret *n* **B** V/T sanktionieren: **a** billigen, gutheißen **b** dulden **c** *e-n Eid etc* bindend machen **d** Gesetzeskraft verleihen (*dat*)

sanctity [ˈsæŋktətɪ] S **1** Heiligkeit *f* (*a. Unverletzlichkeit*): → odor 3 **2** *pl* **a** heilige Ideale *pl* **b** heilige Gefühle *pl* **c** heilige Pflichten *pl*

sanctuary [ˈsæŋktjʊərɪ; US -tʃəˌweriː] S **1** Heiligtum *n* (*a. fig*) **2** REL Heiligtum *n*, heilige Stätte **3** REL *bes* BIBEL Allerheiligste *n* **4** Sanktuarium *n*, Freistätte *f*, Asyl *n*: **seek** ~ Schutz *od* Zuflucht suchen (**with** bei) **5** Asylrecht *n*: **break the** ~ das Asylrecht verletzen **6** **a** JAGD Schonzeit *f* **b** (*bes Vogel*) Schutzgebiet *n*

sanctum [ˈsæŋktəm] *pl* -tums, -ta [-tə] S **1** Heiligtum *n*, heilige Stätte **2** *a.* **inner** ~ *hum* Allerheiligste *n*; ~ **sanctorum** [sæŋkˈtɔːrəm] S REL *u. hum* Allerheiligste *n*

Sanctus [ˈsæŋktəs] S KATH Sanctus *n* (*Lobgesang vor der Eucharistie*); ~ **bell** S Sakristeiglocke *f*

sand [sænd] **A** S **1** Sand *m*: **built on** ~ *fig* auf Sand gebaut; → rope A 7 **2** *meist pl* **a** Sandbank *f* **b** Sand(strecke) *m(f)*, -fläche *f*: **plough** (*bes US* **plow**) **the** ~**(s)** *fig obs* s-e Zeit verschwenden **3** *meist pl* Sand(körner) *m(pl)*: **(as) numberless as the** ~**(s)** zahllos wie (der) Sand am Meer; **the** ~**s (of time) are running out** die Zeit läuft ab; **his** ~**s are running out** s-e Tage sind gezählt **4** (*Streu-, Scheuer-, Schleif*) Sand *m* **5** *US umg* Mumm *m*, Schneid *m* **B** V/T **1** mit Sand bestreuen, *e-n Weg etc a.* sanden **2** im Sand vergraben **3** schmirgeln, mit Sand scheuern: ~ **down** abschmirgeln

sandal¹ [ˈsændl] S **1** Sandale *f*, Riemenschuh *m* **2** Sandalette *f*

sandal² [ˈsændl] S **1** → sandalwood **2** → sandal tree 1

sandal| tree S **1** BOT Santoribaum *m* **2** → sandalwood 1; ~**wood** S **1** *a.* **white** ~ **a** BOT Sandelbaum *m* **b** weißes *od* echtes Sandelholz (*Holz von a*) **2** *a.* **red** ~ **a** BOT (*ein*) Flügelfruchtbaum *m* **b** rotes Sandelholz (*Holz von a*)

sandarac [ˈsændəræk] S **1** → sandarac tree **2** *bes* TECH Sandarak *m* (*Harz*); ~ **tree** S BOT Sandarakbaum *m*

sand|bag **A** S **1** Sandsack *m* **2** Sandsäckchen *n* (*Art Totschläger*) **B** V/T **1** mit Sandsäcken befestigen *od* schützen **2** (mit e-m Sandsäckchen) niederschlagen **3** *US umg* ~ **sb into sth** j-n zu etwas zwingen; ~ **sb into doing sth** j-n so lange bearbeiten, bis er etwas tut; ~**bank** S Sandbank *f*; ~ **bar** S längliche Sandbank; ~**blast** TECH **A** S **1** Sandstrahl *m* **2** Sand(strahl)gebläse *n* **B** V/T sandstrahlen; ~**blaster** → sandblast A 2; ~**-blind** ADJ halb blind;

S

~**box** S 1 Sandkasten *m* 2 HIST Streusandbüchse *f* 3 *Gießerei*: Sandform *f* 4 Sandstreuer *m (e-r Lokomotive)*; ~**boy** S: **(as) happy as a ~** glücklich u. zufrieden, wunschlos glücklich; ~**-cast** V/T *irr* TECH in Sand gießen; ~ **casting** S Sandguss *m*; ~ **castle** S Sandburg *f (am Strand etc)*; ~ **dollar** S ZOOL Sanddollar *m (ein Seeigel)*; ~ **drift** S GEOL Flugsand *m*; ~ **dune** S Sanddüne *f*

sander ['sændə(r)] S TECH 1 → sandbox 4 2 Sand(strahl)gebläse *n* 3 Schmirgelschleifmaschine *f*

sanderling ['sændə(r)lɪŋ] S ORN Sanderling *m*

sand|fly S ZOOL *e-e stechende Fliege, bes* a Sandfliege *f* b Gnitze *f* c Kriebelmücke *f*; ~**glass** S Sanduhr *f*, Stundenglas *n*; ~ **grass** S BOT Sand-, Küstengras *n*; ~ **grouse** S ORN Flughuhn *n*

sandhi ['sændhi:; 'sændi:] S LING Sandhi *m (die lautliche Veränderung, die der An- od Auslaut e-s Wortes durch e-n benachbarten Wortauslaut od -anlaut erfährt)*

sand|lot S *US als Spielplatz od Spielfeld benutztes unbebautes Grundstück*: ~ **baseball** *auf e-m solchen Grundstück gespielter Baseball*; ~**man** S *irr* Sandmännchen *n*; ~ **martin** S ORN *Br* Uferschwalbe *f*; ~**paper** A S Sandpapier *n* B V/T (ab)schmirgeln; ~**piper** S ORN *(ein)* Schnepfenvogel *m*, *bes* a Flussuferläufer *m* b *a.* **spotted ~** Drosseluferläufer *m*; ~ **pit** S 1 *Br* Sandkasten *m* 2 Sandgrube *f*; ~ **shoe** S *Br* Strandschuh *m*; ~**soap** S Putzstein *m*, Sandseife *f*; ~**stone** S GEOL Sandstein *m*; ~**storm** S Sandsturm *m*; ~ **table** S MIL Sandkasten *m*; ~ **trap** S *Golf*: *bes US* Bunker *m*; ~ **wedge** S *Golf*: Sandwedge *m (Schläger für Schläge aus dem Bunker)*

sandwich ['sænwɪdʒ; *bes US* -tʃ] A S 1 Sandwich *n*, *a. m* 2 → sandwich cake B V/T 1 einschieben (**between** zwischen *akk*; **into** in *akk*): **be ~ed between** eingeklemmt sein zwischen *(dat)* 2 SPORT *e-n Gegenspieler* in die Zange nehmen *umg* 3 *a.* **~ in** *fig* einschieben (**between** zwischen *dat*), dazwischenschieben; ~ **board** S Sandwich *n*, *a. m (von e-m Sandwichman[n] auf der Brust u. auf dem Rücken getragene Werbeplakate)*; ~ **cake** S *Br* Schichttorte *f*; ~ **course** S SCHULE *Kurs, bei dem sich theoretische u. praktische Ausbildung abwechseln*; ~ **film** S doppelt beschichteter Film; ~ **man** S *irr* Sandwichman(n) *m*

sandy ['sændɪ] ADJ 1 sandig, Sand...: ~ **beach** 2 rotblond *(Haar, Person)* 3 sandartig, körnig

sand yacht S Strandsegler *m*

sane [seɪn] ADJ (ADV ~ly) 1 geistig gesund, normal, *bes* JUR zurechnungsfähig 2 vernünftig

Sanforize® ['sænfəraɪz] V/T *Gewebe* sanforisieren *(schrumpfecht machen)*

sang [sæŋ] *prät von* sing

sangaree [,sæŋgə'ri:] S Sangaree *n (Getränk aus Wein, Wasser u. Brandy, gesüßt u. gewürzt)*

sangfroid [,sɑ̃:ŋ'frwɑ:] S Kaltblütigkeit *f*

Sangraal, **Sangrail** [sæŋ'greɪl], **Sangreal** ['sæŋgrɪəl; *US* ,sæn'greɪl] S REL der Heilige Gral

sangria [sæŋ'gri:ə] S Sangria *f (Rotweinbowle)*

sanguification [,sæŋgwɪfɪ'keɪʃn] S BIOL Blutbildung *f*

sanguinary ['sæŋgwɪnərɪ; *US* -,neri:] ADJ 1 blutig *(Schlacht etc)* 2 blutdürstig 3 blutig, Blut...

sanguine ['sæŋgwɪn] A ADJ (ADV ~ly) 1 heiter, lebhaft, leichtblütig 2 voll-, heißblütig, hitzig 3 zuversichtlich, optimistisch: **be ~ of success** zuversichtlich auf Erfolg rechnen 4 rot, frisch, blühend, von gesunder Gesichtsfarbe 5 MED, HIST sanguinisch 6 (blut)rot B S Rötelstift *m*; **sanguineness** S 1 heiteres Temperament 2 Zuversichtlichkeit *f*; **sanguineous** [-nɪəs] ADJ 1 Blut..., blutig 2 → sanguine A

Sanhedrin ['sænɪdrɪn; *US* sæn'hedrən], *a.* **Sanhedrim** [-drɪm] S HIST 1 Ratsversammlung *f (der Juden)* 2 *a.* **Great ~** Sanhedrin *m*, Hoher Rat *(höchste altjüdische Staatsbehörde)* 3 *a.* **Small ~**, **Lesser ~** *e-r der altjüdischen Provinzräte*

sanies ['seɪnɪi:z] S MED putrider Eiter, Jauche *f*

sanitarian [,sænɪ'teərɪən] A ADJ → sanitary B S Hygieniker(in)

sanitariness ['sænɪtərɪnɪs; *US* -,teri:-] S hygienische Zustände *pl*

sanitarium [,sænɪ'teərɪəm] *pl* -tariums, -taria [-rɪə] S *US für* sanatorium 1, 2

sanitary ['sænɪtərɪ; *US* -,teri:] ADJ (ADV sanitarily) 1 hygienisch, Gesundheits..., gesundheitlich, sanitär *(a.* TECH) 2 hygienisch (einwandfrei), gesund; ~ **belt** S Bindengürtel *m*; ~ **engineer** S Sanitärtechniker(in); ~ **engineering** S Sanitärtechnik *f*; ~ **equipment** S sanitäre Einrichtung(en *pl*); ~ **napkin** S *bes US*, ~ **towel** S *bes Br* (Damen-, Monats-)Binde *f*

sanitate ['sænɪteɪt] V/T mit sanitären Einrichtungen versehen

sanitation [,sænɪ'teɪʃn] S 1 a Kanalisation *f* b Abfallbeseitigung *f* 2 Gesundheitspflege *f*, -wesen *n*, Hygiene *f*

sanitation|man [-mæn] S *irr*, ~ **worker** S *US* Müllmann *m*

sanitize ['sænɪtaɪz] V/T *bes US* 1 sterilisieren, keimfrei machen 2 *fig ein Dokument etc* entschärfen

sanity ['sænətɪ] S 1 geistige Gesundheit, *bes* JUR Zurechnungsfähigkeit *f* 2 gesunder Verstand

San José scale [,sænhəʊ'zeɪ; *US a.* ,sænə'zeɪ] S ZOOL San-José-Schildlaus *f*

sank [sæŋk] *prät von* sink

San Marinese [,mærɪ'ni:z] A S Sanmarinese *m*, Sanmarinesin *f* B ADJ sanmarinesisch

San Marino [,sænmə'ri:nəʊ] S San Marino *n* a *Staat auf der Apenninenhalbinsel* b *Hauptstadt von* a

sans [sænz; sɑ̃:ŋ] PRÄP ohne *(obs außer in Ausdrücken französischer Herkunft)*

Sanscrit → Sanskrit

Sansei [,sɑ:n'seɪ] *pl* -sei, -seis [-'seɪz] S Enkelkind *n* japanischer Einwanderer in den USA

Sanskrit ['sænskrɪt] A S Sanskrit *n* B ADJ Sanskrit...; **Sanskritic** ADJ Sanskrit..., sanskritisch; **Sanskritist** S Sanskritforscher(in)

Santa ['sæntə] *umg für* Santa Claus

Santa Claus ['sæntəklɔ:z] EIGENN der Weihnachtsmann, der Nikolaus

santal ['sæntəl] S 1 BOT rotes Sandelholz *od* Kaliaturholz 2 CHEM Santal *m*

sap¹ [sæp] A S 1 Saft *m (in Pflanzen)* 2 *fig* (Lebens)Saft *m*, (-)Kraft *f*, Mark *n* 3 Splint(holz) *m(n)* 4 *umg* Gimpel *m*, Einfaltspinsel *m (beide pej)* B V/T entsaften, Saft abziehen aus

sap² [sæp] A S MIL Sappe *f*, Grabenkopf *m* B V/T 1 unterwühlen, -höhlen 2 MIL *(a. fig die Gesundheit etc)* untergraben, -minieren 3 *fig* erschöpfen, schwächen

sapajou ['sæpədʒu:] S ZOOL Kapuzineraffe *m*

sapanwood ['sæpənwʊd; *US bes* sə'pæn-] S 1 Sappanholz *n (rotes Farbholz)* 2 BOT Sappanbaum *m*

saphead¹ → sap¹ A 4

saphead² S MIL Sappenkopf *m*

sapid ['sæpɪd] ADJ (ADV ~ly) 1 e-n Geschmack habend 2 schmackhaft 3 *fig* interessant; **sapidity** [sə'pɪdətɪ] S Schmackhaftigkeit *f*

sapience ['seɪpjəns; -ɪəns] S *meist iron* Weisheit *f*; **sapient** ADJ (ADV ~ly) *meist iron* weise; **sapiential** [-pɪ'enʃl] ADJ Weisheit enthaltend, Weisheits...: ~ **books** BIBEL Bücher der Weisheit

sapless ['sæplɪs] ADJ saftlos *(a. fig kraftlos)*

sapling ['sæplɪŋ] S 1 junger Baum, Schössling *m* 2 *poet* Jüngling *m*

sapodilla [,sæpə'dɪlə] S BOT Sapotillbaum *m*

saponaceous [,sæpəʊ'neɪʃəs; -pə'n-] ADJ seifenartig, seifig

saponification [sə,pɒnɪfɪ'keɪʃn; *US* -,pɑn-] S CHEM, TECH Verseifung *f*: ~ **number** Verseifungszahl *f*; **saponifier** [-faɪə(r)] S 1 Verseifungsmittel *n* 2 Verseifungsapparat *m*; **saponify** [-faɪ] V/T & V/I verseifen

sapper¹ ['sæpə(r)] S MIL Sappeur *m*, Pionier *m*

sapper² ['sæpə(r)] S An-, Abzapfer(in)

Sapphic ['sæfɪk] A ADJ 1 sapphisch *(Ode etc)* 2 sapphisch, lesbisch B S sapphischer Vers

sapphire ['sæfaɪə(r)] A S 1 MINER Saphir *m (a. am Plattenspieler)* 2 Saphirblau *n* B ADJ 1 saphirblau 2 Saphir...: ~ **ring**

sapphirine ['sæfəri:n; -rɪn; *US bes* -,raɪn] A ADJ → sapphire B B S MINER Saphirin *m*

sapphism ['sæfɪzəm] S Sapphismus *m*, Lesbianismus *m*

sappy ['sæpɪ] ADJ 1 saftig 2 *fig* kraftvoll, markig 3 *umg* einfältig, dämlich

sapr(a)emia [sæ'pri:mɪə] S MED Saprämie *f (Blutvergiftung durch Fäulnisstoffe)*

saprogenic [,sæprəʊ'dʒenɪk], **saprogenous** [sæ'prɒdʒɪnəs; *US* -'prɑ-] ADJ saprogen: a Fäulnis erregend b Fäulnis...

saprophyte ['sæprəʊfaɪt; -prəf-] S BIOL Saprophyt *m*, Fäulnispflanze *f*

sapsago ['sæpsəgəʊ] S Schabziger *m (grüner Schweizer Kräuterkäse)*

sapwood S BOT Splint(holz) *m(n)*

Saracen ['særəsn] HIST A S Sarazene *m*, Sarazenin *f* B ADJ sarazenisch

Saracenic [,særə'senɪk] ADJ HIST sarazenisch

Saratoga trunk [,særə'təʊgə] S *großer Reisekoffer (bes von Damen im 19. Jh. benutzt)*

sarcasm ['sɑ:(r)kæzəm] S Sarkasmus *m*: a beißender Spott b sarkastische Bemerkung; **sarcastic** ADJ (ADV ~ally) sarkastisch

sarcocarp ['sɑ:(r)kəʊkɑ:(r)p] S BOT 1 Sarkokarp *n*, fleischige Fruchtwand 2 fleischige Frucht

sarcode ['sɑ:(r)kəʊd] S ZOOL Sarkode *f (Protoplasma e-s Einzellers)*

sarcoid ['sɑ:(r)kɔɪd] S MED Sarkoid *n (sarkomähnlicher Tumor)*

sarcoma [sɑ:(r)'kəʊmə] *pl* -mata [-mətə], -mas S MED Sarkom *n (bösartige Bindegewebsgeschwulst)*; **sarcomatosis** [-'təʊsɪs] S Sarkomatose *f (ausgebreitete Bildung von Sarkomen)*; **sarcomatous** ADJ Sarkom..., sarkomartig

sarcophagi [sɑ:(r)'kɒfəgaɪ; -dʒaɪ; *US* -'kɑ-] *pl von* sarcophagus

sarcophagous [sɑ:(r)'kɒfəgəs; *US* -'kɑ-] ADJ ZOOL fleischfressend

sarcophagus [sɑ:(r)'kɒfəgəs; *US* -'kɑ-] *pl* -gi [-gaɪ; -dʒaɪ], -guses S 1 Sarkophag *m*, Steinsarg *m* 2 *Antike*: Sargstein *m*

sarcoplasm ['sɑ:(r)kəʊplæzəm] S BIOL Sarkoplasma *n (Substanz zwischen den Muskelfasern)*

sarcous ['sɑ:(r)kəs] ADJ fleischig, Fleisch...

sard [sɑ:(r)d] S MINER Sard(er) *m*

sardine¹ [sɑ:(r)'di:n] *pl* sardines, *bes koll* sardine S FISCH Sardine *f*: **(packed) like ~s** (zusammengepfercht) wie die Ölsardinen

sardine² ['sɑ:(r)daɪn] → sard

Sardinia [sɑ:(r)'dɪnjə; -nɪə] S Sardinien *n*

Sardinian [sɑ:(r)'dɪnjən; -nɪən] A ADJ sardinisch B S 1 a Sarde *m*, Sardin *f (Bewohner[in] der Insel Sardinien)* b Sardinier(in)

(*Bewohner[in] des historischen Königreichs Sardinien*) **2** LING Sardisch *n*, das Sardische

sardonic [sɑː(r)ˈdɒnɪk; *US* -ˈdɑn-] ADJ (ADV ~ally) sardonisch, boshaft, hämisch (*Grinsen etc*)

sardonyx [ˈsɑːdənɪks; *US* sɑːrˈdɑn-] S MINER Sardonyx *m*

sargasso [sɑː(r)ˈgæsəʊ] S BOT Beerentang *m*

sarge [sɑː(r)dʒ] *umg für* sergeant 1

sari [ˈsɑːrɪ] S Sari *m* (*Gewand der Hindufrauen*)

sark [sɑː(r)k] S *schott* Hemd *n*

sarky [ˈsɑːkɪ] ADJ *Br umg* sarkastisch

sarmentose [sɑː(r)ˈmentəʊs], **sarmentous** [-təs] ADJ BOT (mit bewurzelten Ausläufern) kriechend

sarney, **sarnie** [ˈsɑː(r)nɪ] S *sl* Sandwich *n*, *a. m*

sarong [səˈrɒŋ; *US a.* -ˈrɑŋ] S Sarong *m* (*ein malaiisches Kleidungsstück*)

sarsaparilla [ˌsɑː(r)səpəˈrɪlə] S **1** BOT Sarsaparille *f* **2** MED, HIST Sarsaparillwurzel *f* **3** Sarsaparillextrakt *m*

sarsen [ˈsɑː(r)sn] S GEOL großer Sandsteinblock

sartorial [sɑː(r)ˈtɔːrɪəl; *US a.* -ˈtəʊ-] ADJ (ADV ~ly) **1** Schneider…: ~ **effect** schnitttechnischer Effekt **2** Kleidung(s)…: ~ **elegance** Eleganz *f* der Kleidung

sartorius [sɑː(r)ˈtɔːrɪəs; *US a.* -ˈtəʊ-] *pl* -rii [-aɪ] S ANAT Schneidermuskel *m*

SAS ABK Special Air Service

s.a.s.e. ABK self-addressed stamped envelope frankierter u. mit eigener Anschrift versehener Briefumschlag

sash[1] [sæʃ] S Schärpe *f*

sash[2] [sæʃ] S **1** (schiebbarer) Fensterrahmen **2** schiebbarer Teil (*des Schiebefensters*)

sash| saw S TECH Schlitzsäge *f*; ~ **window** S Schiebe-, Fallfenster *n*

Sask. ABK Saskatchewan

Saskatchewan [səsˈkætʃɪwən; sæs-] S Saskatchewan *n* (*Provinz im westlichen Kanada*)

sass [sæs] *US umg* **A** S freche Antworten *pl* **B** V/T *j-m* freche Antworten geben

sassafras [ˈsæsəfræs] S **1** BOT Sassafras (-baum, -lorbeer) *m* **2** getrocknete Sassafraswurzelrinde

Sassenach [ˈsæsənæk] S *schott, a. Ir* Engländer(in)

sassy [ˈsæsiː] ADJ (ADV sassily) *US umg* frech

sat[1] [sæt] *prät u. pperf von* sit

SAT[2] ABK **1** *US* scholastic aptitude test (*ein Schuleignungstest*) **2** *Br* standard assessment test standardisierter (Einstufungs- *od* Beurteilungs)Test

Sat. ABK Saturday; ASTRON Saturn

Satan [ˈseɪtən] S (*fig* ♀) Satan *m*, Teufel *m*

satanic [səˈtænɪk] ADJ (ADV ~ally) satanisch, teuflisch

Satanism [ˈseɪtənɪzəm] S Satanismus *m*: **a** teuflische Bosheit **b** Teufelskult *m*

SATB ABK MUS soprano, alto, tenor, bass

satchel [ˈsætʃəl] S (Schul)Tasche *f*, (-)Mappe *f*, (*bes* Schul)Ranzen *m*

sate[1] [seɪt] V/T übersättigen: **be ~d with** übersättigt sein von

sate[2] [sæt; seɪt] *prät obs von* sit

sateen [sæˈtiːn] S (Baum)Wollsatin *m*

satellite [ˈsætəlaɪt] **A** S **1** **a** ASTRON Satellit *m*, Trabant *m*, Mond *m* **b** TECH (*künstlicher*) (Erd)Satellit: **by ~** per Satellit; **~ dish** Satellitenschüssel *f*, Parabolantenne *f*; **~ earth station** Erdfunkstelle *f*; **~ killer** MIL Killersatellit; **~ meteorology** Satellitenmeteorologie *f*; **~ picture** METEO *etc* Satellitenbild *n*; **~ television** (*od* **TV**) Satellitenfernsehen *n*; **~ transmission** (RADIO, TV) Satellitenübertragung *f* **2** Trabant *m*, Anhänger *m*, Gefolgsmann *m*, *pej* Kreatur *f* **3** *fig* Anhängsel *n*, *bes* **a** *a.* **~ state** (*od* **nation**) POL Satellit(enstaat) *m* **b** *a.* **~ town** (*od* **city**) Satelliten-, Trabantenstadt *f* **c** **~ airfield** Ausweich-, Feldflugplatz *m* **d** WIRTSCH Zweigfirma *f* **B** V/T RADIO, TV per Satellit übertragen

satiable [ˈseɪʃjəbl; *bes US* -ʃəbl] ADJ (ADV satiably) zu sättigen(d), zu befriedigen(d); **satiate** **A** V/T [-ʃɪeɪt] **1** übersättigen **2** vollauf sättigen *od* befriedigen **B** ADJ [-ət] übersättigt; **satiation** [-ʃɪˈeɪʃn] S **1** Übersättigung *f* **2** vollständige Sättigung *od* Befriedigung

satiety [səˈtaɪətɪ] S **1** (of) Übersättigung *f* (mit), Überdruss *m* (an *dat*): **to ~** bis zum Überdruss **2** Sattheit *f*

satin [ˈsætɪn] **A** S Satin *m*, Atlas *m* (*Stoff*) **B** ADJ **1** Satin… **2** **a** seidenglatt **b** glänzend **C** V/T TECH satinieren, glätten

satinet(te) [ˌsætɪˈnet] S Satinet *m*, Halbatlas *m*

satin| finish S TECH (Bürsten)Mattierung *f*; **~ glass** S TECH satiniertes Glas; **~ paper** S satiniertes Papier, Atlaspapier *n*; **~ stitch** S *Stickerei*: Flachstich *m*; **~ white** S TECH Satinweiß *n* (*weiße Glanzpaste für Kunstdruckpapier*); **~wood** S BOT indisches Atlas- *od* Satinholz

satiny [ˈsætɪnɪ] ADJ seidig

satire [ˈsætaɪə(r)] S **1** Satire *f*, *bes* **a** Spottgedicht *n*, -schrift *f* (**upon, on** auf *akk*) **b** satirische Literatur **c** Spott *m* **2** *fig* Hohn *m* (**upon, on** auf *akk*); **satiric** [səˈtɪrɪk] ADJ, **satirical** ADJ (ADV ~ly) satirisch; **satirist** [ˈsætərɪst] S Satiriker(in); **satirize** V/T Satiren *od* e-e Satire machen auf (*akk*), verspotten

satisfaction [ˌsætɪsˈfækʃn] S **1** Befriedigung *f*, Zufriedenstellung *f*: **find ~ in** Befriedigung finden in (*dat*); **give ~** befriedigen (→ 4) **2** (**at, with**) Zufriedenheit *f* (mit), Befriedigung *f*, Genugtuung *f* (über *akk*): **to the ~ of all** zur Zufriedenheit aller; **with ~** zufrieden; **"~ or money back"** „bei Nichtgefallen Geld zurück“ **3** REL Sühne *f* **4** Satisfaktion *f*, Genugtuung *f* (*Duell etc*): **make** (*od* **give**) **~** Genugtuung leisten (→ 1) **5** *bes* JUR **a** Befriedigung *f* (*e-s Anspruchs, e-s Gläubigers*) **b** Erfüllung *f* (*e-r Bedingung, e-s Urteils*), Bezahlung *f* (*e-r Schuld*): **in ~ of** zur Befriedigung *etc* (*gen*) **6** Überzeugung *f*, Gewissheit *f*: **show to the court's ~** JUR einwandfrei glaubhaft machen; **satisfactoriness** [-tərɪnɪs] S (*das*) Befriedigende; **satisfactory** ADJ (ADV satisfactorily) **1** befriedigend, zufriedenstellend, hinreichend **2** REL sühnend, Sühne…

satisfy [ˈsætɪsfaɪ] **A** V/T **1** (*a. sexuell*) befriedigen, zufriedenstellen, ausfüllen: **this work does not ~ me**; **be satisfied with sth** mit etwas zufrieden sein; **rest satisfied** sich zufriedengeben; **a satisfied customer** ein zufriedener Kunde; **if not satisfied** bei Nichtgefallen **2** **a** *j-n* sättigen **b** *s-n Appetit, a. s-e Neugier* stillen **c** *e-n Wunsch etc* erfüllen, *ein Bedürfnis, e-e Nachfrage, a. e-n Trieb* befriedigen **3** **a** *e-e Frage etc* hinreichend beantworten **b** *j-n* überzeugen (**of** von): **I am satisfied that …** ich bin davon (*od* ich habe mich [davon]) überzeugt, dass …; **~ o.s. that …** sich überzeugen *od* vergewissern, dass … **4** *bes* JUR **a** *e-n Anspruch* befriedigen **b** *e-e Schuld* bezahlen, *e-r Verpflichtung* nachkommen **c** *e-e Bedingung, ein Urteil* erfüllen **d** *e-n Gläubiger* befriedigen **5** **a** *j-n* entschädigen **b** *etwas* wiedergutmachen **6** *e-r Anforderung* entsprechen, genügen **7** MATH *e-e Bedingung, e-e Gleichung* erfüllen, befriedigen **B** V/I **1** befriedigen, zufriedenstellend sein **2** REL *obs* Buße tun; **satisfying** ADJ (ADV ~ly) **1** befriedigend, zufriedenstellend **2** sättigend

sat nav [ˈsætnæv] S *umg* Navi *n* (*Navigationssystem*)

satrap [ˈsætrəp; *US* ˈseɪˌtræp] S HIST Satrap *m* (*a. fig*), Statthalter *m*; **satrapy** [-trəpɪ] S Satrapie *f*, Statthalterschaft *f*

satsuma[1] [sætˈsuːmə] S BOT **1** Satsumabaum *m* **2** *a.* **~ orange** Satsuma *f* (*e-e Mandarinenart*)

Satsuma[2] [ˈsætsʊmə; sætˈsuːmə] S *a.* **~ ware** Satsuma *n* (*cremefarbene japanische Töpferware*)

saturant [ˈsætʃərənt] **A** S **1** CHEM neutralisierender Stoff **2** MED Mittel *n* gegen Magensäure **B** ADJ *bes* CHEM sättigend

saturate **A** V/T [ˈsætʃəreɪt] **1** *bes* CHEM, PHYS *u. fig* saturieren, sättigen **2** (durch)tränken, durchsetzen (*beide*: **with** mit): **be ~d with** *fig* erfüllt *od* durchdrungen sein von **3** MIL mit e-m Bombenteppich belegen **B** ADJ [-rɪt; -reɪt] → saturated 1, 3; **saturated** ADJ **1** durchtränkt, -setzt **2** tropfnass **3** satt (*Farben*) **4** **a** *bes* CHEM, PHYS *u. fig* saturiert, gesättigt: **~ steam** Sattdampf *m* **b** CHEM reaktionsträge

saturation [ˌsætʃəˈreɪʃn] S **1** *bes* CHEM, PHYS *u. fig* Saturierung *f*, Sättigung *f* **2** (Durch)Tränkung *f*, Durchsetzung *f* **3** Sattheit *f* (*e-r Farbe*); **~ bombing** S MIL Flächenbombardierung *f*; **~ point** S CHEM Sättigungspunkt *m*: **have reached ~** *fig* gesättigt *od* nicht mehr aufnahmefähig sein (*a. Markt*)

Saturday [ˈsætə(r)dɪ] S Sonnabend *m*, Samstag *m*: **on ~** (am) Sonnabend *od* Samstag; **on ~s** sonnabends, samstags

Saturn [ˈsætə(r)n] **A** EIGENN *Antike*: Saturn(us) *m* (*altrömischer Gott*) **B** S **1** ASTRON Saturn *m* (*Planet*) **2** *Alchimie*: Saturn *n*, Blei *n* **3** *Heraldik*: Schwarz *n*

Saturnalia [ˌsætə(r)ˈneɪljə] *pl* -lias, -lia S **1** *Antike*: Saturnalien *pl* (*altrömisches Fest zu Ehren des Gottes Saturn*) **2** *oft* ♀ *fig* Orgie *f*; **Saturnalian** ADJ **1** *Antike*: saturnalisch **2** ♀ *fig* orgiastisch

Saturnian [sæˈtɜːnjən; *US* -ˈtɜrnɪən] ADJ **1** ASTRON Saturn… **2** MYTH, *a. fig poet* saturnisch: **~ age** saturnisches *od* Goldenes Zeitalter; **~ reign** glückliche Regierungszeit **3** LIT saturnisch (*Vers*)

saturnine [ˈsætə(r)naɪn] ADJ (ADV ~ly) **1** **a** trübsinnig **b** schweigsam **2** ♀ im Zeichen des Saturn geboren **3** *obs* saturnin, Blei… (*beide a.* MED)

satyr [ˈsætə(r); *US a.* ˈseɪ-] S **1** *oft* ♀ *Antike*: Satyr *m* (*Waldgott*): **~ play** Satyrspiel *n* **2** *fig* Satyr *m*, sinnlich-lüsterner Mensch **3** MED *Mann, der an Satyriasis leidet*; **satyriasis** [-ˈraɪəsɪs] S MED Satyriasis *f* (*abnormer Geschlechtstrieb beim Mann*); **satyric** [səˈtɪrɪk] ADJ Satyr…, satyrartig

sauce [sɔːs] **A** S **1** Soße *f*, Sauce *f*, Tunke *f*: **what is ~ for the goose is ~ for the gander** (*Sprichwort*) was dem einen recht ist, ist dem andern billig; → hunger A 1 **2** *fig* Würze *f*, Reiz *m* **3** *US* Kompott *n* **4** *umg* Frechheit *f*: **none of your ~!** werd bloß nicht frech! **5** TECH **a** Beize *f* **b** (*Tabak*) Brühe *f* **B** V/T **1** mit Soße würzen *od* zubereiten **2** würzen (*a. fig*) **3** *umg* frech sein zu; **~boat** S Sauciere *f*, Soßenschüssel *f*; **~box** S *umg* frecher Kerl; **~pan** [-pən; *US* -ˌpæn] S Kochtopf *m*

saucer [ˈsɔːsə(r)] S Untertasse *f*: **with eyes (as) big** (*od* **round**) **as ~s** mit großen Augen; **his eyes were growing as round as ~s** s-e Augen weiteten sich; → flying saucer

sauciness [ˈsɔːsɪnɪs; *US a.* ˈsɑːsiː-] S *umg* **1** Frechheit *f* **2** Kessheit *f*; **saucy** ADJ (ADV saucily) *umg* **1** frech **2** *umg* flott, kess (*Hut etc*)

Saudi [ˈsaʊdɪ] **A** S Saudi *m* (*Saudi-Araber*) **B** ADJ → Saudi Arabian B

Saudi Arabia [ˌsaʊdɪəˈreɪbɪə; ˌsɔːdɪ-] S Saudi-Arabien *n*

Saudi Arabian **A** S Saudi-Araber(in) **B** ADJ saudi-arabisch

sauerbraten [ˈsaʊə(r)ˌbrɑːtən] S GASTR Sauerbraten *m*

S

sauerkraut ['saʊə(r)kraʊt] S Sauerkraut *n*
sault [suː] S *US* a Wasserfall *m* b Stromschnelle *f*
sauna ['sɔːnə; *bes US* 'saʊnə] S Sauna *f*: **go for a ~** in die Sauna gehen
saunter ['sɔːntə(r)] A VI schlendern, bummeln: **~ about** (*od* **around**) herumschlendern, (-)bummeln B S 1 (Herum)Schlendern *n*, Bummel *m*: **take a ~** e-n Bummel machen 2 Schlenderschritt *m*, -gang *m*; **saunterer** S Bummler(in)
saurian ['sɔːrɪən] ZOOL A S a HIST Saurier *m* b Echse *f* c *obs* Eidechse *f* B ADJ a HIST Saurier... b Echsen... c *obs* Eidechsen...
saury ['sɔːrɪ] S FISCH Makrelenhecht *m*
sausage ['sɒsɪdʒ] S 1 Wurst *f*: **not a ~** *obs umg* überhaupt nichts 2 *a.* **~ balloon** FLUG *umg* wurstförmiger Fesselballon; **~ dog** S *Br umg* Dackel *m*; **~ meat** S Wurstmasse *f*, Brät *n*; **~ roll** S *Br Blätterteig mit Wurstfüllung*
saut [sɔːt] *schott* → salt[1]
sauté ['səʊteɪ; *US* sɔː'teɪ; səʊ'teɪ] A ADJ sautiert: **~ potatoes** Brat-, Röstkartoffeln B S Sauté *n* C VT sautieren, kurz braten
savable ['seɪvəbl] ADJ zu retten(d)
savage ['sævɪdʒ] A ADJ (ADV **~ly**) *allg* wild: a primitiv (*Stamm etc*) b ungezähmt (*Tier*) c wüst, schroff (*Gegend etc*) d brutal, grausam e grimmig f *umg* wütend, böse B S 1 Wilde(r) *m/f(m)* 2 Rohling *m*, Unmensch *m* 3 Barbar(in), Halbwilde(r) *m/f(m)* 4 bösartiges Tier C VT 1 *j-n* brutal behandeln, *j-m* übel mitspielen 2 anfallen u. verletzen, bös zurichten 3 scharf *od* heftig kritisieren; **savagedom** S 1 Wildheit *f* 2 die Wilden *pl*; **savageness** S Wildheit *f*: a Primitivität *f* b Brutalität *f*, Grausamkeit *f* c *umg* Wut *f*; **savagery** [-dʒrɪ; -dʒərɪ] S 1 → savagedom 2 Grausamkeit *f* (*Tat*)
savanna(h) [sə'vænə] S GEOG Savanne *f*
savant ['sævənt; *US a.* sæ'vɑːnt] S (großer) Gelehrter
save[1] [seɪv] A VT 1 (er)retten (**from** vor *dat*): **~ sb's life** j-m das Leben retten; **the man who ~d my life** mein Lebensretter; **~ sb from drowning** j-n vor dem Ertrinken retten; → bacon, life *Bes Redew* 2 SCHIFF bergen 3 bewahren, schützen (*beide:* **from** vor *dat*): **God ~ the queen** Gott erhalte die Königin; **~ the situation** die Situation retten; → appearance *Bes Redew*, face A 6, harmless 2 4 *Geld etc* sparen, einsparen: **I ~d £100 on this car** ich sparte bei diesem Wagen 100 Pfund ein; **~ fuel** Treibstoff sparen; **~ time** Zeit gewinnen 5 *a.* **~ up** aufbewahren, -heben, (auf)sparen: **~ sth for sb** j-m etwas aufheben; **~ it!** *sl* geschenkt!; → breath 1 6 *a. die Augen* schonen, schonend *od* sparsam umgehen mit: **~ o.s. (one's strength) for sth** sich (s-e Kräfte) für etwas schonen 7 *j-m e-e Mühe etc* ersparen: **~ sb the trouble of doing sth** j-m die Mühe ersparen, etwas zu tun 8 REL (**from**) retten (aus), erlösen (von) 9 ausnehmen: **(God) ~ the mark!** *iron* verzeihen Sie die Bemerkung!; **~ (*od* saving) your presence** (*od* **reverence**) mit Verlaub 10 *a.* **~ up** *Geld* sparen 11 COMPUT *Daten* speichern (**onto** auf *akk*), abspeichern 12 SPORT a *ein Tor* verhindern b *e-n Schuss etc* halten, parieren, *a. e-n Matchball etc* abwehren: **he didn't have to ~ a single shot** er bekam keinen einzigen Schuss zu halten B VI 1 *a.* **~ up** sparen (**for** für, auf *akk*): **~ as you earn** *Br staatlich gefördertes Sparen durch monatliche Abbuchung e-s bestimmten Betrages vom Lohn- od Gehaltskonto* 2 SPORT retten (**from** gegen), halten 3 *US* sich halten (*Lebensmittel*) C S SPORT Parade *f*: **make a brilliant ~** hervorragend parieren

save[2] [seɪv] PRÄP & KONJ *obs od poet* außer (*dat*), mit Ausnahme von (*od gen*), ausgenommen (*nom*), abgesehen von: **all ~ him** alle außer ihm; **~ for** bis auf (*akk*); **~ that ...** abgesehen davon, dass ...; nur, dass ...
save-all S 1 a TECH Auffang-, Sammelvorrichtung *f* b SCHIFF Ladungsfangnetz *n* 2 Geizhals *m*, Geizkragen *m* 3 *dial* a Overall *m* b Schürze *f*
saveloy [ˌsævə'lɔɪ; 'sævəlɔɪ] S Zervelatwurst *f*
saver ['seɪvə(r)] S 1 Retter(in) 2 Sparer(in) 3 *fig* sparsames Gerät *etc*: → timesaver, *etc*; **saving** A ADJ 1 rettend, befreiend: **a ~ humo(u)r** ein befreiender Humor 2 REL erlösend: **~ grace** selig machende Gnade 3 sparsam (**of mit**) 4 ... sparend: → timesaving, *etc* 5 ausgleichend, versöhnend 6 JUR Vorbehalts...: **~ clause** B S 1 (Er)Rettung *f* (**from** vor *dat*) 2 a Sparen *n* b Ersparnis *f*, Einsparung *f*: **~ of time** Zeitersparnis 3 *pl* Ersparnis(se) *f(pl)*, Spargeld(er) *n(pl)*, Rücklage(n) *f(pl)* 4 JUR Vorbehalt *m* C PRÄP & KONJ 1 → save[2] 2 unbeschadet (*gen*): → save[1] A 9
savings| account S Sparkonto *n*; **~ bank** S 1 Sparkasse *f* 2 Sparbüchse *f*; **~ bond** S WIRTSCH *US* (staatlicher) Sparbrief; **~ certificate** S WIRTSCH *Br* Sparbrief *m*; **~ deposit** S Spareinlage *f*
savior, *bes Br* **saviour** ['seɪvjə(r)] S (Er)Retter *m*, Erlöser *m*: **the** ♀ REL der Heiland *od* Erlöser
savoir|-faire [ˌsævwɑː(r)'feə(r)] S Savoir-faire *n*, Gewandtheit *f*, Takt(gefühl) *m(n)*; **~-vivre** [-'viːvrə] S Savoir-vivre *n*, feine Lebensart
savor, *bes Br* **savour** ['seɪvə(r)] A S 1 (Wohl)Geschmack *m*, (-)Geruch *m* 2 *bes fig* Würze *f*, Reiz *m* 3 *fig* Beigeschmack *m*, Anstrich *m*, Anflug *m* (*alle:* **of** von) B VT 1 kosten 2 *bes fig* genießen, auskosten 3 *bes fig* würzen, schmackhaft machen 4 *fig* e-n Anstrich *od* Beigeschmack haben von, schmecken nach C VI (**of**) a *a. fig* schmecken, riechen (nach) b *fig* e-n Beigeschmack haben (von); **savoriness**, *bes Br* **savouriness** [-rɪnɪs] S Wohlgeschmack *m*, -geruch *m*, Schmackhaftigkeit *f*; **savorless**, *bes Br* **savourless** ADJ geschmacklos, geruchlos, fade
savory[1], *bes Br* **savoury** ['seɪvərɪ] A ADJ (ADV savo[u]rily) 1 wohlschmeckend, -riechend, schmackhaft 2 appetitlich (*a. fig*) 3 würzig, pikant (*beide: a. fig*) B S *Br* pikante Vor- *od* Nachspeise
savory[2] ['seɪvərɪ] S BOT Kölle *f*, Bohnenkraut *n*
savour, *etc bes Br für* savor *etc*
savoy [sə'vɔɪ] S BOT Wirsing(kohl) *m*
Savoyard [sə'vɔɪɑː(r)d] A S Savoyarde *m*, Savoyardin *f* B ADJ savoyardisch
savvy ['sævɪ] *sl* A VT kapieren B VI **~?** kapiert? *umg*; **no ~** a kapier ich nicht *umg* b keine Ahnung *umg* C S 1 Grips *m umg*, Köpfchen *n umg*, Durchblick *m* 2 Geschick *n*: **he has no business ~** er ist einfach kein Geschäftsmann D ADJ *bes US* clever, mit Köpfchen *umg*
saw[1] [sɔː] A S 1 Säge *f* 2 ZOOL a Säge *f* (*des Sägehais*) b Legedorn *m* (*der Blattwespen*) 3 *Whist:* Zwickmühle *f* B VT *prät* sawed, *pperf* sawed, sawn [sɔːn] 1 sägen: **~ down a tree** e-n Baum umsägen; **~ off** absägen; **a ~n-off shotgun** e-e abgesägte Schrotflinte; **~ out boards** Bretter zuschneiden; **~ through** durchsägen; **~ up** zersägen (**into** in *akk*); **~ the air (with one's hands)** (mit den Händen) in der Luft herumfuchteln; **~ wood** *sl* sägen (*schnarchen*) 2 *umg e-e Melodie* (auf der Geige *etc*) kratzen C VI 1 sägen: **~ at** herumsägen *od* -säbeln an (*dat*) *umg* 2 sich sägen lassen 3 **~ away at the violin** *umg* auf der Geige herumkratzen

saw[2] [sɔː] *prät von* see[1]
saw[3] [sɔː] S Sprichwort *n*
saw| blade S Sägeblatt *n*; **~bones** *pl* -bones, -boneses S *sl* a Medizinmann *m umg* (*Arzt*) b Bauchaufschneider *m umg* (*Chirurg*); **~buck** S *US* 1 Sägebock *m* 2 *sl* 10-Dollar-Note *f*
sawder ['sɔːdə(r)] *umg* A S *meist* **soft ~** Schmus *m umg*, Schmeichelei *f* B VT *j-m* um den Bart gehen, schmeicheln
saw|dust S Sägemehl *n*; **~fish** *pl* -fishes, *bes koll* -fish S Sägefisch *m*; **~fly** S ZOOL Blattwespe *f*; **~horse** S Sägebock *m*; **~mill** S Sägewerk *n*, -mühle *f*
sawn [sɔːn] *pperf von* saw[1]
Sawney ['sɔːnɪ] S *umg* 1 (*Spitzname für*) Schotte *m* 2 *oft* ♀ Trottel *m pej*
saw| set S TECH Schränkeisen *n*; **~tooth** A S *irr* Sägezahn *m* B ADJ 1 Sägezahn...: **~ roof** Säge-, Scheddach *n* 2 ELEK Sägezahn...: **~ voltage** Sägezahn-, Kippspannung *f*; **~ wave** Sägezahn-, Kippschwingung *f*; **~toothed** ADJ 1 mit Sägezähnen (versehen) 2 gezähnt (*Blatt etc*); **~wort** S BOT Färberdistel *f*
sawyer ['sɔːjə(r)] S 1 Säger *m* 2 ZOOL Holzbohrer *m*
sax[1] [sæks] S 1 Spitzhacke *f* 2 HIST Sachs *m* (*zweischneidiges Schwert*)
sax[2] [sæks] S *umg* Sax *n* (*Saxofon*)
saxatile ['sæksətaɪl; -tɪl] ADJ BOT, ZOOL Felsen..., Stein...
saxe| blue [sæks] S Sächsischblau *n*; **~-blue** ADJ sächsisch blau
saxhorn ['sækshɔː(r)n] S MUS Saxhorn *n*
saxifrage ['sæksɪfrɪdʒ; -freɪdʒ] S BOT Steinbrech *m*
Saxon ['sæksn] A S 1 Sachse *m*, Sächsin *f* 2 HIST (Angel)Sachse *m*, (Angel)Sächsin *f* 3 LING Sächsisch *n*, das Sächsische: **Old ~** Altsächsisch, das Altsächsische (*germanische Sprache*) B ADJ 1 sächsisch 2 (alt-, angel)sächsisch, LING *oft* germanisch: **~ genitive** sächsischer Genitiv; **~ blue** S Sächsischblau *n*
Saxonism S angelsächsisches Wort
saxony[1] S Saxony(stoff) *m*, Sachsenstoff *m*
Saxony[2] ['sæksnɪ; -sənɪ] S Sachsen *n*
saxophone ['sæksəfəʊn] S MUS Saxofon *n*; **saxophonist** [sæk'sɒfənɪst; *bes US* 'sæksəfəʊnɪst] S Saxofonist(in)
saxtuba ['sæksˌtjuːbə; *US a.* -ˌtuːbə] S Saxtuba *f*
say[1] [seɪ] A VT *prät u. pperf* said [sed], *2. sg präs obs od* BIBEL say(e)st ['seɪ(ə)st], *3. sg präs* says [sez], *obs od poet* saith [seθ] 1 sagen, sprechen: **~ yes to sth** Ja zu etwas sagen; **they have little to ~ to each other** sie haben sich wenig zu sagen; → goodby(e) A, jack[1] A 1, knife A 1 2 sagen, äußern, vorbringen, berichten: **have sth to ~ to** (*od* **with**) etwas zu sagen haben in (*dat*) *od* bei; **he has nothing to ~ for himself** a er ist sehr zurückhaltend b *pej* mit ihm ist nicht viel los; **have you nothing to ~ for yourself?** hast du nichts zu d-r Rechtfertigung zu sagen?; **is that all you've got to ~?** ist das alles, was du zu sagen hast?; **the Bible ~s** die Bibel sagt, in der Bibel heißt es *od* steht; **people** (*od* **they**) **~ he is ill, he is said to be ill** man sagt *od* es heißt, er sei krank; er soll krank sein; **what do you ~ to ...?** was hältst du von ...?, wie wäre es mit ...?; **it ~s** es lautet (*Schreiben etc*); **it ~s here** hier heißt es, hier steht (geschrieben); **my watch ~s 4:30** auf m-r Uhr ist es halb fünf; **what does your watch ~?** wie spät ist es auf d-r Uhr?; **you can ~ that again!** das kannst du laut sagen!; **~ no more** (ist) schon gut!; → all C, bead A 2, nothing *Bes Redew* 3 sagen, behaupten, versprechen: **you said you would come**; → soon

2 4 a a. ~ **over** *ein Gedicht etc* auf-, hersagen b REL *ein Gebet* sprechen, *ein Vaterunser etc* beten: → grace A 11 c KATH *die Messe* lesen 5 (be)sagen, bedeuten: **that is to** ~ das heißt; **$500, ~, five hundred dollars** 500$, in Worten: fünfhundert Dollar; **(and) that's ~ing sth** (u.) das will was heißen; **that ~s it all** das sagt alles 6 *umg* annehmen: **(let's) ~ this happens** angenommen *od* nehmen wir (mal) an, das geschieht; **a sum of, ~, $500** e-e Summe von sagen wir (mal) 500 Dollar; **a country, ~ India** ein Land wie (z. B.) Indien; **I should** ~ ich würde sagen, ich dächte (schon) B VI 1 sagen, meinen: **it is hard to** ~ es ist schwer zu sagen; **if you ~ so** wenn du das sagst; **you may well ~ so** das kann man wohl sagen; **you don't ~ (so)!** was du nicht sagst!; **~, haven't I ...?** *bes US umg* sag mal, hab ich nicht ...?; **I can't** ~ das kann ich nicht sagen; **as one** (*od* **you**) **might** ~ könnte man sagen, sozusagen; **~s he?** *umg* sagt er?; **~s who?** *umg* wer sagt das?; **~s you!** *sl* das sagst du!, denkste! 2 **I** ~ a hör(en Sie) mal!, sag(en Sie) mal! b *(erstaunt od beifällig)* Donnerwetter! *umg*, ich muss schon sagen! C S 1 Ausspruch *m*, Behauptung *f*: **have one's** ~ s-e Meinung äußern (**to, on** über *akk od* zu) 2 Mitspracherecht *n*: **have a (no) ~ in sth** etwas (nichts) zu sagen haben bei etwas; **let him have his** ~ lass(t) ihn (doch auch mal) reden! 3 a. **final** ~ endgültige Entscheidung: **who has the ~ in this matter?** wer hat in dieser Sache zu entscheiden *od* das letzte Wort (zu sprechen)?

say[2] [seɪ] S *ein feiner Wollstoff*

Saybolt universal seconds ['seɪbəʊlt] SPL *(als sg konstruiert)* CHEM *US* Saybolt-(Universal)-Sekunde *f*

SAYE ABK *Br* save as you earn

sayest ['seɪəst] *obs od* BIBEL *2. sg präs von* say[1]: **thou** ~

saying ['seɪɪŋ] S 1 Reden *n*, Sagen *n*: **it goes without** ~ es versteht sich von selbst, es ist selbstverständlich *(beide:* **that** dass*)*; **there is no** ~ man kann nicht sagen *od* wissen *(ob, wann etc)* 2 Ausspruch *m* 3 Sprichwort *n*, Redensart *f*: **as the ~ goes** (*od* **is**) wie man sagt, wie es (im Sprichwort) heißt

says [sez] *3. sg präs von* say[1]

say-so S *umg* 1 (bloße) Behauptung: **just on his** ~ auf s-e bloße Behauptung hin 2 → say[1] C 2, C 3

sayst [seɪst] → sayest

sb. ABK LING substantive Subst.

SBA ABK FLUG standard beam approach *(Landeanflug mithilfe e-s Leitstrahlsenders)*

'sblood [zblʌd] INT *obs* verflucht!

SBN ABK standard book number

SC ABK Security Council

sc. ABK 1 scale 2 scene 3 science 4 scientific 5 scilicet, namely näml.

s.c.[1] ABK TYPO small capitals Kapitälchen *pl*

S.C.[2] ABK South Carolina

scab [skæb] A S 1 MED Grind *m*, (Wund)Schorf *m* 2 VET *(bes Schaf)* Räude *f* 3 BOT Schorf *m* 4 *sl* Saukerl *m* 5 *sl* Streikbrecher(in) 6 TECH Schülpe *f (ein Gussfehler)* B VI 1 verschorfen, (sich) verkrusten 2 *sl* trotz des Streiks arbeiten 3 aufreißen *(Straßendecke)*

scabbard ['skæbə(r)d] S *(Degen- etc)* Scheide *f*

scabbed [skæbd] ADJ 1 → scabby 2 BOT schorfig

scabbiness ['skæbɪnɪs] S 1 Grindigkeit *f* 2 VET Räudigkeit *f* 3 *umg* Gemeinheit *f*; **scabby** ADJ 1 schorfig, grindig 2 VET räudig 3 *umg* gemein

scabies ['skeɪbiiːz; -biːz] S 1 MED Skabies *f*, Krätze *f* 2 → scab A 2

scabious[1] ['skeɪbjəs; -bɪəs] ADJ 1 MED skabiös, krätzig 2 VET räudig

scabious[2] ['skeɪbjəs; -bɪəs] S BOT Skabiose *f*

scabrous ['skeɪbrəs; *US* 'skæ-] ADJ 1 rau, schuppig *(Pflanze etc)* 2 heikel, schwierig, kniff(e)lig *(Frage etc)* 3 *fig* schlüpfrig, anstößig

scad [skæd] S 1 *pl* scads, *bes koll* scad FISCH a *(ein)* Stöckerfisch *m* b Catalufa(fisch) *m* 2 *meist pl US umg* ein Haufen *m*, e-e Menge: **~s of money**

scaffold ['skæfəld] A S 1 *(Bau-, Arbeits)* Gerüst *n*, Gestell *n* 2 a Blutgerüst *n*, *(a.* Tod *m* auf dem*)* Schafott *n*: **mount the** ~ das Schafott besteigen b Galgen *m* 3 *(Redner-, Zuschauer)* Tribüne *f* 4 THEAT Bühne *f*, *bes* HIST Schaugerüst *n* 5 ANAT a Knochengerüst *n* b Stützgewebe *n* 6 TECH Ansatz *m (im Hochofen)* B VT 1 a ein Gerüst anbringen an *(dat)* b durch ein Gerüst abstützen 2 auf e-m Gestell aufbauen; **scaffolder** S Gerüstbauer *m*; **scaffolding** S 1 (Bau)Gerüst *n* 2 Gerüstmaterial *n* 3 Aufbau *m* des Gerüsts

scag [skæg] S *sl* Schnee *m (Heroin)*

scagliola [skæl'jəʊlə] S Scagliola *f*, Stuckmarmor *m*

scalable ['skeɪləbl] ADJ ersteigbar

scalage ['skeɪlɪdʒ] S *US* 1 WIRTSCH Schwundgeld *n* 2 Holzgewicht *n*

scalar ['skeɪlə(r)] MATH A ADJ skalar, ungerichtet B S Skalar *m*, skalare Größe

scalawag ['skæləwæg] S 1 *umg* Lump *m*, Taugenichts *m*, *pl* Gesindel *n* 2 HIST *US sl* Scalawag *m (Schimpfname für e-n republikanerfreundlichen Weißen in den Südstaaten nach dem Sezessionskrieg)*

scald[1] [skɔːld] S HIST Skalde *m (nordischer Dichter u. Sänger)*

scald[2] [skɔːld] A VT 1 verbrühen: **~ one's fingers on** (*od* **with**) **hot fat** sich mit heißem Fett die Finger verbrühen; **be ~ed to death** tödliche Verbrühungen erleiden (**by** durch) 2 *Milch* erhitzen: **~ing hot** a kochend heiß b glühend heiß *(Tag etc)*; **~ing tears** *fig* heiße Tränen 3 *Obst, Geflügel, Gemüse, ein Schwein* (ab)brühen 4 MED *Instrumente* abkochen B S 1 MED Verbrühung *f* 2 BOT Braunfleckigkeit *f (auf Obst)*

scale[1] [skeɪl] A S 1 ZOOL Schuppe *f*, *koll* Schuppen *pl* 2 MED Schuppe *f*: **come off in ~s** → C 1; **the ~s fell from my eyes** *fig* es fiel mir wie Schuppen von den Augen; **remove the ~s from sb's eyes** *fig* j-m die Augen öffnen 3 BOT a Schuppenblatt *n* b *(Erbsen- etc)* Hülse *f*, Schale *f* 4 *(Messer)* Schale *f* 5 ZOOL Schildlaus *f* 6 Ablagerung *f*, *bes* a Kesselstein *m* b MED Zahnstein *m*: **form** ~ → C 2 7 a. *pl* METALL Zunder *m*: → iron scale B VT 1 a. ~ **off** a *e-n Fisch* (ab)schuppen b *e-e Schicht etc* ablösen, (ab)schälen, (ab)häuten: **~ almonds** Mandeln schälen 2 a abklopfen, den Kesselstein entfernen aus b *Zähne* vom Zahnstein befreien 3 e-e Kruste *od* Kesselstein ansetzen in *(dat) od* an *(dat)* 4 METALL ausglühen C VI 1 a. ~ **off** sich (ab)schuppen *od* lösen, abschilfern, abblättern 2 Kessel- *od* Zahnstein ansetzen

scale[2] [skeɪl] A S 1 Waagschale *f (a. fig)*: **the ~s** *pl* **of Justice** die Waage der Justitia *od* Gerechtigkeit; **hold the ~s even** gerecht urteilen; **turn** (*od* **tip**) **the ~s** *fig* den Ausschlag geben (**in favo[u]r of** für; **against** gegen); **turn** (*od* **tip**) **the ~s at 100 lbs** 100 Pfund wiegen *od* auf die Waage bringen; **weight the ~s in sb's favo(u)r** j-m e-n (unerlaubten) Vorteil verschaffen 2 *meist pl* Waage *f*: **a pair of ~s** e-e Waage; **go to** ~ SPORT gewogen werden *(Boxer, Jockey)*; **go to ~ at 120 lbs** 120 Pfund wiegen *od* auf die Waage bringen 3 ♎s *pl* ASTROL Waage *f (Tierkreiszeichen)* B VT 1 wiegen 2 *umg* (ab-, aus)wiegen C VI SPORT gewogen werden: ~ **in (out)** vor (nach) dem Rennen gewogen werden *(Jockey)*

scale[3] [skeɪl] A S 1 a Stufenleiter *f*, Staff(e)lung *f* b Skala *f*, Tarif *m*: **~ of fees** Gebührenordnung *f*; **~ of salaries** Gehaltsstaffelung; **~ of wages** Lohnskala, -tabelle *f* 2 Stufe *f (auf e-r Skala, Stufenleiter etc, a. fig)*: **sink in the** ~ im Niveau sinken 3 PHYS, TECH Skala *f*: **~ division** Gradeinteilung *f*; **~ line** Teilstrich *m* e-r Skala 4 GEOG, MATH, TECH a Maßstab(sangabe) *m(f)* b logarithmischer Rechenstab: **in** (*od* **to**) ~ maßstab(s)getreu *od* -gerecht; **out of** ~ nicht maßstab(s)getreu *od* -gerecht; **at a ~ of 1 inch to 1 mile** im Maßstab 1 Inch:1 Meile; **drawn to a ~ of 1:5** im Maßstab 1:5 gezeichnet; **~ model** maßstab(s)getreues Modell; → reduce A 14 5 *fig* Maßstab *m*, Größenordnung *f*, Umfang *m*: **on a large** ~ in großem Umfang, großen Stils; **on a modest** ~ bescheiden, in bescheidenem Rahmen 6 MATH (numerische) Zahlenreihe 7 MUS a Tonleiter *f*, Skala *f* b Tonumfang *m (e-s Instruments)* c (Orgelpfeifen)Mensur *f*: **run over** (*od* **learn**) **one's ~s** Tonleitern üben 8 SCHULE, PSYCH Test(stufen)reihe *f* 9 **on a** ~ *(Börse)* zu verschiedenen Kurswerten: **buy on a** ~ s-e Käufe über e-e Baisseperiode verteilen; **sell on a** ~ s-e Verkäufe über e-e Hausseperiode verteilen 10 *fig* Leiter *f*, Treppe *f (beide:* **to** zu*)* B VT 1 erklettern, ersteigen, erklimmen *(a. fig)* 2 GEOG, MATH, TECH a maßstab(s)getreu zeichnen: **~ off a length** MATH e-e Strecke abtragen b maßstäblich ändern: **~ down (up)** maßstab(s)gerecht *od* maßstäblich verkleinern (vergrößern) 3 TECH mit e-r Teilung versehen 4 einstufen: **~ down** *Löhne, Forderungen etc* herunterschrauben; **~ up** *Preise etc* hochschrauben C VI *(auf e-r Skala)* klettern *(a. fig)*, steigen: **~ down** fallen; **~ up** steigen, in die Höhe klettern

scale| armo(u)r S Schuppenpanzer *m*; **~ beam** S Waagebalken *m*; **~ buying** S WIRTSCH (spekulativer) Aufkauf von Wertpapieren

scaled [skeɪld] ADJ 1 ZOOL schuppig 2 abgeschuppt *(Hering etc)* 3 mit e-r Skala (versehen)

scale|-down S maßstab(s)gerechte *od* maßstäbliche Verkleinerung; **~ fern** S BOT Schuppenfarn *m*

scaleless ADJ schuppenlos

scalene ['skeɪliːn; skeɪ'l-] A ADJ MATH ungleichseitig *(Figur)*, schief *(Körper)* B S MATH schiefwink(e)liges Dreieck

scaler ['skeɪlə(r)] S 1 Zahnstein- *od* TECH Kesselsteinschaber *m* 2 ELEK, PHYS Frequenzteiler *m*

scale| rule S Maßstab *m*, -stock *m*; **~ selling** S WIRTSCH (spekulativer) Verkauf von Wertpapieren; **~-up** S maßstab(s)gerechte *od* maßstäbliche Vergrößerung

scaliness ['skeɪlɪnɪs] S Schuppigkeit *f*

scaling ['skeɪlɪŋ] S 1 (Ab)Schuppen *n*, Abblättern *n* 2 Kesselstein- *od* Zahnsteinentfernung *f* 3 Erklettern *n*, Aufstieg *m (a. fig)*: **~ ladder** MIL, HIST Sturmleiter *f* 4 WIRTSCH (spekulativer) Auf- u. Verkauf *m* von Wertpapieren

scallawag → scalawag

scallion ['skæljən] S BOT 1 Schalotte *f* 2 Lauch *m*

scallop ['skɒləp; *US* 'skɑl-; 'skæl-] A S 1 ZOOL Kammmuschel *f* 2 *meist pl* Kammmuschelfleisch *n (Delikatesse)* 3 a. **~ shell** Muschel (schale) *f (a. aus Porzellan zum Servieren von Ragouts etc)* 4 *Näherei:* Langette *f* B VT 1 ausbogen, bogenförmig verzieren: **~ed edge** Wellenschliff *m (e-s Messers)* 2 *Näherei:* langettieren 3 *Speisen* in e-r (Muschel)Schale überbacken

scallywag ['skælɪwæg] → scalawag

S

scalp [skælp] **A** S **1** ANAT Kopfhaut *f*: **~ massage** Kopfmassage *f* **2** Skalp *m* (*abgezogene Kopfhaut als Siegeszeichen*): **take sb's ~** j-n skalpieren; **be out for sb's ~** *fig* auf j-s Skalp aus sein; **claim sb's ~** *fig* j-s Skalp fordern **3** *fig* Siegestrophäe *f* **4** WIRTSCH *bes US umg* kleiner Profit **5** [*a.* skɔːp] **a** *schott od dial* (Fels)Nase *f* **b** *poet* Bergkuppe *f* **B** V/T **1** *j-n* skalpieren **2** WIRTSCH *bes US umg Wertpapiere* mit kleinem Profit weiterverkaufen **3** *bes US umg Eintrittskarten* auf dem schwarzen Markt verkaufen **C** V/I **1** WIRTSCH *bes US umg* mit kleinen Gewinnen spekulieren **2** *bes US umg* Eintrittskarten auf dem schwarzen Markt verkaufen

scalpel ['skælpəl] S MED Skalpell *n*

scalper S **1** MED Knochenschaber *m* **2** WIRTSCH *bes US umg* kleine(r) Spekulant(in) **3** *umg* Kartenschwarzhändler(in)

scaly ['skeılı] ADJ **1** schuppig, geschuppt **2** Schuppen... **3** schuppenförmig **4** schilferig, sich abschuppend **5** *sl* schäbig, gemein

scam [skæm] S *sl* betrügerische Masche, betrügerischer Trick

scammony ['skæmənı] S **1** BOT Skammonia *f* **2** PHARM Skammonium(harz) *n*

scamp [skæmp] **A** S **1** Halunke *m* **2** *hum* Spitzbube *m* **B** V/T schlud(e)rig ausführen, hinschlampen (*beide umg*)

scamper ['skæmpə(r)] **A** V/I **1** *a.* **~ about** (*od* **around**) (herum)tollen, herumhüpfen **2** hasten: **~ away** (*od* **off**) sich davonmachen **B** S (Herum)Tollen *n*, Herumhüpfen *n*: **the dog needs a ~** der Hund braucht Auslauf

scampi ['skæmpı] SPL (*als sg konstruiert*) Scampi *pl*

scan [skæn] **A** V/T **1** genau *od* kritisch prüfen, forschend *od* scharf ansehen, *den Horizont etc* absuchen: **~ the crowd** s-n Blick über die Menge schweifen lassen; **~ sb's face for sth** in j-s Gesicht nach etwas suchen **2** *die Schlagzeilen etc* überfliegen **3** LIT skandieren **4** IT, TV, *Radar*: scannen, abtasten: **~ in** einscannen **B** V/I LIT **a** skandieren **b** sich *gut etc* skandieren (lassen) **C** S **1** genaue Prüfung **2** MED Scan *m*: **a** Ultraschallaufnahme *f* **b** Kernspintomogramm *n* **c** Computertomogramm *n* **3** FOTO Aufnahme *f* (*e-s Satelliten, e-r Überwachungskamera etc*)

Scan(d). ABK **1** Scandinavia **2** Scandinavian skand.

scandal ['skændl] S **1** Skandal *m*: **a** skandalöses Ereignis **b** (öffentliches) Ärgernis: **cause ~** Anstoß erregen **c** Schande *f*, Schmach *f* (*beide:* **to** für) **2** Verleumdung *f*, (böswilliger) Klatsch, Skandalgeschichten *pl*: **talk ~** klatschen *umg* **3** JUR üble Nachrede **4** unmöglicher Mensch

scandalize ['skændəlaız] V/T Anstoß erregen bei (*dat*), *j-n* schockieren: **be ~d at** empört *od* entrüstet sein über (*akk*)

scandalmonger S Klatsch-, Lästermaul *n pej*

scandalous ['skændələs] ADJ (ADV **~ly**) **1** skandalös, anstößig, schockierend, empörend: **it's ~ that ...** es ist ein Skandal, dass ... **2** schändlich, schimpflich **3** verleumderisch, Schmäh...: **~ stories** Skandalgeschichten **4** klatschsüchtig (*Person*)

scandal sheet S Skandalblatt *n*, Revolverblatt *n umg*

Scandinavia [ˌskændı'neıvjə; -vıə] S Skandinavien *n*

Scandinavian [ˌskændı'neıvjən; -vıən] **A** ADJ skandinavisch **B** S **1** Skandinavier(in) **2** LING **a** Skandinavisch *n*, das Skandinavische **b** Altnordisch *n*, das Altnordische

scanner ['skænə(r)] S **1** COMPUT, TV, *Radar*: Scanner *m*, Abtaster *m* **2** → scanning disk

scanning S IT, TV, *Radar*: Scannen *n*, Abtastung *f*; **~ beam** S Abtasterstrahl *m*; **~ disk** S TV (Bild)Abtaster *m*, Abtastscheibe *f*; **~ lines** SPL TV Rasterlinien *pl*

scansion ['skænʃn] S LIT Skansion *f*, Skandierung *f*

scansorial [skæn'sɔːrıəl] ADJ ZOOL **1** Kletter...: **~ foot 2** zu den Klettervögeln gehörig

scant [skænt] ADJ (ADV **~ly**) knapp (**of** an *dat*), spärlich, kärglich, gering, dürftig: **a ~ chance** e-e geringe Chance; **~ measure** knappes Maß; **~ supply** geringer Vorrat; **a ~ two hours** knapp zwei Stunden; **~ of breath** kurzatmig;

scantiness [-tınıs] S Knappheit *f* (**of** an *dat*)

scantling ['skæntlıŋ] S **1** TECH **a** Latte *f*, Sparren *m* **b** *koll* zugeschnittenes Bauholz **2** (vorgeschriebene) Stärke *od* Dicke (*von Bauholz, Steinen etc*) **3** TECH Rahmenschenkel *m* **4** TECH Fassgestell *n* **5** kleine Menge *od* (An)Zahl

scantness → scantiness

scanty ['skæntı] **A** ADJ (ADV scantily) **1** kärglich, dürftig, spärlich, (*a. Bikini etc*) knapp: **scantily clad** (*od* **dressed**) spärlich bekleidet **2** unzureichend, (zu) knapp **3** beengt, klein (*Raum etc*) **B** SPL **scanties**, *a.* **pair of scanties** Minislip *m* (*bes für Damen*)

scape[1] [skeıp] S **1** BOT, ZOOL Schaft *m* **2** ARCH (Säulen)Schaft *m*

scape[2] [skeıp] *obs für* escape

-scape [skeıp] *Wortelement mit der Bedeutung* Landschaft, Bild: → seascape *etc*

scape|goat S BIBEL Sündenbock *m* (*a. fig*); **~grace** S Taugenichts *m*, Lump *m*; **~wheel** → escape wheel

scapi ['skeıpaı] *pl von* scapus

scapula ['skæpjʊlə] *pl* -lae [-liː], -las S ANAT Schulterblatt *n*; **scapular A** ADJ ANAT Schulter(blatt)... **B** S **1** REL Skapulier *n* (*Überwurf über Brust u. Rücken in der Tracht mancher Mönchsorden*) **2** MED Schulterbinde *f* **3** → scapula **4** *a.* **~ feather** ORN Schulter(blatt)feder *f*; **scapulary** [-lərı; *US* -ˌleriː] → scapular B

scapus ['skeıpəs] *pl* -pi [-paı] S BOT, ORN Schaft *m*

scar[1] [skɑː(r)] **A** S **1** MED Narbe *f* (*a.* BOT; *a. fig* PSYCH): **~ tissue** Narbengewebe *n* **2** Schramme *f*, Kratzer *m*: **the ~s of the war** *fig* die Spuren des Kriegs **3** *fig* (Schand)Fleck *m*, Makel *m* **B** V/T **1** e-e Narbe *od* Narben hinterlassen auf (*dat*) **2** *fig* bei *j-m* Narben *od* ein Trauma hinterlassen **3** *fig* entstellen, verunstalten **C** V/I **~ over** vernarben (*a. fig*)

scar[2] [skɑː(r)] S Klippe *f*, steiler (Felsen)Abhang

scarab ['skærəb] S **1** → scarabaeus **2** ZOOL *allg* Mistkäfer *m*

scarabaei [ˌskærə'biːaı] *pl von* scarabaeus

scarabaeid [ˌskærə'biːıd] S ZOOL Kotkäfer *m*; **scarabaeoid** S **1** → scarabaeid **2** stilisierter *od* imitierter Skarabäus (*Schmuck etc*)

scarabaeus [ˌskærə'biːəs] *pl* -baeuses, -baei [-'biːaı] S **1** ZOOL Skarabäus *m* **2** *fig* Skarabäus *m* (*Amulett, Siegel, Schmuck etc*); **scarabee** [-biː] → scarabaeus

scarce [skeə(r)s] **A** ADJ **1** knapp, spärlich: **~ goods**, **~ commodities** WIRTSCH Mangelwaren **2** selten, rar: **make o.s. ~** *umg* **a** sich dünnmachen **b** sich rarmachen **B** ADV *obs od poet für* scarcely; **scarcely** ADV **1** kaum, gerade erst: **~ anything** kaum etwas, fast nichts; **~ ... when** kaum ... als **2** wohl nicht, kaum, schwerlich: **you can ~ expect that;**

scarceness, scarcity [-ətı] S **1 a** Knappheit *f*, Mangel *m* (*beide:* **of** an *dat*): **there is a ~ of** es herrscht Mangel an **b** Verknappung *f* **2** (Hungers)Not *f*: **suffer ~ 3** Seltenheit *f*: **~ value** Seltenheitswert *m*

scare [skeə(r)] **A** V/T **1** erschrecken, ängstigen, in Schrecken *od* Panik versetzen, *j-m* e-n Schrecken einjagen: **don't let the noise ~ you** lass dich durch das Geräusch nicht erschrecken; **be ~d** Angst haben (**of** vor *dat*; **that** dass; **to do** [davor] zu tun); **get ~d** Angst bekommen, es mit der Angst zu tun bekommen; **~ sb into doing sth** j-n so einschüchtern, dass er etwas tut; **~ sb stiff** (*od* **silly, out of their wits, to death**) *umg* **a** j-n zu Tode erschrecken **b** j-m e-e Heidenangst einjagen; **be ~d stiff** *umg* e-e Heidenangst haben (**of** vor *dat*); → shit A 1, shitless **2** *a.* **~ away** (*od* **off**) *Vögel etc, a. j-n* verscheuchen, -jagen **3 ~ up a** *Wild etc* aufscheuchen **b** *US umg Geld, Hilfe etc* organisieren, auftreiben **c** *US umg ein Essen* zaubern **B** V/I erschrecken: **~ easily a** schreckhaft sein **b** *umg* sich leicht ins Bockshorn jagen lassen **C** S **a** Schreck(en) *m*, Panik *f*: **give sb a ~** j-m e-n Schreck einjagen **b** blinder Alarm; **~ buying** S Angstkäufe *pl*; **~crow** S **1** Vogelscheuche *f* (*a. fig umg Person*), (*Frau*) Schreckschraube *f* **2** *fig* Schreckbild *n*, -gespenst *n*, Popanz *m*

scaredy-cat ['skeə(r)dıkæt] S *umg* Angsthase *m*

scare|head S (riesige) Sensationsschlagzeile; **~monger** S Panikmacher(in); **~mongering** S Panikmache *f*; **~ story** S Schauergeschichte *f*; **~ tactics** SPL Panikmache *f*

scarf[1] [skɑː(r)f] *pl* scarfs [-fs], scarves [-vz] S **1** Hals-, Kopf-, Schultertuch *n*, Schal *m* **2** (breite) Krawatte (*für Herren*) **3** MIL Schärpe *f* **4** REL (breite, schwarze) Seidenstola **5** Tischläufer *m*

scarf[2] [skɑː(r)f] *pl* scarfs **A** S **1** TECH **a** Laschung *f* (*von 2 Hölzern*) **b** SCHIFF Lasch *m* **2** TECH zugeschärfter Rand **3** → scarf joint **4** *Walfang*: Einschnitt *m*, Kerbe *f* **B** V/T **1** TECH **a** zusammenblatten, -laschen **b** SCHIFF (ver)laschen **2** TECH *Leder etc* (zu)schärfen **3** *e-n Wal* aufschneiden

scarf| joint S TECH Blattfuge *f*; **~pin** S Krawattennadel *f*; **~skin** S ANAT Oberhaut *f*; **~weld** S TECH überlappte Schweißung

scarification [ˌskeərıfı'keıʃn] S MED Hautritzung *f*; **scarificator** [-tə(r)] S MED Stichelmesser *n*; **scarifier** [-faıə(r)] S **1** → scarificator **2** AGR Messeregge *f* **3** TECH Straßenaufreißer *m*

scarify ['skeərıfaı] V/T **1** *die Haut* ritzen, aufreißen, *bes* MED skarifizieren **2** *fig* **a** *Gefühle etc* verletzen **b** scharf kritisieren **3** AGR **a** *den Boden* auflockern **b** *Samen* anritzen

scarlatina [ˌskɑː(r)lə'tiːnə] S MED Scharlach *m*

scarlet ['skɑː(r)lət] **A** S **1** Scharlach(rot) *m(n)* **2** Scharlach(tuch) *m(n)*, -gewand *n* **B** ADJ **1** scharlachrot: **flush** (*od* **turn**) **~** puterrot werden **2** *fig* unzüchtig; **~ fever** S MED Scharlach *m*; **~ hat** S Kardinalshut *m*; **~ letter** S HIST Scharlachbuchstabe *m* (*scharlachrotes A als Abkürzung von* **adultery** = *Ehebruch*); **~ pimpernel** S BOT Ackergauchheil *m*; **~ runner** S BOT Scharlach-, Feuerbohne *f*; **~ woman** S *irr* **1** promiskuitive Frau, *bes* Prostituierte *f* **2** *fig* (*das*) heidnische *od* päpstliche Rom

scarp [skɑː(r)p] **A** S **1** steile Böschung **2** MIL Grabenböschung *f* **B** V/T abböschen; **scarped** [-pt] ADJ steil, abschüssig

scarper ['skɑːpə] V/I *Br sl* abhauen, verduften

scarred [skɑː(r)d] ADJ **1** narbig, voller Narben, von Narben bedeckt: **~ face** Narbengesicht *n* **2** *fig* gezeichnet

scarves [skɑː(r)vz] *pl von* scarf[1]

scary ['skeərı] ADJ *umg* **1 a** grus(e)lig, schaurig (*Geschichte etc*): **~ dream** Angsttraum *m*; **~ film** Gruselfilm *m* **b** unheimlich (*Gegend etc*) **2 a** furchtsam **b** schreckhaft

S

scat[1] [skæt] VI umg meist imp abhauen, verduften

scat[2] [skæt] (Jazz) A S Scat m (Verwendung zusammenhangloser Silben anstelle von Worten beim Singen) B VI Scat singen

scathe [skeıð] A VT 1 vernichtend kritisieren 2 obs od dial verletzen B S obs od dial Schaden m; **scatheless** ADJ obs od dial unversehrt; **scathing** ['skeıðıŋ] ADJ (ADV ~ly) 1 ätzend, vernichtend (Kritik etc) 2 a schädlich b schmerzhaft

scatological [ˌskætə'lɒdʒıkl; US -'lɑ-] ADJ skatologisch; **scatology** [skæ'tɒlədʒı; US -'tɑl-] S 1 MED Skatologie f (Untersuchung des Kots) 2 GEOL Studium n der Koprolithen 3 PSYCH Skatologie f (Vorliebe für Ausdrücke aus dem Anal- u. Fäkalbereich)

scatter ['skætə(r)] A VT 1 a. ~ **about** (od **around**) (aufs Geratewohl) ver-, herum-, ausstreuen: **be ~ed all over the place** überall herumliegen; ~ **money about** fig mit Geld um sich werfen; → abroad 3 2 die Menge etc zerstreuen, Vögel etc auseinanderscheuchen, den Nebel etc zerteilen: **be ~ed to the four winds** in alle Winde zerstreut werden od sein 3 Gebäude etc verstreut anordnen: **the houses lie ~ed in the valley** die Häuser sind über das ganze Tal verstreut 4 Geld verzetteln: ~ **one's strength** fig s-e Kräfte od sich verzetteln 5 bestreuen (**with** mit) 6 PHYS Licht etc zerstreuen B VI 1 sich zerstreuen (Menge etc), auseinanderstieben (Vögel etc), sich zerteilen (Nebel etc) 2 (**over** über akk, **in** in dat) a sich verteilen od verstreuen: → abroad 3 b verteilt od verstreut sein 3 streuen (Gewehr, Schrotschuss, a. Radio etc) C S 1 Ver-, Ausstreuen n 2 a ~ **of houses** vereinzelte od verstreute Häuser; **there was a ~ of raindrops** es hat ein bisschen getröpfelt 3 bes PHYS, a. IT, RADIO, Statistik etc: Streuung f; ~ **bomb** S MIL Streubrandbombe f; **~brain** S umg Schussel m; **~brained** ADJ umg schuss(e)lig

scattered ADJ 1 ver-, zerstreut (liegend od vorkommend etc) 2 vereinzelt (Regenschauer, Tumulte etc) 3 fig wirr, konfus (Gedanken, Geschichte etc) 4 PHYS diffus (Licht etc): ~ **light** a. Streulicht n; ~ **radiation** Streustrahlung f; **scattering** ADJ → scattered 1, 4: ~ **angle** PHYS Streuwinkel m

scatter rug S Brücke f

scatty ['skætı] ADJ (ADV scattily) Br umg 1 (ein bisschen) verrückt (**about** nach) 2 → scatterbrained

scaup (duck) [skɔ:p] S ORN Bergente f

scauper ['skɔ:pə(r)] S TECH Hohleisen n

scaur [skɔ:(r)] bes schott für scar[2]

scavenge ['skævındʒ] A VT 1 Straßen etc reinigen, säubern 2 AUTO e-n Zylinder von Gasen reinigen, (mit Luft) ausspülen: **scavenging air** Spülluft f; **scavenging stroke** Spültakt m, Auspuffhub m 3 METALL reinigen 4 US a Abfälle, Überreste etc auflesen, aufsammeln b etwas Essbares etc auftreiben, ergattern 5 US a nach etwas Brauchbarem etc suchen in (dat) b e-n Laden etc durchstöbern umg (**for** nach) B VI ~ **for** nach etwas Essbarem, Brauchbarem etc (herum)suchen (**in** in dat); **scavenger** S 1 bes Br Straßenkehrer(in) 2 Müllmann m 3 a Trödler(in) umg, Altwarenhändler(in) b Lumpensammler(in) 4 CHEM Reinigungsmittel n 5 ZOOL Aasfresser m

ScD ABK Scientiae Doctor, Doctor of Science

SCE ABK Scottish Certificate of Education

scena ['ʃeınə; US 'ʃeınɑ:] pl -ne [-neı] S MUS 1 Opernszene f 2 dramatisches Rezitativ

scenario [sı'nɑ:rıəʊ; US sə'neər-] pl -os S 1 THEAT Szenar(ium) n, Szenario n (Textbuch mit Bühnenanweisungen) 2 FILM Drehbuch n 3 fig Plan m (mit Alternativlösungen) 4 fig Szenario n, (geplanter) Ablauf; **scenarist** ['si:nərıst; US sə'neər-] S FILM Drehbuchautor m, -autorin f; **scenarize** ['si:nəraız; US sə'neər-] VT zu e-m Drehbuch umarbeiten

scene[1] [si:n] S 1 THEAT a Szene f, Auftritt m b Ort m der Handlung, Schauplatz m (a. e-s Romans etc) c Kulisse f d → scenery b e obs Bühne f: **behind the ~s** hinter den Kulissen (a. fig); → lay[1] B 3, set C 20 2 FILM, TV Szene f: ~ **of violence** Gewaltszene 3 Szene f, Episode f (in e-m Roman etc) 4 MAL Landschaftsbild n 5 Szenerie f, Hintergrund m (e-r Erzählung etc) 6 fig Szene f, Schauplatz m: ~ **of accident (crime, crash)** Unfallort m (Tatort m, Absturzstelle f); **be on the ~** zur Stelle sein; **come onto the ~** auf der Bildfläche erscheinen, auftauchen 7 Szene f, Anblick m: ~ **of destruction** Bild n der Zerstörung 8 Szene f: a Vorgang m, Vorfall m b (heftiger) Auftritt: **make a ~** (j-m) e-e Szene machen 9 umg (Drogen-, Pop- etc) Szene f 10 fig (Welt)Bühne f: **quit the ~** von der Bühne abtreten (sterben) 11 **classical music is not my ~** umg klassische Musik ist nicht mein Fall

scene[2] ['ʃeıneı] pl von scena

scene| bay, ~ **dock** S THEAT Kulissenraum m; ~ **painter** S 1 THEAT Bühnenmaler(in) 2 Literatur: Landschaftsschilderer m, -schilderin f

scenery ['si:nərı] S Szenerie f: a Landschaft f, Gegend f b Bühnenbild n, -ausstattung f, Kulissen pl, Dekoration f

sceneshifter S THEAT Kulissenschieber(in), Bühnenarbeiter(in)

scenic ['si:nık; 'sen-] A ADJ (ADV ~ally) 1 landschaftlich, Landschafts… 2 landschaftlich schön, malerisch (Tal etc): ~ **railway** a in e-r künstlichen Landschaft angelegte Liliputbahn b Berg- u.-Tal-Bahn f; ~ **road** landschaftlich schöne Strecke; ~ **tour** → B 3 THEAT a szenisch, Bühnen…: ~ **designer** Bühnenbildner(in) b dramatisch (a. MAL etc): ~ **effects** c Ausstattungs…: ~ **artist** → scene painter 1 B S Fahrt f durch schöne Landschaft; **scenical** ADJ (ADV ~ly) → scenic A

scenographic [ˌsi:nəʊ'græfık; -nə'g-] ADJ, **scenographical** ADJ (ADV ~ly) szenografisch, perspektivisch; **scenography** [si:'nɒgrəfı; US -'nɑg-] S Szenografie f: a perspektivische Darstellung b THEAT perspektivische Bühnenmalerei

scent [sent] A S 1 (bes Wohl)Geruch m, Duft m: **there was a ~ of danger** fig es lag etwas (Bedrohliches) in der Luft 2 bes Br a Duftstoff m b Parfüm n 3 JAGD a Witterung f b Spur f, Fährte f (beide a. fig): **be on the (wrong) ~** auf der (falschen) Fährte sein; **be on the ~ of** e-r Sache auf der Spur sein; **follow up the ~** der Spur folgen; **put on the ~** auf die Fährte setzen; **put** (od **throw**) **off the ~** von der (richtigen) Spur ablenken 4 a Geruchssinn m b ZOOL u. fig Spürsinn m, Witterung f, gute etc Nase: **have a ~ for sth** fig e-e Nase od umg e-n Riecher für etwas haben 5 Schnitzeljagd: a Papierschnitzel pl b Fährte f B VT 1 etwas riechen 2 a. ~ **out** JAGD od fig wittern, (auf)spüren: ~ **treachery** Verrat wittern 3 mit Wohlgeruch erfüllen 4 bes Br parfümieren C VI JAGD Witterung haben, e-e Fährte od Spur verfolgen; ~ **bag** S 1 ZOOL Duftdrüse f 2 Fuchsjagd: künstliche Schleppe 3 Duftkissen n; ~ **bottle** S bes Br Parfümfläschchen n

scented ['sentıd] ADJ 1 duftend 2 bes Br parfümiert; ~ **fern** S BOT Bergfarn m

scent gland S ZOOL Duft-, Moschusdrüse f

scentless ADJ 1 geruchlos 2 JAGD ohne Witterung (Boden)

scepsis, bes US **skepsis** ['skepsıs] S 1 (**about**) Skepsis f (gegenüber), Zweifel m (an dat) 2 PHIL Skeptizismus m (Standpunkt grundsätzlichen Zweifels an der Möglichkeit theoretischer od sittlicher Gewissheit)

scepter, bes Br **sceptre** ['septə(r)] S Zepter n: a Herrscherstab m: **wield the ~** das Zepter schwingen od führen, herrschen b fig Herrschergewalt f; **sceptered**, bes Br **sceptred** ADJ 1 zeptertragend, herrschend (a. fig) 2 königlich

sceptic, bes US **skeptic** ['skeptık] S 1 (PHIL meist ♀) Skeptiker(in) 2 REL Zweifler(in), allg Ungläubige(r) m/f(m), Atheist(in); **sceptical**, bes US **skeptical** ADJ (ADV ~ly) skeptisch (a. PHIL), misstrauisch, ungläubig (Lächeln etc): **be ~ about** (od **of**) e-r Sache skeptisch gegenüberstehen, etwas bezweifeln, zweifeln an (dat); **scepticism**, bes US **skepticism** [-sızəm] → scepsis

sceptre, etc bes Br für scepter etc

sch. ABK school

schadenfreude ['ʃɑ:dən,frɔıdə] S Schadenfreude f

sched. ABK schedule

schedular ['ʃedjʊlə; US 'skedʒələr] ADJ Tabellen…, Listen…

schedule ['ʃedju:l; US 'skedʒu:l] A S 1 Liste f, Tabelle f, Aufstellung f, Verzeichnis n, JUR a. Konkurstabelle f 2 bes JUR Zusatzartikel m, Anhang m 3 a Zeitplan m, (Radsport) Marschtabelle f, (Lehr-, Arbeits-, Stunden) Plan m b Fahr-, Flugplan m: **four months ahead of ~** vier Monate früher als vorgesehen; **be ahead of ~** dem Zeitplan voraus sein; **be behind ~** Verspätung haben, weitS. a. im Verzug od Rückstand sein; **be on ~** (fahr)planmäßig od pünktlich ankommen c Terminkalender m 4 a Formblatt n, Formular n b Fragebogen m 5 WIRTSCH a Einkommensteuerformular n b Steuerklasse f 6 obs Dokument n B VT 1 etwas in e-r Liste etc od tabellarisch zusammenstellen 2 (in e-e Liste etc) eintragen, -fügen: **the train is ~d to leave at six** der Zug fährt fahrplanmäßig um 6 (ab) 3 bes JUR (als Anhang) beifügen (**to** dat) 4 a festlegen, -setzen: **the fight is ~d for 10 rounds** (Boxen) der Kampf ist auf 10 Runden angesetzt; **the operation is ~d for today** MED die Operation ist auf heute angesetzt b planen, vorsehen 5 klassifizieren; **scheduled** ADJ 1 planmäßig (Abfahrt etc): ~ **flight** FLUG Linienflug m; **are you going by a ~ flight?** fliegst du mit e-r Linienmaschine? 2 a ~ **eight-round fight** (Boxen) ein auf acht Runden angesetzter Kampf

schema ['ski:mə] pl -mata [-mətə] S 1 Schema n (a. PHIL) 2 Logik: syllogistische Figur 3 Rhetorik: Schema n, Redefigur f; **schematic** [skı'mætık] A ADJ (ADV ~ally) schematisch B S 1 schematische Darstellung 2 ELEK Schaltbild n; **schematism** S schematische Anordnung; **schematize** VT schematisieren

scheme [ski:m] A S 1 Schema n, System n, Anlage f: ~ **of colo(u)r** Farbenzusammenstellung f, -skala f; ~ **of philosophy** philosophisches System 2 a Schema n, Aufstellung f, Tabelle f b Übersicht f c schematische Darstellung 3 Zeitplan m 4 Plan m, Projekt n, Programm n 5 (dunkler) Plan, Intrige f, Komplott n 6 ASTRON Aspektendarstellung f B VT 1 a. ~ **out** entwerfen, planen 2 pej etwas Böses planen, aushecken 3 in ein Schema od System bringen C VI 1 Pläne machen od schmieden: ~ **for sth** auf etwas hinarbeiten 2 intrigieren, Ränke schmieden; **schemer** S 1 Plänemacher(in) 2 Intrigant(in), Ränkeschmied(in); **scheming** ADJ (ADV ~ly) intrigierend, intrigant

schemozzle [ʃı'mɑ:zəl] S US sl 1 Durcheinan-

S

der n 2 Krach m (Streit)

Schengen Agreement ['ʃeŋən] S WIRTSCH, POL Schengener Abkommen n

scherzando [skeə(r)t'sændəʊ; -'sɑ:n-] MUS A ADJ & ADV scherzando, heiter B pl -di [-di:], -dos S Scherzando n

scherzo ['skeə(r)tsəʊ] pl -zos, -zi [-tsi:] S MUS Scherzo n

Schick test [ʃɪk] S MED Schick-Test m, schicksche Reaktion

schiller ['ʃɪlə(r)] S MINER Schillerglanz m

schism ['sɪzəm; 'skɪzəm] S 1 fig Spaltung f 2 REL a Schisma n, Kirchenspaltung f b Lossagung f (from von); **schismatic** [-'mætɪk] bes REL A ADJ (ADV ~ally) schismatisch, abtrünnig B S Schismatiker(in); **schismatical** ADJ (ADV ~ly) → schismatic A

schist [ʃɪst] S GEOL Schiefer m; **schistose** [-təʊs] ADJ schief(e)rig, Schiefer…

schistosomiasis [ˌʃɪstəsəʊ'maɪəsɪs] S MED Schistosomiase f (e-e Wurmerkrankung)

schistous ['ʃɪstəs] → schistose

schizanthus [skaɪ'zænθəs; skɪ-] S BOT Spaltblume f

schizo ['skɪtsəʊ] umg A ADJ → schizophrenic B B pl -os S 1 → schizophrenic A 2 US *Tasse Kaffee, deren Inhalt zu gleichen Teilen aus koffeinhaltigem u. koffeinfreiem Kaffee besteht*

schizocarp ['skɪtsəkɑ:(r)p; US a. 'skɪzə-] S BOT Schizokarp n, Spaltfrucht f

schizogenesis [ˌskɪtsəʊ'dʒenɪsɪs; US a. ˌskɪzəʊ-] S ZOOL Schizogonie f; **schizogenic**, **schizogenous** [skɪt'sɒdʒɪnəs; US -'sɑ-; a. skɪz'ɑ-] ADJ schizogen (durch Spaltung entstehend)

schizoid ['skɪtsɔɪd] PSYCH A ADJ schizoid (der Schizophrenie ähnliche Symptome aufweisend) B S Schizoide(r) m/f(m)

schizomycete [ˌskɪtsəʊmaɪ'si:t; -'maɪs-; US a. ˌskɪzə-] S BOT Schizomyzet m, Spaltpilz m

schizophrene ['skɪtsəʊfri:n] S PSYCH Schizophrene(r) m/f(m); **schizophrenia** [-njə; -nɪə] S Schizophrenie f, Spaltungsirresein n; **schizophrenic** [-'frenɪk] A S Schizophrene(r) m/f(m) B ADJ (ADV ~ally) schizophren: **be ~** umg mit sich selbst uneins sein (**over** über akk)

schizophyte ['skɪtsəfaɪt; US a. 'skɪzə-] S BOT Schizophyt m, Spaltpflanze f

schizothymia [ˌskɪtsəʊ'θaɪmjə; -mɪə] S PSYCH Schizothymie f (latente Spaltung der Persönlichkeit); **schizothymic** ADJ schizothym

schiz(z)y ['skɪtsɪ; US a. 'skɪzi:] umg für a schizoid b schizophrenic B

schlemiel, **schlemihl** [ʃlə'mi:l] S US sl 1 Schlemihl m, Pechvogel m 2 Tollpatsch m umg

schlep(p) [ʃlep] US sl A V/T a schleppen b (mit sich) herumschleppen B V/I latsche umg, sich schleppen: **~ through the traffic** sich durch den Verkehr quälen C S → schlepper; **schlepper** [-pər] S US sl 1 Langweiler(in) 2 a Tollpatsch m umg b Umstandskrämer(in) umg c Trottel m pej, Blödmann m umg

schlieren ['ʃlɪərən] SPL MINER, PHYS Schlieren pl

schlock [ʃlɑ:k] US sl A ADJ mies (Ware, Künstler etc) B S Ramsch m umg, Ausschuss m; **~meister** [-ˌmaɪstər] S US sl Ramschhändler(in) umg

schmal(t)z [ʃmɔ:lts] S 1 umg Schmalz m, Gefühlsduselei f 2 umg Schmalz(musik) m(f) 3 US Schmalz n; **schmal(t)zy** ADJ umg schmalzig

schmear [ʃmɪə(r)] S: **the whole ~** US sl der ganze Kram od Laden

Schmidt| camera [ʃmɪt] S Schmidt-Kamera f; **~ telescope** S Schmidt-Spiegel(teleskop) m(n)

schmo [ʃməʊ] pl schmoes S US sl Trottel m pej, Blödmann m umg

schmooze [ʃmu:z] US sl A V/I plaudern B S Plauderei f

schmuck [ʃmʌk] S US sl Fiesling m, gemeiner Kerl

schnapper ['ʃnæpə(r)] S FISCH Schnapper m

schnap(p)s [ʃnæps] S Schnaps m

schnauzer ['ʃnaʊtsə(r); US bes 'ʃnaʊzər] S ZOOL Schnauzer m

schnitzel ['ʃnɪtsəl] S Wiener Schnitzel n

schnook [ʃnʊk] S US sl Trottel m, Blödmann m (beide pej)

schnorkle ['ʃnɔ:(r)kl] → snorkel

schnozzle ['ʃnɑ:zəl] S US sl Riecher m (Nase)

scholar ['skɒlə; US 'skɑlər] S 1 a Gelehrte(r) m/f(m), bes Geisteswissenschaftler(in) b Gebildete(r) m/f(m): **a Shakespeare ~** ein Shakespeare-Kenner od -Forscher; **he is a good French ~** im Französischen ist er gut beschlagen 2 Studierende(r) m/f(m): **at 80 he was still a ~** als Achtzigjähriger war er noch (immer) ein Lernender; **he is an apt ~** er lernt gut 3 SCHULE, UNIV Stipendiat(in) 4 dial Alphabet(in) 5 obs od poet Schüler(in), Jünger(in): **the ~s of Socrates** 6 obs Schüler(in); **scholarly** [-lɪ] ADJ 1 gelehrt 2 wissenschaftlich 3 gelehrtenhaft; **scholarship** S 1 Gelehrsamkeit f, ([geistes]wissenschaftliche) Forschung 2 SCHULE, UNIV (Begabten)Stipendium n: **~ holder** → scholar 3

scholastic [skə'læstɪk] A ADJ (ADV ~ally) 1 (geistes)wissenschaftlich, akademisch (Bildung etc) 2 Schul…, schulisch, Schüler…: **~ achievements** schulische Leistungen; **~ aptitude test** US Aufnahmeprüfung f 3 erzieherisch, pädagogisch: **~ profession** Lehr(er)beruf m 4 oft ≈ PHIL scholastisch 5 fig pej scholastisch, schulmeisterlich, spitzfindig, pedantisch B S 1 oft ≈ PHIL Scholastiker m 2 fig pej Scholastiker m, Schulmeister m, Pedant m; **scholasticism** [-sɪzəm] S 1 oft ≈ Scholastik f (die christliche Theologie u. Philosophie des Mittelalters) 2 fig pej Scholastik f, Pedanterie f

scholiast ['skəʊlɪæst] S 1 Antike: Scholiast m (Verfasser von Scholien) 2 fig Kommentator m (antiker Schriftsteller); **scholiastic** ADJ scholiastisch, erläuternd; **scholium** [-ljəm; -lɪəm] pl -lia [-ljə; -lɪə], -liums S 1 Scholie f (gelehrte Erläuterung) 2 bes MATH erläuternder Zusatz

school[1] [sku:l] A S 1 Schule f (Institution): **at** (US **in**) **~** auf od in der Schule (→ A 4); **her children are still at ~** ihre Kinder gehen noch zur Schule; **~ for the deaf** Gehörlosenschule; **~ of flying** Fliegerschule; **~ of motoring** Fahrschule; → high school, etc 2 (meist ohne art) (Schul)Unterricht m, Schule f: **after ~** nach der Schule; **at** (US **in**) **~** in der Schule; **go to ~** zur Schule gehen; **put to ~** einschulen; **there is no ~ today** heute ist schulfrei; → tale 5 3 Schule f, Schulhaus n, -gebäude n 4 US Hochschule f 5 UNIV a Fakultät f, Fachbereich m b Institut n 6 ≈s pl UNIV umg Schlussexamen n (für den Grad e-s **Bachelor of Arts**; in Oxford) 7 fig harte etc Schule: **the hard ~ of life** 8 MAL, PHIL etc Schule f: **other ~s of opinion** andere Meinungsrichtungen; **the Hegelian ~** PHIL die hegelianische Schule od Richtung, die Hegelianer pl; **~ of thought** (geistige) Richtung; **there are different ~s of thought on that** darüber gehen die Meinungen auseinander; → old school 9 UNIV, HIST Hörsaal m 10 **the ≈s** HIST die Scholastiker pl 11 SCHIFF, MIL a Exerziervorschrift f b Drill m 12 MUS Schule f: a Lehrbuch n b Lehre f, System n B V/T 1 einschulen 2 schulen, ausbilden (beide: **in** dat): **~ed** geschult, geübt 3 sein Temperament, s-e Zunge etc zügeln, beherrschen 4 **~ o.s. (to)** sich erziehen (zu), sich üben (in dat): **~ o.s. to do sth** lernen od sich daran gewöhnen, etwas zu tun 5 ein Pferd dressieren 6 obs tadeln

school[2] [sku:l] S FISCH Schwarm m (a. fig), Schule f, Zug m (Wale etc)

schoolable ['sku:ləbl] ADJ 1 schulpflichtig 2 obs bildungsfähig

school| age S schulpflichtiges Alter: **be of ~** schulpflichtig sein; **two children under ~** zwei Kinder im Vorschulalter, zwei noch nicht schulpflichtige Kinder; **~-age** ADJ schulpflichtig, im schulpflichtigen Alter; **~bag** S Schultasche f; **~ board** S US (lokale) Schulbehörde; **~ book** S Schulbuch n; **~boy** S Schüler m, Schuljunge m: **every ~ knows that …** jedes Kind weiß, dass …; **~boyish** ADJ schuljungenhaft; **~ bus** S Schulbus m; **~children** SPL Schüler pl, Schulkinder pl; **~ day** S 1 Schultag m 2 pl Schulzeit f; **~ dinner** S Schulessen n; **~ dropout** S Schulabbrecher(in); **~ fees** SPL Schulgeld n; **~fellow** → schoolmate; **~girl** S Schülerin f, Schulmädchen n; **~girlish** ADJ schulmädchenhaft (Benehmen etc), (Kleidung a.) jungmädchenhaft; **~house** S (bes Dorf)Schulhaus n

schooling S 1 (Schul)Unterricht m 2 Schulung f 3 Dressieren n, Dressur f (von Pferden) 4 obs Tadel m

school| leaver S Br Schulabgänger(in); **~-leaving** ADJ: **~ age** Br Schulabgangsalter n; **~ lunch** S Schulessen n; **~ma'am** [-ˌmɑ:m; -ˌmæm] S US umg für schoolmarm; **~man** [-mən] S irr 1 bes US Pädagoge m 2 a. ≈ HIST Scholastiker m; **~marm** [-mɑ:(r)m] S umg 1 Schullehrerin f 2 fig pej Schulmeisterin f, Gouvernante f; **~marmish** ADJ pej gouvernantenhaft, prüde u. pedantisch; **~master** A S 1 Schulleiter m 2 Lehrer m 3 bes fig pej US Schulmeister m B V/T & V/I 1 unterrichten 2 bes fig pej US schulmeistern; **~masterly** ADJ bes fig pej US schulmeisterlich; **~mate** S Mitschüler(in), Schulkamerad(in); **~mistress** S 1 Schulleiterin f 2 Lehrerin f; **~ outing** S Schulausflug m; **~ report** S SCHULE Br Schulzeugnis n; **~room** S Klass(en)zimmer n; **~ run** S Br *die Zeit, in der Eltern ihre Kinder zur Schule bringen und von dort wieder abholen*: **she's doing the morning ~ this week** diese Woche bringt sie die Kinder am Morgen zur Schule; **~ ship** S SCHIFF Schulschiff n; **~teacher** S (Schul-)Lehrer(in); **~ tie** S Br *als Teil der Schulkleidung getragene Krawatte*; **~time** S 1 Unterrichtszeit f 2 Schulzeit f; **~ uniform** S Br (einheitliche) Schulkleidung; **~work** S (in der Schule zu erledigende) Arbeiten pl od Aufgaben pl; **~yard** S US Schulhof m; **~ year** S Schuljahr n

schooner ['sku:nə(r)] S 1 SCHIFF Schoner m 2 bes US für prairie schooner 3 a US großes Bierglas b Br großes Sherryglas

schorl [ʃɔ:(r)l] S MINER Schörl m, (schwarzer) Turmalin

schottische [ʃɒ'ti:ʃ; US ʃɑ't-; a. 'ʃɑtɪʃ] S MUS Schottische(r) m (a. Tanz)

schuss [ʃʊs] (Skisport) A S Schuss(fahrt) m(f) B V/I Schuss fahren; **~boom** V/I sl Schuss fahren; **~boomer** S sl Schussfahrer(in)

schwa [ʃwɑ:] S LING Schwa n: a *kurzer Vokal von unbestimmter Klangfarbe* b *das phonetische Symbol* ə

Schwarzschild radius ['ʃvartsʃɪlt] S ASTRON Schwarzschild-Radius m

sci. ABK 1 science 2 scientific wiss(enschaftl).

sciamachy [saɪ'æməkɪ] S 1 Scheingefecht n 2 Spiegelfechterei f

sciatic [saɪ'ætɪk] ADJ ANAT, MED 1 ischiadisch, Ischias…: **~ nerve** Ischiadikus m, Ischiasnerv *m* 2 an Ischias leidend; **sciatica** [-kə] S MED Ischias *m, a. n, wissenschaftlich a. f*

science ['saɪəns] S 1 a Wissenschaft *f* b Naturwissenschaft(en) *f(pl)* 2 a Wissenschaft *f*, Wissensgebiet *n* b Naturwissenschaft *f*: **the ~ of optics** die (Lehre von der) Optik; → dismal A 1 3 *fig* Kunst *f*, Lehre *f*, Kunde *f*: **~ of gardening** Gartenbaukunst 4 PHIL, REL Wissen *n*, Erkenntnis *f* (**of** von) 5 Kunst(fertigkeit) *f*, (gute) Technik (*a.* SPORT): **have** *sth* **down to a ~** es zu e-r wahren Kunstfertigkeit gebracht haben in (*dat*) 6 ♀ → Christian Science 7 *obs* Wissen *n*; **~ fiction** A S Science-Fiction *f* B ADJ Science-Fiction-…: **~ novel**; **~ park** S Technologiepark *m*

scienter [saɪ'entə(r)] ADV JUR wissentlich

scientific [,saɪən'tɪfɪk] ADJ 1 (*engS.* natur)wissenschaftlich 2 exakt, systematisch: **~ management** WIRTSCH wissenschaftliche Betriebsführung; **~ socialism** wissenschaftlicher Sozialismus 3 SPORT *etc* kunstgerecht; **scientifically** ADV wissenschaftlich, auf wissenschaftliche Art, auf wissenschaftlicher Grundlage

scientism ['saɪəntɪzəm] S Wissenschaftlichkeit *f*; **scientist** S 1 (Natur)Wissenschaftler(in) 2 ♀ → Christian Scientist

Scientologist [,saɪən'tɒlədʒɪst; US -'tɑl-] S Scientologe *m*, Scientologin *f*; **Scientology®** S Scientology® *f (weltweit verbreitete, sehr stark wirtschaftlich orientierte Sekte)*

sci-fi [,saɪ'faɪ] *umg für* science fiction

scilicet ['saɪlɪset; US *a.* 'ski:lɪ,ket] ADV scilicet, nämlich, das heißt

scilla ['sɪlə] S BOT Scilla *f*, Meerzwiebel *f*

Scilly Isles ['sɪlɪ] SPL (*die*) Scilly-Inseln *pl*

scimitar, **scimiter** ['sɪmɪtə(r)] S (orientalischer) Krummsäbel

scintigram ['sɪntɪgræm] S *Nuklearmedizin*: Szintigramm *n (durch die Einwirkung der Strahlung radioaktiver Stoffe auf e-e fluoreszierende Schicht erzeugtes Leuchtbild)*; **scintigraphy** [sɪn'tɪgrəfɪ] S Szintigrafie *f (Untersuchung u. Darstellung innerer Organe mithilfe von Szintigrammen)*

scintilla [sɪn'tɪlə] S *fig* Fünkchen *n*, Spur *f*: **not a ~ of truth** nicht ein Fünkchen Wahrheit; **not a ~ of proof** nicht der geringste Beweis; **scintillant** [-lənt] ADJ (ADV ~ly) funkelnd

scintillate ['sɪntɪleɪt] A V/I 1 Funken sprühen 2 funkeln (*a. Augen*), sprühen (*a. fig Geist, Witz*) 3 ASTRON, PHYS szintillieren 4 *fig* (*geistig*) glänzen, (vor Geist) sprühen B V/T *Funken, a. fig Geistesblitze* (ver)sprühen; **scintillating** ADJ (ADV ~ly) *fig* glänzend, brillant; **scintillation** S 1 Funkeln *n* 2 ASTRON, PHYS Szintillation *f*: **~ counter** PHYS Szintillationszähler *m* 3 *fig* Geistesblitz *m*; **scintillator** [-tə(r)] S PHYS Szintillator *m*

sciolism ['saɪəʊlɪzəm] S Halbwissen *n*; **sciolist** S Halbgebildete(r) *m/f(m)*

scion ['saɪən] S 1 BOT Ableger *m*, Steckling *m*, (Pfropf)Reis *n* 2 *fig* Spross *m*, Sprössling *m*

scire facias [,saɪərɪ'feɪʃɪæs] S *a.* **writ of ~** JUR *Gerichtsbefehl, Gründe anzugeben, warum ein Protokoll etc dem Antragsteller nicht bekannt gegeben od der ihm daraus erwachsene Vorteil nicht gewährt werden sollte*

scirrhous ['sɪrəs] ADJ MED szirrhös, verhärtet; **scirrhus** [-rəs] *pl* -rhuses, -rhi [-raɪ] S MED Szirrhus *m*, harte Krebsgeschwulst

scissel ['sɪsl] S TECH Metallabfall *m*, -späne *pl*

scissile ['sɪsaɪl; US *bes* -səl] ADJ TECH (leicht) schneid- *od* spaltbar

scission ['sɪʒn; -ʃn] S 1 Schneiden *n*, Spalten *n* 2 Schnitt *m* 3 *fig* Spaltung *f*

scissor ['sɪzə(r)] A V/T (*mit der Schere*) (zer-, zu)schneiden B SPL **scissors** 1 *a.* **pair of ~s** Schere *f* 2 (*meist als sg konstruiert*) SPORT a Schere *f (Übung am Seitpferd etc)* b *a.* **~ jump** (*Hochsprung*) Schersprung *m* c *a.* **~ hold** (*Ringen*) Schere *f*

scissors kick S *Fußball, Schwimmen*: Scherenschlag *m*

scissure ['sɪʒə(r); 'sɪʃ-] S *bes* MED Fissur *f*, Riss *m*

sciurine ['saɪjʊrɪn; -raɪn] S ZOOL Eichhörnchen *n*

sclera ['sklɪərə; US 'sklerə] S ANAT Sklera *f*, Lederhaut *f (des Auges)*

sclerenchyma [,sklɪə'reŋkɪmə; US sklə'r-] S BOT Sklerenchym *n*, verhärtetes Zellgewebe

scleritis [,sklɪə'raɪtɪs; US sklə'r-] → sclerotitis

scleroderma [,sklɪərəʊ'dɜ:mə; ,skler-] S MED Sklerodermie *f (Hauterkrankung, die zu e-r allmählichen Verhärtung führt)*

scleroma [,sklɪə'rəʊmə; US sklə-] *pl* -mata [-mətə], -mas S MED Sklerom *n*, Verhärtung *f*

sclerometer [,sklɪə'rɒmɪtə; US sklə'rɑmətər] S TECH Sklerometer *n (Gerät zur Bestimmung der Härte von Kristallen)*

sclerosis [,sklɪə'rəʊsɪs; US sklə-] *pl* -roses [-'rəʊsi:z] S 1 MED Sklerose *f*, Verhärtung *f* (*e-s Organs etc*) 2 BOT Verhärtung *f (durch Zellwandverdickung)* 3 *fig* Verkalkung *f*

sclerotic [,sklɪə'rɒtɪk; US sklə'rɑ-] A ADJ 1 ANAT Sklera… 2 BOT verhärtet, MED *a.* sklerotisch 3 MED sklerotisch, an Sklerose leidend 4 *fig* verkalkt B S ANAT → sclera

sclerotitis [,sklɪərəʊ'taɪtɪs; US ,sklerə-] S MED Skleritis *f*, Lederhautentzündung *f*

sclerous ['sklɪərəs; US 'skler-] ADJ MED sklerotisch, verhärtet

SCM ABK 1 *Br* state certified midwife staatlich anerkannte Hebamme 2 *Br* Student Christian Movement

scoff[1] [skɒf; US *a.* skɑf] A S 1 Spott *m* 2 (*das*) Gespött (*der Leute etc*), Zielscheibe *f* des Spotts 3 spöttische Bemerkung B V/I spotten (**at** über *akk*)

scoff[2] [skɒf; US *a.* skɑf] *bes Br umg* A S Futter *n* (*Nahrung*) B V/T & V/I futtern, gierig essen

scoffer S Spötter(in)

scold [skəʊld] A V/T *j-n* (aus)schelten, auszanken (*beide:* **for** wegen) B V/I 1 schimpfen (**at** über *akk*): **~ at** → A 2 *obs* keifen C S zänkisches Weib, Zankteufel *m pej*; **scolding** S 1 Schelten *n* 2 Schelte *f*: **get a ~** Schelte bekommen

scoleces [skəʊ'li:si:z] *pl von* scolex

scolecite ['skəʊlɪsaɪt; *Br a.* 'skɒ-; US *a.* 'skɑ-] S MINER Skolezit *m*

scolex ['skəʊleks] *pl* -leces [-'li:si:z] S ZOOL Skolex *m*, Bandwurmkopf *m*

scoliosis [,skɒlɪ'əʊsɪs; *bes US* ,skəʊ-] S MED Skoliose *f (seitliche Verkrümmung der Wirbelsäule)*

scollop ['skɒləp; US 'skɑl-] → scallop

sconce[1] [skɒns; US skɑns] S 1 Wandleuchter *m* 2 flacher Kerzenständer

sconce[2] [skɒns; US skɑns] S MIL Schanze *f*

sconce[3] [skɒns; US skɑns] V/T UNIV (*Oxford, Cambridge*) *bes* HIST a *j-n* mit e-r Geldstrafe belegen b *j-n* dazu verurteilen, in die Kanne zu steigen (*e-e große Menge Bier auf einmal zu trinken*)

sconce[4] [skɒns; US skɑns] S *obs* 1 Kopf *m* 2 *fig* Verstand *m*

scone [skɒn; skəʊn; US skɑn; skəʊn] S 1 kleiner runder Kuchen, mit Butter serviert 2 *Aus sl* Birne *f* (*Kopf*): **be off one's ~** a kochen *umg* b spinnen *umg*

scoop [sku:p] A S 1 a Schöpfkelle *f*, Schöpfer *m* b Schaufel *f*, Schippe *f* 2 TECH a Wasserschöpfer *m* b Baggereimer *m*, -löffel *m* 3 Kohleneimer *m*, -korb *m* 4 a (kleine) (*Mehl-, Zucker- etc*) Schaufel b Portionierer *m (für Eis, Kartoffelbrei)* 5 MED Löffel *m* 6 (*Apfel-, Käse*) Stecher *m* 7 (Aus)Höhlung *f*, Mulde *f* 8 (Aus)Schöpfen *n*, (Aus)Schaufeln *n* 9 Schub *m*, Stoß *m*: **at** (*od* **in**) **one ~** mit einem Schub 10 *Fußball, Hockey*: Schlenzer *m* 11 *sl* Schnitt *m*, (großer) Fang, Gewinn *m* 12 *Zeitungswesen*: *sl* Scoop *m*, (sensationelle) Erst-, Exklusivmeldung, Knüller *m umg* 13 *US sl* Informationen *pl*, Einzelheiten *pl* 14 *a.* **~ neck** (tiefer) runder Ausschnitt (*am Kleid*) B V/T 1 schöpfen, schaufeln: **~ up** (auf)schaufeln, *weitS.* hochheben, -nehmen, zusammenraffen, *fig Geld* scheffeln *umg* 2 *meist* **~ out** ausschöpfen 3 *meist* **~ out** aushöhlen, *ein Loch* (aus)graben 4 *oft* **~ in** *sl e-n Gewinn* einstecken, *Geld* scheffeln *umg*: **~ in a good profit** e-n (guten) Schnitt machen 5 *sl* a *e-e Konkurrenzzeitung etc* ausstechen (**with** durch *e-e Erstmeldung*) b *allg* schlagen, ausstechen, *j-m* zuvorkommen (*alle:* **on** bei, in *dat*) 6 *Fußball, Hockey: den Ball* schlenzen; **~ net** S *Fischfang*: Streichnetz *n*; **~ wheel** S TECH Schöpf-, Heberad *n*

scoot [sku:t] V/I *umg* 1 rasen, flitzen 2 abhauen

scooter ['sku:tə(r)] A S 1 (Kinder)Roller *m* 2 (*Motor*) Roller *m* 3 SPORT *US* Eisjacht *f* B V/I 1 (auf e-m) Roller fahren 2 SPORT *US* mit e-r Eisjacht segeln; **scooterist** S AUTO Rollerfahrer(in)

scop [skɒp; US skɑp; skəʊp] S HIST Skop *m* (*altgermanischer Dichter od Sänger*)

scopa ['skəʊpə] *pl* -pae [-pi:] S ZOOL Fersenbürste *f (an den Beinen der Bienen)*

scope[1] [skəʊp] S 1 (JUR Anwendungs-) Bereich *m*, Gebiet *n*: **within the ~ of the law** im Rahmen des Gesetzes; **come within the ~ of a law** unter ein Gesetz fallen; **be within** (**outside** *od* **beyond**) **the ~ of** sich im Rahmen (*gen*) halten (den Rahmen *gen* sprengen); **that is within** (**outside** *od* **beyond**) **my ~ of duties** das fällt (nicht) in m-n Aufgabenbereich; **an undertaking of wide ~** ein groß angelegtes Unternehmen; → function A 1 2 Ausmaß *n*, Umfang *m*, Reichweite *f*: **~ of authority** JUR Vollmachtsumfang 3 *a.* **~ of mind** Gesichtskreis *m*, (geistiger) Horizont: **that is beyond** (*od* **outside**) **my ~** das geht über m-n Horizont 4 (Spiel-)Raum *m* (**for** für): **give one's fancy full ~** s-r Fantasie freien Lauf lassen; **have free ~** freie Hand haben (**for** bei) 5 Wirkungskreis *m*, Betätigungsfeld *n* 6 Länge *f* (*e-s Kabels etc*) 7 Schuss-, Reichweite *f* 8 a Ausdehnung *f*, Weite *f* b (großes) Gebiet, (weiter) Landstrich

scope[2] [skəʊp] *umg für* microscope A, oscilloscope *etc*

-scope [skəʊp] *Wortelement mit der Bedeutung* Beobachtungsinstrument: → stethoscope A, *etc*

scopolamine [skə'pɒləmi:n; -mɪn; US skəʊ'pɑl-] S CHEM Scopolamin *n*

-scopy [skəpɪ] *Wortelement mit der Bedeutung* Beobachtung, Untersuchung: → microscopy *etc*

scorbutic [skɔ:(r)'bju:tɪk] ADJ MED (ADV ~ally) 1 skorbutisch, Skorbut… 2 an Skorbut leidend

scorch [skɔ:(r)tʃ] A V/T 1 versengen, -brennen 2 (aus)dörren 3 ELEK verschmoren: **a ~ed contact** 4 *fig* a (durch scharfe Kritik *od* beißenden Spott) verletzen b *j-n* scharf kritisieren 5 MIL verwüsten: **~ed earth policy** Politik *f* der verbrannten Erde B V/I 1 versengt werden 2 anbrennen (*Milch etc*) 3 AUTO *umg* rasen C S 1 Versengung *f*, Brandfleck *m* 2 AUTO *umg* Rasen *n*, rasendes Tempo; **scorcher** S 1 *umg* (*etwas*) sehr Heißes, *bes* glühend heißer Tag 2 *sl* a beißende Bemerkung, scharfe Kritik, böser Brief *etc* b tolle Sache, Sensation *f* 3 *sl* toller Kerl, tolle Frau 4 AUTO *umg* Raser(in), Rennsau *f* 5 SPORT *sl* a *Fußball etc*: Bombenschuss *m* b *Tennis etc*: knallharter Schlag; **scorching** A ADJ (ADV ~ly) 1 bren-

S

nend, sengend, glühend heiß: ~ **heat** sengende Hitze 2 *fig* scharf *(Kritik)* B ADV ~ **hot** glühend heiß C S 1 Versengen *n* 2 AUTO *umg* Rasen *n*

score [skɔː(r); *US a.* 'skəʊər] A S 1 Kerbe *f*, Einschnitt *m*, Rille *f* 2 (Markierungs)Linie *f* 3 SPORT Start- *od* Ziellinie *f*: **get off at full ~** a losrasen, rangehen wie Blücher *umg* b aus dem Häuschen geraten *umg* 4 SPORT a (Spiel)Stand *m* b *(erzielte)* Punkt- *od* Trefferzahl, (Spiel)Ergebnis *n*, (Be)Wertung *f* c Punktliste *f*: **~ at half time** Halbzeitstand, -ergebnis; **the ~ stood at** (*od* **was**) **3-2 at half time** bei *od* zur Halbzeit stand das Spiel 3:2; **what is the ~?** wie steht das Spiel *od* es?, *fig US* wie ist die Lage?; **the ~ is even** das Spiel steht unentschieden; **keep (the) ~** anschreiben; **know the ~** *umg* Bescheid wissen; **~ one for me!** *umg* eins zu null für mich! 5 Rechnung *f*, Zeche *f*: **run up a ~** Schulden machen, e-e Rechnung auflaufen lassen; **have a ~ to settle with sb** *fig* e-e Rechnung mit j-m zu begleichen haben; **what's the ~?** wie viel macht *od* kostet das?; **on the ~ of** aufgrund *(gen)*, wegen *(gen)*; **on that ~** in dieser Hinsicht; **on what ~?** aus welchem Grund? 6 (Gruppe *f od* Satz *m* von) zwanzig, zwanzig Stück: **a ~ of apples** 20 Äpfel; **four ~ and seven** 87 7 *pl* e-e große (An)Zahl: **~s of people**; **~s of times** hundertmal, x-mal *umg* 8 **make a ~ off sb** *umg* a j-m eins auswischen b j-n lächerlich machen 9 MUS Partitur *f*: **in ~** in Partitur (gesetzt *od* herausgegeben) B V/T 1 SPORT a *e-n Punkt, Treffer* erzielen, *ein Tor a.* schießen b *die Punkte, den Spielstand etc* anschreiben c *fig Erfolge, Siege* verzeichnen, erringen, verbuchen, feiern: **~ a hit** e-n Treffer erzielen, *fig* e-n Bombenerfolg haben; **~ points for sth** *fig* mit etwas imponieren 2 *bes* SPORT zählen: **a try ~s three points** 3 SCHULE, PSYCH *j-s Leistung etc* bewerten 4 MUS a in Partitur setzen b instrumentieren, setzen (**for** für) 5 GASTR *Fleisch etc* schlitzen 6 einkerben, -schneiden 7 markieren: **~ out** aus- *od* durchstreichen; **~ under** unterstreichen 8 *oft* **~ up** *Schulden, e-e Zeche etc* anschreiben: **~ (up) sth against** (*od* **to**) **sb** *fig* j-m etwas ankreiden 9 *bes US* scharf kritisieren *od* angreifen C V/I 1 SPORT a e-n Punkt *od* Treffer *od* ein Tor erzielen, Tore schießen: **he ~d twice** er war zweimal erfolgreich b die Punkte anschreiben 2 *umg* Erfolg *od* Glück haben (**with** mit): **~ off sb** a j-m eins auswischen b j-n lächerlich machen; **~ over sb (sth)** j-n (etwas) übertreffen 3 gezählt werden, zählen: **that ~s for us** das zählt für uns 4 Linien *od* Striche ziehen *od* einkerben 5 *sl* sich Stoff *(Rauschgift)* beschaffen 6 **~ with a girl** *sl* ein Mädchen ins Bett kriegen

score|board S SPORT Anzeigetafel *f (im Stadion etc)*; **~ card** S 1 SPORT Spielberichtsbogen *m* 2 *Golf*: Score-, Zählkarte *f* 3 *Boxen etc*: Punktzettel *m*

S

scoreless ADJ SPORT torlos *(Unentschieden etc)*

scoreline S SPORT *Br* Endergebnis *n*, -stand *m*

scorer S 1 SPORT a (An)Schreiber(in) b Torschütze *m*, -schützin *f*, *(Basketball)* Korbschütze *m*, -schützin *f*: **the best ~** der beste Werfer; **the ~ of the first goal** der Schütze des ersten Tores 2 TECH a Kerb-, Ritz-, (An)Reißvorrichtung *f* b Kerb-, Reißschneide *f*

scoria ['skɔːrɪə] *pl* -riae [-riː] S 1 TECH (Metall)Schlacke *f* 2 GEOL Gesteinsschlacke *f*; **scoriaceous** [-'eɪʃəs] ADJ GEOL, TECH schlackig

scorification [ˌskɔːrɪfɪ'keɪʃn] S TECH Verschlackung *f*, Schlackenbildung *f*; **scorify** [-faɪ] V/T TECH verschlacken

scoring S 1 *bes* GEOL Spalte *f*, Kerbe *f*, Einschnitt *m* 2 MUS a Partiturierung *f* b Instrumentierung *f* 3 SPORT Torreigen *m*: **open the ~** den Torreigen eröffnen; **so far there has been no ~** bis jetzt ist noch kein Tor gefallen; **~ chance** S SPORT Torchance *f*; **~ machine** S *Fechten*: Trefferanzeige *f*; **~ spree** S SPORT Schützenfest *n*: **go on a ~** ein Schützenfest veranstalten

scorn [skɔː(r)n] A S 1 Verachtung *f*: **with ~** mit *od* voller Verachtung, verächtlich 2 Spott *m*, Hohn *m*: **laugh to ~** *j-n, etwas* verlachen; **pour ~ on** *j-n* mit Hohn *od* Spott übergießen *od* überschütten, über *j-n, etwas* spotten 3 Zielscheibe *f* des Spottes, *(das)* Gespött *(der Leute etc)*: **be the ~ of** a verachtet werden von b verspottet *od* verhöhnt werden von B V/T 1 *ein Angebot etc* ausschlagen, verschmähen, *e-n Rat etc* in den Wind schlagen: **~ to do sth** es für unter s-r Würde halten *od* zu stolz sein, etwas zu tun 2 verachten 3 verspotten, -höhnen; **scornful** [-fʊl] ADJ (ADV ~ly) 1 verächtlich: **be ~ of** nur Verachtung übrighaben für 2 spöttisch, höhnisch

Scorpio ['skɔː(r)pɪəʊ] A S ASTRON, ASTROL Skorpion *m (Sternbild u. Tierkreiszeichen)*: **be a ~** (ein) Skorpion sein B ADJ ASTROL Skorpion...: **be ~** (ein) Skorpion sein

scorpion ['skɔː(r)pjən; -pɪən] S 1 ZOOL Skorpion *m* 2 ♀ ASTROL Skorpion *m (Tierkreiszeichen)* 3 BIBEL Skorpion *m*, Stachelpeitsche *f* 4 *fig* Geißel *f* 5 MIL, HIST Skorpion *m (Wurfmaschine)*; **~ fly** S ZOOL Skorpions-, Schnabelfliege *f*

Scorpionic [ˌskɔː(r)pɪ'ɒnɪk; *US* -'ɑn-] ASTROL A ADJ → Scorpio B B S Skorpion *m (Person)*: **be a ~** (ein) Skorpion sein; **Scorpius** [-əs] → Scorpio A

Scot[1] [skɒt; *US* skɑt] S 1 Schotte *m*, Schottin *f* 2 HIST Skote *m (ein Kelte)*

scot[2] [skɒt; *US* skɑt] S 1 Zahlung *f*, Beitrag *m*: **pay (for) one's ~** *fig* s-n Beitrag leisten 2 *a.* **~ and lot** HIST *Br* Gemeindeabgabe *f*: **pay ~** *fig* alles auf Heller u. Pfennig bezahlen

Scot. ABK 1 Scotch schott. 2 Scotland 3 Scottish schott.

Scotch[1] [skɒtʃ; *US* skɑtʃ] A ADJ schottisch *(Whisky etc)* B S 1 **the ~** *koll pej od hum* die Schotten *pl* 2 Scotch *m*, schottischer Whisky 3 LING Schottisch *n*, das Schottische

scotch[2] [skɒtʃ; *US* skɑtʃ] A V/T 1 (leicht) verwunden, schrammen 2 *ein Gerücht etc* aus der Welt schaffen, *a.* im Keim ersticken: **~ sb's plans** j-m e-n Strich durch die Rechnung machen *umg* 3 *ein Rad etc* blockieren B S 1 Schramme *f* 2 TECH Bremsklotz *m*, Hemmschuh *m (a. fig)* 3 *Himmel-u.-Hölle-Spiel*: (am Boden gezogene) Linie

Scotch| broth S GASTR *dicke Suppe aus Rind- od Hammelfleischbrühe, Gemüse u. Perlgraupen*; **~ egg** S GASTR *hartes Ei in Brät, paniert u. ausgebacken*; **~ fir** → Scotch pine; **~ Gaelic** S LING Gälisch *n*, das *(im schottischen Hochland gesprochene)* Gälische; **~man** [-mən] S *irr pej od hum* Schotte *m*; **~ mist** S dichter, nasser Nebel; **~ pebble** S MINER *in Schottland vorkommendes Geröll aus kryptokristallinem Quarz, das zu Schmucksteinen verarbeitet wird*; **~ pine** S BOT Gemeine Kiefer, Waldkiefer *f*; **~ tape®** S *bes US durchsichtiges Klebeband*; **~ terrier** S ZOOL Scotchterrier *m*; **~woman** S *irr pej od hum* Schottin *f*; **~ woodcock** S GASTR *Toast mit Anschovispaste u. Rührei*

scoter ['skəʊtə(r)] *pl* -ters, *bes koll* -ter S ORN Trauerente *f*

scot-free ADJ 1 unversehrt: **he escaped ~ from the accident** er blieb bei dem Unfall unverletzt 2 ungestraft: **go** (*od* **get off, escape**) ~ ungeschoren davonkommen

scotia ['skəʊʃə; *US a.* -ʃɪə] S ARCH Skotie *f*, Hohlkehle *f*

Scotism ['skəʊtɪzəm] S PHIL Scotismus *m (Lehre des Duns Scotus)*

Scotland ['skɒtlənd; *US* 'skɑt-] S Schottland *n*

Scotland Yard ['skɒtlənd; *US* 'skɑt-] S Scotland Yard *m (die Londoner Kriminalpolizei)*

scoto- [skɒtə; *US* skɑtə; skəʊ-] *Wortelement mit der Bedeutung* Dunkelheits…

scotoma [skə'təʊmə] *pl* -mas, -mata [-mətə] S MED Skotom *n (Ausfall e-s Teils des Gesichtsfelds)*

scotopia [skə'təʊpɪə; skəʊ-] S MED Dunkeladaption *f (des Auges)*

Scots [skɒts; *US* skɑts] A S LING → Scotch[1] B 3 B ADJ schottisch; **~ fir** → Scotch pine; **~man** [-mən] S *irr* Schotte *m*; **~ pine** → Scotch pine; **~woman** S *irr* Schottin *f*

Scotticism ['skɒtɪsɪzəm; *US* 'skɑ-] S schottische (Sprach)Eigenheit

Scottie ['skɒtɪ; *US* 'skɑtiː] S *umg* 1 Schotte *m* 2 → Scotch terrier

Scottish ['skɒtɪʃ; *US* 'skɑ-] A S 1 LING → Scotch[1] B 3 2 **the ~** *koll* die Schotten *pl* B ADJ schottisch: **she's ~** sie ist Schottin; **~ Borders** S Scottish Borders *n (Verwaltungsregion in Südostschottland)*; **~ Gaelic** → Scotch Gaelic; **~ terrier** → Scotch terrier

Scotty ['skɒtɪ; *US* 'skɑtiː] S *umg* 1 Schotte *m* 2 → Scotch terrier

scoundrel ['skaʊndrəl] S Schurke *m*, Schuft *m*, Halunke *m*; **scoundrelism** S 1 Niedertracht *f*, Gemeinheit *f* 2 Schurkenstreich *m*; **scoundrelly** [-lɪ] ADJ schurkisch, niederträchtig, gemein

scour[1] ['skaʊə(r)] A V/T 1 scheuern, schrubben, *ein Messer etc* (blank) putzen, polieren 2 säubern, reinigen *(beide:* **of, from** von) 3 *e-n Kanal etc* (aus)schwemmen, schlämmen, *ein Rohr etc* (aus)spülen 4 *ein Pferd etc* putzen, striegeln 5 TECH *Wolle* waschen, entfetten: **~ing mill** Wollewäscherei *f* 6 *den Darm* entschlacken 7 *a.* **~ away** (*od* **off**) *Flecken etc* entfernen, *Schmutz* abreiben *(beide:* **from** von) B V/I 1 scheuern, schrubben, putzen 2 reinigen, säubern C S 1 Scheuern *n etc*: **give sth a ~** etwas scheuern 2 *Wasserbau*: a Schlämmen *n* b Wegwaschung *f* c ausgehöhltes Flussbett 3 Reinigungsmittel *n (für Wolle etc)* 4 *meist pl* VET Ruhr *f*

scour[2] ['skaʊə(r)] A V/I 1 **~ through** (*od* **over**) → B 2 rennen, huschen: **~ about** (*od* **around**) herumrennen B V/T durchsuchen, durchstöbern, *e-e Gegend a.* durchkämmen *(alle:* **for** nach): **~ the town** die ganze Stadt abklappern *umg*

scourer ['skaʊərə; *US* 'skaʊrər] S Topfkratzer *m*

scourge [skɜːdʒ; *US* skɜrdʒ] A S Geißel *f*: a Peitsche *f* b *fig* Plage *f*: **~ of mosquitoes** Moskitoplage; **the ♀ of God** die Gottesgeißel *(Attila)* B V/T 1 geißeln, (aus)peitschen 2 *fig* a *(durch Kritik etc)* geißeln b strafen c quälen, peinigen

scouring ['skaʊərɪŋ] A ADJ: **~ pad** Topfkratzer *m* B SPL **scourings** *(beim Putzen entstehender)* Abfall

scouse[1] [skaʊs] S GASTR *Br* Labskaus *n*

scouse[2], ♀ [skaʊs] *Br umg* A S 1 Liverpooler(in) 2 Liverpooler Dialekt *m* B ADJ aus *od* von Liverpool, Liverpooler

scouser, ♀ ['skaʊsə] → scouse[2] A 1

scout[1] [skaʊt] A S 1 a *bes* MIL Kundschafter *m*, Späher *m* b SPORT Spion(in), Beobachter(in) *(gegnerischer Mannschaften etc)*: → talent 2 2 MIL a Erkundungs-, Aufklärungsfahrzeug *n* b SCHIFF Aufklärungskreuzer *m* c *a.* ~

(air)plane FLUG Aufklärer m 3 bes MIL Kundschaften n, Erkundung f: **on the ~** auf Erkundung 4 a Pfadfinder m b US Pfadfinderin f 5 **a good ~** ein feiner Kerl 6 UNIV Hausdiener m e-s College (bes in Oxford) 7 AUTO Br motorisierte(r) Pannenhelfer(in) (e-s Automobilklubs) B V/I 1 bes MIL auf Erkundung sein: **~ing party** Spähtrupp m 2 **~ about** (od **around**) sich umsehen (**for** nach) C V/T 1 a. **~ out** bes MIL auskundschaften, erkunden 2 (wachsam) beobachten 3 SPORT e-e gegnerische Mannschaft etc beobachten

scout² [skaʊt] V/T obs verächtlich zurückweisen

scout car S MIL (Panzer)Spähwagen m

scouter ['skaʊtə(r)] S 1 bes MIL Kundschafter m, Späher m 2 US *über 18 Jahre altes Mitglied der* ***Boy Scouts***

scoutmaster S Führer m (e-r Pfadfindergruppe)

scow [skaʊ] S SCHIFF US od schott (See-)Leichter m, Schute f

scowl [skaʊl] A V/I finster blicken: **~ at sb** j-n finster anblicken B V/T a. **~ down** j-n (durch finstere Blicke) einschüchtern C S finsterer Blick, finsterer (Gesichts)Ausdruck: **give sb a ~** j-n finster anblicken; **scowling** ADJ (ADV **~ly**) finster

SCPS ABK Br Society of Civil and Public Servants Verein m der Beamten u. Arbeitnehmer des öffentlichen Dienstes

SCR ABK UNIV Br senior common room Gemeinschaftsraum m für Doktoranden u. Lehrpersonal

scrabble ['skræbl] A V/I 1 kratzen, scharren 2 meist **~ about** (od **around**) (herum)suchen, (-)wühlen (beide: **for** nach) 3 fig sich (ab)plagen (**for** für, um) 4 krabbeln 5 kritzeln B V/T 1 scharren auf od in (dat) 2 bekritzeln C S 1 Kratzen n, Scharren n 2 Gekritzel n 3 (geschützte Marke) Scrabble(spiel)® n

scrag [skræg] A S 1 Gerippe n, Knochengestell n (beide umg) (dürrer Mensch etc) 2 meist **~ end (of mutton)** GASTR (Hammel)Hals m 3 umg Kragen m, Hals m B V/T umg a j-n abmurksen, j-m den Hals umdrehen b j-n (auf)hängen c j-n würgen; **scragginess** [-gɪnɪs] S Magerkeit f, Hagerkeit f; **scraggy** ADJ (ADV scraggily) 1 dürr, hager, mager, knochig 2 rau, zerklüftet (Gegend etc)

scram [skræm] A V/I umg meist imp abhauen B S Kerntechnik: Schnellabschaltung f (e-s Reaktors)

scramble ['skræmbl] A V/I 1 (auf allen vieren) krabbeln, klettern, kriechen: **~ to one's feet** sich aufrappeln umg; **~ into one's clothes** in die Kleider fahren 2 sich balgen, sich schlagen, (a. fig) sich raufen (alle: **for** um): **~ for a living** sich um s-n Lebensunterhalt abstrampeln umg 3 sich unregelmäßig ausbreiten B V/T 1 oft **~ up** (od **together**) ein Essen, Geld zusammenkratzen 2 Karten etc durcheinanderwerfen, e-n Flugplan etc durcheinanderbringen 3 Eier verrühren: **~ eggs** Rührei machen; **~d egg(s** pl**)** Rührei n 4 ein Telefongespräch etc zerhacken 5 WIRTSCH US öffentliche u. private Industrie mischen C S 1 (Herum)Krabbeln n, (-)Kriechen n, (-)Klettern n 2 Balgerei f, (a. fig) Rauferei f (**for** um) 3 Motorradsport: Br Moto-Cross-Rennen n; **scrambler** S TEL etc Zerhacker m

scran [skræn] S umg Futter n (Essen)

scrannel ['skrænl] ADJ obs 1 mager 2 schrill (Stimme)

scrap¹ [skræp] A S 1 Stück(chen) n, Brocken m, Fetzen m, Schnitzel n/m: **a ~ of paper** ein Fetzen Papier (a. fig); **not a ~ of** kein bisschen (Nahrung etc); **not a ~ of evidence** nicht der geringste Beweis; **not a ~ of truth** nicht ein Fünkchen Wahrheit; **there's not a ~ of truth in that story** an der Geschichte ist kein Wort wahr 2 pl Abfall m, (bes Speise)Reste pl 3 (Zeitungs)Ausschnitt m 4 Bruchstück n: **~s** pl **of knowledge** bruchstückhaftes Wissen; **~s of conversation** Gesprächsfetzen pl 5 meist pl (Fett)Grieben pl 6 TECH a Schrott m b Ausschuss m c Abfall m B ADJ 1 Abfall…, Reste…: **~ dinner** Resteessen n 2 TECH Schrott…: **~ value** C V/T 1 (als unbrauchbar) ausrangieren 2 fig zum alten Eisen od über Bord werfen 3 TECH verschrotten, ein Schiff abwracken

scrap² [skræp] sl A S 1 Krach m umg, Streit m: **get into a ~ with sb** sich mit j-m in die Wolle kriegen umg 2 Rauferei f B V/I 1 sich streiten (**with** mit) 2 sich raufen (**with** mit)

scrapbook S (Sammel)Album n

scrape [skreɪp] A S 1 a Kratzen n, Scharren n (beide a. als Geräusch) b MED Ausschabung f 2 HIST Kratzfuß m 3 Kratzer m, Schramme f 4 **~ of the pen** fig bes schott e-e Zeile, ein paar (geschriebene) Worte 5 umg Krach m, Streit m 6 umg Klemme f: **be in a ~** in der Klemme sein od sitzen od stecken, in Schwulitäten sein umg 7 dünn gekratzte Schicht (Butter): **bread and ~** umg dünn geschmiertes Butterbrot B V/T 1 kratzen, schaben: **~ off** abkratzen od abschaben (von); **~ out** ausschaben (a. MED), auskratzen; **~ together** (od **up**) (a. fig umg Geld etc) zusammenkratzen; **~ one's chin** umg hum sich rasieren; **~ a living** sich gerade so über Wasser halten; **~ (up) (an) acquaintance** fig oberflächlich miteinander bekannt werden; **~ (up) (an) acquaintance with sb** fig a mit j-m oberflächlich bekannt werden b sich um j-s Bekanntschaft bemühen c pej sich j-m aufdrängen; → **barrel** A 1 2 mit den Füßen etc kratzen od scharren: **~ down** Br e-n Redner durch (Füße)Scharren zum Schweigen bringen 3 scheuern, reiben (beide: **against** an dat) 4 sich die Knie etc aufschürfen: **~ one's knees** C V/I 1 kratzen, schaben, scharren 2 scheuern, sich reiben (beide: **against** an dat) 3 kratzen (**on** auf e-r Geige etc) 4 **~ along** (od **by**) umg sich gerade so durchschlagen, über die Runden kommen (beide: **on** mit); **~ through** a sich durchzwängen (durch) b SCHULE gerade so durchkommen c sich gerade so durchschlagen, über die Runden kommen (beide: **on** mit); **~ through (one's examination) in English** mit Ach u. Krach durch die Englischprüfung kommen umg; **~ in(to a school)** mit Ach u. Krach die Aufnahme (in e-e Schule) schaffen umg 5 pej knickern, knausern

scraper ['skreɪpə(r)] S 1 pej a Geizhals m, Knicker m b Fiedler(in), schlechte(r) Geiger(in) c Bartschaber m (Friseur) 2 (Fuß)Abstreicher m, (-)Abtreter m 3 TECH a Schaber m, Kratzer m, Streichmesser n b ARCH etc Schrapper m c Planierpflug m

scrap heap S Abfall- od Schrotthaufen m: **be on the ~** fig zum alten Eisen gehören; **throw on the ~** fig zum alten Eisen werfen (a. j-n), über Bord werfen; **fit only for the ~** völlig wertlos

scrapie ['skreɪpɪ] S VET Scrapie-, Traberkrankheit f

scraping ['skreɪpɪŋ] S 1 Kratzen n, Scharren n 2 pl Abschabsel pl, Späne pl, Abfall m

scrap| iron S TECH (Eisen)Schrott m, Alteisen n; **~merchant** S Alteisenhändler(in); **~ metal** S Altmetall n; **~ paper** S bes Br Konzept-, Schmierpapier n

scrapper ['skræpə(r)] S sl Raufbold m

scrapple ['skræpəl] S GASTR US *Gericht aus zerkleinertem (Schweine)Fleisch, Kräutern u. Mehl*

scrappy¹ ['skræpɪ] ADJ (ADV scrappily) 1 aus (Speise)Resten (hergestellt): **a ~ dinner** ein Resteessen 2 bruchstückhaft 3 zusammengestoppelt

scrappy² ['skræpɪ] ADJ (ADV scrappily) sl rauflustig

scrapyard S Schrottplatz m

scratch [skrætʃ] A S 1 Kratzer m, Schramme f (beide a. MED): **without a ~** ohne e-e Schramme 2 Gekritzel n 3 **have a ~** sich kratzen 4 Kratzen n, kratzendes Geräusch: **by a ~ of the pen** obs mit einem Federstrich 5 SPORT a a. **~ line** Startlinie f b (Golf) Handicap n 0 c (Golf) Scratchspieler(in): **start from ~** fig ganz von vorne od umg bei Null anfangen; **be up to ~** fig den Anforderungen entsprechen, die Erwartungen erfüllen (Leistung etc), in Form sein (Person); **not be up to ~** fig einiges zu wünschen übrig lassen (Leistung etc); nicht in Form od auf der Höhe sein (Person); **bring up to ~** fig j-n in Form bringen; e-e Firma etc auf Zack bringen umg 6 Billard: a Zufallstreffer m b Fehlstoß m 7 bes US sl Knete f (Geld) 8 pl (als sg konstruiert) VET Mauke f B ADJ 1 zu Entwürfen (gebraucht): **~ pad** a bes US Notiz-, Schmierblock m b COMPUT Notizblock(speicher) m; **~ paper** US Konzept-, Schmierpapier n 2 SPORT ohne Vorgabe (Rennen etc): **~ player** (Golf) Scratchspieler(in): **a ~ race** 3 bes SPORT (bunt) zusammengewürfelt (Mannschaft etc) C V/T 1 a j-n kratzen (Katze etc), etwas ver-, zerkratzen: **~ off** abkratzen (von); **~ one's initials on** s-e Initialen (ein)ritzen in (akk); **~ one's arm on a nail** sich den Arm an e-m Nagel aufreißen; **~ sb's eyes out** j-m die Augen auskratzen; **~ the surface of sth** a etwas streifen (Geschoss etc) b fig etwas nur oberflächlich behandeln; **~ together** (od **up**) Geld etc zusammenkratzen, e-e Mannschaft etc auf die Beine bringen; **~ a living** sich gerade so über Wasser halten b an e-m Insektenstich etc kratzen 2 kratzen, ein Tier kraulen: **~ a dog's neck** e-m Hund den Hals kraulen; **~ one's head** sich den Kopf kratzen (aus Verlegenheit etc); **~ sb's back** a j-n am Rücken kratzen b fig j-m um den Bart gehen; **you ~ my back and I'll ~ yours** fig eine Hand wäscht die andere 3 (hin)kritzeln 4 **~ out** aus-, durchstreichen 5 a SPORT ein Pferd etc, a. e-e Nennung zurückziehen b e-n Plan etc fallen lassen 6 POL US a Wahlstimmen in der Hauptsache einer Partei geben b Kandidaten streichen: **~ a ticket** e-e Parteiwahlliste durch Streichungen abändern D V/I 1 kratzen (a. Schreibfeder etc): **the dog was ~ing at the door (to be let in)** der Hund kratzte an der Tür(, weil er hereinwollte) 2 sich kratzen 3 (auf dem Boden) scharren (**for** nach) 4 **~ along** (od **through**) umg sich gerade so durchschlagen, über die Runden kommen (beide: **on** mit) 5 SPORT (s-e Meldung) zurückziehen

scratch| card S Rubbelkarte f; **~-resistant** ADJ (ADV ~ly) kratzfest; **~ test** S MED Prick-Test m

scratchy ADJ (ADV scratchily) 1 kratzig: **be ~** a. kratzen 2 zerkratzt 3 kritz(e)lig 4 SPORT a unausgeglichen b (bunt) zusammengewürfelt (Mannschaft) 5 VET an Mauke erkrankt

scrawl [skrɔːl] A V/T 1 (hin)kritzeln, hinschmieren 2 bekritzeln B V/I kritzeln C S Gekritzel n, Geschmiere n; **scrawly** ADJ kritz(e)lig

scrawny ['skrɔːnɪ] ADJ (ADV scrawnily) mager, dürr, knochig

scream [skriːm] A V/I 1 schreien (**with** vor dat): **~ at sb** j-n anschreien; **~ (out)** aufschreien; **~ with laughter** vor Lachen brüllen 2 (schrill) pfeifen (Lokomotive etc), heulen (Wind, Sirene etc) B V/T oft **~ out** (heraus-)schreien: **~ sth to sb** j-m etwas zuschreien; **~ o.s. hoarse** sich heiser schreien; **~ the place down** umg zetermordio schreien; **the newspaper ~ed the news on the front page** die Zeitung brachte die Nachricht in schreierischer Aufmachung auf der ersten Seite **C** S **1** (gellender) Schrei: **~ therapy** PSYCH Urschreitherapie *f* **2** Gekreische *n*: **~s** *pl* **of laughter** brüllendes Gelächter **3** schriller Ton, Heulen *n (e-r Sirene etc)* **4** **he (it) was a (perfect) ~** *umg* er (es) war zum Schreien; **screamer** S **1** Schreier(in), Schreiende(r) *m/f(m)* **2** *umg* tolle Sache, *bes* Geschichte *f etc* zum Totlachen **3** TYPO *umg* Ausrufezeichen *n* **4** *US umg* (riesige) Sensationsschlagzeile; **screaming** ADJ **1** schreiend, schrill **2** *fig* schreiend, grell *(Farben)* **3** *umg* **a** toll, großartig **b** zum Schreien; **screamingly** ADV: **~ funny** *umg* zum Schreien

scree [skriː] S GEOL **1** Geröll *n* **2** Geröllhalde *f*

screech [skriːtʃ] **A** V/T & V/I (gellend) schreien, kreischen *(a. weitS. Bremsen etc)*: **the car ~ed to a stop** der Wagen kam mit kreischenden Rädern zum Stehen **B** S (gellender) Schrei; **~ owl** S ORN **1** *allg* schreiende Eule **2** Zwergohreule *f* **3** *Br* Schleiereule *f*

screed [skriːd] S **1** **a** lange Aufzählung *od* Liste **b** langatmige Rede, Tirade *f* **2** *a.* **floating ~** ARCH Abgleichbohle *f* **3** Landstreifen *m*

screen [skriːn] **A** S **1** *(Schutz)* Schirm *m*, (-)Wand *f* **2** ARCH **a** Zwischenwand *f* **b** Lettner *m (in Kirchen)* **3** *Kino*: Leinwand *f* **4** **the ~** *koll* der Film, das Kino: **~ star** Film-, Leinwandstar *m*; **on the ~** auf der Leinwand, im Film; **she first appeared on the ~ two years ago** sie gab ihr Film- *od* Leinwanddebüt vor zwei Jahren; **first ~ appearance** Film-, Leinwanddebüt *n* **5** *Radar*, COMPUT, TV: Bildschirm *m* **6** MED Röntgenschirm *m* **7** Drahtgitter *n*, -netz *n* **8** TECH *(großes)* (Gitter)Sieb *(für Sand etc)* **9** Fliegenfenster *n* **10** *fig* **a** Schutz *m*, Schirm *m* **b** Tarnung *f* **11** MIL **a** *(taktische)* Absicherung, (SCHIFF Geleit)Schutz *m* **b** Nebelwand *f* **c** Tarnung *f* **12** PHYS **a** *a.* **optical ~** Filter *n/m*, Blende *f* **b** *a.* **electric ~** Abschirmung *f*, Schirm(gitter) *m(n)* **c** *US a.* **ground ~** ELEK Erdungsebene *f* **13** FOTO, TYPO Raster(platte) *m(f)* **14** AUTO *Br* Windschutzscheibe *f* **B** V/T **1** beschirmen, (be)schützen *(beide:* **from** *vor dat)* **2** *a.* **~ off** abschirmen **(from** gegen)*(a.* SPORT *Ball etc)*, verdecken, *ein Licht* abblenden **3** MIL **a** tarnen *(a. fig)* **b** einnebeln **4** *fig j-n* decken **5** TECH *Sand etc* (durch)sieben: **~ed coal** Würfelkohle *f* **6** FOTO *ein Bild* **a** projizieren, auf die Leinwand werfen **b** rastern **7** **a** für den Film bearbeiten **b** (ver)filmen **c** im Fernsehen bringen, senden **d** *e-n Film* vorführen, zeigen **8** *fig Personen* überprüfen: **~ out** aussondern

screen grid S ELEK Schirmgitter *n*

screening S **1** (Durch)Sieben *n* **2** *fig* Überprüfung *f* **3** FOTO **a** Projizierung *f* **b** Rastern *n* **4** **a** Verfilmung *f* **b** TV Sendung *f* **c** FILM Vorführung *f* **5** *pl* **a** *(das)* (Durch)Gesiebte **b** Abfall *m*

screen|land S *US* Filmwelt *f*; **~ memory** S PSYCH Deckerinnerung *f*; **~play** S FILM Drehbuch *n*; **~print** KUNST, TECH **A** S Siebdruck *m* **B** V/T im Siebdruckverfahren herstellen; **~ printing** S KUNST, TECH Siebdruck(technik) *m(f)*, -verfahren *n*; **~saver** S COMPUT Bildschirmschoner *m*; **~ test** S FILM Probeaufnahme(n) *f(pl)*; **~-test** V/T FILM Probeaufnahmen machen von; **~writer** S Drehbuchautor *m*, -autorin *f*

screw [skruː] **A** S **1** TECH Schraube *f (ohne Mutter)*: **there is a ~ loose (somewhere)** *fig* da stimmt etwas nicht; **he has a ~ loose** *umg* bei ihm ist e-e Schraube locker; **give the ~ another turn** die Schraube anziehen *(a. fig)*; **put the ~(s) on sb** *fig* j-m (die) Daumenschrauben anlegen *od* ansetzen *od* aufsetzen **2** **a** *(Flugzeug- od Schiffs)* Schraube *f* **b** SCHIFF Schraubendampfer *m* **3** TECH Spindel *f (e-r Presse)* **4** Spirale *f* **5** *bes Br* Tütchen *n (Tabak etc)* **6** *bes* SPORT Effet *m* **7** *sl* Knauser *m*, Knicker *m* **8** *Br sl* alter Klepper *(Pferd)* **9** *bes Br sl* Lohn *m*, Gehalt *n* **10** Korkenzieher *m* **11** *sl* (Gefängnis)Wärter *m* **12** *vulg* **a** Nummer *f (Geschlechtsverkehr)*: **have a ~** e-e Nummer machen *od* schieben *vulg* **b** **be a good ~** gut ficken *od* vögeln *(beide vulg)* **B** V/T **1** schrauben: **~ down** ein-, festschrauben; **~ on** anschrauben; **~ to** (an)schrauben an *(akk)*, verschrauben mit; **~ up** zuschrauben; **he has his head ~ed on (the right way)** *umg* er ist nicht auf den Kopf gefallen **2** *a.* **~ up** *Papier etc* zusammenknüllen, zerknüllen **3** *a.* **~ up** **a** *die Augen* zusammenkneifen **b** *den Mund, das Gesicht* verziehen **(into** zu *e-m Grinsen etc)* **4** **~ down (up)** WIRTSCH *die Preise* herunter-(hinauf)schrauben **5** *fig* **a** *j-n* unter Druck setzen **b** *etwas* herauspressen **(out of sb** aus j-m) **6** **~ up** *fig* (ver)stärken: **~ o.s. up** sich aufraffen; → courage **7** *bes* SPORT *dem Ball* e-n Effet geben **8** *umg* reinlegen, übers Ohr hauen: **~ sb out of sth** j-n um etwas betrügen **9** **~ up** *umg* vermasseln **10** **~ up** *umg j-n* fix u. fertig machen **11** *vulg j-n* ficken, vögeln *(beide vulg) (mit j-m Geschlechtsverkehr haben)*: **~ you!, get ~ed!** *bes US* verpiss dich! *sl*; **~ your book!** *bes US* scheiß auf dein Buch! *sl* **C** V/I **1** sich (ein- *od* ver)schrauben lassen **2** *sl* knickern, knausern **3** **~ around** *US sl* sich herumtreiben, herumlungern **4** *vulg* ficken, vögeln *(beide vulg) (mit j-m Geschlechtsverkehr haben)*: **~ off!** *bes US* verpiss dich! *sl*

screw| arbor S TECH (Werkzeugspindel *f* mit) Gewindefutter *n*; **~ auger** S TECH Schneckenbohrer *m*; **~ball** *bes US sl* **A** S Spinner(in) **B** ADJ verrückt; **~ bolt** S TECH Schraubenbolzen *m*; **~ cap** S TECH **1** Schraubdeckel *m*, -verschluss *m* **2** Überwurfmutter *f*; **~ conveyer** S TECH Förderschnecke *f*; **~ die** S TECH Gewindeschneideisen *n*; **~driver** S **1** TECH Schraubendreher *m*, -zieher *m*: **~ factory** *Fabrik, in der anderswo gefertigte Teile zusammengesetzt werden* **2** *Cocktail aus Orangensaft u. Wodka*

screwed [skruːd] ADJ **1** verschraubt **2** mit Gewinde **3** verdreht, gewunden **4** *Br umg* blau, besoffen

screw| gear(ing) S TECH **1** Schneckenrad *n* **2** Schneckengetriebe *n*; **~ jack** S **1** TECH Schraubenwinde *f*, Hebespindel *f* **2** TECH Wagenheber *m*; **~ key** S TECH Schraubenschlüssel *m*; **~ machine** S TECH Fassondrehbank *f*; **~ nut** S TECH Schraubenmutter *f*; **~ plug** S TECH Verschlussschraube *f*; **~ press** S TECH **1** Spindelpresse *f* **2** Schraubenpresse *f*; **~ propeller** → screw A 2 a; **~ punch** → screw press 1; **~ steamer** → screw A 2 b; **~ surface** S MATH Helikoide *f*, Wendelfläche *f*; **~ tap** S TECH Gewindebohrer *m*; **~ top** → screw cap; **~ wrench** S TECH Schraubenschlüssel *m*

screwy [ˈskruːɪ] ADJ *sl* verrückt

scribal [ˈskraɪbl] ADJ Schreib(er)...: **~ error** Schreibfehler *m*

scribble[1] [ˈskrɪbl] **A** V/T *a.* **~ down** (hin)kritzeln, (-)schmieren: **~ sth over** etwas bekritzeln **B** V/I kritzeln **C** S **a** Gekritzel *n*: **his handwriting is nothing but (a) ~** s-e Handschrift ist ein einziges Gekritzel **b** Kritzelei *f*

scribble[2] [ˈskrɪbl] V/T *Wolle* krempeln

scribbler[1] [ˈskrɪblə(r)] S **1** Kritzler(in), Schmierer(in) **2** *pej* Schreiberling *m*

scribbler[2] [ˈskrɪblə(r)] S TECH Krempelmaschine *f*

scribbling| block, ~ pad S *Br* Schmier-, Notizblock *m*

scribe [skraɪb] **A** S **1** (Ab)Schreiber(in), Kopist(in) **2** HIST Schreiber *m*, Sekretär *m* **3** BIBEL Schriftgelehrte(r) *m* **4** *hum* **a** Schriftsteller(in) **b** Journalist(in) **5** *a.* **~ awl** Reißahle *f*, -nadel *f* **B** V/T TECH anreißen; **scriber** → scribe A 5

scrim [skrɪm] S leichter Leinen- *od* Baumwollstoff

scrimmage [ˈskrɪmɪdʒ] **A** S Gerangel *n* **B** V/I rangeln

scrimp [skrɪmp] **A** V/T **1** knausern *od* knickern mit **2** *j-n* knapphalten, kurzhalten *(beide:* **for** mit) **B** V/I *a.* **~ and save** knausern, knickern *(beide:* **on** mit) **C** ADJ → scrimpy; **scrimpy** ADJ (ADV scrimpily) **1** knaus(e)rig, knick(e)rig **2** knapp, eng *(Kleidungsstück)*

scrimshank [ˈskrɪmʃæŋk] V/I MIL *Br sl* sich drücken; **scrimshanker** S MIL *Br sl* Drückeberger *m pej*

scrimshaw [ˈskrɪmʃɔː] S *US* feine Schnitzerei *(aus Elfenbein, Muscheln etc)*

scrip[1] [skrɪp] S HIST *(Pilger-, Schäfer-)* Tasche *f*, Ränzel *n*

scrip[2] [skrɪp] S **1** WIRTSCH Berechtigungsschein *m* **2** WIRTSCH **a** Scrip *m*, Interimsschein *m*, -aktie *f* **b** *koll (die)* Scrips *pl*, *(die)* Interimsaktien *pl* **3** *a.* **~ money** *bes* HIST **a** in Notzeiten ausgegebene Ersatzpapiergeldwährung **b** MIL Besatzungsgeld *n*

script [skrɪpt] **A** S **1** Handschrift *f* **2** Schrift (-zeichen) *f(pl)* **3** Schrift(art) *f* **4** TYPO Schreibschrift *f* **5** JUR Original *n*, Urschrift *f* **6** Text *m* **7** **a** THEAT *etc* Manuskript *n* **b** FILM, TV Drehbuch *n* **8** SCHULE *Br* (schriftliche) Prüfungsarbeit **B** V/T **1** das Drehbuch schreiben für: **the film was ~ed by ...** das Drehbuch des Films stammt von ... **2** **a** *ein Fest etc* planen **b** *ein Programm etc* ausarbeiten

Script. ABK **1** scriptural **2** Scripture

script| department S FILM, THEAT, TV Dramaturgie *f*; **~ editor** S FILM, THEAT, TV Dramaturg(in); **~ girl** S FILM Skriptgirl *n (Ateliersekretärin)*

scriptorium [skrɪpˈtɔːrɪəm] *pl* **-ria** [-rɪə] S HIST Schreibstube *f (e-s Klosters)*

script section → script department

scriptural [ˈskrɪptʃərəl] ADJ (ADV **~ly**) **1** Schrift... **2** *a.* ☧ REL biblisch, der Heiligen Schrift; **scripturalism** S REL strenge Bibelgläubigkeit

scripture [ˈskrɪptʃə(r)] S **1** ☧, *meist* **the ☧s** *pl*, **the Holy ☧(s** *pl*) die (Heilige) Schrift, die Bibel **2** ☧ Bibelzitat *n*, -stelle *f* **3** heilige *od* religiöse Schrift; **~ reader** S HIST Bibelvorleser(in)

scriptwriter S **1** FILM, TV Drehbuchautor *m*, -autorin *f* **2** RADIO Hörspielautor *m*, -autorin *f*

scrivener [ˈskrɪvnə(r)] S HIST **1** (öffentlicher) Schreiber: **~'s palsy** Schreibkrampf *m* **2** Notar *m*

scrod [skrɒd] S *US* junger, kochfertig geschnittener Fisch *(bes Kabeljau)*

scrofula [ˈskrɒfjʊlə; *US a.* ˈskrɑf-] S MED Skrofulose *f*, Lymphknotentuberkulose *f*; **scrofulous** ADJ skrofulös

scroll [skrəʊl] **A** S **1** Schriftrolle *f* **2** **a** ARCH Volute *f*, Schnörkelverzierung *f* **b** MUS Schnecke *f (am Kopf e-s Streichinstruments)* **c** Schnörkel *m (in der Schrift)* **d** *Heraldik*: Streifen *m (für die Devise)* **3** TECH Triebkranz *m* **4** Liste *f*, Verzeichnis *n* **B** V/T COMPUT scrollen, verschieben; **~ chuck** S TECH Universalspannfutter *n*; **~ gear** S TECH Schneckenrad *n*; **~ lathe** S TECH Drechslerbank *f*; **~ saw** S TECH Laubsäge *f*; **~work** S **1** Schneckenverzierung *f* **2** Laubsägearbeit *f*

S

scrooch [skru:tʃ] VI US (**~ down** sich hin) kauern

Scrooge [skru:dʒ] S Geizhals *m*

scrotal ['skrəʊtl] ADJ ANAT skrotal, Hodensack…; **scrotum** [-təm] *pl* -tums, -ta [-tə] S Skrotum *n*, Hodensack *m*

scrounge [skraʊndʒ] *umg* A VT 1 organisieren *umg*: a klauen b beschaffen 2 schnorren *umg* (**off** von, bei) B VI 1 klauen 2 nassauern, schnorren *(beide umg)* 3 *meist* **~ around** herumsuchen, sich umschauen *(beide:* **for** nach); **scrounger** S *umg* 1 Dieb(in) 2 Schnorrer(in), Nassauer(in)

scrub[1] [skrʌb] A VT 1 schrubben, scheuern, (ab)reiben 2 TECH *Gas* reinigen 3 *a.* **~ out** *umg e-e Fahrt etc* streichen, ausfallen lassen B VI 1 scheuern, schrubben, reiben: **~ up** sich die Hände desinfizieren *(Arzt vor Operation)* 2 **~ round sth** *umg* etwas ignorieren *od* umgehen C S 1 Scheuern *n*, Schrubben *n*: **that wants a good ~** das muss tüchtig gescheuert werden 2 → scrubber 1 3 SPORT *US* a Reservespieler(in) b *a.* **~ team** zweite Mannschaft *od* Garnitur c *a.* **~ game** Spiel *n* der Reservemannschaften

scrub[2] [skrʌb] S 1 Gestrüpperf *n*, Buschwerk *n* 2 Busch *m (Gebiet)* 3 a verkrüppelter Baum b Tier *n* minderwertiger *od* unbekannter Abstammung c Knirps *m* d *fig pej* Null *f (Person)*

scrubber ['skrʌbə(r)] S 1 Schrubber *m*, (Scheuer)Bürste *f* 2 TECH Skrubber *m*, Rieselturm *m (zur Gasreinigung)* 3 *Br sl* Flittchen *n pej*; **scrub(bing) brush** S Scheuerbürste *f*

scrubby ['skrʌbɪ] ADJ 1 gestrüppreich 2 verkümmert 3 kümmerlich, schäbig 4 stopp(e)lig *(Bart, Kinn etc)*

scruff[1] [skrʌf] S *a.* **~ of the neck** (Hautfalten *pl* am) Genick *n*: **take sb by the ~ of the neck** j-n im Genick *od* beim Kragen packen

scruff[2] [skrʌf] S 1 METALL (Ab)Schaum *m* 2 *Br umg* schmudd(e)lige Person; **scruffy** ADJ *umg* schmudd(e)lig

scrum [skrʌm] → scrummage

scrummage ['skrʌmɪdʒ] S 1 → scrimmage A 2 *Rugby*: Gedränge *n*

scrumptious ['skrʌmpʃəs] ADJ (ADV **~ly**) *umg* toll, prima *(bes Essen)*

scrunch [skrʌntʃ] A VT 1 knirschend (zer)kauen 2 zermalmen B VI 1 knirschend kauen 2 knirschen 3 sich knirschend bewegen C S Knirschen *n*

scruple ['skru:pl] A S 1 (**about**) Skrupel *m* (wegen), Bedenken *pl* (gegen), Zweifel *m* (an *dat*): **have (no) ~s about doing sth** (keine) Skrupel *od* Bedenken haben, etwas zu tun; **without ~** skrupellos 2 Skrupel *n (Apothekergewicht = 20 gran = 1,296 g)* B VI Skrupel *od* Bedenken haben (**to do** zu tun); **scrupulosity** [-pjʊ'lɒsətɪ; US -'lɑs-] S (übertriebene) Gewissenhaftigkeit *od* Genauigkeit, (Über-)Ängstlichkeit *f*; **scrupulous** ADJ (ADV **~ly**) 1 voller Skrupel *od* Bedenken 2 (über)gewissenhaft, peinlich (genau): **~ly clean** peinlich sauber 3 vorsichtig, ängstlich; **scrupulousness** → scrupulosity

scrutineer [ˌskru:tɪ'nɪə(r)] S (POL Wahl) Prüfer(in)

scrutinize ['skru:tɪnaɪz] VT 1 untersuchen, (genau) prüfen 2 genau *od* forschend *od* prüfend betrachten, mustern; **scrutiny** [-nɪ] S 1 Untersuchung *f*, (genaue) Prüfung 2 POL Wahlprüfung *f* 3 Überwachung *f* 4 forschender *od* prüfender Blick

scry [skraɪ] VI mithilfe e-r Glaskugel wahrsagen

scuba ['skju:bə; *bes US* 'sku:-] S (Unterwasser)Atemgerät *n*: **~ diving** Sporttauchen *n*

scud [skʌd] A VI 1 eilen, jagen 2 SCHIFF lenzen B S 1 Dahinjagen *n* 2 tief treibende Wolkenfetzen *pl* 3 a (Wind)Bö *f* b treibender Nebel

scuff [skʌf] A VI schlurfen(d gehen) B VT 1 (mit den Füßen) ab- *od* aufscharren 2 abstoßen, abnutzen 3 *US* mit dem Fuß stoßen nach C S 1 Schlurfen *n* 2 Abnutzung *f*, abgestoßene Stelle 3 *US (Art)* Pantoffel *m*

scuffle ['skʌfl] A VI 1 sich balgen *od* raufen (**with** mit) 2 ziellos eilen 3 schlurfen(d gehen) B S 1 Balgerei *f*, Rauferei *f* 2 Schlurfen *n*

scull [skʌl] A S 1 SCHIFF Heck-, Wriggriemen *m* 2 *bes Rudersport*: Skullriemen *m* 3 *bes Rudersport*: Skuller *m*, Skullboot *n* B VT & VI 1 SCHIFF wriggen 2 *bes Rudersport*: skullen *(mit 2 Riemen rudern)*: **~ing boat** → scull A 3; **sculler** S *(bes Rudersport)* 1 Skuller(in) 2 → scull A 3

scullery ['skʌlərɪ] S *Br* Spülküche *f*

scullion ['skʌljən] S HIST *Br* Küchenjunge *m*

sculp(t) [skʌlp(t)] *umg für* sculpture B, C

sculptor ['skʌlptə(r)] S Bildhauer *m*; **sculptress** [-trɪs] S Bildhauerin *f*

sculptural ['skʌlptʃərəl] ADJ (ADV **~ly**) bildhauerisch, Skulptur…

sculpture ['skʌlptʃə(r)] A S 1 Skulptur *f*, Plastik *f*: a Bildhauerkunst *f*, Bildhauerei *f* b Bildhauerwerk *n* 2 BOT, ZOOL Skulptur *f* B VT 1 formen, (heraus)meißeln *od* (-)schnitzen 2 mit Skulpturen *od* Reliefs schmücken C VI bildhauern; **sculpturesque** [-'resk] ADJ skulpturartig, wie (aus)gemeißelt

scum [skʌm] A S 1 *a.* METALL Schaum *m* 2 *fig* Abschaum *m*, Auswurf *m*: **the ~ of the earth** der Abschaum der Menschheit B VT 1 abschäumen, den Schaum abschöpfen von 2 e-n Schaum bilden auf *(dat)* C VI schäumen, Schaum bilden *(Flüssigkeit)*

scumble ['skʌmbl] MAL A VT 1 *Farben, Umrisse etc* vertreiben, dämpfen 2 *ein Bild* durch Vertreiben in s-n Farben u. Umrissen weicher machen 3 *Lasur* in e-r hauchdünnen Schicht auftragen B S 1 Gedämpftheit *f*, Weichheit *f* 2 Lasur *f*

scummy ['skʌmɪ] ADJ 1 schaumig 2 *fig* gemein, schäbig

scupper ['skʌpə(r)] A S 1 SCHIFF Speigatt *n* 2 ARCH Wasserabzug *m* B VT MIL *Br sl* 1 niedermetzeln 2 *sein Schiff* absichtlich versenken 3 *fig* a *j-s Chancen etc* zerstören b durcheinanderbringen c im Stich lassen

scurf [skɜ:f; US skɜrf] S 1 MED a Schorf *m*, Grind *m* b *bes Br* (Kopf-)Schuppen *pl* 2 abblätternde Kruste 3 Fetzen *pl*, Reste *pl*; **scurfiness** [-ɪnɪs] S MED Schorfigkeit *f*; **scurfy** ADJ 1 MED a schorfig, grindig b schorfartig c schuppig 2 verkrustet

scurrility [skʌ'rɪlətɪ; skə-] S 1 zotige Scherzhaftigkeit 2 Zotigkeit *f* 3 Zote *f*; **scurrilous** ['skʌrɪləs; US a. 'skɜr-] ADJ (ADV **~ly**) 1 ordinär-scherzhaft 2 unflätig, zotig

scurry ['skʌrɪ; *US bes* 'skɜri:] A VI 1 huschen, hasten: **~ for the door** zum Ausgang hasten 2 trippeln B VT jagen, treiben C S 1 Hasten *n* 2 Getrippel *n* 3 SPORT Sprint *m* 4 *Pferdesport*: Fliegerrennen *n* 5 Schneetreiben *n*

scurvy ['skɜ:vɪ; US 'skɜrvi:] A S MED Skorbut *m* B ADJ (ADV scurvily) niederträchtig, gemein; **~ grass** S BOT Löffelkraut *n*

scut [skʌt] S 1 JAGD Blume *f (des Hasen)*, Wedel *m (des Rotwilds)* 2 Stutzschwanz *m*

scuta ['skju:tə; US a. 'sku:-] *pl von* scutum

scutage ['skju:tɪdʒ; US a. 'sku:-] S MIL, HIST Schildpfennig *m (anstelle von Heerfolge geleistete Steuer)*

scutate ['skju:teɪt; US a. 'sku:-] ADJ 1 BOT schildförmig *(Blatt)* 2 ZOOL großschuppig

scutch [skʌtʃ] TECH A VT 1 *Flachs* schwingen 2 *Baumwolle, Seidenfäden* durch Schlagen entwirren B S 1 a (Flachs)Schwingmesser *n* b (Flachs)Schwingmaschine *f* 2 Schwingwerg *n* 3 TECH Putzhammer *m*

scutcheon ['skʌtʃən] S 1 → escutcheon 1 2 ZOOL → scute

scutcher → scutch B 1, B 3

scute [skju:t; US a. sku:t] S ZOOL Schuppe *f*, Schild *m*

scutella [skju:'telə; US a. sku:-] *pl von* scutellum

scutellate ['skju:tɪleɪt; -lət; US a. 'sku:-; a. skju:'telət; sku:'t-] ADJ ZOOL 1 schuppig 2 schuppenartig

scutellum [skju:'teləm; US a. sku:-] *pl* **-la** [-lə] S BOT Scutellum *n (zu e-m Saugorgan umgewandeltes Keimblatt der Gräserfrucht)*

scutiform ['skju:tɪfɔ:(r)m; US a. 'sku:-] ADJ schildförmig

scutter ['skʌtə] *Br umg für* scurry

scuttle[1] ['skʌtl] S 1 Kohlenkasten *m*, -eimer *m* 2 flacher Korb

scuttle[2] ['skʌtl] A VI → scurry A B S → scurry C 1, C 2

scuttle[3] ['skʌtl] A S 1 SCHIFF (Spring)Luke *f* 2 AUTO Stirnwand *f*, Spritzbrett *n* B VT 1 SCHIFF a *ein Schiff* anbohren b die Bodenventile *e-s Schiffes* öffnen 2 *fig Pläne, Hoffnungen etc* a aufgeben b zunichtemachen

scuttlebutt S 1 SCHIFF a *bes* HIST (Trink)Wassertonne *f* b Trinkwasseranlage *f* 2 *US umg* Gerücht *n*

scutum ['skju:təm; US a. 'sku:-] *pl* **-ta** [-tə] S 1 *Antike*: MIL Schild *m* 2 ZOOL Scutum *n (Mittelteil des Rückenpanzers der Insekten)*

scuzzy ['skʌzi:] ADJ *US sl* dreckig

Scylla ['sɪlə] EIGENN MYTH Szylla *f*: **between ~ and Charybdis** [kə'rɪbdɪs] *fig* zwischen Szylla u. Charybdis

scyphus ['saɪfəs] *pl* **-phi** [-faɪ] S 1 *Antike*: Skyphos *m (Tongefäß)* 2 BOT Becher *m*, Kelch *m*

scythe [saɪð] A S 1 AGR Sense *f* 2 *Antike*: Sichel *f (am Streitwagen)* B VT 1 *a.* **~ down** AGR *e-e Wiese etc* mähen: **~ off** *Gras* (ab)mähen 2 **~ down** *Fußball*: umsäbeln

Scythian ['sɪðɪən; 'sɪθ-] A S 1 *Antike*: Skythe *m*, Skythin *f* 2 LING Skythisch *n*, das Skythische B ADJ skythisch

SD ABK 1 *US* Secretary of Defense Verteidigungsminister(in) 2 *US* State Department Außenministerium *n*

s.d.[1] ABK 1 JUR sine die, without a day fixed 2 *(Statistik)* standard deviation

S.D.[2] ABK South Dakota

SDA ABK 1 Scottish Development Agency 2 Sex Discrimination Act Gesetz *n* gegen Diskriminierung aufgrund des Geschlechts

S. Dak. ABK South Dakota

SDI ABK MIL POL *US* Strategic Defense Initiative SDI

SDLP ABK *Br* Social Democratic and Labour Party

SDP ABK *Br* Social Democratic Party

SDRs ABK WIRTSCH special drawing rights

SE ABK 1 southeast SO 2 southeastern südöstl.

sea [si:] S 1 a See *f*, Meer *n* b Ozean *m*, (Welt)Meer *n*: **the four ~s** die vier *(Großbritannien umgebenden)* Meere; **at ~** SCHIFF auf See; **(all) at ~** *fig* (völlig) ratlos; **beyond the ~s** nach *od* in Übersee; **by ~** auf dem Seeweg, mit dem Schiff; **follow the ~** SCHIFF zur See fahren; **go to ~** SCHIFF a *a.* **put (out) to ~** in See stechen c zur See gehen *(Seemann werden)*; **the high ~s** *pl* die hohe See, die Hochsee; **in the open ~** auf hoher See; **on the ~** a auf See, zur See b *a.* **by the ~** an der See, an der Küste (gelegen); → seven A 2 SCHIFF See

S

(-gang) *f(m)*: **a heavy ~**; **long (short) ~** lange (kurze) See **3** See *f*, hohe Welle: → ship B 4 **4** *fig* Meer *n*: **~ of flags** Fahnenmeer; **~ of flames** Flammenmeer

sea| air S See-, Meeresluft *f*; **~ anchor** S **1** SCHIFF See- *od* Treibanker *m* **2** FLUG Wasseranker *m*; **~ anemone** S ZOOL Seeanemone *f*; **~ animal** S Meerestier *n*; **~bag** S Seesack *m (e-s Matrosen)*; **~-based** ADJ MIL seegestützt; **~ bathing** [ˈbeɪðɪŋ] S Baden *n* im Meer; **~ battle** S SCHIFF, MIL Seeschlacht *f*, -gefecht *n*; **~ bear** S ZOOL **1** Eisbär *m* **2** Seebär *m*; **~bed** S Meeresboden *m*, -grund *m*; **Sbee** [ˈsiːˌbiː] S MIL US Angehörige(r) *m* e-s schweren Pionierbataillons *(der amer. Marine)*; **~ bird** S Meeres-, Seevogel *m*; **~ biscuit** S Schiffszwieback *m*; **~board** **A** S (Meeres-, See)Küste *f* **B** ADJ Küsten...: **~ town**; **~-born** ADJ **1** aus dem Meere stammend **2** *poet* meergeboren; **~borne** ADJ See..., auf dem Seeweg befördert: **~ goods** Seehandelsgüter; **~ invasion** MIL Landungsunternehmen *n* von See aus; **~ trade** Seehandel *m*; **~ breeze** S Seewind *m*; **~ calf** S *irr* → sea dog 1 a; **~ captain** S (Schiffs)Kapitän *m*; **~ change** S **1** vom Meer bewirkte Verwandlung **2** *fig* totale Veränderung: **undergo a ~** sich völlig verändern; **~ clam** S ZOOL Strandmuschel *f*; **~coast** S Meeres-, Seeküste *f*; **~ cock** S **1** SCHIFF Boden-, Bordventil *n* **2** ORN Kiebitzregenpfeifer *m*; **~ cow** S ZOOL **1** Seekuh *f*, Sirene *f* **2** Walross *n* **3** Flusspferd *n*; **~ cucumber** S ZOOL Seewalze *f*, See-, Meergurke *f*; **~ devil** S **1** → devilfish **2** → angel shark; **~ dog** S **1** ZOOL **a** Gemeiner Seehund, Meerkalb *n* **b** → dogfish **2** *fig* alter Seebär; **~drome** S FLUG Wasserflughafen *m*; **~ eagle** S ORN **1** Seeadler *m* **2** Fisch-, Flussadler *m*; **~ elephant** S ZOOL See-Elefant *m*; **~farer** S SCHIFF Seefahrer *m*, -mann *m*; **~faring** SCHIFF **A** ADJ **1** seefahrend: **~ man** Seemann *m*; **~ nation** Seefahrernation *f* **2** Seefahrts...: **in my ~ days** als ich noch zur See fuhr **B** S Seefahrt *f*; **~ farming** → aquaculture; **~ fight** → sea battle; **~floor** → seabed; **~flower** → sea anemone; **~ food** S KOLL Meeresfrüchte *pl*: **~ cocktail** Cocktail *m* aus Meeresfrüchten; **~fowl** → sea bird; **~ front** S Seeseite *f (von Städten od Häusern)*; **~ gate** S SCHIFF **1** Zugang *m* zur See **2** TECH Flut-, Sicherheitstor *n (e-r Deichschleuse etc)*; **~ ga(u)ge** S SCHIFF **1** Tiefgang *m* **2** Lotstock *m*; **~girt** ADJ *poet* meerumschlungen; **~ god** S Meer(es)gott *m*; **~going** ADJ SCHIFF **1** (hoch)seetüchtig, (Hoch)See... **2** → seafaring A; **~ grass** S BOT Seegras *n*; **~ green** S Meergrün *n*; **~-green** ADJ meergrün; **~ gull** S ORN Seemöwe *f*; **~ hare** S ZOOL Seehase *m*; **~ hog** S ZOOL Schweinswal *m*, *bes* Meerschwein *n*, Kleiner Tümmler; **~ horse** S **1** ZOOL **a** Seepferdchen *n* **b** Walross *n* **2** MYTH Seepferd *n* **3** große, schaumgekrönte Welle; **~-island cotton** S Sea-Island-Baumwolle *f*; **~ kale** S BOT See-, Strandkohl *m*; **~ king** S HIST Wikingerfürst *m*

seal[1] [siːl] **A** S **1** *pl* seals, *bes koll* seal ZOOL Robbe *f*, *engS.* Seehund *m* **2** → sealskin A **B** ADJ → sealskin B **C** V/I auf Robbenjagd gehen

seal[2] [siːl] **A** S **1** Siegel *n*: **given under my hand and ~** von mir unterzeichnet u. versiegelt; **set one's ~ to sth** sein Siegel auf etwas drücken, *bes fig* etwas besiegeln *(bekräftigen)*; **set the (final) ~ on** *fig* **a** die Krönung bilden *(gen)* **b** krönen; **under (the) ~ of secrecy (of confession)** unter dem Siegel der Verschwiegenheit (des Beichtgeheimnisses) **2** Siegel(-prägung) *n(f)* **3** Siegel(stempel) *n(m)*, Petschaft *n*: **the ~s** die Amtssiegel *(bes als Symbol der Amtsgewalt)*; **resign the ~s** das Amt niederlegen; → great seal **4** *Postwesen*: Aufkleber *m (meist für karitative Zwecke, ohne postalischen Wert)*: **Christmas ~** **5** JUR (Amts)Siegel *n* **6** Plombe *f*, (amtlicher) Verschluss: **under ~** *(Zoll etc)* unter Verschluss **7** sicherer Verschluss **8** Garantie *f*, Zusicherung *f* **9** *fig* Siegel *n*, Besiegelung *f*, Bekräftigung *f* **10** *fig* Stempel *m*, Zeichen *n*: **as a ~ of friendship** zum Zeichen der Freundschaft; **he has the ~ of death in his face** sein Gesicht ist vom Tode gezeichnet **11** TECH **a** *(wasser-, luftdichter)* Verschluss: **water ~** Wasserverschluss **b** (Ab)Dichtung *f* **c** Versiegelung *f (von Holz, Kunststoff etc)* **B** V/T **1** *ein Dokument* siegeln, mit e-m Siegel versehen **2** besiegeln, bekräftigen *(beide:* **by, with** *mit)*: **~ a transaction** ein Geschäft besiegeln **3** *fig* besiegeln *(endgültig entscheiden)*: **his fate is ~ed** sein Schicksal ist besiegelt **4** autorisieren, mit e-m Gültigkeitsstempel versehen **5** zeichnen, s-n Stempel *od* sein Zeichen aufdrücken *(dat)* **6** **a** versiegeln: **~ed orders** *bes* SCHIFF versiegelte Order; **my lips are ~ed** *fig* m-e Lippen sind versiegelt; → book A 1 **b** *e-n Brief(umschlag)* zukleben: **~ed envelope** verschlossener Umschlag **7** *e-n Verschluss, Waggon etc* plombieren **8** *oft* **~ up** hermetisch *(od* TECH wasser-, luftdicht) verschließen *od* abdichten: **~ed cabin** FLUG Höhenkabine *f*; **a vessel ~ed in ice** ein eingefrorenes *od* vom Eis festgehaltenes Schiff **9** *meist* **~ off** *fig* **a** MIL *etc e-n Flughafen etc* abriegeln **b** *die Grenze* zu-, dichtmachen **10** ELEK *den Stecker, Sockel etc* einrasten *od* einschnappen lassen **11** TECH **a** *Holz, Kunststoff etc* versiegeln **b** grundieren **c** befestigen, einzementieren **d** zuschmelzen

sea| ladder S SCHIFF Fallreep *n*; **~ lane** S SCHIFF Seeweg *m*, Schifffahrtsweg *m*

sealant [ˈsiːlənt] S Dichtungsmittel *n*

sea| lawyer S *sl* **1** SCHIFF Querulant *m* **2** US *Anwalt, der mit allen (verfahrenstechnischen) Kniffen versucht, s-n Mandanten zu entlasten*; **~ leather** S Leder *n* von Meerestieren *(Haifischen etc)*; **~ legs** S PL SCHIFF *umg* Seefestigkeit *f*: **get (od find) one's ~** seefest werden

sealer[1] [ˈsiːlə(r)] S **1** US Eichmeister(in) **2** TECH **a** (Ver)Siegler(in) **b** Verschließvorrichtung *f*, *(Beutel- etc)* Verschließmaschine *f* **c** Einlass-, Absperrgrund *m*

sealer[2] [ˈsiːlə(r)] S SCHIFF Robbenfänger *m (Mann od Schiff)*; **sealery** S **1** Robbenfang *m*, -jagd *f* **2** **a** Robbenfangplatz *m* **b** → seal rookery

sea| letter S *Völkerrecht*: Schiffspass *m*; **~ level** S Meeresspiegel *m*, -höhe *f*: **above (below) ~** über (unter) dem Meeresspiegel, über (unter) Meereshöhe; **corrected to ~** auf Meereshöhe umgerechnet; **~ lily** S ZOOL Seelilie *f*; **~ line** S Meereshorizont *m*

sealing [ˈsiːlɪŋ] S **1** (Be)Siegeln *n* **2** Versiegeln *n*, TECH *a.* (Ab)Dichtung *f*, Verschluss *m*: **~ (compound)** Dichtungs-, Vergussmasse *f*; **~ ring** Dichtungsring *m*; **~ machine** *(Beutel- etc)* Verschließmaschine *f* **3** **a** Verpackungsfolie *f* **b** (starkes) Packpapier; **~ wax** S Siegellack *m*

sea| lion S ZOOL **1** Seelöwe *m* **2** Mähnenrobbe *f*; **~ lizard** S ZOOL Meerechse *f*; **S Lord** S SCHIFF *Br* Seelord *m (Amtsleiter in der brit. Admiralität)*

seal| ring S Siegelring *m*; **~ rookery** S Brutplatz *m* von Robben; **~skin** **A** S **1** Seal(-skin) *m/n*, Seehundsfell *n* **2** Sealjacke *f*, -mantel *m*, -cape *n* **3** Seehundsleder *n* **B** ADJ Seal..., Seehunds...

Sealyham [ˈsiːlɪəm; *US* -lɪˌhæm], *a.* **~ terrier** S ZOOL Sealyhamterrier *m*

seam [siːm] **A** S **1** Saum *m*, Naht *f (a.* MED): **burst at the ~s** aus den *od* allen Nähten platzen *(a. fig)* **2** TECH **a** *(Guss-, Schweiß)* Naht *f* **b** *bes* SCHIFF Fuge *f* **c** Riss *m*, Sprung *m* **d** Falz *m* **3** Narbe *f* **4** Furche *f*, Runzel *f* **5** *Bergbau*: (Nutz)Schicht *f*, Flöz *n* **B** V/T **1** *a.* **~ up** *(od* **together)** zusammennähen **2** säumen, mit e-r (Zier)Naht versehen **3** *bes fig* (durch)furchen, (zer-)schrammen: **a face ~ed with worry** ein gramzerfurchtes Gesicht; **~ed with cracks** von Rissen durchzogen, rissig **4** TECH durch e-e (Guss- *od* Schweiß-)Naht verbinden **C** V/I **1** rissig werden **2** faltig werden

seaman [-mən] S *irr* SCHIFF **1** Seemann *m*, Matrose *m*: **seamen's rest** Seemannsheim *n* **2** MIL US (Marine)Obergefreite(r) *m*: **~ apprentice** (Marine)Gefreite(r); **~ recruit** Matrose *m*; **seamanlike**, **seamanly** [-lɪ] ADJ seemännisch; **seamanship** S SCHIFF Seemannschaft *f*, seemännische Kenntnisse u. Fertigkeiten *pl*

sea|mark S SCHIFF **1** Seezeichen *n* **2** Gezeitengrenze *f*; **~ marker** S SCHIFF Farbnotzeichen *n*; **~ mew** S ORN Sturmmöwe *f*; **~ mile** S Seemeile *f*; **~ mine** S MIL Seemine *f*

seamless ADJ **1** naht-, saumlos: **~-drawn tube** nahtlos gezogene Röhre **2** *bes* SCHIFF fugenlos

sea monster S Meerungeheuer *n*

seamstress [ˈsemstrɪs; *US* ˈsiːm-] S Näherin *f*

sea mud S Seeschlamm *m*, Schlick *m*

seam welding S TECH Nahtschweißen *n*

seamy [ˈsiːmɪ] ADJ **1** gesäumt: **the ~ side** **a** die linke Seite, die Nahtseite **b** *fig* die Kehr- *od* Schattenseite **(of life** des Lebens) **2** faltig, zerfurcht **3** narbig **4** GEOL flözführend

Seanad Eireann [ˌʃænədˈeərən] S *der Senat der Republik Irland*

seance, **séance** [ˈseɪɑ̃ːns] S Séance *f*, spiritistische Sitzung

sea| ooze → sea mud; **~ otter** S ZOOL Seeotter *m*; **~ pass** → sea letter; **~piece** S MAL Seestück *n*; **~ pike** S FISCH Seehecht *m*; **~plane** S FLUG See-, Wasserflugzeug *n*; **~port** S **1** Seehafen *m* **2** Seehafen *m*, Hafenstadt *f*; **~ power** S **1** Seemacht *f* **2** Seestärke *f*, Stärke *f* der Marine; **~quake** S Seebeben *n*

sear[1] [sɪə(r)] **A** V/T **1** versengen, -brennen **2** MED (aus)brennen **3** mit e-m Brandmal (kenn)zeichnen **4** *fig* brandmarken, zeichnen **5** *fig das Gewissen* abstumpfen **6** verdorren lassen **7** *Fleisch* anbraten **B** V/I verdorren **C** S Brandmal *n*, -wunde *f*, -zeichen *n* **D** *bes Br* **sere** ADJ *poet* verdorrt, -welkt

sear[2] → sere[2]

search [sɜːtʃ; *US* sɜrtʃ] **A** V/T **1** durchsuchen **(for** nach): **~ one's memory** sein Gedächtnis durchforsten **2** JUR *ein Haus, e-e Person* durchsuchen **(for** nach): **~ me!** *umg* keine Ahnung! **3** (über)prüfen, untersuchen **4** *fig* (zu) ergründen (suchen), erforschen, prüfen: **~ one's heart** sein Herz fragen; **~ one's conscience** sein Gewissen prüfen *od* erforschen **5** *j-s Gesicht etc* forschend betrachten **6** *meist* **~ out** auskundschaften, ausfindig machen, aufspüren **7** MED *e-e Wunde etc* sondieren **8** durchdringen *(Wind, Geschoss etc)* **B** V/I **1** suchen, forschen *(beide:* **for** nach): **~ into** untersuchen, ergründen; **~ through sth** etwas durchsuchen *od* -sehen **2** JUR fahnden **(for** nach) **3** *Patentrecht*: recherchieren **4** **~ after** streben nach **C** S **1** Suche *f*: **a** Suchen *n*, Forschen *n (beide:* **for, of** nach): **in ~ of** auf der Suche nach; **go in ~ of** auf die Suche gehen *od* sich auf die Suche machen nach **b** Suchaktion *f* **2** JUR **a** Fahndung *f* **(for** nach) **b** Haussuchung *f* **c** Leibesvisitation *f* **d** Einsichtnahme *f (in öffentliche Bücher)* **e** *Patentwesen*: Recherche *f* 3 Untersuchung *f*, Überprüfung *f*: **right of (visit and)** ~ MIL Recht *n* auf Durchsuchung neutraler Schiffe; ~ **engine** S INTERNET Suchmaschine *f*

searcher S 1 Sucher(in), (Er)Forscher(in) 2 Untersucher(in), *(Zoll- etc)* Prüfer(in) 3 MED Sonde *f*

search function S IT Suchfunktion *f*

searching ADJ (ADV ~ly) 1 gründlich, eingehend 2 forschend *(Blick)*, bohrend *(Frage)* 3 durchdringend *(Wind etc)*

search| item S *bei Computersuche:* Suchbegriff *m*; **~light** S 1 (Such)Scheinwerfer *m* 2 Scheinwerferstrahl *m*, -kegel *m*; ~ **operation** S 1 JUR Fahndung *f* **(for** nach**)** 2 IT Suchlauf *m*; ~ **party** S Suchmannschaft *f*, -trupp *m*; ~ **radar** S Suchradar *m/n*, Radarsuchgerät *n*; ~ **warrant** S Haussuchungs-, Durchsuchungsbefehl *m*; ~ **word** S COMPUT Suchwort *n*

sea|-rescue ADJ Seenot…: ~ **airplane**; ~ **service** Seenotdienst *m*; ~ **risk** S WIRTSCH Seegefahr *f*; ~ **room** S SCHIFF Seeräumte *f* *(gefahrenreicher Bereich außerhalb der Küste)*; ~ **route** S Seeweg *m*, Schifffahrtsweg *m*; ~ **salt** S Meersalz *n*; **~scape** S 1 (Aus)Blick *m* auf das Meer 2 MAL Seestück *n*; ~ **serpent** S ZOOL, MYTH Seeschlange *f*; **~shore** A S 1 See-, Meeresküste *f* 2 JUR, SCHIFF Ufer *n (Küstenstreifen zwischen dem gewöhnlichen Hoch- u. Niedrigwasserstand)* B ADJ Küsten…; **~sick** ADJ seekrank; **~sickness** S Seekrankheit *f*; **~side** A S Meeresküste *f*: **at** (*od* **by) the** ~ an der See *od* Küste, am Meer; **go to the** ~ an die See *od* ans Meer fahren B ADJ See…: ~ **place** (*od* **resort)** Seebad *n*

season ['si:zn] A S 1 (Jahres)Zeit *f*: **the cold** ~; **the four ~s (of the year)** die vier Jahreszeiten; → dry A 3, rainy 1 2 a (rechte) Zeit *(für etwas)*, günstigste Zeit b (Reife)Zeit *f* c JAGD Paarungszeit *f* d Zeitpunkt *m*: **at that** ~ zu diesem Zeitpunkt; **in** ~ (gerade) reif *od* (günstig) auf dem Markt zu haben *(Früchte)*, JAGD jagdbar, ZOOL brünstig *(Tier)*, *fig* rechtzeitig, zur rechten Zeit; **in due** ~ zu gegebener Zeit; **cherries are now in (out of)** ~ jetzt ist (keine) Kirschenzeit; **a word in** ~ ein Rat zur rechten Zeit; **out of** ~ nicht (auf dem Markt) zu haben, JAGD nicht jagdbar, *fig* unpassend, zur Unzeit; **in and out of** ~ jederzeit; **for a** ~ e-e Zeit lang; → close season, open B 13 3 Saison *f*, Haupt(betriebs-, -geschäfts)zeit *f*: → dull A 6, high season, low season, off C 9 4 *(Veranstaltungs- etc)*Saison *f*: **first win of the** ~ SPORT erster Saisonsieg; **baseball** ~ Baseballsaison *od* -spielzeit *f*; → theatrical A 1 5 *(Bade- etc)* Saison *f*, *(Ferien-, Urlaubs)* Zeit *f* 6 a REL Festzeit *f*, *bes* Weihnachts-, Oster-, Pfingstzeit *f* b *oft* ♀ Weihnachten *n u. pl*: **"~'s greetings"** „frohes Fest!"; → compliment A 3 7 *Br umg* → season ticket B V/T 1 *Speisen* würzen, abschmecken, anmachen *(alle:* **with** mit*)* 2 *fig* würzen **(with** mit**)**: **~ed with wit** geistreich 3 *Tabak etc* (aus)reifen lassen: **~ed wine** ausgereifter *od* abgelagerter Wein 4 *Holz* ablagern 5 *e-e Pfeife* einrauchen 6 gewöhnen **(to** an *akk)*, abhärten: **be ~ed to a climate** an ein Klima gewöhnt sein; **a ~ed stomach** ein robuster Magen; **~ed soldiers** fronterfahrene Soldaten; **troops ~ed by battle** kampferprobte Truppen 7 *sein Temperament etc* mäßigen C V/I 1 (aus)reifen 2 ablagern, austrocknen *(Holz)*

seasonable ['si:znəbl] ADJ (ADV seasonably) 1 der Jahreszeit entsprechend *(bes Wetter)* 2 der Saison angemessen, zeitgemäß 3 rechtzeitig *(Ankunft etc)* 4 *fig (zeitlich)* passend *od* günstig, angebracht, opportun: **a ~ piece of advice** ein Rat zur rechten Zeit

seasonal ['si:zənl] ADJ (ADV ~ly) 1 jahreszeitlich 2 saisonbedingt, -gemäß, Saison…, saisonal: ~ **affective disorder** MED, PSYCH Winterdepression *f*, jahreszeitlich bedingte Depression; ~ **articles** Saisonartikel; ~ **trade** Saisongewerbe *n*; ~ **unemployment** saisonale *od* saisonbedingte *od* jahreszeitlich bedingte Arbeitslosigkeit; ~ **work(er)** Saisonarbeit(er) *f(m)*; **~ly adjusted figures** saisonbereinigte Zahlen

seasoning ['si:znɪŋ] S 1 Würze *f (a. fig)*, Gewürz *n*: **check the ~ of sth** etwas abschmecken 2 Reifen *n* 3 Ablagern *n (von Holz etc)*

season ticket S 1 BAHN *etc* Dauer-, Zeitkarte *f* 2 THEAT *etc* Abonnement(karte) *n(f)*

seat [si:t] A S 1 Sitz(gelegenheit) *m(f)*, Sitzplatz *m* 2 Bank *f*, Stuhl *m*, Sessel *m* 3 *(Stuhl-, Klosett- etc)* Sitz *m* 4 (Sitz)Platz *m*: **take a** ~ Platz nehmen, sich setzen; **take one's** ~ s-n Platz einnehmen; **take your ~s, please** bitte Platz nehmen!; **is this** ~ **taken** (*od* **vacant)?** ist der Platz (noch) frei? 5 Platz *m*, Sitz *m (im Theater etc)*: **a 700-~ theater** *(bes Br* **theatre)** ein Theater mit 700 Sitzplätzen 6 *(Thron-, Bischofs-, Präsidenten- etc)* Sitz *m (fig a. das Amt)*: **crown and ~ of France** Krone u. Thron von Frankreich 7 Gesäß *n*, Sitzfläche *f* 8 Hosenboden *m* 9 *Reitsport etc: guter etc* Sitz *(Haltung)* 10 TECH Auflage (-fläche) *f*, Auflager *n* 11 *(Amts-, Regierungs-,* WIRTSCH *Geschäfts)*Sitz *m* 12 *fig* Sitz *m* *(Mitgliedschaft)*, POL *a.* Mandat *n*: **he lost his ~ in Parliament**; **have ~ and vote** Sitz u. Stimme haben 13 Wohn-, Familien-, Landsitz *m* 14 *fig* Sitz *m*, Stätte *f*, Ort *m*, (Schau)Platz *m*: **a ~ of learning** e-e Stätte der Gelehrsamkeit; ~ **of war** Kriegsschauplatz 15 MED Sitz *m*, *(Krankheits, a. Erdbeben)* Herd *m (a. fig)* B V/T 1 *j-n* (hin)setzen, *j-m* e-n Sitz *od* Platz anweisen: ~ **o.s.** sich setzen *od* niederlassen; **be ~ed** sitzen; **the man ~ed next to me** der Mann, der neben mir saß; mein Nebenmann; **please be ~ed** nehmen Sie bitte Platz!; **remain ~ed** sitzen bleiben, Platz behalten 2 Sitzplätze bieten für, Platz bieten *(dat)*: **the hall ~s 500** der Saal hat 500 Sitzplätze 3 mit Sitzplätzen ausstatten, bestuhlen 4 *e-n Stuhl* mit e-m (neuen) Sitz versehen 5 e-n (neuen) Hosenboden einsetzen in *(akk)* 6 TECH a auflegen, lagern *(beide:* **on** auf *dat)* b einpassen: ~ **a valve** ein Ventil einschleifen 7 a *j-n* auf den Thron erheben b *j-m* e-n Sitz *(bes im Parlament)* verschaffen

seat| belt S FLUG, AUTO Sicherheitsgurt *m*: **fasten your ~s** bitte anschnallen!; **wear a** ~ angegurtet *od* angeschnallt sein; **compulsory wearing of ~s** Anschnallpflicht *f*; **~-belt** ADJ: ~ **tensioner** AUTO Gurtstraffer *m*; ~ **bone** S ANAT Sitzbein *n*

seated ['si:tɪd] ADJ 1 a sitzend: → seat B 1 b gelegen: → deep-seated 2 *(zwei- etc)* sitzig; **-seater** S *(in Zusammensetzungen)* …sitzer *m* *(Auto, Flugzeug etc)*: → all-seater (stadium);

seating A S 1 a Anweisen *n* von Sitzplätzen b Platznehmen *n* 2 Sitzgelegenheit(en) *f(pl)*: **with ~ for 2,000 spectators** mit 2000 Sitzplätzen 3 Stuhlzeug *n*, Polstermaterial *n* 4 TECH → seat A 10 B ADJ Sitz…: ~ **accommodation** → A 2; ~ **capacity of 300** 300 Sitzplätze; ~ **hostess** *US* Tischzuweiserin *f (im Restaurant)*; ~ **plan** THEAT *etc* Bestuhlungsplan *m*; ~ **ticket** Sitzplatzkarte *f*

SEATO ABK HIST Southeast Asia Treaty Organization *(1977 aufgelöst)*

sea|train S SCHIFF Trajekt(schiff) *n*; ~ **trout** S FISCH 1 Meer-, Lachsforelle *f* 2 *(ein)* amer. Seebarsch *m*; ~ **turtle** S ZOOL Seeschildkröte *f*

seatwork S SCHULE *US schriftliche Arbeiten, die in der Schule ohne Aufsicht erledigt werden können*

sea| urchin S ZOOL Seeigel *m*; ~ **wall** S SCHIFF Deich *m*, Kaimauer *f*, Hafendamm *m*

seaward ['si:wə(r)d] A ADJ 1 seewärts 2 ~ **wind** Seewind *m* B ADV seewärts C S Seeseite *f*; **seawards** [-z] → seaward B

sebaceous [sɪ'beɪʃəs] ADJ PHYSIOL talgig, Talg…: ~ **cyst** MED Grützbeutel *m*; ~ **duct** Talggang *m*; ~ **gland** Haarbalg-, Talgdrüse *f*

sebum ['si:bəm] S BIOL 1 Sebum *n*, (Haut)Talg *m* 2 Unschlitt *n*

sec[1] [sek] ADJ sec, trocken, herb *(Wein etc)*

sec[2] [sek] S *umg für* second[2] 2

sec. ABK 1 MATH secant 2 second(s PL) s, Sek. 3 secondary 4 secretary 5 sections 6 sector

sea|ware S BOT Seetang *m*; ~ **water** S See-, Meer-, Salzwasser *n*; **~way** S 1 Seeweg *m*, Schifffahrtsweg *m* 2 Seegang *m* 3 SCHIFF Fahrt *f* 4 Binnenschifffahrtsweg *m* für Ozeandampfer; **~weed** S BOT 1 *allg* Meerespflanze(n) *f(pl)* 2 (See)Tang *m*, Meeresalge *f* 3 Seegras *n*; **~wife** S *irr* FISCH Seeweibchen *n*, Lippfisch *m*; ~ **wolf** S *irr* 1 FISCH Seewolf *m* 2 Seeräuber *m*, Pirat *m*; **~worthiness** S Seetüchtigkeit *f*; **~worthy** ADJ seetüchtig: ~ **packing** seemäßige Verpackung; ~ **wrack** S BOT Tang *m*

secant ['si:kənt] A S MATH Sekante *f*, Schnittlinie *f* B ADJ schneidend

secateurs [ˌsekə'tɜ:z; 'sekətɜ:z; *US* ˌ-'tɜrz] SPL, *a.* **pair of** ~ *bes Br* Baum-, Gartenschere *f*

secco ['sekəʊ] *pl* -cos S Seccomalerei *f*

secede [sɪ'si:d] V/I *bes* POL, REL sich trennen *od* lossagen, abfallen *(alle:* **from** von*)*; **seceder** S Abtrünnige(r) *m/f(m)*, Separatist(in)

secession [sɪ'seʃn] S 1 (Ab)Spaltung *f*, Abfall *m*, Lossagung *f*, Sezession *f (alle:* **from** von*)* 2 *oft* ♀ HIST Sezession *f (Abfall der 11 amer. Südstaaten von der Union 1861)* 3 ♀ REL schottische Kirchenspaltung *(1733)*; **secessional** ADJ Sezessions…; **secessionism** S Abfallsbestrebungen *pl*; **secessionist** S 1 Abtrünnige(r) *m/f(m)*, Sezessionist(in) 2 *oft* ♀ *US* HIST Sezessionist *m*, Südstaatler *m*

seclude [sɪ'klu:d] V/T **(o.s.** sich**)** ab-, ausschließen, absondern; **secluded** ADJ einsam, abgeschieden: a zurückgezogen *(Lebensweise)* b abgelegen *(Ort)*

seclusion [sɪ'klu:ʒn] S 1 Abschließung *f*, Isolierung *f* 2 Zurückgezogenheit *f*, Abgeschiedenheit *f*: **live in** ~ zurückgezogen leben 3 abgelegener Platz

second[1] ['sekənd] A ADJ (ADV → secondly) 1 zweit(er, e, es): **at ~ hand** aus zweiter Hand; ~ **in height** zweithöchst(er, e, es); **a ~ time** noch einmal; **every ~ day** jeden zweiten Tag, alle zwei Tage; ~ **language** Zweitsprache *f*; ~ **teeth** zweite Zähne; **a ~ Conan Doyle** *fig* ein zweiter Conan Doyle; **it has become ~ nature with** (*od* **for) him** es ist ihm zur zweiten Natur geworden *od* in Fleisch u. Blut übergegangen; **it has become ~ nature for me to get up at six** ich stehe ganz automatisch um sechs auf; **in the ~ place** a zweitens b in zweiter Linie; **take ~ place** a SPORT *etc* den zweiten Platz belegen b weniger wichtig sein **(to** als**)** c *a.* **go into ~ place** zweitrangig *od* nebensächlich werden; **everything else had to go into ~ place** alles andere musste zurückstehen *od* -treten **(to** hinter *dat)*; → helping B 2, self A 1, sight A 1, thought[1] 3, wind[1] A 7 2 zweit(er, e, es): a ander(er, e, es), nächst(er, e, es) b zweitklassig, -rangig, untergeordnet **(to** *dat)*: ~ **cabin** Kabine *f* zweiter Klasse; ~ **lieutenant** MIL Leutnant *m*; ~ **to none** unerreicht; **he is ~ to none** er ist unübertroffen; → fiddle A 1 **B** S **1** (der, die, das) Zweite **2** (der, die, das) Nächste od Untergeordnete od (Nach)Folgende: → second-in-command **3** SPORT etc Zweite(r) m/f(m), zweite(r) Sieger(in): **be a good ~** nur knapp geschlagen werden **4** Sekundant m (beim Duell od Boxen): **~s out** (Boxen) Ring frei! **5** Helfer(in), Beistand m **6** AUTO (der) zweite Gang **7** MUS zweite Stimme, Begleitstimme f **8** pl WIRTSCH Ware(n) f(pl) zweiter Qualität od Wahl, zweite Wahl **9** UNIV Br → second class 2 **10** umg BAHN (die) zweite Klasse **11** **~ of exchange** WIRTSCH Sekundawechsel m **12** pl umg Nachschlag m (zweite Portion) **C** ADV als Zweit(er, e, es), zweitens, an zweiter Stelle: **come in** (od **finish**) ~ als Zweiter durchs Ziel gehen, Zweiter werden; **come ~** fig (erst) an zweiter Stelle kommen **D** V/T **1** j-n, e-n Antrag etc unterstützen, j-m beistehen **2** j-m (beim Duell, Boxen) sekundieren (a. fig)

second² ['sekənd] S **1** Sekunde f (Zeiteinheit, a. MUS): **in ~s** in Sekundenschnelle **2** fig Sekunde f, Augenblick m, Moment m: **wait a ~!** **3** MATH (Bogen) Sekunde f

second³ [sɪ'kɒnd] V/T Br **a** e-n Offizier etc abstellen, abkommandieren **b** e-n Beamten etc (bes zeitweilig) versetzen (alle: **from** von; **to** nach, in akk)

Second| Advent S REL Wiederkunft f (Christi); **~ Adventist** S REL Adventist(in)

secondariness ['sekəndərɪnɪs; US -,deri:-] S Zweitrangigkeit f, (das) Sekundäre

secondarily ['sekəndərəlɪ; US ,sekən'der-] ADV **1** in zweiter Linie, sekundär **2** indirekt

secondary ['sekəndərɪ; US -,deri:] **A** ADJ (ADV → secondarily) **1** nächstfolgend: → industry 1 **2** zweitrangig, -klassig, nebensächlich, untergeordnet: **be of ~ importance** zweitrangig od nebensächlich sein **3** bes PHYS sekundär, Sekundär… **4** Neben…: **~ axis** (**circle, effect,** etc) **5** CHEM sekundär, Sekundär…: **~ alcohol** (**carbon,** etc) **6** ELEK sekundär, induziert, Sekundär…: **~ circuit** → B 3 a; **~ coil** (od **winding**) → B 3 b **7** GEOL **a** sekundär **b** ♀ → Mesozoic A **8** LING **a** sekundär, (aus e-r abgeleiteten Form) abgeleitet **b** Neben…: **~ accent** (od **stress**) Nebenakzent m; **~ tense** Nebentempus n **9** Hilfs…, Neben…: **~ line** BAHN Nebenlinie f **10** SCHULE Oberschul… **11** **~ to** **a** (nach)folgend auf (akk) **b** bedingt durch **B** S **1** (etwas) Untergeordnetes **2** **a** Untergeordnete(r) m/f(m) **b** Stellvertreter(in) **3** ELEK **a** Sekundär(strom)kreis m **b** Sekundärwicklung f **4** ASTRON Satellit m **5** ORN Nebenfeder f **6** MED Metastase f, Tochtergeschwulst f

secondary| battery S ELEK Sekundärbatterie f; **~ colo(u)r** S Mischfarbe f; **~ depression** S METEO Randtief n; **~ derivative** S LING Sekundärableitung f; **~ education** S **1** höhere Schulbildung **2** höheres Schulwesen; **~ electron** S PHYS Sekundärelektron n, sekundäres Elektron; **~ emission** S PHYS Sekundäremission f; **~ evidence** S JUR unterstützendes Beweismaterial; **~ group** S SOZIOL Sekundärgruppe f; **~ h(a)emorrhage** S MED Nachblutung f; **~ host** S BIOL Zwischenwirt m; **~ literature** S Sekundärliteratur f; **~ modern school** S SCHULE Br (etwa) Kombination aus Real- u. Hauptschule; **~ planet** S ASTRON Satellit m; **~ school** S SCHULE höhere Schule; **~ technical school** S SCHULE Br (etwa) naturwissenschaftliches Gymnasium

second| ballot S POL Stichwahl f; **~ best** S (der, die, das) Zweitbeste: **come off ~** fig den Kürzeren ziehen; **~-best** ADJ zweitbest(er, e, es); **~ birth** S REL Wiedergeburt f (durch die Taufe); **~ chamber** S PARL Oberhaus n; **~ childhood** S: **he's going through his ~** er fühlt sich wieder wie ein (richtiges) Kind; **~ class** S **1** BAHN etc zweite Klasse **2** UNIV Br akademischer Grad zweiter Klasse; **~-class** **A** ADJ **1** zweitklassig, -rangig: **~ honours degree** → second class 2; **~ mail** **a** US Zeitungspost f **b** Br gewöhnliche Inlandspost **2** BAHN etc Zweite(r)-Klasse-…, zweiter Klasse **B** ADV BAHN etc zweiter Klasse: **travel ~**; ♀ **Coming** → Second Advent; **~-degree** ADJ zweiten Grades (Verbrennungen): → murder A

seconde [sɪ'kɒnd; US -'kɑnd] S Fechten: Sekond f

seconder ['sekəndə(r)] S Unterstützer(in)

second| estate S HIST zweiter Stand (Adel); **~ floor** S **1** Br zweiter Stock **2** US erster Stock; **~-floor** ADJ im zweiten (US ersten) Stock (gelegen); **~-guess** V/T bes US **1** (a. V/I) hinterher od im Nachhinein kritisieren **2** j-s Absichten durchschauen od zuvorkommen **3** voraussehen, -sagen; **~hand** **A** ADJ **1** übernommen, (a. Wissen etc) aus zweiter Hand **2** indirekt: **~ smoking** passives Rauchen **3** gebraucht, alt: **~ car** Gebrauchtwagen m; **~ clothes** getragene Kleidungsstücke; **~ shop** Secondhandshop m, -laden m **4** antiquarisch (Bücher): **~ bookseller** Antiquar(in); **~ bookshop** Antiquariat n; **~ dealer** Altwarenhändler(in) **B** ADV [,-'hænd] **1** gebraucht: **buy sth ~** **2** aus zweiter Hand: **know ~** aus zweiter Hand wissen **3** indirekt; **~ hand** S Sekundenzeiger m; **~ home** S Zweitwohnung f

secondi [se'kɒndi:; US sɪ'kəʊn-; -'kɑn-] pl von secondo

second|-in-command S **1** MIL stellvertretender Kommandeur **2** SCHIFF erster Offizier; **~-last** ADJ Br vorletzt(er, e, es)

secondly ['sekəndlɪ] ADV zweitens

secondment [sɪ'kɒndmənt] S Br **a** Abstellung f, Abkommandierung f (e-s Offiziers etc) **b** (bes zeitweilige) Versetzung (e-s Beamten etc): **be on ~** zeitweilig versetzt sein (**to** nach, in akk)

secondo [se'kɒndəʊ; US sɪ'kəʊn-; -'kɑn-] pl -di [-di:] S MUS **1** zweite Stimme (im Duett etc) **2** Secondo n, Bass m (beim Vierhändigspielen)

second| person S LING zweite Person; **~-rate** ADJ **1** zweitrangig, -klassig (beide a. fig) **2** fig mittelmäßig; **~-rater** S mittelmäßige Person od Sache; **~-story man** S irr US → cat burglar; **~ strike** S MIL (atomarer) Zweitschlag; **~-strike** ADJ: **~ weapons** MIL atomare Vergeltungswaffen

secrecy ['si:krəsɪ] S **1** Verborgenheit f **2** Heimlichkeit f: **in all ~, with absolute ~** insgeheim; **in** (od **amid**) **great ~** unter großer Geheimhaltung **3** **a** Verschwiegenheit f **b** Geheimhaltung(spflicht) f: **swear sb to ~** j-n eidlich zur Verschwiegenheit verpflichten **4** (Wahl- etc) Geheimnis n

secret ['si:krɪt] **A** ADJ (ADV → secretly) **1** **a** geheim, heimlich: **a ~ admirer** **b** Geheim…: **~ agent** (**diplomacy, door,** etc); **~ ballot** geheime Wahl; **~ police** (als pl konstruiert) Geheimpolizei f; **~ service** (staatlicher) Geheimdienst; **~ society** Geheimbund m, -gesellschaft f; **~ weapon** Geheimwaffe f (a. fig); **keep sth ~** etwas geheim halten (**from** vor dat); → reserve B 3 **2** verschwiegen (Person, Ort) **3** verborgen, unerforschlich **B** S **1** Geheimnis n, pl a. Heimlichkeiten pl: **in ~** **a** → secretly **b** a. **as a ~** im Vertrauen; **it is no ~ that …** es ist kein Geheimnis, dass …; **make a ~ out of sth** ein Geheimnis aus etwas machen; **make no ~ of sth** kein Geheimnis od Hehl aus etwas machen; **make no ~ that …** kein Geheimnis od Hehl daraus machen, dass …; **be in the ~** (in das Geheimnis) eingeweiht sein; **have no ~s from sb** keine Geheimnisse vor j-m haben; **let sb into the ~** j-n (in das Geheimnis) einweihen; **remain a ~** geheim bleiben; → confessional B, keep B 2, B 8 **2** Geheimnis n, Schlüssel m: **the ~ of success** das Geheimnis des Erfolges, der Schlüssel zum Erfolg; **the ~ of his success** sein Erfolgsgeheimnis **3** REL **a** stilles Gebet **b** ♀ KATH Sekret f (Stillgebet)

secretaire [,sekrə'teə(r)] → secretary 7

secretarial [,sekrə'teərɪəl] ADJ **1** Sekretärs…: **~ college** (od **school**) Sekretärinnenschule f **2** Schreib…, Büro…: **~ help** Schreibkraft f

secretariat(e) [,sekrə'teərɪət] S Sekretariat n

secretary ['sekrətrɪ; US -,teri:] S **1** Sekretär(in) (**to** gen): **~ of embassy** Botschaftsrat m **2** Schriftführer(in) (e-s Vereins etc) **3** Verwaltungsdirektor m, -direktorin f **4** WIRTSCH **a** Geschäftsführer(in) **b** Syndikus m **5** POL US Minister(in): ♀ **of Defense (of Health, Education and Welfare, of the Interior, of Labor, of the Treasury)** Verteidigungs-(Gesundheits-, Innen-, Arbeits-, Finanz)minister: → Secretary of State 2 a **6** POL Br (abk für Secretary of State 1 a) Minister(in) **7** Sekretär m (Schreibschrank); **~ bird** S ORN Sekretär m, Stelzgeier m; **~-general** pl secretaries-general S Generalsekretär(in); ♀ **of State** S POL **1** Br **a** Minister(in) (in Fällen wie): **~ for Scotland**; **~ for Air** Luftfahrtminister; **~ for the Colonies** Kolonialminister; **~ for Commonwealth Relations** Minister für Commonwealth-Beziehungen; **~ for the Dominions** HIST Dominion-Minister; **~ for Foreign Affairs** Außenminister **b** Staatssekretär(in) **2** US **a** Außenminister(in) **b** Staatssekretär(in) (e-s Bundesstaates)

secretaryship S **1** Posten m od Amt n e-s Sekretärs etc **2** POL Ministeramt n

secrete [sɪ'kri:t] V/T **1** PHYSIOL absondern, abscheiden **2** verbergen (**from** vor dat) **3** JUR Vermögensstücke beiseiteschaffen

secretin [sɪ'kri:tɪn] S MED Sekretin n (Hormon des Zwölffingerdarms)

secretion [sɪ'kri:ʃn] S **1** PHYSIOL **a** Sekretion f, Absonderung f, Abscheidung f **b** Sekret n **2** Verbergen n (**from** vor dat)

secretive ['si:krətɪv; sɪ'kri:-] ADJ (ADV **~ly**) verschwiegen, heimlichtuerisch: **be ~ about sth** mit etwas geheimtun; **secretiveness** S Verschwiegenheit f, Heimlichtuerei f

secretly ['si:krɪtlɪ] ADV heimlich, (ins)geheim, im Geheimen

secretmonger S Geheimniskrämer(in)

secretory [sɪ'kri:tərɪ] PHYSIOL **A** ADJ sekretorisch, Sekretions…: **~ phase** Sekretionsphase f (des Menstruationszyklus) **B** S sekretorische Drüse

sect [sekt] S **1** Religionsgemeinschaft f **2** Sekte f **3** fig Schule f: **the Freudian ~** die freudsche Schule

sect. ABK section

sectarian [sek'teərɪən] **A** ADJ **1** sektiererisch (a. fig) **2** Konfessions… **3** fig pej borniert **B** S **1** Anhänger(in) e-r Sekte od e-r Schule **2** Sektierer(in); **sectarianism** S Sektierertum n

sectary ['sektərɪ] S Sektierer(in)

sectile ['sektaɪl; US bes -təl] ADJ schneidbar

section ['sekʃn] **A** S **1** Ab-, Ausschnitt m, Teil m (a. der Bevölkerung etc) **2** **a** (a. mikroskopischer) Schnitt **b** Durchschneidung f **c** MED Schnitt m **3** Abschnitt m (e-s Buchs etc) **4** e-r Zeitung: **a** (Sport- etc) Teil m **b** Produkt n **5** JUR Paragraf m **6** Paragraf(zeichen) m(n) **7** Teil m/n, Einzelteil n, Bestandteil m **8** MATH, TECH (a. Quer)Schnitt m, Schnittbild n, Profil n: **horizontal ~** Horizontalschnitt; → golden section **9** Abteilung f, Referat n (in der Verwaltung) **10** (Arbeits)Gruppe f **11** MIL **a** US Halbzug m **b** Br Gruppe f **c** Luftwaffe: Halbstaffel f **12** MIL

S

(taktischer) Abschnitt 13 BAHN US a Streckenabschnitt m b Abteil n (e-s Schlafwagens) 14 Bezirk m: the French ~ of Berlin HIST der französische Sektor Berlins 15 US Section f (Landparzelle von e-r Quadratmeile) 16 BOT, ZOOL Untergruppe f (e-r Gattung od Familie) B V/T 1 (ab-, unter)teilen, (in Abschnitte) (ein)teilen 2 (durch Schraffieren etc) im Einzelnen darstellen od unterteilen 3 MED inzidieren (operativ einschneiden)

sectional ['sekʃənl] ADJ (ADV ~ly) 1 abschnittweise 2 Schnitt…: ~ drawing TECH Schnitt(-zeichnung) m(f); → radiograph A 3 Teil…: ~ strike Teilstreik m; ~ view Schnitt-, Teilansicht f 4 lokal, regional, pej partikularistisch: ~ pride Lokalpatriotismus m 5 zusammensetzbar, montierbar: ~ furniture Anbau-, Aufbaumöbel pl 6 TECH Form…, Profil…: ~ iron; ~ steel; **sectionalism** [-ʃnə-] S pej Partikularismus m (Sonderbestrebungen staatlicher Teilgebiete); **sectionalist** S pej Partikularist(in); **sectionalize** V/T 1 (a. TECH in Bauelemente) unterteilen: ~d design gegliederte Bauweise 2 nach lokalen Gesichtspunkten od Interessen einteilen

sector ['sektə(r)] S 1 MATH (Kreis- od Kugel) Sektor m 2 ASTRON, MATH Sektor m 3 MIL Sektor m, Frontabschnitt m 4 fig Sektor m, Bereich m, Gebiet n: ~ of the economy Wirtschaftszweig m; ~ gear S TECH 1 Zahnsegment n 2 Segmentgetriebe n

sectorial [sek'tɔːrɪəl; US a. -'təʊ-] A ADJ 1 Sektoren… 2 ZOOL Reiß…: ~ tooth B S ZOOL Reißzahn m

secular ['sekjʊlə(r)] A ADJ (ADV ~ly) 1 weltlich: a diesseitig b profan (Musik etc) c nichtkirchlich (Erziehung etc): ~ arm weltliche Gerichtsbarkeit 2 freireligiös, -denkerisch 3 REL weltgeistlich, Säkular…: ~ clergy Weltgeistlichkeit f 4 säkular: a hundertjährlich b hundertjährig, jahrhundertelang: ~ acceleration ASTRON säkulare Beschleunigung; ~ fame ewiger Ruhm B S REL 1 Laie m, Laiin f 2 Weltgeistliche(r) m/f(m); **secularism** S 1 Säkularismus m (a. PHIL), Weltlichkeit f 2 POL Antiklerikalismus m; **secularist** A S Säkularist(in), Kirchengegner(in) B ADJ säkularistisch; **secularity** [-'lærətɪ] S 1 Diesseitigkeit f, Weltlichkeit f 2 pl weltliche Dinge pl

secularization [ˌsekjʊləraɪ'zeɪʃn; US -rə'z-] S 1 Säkularisierung f 2 Verweltlichung f 3 Entheiligung f; **secularize** V/T 1 kirchlichem Einfluss entziehen 2 säkularisieren: a kirchlichen Besitz verstaatlichen b e-n Ordensgeistlichen zum Weltgeistlichen machen 3 verweltlichen 4 den Sonntag etc entheiligen 5 mit freidenkerischen Ideen durchdringen

secund [sɪ'kʌnd] ADJ 1 BOT einseitswendig 2 ZOOL einseitig (angeordnet)

secundines ['sekəndaɪnz; -dɪnz] SPL MED Nachgeburt f

secure [sɪ'kjʊə(r)] A ADJ (ADV ~ly) 1 sicher: a geschützt, in Sicherheit (beide: from, against vor dat): feel ~ sich sicher fühlen; a ~ hiding place ein sicheres Versteck b fest (Fundament etc) c MIL uneinnehmbar (Festung etc) d gesichert (Existenz etc): be financially ~ finanziell abgesichert sein e gewiss: victory is ~ 2 ruhig, sorglos (Leben etc) 3 in sicherem Gewahrsam (Krimineller etc) B V/T 1 (o.s. sich) sichern, schützen (beide: from, against vor dat, gegen) 2 sichern, garantieren (beide: sb sth j-m etwas) 3 sich etwas sichern od beschaffen: ~ a seat e-n Sitzplatz ergattern umg 4 erreichen, erlangen 5 JUR ein Patent, Urteil etc erwirken 6 a. TECH sichern, befestigen (to an dat): ~ by bolts festschrauben 7 e-e Tür etc (fest) (ver)schließen 8 Wertgegenstände etc sicherstellen, in Sicherheit bringen 9 JUR festnehmen, dingfest machen 10 MIL sichern, befestigen 11 bes WIRTSCH sicherstellen: a etwas sichern, garantieren (beide: on, by durch): ~d by mortgage hypothekarisch gesichert b e-m Gläubiger etc Sicherheit bieten 12 MED e-e Arterie etc abbinden C V/I 1 sich Sicherheit verschaffen (against gegen) 2 SCHIFF US wegtreten, Freizeit machen

security [sɪ'kjʊərətɪ] S 1 a Sicherheit f (Zustand od Schutz) (against, from vor dat, gegen) b Sicherheitsmaßnahmen pl: increase ~ die Sicherheitsmaßnahmen verstärken 2 (soziale etc) Sicherheit 3 (innere) Sicherheit, Sorglosigkeit f 4 Gewissheit f, Garantie f: in ~ for als Garantie für 5 WIRTSCH, JUR a Sicherheit f, Garantie f, Bürgschaft f, Kaution f b Bürge m, Bürgin f: give (od put up, stand) ~ Bürgschaft leisten, Kaution stellen 6 WIRTSCH a Schuldverschreibung f b Aktie f c pl Wertpapiere pl, Effekten pl: ~ market Effektenmarkt m 7 MIL Abschirmung f: ~ classification Geheimhaltungsstufe f 8 ≈ (a. als pl konstruiert) POL die Sicherheitsabteilung, WIRTSCH a. die Werkspolizei; ~ adviser S Sicherheitsberater(in); ~ agency S Sicherheitsdienst m; ~ agent S Sicherheitsbeamte(r) m, -beamtin f; ~ arrangements SPL Sicherheitsvorkehrungen pl; ~ blanket S umfassende Sicherheitsmaßnahmen pl; ~ bond S WIRTSCH Bürgschaftswechsel m; ~ check S Sicherheitsüberprüfung f, -kontrolle f; ~ clearance S POL Unbedenklichkeitsbescheinigung f; ≈ Council S POL Sicherheitsrat m (der Vereinten Nationen); ~ curtain S POL umfassende Sicherheits- od Geheimhaltungsvorkehrungen pl; ~ forces SPL Sicherheitskräfte pl; ~ guard S Wächter(in), Wachmann m; ~ interests SPL Sicherheitsinteressen pl (e-s Landes); ~ lock S Sicherheitsschloss n; ~ man S irr Wachmann m; ~ measure S Sicherheitsmaßnahme f, -vorkehrung f; ~ police S (als pl konstruiert) Sicherheitspolizei f; ~ precautions SPL Sicherheitsvorkehrungen pl; ~ reasons SPL: for ~ aus Sicherheitsgründen; ~ restrictions SPL auf Flughafen etc: verstärkte Sicherheitsmaßnahmen, Sicherheitsbeschränkungen pl; ~ risk S POL Sicherheitsrisiko n (a. Person); ~ screening S POL Unbedenklichkeitsüberprüfung f; ~ tag S Sicherheitsetikett n (in Kleidungsstücken); ~ zone S Sicherheitszone f

secy, sec'y ABK secretary

SED ABK Scottish Education Department

sedan [sɪ'dæn] S 1 AUTO US Limousine f 2 a. ~ chair Sänfte f

sedate [sɪ'deɪt] A ADJ (ADV ~ly) 1 ruhig, gelassen 2 gesetzt, ernst B V/T MED j-m ein Beruhigungsmittel geben, j-n sedieren; **sedateness** S 1 Gelassenheit f 2 Gesetztheit f; **sedation** S: be under ~ MED unter dem Einfluss von Beruhigungsmitteln stehen

sedative ['sedətɪv] A ADJ beruhigend, MED, PHARM a. sedativ: ~ shot Beruhigungsspritze f B S MED, PHARM Beruhigungsmittel n, Sedativ(um) n

sedentariness ['sedntərɪnɪs; US -ˌteriː-] S 1 sitzende Lebensweise 2 Sesshaftigkeit f

sedentary ['sedntərɪ; US -ˌteriː] ADJ 1 sitzend (Beschäftigung, Statue etc): ~ life sitzende Lebensweise 2 sesshaft (Stämme etc) 3 ZOOL a festgewachsen (Austern etc) b standorttreu: ~ birds Standvögel

sedentism ['sedntɪzəm] S Sesshaftwerden n

sederunt [sɪ'dɪərənt] S bes JUR, REL schott Sitzung f

sedge [sedʒ] S BOT 1 Segge f 2 allg Riedgras n; **sedgy** ADJ 1 mit Riedgras bewachsen 2 riedgrasartig

sedile [se'daɪlɪ] pl sedilia [sɪ'dɪlɪə; se-; US a. sə'diːljə] S REL Sedile n (lehnenloser Sitz für amtierende Geistliche u. deren Assistenz)

sediment ['sedɪmənt] S Sediment n: a (Boden)Satz m, Niederschlag m b GEOL Schichtgestein n; **sedimentary** [-'mentərɪ] ADJ sedimentär, Sediment…; **sedimentation** S 1 Sedimentbildung f, Sedimentierung f 2 bes GEOL Sedimentation f, Schichtenbildung f 3 MED (Blut) Senkung f: ~ rate Senkungsgeschwindigkeit f

sedition [sɪ'dɪʃn] S 1 Aufwieg(e)lung f, Volksverhetzung f 2 obs Aufruhr m; **seditionary** [-ʃnərɪ; US -ʃəˌneriː] A ADJ → seditious B S Aufwiegler(in); **seditious** ADJ (ADV ~ly) aufwieglerisch, aufrührerisch, umstürzlerisch, staatsgefährdend

seduce [sɪ'djuːs; US a. -'duːs] V/T 1 e-e Frau etc verführen (a. fig j-n verleiten, verlocken: into, to zu; into doing dazu, etwas zu tun) 2 ~ (away) from j-n von s-r Pflicht etc abbringen, j-n von s-r Arbeit etc weglocken; **seducement** → seduction; **seducer** S Verführer m

seduction [sɪ'dʌkʃn] S 1 (engS. sexuelle) Verführung, Verlockung f 2 fig Versuchung f, Lockung f, verführerischer Reiz od Zauber; **seductive** [-tɪv] ADJ (ADV ~ly) verführerisch (a. fig Angebot etc); **seductiveness** → seduction 2; **seductress** [-trɪs] S Verführerin f

sedulity [sɪ'djuːlətɪ; US a. -'duː-] S Emsigkeit f, emsiger Fleiß; **sedulous** ['sedjʊləs; US -dʒə-] ADJ (ADV ~ly) emsig, (bienen)fleißig; **sedulousness** → sedulity

sedum ['siːdəm] S BOT Mauerpfeffer m

see[1] [siː] prät saw [sɔː], pperf seen [siːn] A V/T 1 sehen: ~ page 15 siehe Seite 15; as I ~ it fig wie ich es sehe, in m-n Augen, m-r Meinung nach; I ~ things otherwise fig ich sehe od betrachte die Dinge anders; I cannot ~ myself doing it fig ich kann mir nicht vorstellen, dass ich es tue; I cannot ~ my way to doing it ich weiß nicht, wie ich es anstellen soll; I ~ myself obliged to go ich sehe mich gezwungen zu gehen; I wonder what he ~s in her ich möchte wissen, was er an ihr findet; let us ~ what can be done wir wollen sehen, was sich machen lässt; little was ~n of the attack SPORT vom Angriff war nur wenig zu sehen (siehe weitere Verbindungen mit den entsprechenden Substantiven etc) 2 (ab)sehen, erkennen: ~ danger ahead Gefahr auf sich zukommen sehen 3 entnehmen, ersehen (beide: from aus der Zeitung etc) 4 (ein)sehen: I do not ~ what he means ich verstehe nicht, was er meint; I don't ~ the importance of it ich verstehe nicht, was daran so wichtig sein soll; I don't ~ the use of it ich weiß nicht, wozu das gut sein soll; → joke A 2 5 (sich) etwas ansehen, besuchen: → worth[1] A 2 6 herausfinden: ~ who it is sieh nach, wer es ist 7 dafür sorgen(, dass): ~ (to it) that it is done sorge dafür od sieh zu, dass es geschieht; ~ justice done to sb dafür sorgen, dass j-m Gerechtigkeit widerfährt 8 a besuchen b sich treffen mit: they have been ~ing a lot of each other lately sie sind in letzter Zeit oft zusammen; he has been ~ing her for two years er geht schon seit zwei Jahren mit ihr umg 9 aufsuchen, konsultieren (beide: about wegen), sprechen (on business geschäftlich), US umg (mal) mit j-m reden (um ihn zu beeinflussen): we must ~ the judge 10 empfangen: he refused to ~ me 11 begleiten, geleiten: ~ sb home j-n heimbegleiten, j-n nach Hause bringen; ~ sb to bed j-n zu Bett bringen; ~ sb to the station j-n zum Bahnhof bringen od begleiten; ~ sb across the street j-n über die Straße bringen; → see off 1, see out 1 **12** sehen, erleben: **live to ~** erleben; **~ action** MIL im Einsatz sein, Kämpfe mitmachen; **he has ~n better days** er hat schon bessere Tage gesehen **13** *bes Poker:* mithalten mit **B** V/I **1** sehen: **she doesn't ~ very well with her left eye** sie sieht nicht sehr gut auf dem linken Auge; **we haven't ~n much of him lately** wir haben ihn in letzter Zeit nicht allzu oft gesehen; **you'll ~** du wirst schon sehen **2** einsehen, verstehen: **I ~!** (ich) verstehe!, aha!, ach so!; **(you) ~, …** weißt du *od* wissen Sie, …; **(you) ~?** *umg* verstehst du?; **as far as I can ~** soviel ich sehen kann **3** nachsehen: **go and ~ (for) yourself!** **4** überlegen: **let me ~!** warte(n Sie) mal!, lass mich überlegen!; **we'll ~** wir werden sehen, mal sehen *od* abwarten

Phrasal Verbs: **see| about** V/I sich kümmern um: **I will ~ it** **a** ich werde mich darum kümmern **b** *umg* ich will es mir überlegen; **~ doing sth** sich darum kümmern, etwas zu tun; **~ after** V/I sich kümmern um, sorgen für, sehen nach; **~ into** V/I *e-r Sache* auf den Grund gehen; **~ off** V/T **1** *j-n* verabschieden (**at** am *Bahnhof etc*) **2** vertreiben, verjagen **3** *bes* MIL *e-m Angriff etc* standhalten; **~ out** V/T **1** *j-n* hinausbringen, -begleiten (**of** aus): **I can see myself out** ich finde (schon) allein hinaus; **~ the old year** das alte Jahr verabschieden **2** *etwas* zu Ende sehen, (sich) *etwas* bis zum Ende ansehen **3** bis zum Ende (*gen*) reichen: **will our supplies see the week out?**; **~ over**, **~ round** V/I sich *ein Haus etc* ansehen; **~ through** **A** V/I **1** *umg* durchhalten **2** *j-n od etwas* durchschauen: → game[1] A 6 **B** V/T **1** **a** *j-m* beistehen, helfen (*beide:* **with** bei) **b** *j-m* über *e-e Schwierigkeit etc* hinweghelfen **2** *etwas* (bis zum Ende) durchhalten *od* -fechten; **~ to** V/I sich kümmern um: → see[1] A 7

see[2] [siː] S REL **1** (Erz)Bischofssitz *m*, (erz)bischöflicher Stuhl: **Apostolic** (*od* **Holy**) **♀** (*der*) Apostolische *od* Heilige Stuhl **2** (Erz)Bistum *n*: **the ~ of Canterbury** **3** *obs* (*bes* Thron)Sitz *m*

Seebeck effect [ˈsiːbek; ˈzeɪ-] S PHYS Seebeck-Effekt *m* (*ein thermoelektrischer Effekt*)

seecatch [ˈsiːkætʃ] *pl* **seecatchie** [-tʃɪ] S (*Alaska*) ausgewachsener männlicher Seehund

seed [siːd] **A** **1** BOT **a** Same *m* **b** (Obst)Kern *m* **c** *koll* Samen *pl* **d** AGR Saat(gut) *f(n)*: **go** (*od* **run**) **to ~** schießen (*Salat etc*), *fig* herunter-, verkommen, verwahrlosen **2** AGR, BOT Diasporen *pl* (*Verbreitungseinheiten der Pflanzen*) **3** *obs od dial* PHYSIOL Samen *m*, Sperma *n* **4** ZOOL Ei *n od* Eier *pl* (*bes des Hummers u. der Seidenraupe*) **5** ZOOL Austernbrut *f* **6** BIBEL *koll* Same *m*, Nachkommen(schaft) *pl(f)*: **the ~ of Abraham** der Same Abrahams (*die Juden*); **not of mortal ~** nicht irdischer Herkunft **7** *pl fig* Saat *f*, Keim *m*: **the ~s of reform (suspicion)** der Keim e-r Reform (des Argwohns); **sow the ~s of discord** (die Saat der) Zwietracht säen **8** MED Radiumkapsel *f* (*zur Krebsbehandlung etc*) **9** Bläschen *n* (*in Glas*) **10** SPORT gesetzte(r) Spieler(in): **XY, the third ~** XY, an Nummer drei gesetzt *od* die Nummer drei der Setzliste **B** V/T **1** *Samen* (aus)säen **2** *e-n Acker etc* besäen (**with** mit) **3** entsamen, *Obst* entkernen, *Flachs* riffeln **4** SPORT *e-n Spieler etc* setzen: **he eliminated third-~ed XY** er schaltete den an Nummer drei gesetzten XY aus **5** METEO *Wolken* impfen **C** V/I **1** BOT **a** Samen tragen **b** in Samen schießen **c** sich aussäen **2** AGR **a** säen **b** pflanzen

seed|bed S **1** BOT Samen-, Treib-, Mistbeet *n* **2** *fig* Pflanz-, *bes pej* Brutstätte *f*; **~cake** S Kümmelkuchen *m*; **~case** S BOT Samenkapsel *f*; **~ coat** S BOT Samenschale *f*; **~ corn** S AGR **1** Saatkorn *n* **2** *US* Saatmais *m*; **~ drill** S AGR Sämaschine *f*

seeder S **1** AGR Sämaschine *f* **2** (Frucht)Entkerner *m* (*a. Gerät*) **3** → seed fish

seed fish S FISCH Laichfisch *m*

seediness [ˈsiːdɪnɪs] S *umg* **1** Schäbigkeit *f* **2** Abgerissenheit *f*, heruntergekommenes Äußeres, verwahrloster Zustand **3** Flauheit *f* (*des Befindens*)

seed leaf S *irr* BOT Keimblatt *n*

seedless [ˈsiːdləs] ADJ kernlos (*Orangen etc*)

seedling [ˈsiːdlɪŋ] S BOT **1** Sämling *m* **2** Heister *m* (*Bäumchen*)

seed| money S WIRTSCH Gründungskapital *n*; **~ oyster** S ZOOL **1** Saatauster *f* **2** *pl* Austernlaich *m*; **~ pearl** S Staubperle *f*; **~ plant** S BOT Samenpflanze *f*; **~ potato** S Saatkartoffel *f*

seedsman [ˈsiːdzmən] S *irr* AGR **1** Säer *m* **2** Samenhändler *m*

seed|time S AGR Saatzeit *f*; **~ vessel** S BOT Samenkapsel *f*; **~ weevil** S ZOOL Getreidespitzmäus-chen *n*; **~ wool** S noch nicht entkernte Baumwolle

seedy [ˈsiːdɪ] ADJ (ADV seedily) **1** BOT **a** Samen tragend, samenreich **b** Kern… **2** FISCH laichreif **3** *umg* **a** schäbig, abgetragen, fadenscheinig **b** schäbig (angezogen), abgerissen, heruntergekommen (*Person*) **c** flau, mies (*Befinden*): **look ~** elend aussehen

seeing **A** S Sehen *n*: **~ is believing** (*Sprichwort*) Sehen ist Glauben **B** KONJ *a.* **~ that** … da doch …; in Anbetracht dessen, dass … **C** PRÄP angesichts (*gen*), in Anbetracht (*gen*): **~ his difficulties**; **♀ Eye dog** S *US* Blindenhund *m*

seek [siːk] *prät u. pperf* **sought** [sɔːt] **A** V/T **1** suchen: **the reasons are not far to ~** nach den Gründen muss man nicht (erst) lange suchen **2** *den Schatten, e-e Wahrsagerin etc* aufsuchen **3** erbitten: **~ sb's advice**, **~ advice from sb** j-n um Rat bitten, Rat bei j-m suchen **4** begehren, erstreben, trachten *od* streben nach: **~ fame** nach Ruhm trachten; → life *Bes Redew* **5** JUR *etc* beantragen, begehren: **~ a divorce** auf Scheidung klagen; **I am ~ing a divorce** ich habe die Scheidung eingereicht **6** (ver)suchen (**to do** zu tun) **7** zu ergründen suchen: **~ through** durchforschen **8** **be to ~** *obs* (noch) fehlen, nicht zu finden sein; **education is much to ~** (*od* **is much to be sought**) **with him** die Erziehung fehlt bei ihm in hohem Maße; **a solution is yet to ~** e-e Lösung muss (erst) noch gefunden werden **9** **be to ~** (**in**) *obs* ermangeln (*gen*) **10** **~ out** **a** herausfinden, ausfindig machen **b** *fig* aufs Korn nehmen *umg* **B** V/I suchen, fragen, forschen (*alle:* **for, after** nach): **(much) sought-after** (sehr) gefragt, (sehr) begehrt; **seeker** S **1** Sucher(in) (*a.* REL): **~ after truth** Wahrheitssucher **2** MED Sonde *f* **3** FLUG, MIL Zielanfluggerät *n*

seem [siːm] V/I **1** (zu sein) scheinen, anscheinend sein, erscheinen: **it ~s impossible to me** es (er)scheint mir unmöglich; **he ~s (to be) a good fellow** er scheint ein guter Kerl zu sein; **I ~ (to be) deaf today** ich bin heute anscheinend taub; **all is not what it ~s** der Anschein trügt eben oft **2** *mit inf* scheinen (*anscheinend tun*): **you ~ to believe it** Sie scheinen es zu glauben; **apples do not ~ to grow here** Äpfel wachsen hier anscheinend nicht; **I ~ to hear voices** mir ist, als hörte ich Stimmen **3** *unpers* **it ~s (that)** es scheint, dass; anscheinend; **it ~s as if** (*od* **though**) es sieht so aus *od* es scheint so *od* es hat den Anschein, als ob; **it ~s (that) you were lying** du hast anscheinend gelogen; **it ~s to me (that) it will rain** mir scheint, es wird regnen; **it should** (*od* **would**) **~ that …** man sollte glauben, dass … **4** *mit Negation* **I can't ~ to open this door** ich bringe diese Tür einfach nicht auf

seeming **A** ADJ scheinbar: **with ~ sincerity** **B** S (An)Schein *m*: **the ~ and the real** Schein u. Sein; **seemingly** ADV anscheinend

seemliness [ˈsiːmlɪnɪs] S Anstand *m*, Schicklichkeit *f*

seemly [ˈsiːmlɪ] ADJ **1** anständig, schicklich, passend **2** *obs* hübsch, nett

seen [siːn] *pperf von* see[1]

seep [siːp] **A** V/I **1** (durch)sickern (*a. fig*): **~ away** versickern; **~ in** einsickern, langsam eindringen (*beide a. fig*) **2** *fig* durchdringen (**through sb** j-n) **B** S **1** → seepage **2** Sickerstelle *f*; **seepage** S **1** (Durch-, Ver)Sickern *n* **2** Durchgesickerte(s) *n*

seer[1] [ˈsiːə(r); sɪə(r)] S **1** Seher(in), Prophet(in) **2** Wahrsager(in)

seer[2] → ser

seersucker [ˈsɪə(r)ˌsʌkə(r)] S *leichtes kreppartiges Leinen*

seesaw [ˈsiːsɔː] **A** S **1** Wippen *n*, Schaukeln *n* **2** Wippe *f*, Wippschaukel *f* **3** *fig* ständiges Auf u. Ab *od* Hin u. Her **4** Zwickmühle *f* (*beidseitiges Trumpfen beim Whist*) **B** ADJ schaukelnd, wippend: **~ motion** Schaukelbewegung *f*; **~ policy** *fig* Schaukelpolitik *f* **C** V/I **1** wippen, schaukeln **2** sich hin u. her *od* auf u. ab bewegen **3** *fig* (hin u. her) schwanken: **~ing prices** schwankende Preise **D** V/T schaukeln

seethe [siːð] **A** V/I *prät* **seethed**, *obs* **sod** [sɒd; *US* sɑd], *pperf* **seethed**, *obs* **sodden** [ˈsɒdn; *US* ˈsɑdn], **sod** **1** sieden **2** schäumen (*a. fig:* **with** vor *dat*): **~ with anger** vor Wut kochen *od* schäumen; **the whole country is seething with discontent** im ganzen Land brodelt *od* gärt es; **he was seething with excitement** er fieberte vor Aufregung **3** wimmeln (**with** von) **B** V/T **1** einweichen **2** *obs* schmoren, dämpfen **C** S Sieden *n*

see-through **A** ADJ duchsichtig (*Bluse etc*): **~ package** Klarsichtpackung *f* **B** S durchsichtige Bluse *etc*

segment **A** S [ˈsegmənt] **1** Stück *n*, Scheibe *f*, (*e-r Orange a.*) Spalte *f* **2** *fig* **a** (*Markt- etc*) Bereich *m* **b** (*Gesellschafts- etc*) Schicht *f* **3** MATH (*Kreis-, Kugel- etc*) Segment *n*, (-)Abschnitt *m*: **~ of circle (sphere)**; **~ of line** Strecke *f* **4** ANAT, ZOOL Segment *n* (*Teil, aus dem ein Organ od ein Organismus zusammengesetzt ist*) **5** LING Segment *n* (*elementare sprachliche Einheit, die durch die Zerlegung e-r größeren Einheit in Abschnitte gewonnen wird, z. B. Phonem*) **6** IT (Programm-)Segment *n* **B** V/T [segˈment; *bes US* ˈsegment] **1** (auf-, zer)teilen **2** LING segmentieren (*in Segmente zerlegen*); **segmental** [-ˈmentl] ADJ (ADV **~ly**), **segmentary** [-məntərɪ; *US* -ˌteriː] ADJ segmentär

segmentation [ˌsegmənˈteɪʃn] S **1** ANAT, ZOOL Segmentation *f*, Segmentierung *f* (*Unterteilung od Gliederung in Segmente*) **2** BIOL Eifurchung *f*: **~ cavity** Furchungshöhle *f* **3** LING Segmentierung *f* (*Zerlegung in Segmente*)

segment| gear S TECH Segment(zahnrad)getriebe *n*; **~ saw** S TECH **1** Baumsäge *f* **2** Bogenschnittsäge *f*

segregate [ˈsegrɪgeɪt] **A** V/T **1** trennen (*a. nach Rassen, Geschlechtern etc*), absondern, isolieren: **~d school** HIST *US* Schule *f* mit Rassentrennung **2** TECH (aus)saigern, ausscheiden **B** V/I **1** sich absondern *od* abspalten (*a. fig*) **2** CHEM auskristallisieren, sich abscheiden **3** BIOL sich aufspalten (*nach den mendelschen Gesetzen*), mendeln **C** ADJ [-gɪt; -geɪt] isoliert, abgesondert; **segregation** S **1** Absonderung

S

f, Abtrennung *f* **2** Rassentrennung *f* **3** abgespaltener Teil **4** BIOL *Trennung von väterlichen u. mütterlichen Eigenschaften in der Reduktionsteilung* **5** CHEM Abscheidung *f*;

segregationist **A** S Anhänger(in) *od* Verfechter(in) der Rassentrennung(spolitik) **B** ADJ die Rassentrennung befürwortend; **segregative** ADJ sich absondernd, Trennungs…

seicento [seɪˈtʃentəʊ] S Seicento *n* (*italienischer Kunststil des 17. Jhs.*)

seiche [seɪʃ] S Seiche *f* (*periodische Niveauschwankung von Binnenseen*)

Seidlitz powder [ˈsedlɪts] S MED, PHARM Seidlitzpulver *n* (*ein abführendes Brausepulver*)

seigneur [seˈnjɜː; seɪnˈjɜː; *US* seɪnˈjɜr], **seignior** [ˈseɪnjə; *US* seɪnˈjɔːər] S HIST Leh(e)ns-, Feudalherr *m*

seigniorage [ˈseɪnjərɪdʒ] S WIRTSCH **1** Regal *n*, Vorrecht *n* **2** (*königliche*) Münzgebühr **3** Schlagschatz *m* (*Differenz zwischen Realwert u. Nennwert von Münzen*); **seignioral** [-rəl] → seignorial; **seignioralty** [-tɪ] S HIST Grund-, Leh(e)nsherrschaft *f*

seigniory [ˈseɪnjərɪ] S HIST **1** Feudalrechte *pl* **2** (feudal)herrschaftliche Domäne; **seignorial** [seɪnˈjɔːrɪəl] ADJ feudalherrschaftlich

seik [siːk] *schott* → sick[1]

seine [seɪn] SCHIFF **A** S Schlagnetz *n* **B** V/T & V/I mit dem Schlagnetz fischen

seise *Br für* seize A 5

seisin *Br für* seizin

seism [ˈsaɪzəm] S Erdbeben *n*; **seismal** [ˈsaɪzməl] ADJ (ADV ~ly), **seismic** ADJ (ADV ~ally) seismisch, Erdbeben…: ~ **waves** seismische Wellen

seismogram [ˈsaɪzməgræm] S GEOL, PHYS Seismogramm *n* (*Erdbebenkurve des Seismografen*); **seismograph** [-grɑːf; *bes US* -græf] S Seismograf *m*, Erdbebenmesser *m*; **seismologist** [-ˈmɒlədʒɪst; *US* -ˈmɑl-] S Seismologe *m*, Seismologin *f*; **seismology** [-dʒɪ] S Seismik *f*, Seismologie *f*, Erdbebenkunde *f*

seismometer [saɪzˈmɒmɪtə(r); *US* -ˈmɑm-] S GEOL, PHYS Seismometer *n*, Erdbebenmesser *m*; **seismometry** [-trɪ] S Seismometrie *f*

seismoscope [ˈsaɪzməskəʊp] S GEOL, PHYS, HIST Seismoskop *n*, Erdbebenanzeiger *m*

seizable [ˈsiːzəbl] ADJ **1** ergreifbar **2** JUR pfändbar, der Beschlagnahme unterliegend

seize [siːz] **A** V/T **1** **a** (er)greifen, fassen, packen (*alle:* **by** an *dat*): ~ **sb by the neck** **b** *fig* ergreifen, packen, erfassen: **fear ~d the crowd** Furcht ergriff die Menge; **he was ~d with remorse** er wurde von Reue gepackt; **~d with an illness** von e-r Krankheit befallen; **~d with apoplexy** vom Schlag getroffen **c** → B 1 **2** *e-e Festung etc* (ein)nehmen, erobern **3** sich *e-r Sache* bemächtigen, an sich reißen: ~ **power** die Macht ergreifen *od* an sich reißen **4** JUR beschlagnahmen, pfänden **5** JUR *US* *j-n* in den Besitz setzen (**of** *gen od* von): **be ~d with**, **stand ~d of** im Besitz *e-r Sache* sein **6** *j-n* ergreifen, festnehmen **7** *fig* (*geistig*) erfassen, begreifen, verstehen **8** SCHIFF **a** zusammenbinden, zurren **b** anbinden **B** V/I **1** ~ **(up)on** *e-e Gelegenheit* ergreifen, *e-e Idee etc* (begierig) aufgreifen **2** *meist* ~ **up** TECH sich festfressen

seizin [ˈsiːzɪn] S JUR *US* Grundbesitz *m*, verbunden mit Eigentumsvermutung

seizing [ˈsiːzɪŋ] S **1** Ergreifen *n* (*etc;* → seize) **2** *pl* SCHIFF Zurrtau *n*

seizure [ˈsiːʒə(r)] S **1** Ergreifung *f*: ~ **of power** Machtergreifung **2** Inbesitznahme *f* **3** JUR **a** Beschlagnahme *f*, Pfändung *f* **b** Festnahme *f* **4** MED Anfall *m*

sejant [ˈsiːdʒənt] ADJ (*nachgestellt*) *Heraldik:* sitzend

sel. ABK **1** selected ausgew. **2** selection Ausw.

selachian [sɪˈleɪkjən; -ɪən] FISCH **A** S Selachier *m*, Hai(fisch) *m* **B** ADJ Haifisch…

selah [ˈsiːlə] S BIBEL Sela *n* (*Musikzeichen in den Psalmen*)

seldom [ˈseldəm] ADV (*obs a.* ADJ) selten: ~, **if ever** (nur) äußerst selten, kaum jemals

select [sɪˈlekt] **A** V/T auswählen (**from** aus); COMPUT *Text in Datei* markieren **B** V/I wählen **C** ADJ **1** ausgewählt: ~ **committee** PARL *Br* Sonderausschuss *m* **2** **a** erlesen (*Wein etc*): **a few ~ spirits** einige erlesene Geister **b** exklusiv (*Party etc*) **3** wählerisch

selectee [səˌlekˈtiː] S MIL *US* Einberufene(r) *m*

selection [sɪˈlekʃn] S **1** Wahl *f*: **make one's ~** s-e Wahl treffen **2** Auswahl *f*: **a ~ from** e-e Auswahl aus; ~ **procedure** Auswahlverfahren *n* **3** BIOL Selektion *f*, Zuchtwahl *f* **4** Auswahl *f* (**of** an *dat*): **have a wide ~ of** e-e große Auswahl haben an, gut sortiert sein in (*dat*) **5** COMPUT (*markierter Text*) Markierung *f*

selective [sɪˈlektɪv] ADJ (ADV ~ly) **1** auswählend, Auswahl…: ~ **assembly** TECH Austauschbau *m* **2** Auslese…: ~ **examination**; ~ **value** **3** ELEK selektiv, trennscharf: ~ **circuit** Trennkreis *m* **4** **a** selektiv **b** wählerisch (**in** in *dat*); ~ **service** S MIL *US* HIST Wehrpflicht *f*, -dienst *m*; ~ **transmission** S TECH **1** Selektivgetriebe *n*, (Gang)Wählgetriebe *n* **2** Getriebe *n* mit Druckknopfschaltung

selectivity [ˌsɪlekˈtɪvətɪ; sɪˌlekˈt-] S **1** Selektivität *f* **2** ELEK Selektivität *f*, Trennschärfe *f*

selectman [-mən; *US* -ˌmæn] S *irr* Stadtrat *m* (*in den Neuenglandstaaten*)

selector [sɪˈlektə(r)] S **1** Auswählende(r) *m/f(m)* **2** Sortierer(in) **3** TECH **a** Wähler *m* (*a.* ELEK) **b** Schaltgriff *m* **c** AUTO Gangwähler *m* **d** *a.* ~ **switch** ELEK Wahlschalter *m* **e** IT Selektor *m*

selenate [ˈselɪneɪt] S CHEM Selenat *n*

selenic [sɪˈliːnɪk; -ˈlen-] ADJ CHEM selensauer, Selen…; **selenious** [-ˈliːnjəs; -ɪəs] ADJ selenig: ~ **acid** Selenigsäure *f*; **selenite** [ˈselɪnaɪt] S **1** MINER Selenit *m*, Gips *m* **2** CHEM Selenit *n*; **selenium** [sɪˈliːnjəm; -ɪəm] S CHEM Selen *n*: ~ **cell** ELEK Selenzelle *f*

selenographer [ˌselɪˈnɒgrəfə(r); *US* -ˈnɑg-] S Selenograf(in); **selenography** [-fɪ] S Selenografie *f* (*Beschreibung u. Kartografie der Mondoberfläche*); **selenologist** [-ˈnɒlədʒɪst; *US* -ˈnɑl-] S Selenologe *m*, Selenologin *f*; **selenology** [-dʒɪ] S Selenologie *f*, Mondkunde *f* (*Wissenschaft von der Entstehung u. geologischen Beschaffenheit des Mondes*)

self [self] **A** *pl* selves [selvz] S **1** Selbst *n*, Ich *n*: **my better ~** mein besseres Selbst; **his second ~** sein zweites Ich (*Freund od Stütze*); **my humble** (*od* **poor**) **~** m-e Wenigkeit; **he's back to his old ~** er ist wieder (ganz) der Alte; **pity's ~** das Mitleid selbst; **your good selves** WIRTSCH *obs* Ihre werte Firma, Sie; → former[2] 1 **2** Selbstsucht *f*, das eigene *od* liebe Ich **3** PHIL Ich *n*, Subjekt *n*: **the consciousness of ~** das Ich- *od* Subjektsbewusstsein **4** BIOL **a** einfarbige Blume **b** Tier *n* von einheitlicher Färbung **c** autogames Lebewesen **B** ADJ **1** einheitlich: **a ~ trimming** ein Besatz aus dem gleichen Material **2** *bes* BOT einfarbig **3** *obs* selbig(er, e, es) **C** PRON WIRTSCH *od umg* → myself, *etc*: **a check** (*Br* **cheque**) **drawn to ~** ein auf „Selbst" ausgestellter Scheck; **a ticket admitting ~ and friend** e-e Karte für mich selbst u. e-n Freund

self|-abandonment S **1** (Selbst-)Aufopferung *f*, (bedingungslose) Hingabe **2** *pej* Zügellosigkeit *f*; **~-abasement** S Selbsterniedrigung *f*; **~-abnegation** F Selbstverleugnung *f*; **~-absorbed** ADJ **1** mit sich selbst beschäftigt **2** *pej* egozentrisch; **~-abuse** S Selbstbefleckung *f* (*Onanie*); **~-accusation** S Selbstanklage *f*; **~-acting** ADJ *bes* TECH selbsttätig, automatisch; **~-actualization** S PSYCH Selbstverwirklichung *f*; **~-actualize** V/I PSYCH sich selbst verwirklichen; **~-addressed** ADJ **1** an sich selbst gerichtet *od* adressiert (*Bemerkung etc*) **2** ~ **envelope** Rückumschlag *m*; **~-adhesive** ADJ selbstklebend; **~-adjusting** ADJ TECH selbsteinstellend; **~-admiration** S Selbstbewunderung *f*; **~-affirmation** S PSYCH Selbstbewusstsein *n*; **~-aggrandizement** S Selbsterhöhung *f*, -verherrlichung *f*; **~-analysis** S *irr* PSYCH Selbstanalyse *f*; **~-appointed** ADJ selbst ernannt, von eigenen Gnaden; **~-asserting** ADJ (ADV ~ly) selbstbewusst; **~-assertion** S Durchsetzungsvermögen *n*; **~-assertive** → self-asserting; **~-assertiveness** → self-assertion; **~-assessment** S Selbsteinschätzung *f*; **~-assurance** S Selbstbewusstsein *n*, -sicherheit *f*; **~-assured** ADJ selbstbewusst, -sicher; **~-aware** ADJ PHIL, PSYCH selbstbewusst; **~-awareness** S PHIL, PSYCH Selbstbewusstsein *n*, -bewusstheit *f*; **~-betrayal** S Selbstverrat *m*; **~-binder** S AGR Selbstbinder *m*; **~-blame** S Selbstanklage *f*, -beschuldigung *f*; **~-catering** *bes Br* **A** ADJ für Selbstversorger, mit Selbstverpflegung **B** S Selbstverpflegung *f*; **~-censorship** S Selbstzensur *f*, (*der Medien*) Selbstkontrolle *f*; **~-cent(e)red** ADJ ich-, selbstbezogen, egozentrisch; **~-cent(e)redness** S Ich-, Selbstbezogenheit *f*, Egozentrik *f*; **~-cleaning** ADJ selbstreinigend; **~-colo(u)red** ADJ **1** einfarbig **2** naturfarben; **~-command** S Selbstbeherrschung *f*; **~-complacence**, **~-complacency** S Selbstgefälligkeit *f*; **~-complacent** ADJ (ADV ~ly) selbstgefällig; **~-conceit** S Eigendünkel *m*; **~-conceited** ADJ dünkelhaft, eingebildet; **~-concept** S PSYCH Selbstauffassung *f*, -verständnis *n*; **~-confessed** ADJ erklärt: **he's a ~ alcoholic** er macht kein Geheimnis daraus, Alkoholiker zu sein; **~-confidence** S **1** Selbstvertrauen *n*, -bewusstsein *n* **2** *pej* Überheblichkeit *f*; **~-confident** ADJ (ADV ~ly) **1** selbstsicher, -bewusst **2** *pej* überheblich; **~-conscious** ADJ (ADV ~ly) **1** befangen, gehemmt, unsicher **2** PHIL, PSYCH selbstbewusst; **~-consciousness** S **1** Befangenheit *f*, Gehemmtheit *f*, Unsicherheit *f* **2** PHIL, PSYCH Selbstbewusstsein *n*, -bewusstheit *f*; **~-consistent** ADJ (in sich selbst) konsequent *od* folgerichtig; **~-contained** ADJ **1** (in sich) geschlossen, selbstständig, unabhängig (*alle a.* TECH), (*Folge e-r Fernsehserie etc*) abgeschlossen: ~ **country** Selbstversorgerland *n*; ~ **flat** *bes Br* abgeschlossene Wohnung; ~ **house** Einfamilienhaus *n* **2** zurückhaltend, reserviert **3** (selbst)beherrscht; **~-contemplation** S Selbstbesinnung *f*; **~-contempt** S Selbstverachtung *f*; **~-contradiction** S innerer Widerspruch, Widerspruch *m* mit *od* in sich selbst; **~-contradictory** ADJ widerspruchsvoll, widersprüchlich; **~-control** S Selbstbeherrschung *f*: **lose one's ~** die Selbstbeherrschung verlieren; **~-controlled** ADJ voller Selbstbeherrschung; **~-cooled** ADJ TECH mit Selbstkühlung, eigenbelüftet; **~-critical** ADJ (ADV ~ly) selbstkritisch; **~-criticism** S Selbstkritik *f*; **~-deceit** S Selbsttäuschung *f*, -betrug *m*; **~-deceiver** S *j-d, der sich selbst betrügt od täuscht*; **~-deception** → self-deceit; **~-deceptive** ADJ (ADV ~ly) selbstbetrügerisch; **~-defeating** ADJ genau das Gegenteil bewirkend, (völlig) sinnlos; **~-defence**, US **~-defense** S 1 Selbstverteidigung f: **the gentle art of ~** die edle Kunst der Selbstverteidigung (Boxen) 2 JUR Notwehr f: **in ~** in od aus Notwehr; **~-delusion** S Selbsttäuschung f; **~-denial** S Selbstverleugnung f; **~-denying** ADJ selbstverleugnend; **~-despair** S Verzweiflung f an sich selbst; **~-destruct** V/I sich selbst zerstören; **~-destruction** S 1 Selbstzerstörung f 2 Selbstvernichtung f, -mord m; **~-destructive** ADJ 1 selbstzerstörerisch 2 selbstmörderisch; **~-determination** S POL etc Selbstbestimmung f: **right of ~** Selbstbestimmungsrecht n; **~-development** S Selbstentfaltung f; **~-devotion** → self-abandonment 1; **~-diagnosis** S irr IT Selbstdiagnose f; **~-discipline** S Selbstdisziplin f; **~-distrust** S Mangel m an Selbstvertrauen, Misstrauen n gegen sich selbst; **~-doubt** S Zweifel pl an sich selbst, Selbstzweifel pl; **~-doubting** ADJ selbstzweiflerisch; **~-drive** ADJ Br Selbstfahrer...: **~ car** Mietwagen m; **~ cars** pl **for hire** Autovermietung f für Selbstfahrer; **~-driven** ADJ TECH selbstgetrieben, Selbstantrieb...; **~-educated** → self-taught 1; **~-effacement** S Zurückhaltung f; **~-effacing** ADJ (ADV ~ly) zurückhaltend; **~-employed** ADJ a selbstständig (Kaufmann etc) b → freelance B; **~-esteem** S 1 Selbstachtung f, -wertgefühl n 2 pej Eigendünkel m; **~-evident** ADJ (ADV ~ly) 1 selbstverständlich: **be ~** sich von selbst verstehen 2 offensichtlich; **~-excitation** S ELEK Selbst-, Eigenerregung f; **~-executing** ADJ: **~ treaty** POL Vertrag m, dessen Inhalt kein Ausführungsgesetz notwendig macht; **~-existence** S 1 PHIL, REL Selbstexistenz f 2 unabhängige Existenz; **~-explaining**, **~-explanatory** ADJ ohne Erläuterung(en) verständlich, für sich selbst sprechend; **~-expression** S Ausdruck m der eigenen Persönlichkeit; **~-feeder** S TECH 1 Maschine f mit automatischer Brennstoff- od Materialzufuhr 2 AGR Futterautomat m; **~-feeding** ADJ TECH sich selbst nachfüllend od speisend, automatisch Brennstoff od Material zuführend; **~-fertility** S BOT Eigenfruchtbarkeit f; **~-fertilization** S Selbstbefruchtung f, Autogamie f; **~-fertilized** ADJ selbstbefruchtet; **~-fixing** ADJ selbsthaftend; **~-forgetful** ADJ (ADV ~ly) selbstvergessen, selbstlos; **~-fulfil(l)ment** S Selbstverwirklichung f; **~-governed**, **~-governing** ADJ POL selbstverwaltet, unabhängig, autonom, selbstständig, mit Selbstverwaltung; **~-government** S POL Selbstverwaltung f, Autonomie f; **~-gratification** → self-indulgence; **~-hardening** ADJ METALL selbsthärtend; **~-help** S Selbsthilfe f: **~ group** Selbsthilfegruppe f

S

selfhood S 1 Individualität f, Eigenpersönlichkeit f 2 pej Selbstsucht f, Ichbezogenheit f, Egozentrik f

self|-ignition S 1 PHYS Selbstentzündung f 2 AUTO Selbstzündung f; **~-image** S PSYCH Selbstbild n; **~-importance** S Selbstüberhebung f, Wichtigtuerei f, Eigendünkel m; **~-important** ADJ (ADV ~ly) eingebildet, aufgeblasen, wichtigtuerisch; **~-imposed** ADJ selbst auferlegt; **~-incrimination** S Selbstbezichtigung f; **~-induced** ADJ 1 ELEK selbst induziert 2 selbst verursacht; **~-induction** S ELEK Selbstinduktion f; **~-inductive** ADJ ELEK selbstinduktiv; **~-indulgence** S 1 Sichgehenlassen n, Nachgiebigkeit f gegen sich selbst 2 pej Zügellosigkeit f, Maßlosigkeit f; **~-indulgent** ADJ (ADV ~ly) 1 nachgiebig gegen sich selbst 2 zügellos, maßlos; **~-infection** S MED Selbstansteckung f; **~-inflicted** ADJ selbst zugefügt od beigebracht: **~ wounds** pl MIL Selbstverstümmelung f; **~-instruction** S Selbstunterricht m; **~-instructional** ADJ Selbstlehr..., Selbstunterrichts..., für den Selbstunterricht (gedacht od geeignet): **~ manual** Handbuch n für den Selbstunterricht; **~-insurance** S Selbstversicherung f; **~-interest** S Eigeninteresse n, -nutz m; **~-interested** ADJ nur auf sein eigenes Interesse bedacht; **~-invited** ADJ ungebeten (Gast etc); **~-irony** S 1 Selbstironie f 2 selbstironische Bemerkung

selfish ['selfɪʃ] ADJ (ADV ~ly) egoistisch, selbstsüchtig; **selfishness** S Egoismus m, Selbstsucht f

self|-justification S Rechtfertigung f: **say sth in ~** etwas zu s-r Rechtfertigung sagen; **~-knowledge** S Selbsterkenntnis f; **~-laceration** S fig Selbstzerfleischung f

selfless ['selflɪs] ADJ (ADV ~ly) selbstlos; **selflessness** S Selbstlosigkeit f

self|-liquidating ADJ: **~ credit** WIRTSCH sich selbst abdeckender Kredit, Warenkredit m; **~-loading** ADJ Selbstlade...: **~ pistol**; **~-locking** ADJ TECH selbstsperrend: **~ door** Tür f mit Schnappschloss; **~-love** S Eigenliebe f, Selbstliebe f; **~-lubricating** ADJ TECH selbstschmierend; **~-made** ADJ selbst gemacht: **~ man** j-d, der aus eigener Kraft emporgekommen ist; Selfmademan m; **~-medication** S Selbstmedikation f; **~-murder** S Selbstmord m; **~-murderer** S Selbstmörder(in); **~-mutilation** S Selbstverstümmelung f; **~-neglect** S 1 Selbstlosigkeit f 2 Vernachlässigung f s-s Äußeren; **~-opinionated** ADJ 1 eingebildet, von sich selbst eingenommen 2 eigensinnig, rechthaberisch; **~-pity** S Selbstmitleid n, -bemitleidung f; **~-pollination** S BOT Selbstbestäubung f; **~-portrait** S Selbstporträt n, -bildnis n; **~-possessed** ADJ voller Selbstbeherrschung; **~-possession** S Selbstbeherrschung f; **~-praise** S Eigen-, Selbstlob n; **~-pronoun** S LING Reflexivpronomen n, rückbezügliches Fürwort; **~-preservation** S Selbsterhaltung f; **~-proclaimed** → self-appointed; **~-pronouncing** ADJ LING mit Aussprachebezeichnung im Wort selbst (mittels diakritischer Zeichen); **~-propelled** ADJ TECH mit Eigenantrieb, selbst angetrieben, Selbstfahr...; **~-protection** S Selbstschutz m; **~-raising flour** S Br mit Backpulver gemischtes Mehl; **~-realization** S Selbstverwirklichung f; **~-recording** ADJ TECH selbst registrierend od schreibend; **~-regard** S 1 Eigennutz m 2 Selbstachtung f; **~-registering** → self-recording; **~-regulating** ADJ bes TECH selbst regelnd od regulierend; **~-reliance** S Selbstvertrauen n, -sicherheit f; **~-reliant** ADJ (ADV ~ly) selbstbewusst, -sicher; **~-reproach** S Selbstvorwurf m; **~-respect** S Selbstachtung f; **~-respecting** ADJ sich selbst achtend: **a ~ man** ein Mann mit Selbstachtung; **every ~ craftsman** jeder Handwerker, der etwas auf sich hält; **~-restraint** S Selbstbeherrschung f; **~-righteous** ADJ (ADV ~ly) selbstgerecht; **~-righteousness** S Selbstgerechtigkeit f; **~-rising flour** S US mit Backpulver gemischtes Mehl; **~-rule** S POL Autonomie f, Selbstverwaltung f; **~-sacrifice** S (Selbst-)Aufopferung f; **~-sacrificing** ADJ aufopferungsvoll, opfernd; **~same** ADJ ebenderselbe, -dieselbe, -dasselbe, ganz der- od die- od dasselbe; **~-satisfaction** S 1 Selbstzufriedenheit f 2 Selbstgefälligkeit f; **~-satisfied** ADJ 1 selbstzufrieden 2 selbstgefällig; **~-sealing** ADJ 1 selbstklebend (bes Briefumschlag) 2 TECH selbst(ab)dichtend; **~-seeker** S Egoist(in); **~-seeking** A ADJ selbstsüchtig, egoistisch B S Selbstsucht f, Egoismus m; **~-service** A ADJ mit Selbstbedienung, Selbstbedienungs..., SB-... B S Selbstbedienung f; **~-slaughter** S JUR US Selbstmord m; **~-slayer** S JUR US Selbstmörder(in); **~-starter** S 1 AUTO Selbststarter m, (Selbst)Anlasser m 2 bes WIRTSCH hoch motivierte Person mit sehr viel Eigeninitiative; **~-styled** ADJ bes pej selbst ernannt, von eigenen Gnaden; **~-sufficiency** S 1 Unabhängigkeit f (von fremder Hilfe) 2 WIRTSCH Autarkie f, wirtschaftliche Unabhängigkeit 3 Eigendünkel m; **~-sufficient** ADJ (ADV ~ly) 1 nicht auf fremde Hilfe angewiesen, unabhängig 2 WIRTSCH autark 3 dünkelhaft; **~-suggestion** S PSYCH Autosuggestion f; **~-supplier** S WIRTSCH Selbstversorger(in); **~-support** S Selbstunterhalt m, -versorgung f; **~-supporting** ADJ 1 → self-sufficient 1, 2 2 TECH a freitragend (Mast etc) b selbst tragend (Wand); **~-tapping screw** S TECH Blechschraube f; **~-taught** ADJ 1 autodidaktisch: **a ~ person** ein Autodidakt; **she's a ~ typist** sie hat sich das Maschineschreiben selbst beigebracht 2 selbst erlernt (Fähigkeiten); **~timer** S FOTO Selbstauslöser m; **~-torture** S Selbstquälerei f; **~-will** S 1 Eigenwille m 2 pej Eigensinn m; **~-willed** ADJ 1 eigenwillig 2 pej eigensinnig; **~-winding** ADJ automatisch (Uhr): **~ mechanism** Selbstaufzug m; **~-worth** S a. **sense of ~** Selbstwertgefühl n

sell [sel] A S 1 umg a Schwindel m b Reinfall m, Pleite f 2 WIRTSCH umg a Verkaufstaktik f, -methoden pl: → hard sell, soft A 1 b Zugkraft f (e-s Artikels) B V/T prät u. pperf **sold** [səʊld] 1 verkaufen, veräußern (beide: **for** für; **to** an akk), WIRTSCH a. absetzen: **to ~, to be sold** zu verkaufen; **his novels have sold 20 million copies** von s-n Romanen sind schon 20 Millionen Exemplare verkauft worden; **~ o.s.** fig sich verkaufen (a. pej); → life Bes Redew, pup A 1 2 WIRTSCH Waren führen, vertreiben, handeln mit 3 fig verkaufen, e-n guten Absatz sichern (dat): **his name will ~ the book** 4 umg verkaufen, verraten (beide: **to** an akk): → pass C 1 a, river 1 5 umg j-m etwas verkaufen, schmackhaft machen, aufschwatzen: **~ sb on sth** j-n für etwas begeistern od erwärmen; **be sold on sth** von etwas überzeugt od begeistert sein 6 umg a j-n beschummeln b a. SPORT j-n austricksen 7 WIRTSCH umg a j-n zum Kaufen anreizen b sich j-n als Kunden sichern C V/I 1 verkaufen, Verkäufe tätigen: **"~ by ..."** „mindestens haltbar bis ..." 2 verkauft werden (**at**, **for** für) 3 sich gut etc verkaufen (lassen), gehen: → cake A 1 4 umg verfangen, ziehen: **that won't ~**

Phrasal Verbs: **sell| off** V/T WIRTSCH (bes zu ermäßigten Preisen) ausverkaufen, abstoßen, ein Lager räumen; **~ out** A V/T 1 ausverkaufen: **be sold out** ausverkauft sein (a. Stadion etc); **we are sold out of umbrellas** die Schirme sind ausverkauft 2 e-n Anteil etc abgeben, verkaufen 3 → sell B 4 B V/I 1 **the umbrellas sold out in two days** die Schirme waren in zwei Tagen ausverkauft; **his book has sold out** sein Buch ist vergriffen; **~ of sth** etwas ausverkaufen 2 umg sich verkaufen (**to** an akk); **~ up** Br A V/T ein Geschäft etc verkaufen B V/I sein Geschäft etc verkaufen

sell-by date S (Mindest)Haltbarkeitsdatum n: **he's past his ~** umg er hat s-e besten Tage schon hinter sich

seller S 1 Verkäufer(in), Händler(in): **~s' mar-**

ket WIRTSCH Verkäufermarkt *m*; **~s' option** Verkaufsoption *f*, *(Börse)* Rückprämie(n-geschäft) *f(n)* 2 **good ~** WIRTSCH gut gehende Ware, zugkräftiger Artikel 3 → selling race

selling A ADJ 1 *(in Zusammensetzungen)* verkäuflich 2 Verkaufs..., Absatz..., Vertriebs... B S 1 Verkaufen *n*, Verkauf *m* 2 WIRTSCH Verkaufstaktik *f*, -methoden *pl*; **~ area** S Verkaufsfläche *f*; **~ plate** → selling race; **~-plater** S SPORT *ein bei e-m Verkaufsrennen laufendes Pferd*; **~ price** S WIRTSCH Verkaufspreis *m*; **~ race** S *Pferderennsport:* Verkaufsrennen *n*; **~ space** S Verkaufsfläche *f*

Sellotape® S *Br durchsichtiges Klebeband*

sellout S *umg* 1 Ausverkauf *m* 2 ausverkaufte Veranstaltung, volles Haus: **play to a ~ audience** vor ausverkauftem Haus spielen 3 Verrat *m*, POL *a.* Ausverkauf *m*

seltzer (water) ['seltsə(r)] S *bes US* Selters (-wasser)® *n*

selvage, selvedge ['selvɪdʒ] S *Weberei:* Salband *n*, feste (Webe)Kante

selves [selvz] *pl von* self

sem. ABK 1 semester Sem. 2 semicolon Strichp.

semantic [sɪ'mæntɪk] LING A ADJ (ADV ~ally) LING semantisch: **~ change** Bedeutungswandel *m* B S **semantics** *pl (als sg konstruiert)* Semantik *f*, Bedeutungslehre *f*

semaphore ['seməfɔː(r); *US a.* -ˌfəʊər] A S 1 TECH Semaphor *n*: a *bes* BAHN (Flügel)Signalmast *m* b optischer Telegraf 2 MIL (Flaggen)Winken *n*: **~ message** Winkspruch *m* B VT & VI signalisieren

semasiological [sɪˌmeɪsɪə'lɒdʒɪkl; *US* -'lɑ-] ADJ (ADV ~ly) LING semasiologisch; **semasiology** [-'ɒlədʒɪ; *US* -'ɑl-] S LING Semasiologie *f*, Bedeutungslehre *f*

semblance ['sembləns] S 1 äußere Gestalt, Form *f*, Erscheinung *f*: **in the ~ of** in Gestalt *(gen)* 2 Ähnlichkeit *f* **(to** mit) 3 (An)Schein *m*: **under the ~ of friendship** unter dem Deckmantel der Freundschaft; **without the ~ of an excuse** ohne auch nur die Andeutung e-r Entschuldigung

semé(e) ['semeɪ; *US a.* sə'meɪ] ADJ *Heraldik:* besät, bestreut *(beide:* **with, of** mit)

semeiology [ˌsemɪ'ɒlədʒɪ; ˌsiːmɪ-; *US* ˌsiːmaɪ-'ɑl-], **semeiotics** [-'ɒtɪks; *US* -'ɑt-] → semiology

semen ['siːmen; *bes US* -mən] S PHYS Samen *m* *(a.* BOT, PHARM), Sperma *n*

semester [sɪ'mestə(r)] S UNIV *bes US* Semester *n*

semi- [semɪ; *US a.* semaɪ] *Wortelement mit der Bedeutung* halb..., Halb...

semi ['semɪ; *US a.* 'semˌaɪ] S *umg für* a *bes Br* semidetached B b semifinal A c *US* semitrailer

semiannual ADJ (ADV ~ly) 1 halbjährlich 2 halbjährig

semiautomatic A ADJ (ADV ~ally) halb automatisch B S halb automatische Feuerwaffe

semibold TYPO A ADJ halbfett *(Schrift)* B S halbfette Schrift

semibreve S MUS *bes Br* ganze Note: **~ rest** ganze Pause

semicentennial A S Fünfzigjahrfeier *f* B ADJ fünfzigjährig

semicircle S 1 Halbkreis *m*: **in a ~** halbkreisförmig 2 Winkelmesser *m*

semicircular ADJ (ADV ~ly) halbrund, -kreisförmig: **~ canal** ANAT Bogengang *m (des inneren Ohrs)*; **~ parry** *(Fechten)* Halbkreisparade *f*

semicolon [ˌsemɪ'kəʊlən; *US* 'semɪˌk-] S Semikolon *n*, Strichpunkt *m*

semiconductor S ELEK Halbleiter *m*: **~ memory** COMPUT Halbleiterspeicher *m*

semiconscious ADJ (ADV ~ly) nicht bei vollem Bewusstsein

semidetached A ADJ 1 **~ house** → B 2 *fig bes* POL halbherzig, lauwarm B S *bes Br* Doppelhaushälfte *f*

semidiameter S MATH Halbmesser *m*, Radius *m*

semidocumentary S Spielfilm *m* mit dokumentarischem Hintergrund

semidome S ARCH Halbkuppel *f*

semifinal SPORT A S 1 *meist pl* Halbfinale *n*, Semifinale *n*, Vorschlussrunde *f* 2 Halbfinalspiel *n* B ADJ Halbfinal...: **~ game** (*od* **match**) → A 2; **~ round** Halbfinale *n*; **semifinalist** S SPORT Halbfinalist(in): **he was a ~ last year** er stand letztes Jahr im Halbfinale

semifinished ADJ TECH halb fertig: **~ product** Halb(fertig)fabrikat *n*

semifluid A ADJ halb-, zähflüssig B S zähflüssige Masse

semiliquid → semifluid

semilunar ADJ halbmondförmig: **~ valve** ANAT Semilunarklappe *f*

semimanufactured → semifinished

semimonthly A ADJ & ADV halbmonatlich B S Halbmonatsschrift *f*

seminal ['semɪnl] ADJ (ADV ~ly) 1 BIOL, PHYSIOL Samen..., Sperma...: **~ duct** (*od* **tract**) Samengang *m*, -leiter *m*; **~ fluid** Samenflüssigkeit *f*, Sperma *n*; **~ leaf** BOT Keimblatt *n*; **~ power** Zeugungsfähigkeit *f* 2 *fig* a zukunftsträchtig, folgenreich b fruchtbar, schöpferisch, originell c zukunftsweisend 3 *fig* Entwicklungs..., noch unentwickelt: **in the ~ state** im Entwicklungsstadium

seminar ['semɪnɑː(r)] S UNIV *etc* Seminar *n*

seminarian [ˌsemɪ'neərɪən] S 1 REL Seminarist *m* 2 Seminarteilnehmer (-in)

seminary ['semɪnərɪ; *US* -ˌneriː] S 1 REL (Priester)Seminar *n* 2 *US* → seminar 3 *fig* Schule *f*, Pflanzstätte *f*, *pej* Brutstätte *f*

semination [ˌsemɪ'neɪʃn] S (Aus)Säen *n*

semiofficial ADJ (ADV ~ly) halbamtlich, offiziös

semiology [ˌsemɪ'ɒlədʒɪ; ˌsiːmɪ-; *US* ˌsiːˌmaɪ-'ɑl-], **semiotics** [-'ɒtɪks; *US* -'ɑt-] SPL *(als sg konstruiert)* S Semiologie *f*, Semiotik *f*: a LING *Lehre von den Zeichen* b MED *Lehre von den Krankheitszeichen*

semiporcelain S Halbporzellan *n*

semipostal S *Postwesen: bes US* Wohlfahrtsmarke *f*

semiprecious ADJ: **~ stone** Halbedelstein *m*, Schmuckstein *m*

semiprivate ADJ zweiter Klasse *(Krankenhauszimmer od -bedienung)*: **~ room** Zweibettzimmer *n (in e-r Klinik)*

semipro [-prəʊ] *umg für* semiprofessional

semiprofessional A ADJ 1 überwiegend praktische Kenntnisse erfordernd *(Tätigkeit)* 2 halbprofessionell *(a.* SPORT): **~ player** → B B S SPORT Halbprofi *m*, Feierabendprofi *m*

semiquaver S MUS *bes Br* Sechzehntel(note) *n(f)*

semirigid ADJ halb starr *(Luftschiff)*

semiskilled ADJ angelernt *(Arbeiter)*

semiskimmed ADJ halbfett *(Milch)*

semisolid A ADJ halbfest B S halbfeste Substanz

Semite ['siːmaɪt; *bes US* 'sem-] S 1 Semit(in) 2 Jude *m*, Jüdin *f*

Semitic [sɪ'mɪtɪk] A ADJ 1 semitisch 2 jüdisch B S 1 LING Semitisch *n*, das Semitische 2 *pl (als sg konstruiert)* Semitistik *f (Wissenschaft von den alt- u. neusemitischen Sprachen u. Literaturen)*

Semitist ['semɪtɪst] S Semitist(in)

semitone S MUS Halbton *m*

semitrailer S AUTO, TECH Sattelanhänger *m*

semivowel S Halbvokal *m*

semiweekly A ADJ & ADV halbwöchentlich B S halbwöchentlich erscheinende Veröffentlichung

semiyearly → semiannual

semolina [ˌsemə'liːnə] S Grieß *m*: **~ pudding** Grießbrei *m*

sempiternal [ˌsempɪ'tɜːnl; *US* -'tɜr-] ADJ (ADV ~ly) *poet* immerwährend, ewig

sempstress ['sempstrɪs; 'semstrɪs] → seamstress

sen[1] [sen] *pl* **sen** S Sen *m (indonesische,* HIST *japanische Münzeinheit)*

SEN[2] ABK *Br* State Enrolled Nurse staatlich registrierte Schwesternhelferin, staatlich registrierter Hilfspfleger

sen.[1] ABK 1 senate Sen. 2 senator Sen.

Sen.[2] ABK Senior sen.

senarmontite [ˌsenɑː'mɒntaɪt; *US* ˌsenər-'mɑnˌtaɪt] S MINER Senarmontit *m*

senary ['siːnərɪ; 'sen-] ADJ Sechser..., Sechs...

senate ['senɪt] S 1 Senat *m (a.* UNIV) 2 ♎ PARL *US* Senat *m (Oberhaus)*

senator ['senətə(r)] S, PARL *US* ♎ Senator *m*, Senatorin *f*; **senatorial** [-'tɔːrɪəl; *US a.* -'təʊ-] ADJ (ADV ~ly) 1 senatorisch, Senats... 2 POL *US* zur Wahl von Senatoren berechtigt

send[1] [send] A VT *prät u. pperf* **sent** [sent] 1 *j-n* senden, schicken: **~ sb to bed (to school, to prison)** j-n ins Bett (auf e-e Schule, ins Gefängnis) schicken; **~ sb after sb** j-n j-m nachschicken; **~ sb off the field** SPORT j-n vom Platz stellen; **~ sb to buy some cigarettes** j-n zum Zigarettenholen schicken 2 **(to)** *etwas, a. Grüße, Hilfe etc* senden, schicken *(dat od* an *akk)*, *Ware etc* versenden, -schicken (an *akk)* 3 *den Ball, e-e Kugel etc* senden, jagen, schießen 4 *j-n* fortjagen, -schicken: → business A 9 5 *(mit adj od ppr)* machen: **~ sb mad; ~ sb reeling** j-n taumeln machen *od* lassen; → fly[1] B 3, pack C 6, spin B 2 6 *(von Gott, dem Schicksal etc)* a senden b geben, gewähren c machen: **God ~ it may not be so!** gebe Gott, es möge nicht so sein! 7 *e-n Blick etc* senden: **~ a glance at sb** j-m e-n Blick zuwerfen; → send forth 8 ELEK senden, übertragen 9 *sl j-n* total anmachen *umg (Musik etc)* B VI 1 **~ for** a nach *j-m* schicken, *j-n* kommen lassen, *j-n* holen *od* rufen (lassen), *j-n* zu sich bitten b sich *etwas* kommen lassen, *etwas* anfordern 2 **we sent after him** wir schickten ihm j-n nach 3 ELEK senden

Phrasal Verbs: **send| away** A VT 1 fort-, wegschicken 2 *e-n Brief etc* absenden, abschicken B VI **~ (to sb) for sth** (von j-m) etwas anfordern, sich (von j-m) etwas kommen lassen; **~ back** VT *j-n, etwas* zurückschicken, *e-e Speise a.* zurückgehen lassen; **~ down** VT 1 hinunterschicken 2 UNIV *Br* relegieren 3 *Boxen:* auf die Bretter schicken 4 *fig die Preise, Temperatur etc* fallen lassen 5 *Br umg j-n* einbuchten, einlochen *(beide:* **for two years** [für] zwei Jahre); **~ forth** VT 1 *j-n etc, a. Licht* aussenden, *Wärme etc* ausstrahlen 2 *Blätter etc* hervorbringen, treiben 3 *e-n Laut etc* ausstoßen 4 veröffentlichen, verbreiten; **~ in** VT 1 *ein Gesuch etc* einsenden, -schicken, -reichen: → name *Bes Redew*, resignation 2 2 SPORT *e-n Auswechselspieler* aufs Feld schicken; **~ off** A VT 1 → send away A 2 *umg j-n* verabschieden (**at** am *Bahnhof etc)* 3 SPORT vom Platz stellen B VI → send away B; **~ on** VT 1 *j-n, etwas* vorausschicken 2 *e-n Brief etc* nachschicken, nachsenden (**to** an *e-e Adresse)*; **~ out** A VT 1 hinausschicken 2 → send forth 1, 2 3 **send sb out for sth** j-n nach etwas schicken 4 *Einladungen, Prospekte etc* verschicken B VI **~ for sth** etwas ho-

S

len lassen; **~ up** VT 1 a hinaufschicken: **~ a prayer** ein Gebet nach oben schicken b *e-n Ballon* steigen lassen 2 *fig die Preise, Temperatur etc* steigen lassen 3 *umg j-n, etwas* a parodieren, verulken b persiflieren 4 *US umg* → send down 5

send² [send] S 1 SCHIFF Triebkraft *f*, Druck *m* *(der Wellen)* 2 *fig* Impuls *m*, Antrieb *m*

sendal ['sendl] S HIST Zindeltaft *m*

sender S 1 (Über)Sender(in) 2 Absender(in) 3 a TEL Zahlengeber *m* b *Telegrafie*: Geber *m*

sending-off S *Br* FUSSB Platzverweis *m*

send|-off S *umg* 1 Verabschiedung *f*, Abschied *m*: **be given** (*od* **get**) **a great ~** groß verabschiedet werden 2 gute Wünsche *pl* zum Anfang *(e-r Tätigkeit etc)* 3 SPORT Start (-signal) *m(n)*; **~-up** S *umg* **(of)** a Parodie *f* (auf *akk*), Verulkung *f (gen)* b Persiflage *f* (auf *akk*): **do a ~ of** → send up 3

Senegal [ˌsenɪ'gɔːl] S Senegal *m* a *Fluss im nordwestlichen Afrika* b *Staat in Westafrika*

Senegalese [ˌsenɪgə'liːz] A ADJ senegalesisch B S Senegalese *m*, Senegalesin *f*: **the ~** *koll* die Senegalesen *pl*

senescence [sɪ'nesns] S Altern *n*; **senescent** ADJ 1 alternd 2 MED Alters…, altersbedingt *(Arthritis etc)*

seneschal ['senɪʃl] S HIST Seneschall *m*, Majordomus *m*

senile ['siːnaɪl] ADJ 1 senil: a greisenhaft, altersschwach b blöd(e), kindisch 2 Alters…: **~ decay** MED Altersabbau *m*; **~ dementia** MED Altersblödsinn *m*; **~ speckle** MED Altersfleck *m*; → involution 4; **senility** [sɪ'nɪlətɪ] S Senilität *f*

senior ['siːnjə(r)] A ADJ 1 ♀ *bes US* senior *(meist nach Familiennamen u. abgekürzt zu Snr., Sr., Sen.)*: **George Smith, Sr.**; **Smith Sr** 2 älter(er, e, es) 3 rang-, dienstälter(er, e, es), ranghöher(er, e, es), Ober…: **~ lien** JUR *US* bevorrechtigtes Pfandrecht; **~ officer** a höherer Offizier, *mein etc* Vorgesetzter b Rangälteste(r) *m*; **a ~ police officer** ein höherer Polizeibeamter; **~ position** höhere Stellung; **the ~ service** *Br* → Royal Navy; **~ staff** *(a. als pl konstruiert)* leitende Angestellte *pl*; → grade A 2, management 2, partner A 2 4 a SCHULE Ober…: **the ~ classes** *pl* die Oberstufe b UNIV *US* im letzten Studienjahr *(Student)* B S 1 Ältere(r) *m/f(m)*: **he is my ~ by four years, he is four years my ~** er ist vier Jahre älter als ich 2 Älteste(r) *m/f(m)* 3 Rang-, Dienstältere(r) *m/f(m)*, Vorgesetzte(r) *m/f(m)* 4 *Br* → senior fellow 5 UNIV *US* Student(in) im letzten Studienjahr 6 → senior citizen; **~ citizen** S Senior *m*, Seniorin *f*; **~ fellow** S UNIV *Br* rangältester Fellow; **~ high (school)** S SCHULE *US die obersten Klassen der High School*

seniority [ˌsiːnɪ'ɒrətɪ; *US* siːn'jɔːr-; -'jɑr-] S 1 höheres Alter 2 höheres Dienstalter: **be promoted by ~** nach dem Dienstalter befördert werden

senna ['senə] S BOT, PHARM Sennesblätter *pl*

sennight, *a.* **se'nnight** ['senaɪt] S *obs* e-e Woche: **Tuesday ~** Dienstag in e-r Woche

Senr ABK Senior sen.

sensate ['senseɪt] ADJ sinnlich (wahrgenommen)

sensation [sen'seɪʃn] S 1 (Sinnes)Wahrnehmung *f*, (-)Empfindung *f*: **~ of pain** Schmerzempfindung, -gefühl *n*; **he could feel no ~ in his left leg** er hatte kein Gefühl im linken Bein; **~ level** Empfindungsschwelle *f* 2 Gefühl *n*: **a pleasant ~**; **have the ~ that …**; **~ of thirst** Durstgefühl 3 Empfindungsvermögen *n* 4 (großer) Eindruck, Sensation *f*, Aufsehen *n*: **make** (*od* **cause, create**) **a ~** Aufsehen erregen, für e-e Sensation sorgen; **he was the ~ of the day** er war die Sensation des Tages 5 Sensation *f*, Überraschung *f (Ereignis)* 6 → sensationalism 2; **sensational** [-ʃənl] ADJ (ADV ~ly) 1 sinnlich, Sinnes… 2 sensationell, Sensations…: a aufsehenerregend b verblüffend c großartig, toll d auf Effekthascherei bedacht: **a ~ headline** e-e sensationell aufgemachte Schlagzeile; **a ~ writer** ein Sensationsschriftsteller 3 PHIL a sensualistisch b → hedonistic; **sensationalism** S 1 Sensationsgier *f*, -lust *f* 2 Sensationsmache *f* 3 PHIL a Sensualismus *m* *(Richtung, die alle Erkenntnis auf Sinneswahrnehmung zurückführt)* b → hedonism; **sensationalist** A S 1 Sensationsschriftsteller(in), -redner(in), Effekthascher(in) 2 PHIL a Sensualist(in) b → hedonist a B ADJ → sensational 2 d

sensation-seeker S sensationslüsterner Mensch; **sensation-seeking** ADJ sensationslüstern

sense [sens] A S 1 Sinn *m*, Sinnesorgan *n*: **~ of hearing (sight, smell, taste, touch)** Gehör-(Gesichts-, Geruchs-, Geschmacks-, Tast)sinn; **I've lost my ~ of taste** ich schmecke nichts mehr; → sixth A 1 2 *pl* Sinne *pl*, (klarer) Verstand: **in (out of) one's ~s** bei (von) Sinnen; **lose** (*od* **take leave of**) **one's ~s** den Verstand verlieren; **bring sb to their ~s** j-n wieder zur Besinnung bringen; **recover** (*od* **come to**) **one's ~s** wieder zur Besinnung *od* Vernunft kommen 3 *fig* Vernunft *f*, Verstand *m*: **a man of ~** ein vernünftiger *od* kluger Mensch; **have the ~ to do sth** so klug sein, etwas zu tun; **do have some ~!** sei doch vernünftig!; → common sense 4 Sinne *pl*, Empfindungsvermögen *n* 5 Gefühl *n*: a Empfindung *f* **(of** für): **~ of achievement** Erfolgserlebnis *n*; **~ of pain** Schmerzgefühl; **~ of security** Gefühl der Sicherheit; → frustration 5 b, 5 c, 5 d, outrage A 3, well-being 2 b Ahnung *f*, unbestimmtes Gefühl 6 Sinn *m*, Gefühl *n* *(beide:* **of** für): **~ of balance** Gleichgewichtssinn, -empfinden *n*, -gefühl; **~ of beauty** Schönheitssinn; **~ of decency** (*od* **decorum**) Anstand(sgefühl) *m(n)*; **~ of duty** Pflichtbewusstsein *n*, -gefühl; **a keen ~ of justice** ein ausgeprägter Gerechtigkeitssinn; **~ of responsibility** Verantwortungsgefühl, -bewusstsein *n*; **~ of shame** Schamgefühl; **~ of time** Zeitgefühl; → belonging 1, direction 1, honor B 1, humor A 4, locality 1 a, mission 5, pitch² C 8, purpose B 4, self-worth 7 Sinn *m*, Bedeutung *f*: **figurative (literal**, *etc*) **~**; **in every ~** in jeder Hinsicht; **in a ~** in gewissem Sinne; **in the good and in the bad ~** im guten wie im bösen *od* schlechten Sinn 8 Sinn *m*, *(etwas)* Vernünftiges: **what is the ~ of doing this?** was hat es für e-n Sinn, das zu tun?; **is there a ~ in which …?** könnte man vielleicht sagen, dass …?; **it makes ~** es macht Sinn, es hat Hand u. Fuß, es klingt plausibel; **it does not make ~** es hat *od* macht keinen Sinn; **I could make no ~ of it** ich konnte mir darauf keinen Reim machen; **talk ~** vernünftig reden 9 *(bes allgemeine)* Ansicht, Meinung *f*, Auffassung *f*: **take the ~ of the meeting** die Meinung der Versammlung einholen 10 MATH Richtung *f*: **~ of rotation** Drehsinn *m* 11 *Funkpeilung*: (Peil)Seite *f* B VT 1 empfinden, fühlen, spüren, ahnen 2 IT a abtasten b abfragen 3 *bes US umg* kapieren

sense| center, *bes Br* **~ centre** S BIOL Sinneszentrum *n*; **~ datum** S *irr* PSYCH Sinnesdatum *n*; **~ group** S LING Sinngruppe *f (beim Sprechen)*

senseless ADJ (ADV ~ly) 1 gefühllos, unempfindlich 2 bewusst-, besinnungslos 3 unvernünftig, dumm *(Person)* 4 sinnlos, unsinnig *(Sache)*; **senselessness** 1 Unempfindlichkeit *f* 2 Bewusstlosigkeit *f* 3 Unvernunft *f* 4 Sinnlosigkeit *f*

sense| organ S Sinnesorgan *n*, -werkzeug *n*; **~ perception** S Sinneswahrnehmung *f*

sensibility [ˌsensɪ'bɪlətɪ] S 1 Sensibilität *f*, Gefühl *n*, Empfindungsvermögen *n* 2 PHYS *etc* Empfindlichkeit *f*: **~ to light** Lichtempfindlichkeit 3 *fig* Empfänglichkeit *f* **(to** für) 4 *meist pl* Gefühl *n*, Empfinden *n (beide:* **to** für) 5 *a. pl* Sensibilität *f*, (Über)Empfindlichkeit *f*, Empfindsamkeit *f* 6 *a. pl* Fein-, Zartgefühl *n*

sensible ['sensəbl] A ADJ (ADV → sensibly) 1 vernünftig *(Person, Preise etc)* 2 spür-, fühlbar, merklich: → horizon 1 3 bei Bewusstsein 4 **be ~ of sth** a sich e-r Sache bewusst sein b etwas empfinden 5 a empfänglich **(to** für) b empfindlich **(to** gegen) 6 praktisch *(Kleidungsstück)* B S *a.* **~ note** MUS Leitton *m*; **sensibleness** S Vernünftigkeit *f*; **sensibly** ADV 1 vernünftig *(etc*, → sensible) 2 vernünftigerweise

sensing ['sensɪŋ] S 1 IT a Abtasten *n* b Abfragen *n*: **~ brush** Abtastbürste *f*; **~ element** (Mess)Fühler *m*; **~ head** Abtastkopf *m* 2 *Funkpeilung*: Seitenanzeige *f*

sensitive ['sensɪtɪv] A ADJ (ADV ~ly) 1 fühlend *(Wesen etc)* 2 Empfindungs…: **~ nerves** 3 sensitiv, (über)empfindlich **(to** gegen): **be ~ to** empfindlich reagieren auf *(akk)* 4 sensibel, empfindsam, feinfühlig 5 veränderlich, schwankend: **~ market** WIRTSCH schwankender Markt 6 *fig* a empfindlich b *bes* MIL gefährdet, exponiert: **~ spot** empfindliche Stelle, neuralgischer Punkt; **a ~ subject** ein heikles *od* kitzliges Thema 7 *bes* BIOL, CHEM empfindlich, reagibel **(to** auf *akk)*: **~ fern** BOT Perlfarn *m*; **~ plant** Sinnpflanze *f* 8 ELEK, PHYS, TECH empfindlich *(Instrument etc)*: **~ to shock** stoßempfindlich 9 FOTO lichtempfindlich 10 PHYSIOL sensorisch, Sinnes… 11 *Parapsychologie*: sensitiv, medial (begabt *od* veranlagt) B S 1 sensitiver *od* sensibler Mensch 2 *Parapsychologie*: Sensitive(r) *m/f(m)*, Medium *n*; **sensitiveness** → sensitivity

sensitivity S 1 Sensibilität *f* **(to** für): a Empfindlichkeit *f (a.* ELEK *etc)* b MED, PSYCH (Grad *m* der) Reaktionsfähigkeit *f* 2 Empfindlichkeit *f* **(to** gegen): **~ to light** PHYS Lichtempfindlichkeit 3 Sensitivität *f*, Feingefühl *n*: **he has the ~ of an ox** er hat das Feingefühl e-s Elefantenbullen 4 *Parapsychologie*: Sensitivität *f*, mediale Begabung *od* Veranlagung; **~ group** S PSYCH Trainingsgruppe *f*; **~ training** S PSYCH Sensitivitätstraining *n*

sensitization [ˌsensɪtaɪ'zeɪʃn; *US* -tə'z-] S MED, FOTO Sensibilisierung *f*; **sensitize** VT sensibilisieren, (FOTO licht)empfindlich machen: **~d** (FOTO licht)empfindlich; **sensitizer** S FOTO Sensibilisator *m*

sensitometer [ˌsensɪ'tɒmɪtə(r); *US* -'tam-] S OPT, FOTO Sensitometer *n*, Lichtempfindlichkeitsmesser *m*

sensomotor [ˌsensə'məʊtə(r)] → sensorimotor

sensor ['sensə(r)] S ELEK, TECH Sensor *m*, (Mess)Fühler *m*

sensoria [sen'sɔːrɪə; *US a.* -'səʊ-] *pl von* sensorium

sensorial [sen'sɔːrɪəl; *US a.* -'səʊ-] → sensory

sensorimotor [ˌsensərɪ'məʊtə(r)] ADJ PHYSIOL sensomotorisch

sensorium [sen'sɔːrɪəm; *US a.* -'səʊ-] *pl* -riums, -ria [-rɪə] S MED, PSYCH 1 Sensorium *n*, Sinnesapparat *m* 2 Bewusstsein *n*, Sitz *m* des Empfindungsvermögens

sensory ['sensərɪ] ADJ sensorisch, Sinnes…: **~ perception**; **~ deprivation** PSYCH sensorische

Deprivation; ~ **nerve** Sinnes-, Empfindungsnerv *m*

sensual ['sensjʊəl; -ʃʊəl; *US* -tʃəwəl; -ʃəl] ADJ (ADV ~ly) **1** sinnlich, Sinnes… **2** sinnlich, wollüstig, *bes* BIBEL fleischlich **3** → sensational 3; **sensualism** S **1** Sinnlichkeit *f*, Lüsternheit *f* **2** → sensationalism 3; **sensualist** S **1** sinnlicher Mensch **2** → sensationalist A 2; **sensuality** [-'ælətɪ; *US* -tʃə'wælətiː] S Sinnlichkeit *f*; **sensualize** V/T **1** *j-n* sinnlich machen **2** versinnlichen

sensuous ['sensjʊəs; -ʃʊ-; *US* -tʃəwəs] ADJ (ADV ~ly) sinnlich: **a** Sinnes… **b** sinnenfroh; **sensuousness** S Sinnlichkeit *f*

sent [sent] *prät u pperf von* send[1]

sentence ['sentəns] **A** S **1** LING Satz (-verbindung) *m(f)*: **complex** ~ Satzgefüge *n*; ~ **stress** Satzbetonung *f*; ~ **structure** Satzbau *m* **2** JUR **a** (*bes* Straf)Urteil *n*: **pass** ~ **(up)on** das (*fig* ein) Urteil fällen über (*akk*), verurteilen (*a. fig*); **under** ~ **of death** zum Tode verurteilt **b** Strafe *f*: **serve a** ~ **of imprisonment** e-e Freiheitsstrafe verbüßen *od* absitzen **3** *obs* Sentenz *f*, Aus-, Sinnspruch *m* **B** V/T JUR *u. fig* verurteilen (**to** zu)

sententious [sen'tenʃəs] ADJ (ADV ~ly) **1** sentenziös, prägnant, kernig **2** spruchreich, lehrhaft **3** *pej* aufgeblasen, salbungsvoll, phrasenhaft; **sententiousness** S **1** Prägnanz *f* **2** Spruchreichtum *m*, Lehrhaftigkeit *f* **3** *pej* salbungsvolle Art, Großsprecherei *f*

sentience ['senʃəns; -ʃɪəns], *a.* **sentiency** [-sɪ] S **1** Empfindung *f* **2** Empfindungsvermögen *n*; **sentient** [-ʃnt] ADJ (ADV ~ly) **1** empfindungsfähig **2** fühlend

sentiment ['sentɪmənt] S **1** (seelische) Empfindung, (Gefühls)Regung *f*, Gefühl *n* (*alle*: **toward[s] sb** j-m gegenüber) **2** *pl* Meinung *f*, Gedanken *pl*, (Geistes)Haltung *f*: **noble ~s** edle Gesinnung; **(those are) my ~s exactly** Sie sprechen mir aus der Seele **3** (Zart-, Fein)Gefühl *n*, Innigkeit *f* (*a. in der Kunst*): **for** ~ aus emotionalen Gründen **4** → sentimentality

sentimental [,sentɪ'mentl] ADJ (ADV ~ly) **1** sentimental: **a** gefühlvoll (*Lied etc*) **b** *pej* rührselig, gefühlsdus(e)lig (*Mädchen etc*) **2** gefühlsmäßig, Gefühls…: **for** ~ **reasons** aus Sentimentalität; ~ **value** Erinnerungswert *m*; **sentimentalism** [-təlɪzəm] S **1** Sentimentalität *f*, Empfindsamkeit *f* **2** → sentimentality; **sentimentalist** S Gefühlsmensch *m*; **sentimentality** [-'tælətɪ] S Sentimentalität *f*, Gefühlsduselei *f*, Rührseligkeit *f*; **sentimentalize** **A** V/T sentimental machen *od* gestalten **B** V/I in Gefühlen schwelgen, sentimental werden (**about, over** bei, über *dat*)

sentinel ['sentɪnl; *US* 'sentnəl] S **1** Wächter *m* **2** MIL → sentry 2: **stand** ~ Wache stehen; **stand** ~ **over** bewachen **3** IT Hinweissymbol *n*

sentry ['sentrɪ] S **1** → sentinel 1 **2** MIL (Wach[t])Posten *m*, Wache *f*: **stand** ~ Wache *od* Posten stehen; ~ **box** S MIL Wachhäuschen *n*; ~ **duty**, ~ **go** S Wachdienst *m*

Seoul [səʊl] S Seoul *n* (*Hauptstadt von Südkorea*)

sep. ABK **1** BOT sepal **2** separate getr.

Sep. ABK September Sept.

sepal ['sepəl; *US bes* 'siː-] S BOT Sepalum *n*, Kelchblatt *n*

separability [,sepərə'bɪlətɪ] S Trennbarkeit *f*; **separable** ADJ (ADV separably) trennbar

separate **A** V/T ['sepəreɪt] **1** trennen (**from** von): **a** (ab)sondern, (ab-, aus)scheiden **b** *Freunde, a. Kämpfende etc* auseinanderbringen: ~ **church and state** Kirche u. Staat trennen; **a ~d couple** ein getrennt lebendes Ehepaar; **they are ~d** sie leben getrennt; → chaff[1] 1, sheep 1 **2** spalten, auf-, zerteilen (*alle*: **into** in *akk*) **3** CHEM, TECH **a** scheiden, trennen, (ab)spalten **b** sortieren **c** aufbereiten **4** *Milch* zentrifugieren, *Sahne* absetzen lassen **5** MIL *US* entlassen **B** V/I ['sepəreɪt] **1** sich trennen, scheiden (*beide*: **from** von), auseinandergehen **2** **(from)** sich lösen *od* trennen (von), ausscheiden (aus) **3** CHEM, TECH sich absondern **4** JUR sich (*ehelich*) trennen **C** ADJ ['seprət] (ADV ~ly) **1** getrennt, (ab)gesondert, besonder(er, e, es), separat, Separat…: ~ **account** WIRTSCH Sonder-, Separatkonto *n*; ~ **estate** JUR eingebrachtes Sondergut (*der Ehefrau*); ~ **maintenance** JUR Alimente *pl* (*der getrennt lebenden Ehefrau*) **2** einzeln, gesondert, getrennt, Einzel…: ~ **bedrooms** getrennte Schlafzimmer; **with a** ~ **entrance** mit eigenem Eingang; **the** ~ **members of the body** die einzelnen Glieder des Körpers; **two** ~ **questions** zwei Einzelfragen, zwei gesondert zu behandelnde Fragen; ~ **rooms** getrennte Zimmer, Einzelzimmer; **they went their** ~ **ways** sie gingen ihre eigenen Wege; **keep** ~ *Bedeutungen etc* auseinanderhalten; **be available ~ly** einzeln erhältlich sein **3** einzeln, isoliert: ~ **confinement** JUR Einzelhaft *f* **D** S ['seprət] **1** (*der, die, das*) Einzelne *od* Getrennte **2** TYPO Sonder(ab)druck *m* **3** *pl Mode*: Separates ['seprəts] *pl* (*Kleidungsstücke, die zu e-r zwei- od mehrteiligen Kombination gehören*); **separateness** S **1** Getrenntheit *f* **2** Isoliertheit *f*; **separating** [-pəreɪt-] ADJ Trenn…, Scheide…

separation [,sepə'reɪʃn] S **1** Trennung *f*, Absonderung *f*: **the** ~ **of church and state** die Trennung von Kirche u. Staat; ~ **of forces** MIL Truppenentflechtung *f*; ~ **of powers** POL Gewaltenteilung *f* **2** Trennung *f*, Getrenntsein *n* **3** Trennungspunkt *m*, -linie *f* **4** JUR (*eheliche*) Trennung: **judicial** ~ gerichtliche Trennung e-r Ehe **5** CHEM, TECH **a** Abscheidung *f*, Spaltung *f* **b** Klassierung *f* (*von Erzen*) **6** MIL *US* Entlassung *f*; ~ **allowance** S Trennungszulage *f*; ~ **anxiety** S PSYCH Trennungsangst *f*

separatism ['sepərətɪzəm] S POL Separatismus *m* (*Streben, ein Gebiet staatlich selbstständig zu machen*); **separatist** **A** S **1** POL Separatist(in) **2** REL Sektierer(in) **B** ADJ POL separatistisch; **separative** [-pərətɪv; *US bes* -pə,reɪ-] ADJ (ADV ~ly) trennend, Trennungs…; **separator** [-reɪtə(r)] S **1** TECH **a** Separator *m*, (Ab)Scheider *m* **b** (*bes* Milch)Zentrifuge *f*, Trennschleuder *f* **c** *a.* ~ **stage** RADIO Trennstufe *f* **2** *bes* MED Spreizvorrichtung *f*; **separatrix** [-reɪtrɪks] *pl* -trices [,sepə'reɪtrɪsiːz] S Schrägstrich *m*

Sephardim [se'fɑː(r)dɪm] SPL Sephardim *pl* (*spanisch-portugiesische Juden u. ihre Nachkommen*)

sepia ['siːpjə; -pɪə] *pl* -as, -ae [-pɪiː] S **1** ZOOL Sepia *f*, Gemeiner Tintenfisch **2** Sepia *f*: **a** *Sekret des Tintenfischs* **b** *Farbstoff* **3** MAL **a** Sepia *f* (*Farbe*) **b** Sepiazeichnung *f* **4** FOTO Sepiadruck *m*

sepoy ['siːpɔɪ] S *IndEng* HIST Sepoy *m* (*indischer Soldat in europäischen Diensten*)

seppuku [se'puːkuː] S Seppuku *n*, Harakiri *n*

sepsis ['sepsɪs] S Sepsis *f* (*Blutvergiftung*)

sept [sept] S *bes* HIST Stamm *m*, Sippe *f* (*bes in Irland u. Schottland*)

Sept. ABK September Sept.

septa ['septə] *pl von* septum

septate ['septeɪt] ADJ **1** ANAT, BOT, ZOOL durch e-e Scheidewand abgeteilt **2** PHYS, TECH durch e-e osmotische Membrane *od* e-e Schallwand abgeteilt: ~ **wave guide** ELEK Längssteg-Hohlleiter *m*

September [sep'tembə(r)] S September *m*: **in** ~ im September

septempartite [,septem'pɑː(r)taɪt] ADJ siebenteilig

septenary ['septɪnərɪ; *US* -,neriː] **A** ADJ **1** aus sieben bestehend **2** sieben **3** → septennial **B** S **1** Siebenergruppe *f*, Satz *m* von sieben Dingen **2** → septennium **3** Sieben *f* **4** LIT Septenar *m* (*ein lateinisches Versmaß*); **septennial** [sep'tenjəl; -nɪəl] ADJ (ADV ~ly) **1** siebenjährlich **2** siebenjährig; **septennium** [-nɪəm] *pl* -niums, -nia [-nɪə] S Septennium *n* (*Zeitraum von sieben Jahren*)

septentrional [sep'tentrɪənl] ADJ *obs* nördlich, Nord…

septet(te) [sep'tet] S **1** MUS Septett *n* **2** → septenary B 1

septic ['septɪk] **A** ADJ (ADV ~ally) **1** **a** MED septisch, infiziert: **a** ~ **finger** ein vereiterter Finger; ~ **sore throat** septische Angina **b** faulend **2** Fäulnis erregend: ~ **tank** Faulbehälter *m* **3** *fig* faul, verrottet **B** S Fäulniserreger *m*

septic(a)emia [,septɪ'siːmɪə] S MED Septik(h)ämie *f*, Blutvergiftung *f*

septilateral [,septɪ'lætərəl] ADJ siebenseitig

septillion [sep'tɪljən] S MATH **1** *Br* Septillion *f* (10^{42}) **2** *US* Quadrillion *f* (10^{24})

septimal ['septɪml] ADJ auf die Zahl Sieben gegründet, Sieben(er)…

septime ['septiːm] S *Fechten*: Septim *f*

septivalent [,septɪ'veɪlənt] ADJ CHEM siebenwertig

septuagenarian [,septjʊədʒɪ'neərɪən; *US a.* -,tuːə-; ,septə,wædʒə-] **A** S Siebzigjährige(r) *m/f(m)*, Siebziger(in) (*a. Person in den Siebzigern*) **B** ADJ **a** siebzigjährig **b** in den Siebzigern; **septuagenary** [,septjʊə'dʒiːnərɪ; *US* ,septəwə'dʒenəriː; ,septə'wædʒə,neriː] **A** ADJ **1** aus siebzig… bestehend, siebzigteilig **2** → septuagenarian B **B** S → septuagenarian A

Septuagesima (Sunday) [,septjʊə'dʒesɪmə; *US* -təwə-] S (Sonntag *m*) Septuagesima *f* (*9. Sonntag vor Ostern*)

Septuagint ['septjʊədʒɪnt; *US* 'septəwə,dʒɪnt; sep'tuːə-] S Septuaginta *f* (*Übersetzung des Alten Testaments ins Griechische*)

septum ['septəm] *pl* -ta [-tə] S **1** ANAT, BOT Septum *n*, (Scheide)Wand *f* **2** PHYS osmotische Membrane, *a.* Schallwand *f*

septuple ['septjʊpl; *US* 'septəpəl] **A** ADJ siebenfach **B** S (*das*) Siebenfache **C** V/T **1** versiebenfachen **2** mit sieben malnehmen **D** V/I sich versiebenfachen

septuplet ['septjʊplɪt; sep'tjuː-; *US* sep'tʌplət; -'tuː-] S **1** Siebenergruppe *f* **2** Siebenling *m* (*Kind*): **~s** Siebenlinge **3** MUS Septimale *f*

septuplicate **A** V/T [sep'tjuːplɪkeɪt; *US a.* -'tuː-] **1** versiebenfachen **2** *ein Dokument* siebenfach ausfertigen **B** ADJ [-kət] siebenfach **C** S [-kət] **1** **in** ~ in siebenfacher Ausfertigung **2** *e-s von 7 (gleichen) Dingen*: **~s** 7 Exemplare

sepulcher, *bes Br* **sepulchre** ['sepəlkə(r)] **A** S **1** Grab(stätte) *n(f)*, Grabmal *n*: **whited** ~ BIBEL *od poet* Pharisäer *m* **2** KATH **a** *a.* **Easter** ~ Ostergrab *n* **b** Reliquienschrein *m* **B** V/T begraben (*a. fig*), bestatten; **sepulchral** [sɪ'pʌlkrəl] ADJ (ADV ~ly) **1** Grab…, Begräbnis… **2** *fig* düster, Grabes…: ~ **voice** Grabesstimme *f*; **sepulchre** *bes Br für* sepulcher

sepulture ['sepəltʃə; *US* -,tʃʊər] S (Toten)Bestattung *f*

seq. ABK **1** sequel **2** sequens, the following (one)

seqq. ABK sequentes, the following (ones)

sequacious [sɪ'kweɪʃəs] ADJ (ADV ~ly) **1** gefügig, folgsam **2** folgerichtig

sequel ['siːkwəl] S **1** (Aufeinander)Folge *f*: **in the** ~ in der Folge **2** **a** Folge(erscheinung) *f*, Konsequenz *f*, (Aus)Wirkung *f* **b** *fig* Nachspiel

S

n: **a judicial ~**; **there was a ~ to it** die Sache hatte ein Nachspiel **3** *(Roman- etc)* Fortsetzung *f*, *(a. Hörspiel- etc)* Folge *f*: **a three-~ program(me)** TV ein Dreiteiler

sequela [sɪˈkwiːlə; *US a.* -ˈkwe-] *pl* -lae [-liː] S MED Folge(zustand) *f(m)*, -erscheinung

sequence [ˈsiːkwəns] S **1** (Aufeinander)Folge *f*: **the ~ of events** der Ablauf der Ereignisse; **~ of operations** TECH Arbeitsablauf *m*; **~ of tenses** LING Zeitenfolge; **~ counter** IT Ablaufzähler *m*; **~ switch** Folgeschalter *m* **2** (Reihen)Folge *f*: **in ~** der Reihe nach **3** Folge *f*, Reihe *f*, Serie *f*: **~ of wins** SPORT Siegesserie **4** → sequel 2 **5** Folgerichtigkeit *f* **6** Sequenz *f*: **a** MUS *Motivversetzung* **b** KATH *liturgisches Chorlied nach dem Graduale* **c** *Kartenspiel*: Folge *f (von 3 od mehr Karten der gleichen Farbe)* **7** FILM Szene(nfolge) *f* **8** *fig* Vorgang *m*, Episode *f*

sequent [ˈsiːkwənt] **A** ADJ (ADV ~ly) **1** (aufeinander)folgend **2** logisch folgend, konsequent **B** S *(zeitliche od logische)* Folge; **sequential** [sɪˈkwenʃl] ADJ (ADV ~ly) **1** *(regelmäßig)* (aufeinander)folgend: **~ access** IT sequentieller Zugriff; **~ control** IT Folgesteuerung *f*; **~ scanning** TV fortlaufende Bildabtastung **2** folgend (**to** auf *akk*) **3** folgerichtig, konsequent

sequester [sɪˈkwestə(r)] V/T **1** (**o.s.** sich) absondern (**from** von) **2** JUR beschlagnahmen: **a** unter Treuhänderschaft stellen **b** konfiszieren; **sequestered** ADJ einsam, weltabgeschieden *(Dorf etc)*, zurückgezogen *(Leben)*

sequestra [sɪˈkwestrə] *pl von* sequestrum

sequestrate [sɪˈkwestreɪt; ˈsiːkwes-] → sequester 2; **sequestration** [ˌsiːkweˈstreɪʃn] S **1** Absonderung *f* (**from** von) **2** Weltabgeschiedenheit *f*, Zurückgezogenheit *f* **3** JUR Beschlagnahme *f*: **a** Zwangsverwaltung *f* **b** Konfiszierung *f*

sequestrator [ˈsiːkwestreɪtə(r); sɪˈkwes-] S JUR Zwangsverwalter(in)

sequestrum [sɪˈkwestrəm] *pl* -tra [-trə] S MED Sequester *m (abgestorbenes u. losgelöstes Knochenstück)*

sequin [ˈsiːkwɪn] S **1** HIST Zechine *f* **2** Ziermünze *f*

sequoia [sɪˈkwɔɪə] S BOT Sequoia *f*, Sequoie *f*, Mammutbaum *m*

ser [sɪə(r)] S Seer *n*, Sihr *n (ostindisches Handelsgewicht)*

ser. ABK **1** serial **2** series **3** sermon

sera [ˈsɪərə] *pl von* serum

sérac [ˈseræk; *US* səˈræk] S Sérac *m*, Eiszacke *f (an Gletschern)*

seraglio [seˈrɑːlɪəʊ; *US* səˈræljəʊ] *pl* -glios S **1** Harem *m* **2** Serail *n*, Sultanspalast *m*

serai [seˈraɪ; sə-] S Karawanserei *f*

serape [seˈrɑːpeɪ; *US* səˈrɑːpiː] S *(oft bunter)* Umhang *(von Südamerikanern)*

seraph [ˈserəf] *pl* seraphs, seraphim [-fɪm] S Seraph *m (Engel)*; **seraphic** [seˈræfɪk] ADJ (ADV ~ally) seraphisch, engelhaft, Engels…, verzückt

Serb [sɜːb; *US* sɜrb], **Serbian** **A** ADJ serbisch **B** S **1** Serbe *m*, Serbin *f* **2** LING Serbisch *n*, das Serbische

Serbia [ˈsɜːbjə; -bɪə; *US* ˈsɜrbɪə] S Serbien *n*

Serbo-Croatian [ˌsɜːbəʊkrəʊˈeɪʃn; *US* ˌsɜr-] LING **A** S Serbokroatisch *n*, das Serbokroatische **B** ADJ serbokroatisch

sere[1] [sɪə(r)] *bes Br für* sear[1] D

sere[2] [sɪə(r)] S Abzugsstollen *m (am Schloss e-r Feuerwaffe)*

sere[3] [sɪə(r)] S *Ökologie*: Sukzession *f (zeitliche Aufeinanderfolge der an e-m Standort einander ablösenden Tier- od Pflanzengesellschaften)*

serein [səˈræn; səˈreɪn] S feiner Regen aus wolkenlosem Himmel *(in den Tropen)*

serenade [ˌserəˈneɪd] MUS **A** S **1** Serenade *f*, Ständchen *n* **2** Serenade *f (vokale od instrumentale Abendmusik)* **B** V/I & V/T *(j-m)* ein Ständchen bringen; **serenader** S *j-d, der ein Ständchen bringt*

serenata [ˌserəˈnɑːtə] → serenade A 2

serendipity [ˌserənˈdɪpətɪ] S **1** *die Gabe, durch Zufall interessante od wertvolle Entdeckungen zu machen* **2** *bes US* Glück *n*: **the ~ of getting sth** das Glück, etwas zu bekommen

serene [sɪˈriːn; sə-] **A** ADJ (ADV ~ly) **1** heiter, klar *(Himmel, Wetter etc)*, ruhig *(See etc)*, friedlich *(Natur etc)* **2** heiter, gelassen *(Person, Gemüt etc)* **3** ♁ durchlauchtig: **His ♁ Highness** Seine Durchlaucht **B** S *poet* Heiterkeit *f (des Himmels etc)*, Ruhe *f (der See etc)* **C** V/T *poet* aufhellen, -heitern; **serenity** [-ˈrenətɪ] S **1** Heiterkeit *f*, Klarheit *f* **2** heitere (Gemüts)Ruhe, (heitere) Gelassenheit **3** ♁ Durchlaucht *f (als Titel)*: **Your ♁** Eure Durchlaucht

serf [sɜːf; *US* sɜrf] S HIST Leibeigene(r) *m/f(m)*; **serfdom**, **serfhood** S Leibeigenschaft *f*

serge [sɜːdʒ; *US* sɜrdʒ] S Serge *f (ein Futterstoff)*

sergeant [ˈsɑː(r)dʒənt] S **1** MIL **a** Feldwebel *m* **b** Unteroffizier *m*: **~ first class** *US* Oberfeldwebel; **first ~** Hauptfeldwebel **2** *(etwa)* Polizeimeister *m* **3** **a** Gerichtsdiener *m* **b** → sergeant at arms **c** *a.* **~ at law** JUR, HIST *Br* höherer Barrister (des Gemeinen Rechts) **4** HIST *Br* Lehnsmann *m*; **~ at arms** *pl* sergeants at arms S Ordnungsbeamte(r) *m (in beiden Häusern der brit. u. USA-Legislativen)*; **~ major** S MIL Hauptfeldwebel *m*

Sergt ABK MIL Sergeant

serial [ˈsɪərɪəl] **A** S **1** in Fortsetzungen *od* in regelmäßiger Folge erscheinende Veröffentlichung, *bes* Fortsetzungsroman *m* **2** (Veröffentlichungs)Reihe *f*, Serie *f*, periodisch erscheinende Zeitschrift, Serien-, Lieferungswerk *n* **3** **a** Sendereihe *f* **b** *(Hörspiel-, Fernseh)* Folge *f*, Serie *f* **c** Film *m* in Fortsetzungen **B** ADJ (ADV ~ly) **1** Serien…, Fortsetzungs…: **~ story** Fortsetzungsgeschichte *f*; **~ rights** *pl* Copyright *n* e-s Fortsetzungsromans **2** serienmäßig, Reihen…, Serien…: **~ killer** Serienmörder(in); **~ manufacture** (*od* **production**) Serienfertigung *f*, -herstellung *f*; **~ digital computer** TECH Seriendigitalrechner *m*; **~ number** **a** laufende Nummer, Seriennummer *f* **b** WIRTSCH Fabrikationsnummer *f*; **~ photograph** Reihenbild *n* **3** COMPUT, MUS: seriell

serialization [ˌsɪərɪəlaɪˈzeɪʃn; *US* -ləˈz-] S Veröffentlichung *f* in Fortsetzungen, periodische Veröffentlichung; **serialize** V/T periodisch *od* in Fortsetzungen veröffentlichen, (RADIO, TV) in Folgen *od* als Serie senden: **~d novel** Fortsetzungsroman *m*

seriate [ˈsɪərɪət; -eɪt] ADJ → serial B 1

seriatim [ˌsɪərɪˈeɪtɪm] ADV der Reihe nach

sericeous [sɪˈrɪʃəs] ADJ **1** Seiden… **2** seidig **3** BOT, ZOOL seidenhaarig

sericulture [ˈserɪˌkʌltʃə(r)] S Seidenraupenzucht *f*

series [ˈsɪəriːz; -rɪz] *pl* -ries S **1** Serie *f*, Reihe *f*, Folge *f*: **a ~ of events**; **a ~ of concerts** e-e Konzertreihe; **in ~** der Reihe nach (→ 4, 5) **2** *(Artikel-, Buch- etc)* Serie *f*, (-)Reihe *f* **3** MATH Reihe *f* **4** TECH Serie *f*, Baureihe *f*: **~ production** Reihen-, Serienbau *m*; **in ~** serienmäßig **5** *a.* **~ connection** ELEK Serien-, Reihenschaltung *f*: **~ motor** Reihen(schluss)motor *m*; **~ parallel circuit** Reihenparallelschaltung *f*; **~-wound** Reihenschluss…; **(connected) in ~** in Reihe geschaltet **6** CHEM homologe Reihe **7** GEOL Schichtfolge *f* **8** ZOOL Abteilung *f* **9** *(Briefmarken- etc)* Serie *f* **10** LING Reihe *f* von gleich geordneten Satzteilen

serif [ˈserɪf] S TYPO Serife *f*

serigraph [ˈserɪgrɑːf; *bes US* -græf] S TYPO Serigrafie *f*, (Seiden)Siebdruck *m*; **serigraphy** [səˈrɪgrəfɪ] S Serigrafie *f (Farbendruckverfahren)*

serin [ˈserɪn; *US* səˈræn] S ORN *(ein)* Kanarienvogel *m*

serine [ˈseriːn; ˈsɪə-] S CHEM Serin *n*

seringa [sɪˈrɪŋgə; sə-] S BOT Kautschukbaum *m*

seriocomic [ˌsɪərɪəʊˈkɒmɪk; *US* -ˈkɑm-] ADJ (ADV ~ally) ernst-komisch

serious [ˈsɪərɪəs] ADJ **1** ernst(haft): **a** feierlich **b** seriös **c** schwerwiegend, bedeutend: **~ artist** ernsthafter *od* seriöser Künstler; **~ dress** seriöse Kleidung; **~ face** ernstes Gesicht; **~ music** ernste Musik, E-Musik *f*; **~ problem** ernstes Problem **2** ernst(haft), ernstlich, ernst gemeint, seriös *(Angebot etc)*: **~ attempt** ernsthafter Versuch; **~ studies** *pl* ernsthaftes Studium; **are you ~?** meinst du das im Ernst?; **he is ~ about** er meint es *od* es ist ihm ernst mit; **be ~ about one's work** s-e Arbeit ernst nehmen **3** ernst zu nehmend, ernstlich, gefährlich, bedenklich: **~ accident** schwerer Unfall; **~ bodily injury** JUR *US* schwere Körperverletzung; **~ illness** ernste *od* schwere Krankheit; **a ~ rival** ein ernst zu nehmender Gegner; **seriously** ADV ernst(lich, -haft), im Ernst: **~ ill** ernstlich *od* schwer krank; **~ wounded** schwer verwundet; **take ~** *j-n, etwas* ernst nehmen; **~?** im Ernst?; **~ now** (*od* **though**) Spaß beiseite; **~ now, are you going to get married?** willst du allen Ernstes heiraten?

serious-minded ADJ (ADV ~ly) → serious 1 b

seriousness S **1** Ernst *m*, Ernsthaftigkeit *f*: **in all ~** allen Ernstes **2** Wichtigkeit *f*, Bedeutung *f*

serjeant [ˈsɑː(r)dʒənt] S JUR **1** *bes Br für* sergeant 3 **2** **Common ♁** *Br* Stadtsyndikus *m (in London)*

sermon [ˈsɜːmən; *US* ˈsɜr-] **A** S **1** REL Predigt *f*: **give** (*od* **preach**) **a ~** e-e Predigt halten; **♁ on the Mount** BIBEL Bergpredigt **2** *iron* (Moral-, Straf-)Predigt *f* **B** V/T & V/I *obs für* sermonize; **sermonize** **A** V/T *j-m* e-e (Moral- *od* Straf)Predigt halten **B** V/I *a. iron* predigen

serologic [ˌsɪərəˈlɒdʒɪk; *US* -ˈlɑ-] ADJ, **serological** [-kl] ADJ (ADV ~ly) MED serologisch; **serologist** [sɪəˈrɒlədʒɪst; *US* səˈrɑl-] S Serologe *m*, Serologin *f*; **serology** S Serologie *f (Lehre vom Blutserum)*

serosity [sɪəˈrɒsətɪ; *US* səˈrɑs-] S MED **1** seröser Zustand **2** seröse Flüssigkeit

serotine[1] [ˈserətaɪn; -tɪn] ADJ BOT, ZOOL spät auftretend *od* blühend

serotine[2] [ˈserətaɪn; -tɪn; *US* -ˌtiːn] S ZOOL spät fliegende Fledermaus

serous [ˈsɪərəs] ADJ (ADV ~ly) MED serös: **a** serumähnlich *(Flüssigkeit)* **b** Serum absondernd *(Drüse)*

serpent [ˈsɜːpənt; *US* ˈsɜr-] S **1** *poet (bes große)* Schlange **2** *fig* (Gift)Schlange *f (Person)* **3** **the (old) ♁** BIBEL die (alte) Schlange *(Satan)* **4** MUS, HIST Serpent *m (ein dem Horn ähnliches Blechblasinstrument)* **5** ♁ ASTRON Schlange *f (Sternbild)*

serpentiform [sə(r)ˈpentɪfɔː(r)m; *Br a.* sɜːˈp-; *US a.* ˌsɜrˈp-] → serpentine A 1

serpentine [ˈsɜːpəntaɪn; *US* ˈsɜr-; *a.* -ˌtiːn] **A** ADJ **1** schlangenförmig, Schlangen… **2** sich schlängelnd, sich windend, geschlängelt, Serpentinen…: **~ road** Serpentine(nstraße) *f* **3** *fig* falsch, tückisch **B** S **1** [*US* -ˌtiːn] MINER Serpentin *m* **2** *Eis-, Rollkunstlauf*: Schlangenbogen *m*

serpiginous [sɜːˈpɪdʒɪnəs; *US* ˌsɜr-; sər-] ADJ MED serpiginös, kriechend; **serpigo**

[sɜːˈpaɪɡəʊ; US ˌsɜr-; sər-] S kriechende Flechte

serra [ˈserə] *pl* serrae [-riː] S 1 ZOOL Säge *f* (*des Sägefischs etc*) 2 → serration

serrate [ˈserɪt; US -ˌeɪt; səˈreɪt], *a.* **serrated** [seˈreɪtɪd; sə-; US *a.* ˈserˌeɪ-] ADJ *bes* BOT, ZOOL (sägeförmig) gezackt

serration [seˈreɪʃn; sə-] S (sägeförmige) Auszackung

serried [ˈserɪd] ADJ dicht (geschlossen) (*Reihen etc*): **~ ranks**

serriform [ˈserɪfɔː(r)m] → serrate

serrulate [ˈserʊleɪt; US *bes* -lət], *a.* **serrulated** [-leɪtɪd] ADJ *bes* BOT fein gezackt

serum [ˈsɪərəm] *pl* -rums, -ra [-rə] S MED, PHYSIOL 1 (*Blut*) Serum *n* 2 (*Heil-, Schutz*) Serum *n*

serv. ABK 1 servant 2 service

serval [ˈsɜːvl; US ˈsɜrvəl] *pl* -vals, *bes koll* -val S Serval *m* (*e-e Buschkatze*)

servant [ˈsɜːvənt; US ˈsɜr-] S 1 Hausangestellte(r) *m/f(m)*, Dienstbote *m*, *pl a.* (Dienst)Personal *n*: **outdoor ~** Angestellte(r) für Außenarbeiten (*Gärtner etc*); **~s' hall** *bes* HIST Gesindestube *f* 2 Angestellte(r) *m/f(m)* im öffentlichen Dienst: → civil servant, obedient 3 *fig* Diener *m*: **a ~ of art** (**God, the people,** *etc*) 4 JUR (Handlungs)Gehilfe *m*, (-)Gehilfin *f*, Angestellte(r) *m/f(m)* (*Ggs* master A 5 c)

serve [sɜːv; US sɜrv] A V/I 1 dienen, Dienst tun (*beide a.* MIL), im Dienst stehen, angestellt sein (*alle:* **with** bei): **~ under sb** MIL unter j-m dienen 2 servieren, bedienen 3 fungieren, amtieren (*beide:* **as** als): **~ on a committee** e-m Ausschuss angehören; **~ on a jury** als Geschworener fungieren 4 dienen, nützen: **it ~s to do sth** es dient dazu, etwas zu tun; **it ~s to show his cleverness** daran kann man s-e Klugheit erkennen 5 genügen: **it will ~** das wird genügen *od* den Zweck erfüllen; **nothing ~s but …** hier hilft nichts als … 6 günstig sein, passen: **as occasion ~s** bei passender Gelegenheit 7 dienen (**as, for** als): **a blanket ~d as a curtain** 8 WIRTSCH bedienen: **she ~s in a shop** 9 a *Tennis etc*: aufschlagen, servieren: **XY to ~** Aufschlag XY; **~ for the set** (**match**) zum Satzgewinn (Matchgewinn) aufschlagen; **~ to sb's forehand** (**into** [*od* **at**] **sb's body**) j-m auf die Vorhand (auf den Körper) aufschlagen b *Volleyball*: aufgeben 10 KATH ministrieren B V/T 1 *j-m, a. Gott, s-m Land etc* dienen, im Dienst stehen bei: → memory 1 2 *j-m* dienlich sein, helfen (*Person, Sache*) 3 *s-e Dienstzeit* (*a.* MIL) ableisten, *s-e Lehre* machen, JUR (*a. Eishockey etc*) *e-e Strafe* verbüßen, absitzen 4 a *ein Amt* innehaben, ausüben b Dienst tun in (*dat*), *ein Gebiet, e-n Personenkreis* betreuen, versorgen 5 *e-r Sache, e-m Zweck* dienen, *e-r Sache* nützen: **~ its purpose** s-n Zweck erfüllen (**of** als; **in doing** zu tun); **it ~s no purpose** es dient keinem Zweck; **~ some private ends** privaten Zwecken dienen 6 genügen (*dat*), (aus)reichen für: **that is enough to ~ us a month** damit kommen wir e-n Monat (lang) aus; **"~s four"** „ergibt vier Portionen" 7 *j-n, a.* WIRTSCH *e-n Kunden* bedienen 8 *a.* **~ up** *Essen etc* servieren, auftragen, reichen: **the meat was ~d cold**; **dinner is ~d!** es ist serviert *od* angerichtet!; **~ sth up** *fig umg* etwas auftischen 9 MIL *ein Geschütz etc* bedienen 10 versorgen (**with** mit): **~ the town with gas** 11 *umg* a *j-n schändlich etc* behandeln b *j-m etwas* zufügen: **~ sb a trick** j-m e-n Streich spielen; **~ sb out** es j-m besorgen *umg od* heimzahlen; **(it) ~s him right!** (das) geschieht ihm ganz recht! 12 befriedigen: **~ one's desire** s-r Begierde frönen; **~ the time** sich der Zeit anpassen 13 *oft* **~ out** aus-, verteilen 14 ZOOL *e-e Stute etc* decken 15 *Tennis etc: den Ball* aufschlagen: **~ an ace** ein Ass servieren 16 JUR *j-m e-e Vorladung etc* zustellen: → summons A 2, writ[1] 1 17 TECH umwickeln 18 SCHIFF *das Tau* bekleiden C S → service[1] A 25

server [ˈsɜːvə; US ˈsɜrvər] S 1 Servierer(in) 2 a Tablett *n* b Warmhalteplatte *f* c Serviertischchen *n* d Servierwagen *m* e Tortenheber *m* 3 KATH Ministrant *m*, Messdiener *m* 4 a *Tennis etc*: Aufschläger(in) b *Volleyball*: Aufgeber(in) 5 COMPUT Server *m* (*Einheit, deren Leistung allen an das Netz angeschlossenen Teilnehmern zur Verfügung steht*); **servery** S *bes Br* Anrichte *f* (*Raum*)

service[1] [ˈsɜːvɪs; US ˈsɜr-] A S 1 Dienst *m*, Stellung *f* (*bes von Hausangestellten*): **be in ~** in Stellung sein; **take sb into one's ~** j-n einstellen; **year of ~** Dienstjahr *n* 2 Dienst *m*, Arbeit *f* 3 a Dienstleistung *f* (*a.* WIRTSCH, JUR), Dienst *m* (**to** an *dat*): **for ~s rendered** für geleistete Dienste; **the ~ to our customers** unser Kundendienst; **he paid her for her ~s** er bezahlte sie für ihre Dienste b *pl* Verdienste *pl* (**to** um) 4 (guter) Dienst, Hilfe *f*, Gefälligkeit *f*: **to do** (*od* **render**) **sb a ~** j-m e-n Dienst erweisen; **at your ~** zu Ihren Diensten; **be** (**place**) **at sb's ~** j-m zur Verfügung stehen (stellen); **"On Her** (*od* **His**) **Majesty's** ꝰ**"** *Postwesen: Br* „(gebührenfreie) Dienstsache" 5 WIRTSCH *etc* Bedienung *f*: **he had to wait five minutes for ~** er musste fünf Minuten warten, bis er bedient wurde 6 Nutzen *m*: **will it be of any ~ to you?** kann es dir irgend etwas nützen? 7 (*Nacht-, Nachrichten-, Presse-, Telefon- etc*) Dienst *m* 8 a Versorgung(sdienst) *f(m)* b Versorgungsbetrieb *m*: **(gas) water ~** (Gas-)Wasserversorgung 9 öffentlicher Dienst: → civil service, diplomatic A 1 10 Aufgabe *f*, Amt *n*, Funktion *f* (*e-s Staatsbeamten etc*) 11 MIL a (*Wehr-, Militär*) Dienst *m* b *meist pl* Truppe *f*, Waffengattung *f* c Streitkräfte *pl*: → active A 8, armed[2] 1, senior A 3 12 MIL Aktion *f*, Unternehmen *n* 13 MIL US (technische) Versorgungstruppe 14 MIL Bedienung *f* (*e-s Geschützes etc*) 15 *meist pl* Hilfsdienst *m*: **medical ~(s)** 16 TECH a Bedienung *f* b Betrieb *m* (*e-r Maschine etc*): **in** (**out of**) **~** in (außer) Betrieb; **~ conditions** Betriebsbedingungen, -beanspruchung *f* 17 TECH a Wartung *f*, AUTO *a.* Inspektion *f* b Service *m*, Kundendienst *m* (*a. als Einrichtung*) 18 BAHN *etc* Verkehr(sfolge) *m(f)*, Betrieb *m*: **a twenty-minute ~** ein Zwanzig-Minuten-Verkehr 19 REL a Gottesdienst *m* b Liturgie *f* 20 MUS musikalischer Teil (*der Liturgie*): **Mozart's ~** Mozart-Messe *f* 21 Service *n* (*Essgeschirr etc*): **a ~ for six** ein Service für sechs Personen 22 JUR Zustellung *f* 23 JUR, HIST a (*Art*) Deputat *n*, Abgabe *f* b Dienstleistung *f* (*für e-n Feudalherrn*) 24 SCHIFF Bekleidung *f* (*e-s Taues*) 25 Service *m*, *a. n*: a *Tennis etc*: Aufschlag *m*: **hold one's ~** sein Aufschlagspiel gewinnen, s-n Aufschlag durchbringen *od* halten; **on one's (own) ~** bei eigenem Aufschlag; → break[1] B 1 b *Volleyball*: Aufgabe *f* B V/T 1 TECH a warten, pflegen b überholen, instand setzen: **my car is being ~d** mein Wagen ist bei der Inspektion *od* beim Kundendienst 2 beliefern, versorgen (*beide:* **with** mit *Material, Nachrichten etc*) 3 ZOOL *e-e Stute etc* decken

service[2] [ˈsɜːvɪs; US ˈsɜr-] S BOT 1 Spierbaum *m* 2 *a.* **wild ~ (tree)** Elsbeerbaum *m*

serviceability [ˌsɜːvɪsəˈbɪlətɪ; US ˌsɜr-] → serviceableness; **serviceable** ADJ (ADV serviceably) 1 verwend-, brauchbar, nützlich (*Werkzeug etc*) 2 betriebs-, gebrauchs-, leistungsfähig (*Maschine etc*) 3 zweckdienlich 4 strapazierfähig, haltbar (*Stoff etc*) 5 *obs* dienstbar; **serviceableness** S 1 Brauchbarkeit *f*, (gute) Verwendbarkeit 2 TECH Betriebsfähigkeit *f*

service| area S 1 RADIO, TV Sendebereich *m* 2 *Br* (Autobahn)Raststätte *f*; **~ book** S Gebet-, Gesang-, Messbuch *n*; **~ box** S ELEK Hauptanschluss(kasten) *m*; **~ brake** S TECH Betriebsbremse *f*; **~ break** → break[1] A 18; **~ cap** S MIL Dienstmütze *f*; **~ ceiling** S FLUG Dienstgipfelhöhe *f*; **~ charge** S 1 WIRTSCH Bedienungszuschlag *m* 2 WIRTSCH Bearbeitungsgebühr *f*; **~ club** S 1 gemeinnütziger Verein 2 MIL Soldatenklub *m*; **~ company** S MIL Versorgungskompanie *f*; **~ court** S a *Tennis etc*: Aufschlagfeld *n* b *Volleyball*: Aufgaberaum *m*; **~ dress** S MIL Dienstanzug *m*; **~ entrance** S a *bes* HIST Dienstboteneingang *m* b Lieferanteneingang *m*; **~ flat** S *Br* Wohnung *f* mit Hotelservice; **~ game** S *Tennis*: Aufschlagspiel *n*; **~ hatch** S Durchreiche *f* (*für Speisen*); **~ industry** S 1 *meist pl* Dienstleistungsbetriebe *pl*, -gewerbe *n* 2 Zulieferindustrie *f*; **~ life** S *irr* TECH Lebensdauer *f*; **~ line** S *Tennis etc*: Aufschlaglinie *f*; **~man** [-mæn; -mən] S *irr* 1 Militärangehörige(r) *m*, Soldat *m* 2 TECH a Kundendienstmechaniker *m* b Wartungsmonteur *m*; **~ medal** S MIL Dienstmedaille *f*; **~ module** S Versorgungsteil *m* (*e-s Raumschiffs*); **~ pipe** S TECH (Haupt)Anschlussrohr *n*; **~ pistol** S Dienstpistole *f*; **~ return** S *Tennis*: Aufschlagreturn *m*; **~ road** S *parallel zu e-r Fernverkehrsstraße verlaufende Nebenstraße*; **~ speed** S SCHIFF Reisegeschwindigkeit *f*; **~ station** S 1 a Kundendienstwerkstatt *f* b Reparaturwerkstatt *f* 2 AUTO (Groß)Tankstelle *f*; **~ stripe** S MIL US Dienstalterstreifen *m*; **~ switch** S ELEK Hauptschalter *m*; **~ trade** S Dienstleistungsgewerbe *n*; **~ uniform** S MIL Dienstanzug *m*; **~ voltage** S ELEK Gebrauchs-, Betriebsspannung *f*; **~ winner** S *Tennis*: direkter Aufschlagpunkt

servicing S 1 TECH Wartung *f*, Pflege *f*: **~ schedule** Wartungsvorschrift *f*, -plan *m* 2 Versorgung *f*

servient [ˈsɜːvɪənt; US ˈsɜr-] ADJ dienend, untergeordnet: **~ tenement** JUR dienendes Grundstück

serviette [ˌsɜːvɪˈet; US ˌsɜr-] S *bes Br* Serviette *f*

servile [ˈsɜːvaɪl; US ˈsɜrvəl] ADJ (ADV **~ly**) 1 unterwürfig, kriecherisch, servil, devot 2 Sklaven…: **~ war** 3 sklavisch (*Unterwürfigkeit etc*) 4 *fig* sklavisch (genau); **servility** [-ˈvɪlətɪ] S 1 (sklavische) Unterwürfigkeit 2 kriecherisches Wesen 3 Kriecherei *f* 4 *obs* Sklaverei *f*

serving S 1 Servieren *n* 2 Portion *f*: **"makes four ~s"** „ergibt vier Portionen" 3 TECH Umwick(e)lung *f*; **~ hatch** → service hatch; **~ table** S Serviertischchen *n*

servitor [ˈsɜːvɪtə(r); US ˈsɜr-] S 1 *obs* Diener(in) (*a. fig*) 2 *obs od poet* Gefolgsmann *m*

servitude [ˈsɜːvɪtjuːd; US ˈsɜr-; *a.* -ˌtuːd] S 1 Sklaverei *f*, Knechtschaft *f* (*a. fig*) 2 Zwangsarbeit *f*: → penal 1 3 JUR Nutzungsrecht *n*

servo [ˈsɜːvəʊ; US ˈsɜr-] A *pl* -vos S *umg für* a servomechanism b servomotor B ADJ Servo…

servo|-assisted ADJ TECH Servo…: **~ brake**; **~ steering**; **~ brake** S TECH Servobremse *f*; **~ control** S FLUG Servosteuerung *f*; **~mechanism** S TECH Servomechanismus *m*; **~motor** S Servomotor *m*; **~ steering** S TECH Servolenkung *f*

sesame [ˈsesəmɪ] S 1 BOT Indischer Sesam: **~ oil** Sesamöl *n* 2 *a.* **~ seed** Sesamsame *m* 3 → open sesame

sesamoid [ˈsesəmɔɪd] ANAT A ADJ Sesam…: **~ bones** Sesamknöchelchen B S Sesambein

(-chen) *n*

sesquicentennial [ˌseskwɪsenˈtenɪəl] A ADJ (ADV ~ly) 150-jährig B S 150-Jahr-Feier *f*; **sesquipedalian** [-pɪˈdeɪljən] *hum* A ADJ 1 sehr lang, Bandwurm...: **~ word** → *a.* B 2 *fig* bombastisch B S Wortungeheuer *n*

sessile [ˈsesaɪl; *US a.* -səl] ADJ BOT, ZOOL ungestielt, sitzend

session [ˈseʃn] S 1 JUR, PARL a Sitzung *f* b Sitzungsperiode *f*: **be in ~** e-e Sitzung abhalten, tagen 2 JUR → **quarter sessions**, *etc* 3 JUR a **Court of ♀** *schott* Oberstes Gericht für Zivilsachen b **Court of ♀s** *US* (einzelstaatliches) Gericht für Strafsachen 4 (lange) Sitzung, Konferenz *f* 5 MED, PSYCH *etc* Sitzung *f* 6 UNIV a *Br* Studienjahr *n* b *US* Semester *n*; **sessional** [-ʃənl] ADJ (ADV ~ly) 1 Sitzungs... 2 UNIV *Br* ein Studienjahr (lang) dauernd (*Kurs etc*)

sestet [sesˈtet] S 1 MUS → **sextet(te)** 2 LIT sechszeilige Strophe

sestina [seˈstiːnə] S LIT Sestine *f* (*e-e Lied- u. Strophenform*)

set [set] A S 1 Satz *m* (*Briefmarken, Dokumente, Werkzeuge etc*), (*Möbel-, Toiletten- etc*) Garnitur *f*, (*Speise- etc*) Service *n*: **a ~ of agreements** POL ein Vertragswerk; **a ~ of colo(u)rs** ein Farbensortiment *n*; **a ~ of drills** ein Satz Bohrer; **~ of values** Wertanschauung *f* 2 (*Häuser- etc*) Gruppe *f*, (*Zimmer*) Flucht *f*: **a ~ of houses (rooms)** 3 WIRTSCH Kollektion *f* 4 Sammlung *f*, *bes* a mehrbändige Ausgabe (*e-s Autors*) b (*Schriften*) Reihe *f*, (*Artikel*) Serie *f* 5 TECH a (*Maschinen*) Satz *m*, (-)Anlage *f*, Aggregat *n* b RADIO *etc* Gerät *n*, Apparat *m* 6 a THEAT Bühnenausstattung *f* b FILM Szenenaufbau *m* 7 *Tennis etc*: Satz *m* 8 MATH a Zahlenreihe *f* b Menge *f* 9 **~ of teeth** Gebiss *n* 10 (Personen)Kreis *m*: a Gesellschaft(sschicht) *f*, (*literarische etc*) Welt b *pej* Clique *f* c SCHULE Unterrichtsgruppe *f*: **the chic ~** die Schickeria 11 Sitz *m*, Schnitt *m* (*von Kleidern*) 12 a Form *f* b Haltung *f* 13 Richtung *f*, (Ver)Lauf *m* (*e-r Strömung etc*): **the ~ of public opinion** der Meinungstrend 14 *fig* Neigung *f*, Tendenz *f* (*beide:* **toward[s]** zu) 15 PSYCH (innere) Bereitschaft (**for** zu) 16 (*Sonnen- etc*) Untergang *m*: **the ~ of day** *poet* das Tagesende 17 TECH Schränkung *f* (*e-r Säge*) 18 TECH → **setting** 10 19 ARCH Feinputz *m* 20 BOT a Ableger *m*, Setzling *m* b Fruchtansatz *m* 21 *Kontertanz*: a Tänzer(zahl) *pl(f)*, -paare *pl* b Tour *f*, Hauptfigur *f*: **first ~** Quadrille *f* 22 MUS Serie *f*, Folge *f*, Zyklus *m* 23 JAGD Vorstehen *n* (*des Hundes*): **make a dead ~ at** *fig* a *j-n* scharf aufs Korn nehmen *umg*, herfallen über *j-n* b es auf *e-n Mann* abgesehen haben (*Frau*) 24 JAGD (*Dachs- etc*) Bau *m* B ADJ 1 festgesetzt (*Tag etc*): **~ meal** Menü *n* 2 a bereit b fest entschlossen (**on, upon doing** zu tun): **all ~** startklar; **be all ~ for** vorbereitet *od* eingestellt sein auf (*akk*) 3 vorgeschrieben, festgelegt (*Regeln etc*): **~ books** *pl* (*od* **reading**) SCHULE Pflichtlektüre *f* 4 wohlüberlegt, einstudiert (*Rede etc*) 5 feststehend (*Redewendungen etc*) 6 fest (*Meinung*): → **purpose** *Bes Redew* 7 starr: **a ~ face** ein unbewegtes Gesicht 8 *US* halsstarrig, stur 9 konventionell, formell (*Party etc*) 10 zusammengebissen (*Zähne*) 11 (ein)gefasst (*Edelstein*) 12 TECH eingebaut (*Rohr etc*) 13 **~ fair** beständig (*auf dem Barometer*) 14 → **hard-set** 15 (*in Zusammensetzungen*) ... gebaut, ... gestaltet: **well-~** gut gebaut C V/T *prät u. pperf* **set** 1 setzen, stellen, legen: **~ the glass to one's lips** das Glas an die Lippen setzen; **~ a match to** ein Streichholz halten an (*akk*), *etwas* in Brand stecken (*siehe a. die Verbindungen mit anderen entsprechenden Substantiven*) 2 in *e-n Zustand* (ver)setzen, bringen: **~ sb free** j-n auf freien Fuß setzen, j-n freilassen; → **ease** A 2, **liberty** *Bes Redew*, **right** A 5, B 5, *etc* 3 veranlassen zu: **~ a party laughing** e-e Gesellschaft zum Lachen bringen; **~ going** in Gang setzen; **~ sb thinking** a j-n nachdenklich machen, j-m zu denken geben b j-m Denkanstöße *od* e-n Denkanstoß geben; → **roar** C 1 4 ein-, herrichten, (an)ordnen, zurechtmachen, *bes* a THEAT *die Bühne* aufbauen, (*Skisport*) *die Strecke* abstecken b *den Tisch* decken c TECH (ein)stellen, (-)richten, regulieren d *die Uhr, den Wecker* stellen (**by** nach *dem Radio etc*): **~ the alarm (clock) for five o'clock** den Wecker auf 5 Uhr stellen e *e-e Säge* schränken f *ein Messer* abziehen, schärfen g MED *e-n Bruch, Knochen* (ein)richten h *das Haar* legen 5 MUS a vertonen b arrangieren 6 TYPO absetzen 7 AGR a *Setzlinge* (an)pflanzen b *den Boden* bepflanzen 8 a *die Bruthenne* setzen b *Eier* unterlegen 9 a *e-n Edelstein* (ein)fassen b mit Edelsteinen *etc* besetzen 10 *e-e Wache* aufstellen 11 *e-e Aufgabe, Frage* stellen 12 *j-n* anweisen (**to do sth** etwas zu tun), *j-n* an *e-e Sache* setzen 13 a *etwas* vorschreiben, bestimmen b *e-n Zeitpunkt* festlegen, -setzen, ansetzen c *ein Beispiel etc* geben, *e-e Regel etc* aufstellen d *e-n Rekord* aufstellen: → **fashion** A 1, **pace**[1] A 1 14 *e-n Hund etc* hetzen (**on** auf *j-n*): **~ spies on sb** j-n bespitzeln lassen, auf j-n Spitzel ansetzen 15 *Flüssiges* fest werden lassen, *Milch* gerinnen lassen 16 *die Zähne* zusammenbeißen 17 *den Wert* bestimmen, festsetzen 18 *e-n Preis* aussetzen (**on** auf *akk*) 19 *Geld, sein Leben etc* riskieren, aufs Spiel setzen 20 *fig* legen, setzen: **~ one's hopes on** s-e Hoffnung setzen auf (*akk*); **the scene is ~ in Rome** der Schauplatz *od* Ort der Handlung ist Rom, das Stück *etc* spielt in Rom; **the novel is ~ in Spain** der Roman spielt in Spanien D V/I 1 untergehen (*Sonne etc*): **his star has ~** *fig* sein Stern ist untergegangen 2 a auswachsen (*Körper*) b ausreifen (*Charakter*) 3 beständig werden (*Wetter etc*): → B 13 4 a fest werden (*Flüssiges*), erstarren (*a. Gesicht, Muskel*) b TECH abbinden (*Zement etc*) c gerinnen (*Milch*) d sich absetzen (*Rahm*) 5 brüten (*Glucke*) 6 *gut etc* sitzen (*Kleidungsstück*) 7 *fig* passen (**with** zu) 8 sich bewegen, fließen, strömen: **the current ~s to the north** die Stromrichtung ist Nord 9 wehen, kommen (**from** aus, von) (*Wind*) 10 sich neigen *od* richten: **opinion is ~ting against him** die Meinung richtet sich gegen ihn 11 BOT Frucht ansetzen (*Blüte, Baum*) 12 ZOOL sich festsetzen (*Austern*) 13 TECH sich verbiegen 14 JAGD vorstehen (*Hund*) 15 MED sich einrenken

Phrasal Verbs: **set| about** V/I 1 sich an *etwas* machen, *etwas* in Angriff nehmen: **~ doing sth** sich daranmachen, etwas zu tun 2 *umg* über *j-n* herfallen (*a. fig*); **~ against** V/T 1 **set one's face** (*od* **o.s.**) **against sth** sich e-r Sache widersetzen 2 *j-n* aufhetzen *od* aufbringen gegen: **set friend against friend** Zwietracht unter Freunden säen 3 *fig etwas* gegenüberstellen (*dat*): **~** im Vergleich zu; **~ apart** V/T 1 *Geld etc* beiseitelegen 2 **set sb apart** j-n unterscheiden *od* abheben (**from** von); **~ aside** V/T 1 *ein Buch etc* beiseitelegen, weglegen 2 *fig Geld etc* beiseitelegen 3 *e-n Plan etc* aufgeben 4 außer Acht lassen, ausklammern, verzichten auf (*akk*) 5 verwerfen, abschaffen 6 *Zeit* a einplanen b erübrigen 7 *bes* JUR aufheben, annullieren; **~ at** → **set on** B, **set upon**; **~ back** A V/T 1 *die Uhr* zurückstellen 2 (*meist passiv*) *ein Haus etc* zurücksetzen (**some distance** ein Stück) 3 (**[by] two months**) *j-n, etwas* (um zwei Monate) zurückwerfen, e-n Rückschlag (von zwei Monaten) bedeuten für 4 **the car set me back £500** *umg* das Auto hat mich 500 Pfund gekostet *od* um 500 Pfund ärmer gemacht B V/I zurückfließen (*Flut etc*); **~ by** V/T → **set aside** 2, 6; **~ down** A V/T 1 hinsetzen 2 *etwas* abstellen, absetzen 3 *e-n Fahrgast* absetzen 4 FLUG *das Flugzeug* aufsetzen, landen 5 (schriftlich) niederlegen, aufzeichnen 6 a *j-m* e-n Dämpfer aufsetzen b *j-s Stolz* dämpfen 7 rüffeln *umg* 8 **~ as** *j-n, etwas* abtun *od* betrachten als 9 *etwas* zuschreiben (**to** *dat*) 10 a *etwas* festlegen, -setzen b *e-n Termin etc* anberaumen, ansetzen B V/I FLUG aufsetzen, landen; **~ forth** A V/T 1 bekannt machen *od* geben 2 → **set out** A 2 3 zur Schau stellen B V/I 1 aufbrechen, sich aufmachen: **~ on a journey** e-e Reise antreten 2 *fig* ausgehen (**from** von); **~ forward** A V/T 1 *die Uhr* vorstellen 2 a *etwas* vorantreiben b *j-n od etwas* voran-, weiterbringen 3 vorbringen, darlegen B V/I sich auf den Weg machen; **~ in** A V/T *Ärmel etc* einsetzen B V/I einsetzen (*Regenzeit etc*); **~ off** A V/T 1 hervortreten lassen, abheben (**from** von): **be ~** voneinander abstechen 2 hervorheben, betonen, besser zur Geltung bringen 3 *Alarm, e-e Lawine, e-n Streik etc* auslösen 4 **set sb off on sth** j-n auf etwas bringen; **set sb off laughing** j-n zum Lachen bringen 5 a *e-e Rakete* abschießen b *ein Feuerwerk* abbrennen c *e-e Sprengladung* zur Explosion bringen 6 (**against**) *bes* JUR a als Ausgleich nehmen (für) b *a.* WIRTSCH aufrechnen (gegen), verrechnen (mit) 7 ausgleichen, aufwiegen B V/I 1 ein Gegengewicht bilden (**against** zu) 2 *fig* anfangen, beginnen 3 → **set out** B 1; **~ on** A V/T 1 a *j-n* drängen, veranlassen (*beide:* **to do** zu tun) b *j-n* aufhetzen, aufwiegeln (*beide:* **to** zu) 2 *e-n Hund etc* hetzen (**to** auf *akk*) B V/I *j-n* anfallen, herfallen über (*akk*); **~ out** A V/T 1 *Gemüse etc* auspflanzen 2 (ausführlich) darlegen, aufzeigen 3 *ein Verzeichnis etc* anordnen, anlegen 4 arrangieren, herrichten, *a. Schachfiguren etc* aufstellen B V/I 1 aufbrechen, sich aufmachen (*beide:* **for** nach) 2 sich vornehmen, darangehen, sich daranmachen (*alle:* **to do** zu tun); **~ to** V/I 1 sich daranmachen (**to do** zu tun), sich dahinterklemmen 2 a loslegen *umg* b aufeinander losgehen; **~ up** A V/T 1 *ein Denkmal, e-e Straßensperre etc* aufstellen, errichten: **~ a goal for o.s.** sich ein Ziel setzen 2 a TECH *e-e Maschine etc* aufstellen, montieren b TECH *e-n Rennwagen etc* abstimmen c COMPUT *ein Programm etc* installieren 3 *ein Geschäft, e-e Schule etc* einrichten, gründen 4 *e-e Regierung etc* bilden, einsetzen 5 *Untersuchungen etc* anordnen 6 *j-m* zu e-m (guten) Start verhelfen, *j-n* etablieren: **set o.s. up as** sich niederlassen als 7 JUR a *e-e Behauptung etc* aufstellen, vorbringen: **~ a good defence** (*US* **defense**) e-e gute Verteidigung vorbringen b *e-n Anspruch* erheben, geltend machen: **~ negligence** Fahrlässigkeit geltend machen 8 *e-n Kandidaten* aufstellen 9 *j-n* erhöhen (**over** über *akk*), *a. j-n* auf den Thron setzen 10 *die Stimme, ein Geschrei etc* erheben 11 a verursachen (*a.* MED) b SPORT *ein Tor* vorbereiten: **~ a chance for** e-e Chance herausarbeiten für 12 a *j-n* (*gesundheitlich*) wiederherstellen b kräftigen c in Form bringen 13 *j-m* (finanziell) auf die Beine helfen *umg* 14 a *j-n* stolz machen b *j-n* glücklich stimmen 15 *e-e Theorie* aufstellen 16 (*oft passiv*) *j-n* versorgen (**with** mit): **be well ~ with** (*od* **for**) **reading** mit Lektüre eingedeckt sein 17 *j-n* aufhetzen (**against** gegen) 18 *a.* **~ in type** TYPO (ab)setzen 19 *e-n Rekord* aufstellen 20 *umg* in e-e Falle locken, reinlegen 21 *US umg j-n* mürbemachen B V/I 1 sich niederlassen *od* etablieren (**as** als): **~ for o.s.** sich selbstständig machen 2 **~ for** sich ausgeben für *od* als b sich aufspielen als; **~ upon** V/I *j-n* anfallen,

S

herfallen über *(akk)*
setaceous [sɪ'teɪʃəs] ADJ (ADV ~ly) borstig
set|-aside A S US Rücklage *f* B ADJ: **~ scheme** WIRTSCH Konzept *n* der Flächenstilllegung; **~back** S 1 *fig* Rückschlag *m* 2 Niederlage *f*, Schlappe *f* 3 WIRTSCH (Preis)Einbruch *m* 4 ARCH a Rücksprung *m (e-r Wand)* b zurückgesetzte Fassade; **~down** S 1 Dämpfer *m* 2 Rüffel *m umg*
set hammer S Setzhammer *m*
SETI ABK search for extraterrestrial intelligence
setiform ['siːtɪfɔː(r)m] ADJ borstig; **setigerous** [sɪ'tɪdʒərəs] ADJ borstig, Borsten...
set|-in A ADJ [ˌset'ɪn; '-ɪn] 1 eingesetzt *(Ärmel etc)* 2 eingebaut, Einbau...: **~ cupboard** B S ['setɪn] Einsetzen *n (der Regenzeit etc)*; **~off** [ˌset'ɒf; US '-ˌɔːf] S 1 Kontrast *m* 2 JUR a Gegenforderung *f* b Ausgleich *m* 3 **(against)** *fig* Ausgleich *m* (für), Gegengewicht *n* (zu) 4 WIRTSCH Auf-, Verrechnung *f*
seton ['siːtn] S MED Haarseil *n*
set|out [set'aʊt; *bes US* 'setaʊt] S 1 Aufmachung *f (a. Kleidung)* 2 *umg* a Vorführung *f* b Party *f* 3 a Aufbruch *m* b Anfang *m*; **~ piece** S 1 KUNST formvollendetes Werk 2 MIL sorgfältig geplante militärische Operation 3 *Fußball*: Standardsituation *f* 4 Bild *n* aus Feuerwerkskörpern; **~-piece** ADJ: **~ situation** → set piece 3; **~ specialist** Freistoß- u. Eckenspezialist(in); **~ pin** S TECH Dübel *m*; **~ point** S 1 *Tennis etc*: Satzball *m* 2 TECH Sollwert *m*; **~screw** S Stellschraube *f*; **~ square** S Winkel *m*, Zeichendreieck *n*
sett [set] S Pflasterstein *m*
settecento [ˌsetə'tʃentəʊ] S Settecento *n (italienischer Kunststil des 18. Jhs.)*
settee [se'tiː] S 1 Sitz-, Polsterbank *f* 2 kleineres Sofa: **~ bed** Bettcouch *f*
setter ['setə(r)] S 1 *allg (meist in Zusammensetzungen)* Setzer(in), Einrichter(in): → typesetter 1 2 ZOOL Setter *m (Vorstehhund)* 3 *Volleyball*: Stell-, Zuspieler(in)
set theory S MATH Mengenlehre *f*
setting ['setɪŋ] S 1 (Ein)Setzen *n*, Einrichten *n*: **~ of type** TYPO (Schrift)Setzen; **the ~ of a gem** das (Ein)Fassen e-s Edelsteins 2 *(Goldetc)* Fassung *f* 3 Abziehen *n*, Schärfen *n (e-s Messers)* 4 a Hintergrund *m* b *fig* Rahmen *m* c Schauplatz *m*: **the novel has its ~ in Spain** der Roman spielt in Spanien 5 szenischer Hintergrund: a THEAT Bühnenbild *n* b FILM Ausstattung *f* 6 MUS a Vertonung *f* b Satz *m*, Einrichtung *f* 7 TECH Bettung *f*, Sockel *m (e-r Maschine)* 8 TECH a Einstellung *f*: **regional ~s** COMPUT Ländereinstellungen *pl* b Ablese-, Messwert *m* 9 ASTRON *(Sonnen- etc)* Untergang *m* 10 TECH Abbinden *n (von Zement etc)*: **~ point** Stockpunkt *m* 11 Schränkung *f (e-r Säge)* 12 *Gasgewinnung*: Retortensatz *m* 13 Gelege *n (alle für e-e Brut gelegten Eier)* 14 Gedeck *n*; **~ lotion** S Haarfestiger *m*; **~ point** S PHYS Erstarrungspunkt *m*; **~ rule** S TYPO Setzlinie *f*; **~ stick** S TYPO Winkelhaken *m*; **~-up** A S a TECH Aufstellen *n*, Montage *f (e-r Maschine etc)* b TECH Abstimmung *f (e-s Rennwagens etc)* c COMPUT Installation *f (e-s Programms etc)* B ADJ: **~ exercises** US Freiübungen, Gymnastik *f*
settle[1] ['setl] A V/T 1 vereinbaren, (gemeinsam) festsetzen, sich einigen auf *(akk)*: **it is as good as ~d** es ist so gut wie abgemacht; → hash[1] C 3 2 *ein Zimmer etc* richten, in Ordnung bringen 3 *a.* **~ up** WIRTSCH erledigen, in Ordnung bringen, regeln: a bezahlen, *e-e Rechnung etc a.* begleichen b *ein Konto* ausgleichen c *e-e Transaktion etc* abwickeln d *e-n Anspruch* befriedigen: → account C 1, book A 9 4 a *Menschen* ansiedeln, ansässig machen b *Land* besiedeln, kolonisieren c *Handelsniederlassungen etc* errichten, etablieren 5 a *j-n (beruflich, häuslich etc)* etablieren, unterbringen b *ein Kind etc* versorgen, ausstatten c *s-e Tochter* verheiraten 6 *die Füße, den Hut etc* (fest) setzen (**on** auf *akk*) 7 **~ o.s.** sich niederlassen (**in** in *e-n od e-m Sessel etc*; **on** auf *e-n od e-m Stuhl*) 8 **~ o.s. to** sich an *e-e Arbeit etc* machen, sich anschicken zu 9 *a.* **~ down** *j-n, den Magen, die Nerven etc* beruhigen 10 *den Boden, a. fig j-n, den Glauben, die Ordnung* festigen: **~ a road** e-e Straße befestigen 11 a *e-e Institution etc* gründen, aufbauen (**on** auf *dat*) b *e-e Sprache* regeln 12 *e-e Frage etc* klären, regeln, entscheiden, erledigen: **that ~s it** a damit ist der Fall erledigt b *iron* jetzt ist es endgültig aus 13 a *e-n Streit* beilegen, schlichten: → court A 10 b *e-n strittigen Punkt* klären 14 *umg j-n* fertigmachen, zum Schweigen bringen *(a. weitS. töten)* 15 a *e-e Flüssigkeit* ablagern lassen, klären b *Trübstoffe* sich setzen lassen 16 *den Inhalt e-s Sackes etc* sich setzen lassen, zusammenstauchen: *shake the bag* **to ~ the flour** damit sich das Mehl setzt 17 *s-e Angelegenheiten (vor dem Tod)* ordnen, in Ordnung bringen, *s-n Nachlass* regeln 18 **(on, upon)** a *den Besitz etc* übertragen *(dat od* auf *akk)* b (letztwillig) vermachen *(dat)* c *ein Legat, e-e Rente etc* aussetzen *(dat od* für) 19 *die Erbfolge* regeln, bestimmen B V/I 1 → A 7: **~ back** sich (gemütlich) zurücklehnen 2 a sich ansiedeln *od* niederlassen (**in** in *dat*) b **~ in** sich einrichten c **~ in** sich einleben, sich eingewöhnen: **~ into a new job** sich an e-m neuen Arbeitsplatz eingewöhnen 3 *a.* **~ down** a sich niederlassen (**in** in *dat*) b sich (häuslich) niederlassen (**in** in *dat*) c *a.* **marry and ~ down** e-n Hausstand gründen a sesshaft werden, zur Ruhe kommen b es sich gemütlich machen 4 *meist* **~ down** *fig* sich legen *(Zorn etc)*, *(a. Person)* sich beruhigen 5 **~ down to** sich widmen *(dat)*, sich an *e-e Arbeit etc* machen 6 **~ on** fallen auf *(akk)*, sich zuwenden *(dat)*, sich konzentrieren auf *(akk)*: **his affection ~d on her** 7 MED sich festsetzen (**on, in** in *dat*), sich legen (**on** auf *akk*) 8 beständig(er) werden *(Wetter)*: **it ~d in for rain** es regnete sich ein; **it is settling for a frost** es wird Frost geben 9 sich senken *od* setzen *(Grundmauern etc)* 10 *a.* **~ down** SCHIFF langsam absacken *(Schiff)* 11 sich setzen *(Trübstoffe)*, sich (ab)klären *(Flüssigkeit)* 12 sich legen *(Staub)* 13 sich einigen: **~ (up)on** a sich entscheiden für, sich entschließen zu b sich einigen auf *(akk)*; → court A 10 14 **~ for** a sich zufriedengeben mit, sich begnügen mit b sich abfinden mit 15 e-e Vereinbarung treffen 16 **~ up** a zahlen b abrechnen (**with** mit) *(a. fig)* 17 **~ with** a abrechnen mit *(a. fig)* b WIRTSCH e-n Vergleich schließen mit c WIRTSCH *e-n Gläubiger* abfinden
settle[2] ['setl] S Sitz-, Ruhebank *f (mit hoher Rückenlehne)*
settled ['setld] ADJ 1 sesshaft *(Menschen)* 2 besiedelt *(Land)* 3 ruhig, gesetzt *(Leben, Person)* 4 fest, ständig *(Angewohnheit, Wohnsitz)* 5 versorgt, verheiratet 6 bestimmt, entschieden, fest *(Meinungen etc)*: **~ income** festes Einkommen 7 feststehend, erwiesen *(Tatsache etc)* 8 fest begründet: **the ~ order of things** 9 beständig *(Wetter)* 10 JUR festgesetzt, vermacht: **~ estate** a Nießbrauchsgut *n* b abgewickelter Nachlass
settlement ['setlmənt] S 1 Ansied(e)lung *f (von Menschen)* 2 Besied(e)lung *f (von Land)* 3 a Siedlung *f*, Niederlassung *f* b (Wohn)Siedlung *f* 4 a *(berufliche, häusliche etc)* Unterbringung b Versorgung *f (e-s Kindes etc)* 5 Klärung *f*, Regelung *f*, Erledigung *f (e-r Frage etc)* 6 Festsetzung *f*, Vereinbarung *f* 7 Schlichtung *f*, Beilegung *f (e-s Streits)* 8 WIRTSCH a Bezahlung *f*, *(e-r Rechnung etc a.)* Begleichung *f* b Ausgleich(ung) *m(f) (e-s Kontos)* c *Börse*: Abrechnung *f* d Abwick(e)lung *f (e-r Transaktion etc)* e Vergleich *m*, Abfindung *f*: **day of ~** *fig* Tag *m* der Abrechnung; **in ~ of all claims** zum Ausgleich aller Forderungen 9 Übereinkommen *n*, Abmachung *f* 10 JUR a (Eigentums-)Übertragung *f* b Vermächtnis *n* c Schenkung *f*, Stiftung *f* d Aussetzung *f (e-r Rente etc)* 11 a ständiger Wohnsitz b Heimatrecht *n* 12 soziales Hilfswerk 13 POL Regelung *f* der Thronfolge: **Act of ⁓** *brit. Parlamentsbeschluss des Jahres 1701, der die Thronfolge zugunsten der Sophia von Hannover u. ihrer Nachkommen regelte* 14 Senkung *f (von Grundmauern etc)*; **~ day** S WIRTSCH Abrechnungstag *m*; **~ house** → settlement 12
settler ['setlə(r)] S 1 (An)Siedler(in), Kolonist(in) 2 Schlichter(in)
settling ['setlɪŋ] S 1 Festsetzen *n (etc;* → settle[1]) 2 TECH Ablagerung *f* 3 *pl* (Boden)Satz *m*; **~ day** S WIRTSCH Abrechnungstag *m*
settlor ['setlə; US -ˌlɔːər] S JUR 1 Verfügende(r) *m/f(m)* 2 Stifter(in)
set-to [ˌset'tuː; *bes US* 'settuː] *pl* **-tos** S *umg* a Krach *m umg*, Streit *m* b Prügelei *f*: **have a ~** Krach haben, sich prügeln *(beide:* **with** mit)
setup ['setʌp] S 1 Aufbau *m*, Organisation *f* 2 Anordnung *f (a. TECH)* 3 → setting-up A 4 FILM, TV a *(Kamera)* Einstellung *f* b Bauten *pl*, Szenerie *f* 5 TV Schwarzabhebung *f* 6 US a (Körper)Haltung *f* b Konstitution *f* 7 US *umg* a Situation *f*, Lage *f* b Projekt *n*, Plan *m* 8 *bes US umg* Schiebung *f*, abgekartete Sache 9 *umg* a Laden *m*, Verein *m (Organisation etc)* b Bude *f (Büro, Wohnung etc)* 10 *US sl* Gimpel *m pej*, leichtgläubiger Mensch; **~ player** → setter 3
seven ['sevn] A ADJ sieben: **the ~ deadly sins** die sieben Todsünden; **~-league boots** Siebenmeilenstiefel; **the ~ seas** die sieben Meere; **the ⁓ Sisters** ASTRON das Siebengestirn; **the ~-year itch** *umg (etwa)* das verflixte sieb(en)te Jahr; **the ⁓ Years' War** HIST der Siebenjährige Krieg; → wonder A 1 B S Sieben *f (Zahl, Spielkarte etc)*: **the ~ of hearts** die Herzsieben; **by ~s** immer sieben auf einmal
sevenfold ['sevnfəʊld] A ADJ & ADV siebenfach B S *(das)* Siebenfache
seventeen [ˌsevn'tiːn] A ADJ siebzehn B S Siebzehn *f*; **seventeenth** [-'tiːnθ] A ADJ 1 siebzehnt(er, e, es) 2 siebzehntel B S 1 *(der, die, das)* Siebzehnte 2 Siebzehntel *n*
seventh ['sevnθ] A ADJ 1 siebent(er, e, es): **in the ~ place** sieb(en)tens, an sieb(en)ter Stelle; **⁓-Day Adventists** REL Siebenten-Tags-Adventisten; → heaven 1 2 sieb(en)tel B S 1 *(der, die, das)* Sieb(en)te: **the ~ of May** der 7. Mai; **it's the ~ today** heute ist der Sieb(en)te 2 Sieb(en)tel *n* 3 MUS Septime *f*: **~ chord** Septimenakkord *m*; **seventhly** ADV sieb(en)tens
seventieth ['sevntɪɪθ] A ADJ 1 siebzigst(er, e, es) 2 siebzigstel B S 1 *(der, die, das)* Siebzigste 2 Siebzigstel *n*
seventy ['sevntɪ] A ADJ siebzig B S Siebzig *f*: **he is in his seventies** er ist in den Siebzigern; **in the seventies** in den Siebzigerjahren *(e-s Jahrhunderts)*; **~-eight** S HIST Achtundsiebziger(platte) *f*
sever ['sevə(r)] A V/T 1 (ab)trennen (**from** von) 2 (zer-, durch)trennen, zerreißen 3 *fig* a *e-e Verbindung* (auf)lösen b *diplomatische Beziehungen etc* abbrechen 4 (voneinander) trennen, auseinanderreißen 5 **~ o.s. (from)** sich trennen *od* lösen (von *j-m, e-r Partei etc*), (aus

S

der Kirche etc) austreten **6** JUR *Besitz, Rechte etc* teilen **B** VI **1** (zer)reißen **2** sich trennen *od* lösen (**from** von) **3** sich trennen; **severable** ADJ **1** (zer)trennbar **2** (ab)trennbar **3** *fig* (auf)lösbar **4** JUR getrennt, unabhängig

several ['sevrəl] **A** ADJ (ADV → severally) **1** mehrere: **after ~ warnings** nach mehrmaliger Warnung; → time A 22 **2** verschieden, getrennt *(Anlässe etc)* **3** einzeln, verschieden *(Gründe etc)*: **each ~ ship** jedes einzelne Schiff **4** eigen(er, e, es), besonder(er, e, es): **we went our ~ ways** **a** wir gingen unseres Wegs **b** *fig* wir gingen jeder s-n (eigenen) Weg; → joint B 1 **B** S mehrere *pl*: **~ of you**; **severally** ADV **1** einzeln, gesondert, getrennt: → jointly **2** beziehungsweise

severalty ['sevrəltı] S JUR Eigenbesitz *m*: **estate held in ~** Sonderbesitztum *n*

severance ['sevərəns] S **1** (Ab)Trennung *f* (**from** von) **2** (Auf)Lösung *f (e-r Verbindung)*, Abbruch *m (von diplomatischen Beziehungen etc)*: **~ pay** Abfindung(ssumme) *f (für Arbeitnehmer)*

severe [sı'vıə(r)] ADJ **1** *allg* streng: **a** scharf, hart *(Kritik, Richter, Strafe etc)* **b** ernst, finster *(Blick, Gesicht etc)* **c** rau, hart *(Winter)* **d** herb *(Schönheit)* **e** einfach, schlicht, schmucklos *(Stil etc)* **f** exakt, strikt *(Übereinstimmung etc)* **g** schwierig, schwer *(Test etc)* **2** schlimm, schwer *(Krankheit etc)*: **a ~ blow** ein harter *od* schwerer Schlag *(a. fig)*; **~ losses** schwere *od* empfindliche Verluste; **~ operation** MED schwere Operation **3** heftig, stark *(Schmerz, Sturm)*: **be in ~ pain** starke Schmerzen haben **4** scharf, beißend *(Bemerkung etc)*; **severely** ADV **1** streng, strikt: **leave** (*od* **let**) **~ alone** absolut nichts zu tun haben wollen mit **2** schwer, ernstlich: **~ ill**; **~ handicapped** schwerbehindert; **the house was ~ damaged** das Haus wurde schwer beschädigt

severity [sı'verətı] S **1** *allg* Strenge *f*: **a** Schärfe *f*, Härte *f* **b** Rauheit *f* **c** Ernst *m* **d** Herbheit *f* **e** Schlichtheit *f* **f** Exaktheit *f* **2** Heftigkeit *f*, Stärke *f*

sew [səʊ] *prät* sewed [səʊd], *pperf* sewed, sewn [səʊn] **A** VT **1** nähen: **~ on a button** e-n Knopf annähen; **~ back** wieder annähen; **~ up** zu-, vernähen **2** *ein Buch etc* heften, broschieren **3** **~ up** *umg* **a** *Br* restlos fertig machen *(erschöpfen)* **b** *US* sich *etwas* sichern, in die Hand bekommen **c** sich *j-n (vertraglich etc)* sichern **d** *e-n Handel etc* perfekt machen *umg* **B** VI nähen

sewage ['sju:ıdʒ; *bes US* 'su:-] **A** S **1** Abwasser *n*: **~ farm** Rieselfeld *n*; **~ sludge** Klärschlamm *m*; **~ system** Kanalisation *f*; **~ treatment** Abwasseraufbereitung *f*; **~ plant** Kläranlage *f* **2** → sewerage 1 **B** VT **1** *(zur Düngung)* mit Abwässern berieseln **2** kanalisieren

sewer¹ ['səʊə(r)] S **1** Näher(in) **2** *Buchbinderei*: Hefter(in) **3** TECH Näh- *od* Heftmaschine *f*

sewer² ['sjʊə; *US* 'su:ər] TECH **A** S **1** Abwasserkanal *m*, Kloake *f*: **~ gas** Faulschlammgas *n*; **~ pipe** Abzugsrohr *n*; **~ rat** ZOOL Wanderratte *f* **2** Gosse *f*, (Straßen)Rinne *f* **B** VT kanalisieren

sewer³ ['sjʊə; *US* 'su:ər] S HIST Truchsess *m*

sewerage ['sjʊərıdʒ; *US* 'su:-] S **1** Kanalisation *f (System u. Vorgang)* **2** → sewage A 1

sewin ['sju:ın; *US* 'su:-] S FISCH Lachsforelle *f*

sewing ['səʊıŋ] S Näharbeit *f*, Näherei *f*; **~ box** S Nähkasten *m*; **~ machine** S Nähmaschine *f*; **~ needle** S Nähnadel *f*; **~ press** S *Buchbinderei*: Heftmaschine *f*

sewn [səʊn] *pperf von* sew

sex [seks] **A** S **1** BIOL *(natürliches)* Geschlecht: **what ~ is …?** welches Geschlecht hat …?; **of both ~es** beiderlei Geschlechts **2** *(a. als pl konstruiert) (männliches od weibliches)* Geschlecht *(als Gruppe)*: **the gentle (fair, weaker) ~** das zarte (schöne, schwache) Geschlecht; **the stronger ~** das starke Geschlecht; **the opposite ~** das andere Geschlecht **3** **a** Geschlechtstrieb *m* **b** Sex *m*, erotische Anziehungskraft, Sexappeal *m* **c** Sexualleben *n* **d** Sex *m*, Sexualität *f* **e** Sex *m*, Geschlechtsverkehr *m*: **have ~ with sb** Sex mit j-m haben, mit j-m schlafen **f** Geschlecht *n*, Geschlechtsteil(e) *n(pl)* **B** VT **1** das Geschlecht von *Küken etc* bestimmen **2** **~ up** *umg* **a** *e-n Film etc* sexy gestalten **b** *j-n* scharfmachen *umg* **c** *ein Auto etc* aufmotzen *umg* **C** ADJ **a** Sexual…: **~ crime (education, hygiene, life**, *etc)*; **~ maniac** Triebtäter *m*, -verbrecher *m*; **~ object** Sexual-, Lustobjekt *n*; **~ therapist** Sexualtherapeut(in); **~ therapy** Sexualtherapie *f* **b** Geschlechts…: **~ act (cell, chromosome, hormone, organ**, *etc)*; **~ antagonism** PSYCH Feindschaft *f* zwischen den Geschlechtern; **~ change (operation)**, **~ reversal** MED Geschlechtsumwandlung *f*; **~ discrimination** sexuelle Diskriminierung; **~ linkage** BIOL Geschlechtsgebundenheit *f*; **~-linked** BIOL geschlechtsgebunden; **~ role** SOZIOL Geschlechtsrolle *f*; **~ test** SPORT Geschlechtskontrolle *f* **c** Sex…: **~ film (games, magazine, scene, tourism**, *etc)*; **~ appeal** Sexappeal *m*, erotische Anziehungskraft; **~ bomb** *umg* Sexbombe *f*; **~ goddess** Sexidol *n*; **~ kitten** *umg* Sexbiene *f*; **~ shop** Sexshop *m*; **~ slave** Sexsklave *m*, -sklavin *f*; **~ worker** *euph* Prostituierte *f*

sexagenarian [,seksədʒı'neərıən] **A** ADJ **a** sechzigjährig **b** in den Sechzigern **B** S Sechzigjährige(r) *m/f(m)*, Sechziger(in) *(a. Person in den Sechzigern)*

sexagenary [sek'sædʒınərı; *US* -,neri:; *Br a.* ,seksə'dʒi:-] **A** ADJ **1** aus sechzig … bestehend, sechzigteilig **2** → sexagenarian A **B** S → sexagenarian B

Sexagesima (Sunday) [,seksə'dʒesımə] S (Sonntag *m*) Sexagesima *f (8. Sonntag vor Ostern)*; **sexagesimal** [-ml] MATH **A** ADJ Sexagesimal… **B** S Sexagesimalbruch *m*

sexangular [sek'sæŋgjʊlə(r)] ADJ (ADV ~ly) sechseckig

sexcentenary [,seksen'ti:nərı; *US* -'ten-] **A** ADJ sechshundertjährig **B** S Sechshundertjahrfeier *f*

sexennial [sek'senjəl; -ıəl] ADJ (ADV ~ly) **1** sechsjährig **2** sechsjährlich

sexer ['seksə(r)] S Geschlechtsbestimmer(in) *(von Küken etc)*

sexiness ['seksınıs] S *umg für* sex A 3 b

sexism S Sexismus *m*; **sexist** **A** ADJ sexistisch **B** S Sexist(in)

sexivalent [,seksı'veılənt] ADJ CHEM sechswertig

sexless ADJ (ADV ~ly) **1** BIOL geschlechtslos *(a. fig)*, ungeschlechtlich, agamisch **2** *fig* frigid(e)

sexological [,seksə'lɒdʒıkl; *US* -'lɑ-] ADJ (ADV ~ly) sexologisch; **sexologist** [-'sɒlədʒıst; *US* -'sɑ-] S Sexologe *m*, Sexologin *f*, Sexualwissenschaftler(in); **sexology** S Sexologie *f*, Sexualwissenschaft *f*

sexpartite [seks'pɑ:(r)taıt] ADJ sechsteilig

sexploitation [,seksplɔı'teıʃn] S Kommerzialisierung *f* des Sex: **~ film** kommerzieller Sexfilm

sexpot S *umg* **1** Sexbombe *f* **2** Sexbolzen *m*

sext [sekst] S KATH Sext *f (kanonisches Stundengebet)*

sextain ['seksteın] S sechszeilige Strophe

sextant ['sekstənt] S **1** ASTRON, SCHIFF Sextant *m (Winkelmessgerät)* **2** MATH Kreissechstel *n*

sextet(te) [seks'tet] S **1** MUS Sextett *n* **2** Sechsergruppe *f (Personen, Dinge)*

sextillion [seks'tıljən] S **1** *Br* Sextillion *f* (10^{36}) **2** *US* Trilliarde *f* (10^{21})

sexto ['sekstəʊ] TYPO **A** *pl* -tos S **1** Sexto(-format) *n* **2** Sextoband *m* **B** ADJ Sexto…: **~ volume**

sextodecimo [,sekstəʊ'desıməʊ] TYPO **A** *pl* -mos S **1** Sedez(format) *n* **2** Sedezband *m* **B** ADJ Sedez…: **~ volume**

sexton ['sekstən] S REL Küster *m* (u. Totengräber *m*); **~ beetle** S ZOOL Totengräber *m (Käfer)*

sextuple ['sekstjʊpl; *US* sek'stu:pəl; -'stʌp-] **A** ADJ sechsfach **B** S *(das)* Sechsfache **C** VT **1** versechsfachen **2** mit sechs malnehmen **D** VI sich versechsfachen

sextuplet ['sekstjʊplıt; *US* sek'stʌp-] S **1** Sechsergruppe *f* **2** Sechsling *m (Kind)*: **~s** Sechslinge **3** MUS Sextole *f*

sextuplicate **A** VT [seks'tju:plıkeıt; *US a.* -'stu:-] **1** versechsfachen **2** *ein Dokument* sechsfach ausfertigen **B** ADJ [-kət] sechsfach **C** S [-kət] **1** **in ~** in sechsfacher Ausfertigung **2** *e-s von 6 (gleichen) Dingen*: **~s** 6 Exemplare

sexual ['seksjʊəl; *US* -ʃəwəl] ADJ (ADV ~ly) sexuell, Sexual…, geschlechtlich, Geschlechts…: **~ behavio(u)r** Sexualverhalten *n*; **(primary, secondary) ~ characteristics** (primäre, sekundäre) Geschlechtsmerkmale; **~ desire** Geschlechtslust *f*; **~ discrimination** sexuelle Diskriminierung; **~ drive** (*od* **urge**) Geschlechtstrieb *m*; **~ly explicit** freizügig *(Film etc)*; **~ generation** BIOL Fortpflanzungsgeneration *f*; **~ intercourse** Geschlechtsverkehr *m*; **~ object** Sexual-, Lustobjekt *n*; **~ offence** (*US* **offense**) JUR Sittlichkeitsdelikt *n*; **~ organ** Geschlechtsorgan *n*; **~ partner** Partner(in); **~ position** Stellung *f*; **~ promiscuity** → promiscuity 3; **~ research** Sexualforschung *f*; **~ly transmitted** MED durch Geschlechtsverkehr übertragen; → harassment 1; **sexuality** [-'ælətı; *US* -'wæl-] S **1** Sexualität *f* **2** Sexualleben *n*; **sexualize** VT *bes pej* sexualisieren

sexy ADJ *umg* **1** sexy, *(a. Gang etc)* aufreizend **2** *fig* **a** spannend, interessant **b** begehrenswert

Seychelles [seı'ʃelz; -'ʃel] SPL *(die)* Seychellen *pl*

Seychellois [,seıʃel'wɑ:] **A** *pl* -lois S Einwohner(in) der Seychellen **B** ADJ von den Seychellen

Seyfert galaxy ['saıfə(r)t] S *Astrophysik*: Seyfert-Galaxie *f*

SF ABK science fiction SF

SFA ABK Scottish Football Association

sferics ['sfıərıks; 'sfer-] SPL *US* → atmospheric B 1

sforzando [sfɔ:(r)t'sændəʊ; *US a.* -'sɑ:n-], **sforzato** [-t'sɑ:təʊ] ADJ & ADV MUS sforzando, sforzato, stark betont

SG ABK **1** Secretary General **2** JUR *Br* Solicitor General

s.g. ABK **1** senior grade im höheren Dienst **2** PHYS specific gravity spezifisches Gewicht

sgd ABK signed gez.

SGHWR ABK steam-generating heavy-water reactor

SGML ABK *EDV* standard generalized mark-up language SGML *n*

Sgt ABK MIL Sergeant

sh [ʃ] INT sch! *(still)*

sh. ABK **1** WIRTSCH share **2** sheep **3** sheet **4** HIST *Br* shilling(s PL)

shabbiness ['ʃæbınıs] S *allg* Schäbigkeit *f (a. fig)*

shabby ['ʃæbı] ADJ (ADV shabbily) *allg* schäbig: **a** abgetragen *(Kleidung)* **b** abgenutzt *(Möbel)* **c** ärmlich, heruntergekommen *(Gegend, Haus, Person etc)* **d** gemein, niederträchtig *(Schurke, Trick etc)* **e** kleinlich, schofel *pej* **f** geizig, filzig;

S

~-genteel ADJ von schäbiger Eleganz
shack [ʃæk] A S Hütte *f* B V/I: **~ up** *umg* a zusammenleben (**with** mit *j-m*) b zusammenziehen (**with** mit *j-m*)
shackle ['ʃækl] A S 1 *pl* Fesseln *pl*, Ketten *pl* (*beide a. fig*), Hand-, Beinschellen *pl* 2 TECH a Gelenkstück *n* (*e-r Kette*) b (*Metall*) Bügel *m* c Lasche *f* 3 SCHIFF (*Anker*) Schäkel *m* 4 ELEK a Schäkel *m* b *a.* **~ insulator** Schäkelisolator *m* B V/T 1 fesseln (*a. fig hemmen*) 2 SCHIFF, TECH laschen
shad [ʃæd] *pl* **shads**, *bes koll* **shad** S FISCH Alse *f*
shaddock ['ʃædək] S BOT *bes US* Grapefruit *f*, Pampelmuse *f*
shade [ʃeɪd] A S 1 Schatten *m* (*a. fig*): **in the ~** im Schatten (**of** *gen*); **be in the ~** *fig* im Schatten stehen, wenig bekannt sein; **cast** (*od* **push, put, throw**) **into the ~** *fig* in den Schatten stellen; **the ~s of night** die Schatten der Nacht; **the ~s of my father!** *obs* wie mich das an m-n Vater erinnert! 2 schattiges Plätzchen 3 MYTH a Schatten *m* (*Totenseele*) b *pl* Schatten(reich) *pl(n)* 4 Farbton *m*, Schattierung *f* 5 Schatten *m*, Schattierung *f*, dunkle Tönung: **without light and ~** a ohne Licht u. Schatten b *fig* eintönig 6 *fig* Nuance *f*: **~ of meaning** Bedeutungsnuance 7 *umg* Spur *f*, Idee *f*: **a ~ better** ein (kleines) bisschen besser 8 (*Schutz*) Blende *f*, (*Schutz-, Lampen-, Sonnen- etc*) Schirm *m* 9 *US* Rouleau *n* 10 *pl*, *a.* **pair of ~s** *umg* Sonnenbrille *f* 11 *obs* Gespenst *n* B V/T 1 beschatten, verdunkeln (*a. fig*) 2 verhüllen (**from** vor *dat*) 3 (*vor Licht etc*) schützen, *die Augen etc* abschirmen 4 MAL a schattieren b dunkel tönen c schraffieren 5 *a.* **~ off** a *fig* abstufen, nuancieren (*a.* MUS) b WIRTSCH *die Preise* nach u. nach senken c *a.* **~ away** allmählich übergehen lassen (**into, to** in *akk*) a *a.* **~ away** allmählich verschwinden lassen C V/I *a.* **~ off** (*od* **away**) a allmählich übergehen (**into, to** in *akk*) b nach u. nach verschwinden
shadeless ADJ schattenlos; **shadelessness** S Schattenlosigkeit *f*
shade tree S Schattenbaum *m*
shadiness ['ʃeɪdɪnɪs] S 1 Schattigkeit *f* 2 *umg* Zwielichtigkeit *f*
shading ['ʃeɪdɪŋ] S 1 MAL *u. fig* Schattierung *f*, Abstufung *f* 2 *a.* **~ control** TV Rauschpegelregelung *f*: **~ value** Helligkeitsstufe *f*
shadow ['ʃædəʊ] A S 1 Schatten *m* (*a.* MAL *u. fig*): **in the ~s** im Schatten; **be in ~** im Schatten liegen; **be afraid** (*od* **frightened**) **of one's own ~** sich vor s-m eigenen Schatten fürchten; **be** (*od* **live**) **in sb's ~** in j-s Schatten stehen; **their relationship wasn't without ~s** ihre Beziehung war nicht ungetrübt; **cast a** (*od* **its**) **~ over** e-n *od* s-n Schatten werfen auf (*akk*); **live in the ~** im Verborgenen leben; **he is only a ~ of his former self** er ist nur noch ein Schatten s-r selbst; **wear o.s. to a ~** sich völlig aufreiben; **be worn to a ~** völlig kaputt sein; **coming events cast their ~s before** kommende Ereignisse werfen ihre Schatten voraus; **may your ~ never grow** (*od* **be**) **less** *obs od poet* möge es dir immer gut gehen 2 *pl* (Abend)Dämmerung *f*, Dunkel(heit) *n(f)* 3 *fig* Schutz *m*: **under the ~ of the Almighty** 4 *fig* Schatten *m*, Spur *f*: **be beyond the ~ of a doubt** über allen Zweifel erhaben sein; **there's not a** (*od* **the**) **~ of a doubt about** es besteht nicht der geringste Zweifel an (*dat*) 5 Schatten *m* (*schemenhafte Gestalt*): **catch at** (*od* **chase after**) **~s** *fig* e-m Phantom *od* Schatten nachjagen 6 MED a Schatten *m* (*im Röntgenbild*) b **have ~s under the eyes** Schatten unter den Augen haben 7 *fig* Schatten *m*: a ständiger Begleiter: **his dog was his ~** *a.* sein Hund folgte ihm wie ein Schatten *od* auf Schritt u. Tritt b Verfolger *m*: **put a ~ on sb** e-n Schatten auf j-n ansetzen 8 RADIO, TV Empfangsloch *n* 9 FOTO, TV dunkle Bildstelle B ADJ POL *Br* Schatten…, im Schattenkabinett: **~ cabinet** Schattenkabinett *n* C V/T 1 e-n Schatten werfen auf (*akk*), überschatten (*beide a. fig*) 2 *fig j-n* beschatten (*verfolgen, überwachen*) 3 *a.* **~ forth** *fig* dunkel andeuten
shadow|-box V/I SPORT schattenboxen (*a. fig*); **~ boxing** S SPORT Schattenboxen *n*, *fig a.* Spiegelfechterei *f*; **~ economy** S WIRTSCH Schattenwirtschaft *f*; **~graph** S 1 Schattenbild *n* 2 MED Radiogramm *n*, *bes* Röntgenaufnahme *f*
shadowless ADJ schattenlos; **shadowlessness** S Schattenlosigkeit *f*
shadow| play, **~ show** S THEAT Schattenspiel *n*
shadowy ['ʃædəʊɪ] ADJ 1 schattig 2 schattenhaft (*a. fig Erinnerungen etc*) 3 *fig* vage, unbestimmt 4 *fig* in Dunkel gehüllt
shady ['ʃeɪdɪ] ADJ (ADV **shadily**) 1 schattig (*Ort*), (*Baum etc*) Schatten spendend: **~ side** Schattenseite *f*; **on the ~ side of fifty** *US umg* über die Fünfzig hinaus 2 *umg* zwielichtig
shaft [ʃɑːft; *US* ʃæft] A S 1 (*Pfeil- etc*) Schaft *m* 2 *poet* Pfeil *m*, Speer *m*: **~s of satire** *fig* Pfeile des Spottes 3 (*Blitz-, Licht-, Sonnen*) Strahl *m* 4 a Stiel *m* (*e-s Werkzeugs etc*) b Deichsel(arm) *f(m)* c Welle *f*, Spindel *f* 5 Fahnenstange *f* 6 ARCH a (*Säulen*) Schaft *m* b Säule *f* c Obelisk *m* 7 (*Aufzugs-, Bergwerks-, Hochofen- etc*) Schacht *m*: → **sink** B 4 8 a BOT Stamm *m* b ZOOL Schaft *m* (*e-r Feder*) 9 *US vulg* Schwanz *m* (*Penis*) B V/T *US sl* bescheißen
shag[1] [ʃæg] A S 1 Zotte(l) *f*, zottiges Haar, grobe, zottige Wolle 2 (lange, grobe) Noppe (*e-s Stoffs*) 3 Plüsch(stoff) *m* 4 Shag(tabak) *m* 5 ORN Krähenscharbe *f* B V/T aufrauen, zottig machen
shag[2] [ʃæg] *Br* A S *vulg* Nummer *f* (*Geschlechtsverkehr*): **have a ~** e-e Nummer machen *od* schieben *vulg* B V/T 1 *vulg* bumsen, vögeln (*beide vulg*) (*schlafen mit*) 2 **be ~ged out** *sl* fix u. fertig (*völlig erschöpft*) sein
shaggy ['ʃægɪ] ADJ (ADV **shaggily**) 1 zottig 2 rauhaarig 3 genoppt, noppig 4 ungepflegt, verwahrlost 5 *fig* schlampig; **~-dog story** S *endlos langer Witz ohne (richtige) Pointe*
shagreen [ʃæ'griːn] S Chagrin(leder) *n*, Körnerleder *n*
shah [ʃɑː] S Schah *m*
shake [ʃeɪk] A S 1 a Schütteln *n*: **~ of the head** Kopfschütteln; **give sth a good ~** etwas kräftig (durch)schütteln; **in two ~s** (**of a lamb's tail**), **in half a ~** *umg* im Nu b Händedruck *m* 2 (*a. seelische*) Erschütterung 3 Zittern *n*, Beben *n*: **be all of a ~** am ganzen Körper zittern; **he's got the ~s** *umg* er hat den *od* e-n Tatterich 4 Stoß *m*: **~ of wind** Windstoß; **no great ~s** *umg* nichts Weltbewegendes; **he is no great ~s** *umg* er ist nicht gerade umwerfend (**as** als) 5 *umg* Erdbeben *n* 6 Riss *m*, Spalt *m* 7 MUS Triller *m* 8 (*Milch- etc*) Shake *m* 9 *umg* Augenblick *m*, Moment *m*: **wait a ~!** B V/I *prät* **shook** [ʃʊk], *pperf* **shaken** 1 wackeln: **~ with laughter** sich vor Lachen schütteln 2 (sch)wanken, beben: **the earth shook** 3 zittern, beben (*beide:* **with** vor *Furcht, Kälte etc*) 4 MUS trillern 5 *umg* sich die Hände schütteln, sich die Hand geben: **(let's) ~ on it!** Hand darauf! C V/T 1 schütteln: **~ sth from** etwas (ab)schütteln von; **~ one's head** den Kopf schütteln (**over, at** über *akk*); **~ one's finger** (**a fist, a stick**) **at sb** j-m mit dem Finger (mit der Faust, mit e-m Stock) drohen; → **hand** *Bes Redew*, **leg** *Bes Redew*, **side** A 4 2 *a.* *fig j-s Entschluss, den Gegner, j-s Glauben, j-s Zeugenaussage etc* erschüttern 3 rütteln an (*dat*) (*a. fig*) 4 *j-n* (seelisch) erschüttern: **he was much shaken by** (*od* **with, at**) **the news** die Nachricht erschütterte ihn sehr 5 *j-n* verunsichern 6 *j-n* aufrütteln (**out of** aus) (*a. fig*) 7 MUS trillern 8 *US e-n Verfolger etc* abschütteln, loswerden
Phrasal Verbs: **shake| down** A V/T 1 *Obst etc* herunterschütteln 2 *Stroh, Decken etc* zu e-m Nachtlager ausbreiten 3 *den Gefäßinhalt etc* zurechtschütteln 4 *US umg* a *j-n* ausplündern (*a. fig*) b erpressen c filzen (*durchsuchen*) d verringern e *ein Schiff, Flugzeug etc* testen B V/I 1 sich setzen (*Masse*) 2 a sich ein (Nacht)Lager zurechtmachen b *umg* sich hinhauen (*zu Bett gehen*) 3 *US umg* a sich vorübergehend niederlassen (*an e-m Ort*) b sich einleben *od* eingewöhnen c sich einpendeln (*Sache*) 4 *US umg* sich beschränken (**to** auf *akk*); **~ off** V/T 1 *Staub etc* abschütteln 2 *fig das Joch, a. e-n Verfolger etc* abschütteln, *j-n od etwas* loswerden; **~ out** A V/T 1 ausschütteln 2 herausschütteln 3 *e-e Fahne etc* ausbreiten B V/I MIL ausschwärmen; **~ up** V/T 1 *ein Kissen etc* aufschütteln 2 durchschütteln 3 zusammenschütteln, mischen 4 *j-n* (*a.* seelisch) aufrütteln 5 drastische (*bes* personelle) Veränderungen in *e-m Betrieb etc* vornehmen 6 *Vorstellungen etc* vollkommen auf den Kopf stellen
shakedown A S 1 (Not)Lager *n* 2 *US umg* a Ausplünderung *f* (*a. fig*) b Erpressung *f* c Filzung *f*, Durchsuchung *f* d Verringerung *f* e Testfahrt *f*, Testflug *m* B ADJ *US umg* Test…: **~ voyage** (**flight**, *etc*)
shaken ['ʃeɪkən] A *pperf von* **shake** B ADJ 1 erschüttert (*a. fig*): (**badly**) **~** (arg) mitgenommen, (*seelisch*) (stark) angeschlagen 2 (kern)rissig (*Holz*)
shake-out S 1 Rationalisierung *f* 2 → shake-up
shaker ['ʃeɪkə(r)] S 1 TECH Schüttelvorrichtung *f* 2 a (*Cocktail- etc*) Shaker *m*, Mixbecher *m* b (*Salz- etc*) Streuer *m* 3 ♀ REL Shaker(in) (*Mitglied e-r 1747 in GB gegründeten Sekte*) 4 *pl bes US umg* einflussreiche Personen
Shakespeare *od* **Shakspeare** *od* **Shakspere, William** ['ʃeɪk,spɪə(r)] EIGENN Shakespeare *m* (*1564-1616; Engl. Dramatiker u. Dichter*)
Shakespearean, **Shakespearian** [ʃeɪk'spɪərɪən] A ADJ Shakespeare…, shakespearisch, shakespearesch: a *nach Art Shakespeares, nach Shakespeare benannt* b *von Shakespeare herrührend* B S Shakespeareforscher(in)
shake-up S drastische (*bes* personelle) Veränderung(en *pl*)
shakiness ['ʃeɪkɪnɪs] S 1 Wack(e)ligkeit *f* (*a. fig*) 2 *fig* Unsicherheit *f*, Zweifelhaftigkeit *f*
shaking ['ʃeɪkɪŋ] A S 1 Schütteln *n* 2 Erschütterung *f* B ADJ (ADV **~ly**) 1 Schüttel…: **~ grate** Schüttelrost *m*; → palsy A 1 2 wackelnd
shako ['ʃækəʊ] *pl* -os, -oes S MIL *bes* HIST Tschako *m* (*ein Helm*)
shaky ['ʃeɪkɪ] ADJ (ADV **shakily**) 1 wack(e)lig (*a. fig Firma etc*): **be ~ on one's legs** wacklig auf den Beinen sein *umg* 2 zitt(e)rig, bebend (*Hände, Stimme*) 3 *fig* (sch)wankend: **~ courage** wankender Mut 4 *fig* unsicher, zweifelhaft 5 angeschlagen (*Gesundheit*) 6 (kern)rissig (*Holz*)
shale [ʃeɪl] S GEOL, MINER Schiefer(ton) *m*: **~ oil** Schieferöl *n*
shall [ʃæl] *inf, imp u. pperf fehlen, 2. sg präs obs* **shalt** [ʃælt], *3. sg präs* **shall**, *prät* **should** [ʃʊd], *2. sg präs obs* **shouldst** [ʃʊdst], **shouldest** [-ɪst] V/AUX (*mit folgendem inf ohne* **to**) 1 *Fu-*

S

tur: ich werde, *wir* werden: **I (we) ~ come tomorrow** 2 *bes bei Fragen, die e-n Vorschlag od e-e Einladung beinhalten:* soll *ich ...?*, sollen *wir ...?*: **~ I call you back?**; **~ we dance?** wollen wir tanzen?; **~ we go?** gehen wir? 3 *nach you, he, she, it u. they zum Ausdruck e-r Drohung etc:* **you ~ pay for this!** das sollst *od* wirst du mir büßen! 4 *als Frageanhängsel nach I u. we, oft unübersetzt:* **let's start, ~ we?** kommt, fangen wir an!; **I'll have five, ~ I?** ich nehme fünf, ja? 5 *bes* JUR *(zur Bezeichnung e-r Mussbestimmung, im Deutschen durch Indikativ wiedergegeben):* **any person ~ be liable ...** jede Person ist verpflichtet ...; **this door ~ be open all the time** diese Tür muss ständig geöffnet bleiben

shalloon [ʃæˈluːn; ʃə-] S Chalon *m (feiner, geköperter Wollstoff)*

shallop [ˈʃæləp] S SCHIFF Schaluppe *f*

shallot [ʃəˈlɒt; *US* ʃəˈlɑt] S BOT Schalotte *f*

shallow [ˈʃæləʊ] A ADJ (ADV ~ly) 1 seicht, flach *(Gewässer)*: **~ breathing** flache Atmung; **~ lens** OPT flache Linse; **~ place** → B 2 *fig* seicht, flach, *(a. Person)* oberflächlich B S seichte Stelle, Untiefe *f* C V/T & V/I (sich) verflachen; **shallowness** S Seichtheit *f (a. fig)*

shalom [ʃæˈlɒm; *US* ʃɑːˈləʊm] INT schalom!

shalt [ʃælt] *obs 2. sg präs von* shall: **thou ~ not kill** BIBEL du sollst nicht töten

shaly [ˈʃeɪlɪ] ADJ GEOL schief(e)rig, schieferhaltig

sham [ʃæm] A S 1 (Vor)Täuschung *f*, Heuchelei *f* 2 Schwindler(in), Scharlatan *m* 3 Heuchler(in) 4 Nachahmung *f*, Fälschung *f* B ADJ 1 vorgetäuscht, fingiert, Schein...: **~ battle** Scheingefecht *n* 2 unecht, falsch *(Juwelen etc)*, vorgetäuscht, geheuchelt *(Mitgefühl etc)* C V/T vortäuschen, heucheln, fingieren, simulieren D V/I sich verstellen, heucheln: **~ ill** sich krank stellen, simulieren; **she is only ~ming** sie verstellt sich nur, sie tut nur so

shaman [ˈʃæmən; *US* ˈʃɑː-; ˈʃeɪ-] S Schamane *m (Zauberpriester, der mit Geistern u. den Seelen Verstorbener Verbindung aufnimmt)*; **shamanism** S Schamanismus *m (Religion, in der der Schamane im Mittelpunkt des magischen Rituals steht)*; **shamanistic** ADJ (ADV ~ally) schamanistisch

shamateur [ˈʃæmətə; -tɜː; *US* -ˌtɜr] S SPORT Scheinamateur(in); **shamateurism** S Scheinamateurismus *m*

shamble [ˈʃæmbl] A V/I a watscheln b schlurfen: **shambling gait** → B B S a Watschelgang *m* b schlurfender Gang

shambles [ˈʃæmblz] *pl* -bles S 1 Schlachthaus *n* 2 a Trümmerfeld *n*, Bild *n* der Verwüstung b Chaos *n*: **the room was (in) a ~** im Zimmer sah es wie auf e-m Schlachtfeld aus; **make a (complete) ~ of** *Akten etc* völlig durcheinanderbringen c *fig* Scherbenhaufen *m*: **his life is (in) a ~**

shambolic [ʃæmˈbɒlɪk] ADJ: **a ~ room** *Br* ein Zimmer, in dem es aussieht wie auf e-m Schlachtfeld

shame [ʃeɪm] A S 1 Scham(gefühl) *f(n)*: **feel ~ at** sich schämen für; **from ~ of** aus Scham vor *(dat)*; **for ~!** pfui!, schäm dich! 2 Schande *f*, Schmach *f*: **be a ~ to** → B 2; **~ on you!** schäm dich!, pfui!; **it is (a sin and) a ~** es ist e-e (Sünde u.) Schande; **it is no ~ to work** Arbeit schändet nicht; **put sb to ~** a über j-n Schande bringen b j-n beschämen *(übertreffen)*; **cry ~ upon sb** pfui über j-n rufen 3 Schande *f (Gemeinheit)*: **what a ~!** a es ist e-e Schande! b es ist ein Jammer! *(schade)* B V/T 1 *j-n* beschämen, mit Scham erfüllen: **~ sb into doing sth** j-n so beschämen, dass er etwas tut 2 *j-m* Schande machen 3 Schande bringen über *(akk)*

shamefaced [ˌʃeɪmˈfeɪst; *attr* ˈ-feɪst] ADJ 1 verschämt, schamhaft 2 schüchtern 3 schamrot 4 kleinlaut; **shamefacedly** [-ɪdlɪ] ADV → shamefaced; **shamefacedness** S 1 Verschämtheit *f* 2 Schüchternheit *f*

shameful [ˈʃeɪmfʊl] ADJ (ADV ~ly) 1 schmachvoll, schmählich, schändlich 2 schimpflich, entehrend: **there is nothing ~ about being unemployed** es ist keine Schande, arbeitslos zu sein 3 unanständig, anstößig; **shamefulness** S 1 Schändlichkeit *f* 2 Schimpflichkeit *f* 3 Anstößigkeit *f*; **shameless** ADJ (ADV ~ly) schamlos *(a. fig unverschämt)*; **shamelessness** S Schamlosigkeit *f (a. fig Unverschämtheit)*

shammer [ˈʃæmə(r)] S 1 Schwindler(in) 2 Heuchler(in) 3 Simulant(in)

shammy (leather) [ˈʃæmɪ] → chamois 2, 3

shampoo [ʃæmˈpuː] A V/T 1 sich *den Kopf, die Haare* schamponieren *od* schampunieren *od* waschen: **~ one's hair** 2 *j-m* den Kopf *od* die Haare waschen B V/I sich den Kopf *od* die Haare waschen C S 1 Haar-, Kopfwäsche *f*: **give o.s. a ~** → B; **~ and set** Waschen u. Legen 2 Shampoo *n*, Schampon *n*, Schampun *n*, Haarwaschmittel *n*

shamrock [ˈʃæmrɒk; *US* -ˌrɑk] S BOT 1 weißer Feldklee 2 Shamrock *m (Kleeblatt als Wahrzeichen Irlands)*

shamus [ˈʃɑːməs; ˈʃeɪ-] S *US sl* 1 Bulle *m pej (Polizist)* 2 Schnüffler *m pej (Privatdetektiv)*

shandrydan [ˈʃændrɪdæn] S 1 HIST *leichter, zweirädriger Wagen* 2 *hum* Klapperkasten *m*

shandy [ˈʃændɪ], *US a.* **shandygaff** [-gæf] S *Getränk aus Bier u. Ingwerbier od Zitronenlimonade*

shanghai [ˌʃæŋˈhaɪ; ˈʃæŋhaɪ] V/T *umg* 1 SCHIFF, *bes* HIST *j-n* schanghaien *(gewaltsam anheuern)* 2 **~ sb into doing sth** *fig* a j-n zwingen, etwas zu tun b j-n (mit e-m Trick *od* e-r List) dazu bringen, etwas zu tun

Shangri-la [ˌʃæŋgrɪˈlɑː] S Paradies *n*, paradiesischer (abgeschiedener) Ort

shank [ʃæŋk] S 1 ANAT Unterschenkel *m* 2 *obs* Bein *n*: **on** *(od* **by) ~s's pony** *(od* **mare)** auf Schusters Rappen; **go on ~s's pony, ride ~'s mare** auf Schusters Rappen reisen 3 BOT Stängel *m*, Stiel *m* 4 Hachse *f (vom Schlachttier)* 5 (SCHIFF *Anker-*, ARCH *Säulen-*, TECH *Bolzen- etc*-)Schaft *m* 6 MUS gerader Stimmzug 7 *(Schuh)* Gelenk *n* 8 TYPO *(Schrift)* Kegel *m*; **shanked** ADJ 1 ...schenk(e)lig, mit ... Schenkeln 2 gestielt

shan't [ʃɑːnt; *US* ʃænt] *Zusammenziehung von* **shall not**

shantey [ˈʃæntɪ] → chantey

shantung, *a.* **S** [ˌʃænˈtʌŋ] S Schantung(-seide *f*) *m*

shanty[1] [ˈʃæntɪ] S (armselige) Hütte

shanty[2] [ˈʃæntɪ] S *bes Br* Shanty *n*, Seemannslied *n*

shantytown S Shanty-Town *f*, (armselige) Hüttensiedlung

shapable [ˈʃeɪpəbl] ADJ formbar, gestaltungs-, bildungsfähig

shape[1] [ʃeɪp] A S 1 Gestalt *f*, Form *f (beide a. fig)*: **in the ~ of** in Form von *(od gen)*; **in human ~** in Menschengestalt; **in no ~** in keiner Weise 2 Figur *f*, Gestalt *f*: **put into ~** formen, gestalten 3 feste Form *od* Gestalt: **get one's ideas into ~** s-e Gedanken ordnen; **take ~** (feste) Gestalt annehmen *(a. fig)*; → lick A 1 4 *(körperliche od geistige)* Verfassung, Form *f*: **be in (good) ~** in (guter) Form sein; **be in bad ~** in schlechter Verfassung *od* Form sein, in schlechtem Zustand *od* übel zugerichtet sein; **stay in ~** in Form bleiben 5 TECH a Form *f*, Modell *n*, Fasson *f* b Formstück *n*, -teil *n* c *pl* Pressteile *pl* 6 GASTR a *(Pudding- etc)* Form *f* b Stürzpudding *m* B V/T 1 *a. fig* gestalten, formen, bilden *(alle:* **into** zu): **~ a child's character** *fig* den Charakter e-s Kindes formen 2 anpassen (**to** an *akk*) 3 formulieren 4 planen, entwerfen, ersinnen, schaffen: **~ the course for** SCHIFF *u. fig* den Kurs setzen auf *(akk)*, *etwas* ansteuern 5 TECH formen, fassonieren C V/I 1 Gestalt *od* Form annehmen, sich formen 2 sich *gut etc* anlassen, sich entwickeln *od* gestalten: **things ~ right** die Dinge entwickeln sich richtig; **he is shaping well** er macht sich *umg* 3 *meist* **~ up** *umg* a (endgültige) Gestalt annehmen b sich machen *umg*, sich (gut) entwickeln: **he is shaping up well**; **you('d) better ~ up!** reiß dich doch zusammen! *umg*, benimm dich! 4 **~ up to** a Boxstellung einnehmen gegen b *fig j-n* herausfordern

SHAPE[2], **Shape** ABK Supreme Headquarters Allied Powers Europe

shapeable → shapable

shaped [ʃeɪpt] ADJ 1 geformt *(a.* TECH*)*, gestaltet 2 ...geformt, ...förmig; **shapeless** ADJ (ADV ~ly) 1 form-, gestaltlos 2 unförmig, missgestaltet; **shapelessness** S 1 Form-, Gestaltlosigkeit *f* 2 Unförmigkeit *f*; **shapeliness** S Formschönheit *f*; **shapely** ADJ formschön, wohlgeformt; **shaper** S 1 Former(in), Gestalter(in) 2 TECH a Waagrechtstoßmaschine *f*, Shapingmaschine *f* b Schnellhobler *m*: **~ tool** Formstahl *m*; **shaping** S Formgebung *f*, (TECH *bes* spanabhebende) Formung, Gestaltung *f*: **~ machine** → shaper 2 a; **~ mill** Vorwalzwerk *n*

shard [ʃɑː(r)d] S 1 *(Ton)* Scherbe *f* 2 ZOOL (harte) Flügeldecke *(e-s Insekts)*

share[1] [ʃeə(r)] A S 1 (An)Teil *m* (**of** an *dat*): **fall to sb's ~** j-n zufallen; **have a ~ in** beteiligt sein an *(dat)*; **for my ~** für m-n Teil; **~ of the market** Marktanteil 2 (An)Teil *m*, Beitrag *m*, Kontingent *n*: **do one's ~** s-n Teil leisten (**of** bei); **go ~s with sb** mit j-m (gerecht) teilen (**in sth** etwas); **have** *(od* **take) a large ~ in** großen Anteil haben an *(dat)*; **take a ~ in** sich beteiligen an *(dat)*; → cake A 1, pie[2] 3 WIRTSCH Beteiligung *f*, Geschäftsanteil *m*, Kapitaleinlage *f*: **~ in a ship** Schiffspart *m* 4 WIRTSCH a Gewinnanteil *m* b *bes Br* Aktie *f*: **hold ~s in a company** Aktionär(in) e-r Gesellschaft sein c Kux *m*, Bergwerksaktie *f* B V/T 1 *(a. fig sein Bett, e-e Ansicht, das Schicksal etc)* teilen (**with** mit): **they ~d second place** sie kamen gemeinsam auf den zweiten Platz; **they ~d the lead** SPORT sie waren *od* lagen gemeinsam in Führung; **we ~ the view that ...** wir sind übereinstimmend der Meinung, dass ...; → responsibility 2 2 *meist* **~ out (among)** ver-, austeilen (unter *od* an *akk*), zuteilen *(dat)* 3 teilnehmen *od* -haben an *(dat)*, sich an *den Kosten etc* beteiligen: **~d** gemeinsam, Gemeinschafts... C V/I 1 **~ in** → B 3 2 teilen: **~ and ~ alike** brüderlich teilen; **~ in** sich teilen in *(akk)*

share[2] [ʃeə(r)] S AGR, TECH *(Pflug)* Schar *f*: **~ beam** Pflugbaum *m*

share| broker S WIRTSCH *bes Br* Effekten-, Börsenmakler(in); **~ capital** S WIRTSCH *bes Br* Aktienkapital *n*; **~ certificate** S WIRTSCH *bes Br* Aktienzertifikat *n*; **~cropper** S AGR, WIRTSCH *US* kleiner Farmpächter *(der s-e Pacht mit e-m Teil der Ernte entrichtet)*; **~ dividend** S WIRTSCH *bes Br* Dividende *f* in Form von Gratisaktien; **~holder** S WIRTSCH *bes Br* Aktionär(in): **~s' meeting** Aktionärsversammlung *f*; **~holding** S WIRTSCH *bes Br* Aktienbesitz *m*; **~ index** S *irr* WIRTSCH *bes Br* Aktienindex *m*; **~ list** S WIRTSCH *bes Br* (Aktien)Kurszettel *m*; **~ option** S WIRTSCH *bes Br* Aktienbezugsrecht *n* (*bes für Betriebsangehörige*); **~-out** S Aus-, Verteilung *f*

sharer ['ʃeərə(r)] S 1 (Ver)Teiler(in) 2 Teilnehmer(in), Teilhaber(in), Beteiligte(r) *m/f(m)* (*alle*: **in** an *dat*)

share|ware S IT Shareware *f* (*Software, die mehreren Benutzern zur Verfügung steht*); **~ warrant** S WIRTSCH *bes Br* (*auf den Inhaber lautendes*) Aktienzertifikat

shark [ʃɑː(r)k] A S 1 FISCH Hai(fisch) *m* 2 *fig* a Gauner(in), Betrüger(in) b Halsabschneider(in), (*Kredit- etc*) Hai *m* 3 *bes US umg* Kanone *f* (*Könner*) B V/I *obs* betrügen C V/T *obs* ergaunern; **~skin** S 1 Haifischhaut *f*, -leder *n* 2 *Textilwesen*: a *glatter, köperartiger Kammgarnstoff* b *schweres, kreidefarbiges Kunstseidentuch*

sharp [ʃɑː(r)p] A ADJ (ADV ~ly) 1 scharf (*Kurve, Messer etc*): **be at the ~ end** *fig* in vorderster Linie *od* an vorderster Front stehen; → tongue A 1 2 spitz (*Nase etc*): **from a ~ angle** SPORT aus spitzem Winkel 3 steil, jäh (*Anstieg etc*) 4 *fig allg* scharf: a deutlich (*Kontrast, Konturen etc*) b herb, beißend (*Geruch, Geschmack etc*) c schneidend (*Stimme etc*): **~ cry** durchdringender Schrei d schneidend, beißend (*Frost, Wind*) e stechend, heftig (*Schmerz*) f durchdringend (*Blick*) g hart (*Kritik etc*) h spitz (*Bemerkung etc*) i wachsam (*Auge, Ohr*) j schnell (*Tempo etc*) k jäh, plötzlich: **brake ~ly** scharf bremsen 5 heftig, hitzig: **a ~ desire** ein heftiges Verlangen; **a ~ temper** ein hitziges Temperament 6 angespannt (*Aufmerksamkeit*) 7 a scharfsinnig b aufgeweckt, auf Draht *umg* c *umg* gerissen, raffiniert: **~ practice** Gaunerei *f* 8 MUS a scharf (*im Klang*) b (zu) hoch c (*durch Kreuz um e-n Halbton*) erhöht d groß, übermäßig (*Intervall*) e Kreuz… 9 LING stimmlos, scharf (*Konsonant*) B V/T & V/I 1 MUS zu hoch singen *od* spielen 2 *obs* betrügen C ADV 1 scharf 2 jäh, plötzlich 3 pünktlich, genau: **at three o'clock ~** Punkt 3 (Uhr) 4 schnell: **look ~!** mach fix *od* schnell!, dalli! *umg* 5 MUS zu hoch: **sing (play) ~** D S 1 *pl* lange Nähnadeln *pl* 2 *umg* a → sharper 1 b Fachmann *m*, -frau *f* 3 MUS a *a.* **~ sign** Kreuz *n*, Erhöhungszeichen *n* b Erhöhung *f*, Halbton *m* (**of** über *dat*) c nächsthöhere Taste

sharp|-cut ADJ 1 scharf (geschnitten) 2 *fig* fest umrissen, klar, deutlich; **~-edged** ADJ scharfkantig

sharpen ['ʃɑː(r)pən] A V/T 1 schärfen, wetzen, schleifen 2 *e-n Bleistift etc* (an)spitzen 3 *fig j-n* scharfmachen, anreizen 4 *fig den Verstand etc* schärfen 5 *j-s Appetit* anregen 6 a *ein Gesetz etc* verschärfen b *den Schmerz* verstärken c *s-n Worten od s-r Stimme* e-n scharfen Klang geben 7 MUS (*durch Kreuz*) erhöhen 8 *Essig, j-s Züge etc* scharf *od* schärfer machen B V/I sich verschärfen, scharf *od* schärfer werden (*alle a. fig*); **sharpener** [-pnə(r)] S (*Bleistift- etc*) Spitzer *m*

sharper S 1 Gauner(in), Schwindler(in), Betrüger(in) 2 Falschspieler(in)

sharp-eyed ADJ scharfsichtig, *fig a.* scharfsinnig

sharpish ADV *Br umg* fix, schnell

sharpness S 1 Schärfe *f*, *a. fig* Herbheit *f*, Strenge *f*, Heftigkeit *f*: **~ of edge** (*Eiskunstlauf*) Kantenreinheit *f* 2 Spitzigkeit *f* 3 *fig* a Scharfsinn *m* b Aufgewecktheit *f* c Gerissenheit *f* 4 (FOTO Rand)Schärfe *f*

sharp|-set ADJ 1 scharf(kantig) 2 (heiß)hungrig 3 *fig* scharf, erpicht (*beide*: **on** auf *akk*); **~shooter** S Scharfschütze *m* (*a. fig* SPORT *etc*); **~shooting** S Scharfschießen *n*; **~-sighted** ADJ (ADV ~ly) scharfsichtig, *fig a.* scharfsinnig; **~-tongued** ADJ *fig* scharfzüngig (*Person*); **~-witted** ADJ (ADV ~ly) scharfsinnig

shat [ʃæt] *prät u. pperf von* shit

shatter ['ʃætə(r)] A V/T 1 zerschmettern, -schlagen, -trümmern (*alle a. fig*) 2 *j-s Gesundheit, Nerven* zerrütten 3 *fig j-s Hoffnungen etc* zerstören 4 *fig j-n* erschüttern B V/I zerbrechen, in Stücke brechen, zerspringen, -splittern; **shattering** ADJ (ADV ~ly) 1 vernichtend (*a. fig*): **a ~ defeat** e-e haushohe Niederlage 2 *fig* umwerfend, enorm 3 (ohren)betäubend

shatter|proof, **~-resistant** ADJ a bruchsicher b splitterfrei: **~ glass** *a.* Sicherheitsglas *n*

shave [ʃeɪv] A V/T 1 (**o.s.** sich) rasieren: **~ one's legs** sich die Beine rasieren 2 *a.* **~ off** sich *den Bart etc* abrasieren: **~ off one's beard** 3 *den Rasen* (kurz) schneiden *od* scheren 4 (ab)schaben, abschälen 5 *Gerberei: Häute* abschaben, abfalzen 6 *Holz* (glatt) hobeln 7 streifen, *a.* knapp vorbeikommen an (*dat*) 8 WIRTSCH *US sl e-n Wechsel* zu Wucherzinsen aufkaufen B V/I 1 sich rasieren 2 **~ through** *umg* (gerade noch) durchrutschen (*in e-r Prüfung*) C S 1 Rasur *f*: **have** (*od* **get**) **a ~** sich rasieren (lassen); **have a close** (*od* **narrow**) **~** *umg* mit knapper Not davonkommen *od* entkommen; **that was a close ~** *umg* das hätte ins Auge gehen können!, das ist gerade noch einmal gut gegangen!; **by a ~** *umg* um Haaresbreite, um ein Haar 2 TECH Schabeisen *n* 3 *obs* Gaunerei *f*: **that was a clean ~** das war glatter Betrug

shaveling ['ʃeɪvlɪŋ] S *obs pej* 1 Pfaffe *m* 2 Mönch *m*

shaven ['ʃeɪvn] ADJ 1 rasiert 2 (kahl) geschoren (*Kopf*)

shaver ['ʃeɪvə(r)] S 1 Barbier *m* 2 *meist* **young ~** *umg* Grünschnabel *m* 3 (*bes* elektrischer) Rasierapparat

Shavian ['ʃeɪvjən; -ɪən] A ADJ für G.B. Shaw charakteristisch, schawsch(er, e, es): **~ humo(u)r** B S Shaw-Verehrer(in), -Kenner(in)

shaving ['ʃeɪvɪŋ] S 1 Rasieren *n*: **~ brush** Rasierpinsel *m*; **~ cream** Rasiercreme *f*; **~ foam** Rasierschaum *m*; **~ head** Scherkopf *m*; **~ mirror** Rasierspiegel *m*; **~ soap**, **~ stick** Rasierseife *f* 2 *pl* Schnitzel *pl*, (Hobel)Späne *pl*

shaw [ʃɔː] S *Br obs od poet* Dickicht *n*, Wäldchen *n*

shawl [ʃɔːl] S 1 a Schultertuch *n* b Kopftuch *n* 2 Wickeltuch *n* (*für Babys*)

shawm [ʃɔːm] S MUS, HIST Schalmei *f*

shay [ʃeɪ] S *dial* Kutsche *f*

she [ʃiː; ʃɪ] A PRON 1 a sie (*3. sg für alle weiblichen Lebewesen*) b *im Gegensatz zum Deutschen*: (*beim Mond*) *bes poet* er, (*bei Ländern*) es, (*bei Schiffen mit Namen*) sie, (*bei Schiffen ohne Namen*) es, (*bei Motoren u. Maschinen, wenn personifiziert*) er, es 2 sie: **~ who** diejenige, welche 3 es: *who is this woman?* **~ is Mary** es ist Mary 4 *pej* die: **not ~!** die nicht! B S Sie *f*: a Mädchen *n*, Frau *f* b ZOOL Weibchen *n* C ADJ (*in Zusammensetzungen*) 1 *bes* ZOOL weiblich, …weibchen *n*: **~-bear** Bärin *f*; **~-dog** Hündin *f*; **~-fox** a Füchsin *f* b JAGD Fähe *f*; **~-goat** Geiß *f* 2 *pej* Weibs…: **~-devil** Weibsteufel *m*

shea [ʃɪə; *US* ʃiː; ʃeɪ] S BOT Schi(butter)baum *m*: **~ butter** Schi-, Sheabutter *f*

sheading ['ʃiːdɪŋ] S *Br* Verwaltungsbezirk *m* (*der Insel Man*)

sheaf [ʃiːf] A *pl* -ves [-vz] S 1 AGR Garbe *f* 2 Bündel *n*: **a ~ of papers**; **~ of fire** Feuer-, Geschossgarbe *f*; **~ of rays** PHYS Strahlenbündel B V/T in Garben binden

shear [ʃɪə(r)] A V/T *prät* sheared, *obs* shore [ʃɔː(r)], *pperf* sheared, shorn 1 *Schafe etc* scheren 2 *a.* **~ off** (ab)scheren, abschneiden 3 *Blech, Glas etc* schneiden 4 *fig j-n* berauben (**of** *gen*): → shorn 5 *fig j-n* schröpfen 6 *poet* (ab)hauen B V/I 1 (*mit e-r Sichel*) schneiden *od* mähen 2 *poet* (*mit dem Schwert etc*) schneiden *od* hauen (**through** durch) C S 1 a *pl*, *a.* **pair of ~s** große Schere b Scherenblatt *n* 2 TECH Blechschere *f* 3 *meist pl* (Hobel[bank]-, Drehbank)Bett *n* 4 *pl* (*a. als sg konstruiert*) → shear legs 5 PHYS → a shearing force b shearing stress 6 → shearing 1; **shearer** S 1 (*Schaf*) Scherer(in) 2 Schnitter(in) 3 TECH a Schermaschine *f* b Blechschneidemaschine *f*

shearing S 1 Schur *f*: a *Schafscheren* b *Schurertrag* 2 GEOL, PHYS (Ab)Scherung *f* 3 *schott od dial* a Mähen *n*, Mahd *f* b Ernte *f*; **~ force** S PHYS Scher-, Schubkraft *f*; **~ strength** S PHYS Scher-, Schubfestigkeit *f*; **~ stress** S PHYS Scherbeanspruchung *f*

shear legs SPL (*a. als sg konstruiert*) TECH Scherenkran *m*

shearling ['ʃɪə(r)lɪŋ] S erst einmal geschorenes Schaf

shear| pin S TECH Scherbolzen *m*; **~ steel** S Gärbstahl *m*; **~ stress** → shearing stress; **~water** S ORN Sturmtaucher *m*

sheatfish ['ʃiːtfɪʃ] S FISCH Wels *m*

sheath [ʃiːθ] *pl* sheaths [ʃiːðz] S 1 Scheide *f*: **~ knife** fest stehendes Messer mit Scheide 2 Futteral *n*, Hülle *f* 3 TECH (*Kabel-, Elektroden*) Mantel *m* 4 ZOOL, BOT Scheide *f* 5 Kondom *n/m* 6 *Mode*: Futteralkleid *n* 7 ZOOL Flügeldecke *f* (*e-s Käfers*)

sheathe [ʃiːð] V/T 1 *das Schwert* in die Scheide stecken 2 in e-e Hülle *od* ein Futteral stecken 3 *fig* tief stoßen (**in** in *akk*): **~ one's dagger in sb's heart** 4 *die Krallen* einziehen 5 *bes* TECH umhüllen, ummanteln, *ein Kabel* armieren: **~d electrode** ELEK Mantelelektrode *f*

sheathing ['ʃiːðɪŋ] S 1 TECH a Verkleidung *f* b Mantel *m*, Überzug *m* c Bewehrung *f*, Armierung *f* (*e-s Kabels*) 2 SCHIFF Bodenbeschlag *m*

sheave[1] [ʃiːv] V/T in Garben binden

sheave[2] [ʃiːv; *US a.* ʃɪv] S TECH Scheibe *f*, Rolle *f*: **~ pulley** Umlenkrolle *f*

sheaves [ʃiːvz] 1 *pl von* sheaf 2 [*US a.* ʃɪvz] *pl von* sheave[2]

shebang [ʃɪ'bæŋ] S *bes US sl* 1 Bude *f*, Laden *m umg* 2 Apparat *m* (*Sache*) 3 Kram *m umg*: **the whole ~** der ganze Plunder *pej*

shebeen [ʃɪ'biːn] S 1 *Ir schott* illegale Schnapsbude *umg* 2 *Ir* schwarzgebrannter Whisky

shed[1] [ʃed] S 1 Schuppen *m* 2 (*Kuh- etc*) Stall *m* 3 überdachter Lagerplatz 4 Unterstand *m*

shed[2] [ʃed] A V/T *prät u. pperf* shed 1 verschütten, *a. Blut, Tränen* vergießen: **I won't ~ any tears over him** *fig* dem weine ich keine Träne nach; **without ~ding (any) blood** ohne Blutvergießen 2 ausstrahlen, *a. Duft, Licht, Frieden etc* verbreiten: → light[1] A 11 3 *Wasser* abstoßen (*Stoff*) 4 BIOL *Laub, Federn etc* abwerfen, *Hörner* abstoßen, *Zähne* verlieren: **~ one's skin** sich häuten; **~ a few pounds** ein paar Pfund abnehmen 5 *s-e Winterkleidung, e-e Angewohnheit, s-e Hemmungen etc* ablegen: **~ one's old friends** s-e alten Freunde ablegen 6 *Br die Ladung* verlieren (*Lkw etc*) 7 *bes schott das Haar* scheiteln B S *bes schott* Scheitel *m*

she'd [ʃiːd] *Zusammenziehung von* **she would**, **she had**

shedder ['ʃedə(r)] S *j-d, der* (*Tränen, Blut etc*) *vergießt*

sheen [ʃiːn] A S 1 Glanz *m* 2 *poet* prunkvolle Kleidung B V/I *bes schott* glänzen

sheeny[1] ['ʃiːnɪ] ADJ glänzend

sheeny[2] ['ʃiːnɪ] S *sl pej* Itzig *m pej* (*Jude*)

sheep [ʃiːp] *pl* sheep S 1 ZOOL Schaf *n*: **make ~'s eyes at sb** j-m schmachtende Blicke zu-

S

werfen; **count ~** Schäfchen zählen *(um einzuschlafen)*; **separate** (*od* **sort out**) **the ~ from the goats** *fig* die Böcke von den Schafen trennen; **you might as well be hanged for a ~ as (for) a lamb** wennschon - dennschon *umg*; → black sheep **2** *fig pej* Schaf *n* **3** *pl fig* Schäflein *pl*, Herde *f (Gemeinde e-s Pfarrers etc)* **4** Schafleder *n*; **~-dip** S Desinfektionsbad *n* für Schafe; **~ dog** S Schäferhund *m*; **~ farm** S *Br* Schaf(zucht)farm *f*; **~ farmer** S *Br* Schafzüchter(in); **~ farming** S *Br* Schafzucht *f*; **~fold** S *bes Br* Schafhürde *f*; **~herder** S *US* Schäfer *m*

sheepish ['ʃiːpɪʃ] ADJ (ADV ~ly) **1** verlegen, schuldbewusst **2** einfältig; **sheepishness** S **1** Verlegenheit *f*, Schuldbewusstsein *n* **2** Einfältigkeit *f*

sheep|man [-mən] S *irr* Schafzüchter *m*; **~meat** S *(bes* minderwertiges) Schaffleisch; **~pen** S Schafhürde *f*; **~shearer** S Schafscherer(in); **~shearing** S Schafschur *f*; **~skin** S **1** Schaffell *n* **2** *(a.* Pergament *n* aus) Schafleder *n* **3** *US umg* **a** Diplom *n* **b** Urkunde *f*; **~walk** S *Br* Schafweide *f*

sheer¹ [ʃɪə(r)] **A** ADJ **1** bloß, rein, pur, nichts als: **by ~ force** durch bloße *od* nackte Gewalt; **he won by ~ luck** er gewann nur durch Glück; **~ nonsense** reiner *od* barer Unsinn; **for ~ pleasure** nur so zum Vergnügen **2** völlig, rein, glatt *(Unmöglichkeit etc)* **3** hauchdünn *(Textilien)* **4** steil, jäh **5** rein, unvermischt, pur **B** ADV **1** völlig, ganz, gänzlich **2** senkrecht, steil

sheer² [ʃɪə(r)] **A** S SCHIFF **a** Ausscheren *n* **b** Sprung *m (Deckerhöhung)*: **~ hulk** Hulk *f/m (abgetakeltes Schiff)* mit Mastkran; **~ plan** Längsriss *m* **B** V/I **1** SCHIFF abscheren, (ab)gieren *(Schiff)* **2** *a.* **~ away (from)** *fig* **a** abweichen, abgehen (von) **b** sich losmachen (von) **C** V/T SCHIFF abdrängen; **~ off** V/I **1** → sheer² B 1 **2** *umg* abhauen, verschwinden **3** **~ from** aus dem Wege gehen *(dat)*

sheerlegs → shear legs

sheet¹ [ʃiːt] **A** S **1** Betttuch *n*, (Bett)Laken *n*, Leintuch *n*: **between the ~s** *umg* in den *od* in die Federn; **stand in a white ~** *fig obs* reumütig s-e Sünden bekennen; **(as) white as a ~** kreidebleich **2** Bogen *m*, Blatt *n (Papier)* **3** TYPO **a** *(Druck)* Bogen *m* **b** *pl* (lose) Blätter *pl*: **in (the) ~s** (noch) nicht gebunden *(Buch)* **4** Bogen *m (von Briefmarken)* **5** Blatt *n*: **a** Zeitung *f* **b** *(Druck-, Flug)* Schrift *f* **6** METALL *(Fein)* Blech *n* **7** TECH (dünne) *(Blech-, Glas- etc)* Platte **8** weite Fläche *(von Wasser, Eis etc)* **9** (wogende *od* sich bewegende) Masse, *(Feuer-, Regen)* Wand *f*: **the rain came down in ~s** es regnete in Strömen **10** GEOL **a** *(Gesteins)* Schicht *f* **b** *(Eis)* Scholle *f* **B** V/T **1** *das Bett* beziehen **2** (in ein Laken) (ein)hüllen **3** mit e-r (dünnen) Schicht bedecken **4** TECH mit Blech verkleiden **C** V/I **it** (*od* **the rain**) **~ed down** es regnete in Strömen

sheet² [ʃiːt] SCHIFF **A** S **1** Schot(e) *f*, Segelleine *f*: **flowing ~s** fliegende Schoten; **be** (*od* **have**) **three ~s in the wind** *umg* sternhagelvoll sein **2** *pl* Vorder-(u. Achter)teil *m (e-s Boots)* **B** V/T *a.* **~ home** *ein Segel* anholen: **~ it home to sb** *fig* es j-m besorgen *sl*

sheet| anchor S SCHIFF Notanker *m (a. fig)*; **~ bend** S SCHIFF einfacher Schotenstek *(Knoten)*; **~ calendar** S Abreißkalender *m*; **~ copper** S TECH Kupferblech *n*; **~ glass** S Tafelglas *n*

sheeting ['ʃiːtɪŋ] S **1** Betttuchstoff *m* **2** TECH (Blech)Verkleidung *f*

sheet| iron S TECH Eisenblech *n*; **~ lead** [led] S TECH Tafelblei *n*; **~ lightning** S **1** Wetterleuchten *n* **2** Flächenblitz *m*; **~ metal** S TECH (Metall)Blech *n*; **~ music** S MUS Noten *pl* (auf losen Blättern), Notenblätter *pl*; **~ steel** S TECH Stahlblech *n*

sheik(h) [ʃeɪk; *bes US* ʃiːk] S Scheich *m (a. fig umg Freund etc)*; **sheik(h)dom** S Scheichtum *n*

shekel ['ʃekl] S **1** **a** HIST S(ch)ekel *m (hebräische Gewichts- u. Münzeinheit)* **b** Schekel *m (israelische Währungseinheit)* **2** *pl umg* Knete *f (Geld)*: → rake in

sheldrake ['ʃeldreɪk] S ORN Brandente *f*

shelf [ʃelf] *pl* **shelves** [-vz] S **1** **a** *(Bücher- etc)* Brett *n*, (-)Bord *n* **b** *meist pl* Regal *n*: **you can buy it off the ~ there** dort kann man es gleich mitnehmen; **those parts can be purchased off the ~** diese Teile sind immer vorrätig *od* auf Lager; **be on the ~** *fig* sitzen geblieben sein, e-e alte Jungfer sein; zum alten Eisen gehören *od* zählen *umg*; **be left on the ~** *fig* sitzen bleiben *umg*; **be put on the ~** *fig* aufs Abstellgleis geschoben werden; auf die lange Bank geschoben werden *umg* **2** Felsplatte *f*, Riff *n* **3** SCHIFF **a** Küstensockel *m*, Schelf *m/n* **b** Sandbank *f* **4** GEOG Schelf *m/n*, Festland(s)sockel *m*

shelfful ['ʃelffʊl] S: **a ~ of books** ein Bord (voll) Bücher

shelf| life S *irr* WIRTSCH Lagerfähigkeit *f*, Haltbarkeit *f*: **have a very short ~** sich nur ganz kurz halten; **this model has seen the end of its ~** das ist ein Auslaufmodell; **~ warmer** S WIRTSCH Ladenhüter *m umg*

shell [ʃel] **A** S **1** *allg* Schale *f* **2** ZOOL **a** Muschel(schale) *f* **b** Schneckenhaus *n* **c** Flügeldecke *f (e-s Käfers)* **d** Panzer *m*, Rückenschild *m (der Schildkröte)*: **bring sb out of their ~** *fig* j-n aus der Reserve locken; **come out of one's ~** *fig* aus sich herausgehen, auftauen; **retire** (*od* **withdraw**) **into one's ~** *fig* sich in sein Schneckenhaus zurückziehen, sich abkapseln **3** *(Eier)* Schale *f*: **in the ~** **a** (noch) unausgebrütet **b** *fig* noch in der Entwicklung **4** ZOOL **a** Muschelkalk *m* **b** Muschelschale *f* **c** Perlmutt *n* **d** Schildpatt *n* **5** BOT *(Nuss- etc)* Schale *f*, Hülse *f*, Schote *f* **6** FLUG, SCHIFF Schale *f*, Außenhaut *f*, *(Schiffs)* Rumpf *m* **7** Gerüst *n*, Gerippe *n (a. fig)*, ARCH *a.* Rohbau *m* **8** Kapsel *f*, *(Scheinwerfer- etc)* Gehäuse *n*, Mantel *m* **9** MIL **a** Granate *f* **b** *(Geschoss-, Patronen)* Hülse *f* **c** *US* Patrone *f (für Schrotgewehre)* **10** Rakete *f (ein Feuerwerkskörper)* **11** GASTR Pastetenhülle *f*, -schale *f* **12** CHEM, PHYS *(Elektronen)* Schale *f* **13** SPORT Rennruderboot *n* **14** *(das)* bloße Äußere **15** Innensarg *m* **16** *(Degen- etc)* Korb *m* **17** TYPO Galvano *n* **18** SCHULE *Br* Klasse *f* **19** → shell company **B** V/T **1** *Erbsen etc* enthülsen **2** schälen: **~ nuts** Nüsse knacken **3** *Körner* von der Ähre entfernen **4** MIL (mit Granaten) beschießen **5** mit Muscheln auslegen **6** **~ out** *umg* blechen *(bezahlen)* **C** V/I **~ out** *umg* blechen (**on, for** für)

she'll [ʃiːl] *Zusammenziehung von* **she will, she shall**

shellac [ʃə'læk] **A** S CHEM, TECH Schellack *m* **B** V/T *prät u. pperf* **-lacked** **1** mit Schellack behandeln **2** *US umg* vertrimmen *(a. fig vernichtend schlagen)*

shell|back S SCHIFF *umg* (alter) Seebär; **~ company** S WIRTSCH Scheinfirma *f*; **~ egg** S Frischei *n (Ggs Eipulver)*; **~fish** S ZOOL Schalentier *n*; **~ game** S *US* **1** Fingerhut-, Nussschalenspiel *n (Bauernfängerspiel)* **2** *fig* **a** Täuschungsmanöver *n* **b** Verwirrspiel *n*; **~ hole** S Granattrichter *m*

shelling ['ʃelɪŋ] S **1** Enthülsen *n*, Schälen *n* **2** MIL Beschuss *m*, (Artillerie)Feuer *n*

shell| jacket S **1** MIL *Br* leichte Offiziersjacke **2** → mess jacket; **~proof** ADJ MIL bombensicher; **~ shock** S MED, PSYCH Kriegsneurose *f*; **~-shocked** ADJ **1** MED, PSYCH an e-r Kriegsneurose leidend **2** *umg* durcheinander, konfus; **~ suit** S *Br* modischer Jogginganzug; **~ transformer** S ELEK, TECH Mantel(kern)-transformator *m*; **~work** S Muschel(einlege)-arbeit *f*

Shelta ['ʃeltə] S Geheimjargon *m* der Kesselflicker *etc (bes in Irland)*

shelter ['ʃeltə(r)] **A** S **1** Schutzhütte *f*, -raum *m*, -dach *n* **2** Zufluchtsort *m* **3** Obdach *n*, Herberge *f* **4** Schutz *m*, Zuflucht *f*: **take** (*od* **seek**) **~** → B 4; **seek ~** *fig* sich verstecken (**behind a fact** hinter e-r Tatsache) **5** MIL **a** Bunker *m*, Unterstand *m* **b** *(Luft-)* Schutzraum *m* **c** Deckung *f* (**from** vor *dat*) **6** → bus shelter **B** V/T **1** (be)schützen, beschirmen *(beide:* **from** vor *dat)*: **a ~ed life** ein behütetes Leben; **~ed trade** WIRTSCH *Br (durch Zölle)* geschützter Handelszweig; **~ed workshop** beschützende Werkstätte **2** schützen, bedecken, überdachen **3** *j-m* Schutz *od* Zuflucht gewähren: **~ o.s.** sich verstecken (**behind** hinter *j-m od etwas)* **4** *j-n* beherbergen **C** V/I **1** Zuflucht *od* Schutz *od* Obdach suchen **2** sich unterstellen; **~ belt** S Shelterbelt *m (Waldstreifen als Windschirm)*; **~ tent** S MIL *US* Zweimannzelt *n*

shelty, *a.* **sheltie** ['ʃeltɪ] S Sheltie *n*, Shetlandpony *n*

shelve¹ [ʃelv] V/T **1** *Bücher* (in ein Regal) einstellen, auf ein Bücherbrett legen *od* stellen **2** *fig* **a** *etwas* zu den Akten legen **b** *etwas Unangenehmes* auf die lange Bank schieben *umg* **c** *etwas* zurückstellen **d** *j-n* ausrangieren *umg* **3** mit Fächern *od* Regalen versehen

shelve² [ʃelv] V/I (sanft) abfallen

shelves [ʃelvz] *pl von* shelf

shelving¹ ['ʃelvɪŋ] S (Bretter *pl* für) Fächer *pl od* Regale *pl*

shelving² ['ʃelvɪŋ] ADJ schräg, abfallend

shenanigan [ʃɪ'nænɪgən] S *umg* **1** *meist pl* **a** Fez *m (Spaß)* **b** Klamauk *m* **2** **a** Trick *m* **b** (Lausbuben)Streich *m*

she-oak S BOT Kängurubaum *m*

shepherd ['ʃepə(r)d] **A** S **1** (Schaf)Hirt *m*, Schäfer *m* **2** *fig* REL (Seelen)Hirt *m (Geistlicher)*: **the (Good) ~** BIBEL der Gute Hirte *(Christus)* **B** V/T **1** *Schafe etc* hüten **2** *Kinder etc* **a** beaufsichtigen **b** führen; **~ dog** S Schäferhund *m*

shepherdess ['ʃepə(r)dɪs] S (Schaf-)Hirtin *f*, Schäferin *f*

shepherd's| crook S Hirtenstab *m*; **~ dog** S Schäferhund *m*; **~ pie** S GASTR *Auflauf aus Hackfleisch u. Kartoffelbrei*; **~ plaid** S schwarz-weiß kariertes Plaid; **~-purse** S BOT Hirtentäschel *n*

sherardize ['ʃerə(r)daɪz] V/T TECH sherardisieren *(verzinken)*

Sheraton ['ʃerətən] **A** S Sheratonstil *m (englischer Möbelstil um 1800)* **B** ADJ Sheraton...

sherbet ['ʃɜːbət; *US* 'ʃɜr-] S **1** *a.* **~ powder** Brausepulver *n* **2** Sorbet *m/n*, Sorbett *m/n (eisgekühltes Fruchtsaftgetränk)* **3** *bes US* Fruchteis *n* **4** *Aus sl* Bier *n*

sherd [ʃɜːd; *US* ʃɜrd] → shard

sherif, *a.* **shereef** [ʃe'riːf; ʃə-] S Scherif *m*: **a** *Nachkomme Mohammeds* **b** *Titel muslimischer Fürsten*

sheriff ['ʃerɪf] S JUR Sheriff *m*: **a** *in England, Wales u. Irland der höchste Verwaltungsbeamte e-r Grafschaft* **b** *in den USA der gewählte höchste Exekutivbeamte e-s Bezirks etc* **c** *in Schottland ein Richter an e-m **sheriff court***; **~ court** S JUR *niederes schottisches Gericht mit Zuständigkeit in Zivil- u. Strafsachen*

sherlock, *a.* ♀ ['ʃɜːlɒk; *US* 'ʃɜrˌlɑk] S *umg* (Privat)Detektiv *m*

Sherpa ['ʃɜːpə; *US* 'ʃɜr-; 'ʃeər-] *pl* **-pas**, *bes koll* **-pa** S Sherpa *m*, Sherpani *f*

S

sherry ['ʃerɪ] S Sherry *m*; ~ **cobbler** S Sherry Cobbler *m* (*Mischgetränk aus Sherry, Fruchtsaft, Wasser, Zucker u. gestoßenem Eis*); ~ **glass** S Sherryglas *n*

she's [ʃi:z] *Zusammenziehung von* **she is, she has**

Shet. ABK Shetland Islands

Shetland (Islands) ['ʃetlənd] S (PL) Shetland(-inseln) *n(pl)* (*insulare Verwaltungsregion Schottlands*)

Shetland| pony ['ʃetlənd] → shelty; ~ **wool** S Shetlandwolle *f*

shew [ʃəʊ] *prät* shewed, *pperf* shewn *obs für* show; ~**bread** S BIBEL Schaubrot *n*

SHF ABK ELEK superhigh frequency

shh → sh

Shia(h) ['ʃi:ə] S REL Schia *f* (*zweite Hauptrichtung des Islams*)

shibboleth ['ʃɪbəleθ; *US* -ləθ] S *fig* 1 Schibboleth *n*, Erkennungszeichen *n*, Losungswort *n* 2 Kastenbrauch *m* 3 Plattitüde *f*

shield [ʃi:ld] A S 1 Schild *m* 2 Schutzschild *m*, -schirm *m* 3 *fig* a Schutz *m*, Schirm *m* b (Be)Schützer(in) 4 ELEK, TECH Abschirmung *f* 5 ZOOL (Rücken)Schild *m*, Panzer *m* 6 Arm-, Schweißblatt *n* 7 *Heraldik*: (Wappen)Schild *m*, *a. n* B V/T 1 (be)schützen, (be)schirmen (*beide:* **from** vor *dat*), SPORT *den Ball* abdecken (**with** mit) 2 *bes pej j-n* decken 3 ELEK, TECH abschirmen; ~ **bearer** S HIST Schildträger *m*, -knappe *m*; ~ **fern** S BOT Schildfarn *m*

shieling ['ʃi:lɪŋ] S *bes schott* 1 (Vieh-)Weide *f* 2 Sennhütte *f*

shift [ʃɪft] A V/I 1 den Platz *od* die Lage wechseln, sich bewegen: ~ **from one foot to the other** von e-m Fuß auf den anderen treten; ~ **uneasily on one's chair** unruhig auf s-m Stuhl hin u. her rutschen 2 *fig* sich verlagern (*a.* JUR *Beweislast*), sich verwandeln (*a. Schauplatz, Szene*), sich verschieben (*a.* LING *Laut*), wechseln 3 die Wohnung wechseln, umziehen 4 *a.* ~ **along** *fig* sich notdürftig durchschlagen: ~ **for o.s.** a auf sich selbst gestellt sein b sich selbst (weiter)helfen 5 *fig* Ausflüchte machen 6 AUTO, TECH schalten: ~ **up (down)** AUTO hinaufschalten (herunterschalten); → gear A 3 b 7 *Kugelstoßen*: angleiten 8 SCHIFF sich verlagern, überschießen (*Ballast od Ladung*) 9 *oft* ~ **round** sich drehen (*Wind*) 10 *umg* a *meist* ~ **away** sich davonstehlen b sich beeilen B V/T 1 (um-, aus)wechseln, (aus)tauschen, verändern: ~ **one's lodging** → A 3; → ground[1] A 7 2 verlagern, -schieben, -legen (*alle a. fig*): ~ **one's weight** das Gewicht verlagern; ~ **the scene to** den Schauplatz verlegen nach; **he ~ed his attention to other matters** er wandte s-e Aufmerksamkeit anderen Dingen zu 3 *e-n Betrieb etc* umstellen (**to** auf *akk*) 4 THEAT *Kulissen* schieben 5 befördern, bringen (*beide:* **from, out of** von; **to** nach) 6 *die Schuld, Verantwortung* (ab)schieben, abwälzen (*beide:* **onto** auf *akk*) 7 *j-n* loswerden 8 umpflanzen 9 ~ **gears** *bes US fig* umschalten, wechseln; → gear A 3 b 10 TECH verstellen, *e-n Hebel* umlegen 11 LING *e-n Laut* verschieben 12 SCHIFF a *die Ladung* umstauen b *das Schiff* (*längs des Kais*) verholen 13 *die Kleidung* wechseln 14 *US umg Speise, Getränk* wegputzen: ~ **a few** ein paar kippen C S 1 Wechsel *m*, Verschiebung *f*, -änderung *f*: ~ **of one's weight** Gewichtsverlagerung *f*; ~ **of emphasis** *fig* Gewichtsverlagerung *f*, Akzentverschiebung; ~ **in opinion** Meinungsumschwung *m* 2 (Arbeits)Schicht *f* (*Arbeiter od Arbeitszeit*): ~ **allowance** Schichtzuschlag *m*; ~ **boss** *US* Schichtmeister *m*; **work in ~s** Schicht arbeiten 3 Ausweg *m*, Hilfsmittel *n*, Notbehelf *m*: **make (a)** ~ a sich notdürftig durchschlagen b es fertigbringen (**to do** zu tun) c sich behelfen (**with** mit; **without** ohne) 4 Kniff *m*, List *f*, Trick *m*, Ausflucht *f* 5 ~ **of crop** AGR *bes Br* Fruchtwechsel *m* 6 **press** ~ COMPUT die Shift-Taste drücken 7 *Kugelstoßen*: Angleiten *n* 8 GEOL Verwerfung *f* 9 MUS a Lagenwechsel *m* (*bei Streichinstrumenten*) b Zugwechsel *m* (*Posaune*) c Verschiebung *f* (*linkes Pedal beim Flügel etc*) 10 LING Lautverschiebung *f* 11 *obs* (Unter)Hemd *n* (*der Frau*)

shifter S 1 THEAT Kulissenschieber(in), Bühnenarbeiter(in) 2 *fig* schlauer Fuchs 3 TECH a Schalter *m*, Umleger *m* b Ausrückvorrichtung *f*

shiftiness ['ʃɪftɪnɪs] S 1 Gewandtheit *f* 2 Schlauheit *f* 3 Verschlagenheit *f* 4 *fig* Unstetigkeit *f*

shifting ADJ (ADV ~ly) wechselnd, veränderlich, sich verschiebend: ~ **sand** Treib-, Flugsand *m*

shift key S Umschalter *m* (*der Schreibmaschine*), Shift-Taste *f* (*des Computers*)

shiftless ADJ (ADV ~ly) 1 hilflos (*a. fig unfähig*) 2 unbeholfen, einfallslos 3 träge, faul; **shiftlessness** S 1 Hilflosigkeit *f* (*a. fig*) 2 Unbeholfenheit *f* 3 Trägheit *f*

shift| lever S AUTO *bes US* Schalthebel *m*; ~ **lock** S Feststelltaste *f* (*e-s Computers od e-r Schreibmaschine*); ~ **work** S Schichtarbeit *f*: **do** ~ Schicht arbeiten; ~ **worker** S Schichtarbeiter(in)

shifty ADJ (ADV shiftily) 1 einfallsreich, wendig 2 schlau, gerissen 3 verschlagen 4 *fig* unstet

Shiism ['ʃi:ɪzəm] S REL Schiismus *m* (*Lehre der Schia*); **Shiite** [-aɪt] A S Schiit(in) B ADJ schiitisch

shiitake [,ʃi:ɪ'tɑ:keɪ] *pl* -ke S BOT Shiitakepilz *m*

shikar [ʃɪ'kɑ:(r)] *IndEng* A S Jagd *f* (*als Sport*) B V/T jagen; **shikari**, *a.* **shikaree** [-'kærɪ; -'kɑ:-] S *IndEng*(*a.* eingeborener) Jäger

shillela(g)h [ʃɪ'leɪlə; -lɪ] S *Ir* (Eichen- *od* Schlehdorn)Knüttel *m*

shilling ['ʃɪlɪŋ] S *Br altes Währungssystem*: Schilling *m*: **a ~ in the pound** 5 Prozent; **pay twenty ~s in the pound** s-e Schulden auf Heller u. Pfennig bezahlen; **take the King's** (*od* **Queen's**) ~ *obs* sich als Soldat anwerben lassen; **cut sb off with a** ~ j-n enterben, j-m keinen Pfennig vermachen; ~ **mark** S Schrägstrich *m*

shilly-shally ['ʃɪlɪ,ʃælɪ] *umg* A V/I schwanken, sich nicht entscheiden können B S Schwanken *n* C ADJ & ADV schwankend, unentschlossen

shily ADV *Alternative zu* **shyly**; → shy[1]

shim [ʃɪm] S TECH Ausgleichsring *m*, -scheibe *f*

shimmer ['ʃɪmə(r)] A V/I schimmern B S Schimmer *m*, Schimmern *n*; **shimmering** ADJ (ADV ~ly), **shimmery** ADJ schimmernd

shimmy ['ʃɪmɪ] A S 1 *bes* HIST Shimmy *m* (*amer. Jazztanz*) 2 TECH Flattern *n* (*der Vorderräder*) 3 *umg* (Damen)Hemd *n* B V/I 1 Shimmy tanzen 2 TECH flattern (*Vorderräder*)

shin [ʃɪn] A S 1 ANAT Schienbein *n* 2 ~ **of beef** GASTR *bes Br* Rinderhachse *f* B V/I 1 klettern: ~ **up a tree** e-n Baum hinaufklettern 2 *US* rennen C V/T 1 klettern auf (*akk*) 2 *j-n* vors Schienbein treten: ~ **o.s.** sich das Schienbein stoßen; ~**bone** S Schienbein(knochen) *n(m)*

shindig ['ʃɪndɪg] S *umg* 1 Schwof *m umg*, Tanzveranstaltung *f* 2 (*bes* ausgelassene) Party 3 → shindy

shindy ['ʃɪndɪ] S *umg* Krach *m*, Radau *m umg*

shine [ʃaɪn] A V/I *prät u. pperf* shone [ʃɒn; *US* ʃəʊn] 1 scheinen (*Sonne etc*), leuchten, strahlen (*a. Augen etc*: **with** vor *dat*): ~ **out** a hervorleuchten b *fig* hervorragen; ~ **up to sb** *US sl* sich bei j-m anbiedern 2 glänzen (*a. fig sich hervortun*: **as** als; **in, at** in *dat*) B V/T 1 ~ **one's torch into** mit s-r Taschenlampe leuchten in (*akk*) 2 *prät u. pperf meist* shined *bes Schuhe* polieren C S 1 (*Sonnen- etc*) Schein *m*: → rain A 1 2 Glanz *m* (*a. fig*): **take the ~ out of** a *e-r Sache* den Glanz nehmen b *etwas od j-n* in den Schatten stellen c *j-n* klein u. hässlich erscheinen lassen 3 Glanz *m* (*bes auf Schuhen*): **have a ~?** *umg* Schuhputzen gefällig? 4 *US umg* Dummejungenstreich *m* 5 **take a ~ to sb** *umg* an j-m Gefallen finden

shiner ['ʃaɪnə(r)] S 1 glänzender Gegenstand 2 *umg* Veilchen *n* (*blaues Auge*) 3 Glanzstelle *f* (*auf Textilien*)

shingle[1] ['ʃɪŋgl] A S 1 ARCH (Dach-)Schindel *f* 2 Herrenschnitt *m* (*Damenfrisur*) 3 *US umg hum* (Firmen)Schild *n*: **hang out** (*od* **up**) **one's** ~ sich (als Arzt *etc*) etablieren, s-n eigenen Laden aufmachen *umg* B V/T 1 ARCH mit Schindeln decken 2 *j-m das Haar* (sehr) kurz schneiden: ~ **sb's hair**; ~**d hair** → A 2

shingle[2] ['ʃɪŋgl] S GEOL *Br* 1 grober Strandkies 2 *a.* ~ **beach** Kiesstrand *m*

shingle[3] ['ʃɪŋgl] V/T METALL zängen (*entschlacken*)

shingles ['ʃɪŋglz] SPL (*als sg konstruiert*) MED Gürtelrose *f*

shingly ['ʃɪŋglɪ] ADJ kies(el)ig

shining ['ʃaɪnɪŋ] ADJ (ADV ~ly) 1 leuchtend (*a. fig*), strahlend, hell 2 glänzend (*a. fig*): ~ **example** leuchtendes Beispiel; **a ~ light** e-e Leuchte, ein großes Licht (*Person*)

shinny[1] ['ʃɪni:] S SPORT *US* Shinny *n* (*Art Hockey*)

shinny[2] ['ʃɪni:] V/I *US umg für* shin B 1

Shinto ['ʃɪntəʊ], **Shintoism** S Schintoismus *m* (*japanische Religion*)

shinty ['ʃɪntɪ] S SPORT *Br* Shinty *n* (*Art Hockey*)

shiny ['ʃaɪnɪ] ADJ *allg* glänzend: a leuchtend (*a. fig*) b funkelnd (*a. Auto etc*) c strahlend (*Tag etc*) d blank (geputzt) e blank, abgetragen (*Jackett etc*)

ship [ʃɪp] A S 1 *allg* Schiff *n*: ~**'s articles** → shipping articles; ~**'s biscuit** *Br* Schiffszwieback *m*; ~**'s company** Besatzung *f*; ~**'s husband** Mitreeder *m*; ~**'s papers** Schiffspapiere; ~**'s stores** *pl* Schiffsbedarf *m*; ~ **of state** *fig* Staatsschiff; ~ **of the desert** *fig* Wüstenschiff (*Kamel*); **take** ~ sich einschiffen (**for** nach); **about ~!** klar zum Wenden!; **when my ~ comes home** (*od* **in**) *fig* wenn ich das große Los ziehe; → protest A 3, register[1] A 1 2 SCHIFF Vollschiff *n* (*Segelschiff mit 3 od mehr Masten mit Rahsegeln*) 3 Boot *n* 4 a Luftschiff *n* b Flugzeug *n* c Raumschiff *n* B V/T 1 SCHIFF a an Bord bringen *od* nehmen, verladen b *Passagiere* an Bord nehmen 2 SCHIFF verschiffen, (mit dem Schiff) transportieren 3 WIRTSCH a verladen b *a.* ~ **off** transportieren, verfrachten, -senden, (aus-)liefern (*a. zu Lande*) c *Ware* (*zur Verladung*) abladen d SCHIFF *e-e Ladung* übernehmen 4 SCHIFF übernehmen: ~ **a sea** e-e See übernehmen 5 SCHIFF a *die Ruder* einlegen b *e-n Mast* einsetzen c *den Landungssteg* einholen: → oar *Bes Redew* 6 SCHIFF *Matrosen* (an)heuern, anmustern 7 *a.* ~ **off** *umg* fortschicken C V/I SCHIFF 1 sich einschiffen 2 sich anheuern lassen

ship| biscuit S *US* Schiffszwieback *m*; ~**board** S SCHIFF Bord *m*: **on** ~ an Bord; ~**borne aircraft** S *irr* FLUG Bordflugzeug *n*; ~ **breaker** S SCHIFF Schiff(s)verschrotter(in); ~**builder** S SCHIFF Schiff(s)bauer(in), Schiffsarchitekt (-in); ~**building** S SCHIFF Schiff(s)bau *m*; ~ **canal** S SCHIFF Seekanal *m*; ~ **chandler** S SCHIFF Schiffsausrüster(in); ~**load** S SCHIFF (volle) Schiffsladung (*als Maß*); ~**master** S SCHIFF (Handels)Kapitän *m*; ~**mate** S Schiffskamerad *m*

S

shipment S 1 SCHIFF a Verladung *f* b Verschiffung *f*, Seetransport *m* c (Schiffs)Ladung *f* 2 WIRTSCH (*a. zu Lande*) a Versand *m* b (Waren)Sendung *f*, Lieferung *f*
ship| money S HIST Schiffsgeld *n* (*in England für Schiffsaufgebote im Krieg erhobene Steuer*); **~ of the line** S MIL, HIST Linienschiff *n*; **~owner** S Reeder(in)
shipper S WIRTSCH 1 Verschiffer(in) 2 a Absender(in) b Frachter(in), Spediteur(in) c → shipping clerk
shipping S 1 Verschiffung *f* 2 a Abladung *f* (*Anbordnahme*) b Verfrachtung *f*, Versand *m* (*a. zu Lande etc*): **~ carton** Versandkarton *m*; **~ instructions** Versandvorschriften 3 SCHIFF *koll* Schiffe *pl*, Schiffsbestand *m* (*e-s Landes etc*); **~ agent** S SCHIFF 1 Schiffsagent(in) 2 Schiffsmakler(in); **~ articles** SPL SCHIFF Schiffsartikel *pl*, Heuervertrag *m*; **~ bill** S SCHIFF Manifest *n*, Zollfreischein *m*; **~ case** S WIRTSCH Versandkiste *f*, -behälter *m*; **~ clerk** S WIRTSCH Expedient(in), Leiter(in) der Versandabteilung; **~ commissioner** S SCHIFF *US* Seemannsamtskommissar(in); **~ company** S SCHIFF Reederei *f*; **~ forecast** S METEO Seewetterbericht *m*; **~ master** S SCHIFF *Br* Seemannsamtskommissar *m*; **~ order** S WIRTSCH Versandauftrag *m*
ship|shape ADV & PRÄD ADJ ordentlich: **(all) ~ and Bristol fashion** *Br umg* picobello, tipptopp (in Ordnung); **get sth ~** etwas in Ordnung bringen; **~-to-ship** ADJ SCHIFF Bord-Bord-...; **~-to-shore** ADJ SCHIFF Bord-Land-...; **~way** S 1 *Schiffsbau*: Stapel *m*, Helling *f* 2 Trockendock(schiffs)stützen *pl* 3 → ship canal; **~wreck** A S 1 (Schiffs)Wrack *n* 2 Schiffbruch *m*, *fig a.* Scheitern *n* (*von Plänen, Hoffnungen etc*): **suffer ~** Schiffbruch erleiden: **make ~ of** → B 2 B V/T 1 durch Schiffbruch vernichten: **be ~ed** schiffbrüchig werden *od* sein 2 *fig* zum Scheitern bringen, vernichten C V/I Schiffbruch erleiden, *fig a.* scheitern; **~wrecked** ADJ schiffbrüchig, *fig a.* gescheitert; **~wright** S 1 Schiff(s)bauer(in) 2 Schiffszimmermann *m*; **~yard** S (Schiffs)Werft *f*
shir → shirr
shire ['ʃaɪə(r); *als Suffix* -ʃə(r); -ˌʃɪə(r)] S 1 *Br* Grafschaft *f* (*meist in Zusammensetzungen*): **the ♀s** a *die englischen Grafschaften, die auf -shire enden* b *die Midlands* c *die wegen der Fuchsjagden berühmten Grafschaften (bes Leicestershire u. Northamptonshire)* 2 *Aus* Landkreis *m* 3 *a.* **~ horse** Shire *m*, Shirehorse *n* (*Rasse schwerer Zugpferde*)
shirk [ʃɜːk; *US* ʃɜrk] A V/T 1 sich drücken vor (*dat*) *umg* 2 *a. e-m Blick* ausweichen 3 *a.* **~ off** *US etwas* abschieben (**on** auf *akk*) B V/I sich drücken *umg* C S → shirker; **shirker** S Drückeberger(in) *pej*
Shirley Temple [ˌʃɜːlɪ'templ; *US* ˌʃɜr-] → Roy Rogers
shirr [ʃɜː; *US* ʃɜr] A S 1 elastisches Gewebe, eingewebter Gummifaden, Zugband *n* 2 Fältelung *f* B V/T 1 kräuseln, fälteln 2 *Eier* in Sahne *etc* backen; **shirred** ADJ mit eingewebten Gummifäden (versehen), elastisch, gekräuselt: **~ goods** Gurtwaren; **shirring** S 1 (fein) gefältelte Arbeit 2 Gurtwaren *pl*
shirt [ʃɜːt; *US* ʃɜrt] S 1 (Herren-, Ober)Hemd *n* 2 Hemdbluse *f* 3 Unterhemd *n* 4 Nachthemd *n* (*für Herren*) 5 SPORT Trikot *n*
Besondere Redewendungen: **get sb's ~ out** *sl* j-n auf die Palme bringen *umg*; **give away the ~ off one's back for sb** das letzte Hemd für j-n hergeben; **have one's ~ out** *sl* fuchsteufelswild sein; **without a ~ to one's back** ohne ein Hemd auf dem Leib; **keep your ~ on!** *umg* ruhig Blut!, nur keine Aufregung!; **lose one's ~** sein letztes Hemd verlieren *umg*; **put one's ~ on** alles auf *ein Pferd etc* setzen; → begrudge 1, bet B, bloody shirt, stuffed shirt
shirt| blouse → shirt 2; **~ dress** S Hemdkleid *n*; **~ frill** S Hemdkrause *f*; **~ front** S Hemdbrust *f*
shirting S Hemdenstoff *m*
shirt| sleeve S Hemdsärmel *m*: **in one's ~s** in Hemdsärmeln, hemdsärmelig; **~-sleeve** ADJ hemdsärmelig: **~ diplomacy** offene Diplomatie; **~tail** S Hemd(en)schoß *m*; **~waist** S *US*, **~waister** S *Br* Hemdbluse *f*
shirty ['ʃɜːtɪ; *US* 'ʃɜr-] ADJ (ADV shirtily) *sl*: **get ~ with sb** j-n anschnauzen *umg*
shit [ʃɪt] A S 1 *vulg* Scheiße *f* (*Kloake*): **be in the ~** *fig* in der Scheiße sitzen; **feel like ~** *umg* sich beschissen fühlen; **scare the ~ out of sb** *umg* j-m e-e so eine Angst einjagen, dass er sich in die Hose(n) scheißt; **treat sb like ~** *umg* j-n wie den letzten Dreck behandeln; **if ..., then the ~ will (really) hit the fan** *fig* wenn ..., dann ist die Kacke am Dampfen 2 *vulg* Scheißen *n*: **have (go for) a ~** scheißen (gehen); **I hope your next ~ will be a hedgehog** *oft hum* du kannst mich mal kreuzweise! 3 **the ~s** *pl a. als sg konstruiert*) *vulg* die Scheißerei, Dünnschiss *m* (*Durchfall*): **give sb the ~s** *fig* j-n ankotzen 4 *fig sl* Scheiße *f*: **~!** Scheiße!; **I don't care** (*od* **give**) **a ~** das ist mir scheißegal; **not worth a ~** e-n Scheißdreck wert 5 *fig sl* Scheiß *m* (*Unsinn*): **talk ~** 6 *fig sl pej* Arschloch *n*: **you big ~!** du blöde Sau! 7 *sl* Shit *n* (*Haschisch*) B V/I *prät u. pperf* shit, shitted, shat [ʃæt] *vulg* scheißen: **~ on** *fig* a auf *j-n, etwas* scheißen b *j-n* an-, zusammenscheißen c *j-n* verpfeifen; **(either) ~ or get off the pot!** *fig* entweder — oder! C V/T *vulg* vollscheißen, scheißen in (*akk*): **~ o.s.** a sich vollscheißen b *fig* sich vor Angst in die Hose(n) scheißen; → brick A 1; **~ creek** S: **be up ~ (without a paddle)** *US sl fig* bis zum Hals in der Scheiße sitzen; **~head** S 1 *fig sl pej* Arschloch *n* 2 *sl* Shitraucher(in); **~house** S *bes US vulg sl* Scheißhaus *n* (*im Freien*)
shitless ADJ: **be scared ~** *sl* sich vor Angst in die Hose(n) scheißen
shit list S: **be on sb's ~** *bes US vulg* (es) bei j-m verschissen haben
shittah (tree) ['ʃɪtə] S BIBEL *e-e Akazie*
shitty ['ʃɪtɪ] ADJ (ADV shittily) *vulg* 1 verschissen (*Hose etc*) 2 *fig sl* beschissen, Scheiß...
shivaree [ˌʃɪvə'riː] *US für* charivari
shiv [ʃɪv] → chiv
shiver¹ ['ʃɪvə(r)] A V/I 1 zittern (**with** vor *dat*) 2 SCHIFF killen, flattern (*Segel*) B V/T SCHIFF *die Segel* killen lassen C S Schau(d)er *m*: **be (all) in a ~** wie Espenlaub zittern; **a ~ ran (up and) down my spine** es überlief mich kalt, ein Schauder lief mir über den Rücken; **send ~s (up and) down sb's spine** j-m Schauder über den Rücken jagen; **the ~s** a Fieberschauer, Schüttelfrost *m* b *umg* Gänsehaut *f*, kalter Schauer; **the sight gave me the ~s** bei dem Anblick packte mich das kalte Grausen
shiver² ['ʃɪvə(r)] A S 1 Splitter *m*, (Bruch)Stück *n*, Scherbe *f* 2 MINER Dachschiefer *m* 3 TECH Spleiß(e) *m(f)* B V/T zersplittern, -schmettern: **~ sb's timbers** *umg* j-m e-n Schrecken in die Knochen jagen C V/I (zer)splittern
shivering S Schau(d)er *m*: **~ bout** (*od* **fit**) Schüttelfrost *m*
shivery ADJ 1 fröstelnd 2 zitt(e)rig 3 fiebrig
shlep → schlep(p); **shlepper** → schlepper
shlock → schlock A
shmear → schmear
shmo → schmo
shmooze → schmooze
shmuck → schmuck
shoal¹ [ʃəʊl] A ADJ seicht, flach B S 1 Untiefe *f*, seichte Stelle 2 Sandbank *f* C V/I seicht(er) werden
shoal² [ʃəʊl] A S 1 Schwarm *m* (*bes von Fischen*) 2 Unmenge *f* (**of** an *dat*, von): **~s of people** Menschenmassen B V/I 1 in Schwärmen auftreten 2 in Massen auftreten
shoaly ['ʃəʊlɪ] ADJ seicht, voller Untiefen
shoat [ʃəʊt] S Ferkel *n*
shock¹ [ʃɒk; *US* ʃak] A S 1 (heftiger) Stoß, Erschütterung *f* (*a. fig des Vertrauens etc*) 2 Zusammenprall *m*, -stoß *m* (*beide a.* MIL), Anprall *m*: **the ~ of the waves** der Anprall der Wellen 3 Schock *m*, Schreck *m*, (plötzlicher) Schlag (**to** für), (*seelische*) Erschütterung (**to** *gen*): **get the ~ of one's life** a zu Tode erschrecken b sein blaues Wunder erleben *umg*; **with a ~** mit Schrecken; **she is in (a state of) ~** sie hat e-n Schock; **the news came as a (great) ~ to him** die Nachricht war ein (großer) Schock für ihn *od* traf ihn (sehr) schwer 4 Schock *m*, Ärgernis *n* (*beide:* **to** für) 5 ELEK Schlag *m*, (*a.* MED *Elektro*)Schock *m* 6 MED a (*Nerven*) Schock *m* b (*Wund*) Schock *m* c plötzliche Lähmung d *umg* Schlag(anfall) *m* 7 PSYCH Schockreaktion *f* B V/T 1 erschüttern, erbeben lassen 2 *fig* schockieren, schocken: **~ed** empört, entrüstet (*beide:* **at, by** über *akk*) 3 *fig j-m* e-n Schock versetzen, *j-n* erschüttern, bestürzen: **~ed** schockiert, entgeistert; **I was ~ed to hear** zu m-m Entsetzen hörte ich 4 *j-m* e-n Nervenschock versetzen 5 *j-m* e-n (elektrischen) Schlag versetzen 6 MED schocken, e-r Schockbehandlung unterziehen C V/I MIL zusammenstoßen, -prallen
shock² [ʃɒk; *US* ʃak] AGR A S Mandel *f*, Hocke *f*, (aufgeschichteter) Garbenhaufen B V/T in Mandeln aufstellen
shock³ [ʃɒk; *US* ʃak] A S (**~ of hair** Haar)Schopf *m* B ADJ zottig: **~ head** Strubbelkopf *m umg*
shock| absorber S TECH Stoßdämpfer *m*; **~ absorption** S TECH Stoßdämpfung *f*; **~ action** S MIL Überraschungsangriff *m*; **~ brigade** S *bes* HIST Stoßbrigade *f* (*von Arbeitern in kommunistischen Ländern*)
shocker S *umg* Schocker *m* (*j-d, der od etwas, was schockiert*)
shock|free ADJ TECH stoßfrei; **~headed** ADJ strubb(e)lig: **♀ Peter** (der) Struwwelpeter
shocking ADJ (ADV ~ly) 1 schockierend, empörend, unerhört 2 entsetzlich, haarsträubend 3 *umg* scheußlich, schrecklich (*Wetter etc*); **~ pink** S Pink *n*; **~-pink** ADJ pink (-farben)
shock|proof A ADJ TECH stoßfest, -sicher (*Uhr etc*) B V/T stoßfest *od* -sicher machen; **~-resistant** → shockproof A; **~ tactics** SPL 1 Schocktaktik *f* 2 MIL Stoß-, Durchbruchstaktik *f*; **~ therapy, ~ treatment** S MED Schocktherapie *f*, -behandlung *f*; **~ troops** SPL MIL Stoßtruppen *pl*; **~ wave** S 1 FLUG, PHYS Druckwelle *f*: **send ~s through** *fig* erschüttern 2 *pl fig* Auswirkungen *pl* (**from** *gen*)
shod [ʃɒd; *US* ʃad] A *prät u. pperf von* shoe A B ADJ 1 beschuht 2 bereift (*Fahrzeug*) 3 beschlagen (*Pferd, a. Stock etc*)
shoddy ['ʃɒdɪ; *US* 'ʃa-] A S 1 Shoddy *n*, (langfaserige) Kunstwolle 2 Shoddytuch *n* 3 *fig* Schund *m*, Kitsch *m* 4 *fig* Protzentum *n* 5 TECH Regeneratgummi *m/n* B ADJ (ADV shoddily) 1 Shoddy... 2 *fig* unecht, falsch: **~ aristocracy** Talmiaristokratie *f* 3 *fig* kitschig, Schund...: **~ literature** 4 *fig* protzig
shoe [ʃuː] A V/T *prät u. pperf* shod [ʃɒd; *US* ʃad]

S

a beschuhen b *Pferde, a. e-n Stock etc* beschlagen, *Schlittenkufen etc* beschienen **B** S **1** Schuh *m* **2** a *bes Br* Halbschuh *m* b *US* Stiefel *m* **3** Hufeisen *n* **4** TECH Schuh *m (Schutzbeschlag)* **5** TECH a Bremsschuh *m*, -klotz *m* b Bremsbacke *f* **6** TECH (Reifen)Decke *f* **7** ELEK Schleifstück *n (des Stromabnehmers)* **8** TECH a Anschlag(stück) *m(n)* b Verschleißstück *n*
Besondere Redewendungen: **dead men's ~s** *pl obs* ungeduldig erwartetes Erbe; **be in sb's ~s** *fig* in j-s Haut stecken; **know where the ~ pinches** wissen, wo der Schuh drückt; **put o.s. into sb's ~s** sich in j-s Lage versetzen; **shake in one's ~s** vor Angst schlottern; **step into** (*od* **fill**) **sb's ~s** j-s Stelle einnehmen; **his ~s will be hard to fill** es wird schwer sein, einen geeigneten Nachfolger für ihn zu finden; **that's another pair of ~s** das sind zwei Paar Stiefel; → die[1] A 1, fit[1] D 1, lick A 1

shoe|black S Schuhputzer(in); **~box** S Schuhkarton *m*, -schachtel *f*; **~brush** S Schuhbürste *f*; **~ cream** S Schuhcreme *f*; **~horn** **A** S Schuhlöffel *m* **B** V/T *umg* zwängen (**into** in *akk*): **be ~ed in between** eingezwängt sein zwischen (*dat*); **~lace** S Schnürsenkel *m*; **~ leather** S Schuhleder *n*: **save one's ~** a sich den Weg sparen b lieber den Bus *etc* nehmen *(statt zu Fuß zu gehen)*

shoeless ADJ unbeschuht

shoe|maker S Schuhmacher(in), Schuster(in); **~ polish** S Schuhcreme *f*; **~shine** S *bes US* Schuhputzen *n*: **~ boy** Schuhputzer *m*; **~string** **A** S → shoelace: **on a ~** *umg* mit ein paar Groschen, praktisch mit nichts *anfangen etc*; **live on a ~** *umg* von der Hand in den Mund leben **B** ADJ **1** **~ straps** *(Mode)* Spaghettiträger **2** *umg* a finanzschwach b minimal *(Etat etc)*; **~ tree** S a (Schuh)Leisten *m* b Schuhspanner *m*

shogun [ˈʃəʊguːn; *US* -gən] S HIST S(c)hogun *m (kaiserlicher Feldherr in Japan)*

shone [ʃɒn; *US* ʃəʊn] *prät u. pperf von* shine

shoo [ʃuː] **A** INT husch!, sch!, fort! **B** V/T **1** *a.* **~ away** weg-, verscheuchen **2** *US umg j-n* bugsieren: **~ sb out** j-n hinausbugsieren **C** V/I husch *od* sch rufen; **~-in** S *US umg* sichere(r) Gewinner(in), aussichtsreichste(r) Kandidat(in)

shook[1] [ʃʊk] **A** S **1** Bündel *n* Fassdauben **2** Pack *m* Kisten- *od* Möbelbretter *etc* **3** → shock[2] A **B** V/T zu e-m Bündel zusammenstellen, bündeln

shook[2] [ʃʊk] *prät von* shake

shoot [ʃuːt] **A** S **1** JAGD a *bes Br* Jagd *f* b Jagd(revier) *f(n)* c *bes Br* Jagdgesellschaft *f* d *US* Strecke *f (erlegtes Wild)*: **the whole ~** *umg* der ganze Laden *od* Kram **2** Wettschießen *n* **3** *US* Raketenabschuss *m*, -start *m* **4** Schießen *n*, Feuer *n* **5** BOT a Sprießen *n* b Schössling *m*, (Seiten)Trieb *m* **6** *(Holz- etc)* Rutsche *f*, Rutschbahn *f* **7** Stromschnelle *f* **8** FILM, TV Fotosession *f* **B** V/T *prät u. pperf* shot [ʃɒt; *US* ʃɑt] **1** *e-n Pfeil, e-e Kugel etc* (ab)schießen (**at** nach, auf *akk*): **~ one's way to freedom** sich den Weg freischießen; **he shot his team to the championship** SPORT er schoss s-e Mannschaft zur Meisterschaft; **~ questions at sb** *fig* j-n mit Fragen bombardieren; → bolt[1] A 1, shoot off A, wad A 4 **2** a JAGD schießen, erlegen b *j-n etc* anschießen c *a.* **~ dead**, *US a.* **~ and kill** *j-n* erschießen (**for** wegen): **~ o.s.** sich erschießen; **I'll be shot if** ich will (auf der Stelle) tot umfallen, wenn; → breeze[1] A 3, bull[4], shoot down **3** JAGD in *e-m Revier* jagen **4** *fig* schleudern: **~ a line** *Br umg* große Bogen *od* Töne spucken **5** hinschießen über (*akk*): **~ a bridge** unter e-r Brücke hindurchschießen; **~ a rapid** über e-e Stromschnelle hinwegschießen; → light[1] A 5 **6** *Strahlen etc* schießen, aussenden: **~ a glance at** e-n schnellen Blick werfen auf (*akk*) **7** *(mit Fäden)* durchschießen, -wirken **8** *Schutt, a. e-n Karren etc* abladen, auskippen **9** BOT *Knospen etc* treiben **10** *e-n Riegel etc* vorschieben **11** *Bergbau:* sprengen **12** TECH *ein Brett etc* gerade hobeln, abhobeln, *Holz* zurichten, *ein Fass* schroten **13** a *Fußball etc: den Ball* schießen (**out of play** ins Aus): → lead[2] A 1 b **~ a 73** *(Golf) umg* e-e 73er-Runde spielen c *bes US e-e Partie Billard etc* spielen: **~ dice** würfeln, knobeln; **~ marbles** Murmeln spielen; **~ a six** e-e Sechs werfen *od* würfeln **14** a MED (ein)spritzen b *sl Heroin etc* drücken, schießen **15** FILM, TV a Aufnahmen machen von b *e-e Szene etc* drehen, filmen **C** V/I **1** schießen (*a.* SPORT), feuern (**at** nach, auf *akk*; **at goal** aufs Tor): **~ from the hip** aus der Hüfte schießen (*a. fig umg unbedacht reden od handeln*); **~ at** (*od* **for**) **sth** *umg* auf etwas abzielen; **~!** *bes US sl* schieß los *(sprich)*! **2** schießen, jagen: **go ~ing** auf die Jagd gehen; **~ over** (*od* **to**) **dogs** mit Hunden jagen **3** (dahin-, vorbei- *etc*)schießen, (-)jagen, (-)rasen: **a car shot past**; **a sudden idea shot across his mind** ein Gedanke schoss ihm plötzlich durch den Kopf; **~ to fame** schlagartig berühmt werden; → shoot ahead A **4** stechen *(Schmerz, Glied)* **5** ragen: **a cape ~s out into the sea** ein Kap ragt weit ins Meer hinaus **6** BOT sprießen, sprossen, keimen **7** FILM, TV drehen, filmen **8** *sl* schießen, drücken *(Heroin etc spritzen)*
Phrasal Verbs: **shoot| ahead** **A** V/I nach vorn schießen, voranstürmen: **~ of** vorbeischießen an (*dat*), überholen (*akk*) **B** V/T: **shoot one's team ahead** SPORT s-e Mannschaft in Führung schießen; **~ down** V/T **1** *j-n* niederschießen **2** *ein Flugzeug etc* abschießen **3** *umg* a *j-n* abfahren lassen b *e-n Antrag etc* abschmettern; **~ forth** **A** V/T → shoot B 9 **B** V/I → shoot C 6; **~ off** **A** V/T *e-e Waffe* abschießen: **shoot one's mouth off** *umg* a blöd daherreden b quatschen *(Geheimnisse weitererzählen)* **B** V/I stechen *(bei gleicher Trefferzahl)*; **~ out** **A** V/T **1** **~ one of sb's eyes** j-m ein Auge ausschießen **2** **shoot it out** sich schießen **3** herausschleudern, hinauswerfen, -jagen **4** *die Faust, den Fuß* vorschnellen (lassen), *die Zunge* herausstrecken **5** herausragen lassen **6** → shoot B 9 **B** V/I **1** → shoot C 6 **2** vor-, herausschnellen; **~ up** **A** V/T **1** a *j-n* zusammenschießen b *e-e Stadt etc* durch wilde Schießereien terrorisieren **2** → shoot B 14 b **B** V/I **1** emporschnellen (*a.* WIRTSCH *Preise*) **2** in die Höhe schießen, rasch wachsen *(Pflanze, Kind)* **3** jäh aufragen *(Klippe etc)* **4** → shoot C 8

shootable [ˈʃuːtəbl] ADJ schieß-, jagdbar; **shooter** S Schütze *m*, Schützin *f*

shooting [ˈʃuːtɪŋ] **A** S **1** a Schießen *n* b Schießerei *f* **2** Erschießung *f* **3** *fig* Stechen *n (Schmerz)* **4** JAGD a Jagen *n*, Jagd *f* b Jagdrecht *n* c Jagdrevier *n* **5** FILM, TV Dreharbeiten *pl*: → location 5 **B** ADJ **1** schießend, Schuss…, Schieß…: **~ accuracy** SPORT Schussgenauigkeit *f* **2** *fig* stechend *(Schmerz)* **3** Jagd…; **~ box** S Jagdhütte *f*; **~ brake** S AUTO *Br* Kombi(wagen) *m*; **~ gallery** S **1** Schießstand *m* **2** Schießbude *f* **3** *US sl* Fixertreff *m*; **~ iron** S *umg obs* Schießeisen *n*; **~ licence**, *bes US* **~ license** S Jagdschein *m*; **~ lodge** S Jagdhütte *f*; **~ match** S Preis-, Wettschießen *n*: **the whole ~** *umg* der ganze Laden *od* Kram; **~ range** S Schießstand *m*; **~ script** S FILM Drehplan *m*; **~ star** S ASTRON Sternschnuppe *f*; **~ stick** S Jagdstuhl *m*; **~ war** S heißer Krieg, Schießkrieg *m*

shootout S **1** Schießerei *f* **2** a *Fußball:* HIST *amer. Variante des Elfmeterschießens bei unentschiedenem Spielausgang* b → penalty shootout

shop [ʃɒp; *US* ʃɑp] **A** S **1** a (Kauf)Laden *m*, Geschäft *n*: *these CDs* **are not available in any ~s** sind im Handel nicht erhältlich; **set up ~** ein Geschäft eröffnen; **set up ~ as a lawyer** e-e Anwaltspraxis eröffnen; **come to the wrong ~** *umg* an die falsche Adresse geraten; **all over the ~** *Br umg* in der ganzen Gegend (herum), überall verstreut; in alle Himmelsrichtungen; **shut up ~** das Geschäft *(am Abend od für immer)* schließen, den Laden dichtmachen *umg*; → keep B 13 b *US* Abteilung *f (e-s Kaufhauses etc)* **2** Werkstatt *f*: **carpenter's ~** Schreinerwerkstatt *f*, Schreinerei *f* **3** Betrieb *m*, Fabrik *f*, Werk *n*: **talk ~** fachsimpeln; → closed shop, open shop **4** *bes Br* Einkauf *m* **B** V/I einkaufen, Einkäufe machen: **go ~ping** einkaufen gehen; **~ around** a *(vor dem Einkaufen)* die Preise vergleichen b *fig* sich umsehen (**for** nach); **~** (*od* **go ~ping**) **for sth** etwas kaufen gehen; **I was ~ping for a pair of shoes, but …** ich wollte mir ein Paar Schuhe kaufen, aber … **C** V/T *bes Br sl e-n Komplizen etc* verpfeifen

shopaholic [ˌʃɒpəˈhɒlɪk; *US* ˌʃɑp-; *a.* -ˈhɑl-] S *umg* Einkaufssüchtige(r) *m/f(m)*

shop| assistant S *Br* Verkäufer(in); **~ floor** S **1** Produktionsstätte *f* **2** Arbeiter *pl (Ggs Management)*: **on the ~** unter den Arbeitern; **~ front** S Ladenfront *f*; **~girl** S Ladenmädchen *n*; **~grifting** S *US sl die Praxis, etwas zu kaufen u. dann innerhalb von 30 Tagen die Geld-zurück-Garantie in Anspruch zu nehmen*; **~keeper** S Ladenbesitzer(in), -inhaber(in); **~keeping** S Betrieb *m* e-s (Laden)Geschäfts; **~lifter** S Ladendieb(in); **~lifting** S Ladendiebstahl *m*: **two cases of ~** zwei Ladendiebstähle

shopper [ˈʃɒpə; *US* ˈʃɑpər] S **1** Käufer(in) **2** WIRTSCH Einkäufer(in); **shopping** **A** S **1** Einkauf *m*, Einkaufen *n (in Läden)*: **do one's ~** (s-e) Einkäufe machen; **they go to London for their ~** sie fahren nach London zum Einkaufen **2** Einkäufe *pl (eingekaufte Ware)* **B** ADJ Laden…, Einkaufs…: **~ arcade** Einkaufspassage *f*; **~ bag** Einkaufsbeutel *m*, -tasche *f*; **~-bag lady** *US umg* Stadtstreicherin *f*; **~ basket** Einkaufskorb *m*; **~ cart** *US* Einkaufswagen *m*; **~ center** (*bes Br* **centre**) Einkaufszentrum *n*; **~ goods** WIRTSCH *US Konsumgüter, die erst nach genauem Vergleich verschiedener Angebote gekauft werden*; **~ list** Einkaufsliste *f*, -zettel *m*; **~ mall** *US* Einkaufszentrum *n*; **~ precinct** Einkaufsviertel *n*; **~ street** Geschäfts-, Ladenstraße *f*; **~ trolley** Einkaufsroller *m*; → binge, spree

shop|-soiled *bes Br für* shopworn; **~ steward** S gewerkschaftlicher Vertrauensmann; **~talk** S Fachsimpelei *f*, Fachsimpeln *n*; **~walker** *Br* → floorwalker; **~window** S Schaufenster *n*, Auslage *f*: **put all one's goods in the ~** *fig* ganz auf Wirkung machen; **~ dummy** Schaufensterpuppe *f*; **~worn** ADJ *US* **1** *Ware:* a angestaubt, angeschmutzt b leicht beschädigt **2** *fig* abgenutzt *(Argument etc)*

shoran [ˈʃɔːræn; *US a.* ˈʃəʊərˌæn] S FLUG, SCHIFF Shoran-Verfahren *n (ein Kurzstrecken-Navigationsverfahren)*

shore[1] [ʃɔː(r); *US a.* ˈʃəʊər] **A** S a Küste *f* b Ufer *n* c Strand *m*: **my native ~(s** *pl*) *fig* mein Heimatland; **on ~** an Land **B** ADJ Küsten…, Ufer…, Strand…, Land…: **~ leave** Landurlaub *m*; **~ line** GEOG Uferlinie *f*; **~ patrol** MIL *US* Küstenstreife *f*

shore[2] [ʃɔː(r); *US a.* ˈʃəʊər] **A** S **1** Strebebalken *m*, Stütze *f*, Strebe *f* **2** SCHIFF Schore *f (Spreizholz)* **B** V/T *meist* **~ up** a abstützen b *fig* (unter)stützen

shore[3] [ʃɔː(r); *US a.* ˈʃəʊər] *obs prät von* shear

shoreless ADJ **1** ohne Ufer, uferlos **2** *poet*

S

grenzenlos, unermesslich
shoreward A ADJ ufer- *od* küstenwärts gelegen *od* gerichtet *etc* B ADV ufer-, küstenwärts, (nach) der Küste zu; **shorewards** → shoreward B
shoring S 1 KOLL Stützbalken *pl* 2 (Ab)Stützen *n*
shorn [ʃɔː(r)n; *US a.* ˈʃəʊərn] *pperf von* shear: **be ~ of** *fig e-r Sache* beraubt sein
short [ʃɔː(r)t] A ADJ (ADV → shortly) 1 *(räumlich u. zeitlich)* kurz: **a ~ life (memory, street,** *etc*); **a ~ time ago** vor kurzer Zeit, vor Kurzem; **get the ~ end of the stick** *US umg* schlecht wegkommen *(bei e-r Sache)*; **~ holiday** *(bes US* **vacation)** Kurzurlaub *m*; → hair *Bes Redew*, run A 1 a, shrift 2, ton¹ 1 b, work A 1 2 klein *(von Gestalt)* 3 kurz, knapp *(Rede etc)*. **"phone" is ~ for "telephone"** „phone" ist die Kurzform von „telephone" 4 kurz angebunden, barsch 5 knapp *(Rationen, Stunde etc)*: **time was ~**; **run ~** knapp werden, zur Neige gehen (→ A 8) 6 **fall** *(od* **come) ~ of** *fig etwas* nicht erreichen, *den Erwartungen etc* nicht entsprechen, hinter *e-r Sache* zurückbleiben 7 geringer, weniger *(beide:* **of** als): **little ~ of 10 dollars** nicht ganz 10 Dollar; **nothing ~ of** nichts weniger als, geradezu; *I need £100* **but I'm still £10 ~** aber mir fehlen noch 10 Pfund; **they are one player ~** SPORT sie haben einen Mann weniger auf dem Platz *od* Eis 8 knapp (**of** an *dat*): **~ of breath** kurzatmig; **~ of cash** *(od* **money)** knapp bei Kasse *umg*; **they ran ~ of bread** das Brot ging ihnen aus (→ A 5) 9 mürbe *(Gebäck etc)* 10 brüchig *(Metall etc)* 11 *bes* WIRTSCH kurzfristig, auf kurze Sicht *(Wechsel etc)*: **at ~ date** kurzfristig; → notice A 4 12 WIRTSCH Baisse… 13 a klein, in e-m kleinen Glas serviert: **~ drink** Schnaps *m*, Kurze(r) *m* b stark, unverdünnt B ADV 1 kurz(erhand), plötzlich, jäh, abrupt: **cut sb ~** j-m über den Mund fahren, j-m das Wort abschneiden *fig*,; **be taken** *(od* **caught) ~** *umg* dringend (verschwinden *od* austreten) müssen; **stop ~** jäh innehalten, stutzen (→ B 3) 2 zu kurz: **throw ~** 3 **~ of** a (kurz *od* knapp) vor *(dat)* b abgesehen von, außer c beinahe, fast: **it was little ~ of a miracle** es grenzte an ein Wunder; **stop ~ of** zurückschrecken vor *(dat)*(→ B 1) 4 WIRTSCH ungedeckt: **sell ~** a ohne Deckung verkaufen, fixen b *fig umg* bagatellisieren C S 1 *(etwas)* Kurzes, *z. B.* a Kurzfilm *m* b MUS kurzer Ton c LIT kurze Silbe d LING Kürze *f*, kurzer Laut e *(Morse)* Punkt *m*, kurzes Zeichen; → long¹ C 1 2 Kurzform *f*: **he is called Bill for ~** er wird kurz *od* der Kürze halber Bill genannt; **in ~** kurz(um) 3 Fehlbetrag *m*, Manko *n* 4 *pl*, *a.* **pair of ~s** a Shorts *pl* b *bes US* (Herren)Unterhose *f* 5 ELEK Kurze(r) *m umg (Kurzschluss)* 6 WIRTSCH Baissespekulant(in) 7 *pl* WIRTSCH a ohne Deckung verkaufte Waren *pl od* Wertpapiere *pl* b zur Deckung benötigte Wertpapiere *pl (beim Blankoverkauf)* 8 *pl* TECH Abfall- *od* Nebenprodukte *pl* 9 *pl* feine (Weizen)Kleie D V/T *umg für* short-circuit 1
shortage [ˈʃɔː(r)tɪdʒ] S 1 **(of)** Knappheit *f*, Verknappung *f*, Mangel *m* (an *dat*), *bes* WIRTSCH Engpass *m* (in *dat*): **~ of staff** Personalmangel 2 *bes* WIRTSCH Fehlbetrag *m*, Defizit *n*
short|bread → shortcake 1; **~cake** S 1 Mürbe-, Teekuchen *m*, Mürbegebäck *n* 2 *US* a *Nachspeise aus Mürbeteig mit süßen Früchten* b *kaltes Gericht aus Semmeln mit Hühnerfrikassee etc*; **~-change** V/T 1 *j-m* zu wenig (Wechselgeld) herausgeben 2 *fig umg j-n* übers Ohr hauen; **~ circuit** S ELEK Kurzschluss *m*; **~-circuit** V/T 1 ELEK a e-n Kurzschluss *od umg* Kurzen verursachen in *(dat) (als Defekt)* b kurzschließen *(als Betriebsmaßnahme)* 2 *fig* a *etwas* torpedieren b *etwas* ausschalten *od* umgehen; **~coming** S 1 Unzulänglichkeit *f* 2 Mangel *m*, Fehler *m* 3 Pflichtversäumnis *n* 4 Fehlbetrag *m*, Defizit *n*; **~ course** S *Schwimmen*: Kurzbahn *f*; **~ covering** S WIRTSCH Deckungskauf *m*; **~-crust pastry** S Mürbeteig *m*; **~ cut**, **~cut** S 1 Abkürzung(sweg) *f(m)*: **take a ~** (den Weg) abkürzen 2 *fig* abgekürztes Verfahren 3 COMPUT Shortcut *m*, Tastenkombination *f*; **~dated** ADJ WIRTSCH kurzfristig *(Staatspapier)*; **~-day** ADJ: **~ plant** BOT Kurztagpflanze *f*; **~-distance** ADJ Nah…: **~ haulage** *(od* **freight traffic)** Güternahverkehr *m*
shorten [ˈʃɔː(r)tn] A V/T 1 kürzer machen, (ab-, ver)kürzen, *a. Bäume etc* stutzen: **~ a text** e-n Text kürzen (**by** um) *od* zusammenstreichen 2 *fig* verringern 3 *e-n Teig* mürbe machen 4 SCHIFF *die Segel* reffen B V/I 1 kürzer werden 2 fallen *(Preise etc)*; **shortening** S 1 (Ab-, Ver)Kürzung *f* 2 *fig* Verringerung *f* 3 GASTR Backfett *n*
short|fall S Fehlbetrag *m*, Defizit *n*; **~ fuse** S *umg* aufbrausendes Temperament: **he has a ~** *umg* bei ihm brennt leicht die Sicherung durch; **~ game** S *Golf*: kurzes Spiel; **~hand** A S Kurzschrift *f*, Stenografie *f*: **notes in ~** stenografische Notizen; **take down in ~** (mit)stenografieren; **that's ~ for** das ist e-e Kurzform von B ADJ 1 Kurzschrift…, Stenografie…, stenografisch: **~ typist** Stenotypistin *f*; **~ writer** Stenograf(in) 2 in Kurzschrift (geschrieben), stenografiert, stenografisch: **~ expression** Kurzschriftzeichen *n*, *a.* Kürzel *n*; **~handed** ADJ WIRTSCH knapp an Personal *od* Arbeitskräften: **be ~** a *a.* an Personalmangel leiden b *(bes Eishockey)* in der Unterzahl sein; **~ goal** Unterzahltor *n*; **~ haul** S *US* Nahverkehr *m*; **~-haul** ADJ Kurzstrecken…: **~ flight**; **~head** S *Anthropologie*: Kurzkopf *m*, Rundschädel *m*; **~ head** S *Pferderennen*: kurzer Kopf: **win by a ~**; **~-headed** ADJ kurzköpfig; **~horn** S ZOOL Shorthorn *n*, Kurzhornrind *n*
shortie → shorty
shortish ADJ etwas *od* ziemlich kurz
short| list S *bes Br* (engere) Auswahlliste: **be on the ~** in der engeren Wahl sein; **get onto the ~** in die engere Wahl kommen; **~-list** V/T *bes Br* in die engere Wahl ziehen (**for** für); **be ~ed** in die engere Wahl kommen; **~-lived** ADJ kurzlebig, *fig a.* von kurzer Dauer
shortly ADV 1 in Kürze, bald: **~ after** a kurz danach b kurz nach c *(mit ger)* kurz nachdem 2 in kurzen Worten 3 kurz (angebunden), schroff
short-memoried ADJ mit kurzem Gedächtnis: **be ~** ein kurzes Gedächtnis haben
shortness S 1 Kürze *f* 2 Barschheit *f* 3 Knappheit *f*, Mangel *m* (*beide:* **of** an *dat*): **~ of breath** Kurzatmigkeit *f*; **~ of memory** Gedächtnisschwäche *f* 4 Mürbheit *f (von Gebäck etc)* 5 METALL Brüchigkeit *f*
short| novel S Kurzroman *m*; **~ order** S 1 Schnellgericht *n (im Restaurant)* 2 **in ~** schnell; **~ pass** S SPORT Kurzpass *m*; **~ program(me)** S *Eis-, Rollkunstlauf*: Kurzprogramm *n*; **~range** ADJ 1 Kurzstrecken…, Nah…, MIL *a.* Nahkampf… 2 *fig* kurzfristig *(Pläne etc)*; **~ rib** S ANAT falsche Rippe; **~ sale** S WIRTSCH Leerverkauf *m*; **~ sea** S SCHIFF kurze (harte) See; **~ seller** S WIRTSCH Leerverkäufer(in), Fixer(in); **~ selling** → short sale; **~-short story** S *(bes kurze)* Kurzgeschichte; **~ shunt** S ELEK Ankerparallelschaltung *f*; **~ sight** → shortsightedness; **~sighted** ADJ (ADV **~ly**) kurzsichtig *(a. fig)*; **~sightedness** S Kurzsichtigkeit *f (a. fig)*; **~ ski** S Kurzski *m*; **~-sleeved** ADJ kurzärm(e)lig; **~spoken** ADJ kurz angebunden, schroff; **~staffed** → shorthanded; **~stop** S *a.* **~ bath** FOTO Unterbrechungsbad *n*; **~ story** S a Kurzgeschichte *f* b Novelle *f*; **~ temper** S aufbrausendes Temperament; **~tempered** ADJ hitzig, (leicht) aufbrausend; **~-term** ADJ 1 WIRTSCH kurzfristig *(Kredit etc)* 2 kurzzeitig *(a.* TECH), auf kurze Sicht 3 **~ memory** PSYCH Kurzzeitgedächtnis *n*; **~ time** S WIRTSCH Kurzarbeit *f*: **be on** *(od* **work) ~** kurzarbeiten; **~-time** ADJ Kurzzeit…: **~ work** WIRTSCH Kurzarbeit *f*; **~ worker** Kurzarbeiter(in); **be on ~ working** kurzarbeiten; **~ track** S *Eisschnelllauf*: Kurzbahn *f*; **~-waisted** ADJ kurz-, hochtailliert *(Kleid)*; **~ wave** S ELEK, PHYS Kurzwelle *f*: **on ~** auf Kurzwelle; **~-wave** ADJ ELEK, PHYS 1 kurzwellig 2 Kurzwellen…: **~ transmitter**; **a ~ broadcast** e-e Übertragung auf Kurzwelle; **~ weight** S Fehlgewicht *n*; **~-winded** ADJ 1 kurzatmig 2 *fig* prägnant
shorty S *umg* 1 Knirps *m umg* 2 *etwas Kurzes*: **~ (nightdress)** Shorty *n*, *a. m*
Shoshone, **Shoshoni** [ʃəʊˈʃəʊnɪ; ʃə-] *pl* -nes, -nis, *bes koll* -ne, -ni S 1 Schoschone *m*, Schoschonin *f (Indianer[in])* 2 LING Schoschonisch *n*, das Schoschonische
shot¹ [ʃɒt; *US* ʃɑt] A S 1 Schuss *m (a. Knall)*: **~ in the leg** Beinschuss; **take a ~ at** schießen auf *(akk)*; **call the ~s** *fig umg* a das Sagen haben b die Situation unter Kontrolle haben; **fire the first** *(od* **opening) ~** a den ersten Schuss abgeben *(a. fig)* b *fig* den (Wahl)Kampf, die Auseinandersetzung *etc* eröffnen; → bow² A 1, long shot 2, 3 2 Abschuss *m* 3 Schussweite *f*: **out of (within) ~** außer (in) Schussweite 4 a Schrotkugel *f* b *koll* Schrot(kugeln) *m/n(pl)* 5 a Geschoss *n*, *(Kanonen)* Kugel *f* b *koll* Geschosse *pl*, *(Kanonen)* Kugeln *pl*: **like a ~** *umg* a wie der Blitz b wie aus der Pistole geschossen 6 *guter etc* Schütze: → big shot 7 a *Fußball etc*: Schuss *m*: **~ at** *(US a.* **on) goal** Torschuss; **take a ~ at** *(US a.* **on) goal** aufs Tor schießen b *Basketball etc*: Wurf *m* c *Tennis, Golf etc*: Schlag *m* 8 *Kugelstoßen*: Kugel *f* 9 *fig* Versuch *m*: **at the third ~** beim dritten Versuch; **have** *(od* **take) a ~ at sth** etwas versuchen; **have** *(od* **take) a ~ at doing sth** versuchen, etwas zu tun 10 *fig* (Seiten)Hieb *m* (**at** auf *akk*) 11 *fig* Vermutung *f*: **a ~ in the dark** ein Schuss ins Blaue 12 *umg* a Spritze *f*: **~ in the arm** *fig* Spritze *f (bes finanzielle Hilfe)* (**to** für) b Schuss *m sl (Drogeninjektion)*: **give o.s. a ~** sich e-n Schuss setzen *od* drücken *sl* 13 *umg* a Schuss *m (Rum etc)* b Gläschen *n (Schnaps etc)* 14 a FILM, TV Aufnahme *f*, Szene *f* b FOTO *umg* Schnappschuss *m*, Aufnahme *f*: → long shot 1 15 TECH a Schuss *m*, Sprengung *f* b Sprengladung *f* 16 *US sl* Chance *f*: **a 10 to 1 ~** B V/T 1 *e-e Waffe* mit Schrot laden 2 mit e-r Kugel *od* mit Kugeln beschweren
shot² [ʃɒt; *US* ʃɑt] A *prät u. pperf von* shoot B ADJ 1 *a.* **~ through** *(mit Fäden)* durchschossen 2 changierend, schillernd *(Stoff, Farbe)* 3 TECH geschweißt 4 **get ~ of** *umg j-n, etwas* loswerden 5 *US umg* kaputt *(erschöpft od ruiniert)* 6 *US sl* besoffen
shote → shoat
shot|gun A S Schrotflinte *f* B ADJ erzwungen, Zwangs…: **wedding** *umg* Mussheirat *f* C V/T a mit e-r Schrotflinte schießen auf *(akk)* b mit e-r Schrotflinte bedrohen; **~ put** [pʊt] S *(Leichtathletik)* 1 Kugelstoßen *n* 2 Stoß *m (mit der Kugel)*; **~-putter** S *Leichtathletik*: Kugelstoßer(in)
shotten [ˈʃɒtn; *US* ˈʃɑtn] ADJ FISCH gelaicht habend: **~ herring** Laichhering *m*
should [ʃʊd; *unbetont* ʃəd; ʃd; ʃt] 1 *prät von* shall, *a. konditional futurisch: ich, er, sie, es* sollte, *du* soll-

S

test, *wir, Ihr, Sie, sie* sollten: **~ it prove false** sollte es sich als falsch erweisen; **he ~ be home by then** er müsste bis dahin wieder zu Hause sein 2 *konditional: ich* würde, *wir* würden: **I ~ go if …**; **I ~ not have come if** ich wäre nicht gekommen, wenn; **I ~ like to** ich würde *od* möchte gern 3 *nach Ausdrücken des Erstaunens etc*: **it is incredible that he ~ have failed** es ist unglaublich, dass er versagt hat

shoulder ['ʃəʊldə(r)] A S 1 Schulter *f*, Achsel *f*: **~ to ~** Schulter an Schulter *(a. fig)*; **carry ~ high** auf den Schultern tragen; **put one's ~ to the wheel** *fig* sich ins Zeug legen; **straight from the ~** *fig* geradeheraus, unverblümt, ins Gesicht; **give sb the cold ~** *umg* j-m die kalte Schulter zeigen, j-n kühl *od* abweisend behandeln; **he has broad ~s** *fig* er hat e-n breiten Rücken, er kann allerhand verkraften; → chip A 1, clap[1] B 3, cry B 4 a, head *Bes Redew*, rub B 1 2 GASTR Bug *m*, Schulterstück *n*: **~ of pork** Schweineschulter *f* 3 *a.* **~ joint** ANAT Schultergelenk *n* 4 Schulter *f*, Vorsprung *m* 5 TECH Schulter *f*, Stoß *m (e-r Achse)* 6 TYPO Achselfläche *f (e-r Type)* 7 Schulter(partie) *f*, -teil *n (e-s Kleids etc)* 8 a Bankett *n*, Seitenstreifen *m* b *US* Standspur *f* B V/T 1 (mit der Schulter) stoßen *od* drängen: **~ sb aside** j-n zur Seite stoßen; **~ one's way through the crowd** sich (mit den Schultern) e-n Weg durch die Menge bahnen 2 schultern, *das Gewehr* übernehmen: → arm[2] *Bes Redew* 3 *fig e-e Aufgabe, e-e Verantwortung etc* auf sich nehmen, übernehmen 4 (an)stoßen *od* (an)grenzen an *(akk)* C V/I 1 (mit der Schulter) stoßen (**at** an *akk*; **against** gegen) 2 sich (mit den Schultern) durchdrängen (**through** durch)

shoulder| bag S Schulter-, Umhängetasche *f*; **~ belt** S 1 MIL Schulterriemen *m* 2 AUTO Schultergurt *m*; **~ blade** S ANAT Schulterblatt *n*; **~ girdle** S ANAT Schultergürtel *m*; **~ harness** S AUTO Schultergurt *m*; **~ knot** S 1 Achselband *n (e-r Livree)* 2 MIL Schulterstück *n*; **~-length** ADJ schulterlang *(Haar)*; **~ loop** S MIL Schulterstück *n*, Achselklappe *f*; **~ pad** S Schulterpolster *n*; **~ patch** S MIL *US* Oberarmzeichen *n (Division etc)*; **~ strap** S 1 Träger(band) *m(n) (bes an Damenunterwäsche)* 2 Tragriemen *m* 3 MIL Schulterstück *n*; **~ weapon** S MIL Schulterwaffe *f*

shouldest ['ʃʊdɪst] → shouldst; **shouldn't** ['ʃʊdnt] *Zusammenziehung von* **should not**; **shouldst** [ʃʊdst] *2. sg präs obs von* shall

shout [ʃaʊt] A V/I 1 (laut) rufen, schreien: **~ for sb** nach j-m rufen; **~ for help** um Hilfe schreien; **~ to sb** j-m zurufen 2 schreien, brüllen *(beide:* **with laughter** vor Lachen; **with pain** vor Schmerz): **~ at sb** j-n anschreien 3 jauchzen (**with joy** vor Freude) 4 *US fig* schreien *(Farbe etc)*: **~ing need** schreiende Not 5 *US umg* e-n Wirbel *od* ein Tamtam machen (**about** um, wegen) B V/T 1 *etwas* (laut) rufen, schreien: **~ disapproval** laut sein Missfallen äußern; **~ o.s. hoarse** sich heiser schreien; **~ sb down** j-n niederbrüllen; **~ sb on** j-n durch Schreie anspornen; **~ out** a herausschreien b *e-n Namen etc* ausrufen; **~ sb up** *umg* j-n herrufen 2 *Aus umg* a *j-n* freihalten b *Getränke* spendieren C S 1 Schrei *m*, Ruf *m*: **~ of delight** Freudenschrei; **give a ~** e-n Schrei ausstoßen, aufschreien; **give sb a ~** a j-n rufen b *umg* j-m Bescheid sagen 2 Geschrei *n*, Gebrüll *n*: **a ~ of laughter** brüllendes Gelächter 3 **my ~!** *Br u. Aus umg* jetzt bin ich dran! *(die Getränke zu spendieren)*; **shouter** S Schreier(in); **shouting** S Schreien *n*, Geschrei *n*: **~ distance** → hailing distance; **~ match** lautstarke Auseinandersetzung

shove [ʃʌv] A V/T 1 *(beiseite etc)* schieben, stoßen: **~ aside**; **~ sb about** (*od* **around**) j-n herumschubsen *(a. fig)*; → arse A 1, throat A 1 2 (achtlos *od* rasch) schieben, stecken, stopfen B V/I 1 schieben, stoßen 2 (sich) dränge(l)n 3 **~ off** a *(vom Ufer)* abstoßen b *bes imp umg* abschieben, Leine ziehen C S Stoß *m*, Schubs *m (a. fig)*: **give sb a ~ (off)** j-m weiterhelfen

shovel ['ʃʌvl] A S 1 Schaufel *f*, Schippe *f* 2 TECH a Löffel *m (e-s Löffelbaggers)* b Löffelbagger *m* c Schaufel *f* 3 *(e-e)* Schaufel (voll) B V/T *prät u. pperf* -eled, *bes Br* -elled schaufeln: **~ a path through the snow**; **~ food into one's mouth** Essen in sich hineinschaufeln *umg*; **~ up (***od* **in) money** Geld scheffeln C V/I schaufeln; **~board** → shuffleboard

shoveler, *bes Br* **shoveller** ['ʃʌvlə(r)] S 1 Schaufler(in) 2 ORN Löffelente *f*

shovelful ['ʃʌvlfʊl] S *(e-e)* Schaufel (voll)

shovel hat S Schaufelhut *m (breitrandiger Hut der anglikanischen Geistlichen)*

shoveller ['ʃʌvlə(r)] *bes Br für* shoveler

show [ʃəʊ] A S 1 (Her)Zeigen *n*: **vote by ~ of hands** durch Handzeichen wählen; **~ of teeth** Zähnefletschen *n* 2 Show *f*, Schau *f*, Zurschaustellung *f*: **a ~ of force** *fig* e-e Demonstration der Macht 3 *(künstlerische etc)* Darbietung, Vorführung *f*, Vorstellung *f*, Show *f*, Schau *f*: **put on a ~** *fig* e-e Schau abziehen, sich aufspielen; **steal the ~** *fig* (j-m) die Schau stehlen 4 *umg (Theater-, Film)*Vorstellung *f* 5 Show *f*, Schau *f*, Ausstellung *f*: **on ~** ausgestellt, zu besichtigen(d) 6 *(Radio-, Fernseh)*Sendung *f* 7 *(prunkvoller)* Umzug 8 *fig* Schauspiel *n*, Anblick *m*: **a grand ~**; **make a sorry ~** e-n traurigen Eindruck hinterlassen; **make a good ~** e-e gute Figur machen *umg* 9 *umg gute etc* Leistung: **good ~!** gut gemacht!, bravo! 10 Protzerei *f*, Angeberei *f (beide umg)*: **for ~** um Eindruck zu machen, (nur) fürs Auge; **be fond of ~** gern großtun 11 *(leerer)* Schein: **in outward ~** nach außen (hin); **make a ~ of interest** Interesse heucheln, sich interessiert geben; **make a ~ of rage** sich wütend stellen 12 Spur *f*, Anzeichen *n* 13 *(Zirkus-, Theater)* Truppe *f* 14 *umg* Chance *f*: **give sb a fair ~** 15 *bes Br umg* Laden *m*, Sache *f*: **a dull (poor) ~** e-e langweilige (armselige) Sache; **run the ~** den Laden *od* die Sache schmeißen; **give the (whole) ~ away** sich *od* alles verraten 16 *Pferderennen etc*: dritter Platz B V/T *prät* showed, *pperf* shown, showed 1 zeigen, sehen lassen, *s-n Ausweis, s-e Fahrkarte etc a.* vorzeigen, -weisen: **~ o.s.** a *a.* **~ one's face** sich zeigen, sich sehen *od* blicken lassen b *fig* sich *grausam etc* zeigen, sich erweisen als; **I'll ~ him!** der soll mich kennenlernen!; **never ~ your face again!** lass dich hier nie wieder blicken!; **"not ~n"** *(in Katalogen etc)* „ohne Abbildung"; → card[1] 1 a, *etc* 2 *j-m* zeigen *od* erklären (**how to do sth** wie man etwas tut): **~ sb how to write** j-m das Schreiben beibringen 3 *sein Wissen etc* an den Tag legen, zeigen 4 *Katzen etc* ausstellen, auf e-r Ausstellung zeigen 5 zeigen: a THEAT *etc* vorführen b TV bringen 6 *j-n ins Zimmer etc* führen, geleiten, bringen: **~ sb about** (*od* **[a]round) the town** j-m die Stadt zeigen, j-n in der Stadt herumführen; **~ sb over the house** j-n durch das Haus führen; **~ sb (a)round** j-n (herum)führen 7 *s-e Absichten etc* kundtun, offenbaren 8 *s-e Pläne etc* (auf)zeigen, darlegen 9 zeigen, beweisen: **~ the truth of a statement**; **you'll have to ~ me!** *umg* das wirst du mir (erst) beweisen müssen! 10 JUR nachweisen, vorbringen: **~ proof** JUR den Beweis erbringen; → cause A 4 11 PHYS, TECH (an)zeigen: **the speedometer ~ed 70** 12 *Gefühle* zeigen, sich *etwas* anmerken lassen 13 *schlechten Geschmack etc* zeigen, erkennen lassen, verraten 14 *j-m e-e Gunst etc* erweisen: **~ sb gratitude** sich j-m gegenüber dankbar erweisen C V/I 1 sichtbar werden *od* sein, sich zeigen: **the blood ~s through her skin** man sieht das Blut durch ihre Haut; **it ~s** man sieht es; → time A 1 2 *umg* sich zeigen, erscheinen 3 aussehen (**like** wie): **~ to advantage** vorteilhaft aussehen 4 **be ~ing** gezeigt werden, laufen *(Film)*

Phrasal Verbs: **show| forth** V/T darlegen, kundtun; **~ in** V/T herein-, hineinführen; **~ off** A V/T 1 angeben *od umg* protzen mit, *sein Wissen etc a.* anbringen 2 *j-s Figur etc* vorteilhaft zur Geltung bringen B V/I angeben, protzen *umg (beide:* **with** mit), sich aufspielen; **~ out** V/T hinaus-, herausgeleiten, -führen, -bringen; **~ up** A V/T 1 herauf-, hinaufführen 2 *umg* a *j-n* blamieren, bloßstellen, entlarven b *e-n Betrug etc* aufdecken B V/I 1 *umg* aufkreuzen, auftauchen, erscheinen 2 vorteilhaft erscheinen 3 sich abheben (**against** gegen)

show| bill S WIRTSCH Werbe-, Reklameplakat *n*; **~ biz** *umg für* show business; **~boat** S *US bes* HIST Showboat *n (Unterhaltungsschiff für Theateraufführungen u. Shows)*; **~ business** S Showbusiness *n*, -geschäft *n*, Vergnügungs-, Unterhaltungsbranche *f*; **~-business** ADJ: **~ celebrities** Berühmtheiten aus dem Showbusiness; **~ card** S WIRTSCH 1 Musterkarte *f* 2 → show bill; **~case** A S Schaukasten *m* B V/T *bes US* 1 *(in e-m Schaukasten etc)* ausstellen 2 *fig j-s Leistungen etc* groß herausstellen, herausstreichen; **~down** S 1 Aufdecken *n* der Karten *(a. fig)* 2 *fig* Showdown *m*, entscheidende Kraftprobe

shower ['ʃaʊə(r)] A S 1 *(Regen-, Hagel- etc)* Schauer *m*: **~ of meteors** Meteorenschauer, -schwarm *m* 2 a *(Funken-, Konfetti-, Kugel- etc)* Regen *m* b *(Geschoss-, Stein)* Hagel *m* c *(Wasser)* Schwall *m* d Unmenge *f*, Masse *f*: **a ~ of questions**; **in ~s** in rauen Mengen *umg* 3 *US* Geschenkparty *f (bes für e-e angehende Braut* [**linen** *od* **wedding ~**] *od für e-e werdende Mutter* [**baby ~**]) 4 a Dusche *f (a. Vorrichtung)*: **have** (*od* **take) a (cold) ~** e-e (kalte) Dusche nehmen, (sich) (kalt) duschen b Duschkabine *f*: **be in the ~** unter der Dusche stehen c *pl* Duschraum *m* 5 *(a. als pl konstruiert) Br umg pej* Bagage *f* B V/T 1 begießen, überschütten 2 *j-n* (ab)brausen, duschen 3 *Hagel etc* niederprasseln lassen 4 *j-n mit Geschenken, Ehren etc* überhäufen: **~ gifts (up)on sb**; **~ sb with hono(u)rs** C V/I 1 strömen: **~ down** herabströmen, niederprasseln *(a. Geschosse)* 2 (sich) duschen; **~ bath** S Duschbad *n*; **~ cap** S Duschhaube *f*; **~ cubicle** S Duschkabine *f*; **~ curtain** S Duschvorhang *m*; **~ gel** S Duschgel *n*; **~proof**, **~-resistant** ADJ regendicht, wasserdicht, -fest, imprägniert *(Stoff etc)*

showery ADJ 1 regnerisch 2 schauerartig

show| flat S *bes Br* Musterwohnung *f*; **~ girl** S Showgirl *n (Sängerin od Tänzerin in e-r Show)*; **~ glass** *Br für* showcase A; **~house** S Musterhaus *n*

showiness ['ʃəʊɪnɪs] S 1 Prunkhaftigkeit *f*, Gepränge *n* 2 Auffälligkeit *f* 3 Protzigkeit *f umg* 4 pompöses Auftreten

showing ['ʃəʊɪŋ] S 1 Zeigen *n*, Zurschaustellung *f* 2 Ausstellung *f* 3 Vorführung *f (e-s Films etc)*: **first ~** Erstaufführung *f* 4 Darlegung *f* 5 Erklärung *f*: **on (***od* **by) your own ~** nach d-r eigenen Darstellung; **upon proper ~** JUR nach erfolgter Glaubhaftmachung 6 Beweis(e) *m(pl)* 7 Stand *m* der Dinge, Anschein *m*: **on present ~** so wie es derzeit aussieht 8 Leistung *f*: **make a good ~** e-e gute Leistung erbringen *od* zeigen

show| jumper S SPORT 1 Springreiter(in) 2 Springpferd *n*; **~ jumping** S SPORT Springreiten *n*

showman ['ʃəʊmən] S *irr* 1 Schausteller *m* 2 THEAT *etc* Produzent *m* 3 a geschickter Propagandist, wirkungsvoller Redner *etc* b *j-d, der sich od etwas gut in Szene zu setzen od zu verkaufen versteht, pej* Schauspieler *m* c *j-d, der auf Wirkung macht,* Selbstdarsteller *m*; **showmanship** S 1 effektvolle Darbietung: **piece of ~** SPORT Kabinettstückchen *n* 2 Effekthascherei *f* 3 *fig* propagandistisches Talent, *(die)* Kunst, sich gut in Szene zu setzen, Publikumswirksamkeit *f*

Show Me State S *US (Beiname für den Staat)* Missouri *n*

shown [ʃəʊn] *pperf von* show

show|-off S *umg* 1 Angabe *f*, Protzerei *f* 2 *umg* Angeber(in); **~piece** S Schau-, Paradestück *n*; **~place** S 1 Ausstellungsort *m* 2 a Ort *m* mit vielen Sehenswürdigkeiten b Sehenswürdigkeit *f*; **~room** S 1 Ausstellungsraum *m* 2 Vorführungssaal *m*; **~ tent** S Ausstellungszelt *n*; **~ trial** S JUR Schauprozess *m*; **~ window** S *bes US* Schaufenster *n (a. fig)*, Auslage *f*

showy ['ʃəʊɪ] ADJ (ADV showily) 1 prächtig, prunkvoll 2 auffällig 3 glänzend 4 protzig *umg*

shrank [ʃræŋk] *prät von* shrink

shrapnel ['ʃræpnl; -nəl] S MIL 1 Schrapnell *n* 2 Schrapnellladung *f* 3 Granatsplitter *pl*

shred [ʃred] A S 1 Fetzen *m (a. fig)*, Lappen *m*: **in ~s** in Fetzen; **tear to ~s** a → B 1 a b *fig ein Argument etc* zerpflücken, -reißen; **~s of clouds** Wolkenfetzen 2 Schnitzel *n/m*, Stückchen *n* 3 Spur *f*, Fünkchen *n*: **without a ~ of common sense**; **not a ~ of doubt** nicht der leiseste Zweifel; **without a ~ of pay** ohne auch nur einen Pfennig dafür zu bekommen B V/T *prät u. pperf* shredded, shred 1 a zerfetzen, in Fetzen reißen b in den Reißwolf geben 2 in (schmale) Streifen schneiden, GASTR *a.* schnetzeln C V/I zerreißen, in Fetzen *od* Stücke gehen; **shredder** S 1 TECH a Reiß-, Aktenwolf *m* b Schneidemaschine *f* 2 GASTR a Reibeisen *n* b Schnitzelmaschine *f*, -einsatz *m*

shrew[1] [ʃru:] S Xanthippe *f*, zänkische Frau

shrew[2] [ʃru:] S ZOOL Spitzmaus *f*

shrewd [ʃru:d] ADJ (ADV ~ly) 1 schlau 2 scharfsinnig, klug, gescheit *(Bemerkung etc)*: **a ~ observer** ein scharfer Beobachter; **this was a ~ guess** das war gut geraten 3 *obs* heftig *(Schmerz etc)*; **shrewdness** S 1 Schlauheit *f* 2 Scharfsinn *m*, Klugheit *f*

shrewish ['ʃru:ɪʃ] ADJ (ADV ~ly) zänkisch, boshaft, giftig; **shrewishness** S zänkisches Wesen, Boshaftigkeit *f*

shriek [ʃri:k] A S 1 schriller *od* spitzer Schrei 2 Gekreisch(e) *n*, Kreischen *n (a. von Bremsen etc)*: **~s** *pl* **of laughter** kreischendes Gelächter 3 schriller Ton *od* Pfiff B V/I 1 schreien, schrille Schreie ausstoßen 2 (gellend) aufschreien (**with** vor *dat*): **~ with pain**; **~ (with laughter)** kreischen (vor Lachen) 3 schrill klingen, kreischen *(Bremsen etc)* C V/T *a.* **~ out** *etwas* kreischen *od* gellend schreien

shrievalty ['ʃri:vltɪ] S JUR *bes Br* 1 Sheriffamt *n*, -würde *f* 2 Amtszeit *f od* Gerichtsbarkeit *f* des Sheriffs

shrieve [ʃri:v] *obs für* sheriff

shrift [ʃrɪft] S 1 REL *obs* Beichte *f* (u. Absolution *f*) 2 **give sb (sth) short ~** *fig* kurzen Prozess mit j-m (etwas) machen, j-n kurz abfertigen

shrike [ʃraɪk] S ORN Würger *m*

shrill [ʃrɪl] A ADJ (ADV shrilly) 1 schrill, gellend: **~-voiced** mit schriller Stimme 2 *fig* grell *(Licht)*, *(Farben a.)* schreiend 3 *fig* heftig, scharf *(Kritik etc)* B V/T *etwas* kreischen *od* gellend schreien C V/I schrillen, gellen D S schriller Ton, Schrillen *n*; **shrillness** S *(das)* Schrille, schriller Klang, schrille Stimme

shrimp [ʃrɪmp] A S 1 *pl* shrimps, *bes koll* shrimp ZOOL Garnele *f*, Krabbe *f* 2 *fig pej* Knirps *m*, Gartenzwerg *m* B V/I Garnelen *od* Krabben fangen; **shrimper** S Garnelen-, Krabbenfischer(in)

shrine [ʃraɪn] A S 1 REL a (Reliquien)Schrein *m* b Heiligengrab *n* 2 *fig* Heiligtum *n* B V/T → enshrine

shrink [ʃrɪŋk] A V/I *prät* shrank [ʃræŋk], shrunk [ʃrʌŋk], *pperf* shrunk 1 zurückweichen (**from** vor *dat*): **~ from doing sth** etwas nur widerwillig tun; **~ into o.s.** *fig* sich in sich selbst zurückziehen 2 *a.* **~ back** zurückschrecken, -schaudern *(beide:* **from, at** vor *dat*): **~ from doing sth** davor zurückschrecken, etwas zu tun 3 sich scheuen *od* fürchten (**from** vor *dat*) 4 (zusammen-, ein)schrumpfen 5 einlaufen, -gehen, krumpfen *(Stoff)* 6 abnehmen, schwinden: **~ with age** alt und runz(e)lig werden B V/T 1 (ein-, zusammen)schrumpfen lassen 2 *fig* zum Schwinden bringen 3 *Stoff* einlaufen *od* -gehen lassen, krumpfen: **hot water ~s wool** in heißem Wasser läuft Wolle ein 4 **~ on** TECH aufschrumpfen, *Reifen etc* warm aufziehen C S *sl* Psychiater(in); **shrinkage** S 1 (Zs-, Ein)Schrumpfen *n* 2 Schrumpfung *f* 3 Verminderung *f*, Schwund *m (a.* WIRTSCH, TECH), Abnahme *f* 4 Einlaufen *n (von Textilien)*; **shrinking** ADJ (ADV ~ly) 1 schrumpfend 2 abnehmend 3 zurückschreckend 4 scheu: → violet A 1 5 widerwillig

shrink|proof ADJ schrumpffest, -frei, krumpfecht *(Stoff)*; **~-wrap** V/T *Bücher etc* einschweißen

shrive [ʃraɪv] *prät* shrove [ʃrəʊv], *pperf* shriven ['ʃrɪvn] V/T REL *obs j-m* die Beichte abnehmen u. Absolution erteilen

shrivel ['ʃrɪvl] A V/T *prät u. pperf* -eled, *bes Br* -elled 1 *a.* **~ up** a (ein-, zusammen)schrumpfen lassen b runzeln 2 (ver)welken lassen, ausdörren 3 *fig* a verkümmern lassen b unfähig *od* hilflos machen B V/I 1 *oft* **~ up** (ein-, zusammen)schrumpfen, schrumpeln 2 runz(e)lig werden 3 (ver)welken 4 *fig* verkümmern 5 *fig* vergehen

shriven ['ʃrɪvn] *pperf von* shrive

shroff [ʃrɒf; *US* ʃrɑf] S 1 Geldwechsler *m (in Indien)* 2 *bes* HIST Geldprüfer *m (in China etc)*

Shropshire ['ʃrɒpʃə(r); -ʃɪə(r); *US* 'ʃrɑp- S Shropshire *n (Grafschaft in Westmittelengland)*

shroud [ʃraʊd] A S 1 Leichentuch *n*, Totenhemd *n* 2 *fig* Hülle *f*, Schleier *m*: **~ of mist** Nebel-, Dunstschleier; **a ~ of secrecy surrounds ...** ein Schleier des Geheimnisses umgibt ... 3 *pl* SCHIFF Wanten *pl* 4 TECH Ummantelung *f* 5 *a.* **~ line** FLUG Fangleine *f (am Fallschirm)* B V/T 1 in ein Leichentuch (ein)hüllen 2 TECH ummanteln 3 *fig in Nebel, Geheimnis etc* hüllen: **~ed in mystery** geheimnisumwoben 4 *fig* verschleiern

shrove [ʃrəʊv] *prät von* shrive

Shrove| Monday [ʃrəʊv] S Rosenmontag *m*; **~tide** S Fastnachts-, Faschingszeit *f (die 3 Tage vor Aschermittwoch)*; **~ Tuesday** S Fastnachts-, Faschingsdienstag *m*

shrub[1] [ʃrʌb] S Strauch *m*, Busch *m*

shrub[2] [ʃrʌb] S *Getränk aus Rum, Fruchtsaft, Zucker u. Gewürzen*

shrubbery ['ʃrʌbərɪ] S BOT Strauchwerk *n*, Gesträuch *n*, Gebüsch *n*

shrubby ['ʃrʌbɪ] ADJ BOT 1 strauchig, buschig, Strauch..., Busch... 2 voller Gesträuch *od* Gebüsch, dicht bewachsen

shrug [ʃrʌg] A V/T 1 *die od* mit *den Achseln* zucken: **~ one's shoulders** 2 *s-e Meinung etc* mit e-m Achselzucken kundtun: **~ off** *etwas* mit e-m Achselzucken abtun, achselzuckend hinweggehen über *(akk)* B V/I die *od* mit den Achseln zucken C S 1 *a.* **~ of the shoulders** Achselzucken *n*: **give a ~** → B; **with a ~** achselzuckend 2 Bolerojäckchen *n*

shrunk [ʃrʌŋk] *prät u. pperf von* shrink; **shrunken** ADJ 1 abgemagert, abgezehrt *(Hand etc)* 2 eingefallen *(Wangen)* 3 **~ head** Schrumpfkopf *m*

shtg. ABK shortage

shuck [ʃʌk] *bes US* A S 1 Hülse *f*, Schote *f (von Bohnen etc)* 2 grüne Schale *(von Nüssen etc)* 3 Liesch *m (Vorblatt am Maiskolben)* 4 *pl umg* **I don't care ~s** es ist mir piepegal; **~s!** a Quatsch! b *(enttäuscht)* Mist!; **she can't sing for ~s** sie kann nicht für fünf Pfennig singen 5 Austernschale *f* B V/T 1 schälen 2 enthülsen 3 *oft* **~ off** a *Kleidung etc* abwerfen b *umg e-e Gewohnheit etc* ablegen

shudder ['ʃʌdə(r)] A V/I schaudern, (er)zittern, (er)beben *(alle:* **at** bei; **with** vor *dat*): **~ away from sth** vor etwas zurückschaudern; **I ~ at the thought, I ~ to think of it** mich schaudert bei dem Gedanken B S Schauder(n) *m(n)*: **with a ~** schaudernd; **it gives me the ~s** ich finde es grässlich

shuffle ['ʃʌfl] A S 1 Schlurfen *n*, schlurfender Gang *od* Schritt 2 a Schleifschritt *m* b Schleifer *m (Tanz)* 3 *fig* Ausflucht *f*, Trick *m*, Schwindel *m* 4 (Karten)Mischen *n* B V/I 1 schlurfen, (mit den Füßen) scharren: **~ along** dahinschlurfen; **~ through sth** *fig* etwas flüchtig erledigen 2 (beim Tanzen) die Füße schleifen lassen 3 sich schwerfällig (hinein)winden (**into** in *akk*): **~ into one's clothes** 4 sich (ein)schmuggeln (**into** in *akk*) 5 sich herauswinden *od* -halten (**out of** aus) 6 Ausflüchte machen, sich herauszuwinden suchen (**out of** aus) 7 (die Karten) mischen C V/T 1 schleifen *od* schlurfen lassen: **~ one's feet** → B 1 2 *e-n Tanz* mit schleifenden Schritten tanzen 3 *die Karten etc* mischen: **~ the cards** *fig* s-e Taktik ändern 4 *fig* hin- u. herschieben, jonglieren mit 5 hineinpraktizieren (**into** in *akk*) 6 herausschmuggeln (**out of** aus) 7 *etwas* durcheinanderwerfen 8 vermischen, -mengen *(beide:* **among, with** mit)

Phrasal Verbs: **shuffle| away** V/T wegpraktizieren; **~ off** V/T 1 *Kleider* abstreifen, sich herauswinden aus 2 *fig* abschütteln, sich *e-r Sache* entledigen 3 sich *e-r Verpflichtung etc* entziehen 4 *e-e Schuld etc* abwälzen (**[up]on, onto** auf *akk*); **~ on** V/T *ein Kleid etc* mühsam anziehen; **~ together** V/T zusammenwerfen, -raffen

shuffleboard S a Shuffleboard *n (Spiel, bei dem auf e-m länglichen Spielfeld Scheiben mit langen Holzstöcken möglichst genau von der Startlinie in das gegenüberliegende Zielfeld geschoben werden müssen)* b *Spielfeld für a*

shuffler ['ʃʌflə(r)] S 1 Schlurfende(r) *m/f(m)* 2 Kartenmischer(in) 3 Ausflüchtemacher(in) 4 Schwindler(in); **shuffling** ADJ (ADV ~ly) 1 schlurfend, schleppend 2 unaufrichtig, unredlich 3 ausweichend *(Antwort)*

shun[1] [ʃʌn] V/T (ver)meiden, *j-m od e-r Sache* ausweichen, sich fernhalten von: **~ doing sth** es vermeiden, etwas zu tun

shun[2] [ʃʌn] INT MIL *umg* stillgestanden!, Achtung!

shunt [ʃʌnt] A V/T 1 beiseiteschieben 2 *fig etwas* aufschieben, zurückstellen 3 *j-n* nicht zum Zuge kommen lassen, kaltstellen 4 ELEK shunten, nebenschließen 5 BAHN *e-n Zug etc* rangieren, verschieben 6 abzweigen B V/I 1 BAHN rangieren 2 *fig* (**from**) abkommen

S

(von *e-m Thema etc*), abspringen (von *e-m Vorhaben etc*) **C** S **1** ELEK **a** Nebenschluss *m* **b** Shunt *m*, Nebenwiderstand *m*: **~ capacitor** Parallelkondensator *m*; **~ current** Nebenschlussstrom *m*; **~-fed** parallelgespeist; **~ switch** Umgehungsschalter *m*; **~-wound motor** Nebenschlussmotor *m* **2** BAHN **a** Rangieren *n* **b** *bes Br* Weiche *f*

shunter [ˈʃʌntə(r)] S **1** BAHN *Br* **a** Weichensteller *m* **b** Rangierer *m* **c** Rangierlok(omotive) *f* **2** *Br umg für* arbitrager; **shunting** BAHN *Br* **A** S **1** Rangieren *n* **2** Weichenstellen *n* **B** ADJ Rangier…, Verschiebe…: **~ station**; **~ engine** Rangierlok(omotive) *f*

shush [ʃʊʃ; ʃʌʃ] **A** INT sch!, pst! **B** V/I sch! *od* pst! machen **C** V/T *j-n* zum Schweigen bringen

shut [ʃʌt] **A** V/T *prät u. pperf* shut **1** (ver)schließen, zumachen: **~ your mouth!** halt den Mund!; **~ sb's mouth** *fig* j-m den Mund stopfen, j-n zum Schweigen bringen; → door *Bes Redew*, eye A 1, face A 1, heart *Bes Redew*, mind A 2 **2** einschließen, -sperren (*beide:* **into, in, within** in *dat od akk*) **3** ausschließen, -sperren (*beide:* **out of** aus) **4** sich *e-n Finger etc* (ein)klemmen (**in** in *dat*) **5** *ein Taschenmesser etc* zuklappen, *ein Buch etc a.* zumachen **B** V/I **1** sich schließen, zugehen: **the door ~ with a bang** die Tür knallte zu **2** (sich) schließen (lassen): **the window ~s well**

Phrasal Verbs: **shut| away** V/T **1** *etwas* wegschließen **2** **shut o.s. away** sich einigeln (**in** in *dat*); **~ down** **A** V/T **1** *ein Fenster etc* schließen **2** *e-e Fabrik etc* schließen, (*für immer a.*) stilllegen; *e-n Computer, Reaktor* herunterfahren; *Windows®* beenden: **shut sb down** j-s Praxis *etc* schließen **B** V/I **1** undurchdringlich werden (*Nebel etc*) **2** die Arbeit *od* den Betrieb einstellen, zumachen, dichtmachen (*beide umg*) **3** **~ on** *umg* ein Ende machen mit; **~ in** V/T **1** einschließen: **a** einsperren **b** *fig* umgeben: **shut o.s. in** sich einschließen **2** *die Aussicht etc* versperren; **~ off** **A** V/T **1** *Wasser, Gas etc, a. den Motor, e-e Maschine* abstellen: **~ the supply** den Hahn zudrehen *umg* **2** abschließen (**from** von) **B** V/I TECH abschalten; **~ out** V/T **1** *j-n, a. Licht, Luft etc* ausschließen, -sperren **2** *e-e Landschaft etc* den Blicken entziehen **3** *etwas* unmöglich machen **4** SPORT *US e-n Gegner* zu null besiegen; **~ to** **A** V/T → shut A 1 **B** V/I → shut B 1; **~ up** **A** V/T **1** *das Haus etc* (fest) verschließen, verriegeln: → shop A 1 a **2** *j-n* einsperren: **shut o.s. up** sich einschließen **3** *umg j-m* den Mund stopfen **B** V/I (*meist imp*) *umg* die Klappe halten

shut|down S **1** Arbeitsniederlegung *f* **2** Schließung *f*, (*für immer a.*) Stilllegung *f*; **~eye** S *umg* Schlaf *m*: **get** (*od* **have**) **a bit of ~** *umg* ein Nickerchen *od* Schläfchen machen; **~-in** [ˌ-ˈɪn; ˈ-ɪn] **A** ADJ **1** *bes US* ans Haus *od* Bett gefesselt (*Kranker etc*) **2** PSYCH sich abkapselnd, verschlossen **3** eingeschlossen (*a. fig*) **B** S *bes US j-d, der ans Haus od Bett gefesselt ist*; **~off** S **1** TECH Abstell-, Absperrvorrichtung *f*: **~ valve** Abschaltventil *n*, Abstellhahn *m* **2** Abstellen *n* **3** JAGD Schonzeit *f*; **~out** S **1** Ausschließung *f* **2** SPORT *US* **a** Zu-null-Niederlage *f* **b** Zu-null-Sieg *m*

shutter [ˈʃʌtə(r)] **A** S **1** Fensterladen *m*, Rollladen *m*, Jalousie *f*: **put up the ~s** *fig* das Geschäft (*am Abend od für immer*) schließen zumachen *umg* **2** Klappe *f*, Schieber *m*, Verschluss *m* **3** FOTO Verschluss *m*: **~ release** Auslöser *m*; **~ speed** Belichtung(szeit) *f* **4** ARCH (Ver)Schalung *f* **5** *Wasserbau:* Schütz(e) *n(f)* **6** MUS Jalousie *f* (*der Orgel*) **B** V/T mit Fensterläden versehen *od* verschließen; **~bug** S *umg* Fotonarr *m*, -närrin *f*

shuttering S TECH *bes Br* (Ver)Schalung *f*

shuttle [ˈʃʌtl] **A** S **1** TECH **a** Weberschiff(-chen) *n*, (Web)Schütze(n) *m* **b** Schiffchen *n* (*der Nähmaschine*) **2** TECH Schützentor *n* (*e-r Schleuse*) **3** → shuttle bus, shuttle train **4** **a** → shuttle service **b** Pendelroute *f* **5** (*Raum*) Fähre *f* **6** → shuttlecock A **B** V/T (schnell) hin- u. herbewegen *od* -befördern **C** V/I **1** sich (schnell) hin- u. herbewegen **2** hin- u. herfahren *od* -eilen *etc*, BAHN *etc* pendeln (**between** zwischen *dat*); **~ bus** S im Pendelverkehr eingesetzter Bus; **~cock** **A** S SPORT Federball *m* **B** V/T (wie e-n Federball) hin- u. herjagen; **~ diplomacy** S POL Pendeldiplomatie *f*; **~ race** S SPORT Pendelstaffel(lauf) *f(m)*; **~ service** S Pendelverkehr *m*; **~ train** S Pendel-, Vorortzug *m*

shwa → schwa

shy[1] [ʃaɪ] **A** ADJ (ADV **~ly**) *komp* shyer, shier, *sup* shyest, shiest [-ɪst] **1** scheu (*Tier*) **2** (kontakt)scheu, schüchtern **3** zurückhaltend: **be** (*od* **fight**) **~ of sb** j-m aus dem Weg gehen (→ A 5) **4** misstrauisch **5** zaghaft: **be** (*od* **fight**) **~ of doing sth** Hemmungen haben, etwas zu tun (→ A 3) **6** *bes US umg* knapp (**of** an *dat*): **~ of money** knapp bei Kasse *umg* **7** **I'm ~ of ten dollars** *bes US umg* mir fehlen (noch) 10 Dollar **8** *Poker: bes US sl* unfähig, den erforderlichen Einsatz zu bezahlen **9** kümmerlich (*Pflanze, Tier*) **B** V/I **1** scheuen (**at** vor *dat*) (*Pferd etc*) **2** **~ away from** *fig* zurückschrecken vor (*dat*); **~ away from doing sth** davor zurückschrecken, etwas zu tun

shy[2] [ʃaɪ] **A** V/T werfen, schleudern **B** V/I werfen (**at** nach) **C** S **1** Wurf *m* **2** *fig* **a** Hieb *m*, Stichelei *f* **b** Versuch *m*: **have a ~ at** *j-n* verspotten; *etwas* versuchen

shyness S **1** Scheu *f* **2** Schüchternheit *f* **3** Zurückhaltung *f* **4** Misstrauen *n*

shyster [ˈʃaɪstə(r)] S *bes USumg* **1** Winkeladvokat(in) **2** Gauner(in)

SI ABK Système Internationale d'Unités, International System of Units (*internationale Standardisierung der Maßeinheiten*)

Siamese [ˌsaɪəˈmiːz] **A** ADJ **1** siamesisch **2** TECH *etc* Zwillings… **B** S **1** HIST Siamese *m*, Siamesin *f*: **the ~** *koll* die Siamesen *pl* **2** LING, HIST Siamesisch *n*, das Siamesische; **~ cat** S ZOOL Siamkatze *f*; **~ twins** SPL siamesische Zwillinge *pl*

sial [ˈsaɪəl; -æl] S GEOL Sial *n* (*oberste Schicht der Erdkruste*)

sialagogue, **sialogogue** [saɪˈæləgɒg; *US a.* -ˌgɑg] S MED Sialagogum *n* (*Mittel zur Anregung des Speichelflusses*)

SIB ABK *Br* Securities and Investments Board (*Ausichtsbehörde der Finanzmärkte*)

Siberia [saɪˈbɪərɪə] S Sibirien *n*

Siberian [saɪˈbɪərɪən; *US* -ˈbɪr-] **A** ADJ sibirisch **B** S Sibirier(in)

sibilance [ˈsɪbɪləns], **sibilancy** [-sɪ] → sibilation; **sibilant** **A** ADJ **1** zischend **2** LING Zisch…: **~ sound** → B **B** S LING Sibilant *m*, Zischlaut *m*; **sibilate** [-leɪt] **A** V/I zischen **B** V/T LING sibilieren, zischen(d aussprechen); **sibilation** S Zischen *n*

sibling [ˈsɪblɪŋ] **A** S **a** Bruder *m od* Schwester *f* **b** *pl* Geschwister *pl* **B** ADJ geschwisterlich, Geschwister…

sibyl [ˈsɪbɪl] S **1** *Antike:* Sibylle *f* **2** *fig* **a** Seherin *f* **b** Hexe *f*

sibylline [sɪˈbɪlaɪn; *bes US* ˈsɪbɪ-; *US a.* -ˌliːn] ADJ **1** sibyllinisch **2** **a** prophetisch **b** geheimnisvoll, dunkel

sic[1] [sɪk] *prät u. pperf* sicked, sicced V/T *US* **1** *e-n Hund etc* hetzen (**on** auf *akk*) **2** **~ 'em!** fass!

sic[2] [sɪk] ADV sic, so

Sic. ABK **1** Sicilian **2** Sicily

siccative [ˈsɪkətɪv] **A** ADJ trocknend **B** Sikkativ *n* (*Ölfarben etc zugesetzter Trockenstoff*)

Sicilian [sɪˈsɪljən] **A** ADJ sizilisch, sizilianisch: **~ Vespers** *pl* HIST Sizilianische Vesper **B** S Sizilier(in), Sizilianer(in)

Sicily [ˈsɪsɪlɪ; *US a.* ˈsɪsliː] S Sizilien *n*

sick[1] [sɪk] **A** ADJ **1** (*Br meist attr*) krank: **he's a very ~ man** er ist ein schwer kranker Mann; **fall** (*od* **get**, *obs* **take**) **~** krank werden, erkranken; → call in B 2, off A 1, report C 4 **2** **a** **be ~** *Br* sich erbrechen *od* übergeben (müssen); **I am** (*od* **feel**) **~**, *US a.* **I am** (*od* **feel**) **~ at** (*od* **to**) **the stomach** mir ist schlecht *od* übel; **it makes me ~** mir wird übel davon (*a. fig*); *fig* es ekelt *od* widert mich an; **~ feeling** Übelkeitsgefühl *n* **b** Übelkeit erregend, widerwärtig (*Geruch etc*) **3** Kranken…, Krankheits…: **~ diet** Krankenkost *f*; **~ day** Krankheitstag *m* **4** *fig* krank (**of** vor *dat*; **for** nach): **~ at heart** **a** todunglücklich, niedergeschlagen **b** angsterfüllt; **be worried ~** krank vor Sorgen sein **5** *fig Br* enttäuscht (**at sth** von etwas): → parrot A 1 **6** (**of**) *umg* angewidert (von), überdrüssig (*gen*): **I am ~ (and tired) of it** ich habe es (gründlich) satt, es hängt mir zum Hals heraus; **be ~ (and tired) of doing sth** es (gründlich) satthaben, etwas zu tun **7** **a** blass, fahl (*Farbe, Licht*) **b** *bes US umg* **look ~** alt aussehen; **make sb look ~** j-n alt aussehen lassen **8** matt, gezwungen (*Lächeln*) **9** SCHIFF schadhaft **10** schlecht (*Eier, Luft etc*) **11** WIRTSCH *umg* flau (*Markt*) **12** *umg* makaber (*Witz etc*): **~ humo(u)r** schwarzer Humor **B** S **1** **the ~** *koll* die Kranken *pl* **2** *bes Br umg* Kotze *f* **C** V/T **~ up** *bes Br umg* auskotzen

sick[2] [sɪk] → sic[1]

sick|bag S FLUG Spei-, Spucktüte *f*; **~bay** S **1** SCHIFF (Schiffs)Lazarett *n* **2** Krankenzimmer *n* (*e-r Schule etc*); **~bed** S Krankenbett *n*; **~ building syndrome** S Sick-Building-Syndrom *n* (*Symptome wie z. B. Kopfschmerzen u. Schwindelanfälle, die hauptsächlich auf schlechte Ventilation in e-m Gebäude zurückgehen*); **~ call** S SCHIFF, MIL *US* Revierstunde *f*: **go on ~** sich krankmelden

sicken [ˈsɪkn] **A** V/I **1** erkranken, krank werden: **be ~ing for** *Br e-e Krankheit* ausbrüten *umg* **2** kränkeln **3** sich ekeln (**at** vor *dat*) **4** überdrüssig *od* müde werden (**of** *gen*): **be ~ed with** *e-r Sache* überdrüssig sein, *etwas* satthaben **B** V/T **1** *j-m* Übelkeit verursachen **2** anekeln, anwidern; **sickener** S *fig* Brechmittel *n*: **a** ekelhafte Sache **b** Ekel *n* (*Person*); **sickening** ADJ (ADV **~ly**) **1** Übelkeit erregend: **this is ~** da(bei) kann einem (ja) übel werden **2** *fig* ekelhaft, grässlich

sick headache S MED **1** Kopfschmerz(en) *m(pl)* mit Übelkeit **2** Migräne *f*

sickie [ˈsɪkiː] S *US sl* **1** **a** Beklopptе(r) *m/f(m)* **b** Perversling *m pej* **2** makabrer Witz *etc*

sickish ADJ (ADV **~ly**) **1** kränklich, unpässlich, unwohl **2** → sickening

sickle [ˈsɪkl] S AGR *u. fig* Sichel *f*: **~ cell** MED Sichelzelle *f*; **~-cell an(a)emia** MED Sichelzell(en)anämie *f*; **~ feather** ORN Sichelfeder *f* (*des Haushahns*)

sick leave S Fehlen *n* wegen Krankheit: **be on ~** krank(geschrieben) sein

sickliness [ˈsɪklɪnɪs] S **1** Kränklichkeit *f* **2** kränkliches Aussehen **3** Ungesundheit *f* (*des Klimas etc*)

sick list S Krankenliste *f*: **be on the ~** krank(-gemeldet *od* -geschrieben) sein

sickly ADJ **1** kränklich, schwächlich (*Kind etc*) **2** kränklich, blass (*Gesicht*) **3** matt, schwach (*Lächeln*) **4** ungesund (*Klima*) **5** widerwärtig (*Geruch etc*) **6** *fig* süßlich

sickness [ˈsɪknɪs] S **1** Krankheit *f* (*a. fig*): **~ benefit** *Br* Krankengeld *n* **2** Übelkeit *f*, Erbrechen *n*

S

sick| note S Krankheitsattest *n*, SCHULE *a.* Entschuldigung *f*; **~ nurse** → nurse A 3

sicko ['sɪkəʊ] *pl* -os → sickie 1

sick|out S *US Streikform, bei der sich die gesamte Belegschaft e-s Betriebs gleichzeitig krankmeldet*; **~ parade** *Br* → sick call; **~ pay** S Krankengeld *n*; **~room** S Krankenzimmer *n*; **~ ward** S Krankenabteilung *f (e-r Strafanstalt)*

sic transit gloria mundi [ˌsɪk'trænzɪtˌglɔːrɪə'mʊndɪ; *US* -'mʌndiː] sic transit gloria mundi *(so vergeht der Ruhm der Welt)*

side [saɪd] A S 1 *allg* Seite *f*: **~ by ~** Seite an Seite; **they lined up ~ by ~** sie stellten sich nebeneinander auf; **at** (*od* **by**) **the ~ of** an der Seite von (*od gen*), neben (*dat*), *fig a.* verglichen mit; **on the left ~ of the road** auf der linken Straßenseite; **on all ~s** überall; **on the ~** *umg* nebenbei *(verdienen etc)*; **do some work on the ~** *umg* (ein bisschen) nebenbei arbeiten; **on the ~ of** a auf der Seite von b seitens *(gen)*; **on this (the other) ~ (of)** diesseits (jenseits) *(gen)*; **on this ~ of the grave** *poet* hienieden, im Diesseits; **"this ~ up"** „Vorsicht, nicht stürzen!"; **the right ~ of his face** s-e rechte Gesichtsseite *od* -hälfte; **not leave sb's ~** j-m nicht von der Seite weichen; **stand by sb's ~** *fig* j-m zur Seite stehen; **be on the small ~** ziemlich klein sein; **keep on the right ~ of** sich gut stellen mit; **cast to one ~** *fig* über Bord werfen; **put to one ~** *e-e Frage etc* zurückstellen, ausklammern; **he gave his ~ of the story** er erzählte seine Version der Geschichte; → bit[2] *Bes Redew*, bright A 5, dark A 4, err 1, right A 6, safe A 3, sunny 2, wrong A 2 2 MATH Seite *f (a. e-r Gleichung)*, *a.* Seitenlinie *f*, -fläche *f* 3 a (Seiten)Rand *m*: **on the ~ of the plate** am Tellerrand b *(Brillen)* Bügel *m* 4 (Körper)Seite *f*: **burst** (*od* **shake, split**) **one's ~s with laughter** sich vor Lachen schütteln 5 *(Speck-, Hammel- etc)* Seite *f*: **~ of bacon** 6 Seite *f*, Teil *m/n*: **the east ~ of the city** der Ostteil der Stadt 7 Seite *f*: a (Ab)Hang *m*, Flanke *f*, *a.* Wand *f (e-s Berges)* b Ufer(seite) *n(f)* 8 Seite *f*, (Charakter)Zug *m* 9 Seite *f*: a Partei *f (a.* JUR, SPORT) b SPORT (Spielfeld)Hälfte *f*: **be on sb's ~** auf j-s Seite stehen; **change ~s** ins andere Lager überwechseln; SPORT die Seiten wechseln; **take ~s** → c; **win sb over to one's ~** j-n auf s-e Seite ziehen 10 SPORT *bes Br* Mannschaft *f* 11 Seite *f*, Abstammungslinie *f*: **on one's father's** (*od* **paternal**) (**on one's mother's** *od* **maternal**) **~** väterlicherseits (mütterlicherseits) 12 *bes Br sl* Angabe *f*, Allüren *pl*: **put on ~** angeben, großtun 13 *Billard*: *Br* Effet *n* 14 GASTR *umg* Beilage *f* B ADJ 1 seitlich (liegend *od* stehend *etc*), Seiten…: **~ elevation** Seitenriss *m*; **~ pocket** Seitentasche *f* 2 von der Seite (kommend), Seiten…: **~ blow** Seitenhieb *m* 3 Seiten…, Neben…: **~ door** (**entrance**, *etc*); **~ window** Seitenfenster *n* C VI (**with**) Partei ergreifen *(gen od* für), es halten (mit)

side| aisle S ARCH Seitenschiff *n (e-r Kirche)*; **~ arms** SPL MIL Seitenwaffen *pl*; **~ band** S RADIO Seiten(frequenz)band *n*; **~ bet** S Zusatzwette *f*; **~board** S 1 Anrichtetisch *m* 2 Sideboard *n*: a Büfett *n* b Anrichte *f* 3 Seitenbrett *n* 4 *Eishockey*: Seitenbande *f* 5 *pl Br für* sideburns; **~burns** SPL *bes US* Koteletten *pl*; **~car** S 1 Beiwagen *m*: **~ combination** (*od* **motorcycle**) Beiwagen-, Seitenwagenmaschine *f* 2 → jaunting car 3 *ein Cocktail aus Orangenlikör, Zitronensaft u. Weinbrand*; **~ chain** S 1 TECH, *a.* BIOL Seitenkette *f* 2 CHEM Seitenring *m (e-s Molekülrings)*

sided ['saɪdɪd] ADJ *(meist in Zusammensetzungen)* …seitig: **four-~**

side| dish S GASTR Beilage *f*; **~ drum** S kleine (Wirbel)Trommel; **~ effect** S Nebenwirkung *f*; **~ face** S Seitenansicht *f*, Profil *n*; **~ frequency** S RADIO Seitenfrequenz *f*; **~ glance** S Seitenblick *m (a. fig)*; **~head** S 1 TECH Seitenschlitten *m (der Drehbank)* 2 TYPO Marginaltitel *m*; **~hill** *US für* **hillside**; **~ horse** S *Turnen*: Seitpferd *n*; **~ impact protection** S AUTO Seitenaufprallschutz *m*; **~ issue** S Nebenfrage *f*, -sache *f*, Randproblem *n*; **~kick** S *bes US umg* 1 dicke(r) Freund(in) 2 a Verbündete(r) *m/f(m)* b Helfer(in); **~light** S 1 Seitenlicht *n* 2 Seitenleuchte *f* 3 a SCHIFF Seitenlampe *f* b FLUG Positionslicht *n* c AUTO Begrenzungslicht *n* 4 Seitenfenster *n* 5 *fig* Streiflicht *n*; **~line** A S 1 Seitenlinie *f* 2 BAHN Nebenstrecke *f* 3 a Nebenbeschäftigung *f*, -tätigkeit *f*: **as a ~** im Nebenberuf, nebenberuflich b Nebenzweig *m (e-s Gewerbes)*, WIRTSCH *a.* Nebenartikel *m* 4 SPORT a Seitenlinie *f (des Spielfelds)* b *meist pl* Außenfeld *n*: **on the ~s** am Spielfeldrand, als Zuschauer B VT SPORT *etc bes US j-n* außer Gefecht setzen; **~long** A ADV seitwärts, seitlich, quer B ADJ Seitwärts…, seitlich, schräg: **~ glance** Seitenblick *m*; **~ netting** S SPORT Außennetz *n*

sidereal [saɪ'dɪərɪəl] ADJ ASTRON siderisch, Stern(en)…: **~ month** siderischer Monat; **~ time** Sternzeit *f*

siderite ['saɪdəraɪt; *bes US* 'sɪd-] S MINER Siderit *m*: a Eisenspat *m* b *aus reinem Eisen bestehender Meteorit*

siderography [ˌsaɪdə'rɒgrəfɪ; *bes US* ˌsɪd-; *US* -'rɑg-] S Stahlstichdruckverfahren *n*; **siderolite** [-rəlaɪt] S MINER Siderolith *m*; **siderosis** [-'rəʊsɪs] S MED Siderose *f*, Siderosis *f (Ablagerung von Eisenstaub im Gewebe)*

side|saddle A S Damensattel *m* B ADV im Damensitz; **~show** S 1 Nebenvorstellung *f* 2 Nebenausstellung *f* 3 *fig* a Nebensache *f* b Episode *f* (am Rande); **~slip** A VI 1 seitwärtsrutschen 2 FLUG slippen, seitlich abrutschen 3 AUTO seitlich wegrutschen B S 1 seitliches Rutschen 2 FLUG Slippen *n*, seitliches Abrutschen 3 AUTO seitliches Wegrutschen

sidesman ['saɪdzmən] S *irr* REL *Br* Mitglied *n* des Kirchenvorstandes

side|splitter S etwas zum Totlachen, Mordsspaß *m*; **~splitting** ADJ zwerchfellerschütternd; **~ step** S Seit(en)schritt *m*, *(Boxen)* Sidestep *m*; **~step** A VT 1 *Boxen: e-m Schlag* (durch Seitschritt) ausweichen 2 ausweichen *(dat) (a. fig)* B VI 1 e-n Seit(en)schritt machen 2 ausweichen *(a. fig)*; **~ street** S Seitenstraße *f*; **~stroke** S SPORT Seitenschwimmen *n*; **~swipe** *umg* A VT *bes US* 1 *j-n* (mit e-m Schlag) streifen 2 AUTO a *ein geparktes Fahrzeug etc* streifen b seitlich abdrängen *(beim Überholen)* B S 1 *bes US* Wischer *m umg (Schlag, der nur streift)* 2 AUTO *bes US* Streifen *n* 3 *fig* Seitenhieb *m* (**at** auf *akk*): **take a ~ at sb** j-m e-n Seitenhieb versetzen; **~track** A S 1 → siding 1 2 *fig* totes Gleis B VT 1 BAHN *e-n Waggon* auf ein Nebengleis schieben 2 *umg* a *etwas* abbiegen b *j-n* ablenken c *j-n* kaltstellen C VI (von Thema) ablenken; **~ view** S Seitenansicht *f*; **~walk** S *bes US* Bürgersteig *m*, Trottoir *n*: **~ artist** Pflastermaler(in); **~ café** Straßencafé *n*; **~ superintendent** *hum* (besserwisserischer) Zuschauer *(bei Bauarbeiten)*

sideward ['saɪdwə(r)d] A ADJ seitlich: **a ~ jump** ein Sprung zur Seite B ADV seitwärts, nach der *od* zur Seite; **sidewards** [-dz] → sideward B

side|ways → sideward; **~wheel** S SCHIFF Schaufelrad *n*; **~wheeler** S SCHIFF *US* Raddampfer *m*; **~ whiskers** SPL Koteletten *pl*; **~ wind** S Seitenwind *m*; **~wise** [-waɪz] → sideward

siding ['saɪdɪŋ] S 1 BAHN a Neben-, Rangiergleis *n* b Anschlussgleis *n*, Gleisanschluss *m* 2 ARCH *US (äußere)* Seitenwandung *(von Holzhäusern)* 3 *US* Zuschneiden *n (von Holz)* 4 *fig* Parteinahme *f*

sidle ['saɪdl] VI sich schlängeln, schleichen: **~ away** sich davonschleichen *od* -stehlen; **~ up to sb** sich an j-n heranmachen

SIDS ABK MED sudden infant death syndrome plötzlicher Kindstod

siege [siːdʒ] A S 1 MIL Belagerung *f*: **state of ~** Belagerungszustand *m*; **lay ~ to** a *e-e Stadt etc* belagern b *fig j-n* bestürmen, bearbeiten; **be under (continued) ~** SPORT unter (Dauer)Beschuss stehen *(Tor)* 2 *fig* a Bestürmen *n*, heftiges Zusetzen b Zermürbung *f* c zermürbende Zeit 3 TECH a Werkbank *f* b Glasschmelzofenbank *f* 4 *obs* Sitz *m*, *bes* Thron *m* B ADJ Belagerungs…; ♎ **Perilous** S *(Artussage)* Platz *m* der Gefahr *(leerer Platz in der Tafelrunde, der für alle Ritter tödlich war, außer für den, welchem die Suche nach dem Gral gelingen sollte)*

Siegfried line ['siːgfriːd] S MIL, HIST Siegfriedlinie *f*

siemens ['siːmənz] *pl* siemens S ELEK Siemens *n (Einheit des elektrischen Leitwertes)*

Sienese [ˌsɪe'niːz] A S Sienese *m*, Sienesin *f*, Sieneser(in): **the ~** *koll* die Sienesen *pl* B ADJ sienesisch: **~ school** HIST (Maler)Schule *f* von Siena

sienna [sɪ'enə] S MAL Siena(erde) *f*

Siennese → Sienese

sierra [sɪ'erə; *Br bes* 'sɪərə] S Sierra *f*, Gebirgskette *f*

Sierra| Leone [sɪˌerəlɪ'əʊn; -nɪ; ˌsɪərə-] S Sierra Leone *n (Staat in Westafrika)*; **~ Leonean** [-lɪ'əʊnɪən] A S Sierraleoner(in) B ADJ sierraleonisch

siesta [sɪ'estə] S Siesta *f*, Mittagsruhe *f*, -schlaf *m*

sieve [sɪv] A S 1 Sieb *n*: **have a head** (*od* **memory, mind**) **like a ~** *umg* ein Gedächtnis wie ein Sieb haben 2 *fig* Waschweib *n pej* B VT (durch)sieben: **~ out** aussieben C VI sieben

sift [sɪft] A VT 1 (durch)sieben 2 *Zucker etc* (durch ein Sieb *etc*) streuen (**on** auf *akk*) 3 *fig* sichten, sorgfältig (über)prüfen *od* untersuchen 4 *meist* **~ out** a aussieben b erforschen, ausfindig machen B VI 1 sieben 2 durchrieseln, -dringen *(a. Licht etc)* 3 *fig* (sorgfältige) Untersuchungen anstellen; **sifter** S 1 Sieber(in) 2 Sieb(vorrichtung) *n(f)*; **sifting** S 1 (Durch)Sieben *n* 2 *fig* Sichten *n*, Untersuchung *f* 3 *pl* a *(das)* Durchgesiebte b Siebabfälle *pl*

sig. ABK 1 signal 2 signature

sigh [saɪ] A VI 1 (auf)seufzen, tief (auf-)atmen: **~ with relief** erleichtert aufatmen 2 sich sehnen (**for** nach) 3 *fig* seufzen, ächzen *(Wind)* B VT *oft* **~ out** seufzen(d äußern) C S Seufzer *m*: **a ~ of relief** ein Seufzer der Erleichterung; **give** (*od* **heave, breathe**) **a ~ of relief** erleichtert aufatmen

sight [saɪt] A S 1 Sehvermögen *n*, -kraft *f*, Auge(nlicht) *n*: **good ~** gute Augen; **long (near) ~** Weit-(Kurz)sichtigkeit *f*; **have second ~** das Zweite Gesicht haben; **lose one's ~** das Augenlicht verlieren 2 (An)Blick *m*, Sicht *f*: **at** (*od* **on**) **~** auf Anhieb, beim ersten Anblick, sofort; **shoot sb at ~** j-n sofort *od* ohne Warnung niederschießen; **at the ~ of** beim Anblick *(gen)*; *my heart sank* **at the ~ of him** als ich ihn sah; **at first ~** auf den ersten Blick; **play (sing, translate) at ~** vom Blatt spielen

S

(singen, übersetzen); **catch ~ of** erblicken; **know by ~** vom Sehen kennen; **lose ~ of** a aus den Augen verlieren (*a. fig*) b *fig etwas* übersehen; **she can't bear** (*od* **stand**) **the ~ of blood** sie kann kein Blut sehen 3 *fig* Auge *n*: **in my ~** in m-n Augen; **in the ~ of God** vor Gott; **find favo(u)r in sb's ~** Gnade vor j-s Augen finden 4 Sicht(weite) *f*: **(with)in ~** a in Sicht(weite) b *fig* in Sicht; **within ~ of the victory** den Sieg (dicht) vor Augen; **out of ~** außer Sicht; **out of ~, out of mind** (*Sprichwort*) aus den Augen, aus dem Sinn; **there's no end in ~** ein Ende ist nicht abzusehen; **be nowhere in ~** nirgends zu sehen sein; **come in ~** in Sicht kommen; **(get) out of my ~!** geh mir aus den Augen!; **put out of ~** a wegtun b *umg Essen* wegputzen; **remain out of ~** nach wie vor nicht in Sicht sein 5 WIRTSCH Sicht *f*: **payable at ~** bei Sicht fällig; **bill (payable) at ~** Sichtwechsel *m*; **30 days (after) ~** 30 Tage (nach) Sicht; **bill (payable) after ~** Nachsichtwechsel *m*; **buy sth ~ unseen** etwas unbesehen kaufen 6 Anblick *m*: **a sorry ~**; **you're ~ for sore eyes** *umg* a schön, dich wieder mal zu sehen b dich gibt's ja auch noch!; **be** (*od* **look**) **a ~** *umg* verboten *od* zum Abschießen aussehen; **I did look a ~** *umg* ich sah vielleicht aus; **what a ~ you are!** *umg* wie siehst du denn aus!; → god 1 7 Sehenswürdigkeit *f*: **his roses were a ~ to see** s-e Rosen waren e-e Sehenswürdigkeit; **see the ~s of a town** die Sehenswürdigkeiten e-r Stadt besichtigen 8 *umg* Menge *f*, Masse *f*, Haufen *m* (*Geld etc*): **a long ~ better** zehnmal besser; **not by a long ~** bei Weitem nicht 9 ASTRON, JAGD, MIL, TECH Visier (-einrichtung) *n(f)*: **take (a careful) ~** (genau) (an)visieren *od* zielen; **have in one's ~s, have one's ~s set on** im Visier haben (*a. fig*); **lower one's ~s** *fig* Abstriche machen, zurückstecken; **raise one's ~s** *fig* höhere Ziele anstreben; **set one's ~s on sth** *fig* etwas ins Auge fassen; **set one's ~s a bit higher** sich etwas höhere Ziele stecken; → full sight 10 ASTRON, SCHIFF (*mit Winkelinstrument gemessene od bestimmte*) Höhe (*e-s Gestirns*) B VT 1 sichten, erblicken 2 MIL a anvisieren (*a.* ASTRON, SCHIFF) b *das Geschütz* richten c *e-e Waffe etc* mit e-m Visier versehen 3 WIRTSCH *e-n Wechsel* präsentieren C VI zielen, visieren

sight| bill, ~ draft S WIRTSCH Sichtwechsel *m*, -tratte *f*

sighted ['saɪtɪd] A ADJ 1 sehend (*Ggs blind*) 2 (*in Zusammensetzungen*) …sichtig 3 MIL mit e-m Visier (versehen) B S **the ~** *koll* die Sehenden *pl*

sight glass S TECH Schauglas *n*

sighting ADJ MIL Ziel…, Visier…: **~ line** Visierlinie *f*; **~ mechanism** Visier-, Zieleinrichtung *f*, Zielgerät *n*; **~ shot** Anschuss *m* (*Probeschuss*); **~ telescope** Zielfernrohr *n*

sightless ADJ (ADV ~ly) 1 blind 2 *bes poet* unsichtbar

sightliness ['saɪtlɪnɪs] S Ansehnlichkeit *f*, Stattlichkeit *f*; **sightly** ADJ 1 ansehnlich, gut aussehend, stattlich 2 *bes US* a schön gelegen, mit schönem (Aus)Blick b weithin sichtbar

sight|-read VT & VI *irr* 1 MUS vom Blatt singen *od* spielen 2 LING vom Blatt übersetzen; **~ reader** S 1 MUS *j-d, der vom Blatt singt od spielt* 2 LING *j-d, der vom Blatt übersetzt*; **~see** *irr* A VI die Sehenswürdigkeiten besichtigen: **go ~ing** e-e Besichtigungstour machen B VT die Sehenswürdigkeiten (*gen*) besichtigen; **~seeing** A S Sightseeing *n*, Besichtigung *f* von Sehenswürdigkeiten B ADJ Besichtigungs…: **~ bus** Rundfahrtautobus *m*; **~ tour** Sightseeingtour *f*, Besichtigungstour *f*, (Stadt)Rundfahrt *f*; **~seer** [-ˌsiːə(r)] S Tourist(in); **~ test** S Sehprüfung *f*, -test *m*

sigil ['sɪdʒɪl] S 1 Siegel *n* 2 astrologisches *od* magisches Zeichen

sigillate ['sɪdʒɪlət; -leɪt] ADJ BOT *u. Keramik*: mit siegelartigen Mustern

sigma ['sɪgmə] S Sigma *n* (*griechischer Buchstabe*)

sigmoid ['sɪgmɔɪd] A ADJ a S-, s-förmig b c-, halbmondförmig B S 1 *a.* **~ flexure** ANAT Sigmoid *n* (*Dickdarmkrümmung*) 2 s-förmige Kurve

sign [saɪn] A S 1 a Zeichen *n*, Symbol *n* (*beide a. fig*) b *a.* **~ of the cross** REL Kreuzzeichen *n*: **in** (*od* **as a**) **~ of** zum Zeichen (*gen*) 2 (Schrift)Zeichen *n* 3 MATH, MUS (Vor)Zeichen *n* (*a.* IT) 4 Zeichen *n*, Wink *m*: **give sb a ~, make a ~ to sb** j-m ein Zeichen geben 5 Zeichen *n*, Signal *n* 6 Anzeichen *n*, Symptom *n* (*a.* MED): **~s of fatigue** Ermüdungserscheinungen; **a ~ of illness** ein Krankheitszeichen; **give no ~ of life** kein Lebenszeichen von sich geben; **show only faint ~s of life** nur schwache Lebenszeichen von sich geben; **make no ~** sich nicht rühren; **the ~s of the times** die Zeichen der Zeit; **there was not a ~ of him** von ihm war (noch) nichts zu sehen; **all the ~s are that …** alles deutet darauf hin, dass … 7 Kennzeichen *n* 8 (*Verkehrs- etc*) Schild *n*, (-)Zeichen *n* 9 ASTROL (*Stern-, Tierkreis*) Zeichen *n*: → zodiac 10 *bes* BIBEL (Wunder)Zeichen *n*: **~s and wonders** Zeichen u. Wunder 11 *US* Spur *f* (*a.* JAGD) B VT 1 a unterzeichnen, -schreiben, *a.* MAL, TYPO signieren: **~ed, sealed, and delivered** (ordnungsgemäß) unterschrieben u. ausgefertigt; → autograph A 1 b sich eintragen in (*akk*): **~ the visitors' book** 2 mit *s-m Namen* unterzeichnen 3 **~ away** *Eigentum etc* übertragen, -schreiben, abtreten 4 *a.* **~ on** (*od* **up**) (vertraglich) verpflichten, unter Vertrag nehmen (*beide a.* SPORT), anstellen, SCHIFF anheuern 5 REL das Kreuzzeichen machen über (*akk od dat*), segnen 6 *j-m* bedeuten (**to do zu tun**), *j-m s-e Zustimmung etc* (durch Zeichen *od* Gebärden) zu verstehen geben C VI 1 unterschreiben, -zeichnen: **she brought him a letter to ~** sie brachte ihm e-n Brief zur Unterschrift; **~ for** den Empfang (*gen*) (*durch s-e Unterschrift*) bestätigen; → dot[2] B 1 2 WIRTSCH zeichnen 3 Zeichen geben, (zu)winken (*beide:* **to** *dat*) 4 **~ on (off)** RADIO, TV sein Programm beginnen (beenden): **we ~ off at 10 o'clock** Sendeschluss ist um 22 Uhr 5 **~ in** a sich (in e-e Anwesenheitsliste *etc*) eintragen b einstempeln 6 **~ off** *umg* a (s-e Rede) schließen b Schluss machen (*im Brief, a. allg*) c sich zurückziehen, aussteigen *umg* 7 **~ out** a sich (aus e-r Anwesenheitsliste *etc*) austragen b ausstempeln 8 *a.* **~ on** (*od* **up**) sich (vertraglich) verpflichten (**for** zu), (e-e) Arbeit annehmen, SCHIFF anheuern, MIL sich verpflichten (**for** auf *5 Jahre etc*): **the player ~ed on for two years** der Spieler unterschrieb e-n Zweijahresvertrag 9 **~ off on** *US umg e-n Plan etc* absegnen, genehmigen

signal ['sɪgnl] A S 1 *a.* MIL *etc* Signal *n*, (*a.* verabredetes) Zeichen: → distress A 5, light signal 2 ELEK, SCHIFF, MIL, TECH (Funk)Spruch *m*: **Royal Corps of Ss, the Ss** *Br* (die) Fernmeldetruppe 3 *fig* Signal *n*, (auslösendes) Zeichen (*beide:* **for** für, zu): **give a ~** ein Zeichen setzen 4 *Kartenspiel*: Signal *n* B ADJ (ADV ~ly) 1 Signal…: **~ arm** BAHN Signalarm *m*; **S Corps** *US* Fernmeldetruppe *f*; **~ beacon** Signalbake *f*; **~ communications** *pl* MIL Fernmeldewesen *n*; **~ engineering** Fernmeldetechnik *f*; **~ code** Zeichenschlüssel *m* 2 beachtlich, un-, außergewöhnlich C VT *prät u. pperf* **-naled**, *bes Br* **-nalled** 1 *j-n* durch Zeichen *od* Signal(e) verständigen, *j-m* Zeichen geben, *j-m* winken 2 *fig* zu verstehen geben, signalisieren 3 *e-e Nachricht etc* signalisieren, übermitteln, *etwas* melden 4 *Eishockey: e-e Strafe* anzeigen (*Schiedsrichter*) D VI signalisieren, Zeichen machen *od* geben, AUTO blinken; **~ book** S SCHIFF Signalbuch *n*; **~ box** S BAHN *Br* Stellwerk *n*

signaler, *bes Br* **signaller** ['sɪgnələ(r)] S Signalgeber(in), *bes* a MIL Blinker *m*, Melder *m* b SCHIFF Signalgast *m*

signal| flag S SCHIFF Signal-, Winkerflagge *f*; **~ gun** S MIL 1 Signalgeschütz *n* 2 Signalschuss *m*; **~ halyard** S SCHIFF Flaggleine *f*

signaling, *bes Br* **signalling** ['sɪgnlɪŋ] ADJ Signal…

signalize ['sɪgnəlaɪz] A VT 1 aus-, kennzeichnen: **~ o.s. by** sich hervortun durch 2 hervorheben 3 ankündigen, signalisieren B VI → signal D

signaller, *etc bes Br für* signaler *etc*

signal|man [-mən] S *irr* 1 BAHN Stellwärter *m* 2 SCHIFF Signalgast *m*; **~ pistol** S *bes* MIL Signalpistole *f*; **~ rocket** S *bes* MIL Signalrakete *f*; **~ tower** S TECH 1 Signalturm *m* 2 BAHN *US* Stellwerk *n*

signatory ['sɪgnətərɪ; *US* -ˌtəʊriː; -ˌtɔː-] A ADJ 1 unterzeichnend, vertragschließend, Signatar…: **~ powers** → B c; **~ state** → B b 2 WIRTSCH Zeichnungs…: **~ power** Unterschriftsvollmacht *f* B S a (Mit)Unterzeichner(in) b POL Signatar *m*, Unterzeichnerstaat *m* c *pl* POL Signatarmächte *pl* (**to a treaty** e-s Vertrags)

signature ['sɪgnətʃə(r); *US a.* -ˌtʃʊər] S 1 Unterschrift(sleistung) *f*, Namenszug *m* 2 Signatur *f* (*e-s Buchs etc*) 3 MUS Signatur *f*, Vorzeichnung *f* 4 *a.* **~ tune** (RADIO, TV) Erkennungs-, Kennmelodie *f* 5 PHARM Signatur *f*, Aufschrift *f* 6 *a.* **~ mark** TYPO a Signatur *f*, Bogenzeichen *n* b (Signatur)Bogen *m* 7 *fig obs* (Kenn)Zeichen *n*; **~-gathering drive** S Unterschriftenaktion *f*

signboard S Reklameschild *n*

signer ['saɪnə(r)] S Unterzeichner(in)

signet ['sɪgnɪt] S Siegel *n*, Petschaft *n*: → writer 3; **~ ring** S Siegelring *m*

significance [sɪg'nɪfɪkəns] S 1 Bedeutung *f*, (tieferer) Sinn 2 Bedeutung *f*, Bedeutsamkeit *f*, Wichtigkeit *f*: **of no ~** ohne Belang *od* Bedeutung, bedeutungslos 3 MATH, *Statistik*: Signifikanz *f*: **~ level** Signifikanzniveau *n*; **~ test** Signifikanztest *m*

significant [sɪg'nɪfɪkənt] ADJ 1 bezeichnend (**of** für): **be ~ of** *a.* hinweisen auf (*akk*) 2 bedeutsam, wichtig, von Bedeutung 3 wesentlich, merklich 4 *fig* vielsagend (*Geste etc*) 5 **~ figures** (*bes US* **digits**)(MATH, *Statistik*) signifikante *od* bedeutsame Ziffern 6 **~ other** a SOZIOL Bezugsperson *f* b Ehepartner(in) c Lebensgefährte *m*, -gefährtin *f*; **significantly** ADV 1 bedeutsam 2 bezeichnenderweise 3 wesentlich: **not ~ reduced**

signification [ˌsɪgnɪfɪ'keɪʃn] S 1 (*bestimmte*) Bedeutung, Sinn *m* 2 Andeutung *f*

significative [sɪg'nɪfɪkətɪv; *US* -ˌkeɪ-] ADJ (ADV ~ly) 1 Bedeutungs…, bedeutsam 2 bezeichnend, kennzeichnend (*beide:* **of** für)

signify ['sɪgnɪfaɪ] A VT 1 an-, bedeuten, zu verstehen geben 2 bedeuten, ankündigen: **a lunar halo signifies rain** 3 bedeuten: **this signifies nothing** B VI *umg* bedeuten: **it does not ~** es hat nichts zu bedeuten; **signifying** S *US umg* Wortgeplänkel *n*

signing-on fee S SPORT Handgeld *n*

sign| language S Zeichen-, Gebärden-, *bes*

S

Fingersprache f; ~ **manual** pl ~s manual S (eigenhändige) Unterschrift (bes e-s Königs etc); ~ **painter** S Schildermaler(in); ~**post** A S 1 Wegweiser m 2 (Straßen)Schild n, (Verkehrs)Zeichen n, pl a. Beschilderung f B V/T 1 mit Wegweiser(n) versehen 2 e-e Straße beschildern, e-n Bahnhof etc ausschildern; ~ **test** S PSYCH Zeichentest m

Sikh [si:k] S Sikh m

silage ['saɪlɪdʒ] AGR A S Silo-, Gärfutter n: ~ **cutter** Futterschneidemaschine f B V/T Futterpflanzen silieren

silence ['saɪləns] A S 1 (Still)Schweigen n (a. fig), Ruhe f, Stille f: **keep** ~ a schweigen, still od ruhig sein b Stillschweigen wahren (**on** über akk); **break the** ~ das Schweigen brechen (a. fig); **impose** ~ a Ruhe gebieten b (Still)Schweigen auferlegen (**on** dat); **in** ~ still, schweigend, schweigsam; **pass over in** ~ fig stillschweigend übergehen; **a minute's** ~ e-e Schweige- od Gedenkminute; **have** (od **observe**) **a minute's** ~ e-e Gedenkminute einlegen (**in memory of** für); ~! Ruhe!; (**speech is silver,**) ~ **is golden** (Sprichwort) Reden ist Silber, Schweigen ist Gold; → awkward 2 2 Schweigsamkeit f 3 Verschwiegenheit f 4 Vergessenheit f: **pass into** ~ in Vergessenheit geraten 5 TECH Geräuschlosigkeit f B V/T 1 zum Schweigen bringen (a. MIL u. fig) 2 fig die Stimme des Gewissens etc beschwichtigen, beruhigen 3 TECH dämpfen, geräuschlos machen; **silencer** S 1 MIL, TECH Schalldämpfer m 2 AUTO bes Br Auspufftopf m

silent ['saɪlənt] A ADJ (ADV ~ly) 1 still, ruhig, schweigsam: **be** (od **remain**) ~ (sich aus)schweigen (**on** über akk); **be** ~! sei(d) still!; **history is** ~ **upon** (od **as to**) **this** darüber schweigt die Geschichte; **the** ~ **majority** die schweigende Mehrheit 2 still (Gebet etc), stumm (Herzinfarkt etc; a. LING Buchstabe) 3 fig heimlich, stillschweigend (Zustimmung) 4 a. TECH leise, geräuschlos 5 untätig (Vulkan): → partner A 2, partnership 1 6 MED latent (Krankheit) 7 Stummfilm...: ~ **star**; ~ **film** → B B S Stummfilm m; ~ **butler** S (ein) Abfallgefäß n; ~ **meeting** S REL Silent Meeting n (stille gottesdienstliche Versammlung der Quäker); ~ **service** S bes US umg Unterseebootdienst m

silesia[1] [saɪ'li:zjə; sɪ'l-; bes US -ʒɪə; -ʒə; -ʃɪə; -ʃə] S schlesisches Gewebe od Leinen

Silesia[2] [saɪ'li:zjə; bes US -ʒɪə; -ʃɪə; -ʒə; -ʃə] S Schlesien n; **Silesian** [-ən] A ADJ schlesisch B S Schlesier(in)

silhouette [ˌsɪlu:'et; US ˌsɪlə'wet] A S 1 Silhouette f: a Schattenbild n, -riss m b Umriss m (a. fig): **stand out in** ~ (**against**) → c; **this year's** ~ die diesjährige Modelinie 2 Scherenschnitt m 3 a. ~ **target** MIL Kopfscheibe f B V/T silhouettieren: **be** ~**d** → c C V/I sich (als Silhouette) abheben (**against** gegen)

silica ['sɪlɪkə] S 1 GEOL, TECH Kieselerde f, -gur f 2 Kiesel-, Quarzglas n

silicate ['sɪlɪkɪt; -keɪt] S CHEM Silikat n; **silicated** [-keɪtɪd] ADJ siliziert

siliceous [sɪ'lɪʃəs] ADJ 1 CHEM kiesel(erde-, -säure)haltig, -artig, Kiesel...: ~ **earth** → silica 1 2 kalkfliehend, Urgesteins...: ~ **plants**

silicic [sɪ'lɪsɪk] ADJ CHEM Kiesel(erde)..., Silizium...: ~ **acid** (bes Ortho)Kieselsäure f; **silicify** [-faɪ] V/T & V/I CHEM, GEOL, MINER verkieseln

silicious → siliceous

silicium [sɪ'lɪsjəm; -ɪəm; US a. -'lɪʃɪ-] → silicon

silicon ['sɪlɪkən] S CHEM Silizium n

silicone ['sɪlɪkəʊn] S CHEM Silikon n

siliconize ['sɪlɪkənaɪz] V/T CHEM, TECH silizieren

silicosis [ˌsɪlɪ'kəʊsɪs] S MED Silikose f, Quarzstaublunge f

silique [sɪ'li:k; 'sɪlɪk] S BOT Schote f

siliquose ['sɪlɪkwəʊs] ADJ Schoten tragend, schotenartig

silk [sɪlk] A S 1 Seide f: a Seidenfaser f b Seidenfaden m c Seidenstoff m, -gewebe n: (**as**) **soft as** ~ seidenweich; **hit the** ~ FLUG sl mit dem Fallschirm abspringen 2 Seide(nkleid) f(n): **in** ~**s and satins** in Samt u. Seide 3 pl Seidenwaren pl 4 JUR Br a Seidentalar m (e-s **King's** od **Queen's Counsel**) b umg Kronanwalt m: **take** ~ Kronanwalt werden 5 ZOOL Spinnfäden pl 6 BOT US Seide f: **in** ~ blühend (Mais) 7 Seidenglanz m B ADJ 1 seiden, Seiden...: **you can't make a** ~ **purse out of a sow's ear** (Sprichwort) aus e-m Kieselstein kann man keinen Diamanten schleifen; ~ **culture** Seiden(raupen)zucht f 2 → silky A 1

silken ['sɪlkən] ADJ 1 seiden, Seiden...: ~ **veil** 2 → silky A 1, A 2 3 fig a verwöhnt, reich b verweichlicht

silk|-finish V/T merzerisieren; ~ **gland** S ZOOL Spinndrüse f (der Seidenraupe); ~ **gown** → silk A 4; ~**grower** S Seiden(raupen)züchter(in); ~ **hat** S Zylinder(hut) m

silkiness ['sɪlkɪnɪs] S 1 (das) Seidige od Weiche, seidenartige Weichheit 2 fig Sanftheit f, Zartheit f

silk| moth S ZOOL Seidenspinner m; ~ **screen** S TYPO Silkscreen n, Siebdruck m (a. Erzeugnis); ~**-screen** V/T TYPO im Siebdruckverfahren herstellen; ~ **stocking** S 1 Seidenstrumpf m 2 fig US hochelegante Person; ~**-stocking** ADJ US fig 1 hochelegant 2 aristokratisch; ~**worm** S ZOOL Seidenraupe f; ~**worm moth** S ZOOL Seidenspinner m

silky A ADJ (ADV silkily) 1 seidig (glänzend, a. BOT), seidenartig, -weich (Haar etc): ~ **oak** BOT Grevillea f, bes Australische Silbereiche 2 fig a sanft, (ein)schmeichelnd, zart b pej (aal)glatt, ölig 3 lieblich (Wein) B S ORN Seidenhuhn n

silk yarn S Seidengarn n

sill [sɪl] S 1 (Tür)Schwelle f 2 Fensterbrett n, -bank f 3 TECH Schwellbalken m 4 GEOL Lagergang m

sillabub ['sɪləbʌb] S 1 *(oft heißes) Getränk aus Milch, Rum etc u. Gewürzen* 2 Br *Nachtisch aus Milch od Sahne mit Zucker, Wein u. Zitronensaft*

silliness ['sɪlɪnɪs] S 1 Dummheit f 2 Albernheit f

silly ['sɪlɪ] A ADJ (ADV sillily) 1 dumm, blöd(e), dämlich: **ask a** ~ **question, get a** ~ **answer** (Sprichwort) wer dumm fragt, bekommt dumme Antworten 2 dumm, albern 3 unklug, leichtfertig 4 betäubt, benommen (nach e-m Schlag etc) B S umg Dummkopf m, Dummerchen n; ~**-billy** → silly B; ~ **season** S Sauregurkenzeit f umg hum

silo ['saɪləʊ] A pl -los S 1 AGR a Silo m/n b Erdsilo m/n, Getreide-, Futtergrube f 2 TECH (bes Zement)Silo m/n 3 MIL Raketensilo m/n B V/T AGR Futter etc a in e-m Silo aufbewahren b einmieten

silphid ['sɪlfɪd] S ZOOL Aaskäfer m

silt [sɪlt] A S Treibsand m, Schlamm m, Schlick m B V/I 1 meist ~ **up** verschlammen, -sanden 2 durchsickern C V/T meist ~ **up** verschlammen; **silty** ADJ verschlammt

Silurian [saɪ'ljʊərɪən; sɪ'l-; bes US -'lʊə-] A ADJ 1 HIST Silurer... 2 GEOL silurisch, Silur... B S 1 HIST Silurer(in) 2 GEOL Silur(formation) n(f), -zeit f

silvan → sylvan

silver ['sɪlvə(r)] A S 1 CHEM, MINER Silber n 2 a Silber(geld) n, -münzen pl b allg Geld n 3 Silber(geschirr, -zeug) n 4 Silber(farbe) n(f), -glanz m 5 FOTO Silbersalz n, -nitrat n 6 umg → silver medal B ADJ 1 bes CHEM silbern, Silber...: ~ **basis** WIRTSCH Silberwährung f, -basis f; **is this ring** ~? ist dieser Ring aus Silber?; → **jubilee** A 1 2 silb(e)rig, silberglänzend, -hell 3 fig silberhell (Stimme) 4 fig beredt (Zunge) 5 fig zweitbest(er, e, es) C V/T 1 versilbern, mit Silber überziehen 2 silbern färben D V/I silberweiß werden (Haar etc)

silver| age S Antike: silbernes Zeitalter; ~ **bath** S FOTO Silberbad n; ~ **bromide** S CHEM, FOTO Silberbromid n; ~ **fir** S BOT Edel-, Weißtanne f; ~**fish** S 1 FISCH Silberfisch m 2 ZOOL Silberfischchen n; ~ **foil** S 1 Silberfolie f 2 Silberpapier n; ~ **fox** S ZOOL Silberfuchs m; ~ **gilt** S vergoldetes Silber; ~ **glance** S Schwefelsilber n; ~ **gray**, bes Br ~ **grey** S Silbergrau n; ~**-gray**, bes Br ~**-grey** ADJ silbergrau; ~**-haired** ADJ silber-, weißhaarig; ~ **leaf** S TECH Blattsilber n; ~ **lining** S fig Silberstreifen m (am Horizont), Lichtblick m: **every cloud has its** ~ (Sprichwort) jedes Unglück hat auch sein Gutes; ~ **medal** S bes SPORT Silbermedaille f; ~ **medal(l)ist** S bes SPORT Silbermedaillengewinner(in); ~ **nitrate** S CHEM, MED, FOTO Silbernitrat n, bes MED Höllenstein m; ~ **paper** S FOTO, TECH Silberpapier n; ~ **plate** S 1 Silberauflage f 2 Silber(geschirr, -zeug) n, Tafelsilber n; ~**-plate** V/T versilbern; ~**point** S MAL, bes HIST Silberstiftzeichnung f (a. Technik); ~ **screen** S 1 FILM Leinwand f 2 a koll Film m: **hero of the** ~ Leinwandheld m hum; **star of the** ~ Leinwandgröße f hum b Filmindustrie f; ~**smith** S Silberschmied(in); ~ **spoon** S Silberlöffel m: **be born with a** ~ **in one's mouth** fig a ein Glückskind sein b ein Kind reicher Eltern sein; ~ **standard** S WIRTSCH Silberwährung f, -standard m; ~**-tongued** ADJ beredt, redegewandt; ~**ware** → silver plate 2; ~ **wedding** S silberne Hochzeit, Silberhochzeit f

silvery → silver B 1, B 2, B 3

silviculture ['sɪlvɪkʌltʃə(r)] S Waldbau m

SIM card ['sɪm-] S TEL SIM-Karte f

sim. ABK 1 similar(ly) ähnl. 2 RHET simile

simar [sɪ'mɑ:(r)] S Mode: HIST Simarre f, Schleppkleid n

simian ['sɪmɪən] ZOOL A ADJ affenartig, Affen... B S (bes Menschen)Affe m

similar ['sɪmɪlə(r)] A ADJ (ADV → similarly) 1 ähnlich (a. MATH), (annähernd) gleich (beide: **to** dat) 2 gleichartig, entsprechend 3 ELEK, PHYS gleichnamig B S 1 (das) Ähnliche od Gleichartige, Ebenbild n 2 pl ähnliche od gleichartige Dinge pl; **similarity** [-'lærətɪ] S 1 Ähnlichkeit f (**to** mit) 2 Gleichartigkeit f 3 pl Ähnlichkeiten pl, ähnliche Züge pl; **similarly** ADV ähnlich, in ähnlicher Weise, entsprechend

simile ['sɪmɪlɪ] S RHET Simile n, Vergleich m

similitude [sɪ'mɪlɪtju:d; US a. -ˌtu:d] S 1 Ähnlichkeit f (a. MATH) 2 obs Gleichnis n 3 (etwas) Gleichartiges 4 (Eben)Bild n, Gestalt f

simmer ['sɪmə(r)] A V/I 1 köcheln 2 fig kochen (**with** vor dat), gären (Gefühl, Aufstand): ~ **with excitement** vor Aufregung od Spannung fiebern; ~ **down** umg sich abregen B V/T zum Köcheln bringen C S Köcheln n: **bring to a** ~ → B; **keep at a** (od **on the**) ~ köcheln lassen

simnel ['sɪmnl] S Br (oft marzipanüberzogener) Früchtekuchen

simoleon [sə'məʊlɪən] S US sl Dollar m

Simon ['saɪmən] EIGENN 1 BIBEL Simon m: ~ (**Peter**) Simon (Petrus) m (Apostel) 2 → Simple Simon

simonize ['saɪmənaɪz] V/T ein Auto polieren

Simon| Legree [lɪ'gri:] S pej Leute-, Menschenschinder m; ~ **Pure** [pjʊə(r)] S meist **the real** ~ umg der wahre Jakob; ♀**-pure**

ADJ *umg* echt
simony ['saɪmənɪ; *US a.* 'sɪm-] S Simonie *f (Kauf u. Verkauf geistlicher Ämter etc)*
simoom [sɪ'mu:m], **simoon** [sɪ'mu:n] S Samum *m (ein heißer Wüstenwind)*
simp [sɪmp] S *US umg* Simpel *m*
simpatico [sɪm'pɑ:tɪkəʊ; -'pæt-] ADJ *US umg* 1 sympathisch 2 a gleich gesinnt b wesensverwandt: **be ~** sich einig sein (**about** über *akk*)
simper ['sɪmpə(r)] A VI albern *od* affektiert *od* unsicher lächeln B VT *etwas* mit e-m albernen *od* affektierten *od* unsicheren Lächeln äußern C S albernes *od* affektiertes *od* unsicheres Lächeln
simple ['sɪmpl] A ADJ (ADV → simply) 1 einfach, simpel *(Aufgabe, Erklärung etc)*: **it was as ~ as that** so einfach war das 2 einfach, schlicht *(Leben, Person etc)*: **~ diet** einfache Kost 3 einfach, schlicht: a schmucklos, kunstlos b ungekünstelt *(Stil etc)*: **~ beauty** schlichte Schönheit 4 einfach, niedrig: **of ~ birth** 5 rein, unverfälscht: **the ~ truth** 6 simpel: a einfältig, töricht b unbedarft, ungebildet c naiv, leichtgläubig 7 einfach, unkompliziert *(Design etc)*; **~ fracture** MED einfacher *od* glatter (Knochen)Bruch 8 einfach *(Diebstahl, Gleichung etc)*: **~ fraction** MATH einfacher *od* gemeiner Bruch; **~ majority** PARL einfache Mehrheit; **the ~ forms of life** BIOL die einfachen *od* niederen Lebensformen; **~ tense** LING einfache Zeit(form) 9 gering(fügig), unbedeutend 10 glatt, rein *(Wahnsinn etc)* 11 MUS *allg* einfach *(Ton etc)* B S *obs* 1 → simpleton 2 PHARM Heilkraut *n*, -pflanze *f*
simple| contract S JUR formloser *(mündlicher od schriftlicher)* Vertrag; **~-hearted** → simple-minded; **~ interest** S WIRTSCH Kapitalzinsen *pl*; **~-minded** ADJ (ADV ~ly) 1 einfach, schlicht 2 → simple A 6; **~-mindedness** S 1 Einfalt *f*, Schlichtheit *f* 2 Dummheit *f* 3 Naivität *f*; ♀ **Simon** → simpleton; **~ time** S MUS 2- *od* 3-teiliger Takt
simpleton ['sɪmpltən] S Einfaltspinsel *m pej*
simple-to-repair ADJ reparaturfreundlich
simplex ['sɪmpleks] A S 1 LING Simplex *n*, einfaches *od* nicht zusammengesetztes Wort 2 ELEK, TEL, *Telegrafie*: a Simplex-, Einfachbetrieb *m* b Simplex-, Einfachtelegrafie *f* B ADJ 1 LING einfach, nicht zusammengesetzt 2 ELEK, TEL, *Telegrafie*: Simplex…, Einfach…: **circuit** Simplexverbindung *f*; **~ operation** → A 2 a; **~ telegraphy** → A 2 b
simplicity [sɪm'plɪsətɪ] S 1 Einfachheit *f*: a Unkompliziertheit *f*: **~ itself** *umg* die einfachste Sache der Welt b Schlichtheit *f*: **~ of living** einfacher Lebensstil 2 Einfalt *f*, Naivität *f*
simplification [,sɪmplɪfɪ'keɪʃn] S Vereinfachung *f*; **simplificative** [-tɪv] ADJ (ADV ~ly) vereinfachend; **simplify** [-faɪ] VT vereinfachen
simplism ['sɪmplɪzəm] S (zu) grobe Vereinfachung; **simplistic** ADJ (ADV ~ally) (zu) grob vereinfachend
simply ['sɪmplɪ] ADV 1 einfach *(etc; → simple)*: **put it ~** *(Redew)* einfach ausgedrückt 2 bloß, nur: **~ and solely** einzig u. allein 3 *umg* einfach *(wundervoll etc)*
simulacrum [,sɪmjʊ'leɪkrəm; *US a.* -'læk-] *pl* -cra [-krə] S *obs* 1 (Ab)Bild *n* 2 Scheinbild *n*, Abklatsch *m* 3 leerer Schein, hohle Form
simulant ['sɪmjʊlənt] ADJ *bes* BOT ähnlich aussehend (**of** wie)
simulate ['sɪmjʊleɪt] VT 1 vortäuschen, vorspiegeln, (vor)heucheln, *bes e-e Krankheit* simulieren: **~d account** WIRTSCH fingierte Rechnung 2 nachahmen, imitieren: **~d** WIRTSCH imitiert, Kunst… 3 MIL simulieren, *Bedingungen, Vorgänge* (wirklichkeitsgetreu) nachahmen, TECH *a.* im Modell nachbilden; **simulation** S 1 Vorspieg(e)lung *f* 2 Heuchelei *f*, Verstellung *f* 3 Nachahmung *f* 4 Simulieren *n*, Krankspielen *n* 5 MIL Simulierung *f*, (wirklichkeitsgetreue) Nachahmung von Bedingungen *od* Vorgängen, TECH *a.* Nachbildung *f* im Modell; **simulator** [-tə(r)] S 1 Heuchler(in) 2 Nachahmer(in) 3 Simulant(in) 4 Simulator *m*: a TECH *Testgerät, in dem bestimmte Bedingungen wirklichkeitsgetreu herstellbar sind* b *a.* **~ routine** IT Simulator-, Simulationsprogramm *n* c FLUG, MIL, AUTO *etc* Ausbildungsgerät *n (z. B. stationäre Flugzeugkanzel)*
simulcast ['sɪməlkɑ:st; *US* 'saɪməl,kæst] *bes US* A VT *prät u. pperf* -cast, -casted *ein Programm etc* gleichzeitig im Rundfunk u. im Fernsehen übertragen B S gleichzeitig im Rundfunk u. im Fernsehen übertragenes Programm *etc*
simultaneity [,sɪmәltə'nɪətɪ; ,saɪ-] S Gleichzeitigkeit *f*
simultaneous [,sɪməl'teɪnjəs; -ɪəs; ,saɪ-] ADJ (ADV ~ly) simultan, gleichzeitig *(beide:* **with** mit*)*: **~ computer** Simultanrechenanlage *f*, -rechner *m*; **~ equations** *pl* MATH Gleichungssystem *n*; **~ game** *(Schach)* Simultanspiel *n*; **~ interpreter** (*od* **translator**) Simultandolmetscher(in); **~ interpreting** (*od* **translation**) Simultandolmetschen *n*
sin[1] [sɪn] A S 1 Sünde *f*: **cardinal ~** Hauptsünde; **deadly** (*od* **mortal, capital**) **~** Todsünde; **original ~** Erbsünde; **pardonable** (*od* **venial**) **~** lässliche Sünde; **(as) clever as ~** *umg* ganz schön gerissen; **(as) miserable as ~** *umg* todunglücklich; **(as) ugly as ~** *umg* hässlich wie die Nacht *(Person), (a. Haus etc)* potthässlich; **live in ~** *obs od hum* in Sünde leben; → besetting 1, omission 2 2 *fig* (**against**) Sünde *f*, Verstoß *m* (gegen), Frevel *m*, Versündigung *f* (an *dat*): → shame A 2 B VI 1 sündigen, fehlen: → company A 1 2 *fig* (**against**) sündigen, verstoßen (gegen), sich versündigen (an *dat*)
sin[2] ABK MATH sine sin
sinapism ['sɪnəpɪzəm] S MED Senfpflaster *n*
sin bin S *Eishockey*: *umg* Strafbank *f*: **in the ~** auf der Strafbank
since [sɪns] A ADV 1 seitdem, -her: **ever ~** seitdem; **long ~** seit Langem; **how long ~?** seit wie langer Zeit?; **a short time ~** vor Kurzem 2 inzwischen, mittlerweile: **he has ~ returned** B PRÄP seit: **~ 1945**; **~ Friday; ~ seeing you** seitdem ich dich sah C KONJ 1 seit(dem): **how long is it ~ it happened?** wie lange ist es her, dass das geschah?; **ever ~ he was a child** (schon) seit s-r Kindheit 2 da (ja), weil
sincere [sɪn'sɪə(r)] ADJ aufrichtig: a offen, *lit.* lauter b echt *(Zuneigung etc)*: **a ~ friend** ein wahrer Freund c ehrlich *(Wunsch etc)*; **sincerely** ADV aufrichtig: **Yours ~** Mit freundlichen Grüßen *(als Briefschluss)*; **sincereness** → sincerity 1
sincerity [sɪn'serətɪ] S 1 Aufrichtigkeit *f*: a Offenheit *f* b *lit.* Lauterkeit *f* c echtes *od* aufrichtiges Gefühl d Ehrlichkeit *f*; **in all ~** ganz offen *od* ehrlich (gesagt), in aller Offenheit; 2 Ernsthaftigkeit *f*
sinciput ['sɪnsɪpʌt] *pl* -puts, sincipita [-'sɪpɪtə] S ANAT 1 Schädeldach *n* 2 Vorderhaupt *n*
sine[1] [saɪn] S MATH Sinus *m*: **~ curve** Sinuskurve *f*; **~ of angle** Winkelsinus; **~ wave** PHYS Sinuswelle *f*
sine[2] ['saɪnɪ] PRÄP *bes* JUR ohne
sinecure ['saɪnɪ,kjʊə(r); 'sɪn-] S Sinekure *f*: a REL Pfründe *f* ohne Amtspflichten b *fig* einträglicher Ruheposten; **sinecurist** S Inhaber(in) e-r Sinekure
sine| die [,saɪnɪ'daɪi:; ,sɪnɪ'di:eɪ; ,sɪneɪ-] ADV JUR auf unbestimmte Zeit: **adjourn ~**; **~ qua non** [-kweɪ'nɒn; *US* ,sɪnɪ,kwɑ:'nɑn] S Conditio *f* sine qua non, unerlässliche Bedingung
sinew ['sɪnju:] S 1 ANAT Sehne *f* 2 Flechse *f* 3 *fig* Kraft *f*, Stärke *f*: **a man of great moral ~** 4 *fig* (Haupt)Stütze *f*; **sinewless** ADJ 1 ohne Flechsen *(Fleisch)* 2 *fig* kraftlos *(Stil etc)*; **sinewy** ADJ 1 sehnig 2 flechsig *(Fleisch)* 3 muskulös 4 *fig* kraftvoll *(Stil etc)*
sinfonia [,sɪnfə'nɪə; -'ni:ə; sɪn'fəʊnɪə] *pl* -nias, -nie [-'ni:eɪ; -nɪeɪ] S MUS 1 HIST Sinfonia *f (ein mehrstimmiges Instrumentalstück)* 2 *(in Namen)* Sinfonieorchester *n*, Sinfoniker *pl*
sinfonietta [,sɪnfəʊnɪ'etə; -fən'jetə] S MUS 1 HIST Sinfonietta *(kleine Sinfonia)* 2 kleines Sinfonieorchester, *bes* Streichorchester *n*
sinful ['sɪnfʊl] ADJ (ADV ~ly) sündig, sündhaft; **sinfulness** S Sündhaftigkeit *f*
sing. ABK LING singular Sg.
sing [sɪŋ] A VI *prät* sang [sæŋ], *a.* sung [sʌŋ], *pperf* sung [sʌŋ] 1 singen: **~ along** mitsingen; **~ to sb** j-m vorsingen; **~ up** lauter singen; **~ small** *fig umg* klein beigeben, kleinlaut werden 2 summen *(Biene, Wasserkessel etc)* 3 zirpen *(Grille)* 4 krähen *(Hahn)* 5 *fig* pfeifen, sausen, schwirren *(Geschoss etc)* 6 heulen, pfeifen *(Wind)* 7 klingen *(Ohren)* 8 *poet* singen, dichten: **~ of** besingen 9 sich *gut etc* singen lassen *(Melodie etc)* 10 **~ out** (laut) rufen (**for** nach *j-m, etwas*; **for help** um Hilfe) 11 *sl* singen (**to** bei): **~ on sb** j-n verpfeifen B VT 1 singen: **~ another song** (*od* **tune**) *fig* e-n anderen Ton anschlagen; **~ the same song** (*od* **tune**) *fig* ins gleiche Horn blasen *od* stoßen; **~ sorrow** *obs* jammern 2 **~ out** ausrufen, schreien 3 *poet* besingen 4 **~ a child to sleep** ein Kind in den Schlaf singen C S *bes US umg* (Gemeinschafts)Singen *n*; **singable** ADJ singbar, zu singen(d)
Singapore [,sɪŋgə'pɔ:(r); ,sɪŋə-; *US* '-,pɔ:r] S Singapur *n*
Singaporean [,sɪŋə'pɔ:rɪən; ,sɪŋəpɔ:'ri:ən; *US* ,sɪŋg-] A S Singapurer(in) B ADJ singapurisch
singe [sɪndʒ] A VT 1 (sich *etwas*) ver- *od* ansengen: **~ one's beard** sich den Bart ansengen; **~ one's wings** *fig* sich die Finger verbrennen 2 *Geflügel, Schweine* (ab)sengen 3 *meist* **~ off** *Borsten etc* absengen 4 **~ sb's hair** j-m die Haarspitzen absengen *(Friseur)* 5 *Tuch* sengen, (ab)flammen B S Brandfleck *m*, versengte Stelle; **singeing** S (Ver-, Ab-, An)Sengen *n*
singer ['sɪŋə(r)] S 1 Sänger(in) *(a. poet Dichter)*: → node 2 2 Singvogel *m*; **~-songwriter** S Liedermacher(in)
Singhalese [,sɪŋhə'li:z; *bes US* ,sɪŋgə'li:z] A S 1 Sing(h)alese *m*, Sing(h)alesin *f*: **the ~** *koll* die Sing(h)alesen *pl* 2 LING Sing(h)alesisch *n*, das Sing(h)alesische B ADJ sing(h)alesisch
singing ['sɪŋɪŋ] A ADJ 1 singend *(etc; → sing* A*)*: **~ bird** Singvogel *m* 2 Sing…, Gesangs…: **~ lesson**; **~ voice** Singstimme *f* 3 PHYS tönend *(Flamme etc)*: **~ glass** PHYS Resonanzglas *n* B S 1 Singen *n*, Gesang *m*: **teach ~** Gesangsunterricht geben 2 *fig* Klingen *n*, Summen *n*, Pfeifen *n (a.* ELEK *etc)*, Sausen *n*: **a ~ in the ears** Ohrensausen
single ['sɪŋgl] A ADJ (ADV → singly) 1 einzig: **not a ~ one** kein Einziger 2 einzeln, einfach, Einzel…, Ein(fach)…, ein…: **~-decker** FLUG Eindecker *m (Br a. einstöckiger Bus)*; **~-engined** einmotorig *(Flugzeug)*; **~ pneumonia** MED einseitige Lungenentzündung; **~-pole switch** einpoliger Schalter; **~-stage** einstufig; **~-thread** eingängig *(Gewinde)*; **~(-trip) ticket** → B 2; → bookkeeping 3 einzeln, Einzel…: **~ bed** Einzelbett *n*; **~ item** Einzelstück *n (e-r Sammlung)*; **~ parts** Einzelteile; **~ room** → B 3; **~-room supplement** Einzelzimmerzuschlag

S

m; **every ~ word** jedes einzelne Wort 4 alleinstehend, ledig, unverheiratet: **~ father** alleinerziehender Vater; **~ life** Singledasein *n*, -leben *n*; **~ man** Single *m*, Alleinstehende(r) *m*, Junggeselle *m*; **~ mother** alleinerziehende Mutter; **~ parent** Alleinerziehende(r) *m/f(m)*; **~-parent family** Einelternfamilie *f*; **~ woman** Single *m*, Alleinstehende *f*, Junggesellin *f*; → blessedness 1, householder 2 5 einmalig (*Zahlung etc*) 6 *fig* einmalig, einzigartig: **of a ~ beauty** 7 ungeteilt: **have a ~ eye for** nur Sinn haben für, nur denken an (*akk*); **with a ~ voice** wie aus einem Munde 8 BOT einfach, ungefüllt (*Blüte*) 9 TECH einfach, nur einen Arbeitsgang verrichtend (*Maschine*) 10 *fig* aufrichtig (*Hingabe etc*) B S 1 (*der, die, das*) Einzelne *od* Einzige 2 *Br* a einfache Fahrkarte b FLUG einfaches Ticket 3 Einzel-, Einbettzimmer *n* 4 *pl Tennis etc*: a Einzel *n* (*Wettbewerb*) b (*als sg konstruiert*) *a.* **~s match** Einzel *n*: **~s court** Einzelfeld *n*; **~s player** Einzelspieler(in); **men's ~s** Herreneinzel 5 Single *f* (*Schallplatte*) 6 *US* Eindollarschein *m* 7 Single *m*, Unverheiratete(r) *m/f(m)*: **~s bar** Singlelokal *n* 8 JAGD *Br* Wedel *m*, Ende *n* (*des Rehwilds*) C VT *meist* **~ out** a auslesen, -suchen, -wählen (*alle*: **from** aus) b bestimmen (**for** für *e-n Zweck*) c herausheben

single|-acting ADJ TECH einfach wirkend; **~-action** ADJ TECH Einfach… (*nur einen Arbeitsgang verrichtend*): **~ rifle** Spannschlossgewehr *n*; **~-barrel(l)ed** ADJ einläufig (*Gewehr*); **~-bladed** ADJ: **~ paddle** (*Kanusport*) Stechpaddel *n*; **~-blind** ADJ: **~ experiment** (*od* **test**) PHARM, PSYCH Blindversuch *m*; **~-breasted** ADJ einreihig: **~ suit** Einreiher *m*; **~ combat** S Zweikampf *m*, Kampf *m* Mann gegen Mann; **~ currency** S WIRTSCH Einheitswährung *f*; **~-cut** ADJ TECH einhiebig (*Feile*); **~ entry** S WIRTSCH 1 einfache Buchung 2 einfache Buchführung; ♀ **European Market** S WIRTSCH (*der*) Europäische Binnenmarkt; **~ file** A S: **in ~** → B B ADV im Gänsemarsch, MIL in Reihe; **~-foot** S (schneller) Passgang; **~-handed** ADJ (ADV ~ly) 1 einhändig 2 mit einer Hand (arbeitend *etc*) 3 *fig* eigenhändig, selbstständig, ohne (fremde) Hilfe, auf eigene Faust: **~ly** *a.* allein, im Alleingang 4 *bes* TECH mit einer Hand zu bedienen(d), Einmann… 5 *Segeln*: Einhand…: **~ yachtsman**; **~-hearted** → single-minded

singlehood ['sɪŋglhʊd] S Singledasein *n*, -leben *n*

single| market S WIRTSCH (*der*) Binnenmarkt (*der EU*); **~-minded** ADJ (ADV ~ly) 1 aufrichtig, redlich 2 zielstrebig, -bewusst; **~-mindedness** S 1 Aufrichtigkeit *f* 2 Zielstrebigkeit *f*; **~-name paper** S WIRTSCH *US* nicht girierter Solawechsel

singleness S 1 Einmaligkeit *f* 2 Ehelosigkeit *f* 3 Einsamkeit *f* 4 *a.* **~ of purpose** Zielstrebigkeit *f* 5 Aufrichtigkeit *f*

single|-phase ADJ ELEK einphasig, Einphasen…; **~ price** S WIRTSCH Einheitspreis *m*; **~-seater** *bes* FLUG A S Einsitzer *m* B ADJ Einsitzer…, einsitzig; **~-sex** ADJ: **~ school** SCHULE a Jungenschule *f* b Mädchenschule *f*; **~-space** VT & VI mit einzeiligem Abstand schreiben *od* tippen; **~ standard** *US* → monometalism; **~stick** S SPORT, HIST a Stockrapier *n* b Stockfechten *n*

singlet ['sɪŋglɪt] S 1 a *bes Br* ärmelloses Unterhemd b ärmelloses Trikot 2 CHEM Singulett *n* (*e-e nicht aufspaltbare Spektrallinie*)

single tax S WIRTSCH *US* Einheitssteuer *f*

singleton ['sɪŋgltən] S 1 *Kartenspiel*: blanke Karte 2 a Einzelkind *n* b Individuum *n* c Einzelgegenstand *m*

single|-track ADJ 1 einspurig (*Straße*), BAHN *a.* eingleisig 2 einspurig (*Tonband*) 3 → one-track; **~-valued** ADJ MATH einwertig, -deutig; **~-wire** ADJ ELEK eindrähtig, Einader…

singly ['sɪŋglɪ] ADV 1 einzeln 2 → single-handed 3

sing|-out S Sing-out *n* (*öffentliches Singen von Protestliedern*); **~song** A S 1 Singsang *m* 2 *Br* Gemeinschaftssingen *n*: **have a ~** gemeinschaftlich singen B ADJ eintönig C VT & VI eintönig sprechen *od* singen

singular ['sɪŋgjʊlə(r)] A ADJ (ADV ~ly) 1 singulär: a einzigartig, einmalig b vereinzelt vorkommend 2 eigentümlich, seltsam 3 LING singularisch, Singular…: **~ number** → B 4 MATH singulär (*Integral, Matrix etc*) 5 *bes* JUR einzeln, gesondert: **all and ~** jeder (jede, jedes) einzelne B S LING Singular *m*, (Wort *n* in der) Einzahl *f*; **singularism** S PHIL Singularismus *m* (*Lehre, nach der die Welt als Einheit, deren Teile nur scheinbar selbstständig sind, angesehen wird*); **singularity** [-'lærətɪ] S 1 Einzigartigkeit *f*, Einmaligkeit *f* 2 Eigentümlichkeit *f*, Seltsamkeit *f* 3 MATH Singularität *f*; **singularize** VT 1 herausstellen 2 LING in den Singular *od* die Einzahl setzen

singultus [sɪŋ'gʌltəs] S MED Singultus *m*, Schluckauf *m*

sinister ['sɪnɪstə(r)] ADJ (ADV ~ly) 1 böse, drohend, unheilvoll 2 finster, unheimlich 3 *Heraldik*: link(er, e, es)

sinistral ['sɪnɪstrəl] ADJ (ADV ~ly) 1 link(er, e, es), linksseitig 2 linkshändig 3 ZOOL linkswendig (*Schneckenhaus*)

sink [sɪŋk] A VI *prät* sank [sæŋk], sunk [sʌŋk], *pperf* sunk [sʌŋk] 1 sinken, untergehen (*Schiff etc*; *a. Gestirn*): **~ or swim** *fig* ganz egal, was passiert; **leave sb to ~ or swim** *fig* j-n s-m Schicksal *od* sich selbst überlassen 2 herabsinken (*Kopf etc*): **~ into a chair** in e-n Sessel sinken; **~ into the grave** ins Grab sinken 3 ver-, einsinken: **~ in the deep snow** 4 sich senken: a herabsinken (*Dunkelheit, Wolke etc*) b abfallen (*Gelände*) c einsinken (*Haus, Grund*) 5 sinken, fallen (*Preise, Wasserspiegel, Zahl etc*) 6 zusammen-, umsinken 7 **~ under** erliegen (*dat*) 8 (ein)dringen, (ein)sickern (*beide*: **into** in *akk*) 9 *fig* (**into**) (*in j-s Geist*) eindringen, sich einprägen (*dat*): **he allowed his words to ~ in** er ließ s-e Worte wirken 10 **~ into** *fig* in *Ohnmacht, Schlaf etc* sinken 11 nachlassen, abnehmen, schwächer werden (*Sturm etc*): **the ~ing flames** die verlöschenden Flammen 12 sich dem Ende nähern, schwächer werden (*Kranker*): **the patient is ~ing fast** der Kranke verfällt zusehends 13 **~ into** in *Armut, Vergessenheit etc* geraten, *dem Laster etc* verfallen 14 (*im Wert etc*) sinken 15 sich senken (*Stimme, Blick*): *his voice* **sank to a whisper** senkte sich zu e-m Flüstern 16 sinken (*Mut*): **his heart sank** ihn verließ der Mut, sein Mut sank; → boot[1] A 1 B VT 1 zum Sinken bringen 2 a *ein Schiff etc* versenken b *umg ein Getränk* hinunterschütten 3 *ein Rohr etc* ver-, einsenken 4 *e-e Grube etc* ausheben, *e-n Brunnen, ein Loch* bohren: **~ a shaft** (*Bergbau*) e-n Schacht abteufen 5 TECH a einlassen, -betten b eingravieren, -schneiden c *e-n Stempel* schneiden 6 *den Wasserspiegel etc, a. e-n Preis, e-n Wert* senken 7 *den Blick, Kopf, a. die Stimme* senken: **~ one's head on one's chest** den Kopf auf die Brust sinken lassen 8 (*im Preis od Wert*) herabsetzen 9 vermindern, -ringern 10 *fig das Niveau, den Stand* herabdrücken 11 a zugrunde richten, ruinieren: **we are sunk** *umg* wir sind erledigt *od* geliefert b *e-n Plan etc* zum Scheitern bringen 12 *e-e Tatsache etc* verheimlichen, vertuschen 13 sich hinwegsetzen über (*akk*): **~ one's differences** den Streit begraben *od* beilegen 14 *Geld, Arbeit etc* investieren (**in, into** in *akk*) 15 WIRTSCH *e-e Schuld* tilgen 16 *e-n Anspruch, Namen etc* aufgeben C S 1 Ausguss(becken) *m(n)*, Spülbecken *n*, Spüle *f* (*in der Küche*): **go down the ~** *fig umg* zum Teufel gehen, flöten gehen; **~ tidy** Abflusssieb *n* 2 Abfluss *m*, Abwasserrohr *n* 3 *fig* Pfuhl *m*, Sumpf *m*: **a ~ of iniquity** a ein Sündenpfuhl b e-e Lasterhöhle 4 GEOL a Bodensenke *f* b Endsee *m*, Binnendelta *n* c Erosionstrichter *m* 5 THEAT Versenkung *f*

sinkable ['sɪŋkəbl] ADJ zu versenken(d), versenkbar

sinker S 1 *Bergbau*: Abteufer *m* 2 TECH Stempelschneider(in) 3 *Weberei*: Platine *f* 4 a SCHIFF Senkblei *n* (*Lot*) b Senkgewicht *n* (*am Fischnetz etc*): → hook A 3 5 *US umg* Krapfen *m* (*Gebäck*)

sinking A S 1 (Ein-, Ver)Sinken *n* 2 Versenken *n* 3 *a.* **~ in the stomach** flaues Gefühl im Magen (*a. fig*) 4 MED Senkung *f* (*e-s Organs*) 5 WIRTSCH Tilgung *f* (*e-r Schuld*) B ADJ 1 sinkend (*a. Kräfte, Mut etc*): **~ feeling** → A 3 2 WIRTSCH Tilgungs…: **~ fund** Tilgungs-, Amortisationsfonds *m*

sinless ADJ (ADV ~ly) sündlos, sündenfrei; **sinlessness** S Sündlosigkeit *f*

sinner ['sɪnə(r)] S Sünder(in) (*a. fig Missetäter[in]*; *a. hum Halunke*)

Sinn| Fein [ˌʃɪn'feɪn] S POL *Ir* Sinn Fein *m* (*1905 gegründete nationalistische Bewegung*); **~ Feiner** S Sinnfeiner(in)

Sino- [sɪnəʊ; saɪ-; -nə] *Wortelement mit der Bedeutung* chinesisch, China…: **~American** chinesisch-amerikanisch

Sinological [ˌ-'lɒdʒɪkl; *US* -'lɑ-] ADJ (ADV ~ly) sinologisch; **Sinologist** [-'nɒlədʒɪst; *US* -'nɑl-], **Sinologue** [-nəlɒg; *US a.* -ˌlɑg] S Sinologe *m*, Sinologin *f*; **Sinology** [-dʒɪ] S Sinologie *f* (*Erforschung der chinesischen Sprache, Kultur etc*)

sinter ['sɪntə(r)] A S GEOL, METALL Sinter *m* B VT *Erz* sintern

sinuate ['sɪnjʊət; -eɪt; *US* -jəwət; -jəˌweɪt] ADJ *bes* BOT gebuchtet (*Blatt*)

sinuosity [ˌsɪnjʊ'ɒsətɪ; *US* -jə'wɑs-] S 1 Biegung *f*, Krümmung *f*, Windung *f* 2 Gewundenheit *f* 3 *fig* (*das*) Verwickelte

sinuous ['sɪnjʊəs; *US* -jəwəs] ADJ (ADV ~ly) 1 gewunden, wellenförmig, sich schlängelnd: **~ line** Wellen-, Schlangenlinie *f*; **~ flow** PHYS Wirbelströmung *f* 2 MATH sinusförmig gekrümmt 3 *fig* verwickelt 4 *fig* krumm, winkelzügig 5 geschmeidig

sinus ['saɪnəs] S 1 Krümmung *f*, Kurve *f* 2 Ausbuchtung *f* (*a.* BOT *e-s Blattes*) 3 ANAT, MED Sinus *m*: a (Knochen-, Neben)Höhle *f* b (*im Hirn*) venöser Sinus c Ausbuchtung *f* (*in Gefäßen u. Gängen*) d Fistelgang *m*

sinusitis [ˌsaɪnə'saɪtɪs] S MED Sinu(s)itis *f*, Nebenhöhlenentzündung *f*

sinusoidal [ˌsaɪnə'sɔɪdl] ADJ ELEK, MATH, PHYS sinusförmig, Sinus…

Siouan ['su:ən] *bes* LING A ADJ Sioux… B S Sioux *n*, die Sprache der Sioux

Sioux [su:] A *pl* Sioux [su:z; su:] S 1 Sioux *m/f*, Siouxindianer(in): **the ~** *koll* die Sioux (-indianer) *pl* 2 → Siouan B B ADJ Sioux…; **~ State** S *US* (*Beiname für den Staat*) North Dakota *n*

sip [sɪp] A VT nippen an (*dat*) *od* von, schlückchenweise trinken B VI (**at**) nippen (an *dat od* von), schlückchenweise trinken (von) C S 1 Nippen *n* 2 Schlückchen *n*

siph → syph

siphon ['saɪfn] A S 1 Siphon *m*, Saugheber *m* 2 *a.* **~ bottle** Siphonflasche *f* 3 TECH Unterführung *f* (*e-r Wasserleitung etc*) 4 ZOOL Sipho *m (Atem-, Kloakenöffnung)* B VT 1 a. **~ out** *(a. MED den Magen)* aushebe(r)n, entleeren 2 a. **~ off** a absaugen b *fig Gelder, Personal etc* abziehen c *fig e-n Gewinn etc* abschöpfen C VI *(durch e-n Heber)* aus-, ablaufen; **siphonage** S *bes* PHYS 1 Aushebern *n* 2 Heberwirkung *f*

sippet ['sɪpɪt] S *allg* Stückchen *n*, *bes* a Brot-, Toastbrocken *m (zum Eintunken)* b → **crouton**

sir [sɜː; *unbetont* sə; *US* sɜr; sər] S 1 mein Herr! *(respektvolle Anrede, meist unübersetzt)*: **yes, ~** ja (-wohl), Herr Lehrer, Herr Oberst, Mr Bentley *etc*; **no, ~** a nein, mein Herr *etc* b *iron* nein, mein Lieber!, nichts da, mein Freund!; **my dear ~!** *iron* mein Verehrtester!; ♀ *Anrede in Leserbriefen (im Deutschen unübersetzt)*; **Dear ♀s** Sehr geehrte Herren! *(Anrede in Briefen)* 2 ♀ *Br* Sir *m (Titel e-s* **baronet** *od* **knight**): ♀ **W. Churchill**, ♀ **Winston Churchill**, *(vertraulicher)* ♀ **Winston** 3 *Br Anrede für den* ***Speaker*** *im Unterhaus* 4 ♀ *Titel für antike Helden*

sirdar ['sɜːdɑː; *US* 'sɜr,dɑːr] S MIL Sirdar *m*: a *(in Indien etc)* Befehlshaber *m* b HIST *(in Ägypten)* brit. Armee-Oberbefehlshaber *m*

sire ['saɪə(r)] A S 1 *poet* a Vater *m*, Erzeuger *m* b Vorfahr *m* 2 Vater(tier) *m(n)*, männliches Stammtier, *bes* Beschäler *m*, Zuchthengst *m* 3 ♀! Sire!, Eure Majestät! *(Anrede)* B VT zeugen: **be ~d by** abstammen von *(bes Zuchtpferd)*

siren ['saɪərən] A S 1 MYTH Sirene *f (a. fig verführerische Frau od bezaubernde Sängerin)* 2 TECH Sirene *f* 3 ZOOL a Armmolch *m* b → **sirenian** B ADJ Sirenen…, *bes fig* lockend, verführerisch: **~ song** Sirenengesang *m*

sirenian [saɪ'riːnjən; -ɪən] S ZOOL Sirene *f*, Seekuh *f*

siriasis [sɪ'raɪəsɪs] S MED Sonnenstich *m*

sirloin ['sɜːlɔɪn; *US* 'sɜr-] S GASTR Rinderlende *f*: **~ steak** Lendensteak *n*

sirocco [sɪ'rɒkəʊ; *US* -'rɑk-] S Schirokko *m (warmer Wind im Mittelmeergebiet)*

sirrah ['sɪrə] S *pej obs* du da!

sirree, *a.* ♀ [sər'iː; ,sɜr'iː] S *US umg*: **yes, ~!** aber klar!; **no, ~!** bestimmt nicht!

sir-reverence S *obs* mit Verlaub *(bes entschuldigend)*

sirtaki [sɪə'tɑːki; *US* sɪr-] S MUS Sirtaki *m (ein griechischer Volkstanz)*

sirup, **sirupy** → syrup, syrupy

sis [sɪs] S *umg* Schwesterherz *n (bes Anrede)*

sisal (hemp) ['saɪsl] S 1 BOT Sisalagave *f* 2 Sisal(hanf) *m*

siskin ['sɪskɪn] S ORN Zeisig *m*

sissified ['sɪsɪfaɪd] ADJ *umg* → **sissy** B

sissy ['sɪsɪ] *umg* A S 1 a Weichling *m* b Heulsuse *f pej* 2 Waschlappen *m pej* 3 *US* kleines Mädchen B ADJ 1 weibisch, verweichlicht 2 feig

sister ['sɪstə(r)] A S 1 Schwester f: **the Fatal** *(od* **Three) ♀s** die drei Schicksalsschwestern 2 REL a (Ordens-)Schwester *f* b *pl* Schwestern (-schaft) *pl(f)*: **♀s of Mercy** Barmherzige Schwestern 3 MED *bes Br* Oberschwester *f* 4 *fig* Schwester *f (etwas Gleichartiges)*: **prose, the younger ~ of verse** 5 WIRTSCH Schwester *f (Schwestergesellschaft)* 6 *US sl (als Anrede)* Mädchen!, Kleine! B ADJ Schwester… *(a. fig)*: **~ cells** (**company, party, ship,** *etc*); **~ town** Partnerstadt *f*; **~-german** *pl* ~s-german S leibliche Schwester

sisterhood S 1 schwesterliches Verhältnis 2 Schwesterlichkeit *f* 3 REL Schwesternschaft *f*

sister-in-law *pl* sisters-in-law, sister-in-laws S Schwägerin *f*

sisterless ADJ schwesterlos, ohne Schwester(n); **sisterly** ADJ schwesterlich: **~ love** Schwesterliebe *f*

Sistine ['sɪstiːn; *Br a.* -taɪn] ADJ sixtinisch: **~ Chapel** Sixtinische Kapelle

Sisyphean [,sɪsɪ'fiːən] ADJ: **~ labo(u)r** *(od* **task)** Sisyphusarbeit *f*

sit [sɪt], *prät* sat [sæt] *obs* sate [sæt; seɪt], *pperf* sat [sæt] *obs* sitten ['sɪtn] A VI 1 sitzen: **~ at sb's feet** *(als Schüler)* zu j-s Füßen sitzen; **~ on one's hands** a nicht applaudieren b *fig* keinen Finger rühren; **as sure** *(od* **true) as I'm sitting here** so wahr ich hier sitze; **don't just ~ there!** sitz nicht tatenlos herum!; → **fence** A 1, **pretty** B, **tight** B 2 2 sich (hin)setzen: **~!** *(an e-n Hund)* Platz!; **~ by** *(od* **with) sb** sich zu j-m *od* neben j-n setzen 3 liegen *(Bücher etc)*, *(Stadt etc a.)* gelegen sein, *(Auto etc)* stehen 4 sitzen, brüten *(Henne)* 5 liegen, lasten *(beide:* **on** auf *dat)*: **~ heavily on sb's stomach** j-m schwer im Magen liegen 6 **the wind is ~ting in the west** es herrscht *od* wir haben Westwind 7 e-e Sitzung (ab)halten, tagen: → **judgment** 1 8 *(in e-m Amt)* sitzen, e-n Sitz (inne)haben (**in Parliament**, *etc* im Parlament *etc*): **~ on a committee** e-m Ausschuss angehören; → **sit for** 2 9 (**to sb** j-m) (Modell *od* Porträt) sitzen: → **sit for** 3 10 **~ well on sb** j-m gut passen *(Kleidungsstück)* 11 babysitten (**for** bei) B VT 1 **~ o.s.** sich setzen: → **sit down** B 2 *(im Sattel)* sitzen auf *(dat)*: **~ a horse well** gut zu Pferd sitzen 3 Sitzplatz bieten für, aufnehmen: **the car will ~ 6 persons** 4 setzen: **~ a hen on eggs** e-e Glucke setzen 5 *Br e-e Prüfung* machen 6 *bes US umg* auf *Kinder* aufpassen

Phrasal Verbs: **sit| about**, **~ around** VI herumsitzen; **~ back** VI 1 sich zurücklehnen 2 *fig* die Hände in den Schoß legen; **~ by** VI keinen Finger rühren; **~ down** A VI 1 sich (hin-, nieder)setzen, Platz nehmen: **~ to work** sich an die Arbeit machen 2 sitzen 3 **~ under** *e-e Beleidigung etc* hinnehmen, einstecken B VT *j-n* (hin)setzen; **~ for** VI 1 *Br* a *e-e Prüfung* machen b die Prüfung machen für 2 PARL *Br e-n Wahlkreis* vertreten, Abgeordnete(r) sein für 3 **~ one's portrait** sich porträtieren lassen; **~ in** VI 1 a ein Sit-in veranstalten *od* inszenieren b an e-m Sit-in teilnehmen 2 **~ on** dabei sein bei, beiwohnen *(dat)* 3 **~ for** *Br* für *j-n* einspringen (**as** als); **~ on** VI 1 *j-m* im Magen liegen: → **sit** A 5 2 → **sit** A 8 3 beraten über *(akk)* 4 *umg* a *j-m* aufs Dach steigen: **he needs to be sat on** er hat e-e Abreibung nötig b *j-n, e-e Initiative etc* unterdrücken; **~ out** A VT 1 *e-r Vorstellung* bis zum Ende beiwohnen 2 länger bleiben *od* (es) länger aushalten als *(ein anderer Besucher etc)* 3 *ein Spiel, e-n Tanz etc* auslassen 4 *e-e Krise etc* durchstehen, *ein Problem etc* aussitzen B VI 1 aussetzen, *(bei e-m Spiel etc)* nicht mitmachen 2 draußen *od* im Freien sitzen 3 *Segeln: bes Br* das Boot ausreiten; **~ over** VI 1 über *od* an *e-r Arbeit* sitzen 2 zur Seite rücken; **~ through** VI a (sich) *e-n Film etc* bis zum Ende *od* ganz ansehen b *etwas* über sich ergehen lassen; **~ up** A VI 1 aufrecht *od* gerade sitzen 2 sich aufsetzen: **~ and beg** schönmachen, Männchen machen *(Hund)* 3 sich *(im Bett etc)* aufrichten 4 a aufbleiben: **you don't have to ~ for me** du musst meinetwegen nicht aufbleiben; → **late** B 1 b wachen (**with** bei *e-m Kranken*) 5 *a.* **~ and take notice** *umg* aufhorchen, aufmerksam werden: **make sb ~** *umg* a j-n aufhorchen lassen b j-n aufrütteln c j-n schwer rannehmen B VT *j-n* aufsetzen *od* aufrichten; **~ upon** → **sit on**

sitar [sɪ'tɑː(r); *Br a.* 'sɪtɑː] S MUS Sitar *m (e-e indische Laute)*

sit|com ['sɪtkɒm; *US* -,kɑm] S *umg* Sitcom *f (→ situation comedy)*; **~-down** A S 1 Verschnaufpause *f*: **have a ~** e-e Verschnaufpause einlegen 2 a *a.* **~ strike** WIRTSCH Sitzstreik *m* b *a.* **~ demonstration** Sitzdemonstration *f*, -blockade *f* B ADJ im Sitzen (eingenommen) *(Mahlzeit etc)*

site [saɪt] A S 1 Lage *f (e-r Baulichkeit, Stadt etc)*: **~ plan** Lageplan *m* 2 Stelle *f*, Örtlichkeit *f*: **~ assembly** TECH Montagebauverfahren *n*; **on ~** a an Ort u. Stelle, vor Ort *liefern etc* b auf der Baustelle 3 Stelle *f*, Stätte *f*, Schauplatz *m (e-s Vorgangs)*: **the ~ of the crash** FLUG die Absturzstelle; **the ~ of the excavations** die Ausgrabungsstätte; **the ~ of the crime** der Tatort; **the ~ of the fracture** MED die Bruchstelle 4 Bauplatz *m*, -gelände *n*, Grundstück *n* 5 Sitz *m (e-r Industrie)* 6 WIRTSCH *(Ausstellungs)* Gelände *n* B VT platzieren, legen, aufstellen, an-, unterbringen, *e-r Sache* e-n Platz geben, MIL *Raketen etc* stationieren, *ein Geschütz etc* in Stellung bringen: **well-~d** schön gelegen, in schöner Lage *(Haus)*

sith [sɪθ] *obs für* **since**

sit-in S Sit-in *n*, Sitzstreik *m*

sitology [saɪ'tɒlədʒɪ; *US* -'tɑl-] S MED Diätkunde *f*, Ernährungswissenschaft *f*; **sitomania** [-təʊ'meɪnjə; -nɪə] S MED, PSYCH Sitomanie *f (krankhafte Esssucht)*; **sitophobia** [-təʊ'fəʊbjə; -bɪə] S MED, PSYCH Sitophobie *f (Nahrungsverweigerung, bes bei Zwangsneurosen)*

sit spin S *Eis-, Rollkunstlauf*: Sitzpirouette *f*

sitten ['sɪtn] *pperf obs von* **sit**

sitter ['sɪtə(r)] S 1 Sitzende(r) *m/f(m)* 2 a Glucke *f* b brütender Vogel: **a bad ~** e-e schlechte Brüterin 3 MAL Modell *n* 4 Babysitter(in) 5 SPORT *umg* hundertprozentige (Tor-)Chance

sitting A S 1 Sitzen *n* 2 *bes* JUR, PARL Sitzung *f*, Tagung *f* 3 MAL, FOTO *etc* Sitzung *f*: **at** *(od* **in) one ~** *fig* in einem Zug *durchlesen etc* 4 a Brutzeit *f* b Gelege *n* 5 REL, THEAT Sitz *m*, Platz *m* B ADJ 1 sitzend 2 brütend: **~ hen** Glucke *f* 3 Sitz…: **~ place** Sitz(platz) *m*; **~ duck** S *fig* leichte Beute (**for** für); **~ member** S (derzeitige[r]) Abgeordnete(r); **~ room** S 1 Platz *m* zum Sitzen 2 *bes Br* Wohnzimmer *n*; **~ tenant** S (augenblickliche[r]) Mieter(in) *(bes bei Hausverkauf)*

situate ['sɪtjʊeɪt; *US* 'sɪtʃə,weɪt] A VT 1 aufstellen, *e-r Sache* e-n Platz geben, den Platz *(gen)* bestimmen *od* festlegen 2 in e-e Lage bringen B ADJ [-eɪt; *US a.* -ət] JUR *od obs für* **situated** 1; **situated** [-eɪtɪd] ADJ 1 gelegen: **be ~** liegen, (gelegen) sein *(Haus)* 2 in *e-r schwierigen etc* Lage (befindlich): **well-~** gut situiert, wohlhabend; **thus ~** in dieser Lage

situation [,sɪtjʊ'eɪʃn; *US* -tʃə'w-] S 1 Lage *f (e-s Hauses etc)* 2 Platz *m* 3 *fig* Situation *f*: a Lage *f*, Zustand *m* b Sachlage *f*, Umstände *pl*: **~ map** MIL Lagekarte *f*, TECH Situationsplan *m*; **~ report** MIL Lagebericht *m* 4 THEAT *etc* dramatische *od* kritische Situation 5 Stellung *f*, Stelle *f*, Posten *m*: **"~s vacant"** *(in Zeitungen etc)* „Stellenangebote"; **"~s wanted"** „Stellengesuche"; **situational** [-ʃənl] ADJ (ADV **~ly**) 1 Situations…, Lage… 2 situativ

situation| comedy S RADIO, TV humorvolle Serie; **~ ethics** SPL *(als sg konstruiert)* PHIL Situationsethik *f (Ethik, nach der sittliche Entscheidungen nur von der jeweiligen konkreten Situation des Handelns abhängig sind)*

sit-up S *Gymnastik*: Sit-up *m (Übung aus der Rückenlage in den Sitz)*: **do a ~** e-n Sit-up machen

situs ['saɪtəs] *pl* **situs** S 1 MED Situs *m*, (anatomische) Lage *(e-s Organs)* 2 Sitz *m*, Lage *f*, Ort *m*

sitz| bath [sɪts] S 1 Sitzbadewanne *f* 2 Sitzbad *n*; **~mark** S *Skisport*: Badewanne *f*

Siva ['siːvə; 'ʃiːvə] EIGENN Schiwa *m (ein Hauptgott des Hinduismus)*; **Sivaism** S REL Schiwaismus *m*

six [sɪks] A ADJ 1 sechs: **the ♀ Counties** *pl*

S

Nordirland *n*; ♀ **Days' War** HIST Sechstagekrieg *m*; **it is ~ of one and half a dozen of the other**, *a.* **it is ~ and two threes** *fig* das ist gehupft wie gesprungen *od* Jacke wie Hose; **be ~ feet under** *umg* sich die Radieschen von unten ansehen *od* besehen *od* betrachten 2 *(in Zusammensetzungen)* sechs...: **~-cylinder(ed)** AUTO sechszylindrig, Sechszylinder... B S 1 Sechs *f (Zahl, Spielkarte etc)*: **the ~ of spades** die Piksechs; **by ~es** immer sechs auf einmal; **be at ~es and sevens** a ganz durcheinander sein, schwimmen *(a.* SPORT*)* b uneins sein, sich in den Haaren liegen; **I'm at ~es and sevens about what to do** ich weiß überhaupt nicht mehr, was ich machen soll 2 AUTO, TECH *US umg* Sechszylinder *m (Motor u. Wagen)*

six|-day race S, *umg* **~ days** SPL *Radsport*: Sechstagerennen *n*; **~-eight time** S MUS Sechsachteltakt *m*

sixfold ['sɪksfəʊld] A ADJ & ADV sechsfach B S *(das)* Sechsfache

six|-footer S *umg* sechs Fuß langer Mensch, *weitS.* baumlanger Kerl; **~gun** → six-shooter; **~-pack** S Sechserpack(ung) *m(f) (Dosenbier etc)*; **~pence** [-pəns] S *Br* HIST Sixpence(stück) *m(n)*; **~penny** [-pənɪ] ADJ *Br* HIST zu sechs Pennys: **~ bit** Sixpencestück *n*; **~-shooter** S *US umg* sechsschüssiger Revolver

sixte [sɪkst] S *Fechten*: Sixt *f*

sixteen [ˌsɪks'tiːn; 'sɪkstiːn] A S Sechzehn *f* B ADJ sechzehn: **she's sweet ~** sie ist süße sechzehn (Jahre alt)

sixteenmo [sɪks'tiːnməʊ] *pl* -mos → sextodecimo

sixteenth [ˌsɪks'tiːnθ; 'sɪkst-] A ADJ 1 sechzehnt(er, e, es) 2 sechzehntel B S 1 *(der, die, das)* Sechzehnte 2 Sechzehntel *n* 3 *a.* **~ note** MUS *US* Sechzehntel(note) *n(f)*; **~ rest** S MUS Sechzehntelpause *f*

sixth [sɪksθ] A ADJ 1 sechst(er, e, es): **in the ~ place** sechstens, an sechster Stelle; **~ sense** *fig* sechster Sinn 2 sechstel B S 1 *(der, die, das)* Sechste: **the ~ of May** der 6. Mai; **it's the ~ today** heute ist der Sechste 2 Sechstel *n* 3 MUS Sext *f*: **~ chord** Sextakkord *m*; **~ column** S POL *US* sechste Kolonne: a *Gruppe, die die Untergrundtätigkeit der fünften Kolonne unterstützt* b *organisierte Gruppe zur Bekämpfung der fünften Kolonne*; **~ form** S SCHULE *Br Abschlussklassen e-r höheren Schule, die auf die A levels vorbereiten*; **~-form college** S SCHULE *Br staatliche Schule, die auf die A levels vorbereitet*; **~-former** S SCHULE *Br* Schüler(in) e-r **sixth form** *od* e-s **sixth-form college**

sixthly ['sɪksθlɪ] ADV sechstens

sixtieth ['sɪkstɪɪθ] A ADJ 1 sechzigst(er, e, es) 2 sechzigstel B S 1 *(der, die, das)* Sechzigste 2 Sechzigstel *n*

Sixtine ['sɪkstiːn; -taɪn] → Sistine

sixty ['sɪkstɪ] A ADJ sechzig B S Sechzig *f*: **he is in his sixties** er ist in den Sechzigern; **in the sixties** in den Sechzigerjahren *(e-s Jahrhunderts)*; **~-four-dollar question** S *US fig umg (die)* große Preisfrage; **~-fourmo** [-'fɔː(r)məʊ] TYPO A *pl* -mos S 1 Vierundsechzigstelformat *n* 2 Band *m* im Vierundsechzigstelformat B ADJ im Vierundsechzigstelformat: **~ volume**; **~-nine** S *Geschlechtsverkehr*: Sixty-nine *n*, Neunundsechzig *n*; **~-six** S Sechsundsechzig *n (Kartenspiel)*

six-wheeler S AUTO Dreiachser *m*

sizable ['saɪzəbl] ADJ (ADV sizably) (ziemlich) groß, ansehnlich, beträchtlich

sizar ['saɪzə] S UNIV *Br* Stipendiat *m (in Cambridge od Dublin)*; **sizarship** S *Br* Stipendium *n*

size¹ [saɪz] A S 1 Größe *f*, Maß *n*, Format *n*, Umfang *m*, TECH *a.* Abmessung(en) *f(pl)*: **what is the ~ of ...?** wie groß ist ...?; **all of a ~** (alle) gleich groß, (alle) in *od* von derselben Größe; **of all ~s** in allen Größen; **the ~ of** so groß wie; **that's about the ~ of it** *umg* (genau)so ist es; **a postcard-~ piece of paper** ein postkartengroßes Stück Papier; → next A 3 2 (Konfektions)Größe *f*, Nummer *f*: **children's ~s** Kindergrößen; **two ~s too big** zwei Nummern zu groß; **she takes ~ 7 in gloves** sie hat Handschuhgröße 7; **what ~ (of) collar do you take?** welche Hals- *od* Kragenweite haben Sie?; **they come in all ~s** a die gibt es in allen Größen b *fig umg* davon gibt es alle möglichen (Spiel)Arten 3 *fig* a Größe *f*, Ausmaß *n*, Bedeutung *f* b *(geistiges etc)* Format *(e-s Menschen)*: **cut** *(od* **chop)** **sbdown to ~** j-n in die Schranken verweisen, j-n auf Normalmaß stutzen B V/T 1 nach Größe(n) sortieren *od* ordnen 2 *bes* TECH bemessen, in e-r (bestimmten) Größe anfertigen 3 *Holz etc* zuschneiden 4 *meist* **~ up** *umg* ab-, einschätzen, (ein)taxieren *(alle a. fig)* C V/I **~ up** *umg* gleichkommen **(to, with** *dat)*

size² [saɪz] A S 1 (MAL Grundier)Leim *m*, Kleister *m* 2 a *Weberei*: Schlichte *f*, Appretur *f* b *Hutmacherei*: Steife *f* B V/T 1 leimen, mit Leim überstreichen 2 MAL grundieren 3 a *Stoff* schlichten, appretieren b *Hutfilz* steifen

size³ [saɪz] → -sized

sizeable → sizable

-sized [saɪzd] ADJ *(in Zusammensetzungen)* ... groß, von *od* in ... Größe: → medium-size(d) *etc*

sizer¹ ['saɪzə(r)] S 1 Sortierer(in) 2 TECH (Größen)Sortiermaschine *f* 3 TECH Zuschneidemaschine *f (für Holz)*

sizer² ['saɪzə(r)] S TECH 1 Leimer(in) 2 Schlichter(in)

sizy ['saɪzɪ] ADJ *obs* klebrig, zähflüssig

sizzle ['sɪzl] A V/I 1 zischen, brutzeln 2 RADIO *etc* knistern B S 1 Zischen *n* 2 RADIO *etc* Knistern *n*; **sizzler** S *umg* glühend heißer Tag; **sizzling** A ADJ 1 zischend, brutzelnd 2 glühend heiß B ADV **~ hot** → A 2

SJA ABK *Br* St John Ambulance Johanniter Unfallhilfe *f*

sjambok ['ʃæmbɒk; *US* ʃæm'bɑk; -'bʌk] S Nilpferdpeitsche *f*

SJC ABK *US* Supreme Judicial Court

sk ABK WIRTSCH sack

skald → scald¹

skat [skɑːt; skæt] S Skat *m (ein Kartenspiel)*

skate¹ [skeɪt] *pl* skates, *bes koll* skate S FISCH Rochen *m*

skate² [skeɪt] A S 1 a Schlittschuh *m*: **get** *(od* **put)** **one's ~s on** *Br umg* sich beeilen b Kufe *f* 2 Rollschuh *m* B V/I 1 Schlittschuh laufen, eislaufen: → ice¹ A 1 2 Rollschuh laufen 3 *fig* gleiten: **~ over** *(od* **round)** über *ein Problem etc* hinweggehen; **~ through** *e-e Prüfung etc* spielend schaffen

skate³ [skeɪt] S *US sl* 1 alter Klepper *(Pferd)* 2 a *allg* Kerl *m* b *pej* Dreckskerl *m*

skateboard A S Skateboard *n* B V/I Skateboard fahren; **skateboarder** S Skateboarder(in), Skateboardfahrer(in)

skater ['skeɪtə(r)] S 1 Eis-, Schlittschuhläufer(in) 2 Rollschuhläufer(in)

skate sailing S SPORT Eissegeln *n*

skating ['skeɪtɪŋ] S 1 Schlittschuh-, Eislaufen *n*, Eislauf *m* 2 Rollschuhlauf(en) *m(n)*; **~ exhibition** S Schaulaufen *n*; **~ rink** S 1 *(bes* Kunst)Eisbahn *f* 2 Rollschuhbahn *f*; **~ step** S *Skisport*: Schlittschuhschritt *m*

skean [skiːn] S HIST *Ir u. schott* Dolch *m*; **~-dhu** [-'duː] S Dolchmesser *n*

skedaddle [skɪ'dædl] *umg* A V/I türmen, abhauen B S Türmen *n*

skeet (shooting) [skiːt] S Skeetschießen *n*

skein [skeɪn] S 1 Strang *m*, Docke *f (Wolle etc)* 2 *(Haar)* Locke *f*: **a ~ of hair** 3 Schar *f (Wildgänse etc)* 4 *fig* Knäuel *m/n*, *(Lügen- etc)* Geflecht *n*: **a ~ of lies**

skeletal ['skelɪtl] ADJ 1 Skelett... 2 skelettartig

skeletogenous [ˌskelɪ'tɒdʒɪnəs; *US* -'tɑ-] ADJ MED skeletogen, Knochen bildend; **skeletology** [-'tɒlədʒɪ; *US* -'tɑl-] S Knochenlehre *f*

skeleton ['skelɪtn] A S 1 Skelett *n*, Knochengerüst *n*, Gerippe *n (a. fig magere Person etc)*: **he was just a ~** er war nur noch Haut u. Knochen; **~ in the cupboard** *(US* **closet)** dunkler Punkt *(in j-s Vergangenheit etc)*; **have a ~ in the cupboard** e-e Leiche im Keller haben *umg*; **~ at the feast** *US* a Spielverderber(in) b Dämpfer *m*; → reduce A 7 2 TECH *(Stahl- etc)* Skelett *n*, *(a. Schiffs-, Flugzeug)* Gerippe *n*, Rohbau *m*, *(a. Schirm)* Gestell *n* 3 BOT Rippenwerk *n (des Blatts)*, Blattskelett *n* 4 *fig* a Rohbau *m*, Entwurf *m* b Rahmen *m*: **~ sketch** schematische Zeichnung 5 Skeleton *m (ein Rennschlitten)* B ADJ 1 Skelett...: **~ construction** Skelett-, Stahlbauweise *f* 2 WIRTSCH, JUR Rahmen...: **~ law** **(plan,** *etc)*; **~ agreement** Rahmenabkommen *n*; **~ bill** Wechselblankett *n*; **~ wage agreement** Manteltarif(vertrag) *m* 3 Not...: **~ service**; **~ edition** Notausgabe *f (e-r Zeitung)*

skeletonize ['skelɪtənaɪz] V/T 1 skelettieren 2 *fig* skizzieren, entwerfen, in groben Umrissen *od* schematisch darstellen 3 *fig* zahlenmäßig reduzieren

skeleton key S TECH Dietrich *m (Nachschlüssel)*; **~ staff** S *(a. als pl konstruiert)* Minimalbesetzung *f*

skene [skiːn] → skean

skep [skep] S 1 *obs* großer Stroh- *od* Weidenkorb 2 Bienenkorb *m*

skeptic, *etc bes US für* sceptic *etc*

skerry ['skerɪ] S *bes schott* 1 kleine Felseninsel 2 Riff *n*

sketch [sketʃ] A S 1 MAL *etc* Skizze *f*, Studie *f* 2 Grundriss *m*, Schema *n*, Entwurf *m* 3 *fig (a. literarische)* Skizze 4 THEAT Sketch *m* 5 MUS (Ton)Skizze *f* B V/T 1 *oft* **~ in, ~ out** skizzieren 2 *fig* skizzieren, entwerfen, in großen Zügen darstellen 3 *fig* andeuten C V/I e-e Skizze *od* Skizzen machen; **~ block** S Skizzenblock *m*; **~book** S 1 Skizzenbuch *n* 2 Sammlung *f* literarischer Skizzen

sketcher S Skizzenzeichner(in)

sketchiness ['sketʃɪnɪs] S 1 Skizzenhaftigkeit *f* 2 *fig* Oberflächlichkeit *f*

sketch map S GEOG Faustskizze *f*

sketchy ['sketʃɪ] ADJ (ADV sketchily) 1 skizzenhaft, flüchtig, leicht hingeworfen 2 *fig* oberflächlich 3 *fig* unzureichend 4 *fig* unklar, vage

skew [skjuː] A V/I 1 schräg gehen 2 schielen *(a. fig)* B V/T 1 seitwärtswenden, schief legen 2 TECH abschrägen 3 *fig Tatsachen etc* verzerren C ADJ 1 schief, schräg 2 abschüssig 3 MATH windschief *(Fläche, Geraden)* D S 1 Schiefe *f*, Schrägheit *f*: **on the ~** schief, schräg 2 ARCH a schräger Kopf *(e-s Strebepfeilers)* b Untersatzstein *m*; **~back** S ARCH schräges Widerlager; **~bald** [-bɔːld] A ADJ scheckig *(bes Pferd)* B S Schecke *m/f*; **~ bevel gearing** → skew gearing; **~ curve** S MATH mehrfach gekrümmte Raumkurve

skewed [skjuːd] ADJ schief, abgeschrägt, verdreht

skewer ['skjʊə(r)] A S 1 a Fleischspieß *m*, Span *m* b Speil(er) *m (Wurstverschluss)* 2 TECH Räumnadel *f* B V/T 1 *Fleisch* (auf)spießen, *Wurst* speilen 2 *fig* aufspießen

skew gearing S TECH Stirnradgetriebe *n*

skewness ['skju:nɪs] S 1 Schiefe *f*, Schrägheit *f* 2 MATH Asymmetrie *f* 3 *Statistik*: Abweichung *f*: **positive (negative)** ~ Abweichung nach oben (unten)

skewwhiff [ˌskju:'wɪf] ADJ *Br umg* schief

ski [ski:] A *pl* ski, skis [-z] S 1 Ski *m* 2 FLUG (Schnee)Kufe *f* B ADJ Ski…: ~ **binding (boot, instructor, lift,** *etc*) C V/I Ski laufen *od* fahren

skiascope ['skaɪəskəʊp] S MED Skiaskop *n* (*zentral gelochter Planspiegel zur Augenuntersuchung*); **skiascopy** [-'æskəpɪ] S Skiaskopie *f*, Schattenprobe *f*

skibob ['ski:bɒb; *US* -ˌbɑb] S Skibob *m*; **skibobber** S Skibobfahrer(in); **skibobbing** S Skibobfahren *n*

ski| carrier S AUTO Skiträger *m*; ~ **circuit** S SPORT Skizirkus *m*

skid [skɪd] A S 1 Stützbalken *m* 2 TECH a Rolle *f* (*für Lasten*) b Ladebalken *m*, -bock *m*, Gleitschiene *f* 3 Bremsklotz *m* 4 FLUG Gleitkufe *f*, Sporn(rad) *m(n)* 5 SCHIFF a *pl* Holzfender *m* b Bootsschlitten *m* 6 *a.* AUTO Rutschen *n*, Schleudern *n*: **go into a** ~ → C 2; ~ **chain** AUTO Schneekette *f*; ~ **mark** a Schleuderspur *f* b *pl sl hum* Bremsspuren *pl* (*in der Unterhose*) 7 *fig umg* **put the ~s on** (*od* **under**) a *j-m* e-n Strich durch die Rechnung machen *umg* b *j-s Pläne etc* durchkreuzen c *j-m* Feuer unter dem Hintern machen *umg*; **he's on the ~s** es geht abwärts mit ihm B V/T 1 auf e-r Gleitschiene *od* auf Rollen fortbewegen 2 *ein Rad* bremsen, hemmen C V/I 1 rutschen, (ab-, aus)gleiten 2 schleudern, ins Schleudern geraten *od* kommen (*Auto etc*) 3 FLUG seitlich abrutschen 4 *fig* hinweggehen (**over** über *akk*)

skiddoo [skɪ'du:] V/I *umg* abhauen, türmen

skid|lid S *Br sl* Sturzhelm *m*; ~ **pad** S AUTO *US*, ~**pan** S AUTO *Br* Schleuderstrecke *f*; ~**proof** ADJ rutschfest (*Autoreifen etc*); ~ **road** S *US* 1 Holzrutsche *f* 2 → skid row; ~ **row** S *US umg* a billiges Vergnügungsviertel b Pennerviertel *n pej*; ~**way** → skid road 1

skier ['ski:ə(r)] S Skiläufer(in), -fahrer(in)

skiff [skɪf] S SCHIFF Skiff *n*, (*Rudersport a.*) Einer *m*

skiffle ['skɪfl] S MUS, HIST Skiffle *m* (*oft auf improvisierten Instrumenten gespielte Jazzmusik*)

ski| flight S SPORT Skiflug *m*; ~ **flyer** S SPORT Skiflieger *m*; ~ **flying** S SPORT Skifliegen *n*

skiing ['ski:ɪŋ] S Skilauf *m*, -laufen *n*, -fahren *n*, -sport *m*: **(pair of)** ~ **goggles** *pl* Skibrille *f*

ski|joring [ski:'dʒɔ:rɪŋ] S SPORT Skijöring *n* (*Skifahren hinter Pferden*); ~ **jump** S SPORT 1 Skisprung *m* 2 Sprungschanze *f*; ~ **jumper** S SPORT Skispringer *m*; ~ **jumping** S SPORT Skispringen *n*, Sprunglauf *m*

skilful, *bes US* **skillful** ADJ (ADV ~ly) geschickt: a gewandt b kunstgerecht c **(at, in)** geübt (in *dat*), kundig (*gen*): **be** ~ **at** sich verstehen auf (*akk*); **skilfulness**, *bes US* **skillfulness** → skill[1]

skill[1] [skɪl] S Geschick(lichkeit) *n(f)*: a Gewandtheit *f*: **game of** ~ Geschicklichkeitsspiel *n* b (Kunst)Fertigkeit *f*, Können *n* c (Fach-, Sach)Kenntnis *f*, Erfahrenheit *f* (*beide:* **at, in** in *dat*)

skill[2] [skɪl] V/I *obs* 1 ins Gewicht fallen: **it ~s not** 2 nützen: **what ~s talking?**

skillcentre S *Br* staatliches Trainingszentrum (*für junge Arbeitssuchende*)

skilled [skɪld] ADJ 1 geschickt, gewandt, erfahren (*alle:* **at, in** in *dat*) 2 Fach…: ~ **labo(u)r** Facharbeiter *pl*; ~ **worker** Facharbeiter(in)

skillet ['skɪlɪt] S 1 a (TECH Schmelz-)Tiegel *m* b *bes Br* Kasserolle *f* 2 *bes US* Bratpfanne *f*

skillful, *etc bes US für* skilful *etc*

skilly ['skɪlɪ] S *bes Br* a dünner Haferschleim b Wassersuppe *f*

skim [skɪm] A V/T 1 (*a. fig Gewinne*) abschöpfen: ~ **the cream off** *bes fig* den Rahm abschöpfen 2 abschäumen 3 *Milch* entrahmen: ~**med milk** → skim milk 4 *fig* (hin)gleiten über (*akk*) 5 *fig ein Buch etc* überfliegen, flüchtig lesen 6 *sl Gewinne etc* verschleiern B V/I 1 gleiten, streichen (*beide:* **over** über *akk*) 2 ~ **over** (*od* **through**) → A 5; **skimmer** S 1 Schaumkelle *f*, -löffel *m* 2 TECH Abstreicheisen *n* 3 ORN (*ein*) Scherenschnabel *m* 4 *US sl flacher, breitrandiger Strohhut*

skim milk S entrahmte Milch, Magermilch *f*

skimming S 1 *meist pl* (*das*) Abgeschöpfte 2 *pl* Schaum *m* (*auf Koch-, Schmelz- od Siedegut*) 3 *pl* METALL Schlacken *pl* 4 Abschöpfen *n* (*a. fig*) 5 Abschäumen *n* 6 *sl* (*Gewinn- etc*) Verschleierung *f*

skimp [skɪmp], *etc* → scrimp *etc*

skin [skɪn] A S 1 Haut *f* (*a.* BIOL): **he is just** (*od* **all**) ~ **and bone(s)** *umg* er ist bloß noch Haut u. Knochen; **drenched** (*od* **soaked, sopped, wet**) **to the** ~ bis auf die Haut durchnässt *od* nass; **by the** ~ **of one's teeth** um Haaresbreite, mit knapper Not, mit Ach u. Krach; **I caught the train by the** ~ **of my teeth** ich habe den Zug gerade noch erwischt; **that's no** ~ **off my nose** *umg* das juckt mich nicht; **be in sb's** ~ in j-s Haut stecken; **get under sb's** ~ *umg* a j-m unter die Haut gehen, j-m nahegehen b j-m auf die Nerven gehen; **get under the** ~ **of sth** etwas richtig verstehen; **have a thick (thin)** ~ ein dickes Fell haben (dünnhäutig sein); **save one's** ~ mit heiler Haut davonkommen, s-n Kopf retten; → jump B 1 2 Fell *n*, Pelz *m*, JAGD Balg *m*, Decke *f* (*von Tieren*) 3 Haut *f*, (*Kartoffel-, Obst- etc*) Schale *f*, Hülse *f*, Schote *f*, Rinde *f* 4 *bes* TECH Haut *f*, dünne Schicht: ~ **on milk** Haut auf der Milch 5 *allg* Oberfläche *f*, *bes* a FLUG, SCHIFF Außenhaut *f* b FLUG Hülle *f*, Bespannung *f* (*e-s Ballons*) c ARCH Außenwand *f* d ARCH (Außen)Verkleidung *f* (*Aluminiumplatten etc*) 6 (*Wasser-, Wein*) Schlauch *m* 7 *Br umg* Skin *m* (*Skinhead*) 8 *bes Ir sl* Haut *f* (*Person*): **he's a good old** ~ 9 *US sl* a Gauner(in), Betrüger(in) b → skinflint 10 *sl* Gummi *m* (*Kondom*) 11 *pl* MUS *sl* Schlagzeug *n* 12 *US sl* alter Klepper (*Pferd*) B ADJ *bes US sl* Sex…: ~ **magazine** *a.* Nacktmagazin *n* C V/T 1 schälen: **keep one's eyes ~ned** *umg* die Augen offenhalten (**for** nach) 2 sich *das Knie etc* aufschürfen: ~ **one's knee** 3 *a.* ~ **out** *ein Tier* abhäuten, JAGD abbalgen, *e-m Bock etc* die Decke abziehen: ~ **sb alive** *umg* a kein gutes Haar an j-m lassen b j-m gehörig s-e Meinung sagen; **I'll** ~ **him alive!** *umg* der kriegt was von mir zu hören!; ~ **and salt sb** *umg* j-n bös in die Pfanne hauen 4 *umg* a *j-n* ausplündern, -beuten b *j-n* ausnehmen, rupfen (*beim Spiel etc*) 5 *e-n Strumpf etc* abstreifen 6 ELEK abisolieren D V/I 1 *meist* ~ **out** *US sl* sich davonmachen 2 *meist* ~ **over** (zu)heilen, vernarben (*Wunde*)

skin| allergy S MED Hautallergie *f*; ~ **boat** S Fellboot *n*; ~ **cancer** S MED Hautkrebs *m*; ~ **care** S Hautpflege *f*; ~**-care product** S Hautpflegemittel *n*; ~ **cream** S Hautcreme *f*; ~**-deep** ADJ & ADV *fig* oberflächlich: → beauty 1; ~ **disease** S MED Hautkrankheit *f*; ~ **diver** S Sporttaucher(in); ~ **diving** S Sporttauchen *n*; ~ **effect** S ELEK Skin-, Hauteffekt *m*; ~ **flick** S *sl* Sexfilm *m*; ~**flint** S Knicker(in) *umg*, Geizhals *m*; ~ **food** S Nährcreme *f*; ~ **friction** S PHYS Oberflächenreibung *f*

skinful [-fʊl] S: **he's had a** ~ *umg* er hat e-n über den Durst getrunken, er hat e-n sitzen

skin| game S *umg* Betrügerei *f*; ~ **graft** S MED Hauttransplantat *n*; ~ **grafting** S MED Hauttransplantation *f*, -übertragung *f*; ~**head** S 1 *Br* Skinhead *m* (*zu Gewalttätigkeit neigender Jugendlicher mit kahl geschorenem Kopf*) 2 *US sl* Marinerekrut *m*

skinless ADJ 1 hautlos, ohne Haut (*Wurst*) 2 enthäutet

skinned [skɪnd] ADJ 1 enthäutet 2 (*in Zusammensetzungen*) …häutig, …fellig

skinner ['skɪnə(r)] S 1 Pelzhändler(in), Kürschner(in) 2 *umg* Betrüger(in) 3 *US umg* a (*Maultier-, Ochsen- etc*) Treiber(in) b (*Kran-, Bagger- etc*) Führer(in)

Skinner box ['skɪnə(r)] S *Verhaltensforschung*: Skinner-Box *f* (*Experimentierkäfig zur Erforschung von Lernvorgängen bei Tieren*)

skinny ['skɪnɪ] ADJ 1 a häutig b hautähnlich 2 mager, abgemagert, dünn 3 *fig* knauserig; ~**-dip** *umg* A V/I nackt baden B S Nacktbad *n*; ~**-dipper** S *umg* Nacktbadende(r) *m/f(m)*; ~**-dipping** S *umg* Nacktbaden *n*

skin-pop V/I *sl* sich e-n Schuss unter die Haut setzen *od* drücken

skint [skɪnt] ADJ *Br sl* pleite, abgebrannt: **he's totally** ~

skin| test S MED Hauttest *m*; ~**tight** ADJ hauteng

skip[1] [skɪp] A V/I 1 hüpfen, hopsen, springen: ~ **about** (*od* **around**) herumhüpfen 2 seilhüpfen, -springen 3 *fig* Sprünge machen, Seiten überspringen *od* überschlagen (*in e-m Buch*): ~ **off** abschweifen (*von e-m Thema etc*); ~ **over** a *etwas* übergehen b → B 2; ~ **through** *ein Buch etc* überfliegen; ~ **from one subject to another** von e-m Thema zum anderen springen 4 aussetzen, e-n Sprung tun (*Herz, Maschine etc*), AUTO e-e Fehlzündung haben 5 SCHULE *US* e-e (Schul)Klasse überspringen 6 *meist* ~ **off** (*od* **out**) *umg* abhauen: ~ (**over** *od* **across**) **to** e-n Abstecher machen nach B V/T 1 über *e-n Graben etc* springen: ~ **rope** seilhüpfen, -springen 2 *fig* überspringen, auslassen, *e-e Buchseite etc* überschlagen: ~ **it!** *umg* lass (es) gut sein!, geschenkt! 3 *umg* a sich vor *e-r Verabredung etc* drücken, *die Schule etc* schwänzen; ~ **classes**; ~ **work** blaumachen b *bes US* aus *e-r Stadt etc* verschwinden: ~ **it** abhauen C S 1 Hüpfer *m*, Hopser *m*, (*Tanzen*) Hüpfschritt *m* 2 *fig* Überspringen *n*, Auslassung *f* 3 MUS *US* Sprung *m*

skip[2] [skɪp] *umg* → skipper

skip[3] [skɪp] S (Studenten)Diener *m* (*bes im Trinitiy College, Dublin*)

skip[4] [skɪp] S 1 *Bergbau*: Skip *m* (*ein Förderkorb*) 2 Müllcontainer *m*

ski pants SPL *a.* **pair of** ~ Skihose *f*

skip| distance S RADIO Sprungentfernung *f*; ~**jack** S 1 *pl* -jacks, *bes koll* -jack FISCH a Thunfisch *m* b Blaufisch *m* 2 ZOOL Springkäfer *m*

ski| plane S FLUG Kufenflugzeug *n*; ~ **pole** S Skistock *m*

skipper ['skɪpə(r)] A S 1 SCHIFF Kapitän(in), (*e-r Segeljacht*) Skipper(in) 2 FLUG Flugkapitän(in) 3 SPORT Mannschaftskapitän(in) 4 FISCH Makrelenhecht *m* B V/T Kapitän(in) (*gen*) sein

skippet ['skɪpɪt] S Kapsel *f* (*zum Schutz e-s Siegels*)

skipping ['skɪpɪŋ] A ADJ hüpfend B S (*bes* Seil)Hüpfen *n*, (-)Springen *n*; ~ **rope** S *Br* Spring-, Sprungseil *n*

skip| rope *US* → skipping rope; ~ **zone** S RADIO stille Zone

skirl [skɜ:l] *Br dial* A V/I 1 pfeifen (*Dudelsack*) 2 Dudelsack spielen B S Pfeifen *n* (*des Dudelsacks*)

skirmish ['skɜ:mɪʃ; *US* 'skɜr-] MIL A S Geplänkel *n* (*a. fig*) B V/I plänkeln (*a. fig*); **skirmisher**

S

S MIL Plänkler *m*

skirret ['skɪrɪt] S BOT Merk *m*

skirt [skɜːt; *US* skɜrt] A S 1 Rock *m* 2 *sl* a *a.* **bit of ~** Mieze *f* b **the ~** *obs koll* die Weiber *pl pej* 3 *(Rock-, Hemd- etc)* Schoß *m* 4 a Saum *m*, Rand *m*, Einfassung *f (fig oft pl)*: **on the ~s of the wood** am Waldesrand, am Waldessaum b TECH Schürze *f (e-s Formel-1-Rennwagens etc)* 5 *meist pl* Außenbezirk *m*, Randgebiet *n* 6 Seitenblatt *n (e-s Sattels)* 7 GASTR *Br* Rindfleisch *n* vom Unterbauch B V/T 1 a (um)säumen b *fig* sich entlangziehen an *(dat)* 2 a entlanggehen, (außen) herumgehen um b *ein Problem etc* umgehen c *e-r Gefahr etc* (knapp) entgehen C V/I 1 am Rande sein *od* liegen 2 **~ along** a am Rande entlanggehen *od* -fahren b sich entlangziehen; **~ (a)round** → B 2 b; **~ chaser** S *umg* Schürzenjäger *m*

skirted ADJ 1 e-n Rock tragend 2 *(in Zusammensetzungen)* mit *langem etc* Rock: **long-~** 3 *fig* (ein)gesäumt

skirting S 1 Rand *m*, Saum *m* 2 Rockstoff *m* 3 *meist* **~ board** ARCH *Br* Fuß-, Scheuer-, Sockelleiste *f*

ski run S Skihang *m*, -piste *f*

skit [skɪt] S parodistischer *od* satirischer Sketch (**on** über *akk*)

ski| touring S Skiwandern *n*; **~ tow** S Schlepplift *m*

skitter ['skɪtə(r)] V/I 1 huschen *(Eidechse etc)* 2 den Angelhaken an der Wasseroberfläche hinziehen

skittish ['skɪtɪʃ] ADJ (ADV **~ly**) 1 nervös, scheu *(Pferd)* 2 a lebhaft, wild b (kindisch) ausgelassen *(bes Frau)* c frivol, zügellos d sprunghaft, kapriziös

skittle ['skɪtl] S *bes Br* 1 Kegel *m* 2 *pl (als sg konstruiert)* Kegeln *n*: **play (at) ~s** kegeln; → beer 1; **~ alley** S *bes Br* Kegelbahn *f*

skive[1] [skaɪv] A V/T 1 *Leder, Fell* spalten, (ab)schaben, *Gummi* abschälen 2 *e-n Edelstein* abschleifen B S Diamantenschleifscheibe *f*

skive[2] [skaɪv] *Br umg* A V/T sich vor *e-r Arbeit, Verantwortung etc* drücken B V/I *a.* **~ off** sich drücken, faulenzen, *engS.* blaumachen *umg*

skiver[1] ['skaɪvə(r)] S 1 Lederspaltmesser *n* 2 Spaltleder *n*

skiver[2] ['skaɪvə] S *Br umg* Drückeberger(in) *pej*

skivvy ['skɪvɪ] S *Br oft pej* Dienstmagd *f*

skua ['skjuːə] S ORN Skua *f*

skulduggery [skʌl'dʌgərɪ] S *umg* Gaunerei(en) *f(pl)*, Schwindel *m*

skulk [skʌlk] V/I 1 lauern 2 (herum)schleichen: **~ after sb** j-m nachschleichen 3 *fig* sich drücken; **skulker** S 1 Schleicher(in) 2 *fig* Drückeberger(in) *pej*

skull [skʌl] S 1 ANAT Schädel *m* 2 Totenschädel *m*: **~ and crossbones** a Totenkopf *m (über zwei gekreuzten Knochen) (Gift-, Warnungszeichen)* b HIST Totenkopf-, Piratenflagge *f* 3 *fig umg oft pej* Schädel *m (Verstand)*: **have a thick ~** ein Brett vor dem Kopf haben *fig*; **can't you get that into your thick ~?** geht *od* will das denn nicht in d-n Schädel? *umg*; **~cap** S 1 Scheitelkäppchen *n* 2 ANAT Schädeldach *n*, -decke *f* 3 BOT *(ein)* Helmkraut *n*

skunk [skʌŋk] A S 1 ZOOL Skunk *m*, Stinktier *n* 2 Skunk *m (Fell, Pelz)* 3 *umg pej* Stinktier *n* B V/T *US sl bes* SPORT haushoch schlagen; **~ cabbage** S BOT 1 Stinkkohl *m* 2 Sumpfkalla *f*

skunky ['skʌŋkɪ] ADJ 1 stinktierartig *(Geruch etc)* 2 unangenehm, widerlich *(Geschmack etc)* 3 *umg* gemein *(Kerl etc)*

sky [skaɪ] A S 1 *meist pl* Himmel *m*: **in the ~** am Himmel; **out of a clear (blue) ~, out of a blue ~** *fig* aus heiterem Himmel; **under the open ~** unter freiem Himmel; **red ~ at night, shepherd's** *(od* **sailor's) delight** *(Sprichwort)* Abendrot, Schönwetterbot; **red ~ in the morning, shepherd's warning** *(od* **sailors take warning)** *(Sprichwort)* Morgenrot, Schlechtwetterbot; **the ~'s the limit** *umg* nach oben sind keine Grenzen gesetzt; **praise** *(obs* **laud) to the skies** *fig* in den Himmel heben 2 *meist pl* Klima *n* 3 *obs* Wolke *f* B V/T 1 *e-n Ball etc* hoch in die Luft werfen *od* schlagen: **~ one's shot** *(Fußball)* den Ball in die Wolken jagen 2 *umg ein Bild (in e-r Ausstellung)* über Augenhöhe aufhängen; **~ advertising** S WIRTSCH Luftwerbung *f*; **~ blue** S Himmelblau *n (Farbe)*; **~-blue** ADJ himmelblau; **~diver** S SPORT Fallschirmspringer(in); **~diving** S SPORT Fallschirmspringen *n* (mit freiem Fall)

Skye (terrier) [skaɪ] S ZOOL Skyeterrier *m*

sky|-high ADJ & ADV 1 himmelhoch *(a. fig)*: **blow ~** a in die Luft jagen: **be blown ~** in die Luft fliegen b *e-e Theorie etc* über den Haufen werfen *umg*, *j-s Hoffnungen etc* zunichtemachen, *ein Argument etc* widerlegen, *e-n Mythos* zerstören; **prices went ~** die Preise kletterten in schwindelerregende Höhen 2 *umg* a irrsinnig hoch *(Zinsen etc)* b riesig *(Summen etc)*; **~jack** V/T *ein Flugzeug* entführen; **~jacker** S Flugzeugentführer(in); **~jacking** S Flugzeugentführung *f*; **~lark** A S ORN Feldlerche *f* B V/I *umg* a herumtollen b Blödsinn treiben; **~light** S Oberlicht *n*, SCHIFF *a.* Skylight *n*: **~ filter** FOTO Skylightfilter *m/n (Filter zur Verhinderung von Blaustichigkeit)*; **~line** S 1 Horizont(linie) *m(f)* 2 Skyline *f (charakteristische Silhouette e-r Stadt)*, *(Stadt- etc)* Silhouette *f*; **~man** [-mən] S *irr* FLUG *sl* Fallschirmjäger *m*; **~ marshal** S *US Bundespolizist, der zur Verhinderung von Flugzeugentführungen eingesetzt wird*; **~ park** S Wohnanlage *f* mit eigenem Flugplatz; **~ pilot** S *umg* Schwarzrock *m (Geistlicher)*; **~rocket** A S *Feuerwerk etc*: Rakete *f* B V/I *umg* in die Höhe schießen *(bes Preise)*, sprunghaft ansteigen *(Arbeitslosigkeit etc)*: **~ to fame** mit einem Schlag berühmt werden C V/T 1 *umg* in die Höhe schießen lassen, sprunghaft ansteigen lassen: **~ sb to fame** j-n mit einem Schlag berühmt machen 2 *umg Preise etc* in die Höhe treiben, hochtreiben; **~sail** S SCHIFF Skysegel *n*; **~scape** [-skeɪp] S MAL *etc* Wolkenlandschaft *f*; **~scraper** S Wolkenkratzer *m*; **~scraping** ADJ himmelhoch (ansteigend); **~surf** V/I skysurfen; **~surfer** S Skysurfer(in); **~surfing** S Skysurfen *n*, -surfing *n (e-e Extremsportart)*; **~ train** S FLUG Luftschleppzug *m*; **~ troops** SPL FLUG, MIL Luftlandetruppen *pl*

skyward ['skaɪwə(r)d] A ADV himmelan, -wärts B ADJ himmelwärts gerichtet; **skywards** → skyward A

sky|way S *bes US* 1 FLUG Luftroute *f* 2 Hochstraße *f*; **~writer** S FLUG Himmelsschreiber *m*; **~writing** S Himmelsschrift *f*

slab [slæb] A S 1 *(Metall-, Stein-, Holz- etc)* Platte *f*, Fliese *f*, Tafel *f*: **~ (of concrete)** Betonsockel *m*, -platte 2 *umg bes Br* a Operationstisch *m* b Leichensockel *m* 3 dicke Scheibe *(Brot, Fleisch etc)* 4 TECH Schwarten-, Schalbrett *n* 5 METALL Bramme *f (Roheisenblock)* B V/T 1 TECH a *e-n Baumstamm* abschwarten b in Platten *od* Bretter zersägen 2 mit Platten auslegen 3 dick belegen

slab[2] [slæb] ADJ *US umg* a kitschig b *fig* dick aufgetragen

slabber ['slæbə(r)] *dial* → slobber

slack[1] [slæk] A ADJ (ADV **~ly**) 1 schlaff, locker *(Seil etc)*: **keep a ~ rein** *(od* **hand)** die Zügel locker lassen *(a. fig)* 2 a flau *(Wind etc)* b langsam, träge *(Strömung etc)* 3 WIRTSCH flau, lustlos: **~ period** Flaute *f* 4 *fig* (nach)lässig, lasch, schlaff, träge: **be ~ in one's duties** s-e Pflichten vernachlässigen; **~ pace** gemächliches Tempo; **~ performance** schlappe Leistung, müde Vorstellung *umg* 5 LING locker: **~ vowel** offener Vokal B ADV *(in Zusammensetzungen)* ungenügend: **~-dried**; **~-baked** nicht durchgebacken C S 1 *bes* SCHIFF Lose *f*, loses *(Tau- etc)* Ende: **take up the ~** die Lose durchholen 2 Flaute *f (a.* WIRTSCH) 3 SCHIFF Stillwasser *n* 4 *umg* (Ruhe)Pause *f* 5 *pl*, *a.* **pair of ~s** Freizeithose *f* 6 TECH Spiel *n* 7 TECH Kabelzuschlag *m (Vorratslänge)* 8 LIT unbetonte Silbe(n *pl)* D V/T 1 **~ off** → slacken A 1 2 *oft* **~ up** → slacken A 2, A 3 3 TECH *Kalk* löschen E V/I 1 → slacken B 1 2 *meist* **~ off** a nachlassen b *umg* trödeln, bummeln 3 **~ up** langsamer werden *od* fahren

slack[2] [slæk] S *a.* **~ coal** TECH Kohlengrus *m*

slacken ['slækən] A V/T 1 *s-e Muskeln, ein Seil etc* lockern, locker machen, entspannen 2 lösen, *ein Segel* lose machen 3 verlangsamen, vermindern, herabsetzen: **~ one's pace** s-e Schritte verlangsamen; **~ one's efforts** in s-n Bemühungen nachlassen 4 nachlassen *od* nachlässig werden in *(dat)* B V/I 1 schlaff *od* locker werden, sich lockern 2 nachlassen, (nach)lässig werden 3 *fig* erlahmen 4 WIRTSCH stocken 5 langsamer werden

slacker S *umg* Trödler(in), Bummelant(in)

slack lime S CHEM Ätzkalk *m*

slackness S 1 Schlaffheit *f*, Lockerheit *f* 2 Flaute *f (a.* WIRTSCH) 3 *fig* (Nach)Lässigkeit *f*, Laschheit *f*, Trägheit *f* 4 TECH Spiel *n*, toter Gang

slack| suit S *US* 1 Freizeitanzug *m* 2 Hosenanzug *m*; **~ water** S SCHIFF Stillwasser *n*

slag [slæg] A S 1 TECH Schlacke *f*: **~ concrete** Schlackenbeton *m*; **~ furnace** *(od* **hearth)** Schlackenofen *m*; **~ heap** Schlackenhalde *f* 2 GEOL (vulkanische) Schlacke 3 *Br umg pej* Schlampe *f (Frau mit liederlichem Lebenswandel)* B V/T 1 verschlacken 2 *meist* **~ off** *sl* herziehen über *(akk) umg* C V/I 1 verschlacken 2 *Aus sl* spucken; **slaggy** ADJ schlackig

slain [sleɪn] *pperf von* slay[1]

slake [sleɪk] V/T 1 *den Durst* löschen, stillen 2 *e-e Begierde etc* stillen, befriedigen 3 TECH *Kalk* löschen: **~d lime** → slack lime; **slakeless** ADJ *poet* unstillbar

slalom ['slɑːləm] S SPORT Slalom *m*, *(Skisport a.)* Torlauf *m*; **slalomer** S *Skisport*: Slalomläufer(in)

slam[1] [slæm] A V/T 1 *a.* **~ to** *die Tür, den Deckel etc* zuschlagen, zuknallen: **~ the door in sb's face** j-m die Tür vor der Nase zuschlagen; **~ the brakes on** → B 3 2 *etwas* knallen *umg* (**on** auf *den Tisch etc*): **~ sth down** etwas hinknallen *od* -schmettern *umg* 3 *j-n* (heftig) schlagen, hauen 4 SPORT *umg j-n* überfahren *(hoch schlagen)* 5 *umg j-n od etwas* heruntermachen, *j-n* in die Pfanne hauen B V/I 1 *a.* **~ to** zuschlagen *(Tür, Deckel etc)* 2 knallen, krachen (**into** in *akk*, gegen) 3 **~ on the brakes** AUTO *umg* auf die Bremse steigen C S 1 Knall *m*, Krach *m* 2 *umg* Verriss *m* 3 → slammer

slam[2] [slæm] S *Bridge*: Schlemm *m*: **grand ~** Groß-Schlemm *(Gewinn von 13 Stichen)*; **little** *(od* **small) ~** Klein-Schlemm *(12 von 13 Stichen)*

slam-bang ADV *umg* 1 *bes US* krachend, mit e-m Knall 2 *US* a unvorsichtig, leichtsinnig b rücksichtslos

slam dunk ['slæmdʌŋk] S SPORT *Basketball* Slamdunk *m*: **be a ~** *umg, fig* eine todsichere Sache sein, ein gefundenes Fressen sein

slammer ['slæmər] S *US umg* Kittchen *n*, Knast *m*: **be in the ~** im Kittchen *od* Knast sitzen, Knast schieben

slander ['slɑːndə; *US* 'slændər] A S 1 JUR *(mündliche)* Verleumdung, üble Nachrede 2 *allg* Verleumdung *f*: **~ campaign** Verleumdungskampagne *f* **B** VT *j-n* verleumden **C** VI Verleumdungen verbreiten; **slanderer** S Verleumder(in); **slanderous** ADJ (ADV ~ly) verleumderisch

slang [slæŋ] **A** S **1** Slang *m*, (Fach)Jargon *m* **2** Slang *m*, saloppe Umgangssprache **B** ADJ Slang...: **~ expression** **C** VT *bes Br umg j-n* wüst beschimpfen: **~ing match** gegenseitige wüste Beschimpfung; **they started a ~ing match** sie fingen an, sich wüste Beschimpfungen an den Kopf zu werfen; **slanguage** [ˈslæŋgwɪdʒ] S **1** → slang A 2 **2** Sprache *f od* Ausdrucksweise *f* voller Slangausdrücke; **slangy** ADJ (ADV slangily) **1** Slang...: **~ expression** **2** voller Slangausdrücke

slank [slæŋk] *obs prät von* slink

slant [slɑːnt; *US* slænt] **A** S **1** Schräge *f*, schräge Fläche *od* Richtung *od* Linie: **at** (*od* **on**) **a ~** schräg, schief **2** Abhang *m* **3** **a** Tendenz *f*, Färbung *f* **b** Einstellung *f*, Sicht *f*, Gesichtspunkt *m*: **you have a wrong ~ on the problem** du siehst das Problem ganz falsch **4** *US umg* (schneller) Blick **5** SCHIFF (leichte *od* kurze) Brise **B** ADJ (ADV ~ly) **1** schräg, schief **2** *fig* einseitig, beeinflusst **C** VI **1** **a** schräg *od* schief liegen **b** sich neigen, kippen **2** *fig* tendieren (**toward[s]** zu *etwas* hin) **D** VT **1** schräg legen, kippen: **~ed** schräg, schief **2** *e-e Nachricht etc* färben, frisieren, e-e Tendenz geben (*dat*); **~-eyed** ADJ *pej* schlitzäugig

slanting ADJ (ADV ~ly) schräg, schief

slantways, **slantwise** ADJ & ADV schräg, schief

slap [slæp] **A** S **1** Schlag *m*, Klaps *m*: **a ~ in the face** e-e Ohrfeige, ein Schlag ins Gesicht (*beide a. fig*): **he got a ~ in the face when ...** es war für ihn ein Schlag ins Gesicht, als ...; **give sb a ~ on the back** **a** j-m (anerkennend) auf den Rücken *od* auf die Schulter klopfen **b** *fig* j-n loben **c** *fig* j-m gratulieren; **give sb a ~ on the wrist** *fig umg* j-m auf die Finger klopfen; **have a (bit of) ~ and tickle** *Br umg* fummeln **2** *fig* scharfer Tadel **B** VT **1** schlagen, e-n Klaps geben (*dat*): **~ sb on the back** **a** j-m (anerkennend) auf den Rücken *od* auf die Schulter klopfen **b** *fig* j-n loben **c** *fig* j-m gratulieren; **~ sb's face** j-n ohrfeigen **2** *etwas* knallen, schmeißen (*beide:* **on** auf *den Tisch etc*): **~ down** hinschmeißen; **~ sb into jail** j-n ins Gefängnis werfen; **~ butter on the bread** *umg* Butter aufs Brot klatschen; **~ on(to)** *umg e-n Zuschlag etc* draufhauen *od* draufknallen auf (*akk*) **3** scharf tadeln **C** VI schlagen, klatschen (*beide a. Regen etc*) **D** ADV *umg* genau: **~ on time** auf die Minute pünktlich; **~-bang** ADV *bes Br umg* **1** → slam-bang 1 **2** genau, direkt: **~ in the middle**; **~dash** **A** ADJ & ADV **1** unvorsichtig, leichtsinnig **2** hastig, ungestüm **3** willkürlich, wahllos **4** schlampig, schlud(e)rig *umg* **B** S Schlamperei *f pej*; **~happy** ADJ *umg* **1** → punch-drunk 1 **2** ausgelassen, übermütig; **~jack** S **1** *US* Pfannkuchen *m* **2** *ein einfaches Kartenspiel*

slap|shot S *Eishockey*: Schlagschuss *m*; **~stick** **A** S **1** (Narren)Pritsche *f* **2** THEAT *etc* Slapstickkomödie *f* (*Komödie voller Situationskomik*) **B** ADJ THEAT *etc* Slapstick...: **~ humo(u)r**; **~ comedy** → A 2; **~-up** ADJ *Br umg* mit allem Drum u. Dran (*Essen*)

slash [slæʃ] **A** VT **1** (auf)schlitzen, aufreißen **2** *ein Kleid etc* schlitzen: **~ed sleeve** Schlitzärmel *m* **3** zerhauen, zerfetzen **4** **a** peitschen **b** *die Peitsche* knallen lassen **5** *e-n Ball etc* dreschen *umg* **6** reißen, zerren **7** *fig* **a** *Zuwendungen etc* stark *od* drastisch kürzen, zusammenstreichen **b** *Preise* drastisch herabsetzen **8** *fig bes US Missstände etc* geißeln, scharf kritisieren **B** VI **1** hauen (**at** nach): **~ at** **a** losschlagen gegen, attackieren **b** → A 8; **~ out** um sich hauen (*a. fig*) **2** peitschen (*a. fig Regen, Wind*) **C** S **1** Hieb *m* **2** Schnitt(wunde) *m(f)*, klaffende Wunde **3** Schlitz *m* (*a. Mode*) **4** Holzschlag *m* **5** *meist pl US* (verstrüpptes) Sumpfgelände **6** *fig* **a** drastische Kürzung **b** drastischer Preisnachlass: **~ price** stark herabgesetzter Preis **7** *a.* **~ mark** Schrägstrich *m* **8** *Br umg* Schiffen *n* (*Urinieren*): **have a ~** schiffen; **go for a ~** schiffen gehen; **~-and-burn** ADJ: **~ agriculture** Brandrodung *f*

slashing **A** S **1** (Auf)Schlitzen *n* **2** *Eishockey*: Stockschlagen *n* **B** ADJ (ADV ~ly) schlitzend, schneidend: **~ weapon** Hiebwaffe *f* **1** *fig* vernichtend, beißend, scharf (*Kritik*) **2** *umg* **a** prächtig, prima **b** gewaltig, Mords...

slat[1] [slæt] *bes Br dial* **A** VT → slam[1] A 2 **B** VI heftig flattern (*Segel etc*) **C** S heftiger Schlag

slat[2] [slæt] S **1** **a** Leiste *f*, Latte *f* **b** Lamelle *f* (*e-r Jalousie*) **2** FLUG Vorflügel *m* **3** *pl bes US sl* **a** Rippen *pl* **b** Arschbacken *pl sl*

slate[1] [sleɪt] **A** S **1** GEOL Schiefer *m* **2** (Dach)Schiefer *m*, Schieferplatte *f*: **~ roof** Schieferdach *n*; **he has a ~ loose** *bes Br umg* er hat e-n leichten Dachschaden **3** Schiefertafel *f* (*zum Schreiben*): **have a clean ~** *fig* e-e weiße Weste haben; **clean the ~**, **wipe the ~ clean** *fig* e-n Schlussstrich ziehen; **wipe sth off the ~** *fig* etwas vergessen *od* begraben; **on the ~** *Br umg* auf Pump; **put sth on the ~** etwas anschreiben **4** FILM *umg* Klappe *f* **5** POL *etc US* Kandidatenliste *f* **6** Schiefergrau *n* (*Farbe*) **B** VT **1** *ein Dach* mit Schiefer decken **2** **a** *e-n Kandidaten etc* (vorläufig) aufstellen *od* nominieren **b** **be ~d for** für *e-n Posten etc* vorgesehen sein **3** *US* (*zeitlich*) fest-, ansetzen (*beide:* **for** für) **4** TECH *Felle* enthaaren **C** ADJ **1** **a** schieferartig **b** aus Schiefer, Schiefer...: **~ roof** **2** schieferfarben, -farbig, -grau

slate[2] [sleɪt] VT *sl* **1** vermöbeln, verprügeln **2** *fig bes Br* **a** *ein Theaterstück etc* verreißen **b** *j-m* e-e Standpauke halten

slate| blue S Schieferblau *n* (*Farbe*); **~-blue** ADJ schieferblau; **~ clay** S MINER Schieferton *m*; **~ pencil** S Griffel *m*; **~ quarry** S Schieferbruch *m*

slater [ˈsleɪtə(r)] S Schieferdecker(in)

slather [ˈslæðə(r)] *bes US umg* **A** VT **1** **a** dick schmieren *od* auftragen (**on** auf *akk*) **b** dick beschmieren (**with** mit) **2** verschwenden **B** S *meist pl* (*e-e*) große Menge

slating[1] [ˈsleɪtɪŋ] S ARCH **1** Schieferdecken *n* **2** Schieferbedachung *f*

slating[2] [ˈsleɪtɪŋ] S *bes Br sl* **1** Verriss *m*: **give sth a ~** etwas verreißen **2** Standpauke *f*: **give sb a ~** j-m e-e Standpauke halten

slatted [ˈslætɪd] ADJ mit Leisten *od* Latten (versehen), Latten...

slattern [ˈslætɜːn; *bes US* -tə(r)n] S **1** Schlampe *f pej* **2** *US* Nutte *f pej*; **slatternliness** [-lɪnɪs] S Schlampigkeit *f umg*; **slatternly** ADJ schlampig

slaty [ˈsleɪtɪ] ADJ schief(e)rig: **a** → slate[1] C 1 **b** → slate[1] C 2

slaughter [ˈslɔːtə(r)] **A** S **1** Schlachten *n* **2** *fig* **a** Abschlachten *n*, Niedermetzeln *n* **b** Gemetzel *n*, Blutbad *n* **3** *umg* **a** Verriss *m* **b** SPORT vernichtende Niederlage **B** VT **1** *Vieh* schlachten **2** *fig* abschlachten, niedermetzeln **3** *umg* **a** *ein Theaterstück etc* verreißen **b** SPORT auseinandernehmen, (*Tennis etc a.*) vom Platz fegen; **slaughterer** S Schlachter *m*, Schlächter *m*

slaughterhouse S Schlachthaus *n*, -hof *m*

slaughterous ADJ (ADV ~ly) mörderisch, zerstörerisch

Slav [slɑːv; *US a.* slæv] **A** S Slawe *m*, Slawin *f* **B** ADJ slawisch, Slawen...

slave [sleɪv] **A** S **1** HIST Sklave *m*, Sklavin *f*: **make ~s of** zu Sklaven machen **2** *fig* Kuli *m*: **work like a ~** wie ein Kuli arbeiten *od* schuften **3** *fig* Sklave *m*, Sklavin *f* (*beide:* **to**, **of** *gen*): **be a ~ to** *j-m, e-r Sache* verfallen sein; **be a ~ to drink (television)** alkohol-(fernseh)-süchtig sein **4** TECH **a** Nebenaggregat *n* **b** Fernbedienungsgerät *n* (*für Arbeiten mit radioaktivem Material*) **B** VI *meist* **~ away** (sich ab)schuften: **~ away at sth** sich mit etwas abplagen; **~ away all day over a hot stove** den ganzen Tag am Herd stehen; **~ cylinder** S AUTO Folgezylinder *m*; **~ driver** S **1** HIST Sklavenaufseher *m* **2** *fig pej* Leute-, Menschenschinder(in); **~holder** S HIST Sklavenhalter(in); **~ labo(u)r** S **1** HIST Sklavenarbeit *f* **2** Ausbeutung *f*; **~ market** S HIST Sklavenmarkt *m*

slaver[1] [ˈsleɪvə(r)] S HIST **1** Sklavenschiff *n* **2** **a** Sklavenhändler(in) **b** Sklavenhalter(in)

slaver[2] [ˈslævə(r); ˈsleɪ-] **A** VI **1** geifern, sabbern, sabbeln *umg* **2** *fig* katzbuckeln (**before** vor *dat*) **3** *fig* lechzen (**for**, **after** nach) **B** VT *obs* begeifern, besabbeln, besabbern **C** S Geifer *m*

slaverer [ˈslævərə(r); ˈsleɪ-] S Geiferer *m*, Geiferin *f*

slavery [ˈsleɪvərɪ] S **1** Sklaverei *f*: **~ to** *fig* sklavische Abhängigkeit von **2** → slave labo(u)r

slave| ship S HIST Sklavenschiff *n*; **2 States** SPL HIST *US* Sklavenstaaten *pl* (*USA*); **~ station** S IT: Empfangsstation *f*; **~ trade** S HIST Sklavenhandel *m*; **~ trader** S HIST Sklavenhändler(in)

slavey [ˈsleɪvɪ] S *bes Br umg* dienstbarer Geist

Slavic [ˈslɑːvɪk; ˈslæv-] *bes US* **A** ADJ slawisch **B** S LING Slawisch *n*, das Slawische

slavish [ˈsleɪvɪʃ] ADJ (ADV ~ly) **1** sklavisch, Sklaven... **2** *fig* kriecherisch, unterwürfig **3** *fig* sklavisch (*Nachahmung etc*); **slavishness** S (*das*) Sklavische, sklavische Gesinnung

Slavism [ˈslɑːvɪzəm; *US a.* ˈslæv-] S Slawentum *n*

Slavonian [sləˈvəʊnjən; -ɪən] **A** ADJ slawonisch **B** S Slawone *m*, Slawonin *f*; **Slavonic** [-ˈvɒnɪk; *US* -ˈvɑn-] **A** ADJ → Slavic A **B** S → Slavic B

slaw [slɔː] S *bes US* Krautsalat *m*

slay[1] [sleɪ] *prät* slew [sluː], *pperf* slain [sleɪn] *Br poet od US* **A** VT **1** ermorden **2** **his jokes slew us** *umg* wir haben uns über s-e Witze halb totgelacht **B** VI morden

slay[2] → sley

slayer S *Br poet od US* Mörder(in)

SLBM ABK SCHIFF MIL submarine-launched ballistic missile

sld ABK **1** sailed **2** sealed

sleave [sliːv] **A** VT TECH *Garn, bes Seide* fachen **B** S **1** Faser *f*, Strähne *f* **2** *Weberei*: Flockseide *f*

sleaze [sliːz] S *umg* **1** → sleaziness **2** dreckiger *od* ordinärer Kerl; **sleaziness** S **1** Anrüchigkeit *f* **2** **a** dreckiges Aussehen **b** ordinäres Wesen; **sleazo** *pl* -os S → sleaze 2; **sleazy** ADJ (ADV sleazily) **1** *Hotel etc*: **a** heruntergekommen **b** anrüchig **2** *Person*: **a** dreckig **b** ordinär **3** dünn (u. billig) (*Stoff*): **~ dress** Fähnchen *n umg pej* **4** *fig* fadenscheinig (*Ausrede etc*)

sled [sled] *bes US* → sledge[1]

sledge[1] [sledʒ] *bes Br* **A** S **a** Schlitten *m* (*a.* TECH) **b** (Rodel)Schlitten *m* **B** VT mit e-m Schlitten befördern *od* fahren **C** VI Schlitten fahren, rodeln

sledge[2] [sledʒ] S TECH **1** Vorschlaghammer *m* **2** schweres Treibfäustel **3** *Bergbau*: Schlägel *m*

sledgehammer **A** S → sledge[2] 1 **B** ADJ *fig* **a** Holzhammer...: **~ methods** **b** wuchtig, vernichtend (*Schlag etc*)

S

sleek [sli:k] A ADJ (ADV ~ly) 1 glatt, glänzend (*Haar etc*) 2 geschmeidig, glatt (*Körper etc; a. fig Wesen*) 3 *fig pej* aalglatt, ölig 4 a gepflegt, elegant, schick (*junger Mann etc*) b schnittig (*Wagen etc*) B V/T 1 → slick C 2 *Leder* schlichten; **sleekness** S 1 Glätte *f* 2 Geschmeidigkeit *f* (*a. fig*); **sleeky** → sleek A

sleep [sli:p] A V/I *prät u. pperf* slept [slept] 1 schlafen: **~ like a dormouse** (*od* **log, top**) schlafen wie ein Murmeltier *od* Bär; **the bed had not been slept in** das Bett war unberührt; **~ on** (*od* **over**) **a question** ein Problem überschlafen; **~ in** (*od* **late**) a verschlafen b länger *od* lange schlafen (→ A 2); **~ out** im Freien schlafen (→ A 2); **~ through** *ein Gewitter etc* verschlafen; **I slept through the alarm clock** ich haben den Wecker nicht gehört 2 schlafen, nächtigen, übernachten: **~ in** (**out**) im Haus (außer Haus) schlafen (*Personal etc*) 3 schlafen (**with** mit) (*Geschlechtsverkehr haben*): **~ together** miteinander schlafen; **~ around** *umg* mit jedem *bzw* jeder ins Bett gehen, rumbumsen 4 *fig* schlafen, ruhen (*Dorf, Fähigkeiten, Streit, Toter etc*): **their hatred never slept** ihr Hass kam nie zur Ruhe 5 stehen (*Kreisel*) B V/T 1 **~ the sleep of the just** den Schlaf des Gerechten schlafen 2 **~ away** (*od* **out**) *Zeit* verschlafen 3 **~ off** *s-e Kopfschmerzen etc* aus-, verschlafen: **~ off one's lunch** e-n Verdauungsschlaf halten; **~ it off** *umg* s-n Rausch ausschlafen 4 Schlafgelegenheit bieten (*dat*), Betten haben für, zum Schlafen unterbringen: **we can ~ 10 people**; **the tent ~s four people** in dem Zelt können vier Leute schlafen C S 1 Schlaf *m*, Ruhe *f* (*beide a. fig*): **full of ~** schläfrig, verschlafen; **in one's ~** im Schlaf; **a night without ~** e-e schlaflose Nacht; **the last** (*od* **big, long**) **~** *fig* der ewige Schlaf; **a ~ from which there is no awaking** ein Schlaf, aus dem es kein Erwachen gibt; **get some ~** ein bisschen schlafen; **I couldn't get to ~** ich konnte nicht einschlafen; **go to ~** a einschlafen b schlafen gehen; **go back to ~** wieder einschlafen; **have one's ~ out** ausschlafen; **have a good** (**night's**) **~** sich richtig ausschlafen; **lose ~ over** (*od* **about**) **sth** von etwas um den Schlaf gebracht werden; **that is nothing I lose ~ over, I'm not going to lose any sleep over that** das bereitet mir keine schlaflosen Nächte, darüber lasse ich mir keine grauen Haare wachsen; **need one's ~** s-n Schlaf brauchen; **put to ~** a einschläfern (*a. betäuben etc*) b *euph ein Tier* einschläfern c *Boxen: s-n Gegner* ins Reich der Träume schicken; → broken B 4 2 ZOOL Winterschlaf *m* 3 BOT Schlafbewegung *f*

sleep disturbance (Ein-, Durch-) Schlafstörung *f*

sleeper S 1 Schläfer(in), Schlafende(r) *m/f(m)*: **be a light** (**heavy** *od* **sound**) **~** e-n leichten (festen) Schlaf haben 2 ZOOL (*Winter-, Sommer*) Schläfer *m* 3 Sleeper *m*, Maulwurf *m* (→ mole[1] 3) 4 BAHN a Schlafwagen *m* b *Br* Schwelle *f* c Nachtzug *m* mit Schlafwagen 5 *Br* medizinischer Ohrstecker 6 *meist pl*, *a.* **pair of ~s** *US* (*bes* Baby-, Kinder)Pyjama *m* 7 *US umg* a *Film etc, dem erst spät der Durchbruch gelingt* b Spätstarter(in) 8 WIRTSCH *US umg* Ladenhüter *m*

sleepiness ['sli:pınıs] S 1 Schläfrigkeit *f* 2 Verschlafenheit *f* (*a. fig*)

sleeping ADJ 1 schlafend: → dog *Bes Redew*, partner A 2 2 Schlaf...: **~ accommodation** Schlafgelegenheit *f*; **~ hour** Schlafenszeit *f*; **~ bag** S Schlafsack *m*; ♀ **Beauty** S Dornrös-chen *n*; **~ car** S BAHN Schlafwagen *m*; **~ draught** S MED Schlaftrunk *m*; **~ pill** → sleeping tablet; **~ policeman** S *irr* AUTO *Br* Rüttelschwelle *f*; **~ sickness** S MED Schlafkrankheit *f*; **~ tablet** S MED, PHARM Schlaftablette *f*

sleep learning S Schlaflernmethode *f*

sleepless ADJ (ADV ~ly) 1 schlaflos: **cause sb ~ nights** j-m schlaflose Nächte bereiten 2 *fig* rastlos, ruhelos 3 *fig* wachsam; **sleeplessness** S 1 Schlaflosigkeit *f* 2 *fig* Rast-, Ruhelosigkeit *f* 3 *fig* Wachsamkeit *f*

sleep| movement S BOT Schlafbewegung *f*; **~-wake cycle** S BIOL Schlaf-Wach-Zyklus *m*; **~walk** V/I schlaf-, nachtwandeln; **~walker** S Schlaf-, Nachtwandler(in); **~walking** A S Schlaf-, Nachtwandeln *n* B ADJ 1 schlaf-, nachtwandelnd 2 schlaf-, nachtwandlerisch; **~wear** S Nachtwäsche *f*

sleepy ADJ (ADV sleepily) 1 schläfrig, müde 2 schläfrig, verschlafen, schlafmützig, träge 3 verschlafen, verträumt (*Dorf etc*) 4 einschläfernd (*Wärme etc*); **~head** S *fig* Schlafmütze *f*

sleet [sli:t] A S 1 Graupel(n) *f(pl)*, Schloße(n) *f(pl)* 2 METEO a *Br* Schneeregen *m* b *US* Graupelschauer *m* 3 *bes US* Eisüberzug *m* (*auf Bäumen etc*) B V/UNPERS graupeln; **sleety** ADJ graup(e)lig, Graupel...

sleeve [sli:v] A S 1 Ärmel *m*: **have** (*od* **keep**) **sth up one's ~** a etwas in petto haben *umg*: → ace A 1, card[1] 1 a b etwas im Schilde führen; **laugh in one's ~** sich ins Fäustchen lachen; **roll up one's ~s** die Ärmel hoch- *od* aufkrempeln (*a. fig*) 2 TECH Muffe *f*, Hülse *f*, Buchse *f*, Manschette *f*: **~ joint** Muffenverbindung *f*; **~ valve** Hülsenschieber *m* 3 (Schutz)Hülle *f*: **~ notes** *pl Br* Covertext *m* (*e-r Schallplatte*) B V/T mit Ärmeln, Muffen *etc* versehen; **sleeved** ADJ 1 mit Ärmeln 2 (*in Zusammensetzungen*) ...ärm(e)lig: **long-~**; **sleeveless** ADJ ärmellos

sleeve link S *Br* Manschettenknopf *m*

sleigh [sleı] A S (Pferde- *od* Last)Schlitten *m* B V/I (im) Schlitten fahren; **~ bell** S Schlittenschelle *f*

sleight [slaıt] S 1 Geschicklichkeit *f* 2 Kunstgriff *m*, Trick *m*, List *f*; **~ of hand** S 1 (Taschenspieler)Kunststück *n*, (-)Trick *m* (*a. fig*) 2 (Finger)Fertigkeit *f*

slender ['slendə(r)] ADJ (ADV ~ly) 1 schlank (*Mädchen etc*) 2 schmal, schmächtig (*Gestalt, Junge etc*) 3 *fig* schmal, dürftig (*Einkommen etc*) 4 *fig* gering, schwach (*Hoffnung etc*) 5 mager, karg: → fare A 3; **slenderize** [-raız] V/T & V/I *bes US* schlank(er) machen (werden); **slenderness** S 1 Schlankheit *f* 2 Schmalheit *f*, Schmächtigkeit *f* 3 *fig* Dürftigkeit *f* 4 Kargheit *f* (*des Essens*)

slept [slept] *prät u. pperf von* sleep

sleuth [slu:θ] A S Spürhund *m* (*a. fig umg Detektiv*) B V/I (herum-)schnüffeln (*Detektiv*) C V/T *j-s* Spur verfolgen

slew[1] [slu:] *prät von* slay[1]

slew[2] [slu:] S *US* Sumpf(land) *m(n)*, -stelle *f*

slew[3] → slue[1]

slew[4] [slu:] S *US umg* (große) Menge, Haufen *m*: **a ~ of people**

slewed [slu:d] ADJ *Br sl* blau, voll

sley [sleı] S TECH Weberkamm *m*

slice [slaıs] A S 1 Scheibe *f*, Schnitte *f*, Stück *n*: **a ~ of bread**; **cut sth into ~s** etwas in Scheiben schneiden; **two-~ toaster** Zweischeibentoaster *m*; → cake A 1, pie[2] 2 *fig* Stück *n* (*Land etc*), (An)Teil *m*: **a ~ of the profits** ein Anteil am Gewinn; **a ~ of luck** e-e Portion Glück 3 *fig* (**of**) Ausschnitt *m* (aus), Querschnitt *m* (durch): **a ~ of life** e-e lebensechte *od* -wahre Darstellung 4 (*bes* Fisch)Heber *m*, Schaufel *f* 5 TECH Spachtel *m/f*, Spatel *m/f* 6 *Golf, Tennis:* Slice *m* B V/T 1 *a.* **~ up** in Scheiben schneiden, aufschneiden: **~ off** *ein Stück* abschneiden (**from** von); **any way you ~ it** *US umg* wie man es auch betrachtet; → bread *Bes Redew* 2 (*fig a. die Luft, die Wellen*) durchschneiden 3 **~ one's finger** sich in den Finger schneiden 4 *fig* aufteilen 5 *bes* TECH spachteln 6 *Golf, Tennis: den Ball* slicen C V/I 1 Scheiben, Stücke *etc* schneiden 2 **~ into one's finger** sich in den Finger schneiden 3 *Golf, Tennis:* slicen, e-n Slice schlagen *od* spielen; **~ bar** S Schüreisen *n*

slicer ['slaısə(r)] S (*Brot-, Gemüse- etc*) Schneidemaschine *f*, (*Gurken-, Kraut- etc*) Hobel *m*

slick [slık] A ADJ (ADV ~ly) 1 glatt, rutschig (*Straße etc*) 2 seidig glänzend 3 flott, schwungvoll (*Aufführung etc*) 4 a clever, gewieft (*Verkäufer etc*): **a ~ customer** ein gewiefter Bursche b raffiniert (*Plan etc*) c *bes US umg* gerissen (*Geschäftsmann etc*) 5 *bes US umg* klasse: **the show was really ~** die Show war ganz große Klasse B S 1 Ölteppich *m* 2 TECH Glättwerkzeug *n* 3 *US umg* Hochglanzmagazin *n* 4 *Motorsport:* Slick *m* (*profilloser Rennreifen*) C V/T 1 glätten (*a.* TECH) 2 **~ back** (*od* **down**) **one's hair** sich die Haare anklatschen

slicker ['slıkər] S 1 *US* a Regenmantel *m* b Ölhaut *f* 2 *umg* a (Trick)Betrüger(in) b → city slicker

slickness ['slıknıs] S 1 Glätte *f* 2 seidiger Glanz 3 Schwung *m* 4 a Cleverness *f*, Gewieftheit *f* b Raffiniertheit *f* c *bes US umg* Gerissenheit *f*

slid [slıd] *prät u. pperf von* slide

slidable ['slaıdəbl] ADJ verschiebbar

slidden ['slıdn] *obs pperf von* slide

slide [slaıd] A V/I *prät* slid [slıd], *pperf* slid, *obs* slidden ['slıdn] 1 gleiten (*a. Riegel etc*), rutschen: **~ down** a herunter- *od* hinunterrutschen, -gleiten b SPORT (*in der Tabelle*) abrutschen; **~ from** entgleiten (*dat*); **~ out** heraus- *od* hinausgleiten, -rutschen; **let things ~** *fig* die Dinge laufen lassen 2 (aus)gleiten, (-)rutschen 3 (*auf Eis*) schlittern 4 gleiten, schlüpfen: **~ into the room** 5 **~ over** *fig* leicht über *ein Thema etc* hinweggehen 6 **~ into** *fig* in *etwas* hineinschlittern B V/T 1 gleiten lassen, schieben: **~ one's hand into one's pocket** 2 **~ in** *fig ein Wort* einfließen lassen 3 MUS hinüberziehen C S 1 Rutschen *n*, Gleiten *n* 2 Schlittern *n* (*auf Eis*) 3 a Schlitterbahn *f* b Rodelbahn *f* c (*a.* Wasser)Rutschbahn *f* 4 Erd-, Fels-, Schneerutsch *m* 5 *bes* TECH Rutsche *f*, Gleitfläche *f* 6 TECH a Schieber *m* b Schlitten *m* (*e-r Drehbank etc*) c Führung *f* d → slideway 7 Objektträger *m* (*am Mikroskop*) 8 Schieber *m* (*e-s Rechenschiebers*) 9 FOTO Dia(positiv) *n*: **~ lecture** Lichtbildervortrag *m*; **~ projector** Diaprojektor *m*; **~ viewer** Diabetrachter *m* 10 MIL Visierschieber *m* 11 MUS a Schleifer *m* (*Verzierung*) b Hinüberziehen *n* (*zwischen Tönen*) c Zug *m* (*der Posaune etc*) 12 *Br* (*Haar*) Spange *f*

slideable → slidable

slide| bar S TECH Gleitschiene *f*; **~ control** S TECH Schieberegler *m*; **~ fastener** S *bes US* Reißverschluss *m*

slider ['slaıdə(r)] S 1 TECH Schieber *m*, Gleitstück *n* 2 ELEK Schleifer *m*; **~ control** S TECH Schieberegler *m*

slide| rest S TECH Support *m*, Schlitten *m*; **~ rod** S TECH Führungsstange *f*; **~ rule** S TECH Rechenschieber *m*, -stab *m*; **~-rule** ADJ SPORT millimetergenau (*Pass*); **~ tackle** S *Fußball:* Grätsche *f*; **~ trombone** S MUS Zugposaune *f*; **~ valve** S TECH Schieber (-ventil) *m(n)*; **~way** S TECH 1 Gleit-, Schiebebahn *f* 2 Geradführungsstück *n*; **~ wire** S ELEK Schleifdraht *m*

sliding ['slaıdıŋ] ADJ (ADV ~ly) 1 rutschend, gleitend: → pair A 8 2 Schiebe...: **~ door**; **~ bearing** S TECH Gleitlager *n*; **~ bow**

S

[bəʊ] S ELEK Stromabnehmer-, Kontaktbügel *m*; ~ **contact** S ELEK Schleifkontakt *m*; ~ **fit** S TECH Gleitsitz *m*; ~ **friction** S TECH Gleitreibung *f*; ~ **gear** S TECH Schieberad *n*; ~ **roof** S AUTO *etc* Schiebedach *n*; ~ **scale** S WIRTSCH gleitende (*Lohn- etc*) Skala; ~ **seat** S *Rudern*: Gleit-, Rollsitz *m*; ~ **weight** S Laufgewicht *n* (*e-r Waage*)

slier ['slaɪə(r)] *komp von* sly

sliest ['slaɪɪst] *sup von* sly

slight [slaɪt] A ADJ (ADV → slightly) 1 leicht, gering(fügig): **the ~est hesitation** ein kaum merkliches Zögern; **the ~est irritation** ein Anflug von Ärger; **I haven't got the ~est idea** ich hab nicht die geringste *od* leiseste Ahnung; **not in the ~est** nicht im Geringsten 2 schmächtig, dünn 3 schwach (*Gerüst etc*) 4 leicht, schwach (*Geruch etc*) 5 gering (*Intelligenz etc*) 6 flüchtig, oberflächlich (*Bekanntschaft*) B V/T 1 *j-n* beleidigen, kränken 2 *etwas* auf die leichte Schulter nehmen *umg* 3 *e-e Arbeit etc* (nach)lässig erledigen C S Beleidigung *f*, Kränkung *f* (*beide*: **on, to** *gen*); **slighting** ADJ (ADV ~ly) 1 beleidigend, kränkend 2 abschätzig; **slightly** ADV leicht, schwach, etwas, ein bisschen: **know sb only ~** j-n nur flüchtig *od* oberflächlich kennen; **slightness** S 1 Geringfügigkeit *f* 2 Schmächtigkeit *f* 3 Schwäche *f*

Sligo ['slaɪgəʊ] S Sligo *n* a *Grafschaft im nordwestlichen Irland* b *Hauptstadt von* a

slily → slyly

slim [slɪm] A ADJ (ADV ~ly) 1 schlank, (*Taille etc*) schmal 2 *fig* mager (*Einkommen etc*), (*a. Chance etc*) gering, (*Ausrede, Hoffnung etc*) schwach B V/T schlank(er) machen: ~ **costs** die Kosten senken; ~ **down** WIRTSCH gesundschrumpfen C V/I 1 *a.* ~ **down** schlank(er) werden: ~ **down** WIRTSCH sich gesundschrumpfen 2 **be ~ming** e-e Schlankheits- *od* Abmagerungskur machen; ♀ **disease** S MED (*in Afrika verwendeter Ausdruck für*) Aids *n*; **~down** S WIRTSCH Gesundschrumpfung *f*, Schlankheitskur *f*

slime [slaɪm] A S 1 Schlamm *m* 2 *bes* BOT, ZOOL Schleim *m* 3 *fig* Schmutz *m* B V/T mit Schlamm *od* Schleim überziehen *od* bedecken

sliminess ['slaɪmɪnɪs] S 1 *bes* BOT, ZOOL Schleimigkeit *f*, (*das*) Schleimige 2 Schlammigkeit *f*

slimline ADJ 1 schlank 2 schlank geschnitten, schlank machend (*Kleidungsstück*) 3 kalorienarm (*Lebensmittel*), Diät..., ... light (*Getränk*)

slimming ['slɪmɪŋ] A S 1 Schlankwerden *n*, Abnehmen *n* 2 Schlankheits-, Abmagerungskur *f* B ADJ ~ **diet** → A 2: **be on a ~ diet** → slim C 2

slimnastics [slɪm'næstɪks] SPL (*a. als sg konstruiert*) Schlankheitsgymnastik *f*

slimness S Schlankheit *f*; **slimsy** [-ziː], *a.* **slimpsy** [-psiː] *US umg* → flimsy

slimy ['slaɪmɪ] ADJ (ADV slimily) 1 *bes* BOT, ZOOL schleimig: ~ **trail** Schleimspur *f* 2 glitschig 3 schlammig 4 ekelhaft 5 *bes Br fig* a schmierig, schmutzig b kriecherisch, schleimig

sling[1] [slɪŋ] A S (Stein)Schleuder *f* B V/T *prät u. pperf* **slung** [slʌŋ] a schleudern b *umg* schmeißen: → mud A

sling[2] [slɪŋ] A S 1 Schlinge *f* (*zum Heben von Lasten*) 2 MED (Arm)Schlinge *f*: **have one's arm in a ~** den Arm in der Schlinge tragen 3 Trag-, *a.* Gewehrriemen *m*, Gurt *m* 4 *meist pl* SCHIFF Stropp *m*, Tauschlinge *f* B V/T *prät u. pperf* **slung** [slʌŋ] 1 e-e Schlinge um *e-e Last* legen 2 (an e-r Schlinge) aufhängen: **be slung from** hängen *od* baumeln von 3 *e-e Last* hochziehen: → hook A 3 4 *sein Gewehr etc* umhängen: ~ **one's coat over one's shoulder** sich s-n Mantel über die Schulter hängen

sling[3] [slɪŋ] S Sling *m* (*meist gesüßtes alkoholisches Mixgetränk*)

sling|back S Sling(pumps) *m*; **~bag** S Schulter-, Umhängetasche *f*; **~shot** *US* → sling[1] A

slink [slɪŋk] A V/I *prät* **slunk** [slʌŋk], *obs* **slank** [slæŋk], *pperf* **slunk** 1 schleichen, sich stehlen: ~ **off** wegschleichen, sich fortstehlen 2 fehlgebären, *bes* verkalben (*Kuh*) B V/T *ein Junges* vor der Zeit werfen C S VET Fehl-, Frühgeburt *f* (*bes Kalb*); **slinky** ADJ (ADV slinkily) *umg* 1 a mit aufreizendem Gang (*Frau*) b aufreizend (*Gang*) 2 geschmeidig (*Körper*) 3 eng anliegend, hauteng (*Kleid etc*)

slip[1] [slɪp] A S 1 (Aus)Gleiten *n*, (-)Rutschen *n* 2 Fehltritt *m* (*a. fig*) 3 Missgeschick *n*, Panne *f*: **there's many a ~ 'twixt the cup and the lip** (*Sprichwort*) man soll den Tag nicht vor dem Abend loben 4 (Flüchtigkeits)Fehler *m*, Lapsus *m*, Schnitzer *m umg*: ~ **of the pen** Lapsus Calami, Schreibfehler; ~ **of the tongue** Lapsus Linguae, Versprecher *m*; **it was a ~ of the tongue** ich habe mich (er hat sich *etc*) versprochen 5 Fehler *m*, Fehlleistung *f*, Panne *f* 6 Unterkleid *n*, -rock *m* 7 (*Kissen*) Bezug *m* 8 JAGD Koppel *f*, (Hunde)Leine *f*: **give sb the ~** *fig* j-m entwischen 9 SCHIFF Slip *m*, Schlipp *m* (*schiefe Ebene für den Stapellauf*) 10 TECH Schlupf *m* (*Nacheilen der Drehzahl*) 11 TECH *Nachbleiben der Fördermenge bei Pumpen* 12 GEOL kleine Verwerfung, Erdrutsch *m* 13 FLUG Slip *m* (*Seitwärtsbewegung des Flugzeugs, um Höhe zu verlieren*) B V/I 1 gleiten, rutschen: ~ **from** *der Hand etc* entgleiten; **it ~ped from my lips** es ist mir herausgerutscht *umg*; **let ~** *etwas* verraten; **he let ~ a wrong word** ihm entschlüpfte ein falsches Wort; **let ~ that ...** fallen lassen, dass ...; **let an opportunity ~ (through one's fingers)** sich e-e Gelegenheit entgehen lassen; ~ **into bad language** in Obszönitäten abgleiten; **the money ~ped through her fingers** das Geld zerrann ihr unter den Händen; ~ **into second place** SPORT sich auf den zweiten Platz schieben; → mind A 2 2 ausgleiten, -rutschen 3 sich (hoch- *etc*)schieben, (ver)rutschen 4 sich lösen (*Knoten*) 5 schlüpfen (**into** *in ein Kleid etc*; **out of** aus *e-m Kleid etc*): ~ **through** schlüpfen durch (*a. fig*) 6 (e-n) Fehler machen, sich vertun (*beide*: **on** bei) 7 *umg* nachlassen (*Kräfte etc*), nachgeben (*Preise etc*): **he is ~ping** er lässt nach C V/T 1 gleiten lassen, (*bes* heimlich) stecken *od* tun (*alle*: **into** in *akk*): ~ **sb sth** j-m etwas zustecken; → slip in B 2 → slip off B, slip on 3 *ein Hundehalsband, a. e-e Fessel etc* abstreifen: → collar A 2 4 *e-n Hund etc* loslassen 5 *etwas* loslassen 6 *j-m* entwischen, -kommen 7 *j-s Aufmerksamkeit* entgehen: → mind A 2 8 *e-n Knoten* lösen 9 → slink B 10 MED sich *die Schulter etc* auskugeln *od* verrenken: ~ **one's shoulder**; ~ **a disc** e-n Bandscheibenvorfall erleiden; **~ped disc** Bandscheibenvorfall *m*

Phrasal Verbs: **slip| away** V/I 1 wegschleichen, sich fortstehlen: **allow the game to ~** SPORT sich das Spiel aus der Hand gleiten lassen 2 verstreichen (*Zeit*); ~ **by** → slip away 2; ~ **down** V/I rutschen (*Speise, Getränk*); ~ **in** A V/I sich einschleichen (*a. fig Fehler*), hineinschlüpfen B V/T 1 hineingleiten lassen 2 *fig e-e Bemerkung* einfließen lassen; ~ **off** A V/I → slip away 1 B V/T (sich) *e-n Ring, ein Kleid etc* abstreifen; (sich) *ein Kleid etc* überstreifen, TECH aufstecken; ~ **out** A V/I hinausschlüpfen B V/T herausziehen; ~ **over** V/T: **slip sth (***od* **one) over on sb** *bes US umg* j-n austricksen; ~ **past** → slip away 2; ~ **through** V/I durchschlüpfen (*a. fig*); ~ **up** V/I *umg* → slip[1] B 6

slip[2] [slɪp] S *Keramik*: Glasurschlicker *m*

slip[3] [slɪp] S 1 Pfropfreis *n*, Ableger *m*, Setzling *m* 2 *fig* Sprössling *m* 3 Streifen *m*, Stück *n* (*Holz, Papier etc*), Zettel *m*: **a ~ of a boy** *fig* ein schmächtiges Bürschchen; **a ~ of a room** *fig* ein winziges Zimmer 4 (Kontroll)Abschnitt *m* 5 TYPO Fahne *f*

slip|case 1 (Bücher)Kassette *f*, Schuber *m* 2 → slipcover; **~cover** S *US* 1 Schonbezug *m* (*für Möbel*) 2 Schutzhülle *f* (*für Bücher*); ~ **joint** S TECH Gleitfuge *f*, -verbindung *f*; **~knot** S Laufknoten *m*; **~-on** A S 1 Kleidungsstück *n* zum Überstreifen, *bes* a Slipon *m* (*Mantel*) b Pullunder *m* 2 → slipper A 1 B ADJ a Umhänge..., Überzieh... b TECH Aufsteck...: ~ **cap (lens,** *etc*); **~over** → slip-on A 1 b

slippage ['slɪpɪdʒ] S TECH 1 Schlupf *m*, Schlüpfung *f* 2 Schlüpfungsverlust *m*

slipper ['slɪpə(r)] A S 1 Pantoffel *m*, Hausschuh *m* 2 Tanzschuh *m* B V/T *umg j-n* mit dem Pantoffel schlagen; ~ **bath** S *Br teilweise abgedeckte Badewanne*

slippered ADJ in Pantoffeln *od* Hausschuhen

slipperiness ['slɪpərɪnɪs] S 1 Glätte *f* 2 *fig* Gerissenheit *f*

slippery ['slɪpərɪ] ADJ (ADV slipperily) 1 rutschig, glatt (*Straße etc*): **be on ~ ground** *fig* sich auf unsicherem Boden bewegen; **he is on a (***od* **the) ~ slope** *fig* er hat e-n gefährlichen Weg eingeschlagen 2 *fig* gerissen: **he's a ~ customer** er ist aalglatt 3 zweifelhaft, unsicher (*Position etc*) 4 heikel (*Thema etc*)

slippy ['slɪpɪ] ADJ *umg* 1 → slippery 1 2 **look ~!** *bes Br* mach fix!

slip|-resistant ADJ rutschfest, -sicher; ~ **ring** S ELEK Schleifring *m*; ~ **road** S *Br* (Autobahn)Zubringer *m*; **~shod** ADJ schlampig, schlud(e)rig; **~slop** S 1 *obs* a Gelabber *n pej* (*fades od dünnes Getränk*) b unappetitliches Zeug 2 *umg* a Gelabber *n pej* (*dummes Gerede*) b sentimentales Gewäsch; **~sole** S Einlegesohle *f* (*für Schuhe*); **~stick** S TECH *US umg* Rechenschieber *m*, -stab *m*; **~stream** A S 1 FLUG Luftschraubenstrahl *m* 2 SPORT Windschatten *m* B V/I SPORT im Windschatten fahren; **~-up** S *umg* → slip[1] A 4, A 5; **~way** S SCHIFF Helling *f*

slit [slɪt] A V/T *prät u. pperf* **slit** 1 *a.* ~ **open** aufschlitzen, -schneiden: ~ **sb's throat** j-m die Kehle durchschneiden 2 zerschlitzen 3 *e-n Rock etc* schlitzen B S Schlitz *m*; **~-eyed** ADJ schlitzäugig

slither ['slɪðə(r)] A V/I 1 (aus)gleiten, (-)rutschen 2 (*auf Eis*) schlittern 3 sich schlängeln (*Schlange etc*) B S 1 Gleiten *n*, Rutschen *n* 2 Schlittern *n*; **slithery** ADJ glatt, rutschig

slit| pocket S Durchgrifftasche *f*; ~ **trench** S MIL 1 kleiner Splittergraben 2 Schützenloch *n*

sliver ['slɪvə(r)] A S 1 (*Holz- etc*) Span *m*, (*Glas- etc*) Splitter *m*: **a ~ of glass** 2 *Spinnerei*: a Kammzug *m* b Florband *n* B V/T 1 *e-n Span* abspalten, *Holz etc* zersplittern 2 *Spinnerei*: *Wolle etc* teilen C V/I zersplittern

slivovitz ['slɪvəvɪts; 'sliːvə-] S Slibowitz *m*, Sliwowitz *m*

slob [slɒb; *US* slɑb] S 1 *bes Ir* Schlamm *m*, Morast *m* 2 *sl* a Bauer *m* b Trottel *m pej* c ordinärer Kerl d Fiesling *m*

slobber ['slɒbə; *US* 'slɑbər] A V/I 1 geifern, sabbeln, sabbern *umg* 2 ~ **over** *fig* gefühlsdus(e)lig schwärmen von B V/T begeifern, besabbeln, besabbern *umg* C S 1 Geifer *m* 2 sentimentales Gewäsch; **slobbery** ADJ 1 geifernd, sabbelnd, sabbernd *umg* 2 begeifert, besabbelt, besabbert *umg* 3 *fig* gefühlsduselig 4 schlampig

S

sloe [sləʊ] S BOT **1** Schlehe *f* **2** Schleh-, Schwarzdorn *m* **3** *einige Arten amer. wilder Pflaumen*; **~-eyed** ADJ **1** dunkeläugig **2** **a** mandeläugig **b** schlitzäugig; **~ gin** S Schlehenlikör *m*

slog [slɒg; *US* slɑg] *umg* **A** V/T **1** *j-m* e-n harten Schlag versetzen, *e-n Ball* dreschen *umg* **2** verprügeln **B** V/I **1** **~ away**, **~ on** **a** sich dahinschleppen, (mühsam) stapfen **b** *fig* sich durchbeißen **2** *a.* **~ away** sich (ab)plagen (**at sth** mit etwas), malochen *umg* **C** S **1** harter Schlag **2** *a.* **long ~** *fig* (endlose) Schinderei

slogan ['sləʊgən] S **1** *schott* HIST Schlachtruf *m* **2** Slogan *m*: **a** Schlagwort *n* **b** Werbespruch *m*; **sloganeer** [-'nɪə(r)] *bes US* **A** S **1** Erfinder(in) *m od* eifrige(r) Verwender(in) von Schlagwörtern **2** Werbetexter(in) **B** V/I Werbesprüche texten; **sloganize** V/T **1** in Schlagwortform bringen **2** (werbe)wirksam ausdrücken

slogger ['slɒgə; *US* 'slɑgər] S *umg* **1** *Boxen*: Puncher(in) **2** *fig* Arbeitstier *n*

sloid, **slojd** → sloyd

slo-mo → slowmo

sloop [slu:p] S SCHIFF Schaluppe *f*; **~ of war** S SCHIFF, HIST *Br* Kanonenboot *n*

slop[1] [slɒp; *US* slɑp] **A** S **1** (Schlamm)Pfütze *f* **2** *meist pl* → slipslop 1 a **3** *meist pl* **a** Spülicht *n* **b** Schmutzwasser *n* **c** Exkremente *pl* **4** Schweinetrank *m* **5** Matsch *m* **6** → slipslop 2 b **B** V/T **1** verschütten: **he ~ped the soup over his trousers** er schüttete sich die Suppe über die Hose **2** bespritzen **3** (hin)klatschen **4** *a.* **~ up** geräuschvoll essen *od* trinken **C** V/I **1** **~ about** (*od* **around**) *umg* herumpanschen *od* -spritzen (**in** in *dat*) **2** **~ over (the edge)** überschwappen **3** (hin)klatschen **4** **~ over** *US umg* überschwänglich schwärmen **5** *a.* **~ about** (*od* **around**) *umg* herumhängen (*Person*)

slop[2] [slɒp; *US* slɑp] S **1** Kittel *m*, lose Jacke **2** *pl* billige Konfektionskleidung **3** SCHIFF Kleidung *f* u. Bettzeug *n*, Klamotten *pl* **4** *pl*, *a.* **pair of ~s** HIST weite Hose

slop| basin, **~ bowl** S *Br Schale, in die bei Tisch Tee- u. Kaffeereste gegossen werden*

slope [sləʊp] **A** S **1** (Ab)Hang *m* **2** Böschung *f* **3** **a** Neigung *f*, Gefälle *n* **b** Schräge *f*, geneigte Ebene: **at the ~** MIL mit Gewehr über; **on the ~** schräg, abfallend **4** GEOL Senke *f* **5** MATH Richtungskoeffizient *m* **6** *Bergbau*: schräger Stollen **B** V/I **1** sich neigen, (schräg) abfallen **2** *umg* **a** *a.* **~ off** *Br* abhauen **b** *a.* **~ about** (*od* **around**) herumschlendern **C** V/T **1** neigen, senken **2** abschrägen (*a.* TECH) **3** (ab)böschen **4** MIL *das Gewehr* übernehmen: → arm[2] *Bes Redew*; **sloping** ADJ (ADV **~ly**) schräg, abfallend

slop pail S Toiletteneimer *m*

sloppiness ['slɒpɪnɪs; *US* 'slɑp-] S **1** Matschigkeit *f* **2** *umg* Schlampigkeit *f* **3** *umg* Gefühlsduselei *f*

sloppy ['slɒpɪ; *US* 'slɑpi:] ADJ (ADV **sloppily**) **1** matschig (*Weg etc*) **2** nass, bespritzt (*Tisch etc*) **3** *Speise etc*: **a** labb(e)rig *pej* **b** unappetitlich **4** *umg* gefühlsdus(e)lig **5** *umg* **a** schlabb(e)rig: **~ sweater** Schlabberpullover *m* **b** schlampig, schlud(e)rig; **~ joe** [dʒəʊ] S *US umg* Schlabberpulli *m*

slop|shop S Laden *m* mit billiger Konfektionsware; **~work** S **1** **a** Herstellung *f* von billiger Konfektionsware **b** billige Konfektionskleidung **2** minderwertige *od umg* schlampige Arbeit

slosh [slɒʃ; *US a.* slɑʃ] **A** S **1** → slush A 1, A 2 **2** Schuss *m* (*e-r Flüssigkeit*) **3** *Br umg* harter Schlag **B** V/I **1** *a.* **~ about** (*od* **around**) herumpanschen *od* -spritzen (**in** in *dat*) **2** schwappen (**over** über *akk*) **C** V/T **1** *j-n, etwas* bespritzen: **~ about** (*od* **around**) *Flüssigkeit* verspritzen **2** **~ on** *umg Farbe etc* **a** draufklatschen **b** klatschen auf (*akk*) **3** *Br umg j-m* e-n harten Schlag versetzen **4** *a.* **~ down** *US umg Bier etc* hinunterschütten; **sloshed** [-ʃt] ADJ *bes Br sl* besoffen

slot[1] [slɒt; *US* slɑt] **A** S **1** **a** Schlitz *m*, Einwurf *m* (*e-s Automaten etc*), Spalt *m*, Spalte *f* **b** *umg* → slot machine **2** TECH Nut *f*, Kerbe *f*: **~ and key** Nut u. Feder **3** *US* enger Raum **4** *umg* **a** (freie) Stelle (**in** in *e-r Organisation etc*) **b** (freier) Platz (**on** in *e-r Mannschaft*) **c** *a.* **~ time** (RADIO, TV) (feste) Sendezeit, Sendeplatz *m*: **find a ~ for** *j-n* unterbringen (*in e-r Firma etc*); *j-n, etwas* unterbringen *od* einbauen (*in e-m Programm etc*) **5** FLUG *festgesetzte Zeitspanne für Starts, Landungen etc* **B** V/T **1** TECH schlitzen, nuten **2** **~ into** *umg* **a** *j-n* unterbringen in (*dat*) **b** *j-n, etwas* unterbringen *od* einbauen in (*dat*) **C** V/I **~ into** *umg* hineinpassen in (*akk*), sich einfügen in (*akk*) (*beide a. fig*): **this part ~s into that part; the song will ~ into the program(me) here** das Lied passt an dieser Stelle am besten; **~ into place** sich zusammenfügen

slot[2] [slɒt; *US* slɑt] S *bes* JAGD Spur *f*

slot car S *US elektrisch betriebenes Modellrennauto*

sloth [sləʊθ; *US a.* slɔ:θ] S **1** Faulheit *f* **2** ZOOL Faultier *n*; **slothful** ADJ (ADV **~ly**) faul, träge; **slothfulness** → sloth 1

slot machine S (Münz-, Waren-, Spiel)Automat *m*

slotted| screw ['slɒtɪd; *US* 'slɑt-] S TECH Schlitzschraube *f*; **~ spatula** S *US* Bratenwender *m*

slotting machine S TECH Senkrechtstoßmaschine *f*

slouch [slaʊtʃ] **A** S **1** krumme, nachlässige Haltung **2** latschiger Gang **3** *fig* Laxheit *f* **4** **a** herabhängende Hutkrempe **b** Schlapphut *m* **5** *bes US umg* **a** Nichtstuer(in) **b** Niete *f pej*, Flasche *f pej*: **he is no ~ (at)** er ist auf Draht *umg* (in *dat*); **the show is no ~** das Stück ist nicht ohne *umg* **B** V/I **1** krumm dastehen *od* dasitzen, sich lümmeln *umg* **2** *a.* **~ along** latschig gehen, latschen: **~ about** (*od* **around**) herumlatschen **3** herabhängen (*Krempe etc*) **C** V/T **1** *die Krempe* herunterbiegen **2** *die Schultern* hängen lassen; **~ hat** S Schlapphut *m*

slouching, **slouchy** ADJ **1** krumm (*Haltung*), latschig (*Gang, Haltung, Person*) **2** herabhängend (*Krempe*) **3** lax, faul

slough[1] [slaʊ] S **1** Sumpf-, Schmutzloch *n* **2** Morast *m* (*a. fig*): **~ of despond** tiefe *od* tiefste Verzweiflung **3** [slu:] *bes US* Sumpf *m*, *bes* (sumpfige) Flussbucht

slough[2] [slʌf] **A** S **1** **a** abgestreifte Haut (*bes der Schlange*) **b** Natternhemd *n* **2** *fig* (*etwas*) Abgetanes **3** MED Schorf *m*, tote Haut **B** V/I **1** *oft* **~ away** (*od* **off**) **a** sich häuten **b** MED sich ablösen (*Schorf*) **2** **~ off** *fig US* nachlassen **C** V/T **1** *a.* **~ off** **a** *Haut etc* abstreifen, abwerfen **b** *fig etwas* loswerden, *e-e Gewohnheit etc* ablegen **2** *Bridge*: *e-e Karte* abwerfen

sloughy[1] ['slaʊɪ; *US bes* 'slu:i:] ADJ *bes US* sumpfig

sloughy[2] ['slʌfɪ] ADJ MED schorfig

Slovak ['sləʊvæk; *US a.* -ˌvɑ:k], **Slovakian** [-kɪən] **A** S **1** Slowake *m*, Slowakin *f* **2** LING Slowakisch *n*, das Slowakische **B** ADJ slowakisch

Slovakia [sləʊ'vækɪə; -'vɑ:-] S Slowakei *f*

sloven ['slʌvn] S **a** Schlamper(in) *umg* **b** Schlampe *f pej*

Slovene ['sləʊvi:n], **Slovenian** [-njən; -nɪən] **A** S **1** Slowene *m*, Slowenin *f* **2** LING Slowenisch *n*, das Slowenische **B** ADJ slowenisch

Slovenia [sləʊ'vi:njə; -nɪə] S Slowenien *n*

slovenliness ['slʌvnlɪnɪs] S Schlampigkeit *f umg*; **slovenly** ADJ & ADV schlampig, schlud(e)rig

slow [sləʊ] **A** ADJ (ADV **~ly**) **1** *allg* langsam: **be ~ in arriving** lange ausbleiben, auf sich warten lassen; **be ~ to write** sich mit dem Schreiben Zeit lassen; **be ~ to take offence** nicht leicht etwas übel nehmen; **not be ~ to do sth** etwas prompt tun, nicht lange mit etwas fackeln; **the clock is 10 minutes ~** die Uhr geht 10 Minuten nach; **~ly but surely** langsam, aber sicher **2** allmählich, langsam (*Wachstum etc*): **a ~ poison** ein langsam wirkendes Gift **3** langsam, bedächtig (*Arbeiter etc*) **4** säumig (*a. Zahler*), unpünktlich **5** schwerfällig, begriffsstutzig, schwer von Begriff *umg*: **be ~ in learning sth** etwas nur schwer lernen; **be ~ of speech** e-e schwere Zunge haben; → uptake 1 **6** schwach (*Feuer, Hitze*) **7** schleichend (*Fieber, Gift*) **8** WIRTSCH schleppend (*Absatz etc*) **9** schleppend, langsam vergehend (*Zeit*) **10** langweilig, fad(e) **11** langsam (*Rennbahn*), schwer (*Boden*) **12** AUTO Leerlauf… **13** FOTO lange Belichtung erfordernd (*Linse, Filter, Film*) **14** *Atomphysik*: langsam (*Neutron etc*) **B** ADV langsam: **go ~** *fig* **a** langsam tun **b** WIRTSCH e-n Bummelstreik machen **C** V/T *meist* **~ down** (*od* **up**) **a** *die Geschwindigkeit* verlangsamen, -ringern, *a.* SPORT *das Tempo* drosseln: **~ down the pace of the game** das Spiel langsam machen, das Tempo aus dem Spiel nehmen **a** *etwas* verzögern **D** V/I *meist* **~ down** (*od* **up**) sich verlangsamen, langsamer werden: **he had better ~ down a bit** *fig* er sollte lieber kürzertreten *od* etwas langsamer tun

slow|-acting ADJ *alectr.* langsam (wirkend), träge (ansprechend), Langzeit…; **~ assets** SPL WIRTSCH feste Anlagen *pl*; **~ burn** S: **do a ~** *US umg* allmählich in Wut geraten; **~coach** S *bes Br umg* Langweiler(in); **~down** S **1** Verlangsamung *f* **2** WIRTSCH *US* Bummelstreik *m*; **~ lane** S AUTO Kriechspur *f* (*e-r Autobahn*); **~ march** S MUS Trauermarsch *m*; **~ match** S MIL, TECH Zündschnur *f*, Lunte *f*; **~mo** ['sləʊməʊ] S *umg*, **~ motion** S FOTO Zeitlupe(ntempo) *f(n)*: **in ~** in Zeitlupe; **~-motion** ADJ Zeitlupen…: **~ camera**; **~-moving** ADJ **1** langsam (gehend) **2** → slow A 8

slowness S **1** Langsamkeit *f* **2** Schwerfälligkeit *f*, Begriffsstutzigkeit *f* **3** Langweiligkeit *f*

slow|poke *US für* slowcoach; **~ time** S MIL (langsames) Marschtempo; **~ train** S Personenzug *m*; **~-witted** → slow A 5; **~worm** S ZOOL Blindschleiche *f*

sloyd [slɔɪd] S SCHULE Werkunterricht *m* (*bes Schnitzen*)

SLR ABK **1** self-loading rifle **2** FOTO single-lens reflex einäugige Spiegelreflexkamera

slub [slʌb] TECH **A** V/T grob vorspinnen **B** S Vorgespinst *n*; **slubber** S TECH Vorspinnmaschine *f*

sludge [slʌdʒ] S **1** Schlamm *m*, Schlick *m*, (*a.* Schnee)Matsch *m* **2** TECH Schlamm *m*, Bodensatz *m* **3** Klärschlamm *m* **4** TECH Pochschlamm *m* **5** Treibeis *n* **6** MED (*Blut*) Schwamm *m*; **sludgy** ADJ **1** schlammig, matschig **2** mit Eisschollen bedeckt

slue[1] [slu:] **A** V/T *a.* **~ round** herumdrehen, -schwenken, um s-e Achse drehen **B** V/I sich herumdrehen

slue[2] → slew[4]

slug[1] [slʌg] **A** S **1** ZOOL Nacktschnecke *f* **2** *bes US umg* **a** Faulpelz *m* **b** lahme Ente **B** V/I faulenzen

slug[2] [slʌg] S **1** Stück *n* Rohmetall **2** (*Gewehr- etc*) Kugel *f* **3** *US* falsche Münze (*Automatenmissbrauch*) **4** TYPO **a** Durchschuss

S

m, Reglette *f* b Setzmaschinenzeile *f* c Zeilenguss *m* 5 PHYS Masseneinheit *f* 6 *US umg* Schluck *m (Schnaps etc)*

slug³ [slʌg] *bes US umg* A S harter Schlag B V/T 1 *j-m* e-n harten Schlag versetzen 2 **they ~ged it out** sie trugen ihre Auseinandersetzung mit den Fäusten aus C V/I 1 *Boxen*: e-n harten Schlag haben 2 stapfen

slugabed [ˈslʌgəbed] S Langschläfer(in)

slugfest [ˈslʌgˌfest] S *Boxen*: *US umg* Schlägerei *f*

sluggard [ˈslʌgə(r)d] A S Faulpelz *m* B ADJ (ADV ~ly) faul; **sluggardly** ADJ faul

slugger [ˈslʌgə(r)] S *Boxen*: *bes US umg* Puncher(in)

sluggish [ˈslʌgɪʃ] ADJ (ADV ~ly) 1 träge *(a.* MED *Organ)*, träge fließend *(Fluss etc)*, langsam, schwerfällig 2 → slow A 8; **sluggishness** S Trägheit *f*, Langsamkeit *f*, Schwerfälligkeit *f*

sluice [sluːs] A S TECH 1 Schleuse *f (a. fig)* 2 Stauwasser *n* 3 Schleusenkanal *m* 4 Abflusskanal *m* 5 *(Erz- etc)* Waschrinne *f* 6 *umg* kurze Wäsche *(in fließendem Wasser)* B V/T 1 *Wasser* ablassen 2 (aus)spülen 3 *Erz etc* waschen C V/I (aus)strömen; **~ gate** S TECH Schleusentor *n*: **open the ~s to** (*od* **for**) *fig* Tür u. Tor öffnen *(dat)*; **~way** → sluice A 3

slum [slʌm] A S 1 Elendsquartier *n* 2 Slum *m*, Elendsviertel *n* B V/I 1 *meist* **go ~ming** die Slums *(bes aus Neugier)* aufsuchen 2 in primitiven Verhältnissen *od* wie arme Leute leben 3 sich unters Volk mischen C V/T **~ it** → B 2

slumber [ˈslʌmbə(r)] A V/I 1 *bes poet* schlummern 2 ruhen *(Vulkan)* B V/T **~ away** *Zeit* verschlafen C S, *a. pl bes poet* Schlummer *m*; **slumberous** ADJ (ADV ~ly) *bes poet* 1 schläfrig 2 einschläfernd

slumber party S *US* Schlafanzugparty *f (junger Mädchen)*

slum| clearance S Slumsanierung *f*; **~dweller** S Slumbewohner(in)

slumgullion [ˈslʌmˌgʌljən] S *US umg* 1 → slipslop 1 a 2 Eintopf (-gericht *n*) *m* 3 *bei der Walverarbeitung entstehende Abfälle*

slumlord S *ausbeuterischer Eigentümer e-s abbruchreifen Mietshauses*

slummy [ˈslʌmɪ] ADJ verwahrlost, Slum…

slump [slʌmp] A V/I 1 plumpsen (**into** in *akk*): **~ into a chair** sich in e-n Sessel plumpsen lassen 2 *meist* **~ down** (in sich) zusammensacken *(Person)* 3 WIRTSCH stürzen *(Preise)* 4 zurückgehen 5 GEOL rutschen B S 1 WIRTSCH a *a.* **~ in prices** (Preis)Sturz *m*, Baisse *f (an der Börse)* b (starker) Konjunkturrückgang 2 *allg* (plötzlicher) Rückgang (**in** *gen od* in *dat*): **be in a ~** rückläufig sein; **there is a ~ in attendance** die Teilnehmerzahlen gehen zurück 3 SPORT Schwächeperiode *f* 4 GEOL Rutschung *f*

slung [slʌŋ] *prät u. pperf von* sling¹, sling²

slung shot S Schleudergeschoss *n*

slunk [slʌŋk] *prät u. pperf von* slink

slur¹ [slɜː; *US* slɜr] A V/T 1 verunglimpfen, verleumden 2 *obs* beflecken *(a. fig)* B S 1 Makel *m*, (Schand)Fleck *m*: **put** (*od* **cast**) **a ~** (**up**)**on** a → A 1 b *j-s Ruf etc* schädigen 2 Verunglimpfung *f*, Verleumdung *f*

slur² [slɜː; *US* slɜr] A V/T 1 a undeutlich schreiben b TYPO schmitzen, verwischen 2 LING *e-e Silbe etc* verschlucken, -schleifen, undeutlich aussprechen 3 MUS a *Töne* binden, legato spielen b *Noten* mit Bindebogen bezeichnen 4 *oft* **~ over** (leicht) über *ein Thema etc* hinweggehen B V/I 1 undeutlich schreiben 2 nuscheln, undeutlich sprechen 3 MUS legato singen *od* spielen 4 TYPO schmitzen C S 1 Undeutlichkeit *f*, Genuschel *n* 2 MUS a Bindung *f*, Legato *n* b Bindebogen *m* 3 TYPO Schmitz *m*

slurp [slɜːp; *US* slɜrp] *umg* A V/T & V/I schlürfen B S Schlürfen *n*

slush [slʌʃ] A S 1 Schneematsch *m* 2 Schlamm *m*, Matsch *m* 3 SCHIFF Kombüsenabfälle *pl* 4 GEOL Schlammeis *n* 5 TECH Schmiermittel *n* 6 TECH Papierbrei *m* 7 ‚Gefühlsduselei *f* 8 Schund *m*, Kitsch *m* B V/T 1 bespritzen 2 (ein)schmieren: **~ing oil** Rostschutzöl *n* 3 *a.* **~ up** *e-e Fuge* verstreichen 4 abspritzen, abspülen C V/I → slosh B; **~ fund** S *US* Schmiergelderfonds *m*

slushy ADJ 1 matschig, schlammig 2 kitschig, rührselig, schmalzig

slut [slʌt] S 1 Schlampe *f pej (Frau mit liederlichem Lebenswandel)* 2 Nutte *f pej* 3 *obs bes US* Hündin *f*; **sluttish** ADJ (ADV ~ly) liederlich; **sluttishness** S Liederlichkeit *f*

sly [slaɪ] *komp* slier *od* **slyer**, *sup* sliest *od* **slyest** [-ɪst] A ADJ (ADV → slyly, slily) 1 schlau, verschlagen, listig: → dog A 4 2 verstohlen, heimlich 3 verschmitzt, durchtrieben, pfiffig B S **on the ~** → A 2; **~boots** *pl* -boots S *hum* Schlauberger *m umg*

slyly [ˈslaɪlɪ] *adv von* sly; **slyness** S Schlauheit *f (etc)*

SM ABK 1 sadomasochism SM 2 MIL Sergeant Major

smack¹ [smæk] A S 1 (Bei)Geschmack *m* (**of** von) 2 *fig* Beigeschmack *m*, Anflug *m (beide:* **of** von*)* 3 Prise *f (Salz etc)* 4 Häppchen *n*, Bissen *m* 5 *bes US sl* Heroin *n* B V/I 1 schmecken (**of** nach) 2 *fig* schmecken *od* riechen (**of** nach)

smack² [smæk] A S 1 Klatsch *m*, Klaps *m*, klatschender Schlag: **a ~ in the face** a e-e Ohrfeige b *a.* **a ~ in the eye** *fig* ein Schlag ins Gesicht; **have a ~ at sth** es (einmal) mit etwas versuchen; **have a ~ at doing sth** versuchen, etwas zu tun 2 Schmatzen *n* 3 *(bes* Peitschen)Knall *m* 4 Schmatz *m (lauter Kuss)* (**on** auf *akk*): **give sb a ~** B V/T 1 mit *e-r Peitsche* knallen 2 *etwas* schmatzend genießen 3 **~ one's lips** a schmatzen b sich die Lippen lecken 4 *etwas* hinklatschen 5 klatschen(d schlagen) auf *(akk)* 6 *die Hände etc* zusammenschlagen 7 *j-m* e-n Klaps geben C V/I 1 schmatzen: **~ing kiss** → A 4 2 klatschen(d schlagen) (**on** auf *akk*) 3 knallen *(Peitsche)* 4 hinklatschen (**on** auf *akk*) D ADV *umg* 1 mit e-m Klatsch 2 genau, direkt: **~ in the middle**

smack³ [smæk] S SCHIFF Schmack(e) *f (voll gedecktes Fischerboot)*

smacker S *sl* 1 → smack² A 4 2 a *Br* Pfund *n* b *US* Dollar *m*

smackhead S *bes US sl* Heroinsüchtige(r) *m/f(m)*

smacking S (Tracht *f*) Prügel *pl*

small [smɔːl] A ADJ 1 *allg* klein: **cut ~** klein schneiden; **make o.s. ~** sich kleinmachen; **the ~est room** *Br* die Toilette; → ad¹, intestine A 2 klein, schmächtig *(Junge etc)* 3 klein, gering *(Anzahl, Grad etc)*: **a ~ fortune** ein kleines Vermögen; **they came in ~ numbers** es kamen nur wenige; **I've only got ~ appetite** ich habe nur wenig Appetit; **~ eater** schlechte(r) Esser(in); **~ saver** Kleinsparer(in) 4 wenig: **~ blame to him** ihn trifft kaum e-e Schuld; **have ~ cause for** kaum Anlass zu *Dankbarkeit etc* haben 5 klein, armselig, dürftig 6 klein, mit wenig Besitz: **~ businessman** kleiner Geschäftsmann; **~ farmer** Kleinbauer *m*, -bäuerin *f* 7 klein, (sozial) niedrig: **~ people** kleine Leute 8 unbedeutend, klein *(Dichter etc)* 9 bescheiden, klein *(Anfang etc)* 10 klein, trivial: **the ~ worries** die kleinen Sorgen; **a ~ matter** e-e Kleinigkeit *od* Bagatelle; **in a ~ way** a bescheiden *leben etc* b im Kleinen *handeln etc* 11 *pej* kleinlich 12 *pej* niedrig, moralisch verwerflich *(Charakter etc)* 13 klein *umg*, beschämt: **feel ~** sich klein (u. hässlich) vorkommen, sich schämen; **make sb feel ~** j-n beschämen; **look ~** beschämt dastehen 14 schwach, klein *(Stimme)*: **the ~ voice of conscience** die Stimme des Gewissens 15 *obs* dünn *(Bier etc)* B ADV 1 fein, klein 2 ängstlich: → sing A 1 3 auf bescheidene Art 4 gering (schätzig): **think ~** kleinkariert denken *pej*; **think ~ of sb** auf j-n herabsehen C S 1 *(das)* Kleine, *(etwas)* Kleines 2 schmal(st)er *od* verjüngter Teil: **the ~ of the back** das Kreuz *(Körperteil)* 3 *pl bes Br umg* Unterwäsche *f*, Taschentücher *pl etc*: **wash one's ~s** s-e kleine Wäsche waschen

smallage [ˈsmɔːlɪdʒ] S BOT *obs* Sellerie *m/f*

small| arms SPL Handfeuerwaffen *pl*; **~ beer** S 1 *obs* Dünnbier *n* 2 *bes Br umg* a Lappalien *pl*, kleine Fische *pl* b Null *f pej*, Nichts *n pej (Person)*: **think no ~ of o.s.** e-e hohe Meinung von sich haben; **~ capitals** SPL TYPO Kapitälchen *pl*; **~ change** S 1 Kleingeld *n* 2 → small beer 2; **~ circle** S MATH Kleinkreis *m (e-r Kugel)*; **~-claims court** S JUR Gericht *n* für Bagatellforderungen; **~clothes** SPL, *a.* **pair of ~** HIST Kniehosen *pl*; **~ fry** S 1 junge *od* kleine Fische *pl* 2 → fry² 3 3 → small beer 2 b; **~ game** S JAGD *Br* Kleinwild *n*; **~holder** S *bes Br* Kleinbauer *m*, -bäuerin *f*; **~ holding** S *bes Br* Kleinlandbesitz *m*; **~ hours** SPL *(die)* frühen Morgenstunden *pl*: **until** (*od* **into**) **the ~** bis in die frühen Morgenstunden

smallish [ˈsmɔːlɪʃ] ADJ ziemlich klein

small| letter S Kleinbuchstabe *m*: **write a word with a ~** ein Wort kleinschreiben; **~-minded** ADJ (ADV ~ly) engstirnig, kleinkariert *pej*; **~-mindedness** S Engstirnigkeit *f*, Kleinkariertheit *f pej*

smallness S 1 Kleinheit *f* 2 geringe Anzahl 3 *pej* Kleinlichkeit *f* 4 *pej* niedrige Gesinnung

small| pica S TYPO, HIST kleine Cicero (-schrift) *(11 Punkt)*; **~ potatoes** SPL *(oft als sg konstruiert) bes US umg* → small beer 2; **~pox** S MED Pocken *pl*, Blattern *pl*; **~ print** S *(das)* Kleingedruckte *(e-s Vertrags etc)*; **~-print** ADJ klein gedruckt; **~-scale** ADJ in kleinem Rahmen, klein; **~ screen** S *Br umg (das)* Fernsehen; **~-screen** ADJ *Br umg* Fernseh…; **~sword** S HIST Florett *n*; **~ talk** S Small Talk *m*, *a. n*, unverbindliche Konversation: **he has no ~** er kann nicht (unverbindlich) plaudern; **~-time** ADJ *umg* klein, unbedeutend, Schmalspur…: **~ crook** kleiner Gauner *od* Ganove; **~ grocer** Heringsbändiger *m umg*; **~ town** S Kleinstadt *f*; **~-town** ADJ 1 kleinstädtisch, Kleinstadt… 2 kleinbürgerlich; **~-towner** S Kleinstädter(in)

smalt [smɔːlt] S 1 CHEM S(ch)malte *f*, Kobaltblau *n* 2 Kobaltglas *n*

smaragd [ˈsmærægd] S MINER Smaragd *m*

smarm [smɑːm] *Br umg* A V/T 1 **~ one's hair down** sich das Haar an den Kopf kleben 2 **~ one's way into sb's confidence** sich in j-s Vertrauen einschleichen B V/I **~ up to sb** sich bei j-m einschmeicheln; **smarmy** ADJ (ADV smarmily) *Br umg* 1 kriecherisch 2 ölig, schmeichlerisch

smart [smɑː(r)t] A ADJ (ADV ~ly) 1 klug, gescheit: **~ bomb** MIL intelligente Bombe(*, die ihr Ziel von allein findet)*; **~ quotes** COMPUT typografische Anführungszeichen 2 gewandt, geschickt 3 geschäftstüchtig 4 gerissen, raffiniert: **play it ~** *umg* schlau sein 5 witzig, geistreich 6 *pej* superklug, besserwisserisch 7 schmuck, gepflegt 8 a elegant, schick, fesch b modisch, auffallend schick, (hyper)modern: **the ~ set** *(a. als pl konstruiert)* die Schickeria 9

S

forsch, schneidig (*Tempo etc*): **salute ~ly** zackig salutieren **10** flink, fix **11** hart (*Schlag etc*), (*Strafe etc a.*) empfindlich **12** scharf, heftig (*Kritik, Schmerz etc*) **13** schlagfertig, kess, frech (*Antwort etc*): **get ~ with sb** *US umg* j-m frech kommen **14** *umg* beträchtlich **B** S **1** stechender Schmerz **2** *fig* Schmerz *m* **3** *pl US sl* Grips *m* **C** V/I **1** schmerzen, brennen, wehtun **2** (seelisch) leiden (**from, under** unter *dat*): **he ~ed under the insult** die Kränkung nagte an s-m Herzen; **you shall ~ for it** das sollst du (mir) büßen

smart| aleck S *umg* Besserwisser *m*; **~-aleck(y)** ADJ *umg* → smart A 6; **~ arse**, *US* **~ ass** S *vulg* Klugscheißer(in) *pej*; **~-arse(d)**, *US* **~-ass(ed)** ADJ *vulg* klugscheißerisch *pej*; **~ card** S Smartcard *f* (*Chipkarte mit mehrfacher Funktion*)

smarten ['smɑː(r)tn] **A** V/T **1** *oft* **~ up** herausputzen, schön machen **2** *fig j-n* aufwecken, auf Draht bringen **B** V/I: *meist* **~ up** **1** sich schön machen, sich in Schale werfen **2** *fig* aufwachen **3** sich verschärfen

smartie ['smɑːrtiː] *US* → smart aleck

smart money S *US* **1** JUR Strafe einschließender Schadenersatz **2** von gut unterrichteten Investoren/Wettern angelegtes/gesetztes Geld **3** KOLL gut unterrichtete Investoren *od* Wetter *pl* **4** (*vom Arbeitgeber an e-n verletzten Arbeitnehmer gezahlte*) Entschädigung

smartness S **1** Klugheit *f*, Gescheitheit *f* **2** Gewandtheit *f* **3** Gerissenheit *f* **4** (flotte) Eleganz, Schick *m* **5** Forschheit *f* **6** Schärfe *f*, Heftigkeit *f*; **smarty** S, **~-pants** *pl* **-pants** S *US* → smart aleck

smash [smæʃ] **A** V/T **1** *oft* **~ up** zerschlagen, -trümmern, -schmettern, in Stücke schlagen: **~ up a car** e-n Wagen zu Schrott fahren; **~ atoms** PHYS Atome zertrümmern; **~ in** einschlagen; **~ sb's face in** *umg* j-m die Fresse einschlagen; → smithereens **2** *die Faust, e-n Stein etc, a. e-n Tennisball etc* schmettern: **~ a stone through the window** **3** **a** *j-n* zusammenschlagen **b** *den Feind* vernichtend schlagen **c** *e-n Gegner* fertigmachen *umg* **d** *e-e Bande etc* zerschlagen **e** *ein Argument etc* restlos widerlegen **4** *j-n* finanziell ruinieren *od umg* kaputtmachen **B** V/I **1** zersplittern (**into a thousand pieces** in tausend Stücke), in Stücke springen: → smithereens **2** krachen, knallen (*beide:* **against** gegen; **into** in *akk*; **through** durch) **3** zusammenstoßen, -krachen (*Autos etc*) **4** FLUG Bruch machen **5** *oft* **~ up** zusammenkrachen, bankrottgehen **6** *fig* (gesundheitlich) kaputtgehen **7** *fig* zuschanden werden **8** *Tennis etc*: schmettern **C** ADJ *umg* toll, sensationell (*Erfolg etc*) **D** ADV krachend **E** S **1** **a** Zertrümmern *n* **b** Zersplittern *n* **2** Krach *m* **3** → smashup 2, 3, 4 **4** (*a.* finanzieller) Zusammenbruch, Ruin *m*: **go to ~** kaputtgehen: **a** völlig zusammenbrechen **b** → B 5 **5** *Tennis etc*: Schmetterball *m* **6** *eisgekühltes alkoholisches Mixgetränk* **7** *umg* toller Erfolg: **~ with the public** toller Publikumserfolg; **~-and-grab (raid)** S *bes Br* Schaufenstereinbruch *m*

smashed [smæʃt] ADJ *sl* **1** voll (*betrunken*): **get ~ on** sich volllaufen lassen mit **2** high (*unter Drogeneinfluss*)

smasher S **1** *Tennis etc*: Schmetterer *m*, Schmetterin *f* **2** *umg* Mordsding *n*, tolle Sache, Wucht *f*: **a ~ (of a girl)** ein tolles Mädchen

smash hit S *umg* Kassenschlager *m* (*Film etc*), Bombenerfolg *m* (*Roman etc*), Riesenhit *m* (*CD etc*)

smashing ADJ **1** heftig (*Schlag*) **2** vernichtend (*Niederlage*) **3** *bes Br umg* toll, sagenhaft (*Figur, Zeit etc*), umwerfend (*Erfolg etc*)

smashup S **1** völliger Zusammenbruch **2** Bankrott *m* **3** AUTO *etc* Zusammenstoß *m* **4** FLUG Bruch(landung) *m(f)*

smatter ['smætə(r)] V/T sich oberflächlich *od* nebenbei beschäftigen mit; **smatterer** S Stümper(in); **smattering** S oberflächliche Kenntnis(se *pl*): **he has** (*od* **knows**) **a ~ of French** er kann ein paar Brocken Französisch

smaze [smeɪz] S *US* (*aus* **smoke** *u.* **haze**) rauchdurchsetzter Nebel

smear [smɪə(r)] **A** V/T **1** *e-e Achse etc* schmieren **2** *Fett* (auf)schmieren (**on** auf *akk*) **3** *die Haut etc* einschmieren **4** *etwas* beschmieren: **a** bestreichen (**with** mit) **b** besudeln: **~ed with blood** blutverschmiert **5** *e-e Schrift etc* verschmieren, -wischen **6** *fig* **a** *j-s Ruf* besudeln **b** *j-n* verleumden, durch den Schmutz ziehen **7** SPORT *US umg* überfahren (*hoch besiegen*) **B** V/I schmieren, sich verwischen **C** S **1** Schmiere *f* **2** (*Fett-, Schmutz*) Fleck *m* **3** *fig* Besud(e)lung *f*, Verunglimpfung *f* **4** MED Abstrich *m*: **take a ~** e-n Abstrich machen; **~ campaign** S Hetz-, Verleumdungskampagne *f*; **~ sheet** S Hetz-, Skandalblatt *n* (*Zeitung*); **~ test** S MED Abstrich *m*; **~ word** S ehrenrührige Bezeichnung

smeary ADJ **1** schmierig **2** verschmiert

smegma ['smegmə] S PHYSIOL Smegma *n* (*ein Talgdrüsensekret*)

smell [smel] **A** V/T *prät u. pperf* **smelled** *od* **smelt** **1** *etwas* riechen **2** *fig Verrat etc* wittern: → rat A 1 **3** beriechen, riechen an (*dat*) **4** *fig etwas* beriechen, sich *etwas* genauer ansehen **5** **~ out** JAGD aufspüren, *fig a.* entdecken, ausfindig machen **B** V/I **1** riechen (**at** an *dat*) **2** riechen (*e-n Geruchssinn haben*): **can bees ~?**; **I can't smell, I've got a cold** ich rieche nichts, ich bin erkältet **3** *meist* **~ about** (*od* **around**) *fig* herumschnüffeln **4** *gut etc* riechen, duften (**of** nach) **5** (übel) riechen, stinken: **his breath ~s** er riecht aus dem Mund, er hat Mundgeruch **6** **~ of** *fig* riechen nach: **the matter ~s of nepotism** **C** S **1** Geruch(ssinn) *m* **2** Geruch *m*: **a** Duft *m*: *some flowers* **have strong ~s** riechen *od* duften stark **b** Gestank *m*: **~ of gas** Gasgeruch; **there was a ~ of garlic** es stank nach Knoblauch **3** *fig* Anflug *m* (**of** von) **4** Riechen *n*: **take** (*od* **have**) **a ~ at** (*US* **of**) → A 3, A 4; **smeller** S **1** ZOOL Tast-, Schnurrhaar *n* **2** *sl* Riechkolben *m* (*Nase*)

smelling| bottle ['smelɪŋ] S Riechfläschchen *n*; **~ salts** SPL Riechsalz *n*

smelly ADJ *umg* übel riechend, stinkend: **~ feet** Schweißfüße; **be ~** stinken

smelt[1] [smelt] *pl* smelts, *bes koll* smelt S FISCH Stint *m*

smelt[2] [smelt] V/T METALL **1** *Erz* (ein)schmelzen, verhütten **2** *Kupfer etc* ausschmelzen

smelt[3] [smelt] *prät u. pperf von* smell

smelter S **1** Schmelzer *m* **2** → smeltery; **smeltery** S TECH Schmelzhütte *f*; **smelting** S TECH Verhüttung *f*: **~ furnace** Schmelzofen *m*

smew [smjuː] S ORN Zwergsäger *m*

smilax ['smaɪlæks] S BOT Stechwinde *f*

smile [smaɪl] **A** V/I **1** lächeln (**about** über *akk*): **~ happily** (*od* **with happiness**) glücklich lächeln; **~, please** FOTO bitte recht freundlich!; **~ at** **a** *j-n* anlächeln, lächeln über (*akk*); **~ through one's tears** unter Tränen lächeln; **come up smiling** *fig* die Sache leicht überstehen; → keep C 3 **2** **~ (up)on** *fig j-m* lächeln *od* hold sein: **fortune ~d on him** Fortuna *od* das Glück war ihm hold **B** V/T **1** **~ one's approval (consent)** beifällig (zustimmend) lächeln; **~ a bitter smile** bitter lächeln **2** **~ away** *s-e Tränen etc* hinweglächeln **C** S **1** Lächeln *n*: **with a ~** lächelnd; **give a ~** lächeln; **give sb a ~** j-n anlächeln, j-m zulächeln; **she gave him a ~ of recognition** sie lächelte ihn an, als sie ihn erkannte; **be all ~s** (übers ganze Gesicht) strahlen **2** *meist pl fig* Lächeln *n*, Gunst *f*; **smiling** ADJ (ADV **~ly**) **1** lächelnd (*a. fig*) **2** *fig* huldvoll

smirch [smɜːtʃ; *US* smɜrtʃ] **A** V/T beschmieren, besudeln (*a. fig*) **B** S **1** (Schmutz)Fleck *m* **2** *fig* Schandfleck *m*

smirk [smɜːk; *US* smɜrk] **A** V/I affektiert *od* blöd lächeln, grinsen **B** S affektiertes Lächeln, Grinsen *n*

smit [smɪt] *prät obs u. pperf von* smite

smite [smaɪt] *prät* smote [sməʊt], *obs* smit [smɪt], *pperf* smitten ['smɪtn], smit V/T **1** *obs od poet* schlagen: → rib A 1 **2** befallen: **smitten down with the plague** von der Pest befallen *od* dahingerafft **3** *fig* packen: **smitten with** (*od* **by**) **desire** von Begierde gepackt **4** *fig* hinreißen: **be smitten** Feuer fangen; → smitten B 2 **5** plagen, quälen: **his conscience smote him** sein Gewissen schlug ihm

smith [smɪθ] S Schmied *m*

smithereens [ˌsmɪðəˈriːnz] SPL: **in ~** zersplittert, in tausend Stücken; **smash (in)to ~** **a** in tausend Stücke schlagen **b** *a.* **be smashed (in)to ~** in tausend Stücke zerspringen

smithery ['smɪθərɪ] S **1** Schmiedearbeit *f* **2** Schmiedehandwerk *n*

smithsonite ['smɪθsənaɪt] S MINER Smithsonit *m*

smithy ['smɪðɪ; *US bes* -θiː] S Schmiede *f*

smitten ['smɪtn] **A** *pperf von* smite **B** ADJ **1** betroffen, befallen **2** *umg* (**with**), verknallt (in *j-n*), ganz weg *od* hingerissen (von *j-m*)

smock [smɒk; *US* smɑk] **A** S **1** (Arbeits)Kittel *m* **2** → smock frock **B** V/T *e-e Bluse etc* smoken, mit Smokarbeit verzieren; **~ frock** S HIST Bauernkittel *m*

smocking ['smɒkɪŋ; *US* 'smɑkɪŋ] S **1** Smokarbeit *f* **2** Smokstiche *pl*

smog [smɒg; *US* smɑg] **A** S (*aus* **smoke** *u.* **fog**) Smog *m*: **~ alert** Smogalarm *m* **B** V/T: **be ~ged in** von Smog eingehüllt sein; **~bound** ADJ von Smog eingehüllt

smokable ['sməʊkəbl] **A** ADJ rauchbar **B** SPL **smokables** Rauchwaren *pl*

smoke [sməʊk] **A** S **1** **a** Rauch *m*: **he vanished like ~** *umg* er verschwand wie der Blitz; **there's no ~ without fire** (*Sprichwort*) kein Rauch ohne Flamme **b** **the** ♁ *Br sl* London *n* **2** Rauchwolke *f*, Qualm *m*, Dunst *m*: **go up in ~** **a** in Rauch u. Flammen aufgehen **b** *fig* sich in Rauch auflösen, in Rauch aufgehen **c** *fig* auf die Palme gehen *umg* **3** MIL (Tarn)Nebel *m* **4** Rauchen *n* (*e-r Zigarre etc*): **give a good ~** sich gut rauchen lassen (*Tabak*); **go for a ~** e-e rauchen gehen; **have a ~** e-e rauchen **5** Zigarettenpause *f* **6** *umg* Glimmstengel *m* (*Zigarre, Zigarette*) **7** *sl* **a** Grass *n* (*Marihuana*) **b** Hasch *n* (*Haschisch*): **blow ~** kiffen **B** V/I **1** rauchen: **do you ~?**; **I don't ~** *a.* ich bin Nichtraucher(in) **2** qualmen, rauchen (*Schornstein, Ofen etc*) **3** dampfen (*a. Pferd*) **4** *sl* kiffen (*Marihuana od Haschisch rauchen*) **C** V/T **1** *Tabak, e-e Pfeife etc* rauchen: **he ~s 40 cigarettes a day**; → hash[2], pot[1] A 8 **2** *Fisch, Fleisch, Holz etc* räuchern: **~d ham** geräucherter Schinken, Räucherschinken *m* **3** *Glas etc* rußig machen, schwärzen: **~d glass** Rauchglas *n* **4** **~ out** ausräuchern (*a. fig*) **5** **~ out** *fig* ans Licht bringen

smokeable → smokable

smoke| alarm → smoke detector; **~ bomb** S MIL Nebelbombe *f*, (*als Signal*) Rauchbombe *f*; **~-clogged** ADJ verräuchert; **~ consumer** S Rauchverzehrer *m*; **~ detector** S TECH Rauchmelder *m*; **~-dried** ADJ ge-

S

räuchert, Räucher…; **~-filled** ADJ verräuchert, verqualmt: ~ **room** *US Ort, z. B. Hotelzimmer, an dem geheime Verhandlungen über wichtige Angelegenheiten stattfinden*; ~ **helmet** S Rauchmaske *f* (*der Feuerwehr*); **~house** S Räucherkammer *f*

smokeless ADJ (ADV ~ly) **1** rauchlos (*Pulver etc*): ~ **tobacco** **a** Schnupftabak *m* **b** Kautabak *m* **2** *Br* rauchfrei (*Zone*)

smoke-out S *bes US* rauchfreier Tag (*im Rahmen e-r Antirauchkampagne*)

smoker ['sməʊkə(r)] S **1** Raucher(in): **~'s cough** MED Raucherhusten *m*; **~'s heart** MED Raucher-, Nikotinherz *n*; **~'s leg** MED Raucherbein *n*; **~'s tongue** MED Raucherzunge *f* **2** Räucherer *m*, Räucherin *f* **3** BAHN Raucherabteil *n* **4** zwanglose (Herren)Party **5** *sl* Kiffer(in) (*Marihuana- od Haschischraucher[in]*)

smoke| ring S Rauchring *m*, -kringel *m*; ~ **room** *bes Br für* smoking room; ~ **screen** S **1** MIL (*durch Nebelbomben erzeugte*) Nebelwand **2** *fig* Verneb(e)lung *f* (**for** *gen*); ~ **signal** S Rauchsignal *n*; **~stack** S Schornstein *m*

smoking ['sməʊkɪŋ] **A** ADJ **1** Rauch… **2** Raucher… **B** S Rauchen *n*: **"no ~"** „Rauchen verboten!"; ~ **car**, ~ **compartment** S Raucherabteil *n*; ~ **gun** S *bes* JUR unwiderlegbarer Beweis; ~ **jacket** S Hausjacke *f*; ~ **room** S Rauchzimmer *n*, (*in Hotel etc*) Rauchsalon *m*; ~ **tobacco** S Rauchtabak *m*

smoko ['sməʊkəʊ] *pl* -os S *Aus umg* Teepause *f*, Zigarettenpause *f etc*

smoky ['sməʊkɪ] ADJ **1** qualmend **2** rauchig, verräuchert (*Zimmer etc*) **3** rauchgrau **4** rauchig (*Stimme*): ~ **taste** Rauchgeschmack *m*; ~ **quartz** S MINER Rauchquarz *m*

smolder, *bes Br* **smoulder** ['sməʊldə(r)] **A** V/I **1** glimmen, schwelen (*a. fig Feindschaft etc*) **2** glühen, glimmen (*beide a. fig*: **with** vor *dat*): **his eyes ~ed with hatred** in s-n Augen glomm Hass **B** S **1** Rauch *m*, Qualm *m* **2** schwelendes Feuer

smolt [sməʊlt] S FISCH *flussabwärts ziehender junger Lachs*

smooch[1] [smu:tʃ] *US* **A** V/T beschmieren **B** S (Schmutz)Fleck *m*

smooch[2] [smu:tʃ] *sl* **A** S **1** Schmusen *n*, Knutschen *n umg*: **have a ~ (with)** → B 1 **2** *US* Kuss *m*, *bes* Schmatz *m umg*: **give sb a ~** **3** *Br* Stehblues *m* **B** V/I **1** schmusen, knutschen *umg* (*beide*: **with** mit) **2** *Br* eng umschlungen tanzen

smooth [smu:ð] **A** ADJ (ADV ~ly) **1** *allg* glatt (*Haar, Oberfläche etc*): ~ **muscle** ANAT glatter *od* unwillkürlicher Muskel **2** eben (*Terrain etc*) **3** glatt, ruhig (*Meer etc*): **a ~ passage** e-e ruhige Überfahrt; **I am now in ~ water** *fig* jetzt habe ich es geschafft **4** gut gemischt (*Salatsoße etc*) **5** TECH ruhig, stoßfrei (*Lauf etc*) **6** AUTO zügig (*Fahren, Schalten*) **7** FLUG glatt (*Landung*) **8** glatt, reibungslos: **make things ~ for sb** j-m den Weg ebnen **9** sanft, weich (*Stimme etc*) **10** *fig* flüssig, elegant, schwungvoll (*Melodie, Stil etc*) **11** glatt, geschliffen, fließend (*Rede etc*) **12** (*pej* aal)glatt, gewandt (*Benehmen etc*): **he's a ~ talker** er ist sehr redegewandt; **a ~ tongue** Glattzüngigkeit *f*; **have a ~ tongue** glattzüngig sein **13** mild, lieblich (*Wein*) **14** LING ohne Aspiration **B** ADV glatt, ruhig: **things have gone ~ with me** *fig* bei mir ging alles glatt **C** V/T **1** glätten (*a. fig*): ~ **the way for** *j-m od e-r Sache* den Weg ebnen **2** *fig* besänftigen **3** MATH *e-e Kurve* abrunden **4** *Statistik: Unregelmäßigkeiten* ausgleichen **5** LING *e-n Diphthong* monophthongieren **D** V/I → smooth down A **E** S **1** Glätten *n*: **give sth a ~** etwas glatt streichen **2** glatter Teil: → rough B 1

Phrasal Verbs: **smooth| away** V/T *Schwierigkeiten etc* wegräumen, ausbügeln; ~ **down** **A** V/I sich glätten *od* beruhigen (*Meer etc; a. fig*) **B** V/T **1** glatt streichen **2** besänftigen **3** *e-n Streit* schlichten; ~ **out** **A** V/T **1** *e-e Falte* glatt streichen, ausplätten (**from** aus) **2** *Schwierigkeiten* aus dem Weg räumen **B** V/I sich aushängen; ~ **over** V/T **1** *e-n Streit* schlichten **2** *e-n Fehler etc* bemänteln

smooth|bore ADJ & S (Gewehr *n*) mit glattem Lauf; ~ **breathing** → spiritus lenis

smoother S **1** Glätter(in) **2** TECH **a** Schleif-, Poliermaschine *f* **b** Glättpresse *f* (*für Papier*) **c** Spa(ch)tel *m/f*

smooth-faced ADJ **1** **a** bartlos **b** glatt rasiert **2** *fig pej* schmeichlerisch, schöntuerisch

smoothie ['smu:ðɪ] S *umg pej* aalglatter Typ

smoothing| circuit ['smu:ðɪŋ] S ELEK Glättungskreis *m*, -schaltung *f*; ~ **iron** S *obs* Plätt-, Bügeleisen *n*; ~ **plane** S TECH Schlichthobel *m*

smoothness S **1** Glätte *f* (*a. fig*) **2** glatter Fluss, Geschliffenheit *f* (*e-r Rede etc*) **3** Gewandtheit *f* (*des Benehmens etc*) **4** Sanftheit *f* (*der Stimme etc*) **5** Reibungslosigkeit *f*

smooth|-shaven ADJ glatt rasiert; **~-spoken** ADJ redegewandt; **~-talk** V/T *bes US j-n* überreden (**into sth** zu etwas; **into doing sth** etwas zu tun); **~-tongued** ADJ glattzüngig

smoothy → smoothie

smorgasbord ['smɔ:(r)gəsbɔ:(r)d] S **1** Smörgåsbord *m* (*aus vielen Speisen bestehendes kaltes Büfett*) **2** *fig* (**of**) große Auswahl (**an** *dat*, **von**), Vielzahl *f* (**von**)

smote [sməʊt] *prät von* smite

smother ['smʌðə(r)] **A** S **1** *obs* Rauch *m*, dicker Qualm **2** *obs* schwelendes Feuer **3** (*Rauch- etc*) Wolke *f* **4** (Über)Fülle *f* (**of** an *dat*) **B** V/T **1** *j-n, ein Feuer, e-n Schrei etc* ersticken: ~ **a shot** SPORT e-n Schuss unschädlich machen **2** **a** ~ **in** (*od* **with**) *etwas* völlig bedecken mit, einhüllen in (*dat*), begraben unter (*dat*) **b** *fig* überhäufen (**with** mit *Arbeit etc*): ~ **sb with kisses** j-n abküssen **3** *oft* ~ **up** *ein Gähnen, s-n Zorn etc* unterdrücken: ~ **a scandal** e-n Skandal vertuschen; ~ **a bill** e-e Gesetzesvorlage zu Fall bringen *od* unterdrücken **4** *Brote etc* dick belegen *od* garnieren (**with** mit) **5** SPORT *umg* vernaschen, überfahren (*hoch schlagen*) **C** V/I **1** ersticken **2** erstickt, *fig a.* unterdrückt werden

smoulder *bes Br für* smolder

smudge [smʌdʒ] **A** S **1** **a** (Schmutz)Fleck *m*, Klecks *m* **b** *fig* Schandfleck *m* **2** *a.* ~ **fire** *bes US* qualmendes Feuer (*gegen Mücken, Frost etc*) **B** V/T **1** verschmieren **2** vollklecksen, ver-, beschmieren **3** *fig j-s Ruf etc* besudeln **C** V/I **1** schmieren (*Papier, Tinte etc*) **2** beschmiert *od* schmutzig werden **3** qualmen; **smudgy** ADJ (ADV **smudgily**) **1** verschmiert, schmierig, schmutzig **2** qualmend

smug [smʌg] **A** ADJ (ADV **smugly**) **1** *obs* schmuck, gepflegt **2** selbstgefällig, blasiert **B** S blasierter Kerl

smuggle ['smʌgl] **A** V/T *Waren, a. weitS. e-n Brief, j-n etc* schmuggeln: ~ **in** (**out**) ein-(heraus)-schmuggeln; ~ **a letter out of prison** e-n Brief aus dem Gefängnis (heraus)schmuggeln; ~ **sth past sb** etwas an j-m vorbeischmuggeln **B** V/I schmuggeln; **smuggler** S Schmuggler(in); **smuggling** S Schmuggel *m*: ~ **ring** Schmugglerring *m*

smugness S **1** *obs* Gepflegtheit *f* **2** Selbstgefälligkeit *f*, Blasiertheit *f*

smut [smʌt] **A** S **1** Ruß-, Schmutzflocke *f od* -fleck *m* **2** *fig* Zoten *pl*, Schmutz *m*: **talk ~** Zoten reißen, schweinigeln *pej* **3** BOT (*bes* Getreide)Brand *m*: ~ **fungus** Brandpilz *m* **B** V/T **1** beschmutzen **2** BOT brandig machen

smutch [smʌtʃ] **A** V/T beschmutzen, schwarz machen **B** S schwarzer Fleck

smuttiness ['smʌtɪnɪs] S **1** Schmutzigkeit *f* (*a. fig*) **2** BOT Brandigkeit *f*; **smutty** ADJ (ADV **smuttily**) **1** schmutzig, rußig **2** *fig* schmutzig, unanständig, zotig, obszön: ~ **joke** Zote *f* **3** BOT brandig

snack [snæk] S **1** Snack *m*, Imbiss *m*: **have a ~** e-e Kleinigkeit essen **2** Happen *m*, Bissen *m* **3** (An)Teil *m*: **go ~s** (untereinander) teilen; ~ **bar** S Snackbar *f*, Imbissstube *f*; ~ **table** S Esstischchen *n* (*für 1 Person*)

snaffle ['snæfl] **A** S *a.* ~ **bit** Trense *f*, Gebiss *n* **B** V/T **1** **a** *e-m Pferd* die Trense anlegen **b** mit der Trense lenken **c** auf Trense zäumen **2** *Br umg* klauen

snafu [snæ'fu:] *US sl* (*aus* **situation normal: all fucked up**) **A** ADJ chaotisch **B** S Chaos *n* **C** V/T ein Chaos auslösen in (*dat*)

snag [snæg] **A** S **1** Knorren *m*, Aststumpf *m* **2** *bes US* Baumstumpf *m* (*in Flüssen*) **3** **a** Zahnstumpf *m* **b** *bes US* Raffzahn *m* **4** **a** Loch *n* **b** gezogener Faden **5** *pl Aus sl* Würstchen *pl* **6** *fig* Haken *m umg*: **hit** (*od* **run up against**) **a ~** auf Schwierigkeiten stoßen; **there must be a ~ in it somewhere** die Sache muss e-n Haken haben **B** V/T **1** *bes US* mit *e-m Boot etc* gegen e-n Baumstumpf fahren **2** mit *dem Kleid etc* hängen bleiben (**on** an *dat*) **3** *fig* behindern **4** *US umg* **a** (sich) *etwas* schnappen **b** *j-n* schnappen (*Polizei etc*) **C** V/I sich verheddern *umg* (*Angelschnur etc*)

snagged ['snægɪd], **snaggy** ADJ **1** ästig, astig, knorrig **2** *bes US* voller Baumstümpfe (*Fluss*) *od* Hindernisse (*Flusslauf*)

snaggletooth ['snægltu:θ] S *irr* → snag A 3

snail [sneɪl] S ZOOL Schnecke *f* (*a. fig*): **at a ~'s pace** im Schneckentempo; **~-paced** ADJ sich im Schneckentempo bewegend; ~ **shell** S Schneckenhaus *n*

snake [sneɪk] **A** S **1** Schlange *f*: ~ **(in the grass)** *fig* **a** (falsche) Schlange **b** falscher Kerl; **~s and ladders** *pl* (*als sg konstruiert*) *ein Brettspiel* **2** WIRTSCH Währungsschlange *f* **B** V/T **1** ~ **one's way** → C **2** *US* schleifen, zerren **C** V/I sich schlängeln; **~bite** S Schlangenbiss *m*; ~ **charmer** S Schlangenbeschwörer *m*; ~ **dance** S Schlangentanz *m*; ~ **fence** S *bes US* Scherengitter *n*; ~ **juice** S *Aus sl* (*bes* hausgebrannter) Schnaps; ~ **oil** S *US* **1** *als Allheilmittel verkaufte Medizin, die nutzlos od schädlich ist* **2** *sl* Quatsch *m*; ~ **pit** S **1** Schlangengrube (*a. fig*) **2** *umg Nervenheilanstalt, in der die Patienten nachlässig od menschenunwürdig behandelt werden*; **~skin** S **1** Schlangenhaut *f* **2** Schlangenleder *n*

snaky ['sneɪkɪ] ADJ **1** Schlangen… **2** schlangenreich **3** schlangenartig, gewunden, sich schlängelnd **4** *fig* falsch, hinterhältig

snap [snæp] **A** V/I **1** ~ **at** **a** nach *j-m* schnappen **b** nach *e-r Sache* schnappen *od* hastig greifen: ~ **at the chance** zugreifen, die Gelegenheit beim Schopf packen **a** → B 8: ~ **out** *fig* aufbrausen **2** knallen (*Peitsche etc*) **3** auf- *od* zuschnappen (*Verschluss etc*), klicken **4** zerkrachen, brechen, zerspringen, -reißen, entzweigehen: **his nerves ~ped** s-e Nerven versagten; **my patience ~ped** mir riss die Geduld *od* der Geduldsfaden **5** schnellen: ~ **to attention** MIL Männchen bauen, Haltung annehmen; ~ **to it!** *umg* mach fix! **6** blitzen (*vor Zorn*): **her eyes ~ped** **7** FOTO *umg* knipsen **B** V/T **1** beißen: ~ **off** abbeißen; → head *Bes Redew*, nose *Bes Redew* **2** hastig greifen nach, schnappen nach: ~ **sb's bag from them** j-m die Tasche entreißen **3** ~ **up** **a** auf-, wegschnappen **b** (gierig) an sich reißen: ~ **up an offer** ein Angebot schnell annehmen **4** mit *den Fin-*

S

gern schnalzen: **~ one's fingers at** *fig j-n, etwas* nicht ernst nehmen, *j-n* auslachen 5 mit *e-r Peitsche etc* knallen 6 *e-n Verschluss etc* auf- *od* zuschnappen lassen 7 **~ up** a *j-n* barsch unterbrechen b *j-n* kurz abfertigen 8 *j-n* anschnauzen, anfahren 9 *a.* **~ out** *ein Kommando etc* bellen 10 zerknicken, -knacken, -brechen, -reißen: **~ off** abbrechen 11 *umg* knipsen, e-n Schnappschuss machen von C ADJ 1 Schnapp… 2 Schnell…: **~ judg(e)ment** (vor)schnelles Urteil; **a ~ vote** e-e Blitzabstimmung 3 kinderleicht D ADV 1 krachend, klickend 2 knallend E S 1 Knacken *n*, Krachen *n*, Knacks *m*, Klicken *n*: **close a book with a ~** ein Buch zuklappen 2 *(Peitschen- etc)* Knall *m* 3 Reißen *n*, (Zer)Brechen *n* 4 (Zu)Schnappen *n*, Biss *m*: **make** (*od* **take**) **a ~ at** schnappen nach 5 *umg* → snapshot A 6 a → snap catch b → snap lock 7 *fig umg* Schmiss *m*, Schwung *m* 8 barsches Wort 9 *umg (ein)* bisschen: **I don't care a ~** das ist mir völlig schnuppe 10 *bes US umg* a leichter, einträglicher Job b Kinderspiel *n*, Klacks *m umg* c todsichere Sache 11 *bes Br* (knuspriges) Plätzchen: **lemon ~** 12 kurze Zeit: **in a ~** im Nu 13 *(Art)* Schnippschnapp *n (ein Kartenspiel)*

snap| bolt → snap lock; **~ catch** S TECH Schnapper *m*; **~dragon** S BOT Löwenmaul *n*; **~ fastener** S Druckknopf *m*; **~ hook** S TECH Karabinerhaken *m*; **~ link** S 1 TECH Kettenglied *n* mit Schnappverschluss 2 → karabiner; **~ lock** S TECH Schnappschloss *n*

snap-on ADJ 1 mit Schnappverschluss 2 mit Druckknopf (befestigt)

snappish ['snæpɪʃ] ADJ (ADV **~ly**) 1 bissig *(Hund)* 2 *fig* a bissig, reizbar b schnippisch

snappy ['snæpɪ] ADJ (ADV **snappily**) 1 → snappish 2 knisternd, knackend *(Feuer)* 3 *umg* a schnell, fix b forsch, flott, zackig: **make it ~!**, *Br a.* **look ~!** mach fix! c schwungvoll, schmissig d schick 4 FOTO scharf

snap| ring S TECH Sicherungsring *m*; **~shoot** V/T *irr US* knipsen, e-n Schnappschuss machen von; **~shot** FOTO A S Schnappschuss *m (a.* JAGD), Momentaufnahme *f (a. fig)*: **take a ~ of** e-n Schnappschuss machen von, knipsen B V/T *prät u. pperf* -shot *od* -shotted → snapshoot; **~ switch** S TECH Schnappschalter *m*

snare [sneə(r)] A S 1 Schlinge *f*, Fallstrick *m*, Falle *f*, *fig a.* Fußangel *f*: **set a ~ for sb** j-m e-e Falle stellen 2 MED Schlinge *f* 3 MUS Schnarrsaite *f (e-r Trommel)* B V/T 1 mit e-r Schlinge fangen 2 *fig* a ergattern, sich *etwas* angeln *umg* b sich *etwas* unter den Nagel reißen 3 *fig* umstricken, fangen, *j-m* e-e Falle stellen; **~ drum** S MUS kleine Trommel, Schnarrtrommel *f*

snarer ['sneərə(r)] S Schlingenleger(in)

snarl[1] [snɑː(r)l] A S 1 Knoten *m*, Fitz *m (in Garn, Haar etc)* 2 *fig* a wirrer Knäuel, wirres Durcheinander, Gewirr *n* b Verwick(e)lung *f* B V/T *a.* **~ up** verwickeln, -wirren C V/I *a.* **~ up** sich verwirren *od umg* verfitzen

snarl[2] [snɑː(r)l] A V/I wütend knurren, die Zähne fletschen *(Hund, a. Person)*: **~ at sb** *fig* j-n anfauchen *od* anschnauzen B V/T *etwas* wütend knurren *od* hervorstoßen C S Knurren *n*, Zähnefletschen *n*

snarl-up S *bes Br umg* Durcheinander *n*, *bes* Verkehrschaos *n*

snatch [snætʃ] A V/I schnappen, greifen *(beide:* **at** nach): **~ at the offer** *fig* mit beiden Händen zugreifen B V/T 1 *etwas* schnappen, ergreifen, packen: **~ up** aufraffen 2 *etwas* schnappen, fangen 3 *fig e-e Gelegenheit etc* ergreifen, *etwas, a. Schlaf* ergattern: **~ a hurried meal** rasch etwas zu sich nehmen 4 *etwas* an sich reißen: **~ a kiss** e-n Kuss rauben 5 **~** (**away**) **from** *j-m etwas, j-n dem Meer, dem Tod etc* entreißen, *j-m etwas* wegschnappen: **he was ~ed away from us by premature death** er wurde uns durch e-n (allzu) frühen Tod entrissen; **~ victory away from sb** j-m den Sieg wegschnappen 6 **~ off** weg-, herunterreißen 7 *Gewichtheben*: reißen 8 *sl* a *Br* rauben b *bes US* kidnappen C S 1 Schnappen *n*, schneller (Zu)Griff: **make a ~ at** → B 1, B 2, B 3 2 kurzer Augenblick: **sleep in ~es** immer wieder aufwachen, Durchschlafstörungen haben 3 *fig* Bruchstück *n*, Brocken *m*: **~es of conversation** Gesprächsfetzen 4 *Gewichtheben*: Reißen *n* 5 *sl* a *Br* Raub *m* b *bes US* Kidnapping *n* 6 *US vulg* a Fotze *f*, Möse *f (beide vulg) (Vulva)* b Nummer *f (Geschlechtsverkehr)*: **have a ~** e-e Nummer machen *od* schieben *vulg*

snatcher S *sl* a *Br (Handtaschen- etc)* Räuber(in) b *bes US* Kidnapper(in)

snatch squad S *Br* Einsatzkommando *n (der Polizei bei Demonstrationen)*

snatchy ADJ (ADV **snatchily**) abgehackt

snazzy ['snæzɪ] ADJ (ADV **snazzily**) *umg* piekfein, todschick

sneak [sniːk] A V/I *prät u. pperf* -**ed**, *US a.* **snuck** [snʌk] 1 (sich) schleichen: **~ about** (*od* **around**) herumschleichen; **~ away** (*od* **off**) sich davonschleichen; **~ up on sb** (sich) an j-n heranschleichen; **~ out of sth** *fig* sich vor etwas drücken *umg* 2 huschen, wischen 3 *fig pej* a leisetreten b kriechen, katzbuckeln 4 SCHULE *Br umg* petzen: **~ on sb** j-n verpetzen B V/T 1 *etwas* schmuggeln (**into** in *akk*) 2 *umg* stibitzen: **~ a drink** heimlich e-n kippen; **~ a goal** SPORT abstauben; **~ a look at** heimlich e-n Blick werfen auf *(akk)* 3 **~ in** (**out**) (RADIO, TV) *umg* langsam ein-(aus)blenden C S 1 *pej* a Leisetreter(in) b Kriecher(in) 2 SCHULE *Br umg* Petze *f* 3 **on the ~** *umg* klammheimlich D ADJ heimlich: **~ attack** MIL Überraschungsangriff *m*; **~ current** ELEK Fremdstrom *m*; **sneaker** S *bes US* Turnschuh *m (aus Leder od Segeltuch)*; **sneaking** ADJ (ADV **~ly**) 1 verstohlen 2 hinterlistig, gemein 3 heimlich: **~ suspicion** leiser Verdacht

sneak| preview S FILM, TV *inoffizielle erste Vorführung e-s neuen Films etc (zum Testen der Publikumsreaktion)*; **~ thief** S *irr* Einschleichdieb(in)

sneaky ADJ (ADV **sneakily**) → sneaking

sneer [snɪə(r)] A V/I 1 höhnisch grinsen, feixen *umg (beide:* **at** über *akk)* 2 höhnen, spötteln, spotten *(alle:* **at** über *akk)* B V/T *etwas* höhnen *od* höhnisch äußern C S 1 höhnische Grimasse 2 a Hohn *m*, Spott *m* b höhnische Bemerkung; **sneerer** S Spötter(in), , Feixer(in) *umg*; **sneering** ADJ (ADV **~ly**) höhnisch, spöttisch, feixend *umg*

sneeze [sniːz] A V/I 1 niesen: **the dust made him ~** wegen des Staubes musste er niesen 2 *fig umg* husten (**at** auf *akk*): **this is not to be ~d at** (*od* **nothing to ~ at**) das ist nicht zu verachten B S Nieser *m umg*: **I feel like a ~** ich muss gleich niesen; **~wort** S BOT Sumpfschafgarbe *f*

sneezing ['sniːzɪŋ] S Niesen *n*: **~ fit** Niesanfall *m*

snell [snel] S *US* (Stück *n*) (Darm- *od* Nylon-)Schnur *f (zur Befestigung des Hakens an der Angel)*

snib [snɪb] *schott* A S Riegel *m* B V/T *e-e Tür etc* verriegeln

snick [snɪk] A V/T a einschneiden b (ein)kerben B S 1 a Einschnitt *m* b Kerbe *f* 2 Knoten *m (in e-m Faden etc)*

snicker ['snɪkə(r)] A V/I 1 *US* kichern 2 *Br* wiehern B V/T *US etwas* kichern(d sagen) C S *US* Kichern *n*; **~snee** [,-'sniː; '-sniː] S *obs* 1 Messerstecherei *f* 2 Dolch *m*, langes Messer

snide [snaɪd] A ADJ 1 unecht, nachgemacht, falsch 2 abfällig, höhnisch *(Bemerkung etc)* B S *sl* falscher Schmuck

sniff [snɪf] A V/I 1 schnuppern, schnüffeln *(beide:* **at** an *dat)*: **~ about** (*od* **around**) *fig* herumschnüffeln 2 schniefen, die Nase hochziehen 3 *fig* die Nase rümpfen (**at** über *akk*): **this is not to be ~ed at** (*od* **nothing to ~ at**) das ist nicht zu verachten B V/T 1 *a.* **~ in** (*od* **up**) durch die Nase einziehen 2 schnuppern an *(dat)* 3 riechen *(a. fig wittern)*: **~ out** ausschnüffeln 4 naserümpfend sagen 5 *Kokain etc* schnupfen: **~ snow** *sl* koksen C S 1 Schnüffeln *n* 2 Schniefen *n* 3 Naserümpfen *n*

sniffer dog S a Spürhund *m* b Schnüffelhund *m*

sniffle ['snɪfl] A V/I 1 → sniff A 2 2 greinen, heulen B S Schniefen *n*: **the ~s** *pl umg* Schnupfen *m*

sniffy ADJ (ADV **sniffily**) *umg* 1 naserümpfend, hochnäsig, verächtlich 2 *Br* muffig

snifter ['snɪftə(r)] S 1 *bes US* Kognakschwenker *m* 2 *obs umg* Schnäpschen *n*, Gläschen *n*

snifting valve ['snɪftɪŋ] S TECH Schnüffelventil *n*

snigger ['snɪgə(r)] *bes Br für* snicker A 1, B, C

sniggle ['snɪgl] V/T & V/I *(Aale etc)* mit Ködern fangen

snip [snɪp] A V/T 1 schneiden, schnippeln, schnipseln *(beide umg)*: **~ off** (*od* **away**) ab-, wegschneiden, abschnipseln; **~ out** herausschneiden 2 *e-e Fahrkarte* knipsen B V/I schnippeln, schnipseln *umg* C S 1 Schnipsel *m/n* 2 Schnitt *m* 3 *US umg* a Knirps *m* b Würstchen *n* 4 *Br umg* a Kinderspiel *n*, Klacks *m umg* b Schnäppchen *n umg* 5 *pl*, *a.* **pair of ~s** TECH Blechschere *f*

snipe [snaɪp] A S 1 *pl* snipes, *bes koll* snipe ORN Schnepfe *f* 2 MIL Schuss *m* aus dem Hinterhalt B V/I 1 JAGD Schnepfen jagen *od* schießen 2 (**at**) a MIL aus dem Hinterhalt schießen (auf *akk*) b *fig* aus dem Hinterhalt angreifen *(akk)* C V/T → B 2

sniper ['snaɪpə(r)] S MIL Heckenschütze *m*, -schützin *f*; **~scope** S MIL Infrarotvisier *n*

snippet ['snɪpɪt] S 1 Schnipsel *m/n* 2 → snatch C 3; **snippety** → snippy

snippy ['snɪpɪ] ADJ (ADV **snippily**) 1 bruchstückhaft 2 kritt(e)lig 3 → sniffy 1

snitch [snɪtʃ] *sl* A V/T klauen, stibitzen B V/T **~ on** *j-n* verpfeifen *umg* C S 1 Verräter(in) 2 *bes US* Riecher *m umg (Nase)*; **snitcher** → snitch C 1

snivel ['snɪvl] A V/I *prät u. pperf* -**eled**, *bes Br* -**elled** 1 schniefen, die Nase hochziehen 2 greinen, heulen 3 wehleidig tun B V/T *etwas* (heraus)schluchzen C S 1 Greinen *n*, Geheule *n* 2 Schniefen *n*: **the ~s** *pl umg* Schnupfen *m* 3 wehleidiges Getue; **sniveler**, *bes Br* **sniveller** S Heulsuse *f pej*; **sniveling**, *bes Br* **snivelling** A S → snivel C B ADJ 1 triefnasig, schniefend 2 wehleidig; **snively**, *bes Br* **snivelly** → sniveling B

snob [snɒb; *US* snɑb] S Snob *m*: **~ appeal** Snob-Appeal *m*: a *Reiz, den ein Snob ausübt* b *Anziehungskraft für Snobs*; **snobbery** [-ərɪ] S Snobismus *m (a. Äußerung, Handlung)*; **snobbish** ADJ (ADV **~ly**) snobistisch, versnobt; **snobbishness** S snobistische Art; **snobbism** Snobismus *m*; **snobby** ADJ (ADV **snobbily**) → snobbish

snog [snɒg] *Br umg* A V/I knutschen B S Knutscherei *f*

snook [snuːk; snʊk] S: **cook a ~ at sb** *umg* j-m e-e (lange) Nase drehen *od* machen *(a. fig)*

snooker ['snuːkə; *US* 'snʊkər] A S Snooker *n*:

a dem Poolbillard ähnliches Billardspiel b Situation, in der der Stoßball nicht direkt gespielt werden kann B V/T 1 j-n snookern 2 fig Br umg j-n blockieren: **be ~ed** festsitzen

snoop [snu:p] fig umg A V/I schnüffeln: **~ about** (od **around**) herumschnüffeln B V/T bes US ausschnüffeln C S 1 Schnüffelei f 2 Schnüffler(in) pej; **snooper** S umg Schnüffler(in) pej

snooperscope ['snu:pər,skəʊp] S MIL US Infrarotvisier n mit Bildwandler

snoopy ADJ (ADV snoopily) umg schnüffelnd, neugierig

snoot [snu:t] bes US umg A S 1 Riecher m (Nase) 2 Snob m B V/T j-n hochnäsig behandeln; **snootiness** [-ınıs] bes US umg → snobbishness; **snooty** ADJ (ADV snootily) bes US umg → snobbish

snooze [snu:z] umg A V/I 1 ein Nickerchen machen od halten 2 dösen B S 1 Nickerchen n: **have a ~** → A 1 2 **be a ~** zum Einschlafen od umg stinklangweilig sein; **~ button** S umg Pausentaste f (e-s Weckers)

snore [snɔ:(r); US a. 'snəʊər] A V/I schnarchen B V/T meist **~ away** (od **out**) Zeit (ver)schlafen C S 1 Schnarchen n 2 Schnarcher m; **snorer** S Schnarcher(in)

snorkel ['snɔ:(r)kl] A S SCHIFF, MIL Schnorchel m (a. Sporttauchen) B V/I schnorcheln

snort [snɔ:(r)t] A V/I 1 (a. wütend od verächtlich) schnauben 2 prusten B V/T 1 oft **~ out** Worte (wütend) schnauben 2 ausprusten 3 Kokain etc schnupfen: **~ snow** sl koksen C S 1 Schnauben n 2 Prusten n 3 sl → snifter 2; **snorter** S 1 Schnaubende(r) m/f(m) 2 umg a Mordsding n, tolle Sache b Mordskerl m 3 sl → snifter 2

snot [snɒt; US snɑt] S 1 umg Rotz m 2 sl Scheißkerl m; **snotty** A ADJ 1 umg rotzig, Rotz… 2 sl dreckig, gemein 3 → snooty B S SCHIFF Br sl → midshipman a

snout [snaʊt] S 1 ZOOL Schnauze f 2 umg a Rüssel m (Nase) b Schnauze f, Vorderteil n (e-s Autos etc) 3 TECH Schnabel m, Tülle f 4 GEOL Gletscherzunge f 5 Br sl a Tabak m b Glimmstängel m (Zigarette) 6 **have a ~ on sb** Aus sl j-n auf dem Kieker haben

snow [snəʊ] A S 1 Schnee m: **be (as) pure as the driven ~** a unschuldig wie ein Engel sein (Mädchen) b absolut lauter sein (Gedanken etc); → white A 1 2 Schneefall m 3 pl Schneemassen pl 4 poet Blütenschnee m 5 poet Schneeweiß n 6 CHEM, a. TV Schnee m 7 sl Snow m, Schnee m (Kokain, Heroin) B V/I schneien: **gifts ~ed in on her birthday** es regnete Geschenke zu ihrem Geburtstag C V/T 1 **be ~ed in** (od **up**) eingeschneit sein 2 fig regnen, hageln: **it was ~ing complaints** 3 US sl a gewaltigen Eindruck machen auf (akk) b j-n einwickeln: **~ sb into doing sth** j-n so einwickeln, dass er etwas tut 4 **~ under** a US j-n vernichtend schlagen b (meist passiv) j-n überhäufen, zudecken (beide: **with** mit Arbeit etc): **we were ~ed under with letters** wir wurden mit Briefen überschüttet

snow|ball A S 1 Schneeball m: **have a ~ fight** e-e Schneeballschlacht machen; **she doesn't have a ~'s chance in hell** umg sie hat nicht die Spur e-r Chance (**against sb** gegen j-n; **of getting sth** etwas zu bekommen) 2 Getränk aus Eierlikör u. Zitronenlimonade 3 a. **~ bush** BOT (ein) Schneeball m, bes → guelder rose B V/T Schneebälle werfen auf (akk) C V/I 1 sich mit Schneebällen bewerfen 2 fig lawinenartig anwachsen; **~bank** S Schneeverwehung f; **~ banner** S Schneefahne f; **~bird** S 1 → snow bunting 2 US umg j-d, der den Winter od s-n Winterurlaub in e-m wärmeren Klima verbringt 3 US sl Kokser(in); **~-blind** ADJ schneeblind; **~ blindness** S Schneeblindheit f; **~blink** S Schneeblink m; **~ blower** S AUTO, TECH a Schneefräse f b Schneeschleuder f; **~board** S Snowboard n; **~boarder** S Snowboarder(in), Snowboardfahrer(in); **~boarding** S Snowboarding n; **~bound** ADJ eingeschneit; **~ bridge** S Bergsteigen: Schneebrücke f; **~ bunting** S ORN Schneeammer f; **~ cannon** S Schneekanone f; **~cap** S Schneehaube f; **~capped** ADJ schneebedeckt (Berg); **~ cave** S Bergsteigen Schneehöhle f; **~ chain** S AUTO Schneekette f; **~-covered** ADJ schneebedeckt; **~ drift** S Schneeverwehung f, -wehe f; **~drop** S BOT Schneeglöckchen n; **~fall** S Schneefall m; **~ fence** S Schneezaun m; **~field** S Schneefeld n; **~flake** S 1 Schneeflocke f 2 BOT (e-e) Knotenblume, z. B. Frühlingsknotenblume f, Märzenbecher m 3 → snow bunting; **~ goggles** S PL, a. **pair of ~** Schneebrille f; **~ goose** S irr ORN Schneegans f; **~ guard** S Schneefang m; **~ ice** S GEOL Schnee-Eis n; **~-in-summer** S BOT Filziges Hornkraut; **~ job** S US sl Versuch m, j-n mit viel Gerede einzuwickeln; **~ line** S Schneegrenze f; **~man** [-mæn] S irr 1 Schneemann m 2 meist **Abominable** ♀ Schneemensch m; **~mobile** [-məʊ,bi:l] S Schneemobil n; **~ pea** S BOT US Zuckererbse f; **~ pellets** S PL Graupeln pl; **~plough**, bes US **~plow** S Schneepflug m (a. Skisport); **~ report** S Schneebericht m; **~ route** S US wichtige Straße in e-r Stadt, in der bei Schneefall nicht geparkt werden darf, damit sie geräumt werden kann; **~shed** S BAHN Schneedach n; **~shoe** A S Schneeschuh m B V/I auf Schneeschuhen gehen; **~ shower** S Schneeschauer m; **~slide** S Schneelawine f; **~storm** S Schneesturm m; **~suit** S Schneeanzug m (für Kinder); **~ thrower** → snow blower; **~ tire**, bes Br **~ tyre** S AUTO Winterreifen m, M-u.-S-Reifen m; **~-white** ADJ schneeweiß; ♀ **White** EIGENN Schneewittchen n: **~ and the Seven Dwarfs**

snowy ['snəʊı] ADJ (ADV snowily) 1 schneeig, Schnee…: **~ weather** 2 schneebedeckt, Schnee… 3 a. **~ white** schneeweiß; **~ owl** S ORN Schnee-Eule f

SNP ABK Scottish National Party

Snr ABK Senior sen.

snub[1] [snʌb] A V/T 1 j-n vor den Kopf stoßen, brüskieren 2 j-m über den Mund fahren: **~ sb into silence** j-n barsch zum Schweigen bringen 3 j-n kurz abfertigen: **be ~bed** a. sich e-e Abfuhr holen B S Brüskierung f: **suffer a ~** brüskiert od vor den Kopf gestoßen werden

snub[2] [snʌb] ADJ a stumpf b **~ nose** Stupsnase f

snub-nosed ADJ stupsnasig

snuck [snʌk] US prät u. pperf von sneak

snuff[1] [snʌf] A V/T 1 a. **~ up** durch die Nase einziehen 2 beschnüffeln 3 etwas schnuppern, riechen B V/I 1 schnuppern, schnüffeln 2 Schnupftabak nehmen, schnupfen C S 1 Schnüffeln n 2 Atemzug m durch die Nase 3 **be up to ~** umg a gesund sein b in Form sein c den Erwartungen entsprechen (a. Arbeit etc) d bes Br schwer auf Draht sein umg 4 Schnupftabak m

snuff[2] [snʌf] A S Schnuppe f (verkohlter Kerzendocht) B V/T 1 e-e Kerze putzen 2 meist **~ out** a e-e Kerze, ein Leben auslöschen b fig e-e Revolte etc ersticken, Hoffnungen etc zunichtemachen 3 **~ it** Br umg den Löffel weglegen (sterben)

snuffbox S Schnupftabaksdose f

snuffer[1] S (Tabak)Schnupfer(in)

snuffer[2] S a Löschhütchen n b pl, a. **pair of ~s** Lichtputzschere f

snuff film S sl Pornofilm, in dem ein argloser Schauspieler od e-e arglose Schauspielerin tatsächlich umgebracht wird

snuffle ['snʌfl] A V/I 1 schnüffeln, schnuppern (beide: **at** an dat) 2 schniefen, die Nase hochziehen 3 näseln B V/T meist **~ out** etwas näseln C S 1 Schnüffeln n 2 Näseln n 3 **the ~s** pl umg Schnupfen m

snuff| movie bes US sl → snuff film; **~-taker** → snuffer[1]; **~-taking** S (Tabak)Schnupfen n

snuffy ADJ 1 schnupftabakartig 2 beschmutzt mit od voll Schnupftabak 3 fig verschnupft, eingeschnappt

snug [snʌg] A ADJ (ADV ~ly) 1 gemütlich, traulich, behaglich: **be (as) ~ as a bug in a rug** umg es so richtig behaglich od bequem haben, es urgemütlich haben 2 kompakt (Boot) 3 ordentlich, sauber 4 angenehm 5 auskömmlich, hübsch (Vermögen etc) 6 SCHIFF Schiff: a schmuck b seetüchtig c dicht 7 eng anliegend (Kleid etc): **~ fit** a guter Sitz (e-s Kleids etc) b TECH Passsitz m 8 verborgen: **keep sth ~** etwas geheim halten; **lie ~** sich versteckt halten B ADV behaglich, gemütlich C V/I → snuggle A D V/T 1 oft **~ down** gemütlich od bequem machen 2 meist **~ down** SCHIFF ein Schiff auf Sturm vorbereiten E S → snuggery 2

snuggery ['snʌgərı] S Br 1 gemütlicher Ort od Raum 2 kleines Nebenzimmer (in e-m Pub)

snuggle ['snʌgl] A V/I meist **~ up** sich anschmiegen od kuscheln (**to sb** an j-n): **~ down (in bed)** sich ins Bett kuscheln; **~ together** sich aneinanderschmiegen od kuscheln B V/T an sich drücken od schmiegen

so[1] [səʊ] A ADV 1 (meist vor adj u. adv) so, dermaßen: **~ surprised**; **~ great a man** ein so großer Mann; **not ~ … as** nicht so … wie; → much Bes Redew 2 (meist exklamatorisch) so (sehr), ja so (überaus): **I am ~ glad** ich freue mich (ja) so; **you are ~ right** ganz richtig 3 so (…, dass): **it was ~ hot that I took my coat off** 4 so, in dieser Weise: **~ it is** (genau) so ist es, stimmt; **is that ~?** wirklich?; **~ as to** sodass, um zu; **~ that** sodass; **or ~** etwa, oder so; **in an hour or ~** so in e-r Stunde; **why ~?** warum?, wieso?; **how ~?** wie (kommt) das?; **~ saying** mit od bei diesen Worten; **~ Churchill** so (sprach) Churchill; → even[1] 5, if[1] A 1 5 (als Ersatz für ein Prädikativum od e-n Satz) a es, das: **I hope ~** ich hoffe es; **I have never said ~** das habe ich nie behauptet; **I think ~** ich glaube od denke schon; **I should think ~** ich denke doch!, das will ich meinen!; **what makes you think ~?** wie kommst du denn da drauf?; **I told you ~** ich habe es dir ja (gleich) gesagt b auch: **you are tired and ~ am I** du bist müde und ich (bin es) auch; I am stupid - **~ you are** allerdings(, das bist du)! 6 also: **~ you came after all** du bist also doch (noch) gekommen; **~ what?** umg na und?, na wenn schon? B KONJ daher, folglich, deshalb, also, und so, so … denn: **he was ill, ~ they were quiet** er war krank, deshalb waren sie ruhig; **it was necessary, ~ we did it** es war nötig, u. so taten wir es (denn)

so[2] [səʊ] → sol[2]

SO[3] ABK Br Stationery Office (Amt, das Publikationen der Regierungsstellen herausgibt u. für die Verteilung von Büroartikeln an Ministerien u. Ämter zuständig ist)

So. ABK 1 south S 2 southern südl.

soak [səʊk] A V/T 1 sich vollsaugen, durchtränkt werden: **~ing wet** tropfnass 2 sickern: **~ in (through)** ein-(durch)sickern 3 **~ in(to sb's mind)** (j-m) langsam ins Bewusstsein eindringen **4** *umg* saufen **B** VT **1** *etwas* einweichen **2** durchtränken, -nässen, -feuchten: **~ed in blood** blutgetränkt, -triefend; **~ed in history** geschichtsträchtig; → skin A 1 **3** TECH tränken, imprägnieren (*beide:* **in** mit) **4** **~ in** einsaugen: **~ up** **a** aufsaugen **b** *fig Profit etc* schlucken **c** *fig Wissen etc* in sich aufnehmen **5** **~ o.s. in** *fig* sich ganz versenken in (*akk*) **6** *umg* saufen: **~ o.s.** sich vollaufen lassen; **~ed** voll **7** *US sl* **a** *j-n* verdreschen **b** *fig* es *j-m* besorgen **8** *sl j-n* schröpfen, ausnehmen **C** S **1** Einweichen *n*, Durchtränken *n*: **give sth a ~** etwas einweichen **2** TECH Imprägnieren *n* **3** Einweichflüssigkeit *f* **4** *umg* **a** Säufer(in) **b** Sauferei *f* **5** *Br umg* Dusche *f umg*, Regenguss *m*

soakage S **1** Ein-, Aufsaugen *n* **2** Durchsickern *n* **3** durchgesickerte Flüssigkeit, Sickerwasser *n*

soaker → soak C 5

so-and-so *pl* -sos S *umg* **1** Herr *od* Frau *od* Frl. Soundso: **~ came to see me** **2** *euph* Hund *m*, gemeiner Kerl

soap [səʊp] **A** S **1** Seife (*a.* CHEM) **2** → soft soap 2 **3** *umg* → soap opera **4** *US umg* **(it's) no ~!** nichts zu machen!, (*ablehnend a.*) nichts da!; **it was no ~** da war nichts zu machen **B** VT **1** *a.* **~ down** ein-, abseifen **2** → soft-soap; **~ boiler** S Seifensieder(in); **~box** S **1** Seifenkiste *f*, -karton *m* **2** *improvisiertes Rednerpodest*: **get on one's ~** *fig* laut u. deutlich s-e Meinung äußern; **~ orator** Volks-, Straßenredner(in) **3** Seifenkiste *f* (*Fahrzeug*): **~ derby** Seifenkistenrennen *n*; **~ bubble** S Seifenblase *f* (*a. fig*); **~ dish** S **a** Seifenschale *f* **b** Seifendose *f*; **~ flakes** SPL Seifenflocken *pl*; **~ holder** S Seifenhalter *m*; **~ opera** S RADIO, TV Seifenoper *f*; **~ powder** S Seifenpulver *n*; **~stone** S MINER Seifenstein *m*; **~ star** S RADIO, TV *umg* Star *m* in e-r Seifenoper; **~suds** SPL Seifenschaum *m*

soapy ADJ (ADV soapily) **1** seifig, Seifen...: **~ water** Seifenlauge *f*, -wasser *n* **2** seifig, seifenartig **3** *sl* ölig, schmeichlerisch

soar [sɔː(r); *US a.* səʊr] **A** VI **1** (hoch) aufsteigen, sich erheben (*Vogel, Berge etc*) **2** in großer Höhe fliegen *od* schweben (*Adler etc*) **3** FLUG segeln, gleiten **4** *fig* sich emporschwingen (*Geist, a. Stimme etc*): **~ing thoughts** hochfliegende Gedanken **5** in die Höhe schnellen (*Preise etc*) **B** S **1** Aufsteigen *n* **2** FLUG Segeln *n*, Gleiten *n*

sob [sɒb; *US* sɑb] **A** VI schluchzen **B** VT *a.* **~ out** (heraus)schluchzen: **~ o.s. to sleep** sich in den Schlaf weinen; → heart *Bes Redew* **C** S **a** Schluchzen *n* **b** Schluchzer *m*: **~ sister** *umg* **a** Briefkastentante *f*, -onkel *m* (*e-r Zeitschrift*) **b** Verfasser(in) rührseliger (Zeitungs)Artikel; **~ story** *umg* rührselige Geschichte; **~ stuff** *umg* rührseliges Zeug

S

S.O.B. ABK *bes US* son of a bitch Scheißkerl *m*, Hurensohn *m*

sobeit [səʊˈbiːɪt] KONJ *obs* wenn nur, wofern

sober [ˈsəʊbə(r)] **A** ADJ (ADV **~ly**) **1** nüchtern (*nicht betrunken*): **(as) ~ as a judge** **a** stocknüchtern **b** todernst **2** mäßig (*Person*) **3** nüchtern, sachlich (*Person*): **~ facts** nüchterne Tatsachen; **in ~ fact** nüchtern betrachtet **4** gesetzt, solide, ernsthaft, vernünftig (*Person*) **5** nüchtern, unauffällig: **~ colo(u)rs** gedeckte Farben **B** VT *oft* **~ up** ausnüchtern, wieder nüchtern machen, *bes fig* ernüchtern: **have a ~ing effect on sb** auf j-n ernüchternd wirken **C** VI *oft* **~ down** (*od* **up**) **a** wieder nüchtern werden, ausnüchtern **b** *fig* Verstand annehmen, vernünftig werden; **~-minded** ADJ (ADV **~ly**) nüchtern, besonnen, vernünftig; **~sides** *pl* -sides S Trauerkloß *m umg*, fader Kerl

sobriety [səʊˈbraɪətɪ; sə-] S **1** Nüchternheit *f* (*a. fig*) **2** Mäßigkeit *f* **3** Ernst(haftigkeit) *m(f)*

sobriquet [ˈsəʊbrɪkeɪ] S **a** Beiname *m* **b** Spitzname *m*

soc.[1] ABK society Ges.

Soc.[2] ABK POL Socialist

socage [ˈsɒkɪdʒ; *US* ˈsɑ-; ˈsəʊ-] S JUR, HIST **1** (*nicht zum Ritter- u. Heeresdienst verpflichtende*) Lehensleistung **2** Belehnung *f* (*auf dieser Grundlage*), Frongut *n*

so-called ADJ **1** sogenannt **2** angeblich

soccage → socage

soccer [ˈsɒkə; *US* ˈsɑkər] SPORT **A** S Fußball *m* (*Spiel*) **B** ADJ Fußball...: **~ team**; **~ ball** Fußball *m*

sociability [ˌsəʊʃəˈbɪlətɪ] S Geselligkeit *f*, Umgänglichkeit *f*

sociable [ˈsəʊʃəbl] **A** ADJ (ADV sociably) **1** **a** gesellig, umgänglich, kontaktfreudig **b** zutraulich (*Tier*) **2** ungezwungen, gemütlich, gesellig (*Abend etc*) **3** → social A 1 **B** S **1** HIST Kremser *m* (*offener, vierrädriger Kutschwagen mit Längssitzen*) **2** *bes US* → social B; **sociableness** → sociability

social [ˈsəʊʃl] **A** ADJ (ADV **~ly**) **1** ZOOL *etc* gesellig: **man is a ~ being** der Mensch ist ein geselliges Wesen; **~ bees** soziale *od* Staaten bildende Bienen **2** gesellig, gemeinschaftlich (*Unternehmungen etc*): **~ drinker** *j-d, der nur in Gesellschaft trinkt* **3** → sociable A 1 **4** sozial, gesellschaftlich: **~ exclusion** soziale Ausgrenzung; **~ intercourse** gesellschaftlicher Verkehr; **~ position** (*od* **rank**) gesellschaftlicher Rang, soziale Stellung; **~ scale** Gesellschaftsstufe *f*; → acceptable 1, rehabilitation 2 **5** sozial, Gesellschafts...: **~ anthropology** Sozialanthropologie *f*, Bevölkerungs-, Sozialbiologie *f*; **~ climber** **a** *j-d, der versucht, gesellschaftlich emporzukommen* **b** Emporkömmling *m*; **~ conscience** soziales Gewissen; **~ contract** Gesellschaftsvertrag *m*; **~ control** soziale Kontrolle, (zwingende) Einflussnahme der Gesellschaft; **~ convention** gesellschaftliche Konvention; **~ criticism** Sozialkritik *f*; **~ly critical** sozialkritisch; **~ cuts** soziale Einschnitte; **~ engineering** Social Engineering *n*, Sozialtechnologie *f* (*die Anwendung sozialwissenschaftlicher Erkenntnisse für die Lösung konkreter Gesellschaftsprobleme*); **~ evil** Prostitution *f*; **~ fabric** gesellschaftliches Gefüge; **~ injustice** soziale Ungerechtigkeit; **~ insurance** Sozialversicherung *f*; **~-insurance benefits** Sozialversicherungsleistungen; **~-insurance contributions** Sozialversicherungsbeiträge; **~ legislation** soziale Gesetzgebung; **~ market economy** soziale Marktwirtschaft; **~ network** soziales Netz, **~ order** Gesellschaftsordnung *f*; **~ policy** Sozialpolitik *f*; **~ psychology** Sozialpsychologie *f* (*Teilgebiet der Psychologie, das sich mit dem menschlichen Verhalten befasst*); **~ reform** Sozialreform *f*; **~ reformer** Sozialreformer(in); **~ science** Sozialwissenschaft *f*; **~ secretary** Privatsekretär(in); **~ security** **a** soziale Sicherheit **b** Sozialversicherung *f* **c** Sozialhilfe *f*; **be on ~ security** Sozialhilfe beziehen, von Sozialhilfe leben; **~ services** staatliche Sozialleistungen; **~ structure** Gesellschaftsstruktur *f*; **~ studies** *pl* (*als sg konstruiert*) SCHULE Gemeinschaftskunde *f*; **~ system** Gesellschaftssystem *n*; **~ work** Sozialarbeit *f*; **~ worker** Sozialarbeiter(in); → aware 1, awareness 1, medical A 1 **6** POL Sozial...: **☉ Democrat** Sozialdemokrat(in) **7** MED Volks..., Sozial...: **~ diseases** *euph* Geschlechtskrankheiten **8** formell **B** S gesellige Beisammensein

socialism [ˈsəʊʃəlɪzəm] S Sozialismus *m*; **socialist** **A** S Sozialist(in) **B** ADJ sozialistisch: **☉ International** POL Sozialistische Internationale; **socialistic** ADJ (ADV **~ally**) sozialistisch

socialite [ˈsəʊʃəlaɪt] S Angehörige(r) *m/f(m)* der oberen Zehntausend

sociality [ˌsəʊʃɪˈælətɪ] S **1** Geselligkeit *f* **2** Geselligkeitstrieb *m*

socialization [ˌsəʊʃəlaɪˈzeɪʃn; *US* -ləˈz-] S WIRTSCH, POL, SOZIOL Sozialisierung *f*, Sozialisation *f*; **socialize** **A** VT **1** auf das Leben (in der Gesellschaft) vorbereiten **2** WIRTSCH, POL sozialisieren, verstaatlichen, vergesellschaften: **~d medicine** *US* verstaatlichtes Gesundheitswesen **3** SOZIOL, PSYCH sozialisieren (*in die Gesellschaft hineinwachsen lassen*) **4** SCHULE *e-e Aufgabe etc* gemeinsam erarbeiten (lassen): **~ a recitation** **B** VI gesellschaftlich verkehren (**with** mit)

societal [səˈsaɪətl] ADJ Gesellschafts..., gesellschaftlich

society [səˈsaɪətɪ] S **1** *allg* Gesellschaft *f*: **a** Gemeinschaft *f*: **human ~**; **~ of nations** Familie *f* der Nationen **b** gesellschaftliche Umwelt **c** SOZIOL Kulturkreis *m* **2** (die große *od* elegante) Gesellschaft *od* Welt: **not fit for good ~** nicht salon- *od* gesellschaftsfähig; **~ lady** Dame *f* der großen Gesellschaft; **the leaders of ~** die Spitzen der Gesellschaft; **~ column** Gesellschaftsspalte *f* (*in e-r Zeitung*); **~ columnist** Gesellschaftskolumnist(in); **~ photographer** Gesellschaftsfotograf(in) **3** Gesellschaft *f*: **a** (gesellschaftlicher) Umgang, Verkehr *m*: **he is cut off from all ~** **b** Anwesenheit *f* **4** Gesellschaft *f*, Vereinigung *f*, Verein *m*: **☉ of Friends** Gesellschaft der Freunde, (*die*) Quäker *pl*; **☉ of Jesus** Gesellschaft Jesu, (*der*) Jesuitenorden **5** BOT Pflanzengesellschaft *f* **6** REL Kirchengemeinde *f*

socio- [səʊsjəʊ; -jə; -sɪəʊ; -ʃjəʊ; -ʃɪəʊ] *Wortelement mit den Bedeutungen* **a** Gesellschafts..., Sozial... **b** soziologisch: **~babble** *pej* Soziologenchinesisch *n*; **~economic** sozialwirtschaftlich; **~linguistics** *pl* (*als sg konstruiert*) Soziolinguistik *f* (*Teilgebiet der Sprachwissenschaft, das sich mit den sozialen Bedingungen sprachlicher Variationen befasst*); **~political** sozialpolitisch; **~psychology** (= *social psychology*) → social A 5

sociogram [ˈsəʊsjəʊgræm; -sɪəʊ-] S Soziogramm *n* (*grafische Darstellung sozialer Verhältnisse innerhalb e-r Gruppe*)

sociography [ˌsəʊsɪˈɒgrəfɪ; *US* -ˈɑg-] S Soziografie *f* (*sozialwissenschaftliche Disziplin, die die gesamte Sozialstruktur e-r Einheit beschreibt*)

sociol. ABK **1** sociological soziol(og). **2** sociology

sociological [ˌsəʊsjəˈlɒdʒɪkl; *US* -sɪəˈlɑ-] ADJ (ADV **~ly**) soziologisch; **sociologist** [-sɪˈɒlədʒɪst; *US* -ˈɑl-] S Soziologe *m*, Soziologin *f*; **sociology** [-sɪˈɒlədʒɪ; *US* -ˈɑl-] S Soziologie *f*, Gesellschaftslehre *f*

sock[1] [sɒk; *US* sɑk] **A** S **1** *pl* WIRTSCH *a.* sox Socke *f*, Socken *m*: **knock the ~s off sb** *US umg* j-n hinreißen; **pull up one's ~s** *Br umg* sich am Riemen reißen; **put a ~ in it!** *Br umg hum* du hast jetzt Sendepause!; **he is six feet tall in his ~s** er ist sechs Fuß groß ohne Schuhe **2** *Br* Einlegesohle *f* **3** FLUG, PHYS Windsack *m* **4** Soccus *m*: **a** *Antike: Schuh der Komödienspieler* **b** *Sinnbild für die Komödie* **B** VT **1** FLUG *US sl* **the planes were ~ed in** die Maschinen konnten wegen des schlechten Wetters nicht starten; **the airport was ~ed in** der Flughafen war wegen des schlechten Wetters geschlossen **2** **~ away** *US sl Geld* auf die hohe Kante legen *umg*

sock[2] [sɒk; *US* sɑk] *sl* **A** VT **1** *j-m* ein Pfund (*e-n harten Schlag*) verpassen *umg*: **~ sb on the jaw** j-m e-n Kinnhaken verpassen *umg* **2** knallen: **big hailstones were ~ing me on the head**

3 ~ it to sb *umg* j-m Bescheid stoßen B S 1 Pfund *n (harter Schlag)*: **give sb a ~ on the jaw** j-m e-n Kinnhaken verpassen 2 **be a ~** *US* klasse sein *(Person, Film etc)* C ADJ *US* toll, Bomben…: **a ~ play**

sockdolager, **sockdologer** [sɑkˈdɑlɪdʒər] S *US sl* 1 entscheidender Schlag 2 *fig* a Volltreffer *m* b Mordsding *n*, dicker Hund *umg*

socket [ˈsɒkɪt; *US* ˈsɑkət] A S 1 ANAT a *(Augen-, Zahn)* Höhle *f* b Gelenkpfanne *f* 2 TECH Steckhülse *f*, Muffe *f*, Rohransatz *m* 3 ELEK a Steckdose *f* b Fassung *f (e-r Glühlampe)* c Sockel *m (für Röhren etc)* d Anschluss *m*: **~ for headphones** Kopfhöreranschluss B VT 1 mit e-r Muffe *etc* versehen 2 in e-e Muffe *od* Steckdose tun; **~ joint** S ANAT, TECH Kugelgelenk *n*; **~ wrench** S TECH Steckschlüssel *m*

socko [ˈsɑkəʊ] → sock² c

sock suspender S *Br* Sockenhalter *m*

socle [ˈsəʊkl; *US a.* ˈsɑkəl] S ARCH Sockel *m*

Socrates [ˈsɒkrətiːz; *US* ˈsɑ-] EIGENN Sokrates *m (470?-399 v.Chr.; Griechischer Philosoph)*

Socratic [sɒˈkrætɪk; *bes US* sə-; səʊ-] A ADJ (ADV ~ally) sokratisch *(Lächeln, Methode)* B S Sokratiker *m*

sod¹ [sɒd; *US* sɑd] A S 1 Rasen(fläche) *m(f)*: **be** *(od* **lie) under the ~** *obs od poet* unter dem Rasen ruhen 2 Rasenstück *n*, Sode *f* B VT mit Rasen(stücken) bedecken

sod² [sɒd; *US* sɑd] *bes Br vulg* A S 1 a Arschloch *n pej (dummer od widerlicher Kerl)*: **not a ~** kein Schwanz *od* Schwein *sl* b **a ~ of a car** ein Scheißauto 2 Kerl *m*: **a nice old ~**; **poor ~** armes Schwein *sl* 3 **I don't give** *(od* **care) a ~** das ist mir scheißegal B VT **~ this car!** dieses *od* so ein Scheißauto!; **~ it!** Scheiße! *umg* C VI **~ off!** ‚verpiss dich! *sl*

sod³ [sɒd; *US* sɑd] *obs prät u. pperf von* seethe

soda [ˈsəʊdə] S CHEM 1 Soda *f/n*, kohlensaures Natrium: **(bicarbonate of) ~** → sodium bicarbonate 2 → sodium hydroxide 3 Natriumoxyd *n* 4 Soda(wasser) *n*: **whisky and ~** 5 → soda water 2; **~ ash** S 1 WIRTSCH Soda *f/n* 2 CHEM Sodaasche *f*; **~ biscuit**, *US* **~ cracker** S Keks *m/n (mit doppeltkohlensaurem Natrium gebacken)*; **~ fountain** S *US* 1 Siphon *m* 2 *Theke in e-m Drugstore etc, an der nichtalkoholische Getränke, Eis etc verkauft werden*; **~ jerk(er)** S *US umg Verkäufer(in) an e-r **soda fountain***; **~ lime** S CHEM Natronkalk *m*

sodalite [ˈsəʊdəlaɪt] S MINER Sodalith *m*

sodality [səʊˈdælətɪ] S KATH Sodalität *f*, karitative Bruderschaft

soda| lye S Natronlauge *f*; **~ pop** S *US umg* Limo *f (Limonade)*; **~ water** S 1 Sodawasser *n* 2 Mineral-, Selterswasser *n*, Sprudel *m*

sodden¹ [ˈsɒdn; *US* ˈsɑdn] A *obs pperf von* seethe B ADJ 1 durchnässt, -weicht *(beide:* **with** von*)* 2 teigig, glitschig *(Brot etc)* 3 aufgedunsen, -geschwemmt *(Gesicht)*

sodden² [ˈsɒdn; *US* ˈsɑdn] A VT 1 durchnässen, -weichen 2 *j-n* aufschwemmen B VI durchnässt *od* aufgeweicht werden

sodding [ˈsɒdɪŋ; *US* ˈsɑd-] ADJ *bes Br vulg* Scheiß…

sodium [ˈsəʊdjəm; -ɪəm] S CHEM Natrium *n*; **~ bicarbonate** S CHEM Natriumbikarbonat *n*, doppeltkohlensaures Natrium; **~ carbonate** S CHEM Natriumkarbonat *n*; **~ chloride** S CHEM Natriumchlorid *n*; **~ glutamate** S CHEM Natriumglutamat *n*; **~ hydroxide** S CHEM Natriumhydroxyd *n*, Ätznatron *n*; **~ hypochlorite** S CHEM Natriumhypochlorit *n*; **~ lamp** → sodium-vapo(u)r lamp; **~ nitrate** S CHEM Natriumnitrat *n*; **~-vapo(u)r lamp** S ELEK Natriumdampflampe *f*

Sodom [ˈsɒdəm; *US* ˈsɑ-] S 1 BIBEL Sodom *n* 2 *fig* Sodom *n* (u. Gomorrha *n*) *(lasterhafter Ort)*; **sodomite** S 1 *j-d, der Analverkehr od (US) Oralverkehr praktiziert* 2 Sodomit(in); **sodomize** VT 1 Analverkehr *od (US)* Oralverkehr praktizieren mit 2 Sodomie treiben mit; **sodomy** → buggery

Sod's law, ♀ [sɒdz] *Br umg* → Murphy's Law

soever [səʊˈevə(r)] ADV *(wer etc)* auch immer

sofa [ˈsəʊfə] S Sofa *n*; **~ bed** S Bettcouch *f*

soffit [ˈsɒfɪt; *US* ˈsɑf-] S ARCH Laibung *f*

Sofia [ˈsəʊfjə; -fɪə] S Sofia *n (Hauptstadt von Bulgarien)*

soft [sɒft; *bes US* sɔːft] A ADJ (ADV ~ly) 1 *allg* weich: **~ palate** ANAT weicher Gaumen, Gaumensegel *n*; **~ prices** WIRTSCH nachgiebige Preise; **~ rays** PHYS weiche Strahlen; **~ sell** WIRTSCH Soft Selling *n*, weiche Verkaufsmethoden *pl*; **~ toy** Stofftier *n* 2 TECH weich, *bes* a ungehärtet *(Eisen)* b schmiedbar *(Metall)* c bröck(e)lig *(Gestein)* d enthärtet *(Wasser)* 3 glatt, weich *(Haar, Haut)* 4 mild, lieblich *(Wein)* 5 *fig* weich, sanft *(Augen, Herz etc)*: → spot A 5 6 sacht, leise *(Bewegungen etc)* 7 sanft, gedämpft *(Farben etc)*, *(Licht a.)* dezent 8 schwach, verschwommen *(Konturen etc)*: **~ negative** FOTO weiches Negativ 9 mild, sanft *(Klima etc)* 10 *Br* schwül, regnerisch, feucht 11 sanft *(Berührung, Schlaf etc)*: **~ punishment** milde Strafe; **be ~ with sb** sanft umgehen mit j-m; → sawder A 12 ruhig, höflich, gewinnend *(Wesen etc)* 13 leicht beeinflussbar 14 gefühlvoll, empfindsam 15 *pej* verweichlicht 16 *umg* leicht, angenehm: **have a ~ job** e-e ruhige Kugel schieben 17 a alkoholfrei: **~ drink** Soft Drink *m* b weich: **~ drug** *a.* Soft Drug *f*; → porn A 18 *a.* **~ in the head** *umg* leicht bescheuert 19 LING a stimmhaft: **~ mutes** stimmhafte Verschlusslaute b als Zischlaut gesprochen c palatalisiert B ADV sanft, leise: **speak ~** C S 1 *(das)* Weiche *od* Sanfte 2 weicher Gegenstand, weiches Material *etc* 3 → softy

soft| annealing S TECH Weichglühen *n*; **~ball** S SPORT a Softball(spiel) *m(n) (Abart des Baseball, mit weicherem u. größerem Ball)* b *der bei* a *verwendete Ball*; **~-boiled** ADJ 1 weich (gekocht) *(Ei)* 2 *umg* weichherzig; **~-centred** ADJ *Br* mit Cremefüllung *(Gebäck etc)*; **~ coal** S TECH Fett-, Flammkohle *f*; **~-core** ADJ weich *(Pornografie)*; **~ currency** S WIRTSCH weiche Währung

soften [ˈsɒfn; *US* ˈsɔːfən] A VT 1 weich machen 2 *e-e Farbe, s-e Stimme, e-n Ton* dämpfen 3 *Wasser* enthärten 4 *fig* mildern 5 *j-n* erweichen, *j-s Herz* rühren 6 *j-n* verweichlichen 7 *a.* **~ up** a MIL *den Gegner* zermürben, weich machen b MIL *e-e Festung etc* sturmreif schießen c *potenzielle Kunden* kaufwillig stimmen 8 WIRTSCH *die Preise* drücken B VI weich(er) *od* sanft(er) *od* mild(er) werden; **softener** S 1 Enthärtungsmittel *n*, Enthärter *m* 2 Weichmacher *m* 3 Weichspülmittel *n*, Weichspüler *m*; **softening** S 1 Erweichen *n*: **~ agent** → softener; **~ of the brain** MED Gehirnerweichung *f* 2 Enthärten *n*, Enthärtung *f*

soft|-focus lens S FOTO Weichzeichner *m*; **~ furnishings** SPL *Br* Teppiche *pl*, Vorhänge *pl*, Gardinen *pl etc*; **~ goods** SPL *Br* Textilien *pl*; **~ hail** S Graupeln *pl*; **~head** S Schwachkopf *m*; **~headed** ADJ leicht bescheuert, doof *umg*; **~hearted** ADJ (ADV ~ly) weichherzig; **~-land** VT & VI *Raumfahrt*: weich landen; **~ landing** S *Raumfahrt*: weiche Landung; **~ line** S *bes* POL weicher Kurs: **follow** *(od* **adopt) a ~** e-n weichen Kurs einschlagen; **~-line** ADJ *bes* POL kompromissbereit; **~-liner** S *bes* POL *j-d, der e-n weichen Kurs einschlägt*; **~ loan** S WIRTSCH zinsfreier Kredit

softly-softly ADJ behutsam

softie → softy

softness S 1 Weichheit *f* 2 Sanftheit *f* 3 Milde *f* 4 *pej* Weichlichkeit *f*

soft| option S: **take the ~** den Weg des geringsten Widerstands gehen; **~ pedal** S 1 MUS Pianopedal *n*, linkes Pedal: 2 *umg* Dämpfer *m*: **put a ~ on sth** e-r Sache e-n Dämpfer aufsetzen; **~-pedal** VT 1 *(a.* VI*)* mit dem Pianopedal spielen 2 *umg etwas* herunterspielen; **~ science** S weiche Wissenschaft *(Politologie, Psychologie etc)*; **~-shell clam** S ZOOL *(bes* Sand*)*Klaffmuschel *f*; **~-shelled turtle** S ZOOL *(e-e)* Weichschildkröte; **~ shoulder** S unbefestigtes Bankett; **~ soap** S 1 CHEM Schmierseife *f* 2 *umg* Schmus *m*, Schmeichelei(en) *f(pl)*; **~-soap** VT *umg j-m* um den Bart gehen; **~ solder** S TECH Weichlot *n*; **~-solder** VT TECH weichlöten; **~-spoken** ADJ 1 a leise sprechend: **be ~** leise sprechen b leise (gesprochen) 2 gewinnend, freundlich *(Wesen etc)*; **~ top** S AUTO Kabrio(lett) *n*; **~ verge** → soft shoulder; **~ware** S IT Software *f (Programme etc)*: **~ compatibility** Softwarekompatibilität *f*; **~ house** Softwarehaus *n*; **~ package** Softwarepaket *n*; **~wood** S 1 Weichholz *n* 2 Baum *m* mit weichem Holz 3 Nadel(baum)holz *n*

softy S *umg* 1 Softie *m* 2 Schwächling *m*, Schlappschwanz *m pej*

SOGAT ABK *Br* Society of Graphical and Allied Trades

soggy [ˈsɒgɪ; *US a.* ˈsɑ-] ADJ 1 aufgeweicht *(Boden etc)*, *(a. Gemüse etc)* matschig, *(Brot etc)* teigig, glitschig 2 durchnässt, -weicht *(beide:* **with** von*)*

soh [səʊ] → sol²

soi-disant [ˌswaːdiːˈzɑ̃ːŋ] ADJ 1 → so-called 2 → self-styled

soigné M, **soignée** F [ˈswaːnjeɪ; *US* swaːnˈjeɪ] ADJ soigniert, gepflegt

soil¹ [sɔɪl] A VT beschmutzen: a schmutzig machen, verunreinigen: **~ one's hands** *fig* sich die Hände schmutzig machen *(***on, with** an *dat)*; **~ed** angeschmutzt b *fig j-s Ruf etc* besudeln, beflecken B VI schmutzig werden, *leicht etc* schmutzen C S 1 Verschmutzung *f* 2 Schmutzfleck *m* 3 Schmutz *m* 4 Dung *m*

soil² [sɔɪl] S 1 (Erd)Boden *m*, Erde *f*, Grund *m* 2 *fig* (Heimat)Erde *f*, Scholle *f*, Land *n*: **on British ~** auf britischem Boden

soil³ [sɔɪl] VT *Vieh* mit Grünfutter füttern

soilage S AGR Grünfutter *n*

soil| conservation S Bodenschutz *m*; **~ mechanics** SPL *(als sg konstruiert)* Boden-, Erdbaumechanik *f*; **~ pipe** S TECH Fall-, Abflussrohr *n (bes am Klosett)*; **~-resisting** ADJ Schmutz abstoßend *od* abweisend

soiree, **soirée** [ˈswaːreɪ; *US* swaːˈreɪ] S Soiree *f*, Abendgesellschaft *f*

soixante-neuf [ˌswæsɑ̃ːntˈnɜːf; *US* ˌswaːsaːnt-] → sixty-nine

sojourn [ˈsɒdʒɜːn; ˈsʌdʒ-; *US* ˈsəʊˌdʒɜrn; səʊˈdʒ-] A VI sich (vorübergehend) aufhalten, (ver)weilen *(beide:* **in** in *od* an *dat*; **with** bei*)* B S (vorübergehender) Aufenthalt; **sojourner** S Gast *m*, Besucher(in)

soke [səʊk] S JUR *Br* HIST 1 Gerichtsbarkeit *f* 2 Gerichtsbarkeitsbezirk *m*; **~man** [-mən] S *irr* Lehnsmann *m*

Sol¹ [sɒl; *US* sɑl] S 1 *poet* Sonne *f* 2 *Antike*: Sonnengott *m*

sol² [sɒl; *US* səʊl] S MUS sol *n (Solmisationssilbe)*

sol³ [sɒl; *US a.* sɑl] *pl* sols [-z], soles [-leɪs] S Sol *m (peruanische Währungseinheit)*

sol⁴ [sɒl; *US a.* sɑl] S CHEM Sol *n*

sol. ABK 1 solicitor 2 soluble lösl 3 solution
sola ['səʊlə] ADJ & ADV allein *(bes bei Bühnenanweisungen)*
solace ['sɒləs; US 'sɑləs] A S Trost *m*: **find ~ in** Trost finden in *(dat)*; **be a great ~ to sb** j-m ein großer Trost sein B V/T 1 trösten: **~ o.s. (with sth)** sich (mit etwas) trösten 2 *Leid etc* mildern, lindern
solan ['səʊlən] S *a.* **~ goose** ORN *obs* Tölpel *m*
solanum [səʊ'leɪnəm; sə'l-] S BOT Nachtschatten *m*
solar ['səʊlə(r)] A ADJ 1 ASTRON Sonnen…: **~ day (spectrum, system, time,** *etc*); **~ apex** → apex[1] 2; **~ constant** Solarkonstante *f*; **~ eclipse** Sonnenfinsternis *f*; **~ motion** Bewegung *f* des Sonnensystems; **~ plexus** ANAT a Solarplexus *m* b *umg* Magengrube *f*; **~ wind** Sonnen-, Solarwind *m* 2 TECH a Sonnen…, Solar…: **~ cell (energy** *od* **power,** *etc*); **~ collector** *(od* **panel)** Sonnen-, Solarkollektor *m*; **~ furnace** Sonnenofen *m*; **~ sail** Sonnensegel *n (e-s Raumflugkörpers)* b durch Sonnenenergie angetrieben: **~ battery** Sonnen-, Solarbatterie *f*; **~ plant** *(od* **power station)** Sonnen-, Solarkraftwerk *n* B S Sonnen-, Solarenergie *f*
solaria [səʊ'leərɪə; sə'l-] *pl von* solarium
solarimeter [ˌsəʊlə'rɪmɪtə(r)] S PHYS Solarimeter *n (Gerät zur Messung der Sonnen- u. Himmelsstrahlung)*
solarium [səʊ'leərɪəm; sə'l-] *pl* -ia [-ɪə], -iums S 1 MED Sonnenliegehalle *f* 2 Sonnenterrasse *f* 3 a Solarium *n* b Bräunungsstudio *n*
solarization [ˌsəʊlərai'zeɪʃn; US -rə'z-] S 1 MED Lichtbehandlung *f* 2 TECH Umstellung *f* auf Sonnenenergie 3 FOTO Solarisation *f (bei extremer Überbelichtung auftretende partielle Bildumkehr)*; **solarize** A V/T 1 MED *j-n* mit Lichtbädern behandeln 2 TECH *ein Haus etc* auf Sonnenenergie umstellen 3 FOTO solarisieren B V/I FOTO solarisieren
solar-powered ADJ 1 durch Sonnenenergie angetrieben 2 mit Sonnenbatterien gespeist *od* betrieben
solatium [səʊ'leɪʃjəm; -ʃɪəm] *pl* -tia [-ʃjə; -ʃɪə] S JUR *bes US* Schmerzensgeld *n (bei Verletzung des Persönlichkeitsrechts)*
sold [səʊld] *prät u. pperf von* sell
solder ['sɒldə; 'səʊl-; US 'sɑːdər; 'sɔː-] A S 1 TECH Lot *n*, Lötmetall *n*: → hard solder, soft solder 2 *fig* Kitt *m*, Bindemittel *n* B V/T 1 TECH (ver)löten: **~ed joint** Lötstelle *f*; **~ing gun** Lötpistole *f*; **~ing iron** Lötkolben *m*; **~ing paste** Lötpaste *f* 2 *fig* zusammenschweißen, verbinden C V/I TECH löten
soldier ['səʊldʒə(r)] A S 1 MIL Soldat(in): **~ of Christ** Streiter *m* Christi; **~ of fortune** a Söldner *m* b Glücksritter *m* 2 *fig* Kämpfer(in) **(in the cause of peace** für den Frieden) 3 US *umg* Drückeberger(in) *pej* 4 **~ ant** ZOOL Soldat *m (der Ameisen)* B V/I 1 (als Soldat) dienen *od* kämpfen: **go ~ing** Soldat werden 2 **~ on** (unermüdlich) weitermachen; **~like** ADJ soldatisch; **soldierly** ADJ 1 soldatisch, militärisch, kriegerisch 2 Soldaten…; **soldiership** S 1 *(das)* Soldatische 2 Soldatentum *n*; **soldiery** S 1 Militär *n* 2 Soldaten *pl*
sole[1] [səʊl] A S 1 ANAT *(Fuß)* Sohle *f* 2 *(Schuh)* Sohle *f*: **~ leather** Sohl(en)leder *n* 3 TECH Bodenfläche *f*, Sohle *f* B V/T besohlen
sole[2] [səʊl] ADJ (ADV → solely) 1 einzig, alleinig, Allein…: **the ~ reason** der einzige Grund; **~ agency** Alleinvertretung *f*; **~ bill** WIRTSCH Solawechsel *m*; **have ~ distribution for** den Alleinvertrieb haben für; **~ heir** Allein-, Universalerbe *m*; **~ owner** Alleininhaber(in); **~ responsibility** Alleinschuld *f*; → proprietor 1, proprietorship 4 2 *bes* JUR unverheiratet: → feme sole
sole[3] [səʊl] *pl* soles [-z], *bes koll* sole S FISCH Seezunge *f*
solecism ['sɒlɪsɪzəm; US 'sɑlə-; 'səʊ-] S 1 sprachliche *od* grammatische Unkorrektheit 2 a Fauxpas *m*, Ungehörigkeit *f*, Taktlosigkeit *f* b *allg* Fehler *m*; **solecistic** ADJ (ADV ~ally) 1 sprachlich *od* grammatisch unkorrekt 2 a ungehörig, taktlos b *allg* fehlerhaft, falsch
solely ['səʊllɪ] ADV (einzig u.) allein, ausschließlich, lediglich, nur
solemn ['sɒləm; US 'sɑl-] ADJ (ADV ~ly) 1 *allg* feierlich, ernst, solenn: **(as) ~ as an owl** *oft hum* todernst; **~ music** ernste Musik 2 feierlich *(Erklärung etc)*: **~ contract** JUR formeller Vertrag; **~ oath** feierlicher *od* heiliger Eid 3 ehrwürdig, hehr, erhaben *(Dom etc)* 4 festlich, feierlich: **~ state dinner** Staatsbankett *n* 5 gewichtig, ernst(haft), eindringlich *(Warnung etc)* 6 düster *(Farben)*
solemnity [sə'lemnətɪ] S 1 Feierlichkeit *f*, (feierlicher *od* würdevoller) Ernst 2 *meist pl* feierliches Zeremoniell 3 *bes* REL Festlichkeit *f*, Feierlichkeit *f* 4 JUR Förmlichkeit *f*; **solemnize** ['sɒləmnaɪz; US 'sɑl-] V/T 1 feierlich begehen 2 *e-e Trauung* (feierlich) vollziehen
solenoid ['səʊlənɔɪd] S ELEK, TECH Solenoid *n*, Zylinderspule *f*: **~ brake** Solenoidbremse *f*; **solenoidal** ADJ solenoidisch
sol-fa [ˌsɒl'fɑː; US ˌsəʊl-] MUS A S 1 *a.* **~ syllables** Solmisationssilben *pl* 2 Tonika-Do-Methode *f* 3 Solmisation(sübung) *f* B V/T solmisieren C V/I solmisieren
solfatara [ˌsɒlfə'tɑːrə; US ˌsəʊl-] S Solfatare *f (Schwefeldampfquelle in Vulkangebieten)*
soli ['səʊliː] *pl von* solo A 1
solicit [sə'lɪsɪt] A V/T 1 sich um *ein Amt, Aufträge etc* bemühen: **~ customers** Kundschaft werben 2 dringend bitten **(sb** j-n; **sth** um etwas; **sb for sth** *od* **sth of sb** j-n um etwas) 3 *Männer* ansprechen *(Prostituierte)* 4 JUR anstiften B V/I 1 dringend bitten **(for** um) 2 a sich um Aufträge *etc* bemühen b Kundschaft *etc* werben 3 *a.* **~ for the purpose of prostitution** JUR sich anbieten *(Prostituierte)*; **solicitation** S 1 dringende Bitte 2 WIRTSCH *(Kunden- etc)* Werbung *f* 3 JUR Anstiftung *f* **(of zu)** 4 Ansprechen *n (durch Prostituierte)*
solicitor [sə'lɪsɪtə(r)] S 1 JUR *Br* Solicitor *m (meist nur vor niederen Gerichten plädierender Anwalt)* 2 JUR *US (Stadt)* Syndikus *m* 3 *US (Kunden- etc)* Werber(in); **≈ General** *pl* Solicitors General S JUR a *Br* zweiter Kronanwalt b *US ranghöchster Staatssekretär im Justizministerium*
solicitous [sə'lɪsɪtəs] ADJ (ADV ~ly) 1 besorgt **(about, for** um, wegen) 2 **(of)** eifrig bedacht, erpicht (auf *akk*), begierig (nach) 3 bestrebt, eifrig bemüht *(beide:* **to do** zu tun); **solicitude** [-tjuːd; US *a.* -ˌtuːd] S 1 Besorgtheit *f*, Sorge *f* 2 *pl* Sorgen *pl* 3 übertriebener Eifer
solid ['sɒlɪd; US 'sɑləd] A ADJ (ADV ~ly) 1 *allg* fest: **~ body** Festkörper *m*; **~ lubricant** TECH Feststoffschmiermittel *n*; **~ state** PHYS fester (Aggregat)Zustand; **~ waste** Festmüll *m*; **on ~ ground** auf festem Boden *(a. fig)* 2 hart, kompakt 3 dicht, geballt *(Wolkenmassen etc)* 4 stabil, massiv (gebaut) *(Haus etc)* 5 derb, fest, stabil, kräftig *(Stoff etc)*: **~ build** kräftiger Körperbau; **~ leather** Kernleder *n*; **a ~ meal** ein kräftiges Essen 6 massiv *(Ggs hohl)*, Voll…: **~ axle** Vollachse *f*; **~ tire** *(bes Br* **tyre)** Vollgummireifen *m* 7 massiv, gediegen *(Gold)*: **a ~ gold watch** e-e Uhr aus massivem Gold 8 *fig* solid(e), gründlich *(Ausbildung etc)* 9 geschlossen, zusammenhängend *(Häuserreihe etc)* 10 *umg* voll, geschlagen: **for a ~ hour** 11 a einheitlich *(Farbe)* b einfarbig *(Hintergrund)* 12 echt, wirklich *(Trost etc)* 13 gewichtig, triftig *(Grund etc)*: **~ arguments** handfeste Argumente 14 *fig* solid(e), zuverlässig, gediegen *(Person)* 15 WIRTSCH solid(e) 16 MATH a körperlich, räumlich b Kubik…, Raum…: **~ angle** räumlicher Winkel; **~ geometry** Stereometrie *f*; **a ~ foot** ein Kubikfuß; → measure A 1 17 TYPO kompress, ohne Durchschuss 18 kräftig, hart *(Schlag etc)* 19 geschlossen, einmütig, solidarisch *(alle:* **for** für *j-n od etwas)*: **go** *(od* **be) ~ for sb, be ~ly behind sb** geschlossen hinter j-m stehen; **the ~ South** der einmütige Süden *(der USA, der ständig für die Demokraten stimmt)*; **a ~ vote** e-e einstimmige Wahl 20 **be ~** US *umg* auf gutem Fuß stehen **(with sb** mit j-m) 21 US *sl* prima, klasse, erstklassig B S 1 MATH Körper *m* 2 PHYS Festkörper *m* 3 *pl* feste Bestandteile *pl*: **the ~s of milk** 4 *pl* feste Nahrung
solidarity [ˌsɒlɪ'dærətɪ; US ˌsɑlə-] S Solidarität *f*, Zusammengehörigkeitsgefühl *n*, Zusammenhalt *m*: **in ~ with** aus Solidarität mit; **declare one's ~ with sb** sich mit j-m solidarisch erklären; **solidary** [-dərɪ; US -ˌderiː] ADJ solidarisch
solid|-drawn ADJ TECH gezogen *(Achse etc)*: **~ tube** nahtlos gezogenes Rohr; **~-fuel(l)ed** ADJ mit festem Treibstoff angetrieben: **~ rocket** Feststoffrakete *f*
solidi ['sɒlɪdaɪ; US 'sɑl-] *pl von* solidus
solidification [səˌlɪdɪfɪ'keɪʃn] S Erstarrung *f*, Festwerden *n*; **solidify** [-faɪ] A V/T 1 *bes* PHYS fest werden lassen 2 *bes* PHYS verdichten 3 *fig* festigen, konsolidieren B V/I 1 *bes* PHYS fest werden, erstarren 2 *fig* sich festigen
solidity [sə'lɪdətɪ] S Festigkeit *f (a. fig)*
solid-state ADJ ELEK voll transistorisiert; **~ chemistry** S Festkörperchemie *f*; **~ physics** SPL *(als sg konstruiert)* Festkörperphysik *f*
solidus ['sɒlɪdəs; US 'sɑl-] *pl* -di [-daɪ] S 1 *Antike*: Solidus *m (e-e Goldmünze)* 2 Schrägstrich *m*
soliloquize [sə'lɪləkwaɪz] A V/I 1 *bes* THEAT monologisieren 2 Selbstgespräche führen B V/T *etwas* zu sich selbst sagen; **soliloquy** [-kwɪ] S 1 *bes* THEAT Monolog *m* 2 Selbstgespräch *n*
Soling ['səʊlɪŋ] S *Segeln*: Soling *f (Dreimann-Kielboot)*
soliped ['sɒlɪped; US 'sɑlə-] ZOOL A S Einhufer *m* B ADJ einhufig
solipsism ['sɒlɪpsɪzəm; US 'səʊl-; 'sɑl-] S PHIL Solipsismus *m (Lehre, dass nur das Ich wirklich ist)*
solitaire [ˌsɒlɪ'teə(r); 'sɒlɪ-; US 'sɑlə-] S 1 Solitär(spiel) *n* 2 *bes US* Patience *f (ein Kartenspiel)*: **play ~** Patiencen *od* e-e Patience legen 3 Solitär *m (einzeln gefasster Edelstein)*: **~ ring** Solitärring *m*
solitary ['sɒlɪtərɪ; US 'sɑləˌteriː] A ADJ (ADV solitarily) 1 einsam *(Leben, Spaziergang etc)* 2 einzeln, einsam *(Baum, Reiter etc)*: → confinement 5 3 *fig* einzig *(Ausnahme etc)* 4 ZOOL solitär, einzeln lebend B S *umg* Einzelhaft *f*
solitude ['sɒlɪtjuːd; US 'sɑləˌtjuːd; *a.* -ˌtuːd] S 1 Einsamkeit *f* 2 (Ein)Öde *f*
solleret [ˌsɒlə'ret; US ˌsɑl-] S MIL, HIST Eisenschuh *m (der Ritterrüstung)*
solo ['səʊləʊ] A *pl* -los S 1 *pl a.* -li [-liː] *bes* MUS Solo *n*, -spiel *n*, -tanz *m etc* 2 a *Kartenspiel*: Solo *n* b SPORT Solo *n*, Alleingang *m* 3 FLUG Alleinflug *m* B ADJ 1 *bes* MUS Solo…: **~ voice** 2 Allein…: **~ effort** *(od* **run)** → A 2 b; **~ entertainer** THEAT Alleinunterhalter(in); **~ flight** → A 3 C ADV allein, solo: **fly ~** → D D V/I FLUG e-n Alleinflug machen; **soloist** S MUS Solist(in)
Solomon ['sɒləmən; US 'sɑl-] EIGENN BIBEL Salomon *m*: **be (as) wise as ~** salomonische Weisheit besitzen; → wisdom 1; **Solomonic** [-'mɒnɪk; US -'mɑn-] ADJ salomonisch, weise

Solomon Islands ['sɒləmən; *US* 'sɑ-] SPL *(die)* Salomonen *pl*, Salomoninseln *pl*

solstice ['sɒlstɪs; *US* 'sɑl-; 'səʊl-] S 1 ASTRON Solstitium *n*, Sonnenwende *f*: **summer (winter) ~** Sommer-(Winter)sonnenwende 2 *fig* Höhe-, Wendepunkt *m*; **solstitial** [-'stɪʃl] ADJ ASTRON Sonnenwende...: **~ point** Solstitial-, Umkehrpunkt *m*

solubility [ˌsɒljʊ'bɪlətɪ; *US* ˌsɑl-] S 1 CHEM Löslichkeit *f* 2 *fig* Lösbarkeit *f*

soluble ['sɒljʊbl; *US* 'sɑl-] ADJ (ADV **solubly**) 1 CHEM (auf)löslich: **~ in water** wasserlöslich 2 *fig* lösbar; **~ glass** S CHEM Wasserglas *n*

solus ['səʊləs] ADJ & ADV allein *(bes bei Bühnenanweisungen)*

solute [sɒ'lju:t; *US* 'sɑlˌju:t] A S CHEM aufgelöster Stoff B ADJ 1 gelöst 2 BOT lose

solution [sə'lu:ʃn] S 1 *fig* Lösung *f* **(to** *gen***)** 2 CHEM a (Auf)Lösung *f*: **in ~** (auf)gelöst b Lösung *f* 3 a MED Lysis *f*, Wendung *f (e-r Krankheit)* b *bes* MED Unterbrechung *f*

solvable ['sɒlvəbl; *US a.* 'sɑl-] → **soluble**

solve [sɒlv; *US a.* sɑlv] V/T 1 *e-e Aufgabe, ein Problem* lösen 2 *ein Verbrechen etc* aufklären 3 *Zweifel* beheben

solvency ['sɒlvənsɪ; *US a.* 'sɑl-] S WIRTSCH Solvenz *f*, Zahlungsfähigkeit *f*

solvent ['sɒlvənt; *US a.* 'sɑl-] A ADJ (ADV **~ly**) 1 CHEM (auf)lösend 2 *fig* zersetzend 3 *fig* erlösend: **the ~ power of laughter** 4 WIRTSCH solvent, zahlungsfähig B S 1 CHEM Lösungsmittel *n*: **~ abuse** Missbrauch *m* von Lösungsmitteln *(als Rauschmittel)*; **~-free** lösungsmittelfrei 2 *fig* zersetzendes Element

Som. ABK Somerset(shire)

soma[1] ['səʊmə] S *Wedismus*: Soma *m (ein Opfertrank)*

soma[2] ['səʊmə] *pl* somata [-mətə], -mas S BIOL Soma *n*: a *a.* PSYCH Körper *m (Ggs Geist)* b *Gesamtheit der Körperzellen e-s Organismus*

Somali [sə'mɑ:lɪ; səʊ-] S 1 *pl* -lis, *bes koll* -li Somali *m/f* 2 LING Somali *n*

Somalia [səʊ'mɑ:lɪə; -ljə; sə'm-] S Somalia *n (Staat in Ostafrika)*

Somalian [sə'mɑ:lɪən; səʊ-] A S Somalier(in) B ADJ somalisch

somatic [səʊ'mætɪk; sə'm-] ADJ (ADV **~ally**) BIOL somatisch, Körper..., körperlich: **~ cell** Soma-, Körperzelle *f*

somatogenic [ˌsəʊmətə'dʒenɪk; səʊˌmætə-] ADJ somatogen: a MED, PSYCH körperlich bedingt *od* verursacht b BIOL von Körperzellen gebildet *(individuelle Veränderungen)*; **somatologic** [-'lɒdʒɪk; *US* -'lɑ-] ADJ, **somatological** ADJ (ADV **~ly**) somatologisch; **somatologist** [-'tɒlədʒɪst; *US* -'tɑl-] S Somatologe *m*, Somatologin *f*; **somatology** [-dʒɪ] S MED Somatologie *f (Lehre von den Eigenschaften des menschlichen Körpers)*

somber, *bes Br* **sombre** ['sɒmbə; *US* 'sɑmbər] ADJ (ADV **~ly**) 1 düster, trüb(e) *(a. fig)* 2 dunkelfarbig 3 *fig* trübsinnig, melancholisch; **somberness**, *bes Br* **sombreness** S 1 Düsterkeit *f*, Trübheit *f (a. fig)* 2 *fig* Trübsinnigkeit *f*

sombrero [sɒm'breərəʊ; *US* səm-; sɑm-] *pl* -ros S Sombrero *m*

some [sʌm; *unbetont* səm, sm] A ADJ 1 *(vor Substantiven)* (irgend)ein: **~ day** e-s Tages; **~ day (or other)** irgendwann (einmal) *(in der Zukunft)*; **~ day you'll pay for this** dafür wirst du noch einmal bezahlen; **~ other time** ein andermal; **~ person** irgendeiner, (irgend)jemand 2 *(vor pl)* einige, ein paar: → **few** A 1 3 manche: **~ people are optimistic** 4 ziemlich (viel) 5 gewiss(er, e, es): **~ extent** in gewissem Maße, einigermaßen 6 etwas, ein wenig, ein bisschen: **~ bread**; **take ~ more** nimm noch etwas 7 ungefähr, gegen, etwa: **a village of ~ 80 houses** 8 *umg* ‚toll': **~ player!** ein klasse Spieler!; **that was ~ race!** das war vielleicht ein Rennen! B ADV 1 *bes US* etwas, ziemlich 2 *umg* enorm, toll C PRON 1 (irgend)ein(er, e, es): **~ of these days** dieser Tage, demnächst 2 etwas: **~ of it** etwas davon; **~ of these people** einige dieser Leute; **will you have ~?** möchtest du welche *od* davon haben?; **and then ~** *umg* u. noch einige(s) mehr 3 *bes US sl* darüber hinaus, noch mehr 4 **~ ..., ~ ...** die einen ..., die anderen ...

some|body ['sʌmbədɪ; *US a.* -ˌbɑdi:] A PRON (irgend)jemand, irgendeiner B S bedeutende Persönlichkeit: **he thinks he is ~** er bildet sich ein, er sei j-d; **~day** ADV eines Tages; **~how** ADV *oft* **~ or other** 1 irgendwie, auf irgendeine Weise 2 aus irgendeinem Grund, irgendwie *umg*: **~ (or other) I don't trust him**; **~one** A PRON (irgend)jemand, irgendeiner: **~ or other** irgendjemand B S → **somebody** B; **~place** ADV *bes US* irgendwo(hin)

somersault ['sʌmə(r)sɔ:lt] A S 1 a Salto *m*: **~ dismount** *(Turnen)* Saltoabgang *m* b Purzelbaum *m*: **turn** *(od* **do) a ~** → B 2 *fig* Wende um 180 Grad, völliger Meinungsumschwung B V/I a e-n Salto machen b e-n Purzelbaum schlagen

Somerset ['sʌmə(r)sɪt; -set] S Somerset *n (Grafschaft im südwestlichen England)*

something A S 1 (irgend)etwas, was: **~ or other** irgendetwas; **a certain ~** ein gewisses Etwas; **there is ~ in what you say** da ist etwas dran 2 **~ of** so etwas *od* etwas Ähnliches wie: **I am ~ of a carpenter** ich bin so etwas wie ein Zimmermann; **have ~ of a reputation for** e-n gewissen Ruf haben für B ADV 1 **~ like** a so etwas wie, so ungefähr b *umg* wirklich, mal, aber: **that's ~ like a pudding!**; **that's ~ like!** das lasse ich mir gefallen 2 etwas, ziemlich

sometime A ADV a irgendwann b bei Gelegenheit B ADJ ehemalig(er, e, es)

sometimes ADV manchmal, hie(r) u. da, dann u. wann, gelegentlich, mitunter: **~ merry, ~ sad** mal lustig, mal traurig

someway(s) ADV *bes US* irgendwie

somewhat ADV etwas, ein wenig, ein bisschen: **~ of a shock** ein ziemlicher Schock; **he is ~ of a bore** er ist ein ziemlich langweiliger Mensch

somewhere ADV 1 a irgendwo b irgendwohin: **~ else** sonstwo(hin), woanders(hin): **get ~** *umg* Fortschritte machen; **look for ~ to stay** e-e Unterkunft suchen; → **night** *Bes Redew* 2 **~ about** so etwa, um ... herum: **this happened ~ about 1900**

somite ['səʊmaɪt] S BIOL Somit *m*, Ursegment *n*

somnambulate [sɒm'næmbjʊleɪt; *US* sɑm-] V/I somnambulieren, schlaf-, nachtwandeln; **somnambulation** S Schlaf-, Nachtwandeln *n*; **somnambulism** S MED Somnambulismus *m*, Schlaf-, Nachtwandeln *n*; **somnambulist** S Somnambule(r) *m/f(m)*, Schlaf-, Nachtwandler(in); **somnambulistic** ADJ somnambul: a schlaf-, nachtwandlerisch b schlaf-, nachtwandelnd

somnifacient [ˌsɒmnɪ'feɪʃnt; *US* ˌsɑm-] → **soporific**; **somniferous** [-'nɪfərəs] ADJ (ADV **~ly**), **somnific** ADJ einschläfernd

somniloquist [sɒm'nɪləkwɪst; *US* sɑm-] S Schlafredner(in); **somniloquy** [-kwɪ] S Schlafreden *n*

somnolence ['sɒmnələns; *US* 'sɑm-] S Schläfrigkeit *f*; **somnolent** ADJ (ADV **~ly**) 1 schläfrig, schlaftrunken 2 einschläfernd

Soms. ABK Somerset(shire)

son [sʌn] S 1 Sohn *m*: **~ and heir** Stammhalter *m*; **℞ of God** *(od* **Man)** REL Gottes- *od* Menschensohn *(Christus)*; → **Muse**[2] 2 *fig* Sohn *m*, Abkomme *m*: **~ of a bitch** *bes US sl* a Scheißkerl *m pej*, Hurensohn *pej* b Scheißding *n*; **lucky ~ of a bitch** *bes US sl* Glückspilz *m*; **~ of a gun** *bes US sl* a Hund *m*, Gauner *m* b *meist* **old ~ of a gun** alter Gauner *(Anrede)* 3 PL KOLL Nachfolger *pl*, Schüler *pl*, Jünger *pl*, Söhne *pl (e-s Volks etc)* 4 → **sonny**

sonance ['səʊnəns] S 1 LING Stimmhaftigkeit *f* 2 Laut *m*; **sonant** LING A ADJ stimmhaft B S a Sonant *m (Silben bildender Laut)* b stimmhafter Laut

sonar ['səʊnɑ:(r)] S SCHIFF Sonar(gerät) *n (Unterwasserortungsgerät)*

sonata [sə'nɑ:tə] S MUS Sonate *f*; **~ form** S MUS Sonatenform *f*

sonatina [ˌsɒnə'ti:nə; *US* ˌsɑnə-] S MUS Sonatine *f (kleinere Sonate)*

sonde [sɒnd; *US* sɑnd] S *Raumfahrt*: Sonde *f*

sone [səʊn] S *Akustik*: Sone *f (Lautstärkeeinheit)*

son et lumière [ˌsɒneɪ'lu:mɪeə(r); *US* ˌsəʊn-] S Son et lumière *n (akustische u. optische Darbietung an historischen Plätzen etc, bes für Touristen)*

song [sɒŋ] S 1 MUS Lied *n*: **the ℞ of Solomon** *(od* **℞s)** BIBEL das Hohelied (Salomonis), das Lied der Lieder; **he got it for a ~** *fig* er bekam es für ein Butterbrot; **be on ~** *Br umg* in Höchstform sein 2 Song *m* 3 Poesie *f*, Dichtung *f* 4 Singen *n*, Gesang *m (a. von Vögeln)*: **break** *(od* **burst) into ~** zu singen anheben 5 *umg* **make a ~ and dance** viel *od* großes Trara machen **(about** um); **that's nothing to make a ~ (and dance) about** das ist nichts Besonderes *od* nicht so toll *od* nicht gerade berauschend, darauf brauchst du dir nichts einzubilden; **give sb a ~ and dance** *US* j-m ein Märchen erzählen *umg* **(about** über *akk*); **~bird** S 1 Singvogel *m* 2 *sl* Sängerin *f*; **~book** S MUS Liederbuch *n*; **~ cycle** S MUS Liederzyklus *m*

songster ['sɒŋstə(r)] S 1 *poet* Sänger, *weitS. a.* Dichter *m* 2 Singvogel *m*; **songstress** [-strɪs] S *poet* Sängerin *f*, *weitS. a.* Dichterin *f*

song| thrush S ORN Singdrossel *f*; **~writer** S Songschreiber(in)

sonic ['sɒnɪk; *US* 'sɑn-] ADJ PHYS Schall...; **~ bang** *Br* → **sonic boom**; **~ barrier** → **sound barrier**; **~ boom** S FLUG, PHYS Überschallknall *m*; **~ depth finder** S SCHIFF Echolot *n*; **~ mine** S SCHIFF, MIL Geräuschmine *f*

son-in-law *pl* sons-in-law, son-in-laws S Schwiegersohn *m*

sonnet ['sɒnɪt; *US* 'sɑnət] S LIT Sonett *n*; **sonneteer** [-'tɪə(r)] A S Sonettdichter(in) B V/I Sonette schreiben

sonny ['sʌnɪ] S Kleine(r) *m*, kleiner Mann *hum (Anrede)*

sonometer [səʊ'nɒmɪtə(r); sə-; *US* -'nɑm-] S PHYS Sonometer *n*, Schallmesser *m*

sonorant ['sɒnərənt; *US* sə'nəʊ-; -'nɔ:-] S LING Sonor(laut) *m (nur mit der Stimme gesprochener Laut)*

sonority [sə'nɒrətɪ; *US a.* -'nɑr-] S 1 Klangfülle *f*, (Wohl)Klang *m* 2 LING (Ton)Stärke *f (e-s Lauts)*

sonorous [sə'nɔ:rəs; *US a.* sə'nəʊrəs] ADJ (ADV **~ly**) 1 tönend, resonant *(Holz etc)* 2 volltönend *(a.* LING), klangvoll, sonor *(Sprache, Stimme etc)* 3 PHYS Schall..., Klang...

sonsy ['sɒnsɪ] ADJ *schott od Ir* 1 drall *(Mädchen etc)* 2 gutmütig

soon [su:n] ADV 1 bald: **at the ~est** frühestens; → **afterwards** 2 (sehr) bald, (sehr) schnell: **no ~er had he entered the room than ...** kaum hatte er *od* er hatte kaum das Zimmer betreten, als ...; **no ~er said than**

done gesagt, getan; → mend A 3 **3** bald, früh: **as** (od **so**) **~ as** so bald wie od als; *if he starts any of his nonsense* **I'll throw him out as ~ as I look at him** werfe ich ihn sofort od auf der Stelle raus; **~er or later** früher oder später; **the ~er, the better** je früher, desto besser **4** gern: **(just) as ~** ebensogut; **I would ~er … than …** ich möchte lieber od würde eher … als …

sooner[1] ['su:nə(r)] ADJ (*komp von* soon) a früher, eher b schneller c lieber: → soon 2, 3, 4

sooner[2] ['su:nər] S US sl **1** HIST *Siedler, der sich auf Regierungsgelände vor dessen Freigabe niederließ* **2** ♀ (*Spitzname für eine[n]*) Bewohner(in) von Oklahoma: ♀ **State** Oklahoma *n*

soot [sʊt] **A** S Ruß *m*: **~ blower** TECH Rußgebläse *n* **B** V/T be-, verrußen

sooth [su:θ] S: **in ~** *obs od poet*

soothe [su:ð] V/T **1** besänftigen, beruhigen, beschwichtigen: **~ one's nerves** s-e Nerven beruhigen **2** *Schmerz etc* mildern, lindern

soothfast ['su:θfɑ:st; US -ˌfæst] ADJ *obs* **1** wahrhaft, treu **2** verlässlich

soothing ['su:ðɪŋ] ADJ (ADV **~ly**) **1** besänftigend (*etc*; → soothe 1) **2** lindernd **3** wohltuend, angenehm, sanft (*Musik etc*)

sooth|say ['su:θseɪ] V/I *irr* wahrsagen; **~sayer** S Wahrsager(in); **~saying** S **1** Wahrsagen *n* **2** Wahrsagung *f*

sootiness ['sʊtɪnɪs] S **1** Rußigkeit *f* **2** Schwärze *f*; **sooty** ADJ (ADV sootily) **1** rußig, Ruß… **2** geschwärzt **3** schwarz(braun)

sop[1] [sɒp; US sɑp] **A** V/T **1** eintunken, -tauchen **2** durchtränken, -nässen, -weichen: → skin A 1 **3** *meist* **~ up** *Wasser etc* aufwischen **B** S **1** eingetunkter od eingeweichter Bissen (*Brot etc*) **2** (*etwas*) Durchweichtes, Matsch *m* **3** *fig* Beschwichtigungsmittel *n obs od poet*; **do sth as a ~ to sb** etwas tun, um j-n zu beschwichtigen; **throw sb a ~** j-m e-n Brocken hinwerfen, damit er e-e Weile Frieden gibt **4** *fig* Weichling *m*, Schlappschwanz *m pej*

SOP[2] ABK standard operating procedure

soph [sɒf; US sɑf] *umg für* sophomore

sophism ['sɒfɪzəm; US 'sɑf-] S Sophismus *m*, Scheinbeweis *m*, Trugschluss *m*; **Sophist** S **1** PHIL, HIST Sophist *m* (*Wanderlehrer der Philosophie u. Redekunst*) **2** ♀ *fig* Sophist(in), Wortklauber(in), -verdreher(in); **sophistic** [sə'fɪstɪk; US *a.* sɑ'f-] ADJ, **sophistical** ADJ (ADV **~ly**) sophistisch, wortklauberisch

sophisticate [sə'fɪstɪkeɪt] **A** V/T **1** *j-m* die Natürlichkeit nehmen, verbilden **2** *j-n* weltklug machen, (geistig) verfeinern **3** komplizieren **4** *e-n Text etc* verfälschen **B** V/I Sophismen gebrauchen **C** S [*a.* -kɪt] weltkluge (*etc*) Person (→ sophisticated 1, 2); **sophisticated** [-ɪd] ADJ **1** weltklug, intellektuell, (geistig) anspruchsvoll (*Person*) **2** *pej* blasiert, hochgestochen, auf modern od intellektuell machend (*Person*) **3** anspruchsvoll, verfeinert, kultiviert, raffiniert, subtil (*Stil etc*) **4** anspruchsvoll (*Roman etc*) **5** gekünstelt, unecht **6** TECH a kompliziert (*Technik etc*) b hoch entwickelt, technisch ausgereift, ausgeklügelt, mit allen Raffinessen (*Maschine etc*) **7** verfälscht (*Text etc*); **sophistication** S **1** Weltklugheit *f*, Intellektualismus *m* **2** *pej* Blasiertheit *f*, hochgestochene Art **3** (*das*) *geistig* Anspruchsvolle **4** TECH (höchste) technische Perfektion, Ausgereiftheit *f*, technisches Raffinement **5** Verfälschung *f* **6** → sophistry

sophistry ['sɒfɪstrɪ; US 'sɑf-] S **1** Sophisterei *f* **2** → sophism

Sophocles ['sɒfəkli:z; US 'sɑ-] EIGENN Sophokles *m* (*496?-406? v.Chr.; Griechischer Tragödiendichter*)

sophomore ['sɑfmˌɔ:r; -ˌəʊər] S SCHULE, UNIV US College-Student(in) od Schüler(in) e-r Highschool im 2. Jahr

soporiferous [ˌsɒpə'rɪfərəs; US ˌsɑ-; ˌsəʊ-] ADJ (ADV **~ly**) *obs* → soporific A; **soporific** **A** ADJ (ADV **~ally**) einschläfernd (*Rede etc*): **~ drug** → B **B** S MED, PHARM Schlafmittel *n*

sopping ['sɒpɪŋ; US 'sɑp-] ADJ *a.* **~ wet** klitsch-, patschnass *umg*, triefend (nass); **soppy** ADJ (ADV soppily) **1** (völlig) durchweicht (*Boden etc*) **2** regnerisch (*Wetter*) **3** *Br umg* schmalzig, rührselig: **be ~ on sb** in j-n verknallt sein

sopranist [sə'prɑ:nɪst; US *a.* -'præn-] S MUS Sopranist(in); **soprano** [-nəʊ] **A** *pl* -nos S Sopran *m*: a Sopranstimme *f* b → sopranist c Sopranpartie *f* **B** ADJ Sopran…: **~ clef**

sora ['sɔ:rə] S *a.* **~ rail** ORN (*ein*) Sumpfhuhn *n*

Sorb[1] [sɔ:(r)b] S Sorbe *m*, Sorbin *f*, Wende *m*, Wendin *f*

sorb[2] [sɔ:(r)b] S *a.* **~ apple** BOT Speierling *m*, Spierling *m*

sorbate ['sɔ:(r)beɪt; -bət] S CHEM Sorbat *n*

sorbefacient [ˌsɔ:(r)bɪ'feɪʃnt] MED **A** ADJ absorbierend, absorbent, aufsaugend **B** S Absorbens *n*

sorbet ['sɔ:(r)bət] S *bes Br* Fruchteis *n*

Sorbian ['sɔ:(r)bjən; -ɪən] **A** ADJ sorbisch, wendisch **B** S **1** → Sorb[1] **2** LING Sorbisch *n*, das Sorbische, Wendisch *n*, das Wendische

sorbic acid ['sɔ:(r)bɪk] S CHEM Sorbinsäure *f*

sorbitol ['sɔ:(r)bɪtɒl; US *a.* -ˌtəʊl] S CHEM Sorbit *n*

sorbose ['sɔ:(r)bəʊs] S CHEM Sorbose *f*

sorcerer ['sɔ:(r)sərə(r)] S Zauberer *m*, Hexenmeister *m*; **sorceress** S Zauberin *f*, Hexe *f*; **sorcerous** ADJ Zauber…, Hexen…; **sorcery** S Zauberei *f*, Hexerei *f*

sordid ['sɔ:(r)dɪd] ADJ (ADV **~ly**) **1** a schmutzig b schäbig (*Wohnung etc*), (*Hotel etc a.*) heruntergekommen **2** *fig* schmutzig, gemein: **~ avarice** schnöder Geiz; **sordidness** S Schmutzigkeit *f*, *fig a.* Gemeinheit *f*

sordine [ˌsɔ:(r)'di:n], **sordino** [ˌsɔ:(r)'di:nəʊ] *pl* -ni [-ni:] S MUS Sordine *f*, Sordino *m*, Dämpfer *m*

sore [sɔ:(r); US *a.* səʊr] **A** ADJ (ADV → sorely) **1** weh, wund (*Füße etc*): **~ heart** *fig* wundes Herz, Leid *n*; → sight A 6, spot A 5 **2** entzündet, schlimm, böse (*Finger etc*): **a ~ throat** e-e Halsentzündung; **have a ~ throat** *a.* Halsschmerzen haben; → thumb A **3** a mürrisch, brummig, bärbeißig, gereizt: → bear[2] A 1 b *umg* eingeschnappt, verärgert, beleidigt, böse (**about** über *akk*, wegen) **4** *fig* heikel (*Thema etc*) **5** *obs od poet* schlimm, arg, groß: **in ~ distress** **B** S Wunde *f*, Entzündung *f*, wunde Stelle: **an open ~** a e-e offene Wunde (*a. fig*) b *fig* ein altes Übel, ein ständiges Ärgernis **C** ADV *obs od poet* sehr, arg, schlimm

sorehead S *bes US umg* mürrischer Mensch

sorel ['sɔ:rəl] → sorrel[1]

sorely ['sɔ:(r)lɪ] ADV **1** arg, bös *umg*: a sehr, äußerst, bitter: **~ disappointed**; **he is ~ missed by his family** s-e Familie vermisst ihn sehr od schmerzlich b schlimm: **~ tried** schwer geprüft **2** dringend: **~ needed** **3** bitterlich: **she wept ~**

sorghum ['sɔ:(r)gəm] S **1** BOT Sorghum (-hirse) *n(f)* **2** Sirup *m* der Zuckerhirse; **sorgo** [-gəʊ] *pl* -gos [-z] S BOT Chinesisches Zuckerrohr

sorites [sɒ'raɪti:z; *bes US* sə-] S *Logik*: Sorites *m*, Kettenschluss *m*

Soroptimist [sɔ:'rɒptɪmɪst; US -'rɑp-; *a.* sə-] S Soroptimistin *f* (*Mitglied e-s* **Soroptimist Club**); **~ Club** S *weibliches Gegenstück zu e-m* ***Rotary Club***; **~ International** S *internationale Dachorganisation der* ***Soroptimist Clubs***

sororicidal [səˌrɒrɪ'saɪdl] ADJ schwestermörderisch; **sororicide** S **1** Schwestermord *m* **2** Schwestermörder(in)

sorority [sə'rɒrətɪ; US *a.* -'rɑr-] S UNIV *bes US* Studentinnenverbindung *f*

sorosis[1] [sə'rəʊsɪs] *pl* -ses [-si:z] S BOT zusammengesetzte Beerenfrucht (*z. B. Ananas*)

sorosis[2] [sə'rəʊsɪs] *pl* -ses [-si:z], -sises [-i:z] S US Frauenverein *m*

sorption ['sɔ:(r)pʃn] S CHEM (Ab)Sorption *f*

sorrel[1] ['sɒrəl; US 'sɑ-] **A** S **1** Fuchsrot *n*, Rotbraun *n* (*Farbe*) **2** (Rot)Fuchs *m* (*Pferd*) **B** ADJ fuchsrot, rotbraun

sorrel[2] ['sɒrəl; US 'sɑ-] S BOT **1** Sauerampfer *m* **2** Sauerklee *m*

sorrow ['sɒrəʊ; US *a.* 'sɑr-] **A** S **1** Kummer *m*, Leid *n* (*beide*: **at, over** über *akk*; **for** um): **say sth more in ~ than in anger** etwas mehr aus Kummer als aus Zorn sagen; **to my ~** zu m-m Kummer od Leidwesen; **his son has been a great ~ to him** sein Sohn hat ihm schon viel Kummer bereitet; **she has had many ~s** sie hat schon viel durchgemacht **2** Reue *f* (**for** über *akk*) **3** Klage *f*, Jammer *m* **4** *bes iron* Bedauern *n*: **without much ~** **B** V/I **1** sich grämen od härmen (**at, over, for** über *akk*, wegen, um) **2** klagen, trauern (**after, for** um, über *akk*); **sorrowful** ADJ (ADV **~ly**) traurig: a sorgen-, kummervoll b klagend: **a ~ song** ein Klagelied; → rosary 2 c beklagenswert (*Unfall etc*)

sorry ['sɒrɪ; US *a.* 'sɑri:] **A** ADJ **1** betrübt, bekümmert: **be** (od **feel**) **~ for sb** j-n bemitleiden; **I was** (od **felt**) **~ for him** er tat mir leid; **be ~ for o.s.** sich selbst bedauern; **I'm ~** → B; **I am ~ to say** ich muss leider sagen; **I'm ~ to hear that** das tut mir (aber) leid **2** reuevoll: **be ~ about sth** etwas bereuen od bedauern **3** *pej* traurig, erbärmlich, jämmerlich: **a ~ excuse** e-e faule Ausrede; **in a ~ state** in e-m traurigen od kläglichen od beklagenswerten Zustand **B** INT a Verzeihung!, Entschuldigung! b tut mir leid: **~ to disturb you** entschuldigen Sie die Störung; **~ and all** *Br umg* tut mir echt leid

sort[1] [sɔ:(r)t] S *obs* Los *n*, Schicksal *n*

sort[2] [sɔ:(r)t] **A** S **1** Sorte *f*, Art *f*, Klasse *f*, Gattung *f*, WIRTSCH *a.* Marke *f*, Qualität *f*: **all ~s of** alle möglichen, allerlei; **all ~s of people got in touch with me** die verschiedensten Leute setzten sich mit mir in Verbindung; **it takes all ~s (to make a world)** es muss auch solche (*Leute*) geben; **all ~s of things** alles Mögliche **2** Art *f*: **after a ~** gewissermaßen; **nothing of the ~** nichts dergleichen; **I won't do anything of the ~!** ich denke nicht daran!, e-n Dreck werde ich tun! *umg*; **what ~ of a tree?** was für ein Baum?; **these ~ of men** *umg* diese Art Leute, solche Leute; **something of the ~** so etwas, etwas Derartiges; **a ~ of stockbroker** *umg* (so) e-e Art Börsenmakler; **he's a good ~** *umg* er ist ein guter od anständiger Kerl; **he's not my ~** er ist nicht mein Fall od Typ; **he's not the ~ of man who …** er ist nicht der Mann, der (*so etwas tut etc*) **3** **~ of** *umg* ein bisschen, irgendwie (*manchmal unübersetzt*): **she ~ of boxed his ears** sie gab ihm e-e Ohrfeige; **I ~ of expected it** ich hatte es irgendwie erwartet; **he ~ of hinted it** er machte so e-e (vage) Andeutung; **I've ~ of promised it** ich habe es halb u. halb versprochen; *did they help you?* - **well, ~ of** (ja,) schon **4** **of a ~, of ~s** *pej* so etwas (Ähnliches) wie: **a politician of ~s** **5** **out of ~s** *umg* nicht auf der Höhe od dem Damm **6** TYPO Schriftgarnitur *f*: **out of ~s** ausgegangen **B** V/T **1** *a.* **~ out** *Briefmarken etc* sortieren, (ein)ordnen: **~ o.s. out** *umg* a

S

zur Ruhe kommen **b** sich einrichten **c** sich eingewöhnen **2** ~ **out** **a** auslesen, -sortieren, sichten: ~ **sth out from sth** etwas von etwas trennen **b** *fig* sich Klarheit verschaffen über *(akk)* **3** ~ **out** *umg ein Problem etc* lösen, e-e Lösung finden für: **the problem has ~ed itself out** das Problem hat sich (von selbst) erledigt **4** ~ **out** *Br umg j-n* zur Schnecke *od* Minna machen **5** *a.* ~ **together** zusammenstellen, -tun *(beide:* **with** mit*)* **C** VI **1** ~ **through** *etwas* durchsehen **2** *obs gut, schlecht* passen (**with** zu)

sorter S **1** Sortierer(in) **2** IT *etc* Sortierer *m (Vorrichtung)*

sortie [ˈsɔː(r)tiː; *US a.* sɔːrˈtiː] **A** S **1** MIL Ausfall *m* **2** FLUG, MIL (Einzel)Einsatz *m*, Feindflug *m* **3** SCHIFF Auslaufen *n* **4** *fig* Ausflug *m* (**into** in *akk*) **B** VI **1** MIL e-n Ausfall machen **2** FLUG, MIL e-n (Einzel)Einsatz fliegen **3** SCHIFF auslaufen

sortilege [ˈsɔː(r)tılıdʒ] S **1** *Antike:* Sortilegium *n (Weissagung durch Lose)* **2** → sorcery

SOS [ˌesəʊˈes] S **1** SCHIFF *(= save our souls)* SOS *n*: **radio an ~** SOS funken **2** RADIO **a** Reiseruf *m* **b** *Br* Suchmeldung *f* **3** *umg* Hilferuf *m*

so-so ADJ & ADV *umg* so(so) lala *(mäßig, leidlich)*

sot [sɒt; *US* sɑt] **A** S Säufer(in) *umg* **B** VI saufen

soteriology [sɒˌtıərıˈɒlədʒı; *US* səʊˌtırıˈɑl-] S REL Soteriologie *f (Lehre von der Erlösung durch Christus)*

sottish [ˈsɒtıʃ; *US* ˈsɑt-] ADJ (ADV ~ly) versoffen *umg*; **sottishness** S Versoffenheit *f umg*

sotto voce [ˌsɒtəʊˈvəʊtʃı; *US* ˌsɑt-] ADV leise, mit gedämpfter Stimme

sou [suː] S HIST Sou *m*: **without a ~** *Br umg* ohne e-n Pfennig (Geld)

soubrette [suːˈbret] S THEAT Soubrette *f (Sängerin heiterer Sopranpartien)*

soubriquet [ˈsəʊbrıkeı; ˈsuː-] → sobriquet

souchong [ˌsuːˈtɒŋ; *US* ˈsuːˌtɔːŋ] S Souchong *m (e-e Teesorte)*

souffle [ˈsuːfl] S MED (blasendes) Geräusch

soufflé [ˈsuːfleı; *US a.* suːˈfleı] S GASTR Soufflé *n*, Auflauf *m*

sough [saʊ; sʌf] *bes poet* **A** S Rauschen *n (des Windes)* **B** VI rauschen

sought [sɔːt] *prät u. pperf von* seek; **~-after** ADJ gefragt, gesucht

soul [səʊl] S **1** REL, PHIL Seele *f*: **'pon my ~!** ganz bestimmt! **2** Seele *f*, Herz *n*, Gemüt *n*, *(das)* Innere: **he has a ~ above mere money-grubbing** er hat auch noch Sinn für andere Dinge als Geldraffen; **in my ~ of ~s** ganz tief in m-m Herzen; **bare one's ~ to sb** j-m sein Herz ausschütten **3** *fig* Seele *f (Triebfeder, Mittelpunkt)*: **he was the ~ of the enterprise** **4** *fig* Geist *m (Person)*: **the greatest ~s of the past** **5** Seele *f (Mensch)*: **the ship went down with 100 ~s; a good ~** e-e gute Seele, e-e Seele von e-m Menschen; **an honest ~** e-e ehrliche Haut *umg*; **poor ~** armer Kerl; **not a ~** keine Menschenseele **6** Inbegriff *m*, Muster *n*: **he is the ~ of discretion (generosity)** er ist die Verschwiegenheit (Großzügigkeit) selbst *od* in Person **7** Kraft *f*, Inbrunst *f*, *a.* (künstlerischer) Ausdruck: **he has no ~** er hat keine Energie; **his pictures lack ~** s-n Bildern fehlt Leben **8** ♁ *Christian Science:* Seele *f (Gott)* **9** MUS Soul *m (Jazz- u. Beatmusik mit starker Betonung des Expressiven)*: ~ **music** **10** *besonderes Zusammengehörigkeitsgefühl der Schwarzen in den USA*: ~ **brother**, ~ **sister** *(unter Schwarzen gebrauchter Ausdruck für)* Schwarze(r) *m/f(m)*; ~ **food** *traditionelle Speisen der Schwarzen*

soul-destroying ADJ geisttötend *(Arbeit etc)*

soulful ADJ (ADV ~ly) seelen-, gefühlvoll: **a ~ look** ein schmachtender Blick

soulless ADJ (ADV ~ly) seelenlos *(a. fig gefühllos, ohne innere Wärme)*, unbeseelt

soul| mate S Seelenfreund(in): **they are ~s** *a.* sie sind seelenverwandt; **~-searching** S Gewissensprüfung *f*: **do a bit of ~** sein Gewissen erforschen *od* prüfen; **~-stirring** ADJ ergreifend

sound[1] [saʊnd] **A** ADJ (ADV ~ly) **1** gesund: ~ **in mind and body** körperlich u. geistig gesund; ~ **in wind and limb** *umg* kerngesund, gesund u. munter; → bell[1] A 1, mind A 2 **2** gesund, intakt, fehlerfrei, tadellos: ~ **fruit** unverdorbenes Obst **3** WIRTSCH gesund, solid(e), stabil *(Gesellschaft, Währung etc)*: ~ **credit** sicherer Kredit; **he is ~ on sherry** *umg* sein Sherry ist gut **4** gesund, vernünftig, gut *(Investition, Politik etc)* **5** gut, brauchbar *(Rat etc)* **6** folgerichtig *(Argument etc)* **7** gut (fundiert), solid(e) *(Kenntnisse etc)* **8** JUR rechtmäßig, begründet, gültig *(Titel etc)* **9** zuverlässig *(Freund etc)*: **he is ~** er ist in Ordnung **10** gut, tüchtig *(Stratege etc)* **11** kräftig, tüchtig, gehörig: ~ **sleep** tiefer *od* gesunder Schlaf; → beating 1, sleeper 1 **B** ADV **be ~ asleep** fest *od* tief schlafen

sound[2] [saʊnd] S **1** Sund *m*, Meerenge *f*: **the** ♁ der Sund *(zwischen Schweden u. Dänemark)* **2** FISCH Fisch-, Schwimmblase *f*

sound[3] [saʊnd] **A** VT **1** *bes* SCHIFF (aus)loten, peilen **2** TECH *den Meeresboden etc* erforschen **3** *oft* ~ **out** **a** *etwas* sondieren *(a.* MED*)*, erkunden, erforschen **b** *j-n* aushorchen *od umg* ausholen *(beide:* **about, on** über *akk)* **B** VI **1** *bes* SCHIFF loten **2** auf Grund gehen *(Wal)* **3** *fig* sondieren **C** S MED Sonde *f*

sound[4] [saʊnd] **A** S **1** **a** Schall *m*, Laut *m*, Ton *m*: **faster than ~** mit Überschallgeschwindigkeit; **within ~** in Hörweite **b** FILM, TV Ton (-technik) *m(f)* **2** Klang(wirkung) *m(f)*, *(Beat-, Jazzmusik a.)* Sound *m* **3** Ton *m*, Laut *m*, Geräusch *n*: **without a ~** geräusch-, lautlos **4** *fig* Ton *m*, Klang *m*, Tenor *m*: **I don't like the ~ of it** die Sache gefällt mir nicht; **from the ~ of it** so, wie es sich anhörte **5** LING Laut *m* **B** VI **1** (er)schallen, (-)klingen: **the bell ~s for the last lap** SPORT die letzte Runde wird eingeläutet **2** *fig* klingen: **that ~s strange; that ~s like an excuse to me** das klingt für mich nach Ausrede **3** ~ **off** *umg* tönen (**about, on** von): ~ **off against** herziehen über *(akk)* **4** ~ **in** JUR auf *Schadenersatz etc* lauten *(Klage)* **C** VT **1** *s-e Trompete etc* erschallen *od* erklingen lassen: ~ **the** (*od* **one's**) **horn** AUTO hupen; ~ **sb's praises** *fig* j-s Lob singen **2** äußern: **~ a note of warning** e-e Warnung anklingen lassen **3** LING (aus)sprechen: **the h in "hono(u)r" is not ~ed** **4** verkünden: **the bell ~s noon** die Glocke schlägt 12 Uhr (mittags); → alarm A 1, charge C 11 **5** *bes* MED abhorchen, abklopfen: ~ **out** *Argumente etc* abklopfen

sound|-absorbing ADJ TECH schalldämpfend, -schluckend; ~ **amplifier** S TECH Lautverstärker *m*; **~-and-light show** → son et lumière; ~ **archives** SPL Tonarchiv *n*; ~ **barrier** S FLUG, PHYS Schallmauer *f*: **break the ~** die Schallmauer durchbrechen; **~board** → sounding board; ~ **bite** S RADIO, TV kurzer Ausschnitt *(aus e-r Rede etc)*; ~ **box** S MUS Resonanzkasten *m*, -körper *m*; ~ **broadcasting** S Hörfunk *m*; ~ **camera** S TECH Tonkamera *f*; ~ **card** S COMPUT Soundkarte *f*; ~ **check** S Soundcheck *m*, Tonprobe *f*; ~ **conductor** S TECH Schallleiter *m*; ~ **effects** SPL FILM, RADIO, TV Toneffekte *pl*, Geräusche *pl*; ~ **engineer** S RADIO *etc* **a** Toningenieur(in) **b** Tontechniker(in)

sounder[1] [ˈsaʊndə(r)] S *hist Telegrafie:* Klopfer *m*

sounder[2] [ˈsaʊndə(r)] S SCHIFF **1** **a** Lotkörper *m* **b** *Kriegsmarine:* Lotsgast *m* **2** Lot *n*: → echo sounder

sound| film S Tonfilm *m*; ~ **hole** S MUS Schallloch *n*

sounding[1] [ˈsaʊndıŋ] ADJ (ADV ~ly) **1** tönend, schallend **2** wohlklingend, sonor **3** *pej* lautstark, bombastisch

sounding[2] [ˈsaʊndıŋ] S SCHIFF **1** *meist pl* Loten *n*: **take a ~** **a** loten **b** *fig* sondieren **2** *pl* lotbarer Grund, lotbare Gründe: **off (on) ~s** außerhalb (innerhalb) der lotbaren Gründe

sounding| balloon S Versuchsballon *m*; ~ **board** S **1** MUS Decke *f* **2** **a** Schall-, Kanzeldeckel *m* **b** Schallmuschel *f (für Orchester etc im Freien)* **3** *fig* Sprachrohr *n* **4** *fig* **a** Testperson *f* **b** Testgruppe *f*; ~ **line** S SCHIFF Lotleine *f*; ~ **rocket** S Raketensonde *f*

sound insulation S Schalldämmung *f*

soundless[1] [ˈsaʊndlıs] ADJ (ADV ~ly) laut-, geräuschlos

soundless[2] [ˈsaʊndlıs] ADJ (ADV ~ly) *bes poet* unergründlich *(Meer etc)*

sound| mixer S RADIO *etc* Tontechniker(in); ~ **motion picture** S *bes US* Tonfilm *m*

soundness S **1** Gesundheit *f (a. fig)* **2** *fig* Folgerichtigkeit *f*

sound| pollution S Lärmbelästigung *f*; ~ **projector** S Ton(film)projektor *m*; **~proof** **A** ADJ schalldicht: ~ **barrier** Lärmschutzwall *m* **B** VT schalldicht machen, isolieren; **~proofing** S Schallisolierung *f*; ~ **quality** S Tonqualität *f*; ~ **ranging** S Schallmessen *n*; **~-ranging** ADJ Schallmess...; ~ **recorder** S Tonaufnahmegerät *n*; ~ **reproducer** S Tonwiedergabegerät *n*; ~ **reproduction** S Tonwiedergabe *f*; ~ **shift** S LING Lautverschiebung *f*; ~ **technician** S RADIO *etc* Tontechniker(in); ~ **track** S FILM Soundtrack *m*: **a** Tonspur *f*, -streifen *m* **b** *Musik zu e-m Film*; ~ **truck** S *US* Lautsprecherwagen *m*; ~ **wave** S PHYS Schallwelle *f*

soup [suːp] **A** S **1** Suppe *f*: **be in the ~** *umg* in der Patsche *od* Tinte sitzen; **from ~ to nuts** *US umg* **a** von der Vorspeise bis zur Nachspeise **b** *fig* von A bis Z **2** *umg* Waschküche *f (Nebel)* **3** FOTO *umg* Entwickler *m* **4** *US sl* Nitroglyzerin *n* **B** VT ~ **up** *sl* **a** *e-n Motor etc* (auf)frisieren **b** *e-e Veranstaltung etc* aufmotzen, effektvoller gestalten **c** Schwung in *e-e Veranstaltung etc* bringen; ~ **bone** S Suppenknochen *m*

soupçon [ˈsuːpsɔ̃ːŋ; *US* -ˌsɑːn; suːpˈsəʊn] S **1** Prise *f (Salz etc)* **2** *fig* Hauch *m*, Anflug *m (von Sarkasmus etc)*

soup| kitchen S **1** Suppen-, Volksküche *f* **2** *bes* MIL Feldküche *f*; ~ **meat** S Suppenfleisch *n*; ~ **plate** S Suppenteller *m*; ~ **spoon** S Suppenlöffel *m*

sour [ˈsaʊə(r)] **A** ADJ (ADV ~ly) **1** sauer *(a. Geruch, Milch)*: ~ **cherry** Sauerkirsche *f*; ~ **cream** Sauerrahm *m*, saure Sahne; **turn ~** sauer werden; **turn** (*od* **go**) ~ (**on**) *fig* → C 2; → grape 1 **2** übel *od* ranzig riechend **3** *fig* säuerlich, verdrießlich, mürrisch, sauertöpfisch *umg (Person)*: **a ~ face** ein saures Gesicht **4** *fig* nasskalt *(Wetter)* **5** AGR sauer *(Boden)* **6** schwefelhaltig *(Benzin etc)* **B** S **1** Säure *f*: **the sweet and ~ of life** Freud u. Leid (des Lebens); **take the sweet with the ~** das Leben nehmen, wie es (eben) ist **2** *bes US* Sour *m (alkoholisches Mixgetränk mit Zitrone)* **C** VI **1** sauer werden **2** *fig* **a** verbittert *od* sauer werden **b** die Lust verlieren (**on an** *e-r Sache*), (**on sth** e-e Sache) überkriegen *umg* **c** mies werden **d** in die Brüche gehen, kaputtgehen *umg (Ehe etc)* **D** VT **1** säuern *(a.* CHEM*)*: **~ed cream** *Br* Sauerrahm *m*, saure Sahne **2** *fig* verbittern

source [sɔː(r)s; *US a.* ˈsəʊərs] S **1** Quelle *f* **2**

Quellfluss *m* 3 *poet* Strom *m* 4 *fig* (*Licht-, Strom- etc*) Quelle *f*: **~ of light**; **~ of strength** Kraftquell *m* 5 *fig* Quelle *f*, Ursprung *m*: **~ of information** Nachrichtenquelle; **from a reliable ~** aus zuverlässiger Quelle; **have its ~ in** s-n Ursprung haben in (*dat*) 6 (*literarische*) Quelle 7 WIRTSCH (*Einnahme-, Kapital- etc*) Quelle *f*: **~ of income**; **levy a tax at the ~** e-e Steuer an der Quelle erheben; **~ book** S Quellensammlung *f*; **~ code** S IT Quellcode *m*; **~ file** S IT Quelldatei *f*; **~ language** S 1 LING Ausgangssprache *f* 2 IT Quellsprache *f*; **~ material** S 1 Quellenmaterial *n* 2 PHYS Ausgangsstoff *m*; **~ program** S IT S Quellprogramm *n*

sourdine [ˌsʊə(r)ˈdiːn] → sordine

sourdough S 1 Sauerteig *m* 2 *US* Goldsucher *m* (*bes in Alaska od Kanada*)

souring S Säuerung *f* (*a.* CHEM); **sourish** ADJ säuerlich, angesäuert; **sourness** S 1 Säure *f* 2 *fig* Bitterkeit *f*

sourpuss S Sauertopf *m umg*

sousaphone [ˈsuːzəfəʊn] S MUS Sousafon *n* (*ein Blechblasinstrument*)

souse[1] [saʊs] A S 1 Pökelfleisch *n* 2 Pökelbrühe *f*, Lake *f* 3 Eintauchen *n* 4 *sl* Säufer(in) *umg* B V/T 1 eintauchen 2 durchtränken 3 *Wasser etc* ausgießen (**over** über *akk*) 4 (ein)pökeln, einlegen 5 *sl j-n* besoffen machen: **~d** besoffen C V/I durchnässt werden

souse[2] [saʊs] A V/I herabstoßen (**on, upon** auf *akk*) (*Falke, Habicht*) B S Herabstoßen *n*

soutache [suːˈtæʃ] S Soutache *f* (*für Besatzzwecke verwendete geflochtene Schnur*)

soutane [suːˈtɑːn; -ˈtæn] S KATH Soutane *f* (*Gewand e-s Priesters*)

soutar, souter [ˈsuːtə(r)] S *schott* Schuster(in)

souterrain [ˌsuːtəˈreɪn] S *Archäologie*: a unterirdische Kammer b unterirdischer Gang

south [saʊθ] A S 1 Süden *m*: **in the ~ of** im Süden von (*od gen*); **to the ~ of** → C 3; **from the ~** aus dem Süden 2 *a.* ♀ Süden *m*, südlicher Landesteil: **the ♀ of Germany** Süddeutschland *n*; **the ♀** a *Br* Südengland *n* b *US* der Süden, die Südstaaten 3 *poet* Süd(wind) *m* B ADJ südlich, Süd... C ADV 1 nach Süden, südwärts: **go ~** *US umg* a sich verschlechtern (*Lage etc*) b auf dem absteigenden Ast sein (*Firma etc*) c in den Keller gehen (*Kurse, Preise*) 2 *obs* aus dem Süden (*bes Wind*) 3 **~ of** südlich von (*od gen*)

South| Africa [ˈæfrɪkə] S Südafrika *n*; **~ African** A ADJ südafrikanisch B S Südafrikaner(in): **~ Dutch** Afrikaander *pl*

South| America S Südamerika *n*; **~ American** A ADJ südamerikanisch B S Südamerikaner(in)

South Australia [ɒˈstreɪljə; -lɪə; *US* ɔːˈst-; ɑːˈst-] S Südaustralien *n* (*austral. Bundesstaat*)

South Ayrshire [ˌsaʊθˈeə(r)ʃə(r); -ʃɪə(r)] S Süd-Ayrshire *n* (*Verwaltungsregion in Südwestschottland*)

south|bound ADJ nach Süden gehend *od* fahrend: **the ~ traffic** der Verkehr in Richtung Süden; **~ by east** S Südsüdost *m*; **~ by west** S Südsüdwest *m*

South Carolina [ˌkærəˈlaɪnə] S Süd-Carolina *n* (*Staat im Südosten der USA*)

South Dakota [dəˈkəʊtə] S Süddakota *n* (*Staat der USA*)

Southdown [-daʊn] S ZOOL Southdownschaf *n*

South Downs [ˌsaʊθˈdaʊnz] SPL (*die*) South Downs *pl* (*Hügelkette im südlichen England, von Dorset bis Sussex*)

southeast A S Südosten *m* B ADJ südöstlich, Südost... C ADV südöstlich, nach Südosten

south|easter S Südostwind *m*; **~easterly** A ADJ südöstlich, Südost... B ADV von *od* nach Südosten; **~eastern** → southeast B; **~eastward** A ADJ & ADV nach Südosten, südöstlich B S südöstliche Richtung; **~eastwardly** ADJ & ADV südostwärts (gelegen *od* gerichtet)

southerly [ˈsʌðə(r)lɪ] A ADJ südlich, Süd... B ADV von *od* nach Süden C S Südwind *m*;

southern [ˈsʌðə(r)n] ADJ 1 südlich, Süd...: ♀ **Cross** ASTRON Kreuz *n* des Südens; ♀ **Europe** Südeuropa *n*; **~ lights** *pl* PHYS, ASTRON Südlicht *n* 2 südwärts, Süd...: **~ course** Südkurs *m*; **southerner** S 1 Bewohner(in) des Südens (*e-s Landes*) 2 ♀ *US* Südstaatler(in)

southernmost [-məʊst] ADJ südlichst(er, e, es)

southernwood S BOT Stabwurz *f*

South Glamorgan [gləˈmɔː(r)gən] S South Glamorgan *n* (*Grafschaft in südlichen Wales*)

southing [ˈsaʊðɪŋ; -θɪŋ] S 1 ASTRON südliche Deklination (*e-s Planeten*) 2 SCHIFF Weg *m od* Distanz *f* nach Süden

South| Korea [kəˈrɪə] S Südkorea *n*; **~ Korean** A S Südkoreaner(in) B ADJ südkoreanisch

South Lanarkshire [ˌsaʊθˈlænə(r)kʃə(r); -ʃɪə(r)] S Süd-Lanarkshire *n* (*Verwaltungsregion im südwestlichen Zentralschottland*)

south|paw A ADJ linkshändig: **~ stance** (*Boxen*) Rechtsauslage *f* B S Linkshänder(in), (*Boxen*) Rechtsausleger(in); **~ point** S PHYS Südpunkt *m*; ♀ **Pole** S Südpol *m*

southron [ˈsʌðrən] A S 1 → southerner 1 2 *meist* ♀ *schott* Engländer(in) B ADJ *bes schott* südlich, *bes* englisch

South Sea S, **South Seas** SPL (*die*) Südsee *f*

south|-southeast A ADJ südsüdöstlich, Südsüdost... B ADV nach *od* aus Südsüdosten C S Südsüdosten *m*; **~ward** ADJ & ADV nach Süden, südlich, südwärts: **in a ~ direction** in südlicher Richtung, Richtung Süden; **~wards** ADV → southward; **~west** A ADJ südwestlich, Südwest... B ADV nach *od* aus dem Südwesten C S Südwesten *m*; **~wester** S 1 Südwestwind *m* 2 → sou'wester 1; **~westerly** A ADJ südwestlich, Südwest... B ADV nach *od* aus Südwesten; **~western** → southwest A; **~westward** A ADJ & ADV nach Südwesten, südwestlich B S südwestliche Richtung; **~westwardly** ADJ & ADV südwestwärts (gelegen *od* gerichtet)

South Yorkshire [ˌsaʊθˈjɔː(r)kʃə(r); -ʃɪə(r)] S Süd-Yorkshire *n* (*Grafschaft in Nordengland*)

souvenir [ˌsuːvəˈnɪə(r); ˈsuːvəˌnɪə(r)] S Andenken *n* (**of an** *akk*), Souvenir *n*: **~ edition** TYPO Gedächtnisausgabe *f*

sou'wester [saʊˈwestə(r)] S 1 Südwester *m* (*wasserdichter Ölhut*) 2 → southwester 1

sovereign [ˈsɒvrɪn; *US* ˈsɑvrən; -ərn] A S 1 Souverän *m*, Monarch(in), Landesherr(in) 2 souveräne(r) Herrscher(in) 3 (*die*) Macht im Staat (*Person od Gruppe*) 4 souveräner Staat 5 *fig* König(in) 6 *Br* HIST Sovereign *m* (*e-e Goldmünze*) B ADJ 1 höchst (-er, e, es), oberst(er, e, es): **the ~ good** das höchste Gut 2 unumschränkt, souverän, königlich (*Macht*) 3 souverän (*Staat*) 4 äußerst(er, e, es), größt(er, e, es) 5 unübertrefflich; **sovereignty** [-rəntɪ] S 1 oberste *od* höchste (Staats)Gewalt 2 Souveränität *f*, Landeshoheit *f*, Eigenstaatlichkeit *f* 3 Oberherrschaft *f*

soviet [ˈsəʊvɪət; ˈsɒv-; *US* ˈsəʊvɪˌet; ˈsɑv-] HIST A S: *oft* ♀ 1 Sowjet *m*: a Arbeiter- u. Soldatenrat *m* b *allg* Verwaltungsbehörde *f*: **Supreme ♀** Oberster Sowjet (*Volksvertretung*) 2 *pl* (*die*) Sowjets *od* Sowjetbürger *pl* B ADJ ♀ sowjetisch, Sowjet...; **sovietism** S Sowjetsystem *n*; **sovietization** S Sowjetisierung *f*; **sovietize** V/T sowjetisieren; **sovietologist** [-ˈtɒlədʒɪst; *US* -ˈtɑl-] S Sowjetologe *m*, Sowjetologin *f*

Soviet Union [ˌsəʊvɪətˈjuːnjən; ˌsɒv-; *US* ˌsəʊvɪet-; ˌsɑv-] S HIST Sowjetunion *f*

sovran [ˈsɒvrən; *US* ˈsɑv-; *a.* -ərn] *poet* → sovereign

sow[1] [saʊ] S 1 Sau *f*, (Mutter)Schwein *n*: → silk B 1 2 METALL a Mulde *f*, (Ofen)Sau *f* b Massel *f* (*gegossener Barren*)

sow[2] [səʊ] *prät u. pperf* sowed [səʊd], *pperf a.* **sown** [səʊn] A V/T 1 säen, ausstreuen (*beide a. fig*): **you must reap what you have ~n** was man sät, muss man auch ernten; → oat 1, seed A 7, wind[1] A 1 2 *Land* besäen, einsäen 3 *etwas* verstreuen B V/I säen

sow|back [ˈsaʊ-] → hogback; **~bread** S BOT Erdscheibe *f*, Saubrot *n*; **~ bug** S ZOOL *US* (*e-e*) Assel

sower [ˈsəʊə(r)] S 1 Säer(in): **he is a ~ of discord** *fig* er stiftet *od* sät Zwietracht 2 Sämaschine *f*

sown [səʊn] *pperf von* sow[2]

sox [sɒks; *US* sɑks] *pl* WIRTSCH *von* sock[1] A 1

soy [sɔɪ] A S 1 Sojasoße *f* 2 → soybean B ADJ Soja...: **~ sauce**; **soya** [ˈsɔɪə] ADJ Soja...: **~ milk (oil, sauce)**; **~ bean** → soybean; **soybean** A S BOT Sojabohne *f* B ADJ Soja...: **~ milk (oil)**; **~ sprouts** Sojabohnenkeimlinge

sozzled [ˈsɒzld; *US* ˈsɑ-] ADJ *umg* blau (*betrunken*)

SP ABK starting price

sp. ABK 1 special spez. 2 species 3 specific spezif. 4 specimen

s.p. ABK JUR sine prole, without issue ohne Nachkommen *pl*

spa [spɑː] S 1 Mineralquelle *f* 2 Badekurort *m*, Bad *n*: **~ concert** Kurkonzert *n*; **~ garden** Kurpark *m*

space [speɪs] A S 1 a MATH, PHIL Raum *m* (*Ggs Zeit*): **disappear into ~** sich in Luft auflösen; **stare into (vacant) ~** ins Leere starren b *bes Fußball*: **a pass into ~** ein Pass in den freien Raum; **run into ~** sich freilaufen; **make the ~ for** (*Handball*) *j-n* freisperren 2 (Welt)Raum *m*, Weltall *n* 3 Raum *m*, Platz *m*: **require** (*od* **take up**) **a lot of ~**; **for ~ reasons** aus Platzgründen 4 a (Zwischen)Raum *m*, Stelle *f*, Lücke *f* b Leerzeile *f* 5 FLUG, BAHN *etc* Platz *m* 6 Zwischenraum *m*, Abstand *m*; TYPO, COMPUT Leerschlag *m*, Leerzeichen *n*: **keep some ~ between ... and** Abstand halten zwischen ... (*dat*) u 7 Zeitraum *m*: **a ~ of three hours**; **in the ~ of a month** innerhalb e-s Monats; **in the ~ of minutes** in wenigen Minuten, in Minutenschnelle; **after a ~** nach e-r Weile; **for a ~** e-e Zeitlang 8 TYPO Spatium *n*, Ausschluss (-stück) *m(n)* 9 *Telegrafie*: Abstand *m*, Pause *f* 10 *US* a Raum *m* für Reklame (*in Zeitschriften etc*) b Anzeigenformat *n* c RADIO, TV (Werbe)Zeit *f* B V/T 1 räumlich *od* zeitlich einteilen: **~d out over ten years** auf 10 Jahre verteilt 2 in Zwischenräumen anordnen: **~ the chairs two feet apart** die Stühle im Abstand von zwei Fuß aufstellen 3 *meist* **~ out** TYPO a ausschließen b weit(läufig) setzen, sperren 4 *a.* **~ out** gesperrt schreiben (*auf der Schreibmaschine*)

space| age S (Welt)Raumzeitalter *n*; **~band** S TYPO (Spatien)Keil *m*; **~ bar** S Leertaste *f* (*e-r Schreibmaschine*); **~-based** ADJ MIL weltraumgestützt; **~borne** ADJ 1 Weltraum...: **~ satellite** 2 über Satellit, Satelliten....: **~ television**; **~ capsule** S Raumkapsel *f*; **~ carrier** S Raumtransporter *m*; **~ character** S COMPUT Zwischenraumzeichen *n*; **~ charge** S ELEK Raumladung *f*; **~craft** S *irr* (Welt)Raumfahrzeug *n*

spaced ADJ *sl* 1 *a.* **~ out** high (*unter Drogenein-*

fluss) 2 → spacey

space| debris S Weltraummüll *m*; **~ defence**, *US* **~ defense** S MIL Weltraumverteidigung *f*; **~ flight** S a (Welt)Raumflug *m* b Raumfahrt *f*; **~ heater** S Raumheizkörper *m*; **~ key** → space bar; **~lab** S Raumlabor *n*; **~ lattice** S PHYS Raumgitter *n*; **~man** [-mæn; -mən] S *irr* 1 (Welt)Raumfahrer *m*, Astronaut *m* 2 Außerirdische(r) *m*; **~ medicine** S Raumfahrtmedizin *f*; **~ odyssey** S Weltraumodyssee *f*; **~ opera** S FILM, TV Weltraumoper *f umg*; **~ platform** → space station; **~port** S Raumfahrtzentrum *n*; **~ probe** S Raumsonde *f*; **~ program(me)** S Raumfahrtprogramm *n*

spacer ['speɪsə(r)] S TECH Abstands-, Distanzstück *n*

space| race S Wettlauf *m* um die Eroberung des Weltraums; **~ research** S (Welt)Raumforschung *f*; **~-saving** A ADJ Raum sparend *od* platzsparend B S Platzersparnis *f*; **~ship** S Raumschiff *n*; **~ shuttle** S Spaceshuttle *m*, Raumfähre *f*; **~ station** S (Welt)Raumstation *f*; **~ sickness** S MED Weltraumkrankheit *f*; **~suit** S Raumanzug *m*; **~ technology** S Raumfahrt-, Raumflugtechnik *f*; **~-time** S *a.* **~ continuum** PHYS Raum-Zeit-Welt *f*; **~ travel** S (Welt)Raumfahrt *f*; **~ travel(l)er** S (Welt)-Raumfahrer(in); **~ vehicle** S (Welt)Raumfahrzeug *n*; **~walk** A S Weltraumspaziergang *m*, Spaziergang im All B V/I sich frei im Weltraum bewegen, e-n Weltraumspaziergang machen; **~ weapons** SPL MIL Weltraumwaffen *pl*; **~woman** S *irr* 1 (Welt)Raumfahrerin *f*, Astronautin *f* 2 Außerirdische *f*; **~ writer** S *(Zeitungs- etc)Schreiber(in), der/die nach dem Umfang s-s/ihres Beitrags bezahlt wird*

spacey ['speɪsɪ] ADJ *sl* 1 benommen 2 a verträumt b (geistig) weggetreten

spacial → spatial

spacing ['speɪsɪŋ] S 1 Einteilen *n (in Abständen)* 2 *(a. zeitlicher)* Abstand 3 TYPO *etc* a Sperren *n* b Zwischenraum *m*, Zeilenabstand *m*: **single/double ~** einzeiliger/zweizeiliger Zeilenabstand

spacious ['speɪʃəs] ADJ (ADV **~ly**) 1 geräumig, weit, ausgedehnt 2 *fig* weit, umfangreich, umfassend; **spaciousness** S 1 Geräumigkeit *f* 2 *fig* Weite *f*, Umfang *m*, Ausmaß *n*

spacy → spacey

spade[1] [speɪd] A S 1 Spaten *m*: **call a ~ a ~** *fig* das Kind beim (rechten) Namen nennen; **dig the first ~** den ersten Spatenstich tun 2 MIL Lafettensporn *m* B V/T 1 *a.* **~ up** umgraben 2 den Speck von *e-m Wal* abschälen C V/I graben, mit dem Spaten arbeiten

spade[2] [speɪd] S 1 *Kartenspiel*: a Pik(karte) *n(f)*, Grün *n* b *pl (a. als sg konstruiert)* Pik *n*, Grün *n*: **~s is trump**; **queen of ~s** Pikdame *f*; **in ~s** *US umg* im höchsten Grade; unverblümt; **he's a hypocrite, in ~s** er ist ein Erzheuchler; **tell sb what one thinks of them, in ~s** j-m unverblümt sagen, was man von ihm hält 2 *US sl pej* Nigger *m*

spadeful [-fʊl] S *(ein)* Spaten *m* (voll)

spadework S (mühevolle) Vorarbeit: **do the ~** SPORT die Vorarbeit leisten

spadiceous [speɪ'dɪʃəs] ADJ 1 rötlich braun 2 BOT kolbig

spadix ['speɪdɪks] *pl* **-dices** [-'daɪsiːz; 'speɪdɪ-] S BOT (Blüten)Kolben *m*

spado ['speɪdəʊ] *pl* **-dones** [-'dəʊniːz] S 1 JUR Impotente(r) *m* 2 a Kastrat *m* b kastriertes Tier

spae [speɪ] V/T *schott die Zukunft* voraussagen

spaetzle ['ʃpetslə; -liː] SPL *(als sg konstruiert)* GASTR *US* Spätzle *pl*

spaghetti [spə'getɪ] SPL *(als sg konstruiert)* Spaghetti *pl*: **~ of cables** Kabelgewirr *n*; **~ western** S Italowestern *m*

Spain [speɪn] S Spanien *n*

spake [speɪk] *obs prät von* speak

spall [spɔːl] A S *(Stein-, Erz)* Splitter *m* B V/T TECH *Erz* zerstückeln C V/I 1 zerbröckeln, absplittern 2 PHYS abspalten

spalpeen [spæl'piːn] S *Ir* 1 Wanderarbeiter(in) 2 Nichtsnutz *m*

Spam® [spæm] S Frühstücksfleisch *n*

spamming ['spæmɪŋ] S *Internet*: Überflutung *f* mit unerwünschter Werbung

span[1] [spæn] A S 1 Spanne *f*: a *gespreizte Hand* b *englisches Maß (= 9 inches)* 2 ARCH a Spannweite *f (e-s Bogens)* b Stützweite *f (e-r Brücke)* c *(einzelner)* (Brücken)Bogen 3 FLUG Spannweite *f* 4 SCHIFF Spann *n*, Haltetau *n*, -kette *f* 5 *fig* Spanne *f*, Umfang *m* 6 *bes* MED, PSYCH *(Gedächtnis-, Seh- etc)* Spanne *f* 7 Zeitspanne *f* 8 Lebensspanne *f*, -zeit *f*: **be past the** (*od* **one's**) **allotted ~** über 70 sein B V/T 1 abmessen 2 umspannen 3 sich erstrecken über *(akk) (a. fig)*, überspannen 4 überbrücken 5 *fig* überspannen, umfassen

span[2] [spæn] S Gespann *n*

span[3] [spæn] *obs prät von* spin

Span. ABK Spanish span.

spancel ['spænsl] A S Fußfessel *f (für Tiere)* B V/T *prät u. pperf* **-celed**, *bes Br* **-celled** mit e-m Strick fesseln

spandrel ['spændrəl] S 1 ARCH Spandrille *f*, *(Gewölbe-, Bogen)* Zwickel *m* 2 TECH Hohlkehle *f*

spangle ['spæŋgl] A S 1 Flitter(plättchen) *m(n)*, Paillette *f*, Glitzerschmuck *m* 2 BOT Gallapfel *m* B V/T 1 mit Flitter besetzen 2 *fig* schmücken, übersäen *(beide:* **with** mit): **the ~d heavens** *pl* der gestirnte Himmel; **spangly** [-glɪ] ADJ glitzernd, Flitter…

Spaniard ['spænjə(r)d] S Spanier(in)

spaniel ['spænjəl] S 1 ZOOL Spaniel *m*, Wachtelhund *m* 2 *fig pej* Kriecher(in)

Spanish ['spænɪʃ] A ADJ spanisch: **she's ~** sie ist Spanierin; **War of the ~ Succession** HIST *(der)* Spanische Erbfolgekrieg B S 1 KOLL *(die)* Spanier *pl* 2 LING Spanisch *n*, das Spanische; **~-American** A ADJ spanisch-amerikanisch B S 1 spanischsprachige(r) Lateinamerikaner(in) 2 spanischstämmige(r) Amerikaner(in); **~ fly** S ZOOL Spanische Fliege; **~ Main** S 1 HIST *die an das Karibische Meer angrenzende Nordostküste Südamerikas zwischen dem Orinoko u. dem Isthmus von Panama* 2 Karibisches Meer; **~ omelet(te)** S GASTR *Omelett mit Erbsen, Zwiebeln, Knoblauch u. Paprika*; **~ paprika** S BOT Spanischer Pfeffer, Paprika *m*

spank [spæŋk] *umg* A V/T *j-m* den Hintern versohlen *umg* B V/I *a.* **~ along** (dahin)flitzen C S Schlag *m*, Klaps *m*; **spanker** S 1 *umg* Renner *m (schnelles Pferd)* 2 *umg* a Prachtexemplar *n* b Prachtkerl *m* 3 SCHIFF Besan *m*; **spanking** *umg* A ADJ (ADV **~ly**) 1 schnell, flink 2 scharf, flott *(Tempo)*, stark, steif *(Brise)* 3 prächtig, mächtig, toll B ADV **~ clean** blitzsauber; **~ new** funkelnagelneu C S Haue *f*, Schläge *pl*: **give** *sb* **a ~** → A 1

spanner ['spænə(r)] S 1 TECH Schraubenschlüssel *m*: **throw a ~ in(to) the works** *Br umg* Sand ins Getriebe streuen 2 TECH Querverstrebung *f*

spar[1] [spɑː(r)] S MINER Spat *m*

spar[2] [spɑː(r)] A S 1 SCHIFF Rundholz *n*, Spiere *f* 2 FLUG Holm *m* B V/T SCHIFF mit Spieren versehen

spar[3] [spɑː(r)] A V/I 1 *Boxen*: sparren (**with** mit) 2 (mit Sporen) kämpfen *(Hähne)* 3 sich streiten, sich ein Wortgefecht liefern *(beide:* **with** mit) B S 1 *Boxen*: Sparringskampf *m* 2 *fig* Wortgefecht *n*, -geplänkel *n*

spare [speə(r)] A V/T 1 *j-n od etwas* verschonen, *e-n Gegner, j-s Gefühle, j-s Leben* schonen: **(not) ~ o.s.** sich (nicht) schonen; **~ his blushes** bring ihn doch nicht in Verlegenheit! 2 sparsam *od* schonend umgehen mit, schonen: **don't ~ the paint** spar nicht mit (der) Farbe; → effort 1, expense *Bes Redew*, pain A 3, rod 3 3 *j-m etwas* ersparen, *j-n* verschonen mit: **~ me the trouble** erspare mir die Mühe; **~ me these explanations** verschone mich mit diesen Erklärungen 4 *j-n* entbehren 5 *etwas* entbehren, erübrigen, übrig haben: **can you ~ me a cigarette (a moment)?** hast du e-e Zigarette (e-n Augenblick Zeit) für mich (übrig)?; **have no time to ~** keine Zeit (zu verlieren) haben; → enough B B V/I sparsam leben C ADJ 1 Ersatz…, Reserve…: **~ tire** *(bes Br* **tyre)** a Reserve-, Ersatzreifen *m* b *Br umg hum* Rettungsring *m (Fettwulst um die Hüfte)*; **~ part** → D 1; **~-part surgery** MED Ersatzteilchirurgie *f*; **~ wheel** Reserve-, Ersatzrad *n*; *you can have my biro,* **I've got a ~ one** ich hab noch e-n 2 überflüssig, -schüssig, übrig: **do you have five ~ minutes?** haben Sie fünf Minuten Zeit (übrig)?; **~ moment** freier Augenblick; **~ room** Gästezimmer *n*; **~ time** (*od* **hours** *pl*) Freizeit *f*; **~-time activities** *pl* Freizeitgestaltung *f* 3 sparsam, kärglich 4 sparsam *(Person)* 5 mager *(Person)* 6 *Br sl* **drive sb ~** a j-n auf die Palme bringen b j-n verrückt machen (**with** mit); **go ~** auf die Palme gehen D S 1 TECH Ersatzteil *n/m* 2 Reserve-, Ersatzreifen *m* 3 *Bowling*: Spare *m (Abräumen mit 2 Würfen)*; **spareness** S 1 Magerkeit *f* 2 Kärglichkeit *f*

spareribs SPL GASTR Spareribs *pl (gegrillte Rippenstücke vom Schwein mit sehr wenig Fleisch)*

sparger ['spɑː(r)dʒə(r)] S TECH 1 (Wasser)Sprenggerät *n* 2 *Brauerei*: Anschwänzapparat

sparing ['speərɪŋ] ADJ (ADV **~ly**) 1 **be ~ in** (*od* **of, with**), **use ~ly** sparsam umgehen mit, geizen mit *(beide a. fig)*: **be ~ in giving praise** mit Lob geizen 2 → spare C 3 3 gnädig, nachsichtig; **sparingness** S 1 Sparsamkeit *f* 2 Kärglichkeit *f* 3 Nachsicht *f*

spark[1] [spɑː(r)k] A S 1 Funke(n) *m (a. fig)*: *whenever they met* **the ~s flew** flogen die Fetzen 2 *fig* Funke(n) *m*, Spur *f* (**of** [von] *Intelligenz, Leben etc*): **~ of hope** Hoffnungsfunke 3 funkelnder Gegenstand, *bes* Diamant *m* 4 ELEK a (elektrischer) Funke b Entladung *f* c (Licht)Bogen *m* 5 AUTO (Zünd)Funke *m*: **advance (retard) the ~** die Zündung vorstellen (zurückstellen) 6 RADIO a → spark transmitter b → spark transmission 7 → sparks B V/I 1 Funken sprühen 2 funkeln 3 TECH zünden C V/T **~ off** *fig etwas* auslösen

spark[2] [spɑː(r)k] A S 1 flotter (junger) Mann 2 **bright ~** *Br iron* Intelligenzbestie *f* B V/T *j-m* den Hof machen

spark| arrester S ELEK Funkenfänger *m*, -ableiter *m*; **~ chamber** S PHYS Funkenkammer *f*; **~ coil** S AUTO Zündspule *f*; **~ discharge** S ELEK Funkenentladung *f*, -überschlag *m*; **~ erosion** S TECH Funkenerosion *f*; **~ gap** S ELEK Funkenstrecke *f*

sparking ELEK, TECH A S Funkenbildung *f* B ADJ Funken bildend; **~ plug** S AUTO *Br* Zündkerze *f*

sparkle ['spɑː(r)kl] A V/I 1 funkeln *(a. fig)*: **her eyes ~d with anger** ihre Augen blitzten vor Zorn; **their conversation ~d with wit** ihre Unterhaltung sprühte vor Witz 2 *fig* a funkeln, sprühen *(Witz, Geist)* b brillieren, glänzen *(Person)* 3 Funken sprühen 4 perlen, schäumen, moussieren *(Wein)* **B** VIT *Licht* sprühen **C** S **1** Funkeln *n*, Glanz *m* **2** Funke(n) *m* **3** Brillanz *f*; **sparkler** [-klə(r)] S **1** *(etwas)* Funkelndes **2** *sl* Diamant *m* **3** Wunderkerze *f (Feuerwerk)* **4** funkelnder Geist *(Person)*; **sparklet** [-lɪt] S **1** Fünkchen *n (a. fig)* **2** glitzernder Stein *(an Gewändern)*; **sparkling** [-klɪŋ] ADJ (ADV ~ly) **1** funkelnd, sprühend *(beide a. fig Witz etc)* **2** *fig* Geist sprühend, spritzig *(Person, a. Dialog etc)* **3** schäumend, moussierend: **~ wine** **a** Schaumwein *m* **b** Sekt *m*; **~ water** Sprudel *m*

spark|over S ELEK Überschlag *m (e-s Funkens)*; **~ plug** S **1** AUTO Zündkerze *f* **2** *US umg* Motor *m*, treibende Kraft *(Person)*

sparks [spɑː(r)ks] *pl* sparks S *umg* **1** Elektriker(in) **2** SCHIFF Funker(in)

spark| transmission S RADIO *hist* Übertragung *f* mittels Funkensender; **~ transmitter** S RADIO *hist* Funkensender *m*

sparring ['spɑːrɪŋ] S **1** *Boxen:* Sparring *n*: **~ partner** Sparringspartner(in) **2** → spar³ B 2

sparrow ['spærəʊ] S ORN Spatz *m*, Sperling *m*; **~grass** S *umg* Spargel *m*; **~ hawk** S ORN Sperber *m*

sparry ['spɑːrɪ] ADJ MINER spatig

sparse [spɑː(r)s] ADJ (ADV ~ly) spärlich *(Besiedlung)*, *(Haar a.)* dünn, schütter: **~ly populated** spärlich *od* dünn besiedelt; **sparseness**, **sparsity** S Spärlichkeit *f*

Spartan ['spɑː(r)tən] *Antike:* **A** ADJ *fig meist* ♀ spartanisch **B** S Spartaner(in)

sparteine ['spɑː(r)tɪiːn; -tɪɪn] S CHEM Spartein *n*

spasm ['spæzəm] S **1** MED Spasmus *m*, Krampf *m*: **go into ~** krampfen, Krämpfe bekommen **2** Anfall *m*: **~ of coughing** Hustenanfall; **spasmodic** [spæz'mɒdɪk; *US* -'mɑd-] ADJ (ADV ~ally) **1** MED spasmodisch, krampfhaft, -artig **2** sporadisch; **spasmolytic** [ˌspæzmə'lɪtɪk] ADJ MED krampflösend

spastic ['spæstɪk] MED **A** ADJ (ADV ~ally) spastisch *(a. fig sl pej)*, Krampf...: **~ paralysis** spastische Lähmung **B** S Spastiker(in) *(a. fig sl pej)*

spat¹ [spæt] ZOOL **A** S **1** Muschel-, Austernlaich *m* **2** **a** *koll* junge Schaltiere *pl* **b** junge Auster *od* Muschel **B** VII laichen

spat² [spæt] S Gamasche *f*

spat³ [spæt] *umg* **A** S **1** Klaps *m* **2** *US* Kabbelei *f* **B** VII *US* sich kabbeln **C** VIT *j-m* e-n Klaps geben

spat⁴ [spæt] *prät u. pperf von* spit¹

spatchcock ['spætʃkɒk; *US* -ˌkɑk] **A** S *zum Grillen zubereitetes Huhn etc* **B** VIT *umg Wörter etc* einflicken (**into** in *akk*)

spate [speɪt] S **1** *bes Br* Überschwemmung *f*, Hochwasser *n*: **be in ~** Hochwasser führen **2** *fig (Wort-)* Schwall *m*, Flut *f*

spathe [speɪð] S Blütenscheide *f*

spatial ['speɪʃl] ADJ (ADV ~ly) räumlich, Raum...: **~ ability** räumliches Vorstellungsvermögen; **~ dimension** räumliche Dimension; **spatiality** [-ʃɪ'ælətɪ] S räumlicher Charakter

spatiotemporal [ˌspeɪʃɪəʊ'tempərəl] ADJ Raum-Zeit-...

spatter ['spætə(r)] **A** VIT **1** bespritzen (**with** mit) **2** (ver)spritzen **3** *fig* **a** *Verleumdungen* ausstreuen **b** *j-s Namen* besudeln **c** *j-n* mit Dreck bewerfen *fig* **B** VII **1** spritzen **2** (nieder)prasseln, klatschen *(beide:* **on** *auf akk)* **C** S **1** Spritzen *n* **2** Klatschen *n*, Prasseln *n* **3** Spritzer *m*, Spritzfleck *m*; **~dash** S Gamasche *f*; **~dock** S BOT *(e-e)* Teichrose

spatula ['spætjʊlə; *US* -tʃələ] S **1** MED, TECH Spa(ch)tel *m/f* **2** *US* Bratenwender *m* **3** MED *Br (bes Zungen)* Spatel *m/f*; **spatulate** [-lət] ADJ spa(ch)telförmig

spavin ['spævɪn] S VET Spat *m (e-e Pferdekrankheit)*; **spavined** ADJ spatig

spawn [spɔːn] **A** S **1** FISCH Laich *m* **2** BOT Myzel(fäden) *n(pl)* **3** *fig pej* Brut *f*, Gezücht *n* **B** VII **1** FISCH laichen **2** *fig pej* **a** sich wie Kaninchen vermehren **b** wie Pilze aus dem Boden schießen **C** VIT **1** FISCH *den Laich* ablegen **2** *pej* massenweise *Kinder* in die Welt setzen **3** *fig* ausbrüten, hervorbringen; **spawner** S Rog(e)ner *m*, Fischweibchen *n* zur Laichzeit; **spawning** **A** S Laichen *n* **B** ADJ **1** laichend **2** Laich...: **~ time** **3** *fig* sich stark vermehrend: **the ~ slums**

spay [speɪ] VIT VET *e-e Hündin, Katze* sterilisieren

SPCK ABK Society for Promoting Christian Knowledge

speak [spiːk] *prät* spoke [spəʊk], *obs* spake [speɪk], *pperf* spoken ['spəʊkən], *obs* spoke **A** VII **1** reden, sprechen *(beide:* **to** *mit;* **about** *über akk)*: **~ to sb** *a.* j-n ansprechen (**about** auf *akk*); **they are not ~ing to each other** sie sprechen zurzeit nicht miteinander; **he was ~ing loud enough for everybody to hear** er sprach so laut, dass es jeder hören konnte; **the portrait ~s** *fig* das Porträt ist sprechend ähnlich; **so to ~** sozusagen; **~ in tongues** BIBEL, REL in Zungen reden; → speak of, speak to, speaking A **2** (öffentlich) reden, sprechen *(beide:* **on** über *akk)* **3** miteinander sprechen **4** ertönen *(Trompete etc)* **5** *bes Br* anschlagen, Laut geben *(Hund)* **B** VIT **1** sprechen, sagen: → volume 1 **2** aussprechen, sagen, äußern: **~ the truth** die Wahrheit sagen; → mind A 4 **3** feststellen, sagen *(in Schriftstücken etc)* **4** verkünden *(Trompete etc)* **5** *e-e Sprache* sprechen, können **6** *fig e-e Eigenschaft etc* verraten **7** *obs* (an)zeigen: **his conduct ~s him generous** sein Verhalten zeigt s-e Großzügigkeit **8** SCHIFF *ein Schiff* ansprechen *(durch Signale)*

Phrasal Verbs: **speak| for** VII **1** sprechen *od* eintreten für: **~ o.s.** **a** selbst sprechen **b** s-e eigene Meinung äußern; **~ yourself!** das meinst aber auch nur du!; **speaking for myself** was mich anbelangt; **that speaks for itself** das spricht für sich selbst; **that speaks (well) for him** das spricht für ihn *od* zu s-n Gunsten **2** zeugen von **3** **be spoken for** *umg* schon vergeben sein *(Sache)*, *(Person a.)* in festen Händen sein; **~ of** VII **1** sprechen von *od* über *(akk)*: **this is nothing to ~** das ist nicht der Rede wert *od* nichts Erwähnenswertes; **not to ~** *(Redew)* ganz zu schweigen von; → devil A 1 **2** *etwas* verraten, zeugen von; **~ out** **A** VII **1** → speak up **2** **~ against** **a** sich (klar u. deutlich) aussprechen gegen **b** *Gerüchten etc* entgegentreten; **~ on** sich äußern zu, s-e Meinung sagen zu **B** VIT aussprechen; **~ to** VII **1** → speak A 1 **2** bestätigen, bezeugen **3** zu sprechen kommen auf *(akk)*; **~ up** VII **1** laut u. deutlich sprechen: **~ (sprich) lauter!** (→ 2) **2** kein Blatt vor den Mund nehmen: **~** heraus mit der Sprache! (→ 1) **3** sich einsetzen (**for** für)

speakeasy S HIST *US Lokal, in dem (bes während der Prohibition) illegal Alkohol ausgeschenkt wurde*

speaker S **1** Sprecher(in), Redner(in) **2** ♀ PARL Speaker *m*: **a** *Br Präsident(in) des Unterod Oberhauses* **b** *US Präsident(in) des Kongresses*: **Mr ♀** Herr Präsident; **catch the ♀'s eye** das Wort erhalten **3** **a ~ of English, an English ~** j-d, der Englisch spricht *od* kann: **he's a ~ of English** er spricht *od* kann Englisch **4** *US* Vortragsbuch *n* **5** ELEK Lautsprecher *m*; **speakership** S PARL Amt *n* des Speakers

speaking **A** ADJ (ADV ~ly) **1** sprechend, redend: **~!** TEL am Apparat!; **Brown ~!** TEL (hier) Brown!; **the English-~ countries** die englischsprachigen *od* Englisch sprechenden Länder; **~ acquaintance** flüchtige(r) Bekannte(r); **have a ~ knowledge of** *e-e Sprache* (nur) sprechen können; → term A 10 **2** *(adverbial)* gesprochen: **legally ~** juristisch betrachtet; → generally 1, etc **3** *fig* sprechend *(Ähnlichkeit)* **4** Sprech..., Sprach...: **~ voice** Sprechstimme *f* **5** Vortrags...: **~ tour** **B** S Sprechen *n*, Reden *n*: **~ in tongues** BIBEL, REL Zungenreden; **~ choir** S Sprechchor *m*; **~ clock** S TEL *Br* Zeitansage *f*; **~ trumpet** S Sprachtrichter *m*, -rohr *n*; **~ tube** S **1** Sprechverbindung *f* zwischen zwei Räumen *etc* **2** → speaking trumpet

spear¹ [spɪə(r)] **A** S **1** **a** (Wurf)Speer *m* **b** Lanze *f*, Spieß *m*: **~ side** männliche Linie *(e-r Familie)* **2** → spearman **B** VIT durchbohren, aufspießen *(beide:* **with** mit*)*

spear² [spɪə(r)] BOT **A** S Gras-, Getreidehalm *m*, Spross *m* **B** VII (auf)sprießen

spear| carrier S **1** THEAT *etc* Statist(in) **2** Handlanger(in); **~fish** **A** S FISCH Speerfisch *m* **B** VII mit dem Speer (unter Wasser) fischen; **~ gun** S Harpunenbüchse *f*; **~ grass** S BOT **1** Straußgras *n* **2** Gemeine Quecke **3** Spartgras *n*; **~head** **A** S **1** Speer-, Lanzenspitze *f* **2** **a** MIL Angriffsspitze *f*, Stoßkeil *m* **b** SPORT (Sturm-, Angriffs)Spitze *f* **3** *fig* **a** Anführer(in), Vorkämpfer(in) **b** Speerspitze *f* **B** VIT **1** MIL die Angriffsspitze *(gen)* bilden **2** *fig* die Spitze *(gen)* bilden, an der Spitze *(gen)* stehen, anführen; **~man** [-mən] S *irr* Speerträger *m*; **~mint** S BOT Grüne Minze

spec [spek] S: **on ~** *umg* auf gut Glück, auf Verdacht

spec. ABK **1** special(ly) spez., bes **2** speculation

special ['speʃl] **A** ADJ (ADV → specially) **1** speziell, (ganz) besonder(er, e, es): **~ ability**; **his ~ charm**; **my ~ friend**; **is there any ~ reason for it?** gibt es dafür e-n besonderen Grund? **2** speziell, Spezial..., Fach...: **~ knowledge** Fachkenntnisse *pl*, -wissen *n*: **this is too ~** das ist zu speziell **3** **a** Sonder...: **~ case (court, permission, tax, train,** *etc*); **~ character** COMPUT Sonderzeichen *n*; **~ marker** SPORT Sonderbewacher(in); **~ waste** Sondermüll *m* **b** Extra..., Ausnahme...: **~ constable** → B a; **~ correspondent** → B e; **~ edition** → B c **4** speziell, bestimmt: **on ~ days** an bestimmten Tagen **B** S *(j-d od etwas)* Besonderes, *bes* **a** Hilfspolizist(in) **b** Sonderzug *m* **c** Sonderausgabe *f*, Extrablatt *n* **d** Sonderprüfung *f* **e** Sonderberichterstatter(in) **f** RADIO, TV Special *n*, Sondersendung *f* **g** WIRTSCH *US* Sonderangebot *n*: **on ~** im Angebot **h** *US* Tagesgericht *n (im Restaurant)*

special| agent S **1** WIRTSCH, JUR Sonderbevollmächtigte(r) *m/f(m)* **2** *US* FBI-Agent(in); **~ area** S *Br* Notstandsgebiet *n*; **~ bargain** S WIRTSCH Sonderangebot *n*; **♀ Branch** S *Br* Staatssicherheitspolizei *f*; **~ contract** → specialty 3; **~ delivery** *Postwesen:* **A** S Eilzustellung *f* **B** ADV durch Eilboten: **send a letter ~**; **~-delivery** ADJ *Postwesen:* Eil...: **~ letter**; **~ dividend** S WIRTSCH Extradividende *f*; **~ drawing rights** SPL WIRTSCH Sonderziehungsrechte *pl (auf den Internationalen Währungsfonds)*; **~ effects** SPL FILM, TV Spezialeffekte *pl*; **~ endorsement** S WIRTSCH Vollgiro *n*

specialist ['speʃəlɪst] **A** S **1** Spezialist(in): **a** Fachmann *m*, -frau *f* **b** MED Facharzt *m*, -ärztin *f (beide:* **in** für*)* **2** WIRTSCH *US Jobber, der sich auf e-e bestimmte Kategorie von Wertpapieren beschränkt* **B** ADJ speziell, Spezial..., Fach...: **~ knowledge** Fachkenntnisse *pl*, -wissen *n*; **specialistic** → specialist B; **speciality** [-ʃɪ'ælətɪ] S *bes Br* **1** Besonderheit *f* **2** **a**

S

besonderer Punkt b pl Einzelheiten pl 3 besonderes Merkmal 4 Spezialität f (a. WIRTSCH), SPORT Spezialdisziplin f 5 → specialty 1, 2, 3; **specialization** [-ʃəlaɪˈzeɪʃn; US -ləˈz-] S Spezialisierung f; **specialize** A V/I 1 sich spezialisieren (**in** auf akk) 2 BIOL sich besonders entwickeln (Organe) B V/T 1 spezialisieren: **~d** → specialist B 2 näher bezeichnen 3 BIOL Organe besonders entwickeln
special| jury S JUR (aus sozial u. wirtschaftlich höheren Berufsklassen) besonders zusammengesetzte Geschworene pl; **~ licence** S Br (vom Erzbischof von Canterbury erteilte) Sondergenehmigung zur Eheschließung
specially [ˈspeʃəlɪ] ADV 1 im Besonderen, besonders 2 eigens, ausdrücklich, extra
special| pleading S JUR a Sonderschriftsatz m (der sich speziell mit dem Tatbestand befasst) b Vorbringen n von Nebenmaterial; **~ school** S Sonderschule f
specialty [ˈspeʃltɪ] S bes US 1 Spezialfach n, -gebiet n 2 WIRTSCH a Spezialartikel m, Spezialität f b Neuheit f 3 JUR a formgebundener Vertrag b besiegelte Urkunde 4 → speciality 2 a, 3, 4
special verdict S JUR Feststellung f des Tatbestandes
specie [ˈspiːʃiː; US a. -siː] S 1 Hartgeld n, Münze f 2 Bargeld n: **~ payments** pl Barzahlung f; **in ~** a in bar b in natura; **return sth in ~** fig etwas in od mit gleicher Münze heimzahlen
species [ˈspiːʃiːz; US a. -siːz] pl -cies S 1 Art f, Sorte f 2 BIOL Spezies f, Art f: **the** (od **our**) **~** die Menschheit 3 Logik: Art f, Klasse f 4 Vorstellung f, Bild n 5 REL (sichtbare) Gestalt (von Brot u. Wein) (beim Abendmahl)
specif. ABK 1 specific spez.; spezif.; best. 2 specifically bes, spez.
specific [spɪˈsɪfɪk] A ADJ (ADV **~ally**) 1 spezifisch, speziell, bestimmt(er, e, es): **a ~ function** 2 definitiv, präzis(e) (Aussage etc): **~ figures** konkrete Zahlen; **he should be more ~ about it** er sollte sich präziser ausdrücken od nähere Angaben darüber machen 3 eigen (-tümlich) (**to** dat): **a style ~ to that school** 4 typisch, besonder(er, e, es) 5 wesentlich 6 BIOL Art...: **~ name** 7 MED a spezifisch (wirkend): **~ remedy** (od **medicine**) → B 1 b spezifisch (Krankheit) 8 PHYS a spezifisch (Energie) b Einheits... B S 1 MED spezifisches Heilmittel, Spezifikum n 2 pl Details pl, Einzelheiten pl
specification [ˌspesɪfɪˈkeɪʃn] S 1 Spezifizierung f, Spezifikation f 2 genaue Aufzählung, Spezifikation f 3 pl Einzelangaben pl od -vorschriften pl, bes a ARCH Baubeschrieb m b technische Beschreibung 4 JUR Patentbeschreibung f, -schrift f 5 JUR Spezifikation f (Eigentumserwerb durch Verarbeitung)
specific| character S BIOL Artmerkmal n; **~ duty** S WIRTSCH spezifischer Zoll; **~ gravity** S PHYS spezifisches Gewicht, Wichte f; **~ performance** S JUR effektive Vertragserfüllung
specify [ˈspesɪfaɪ] A V/T 1 (einzeln) angeben od aufführen od (be)nennen, spezifizieren 2 (in e-r Aufstellung) besonders anführen 3 bestimmen, (im Einzelnen) festsetzen: **specified period of time** bestimmter Zeitabschnitt B V/I genaue Angaben machen
specimen [ˈspesɪmɪn] S 1 Exemplar n: **a fine ~** 2 Muster n (a. TYPO), Probe(stück) f(n), TECH a. Prüfstück n: **a ~ of sb's handwriting** e-e Handschriftenprobe (von j-m) 3 Probe f, Beispiel n (beide: **of** gen): **~ signature** Unterschriftsprobe 4 umg pej a Muster n (**of** an dat, von) b Typ m; **~ copy** S TYPO Probeexemplar n; **~ page** S TYPO Probeseite f
specious [ˈspiːʃəs] ADJ (ADV **~ly**) bestechend, (äußerlich) blendend, trügerisch: **~ argument** Scheinargument n; **~ prosperity** scheinbarer Wohlstand; **speciousness** S 1 (das) Bestechende 2 trügerischer Schein
speck [spek] A S 1 Fleck(en) m, Fleckchen n 2 Stückchen n, (das) bisschen: **a ~ of dust** ein Stäubchen 3 faule Stelle (im Obst) 4 Pünktchen n: **he was just a ~ on the horizon** er war nur noch als Punkt am Horizont zu erkennen B V/T sprenkeln, tüpfeln
speckle [ˈspekl] A S Fleck(en) m, Sprenkel m, Tupfen m, Punkt m B V/T → speck B; **speckled** ADJ 1 gefleckt, gesprenkelt, getüpfelt 2 (bunt)scheckig
speckless ADJ (ADV **~ly**) fleckenlos, sauber, rein (alle a. fig)
specs [speks] SPL umg 1 → specification 3 2 → spectacle A 4
spectacle [ˈspektəkl; US -tɪkəl] A S 1 Spektakel n 2 **make a ~ of o.s.** a sich lächerlich machen b unangenehm auffallen 3 a Anblick m b Schauspiel n 4 pl, a. **pair of ~s** Brille f; → wear[1] A 1 B ADJ Brillen...: **~ frame** Brillenfassung f, -gestell n; **~ wearer** Brillenträger(in); **spectacled** ADJ 1 bebrillt, brillentragend, ... mit Brille 2 ZOOL Brillen...: **~ bear**; **~ cobra** Brillenschlange f
spectacular [spekˈtækjʊlə(r)] A ADJ (ADV **~ly**) spektakulär, aufsehenerregend B S 1 Spektakel n 2 bes US große (Fernseh)Schau, Galarevue f
spectate [spekˈteɪt; bes US ˈspekteɪt] V/I: **~ at** e-r Veranstaltung etc beiwohnen
spectator [spekˈteɪtə(r); US bes ˈspekˌteɪ-] S Zuschauer(in): **~ sport** Zuschauersport m
specter, bes Br **spectre** [ˈspektə(r)] S 1 Geist m, Gespenst n 2 fig a (Schreck)Gespenst n (**of** gen) b Hirngespinst n; **~ insect** S ZOOL Gespenstheuschrecke f; **~ lemur** S ZOOL Koboldmaki m
spectra [ˈspektrə] pl von spectrum
spectral [ˈspektrəl] ADJ (ADV **~ly**) 1 geisterhaft, gespenstisch 2 PHYS Spektral...: **~ analysis**; **~ colo(u)r** Spektral-, Regenbogenfarbe f; **~ region** Spektralbereich m
spectre bes Br für specter
spectrocolorimetry [ˈspektrəʊˌkʌləˈrɪmɪtrɪ] S PHYS Spektralfarbenmessung f
spectrogram [ˈspektrəʊgræm] S PHYS Spektrogramm n (Diagramm, aus dem die Intensität u. die Wellenlänge der Linien e-s Spektrums ersichtlich sind); **spectrograph** [-grɑːf; bes US -græf] S PHYS Spektrograf m (Spektralapparat mit eingebauter Kamera)
spectrology [spekˈtrɒlədʒɪ; US -ˈtrɑl-] S (Wissenschaft f der) Spektralanalyse f
spectrometer [spekˈtrɒmɪtə(r); US -ˈtrɑm-] S PHYS Spektrometer n (Gerät zur Ausmessung von Spektren); **spectrometric** [-trəʊˈmetrɪk; -trəˈm-] ADJ spektrometrisch
spectroscope [ˈspektrəskəʊp] S PHYS Spektroskop n (Spektralapparat zur visuellen Beobachtung des Spektrums); **spectroscopic** [-ˈskɒpɪk; US -ˈskɑ-] ADJ, **spectroscopical** ADJ (ADV **~ly**) spektroskopisch
spectrum [ˈspektrəm] pl -tra [-trə] S 1 PHYS Spektrum n: **~ analysis** Spektralanalyse f 2 PHYS (Funk[frequenz]) Spektrum n 3 OPT Nachbild n 4 fig Spektrum n, Skala f: **the whole ~ of fear**; **a wide ~ of opinion** ein breites Meinungsspektrum; **all across the ~** auf der ganzen Linie
specula [ˈspekjʊlə] pl von speculum; **specular** ADJ 1 spiegelnd, Spiegel...: **~ iron** MINER Eisenglanz m; **~ stone** MINER Marienglas n 2 MED Spekulum...
speculate [ˈspekjʊleɪt] A V/I 1 spekulieren, Spekulationen od Vermutungen anstellen (alle: **on, upon, about** über akk) 2 WIRTSCH spekulieren (**for** auf Baisse etc; **in** in Kupfer etc) B V/T vermuten (**that** dass); **speculation** S 1 Spekulieren n 2 Spekulation f: **mere** (od **pure**) **~** reine Spekulation; **there is ~ that ...** es gibt Spekulationen, dass ... 3 PHIL Spekulation f (hypothetischer, über die erfahrbare Wirklichkeit hinausgehender Gedankengang) 4 WIRTSCH Spekulation f
speculative [ˈspekjʊlətɪv; US a. -ˌleɪ-] ADJ (ADV **~ly**) 1 PHIL spekulativ 2 forschend, abwägend (Blick etc) 3 WIRTSCH spekulativ, Spekulations...
speculator [ˈspekjʊleɪtə(r)] S WIRTSCH Spekulant(in)
speculum [ˈspekjʊləm] pl -la [-lə] S 1 (Metall)Spiegel m (bes für Teleskope) 2 MED Spekulum n, Spiegel m 3 ZOOL Spiegel m (Fleck); **~ metal** S TECH Spiegelmetall n
sped [sped] prät u. pperf von speed
speech [spiːtʃ] A S 1 Sprache f, Sprechvermögen n: **recover one's ~** die Sprache wiedergewinnen 2 Reden n, Sprechen n: **he expresses himself better in ~ than in writing** er drückt sich mündlich besser aus als schriftlich; → figure A 8, silence A 1 3 Rede f, Äußerung f: **direct one's ~ to** das Wort richten an (akk) 4 Gespräch n: **have ~ with sb** mit j-m reden 5 Rede f, Ansprache f, Vortrag m, JUR Plädoyer n: **deliver** (od **give, make**) **a ~** e-e Rede halten; **~ from the throne** PARL Br Thronrede 6 a (Landes)Sprache f b Dialekt m 7 Sprech- od Ausdrucksweise f, Art f zu sprechen, Sprache f: **in common ~** in der Umgangssprache, landläufig B ADJ Sprach..., Sprech..., Rede...: **~ act** LING Sprechakt m; **~ area** LING Sprachraum m; **~ center** (bes Br **centre**) ANAT Sprechzentrum n; **~ clinic** MED logopädische Klinik; **~ community** LING a Sprachgemeinschaft f b Sprachgruppe f; **~ defect** (od **impediment**) Sprachfehler m; **~-impaired** MED sprachgestört; **~ input** IT Spracheingabe f; **~ melody** LING Sprachmelodie f, Intonation f; **~ organ** ANAT Sprechorgan n, -werkzeug n; **~ output** IT Sprachausgabe f; **~ reading** Lippenlesen n; **~ recognition** IT Spracherkennung f; **~ record** Sprechplatte f; **~ rhythm** LING Sprechrhythmus m; **~ sound** LING Sprachlaut m, Phonem n; **~ synthesizer** Sprachsynthesizer m; **~ therapist** MED Logopäde m, Logopädin f; **~ therapy** MED Logopädie f, Sprachheilkunde f; **~ day** S SCHULE Br (jährliches) Schulfest
speechification [ˌspiːtʃɪfɪˈkeɪʃn] S umg pej Redenschwingen n; **speechifier** [-faɪə(r)] S umg pej Redenschwinger(in); **speechify** [-faɪ] V/I umg pej Reden od e-e Rede schwingen
speechless ADJ (ADV **~ly**) 1 fig sprachlos (**with** vor dat): **the shock left her ~** der Schreck verschlug ihr die Rede od Sprache od Stimme 2 MED etc stumm 3 fig unsäglich (Leid etc); **speechlessness** S Sprachlosigkeit f
speech|maker S Redner(in); **~making** S: **be good at ~** ein(e) gute(r) Redner(in) sein
speed [spiːd] A S 1 Geschwindigkeit f, Tempo n, Schnelligkeit f: **at ~** mit hoher Geschwindigkeit; **at a ~ of** mit e-r Geschwindigkeit von; **at full ~** mit Höchstgeschwindigkeit; **my car does 100 mph at full ~** mein Wagen fährt 160, wenn ich ihn voll ausfahre; **full ~ ahead** (**astern**)! SCHIFF volle Kraft voraus (zurück)!; **he was running at full ~** er lief so schnell er konnte; **at the ~ of light** mit Lichtgeschwindigkeit; **at twice the ~ of sound** mit zweifacher Schallgeschwindigkeit; **~ of action** schnelles Handeln; **that's not my ~** US sl das ist nicht mein Fall 2 TECH a

S

Drehzahl *f* b AUTO *etc* Gang *m*: **three-~ bicycle** Fahrrad *n* mit Dreigangschaltung; **five-~ gear(box)** Fünfganggetriebe *n* 3 FOTO a Lichtempfindlichkeit *f* (*des Objektivs*) b Verschlussgeschwindigkeit *f*, Öffnung *f* 4 *obs* Glück *n*: **good ~!** viel Glück! 5 *sl* Speed *m* (*Aufputschmittel, z. B. Amphetamine*) B V/T *prät u. pperf* speeded, sped [sped] 1 (an)treiben 2 rasch befördern 3 *s-n Lauf etc* beschleunigen, *s-n Weg* schnell gehen *od* zurücklegen 4 *meist* **~ up** a *e-e Sache* beschleunigen, vorantreiben, *die Produktion* erhöhen b *e-e Maschine* beschleunigen 5 *e-n Pfeil* abschießen 6 *j-n* verabschieden 7 *obs j-m* beistehen: **God ~ you!** Gott sei mit dir! C V/I 1 (dahin)eilen, rasen: **the time sped by** die Zeit verging wie im Flug 2 AUTO zu schnell fahren, die Geschwindigkeitsbegrenzung *od* das Tempolimit überschreiten: → speeding 3 **~ up** die Geschwindigkeit erhöhen

speed|ball S *sl e-e Mischung aus Kokain u. Morphin od Heroin*; **~boat** S SPORT Rennboot *n*; **~ bump** S AUTO US Rüttelschwelle *f*; **~ control** S TECH 1 Geschwindigkeitsreg(e)lung *f* 2 Drehzahlreg(e)lung *f*; **~ counter** S *bes* AUTO Drehzahlmesser *m*

speeder S 1 TECH Geschwindigkeitsregler *m* 2 BAHN US Draisine *f* 3 AUTO Raser(in)

speed indicator S 1 → speedometer 2 → speed counter

speediness ['spi:dɪnɪs] S Schnelligkeit *f*

speeding S AUTO zu schnelles Fahren, Geschwindigkeitsübertretung *f*

speed| limit S AUTO Geschwindigkeitsbegrenzung *f*, Tempolimit *n*; **~ merchant** S AUTO *Br sl* Rennsau *f*

speedo ['spi:dəʊ] *pl* -os S *bes* AUTO Tacho *m umg* (*Tachometer*)

speedometer [spɪ'dɒmɪtə(r); US -'dɑm-] S *bes* AUTO Tachometer *m, a. n*

speed|-read V/T *irr* nach der Schnelllesemethode lesen; **~-reading** S Schnelllesemethode *f*; **~ skater** S SPORT Eisschnellläufer(in); **~ skating** S SPORT Eisschnelllauf *m*

speedster ['spi:dstə(r)] S AUTO 1 Raser(in) 2 Flitzer *m umg*

speed| trap S a Geschwindigkeitskontrolle *f* b Radarfalle *f umg*; **~-up** S 1 Beschleunigung *f*, Temposteigerung *f* 2 WIRTSCH Produktionserhöhung *f*; **~way** S 1 SPORT a Speedwayrennen *pl* b *a.* **~ track** Speedwaybahn *f* 2 US a AUTO Schnellstraße *f* b SPORT Autorennstrecke *f*

speedwell ['spi:dwel] S BOT Ehrenpreis *n/m*

speedy ADJ (ADV speedily) schnell, zügig, rasch, prompt: **a ~ little car** ein kleiner Flitzer *umg*; **wish sb a ~ recovery** j-m gute Besserung wünschen; **"best wishes for a ~ recovery"** „gute Besserung!"

S

speel → spiel

speiss [spaɪs] S CHEM, MINER Speise *f*

spel(a)eologist [,spelɪ'ɒlədʒɪst; ,spi:-; US -'ɑl-] S Speläologe *m*, Speläologin *f*, Höhlenforscher(in); **spel(a)eology** [-dʒɪ] S Speläologie *f*, Höhlenforschung *f*

spelican ['spelɪkən] → spillikin

spell¹ [spel] *prät u. pperf* spelled *od* **spelt** [spelt] A V/T 1 *a.* **~ out** buchstabieren 2 (orthografisch richtig) schreiben 3 bilden, ergeben: **l-e-d ~s led** 4 *Unheil etc* bedeuten 5 **~ out** (*od* **over**) (mühsam) entziffern 6 *meist* **~ out** *fig* a darlegen b (**for sb** j-m) *etwas* auseinanderklauben B V/I 1 (richtig) schreiben 2 geschrieben werden, sich schreiben: **cad ~s c-a-d**

spell² [spel] A S 1 Zauberspruch *m* 2 Zauber *m*, *fig a.* Bann *m*, Faszination *f*: **be under a ~** verzaubert sein, *fig a.* fasziniert *od* gebannt sein; **break the ~** a den (Zauber)Bann brechen b *fig* den Bann brechen: **cast a ~ on** → B B V/T verzaubern, *fig a.* bezaubern, faszinieren

spell³ [spel] A S 1 Arbeit(szeit) *f*, Beschäftigung *f* (**at** mit): **have a ~ at sth** sich e-e Zeitlang mit etwas beschäftigen 2 (Arbeits)Schicht *f*: **give sb a ~** → B 3 *bes* US Anfall *m*: **~ of coughing** Hustenanfall; **a ~ of depression** e-e vorübergehende Depression 4 a Zeit(abschnitt) *f(m)* b kurze Zeit, (*ein*) Weilchen *n*: **for a ~** 5 US *umg* Katzensprung 6 METEO Periode *f*: **a ~ of fine weather** e-e Schönwetterperiode; **hot ~** Hitzewelle *f* 7 *Aus* Ruhe(pause) *f* B V/T US *j-n* (bei s-r Arbeit) ablösen

spell|bind V/T *irr* → spell² B; **~binder** S a faszinierende(r) Redner(in) b fesselnder Roman *etc*; **~bound** ADJ gebannt, fasziniert, gefesselt: **hold sb ~** j-n fesseln *od* in s-m Bann halten; **~check** V/T COMPUT die Rechtschreibung von … prüfen; **~checker** S IT Rechtschreibprogramm *n*

speller S 1 **be a good ~** in der Orthografie gut beschlagen sein 2 Fibel *f*; **spelling** S a Buchstabieren *n* b Rechtschreibung *f*, Orthografie *f*: **~ bee** US Rechtschreib(e)wettbewerb *m*; **~ book** → speller 2; **~ mistake** Rechtschreibfehler *m*; **~ pronunciation** LING buchstabengetreue Aussprache; **~ reform** Rechtschreibreform *f* c Schreibung *f*

spelt¹ [spelt] S BOT Spelz *m*, Dinkel(weizen) *m*

spelt² [spelt] *prät u. pperf von* spell¹

spelter ['speltə(r)] S METALL Hüttenzink *n*

spelunk [spɪ'lʌŋk] V/I US Höhlen erforschen (*als Hobby*); **spelunker** S Höhlenforscher(in)

spence [spens] S *Br dial* Speise-, Vorratskammer *f*

spencer¹ ['spensə(r)] S *Mode*: HIST Spenzer *m* (*kurze, eng anliegende Jacke*)

spencer² [spensə(r)] S SCHIFF, HIST Gaffelsegel *n*

spend [spend] *prät u. pperf* spent [spent] A V/T 1 *Geld* verbrauchen, aufwenden, ausgeben (*alle:* **on** für): → penny 1 2 verwenden, anlegen (*beide:* **on** für): **~ a lot of time on one's work** viel Zeit für *od* auf s-e Arbeit verwenden 3 vertun, -geuden, -schwenden, durchbringen, unnütz ausgeben: **~ a fortune in gambling** ein Vermögen verspielen 4 *Zeit* zu-, verbringen 5 (**o.s.** sich) erschöpfen, verausgaben: **the storm is spent** der Sturm hat sich gelegt B V/I 1 Geld ausgeben, Ausgaben machen (*beide:* **on** für) 2 laichen (*Fische*); **spendaholic** [,spendə'hɒlɪk; US *a.* -'hɑl-] S Kaufsüchtige(r) *m/f(m)*: **be a ~** kaufsüchtig sein; **spender** S: **big ~** a Verschwender(in): **be a big ~** *a.* viel Geld ausgeben b zahlungskräftiger Kunde, zahlungskräftige Kundin

spending A S 1 (*das*) Geldausgeben 2 Ausgabe(n) *f(pl)* B ADJ Kauf…: → spree; **~ money** S Taschengeld *n*; **~ power** S Kaufkraft *f*

spendthrift ['spendθrɪft; 'spenθr-] A S Verschwender(in) B ADJ verschwenderisch

Spenserian [spen'sɪərɪən] A ADJ (Edmund) Spenser betreffend, Spenser… B S Spenserianer *m*; **~ stanza** S LIT Spenserstanze *f*

spent [spent] A *prät u. pperf von* spend B ADJ 1 matt, verausgabt, erschöpft, entkräftet: **~ bullet** matte Kugel; **~ liquor** TECH Ablauge *f* 2 ausgegeben, verbraucht 3 ZOOL (*von Eiern od Samen*) entleert (*Insekten, Fische*): **~ herring** Hering *m* nach dem Laichen 4 *Kernphysik*: ausgebrannt (*Brennelement*)

sperm¹ [spɜ:m; US spɜrm] S BIOL 1 Sperma *n*, Samenflüssigkeit *f* 2 Samenzelle *f*

sperm² [spɜ:m; US spɜrm] S 1 → spermaceti 2 ZOOL → sperm whale 3 → sperm oil

spermaceti [,spɜ:mə'setɪ; -'si:-; US ,spɜr-] S Walrat *m/n*

spermary ['spɜ:mərɪ; US 'spɜr-] S PHYSIOL Keimdrüse *f*

spermatic [spɜ:'mætɪk; US spɜr-] ADJ BIOL spermatisch, Samen…; **~ cord** S Samenstrang *m*; **~ filament** S Samenfaden *m*; **~ fluid** → sperm¹ 1

spermatid ['spɜ:mətɪd; US 'spɜr-] S BIOL Spermatide *f* (*unreife Keimzelle*)

spermatoblast ['spɜ:mətəʊblæst; US 'spɜr-; *a.* spɜr'mætə,bl-] S BIOL Ursamenzelle *f*; **spermatogenesis** [-'dʒenɪsɪs] S BIOL Spermatogenese *f*, Samenbildung *f*; **spermatogenetic** [-dʒɪ'netɪk], **spermatogenous** [-'tɒdʒɪnəs; US -'tɑ-] ADJ BIOL spermatogen

spermatophore ['spɜ:mətəʊfɔ:(r); US 'spɜr-; *a.* spɜr'mætə,f-] S ZOOL Spermatophore *f*, Samenträger *m*; **spermatophyte** [-faɪt] S BOT Spermatophyt *m*, Samenpflanze *f*; **spermatorrh(o)ea** [-'rɪə; US -'ri:ə] S MED Spermatorrhö(e) *f* (*Samenfluss ohne geschlechtliche Erregung*); **spermatozoid** [,spɜ:mətəʊ'zəʊɪd; US ,spɜr-; *a.* spɜr,mætə'z-] S BIOL Spermatozoid *m* (*bewegliche männliche Keimzelle*); **spermatozoon** [-'zəʊɒn; US -,ɑn] *pl* -zoa [-'zəʊə] S BIOL Spermatozoon *n*, Spermium *n*, Samenfaden *m*

sperm| bank S Samenbank *f*; **~ cell** S BIOL 1 Samenzelle *f* 2 männlicher Gamet

spermicidal [,spɜ:mɪ'saɪdl; US ,spɜr-] ADJ MED spermizid, Samen abtötend (*empfängnisverhütendes Mittel*)

spermicide S Spermizid *n*

sperm| oil S Walratöl *n*; **~ whale** S ZOOL Pottwal *m*

spew [spju:] A V/I 1 **~ out (of), ~ forth (from)** sich ergießen (aus) 2 *Br sl* kotzen B V/T 1 *Schleim etc* ausspucken 2 *a.* **~ forth** (*od* **out**) *Lava, Rauch etc* (aus)speien 3 *Br sl* auskotzen C S *Br sl* Kotze *f*

sp. gr. ABK PHYS specific gravity spezifisches Gewicht

sphaero- [sfɪərəʊ] *Wortelement mit der Bedeutung* Kugel…, Sphäro…

sphagnum ['sfægnəm] S BOT Sphagnum *n*, Torfmoos *n*

sphalerite ['sfælərait] S MINER Sphalerit *m*, Zinkblende *f*

sphene [spi:n; *bes* US sfi:n] S MINER Sphen *m*

sphenic ['sfi:nɪk] ADJ keilförmig

sphenogram ['sfi:nəgræm] S Keilschriftbuchstabe *m*; **sphenography** [sfɪ'nɒgrəfɪ; US -'nɑg-] S Keilschriftkunde *f*; **sphenoid** A ADJ sphenoidal, keilförmig: **~ bone** ANAT Sphenoid *n*, Keilbein *n* B S MINER Sphenoid *n* (*keilförmige Kristallform*)

sphere [sfɪə(r)] A S 1 Kugel *f* (*a. math*) 2 kugelförmiger Körper, *bes* Himmelskörper *m* 3 Erd- *od* Himmelskugel *f* 4 *Antike*, ASTRON Sphäre *f*: **music of the ~s** Sphärenmusik *f* 5 *poet* Himmel *m*, Sphäre *f* 6 (*Einfluss-, Interessen- etc*) Sphäre *f*, (-)Gebiet *n*, (-)Bereich *m*: **~ of influence (of interest)**; **~ of activity** Wirkungskreis *m*, Tätigkeitsbereich 7 *fig* (gesellschaftliche) Umgebung, Milieu *n* B V/T 1 umgeben, umkreisen 2 (kugel)rund machen 3 *poet* in den Himmel heben

spheric ['sferɪk; US *a.* 'sfɪrɪk] A ADJ (ADV ~ally) 1 *poet* himmlisch 2 kugelförmig 3 sphärisch B SPL **spherics** 1 (*als sg konstruiert*) MATH Sphärik *f* (*sphärische Geometrie u. Trigonometrie*) 2 → atmospheric B 1; **spherical** ADJ (ADV ~ly) 1 kugelförmig: **~ sailing** SCHIFF Kugelkreissegeln *n* 2 MATH a Kugel…: **~ sector (segment**, *etc*) b sphärisch: **~ angle (astronomy, geometry**, *etc*)

sphericity [sfɪ'rɪsətɪ] S Kugelgestalt *f*

spheroid ['sfɪərɔɪd; *US a.* 'sfer-] A S MATH Sphäroid *n (kugelähnlicher Körper)* B ADJ → spheroidal

spheroidal [ˌsfɪə'rɔɪdl] ADJ (ADV ~ly) sphäroidisch, kugelähnlich; **spheroidic** ADJ, **spheroidical** ADJ (ADV ~ly) → spheroidal; **spheroidicity** [-'dɪsətɪ] S Kugelähnlichkeit *f*

spheroidize ['sfɪərɔɪdaɪz; *US a.* 'sfer-] V/T weichglühen

spherule ['sferju:l; -ru:l; *US a.* 'sfɪə-] S Kügelchen *n;* **spherulite** S MINER Sphärolith *m*

sphery ['sfɪərɪ] ADJ *poet* 1 sphärisch, Sternen... 2 Kugel...

sphincter ['sfɪŋktə(r)] S ANAT Sphinkter *m*, Ring-, Schließmuskel *m*

sphinx [sfɪŋks] *pl* sphinxes *od* **sphinges** ['sfɪndʒi:z] S 1 ♀ MYTH Sphinx *f* 2 ARCH Sphinx *f* 3 *fig* Sphinx *f (rätselhafte, undurchschaubare Person);* **~like** ADJ sphinxartig, *fig a.* rätselhaft, undurchschaubar; **~ moth** S ZOOL *US* Schwärmer *m*

sphragistics [sfrə'dʒɪstɪks] SPL *(als sg konstruiert)* Sphragistik *f*, Siegelkunde *f*

sphygmic ['sfɪgmɪk] ADJ MED, PHYSIOL sphygmisch, Puls...

sphygmogram ['sfɪgməʊgræm] S MED Sphygmogramm *n*, Pulskurve *f;* **sphygmograph** [-grɑ:f; *bes US* -græf] S MED Sphygmograf *m*, Pulsschreiber *m;* **sphygmomanometer** [-məʊmə'nɒmɪtə(r); *US* -'nɑm-] S MED Sphygmomanometer *n*, Blutdruckmessgerät *n*

spica ['spaɪkə] *pl* -cae [-si:; -ki:] S 1 BOT Spica *f*, Ähre *f* 2 ♀ ASTRON Spica *f*, Spika *f (hellster Stern im Sternbild Jungfrau)* 3 MED Spica *f*, Kornährenverband *m;* **spicate** [-keɪt] ADJ BOT a Ähren tragend *(Pflanze)* b ährenförmig (angeordnet) *(Blüte)*

spice [spaɪs] A S 1 a Gewürz *n*, Würze *f* b *koll* Gewürze *pl* 2 *fig* Würze *f*: **the ~ of life; give** *(od* **lend) ~ to** → B B V/T würzen, *fig a. e-r Sache* Würze verleihen; **~bush** S BOT 1 Fieberstrauch *m* 2 Gewürzstrauch *m*

spiced [spaɪst] → spicy 1, 2

spice rack S Gewürzständer *m*

spicery ['spaɪsərɪ] S 1 KOLL Gewürze *pl* 2 → spiciness

spicey → spicy

spiciness ['spaɪsɪnɪs] S *(das)* Würzige, *(das)* Pikante

spick-and-span [ˌspɪkən'spæn] ADJ blitzblank, -sauber *umg*

spicular ['spaɪkjʊlə(r); *bes US* 'spɪk-] ADJ ZOOL nadelförmig

spicule ['spaɪkju:l; *bes US* 'spɪk-] S 1 *(Eis- etc)* Nadel *f* 2 ZOOL nadelartiger Fortsatz, *bes* a Skelettnadel *f (e-s Schwammes etc)* b Stachel *m*

spicy ['spaɪsɪ] ADJ (ADV spicily) 1 würzig: a pikant b aromatisch 2 scharf 3 Gewürz... 4 *fig* pikant, gewagt *(Roman etc)* 5 *umg* lebhaft

spider ['spaɪdə(r)] A S 1 ZOOL Spinne *f*: **~'s web** → spider web 2 *bes US* Bratpfanne *f* 3 *US* Dreifuß *m (Untersatz)* 4 TECH a Armkreuz *n* b Drehkreuz *n* c Armstern *m (e-s Rades)* 5 ELEK a Ständerkörper *m* b Zentrierungsfeder *f (im Lautsprecher)* B V/T mit e-m Netz feiner Linien *od* Risse bedecken; **~ crab** S ZOOL *(e-e)* Spinnenkrabbe; **~like** ADJ spinnenartig; **~man** [-mæn] S *irr* ARCH *bes Br umg* Monteur *m* für Stahlkonstruktionen; **~ monkey** S ZOOL *(ein)* Klammeraffe *m;* **~ web** S *US* Spinnennetz *n*

spidery ADJ 1 spinnenartig 2 voller Spinnen 3 krak(e)lig *umg (Schrift)*

spiegeleisen ['spi:glaɪzn] S Spiegeleisen *n*

spiel [spi:l] *bes US sl* A S a Werbesprüche *pl* b Masche *f umg*, Platte *f umg* c langweiliges Geschwafel *umg*: **give sb a ~** j-n zu e-m Kauf *etc* beschwatzen, j-m ein Loch *od* Löcher in den Bauch reden *umg;* **give a long ~ about** endlos schwafeln über *(akk) umg* B V/I 1 s-e Werbesprüche herunterrasseln *umg* 2 Reden schwingen: **go ~ing on about** sich langatmig auslassen über *(akk)* C V/T **~ off** *etwas Auswendiggelerntes* herunterrasseln *umg;* **spieler** S *sl* 1 *bes US* Marktschreier(in) 2 RADIO, TV *bes US* (Werbe)Ansager(in) 3 *bes Aus* a Falschspieler(in) b Gauner(in)

spiffing ['spɪfɪŋ] ADJ *Br sl obs* (tod)schick, toll

spifflicate → spiflicate

spiffy ['spɪfɪ] → spiffing

spiflicate ['spɪflɪkeɪt] V/T *Br sl* 1 es *j-m* besorgen 2 den Garaus machen *(dat)*

spigot ['spɪgət] S TECH 1 *(Fass)*Zapfen *m* 2 Zapfen *m (e-s Hahns)* 3 *(Fass-, US Leitungs)*Hahn *m* 4 Muffenverbindung *f (bei Röhren)*

spike[1] [spaɪk] S BOT 1 *(Gras-, Korn)* Ähre *f* 2 *(Blüten)* Ähre *f*

spike[2] [spaɪk] A S 1 Stift *m*, Spitze *f*, Stachel *m*, Dorn *m* 2 TECH *(Haken-, Schienen)* Nagel *m*, Bolzen *m* 3 Eisenspitze *f (am Zaun)* 4 SPORT a Spike *m* b *pl* Spikes *pl (Rennschuhe etc)* 5 *pl* AUTO Spikes *pl (am Reifen)* 6 JAGD Spieß *m (e-s Junghirsches)* 7 MED Zacke *f (in der Fieberkurve etc)* 8 ELEK a nadelförmiger Impuls b *a.* RADIO, TV Überschwingspitze *f* 9 FISCH junge Makrele 10 → spike heel 11 *Volleyball:* Schmetterschlag *m* B V/T 1 festnageln 2 mit (Eisen)Spitzen *etc* versehen 3 aufspießen 4 SPORT mit den Spikes verletzen 5 MIL, HIST *ein Geschütz* vernageln: **~ sb's guns** *fig* j-m e-n Strich durch die Rechnung machen 6 *fig US* erledigen 7 a e-n Schuss Alkohol in *ein Getränk* geben b *fig* würzen, pfeffern 8 *Volleyball: den Ball* schmettern 9 *Journalismus: e-e Story* ablehnen

spiked[1] [spaɪkt] ADJ BOT Ähren tragend

spiked[2] [spaɪkt] ADJ 1 mit Nägeln *od* (Eisen)Spitzen (versehen): **~ shoes** → spike[2] A 4 b; **~ helmet** Pickelhaube *f* 2 mit Schuss *(Getränk)*

spike| heel S Pfennigabsatz *m (am Damenschuh);* **~ lavender** S BOT Spieke *f*

spikenard ['spaɪknɑ:(r)d] S 1 Lavendelöl *n* 2 BOT Indische Narde 3 BOT Traubige Aralie

spike oil → spikenard 1

spiky ['spaɪkɪ] ADJ 1 spitz, stach(e)lig 2 *Br umg* empfindlich

spile [spaɪl] A S 1 (Fass)Zapfen *m*, Spund *m* 2 Pflock *m*, Pfahl *m* B V/T 1 verspunden 2 anzapfen; **~hole** S TECH Spundloch *n*

spilikin → spillikin

spill[1] [spɪl] S 1 (Holz)Splitter *m* 2 Fidibus *m*

spill[2] [spɪl] A V/T *prät u. pperf* spilled [spɪld] *od* spilt [spɪlt] 1 *a.* **~ out** ver-, ausschütten, überlaufen lassen: **he ~ed his coffee over his trousers** er schüttete sich s-n Kaffee über die Hose; → milk A 1 2 *Blut* vergießen 3 *Sand etc* ver-, umherstreuen: → cookie 1 4 SCHIFF *ein Segel* killen lassen 5 a *e-n Reiter* abwerfen b *j-n* schleudern 6 *umg* ausplaudern: → bean A 1 B V/I 1 *a.* **~ out** überlaufen, verschüttet werden 2 *a.* **~ over** sich ergießen (**into** in *akk) (a. fig)* C S 1 Ver-, Ausschütten *n* 2 *(Blut)* Vergießen *n* 3 Überlaufen *n* 4 Pfütze *f* 5 Sturz *m (vom Pferd etc)*: **have** *(od* **take) a ~** stürzen 6 → spillway

spillage ['spɪlɪdʒ] S 1 → spill[2] C 1, C 2, C 3 2 *(das)* Verschüttete *od* Übergelaufene

spillikin ['spɪlɪkɪn] S a Mikadostäbchen *n* b *pl (als sg konstruiert)* Mikado(spiel) *n*

spillway S TECH Abflusskanal *m*, Überlauf (-rinne) *m(f)*

spilt [spɪlt] *prät u. pperf von* spill[2]

spin [spɪn] A V/T *prät* spun [spʌn], *obs* span [spæn], *pperf* spun 1 *bes* TECH *Flachs, Wolle etc* (zu Fäden) spinnen 2 *Garn, e-n Faden* spinnen 3 TECH *Kunstfaser* (durch e-e Düse) spinnen 4 TECH *(meist im pperf) Gold, Glas etc* fadendünn ausziehen: **spun gold** 5 schnell drehen, (herum)wirbeln, *e-n Kreisel* drehen 6 FLUG *ein Flugzeug* trudeln lassen 7 *Wäsche* schleudern 8 *e-e Schallplatte* laufen lassen *umg* 9 *e-e Münze* hochwerfen 10 *fig* sich *etwas* ausdenken, erzählen: → yarn A 3 11 *meist;* **~ out** *e-e Geschichte etc* in die Länge ziehen, ausspinnen, strecken 12 **~ out** *e-e Suppe etc* strecken 13 SPORT *Ball* mit Effet schlagen 14 mit künstlichem Köder angeln 15 *Br sl e-n Kandidaten* durchrasseln lassen B V/I 1 spinnen 2 *a.* **~ round** herumwirbeln: **send sb ~ning** j-n zu Boden schleudern; **my head is ~ning** mir dreht sich alles 3 *a.* **~ along** dahinsausen 4 *a.* **~ away** *fig* schnell *od* wie im Flug vergehen 5 FLUG trudeln 6 schleudern *(Waschmaschine)* 7 AUTO durchdrehen *(Räder)* C S 1 *(das)* Herumwirbeln 2 schnelle Drehung, Drall *m* 3 PHYS Spin *m*, Drall *m (des Elektrons)* 4 *umg* Spritztour *f*: **go for a ~** e-e Spritztour machen 5 FLUG a (Ab)Trudeln *n*: **flat ~** flaches Trudeln, Flachtrudeln; **go into a ~** abtrudeln; **be in a (flat) ~** *bes Br umg* am Rotieren sein; **send sb into a (flat) ~** *bes Br umg* j-n zum Rotieren bringen, b Sturzspirale *f;* 6 Schleudern *n (der Wäsche)* 7 SPORT Effet *m*: **give (a) ~ to the ball** dem Ball Effet geben 8 *fig bes US* Anstrich *m*: **give a report a positive ~** e-n Bericht positiv darstellen

spina bifida [ˌspaɪnə'bɪfɪdə] S MED Spina *f* bifida *(angeborene Missbildung der Wirbelbögen)*

spinach ['spɪnɪdʒ; *bes US* -nɪtʃ] S 1 BOT Spinat *m* 2 *US sl* a ekelhaftes Zeug b ungepflegter Rasen, struppiger Bart c Schnickschnack *m umg*

spinal ['spaɪnl] A ADJ ANAT, MED spinal, Rückgrat..., Wirbel..., Rückenmark(s)... B S MED *umg* Spinal-, Rückenmarksanästhesie *f;* **~ an(a)esthesia** S MED Spinal-, Rückenmarksanästhesie *f;* **~ canal** S ANAT Vertebral-, Wirbelkanal *m;* **~ column** S ANAT Wirbelsäule *f*, Rückgrat *n;* **~ cord** S ANAT Rückenmark *n;* **~ curvature** S ANAT, MED Wirbelsäulenkrümmung *f;* **~ marrow** → spinal cord; **~ nerve** S ANAT Spinal-, Rückenmarksnerv *m*

spindle ['spɪndl] A S 1 TECH a (Hand)Spindel *f* b Welle *f*, Achszapfen *m* c Drehbankspindel *f* d Triebstock *m* 2 *Garnmaß:* a *für Baumwolle = 15 120 yards* b *für Leinen = 14 400 yards* 3 → hydrometer 4 BIOL Kernspindel *f* 5 BOT Spindel *f* B V/I 1 (auf)schießen *(Pflanze)* 2 in die Höhe schießen *(Person);* **~-legged** ADJ storchbeinig; **~legs** S 1 *pl* Storchbeine *pl* 2 *pl* -legs storchbeinige Person: **be a ~** Storchbeine haben; **~-shanked** → spindle-legged; **~shanks** → spindlelegs

spindling ['spɪndlɪŋ], **spindly** ADJ lang u. dürr, spindeldürr

spin| doctor S *bes US umg* a schönrednerische(r) Pressesprecher (in) *(e-s Politikers etc)* b Imageberater(in); **~-drier** → spin-dryer; **~drift** S SCHIFF Nebel *m (von zerstäubtem Wasser);* **~-dry** V/T *Wäsche* schleudern; **~-dryer** S (Wäsche)Schleuder *f*

spine [spaɪn] S 1 BOT, ZOOL Stachel *m* 2 ANAT Wirbelsäule *f*, Rückgrat *n (a. fig)* 3 (Gebirgs)Grat *m* 4 TECH Buchrücken *m;* **~-chiller** S Gruselfilm *m*, -geschichte *f;* **~-chilling** ADJ grus(e)lig: **~ film, ~ story** → spine-chiller

spined [spaɪnd] ADJ 1 BOT, ZOOL stach(e)lig, Stachel... 2 ANAT Rückgrat..., Wirbel...

spinel [spɪ'nel] S MINER Spinell *m*
spineless ADJ 1 stachellos 2 ohne Rückgrat, rückgratlos *(beide a. fig)*
spinet [spɪ'net; *US bes* 'spɪnət] S MUS, HIST Spinett *n*
spiniferous [spaɪ'nɪfərəs] ADJ BOT, ZOOL stach(e)lig
spinnaker ['spɪnəkə(r)] S SCHIFF Spinnaker *m*
spinner ['spɪnə(r)] S 1 *poet od dial* Spinne *f* 2 Spinner(in) 3 TECH Spinnmaschine *f* 4 Kreisel *m* 5 (Polier)Scheibe *f* 6 FLUG Propellerhaube *f* 7 *Angeln:* Spinner *m*, Spinnköder *m* 8 → spinneret 1 9 → goatsucker
spinneret ['spɪnəret; *US bes* ˌspɪnə'ret] S 1 ZOOL Spinndrüse *f* 2 TECH Spinndüse *f*
spinnery ['spɪnərɪ] S TECH Spinnerei *f*
spinney ['spɪnɪ] S *Br* a Dickicht *n* b Gehölz *n*
spinning ['spɪnɪŋ] S 1 Spinnen *n* 2 FLUG Trudeln *n*; **~ electron** S PHYS rotierendes Elektron; **~ frame** S TECH Spinnmaschine *f*; **~ jenny** S TECH, HIST Jenny-Maschine *f*, Feinspinnmaschine *f*; **~ mill** S Spinnerei *f*; **~ top** S Kreisel *m (Spielzeug)*; **~ wheel** S HIST Spinnrad *n*
spinode ['spaɪnəʊd] S MATH Scheitelpunkt *m (e-r Kurve)*
spin-off S 1 TECH Neben-, Abfallprodukt *n* 2 *fig* Neben-, Begleiterscheinung *f*
spinose ['spaɪnəʊs] ADJ (ADV ~ly) *bes* BOT stach(e)lig; **spinosity** [-'nɒsətɪ; *US* -'nɑs-] S Stach(e)ligkeit *f*
spinous ['spaɪnəs] ADJ BOT, ZOOL stach(e)lig: **~ process** ANAT Dornfortsatz *m*
spinster ['spɪnstə(r)] S 1 älteres Fräulein, *pej* alte Jungfer; **~ aunt** unverheiratete Tante 2 JUR a unverheiratete Frau b *(nach dem Namen)* ledig: **Jane Brown, ~** die ledige Jane Brown 3 HIST Spinnerin *f*; **spinsterhood** S 1 *pej* Altjüngferlichkeit *f* 2 JUR lediger Stand *(der Frau)*; **spinsterish** ADJ (ADV ~ly) *pej* altjüngferlich
spinule ['spaɪnju:l] S BOT, ZOOL Stachel *m*; **spinulose** [-jʊləʊs] ADJ stach(e)lig
spiny ['spaɪnɪ] ADJ 1 BOT, ZOOL stach(e)lig 2 *fig* heikel, schwierig; **~ lobster** S ZOOL *(e-e)* Languste
spiracle ['spaɪərəkl; *US* 'spɪrɪkəl; 'spaɪ-] S 1 Atem-, Luftloch *n*, *bes* BOT, ZOOL Trachee *f* 2 ZOOL Spritzloch *n (bei Walen etc)*; **spiracular** [spɪ'rækjʊlə(r); spaɪ-] ADJ Atem-, Luftloch…
spiraea [spaɪ'rɪə; -'ri:ə] S BOT Spiräe *f*, Geißbart *m*
spiral ['spaɪərəl] A ADJ (ADV ~ly) 1 gewunden, schrauben-, schneckenförmig, spiral, Spiral…: **~ balance** (Spiral)Federwaage *f*; **~ conveyor** → B 3 a; **~ fracture** MED Spiralbruch *m*; **~ galaxy** → B 5; **~ gear(ing)** TECH Schraubenradgetriebe *n*; **~ nebula** *obs* → B 5; **~ spring** → B 3 b; **~ staircase** Wendeltreppe *f* 2 MATH spiralig, Spiral… B S 1 a Spirale *f* b Windung *f (e-r Spirale)* 2 MATH Spirale *f*: **~ of Archimedes** archimedische Spirale 3 TECH a Förderschnecke *f* b Spiralfeder *f* 4 ELEK a Spule *f*, Windung *f* b Wendel *m (bei Glühlampen)* 5 ASTRON Spiralnebel *m* 6 FLUG Spirale *f*, Spiralflug *m* 7 WIRTSCH *(Lohn-, Preis- etc)* Spirale *f* C V/T *prät u. pperf* **-raled**, *bes Br* **-ralled** 1 spiralig machen 2 *a.* **~ up (down)** *Preise etc* hinauf-(herunter)-schrauben D V/I 1 *a.* **~ up (down)** sich spiralförmig nach oben (unten) bewegen *(a. fig Preise, Kosten etc)* 2 *a.* **~ up (down)** spiralförmig aufwärts (abwärts) fliegen
spirant ['spaɪərənt] LING A S Spirans *f*, Spirant *m*, Reibelaut *m* B ADJ spirantisch
spire[1] ['spaɪə(r)] S 1 → spiral B 1 2 ZOOL Gewinde *n*
spire[2] ['spaɪə(r)] A S 1 *(Dach-, Turm-, a. Baum-, Berg)* Spitze *f* 2 Kirchturm *m* 3 spitz zulaufender Körper *od* Teil, *z. B.* ZOOL (Geweih)Gabel *f* 4 BOT a (Blüten)Ähre *f* b Sprössling *m* c Grashalm(spitze) *m(f)* B V/I spitz zulaufen C V/T 1 **~ up** auftürmen 2 mit e-r Spitze versehen, spitz zulaufen lassen
spirea → spiraea
spired[1] ['spaɪə(r)d] ADJ spiralförmig
spired[2] ['spaɪə(r)d] ADJ 1 spitz (zulaufend) 2 spitztürmig
spireme ['spaɪri:m] S BIOL Spirem *n*, Knäuelstadium *n (in der Zellteilung)*
spirillum [spaɪ'rɪləm] *pl* -la [-lə] S MED Spirille *f*, Schraubenbakterie *f*
spirit ['spɪrɪt] A S 1 *allg* Geist *m*: **the ~ is willing but the flesh is weak** der Geist ist willig, aber das Fleisch ist schwach 2 Geist *m*, Lebenshauch *m* 3 Geist *m*: a Seele *f (e-s Toten)* b Gespenst *n* 4 ♀ (göttlicher) Geist 5 Geist *m*, (innere) Vorstellung: **in (the) ~** im Geiste *(nicht wirklich)* 6 *(das)* Geistige, Geist *m*: **the world of the ~** die geistige Welt 7 Geist *m*: a Gesinnung *f*, *(Gemein- etc)* Sinn *m*: **~ of the party** Parteigeist b Charakter *m*: → contradiction 1 c Sinn *m*: **the ~ of the law; that's the ~!** *umg* so ist's recht!; → enter into 4 8 *meist pl* Gemütsverfassung *f*, Stimmung *f*: **high ~s** a Hochstimmung b Ausgelassenheit *f*; **in high (low) ~s** in gehobener (gedrückter) Stimmung; **keep up one's ~s** sich bei Laune halten; **as** *(od* **if, when) the ~ moves** *(od* **takes) one** wenn e-m danach zumute ist 9 *fig* Feuer *n*, Schwung *m*, Elan *m*, Mut *m*, *pl a.* Lebensgeister *pl*: **full of ~s** voll Feuer, voller Schwung; **when(ever) the ~ moves me** wenn es mich überkommt, wenn ich Lust dazu verspüre; → break[1] B 8 10 (Mann *m* von) Geist *m*, Kopf *m* 11 *fig* Seele *f*, treibende Kraft *(e-s Unternehmens etc)* 12 **the ~ of the age** *(od* **times)** der Zeitgeist 13 CHEM a Spiritus *m*: **~ lamp; ~ varnish** Spirituslack *m* b Destillat *n*, Geist *m*, Spiritus *m*: **~ of nitrous ether** PHARM Hoffmannstropfen *pl*; **~(s** *pl***) of hartshorn** Hirschhorn-, Salmiakgeist; **~s** *pl* **of wine** Weingeist; → turpentine 2 14 *pl* Spirituosen *pl*, stark alkoholische Getränke *pl* 15 *a. pl* CHEM *US* Alkohol *m* 16 *Färberei:* *(bes* Zinn)Beize *f* B V/T 1 *oft* **~ up** aufmuntern 2 *oft* **~ off** wegzaubern, verschwinden lassen
spirited ['spɪrɪtɪd] ADJ (ADV ~ly) 1 lebendig, lebhaft, temperament-, schwungvoll 2 energisch, kühn, beherzt 3 feurig *(Pferd etc)* 4 (Geist) sprühend, lebendig *(Rede, Buch etc)* 5 *(in Zusammensetzungen)* a …gesinnt: **public-spirited**; → public A b …gestimmt: → low-spirited, *etc*; **spiritedness** S 1 Lebhaftigkeit *f*, Lebendigkeit *f*, Temperament *n* 2 Energie *f*, Beherztheit *f* 3 *(in Zusammensetzungen)* a …sinn *m* b …stimmung *f*: → low-spiritedness *etc*
spiritism ['spɪrɪtɪzəm] → spiritualism; **spiritist** → spiritualist; **spiritistic** → spiritualistic
spiritless ADJ (ADV ~ly) 1 geistlos 2 schwunglos, schlapp 3 lustlos 4 mutlos; **spiritlessness** S 1 Geistlosigkeit *f* 2 Schwunglosigkeit *f* 3 Lustlosigkeit *f* 4 Mutlosigkeit *f*
spirit level S TECH Nivellier-, Wasserwaage *f*
spiritoso [ˌspɪrɪ'təʊsəʊ] ADJ & ADV MUS spirituoso, lebhaft
spirit rapping S *Spiritismus:* Geisterklopfen *n*
spiritual ['spɪrɪtjʊəl; -tʃʊəl; *US* -tʃəwəl] A ADJ (ADV ~ly) 1 spirituell, geistig, unkörperlich 2 geistig, innerlich, seelisch: **~ home** geistige Heimat; **~ life** Seelenleben *n* 3 vergeistigt 4 göttlich (inspiriert): **the ~ law** das göttliche Recht; **the ~ man** a die innerste, eigentliche Natur des Menschen b BIBEL der wiedergeborene, erlöste Mensch 5 a religiös b kirchlich c spirituell, geistlich: **~ director** KATH geistlicher Ratgeber; **~ incest** REL geistlicher Inzest; **~ song** Spiritual Song *m (geistliche Hymne od geistlicher Gesang der weißen Amerikaner)* 6 intellektuell, geistig: **the ~ leader** 7 geistreich, -voll B S 1 MUS Spiritual *n* 2 **the ~** das Geisterreich, die Geisterwelt 3 *pl* geistliche Dinge *pl (des kirchlichen Lebens)*; **spiritualism** S 1 Spiritismus *m*, Geisterglaube *m* 2 PHIL Spiritualismus *m (Lehre, nach der alles Wirkliche Geist bzw Erscheinungsform des Geistes ist)* 3 *(das)* Spirituelle *od* Geistige; **spiritualist** S 1 Spiritist(in) 2 PHIL Spiritualist(in); **spiritualistic** ADJ (ADV ~ally) 1 spiritistisch 2 PHIL spiritualistisch
spirituality [ˌspɪrɪtjʊ'ælətɪ; -tʃʊ-; *US* -tʃə'wæl-] S 1 Spiritualität *f*: a *(das)* Geistige b *(das)* Geistliche c Unkörperlichkeit *f*, geistige Natur 2 *meist pl* HIST geistliche Rechte *pl od* Einkünfte *pl*; **spiritualize** [-əlaɪz] V/T 1 spiritualisieren, vergeistigen 2 im übertragenen Sinne deuten
spirituous ['spɪrɪtjʊəs; -tʃʊəs; *US* -tʃəwəs; -təs] ADJ (ADV ~ly) 1 spirituos, spirituös, stark alkoholisch: **~ liquors** Spirituosen *pl* 2 destilliert
spiritus| asper [ˌspɪrɪtəs'æspə(r)] S LING Spiritus *m* asper *(Zeichen für den H-Anlaut im Altgriechischen)*; **~ lenis** ['li:nɪs] S LING Spiritus *m* lenis *(Zeichen für das Fehlen des H-Anlautes im Altgriechischen)*
spiroch(a)ete ['spaɪrəʊki:t] S MED, ZOOL Spirochäte *f (schraubenförmig gewundener Krankheitserreger)*
spirograph ['spaɪrəʊgrɑ:f; *bes US* -græf] S MED Spirograf *m (Gerät zur Aufzeichnung der Atmungsbewegungen)*
spirometer [ˌspaɪə'rɒmɪtə(r); *US* spaɪ'rɑm-] S MED Spirometer *n (Gerät zur Messung von Atemfrequenz, Atemvolumen etc)*
spironolactone [ˌspaɪrənəʊ'læktəʊn] S MED, PHARM Spironolacton *n (Diuretikum, das neben e-r vermehrten Ausscheidung von Wasser u. Natrium e-e Retention von Kalium bewirkt)*
spirt → spurt[2]
spiry[1] ['spaɪərɪ] ADJ spiralförmig, gewunden
spiry[2] ['spaɪərɪ] ADJ *poet* 1 spitz zulaufend 2 vieltürmig
spit[1] [spɪt] V/I *prät u. pperf* **spat** [spæt] *od* **spit** A 1 a spucken **(on** auf *akk*): **~ at** *(od* **on) sb** j-n anspucken; **~ in sb's eye** *fig umg* j-m s-e Verachtung zeigen; **~ in sb's face** j-m ins Gesicht spucken b ausspucken 2 *unpers* sprühen *(fein regnen)*: **it's ~ting (with rain)** 3 fauchen, zischen *(Katze etc)*: **~ at sb** j-n anfauchen 4 (heraus)sprudeln, (-)spritzen *(kochendes Wasser etc)* B V/T 1 *Blut, e-n Kern etc* spucken: **~ out** ausspucken; **~ it out!** *Br umg* spuck's aus!, spuck schon aus! 2 *Feuer etc* speien, spucken: **~ fury** Gift u. Galle spucken 3 *oft* **~ out** *fig Worte* (heftig) hervorstoßen, fauchen, zischen C S 1 Spucke *f*, Speichel *m*: **~ and polish** *bes* SCHIFF, MIL *umg* peinliche Sauberkeit; **give** *sth* **a ~ and polish** *umg Schuhe, den Fußboden* wienern 2 (Aus)Spucken *n* 3 Fauchen *n (e-r Katze etc)* 4 Sprühregen *m* 5 *umg* Eben-, Abbild *n*: **she's the ~ (and image)** *(Br a.* **the dead ~) of her mother** sie ist ganz die Mutter, sie ist ihrer Mutter wie aus dem Gesicht geschnitten
spit[2] [spɪt] A S 1 (Brat)Spieß *m* 2 GEOG Landzunge *f* 3 spitz zulaufende Sandbank B V/T 1 an e-n Bratspieß stecken 2 aufspießen
spit[3] [spɪt] S Spatenstich *m*
spitball S *US* gekautes Papierkügelchen *(als Wurfgeschoss)*
spitchcock ['spɪtʃkɒk; *US* -ˌkɑk] A S Brat-, Röstaal *m* B V/T *e-n Aal* zerlegen u. zubereiten
spit curl S *US* Schmachtlocke *f umg*
spite [spaɪt] A S 1 Boshaftigkeit *f*, Bosheit *f*,

Gehässigkeit *f*: **from** (*od* **out of**) **pure** (*od* **sheer**) ~ aus reiner Gehässigkeit; ~ **fence** als reine Schikane errichteter Zaun; ~ **marriage** Heirat *f* aus Trotz (*gegenüber e-m Dritten*) 2 Groll *m*: **have a ~ against sb** e-n Groll auf j-n haben 3 **in ~ of** trotz, ungeachtet (*gen*): **in ~ of that** dessen ungeachtet, trotzdem; **I had to laugh in ~ of myself** ich musste unwillkürlich lachen B V/T *j-m* eins auswischen *umg*; → nose *Bes Redew*; **spiteful** ADJ (ADV ~ly) boshaft, gehässig: ~ **remark** Boshaftigkeit *f*, Gehässigkeit *f*; **spitefulness** → spite A 1

spitfire S Giftspritze *f pej*

Spitsbergen, Spitzbergen [ˈspɪtsˌbɜːgən; *US* -ˌbɜrgən] S Spitzbergen *n*

spitting| distance [ˈspɪtɪŋ] S: **within ~** *umg* nur e-n Katzensprung entfernt (**of** von); ~ **image** → spit[1] C 5; ~ **snake** → ringhals

spittle [ˈspɪtl] S Spucke *f*, Speichel *m*

spittoon [spɪˈtuːn] S *bes* HIST Spucknapf *m*

spitz [spɪts] S ZOOL Spitz *m* (*e-e Hunderasse*)

spiv [spɪv] S *Br umg* kleiner Gauner, *bes* Schieber *m*, Schwarzhändler *m*

splanchnic [ˈsplæŋknɪk] ADJ ANAT splanchnisch, Eingeweide...: ~ **nerve** Splanchnikus *m*, Eingeweidenerv *m*; **splanchnology** [-ˈnɒlədʒɪ; *US* -ˈnɑl-] S MED Splanchnologie *f* (*Teilgebiet der Anatomie, das sich mit den Eingeweiden befasst*)

splash [splæʃ] A V/T 1 bespritzen (**with** mit) 2 a *Wasser etc* spritzen (**on, over** über *akk*): ~ **about** (*od* **around**) herumspritzen mit; ~ **one's money about** *bes Br umg* mit Geld um sich werfen; ~ **out £500** *bes Br umg* 500 Pfund springen lassen (**on** für) b *Farbe etc* klatschen (**on** auf *akk*) 3 sich *s-n Weg* patschend bahnen (**through** durch) 4 (be)sprenkeln 5 *umg* (*in der Zeitung*) in großer Aufmachung bringen, groß herausstellen 6 *Plakate etc* anbringen (**on** an *dat*) B V/I 1 spritzen 2 platschen: a plan(t)schen: ~ **about** (*od* **around**) herumplan(t)schen b plumpsen *umg*: ~ **down** wassern, eintauchen (*Raumkapsel*) 3 klatschen (**against** gegen) (*Regen etc*) 4 ~ **out** *bes Br umg* e-n Haufen Geld rausschmeißen (**on** für) C S 1 Spritzen *n* 2 Platschen *n* 3 Klatschen *n* 4 Spritzer *m*, (Spritz)Fleck *m* 5 (*Farb-, Licht*) Fleck *m* 6 *umg* a Aufsehen *n*, Sensation *f*: **make a ~** Aufsehen erregen, Furore machen b große Aufmachung (*in der Presse etc*): **get a ~** groß herausgestellt werden c protziger Aufwand 7 *bes Br* Schuss *m* (*Sodawasser etc*); **~back** S Spritzschutz *m* (*an der Wand über e-m Wasserbecken*); **~board** S TECH Schutzblech *n*, -brett *n*; **~down** S Wasserung *f*, Eintauchen *n* (*e-r Raumkapsel*)

splasher S 1 Spritzende(r) *m/f(m)* 2 Schutzblech *n* 3 → splashback

splash| guard S AUTO *US* Schmutzfänger *m*; ~ **lubrication** S TECH Spritz-, Tauchschmierung *f*; **~proof** ADJ TECH schwallwasser-, spritzwassergeschützt; ~ **water** S TECH Schwall-, Spritzwasser *n*

splashy ADJ (ADV splashily) 1 spritzend 2 platschend 3 bespritzt 4 *umg* protzig

splat [splæt] V/I *umg* → splash B 3

splatter [ˈsplætə(r)] A V/T → splash A 1, A 2 B V/I → splash B 1, B 2, B 3; ~ **film**, ~ **movie** S *US sl Film voller Blutvergießen u. grausamer Morde*

splay [spleɪ] A V/T 1 *a.* ~ **out** *die Finger, Zehen* spreizen 2 ARCH ausschrägen 3 (ab)schrägen 4 VET sich *e-n Knochen* ausrenken B V/I *a.* ~ **out** schräg nach außen gehen C ADJ 1 breit u. flach 2 gespreizt, auswärtsgebogen 3 schief, schräg 4 *fig* linkisch D S ARCH Ausschrägung *f*; **splayed** → splay C 2, C 3

splay|foot MED A S *irr* Spreizfuß *m* B ADJ spreizfüßig; **~footed** ADJ (ADV ~ly) 1 → splayfoot B: **be ~** Spreizfüße haben 2 *fig* linkisch

spleen [spliːn] S 1 ANAT Milz *f* 2 *fig* a schlechte Laune, Übellaunigkeit *f* b Ärger *m*, Wut *f* 3 *obs* Melancholie *f* 4 *obs* Spleen *m*, Tick *m*; **spleenful, spleenish** ADJ (ADV ~ly) 1 a schlecht gelaunt, übellaunig b reizbar 2 *obs* melancholisch

splenalgia [splɪˈnældʒə] S MED Splenalgie *f*, Milzschmerz *m*, Seitenstechen *n*

splendent [ˈsplendənt] ADJ (ADV ~ly) *obs* glänzend, leuchtend (*beide a. fig*)

splendid [ˈsplendɪd] ADJ (ADV ~ly) 1 strahlend (*Gesicht, Sonne etc*) 2 *fig* glänzend, großartig, herrlich, prächtig: ~ **isolation** POL, HIST Splendid Isolation *f* (*Bündnislosigkeit Englands im 19. Jh.*); ~ **save** SPORT Glanzparade *f* 3 *fig* glorreich (*Sieg etc*) 4 *fig* großartig, hervorragend (*Talente etc*); **splendidness** S 1 Glanz *m*, Pracht *f* 2 Großartigkeit *f*

splendiferous [splenˈdɪfərəs] ADJ (ADV ~ly) *Br umg hum* herrlich, prächtig

splendor, *bes Br* **splendour** [ˈsplendə(r)] S 1 heller Glanz 2 *a. pl fig* Pracht *f*, Herrlichkeit *f*, Großartigkeit *f*

splenectomy [splɪˈnektəmɪ] S MED Splenektomie *f* (*operative Entfernung der Milz*)

splenetic [splɪˈnetɪk] A ADJ (ADV ~ally) 1 ANAT, MED Milz... 2 *fig* → spleenful 1 3 *fig obs* → spleenful 2 B S 1 übellauniger *od* reizbarer Mensch 2 *obs* Melancholiker(in)

splenic [ˈsplenɪk; ˈspliː-] ADJ 1 ANAT, MED Milz...: ~ **fever** Milzbrand *m* 2 MED milzkrank

splenitis [splɪˈnaɪtɪs] S MED Splenitis *f*, Milzentzündung *f*

splenius [ˈspliːnɪəs] *pl* -nii [-nɪaɪ] S ANAT Spleniusmuskel *m*

splenomegaly [ˌspliːnəʊˈmegəlɪ; *US* ˌsplen-] S MED Splenomegalie *f* (*krankhafte Milzvergrößerung*)

splice [splaɪs] A V/T 1 SCHIFF, TECH zusammenspleißen, spleißen: → main brace 2 durch Falz verbinden 3 (*an den Enden*) miteinander verbinden, zusammenfügen, *bes Filmstreifen etc* (zusammen)kleben: ~ **in** einfügen; **splicing tape** Klebeband *n* 4 *e-n Strumpf etc* (*an der Ferse u. an den Zehen*) verstärken 5 **get ~d** *umg* heiraten B S 1 SCHIFF, TECH Spleiß *m*, Splissung *f* 2 TECH (Ein)Falzung *f* 3 TECH Klebestelle *f* (*an Filmen etc*)

spliff [splɪf] S *sl* (starker) Joint ([*stark*] *mit Haschisch versetzte Zigarette*)

spline [splaɪn] A S 1 längliches, dünnes Stück Holz *od* Metall 2 Kurvenlineal *n* 3 TECH a Keilnut *f* b Keilwellenverbindung *f* B V/T TECH keilnuten

splint [splɪnt] A S 1 MED Schiene *f*: **put in ~s** → B 2 TECH Span *m* 3 VET a → splint bone b Knochenauswuchs *m od* Tumor *m* (*am Pferdefuß*) 4 MINER Schieferkohle *f* 5 MIL, HIST Armschiene *f* (*e-r Rüstung*) B V/T *e-n Arm etc* schienen

splint| basket S Spankorb *m*; ~ **bone** S VET *Knochen des Pferdehufes hinter dem Schienbein*; ~ **coal** → splint A 4

splinter [ˈsplɪntə(r)] A S 1 (*a. Bomben-, Knochen- etc*) Splitter *m*, Span *m* 2 *fig* Splitter *m*, Bruchstück *n* B V/T zersplittern (*a. fig*) C V/I 1 zersplittern, *fig a.* sich aufsplittern 2 ~ **off** a absplittern b *fig* sich absplittern (**from** von); ~ **bar** S TECH Ortscheit *n*; ~ **group** S Splittergruppe *f*; ~ **party** S POL Splitterpartei *f*; **~proof** ADJ splittersicher

split [splɪt] A V/T *prät u. pperf* **split** 1 (zer-, auf)spalten, (zer)teilen; COMPUT *Bildschirm, Fenster* teilen: ~ **sth from** etwas abspalten von; ~ **words** wortklauberisch sein; → hair *Bes Redew* 2 zerreißen: → side A 4 3 *a.* ~ **up** (untereinander) (auf)teilen, sich in *e-n Gewinn etc* teilen: ~ **a bottle** e-e Flasche zusammen trinken; ~ **the difference** a WIRTSCH sich in die Differenz teilen b sich auf halbem Wege einigen; ~ **shares** (*bes US* **stocks**) Aktien splitten; ~ **one's vote(s)** (*od* **ticket**) POL *US* panaschieren 4 ~ **up** a aufgliedern, untergliedern b auseinanderreißen 5 trennen, entzweien, *e-e Partei etc* spalten, SPORT *das Feld* auseinanderreißen 6 *sl* (*absichtlich od unabsichtlich*) verraten 7 *US umg Whisky etc* spritzen, mit Wasser verdünnen 8 PHYS a *Atome etc* (auf)spalten b *Licht* zerlegen B V/I 1 sich (auf)spalten, reißen 2 zerspringen, (-)platzen, bersten: **my head is ~ting** *fig* ich habe rasende Kopfschmerzen 3 a zerschellen (*Schiff*) b *fig* scheitern 4 sich entzweien *od* spalten (**on, over** wegen *gen*): ~ **off** sich abspalten 5 sich spalten *od* teilen (**into** in *akk*) 6 *a.* ~ **up** (**from, with**) Schluss machen (mit), sich trennen (von) 7 sich teilen (**on** in *akk*) 8 ~ **on sb** (**to**) *sl* a *bes* SCHULE j-n verpetzen (bei) b j-n verpfeifen (bei) 9 *umg* sich vor Lachen schütteln 10 POL *bes US* panaschieren 11 *sl* abhauen, verschwinden C S 1 Spalt *m*, Riss *m*, Sprung *m* 2 abgespaltener Teil, Bruchstück *n* 3 *fig* Spaltung *f* (*e-r Partei etc*) 4 *fig* Entzweiung *f*, Zerwürfnis *n*, Bruch *m* 5 Splittergruppe *f* 6 (*Bananen- etc*) Split *n* 7 halbe Flasche (*Mineralwasser etc*) 8 *meist pl* (*als sg konstruiert*) a *Akrobatik, Tanz etc*: Spagat *m*: **do the ~s** e-n Spagat machen b *Turnen*: Grätsche *f* 9 TECH Schicht *f* (*von Spaltleder*) D ADJ 1 zer-, gespalten, geteilt, Spalt...: ~ **ends** *pl* (Haar)Spliss *m* 2 *fig* gespalten, zerrissen: **be ~** (**on the issue**) (in der Sache) uneinig *od* gespalten sein 3 WIRTSCH geteilt: ~ **quotation** Notierung *f* in Bruchteilen

split| bearing S TECH geteiltes Lager; ~ **decision** S *Boxen*: nicht einstimmiges Urteil: **win by a ~** mit 2:1 Richterstimmen gewinnen; ~ **hide** S Spaltleder *n*; ~ **infinitive** S LING *Infinitivkonstruktion, bei der zwischen Partikel u. Verb ein Adverb eingeschoben wird*: **I want to really finish it**; **~-level** ARCH A ADJ a mit Zwischenstockwerken: ~ **house** → B b Maisonette...: ~ **flat** B S Halbgeschosshaus *n*; **~-new** *schott* → brand-new; ~ **pea** S getrocknete halbe Erbse; ~ **personality** S PSYCH gespaltene Persönlichkeit; **~-phase motor** S ELEK Hilfsphasenmotor *m*; ~ **ring** S Spaltring *m*; ~ **screen** S COMPUT geteilter Bildschirm; ~ **second** S Bruchteil *m* e-r Sekunde: **for a ~** für den Bruchteil e-r Sekunde; **~-second** ADJ 1 im Bruchteil e-r Sekunde: **a ~ decision** 2 ~ **timing** sekundengenaue Abstimmung

splitter [ˈsplɪtə(r)] S 1 Spalter(in) 2 TECH a Spalteisen *n* b Spaltmaschine *f* 3 *fig* Haarspalter(in)

split| ticket S POL *US Wahlzettel mit Stimmen für Kandidaten mehrerer Parteien*; ~ **time** S SPORT Zwischenzeit *f*

splitting [ˈsplɪtɪŋ] A ADJ 1 (*ohren- etc*) betäubend 2 rasend (*bes Kopfschmerzen*) 3 blitzschnell 4 zwerchfellerschütternd (*Komödie etc*) B S 1 TECH (Zer)Spaltung *f*: **the ~ of the atom** die Atomspaltung 2 WIRTSCH Splitting *n*: a Aktienteilung *f* b *Besteuerung e-s Ehepartners zur Hälfte des gemeinsamen Einkommens*

split-up S 1 → split C 3 2 → split C 4 3 WIRTSCH (Aktien)Split *m*

splodge [splɒdʒ; *US* splɑdʒ] A S (Schmutz)Fleck *m*, Klecks *m* B V/T beklecksen; **splodgy** ADJ fleckig, schmutzig

splotch [splɒtʃ; *US* splatʃ], **splotchy** *bes US* → splodge, splodgy

splurge [splɜːdʒ; *US* splɜrdʒ] *umg* A S 1 Geldprotzerei *f* 2 Kauforgie *f*: **he was having a big ~** er war im Kaufrausch; **go out on a ~** groß einkaufen gehen B V/I 1 mit s-m Geld protzen 2 e-n Haufen Geld rausschmeißen *umg* (**on** für): **~ on** *a.* sich den Luxus (*gen*) leisten C V/T *Geld* rausschmeißen *umg* (**on** für); **splurgy** ADJ (ADV **splurgily**) *umg* 1 geldprotzig 2 verschwenderisch

splutter ['splʌtə(r)] A V/I 1 stottern (**with** vor *dat*) 2 stottern (*Motor*) 3 zischen (*Braten etc*) 4 klecksen (*Schreibfeder*) 5 **he coughed and ~ed all over me** er hat mich vollgehustet B V/T 1 *Worte* (heraus)stottern 2 bespritzen, beklecksern (*beide:* **with** mit) C S 1 Stottern *n* 2 AUTO Stottern *n* 3 Klecksen *n*

spodumene ['spɒdjʊmiːn; *US* 'spadʒə-] S MINER Spodumen *m*

spoil [spɔɪl] A V/T *prät u. pperf* **spoiled** [spɔɪld] *od* **spoilt** [spɔɪlt] 1 *etwas, a. j-m den Appetit, den Spaß etc* verderben, *e-e Hauswand etc* verschandeln, *e-n Plan* vereiteln, *e-n Stimmzettel* ungültig machen: **~ sb's appetite** 2 a *j-s Charakter etc* verderben b *j-n* verwöhnen, *ein Kind a.* verziehen: **a ~ed brat** ein verzogener Fratz; **the ~ed child of fortune** Fortunas Lieblingskind; **~ o.s.** sich etwas Gutes tun, sich etwas gönnen; **~ yourself** *a.* genier dich nicht!, lang zu! *umg;* **be ~t for choice** die Qual der Wahl haben 3 *obs* a *j-n* ausrauben, *e-n Ort etc a.* (aus)plündern b *etwas* rauben B V/I 1 verderben, kaputtgehen, schlecht werden (*Obst etc*) 2 **be ~ing for** brennen auf (*akk*): **be ~ing for a fight** streitlustig sein, Streit suchen 3 *obs* plündern, rauben C S 1 *meist pl* (*Kriegs-, Sieges- etc*) Beute *f*: **~s of victory (war)** 2 *meist pl bes US* a Ausbeute *f* b POL Gewinn *m*, Einkünfte *pl* (*e-r Partei nach dem Wahlsieg*): **the ~s of office** der Profit aus e-m öffentlichen Amt 3 *obs* Plünderung *f*, Raub *m* 4 *Bergbau etc:* Abraum *m*

spoilage ['spɔɪlɪdʒ] S 1 TYPO Makulatur *f* 2 *bes* WIRTSCH Verderb *m* (*von Waren*)

spoiler S 1 *obs* Plünderer *m*, Plünderin *f*, Räuber(in) 2 Verderber(in) 3 FLUG Spoiler *m*, Störklappe *f* 4 AUTO Spoiler *m* (*Luftleitblech zur besseren Bodenhaftung*)

spoilfive S *ein Kartenspiel, von 2 od mehr Personen mit je 5 Karten gespielt*

spoilsman [-mən] S *irr* POL *US j-d, der nach der Futterkrippe strebt*

spoilsport S Spielverderber(in)

spoils system S POL *US* Spoilssystem *n*, Futterkrippensystem *n*

spoilt [spɔɪlt] *prät u. pperf von* **spoil**

spoke¹ [spəʊk] A S 1 (*Rad*) Speiche *f* 2 (*Leiter*) Sprosse *f* 3 SCHIFF Spake *f* (*des Steuerrads*) 4 **put a ~ in sb's wheel** *fig Br* j-m e-n Knüppel zwischen die Beine werfen B V/T *ein Rad* verspeichen

spoke² [spəʊk] *prät u. obs pperf von* **speak**

spoken ['spəʊkən] A *pperf von* **speak** B ADJ 1 gesprochen, mündlich: **~ English** gesprochenes Englisch 2 (*in Zusammensetzungen*) …sprechend: → **soft-spoken** *etc*

spokesman [-mən] S *irr* Wortführer *m*, Sprecher *m;* **spokesperson** S Wortführer(in), Sprecher(in); **spokeswoman** S *irr* Wortführerin *f*, Sprecherin *f*

spoliate ['spəʊlɪeɪt] A V/T *j-n* ausrauben, *e-n Ort etc a.* (aus)plündern B V/I plündern, rauben; **spoliation** S 1 Plünderung *f*, Raub *m* 2 SCHIFF, MIL a *kriegsrechtliche Plünderung neutraler Schiffe* b Vernichtung *f* der (Schiffs-)Papiere (*zur Verschleierung von Ziel u. Ladung des Schiffes*) 3 JUR unberechtigte Änderung (*e-s Dokuments*)

spondaic [spɒn'deɪɪk; *US* span-] ADJ LIT spondeisch; **spondee** [-diː] S LIT Spondeus *m* (*ein Versfuß*)

spondulicks, spondulix [span'duːlɪks] S PL *US sl* Zaster *m* (*Geld*)

spondylitis [ˌspɒndɪ'laɪtɪs; *US* ˌspan-] S MED Spondylitis *f*, Wirbelentzündung *f*

sponge [spʌndʒ] A S 1 ZOOL, *a. weitS.* Schwamm *m*: **throw in the ~** (*Boxen*) das Handtuch werfen (*a. fig*); **have a memory like a ~** *umg* ein Gedächtnis wie ein Sieb haben 2 *fig umg* Schmarotzer(in), Schnorrer(in) (*beide pej*) 3 GASTR a → **sponge pudding** b → **sponge cake** 4 MED Tupfer *m* B V/T 1 (mit e-m Schwamm) reinigen: **~ down** abreiben; **~ off** (*od* **away**) weg-, abwischen 2 *meist* **~ out** auslöschen (*a. fig*) 3 **~ up** *Wasser etc* (mit e-m Schwamm) aufsaugen, -nehmen 4 *fig umg* (**from**) (kostenlos) ergattern (von): schnorren (bei, von) *pej* C V/I 1 sich vollsaugen 2 Schwämme sammeln 3 *fig umg* schmarotzen, schnorren (*beide pej*): **~ off** (*od* **on**) **sb** auf j-s Kosten leben; **~ off** (*od* **on**) **the state** auf Staatskosten leben; **~ bag** S *Br* Kulturbeutel *m*, Toilettentasche *f;* **~ bath** → **sponge-down;** **~ cake** S Biskuitkuchen *m;* **~ cloth** S (*Art*) Frottee *n;* **~-down** S Abreibung *f* (mit e-m Schwamm); **~ finger** S Löffelbiskuit *n/m;* **~ pudding** S GASTR *lockerer, im Wasserbad zubereiteter Pudding*

sponger ['spʌndʒə(r)] S 1 Reiniger(in) 2 TECH a Dekatierer *m* b Dekatiermaschine *f* 3 Schwammtaucher(in), -sammler(in) 4 → **sponge** A 2

sponge rubber S Schaumgummi *m*

sponginess ['spʌndʒɪnɪs] S Schwammigkeit *f*, Porosität *f*

sponging| house ['spʌndʒɪŋ] S JUR, HIST *Haus e-s Gerichtsvollziehers, in dem ein Schuldgefangener vorübergehend untergebracht wurde, um ihm die Möglichkeit zu geben, sich mit s-n Gläubigern zu einigen;* **~ station** S *Marathonlauf:* Erfrischungsstelle *f*

spongy ['spʌndʒɪ] ADJ (ADV **spongily**) 1 Schwamm…, schwamm(art)ig 2 schwammig, porös 3 locker 4 sumpfig, matschig

sponsal ['spɒnsl; *US* 'span-] → **spousal** A

sponsion ['spɒnʃn; *US* 'span-] S 1 (Übernahme *f* e-r) Bürgschaft *f* 2 JUR, POL (*von e-m nicht bevollmächtigten Vertreter*) *für den Staat übernommene Verpflichtung*

sponson ['spɒnsn; *US* 'span-] S 1 SCHIFF Radgehäuse *n* 2 SCHIFF, MIL seitliche Geschützplattform 3 FLUG Stützschwimmer *m* 4 seitlicher Ausleger (*e-s Kanus*)

sponsor ['spɒnsə(r); *US* 'span-] A S 1 Bürge *m*, Bürgin *f* 2 (Tauf)Pate *m*, (-)Patin *f*: **stand ~ to** (*od* **for**) (bei) *j-m* Pate stehen 3 Förderer *m*, Förderin *f*, Gönner(in) 4 Schirmherr(in) 5 Geldgeber(in), Sponsor *m*, Sponsorin *f* B V/T 1 bürgen für 2 fördern 3 die Schirmherrschaft (*gen*) übernehmen 4 *e-e Rundfunk-, Fernsehsendung, e-n Sportler etc* sponsern: **~ sb at £1 a mile** sich j-m gegenüber verpflichten, 1 Pfund pro Meile zu spenden; **~ed walk** *zu karitativen Zwecken durchgeführter Lauf mit gesponserten Teilnehmern;* **sponsorial** [-'sɔːrɪəl; *US a.* -'səʊ-] ADJ Paten…; **sponsorship** S 1 Bürgschaft *f* 2 Patenschaft *f* 3 Gönnerschaft *f* 4 Schirmherrschaft *f* 5 Sponsoring *n*

spontaneity [ˌspɒntə'neɪətɪ; -'niː-; *US* ˌspan-] S 1 Spontaneität *f*, Freiwilligkeit *f*, eigener Antrieb 2 (*das*) Impulsive, impulsives *od* spontanes Handeln 3 Ungezwungenheit *f*, Natürlichkeit *f*

spontaneous [spɒn'teɪnjəs; -ɪəs; *US* span-] ADJ (ADV **~ly**) 1 spontan: a plötzlich, impulsiv b freiwillig, von innen heraus (erfolgend) c ungekünstelt, ungezwungen, natürlich 2 unwillkürlich 3 BOT wild wachsend 4 selbsttätig, spontan, von selbst (entstanden): **~ abortion** MED Spontanabort *m;* **~ combustion** PHYS Selbstverbrennung *f;* **~ generation** BIOL Urzeugung *f;* **~ ignition** TECH Selbstentzündung *f;* **~ly inflammable** selbstentzündlich; **spontaneousness** → **spontaneity**

spontoon [spɒn'tuːn; *US* span-] S MIL, HIST Sponton *m* (*Halbpike*)

spoof [spuːf] *umg* A S 1 a Ulk *m* b Humbug *m umg*, Schwindel *m* 2 a Parodie *f* (**of, on** auf *akk*) b Persiflage *f* B V/T 1 a verulken b beschwindeln 2 a parodieren b persiflieren C V/I schwindeln

spook [spuːk] A S 1 *umg* Geist *m*, Gespenst *n* 2 *US sl* komischer Kauz 3 *US sl* Ghostwriter *m* 4 *US sl* Spion(in) B V/T 1 *umg e-n Ort* heimsuchen (*Gespenst*) 2 *bes US umg* erschrecken, *j-m* e-n Schrecken einjagen C V/I *bes US umg* erschrecken; **spookish** ADJ, **spooky** ADJ (ADV **spookily**) *umg* 1 a Spuk…: **~ house** b unheimlich 2 *bes US* schreckhaft

spool [spuːl] A S Spule *f*: **a ~ of thread** e-e Rolle Zwirn B V/T & V/I (sich) (auf)spulen

spoon [spuːn] A S 1 Löffel *m* 2 *bes* SCHIFF Löffelruder(blatt) *n* 3 (*Angeln*) Blinker *m* 4 SCHIFF, MIL Führungsschaufel *f* (*am Torpedorohr*) B V/T 1 *meist* **~ out** (*od* **up**) auslöffeln 2 *meist* **~ out** (löffelweise) austeilen: **~ sth (out) into** etwas löffelweise abfüllen in (*akk*) 3 löffelartig aushöhlen *od* formen 4 SPORT *den Ball* schlenzen C V/I 1 mit e-m Blinker angeln 2 *US umg* schmusen; **~ bait** → **spoon** A 3; **~bill** S ORN 1 Löffelreiher *m* 2 Löffelente *f;* **~ bit** S TECH Löffelbohrer *m;* **~ bread** S *US* (*ein*) Auflauf *m;* **~ chisel** S TECH Hohlmeißel *m;* **~drift** → **spindrift**

spoonerism ['spuːnərɪzəm] S (*un*)*beabsichtigtes Vertauschen von Buchstaben od Silben* (*z. B.* **queer old dean** *statt* **dear old queen**)

spoon|-feed V/T *irr* 1 mit dem Löffel füttern 2 *fig* a auf-, hochpäppeln b verwöhnen 3 **~ sth to sb** *fig* a j-m etwas vorkauen b j-m etwas eintrichtern 4 *fig* (geistig) bevormunden; **~ful** [-fʊl] *pl* **spoonfuls, spoonsful** (*ein*) Löffel *m* voll

spoony ['spuːnɪ] ADJ (ADV **spoonily**) *sl obs* verknallt (**on** in *j-n*)

spoor [spʊə(r); spɔː(r)] *bes* JAGD A S Spur *f*, Fährte *f* B V/T aufspüren C V/I e-e Spur verfolgen

sporadic [spə'rædɪk] ADJ (ADV **~ally**) sporadisch, gelegentlich, vereinzelt (auftretend)

sporangium [spə'rændʒɪəm] *pl* **-gia** [-dʒɪə] S BOT Sporangium *n*, Sporenbehälter *m*

spore [spɔː(r); *US a.* 'spəʊər] S 1 BIOL Spore *f* 2 *fig* Keim(zelle) *m(f);* **~ case** → **sporangium;** **~ fruit** S BOT Sporenfrucht *f*

sporiferous [spɔː'rɪfərəs] ADJ BOT Sporen tragend, Sporen bildend

sporogenesis [ˌspɔːrəʊ'dʒenɪsɪs; *US a.* ˌspəʊrə-] S BIOL Sporogonie *f* (*Erzeugung von Sporen*); **sporogenous** [spɔː'rɒdʒɪnəs; *US* -'ra-; *a.* spə-] ADJ 1 BOT sporogen, Sporen bildend 2 ZOOL sich durch Sporen fortpflanzend

sporophyl(l) ['spɔːrəʊfɪl; *US a.* 'spəʊrə-] S BOT Sporophyll *n*, Sporen tragendes Blatt

sporozoan [ˌspɔːrə'zəʊən; *US a.* ˌspəʊ-] S Sporozoon *n*, Sporentierchen *n*

sporran ['spɒrən; *US* 'spa-] S beschlagene Felltasche (*Schottentracht*)

sport [spɔː(r)t; *US a.* 'spəʊərt] A S 1 *meist pl* Sport *m*: **go in for ~s** Sport treiben 2 a Sport(art) *m(f)*, -disziplin *f* b *engS.* Jagen *n*, Angeln *n* 3 Kurzweil *f*, Zeitvertreib *m* 4 Spaß *m*, Scherz *m*: **in ~** zum Scherz, im Spaß 5 Spott *m*: **make**

~ **of** sich lustig machen über *(akk)* 6 Zielscheibe *f* des Spottes 7 *fig* Spielball *m*: **the ~ of Fortune** 8 *umg* feiner *od* anständiger Kerl, Pfundskerl *m*: **be a good ~** a sei kein Spielverderber b nimm es nicht übel 9 *umg* a Genießer(in) b (Glücks)Spieler(in) 10 *pl* SCHULE *Br* Sportfest *n* 11 BIOL Spiel-, Abart *f* 12 *obs* Liebelei *f* B ADJ *US* sportlich, Sport… C V/I 1 sich belustigen 2 sich tummeln, herumtollen 3 spielen (**with** mit *j-s Gefühlen etc*) 4 BIOL mutieren 5 *obs* tändeln D V/T 1 *umg* stolz (zur Schau) tragen, sich sehen lassen mit, protzen mit: **he ~ed a green tie**; → oak A 4 2 *meist* **~ away** *Geld, Zeit etc* vergeuden, verschwenden

sport| car *US für* sports car; **~ clothes** *US für* sports clothes; **~ coat** *US für* sports coat

sporting ADJ (ADV ~ly) 1 a Sport…: **~ editor** b Jagd…: **~ gun** 2 sportlich, Sport treibend: **~ holiday(s** *pl*)(*bes US* **vacation**) Sporturlaub *m*; **~ motorist** sportlicher Fahrer 3 sportlich, fair, anständig: **a ~ chance** e-e faire Chance 4 unternehmungslustig, mutig; **~ house** S *US umg obs* Freudenhaus *n*

sportive [-tɪv] ADJ (ADV ~ly) 1 a mutwillig b verspielt 2 spaßhaft, lustig

sports| bicycle S Sportrad *n*; **~ car** S Sportwagen *m*; **~cast** S RADIO, TV Sportsendung *f*; **~caster** S RADIO, TV Sportreporter(in); **~ center**, *bes Br* **~ centre** S Sportzentrum *n*; **~ clothes** SPL 1 Sportkleidung *f* 2 Freizeitkleidung *f*; **~ coat** S Sportsakko *m/n*; **~ day** S SCHULE *Br* Sportfest *n*; **~ editor** S Sportredakteur(in); **~ jacket** S Sportsakko *m/n*; **~man** [-mən] S *irr* 1 Sportler *m* 2 anständiger Kerl; **~ mania** S Sportfimmel *m umg*; **~manlike** ADJ sportlich, fair; **~manship** S sportliches Benehmen, Fairness *f*; **~ medicine** S Sportmedizin *f*; **~ page** S Sportseite *f* (*e-r Zeitung*); **~ section** S Sportteil *m* (*e-r Zeitung*); **~wear** → sports clothes; **~woman** S *irr* 1 Sportlerin *f* 2 → sportsman 2; **~writer** S Sportjournalist(in)

sporty ADJ (ADV **sportily**) *umg* 1 *bes Br* a sportlich b sportbegeistert 2 *bes Kleidung*: a sportlich b protzig *umg* 3 zügellos *(Frau)*

sporulate ['spɒrjʊleɪt; -rʊ-] V/I BOT Sporen bilden; **sporule** [-juːl; -ruːl] S BIOL (*bes* kleine) Spore

spot [spɒt; *US* spɑt] A S 1 (*Schmutz-, Rost- etc*) Fleck(en) *m*: → knock B 1 2 *fig* Schandfleck *m*, Makel *m*: **without a ~** makellos 3 (Farb)Fleck *m*, Tupfen *m* (*a.* ZOOL): → leopard 1 4 MED Leberfleck *m*, Hautmal *n*, Pustel *f*, Pickel *m* 5 Stelle *f*, Fleck *m*, Ort *m*, Platz *m*: **on the ~** a auf der Stelle, vom Fleck weg, sofort b an Ort u. Stelle, vor Ort c zur Stelle, da d auf dem Posten, auf Draht *umg* e *US umg* in (Lebens)Gefahr:; **be on the** (*od* **in a**) **~** in der Klemme sein *od* sitzen *od* stecken *umg*; *the referee* **was always on the ~** SPORT war immer auf Ballhöhe; **put sb on the ~** *umg* a j-n in Verlegenheit bringen b *US* beschließen, j-n umzulegen; **in ~s** *US umg* a stellenweise b in gewisser Weise; **soft ~** *fig* Schwäche, Faible *n* (*beide:* **for** für); **sore** (*od* **tender**) **~** *fig* wunder Punkt, empfindliche Stelle, Achillesferse *f*; **on the ~ of four** Punkt 4 (Uhr); **be in third ~** SPORT *etc* auf dem dritten Platz liegen; **be in a tight ~** in der Klemme sein *od* sitzen *od* stecken *umg*; → bright A 1, cold spot, high spot, warm spot 6 Fleckchen *n*, Stückchen *n*: **a ~ of ground** 7 THEAT *umg* (Programm)Nummer *f*, Auftritt *m* 8 *umg* a Bissen *n*, Häppchen *n*: **have a ~ of lunch** e-e Kleinigkeit zu Mittag essen, b Tropfen *m*, Schluck *m*: **a ~ of whisky** c (*ein*) bisschen: **a ~ of rest**; 9 *bes US umg* a Nachtklub *m* b Amüsierbetrieb *m*: → hot spot 2; 10 a *Billard*: Point *m* b *US* Auge *n* (*auf Würfeln etc*); 11 ORN Maskentaube *f* 12 FISCH Umberfisch *m* 13 → spotlight A 14 → sunspot 15 *pl* WIRTSCH Lokowaren *pl* B ADJ 1 WIRTSCH a sofort lieferbar b sofort zahlbar (*bei Lieferung*) c bar, Bar…: **~ goods** → A 15 2 örtlich begrenzt, lokal 3 gezielt, Punkt…: → spot check C V/T 1 beflecken (*a. fig*) 2 tüpfeln, sprenkeln 3 entdecken 4 *Billard: e-n Ball* aufstellen 5 MIL *ein Ziel* orten, genau ausmachen 6 von Flecken reinigen 7 *Bäume* anschalmen 8 *Turnen: j-m* Hilfestellung leisten 9 *US umg j-m e-n Punkt etc* vorgeben D V/I 1 e-n Fleck *od* Flecke machen 2 flecken, fleckig werden 3 *unpers;* **it's ~ting (with rain)** *Br* es tröpfelt

spot| announcement S RADIO, TV (Werbe)Spot *m*; **~ business** S WIRTSCH Lokogeschäft *n*; **~ cash** S WIRTSCH Barzahlung *f*, sofortige Kasse; **~ check** S Stichprobe *f*: **make a ~ on** → spot-check; **~-check** [ˌ-'tʃek; *US* '-ˌtʃ-] V/T stichprobenweise überprüfen; **~ height** S GEOG Höhenangabe *f*

spotless ADJ (ADV ~ly) fleckenlos, rein, unbefleckt (*alle a. fig*); **spotlessness** S Fleckenlosigkeit *f*, Reinheit *f*, Unbeflecktheit *f* (*alle a. fig*)

spot|light A S 1 THEAT (Punkt)Scheinwerfer(licht) *m(n)* 2 *fig* Rampenlicht *n* (der Öffentlichkeit): **in the (political) ~** im Brennpunkt des (politischen) Interesses 3 AUTO Suchscheinwerfer *m* B V/T 1 anstrahlen 2 *fig* die Aufmerksamkeit lenken auf *(akk)*; **~ market** S WIRTSCH Spotmarkt *m*; **~ news** SPL (*als sg konstruiert*) Kurznachrichten *pl*; **~-on** ADJ & ADV *Br umg* haargenau: **be ~** sitzen (*Ausdruck etc*); **~ price** S WIRTSCH Kassapreis *m*, -kurs *m*

spotted ['spɒtɪd; *US* 'spɑ-] ADJ 1 gefleckt, getüpfelt, gesprenkelt, scheckig 2 *fig* befleckt, besudelt 3 MED Fleck…: **~ fever** a Fleckfiebertyphus *m* b epidemische Genickstarre; **~ dick** S GASTR *Br im Wasserbad gekochter Rindertalgpudding mit Rosinen*; **~ dog** S 1 ZOOL *umg* Dalmatiner *m* 2 → spotted dick

spotter ['spɒtə; *US* 'spɑtər] S 1 *US umg* Detektiv(in) 2 *a.* **~ plane** FLUG, MIL Erkundungsflugzeug *n* 3 *Luftschutz*: Flugmelder(in)

spot test S Stichprobe *f*

spottiness ['spɒtɪnɪs; *US* 'spɑ-] S 1 Fleckigkeit *f* 2 *fig* Uneinheitlichkeit *f*

spotty ['spɒtɪ; *US* 'spɑ-] ADJ (ADV **spottily**) 1 → spotted 1 2 pick(e)lig 3 *fig* uneinheitlich

spot-weld V/T TECH punktschweißen

spousal ['spaʊzl] A ADJ (ADV ~ly) a hochzeitlich, Hochzeits… b ehelich, Ehe… B S 1 *meist pl* Hochzeit *f* 2 *obs* Ehe(stand) *f(m)*

spouse [spaʊz; spaʊs] S 1 (*a.* JUR Ehe-)Gatte *m*, (-)Gattin *f*, Gemahl(in) 2 REL a Seelenbräutigam *m* (*Gott, Christus*) b Braut *f* Christi (*Kirche, Nonne*); **spouseless** ADJ 1 ohne Gatten *od* Gattin 2 unverehelicht

spout [spaʊt] A V/T 1 *Wasser etc* (aus-)speien, (heraus)spritzen 2 *fig* a *Zahlen etc* herunterrasseln *umg* b *Fragen etc* heraussprudeln c *ein Gedicht etc* deklamieren 3 *obs* versetzen, -pfänden B V/I 1 Wasser speien, spritzen (*a. Wal*) 2 hervorsprudeln, herausschießen, -spritzen (*Wasser etc*) 3 a deklamieren b salbadern C S 1 Tülle *f*, Schnabel *m*, Schnauze *f* (*e-r Kanne etc*) 2 Abfluss-, Speirohr *n* 3 TECH a Schütte *f*, Rutsche *f* b Spritzdüse *f* 4 Wasserstrahl 5 ZOOL a Fontäne *f* (*e-s Wals*) b → spout hole 6 → waterspout 7 *obs* Pfandhaus *n*: **up the ~** a *obs* versetzt, verpfändet b *fig umg* im Eimer (*Pläne etc*) c *fig umg* futsch (*Geld etc*) d *fig umg* in Schwulitäten (*Person*); **she's up the ~** *fig umg* bei ihr ist was unterwegs; **spouter** S 1 Ölquelle *f*, -strahl *m* 2 *fig* Redenschwinger(in) 3 ZOOL (spritzender) Wal 4 SCHIFF Walfänger *m* (*Schiff*)

spout hole S ZOOL Spritzloch *n* (*des Wals*)

spp. ABK species PL

SPQR ABK Senatus Populusque Romanus, the Senate and People of Rome

sprag [spræg] S 1 Bremsklotz *m*, -keil *m* 2 TECH Spreizholz *n*

sprain [spreɪn] MED A V/T sich *den Knöchel etc* verstauchen: **~ one's ankle** B S Verstauchung *f*

sprang [spræŋ] *prät von* spring

sprat [spræt] *pl* sprats, *bes koll* sprat S FISCH Sprotte *f*: **throw a ~ to catch a whale** (*od* **herring, mackerel**) *fig* mit der Wurst nach der Speckseite werfen

sprawl [sprɔːl] A V/I 1 ausgestreckt daliegen: **send sb ~ing** j-n zu Boden strecken 2 sich am Boden wälzen 3 *a.* **~ out** sich (hin)rekeln *od* (-)lümmeln 4 krabbeln, kriechen 5 sich spreizen 6 BOT wuchern 7 sich (*unregelmäßig od unkontrolliert*) ausbreiten (*Stadtgebiet etc*): **~ing hand** ausladende Handschrift B V/T 1 *meist* **~ out** (aus)spreizen, (unregelmäßig) ausbreiten: **~ed out** (weit) auseinandergezogen 2 **~ o.s. (out)** → A 3 C S (unregelmäßige *od* unkontrollierte) Ausbreitung (*e-s Stadtgebiets etc*)

spray[1] [spreɪ] A S 1 Gischt *m/f*, Schaum *m*, Sprühwasser *n*, -nebel *m*, -regen *m* 2 PHARM, TECH a Spray *m/n* b *a.* **~ can** Zerstäuber *m*, Sprüh-, Spraydose *f* 3 *fig* Regen *m*: **~ of bullets** Kugelregen B V/T 1 zer-, verstäuben, versprühen 2 TECH aufsprühen, -spritzen (*beide:* **on** auf *akk*) 3 besprühen, bespritzen (*beide:* **with** mit), sich *das Haar* sprayen: **~ one's hair**; **~ the lawn** den Rasen spritzen 4 TECH spritzlackieren

spray[2] [spreɪ] S 1 Zweig(lein) *m(n)*, Reis *n* 2 KOLL a Gezweig *n* b Reisig *n* 3 Blütenzweig *m* 4 Zweigverzierung *f*

spray artist S Sprayer(in)

sprayer → spray[1] A 2 b

sprayey ['spreɪɪ] ADJ verästelt

spray| gun S TECH Spritzpistole *f*; **~ nozzle** S 1 (Gießkannen)Brause *f* 2 Brause *f* 3 TECH Spritzdüse *f*; **~-paint** V/T *Parolen etc* sprühen (**on** auf *od* an *akk*)

spread [spred] A V/T *prät u. pperf* spread 1 *oft* **~ out** a *die Flügel, e-n Teppich etc* ausbreiten: **~ o.s. out** sich ausbreiten *od* breitmachen; **~ its tail** ein Rad schlagen (*Pfau*) b *die Arme* ausstrecken: → table A 2, wing A 1 2 *oft* **~ out** *die Beine etc* spreizen 3 *oft* **~ out** ausdehnen 4 bedecken, übersäen, -ziehen (*alle:* **with** mit) 5 ausbreiten, verteilen, streuen: *the picture* **is ~ over two pages** geht über zwei Seiten 6 *Butter etc* (auf)streichen, *Farbe, Mörtel etc* auftragen (*alle:* **on** auf *akk*) 7 *Brot* streichen, schmieren 8 breit drücken *od* auseinanderdrücken 9 breitschlagen 10 *e-n Geruch, e-e Krankheit etc* verbreiten 11 *e-e Nachricht* verbreiten, *ein Gerücht a.* ausstreuen, -sprengen, kolportieren: → abroad 3 12 (*zeitlich*) verteilen (**over** über *e-e Zeitspanne*) B V/I 1 *a.* **~ out** sich ausbreiten *od* verteilen (**over** über *akk*) 2 sich ausbreiten (*Fahne etc; a. Lächeln etc*), sich entfalten 3 sich (*räumlich od zeitlich*) erstrecken (**over** über *akk*): **his interests ~ over many subjects** s-e Interessen erstrecken sich auf viele Gebiete 4 *bes* TECH sich strecken *od* dehnen lassen (*Werkstoff etc*) 5 sich streichen *od* auftragen lassen (*Butter, Farbe etc*) 6 sich ver- *od* ausbreiten (*Geruch, Krankheit, Gerücht, etc*), übergreifen (**to** auf *akk*) (*Feuer, Epidemie etc*): → abroad 3 7 breit *od* auseinander gedrückt werden C S 1 Ausbreitung *f*, -dehnung *f* 2 Ver-, Ausbreitung *f* 3 Ausdehnung *f*, Breite *f*, Weite *f*, Umfang *m* 4 Körperfülle *f*: **middle-age(d) ~** Speck *m* der mittleren Jahre *umg* 5 (weite) Fläche: **a ~ of land** 6 FLUG,

S

ORN (Flügel)Spanne *f*, Spannweite *f* 7 (Zwischen)Raum *m*, Abstand *m*, Lücke *f* (*a. fig*) 8 Dehnweite *f* 9 MATH, PHYS, *a. Ballistik*: Streuung *f* 10 (*a.* Zeit)Spanne *f* 11 (*Bett- etc*) Decke *f*, (-)Tuch *n* 12 *umg* fürstliches Mahl 13 (Brot)Aufstrich *m* 14 TYPO Doppelseite *f* 15 *Statistik*: Abweichung *f* 16 WIRTSCH Spread *m*, Stellagegeschäft *n* (*an der Börse*) 17 WIRTSCH Spread *m*, Marge *f*, (Verdienst)Spanne *f*, Differenz *f* D ADJ 1 ausgebreitet 2 gedeckt (*Tisch*)

spreadable ['spredəbl] ADJ streichfähig

spread| eagle S 1 *Heraldik*: Adler *m* 2 *Eis-, Rollkunstlauf*: Mond *m* (*Figur*); **~-eagle** [,-'iːgl; '-,iːgl] A ADJ 1 mit ausgestreckten Armen u. Beinen 2 *US umg* hurrapatriotisch B V/T **~ the field** (*Radsport etc*) das Feld auseinanderreißen C V/I 1 die Arme u. Beine ausstrecken 2 *Eis-, Rollkunstlauf*: e-n Mond laufen; **~-eagleism** S *US umg* Hurrapatriotismus *m*

spreader ['spredə(r)] S 1 Streu- *od* Spritzgerät *n*, *bes* a (*Dünger*)Streumaschine *f* b Zerstäuber *m*, Spritzpistole *f* c Brause *f*, Spritzdüse *f* d Spachtel *m* e (Butter-, Streich)Messer *n* f *Spinnerei*: Auflagmaschine *f* 2 TECH Spreizer *m*, Abstandsstütze *f*

spreadsheet S IT Spreadsheet *n*: a Tabellenkalkulationsprogramm *n* b Arbeitsblatt *n*, Tabelle *f*

sprechgesang ['ʃprexgezæŋ; -zaːŋ] S Sprechgesang *m*

spree [spriː] S *umg*: **go (out) on a ~** a e-n draufmachen *umg* (*ausgelassen feiern*) b e-e Sauftour machen *umg*; **go on a buying** (*od* **shopping, spending**) **~** wie verrückt einkaufen

sprig [sprɪg] A S 1 BOT Zweig(lein) *m(n)* 2 Spross *m*, Nachkomme *m* 3 Bursche *m* 4 → spray[2] 4 5 Zwecke *f*, Stift *m* B V/T 1 mit e-m Zweigmuster verzieren 2 anheften; **spriggy** ADJ mit kleinen Zweigen besetzt *od* verziert

sprightliness ['spraɪtlɪnɪs] S Lebhaftigkeit *f*, Munterkeit *f*; **sprightly** ADJ lebhaft, munter

spring [sprɪŋ] A V/I *prät* sprang [spræŋ], *US a.* sprung [sprʌŋ], *pperf* sprung 1 springen: **~ at** sich stürzen auf (*akk*); **~ to sb's defence** (*US* **defense**) j-m zur Hilfe eilen; **~ to one's feet** aufspringen; **he sprang to life** *fig* plötzlich kam Leben in ihn 2 *oft* **~ up** aufspringen, -fahren 3 (dahin-)springen, (-)schnellen, hüpfen 4 *meist* **~ back** zurückschnellen (*Ast etc*): **the door (lid) sprang open** die Tür (der Deckel) sprang auf; **the trap sprang** die Falle schnappte zu 5 *oft* **~ forth** (*od* **out**) a herausschießen, (-)sprudeln (*Wasser, Blut etc*) b (heraus)sprühen, springen (*Funken etc*) 6 *meist* **~ up** a (plötzlich) aufkommen (*Wind etc*) b *fig* plötzlich entstehen *od* aufkommen, aus dem Boden schießen (*Industrie, Idee etc*) 7 aufschießen (*Pflanzen etc*) 8 **(from)** entspringen (*dat*): a quellen (aus) b *fig* herkommen, stammen (von): **his actions sprang from a false conviction** s-e Handlungen entsprangen e-r falschen Überzeugung; **where did you ~ from?** wo kommst du plötzlich her? 9 abstammen (**from** von) 10 ARCH sich wölben (*Bogen*) 11 (hoch) aufragen 12 auffliegen (*Rebhühner etc*) 13 TECH a sich werfen *od* biegen b springen, aufplatzen (*Holz*) 14 MIL explodieren, losgehen (*Mine*) B V/T 1 springen lassen 2 *etwas* zurückschnellen lassen 3 *e-e Falle* zuschnappen lassen 4 *ein Werkzeugteil etc* herausspringen lassen 5 zerbrechen, spalten 6 *e-n Riss etc*, SCHIFF *ein Leck* bekommen 7 (mit Gewalt) biegen 8 explodieren lassen: → mine[2] C 2 9 *fig* mit *e-r Neuigkeit etc* herausplatzen *umg*: **~ sth on sb** a j-m etwas plötzlich eröffnen b j-n mit etwas überraschen; **~ an offer on sb** j-m ein überraschendes Angebot machen 10 *e-e Quelle etc* freilegen 11 JAGD aufscheuchen 12 ARCH *e-n Bogen* wölben 13 TECH (ab)federn 14 *Br umg Geld etc* springen lassen 15 *Br umg j-n* erleichtern (**for** um): **~ sb for a pound** 16 *sl* **(from)** *j-n* befreien (aus, *fig* von), *e-n Häftling* rausholen (aus *dem Knast*) C S 1 Sprung *m*, Satz *m*: **make a ~ at** sich stürzen auf (*akk*) 2 Zurückschnellen *n* 3 Elastizität *f*: **there is not much ~ in it** es ist nicht sehr elastisch, es federt nicht gut; **with a ~ in one's step** beschwingt 4 *fig* (geistige) Spannkraft 5 a Sprung *m*, Riss *m*, Spalt *m* b Krümmung *f* (*e-s Brettes etc*) 6 (*a. Mineral-, Öl*) Quelle *f*, Brunnen *m*: → hot spring 7 *fig* Quelle *f*, Ursprung *m* 8 *fig* Triebfeder *f*, Beweggrund *m* 9 ARCH a (Bogen)Wölbung *f* b Gewölbeanfang *m* 10 TECH (*bes* Sprung)Feder *f* 11 Frühling *m* (*a. fig*), Frühjahr *n*: **the ~ of life**; **in ~** im Frühling D ADJ 1 Frühlings… 2 a federnd, elastisch b Feder… 3 Sprung… 4 Schwung…

spring| balance S TECH Federwaage *f*; **~ binder** S Klemmmappe *f*; **~board** S *Wasserspringen*: Sprungbrett *n* (*a. fig*), (*Turnen a.*) Federbrett *n*: **~ diving** Kunstspringen *n*; **~ champion** Meister *m* vom Brett; **~bok** [-bɒk; *US* -,bɑk] S 1 *pl* -boks, *bes koll* -bok ZOOL Springbock *m* 2 ♀ *bes Kricket, Rugby*: *SAfr* Nationalspieler *m*; **~ bows** [baʊz] SPL, *a.* **pair of ~** TECH Nullenzirkel *m*; **~buck** [-bʌk] → springbok 1; **~ chicken** S 1 *bes US* junges Brathähnchen *n* 2 **she's no ~** *fig umg* a sie ist nicht mehr die Jüngste b sie ist nicht von gestern *umg*; **~-clean** A V/T & V/I Frühjahrsputz machen (in *dat*) B S *Br* → spring-cleaning; **~-cleaning** S Frühjahrsputz *m*; **~ collection** S *Mode*: Frühjahrskollektion *f*

springe [sprɪndʒ] A S 1 JAGD Schlinge *f* 2 *fig* Fallstrick *m*, Falle *f* B V/T mit e-r Schlinge fangen C V/I Schlingen legen

springer ['sprɪŋə(r)] S 1 *a.* **~ spaniel** ZOOL Springerspaniel *m* 2 ARCH Anfänger *m* (*e-s Bogens*) 3 hochträchtige Kuh

spring| fever S 1 Frühjahrsmüdigkeit *f* 2 (rastlose) Frühlingsgefühle *pl*; **~form pan** S GASTR Springform *f*; **~head** S Quelle *f*, Ursprung *m* (*beide a. fig*)

springiness ['sprɪŋɪnɪs] → spring C 3

spring leaf S *irr* TECH Federblatt *n*

spring|-loaded ADJ TECH mit Federdruck; **~ lock** S TECH Schnappschloss *n*; **~ mattress** S Sprungfedermatratze *f*; **~ onion** S BOT Frühlingszwiebel *f*; **~ roll** S GASTR Frühlingsrolle *f*; **~ scale** S TECH *US* Federwaage *f*; **~ suspension** S TECH federnde Aufhängung, Federung *f*; **~ steel** S TECH Federstahl *m*; **~tide** → springtime; **~ tide** S 1 SCHIFF Springtide *f*, -flut *f* 2 *fig* Flut *f*, Schwemme *f*; **~time** S Frühling *m* (*a. fig*), Frühlingszeit *f*, Frühjahr *n*; **~ water** S Quell-, Brunnenwasser *n*; **~wort** S Springwurz(el) *f*

springy ['sprɪŋɪ] ADJ (ADV springily) 1 federnd, elastisch 2 *fig* schwungvoll

sprinkle ['sprɪŋkl] A V/T 1 *Wasser* sprenkeln, (ver)sprengen (*beide*: **on** auf *akk*) 2 *Salz etc* sprenkeln, streuen (*beide*: **on** auf *akk*) 3 (ver-, zer)streuen, verteilen (*a. fig*) 4 besprenkeln, besprengen, bestreuen (*alle*: **with** mit) 5 *e-n Stoff etc* sprenkeln, (be)tüpfeln (*beide*: **with** mit) B V/I 1 sprenkeln 2 *unpers* sprühen (*fein regnen*): **it's sprinkling (with rain)** C S 1 (Be)Sprengen *n*, (Be)Sprenkeln *n* 2 Sprühregen *m* 3 Prise *f* (*Salz etc*) 4 → sprinkling 2

sprinkler ['sprɪŋklə(r)] A S 1 a *allg* Spreng-, Berieselungs-, Beregnungsapparat *m od* -anlage *f* b Sprinkler *m*, Rasensprenger *m* c Brause *f*, Gießkannenkopf *m* d Spritze *f* (*e-s Gartenschlauchs*) e Sprinkler *m* (*e-r Beregnungsanlage im Kaufhaus etc*) f Sprengwagen *m* g Streudose *f*, Streuer *m* 2 KATH Weih(wasser)wedel *m* B V/T e-e Sprinkleranlage einbauen in (*akk*); **~ head** → sprinkler A 1; **~ system** S Sprinkler-, Beregnungsanlage *f* (*im Kaufhaus etc*)

sprinkling S 1 → sprinkle C 1, C 2, C 3 2 *a.* **~ of** *fig* ein bisschen, etwas, e-e Spur, ein paar *Leute etc*, ein wenig *Zucker etc*; **~ can** S *US* Gießkanne *f*

sprint [sprɪnt] A V/I *Leichtathletik*: a sprinten b *a. allg* sprinten, spurten B S 1 *a.* **~ race** a *Leichtathletik*: Sprint *m* b *Pferde-, Radsport*: Fliegerrennen *n* 2 *Leichtathletik etc*: Sprint *m*, Spurt *m* (*a. allg*): **~ at the finish** Endspurt; **make** (*od* **put on**) **a ~** e-n Spurt hinlegen; **sprinter** 1 *Leichtathletik*: a Sprinter(in) b *a. allg* Sprinter(in), Spurter(in) 2 *Pferde-, Radsport*: Flieger *m*

sprit [sprɪt] S SCHIFF Spriet *n*

sprite [spraɪt] S 1 Elfe *f*, Fee *f*, Kobold *m* 2 Schemen *m*, Geist *m*

spritsail ['sprɪtsl; -seɪl] S SCHIFF Sprietsegel *n*

spritzer ['sprɪtsə(r)] S *bes US* Weinschorle *f*, *a. n*

sprocket ['sprɒkɪt; *US* 'sprɑ-] S TECH 1 Zahn *m* (*e-s Kettenrads*) 2 *a.* **~ wheel** Ketten(zahn)rad *n* 3 (*Film*)Transporttrommel *f*

sprog [sprɒg] *Br sl* A S Baby *n* B V/I entbinden

sprout [spraʊt] A V/I 1 *a.* **~ up** sprießen, (auf)schießen, aufgehen 2 keimen 3 Knospen treiben 4 *a.* **~ up** schnell wachsen, sich schnell entwickeln, (*Person*) in die Höhe schießen, (*Gebäude etc*) wie Pilze aus dem Boden schießen B V/T (hervor)treiben, wachsen *od* keimen lassen, entwickeln: **~ a beard** sich e-n Bart wachsen lassen C S 1 Spross *m*, Sprössling *m* (*beide a. fig*), Schössling *m* 2 *pl* → Brussels sprouts

spruce[1] [spruːs] S 1 *a.* **~ fir** BOT Fichte *f*, Rottanne *f* 2 Fichte(nholz) *f(n)* 3 *a.* **~ beer** Sprossenbier *n* (*aus Rottannenextrakt*)

spruce[2] [spruːs] A ADJ (ADV ~ly) 1 schmuck, sauber, adrett 2 *pej* geschniegelt, affig B V/T *oft* **~ up** *umg j-n* fein machen, herausputzen: **~ o.s. up** → C C V/I *oft* **~ up** *umg* sich fein machen, sich in Schale werfen; **spruceness** S 1 Sauberkeit *f*, Adrettheit *f* 2 *pej* Affigkeit *f*

sprue[1] [spruː] S TECH 1 Gießloch *n* 2 Gusszapfen *m*

sprue[2] [spruː] S MED Sprue *f* (*e-e Tropenkrankheit*)

sprung [sprʌŋ] A *prät u. pperf von* spring B ADJ 1 TECH gefedert 2 rissig (*Holz*)

spry [spraɪ] ADJ (ADV ~ly) 1 flink, hurtig 2 lebhaft, munter

SPUC ABK *Br* Society for the Protection of the Unborn Child

spud [spʌd] A S 1 AGR a Jät-, Reutspaten *m* b Stoßeisen *n* 2 Spachtel *m/f* 3 *umg* Kartoffel *f* B V/T 1 *meist* **~ up** (*od* **out**) ausgraben, -stechen, -jäten 2 *e-e Ölquelle* anbohren; **~-bashing** S *bes* MIL *Br sl* Kartoffelschälen *n* (*als Strafe*)

spue → spew

spume [spjuːm] A S Schaum *m*, *bes* Gischt *m/f* B V/I schäumen, *bes* gischten C V/T *oft* **~ forth** ausstoßen, absondern; **spumescence** [-'mesns] S Schäumen *n*; **spumescent**, **spumous**, **spumy** ADJ schäumend, schaumig

spun [spʌn] A *prät u. pperf von* spin B ADJ gesponnen: **~ glass** Glasgespinst *n*; **~ gold** Goldgespinst *n*; **~ silk** Schappseide *f*; **~ sugar** *US* Zuckerwatte *f*; **~ yarn** SCHIFF Schiemannsgarn *n*

spunk [spʌŋk] S 1 Zunderholz *n* 2 Zunder *m*, Lunte *f* 3 *umg* a Feuer *n*, Schwung *m* b Mumm *m umg*, Mut 4 *Br vulg* Soße *f* (*Sperma*); **spunky** ADJ (ADV spunkily) 1 *umg* feurig, schwungvoll 2 *umg* mutig, draufgängerisch

spur [spɜː; US spɜr] A S 1 (Reit)Sporn m: **~s** Sporen; **~ rowel** Sporenrädchen n; **put** (od **set**) **~s to** → B 1; **gain** (od **win**) **one's ~s** fig sich die Sporen verdienen 2 fig Ansporn m (**to** zu), Antrieb m: **on the ~ of the moment** spontan 3 BOT a Dorn m, Stachel m (kurzer Zweig etc) b Sporn m (Nektarbehälter) 4 ZOOL Sporn m (von Vögeln, bes des Hahns) 5 Steigeisen n 6 GEOG Ausläufer m 7 ARCH a Strebe f, Stütze f b Strebebalken m c (Mauer)Vorsprung m 8 MIL, HIST Vorwerk n B V/T 1 spornen, e-m Pferd die Sporen geben 2 oft **~ on** fig j-n anspornen, anstacheln (beide: **to** zu; **to do** zu tun) 3 spornen, Sporen (an)schnallen an (akk) C V/I 1 (dem Pferd) die Sporen geben 2 a sprengen, eilen b a. **~ on** (od **forth**) fig (vorwärtsdrängen, weiter)drängen

spurge [spɜːdʒ; US spɜrdʒ] S BOT Wolfsmilch f

spur| gear S TECH 1 Geradstirnrad n 2 → spur gearing; **~ gearing** S Geradstirnradgetriebe n

spurge laurel S Lorbeerseidelbast m

spurious [ˈspjʊəriəs] ADJ (ADV **~ly**) 1 falsch, unecht, Pseudo..., Schein... 2 nachgemacht, ver-, gefälscht 3 unehelich 4 BOT, ZOOL Schein...: **~ fruit** 5 ELEK wild, Stör..., Neben...: **~ oscillation** Verstärkerschwingen n, Störschwingung f; **spuriousness** S Unechtheit f

spurn [spɜːn; US spɜrn] A V/T 1 obs a mit dem Fuß stoßen nach b mit dem Fuß wegstoßen 2 fig etwas verschmähen, verächtlich zurückweisen, j-n a. abweisen: **a ~ed lover** ein verschmähter Liebhaber B V/I 1 **~ at** → A 1 a 2 **~ at** → A 2

spur-of-the-moment ADJ spontan (Entschluss etc)

spurrey, **spurry** [ˈspʌrɪ; US bes ˈspɜriː] S BOT Spörgel m

spurt[1] [spɜːt; US spɜrt] A S 1 SPORT (a. Zwischen)Spurt m, Sprint m 2 plötzliche Aktivität od Anstrengung 3 WIRTSCH a plötzliches Anziehen (von Kursen, Preisen etc) b plötzliche Geschäftszunahme B V/I 1 SPORT spurten, sprinten: **~ past sb** j-n überspurten 2 plötzlich aktiv werden

spurt[2] [spɜːt; US spɜrt] A V/I spritzen (**from** aus) B V/T: **the pipe was ~ing hot water** aus dem Rohr spritzte heißes Wasser C S (Blut-, Wasser- etc) Strahl m: **~ of blood**

spur| track S BAHN Neben-, Seitengleis n; **~ wheel** → spur gear 1

sputa [ˈspjuːtə; US a. ˈspuː-] pl von sputum

sputter [ˈspʌtə(r)] → splutter

sputum [ˈspjuːtəm; US a. ˈspuː-] pl **-ta** [-tə] S MED Sputum n, Auswurf m

spy [spaɪ] A V/T 1 oft **~ out** ausspionieren, -spähen, -kundschaften: **~ out the land** fig a die Lage peilen umg b sich e-n Überblick verschaffen 2 a. **~ out** ausfindig machen 3 erspähen, entdecken B V/I 1 MIL etc spionieren, Spionage treiben: he was jailed for 10 years **for ~ing** wegen Spionage; **~ on** a j-m nachspionieren, j-n bespitzeln b ein Gespräch etc abhören 2 fig herumspionieren (**into** in dat) C S 1 Späher(in), Kundschafter(in) 2 MIL etc Spion(in) 3 fig Spitzel m: **~ in the cab** AUTO umg Fahrtenschreiber m; **~ case** S Spionagefall m; **~glass** S bes HIST Perspektiv n (ein kleines Fernrohr); **~hole** S Guckloch n, (in e-r Tür) Spion m; **~master** S Chef m e-s Spionagerings; **~ plane** S MIL Spionageflugzeug n; **~ ring** S Spionagering m; **~ satellite** S MIL Spionagesatellit m, Himmelsspion m umg

sq. ABK 1 sequence 2 MIL squadron 3 square

sq. ft. ABK square foot (od feet PL) Quadratfuß m od pl (Flächenmaß)

sq. in. ABK square inch(es PL) Quadratzoll m od pl

sq. mi. ABK square mile(s PL) Quadratmeile f (Quadratmeilen pl)

sqn ABK MIL squadron

sq. yd. ABK square yard(s PL) Quadrat-Yard n (Quadrat-Yards pl)

squab [skwɒb; US skwɑb] A S 1 noch nicht flügger Jungvogel, bes noch nicht flügges Täubchen 2 a Sofakissen n, Polster n b Sofa n 3 kleine(r) Dicke(r), Dickerchen n umg B ADJ 1 klein u. dick 2 ORN noch nicht flügge, ungefiedert

squabble [ˈskwɒbl; US ˈskwɑbəl] A V/I sich kabbeln umg (**about, over** wegen, um) B V/T: **~d type** TYPO tanzender Satz C S Kabbelei f umg; **squabbler** S Streithammel m umg

squabby [ˈskwɒbɪ; US ˈskwɑ-] → squab B 1

squacco [ˈskwækəʊ; US a. ˈskwɑː-] pl **-cos** S ORN Rallenreiher m

squad [skwɒd; US skwɑd] A S (a. als pl konstruiert) 1 MIL Gruppe f, Korporalschaft f: **~ drill** Grundausbildung f 2 (Arbeits- etc) Gruppe f: → rescue C 3 a (Überfall- etc) Kommando n (der Polizei): **~ car** bes US (Funk) Streifenwagen m; → flying squad, riot A 1 b Dezernat n 4 SPORT Kader m B V/T in Gruppen einteilen

squadron [ˈskwɒdrən; US ˈskwɑ-] S (a. als pl konstruiert) 1 MIL a HIST (Reiter)Schwadron f b (Panzer)Bataillon n 2 SCHIFF, MIL (Flotten)Geschwader n: → flying squadron 3 FLUG, MIL Staffel f: a Br 10-18 Flugzeuge b US 3 Schwärme von je 3-6 Flugzeugen 4 allg Gruppe f, Abteilung f, Mannschaft f; **~ leader** S FLUG, MIL Staffelführer m, -kapitän m

squalid [ˈskwɒlɪd; US ˈskwɑ-] ADJ (ADV **~ly**) 1 schmutzig, verkommen, verwahrlost 2 erbärmlich, schäbig 3 abstoßend; **squalidity**, **squalidness** S Schmutz m, Verkommenheit f, Verwahrlosung f

squall[1] [skwɔːl] A S 1 METEO Bö f, heftiger Windstoß: **look out for ~s** fig die Augen offenhalten 2 fig Gewitter n (Streit) B V/I in Böen wehen (Wind)

squall[2] [skwɔːl] A V/I schreien (Baby etc) B S Schreien n

squaller [ˈskwɔːlə(r)] S Schreihals m

squally ADJ 1 böig 2 fig stürmisch, turbulent

squalor [ˈskwɒlə; US ˈskwɑlər] → squalidity

squama [ˈskweɪmə] pl **-mae** [-miː] S Squama f: a ANAT schuppenartig gestalteter Knochen b MED aus Hornzellen bestehende Hautauflagerung; **squamate** [-meɪt] → squamous

squamous [ˈskweɪməs] ADJ (ADV **~ly**) MED squamös, schuppig

squander [ˈskwɒndə; US ˈskwɑndər] V/T (**on**) Zeit etc verschwenden, -geuden (beide: **on** für), Geld a. durchbringen (mit), e-e Chance etc vergeben, vertun: **~ o.s.** sich verzetteln od verplempern; **squanderer** S Verschwender(in); **squandering** A ADJ verschwenderisch B S Verschwendung f, -geudung f

square [skweə(r)] A S 1 MATH Quadrat n (Figur) 2 Quadrat n, Viereck n, quadratisches Stück (Glas, Stoff etc), Karo n 3 Feld n (e-s Brettspiels): **be back to ~ one** fig wieder da sein, wo man angefangen hat; wieder ganz am Anfang stehen 4 US Häuserblock m, -viereck n 5 (öffentlicher) Platz: **Trafalgar** ~ 6 TECH a Winkel(maß) m(n), Anschlagwinkel m b bes Zimmerei: Geviert n: **by the ~** fig genau, exakt; **on the ~** im rechten Winkel, fig umg ehrlich, anständig, in Ordnung; **out of ~** nicht rechtwink(e)lig, fig nicht in Ordnung; **be out of ~ with** nicht übereinstimmen mit, im Widerspruch stehen zu; → T square 7 MATH Quadrat(zahl) n(f): **in the ~** im Quadrat 8 MIL Karree n 9 (Wort-, Zahlen) Quadrat n 10 ARCH Säulenplatte f 11 Buchbinderei: vorspringender Rand 12 Drehzapfen m (der Uhr) 13 sl Spießer(in) B V/T 1 a. **~ off** quadratisch od rechtwink(e)lig machen 2 a. **~ off** in Quadrate einteilen, Papier etc karieren 3 MATH a den Flächeninhalt berechnen von (od gen) b e-e Zahl quadrieren, ins Quadrat erheben: **three ~d** drei zum Quadrat c e-e Figur quadrieren, in ein Quadrat verwandeln: → circle A 1 4 auf s-e Abweichung vom rechten Winkel od von der Geraden od von der Ebene prüfen 5 TECH a vierkantig formen od behauen od zuschneiden, Holz abvieren b im rechten Winkel anbringen 6 SCHIFF Rahen vierkant brassen 7 die Schultern straffen 8 ausgleichen 9 SPORT den Kampf unentschieden beenden: → account C 1, a e-e Schuld begleichen b e-n Gläubiger befriedigen 10 fig in Einklang bringen (**with** mit), anpassen (**to** an akk) 11 sl a j-n schmieren, bestechen b meist **~ away** e-e Sache regeln, in Ordnung bringen C V/I 1 oft **~ up**, US **~ off** in Boxerstellung gehen: **~ up to sb** sich vor j-m aufpflanzen umg; **~ up to a problem** ein Problem angehen od anpacken 2 (**with**) in Einklang stehen (mit), passen (zu) 3 s-e Angelegenheiten in Ordnung bringen: **~ up** WIRTSCH abrechnen (**with** mit) (a. fig) 4 a. **~ by the lifts and braces** SCHIFF vierkant brassen D ADJ (ADV **~ly**) 1 MATH quadratisch, Quadrat...: **~ mile**; **~ pyramid** quadratische Pyramide; **~ root** (Quadrat)Wurzel f; **~ unit** Flächeneinheit f; → measure A 1 2 MATH ... im Quadrat: **a table 3 feet ~** 3 rechtwink(e)lig, im rechten Winkel (stehend) (**to** zu) 4 (vier)eckig (Tisch etc): → bracket A 5 5 TECH Viereck..., Vierkant...: → peg A 1 6 breit (-schulterig), vierschrötig, stämmig (Person) 7 SCHIFF Vierkant..., ins Kreuz gebrasst 8 gleichmäßig, gerade, eben (Fläche etc) 9 fig in Einklang (stehend) (**with** mit), in Ordnung: **get things ~** die Sache in Ordnung bringen 10 WIRTSCH a abgeglichen (Konten) b quitt: **get (all) ~ with sb** mit j-m quitt werden (a. fig); **at half time the teams were (all) ~** SPORT zur Halbzeit stand das Spiel unentschieden 11 umg a reell, anständig b ehrlich, offen: → deal[1] C 2 12 klar, deutlich (Ablehnung etc): **the problem must be faced ~ly** das Problem muss klar ins Auge gefasst werden 13 umg ordentlich, anständig (Mahlzeit etc) 14 ... zu viert: **a ~ game (party**, etc) 15 sl altmodisch, spießig: **turn ~** verspießern E ADV 1 quadratisch, (recht-, vier-)eckig 2 umg anständig, ehrlich 3 US mitten, direkt

square|-bashing S MIL Br sl Kasernenhofdrill m; **~-built** [ˌ-ˈbɪlt; attr ˈ-b-] ADJ a quadratisch (Gebäude) b → square D 7; **~ dance** S bes US Squaredance m (ein Volkstanz); **~-dance** V/I bes US e-n Squaredance tanzen; **~-dealing** ADJ reell, anständig; **~head** S US umg 1 Holzkopf m (Person) 2 pej a Deutsche(r) m/f(m), Niederländer(in) b Skandinavier(in), bes Schwede m, Schwedin f; **~-headed** ADJ TECH vierkantig, Vierkant...; **~ knot** S SCHIFF Kreuzknoten m; **~-law** ADJ ELEK quadratisch (Gleichrichter)

squareness S 1 (das) Quadratische od Rechteckige od Viereckige 2 Vierschrötigkeit f 3 umg Ehrlichkeit f

square| piano S MUS, HIST Tafelklavier n; **~-rigged** ADJ SCHIFF voll getakelt; **~-rigger** S SCHIFF Rahsegler m; **~ sail** S SCHIFF Rahsegel n; **~ shooter** S bes US umg ehrlicher od anständiger Kerl; **~-shouldered** ADJ breitschult(e)rig

square-toed ADJ 1 mit breiten Kappen (Schuhe) 2 fig a altmodisch b steif

squarish [ˈskweərɪʃ] ADJ (ADV **~ly**) fast od unge-

S

fähr quadratisch

squarrose ['skwærəʊs; *Br a.* 'skwɒ-; *US a.* 'skwɑ-] ADJ 1 BOT sparrig 2 ZOOL vorstehend

squash¹ [skwɒʃ; *US a.* skwɑʃ] A VT 1 (zu Brei) zerquetschen, zusammendrücken 2 breitschlagen 3 → squeeze A 4 4 *fig e-n Aufruhr etc* niederschlagen, (im Keim) ersticken, *Hoffnungen* zerstören 5 *umg j-n* fertigmachen B VI 1 zerquetscht werden 2 → squeeze B 3 3 *umg* glucksen *(Fuß im Morast etc)* 4 FLUG absacken C S 1 Matsch *m*, Brei *m*, breiige Masse 2 → squeeze C 5 3 *Br* Squash *n (Getränk aus Orangen- od Zitronenkonzentrat, Wasser u. Zucker)* 4 *umg* Glucksen *n* 5 SPORT Squash *n*

squash² [skwɒʃ; *US a.* skwɑʃ] *pl* squashes, *bes koll* squash S BOT *ein Kürbisgewächs, bes* a Gartenkürbis *m* b Bisam-, Moschuskürbis *m*

squash court S SPORT Squashplatz *m*

squasher S SPORT Squasher(in)

squash| racket S SPORT Squashschläger *m*; **~ rackets**, **~ racquets** SPL *(als sg konstruiert)* → squash¹ C 5; **~ tennis** S SPORT *ein dem Squash ähnliches Spiel*

squashy ADJ (ADV squashily) 1 weich, breiig 2 matschig *(Boden)* 3 zerknittert *(Gesicht etc)*

squat [skwɒt; *US* skwɑt] A VI *prät u. pperf* squatted, *US a.* squat 1 hocken, kauern: **~ down** sich hinhocken 2 sich ducken *(Tier)* 3 *umg* hocken *(sitzen)*: **find somewhere to ~** setz dich irgendwo hin 4 *bes US* HIST sich ohne Rechtstitel ansiedeln 5 *bes US* sich auf regierungseigenem Land niederlassen B VT 1 **~ o.s.** sich hinhocken 2 *bes US* HIST sich ohne Rechtstitel ansiedeln auf *(dat)* 3 *bes Br ein leer stehendes Haus* besetzen C ADJ 1 in der Hocke: **sit ~**; **~ toilet** Stehtoilette *f* 2 untersetzt, vierschrötig D S 1 Hocken *n*, Kauern *n* 2 Hocke *f (a.* SPORT*)*, Hockstellung *f* 3 *bes Br* besetztes Haus; **squatter** S 1 Hockende(r) *m/f(m)* 2 *bes US* HIST Squatter(in), Ansiedler(in) ohne Rechtstitel 3 *bes US* Siedler(in) auf regierungseigenem Land 4 *Aus* Schafzüchter(in) 5 *bes Br* Hausbesetzer(in)

squaw [skwɔː] S 1 *oft neg!* Squaw *f*: a Indianerin b (Ehe)Frau *f (e-s Indianers)* 2 *US sl neg!* a Alte *f (Ehefrau)* b Weib *n*

squawk [skwɔːk] A VI 1 *bes* ORN kreischen 2 *umg* lautstark protestieren (**about** gegen) B S 1 *bes* ORN Kreischen *n* 2 *umg* Protestgeschrei *n*

squaw man S *irr pej mit e-r Indianerin verheirateter Weißer od Nichtindianer*

squeak [skwiːk] A VI 1 quiek(s)en, piep(s)en 2 quietschen *(Türangel etc)*, *(Bremsen etc a.)* kreischen 3 *sl* → squeal A 5 4 *a.* **~ by** *(od* **through***)* *umg* mit knapper Not durchkommen *(in e-r Prüfung etc)* B VT *etwas* quiek(s)en, piep(s)en C S 1 Quiek(s)en *n*, Piep(s)en *n* 2 Quietschen *n*, Kreischen *n* 3 *umg* **have a narrow** *(od* **close***)* **~** mit knapper Not davonkommen *od* entkommen; **that was a narrow ~** das ist gerade noch einmal gut gegangen!, das hätte ins Auge gehen können! 4 *US sl* Chance *f*

squeaky ['skwiːkɪ] ADJ (ADV squeakily) 1 quiek(s)end, piep(s)end: **~ voice** Piepsstimme *f* 2 quietschend, kreischend; **~-clean** ADJ *bes US umg* 1 peinlich sauber 2 *fig* tadellos, einwandfrei *(Ruf etc)*

squeal [skwiːl] A VI 1 schreien, kreischen *(beide:* **with** vor *dat)* 2 quietschen, kreischen *(Bremsen etc)* 3 quiek(s)en, piep(s)en 4 *bes Br umg* lautstark protestieren (**about** gegen) 5 *sl* a *bes* SCHULE petzen b singen (**to** bei): **~ on sb** j-n verpetzen *od* verpfeifen B VT 1 *etwas* schreien, kreischen 2 *etwas* quiek(s)en, piep(s)en C S 1 Schreien *n*, Kreischen *n* 2 Quietschen *n* 3 Schrei *m*: **~s** *pl* **of delight** Freudengeschrei *n*; **~s** *pl* **of protest** Protestgeschrei *n*; **squealer** S 1 Schreier(in) 2 a Täubchen *n* b *allg* junger Vogel 3 *sl* a *bes* SCHULE Petze *f*, Petzer(in) b Verräter(in)

squeamish ['skwiːmɪʃ] ADJ (ADV **~ly**) 1 (über)empfindlich, zimperlich 2 penibel, übergewissenhaft 3 heikel *(im Essen etc)* 4 (leicht) Ekel empfindend: **I felt ~** mir wurde komisch im Magen; **squeamishness** S 1 (Über)Empfindlichkeit *f*, Zimperlichkeit *f* 2 Übergewissenhaftigkeit *f* 3 heikle Art 4 Ekel *m*, Übelkeit *f*

squeegee [ˌskwiːˈdʒiː; *US* 'skwiːˌdʒiː] S 1 Fensterwischer *m* 2 FOTO Rollenquetscher *m*

squeezable ['skwiːzəbl] ADJ 1 *fig* nachgiebig, gefügig 2 zusammendrückbar

squeeze [skwiːz] A VT 1 zusammendrücken, (-)pressen: **~ sb's hand** j-m die Hand drücken 2 a *a.* **~ dry** *e-e Frucht* ausquetschen, -pressen b *e-n Pickel, Schwamm etc* ausdrücken c *umg j-n* ausnehmen, schröpfen 3 a *oft* **~ out** *Saft* (her)auspressen, -quetschen *(beide:* **from** aus*)*: **~ a tear** *fig* e-e Träne zerdrücken, ein paar Krokodilstränen weinen b *Zahnpaste etc* drücken *(***out of** aus*)* 4 drücken, quetschen, zwängen *(alle:* **into** in *akk)*: **~ in** einklemmen; **~ o.s.** *(od* **one's way***)* **in** *(***through***)* sich hinein-(hindurch)zwängen; **they were ~d up against each other** sie standen dicht gedrängt; **be ~d for room** in beengten Verhältnissen leben 5 *umg* fest *od* innig an sich drücken 6 *umg* a *j-n* unter Druck setzen, erpressen b *Geld etc* herauspressen, *e-n Vorteil etc* herausschinden *(***out of** aus*)* 7 abklatschen, e-n Abdruck von *e-r Münze etc* machen B VI 1 quetschen, drücken, pressen 2 sich zwängen *od* quetschen: **~ through** *(***in, out***)* sich durch-(hinein-, hinaus)zwängen; **~ up** zusammenrücken 3 sich (aus)quetschen *od* (-)pressen lassen C S 1 Druck *m*, Pressen *n*, Quetschen *n* 2 Händedruck *m* 3 (innige) Umarmung 4 Gedränge *n*: **it was a (tight) ~** es ging ganz schön eng zu 5 ausgepresster Saft 6 *umg* Klemme *f*, *(bes* Geld*)*Verlegenheit *f*: **be in a tight ~** schwer im Druck sein 7 *umg* Druck *m*, Erpressung *f*: **put the ~ on sb** j-n unter Druck setzen 8 WIRTSCH a *(a.* Geld*)* Knappheit *f*, wirtschaftlicher Engpass b *Börse*: Zwang *m* zu Deckungskäufen: → credit squeeze 9 *(bes* Wachs*)*Abdruck *m*, (-)Abguss *m* 10 *umg* **have a tight** *(od* **close, narrow***)* **~** mit knapper Not davonkommen *od* entkommen; **that was a tight ~** das ist gerade noch einmal gut gegangen!, das hätte ins Auge gehen können!

squeeze| bottle S (Plastik)Spritzflasche *f*; **~ box** S MUS *umg* Quetschkommode *f* *(Ziehharmonika)*

squeezer ['skwiːzə(r)] S 1 (Frucht)Presse *f*, Quetsche *f* 2 TECH a (Aus-)Pressmaschine *f* b Quetsch-, Schotterwerk *n* c Pressformmaschine *f*

squelch [skweltʃ] A VT 1 zermalmen 2 *fig Kritik etc* unterdrücken 3 *umg j-m* den Mund stopfen B VI 1 p(l)atschen 2 glucksen *(Schuh im Morast etc)* C S 1 Matsch *m* 2 glucksender Laut 3 ELEK Squelch *m*, Rauschsperre *f*

squib [skwɪb] A S 1 a Frosch *m*, (Feuerwerks)Schwärmer *m* b *allg Br* (Hand)Feuerwerkskörper *m*: **damp ~** *Br umg* Reinfall *m*, Pleite *f* 2 *Bergbau*: Zündladung *f* *(a.* MIL, HIST*)* 3 (politische) Satire, Spottgedicht *n* B VI Spottgedichte *od* Satiren schreiben C VT *j-n* mit Spottgedichten angreifen, bespötteln

squid [skwɪd] *pl* squids [-dz], *bes koll* squid S ZOOL *(ein)* zehnarmiger Tintenfisch, *bes* Kalmar *m*

squiffed [skwɪft] → squiffy

squiffy ['skwɪfɪ] ADJ *bes Br umg* angesäuselt

squiggle ['skwɪgl] A S Schnörkel *m (beim Schreiben)* B VI 1 kritzeln 2 sich winden

squilgee [ˌskwɪl'dʒiː; *US* 'skwɪlˌdʒiː] → squeegee

squill [skwɪl] S 1 BOT a Meerzwiebel *f* b Blaustern *m* 2 ZOOL Heuschreckenkrebs *m*

squinch [skwɪntʃ] S ARCH Trompe *f*

squint [skwɪnt] A VI 1 MED schielen *(a. weitS. schräg blicken)* 2 blinzeln 3 **~ at** a schielen nach b *US umg* e-n kurzen Blick werfen auf *(akk)* B VT *die Augen* zusammenkneifen C S 1 MED Schielen *n (a. fig)*: **have a bad ~** stark schielen; **convergent ~** Einwärtsschielen; **divergent ~** Auswärtsschielen 2 **have** *(od* **take***)* **a ~ at** → A 3 D ADJ 1 MED schielend 2 schief, schräg; **~-eyed** ADJ 1 MED schielend: **be ~** schielen 2 *fig* a neidisch b böse

squirarchy → squirearchy

squire ['skwaɪə(r)] A S 1 *Br* HIST Squire *m*, Gutsherr *m* 2 *US Ehrentitel*: a (Friedens)Richter *m* b *andere Person mit lokaler Obrigkeitswürde* 3 *Br umg Anrede unter Männern*: **anything else I can get you, ~?** *iron* wünschen der Herr sonst noch etwas? 4 HIST Edelknabe *m*, (Schild)Knappe *m* 5 *obs* Kavalier *m*: a Begleiter *m (e-r Dame)* b *umg* Galan *m*, Liebhaber *m*: **~ of dames** Frauenheld *m* B VT a *e-r Dame* die Cour machen *od* schneiden, den Hof machen b *e-e Dame* begleiten

squirearchy ['skwaɪərɑː(r)kɪ] S *(a. als pl konstruiert)* Squire-, Gutsherrenstand *m*

squireen [ˌskwaɪə'riːn] S *Br* HIST kleiner Squire *od* Gutsherr

squirehood S *Br* HIST Rang *m od* Würde *f* e-s Squires *od* Gutsherrn

squirm [skwɜːm; *US* skwɜrm] A VI sich krümmen, sich winden *(a. fig* **with** vor *Scham etc)*: **~ out of** a sich (mühsam) aus *e-m Kleid* herausschälen b *fig* sich aus *e-r Notlage etc* herauswinden B S 1 Krümmen *n*, Sichwinden *n* 2 SCHIFF Kink *f (im Tau)*; **squirmy** ADJ sich windend

squirrel ['skwɪrəl; *US* 'skwɜrəl; 'skwʌrəl] S 1 *pl* -rels, *bes koll* -rel ZOOL Eichhörnchen *n*: → flying squirrel 2 Feh(werk) *n (Pelz)*; **~ cage** S 1 a Laufradkäfig *m* b *fig* Tretmühle *f* 2 ELEK a Käfigläufer-, Kurzschlussläufermotor *m* b Käfigläufer *m*; **~-cage** ADJ ELEK Käfig..., Kurzschluss...: **~ motor** → squirrel cage 2 a; **~ rotor** → squirrel cage 2 b; **~fish** S *(ein)* Soldatenfisch *m*; **~ monkey** S ZOOL *(ein)* Totenkopfäffchen *n*

squirt [skwɜːt; *US* skwɜrt] A VI 1 spritzen 2 (heraus)spritzen *(***from** aus*)* B VT 1 *e-e Flüssigkeit* spritzen *(***into** in *akk)* 2 *j-n* anspritzen *od* bespritzen *od* vollspritzen *(alle:* **with** mit*)* C S 1 Spritzer *m* 2 Spritze *f*: **~ can** TECH Spritzkanne *f* 3 *a.* **~ gun** Wasserpistole *f* 4 *umg* a kleiner Scheißer b Zwerg *m*

squish [skwɪʃ] *umg* A S → squelch C 2 B VT zermatschen *umg* C VI → squelch B 2; **squishy** ADJ matschig

squit [skwɪt] S *Br sl* 1 kleiner Scheißer 2 Mist *m*

Sr ABK 1 Sir Hr. 2 REL Sister Schw.

SRBM ABK MIL short-range ballistic missile Kurzstreckenrakete *f*

SRCN ABK *Br* State Registered Children's Nurse staatlich registrierte u. anerkannte Kinder(kranken)schwester, staatlich registrierter u. anerkannter Kinderpfleger

Sri Lanka [ˌsriː'læŋkə; *US* -'lɑŋkə] S Sri Lanka *n (Inselstaat im Indischen Ozean)*; **Sri Lankan** [ˌsriː'læŋkən; *US* -'lɑŋ-] A S Srilanker(in) B ADJ srilankisch

SRN ABK *Br* State Registered Nurse staatlich registrierte u. anerkannte Krankenschwester, staatlich registrierter u. anerkannter Pfleger

SRO ABK 1 standing room only nur (noch) Stehplätze 2 *Br* Statutory Rules and Orders gesetzliche Regeln u. Vorschriften 3 self-regulatory organization autonome *od* sich selbst regulierende Organisation
SS ABK steamship
SSA ABK *US* Social Security Administration
SSAFA ABK *Br* Soldiers', Sailors', and Airmen's Families Association
SSM ABK MIL surface-to-surface missile Boden-Boden-Rakete *f*
SSN ABK severely subnormal
SSP ABK *Br* statutory sick pay Lohnfortzahlung *f* im Krankheitsfall
SSR ABK HIST Socialist Soviet Republic SSR *f*
SSRC ABK *Br* Social Science Research Council
SSSI ABK *Br* site of special scientific interest
SST ABK FLUG supersonic transport
St *abk* Saint Hl.; → saint A 1 (*etc*)
st. ABK 1 statute 2 street Str.
STA ABK scheduled time of arrival planmäßige Ankunft(szeit)
sta. ABK 1 station Bhf. 2 stationary
stab [stæb] A V/T 1 *j-n* a niederstechen, mit e-m Messer *etc* verletzen: **he was ~bed in the stomach** er bekam e-n Stich in den Magen b *a.* **~ to death** erstechen 2 *ein Messer etc* bohren, stoßen (*beide:* **into** in *akk*) 3 *fig j-n* (*seelisch*) verletzen: **~ sb in the back** j-m in den Rücken fallen; **~ sb's reputation** an j-m Rufmord begehen 4 *etwas* durchbohren, aufspießen, stechen in (*akk*) 5 TECH *e-e Mauer* rau hauen 6 *Buchteile* vorstechen B V/I 1 stechen (**at sb** nach j-m) 2 mit *dem Finger etc* stoßen (**at** nach, auf *akk*): **he ~bed his finger at her** C S 1 Stich *m*: **make a ~ at sb** → B 1; **~ in the back** *fig* Dolchstoß *m* 2 Stich (-wunde *f*) *m* 3 *a.* **~ of pain** *fig* Stich *m*, stechender Schmerz: **feel a ~ of remorse** Gewissensbisse bekommen *od* haben 4 *umg* Versuch *m*: **have** (*od* **make, take**) **a ~ at sth** etwas probieren
stabbing ['stæbɪŋ] A ADJ stechend (*Schmerz*) B S Erstechen *n*: **after last week's fatal ~ of an old man** nachdem letzte Woche ein alter Mann erstochen wurde
stab cell S BIOL Stabzelle *f*
stabile ['steɪbaɪl; -bɪl] A ADJ 1 fest (stehend), stationär 2 stabil (*a.* MED) B S [*US* 'steɪˌbiːl] Stabile *n* (*abstrakte Freiplastik*)
stability [stə'bɪlətɪ] S 1 *allg* Stabilität *f*: a Standfestigkeit *f* b Festigkeit *f*, Widerstandsfähigkeit *f*, (Wert-)Beständigkeit *f* c Unveränderlichkeit *f* (*a.* MATH) d CHEM Resistenz *f*: **~ of prices** WIRTSCH Preis- *od* Kursstabilität 2 *fig* Beständigkeit *f*, Standhaftigkeit *f*, (Charakter)Festigkeit *f* 3 a TECH Kippsicherheit *f*: **~ on curves** AUTO Kurvenstabilität *f* b FLUG dynamisches Gleichgewicht
stabilization [ˌsteɪbɪlaɪ'zeɪʃn; *US* -lə'z-] S Stabilisierung *f*; **stabilize** [-laɪz] V/T stabilisieren (*a.* FLUG, SCHIFF, TECH): a festigen, stützen b konstant halten c im Gleichgewicht halten: **~ prices** WIRTSCH die Preise *od* Kurse stabilisieren; **stabilizer** S 1 FLUG, SCHIFF, AUTO, TECH, *a.* CHEM Stabilisator *m* 2 FLUG Stabilisierungsflosse *f* 3 ELEK a Glättungsröhre *f* b Spannungskonstanthalter *m* 4 TECH Stabilisierungsmittel *n* (*für Kunststoffe etc*)
stable¹ ['steɪbl] A S 1 (*Pferde- etc*) Stall *m*, *pl a.* Stallungen *pl* 2 Stall(bestand) *m* 3 KOLL Rennstall *m* (*bes Pferde, Radrennfahrer*) 4 *fig* Stall *m* (*Mannschaft, Künstlergruppe, Familie etc*) B V/T *Pferde etc* einstallen C V/I 1 im Stall stehen (*Pferd*) 2 *pej* hausen
stable² ['steɪbl] ADJ (ADV **stably**) 1 stabil: a standfest, -sicher (*a.* PHYS, TECH) b widerstandsfähig, fest c (wert)beständig, fest, dauerhaft, haltbar d unveränderlich (*a.* MATH), konstant, gleichbleibend (*a.* ELEK) e CHEM resistent: **~ in water** wasserbeständig f stationär: **~ equilibrium** PHYS stabiles Gleichgewicht 2 WIRTSCH, POL stabil (*Währung etc*) 3 *fig* beständig, gefestigt: **(emotionally) ~** charakterlich gefestigt; **he is in ~ condition** sein Zustand ist stabil
stable|boy S Stallbursche *m*, -junge *m*; **~ companion** S Stallgefährte *m*, -gefährtin *f* (*a. Radsport u. fig*); **~ door** S quer geteilte Tür; **~ fly** S ZOOL 1 Gemeine Stechfliege 2 Stallfliege *f*; **~ lad** *Br* → stableboy; **~man** [-mən; -mæn] S *irr* Stallknecht *m*; **~mate** → stable companion
stableness → stability
stabling ['steɪblɪŋ] S 1 Einstallung *f* 2 Stallung *f*
stab wound S Stichwunde *f*
staccato [stə'kɑːtəʊ] A ADJ 1 MUS staccato zu singend *od* spielend 2 *fig* abgehackt B ADV 1 MUS staccato 2 → A 2 C S MUS Stakkato *n* (*a. fig*)
stack [stæk] A S 1 AGR Schober *m*, Feim *m* 2 Stoß *m*, Stapel *m*: **a ~ of books** 3 *umg* Haufen *m*, Masse *f*: **~s** *pl* **of work** jede Menge Arbeit 4 *Br* Stack *n* (*Maßeinheit für Holz u. Kohlen: 108* ft^3 = *3,05814* m^3) 5 *US* (*Bücher*) Regal *n* 6 *meist pl* a Gruppe *f* von Regalen b (Haupt)Magazin *n* (*e-r Bibliothek*) 7 TECH a *a.* BAHN Schornstein *m* b AUTO Auspuffrohr *n* c (Schmiede)Esse *f* d ELEK (gestockte) Antennenkombination e Satz *m*, Aggregat *n*: → blow¹ C 7 b 8 MIL (*Gewehr*) Pyramide *f* 9 Felssäule *f* 10 IT Stack *m*, Stapel-, Kellerspeicher *m* B V/T 1 *a.* **~ up** *Heu etc* aufsetzen, -schobern 2 *a.* **~ up** (auf)stapeln, (auf)schichten, übereinanderschichten 3 vollstapeln 4 MIL *die Gewehre* zusammensetzen 5 **~ the cards** beim Mischen betrügen: **the cards** (*od* **odds**) **are ~ed against him** *fig* s-e Chancen sind gleich Null 6 FLUG *ein Flugzeug* in e-e Wartezone einweisen C V/I **~ up** *bes US umg* a sich anlassen *od* entwickeln (*Geschäfte etc*) b sich halten (**against** gegen); **stacker** S Stapler *m* (*Person u. Vorrichtung*)
staddle ['stædl] S Ständer *m*, Gestell *n*
stadia¹ ['steɪdjə; -dɪə] *pl von* stadium
stadia² ['steɪdjə; -dɪə] S *a.* **~ rod** *Landvermessung*: Distanzlatte *f*
stadium ['steɪdjəm; -dɪəm] *pl* -**dia** [-djə; -dɪə], -**diums** S 1 *Antike*: Stadion *n* (*Kampfbahn od Längenmaß*) 2 SPORT Stadion *n* 3 *bes* BIOL, MED Stadium *n*
staff¹ [stɑːf; *US* stæf] A S; *pl* **staffs**, (*1-7, 10*) *a.* **staves** [steɪvz] 1 Stab *m*, Stecken *m*, Stock *m* 2 (*Amts-, Kommando*)Stab *m* 3 Bischofs-, Krummstab *m* 4 (*Fahnen*)Stange *f*, SCHIFF (*Flaggen*)Stock *m* 5 *fig* a Stütze *f*: **the ~ of his old age** b (*das*) Wichtigste *od* Nötigste: **~ of life** Brot *n* (*als wichtigste Nahrung*) 6 *Landvermessung*: *Br* Messstab *m* 7 TECH Unruhwelle *f* (*der Uhr*) 8 (*a. als pl konstruiert*) a (Mitarbeiter)Stab *m* b Beamtenstab *m* c SCHULE Lehrkörper *m*, (Lehrer)Kollegium *n* d Personal *n*, (*die*) Angestellten *pl*, Belegschaft *f*: **editorial ~** Redaktion(sstab) *f(m)*; **medical ~** Arztpersonal (*e-s Krankenhauses*); **be on the ~ of** zum Stab *od* Lehrkörper *od* Personal (*gen*) gehören, fest angestellt sein bei, Mitarbeiter sein bei 9 (*a. als pl konstruiert*) MIL Stab *m* 10 MUS Noten(linien)system *n*: **~ notation** Liniennotenschrift *f* B ADJ 1 Personal...: **~ doctor** Betriebsarzt *m*, -ärztin *f*; **~ manager** Personalchef *m*; **~ meeting** SCHULE Lehrerkonferenz *f*; **~ member** Mitarbeiter(in); **~ room** Lehrerzimmer *n* 2 MIL Stabs...: **~ car** Befehlsfahrzeug *n*; **~ college** Generalstabsakademie *f*; **~ officer** Stabsoffizier *m*; **~ order** Stabsbefehl *m*; **~ section** Stabsabteilung *f*; **~ sergeant** (*Br* Ober)Feldwebel *m* C V/T 1 (mit Personal) besetzen: **well ~ed** gut besetzt 2 mit e-m Stab *od* Lehrkörper *etc* versehen 3 den Lehrkörper *e-r Schule* bilden
staff² [stɑːf; *US* stæf] S TECH *Baustoff aus Gips u. (Hanf)Fasern*
staffer ['stɑːfə; *US* 'stæfər] S *umg* Belegschafts-, *bes* Redaktionsmitglied *n*
staffing costs ['stɑːfɪŋ; *US* 'stæfɪŋ] SPL Personalkosten *pl*
Staffordshire ['stæfə(r)dʃə(r); -ʃɪə(r)] S Staffordshire *n* (*Grafschaft im Westen Mittelenglands*)
Staffs. ABK Staffordshire
stag [stæg] A S 1 ZOOL (*bes* Rot)Hirsch *m* 2 ZOOL Männchen *n* 3 *nach der Reife kastriertes männliches Tier* 4 *umg* a Unbeweibte(r) *m*, Herr *m* ohne Damenbegleitung b → stag night 5 WIRTSCH *Br* Konzertzeichner *m* B ADJ a *umg* Herren...: **~ dinner** b Sex...: **~ film** C ADV *umg* unbeweibt, solo: **go ~** → D 2 D V/I 1 WIRTSCH *Br* in neu ausgegebenen Aktien spekulieren 2 *umg* ohne Damenbegleitung *od* solo gehen E V/T WIRTSCH *Br den Markt* durch Konzertzeichnung beeinflussen; **~ beetle** S ZOOL Hirschkäfer *m*
stage [steɪdʒ] A S 1 TECH Bühne *f*, Gerüst *n* 2 Podium *n* 3 THEAT Bühne *f* (*a. fig Theaterwelt od Bühnenlaufbahn*): **the ~** *fig* die Bühne, das Theater; **be on the ~** Schauspieler(in) *od* beim Theater sein; **go on the ~** zur Bühne gehen; **hold the ~** sich halten (*Theaterstück*); **put on (the) ~** → B 1; **be put on (the) ~** zur Aufführung gelangen *od* kommen; **set the ~ for** *fig* a die Voraussetzungen schaffen für b e-n (entsprechenden) Rahmen geben (*dat*); → hold² B 13 4 *fig* Bühne *f*, Schauplatz *m*: **move off the political ~** von der politischen Bühne abtreten 5 HIST a (Post)Station *f* b Postkutsche *f* 6 *Br* Teilstrecke *f*, Fahrzone *f* (*Bus etc*) 7 (Reise)Abschnitt *m*, Etappe *f* (*a. Radsport etc u. fig*): **by** (*od* **in**) **(easy) ~s** etappenweise, *fig a.* Schritt für Schritt 8 *a.* BIOL, WIRTSCH, MED Stadium *n*, Stufe *f*, Phase *f*: **critical ~** kritisches Stadium; **experimental (initial, intermediate) ~** Versuchs-(Anfangs-, Zwischen)stadium; **at this ~** a zum gegenwärtigen Zeitpunkt b in diesem Stadium; **at this early ~** schon jetzt, bereits heute; **be in its early ~s** im Anfangs- *od* Frühstadium sein; **~s** *pl* **of appeal** JUR Instanzenweg *m* 9 ARCH (Bau)Abschnitt *m* 10 GEOL Stufe *f* (*e-r Formation*) 11 Objekttisch *m* (*am Mikroskop*) 12 ELEK Verstärkerstufe *f* 13 TECH Stufe *f* (*a. e-r Rakete*) 14 TECH Farbläufer *m* 15 *US* Höhe *f* des Wasserspiegels (*e-s Flusses*) B V/T 1 a auf die Bühne *od* zur Aufführung bringen, inszenieren: **be ~d** zur Aufführung gelangen *od* kommen b für die Bühne bearbeiten 2 a *e-e Ausstellung etc* veranstalten b *e-e Demonstration etc* inszenieren, durchführen, aufziehen 3 TECH (be)rüsten 4 MIL *US* durchschleusen
stage| actor S Theaterschauspieler *m*; **~ actress** S Theaterschauspielerin *f*; **~ box** S THEAT Proszeniumsloge *f*; **~ career** S Bühnen-, Theaterkarriere *f*; **~coach** S HIST Postkutsche *f*; **~craft** S 1 dramaturgisches Können 2 schauspielerisches Können; **~ design** S Bühnenbild *n*; **~ designer** S Bühnenbildner(in); **~ direction** S Bühnen-, Regieanweisung *f*; **~ director** S Regisseur *m*; **~dive** V/I (*bes während e-s Rockkonzertes*) von der Bühne ins Publikum springen; **~ door** S Bühneneingang *m*; **~ effect** S 1 Bühnenwirkung *f*, -effekt *m* 2 *fig* Theatralik *f*; **~ fever** S Drang *m* zur Bühne, Theaterbesessenheit *f*; **~ fright** S Lampenfieber *n*; **~hand** S Bühnenarbei-

ter(in); **~house** S HIST Poststation *f*; **~-manage** [ˌ-ˈmænɪdʒ; ˈ-ˌm-] → stage B 2; **~ manager** S Inspizient *m*; **~ name** S Bühnen-, Künstlername *m*; **~ play** S Bühnenstück *n*

stager [ˈsteɪdʒə(r)] S *meist* **old ~** alter Hase *umg*

stage| race S *Radsport*: Etappenrennen *n*; **~ rights** SPL JUR Aufführungs-, Bühnenrechte *pl*; **~ setting** S Bühnenbild *n*; **~-struck** ADJ theaterbesessen; **~ wait** S THEAT (*durch e-n Hänger etc verursachte*) unbeabsichtigte Pause; **~ whisper** S 1 THEAT nur für das Publikum bestimmtes Flüstern 2 *fig* weithin hörbares Geflüster; **~-whisper** V/I *fig* weithin hörbar flüstern; **~ win** S *Radsport etc*: Etappensieg *m*; **~ winner** S *Radsport etc*: Etappensieger(in); **~wise** ADJ 1 bühnenerfahren (*Regisseur etc*) 2 bühnenwirksam (*Stück*); **~ work** S THEAT Bühnenwerk *n*

stagey *US für* stagy

stagflation [stægˈfleɪʃn] S WIRTSCH Stagflation *f* (*von wirtschaftlichem Stillstand begleitete Inflation*)

staggard [ˈstægə(r)d], **staggart** [-gə(r)t] S JAGD Hirsch *m* im vierten Jahr

stagger [ˈstægə(r)] A V/I 1 (sch)wanken, taumeln, torkeln *umg*: **~ to one's feet** sich schwankend erheben 2 wanken, zurückweichen (*Truppen etc*) 3 *fig* (sch)wanken(d werden) B V/T 1 ins Wanken bringen, (sch)wankend machen (*beide a. fig*) 2 *fig* a verblüffen b *stärker*: überwältigen, sprachlos machen: **I was ~ed by his impudence** s-e Unverschämtheit verschlug mir die Sprache 3 TECH, *a.* FLUG gestaffelt *od* versetzt anordnen 4 *Arbeitszeit etc* staffeln C S 1 (Sch)Wanken *n*, Taumeln *n*, Torkeln *n umg* 2 *pl* (*meist als sg konstruiert*) a MED Schwindel *m* (*bei Caissonkrankheit*) b VET Schwindel *m* (*bei Rindern*), Koller *m* (*bei Pferden*), Drehkrankheit *f* (*bei Schafen*) 3 TECH, *a.* FLUG gestaffelte *od* versetzte Anordnung 4 Staff(e)lung *f* 5 *Leichtathletik*: Kurvenvorgabe *f*; **staggering** ADJ (ADV **~ly**) 1 (sch)wankend, taumelnd, torkelnd *colloq*, 2 wuchtig, heftig, *fig* schwer (*Schlag*) 3 *fig* a umwerfend, überwältigend b schwindelerregend (*Preise etc*)

staghound S JAGD, HIST Hirschhund *m*

staginess [ˈsteɪdʒɪnɪs] S Theatralik *f*, Effekthascherei *f*

staging [ˈsteɪdʒɪŋ] S 1 THEAT a Inszenierung *f* b Bühnenbearbeitung *f* 2 *fig* a Veranstaltung *f* b Inszenierung *f*, Durchführung *f* 3 (Bau)Gerüst *n* 4 SCHIFF Hellinggerüst *n*; **~ area** S MIL 1 Bereitstellungsraum *m* 2 Auffangsraum *m*; **~ post** S *Br* 1 MIL Sammelgebiet *n* 2 Zwischenstation *f* 3 *fig* Ansatz *m* (**in** zu)

Stagirite [ˈstædʒɪraɪt] S: **the ~** der Stagirit (*Aristoteles*)

stagnancy [ˈstægnənsɪ] S Stagnation *f*: a Stockung *f*, Stillstand *m* b *bes* WIRTSCH Stille *f*, Flauheit *f* c *fig* Trägheit *f*; **stagnant** ADJ (ADV **~ly**) stagnierend: a stockend, stillstehend b abgestanden (*Wasser*), stehend (*Gewässer*) c *bes* WIRTSCH still, flau, schleppend d *fig* träge; **stagnate** [-neɪt] V/I stagnieren, stocken, stillstehen; **stagnation** → stagnancy

stag night S, **stag party** S *umg Abschiedsfeier des Bräutigams vom Junggesellendasein am Vorabend der Hochzeit*

stagy [ˈsteɪdʒɪ] ADJ (ADV **stagily**) 1 bühnenmäßig, Bühnen… 2 *fig* theatralisch, effekthaschend

staid [steɪd] A *obs prät u. pperf von* stay¹ B ADJ (ADV **~ly**) 1 gesetzt, seriös 2 ruhig (*a. Farben*), gelassen; **staidness** S 1 Gesetztheit *f* 2 Ruhe *f*, Gelassenheit *f*

stain [steɪn] A S 1 (*Blut- etc*) Fleck *m*: **~ remover** Fleckenentferner *m*, Fleckentfernungsmittel *n*; **~-resistant** Schmutz abweisend (*Teppich etc*) 2 *fig* Schandfleck *m*, Makel *m* 3 Färbung *f* 4 TECH a Farbe *f*, Färbemittel *n* b (*Holz*) Beize *f* 5 PHYSIOL Mal *n*, Fleck *m* B V/T 1 beschmutzen, beflecken, besudeln (*alle a. fig*) 2 färben, *Holz* beizen, *Glas etc* bemalen 3 *Tapeten, Stoff etc* bedrucken C V/I 1 Flecken verursachen 2 Flecken bekommen, schmutzen; **stained** ADJ 1 be-, verschmutzt, fleckig 2 *fig* besudelt 3 bunt, bemalt, Farb…: **~ glass**; **~-glass window** Farbglasfenster *n*; **stainer** S TECH 1 Färber(in), Beizer(in) 2 Farbstoff *m*, Beize *f*; **staining** A S 1 (Ver)Färbung *f* 2 Verschmutzung *f* 3 *bes* TECH Färben *n*, Beizen *n*: **~ of glass** Glasmalerei *f* B ADJ Färbe…; **stainless** ADJ (ADV **~ly**) 1 *bes fig* fleckenlos, unbefleckt 2 TECH nicht rostend, rostfrei (*Stahl*)

stair [steə(r)] S 1 Treppe *f*, Stiege *f* 2 (Treppen)Stufe *f* 3 *pl* Treppe(nhaus) *f(n)*: **above ~s** a oben b *Br* HIST bei der Herrschaft; **below ~s** a unten b *Br* HIST beim Hauspersonal; **down (up) ~s** → downstairs A, upstairs A 4 *pl* Landungssteg *m*; **~ carpet** S Treppenläufer *m*

staircase S Treppe *f*, Treppenhaus *n*, (-)Aufgang *m*

stair|head S oberster Treppenabsatz; **~ rod** S (Treppen)Läuferstange *f*: **it's raining ~s** *Br umg* es regnet Bindfäden; **~way** → staircase; **~well** S Treppenschacht *m*

stake¹ [steɪk] A S 1 (*a.* Grenz)Pfahl *m*, Pfosten *m*: **pull up ~s** *bes US umg* s-e Zelte abbrechen 2 HIST Brandpfahl *m*: **be burnt at the ~** auf dem Scheiterhaufen verbrannt werden; **be sentenced to the ~** zum Tod auf dem Scheiterhaufen verurteilt werden; **I wouldn't go to the ~ for it** *fig* ich würde mich dafür nicht kreuzigen lassen 3 Pflock *m* (*zum Anbinden von Tieren*) 4 AGR, AUTO, BAHN Runge *f* 5 Absteckpfahl *m*, -pflock *m* 6 kleiner (Hand)Amboss B V/T 1 *oft* **~ off** (*od* **out**) abstecken (*a. fig*): **~ out a** (*od* **one's**) **claim** *fig* Ansprüche anmelden (**to** auf *akk*); **~ in** (*od* **out**) mit Pfählen einzäunen; **~ off** durch Pfähle abtrennen 2 *e-e Pflanze* mit e-m Pfahl stützen 3 *ein Tier* anpflocken 4 a (mit e-m Pfahl) durchbohren b HIST pfählen (*als Strafe*) 5 *meist* **~ out** *umg ein Haus, e-n Verdächtigen etc* (polizeilich) überwachen

stake² [steɪk] A S 1 (Wett-, Spiel)Einsatz *m*: **place one's ~s on** setzen auf (*akk*); **be at ~** *fig* auf dem Spiel stehen; **play for high ~s** a um hohe Einsätze spielen b *fig* ein hohes Spiel spielen, allerhand riskieren; **raise the ~s** a den Einsatz *od* die Einsätze erhöhen b *fig* das Risiko erhöhen; **sweep the ~s** den ganzen Gewinn einstreichen 2 *fig* Interesse *n*, Anteil *m*, Beteiligung *f* (*a.* WIRTSCH): **have a ~ in** interessiert *od* beteiligt sein an (*dat*); **have a ~ in the country** am Wohlergehen des Staates interessiert sein 3 *pl Pferderennsport*: a (*bes von den Pferdeeigentümern bestrittene*) Dotierung (*e-s Rennens*) b *Rennen, dessen Dotierung von den Pferdeeigentümern bestritten wird* 4 → grubstake B V/T 1 *Geld* setzen (**on** auf *akk*) 2 *fig* aufs Spiel setzen, riskieren: **I'd ~ my life on that** darauf gehe ich jede Wette ein 3 *fig sein Wort etc* verpfänden (**on** für) 4 *US* in *j-n od etwas* investieren 5 **~ sb to sth** j-m etwas spendieren

stake| boat S 1 *verankertes Boot, an dem vorübergehend andere Boote vertäut sind* 2 SPORT *als Wendepunkt dienendes verankertes Boot*; **~holder** S 1 Verwahrer(in) der Wett- *od* Spieleinsätze 2 JUR a treuhänderische(r) Verwalter(in) b Herausgabeschuldner(in); **~out** S *umg* (polizeiliche) Überwachung (**on** *gen*)

Stakhanovism [stæˈkænəvɪzəm; *US* stəˈkɑ:-] S HIST Stachanow-System *n* (*in der Sowjetunion praktizierte Methode zur Steigerung der Arbeitsleistung*)

stalactiform [stəˈlæktɪfɔ:(r)m] ADJ GEOL stalaktitenförmig; **stalactite** [ˈstæləktaɪt; *US bes* stəˈlækˌtaɪt] S Stalaktit *m* (*von oben nach unten wachsender Tropfstein*); **stalactitic** [ˌstæləkˈtɪtɪk] ADJ (ADV **~ally**) stalaktitisch, Stalaktiten…

stalagmite [ˈstæləgmaɪt; *US bes* stəˈlægˌmaɪt] S GEOL Stalagmit *m* (*von unten nach oben wachsender Tropfstein*); **stalagmitic** [ˌstæləgˈmɪtɪk] ADJ (ADV **~ally**) stalagmitisch, Stalagmiten…

stale¹ [steɪl] A ADJ (ADV **~ly**) 1 alt (*Ggs frisch*), *bes* a schal, abgestanden (*Bier etc*) b alt (backen) (*Brot etc*) c schlecht, verdorben (*Nahrungsmittel*) 2 schal (*Gefühl, Geruch, Geschmack etc*) 3 verbraucht, muffig (*Luft*) 4 *fig* fad, abgedroschen, (ur)alt (*Witz etc*) 5 a verbraucht, überanstrengt, SPORT *a.* übertrainiert, ausgebrannt b eingerostet *umg*, aus der Übung (gekommen) 6 JUR verjährt, unwirksam *od* gegenstandslos (geworden) (*Schuld etc*) B V/I schal *etc* werden C V/T schal machen

stale² [steɪl] ZOOL A V/I urinieren (*Vieh*), (*Pferd a.*) stallen B S Urin *m*

stalemate [ˈsteɪlmeɪt] A S 1 *Schach*: Patt *n* 2 *fig* Patt *n*, Sackgasse *f*: **end in (a) ~** mit e-m Patt enden B V/T 1 *Schach*: patt setzen 2 *fig* in e-e Sackgasse führen

staleness [ˈsteɪlnɪs] S 1 Schalheit *f* (*a. fig*) 2 *fig* a Fadheit *f*, Abgedroschenheit *f* b Verbrauchtheit *f*

Stalinism [ˈstɑ:lɪnɪzəm; ˈstæ-] S POL, HIST Stalinismus *m*; **Stalinist** A S Stalinist(in) B ADJ stalinistisch

stalk¹ [stɔ:k] S 1 BOT Stängel *m*, Stiel *m*, Halm *m* 2 BIOL, ZOOL Stiel *m* (*Träger e-s Organs*) 3 ZOOL Federkiel *m* 4 Stiel *m* (*e-s Weinglases etc*) 5 hoher Schornstein 6 ARCH Stängel *m* (*an Säulen*)

stalk² [stɔ:k] A V/I 1 JAGD a sich anpirschen b pirschen, auf die Pirsch gehen 2 *oft* **~ along** a (einher)stolzieren, (-)schreiten b staksen, steif(beinig) gehen 3 umgehen (*Gespenst, Krankheit etc*) 4 *obs* schleichen B V/T 1 JAGD *u. fig* sich heranpirschen an (*akk*) 2 JAGD durchpirschen, -jagen 3 *j-n* mit Anrufen, Briefen *etc* belästigen 4 umgehen in (*dat*) (*Gespenst, Krankheit etc*) C S 1 JAGD Pirsch(-jagd) *f* 2 Stolzieren *n*, stolzer *od* steifer Gang 3 Belästigung *f* (*durch Anrufe, Briefe etc*)

stalked [stɔ:kt] ADJ BOT, ZOOL gestielt, …stielig: **long-~** langstielig

stalker [ˈstɔ:kə(r)] S 1 JAGD Pirschjäger(in) 2 Belästiger(in)

stalk-eyed ADJ ZOOL stieläugig

stalking horse [ˈstɔ:kɪŋ] S 1 JAGD Versteckpferd *n* 2 *fig* Vorwand *m*: **make sb a ~** j-n vorschieben 3 POL *bes US* Strohmann *m*

stalkless ADJ 1 ungestielt 2 BOT sitzend, stängellos

stalky ADJ (ADV **stalkily**) 1 stängel-, stielartig 2 hoch aufgeschossen

stall¹ [stɔ:l] A S 1 a Stand *m*, Box *f* (*im Stall*) b Stall *m* 2 (Verkaufs)Stand *m*, (*Markt*) Bude *f*: **~ money** Standgeld *n* 3 (*Chor-, Kirchen*) Stuhl *m* 4 *bes* THEAT *Br* a Parkettplatz *m* b *pl* Parkett *n* 5 Hülle *f*, Schutz *m*, *bes* → fingerstall 6 (*Dusch- etc*) Ecke *f* 7 (markierter) Parkplatz 8 FLUG Sackflug *m* B V/T 1 *Tiere* a in Boxen unterbringen b in Boxen mästen 2 a *e-n Wagen* durch Abwürgen des Motors zum Stehen bringen

S

umg b den Motor abwürgen umg c FLUG überziehen C VI 1 stecken bleiben (Wagen etc) 2 absterben (Motor) 3 FLUG abrutschen

stall[2] [stɔːl] A S 1 Ausflucht f, Hinhaltemanöver n 2 US Komplize m/Komplizin f e-s Taschendiebs/e-r Taschendiebin B VI 1 a Ausflüchte machen, sich nicht festlegen (wollen) b a. ~ **for time** Zeit schinden umg 2 SPORT bes US a sich nicht voll ausgeben b auf Zeit spielen C VT oft ~ **off** a j-n hinhalten b etwas hinauszögern

stallage ['stɔːlɪdʒ] S Br Standgeld n

stall|-feed VT irr Tiere in Boxen mästen; **~holder** S Standinhaber(in)

stalling speed ['stɔːlɪŋ] S FLUG kritische Geschwindigkeit

stallion ['stæljən] S Hengst m

stalwart ['stɔːlwə(r)t] A ADJ (ADV ~ly) 1 robust, stämmig 2 tapfer, beherzt, entschlossen (Kämpfer etc) 3 bes POL treu (Anhänger etc) B S robuster od stämmiger Kerl

stamen ['steɪmen; -mən] pl -mens, stamina ['stæmɪnə; US a. 'steɪ-] S BOT Stamen n, Staubblatt n

stamina ['stæmɪnə] S 1 Lebenskraft f (a. fig), Vitalität f 2 Stärke f, Kraft f 3 Zähigkeit f, Ausdauer f 4 Widerstandskraft f (a. MIL), Durchhalte-, Stehvermögen n, bes SPORT Kondition f: **run out of ~** konditionell nachlassen; **staminal** ADJ 1 Lebens…, vital 2 Widerstands…, Konditions… 3 BOT Staubblatt…; **staminate** [-nət; -neɪt], **staminiferous** [-'nɪfərəs] ADJ BOT männlich (Blüte)

stammer ['stæmə(r)] A VI MED stottern B VT a. ~ **out** stottern, stammeln: ~ **one's thanks** sich stotternd bedanken C S 1 MED Stottern n: **have a bad ~** stark stottern 2 pej Gestotter n, Gestammel n; **stammerer** S MED Stotterer m, Stotterin f; **stammering** A ADJ (ADV ~ly) 1 MED stotternd 2 stotternd, stammelnd B S → stammer c

stamp [stæmp] A VT 1 a stampfen, e-e Skipiste treten b aufstampfen mit c stampfen auf (akk): ~ **one's foot** aufstampfen; ~ **down** a feststampfen b niedertrampeln; ~ **out** a ein Feuer etc austreten b zertrampeln c fig ausmerzen d e-e Rebellion etc niederschlagen, ersticken 2 Geld prägen 3 aufprägen (**on** auf akk) 4 fig (fest) einprägen: ~ **sth on one's mind** sich etwas fest einprägen; **be ~ed on sb's memory** unverrückbar in j-s Erinnerung sein 5 e-e Urkunde etc stempeln 6 e-n Namen etc aufstempeln (**on** auf akk): ~ **a letter with the date** das Datum auf e-n Brief aufstempeln 7 Gewichte etc eichen 8 e-n Brief etc frankieren, freimachen, e-e Briefmarke (auf)kleben auf (akk): **~ed envelope** Freiumschlag m 9 e-e Steuer- od Gebührenmarke (auf)kleben auf (akk) 10 kennzeichnen (a. fig): **be ~ed with** gekennzeichnet sein durch 11 fig (**as** od akk) kennzeichnen od charakterisieren (als), stempeln (zu) 12 TECH a a. ~ **out** (aus)stanzen b pressen c Lumpen etc einstampfen d Erz pochen 13 Butter formen B VI 1 aufstampfen 2 stampfen, trampeln (beide: **on** auf akk): ~ **on** fig hart vorgehen gegen C S 1 (Dienst- etc) Stempel m 2 fig Stempel m (der Wahrheit etc), Gepräge n: **bear** (od **have**) **the ~ of** den Stempel des Genies etc tragen; **he left his ~ on his times** er gab s-r Zeit das Gepräge 3 (Brief)Marke f 4 (Stempel-, Steuer-, Gebühren) Marke f 5 WIRTSCH Rabattmarke f 6 (Firmen)Zeichen n, Etikett n 7 fig Art f, Schlag m: **a man of his ~** ein Mann s-s Schlages; **be of a different ~** aus e-m anderen Holz geschnitzt sein 8 TECH a Stempel m b Prägestempel m c Stanze f d Stanzeisen n (des Buchbinders) e Stampfe f f Presse f g Pochstempel m h Patrize f 9 Prägung f 10 Aufdruck m 11 a Eindruck m b Spur f 12 (Auf)Stampfen n

stamp| album S (Brief)Markenalbum n; **~ booklet** S Postwesen Markenheftchen n; **~ collection** S (Brief) Markensammlung f; **~ collector** S (Brief)Markensammler(in); **~ duty** S Stempelsteuer f

stampede [stæm'piːd] A S 1 a Stampede f (wilde, panische Flucht e-r Rinder- od Pferdeherde) b wilder Ansturm: **there was a ~ for the door** alles stürzte zur Tür 2 fig (Massen)Ansturm m (von Käufern etc) 3 POL US a Meinungsumschwung m b Erdrutsch m, Wählerflucht f 4 US *jährliches Volksfest mit Rodeos, Tanzveranstaltungen, Ausstellungen etc* B VI 1 in wilder Flucht davonstürmen, durchgehen (Rinder-, Pferdeherde) 2 (in Massen) losstürmen C VT 1 e-e Rinder-, Pferdeherde in wilde Flucht jagen 2 a in Panikstimmung versetzen b treiben (**into doing sth** dazu, etwas zu tun) c überrumpeln d POL US e-n Erdrutsch bei e-m Parteitag etc hervorrufen

stamper S TECH 1 Stampfe(r) f(m), Ramme f 2 Stößel m, Stempel m

stamping S TECH 1 Ausstanzen n 2 Stanzstück n 3 Pressstück n 4 Prägung f; **~ die** S TECH Schlagmatrize f; **~ ground** S 1 Revier n (a. von Tieren) 2 Tummelplatz m, Treff(-punkt) m

stamp(ing) mill S TECH 1 Stampfmühle f 2 Pochwerk n

stamp pad S Stempelkissen n

stance [stæns; Br a. stɑːns] S 1 a. SPORT Stellung f, Haltung f (a. fig: **on** in dat, zu) 2 Bergsteigen: Stand m

stanch[1] [stɑːntʃ; US a. stɔːntʃ] VT 1 das Blut, e-e Blutung stillen 2 fig Einhalt gebieten (dat)

stanch[2] [stɑːntʃ; US a. stɔːntʃ] → staunch[2]

stanchion ['stɑːnʃn; US 'stæntʃən] A S Pfosten m, Stütze f (a. SCHIFF) B VT a (ab)stützen b verstärken

stanchness → staunchness

stand [stænd] A S 1 a Stehen n b Stillstand m, Halt m 2 a (Stand)Platz m, Standort m b fig Standpunkt m: **take a ~** Stellung beziehen (**on** zu); **take a common ~** e-n gemeinsamen Standpunkt einnehmen 3 fig Eintreten n: **make a ~ against** sich entgegenstellen od -stemmen (dat), Front machen gegen; **make a ~ for** sich einsetzen für 4 a (Zuschauer)Tribüne f b Podium n 5 JUR US Zeugenstand m: **on the ~** im Zeugenstand; **take the ~** a den Zeugenstand betreten b als Zeuge aussagen 6 WIRTSCH (Verkaufs-, Messe) Stand m 7 Stand(platz) m (für Taxis) 8 (Kleider-, Noten- etc) Ständer m 9 Gestell n, Regal n 10 a Stativ n b Stütze f 11 (Baum)Bestand m 12 AGR Stand m (des Getreides etc), (zu erwartende) Ernte: ~ **of wheat** stehender Weizen 13 THEAT Gastspiel(ort) n(m): → one-night stand 14 a. ~ **of arms** MIL (vollständige) Ausrüstung (e-s Soldaten) B VI prät u. pperf stood [stʊd] 1 a allg stehen: **as there were no seats left, we had to ~**; **…, (as) sure** (od **true**) **as I'm ~ing here …**, so wahr ich hier stehe!; **don't just ~ there, help me!** steh nicht herum, hilf mir!; ~ **alone** allein (da)stehen (**with** mit e-r Ansicht etc); unerreicht dastehen od da sein; ~ **fast** (od **firm**) festbleiben, hart bleiben (beide: **on** in dat)(→ B 4); ~ **or fall by** stehen u. fallen mit; ~ **gasping** keuchend dastehen; ~ **on one's head** e-n Kopfstand machen, kopfstehen b fig (vor Freude etc) kopfstehen; **I could do this ~ing on my head** umg das könnte ich mit links od stehend freihändig machen; ~ **on one's hands** e-n Handstand machen; ~ **to lose** (**to win**) (mit Sicherheit) verlieren (gewinnen); **how are things ~ing?** wie stehen die Dinge?; **how do we ~ in comparision to …?** wie stehen wir im Vergleich zu …?; **as matters** (od **things**) ~ nach Lage der Dinge, so wie die Dinge stehen; **I want to know where** (od **how**) **I ~** ich will wissen, woran ich bin; **you always know where** (od **how**) **you ~ with him** man weiß immer, wie man mit ihm dran ist; **the wind ~s in the west** der Wind weht von Westen; ~ **well with sb** mit j-m gut stehen, sich mit j-m gut stellen; **leave sb** (**sth**) **~ing** Br umg j-n (etwas) in den Schatten stellen; → attention 4, foot A 1, leg Bes Redew b aufstehen 2 stehen, liegen, sich befinden, sein (Sache): → empty A 2, idle A 5 3 sein: ~ **ready**; → accuse a, convict A 1 a, correct A 2, need A 1 4 a a. ~ **still** stillstehen: **~!** halt!; ~ **fast!** MIL Br stillgestanden!, US Abteilung halt! (→ B 1); ~ **still for** US → C 7 b ~ **and deliver!** HIST (Kutschenüberfall) halt, alles Geld her! 5 bleiben: ~ **neutral**, etc; **and so it ~s** und dabei bleibt es 6 sich stellen, treten: ~ **clear** zurücktreten (**of** von); ~ **clear of** a. den Eingang etc frei machen; ~ **on the defensive** sich verteidigen; ~ **on the offensive** zum Angriff antreten; → stand back 1 7 ~ **six feet** sechs Fuß groß sein (Person), sechs Fuß hoch sein (Mauer etc) 8 sich behaupten, bestehen (beide: **against** gegen): ~ **through sth** etwas überstehen od -dauern 9 fig festbleiben 10 (weiterhin) gelten: **my offer ~s** mein Angebot gilt nach wie vor od bleibt bestehen; **let sth ~** etwas gelten od bestehen bleiben lassen 11 SCHIFF (auf e-m Kurs) liegen od sein, steuern, halten 12 JAGD vorstehen ([**up**]**on** dat) (Hund) C VT 1 stellen (**on** auf akk): ~ **a plane on its nose** FLUG e-n Kopfstand machen; ~ **sth on its head** fig etwas auf den Kopf stellen 2 standhalten (dat), aushalten: **he can't ~ the climate** er kann das Klima nicht (v)ertragen; **I couldn't ~ the pain** ich konnte den Schmerz nicht aushalten od ertragen; **she couldn't ~ the pressure** sie war dem Druck nicht gewachsen; **I can't ~ him** ich kann ihn nicht ausstehen od leiden; **I can't ~ being told** (od **people telling me**) **what to do** ich kann es nicht ausstehen od leiden, wenn man mir Vorschriften macht; → heat A 1 a, racket[2] A 4, sight A 2 3 sich etwas gefallen lassen, dulden, ertragen: **I won't ~ that any longer** das lasse ich mir nicht länger bieten 4 sich e-r Sache unterziehen: → trial A 2 5 bestehen: → test[1] A 2 6 a Pate stehen b Bürgschaft etc leisten: → security 5, sponsor A 2, surety 1 c Wache stehen: → guard C 3 7 umg a aufkommen für b (j-m) ein Essen etc spendieren: ~ **a drink** einen ausgeben od spendieren; ~ **a round** e-e Runde schmeißen; → treat C 3 8 e-e Chance haben

Phrasal Verbs: **stand| about** VI herumstehen; **~ apart** VI a abseitsstehen od für sich stehen b sich fernhalten (**from** von); **~ around** → stand about; **~ aside** VI 1 Platz machen, zur Seite treten 2 fig abseitsstehen; **~ at** VI stehen auf (dat) (Thermometer etc), liegen bei (Absatz etc): **his account stands at £30,000** sein Kontostand beläuft sich auf 30 000 Pfund; **~ back** VI 1 zurücktreten 2 ~ **from** abseits (gen) liegen: **the school stands well back from a busy thoroughfare** die Schule steht ein gutes Stück von e-r viel befahrenen Durchgangsstraße entfernt 3 ~ **from** fig Abstand gewinnen von 4 fig sich aus allem heraushalten: ~ **from** sich heraushalten aus; **~ by** VI 1 **stand idly by, ~ and do nothing** tatenlos zusehen (**when, while** als, dass) (a. fig) 2 a bes MIL bereitstehen, sich in Bereitschaft halten b SCHIFF sich klar halten: **~!** MIL Achtung!, SCHIFF klar zum Manöver! 3 Funk: a auf Emp-

S

fang bleiben b sendebereit sein 4 *j-m* zur Seite stehen, zu *j-m* halten *od* stehen 5 zu *s-m Wort etc* stehen, *ein Versprechen* halten, *s-n Prinzipien etc* treu bleiben; ~ **down** VI 1 JUR den Zeugenstand verlassen 2 *fig* verzichten, zurücktreten (*beide:* **in sb's favo[u]r** zu j-s Gunsten) 3 MIL *bes Br* s-n Dienst beenden; ~ **for** VI 1 stehen für, bedeuten 2 eintreten *od* sich einsetzen für, vertreten 3 *Br* a sich bewerben um b kandidieren für: ~ **election** kandidieren, sich zur Wahl stellen; ~ **Parliament** für e-n Parlamentssitz kandidieren 4 → stand C 3 5 stehen zu; ~ **in** VI 1 (als Ersatz) einspringen (**for sb** für j-n): ~ **for sb** *a.* j-n vertreten 2 ~ **for** *bes* FILM *j-n* doubeln 3 ~ **with** *US* unter e-r Decke stecken mit 4 SCHIFF landwärts anliegen; ~ **off** A VI 1 sich entfernt halten (**from** von) 2 SCHIFF seewärts anliegen B VT 1 WIRTSCH *Br j-n* (*bes* vorübergehend) entlassen 2 sich *j-n* vom Leibe halten; ~ **on** VI 1 achten auf (*akk*): ~ **ceremony** Wert auf Förmlichkeiten legen, (sehr) förmlich sein; → dignity 4 2 beruhen auf (*dat*) 3 → stand B 6; ~ **out** VI 1 (*a. fig* deutlich) hervortreten *od* -springen: → mile 1 2 *fig* herausragen (**among, from** aus) 3 sich abheben (**against** gegen; **from** von) 4 aus-, durchhalten, nicht nachgeben 5 sich hartnäckig wehren (**against** gegen) 6 ~ **for** bestehen auf (*dat*) 7 ~ **to sea** SCHIFF auslaufen; ~ **over** A VI 1 (**to** auf *akk*) a sich vertagen b verschoben werden 2 liegen bleiben, warten: **the accounts can ~ till next week** 3 überwachen, aufpassen auf (*akk*) B VT vertagen, verschieben (*beide:* **to** auf *akk*); ~ **to** A VI 1 MIL in Bereitschaft stehen 2 zu *e-m Versprechen etc* stehen, bei *s-m Wort* bleiben: ~ **one's duty** (treu) s-e Pflicht tun; → gun[1] A 1 B VT MIL in Bereitschaft versetzen; ~ **together** VI zusammenstehen (*a. fig*); ~ **up** A VI 1 a aufstehen, sich erheben: ~ **and be counted** *umg* mutig s-e Meinung äußern b stehen: **I've been standing up all day; I could have slept standing up** ich hätte im Stehen einschlafen können; ~ **straight** gerade stehen 2 sich aufrichten (*Stachel etc*) 3 ~ **for** eintreten *od* sich einsetzen für, sich starkmachen für *umg* 4 ~ **to** mutig gegenübertreten (*dat*), Paroli *od* die Stirn bieten (*dat*) 5 a standhalten (**to** *dat*): **evidence that stands up in court** Beweismaterial, das der gerichtlichen Prüfung standhält b halten (*Skipiste*) B VT *umg j-n* versetzen (*nicht kommen*); ~ **upon** → stand on

standalone ADJ 1 COMPUT eigenständig, nicht vernetzt: ~ **system** *Hardware, die ohne zusätzliche Apparate arbeiten kann* 2 *allg* selbstständig, unabhängig

standard[1] ['stændə(r)d] A S 1 Standard *m*, Norm *f* 2 Muster *n*, Vorbild *n* 3 Maßstab *m*: **apply another** ~ *fig* e-n anderen Maßstab anlegen; ~ **of value** Wertmaßstab; **by sb's** ~ a für j-s Begriffe, nach j-s Begriffen b nach eigenen Maßstäben; **by present-day ~s** nach heutigen Begriffen; → double standard 4 Richt-, Eichmaß *n*, Standard *m* 5 Richtlinie *f*: **code of ~s** Richtlinien 6 (Mindest)Anforderungen *pl*: **be up to (below)** ~ den Anforderungen (nicht) genügen *od* entsprechen; **set high ~s** (*od* **a high ~**) **(for)** viel verlangen (von), hohe Anforderungen stellen (an *akk*); **set new ~s** neue Maßstäbe setzen; **~s of entry** SCHULE Aufnahmebedingungen; ~ **of living** Lebensstandard *m* 7 WIRTSCH Standard(qualität) *m(f)*, -ausführung *f* 8 (*Gold- etc*) Währung *f*, (-)Standard *m* 9 Standard *m*: a Feingehalt *m*, Feinheit *f* (*der Edelmetalle*) b Münzfuß *m* 10 Stand *m*, Niveau *n*, Grad *m*: **a high ~ of** ein hohes Maß an (*dat*); **be of a high ~** ein hohes Niveau haben; ~ **of knowledge** Bildungsgrad, -stand; ~ **of performance** SPORT Leistungsstand, -niveau; ~ **of play** SPORT Spielniveau; ~ **of prices** Preisniveau, -spiegel *m* 11 SCHULE *bes Br* Stufe *f*, Klasse *f* 12 Standard *m* (*ein Holzmaß*) B ADJ 1 a Norm…: ~ **part**; ~ **specifications** Normvorschriften b normal: ~ **type** TYPO normale Schrift (-form) c Normal…: ~ **atmosphere** (**candle, clock, film, time,** *etc*): ~ **ga(u)ge** d Standard…, Einheits…, TECH *a.* serienmäßig, Serien…: ~ **model**; ~ **letter** *Postwesen:* Serienbrief *m*; ~ **size** gängige Größe (*Schuhe etc*); ~ **software** IT Standardprogramm *n*; ~ **pronunciation** Standardaussprache *f*; **be ~ on** zur Serienausstattung bei (*od gen*) gehören e Durchschnitts…: ~ **value**; ~ **assessment task** *Br* Einstufungstest *m*; ~ **rate** WIRTSCH Grund-, Einheitsgebühr *f*, *a.* Normalsatz *m*; ~ **weight** Normal-, Eichgewicht *n*, *a.* Gewichtseinheit *f* 2 gültig, maßgebend, Standard…: ~ **edition**; ~ **dollar** (HIST Gold)Dollar *m*; ~ **English** LING hochsprachliches Englisch; ♀ **German** LING Hochdeutsch *n* 3 ~ **deviation** (*Statistik*) Standardabweichung *f*

standard[2] ['stændə(r)d] A S 1 a MIL, POL Standarte *f* b Fahne *f*, Flagge *f* c Wimpel *m* 2 *fig* Banner *n* 3 TECH a Ständer *m* b Pfosten *m*, Pfeiler *m*, Stütze *f* c Gestell *n* 4 AGR a Hochstämmchen *n* (*frei stehender Strauch*) b Hochstamm *m*, Baum *m* (*Obst*) 5 ORN Fahne *f* (*Federteil*) B ADJ 1 stehend, Steh…: ~ **lamp** *Br* Stehlampe *f* 2 AGR hochstämmig (*Rose etc*)

standard|-bearer S 1 MIL a Fahnenträger *m* b HIST Fähnrich *m* 2 *fig* (An)Führer *m*, Bannerträger *m*; **♀s** Standardbred *n* (*Trabrennpferd e-r in den USA gezüchteten Rasse*)

standardization [ˌstændədaɪ'zeɪʃn; *US* -dərdə'z-] S 1 Normung *f*, Normierung *f*, Vereinheitlichung *f*, Standardisierung *f*: ~ **committee** Normenausschuss *m* 2 CHEM Standardisierung *f*, Titrierung *f* 3 Eichung *f*; **standardize** [-daɪz] VT 1 normen, standardisieren, normieren, vereinheitlichen: → mass production 2 CHEM standardisieren, titrieren 3 eichen

standby A *pl* -bys S 1 Stütze *f*, Beistand *m*, Hilfe *f* (*Person od Sache*) 2 *meist* **old ~** altbewährte Sache(, auf die man zurückgreifen kann) 3 (*Alarm- etc*) Bereitschaft *f*; TV, COMPUT *etc* Stand-by-Modus *m*: **be on ~** a in Bereitschaft stehen b Dienstbereitschaft haben c (*Gerät*) im Stand-by-Modus sein 4 TECH Not-, Reservegerät *n* 5 Ersatz *m* B ADJ 1 Hilfs…, Not…, Ersatz…, Reserve…: ~ **unit** ELEK Notaggregat *n* 2 Bereitschafts…: ~ **duty** (*od* **service**) Bereitschaftsdienst *m*; ~ **passenger** FLUG Stand-by-Passagier(in); ~ **ticket** FLUG Stand-by-Ticket *n* 3 WIRTSCH Beistands…: ~ **credit**

stand-down S 1 MIL Feuerpause *f* 2 WIRTSCH (*a.* vorübergehende) Arbeitseinstellung

standee [stæn'diː] S *bes US* a Stehplatzinhaber(in) b *j-d, der stehen muss*

stand|fast S feste Position; **~-in** A S 1 *bes* FILM Double *n* 2 a Ersatzmann *m* b Vertreter(in) B ADJ a Ersatz… b Aushilfs…

standing A S 1 a Stand *m*, Rang *m*, Stellung *f* b Ansehen *n*, Ruf *m*: **person of high ~** hoch angesehene *od* hochstehende Persönlichkeit 2 Dauer *f*: **of long ~** seit Langem bestehend, alt (*Brauch, Freundschaft etc*) 3 Stehen *n*: **"no ~"** „keine Stehplätze"; **"no ~ any time"** AUTO *US* „absolutes Halteverbot!" B ADJ 1 stehend (*a. fig*): ~ **water**; ~ **army** MIL stehendes Heer; ~ **corn** Getreide *n* auf dem Halm; ~ **jump** SPORT Sprung *m* aus dem Stand; ~ **position** MIL (im) Anschlag stehend; **a ~ rule** e-e (fest)stehende Regel; ~ **timber** Holz *n* auf dem Stamm; → ovation, rule A 4, A 5 2 *fig* ständig (*Ärgernis etc*): → committee 1, jest A 3, joke A 3 3 WIRTSCH laufend: ~ **charge** laufende Unkosten *pl* 4 Steh…: ~ **desk** Stehpult *n* 5 üblich, gewohnt (*Essen etc*); ~ **order** S 1 WIRTSCH a Dauer-, Abbuchungsauftrag *m* (*e-s Bankkunden*): **pay sth by ~** etwas durch Dauerauftrag bezahlen b (*Zeitungs- etc*) Abonnement *n* 2 *pl* PARL *etc* Geschäftsordnung *f* 3 MIL Dauerbefehl *m*; ~ **rigging** S SCHIFF stehendes Gut; ~ **room** S Stehplätze *pl*; ~ **start** S SPORT stehender Start: **from a ~** mit stehendem Start; ~ **type** S TYPO Stehsatz *m*; ~ **wave** S ELEK stehende Welle

standish ['stændɪʃ] S *obs* Schreibtischgarnitur *f*

stand|off *US* A S 1 Reserviertheit *f*, Zurückhaltung *f* 2 *fig* Sackgasse *f* 3 SPORT Unentschieden *n* B ADJ 1 → standoffish 2 ~ **missile** MIL Luft-Boden-Mittelstreckenrakete *f*; **~offish** ADJ (ADV ~ly) 1 reserviert, zurückhaltend 2 hochmütig; ~ **oil** S TECH Standöl *n*; **~out** *US umg* A S 1 (*etwas*) Hervorragendes 2 herausragende Persönlichkeit B ADJ hervor-, herausragend; **~pipe** S TECH 1 Standrohr *n* (*e-s Hydranten*) 2 Wasserturm *m*; **~point** S Standpunkt *m* (*a. fig*); **~still** A S Stillstand *m*: **be at a ~** stillstehen, stocken, ruhen, an e-m toten Punkt angelangt sein; **from ~** AUTO *etc* aus dem Stand; **come (bring) to a ~** zum Stillstand *od* Erliegen kommen (bringen); **traffic came to a complete ~** der Verkehr brach zusammen; **bring a car to a ~** e-n Wagen zum Stehen bringen B ADJ stillstehend: ~ **agreement** POL Stillhalteabkommen *n*; **~-up** ADJ 1 stehend: ~ **collar** Stehkragen *m* 2 *umg* im Stehen eingenommen (*Mahlzeit*) 3 wild, wüst (*Schlägerei*): ~ **fight** (*Boxen*) Schlägerei *f*

stang [stæŋ] *prät obs von* sting

stanhope ['stænəp] S Stanhope *m* (*ein offener Einspänner*)

stank[1] [stæŋk] S *Br dial* Teich *m*, Weiher *m*

stank[2] [stæŋk] *prät von* stink

Stanley Cup ['stænliː] S *Eishockey: US* Stanley Cup *m* (*dem Meister der National Hockey League verliehene Trophäe*)

stannary ['stænərɪ] S *Br* 1 Zinngrubengebiet *n* 2 Zinngrube *f*

stannate ['stænət; *US* -ˌneɪt] S CHEM Stannat *n*

stannic ['stænɪk] ADJ CHEM Zinn…

stanniferous [stæ'nɪfərəs] ADJ zinnhaltig; **stannite** [-aɪt] S 1 MINER Stannit *m*, Zinnkies *m* 2 CHEM Stannat *n*; **stannous** ADJ CHEM Zinn…

stanza ['stænzə] S 1 Strophe *f* 2 LIT Stanze *f*; **stanzaed** [-zəd] ADJ …strophig: **eight-~**; **stanzaic** [-'zeɪɪk] ADJ (ADV ~ally) strophisch

stapedes [stæ'piːdiːz; *US a.* 'steɪpə-] *pl von* stapes

stapedial [stæ'piːdjəl; -ɪəl; *US* steɪ-; stə-] ADJ ANAT Steigbügel…: ~ **bone** → stapes

stapes ['steɪpiːz] *pl* stapes, stapedes [stæ'piːdiːz; *US a.* 'steɪpə-] S ANAT Stapes *m* (*ein Gehörknöchelchen*), Steigbügel *m*

staphylococcal [ˌstæfɪləʊ'kɒkl; *US* -'kɑkl] ADJ MED Staphylokokken…: ~ **infection**; **staphylococcus** [-kəs] S *irr* Staphylokokkus *m* (*e-e traubenförmige Bakterie*)

staple[1] ['steɪpl] A S 1 WIRTSCH Haupterzeugnis *n*, -produkt *n*: **the ~s of a country** 2 WIRTSCH Stapelware *f*: a Hauptartikel *m* b Massenware *f* 3 WIRTSCH Rohstoff *m* 4 TECH Stapel *m*: a *Qualität od Länge des Fadens* b *Büschel Schafwolle*: **of short ~** kurzstapelig 5 TECH a Rohwolle *f* b Faser *f*: ~ **fiber**

S

(*bes Br* **fibre**) Zellwolle **6** *fig* Hauptgegenstand *m*, -thema *n* **7** WIRTSCH a Stapelplatz *m* b Handelszentrum *n* **8** HIST Markt *m* mit Stapelrecht **B** ADJ **1** WIRTSCH Stapel…: **~ goods (port, right, trade) 2** Haupt…: **~ food** Grundnahrungsmittel *pl*; **~ subject of conversation** → A 6 **3** WIRTSCH a Haupthandels… b (markt)gängig c Massen… **4** HIST Monopol… **C** V/T *Baumwolle* (nach Stapel) sortieren

staple² ['steɪpl] TECH **A** S **1** (Draht)Öse *f* **2** Krampe *f* **3** Heftdraht *m*, -klammer *f* **4** MUS Messingröhrchen *n* (*im Oboenmundstück*) **B** V/T **1** (mit Draht) heften: **stapling machine** → stapler¹ **2** klammern (**to** an *akk*)

stapler¹ ['steɪplə(r)] S TECH Heftmaschine *f*

stapler² ['steɪplə(r)] S WIRTSCH **1** (*Baumwoll*) Sortierer(in) **2** Stapelkaufmann *m*

star [stɑː(r)] **A** S **1** ASTRON a Stern *m* b Fixstern *m* c Gestirn *n* **2** Stern *m*: a sternähnliche Figur b *fig* Größe *f*, Berühmtheit *f* (*Person*) c Orden *m* d TYPO Sternchen *n* (*Hinweiszeichen*) e weißer Stirnfleck (*bes e-s Pferdes*): **2s and Stripes** *pl* (*als sg konstruiert*) Sternenbanner *n* (*Nationalflagge der USA*); **2 of David** ['deɪvɪd] David(s)stern; **a literary ~** *fig* ein Stern am literarischen Himmel; **see ~s** *umg* Sterne sehen (*nach e-m Schlag*); **five-~ general** Fünfsternegeneral *m*; **three-~ restaurant** Dreisternerestaurant *n*; **the guidebook awarded the restaurant two ~s** der Führer verlieh dem Restaurant zwei Sterne **3** a Stern *m* (*Schicksal*) b *a.* **lucky ~** Glücksstern *m*, guter Stern: **unlucky ~** Unstern *m*; **he was born under a lucky ~** er wurde unter e-m guten *od* glücklichen Stern geboren; **follow one's ~** s-m (Glücks)Stern vertrauen; **you may thank** (*od* **bless**) **your (lucky) ~s that …** Sie können von Glück sagen, dass …; → ascendant A 1, set D 1 **4** (*Bühnen-, bes Film*)Star *m* **5** SPORT *etc* Star *m*: **football ~ 6** ELEK Stern *m* **7** *Segeln*: Star *m* (*Boot*) **B** ADJ **1** Stern…: **~ map** (*od* **chart**) (**time**, *etc*) **2** Haupt…: **~ prosecution witness** JUR Hauptbelastungszeuge *m* **3** THEAT, *a.* SPORT *etc* Star…: **~ player** Star *m*; **~ performance** Elitevorstellung *f*; **~ turn** Hauptattraktion *f* **4** hervorragend, Star…: **~ reporter C** V/T **1** mit Sternen schmücken *od* besäen **2** *j-n* in der *od* e-r Hauptrolle zeigen: **a film ~ring …** ein Film mit … in der Hauptrolle **3** TYPO mit Sternchen versehen **D** V/I die *od* e-e Hauptrolle spielen (**in** in *dat*): **~ as** *fig* Hervorragendes leisten als, glänzen als

star| apple S BOT Sternapfel *m*; **~board** ['stɑː(r)bə(r)d] FLUG, SCHIFF **A** S Steuerbord *n*: **cast to ~** SCHIFF nach Steuerbord fallen **B** ADJ Steuerbord… **C** ADV a nach Steuerbord b steuerbord(s) **D** V/T & V/I nach Steuerbord halten; **~ boat** S *Segeln*: Starboot *n*

starch [stɑː(r)tʃ] **A** S **1** Stärke *f*: a Stärkemehl *n* b Wäschestärke *f* c Stärkekleister *m* d CHEM Amylum *n* **2** *pl* stärkereiche Nahrungsmittel *pl*, Kohle(n)hydrate *pl* **3** *fig* Steifheit *f*, Förmlichkeit *f* **B** V/T **1** *Wäsche* stärken, steifen **2** *a.* **~ up** *fig* steifer *od* förmlicher machen

Star Chamber S HIST *Br* Sternkammer *f*

starched [stɑː(r)tʃt] ADJ **1** gestärkt, gesteift **2** *fig* steif, förmlich; **starchiness** [-ɪnɪs] S *fig* Steifheit *f*, Förmlichkeit *f*

starch-reduced ADJ stärkearm (*Nahrungsmittel*)

starchy ADJ (ADV **starchily**) **1** stärkehaltig **2** Stärke… **3** gestärkt **4** *fig* steif, förmlich

star| cloud S ASTRON Sternnebel *m*; **~ connection** S ELEK Sternschaltung *f*; **~-crossed** ADJ *poet* unglückselig: **they were ~ lovers** ihre Liebe stand unter e-m Unstern

stardom ['stɑː(r)dəm] S **1** Welt *f* der Stars **2** KOLL Stars *pl* **3** Berühmtheit *f*, Ruhm *m*: **achieve** (*od* **reach, rise to**) **~** ein (richtiger) Star werden

star| drift S ASTRON Sterndrift *f*; **~ dust** S **1** ASTRON Sternnebel *m* **2** ASTRON kosmischer Staub **3 there was ~ in her eyes** *fig* in ihrem Blick lag etwas Naiv-Romantisches

stare [steə(r)] **A** V/I **1** starren, stieren: **~ at** anstarren, anstieren; **~ after sb** j-m nachstarren **2** große Augen machen, erstaunt blicken, gaffen, glotzen (*beide pej*): **~ at** angaffen, anglotzen; **make sb ~** j-n in Erstaunen versetzen **B** V/T **1 ~ sb out (of countenance)** (*od* **down**) j-n so lange anstarren, bis er verlegen wird; **~ sb into silence** j-n mit e-m (strengen) Blick zum Schweigen bringen **2 ~ sb in the face** *fig* a j-m in die Augen springen b j-m deutlich vor Augen stehen; **bankruptcy ~d him in the face** der Bankrott stand ihm drohend vor Augen; **~ a possibility in the face** e-r Möglichkeit ins Auge sehen **C** S starrer *od* erstaunter Blick, Starren *n*; **starer** S Gaffer(in)

star|fish S ZOOL Seestern *m*; **~flower** S BOT **1** Milchstern *m* **2** Siebenstern *m*; **~gaze** V/I **1** *hum* sich die Sterne begucken **2** (mit offenen Augen) träumen **3** sich s-e Idole (aus der Nähe) ansehen; **~gazer** S **1** *hum* Sterngucker(in) **2** Träumer(in) **3** *j-d, der sich s-e Idole (aus der Nähe) ansieht*

staring ['steə(r)ɪŋ] **A** ADJ (ADV **~ly**) **1** stier, starrend (*Augen, Blick*) **2** auffallend (*Krawatte etc*) **3** grell (*Farbe*) **B** ADV → stark B

stark [stɑː(r)k] **A** ADJ (ADV **~ly**) **1** *obs od poet* steif, starr: **~ and stiff** stocksteif **2** *fig* rein, völlig: **~ nonsense** barer Unsinn **3** *fig* krass (*Gegensatz*) **4** *fig* rein sachlich (*Bericht etc*): **~ facts** nackte Tatsachen **5** kahl, öde (*Landschaft*) **B** ADV völlig, ganz: **~ (starring) mad** total verrückt; **~ naked** splitternackt *umg*

starkers ['stɑː(r)kə(r)z] ADV & PRÄD ADJ *bes Br umg* splitternackt

starless ADJ sternlos

starlet [-lɪt] S **1** Sternchen *n* **2** Starlet *n*, Filmsternchen *n*

starlight **A** S Sternenlicht *n* **B** ADJ → starlit

starling¹ ['stɑː(r)lɪŋ] S ORN a (Gemeiner) Star b Stärling *m*

starling² ['stɑː(r)lɪŋ] S Pfeilerkopf *m* (*Eisbrecher an e-r Brücke*)

star|lit ADJ **1** sternhell, -klar **2** (nur) von den Sternen beleuchtet; **~ point** S ELEK Erd-, Sternpunkt *m*

starred [stɑː(r)d] ADJ **1** gestirnt (*Himmel*) **2** sternengeschmückt **3** TYPO mit (e-m) Sternchen bezeichnet **4** *in Zusammensetzungen* → ill-starred

starry ['stɑːrɪ] ADJ **1** Sternen…, Stern… **2** → a starlit b starred 2 **3** strahlend (*Augen*) **4** sternförmig **5** BOT, ZOOL Stern…; **~-eyed** [ˌ-'aɪd; *attr* '-aɪd] ADJ **1** mit strahlenden Augen **2** *fig* a blauäugig, naiv b romantisch, verträumt

star| shell S MIL Leuchtkugel *f*, -geschoss *n*; **~ sign** S ASTROL Sternzeichen *n*: **what's your ~?** welches Sternzeichen hast du?; **~-spangled** ADJ **1** mit Sternen übersät, sternbesät: **the Star-Spangled Banner** das Sternenbanner (*Nationalflagge od -hymne der USA*) **2** *US umg* → star-studded 2; **~-studded** ADJ **1** → starlit 1, star-spangled 1 **2** mit großem Staraufgebot: **~ cast** Starbesetzung *f*; **a ~ party** e-e Party, auf der es von Stars nur so wimmelte

start [stɑː(r)t] **A** S **1** Start *m* (*a. fig*): **at the ~** am Start (→ A 4); **from the ~** SPORT vom Start weg (→ A 4); **from ~ to finish** SPORT vom Start bis zum Ziel (→ A 4); **have a good (bad) ~** SPORT gut (schlecht) wegkommen; **~ house** (*Skisport*) Starthaus *n*; **(high, low) ~ number** (hohe, niedrige) Startnummer; **~ in life** a Eintritt *m od* Start ins Leben b Starthilfe *f*, (berufliche) Förderung; **give sb a ~ (in life)** j-m beim Eintritt ins Leben behilflich sein; → false start **2** Startzeichen *n* (*a. fig*): **give the ~ 3** a Aufbruch *m* b Abreise *f* c Abfahrt *f* d FLUG Abflug *m*, Start *m* e Abmarsch *m* **4** Beginn *m*, Anfang *m*: **at the ~** am Anfang (→ A 1); **for a ~** erstens; **(right) from the ~** von (allem) Anfang an (→ A 1); **from ~ to finish** von Anfang bis Ende (→ A 1); **what a ~ to the day!** der Tag fängt ja schon gut an!; **make a fresh ~** e-n neuen Anfang machen, noch einmal von vorn anfangen; → battle *Bes Redew*, get off B 1 **5** SPORT a Vorgabe *f*: **give sb 10 yards ~** j-m 10 Yards vorgeben b Vorsprung *m* (*a. fig*): **get** (*od* **have**) **the ~ of one's rivals** s-n Rivalen zuvorkommen **6** a Auffahren *n*, -schrecken *n*, Zusammenfahren *n* b Schreck *m*: **give a ~** → B 9; **give sb a ~** j-n auf- *od* erschrecken; **with a ~** erschrocken; **wake up with a ~** aus dem Schlaf aufschrecken **7** (neuer) Anlauf, Ruck *m*: → fit² 2 **8** *umg* Überraschung *f* **9** a Anwandlung *f*, Laune *f* b Ausbruch *m* c (Geistes)Blitz *m* **B** V/I **1** sich auf den Weg machen, aufbrechen, sich aufmachen (*alle:* **for** nach): **~ on a journey** e-e Reise antreten **2** a abfahren, abgehen (*Zug*) b SCHIFF auslaufen (*Schiff*) c FLUG abfliegen, starten (*alle:* **for** nach) d SPORT starten **3** AUTO, TECH anspringen (*Motor*), anlaufen (*Maschine*): **my car wouldn't ~** mein Wagen ist nicht angesprungen **4** anfangen, beginnen (*beide:* **on** mit *e-r Arbeit etc*; **on doing** damit, *etwas* zu tun): **now, don't you ~!** *umg* fang (doch) nicht schon wieder (damit) an!; **~ in business** ein Geschäft anfangen *od* eröffnen; **~ on a book** mit e-m Buch anfangen; **~ on a packet** e-e Packung anbrechen; **~ with** (*Redew*) a erstens, als Erstes b zunächst c um es gleich zu sagen; **… ~ with** GASTR … als Vorspeise; **he ~ed by explaining to us that …** er erklärte uns zunächst einmal, dass …; **he ~ed saying that …** er legte mit der Bemerkung los, dass … **5** *fig* ausgehen (**from** von *e-m Gedanken etc*) **6** entstehen, aufkommen **7** (los)stürzen (**for** auf *akk*): **~ back** *a. fig* zurückweichen, -schrecken (*beide:* **from** vor *dat*) **8** aufspringen (**from** von *s-m Platz etc*) **9** a auffahren, hochschrecken b zusammenfahren, -zucken (*beide:* **at** vor *dat*, bei *e-m Geräusch etc*) **10** stutzen (**at** bei) **11** aus den Höhlen treten (*Augen*): **his eyes seemed to ~ from their sockets** die Augen quollen ihm fast aus dem Kopf **12** (hervor-)quellen (**from** aus) (*Blut, Tränen*) **13** sich (los)lösen *od* lockern **C** V/T **1** in Gang *od* Bewegung setzen, in Gang bringen, TECH *a.* anlassen: **~ a fire** ein Feuer anzünden *od* in Gang bringen; **~ something** a etwas unternehmen b *umg* etwas anrichten; **I can't get my car ~ed** mein Wagen springt nicht an **2** a *e-n Vorgang* einleiten b *e-e Akte etc* anlegen (**on** über *akk*) **3** a *e-n Brief, Streit etc* anfangen, beginnen: **~ work(ing)** zu arbeiten anfangen b *e-e Aktion* starten c *e-n Betrieb etc* gründen, aufmachen, ins Leben rufen: **~ a family** e-e Familie gründen **4** a *e-e Frage* aufwerfen b *ein Thema* anschneiden c *ein Gerücht* in Umlauf setzen **5** *j-m* zu e-m Start verhelfen (**in** in *dat*) **6** SPORT a *Läufer, Pferde etc* starten (lassen) b *e-n Läufer, ein Pferd etc* aufstellen, nominieren, an den Start schicken **7** *e-n Zug* abfahren lassen **8** *j-n* schicken (**on a voyage** auf e-e Reise; **to** nach, zu) **9** *j-n* veranlassen (**doing** zu tun): **this ~ed her talking** das brachte sie zum Reden **10** lockern, lösen **11** JAGD aufstöbern, aufscheuchen

START ABK Strategic Arms Reduction Talks START

Phrasal Verbs: **start| back** VI: ~ **for home** sich auf den Heimweg machen; ~ **in** VI *umg* 1 ~ **on doing** (*od* **to do**) **sth** sich daranmachen, etwas zu tun 2 ~ **on** gegen *j-n, etwas* vom Leder ziehen; ~ **off** A VI → start B 1, B 4 B VT 1 → start C 3, C 8 2 **start sb off on** j-n bringen auf (*akk*); ~ **out** VI → start B 1; ~ **up** A VI → start B 3, B 8, B 9 B VT → start C 1

starter A S 1 SPORT Starter(in) (*Kampfrichter[in] u. Wettkampfteilnehmer[in]*) 2 BAHN *etc US* Fahrdienstleiter(in) 3 *fig* Initiator *m*, Initiatorin *f* 4 *umg* erster Schritt: **as** (*od* **for**) **a** ~, *bes Br* **for ~s** a erstens, als Erstes b zunächst c um es gleich zu sagen 5 ELEK, AUTO Starter *m*, Anlasser *m* B ADJ TECH → starting B 3

starting A S 1 Starten *n*, Start *m*, Ablauf *m* 2 TECH Anlassen *n*, Ingangsetzen *n*, Starten *n* B ADJ 1 SPORT Start...: ~ **block** (**line, number, pistol, shot,** *etc*); ~ **dive** (*Schwimmen*) Startsprung *m*; ~ **lineup** Startaufstellung *f*; ~ **whistle** Anpfiff *m* 2 Anfangs...: ~ **capital** (**salary,** *etc*); ~ **height** (*Leichtathletik*) Anfangshöhe *f* 3 AUTO, TECH Anlass..., Anlasser...: ~ **crank** Anlasskurbel *f*; ~ **current** Anlaufstrom *m*; ~ **motor** Anlassmotor *m*; ~ **torque** ELEK Anzugsmoment *n*; ~ **gate** S *Pferderennen*: *US* Startmaschine *f*; ~ **money** S SPORT Antritts-, Startgeld *n*; ~ **point** S Ausgangspunkt *m* (*a. fig*); ~ **price** S 1 *Pferderennen*: Eventualquote *f* 2 Mindestgebot *n* (*Auktion*); ~ **signal** S Startzeichen *n*; ~ **stalls** SPL *Pferderennen*: *Br* Startmaschine *f*

startle ['stɑː(r)tl] A VT 1 erschrecken 2 aufschrecken (**from** aus), aufscheuchen 3 *fig* aufrütteln 4 überraschen: a bestürzen b verblüffen B VI 1 erschrecken: ~ **easily** (sehr) schreckhaft sein 2 aufschrecken (**from** aus) C S 1 Schreck *m* 2 Bestürzung *f*, Überraschung *f*

start-up ['stɑː(r)tʌp] A S 1 *allg* Start *m*; *von Computer a.*: Hochfahren *n* 2 *e-r Firma*: Neugründung *f* 3 (*neu gegründete Firma*) Start-up *n* B ADJ Start...: ~ **capital**; ~ **clearance** FLUG Anlassfreigabe *f*

starvation [stɑː(r)'veɪʃn] S 1 Hungern *n*: **die of** ~ verhungern; ~ **diet** Fasten-, Hungerkur *f*; ~ **ration** Hungerration *f*; ~ **wages** *pl* Hungerlohn *m*, -löhne *pl* 2 Hungertod *m*, Verhungern *n*

starve [stɑː(r)v] A VI 1 *a.* ~ **to death** verhungern: **I am simply starving** *umg* ich komme fast um vor Hunger 2 hungern, Hunger leiden 3 Not leiden 4 *fig* hungern, lechzen (*beide:* **for** nach) 5 fasten 6 *fig* verkümmern 7 *obs od Br dial* a erfrieren b frieren B VT 1 ~ **to death** verhungern lassen 2 aushungern 3 hungern *od* (*a. fig*)darben lassen: **be ~d** a Hunger leiden, ausgehungert sein (*a. fig*) b *fig* → A 4; **be ~d for** (*Br a.* **of**) knapp sein an (*dat*), an ...mangel leiden 4 *fig* verkümmern lassen: ~ **a project of funds** Gelder von e-m Projekt abziehen; **starveling** [-lɪŋ] *obs od poet* A S 1 Hungerleider(in) 2 *fig* Kümmerling *m* B ADJ 1 hungrig 2 ausgehungert 3 unterernährt, mager 4 kümmerlich

Star| Wars SPL (*als sg konstruiert*) Krieg *m* der Sterne; ♀ **wheel** S TECH Sternrad *n*

stases ['steɪsiːz; 'stæ-] *pl von* stasis

stash [stæʃ] *umg* A VT *meist* ~ **away** a verstecken b beiseite tun, horten B S *bes US* 1 Versteck *n*, geheimes Lager 2 geheimer Vorrat (**of** an *dat*)

stasis ['steɪsɪs; 'stæ-] *pl* -ses [-siːz] S 1 MED Stase *f*, (*Blut- etc*) Stauung *f* 2 *fig* Stagnation *f*

stat. ABK 1 (*auf Rezepten*) statim, immediately 2 stationary 3 statue 4 statute

statable ['steɪtəbl] ADJ feststellbar

state [steɪt] A 1 *oft* ♀ POL Staat *m*: → affair 2 2 POL *US* (Bundes-, Einzel)Staat *m*: ~ **law** Rechtsordnung *f* des Einzelstaates; **~'s attorney** *US* Staatsanwalt *m*, -anwältin *f*; → evidence A 2 c 3 **the ♀s** *umg* die Staaten (*die USA*) 4 Zustand *m*: ~ **of consciousness** Bewusstseinszustand; ~ **of inertia** PHYS Beharrungszustand; (**low**) **general** ~ (schlechter) Allgemeinzustand; **in a** ~ *umg* in miserablem Zustand (→ A 5 b); **in a ~ of nature** im Naturzustand; **they are still in a ~ of nature** sie laufen noch so herum, wie Gott sie geschaffen hat; ~ **of the Union message** *US* (*jährlicher*) Rechenschaftsbericht (*des Präsidenten*) an die Nation; ~ **of war** MIL Kriegszustand; **be in a ~ of war with** sich im Kriegszustand befinden mit; → emergency A, equilibrium, health 2, repair[1] B 5, siege A 1 5 a *a.* ~ **of mind, emotional** ~ (Geistes-, Gemüts)Zustand *m*, (-)Verfassung *f* b *umg* Erregung *f*: **in** (**quite**) **a** ~ ganz aus dem Häuschen (**over** wegen)(→ A 4); **get into a** ~ wahnsinnig nervös werden; **don't get into a** ~ nur keine Aufregung! 6 Stand *m*, Lage *f*: ~ **of the art** neuester Stand der Wissenschaft *od* Technik; ~ **of convergence** *EU:* Konvergenzlage *f*, -stand *m* (*bei Vereinheitlichung von Gesetzen mehrerer Staaten etc*); ~ **of the economy** wirtschaftliche Gesamtlage; ~ **of facts** JUR Tatbestand *m*; ~ **of grace** REL Stand der Gnade; → affair 2 7 (Personen-, Familien)Stand *m*; → married A 1 8 PHIL Sein *n*, Dasein *n*: **the future** ~ das zukünftige Leben; ~ **of being** Seinsweise *f* 9 MED, ZOOL *etc* Stadium *n* 10 (gesellschaftliche) Stellung, Stand *m*: **in a style befitting one's** ~ standesgemäß 11 Pracht *f*, Staat *m*: **in** ~ mit großem Zeremoniell *od* Pomp; **lie in** ~ aufgebahrt sein; **live in** ~ großen Aufwand treiben 12 *pl* POL, HIST (Land)Stände *pl* 13 POL *gesetzgebende Körperschaft auf Jersey u. Guernsey* 14 a Erhaltungszustand *m* (*e-s Buches etc*) b Teilausgabe *f* 15 *Kupferstecherei*: (Zustands-, Ab)Druck *m*: **a first** ~ ein Erstdruck 16 MIL Stärkemeldung *f* B ADJ 1 staatlich, Staats...: ~ **aid** staatliche Unterstützung *od* Beihilfe; **~-aided** staatlich unterstützt; ~ **apparatus** Staatsapparat *m*; ~ **attorney** *US* Staatsanwalt *m*, -anwältin *f*; ~ **bank** WIRTSCH *US unter der Aufsicht e-s Bundesstaates stehende Bank*; ~ **banquet** Staatsbankett *n*; ~ **bond** WIRTSCH Staatspapier *n*, -anleihe *f*; ~ **capitalism** Staatskapitalismus *m*; **~-controlled** unter staatlicher Aufsicht; ~ **court** *US* einzelstaatliches Gericht; ♀ **Department** POL *US* State Department *n*, Außenministerium *n*; ~ **funeral** Staatsbegräbnis *n*; ~ **mourning** Staatstrauer *f*; ~ **prayers** (*anglikanische Kirche*) *Gebete für das Königshaus, die Geistlichkeit u. das Parlament*; **~-owned** staatseigen, staatlich, Staats...; **be ~-owned** in Staatsbesitz sein; ~ **prison** *US Strafanstalt e-s Bundesstaates für längere Freiheitsstrafen*; ~ **property** Staatseigentum *n*; ~ **religion** Staatsreligion *f*; ~ **secret** Staatsgeheimnis *n*; **~-subsidized** staatlich subventioniert; ~ **visit** Staatsbesuch *m* 2 Staats..., Prunk...: ~ **apartment** Prunkgemach *n*, -zimmer *n*; ~ **bed** Parade-, Prunkbett *n*; ~ **carriage** Staatskarosse *f*; ~ **occasion** besonderer *od* feierlicher Anlass; ~ **robe** Amtsrobe *f* C VT 1 festsetzen, -legen: → stated 1 2 erklären: a *s-e Ansichten etc* darlegen b JUR *e-n Grund, e-e Klage etc* vorbringen: → case[1] A 6 3 *Tatsachen etc* anführen: ~ **in one's defence that ...** zu s-r Verteidigung anführen, dass ...; ~ **the reason why ...** erklären *od* den Grund angeben, weshalb ... 4 erwähnen, bemerken 5 feststellen, konstatieren 6 *ein Problem etc* stellen 7 MATH (mathematisch) ausdrücken

stateable → statable

statecraft S POL Staatskunst *f*

stated ['steɪtɪd] ADJ 1 festgesetzt (*Preise, Zeiten etc*): **at ~ intervals** in regelmäßigen Abständen 2 (ausdrücklich) bezeichnet, (*a.* amtlich) anerkannt: ~ **objective** erklärtes Ziel 3 angegeben, angeführt: **as ~ above**; ~ **account** WIRTSCH spezifizierte Rechnung; ~ **capital** WIRTSCH ausgewiesenes (Gesellschafts)Kapital 4 ~ **case, case ~** JUR Sachdarstellung *f*

statehood S POL *US* Eigenstaatlichkeit *f*, Souveränität *f* (*bes e-s Bundesstaats*)

statehouse S POL *US* Parlamentsgebäude *n od* Kapitol *n* (*e-s Bundesstaates*)

stateless ADJ POL staatenlos: ~ **person** Staatenlose(r) *m/f(m)*; **statelessness** S Staatenlosigkeit *f*

stateliness ['steɪtlɪnɪs] S 1 Stattlichkeit *f* 2 Vornehmheit *f* 3 Würde *f* 4 Pracht *f*; **stately** ADJ 1 stattlich, imposant, prächtig: ~ **home** *Br* (*bes der Öffentlichkeit zugänglicher*) Herrensitz 2 würdevoll 3 erhaben, vornehm

statement ['steɪtmənt] S 1 (*a. amtliche etc*) Erklärung, Verlautbarung *f*, Statement *n*: **make a** ~ e-e Erklärung abgeben (**on** zu; **to** vor *dat*); **make a ~ to the press** e-e Presseerklärung abgeben 2 a (Zeugen- *etc*)Aussage *f* b Angabe(n) *f(pl)*: ~ **of facts** Sachdarstellung *f*, Tatbestand *m*; ~ **of contents** Inhaltsangabe *f* 3 Behauptung *f* 4 *bes* JUR (schriftliche) Darlegung, (Partei)Vorbringen *n*: ~ **of claim** Klageschrift *f*; ~ **of defence** (*US* **defense**) a Klagebeantwortung *f* b Verteidigungsschrift *f* 5 Bericht *m*, Aufstellung *f*: ~ **of policy** Regierungserklärung *f* 6 WIRTSCH a (*Geschäfts-, Monats-, Rechenschafts- etc*) Bericht *m* b (*Gewinn-, Jahres- etc*) Ausweis *m*: ~ **of affairs** WIRTSCH Übersicht *f* über die Vermögenslage (*e-r Person od e-s Unternehmens*), JUR *Br* Vermögensaufstellung *f* (*e-s Konkursschuldners*); ~ **of assets and liabilities** Bilanz *f*; ~ (**of account**) Kontoauszug *m*; → bank statement 7 Darstellung *f*, Darlegung *f* (*e-s Sachverhalts*) 8 KUNST *etc* Aussage *f*: **make a ~ about** etwas aussagen über (*akk*) 9 MUS Einführung *f* des Themas 10 IT Anweisung *f*

Staten Island [ˌstætn'aɪlənd] S Staten Island *n* (*Insel u. Stadtteil von New York*)

state|-of-the-art ADJ dem heutigen Stand der Wissenschaft *od* Technik entsprechend, modern: ~ **technology** Spitzentechnologie *f*; **~room** S 1 SCHIFF (*bes luxuriös eingerichtete*) Privatkabine 2 BAHN *US* Privatabteil *n* 3 *bes Br* Prunkzimmer *n*

stateside, *a.* ♀ *US umg* A ADJ amerikanisch, US-... B ADV 1 in den Staaten *umg* 2 nach den *od* in die Staaten (zurück) *umg*

statesman ['steɪtsmən] S *irr* 1 POL Staatsmann *m*: → elder statesman 2 (bedeutender) Politiker; **statesmanlike**, **statesmanly** ADJ staatsmännisch; **statesmanship** S Staatskunst *f*

States of the Church [ˌsteɪtsəvðə'tʃɜːtʃ; *US* -'tʃɜrtʃ] SPL HIST Kirchenstaat *m*

states' rights SPL POL *US* Rechte *pl* der Bundesstaaten

stateswoman ['steɪtsˌwʊmən] S *irr* (bedeutender) Politikerin

state-wide ADJ & ADV im ganzen (Bundes)Staat

static ['stætɪk] A ADJ (ADV **~ally**) 1 PHYS statisch (*Druck etc*): **he's got ~ electricity in his hair** sein Haar ist statisch aufgeladen; ~ **friction** Haftreibung *f*; ~ **sense** PHYSIOL statischer Sinn, Gleichgewichtssinn *m* 2 ELEK (elektro)statisch (*Ladung etc*) 3 *Funk*: a atmosphärisch (*Störung*) b Störungs...: ~ **suppres-**

S

sion Entstörung *f* **4** (fest)stehend, ortsfest **5** *allg* statisch, gleichbleibend **B** S **1** statische Elektrizität **2** *Funk*: atmosphärische *od* statische Störungen *pl* **3** *pl (als sg konstruiert)* PHYS Statik *f (Lehre von den Kräften im Gleichgewicht)* **4** **he got a lot of ~** *US umg* er musste sich einiges anhören

station ['steɪʃn] **A** S **1** Platz *m*, Posten *m (a.* SPORT): **take up one's ~** s-n Platz *od* Posten einnehmen **2** a *(Rettungs-, Unfall- etc)* Station *f* b *(Beratungs-, Dienst-, Tank- etc)* Stelle *f* c *(Telegrafen)* Amt *n* d TEL Sprechstelle *f* e POL *(Wahl)* Lokal *n* f *(Handels)* Niederlassung *f* g *(Feuer-, Polizei- etc)* Wache *f* **3** *(Forschungs)* Station *f*, *(Erdbeben)* Warte *f* **4** ELEK a Funkstation *f* b MIL Funkstelle *f* c *(Rundfunk)*Sender *m*, (-)Station *f* d *(Kraft)* Werk *n* **5** *Postwesen*: (Zweig)Postamt *n* **6** BAHN a Bahnhof *m*: **~ hotel** Bahnhofshotel *n* b *(Bahn)* Station *f* **7** *US (Bus- etc)* Bahnhof *m* **8** MIL a Posten *m*, Stützpunkt *m* b Standort *m* c FLUG *Br* (Flieger)Horst *m* **9** BIOL Standort *m* **10** Dienstort *m (e-s Beamten etc)* **11** FLUG, SCHIFF Position *f*: **leave ~** ausscheren **12** *(gesellschaftliche etc)* Stellung: **have ideas above one's ~** sich für etwas Besseres halten; **marry below one's ~** nicht standesgemäß *od* unter s-m Stand heiraten; **men of ~** Leute von Rang **13** Station *f*, Rast(ort) *f(m) (auf e-r Reise etc)* **14** KATH a Station *f (Messe des Papstes an besonderen Tagen)* b *a.* **~ church** Stationskirche *f* **15** *a.* **~ of the Cross** REL (Kreuzweg)station *f* **16** *a.* **~ day** REL Wochen-Fasttag *m* **17** *Landvermessung*: a Station *f (Ausgangspunkt)* b Basismessstrecke *f* von 100 Fuß **18** ASTRON stationärer Punkt **19** AGR *Aus* Rinder- *od* Schaf(zucht)farm. *f* **20** *IndEng* a (englische) Kolonie b Europäerviertel *n* **21** *Bergbau*: Füllort *m* **B** V/T **1** (o.s. sich) aufstellen *od* postieren **2** SCHIFF, MIL *Raketen, Truppen etc* stationieren: **be ~ed** stehen

stationary ['steɪʃnərɪ; *US* -ʃəˌneriː] ADJ **1** TECH *etc* stationär *(a.* ASTRON, MED), ortsfest, fest (-stehend): **~ running** SPORT Laufen *n* am Ort; **~ warfare** MIL Stellungskrieg *m* **2** sesshaft **3** gleichbleibend, stationär: **remain ~** unverändert sein *od* bleiben; **~ population** *(Statistik)* stationäre Bevölkerung **4** (still)stehend: **~ traffic** stehender Verkehr; **be ~** stehen; **~ disease** S MED lokal auftretende u. jahreszeitlich bedingte Krankheit; **~ tangent** S MATH Wendetangente *f (e-r Kurve)*; **~ wave** S ELEK, PHYS stehende Welle

station break S RADIO, TV *US* Pausenzeichen *n*

stationer ['steɪʃnə(r)] S **1** Papier-, Schreibwarenhändler(in): **~'s (shop)** Papier-, Schreibwarenhandlung *f* **2** *obs* a Verleger(in) b Buchhändler(in): **℞s' Company** *Londoner Innung der Buchhändler, Verleger etc*; **℞s' Hall** *Sitz der* ***Stationers' Company***; **enter at ℞s' Hall** *ein Buch* registrieren (u. damit gegen Nachdruck schützen) lassen; **℞s' Register** *von der* ***Stationers' Company*** *geführtes u. der Sicherung der Urheberrechte dienendes Verzeichnis der in England neu erscheinenden Bücher*;

stationery [-ʃnərɪ; *US* -ʃəˌneriː] **A** S **1** Schreib-, Papierwaren *pl* **2** Brief-, Schreibpapier *n* **B** ADJ Schreib-, Papierwaren…

station| house S *bes US* **1** a Polizeiwache *f*, -revier *n* b Feuerwache *f* **2** BAHN Bahnstation *f*; **~ marker** S Skalenreiter *m (am Radio)*; **~master** S BAHN Stationsvorsteher *m*; **~ pole**, **~ rod** S *Landvermessung*: Nivellierstab *m*; **~ selector** S ELEK Stationswähler *m*, Sendereinstellung *f*: **~ button** Stationstaste *f*; **~-to-station call** S TEL *US* (handvermitteltes) Ferngespräch; **~ wagon** S AUTO *US* Kombi(wagen) *m*

statism ['steɪtɪzəm] S WIRTSCH, POL Dirigismus *m*, Planwirtschaft *f*

statist **A** S **1** ['stætɪst] Statistiker(in) **2** ['steɪtɪst] a WIRTSCH, POL Anhänger(in) des Dirigismus *od* der Planwirtschaft b *obs* Politiker(in) **B** ADJ ['steɪtɪst] WIRTSCH, POL dirigistisch, planwirtschaftlich

statistic [stə'tɪstɪk] **A** ADJ (ADV **~ally**) → statistical **B** SPL **statistics** **1** *(als sg konstruiert)* Statistik *f (Wissenschaft od Methode)* **2** Statistik(en) *f(pl)*; **statistical** ADJ (ADV **~ly**) statistisch: **~ distribution** Wahrscheinlichkeits-, Häufigkeitsverteilung *f*; **statistician** [ˌstætɪ'stɪʃn] S Statistiker(in)

stator ['steɪtə(r)] S ELEK Stator *m*, Ständer *m*

statoscope ['stætəskəʊp] S FLUG, PHYS Statoskop *n (Gerät zum Messen von Höhendifferenzen)*

statuary ['stætjʊərɪ; *US* -tʃəˌweriː] **A** S **1** Bildhauerkunst *f*, Bildhauerei *f* **2** KOLL Statuen *pl* **B** ADJ **1** Bildhauer… **2** plastisch, figürlich **3** Statuen…: **~ marble**

statue ['stætʃuː; *Br a.* -tjuː] S Statue *f*, Standbild *n*: **℞ of Liberty** Freiheitsstatue; **~ of a saint** Heiligenfigur *f*; **statued** ADJ mit Statuen geschmückt

statuesque [ˌstætjʊ'esk; -tʃʊ-; *US* -tʃə'wesk] ADJ (ADV **~ly**) **1** statuenhaft **2** stattlich *(bes Frau)*; **statuette** [-'et; *US* -'wet] S Statuette *f*: **~ of a saint** Heiligenfigur *f*

stature ['stætʃə(r)] S **1** Statur *f*, Wuchs *m*, Gestalt *f* **2** *fig (geistige etc)* Größe, Format *n*, Kaliber *n*: **a politician of ~** ein Politiker von Format

status ['steɪtəs; *US a.* 'stæ-] S **1** JUR Status *m*, Rechtsstellung *f* **2** *(Familien-, Personen)* Stand *m* **3** *(gesellschaftliche etc)* Stellung, Rang *m* **4** *(gesellschaftliches etc)* Prestige, Status *m*: **~-conscious** statusbewusst; **~-mindedness** Prestigedenken *n*; **~ seeker** *j-d, der auf gesellschaftliches Prestige erpicht ist*; **~ symbol** Statussymbol *n* **5** a *(Finanz-, Vermögens)* Lage *f*: **~ information** Kreditauskunft *f* b Stand *m (von Gesprächen etc)*: **what's the ~ of the talks?** wie stehen die Gespräche? **6** Zustand *m*, Status *m (beide a.* MED); **~ quo** [kwəʊ] S *(der)* Status quo *(der jetzige Zustand)*; **~ quo ante** ['æntɪ] S *(der)* Status quo ante *(der vorherige Zustand)*

statutable ['stætjʊtəbl; *US* -tʃə-; -tʃˌuːt-] → statutory 1, 2, 3, 4, 6

statute ['stætjuːt; *bes US* -tʃuːt; *US a.* -tʃət] S **1** JUR a Gesetz *n (vom Parlament erlassene Rechtsvorschrift)* b Gesetzesbestimmung *f*, -vorschrift *f* c Parlamentsakte *f*: **~ of bankruptcy** Konkursordnung *f*; **declaratory ~**, **regulatory ~** Ausführungsgesetz **2** *a.* **~ of limitations** JUR *US* (Gesetz *n* über) Verjährung *f*: **there is no ~ of limitations on murder** Mord verjährt nicht; **not be subject to the ~** unverjährbar sein; **plead the ~** Verjährung geltend machen **3** JUR Statut *n*, Satzung *f*: **~ of Westminster** POL, HIST Statut von Westminster *(durch das 1931 das* **British Commonwealth of Nations** *anerkannt wurde)*; **~-barred** ADJ JUR verjährt; **~ book** S JUR Gesetzessammlung *f*; **~ law** S JUR Gesetzesrecht *n*, geschriebenes Recht *(Ggs* **common law**); **~ mile** S Meile *f*

statutory ['stætjʊtərɪ; -tʃʊ-; *US* -tʃəˌtəʊriː; -ˌtɔː-] ADJ (ADV statutorily) **1** JUR gesetzlich *(Erbe, Feiertag, Rechte etc)*: **~ corporation** Körperschaft *f* des öffentlichen Rechts; **~ declaration** *Br* eidesstattliche Erklärung; **~ guardian** (amtlich eingesetzter) Vormund; **~ instrument** *Br* (Ausführungs-, Rechts-)Verordnung *f*; **~ law** → statute law; **~ meeting** WIRTSCH ordentliche Versammlung **2** JUR gesetzlich vorgeschrieben: **~ notice** gesetzliche Kündigungsfrist; **~ reserve** WIRTSCH gesetzliche Rücklage; **~ sick pay** Lohnfortzahlung *f (im Krankheitsfall)* **3** Gesetzes… **4** JUR (dem Gesetz nach) strafbar: **~ offence** *(bes US* **offense**) strafbare Handlung; → rape[1] A 1 **5** JUR Verjährungs…: **~ period** Verjährung(sfrist) *f* **6** satzungsgemäß

staunch[1] [stɔːntʃ; stɑːntʃ] *bes Br für* **stanch**[1]

staunch[2] [stɔːntʃ; stɑːntʃ] ADJ (ADV **~ly**) **1** treu, zuverlässig **2** standhaft, fest, eisern **3** wasserdicht, seetüchtig *(Schiff)* **4** solid (gearbeitet), fest; **staunchness** S **1** Treue *f*, Zuverlässigkeit *f* **2** Standhaftigkeit *f*

staurolite ['stɔːrəlaɪt] S MINER Staurolith *m*

stave [steɪv] **A** S **1** *(Fass)* Daube *f* **2** *(Leiter)* Sprosse *f*, Runge *f* **3** Stock *m*, Knüttel *m* **4** LIT a Strophe *f*, Vers *m* b *(Reim)* Stab *m* **5** MUS Noten(linien)system *n* **B** V/T *prät u. pperf* **staved** *od* **stove** [stəʊv] **1** a *meist* **~ in** einschlagen b *ein Loch* schlagen **(in** in *akk)* c *ein Fass* zerschlagen **2** **~ off** a *j-n* hinhalten b *e-e Gefahr etc* abwenden, *ein Gespräch etc* abbiegen c *etwas* aufschieben **3** mit Dauben *od* Sprossen versehen **4** MED *schott* sich *e-n Finger etc* verstauchen: **~ a finger** **C** V/I *US* jagen, rasen; **~ rhyme** S LIT Stabreim *m*

staves [steɪvz] *pl von* **staff**[1]

stavesacre ['steɪvzˌeɪkə(r)] S **1** BOT Scharfer Rittersporn **2** PHARM Stephanskörner *pl*

stay[1] [steɪ] **A** V/I *prät u. pperf* **stayed**, *obs* **staid** [steɪd] **1** bleiben **(with sb** bei j-m): **~ around** in der Nähe bleiben; **~ away (from)** fernbleiben *(dat)*, wegbleiben (von); **~ behind** a zurückbleiben b noch dableiben; **come to ~** (für immer) bleiben; **a fashion that has come** *(od* **is here) to ~** e-e Mode, die bleiben *od* sich halten wird; **~ in** a *a.* **~ indoors** zu Hause *od* drinnen bleiben b SCHULE nachsitzen; **~ on** (noch länger) bleiben; **he is ~ing on as chairman** er bleibt (noch weiter) Präsident; **~ out** a draußen bleiben *(a. Wäsche etc)*, wegbleiben, nicht heimkommen b WIRTSCH weiterstreiken; **~ up** a aufbleiben, wach bleiben b hängen bleiben *(Bild etc)* c über Wasser bleiben d SPORT oben bleiben *(nicht absteigen)*; **~ for** *(od* **to) dinner** zum Essen bleiben; **~ off** meiden, sich von *Alkohol* fernhalten; **~ out of** sich heraushalten aus; **~!** halt!; → late B 1, put B, B, true A 3 **2** sich (vorübergehend) aufhalten, wohnen *(beide:* **at, in** in *dat*; **with sb** bei j-m) **3** verweilen **4** stehen bleiben **5** warten **(for sb** auf j-n) **6** *bes* SPORT *umg* durchhalten **7** **~ with** *bes* SPORT *US umg* mithalten (können) mit **B** V/T **1** a aufhalten, Halt gebieten *(dat)*, hemmen b anhalten c zurückhalten **(from** von) d (fest)halten: **~ one's hand** sich zurückhalten **2** JUR a *die Urteilsvollstreckung, ein Verfahren* aussetzen b *ein Verfahren, die Zwangsvollstreckung* einstellen **3** *j-s Hunger etc* stillen **4** **~ the course** SPORT durchhalten *(a. fig)*; → distance A 4 **5** **~ out** a überleben b länger bleiben als **6** *a.* **~ up** a stützen *(a. fig)* b *fig j-m* den Rücken steifen **7** TECH a absteifen b ab-, verspannen c verankern **C** S **1** (vorübergehender) Aufenthalt: **make a long ~ in London** sich längere Zeit in London aufhalten **2** a Halt *m*, Stockung *f* b Hemmnis *n* **(on** für): **put a ~ on** *s-e Gedanken etc* zügeln **3** JUR Aussetzung *f*, Einstellung *f*, (Vollstreckungs)Aufschub *m*: **he was given a ~ of execution** s-e Hinrichtung wurde aufgeschoben **4** *umg* Ausdauer *f*, Stehvermögen *n* **5** TECH a Stütze *f* b Strebe *f* c Verspannung *f* d Verankerung *f* **6** *pl bes Br* Korsett *n* **7** *fig* Stütze *f*

stay[2] [steɪ] SCHIFF **A** S Stag *n*: **be (hove) in ~s** → C; **miss the ~s** das Wenden verfehlen **B** V/T **1** *den Mast* stagen **2** *das Schiff* durch *od* gegen den Wind wenden **C** V/I über Stag gehen,

S

wenden

stay|-at-home A S häuslicher Mensch, *pej* Stubenhocker(in): **I'm a ~** ich bin am liebsten zu Hause B ADJ häuslich, *pej* stubenhockerisch; **~ bolt** S TECH 1 Stehbolzen *m* 2 Ankerbolzen *m*

stayer S 1 *j-d, der bleibt etc* 2 ausdauernder *od* hartnäckiger Mensch 3 *Pferdesport*: Steher *m*

stay-foresail S SCHIFF Fockstagsegel *n*

staying power ['steɪɪŋ] S Stehvermögen *n*, Ausdauer *f*: **have more ~** *a.* länger halten (*Lippenstift etc*)

stay-in (strike) S *Br* Sitzstreik *m*

stay|lace S Korsettschnur *f*; **~maker** S Korsett-, Miederfabrikant(in); **~sail** ['-seɪl; SCHIFF 'steɪsl] S SCHIFF Stagsegel *n*; **~ tube** S TECH Standrohr *n*

std[1] ABK standard

STD[2] ABK 1 MED sexually transmitted disease Geschlechtskrankheit *f* 2 TEL *Br* subscriber trunk dialling Selbstwählferndienst *m* 3 scheduled time of departure planmäßige Abfahrt(szeit); FLUG planmäßiger Abflug

STD code [ˌestiː'diː] S TEL *Br* Vorwahl (nummer) *f*

stead [sted] S 1 Stelle *f*: **in his ~** an s-r Statt, statt seiner; **in (the) ~ of** anstelle von (*od gen*), anstatt (*gen*) 2 Nutzen *m*: **stand sb in good ~** j-m (gut) zustattenkommen

steadfast ['stedfəst; -fɑːst; *US* -ˌfæst] ADJ (ADV ~ly) 1 fest, unverwandt (*Blick*) 2 fest: a unbeweglich b dauerhaft 3 fest, unerschütterlich: a standhaft, unentwegt, treu: **be ~ in sth** sich von etwas nicht abbringen lassen b unabänderlich (*Entschluss etc*); **steadfastness** S Standhaftigkeit *f*, Festigkeit *f*: **~ of purpose** Zielstrebigkeit *f*

steadiness ['stedɪnɪs] S 1 Festigkeit *f* 2 Beständigkeit *f*, Stetigkeit *f* 3 solide Art

steady ['stedɪ] A ADJ (ADV steadily) 1 (stand)fest, stabil (*Leiter etc*): **he was not ~ on his legs** er stand nicht fest auf den Beinen; **~ prices** WIRTSCH feste *od* stabile Preise 2 gleichbleibend, gleichmäßig, stetig, ständig, unveränderlich: **~ girlfriend** feste Freundin; **~ income** festes *od* geregeltes Einkommen; **be in a ~ job** e-n festen Arbeitsplatz haben; **~ pace** gleichmäßiges Tempo; **~ progress** stetige *od* ständige Fortschritte *pl*; **~ relationship** feste Beziehung 3 gewohnheits-, regelmäßig: **~ customer** Stammkunde *m*, -kundin *f* 4 → steadfast 1 5 a → steadfast 3 b ordentlich, solid(e) (*Leben, Mensch*) c nüchtern, gesetzt d zuverlässig (*Freund, Spieler etc*) 6 ruhig, sicher (*Auge, Hand*), stabil (*Nerven*) B ADV *umg* a **go ~ (with)** vorsichtig(er) sein (mit), sich zurückhalten (bei, mit) b **go ~ with** (fest) mit *j-m* gehen C INT 1 sachte!, ruhig Blut! 2 **~ on!** halt! D V/T 1 festigen, festmachen, sicher *od* ruhig *etc* machen: **~ o.s.** a sich stützen b *fig* sich beruhigen; **~ sb's nerves** j-s Nerven beruhigen 2 *ein Pferd* zügeln 3 *j-n* zur Vernunft bringen, ernüchtern E V/I 1 fest *od* sicher *od* ruhig *etc* werden, Halt gewinnen, sich festigen, sich stabilisieren (*a.* WIRTSCH *Preise etc*) 2 *oft* **~ down** vernünftig werden F S 1 Stütze *f* 2 *umg* feste(r) Freund(in); **~-going** ADJ 1 gleichbleibend, beständig 2 solid(e), gesetzt; **~-handed** ADJ (ADV ~ly) mit ruhiger Hand: **be ~** e-e ruhige Hand haben; **~ state** S *Molekularbiologie, Biophysik*: Fließgleichgewicht *n*; **~-state theory** S *Kosmologie*: Steady-State-Theorie *f* (*Theorie e-s sich ausdehnenden Weltalls ohne zeitlichen Anfang u. ohne zeitliches Ende*)

steak [steɪk] S 1 Steak *n*: **~ and kidney pie** *Rindersteak u. Rindernieren, in e-m Rindertalgteig gebacken*; **~ and kidney pudding** *Rindersteak u. Rindernieren, im Wasserbad gekocht* 2 (*Fisch- etc*) Filet *n* 3 Frikadelle *f*; **~ hammer** S Fleischklopfer *m*; **~house** S Steakhaus *n*; **~ knife** S *irr* Steakmesser *n*; **~ tartare** [ˌtɑː(r)'tɑː(r)] S GASTR Tatar (beefsteak) *n*

steal [stiːl] A V/T *prät* stole [stəʊl], *pperf* stolen ['stəʊlən] 1 a *etwas* stehlen (*a. fig*), entwenden: **~ sth from sb** j-m etwas stehlen; **~ sb's girlfriend** *fig* j-m die Freundin ausspannen *umg* b *etwas* rauben 2 *fig* stehlen, erlisten, erhaschen: **~ a kiss from sb** j-m e-n Kuss rauben; **~ a look at** e-n verstohlenen Blick werfen auf (*akk*); → march[1] *Bes Redew*, show A 3, thunder A 1 3 *fig* stehlen, plagiieren 4 schmuggeln (**into** in *akk*; **out of** aus) 5 SPORT *etc den Ball etc* ergattern, *Punkte a.* entführen B V/I 1 stehlen 2 schleichen, sich stehlen (*beide*: **out of** aus): **~ away** sich davonstehlen 3 **~ over** (*od* **on**) *fig j-n* beschleichen (*Furcht etc*) C S 1 *umg* Diebstahl *m* 2 **at that price it's a ~** *bes US umg* zu dem Preis ist das fast geschenkt 3 *Basketball*: Ballgewinn *m*

stealth [stelθ] S Heimlichkeit *f*: **by ~** heimlich, verstohlen; **~ bomber** FLUG, MIL *US* Tarnkappenbomber *m*; **stealthiness** [-ɪnɪs] S Heimlichkeit *f*; **stealthy** ADJ (ADV stealthily) verstohlen, heimlich

steam [stiːm] A S 1 (Wasser)Dampf *m*: **at full ~** mit Volldampf (*a. fig*); **full ~ ahead** Volldampf *od* volle Kraft voraus; **go full ~ ahead with** *fig etwas* mit Volldampf vorantreiben; **get up ~** Dampf aufmachen (*a. fig*); **let** (*od* **blow**) **off ~** Dampf ablassen, *fig* (*a.* **work off ~**)*a.* sich *od* s-m Zorn Luft machen; **put on ~** a Dampf anlassen b *fig* Dampf dahinter machen *umg*; **he was running out of ~** *fig* ihm ging die Luft *od* Puste aus; **under one's own ~** mit eigener Kraft, *fig a.* allein 2 Dunst *m*, Schwaden *pl* 3 *fig umg* Dampf *m*, Schwung *m*, Wucht *f* 4 *obs* Dampfer *m* B V/I 1 dampfen (*a. Pferd etc*): **~ing hot** dampfend heiß 2 verdampfen 3 SCHIFF, BAHN dampfen (*fahren*) 4 dampfen, brausen, sausen 5 *meist* **~ ahead**, **~ away** *umg* a sich (mächtig) ins Zeug legen b gut vorankommen 6 **~ up** (*od* **over**) (sich) beschlagen (*Glas etc*) 7 *umg* vor Wut kochen C V/T 1 a *Speisen etc* dämpfen, dünsten b *Holz etc* dämpfen, *Stoff* dekatieren 2 **~ a letter open** e-n Brief über Dampf öffnen; **~ a stamp off the envelope** e-e Marke über Dampf vom Umschlag lösen 3 *Gas etc* ausströmen 4 **~ up** *Glas etc* beschlagen: **become** (*od* **get**) **~ed up** → B 6 5 *meist* **~ up** *umg* a *die Industrie etc* ankurbeln, auf Touren bringen b *j-n* in Rage bringen: **be ~ed up** *umg* → B 7; **get ~ed up** in Rage kommen (**over** wegen); **don't let it ~ you** reg dich (darüber) nicht auf! 6 *sl e-n Bus, Laden etc* überfallen u. die Passagiere *od* Kunden ausrauben (*Bande von Jugendlichen*); **~ bath** S Dampfbad *n*; **~ blower** S TECH Dampfgebläse *n*; **~boat** S Dampfboot *n*, (*bes* Fluss)Dampfer *m*; **~ boiler** S Dampfkessel *m*; **~ box**, **~ chest** S TECH Schieberkasten *m*; **~ engine** S 1 Dampfmaschine *f* 2 Dampflokomotive *f*

steamer S 1 SCHIFF Dampfer *m*, Dampfschiff *n* 2 TECH Dampfmaschine *f* 3 a Dampfkochtopf *m* b Dämpfapparat *m* 4 *sl j-d, der zusammen mit anderen Jugendlichen e-n Bus, e-n Laden etc überfällt u. die Passagiere od Kunden ausraubt*; **~ rug** S grobe Wolldecke

steam| fitter S Heizungsinstallateur(in); **~ ga(u)ge** S Dampfdruckmesser *m*; **~ hammer** S Dampfhammer *m*; **~ heat** S 1 durch Dampf erzeugte Hitze 2 PHYS spezifische Verdampfungswärme; **~ heater** S 1 Dampfheizungskörper *m* 2 Dampfheizung *f*; **~ heating** S Dampfheizung *f*; **~ iron** S Dampfbügeleisen *n*; **~ locomotive** S Dampflokomotive *f*; **~ navvy** *Br für* steam shovel; **~ organ** S MUS Dampf(pfeifen)orgel *f*; **~ point** S PHYS Dampfpunkt *m*; **~-powered** ADJ mit Dampfantrieb; **~roll** *US* → steamroller; **~roller** A S Dampfwalze *f* (*a. fig*) B V/T 1 glatt walzen 2 *fig* a *die Opposition etc* niederwalzen, ‚überfahren' b *e-n Antrag etc* durchpeitschen, -drücken c *j-n* unter Druck setzen (**into doing** dass er *etwas* tut); **~ship** → steamer 1; **~ shovel** S TECH *US* (Dampf)Löffelbagger *m*; **~ table** S *dampfbeheizte Theke zum Warmhalten von Speisen*; **~tight** ['-taɪt; ˌ-'t-] ADJ TECH dampfdicht; **~ tug** S SCHIFF Schleppdampfer *m*; **~ turbine** S TECH Dampfturbine *f*; **~ valve** S Dampfventil *n*; **~ whistle** S Dampfpfeife *f*

steamy ADJ (ADV steamily) 1 dampfig, dampfend, Dampf… 2 beschlagen (*Glas etc*) 3 *umg* erotisch: **the sex scenes were quite ~** (FILM, TV) bei den Sexszenen konnte einem ganz schön warm werden

stearate ['stɪəreɪt] S CHEM Stearat *n*

stearic [stɪ'ærɪk; *US a.* 'stɪərɪk] ADJ CHEM Stearin…: **~ acid**; **stearin** ['stɪərɪn; 'stiːə-] S Stearin *n*

steatite ['stɪətaɪt] S MINER Steatit *m*

stedfast, *etc* → steadfast *etc*

steed [stiːd] S *obs od poet* Ross *n*

steel [stiːl] A S 1 Stahl *m*: **~s** a Stähle b *Börse*: Stahlaktien; **of ~** → B b; **(as) hard as ~** → B b; → true A 3 2 (*Gegenstand aus*) Stahl *m*, *bes* a Wetzstahl *m* b Feuerstahl *m* c Korsettstäbchen *n* 3 → cold steel 4 *fig* Kraft *f*, Härte *f* B ADJ stählern: a Stahl…, aus Stahl: → construction 2 b *fig* stahlhart C V/T 1 TECH (ver)stählen 2 *fig* stählen, wappnen: **~ o.s. for (against) sth** sich für (gegen) etwas wappnen; **he ~ed his heart against compassion** er verschloss sich dem Mitleid; **~ band** S MUS Steelband *f* (*Band, deren Instrumente aus verschiedenen großen Ölfässern bestehen*); **~ blue** S Stahlblau *n* (*Farbe*); **~-blue** ADJ stahlblau; **~ cable** S Stahlseil *n*; **~-clad** ADJ stahlgepanzert; **~-drawn** ADJ aus gezogenem Stahl; **~-engraved** ADJ in Stahl gestochen; **~ engraving** S Stahlstich *m* (*Bild u. Technik*); **~ girder** S TECH Stahlträger *m*; **~ gray**, *bes Br* **~ grey** S Stahlgrau *n* (*Farbe*); **~-gray**, *bes Br* **~-grey** ADJ stahlgrau; **~ helmet** S MIL Stahlhelm *m*; **~-helmeted** ADJ mit Stahlhelmen; **~ mill** S TECH Stahlwerk *n*; **~-rimmed** ADJ: (*a.* **pair of**) **~ glasses** (*od* **spectacles**) *pl* Nickelbrille *f*; **~ wool** S Stahlwolle *f*; **~work** S 1 Stahlarbeit *f*, Stahlteile *pl* 2 Stahlkonstruktion *f* 3 *pl* (*oft als sg konstruiert*) Stahlwerk *n*; **~worker** S Stahlarbeiter(in)

steely → steel B: **~ blue** stahlblau; **~ gray** (*bes Br* **grey**) stahlgrau

steelyard ['stiːljɑː(r)d; 'stɪljə(r)d] S Laufgewichtswaage *f*

steenbok ['stiːnbɒk; 'steɪn-; *US* -ˌbɑk] → steinbok

steep[1] [stiːp] A ADJ (ADV ~ly) 1 steil, jäh, abschüssig 2 *fig* jäh 3 *umg* a happig, gepfeffert (*Preise*) b enorm (*Aufgabe etc*) c toll, unglaublich (*Geschichte etc*) d unverschämt (*Forderung etc*): **that's a bit ~!** das ist allerhand! B S steiler Abhang

steep[2] [stiːp] A V/T 1 eintauchen, -weichen, *Tee* aufbrühen 2 (durch)tränken, imprägnieren (*beide*: **in, with** mit) 3 **(in)** *fig* durchtränken, -dringen (mit), erfüllen (von): **~ o.s. in a subject** sich ganz in ein Thema versenken; **~ed in** versunken in (*dat*); **~ed in history** geschichtsträchtig B S 1 Einweichen *n*, -tauchen *n* 2 a Lauge *f*, Bad *n* b Einweichgefäß *n*

steepen ['stiːpən] V/T & V/I steil(er) machen (werden)

steeple ['stiːpl] S 1 Kirchturm *m* 2 Spitzturm *m* 3 Kirchturmspitze *f*; **~chase** A S 1 *Pferdesport*: Steeplechase *f*, Hindernis-, Jagdrennen *n* 2 *Leichtathletik*: Hindernislauf *m* B V/I 1 *Pferdesport*: e-e Steeplechase bestreiten 2 *Leichtathletik*: e-n Hindernislauf bestreiten; **~chaser** S 1 *Pferdesport*: a Steepler *m* (*Pferd*) b Hindernis-, Jagdreiter(in) 2 *Leichtathletik*: Hindernisläufer *m*

steepled ['stiːpld] ADJ mit e-m Turm (versehen), betürmt

steeplejack S Schornstein-, Turmarbeiter(in)

steepness S Steilheit *f*, Steile *f*

steer[1] [stɪə(r)] A V/T 1 SCHIFF, AUTO steuern, lenken (*beide a. fig*): **~ the conversation round to** das Gespräch lenken auf (*akk*) 2 *e-n Weg etc* verfolgen, einschlagen, *e-n Kurs* steuern 3 *j-n* lotsen bugsieren *umg* B V/I 1 SCHIFF, AUTO steuern: **~ clear of** *fig* (ver)meiden, aus dem Weg gehen (*dat*) 2 SCHIFF, AUTO **sich** *gut etc* steuern *od* lenken lassen 3 SCHIFF, AUTO gesteuert werden, fahren: **~ for** lossteuern auf (*akk*) (*a. fig*) C S *US umg* Tipp *m*

steer[2] [stɪə(r)] S Ochse *m*

steerable ['stɪərəbl] ADJ steuer-, lenkbar

steerage ['stɪərɪdʒ] S 1 SCHIFF, AUTO Steuern *n*, Lenken (*beide a. fig*) *n* 2 a SCHIFF, AUTO Steuerung *f*, Lenkung *f* (*Vorrichtung*) b SCHIFF Steuerwirkung *f* 3 SCHIFF Zwischendeck *n*; **~way** S SCHIFF *Geschwindigkeit, bei der ein Schiff gerade noch steuerbar ist*

steerer S 1 *bes* SCHIFF Steuerer *m*, Steuerin *f* 2 SCHIFF Steuergerät *n* 3 *US umg* Schlepper(in) (*zu Nachtklubs etc*)

steering → steerage 1; **~ column** S AUTO Lenksäule *f*; **~-column lock** S AUTO Lenk(rad)schloss *n*; **~ committee** S POL *etc* Lenkungsausschuss *m*; **~ gear** S 1 AUTO Steuerung *f*, Lenkung *f*, Lenkgetriebe *n* 2 SCHIFF Steuergerät *n*; **~ knuckle** S AUTO *US* Achsschenkel *m*; **~ lock** S AUTO Lenkungseinschlag *m*; **~ play** S AUTO toter Gang *od* Spiel *n* der Lenkung; **~ wheel** S 1 SCHIFF Steuerrad *n* 2 AUTO Steuer-, Lenkrad *n*; **~-wheel lock** S AUTO Lenk(rad)schloss *n*

steersman ['stɪə(r)zmən] S *irr* SCHIFF Rudergänger *m*

steeve[1] [stiːv] V/T SCHIFF traven, *e-e Ballenladung* (fest) zusammenpressen

steeve[2] [stiːv] S SCHIFF Steigung *f* (*des Bugspriets*)

stein [staɪn] S Bier-, Maßkrug *m*

steinbock → steinbok

steinbok ['staɪnbɒk; *US* -ˌbɑk] *pl* -boks, *bes koll* -bok S ZOOL Steinbock *m*

stele ['stiːlɪ; -liː] *pl* -lae [-liː], -les S *Antike*: Stele *f* (*Bild- od Grabsäule*)

stellar ['stelə(r)] ADJ ASTRON stellar, Stern(en)...

stellate ['stelət; -eɪt] ADJ sternförmig: **~ leaves** BOT quirlständige Blätter; **stellated** [-eɪtɪd], **stelliferous** [-'lɪfərəs] ADJ 1 → stellate 2 gestirnt; **stellular** [-ljʊlə(r)] ADJ sternchenförmig

stem[1] [stem] A S 1 (*Baum*) Stamm *m* 2 BOT a Stängel *m* b (*Blüten-, Blatt-, Frucht*) Stiel *m* c Halm *m*: **~ leaf** Stängelblatt *n* 3 Bündel *n* Bananen 4 *allg* (*Pfeifen-, Weinglas- etc*) Stiel *m* 5 a (*Lampen*) Fuß *m* b (*Ventil*) Schacht *m* c (*Thermometer*) Röhre *f* d (*Aufzieh*) Welle *f* (*e-r Uhr*) 6 *fig* Geschlecht *n*, Stamm *m* 7 LING (*Wort*) Stamm *m* 8 MUS (*Noten*) Hals *m* 9 TYPO Grund-, Abstrich *m* 10 SCHIFF (Vorder)Steven *m*: **from ~ to stern** vom Bug bis zum Heck B V/T entstielen C V/I stammen, (her)kommen (*beide*: **from** von)

stem[2] [stem] A V/T 1 eindämmen (*a. fig*) 2 *fig* a aufhalten, Einhalt gebieten (*dat*) b sich entgegenstemmen (*dat*), ankämpfen gegen (*a.* SCHIFF) 3 *ein Loch etc* abdichten, abdämmen 4 *e-e Blutung* stillen 5 *den Ski* zum Stemmbogen ansetzen B V/I *Skisport*: stemmen

stemmed [stemd] ADJ 1 BOT a gestielt b (*in Zusammensetzungen*) ...stielig: → long-stemmed 2 entstielt

stemless ADJ stängellos, ungestielt

stemple ['stempl] S *Bergbau*: Stempel *m*, Stützholz *n*

stem| turn S *Skisport*: Stemmbogen *m*; **~-winder** [-ˌwaɪndə(r)] S 1 Remontoiruhr *f* 2 *US umg obs* tolle Sache; **~-winding** ADJ 1 mit Aufziehwelle: **~ watch** → stem-winder 1 2 *US umg obs* toll

stench [stentʃ] S Gestank *m*; **~ bomb** S *US* Stinkbombe *f*; **~ trap** S Geruchsverschluss *m*

stencil ['stensl] A S 1 a *a.* **~ plate** (Maler)Schablone *f* b TYPO (*Wachs-*) Matrize *f* 2 a Schablonenzeichnung *f*, -muster *n* b Matrizenabzug *m* B V/T *prät u. pperf* -ciled, *bes Br* -cilled 1 schablonieren, mittels Schablone be- *od* aufmalen 2 auf Matrize(n) schreiben

Sten gun [sten] S MIL, HIST *Br e-e leichte Maschinenpistole*

steno ['stenəʊ] *pl* -os S *US umg für* stenographer 2

stenograph ['stenəgrɑːf; *bes US* -græf] A S 1 Stenogramm *n* 2 Kurzschriftzeichen *n* 3 Stenografiermaschine *f* B V/T (mit)stenografieren; **stenographer** [stə'nɒgrəfə(r); *US* -'nɑg-] S 1 Stenograf(in) 2 *US* Stenotypist(in); **stenographic** [-nə'græfɪk] ADJ (ADV ~ally) stenografisch; **stenography** [stə'nɒgrəfɪ; *US* -'nɑ-] S Stenografie *f*, Kurzschrift *f*

stenosis [ste'nəʊsɪs] *pl* -ses [-siːz] S MED Stenose *f*, Stenosis *f* (*Verengung e-s Körperkanals*); **stenotic** [-'nɒtɪk; *US* -'nɑt-] ADJ stenotisch, verengt

stenotype ['stenəʊtaɪp] → stenograph A 2, A 3; **stenotypist** S *j-d, der e-e Stenografiermaschine bedient*; **stenotypy** [-pɪ] S Stenotypie *f*

stentorian [sten'tɔːrɪən; *US a.* -'təʊ-] ADJ laut, gewaltig: **~ voice** Stentorstimme *f*

step [step] A S 1 Schritt *m* (*a. Geräusch u. Maß*): **a ~ forward** ein Schritt vorwärts (*a. fig*); **~ by ~** Schritt für Schritt (*a. fig*); **take a ~** e-n Schritt machen; **watch** (*od* **mind**) **your ~** Vorsicht!; pass auf, wo du hintrittst! (→ A 7); **keep one ~ ahead** *fig* immer e-n Schritt voraus sein 2 **tread in sb's ~s** *fig* in j-s Fußstapfen treten 3 (*eiliger etc*) Schritt, Gang *m* 4 (*Tanz-*) Schritt *m* 5 (*Marschier-, Gleich-*) Schritt *m*: **in ~** im Gleichschritt; **be in ~ with** *fig* im Einklang stehen mit; **out of ~** außer Tritt; **be out of ~ with** *fig* nicht im Einklang stehen mit; **break ~** aus dem Schritt kommen; **fall in ~** Tritt fassen; **keep ~ with** Schritt halten mit (*a. fig*); → retrace A 1 6 (*ein*) paar Schritte *pl*, Katzensprung *m*: **my house is only a ~ (away) from the station** 7 *fig* Schritt *m*, Maßnahme *f*: **a first ~ in the right direction** ein erster Schritt in die richtige Richtung; **take ~s** Schritte *od* etwas unternehmen; **watch** (*od* **mind**) **your ~** Vorsicht!; pass auf, was du tust! (→ A 1); → false step, legal A 4 8 *fig* Schritt *m*, Stufe *f*: **three-~ plan** Dreistufenplan *m* 9 (*Treppen- etc*) Stufe *f*, (*Leiter-*) Sprosse *f*: **mind the ~** Vorsicht, Stufe! 10 Trittbrett *n* (*am Fahrzeug*) 11 *pl*, *a.* **pair of ~s** *Br* Trittleiter *f* 12 GEOG Stufe *f*, Terrasse *f* 13 MUS a (*Ton-, Intervall*) Schritt *m* b Intervall *n* c (*Tonleiter*) Stufe *f* 14 ELEK, TECH (*Schalt-, a. Verstärker*) Stufe *f*, Schaltschritt *m* 15 a (Rang)Stufe *f*, Grad *m* b *bes* MIL Beförderung *f*: **get one's ~** befördert werden B V/I 1 schreiten, treten: **~ into a fortune** *fig* unverhofft zu e-m Vermögen kommen 2 (*zu Fuß*) gehen, treten: **~ in** herein!; **will you ~ this way, please** kommen Sie bitte hier entlang; **~ off** aus *e-m Bus etc* aussteigen, vom *Bürgersteig etc* treten 3 treten (**on** auf *akk*): **~ on it** *umg* a e-n Zahn zulegen b AUTO auf die Tube drücken; → accelerator 2, gas A 6 b, toe A 1 C V/T 1 a *e-n Schritt* machen: **~ a pace** b *e-n Tanz* tanzen 2 *e-e Entfernung etc* a abschreiten b abstecken 3 abstufen 4 mit Stufen versehen 5 TECH stufenweise ändern

Phrasal Verbs: **step| aside** V/I 1 zur Seite treten 2 *fig* Platz machen (**in favo[u]r of** für *od dat*), zurücktreten (zugunsten); **~ back** A V/I 1 zurücktreten 2 (*vor Schreck etc*) zurückweichen B V/T abstufen; **~ down** A V/I 1 herunter-, hinunterschreiten 2 *fig* a → step aside 2 b zurücktreten ([**from one's position**] **as** [von s-m Posten] als); B V/T 1 verringern 2 ELEK heruntertransformieren; **~ forward** V/I 1 vortreten, nach vorne treten 2 *fig* sich melden (*Zeugen etc*); **~ in** V/I 1 → step B 2 2 *fig* a einschreiten b sich einmischen;; **~ off** V/T → step C 2; **~ out** A V/I 1 (*bes kurz*) weggehen 2 forsch ausschreiten 3 ausgehen 4; **~ on** *US umg s-n Ehepartner* betrügen B V/T → step C 2; **~ up** A V/I 1 hinauf-, heraufsteigen 2 zugehen (**to** auf *akk*) 3 sich steigern 4 *US umg* (*im Rang*) befördert werden B V/T 1 steigern, *die Produktion etc* ankurbeln, *Forderungen etc* hochschrauben 2 ELEK hochtransformieren 3 *US umg j-n* (*im Rang*) befördern

step|brother S Stiefbruder *m*; **~-by-step** ADJ *fig* schrittweise; **~child** S *irr* Stiefkind *n*; **~dame** *obs für* stepmother; **~ dance** S Stepp(tanz) *m*; **~daughter** S Stieftochter *f*; **~-down** A ADJ ELEK Umspann...: **~ ratio** Untersetzungsverhältnis *n*; **~ transformer** Abwärtstransformator *m* B S Verringerung *f*; **~father** S Stiefvater *m*; **~-in** A ADJ zum Hineinschlüpfen: **~ dress**; **~ shoe** Schlupfschuh *m*, Slipper *m* B S 1 *pl*, *a.* **pair of ~s** (Damen)Schlüpfer *m* 2 Kleidungsstück *n* zum Hineinschlüpfen; **~ladder** S Trittleiter *f*; **~mother** S Stiefmutter *f*; **~-off** S Steilabhang *m*; **~parents** SPL Stiefeltern *pl*

steppe [step] S GEOG Steppe *f*

stepped [stept] ADJ (ab)gestuft, Stufen...: **~ pyramid**

stepper ['stepə(r)] S *umg* Tänzer(in)

stepping ['stepɪŋ] S Stepping *n* (*e-e Gymnastikform*); **~ stone** S 1 (Tritt)Stein *m* (*im Wasser etc*) 2 *fig* Sprungbrett *n* (**to** für)

step| pyramid S Stufenpyramide *f*; **~ rocket** S Stufenrakete *f*; **~sister** S Stiefschwester *f*; **~son** S Stiefsohn *m*; **~-up** A ADJ stufenweise erhöhend: **~ transformer** ELEK Aufwärtstransformator *m* B S Steigerung *f*

stepwise ADJ & ADV *fig* schritt-, stufenweise

ster. ABK (*Währung*) sterling

stercoraceous [ˌstɜːkə'reɪʃəs; *US* ˌstɜr-], **stercorous** ADJ sterkoral, kotig, Kot...

stere [stɪə(r)] S Ster *m* (*Holzmaß*)

stereo ['sterɪəʊ; 'stɪə-] A *pl* -os S 1 RADIO *etc* Stereo *n*: **broadcast in ~** 2 *umg* Stereogerät *n*, -anlage *f* 3 *umg für* stereotype A 1 4 *umg* a Stereofotografie *f* b Stereofoto *n* B ADJ RADIO *etc* Stereo...: **~ broadcast** (**record**, *etc*); **~ system** Stereoanlage *f*

stereochemistry S Stereo-, Raumchemie *f*; **stereochromy** [-ˌkrəʊmɪ] S HIST Stereochromie *f* (*e-e Art der Wandmalerei*)

stereogram ['sterɪəgræm; 'stɪər-] S 1 → stereograph 2 *Br* Stereomusiktruhe *f*; **stereograph** [-grɑːf; *bes US* -græf] S FOTO Stereogramm *n*, Stereobildpaar *n*; **stereographic**

S

[-'græfɪk] ADJ (ADV ~ally) MATH stereografisch (*Abbildung, Projektion*)
stereometry [ˌsterɪ'ɒmɪtrɪ; ˌstɪər-; *US* -'ɑm-] S MATH Stereometrie *f*, Raumlehre *f*
stereophonic [ˌsterɪə'fɒnɪk; ˌstɪər-; *US* -'fɑn-] ADJ (ADV ~ally) stereofon(isch), Stereoton...: **~ sound** Stereo-, Raumton *m*
stereoplate ['sterɪəpleɪt; 'stɪər-] S TYPO Stereotypplatte *f*, Stereo *n*
stereoscope ['sterɪəskəʊp; 'stɪər-] S Stereoskop *n* (*Gerät zur Betrachtung von Stereobildern*); **stereoscopic** [-'skɒpɪk; *US* -'skɑ-] ADJ (ADV ~ally) stereoskopisch: **~ camera** Stereokamera *f*; **~ photograph** Stereofoto(grafie) *n(f)*; **~ photography** Stereofotografie *f*; **~ vision** → stereoscopy 2; **stereoscopy** [ˌsterɪ'ɒskəpɪ; ˌstɪər-; *US* -'ɑs-] S 1 Stereoskopie *f*, Raumbildtechnik *f* 2 stereoskopisches *od* plastisches *od* räumliches Sehen
stereotype ['stɪərɪətaɪp; 'ster-] A S 1 TYPO a Stereotypie *f*, Plattendruck *m* b Stereotype *f*, Druckplatte *f* 2 *fig* Klischee *n*, Schablone *f*: **he is the ~ of a teacher** er ist genau so, wie man sich e-n Lehrer vorstellt B V/T 1 TYPO stereotypieren 2 *fig* stereotyp wiederholen 3 *fig* sich e-e Klischeevorstellung bilden von; **stereotyped** ADJ 1 TYPO stereotypiert 2 *fig* a stereotyp, unveränderlich b klischee-, schablonenhaft; **stereotyper**, **stereotypist** S TYPO Stereotypeur(in); **stereotypography** [-taɪ'pɒgrəfɪ; *US* -'pɑg-] S TYPO Stereotypdruck(verfahren) *m(n)*; **stereotypy** [-taɪpɪ] S Stereotypie *f*: a TYPO *Druckverfahren* b MED, PSYCH *häufige Wiederholung derselben Bewegungen od Ausdrücke*
steric ['sterɪk; 'stɪər-] ADJ (ADV ~ally) CHEM sterisch
sterile ['steraɪl; *US* -rəl] ADJ 1 MED steril, keimfrei 2 BIOL unfruchtbar, steril (*beide a. fig*): **a ~ seed** BOT ein tauber *od* nicht keimfähiger Same 3 *fig* fruchtlos (*Diskussion etc*): **~ capital** totes Kapital 4 *fig* leer, gedankenarm (*Stil etc*) 5 *fig* unproduktiv (*Schriftsteller etc*)
sterility [ste'rɪlətɪ; stə'r-] S Sterilität *f* (*a. fig*)
sterilization [ˌsterɪlaɪ'zeɪʃn; *US* -rələ'z-] S 1 Sterilisation *f*: a MED Entkeimung *f* b Unfruchtbarmachung *f* (*a. fig*) 2 Sterilität *f* (*a. fig*); **sterilize** [-laɪz] V/T 1 MED sterilisieren: a entkeimen, keimfrei machen b unfruchtbar machen (*a. fig*) 2 *den Boden* ausmergeln 3 *Kapital etc* nicht gewinnbringend anlegen; **sterilizer** S Sterilisator *m* (*Apparat*)
sterlet ['stɜːlɪt; *US* 'stɜr-] S FISCH Sterlet *m*
sterling ['stɜːlɪŋ; *US* 'stɜr-] A ADJ 1 Sterling(...): **ten pounds ~** 10 Pfund Sterling; **~ area** Sterlinggebiet *n*, -block *m* 2 von Standardwert (*Gold, Silber*) 3 *fig* a lauter (*Charakter etc*) b hervorragend (*Eigenschaft etc*) B S 1 Sterling *m* (*Währung*) 2 *Br* Standardfeingehalt *m* (*für Münzen*) 3 Sterlingsilber *n* 4 Sterlingsilberwaren *pl*
S
stern[1] [stɜːn; *US* stɜrn] ADJ (ADV ~ly) 1 streng, hart (*beide*: **to** mit, gegen): **~ necessity** bittere Notwendigkeit; **a ~ warning** e-e ernste Warnung 2 unnachgiebig, eisern (*Entschluss etc*) 3 finster, streng (*Gesicht etc*)
stern[2] [stɜːn; *US* stɜrn] S 1 SCHIFF Heck *n*: **~ on** mit dem Heck nach vorn; **(down) by the ~** hecklastig; → stem[1] A 10 2 ZOOL Schwanz *m* (*e-s Beagles etc*) 3 *allg* hinterer Teil
sterna ['stɜːnə; *US* 'stɜr-] *pl von* sternum
sternal ['stɜːnl; *US* 'stɜrnl] ADJ ANAT, MED sternal, Brustbein...
stern| chaser S SCHIFF, HIST Heckgeschütz *n*; **~ fast** S SCHIFF Achtertau *n*; **~foremost** ADV 1 SCHIFF über Steuer, rückwärts 2 *fig* a ungeschickt b mühsam; **~ frame** S SCHIFF 1 Spiegelspant *n* 2 Hintersteven *m*; **~most** [-məʊst] ADJ (zu)achterst

sternness S 1 Strenge *f*, Härte *f* 2 Unnachgiebigkeit *f*; **~post** S SCHIFF Achtersteven *m*; **~ rope** → stern fast; **~ sheets** SPL SCHIFF Achterspitze *pl* (*e-s Boots*)
sternum ['stɜːnəm; *US* 'stɜr-] *pl* -nums, -na [-nə] S ANAT Sternum *n*, Brustbein *n*
sternutation [ˌstɜːnjʊ'teɪʃn; *US* ˌstɜr-] S a Niesen *n* b Nieser *m umg*
stern|way S SCHIFF Heckfahrt *f*; **~wheel** S SCHIFF Heckrad *n*; **~wheeler** S Heckraddampfer *m*
steroid ['stɪərɔɪd; 'ster-] S BIOL Steroid *n* (*wichtige organische Verbindung*)
sterol ['stɪərɒl; 'sterɒl; *US a.* -əʊl] S CHEM Sterin *n*
stertor ['stɜːtə; *US* 'stɜrtər] S MED Stertor *m*: a röchelndes Atmen b Schnarchen *n*; **stertorous** [-rəs] ADJ (ADV ~ly) stertorös: a röchelnd b schnarchend
stet [stet] TYPO A INT bleibt!, stehen lassen! B V/T mit „stet" *od* Pünktchen markieren
stethoscope ['steθəskəʊp] MED A S Stethoskop *n*, Hörrohr *n* B V/T abhorchen; **stethoscopic** [-'skɒpɪk; *US* -'skɑ-] ADJ (ADV ~ally) stethoskopisch; **stethoscopy** [-'θɒskəpɪ; *US* -'θɑs-] S Stethoskopie *f* (*Untersuchung mit dem Stethoskop*)
Stetson® ['stetsn] S Stetson® *m*, Cowboyhut *m*
stevedore ['stiːvədɔː(r); *US a.* -ˌdəʊər] S SCHIFF Schauermann *m*, Stauer *m*
stew[1] [stjuː; *US a.* stuː] A V/T 1 schmoren, dämpfen, dünsten 2 *Tee* zu lange ziehen lassen 3 **~ up** *US umg* aufregen B V/I 1 schmoren: → juice A 1 2 *fig* schmoren, vor Hitze fast umkommen 3 *umg* sich aufregen C S 1 Eintopf-, Schmorgericht *n* 2 buntes Gemisch (**of** aus) 3 *obs* a Bordell *n* b *pl* Bordellviertel *n* 4 *umg* Aufregung *f*: **be in a ~** in (heller) Aufregung sein
stew[2] [stjuː; *US a.* stuː] S 1 *Br* a Fischteich *m* b Aquarium *n* 2 künstlich angelegte Austernbank
stew[3] [stuː; stjuː] S FLUG, SCHIFF *US umg* Steward *m*, Stewardess *f*
steward ['stjʊə(r)d; *US a.* 'stʊ-] S 1 Verwalter *m* 2 Inspektor *m*, Aufseher *m* 3 Haushofmeister *m* 4 Butler *m* 5 Tafelmeister *m*, Kämmerer *m* (*e-s College, Klubs etc*) 6 SCHIFF a Proviantmeister *m* b *a.* FLUG Steward *m* 7 (*Fest- etc*) Ordner *m*, (*Radsport*) Rennkommissar *m* 8 → shop steward; **stewardess** S 1 FLUG, SCHIFF Stewardess *f* 2 Verwalterin *f*; **stewardship** S 1 Verwalteramt *n* 2 Verwaltung *f*
stewed [stjuːd; *US a.* stuːd] ADJ 1 geschmort, gedämpft, gedünstet 2 *Br* zu stark (*Tee*) 3 *sl* besoffen
stew|pan S Schmorpfanne *f*, Kasserolle *f*; **~pot** S Schmortopf *m*
St. Ex. ABK stock exchange
stg ABK (*Währung*) sterling
Sth ABK South S
sthenia ['sθiːnjə; -nɪə; sθɪ'naɪə] S MED Sthenie *f*, (Körper)Kraft *f*; **sthenic** ['sθenɪk] ADJ MED sthenisch, kräftig, kraftvoll
stibial ['stɪbɪəl] ADJ CHEM, MINER spießglanzartig, Antimon...; **stibine** [-iːn; -aɪn; -ɪn] S CHEM Stibin *n*; **stibium** [-ɪəm] S CHEM Stibium *n*, Antimon *n*
stich [stɪk] S LIT Vers *m*, Zeile *f*
stichomythia [ˌstɪkəʊ'mɪθɪə] S Stichomythie *f* (*Form des Dialogs, bei der Rede u. Gegenrede auf je e-n Vers verteilt sind*)
stick[1] [stɪk] A S 1 a Stecken *m*, Stock *m*, (trockener) Zweig: → hop[1] B 1 b *pl* Klein-, Brennholz *n*: **(dry) ~s** (dürres) Reisig 2 Scheit *n*, Stück *n* Holz 3 Gerte *f*, Rute *f* 4 Stängel *m*, Stiel *m* (*Rhabarber, Sellerie*) 5 Stock *m*, Prügel *m*: **he wants the ~** *fig* er verdient e-e Tracht Prügel; **get (the) ~** *Br umg* zusammengestaucht werden; **give sb (the) ~** *Br umg* j-n zusammenstauchen; **he got (hold of) the wrong end of the ~** *fig* a er hat es *od* die Sache falsch verstanden b *a.* **he got (hold of) the short (*od* dirty) end of the ~** *US* er wurde schwer benachteiligt; **not a ~ of furniture** kein einziges Möbelstück; **the ~ and the carrot** *fig* Zuckerbrot u. Peitsche; **he's (as) cross as two ~s** *umg* er ist unausstehlich *od* in e-r Stinklaune; → cleft stick 6 MUS a Taktstock *m* b (*Trommel*) Schlägel *m* c (*Geigen*) Bogen *m* 7 (*Spazier*) Stock *m* 8 (*Besen- etc*) Stiel *m* 9 a (*Zucker-, Siegellack*) Stange *f* b (Stück *n*) Rasierseife *f* c (*Lippen- etc*) Stift *m* d (*Kaugummi*) Streifen *m* 10 (*Dynamit*) Stange *f* 11 Amtsstab *m* 12 SPORT a *Hockey etc*: Stock *m*: **~s!** hoher Stock! b *Pferderennsport*: Hindernis *n* 13 a FLUG Steuerknüppel *m* b AUTO Schalthebel *m*, -knüppel *m* 14 TYPO Winkelhaken *m* 15 FLUG, MIL a (*Bomben*) Reihe *f*: **~ bombing** Reihenwurf *m* b Gruppe *f* (abspringender) Fallschirmjäger 16 *pl umg* finsterste Provinz: **out in the ~s** *a.* wo sich Fuchs u. Hase gute Nacht sagen, am Arsch der Welt *umg* 17 *umg* a Stockfisch *m*, Langweiler(in) b *allg* Kerl *m*: **a queer old ~** ein komischer Kauz 18 *US* Schuss *m* (*Alkohol*) 19 *sl* Joint *m* (*Marihuanazigarette*) B V/T 1 *e-e Pflanze* mit e-m Stock stützen 2 TYPO *Typen* a setzen b in e-m Winkelhaken aneinanderreihen
stick[2] [stɪk] A S 1 *bes US* Stich *m*, Stoß *m* 2 *obs* a Stillstand *m* b Hindernis *n* 3 a Haftvermögen *n* b *umg* klebrige Substanz B V/T *prät u. pperf* stuck [stʌk] 1 durchstechen, -bohren: **~ one's finger with a needle** sich mit e-r Nadel in den Finger stechen 2 erstechen, *ein Schwein etc* (ab)stechen 3 mit *e-r Nadel etc* stechen (**in, into** in *akk*; **through** durch) 4 *ein Messer etc* stechen, stoßen (*beide*: **into** in *akk*) 5 (sich) *e-e Blume etc* stecken (**in** in *sein Knopfloch etc*): → arse A 1, nose *Bes Redew* 6 spicken (**with** mit): **a coat stuck with badges** 7 stecken, aufspießen (*beide*: **on** auf *akk*) 8 *den Kopf etc* stecken, strecken (*beide*: **out of the window** aus dem Fenster): → stick out B 9 stecken, heften (*beide*: **to** an *akk*) 10 *e-e Briefmarke etc* kleben (**on** auf *akk*): **~ together** zusammenkleben (→ C 5) 11 *Fotos* (ein)kleben (**in** in *akk*) 12 bekleben (**with** mit) 13 zum Stecken bringen, festfahren: **be stuck** festsitzen, nicht mehr weiterkönnen (*beide a. fig*); **be stuck in a traffic jam** in e-m Stau stecken; **be stuck for sth** um etwas verlegen sein; **I'm stuck for ideas** mir fällt nichts (mehr) ein; **I'm stuck for the right word** mir fällt das richtige Wort nicht ein; **be stuck on** *umg* verknallt sein in (*akk*); **be stuck with** *umg j-n, etwas* am Hals haben; **get stuck** stecken bleiben (**in** in *dat*); **get stuck in(to)** *umg* a sich in *e-e Arbeit* hineinknien b *Aus* über *j-n* (*a. mit Worten*) herfallen 14 *umg* verwirren, in Verlegenheit bringen (*beide*: **with** mit) 15 *bes Br umg j-n, etwas* ausstehen: **I can't ~ being kept waiting** ich kann es nicht ausstehen, wenn man mich warten lässt 16 **~ it to sb** *US umg* j-n über den Tisch ziehen C V/I 1 stecken (**in** in *dat*) 2 (fest)kleben, haften (*beide*: **to** an *dat*): **it does not ~** es klebt *od* hält nicht; **~ together** zusammenkleben 3 **(to)** sich halten *od* festklammern (an *dat*), sich heften (an *akk*): **they stuck to his heels** sie hefteten sich an s-e Fersen; → bur 1 4 haften (bleiben), hängen bleiben (*a. fig*): **some of it will ~** etwas (*von e-r Verleumdung*) bleibt immer hängen; **~ in the mind** im Gedächtnis haften bleiben; **that name stuck to him** dieser Name

blieb an ihm hängen 5 ~ to a sich an *e-e Regel etc* halten b bei *e-m Getränk etc* bleiben; ~ to, *umg* ~ with bei *e-r Gruppe etc* bleiben; ~ to, *umg* ~ at an *od* über *e-r Arbeit* bleiben; ~ to, *umg* ~ by bei *s-r Ansicht, der Wahrheit etc* bleiben, *s-n Grundsätzen etc* treu bleiben, zu *s-m Wort etc* stehen; ~ to, *umg* ~ by, ~ with zu *j-m* halten; ~ to sb's fingers *umg* j-m an den Fingern kleben bleiben *(von j-m gestohlen werden)*; ~ to the point bei der Sache *od* sachlich bleiben; eat sth that ~s to the ribs etwas Kräftiges essen; ~ together zusammenhalten (→ B 10); → gun[1] A 1 6 stecken bleiben: ~ in sb's throat a j-m im Hals stecken bleiben *(a. fig Worte etc)* b *a.* ~ in sb's craw *fig umg* j-m gegen den Strich gehen; → fast[2] B 1, mud A 7 a *umg* verwirrt sein b sich stoßen (at an *dat*) c zurückschrecken (at vor *dat*): ~ at nothing vor nichts zurückschrecken 8 hervorstehen (from, out of aus), stehen (up in die Höhe)

Phrasal Verbs: **stick| about**, ~ **around** V/I *umg* dableiben, in der Nähe bleiben, sich zur Verfügung halten; ~ **down** V/T 1 *e-n Umschlag etc* zukleben 2 *umg e-n Gegenstand* abstellen, absetzen 3 *umg* (on) *etwas* aufschreiben (auf *akk od dat*), schreiben (auf *akk*); ~ **out** A V/I 1 ab-, hervor-, herausstehen: his ears ~ er hat abstehende Ohren 2 *fig* auffallen: → mile 1, thumb A 3 bestehen (for auf *dat*) B V/T *den Kopf etc* herausst(r)ecken: ~ one's tongue at sb j-m die Zunge herausstrecken; → chin A, neck *Bes Redew*; ~ **up** A V/T 1 *sl e-e Bank etc* überfallen, ausrauben 2 stick 'em up! *sl* Hände hoch! B V/I 1 → stick[2] C 8 2 ~ for *umg* sich einsetzen für: ~ for o.s. sich zur Wehr setzen

stick| celery S BOT Stangensellerie *m*; ~ **control** S FLUG Knüppelsteuerung *f*

sticker S 1 a *(Schweine)* Schlächter *m* b Schlachtmesser *n* 2 Plakatankleber(in) 3 a Klebestreifen *m* b Sticker *m*, Aufkleber *m* 4 *umg* Unentwegte(r) *m/f(m)*

stick figure S *bes US* Strichmännchen *n*

stickiness ['stɪkɪnɪs] S 1 Klebrigkeit *f* 2 Schwüle *f* 3 *fig umg* Unnachgiebigkeit *f* 4 *fig umg* Schwierigkeit *f*

sticking| place S 1 Anschlag *m*, Haltepunkt *m (e-r Schraube etc)* 2 *fig* a Hindernis *n*, Hürde *f* b Stolperstein *m*; ~ **plaster** S Heftpflaster *n*; ~ **point** → sticking place

stick insect S ZOOL *Br* Gespenstheuschrecke *f*

stick-in-the-mud S *umg* Rückschrittler(in), *bes* POL Reaktionär(in)

stick lac S Stocklack *m*

stickle ['stɪkl] V/I 1 (sich) hartnäckig zanken *od* streiten (for um): ~ for sth etwas hartnäckig verfechten 2 kleinliche Bedenken äußern

stickleback ['stɪklbæk] S FISCH Stichling *m*

stickler ['stɪklə(r)] S 1 Eiferer *m*, Eiferin *f* 2 hartnäckige(r) Verfechter(in) (for *gen*) 3 a Kleinigkeitskrämer(in), Pedant(in) b j-d, der es ganz genau nimmt (for mit): a ~ for detail; I am no ~ for ceremony ich lege keinen (besonderen) Wert auf Förmlichkeit; ~ for punctuality Pünktlichkeitsfanatiker(in) 4 harte Nuss *umg*, kniffliges Problem

stick|man [-mən] S *US* Croupier *m*; **~-on** A ADJ selbstklebend B S → sticker 3; **~out** *US umg* A ADJ herausragend, Star... B S Star *m* (among unter *dat*); **~pin** S *US* Krawattennadel *f*

stick-to-it-ive [stɪk'tuːɪtɪv] ADJ *US umg* zäh, hartnäckig; **stick-to-it-ive-ness** S *US umg* Zähigkeit *f*, Hartnäckigkeit *f*

stickum ['stɪkəm] S *US umg* Kleister *m*, Klebstoff *m*

stick-up A ADJ 1 in die Höhe stehend: ~ collar Stehkragen *m* 2 *sl* Raub...: ~ man Räuber *m* B S *sl* (Raub)Überfall *m*

sticky ADJ (ADV stickily) 1 klebrig (with von): the table was ~ with jam auf dem Tisch klebte Marmelade; ~ charge MIL Haftladung *f*; ~ label *Br* Klebezettel *m* 2 schwül, drückend *(Wetter)* 3 verklemmt *(Fenster etc)* 4 *fig umg* a eklig, unangenehm: come to (*od* meet) a ~ end ein böses Ende nehmen b schwierig, heikel *(Problem etc)*: be (*od* bat) on a ~ wicket *Br* in der Klemme sein *od* sitzen *od* stecken *umg*; they're going through a ~ patch in ihrer Ehe kriselt es c heikel, kritisch *(beide:* about hinsichtlich*)*: be ~ about doing sth etwas nur ungern tun d WIRTSCH starr, unnachgiebig *(Preise)* e WIRTSCH schleppend *(Angebot etc)* f WIRTSCH schwer verkäuflich g *US* kitschig, sentimental *(Szene etc)* h hölzern, steif *(Person)*

stiff [stɪf] A ADJ (ADV ~ly) 1 a *allg* steif *(Hals, Kragen etc)*, starr *(Gesicht etc)*: → lip A 1 b TECH schwer gängig *(Gang, Schraube)* 2 zäh, dick, steif *(Teig etc)*: a ~ly whipped egg white ein steif geschlagenes Eiweiß; → whisk B 4 3 steif *(Brise)*, stark *(Wind, Strömung)* 4 a stark *(alkoholische Getränke)*, *bes* steif *(Grog)* b stark *(Medizin)* 5 *fig* starr(köpfig) *(Person)* 6 *fig* a hart *(Gegner etc)* b scharf *(Konkurrenz etc)* c hartnäckig, verbissen *(Kampf, Widerstand etc)* 7 schwierig, hart *(Aufgabe etc)* 8 hart *(Strafe)* 9 WIRTSCH a stabil, fest: a ~ market e-e stabile Marktlage b überhöht *(Preise)* 10 steif, förmlich *(Atmosphäre etc)* 11 a steif, linkisch *(Person)* b starr, schematisch *(Stil etc)* 12 *umg* unglaublich: a bit ~ ziemlich stark, allerhand 13 *umg* zu Tode *(gelangweilt, erschrocken)*: → bore[2] B 1, scare A 1 14 *sl* blau, besoffen B S *sl* 1 Leiche *f* 2 chancenloses Pferd 3 a *allg* Kerl *m*: poor ~ armes Schwein *umg* b steifer *od* linkischer Kerl c Besoffene(r) *m/f(m)* d Tippelbruder *m oft hum* 4 a gefälschter Scheck b Wechsel *m* c *(bes* heimlicher *od* geschmuggelter) Brief, *(im Gefängnis)* Kassiber *m* C V/T *sl* 1 *e-m Kellner etc* kein Trinkgeld geben 2 *j-n* bescheißen *umg* (out of um)

stiffen ['stɪfn] A V/T 1 (ver)steifen, (ver-)stärken, *Stoff etc* steifen, stärken 2 *e-e Flüssigkeit, die Glieder* steif *od* starr machen, *e-e Flüssigkeit etc* verdicken 3 *fig* (be)stärken, *j-m* den Nacken *od* Rücken steifen 4 *fig* a (ver)stärken b *die Konkurrenz etc* verschärfen 5 WIRTSCH festigen B V/I 1 sich versteifen *od* verstärken 2 steif *od* starr werden 3 *fig* sich verschärfen 4 *fig* steif *od* förmlich werden 5 WIRTSCH sich festigen; **stiffener** S Stärke *f (Mittel)*

stiff-necked ADJ 1 mit steifem Hals: be ~ e-n steifen Hals haben 2 *fig* starrsinnig

stiffness S 1 Steifheit *f (a. fig)*, Starrheit *f* 2 Zähigkeit *f* 3 *fig* a Härte *f* b Schärfe *f*

stifle[1] ['staɪfl] A V/T 1 *j-n, ein Feuer, e-e Revolte etc* ersticken 2 *e-n Fluch, ein Gähnen etc* unterdrücken: ~ a discussion e-e Diskussion abwürgen B V/I *(weitS.* schier) ersticken

stifle[2] ['staɪfl] S ZOOL 1 *a.* ~ joint Kniegelenk *n (e-s Pferdes, Hundes)*: ~ bone Kniescheibe *f (e-s Pferdes)* 2 VET Kniegelenkgalle *f (e-s Pferdes)*

stifling ['staɪflɪŋ] ADJ (ADV ~ly) erstickend *(a. fig)*, stickig: ~ heat Bruthitze *f*

stigma ['stɪgmə] *pl* -mas, -mata [-mətə] S 1 *fig* Stigma *n*, Schandfleck *m* 2 MED Symptom *n* 3 *(adv* -mata) Stigma *n*: a MED (Wund)Mal *n (periodisch blutend)* b *pl* KATH Stigmata *pl* (Christi) 4 ZOOL Stigma *n*: a Augenfleck *m (der Flagellaten)* b Luftloch *n (der Insekten)* 5 BOT Stigma *n*, Narbe *f (der Blüte)*; **stigmatic** [-'mætɪk] A ADJ (ADV ~ally) 1 *fig* stigmatisch, gezeichnet, gebrandmarkt 2 BOT narbenartig 3 OPT (ana)stigmatisch B S → stigmatist; **stigmatist** S KATH Stigmatisierte(r) *m/f(m)*; **stigmatization** [-taɪ'zeɪʃn; *US* -tə'z-] S Stigmatisierung *f*; **stigmatize** V/T 1 *fig* stigmatisieren, brandmarken 2 MED, KATH stigmatisieren

stilbite ['stɪlbaɪt] S MINER Stilbit *m*

stile[1] [staɪl] S 1 Zauntritt *m* 2 → turnstile

stile[2] [staɪl] S Seitenstück *n (e-r Täfelung)*, Höhenfries *m (e-r Tür)*

stiletto [stɪ'letəʊ] *pl* -tos [-z] S 1 Stilett *n* 2 Schnürlochstecher *m* 3 → stiletto heel; ~ **heel** S Pfennigabsatz *m (am Damenschuh)*

still[1] [stɪl] A ADJ (ADV *obs od poet* stilly) 1 still, reg(ungs)los, unbeweglich: → keep C 2, stand B 4 2 still, ruhig, lautlos: → keep C 2 3 still, leise 4 ruhig, friedlich, still 5 still *(See etc)*: → water *Bes Redew* 6 still *(Mineralwasser etc)*: ~ wine Stillwein *m* 7 ~ frame *(Film, Video)* Standbild *n* B S 1 *poet* Stille *f*: in the ~ of night 2 FILM Standfoto *n* 3 → still alarm C V/T 1 *Geräusche etc* zum Schweigen *od* Verstummen bringen 2 *j-n* beruhigen, *ein Verlangen etc* stillen D V/I still werden, sich beruhigen

still[2] [stɪl] A ADV 1 (immer) noch, noch immer, bis jetzt: points ~ unsettled bis jetzt *od* noch (immer) ungeklärte Fragen; I ~ can't believe it ich kann es noch immer nicht glauben; the worst is ~ to come das Schlimmste steht noch bevor 2 *(beim komp)* noch, immer: better ~, ... od noch besser, ...; ~ higher, higher ~ noch höher; ~ more so because umso mehr als 3 *a.* ~ and all dennoch, doch 4 *poet od dial* immer, stets B KONJ u. doch, dennoch

still[3] [stɪl] A S 1 a Destillierkolben *m* b Destillierapparat *m* 2 → distillery B V/T & V/I *obs* destillieren

stillage ['stɪlɪdʒ] S Gestell *n*

still| alarm S *bes US* stille Alarmanlage, stiller Feueralarm *etc*; **~birth** ['-b-; ˌ-'b-] S Totgeburt *f*; **~born** ['-b-; ˌ-'b-] ADJ tot geboren *(a. fig)*; ~ **hunt** S 1 Pirsch(jagd) *f* 2 *US umg* heimliche Jagd (for auf *akk*); **~-hunt** A V/I pirschen B V/T anpirschen, sich anpirschen an *(akk)*; ~ **life** *pl* ~ lifes, *a.* ~ **lives** S MAL Stillleben *n*

stillness S Stille *f*

stillroom S *Br* 1 HIST Destillationsraum *m* 2 Speise-, Vorratskammer *f*

Stillson wrench® ['stɪlsn] S TECH Schwede(nzange) *m(f)*

stilly ADJ *obs od poet* → still[1] A

stilt [stɪlt] S 1 Stelze *f* 2 ARCH Pfahl *m*, Pfeiler *m* 3 *a.* ~ bird ORN Stelzenläufer *m*; **stilted** ADJ (ADV ~ly) 1 gestelzt, gespreizt, geschraubt *(Stil etc)* 2 ARCH erhöht; **stiltedness** S Gespreiztheit *f etc*

stimulant ['stɪmjʊlənt] A S 1 MED Stimulans *n*, Anregungs-, Reiz-, Aufputschmittel *n* 2 Genussmittel *n*, *bes* Alkohol *m* 3 Anreiz *m* (to für) B ADJ → stimulating 1

stimulate ['stɪmjʊleɪt] A V/T 1 MED *etc, a. fig* stimulieren, anregen, beleben, aufputschen, *(durch Alkohol a.)* animieren, *fig a.* anspornen (sb into j-n zu *etwas*) 2 *fig die Produktion etc* ankurbeln, in Schwung bringen B V/I MED *etc, a. fig* anregen, beleben, aufputschen, stimulieren; **stimulater** → stimulator; **stimulating** ADJ (ADV ~ly) 1 MED *etc, a. fig* anregend, belebend, stimulierend, aufputschend: ~ drug → stimulant A 1 2 *fig* anspornend; **stimulation** S 1 Anreiz *m*, Antrieb *m*, Anregung *f*, Belebung *f* 2 angeregter Zustand 3 MED Reiz *m*, Reizung *f*; **stimulative** [-lətɪv; *US* -ˌleɪ-] ADJ → stimulating: be ~ (of *od* to) → stimulate; **stimulator** [-leɪtə(r)] S 1 Beleber(in) 2 → stimulant A 1 3 Anreiz *m*; **stimulus** ['stɪmjʊləs] *pl* -li [-laɪ; -liː] S 1 Stimulus *m*: a (An)Reiz *m*, Antrieb *m*, Ansporn *m*: under the ~ of getrieben von b MED Reiz *m*: ~

S

threshold Reizschwelle *f* **2** → stimulant A 1 **3** BOT Nesselhaar *n*
stimy → stymie
sting [stɪŋ] **A** VT *prät* stung [stʌŋ], *obs* stang [stæŋ], *pperf* stung **1** stechen **2** beißen, brennen in *od* auf *(dat)* **3** schmerzen, *j-m* wehtun *(Schlag etc)*: **be stung with remorse** von Reue geplagt werden *od* sein **4** anstacheln, reizen *(beide:* **into** zu*)*: ~ **sb into action** j-n aktiv werden lassen **5** *umg* **a** *j-n* neppen (**for** um *Geld etc*) **b** ~ **sb for a pound** j-m ein Pfund abknöpfen **B** VI **1** stechen **2** brennen, beißen *(Pfeffer etc)* **3** schmerzen, wehtun *(beide a. fig)* **C** S **1** Stachel *m (e-s Insekts, des Todes etc)* **2** **a** Stich *m*, Biss *m* **b** Brennen *n*, brennender Schmerz: ~ **of conscience** Gewissensbisse *pl*; **the ~ is in the tail** *fig* das dicke Ende kommt noch; **the plan has a ~ in the** (*od* **its**) **tail** der Plan hat e-n Pferdefuß; **take the ~ out of** *fig e-r Sache* den Stachel nehmen **3** Pointe *f*, Spitze *f (e-s Epigramms etc)* **4** Schwung *m*, Wucht *f* **5** BOT → stimulus 3
stingaree ['stɪŋəriː] *US* → stingray
stinger ['stɪŋə(r)] S **1** **a** stechendes Insekt **b** stechende Pflanze **2** *umg* **a** schmerzhafter Schlag **b** *fig* beißende Bemerkung **3** Nagelfalle *f (der Polizei)* **4** *US Cocktail aus Brandy u. Pfefferminzlikör*
stinginess ['stɪndʒɪnɪs] S Geiz *m*
stinging ['stɪŋɪŋ] ADJ (ADV ~ly) **1** BOT, ZOOL stechend: ~ **hair** → stimulus 3 **2** *fig* **a** schmerzhaft *(Schlag etc)* **b** schneidend, beißend *(Kälte, Wind)* **c** beißend, scharf, verletzend *(Bemerkung etc)*; ~ **nettle** S BOT Brennnessel *f*
stingless ADJ BIOL stachellos
stingray S FISCH Stachelrochen *m*
stingy ['stɪndʒɪ] ADJ (ADV stingily) **1** geizig, knick(e)rig, knaus(e)rig: **be ~ of sth** mit etwas knausern **2** dürftig *(Mahlzeit etc)*
stink [stɪŋk] **A** VI *prät* stank [stæŋk], stunk [stʌŋk], *pperf* stunk **1** stinken (**of** nach), unangenehm *od* übel riechen: **he ~s of** (*od* **with**) **money** *sl* er stinkt vor Geld **2** *fig* stinken: **it ~s to high heaven** es stinkt zum Himmel **3** *fig umg* (hunds)miserabel sein **B** VT **1** *oft* ~ **out**, *bes US* ~ **up** *e-n Raum etc* verstänkern *umg* **2** *meist* ~ **out** **a** ausräuchern **b** *j-n* durch Gestank vertreiben: **the smell of garlic stank me out of the room** der Knoblauchgestank trieb mich aus dem Zimmer **C** S **1** Gestank *m*: **there was a ~ of garlic in the kitchen** in der Küche stank es nach Knoblauch **2** *umg* Stunk *m*: **kick up** (*od* **make, raise**) **a ~** Stunk machen (**about** wegen)
stinkard ['stɪŋkə(r)d] → stinker 3
stink|ball → stinkpot 2; ~ **bomb** S Stinkbombe *f*
stinker S **1** Stinker(in) **2** *etwas Stinkendes, z. B.* Stinkadores *m (Käse)*, Stinkadores *f (Zigarre)* **3** *sl* (fiese[r]) Stinker(in) **4** *sl* **a** harte Nuss, harter Brocken **b** Mist *m (etwas Minderwertiges)*
stinking **A** ADJ (ADV ~ly) **1** übel riechend, stinkend **2** *sl* **a** widerlich, gemein **b** miserabel **3** *sl* stinkbesoffen **B** ADV *sl* ~ **drunk** stinkbesoffen; ~ **rich** stinkreich; ~ **badger** S Stinkdachs *m*
stinko ['stɪŋkəʊ] ADJ *sl* besoffen
stink|pot S **1** → stinker 1, 2, 3 **2** SCHIFF, HIST Stinktopf *m*; ~ **trap** → stench trap
stint¹ [stɪnt] **A** VT **1** *j-n od etwas* einschränken, *j-n* kurz- *od* knapphalten (**in, of** mit): ~ **o.s. of** sich einschränken mit, sich *etwas* versagen **2** mit *Geld, Lob etc* knausern **B** VI ~ **on** → A 2 **C** S **1** Be-, Einschränkung *f*: **without ~** ohne Einschränkung, reichlich, rückhaltlos **2** **a** (vorgeschriebenes) Maß **b** (zugewiesene) Arbeit, Pensum *n*: **do one's daily ~** sein Tagespensum erledigen **3** *Bergbau:* Schicht *f*
stint² [stɪnt] S ORN *(ein)* Strandläufer *m*
stinted ['stɪntɪd] ADJ (ADV ~ly) knapp
stipate ['staɪpeɪt] ADJ BOT (dicht) gedrängt
stipe [staɪp] S BOT Stiel *m (a.* ZOOL*)*, Stängel *m*, Strunk *m*
stipel ['staɪpl; *US a.* staɪ'pel] S BOT sekundäres Nebenblättchen
stipend ['staɪpend] S Gehalt *n (e-s Geistlichen etc)*
stipendiary [staɪ'pendjərɪ; *US* -dɪˌeriː] **A** ADJ **1** besoldet: ~ **magistrate** → B **2** Gehalts... **B** S JUR *Br* Berufsrichter(in) *(an e-m* **magistrates' court***)* (→ magistrate 1)
stipitate ['stɪpɪteɪt] ADJ BOT, ZOOL gestielt
stipple ['stɪpl] **A** VT MAL tüpfeln, in Punktiermanier malen *od* stechen, punktieren **B** S **1** MAL Punktiermanier *f*, Pointillismus *m* **2** Punktierung *f* **3** Tüpfeleffekt *m*; **stippler** S **1** Punktierer(in), Pointillist(in) **2** Punktiernadel *f*
stipular ['stɪpjʊlə(r)], **stipulary** [-lərɪ; *US* -ˌleriː] ADJ BOT nebenblattartig, mit Nebenblättern (versehen)
stipulate ['stɪpjʊleɪt] *bes* WIRTSCH, JUR **A** VI (**for**) **a** e-e Vereinbarung treffen (über *akk*) **b** *etwas* zur Bedingung machen **B** VT **1** festsetzen, vereinbaren, ausbedingen: **as ~d** wie vereinbart **2** JUR *e-n Tatbestand* einverständlich außer Streit stellen; **stipulation** S **1** WIRTSCH, JUR (vertragliche) Abmachung, Übereinkunft *f* **2** JUR Klausel *f*, Bedingung *f* **3** JUR Parteienübereinkunft *f*; **stipulator** [-tə(r)] S JUR Vertragspartei *f*, Kontrahent(in)
stipule ['stɪpjuːl] S BOT Nebenblatt *n*
stir¹ [stɜː; *US* stɜr] **A** VT **1** (um)rühren: ~ **one's tea** s-n Tee umrühren, in s-m Tee rühren; ~ **in** GASTR einrühren; ~ **up** **a** GASTR gut durch- *od* umrühren **b** *Schlamm* aufwühlen **2** *ein Feuer* (an)schüren **3** *ein Glied etc* rühren, bewegen: → finger A 1, stump A 2 **4** (leicht) bewegen: **the wind ~red the leaves** **5** ~ **up** *fig j-n* auf-, wachrütteln **6** ~ **up** *fig* **a** *j-n* aufreizen, -hetzen *(beide:* **against** gegen*)* **b** *j-s Neugier etc* erregen **c** *e-n Streit etc* entfachen **d** *Erinnerungen* wachrufen; ~ **up sb's blood** j-s Blut in Wallung bringen **7** *fig* bewegen, erregen, aufwühlen **B** VI **1** (um)rühren: **~ring constantly** unter ständigem Rühren **2** sich rühren, sich bewegen, sich regen: **not ~ from the spot** sich nicht von der Stelle rühren **3** sich rühren (lassen): **the starch paste ~s easily** **4** sich rühren *od* regen, rührig *od* geschäftig sein: **he never ~red out** er ging nie aus **5** **a** im Umlauf *od* Gange sein, laut werden **b** geschehen, sich ereignen **6** wach *od* rührig werden, erwachen *(a. fig)*: **he is not ~ring yet** er ist noch nicht auf(gestanden) **C** S **1** Rühren *n*: **give sth a ~** etwas umrühren **2** Bewegung *f*: **not a ~** nicht die geringste Bewegung **3** Aufregung *f*, Aufruhr *m*, Tumult *m* **4** Betriebsamkeit *f*, reges Treiben **5** Aufsehen *n*, Sensation *f*: **make** (*od* **cause, create**) **a ~** Aufsehen erregen; **cause quite a ~** für einiges Aufsehen sorgen, die Gemüter bewegen *od* erregen **6** *fig* (An)Stoß *m*, Aufrütt(e)lung *f*
stir² [stɜː; *US* stɜr] S *sl* Kittchen *n*: **be in ~** Knast schieben
stir|about ['stɜːrəbaʊt; *US* 'stɜr-] S **1** *Br (ein ursprünglich aus Irland stammender)* Porridge **2** betriebsamer Mensch; **~-fry** VT GASTR unter Rühren schnell braten
stirk [stɜːk] S *Br* **1** junges *(bes einjähriges)* Rind **2** *fig* Ochse *m pej*
Stirling ['stɜːlɪŋ; *US* 'stɜr- S Stirling *n* *(Verwaltungsregion u. Stadt in Zentralschottland)*
Stirling's formula ['stɜːlɪŋz; *US* 'stɜr-] S MATH stirlingsche Formel
stirpes ['stɜːpiːz; *US* 'stɜr-] *pl von* stirps
stirpiculture ['stɜːpɪkʌltʃə(r); *US* 'stɜr-] S BIOL Rassenzüchtung *f*, -pflege *f*
stirps [stɜːps; *US* stɜrps] *pl* stirpes ['stɜːpiːz; *US* 'stɜr-] S **1** Stamm *m*, Familie(nzweig) *f(m)* **2** JUR **a** Stammvater *m* **b** Stamm *m*: **succession per stirpes** Erbfolge *f* nach Stämmen **3** BIOL Gattung *f*
stirrer ['stɜːrə; *US* 'stɜrər] S **1** **a** Rührholz *n*, -löffel *m* **b** Rührwerk *n* **2** *fig* Aufhetzer(in);
stirring **A** S → stir¹ C 1, C 2, C 3, C 4 **B** ADJ (ADV ~ly) **1** bewegt **2** *fig* rührig, tätig, geschäftig, betriebsam **3** aufwühlend, erregend *(Ereignisse etc)*: **a ~ speech** e-e mitreißende Rede; ~ **times** bewegte Zeiten **4** TECH Rühr...
stirrup ['stɪrəp; *US bes* 'stɜr-] S **1** Steigbügel *m* **2** TECH Bügel *m* **3** SCHIFF Springpferd *n (Haltetau)*; ~ **bone** S ANAT Steigbügel *m (im Ohr)*; ~ **cup** S Abschiedstrunk *m*; ~ **iron** S Steigbügel *m (ohne Steigriemen)*; ~ **leather**, ~ **strap** S Steig(bügel)riemen *m*
stitch [stɪtʃ] **A** S **1** *Nähen etc:* Stich *m*: **a ~ in time saves nine** *(Sprichwort)* Vorsorge ist besser als Nachsorge; **put a ~** (*od* **~es**) **in** *e-e Wunde etc* (ver)nähen; **the wound (he) needed eight ~es** die Wunde (er) musste mit acht Stichen genäht werden **2** *Stricken etc:* Masche *f*: **drop a ~** e-e Masche fallen lassen **3** Strick-, Häkel-, Strickart *f*, Stich(art) *m(f)* **4** *umg* **without a ~ on** splitternackt; **he hadn't got a ~ on** er war splitternackt; **he hasn't got a ~ to his back** er hat kein (ganzes) Hemd mehr auf dem Leib **5** **a** Stich *m*, Stechen *n (Schmerz)*: **be in ~es** sich kaputtlachen; **that had me in ~es** ich lachte mich halb tot darüber **b** *a.* ~ **in the side** Seitenstechen *n* **6** *Buchbinderei:* Heftung *f* **B** VT **1** nähen, steppen, (be)sticken: ~ **a wound** e-e Wunde nähen **2** ~ **on(to)** annähen (an *akk*); ~ **up** **a** zusammen-, vernähen *(a.* MED*)*, (zusammen)flicken **b** *fig umg etwas* unter Dach u. Fach bringen **c** *fig umg j-n* fertigmachen **3** *ein Buch etc* (zusammen)heften, broschieren **C** VI **1** nähen **2** sticken **3** heften
stitching S Nähen *n (etc;* → stitch B*)*; ~ **machine** S TECH Stepp-, Heftmaschine *f*; ~ **needle** S Heft-, Sticknadel *f*; ~ **silk** S Näh-, Stickseide *f*
stithy ['stɪðɪ] S *obs* **1** Amboss *m* **2** Schmiede *f*
stiver ['staɪvə(r)] S **1** HIST Stüber *m (kleine holländische Münze)* **2** *fig* Heller *m*: **not a ~**; **I don't care a ~** es ist mir völlig gleich(gültig)
stk ABK WIRTSCH stock
stoa ['stəʊə] *pl* -ae [-iː], -as S *Antike:* Stoa *f*, Säulenhalle *f*
stoat¹ [stəʊt] S ZOOL Hermelin *n*
stoat² [stəʊt] VT (mit unsichtbaren Stichen) zusammennähen
stochastic [stɒ'kæstɪk; *US* stə'k-; stəʊ'k-] ADJ (ADV ~ally) MATH, *Statistik:* stochastisch *(Prozess etc)*
stock [stɒk; *US* stak] **A** S **1** *(Baum-, Pflanzen)* Strunk *m* **2** *fig* Klotz *m (steifer Mensch)* **3** BOT Levkoje *f* **4** BOT Wurzelstock *m* **5** AGR *(Pfropf-)* Unterlage *f* **6** *(Peitschen-, Werkzeug- etc)* Griff *m* **7** MIL **a** *(Gewehr)* Schaft *m* **b** *(MG-)* Schulterstütze *f* **c** *(Lafetten)* Balken *m* **8** TECH **a** Unterlage *f*, Block *m* **b** *(Amboss)* Klotz *m* **c** Kluppe *f*, Schneideisenhalter *m* **d** *(Hobel)* Kasten *m* **9** AGR *(Pflug)* Stock *m* **10** *pl* HIST Stock *m (Strafmittel)* **11** *pl* SCHIFF Helling *f*, Stapel *m*: **be off the ~s** **a** vom Stapel (gelaufen) sein **b** *fig* fertig *od* vollendet sein; **have sth on the ~s** *fig* etwas in Arbeit haben; **be on the ~s** *fig* im Werden sein **12** TECH *(Grund-, Werk)* Stoff *m*, *(Verarbeitungs)* Material *n*, *(Füll- etc)* Gut *n* **13** *(Fleisch-, Gemüse)* Brühe *f (als Suppengrundlage)* **14**

S

a bes HIST steifer Kragen b bes MIL Halsbinde f **15** (Bienen) Stock m **16** BIOL a Urtyp m b Rasse f **17** a Rasse f, (Menschen)Schlag m b Familie f, Her-, Abkunft f **18** LING a Sprachstamm m b Sprachengruppe f **19** a allg Vorrat m, Bestand m (beide: **of** an dat) b WIRTSCH (Waren)Lager n, Inventar n: ~ **(on hand)** Warenbestand; **in (out of) ~** (nicht) vorrätig od auf Lager; **take ~** Inventur machen, a. fig (e-e) Bestandsaufnahme machen, fig Bilanz ziehen; **take ~ of** fig sich klar werden über (akk), j-n od etwas abschätzen; → last² A 5 **20** WIRTSCH Ware(n) f(pl) **21** fig (Wissens- etc) Schatz m **22** a Vieh(bestand) n(m), lebendes Inventar b a. **dead ~** totes Inventar, Material n: → fat A 1, rolling stock **23** WIRTSCH a Anleihekapital n b Wertpapiere pl (über Anleihekapital) **24** WIRTSCH a Grundkapital n b Aktienkapital n c Geschäftsanteil m **25** WIRTSCH a bes US Aktie(n) f(pl) b pl Aktien pl c pl Effekten pl, Wertpapiere pl: **hold ~s in a company** Aktionär(in) e-r Gesellschaft sein; **his ~ has gone up** s-e Aktien sind gestiegen (a. fig) **26** WIRTSCH a Schuldverschreibung f b pl Br Staatspapiere pl **27** THEAT a Repertoire n b US Repertoiretheater n **28** US → stock car **B** ADJ **1** stets vorrätig, Lager…, Serien…: **~ model** Serienmodell n; **~ size** Standardgröße f **2** Lager…: **~ clerk** Lagerverwalter(in), Lagerist(in) **3** fig stehend, stereotyp, pej abgedroschen (Phrasen) **4** Vieh(zucht)…, Zucht…: **~ farm** Viehfarm f; **~ mare** Zuchtstute f **5** WIRTSCH bes US Aktien… **6** THEAT Repertoire…: **~ play** **C** V/T **1** ausstatten, versorgen, -sehen (alle: **with** mit) **2** a. **~ up** auf Lager legen od haben, e-n Vorrat halten von, (auf)speichern **3** WIRTSCH Ware vorrätig haben, führen: **be well ~ed with** gut sortiert sein in (dat) **4** AGR a e-e Farm (bes mit Vieh) ausstatten b a. **~ down** Land (bes mit Gras) bepflanzen: **~ a stream with trout** e-n Bach mit Forellen besetzen **5** ein Gewehr, Werkzeug etc schäften **6** HIST j-n in den Stock legen (als Bestrafung) **D** V/I oft **~ up** sich eindecken (**on** mit)

stock account S WIRTSCH Br Kapital-, Effektenkonto n, -rechnung f

stockade [stɒˈkeɪd; US stɑ-] **A** S **1** Staket n, Einpfählung f **2** MIL a Palisade f b US Militärgefängnis n **B** V/T einpfählen, mit e-m Staket umgeben

stock| book S WIRTSCH **1** Lagerbuch n **2** bes US Aktienbuch n **3** → studbook; **~breeder** S AGR Viehzüchter(in); **~breeding** S AGR Viehzucht f; **~broker** → broker 1 b; **~ car** S **1** SPORT Stockcar m (Serienwagen mit frisiertem Motor) **2** BAHN US Viehwagen m; **~ certificate** S WIRTSCH bes US Aktienzertifikat n; **~ company** S **1** WIRTSCH bes US Aktiengesellschaft f **2** THEAT US Repertoirebühne f (Unternehmen); **~ corporation** S WIRTSCH US **1** Kapitalgesellschaft f **2** Aktiengesellschaft f; **~ dividend** S WIRTSCH bes US Dividende f in Form von Gratisaktien; **~ dove** S ORN Hohltaube f

stocker [ˈstɑkər] S US **1** AGR Masttier n, bes Mastochse m **2** umg → stock car

stock| exchange S WIRTSCH **1** (Effekten-, Aktien)Börse f: **on the ~** an der Börse **2** Börsenkurse pl: **the ~ fell**; **~ farmer** S AGR Viehzüchter(in); **~ farming** S AGR Viehzucht f; **~fish** S Stockfisch m; **~holder** S **1** WIRTSCH bes US Aktionär(in): **~s' meeting** Aktionärsversammlung f **2** AGR Aus Viehbesitzer(in); **~holding** S WIRTSCH bes US Aktienbesitz m

Stockholm [ˈstɒkhəʊm; US ˈstɑk-; a. -ˌhəʊlm] S Sockholm n (Hauptstadt von Schweden)

stockinet [ˌstɒkɪˈnet; US ˌstɑ-] S Stockinett n, Trikot(gewebe) m/n(n)

stocking [ˈstɒkɪŋ; US ˈstɑkɪŋ] S **1** Strumpf m: **in one's ~ feet** in Strümpfen; **she is under five feet in her ~ feet** sie ist ohne Schuhe kleiner als fünf Fuß **2** a. **elastic ~** MED Gummistrumpf m **3** ZOOL (Färbung am) Fuß m; **stockinged** ADJ bestrumpft, (nur) in Strümpfen

stocking| frame, **~ loom**, **~ machine** S TECH Strumpfwirkmaschine f; **~ mask** S Strumpfmaske f

stock-in-trade S **1** WIRTSCH a Warenbestand m b Betriebsmittel pl c Arbeitsmaterial n, Werkzeug n **2** fig a Rüstzeug n b (festes) Repertoire: **be part of sb's ~** zu j-s festem Repertoire gehören

stockist [ˈstɒkɪst] S WIRTSCH Br a Fachhändler(in) b Fachgeschäft n, -handlung f c Fachbetrieb m

stock|jobber → jobber 3, 4; **~jobbing** → jobbing B 3, B 4; **~ ledger** S WIRTSCH bes US Aktienbuch n; **~ list** S WIRTSCH bes US (Aktien)Kurszettel m; **~ lock** S Riegel-, Einsteckschloss n; **~man** [-mən] S irr **1** a Viehzüchter m b Viehbesitzer m **2** WIRTSCH US Lagerverwalter m, Lagerist m; **~ market** → stock exchange; **~ option** S WIRTSCH bes US Aktienbezugsrecht n (bes für Betriebsangehörige); **~pile** **A** S **1** Schotterhalde f (zur Straßeninstandhaltung) **2** Vorrat m (**of** an dat) (a. fig) **B** V/T a e-n Vorrat anlegen an (dat) b horten **C** V/I a Vorräte od e-n Vorrat anlegen b horten; **~piling** S Vorratsbildung f; **~pot** S bes Br Suppentopf m; **~ room** S Lager(raum) n(m); **~ shot** S FILM Archivaufnahme f; **~ solution** S FOTO Vorratslösung f; **~-still** ADJ bewegungs-, regungslos; **~ swap** S WIRTSCH Aktientausch m; **~taking** S WIRTSCH Bestandsaufnahme f (a. fig), Inventur f; **~ warrant** → share warrant

stocky [ˈstɒkɪ; US ˈstɑ-] ADJ (ADV stockily) stämmig, untersetzt

stockyard S Viehhof m

stodge [stɒdʒ; US stɑdʒ] umg **A** V/I & V/T sich (den Magen) vollstopfen: **~ (o.s.)** **B** S **1** a dicker Brei b schwer verdauliches Zeug (a. fig) **2** a Langweiler(in) b langweiliges Buch, Thema etc; **stodgy** ADJ (ADV stodgily) **1** a dick, zäh b schwer verdaulich (a. fig Stil etc) **2** fig schwerfällig (Stil etc, a. Person) **3** langweilig

stogie, **stogy** [ˈstəʊgiː] S US **1** (billige) lange Zigarre **2** plumper Schuh od Stiefel

Stoic [ˈstəʊɪk] **A** ADJ **1** PHIL stoisch **2** ♀ fig → stoical **B** S **1** PHIL Stoiker m **2** ♀ fig Stoiker(in); **stoical** ADJ (ADV ~ly) stoisch, gleichmütig, unerschütterlich

stoichiometry [ˌstɔɪkɪˈɒmɪtrɪ; US -ˈɑm-] S CHEM Stöchiometrie f (Lehre von der mengenmäßigen Zusammensetzung chemischer Verbindungen u. von den Mengenverhältnissen bei chemischen Umsetzungen)

Stoicism [ˈstəʊɪsɪzəm] S Stoizismus m: a PHIL Lehre der Stoiker b ♀ fig Gleichmut m, Unerschütterlichkeit f: **with ~** gleichmütig

stoke [stəʊk] **A** V/T: a. **~ up** **1** ein Feuer etc schüren (a. fig) **2** den Ofen etc (an)heizen, beschicken **3** umg a **~ o.s.** sich (den Magen) vollstopfen b Essen etc (in sich) hineinstopfen **B** V/I: a. **~ up** **1** schüren **2** heizen, feuern **3** umg sich vollessen, sich (den Magen) vollstopfen; **~hold** S SCHIFF Heizraum m; **~hole** S **1** → stokehold **2** Schürloch n

stoker [ˈstəʊkə(r)] S **1** Heizer m **2** TECH (automatische) Brennstoffzuführung

STOL ABK short take-off and landing (aircraft) Kurzstart(-Flugzeug n) m

stole¹ [stəʊl] S REL u. Damenmode: Stola f

stole² [stəʊl] → stolon

stole³ [stəʊl] prät von steal

stolen [ˈstəʊlən] **A** pperf von steal **B** ADJ gestohlen: **~ property** Diebesgut n

stolid [ˈstɒlɪd; US ˈstɑ-] ADJ (ADV ~ly) **1** stur, stumpf **2** gleichmütig, unerschütterlich; **stolidity** [stɒˈlɪdətɪ; US stɑ-], **stolidness** S **1** Stur-, Stumpfheit f **2** Gleichmut m, Unerschütterlichkeit f

stolon [ˈstəʊlən; Br a. -lɒn; US a. -ˌlɑn] S BOT Stolo(n) m, Ausläufer m

stoma [ˈstəʊmə] pl -mata [-mətə] S **1** BOT Stoma n, Spaltöffnung f **2** ZOOL Stoma n, Atmungsloch n (der Insekten)

stomach [ˈstʌmək] **A** S **1** Magen m: **a strong ~** ein guter Magen (a. fig); **on an empty ~** auf leeren od nüchternen Magen (rauchen etc), mit leerem od nüchternem Magen (schwimmen gehen etc); **on a full ~** mit vollem Magen **2** Bauch m, Leib m: **~ muscles** Bauchmuskeln **3** Appetit m (**for** auf akk) **4** Lust f (**for** zu, auf akk): **I haven't got the ~ for alcohol** ich mache mir nichts aus Alkohol **5** obs a Laune f b Stolz m **B** ADJ Magen…: **~ cancer (cramp, pump, ulcer,** etc); **~ upset** Magenverstimmung f **C** V/T **1** verdauen (a. fig) **2** fig a vertragen, -kraften b einstecken, hinnehmen; **~ache** S MED Magenschmerz(en) m(pl), Bauchweh n

stomachal [ˈstʌməkl] → stomachic A

stomacher [ˈstʌməkə(r)] S HIST Mieder n

stomachic [ˈstəʊˈmækɪk; stəˈm-] **A** ADJ **1** Magen…, gastrisch **2** magenstärkend, verdauungsfördernd **B** S MED Magenmittel n

stomata [ˈstəʊmətə] pl von stoma

stomatitis [ˌstəʊməˈtaɪtɪs] S MED Stomatitis f, Mundschleimhautentzündung f

stomatology [ˌstəʊməˈtɒlədʒɪ; US -ˈtɑl-] S MED Stomatologie f (Lehre von den Krankheiten der Mundhöhle); **stomatoscope** [stəʊˈmætəskəʊp] S MED Stomatoskop n, Mundspiegel m

stomp [stɒmp; US a. stɑmp] → stamp A 1, B 1, B 2

stone [stəʊn] **A** V/T **1** mit Steinen bewerfen: → crow¹ 1 **2** a. **~ to death** steinigen **3** mit Steinen auslegen, pflastern **4** schleifen, glätten **5** e-e Frucht entsteinen, -kernen **6** **~ o.s.** US sl sich besaufen: → stoned 3 **B** ADJ **1** steinern, Stein… **2** irden, Stein…: **~ jar** **C** S **1** Stein m: **(as) hard as (a) ~** a steinhart b fig gefühllos; **have a heart** (od **be**) **(as) hard as (a) ~** ein Herz aus Stein haben; **cast the first ~** fig den ersten Stein werfen; **leave no ~ unturned** fig nichts unversucht lassen; **he sat as if turned to ~** er saß wie versteinert da **2** (Grab-, Schleif- etc) Stein m **3** (Edel) Stein m **4** (pl **~[s]**) brit. Gewichtseinheit (14 lb = 6,35 kg) **5** (Pfirsich- etc) Stein m, (Dattel- etc) Kern m **6** MED a (Nieren-, Blasen-, Gallen) Stein m b Steinleiden n **7** (Hagel) Korn n **8** Lithografie: Stein m **9** TYPO Umbruchtisch m **10** (Domino-, Dame- etc) Stein m **11** pl vulg obs Eier pl (Hoden)

Stone| Age S HIST Steinzeit f; **♀-blind** ADJ stockblind umg; **♀ breaker** S **1** Steinklopfer m **2** Steinbrechmaschine f; **♀-broke** ADJ umg völlig pleite od abgebrannt; **♀cast** → stone's throw; **♀chat** S ORN Schwarzkehlchen n; **♀ coal** S MINER Anthrazit m; **♀-cold** **A** ADJ eiskalt **B** ADV: **~ sober** stocknüchtern umg; **♀ crusher** S TECH Steinbrechmaschine f; **♀cutter** S TECH **1** Steinmetz(in), -schleifer(in) **2** Steinschneidemaschine f

stoned [stəʊnd] ADJ **1** steinig, Stein… **2** entsteint, -kernt **3** a. **~ out** sl a (stink)besoffen b high (unter Drogeneinfluss): **he was ~ out on pot** er hatte sich zugekifft

stone|-dead ADJ mausetot umg; **~-deaf** ADJ stocktaub umg; **~ dresser** → stonecutter; ~

fruit S Steinfrucht *f*, *koll* Steinobst *n*; **~-ground** ADJ mit Mühlsteinen gemahlen

stoneless ADJ steinlos *(Obst)*

stone| lily S fossile Seelilie; **~ marten** S ZOOL Stein-, Hausmarder *m*; **~mason** S Steinmetz(in); **~ pit** S Steinbruch *m*; **~'s throw** S: **within a ~** e-n Steinwurf *od* Katzensprung entfernt (**of** von); **my house is only a ~ (away) from the station** mein Haus ist nur e-n Katzensprung vom Bahnhof entfernt; **~wall** *bes Br* A V/I a PARL Obstruktion treiben, blocken b **~ on** *bes* POL *Verhandlungen etc* blockieren B V/T a PARL *e-e Gesetzesvorlage etc* durch Obstruktion zu Fall bringen, abblocken b → A b; **~waller** S PARL *bes Br* Obstruktionspolitiker(in), Verschleppungstaktiker(in); **~walling** S PARL *bes Br* Obstruktion *f*, Verschleppungstaktik *f (bes durch Dauerreden zur Verhinderung e-r Abstimmung)*; **~ware** S Steingut *n*; **~-washed** ADJ stone-washed *(mit Steinen weicher gemacht u. ausgebleicht) (Jeans etc)*; **~work** S Steinmetzarbeit *f*

stoniness ['stəʊnɪnɪs] S steinige Beschaffenheit

stoning ['stəʊnɪŋ] S Steinigung *f*

stonk [stɒŋk; *US* staŋk] MIL A V/T unter schweren Artilleriebeschuss nehmen B S schwerer Artilleriebeschuss

stonkered ['stɒŋkəd; *US* 'staŋkərd] ADJ *Aus umg* todmüde

stony ['stəʊnɪ] ADJ 1 steinig *(Boden etc)*: → ground[1] A 1 2 steinern, Stein... 3 *fig* steinern: **a ~ heart** ein Herz aus Stein 4 *fig* starr, eisig *(Blick)* 5 → stone-broke; **~-broke** → stone-broke; **~-hearted** ADJ (ADV ~ly) hartherzig

stood [stʊd] *prät u. pperf von* stand

stooge [stu:dʒ] A S 1 THEAT Stichwortgeber *m (der dem Conférencier etc Witze u. Pointen zuspielt)* 2 *fig umg* Marionette *f* B V/I 1 dem Conférencier Pointen zuspielen 2 **~ for sb** *umg* j-s Marionette sein 3 *meist* **~ about** *(od* **around)** FLUG *bes Br sl* (ziellos) herumfliegen

stook [stʊk] *bes Br für* shock[2]

stool [stu:l] A S 1 *(Bar-, Klavier- etc)* Hocker *m*, *(Klavier- etc)* Stuhl *m*, (-)Schemel *m*: **fall between two ~s** *fig* sich zwischen zwei Stühle setzen 2 Nachtstuhl *m* 3 PHYSIOL Stuhl *m*: a Kot *m* b Stuhlgang *m*: **go to ~** Stuhlgang haben 4 BOT a (Wurzel)Schössling(e) *m(pl)* b Wurzelstock *m* c Baumstumpf *m (der Wurzelschösslinge treibt)* 5 JAGD *bes US* Lockvogel *m* B V/I 1 BOT Schösslinge treiben 2 *bes US sl* spitzeln; **~ pigeon** S 1 JAGD Lockvogel *m (a. fig)* 2 *bes US sl (bes* Polizei)Spitzel *m*

stoop[1] [stu:p] A V/I 1 *a.* **~ down** sich bücken, sich vornüberbeugen 2 gebeugt gehen, sich krumm halten 3 *fig pej* a sich herablassen (**to** zu; **to do** zu tun): **he'd ~ to anything to get rich** ihm ist jedes Mittel recht, um reich zu werden b sich hergeben (**to** für, zu) 4 *obs* sich unterwerfen, nachgeben 5 herabstoßen *(Raubvogel)* B V/T neigen, beugen, *die Schultern* hängen lassen C S 1 gebeugte *od* krumme Haltung: **walk with a ~** gebeugt gehen 2 krummer Rücken 3 Niederstoßen *n (e-s Raubvogels)*

stoop[2] [stu:p] S *US* kleine Veranda *(vor dem Haus)*

stooping ['stu:pɪŋ] ADJ (ADV ~ly) gebückt, gebeugt, krumm

stop [stɒp; *US* stap] A V/T *prät u. pperf* stopped, *obs* stopt 1 aufhören (**doing** zu tun): **~ doing sth** *a.* etwas bleiben lassen; **do ~ that noise** hör (doch) auf mit dem Lärm!; **~ it** hör auf (damit)! 2 a *allg* aufhören mit b *Besuche etc*, WIRTSCH *s-e Zahlungen, e-e Tätigkeit*, JUR *das Verfahren* einstellen c *Verhandlungen etc* abbrechen 3 a *allg* ein Ende machen *od* bereiten, Einhalt gebieten *(dat)* b *den Fortschritt, Verkehr etc* aufhalten, zum Halten *od* Stehen bringen, stoppen: **nothing could ~ him** nichts konnte ihn aufhalten c *e-n Wagen, Zug etc* stoppen, anhalten d *e-e Maschine, den Motor, a. das Gas etc* abstellen e *e-e Fabrik* stilllegen f *Lärm etc* unterbinden g *Boxen: e-n Kampf* abbrechen 4 *a.* **~ payment on** *e-n Scheck etc* sperren (lassen) 5 *e-n Sprecher etc* unterbrechen 6 SPORT a *Boxen, Fechten: e-n Schlag, Hieb* parieren b *e-n Gegner* besiegen, stoppen: **~ a blow** sich e-n Schlag einfangen; **~ a bullet** e-e Kugel verpasst bekommen; → packet A 5 7 **(from)** abhalten (von), hindern (an *dat*): **~ sb (from) doing sth** j-n davon abhalten *od* daran hindern, etwas zu tun 8 *a.* **~ up** *ein Leck etc* ver-, zustopfen: **~ one's ears** sich die Ohren zuhalten; **~ sb's mouth** *fig* j-m den Mund stopfen, j-n zum Schweigen bringen *(a. euph umbringen)*; → gap 1 9 versperren, -stopfen, blockieren 10 *Blut, a. e-e Wunde* stillen 11 *e-n Zahn* plombieren, füllen 12 *e-n Betrag* abziehen, einbehalten *(beide:* **out of, from** von) 13 MUS a *e-e Saite, e-n Ton* greifen b *ein Griffloch* zuhalten, schließen c *ein Blasinstrument, e-n Ton* stopfen 14 LING interpunktieren 15 **~ down** FOTO *das Objektiv* abblenden B V/I 1 (an)halten, haltmachen, stehen bleiben *(a. Uhr etc)*, stoppen 2 aufhören, an-, innehalten, e-e Pause machen: **he ~ped in the middle of a sentence** er hielt mitten in e-m Satz inne; **he'll ~ at nothing** er schreckt vor nichts zurück, er geht über Leichen; **~ out** *US* s-e Ausbildung kurzzeitig unterbrechen; → dead C 2, short B 1, B 3 3 aufhören *(Lärm, Zahlung etc)* 4 **~ off** a kurz haltmachen b Zwischenstation machen 5 **~ over** Zwischenstation machen 6 **~ by** *bes US* kurz (bei *j-m*) vorbeikommen *od* -schauen 7 bleiben: **~ in bed (at home,** *etc)*; **~ away (from)** fernbleiben *(dat)*, wegbleiben (von); **~ behind** noch dableiben; **~ in** a *a.* **~ indoors** zu Hause *od* drinnen bleiben b SCHULE nachsitzen; **~ out** a wegbleiben, nicht heimkommen b WIRTSCH weiterstreiken; **~ up** aufbleiben, wach bleiben C S 1 a Stopp *m*, Halt *m*, Stillstand *m* b Ende *n*: **come to a ~** anhalten, *weitS.* zu e-m Ende kommen, aufhören; **put a ~ to, bring to a ~** → A 3 a; → abrupt 4 2 Pause *f* 3 BAHN *etc* Aufenthalt *m*, Halt *m* 4 a BAHN Station *f* b *(Bus)* Haltestelle *f* c SCHIFF Anlegestelle *f* 5 Absteigequartier *n* 6 Hemmnis *n*, Hindernis *n* 7 TECH Anschlag *m*, Sperre *f*, Hemmung *f* 8 WIRTSCH a Sperrung *f*, Sperrauftrag *m (für Scheck etc)* b → stop order 9 MUS a Griff *m*, Greifen *n (e-r Saite etc)* b Griffloch *n* c Klappe *f* d Ventil *n* e Register *n (e-r Orgel etc)* f Registerzug *m*: **pull out all the ~s** *fig* alle Register ziehen, alle Hebel in Bewegung setzen 10 LING a Knacklaut *m* b Verschlusslaut *m* 11 FOTO f-Blende *f (als Einstellmarke)* 12 a Satzzeichen *n* b Punkt *m*

stop|-and-go ADJ a durch (Verkehrs)Ampeln geregelt *(Straße etc)* b **~ traffic** Stop-and-go-Verkehr *m*; **~ bath** S FOTO Unterbrecherbad *n*; **~cock** S TECH Absperrhahn *m*

stope [stəʊp] S *Bergbau*: Strosse *f*, Erzkammer *f*

stop|gap A S 1 Notbehelf *m*, Notlösung *f (a. Person)* 2 *bes* WIRTSCH Überbrückung *f* B ADJ 1 Not..., Behelfs...: **~ solution** *a.* provisorische Lösung 2 *bes* WIRTSCH Überbrückungs...: **~ aid (credit,** *etc)*; **~ key** S 1 TECH Einsatzschlüssel *m* 2 MUS → stop C 9 f; **~ knob** → stop C 9 f; **~light** S 1 AUTO Stopp-, Bremslicht *n* 2 *US* (Verkehrs)Ampel *f*; **~-loss** ADJ WIRTSCH zur Vermeidung weiterer Verluste (bestimmt): **~ order** → stop order; **~ motion** S 1 TECH Abstellvorrichtung *f* 2 FOTO Zeitraffer *m*; **~-motion** ADJ FOTO Zeitraffer...: **~ camera**; **~ order** S WIRTSCH Stop-loss-Auftrag *m*; **~over** S 1 Reiseunterbrechung *f*, (kurzer) Aufenthalt 2 Zwischenstation *f*: **make a ~** Zwischenstation machen (**at** in *dat*)

stoppage ['stɒpɪdʒ; *US* 'stap-] S 1 a (An)Halten *n* b Stillstand *m* c Aufenthalt *m* 2 *(Verkehrs- etc)* Stockung *f* 3 TECH a (Betriebs)Störung *f*, Hemmung *f (a. e-r Pistole etc)* b Verstopfung *f (a.* MED *e-s Organs)* 4 Gehalts-, Lohnabzug *m*: **~ at source** Besteuerung *f* an der Quelle 5 JUR Beschlagnahme *f*, Sperrung *f (von Waren)*: **~ in transit(u)** ['trænsɪt(u:)] Anhalten *n* von bereits abgeschickten Waren seitens des Absenders 6 a *(Produktions- etc)* Einstellung *f*: **~ of production** b Arbeitsniederlegung *f* 7 **~ of play** SPORT Spielunterbrechung *f*: **~ time** → injury time

stop payment S Zahlungssperre *f (für Schecks etc)*

stopper ['stɒpə; *US* 'stapər] A S 1 Hemmnis *n*: **put a ~ (***od* **the ~s) on sth** e-r Sache ein Ende setzen 2 a Stöpsel *m*, Pfropf(en) *m* b Stopfer *m* 3 TECH Absperrvorrichtung *f*, Hemmer *m*, SCHIFF Stopper *m*: **~ circuit** ELEK Sperrkreis *m* 4 *Werbung*: *umg* Blickfang *m* 5 BOT Eugenie *f* 6 FUSSB Vorstopper(in) B V/T zustöpseln

stopping ['stɒpɪŋ; *US* 'stap-] S 1 (An-, Auf-)Halten *n (etc;* → stop A) 2 MED a Plombieren *n* b Plombe *f*, Füllung *f*; **~ distance** S AUTO Anhalteweg *m*; **~ place** S Haltestelle *f*, Station *f*; **~ train** S *bes Br* Bummelzug *m*

stop plate S TECH Endanschlag *m*

stopple ['stɒpl; *US* 'stapəl] A S Stöpsel *m* B V/T zustöpseln

stop| press S *bes Br* (Spalte *f* für) letzte (nach Redaktionsschluss eingelaufene) Meldungen *pl*; **~ screw** S TECH Anschlagschraube *f*; **~ sign** S AUTO Stoppschild *n*; **~ street** S AUTO Stoppstraße *f*

stopt [stɒpt; *US* stapt] *obs prät u. pperf von* stop

stop| thrust S *Fechten*: Aufhaltstoß *m*; **~ time** S *Jazz*: Stoptime *f (plötzliche Unterbrechung des Beat)*; **~ valve** S TECH Absperrventil *n*; **~ volley** S *Tennis*: Stoppflugball *m*; **~watch** S Stoppuhr *f*

storable ['stɔ:rəbl; *US a.* 'stəʊr-] A ADJ lagerfähig, Lager... B S WIRTSCH lagerfähige Ware

storage ['stɔ:rɪdʒ; *US a.* 'stəʊr-] S 1 (Ein)Lagerung *f*, Lagern *n*, Speicherung *f (a.* ELEK, COMPUT): **be in ~** eingelagert sein; → cold storage 2 a Lager(raum) *n(m)*, Depot *n* b COMPUT Speicher *m* 3 Lagergeld *n*; **~ battery** S ELEK *bes US* Akku(mulator) *m*; **~ capacity** S IT Speicherkapazität *f*; **~ cell** S 1 ELEK Akkumulatorzelle *f* 2 IT Speicherzelle *f*; **~ device** S COMPUT Speichergerät *n*; **~ heater** S (Nacht)Speicherofen *m*; **~ life** → shelf life; **~ ring** S *Kernphysik*: Speicherring *m*; **~ space** S Stauraum *m*

storax ['stɔ:ræks; *US a.* 'stəʊr-] S 1 Styrax *m*, Storax *m (aus 2 gewonnenes Harz)* 2 BOT Storaxbaum *m*

store [stɔ:(r); *US a.* stəʊr] A S 1 (Vorrats)Lager *n*, Vorrat *m*: **in ~** auf Lager, vorrätig; **be in ~ for sb** *fig* j-m bevorstehen, auf j-n warten; **have (***od* **hold) in ~ for sb** *e-e Überraschung etc* für j-n bereithalten, j-m *e-e Enttäuschung etc* bringen 2 *pl* a Vorräte *pl*, Ausrüstung *f* (u. Verpflegung *f*), Proviant *m* b → military stores c → naval stores d (Roh)Material *n* 3 a *bes US* (Kauf)Laden *m*, Geschäft *n* b *bes Br* Kauf-, Warenhaus *n* 4 Lagerhaus *n* 5 (große) Menge, Fülle *f*, Schatz *m*, Reichtum *m (alle:* **of** an *dat)*: **his great ~ of knowledge** sein großer Wissensschatz; **set great (little) ~ by** *fig* a großen (geringen) Wert legen auf *(akk)* b *etwas* hoch (gering) einschätzen 6 COMPUT *bes Br* Speicher *m* 7 *Br* Masttier *n* B ADJ 1 *US* a Konfektions..., von der Stange: **~ clothes** b aus der Fabrik: **~ bread** 2 *Br* Mast...: **~ cattle** Mastvieh *n* C V/T 1 ausstatten, eindecken, versorgen *(alle:* **with** *mit), ein Schiff* verproviantieren: **~ one's mind with facts** s-n Kopf mit Fakten anfüllen 2 *a.* **~ away** *(od* **up)** a einlagern, (auf)speichern, auf Lager nehmen, *die Ernte* einbringen b verstauen c *fig* im Gedächtnis bewahren 3 (in ein[em] Lager) einstellen, lagern 4 fassen, aufnehmen 5 ELEK, PHYS, *a.* COMPUT: speichern D V/I a sich *gut etc* halten *od* lagern lassen b sich *leicht etc* verstauen lassen; **~ card** S Kundenkreditkarte *f*; **~front** S *bes US* Ladenfront *f*; **~house** S 1 Lagerhaus *n* 2 *fig* Fundgrube *f* **(of** von); **~keeper** S 1 Lagerverwalter(in), Lagerist(in) 2 *bes US* Ladenbesitzer(in), -inhaber(in); **~keeping** S *bes US* Betrieb *m* e-s (Laden)Geschäfts; **~room** S Lagerraum *m*, Vorratskammer *f*; **~ship** S SCHIFF Versorgungsschiff *n*

storey, *bes US* **story** ['stɔːrɪ; *US a.* 'stəʊriː] S Stock(werk) *m(n)*, Geschoss *n*, Etage *f*: **he is a bit weak in the upper ~** *umg* er ist nicht ganz richtig im Oberstübchen; **storeyed**, *bes US* **storied** ADJ mit Stockwerken: **a two-~ house** ein zweistöckiges Haus

storied¹ ['stɔːrɪd; *US a.* 'stəʊr-] ADJ 1 geschichtlich, berühmt 2 legendär, sagenumwoben 3 mit Bildern aus der Geschichte geschmückt *od* verziert *(Fries etc)*

storied² *bes US für* storeyed

stork [stɔː(r)k] S ORN Storch *m*; **~'s-bill** S BOT Storchschnabel *m*

storm [stɔː(r)m] A S 1 Sturm *m (a. fig)*, Unwetter *n*: **S and Stress** HIST Sturm u. Drang *m*; **~ in a teacup** *Br* Sturm im Wasserglas 2 *(Hagel-, Schnee)* Sturm *m*, Gewitter *n* 3 SCHIFF orkanartiger Sturm *(Windstärke 11)* 4 MIL (An-)Sturm *m*: **take by ~** im Sturm nehmen *od* erobern *(a. fig)* 5 *fig (Geschoss- etc)* Hagel *m*: **a ~ of missiles** 6 *fig (Beifalls-, Protest- etc)* Sturm *m*: **a ~ of applause (protest)** B V/I 1 wüten, toben *(Wind etc; a. fig:* **at** wegen) 2 *unpers* **it was ~ing in the mountains** im Gebirge tobte ein Unwetter 3 MIL stürmen, angreifen 4 stürmen, stürzen C V/T 1 MIL *etc* (er)stürmen 2 *fig j-n* bestürmen **(with** mit) 3 *fig etwas* wütend vorbringen; **~-beaten** ADJ sturmgepeitscht; **~bird** → stormy petrel 1; **~bound** ADJ 1 vom Sturm am Auslaufen gehindert *(Schiff)* 2 vom Sturm aufgehalten *od* von der Außenwelt abgeschnitten; **~ center**, *bes Br* **~ centre** S 1 METEO Sturmzentrum *n* 2 *fig* Unruheherd *m*; **~ cloud** S Gewitterwolke *f*: **~s are gathering** *fig* dunkle Wolken ziehen am Horizont auf; **~ cone** S SCHIFF Sturmkegel *m (Signal)*

storming party S MIL Sturmtrupp *m*

storm| lane → storm track; **~ lantern** S Sturmlaterne *f*; **~-lashed** ADJ sturmgepeitscht; **~ petrel** → stormy petrel 1; **~proof** ADJ sturmfest, -sicher; **~-tossed** ADJ sturmgepeitscht; **~ track** S METEO Sturmbahn *f*; **~ trooper** S HIST SA-Mann *m*; **~ troops** SPL 1 MIL Sturmtruppen *pl* 2 HIST Sturmabteilung *f*, SA *f*

stormy ADJ (ADV stormily) stürmisch *(a. fig)*; **~ petrel** S 1 ORN Sturmschwalbe *f* 2 *fig* a Unruhestifter(in) b Enfant *n* terrible 3 *fig* Unglücksbote *m*, -botin *f*

story¹ ['stɔːrɪ; *US a.* 'stəʊriː] S 1 *(a.* amüsante) Geschichte, Erzählung *f*: **the same old ~** *fig* das alte Lied; **that's another ~** *fig* das ist etwas anderes, das steht auf e-m anderen Blatt, das ist ein Kapitel für sich; **that's not the whole ~ yet** *fig* das ist noch nicht alles 2 Fabel *f*, Handlung *f*, Story *f (e-s Dramas etc)* 3 (Lebens)Geschichte *f*, Story *f*: **the Glenn Miller ~** 4 Geschichte *f*, Bericht *m*: **the ~ goes that ...** man erzählt sich, dass ...; **to cut a long ~ short** *(Redew)* der langen Rede kurzer Sinn, um es kurz zu machen, kurz u. gut; **tell the whole** *(od* **full) ~** auspacken *(alles sagen)* 5 (Zeitungs)Artikel *m*, (-)Story *f* 6 *fig* Hintergründe *pl*, Hintergrundinformationen *pl* 7 *umg* (Lügen-, Ammen)Märchen *n*, Geschichte *f*

story² *bes US für* storey

story|board S FILM, TV Storyboard *n (aus Einzelbildern bestehende Abfolge e-s Films)*; **~book** A S Geschichten-, Märchenbuch *n* B ADJ 1 a wie in e-m Roman: **a ~ ending** b Märchen...: **~ world** 2 Bilderbuch...: **~ career**; **~ line** → story¹ 2; **~teller** S 1 (Märchen-, Geschichten-)Erzähler(in) 2 Erzähler(in) *(Autor[in])* 3 *umg* Flunkerer *m*, Flunkerin *f*; **~telling** S 1 (Geschichten)Erzählen *n* 2 Erzählkunst *f*

stoup [stuːp] S 1 KATH Weihwasserbecken *n* 2 *bes schott* Eimer *m* 3 *obs od Br dial* a Becher *m* b Krug *m*

stout [staʊt] A ADJ (ADV ~ly) 1 stämmig, kräftig 2 dick, korpulent, beleibt 3 ausdauernd, zäh, hartnäckig 4 mannhaft, wacker, tapfer, beherzt 5 heftig *(Angriff, Wind etc)* 6 kräftig, stabil *(Material etc)* B S Stout *m (dunkles Bier mit starkem Hopfengeschmack)*; **stouten** V/T & V/I dick *od* korpulent machen (werden)

stouthearted ADJ (ADV ~ly) *bes poet* → stout A 4

stoutish ADJ ziemlich dick *od* korpulent; **stoutness** S 1 Stämmigkeit *f* 2 Beleibtheit *f*, Korpulenz *f* 3 Tapferkeit *f*, Mannhaftigkeit *f* 4 Ausdauer *f*, Hartnäckigkeit *f*

stove¹ [stəʊv] A S 1 Ofen *m*, (Koch)Herd *m* 2 TECH a Brennofen *m* b Trockenkammer *f* B V/T 1 a warm halten b trocknen, erhitzen 2 *schott* → stew¹ A 1

stove² [stəʊv] *prät u. pperf von* stave

stove| enamel S Einbrennlack *m*; **~pipe** S 1 Ofenrohr *n* 2 *a.* **~ hat** *umg* Angströhre *f*, Zylinder *m* 3 *pl*, *a.* **pair of ~s** *umg* Röhrenhose *f*

stover ['stəʊvə(r)] S AGR a *bes Br* Futter *n* b *US (Mais- etc)* Stroh *n (als Viehfutter)*

stow [stəʊ] A V/T 1 SCHIFF (ver)stauen 2 verstauen, packen: **~ away** a wegräumen, -stecken b *umg ein Steak etc* verdrücken 3 vollfüllen, (be)laden 4 *Br sl* aufhören mit: **~ it!** hör auf (damit)! B V/I **~ away** sich an Bord schmuggeln, als blinde(r) Passagier(in) mitreisen; **stowage** S SCHIFF 1 Stauen *n*: **~ certificate** Stauungsattest *n* 2 Laderaum *m* 3 Ladung *f* 4 Staugeld *n*

stowaway S blinde(r) Passagier(in)

STP ABK PHYS standard temperature and pressure

strabismal [strə'bɪzməl], **strabismic** [-mɪk] ADJ MED schielend, Schiel...; **strabismus** [-məs] S Strabismus *m*, Schielen *n*; **strabotomy** [-'bɒtəmɪ; *US* -'bɑt-] S MED Strabotomie *f*, Schieloperation *f*

Strad [stræd] *umg für* Stradivarius

straddle ['strædl] A V/I 1 a breitbeinig *od* mit gespreizten Beinen gehen *od* stehen *od* sitzen b die Beine spreizen, grätschen *(a. Turnen)* c rittlings sitzen 2 sich (auseinander)spreizen 3 sich (aus)strecken 4 *fig US* es mit beiden Parteien halten 5 WIRTSCH Arbitrage betreiben B V/T 1 rittlings auf *e-m Pferd etc* sitzen 2 mit gespreizten Beinen über *e-m Graben etc* stehen 3 *die Beine* spreizen 4 *fig* sich bei *e-r Streitfrage etc* nicht festlegen wollen 5 MIL *das Ziel* eingabeln 6 *Poker: den Einsatz* blind verdoppeln C S 1 (Beine)Spreizen *n* 2 a breitbeiniges *od* ausgreifendes Gehen b breitbeiniges (Da)Stehen c Rittlingssitzen *n* 3 Schrittweise *f* 4 *fig US* ausweichende *od* unentschlossene Haltung 5 *Börse:* Stellage(geschäft) *f(n)* 6 a *Turnen:* Grätsche *f* b *Hochsprung:* HIST Straddle *m*, Wälzer *m*

Stradivarius [ˌstrædɪ'veərɪəs;-'vɑːr-] *pl* -rii [-rɪaɪ] S MUS Stradivari *f (e-e Geige)*

strafe [strɑːf; *bes US* streɪf] A V/T 1 FLUG, MIL im Tiefflug mit Bordwaffen angreifen 2 *umg j-n* anpfeifen B S → strafing; **strafing** S 1 Bordwaffenbeschuss *m* 2 *umg* Anpfiff *m*

straggle ['strægl] V/I 1 herumstreifen 2 (hinterdrein- *etc*)bummeln, (-)zotteln 3 a sich verirren b MIL versprengt werden 4 wuchern *(Pflanze etc)*, sich unregelmäßig ausbreiten 5 verstreut liegen *od* stehen *(Häuser etc)*, sich hinziehen *(Vorstadt etc)* 6 *fig* abschweifen; **straggler** S 1 Bummler(in) 2 a Nachzügler(in) b SPORT Kellerkind *n* 3 MIL Versprengte(r) *m/f(m)* 4 BOT wilder Schössling; **straggling** ADJ (ADV ~ly), *a.* **straggly** ADJ 1 *(beim Marsch etc)* zurückgeblieben 2 (weit) auseinandergezogen *(Kolonne)* 3 wuchernd *(Pflanze etc)*, sich unregelmäßig ausbreitend 4 verstreut (liegend), weitläufig 5 widerspenstig *(Haar)*

straight [streɪt] A ADJ (ADV ~ly) 1 gerade *(Beine etc)*: **~ hair** glattes Haar; **~ line** gerade Linie, MATH Gerade *f*; **keep the car in a ~ line** die Spur halten; **keep a ~ face** das Gesicht nicht verziehen, *engS.* ernst bleiben; **put ~** *ein Bild etc* gerade hängen; → stand up A 1 b 2 **a ~ left (right)** *(Boxen)* e-e linke (rechte) Gerade; **in ~ sets** *(Tennis etc)* ohne Satzverlust; **his third ~ win** SPORT sein dritter Sieg in (ununterbrochener Reihen)Folge 3 in Ordnung, ordentlich: **put ~** in Ordnung bringen; **put things ~** Ordnung schaffen; **put a few things ~** einige Dinge klarstellen; **set sb ~** j-m e-n Zahn ziehen *umg*; **set sb ~ on** *(od* **about)** j-s Meinung über *(akk)* richtigstellen 4 a offen, ehrlich b ehrlich, reell *(Geschäftsmann etc)*: → die² 1 5 anständig *(Leben etc)* 6 *umg* zuverlässig, sicher *(Tipp etc)* 7 geradlinig, folgerichtig *(Denken etc)* 8 POL *US* hundertprozentig *(Republikaner etc)* 9 pur: **drink one's whisky ~** 10 a THEAT konventionell *(Stück)* b THEAT effektlos *(Spiel)* c gewöhnlich, normal *(Roman etc)* 11 WIRTSCH *US* mit festem Preis, ohne Mengenrabatt 12 AUTO, TECH Reihen...: **~ engine** 13 *umg* quitt: **we're ~** 14 *sl* spießig 15 *sl* a hetero *(heterosexuell)* b clean, sauber *(nicht mehr drogenabhängig)* B ADV 1 gerade(aus): **go ~ on** 2 richtig: **he does not see ~**; **I can't think ~** ich kann nicht (mehr) klar denken; **get sb ~** *sl* j-n richtig verstehen 3 direkt, gerade, gerade(s)wegs, unmittelbar: **he comes ~ from London**; → horse A 1, shoulder A 1 4 *oft* **~ out** rundheraus, klipp u. klar: **she told him ~ out what she thought of him** 5 *umg* **go ~** keine krummen Sachen mehr machen; **play it ~** a es ernst meinen b kein Blatt vor den Mund nehmen; **play it ~ with me** a nur heraus mit der Wahrheit! b mir gegenüber brauchst du kein Blatt vor den Mund zu nehmen 6 **~ away** *(od* **off)** sofort, auf der Stelle, gleich 7 ohne Eis *(Cocktail)* 8 **~ up?** *Br umg* echt?, ehrlich? C S 1 Geradheit *f*: **out of the ~** krumm, schief 2 SPORT *(Gegen-, Ziel)* Gerade *f* 3 SPORT *(Erfolgs-, Treffer- etc)* Serie *f* 4 *Poker:* Straight *m (Folge von 5 Karten beliebiger Farbe)* 5 *fig* **be on** *(od* **keep to) the ~ and narrow** auf dem Pfad der Tugend wandeln; **go off** *(od* **stray from) the ~ and narrow** auf die schiefe Bahn geraten 6 *sl* Spießer(in) 7 *sl* a Hetero *m* b *j-d,*

S

der clean ist

straight| **angle** S MATH gestreckter Winkel *(180°)*; **~ arrow** S *US umg* grundanständiger Kerl; **~-arrow** ADJ *US umg* grundanständig; **~away** [ˌ-əˈweɪ; ˈ-ə-] A ADJ gerade, geradlinig *(a. fig)* B ADV sofort, auf der Stelle, gleich C S SPORT *US (Gegen-, Ziel)* Gerade *f*

straighten [ˈstreɪtn] A V/T 1 gerade machen, (gerade) richten, ausrichten, (aus)strecken, TECH *Draht* recken, *die Knie* durchdrücken, *s-e Krawatte etc* gerade rücken, MIL *die Front* begradigen: **~ one's face** e-e ernste Miene aufsetzen; **~ o.s. up** sich aufrichten 2 *a.* **~ up** *ein Zimmer etc* aufräumen 3 *oft* **~ out** *(od* **up)** a *s-e Angelegenheiten etc* in Ordnung bringen: **things will ~ themselves out** das wird von allein (wieder) in Ordnung kommen b *umg j-n* (wieder) auf die rechte Bahn bringen, zurechtbiegen c *umg j-m* den Kopf zurechtsetzen 4 *oft* **~ out** entwirren, klarstellen B V/I 1 gerade werden 2 **~ up** a sich aufrichten b *umg* ein anständiges Leben beginnen

straight|-faced ADJ mit unbewegtem Gesicht; **~-facedly** [-ˈfeɪsɪdlɪ] ADV → straight-faced; **~ fight** S POL *Br direkter Kampf zwischen zwei Kandidaten*; **~ flush** S *Poker*: Straightflush *m (Folge von 5 gleichfarbigen Karten)*; **~forward** A ADJ (ADV ~ly) 1 geradeaus gerichtet 2 freimütig, direkt, offen 3 ehrlich, aufrichtig 4 einfach, unkompliziert B ADV 1 geradeaus 2 → A; **~forwardness** S 1 Direktheit *f*, Offenheit *f* 2 Aufrichtigkeit *f*; **~-from-the-shoulder** ADJ unverblümt; **~jacket** → straitjacket; **~-laced** → strait-laced; **~-line** ADJ MATH, PHYS, TECH geradlinig, linear *(a.* WIRTSCH*)*: **~ depreciation** WIRTSCH lineare Abschreibung; **~ method** WIRTSCH gleichmäßige Abschreibung vom Anschaffungswert; **~ motion** a PHYS geradlinige Bewegung b TECH Geradführung *f*

straightness S Geradheit *f*: a Geradlinigkeit *f* b *fig* Aufrichtigkeit *f*, Ehrlichkeit *f*

straight|-out ADJ *US umg* 1 rückhaltlos, kompromisslos 2 offen, aufrichtig; **~way** [ˈ-weɪ; ˌ-ˈweɪ] ADV *obs* stracks, sogleich

strain[1] [streɪn] A V/T 1 *ein Seil etc* (an)spannen, anziehen, straff ziehen 2 sich *e-n Muskel, e-e Sehne etc* zerren, sich *das Handgelenk* verstauchen, *s-e Augen etc (a. sich)* überanstrengen *od* bis (zum Äußersten) anstrengen: **~ a groin (muscle)** sich e-e Leisten-(Muskel)zerrung zuziehen; **have a ~ed muscle** e-e Muskelzerrung haben; → nerve A 7 3 TECH deformieren, verformen, verziehen 4 *fig etwas* überspannen, strapazieren, *j-s Geduld, Kräfte etc* überfordern, auf e-e harte Probe stellen 5 *fig e-n Sinn, ein Recht* strapazieren, vergewaltigen, Gewalt antun *(dat)*, *Befugnisse etc* überschreiten: **~ a point** zu weit gehen; **a ~ed interpretation** e-e forcierte Auslegung 6 (durch)seihen, passieren, filtern, filtrieren: **~ out** *(od* **off)** abseihen 7 (fest) drücken *od* pressen: **~ sb to one's breast (heart)** j-n an s-e Brust ziehen (ans Herz drücken) B V/I 1 sich (bis zum Äußersten) anstrengen **(to do** zu tun): **~ after** sich abmühen um, streben nach; **~ after effects** nach Effekt haschen 2 sich (an)spannen 3 **~ at** zerren an *(dat)*: → gnat 1, leash A 1 4 *(a. beim Stuhlgang)* pressen, drücken: **~ at stool** 5 TECH sich verziehen, sich verformen 6 a durchlaufen, -tropfen, -sickern *(Flüssigkeit)* b sich *gut etc* (ab-)seihen *od* filtern lassen C S 1 Spannung *f*, Beanspruchung *f*, Zug *m* 2 TECH verformende Spannung, Verdehnung *f* 3 MED a Zerrung *f* b Überanstrengung *f*: **~ fracture** Ermüdungsbruch *m* 4 Anstrengung *f*, Anspannung *f*, Kraftaufwand *m* 5 **(on)** (starke) Anstrengung, Strapaze *f* (für), Überanstrengung *f (gen)*, *(nervliche, a. finanzielle)* Belastung (für), Druck *m* (auf *akk*), Last *f (der Verantwortung etc)*: **it is a ~** es nimmt einen mit; **be a ~ on sb's nerves** j-n Nerven kosten; **put** *(od* **place) a great ~ on** stark beanspruchen *od* belasten; **be under a ~** mitgenommen sein, mit den Nerven herunter sein 6 Weise *f*, Melodie *f*: **to the ~s of** zu den Klängen von *(od gen)* 7 Vers *m*, Passage *f* 8 *fig* Ton(art) *m(f)*, Stil *m* 9 Laune *f*, Stimmung *f*: **he was in a philosophizing ~** er war zum Philosophieren aufgelegt 10 *pl* Spannungen *pl*

strain[2] [streɪn] S 1 Geschlecht *n*, Linie *f* 2 Abstammung *f* 3 BIOL a Rasse *f* b (Ab-, Spiel-)Art *f* 4 Beimischung *f*, (Rassen)Merkmal *n*, Zug *m*: **a ~ of Greek blood** ein Schuss griechischen Bluts 5 (Erb)Anlage *f*, (Charakter)Zug *m* 6 Spur *f*, Anflug *m (beide:* **of** von*)*

strained [streɪnd] ADJ 1 gezwungen, unnatürlich *(Lächeln etc)* 2 gespannt *(Beziehungen etc)*; **strainedly** [-nɪdlɪ] ADV → strained; **strainer** S 1 Seiher *m*, Sieb *n*, Filter *m/n* 2 TECH Streck-, Spannvorrichtung *f*

strait [streɪt] A S 1 *meist pl* Straße *f*, Meerenge *f*: **the** ≈**s of Dover** die Straße von Dover; **the** ≈ **of Gibraltar** die Straße *od* Meerenge von Gibraltar; ≈**s Settlements** *e-e ehemalige brit. Kronkolonie (Malakka, Penang, Singapur etc)* 2 *meist pl* Not *f*, *(bes* finanzielle*)* Verlegenheit: **be in dire** *(od* **desperate) ~s** in e-r ernsten Notlage sein B ADJ *obs* a eng, schmal: **the ~ gate** BIBEL die enge Pforte b *fig* streng, hart; **straiten** [-tn] V/T beschränken, beengen: **live in ~ed circumstances** in beschränkten Verhältnissen leben

strait|jacket A S Zwangsjacke *f (a. fig)* B V/T in e-e Zwangsjacke stecken *(a. fig)*; **~-laced** ADJ sittenstreng, puritanisch, prüde; **~-lacedly** [-ˈleɪsɪdlɪ] ADV sittenstreng, puritanisch, prüde

straitness S *obs* 1 Enge *f* 2 *fig* Strenge *f*, Härte *f*

strake [streɪk] S SCHIFF (Planken)Gang *m*

stramineous [strəˈmɪnɪəs] ADJ 1 a strohern, Stroh… b strohartig 2 strohfarben

stramonium [strəˈməʊnjəm; -nɪəm] S 1 BOT Stechapfel *m* 2 MED, PHARM *ein aus Stechapfelblättern gewonnenes krampflösendes Mittel*

strand[1] [strænd] A V/T a SCHIFF auf den Strand setzen b *fig* stranden *od* scheitern lassen: **~ed** gestrandet *(a. fig)*; AUTO stecken *od* liegen geblieben; **be (left) ~ed** auf dem Trock(e)nen sitzen; aufgeschmissen sein *(beide umg)* B V/I stranden *(a. fig)* C S *bes poet* Gestade *n*, Ufer *n*

strand[2] [strænd] A S 1 Strang *m*, Ducht *f (e-s Taus od Seils)* 2 Seil *n*, Tau *n* 3 TECH *(Draht-, Seil)* Litze *f* 4 BIOL *(Gewebe)* Faser *f* 5 *(Haar)* Strähne *f*: **a ~ of hair** 6 *(Perlen)* Schnur *f* 7 *fig* Faden *m*, Element *n*, Zug *m (e-s Ganzen)* B V/T 1 *ein Seil* drehen 2 ELEK *ein Kabel* verseilen: **~ed wire** Litzendraht *m*; **~ cable** vielsträhniges Drahtkabel 3 *ein Tau etc* brechen

strange [streɪndʒ] A ADJ (ADV ~ly) 1 seltsam, eigenartig, -tümlich, sonderbar, merkwürdig, komisch: **~ to say**, **~ly enough** seltsamer-, merkwürdigerweise 2 fremd, neu, unbekannt, ungewohnt, nicht geläufig *(alle:* **to sb** j-m*)* 3 **(to)** nicht gewöhnt (an *akk*), nicht vertraut (mit) 4 reserviert, kühl 5 **~ particles** PHYS Strange Particles *(Elementarteilchen, deren Strangeness ungleich null ist)* B ADV *umg* → A 1; **strangeness** S 1 Seltsamkeit *f*, *(das)* Merkwürdige 2 Fremdheit *f* 3 PHYS Strangeness *f (Quantenzahl zur Klassifizierung von Elementarteilchen)*

stranger [ˈstreɪndʒə(r)] S 1 Fremde(r) *m/f(m)*, Unbekannte(r) *m/f(m)*, Fremdling *m*: **I am a ~ here** ich bin hier fremd; **you are quite a ~** Sie sind ein seltener Gast; **he is no ~ to me** er ist mir bekannt, ich kenne ihn; **I spy** *(od* **see) ~s** PARL *Br* ich beantrage die Räumung der Zuschauertribüne; **hello, ~!** *umg* lebst du auch noch?; **the litte ~** *hum* der kleine Neuankömmling; ≈**s' Gallery** PARL *Br* Zuschauertribüne *f*; → perfect A 3 2 Neuling *m* **(to** in *dat)*: **be a ~ to** nicht vertraut sein mit; **she is no ~ to computers** sie kennt sich mit Computern (gut) aus; **he is no ~ to poverty** die Armut ist ihm nicht unbekannt 3 JUR Dritte(r) *m/f(m)*, Unbeteiligte(r) *m/f(m)*

strangle [ˈstræŋgl] A V/T 1 erwürgen, erdrosseln, strangulieren 2 *j-n* würgen, *den Hals* einschnüren *(Kragen etc)* 3 *fig* ersticken: a *e-e Initiative etc* abwürgen b *e-n Seufzer etc* unterdrücken B V/I ersticken; **~hold** S *bes Judo*: Würgegriff *m (a. fig)*: **have a ~ on** *den Markt etc* kontrollieren

strangles [ˈstræŋglz] SPL *(meist als sg konstruiert)* VET Druse *f*

strangulate [ˈstræŋgjʊleɪt] V/T 1 MED a *ein Gefäß etc* abschnüren, abbinden b **~d hernia** eingeklemmter Bruch 2 → strangle A 1; **strangulation** S 1 Erdrosselung *f*, Erdrosslung *f*, Strangulierung *f* 2 MED Abschnürung *f*, Abbindung *f*

strangury [ˈstræŋgjʊrɪ] S MED Strangurie *f*, Harnzwang *m*

strap [stræp] A S 1 *(Leder-, a. Trag-,* TECH *Treib)-*Riemen *m*, Gurt *m*, Band *n*: **give** *sb* **the ~** → B 4 2 Schlaufe *f*, Halteriemen *m (im Bus etc)* 3 Streichriemen *m* 4 a *(Schulter- etc)* Streifen *m*, *(Achsel)* Klappe *f* b Träger *m (an Kleidern)* c Steg *m (an der Hose)* 5 TECH a *(Metall)* Band *n* b Gelenkplatte *f* c Bügel *m (am Kopfhörer)* 6 SCHIFF Stropp *m* 7 BOT Blatthäutchen *n* B V/T 1 festschnallen **(to** an *dat)*: **~ o.s. in** sich festschnallen; **(pair of) ~ped trousers** Steghose *f* 2 (sich) *etwas* umschnallen 3 *ein Rasiermesser etc* (an e-m Streichriemen) abziehen 4 *j-n* mit e-m Riemen züchtigen 5 MED a Heftpflaster auf *e-e Wunde* kleben b *a.* **~ up** *j-m* e-n Heftpflasterverband anlegen 6 **be ~ped (for cash)** *umg* a knapp bei Kasse sein b blank *od* pleite sein; **~hanger** S *umg* stehender Fahrgast *(im Bus etc)*; **~ iron** S TECH *US* Bandeisen *n*

strapless ADJ schulterfrei *(Kleid)*, trägerlos *(Badeanzug, Kleid)*

strappado [strəˈpeɪdəʊ; stræ-; -ˈpɑː-] *pl* **-does** [-z] S HIST (Folterung *f* mittels) Wippe *f*

strapper [ˈstræpə(r)] S a strammer Bursche b strammes *od* dralles Mädchen; **strapping** A ADJ stramm, stämmig: **a ~ girl** ein dralles Mädchen B S 1 KOLL Riemen *pl* 2 MED Heftpflaster(verband) *n(m)*

strappy [ˈstræpɪ] ADJ: **~ sandals** Riemchensandalen *pl*; **~ top** Top *n od* Oberteil *n* mit Spaghettiträgern; **~ dress** Kleid *n* mit Spaghettiträgern

strapwork S ARCH verschlungene Bandverzierung

strata [ˈstrɑːtə; *bes US* ˈstreɪtə; *US a.* ˈstrætə] *pl von* stratum

stratagem [ˈstrætədʒəm] S Strategem *n*: a Kriegslist *f* b List *f*, Trick *m*

stratal [ˈstreɪtl] ADJ GEOL Schichten…

strategic [strəˈtiːdʒɪk] MIL *etc* A ADJ (ADV ~ally) strategisch: ≈ **Arms Reduction Talks** MIL *US* HIST Gespräche über die Verringerung strategischer Waffen; ≈ **Defense Initiative** MIL *US* Strategische Verteidigungsinitiative B S **strategics** *pl (als sg konstruiert)* → strategy; **strategist** [ˈstrætɪdʒɪst] S Stratege *m*, Strategin *f*;

strategize [-dʒaɪz] V/I e-e Strategie entwerfen (on für); **strategy** [-dʒɪ] S Strategie *f*

strath [stræθ] S *schott* breites Tal

Strathclyde [stræθ'klaɪd] S Strathclyde *n* (*Verwaltungsregion Westschottlands*)

strathspey [stræθ'speɪ] S *ein schottischer Tanz*

strati ['streɪtaɪ; *Br a.* 'strɑ:-; *US a.* 'stræ-] *pl von* stratus

straticulate [strə'tɪkjʊlət; -leɪt] ADJ GEOL dünn geschichtet

stratification [,strætɪfɪ'keɪʃn] S 1 *bes* GEOL a Stratifikation *f*, Schichtung *f* b Schichtenbildung *f* 2 *fig* Schichtung *f*, Gliederung *f*; **stratificational** ADJ: **~ grammar** LING Stratifikationsgrammatik *f* (*e-e Form der grammatischen Analyse*); **stratified** [-faɪd] ADJ geschichtet, schichtförmig: **~ rock** Schichtgestein *n*; **~ sample** (*Statistik*) geschichtete Stichprobe; **stratiform** [-fɔ:(r)m] ADJ schichtenförmig; **stratify** [-faɪ] A V/T *bes* GEOL stratifizieren, schichten B V/I 1 *bes* GEOL a Schichten bilden b in Schichten liegen 2 *fig* (*gesellschaftliche etc*) Schichten entwickeln

stratigraphy [strə'tɪgrəfɪ] S GEOL Stratigrafie *f* (*Teilgebiet der Geologie, das sich mit Schichtgesteinen befasst*)

stratocracy [strə'tɒkrəsɪ; *US* -'tɑk-] S Militärherrschaft *f*

stratocruiser ['strætəʊ,kru:zə(r)] S FLUG Stratosphärenflugzeug *n*

stratocumulus [,strætəʊ'kju:mjʊləs; ,streɪ-] S *irr* METEO Stratokumulus *m* (→ cumulostratus)

stratosphere ['strætəʊ,sfɪə(r)] S Stratosphäre *f* (*Schicht der Erdatmosphäre in e-r Höhe von etwa 12 bis 80 km*); **stratospheric** [-'sferɪk; *US a.* -'sfɪərɪk] ADJ stratosphärisch

stratum ['strɑ:təm; *bes US* 'streɪ-; *US a.* 'stræ-] *pl* **-ta** [-tə], **-tums** S 1 *allg* (*a. Gewebe-, Luft*) Schicht *f*, Lage *f* 2 GEOL Schicht *f*, Formation *f* 3 *fig* (*gesellschaftliche etc*) Schicht

stratus ['streɪtəs; *Br a.* 'strɑ:-; *US a.* 'stræ-] *pl* **-ti** [-taɪ] S METEO Stratus *m*, Stratus-, Schichtwolke *f*

straw [strɔ:] A S 1 Strohhalm *m*: **draw ~s** Strohhalme ziehen (*als Lose*); **catch** (*od* **clutch, grab, grasp**) **at a ~** (*od* **at ~s**) sich an e-n Strohhalm klammern; **the last ~** (**that breaks the camel's back**) der Tropfen, der das Fass zum Überlaufen bringt; **that's the last ~!** jetzt reichts (mir) aber!; **~ in the wind** Anzeichen *n*; → care B 4 2 Stroh *n*: → man A 3 3 Trinkhalm *m* 4 Strohhut *m* B ADJ 1 strohern, Stroh… 2 strohfarben 3 *fig bes US* a wertlos b Schein…; **~ bale** S Strohballen *m*

strawberry ['strɔ:bərɪ; *US a.* -,beri:] A S 1 BOT Erdbeere *f* 2 Erdbeerrot *n* (*Farbe*) B ADJ 1 Erdbeer…: **~ jam** 2 erdbeerrot; **~ blonde** A ADJ rotblond B S Rotblonde *f*; **~ mark** S MED rotes Muttermal; **~ tongue** S MED Himbeerzunge *f* (*bei Scharlach*)

straw| bid S WIRTSCH *US* Scheingebot *n*; **~ bidder** S WIRTSCH *US* Scheinbieter(in); **~board** S Strohpappe *f*; **~ boss** S *US umg* stellvertretende(r) Vorarbeiter(in); **~-colo(u)red** ADJ strohfarbig, -farben; **~flower** S BOT Strohblume *f*; **~ hat** S Strohhut *m*; **~ man** S *irr bes US* 1 Strohpuppe *f* 2 *fig* Strohmann *m*; **~ mattress** S Strohsack *m*; **~ plait** S Strohgeflecht *n* (*bes für Hüte*); **~ poll**, **~ vote** S POL *bes US* Probeabstimmung *f*; **~ wine** S Strohwein *m*

strawy ['strɔ:ɪ] ADJ 1 strohern 2 a mit Stroh bestreut b strohgedeckt

stray [streɪ] A V/I 1 (herum)strolchen, (-)streunen (*a. Tier*) 2 (herum)streifen: **~ to** *j-m* zulaufen 3 weglaufen (**from** von) 4 a abirren (**from** von), sich verlaufen: **the helicopter had ~ed across the frontier** der Hubschrauber hatte versehentlich die Grenze überflogen b *fig* vom rechten Weg abkommen 5 *fig* abschweifen (**from** von) (*Gedanken etc*): **~ from the point** vom Thema abkommen 6 ELEK streuen, vagabundieren B S 1 verirrtes *od* streunendes Tier 2 Herumirrende(r) *m/f(m)*, Heimatlose(r) *m/f(m)* 3 herrenloses Gut 4 *pl* ELEK atmosphärische Störungen *pl* C ADJ 1 verirrt, streunend (*Hund, Kind etc*): **~ bullet** verirrte Kugel 2 vereinzelt (*Kunden etc*) 3 beiläufig (*Bemerkung etc*) 4 ELEK Streu…: **~ power** Verlustleistung *f*

streak [stri:k] A S 1 Streif(en) *m* 2 (*Licht*) Streifen *m*, (-)Strahl *m*: **~ of lightning** Blitz (-strahl) *m*; **like a ~** (**of lightning**) *umg* wie der Blitz 3 Streifen *m*, Lage *f* (*im Speck etc*) 4 Maser *f*, Ader *f* (*im Holz*) 5 *fig* Anlage *f*, Spur *f*, Anflug *m*, Zug *m*, *humoristische etc* Ader: **a ~ of humo(u)r** 6 *fig* Strähne *f*: **~ of (bad) luck** Glücks-(Pech)strähne; **~ of success** Erfolgsserie *f* 7 MINER Strich *m* 8 *Bakteriologie*: Aufstreichimpfung *f*: **~ culture** Strichkultur *f* 9 CHEM Schliere *f* B V/T 1 streifen 2 ädern C V/I 1 streifig werden 2 rasen, flitzen 3 *umg* blitzen, flitzen (*unbekleidet über belebte Straßen etc laufen*)

streaked [stri:kt] ADJ 1 streifig, gestreift 2 gemasert (*Holz*) 3 durchwachsen (*Speck etc*) 4 geschichtet; **streaker** S *umg* Blitzer(in), Flitzer(in); **streaky** ADJ (ADV streakily) 1 → streaked 2 *fig* a unterschiedlich b wechselhaft

stream [stri:m] A S 1 a Wasserlauf *m* b Bach *m*, Flüsschen *n* 2 Strom *m*, Strömung *f*: **go** (*od* **swim**) **against** (**with**) **the ~** gegen den (mit dem) Strom schwimmen (*a. fig*); **down ~** stromabwärts; **up ~** stromaufwärts 3 (*Blut-, Gas-, Menschen- etc*) Strom *m*, (*Licht-, Tränen- etc*) Flut *f*: **~ of abuse** Schimpfkanonade *f umg*; **~ of air** Luftstrom; **~ of words** Wortschwall *m*; **~ of consciousness** PSYCH Bewusstseinsstrom; **~-of-consciousness novel** Bewusstseinsstromroman *m* 4 *fig* Strömung *f*, Richtung *f* 5 SCHULE *Br* Leistungsgruppe *f* (*innerhalb e-r Klasse*) 6 Gang *m*, Lauf *m* (*der Zeit etc*) 7 **be on ~** in Betrieb sein, (*Kraftwerk etc a.*) am Netz sein; **come on ~** den Betrieb aufnehmen, (*Kraftwerk etc a.*) ans Netz gehen B V/I 1 strömen (*Flüssigkeit*), tränen (*Augen*): **~ with** triefen vor (*dat*); **sweat was** (**tears were**) **~ing down her face** der Schweiß lief (Tränen liefen) ihr übers Gesicht; **her face was ~ing with sweat** (**tears**) ihr Gesicht war schweiß-(tränen)überströmt 2 strömen, fluten (*Licht, Menschen etc*) 3 (*im Wind*) flattern (*Fahne etc*) 4 fließen (*Haare*) 5 dahinschießen (*Meteor*) C V/T 1 aus-, verströmen: **his nose ~ed blood** aus s-r Nase strömte Blut 2 SCHIFF *e-e Boje* auswerfen, -setzen 3 SCHULE *Br e-e Klasse* in Leistungsgruppen einteilen;

streamer S 1 Wimpel *m*, flatternde Fahne 2 (langes, flatterndes) Band, Papierschlange *f* 3 Spruchband *n*, Transparent *n* 4 *fig allg* Streifen *m*, Band *n*, Fahne *f*, *bes* Wolken-, Nebelstreif(en) *m*: **~ of smoke** Rauchfahne 5 Lichtstreifen *m* (*bes des Nordlichts*) 6 *pl* ELEK unbestimmte Strahlungen *pl*: **~ discharge** strahlartige Entladung 7 *a.* **~ headline** (*Zeitung*) Balkenüberschrift *f*, breite Schlagzeile 8 *a.* **~ fly** *e-e Angelfliege mit langen Federn* 9 COMPUT Streamer *m*, Zusatz-, Sicherungsband *n*;

streaming A S 1 Strömen *n* 2 BIOL Fließen *n* (*Protoplasmabewegung*) 3 SCHIFF Schleppgeld *n* 4 SCHULE *Br* Einteilung *f* in Leistungsgruppen B ADJ (ADV **~ly**) 1 strömend 2 triefend 3 tränend; **streamless** ADJ stehend (*Gewässer*); **streamlet** [-lɪt] S Bächlein *n*

stream|line A S 1 *a.* **~ shape** TECH Stromlinienform *f* 2 elegante *od* schnittige Form 3 Strömungslinie *f* 4 PHYS Stromlinie *f*: **~ flow** stationäre Strömung B ADJ → streamlined 1 C V/T 1 Stromlinienform geben (*dat*), stromlinienförmig konstruieren, windschnittig gestalten *od* verkleiden 2 schnittig *od* elegant gestalten 3 *fig* a modernisieren b rationalisieren, durchorganisieren c verbessern, wirkungsvoller *od* zügiger *od* reibungsloser gestalten d *bes* POL *US* gleichschalten; **~lined** ADJ 1 PHYS, TECH stromlinienförmig, windschnittig, windschlüpfrig, Stromlinien… 2 schnittig, elegant (u. zweckmäßig), formschön 3 *fig* a modernisiert, fortschrittlich b rationell, durchorganisiert c *bes* POL *US* gleichgeschaltet; **~liner** S *bes US* Stromlinienzug *m*

street [stri:t] A S 1 Straße *f*: **in** (*US* **on**) **the ~** auf der Straße; **live in** (*US* **on**) **a ~** in e-r Straße wohnen; **be on the ~** a auf der Straße sitzen (*keine Bleibe haben, arbeitslos sein*) b auf freiem Fuß sein; **live** (**sleep**) **on the ~** auf der Straße leben (schlafen); **not in the same ~ as** *umg* nicht zu vergleichen mit; **~s ahead** *umg* haushoch überlegen (**of** *dat*); **be ~s ahead of sb** *a.* j-m meilenweit voraus sein; **~s apart** *umg* grundverschieden; **that's** (**right**) **up my ~** *umg* das ist genau mein Fall, das ist etwas für mich; **walk the ~s** auf den Strich gehen *umg*; → man A 3, woman A 1 2 **the** ♀ *US umg* a das Hauptgeschäftsviertel, das Finanzzentrum *n* b das Theater- *od* Amüsierviertel B ADJ 1 Straßen…: **~ lighting** 2 *Börse*: a Freiverkehrs… b *Br* nach Börsenschluss (getätigt)

street| Arab S Gassenjunge *m*; **~ argot** S Straßenjargon *m*; **~ball** S SPORT Streetball *m* (*auf Höfen, Plätzen etc gespielte Variante des Basketballs*); **~ battle** S Straßenschlacht *f*; **~car** S *US* Straßenbahn(wagen) *f(m)*; **~ certificate** S WIRTSCH *US* formlos übertragenes Aktienzertifikat; **~ circuit** S *Motorsport*: Straßen-, Stadtkurs *m*; **~ cleaner** S *bes US* Straßenkehrer(in), -feger(in); **~ collection** S Straßensammlung *f*; **~ cred** [kred] S *umg*, **~ credibility** S a (gutes) Image b Glaubwürdigkeit *f*; **~ crime** S Straßenkriminalität *f*; **~ door** S Haustür *f* (*die direkt auf die Straße führt*); **~ fight** S Straßenkampf *m*; **~ fighting** S Straßenkämpfe *pl*; **~ furniture** S urbanes Mobiliar, Stadtmöbel *pl* (*Abfallkörbe, Bänke, Fahrradständer, Sperrpfosten etc*); **~ index** S Straßenverzeichnis *n*; **~ lamp**, **~ light** S Straßenlaterne *f*; **~ map** S Stadtplan *m*; **~ market** S WIRTSCH 1 Freiverkehrsmarkt *m* 2 *Br* Nachbörse *f*; **~ organ** S MUS Drehorgel *f*, Leierkasten *m*; **~ party** S Straßenfest *n*; **~ piano** S MUS Drehorgel *f*, Leierkasten *m*; **~-smart** → streetwise; **~ sweeper** → street cleaner; **~ theater**, *bes Br* **~ theatre** S Straßentheater *n*; **~ value** S Straßenverkaufswert *m* (*von Drogen*); **~walker** S Straßen-, Strichmädchen *n*; **~wise** ADJ *umg* mit allen Wassern gewaschen; **~worker** S Streetworker(in), Straßensozialarbeiter(in)

strength [streŋθ; -ŋkθ] S 1 Kraft *f*, Stärke *f*, Kräfte *pl*: **~ of body** Körperkraft, -kräfte; **~ of character** Charakterstärke, -festigkeit *f*; **~ of mind** Seelenstärke; **~ of purpose** Entschlusskraft, Zielstrebigkeit *f*; **~ of will** Willenskraft, -stärke; **go from ~ to ~** a immer stärker *od* besser werden b von Erfolg zu Erfolg eilen; **he hasn't got enough ~** er ist nicht kräftig genug; **~ training** Krafttraining *n* 2 *fig* Stärke *f*: **this is not his ~**; **his ~ is** (*od* **lies**) **in endurance** s-e Stärke ist die Ausdauer 3 Macht *f*, Gewalt *f*: **the ~ of public opinion** 4 (Beweis-, Überzeugungs)Kraft *f*: **on the ~**

S

of aufgrund *(gen)*, kraft *(gen)*, auf … *(akk)* hin 5 *bes* MIL (Kopf-, Truppen)Stärke *f*: **actual ~** Ist--Stärke; **required ~** Soll-Stärke; **at full ~** a in voller Stärke, vollzählig, *(Eishockey)* komplett b SPORT in stärkster Besetzung; **they are back to full ~** *(Eishockey)* sie sind wieder komplett; **below ~** SPORT nicht in stärkster Besetzung, ersatzgeschwächt; **they are 200 men below ~** ihnen fehlen 200 Mann; **in (great) ~** in großer Zahl, zahlreich; **be on the ~** a HIST *Br* auf der Stammrolle stehen b *allg* zur Belegschaft gehören 6 MIL Stärke *f*, (Heeres)Macht *f*, Schlagkraft *f* 7 *bes* PHYS, TECH Stärke *f*, *(Bruch-, Zerreiß- etc)* Festigkeit *f* 8 CHEM, ELEK, PHYS *(Strom-, Feld- etc)* Stärke *f*, Wirkungsgrad *m*: **~ of field** 9 Stärke *f*, Gehalt *m (e-s Getränks)* 10 Stärke *f*, Intensität *f (von Farben, Sinneseindrücken etc)* 11 *fig* Stärke *f*, Kraft(quelle) *f*: **God is our ~**

strengthen ['streŋθn; -ŋkθn] A V/T 1 stärken, stark machen: **~ sb's hand** *fig obs* j-m Mut machen 2 *fig* bestärken, bekräftigen 3 verstärken *(a.* ELEK, TECH), vermehren *(a.* MATH) B V/I 1 stark werden, erstarken 2 sich verstärken, stärker werden; **strengthener** S 1 *fig* Stärkung *f* 2 MED Stärkungsmittel *n* 3 TECH Verstärkung(steil) *f(n)*; **strengthening** A S 1 Stärkung *f* 2 Verstärkung *f (a.* ELEK, TECH), Vermehrung *f (a.* MATH) B ADJ 1 stärkend, kräftigend 2 verstärkend, Verstärkungs…

strengthless ADJ (ADV **~ly**) kraftlos, matt

strenuous ['strenjʊəs; *US* -jəwəs] ADJ (ADV **~ly**) 1 emsig, rührig 2 eifrig, tatkräftig 3 energisch *(Widerstand etc)* 4 anstrengend, mühsam; **strenuousness** S 1 Emsigkeit *f* 2 Eifer *m*, Tatkraft *f* 3 Energie *f* 4 *(das)* Anstrengende *od* Mühsame

strep [strep] *umg für* streptococcus; **strep throat** S MED Halsentzündung *f*

streptococcus [ˌstreptəʊ'kɒkəs; *US* -'kɑ-] S *irr* MED Streptokokkus *m*, Streptokokke *f*, Kettenbakterie *f*; **streptomycin** [-'maɪsɪn] S MED, PHARM Streptomycin *n (ein Antibiotikum gegen Tuberkulose etc)*

stress [stres] A V/T 1 a LING, LIT, MUS betonen, den Akzent legen auf *(akk) (beide a. fig)* b *fig* hervorheben, unterstreichen, Nachdruck *od* Wert legen auf *(akk)* 2 PHYS, TECH beanspruchen, belasten *(a.* ELEK) 3 *fig* beanspruchen, be-, überlasten, stressen: **~ed-out** stressgeplagt B S 1 *fig* Nachdruck *m*: **lay ~ on** → A 1 2 LING, LIT, MUS a Ton *m*, (Wort-, Satz)Akzent *m* b Betonung *f* c LIT betonte Silbe: **~ accent** Betonungsakzent *m*; **~ group** Akzentgruppe *f* 3 PHYS, TECH a Beanspruchung *f*, Belastung *f (a.* ELEK) b (elastische) Spannung c Kraft *f*: **~ analyst** Statiker(in); **~ fracture** MED Marschfraktur *f*; **~-strain diagram** Spannung-Dehnung-Diagramm *n*; **~ test** MED Belastungstest *m* 4 *fig (nervliche, seelische etc)* Belastung, Anspannung *f*, Druck *m*, Stress *m*: **be under ~** im Stress sein; **~ disease** MED Stress-, Managerkrankheit *f*; **~-free** stressfrei 5 Zwang *m*, Druck *m*: **the ~ of poverty** die drückende Armut; **under the ~ of circumstances** unter dem Druck der Umstände 6 Ungestüm *n*: **the ~ of the weather** die Unbilden der Witterung; → storm A 1; **stressful** [-fʊl] ADJ (ADV **~ly**) aufreibend, anstrengend, stressig, Stress…: **~ situation**; **it was very ~** es war ein großer Stress

stretch [stretʃ] A V/T 1 *oft* **~ out** (aus-)strecken, *bes den Kopf od Hals* recken: **~ o.s. (out)** → B 1; → **leg** *Bes Redew*, **wing** A 1 2 *j-n* niederstrecken 3 *sl j-n* (auf)hängen 4 **~ out** *die Hand etc* aus-, hinstrecken 5 *ein Tuch, Seil, e-e Saite etc* spannen (**over** über *dat od akk*), straff ziehen, *e-n Teppich etc* ausbreiten: **he was fully ~ed** *fig* a er wurde richtig *od* voll gefordert *(a.* SPORT) b er war voll ausgelastet 6 strecken, *(Hand)Schuhe etc* (aus)weiten, *bes Hosen* spannen, SPORT *die Führung etc* ausdehnen (**to** auf *akk*), SPORT *die Verteidigung* auseinanderziehen 7 PHYS, TECH spannen, dehnen, (st)recken 8 *die Nerven, Muskeln* anspannen 9 aus-, überdehnen, ausbeulen 10 *fig* überspannen, -treiben 11 *fig* es mit *der Wahrheit, e-r Vorschrift etc* nicht allzu genau nehmen, *Regeln etc* großzügig auslegen: **~ the imagination** ziemlich unglaubwürdig sein; **~ a point** a ein wenig zu weit gehen b es nicht allzu genau nehmen, ein Auge zudrücken *umg*; **~ a word**, *etc* e-n Begriff dehnen, e-m Wort *etc* e-e weite Auslegung geben 12 überbeanspruchen, *s-e Befugnisse, e-n Kredit etc* überschreiten 13 *a.* **~ out** *e-n Vorrat etc* strecken B V/I 1 *oft* **~ out** sich (aus)strecken, sich dehnen *od* rekeln 2 **~ for** langen nach 3 sich erstrecken, sich hinziehen (**to** [bis] zu) *(Gebirge etc, a. Zeit)*: **~ down to** *fig* zurückreichen *od* -gehen (bis) zu *od* in *(akk) (Zeitalter, Erinnerung etc)* 4 a sich dehnen (lassen) b länger *od* weiter werden 5 *meist* **~ out** a ausschreiten b SPORT im gestreckten Galopp reiten c SPORT sich auseinanderziehen *(Feld)* 6 *umg* sich ins Zeug legen 7 *sl* baumeln, hängen 8 *a.* **~ out** reichen *(Vorrat etc)* C S 1 Dehnen *n*, Strecken *n*, Rekeln *n*: **give o.s. a ~**, **have a ~** → B 1 2 Strecken *n*, (Aus)Dehnen *n*, (-)Weiten *n* 3 Spannen *n* 4 Anspannung *f*, (Über)Anstrengung *f*: **by any ~ of the English language** bei großzügiger Auslegung der englischen Sprache; **by every ~ of the imagination** unter Aufbietung aller Fantasie; **by no ~ of the imagination …** es ist völlig unvorstellbar, dass …; **on** (*od* **at**) **the ~** angespannt, angestrengt; **at full ~** mit aller Kraft 5 *fig* Überspannen *n*, -treiben *n* 6 Überschreiten *n (von Befugnissen etc)* 7 (Weg)Strecke *f*, Fläche *f*, Ausdehnung *f* 8 SPORT *(Ziel- etc)* Gerade *f* 9 **have a ~** sich die Beine vertreten 10 Zeit(raum) *f(m)*, -spanne *f*: **a ~ of 10 years**; **8 hours at a ~** 8 Stunden hintereinander; **for long ~es of the game** SPORT über weite Strecken des Spiels 11 **do a ~** *sl* Knast schieben D ADJ dehnbar, Stretch…: **~ cover** Spannbezug *m*; **~ nylon** Stretchnylon *n*

stretcher ['stretʃə(r)] A S 1 MED (Kranken)Trage *f* 2 *(Schuh- etc)* Spanner *m* 3 TECH Streckvorrichtung *f* 4 Rippe *f (e-s Regenschirms)* 5 MAL Keilrahmen *m* 6 Fußleiste *f (im Ruderboot)* 7 ARCH a Läufer *m (längs liegender Mauerstein)* b Stretchbalken *m*: **~ bond** Läuferverband *m* B V/T **~ off** SPORT *e-n Spieler* auf der Trage vom Platz schaffen; **~-bearer** S Krankenträger(in)

stretch| limo S AUTO *umg*, **~ limousine** S AUTO Stretchlimousine *f (extrem lange Luxuslimousine)* (→ **limousine** 1); **~ marks** SPL MED Schwangerschaftsstreifen *pl*; **~-out** S WIRTSCH *US* 1 Arbeitsintensivierung *f* ohne entsprechende Lohnerhöhung 2 Produktionsstreckung *f*; **~ properties** S TECH Dehnungseigenschaften *pl*, Elastizität *f*

stretchy ADJ dehnbar, elastisch

streusel ['stru:səl; 'strɔɪ-] S *bes US* Streusel *m/n*; **~kuchen** S *US* Streuselkuchen *m*

strew [stru:] *prät u. pperf* **strewed**, *pperf a.* **strewn** [stru:n] V/T 1 (aus)streuen 2 bestreuen (**with** mit)

strewn [stru:n] *pperf von* **strew**

stria ['straɪə] *pl* **striae** ['straɪi:] S 1 Streifen *m*, Furche *f* 2 *pl* MED Striae *pl*: a Striemen *pl* b Schwangerschaftsstreifen *pl* 3 ZOOL Stria *f*, Falte *f* 4 *pl* GEOL (Gletscher)Schrammen *pl* 5 ARCH Riffel *m*, Furche *f (an Säulen)* 6 ELEK leuchtender Streifen; **striate** A V/T [-eɪt] 1 streifen, furchen, riefeln 2 GEOL kritzen B ADJ [-ɪt; -eɪt] → **striated**; **striated** [straɪ'eɪtɪd; *US* '-ˌeɪ-] ADJ 1 gestreift, geriefelt: **~ muscle** ANAT gestreifter *od* willkürlicher Muskel 2 GEOL gekritzt

striation [straɪ'eɪʃn] S 1 Streifen-, Riefenbildung *f*, Furchung *f*, Riefung *f* 2 Streifen *m od pl*, Riefe(n) *f(pl)*: **~ of pregnancy** → stria 2 b 3 GEOL Schramme(n) *f(pl)*; **striature** [-əˌtjʊə; *bes US* -ətʃə(r)] → striation

stricken ['strɪkən] A *pperf von* **strike** B ADJ 1 *obs* verwundet, verletzt 2 (**with**) heimgesucht, schwer betroffen (von *Not, Unglück etc*), befallen (von *Krankheit*), ergriffen, gepackt (von *Schrecken, Schmerz etc*), schwer geprüft, leidend: **~ area** Notstandsgebiet *n* 3 *fig* niedergeschlagen, (gram)gebeugt: **a ~ look** ein verzweifelter Blick; **~ in years** vom Alter gebeugt 4 gestrichen (voll): **a ~ measure of corn** 5 geschlagen, voll *(beide umg)*: **for a ~ hour**

strickle ['strɪkl] A S 1 Abstreichlatte *f* 2 Streichmodel *m* B V/T abstreichen, glatt streichen

strict [strɪkt] ADJ 1 strikt, streng *(Disziplin, Neutralität etc)*: **be ~ with** streng sein mit *od* zu *od* gegen; **in ~ confidence** streng vertraulich; **keep a ~ watch over sb** j-n streng bewachen 2 streng *(Gesetz, Sitten etc)* 3 streng, genau: **in the ~ sense** im strengen Sinn; **~ly speaking** genau genommen 4 streng, exakt, präzise 5 MUS streng *(Kontrapunkt)*; **strictly** ADV 1 streng *etc* 2 genau genommen 3 völlig, ausgesprochen; **strictness** S Strenge *f*

stricture ['strɪktʃə(r)] S 1 *meist pl* (**on**) scharfe Kritik (an *dat*), kritische Bemerkung (über *akk*) 2 MED Striktur *f*, Verengung *f*; **strictured** ADJ MED strikturiert, verengt

stridden ['strɪdn] *pperf von* **stride**

stride [straɪd] A V/I *prät* **strode** [strəʊd], *pperf* **stridden** ['strɪdn] schreiten: **~ out** (forsch) ausschreiten B V/T 1 *etwas* entlang-, abschreiten 2 über-, durchschreiten, -queren 3 mit gespreizten Beinen gehen über *(akk) od* stehen über *(dat)* 4 rittlings sitzen auf *(dat)* C S 1 Schreiten *n*, gemessener Schritt 2 langer *od* großer Schritt: **make great ~s** *fig* große Fortschritte machen 3 a Schritt(weise) *m(f)* b Gangart *f (e-s Pferdes)*: **get into one's ~** *fig* (richtig) in Schwung *od* Fahrt kommen, *bes* SPORT s-n Rhythmus finden; **put sb off their ~** *fig* j-n aus dem Konzept bringen; **take sth in one's ~** *fig* gut mit etwas fertig werden 4 *pl, a.* **pair of ~s** *bes Aus umg* Hose *f*

stridence ['straɪdns], **stridency** [-sɪ] S Schrillheit *f*; **strident** [-dnt] ADJ (ADV **~ly**) 1 schrill, durchdringend 2 *fig* scharf, heftig

stridulate ['strɪdjʊleɪt; *US* -dʒə-] V/I ZOOL stridulieren, zirpen; **stridulation** S Stridulation *f*, Zirpen *n*; **stridulator** [-tə(r)] S zirpendes Insekt

strife [straɪf] S Streit *m*, Zwist *m*

strigose ['straɪgəʊs] ADJ 1 BOT borstig *(Blätter etc)* 2 ZOOL fein gestreift

strike [straɪk] A S 1 Schlag *m*, Hieb *m*, Stoß *m* 2 *(Glocken)* Schlag *m* 3 Schlag(werk) *m(n) (e-r Uhr)* 4 WIRTSCH Streik *m*, Ausstand *m*: **be on ~** streiken; **go on ~** in (den) Streik *od* in den Ausstand treten; **on ~** streikend 5 *Bowling*: Strike *m (Abräumen beim 1. Wurf)* 6 *Angeln*: a Ruck *m* mit der Angel b Anbeißen *n (des Fisches)* 7 *Münzherstellung*: Prägungsmenge *f* 8 *Bergbau*: a Streichen *n (der Schichten)* b (Streich)Richtung *f* 9 *umg* Treffer *m*, Glücksfall *m*: **a lucky ~** ein Glückstreffer 10 MIL a *(bes Luft-)* Angriff *m* b *(Atom)* Schlag *m* B V/T *prät* **struck** [strʌk], *pperf* **struck**, **stricken** ['strɪkən] 1 schlagen, Schläge *od* e-n Schlag versetzen (*dat*), *allg* treffen: **~ sb in the face** j-n ins Gesicht schlagen; **~ together** zusammen-, aneinanderschlagen; **she was struck by a stone** sie wurde von e-m Stein getroffen; **he was struck dead by lightning** er wurde vom Blitz erschlagen; **~ me dead!** *sl* so wahr ich hier stehe! **2** *ein Messer etc* stoßen (**into** in *akk*) **3** *e-n Schlag* führen: → blow² 1 **4** MUS *e-n Ton, a. e-e Glocke, Saite, Taste* anschlagen: → chord¹ 2, note A 9, A 11 **5** **a** *ein Streichholz* anzünden, *ein Feuer* machen **b** *Funken* schlagen **6** mit *dem Kopf, Fuß etc* stoßen *od* schlagen (**against** gegen) **7** stoßen *od* schlagen gegen *od* auf (*akk*), zusammenstoßen mit, SCHIFF auflaufen auf (*akk*), einschlagen in (*akk*) (*Geschoss, Blitz*) **8** fallen auf (*akk*) (*Licht*), auftreffen auf (*akk*), *das Auge od Ohr* treffen: **a sound struck his ear** ein Laut schlug an sein Ohr; **~ sb's eye** j-m ins Auge fallen **9** *fig j-m* einfallen *od* in den Sinn kommen: **an idea struck him** ihm kam *od* er hatte e-e Idee **10** *j-m* auffallen: **what struck me was …** was mir auffiel *od* worüber ich staunte, war … **11** Eindruck machen auf (*akk*), *j-n* beeindrucken: **be struck by** beeindruckt *od* hingerissen sein von; **be struck on a girl** *umg* in ein Mädchen verknallt sein **12** *j-m gut etc* vorkommen: **how does it ~ you?** was hältst du davon?; **it struck her as ridiculous** es kam ihr lächerlich vor **13** stoßen auf (*akk*), (zufällig) treffen *od* entdecken, *Gold etc* finden: → oil A 1, rich A 7 **14** *Wurzeln* schlagen: → root¹ A 1 **15** THEAT *Kulissen etc* abbauen **16** *ein Zelt etc* abbrechen: → camp¹ A 1 **17** SCHIFF **a** *die Flagge, Segel* streichen **b** (weg)fieren: → flag¹ A 1, A 2, sail A 1 **18** *den Fisch* mit e-m Ruck (der Angel) auf den Haken spießen **19** **a** *s-e Beute* schlagen (*Habicht etc*) **b** die Giftzähne schlagen in (*akk*) (*Schlange*) **20** TECH glatt streichen **21** **a** MATH *den Durchschnitt, das Mittel* nehmen **b** WIRTSCH *die Bilanz, den Saldo* ziehen **c** WIRTSCH *e-e Dividende* ausschütten: → balance A 7, mean³ B 1, B 2 **22** streichen (**off** von *e-r Liste etc*): → Medical Register, roll A 2, strike off 2, strike through **23** *e-e Münze, Medaille* schlagen, prägen **24** *die Stunde etc* schlagen (*Uhr*): → twelve A **25** *fig j-n* schlagen, heimsuchen, treffen (*Unglück, Not etc*), befallen (*Krankheit*) **26** *j-n* erfüllen (**with** mit *Schrecken, Schmerz etc*) **27** *j-n blind, taub etc* machen: → dumb A 3 **28** *ein Tempo, e-e Gangart* anschlagen **29** *e-e Haltung od Pose* an-, einnehmen **30** WIRTSCH *e-n Handel* abschließen: → bargain *Bes Redew* **31** **~ work** **a** WIRTSCH die Arbeit niederlegen **b** Feierabend machen **C** V/I **1** **a** (zu)schlagen, (-)stoßen: → iron A 1 **b** *fig* zuschlagen: **the killer has struck again** **2** schlagen, treffen: **~ at** **a** *j-n od* nach *j-m* schlagen **b** *fig* zielen auf (*akk*): → root¹ A 1 **3** *fig* zuschlagen, angreifen **4** zubeißen (*Schlange*) **5** (**on**) **a** schlagen, stoßen (an *akk*, gegen) **b** SCHIFF auflaufen (auf *akk*), (auf *Grund*) stoßen **6** fallen (*Licht*), auftreffen (*Lichtstrahl, Schall etc*) (**on** auf *akk*) **7** **~ on** auf *Öl, Erz etc* stoßen (→ B 13) **8** schlagen (*Uhr*): → hour 3 **9** sich entzünden (*Streichholz*) **10** ELEK sich (*plötzlich*) entladen (*Funke*): → strike across **11** einschlagen, treffen (*Blitz, Geschoss*) **12** BOT Wurzeln schlagen **13** den Weg einschlagen, sich (plötzlich) wenden (*beide:* **to the right**, *etc* nach rechts *etc*): **~ for home** *umg* heimgehen; **~ into** **a** einbiegen in (*akk*), *e-n Weg* einschlagen **b** *fig* plötzlich verfallen in (*akk*), *etwas* beginnen; **~ into a gallop** in Galopp verfallen; **~ into a subject** sich e-m Thema zuwenden **14** WIRTSCH streiken (**for** um; **against** gegen) **15** SCHIFF die Flagge streichen (**to** vor *dat*) (*a. fig*) **16** GEOL streichen (*Schicht*) **17** *Angeln:* **a** anbeißen (*Fisch*) **b** den Fisch mit e-m Ruck (der Angel) auf den Haken spießen **18** (durch)dringen (**to** zu; **into** in *akk*; **through** durch) (*Kälte etc*)

Phrasal Verbs: **strike| across** V/I ELEK überspringen (*Funke*); **~ back** V/I zurückschlagen (*a. fig*); **~ below** V/T SCHIFF (weg)fieren; **~ down** **A** V/T **1** niederschlagen, -strecken **2** *fig* **a** außer Gefecht setzen (*Krankheit etc*) **b** dahinraffen **B** V/I herabprallen, stechen (*Sonne*); **~ in** V/I **1** beginnen, anfangen, einfallen (*a.* MUS) **2** MED (sich) nach innen schlagen (*Krankheit*) **3** einfallen, unterbrechen (*beide:* **with** mit *e-r Frage etc*) **4** sich einmischen *od* einschalten **5** mitmachen (**with** bei) **6** **~ with** sich richten nach; **~ inwards** → strike in 2; **~ off** V/T **1** abschlagen, abhauen **2** **a** *ein Wort etc* (aus)streichen, löschen, tilgen **b** *Br e-n Solicitor* von der Anwaltsliste streichen, *e-m Arzt* die Approbation entziehen **3** *ein Bild, Gedicht etc* hinhauen *umg* **4** *etwas* genau wiedergeben **5** TECH glatt streichen **6** TYPO abziehen; **~ out** **A** V/T **1** → strike off 2 **2** *fig* (mit leichter Hand) entwerfen, ersinnen, sich *etwas* ausdenken **3** *meist fig e-n Weg* einschlagen **B** V/I **1** los-, zuschlagen **2** (zum Schlag) ausholen **3** (forsch) ausschreiten, loslegen (*a. fig*): **~ for o.s.** *fig* s-e eigenen Wege gehen **4** *beim Schwimmen etc* ausgreifen; **~ through** V/T durchstreichen; **~ up** **A** V/I MUS einsetzen (*Spieler, Melodie*) **B** V/T **1** MUS **a** *ein Lied etc* anstimmen **b** *die Streicher etc* einsetzen lassen **2** *ein Gespräch etc* anknüpfen: **~ a friendship** Freundschaft schließen, sich anfreunden (*beide:* **with** mit)

strike| ballot S WIRTSCH Urabstimmung *f*; **~ benefit** → strike pay; **~bound** ADJ **a** bestreikt **b** vom Streik lahmgelegt; **~breaking** WIRTSCH **A** S Streikbruch *m* **B** ADJ streikbrüchig; **~breaker** S WIRTSCH Streikbrecher(in); **~ call** S WIRTSCH Streikaufruf *m*; **~ measure** → struck measure; **~ pay** S WIRTSCH Streikgeld *n*; **~-prone** ADJ WIRTSCH streikanfällig

striker [ˈstraɪkə(r)] S **1** Schläger(in) **2** WIRTSCH Streikende(r) *m/f(m)*, Ausständige(r) *m/f(m)* **3** Schläger *m*, Schlagwerkzeug *n* **4** Hammer *m*, Klöppel *m* (*in Uhren*) **5** MIL Schlagbolzen *m* **6** ELEK Zünder *m* **7** MIL *US umg* (Offiziers)Bursche *m* **8** *bes Fußball*: Stürmer(in), (Sturm)Spitze *f*

strike vote → strike ballot

striking [ˈstraɪkɪŋ] ADJ (ADV **~ly**) **1** schlagend, Schlag…: **~ clock** Schlaguhr *f*; **~ mechanism** Schlagwerk *n* **2** *fig* **a** bemerkenswert, eindrucksvoll (*Fortschritte etc*) **b** überraschend, verblüffend: **~ resemblance** frappierende Ähnlichkeit **c** treffend (*Beispiel etc*) **3** WIRTSCH streikend; **~ circle** S *Hockey*: Schusskreis *m*; **~ distance** S Reichweite *f* (*e-s Geschosses etc*): **he's within ~ of his first victory** er steht kurz vor s-m ersten Sieg

strikingness S (*das*) Bemerkenswerte *od* Treffende *od* Überraschende

striking surface S Reibfläche *f* (*e-r Streichholzschachtel*)

Strine [straɪn] S *umg hum* australisches Englisch

string [strɪŋ] **A** S **1** Schnur *f*, Bindfaden *m* **2** (*Schürzen-, Schuh- etc*) Band *n*, Kordel *f*: **have sb on a ~** j-n am Gängelband *od* am Bändel *od* in s-r Gewalt haben **3** *pl* **a** Drähte *pl* (*e-s Marionettenspiels*) **b** *fig* Beziehungen *pl*: **pull the ~s** *fig* die Fäden in der Hand halten, der (die) Drahtzieher(in) sein; s-e Beziehungen spielen lassen; **pull the ~s in midfield** (*bes Fußball*) die Fäden im Mittelfeld ziehen; **pull all ~s (possible) to** *inf fig* alles daransetzen um zu *inf*, alle Hebel in Bewegung setzen um zu *inf*; **he had to pull a few ~s to get the job** er musste ein bisschen nachhelfen *od* ein paar Beziehungen spielen lassen, um die Stelle zu bekommen **4** (*Perlen- etc*) Schnur *f*: **a ~ of pearls** **5** *fig* Reihe *f*, Kette *f*: **a ~ of five draws** SPORT e-e Serie von fünf Unentschieden; **~ of islands** Inselkette; **a ~ of questions** e-e Reihe von Fragen; **a ~ of vehicles** e-e Kette von Fahrzeugen **6** Koppel *f* (*von Pferden etc*) **7** **a** MUS Saite *f* (*a. e-s Tennisschlägers etc*), *pl a.* Bespannung *f* **b** *pl* Streichinstrumente *pl*, (*die*) Streicher *pl*: **touch a ~** *fig* e-e Saite zum Erklingen bringen; → harp B 2 **8** (*Bogen*) Sehne *f*: **be a second ~** das zweite Eisen im Feuer sein (→ A 12); → bow² A 1 **9** BOT **a** Faser *f*, Fiber *f* **b** Faden *m* (*der Bohnen*) **10** ZOOL *obs* Flechse *f* **11** ARCH **a** → string-course **b** (*Treppen*) Wange *f* **12** *bes* SPORT (*erste etc*) Garnitur: **be a second ~** **a** zur zweiten Garnitur gehören **b** *fig* die zweite Geige spielen (→ A 8) **13** *fig* Haken *m*: **have a ~ (attached) to it** e-n Haken haben; **no ~s attached** ohne Bedingungen **B** ADJ MUS Saiten…, Streich(er)…: **~ department** (*od* **group, section**) Streicher(gruppe) *pl(f)* **C** V/T *prät u. pperf* strung [strʌŋ] **1** mit Schnüren *od* Bändern versehen **2** *e-e Schnur etc* spannen **3** (zu-, ver)schnüren, zubinden **4** *Perlen etc* aufreihen **5** *fig* aneinanderreihen, verknüpfen **6** MUS **a** besaiten, bespannen (*a. e-n Tennisschläger etc*) **b** *ein Saiteninstrument* stimmen **7** *e-n Bogen* **a** mit e-r Sehne versehen **b** spannen **8** *e-n Saal etc* behängen (**with** mit) **9** **~ up** *bes pperf j-n, j-s Nerven* anspannen: **~ o.s. up to** **a** sich in *e-e Erregung etc* hineinsteigern **b** sich zu *etwas* aufraffen: **~ up to doing sth** sich (dazu) aufraffen, etwas zu tun; → high-strung **10** **~ up** **a** *Lampions etc* aufhängen **b** *umg j-n* aufknüpfen **11** *US sl j-n* verarschen **12** **~ along** *umg* **a** *j-n* hinhalten **b** *j-n* einwickeln, täuschen (*beide:* **with** mit) **13** *bes Bohnen* abziehen **14** **~ out** räumlich *od* zeitlich einteilen: **strung out over ten years** auf 10 Jahre verteilt **15** **be strung out** *bes US sl* **a** drogensüchtig sein **b** high sein (*unter Drogeneinfluss stehen*): **he was strung out on pot** er hatte sich zugekifft **c** auf (dem) Turkey sein *sl* (*unter Entzugserscheinungen leiden*) **d** (*körperlich, nervlich*) fix u. fertig sein **D** V/I **1** **~ along** **a** sich in e-r Reihe bewegen (*Personen, Fahrzeuge*) **b** *umg* sich anschließen (**with sb** j-m), mitmachen **2** Fäden ziehen (*Sirup etc*)

string| bag S Einkaufsnetz *n*; **~ band** S MUS **1** Streichkapelle *f* **2** *umg* → string orchestra; **~ bass** S MUS Kontrabass *m*; **~ bean** S *US* **1** grüne Bohne **2** *fig umg* Bohnenstange *f*; **~course** S ARCH Fries *m*, Sims *m/n* (*um ein Gebäude*)

stringed [strɪŋd] ADJ **1** MUS Saiten…, Streich…: **~ instruments**; **~ music** Streichmusik *f* **2** MUS (*in Zusammensetzungen*) …saitig **3** aufgereiht (*Perlen etc*)

stringency [ˈstrɪndʒənsɪ] S **1** Härte *f*, Schärfe *f* **2** Bündigkeit *f*, zwingende Kraft (*e-s Arguments etc*) **3** WIRTSCH (*Geld-, Kredit*) Verknappung *f*, Knappheit *f*: **~ on the money market** Engpass *m* auf dem Geldmarkt; **stringent** ADJ (ADV **~ly**) **1** streng, hart, scharf (*Regeln etc*) **2** zwingend (*Notwendigkeit*) **3** zwingend, überzeugend, bündig (*Argument etc*) **4** *bes* WIRTSCH knapp (*Geld*), gedrückt (*Geldmarkt*) **5** streng, scharf, herb (*Geschmack*)

stringer [ˈstrɪŋə(r)] S **1** MUS Saitenaufzieher *m* **2** BAHN Langschwelle *f* **3** ARCH → string A 11 b **4** TECH Längs-, Stütz-, Streckbalken *m* **5** FLUG, SCHIFF Stringer *m*, Längsversteifung *f* **6** Teilzeitkorrespondent(in) (*der/die über lokale Angelegenheiten berichtet*)

stringiness [ˈstrɪŋɪnɪs] S Zähflüssigkeit *f*

string| orchestra S MUS Streichorchester

S

n; ~ **quartet(te)** S MUS Streichquartett *n*; ~ **stop** S Streichregister *n*, -stimme *f (der Orgel)*; ~ **tie** S schmale Krawatte

stringy ['strɪŋɪ] ADJ (ADV stringily) 1 fadenartig, sich (lang) hinziehend 2 flechsig, sehnig *(Fleisch)* 3 sehnig *(Gestalt etc)* 4 zäh(flüssig), Fäden ziehend *(Sirup etc)* 5 MUS dünn u. nasal *(Ton)*

strip [strɪp] A VT 1 *a.* ~ **off** *Haut etc* abziehen, abstreifen, (ab)schälen, *Farbe* abkratzen, *Früchte* enthülsen, *e-n Baum* abrinden, *ein Bett etc* abziehen: ~ **the paint off a wall** die Farbe von e-r Wand abkratzen 2 a ~ **off** *ein Kleid etc* ausziehen, abstreifen b *j-n* ausziehen (**to the skin** bis auf die Haut): → stripped 2 3 *fig* a ~ **sb of their office** j-n s-s Amtes entkleiden; ~ **sb of their power** j-n s-r Macht berauben b *a.* ~ **off** *etwas Äußerliches* wegnehmen 4 *ein Haus etc* ausräumen, *e-e Fabrik* demontieren 5 *a.* ~ **down** SCHIFF abtakeln 6 *a.* ~ **down** TECH zerlegen, auseinandernehmen 7 ELEK *e-n Draht* abisolieren 8 TECH *ein Gewinde* überdrehen 9 CHEM die flüchtigen Bestandteile *od* das Benzol abtreiben von 10 *Tabakblätter* a entstielen b entrippen 11 AGR *e-e Kuh* ausmelken B VI 1 a *a.* ~ **off** sich ausziehen, *(beim Arzt)* sich frei machen: ~ **down to** sich ausziehen bis auf *(akk)*; ~ **to the waist** den Oberkörper frei machen; → buff[1] A 3 b strippen *(e-n Striptease vorführen)* 2 *a.* ~ **off** sich (ab)schälen, sich lösen 3 TECH sich lockern C S 1 a Ausziehen *n*, *(beim Arzt)* Freimachen *n* b Strip *m (Striptease)*: **do a** ~ e-n Strip vorführen 2 Streifen *m*, schmales, langes Stück: **a** ~ **of cloth (bacon, land)**; **tear sb off a** ~, **tear** ~**s** (*od* **a** ~) **off sb** *umg* j-n zur Minna *od* Schnecke machen 3 *Philatelie*: (Marken)Streifen *m* 4 *(comic strip)* → comic A 2 5 FLUG Start-u.-Lande-Streifen *m* 6 TECH a Walzrohling *m* b Bandeisen *n*, -stahl *m* 7 CHEM, TECH Abbeizbad *n* 8 *Fußball*: *Br* Dress *m*

strip| cartoon S *Br* Comic(strip) *m*; ~ **club** S *Br* Stripteaselokal *n*; ~ **cropping** S AGR Streifenflurwirtschaft *f*

stripe [straɪp] A S 1 *(meist andersfarbiger)* Streifen (*a.* ZOOL), Strich *m* 2 *bes* MIL Tresse *f*, (Ärmel)Streifen *m*: **get one's** ~**s** (zum Unteroffizier) befördert werden; **lose one's** ~**s** degradiert werden 3 Striemen *m* 4 *(Peitschen- etc)* Hieb *m* 5 *fig bes US* Art *f*, Sorte *f*, Schlag *m*: **of the same political** ~ derselben politischen Richtung; **a man of quite a different** ~ ein Mann von ganz anderem Schlag B VT streifen: ~**d** gestreift, streifig; ~**d muscle** ANAT (quer) gestreifter Muskel

strip| farming → strip cropping; ~ **lighting** S Neonbeleuchtung *f*

stripling ['strɪplɪŋ] S *bes poet* Jüngling *m*

strip mining S *bes US* Tagebau *m*

stripped [strɪpt] ADJ 1 nackt (*a. Draht*), entblößt 2 PHYS abgestreift *(Neutron)*: ~ **atom** hochionisiertes Atom; ~**-down** ADJ ohne Extras *(Wagen etc)*

stripper ['strɪpə(r)] S 1 TECH a Schälmaschine *f* b *Spinnerei*: Arbeitswalze *f*, Abstreifer *m*, Stripper *m* 2 Stripper(in) *(Stripteasetänzer[in])*; **stripping** S 1 Schälen *n*, Abstreifen *n* 2 *(das)* Abgestreifte *od* Abgezogene 3 *Atomphysik*: Stripping-, Abstreifreaktion *f* 4 *pl* Nachmilch *f*, letzte Milch

strippogram ['strɪpəʊgræm] S *Glückwunsch, der von e-m od e-r Angestellten e-r Agentur mit e-m Striptease überbracht wird*

strip| poker S Strippoker *n*; ~**tease** A S Striptease *m/n*: **do a** ~ e-n Striptease vorführen B ADJ Striptease...: ~ **club** → strip club; ~**teaser** S Stripteasetänzer(in)

stripy ['straɪpɪ] ADJ gestreift, streifig

strive [straɪv] *prät* strove [strəʊv], *a.* strived, *pperf* striven ['strɪvn], *a.* strived VI 1 sich (be)mühen, bestrebt sein (*beide:* **to do** zu tun) 2 (**for, after**) streben (nach), ringen, sich mühen (um) 3 (erbittert) kämpfen (**against** gegen; **with** mit), ringen (**with** mit) 4 *obs* wetteifern (**with sb** mit j-m; **for sth** um etwas)

striven ['strɪvn] *pperf von* strive

strobe [strəʊb] S *umg* 1 *a.* ~ **light** Strobolight *n (ein schnell u. kurz grell aufleuchtendes Licht)* 2 → stroboscope

stroboscope ['strəʊbəskəʊp] S PHYS Stroboskop *n (Gerät zum Messen von Frequenzen u. zum Sichtbarmachen periodischer Bewegungsabläufe hoher Frequenz)*

strode [strəʊd] *prät von* stride

stroganoff ['strɒgənɒf; *US a.* 'strəʊ-] → beef stroganoff

stroke [strəʊk] A S 1 (*a. Blitz-, Flügel-, Schicksals*) Schlag *m*: **a** ~ **of lightning** *a.* ein Blitz *m*; **at a** (*od* **one**) ~ mit einem Schlag, *bes fig a.* auf einen Streich; **a good** ~ **of business** ein gutes Geschäft; ~ **of (good) luck** Glückstreffer *m*, -fall *m*; **by a** ~ **of fortune** (*od* **luck**) durch e-n Glücksfall *od* glückhaften Zufall; **he has not done a** ~ **of work** er hat (noch) keinen Strich getan 2 a *(Glocken-, Hammer-, Herz- etc)* Schlag *m*: **on the** ~ pünktlich; **on the** ~ **of nine** Schlag *od* Punkt neun b → keystroke 3 MED Anfall *m*, *bes* Schlag(anfall) *m* 4 TECH a *(Kolben)* Hub *m* b Hubhöhe *f* c *bes Br* Takt *m*: **two-**~ **engine** Zweitaktmotor *m*, Zweitakter *m* 5 SPORT a *Schwimmen*: Stoß *m*, *(Bein)* Schlag *m*, *(Arm)* Zug *m* b *Golf, Rudern, Tennis etc*: Schlag *m* c *Rudern*: Schlagzahl *f*: **set the** ~ die Schlagzahl bestimmen 6 *Rudern*: Schlagmann *m*, -frau *f*: **row** ~ am Schlag sitzen 7 a *(Pinsel-, Feder)* Strich *m*, *(Feder)* Zug *m*: **put** (*od* **add**) **the finishing** ~**(s) to sth** e-r Sache (den letzten) Schliff geben, letzte Hand an etwas legen; **with a** ~ **of the pen** mit e-m Federstrich (*a. fig*); **a** ~ **above** *umg* ein gutes Stück besser als b Schrägstrich *m* 8 *fig* (Hand-)Streich *m*, Manöver *n*, *(energische)* Maßnahme: **a clever** ~ ein geschickter Schachzug 9 *(glänzender)* Einfall, *(großer)* Wurf, *(glänzende)* Leistung: **a** ~ **of genius** ein Geniestreich *m* 10 Stil *m*, Manier *f*, Art *f* 11 MUS a Schlag(bewegung) *m(f) (des Dirigenten etc)* b *(Bogen)* Strich *m* c *(Tasten)* Anschlag *m* d *(Noten)* Balken *m* 12 MATH Pfeil *m*, Vektor *m* 13 a Streicheln *n*: **give sb a** ~ j-n streicheln b *oft hum* Streicheleinheit *f* B VT 1 *Tennis etc: e-n Ball* schlagen 2 mit e-m Strich *od* mit Strichen kennzeichnen 3 *meist* ~ **out** (aus-)streichen 4 ~ **a boat** *(Rudern)* am Schlag e-s Boots sitzen 5 streichen über *(akk)*: ~ **one's hair** sich übers Haar streichen; ~ **sb the wrong way** *fig* j-n reizen 6 streicheln 7 *US umg j-m* um den Bart gehen *od* streichen C VI ~ **at** mit *e-r bestimmten Schlagzahl* rudern

stroke| play S *Golf*: Zähl(wett)spiel *n*; ~ **rate** S *Rudern*: Schlagzahl *f*

stroll [strəʊl] A VI 1 schlendern, (herum)bummeln, spazieren (gehen) 2 herumziehen: ~**ing player** → stroller 4 B S Spaziergang *m*, Bummel *m umg*: **go for a** ~, **take a** ~ e-n Bummel machen; **stroller** S 1 Bummler(in), Spaziergänger(in) 2 Landstreicher(in) 3 *bes US* Sportwagen *m (für Kinder)* 4 Wanderschauspieler(in)

stroma ['strəʊmə] *pl* -mata [-mətə] S Stroma *n*: a ANAT, MED *Grundgewebe drüsiger Organe u. Geschwülste* b BOT *Fruchtlager einiger Pilze*

strong [strɒŋ] A ADJ (ADV → strongly) 1 *allg* a stark *(Ähnlichkeit, Gift, Nerven etc)*: **temptation is** ~ **for sb to do sth** die Versuchung, etwas zu tun, ist groß für j-n; ~ **at home** SPORT heimstark b kräftig *(Farben, Stimme etc)*: ~ **man** POL starker Mann; ~ **mind** scharfer Verstand, kluger Kopf; → feeling A 5, point A 24, sex A 2 2 *fig* tüchtig, gut, stark (*alle:* **in** *in dat*): **he's** ~ **in mathematics** 3 *fig* stark *(Glaube etc)*, fest *(Überzeugung etc)*: **be** ~ **against sth** entschieden gegen etwas sein; ~ **face** energisches *od* markantes Gesicht 4 stark, mächtig *(Nation etc)*: **a company 200** ~ MIL e-e 200 Mann starke Kompanie; **a nine-**~ **team** ein neun Mann starkes Team; **our club is 100** ~ unser Klub hat 100 Mitglieder; **an 8,000-**~ **community** e-e 8000-Seelen-Gemeinde 5 *fig* aussichtsreich *(Kandidat etc)* 6 *fig* gewichtig, überzeugend, zwingend, schwerwiegend *(Argument etc)* 7 *fig* energisch, entschlossen *(Anstrengungen etc)*: **with a** ~ **hand** mit starker Hand; **use** ~ **language** Kraftausdrücke gebrauchen; ~ **word** Kraftausdruck *m*; ~**ly worded** in scharfen Worten formuliert 8 überzeugt, eifrig *(Tory etc)* 9 schwer *(Parfüm, Wein etc)* 10 schwer, fest *(Schuhe)* 11 scharf riechend *od* schmeckend: ~ **flavo(u)r** scharfer *od* strenger Geschmack; ~ **butter** ranzige Butter 12 WIRTSCH a fest *(Markt)* b lebhaft *(Nachfrage)* c anziehend *(Preise)* 13 LING stark *(Deklination, Verb)* B ADV 1 stark, nachdrücklich, energisch: **come on** ~ a rangehen *umg* b auftrumpfen 2 *umg* tüchtig, mächtig: **be going** ~ gut in Schuss *od* in Form sein; **come** (*od* **go**) **it** ~, **come on** ~ a sich (mächtig) ins Zeug legen *umg* b auftrumpfen; **come it too** ~ dick auftragen *umg*, übertreiben

strong|-arm *umg* A ADJ gewaltsam, Gewalt...: ~ **methods**; ~ **man** Schläger *m* B VT [*a.* ,-'ɑː(r)m] 1 *j-n* (durch Gewaltandrohung) einschüchtern: ~ **sb into doing sth** j-n so einschüchtern, dass er etwas tut 2 überfallen 3 zusammenschlagen; ~**-boned** ['-bəʊnd; ,-'b-] ADJ stark-, grobknochig; ~**box** S (Geld-, Stahl)Kassette *f*; ~ **breeze** S METEO starker Wind *(Windstärke 6)*; ~ **gale** S METEO Sturm *m (Windstärke 9)*; ~**hold** S 1 MIL Feste *f*, Festung *f* 2 *fig* Bollwerk *n* 3 *fig* Hochburg *f*

strongly ADV 1 kräftig, stark 2 gewaltsam, heftig: → feel B 7 3 nachdrücklich: **advise sb** ~ **to do sth** j-m dringend raten, etwas zu tun

strong|-minded ADJ (ADV ~ly) willensstark, energisch; ~ **point** S 1 MIL Stützpunkt *m* 2 *fig* → point A 24; ~ **room** S Stahlkammer *f*, Tresor(raum) *m*; ~ **suit** S *US umg* Stärke *f*; ~**-willed** ADJ 1 willensstark, energisch 2 eigensinnig, -willig

strontia ['strɒnʃɪə; -ʃə; -tɪə; *US* 'strɑntʃə; -tɪə], **strontian** [-ən] S CHEM 1 Strontian(erde) *n(f)* 2 Strontiumoxyd *n*; **strontium** [-əm] S CHEM Strontium *n*: ~ **oxide** → strontia 2

strop [strɒp; *US* strɑp] A S 1 Streichriemen *m (für Rasiermesser etc)* 2 SCHIFF Stropp *m* B VT *ein Rasiermesser etc* abziehen

strophanthin [strəʊ'fænθɪn] S MED, PHARM Strophanthin *n (ein Herzmittel)*

strophe ['strəʊfɪ] S LIT Strophe *f*; **strophic** ['strɒfɪk; *bes US* 'strəʊ-; *US a.* 'strɑ-] ADJ (ADV ~ally) strophisch

strophoid ['strɒfɔɪd; *US* 'strəʊ,f-] S MATH Strophoide *f (ebene Kurve dritter Ordnung)*

stroppy ['strɒpɪ] ADJ (ADV stroppily) *Br umg* 1 a aggressiv: **are you getting** ~**?** soll das e-e Drohung sein? b pampig 2 stur

stroud [straʊd] S grober Wollstoff

strove [strəʊv] *prät von* strive

struck [strʌk] A *prät u. pperf von* strike B ADJ WIRTSCH *US* bestreikt

struck| jury S JUR *US Geschworene, die gewählt werden, indem beide Parteien unerwünschte Personen von der Vorschlagsliste*

streichen; ~ **measure** S WIRTSCH gestrichenes Maß
structural ['strʌktʃərəl] ADJ (ADV ~ly) **1** strukturell (bedingt), Struktur... (*a. fig*), *fig a.* organisch: ~ **change** Strukturwandel *m*; ~ **crisis** Strukturkrise *f*; ~ **linguistics** *pl* (*als sg konstruiert*) → structuralism; ~ **psychology** Strukturpsychologie *f* (*Lehre, die die Einheit u. Ganzheit des Seelischen betont*); ~ **unemployment** strukturelle Arbeitslosigkeit; ~**ly weak** strukturschwach **2** baulich, Bau..., Konstruktions...: ~ **element** (*od* **member**) Bauteil *n*, -element *n*; ~ **engineer** Hochbauingenieur(in); ~ **engineering** Hochbau *m*; ~ **steel** Baustahl *m* **3** BIOL **a** morphologisch, Struktur...: ~ **cell** **b** organisch (*Krankheit etc*) **4** GEOL tektonisch: ~ **geology** Geotektonik *f* (*Lehre vom Aufbau u. von der Entwicklung der Erdkruste*) **5** CHEM Struktur...: ~ **formula**; **structuralism** S LING Strukturalismus *m* (*wissenschaftliche Richtung, die die Sprache als ein geschlossenes Zeichensystem versteht*); **structuralist** LING **A** S Strukturalist(in) **B** ADJ strukturalistisch
structure ['strʌktʃə(r)] **A** S **1** BIOL, CHEM *etc* Struktur *f*, *fig a.* (Auf)Bau *m*, Gefüge *n*, Gliederung *f*: ~ **of power** Machtstruktur; ~ **of a sentence** Satzbau; ~ **of society** Gesellschaftsstruktur **2** ARCH, TECH Bau(art) *m(f)*, Konstruktion *f* **3** Bau(werk) *m(n)*, Gebäude *n* (*a. fig*), *pl* Bauten *pl* **4** *fig* Gebilde *n* **B** V/T strukturieren, *e-n Aufsatz etc a.* aufbauen; **structureless** ADJ strukturlos
strudel ['stru:dl] S GASTR (*Apfel- etc*) Strudel *m*
struggle ['strʌgl] **A** V/I **1** (**against, with**) kämpfen (gegen, mit), ringen (mit) (*beide:* **for** um *Atem, Macht etc*): ~ **for words** um Worte ringen **2** sich sträuben (**against** gegen) **3** sich (ab)mühen (**with** mit; **to do** zu tun), sich anstrengen *od* (ab)quälen: ~ **through** sich durchkämpfen; ~ **to one's feet** mühsam aufstehen, sich hochrappeln *umg* **B** S **1** Kampf *m*, Ringen *n* (*beide:* **for** um; **with** mit): ~ **for existence** (*od* **life**) **a** BIOL Kampf ums Dasein **b** Existenzkampf **2** Streben *n*, Anstrengung(en) *f(pl)*; **struggler** S Kämpfer(in)
strum [strʌm] **A** V/T **1** auf *e-r Gitarre etc* (herum)klimpern *umg* **2** *e-e Melodie* (herunter)klimpern *umg* **B** V/I ~ **on** → A 1 **C** S Geklimper *n umg*
struma ['stru:mə] *pl* -**mae** [-mi:] S MED **1** Struma *f*, Kropf *m* **2** → scrofula; **strumose** [-məʊs], **strumous** [-məs] ADJ **1** MED strumös, Kropf... **2** → scrofulous **3** BOT kropfig
strumpet ['strʌmpɪt] S *obs* Metze *f*, Dirne *f*
strung [strʌŋ] *prät u. pperf von* string
strut[1] [strʌt] **A** V/I **1** stolzieren: ~ **about** (*od* **around**) herumstolzieren (in *dat*, auf *dat*) **2** *fig* großspurig auftreten, großtun **B** S **1** stolzer Gang, Stolzieren *n* **2** *fig* großspuriges Auftreten, Großtuerei *f*
strut[2] [strʌt] ARCH, TECH **A** S Strebe *f*, Stütze *f*, Spreize *f*, Verstrebung *f* **B** V/T verstreben, abspreizen, abstützen
strutter ['strʌtə(r)] S *fig* Großtuer(in)
strutting[1] ['strʌtɪŋ] **A** ADJ (ADV ~ly) **1** stolzierend **2** *fig* großspurig, -tuerisch **B** S → strut[1] B
strutting[2] ['strʌtɪŋ] S ARCH, TECH Verstrebung *f*, Abstützung *f*
strychnic ['strɪknɪk] ADJ CHEM, PHARM Strychnin...
strychnine ['strɪkni:n; *US a.* -,naɪn] **A** S CHEM, PHARM Strychnin *n* **B** V/T mit Strychnin vergiften; **strychninism** [-nɪzəm] S MED Strychninvergiftung *f*
stub [stʌb] **A** S **1** (*Baum*) Stumpf *m*, (-)Strunk *m* **2** (*Bleistift-, Kerzen- etc*) Stummel *m*, Stumpf *m* **3** (*Zigaretten-, Zigarren*) Stummel *m*, Kippe *f umg* **4** kurzer stumpfer Gegenstand, *z. B.* **a** Kuppnagel *m* **b** stumpfe Feder: ~ **axle** TECH Achsschenkel *m*; ~ **bolt** Stiftschraube *f*; ~ (**tenon**) Fußzapfen *m* **5** Kontrollabschnitt *m* (*e-r Eintrittskarte etc*) **B** V/T **1** *Land* roden, von Baumstrünken *etc* säubern **2** ~ **up** *Bäume etc* ausroden **3** ~ **one's toe** sich die Zehe anstoßen (**against, on** an *dat*) **4** *Steine etc* zerschlagen, (zer)quetschen **5** *meist* ~ **out** *e-e Zigarette etc* ausdrücken
stubble ['stʌbl] S **1** Stoppel *f* **2** KOLL (*Getreide-, Bart- etc*) Stoppeln *pl*: ~ **plough** (*bes US* **plow**) AGR Stoppelpflug *m* **3** *a.* ~ **field** Stoppelfeld *n*; **stubbly** ADJ stopp(e)lig, Stoppel...: ~ **beard**
stubborn ['stʌbə(r)n] ADJ (ADV ~ly) **1** eigensinnig, halsstarrig, störrisch, dickköpfig **2** hartnäckig (*Fleck, Widerstand etc*) **3** standhaft, unbeugsam **4** widerspenstig (*Haar, Material*) **5** spröde, hart, zäh: ~ **ore** strengflüssiges Erz; **stubbornness** S **1** Eigen-, Starrsinn *m*, Halsstarrigkeit *f* **2** Hartnäckigkeit *f* **3** Standhaftigkeit *f* **4** Widerspenstigkeit *f* **5** Sprödigkeit *f*, METALL Strengflüssigkeit *f*
stubby ['stʌbɪ] ADJ (ADV stubbily) **1** stummelartig, kurz **2** kurz u. dick, untersetzt: ~ **fingers** Wurstfinger *umg* **3** stopp(e)lig
STUC ABK Scottish Trades Union Congress (*Gewerkschaftsverband*)
stucco ['stʌkəʊ] ARCH **A** *pl* -**coes**, -**cos** [-z] S **1** Stuck *m* (*Gipsmörtel*) **2** Außenputz *m* **3** Stuck (-arbeit) *m(f)*, -verzierung *f*, Stuckatur *f* **B** V/T mit Stuck verzieren, stuckieren; ~**work** → stucco A 3
stuck [stʌk] *prät u. pperf von* stick[2]
stuck-up [,-'ʌp; '-ʌp] ADJ *umg* hochnäsig
stud[1] [stʌd] **A** S **1** Beschlagnagel *m*, Knopf *m*, Knauf *m*, Buckel *m* **2** ARCH Ständer *m*, (Wand)Pfosten *m* **3** TECH **a** Kettensteg *m* **b** Stift *m*, Zapfen *m* **c** Stiftschraube *f* **d** Schrauben-, Stehbolzen *m* **4** MIL (Führungs)Warze *f* (*e-s Geschosses*) **5** (*Druck-, Kragen-, Manschetten*) Knopf *m* **6** ELEK **a** Kontaktbolzen *m* **b** Brücke *f* **7** Stollen *m* (*e-s Fußballschuhs etc*) **B** V/T **1** mit Pfosten versehen *od* stützen **2** mit Beschlagnägeln *od* Knöpfen *etc* beschlagen *od* verzieren **3** *a. fig* besetzen, übersäen, sprenkeln (*alle:* **with** mit): **the sky was ~ded with stars** der Himmel war mit Sternen übersät **4** verstreut sein über (*akk*): **rocks ~ded the field**
stud[2] [stʌd] **A** S **1** KOLL Stall *m* (*Pferde e-s Gestüts etc*) **2** Gestüt *n*: **put out to** ~ nur zu Zuchtzwecken verwenden **3** **a** (Zucht)Hengst *m* **b** *allg* männliches Zuchttier **c** *sl* Sexbolzen *m*: **he's not much of a** ~ als Mann ist mit ihm nicht viel los **4** KOLL Zucht *f* (*Tiere*) **5** → stud poker **B** ADJ **1** Zucht... **2** Pferde..., Stall...
stud. ABK student *Stud.*
stud| bolt S TECH Stehbolzen *m*; ~**book** S **1** Gestütbuch *n* **2** *allg* Zuchtstammbuch *n*
studding sail ['stʌdɪŋ] S SCHIFF Bei-, Leesegel *n*
student ['stju:dnt; *US bes* 'stu:-] S **1** **a** UNIV Student(in): ~**s' hostel** *bes Br* Studenten(wohn)heim *n* **b** SCHULE *bes US u. allg* Schüler(in) **c** Lehrgangs-, Kursteilnehmer(in): ~ **of law** → law student; → duel A **2** Gelehrte(r) *m/f(m)*, (Er)Forscher(in) **3** Beobachter(in); ~ **adviser** S Studienberater(in); ~ **body** S (*a. als pl konstruiert*) Studentenschaft *f*; ~ **card** S Studentenausweis *m*; ~ **council** S *US* SCHULE Schülermitverwaltung *f*; ~ **driver** S *US* Fahrschüler(in); ~ **identity card** → student card; ~ **lamp** S HIST Studierlampe *f*; ~ **pilot** S FLUG Flugschüler(in)
studentship S UNIV *bes Br* Stipendium *n*
student| teacher S SCHULE Praktikant (-in); ~ **teaching** S *US* Schulpraktikum *n*; ~ **union** S **1** (*a. als pl konstruiert*) *Br* Studentenschaft *f* (*Körperschaft*) **2** *Universitätsgebäude für Einrichtungen u. Veranstaltungen der Studenten*; ~ **unrest** S Studentenunruhen *pl*
stud| farm S Gestüt *n*; ~ **horse** S Zuchthengst *m*
studied ['stʌdɪd] ADJ (ADV ~ly) **1** gesucht, gekünstelt, gewollt (*Höflichkeit etc*): ~ **indifference** gespielte Gleichgültigkeit **2** wohlüberlegt (*Antwort etc*) **3** geflissentlich, absichtlich (*Beleidigung etc*) **4** bewandert, beschlagen (*beide:* **in** in *dat*)
studio ['stju:dɪəʊ; *US a.* 'stu:-] **A** *pl* -**os** [-z] S **1** MAL, FOTO *etc* Atelier *n*, (*Künstler-, Schauspiel-, Tanz- etc*) Studio *n* **2** (*Film*)Atelier *n*, (-)Studio *n* **3** (*Fernseh-, Rundfunk*)Studio *n*, Aufnahme-, Senderaum *m*, -saal *m*, (*Ton*)Atelier *n*: **and now back to the** ~ u. damit (gebe ich) zurück ins Studio **B** ADJ Atelier..., Studio...: ~ **apartment** (*bes Br* **flat**) Einzimmerapartment *n*; ~ **broadcast** Studiosendung *f*; ~ **couch** Doppelbettcouch *f*; ~ **shot** FILM Atelier-, Innenaufnahme *f*
studious ['stju:djəs; -ɪəs; *US a.* 'stu:-] ADJ (ADV ~ly) **1** dem Studium ergeben, gelehrtenhaft **2** fleißig, lernbegierig, beflissen **3** eifrig bedacht (**of** auf *akk*), bemüht (**to do** zu tun) **4** sorgfältig, peinlich (gewissenhaft); **studiousness** S **1** Fleiß *m*, (Studier)Eifer *m*, Beflissenheit *f* **2** Sorgfalt *f*, Gewissenhaftigkeit *f*
stud| mare S Zuchtstute *f*; ~ **poker** S Stud-Poker *n* (*Form des Pokers, bei dem die erste Karte bzw die beiden ersten Karten mit der Bildseite nach unten, die restlichen vier bzw sechs Karten mit der Bildseite nach oben ausgegeben werden*)
study ['stʌdɪ] **A** S **1** Studieren *n* **2** *meist pl* UNIV *etc* Studium *n*: **make a ~ of sth** etwas sorgfältig studieren; **make a ~ of doing sth** *fig* bestrebt sein, etwas zu tun; **be in a brown ~** in Gedanken versunken sein, geistesabwesend sein **3** Studie *f*, Untersuchung *f* (*beide:* **of, into** über *akk*, zu) **4** Studienfach *n*, -zweig *m*, -objekt *n*, Studium *n*: **the proper ~ of mankind is man** das eigentliche Studienobjekt der Menschheit ist der Mensch; **his face was a perfect** ~ *iron* sein Gesicht war sehenswert **5** Studier-, Arbeitszimmer *n* **6** KUNST, *Literatur*: Studie *f* (**in** in *dat*), Entwurf *m*: → nude B 2 **7** MUS Etüde *f* **8** Einstudieren *n* (*e-r Rolle etc*): **the play is currently at the ~ stage** das Stück wird zurzeit einstudiert **9** **be a good (slow)** ~ THEAT *sl* s-e Rollen leicht (schwer) lernen **B** V/I **a** studieren **b** lernen: ~ **for an examination** sich auf e-e Prüfung vorbereiten **C** V/T **1** *allg* studieren: **a** *ein Fach etc* erlernen: ~ **law** Jura studieren **b** untersuchen, prüfen, *a.* genau lesen: ~ **a map** e-e Karte studieren; ~ **out** *sl* ausknobeln **c** *j-s Gesicht etc* mustern, prüfen(d ansehen), SPORT *etc e-n Gegner* abschätzen: ~ **sb's wishes** j-s Wünsche zu erraten suchen **2** *e-e Rolle etc* einstudieren **3** *Br umg* aufmerksam *od* rücksichtsvoll sein gegenüber *j-m* **4** sich bemühen um *etwas*, bedacht sein auf (*akk*): ~ **to do sth** sich bemühen, etwas zu tun; → interest A 7
study| commission S Studienkommission *f*; ~ **group** S Arbeitsgruppe *f*, -gemeinschaft *f*; ~ **hall** S Studien-, Lesesaal *m*
stuff [stʌf] **A** S **1** Stoff *m*, Material *n* **2** (Roh)Stoff *m*, (-)Material *n* **3** **a** (Woll)Stoff *m*, Zeug *n*, Gewebe *n* **b** *Br* (*bes* Kamm)Wollstoff *m* **4** Zeug *n*, Sachen *pl* (*Gepäck, Ware etc, a Nahrungsmittel etc*): **this is good** ~ *umg* das ist was Gutes **5** *fig* (*fades etc*) Zeug: **he is (made) of sterner** ~ er ist aus härterem Holz geschnitzt; **he has good ~ in him** in ihm steckt etwas; **the ~ that heroes are made of** das Zeug, aus dem Helden gemacht sind; **good**

S

(od **great**) **~!** umg bravo!, prima!; **that's the ~ (to give them)!** umg so ists richtig!, nur weiter so!; **he knows his ~** er kennt sich aus, er versteht sein Fach; **do your ~!** umg auf gehts!; **he did his ~** er tat s-e Arbeit; → rough A 6 6 (wertloses) Zeug, Plunder m, Kram m umg (a. fig): **take that ~ away!** nimm das Zeug weg!; **~ and nonsense!** dummes Zeug! 7 a umg Zeug n, Stoff m (Schnaps etc) b sl Stoff m (Drogen) 8 sl Getue n, Sums m 9 **the ~** umg das nötige Kleingeld 10 Lederschmiere f 11 TECH Ganzzeug n, Papiermasse f: **~ engine** Holländer m 12 TECH Bauholz n 13 a. **bit of ~** Br sl Mieze f B V/T 1 (a. fig sich den Kopf mit Tatsachen etc) vollstopfen, vollpfropfen, (an)füllen: **~ o.s.** sich (den Magen) vollstopfen (**on, with** mit); **~ a pipe** e-e Pfeife stopfen; **~ sb (with lies)** sl j-m die Hucke volllügen; → arse A 1, throat A 1 2 a. **~ up** ein Loch etc ver-, zustopfen: **my nose is ~ed up** m-e Nase ist verstopft od zu 3 ein Sofa etc polstern 4 a. **~ out** fig ein Buch etc füllen, ausstopfen, garnieren (alle: **with** mit) 5 überfüllen, -laden (beide: **with** mit) 6 j-n überfüttern 7 Geflügel a stopfen b GASTR füllen, farcieren 8 Tiere ausstopfen 9 POL US e-e Wahlurne mit gefälschten Stimmzetteln füllen 10 etwas stopfen (**into** in akk) 11 (zusammen)pressen, (-)stopfen 12 Leder mit Fett imprägnieren 13 vulg e-e Frau stopfen vulg (schlafen mit): **get ~ed!** leck(t) mich (doch) am Arsch! sl C V/I sich (den Magen) vollstopfen

stuffed shirt [stʌft] S umg eingebildeter Fatzke, Wichtigtuer(in) pej

stuff gown S JUR Br 1 Wolltalar m e-s **junior counsel** 2 → junior counsel

stuffiness [ˈstʌfɪnɪs] S 1 Dumpfheit f, Schwüle f, Stickigkeit f 2 Langweiligkeit f 3 umg a Spießigkeit f b Pedanterie f c Steifheit f d Verstaubtheit f e Prüderie f 4 umg Muffigkeit f, Grantigkeit f

stuffing [ˈstʌfɪŋ] S 1 Füllen n, (Aus-)Stopfen n 2 Füllung f, Füllmaterial n 3 Polstermaterial n, Füllhaar n (für Sofas etc): **knock** (od **take**) **the ~ out of** fig a j-n verprügeln b j-n (gesundheitlich) kaputtmachen 4 GASTR Füllsel n, (Fleisch)Füllung f, Farce f 5 Lederschmiere f 6 (literarisches) Füllsel; **~ box** S TECH Stopfbüchse f

stuffy [ˈstʌfɪ] ADJ (ADV **stuffily**) 1 dumpf, schwül, muffig, stickig 2 langweilig, fad 3 umg a spießig b pedantisch c steif d verstaubt, verknöchert e prüde, zimperlich 4 umg muffig, grantig

stultification [ˌstʌltɪfɪˈkeɪʃn] S Verdummung f; **stultify** [-faɪ] V/T 1 j-n als dumm hinstellen, j-n, etwas unglaubwürdig od lächerlich erscheinen lassen 2 a wirkungs- od nutzlos machen b zunichtemachen 3 **~ the mind** verdummen 4 JUR für unzurechnungsfähig erklären

stum [stʌm] S 1 ungegorener Traubensaft 2 Most m

stumble [ˈstʌmbl] A V/I 1 a. fig stolpern, straucheln (beide: **at, over** über akk): **~ in(to)** fig in e-e Sache (hinein)stolpern od (-)schlittern; **~ on** (od **across**) a zufällig stoßen auf (akk) b j-m zufällig über den Weg laufen 2 stolpern, taumeln, wanken 3 fig a e-n Fehltritt tun, straucheln, sündigen b e-n Fehler machen, stolpern 4 stottern, sich verhaspeln: **~ through a speech** e-e Rede herunterstottern 5 sich stoßen, Anstoß nehmen (beide: **at** an dat) B S 1 Stolpern n, Straucheln n, fig a. Fehltritt m 2 Fehler m

stumbling block [ˈstʌmblɪŋ] S fig 1 Hindernis n, Hemmschuh m (beide: **to** für) 2 Stolperstein m

stumer [ˈstjuːmə] S sl 1 Br Fälschung f 2 schott Trottel m pej

stump [stʌmp] A S 1 (Baum-, Kerzen-, Zahn- etc) Stumpf m, (Bleistift-, Zigarren- etc) Stummel m, (Baum-, Ast-) Strunk m: **buy timber in** (od **at**, Br **on**) **the ~** Holz auf dem Stamm kaufen; **be up a ~** US sl in der Klemme sein od sitzen od stecken umg 2 pl sl Stelzen pl (Beine): **stir one's ~s** Tempo machen 3 Stampfen n, Stapfen n 4 bes US a Rednertribüne f b Wahlpropaganda f: **go on** (od **take**) **the ~** e-e Propagandareise machen, von Ort zu Ort reisen u. (Wahl)Reden halten 5 MAL Wischer m B V/T 1 US umg sich die Zehen etc anstoßen (**against** an dat) 2 umg stampfen od stapfen durch 3 umg verblüffen, ratlos machen: **a problem that ~ed me** (od **had me ~ed**) ein Problem, mit dem ich einfach nicht fertig wurde; **be ~ed** mit s-r Weisheit am Ende sein; **be ~ed for** um e-e Antwort etc verlegen sein 4 US umg j-n herausfordern (**to do** zu tun) 5 bes US umg e-e Gegend etc als Wahlredner(in) bereisen: **~ it** → C 2 6 e-e Zeichnung (mit dem Wischer) abtönen 7 **~ up** Br umg berappen, blechen (beide: **for** für) C V/I 1 umg stampfen, stapfen 2 US umg Wahlreden halten 3 **~ up** → B 7; **stumper** S umg 1 harte Nuss 2 US a Wahlredner(in) b politischer Agitator, politische Agitatorin

stump| orator, **~ speaker** → stumper 2; **~ speech** S US Volks-, Wahlrede f

stumpy ADJ (ADV **stumpily**) 1 stumpfartig 2 umg untersetzt, gedrungen 3 plump

stun [stʌn] V/T 1 betäuben 2 fig a verblüffen b niederschmettern c überwältigen: **~ned** wie betäubt od gelähmt, ganz verblüfft od überwältigt

stung [stʌŋ] prät u. pperf von sting

stun grenade S MIL Blendgranate f

stunk [stʌŋk] prät u. pperf von stink

stunner [ˈstʌnə(r)] S umg a toller Kerl b tolle Frau c tolle Sache; **stunning** ADJ (ADV **~ly**) 1 betäubend 2 fig niederschmetternd 3 umg toll, fantastisch

stunsail, **stuns'l(e)** [ˈstʌnsl] → studding sail

stunt[1] [stʌnt] V/T 1 ein Kind, e-e Industrie etc (im Wachstum, in der Entwicklung etc) hemmen: **become ~ed** verkümmern 2 verkümmern lassen: **~ed** verkümmert

stunt[2] [stʌnt] A S 1 Kunststück n, Kraftakt m 2 Sensation f: a Schaunummer f b Bravourstück n c Schlager m 3 FLUG Flugkunststück n: **~s** pl Kunstflug m 4 a (toller) (Reklame- etc) Trick, Kunststückchen n b FILM Stunt m (gefährliche Szene, in der ein Stuntman die Rolle des Darstellers übernimmt): **do a ~** e-n Stunt ausführen 5 tolle Masche, tolles Ding B V/I 1 (FLUG Flug)Kunststücke machen 2 tolle Stückchen machen; **stunter** S 1 Akrobat(in) 2 FLUG Kunstflieger(in)

stunt| flying S FLUG Kunstflug m; **~ man** S irr FILM Stuntman m, Double n (für gefährliche Szenen); **~ woman** S irr FILM Stuntwoman f, Double n (für gefährliche Szenen)

stupa [ˈstuːpə] S ARCH Stupa m (indische Pagode)

stupe[1] [stjuːp; US a. stuːp] MED A S heißer Umschlag od Wickel B V/T a j-m heiße Umschläge machen b heiße Umschläge legen auf (akk)

stupe[2] [stjuːp; stj-] S US sl Blödian m pej

stupefacient [ˌstjuːpɪˈfeɪʃnt; US a. ˌstuː-] A ADJ betäubend B S MED, PHARM Betäubungsmittel n; **stupefaction** [-ˈfækʃn] S 1 Betäubung f 2 a Abstumpfung f b Abgestumpftheit f 3 Bestürzung f, Verblüffung f; **stupefy** [-faɪ] V/T 1 betäuben: **~ing drug** → stupefacient B 2 abstumpfen 3 verblüffen, bestürzen: **be stupefied at** verblüfft sein über (akk)

stupendous [stjuːˈpendəs; US a. stuː-] ADJ (ADV **~ly**) 1 erstaunlich 2 riesig, gewaltig, enorm, umwerfend

stupid [ˈstjuːpɪd; US a. ˈstuː-] A ADJ (ADV **~ly**) 1 a stupid, dumm: **don't do anything ~** mach keine Dummheiten! b umg dumm, blöd: **I can't get that ~ window open** 2 a stupid, stumpfsinnig b lächerlich 3 benommen B S Dummkopf m; **stupidity** [stjuː-; US a. stʊ-] S 1 Stupidität f, Dummheit f (a. Handlung, Idee etc) 2 Stumpfsinn m

stupor [ˈstjuːpə(r); US a. ˈstuː-] S 1 Erstarrung f, Betäubung f 2 Eingeschlafensein n (e-s Gliedes) 3 MED, PSYCH Stupor m: a Benommenheit f: **in a drunken ~** sinnlos betrunken b Stumpfsinn m; **stuporous** ADJ 1 erstarrt, betäubt 2 MED stuporartig

sturdied [ˈstɜːdɪd; US ˈstɜr-] ADJ VET drehkrank (Schaf etc)

sturdiness [ˈstɜːdɪnɪs; US ˈstɜr-] S 1 Robustheit f 2 fig Standhaftigkeit f

sturdy[1] [ˈstɜːdɪ; US ˈstɜr-] ADJ (ADV **sturdily**) 1 robust, kräftig, stabil (a. Material) 2 fig standhaft, entschlossen

sturdy[2] [ˈstɜːdɪ; US ˈstɜr-] S VET Drehkrankheit f (der Schafe etc)

sturgeon [ˈstɜːdʒən; US ˈstɜr-] pl **-geons**, bes koll **-geon** S FISCH Stör m

Sturm und Drang [ˌʃtʊəmʊntˈdræŋ; US ˌʃtʊrmʊntˈdrɑːŋ] S HIST Sturm u. Drang m

stutter [ˈstʌtə(r)] A V/I 1 MED stottern (a. Motor) 2 fig tacken (Maschinengewehr etc) B V/T → stammer B C S → stammer C 1, C 2; **stutterer** → stammerer; **stuttering** → stammering

sty[1] [staɪ] A S 1 Schweinestall m (a. fig) 2 fig a Pfuhl m b Lasterhöhle f B V/T Schweine in den Stall sperren

sty[2], a. **stye** [staɪ] S MED Gerstenkorn n

Stygian [ˈstɪdʒɪən] ADJ 1 MYTH stygisch 2 fig bes poet a finster b höllisch

style [staɪl] A S 1 Stil m, Art f, Typ m 2 Stil m, Art f u. Weise f, Manier f: **~ of singing** Gesangsstil; **in the ~ of** in der Manier od im Stil von (od gen); **in superior ~** in überlegener Manier, souverän; → cramp[2] B 3 3 (guter) Stil: **in ~** stilvoll (→ A 6, A 7) 4 SPORT Stil m, Technik f 5 (Lebens)Stil m, Lebensart f: **in good ~** stil-, geschmackvoll; **in bad ~** stil-, geschmacklos; **live in great ~** auf großem Fuße leben 6 vornehme Lebensart, Eleganz f, Stil m: **in ~** vornehm (→ A 3, A 7); **have ~** Stil haben; **put on ~** US umg vornehm tun 7 Mode f, Stil m: **the latest ~**; **in ~** modisch (→ A 3, A 6) 8 (Mach)Art f, Ausführung f, Fasson f, Stil m: **in all sizes and ~s** in allen Größen u. Ausführungen 9 (literarischer) Stil 10 (Kunst-, Bau) Stil m: **be in the ~ of** sich im Stil anlehnen an (akk); **in proper ~** stilecht 11 a Titel m, Anrede f, (a. Berufs)Bezeichnung f b WIRTSCH, JUR Firma f, (Firmen)Bezeichnung f: **under the ~ of** unter dem Namen …, WIRTSCH unter der Firma … 12 a Antike: Stilus m, (Schreib)Griffel m b (Schreib-, Ritz-)Stift m c Radiernadel f, Stichel m d Nadel f (e-s Plattenspielers) e Feder f (e-s Dichters) 13 MED Sonde f 14 Zeiger m (e-r Sonnenuhr) 15 Zeitrechnung f, Stil m: **Old (New) ~** 16 TYPO (Schrift)Stil m u. Orthografie f 17 BOT Griffel m 18 ANAT Griffelfortsatz m B V/T 1 betiteln, anreden, (be)nennen, bezeichnen 2 a (nach der neuesten Mode) entwerfen, (modisch) zuschneiden: **~ up** (im Stil od Schnitt etc) verbessern, aufpolieren umg b WIRTSCH, TECH entwerfen, gestalten c WIRTSCH US umg in Mode bringen, (dem Käufer) schmackhaft machen; **styler** S 1 → stylist 2 2 TECH (Form)Gestalter(in)

style sheet S COMPUT Formatvorlage f

stylet [ˈstaɪlɪt; US a. staɪˈlet] S 1 Stilett n (kleiner Dolch) 2 (Gravier-)Stichel m 3 MED a (kleine) Sonde b Mandrin m, Sondenführer m 4 →

S

style A 18
styli ['staɪlaɪ] *pl von* stylus
styliform ['staɪlɪfɔː(r)m] ADJ BOT, ZOOL griffelförmig
styling ['staɪlɪŋ] S 1 stilistische Überarbeitung, Stilisieren *n* 2 WIRTSCH, TECH Styling *n*, (gefällige) Aufmachung, *bes* AUTO Formgebung *f*; **~ mousse** S Schaumfestiger *m*
stylish ['staɪlɪʃ] ADJ (ADV **~ly**) 1 stilvoll 2 modisch, elegant, flott, schnittig 3 *pej* hyperelegant, affig; **stylishness** S 1 *(das)* Stilvolle 2 *(das)* Modische, Eleganz *f*
stylist ['staɪlɪst] S 1 Stilist(in) 2 a Modeschöpfer(in) b → hair stylist; **stylistic** A ADJ (ADV **~ally**) stilistisch, Stil…: **~ analysis** B S **stylistics** *pl (als sg konstruiert)* LING Stilistik *f*, Stilkunde *f*
stylite ['staɪlaɪt] S REL Stylit *m*, Säulenheilige(r) *m*
stylize ['staɪlaɪz] V/T 1 *allg* stilisieren 2 e-m Stil angleichen 3 der Konvention unterwerfen
stylo ['staɪləʊ] *pl* -los S *umg für* stylograph
stylograph ['staɪləʊgrɑːf; *bes US* -græf] S Tintenkuli *m*; **stylographic** [-'græfɪk] ADJ: **~ pen** → stylograph
styloid ['staɪlɔɪd] ANAT A ADJ styloid, griffelförmig: **~ process** → B B S Griffelfortsatz *m*
stylus ['staɪləs] *pl* -li [-laɪ], -luses S 1 → style A 12 a, A 12 d, A 14, A 17, A 18 2 Kopierstift *m* 3 Schreiber *m*, (Schreib)Stift *m (e-s Registriergeräts)*
stymie ['staɪmɪ] V/T *e-n Plan etc* vereiteln, *j-s Bemühungen etc* zunichtemachen
styptic ['stɪptɪk] A ADJ MED styptisch, blutstillend: **~ pencil** Alaunstift *m* B S MED, PHARM Styptikum *n*, blutstillendes Mittel
styrax ['staɪəræks] → storax 2
styrene ['staɪəriːn] S CHEM Styrol *n*; **~ resin** S Polystyrol *n*
Styria ['stɪrɪə] S (die) Steiermark *f*; **Styrian** ['stɪrɪən] A ADJ steirisch, steiermärkisch B S Steirer *m*, Steierin *f*, Steiermärker(in)
Styrofoam® ['staɪrəfəʊm] S *US* Styropor® *n*
styrolene ['staɪərəliːn] → styrene
Styx [stɪks] EIGENN MYTH Styx *m (Fluss der Unterwelt)*: **cross the ~** *bes poet* den Styx überqueren, sterben
Suabian → Swabian
suable ['sjuːəbl; *US* 'suː-] ADJ JUR 1 (ein)klagbar *(Sache)* 2 (passiv) prozessfähig *(Person)*
suasion ['sweɪʒn] → persuasion 1, 2, 3; **suasive** [-sɪv] → persuasive A a
suave [swɑːv] ADJ (ADV **~ly**) 1 verbindlich, höflich, zuvorkommend, sanft 2 *pej* ölig 3 lieblich, mild *(Wein etc)*; **suaveness**, **suavity** S 1 Höflichkeit *f*, Verbindlichkeit *f* 2 Lieblichkeit *f*, Milde *f* 3 *pl* a Höflichkeiten *pl*, Artigkeiten *pl* b Annehmlichkeiten *pl*
sub[1] [sʌb] *umg* A S 1 → subaltern B, subeditor, sublieutenant, submarine A, subordinate B, subscription A, substitute A, subway, *etc* 2 *bes Br* a Vorschuss *m* b **give sb a ~** j-m was pumpen *umg* B ADJ Aushilfs…, Not… C V/I 1 **(for)** einspringen (für), vertreten *(akk)* 2 *bes Br* sich e-n Vorschuss nehmen D V/T 1 → subedit 2 *bes Br* a *j-m* e-n Vorschuss geben b *j-m* was pumpen *umg*
sub[2] [sʌb] *prät* unter *(dat)*
sub. ABK 1 subeditor 2 subscription 3 substitute 4 suburb(an) 5 subway
sub- [sʌb] *Wortelement mit den Bedeutungen* a unterhalb, Unter…, Grund…, Sub… b untergeordnet, Neben…, Sub…, Unter… c angrenzend d annähernd e CHEM basisch f MATH umgekehrt
subacetate S WIRTSCH basisch essigsaures Salz
subacid ADJ 1 säuerlich *(bes Obst)* 2 *fig* etwas bissig *(Bemerkung etc)*
subacute ADJ (ADV **~ly**) MED subakut *(Krankheit)*
subadar → subahdar
subagency S 1 a WIRTSCH Unteragentur *f* b *US* Nebenstelle *f* 2 JUR Nebenvollmacht *f*; **subagent** S 1 WIRTSCH Untervertreter(in) 2 JUR Unterbevollmächtigte(r) *m/f(m)*
subahdar [ˌsuːbə'dɑː(r)] S *IndEng* HIST 1 Vizekönig *m*, Statthalter *m (e-r Provinz)* 2 eingeborener Kompanieführer
subalpine BOT, ZOOL A ADJ subalpin(isch) B S a subalpines Tier b subalpine Pflanze
subaltern ['sʌbltən; *US* sə'bɔːltərn] A ADJ 1 subaltern *(a. Logik)*, untergeordnet, Unter… 2 MIL *bes Br* Subaltern… B S 1 Subalterne(r) *m/f(m)*, Untergebene(r) *m/f(m)* 2 MIL *bes Br* Subalternoffizier *m (bis einschließlich Oberleutnant)*
subaqua ADJ *Br* Tauch…: **~ club**; **~ swimming** Tauchen *n*
subaquatic ADJ Unterwasser…, BOT, ZOOL *a.* subaquatisch
subaqueous ADJ Unterwasser…
subarctic ADJ GEOG subarktisch
subarea S Teilgebiet *n (a. fig)*
subassembly S TECH Teilmontage *f*
subatomic ADJ subatomar *(Teilchen etc)*
subaudible ADJ (ADV **subaudibly**) 1 PHYS unter der Hörbarkeitsgrenze 2 kaum hörbar
subaudition S 1 a Heraushören *n* b Lesen *n* zwischen den Zeilen 2 a Implizieren *n* b *(das)* Implizierte
subbasement S Kellergeschoss *n*
subcaliber, *bes Br* **subcalibre** ADJ MIL Kleinkaliber…
subcarbonate S CHEM basisches Karbonat
subcategory S Subkategorie *f*, Untergruppe *f*
subcircuit S ELEK Teilschaltung *f*
subclaim S JUR *(bes* Patent)Unteranspruch *m*
subclass S BIOL, MATH *etc* Unterklasse *f*
subclavian [ˌsʌb'kleɪvjən; -ɪən] ADJ ANAT unter dem Schlüsselbein (gelegen), Schlüsselbein…: **~ artery (vein)**
subcommittee S Unterausschuss *m*
subconscious PSYCH A ADJ (ADV **~ly**) unterbewusst: **~ly** im Unterbewusstsein B S Unterbewusstsein *n*, *(das)* Unterbewusste; **subconsciousness** S Unterbewusstsein *n*
subcontinent S Subkontinent *m*
subcontract A S [ˌsʌb'kɒntrækt; *US* -'kɑn-] Neben-, Untervertrag *m* B V/T [ˌsʌbkən'trækt; *US bes* -'kɑnˌtr-] 1 als Subunternehmer übernehmen 2 an (e-n) Subunternehmer vergeben; **subcontractor** S Subunternehmer(in), Zulieferer *m*, Zulieferin *f*
subcritical ADJ PHYS unterkritisch
subculture ['-ˌk-; ˌ-'k-] S 1 SOZIOL Subkultur *f* 2 *Bakteriologie*: Nebenkultur *f*
subcutaneous ADJ (ADV **~ly**) ANAT, ZOOL subkutan, unter der *od* die Haut
subcutis S ANAT Subkutis *f*, Unterhaut (-zellgewebe) *f(n)*
subdeb ['sʌbˌdeb; ˌ-'deb] S *US umg* 1 → subdebutante 2 Teenager *m (Mädchen)*; **subdebutante** [-ˌtɑːnt] S *US noch nicht in die Gesellschaft eingeführtes junges Mädchen*
subdirectory [ˌsʌbdɪ'rektərɪ] S COMPUT Unterverzeichnis *n*
subdivide V/T 1 (V/I sich) unterteilen *od* aufgliedern 2 *US Land* parzellieren; **subdivision** S 1 Unterteilung *f*, Aufgliederung *f* 2 Unterabteilung *f* 3 *US* a Parzellierung *f* b Parzelle *f*
subdominant MUS A S Subdominante *f (4. Stufe der diatonischen Tonleiter)* B ADJ subdominantisch
subdual [səb'djuːəl; *US a.* -'duːəl] S Unterwerfung *f*
subdue [səb'djuː; *US a.* -'duː] V/T 1 a unterwerfen **(to** *dat*), unterjochen b bezwingen, überwinden, -wältigen 2 *fig* bändigen, zähmen, *s-n Ärger etc* unterdrücken 3 *Farbe, Licht, Stimmen etc, a. fig j-s Begeisterung, Stimmung etc* dämpfen 4 *fig j-m* e-n Dämpfer aufsetzen 5 AGR *Land* urbar machen; **subdued** ADJ (ADV **~ly**) 1 unterworfen, -jocht 2 gebändigt, gezähmt 3 gedämpft *(a. fig)*: **~ light** *a.* dezentes Licht; **subduer** S 1 Unterwerfer(in), -jocher(in) 2 Bändiger(in)
subedit V/T redigieren; **subeditor** S 1 Redakteur(in) 2 Redaktionsassistent(in)
suber ['sjuːbə; *US* 'suːbər] S 1 Kork (-substanz *f*, -holz *n*) *m* 2 Korkrinde *f*; **subereous** [sjuː'bɪərɪəs; -'ber-; *US* suː'bɪr-] ADJ 1 korkig, Kork… 2 korkartig; **suberic** [-'berɪk] ADJ Kork…: **~ acid** CHEM Suberin-, Korksäure *f*
suberin ['sjuːbərɪn; *US* 'suː-] S CHEM Suberin *n*, Korkstoff *m*; **suberose** [-rəʊs], *a.* **suberous** [-rəs] → subereous
subfamily S *bes* BIOL Unterfamilie *f*
subfebrile ADJ MED subfebril *(leicht erhöht; Temperatur)*
subfusc ['sʌbfʌsk] ADJ 1 dunkel(farbig), düster 2 *fig* trist
subgeneric ADJ (ADV **~ally**) e-e Untergattung betreffend; **subgenus** ['sʌbˌdʒiːnəs; ˌ-'dʒ-] S *irr bes* BIOL Untergattung *f*
subglacial ADJ (ADV **~ly**) GEOL subglazial *(sich unter dem Gletschereis abspielend)*
subgrade S Unterbau *m (e-r Straße etc)*
subgroup S BIOL *etc* Untergruppe *f*
subhead, **subheading** S 1 TYPO Untertitel *m* 2 Unterabschnitt *m (e-s Buches etc)*
subhuman ADJ 1 menschenähnlich, fast menschlich 2 unter dem Menschen stehend
subjacent [sʌb'dʒeɪsənt] ADJ (ADV **~ly**) 1 darunterliegend 2 tiefer gelegen 3 Untergrund… 4 *fig* zugrunde liegend
subject ['sʌbdʒɪkt] A S 1 *(Gesprächs- etc)* Gegenstand *m*, Thema *n*, Stoff *m*: **~ of conversation**; **a ~ for debate** ein Diskussionsthema; **change the ~** das Thema wechseln, von etwas anderem reden; **don't change the ~** lenk nicht ab!; **on the ~ of** a über *(akk)*, bezüglich *(gen)* b *(in Briefen)* betrifft, *meist abk* betr 2 SCHULE, UNIV (Lehr-, Schul-, Studien)Fach *n*, Fachgebiet *n*: **the ~ of physics**; **cooking has never been her ~** Kochen war noch nie ihr Fach 3 Grund *m*, Anlass *m (beide:* **for complaint** zur Beschwerde) 4 Gegenstand *m*, Objekt *n*: **the ~ of ridicule** der Gegenstand des Spottes 5 MUS Thema *n (e-r Fuge)* 6 KUNST Vorwurf *m*, Thema *n*, Sujet *n* 7 a Untertan(in) b Staatsbürger(in), -angehörige(r) *m/f(m)*: **he is a British ~** er hat *od* besitzt die britische Staatsangehörigkeit 8 LING Subjekt *n*, Satzgegenstand *m* 9 MED *etc* a (Versuchs)Objekt *n* b Versuchsperson *f od* -tier *n* c Leichnam *m (für Sektionszwecke)* d Patient(in) 10 *(ohne art)* die betreffende Person *(in Informationen)* 11 *Logik*: Subjekt(sbegriff) *n(m)* 12 PHIL a Substanz *f* b Subjekt *n*, Ich *n*: **~ and object** Subjekt u. Objekt, Ich u. Nicht-Ich B ADJ 1 untertan, untergeben *(beide:* **to** *dat)* 2 abhängig **(to** von) *(Staat etc)* 3 ausgesetzt **(to** *dat*): **he was ~ to ridicule** 4 **(to)** unterworfen, -liegend *(dat)*, abhängig (von), vorbehaltlich *(gen)*: **~ to approval** *(od* **authorization)** genehmigungspflichtig; **be ~ to the approval of** (erst noch) genehmigt werden müssen von; **"~ to change"** „Änderungen vorbehalten"; **"~ to change without notice"** WIRTSCH „freibleibend"; **~ to consent** vorbehaltlich Ihrer Zustimmung; **~ to duty** zollpflichtig; **~ to the laws of nature** den Naturgesetzen unterworfen; **"~ to prior**

S

sale" WIRTSCH „Zwischenverkauf vorbehalten" 5 anfällig (**to** für): **he's ~ to headaches** er neigt zu Kopfschmerzen C VT [səb'dʒekt] 1 (**to**) unterwerfen, -jochen, untertan machen (*dat*), abhängig machen (von) 2 *fig* unterwerfen, -ziehen, aussetzen (*alle:* **to** *dat*): **~ sb to a test** j-n e-r Prüfung unterziehen; **~ o.s. to ridicule** sich dem Gespött aussetzen

subject| catalogue (*US a.* **catalog**) S Schlagwortkatalog *m*; **~ combination** S SCHULE, UNIV Fächerkombination *f*; **~ heading** S Rubrik *f* in e-m Sachregister; **~ index** S *a. irr* Sachregister *n*

subjection [səb'dʒekʃn] S 1 Unterwerfung *f*, -jochung *f* 2 Unterworfensein *n* 3 Abhängigkeit *f* (**to** von): **be in ~ to sb** von j-m abhängig sein

subjective [səb'dʒektɪv] A ADJ (ADV **~ly**) 1 *allg, a.* MED, PHIL, PSYCH subjektiv 2 LING Subjekts..., des Subjekts: **~ case** → B B S LING Nominativ *m*, erster Fall; **subjectiveness** S Subjektivität *f*; **subjectivism** S PHIL Subjektivismus *m* (*Denkrichtung, nach der das Subjekt für die Geltung der Erkenntnis entscheidend ist*); **subjectivist** S PHIL Subjektivist(in); **subjectivistic** ADJ (ADV **~ally**) PHIL subjektivistisch

subjectivity [ˌsʌbdʒek'tɪvətɪ] S Subjektivität *f*

subject| matter S 1 Gegenstand *m* (*e-r Abhandlung etc,* JUR *e-r Klage etc*) 2 Stoff *m*, Inhalt *m* (*Ggs Form*); **~-object** S PHIL subjektives Objekt (*der Erkenntnis*); **~ reference** S Sachverweis *m*

subjoin VT 1 hinzufügen (**to** *dat*) 2 beilegen, -fügen (*beide:* **to** *dat*)

sub judice [ˌsʌb'dʒuːdəsɪ] ADJ: **be ~** JUR (noch) anhängig *od* (noch) nicht entschieden sein (*Rechtsfall*)

subjugate ['sʌbdʒʊgeɪt; *US* -dʒɪˌg-] VT 1 unterjochen, -werfen (*beide:* **to** *dat*) 2 *bes fig* bezwingen, bändigen, zähmen; **subjugation** S Unterwerfung *f*, -jochung *f*; **subjugator** [-tə(r)] S Unterjocher(in)

subjunctive [səb'dʒʌŋktɪv] LING A ADJ konjunktivisch B S 1 *a.* **~ mood** Konjunktiv *m* 2 Konjunktivform *f*

sublease A S Untermiete *f*, -pacht *f*, -vermietung *f*, -verpachtung *f* B VT unter-, weitervermieten, -verpachten (*alle:* **to sb** an j-n); **sublessee** S Untermieter(in), -pächter(in); **sublessor** S Untervermieter(in), -verpächter(in)

sublet VT & VI *irr* unter-, weitervermieten

sublieutenant S SCHIFF, MIL *Br* Oberleutnant *m* zur See

sublimate A VT ['sʌblɪmeɪt] 1 CHEM sublimieren 2 *fig* sublimieren (*a.* PSYCH), veredeln, -geistigen, läutern B S [-mət; -meɪt] CHEM Sublimat *n* C ADJ [-mət; -meɪt] sublimiert; **sublimation** S 1 CHEM Sublimation *f* 2 *fig* Sublimierung *f* (*a.* PSYCH), Vered(e)lung *f*, -geistigung *f*, Läuterung *f*

sublime [sə'blaɪm] A ADJ (ADV **~ly**) 1 sublim, erhaben, hehr: **~ language** gehobene Sprache; **~ truths** hehre Wahrheiten 2 erhebend, großartig, grandios, gewaltig (*Szenerie etc*) 3 *umg* großartig, wunderbar (*Gatte etc*) 4 *iron* a großartig (*Ignoranz etc*) b komplett: **~ idiot** Vollidiot(in) *pej* c krass (*Gleichgültigkeit etc*) B S 1 **the ~** das Erhabene 2 *fig* Gipfel *m*: **the ~ of folly** C VT sublimieren: **~d sulfur** (*bes Br* **sulphur**) Schwefelblüte *f*, -blumen *pl* D VI 1 CHEM sublimieren 2 PHYS sich verflüchtigen 3 *fig* sich veredeln *od* läutern; **Sublime Porte** [pɔː(r)t; *US a.* pəʊərt] S POL, HIST (Hohe) Pforte (*Hof od Regierung des osmanischen Reichs*)

subliminal [ˌsʌb'lɪmɪnl; səb-] ADJ MED, PSYCH 1 unterbewusst: **~ self** (*das*) Unterbewusste 2 subliminal, unterschwellig (*Reiz, Werbung etc*)

sublimity [sə'blɪmətɪ] S 1 Erhabenheit *f* 2 Großartigkeit *f* 3 Gipfel *m*

sublingual ANAT A ADJ sublingual, unter der Zunge liegend (*Drüse etc*) B S sublinguale Drüse *etc*

subliterature S 1 drittrangige *od* triviale Literatur 2 vervielfältigte Schriftstücke *pl* für den internen Gebrauch

sublittoral ADJ 1 tiefer als die Küste gelegen 2 nahe der Küste gelegen *od* lebend

sublunar(y) ADJ sublunarisch: a unter dem Mond befindlich b *fig* irdisch

submachine gun S MIL Maschinenpistole *f*

submarginal ADJ (ADV **~ly**) 1 BOT, ZOOL fast am Rand (befindlich) 2 WIRTSCH nicht mehr rentabel

submarine A S 1 SCHIFF, MIL Unterseeboot *n*, U-Boot *n* 2 (*etwas*) Unterseeisches, *bes* a BOT Unterwasserpflanze *f* b ZOOL Seetier *n* B ADJ 1 unterseeisch, Untersee..., *bes* BIOL *a.* submarin: **~ cable** (Tief-, Unter)Seekabel *n* 2 SCHIFF, MIL Unterseeboot..., U-Boot-...: **~ chaser** U-Boot-Jäger *m*; **~ pen** Unterseebootbunker *m*; **~ warfare** → submarining C VT SCHIFF, MIL mit e-m U-Boot *od* mit U-Booten angreifen; **submariner** S SCHIFF, MIL Besatzungsmitglied *n* e-s U-Boots; **submarining** S U-Boot-Krieg *m*

submaxillary [ˌsʌbmæk'sɪlərɪ; *US* sʌb'mæksəˌleriː] ADJ ANAT Unterkiefer...: **~ gland**

submediant S MUS sechste Stufe (*der Tonleiter*)

submerge [səb'mɜːdʒ; *US* -'mɜrdʒ] A VT 1 ein-, untertauchen (*a.* REL), versenken 2 überschwemmen, unter Wasser setzen 3 *fig* a unterdrücken b übertönen B VI 1 untertauchen, -sinken 2 SCHIFF tauchen (*U-Boot*); **submerged** ADJ 1 → submersed 2 *fig* verelendet, verarmt; **submergence** S 1 Ein-, Untertauchen *n*, Versenken *n* 2 Überschwemmung *f*

submersed [səb'mɜːst; *US* -'mɜrst] ADJ *bes* BOT Unterwasser...: **~ plants**; **submersible** A ADJ 1 versenkbar, untertauchbar 2 SCHIFF a tauchfähig (*U-Boot etc*) b Untersee..., Tauch... B S SCHIFF, MIL Untersee-, Tauchboot *n*; **submersion** [-ʃn; *US bes* -ʒən] S 1 → submergence 2 REL Submersion *f*

submicroscopic ADJ (ADV **~ally**) submikroskopisch (*unter dem Mikroskop nicht mehr erkennbar*)

submission [səb'mɪʃn] S 1 (**to**) Unterwerfung *f* (unter *akk*), Ergebenheit *f* (in *akk*) 2 Unterwürfigkeit *f*: **with all due ~** mit allem schuldigen Respekt 3 *bes* JUR Vorlage *f* (*e-s Dokuments etc*), Unterbreitung *f* (*e-r Frage etc*): **in my ~** m-r Meinung nach 4 JUR a Sachvorlage *f*, Behauptung *f* b Kompromiss *m, a. n*, Schiedsvertrag *m*; **submissive** [-sɪv] ADJ (ADV **~ly**) 1 ergeben, gehorsam 2 unterwürfig; **submissiveness** S 1 Ergebenheit *f* 2 Unterwürfigkeit *f*

submit [səb'mɪt] A VT 1 *j-n od etwas* unterwerfen, -ziehen, aussetzen (*alle:* **to** *dat*): **~ o.s. (to)** → B 2 *bes* JUR unterbreiten, vortragen, -legen (*alle:* **to** *dat*): **"to be ~ted to ..."** „zur Vorlage bei ..." 3 *bes* JUR a beantragen b behaupten, zu bedenken geben, *bes* PARL ergebenst bemerken (*alle:* **that** dass) B VI (**to**) gehorchen (*dat*), sich fügen (*dat od* in *akk*), sich *j-m, e-m Urteil etc* unterwerfen, sich *e-r Operation etc* unterziehen: **~ to sth** *a.* etwas über sich ergehen lassen; **submittal** → submission 1, 3

submontane ADJ am Fuße e-s Berges *od* Gebirges gelegen, vorgelagert

subnormal A ADJ (ADV **~ly**) 1 unterdurchschnittlich (*Begabung, Temperatur etc*), minderbegabt (*Person*) 2 MATH subnormal B S 1 Minderbegabte(r) *m/f(m)* 2 MATH Subnormale *f* (*Projektion des Normalenabschnitts auf die Abszissenachse*)

suborder S BIOL Unterordnung *f*

subordinary S *Heraldik:* untergeordnetes Wappenbild

subordinate [sə'bɔː(r)dnət] A ADJ (ADV **~ly**) 1 untergeordnet (**to** *dat*): a unterstellt (**to** *dat*), Unter...: **~ position** untergeordnete Stellung b nebensächlich, zweitrangig, Neben...: **be ~ to sth** e-r Sache an Bedeutung nachstehen 2 LING abhängig, Neben...: **~ clause** Nebensatz *m* 3 *obs* unterwürfig B S 1 Untergebene(r) *m/f(m)* 2 (*etwas*) Nebensächliches *od* Untergeordnetes C VT [-dɪneɪt] 1 *a.* LING unterordnen (**to** *dat*) 2 zurückstellen (**to** hinter *akk*); **subordination** [-dɪ'neɪʃn] S 1 Unterordnung *f* (**to** unter *akk*) 2 *obs* Unterwürfigkeit *f*; **subordinative** [-dɪnətɪv; *US* -dnˌeɪtɪv] ADJ 1 *bes* LING unterordnend 2 Unterordnungs...

suborn [sʌ'bɔː(r)n; sə-] VT JUR *j-n* (*bes* zum Meineid) anstiften: **~ sb to commit perjury**; **~ witnesses** Zeugen bestechen; **subornation** [ˌsʌbɔː(r)'neɪʃn] S JUR Anstiftung *f* (**of perjury** zum Meineid): **~ of witnesses** Zeugenbestechung *f*; **suborner** S JUR Anstifter(in) (**of perjury** zum Meineid)

suboxide S CHEM Suboxyd *n*

subplot S Nebenhandlung *f*

subpoena [səb'piːnə; *bes US* sə'p-] JUR *Br obs od US* A S (Vor)Ladung *f* (unter Strafandrohung) B VT (unter Strafandrohung) vorladen

subpolar ADJ GEOG subpolar (*zwischen den Polen u. der gemäßigten Klimazone gelegen*)

subprogram S IT Unterprogramm *n*

subregion S *Tiergeografie:* Subregion *f*

subreption [səb'repʃn] S *bes* JUR Erschleichung *f*

subrogate ['sʌbrəʊgeɪt] VT JUR *j-n* einsetzen (**for sb** an j-s Stelle; **to sb's rights** in j-s Rechte); **subrogation** S JUR Forderungsübergang *m* (kraft Gesetzes): **~ of a creditor** Ersetzung *f* e-s Gläubigers durch e-n anderen; **~ of rights** Rechtseintritt *m*

sub rosa [ˌsʌb'rəʊzə] ADV sub rosa, unter dem Siegel der Verschwiegenheit

subroutine S IT Subroutine *f*, Unterprogramm *n*

subscribe [səb'skraɪb] A VT 1 *s-n Namen* setzen (**to** unter *akk*): **~ one's name to a contract**, *etc a.* e-n Vertrag *etc* unterzeichnen *od* -schreiben; **~ o.s. XY** mit XY unterzeichnen *od* -schreiben 2 *bes Br* a *e-n Geldbetrag* zeichnen (**for shares** für Aktien; **to a fund** für e-n Fonds) b *allg e-n Geldbetrag* beisteuern (**toward[s]** zu), spenden (**to** für) B VI 1 **~ to** *bes Br* (regelmäßig) spenden für, Mitglied sein (*gen*) 2 **~ to** *e-e Zeitung etc* abonniert haben 3 **~ to** *fig etwas* unterschreiben, billigen, gutheißen: **~ to a view** sich e-r Meinung anschließen 4 **~ for** *etwas* vorbestellen; **subscriber** S 1 Unterzeichner(in), -zeichnete(r) *m/f(m)* (*beide:* **to** *gen*) 2 Befürworter(in) (**to** *gen*) 3 a Abonnent(in) b TEL Teilnehmer(in): **~ trunk dialling** *Br* Selbstwählferndienst *m* 4 Zeichner(in), Spender(in) (*beide:* **to** *e-s Geldbetrages*)

subscript ['sʌbskrɪpt] A ADJ daruntergeschrieben B S 1 CHEM, MATH tief gestellter Index, Tiefzahl *f* 2 (*etwas*) Daruntergeschriebenes; **subscription** [səb'skrɪpʃn] A S 1 (**to**) Beitrag *m* (zu, für), Spende *f* (für), (gezeichneter) Betrag 2 *bes Br* Mitgliedsbeitrag *m* 3 (TEL Grund)Gebühr *f* (**to** für) 4 (**to**) Abonnement *n*, Vorbestellung *f*, Subskription *f (gen)*, Bezugsrecht *n* (auf *akk*): **by ~** im Abonnement; **have a ~ for** *e-e Zeitung etc* abonniert haben; **take out a ~ to** *e-e Zeitung etc* abonnieren 5 Subskriptionssumme *f*, Fonds *m* 6 a Unterzeichnung *f* b Unterschrift *f* 7 **(to)** (unterschriftliche) Einwilligung (in *akk*) *od* Zustimmung (zu) 8 WIRTSCH Zeichnung *f* (*e-s Geldbetrages*): **~ for shares** Aktienzeichnung; **be open for ~** zur Zeichnung aufgelegt sein *od* aufliegen; **invite ~s for a loan** e-e Anleihe (zur Zeichnung) auflegen B ADJ Subskriptions…, Abonnements…, WIRTSCH Zeichnungs…: **on a ~ basis** im Abonnement; **~ concert** Abonnementskonzert *n*; **~ edition** Subskriptionsausgabe *f*; **~ library** beitragspflichtige Leihbibliothek; **~ list** a WIRTSCH Subskriptionsliste *f* b (*Zeitung*) Zeichnungsliste *f*; **~ price** Bezugs-, Subskriptionspreis *m*

subsection S Unterabteilung *f*, -abschnitt *m*

subsellium [sʌbˈseliəm] *pl* -lia [-ə] S → misericord(e)

subsequence [ˈsʌbsɪkwəns] S 1 späteres Eintreten 2 (*das*) Nachfolgende 3 Folge (-erscheinung) *f* 4 [ˌsʌbˈsiːkwəns] MATH Teilfolge *f*; **subsequent** ADJ (nach)folgend, nachträglich, später, Nach…: **~ charges** nachträglich entstehende *od* entstandene Kosten; **~ endorser** WIRTSCH Nachmann *m* (*beim Wechsel*); **~ events** spätere *od* nachfolgende Ereignisse; **~ treatment** Nachbehandlung *f*; **~ to** a später als b nach, im Anschluss an (*akk*); **subsequently** ADV 1 hinterher, nachher 2 anschließend, in der Folge 3 später

subserve [səbˈsɜːv; *US* -ˈsɜrv] VT dienlich *od* förderlich sein (*dat*); **subservience** [-vjəns; -vɪəns] S 1 Unterwürfigkeit *f* (**to** gegenüber) 2 Dienlichkeit *f*, Nützlichkeit *f* (*beide:* **to** für) 3 Abhängigkeit *f* (**to** von); **subservient** ADJ (ADV ~ly) 1 dienstbar, untergeordnet (*beide:* **to** *dat*) 2 unterwürfig (**to** gegenüber) 3 dienlich, förderlich (*beide:* **to** *dat*)

subset S MATH Unter-, Teilmenge *f*

subside [səbˈsaɪd] VI 1 sich senken: a sinken (*Flut etc*) b (ein)sinken, absacken (*Boden etc*), sich setzen (*Haus etc*) 2 CHEM sich (ab)setzen, sich niederschlagen 3 *fig* abklingen, abflauen, nachlassen, sich legen (*Fieber, Sturm etc*): **~ into** verfallen in (*akk*) 4 *umg* sich fallen lassen, sinken: **he ~d into a chair**

subsidence [səbˈsaɪdns; ˈsʌbsɪ-] S 1 (Erd)Senkung *f*, Absinken *n* 2 *fig* Nachlassen *n*, Abflauen *n* 3 CHEM (Boden)Satz *m*

subsidiarity [səbˌsɪdɪˈærətɪ] S POL Subsidiarität(sprinzip) *f(n)* (*Prinzip, nach dem übergeordnete Einheiten nur solche Aufgaben wahrnehmen sollen, die untergeordnete Einheiten nicht wahrnehmen können*)

subsidiary [səbˈsɪdjərɪ; *US* -dɪˌeriː] A ADJ 1 Hilfs…, Unterstützungs…: **~ treaty** Subsidienvertrag *m*; **be ~ to** ergänzen, unterstützen (*akk*) 2 untergeordnet (**to** *dat*), Neben…: **~ character** THEAT Nebenfigur *f*; **~ company** → B 2; **~ rights** JUR Nebenrechte (*aus e-m Vertrag*); **~ subject** UNIV *Br* Nebenfach *n*; **study sth as a ~ subject** etwas als *od* im Nebenfach studieren B S 1 *meist pl* Beistand *m*, Hilfe *f*, Stütze *f* 2 WIRTSCH Tochter(gesellschaft) *f*

subsidization [ˌsʌbsɪdaɪˈzeɪʃn; *US* -dəˈz-] S Subventionierung *f*; **subsidize** [-daɪz] VT 1 subventionieren, e-n Zuschuss *od* Zuschüsse gewähren (*dat*), bezuschussen 2 *j-n* durch Hilfsgelder verpflichten, *Truppen* unterhalten; **subsidy** [-dɪ] S 1 Beihilfe *f* (aus öffentlichen Mitteln), Subvention *f* 2 *pl* POL Subsidien *pl*, Hilfsgelder *pl* 3 (geldliche) Unterstützung 4 *Br* HIST parlamentarische Zuwendung (*aus Steuergeldern*) an die Krone

subsist [səbˈsɪst] A VI 1 existieren, bestehen 2 weiterbestehen, fortdauern, bleiben 3 sich ernähren *od* erhalten, leben (*alle:* **on** von; **by** durch) 4 PHIL a (selbstständig) bestehen b denkbar sein B VT *j-n* ernähren, erhalten, unterhalten; **subsistence** S 1 Bestehen *n*, Dasein *n*, Existenz *f* 2 Auskommen *n*, (Lebens)Unterhalt *m*, Existenz(möglichkeit) *f*: **~ farmer** *Landwirt, der ausschließlich für den Eigenbedarf anbaut*; **~ farming** (*od* **agriculture**) WIRTSCH Subsistenzwirtschaft *f*; **~ level** Existenzminimum *n* 3 *bes* MIL Versorgung *f*, Verpflegung *f* 4 *a.* **~ money** (*od* **allowance**) a (Lohn)Vorschuss *m* b Trennungszulage *f* c Unterhaltsbeihilfe *f*, -zuschuss *m* 5 PHIL a Wesen *n* b Subsistenz *f* (*Bestehen durch sich selbst*) 6 Innewohnen *n*

subsoil S Untergrund *m*

subsonic ADJ (ADV ~ally) FLUG, PHYS subsonisch, Unterschall…: **~ aircraft**; **at ~ speed** mit Unterschallgeschwindigkeit

subspecies S *irr* BIOL Subspezies *f*, Unterart *f*; **subspecific** ADJ (ADV ~ally) zu e-r Unterart gehörig

substance [ˈsʌbstəns] S 1 Substanz *f*, Materie *f*, Stoff *m*, Masse *f* 2 *fig* Substanz *f*: a Wesen *n* b (*das*) Wesentliche, wesentlicher Inhalt *od* Bestandteil, Kern *m* c Gehalt *m*: **this essay lacks ~**; **in ~** im Wesentlichen; **arguments of little ~** wenig stichhaltige Argumente 3 PHIL a Substanz *f*, Urgrund *m* b Wesen *n*, Ding *n* 4 Gegenständlichkeit *f*, Wirklichkeit *f* 5 Vermögen *n*, Kapital *n*: **a man of ~** ein vermögender Mann 6 *Christian Science*: Gott *m*; **~ abuse** S Drogenmissbrauch *m*

substandard ADJ 1 unter der (gültigen) Norm; **~ goods** Ausschussware *f*; **~ film** Schmalfilm *m*; **~ risk** (*Versicherung*) anomales Risiko 2 LING nicht hoch- *od* schriftssprachlich, umgangssprachlich

substantial [səbˈstænʃl] ADJ (ADV → substantially) 1 materiell, stofflich, wirklich (vorhanden), greifbar 2 nahrhaft, kräftig, gehaltvoll (*Mahlzeit etc*) 3 fest, kräftig (*Stoff etc*) 4 beträchtlich, wesentlich (*Fortschritt, Unterschied etc*); **~ reasons** gewichtige Gründe; **a ~ sum** e-e namhafte *od* stattliche Summe 5 wesentlich: **in ~ agreement** im Wesentlichen übereinstimmend; **a ~ victory** im Großen u. Ganzen ein Sieg 6 gediegen, zuverlässig 7 stichhaltig, fundiert (*Argumente, Beweise etc*) 8 vermögend, kapitalkräftig (*Händler etc*) 9 *bes* PHIL substantiell, wesentlich; **substantiality** [-ʃɪˈælətɪ] S 1 Wirklichkeit *f*, Stofflichkeit *f*, Greifbarkeit *f* 2 a Nahrhaftigkeit *f* b *koll* nahrhafte Dinge *pl* 3 Festigkeit *f* 4 Gewichtigkeit *f* 5 Gediegenheit *f* 6 Stichhaltigkeit *f* 7 PHIL Substantialität *f*; **substantialize** [-ʃəlaɪz] A VT 1 verkörpern 2 → substantiate 2 B VI 1 Substanz gewinnen, sich verstofflichen 2 sich verwirklichen; **substantially** ADV 1 dem Wesen nach 2 im Wesentlichen 3 beträchtlich, wesentlich, in hohem Maße, weitgehend; **substantiate** [-ʃɪeɪt] VT 1 a begründen b beweisen, erhärten, belegen, JUR *a.* glaubhaft machen 2 Gestalt *od* Wirklichkeit verleihen (*dat*), konkretisieren 3 stärken, festigen; **substantiation** S 1 a Begründung *f* b Erhärtung *f*, Beweis *m*, JUR *a.* Glaubhaftmachung *f*: **in ~ of** zur Erhärtung *od* zum Beweis von (*od gen*) 2 Verwirklichung *f*, Konkretisierung *f*

substantival [ˌsʌbstənˈtaɪvl] ADJ (ADV ~ly) LING substantivisch, Substantiv…; **substantive** [-tɪv] A S LING a Substantiv *n*, Hauptwort *n* b substantivisch gebrauchte Form B ADJ [*besBr* (*außer 2.*) səbˈstæn-] (ADV ~ly) 1 LING a substantivisch (gebraucht) b das Sein ausdrückend (*Verb*) 2 selbstständig, unabhängig 3 wesentlich 4 wirklich, real 5 fest: **~ rank** MIL Dienstgrad *m* mit Patent 6 JUR materiell (*Recht*) 7 **~ dye** TECH substantiver Farbstoff, Direktfarbstoff *m*

substation S 1 Neben-, Außenstelle *f* 2 ELEK Unterwerk *n* 3 TEL (Teilnehmer)Sprechstelle *f*

substituent [sʌbˈstɪtjʊənt; səb-; *US* -tʃəwənt] S CHEM Substituent *m*

substitute [ˈsʌbstɪtjuːt; *US a.* -ˌtuːt] A S 1 a Ersatz(mann) *m*, (Stell)Vertreter(in): **act as a ~ for sb** j-n vertreten b SPORT Auswechselspieler(in): **~s' bench** Auswechselbank *f* 2 Ersatz (-stoff) *m*, -mittel *n*, Surrogat *n*: **be no ~ for** kein Ersatz sein für 3 LING Ersatzwort *n* 4 MIL, HIST Ersatzmann *m* B ADJ Ersatz…: **~ driver**; **~ food**; **~ material** TECH Austausch(werk)stoff *m*; **~ power of attorney** JUR Untervollmacht *f*; **~ teacher** *US* Aushilfslehrer(in) C VT 1 **(for)** einsetzen (für, anstelle von), an die Stelle setzen (von *od gen*), *bes* CHEM, MATH *etc* substituieren (für) 2 *j-n* ersetzen, an *j-s* Stelle treten 3 SPORT *j-n* auswechseln: **~ A for B** B durch A ersetzen, B gegen A austauschen *od* auswechseln (*alle a.* SPORT) D VI **(for)** als Ersatz dienen, als Stellvertreter fungieren (für), an die Stelle treten (von *od gen*), einspringen (für); **substituted** ADJ Ersatz…, ersatzweise

substitution [ˌsʌbstɪˈtjuːʃn; *US a.* -ˈtuː-] S 1 Einsetzung *f* (*a.* JUR *e-s Ersatzerben etc*) 2 a Ersatz *m*, Ersetzung *f*, (ersatzweise) Verwendung b SPORT Auswechslung *f*: **make a ~** auswechseln 3 Stellvertretung *f* 4 CHEM, MATH Substitution *f* 5 LING (Laut)Substitution *f* 6 PSYCH Verdrängung *f*: **~ neurosis** Ersatzneurose *f*; **substitutional** [-ʃənl] ADJ (ADV ~ly), **substitutionary** [-ʃnərɪ; *US* -ʃəˌneriː], **substitutive** [-tɪv] ADJ 1 Stellvertretungs… 2 Ersatz…

substrate [ˈsʌbstreɪt] S 1 → substratum 2 BIOL, CHEM Substrat *n*

substratum S *irr* 1 Unter-, Grundlage *f* (*a. fig*) 2 GEOL Unterschicht *f* 3 BIOL, CHEM Träger *m*, Medium *n* 4 BIOL Substrat *n*, Nähr-, Keimboden *m* 5 LING Substrat *n* (*sprachliche Schicht, die von anderssprachigen Eroberern überlagert u. verdrängt wird*) 6 PHIL Substrat *n* (*eigenschaftslose Substanz e-s Dinges als Träger s-r Eigenschaften*) 7 FOTO Grundschicht *f*

substruction [ˌsʌbˈstrʌkʃn], **substructure** S 1 ARCH Fundament *n*, Unterbau *m* (*a.* BAHN) 2 *fig* Grundlage *f*

subsume [səbˈsjuːm; *US* -ˈsuːm] VT 1 zusammenfassen, unterordnen (*beide:* **under** unter *dat od akk*) 2 einordnen, -schließen (*beide:* **in** in *akk*) 3 PHIL (*als Prämisse*) vorausschicken; **subsumption** [-ˈsʌmpʃn] S 1 Zusammenfassung *f* (**under** unter *dat od akk*) 2 Einordnung *f* (**in** in *akk*) 3 *Logik*: a Subsumption *f* (*e-s Begriffes*) b Untersatz *m* (*beim Schluss*)

subsurface ADJ 1 unter der Oberfläche (befindlich) 2 a Untergrund… b Unterwasser…

subsystem S Teilsystem *n*

subtangent S MATH Subtangente *f* (*Tangentenprojektion auf die Abszissenachse*)

subteen S *US umg* Subteen *m* (*Kind unter 13 Jahren*)

subtemperate ADJ GEOG die kühleren Teile der gemäßigten Zonen betreffend

subtenancy S Untermiete *f*, -pacht *f*; **subtenant** S Untermieter(in), -pächter(in)

subterfuge [ˈsʌbtə(r)fjuːdʒ] S 1 Vorwand *m*, Ausflucht *f* 2 List *f*

subterranean [ˌsʌbtəˈreɪnjən; -nɪən] ADJ, **subterraneous** ADJ (ADV ~ly) 1 unterirdisch 2 *fig* versteckt, heimlich

subtext S (*das*) eigentlich Gemeinte

subtile ['sʌtl; US a. 'sʌbtl], **subtility** [sʌb'tɪlətɪ] → subtle, subtlety; **subtilization** [ˌsʌtɪlaɪ'zeɪʃn; US ˌsʌtlə'z-; ˌsʌbtələ'z-] S 1 Verfeinerung f 2 Spitzfindigkeit f 3 CHEM Verflüchtigung f; **subtilize** ['sʌtɪlaɪz; US -tl-ˌaɪz; -btəˌl-] A V/T 1 verfeinern 2 spitzfindig diskutieren od erklären 3 CHEM verdünnen, -flüchtigen B V/I spitzfindig argumentieren

subtitle A S Untertitel m: **an English film with German ~s** B V/T *e-n Film* untertiteln

subtle ['sʌtl] ADJ (ADV → subtly) 1 *allg* fein *(Aroma, Unterschied etc)* 2 fein(sinnig), hintergründig, subtil *(Ironie etc)*: **a ~ hint** ein leiser od zarter Wink 3 heikel, schwierig *(Punkt etc)* 4 scharf(sinnig), spitzfindig 5 a geschickt b gerissen, raffiniert 6 (heim)tückisch, schleichend *(Gift etc)*; **subtlety** [-tɪ] S 1 Feinheit f, subtile Art, *(das)* Subtile 2 Spitzfindigkeit f 3 Scharfsinn(igkeit) m(f) 4 a Geschicklichkeit f b Gerissenheit f, Raffinesse f 5 Tücke f 6 schlauer Einfall, Finesse f; **subtly** [-lɪ] ADV fein *etc*, auf feine *etc* Weise (→ subtle)

subtonic A S 1 LING Halbvokal m 2 MUS Leitton m B ADJ LING halbvokalisch

subtopia [sʌb'təʊpɪə] S *Br* Randgebiete *pl* der Großstadt

subtorrid ADJ GEOG subtropisch

subtotal A S Zwischen-, Teilsumme f B V/T *prät u. pperf* -taled, *bes Br* -talled e-e Zwischen- od Teilsumme errechnen von

subtract [səb'trækt] A V/T 1 wegnehmen (**from** von) 2 MATH abziehen, subtrahieren *(beide:* **from** von) B V/I 1 **(from)** Abstriche machen (von), schmälern *(akk)* 2 MATH subtrahieren; **subtraction** S 1 MATH Subtraktion f, Abziehen n 2 *fig* Abzug m; **subtractive** ADJ 1 abziehend 2 MATH abzuziehen(d)

subtrahend ['sʌbtrəhend] S MATH Subtrahend m *(abzuziehende Zahl)*

subtropical ADJ GEOG subtropisch; **subtropics** SPL Subtropen *pl*

subtype S BIOL 1 untergeordneter Typus 2 Formationsglied n

subulate ['sju:bjʊlət; -leɪt; *bes US* 'su:bjə-] ADJ 1 pfriemenförmig 2 BOT pfriemlich

suburb ['sʌbɜ:b; US -ˌɜrb] S 1 Vorort m, *pl a.* Randbezirke *pl*: **live in the ~s** am Stadtrand wohnen 2 (Stadt-)Randsiedlung f; **suburban** [sə'bɜ:bən; US -'bɜr-] A ADJ vorstädtisch, Vorstadt…, Vorort(s)… B S 1 → suburbanite 2 AUTO US Kombi(wagen) m; **suburbanite** S Vorstädter(in); **suburbanize** V/T e-n Vorstadtcharakter verleihen *(dat)*; **suburbia** [-bɪə] S 1 Vorstadt f, Randbezirke *pl (e-r Stadt)*, Stadtrand(siedlungen) m(pl) 2 KOLL Vorstadtbewohner *pl* 3 Leben(sstil) n(m) in der Vorstadt

subvention [səb'venʃn] S (staatliche) Subvention, (finanzielle) Beihilfe

subversion [səb'vɜ:ʃn; US -'vɜrʒən] S 1 POL Subversion f: a (Um)Sturz m: **the ~ of a government** der Sturz e-r Regierung b Staatsgefährdung f 2 Untergrabung f, Zerrüttung f, -setzung f; **subversive** [-sɪv] A ADJ (ADV ~ly) 1 POL umstürzlerisch, subversiv, staatsgefährdend, Wühl…: **~ activities** 2 zerstörerisch, zerrüttend B S POL Umstürzler(in)

subvert [sʌb'vɜ:t; səb-; US -'vɜrt] V/T 1 POL a *e-e Regierung etc* stürzen b *das Gesetz* umstoßen: **~ the constitution** die Verfassung gewaltsam ändern 2 untergraben, zerrütten, -setzen 3 umwerfen, zerstören

sub voce [ˌsʌb'vəʊsi:] ADV sub voce, unter dem (Stich)Wort *(in e-m Lexikon etc)*

subway S 1 US Untergrundbahn f, U-Bahn f 2 (Straßen-, Fußgänger)Unterführung f 3 Leitungstunnel m

subzero ADJ unter 0 Grad, unter dem Gefrierpunkt *(Temperatur)*

succeed [sək'si:d] A V/I 1 glücken, erfolgreich sein od verlaufen, gelingen, Erfolg haben *(Sache)*: **nothing ~s like success** *(Sprichwort)* nichts ist so erfolgreich wie der Erfolg 2 Erfolg haben, erfolgreich sein, sein Ziel erreichen *(Person)* (**as** als; **in** mit *etwas*; **with** bei *j-m*): **he ~ed in doing sth** es gelang ihm, etwas zu tun; **~ in action** JUR obsiegen; **he ~ed very badly** es gelang ihm sehr schlecht 3 **(to)** a Nachfolger werden (in *e-m Amt etc*) b erben *(akk)*: **~ to the throne** auf dem Thron folgen; **~ to sb's rights** in j-s Rechte eintreten 4 **(to)** *(unmittelbar)* folgen *(dat od* auf *akk)*, nachfolgen *(dat)* B V/T (nach)folgen *(dat)*, folgen *(dat od* auf *akk)*, *j-s* (Amts- od Rechts)Nachfolger(in) werden, *j-n* beerben: **~ sb in office** j-s Amt übernehmen

succès d'estime [səkˌseɪdes'ti:m] S Achtungserfolg m

success [sək'ses] S 1 (guter) Erfolg, Gelingen n: **with ~** erfolgreich; **without ~** erfolglos; **be a ~** ein Erfolg sein, (gut) einschlagen *(Sache u. Person)*; **the evening was a ~** es war ein gelungener Abend; **~ rate** Erfolgsquote f; → crown[1] B 2 2 Erfolg m, (Glanz)Leistung f 3 (beruflicher *etc*) Erfolg: **~ story** Erfolgsgeschichte f; **successful** ADJ (ADV ~ly) 1 erfolgreich: **be ~** → succeed A 1, A 2; **be ~ in doing sth** etwas mit Erfolg tun, Erfolg haben bei od mit etwas; **~ party** JUR obsiegende Partei 2 gelungen, geglückt, erfolgreich *(Experiment etc)*; **successfulness** S Erfolg m

succession [sək'seʃn] S 1 (Aufeinander-, Reihen)Folge f: **in ~** nach-, auf-, hintereinander; **in quick** (od **rapid**) **~** in rascher (Aufeinander)Folge 2 Reihe f, Kette f, (ununterbrochene) Folge (**of** *gen od* von): **a ~ of sunny days** mehrere Sonnentage hintereinander 3 Nach-, Erbfolge f, Sukzession f: **~ to the throne** Thronfolge; **in ~ to George II** als Nachfolger von Georg II.; **be next in ~ to sb** als Nächster auf j-n folgen; **~ to an office** Übernahme f e-s Amtes, Nachfolge in e-m Amt; **~ state** POL Nachfolgestaat m; → apostolic 1, intestacy, intestate A 2, Spanish A 4 JUR a Rechtsnachfolge f b Erbfolge f c Erbfolgeordnung f d *a.* **law of ~** *(objektives)* Erbfolgerecht e **~ to** Übernahme f od Antritt m *(e-s Erbes)*; **~ duties** *pl* Erbschaftssteuer f *(für unbewegliches Vermögen)*; **~ rights** *(subjektive)* Erbrechte 5 KOLL a Nachfolger *pl* b Nachkommenschaft f c Erben *pl* 6 BIOL Abstammungsfolge f *(e-r Art etc)* 7 BOT Sukzession f; **successional** ADJ (ADV ~ly) 1 (nach)folgend, Nachfolge… 2 aufeinanderfolgend; **successionist** S REL Verfechter(in) der apostolischen Sukzession od Nachfolge; **successive** [-sɪv] ADJ 1 sukzessiv, (aufeinander)folgend: **three ~ days** drei Tage hintereinander 2 nacheinander entstanden od geordnet, fortlaufend, stufenweise; **successively** ADV der Reihe nach, nach-, hintereinander; **successiveness** S (Reihen)Folge f, Nacheinander n; **successor** [-sə(r)] S Nachfolger(in) (**to, of** *j-s*, für *j-n*): **~ (in interest** od **title)** Rechtsnachfolger(in); **~ to the throne** Thronfolger(in); **~ in office** Amtsnachfolger(in); → intestate A 2

succinct [sək'sɪŋkt] ADJ (ADV ~ly) 1 kurz (u. bündig), knapp, lakonisch, prägnant 2 kurz (angebunden), barsch; **succinctness** S 1 Kürze f, Knappheit f, Prägnanz f 2 Barschheit f

succor, *bes Br* **succour** ['sʌkə(r)] A S 1 Hilfe f, Beistand m 2 MIL Entsatz m B V/T 1 *j-m* beistehen od zu Hilfe kommen 2 MIL entsetzen

succory ['sʌkərɪ] S Zichorie f

succotash ['sʌkəˌtæʃ] S GASTR US Mais- u. Bohneneintopf m

succour *bes Br für* succor

succubus ['sʌkjʊbəs] *pl* -bi [-baɪ] S Sukkubus m *(Dämonin, die mit e-m schlafenden Mann Verkehr hat)*

succulence ['sʌkjʊləns], **succulency** [-sɪ] S 1 Saftigkeit f 2 AGR Grün-, Silofutter n; **succulent** ADJ (ADV ~ly) 1 saftig, BOT *a.* fleischig, sukkulent: **~ plants** Sukkulenten; **~ feed** → succulence 2 2 *fig* kraftvoll, saftig

succumb [sə'kʌm] V/I 1 zusammenbrechen (**to** unter *dat*) 2 **(to)** a *(j-m)* unterliegen b *(e-r Krankheit etc, a. der Versuchung etc)* erliegen 3 **(to, under, before)** nachgeben *(dat)*, weichen *(dat od* vor *dat)*

succursal [sʌ'kɜ:sl; US sə'kɜrsəl] ADJ Hilfs…: **~ church**

succussion [sə'kʌʃn; sʌ-] S Schütteln n, Erschütterung f *(a.* MED)

such [sʌtʃ] A ADJ 1 solch(er, e, es), derartig(er, e, es): **~ a man** ein solcher Mann; **no ~ thing** nichts dergleichen; **there are ~ things** so etwas gibt es od kommt vor; **~ a life as they live** ein Leben, wie sie es führen; **~ people as you see here** die(jenigen) od alle Leute, die man hier sieht; **a system ~ as this** ein derartiges System; **~ a one** ein solcher, e-e solche, ein solches; **Mr ~ and ~** Herr Soundso; **~ and ~ persons** die u. die Personen 2 ähnlich, derartig(er, e, es): **silk and ~ luxuries** 3 *präd* so (beschaffen), derart(ig), von solcher Art (**as to** dass): **~ is life** so ist das Leben; **~ as it is** wie es nun einmal ist; **~ being the case** da es sich so verhält 4 solch(er, e, es), so groß od klein *etc*, dermaßen: **he got ~ a fright that …** er bekam e-n derartigen Schrecken, dass …; **~ was the force of the explosion** so groß war die Gewalt der Explosion 5 *umg* so gewaltig, solch: **we had ~ fun!** wir hatten (ja) so e-n Spaß! B ADV so, derart: **~ a nice day** so ein schöner Tag; **~ a long time** e-e so lange Zeit C PRON 1 solch(er, e, es), der, die, das, die *pl*: **~ as** a diejenigen, welche; alle, die; solche, die b wie (zum Beispiel); **~ was not my intention** das war nicht m-e Absicht; **man as ~** der Mensch als solcher; **all ~** alle dieser Art; **and ~** (**like**) u. dergleichen 2 *umg od* WIRTSCH der-, die-, dasselbe, dieselben *pl*; **~like** ADJ & PRON dergleichen

suck [sʌk] A V/T 1 saugen (**from, out of** aus *dat*) 2 saugen an *(dat)*, *e-e Orange etc* aussaugen 3 *a.* **~ in, ~ up** aufsaugen, -nehmen *(beide a. fig)* 4 **~ in** a einsaugen b *Wissen* in sich aufsaugen c *Br sl j-n* bescheißen 5 lutschen an *(dat)*: **~ one's thumb** (am) Daumen lutschen; **~ sweets** Bonbons lutschen 6 *a.* **~ down** *Suppe etc* schlürfen 7 **~ down** (od **under**) in die Tiefe ziehen *(Strudel)* 8 *fig* holen, gewinnen, ziehen: **~ advantage out of** Vorteil ziehen aus 9 *fig* aussaugen, -pressen: → brain A 2 10 **~ sb off** *vulg* j-m e-n ablutschen od blasen B V/I 1 saugen, lutschen *(beide:* **at** an *dat)*: **he ~ed at his pipe** er sog an s-r Pfeife 2 an der Brust trinken od saugen 3 Luft saugen od ziehen *(Pumpe)* 4 **~ up to** *sl j-m* in den Arsch od Hintern kriechen 5 *US sl* (echt) beschissen sein C S 1 Saugen n, Lutschen n: **give ~ to** *obs für* suckle A 1; **have** (od **take**) **a ~ at** (kurz) saugen an *(dat)* 2 Sog m, Saugkraft f 3 saugendes Geräusch 4 Wirbel m, Strudel m 5 *umg* kleiner Schluck 6 *sl* Arschkriecher(in) *pej*

sucker A S 1 saugendes Jungtier *(bes Spanferkel)* 2 ZOOL a Saugrüssel m b Saugnapf m 3 FISCH a *(ein)* Karpfenfisch m b Neunauge n c Lumpenfisch m 4 TECH a Saugkolben m b Saugventil n c Saugrohr n d Saugfuß m 5 BOT *(a.* Wurzel)Schössling m 6 US Lutscher m

7 *sl* Gimpel *m pej*, (gutgläubiger) Trottel *umg*: **play** (*od* **have**) **sb for a ~** j-n bescheißen *sl*; **be a ~ for** **a** immer wieder reinfallen auf (*akk*) **b** verrückt sein nach; **there's a ~ born every minute** *US* die Dummen werden nicht alle **8** *US sl allg* **a** Kerl *m* **b** Ding *n* **B** VT *e-e Pflanze* von Schösslingen befreien **C** VI Schösslinge treiben; **~ list** S *US sl* Liste *f* wahrscheinlicher Spender *od* Käufer *etc*

sucking ADJ **1** saugend, Saug...: **~ infant** Säugling *m* **2** ORN noch nicht flügge **3** angehend, Anfänger..., grün *umg*: **a ~ lawyer** ein angehender Rechtsanwalt; **~ calf** S *irr* Milchkalb *n*; **~ coil** S TECH Tauchkernspule *f*; **~ disk** → sucker A 2 b; **~ pig** S Spanferkel *n*

suckle ['sʌkl] **A** VT **1** säugen (*a.* ZOOL), *ein Kind* stillen, *e-m Kind* die Brust geben **2** *fig* nähren, pflegen **B** VI stillen, säugen (*a.* ZOOL); **suckling** [-lɪŋ] S **1** Säugling *m* **2** (*noch nicht entwöhntes*) Jungtier

sucks [sʌks] INT *US sl* Scheiße!

sucre ['su:kreɪ; 'sukre] S Sucre *m* (*Münzeinheit Ecuadors*)

sucrose ['su:krəʊs; -əʊz; *Br a.* 'sju:-] S CHEM Rohrzucker *m*

suction ['sʌkʃn] **A** S **1** (An)Saugen *n*, TECH *a.* Saugwirkung *f*, -leistung *f* **2** PHYS Saugfähigkeit *f* **3** PHYS, TECH Sog *m*, Unterdruck *m* **4** AUTO Hub(höhe) *m(f)*, Hubkraft *f* **B** ADJ Saug...: **~ pump (valve)**; **~ cup** S TECH Saugnapf *m*; **~ method** S MED Absaugemethode *f* (*Schwangerschaftsabbruch*); **~ pad** S TECH Saugfuß *m*; **~ pipe** S TECH **1** Ansaugleitung *f* **2** Saugrohr *n* (*e-s Staubsaugers*); **~ plate** S MED Saugplatte *f* (*für e-e Zahnprothese*); **~ stop** S LING Schnalzlaut *m*; **~ stroke** S TECH (An)Saughub *m*

suctorial [sʌk'tɔ:rɪəl; *US a.* -'təʊ-] ADJ Saug...

Sudan [su:'dɑ:n; -'dæn] S Sudan *m* **a** *Landschaft im nördlichen Afrika* **b** *Staat in Ostafrika*

Sudanese [ˌsu:də'ni:z] **A** ADJ sudanesisch, Sudan... **B** S Sudanese *m*, Sudanesin *f*: **the ~** *koll* die Sudanesen *pl*

sudarium [sju:'deərɪəm; *bes US* su:-] *pl* **-ia** [-ɪə] S **1** REL Schweißtuch *n* (der heiligen Veronika) **2** → sudatory B 1; **sudatorium** [ˌsju:də'tɔ:rɪəm; *bes US* ˌsu:-; *US a.* -'təʊ-] *pl* **-ria** [-rɪə] → sudatory B 1; **sudatory** [-tərɪ; *US* -ˌtəʊri:; -ˌtɔ:-] **A** ADJ **1** Schwitz(bad)... **2** MED, PHARM schweißtreibend **B** S **1** Sudatorium *n*, Schwitzbad *n* **2** MED, PHARM schweißtreibendes Mittel

sudd [sʌd] S treibende Pflanzenmasse (*auf dem Weißen Nil*)

sudden ['sʌdn] **A** ADJ (ADV **~ly**) **1** plötzlich, jäh, überraschend, unvermutet: **~ death** **a** *bes Eishockey*: Sudden Death *m* (*Verlängerung bei unentschiedenem Endstand, wobei die Mannschaft, die das erste Tor erzielt, das Spiel gewonnen hat*) **b** *Golf*: Stechen *n*; **~ infant death syndrome** MED plötzlicher Kindstod **2** jäh, hastig, abrupt **3** überstürzt, jäh **B** ADV *bes poet* plötzlich **C** S **all of a ~** ganz plötzlich: **why are you so interested in it all of a ~?** warum bist du auf einmal so sehr daran interessiert?; **suddenness** S Plötzlichkeit *f*

sudor ['sju:dɔ:(r); *bes US* 'su:-] S PHYSIOL Sudor *m*, Schweiß *m*; **sudoriferous** [-də'rɪfərəs] ADJ PHYSIOL sudorifer, schweißabsondernd, Schweiß...: **~ gland**; **sudorific** MED, PHARM **A** ADJ sudorifer, schweißtreibend **B** S Sudoriferum *n*, schweißtreibendes Mittel

suds [sʌdz] **A** S PL **1** **a** Seifenwasser *n*, -lauge *f* **b** Seifenschaum *m* **2** Schaum *m* **3** *US sl* Bier *n* **B** VT *oft* **~ out** *US Wäsche etc* in Seifenlauge auswaschen; **sudser** S *bes US umg* **1** → soap opera **2** Schmachtfetzen *m pej* (*Film, Theaterstück etc*); **sudsy** ADJ schaumig

sue [sju:; *bes US* su:] **A** VT **1** JUR *j-n* (gerichtlich) belangen, verklagen (*beide:* **for** auf *akk*, wegen): → capacity A 9 **2** *a.* **~ out** JUR *e-n Gerichtsbeschluss* beantragen *od* erwirken **3** *j-n* bitten (**for** um) **4** *obs* um *j-n* werben **B** VI **1** JUR klagen (**for** auf *akk*): **~ for a divorce**; **~ for a debt** e-e Schuld einklagen; → capacity A 9 **2** **a** nachsuchen (**to sb** bei j-m; **for sth** um etwas) **b** bitten, flehen (*beide:* **for** um)

suede, **suède** [sweɪd] S **1** Wildleder *n*, Velours(leder) *n*: **~ shoes** Wildlederschuhe **2** *a.* **~ cloth** Velours (stoff) *m*

suer ['sju:ə(r); *bes US* 'su:-] S **1** Antragsteller(in) **2** JUR Kläger(in)

suet ['sjʊɪt; 'sʊɪt; *US* 'su:ət] S Nierenfett *n*, Talg *m*: **~ pudding** *Süßspeise aus Mehl, Talg, Brotkrumen etc*; **suety** ADJ talgig, Talg...

Suez| Canal [ˌsʊɪzkə'næl; ˌsu:ɪz-; *US bes* su:-ˌez-; ˌsu:ez-] S Suezkanal *m*; **~Crisis** ['su:ɪz; *US* -ez] S HIST Suezkrise *f*

suff.[1] ABK **1** sufficient **2** LING suffix

Suff. ABK Suffolk

suffer ['sʌfə(r)] **A** VI **1** leiden, laborieren (*beide:* **from** an *dat*): **~ from a complex** e-n Komplex haben **2** *weitS.* leiden (**under, from** unter *dat*): **trade ~s from war** **3** **a** Schaden erleiden, in Mitleidenschaft gezogen werden: **the engine ~ed severely** der Motor wurde stark mitgenommen; **your reputation will ~** dein Ruf wird leiden **b** darunter leiden: **he drinks a lot, and his work ~s** **4** MIL Verluste erleiden **5** büßen, bestraft werden, bezahlen müssen (*alle:* **for** für): **you will ~ for your foolishness** **6** hingerichtet werden, den Tod erleiden **B** VT **1** *Knochenbrüche, Verluste etc* erleiden: **both armies ~ed thousands of dead** in beiden Armeen gab es Tausende von Toten **2** *Durst etc* leiden, *etwas* erdulden **3** *etwas* erfahren, erleiden: **~ a disappointment** e-e Enttäuschung erleben **4** *etwas od j-n* ertragen, aushalten: **how can you ~ him?** **5** dulden, (zu)lassen, erlauben, gestatten: **he ~ed their presence** er duldete ihre Gegenwart; **he ~ed himself to be cheated** er ließ sich betrügen; **sufferable** ADJ (ADV **sufferably**) erträglich; **sufferance** S **1** Duldung *f*, Einwilligung *f*: **on ~** unter stillschweigender Duldung, nur geduldet(erweise); **it is beyond ~** es übersteigt alles Erträgliche **2** WIRTSCH *Br* Zollvergünstigung *f* **3** *obs* **a** (Er)Dulden *n* **b** Leiden *n*, Not *f*: **remain in ~** WIRTSCH weiter Not leiden (*Wechsel*); **sufferer** S **1** Leidende(r) *m/f(m)*: **be a ~ from** leiden an (*dat*) **2** *in Zusammensetzungen* ...kranke(r) *m/f(m)*: **cancer ~s**; **headache ~s** Leute, die an Kopfschmerzen leiden **3** Geschädigte(r) *m/f(m)* **4** Märtyrer(in); **suffering** **A** S Leiden *n*: **the ~s** *pl* **of Christ** REL das Leiden Christi **B** ADJ leidend

suffice [sə'faɪs] **A** VI genügen, (aus)reichen: **~ it to say** es genügt wohl, wenn ich sage (**that** dass) **B** VT *j-m* genügen

sufficiency [sə'fɪʃnsɪ] S **1** Hinlänglichkeit *f*, Angemessenheit *f* **2** hinreichende Menge *od* Zahl: **a ~ of money** genug *od* genügend Geld **3** hinreichendes Auskommen **4** MED Suffizienz *f*, Funktionstüchtigkeit *f*; **sufficient** **A** ADJ **1** genügend, genug, aus-, hinreichend: **be ~** genügen, (aus)reichen (*beide:* **for** für) **2** *obs* tauglich, fähig (*Person*) **B** S *umg* genügende Menge, genug; **sufficiently** ADV genügend (*etc*; → sufficient A 1), zur Genüge, hinlänglich

suffix ['sʌfɪks] **A** S LING Suffix *n*, Nachsilbe *f* **B** VT [*a.* sə'fɪks] **1** LING als Suffix anfügen **2** anfügen, anhängen

suffocate ['sʌfəkeɪt] **A** VT ersticken, *fig a.* erdrücken **B** VI ersticken (**from** an *dat*): **I'm suffocating in here** die Luft hier drinnen ist zum Ersticken; **suffocating** ADJ (ADV **~ly**) stickig (*Luft*); **suffocation** S **1** Ersticken *n*, Erstickung *f*: **die of ~** ersticken **2** MED Atembeklemmung *f*

Suffolk[1] ['sʌfək] S Suffolk *n* (*Grafschaft im Osten Englands*)

Suffolk[2] ['sʌfək] S ZOOL **1** Suffolk(schaf) *n* **2** *a.* **~ punch** Suffolk(pferd) *n*

suffragan ['sʌfrəgən; *US* -rɪgən; -rɪdʒən] REL **A** ADJ Hilfs..., Suffragan... **B** S *a.* **~ bishop** Suffragan(bischof) *m*

suffrage ['sʌfrɪdʒ] S **1** POL Wahl-, Stimmrecht *n*: **female ~** *bes US*, **women's ~** Frauenstimmrecht; **manhood ~** allgemeines Stimmrecht (der Männer); **universal ~** allgemeines Wahlrecht **2** Stimmabgabe *f* **3** Jastimme *f* **4** REL Bittgebet *n*, Fürbitte *f*; **suffragette** [-rə'dʒet; *US* -rɪ-] S HIST Suffragette *f*, Stimmrechtlerin *f*; **suffragist** [-rədʒɪst; *US* -rɪ-] S HIST Stimmrechtler(in)

suffuse [sə'fju:z] VT **1** **a** übergießen, -strömen **b** überziehen (**with** mit *e-r Farbe*) **c** durchfluten (*Licht*): **a face ~d with blushes** ein von Schamröte überzogenes Gesicht **2** zerstreuen; **suffusion** [-ʒn] S **1** Übergießung *f*, -flutung *f* **2** Übergossensein *n*, Überzug *m* **3** MED Blutunterlaufung *f* **4** *fig* (Scham)Röte *f*

sugar ['ʃʊgə(r)] **A** S **1** Zucker *m* (*a.* CHEM, PHYSIOL): **~ of lead** CHEM Bleiazetat *n*, -zucker; **~ of milk** CHEM Milchzucker, Laktase *f* **2** CHEM Zucker *m*, Kohle(n)hydrat *n* **3** **a** Stückchen *n* Zucker **b** Löffel *m* (voll) Zucker **4** Schmeichelei *f*, honigsüße Worte *pl* **5** *sl* Knete *f*, Kohle *f* (*Geld*) **6** *bes US umg* Süße *f*, Schätzchen *n* **7** **~!** *umg* Scheibenkleister! **8** *sl* LSD *n* **B** VT **1** zuckern, süßen: **I don't ~ my tea** ich nehme keinen Zucker in den Tee **2** überzuckern, mit Zucker bestreuen: → pill A 1 **3** *a.* **~ over** (*od* **up**) *fig* → sugar-coat 2 **C** VI (sich) kristallisieren; **~ basin** S *Br* Zuckerdose *f*; **~ beet** S BOT Zuckerrübe *f*; **~ bowl** S Zuckerdose *f*; **~ candy** S **1** Kandis(zucker) *m* **2** *fig* (*etwas*) Süßes; **~-candy** ADJ *fig* zuckersüß; **~ cane** S BOT Zuckerrohr *n*; **~-coat** [ˌ-'kəʊt; '-k-] VT **1** mit Zucker(guss) überziehen, überzuckern: **~ed** mit Zuckerüberzug; **~ed pill** PHARM Dragee *n* **2** *fig* **a** versüßen **b** beschönigen; **~-coating** [ˌ-'k-; '-ˌk-] S **1** Zuckerguss *m* **2** *fig* **a** Versüßen *n* **b** Beschönigung *f*; **~ cube** S Zuckerwürfel *m*; **~ daddy** S *umg* Sugardaddy *m* (*alter Knacker, der ein junges Mädchen aushält*)

sugared ['ʃʊgə(r)d] ADJ **1** gezuckert, gesüßt **2** mit Zuckerguss **3** süß **4** → sugary 3

sugar-free ADJ zuckerfrei

sugariness ['ʃʊgərɪnɪs] S **1** Süßigkeit *f*, Zuckerhaltigkeit *f* **2** Süßlichkeit *f* (*a. fig*)

sugar| loaf S *irr* Zuckerhut *m*; **~-loaf** ADJ zuckerhutförmig; **~ maple** S BOT Zuckerahorn *m*; **~ pea** S BOT Zuckererbse *f*; **~plum** S **1** Süßigkeit *f*, Bonbon *m/n* **2** *fig* **a** Schmeichelei *f*, süße Worte *pl* **b** Lockspeise *f*; **~ refinery** S Zuckerraffinerie *f*; **~ solution** S Zuckerlösung *f*; **~ spoon** S Zuckerlöffel *m*; **~-teat**, **~-tit** S Lutschbeutel *m* (*mit Zucker*); **~ tongs** SPL, *a.* **pair of ~** Zuckerzange *f*; **~works** SPL (*oft als sg konstruiert*) Zuckerfabrik *f*

sugary ['ʃʊgərɪ] ADJ **1** zuckerhaltig, zuck(e)rig, süß, Zucker... **2** süßlich (*a. fig*) **3** *fig* zuckersüß (*Lächeln etc*)

suggest [sə'dʒest; *US a.* səg'dʒest] VT **1** *etwas od j-n* vorschlagen, empfehlen, *etwas* anregen, *etwas* nahelegen (**to sb** j-m): **I ~ going home, I ~ (that) we (should) go home** ich schlage vor heimzugehen **2** *e-e Idee etc* eingeben, -flüstern, suggerieren: **~ itself** sich aufdrängen, in den Sinn kommen (*beide:* **to sb** j-m) **3** hindeuten *od* -weisen auf (*akk*), schließen lassen auf (*akk*): **~**

S

that … darauf hindeuten *od* -weisen, dass …; darauf schließen lassen, dass …; **there is evidence to ~ that …** es gibt Beweise für die Annahme, dass … **4** denken lassen *od* erinnern *od* gemahnen an (*akk*): **the scene ~s Elizabethan times** **5** andeuten, anspielen auf (*akk*), sagen wollen, zu verstehen geben, die Ansicht äußern (**that** dass): **I ~** wenn ich bemerken darf, m-r Ansicht nach **6** *a.* JUR unterstellen, behaupten (*beide:* **that** dass) **7** PSYCH suggerieren, *j-n* durch Suggestion beeinflussen; **suggestibility** S Suggestibilität *f*, Beeinflussbarkeit *f*; **suggestible** ADJ (ADV suggestibly) **1** suggestibel, beeinflussbar **2** suggerierbar

suggestion [sə'dʒestən; *US a.* səg'dʒest-] S **1** Vorschlag *m*, Anregung *f*: **at** (*od* **on**) **the ~ of** auf Vorschlag von (*od gen*) **2** Wink *m*, Hinweis *m* **3** Anflug *m*, Spur *f*, Hauch *m*, Idee *f*: **not even a ~ of fatigue** nicht die leiseste Spur von Müdigkeit; **a ~ of a smile** der Anflug e-s Lächelns, ein angedeutetes Lächeln; **a ~ of blue in the gray** (*bes Br* **grey**) e-e Idee Blau im Grau **4** Vermutung *f*: **a mere ~** **5** Erinnerung *f* (**of** an *akk*) **6** Hervor-, Wachrufen *n* **7** Andeutung *f*, Anspielung *f* (*beide:* **of** auf *akk*) **8** Eingebung *f*, -flüsterung *f* **9** PSYCH Suggestion *f*, (hypnotische) Beeinflussung

suggestive [sə'dʒestɪv; *US a.* səg'dʒest-] ADJ **1** (**of**) andeutend (*akk*), erinnernd *od* gemahnend (an *akk*): **be ~ of** → **suggest** 3, 4 **2** anregend, gehaltvoll (*Rede etc*) **3** **a** vielsagend (*Blick etc*) **b** *pej* zweideutig, anzüglich, schlüpfrig (*Lied etc*) **4** PSYCH suggestiv, Suggestiv…; **suggestively** ADV andeutungsweise; **suggestiveness** S **1** (*das*) Anregende, Gedanken-, Beziehungsreichtum *m* **2** (*das*) Vielsagende **3** Zweideutigkeit *f*, Schlüpfrigkeit *f*

suicidal [sjʊɪ'saɪdl; sʊɪ's-; *bes US* ˌsuː-] ADJ suizidal: **a** selbstmörderisch (*a. fig*), Selbstmord…: **~ thoughts** **b** selbstmordgefährdet: **I'm feeling ~** ich möchte mich am liebsten umbringen; **suicidally** ADV in selbstmörderischer Absicht *od* Weise

suicide ['sjʊɪsaɪd; 'sʊɪ-; *bes US* 'suː-] **A** S **1** Suizid *m*, Selbstmord *m* (*a. fig*), Freitod *m*: **commit ~** Suizid *od* Selbstmord begehen, den Feitod wählen; **try to commit ~** e-n Selbstmordversuch unternehmen **2** Suizidant(in), Selbstmörder(in) **B** ADJ **1** Selbstmord…: **~ attempt**; **~ clause** Selbstmordklausel *f*; **~ seat** AUTO Selbstmördersitz *m* (*Beifahrersitz*) **2** MIL **~ mission** Himmelfahrtskommando *n*; **~ squad** (*a. als pl konstruiert*) Himmelfahrtskommando *n* (*Soldaten*) **C** VI *US* Selbstmord begehen **D** VT **~ o.s.** *US* → C

suicidologist [ˌsjʊɪsaɪ'dɒlədʒɪst; ˌsʊɪ-; *US* ˌsuː-; -'dɑl-] S Suizidologe *m*, Suizidologin *f*; **suicidology** S Suizidologie *f* (*Teilgebiet der Psychiatrie, das sich mit der Erforschung u. Verhütung von Selbstmorden befasst*)

sui| generis [ˌsjʊaɪ'dʒenərɪs; ˌsʊ-; *bes US* ˌsuː-] ADJ einzigartig: **a case ~** ein Fall für sich; **be ~** einzig in s-r Art sein; **~ juris** [-'dʒʊərɪs] ADJ JUR geschäftsfähig

suint [swɪnt; 'suːɪnt] S Wollfett *n*, -schweiß *m*

suit [suːt] **A** S **1** **a** (Herren)Anzug *m* **b** (Damen)Kostüm *n*: **cut one's ~ according to one's cloth** *fig* sich nach der Decke strecken **2** Garnitur *f*, Satz *m*: **~ of armo(u)r** MIL, HIST Rüstung *f*, Panzer *m*; **~ of sails** SCHIFF Satz (Segel) **3** *Kartenspiel:* Farbe *f*: **~ of spades** Pik *n*; **long (short) ~** lange (kurze) Farbe *od* Hand; **follow ~** **a** (Farbe) bedienen **b** *fig* dasselbe tun, nachziehen, dem Beispiel folgen, sich anschließen **4** JUR Rechtsstreit *m*, Prozess *m*, Klage(sache) *f*, Verfahren *n*: **bring** (*od* **institute**) **a ~, file ~** Klage erheben, e-n Prozess einleiten *od* anstrengen (*alle:* **against** gegen); **in ~** strittig **5** Werben *n* (*um e-e Frau*) **6** Anliegen *n*, Bitte *f* **B** VT **1** *j-n* (ein)kleiden **2** (**to**) anpassen (*dat od* an *akk*), abstimmen (auf *akk*): **~ the action to the word**, **~ one's actions to one's words** das Wort in die Tat umsetzen, auf Worte Taten folgen lassen; **a task ~ed to his powers** e-e s-n Kräften angemessene Aufgabe **3** passen zu, *j-m* stehen, *j-n* kleiden **4** passen für, sich eignen zu *od* für: **he is not ~ed for** (*od* **to be**) **a teacher** er eignet sich nicht zum Lehrer; **they are not ~ed (for each other)** sie passen nicht zusammen *od* zueinander; **the book is not ~ed to** (*od* **for**) **children** das Buch eignet sich nicht für Kinder; **~ sb's purpose** j-s Zwecken entsprechen; **colo(u)rs to ~ every taste** Farben für jeden Geschmack **5** sich schicken *od* ziemen für *j-n* **6** *j-m* bekommen, zusagen (*Klima etc*) **7** zufriedenstellen, *j-m* gefallen: **try to ~ everybody** es allen Leuten recht machen wollen; **~ yourself** mach, was du willst!; **it ~s me (fine)** das passt mir (großartig); **what time would ~ you?** wann passt es Ihnen?; **are you ~ed?** haben Sie etwas Passendes gefunden?; → **book** A 1 **C** VI **1** (**with, to**) passen (zu), übereinstimmen (mit) **2** passen, (an)genehm sein (*beide:* **with** *dat*): **this date ~s very well (with me)** dieses Datum passt (mir) sehr gut; **he is hard to ~** er ist schwer zufriedenzustellen

suitability [ˌsuːtə'bɪlətɪ] S **1** Eignung *f* **2** Angemessenheit *f*, Schicklichkeit *f* **3** Übereinstimmung *f*; **suitable** ADJ (ADV suitably) **1** passend, geeignet (*beide:* **to, for** für, zu): **be ~** passen, sich eignen **2** angemessen, schicklich (*beide:* **to, for** für): **be ~** sich schicken **3** entsprechend; **suitableness** → suitability

suitcase ['suːtkeɪs] S (Hand)Koffer *m*: **live out of a ~** aus dem Koffer leben

suite [swiːt] S **1** (*a. als pl konstruiert*) Gefolge *n* **2** Satz *m* **3** Suite *f*, Zimmerflucht *f* **4** (*Möbel-, Polster- etc*) Garnitur *f*, (*Schlafzimmer- etc*) Einrichtung *f* **5** MUS Suite *f*

suited ['suːtɪd] ADJ **1** passend, geeignet: → suit B 4 **2** (*in Zusammensetzungen*) gekleidet; **suiting** S (Herren)Anzugstoff *m*

suitor ['suːtə(r)] S **1** Freier *m* **2** JUR Kläger(in), (Prozess)Partei *f* **3** Bittsteller(in) **4** WIRTSCH Übernahmeinteressent(in)

Sukkoth ['sʊkəʊt; -kəʊθ; *US a.* -kəs] S REL Sukkoth *pl*, Laubhüttenfest *n*

sulcal ['sʌlkəl] ADJ **1** ANAT Furchen… **2** LING **a** gefurcht (*Zunge*) **b** mit gespaltener Zunge artikuliert; **sulcate** [-keɪt], **sulcated** ADJ **1** *bes* BOT gefurcht **2** ZOOL gespalten (*Huf etc*); **sulcus** [-kəs] *pl* **-ci** [-saɪ; -kaɪ] S ANAT Sulcus *m*, (*a.* Gehirn)Furche *f*

sulfa drug, *bes Br* **sulpha drug** ['sʌlfə] S MED, PHARM Sulfonamid *n*

sulfamate, *bes Br* **sulphamate** ['sʌlfəmeɪt] S CHEM sulfamidsaures Salz

sulfamic, *bes Br* **sulphamic** [sʌl'fæmɪk] ADJ CHEM sulfaminsauer, Sulfamin…

sulfamide, *bes Br* **sulphamide** [sʌl'fæmaɪd; -ɪd; 'sʌlfəmaɪd], *a.* **sulfamid**, *bes Br* **sulphamid** [-ɪd] S CHEM Sulfamid *n*

sulfamine, *bes Br* **sulphamine** [ˌsʌlfə'miːn; sʌl'fæmɪn], *a.* **sulfamin**, *bes Br* **sulphamin** [-'fæmɪn] → sulfamyl

sulfaminic, *bes Br* **sulphaminic** [ˌsʌlfə'mɪnɪk] → sulfamic

sulfamyl, *bes Br* **sulphamyl** ['sʌlfəmɪl] S CHEM Sulfamylgruppe *f*

sulfate, *bes Br* **sulphate** ['sʌlfeɪt] CHEM **A** S schwefelsaures Salz, Sulfat *n*: **~ of alumina** schwefelsaure Tonerde, Aluminiumsulfat; **~ of copper** Kupfersulfat, -vitriol *n*; **~ of iron, ferrous ~** Eisenvitriol *n*, Ferrosulfat; **~ of magnesium** Bittersalz *n*, Magnesiumsulfat; **~ of potash** schwefelsaures Kali, Kaliumsulfat; **~ of sodium** (*od* **soda**) schwefelsaures Natrium, Glaubersalz *n*, Natriumsulfat **B** VT **1** sulfatieren **2** ELEK vitriolisieren

sulfide, *bes Br* **sulphide** ['sʌlfaɪd] S CHEM Sulfid *n*

sulfite, *bes Br* **sulphite** ['sʌlfaɪt] S CHEM Sulfit *n*, schwefelsaures Salz

sulfitic, *bes Br* **sulphitic** [sʌl'fɪtɪk] ADJ CHEM schweflig sauer, Sulfit…

sulfo-, *bes Br* **sulpho-** [sʌlfəʊ] CHEM *Wortelement mit den Bedeutungen* **a** Sulfo… (*die Gruppe SO_3H enthaltend*) **b** Sulfon… (*das Radikal SO_2 enthaltend*) **c** Schwefel(säure)… (*H_2SO_4 enthaltend*)

sulfonamide, *bes Br* **sulphonamide** [sʌl'fɒnəmaɪd; *US* -'fɑn-; -'fəʊn-; *a.* -mɪd] S MED, PHARM Sulfonamid *n*

sulfonate, *bes Br* **sulphonate** ['sʌlfəneɪt] CHEM **A** S Sulfonat *n* **B** VT sulfurieren

sulfonic, *bes Br* **sulphonic** [sʌl'fɒnɪk; *US* -'fɑn-; -'fəʊn-] ADJ CHEM Sulfo…, sulfonsauer

sulfonyl, *bes Br* **sulphonyl** ['sʌlfənɪl] CHEM **A** S Sulfon *n* **B** ADJ Sulfonyl…

sulfovinate, *bes Br* **sulphovinate** [-'vaɪneɪt] S CHEM Sulfovinat *n*, schwefelweinsaures Salz

sulfur, *bes Br* **sulphur** ['sʌlfə(r)] **A** S **1** CHEM, MINER Schwefel *m*: → **flower** A 9, **milk** A 3 **2** Schwefelgelb *n* (*Farbe*) **B** ADJ **1** CHEM, MINER Schwefel…: **~ spring** Schwefelquelle *f*, -brunnen *m* **2** schwefelgelb

sulfurate, *bes Br* **sulphurate** ['sʌlfjʊreɪt; *US* -fər-] **A** VT → sulfurize **B** ADJ [-rət] → sulfurated; **sulfurated**, *bes Br* **sulphurated** ADJ **1** (ein-, aus)geschwefelt **2** vulkanisiert

sulfureous, *bes Br* **sulphureous** [sʌl'fjʊərɪəs] ADJ **1** → sulfurous **2** schwefelfarben

sulfuret, *bes Br* **sulphuret** ['sʌlfjʊret; *US a.* -fəˌr-] CHEM **A** S Sulfid *n* **B** VT *prät u. pperf* sulfuret(t)ed, *bes Br* sulphuretted schwefeln: **~(t)ed** geschwefelt; **~(t)ed hydrogen** Schwefelwasserstoff *m*

sulfuric, *bes Br* **sulphuric** [sʌl'fjʊərɪk] ADJ CHEM Schwefel…

sulfurize, *bes Br* **sulphurize** ['sʌlfjʊraɪz; -fər-] VT CHEM **1** (ein-, aus)schwefeln **2** vulkanisieren

sulfurous, *bes Br* **sulphurous** ['sʌlfərəs; -fjʊr-] ADJ **1** CHEM (*vierwertigen*) Schwefel enthaltend, schwef(e)lig, Schwefel…: **~ acid** schweflige Säure **2** *fig* **a** höllisch **b** hitzig, wild

sulfury, *bes Br* **sulphury** ['sʌlfərɪ] ADJ **1** → sulfurous **2** schwefelfarben

sulk [sʌlk] **A** VI schmollen, eingeschnappt sein *umg* **B** S *meist pl* Schmollen *n*: **be in** (*od* **have**) **the ~s** → A; **sulkiness** [-ɪnɪs] S **1** Schmollen *n* **2** *fig* Düsterkeit *f*; **sulky** **A** ADJ (ADV sulkily) **1** schmollend **2** *fig* düster, trübe (*Tag etc*) **3** AGR, TECH *US* mit Fahrersitz: **~ plow** **B** S **a** SPORT Sulky *n*, Traberwagen *m* **b** zweirädriger, einsitziger Einspänner **c** AGR, TECH *US* Pflug *m etc* mit Fahrersitz

sullage ['sʌlɪdʒ] S **1** Abwasser *n*, Jauche *f* **2** Schlamm *m*, Ablagerung *f* (*in Flüssen etc*) **3** METALL Schlacke *f*, Schaum *m*

sullen ['sʌlən] ADJ (ADV ~ly) **1** mürrisch, grämlich, verdrossen **2** düster, trübe (*Gesicht, Tag etc*): **~ sound** dumpfer Laut **3** widerspenstig, störrisch (*bes Tiere od Dinge*) **4** langsam, träge (*Strom etc*); **sullenness** S **1** mürrisches Wesen, Verdrossenheit *f* **2** Düsterkeit *f*, Dumpfheit *f* **3** Widerspenstigkeit *f* **4** Trägheit *f*

sully ['sʌlɪ] VT *meist fig* beflecken, besudeln

sulpha drug, **sulphamate**, *etc bes Br für* sulfa drug, sulfamate *etc*

S

sulphur, **sulphurate**, *etc bes Br für* sulfur, sulfurate *etc*

sultan ['sʌltən] S 1 Sultan *m* 2 Despot *m*, Tyrann *m* 3 ORN a Sultanshuhn *n* b → sultana 3 4 BOT Moschus-Flockenblume *f*; **sultana** [-'tɑːnə; *US* -'tænə] S 1 Sultanin *f* 2 a Mätresse *f* b Kurtisane *f* 3 ORN Sultans-, Purpurhuhn *n* 4 [səl-; sʌl-] *a.* ~ **raisin** *Br* Sultanine *f*; **sultanate** [-tənət; -eɪt] S Sultanat *n*; **sultaness** S Sultanin *f*; **sultanship** S Sultanswürde *f*

sultriness ['sʌltrɪnɪs] S Schwüle *f*; **sultry** [-trɪ] ADJ (ADV sultrily) 1 schwül (*a. fig erotisch*) 2 *fig* heftig, hitzig (*Temperament*)

sum [sʌm] A S 1 *allg* Summe *f*: a ~ **total** (Gesamt-, End)Betrag *m*, Gesamtmenge *f* b (Geld)Betrag *m* c *fig* Ergebnis *n*, Fazit *n* d *fig* Gesamtheit *f*: **the ~ of his experience** alle s-e Erfahrungen; **in ~** insgesamt, *fig* mit einem Wort 2 MATH Zahlen-, Additionsreihe *f* 3 *umg* Rechenaufgabe *f*: **do ~s** rechnen; **he is good at ~s** er kann gut rechnen; **get one's ~s right (wrong)** richtig rechnen (sich verrechnen) (*a. fig*) 4 *a.* ~ **and substance** Inbegriff *m*, Kern *m*, Substanz *f* 5 Zusammenfassung *f* 6 *fig obs* Gipfel *m*, Höhe(punkt) *f(m)* B V/T 1 ~ **up** summieren, addieren, zusammenzählen 2 ~ **up** *ein Ergebnis* ausmachen: **10 victories ~med up this record** 3 ~ **up** a *j-n* kurz ein- *od* abschätzen, mit Blicken messen b *e-e Situation* erfassen 4 ~ **up** zusammenfassen (**in a word** in einem Wort), rekapitulieren, resümieren C V/I 1 *meist* ~ **up** sich belaufen (**to, into** auf *akk*) 2 ~ **up** (das Gesagte) zusammenfassen, resümieren

sumac(h) ['ʃuːmæk; 'suː-; *Br a.* 'sjuː-] S 1 BOT Sumach *m*, Färberbaum *m* 2 Schmack *m* (*Gerbstoff des Sumach*)

Sumatra [sʊ'mɑːtrə] S Sumatra *n* (*Zweitgrößte der Großen Sundainseln*)

Sumerian [sjuː'mɪərɪən; *bes US* suː-; *US a.* -'mer-] HIST A S 1 Sumerer(in) 2 LING Sumerisch *n*, das Sumerische B ADJ sumerisch

sumless ['sʌmlɪs] ADJ *bes poet* unzählig, unermesslich

summa ['sʊmɑː; -mə] *pl* -mae [-miː; -maɪ] S *bes* HIST Summa *f* (*zusammenfassende Darstellung des gesamten philosophischen u. theologischen Wissensstoffes*)

summand ['sʌmænd; sʌ'mænd] S MATH Summand *m* (*hinzuzuzählende Zahl*)

summariness ['sʌmərɪnɪs] S (*das*) Summarische, Kürze *f*

summarize ['sʌməraɪz] V/T & V/I zusammenfassen

summary ['sʌmərɪ] A S Zusammenfassung *f*, (gedrängte) Übersicht, Abriss *m*, (kurze) Inhaltsangabe B ADJ (ADV summarily) summarisch: a knapp, gedrängt, zusammenfassend (*Bericht etc*) b *bes* JUR abgekürzt, Schnell…: ~ **procedure** (**court**, *etc*); ~ **conviction** Verurteilung *f* im Schnellverfahren; ~ **offence** (*bes US* **offense**) Übertretung *f* c oberflächlich, flüchtig (*Behandlung etc*): ~ **dismissal** fristlose Entlassung

summation [sʌ'meɪʃn] S 1 Zusammenzählen *n* 2 Summierung *f* 3 (Gesamt)Summe *f* 4 JUR *US* (Schluss)Plädoyer *n*

summer[1] ['sʌmə(r)] A S 1 Sommer *m*: **in ~** im Sommer 2 *poet* Lenz *m*, (Lebens)Jahr *n*: **a lady of 30 ~s** 3 *fig* Höhepunkt *m*, Blüte *f* B V/T *Vieh* übersommern lassen C V/I 1 den Sommer verbringen: ~ **in Italy** 2 übersommern (*Tiere, Pflanzen*) D ADJ sommerlich, Sommer…: ~ **day**; → solstice 1

summer[2] ['sʌmə(r)] S ARCH 1 Oberschwelle *f*, (*Tür-, Fenster*) Sturz *m* 2 Trag-, Kragstein *m*, Konsole *f* (*auf Pfeilern*) 3 *a.* ~ **tree** Tragbalken *m*

summer| camp S Sommerlager *n*; ~ **collection** S *Mode:* Sommerkollektion *f*; ~ **complaint** → summer diarrhea; ~ **diarrhea** S MED *US* Sommerdiarrhö(e) *f*; ~ **fallow** S AGR Sommerbrache *f*; **~-fallow** AGR A V/T *Land* im Sommer brachen B ADJ sommerbrach; ~ **holidays** SPL *bes Br* Sommerferien *pl*, -urlaub *m*; **~house** S Gartenhaus *n*, (-)Laube *f*; **~like** → summerly

summerliness ['sʌmə(r)lɪnɪs] S (*das*) Sommerliche; **summerly** ADJ sommerlich

summer| resort S Sommerkurort *m*, -urlaubsort *m*; ~ **sales** SPL Sommerschlussverkauf *m*

summersault → somersault

summer| school S SCHULE, UNIV Ferien-, Sommerkurs *m*; ~ **sports** SPL Sommersportarten *pl*; **~time** S Sommer([s]zeit) *m(f)*; ~ **time** S *bes Br* Sommerzeit *f* (*um 1 Stunde vorgerückte Uhrzeit*): **double** ~ doppelte Sommerzeit; ~ **vacation** S *bes US* Sommerferien *pl*, -urlaub *m*; **~weight** ADJ sommerlich, Sommer…: ~ **clothes**; ~ **wheat** S AGR Sommerweizen *m*

summery ADJ sommerlich

summing-up [ˌsʌmɪŋ'ʌp] *pl* summings-up S 1 Zusammenfassung *f* 2 JUR Resümee *n* 3 *fig* Bilanz *f*

summit ['sʌmɪt] A S 1 (höchster) Gipfel, Kuppe *f* (*e-s Berges*), Spitze *f* (*e-s Masts etc*), Scheitel *m* (*e-r Kurve etc*), Kamm *m* (*e-r Welle etc*), Kappe *f*, Krone *f* (*e-s Dammes etc*) 2 *fig* Gipfel *m*, Höhe (-punkt) *f(m)*: **at the ~ of power** auf dem Gipfel der Macht 3 WIRTSCH, POL Gipfel *m* B ADJ WIRTSCH, POL Gipfel…: ~ **conference** (**meeting, talks**); **summitry** [-rɪ] S WIRTSCH, POL *bes US* Gipfeldiplomatie *f*

summon ['sʌmən] V/T 1 auffordern, -rufen (*beide:* **to do** zu tun) 2 rufen, (zu sich) bestellen, kommen lassen, herzitieren 3 JUR (vor)laden 4 *e-e Konferenz etc* einberufen 5 *oft* ~ **up** *s-e Kraft, s-n Mut etc* zusammennehmen, aufbieten: → courage

summons ['sʌmənz] A S 1 Aufforderung *f*, Aufruf *m* 2 JUR (Vor)Ladung *f*: **take out a ~ against, serve a ~ on** → B 3 Einberufung *f* B V/T *j-n* (vor)laden (lassen)

sump [sʌmp] S 1 Sammelbehälter *m*, Senkgrube *f* 2 AUTO, TECH Ölwanne *f* 3 *Gießerei:* Vorherd *m* 4 *Bergbau:* (Schacht)Sumpf *m*

sumph [sʌmf] S *schott* Dummkopf *m*

sumpter ['sʌmptə(r)] S *obs* Saumtier *n*

sumption ['sʌmpʃn] S PHIL 1 Prämisse *f* 2 Obersatz *m* (*im Syllogismus*)

sumptuary ['sʌmptjʊərɪ; -tʃʊ-; *US* -tʃəˌweriː] ADJ Aufwands…, Luxus…: ~ **law** (*od* **regulation**) HIST Luxusgesetz *n*

sumptuosity [ˌsʌmptjʊ'ɒsətɪ; *US* -tʃə'wɑs-] → sumptuousness; **sumptuous** [-tjʊəs; -tʃʊəs; *US* -tʃəwəs] ADJ (ADV ~ly) 1 kostspielig 2 kostbar, prächtig, herrlich 3 üppig (*a. Farben*), aufwendig, luxuriös; **sumptuousness** S 1 Kostspieligkeit *f* 2 Kostbarkeit *f*, Pracht *f* 3 Üppigkeit *f*, Aufwand *m*, Luxus *m*

sun [sʌn] A S 1 Sonne *f*: **his ~ is set** *obs od poet* sein Stern ist erloschen; **rise with the ~** in aller Frühe aufstehen; **take** (*od* **shoot**) **the ~** SCHIFF die Sonne schießen; **under the ~** *fig* unter der Sonne, auf Erden; **talk about everything under the ~** über Gott u. die Welt reden 2 Sonnenwärme *f*, -licht *n*, -schein *m*, Sonne *f*: **in the ~** an *od* in der Sonne; **a place in the ~** *fig* ein Platz an der Sonne; **have the ~ in one's eyes** die Sonne genau im Gesicht haben; **she has had too much ~** sie ist zu lange in der Sonne gewesen, sie hat zu viel Sonne abbekommen; **a touch of ~** ein leichter Sonnenstich 3 *poet* a Tag *m* b Jahr *n* 4 ASTRON a Sonne *f* (*Himmelskörper mit Eigenlicht*) b Nebensonne *f* B V/T der Sonne aussetzen, in die Sonne legen: ~ **o.s.** → C C V/I sich sonnen

Sun. ABK Sunday So.

sun|-and-planet motion S TECH Planetengetriebe *n*; ~ **animalcule** S ZOOL Sonnentierchen *n*; ~ **arc** → sun lamp 2; **~baked** ADJ von der Sonne ausgedörrt *od* getrocknet; ~ **bath** S Sonnenbad *n*: **have** (*od* **take**) **a ~** ein Sonnenbad nehmen; **~bathe** V/I sonnenbaden, ein Sonnenbad *od* Sonnenbäder nehmen; **~bather** S Sonnenbadende(r) *m/f(m)*; **~bathing** S Sonnenbaden *n*; **~beam** S Sonnenstrahl *m*; ~ **bed** S Sonnenbank *f*, -liege *f*; **⁓s** *US umg die südlichen u. südwestlichen Staaten* (*der USA*); ~ **bench** → sun bed; ~ **blind** S *bes Br* Markise *f*; **~block** S Sunblocker *m* (*Sonnenschutzmittel mit extrem hohem Lichtschutzfaktor*); **~break** → sunburst; **~burn** S 1 Sonnenbrand *m*: **have ~** e-n Sonnenbrand haben 2 Sonnenbräune *f*; **~burned**, **~burnt** ADJ 1 sonnenverbrannt: **be ~** e-n Sonnenbrand haben; **get ~** sich e-n Sonnenbrand holen 2 sonnengebräunt; **~burst** S 1 plötzlicher Durchbruch der Sonne: ~ **pleats** *pl US* Sonnenplissee *n* 2 Sonnenbanner *n* (*Japans*) 3 Brillantenrosette *f* (*Schmuckstück*); **~-cure** V/T *Tabak etc* an der Sonne trocknen

Sund. ABK Sunday So.

sundae ['sʌndeɪ; *US a.* -diː] S Eisbecher *m* mit Früchten

Sunday ['sʌndɪ; *Br a.* -deɪ] A S 1 Sonntag *m*: **on ~** (am) Sonntag; **on ~s** sonntags; **look two ways to find ~** *sl* schielen; → month 1 2 *umg* Sonntagszeitung *f* B ADJ 1 sonntäglich, Sonntags…: ~ **best**, ~ **clothes** *pl* Sonntagsanzug *m*, -kleid *n*, -kleidung *f*; **~-go-to-meeting clothes** *pl bes US umg* Sonntagsstaat *m hum*; ~ **joint** (*od* **roast**) *Br* Sonntagsbraten *m*; ~ **lunch** (*od* **dinner**) Sonntagsessen *n*; ~ **paper** Sonntagszeitung *f*; ~ **punch** *bes US umg* a (*Boxen*) K.-o.-Schlag *m* b *fig* vernichtender Schlag; ~ **school** Sonntagsschule *f*; ~ **supplement** Sonntagsbeilage *f*; ~ **trading** (*US* **opening**) Ladenöffnung *f* am Sonntag; **be opposed to ~ trading** dagegen sein, dass die Läden am Sonntag offen haben 2 *a. pej* Sonntags…: ~ **driver**; ~ **painter** C V/I *US umg* den Sonntag verbringen; **Sundays** ADV *US* sonntags

sun deck S 1 SCHIFF Sonnendeck *n* 2 Sonnen-, Liegeterrasse *f*

sunder ['sʌndə(r)] *poet* A V/T 1 trennen, sondern (*beide:* **from** von) 2 losreißen 3 teilen, spalten 4 *fig* entzweien B V/I sich trennen, getrennt werden C S **in ~** entzwei, auseinander

sun|dew S BOT Sonnentau *m*; **~dial** S Sonnenuhr *f*; **~dog** S ASTRON 1 → sun A 4 b 2 kleiner Halo (*am Nebensonnenkreis*); **~down** → sunset 1; **~downer** S 1 *Aus umg* Landstreicher *m* (*bes e-r, der erst immer dann um ein Nachtquartier bittet, wenn es zum Arbeiten bereits zu spät ist*) 2 *bes Br umg* Dämmerschoppen *m* 3 SCHIFF *umg* strenger Schiffsoffizier; **~drenched** ADJ sonnenüberflutet; **~dress** S Strandkleid *n*; **~dried** ADJ an der Sonne getrocknet *od* gedörrt

sundries ['sʌndrɪz] SPL Diverses *n*, Verschiedenes *n*, allerlei Dinge *pl*, *a.* diverse Unkosten *pl*, WIRTSCH *a.* Kurz-, Gemischtwaren *pl*

sundry ['sʌndrɪ] ADJ verschiedene, diverse, allerlei, allerhand: **all and ~** jedermann; **~-colo(u)red** verschiedenfarbig

sun|fast ADJ *bes US* lichtecht (*Stoff*); **~fish** A S FISCH 1 Sonnenfisch *m* 2 Klumpfisch *m* 3 Mondfisch *m* 4 Riesenhai *m* B V/I *US* bocken (*Pferd*); **~flower** S BOT Sonnenblume *f*: ~ **oil**

S

Sonnenblumenöl *n*; ♀ **State** *US (Beiname für den Staat)* Kansas *n*

sung [sʌŋ] *pperf, a. prät von* sing

sun| gear → sun wheel; **~glass** S 1 Brennglas *n* 2 *pl, a.* **pair of ~es** Sonnenbrille *f*; **~glow** S METEO 1 Morgen-, Abendröte *f* 2 Sonnenhof *m*; **~ god** S Sonnengott *m*; **~ hat** S Sonnenhut *m*; **~ helmet** S Tropenhelm *m*

sunk [sʌŋk] A *prät u. pperf von* sink B ADJ 1 vertieft 2 *bes* TECH eingelassen, versenkt *(Schraube etc)*: **~ fence** Grenzgraben *m (statt Zaun)*

sunken [ˈsʌŋkən] ADJ 1 versunken 2 eingesunken: **~ rock** blinde Klippe 3 a tief liegend, vertieft (angelegt) b TECH → sunk B 2 4 *fig* hohl, eingefallen *(Wangen)*: **~ eyes** tief liegende Augen; **a ~ face** ein eingefallenes Gesicht

Sun| King S HIST *(der)* Sonnenkönig; ♀ **lamp** S 1 MED Ultraviolettlampe *f* 2 FILM *etc* Jupiterlampe *f*

sunless ADJ (ADV ~ly) 1 sonnenlos, ohne Sonne 2 *fig* freudlos

sun|light S Sonnenschein *m*, -licht *n*; **~like** ADJ 1 sonnenähnlich, Sonnen… 2 strahlend, leuchtend; **~lit** ADJ sonnenbeschienen; **~ lounge** S *Br* Glasveranda *f*

sunn [sʌn] S 1 BOT Sunnhanf *m* 2 *a.* **~ hemp** Sunn(hanf) *m (Faser von 1)*

Sunna(h) [ˈsʌnə; ˈsʊnə] S REL Sunna *f (orthodoxe Überlieferung des Islam neben dem Koran)*

sunniness [ˈsʌnɪnɪs] S *fig (das)* Sonnige, Heiterkeit *f*

sunny [ˈsʌnɪ] ADJ (ADV sunnily) 1 sonnig, Sonnen…: **~ exposure** Sonnenlage *f*; **~ side** Sonnenseite *f (a. fig des Lebens)*; **~-side up** nur auf einer Seite gebraten *(Ei)*; → interval 1 2 *fig* sonnig, heiter *(Lächeln etc)*: **be on the ~ side of forty** noch nicht 40 (Jahre alt) sein; **look on** *(od* **at) the ~ side of things** das Leben von s-r heiteren Seite betrachten

sun| parlor, **~ porch** S *US* Glasveranda *f*; **~ power** S ASTRON, PHYS Sonnenenergie *f*; **~proof** ADJ 1 für Sonnenstrahlen undurchlässig 2 lichtfest; **~ protection factor** S Lichtschutzfaktor *m*; **~ray** S Sonnenstrahl *m*: **~ pleats** *pl Br* Sonnenplissee *n*; **~-ripened** ADJ sonnengereift; **~rise** S Sonnenaufgang *m*: **at ~** bei Sonnenaufgang; **~ industry** Zukunftsindustrie *f*; **~roof** S 1 Dachterrasse *f* 2 AUTO Schiebedach *n*; **~scald** S BOT Sonnen-, Rindenbrand *m*; **~screen** S Sonnenschutzmittel *n*; **~seeker** S Sonnenhungrige(r) *m/f(m)*; **~seeking** ADJ sonnenhungrig; **~set** S 1 Sonnenuntergang *m*: **at ~** bei Sonnenuntergang 2 Abend *m (a. fig)*: **~ of life** Lebensabend 3 *fig* Niedergang *m*; **~shade** S 1 Sonnenschirm *m* 2 Markise *f* 3 FOTO Gegenlichtblende *f* 4 *pl, a.* **pair of ~s** *umg* Sonnenbrille *f*; **~shine** A S 1 Sonnenschein *m (a. fig)*: **she has brought some ~ into his life** sie hat Sonnenschein in sein Leben gebracht 2 sonniges Wetter 3 *umg Anrede*: Kumpel!, *(drohend)* Freundchen! B ADJ a Sonnenschein… b sonnig, *fig a.* glücklich, heiter: **~ friends** Freunde im Glück, unzuverlässige Freunde; **~ pill** *US sl* gelbe *od* orange LSD-Tablette; **~ roof** AUTO Schiebedach *n*; ♀ **State** *US (Beiname für den Staat)* Florida *n*; **~shiny** ADJ → sunshine B a; **~spot** S 1 ASTRON Sonnenfleck *m* 2 *Br umg* Sonnenparadies *n*; **~stroke** S MED Sonnenstich *m*: **get (have) ~** e-n Sonnenstich bekommen (haben); **~-struck** ADJ: **be ~** MED e-n Sonnenstich haben; **~ system** S ASTRON Sonnensystem *n*; **~tan** A S 1 Sonnenbräune *f*: **the ~ of his holidays** *(bes US* **vacation)** s-e Urlaubsbräune 2 Rotbraun *n* B ADJ 1 Sonnen…: **~ cream**; **~ lotion** *(od* **oil)** Sonnenöl *n* 2 rotbraun; **~tanned** ADJ braun gebrannt, sonnengebräunt; **~ terrace** S Sonnenterrasse *f*; **~trap** S sonniges Plätzchen; **~up** → sunrise; **~ visor** S AUTO Sonnenblende *f*

sunward [ˈsʌnwə(r)d] ADJ & ADV sonnenwärts, der Sonne zu(gewendet); **sunwards** [-z] ADV → sunward

sun| wheel S TECH Sonnenrad *n (im Planetengetriebe)*; **~wise** ADJ & ADV mit der Sonne, im Uhrzeigersinn; **~ worship(p)er** S REL *u. fig* Sonnenanbeter(in)

sup[1] [sʌp] *obs* A V/I zu Abend essen: **they ~ped off** *(od* **on) cold meat** sie hatten kaltes Fleisch zum Abendessen B V/T *j-n* zum Abendessen bewirten

sup[2] [sʌp] A V/T 1 *a.* **~ off**, **~ out** löffeln, schlürfen 2 **~ sorrow** a leiden b Sorgen haben c Gewissensbisse haben B V/I nippen, löffeln C S Mund *m* voll, (kleiner) Schluck **(at a bottle** aus e-r Flasche): **a bite and a ~** etwas zu essen u. zu trinken; **neither bit** *(od* **bite) nor ~** nichts zu nagen u. zu beißen

sup. ABK 1 superior 2 superlative Superl. 3 supplement 4 supplementary zusätzl. 5 supply 6 supra, above

supe [su:p; *Br a.* sju:p] *sl* A S → supernumerary B 3 B V/T *a.* **~ up** FLUG frisieren *umg* C V/I → super C

super [ˈsu:pə(r)] A S 1 *umg für* a superfilm b superintendent c supernumerary B d *US* supermarket e superhet(erodyne) 2 WIRTSCH *umg* a Spitzenklasse *f* b Qualitätsware *f* 3 *Buchbinderei*: (Heft)Gaze *f* B ADJ 1 *umg für* a superficial 2 b superfine A 1 2 Super…: **~ bomb** 3 *iron* Super…, hundertfünfzigprozentig *(Patriot etc)* 4 *umg* super, toll, prima, spitze, klasse C V/I THEAT *etc umg* als Statist(in) mitspielen, e-e Statistenrolle haben

super. ABK 1 superfine 2 superior 3 supernumerary

super- [su:pə(r)] *Wortelement mit den Bedeutungen* a übermäßig, Über… b oberhalb *(gen od* von *dat) od* über *(dat)* befindlich c *bes wissenschaftlich*: Super… d übergeordnet, Ober…

superable [ˈsu:pərəbl] ADJ (ADV superably) überwindbar, besiegbar

super|abound V/I 1 im Überfluss vorhanden sein 2 in noch größerem Maße vorhanden sein 3 e-e Überfülle haben **(in, with** an *dat)*; **~abundance** S Überfülle *f*, -fluss *m (beide:* **of** an *dat)*; **~abundant** ADJ (ADV ~ly) 1 überreichlich 2 überschwänglich, übertrieben; **~acid** ADJ CHEM übersäuert; **~add** V/T (noch) hinzufügen **(to** zu): **be ~ed (to)** noch dazukommen *(zu etwas)*; **~addition** S weitere Hinzufügung, Zusatz *m*: **in ~** noch obendrein, zusätzlich **(to** zu); **~altar** S REL, HIST 1 *(oft tragbare)* steinerne *etc* Altarplatte 2 Altarstein *m*

superannuate [ˌsu:pəˈrænjʊeɪt; *US* -jəˌw-] V/T 1 *(wegen Erreichung der Altersgrenze)* pensionieren, in den Ruhestand versetzen 2 als zu alt *od* als veraltet bezeichnen *od* zurückweisen *od* ausscheiden; **superannuated** ADJ 1 a pensioniert b überaltert *(Person)* 2 veraltet, überholt *(Ideen etc)* 3 abgetragen, ausgedient *(Kleidung)*; **superannuation** S 1 a Pensionierung *f* b Ruhestand *m* 2 (Alters)Rente *f*, Pension *f*, Ruhegeld *n*: **~ contribution** Altersversicherungsbeitrag *m*; **~ fund** *(od* **scheme)** Pensionskasse *f*

superb [sju:ˈpɜ:b; su:-; *US* sʊˈpɜrb] ADJ (ADV ~ly) 1 herrlich, prächtig, großartig 2 hervorragend, ausgezeichnet, vorzüglich 3 BOT, ZOOL prächtig gefärbt, Pracht…

super|calender *(Papierherstellung)* A S Hochkalander *m* B V/T hochsatinieren; **~cargo** [ˈ-ˌk-; ˌ-ˈk-] S SCHIFF Superkargo *m*, Frachtbegleiter *m*; **~charge** V/T 1 überladen, zusätzlich beladen 2 AUTO vor-, überverdichten: **~d engine** Lader-, Kompressormotor *m* 3 → pressurize A 1, A 2; **~charger** S TECH Vorverdichter *m*, (Auflade)Gebläse *n*, Kompressor *m*

supercilious [ˌsu:pə(r)ˈsɪlɪəs] ADJ (ADV ~ly) hochmütig, -näsig, herablassend; **superciliousness** S Hochmut *m*, -näsigkeit *f*, Herablassung *f*

super|civilized ADJ überzivilisiert; **~class** S BIOL Überklasse *f*; **~conductive** ADJ PHYS supraleitend, -leitfähig; **~conductor** S PHYS Supraleiter *m*; **~cool** V/T PHYS unterkühlen; **~dominant** S MUS *US* sechste Stufe *(der Tonleiter)*; **~-duper** [-ˈdu:pə(r)] ADJ *umg* supertoll; **~-duty** ADJ TECH Höchstleistungs…, für höchste Beanspruchung; **~ego** S PSYCH Superego *n*, Über-Ich *n*; **~elevation** S 1 TECH Überhöhung *f (e-r Kurve etc)* 2 TV Abhebung *f*; **~eminence** S 1 Vorrang(stellung) *m(f)* 2 überragende Bedeutung *od* Qualität, Vortrefflichkeit *f*, Großartigkeit *f*; **~eminent** ADJ (ADV ~ly) hervorragend, vorzüglich, überragend **(for** wegen)

supererogation [ˈsu:pərˌerəˈgeɪʃn] S 1 Mehrleistung *f*: **works of ~** REL überschüssige (gute) Werke 2 *fig* Übermaß *n* **(of** an *dat)*: **work of ~** Arbeit *f* über die Pflicht hinaus; **supererogatory** [-eˈrɒgətərɪ; *US* -ɪˈrɑgəˌtəʊri:; -ˌtɔ:-] ADJ (ADV supererogatorily) 1 über das Pflichtmaß hinausgehend, übergebührlich 2 überflüssig

superette [ˌsu:pəˈret] S *bes US* kleiner Supermarkt

super|excellent ADJ (ADV ~ly) höchst vortrefflich, unübertrefflich; **~excited** ADJ (ADV ~ly) übererregt, überreizt; **~family** S BIOL Oberfamilie *f*; **~fecundation** S BIOL Superfekundation *f*, Überschwängerung *f*

superfetation [ˌsu:pə(r)fi:ˈteɪʃn] S BIOL Superfetation *f*, Überfruchtung *f*

superficial [ˌsu:pə(r)ˈfɪʃl] ADJ (ADV ~ly) 1 oberflächlich, Oberflächen…, *bes* ANAT, MED superfiziell 2 Flächen…, Quadrat…: **50 ~ feet** 50 Quadratfuß; → measure A 1 3 äußerlich, äußer(er, e, es) 4 *fig* oberflächlich: a flüchtig b seicht c nur auf Äußerlichkeiten bedacht; **superficiality** [-ʃɪˈælətɪ] S 1 Oberflächenlage *f* 2 *fig* Oberflächlichkeit *f*, *(das)* Oberflächliche; **superficies** [-ʃi:z] *pl* -cies S 1 (Ober)Fläche *f* 2 *fig* Oberfläche *f*, äußerer Anschein

super|film S Monumentalfilm *m*; **~fine** A ADJ 1 *bes* WIRTSCH extra-, super-, hochfein 2 überfeinert, preziös B S *pl* WIRTSCH extrafeine Ware; **~fluid** ADJ PHYS superfluid, suprafllüssig

superfluity [ˌsu:pə(r)ˈflʊətɪ; *US* -ˈflu:-] S 1 Überfluss *m*, Zuviel *n (beide:* **of** an *dat)* 2 Entbehrlichkeit *f*, Überflüssigkeit *f*; **superfluous** [su:ˈpɜ:flʊəs; *US* sʊˈpɜrfləwəs] ADJ (ADV ~ly) 1 überreichlich (vorhanden) 2 überflüssig, entbehrlich 3 verschwenderisch

super|giant slalom S *Skisport*: Superriesenslalom *m*; **~grass** S *Br sl* Topinformant(in); **~group** S IT Über-, Sekundärgruppe *f*; **~heat** V/T TECH überhitzen; **~heater** S TECH (Dampf)Überhitzer *m*; **~heavyweight** SPORT A S Superschwergewicht(ler) *n(m)* B ADJ Superschwergewichts…; **~hero** S Superheld *m*; **~het(erodyne)** ELEK A ADJ Überlagerungs…, Superhet… B S Überlagerungsempfänger *m*, Super (-het) *m*; **~high frequency** S ELEK superhohe Frequenz; **~high-frequency** ADJ ELEK Höchstfrequenz…; **~highway** S *US* Autobahn *f*; **~hu-**

S

man ADJ übermenschlich (*Anstrengungen, Wesen etc*); **~impose** V/T 1 darauf-, darübersetzen *od* -stellen *od* -legen 2 setzen, legen, lagern, schichten (**on** auf *od* über *akk*): **one ~d on the other** übereinandergelagert 3 hinzufügen (**on** zu), folgen lassen (**on** *dat*), aneinanderreihen 4 ELEK, PHYS überlagern 5 FILM *etc* durch-, einblenden, einkopieren; **~incumbent** ADJ (ADV **~ly**) 1 obenauf liegend 2 von oben her wirkend (*Druck etc*); **~induce** V/T 1 (noch) hinzufügen (**on** zu) 2 (zusätzlich) einführen (**on** zu) 3 (obendrein) herbeiführen 4 *fig* aufpfropfen

superintend [ˌsuːpərɪnˈtend; -prɪn-] V/T 1 die (Ober)Aufsicht haben *od* führen über (*akk*), beaufsichtigen, überwachen 2 verwalten, leiten; **superintendence** S 1 (Ober)Aufsicht *f* (**over** über *akk*) 2 Verwaltung *f*, Leitung *f* (*beide*: **of** *gen*); **superintendent** A S 1 Leiter(in), Vorsteher(in), Direktor *m*, Direktorin *f* 2 (Ober)Aufseher(in), Aufsichtsbeamte(r) *m*, -beamtin *f*, Inspektor *m*, Inspektorin *f*: **~ of schools** Schulinspektor 3 a *Br* (*etwa*) Kommissar(in) b *US* Polizeichef(in) 4 *bes US* Hausverwalter(in) 5 REL Superintendent(in) (*Vorsteher[in] e-s Dekanats*) B ADJ Aufsicht führend, leitend, Aufsichts…

superior [suːˈpɪərɪə(r)] A ADJ (ADV **~ly**) 1 höherstehend, höher(er, e, es), Ober…, vorgesetzt: **~ court** JUR höheres Gericht, höhere Instanz 2 überlegen, überragend, souverän: → **style** A 2 3 höher(er, e, es), umfassend(er, e, es) (*Wissen etc*) 4 höher(er, e, es), besser (**to** als), hervorragend, erlesen (*Qualität etc*): **~ beings** höhere Wesen; **~ performance** hervorragende Leistung 5 (**to**) größer, stärker (als), überlegen (*dat*): **~ in number** zahlenmäßig überlegen, in der Überzahl; **~ forces** *pl* MIL Übermacht *f*; **~ stamina** SPORT konditionelle Überlegenheit; **~ title to an estate** JUR höherer Rechtsanspruch auf ein Gut 6 *fig* überlegen, -heblich (*Lächeln etc*) 7 *iron* vornehm: **~ persons** bessere *od* feine Leute 8 erhaben (**to** über *akk*): **rise ~ to sth** sich über etwas erhaben zeigen 9 höherliegend, ober(er, e, es): **~ planets** ASTRON äußere Planeten 10 MATH, TYPO hochgestellt (*Buchstabe etc*) B S 1 **be sb's ~ in thinking** (**courage**, *etc*) j-m geistig (an Mut *etc*) überlegen sein; **he has no ~ in courage** an Mut übertrifft ihn keiner 2 *a.* **~ in rank** Vorgesetzte(r) *m/f(m)* 3 *oft* ♀ REL a Superior *m* b Oberin *f*; **superiority** [-ˈɒrətɪ; *US a.* -ˈɑr-] S 1 Erhabenheit *f* (**to, over** über *akk*) 2 Überlegenheit *f*, Übermacht *f* (*beide*: **to, over** über *akk*; **in** *in od* an *dat*) 3 Vorrecht *n*, -rang *m*, -zug *m* 4 Überheblichkeit *f*: **~ complex** PSYCH Superioritätskomplex *m*

superjacent [ˌsuːpə(r)ˈdʒeɪsnt] ADJ GEOL darauf liegend, darüber liegend

superlative [suːˈpɜːlətɪv; *US* sʊˈpɜr-] A ADJ 1 höchst(er, e, es) (*Lob, Schönheit etc*) 2 unübertrefflich, überragend 3 LING superlativisch, Superlativ…: **~ degree** → B 2 B S 1 höchster Grad, höchste Stufe, Gipfel *m* (*a. pej*), *pej* Ausbund *m* (**of** an *dat*) 2 LING Superlativ *m*: **talk in ~s** *fig* in Superlativen reden; **superlatively** ADV 1 im höchsten Grade 2 → **superlative** A; **superlativeness** S 1 höchster Grad 2 Unübertrefflichkeit *f*

super|lunary, *a.* **~lunar** ADJ 1 jenseits des Mondes gelegen 2 *fig* himmlisch, überirdisch; **~man** [-mæn] S *irr* 1 PHIL *u. fig* Übermensch *m* 2 Supermann *m umg*; **~market** S Supermarkt *m*: **~ trolley** Einkaufswagen *m*; **~model** S Supermodel *n umg*

supernal [suːˈpɜːnl; *US* sʊˈpɜrnl] ADJ (ADV **~ly**) *bes poet* überirdisch, himmlisch

super|natural A ADJ (ADV **~ly**) übernatürlich (*Kräfte etc*) B S: **the ~** das Übernatürliche; **~naturalism** S PHIL, REL Supranaturalismus *m* (*Anschauung, die ein über das Sinnlich-Natürliche hinausreichendes höheres Sein annimmt*); **~normal** ADJ (ADV **~ly**) 1 überdurchschnittlich, über das Normale hinausgehend 2 außer-, ungewöhnlich; **~nova** S *a. irr* ASTRON Supernova *f* (*besonders lichtstarke Nova*); **~numerary** A ADJ 1 a überzählig b außerplanmäßig, Extra… 2 überflüssig B S 1 überzählige Person *od* Sache 2 Hilfskraft *f* 3 THEAT *etc* Statist(in); **~oxide** S CHEM Hyperoxyd *n*; **~phosphate** S CHEM Superphosphat *n*

superpose [ˌsuːpə(r)ˈpəʊz] V/T 1 legen, lagern, schichten (*alle*: **on** über *od* auf *akk*) 2 übereinander anordnen *od* anbringen, übereinanderlegen *od* -schichten *od* -lagern 3 MATH superponieren, übereinanderlagern: **be ~d** sich decken 4 ELEK überlagern; **superposition** [-pəˈzɪʃn] S 1 (Übereinander)Lagerung *f*, (-)Schichtung *f* 2 *bes* GEOL Schichtung *f*: **the law of ~** GEOL *Gesetz, nach dem die unterliegende Schicht älter ist als die obere* 3 MATH Superposition *f* 4 ELEK, PHYS Überlagerung *f*

super|power S 1 POL Supermacht *f umg* (*Nation*) 2 ELEK Höchstleistung *f* (*von großen Verbundnetzen*): **~ station** Großkraftwerk *n*; **~race** S POL *bes pej* Herrenrasse *f*; **~saturate** V/T CHEM, MED, TECH übersättigen; **~saturation** S Übersättigung *f*; **~saver** A S 1 Fahrkarte *f etc* zum Supersparpreis 2 *Br* Supersparangebot *n*, Superschnäppchen *n umg* B ADJ zum Supersparpreis: **~ ticket**; **~scribe** [ˌ-ˈskraɪb; ˈ-sk] V/T 1 *s-n Namen etc* obenan setzen 2 beschriften, überschreiben; **~script** A S 1 TYPO hochgestellter Buchstabe, MATH *a.* hochgestellter Index 2 *obs* → **superscription** 2 B ADJ MATH, TYPO hochgestellt; **~scription** S 1 Überschreiben *n* 2 Über-, Auf-, Inschrift *f*

supersede [ˌsuːpə(r)ˈsiːd] V/T 1 *j-n od etwas* ersetzen (**by** durch) 2 abschaffen, beseitigen, *ein Gesetz etc* aufheben 3 *j-n* absetzen, s-s Amtes entheben 4 *j-n* (*in der Beförderung etc*) übergehen 5 verdrängen, ersetzen, überflüssig machen: **new methods ~ old ones** 6 an die Stelle treten von (*od gen*), *j-n od etwas* ablösen, *j-s* Nachfolger werden: **be ~d by** abgelöst werden von; **supersedeas** [-dɪæs; -ɪəs] S JUR (Anordnung *f* der) Aussetzung *f* des Verfahrens, Sistierungsbefehl *m*, Widerruf *m* (*e-r Anordnung*); **supersedence**, **supersedure** [-dʒə(r)] → **supersession**

super|sensible A ADJ (ADV **supersensibly**) übersinnlich B S: **the ~** das Übersinnliche; **~sensitive** ADJ (ADV **~ly**) überempfindlich (**to** gegen); **~sensory** → **supersensible** A; **~serviceable** ADJ *obs* (allzu) dienstbeflissen, übereifrig

supersession [ˌsuːpə(r)ˈseʃn] S 1 Ersetzung *f* (**by** durch) 2 Abschaffung *f*, Aufhebung *f* 3 Absetzung *f* 4 Verdrängung *f* (**by** durch)

super|size A S Riesenformat *n*, Übergröße *f* B ADJ übergroß, riesig; **~sonic** A ADJ (ADV **~ally**) 1 FLUG, PHYS supersonisch, Überschall…: **~ aircraft**; **at ~ speed** mit Überschallgeschwindigkeit 2 → **ultrasonic** A B S **supersonics** *pl* (*als sg konstruiert*) 1 PHYS Lehre *f* vom Überschall 2 → **ultrasonic** B; **~star** S FILM *etc* Superstar *m umg*; **~state** → **superpower** 1

superstition [ˌsuːpə(r)ˈstɪʃn] S 1 Aberglaube(n) *m* 2 abergläubischer Brauch; **superstitious** [-ʃəs] ADJ (ADV **~ly**) abergläubisch; **superstitiousness** S (*das*) Abergläubische, Aberglaube(n) *m*

super|store S *bes Br* Großmarkt *m*; **~stratum** S *irr* 1 GEOL obere Schicht 2 LING Superstrat *n* (*die Sprache von Einwanderern od Eroberern, die diejenige der bodenständigen Bevölkerung überlagert*); **~structure** S 1 Ober-, Aufbau *m*: **~ work** ARCH Hochbau *m* 2 SCHIFF Deckaufbauten *pl* 3 *fig* Oberbau *m*; **~subtle** ADJ überfeinert, -spitzt; **~tanker** S SCHIFF Supertanker *m*; **~tax** S WIRTSCH 1 → **surtax** A 1 2 HIST *bes Br* Einkommensteuerzuschlag *m*; **~terrestrial** ADJ über der Erde (befindlich), überirdisch; **~tonic** S MUS zweite Stufe (*der Tonleiter*)

supervene [ˌsuːpə(r)ˈviːn] V/I 1 (noch) hinzukommen (**on** zu) 2 sich plötzlich einstellen, (unvermutet) eintreten, dazwischenkommen 3 (unmittelbar) folgen, sich ergeben; **supervenience** [-jəns] → **supervention**; **supervenient** ADJ 1 (noch) hinzukommend (**to** zu) 2 unvermutet eintretend, dazwischenkommend 3 (unmittelbar) folgend; **supervention** [-ˈvenʃn] S 1 Hinzukommen *n* (**on** zu) 2 unvermutetes Eintreten, Dazwischenkommen *n*

supervise [ˈsuːpə(r)vaɪz] V/T beaufsichtigen, überwachen, die (Ober)Aufsicht haben *od* führen über (*akk*), kontrollieren: → **preparation** 10; **supervision** [-ˈvɪʒn] S 1 Beaufsichtigung *f*, Überwachung *f* 2 (Ober)Aufsicht *f*, Kontrolle *f* (*beide*: **of** über *akk*): **under sb's ~** unter j-s Aufsicht 3 SCHULE Schulinspektion *f*; **supervisor** [-vaɪzə(r)] S 1 a Aufseher(in), Kontrolleur(in), Aufsichtsbeamte(r) *m*, -beamtin *f*, Aufsichtführende(r) *m/f(m)* b *bes Tennis*: Supervisor *m*, Oberschiedsrichter(in) 2 *US* (leitende[r]) Beamter (Beamtin) e-s Stadt- *od* Kreisverwaltungsvorstandes 3 SCHULE Fachbeauftragte(r) *m/f(m)* e-r Schulbehörde 4 UNIV Doktorvater *m*; **supervisory** [ˈ-vaɪzərɪ; ˌ-ˈv-] ADJ Aufsichts…, Überwachungs…: **~ board** WIRTSCH Aufsichtsrat *m*; **~ function** Kontrollfunktion *f*

super|waif S magersüchtig aussehendes Model; **~woman** S *irr* Superfrau *f umg*

supinate [ˈsjuːpɪneɪt; *bes US* ˈsuː-] V/T *den Handteller* supinieren, aufwärtsdrehen; **supination** S Supination *f*, Aufwärtsdrehung *f*; **supinator** S ANAT Supinator *m* (*Muskel, der die Supination bewirkt*)

supine [sjuːˈpaɪn; *bes US* suː-] A ADJ (ADV **~ly**) 1 auf dem Rücken liegend: **~ position** Rückenlage *f* 2 mit dem Handteller nach oben 3 *fig* nachlässig, untätig, träge: **accept sth ~ly** etwas gleichgültig hinnehmen B S LING Supinum *n* (*Verbform zur Bezeichnung e-r Absicht od e-s Bezugs*); **supineness** S *fig* Nachlässigkeit *f*, Trägheit *f*

supp. ABK 1 supplement 2 supplementary zusätzl.

supper [ˈsʌpə(r)] A S 1 Abendessen *n*, -brot *n*: **have ~** zu Abend essen; **~ club** *US* kleiner exklusiver Nachtklub 2 **the** ♀ REL a das letzte Abendmahl (*Christi*) b das heilige Abendmahl, KATH die heilige Kommunion B V/I zu Abend essen C V/T *j-m* das Abendessen servieren *od* machen; **supperless** ADJ ohne Abendessen

suppl. ABK 1 supplement 2 supplementary zusätzl.

supplant [səˈplɑːnt; *US* -ˈplænt] V/T *j-n od etwas* verdrängen, *e-n Rivalen* ausstechen

supple [ˈsʌpl] A ADJ (ADV **supply**) 1 geschmeidig: a biegsam, elastisch b *fig* beweglich (*Geist etc*) 2 *fig* fügsam, nachgiebig 3 *fig pej* kriecherisch, unterwürfig B V/T 1 geschmeidig *etc* machen 2 *ein Pferd* zureiten C V/I geschmeidig *etc* werden

supplement A S [ˈsʌplɪmənt] 1 (**to**) Ergän-

S

zung *f (gen od zu)*, Zusatz *m* (zu) **2** Nachtrag *m*, Anhang *m (beide:* **to** zu *e-m Buch)*, Ergänzungsband *m* **3** Beilage *f (zu e-r Zeitung etc)* **4** MATH Supplementwinkel *m* **5** Aufbesserung *f* (**to one's income** s-s Einkommens) **6** *(Einzelzimmer- etc)* Zuschlag *m* **B** V/T ['sʌplɪment] **1** ergänzen **2** *sein Einkommen* aufbessern (**with** mit); **supplemental** [-'mentl] ADJ (ADV ~ly) → supplementary A 1: **~ firm** *US* Zulieferfirma *f*; **supplementary** [ˌsʌplɪ'mentərɪ] (ADV supplementarily [ˌsʌplɪ'mentərəlɪ; *US bes* ˌsʌpləmən'terəli:]) **A** ADJ **1** ergänzend, Ergänzungs..., zusätzlich, Zusatz..., Nach(trags)...: **be ~ to sth** etwas ergänzen; **~ agreement** WIRTSCH, POL Zusatzabkommen *n*; **~ benefit** *Br obs* Sozialhilfe *f*; **~ budget** POL Nachtragshaushalt *m*; **~ charge** Zuschlag *m*; **~ entry** WIRTSCH Nachtragsbuchung *f*; **~ estimates** *pl* WIRTSCH Nachtragsetat *m*; **~ order** Nachbestellung *f*; **~ proceedings** *pl* JUR **a** Zusatzverfahren *n* **b** Offenbarungsverfahren *n (zwecks Vollstreckung)*; **~ question** Zusatzfrage *f*; **take a ~ ticket** (e-e Fahrkarte) nachlösen **2** MATH supplementär: **~ angle** Supplementwinkel *m* **3** *bes* TECH Hilfs..., Ersatz..., Zusatz... **B** S Nachtrag *m*, Ergänzung *f*; **supplementation** [-men-] S Ergänzung *f*: **a** Nachtragen *n* **b** Nachtrag *m*, Zusatz *m*

suppleness ['sʌplnɪs] S **1** Geschmeidigkeit *f (a. fig)* **2** *fig* Fügsamkeit *f* **3** *fig pej* Unterwürfigkeit *f*

suppletion [sə'pli:ʃn] S LING Suppletion *f (Zusammenschluss von Wörtern verschiedenen Stammes zu e-r formal od inhaltlich geschlossenen Gruppe)*

suppletory ['sʌplɪtərɪ; *US* -ˌtəʊri:; -ˌtɔ:-; sə'pli:tərɪ] → supplementary A 1

suppliant ['sʌplɪənt] **A** S (demütige[r]) Bittsteller(in) **B** ADJ (ADV ~ly) flehend, demütig (bittend)

supplicant ['sʌplɪkənt] → suppliant; **supplicate** [-keɪt] **A** V/I demütig *od* dringlich bitten, flehen *(alle:* **for** um) **B** V/T **1** *j-n* anflehen, demütig *od* dringlich bitten *(alle:* **for** um) **2** *etwas* erbitten, erflehen, bitten um; **supplication** S **1** demütige *od* dringliche Bitte, Flehen *n (alle:* **for** um) **2** (Bitt)Gebet *n* **3** Gesuch *n*; **supplicatory** [-kətərɪ; -keɪ-; *US* -kəˌtəʊri:; -ˌtɔ:-] ADJ flehend, Bitt...

supplier [sə'plaɪə(r)] S Lieferant(in), *a. pl* Lieferfirma *f*

supply [sə'plaɪ] **A** V/T **1** **a** *allg Beweise, Elektrizität etc* liefern **b** *die nötige Ausrüstung etc* beschaffen, bereitstellen, sorgen für **2** *j-n od etwas* beliefern, versorgen, ausstatten, versehen, ELEK, TECH speisen *(alle:* **with** mit): **~ sb with sth, ~ sth to s.o** **3** *fehlende Wörter etc* ergänzen **4** *e-n Verlust etc* ausgleichen, ersetzen: **~ a deficit** ein Defizit decken **5** *ein Bedürfnis* befriedigen: **~ a want** e-m Mangel abhelfen; **~ the demand** WIRTSCH die Nachfrage decken **6** *e-e Stelle* ausfüllen, einnehmen, *ein Amt* vorübergehend versehen: **~ sb's place** j-n vertreten **7** WIRTSCH nachschießen, -zahlen **B** S **1** Lieferung *f* (**to an** *akk*), Zufuhr *f*, Beschaffung *f*, Bereitstellung *f* **2** Belieferung *f*, Versorgung *f (beide:* **with** mit), Bedarfsdeckung *f* **3** ELEK (Netz)Anschluss *m* **4** Ergänzung *f*, Zuschuss *m*, Beitrag *m* **5** WIRTSCH Angebot *n*: **~ and demand** Angebot u. Nachfrage; **be in short ~** knapp sein **6** *meist pl* Vorrat *m*, Lager *n*, Bestand *m* **7** *meist pl* MIL Nachschub *m*, Versorgung(smaterial) *f(n)*, Proviant *m* **8** *pl* WIRTSCH Artikel *pl*, Bedarf *m* **9** **a** Stellvertreter(in), Ersatz *m* **b** Stellvertretung *f*: **on ~** in Vertretung **10** *meist pl* PARL bewilligter Etat **C** ADJ **1** Versorgungs..., Liefer..., Lieferungs...: **~ crisis** WIRTSCH Versorgungskrise *f*; **~ plant** Lieferwerk *n*; **~ price** WIRTSCH äußerster *od* niedrigster Preis; **~-side economics** *pl (als sg konstruiert)* angebotsorientierte Wirtschaftspolitik **2** MIL **a** Versorgungs...: **~ area (ship,** *etc)* **b** Nachschub...: **~ base** Versorgungs-, Nachschubbasis *f*; **~ lines** Nachschubverbindungen **3** ELEK, TECH Speise...: **~ circuit (current, line, relay)**; **~ pipe** Zuleitung(srohr) *f(n)*; **~ station** *Br* Kraftwerk *n*; **~ voltage** Netz-, Speisespannung *f* **4** Aushilfs...: **~ teacher**

support [sə'pɔ:(r)t; *US a.* -'pəʊrt] **A** V/T **1** *ein Gewicht, e-e Wand etc* tragen, (ab)stützen, (aus)halten **2** ertragen, (er)dulden, aushalten **3** *j-n* unterstützen, stärken, *j-m* beistehen, *j-m* Rückendeckung geben: **what ~ed him was hope** nur die Hoffnung hielt ihn aufrecht **4** *e-e Familie* erhalten, unterhalten, sorgen für, ernähren (**on** von): **~ o.s.** für s-n Lebensunterhalt sorgen; **~ o.s. on** sich ernähren *od* erhalten von **5** für *ein Projekt etc* aufkommen, finanzieren **6** *ein Gespräch etc* in Gang halten **7** **a** für *e-n Kandidaten, e-e Politik etc* eintreten, unterstützen, fördern, befürworten **b** sich *e-r Ansicht etc* anschließen **8** *e-e Theorie etc* vertreten **9** beweisen, begründen, erhärten, rechtfertigen **10** WIRTSCH **a** *e-e Währung* decken **b** *e-n Preis* halten, stützen **11** THEAT *etc* **a** *e-e Rolle* spielen **b** als Nebendarsteller(in) mit *e-m Star etc* auftreten **B** S **1** **a** *allg* Stütze *f*: **walk without ~**; **~ stocking** Stützstrumpf *m* **b** *(Turnen)* Stütz *m* **2** ARCH, TECH **a** Stütze *f*, Halter *m*, Träger *m*, Ständer *m* **b** Strebe *f*, Absteifung *f* **c** Lagerung *f*, Bettung *f* **d** Stativ *n* **e** ARCH Durchzug *m* **3** MIL *(Gewehr)* Auflage *f* **4** (*a.* MIL taktische) Unterstützung, Beistand *m*, Rückhalt *m*, Rückendeckung *f*: **give ~ to** → A 3; *this plan* **has my full ~** hat m-e volle Unterstützung; **in ~ of** zur Unterstützung von *(od gen)*; **~ buying** WIRTSCH Stützungskäufe *pl*; **~ group** Selbsthilfegruppe *f* **5** Unterhaltung *f (e-r Familie etc)* **6** (Lebens)Unterhalt *m* **7** *fig* Stütze *f*, (Rück)Halt *m* **8** Aufrechterhaltung *f* **9** Erhärtung *f*, Beweis *m*: **in ~ of** zur Rechtfertigung von *(od gen)* **10** MIL Reserve *f*, Verstärkung *f* **11** THEAT **a** Partner(in) *(e-s Stars)* **b** Unterstützung *f (e-s Stars)* (durch das Ensemble) **c** Ensemble *n* **12** FOTO Träger *m* **13** *(Team von Fachleuten zur Behebung von Computerproblemen etc)* Support *m*

supportable [sə'pɔ:(r)təbl; *US a.* -'pəʊrt-] ADJ (ADV supportably) **1** haltbar, vertretbar *(Theorie etc)* **2** erträglich, zu ertragen(d); **supporter** S **1** ARCH, TECH Stütze *f*, Träger *m* **2** *fig* Beistand *m*, Helfer(in), Unterstützer(in), Stütze *f* **3** Erhalter(in) **4** Anhänger(in) (*a.* SPORT), Verfechter(in), Vertreter(in), Befürworter(in): **~s' club** Fanklub *m* **5** MED Stütze *f*, Tragbinde *f* **6** *Heraldik*: Wappen-, Schildhalter *m*; **supporting** ADJ (ADV ~ly) **1** tragend, stützend, Stütz..., Trag...: **~ surfaces** *pl* FLUG Tragwerk *n*; **~ wall** tragende Wand **2** unterstützend, Unterstützungs...: **they have all been very ~** sie haben uns alle sehr geholfen; **~ actor (actress)** THEAT *etc* Nebendarsteller(in); **~ bout** (*od* **fight**) *(Boxen)* Rahmenkampf *m*; **~ cast** THEAT *etc* Ensemble *n*; **~ fire** MIL Unterstützungsfeuer *n*; **~ materials** *pl* SCHULE Begleitmaterial *n*; **~ measures** flankierende Maßnahmen; **~ part** (*od* **role**) THEAT *etc* Nebenrolle *f*; **~ program(me)** *(Film)* Beiprogramm *n*; **~ purchases** WIRTSCH Stützungskäufe **3** erhärtend, bekräftigend: **~ document** Unterlage *f*, Beleg *m*; **~ evidence** zusätzliche Beweise *pl*; **supportive** ADJ (ADV ~ly) hilfreich: **be very ~ of sb** j-m e-e große Hilfe *od* Stütze sein

supposable [sə'pəʊzəbl] ADJ (ADV supposably) **1** anzunehmen(d), denkbar **2** voraussetzbar **3** vermutlich

supposal [sə'pəʊzl] → supposition

suppose [sə'pəʊz] **A** V/T **1** (als möglich *od* gegeben) annehmen, voraussetzen, sich *etwas* vorstellen: **(let us) ~, supposing** angenommen, gesetzt den Fall *(beide:* **that** dass); **always supposing that ...** immer vorausgesetzt, dass ...; **it is to be ~d that ...** es ist anzunehmen, dass ... **2** *imp (e-n Vorschlag einleitend)* wie wäre es, wenn *(wir e-n Spaziergang machten?)*: **~ we went for a walk!** **3** vermuten, glauben, meinen: **they are English, I ~** es sind wohl *od* vermutlich Engländer; **I ~ I must have fallen asleep** ich muss wohl eingeschlafen sein **4** *(mit akk u. inf)* halten für: **I ~ him to be a painter**; **he is ~d (to be) rich** er soll reich sein **5** (notwendigerweise) voraussetzen: **creation ~s a creator** **6** *(passiv mit inf)* sollen: **isn't he ~d to be at home?** sollte er nicht (eigentlich *od* von Rechts wegen) zu Hause sein?; **a grammarian is ~d to know (the) grammar** von e-m Grammatiker erwartet man, dass er die Grammatik kennt; **you are not ~d to know everything** du brauchst nicht alles zu wissen; **what is that ~d to mean?** was soll denn das? **B** V/I **I ~ so** ich nehme es an, wahrscheinlich, vermutlich; **supposed** ADJ **1** angenommen *(Fall etc)* **2** vermutlich **3** vermeintlich, angeblich; **supposedly** [-ɪdlɪ] ADV vermutlich; angeblich; anscheinend

supposition [ˌsʌpə'zɪʃn] S **1** Voraussetzung *f*: **on the ~ that ...** unter der Voraussetzung, dass ... **2** Vermutung *f*, Mutmaßung *f*, Annahme *f*: **that is pure ~** das ist reine Vermutung; **my ~ is that ...** ich vermute *od* nehme an, dass ... **3** *Logik*: Begriffsinhalt *m*; **suppositional** [-ʃənl] ADJ (ADV ~ly) auf Annahme beruhend, angenommen, hypothetisch; **supposititious** [səˌpɒzɪ'tɪʃəs; *US* -ˌpazə-] ADJ (ADV ~ly) **1** unecht, gefälscht, vorgeblich **2** untergeschoben *(Kind, Absicht etc)*, erdichtet **3** → suppositional; **suppositive** [-'pɒzɪtɪv; *US* -'pazə-] → suppositional

suppository [sə'pɒzɪtərɪ; *US* -'pazəˌtəʊri:; -ˌtɔ:-] S MED Suppositorium *n*, Zäpfchen *n*

suppress [sə'pres] V/T **1** *allg e-n Husten, e-e Rebellion,* ELEK *Störgeräusche etc* unterdrücken: **~ interference from** ELEK *ein Gerät* entstören **2** *etwas* abstellen, abschaffen, *e-r Sache* ein Ende machen **3** **a** *ein Buch etc* verbieten *od* unterdrücken **b** *e-e Textstelle* streichen **4** verheimlichen, -schweigen, unterschlagen, vertuschen: **~ evidence** JUR Beweismaterial unterschlagen **5** MED **a** *e-e Blutung* stillen **b** *Durchfall* stopfen **c** *Harn, Stuhl* verhalten **6** PSYCH verdrängen; **suppressant** S Appetitzügler *m*; **suppressible** ADJ unterdrückbar, zu verheimlichen(d); **suppression** [-ʃn] S **1** Unterdrückung *f (a. fig u.* ELEK): **~ of interference** ELEK Entstörung *f* **2** Abschaffung *f* **3** Verschweigen *n*, -tuschung *f*, -heimlichung *f*, Unterschlagung *f* **4** MED **a** *(Blut)* Stillung *f* **b** Stopfung *f* **c** *(Harn-, Stuhl)* Verhaltung *f* **5** PSYCH Verdrängung *f*; **suppressive** [-sɪv] ADJ unterdrückend, Unterdrückungs...; **suppressor** [-sə(r)] S **1** Unterdrücker(in) **2** Verhehler(in) **3** ELEK **a** Sperrgerät *n* **b** Entstörer *m*: **~ grid** Bremsgitter *n*

suppurate ['sʌpjʊəreɪt] V/I MED suppurieren, eitern; **suppuration** S Suppuration *f*, Eiterung *f*, Eiterbildung *f*; **suppurative** [-rətɪv; *US a.* -ˌreɪ-] ADJ suppurativ, eiternd, eitrig, Eiter...

supra ['su:prə] ADV oben *(bei Verweisen in e-m Buch etc)*

supra- [su:prə] *Wortelement mit den Bedeutungen* **a** *bes wissenschaftlich*: über, oberhalb **b** früher,

vorhergehend **c** über … hinaus
supranational ADJ supranational, übernational, -staatlich
suprarenal **A** ADJ ANAT, MED suprarenal: **a** über der Niere gelegen **b** Nebennieren…: **~ gland** → B **B** S ANAT Nebenniere *f*
supremacy [sʊˈpreməsɪ] S **1** Oberhoheit *f*: **a** POL höchste Gewalt, Souveränität *f* **b** Supremat *m/n* *(Oberhoheit in Kirchensachen)*: **Act of** ♀ Suprematsakte *f* *(Gesetz, durch welches das Staatsoberhaupt zum Haupt der anglikanischen Kirche erklärt wurde; 1535)*; **oath of ~** HIST Supremat(s)eid *m* **2** *fig* Vorherrschaft *f*, Übergewicht *n*, Überlegenheit *f*: **air ~** Luftherrschaft *f*; **naval ~** Vormachtstellung *f* zur See; **his ~ among dramatists** sein Vorrang unter den Dramatikern
supreme [sʊˈpriːm] **A** ADJ **1** höchst(er, e, es), oberst(er, e, es), Ober…: **~ authority** höchste (Regierungs)Gewalt; **~ command** MIL Oberbefehl *m*, -kommando *n*; **~ commander** MIL Oberbefehlshaber *m*; ♀ **Court** US Oberstes Bundesgericht; ♀ **Soviet** HIST Oberster Sowjet; **reign ~** herrschen *(a. fig)*; → **judicature** 1 **2** höchst(er, e, es), größt(er, e, es), äußerst(er, e, es), überragend *(Mut etc)*: **the** ♀ **Being** → B 2; **the ~ good** PHIL das höchste Gut; **the ~ punishment** die Todesstrafe; **he stands ~ among poets** er nimmt unter den Dichtern den höchsten Rang ein **3** letzt(er, e, es): **~ moment** Augenblick *m* des Todes; **make the ~ sacrifice** sein Leben hingeben *od* opfern **4** entscheidend, kritisch: **the ~ hour in the history of a nation** **B** S **1** **the ~** der *od* die *od* das Höchste **2** **the** ♀ der Allerhöchste, Gott *m* **3** *fig* Gipfel *m*: **the ~ of folly**; **supremely** ADJ höchst, im höchsten Grad, überaus
supremo [sʊˈpriːməʊ] *pl* -mos S *bes Br umg* Oberboss *m*
supt ABK superintendent
sur- [sɜː; sə; US sɜr; sər] *Wortelement mit der Bedeutung* über, auf
Sur. ABK Surrey
sura [ˈsʊərə] S REL Sure *f* *(Abschnitt des Korans)*
surah[2] [ˈsjʊərə; US ˈsʊrə] S Surah *m* *(Seidengewebe in Köperbindung)*
sural [ˈsjʊərəl; US ˈsʊrəl] ADJ ANAT, MED Waden…
surat [sʊˈræt] S HIST Suratbaumwolle *f*
surbase [ˈsɜːbeɪs; US ˈsɜrˌb-] S ARCH Kranz(-gesims) *m(n)*, Rand *m*
surcease [sɜːˈsiːs; US ˌsɜr-; *a.* ˈsɜrˌs-] *obs* **A** V/I **1** ablassen (**from** von) **2** aufhören **B** V/T **1** ablassen von **2** unterbrechen **C** S **1** Ende *n*, Aufhören *n* **2** Unterbrechung *f*, Pause *f*
surcharge **A** S [ˈsɜːtʃɑː(r)dʒ; US ˈsɜrˌtʃ-] **1** *bes fig* Überlastung *f*, -bürdung *f* **2** **a** zu viel berechnete Gebühr **b** Überpreis *m* **c** *(Steuer- etc)* Zuschlag *m* **d** Zuschlag(sgebühr) *m(f)* **e** *Postwesen*: Nach-, Strafporto *n* **3** Über-, Aufdruck *m* *(auf Briefmarken etc)* **B** V/T [sɜːˈtʃɑː(r)dʒ; US *bes* ˈsɜrˌtʃ-; *a.* ˌsɜrˈtʃ-] **1** *bes fig* überlasten, -bürden **2** **a** Nachporto *od* e-n Zuschlag *etc* erheben auf *(akk)* **b** WIRTSCH *ein Konto* zusätzlich belasten **3** *Briefmarken etc (mit neuer Wertangabe)* überdrucken
surcingle [ˈsɜːsɪŋgl; US ˈsɜrˌs-] **A** S **1** Sattel-, Packgurt *m* **2** Gürtel *m* *(e-r Soutane)* **B** V/T *e-m Pferd* e-n Sattel- *od* Packgurt anlegen
surcoat [ˈsɜːkəʊt; US ˈsɜrˌk-] S HIST Wappenrock *m*
surd [sɜːd; US sɜrd] **A** ADJ **1** MATH irrational *(Zahl etc)* **2** LING stimmlos *(Konsonant etc)* **B** S **1** MATH irrationale Größe **2** LING stimmloser Laut
sure [ʃʊə(r); *Br a.* ʃɔː] **A** ADJ (ADV → surely) **1** *nur präd* (**of**) sicher, gewiss *(gen)*, überzeugt (von): **are you ~ (about it)?** bist du (dessen) sicher?; **I feel ~ of getting my money back** ich bin überzeugt (davon), dass ich mein Geld zurückerhalte; **if one could be ~ of living to 80** wenn man sicher wüsste, dass man 80 Jahre alt wird; **~ of winning** (*od* **victory**) siegessicher; **I am not quite ~ that …** ich bin nicht ganz sicher, dass …; **he is** (*od* **feels**) **~ of success** er ist sich s-s Erfolges sicher; **be ~ of one's facts** sich s-r Sache sicher sein; **be ~ of o.s.** selbstsicher sein; **I'm ~ I didn't mean to hurt you** ich wollte Sie ganz gewiss nicht verletzen; **she was not ~ that she had heard it** es war ihr so, als hätte sie es gehört; **are you ~ you won't come?** wollen Sie wirklich nicht kommen?; **don't be too ~** sei mal nicht so sicher! **2** *nur präd* sicher, gewiss, (ganz) bestimmt, zweifellos *(objektiver Sachverhalt)*: **he is ~ to come** er kommt sicher *od* bestimmt; **man is ~ of death** dem Menschen ist der Tod gewiss *od* sicher; **you must be ~ to come and see us when …** Sie müssen uns unbedingt besuchen, wenn …; **make ~ that …** sich (davon) überzeugen, dass …; **make ~ of sth** **a** sich von etwas überzeugen, sich Gewissheit über e-e Sache verschaffen **b** sich etwas sichern; **to make ~** *(Redew)* um sicherzugehen; **be ~ to** (*od* **and**) **shut the window** vergiss nicht, das Fenster zu schließen!; **for ~** sicher, bestimmt; **not now, that's for ~** jetzt jedenfalls nicht; **to be ~** *(Redew)* sicher(lich), natürlich *(a. einschränkend = freilich, allerdings)* **3** sicher, untrüglich *(Beweise etc)* **4** sicher, unfehlbar *(Behandlung, Schuss etc)*: **~ thing!** *umg* (aber) klar *od* sicher! **5** verlässlich, zuverlässig **6** sicher, fest *(Halt etc)*: **~ faith** *fig* fester Glaube **B** ADV **1** *umg* sicher(lich): **~ enough** **a** ganz bestimmt **b** tatsächlich; **~!** (aber) klar!, aber sicher!, und ob!; → **egg**[1] A 1 **2** US *umg* wirklich: **it ~ was cold** es war vielleicht kalt!
sure|-fire ADJ *umg* (tod)sicher; **~-footed** ADJ (ADV ~ly) **1** sicher auf den Füßen *od* Beinen **2** *fig* sicher
surely [ˈʃʊə(r)lɪ; *Br a.* ˈʃɔːlɪ] ADV **1** sicher(lich), gewiss, bestimmt, zweifellos **2** **a** (ganz) bestimmt *od* gewiss: **it ~ cannot have been him** **b** doch (wohl): **it ~ can't be true** **3** sicher: → **slow** A 1 **4** *(in Antworten)* (aber) klar *od* sicher!
sureness [ˈʃʊə(r)nɪs; *Br a.* ˈʃɔːnɪs] S Sicherheit *f*: **a** Gewissheit *f*, feste Überzeugung **b** Zuverlässigkeit *f* **c** Entschiedenheit *f*
surety [ˈʃʊərətɪ; ˈʃʊə(r)tɪ; *Br a.* ˈʃɔːrətɪ] S **1** *bes* JUR **a** Sicherheit *f*, Bürgschaft *f*, Kaution *f* **b** Bürge *m*, Bürgin *f*: **stand ~** bürgen *od* Bürgschaft leisten (**for** für *j-n*); **~ bond** Bürgschaftsurkunde *f*; **~ company** US Kautionsversicherungsgesellschaft *f* **2** Gewähr(leistung) *f*, Garantie *f* **3** *obs* Gewissheit *f*: **of a ~** gewiss, ohne Zweifel; **suretyship** S *bes* JUR Bürgschaft(sleistung) *f*
surf [sɜːf; US sɜrf] **A** S Brandung *f* **B** V/I **a** in der Brandung baden *od* schwimmen **b** SPORT surfen **C** V/T: **~ the Internet** im Internet surfen
surface [ˈsɜːfɪs; US ˈsɜr-] **A** S **1** *allg* Oberfläche *f*: **~ of the earth** Erdoberfläche; **~ of water** Wasseroberfläche, -spiegel *m*; **come** (*od* **rise**) **to the ~** → D 1 **2** *fig* Oberfläche *f*, *(das)* Äußere: **on the ~** **a** äußerlich, nach außen hin **b** vordergründig **c** oberflächlich betrachtet: **bring to the ~** zutage fördern; **lie on the ~** zutage liegen; → **scratch** C 1 **3** MATH **a** (Ober)Fläche *f* **b** Flächeninhalt *m* **4** Straßenbelag *m*, -decke *f* **5** FLUG Tragfläche *f* **6** *Bergbau*: Tag *m*: **on the ~** über Tag, im Tagebau **B** ADJ **1** Oberflächen… *(a.* TECH*)*: **~ hardening** **2** SCHIFF Überwasser…: **~ vessel** **3** Land…: **~ transport(ation)** **4** *Bergbau*: im Tagebau **5** *fig* oberflächlich: **a** flüchtig *(Eindrücke etc)* **b** vordergründig *(Realismus etc)* **c** Schein…, äußerlich, unaufrichtig *(Höflichkeit etc)* **C** V/T **1** TECH *allg* die Oberfläche behandeln *od* bearbeiten von *(od gen)* **2** **a** glätten **b** TECH plandrehen **c** *e-e Lackierung* spachteln **3** *e-e Straße* mit e-m (Oberflächen)Belag versehen **4** *ein U-Boot* auftauchen lassen **D** V/I **1** **a** an die Oberfläche kommen **b** *fig* ans Tageslicht kommen: **he did not ~** er kam nicht zum Vorschein, er zeigte sich nicht **2** auftauchen *(U-Boot)*
surface|-active ADJ (ADV ~ly) PHYS oberflächenaktiv; **~ charge** S ELEK (Ober)Flächenladung *f*; **~-effect ship** S US Luftkissenfahrzeug *n*; **~ friction drag** S PHYS Oberflächenreibung *f*; **~ ga(u)ge** S TECH (Plan)Flächenlehre *f*; **~ integral** S MATH (Ober)Flächenintegral *n*; **~ mail** S gewöhnliche Post *(Ggs Luftpost)*; **~ noise** S Rauschen *n* *(e-r Schallplatte)*; **~ plate** S TECH Planscheibe *f* *(der Drehbank)*; **~ printing** → planography
surfacer [ˈsɜːfɪsə(r); US ˈsɜr-] S TECH **1** **a** Plandrehmaschine *f* **b** (Plan)Hobelmaschine *f* **2** Spachtelmasse *f*
surface| structure S LING Oberflächenstruktur *f*; **~ tension** S PHYS Oberflächenspannung *f*; **~-to-air missile** S MIL Boden-Luft-Rakete *f*; **~-to-surface missile** S MIL Boden-Boden-Rakete *f*; **~ water** S GEOL Oberflächenwasser *n*; **~ work** S *Bergbau*: Arbeit *f* über Tage
surfactant [sɜːˈfæktənt; US sɜr-; sər-] S PHYS oberflächenaktives Mittel
surf|board SPORT **A** S Surfboard *n*, -brett *n* **B** V/I → surf B b; **~boarder** S → surfer 2; **~boat** S SCHIFF Brandungsboot *n*
surfeit [ˈsɜːfɪt; US ˈsɜr-] **A** S **1** Übermaß *n* (**of** an *dat*) **2** *a. fig* Überfütterung *f*, -sättigung *f* *(beide:* **of** mit*)* **3** Überdruss *m*, Ekel *m*: **(a) ~** bis zum Überdruss **B** V/T **1** *a. fig* übersättigen, -füttern *(beide:* **with** mit*)* **2** überfüllen, -laden **C** V/I (**of, with**) sich übersättigen (mit), bis zum Überdruss essen *od* trinken (von)
surfer S **1** Brandungsschwimmer(in) **2** SPORT Surfer(in), Wellenreiter(in)
surficial [sɜːˈfɪʃl; US sɜr-; *a.* ˈsɜrˌf-] ADJ GEOL (Erd)Oberflächen…
surfing S **1** Brandungsschwimmen *n* **2** SPORT Surfen *n*, Wellenreiten *n*
surf|rider → surfer; **~riding** S → surfing
surfy ADJ brandend, Brandungs…
surg. ABK **1** surgeon **2** surgery **3** surgical chir(urg).
surge [sɜːdʒ; US sɜrdʒ] **A** S **1** Woge *f*, (hohe) Welle *(beide a. fig)*, Sturzsee *f* **2** Wogen *n*, (An)Branden *n* *(beide a. fig)* **3** *fig* (Auf)Wallung *f*: **~ of emotion** Gefühlsanwandlung *f*, -wallung *f* **4** ELEK Spannungsstoß *m*: **~ voltage** Stoßspannung *f* **B** V/I **1** wogen, hochgehen, -branden *(alle a. fig Gefühle etc)*, *fig* (auf)wallen: **anger ~d (up) within** (*od* **inside**) **him** Zorn wallte in ihm auf **2** *(auf den Wellen)* wogen, reiten *(Schiff)* **3** *fig* **a** wogen, (vorwärts)drängen *(Menschenmenge etc)* **b** brausen *(Orgel, Verkehr etc)* **4** ELEK **a** plötzlich ansteigen *(Spannung, Strom)* **b** heftig schwanken *(Spannung etc)*
surgeon [ˈsɜːdʒən; US ˈsɜr-] S **1** MED Chirurg(in): **~'s gown** Operationskittel *m*; **~'s knot** chirurgischer Knoten; **~'s mask** Operationsmaske *f* **2** MED, MIL Stabsarzt *m*, -ärztin *f*; ♀ **General** **a** Generalstabsarzt *m*, -ärztin *f* **b** Marineadmiralarzt *m*, -ärztin *f* **c** US Leiter(in) der Bundesgesundheitsbehörde; **surgery** [-ərɪ] S **1** MED Chirurgie *f*: **~ of the chest** Thoraxchirurgie **2** MED chirurgische Behandlung, chirurgischer *od* operativer Eingriff: **remove by ~** operativ entfernen, **she needs ~** sie

muss operiert werden; **he had knee ~** er wurde am Knie operiert **3** *US* Operationssaal *m* **4** *Br* **a** Sprechzimmer *n* **b** Sprechstunde *f*: **~ hours** Sprechstunden **5** *fig* drastischer Eingriff; **surgical** [-ıkl] ADJ (ADV **~ly**) **1** MED chirurgisch: **~ removal** operative Entfernung **2** MED Operations…: **~ team**; **~ instruments** Operationsbesteck *n*, chirurgische Instrumente **3** MED von e-r Operation herrührend, Operations…: **~ wound**; **~ fever** septisches Fieber **4** MED **~ boot** orthopädischer Schuh; **~ collar** Halsmanschette *f*; **~ stocking** Stützstrumpf *m* **5** **~ spirit** MED *Br* Wundbenzin *n* **6** **~ strike** FLUG, MIL gezielter Bombenangriff (**on** auf *akk*) **7** *fig* einschneidend, drastisch

surgicenter ['sɜrdʒıˌsentər] S *US* Poliklinik *f*

surging ['sɜːdʒıŋ; *US* 'sɜr-] **A** S **1** Wogen *n*, Branden *n* (*beide a. fig*) **2** ELEK heftige Schwankungen *pl* (*der Spannung etc*) **B** ADJ → **surgy**;

surgy ADJ wogend, brandend (*beide a. fig*)

suricate ['sʊrıkeıt; *Br a.* 'sjʊə-] S ZOOL Surikate *f*

Suriname [ˌsʊərı'nɑːmə] S Suriname *n* (*Staat in Südamerika*)

Surinamese [ˌsʊərınæ'miːz; *US* ˌsʊrənə-] **A** S Surinamer(in): **the ~** *koll* die Surinamer *pl* **B** ADJ surinamisch

surliness ['sɜːlınıs; *US* 'sɜr-] S **1** Verdrießlichkeit *f*, mürrisches Wesen **2** Bärbeißigkeit *f*

surly ['sɜːlı; *US* 'sɜr-] ADJ (ADV **surlily**) **1** verdrießlich, mürrisch, griesgrämig **2** grob, bärbeißig **3** zäh (*Boden*) **4** rau, düster (*Wetter*)

surmise **A** S ['sɜːmaız; sɜː'm-; *US* sər'm-; 'sɜrˌm-] Vermutung *f*, Mutmaßung *f* **B** VT [sɜː'maız; *US* sər'm-] mutmaßen, vermuten, sich *etwas* einbilden **C** VI Mutmaßungen anstellen

surmount [sɜː'maʊnt; *US* sər'm-] VT **1** **a** übersteigen **b** besteigen **2** *fig* überwinden **3** überragen; **surmountable** ADJ **1** **a** übersteigbar **b** ersteigbar **2** *fig* überwindbar, zu überwinden(d)

surmullet [ˌsɜr'mʌlət] S FISCH *US* Seebarbe *f*

surname ['sɜːneım; *US* 'sɜrˌn-] **A** S **1** Familien-, Nach-, Zuname *m*: **what's his ~?** wie heißt er mit Familiennamen? **2** *obs* Beiname *m* **B** VT *j-m* den Zu- *od* (*obs*) Beinamen … geben: **~d …** **a** mit Zunamen … **b** *obs* mit dem Beinamen …

surpass [sə(r)'pɑːs; *US* -'pæs] VT **1** übertreffen (**in** an *dat*): **it ~ed my expectations**; **~ o.s.** sich selbst übertreffen; **not be ~ed** unübertrefflich **2** *j-s Kräfte etc* übersteigen: **that ~ed my comprehension** das ging mir über m-n Verstand; **surpassing** ADJ (ADV **~ly**) unübertrefflich, unerreicht

surplice ['sɜːplıs; *US* 'sɜr-] S REL Chorrock *m*, -hemd *n*: **~ choir** Chorhemden tragender (Sänger)Chor; **~ fee** Stolgebühr *f* (*für e-e Taufe etc*); **surpliced** ADJ mit e-m Chorrock bekleidet

surplus ['sɜːpləs; *US* 'sɜr-; *a.* -ˌplʌs] **A** S **1** Überschuss *m*, Rest *m* **2** WIRTSCH **a** Überschuss *m*, Mehr(betrag) *n(m)* **b** Mehrertrag *m*, überschüssiger Ertrag *od* Gewinn **c** (unverteilter) Reingewinn **d** Mehrwert *m* **B** ADJ überschüssig, Über(schuss)…, Mehr…: **~ account** WIRTSCH Gewinn(überschuss)konto *n*; **~ population** Bevölkerungsüberschuss *m*; **~ weight** Mehr-, Übergewicht *n*; **~ value** (*Marxismus*) Mehrwert *m*; **surplusage** S **1** Überschuss *m*, -fülle *f* (*beide*: **of** an *dat*) **2** (*etwas*) Überflüssiges *od* Unwesentliches **3** JUR unerhebliches Vorbringen

surprisal [sə(r)'praızl] → **surprise** B

surprise [sə(r)'praız] **A** VT **1** *allg* überraschen: **a** *e-n Einbrecher etc* ertappen **b** verblüffen, in Erstaunen (ver)setzen: **be ~d** erstaunt sein, sich wundern (*beide*: **at** über *akk*); **I should not be ~d if …** es sollte mich nicht wundern, wenn … **c** überrumpeln (*a.* MIL): **~ sb into** j-n zu *etwas* verleiten; **~ sb into doing** j-n dazu verleiten, *etwas* zu tun **2** befremden, empören, schockieren: **be ~d at** befremdet *etc* sein über (*akk*) **B** S **1** Überraschung *f*, -rump(e)lung *f*: **take by ~** *j-n, den Feind etc* überrumpeln, überraschen, *e-e Festung etc* im Handstreich nehmen **2** Überraschung *f*: **I have a ~ for you**; **it came as a great (complete) ~ (to him)** es kam sehr (völlig) überraschend (für ihn); **~, ~!** *umg* **a** da staunst du, was? **b** ätsch! **c** *iron* welch e-e Überraschung! **3** Überraschung *f*, Verblüffung *f*, Erstaunen *n*, Verwunderung *f*: **there was little ~ that …** man war nur wenig überrascht, dass …; **to my ~** zu m-r Überraschung; **in ~** überrascht; **stare in ~** große Augen machen **C** ADJ **a** überraschend **b** Überraschungs…: **~ winner**; **~ party** *a.* Surprise-Party *f*; **surprisedly** [-ıdlı] ADV überrascht; **surprising** ADJ überraschend, erstaunlich: **it's hardly ~ that …** es ist kaum e-e Überraschung, dass …; **surprisingly** ADV überraschend(erweise), erstaunlich(erweise): **not ~ he … es ist** *od* war keine Überraschung, dass er …

surra ['sʊərə] S VET Surra *f* (*e-e schwere Erkrankung von Säugetieren*)

surreal [sə'rıəl; -'riːəl] ADJ (ADV **~ly**) **1** surreal, traumhaft, unwirklich **2** → **surrealistic**; **surrealism** S Surrealismus *m* (*moderne Kunst- u. Literaturrichtung, die das Unbewusste u. Traumhafte künstlerisch darstellen will*); **surrealist** **A** S Surrealist(in) **B** → **surrealistic**; **surrealistic** ADJ (ADV **~ally**) surrealistisch

surrender [sə'rendə(r)] **A** VT **1** *etwas* übergeben, ausliefern, -händigen (*alle*: **to** *dat*): **~ o.s. (to)** *fig* → B 2 **2** MIL *e-e Festung etc* übergeben (**to the enemy** dem Feind) **3** *ein Amt, Vorrecht etc* aufgeben, *etwas* abtreten, verzichten auf (*akk*), preisgeben: **~ hopes** die Hoffnung aufgeben; **~ an insurance policy** WIRTSCH e-e Versicherungspolice zum Rückkauf bringen **4** JUR **a** *ein Recht* aufgeben **b** *e-e Sache* herausgeben **c** *e-n Verbrecher* ausliefern **B** VI **(to)** **1** MIL *u. fig* sich ergeben (*dat*), kapitulieren, die Waffen strecken (vor *dat*) **2** sich *der Verzweiflung etc* hingeben *od* überlassen: **~ to the inevitable** sich ins Unvermeidliche fügen *od* schicken **3** sich *dem Gericht, der Polizei* stellen **C** S **1** Übergabe *f*, Auslieferung *f*, -händigung *f* **2** MIL Übergabe *f*, Kapitulation *f* **3** **(of)** Auf-, Preisgabe *f* (*gen*), Verzicht *m* (auf *akk*) **4** Hingabe *f* **5** Aufgabe *f* e-r Versicherung: **~ value** Rückkaufswert *m* **6** JUR **a** Aufgabe *f* (*e-s Rechtes etc*) **b** Herausgabe *f* (*e-r Sache*) **c** Auslieferung *f* (*e-s Verbrechers*)

surreptitious [ˌsʌrəp'tıʃəs; *US* ˌsɜr-] ADJ (ADV **~ly**) **1** erschlichen, durch Betrug erlangt, betrügerisch **2** heimlich, verstohlen (*Blick etc*): **~ edition** unerlaubter Nachdruck **3** unecht, gefälscht

surrey[1] ['sɜriː; 'sʌ-] S *US* leichter vierräd(e)riger Kutschwagen

Surrey[2] ['sʌrı; *US bes* 'sɜriː] S Surrey *n* (*Grafschaft in Südengland*)

surrogacy ['sʌrəgəsı; *US* 'sɜr-] S Leihmutterschaft *f*; **surrogate** [-gıt; -geıt] S **1** Stellvertreter(in) **2** JUR *US* Nachlass- u. Vormundschaftsrichter(in) **3** Ersatz *m*, Surrogat *n* (*beide*: **of, for** für): **~ mother** Leihmutter *f*; **~ motherhood** → **surrogacy**

surround [sə'raʊnd] **A** VT **1** umgeben, umringen: **he ~ed himself with beautiful women** er umgab sich mit schönen Frauen; **~ed by danger** von Gefahren umgeben, mit Gefahr verbunden; **~ed by luxury** von Luxus umgeben; **the circumstances ~ing sth** die (Begleit)Umstände e-r Sache **2** **a** *ein Haus etc* umstellen (*Polizei etc*) **b** MIL umzingeln **B** S **1** **a** Umrandung *f*, Einfassung *f* **b** *bes Br* Boden(schutz)belag *m* zwischen Wand u. Teppich **2** JAGD *US* Kesseltreiben *n*; **surrounding** **A** ADJ umgebend, umliegend: **~ area** → B 1 a **B** SPL **surroundings** **1** Umgebung *f*: **a** Umgegend *f*, Umkreis *m*: **in familiar ~s** in vertrauter Umgebung **b** Umwelt(bedingungen) *f(pl)* **2** äußere Umstände *pl*, Begleiterscheinungen *pl*

surtax ['sɜːtæks; *US* 'sɜrˌt-] WIRTSCH **A** S **1** Steuerzuschlag *m* **2** Einkommensteuerzuschlag *m* **B** VT mit e-m Steuerzuschlag belegen

surtitle ['sɜːˌtaıtl; *US* 'sɜr-] S Übertitel *m* (*bes in der Oper*)

surtout ['sɜːtuː; ˌsɜː'tuː; *US* sər'tuː; 'sɜrˌtuː] S HIST Surtout *m*, (einreihiger) Überzieher

surveillance [sɜː'veıləns; *US* sər-] S Überwachung *f*, Aufsicht *f*: **be under ~** überwacht werden; **keep under ~** überwachen; **~ camera** Überwachungskamera *f*

survey [sə(r)'veı; *US a.* 'sɜrˌveı] **A** VT **1** betrachten, sich *j-n, etwas* ansehen (*beide a. fig*) **2** *Aussichten etc* untersuchen **3** *ein Gebäude etc* (ab)schätzen, begutachten **4** besichtigen, inspizieren **5** *Land etc* vermessen **B** VI e-e (statistische) Erhebung vornehmen **C** S ['sɜːveı; *US* 'sɜrˌveı] **1** *fig* Überblick *m*, Übersicht *f* (*beide*: **of** über *akk*) **2** Untersuchung *f* **3** Schätzung *f*, Begutachtung *f* **4** Gutachten *n*, (Prüfungs)Bericht *m* **5** Besichtigung *f*, Inspektion *f* **6** (*Land- etc*) Vermessung *f* **7** (Lage)Plan *m*, (-)Karte *f* **8** **a** (statistische) Erhebung, Umfrage *f* (*beide*: **of, on** über *akk*) **b** MED Reihenuntersuchung *f*; **surveying** S Vermessen *n*, Vermessungskunde *f*

surveyor [sə(r)'veıə(r)] S **1** (*Land- etc*) Vermesser(in): **~'s chain** Messkette *f* **2** (amtliche[r]) Inspektor (Inspektorin) *od* Verwalter(in) *od* Aufseher(in) **3** *US* HIST Zollaufseher(in) **4** Gutachter(in)

survival [sə(r)'vaıvl] S **1** Überleben *n* (*a. fig*): **~ of the fittest** BIOL Überleben der Stärkeren; **~ kit** Überlebens-, Notausrüstung *f*; **~ rate** Überlebensquote *f*; **~ shelter** atomsicherer Bunker; **~ time** MIL Überlebenszeit *f*; **~ training** Survival-, Überlebenstraining *n*; **~ value** BIOL Erhaltungswert *m* **2** Weiter-, Fortleben *n* **3** Fortbestand *m* **4** Überbleibsel *n*, (Über)Rest *m* **5** SPORT Klassenerhalt *m*, -verbleib *m*; **survive** **A** VI **1** überleben (*a. fig*), am Leben bleiben, mit dem Leben davonkommen **2** noch leben *od* bestehen, übrig geblieben sein **3** weiterleben, fortleben, -bestehen **B** VT **1** *j-n od etwas* überleben, überdauern, länger leben als: **he is ~d by his wife and two sons** er hinterlässt e-e Frau u. zwei Söhne **2** *e-e Katastrophe etc* überleben, -stehen **3** *umg* aushalten, ertragen; **surviving** ADJ **1** überlebend: **the ~ wife** **2** hinterblieben: **~ dependents** Hinterbliebene **3** übrig bleibend, Rest…: **~ debts** WIRTSCH Restschulden; **survivor** [-və(r)] S **1** Überlebende(r) *m/f(m)*: **the pilot was the only ~ of (*od* from) the plane crash** der Pilot überlebte als Einziger den Flugzeugabsturz **2** JUR *Überlebender, auf den nach Ableben der Miteigentümer das Eigentumsrecht übergeht* **3** *fig* Überlebenskünstler(in); **survivorship** S **1** Überleben *n* **2** JUR *Recht e-s od der Überlebenden auf das Eigentum nach Ableben der übrigen Miteigentümer*

sus [sʌs] *Br sl* **A** S **1** → **suspect** C **2** → **suspicion** A **B** ADJ → **suspicious** **C** VT → **suss** 2

susceptance [sə'septəns] S ELEK Suszeptanz *f*, Blindleitwert *m*

susceptibility [səˌseptəˈbɪlətɪ] S 1 Empfänglichkeit *f*, Anfälligkeit *f* (*beide:* **to** für): **~ to corrosion** TECH Korrosionsneigung *f* 2 Beeindruckbarkeit *f* 3 *pl* Gefühle *pl* 4 a PHYS Magnetisierbarkeit *f* b ELEK Suszeptibilität *f* (*Maß für die Magnetisierbarkeit e-s Stoffes*); **susceptible** ADJ (ADV susceptibly) 1 anfällig (**to** für): **~ to injuries** verletzungsanfällig 2 empfindlich (**to** gegen): **~ to pain** schmerzempfindlich 3 empfänglich (**to** für) 4 (leicht) zu beeindrucken(d) 5 **be ~ of** (*od* **to**) *etwas* zulassen: **the passage is ~ of a different interpretation**

susceptive [səˈseptɪv] ADJ (ADV ~ly) 1 rezeptiv, aufnehmend 2 → susceptible; **susceptivity** [ˌsʌsepˈtɪvətɪ; səˌsepˈt-] S 1 Rezeptivität *f*, Aufnahmefähigkeit *f* 2 → susceptibility

sus laws → suss laws

suslik [ˈsʌslɪk; *US a.* ˈsuː-] S 1 ZOOL Ziesel *n* 2 Suslik *m*, Ziesel(pelz) *m*

suspect [səˈspekt] A VT 1 *j-n* verdächtigen (**of** *gen*), im Verdacht haben (**of doing** *etwas* zu tun *od* dass er *etwas* tut): **be ~ed of doing** (*od* **having done**) **sth** im Verdacht stehen *od* verdächtigt werden, etwas getan zu haben; **be ~ed of a crime** unter dem Verdacht stehen, ein Verbrechen begangen zu haben; **be ~ed of murder** unter Mordverdacht stehen; **he is ~ed of AIDS** bei ihm besteht Verdacht auf AIDS 2 argwöhnen, befürchten 3 fast glauben (**sb to be a liar** dass j-d ein Lügner ist) 4 vermuten, glauben, den Verdacht haben (*alle:* **that** dass): **I ~ (that) you once thought otherwise** 5 *etwas* anzweifeln, misstrauen (*dat*) B VI (e-n) Verdacht *od* Argwohn hegen, argwöhnisch sein C S [ˈsʌspekt] Verdächtige(r) *m/f(m)*, verdächtige Person, JUR *a.* Verdachtsperson *f*: **political ~** politisch Verdächtige(r); **smallpox ~** MED Pockenverdächtige(r) D ADJ [ˈsʌspekt; *US a.* səˈsp-] verdächtig, suspekt (*a. fig fragwürdig*); **suspected** ADJ 1 verdächtigt (**of** *gen*): → suspect A 1 2 verdächtig

suspend [səˈspend] VT 1 *a.* TECH aufhängen (**from** an *dat*) 2 CHEM suspendieren, schwebend halten: **dust ~ed in the air** in der Luft schwebender Staub 3 *fig e-e Frage* in der Schwebe *od* unentschieden lassen *od* offenlassen: **~ one's opinion** sich *od* s-e Meinung noch nicht festlegen 4 auf-, verschieben, JUR *das Verfahren, die Vollstreckung* aussetzen: **~ a sentence** JUR e-e Strafe zur Bewährung aussetzen 5 *e-e Reglung etc* suspendieren, (zeitweilig) aufheben *od* außer Kraft setzen 6 *die Arbeit,* MIL *die Feindseligkeiten,* WIRTSCH *die Zahlungen* (zeitweilig) einstellen 7 *j-n* suspendieren, vorläufig s-s Amtes entheben: **~ from duty** vom Dienst supendieren 8 *ein Vereinsmitglied etc* (zeitweilig) ausschließen 9 SPORT *j-n* sperren (**for two games** für zwei Spiele) 10 mit *s-r Meinung etc* zurückhalten 11 MUS *e-n Ton* vorhalten; **suspended** ADJ 1 hängend, aufgehängt, Hänge...: **be ~** hängen (**by, from** an *dat*); **~ ceiling** Hängedecke *f* 2 schwebend, fein verteilt: **~ material** BIOL Schwebestoff *m* 3 (JUR zur Bewährung) ausgesetzt, ver-, aufgeschoben (*Verfahren etc*): **~ animation** MED Scheintod *m*; **be in a state of ~ animation** scheintot sein; **~ sentence** Bewährungsstrafe *f*; **he was given a ~ sentence of nine months** er bekam neun Monate mit Bewährung 4 (zeitweilig) aufgehoben (*Reglung etc*) 5 suspendiert, vorläufig s-s Amtes enthoben; **suspender** S 1 *pl US* Hosenträger *pl* 2 *Br* a Strumpfhalter *m*, Straps *m*: **~ belt** Hüftgürtel *m*, -halter *m* b Sockenhalter *m* 3 TECH Aufhängevorrichtung *f* 4 Hängevase *f*

suspense [səˈspens] S 1 Spannung *f*, Ungewissheit *f*: **in ~** gespannt, voller Spannung; **hold sb in ~** j-n in Atem halten 2 Ungewissheit *f*, Unentschiedenheit *f*, Schwebe *f*: **be in ~** in der Schwebe sein; **keep in ~** a *j-n* im Ungewissen lassen, auf die Folter spannen b *etwas* in der Schwebe lassen; **~ account** WIRTSCH Interimskonto *n*; **~ entry** WIRTSCH transitorische Buchung 3 Spannung *f* (*e-s Romans etc*): **full of ~, ~-packed** spannend, spannungsgeladen 4 JUR → suspension 6; **place in ~** → suspend 5; **suspenseful** ADJ (ADV ~ly) spannend; **suspenser** S *umg* Thriller *m*, spannender Film; **suspensible** ADJ 1 auf-, verschiebbar, aufzuschieben(d) 2 CHEM, PHYS suspendierbar; **suspension** [-ʃn] S 1 Aufhängen *n* 2 *bes* TECH Aufhängung *f*: **front-wheel ~**; **~ bridge** Hängebrücke *f*; **~ railroad** (*bes Br* **railway**) Schwebebahn *f*; **~ spring** Tragfeder *f* 3 TECH Federung *f* 4 CHEM, PHYS Suspension *f*: a Schweben *n* b Aufschlämmung *f* 5 (einstweilige) Einstellung: **~ of arms** (*od* **hostilities**) MIL Einstellung der Feindseligkeiten; **~ of payment(s)** WIRTSCH Zahlungseinstellung; **~ periods** (*od* **points**) *bes US* Auslassungspunkte 6 JUR Aussetzung *f*, vorübergehende Aufhebung (*e-s Rechts*): **~ of the statute of limitations** Hemmung *f* der Verjährung 7 Aufschub *m*, Verschiebung *f* 8 Suspendierung *f* (**from** von), vorläufige Amtsenthebung 9 (zeitweiliger) Ausschluss (*e-s Vereinsmitglieds etc*) 10 SPORT Sperre *f*: **he got** (*od* **received**) **a five-game ~** er wurde für fünf Spiele gesperrt; **be under ~** gesperrt sein 11 MUS Vorhalt *m*; **suspensive** [-sɪv] ADJ (ADV ~ly) 1 suspensiv, aufschiebend (*Bedingung etc*): **~ veto** PARL suspensives Veto 2 unterbrechend, hemmend 3 unschlüssig 4 unbestimmt

suspensoid [səˈspensɔɪd] S CHEM, PHYS Suspensoid *n*, disperse Phase

suspensor [səˈspensə(r)] S 1 → suspensory B 1 2 BOT Suspensor *m*, Embryoträger *m*; **suspensory** A ADJ 1 hängend, Schwebe..., Hänge... 2 ANAT Aufhänge...: **~ bone** 3 WIRTSCH, JUR → suspensive 1 B S 1 ANAT a *a.* **~ ligament** Aufhängeband *n* b *a.* **~ muscle** Aufhängemuskel *m* 2 MED a *a.* **~ bandage** Suspensionsverband *m* b Bruchband *n* 3 *bes US* → jockstrap

suspicion [səˈspɪʃn] A S 1 Argwohn *m*, Misstrauen *n* (*beide:* **of** gegen[über]) 2 (**of**) Verdacht *m* (gegen), Verdächtigung *f* (*gen*): **above ~** über jeden Verdacht erhaben; **on ~** auf Verdacht hin; **on** (*od* **under**) **~ of** unter dem Verdacht (*gen*); **on** (*od* **under**) **~ of murder** unter Mordverdacht; **be under ~** unter Verdacht stehen, verdächtigt werden; **cast a ~ on** e-n Verdacht auf *j-n* lenken; **come** (*od* **fall**) **under ~** in Verdacht geraten; **have** (*od* **entertain**) **a ~ that ...** den Verdacht haben *od* hegen, dass ... 3 Vermutung *f*: **no ~** keine Ahnung; **she had no ~s** sie hatte keinerlei Verdacht 4 *fig* Spur *f*: **a ~ of brandy** (**of arrogance**); **a ~ of a smile** der Anflug e-s Lächelns B VT *US sl* → suspect A 1, A 2

suspicious [səˈspɪʃəs] ADJ (ADV ~ly) 1 misstrauisch, argwöhnisch (*beide:* **of sb** gegen j-n, gegenüber j-m): **a ~ glance**; **be deeply ~ of** ein tiefes Misstrauen hegen gegen; **become ~** Verdacht schöpfen 2 verdächtig, Verdacht erregend: **~ person** → suspect C; **suspiciousness** S 1 Misstrauen *n*, Argwohn *m* (**of** gegen[über]), misstrauisches Wesen 2 (*das*) Verdächtige

suspiration [ˌsʌspɪˈreɪʃn] S *obs od poet* 1 Seufzen *n* 2 Atmen *n*; **suspire** [səˈspaɪə(r)] *obs od poet* A VI 1 seufzen 2 atmen 3 *fig* sich sehnen, schmachten (*beide:* **after, for** nach) B VT seufzen(d sagen)

suss [sʌs] VT *Br sl* 1 *oft* **~ out** kommen hinter (*akk*), *etwas* spitzkriegen: **~ that ...** dahinterkommen, dass ...; **I can't ~ him out** aus ihm werd ich nicht schlau 2 *meist* **~ out** *etwas* ausspionieren, ausbaldowern *umg*

Suss. ABK HIST Sussex (*frühere Grafschaft in Südengland, jetzt aufgeteilt in West Sussex u. East Sussex*)

Sussex [ˈsʌsɪks] S ZOOL 1 Sussex(rind) *n* 2 Sussex *n* (*e-e Hühnerrasse*)

suss laws SPL *Br hist Gesetze, nach denen j-d festgenommen werden konnte, wenn er im Verdacht stand, e-e Straftat begehen zu wollen*

susso [ˈsʌsəʊ] *pl* -sos S *Aus sl* 1 Stempelgeld *n* 2 Stempelgeldbezieher(in)

sustain [səˈsteɪn] VT 1 stützen, tragen: **~ing wall** Stützmauer *f* 2 *Druck etc* aushalten 3 *fig* aushalten, ertragen: **~ comparison** den Vergleich aushalten, e-m Vergleich standhalten; **~ an attack** e-m Angriff standhalten; **be able to ~ sth** e-r Sache gewachsen sein 4 *e-e Niederlage, e-n Verlust etc* erleiden, *Verletzungen etc a.* davontragen 5 *etwas* (aufrecht)erhalten, in Gang halten, *das Interesse etc* wachhalten: **~ing member** förderndes Mitglied; **~ing program** (RADIO, TV) *US* ungesponsertes Programm 6 a *j-n* erhalten, unterhalten, versorgen, *e-e Familie etc* ernähren, *e-e Armee* verpflegen b *j-n* betreuen c *e-e Institution* unterhalten 7 *j-n* aufrechterhalten, stärken, *j-m* Kraft geben 8 *j-n od j-s Forderung* unterstützen 9 *bes* JUR als rechtsgültig anerkennen, *e-m Antrag, Einwand, Klagebegehren etc* stattgeben 10 *e-e Theorie etc* bestätigen, erhärten, rechtfertigen 11 MUS *e-n Ton* (aus)halten: **~ing pedal** Fortepedal *n*, rechtes Pedal; **sustainability** S 1 Umweltverträglichkeit *f*: **~ programme** *etwa:* Entwicklungsplan *m* für umweltverträgliches Wirtschaften 2 Nachhaltigkeit *f*; **sustainable** ADJ 1 aushaltbar, *fig a.* erträglich 2 *Entwicklung etc*: a nachhaltig b umweltverträglich; **sustained** ADJ 1 anhaltend (*a. Interesse etc*), (an)dauernd, Dauer...: **~ fire** MIL Dauerfeuer *n*; **~ speed** Dauergeschwindigkeit *f* 2 MUS a (aus)gehalten (*Ton*) b getragen 3 PHYS ungedämpft (*Schwingung*) 4 *bes* JUR angenommen (*Antrag etc*); **sustainedly** [-nɪdlɪ] ADV → sustained; **sustainer** S 1 Träger *m*, Stütze *f* (*a. fig*) 2 Erhalter(in) 3 TECH Marschtriebwerk *n* (*e-r Rakete*)

sustenance [ˈsʌstɪnəns] S 1 (Lebens)Unterhalt *m*, Auskommen *n* 2 Nahrung *f* 3 Nährkraft *f* 4 Erhaltung *f*, Ernährung *f*, Versorgung *f*: **for the ~ of our bodies** für unser leibliches Wohl 5 *fig* Beistand *m*, Stütze *f*

sustentacular [ˌsʌstenˈtækjʊlə(r); -tən-] ADJ ANAT stützend, Stütz...: **~ tissue**

sustentation [ˌsʌstenˈteɪʃn; -tən-] S 1 → sustenance 1, 2, 4 2 Unterhaltung *f* (*e-s Instituts etc*) 3 (Aufrecht)Erhaltung *f* 4 Unterstützung *f* 5 Stütze *f*, Halt *m*

susurrant [sjʊˈsʌrənt; sʊ-; *US* sʊˈsɜr-; -ˈsʌr-] ADJ *poet* 1 flüsternd, murmelnd 2 leise raschelnd, säuselnd; **susurration** [ˌsjuːsəˈreɪʃn; *bes US* ˌsuː-] S *poet* 1 Flüstern *n*, Murmeln *n* 2 leises Rascheln, Säuseln *n*; **susurrous** → susurrant; **susurrus** [-rəs] → susurration

sutler [ˈsʌtlə(r)] S MIL, HIST Marketender(in)

suttee [ˈsʌtiː; sʌˈtiː] S HIST (*in Indien*) 1 Sati *f* (*Witwe, die sich mit dem Leichnam ihres Mannes verbrennen ließ*) 2 → sutteeism; **sutteeism** S HIST Witwenverbrennung *f*

sutural [ˈsuːtʃərəl] ADJ 1 mit e-r Naht versehen 2 Naht...; **suturally** ADV mittels (e-r) Naht, durch Nähte

S

suture ['su:tʃə(r)] A S 1 MED a Naht *f* b Nähen *n (e-r Wunde)* c Nahtmaterial *n*, Faden *m* 2 ANAT Naht *f (feste Knochenverbindung)* 3 BOT Naht *f*, Verwachsungslinie *f* 4 *allg* Verbindungsnaht *f*, Naht(stelle) *f (a. fig)* B V/T *bes* MED (zu-, ver)nähen

suzerain ['su:zəreɪn; *US a.* -rən] A S 1 Oberherr *m*, Suzerän *m* 2 POL Protektorstaat *m* 3 HIST Oberlehnsherr *m* B ADJ 1 oberhoheitlich 2 HIST oberlehnsherrlich: ~ **lord** → A 3; **suzerainty** [-tɪ] S 1 Oberhoheit *f*, Suzeränität *f* 2 HIST Oberlehnsherrlichkeit *f*

s.v. ABK 1 sailing vessel 2 sub verbo *(od* voce*)*; under the specified word

svarabhakti [ˌsvʌrə'bʌktɪ; ˌsvɑ:rə'bækti:] S LING Swarabhakti *n, a. f*, Sprossvokal *m*

svelte [svelt] ADJ 1 (gerten)schlank, grazil 2 *fig* gebildet, kultiviert

SW ABK 1 ELEK short wave KW, Kurzw. 2 South Wales 3 southwest SW 4 southwestern südwestl.

swab [swɒb; *US* swɑb] A S 1 a Scheuerlappen *m* b Schrubber *m* c Mopp *m* d Handfeger *m* e SCHIFF Schwabber *m* 2 MED a Wattebausch *m*, Tupfer *m* b Abstrichtupfer *m* c Abstrich *m* 3 SCHIFF *sl* (Offiziers)Epaulette *f* 4 *sl* Trottel *m pej* B V/T 1 *a.* ~ **down** aufwischen, SCHIFF *das Deck* schrubben: ~ **up** aufwischen 2 MED a *Blut* abtupfen b *e-e Wunde* betupfen; **swabber** [-bə(r)] S SCHIFF Schwabberer *m*, Schiffsreiniger *m*

Swabia ['sweɪbjə; -bɪə] S Schwaben *n*

Swabian ['sweɪbjən; -ɪən] A S 1 Schwabe *m*, Schwäbin *f* 2 LING Schwäbisch *n*, das Schwäbische B ADJ schwäbisch

swacked [swækt] ADJ *sl* 1 blau *(betrunken)* 2 high *(unter Drogeneinfluss)*

swaddie → swaddy

swaddle ['swɒdl; *US* 'swɑdl] A V/T 1 *ein Baby* wickeln, in Windeln legen 2 umwickeln, einwickeln B S *bes US* Windel *f*

swaddling| bands ['swɒdlɪŋ; *US* 'swɑd-] SPL, ~ **clothes** SPL Windeln *pl*

swaddy ['swɒdɪ] S MIL *Br sl* Landser *m*

Swadeshi [swɑ:'deɪʃɪ] S *IndEng* Swadeschi (-bewegung) *f*: a *(bes wirtschaftliches) Unabhängigkeitsstreben* b *Boykott ausländischer, bes brit. Waren*

swag [swæg] S 1 Girlande *f (Verzierung)* 2 *Aus umg* Bündel *n (e-s Wanderarbeiters)* 3 *sl* Beute *f*, Raub *m*

swage [sweɪdʒ] TECH A S 1 Gesenk *n* 2 Präge *f*, Stanze *f* 3 *a.* ~ **block** Gesenkplatte *f* B V/T im Gesenk bearbeiten

swagger[1] ['swægə(r)] A V/I 1 stolzieren: ~ **about** *(od* **around)** herumstolzieren (in *dat*, auf *dat*) 2 großspurig auftreten, großtun B S 1 stolzer Gang, Stolzieren *n*: **walk with a** ~ stolzieren 2 *fig* großspuriges Auftreten, Großtuerei *f* C ADJ 1 *Br umg* piekfein, modisch elegant 2 ~ **stick** MIL Offiziersstöckchen *n*

swagger[2] ['swægə(r)] → swagman

swaggerer S *fig* Großtuer(in); **swaggering** A ADJ (ADV ~ly) 1 stolzierend 2 *fig* großspurig, -tuerisch B S → swagger[1] B

swaggie ['swægɪ] → swagman

swagman ['swægmæn] S *irr Aus umg* Wanderarbeiter *m*

Swahili [swɑ:'hi:lɪ] A *pl* -lis, *bes koll* -li S Suaheli *m/f*, Swahili *m/f* LING Suaheli *n*, Swahili *n* B ADJ Suaheli..., Swahili...

swain [sweɪn] S *obs od poet* 1 Bauernbursche *m* 2 a Liebhaber *m* b Verehrer *m*

swale [sweɪl] S *bes US* sumpfige Senke

SWALK ABK sealed with a loving kiss

swallow[1] ['swɒləʊ; *US* 'swɑ-] A V/T 1 *a.* ~ **up** (ver)schlucken, verschlingen: ~ **down** hinunterschlucken 2 *fig ein Buch etc* verschlingen 3 *a.* ~ **up** schlucken, sich *ein Gebiet etc* einverleiben 4 *meist* ~ **up** *fig j-n, ein Schiff etc, a. Geld, Zeit* verschlingen 5 *umg* schlucken, für bare Münze nehmen: **she ~ed his every word** 6 *e-e Beleidigung etc* einstecken, schlucken *(beide umg)* 7 a *s-e Tränen, s-n Ärger* hinunterschlucken b *sein Lachen, s-e Erregung* unterdrücken 8 *s-e Worte etc* zurücknehmen B V/I schlucken *(a. vor Erregung)*: ~ **the wrong way** sich verschlucken; ~ **hard** *fig* kräftig schlucken C S 1 Schlund *m*, Kehle *f* 2 a Schluck *m* b Bissen *m*

swallow[2] ['swɒləʊ; *US* 'swɑ-] S ORN 1 Schwalbe *f*: **one ~ does not make a summer** *(Sprichwort)* e-e Schwalbe macht noch keinen Sommer; ~ **dive** *(Wasserspringen) Br Sprung, bei dem die seitlich ausgestreckten Arme erst kurz vor dem Eintauchen vor den Kopf genommen werden* 2 Mauersegler *m*

swallow|tail S 1 ORN Schwalbenschwanz *m* 2 *a.* ~ **butterfly** ZOOL Schwalbenschwanz *m* 3 ORN Schwalbenschwanz-Kolibri *m* 4 *a.* ~ **coat** Frack *m* 5 schwalbenschwanzartiger Wimpel; **~-tailed** ADJ *bes* ORN, ZOOL schwalbenschwanzartig, Schwalbenschwanz...: ~ **coat** Frack *m*; **~wort** S BOT 1 *(ein)* St.-Lorenzkraut *n* 2 Schwalbenwurz *f*

swam [swæm] *prät von* swim

swami ['swɑ:mɪ] S Swami *m (hinduistischer Religionslehrer)*

swamp [swɒmp; *US a.* swɑmp] A S 1 Sumpf *m* 2 Morast *m* B V/T 1 überschwemmen *(a. fig)*: **be ~ed with** *fig* mit *Arbeit, Einladungen etc* überhäuft werden *od* sein, sich nicht mehr retten können vor *(dat)* 2 SPORT vernichtend schlagen 3 *e-e Bande etc* unschädlich machen 4 SCHIFF *ein Boot* a volllaufen lassen b zum Sinken bringen 5 *meist* ~ **out** *e-n Weg etc* durch den Wald hauen C V/I 1 SCHIFF a volllaufen b versinken 2 überschwemmt werden; ~ **boat** S Sumpfboot *n*; ~ **fever** S MED *bes US* Sumpffieber *n*; **~land** S Sumpfland *n*

swampy ADJ sumpfig, morastig, Sumpf...

swan [swɒn; *US* swɑn] A S 1 ORN Schwan *m*: ≈ **of Avon** *fig Beiname von Shakespeare*; ~ **dive** *US (= swallow dive)* → swallow[2] 1 2 ≈ ASTRON Schwan *m (Sternbild)* B V/I *meist* ~ **about** *(od* **around)** *umg* herumgondeln (in *dat*); **~herd** S Schwanenwärter(in)

swank [swæŋk] *umg* A S 1 Angabe *f*, Protzerei *f*: **for ~** aus Angabe 2 *Br* Angeber(in), Protz *m* 3 *bes US* Schick *m* B V/I protzen, prahlen, angeben C ADJ *bes US* → swanky; **~pot** → swank A 2

swanky ADJ *umg* 1 protzig, angeberisch 2 (tod)schick, piekfein

swan|like ADJ schwanengleich, -artig; ~ **maiden** S MYTH Schwan(en)jungfrau *f*; **~neck** S Schwanenhals *m (a. fig u.* TECH*)*

swannery ['swɒnərɪ; *US* 'swɑn-] S Schwanenteich *m*

swan's-down S 1 Schwanendaune(n) *f(pl)* 2 *meist* **swansdown** a *weicher, dicker Wollstoff* b Swandown *m*, (Baumwoll)Barchent *m*

Swansea ['swɒnzɪ; *US* 'swɑ:nsi:] S Swansea *n (Grafschaft u. Stadt in Südwales)*

swan|skin S Swanskin *m (feiner, geköperter Flanell)*; ~ **song** S *fig* Schwanengesang *m*; **~-upper** S *Br j-d, der (bes auf der Themse) junge Schwäne einfängt u. kennzeichnet*; **~-upping** S *Br Einfangen u. Kennzeichnen junger Schwäne (bes auf der Themse)*

swap [swɒp; *US* swɑp] *umg* A V/T 1 (ein-, aus)tauschen (**for** für, gegen) 2 tauschen, wechseln: ~ **places with sb**; ~ **punches** sich prügeln *od* schlagen, aufeinander einschlagen; ~ **stories** Geschichten austauschen B V/I tauschen: ~ **over** *(od* **round)** die Plätze tauschen C S 1 Tausch(geschäft) *m(n)*, -handel *m*: **do a ~** tauschen 2 WIRTSCH Swap(geschäft) *m(n)*

SWAPO ABK South-West Africa People's Organization SWAPO *f*

swap shop S *umg* Tauschzentrale *f*

swaraj [swə'rɑ:dʒ] S *IndEng* Swaradsch *n (nationale Selbstregierung)*

sward [swɔ:(r)d] A S 1 Rasen *m* 2 Grasnarbe *f* B V/T mit Rasen bedecken

sware [sweə(r)] *prät obs von* swear

swarm[1] [swɔ:(r)m] A S 1 *(Bienen- etc)* Schwarm *m* 2 Schwarm *m*, Schar *f*, Horde *f*, Haufen *m*: **a ~ of children** (**soldiers**, *etc*) 3 *fig* Haufen *m*, Masse *f*: **a ~ of letters** 4 BIOL *freischwimmende Kolonie von Schwärmsporen* B V/I 1 schwärmen *(Bienen)* 2 wimmeln (**with** von): **the market place ~s with people** auf dem Marktplatz wimmelt es von Menschen 3 (herum)schwärmen, (zusammen)strömen; **beggars ~ in that town** in dieser Stadt wimmelt es von Bettlern; ~ **out** a ausschwärmen b hinausströmen; ~ **to a place** zu e-m Ort hinströmen C V/T 1 *e-n Ort* in Schwärmen überfallen, heimsuchen 2 *Bienen* ausschwärmen lassen

swarm[2] [swɔ:(r)m] A V/T hinaufklettern (auf *akk*) B V/I klettern: ~ **up** → A

swarm| cell, ~ **spore** S BIOL Schwärmspore *f*

swart [swɔ:(r)t] *obs od poet od dial für* swarthy

swarthiness ['swɔ:(r)ðɪnɪs] S a dunkle Gesichtsfarbe b Dunkelhäutigkeit *f*; **swarthy** ADJ a dunkel *(Gesichtsfarbe)* b dunkelhäutig *(Person)*

swash [swɒʃ; *US a.* swɑʃ] A V/I 1 platschen, klatschen, schwappen *(Wasser etc)* 2 plan(t)schen *(im Wasser)* 3 *mit dem Säbel etc* rasseln 4 *obs* → swashbuckle B V/T *Wasser etc* a spritzen lassen b klatschen C S 1 Platschen *n*, Klatschen *n*, Schwappen *n* 2 Platsch *m*, Klatsch *m (Geräusch)*; **~buckle** V/I ein richtiger Draufgänger sein; **~buckler** S Draufgänger *m*; **~buckling** A S Draufgängertum *n* B ADJ draufgängerisch

swasher ['swɒʃə(r); *US a.* 'swɑ-] *obs* → swashbuckler; **swashing** ADJ 1 klatschend *(Schlag etc)* 2 *obs* → swashbuckling

swash| letter S TYPO *großer, verschnörkelter Kursivbuchstabe*; ~ **plate** S TECH Taumelscheibe *f*

swastika ['swɒstɪkə; *US* 'swɑs-] S Hakenkreuz *n*

swat[1] [swɒt; *US* swɑt] A V/T 1 schlagen: ~ **sb over the head with an umbrella** j-m e-n Schirm über den Kopf schlagen 2 *Br e-e Fliege etc* totschlagen B V/I ~ **at** nach *j-m* schlagen C S 1 (wuchtiger) Schlag 2 *bes Br* Fliegenklappe *f*, -klatsche *f*

swat[2] *Br* → swot

SWAT[3] ABK *US* Special Weapons and Tactics

swatch [swɒtʃ; *US* swɑtʃ] S 1 *(bes* Stoff*)*Muster *n* 2 Musterbuch *n*

swath [swɔ:θ; *US a.* swɑ:θ] *pl* swaths [-θs; -ðz] S 1 Schwade(n) *f(m) (Getreide)* 2 Reihe *f od* Streifen *m* zwischen den Schwaden 3 abgemähter Raum 4 Schwung *m* der Sense, Schnitt *m*

swathe[1] [sweɪð; *US a.* swɑ:ð; swɔ:ð] A V/T 1 (um)wickeln (**with** mit), einwickeln 2 *(wie e-n Verband)* herumwickeln 3 einhüllen B S 1 Binde *f*, Verband *m* 2 (Wickel)Band *n* 3 MED Umschlag *m*

swathe[2] [sweɪð; *US a.* swɑ:ð; swɔ:ð] → swath

swatter ['swɒtə; *US* 'swɑtər] S Fliegenklappe *f*, -klatsche *f*

sway [sweɪ] A V/I 1 schwanken: a sich wiegen, schaukeln b taumeln 2 sich neigen 3 *fig* sich zuneigen (**to** *dat*) 4 *fig* a sich bewegen (**between ... and** zwischen *dat* ... u.): ~ **back-**

wards and forwards hin- u. herwogen (*Schlacht etc*) b schwanken (**between ... and** zwischen *dat* ... u.) 5 herrschen (**over** über *akk*) B V/T 1 *etwas* schwenken, schaukeln, wiegen: **~ one's hips** sich in den Hüften wiegen 2 neigen 3 *meist* **~ up** SCHIFF *Masten etc* aufheißen 4 *fig die Massen etc* beeinflussen, lenken, beherrschen: **~ the audience** das Publikum mitreißen; **his speech ~ed the elections** s-e Rede beeinflusste die Wahlen entscheidend; **~ing arguments** unwiderlegliche Argumente 5 *bes poet das Zepter etc* schwingen 6 beherrschen, herrschen über (*akk*) C S 1 Schwanken *n*, Wiegen *n* 2 Schwung *m*, Wucht *f* 3 Einfluss *m*, Bann *m*: **under the ~ of** unter dem Einfluss *od* im Banne von (*od gen*)(→ C 4) 4 Herrschaft *f*, Gewalt *f*: **hold ~ over** → B 6; **under the ~ of a dictator** in der Gewalt *od* unter der Herrschaft e-s Diktators

Swazi ['swɑːzɪ] A S 1 *pl* -zis, *bes koll* -zi Swasi *m/f* 2 LING isi-Swazi *n* B ADJ Swasi..., swasiländisch

Swaziland ['swɑːzɪlænd] S Swasiland *n*

swear [sweə(r)] A V/I *prät* swore [swɔː(r); *US a.* 'swəʊər], *obs* sware [sweə(r)], *pperf* sworn [swɔː(r)n; *US a.* 'swəʊərn] 1 schwören, e-n Eid leisten (*beide:* **on the Bible** [*od* **Book**] auf die Bibel): **~ by** a *a.* **~ on** bei *Gott etc* schwören a *fig umg* schwören auf (*akk*); **~ to** (*US* **by**) **sth** etwas beschwören; **I couldn't** (*od* **wouldn't**) **~ to it** ich kann es nicht beschwören; **I couldn't ~ to seeing him** ich kann nicht beschwören, ihn gesehen zu haben 2 fluchen (**at** auf, über *akk*): **~ at sb** *a.* j-n beschimpfen B V/T 1 *e-n Eid* schwören: → affidavit, oath *Bes Redew* 2 beschwören, eidlich bekräftigen: **~ out** JUR *US e-n Haftbefehl* durch eidliche Strafanzeige erwirken 3 a *Rache, Treue etc* schwören b *etwas* geloben: **I ~ to speak** (*od* **tell**) **the truth, the whole truth, and nothing but the truth** JUR ich schwöre, die reine Wahrheit zu sagen, nichts zu verschweigen u. nichts hinzuzufügen (*Eidesformel*); **~ off** *e-m Laster* abschwören; **~ by all that's holy** (*od* **all one holds dear**) **that ...** bei allem schwören, was e-m heilig ist, dass ...; **I could** (*od* **would**) **have sworn** (*umg* **sworn blind**) **that ...** ich hätte schwören können, dass ...; **he swore blind that ...** *umg* er schwor Stein u. Bein, dass ... 4 *j-n* schwören lassen, *j-m* e-n Eid abnehmen: **~ sb in** j-n vereidigen (**as** als); **~ sb into an office** j-n in ein Amt einschwören; → secrecy 3 C S **have a (good) ~** (kräftig) fluchen; **~ box** S *Br* *Büchse, in die man Geld einwerfen muss, wenn man geflucht hat*

swearer S Flucher(in); **swearing** S 1 Schwören *n* 2 JUR Eid(esleistung) *m(f)*: **~-in** Vereidigung *f*; **~-in ceremony** Vereidigungszeremonie *f* 3 Fluchen *n*

swearword S Fluch(wort) *m(n)*, Kraftausdruck *m*

sweat [swet] A V/I *prät u. pperf* sweated, *bes US* sweat 1 schwitzen (**with** vor *dat*): **he was ~ing like a bull** *umg* er schwitzte wie ein Stier: → pore[2] 2 PHYS, TECH *etc* schwitzen, anlaufen 3 fermentieren (*Tabak*) 4 *a.* **~ away** *umg* schwitzen, sich abrackern, schuften 5 WIRTSCH für e-n Hungerlohn arbeiten 6 *umg* büßen (**for** für) B V/T 1 *Harz etc* (aus)schwitzen: **~ blood** *umg* a Blut u. Wasser schwitzen b sich abrackern; **~ it** *umg* a abwarten b sich Sorgen machen; **~ off** (*od* **away**) *Gewicht* abschwitzen; **~ out** a *e-e Krankheit etc* (her)ausschwitzen b *fig etwas* mühsam hervorbringen; **~ it out** *umg* a durchhalten b SPORT hart arbeiten; **~one's guts out** *umg* sich die Seele aus dem Leib schuften 2 *a.* **~ through** durchschwitzen 3 schwitzen lassen, in Schweiß bringen: **~ down** a *j-n* durch e-e Schwitzkur abnehmen lassen b *US fig* verringern, drastisch verkleinern 4 *s-e Angestellten etc* schuften lassen, ausbeuten 5 *umg j-n* bluten lassen, auspressen 6 *umg j-n* (*im Verhör*) in die Mache nehmen 7 a TECH schwitzen *od* gären lassen b GASTR *Mehl, Zwiebeln etc* schwitzen 8 METALL a (**~ out** aus)seigern b schmelzen c (heiß *od* weich) löten 9 *Kabel* schweißen 10 *Tabak* fermentieren lassen C S 1 Schwitzen *n*, Schweißausbruch *m* 2 Schweiß *m*: **cold ~** kalter Schweiß, Angstschweiß; **be in a ~**, *umg* **be all of a ~** a in Schweiß gebadet sein b vor Angst schwitzen; **get in(to) a ~** ins Schwitzen geraten *od* kommen, *weitS. a.* nervös werden (*alle:* **about** wegen); **by the ~ of one's brow** im Schweiße s-s Angesichts; **live by the ~ of one's brow** von s-r Hände Arbeit leben; **no ~!** *umg* kein Problem! 3 MED Schwitzkur *f* 4 PHYS, TECH Feuchtigkeit *f*, Ausschwitzung *f* 5 *umg* Schufterei *f* 6 **old ~** *obs umg* alter Haudegen (*Soldat*)

sweat|band S 1 Schweißleder *n*, -band *n* (*in Hüten*) 2 *bes* SPORT Schweißband *n*; **~box** S 1 *Tabakaufbereitung*: Fermentierkammer *f* 2 *umg* Brutkasten *m* (*Hitze*); **~ duct** S ANAT Schweißgang *m*, -kanal *m*

sweated ['swetɪd] ADJ WIRTSCH 1 für Hungerlöhne hergestellt 2 ausgebeutet, unterbezahlt (*Arbeiter etc*)

sweater ['swetə(r)] S 1 Pullover *m*: **~ girl** *sl obs* kurvenreiches Mädchen (*bes in e-m eng anliegenden Pullover*) 2 WIRTSCH Ausbeuter(in)

sweat gland S ANAT Schweißdrüse *f*

sweatiness ['swetɪnɪs] S Verschwitztheit *f*, Schweißigkeit *f*

sweating ['swetɪŋ] A S 1 Schwitzen *n*, Schweißabsonderung *f* 2 WIRTSCH Ausbeutung *f* 3 TECH (Heiß-, Weich)Lötung *f* 4 Fermentierung *f* (*von Tabak*) B ADJ 1 schwitzend 2 Schwitz...: **~ bath**; **~ room** HIST Schwitzkammer *f*; **~ sickness** S MED, HIST Schweißfieber *n*; **~ system** S WIRTSCH Ausbeutungssystem *n*

sweat| pants SPL *a.* **pair of ~** SPORT *bes US* Trainingshose *f*; **~ shirt** S Sweatshirt *n*; **~shop** S WIRTSCH Ausbeutungsbetrieb *m*; **~ suit** S SPORT *bes US* Trainingsanzug *m*

sweaty ['swetɪ] ADJ (ADV sweatily) 1 schweißig, verschwitzt, schweißnass 2 Schweiß...: **~ feet** 3 schweißtreibend (*a. fig*)

Swed. ABK 1 Sweden 2 Swedish schwed.

Swede [swiːd] S 1 Schwede *m*, Schwedin *f* 2 ♀ *bes Br für* Swedish turnip

Sweden ['swiːdn] S Schweden *n*

Swedish ['swiːdɪʃ] A ADJ schwedisch: **she's ~** sie ist Schwedin B S 1 LING Schwedisch *n*, das Schwedische 2 **the ~** *koll* die Schweden *pl*; **~ gymnastics** → Swedish movements; **~ massage** S MED schwedische Bewegungsbehandlung; **~ movements** SPL MED schwedische Gymnastik; **~ turnip** S AGR, BOT *Br* Kohl-, Steckrübe *f*

Sweeney ['swiːnɪ] S *Br sl* Überfallkommando *n*

sweeny ['swiːnɪ] S VET Muskelatrophie *f* (*bei Pferden*)

sweep [swiːp] A V/T *prät u. pperf* swept [swept] 1 kehren, fegen: **~ away** (*od* **off**) (**up**) weg-(auf)kehren; **~ away** *fig* hinwegfegen 2 (**of** von) frei machen, säubern (*a. fig*): **~ a path** (**channel**, *etc*); **~ the sea of enemy ships** 3 jagen, treiben (*bes fig*): **~ the enemy before one** den Feind vor sich hertreiben; **~ all before one** auf der ganzen Linie siegen; **a wave of fear swept the country** e-e Welle der Angst ging durchs *od* überschwemmte das Land; **it swept the opposition into office** es brachte die Opposition ans Ruder 4 (hinweg)streichen *od* (-)fegen über (*akk*) (*Wind etc*) 5 *a.* **~ away** (*od* **off**) fort-, mitreißen, wegschwemmen: **the river swept away the bridge**; **he swept his audience along with him** er riss s-e Zuhörerschaft mit; **~ sb off their feet** a j-n hinreißen b j-s Herz im Sturm erobern 6 (aus dem Weg) räumen, beseitigen: **~ away** *fig e-m Übelstand etc* abhelfen, aufräumen mit; **~ aside** *fig etwas* abtun, beiseiteschieben, hinwegwischen; **~ off** *j-n* hinweg-, dahinraffen (*Tod, Krankheit*) 7 (*mit der Hand*) fahren *od* streichen über (*akk*) 8 *Geld* einstreichen: → board[1] A 7 9 a *ein Gebiet* durchstreifen b (hin)gleiten *od* schweifen über (*akk*) (*Blick etc*) c (*mit Scheinwerfern od Radar*) absuchen (**for** nach) 10 MIL *ein Gelände* (*mit Feuer*) bestreichen 11 MUS a *ein Instrument, Saiten, Tasten* (be)rühren, (an)schlagen, (hin)gleiten über (*akk*) b *Töne* entlocken (**from an instrument** e-m Instrument) B V/I 1 kehren, fegen: → broom A 1 2 fegen, stürmen, jagen (*Wind, Regen etc; a. Armee, Krieg etc*), fluten (*Wasser, a. Truppen etc*), durchs Land gehen (*Epidemie etc*): **~ along (by, down, over, past)** entlang- *od* einher-(hernieder-, darüber hin-, vorüber)fegen *etc*; **~ down on** sich (herab)stürzen auf (*akk*); **fear swept over him** Furcht überkam ihn; **~ into power** durch e-n überwältigenden Wahlsieg an die Macht kommen 3 (majestätisch) einherschreiten: **she swept from the room** sie rauschte aus dem Zimmer 4 in weitem Bogen gleiten 5 sich (da)hinziehen (*Küste, Straße etc*) 6 SCHIFF dreggen (**for** nach): **~ for mines** Minen suchen *od* räumen C S 1 Kehren *n*, Fegen *n*: **give the floor a ~** den Boden kehren *od* fegen; **at one ~** mit einem Schlag; **make a clean ~** *fig* a gründlich aufräumen b SPORT *etc* gründlich abräumen 2 Dahinfegen *n*, -stürmen *n*, Brausen *n* (*des Windes etc*) 3 a schwungvolle (*Hand- etc*) Bewegung b Schwung *m* (*e-r Sense, Waffe etc*) c (*Ruder-*) Schlag *m* 4 *fig* Reichweite *f*, Bereich *m*, Spielraum *m*, weiter (geistiger) Horizont 5 *fig* a Schwung *m*, Gewalt *f* b mächtige Bewegung, Strom *m* 6 Schwung *m*, Bogen *m* (*e-r Straße etc*) 7 ausgedehnte Strecke, weite Fläche 8 Auffahrt *f* (*zu e-m Haus*) 9 *meist pl* Kehricht *m/n*, Müll *m* 10 Ziehstange *f* (*e-s Ziehbrunnens*) 11 SCHIFF a langes Ruder b Dreggtau *n* (*zum Ankerfischen*) c Räumgerät *n* (*zum Minensuchen*) d Gillung *f* (*e-s Segels*) 12 ELEK Kipp *m*, Hinlauf *m* (*in Kathodenstrahlröhren*) 13 *Radar etc*: a Abtastung *f* b Abtaststrahl *m* 14 *bes Br* Schornsteinfeger(in) 15 *Kartenspiel*: Gewinn *m* aller Stiche *od* Karten 16 → sweepstake D ADJ ELEK Kipp..., (Zeit)Ablenk...

sweepback FLUG A S Pfeilform *f*, -stellung *f* (*der Tragflächen*) B ADJ pfeilförmig, Pfeil...: **~ wing**

sweeper S 1 (*Straßen*) Kehrer(in) 2 Kehrmaschine *f* 3 SCHIFF Such-, Räumboot *n* 4 *Fußball*: Ausputzer(in)

sweep| generator S ELEK 1 Kippgenerator *m* 2 Frequenzwobbler *m*; **~ hand** → sweep-second

sweeping ['swiːpɪŋ] A ADJ (ADV **~ly**) 1 kehrend, Kehr... 2 brausend, stürmisch (*Wind etc*) 3 umfassend, ausgedehnt 4 schwungvoll: a ausladend (*Geste*) b mitreißend (*Melodien etc*): **~ lines** schwungvolle Linien, schnittige Form 5 durchschlagend, überwältigend (*Erfolg*): **~ victory** überlegener Sieg 6 durchgreifend, radikal (*Änderungen etc*) 7 weitreichend, umfassend, *a.* (zu) stark verallgemeinernd, summarisch: **~ judg(e)ment** Pauschalurteil *n*; **~ powers** umfassende Vollmachten B SPL **sweepings** a Kehricht *m/n*, Müll *m* b *fig pej* Auswurf *m*, Abschaum *m*

S

sweep|-second S Zentralsekundenzeiger *m*; **~stake** S, *bes US* **~stakes** *pl* **-stakes** S 1 a *(bes Pferde)Rennen, dessen Dotierung ausschließlich aus Nenngeldern besteht* b *aus den Nenngeldern gebildete Dotierung* 2 *Lotterie, deren Gewinne sich ausschließlich aus den Einsätzen zusammensetzen* 3 *fig* Kampf *m*, Rennen *n*: **the presidential ~(s)** das Rennen um die Präsidentschaft

sweet [swiːt] A ADJ (ADV ~ly) 1 süß: **the ~ smell of success** die Süße des Erfolgs 2 süß *od* lieblich (duftend): **be ~ with** duften nach 3 frisch *(Milch etc)* 4 a Frisch…, Süß…: **~ water** b ungesalzen *(Butter etc)* 5 süß, lieblich *(Melodie, Stimme etc)* 6 süß, angenehm *(Schlummer, Träume etc)*: **revenge is ~** Rache ist süß 7 süß, lieb *(Gesicht etc)*: **at her own ~ will** ganz nach ihrem Köpfchen; → sixteen B 8 lieb, nett, freundlich, reizend *(alle:* **to** zu *od* gegenüber *j-m)*, sanft: **~ temper** (*od* **nature, disposition**) freundliche Art, Liebenswürdigkeit *f*; **be ~ on sb** *umg* in j-n verknallt sein; **keep sb ~** j-n bei Laune halten; → nothing B 4 9 *umg* süß, goldig, entzückend, reizend *(Hut etc)*: → fanny adams 10 *umg* a tadellos, einwandfrei b mühelos, glatt, ruhig c leicht, bequem 11 CHEM a säurefrei *(Mineralien)* b schwefelfrei *(Benzin)* 12 AGR nicht sauer *(Boden)* B S 1 Süße *f* *(a. fig)* 2 *bes Br* a Bonbon *m/n*, Süßigkeit *f* b *pl* Süßigkeiten *pl* 3 *bes Br* Dessert *n*, Nachtisch *m* 4 Annehmlichkeit *f*: **the ~(s) of life**; **the ~s** *pl* **of success** die Süße des Erfolgs; → sour B 1 5 *(meist als Anrede)* Süße(r) *m/f(m)*, Schatz *m umg*; **~-and-sour** ADJ GASTR süßsauer; **~bread** S Bries *n*; **~brier** S BOT Weinrose *f*, Schottische Zaunrose; **~ chestnut** S BOT Edelkastanie *f*; **~ corn** S 1 BOT Zuckermais *m* 2 GASTR grüne Maiskolben *pl (als Gemüse)*

sweeten [ˈswiːtn] A V/T 1 süßen: → pill A 1 2 *fig* versüßen, angenehm(er) machen 3 mildern 4 beschwichtigen, gnädig stimmen 5 *a.* **~ up** *umg* schmieren *(bestechen)* 6 WIRTSCH *bes US umg* hochwertige Sicherheiten gewähren auf *(akk)* B V/I süß(er) werden; **sweetener** S 1 Süßstoff *m* 2 Beschwichtigungsmittel *n* 3 *umg* Schmiergeld *n*, Bestechungsgeld *n*; **sweetening** S 1 (Ver)Süßen *n* 2 Süßstoff *m*

sweet| flag S BOT Gemeiner Kalmus; **~ gale** S BOT Heidemyrte *f*; **~heart** S Sweetheart *n*, Schatz *m umg*: **~ swindle** *bes US* Heiratsschwindel *m*; **~ swindler** *bes US* Heiratsschwindler(in); **~ herbs** SPL Küchen-, Gewürzkräuter *pl*

sweetie [ˈswiːtɪ] S *umg* 1 *Br* Bonbon *m/n* 2 *(meist als Anrede)* Schätzchen *n*, Süße *f* 3 *bes Br* Schatz *m*: **she's a ~**

sweeting [ˈswiːtɪŋ] S BOT Johannisapfel *m*, Süßling *m*

sweetish [ˈswiːtɪʃ] ADJ (ADV ~ly) süßlich

sweet|meat S Bonbon *m/n*; **~-natured** [ˌ-ˈn-; ˈ-ˌn-] → sweet A 8

sweetness [ˈswiːtnɪs] S 1 Süße *f*, Süßigkeit *f* 2 süßer *od* lieblicher Duft 3 Frische *f* 4 *fig (etwas)* Angenehmes, Annehmlichkeit *f*, *(das)* Süße 5 Freundlichkeit *f*: **she's all ~ and light** sie ist die Freundlichkeit in Person

sweet| oil S Speise-, *bes* Olivenöl *n*; **~ pea** S BOT Gartenwicke *f*; **~ potato** S 1 BOT Süßkartoffel *f*, Batate *f* 2 MUS *US umg* Okarina *f*; **~-scented** [ˌ-ˈsentɪd; ˈ-ˌs-] ADJ BOT wohlriechend, duftend; **~ shop** S *bes Br* Süßwarenladen *m*, -geschäft *n*; **~ talk** S *umg* Schmeichelei(en) *f(pl)*; **~-talk** V/T *umg j-m* um den Bart gehen, *j-m* schmeicheln: **~ sb into doing sth** j-n durch Schmeicheleien dazu bringen, etwas zu tun; **~-tempered** [ˌ-ˈt-; ˈ-ˌt-] ADJ sanft(-mütig), gutmütig; **~ tooth** S *umg* Vorliebe *f* für Leckereien: **she has a ~** sie ist ein Leckermäulchen, sie nascht gern; **~ trolley** S *bes Br* Dessertwagen *m*; **~ william** [ˈwɪljəm] S BOT Studenten-, Bartnelke *f*; **~wood** S BOT 1 (Edler) Lorbeerbaum 2 *Name mehrerer tropischer Pflanzen, bes* a Nektandra *f* b Balsampflanze *f* c Zypernholzbaum *m*

sweety → sweetie 2

swell [swel] A V/I *prät* swelled, *pperf* swollen [ˈswəʊlən], swelled 1 *a.* **~ up** (*od* **out**) MED (an)schwellen (**into, to** zu) 2 sich aufblähen, *fig pej a.* sich aufplustern *od* aufblasen 3 anschwellen *(Wasser etc)*, (an)steigen *(Anzahl, Preise, Wasser etc)* 4 sich wölben: a ansteigen *(Land etc)* b sich ausbauchen *od* bauschen, gebaucht *od* geschweift sein *(Mauerwerk, Möbel etc)* c SCHIFF sich blähen *(Segel)* d bombieren *(Konservendosen)* 5 hervorbrechen *(Quelle, Tränen)* 6 (auf)quellen *(Getreide, Holz etc)* 7 *bes* MUS a anschwellen (**into** zu) b (an- u. ab)schwellen *(Ton, Orgel etc)* 8 *fig* bersten (wollen) (**with** vor *dat*): **his heart ~ed with indignation** 9 aufwallen, sich steigern (**into** zu) *(Gefühl)* B V/T 1 *a.* **~ up** (*od* **out**) *a. fig ein Buch etc* anschwellen lassen: **~ the ranks of** die Zahl *(gen)* vergrößern; **~ed with pride** stolzgeschwellt 2 *den Leib etc* aufblähen, -treiben 3 *bes* MUS a anschwellen lassen b (an- u. ab)schwellen lassen C S 1 MED (An)Schwellen *n* 2 a MED Schwellung *f* b Auswuchs *m* 3 SCHIFF Dünung *f* 4 Wölbung *f*, Ausbuchtung *f*, -bauchung *f* 5 kleine Anhöhe, sanfte Steigung 6 a Bombage *f* b bombierte Konservendose 7 Anschwellen *n*, (An)Steigen *n* *(a. fig)*, 8 MUS a (An- u. Ab)Schwellen *n*, Schwellton *m* b Schwellzeichen *n* (<>) c *a.* **~ organ** Schwellwerk *n* *(e-r Orgel)*: **~ box** Jalousieschweller *m* 9 *umg* a großes *od* hohes Tier b feiner Pinkel *pej* D ADJ 1 *sl* prima, klasse 2 *umg* (tod)schick, piekfein, stinkvornehm

swelled [sweld] ADJ 1 (an)geschwollen 2 aufgebläht 3 geschweift, gebaucht *(Mauerwerk, Möbel etc)*; **~ head** S *umg* Aufgeblasenheit *f*: **get a ~** *umg* sich aufblasen; **~-headed** ADJ *umg* aufgeblasen

swell-headed → swelled-headed

swelling A S 1 *(a.* MUS *u. fig* An)Schwellen *n* 2 MED a Schwellung *f* b Ödem *n* 3 (Auf)Quellen *n* 4 Wölbung *f*, *(von Mauerwerk, Möbeln etc)* (Aus)Bauchung *f*, Schweifung *f* 5 (Gefühls)Aufwallung *f* B ADJ (ADV ~ly) (an)schwellend *(etc,* → swell A)

swell| keyboard, ~ manual S MUS Schwellmanual *n (der Orgel)*; **~ mob** S *Br sl* KOLL *(die)* Hochstapler *pl*; **~ organ** S MUS Schwellwerk *n (Manual)*; **~ pedal** S MUS Pedal-, Fußschweller *m (der Orgel)*; **~ rule** S TYPO englische Linie

swelter [ˈsweltə(r)] A V/I vor Hitze fast umkommen B S 1 Bruthitze *f*, drückende Schwüle 2 **be in a ~** → A; **sweltering, sweltry** [-trɪ] ADJ 1 vor Hitze fast umkommend 2 drückend, schwül: **~ heat** → swelter B 1

swept [swept] *prät u. pperf von* sweep; **~back wing** S FLUG Pfeilflügel *m*; **~ volume** S AUTO Hubraum *m*; **~ wing** → sweptback wing

swerve [swɜːv; *US* swɜrv] A V/I 1 ausbrechen *(Auto, Pferd)* 2 AUTO das Steuer *od* den Wagen herumreißen, e-n Schlenker machen 3 ausweichen *(Boxer etc)* 4 e-n Schwenk machen, schwenken: **the highway ~s south** 5 *fig* abweichen, abgehen *(beide:* **from** von) B V/T 1 **~ the car** → A 2 2 SPORT *e-n Ball* anschneiden 3 *fig j-n* abbringen (**from** von) C S 1 AUTO Schlenker *m* 2 a SPORT Körpertäuschung *f* b Ausweichbewegung *f (e-s Boxers etc)* 3 Schwenk *m (e-r Straße)* 4 SPORT Schnitt *m*

SWG ABK TECH standard wire ga(u)ge Standard-Drahtstärke *f*

swift [swɪft] A ADJ (ADV ~ly) 1 *allg* schnell, rasch: **be ~ to do sth** etwas schnell *od* rasch tun 2 flüchtig, rasch dahineilend *(Zeit etc)* 3 rasch: a geschwind, eilig b plötzlich, unerwartet *(Tod etc)* 4 flink, hurtig, *a.* geschickt *(Arbeiter etc)*: **~ wit** flinker Verstand 5 rasch, eilfertig, schnell bereit: → offence 3 6 jäh, hastig: **~ anger** Jähzorn *m* B ADV *(meist in Zusammensetzungen)* schnell, geschwind, rasch: **~-passing** → A 2 C S 1 ORN *(bes* Mauer)Segler *m* 2 *a.* **~ moth** ORN *e-e brit. Taubenrasse* 3 ZOOL → newt 4 TECH Haspel *f*, *(Garn-, Draht)* Winde *f*; **~footed** ADJ schnellfüßig, flink

swiftness S Schnelligkeit *f*, Geschwindigkeit *f*

swig[1] [swɪg] *umg* A V/T *a.* **~ down** (*od* **off**) *ein Getränk* hinunterkippen B V/I e-n kräftigen Zug tun (**at** aus) C S kräftiger Zug *od* Schluck: **take a ~ (at)** → B

swig[2] [swɪg] V/T *oft* **~ up** SCHIFF *ein Segel* a hissen b straffen

swill [swɪl] A V/T 1 (ab)spülen: **~ out** ausspülen 2 *umg Bier etc* saufen, hinunterschütten: **~ o.s. with** sich volllaufen lassen mit B V/I saufen C S 1 (Ab)Spülen *n*: **give sth a ~** etwas (ab)spülen 2 Spülicht *n* *(a. fig pej)* 3 Spültrank *m (für Schweine)* 4 *pej* a Gesöff *n* b (Sau)Fraß *m*

swim [swɪm] A V/I *prät* swam [swæm], *pperf* swum [swʌm] 1 schwimmen: → safety A 1, stream A 2, tide[1] A 3 2 schwimmen, treiben *(Gegenstand)* 3 schweben, (sanft) gleiten: **the moon ~s in the sky**; **she swam into the room** 4 a schwimmen (**in** in *dat*) b überschwemmt *od* voll sein, überfließen (**with** von): **the meat ~s in gravy** das Fleisch schwimmt in der Soße; **his eyes were ~ming with tears** s-e Augen schwammen in Tränen; **~ in money** *fig* in Geld schwimmen 5 (ver-)schwimmen (**before sb's eyes** j-m vor den Augen), sich drehen: **my head is ~ming** mir ist schwind(e)lig B V/T 1 a *e-n Stil, e-e Strecke* schwimmen: **~ a race** an e-m Wettschwimmen teilnehmen; → breaststroke A, crawl[1] C 2, *etc* b *e-n See etc* durchschwimmen 2 *j-n, ein Pferd etc, e-e Sache* schwimmen lassen 3 mit *j-m* um die Wette schwimmen C S 1 Schwimmen *n*, Bad *n*: **go for a ~** schwimmen gehen; **have** (*od* **take**) **a ~** schwimmen 2 *fig* Schweben *n*, (sanftes) Gleiten 3 *umg* **be in the ~** a mitten im Geschehen sein b up to date sein; **be out of the ~** a nicht mehr im Geschehen sein b nicht mehr up to date sein 4 *Angelsport*: tiefe u. fischreiche Stelle *(e-s Flusses)* 5 Schwindel (-anfall) *m*; **~ bladder** S FISCH Schwimmblase *f*; **~cap** S Bademütze *f*, -kappe *f*

swimmer [ˈswɪmə(r)] S Schwimmer(in)

swimmeret [ˈswɪmərət; *US a.* ˌ-ˈret] S ZOOL Schwimmfuß *m (bei Krebsen)*

swimming [ˈswɪmɪŋ] A S 1 Schwimmen *n* 2 *a.* **~ of the head** Schwindel(gefühl) *m(n)* B ADJ (ADV → swimmingly) 1 schwimmend 2 Schwimm…: **~ bird**; **~ instructor** Schwimmlehrer(in); **~ bath** *meist pl Br* Schwimmbad *n*, *bes* Hallenbad *n*; **~ bladder** S FISCH Schwimmblase *f*; **~ cap** S Bademütze *f*, -kappe *f*; **~ costume** S *bes Br* Badeanzug *m*

swimmingly [ˈswɪmɪŋlɪ] ADV *fig* glatt, reibungslos: **go ~** glattgehen

swimming| pool S 1 Swimmingpool *m*, Schwimmbecken *n* 2 Schwimmbad *n*; **~ things** SPL Badesachen *pl*, -zeug *n*; **~ trunks** SPL, *a.* **pair of ~** Badehose *f*

swimsuit S Badeanzug *m*

swindle [ˈswɪndl] A V/I betrügen B V/T 1 *j-n* betrügen (**out of sth** um etwas): **~ sb out of sth** *a.* j-m etwas abgaunern 2 *etwas* ergaunern (**out of sb** von j-m): ~ **sth out of sb** *a.* j-m etwas abgaunern **C** S Betrug *m*; **swindler** S Betrüger(in)

swine [swaɪn] S **1** *pl* swine AGR, ZOOL Schwein *n* **2** *pl* swine(s) *pej* **a** Rüpel *m* **b** Schwein *n*; ~ **fever** S VET Schweinepest *f*; ~ **flu** S MED Schweinegrippe *f*; ~**herd** S *bes poet* Schweinehirt *m*; ~ **influenza** S MED Schweinegrippe *f*; ~ **plague** S VET Schweineseuche *f*; ~ **pox** S **1** MED (*e-e Form von*) Windpocken *pl* **2** VET Schweinepocken *pl*

swing [swɪŋ] **A** V/T *prät u. pperf* swung [swʌŋ] **1** *ein Lasso, Schwert etc* schwingen: ~ **o.s. from branch to branch**; **he swung his arm** *and hit me in the face* er holte aus **2** *e-e Glocke etc* schwingen, (hin- u. her)schwenken: ~ **one's arms** mit den Armen schlenkern; *she left the room*, ~**ing her hips** mit wiegenden Hüften; ~ **out** TECH ausschwenken; ~ **sb round** j-n herumwirbeln *od* -schwenken; ~ **the propeller** den Propeller durchdrehen *od* anwerfen; → lead² A 2, room A 1 **3** baumeln *od* pendeln lassen, aufhängen (**from** an *dat*): ~ **a hammock** e-e Hängematte aufhängen; ~ **one's legs** mit den Beinen baumeln; ~ **a gate open (to)** ein Tor auf-(zu)stoßen **4** *j-n (auf e-r Schaukel)* schaukeln **5** ~ **in (out)** *bes* MIL ein-(aus)-schwenken lassen **6** SCHIFF (rund)schwojen **7** (*auf die Schulter etc*) (hoch)schwingen **8** TECH Spielraum lassen für: **a lathe that ~s 12 inches** **9** *umg* **a** *etwas* schaukeln, hinkriegen **b** *US die Wähler etc* rumkriegen **c** *US e-e Wahl etc* entscheiden(d beeinflussen) **B** V/I **1** (hin- u. her)schwingen, pendeln, ausschlagen (*Pendel, Zeiger*): ~ **from branch to branch** sich von Ast zu Ast schwingen; ~ **into motion** in Schwung *od* Gang kommen; ~ **into action** *fig* loslegen; ~ **round the circle** *US* **a** *fig* alles abdecken **b** POL e-e Wahlrundreise machen; ~ **round the circle of all theories** *US* sich der Reihe nach mit allen Theorien befassen **2** baumeln (**from** an *dat*) (*Glocke etc*) **3** (sich) schaukeln **4** *umg* baumeln (*gehängt werden*): **he will ~ for it** **5** sich drehen (**on its hinges** in den Angeln) (*Tür etc*): ~ **open (to)** auffliegen (zuschlagen); ~ **round** **a** sich ruckartig umdrehen **b** sich drehen (*Wind etc*) **c** *fig* umschlagen (*öffentliche Meinung etc*) **6** SCHIFF schwojen **7** **a** mit schwungvollen *od* flotten Bewegungen gehen, *a.* MIL (flott) marschieren **b** ~ **in (-to line) (out)** *bes* MIL ein-(aus)schwenken **8** mit Schwung *od* in großem Bogen fahren: **the car swung out of a side street** **9** sich in weitem Bogen hinziehen: **the road ~s north** **10** **a** schwanken **b** TECH Schwingungen haben **11** **a** Schwung haben, schwungvoll sein (*Musik etc*) **b** lebenslustig sein **12** (zum Schlag) ausholen: ~ **at sb** nach j-m schlagen **13** MUS swingen, Swing spielen *od* tanzen **14** *sl* swingen (*Atmosphäre haben*) **15** *sl* (gerne) Partner tauschen **C** S **1** (Hin- u. Her)Schwingen *n*, Schwingung *f*, Pendeln *n*, Ausschlagen *n* (*e-s Pendels od Zeigers*), TECH *a.* Schwungweite *f*, Ausschlag *m*: **the ~ of the pendulum** *fig* der Umschwung; **free ~** Bewegungsfreiheit *f*, Spielraum *m* (*beide a. fig*): **give full ~ to** **a** *e-r Sache* freien Lauf lassen **b** *j-m* freie Hand lassen; **the party was in full ~** die Party war in vollem Gang **2** Schaukeln *n*: **have a ~** schaukeln **3** **a** Schwung *m* (*beim Gehen, Skilauf etc*), schwingender Gang, Schlenkern *n* **b** LIT, MUS Schwung *m* (*a. fig*), schwingender Rhythmus: **with a ~** schwungvoll; **get into the ~ of things** *umg* den Bogen rauskriegen; **go with a ~** Schwung haben, *fig a.* wie am Schnürchen gehen **4** Schwung (-kraft *f*) *m* (*a. fig*): **at full ~** in vollem Schwung, in voller Fahrt **5** WIRTSCH *US umg* Konjunkturperiode *f* **6** *umg* (Arbeits)Schicht *f* **7** *Boxen*: Schwinger *m* **8** POL *US* Wahlrundreise *f* **9** **a** Schwenkung *f* **b** *fig* Umschwung *m* (**of** *gen od* **in** *dat*): ~ **of opinion** Meinungsumschwung **10** Schaukel *f*: → roundabout B 3 **11** TECH **a** Spielraum *m*, Spitzenhöhe *f* (*e-r Drehbank*) **b** (Rad)Sturz *m* **12** MUS Swing *m* (*ein Jazzstil*) **13** WIRTSCH Swing *m* (*Spielraum für Kreditgewährung bei bilateralen Handelsverträgen*)

swing|back S **1** FOTO Einstellscheibe *f* **2** (**to**) *fig* Rückkehr *f* (zu), Rückfall *m* (in *akk*); ~**boat** S *Br* Schiffschaukel *f*; ~ **bridge** S TECH Drehbrücke *f*; ~ **credit** S WIRTSCH Swingkredit *m*; ~ **door** S Pendeltür *f*

swinge [swɪndʒ] V/T *obs* durchprügeln; **swingeing** ADJ (ADV ~ly) *bes Br* einschneidend (*Kürzungen etc*), extrem hoch, gewaltig (*Besteuerung etc*)

swinger [ˈswɪŋə(r)] S **1** lebenslustiger Mensch **2** *sl j-d, der alles mitmacht, was in ist* **3** *sl* Swinger *m* (*j-d, der [gern] Partnertausch macht*)

swinging [ˈswɪŋɪŋ] **A** S **1** Schwingen *n*, Pendeln *n* **2** Schwenken *n* **3** SCHIFF Schwojen *n* **4** ELEK **a** (Frequenz-)Schwankung(en) *f(pl)* **b** Schwung *m* **B** ADJ (ADV ~ly) **1** schwingend, Schwing...: ~ **door** Pendeltür *f* **2** *bes* TECH Schwenk...: ~ **lever** Schwenkarm *m* **3** schwankend: ~ **temperature** MED Temperaturschwankungen *pl*; ~ **voter** *Aus umg* Wechselwähler(in) **4** *fig* schwungvoll: **a** rhythmisch **b** kraftvoll **c** lebenslustig

swingle¹ [ˈswɪŋgl] TECH **A** S (*Flachs-, Hanf*) Schwinge *f* **B** V/T schwingeln

swingle² [ˈswɪŋgəl] S *US sl* lebenslustiger Single

swingletree S *US* Wagenschwengel *m*

swing| music S Swing(musik) *m(f)*; ~ **seat** S Hollywoodschaukel *f*; ~ **shift** S *US umg* Spätschicht *f* (*von 16 bis 24 Uhr*); ~ **vote** S *bes US* POL entscheidende Stimme (*bei einer Wahl, Abstimmung*); ~ **voter** S POL Wechselwähler(in); ~**-wing** FLUG, *bes* MIL **A** ADJ Schwenkflügel...: ~ **aircraft** → B 2 **B** S **1** Schwenkflügel *m* **2** Schwenkflügler *m*

swinish [ˈswaɪnɪʃ] ADJ (ADV ~ly) schweinisch, säuisch

swipe [swaɪp] **A** S **1** *umg* harter Schlag, (*Pranken- etc*) Hieb *m*: **give sb a ~ round the ear** *umg* j-m eins hinter die Ohren geben **2** Ziehstange *f* (*e-s Ziehbrunnens*) **3** *pl Br sl* (*bes* Dünn)Bier *n* **B** V/T **1** *e-e Kreditkarte etc* durch den Leseschlitz ziehen **2** SPORT *umg den Ball* dreschen **3** *sl* klauen **C** V/I ~ **at** *umg* schlagen nach: ~ **away at** einschlagen auf (*akk*)

swirl [swɜːl; *US* swɜrl] **A** V/I **1** wirbeln (*Wasser; a. fig Kopf*), e-n Strudel bilden **2** *a.* ~ **about** (herum)wirbeln **B** V/T *a.* ~ **about** *etwas* herumwirbeln **C** S **1** Wirbel *m* (*a. fig*), Strudel *m* **2** *US* (Haar)Wirbel *m* **3** Ast *m* (*im Holz*) **4** Wirbel(n) *m(n)* (*Drehbewegung*)

swish [swɪʃ] **A** V/I **1** schwirren, sausen, zischen: ~ **past** vorbeizischen (*Auto etc*) **2** rascheln (*Seide etc*) **3** AUTO wischen (*Scheibenwischer*) **B** V/T **1** sausen *od* schwirren lassen **2** ~ **off** abhauen **3** *sl* durchprügeln **C** S **1** Sausen *n*, Zischen *n* **2** Rascheln *n* **3** *Br* **a** (Ruten)Streich *m* **b** Peitschenhieb *m* **4** *US sl pej* Tunte *f* (*effeminierter Homosexueller*) **D** ADJ **1** *bes Br umg* (tod)schick **2** *US sl* tuntenhaft *pej* **E** INT fft!, wutsch!

Swiss [swɪs] **A** S **1** Schweizer(in), Eidgenosse *m*, Eidgenossin *f*: **the ~** *koll* die Schweizer *pl od* Eidgenossen *pl* **2** *a.* ♀ → Swiss muslin **B** ADJ schweizerisch, Schweizer(...): **she's ~** sie ist Schweizerin; ~ **cheese** S Schweizer Käse *m*; ~ **cheese plant** S BOT Fensterblatt *n*; ~ **franc** S WIRTSCH Schweizer Franken *m*; ~ **German** S LING Schweizerdeutsch *n*, das Schweizerdeutsche; ~ **Guard** S **1** (*a. als pl konstruiert*) Schweizergarde *f* **2** Schweizer *m*; ~ **muslin** S (ein) Musselin *m*; ~ **roll** S Biskuitrolle *f*

Swit. ABK Switzerland (die) Schweiz

switch [swɪtʃ] **A** S **1** **a** Rute *f*, Gerte *f* **b** Peitsche *f* **2** (Ruten)Streich *m* **3** falscher Zopf **4** Schwanzquaste *f* (*e-s Rindes*) **5** ELEK **a** Schalter *m* **b** Schalten *n* **6** BAHN *US* **a** Weiche *f*: **shift the ~es for** *fig* die Weichen stellen für **b** Stellen *n* (*e-r Weiche*) **7** WIRTSCH Umstellung *f* (*bei Kapitalanlagen etc*) **8** (**to**) *fig* Umstellung *f* (auf *akk*), Wechsel *m* (zu): **make a ~** e-e Umstellung *od* e-n Wechsel vornehmen **9** **a** Austausch *m* (**for** gegen) **b** Verwandlung *f* (**to** in *akk*) **10** *Kartenspiel*: Farbwechsel *m* **B** V/T **1** peitschen **2** mit *e-m Muskel etc* zucken **3** mit *dem Schwanz* schlagen (*Kuh etc*) **4** *a.* ~ **over** ELEK, TECH (um)schalten: ~ **on** **a** einschalten, *das Licht* anschalten **b** *umg j-n* anturnen (*in Erregung etc versetzen*) **c** *umg j-n* anturnen (*zum Gebrauch von Drogen veranlassen*); ~ **off** **a** ab-, ausschalten, *den Motor* abstellen **b** *umg j-n* anöden; ~ **through** TEL *e-n Anrufer, ein Gespräch* durchstellen (*beide*: **to** zu); → charm A 1 **5** BAHN *bes US* **a** *e-n Zug* rangieren **b** *Waggons* umstellen **6** *fig* **a** *a.* ~ **over** *die Produktion etc* umstellen (**to** auf *akk*) **b** ~ **methods (lanes)** die Methode (die Spur) wechseln; ~ **positions** SPORT rochieren; ~ **roles** *fig* die Rollen tauschen **c** überleiten: ~ **the talk to another topic** auf ein anderes Thema überleiten **7** austauschen (**for** gegen): ~ **(a)round** *Möbel* umstellen; ~ **sb (a)round within a department (between the departments)** j-n e-e Abteilung (die einzelnen Abteilungen) durchlaufen lassen **C** V/I **1** ELEK, TECH (*a.* ~ **over** um)schalten: ~ **off** abschalten (*a. fig umg*): **I can't ~ when I go to bed** **2** BAHN *bes US* rangieren **3** *fig* umstellen: ~ **(over) to** übergehen zu, sich umstellen auf (*akk*), UNIV umsatteln auf (*akk*) **4** *Kartenspiel*: die Farbe wechseln

switch|back S **1** auf- u. abführende Straße **2** *bes Br* Achterbahn *f*; ~**blade** S, ~**blade knife** S *irr bes US* Schnappmesser *n*; ~**board** S **1** ELEK Schaltbrett *n*, -tafel *f* **2** TEL (Telefon)Zentrale *f*: ~ **operator** Telefonist(in); ~ **box** S ELEK Schaltkasten *m*; ~ **clock** S TECH Schaltuhr *f*

switcheroo [ˌswɪtʃəˈruː] S *US sl* unerwartete Wendung

switch|gear S Schaltvorrichtung *f*; ~**girl** S *Aus umg* Telefonistin *f*; ~**-hitter** S *US sl* bisexuell Veranlagte(r) *m/f(m)*

switching **A** S **1** ELEK, TECH (Um-)Schalten *n*: ~**-on** Einschalten; ~**-off** Ab-, Ausschalten **2** BAHN *bes US* Rangieren *n* **B** ADJ **1** ELEK, TECH (Um)Schalt...: ~ **relay**; ~ **time** Schaltzeit *f* **2** BAHN *bes US* Rangier...: ~ **engine** Rangier-, Verschiebelok(omotive) *f*

switch|man [-mən] S *irr* BAHN *US* **a** Weichensteller *m* **b** Rangierer *m*; ~**over** → switch A 8; ~ **plug** S ELEK, TECH Schaltstöpsel *m*; ~ **signal** S ELEK, TECH Schaltsignal *n*; ~**yard** S BAHN *US* Rangier-, Verschiebebahnhof *m*

Switz. ABK Switzerland (die) Schweiz

Switzer [ˈswɪtsə(r)] S **1** Schweizer(in) **2** → Swiss Guard 2

Switzerland [ˈswɪtsə(r)lənd] S Schweiz *f*

swivel [ˈswɪvl] **A** S **1** TECH Drehzapfen *m*, -ring *m*, -gelenk *n*, (*a.* SCHIFF Ketten)Wirbel *m* **2** SCHIFF, MIL Drehstütze *f* **B** V/T *prät u. pperf* -eled, *bes Br* -elled **1** drehen, schwenken **2** mit e-m Drehzapfen versehen **C** V/I sich drehen **D** ADJ Dreh..., Schwenk..., dreh-, schwenkbar; ~ **axis** S *irr* TECH Schwenkachse *f*; ~ **bridge** S TECH Drehbrücke *f*; ~ **chair**

S Drehstuhl *m*; **~ connection** S TECH schwenkbare Verbindung; **~ gun** S MIL, HIST Drehbasse *f (Geschütz)*; **~ joint** S TECH Drehgelenk *n*

swiz(z) [swɪz] S *Br umg* **1** Betrug *m* **2** Enttäuschung *f*

swizzle ['swɪzl] S **A 1** *ein Cocktail aus westindischem Rum, Limonensaft, Zucker etc* **2** → swiz(z) **B** VT *Br umg* betrügen; **~ stick** S Rührstäbchen *n (für Cocktails etc)*, Sektquirl *m*

swob → swab

swollen ['swəʊlən] **A** *pperf von* swell **B** ADJ → swelled 1, 2; **~ head, ~-headed** → swelled head, swell-headed

swoon [swu:n] **A** VI **1** *obs* in Ohnmacht fallen: **she ~ed** *a.* ihr schwanden die Sinne **2** *poet od hum* in Verzücken geraten **B** S *obs* Ohnmacht(sanfall) *f(m)*: **in a ~** ohnmächtig, besinnungslos

swoop [swu:p] **A** VI *oft* **~ down a** herabstoßen, sich stürzen *(beide:* **on** auf *akk) (Raubvogel etc)* **b** *fig* herfallen (**on** über *akk*) **c** zuschlagen *(Polizei etc)*: **~ on** e-e Razzia machen in *(dat)* **B** VT *meist* **~ up** *umg* packen, schnappen **C** S **1** Herabstoßen *n (e-s Raubvogels etc)* **2** Razzia *f* (**on** in *dat*) **3 at one (fell) ~** *fig* mit einem Schlag

swop → swap

sword [sɔ:(r)d; *US a.* səʊrd] S HIST Schwert *n*: **they that live by the ~ shall perish by the ~** BIBEL wer das Schwert nimmt, soll durch das Schwert umkommen; **cross ~s a** die Schwerter kreuzen **b** *fig* die Klingen kreuzen; **put to the ~ a** *j-n* mit dem Schwert töten **b** *j-n* durch das Schwert hinrichten; **a ~ over our heads** ein Damoklesschwert(, das über uns schwebt); → Damocles, measure B 6; **~bearer** S *Br* Schwertträger *m (bei offiziellen Anlässen)*; **~ bayonet** S MIL langes, breites Bajonett; **~ belt** S HIST Schwertgehenk *n*; **~ cane** S HIST Stockdegen *m*; **~ dance** S Schwert(er)tanz *m*; **~fish** S Schwertfisch *m*; **~ lily** S BOT Schwertel *m*, Siegwurz *f*; **~play** S **1** HIST Schwertkampf *m* **2** *fig* Wortgefecht *n*, Rededuell *n*; **~player** S HIST Schwertkämpfer *m*

swordsman ['sɔ:(r)dzmən; *US a.* 'səʊrdz-] S *irr* HIST *(bes* geübter) Schwertkämpfer

sword|stick → sword cane; **~-swallower** S Schwertschlucker *m*

swore [swɔ:(r); *US a.* swəʊr] *prät von* swear

sworn [swɔ:(r)n; *US a.* swəʊrn] **A** *pperf von* swear **B** ADJ **1** WIRTSCH, JUR (gerichtlich) vereidigt, beeidigt *(Dolmetscher etc)* **2** eidlich, beeidet *(Erklärung etc)* **3** geschworen: **~ enemies** Todfeinde **4** verschworen *(Freunde etc)*

swot [swɒt; *US* swɑt] *bes* SCHULE *Br umg* **A** VI büffeln, pauken *(beide umg)*: **~ (up) for** büffeln für; **~ up on** → B **B** VT *meist* **~ up a** *etwas* büffeln, pauken *(beide umg)* **b** *etwas* noch einmal gründlich durcharbeiten **C** S **1 a** Büffler(in) **b** Streber(in) **2** Büffelei *f*, Paukerei *f (beide umg)* **3** hartes Stück Arbeit; **swotter** → swot C 1

swum [swʌm] *pperf von* swim

swung [swʌŋ] **A** *prät u. pperf von* swing **B** ADJ: **~ dash** TYPO Tilde *f*

sybarite ['sɪbəraɪt] **A** S *fig* Sybarit *m*, Genussmensch *m* **B** ADJ → sybaritic; **sybaritic** [-'rɪtɪk] ADJ, **sybaritical** ADJ (ADV ~ly) sybaritisch, genussüchtig; **sybaritism** [-raɪtɪzəm] S Sybaritismus *m*, Genusssucht *f*

sycamine ['sɪkəmaɪn; -mɪn] S BIBEL Maulbeerbaum *m*

sycamore ['sɪkəmɔ:(r); *US a.* -,məʊər] S BOT **1** *US* Platane *f* **2** *a.* **~ maple** *Br* Bergahorn *m* **3** *a.* **~ fig** Sykomore *f*, Maulbeerfeigenbaum *m*

sycee (silver) [saɪ'si:; *US a.* 'saɪ,si:] S WIRTSCH, HIST feines Silber *(in Barren; Tauschmittel in China)*

syconium [saɪ'kəʊnjəm; -nɪəm] *pl* -nia [-njə; -nɪə] S BOT Fruchtstand *m (e-s Feigenbaums)*

sycophancy ['sɪkəfənsɪ] S *pej* Kriecherei *f*, Speichelleckerei *f*; **sycophant** [-fænt; -fənt] S Kriecher(in), Speichellecker(in); **sycophantic** [-'fæntɪk] ADJ (ADV ~ally) kriecherisch, speichelleckerisch

sycosis [saɪ'kəʊsɪs] S MED Sykose *f*, Sykosis *f*, Bartflechte *f*

Sydney ['sɪdnɪ] S Sydney *n (Hauptstadt des australischen Bundesstaates Neusüdwales)*

syll. ABK **1** LING syllable **2** syllabus

syllabary ['sɪləbərɪ; *US* -,beri:] S Silbentabelle *f*

syllabi ['sɪləbaɪ] *pl von* syllabus

syllabic [sɪ'læbɪk] ADJ (ADV ~ally) **1** syllabisch, Silben...: **~ accent 2** Silben bildend, silbisch **3** *(in Zusammensetzungen)* ...silbig **4** LIT Silben zählend

syllabicate [sɪ'læbɪkeɪt] VT LING syllabieren: **a** Silben bilden aus, in Silben teilen *od* trennen **b** Silbe für Silbe aussprechen; **syllabi(fi)cation** [-(fɪ)'keɪʃn] S LING Silbenbildung *f od* -teilung *f od* -trennung *f*; **syllabify** [-faɪ] → syllabicate

syllabism ['sɪləbɪzəm] S LING **1** Silben(schrift)charakter *m (e-r Sprache)* **2** → syllabi(fi)cation; **syllabize** → syllabicate

syllable ['sɪləbl] **A** S **1** LING Silbe *f*: **not breathe** (*od* **tell**) **a ~** keine Silbe verlauten lassen, kein Sterbenswörtchen sagen; **in words of one ~ a** in einfachen Worten **b** einfach ausgedrückt **2** MUS Tonsilbe *f*: **~ name** Solmisationssilbe *f* **B** VT → syllabicate b; **syllabled** ADJ ...silbig, Silben...

syllabub → sillabub

syllabus ['sɪləbəs] *pl* -buses, -bi [-baɪ] S **1** Syllabus *m*, Abriss *m*, Auszug *m*, zusammenfassende Inhaltsangabe **2** JUR Kompendium *n (von richtungweisenden Entscheidungen)* **3** *(bes* Vorlesungs)Verzeichnis *n*, Unterrichts-, Lehrplan *m* **4** KATH Syllabus *m (der verdammten Lehren)*

syllepsis [sɪ'lepsɪs] *pl* -ses [-si:z] S LING Syllepsis *f*, Syllepse *f*: **a** *Nichtübereinstimmung e-s Wortes mit einem od mehreren s-r Bezugswörter* **b** *Gebrauch bes des Prädikats im wörtlichen u. übertragenen Sinn in e-m Satz*; **sylleptic** [-tɪk] ADJ, **sylleptical** ADJ (ADV ~ly) sylleptisch

syllogism ['sɪlədʒɪzəm] S *Logik*: Syllogismus *m (Schluss vom Allgemeinen auf das Besondere)*; **syllogistic** **A** ADJ (ADV ~ally) syllogistisch **B** S **1** *meist pl (a. als sg konstruiert)* Syllogistik *f (Lehre von den Syllogismen)* **2** Syllogisieren *n*, folgerichtiges Denken; **syllogistical** ADJ (ADV ~ly) → syllogistic A; **syllogize** [-dʒaɪz] **A** VI syllogisieren, folgerichtig denken **B** VT durch Schluss folgern

sylph [sɪlf] S **1** Sylphe *m*, Sylphide *f*, Luftgeist *m* **2** *fig* Sylphide *f*, graziles Mädchen; **sylphish**, **sylphlike**, **sylphy** ADJ sylphidenhaft, grazil

sylvan ['sɪlvən] **A** ADJ **1** Wald(es)...: **~ deities** Waldgötter **2** bewaldet, waldig, Wald... **B** S Waldgeist *m*

sylviculture → silviculture

sym- [sɪm] → syn-[1]

symbiont ['sɪmbɪɒnt; *US* -,ɑnt; *a.* -,baɪ-] S BIOL Symbiont *m (Lebewesen, das mit e-m anderen in Symbiose lebt)*

symbiosis [,sɪmbɪ'əʊsɪs; -baɪ-] S BIOL Symbiose *f (a. fig)*; **symbiotic** [-'ɒtɪk; *US* -'ɑt-] ADJ, **symbiotical** [-kl] ADJ (ADV ~ly) BIOL symbio(n)tisch

symbol ['sɪmbl] **A** S **1** Symbol *n (a.* PSYCH, REL), Sinnbild *n*, Zeichen *n* **2** Symbol *n*, (grafisches) Zeichen **3** COMPUT Sonderzeichen *n* **B** VT *prät u. pperf* -boled, *bes Br* -bolled → symbolize

symbolic [sɪm'bɒlɪk; *US* -'bɑl-] **A** ADJ (ADV ~ally) symbolisch, symbolhaft, sinnbildlich *(alle:* **of** für): **be ~ of sth** etwas versinnbildlichen; **~ address** IT symbolische Adresse, Distanzadresse *f*; **~ language** IT Symbolsprache *f*; **~ logic** symbolische *od* formale Logik **B** S **symbolics** *pl (als sg konstruiert)* REL Symbolik *f*, Symbolforschung *f*; **symbolical** ADJ (ADV ~ly) → symbolic A: **~ books** REL symbolische Bücher

symbolism ['sɪmbəlɪzəm] S **1** Symbolik *f (a.* REL), symbolische Darstellung, MATH Formalismus *m* **2** symbolischer Charakter, symbolische Bedeutung **3** KOLL Symbole *pl* **4** MAL, HIST *etc* Symbolismus *m (Strömung, die ihre Aussagen symbolisch vermitteln wollte)*; **symbolist** **A** S **1** Symboliker(in) *(a.* REL) **2** MAL, HIST *etc* Symbolist(in) **B** ADJ → symbolistic; **symbolistic** ADJ, **symbolistical** ADJ (ADV ~ly) MAL, HIST *etc* symbolistisch

symbolization [,sɪmbəlaɪ'zeɪʃn; *US* -lə'z-] S **1** Symbolisierung *f*, sinnbildliche Darstellung, Versinnbildlichung *f* **2** symbolische Bedeutung; **symbolize** **A** VT **1** symbolisieren: **a** versinnbildlichen **b** sinnbildlich darstellen **2** symbolisch auffassen **B** VI Symbole gebrauchen

symbology [sɪm'bɒlədʒɪ; *US* -'bɑl-] S **a** Symbolik *f*, Symbolforschung *f* **b** Anwendung *f od* Deutung *f* von Symbolen

symmetric [sɪ'metrɪk] ADJ, **symmetrical** ADJ (ADV ~ly) symmetrisch, eben-, gleichmäßig: **~ axis** MATH Symmetrieachse *f*; **symmetrize** [-mɪtraɪz] VT symmetrisch machen

symmetry ['sɪmɪtrɪ] S Symmetrie *f (a. fig Ebenmaß)*: **~ group** MATH, PHYS Symmetriegruppe *f*; **~ principle** *(Mikrophysik)* Symmetrieprinzip *n*

sympathetic [,sɪmpə'θetɪk] **A** ADJ (ADV ~ally) **1** mitfühlend: **~ strike** Sympathiestreik *m* **2** einfühlend, verständnisvoll *(Herz etc)*: → ear[1] *Bes Redew*, introspection 2 **3** sympathisch, angenehm **4** im Einklang stehend (**to** mit): **~ clock** TECH synchronisierte Uhr **5** gleich gesinnt *od* gestimmt **6** günstig gesinnt (**to, toward[s]** *dat*): **be ~ to sb** mit j-m sympathisieren; **be ~ to sth** e-r Sache wohlwollend gegenüberstehen; **examine sth ~ally** etwas wohlwollend prüfen **7** sympathetisch, geheimnisvoll: **~ cure** sympathetische Kur, Wunderkur *f*; **~ ink** sympathetische Tinte, Geheimtinte *f* **8** MED, PHYSIOL sympathisch: **a** *zum Sympathikus gehörig*: **~ nerve** → B a; **~ nervous system** → B b **b** miterlitten *(Schmerz etc)* **9** MUS, PHYS mitschwingend: **~ resonance a** sympathetische Resonanz **b** PHYS Oberwellenresonanz *f*; **~ string** Resonanzseite *f*; **~ vibration** Sympathieschwingung *f* **B** S PHYSIOL **a** Sympathikus(nerv) *m* **b** Sympathikussystem *n*

sympathize ['sɪmpəθaɪz] VI **1 (with) a** sympathisieren (mit), gleich gesinnt sein *(dat)* **b** mitfühlen, -leiden , -empfinden (mit) **c** übereinstimmen (mit) **d** wohlwollend gegenüberstehen *(dat)* **2** sein Mitgefühl *od* Beileid ausdrücken (**with sb** j-m) **3** MED in Mitleidenschaft gezogen werden (**with** von); **sympathizer** S **1** Sympathisant(in) **2 a** Mitfühlende(r) *m/f(m)* **b** Kondolent(in)

sympathy ['sɪmpəθɪ] S **1** Sympathie *f*, Zuneigung *f (beide:* **for** für): **have little ~ with** wenig übrighaben für; **~ strike** Sympathiestreik *m* **2** Seelenverwandtschaft *f*, Gleichgestimmtheit *f* **3** Mitleid *n*, -gefühl *n (beide:* **with** mit; **for** für): **in ~ with sb** aus Mitleid mit j-m; **feel ~ for** (*od* **with**) **a** Mitleid haben mit *j-m* **b** Anteil nehmen an *e-r Sache* **4** *pl* (An)Teilnahme *f*, Beileid *n*: **offer one's sympathies to sb** j-m s-e Teilnahme aussprechen, j-m kondolieren; **~**

card Beileidskarte *f*; **letter of ~** Beileidsschreiben *n* 5 MED Mitleidenschaft *f* 6 a Wohlwollen *n* b Zustimmung *f* 7 Übereinstimmung *f*, Einklang *m*: **be in ~ with** im Einklang stehen mit 8 BIOL, PSYCH Sympathie *f*, Wechselwirkung *f* (*a.* PHYS)

sympetalous [sɪm'petələs] ADJ BOT sympetal (*mit verwachsenen Kronblättern*)

symphonic [sɪm'fɒnɪk; *US* -'fɑn-] ADJ (ADV **~ally**) MUS sinfonisch, symphonisch, Sinfonie…, Symphonie…: **~ poem** sinfonische Dichtung

symphonious [sɪm'fəʊnjəs; -ɪəs] ADJ (ADV **~ly**) *obs* harmonisch

symphonist ['sɪmfənɪst] S MUS Sinfoniker(in), Symphoniker(in) (*Komponist[in] von Sinfonien*)

symphony ['sɪmfənɪ] A S 1 MUS a Sinfonie *f*, Symphonie *f* b *a.* **~ orchestra** Sinfonie-, Symphonieorchester *n* 2 MUS, *bes* HIST (harmonischer) Zusammenklang 3 (*Farben- etc*) Symphonie *f*: **a ~ of colo(u)rs** 4 *fig obs* (*häusliche etc*) Harmonie B ADJ MUS Sinfonie…, Symphonie…: **~ concert**

symphysis ['sɪmfɪsɪs] *pl* **-ses** [-siːz] S 1 ANAT a Symphyse *f*, Symphysis *f*, (Knochen)Fuge *f* b Scham(bein)fuge *f* 2 BOT Verwachsung *f*

sympodium [sɪm'pəʊdjəm; -ɪəm] *pl* **-dia** [-ə] S BOT Sympodium *n* (*Verzweigung mit Scheinachse*)

symposium [sɪm'pəʊzjəm; -ɪəm] *pl* **-sia** [-ə], **-siums** S Symposion *n*, Symposium *n*: a *Antike: Gastmahl* (*mit Trinkgelage u. Unterhaltung*) b *wissenschaftliche Tagung mit Vorträgen u. Diskussionen* c *Sammlung von Beiträgen verschiedener Autoren zu einem Thema*

symptom ['sɪmptəm] S MED *u. fig* Symptom *n*, (An)Zeichen *n* (*beide:* **of** für, von); **symptomatic** [-'mætɪk] ADJ, **symptomatical** ADJ (ADV **~ly**) *bes* MED symptomatisch (*a. fig bezeichnend*)(**of** für); **symptomatology** [-mə'tɒlədʒɪ; *US* -'tɑl-] S MED Symptomatologie *f* (*Lehre von den Symptomen*)

syn. ABK 1 LING synonym 2 LING synonymous(ly)

syn-[1] [sɪn] *Wortelement mit der Bedeutung* mit, zusammen

syn-[2] [sɪn] *Wortelement mit der Bedeutung* künstlich, Kunst…

synaeresis [sɪ'nɪərəsɪs; *US a.* -'ner-] S LING Synärese *f*, Synäresis *f* (*Vereinigung zweier Vokale zu einer Silbe*)

synagogue, *US a.* **synagog** ['sɪnəgɒg; *US* -ˌgɑg] S REL Synagoge *f* (*Gebäude u. Gemeinde*)

synalepha, **synaloepha** [ˌsɪnə'liːfə] S LING, LIT Synalöphe *f* (*Verschmelzung e-s Vokals mit dem anlautenden Vokal des nachfolgenden Wortes*)

synantherous [sɪ'nænθərəs] ADJ BOT synandrisch (*mit verwachsenen Staubblättern*): **~ plant** Komposite *f*, Korbblüt(l)er *m*

sync [sɪŋk] *umg* A S → synchronization 1: **be in (out of) ~** a (nicht) synchron sein b *fig* **(with)** (nicht) in Einklang sein (mit) B VT → synchronize B 2

syncarp ['sɪnkɑː(r)p] S BOT Sammelfrucht *f*; **syncarpous** ADJ synkarp

synch → sync

synchroflash [ˌsɪŋkrəʊ'flæʃ; *bes US* '-flæʃ] FOTO A ADJ Synchronblitz… B S Synchronblitz(licht) *m(n)*

synchromesh [ˌsɪŋkrəʊ'meʃ; *bes US* '-meʃ] TECH A ADJ Synchron… B S *a.* **~ gear** Synchrongetriebe *n*

synchronic [sɪŋ'krɒnɪk; *US* -'krɑ-] ADJ 1 LING synchron(isch) (*Wörterbuch etc*) 2 → synchronous; **synchronism** ['sɪŋkrənɪzəm] S 1 Synchronismus *m*, Gleichzeitigkeit *f* 2 Synchronisation *f* 3 synchronistische (Geschichts)Tabelle 4 PHYS Gleichlauf *m*; **synchronistic** [-'nɪstɪk] ADJ (ADV **~ally**) 1 synchronistisch (*Gleichzeitiges zusammenstellend*) 2 → synchronous; **synchronization** [-naɪ'zeɪʃn; *US* -nə'z-] S 1 *bes* FILM, TV Synchronisation *f*, Synchronisierung *f* 2 Gleichzeitigkeit *f*, zeitliches Zusammenfallen

synchronize ['sɪŋkrənaɪz] A VI 1 gleichzeitig sein, zeitlich zusammenfallen *od* übereinstimmen 2 synchron gehen (*Uhr*) *od* laufen (*Maschine*) 3 *bes* FILM, TV synchronisiert sein B VT 1 *Uhren, Maschinen* synchronisieren, auf Gleichlauf bringen: **~d shifting** AUTO *etc* Synchron(gang)schaltung *f* 2 *bes* FILM, TV synchronisieren 3 *Ereignisse* synchronistisch darstellen, *Gleichzeitiges* zusammenstellen 4 *Geschehnisse* (zeitlich) zusammenfallen lassen *od* aufeinander abstimmen: **~d swimming** SPORT Synchronschwimmen *n* 5 MUS a *ein Orchester etc* zum (genauen) Zusammenspiel bringen b *e-e Passage etc* genau zusammen ausführen (lassen) 6 **~d sleep** synchronisierter Schlaf; **synchronizer** S TECH Synchronisator *m*, Synchronisiergerät *n*; **synchronizing** S ELEK Synchronisierung *f*: **~ discriminator** Gleichlauffrequenzgleichrichter *m*; **~ pulse** TV Gleichlaufimpuls *m*

synchronous ['sɪŋkrənəs] ADJ (ADV **~ly**) 1 gleichzeitig, (zeitlich) zusammenfallend: **be ~** (zeitlich) zusammenfallen (**with** mit) 2 synchron: a ELEK, TECH gleichlaufend (*Maschine etc*), gleich gehend (*Uhr*) b ELEK, PHYS von gleicher Phase u. Schwingungsdauer: **~ capacitor** Phasenschieber *m*; **~ computer** Synchronrechner *m*; **~ motor** Synchronmotor *m*; **~ speed** synchrone Drehzahl 3 → synchronistic 1

synchrony ['sɪŋkrənɪ] → synchronism

synchrotron ['sɪŋkrəʊtrɒn; *US* -krəˌtrɑn] S PHYS Synchrotron *n* (*Beschleuniger für geladene Elementarteilchen, der die Teilchen auf der gleichen Kreisbahn beschleunigt*)

synclinal [sɪŋ'klaɪnl; sɪn-] A ADJ (ADV **~ly**) synklinal, muldenförmig B S → syncline; **syncline** [-klaɪn] S GEOL Synklinale *f*, Synkline *f*, Mulde *f*, Senke *f*

syncopal ['sɪŋkəpl] ADJ 1 synkopisch 2 MED Ohnmachts…

syncopate ['sɪŋkəpeɪt] A VT 1 LING *Silben* synkopieren, zusammenziehen 2 MUS *den Rhythmus* synkopieren (*durch Synkopen verlagern*) B VI synkopieren; **syncopated** ADJ synkopisch, Synkopen…; **syncopation** S 1 LING → syncope 1 2 MUS a Synkopierung *f* b synkopischer Rhythmus

syncope ['sɪŋkəpɪ] S 1 LING a Synkope *f* (*Ausfall e-s Vokals im Wortinneren*) b Synkopierung *f*, Zusammenziehung *f* (*von Silben*) 2 MUS Synkope *f* (*Betonung e-s im normalen Rhythmus unbetonten Taktwertes*) 3 MED Synkope *f* (*kurze Bewusstlosigkeit*); **syncopic** [sɪŋ'kɒpɪk; *US* -'kɑ-] ADJ synkopisch

syncretism ['sɪŋkrɪtɪzəm] S 1 PHIL, REL Synkretismus *m* (*Verschmelzung gegensätzlicher Lehren, Religionen etc*) 2 LING (Kasus)Synkretismus *m* (*Zusammenfall verschiedener Kasus in einem*)

syncytium [sɪn'sɪtɪəm; *US* -'sɪʃɪəm; -ʃəm] *pl* **-tia** [-ə] S BIOL Synzytium *n* (*durch Zellenfusion entstandene Plasmamasse*)

syndactyl [sɪn'dæktɪl] MED, ZOOL A ADJ mit verwachsenen Zehen *od* Fingern B S Vogel *m od* Tier *n* mit verwachsenen Zehen; **syndactylism** S Syndaktylie *f*

syndetic [sɪn'detɪk] ADJ (ADV **~ally**) LING syndetisch; **syndeton** [sɪn'diːtn] *pl* **-ta** [-tə] S Polysyndeton *n* (*Anreihung von Sätzen od Satzgliedern mittels Konjunktionen*)

syndic ['sɪndɪk] S 1 Syndikus *m*, Rechtsberater(in) 2 Bevollmächtigte(r) *m/f(m)* 3 UNIV *Br* Senatsmitglied *n*; **syndicalism** [-kəlɪzəm] S HIST Syndikalismus *m* (*radikaler Gewerkschaftssozialismus*)

syndicate A S ['sɪndɪkɪt; -kət] 1 WIRTSCH, JUR Syndikat *n*, Konsortium *n* 2 WIRTSCH Ring *m*, (Unternehmer)Verband *m*, Absatzkartell *n* 3 Syndikat *n* (*Amt od Würde e-s Syndikus*) 4 a Zeitungssyndikat *n* b Gruppe *f* zusammengehöriger Zeitungen c *Presseagentur, die Beiträge etc an mehrere Zeitungen gleichzeitig verkauft* 5 (Verbrecher)Syndikat *n* B VT [-keɪt] 1 WIRTSCH, JUR zu e-m Syndikat vereinigen, e-m Syndikat anschließen 2 a *Zeitungen* zu e-m Syndikat zusammenschließen b *Beiträge etc* an mehrere Zeitungen gleichzeitig verkaufen (*Presseagentur*) C VI [-keɪt] ein Syndikat bilden D ADJ [-kɪt; -kət] WIRTSCH, JUR Konsortial…; **syndication** [-'keɪʃn] S WIRTSCH, JUR Syndikatsbildung *f*

syndrome ['sɪndrəʊm; -drəm] S MED Syndrom *n* (*a.* SOZIOL), Symptomenkomplex *m*

synecdoche [sɪ'nekdəkɪ] S *Rhetorik:* Synekdoche *f* (*Vertauschung von Teil u. Ganzem, z. B.* **sail** *für* **ship**)

synectic [sɪ'nektɪk] A ADJ (ADV **~ally**) synektisch B S **synectics** *pl* (*als sg konstruiert*) Synektik *f* (*Studium von kreativen Prozessen von unterschiedlichen Gruppenmitgliedern*)

syneresis → synaeresis

synergetic [ˌsɪnə(r)'dʒetɪk] ADJ (ADV **~ally**) synergetisch, zusammenwirkend; **synergism** ['sɪnə(r)dʒɪzəm; *Br a.* sɪ'nɜːdʒ-] S 1 MED, PHARM, PHYSIOL Synergie *f*, Zusammenwirken *n* 2 REL Synergismus *m* (*Lehre von der Mitwirkung des Menschen bei s-r Erlösung durch Gott*); **synergist** S 1 REL Synergist(in) 2 *pl* Synergisten *pl*: a PHYSIOL *zusammenwirkende Organe, z. B. Muskeln* b MED, PHARM *Arzneimittel, die sich in ihrer Wirkung ergänzen od steigern*;; **synergistic** ADJ MED, PHARM, PHYSIOL synergistisch (*a.* REL), zusammenwirkend: **~ effect** WIRTSCH Synergieeffekt *m*; **synergy** [-dʒɪ] → synergism 1

synesis ['sɪnɪsɪs] S LING Synesis *f* (*grammatisch falsche, aber sinngemäß richtige Wortfolge*)

syngamy ['sɪŋgəmɪ] S BIOL Syngamie *f* (*Verschmelzung der Geschlechtszellen bei der Befruchtung*)

syngenesis [sɪn'dʒenɪsɪs] S BIOL geschlechtliche Vermehrung

synizesis [ˌsɪnɪ'ziːsɪs] S 1 LIT Synizese *f*, Synizesis *f* (*Zusammenziehung zweier Vokale zu einer Silbe*) 2 BIOL Massierung *f* des Chromatins

synod ['sɪnəd] S 1 REL Synode *f*, Synodalversammlung *f* 2 *allg* (beratende) Versammlung, Tagung *f*; **synodal** [-ədl] ADJ, **synodic** [-'nɒdɪk; *US* -'nɑd-] ADJ, **synodical** ADJ (ADV **~ly**) 1 REL synodal 2 ASTRON synodisch (*auf die Stellung von Sonne u. Erde zueinander bezogen*): **~ month**

synonym ['sɪnənɪm] S 1 LING Synonym *n*, bedeutungsähnliches *od* -gleiches Wort 2 *fig* (gleichbedeutende) Bezeichnung (**for** für): **be a ~ for** gleichbedeutend sein mit; **synonymic** ADJ, **synonymical** ADJ (ADV **~ly**) → synonymous; **synonymous** [-'nɒnɪməs; *US* -'nɑ-] ADJ (ADV **~ly**) 1 LING synonym(isch): a bedeutungsgleich b bedeutungsähnlich 2 *allg* gleichbedeutend (**with** mit); **synonymy** [-mɪ] S 1 LING a Synonymie *f*, Bedeutungsgleichheit *f*, Bedeutungsähnlichkeit *f* b Synonymik *f* (*Lehre od Sammlung*) 2 BOT, ZOOL Zusammenstellung *f* der wissenschaftlichen Namen

synopsis [sɪ'nɒpsɪs; *US* -'nɑp-] *pl* **-ses** [-siːz] S Synopse *f*: a *allg* Übersicht *f*, Zusammenfassung *f*, Abriss *m* b REL (vergleichende) Zusammenschau; **synoptic** [-tɪk] A ADJ (ADV **~ally**) 1 synoptisch, übersichtlich, zusammenfassend, Übersichts… **2** *oft* ♀ REL synoptisch: ♀ **Gospels** synoptische Evangelien, Synopse *f* **B** S *oft* ♀ REL → Synoptist; **synoptical** ADJ (ADV ~ly) → synoptic A; **Synoptist**, *a.* ♀ [-tɪst] S REL Synoptiker *m (Matthäus, Markus od Lukas)*

synovia [sɪ'nəʊvjə; -vɪə; saɪ-] S PHYSIOL Synovia *f*, Gelenkschmiere *f*; **synovial** ADJ PHYSIOL synovial, Synovial…: **~ fluid** → synovia; **synovitis** [-nə'vaɪtɪs] S MED Synovitis *f*, Gelenkentzündung *f*

syntactic [sɪn'tæktɪk] **A** ADJ (ADV ~ally) syntaktisch, Syntax… **B** S **syntactics** *pl (als sg konstruiert)* Syntaktik *f (Teilgebiet der Semiologie, das sich mit den Beziehungen zwischen den sprachlichen Zeichen befasst)*; **syntactical** ADJ (ADV ~ly) → syntactic A

syntax ['sɪntæks] S **1** LING Syntax *f*: **a** Satzbau *m* **b** Satzlehre *f* **2** IT Syntax *f (Regeln e-r Programmiersprache, die für die exakte Formulierung e-s Programms erforderlich sind)*

synthesis ['sɪnθɪsɪs] *pl* -ses [-si:z] S *allg* Synthese *f*; **synthesize** V/T **1** zusammenfügen, verbinden, -schmelzen **2** CHEM, TECH synthetisch *od* künstlich herstellen; **synthesizer** S Synthesizer *m (Gerät zur elektronischen Musik-, Sprach- u. Geräuscherzeugung)*

synthetic [sɪn'θetɪk] **A** ADJ (ADV **~ally**) **1** synthetisch: **a** *bes* LING, PHIL zusammensetzend, -fügend: **~ language** LING synthetische Sprache **b** CHEM künstlich, Synthese…: **~ rubber**; **~ fiber** *(bes Br* **fibre***)* Kunstfaser *f* **2** *pej* synthetisch, künstlich, unecht **3** **~ trainer** FLUG Instrumentenflug-Übungsgerät *n* **B** S CHEM Kunststoff *m*; **synthetical** ADJ (ADV ~ly) → synthetic A; **syntheticism** [-sɪzəm] S **1** CHEM synthetisches Verfahren **2** *bes* LING, PHIL synthetische Grundsätze *pl*

synthetize ['sɪnθɪtaɪz] → synthesize

syntonic [sɪn'tɒnɪk; *US* -'tɑn-] ADJ (ADV ~ally) **1** ELEK (auf gleicher Frequenz) abgestimmt **2** PSYCH syntonisch *(harmonisch ausgeglichen; Persönlichkeit, Temperament)*

syntonize ['sɪntənaɪz] V/T ELEK abstimmen, einstellen *(beide:* **to** auf *e-e bestimmte Frequenz)*; **syntony** [-nɪ] S **1** ELEK (Frequenz)Abstimmung *f*, Resonanz *f* **2** PSYCH Syntonie *f*

syph [sɪf] S *sl* **1** Syph *f (Syphilis)* **2** → syphilitic B

sypher ['saɪfə(r)] V/T TECH *Planken etc* mittels Schrägüberlappung (bündig) verbinden

syphilis ['sɪfɪlɪs] S MED Syphilis *f*; **syphilitic** [-'lɪtɪk] **A** ADJ (ADV ~ally) syphilitisch: **a** *auf Syphilis beruhend* **b** syphiliskrank **B** S Syphilitiker(in); **syphiloid** ADJ syphiloid, syphilisähnlich

syphon → siphon

Syracuse ['saɪərəkju:z; *US* 'sɪrə,kju:s] S Syrakus *n (Stadt in Südostsizilien)*

Syria ['sɪrɪə] S Syrien *n*

Syriac ['sɪrɪæk] S LING (Alt)Syrisch *n*, das (Alt)Syrische

Syrian ['sɪrɪən] **A** ADJ syrisch **B** S Syrer(in), Syrier(in)

syringa [sɪ'rɪŋgə] S BOT Syringa *f*, Syringe *f*, Flieder *m*

syringe [sɪ'rɪndʒ; 'sɪr-] **A** S MED *u.* TECH Spritze *f* **B** V/T **1** (ein)spritzen **2** *j-m die Ohren* ausspritzen: **~ sb's ears** **3** *e-e Pflanze etc* ab-, bespritzen **C** V/I spritzen

syringes [sɪ'rɪndʒi:z; 'sɪr-] *pl von* syrinx

syrinx ['sɪrɪŋks] *pl* -inges [sɪ'rɪndʒi:z; 'sɪr-], -inxes S **1** ANAT eustachische Röhre **2** MYTH Syrinx *f*, Pan-, Hirtenflöte *f* **3** enger Felsengang *(in ägyptischen Grabmälern)*

Syro- [saɪərəʊ; sɪr-] *Wortelement mit der Bedeutung* Syro…, syrisch

syrup ['sɪrəp; *US a.* 'sɜr-] S **1** Sirup *m (a.* MED, PHARM) **2** *fig pej* sentimentaler Kitsch, süßliches Zeug; **syrupy** ADJ **1** sirupartig, dickflüssig, klebrig **2** *fig pej* süßlich, sentimental

syst. ABK system Syst.

systaltic [sɪ'stæltɪk; *US a.* sɪs'tɔ:l-] ADJ *bes* PHYSIOL systaltisch *(sich rhythmisch zusammenziehend)*

system ['sɪstəm] S **1** *allg* System *n*: **a** Aufbau *m*, Gefüge *n* **b** Einheit *f*, geordnetes Ganzes **c** Anordnung *f* **2** *(Eisenbahn-, Straßen-, Verkehrs- etc)* Netz *n* **3** TECH System *n*, Anlage *f* **4** *wissenschaftlich*: System *n*, Lehrgebäude *n*: **~ of philosophy** **5** System *n*: **a** Ordnung *f*, Form *f* **b** Verfahren *n*, Methode *f*, Plan *m*: **~ of government** Regierungssystem, Staatsform; **~ of play** SPORT Spielsystem; **a ~ by which to win at roulette** ein Gewinnsystem beim Roulett; **have ~ in one's work** System in der Arbeit haben; **lack ~** kein System haben **6** *(Maß-, Gewichts)* System *n* **7** ASTRON *(Sonnen)*System *n*: **the ~, this ~** das Weltall **8** MATH **a** (Bezugs)System *n* **b** System *n*, Schar *f*: **~ of coordinates** Koordinatensystem; **~ of lines** Geradenschar **9** ANAT, PHYSIOL **a** (Organ)System *n* **b** **the ~** der Organismus, der Körper: **get sth out of one's ~** *fig umg* etwas loswerden **10** BOT, ZOOL (Klassifikations)System *n* **11** GEOL Formation *f* **12** CHEM, PHYS System *n* **13** **the ~** das System *(Establishment)*

systematic [,sɪstɪ'mætɪk] **A** ADJ (ADV ~ally) **1** systematisch: **a** plan-, zweckmäßig, -voll **b** methodisch *(vorgehend od geordnet)*: **~ theology** systematische Theologie **2** BOT, ZOOL systematisch, Klassifikations… **B** S **systematics** *pl (als sg konstruiert)* Systematik *f (Lehre vom System der Lebewesen)*

systematism ['sɪstɪmətɪzəm] S **1** Systematisierung *f* **2** Systemtreue *f*; **systematist** S Systematiker(in); **systematization** [-taɪ'zeɪʃn; *US* -tə'z-] S Systematisierung *f*; **systematize** V/T systematisieren, in ein System bringen

system| building S Systembauweise *f*; **~ crash** S IT Systemzusammenbruch *m*; **~ error**, **~ fault** S IT Systemfehler *m*

systemic [sɪ'stemɪk] ADJ (ADV ~ally) **1** PHYSIOL Körper…, Organ…: **~ circulation** großer Blutkreislauf; **~ disease** Allgemein-, Systemerkrankung *f*; **~ heart** Körperherz *n*, linkes Herz **2** → systematic A 1

systemize ['sɪstəmaɪz] → systematize

system program → systems program

systems| analysis S *irr* IT Systemanalyse *f*; **~ analyst** S IT Systemanalytiker(in)

system software S IT Systemsoftware *f*

systems program S IT Systemprogramm *n*

systole ['sɪstəlɪ] S Systole *f*: **a** MED *Zusammenziehung des Herzmuskels* **b** LIT *Kürzung e-s langen Vokals od e-s Diphthongs*; **systolic** [-'stɒlɪk; *US* -s'tɑl-] ADJ MED systolisch *(Blutdruck)*

syver ['saɪvə(r)] S *schott* **1** Gully *m/n* **2** Gullyplatte *f*

syzygy ['sɪzɪdʒɪ] S Syzygie *f*: **a** ASTRON *a.* Syzygium *n (Stellung von Sonne, Mond u. Erde in annähernd gerader Linie)* **b** LIT *Verbindung von zwei Versfüßen*

T

T[1], **t** [ti:] **A** *pl* T's, Ts, t's, ts [ti:z] S **1** T, t *n (Buchstabe)*: **to a T** haargenau, aufs Haar (genau); **it suits me to a T** das steht *od* passt mir ausgezeichnet; → dot[2] B 2 **2** TECH T-Stück *n*, T-förmiger Gegenstand: **(flanged) T** T-Stück *n* **B** ADJ T T-…, T-förmig

T[2] ABK **1** PHYS absolute temperature **2** PHYS TECH surface tension

t.[1] ABK **1** teaspoon(ful) TL **2** temperature **3** tempore, in the time of **4** LING tense **5** time **6** ton(s PL) t **7** LING transitive

T.[2] ABK **1** teaspoon(ful) TL **2** territory **3** Thursday Do. **4** time **5** Tuesday Di.

ta [tɑ:] INT *Br umg* danke

Taal [tɑ:l] S LING Afrikaans *n*

tab [tæb] **A** S **1** Streifen *m*, Klappe *f*, kurzes Stück, *bes* **a** Schlaufe *f*, *(Mantel)* Aufhänger *m* **b** Lappen *m*, Zipfel *m* **c** Ohrklappe *f (an der Mütze)* **d** Lasche *f (am Schuh)*, *(Stiefel)* Strippe *f* **e** Dorn *m (am Schnürsenkel)* **f** MIL *Br (Kragen)* Spiegel *m* **2** TYPO *(Index)* Zunge *f* **3** **a** Etikett *n*, Schildchen *n*, Anhänger *m* **b** Tab *m*, *(Kartei)* Reiter *m* **4** TECH Nase *f* **5** FLUG Hilfs-, Trimmruder *n* **6** *umg* **a** Rechnung *f (bes für Speisen u. Getränke)*: **pick up the ~** die Zeche zahlen **b** Kosten *pl* **c** **keep ~s** *(od* **a ~***)* **on** ein wachsames Auge haben auf *(akk)* **7** *umg für* **a** tabloid **b** tabulator 2 **B** V/T **1** mit Streifen *etc* versehen **2** *US umg* **a** bezeichnen (**as** als) **b** bestimmen (**for** für)

tabard ['tæbə(r)d] S HIST Wappen- *od* Heroldsrock *m*

tabaret ['tæbərɪt] S seidener gestreifter Möbeldamast

Tabasco® [tə'bæskəʊ] S *a.* ♀ **sauce** Tabasco (-soße)® *m(f)*

tabbinet → tabinet

tabby ['tæbɪ] **A** S **1** *a.* **~ cat** ZOOL **a** getigerte *od* gescheckte Katze **b** (weibliche) Katze, Kätzin *f* **2** Moiré *m/n (Stoff)* **B** ADJ **1** gestreift, gescheckt **2** Moiré…

tabernacle ['tæbə(r)nækl] **A** S **1** BIBEL Hütte *f*, Zelt *n* **2** ♀ REL Stiftshütte *f (der Juden)*: **Feast of ♀s** Laubhüttenfest *n* **3** REL **a** *(jüdischer)* Tempel **b** *Br* Bethaus *n (der Dissenters)* **c** Mormonentempel *m* **4** Tabernakel *n/m*: **a** überdachte Nische *(für e-e Statue)*: **~ work** ARCH Maßwerk *n* mit *od* Reihe *f* von Tabernakeln **b** KATH Sakramentshäus-chen *n* **5** Leib *m (als Wohnsitz der Seele)* **6** SCHIFF Mastbock *m* **B** V/I *obs* weilen **C** V/T *obs* (vorübergehend) beherbergen; **tabernacular** [-kjʊlə(r)] ADJ ARCH, REL Tabernakel…

tabes ['teɪbi:z] S MED Tabes *f*: **a** *a.* **~ dorsalis** [dɔ:(r)'seɪlɪs; -'seɪ-] Rückenmarkschwindsucht *f* **b** *allg* Auszehrung *f*; **tabescence** [tə'besns] S MED Tabeszenz *f*, Auszehrung *f*; **tabescent** ADJ **1** MED auszehrend **2** BOT (ver)welkend

tabetic [tə'betɪk] MED **A** S Tabetiker (-in), Tabiker(in) **B** ADJ tabetisch, tabisch, tabeskrank

tabid ['tæbɪd] → tabetic B

tabinet ['tæbɪnɪt] S *(Art)* (gewässerte) Popeline *(Möbelbezugstoff)*

tablature ['tæblətʃə(r); *US a.* -,tʃʊər] S **1** Bild *n*: **a** Tafelgemälde *n* **b** bildliche Darstellung *(a. fig)* **2** MUS, HIST Tabulatur *f (Notierungsweise für Instrumente)*

table ['teɪbl] **A** S **1** *allg* Tisch *m* **2** Tafel *f*, Tisch *m*: **a** gedeckter Tisch **b** Mahl (-zeit *f*) *n*, Kost *f*, Essen *n*: **at (the) ~** bei Tisch, beim Essen; **set** *(od* **lay**, *obs* **spread***)* **the ~** den Tisch

T

decken, (auf)decken; **clear the ~** (den Tisch) abdecken *od* abräumen, (*im Lokal etc*) abservieren; **sit down to ~** sich zu Tisch setzen; **take the head of the ~** bei Tisch obenan sitzen; **under the ~** a unter dem Ladentisch, im Schleichhandel b unter der Hand, heimlich; **drink sb under the ~** *umg* j-n unter den Tisch trinken; **keep** (*od* **set**) **a good ~** e-e gute Küche führen; **turn the ~s (on sb)** den Spieß (gegen j-n) umdrehen *umg*; **the ~s are turned** das Blatt hat sich gewendet; → Lord's table 3 PARL Tisch *m* des Hauses: **lay on the ~** → B 2 4 (Tisch-, Tafel)Runde *f*: → round table 5 Komitee *n*, Ausschuss *m* 6 GEOG, GEOL Tafel(land) *f(n)*, Plateau *n*: **~ mountain** Tafelberg *m* 7 ARCH a Tafel *f*, Platte *f* b Sims *m/n*, Fries *m* 8 (*Holz, Stein etc, a. Gedenk etc*) Tafel *f*: **the (two) ~s of the law** REL die (beiden) Gesetzestafeln 9 Tabelle *f* (*a.* SPORT), Verzeichnis *n*, Liste *f*: **~ of exchanges** WIRTSCH Kurstabelle; **~ of wages** Lohntabelle; **be second in the ~** auf dem zweiten Tabellenplatz liegen; → content[1] 3 10 MATH a Tafel *f*, Tabelle *f*, *engS.* Multiplikationstabelle *f*: **~ of logarithms** Logarithmentafel b *pl* Einmaleins *n* 11 ANAT Tafel *f*, Tabula *f* (*des Schädeldaches*) 12 MUS a Schallbrett *n* (*der Orgel*) b Decke *f* (*e-s Saiteninstruments*) 13 a Tafel *f* (*große oberste Schlifffläche am Edelstein*) b Tafelstein *m* 14 TECH Tisch *m*, Auflage *f* (*an Werkzeugmaschinen etc*) 15 MED *umg* Operationstisch *m* 16 OPT Bildebene *f* 17 TYPO Tabelle(nsatz) *f(m)* 18 *Chiromantie*: Handteller *m* B V/T 1 auf den Tisch legen (*a. fig vorlegen*) 2 *bes* PARL a *Br e-n Antrag etc* einbringen, (zur Diskussion) stellen b US zurückstellen, *bes e-e Gesetzesvorlage* ruhen lassen c US verschieben 3 in e-e Tabelle eintragen, ein Verzeichnis anlegen von, (tabellarisch) verzeichnen 4 SCHIFF *Stoßlappen* an ein Segel setzen 5 *Erz* aufbereiten

tableau ['tæbləʊ; US *a.* tæ'bləʊ] *pl* -leaux, -leaus [-ləʊz] S 1 Bild *n*: a Gemälde *n* b anschauliche Darstellung 2 → tableau vivant 3 *bes Br* (überraschende) Szene: **what a ~!** man stelle sich die Situation vor!; **~ vivant** *pl* tableaux vivants [viː'vɑ̃ːŋ] S lebendes Bild

table| board S US Verpflegung *f*, Kost *f* (*ohne Wohnung*); **~ book** S MATH, TECH Tabellenbuch *n*; **~ clamp** S Tischklammer *f*; **~cloth** S Tischtuch *n*, -decke *f*

table d'hôte *pl* tables d'hôte [ˌtɑːbl'dəʊt; US *a.* ˌtæbəl-] S *a.* **~ meal** (*od* **dinner**) Menü *n*

table| football S *Br* Tischfußball *m*; **~-hop** V/I *umg* von e-m Tisch zum andern gehen (*im Restaurant etc*); **~ knife** S *irr Br* Tafel-, Tischmesser *n*; **~ lamp** S Tischlampe *f*; **~land** S GEOG, GEOL Tafelland *n*; **~ leaf** S *irr Br* Tischklappe *f*, Zwischenplatte *f*; **~ licence** S *Br* Schankkonzession *f* nur bei Abgabe von Speisen; **~lifting** → table-turning; **~ lighter** S Tischfeuerzeug *n*; **~ linen** S Tischwäsche *f*; **~ mat** S Set *n*

Table Mountain S Tafelberg *m*

table| napkin S Serviette *f*; **~ plate** S Tafelsilber *n*; **~-rapping** S *Spiritismus*: Tischklopfen *n*; **~ runner** S Tischläufer *m*; **~ salt** S Tafelsalz *n*; **~ set** S RADIO, TV Tischgerät *n*; **~spoon** S Esslöffel *m*: **one ~ to** ein Esslöffel auf (*akk*); **~spoonful** [-fʊl] *pl* tablespoonfuls, tablespoonsful S (*ein*) Esslöffel *m* (voll): → heap B 1

tablet ['tæblɪt] S 1 Täfelchen *n*, Tafel *f* 2 (*Gedenk-, Wand- etc*) Tafel *f*: **write sth in ~s of stone** *fig* etwas festschreiben 3 HIST Schreibtafel *f* 4 (Notiz-, Schreib)Block *m* 5 Stück *n* (*Seife*), Tafel *f* (*Schokolade*) 6 PHARM Tablette *f* 7 ARCH Kappenstein *m*

table| talk S Tischgespräch *n*; **~ tennis** S SPORT Tischtennis *n*; **~-tennis** ADJ Tischtennis...: **~ ball**; **~-tilting**, **~-tipping** → table-turning; **~ top** S Tischplatte *f*; **~-turning** S 1 *Spiritismus*: Tischrücken *n* 2 *bes pej* Spiritismus *m*; **~ware** S Geschirr *n* u. Besteck *n*; **~ water** S Tafel-, Mineralwasser *n*; **~ wine** S Tafel-, Tischwein *m*

tabloid ['tæblɔɪd] A S 1 Boulevardzeitung *f*, *pej* Revolverblatt *n*, *pl a.* Boulevardpresse *f* 2 US (Informations)Blatt *n* 3 *fig* Zusammenfassung *f*, Kurzfassung *f* B ADJ 1 konzentriert: **in ~ form** 2 Boulevard...: **~ press**

taboo [tə'buː; US *a.* tæ-] A ADJ tabu: **~ subject** Tabuthema *n* B S Tabu *n*: **be under a ~** tabu sein; **break a ~** ein Tabu durchbrechen *od* zerstören; **put under a ~** → C C V/T *etwas* für tabu erklären, tabuisieren, tabuieren

tabo(u)r ['teɪbə(r)] S MUS Tamburin *n* (*ohne Schellen*)

tabo(u)ret ['tæbərɪt; US ˌtæbə'ret; -'reɪ] S 1 Hocker *m* 2 Stickrahmen *m*

tab stop S COMPUT Tabstopp *m*

tabu → taboo

tabular ['tæbjʊlə(r)] ADJ (ADV **~ly**) 1 tafelförmig, Tafel..., flach 2 dünn 3 blätt(e)rig, geschichtet 4 tabellarisch, Tabellen...: **~ bookkeeping** amer. Buchführung *f*; **in ~ form** tabellarisch, in Tabellenform; **~ key** Tabulatortaste *f*; **~ standard** WIRTSCH Preisindexwährung *f*; **~ summary** WIRTSCH Übersichtstabelle *f*

tabula rasa [ˌtæbjʊlə'rɑːsə; -zə] *pl* -lae rasae [-liː'rɑːsiː; -ziː] S 1 PHIL Tabula *f* rasa (*Zustand der Seele vor der Gewinnung von Eindrücken u. der Entwicklung von Vorstellungen*) 2 **make ~** *fig* Tabula rasa machen, reinen Tisch machen (**of** mit)

tabularize → tabulate A 1

tabulate ['tæbjʊleɪt] A V/T 1 tabellarisieren, tabellarisch darstellen *od* (an)ordnen, (*maschinell*) tabellieren 2 abflachen B ADJ [*bes* -lɪt] → tabular; **tabulation** S 1 Tabellarisierung *f* 2 Abflachung *f*; **tabulator** [-tə(r)] S 1 Tabellierer(in) 2 TECH Tabulator *m* (*an der Schreibmaschine, am Computer*): **~ key** Tabulatortaste *f*

tacamahac ['tækəməhæk] S BOT, CHEM, PHARM 1 Takamahak(harz) *n* 2 Pappelharz *n* 3 Kiefernharz *n* 4 Balsampappel *f*

tach [tæk] S *umg* Tacho *m* (*Tachometer*)

tache [tɑːʃ; tæʃ] S *umg* Schnurrbart *m*

tacheometer [ˌtækɪ'ɒmɪtə(r); US -'ɑ-] S *Landvermessung*: Tacheometer *n* (*ein Schnellmessgerät*); **tacheometry** [-trɪ] S Tacheometrie *f*, Schnellmessung *f*

tachism ['tæʃɪzəm] S MAL Tachismus *m* (*e-e Richtung des abstrakten Expressionismus*)

tachistoscope [tə'kɪstəskəʊp] S PSYCH Tachistoskop *n* (*Gerät zur Vorführung optischer Reize*)

tachograph ['tækəʊgrɑːf; US 'tækəˌgræf] S AUTO, TECH Tachograf *m*, Fahrt(en)schreiber *m*

tachometer [tæ'kɒmɪtə(r); US -'kɑ-] S AUTO, TECH Tachometer *m*, *a. n*, Geschwindigkeitsmesser *m*, *engS.* Drehzahlmesser *m*

tachycardia [ˌtækɪ'kɑː(r)dɪə] S MED Tachykardie *f*, Herzjagen *n*

tachymeter [tæ'kɪmɪtə(r)] S *Landvermessung*: Tachymeter *n* (*ein Schnellmessgerät*); **tachymetry** [-trɪ] S Tachymetrie *f*, Schnellmessung *f*

tachyon ['tækɪɒn; US -ˌɑn] S PHYS Tachyon *n* (*hypothetisches Elementarteilchen, das sich mit Überlichtgeschwindigkeit bewegt*)

tachyphylaxis [ˌtækɪfɪ'læksɪs] S MED Tachyphylaxie *f* (*nachlassendes, durch Steigerung der Dosis nicht ausgleichbares Reagieren des Organismus auf wiederholt verabreichte Arzneimittel*)

tacit ['tæsɪt] ADJ (ADV **~ly**) *bes* JUR stillschweigend (*Vereinbarung etc*): **~ mortgage** US Hypothek *f* kraft Gesetzes

taciturn ['tæsɪtɜːn; US -ˌtɜrn] ADJ (ADV **~ly**) schweigsam, wortkarg, verschlossen; **taciturnity** S Schweigsamkeit *f*, Wortkargheit *f*, Verschlossenheit *f*

tack[1] [tæk] A S 1 (Nagel)Stift *m*, Reißnagel *m*, Zwecke *f* 2 *a.* **~ing stitch** (*Näherei*) Heftstich *m* 3 (An)Heften *n* 4 SCHIFF a Halse *f* b Haltetau *n* 5 SCHIFF Schlag *m*, Gang *m* (*beim Lavieren od Kreuzen*): **be on the port ~** nach Backbord lavieren 6 SCHIFF Lavieren *n* (*a. fig*) 7 Zickzackkurs *m* (*zu Lande*) 8 *fig* Kurs *m*, Weg *m*, Richtung *f*: **be on the wrong ~** auf dem Holzweg sein; **try another ~** es anders versuchen 9 PARL *Br* Zusatzantrag *m*, -artikel *m* 10 a Klebrigkeit *f* b Klebkraft *f* 11 *Reiten*: Sattelzeug *n* B V/T 1 heften (**to** an *akk*): **~ on(to)** anheften (an *akk, dat*) 2 *a.* **~ down** festmachen, *e-n Teppich etc* festnageln 3 **~ together** aneinanderfügen, (miteinander) verbinden (*a. fig*), zusammenheften: **~ mortgages** WIRTSCH *Br* Hypotheken verschiedenen Ranges zusammenschreiben; **~ securities** JUR *Br* Sicherheiten zusammenfassen 4 (**[on]to**) anfügen (an *akk*), hinzufügen (*dat*, zu): **~ a rider to a bill** POL *Br* e-e (*aussichtsreiche*) Vorlage mit e-m Zusatzantrag koppeln 5 TECH heftschweißen 6 SCHIFF *ein Schiff* a durch den Wind wenden b lavieren C V/I 1 SCHIFF a wenden b lavieren: **~ down wind** in den Wind halsen 2 a e-n Zickzackkurs verfolgen b *fig* lavieren, s-n Kurs (*plötzlich*) ändern

tack[2] [tæk] *umg* Nahrung *f*, *bes* Fraß *m pej*: → hardtack

tack hammer S Zweckenhammer *m*

tackle ['tækl] A S 1 Gerät *n*, (Werk)Zeug *n*, Ausrüstung *f*: → fishing tackle 2 (Pferde)Geschirr *n* 3 TECH Flaschenzug *m* 4 SCHIFF Talje *f*, Takel-, Tauwerk *n* 5 *Fußball etc*: Tackling *n*, Angehen *n* (*e-s Gegners im Ballbesitz*) B V/T 1 *j-n od etwas* packen 2 *j-n* angreifen, aneinandergeraten mit 3 *fig* a *j-n* zur Rede stellen (**about, on, over** wegen) b *j-n* angehen (**for** um) 4 *Fußball etc: e-n Gegner im Ballbesitz* angehen 5 *ein Problem etc* a in Angriff nehmen, anpacken, angehen b lösen, fertig werden mit 6 *sl* sich über *e-e Flasche Whisky etc* hermachen

tack| rivet S TECH Heftniete *f*; **~-weld** V/T heftschweißen

tacky[1] ['tækɪ] ADJ (ADV **tackily**) klebrig, zäh

tacky[2] ['tækiː] ADJ (ADV **tackily**) US *umg* 1 a verwahrlost, heruntergekommen b schäbig 2 unmodern, altmodisch 3 a protzig b geschmacklos

tacnode ['tæknəʊd] S MATH Selbstberührungspunkt *m* (*e-r Kurve*)

tact [tækt] S 1 Takt *m*, Takt-, Zartgefühl *n* 2 Feingefühl *n* (**of** für) 3 MUS Takt(schlag) *m*; **tactful** [-fʊl] ADJ (ADV **~ly**) taktvoll; **tactfulness** → tact 1

tactic ['tæktɪk] S 1 MIL Taktik *f*, taktischer Zug (*beide a. fig*) 2 *pl* (*meist als sg konstruiert*) MIL Taktik *f* 3 *pl fig* Taktik *f*, planvolles Vorgehen: **a clever stroke of ~s** e-e kluge Taktik; **change ~s** die *od* s-e Taktik ändern; **tactical** ADJ (ADV **~ly**) MIL taktisch (*a. fig planvoll, klug*): **a ~ race**

tactician [tæk'tɪʃn] S MIL Taktiker(in) (*a. fig*)

tactile ['tæktaɪl; US *a.* -tl] ADJ 1 taktil (*den Tastsinn betreffend*) 2 greifbar, tastbar; **~ cell** S BIOL Tastsinneszelle *f*; **~ corpuscle** S ANAT (Meißnersches) Tastkörperchen; **~ hair** S ZOOL Tasthaar *n*, BOT *a.* Fühlhaar *n*; **~ sense** S BIOL Tastsinn *m*

tactility [tæk'tɪlətɪ] S Greifbar-, Tastbarkeit *f*

tactless ADJ (ADV **~ly**) taktlos: **~ remark** (**thing to do**, *etc*) Taktlosigkeit *f*; **tactlessness** S

T

Taktlosigkeit *f*

tactual ['tæktjʊəl; *US* -tʃəwəl; -tʃəl] ADJ (ADV ~ly) tastbar, Tast...: **~ sense** BIOL Tastsinn *m*

tad [tæd] S *bes US umg* 1 Steppke *m umg*, kleiner Junge 2 Stück(chen) *n (a. fig)*: **a ~** ein bisschen, ein wenig, etwas

tadpole ['tædpəʊl] S ZOOL Kaulquappe *f*

Tadzhikistan S → Tajikistan

taekwondo ['taɪˌkwɒn'dəʊ; *US* -ˌkwɑn-] S Taekwondo *n (e-e koreanische Kampfsportart)*

tael [teɪl] S Tael *n*: a HIST *e-e chinesische Geldeinheit* b *e-e ostasiatische Gewichtseinheit*

ta'en [teɪn] *poet für* taken

taenia ['tiːnɪə] *pl* -as, -ae [-iː; *US a.* -ˌaɪ] S 1 *Antike*: Tänie *f*, Stirnband *n* 2 ARCH Regula *f (Tropfleiste im Architrav des dorischen Tempels)* 3 ZOOL Tänie *f*, Bandwurm *m*

taffeta ['tæfɪtə] A S Taft *m* B ADJ Taft...

taffia → tafia

taffrail ['tæfreɪl] S SCHIFF Heckreling *f*

taffy[1] ['tæfɪ] S 1 *bes US für* toffee 2 *umg* Schmus *m*, Schmeichelei *f*

Taffy[2] ['tæfɪ] S *Br sl, oft pej* Waliser *m*

taffy apple *bes US* → toffee apple

tafia ['tæfɪə] S Taffia *f (bes guyanischer od westindischer Rum)*

tag[1] [tæg] A S 1 (loses) Ende, Anhängsel *n*, Zipfel *m*, Fetzen *m*, Lappen *m* 2 Troddel *f*, Quaste *f* 3 Etikett *n*, Anhänger *m*, Schildchen *n*, (Ab)Zeichen *n*, Plakette *f* 4 *(Stiefel)* Schlaufe *f*, *(Schnürsenkel)* Stift *m*, Dorn *m* 5 TECH a Lötklemme *f*, -stift *m* b Lötfahne *f* 6 *Angeln*: Glitzerschmuck *m (an der künstlichen Fliege)* 7 a Schwanzspitze *f (bes e-s Fuchses)* b Wollklunker *f/m (des Schafes)* 8 LING Frageanhängsel *n* 9 Refrain *m*, Kehrreim *m* 10 a Schlusswort *n* b Pointe *f* c Moral *f* 11 stehende Redensart, bekanntes Zitat 12 Bezeichnung *f*, Beiname *m* 13 → ragtag A 14 IT Tag *n*, Identifizierungskennzeichen *n* 15 *US* Strafzettel *m* 16 *sl an e-e Wand etc gespraytes persönliches Erkennungszeichen* B VT 1 mit e-m Anhänger *od* Etikett *etc* versehen, etikettieren, *Waren* auszeichnen 2 a markieren: **~ged atoms** b IT *e-n Text etc* taggen 3 *e-e Rede etc* a mit e-m Schlusswort *od* e-r Moral versehen b garnieren (**with** mit) 4 *fig* abstempeln (**as** als) 5 anfügen, anhängen *(beide:* **to** an *akk)* 6 *US* a *j-m* e-n Strafzettel ans Auto stecken b *umg j-n* anklagen (**for** wegen) 7 *e-m Schaf* die Klunkerwolle abscheren 8 *umg* hinter *j-m* herlatschen 9 *sl* sein Erkennungszeichen an *e-e Wand etc* sprayen C VI **~ along** *umg* a dahinlatschen b mitkommen, -gehen *(beide:* **with** mit) c *fig* notgedrungen mitmachen: **~ after** (*od* **behind**) → B 8

tag[2] [tæg] A S Fangen *n (ein Kinderspiel)*: **play ~** B VT fangen

tag| dance S *Tanz, bei dem abgeklatscht werden darf*; **~ day** S *US Tag, an dem auf der Straße Plaketten für wohltätige Zwecke verkauft werden*; **~ end** S *umg* 1 *bes US* Schluss *m*, Ende *n* 2 a loses Ende b Fetzen *m*: **~s of memories** Erinnerungsfetzen

tagetes [tæ'dʒiːtiːz; *US* 'tædʒəˌtiːz] S BOT Tagetes *f*, Studentenblume *f*

tagger ['tægə(r)] S *sl j-d, der sein Erkennungszeichen an Wände etc sprayt*

taggers ['tægə(r)z] SPL TECH dünnes Feinblech

tagliatelle [ˌtæljə'telɪ] SPL *(als sg konstruiert)* Tagliatelle *pl*, Bandnudeln *pl*

tagmeme ['tægmiːm] S LING Tagmem *n (Zuordnungseinheit in der Tagmemik)*; **tagmemic** A ADJ tagmemisch B S **tagmemics** *pl (als sg konstruiert)* Tagmemik *f (linguistische Theorie auf syntaktischer Ebene)*

tag|rag A S 1 Fetzen *m*, Lumpen *m* 2 → ragtag A B ADJ zerlumpt; **~ sale** → garage sale

Tahiti [tɑː'hiːtɪ; tə'h-] S Tahiti *n (größte der Gesellschaftsinseln)*

Tahitian [tɑː'hiːʃn; *bes US* tə-] A S 1 Tahitianer(in) 2 LING Tahitisch *n*, das Tahitische B ADJ tahitisch

tahr [tɑː(r)] S ZOOL Tahr *m*

Tai → Thai

t'ai chi (ch'uan) [ˌtaɪ'tʃiː('tʃwɑːn); -'dʒiː] S Tai-Chi *n*, Tai-Chi-Chuan *n (e-e chinesische Form des Körpertrainings)*

taiga ['taɪgə] S GEOG Taiga *f*

tail[1] [teɪl] A S 1 ZOOL Schweif *m*, Schwanz *m*: **(it's a case of) the ~ wagging the dog** der Schwanz wedelt mit dem Hund *umg*; **with one's ~ up** hochgestimmt, übermütig; **have one's ~ up** in Hochstimmung *od* übermütig sein; **with one's ~ down, with one's ~ between one's legs** bedrückt, mit eingezogenem Schwanz *umg*; **have one's ~ down** bedrückt sein, den Schwanz hängen lassen *umg*; **be (keep) on sb's ~** j-m auf den Fersen sein (bleiben); **sit on sb's ~** AUTO zu dicht auf j-n auffahren; **twist sb's ~** j-n piesacken *od* schikanieren; **turn ~ (and run)** davonlaufen 2 *umg* Hinterteil *n*, Steiß *m* 3 *fig* Schwanz *m*, (hinteres *od* unteres) Ende, Schluss *m*: **~ of a comet** Kometenschweif *m*; **~ of a letter** Briefschluss; **~ of a note** MUS Notenhals *m*; **out of the ~ of one's eye** aus den Augenwinkeln; **~ of a page** unterer Rand *od* Fuß *m* e-r (Druck-)Seite; **~ of a storm** *(ruhigeres)* Ende e-s Sturmes 4 Haarzopf *m*, -schwanz *m* 5 *meist pl* Rück-, Kehrseite *f (e-r Münze)*: → head D 18 6 a Schleppe *f (e-s Kleides)* b *(Rock-, Hemd)* Schoß *m*, (-)Zipfel *m* 7 *pl* Frack *m* 8 Schleife *f (e-s Buchstabens)* 9 ELEK, TECH a Nachimpuls *m* b Signalschwanz *m* 10 *Radar*: Nachleuchtschleppe *f* 11 Sterz *m* 12 LIT Koda *f* 13 ANAT a Sehnenteil *m (e-s Muskels)* b Pankreasschwanz *m* c Nebenhoden *m* 14 FLUG a Leitwerk *n* b Heck *n*, Schwanz *m* 15 a Gefolge *n* b Anhang *m (e-r Partei)* c große Masse *(e-r Gemeinschaft)* d *(die)* Letzten *pl od* Schlechtesten *pl (der Klasse etc)* 16 *umg* Beschatter *m (Detektiv etc)*: **put a ~ on sb** j-n beschatten lassen 17 *bes US vulg* a *bes* **piece** (*od* **bit**) **of ~** Mieze *f sl* b Fotze *f*, Möse *f (beide vulg) (Vagina)* B VT 1 e-n Schwanz an *e-m Drachen etc* anbringen 2 den Schwanz *od* das Schlusslicht bilden von *(od gen)*: **dogs ~ing the procession** 3 *a.* **~ on (to)** befestigen (an *dat*), anhängen (an *akk*) 4 *Früchte* zupfen, entstielen 5 *e-n Hund* stutzen 6 am Schwanz packen 7 *umg j-n* beschatten C VI 1 sich hinziehen, e-n Schwanz bilden: **~ away** (*od* **off**) a abflauen, abnehmen, sich verlieren b zurückbleiben, -fallen c sich auseinanderziehen *(Kolonne etc)* d sich verschlechtern, nachlassen 2 *oft* **~ on** (*od* **along**) *umg* hinterherlaufen (**after** *od* **behind sb** j-m) 3 **~ back** *bes Br* sich stauen *(Verkehr)* 4 ARCH *(mit dem Ende)* eingelassen sein (**in, into** in *akk od dat*)

tail[2] [teɪl] JUR A S Beschränkung *f (der Erbfolge)*, beschränktes Erb- *od* Eigentumsrecht: **heir in ~** Vorerbe *m*; **issue in ~** erbberechtigte Nachkommenschaft; **tenant in ~** Eigentümer *m*, dessen Rechte durch Nacherbenbestimmungen beschränkt sind; **estate in ~ male** Fideikommiss *n* B ADJ beschränkt *(Erbfolge etc)*

tail|back S AUTO *bes Br* Rückstau *m*; **~board** S AUTO *etc* Ladeklappe *f*; **~ center**, *bes Br* **~ centre** S TECH Reitstockspitze *f*; **~ coat** S Frack *m*; **~ comb** S Stielkamm *m*

tailed [teɪld] ADJ 1 geschwänzt: → rhyme A 1 2 *(in Zusammensetzungen)* ...schwänzig: **long-~**

tail| end S 1 Schluss *m*, Ende *n* 2 *bes US umg* Hinterteil *n*, Steiß *m*; **~ fin** S 1 FISCH Schwanzflosse *f* 2 FLUG Seitenflosse *f (am Leitwerk)*; **~gate** A S 1 Niedertor *n (e-r Schleuse)* 2 *bes US* a → tailboard b AUTO Hecktür *f* 3 MUS Tailgate *m (Posaunenstil im New-Orleans--Jazz)* B VT & VI AUTO *bes US* zu dicht auffahren (auf *akk*); **~ group** S FLUG Leitwerk *n*; **~ gun** S FLUG, MIL Heckwaffe *f*; **~-heavy** ADJ FLUG schwanzlastig

tailing S 1 ARCH eingelassenes Ende 2 *pl* Rückstände *pl*, Abfälle *pl*, *bes* a Erzabfälle *pl* b Ausschussmehl *n* 3 zerlaufene Stelle *(im Kattunmuster)*

tail|lamp → taillight 1; **~ landing** S FLUG Schwanzlandung *f*

tailless ADJ schwanzlos *(a.* FLUG*)*

taillight S 1 AUTO *etc US* Rück-, Schlusslicht *n* 2 FLUG Hecklicht *n*

tailor ['teɪlə(r)] A S Schneider(in): **~'s chalk** Schneiderkreide *f* B VT 1 schneidern 2 für *j-n* schneidern 3 *j-n* kleiden, ausstaffieren 4 nach Maß zuschneiden *od* arbeiten 5 *fig* zuschneiden (**to** für *j-n*, auf *etwas*) C VI schneidern; **tailored** ADJ 1 a nach Maß angefertigt, maßgeschneidert *(a. fig)* b gut sitzend *(Kleid etc)*, tadellos gearbeitet c Schneider...: **~ costume** Schneiderkostüm *n*; **~ suit** Maßanzug *m* 2 *fig* zugeschnitten (**to** auf *akk*); **tailoring** S 1 Schneidern *n* 2 Schneiderarbeit *f*

tailor|-made A ADJ 1 → tailored 1 2 elegant gekleidet 3 auf Bestellung angefertigt 4 *fig* (genau) zugeschnitten *od* abgestimmt (**for** auf *akk*): **he is ~ for this work** er ist für diese Arbeit wie geschaffen; **she was ~ for that part** THEAT *etc* die Rolle war ihr auf den Leib (zu)geschnitten *od* geschrieben 5 *umg* nicht selbst gedreht *(Zigarette)* B S 1 Schneiderkostüm *n* 2 *umg* nicht selbst gedrehte Zigarette; **~-make** VT *irr bes US* nach Maß *od* auf Bestellung anfertigen

tail|piece S 1 Anhängsel *n*, Anhang *m* 2 TYPO Schlussvignette *f* 3 MUS Saitenhalter *m*; **~pin** S 1 TECH Reitstockstift *m* 2 MUS Fuß *m*, Bodenstück *n (bei Saiteninstrumenten)*; **~ pipe** S 1 TECH Saugrohr *n (e-r Pumpe)* 2 a AUTO Auspuffrohr *n*, *bes* Auspuffrohrende *n* b FLUG Ausstoßrohr *n*; **~ plane** S FLUG Höhen-, Dämpfungsflosse *f*; **~ shaft** S TECH Schraubenwelle *f*; **~ skid** S FLUG Schwanzsporn *m*; **~ slide** S FLUG Abrutschen *n* über den Schwanz; **~spin** S 1 FLUG (Ab)Trudeln *n* 2 *fig umg* a Panik *f* b Chaos *n*; **~ spindle** S TECH Pinole *f*; **~stock** S TECH Reitstock *m (e-r Drehbank)*; **~ surface** S FLUG Schwanzfläche *f*; **~ twisting** S Schikane(n) *f(pl)*; **~ unit** S FLUG (Schwanz)Leitwerk *n*; **~ wheel** S FLUG Spornrad *n*; **~wind** S FLUG, SCHIFF Rückenwind *m*

tain [teɪn] S Zinnfolie *f*

taint [teɪnt] A S 1 Fleck *m* 2 *fig* (Schand)Fleck *m*, Makel *m* 3 *fig* Spur *f*: **a ~ of suspicion** ein Schatten *m* von Misstrauen 4 MED a (verborgene) Ansteckung b Seuche *f* c (verborgene) Anlage (**of** zu *e-r Krankheit*): → hereditary 1 5 *fig* verderblicher Einfluss, Gift *n* B VT 1 (**with**) verderben (durch), vergiften (mit) *(beide a. fig)*: **be ~ed with** behaftet sein mit 2 anstecken 3 besudeln, beflecken *(beide a. fig)* C VI verderben, schlecht werden *(Fleisch etc)*; **taintless** ADJ (ADV **~ly**) *bes fig* unbefleckt, makellos

Taipei [ˌtaɪ'peɪ; -'beɪ] S Taipeh *n*

Taiwan [ˌtaɪ'wɑːn] S Taiwan *n*

Taiwanese [ˌtaɪwə'niːz] A S Taiwaner(in): **the ~** *koll* die Taiwaner *pl* B ADJ taiwanisch

Tajik [tɑː'dʒiːk] A S 1 *pl* -jiks, *bes koll* -jik Tadschike *m*, Tadschikin *f* 2 LING Tadschikisch *n*, das Tadschikische B ADJ tadschikisch

Tajikistan [tɑːˌdʒɪkɪ'stɑːn] S Tadschikistan *n*

take [teɪk] A S 1 *Fischerei*: Fang *m* 2 JAGD a

Beute *f* b Erbeutung *f* **3** *umg* Anteil *m* (**of** an *dat*) **4** *bes US umg* Einnahme(n) *f(pl)* **5** Take *m/n*: a FILM Szene(naufnahme) *f* b RADIO *etc* Aufnahme *f* **6** TYPO Portion *f* (*e-s Manuskripts*) **7** MED a Reaktion *f* (*auf e-e Impfung*) b Anwachsen *n* (*e-s Hauttransplantats*) **8** *fig* Reaktion *f*: → double take **9** *bes Br* Pachtland *n* **10** *Schach etc*: Schlagen *n* (*e-r Figur*) **B** V/T *prät* took [tʊk], *pperf* taken [ˈteɪkən] **1** *allg, z. B. Abschied, Unterricht etc* nehmen: **~ it or leave it** *umg* mach, was du willst; **~n all in all** im Großen (u.) Ganzen; **taking one thing with the other** im Großen (u.) Ganzen (*siehe die Verbindungen mit den betreffenden Substantiven*) **2** (weg)nehmen: **~ one's foot off the clutch** AUTO den Fuß von der Kupplung nehmen; **~ that silly grin off your face** *umg* hör auf, so blöd zu grinsen!; **he took three seconds off the record** SPORT er verbesserte den Rekord um drei Sekunden **3** a nehmen, fassen, packen, ergreifen b SPORT *e-n Pass etc* aufnehmen **4** *Fische etc* fangen **5** *e-n Verbrecher etc* fangen, ergreifen **6** MIL gefangen nehmen, *Gefangene* machen **7** MIL *e-e Stadt, Stellung etc* (ein)nehmen, *a. Land* erobern, *ein Schiff* kapern **8** *j-n* erwischen, ertappen (*beide*: **stealing** beim Stehlen; **in a lie** bei e-r Lüge) **9** nehmen, sich *etwas* aneignen, Besitz ergreifen von, sich bemächtigen (*gen*); → place A 18 **10** a *e-e Gabe etc* (an-, entgegen)nehmen, empfangen b *e-e Bestellung* aufnehmen (*Ober etc*) **11** bekommen, erhalten, *Geld, Steuern etc* einnehmen, *e-n Preis etc* gewinnen, *Geld* einspielen (*Film*): → trick A 7 **12** (heraus)nehmen (**from, out of** aus), *a. fig ein Zitat etc* entnehmen (**from** *dat*): **I ~ it from sb who knows** ich habe (*weiß*) es von j-m, der es genau weiß; **today's text is ~n from …** der heutige Text stammt aus …; **~ a single from an album** e-e Single aus e-m Album auskoppeln; **be ~n from …** e-e Auskopplung aus … sein **13** *e-e Speise etc* zu sich nehmen, *e-e Mahlzeit* einnehmen, *Gift, e-e Medizin etc* nehmen **14** sich *e-e Krankheit* holen *od* zuziehen: → ill A 6 **15** nehmen: a auswählen: **I'm not taking any** *sl* ohne mich! b kaufen c mieten d *e-e Eintritts-, Fahrkarte* lösen e *e-e Frau* heiraten f mit *e-r Frau* schlafen g *e-n Weg* wählen **16** mitnehmen: **don't forget to ~ your umbrella**; **~ me with you** nimm mich mit; **you can't ~ it with you** *fig* im Grab nützt (dir) aller Reichtum nichts mehr, das letzte Hemd hat keine Taschen **17** (hin- *od* weg)bringen, *j-n wohin* führen: **business took him to London**; **I took her some flowers** ich brachte ihr Blumen **18** *j-n* (*durch den Tod*) wegraffen **19** MATH abziehen (**from** von) **20** *j-n* treffen, erwischen (*Schlag*) **21** *ein Hindernis* nehmen **22** *j-n* befallen, packen (*Empfindung, Krankheit*): **be ~n with a disease** e-e Krankheit bekommen; **be ~n with fear** von Furcht gepackt werden **23** *ein Gefühl* haben, bekommen, *Mitleid etc* empfinden, *Mut* fassen, *Anstoß* nehmen, *Ab-, Zuneigung* fassen (**to** gegen, für): **~ alarm** beunruhigt sein (**at** über *akk*); → comfort B 1, courage, fancy A 7, pride A 2 **24** *Feuer* fangen **25** *e-e Bedeutung, e-n Sinn, e-e Eigenschaft, Gestalt* annehmen, bekommen, *e-n Namen, e-e Staatsbürgerschaft* annehmen **26** *e-e Farbe, e-n Geruch od Geschmack* annehmen **27** SPORT *u. Spiele*: a *den Ball, e-n Punkt, e-e Figur, e-n Stein abnehmen* (**from** *dat*) b *e-n Stein* schlagen c *e-e Karte* stechen d *e-n Satz etc* gewinnen: **he took bronze medal** er gewann die Bronzemedaille e *e-n Eckstoß etc* ausführen **28** JUR *etc* erwerben, *bes* erben **29** *e-e Ware, Zeitung* beziehen, WIRTSCH *e-n Auftrag* hereinnehmen **30** nehmen, verwenden: **~ four eggs** man nehme vier Eier **31** *e-n Zug, ein Taxi etc* nehmen, benutzen **32** *e-e Gelegenheit, e-n Vorteil* ergreifen, wahrnehmen: → chance A 5 **33** (*als Beispiel*) nehmen **34** a *e-n Platz* einnehmen: **be ~n** besetzt sein; → seat A 4 b *s-n Platz* einnehmen: → seat A 4 **35** *fig j-n, das Auge, den Sinn* gefangen nehmen, fesseln, (für sich) einnehmen: **be ~n with** (*od* **by**) begeistert *od* entzückt sein von **36** *den Befehl, die Führung, e-e Rolle, e-e Stellung, den Vorsitz*, JUR *j-s Verteidigung* übernehmen **37** *e-e Mühe, Verantwortung* auf sich nehmen **38** leisten: a *e-e Arbeit, e-n Dienst* verrichten b *e-n Eid, ein Gelübde* ablegen: → oath *Bes Redew* c *ein Versprechen* (ab)geben **39** *e-e Notiz, Aufzeichnungen* machen, niederschreiben, *ein Diktat, Protokoll* aufnehmen **40** FOTO *etwas* aufnehmen, *ein Bild* machen **41** *e-e Messung, Zählung etc* vornehmen, durchführen **42** *wissenschaftlich* ermitteln, *e-e Größe, die Temperatur etc* messen, *Maß* nehmen: → blood pressure, temperature 2 **43** machen, tun: **~ a look** e-n Blick tun *od* werfen (**at** auf *akk*) **44** *e-e Maßnahme* ergreifen, treffen **45** *e-e Auswahl* treffen **46** *e-n Entschluss* fassen **47** *e-e Fahrt, e-n Spaziergang, a. e-n Sprung, e-e Verbeugung, Wendung etc* machen, *Anlauf* nehmen **48** *e-e Ansicht* vertreten: → stand A 2, view C 7 **49** a verstehen b auffassen, auslegen (*beide*: **as** als) c *etwas gut etc* aufnehmen: **do you ~ me?** verstehen Sie(, was ich meine)?; **I ~ it that …** ich nehme an, dass …; **may we ~ it that …?** dürfen wir es so verstehen, dass …?; **~ sth ill of sb** j-m etwas übel nehmen; → seriously **50** ansehen, betrachten (*beide*: **as** als), halten (**for** für): **I took him for an honest man**; **what do you ~ me for?** wofür halten Sie mich eigentlich? **51** sich *Rechte, Freiheiten* (heraus)nehmen **52** a *e-n Rat, e-e Auskunft* einholen b *e-n Rat* annehmen, befolgen **53** *e-e Wette, ein Angebot* annehmen **54** glauben: **you may ~ it from me** verlass dich drauf! **55** *e-e Beleidigung, e-n Verlust etc, a. j-n* hinnehmen, *e-e Strafe, Folgen* auf sich nehmen, sich *etwas* gefallen lassen: **~ people as they are** die Leute nehmen, wie sie (eben) sind; **~ life as it comes** das Leben so nehmen, wie es kommt; **I'm not taking this** das lass ich mir nicht gefallen **56** *etwas* ertragen, aushalten: **he can ~ a lot** er ist hart im Nehmen; **~ it** *umg* es kriegen, es ausbaden (müssen) **57** MED sich *e-r Behandlung etc* unterziehen **58** SCHULE, UNIV *e-e Prüfung* machen, ablegen: **~ French** Examen im Französischen machen; → degree 8 **59** *e-e Rast, Ferien etc* machen, *Urlaub, a. ein Bad* nehmen **60** *Platz, Raum* ein-, wegnehmen, beanspruchen **61** a *Zeit, Material etc, a. fig Geduld, Mut etc* brauchen, erfordern, kosten, *e-e gewisse Zeit* dauern: **it took a long time** es dauerte *od* brauchte lange; **the book ~s a long time to read** man braucht viel Zeit, um das Buch zu lesen; **the project took two years to plan** die Planung des Projekts dauerte zwei Jahre *od* nahm zwei Jahre in Anspruch; **~ some minutes** einige Minuten brauchen (**doing sth** um etwas zu tun); **it ~s a lot of courage to do a thing like that** es gehört viel Mut dazu, so etwas zu tun; **it ~s a man to do that** das kann nur ein Mann (fertigbringen); **he took a little convincing** es bedurfte (bei ihm) einiger Überredung b *j-n etwas* kosten, *j-m etwas* abverlangen: **it took him** (*od* **he took**) **three hours** es kostete ihn *od* er brauchte drei Stunden; **it took him a long time to get over it** er brauchte lange, um darüber hinwegzukommen **62** *e-e Kleidergröße, Nummer* haben: → size[1] A 2 **63** LING a *e-e grammatische Form* annehmen, im *Konjunktiv etc* stehen b *e-n Akzent, e-e Endung, ein Objekt etc* bekommen **64** aufnehmen, fassen, Platz bieten für **65** *ein Gewicht* tragen, aushalten **C** V/I **1** BOT Wurzeln schlagen **2** BOT, MED anwachsen (*Pfropfreis, Steckling, Transplantat*) **3** MED wirken, anschlagen (*Medikament etc*) **4** *umg* ankommen, ziehen, einschlagen, Anklang finden (*Buch, Theaterstück etc*) **5** JUR das Eigentumsrecht erlangen, *bes* erben, (als Erbe) zum Zuge kommen **6** sich *gut etc* fotografieren (lassen) **7** Feuer fangen **8** anbeißen (*Fisch*) **9** TECH an-, eingreifen

Phrasal Verbs: **take| aback** V/T verblüffen, überraschen: → aback 2; **~ about** → take around; **~ after** V/I **1** *j-m* nachschlagen, -geraten, ähneln: **he takes after his father** **2** es *j-m* nachmachen; **~ against** V/I *bes Br* **1** (e-e) Abneigung empfinden gegen *j-n* **2** Partei ergreifen gegen; **~ along** V/T mitnehmen; **~ apart** V/T **1** TECH auseinandernehmen, zerlegen **2** *fig umg e-n Gegner, e-e Theorie, ein Theaterstück etc* auseinandernehmen; **~ around** V/T **1 take sb around with one** j-n mitnehmen **2** *j-n* herumführen; **~ aside** V/T *j-n* beiseitenehmen; **~ away** **A** V/T **1** a wegnehmen (**from sb** j-m; **from sth** von etwas): **~ sb's driving licence** (*US* **driver's license**) j-m den Führerschein entziehen; **~ sb's fear** j-m die Angst nehmen b **~ from** → take from A 2 **2** *j-n* (hin)wegraffen (*Tod*) **3 "pizzas to ~"** *Br* „Pizzas zum Mitnehmen" **B** V/I **~ from** → take from B; **~ back** V/T **1** wieder nehmen **2** *e-e Ware, fig sein Wort etc* zurücknehmen **3** zurückgewinnen, -erobern **4** *j-n* wieder einstellen **5** *s-n Ehemann etc* wieder aufnehmen **6** (im Geist) zurückversetzen (**to** in *e-e Zeit*); **~ down** V/T **1** herunternehmen (**from** von), abnehmen, *e-e Fahne* einholen, *s-e Hose etc* herunterlassen **2** *ein Gebäude* abbrechen, abreißen, abtragen, *ein Gerüst* abnehmen **3** → take apart 1 **4** *e-n Baum* fällen **5** *ein Diktat, Protokoll* aufnehmen **6** *e-e Arznei etc* (hinunter)schlucken **7** *umg j-n* ducken, demütigen **8** (sich *etwas*) aufschreiben *od* notieren: **~ sb's particulars** j-s Personalien aufnehmen **9** aufzeichnen (*Tonbandgerät etc*); **~ from** **A** V/T **1 take sth from sb** j-m etwas wegnehmen **2** MATH abziehen von **B** V/I **1** Abbruch tun (*dat*), *etwas* schmälern, herabsetzen **2** *etwas* beeinträchtigen, mindern; **~ in** V/T **1** *Wasser etc* einlassen, hereinlassen: **~ gas** (*Br* **petrol**) AUTO tanken **2** *e-n Gast etc* a einlassen b aufnehmen: **~ lodgers** (Zimmer) vermieten **3** *e-e Dame* zu Tisch führen **4** *Heimarbeit* annehmen: **~ a typing job** **5** *Br e-e Zeitung* halten **6** a *Nahrung* aufnehmen, *fig etwas* (in sich aufnehmen) b von oben bis unten betrachten **7** *die Lage* überschauen **8** *etwas* glauben, schlucken **9** hereinnehmen, einziehen, SCHIFF *ein Segel* einholen **10** *ein Kleid etc* kürzer *od* enger machen **11** *fig* einschließen, umfassen **12** *US* besuchen, sich *etwas* ansehen: **~ a movie** *a.* ins Kino gehen **13** *umg j-n* reinlegen: **be taken in** reinfallen (**by** auf *akk*); **be taken in by sb** *a.* j-m aufsitzen; **~ off** **A** V/T **1** wegnehmen, -bringen, -schaffen, *a. Flecken etc* entfernen: **take one's make-up off** sich abschminken; **he was taken off in the second half** SPORT er wurde in der zweiten Halbzeit ausgewechselt *od* aus dem Spiel genommen **2** MED abnehmen, amputieren **3** *j-n* fortführen, -bringen: **take o.s. off** sich fortmachen **4** (*durch den Tod*) wegraffen **5** a aus dem Verkehr ziehen b *e-n Busdienst etc* einstellen **6** *den Hut etc* abnehmen, ziehen, *ein Kleidungsstück* ablegen, ausziehen: **take one's coat off** ablegen; → clothes 1 **7** sich *e-n Tag etc* freinehmen, *e-n Tag etc* Urlaub machen **8** WIRTSCH a *e-n Rabatt etc* abziehen b *e-e Steuer etc* senken **9** austrinken **10** THEAT *ein Stück etc* absetzen **11** aufstellen, vorbereiten: **~ a trial balance** WIRTSCH e-e Rohbilanz aufstellen **12** *Kopien etc* anfertigen **13** *j-n* abbilden, porträtieren **14** *umg j-n* nachmachen, -ahmen **B** V/I **1**

T

SPORT abspringen 2 FLUG a abfliegen, starten b abheben 3 a fortgehen, sich fortmachen b sich aufmachen (for nach) 4 abzweigen (*Straße etc*) 5 anlaufen (*Produktion etc*); **~ on** A V/T 1 *Gewicht* ansetzen 2 *Arbeit etc* annehmen, übernehmen 3 *Waren, Passagiere* aufnehmen, an Bord nehmen 4 *Arbeiter etc* ein-, anstellen, *Mitglieder* aufnehmen 5 a sich auf e-n Kampf einlassen mit b es aufnehmen mit 6 *e-e Wette* eingehen 7 *e-n Ausdruck, e-e Eigenschaft, Gestalt, a. e-e Farbe* annehmen 8 *e-e Sprache, Kultur etc* übernehmen, sich *etwas* zu eigen machen B V/I 1 *umg* sich haben, ein großes Theater machen: **don't ~ so!** hab dich nicht so! 2 sich aufspielen 3 ziehen, einschlagen (*Buch, Schlager etc*) 4 in Dienst treten; **~ out** V/T 1 **(of)** a herausnehmen (aus) b wegnehmen, entfernen (von, aus): **he had a tooth taken out** ihm wurde ein Zahn gezogen 2 *e-n Fleck* entfernen herausmachen *umg* (*beide:* **of** aus) 3 *Geld* abheben 4 WIRTSCH, JUR a *ein Patent, e-e Vorladung etc* erwirken b **~ an insurance (policy)** e-e Versicherung abschließen c *e-n Kredit etc* aufnehmen 5 erledigen, ausschalten 6 **take it out** sich schadlos halten (**in** an *e-r Sache*), sich rächen: **take it out of** a sich für *e-e Beleidigung etc* rächen *od* schadlos halten b *j-n* fertigmachen, erschöpfen; **take it** (*od* **one's anger**) **out on sb** s-n Zorn an j-m auslassen, sein Mütchen an j-m kühlen 7 *etwas* austreiben (**of sb** j-m): **take the nonsense out of s.o** 8 *j-n* ausführen (**to dinner** zum Abendessen) 9 **"pizzas to ~"** *US* „Pizzas zum Mitnehmen"; **~ over** A V/T *ein Amt, e-e Aufgabe, die Macht etc, a. e-e Idee etc* übernehmen (**from** von) B V/I 1 die Amtsgewalt *od* die Leitung *od* die Regierung *od* die Macht übernehmen (**from** von): **~ for sb** j-s Stelle übernehmen; **~ as chairman** den Vorsitz übernehmen 2 die Sache in die Hand nehmen 3 in den Vordergrund treten, an die Spitze gelangen, in Mode kommen; **~ to** V/I 1 a sich begeben in (*akk*) *od* nach *od* zu: **~ the stage** zur Bühne gehen; **~ the streets** auf die Straße gehen b sich flüchten in (*akk*) *od* zu: → boat A 1 c *fig* Zuflucht nehmen zu 2 a sich an *s-e Arbeit etc* begeben b sich *e-r Sache* widmen, sich abgeben mit: **~ doing sth** dazu übergehen, etwas zu tun 3 anfangen, sich verlegen auf (*akk*): **~ bad habits** schlechte Gewohnheiten annehmen; **~ begging (drink)** sich aufs Betteln (Trinken) verlegen; → bottle[1] A 1 4 reagieren auf (*akk*), *etwas* (willig) annehmen 5 sich hingezogen fühlen zu, Gefallen finden an (*dat*) 6 MED sich legen auf (*akk*), angreifen: **the disease took to his heart**; **~ up** A V/T 1 aufheben, -nehmen 2 hochheben 3 nach oben bringen 4 *e-e Straße* aufreißen 5 *ein Gerät, e-e Waffe* erheben, ergreifen 6 *e-e Flüssigkeit* aufnehmen, -saugen 7 *Reisende* mitnehmen 8 *e-e Tätigkeit, die Verfolgung* aufnehmen, *e-n Beruf* ergreifen 9 sich befassen mit, sich verlegen auf (*akk*) 10 *e-n Fall, e-e Idee etc* aufgreifen 11 **take sb up on sth** bei j-m wegen e-r Sache einhaken (→ A 22): **can I take you up on your offer?** kann ich auf dein Angebot zurückkommen? 12 *e-e Erzählung etc* fortführen, fortfahren in (*dat*) 13 *Platz, Zeit, Gedanken etc* ausfüllen, beanspruchen: **~ time (sb's attention)** Zeit (j-s Aufmerksamkeit) in Anspruch nehmen; **be taken up with** in Anspruch genommen werden von 14 a *s-n Wohnsitz* aufschlagen: → residence 1 b *e-e Wohnung* beziehen 15 *e-e Stelle* antreten 16 *e-n Posten* einnehmen 17 *e-n Verbrecher* aufgreifen, verhaften 18 *e-e Haltung* einnehmen 19 a sich *etwas* zu eigen machen b **~ a completely new significance** e-e völlig neue Bedeutung gewinnen 20 *e-e Masche* (*beim Stricken*) aufnehmen 21 WIRTSCH a *Kapital, e-e Anleihe etc* aufnehmen b *Aktien* zeichnen c *e-n Wechsel* einlösen 22 *e-e Wette, Herausforderung etc* annehmen: **take sb up on it** j-n beim Wort nehmen 23 a *e-m Redner* ins Wort fallen b *j-n* zurechtweisen, korrigieren 24 *j-n* schelten, tadeln 25 MED *ein Gefäß* abbinden B V/I 1 *umg* sich einlassen (**with** mit *j-m*) 2 a (wieder) anfangen b weitermachen 3 **~ for** eintreten *od* sich einsetzen für; **~ upon** V/T: **~ o.s.** *etwas* auf sich nehmen; **take it upon o.s. to do sth** a es auf sich nehmen, etwas zu tun b sich berufen fühlen, etwas zu tun; **~ with** V/I verfangen bei: **that won't ~ me** das verfängt *od umg* zieht bei mir nicht; → taken B

take|-apart → takedown A; **~away** *Br* A ADJ 1 zum Mitnehmen: **~ meal** → B 1; **~ service** Straßenverkauf *m* 2 **~ restaurant** → B 2 B S 1 Essen *n* zum Mitnehmen: **get a Chinese ~** sich beim Chinesen etwas zu essen holen *umg* 2 Restaurant *n* mit Straßenverkauf; **~down** A ADJ zerlegbar, auseinandernehmbar B S 1 Zerlegen *n* 2 TECH leicht zerlegbares Gerät *etc* 3 *Ringen*: Niederwurf *m* 4 *umg* Ducken *n*, Demütigung *f*; **~-home** A ADJ 1 **~ pay** WIRTSCH Nettolohn *m*, -gehalt *n* 2 **~ sale** *Br* → off-sales B S → A 1; **~-in** S *umg* 1 Betrug *m* 2 Betrüger(in)

taken ['teɪkən] A *pperf von* take B ADJ: **be ~ with** angetan *od* eingenommen sein von

take|-off S 1 Wegnehmen *n* 2 FLUG a Start *m* (*a.* AUTO), Abflug *m*: **~ clearance** Starterlaubnis *f*, -freigabe *f*; → assist A 2 b Abheben *n*: **~ speed** Abhebegeschwindigkeit *f* 3 TECH Abnahmestelle *f* 4 SPORT a Absprung *m* b Absprungstelle *f*: **~ board** Absprungbalken *m* 5 *a.* **~ point** *fig* Ausgangspunkt *m* 6 *umg* Nachahmung *f*: **do a ~ of sb** j-n nachahmen *od* -machen; **~out** *US* A ADJ 1 zum Mitnehmen: **~ meal** → B 1; **~ service** Straßenverkauf *m* 2 **~ restaurant** → B 2 B S 1 Essen *n* zum Mitnehmen 2 Restaurant *n* mit Straßenverkauf; **~-over** S 1 WIRTSCH (Geschäfts-, Firmen-)Übernahme *f*: **~ bid** Übernahmeangebot *n* 2 POL Machtübernahme *f*

taker ['teɪkə(r)] S 1 (Ab-, Auf-, Ein-, Weg- *etc*)-Nehmer(in) 2 WIRTSCH Abnehmer(in), Käufer(in) 3 *j-d, der e-e Wette od ein Angebot annimmt*

take-up S 1 Spannen *n*, Anziehen *n* 2 TECH Spannvorrichtung *f* 3 *bes* FOTO a Aufwick(e)lung *f* b *a.* **~ spool** Aufwickelspule *f*

taking ['teɪkɪŋ] A S 1 (An-, Ab-, Auf-, Ein-, Ent-, Hin-, Weg- *etc*)Nehmen *n*: **it's yours for the ~** du kannst es haben; **the world is his for the ~** ihm steht die ganze Welt offen 2 Inbesitznahme *f* 3 JUR Wegnahme *f* 4 MIL Einnahme *f*, Eroberung *f* 5 SCHIFF Aufbringung *f* (*e-s Schiffs*) 6 MIL Gefangennahme *f* 7 Festnahme *f* (*e-s Verbrechers etc*) 8 Fang *m*, Beute *f* 9 *umg* a MED Anfall *m* b Aufregung *f*: **be in a great ~** ganz aus dem Häuschen sein *umg* 10 FOTO Aufnahme *f* 11 *pl* WIRTSCH *etc* Einnahme(n) *f(pl)* B ADJ (ADV **~ly**) 1 fesselnd 2 einnehmend, anziehend, gewinnend 3 MED *umg* ansteckend (*a. fig*); **~ away** S Wegnahme *f*; **~ back** S 1 Zurücknahme *f* 2 WIRTSCH Rücknahme *f*; **~ over** S Übernahme *f*

talaria [tə'leərɪə] SPL *Antike:* MYTH Talarien *pl*, Flügelschuhe *pl* (*des Hermes*)

talc [tælk] A S 1 MINER Talk(um) *m(n)* 2 → talcum powder B V/T *prät u. pperf* talcked, talced [-kt] a talkumieren b pudern; **talcose** [-kəʊs], **talcous** ADJ talkig

talcum ['tælkəm] S 1 → talc A 1 2 → talcum powder; **~ powder** S a Talkum(puder) *n(m)* b Körperpuder *m*

tale [teɪl] S 1 Erzählung *f*, Bericht *m*: **it tells its own ~** *fig* es spricht für sich selbst 2 Erzählung *f*, Geschichte *f*: **thereby hangs a ~** damit ist e-e Geschichte verknüpft; → old wives' tale 3 Sage *f*, Märchen *n*: **pitch a ~** *umg* (s)ein Garn spinnen 4 Lüge(ngeschichte) *f*, Märchen *n* 5 Klatschgeschichte *f*: **tell** (*od* **carry, bear**) **~s** klatschen *umg* (**about** über *akk*); **tell ~s out of school** *fig* aus der Schule *od* aus dem Nähkästchen plaudern; → dead A 1 6 *obs od poet* (An-, Gesamt)Zahl *f*; **~bearer** S Klatschmaul *n pej*; **~bearing** A S Klatsch(erei) *m(f) umg* B ADJ klatschsüchtig, Klatsch... *umg*

talent ['tælənt] S 1 Talent *n*, Begabung *f* (*beide a. Person*), Gabe *f*: **~ for acting** schauspielerisches Talent; **~ for music**, **musical ~** musikalisches Talent; **~ for painting** Maltalent; **of great ~** sehr talentiert 2 (*a. als pl konstruiert*) *koll* Talente *pl*, talentierte Personen *pl*: **~ contest** Talentwettbewerb *m*; **~ scout** Talentsucher(in); **~ show** TV *etc* Talentschuppen *m*; **engage the best ~** die besten Kräfte verpflichten 3 (*a. als pl konstruiert*) *Br sl* a *a.* **male ~** Jungs *pl*, Typen *pl* b *a.* **female ~** Bräute *pl*, Miezen *pl*, BIBEL Pfund *n* 4 *Antike*: Talent *n* (*Gewichts- od Münzeinheit*); **talented** ADJ talentiert, begabt; **talentless** ADJ untalentiert, unbegabt

tales ['teɪli:z] SPL JUR Ersatzgeschworene *pl*; **talesman** ['teɪli:zmən; 'teɪlz-] S *irr* Ersatzgeschworene(r) *m*

taleteller S 1 Märchen-, Geschichtenerzähler *m* 2 Flunkerer *m* 3 → talebearer

tali ['teɪlaɪ] *pl von* talus[1]

talion ['tælɪən] S JUR Vergeltungsprinzip *n*

taliped ['tælɪped] MED A ADJ klumpfüßig B S klumpfüßige Person; **talipes** [-pi:z] S Talipes *m*, Klumpfuß *m*

talipot (palm) ['tælɪpɒt; *US* -lə,pɑt] S BOT Talipotpalme *f*

talisman ['tælɪzmən; -lɪs-] *pl* -mans S Talisman *m*; **talismanic** [-'mænɪk] ADJ (ADV **~ally**) Glück bringend

talk [tɔ:k] A S 1 Reden *n* 2 Gespräch *n*: a Unterhaltung *f*, Plauderei *f* b Unterredung *f* (*a.* POL): **have a ~ with sb** mit j-m reden *od* plaudern, sich mit j-m unterhalten 3 Aussprache *f* 4 RADIO *etc* a Plauderei *f* b Vortrag *m*: **give a ~ on** e-n Vortrag halten über (*akk*) 5 Gerede *n*: a Geschwätz *n umg* b Klatsch *m umg*: **he's all ~** er ist ein großer Schwätzer; **he's all ~ and no action** er redet (immer) nur u. tut nichts; **that was all ~** das war alles nur Gerede; **end in ~** im Sand verlaufen; **there is a lot of ~ about** es ist viel die Rede von; **there is ~ of his being bankrupt** man spricht davon, dass er bankrott sei; → big A 7, small talk 6 Gesprächsgegenstand *m*: **be the ~ of the town** Stadtgespräch sein 7 Sprache *f*, Art *f* zu reden: → baby talk B V/I 1 reden, sprechen: **~ round sth** um etwas herumreden; → big B 2, tall B, wild B 2 reden, sprechen, plaudern, sich unterhalten (*alle:* **about, on** über *akk*; **of** von; **with** mit): **~ about sth** *a.* etwas besprechen; **he knows what he is ~ing about** er weiß, wovon er spricht; **~ at sb** auf j-n einreden; **~ to sb** a mit j-m sprechen *od* reden b *umg* j-m die Meinung sagen, j-m e-e Standpauke halten; **they are not ~ing to each other** sie reden zurzeit nicht miteinander; **~ to o.s.** Selbstgespräche führen; **~ing of ...** da wir gerade von ... sprechen; **you can ~!** *umg* das sagst ausgerechnet du!; **now you are ~ing!** *umg* das lässt sich schon eher hören! 3 *pej* reden: a schwatzen b klatschen *umg*: **get o.s. ~ed about** ins Gerede kommen; → devil A 1 C V/T 1 *Unsinn etc* reden: **~ a solution to a problem** die Lösung e-s Problems herbeireden; **he was ~ing a lot without saying anything** er redete viel, ohne etwas zu sagen; → sense A 8, wisdom 1 **2** *e-e Sprache* sprechen: ~ **French** **3** über *Geschäfte etc* reden *od* sprechen: ~ **politics** *a.* politisieren; → shop A 3 **4** reden: ~ **o.s. hoarse**; ~ **sb into believing sth** j-n etwas glauben machen; ~ **sb into sth** j-m etwas einreden, j-n zu etwas überreden, j-m etwas aufschwatzen; ~ **sb out of sth** j-m etwas ausreden; ~ **one's way out of sth** sich aus etwas herausreden; ~ **to death** *US* → talk out 1

Phrasal Verbs: **talk| away** **A** V/T **1** *Zeit* verplaudern **2** **talk sb's fears away** j-m s-e Ängste ausreden **B** V/I ununterbrochen reden; ~ **back** V/I e-e freche Antwort *od* freche Antworten geben (**to** *dat*); ~ **down** **A** V/T **1** *j-n* unter den Tisch reden *umg* **2** *US umg* beruhigend auf *j-n* einreden **3** *ein Flugzeug* heruntersprechen (*bei der Landung*) **B** V/I **1** (**to**) sich dem (*niedrigen*) Niveau (*s-r Zuhörerschaft*) anpassen **2** herablassend reden (**to** mit); ~ **out** V/T **1** PARL totreden, die Annahme *e-r Gesetzesvorlage etc* durch Hinausziehen der Debatte bis zur Vertagung verhindern **2** *ein Problem etc* ausdiskutieren; ~ **over** V/T **1** *j-n* überreden (**to sth** zu etwas; **to doing sth** etwas zu tun) **2** *e-n Plan etc* besprechen, durchsprechen; ~ **round** → talk over 1; ~ **up** **A** V/T *etwas* rühmen, anpreisen, herausstreichen **B** V/I frei s-e Meinung äußern

talkathon ['tɔːkə,θɑn] S PARL *etc US umg* Marathonsitzung *f*

talkative ['tɔːkətɪv] ADJ (ADV ~ly) gesprächig, *pej* geschwätzig; **talkativeness** S Gesprächigkeit *f*, *pej* Geschwätzigkeit *f*

talk-back S RADIO, TV Gegen-, Wechselsprechanlage *f*

talker S **1** *pej* Schwätzer(in) **2** Sprechende(r) *m/f(m)*: **he is a good** ~ er kann gut reden; **he's no great** ~ er redet nicht viel **3** sprechender Vogel

talkfest ['tɔːk,fest] S *US umg* großes Palaver

talkie ['tɔːkɪ] S *umg* Tonfilm *m*

talking **A** S **1** Sprechen *n*, Reden *n* **2** Geschwätz *n umg*, Gerede *n* **3** Unterhaltung *f*: → do¹ A 2 **B** ADJ **1** sprechend (*a. fig*): ~ **eyes** (**parrot**, *etc*); ~ **doll** Sprechpuppe *f* **2** ELEK, TEL Sprech…: ~ **current**; ~ **book** S Hörbuch *n* (*für Blinde*); ~ **film** S Tonfilm *m*; ~ **head** S *sl* **1** TV Großaufnahme *f* (*e-s Sprechenden, z. B. e-s Teilnehmers an e-r Talkshow*) **2** *pej* Schwätzer(in); ~ **picture** S Tonfilm *m*; ~ **point** S **1** Gesprächsstoff *m*, -thema *n* **2** (gutes) Argument; ~ **shop** S *Br umg pej* Quasselbude *f* (*Parlament etc*); ~**-to** *pl* -tos S *umg* Standpauke *f*: **give sb a** ~ j-m e-e Standpauke halten

talk| show S TV Talkshow *f*; ~**-show host** S TV Talkmaster(in)

talky ['tɔːkɪ] ADJ *US* **1** dialoglastig (*Roman etc*) **2** → talkative

tall [tɔːl] **A** ADJ **1** groß, hochgewachsen: **six feet** ~ sechs Fuß groß **2** hoch (*Baum etc*): ~ **hat** Zylinder(hut) *m* **3** lang (u. dünn) **4** *umg* **a** *obs* toll **b** großsprecherisch, -spurig **c** übertrieben, unglaublich (*Geschichte etc*): **that is a** ~ **order** das ist ein bisschen viel verlangt **B** ADV *umg* großspurig: **talk** ~ große Töne spucken *umg*

tallage ['tælɪdʒ] S *Br* HIST (Gemeinde)Steuer *f*

tallboy S **1** *Br* Doppelkommode *f* **2** *US* hochstieliges Weinglas

tallish ADJ ziemlich groß

tallness S **1** Größe *f* **2** Höhe *f* **3** Länge *f*

tallow ['tæləʊ] **A** S **1** Talg *m* **2** TECH Schmiere *f* **3** Talg-, Unschlittkerze *f* **B** V/T TECH schmieren

tallowy ADJ talgig

tally¹ ['tælɪ] **A** S **1** HIST **a** Kerbholz *n* **b** Kerbe *f* **2** Strichliste *f* **3** WIRTSCH **a** (Ab)Rechnung *f* **b** (Gegen)Rechnung *f* **c** Kontogegenbuch *n* (*e-s Kunden*) **d** Warenliste *f* **4** (**of**) Duplikat *n* (*gen*), Seiten-, Gegenstück *n* (zu) **5** **a** Zählstrich *m* **b** Stückmaß *n*, -zahl *f*: **buy by the** ~ WIRTSCH nach dem Stück kaufen **6** Etikett *n*, Marke *f*, Kennzeichen *n* (*auf Kisten etc*) **7** Kupon *m* **8** Zählung *f* **9** SPORT Punktzahl *f* **B** V/T **1** (stückweise) nachzählen, registrieren, buchen, kontrollieren **2** *oft* ~ **up** berechnen **3** miteinander in Übereinstimmung bringen **4** *Waren* be-, auszeichnen **5** SPORT *etc e-n Punkt od Punkte* **a** erzielen **b** notieren **C** V/I **1** (**with**) übereinstimmen (mit), entsprechen (*dat*) **2** aufgeben, stimmen

tally² ['tælɪ] V/T SCHIFF *Schoten* beiholen

tallyho [,tælɪ'həʊ] JAGD **A** INT horrido! (*Ausruf beim Erblicken des Fuchses*) **B** *pl* -hos S Horrido *n* **C** V/I *prät u. pperf* -hoed, -ho'd horrido rufen

tally|man [-mən] S *irr* WIRTSCH **1** *Br* Inhaber *m* e-s Teilzahlungsgeschäftes **2** Kontrolleur *m*; ~ **sheet** S WIRTSCH Kontrollliste *f*; ~ **shop** S WIRTSCH *Br* Teilzahlungsgeschäft *n*; ~ **system** S WIRTSCH *Br* Abzahlungssystem *n*; ~ **trade** S WIRTSCH *Br* Teilzahlungsgeschäft *n*

Talmi gold ['tælmɪ] S Talmi(gold) *n*

Talmud ['tælmʊd; -məd; *US a.* 'tɑːl,mʊd] S REL Talmud *m*; **Talmudic** [tæl'mʊdɪk; *US* tæl'mjuː-; -'muː; -'mʌ-; tɑːl'mʊ-], **Talmudical** ADJ talmudisch; **Talmudist** S Talmudist *m*

talon ['tælən] S **1** ORN *u. fig* Klaue *f*, Kralle *f* (*beide a. fig*) **2** ARCH Kehlleiste *f* **3** *Kartenspiel*: Talon *m* (*nach dem Geben übrig bleibende Karten*) **4** WIRTSCH **a** Talon *m*, Erneuerungsschein *m* (*an Wertpapieren*) **b** (*Zins*) Kupon *m*; **taloned** ADJ mit Krallen *od* Klauen (versehen)

talus¹ ['teɪləs] *pl* -li [-laɪ] S ANAT Talus *m*, Sprungbein *n*

talus² ['teɪləs; *US a.* 'tæ-] S **1** Abhang *m*, Böschung *f* **2** GEOL Schutthalde *f*

tam [tæm] → tam-o'-shanter

tamable ['teɪməbl] ADJ zähmbar (*a. fig*): **not** ~ sich nicht zähmen lassen

tamarack ['tæməræk] S BOT **1** Tamarack *f*, Amer. Lärche *f* **2** Tamarack(holz) *n*

tamarind ['tæmərɪnd] S BOT Tamarinde *f*

tamarisk ['tæmərɪsk] S BOT Tamariske *f*

tambour ['tæm,bʊə(r)] **A** S **1** (große) Trommel **2** *a.* ~ **frame** Stickrahmen *m* **3** Tamburierstickerei *f*: ~ **stitch** Tamburierstich *m* **4** ARCH **a** Säulentrommel *f* **b** Tambour *m* (*zylindrischer Unterbau e-r Kuppel*) **5** TECH Trommel *f* **6** Rolltür *f* (*e-s Rollschranks etc*) **B** V/T *Stoff* tamburieren; **tambourine** [,tæmbə'riːn] S MUS Tamburin *n* (*Handtrommel mit Schellen*)

tame [teɪm] **A** ADJ (ADV ~ly) **1** zahm (*a. Person*), gezähmt **2** lahm *umg* (*Film etc*) **3** *Person*: **a** lasch *umg* **b** ängstlich **4** träge fließend (*Strom etc*) **5** BOT veredelt **B** V/T **1** zähmen (*a. fig*) **2** **a** *Land* urbar machen **b** *Pflanzen* veredeln; **tameable** → tamable; **tameless** ADJ (ADV ~ly) **1** unzähmbar (*a. fig*) **2** ungezähmt (*a. fig*); **tameness** S **1** Zahmheit *f* (*a. fig*) **2** Lahmheit *f* **3** **a** Laschheit *f* **b** Ängstlichkeit *f*; **tamer** S Zähmer(in)

Tamil ['tæmɪl] **A** S **1** *pl* -ils, *bes koll* -il Tamile *m*, Tamilin *f* **2** LING Tamil *n* **B** ADJ tamilisch

tammy¹ ['tæmɪ] S Etamin *n*, Etamine *f* (*gazeartiges Seiden-, Kunstseiden- od Baumwollgewebe*)

tammy² ['tæmɪ] GASTR **A** S *a.* ~ **cloth** Passiertuch *n* **B** V/T *e-e Soße etc* passieren

tammy³ ['tæmɪ] → tam-o'-shanter

tam-o'-shanter [,tæmə'ʃæntə(r); *US* 'tæmə-,ʃ-] S Schottenmütze *f*

tamp [tæmp] V/T **1** TECH *ein Bohrloch* besetzen, stopfen **2** **a** *den Boden* (fest)stampfen **b** *den Tabak* (*in der Pfeife*) festdrücken

tamper¹ ['tæmpə(r)] S TECH **1** Besetzer *m* (*von Bohrlöchern; Person*) **2** Stampfer *m* (*Gerät*), (*Pfeifen*) Stopfer *m* **3** *Kerntechnik*: Tamper *m* (*Neutronenreflektor in Kernwaffen, der bei der Explosion durch s-e Trägheit die Expansion des Spaltmaterials verzögert*)

tamper² ['tæmpə(r)] V/I (**with**) **1** **a** sich (ein)mischen (in *akk*) **b** hineinpfuschen *pej* (in *akk*) **2** **a** herumpfuschen *pej* (an *dat*) **b** sich zu schaffen machen (an *dat*): **the brake lines had been ~ed with** j-d hatte sich an den Bremsleitungen zu schaffen gemacht **c** unerlaubte Änderungen an *e-m* Schriftstück vornehmen **3** **a** (mit *j-m*) intrigieren *od* heimlich verhandeln **b** (*j-n*) (zu) bestechen *od* (zu) beeinflussen (versuchen)

tamper|-evident ADJ sicherheitsverpackt, mit Sicherheitsverpackung (*Lebensmittel*); ~**-proof** ADJ gegen unbefugte Eingriffe gesichert, gegen unbefugte Manipulation geschützt, *engS.* gegen Giftanschläge geschützt (*Lebensmittel*)

tampion ['tæmpɪən; *US a.* 'tɑːm-] S MIL Mündungspfropfen *m*

tampon ['tæmpən; *US* -,pɑn] **A** S **1** MED Tampon *m*, Wattebausch *m* **2** TYPO Tampon *m*, Farbballen *m* **3** MUS Doppelschlegel *m* **B** V/T MED, TYPO tamponieren

tamponade [,tæmpə'neɪd], **tamponage** [-nɪdʒ] S MED Tamponade *f*, Tamponieren *n*

tam-tam ['tæmtæm] → tom-tom

tan¹ [tæn] **A** S **1** TECH **a** Lohe *f* **b** Gerbsäure *f* **c** → tannin **2** CHEM Gerbstoff *m* **3** Lohfarbe *f* **4** (gelb)braunes Kleidungsstück (*bes Schuh*) **5** (*Sonnen*) Bräune *f*: **get a (good)** ~ (schön) braun werden **B** V/T **1** TECH **a** *Leder* gerben **b** beizen **2** FOTO gerben **3** *j-n, die Haut* bräunen **4** *umg j-m* das Fell gerben: → hide² A **C** V/I **1** sich gerben lassen (*Leder*) **2** **a** sich bräunen (*Haut*) **b** braun werden **D** ADJ **1** lohfarben, gelbbraun **2** Gerb…

tan² ABK MATH tangent tan

tana ['tɑːnə] S ZOOL Tana *m*, Spitzhörnchen *n*

tanager ['tænədʒə(r)] S ORN Tangare *f*

tandem ['tændəm] **A** ADV hintereinander (angeordnet) (*Pferde, Maschinen etc*) **B** S **1** Tandem *n* (*Pferdegespann, Wagen, Fahrrad*): **in** ~ zusammen, gemeinsam (*beide:* **with** mit) **2** TECH Reihe *f*, Tandem *n* **3** ELEK Kaskade *f* **C** ADJ Tandem…, hintereinander angeordnet: ~ **airplane** Tandemflugzeug *n*; ~ **arrangement** TECH Reihenanordnung *f*, Tandem *n*; ~ **bicycle** Tandem *n*; ~ **connection** ELEK Kaskadenschaltung *f*; ~ **engine** TECH Tandemmaschine *f*; ~ **exchange** TEL Knotenamt *n*; **tandemist** S *Radsport*: Tandemfahrer *m*

tang¹ [tæŋ] **A** S **1** TECH **a** Griffzapfen *m* (*e-s Messers etc*) **b** Angel *f* **c** Dorn *m* **2** **a** scharfer Geruch *od* Geschmack **b** Beigeschmack *m* (**of** von) (*a. fig*) **B** V/T TECH mit e-m Griffzapfen *etc* versehen

tang² [tæŋ] **A** S (scharfer) Klang **B** V/T & V/I (laut) ertönen (lassen)

tang³ [tæŋ] S BOT Seetang *m*

tanga ['tæŋgə] S Tanga *m*

Tanganyika [,tæŋgə'njiːkə] S → Tanzania

tangency ['tændʒənsɪ] S MATH Berührung *f*

tangent ['tændʒənt] **A** ADJ → tangential 1 **B** S **1** MATH **a** Tangens *m* (*e-e Winkelfunktion*) **b** Tangente *f*, Berührungslinie *f*: ~ **galvanometer** ELEK Tangentenbussole *f*; **go** (*od* **fly**) **off at** (*od* **on**) **a** ~ unvermittelt (vom Thema) abschweifen **2** MUS Tangente *f* (*Metallstift am Tastenende, der die Saite zum Klingen bringt*)

tangential [tæn'dʒenʃl; -tʃl] ADJ (ADV ~ly) **1** MATH **a** Tangential…, Berührungs…: ~

T

plane Tangenten-, Tangentialebene *f* **b** tangential, berührend: **be ~ to sth** etwas berühren **2** *fig* **a** sprunghaft, flüchtig **b** ziellos **c** abschweifend **d** untergeordnet, nebensächlich, Neben...: **play a ~ role**

tangerine [ˌtændʒəˈriːn] **A** S **1** BOT Tangerine *f (e-e Mandarine)* **2** Orangerot *n (Farbe)* **B** ADJ orangerot

tangible [ˈtændʒəbl] **A** ADJ (ADV tangibly) **1** greifbar, materiell, körperlich **2** *fig* klar, bestimmt: **~ results** greifbare Ergebnisse **3** WIRTSCH materiell: **~ assets** → B 2 a; **~ property** → B 2 b **B** S **1** *(etwas)* Greifbares **2** *pl* WIRTSCH **a** materielle Vermögenswerte *pl* **b** Sachvermögen *n*

tangle [ˈtæŋgl] **A** V/T **1** verwirren, -wickeln, durcheinanderbringen *(alle a. fig)*: **~d thoughts** wirre Gedanken **2** *fig* verstricken **(in** in *akk)* **B** V/I **1** sich verheddern *(a. fig)* **2** *umg* sich in e-n Kampf *od* Wortwechsel einlassen **(with** mit) **C** S **1** Gewirr *n*, wirrer Knäuel **2** *fig* Verwirrung *f*, -wicklung *f*, Durcheinander *n*: **be in a ~** verwirrt sein **3** BOT (Riemen)Tang *m*

tangly [ˈtæŋglɪ] ADJ verwickelt, -worren

tango [ˈtæŋgəʊ] **A** *pl* -gos S MUS Tango *m* **B** V/I Tango tanzen: **it takes two to ~** *fig* dazu gehören zwei

tangram [ˈtæŋgrəm] S *ein chinesisches Zusammensetzspiel*

tangy [ˈtæŋɪ] ADJ mit scharfem Beigeschmack, scharf

tanist [ˈtænɪst] S HIST gewählter Nachfolger des Häuptlings *(bei keltischen Völkern)*

tank [tæŋk] **A** S **1** AUTO *etc* Tank *m*: **with a full ~** vollgetankt **2** **a** (Wasser)Becken *n*, Zisterne *f* **b** Aquarium *n* **3** BAHN *bes* HIST **a** Wasserkasten *m (des Tenders)* **b** *a.* **~ engine** *(od* **locomotive)** Tenderlokomotive *f* **4** → tanker 1 **5** FOTO Bad *n* **6** MIL Panzer(wagen) *m*, Tank *m* **7** *bes US sl* **a** (Haft)Zelle *f* **b** Knast *m* **B** V/T **1** in Tanks lagern **2** **~ up** *bes Br ein Auto, Flugzeug* auftanken, volltanken: **be ~ed up** *sl* voll sein; **get ~ed up** → C **C** V/I **~ up** **a** *bes Br* auftanken *(Flugzeug)*, *(Fahrer a.)* volltanken **b** *sl* sich volllaufen lassen **(on** mit)

tankage [ˈtæŋkɪdʒ] S **1** Fassungsvermögen *n* e-s Tanks **2** (Gebühr *f* für die) Aufbewahrung in Tanks **3** AGR Tierkörpermehl *n (Düngemittel u. Futterzusatz)*

tankard [ˈtæŋkə(r)d] S Humpen *m*, Krug *m*

tank| car S BAHN *bes US* Kesselwagen *m*; **~ circuit** S ELEK Oszillatorschwingkreis *m*; **~ division** S MIL Panzerdivision *f*

tanker [ˈtæŋkə(r)] S **1** SCHIFF Tanker *m*, Tankschiff *n* **2** *a.* **~ aircraft** FLUG Betankungs-, Tankflugzeug *n* **3** AUTO Tankwagen *m*

tank| farm S Tanklager *n*, -anlage *f*; **~ farming** → hydroponic B

tankini [tæŋˈkiːnɪ] S Tankini *m (zweiteiliger Badeanzug mit tiefer reichendem Oberteil als bei e-m Bikini)*

tank|ship → tanker 1; **~ top** S **1** *Br* Pullunder *m* **2** *US* Trägertop *n*; **~ town** S *US umg* Nest *n*, Kaff *n*; **~ trap** S MIL Panzerfalle *f*; **~ truck** S AUTO Tankwagen *m*; **~ waggon** *Br* → tank car

tan liquor S TECH Beizbrühe *f*

tannage [ˈtænɪdʒ] S **1** Gerbung *f* **2** Gerbstoff *m*

tannate [ˈtæneɪt] S CHEM Tannat *n*

tanned [tænd] ADJ **1** TECH lohgar **2** braun gebrannt

tanner[1] [ˈtænə(r)] S (Loh)Gerber(in)

tanner[2] [ˈtænə(r)] S HIST *Br sl* Sixpence(stück) *m(n)*

tannery [ˈtænərɪ] (Loh)Gerberei *f*

tannic [ˈtænɪk] ADJ CHEM Gerb...: **~ acid**; **tanniferous** [tæˈnɪfərəs] ADJ CHEM gerbsäurehaltig; **tannin** [ˈtænɪn] S Tannin *n*, Gerbsäure *f*

tanning [ˈtænɪŋ] S **1** Gerben *n* **2** *umg (Tracht f)* Prügel *pl*: **give sb a ~** j-m e-e ordentliche Tracht Prügel verpassen

Tannoy® [ˈtænɔɪ] S *Br* Lautsprecheranlage *f*: **over the ~** über Lautsprecher

tan| ooze, **~ pickle** → tan liquor; **~ pit** S Lohgrube *f*

tanrec [ˈtænrek] → tenrec

tansy [ˈtænzɪ] S BOT **1** Rainfarn *m* **2** Gänsefingerkraut *n*

tantalate [ˈtæntəleɪt] S CHEM tantalsaures Salz; **tantalic** [-ˈtælɪk] ADJ CHEM tantalsauer, Tantal...

tantalization [ˌtæntəlaɪˈzeɪʃn; US -ləˈz-] S Peinigen *n*, Quälen *n*; **tantalize** [-laɪz] V/T peinigen, quälen; **tantalizing** ADJ (ADV **~ly**) **1** quälend **2** verlockend, unwiderstehlich

tantalum [ˈtæntələm] S CHEM Tantal *n*

tantalus [ˈtæntələs] S *Br* verschließbarer Flaschenhalter *od* -ständer

tantamount [ˈtæntəmaʊnt] ADJ gleichbedeutend **(to** mit): **be ~ to** gleichkommen *(dat)*, hinauslaufen auf *(akk)*

tantara [ˈtæntərə; tænˈtɑːrə] S Fanfaren-, Horn-, Trompetenstoß *m*

tantivy [tænˈtɪvɪ] **A** S gestreckter *od* starker Galopp **B** INT hussa! *(ein Jagdruf)* **C** ADJ eilig, schnell **D** ADV eiligst, mit äußerster Geschwindigkeit: **ride ~** gestreckten *od* starken Galopp reiten

Tantra [ˈtæntrə; US ˈtʌn-; ˈtɑːn-] S REL Tantra *n (Gesamtheit der Schriften des Tantrismus)*; **Tantrism** S Tantrismus *m (e-e religiöse Strömung in Indien)*

tantrum [ˈtæntrəm] S Wutanfall *m*: **fly** *(od* **get) into a ~**, **throw a ~** e-n Koller kriegen *umg*

Tanzania [ˌtænzəˈnɪə] S Tansania *n*

Tanzanian [ˌtænzəˈniːən] **A** S Tansanier(in) **B** ADJ tansanisch

Tao [ˈtɑːəʊ] S PHIL Tao *n (absolutes, vollkommenes Sein)*; **Taoism** S REL Taoismus *m (e-e chinesische Volksreligion)*; **Taoist** **A** S Taoist(in) **B** ADJ taoistisch

tap[1] [tæp] **A** S **1** Zapfen *m*, Spund *m*, *(Fass)* Hahn *m*: **on ~** **a** angestochen, angezapft *(Fass)* **b** vom Fass *(Bier etc)* **c** *fig umg* (sofort) verfügbar, auf Lager, zur Hand **2** **a** *(Wasser-, Gas)* Hahn *m* **b** Wasserleitung *f*: **turn on the ~** *umg* zu heulen anfangen, losheulen **3** *umg* (Getränke-)Sorte *f* **4** MED Punktion *f* **5** *umg* (An)Pumpversuch *m* **6** → taproom **7** TECH **a** Gewindebohrer *m* **b** (Ab-)Stich *m* **c** Abzweigung *f* **8** ELEK **a** Stromabnehmer *m* **b** Anzapfung *f* **c** Zapfstelle *f* **B** V/T **1** mit e-m Zapfen *od* Hahn versehen **2** *e-e Flüssigkeit* abzapfen **3** *ein Fass* anzapfen, anstechen **4** MED punktieren **5** **a** *Strom* abzapfen **b** *j-s Telefon* anzapfen **6** **a** ELEK *die Spannung* abgreifen **b** anschließen **7** TECH mit (e-m) Gewinde versehen **8** METALL *die Schlacke* abstechen **9** *fig Hilfsquellen etc* erschließen **10** *Vorräte etc* angreifen, anbrechen, anzapfen **11** *umg j-n* anpumpen **(for** um) **C** V/I **~ into** → B 10

tap[2] [tæp] **A** V/T **1** leicht schlagen *od* klopfen an *(akk) od* auf *(akk) od* gegen, *etwas* beklopfen: **~ the ash from one's cigarette** die Asche von s-r Zigarette abklopfen; **~ sb on the shoulder** j-m auf die Schulter klopfen *od* tippen; **nature ~ped him on the shoulder** *hum* er spürte ein menschliches Rühren **2** klopfen mit: **~ one's fingers on the table** mit den Fingern auf dem *od* den Tisch trommeln **3** antippen: **~ in** *(Fußball) den Ball* einschieben **4** *e-n Schuh* flicken **B** V/I **1** leicht schlagen *od* klopfen **(at, on** an *akk*, auf *akk*, gegen) **2** **~ in** *Fußball*: einschieben **3** → tap-dance **C** S **1** leichter Schlag, Klaps *m* **2** Stück *n* Leder, Flicken *m*

tap| dance S Stepptanz *m*; **~-dance** V/I steppen; **~ dancer** S Stepptänzer(in); **~ dancing** S Steppen *n*, Stepptanz *m*

tape [teɪp] **A** S **1** schmales (Leinen-)Band, Zwirnband *n* **2** *(Isolier-, Mess-, Metall- etc)* Band *n*, *(Papier-, Kleb- etc)* Streifen *m* **3** ELECT. **a** *Telegrafie*: Papierstreifen *m* **b** COMPUT, *Fernschreiber*: Lochstreifen *m* **c** *(Magnet-, Video-, Ton)*Band *n* **4** MED **a** Heftpflaster *n* **b** Tape *n*, Klebeband *n* **5** SPORT Zielband *n*: **breast the ~** das Zielband durchreißen **B** V/T **1** mit e-m Band versehen **2** (mit Band) umwickeln *od* binden **3** MED **a** *e-e Wunde etc* mit Heftpflaster verkleben **b** *j-m den Knöchel etc* tapen: **~ sb's ankle** **4** *Buchteile* heften **5** mit dem Bandmaß messen: **have sb (sth) ~d** *bes Br umg* klarsehen mit j-m (etwas); **have things well ~d** *bes Br umg* alles gut im Griff haben **6** **a** auf (Ton)Band aufnehmen: **~d music** Musik *f* vom Band **b** TV aufzeichnen; **~ deck** S Tape-, Kassettendeck *n*; **~ library** S Bandarchiv *n*; **~line** *bes US für* tape measure; **~ machine** S **1** *Börse: Br* Fernschreiber *m* **2** → tape recorder; **~ measure** S Messband *n*, Bandmaß *n*; **~ player** S ELEK Bandwiedergabegerät *n*

taper [ˈteɪpə(r)] **A** S **1** **a** dünne Wachskerze **b** schwache Lichtquelle **2** Wachsstock *m* **3** Verjüngung *f*, Konizität *f* **4** konischer Gegenstand **5** *fig* langsames Nachlassen, Abnehmen *n* **6** ELEK Widerstandsverteilung *f* **B** ADJ spitz zulaufend, konisch, sich verjüngend: **~ file** Spitzfeile *f* **C** V/T **1** verjüngen, zuspitzen, konisch machen **2** **~ off** *fig die Produktion* auslaufen lassen: **~ off one's day** den Tag auslaufen lassen **D** V/I **1** *oft* **~ off** spitz zulaufen, sich verjüngen **2** **~ off** *fig* allmählich aufhören *od* nachlassen

tape|-record → tape B 6; **~ recorder** S Tonbandgerät *n*; **~ recording** S **1** (Ton)Bandaufnahme *f* **2** TV (Band)Aufzeichnung *f*

tapered ADJ → taper B: **~ roller bearing** TECH Kegelrollenlager *n*; **tapering** → taper B

taper| pin S TECH Kegelstift *m*; **~ tap** S TECH Gewindebohrer *m*

tape| shutoff S: **automatic ~** automatische Endabschaltung; **~ speed** S Band-, Transportgeschwindigkeit *f*

tapestried [ˈtæpɪstrɪd] ADJ gobelingeschmückt

tapestry [ˈtæpɪstrɪ] S **1** Gobelin *m*, Bildteppich *m* **2** Dekorationsstoff *m* **3** Gobelinstickerei *f (Technik)*; **~ moth** S ZOOL Tapetenmotte *f*

tapeworm S ZOOL Bandwurm *m*

tap|hole S METALL (Ab)Stichloch *n*; **~house** S *obs* Wirtshaus *n*, Schenke *f*

tapioca [ˌtæpɪˈəʊkə] S GASTR Tapioka *f (Stärke aus Maniokwurzeln)*

tapir [ˈteɪpə(r)] *pl* -pirs, *bes koll* -pir S ZOOL Tapir *m*

tapis [ˈtæpiː] *pl* -pis S *obs* Teppich *m*: **bring (up)on the ~** *fig* aufs Tapet *od* zur Sprache bringen

tapotement [təˈpəʊtmənt] S MED Tapotement *n (Klopf- u. Hackmassage)*

tappet [ˈtæpɪt] S TECH **1** Daumen *m*, Mitnehmer *m* **2** (Wellen)Nocke *f* **3** *(Ventil- etc)* Stößel *m* **4** Steuerknagge *f*; **~ gear** S Nockensteuerung *f*

tapping[1] S **1** (An-, Ab)Zapfen *n* **2** TECH **a** (Ab)Stich *m* **b** Abzweigung *f* **c** Gewindebohren *n*, -schneiden *n*: **~ drill** Gewindebohrer *m* **3** ELEK **a** Anzapfung *f* **b** Angriff *m* **4** MED Punktieren *n* **5** *fig* Erschließen *n (von Hilfsquellen etc)*

tapping[2] S (Be)Klopfen *n*

T

tap|room S Schankstube *f*; **~root** S BOT Pfahlwurzel *f*

taps [tæps] *pl* taps S *bes* MIL *bes US* Zapfenstreich *m*

tapster ['tæpstə(r)] S a → barman b Schankkellner *m*

tap| twirl S Wasserstrahlregler *m*; **~ water** S Leitungswasser *n*

tar [tɑː(r)] A S 1 Teer *m* 2 *umg obs* Teerjacke *f* (*Matrose*) B V/T teeren: **~ and feather** *j-n* teeren u. federn; **they are all ~red with the same brush** *pej* sie sind alle gleich

taradiddle ['tærədɪdl] S *umg* 1 Flunkerei *f* 2 Quatsch *m*

tarantella [ˌtærən'telə] S MUS Tarantella *f*

tarantula [tə'ræntjʊlə; *US* -tʃələ] *pl* -las, -lae [-liː] S ZOOL Tarantel *f*

taraxacum [tə'ræksəkəm] S BOT Löwenzahn *m*

tar|board S Dach-, Teerpappe *f*; **~ boiler** S *Straßenbau*: Teerkessel *m*; **~brush** S Teerpinsel *m*: **he has a touch** (*od* **lick**) **of the ~** *US sl pej* er hat schwarzes Blut in den Adern

tardiness ['tɑː(r)dɪnɪs] S 1 Langsamkeit *f*, Trägheit *f* 2 Verspätung *f*; **tardy** ADJ (ADV tardily) 1 langsam, träge 2 spät, verspätet: **be ~** zu spät kommen

tare[1] [teə(r)] S 1 BOT (*bes* Futter)Wicke *f* 2 *meist pl* BIBEL Unkraut *n*

tare[2] [teə(r)] WIRTSCH A S 1 Tara *f*, Verpackungsgewicht *n* 2 Leergewicht *n* B V/T tarieren

tare[3] [teə(r)] *prät obs von* tear[2]

targe [tɑː(r)dʒ] S HIST Tartsche *f* (*Schild*)

target ['tɑː(r)gɪt] A S 1 (Schieß-, Ziel)Scheibe *f* 2 Trefferzahl *f* 3 MIL Ziel *n*: **be off ~** a danebengehen (*Schuss etc*, SPORT *a. Wurf*) b *fig* danebenhauen; **be on ~** a treffen (*Schuss etc*) b SPORT aufs Tor gehen (*Schuss, Wurf*) c *fig* auf dem richtigen Weg sein 4 *fig* Zielscheibe *f* (*des Spottes etc*) 5 *fig* (*Leistungs-, Produktions- etc*) Ziel *n*, (-)Soll *n*: **set o.s. a** (*od* **the**) **~ of doing sth** (es) sich zum Ziel setzen, etwas zu tun 6 BAHN Weichensignal *n* 7 *Landvermessung, Radar*: Ziel *n*, Messobjekt *n* 8 ELEK a Fangelektrode *f* b Target *n*, Antikathode *f* (*von Röntgenröhren*) c Fotokathode *f* (*e-r Aufnahmeröhre*) 9 *Kernphysik*: a Target *n*, Auffänger *m* b Zielkern *m* 10 *bes Heraldik*: runder Schild B V/T 1 *fig* anvisieren, ins Auge fassen, planen 2 *fig* sich einschießen auf (*akk*) C ADJ Ziel…: **~ area** MIL Zielbereich *m*; **~ blip** (*Radar*) Zielzeichen *n*; **~ bombing** gezielter Bombenwurf; **~ date** Stichtag *m*, Termin *m*; **~ electrode** → A 8 a; **~ figures** Sollzahlen; **~ group** (*Werbung etc*) Zielgruppe *f*; **~ language** LING Zielsprache *f*; **~ man** (*Fußball*) kopfballstarker Mittelstürmer (*auf den hohe Flanken geschlagen werden*); **~ pickup** MIL Zielerfassung *f*; **~ pistol** Übungspistole *f*; **~ practice** Scheiben-, Übungsschießen *n*; **~-seeking** MIL Ziel suchend (*Rakete etc*); **~ ship** Zielschiff *n*; **targetable** ADJ MIL aufs Ziel einstellbar (*Sprengköpfe etc*)

targeteer, targetier [ˌtɑː(r)gɪ'tɪə(r)] S HIST mit Schild bewaffneter Fußsoldat

Tar Heel S *US* (*Beiname für eine[n]*) Bewohner(in) von North Carolina: **~ State** North Carolina *n*

tariff ['tærɪf] A S 1 Zolltarif *m* 2 Zoll(gebühr) *m(f)* 3 (*Gebühren-, Kosten- etc*) Tarif *m* 4 *bes Br* Preisverzeichnis *n* (*im Hotel etc*) B V/T 1 e-n Tarif aufstellen für 2 *Ware* mit Zoll belegen; **~ protection** S Zollschutz *m*; **~ rate** S 1 Tarifsatz *m* 2 Zollsatz *m*

tarmac ['tɑː(r)mæk] A S 1 Teermakadam *m* 2 FLUG a makadamisierte Rollbahn b Hallenvorfeld *n* B V/T makadamisieren

tarmacadam → tarmac A 1

tarn [tɑː(r)n] S kleiner Bergsee

tarnish ['tɑː(r)nɪʃ] A V/T 1 trüben, matt *od* blind machen, TECH mattieren 2 *fig e-r Sache* den Glanz nehmen 3 *fig* besudeln, beflecken B V/I 1 matt *od* trübe werden 2 anlaufen (*Metall*) C S 1 Trübung *f* 2 Beschlag *m*, Anlaufen *n* (*von Metall*) 3 *fig* Makel *m*, Fleck *m*

tarok ['tærɒk; *US* -ˌɑk] S Tarock *n/m* (*ein Kartenspiel*)

tarot ['tærəʊ] S Tarot *n/m* (*ein dem Tarock ähnliches Spiel, das zum Wahrsagen etc verwendet wird*)

tarp [tɑː(r)p] *umg für* tarpaulin

tarpan ['tɑː(r)pæn] S ZOOL Tarpan *m*

tar paper S Teerpapier *n*, -pappe *f*

tarpaulin [tɑː(r)'pɔːlɪn] S 1 SCHIFF a Persenning *f* (*geteertes Segeltuch*) b Ölzeug *n* (*bes Hose, Mantel*) 2 Abdeckplane *f* 3 Zeltbahn *f*

tarradiddle → taradiddle

tarragon ['tærəgən] S BOT Estragon *m*

tarry[1] ['tɑːrɪ] ADJ teerig

tarry[2] ['tærɪ] A V/I 1 zögern, zaudern 2 (ver)weilen, bleiben B V/T *obs* abwarten

tarsal ['tɑː(r)sl] A ADJ ANAT, MED 1 Fußwurzel… 2 Lidknorpel… B S ANAT 1 *a.* **~ bone** Fußwurzel(knochen) *f(m)* 2 Tarsus *m*, Lidknorpel *m*

tarsi ['tɑː(r)saɪ] *pl von* tarsus

tarsia ['tɑː(r)sɪə] S Intarsia *f*, Einlegearbeit *f*

tarsus ['tɑː(r)səs] *pl* -si [-saɪ] S 1 ANAT → tarsal B 1, B 2 2 ZOOL Tarsus *m*, Fußglied *n*

tart[1] [tɑː(r)t] ADJ (ADV **~ly**) 1 sauer (*Apfel etc*) 2 *fig* scharf (*Antwort etc*)

tart[2] [tɑː(r)t] A S 1 (Frucht-, Creme-)Törtchen *n* 2 *bes Br* Obstkuchen *m*, belegte Torte 3 *sl* a Flittchen *n pej* b Nutte *f pej* B V/T **~ up** *umg pej ein Lokal etc* aufmotzen: **~ o.s. up** sich aufdonnern *od* auftakeln

tartan[1] ['tɑː(r)tən] A S a Schotten(stoff) *m* b Schottenmuster *n*: **the MacDonald ~** das typische Muster des MacDonald-Clans B ADJ Schotten…: **~ plaid** Tartan *m*

tartan[2] ['tɑː(r)tən] S SCHIFF Tartane *f* (*ein ungedecktes einmastiges Fischereifahrzeug im Mittelmeer*)

Tartan®[3] ['tɑː(r)tən] S SPORT Tartan® *n* (*ein Bahnbelag*): **~ track** Tartanbahn *f*

Tartar[1] ['tɑː(r)tə(r)] A S 1 Tatar(in) 2 *meist* ♀ a brutaler Mensch b Choleriker(in): **catch a** ♀ an den Falschen geraten; sich etwas Übles einhandeln B ADJ tartarisch, Tartaren…

tartar[2] ['tɑː(r)tə(r)] S 1 CHEM, PHARM Weinstein *m*: **~ emetic** PHARM Brechweinstein 2 MED Zahnstein *m*

Tartarean [tɑː(r)'teərɪən] ADJ *poet* höllisch, (aus) der Unterwelt

tartaric [tɑː(r)'tærɪk] ADJ: **~ acid** CHEM Weinsäure *f*

tartar| sauce S GASTR Tatarensoße *f*; **~ steak** → steak tartare

tartlet ['tɑː(r)tlɪt] S *bes Br* (Obst)Törtchen *n*

tartness S 1 Säure *f* 2 *fig* Schärfe *f*

tartrate ['tɑː(r)treɪt] S CHEM Tartrat *n*

Tas. ABK Tasmania(n)

Tashi Lama ['tɑːʃɪ] S REL Taschi-Lama *m* (*zweites Oberhaupt des Lamaismus*)

task [tɑːsk; *US* tæsk] A S 1 a (*a.* schwierige) Aufgabe b IT Task *m*, (selbstständige u. abgeschlossene) Aufgabe: **give** (*od* **set**) **sb a ~** j-m e-e Aufgabe stellen; **set sb the ~ of doing sth** j-n beauftragen, etwas zu tun; **set o.s. the ~ of doing sth** es sich zur Aufgabe machen, etwas zu tun; **take to ~** *j-n* ins Gebet nehmen *umg* (**for** wegen) 2 Pflicht *f*, (auferlegte) Arbeit, Pensum *n* B V/T 1 *j-m* Arbeit auferlegen *od* aufbürden *od* zuweisen, *j-n* beschäftigen 2 *j-m* e-e Aufgabe stellen 3 *fig j-s Kräfte etc* stark beanspruchen: **~ one's memory** sein Gedächtnis anstrengen; **~ force** S 1 SCHIFF, MIL a gemischter Kampfverband b Sonder-, Spezialeinheit *f* (*a. der Polizei*) 2 Sonderdezernat *n* (*der Polizei*) 3 *fig* Projektgruppe *f*; **~master** S 1 (*bes* strenger) Arbeitgeber *od* Aufseher: **severe ~** strenger Zuchtmeister 2 → tasksetter 1; **~setter** S WIRTSCH *US* 1 (Arbeits)Anweiser(in) 2 *Arbeiter(in), dessen (deren) Leistung zur allgemeinen Norm gemacht wird*; **~ time** S WIRTSCH *US* Zeitnorm *f*; **~ wages** SPL WIRTSCH Akkord-, Stücklohn *m*; **~work** S 1 harte *od* unangenehme Arbeit 2 WIRTSCH Akkordarbeit *f*

Tasm. ABK Tasmania(n)

Tasmania [tæz'meɪnjə; -nɪə] S Tasmanien *n*

Tasmanian [tæz'meɪnjən; -nɪən] A ADJ tasmanisch B S Tasmanier(in)

tassel ['tæsl] A S 1 Quaste *f*, Troddel *f* 2 BOT männlicher Blütenstand (*des Maiskolbens*) 3 (eingeheftetes) Lesezeichen B V/T *prät u. pperf* -seled, *bes Br* -selled mit Quasten schmücken C V/I BOT männliche Blütenstände bilden (*Mais*); **~ grass** S BOT Salde *f*

tastable ['teɪstəbl] ADJ schmeckbar, zu schmecken(d)

taste [teɪst] A V/T 1 *Speisen etc* kosten, (ab)schmecken, probieren (*a. fig*): → blood A 1 2 essen, trinken: **he had not ~d food for days** er hatte seit Tagen keinen Bissen gegessen 3 a (**in**) *etwas* herausschmecken (aus), *etwas* schmecken (in *dat*) b etwas schmecken: **I've got a cold, I can't ~ anything** 4 *fig* kosten, kennenlernen, erleben, erfahren 5 *fig* genießen B V/I 1 schmecken (**of** nach): **the soup didn't ~ of anything** 2 **~ of** *fig* riechen *od* schmecken nach 3 kosten, versuchen, probieren (*alle*: **of** von *od akk*) 4 **~ of** *fig* → A 4 C S 1 Geschmack *m*, *pl a.* Geschmacksrichtungen *pl*: **there was a sour ~ in his mouth** er hatte e-n sauren Geschmack im Mund; **have no** (**a funny**) **~** nach nichts (komisch) schmecken; **I have no ~ for … …** schmeckt *od* schmecken mir nicht; **improve the ~ of** *etwas* geschmacklich verfeinern; **leave a bad** (*od* **nasty**) **~ in one's mouth** *bes fig* bei j-m e-n üblen Nachgeschmack hinterlassen 2 Geschmack(ssinn) *m* 3 (Kost) Probe *f* (**of** von *od gen*): a kleiner Bissen, Happen *m* b Schlückchen *n*: **have a ~ of sth** etwas kosten *od* probieren 4 *fig* (**of**) (Kost)Probe *f* (*gen*), Vorgeschmack *m* (von): **give sb (have) a ~ of sth** 5 *fig* Beigeschmack *m*, Anflug *m* (*beide*: **of** von) 6 *fig* (künstlerischer *od* guter) Geschmack: **be a man of ~** Geschmack haben; **have expensive ~s** e-n teuren Geschmack haben; **what are your ~s in music?** welche Musik mögen Sie?; **each to their ~** jeder nach s-m Geschmack; **in bad** (*od* **poor**) **~** a geschmacklos b *weitS.* taktlos; **in good ~** a geschmackvoll b *weitS.* taktvoll; → account B 3, matter A 3 7 *fig* Geschmacksrichtung *f*, Mode *f*: **today's ~s** *pl* der Geschmack von heute 8 *fig* (**for**) a Neigung *f* (zu), Vorliebe *f*, Sinn *m* (für): **a ~ for music** b Geschmack *m*, Gefallen *n* (an *dat*): **that's not to my ~** das ist nicht nach m-m Geschmack; **that's not to everybody's ~** das ist nicht jedermanns Sache; **have a (no) ~ for** (keinen) Geschmack finden an

tasteable → tastable

taste bud S ANAT Schmeckbecher *m*, Geschmacksknospe *f*: **the sight got my ~s going** *umg* bei dem Anblick lief mir das Wasser im Mund zusammen

tasteful ['teɪstfʊl] ADJ (ADV **~ly**) 1 schmackhaft 2 *fig* a geschmackvoll b *weitS.* taktvoll; **tastefulness** S 1 Schmackhaftigkeit *f* 2 *fig* guter Geschmack (*e-r Sache*), (*das*) Geschmackvolle

tasteless ADJ (ADV **~ly**) 1 a geschmacklos, geschmacksneutral b unschmackhaft 2 *fig* a geschmacklos b *weitS.* taktlos; **tasteless-**

T

ness S 1 Unschmackhaftigkeit *f* 2 *fig* Geschmack-, Taktlosigkeit *f*
taster S 1 (berufsmäßige[r] *Tee-, Wein- etc*)-Schmecker(in), (-)Koster(in) 2 *bes* HIST Vorkoster(in) 3 Probiergläs-chen *n* (*für Wein*) 4 (Käse)Stecher *m* 5 Pipette *f* 6 → taste C 3
tastiness ['teɪstɪnɪs] → tastefulness
tasty ['teɪstɪ] ADJ (ADV tastily) 1 → tasteful 2 *sl* super, klasse
tat¹ [tæt] A V/I Okkiarbeit machen B V/T in Okkiarbeit herstellen
tat² [tæt] S *Br umg* Schrott *m*
ta-ta [ˌtæ'tɑː; *US* tɑː'tɑː] INT *bes Br umg* tschüss!
Tatar ['tɑːtə(r)] → Tartar¹ A 1, B
tatter ['tætə(r)] S Lumpen *m*, Fetzen *m*: **in ~s** a in Fetzen, zerfetzt b *fig* ruiniert, ramponiert; **tear to ~s** a zerfetzen, -reißen b *fig j-s Ruf etc* ruinieren, ramponieren
tatterdemalion [ˌtætə(r)də'meɪljən] A S zerlumpter Kerl B ADJ → tattered 1
tattered ['tætə(r)d] ADJ 1 zerlumpt, abgerissen 2 zerrissen, -fetzt 3 *fig* ruiniert, ramponiert (*Ruf etc*)
tattersall ['tætə(r)sɔːl] S 1 *a.* **~ check** farbige Deckkaromusterung 2 farbig gewürfelter Westenstoff
tattie ['tætɪ] S *schott od Br dial* Kartoffel *f*
tatting ['tætɪŋ] S Okkiarbeit *f*
tattle ['tætl] A V/I 1 klatschen, tratschen (*beide umg*) 2 plaudern B V/T ausplaudern C S 1 Klatsch *m*, Tratsch *m* (*beide umg*) 2 Plausch *m*; **tattler** S 1 Klatschbase *f*, -maul *n* (*beide umg pej*) 2 ORN (*ein*) Wasserläufer *m*
tattoo¹ [tə'tuː; tæ-] A S 1 MIL a Zapfenstreich *m* (*Signal*): **sound (beat) the ~** → B 1 b Abendparade *f* mit Musik 2 Trommeln *n*, Klopfen *n*: **beat a ~ on the table with one's fingers** mit den Fingern auf dem *od* den Tisch trommeln B V/I 1 MIL den Zapfenstreich blasen *od* trommeln 2 (**at**, *bes US* **on**) trommeln (gegen, an *akk*), klopfen (an *akk*)
tattoo² [tə'tuː; tæ-] A V/T 1 tätowieren 2 *ein Muster* eintätowieren (**on** in *akk*) B S Tätowierung *f*; **tattooer**, **tattooist** S Tätowierer(in)
tatty¹ ['tætɪ] ADJ (ADV tattily) 1 a schmudd(e)lig (*Kleidung etc*) b schmutzig (*Stadt etc*) 2 wack(e)lig (*Stuhl etc*)
tatty² → tattie
tau [taʊ; *US a.* tɔː] S Tau *n* (*griechischer Buchstabe*)
taught [tɔːt] *prät u. pperf von* teach
taunt¹ [tɔːnt; *US a.* tɑːnt] A V/T verhöhnen, -spotten (*beide:* **for** wegen): **~ sb with sth** j-m etwas (höhnisch) vorwerfen B V/I höhnen, spotten C S 1 Spott *m*, Hohn *m* 2 spöttische *od* höhnische Bemerkung
taunt² [tɔːnt; *US a.* tɑːnt] ADJ SCHIFF (sehr) hoch (*Mast*)
taunting ADJ (ADV ~ly) spöttisch, höhnisch
taupe [təʊp] A S Maulwurfs-, Braungrau *n* (*Farbe*) B ADJ maulwurfs-, braungrau
Taurean ['tɔːrɪən] ASTROL A ADJ Stier…: **be ~** (ein) Stier sein B S Stier *m* (*Person*): **be a ~** (ein) Stier sein
taurine¹ ['tɔːraɪn] ADJ ASTROL, ZOOL Stier…
taurine² ['tɔːriːn] S CHEM Taurin *n*
tauromachy [tɔː'rɒməkɪ; *US* -'rɑ-] S Tauromachie *f*: a Technik *f* des Stierkampfs b Stierkampf *m*
Taurus ['tɔːrəs] A S ASTRON, ASTROL Stier *m* (*Sternbild u. Tierkreiszeichen*): **be a ~** (ein) Stier sein B ADJ ASTROL → Taurean A
taut [tɔːt] ADJ (ADV ~ly) 1 straff, stramm (*Seil etc*), angespannt (*a. Gesicht, Nerven, Person*): **his nerves were (as) ~ as a bowstring** s-e Nerven waren zum Zerreißen angespannt 2 *bes* SCHIFF schmuck; **tauten** A V/T 1 stramm ziehen, straff anspannen 2 *ein Glied* strecken B V/I sich straffen *od* spannen
tautologic [ˌtɔːtə'lɒdʒɪk; *US* ˌtɔːtl'ɑ-] ADJ, **tautological** [-kl] ADJ (ADV ~ly) tautologisch; **tautologize** [-'tɒlədʒaɪz; *US* -'tɑ-] V/I Tautologien gebrauchen; **tautology** [-dʒɪ] S Tautologie *f* (*Fügung, die e-n Sachverhalt doppelt wiedergibt*)
tautomerism [tɔː'tɒmərɪzəm; *US* -'tɑ-] S CHEM Tautomerie *f*
tavern ['tævə(r)n] S 1 *obs* Wirtshaus *n*, Schenke *f* 2 *US* Gasthaus *n*, -hof *m*
taw¹ [tɔː] V/T weiß gerben
taw² [tɔː] S 1 Murmel *f*: **be back to ~s** *Aus umg* wieder ganz am Anfang stehen 2 Murmelspiel *n* 3 Ausgangslinie *f* (*beim Murmelspiel*)
tawdriness ['tɔːdrɪnɪs; *US a.* 'tɑː-] S 1 Grelle *f* 2 geschmacklose Aufmachung 3 Flitterhaftigkeit *f*
tawdry ['tɔːdrɪ; *US a.* 'tɑː-] ADJ (ADV tawdrily) 1 knallig, grell 2 aufgemotzt *umg* (*Lokal etc*), aufgetakelt, aufgedonnert *umg* (*Person*) 3 flitterhaft, Flitter…
tawed [tɔːd] ADJ alaungar (*Leder*); **tawer** S Weißgerber(in); **tawery** [-ərɪ] S Weißgerberei *f*
tawniness ['tɔːnɪnɪs; *US a.* 'tɑː-] S Lohfarbe *f*
tawny ['tɔːnɪ; *US a.* 'tɑː-] ADJ gelbbraun; **~ owl** S ORN Waldkauz *m*; **~ pipit** S ORN Brachpieper *m*
taws(e) [tɔːz] *Br* A S Lederriemen *m* (*zur Züchtigung*) B V/T mit dem Lederriemen züchtigen
tax [tæks] A V/T 1 *j-n od etwas* besteuern, *j-m* e-e Steuer *od* Abgabe auferlegen 2 JUR *die Kosten etc* taxieren, schätzen, ansetzen (*alle:* **at** auf *akk*) 3 *fig* belasten 4 *fig* stark in Anspruch nehmen, anstrengen, anspannen, strapazieren 5 *j-s Geduld etc* auf e-e harte Probe stellen 6 *j-n* zurechtweisen (**with** wegen) 7 *j-n* beschuldigen, bezichtigen (*beide:* **with** *gen*) B S 1 (Staats)Steuer *f* (**on** auf *akk*), Abgabe *f*: **~ on land** Grundsteuer; **~ on real estate** *US* Grund(stücks)steuer; **after (before) ~** nach Abzug (vor Abzug) der Steuern; **200 dollars in ~es** 200 Dollar an Steuern; **it all goes into ~** das frisst alles die Steuer; **pay ~ on sth** etwas versteuern; **for ~ reasons** aus steuerlichen Gründen 2 Besteuerung *f* (**on** *gen*) 3 Gebühr *f* 4 Beitrag *m* 5 *fig* a Bürde *f*, Last *f* b Belastung *f*, Beanspruchung *f* (*beide:* **on** *gen od* von): **a heavy ~ on his time** e-e starke Inanspruchnahme s-r Zeit; **~ abatement** S Steuernachlass *m*
taxability [ˌtæksə'bɪlətɪ] S 1 Besteuerungsfähigkeit *f* 2 Steuerpflichtigkeit *f* 3 JUR Gebührenpflichtigkeit *f*; **taxable** A ADJ (ADV taxably) 1 besteuerungsfähig 2 steuerpflichtig (*Einkommen etc*) 3 Steuer…: **~ value**; **~ capacity** Steuerkraft *f*; **~ year** *US* Steuerjahr *n* 4 JUR gebührenpflichtig B S *US* 1 Steuerpflichtige(r) *m/f(m)* 2 steuerpflichtiges Einkommen
tax| advantage S Steuervorteil *m*; **~ adviser** S Steuerberater(in); **~ allowance** S *Br* Steuerfreibetrag *m*
taxation [tæk'seɪʃn] S 1 Besteuerung *f*: **profits before (after) ~** unbesteuerte (besteuerte) Gewinne 2 KOLL Steuern *pl* 3 Steuereinkünfte *pl* 4 JUR Schätzung *f*, Taxierung *f* (*von Kosten etc*); **~ system** S Steuersystem *n*
tax| avoidance S (legale) Steuerumgehung; **~ bill** S *Br* 1 *umg* Steuerbescheid *m* 2 PARL Steuervorlage *f*; **~ bracket** S Steuergruppe *f*, -klasse *f*; **~ burden** S steuerliche Belastung, Steuerlast *f*; **~ certificate** S *US Bescheinigung über den Kauf von Land in e-m tax sale*; **~ collector** S Steuereinnehmer(in); **~ credit** S *US* Steuerfreibetrag *m*; **~ cut** S Steuersenkung *f*; **~-deductible** ADJ steuerabzugsfähig, steuerlich absetzbar; **~ disc** S AUTO Steuerplakette *f*; **~ dodger** S Steuerhinterzieher(in); **~ evader** S Steuerhinterzieher(in); **~ evasion** S JUR Steuerhinterziehung *f*; **~-exempt** ADJ *US* steuerfrei; **~ exile**, **~ expatriate** S Steuerflüchtling *m*; **~ fairness** S Steuergerechtigkeit *f*; **~-free** ADJ & ADV steuerfrei: **~ amount** Steuerfreibetrag *m*; **~ haven** S Steuerparadies *n*, -oase *f umg*
taxi ['tæksɪ] A *pl* -is, *a.* -ies S Taxi *n*, Taxe *f* B V/I 1 mit e-m Taxi fahren 2 FLUG rollen C V/T FLUG *das Flugzeug* rollen lassen; **~cab** S Taxi *n*, Taxe *f*; **~ dancer** S *bes US* Taxigirl *n*
taxidermist ['tæksɪdɜːmɪst; *US* -ˌdɜr-] S Taxidermist(in), Tierpräparator *m*, -präparatorin *f*; **taxidermy** S Taxidermie *f*, Tierpräparation *f*
taxi| driver S Taxifahrer(in); **~meter** S Taxameter *n/m*, Fahrpreisanzeiger *m*
tax| incentive S Steueranreiz *m*; **~ increase** S Steuererhöhung *f*
taxing ['tæksɪŋ] ADJ (ADV ~ly) anstrengend, strapaziös
tax inspector S Steuerinspektor *m*, -inspektorin *f*
taxi|plane S *bes US* Lufttaxi *n*; **~ rank** S Taxistand *m*
taxis ['tæksɪs] *pl* -es [-iːz] S 1 BIOL Taxis *f*, Taxie *f*, Reizbewegung 2 MED Taxis *f* (*Wiedereinrichtung e-s Eingeweide- od Knochenbruchs*)
taxi| stand *bes US für* taxi rank; **~ strip**, **~way** S FLUG Rollbahn *f*, -weg *m*
tax| lien S *US* Steuerpfandrecht *n*; **~ loophole** S Steuerschlupfloch *n*; **~ loss** S Steuerausfall *m*; **~man** [-mæn] S *irr* 1 a → tax collector b → tax inspector 2 **the ~** *bes Br umg* das Finanzamt
taxonomic [ˌtæksəʊ'nɒmɪk; *US* -sə'nɑ-] ADJ, **taxonomical** [-kl] ADJ (ADV ~ly) BIOL taxonomisch, systematisch; **taxonomy** [-'sɒnəmɪ; *US* -'sɑ-] S Taxonomie *f* (*Einordnung in ein biologisches System*)
tax|payer S Steuerzahler(in); **~ privilege** S Steuervorteil *m*; **~ rate** S Steuersatz *m*; **~ reform** S Steuerreform *f*; **~ refund** S Steuerrückerstattung *f*; **~ relief** S Steuererleichterung(en) *f(pl)*, -vergünstigung(en) *f(pl)*; **~ return** S Steuererklärung *f*; **~ roll** S Steuerliste *f*; **~ sale** S *US Zwangsverkauf od -versteigerung zur Bezahlung von Steuerschulden*; **~ shelter** S steuersparende Maßnahme *od* Unternehmung; **~ system** S Steuersystem *n*; **~ title** S JUR *US ein bei e-m tax sale erworbener Besitztitel*; **~ write-off** S *US umg etwas, was steuerlich absetzbar ist*; **~ year** S *Br* Steuerjahr *n*
TB ABK 1 SCHIFF MIL torpedo boat 2 MED tuberculosis TB *f*, Tb *f*
t.b. ABK WIRTSCH MATH trial balance
t.b.a., **TBA** ABK to be announced *od* arranged wird/werden noch bekannt gegeben
T-ball® S *US* Schlagball(spiel) *m(n)*
T bar S TECH T-Eisen *n*
T-bone (steak) S GASTR T-Bone-Steak *n* (*Steak aus dem Rippenstück des Rinds*)
tbs(p). ABK tablespoon(ful) TL
TC ABK AUTO TECH twin carburettor(s PL) Doppelvergaser *m od pl*
TD, **td.** ABK touchdown
TDN, **t.d.n.** ABK BIOL *US* total digestible nutrients
tea [tiː] A S 1 BOT Chinesischer Teestrauch 2 Tee *m*: **not for all the ~ in China** *umg* nicht um alles in der Welt; → cup A 3 3 Tee(-mahlzeit) *m(f)*: → afternoon B, high tea 4 *US sl obs* Grass *n* (*Marihuana*) B V/I *umg* Tee trinken C V/T *umg* mit Tee bewirten; **~ bag** S Tee-, Aufgussbeutel *m*; **~ ball** S *bes US* Tee-

Ei *n*; **~ bread** S *(ein)* Teekuchen *m*; **~ break** S Teepause *f*; **~ caddy** S Teebüchse *f*; **~ cake** S *Br* Rosinenbrot *n*; **~cart** S *US* Teewagen *m*

teach [tiːtʃ] *prät u. pperf* taught [tɔːt] **A** V/T **1** *ein Fach* lehren, unterrichten, Unterricht geben in *(dat)* **2** *j-n, a. j-m etwas* lehren, *j-n* unterrichten *od* -weisen in *(dat)*: **~ sb a lesson** j-m e-e Lektion erteilen, j-m e-n Denkzettel geben *od* verpassen; **our religion ~es that …** unsere Religion lehrt, dass … **3** *j-m etwas* zeigen, beibringen: **~ sb (how) to whistle** j-m das Pfeifen beibringen; **~ sb better** j-n e-s Besser(e)n belehren; **~ sb manners** j-m Manieren beibringen; **I will ~ you to steal** *umg* dich werd ich das Stehlen lehren!; **that'll ~ you!** **a** das wird dir e-e Lehre sein! **b** das kommt davon! **4** *ein Tier* dressieren, abrichten: **you can't ~ an old dog new tricks** *(Sprichwort)* was Häns-chen nicht lernt, lernt Hans nimmermehr **5** **~ school** *US* an e-r Schule unterrichten **B** V/I unterrichten, Unterricht geben, Lehrer(in) sein *(alle:* **at** an *e-r Schule)*; **teachable** ADJ **1** lehrbar *(Sache)* **2** gelehrig *(Person)*; **teachableness** S **1** Lehrbarkeit *f* **2** Gelehrigkeit *f*

teacher S Lehrer(in): **the ~'s pet** *pej* der Liebling des Lehrers; **~s college** *US* pädagogische Hochschule

teach-in S *bes* UNIV Teach-in *n (Versammlung mit Vorträgen u. Diskussionen)*

teaching **A** S **1** Unterrichten *n*, Lehren *n* **2** *meist pl* Lehre *f*, Lehren *pl* **3** Lehrberuf *m*: **be in ~** Lehrer(in) sein **B** ADJ lehrend, unterrichtend: **~ aid** Lehr-, Unterrichtsmittel *n*; **~ experience** Lehrerfahrung *f*; **~ hospital** Lehrkrankenhaus *n*; **~ machine** Lern-, Lehrmaschine *f*; **~ method** Lehr-, Unterrichtsmethode *f*; **~ pool** Lehrschwimmbecken *n*; **do one's ~ practice** *Br* sein Schulpraktikum machen; **~ profession** **a** → A 3 **b** *(der)* Lehrerstand, *(die)* Lehrer *pl*; **~ staff** *(a. als pl konstruiert)* Lehrerkollegium *n*, Lehrkörper *m*

tea| cloth S **1** kleine Tischdecke **2** *bes Br* Geschirrtuch *n*; **~ cosy**, *US* **~ cozy** S Teehaube *f*, -wärmer *m*; **~cup** S **1** Teetasse *f* **2** → teacupful; **~cupful** [-ˌfʊl] S *(e-e)* Teetasse (voll); **~ dance** S Tanztee *m*; **~ egg** S *bes Br* Tee-Ei *n*; **~ garden** S **1** Gartencafé *n* **2** Teeplantage *f*; **~ gown** S HIST Nachmittagskleid *n*; **~house** S Teehaus *n (in China u. Japan)*

teak [tiːk] S **1** BOT Teakbaum *m* **2** Teak-, Tiek(-holz) *n*

teakettle S Teekessel *m*

teakwood → teak 2

teal [tiːl] *pl* teals, *bes koll* teal S Krickente *f*

tea leaf S *irr* **1** Teeblatt *n* **2** *pl* Teesatz *m* **3** *Br sl* Langfinger *m (Dieb)*

team [tiːm] **A** S **1** *(Pferde- etc)* Gespann *n (US a. mit Wagen etc)*: **a ~ of horses** **2** SPORT Mannschaft *f*, Team *n (beide a. fig)*, *(Turnen)* Riege *f*, *(Boxen)* Staffel *f*: **~ captain** Mannschaftskapitän(in); **~ doctor** Mannschaftsarzt *m*, -ärztin *f*; **~ event** Mannschaftswettbewerb *m*; **~ foul** *(Basketball)* Mannschaftsfoul *n*; **~ game** Mannschaftsspiel *n*; **~ handball** *US* Handball(spiel) *m(n)*; **~ list** *(od* **sheet)** Spielerbogen *m*; **~ order** *(Motorsport etc)* Stallorder *f*; **~ play** Mannschafts-, Zusammenspiel *n*; **~ pursuit** *(Radsport)* Mannschaftsverfolgung *f*; **~ spirit** **a** Mannschaftsgeist *m* **b** *fig* Gemeinschaftsgeist *m*; **~ sport** Mannschaftssport *m*; **politician of the first ~** Politiker(in) der ersten Garnitur **3** *(Arbeits- etc)* Gruppe *f*, Team *n (von Wissenschaftlern etc)*: **by a ~ effort** mit vereinten Kräften; **~-teach** gemeinsam unterrichten *(Fachlehrer)*; **~ teaching** Teamteaching *n (gemeinsamer Unterricht von Fachlehrern)* **4** Kolonne *f* (**of workmen** von Arbeitern) **5** ORN Flug *m*, Zug *m (Rebhühner etc)* **6** *dial* **a** Brut *f (Enten etc)* **b** Wurf *m (Ferkel etc)* **B** V/T *Zugtiere* zusammenspannen **C** V/I **~ up** *umg* **a** sich zusammentun *od* -schließen (**with sb** mit j-m) **b** sich anschließen (**with sb** j-m, an j-n) **c** zusammenpassen *(Kleidungsstücke)*: **~ up with** passen zu

tea maker S Tee-Ei *n (in Löffelform)*

teammate S **1** SPORT Mannschaftskamerad(in) **2** Arbeitskollege *m*, -kollegin *f*

teamster [ˈtiːmstə(r)] S **1** Fuhrmann *m* **2** *US* Lastwagenfahrer(in)

team|work S **1** SPORT Mannschafts-, Zusammenspiel *n* **2** Teamwork *n*, koordinierte *od* gute Zusammenarbeit

tea| party S Teegesellschaft *f*: **the Boston Tea Party** der Teesturm von Boston *(1773)*; **~pot** S Teekanne *f*

teapoy [ˈtiːpɔɪ] S **1** dreifüßiges Tischchen **2** Teetischchen *n*

tear[1] [tɪə(r)] S **1** Träne *f*: **~s of joy** Freudentränen; **be in ~s** in Tränen aufgelöst sein; **let the ~s flow** den Tränen freien Lauf lassen; **slimming without ~s** müheloses Abnehmen; → bore[2] B 1, burst A 4, fetch A 5, near *Bes Redew*, reduce A 16, squeeze A 3 **2** *pl* Tränen *pl*, Leid *n* **3** Tropfen *m*: **~ of resin** Harztropfen

tear[2] [teə(r)] **A** S **1** (Zer)Reißen *n*: → wear[1] C 3 **2** Riss *m* **3** rasendes Tempo: **at full ~** in vollem Schwung; **in a ~** in wilder Hast **4** **go on a ~** *umg* die Sau rauslassen **B** V/T *prät* tore [tɔː(r); *US a.* ˈtəʊər], *obs* tare [teə(r)], *pperf* torn [tɔː(r)n; *US a.* ˈtəʊərn] **1** zerreißen: **~ one's shirt** sich das Hemd zerreißen; **~ in two** entzweireißen; **~ open** aufreißen; **~ a page out of a book** e-e Seite aus e-m Buch herausreißen; **that's torn it!** *Br umg* jetzt ist es aus *od* passiert!; **~ a muscle** MED sich e-n Muskelriss zuziehen; **torn muscle** MED Muskelriss *m*; → piece A 2, shred A 1 **2** sich *die Hand etc* aufreißen: **~ one's hand** **3** (ein)reißen: **~ a hole in one's coat** (sich) ein Loch in den Mantel reißen **4** zerren an *(dat)*, (aus)reißen: **~ one's hair** sich die Haare (aus)raufen *(a. fig)* **5** weg-, losreißen *(beide:* **from** von) **6** entreißen (**sth from sb** j-m etwas) **7** *fig* zerreißen, -fleischen: **a party torn by internal strife** e-e durch interne Streitigkeiten zerrissene Partei; **be torn between hope and despair** zwischen Hoffnung u. Verzweiflung hin- u. hergerissen sein *od* werden; **a heart torn with anguish** ein schmerzgequältes Herz **C** V/I **1** (zer)reißen **2** reißen, zerren *(beide:* **at** an *dat)* **3** *umg* stürmen, jagen, rasen: **~ about** *(od* **around)** (in der Gegend) herumsausen; **~ into sb** über j-n herfallen *(a. mit Worten)* **4** *umg* wüten, toben

Phrasal Verbs: **tear| away** V/T *a. fig* weg-, losreißen *(beide:* **from** von): **tear o.s. away** sich losreißen; **~ down** V/T **1** herunterreißen *(a. fig kritisieren)* **2** nieder-, umreißen; **~ off** **A** V/T **1** ab-, wegreißen: → strip C 2 **2** sich *das Kleid etc* vom Leib reißen: **she tore off her dress** **3** *umg etwas* hinhauen *(schnell machen)* **B** V/I losstürmen; **~ out** V/T ausreißen, herausreißen; **~ up** V/T **1** *e-e Straße etc* aufreißen **2** *e-n Baum etc* ausreißen **3** *e-n Brief etc* zerreißen, in Stücke reißen **4** *fig* untergraben, zerstören

tearaway [ˈteərəweɪ] *bes Br* **A** ADJ **a** ungestüm, wild **b** rabaukenhaft *umg* **B** S **a** ungestümer *od* wilder Kerl **b** Rabauke *m umg*

tear| bomb [tɪə(r)] S MIL Tränengasbombe *f*; **~drop** S **1** Träne *f* **2** Anhänger *m (am Ohrring)*; **~ duct** S ANAT Tränenkanal *m*

tearful [ˈtɪə(r)fʊl] ADJ (ADV ~ly) **1** tränenreich *(Abschied etc)* **2** weinend, in Tränen: **be ~** weinen; **she was feeling ~** ihr war zum Weinen zumute **3** weinerlich **4** traurig *(Ereignis etc)*

tear| gas [tɪə(r)] S CHEM Tränengas *n*; **~-gas** V/T Tränengas einsetzen *od* mit Tränengas vorgehen gegen; **~ gland** S ANAT Tränendrüse *f*; **~ grenade** S MIL Tränengasgranate *f*

tearing [ˈteərɪŋ] ADJ (ADV ~ly) *umg* rasend *(Kopfschmerzen etc)*: **be in a ~ hurry** *(od* **rush)** es schrecklich *od* wahnsinnig eilig haben; **~ strength** S (Zer)Reißfestigkeit *f*

tear|jerker [ˈtɪə(r)-] S *umg* Schmachtfetzen *m pej (Buch, Film etc)*; **~jerking** ADJ (ADV ~ly) *umg* rührselig, sentimental

tearless [ˈtɪə(r)lɪs] ADJ tränenlos

tear-off [ˈteə(r)-] ADJ Abreiß…: **~ calendar**

tea|room S Tearoom *m*, Teestube *f*; **~ rose** S BOT Teerose *f*

tear sheet [teər] S *US* Belegbogen *m*, -seite *f (bei Zeitungsannoncen etc)*

tear| shell [tɪə(r)] S MIL Tränengasgranate *f*; **~-stained** ADJ **1** tränennass, -feucht *(Wangen etc)*, *(Augen a.)* verweint **2** mit Tränenspuren *(Brief etc)*

teary [ˈtɪərɪ] ADJ (ADV tearily) **1** → tear-stained 1 **2** → tearful

tease[1] [tiːz] **A** V/T **1** *j-n* aufziehen, hänseln, necken, foppen, sticheln *(alle:* **about** wegen) **2** *j-n* quälen: **a** ärgern **b** belästigen, bestürmen, *j-m* in den Ohren liegen *umg (alle:* **for** wegen) **3** (auf)reizen **4** TECH **a** *Wolle* kämmen, krempeln **b** *Flachs* hecheln **c** *Werg* auszupfen **5** → teasel B **6** BIOL zerlegen: **~ a specimen for microscopic examination** **7** *bes US j-m das Haar* toupieren: **~ sb's hair** **B** V/I **1** sticheln **2** lästig *od* aufdringlich sein **C** S **1** Necken *n*, Sticheln *n*, Neckerei *f*, Stichelei *f* **2** *umg* **a** → teaser 1, 2 **b** Plage *f*, lästige Sache **3** → teaser

tease[2] [tiːz] V/T TECH *das Feuer e-s Glasschmelzofens* schüren

teasel [ˈtiːzl] **A** S **1** BOT *(bes* Weber-)Karde *f* **2** Weberkarde *f* **B** V/T *prät u. pperf* -seled, *bes Br* -selled *Tuch* kardieren, karden; **teaseler**, *bes Br* **teaseller** S *(Tuch)* Kardierer(in)

teaser [ˈtiːzə(r)] S **1** Hänsler(in), Necker(in) **2** Quäl-, Plagegeist *m* **3** *umg* harte Nuss *umg*, schwierige Sache **4** *umg (etwas)* Verlockendes **5** TV *umg* Teaser *m*: **a** *Neugier erregender Werbespot* **b** *Neugier erregende kurze Szene am Anfang e-s Films od e-r Show* **6** *sl Frau, die alles verspricht, aber nichts hält*: → cockteaser **7** TECH **a** *(Woll)*Kämmer(in) **b** *(Flachs-)*Hechler(in) **c** *(Werg)*Auszupfer(in) **d** → teaseler **8** *Spinnerei*: Reißwolf *m* **9** ORN Raubmöwe *f*

tea| service, **~ set** S Teeservice *n*; **~ shop** *Br* → tearoom; **~spoon** S Teelöffel *m*: **one ~ to** ein Teelöffel auf *(akk)*; **~spoonful** [-fʊl] *pl* teaspoonfuls, teaspoonsful S *(ein)* Teelöffel *m* (voll): → level B 1

teat [tiːt] S **1** ANAT Brustwarze *f (der Frau)* **2** ZOOL Zitze *f* **3** (Gummi)Sauger *m (e-r Saugflasche)* **4** TECH Warze *f*

tea| table S (kleiner) Teetisch; **~ things** SPL *umg* Teegeschirr *n*; **~ time** S Teestunde *f*; **~ towel** S *bes Br* Geschirrtuch *n*; **~ tray** S Teebrett *n*; **~ trolley** *bes Br für* tea wagon; **~ urn** S (Groß)Teemaschine *f*; **~ wagon** S *US* Teewagen *m*

teazel, **teazle** → teasel

tec [tek] *bes US sl* → detective B

tech [tek] S *bes Br umg* F'H *f (Fachhochschule)*

tech. ABK **1** technical techn. **2** technology

technetronic [ˌteknəˈtrɒnɪk; *US* -ˈtrɑ-] ADJ von Technologie u. Elektronik geprägt, technologisch-elektronisch *(Zeitalter etc)*

technic [ˈteknɪk] **A** ADJ (ADV ~ally) → technical **B** S **1** → technicality 3, 4, 5 **2** → technique **3** *meist pl (als sg konstruiert)* → technology

technical [ˈteknɪkl] ADJ (ADV → technically) **1**

allg technisch: **a** *die Technik betreffend*: **~ problems** **b** *engS.* betriebs-, verfahrenstechnisch *(Daten etc)*: **~ department** technische Betriebsabteilung; **~ director** technische(r) Leiter(in) **c** *das Technische e-s Fachgebiets, e-s Kunstzweigs, e-r Sportart betreffend*: **~ merit** *(Eis-, Rollkunstlauf)* technischer Wert; **~ skill** technisches Geschick, gute Technik **d** *der Technik dienend*: **~ college** *bes Br* Fachhochschule *f*; **~ drawing** SCHULE technisches Zeichnen **e** fachmännisch, fachgemäß, Fach..., Spezial...: **~ dictionary** Fachwörterbuch *n*; **~ man** Fachmann *m*; **~ staff** *(a. als pl konstruiert)* technisches Personal, Fachpersonal *n*; **~ term** Terminus *m* technicus, Fachausdruck *m* **2** *fig* technisch: **a** sachlich **b** rein formal, theoretisch: **~ foul** *(Basketball)* technisches Foul; **~ knockout** *(Boxen)* technischer K.o.; **on ~ grounds** JUR aus formaljuristischen *od* (verfahrens)technischen Gründen **3** WIRTSCH manipuliert *(Markt, Preise)*

technicality [ˌteknɪˈkæləti] S **1** *(das)* Technische **2** *pl* technische Einzelheiten *pl od* Besonderheiten *pl* **3** Fachausdruck *m* **4** technische Förmlichkeit *(e-s Verfahrens etc)* **5** reine Formsache, (formale) Spitzfindigkeit

technically [ˈteknɪkəlɪ] ADV **1** technisch **2** eigentlich, genau genommen

technician [tekˈnɪʃn] S **1** Techniker(in) **2** *weitS.* Techniker(in), Virtuose *m*, Virtuosin *f*: **this artist is an excellent ~** dieser Künstler hat e-e brillante Technik

Technicolor® [ˈteknɪˌkʌlə(r)] **A** S TECH Technicolor(verfahren)® *n* **B** ADJ Technicolor...

technique [tekˈniːk] S **1** Technik *f*, (Arbeits)Verfahren *n*: **~ of welding** schweißtechnisches Verfahren, Schweißtechnik *f* **2** MUS, MAL, SPORT *etc* Technik *f*: **a** Methode *f* **b** Art *f* der Ausführung **c** Geschicklichkeit *f*, Kunstfertigkeit *f*

techno- [teknəʊ] *Wortelement mit der Bedeutung* technisch

techno S MUS Techno *n/m (rein elektronisch erzeugte Tanzmusik mit besonders schnellem Rhythmus)*

technobandit S *US umg j-d, der technologische Geheimnisse stiehlt u. sie an die Konkurrenz od ins Ausland verkauft*

technocracy [tekˈnɒkrəsɪ; *US* -ˈnɑ-] S Technokratie *f (vorherrschende Stellung der Technik in Wirtschaft u. Politik)*; **technocrat** [-nəʊkræt] S Technokrat(in); **technocratic** ADJ technokratisch

technofear S *umg* Angst *f* vor allem Technischen

technol. ABK **1** technological(ly) technol(og). **2** technology

technologic [ˌteknəˈlɒdʒɪk; *US* -ˈlɑ-] ADJ, **technological** [-kl] ADJ (ADV ~ly) **1** technologisch, technisch: **~ dictionary** technisches Fachwörterbuch; **~ gap** technologische Lücke **2** WIRTSCH technologisch, durch Technisierung *od* technische Umstellung bedingt *(Arbeitslosigkeit etc)*; **technologist** [-ˈnɒlədʒɪst; *US* -ˈnɑ-] S Technologe *m*, Technologin *f*; **technology** S **1** Technologie *f*, Technik *f*: **~ agreement** WIRTSCH Technologieabkommen *n*; **~-intensive** technologieintensiv; **~ park** Technologiepark *m*; **~ transfer** Technologietransfer *m* **2** technische Fachterminologie *f*

technophobia S Technophobie *f (Abneigung gegen die Technologie)*

technostructure S Technostruktur *f (an den Entscheidungsprozessen in Wirtschaft u. Gesellschaft beteiligter Personenkreis)*

techy → tetchy

tectibranch [ˈtektɪbræŋk] S ZOOL Bedecktkiemer *m*

tectonic [tekˈtɒnɪk; *US* -ˈtɑ-] **A** ADJ (ADV ~ally) ARCH, GEOL tektonisch: **~ movements** tektonische Verschiebungen **B** S **tectonics** *pl (als sg konstruiert)* **1** ARCH Tektonik *f (Lehre von der Zusammenfügung von Bauteilen zu e-m Ganzen)* **2** GEOL Tektonik *f (Lehre vom Bau u. von den Bewegungen der Erdkruste)*

tectorial [tekˈtɔːrɪəl; *US a.* -ˈtəʊ-] ADJ ANAT Schutz..., Deck...: **~ membrane** Deckmembran(e) *f*

tectrix [ˈtektrɪks] *pl* tectrices [ˈtektrɪsiːz; tekˈtraɪsiːz] S ORN Deckfeder *f*

ted¹ [ted] V/T AGR *Gras* zum Trocknen ausbreiten

ted² [ted] *umg für* teddy boy

tedder S AGR Heuwender *m (Maschine u. Arbeiter)*

teddy| (bear) [ˈtedɪ] S Teddy(bär) *m*; **~ boy** S *Br* HIST Teddyboy *m (Jugendlicher, der sich in s-r Kleidung nach dem frühen 20. Jh. richtete)*; **~ girl** S *Br* HIST Freundin *f* e-s Teddyboys

Te Deum [ˌtiːˈdiːəm; ˌteɪˈdeɪəm] S Tedeum *n*: **a** *frühchristlicher Hymnus (Te deum laudamus)* **b** *Chorwerk über diese Textworte*

tedious [ˈtiːdjəs; *US* -dɪəs; -dʒəs] ADJ (ADV ~ly) **1** ermüdend **2** langweilig **3** weitschweifig; **tediousness**, **tedium** [-jəm; -ɪəm] S **1** Langweiligkeit *f* **2** Weitschweifigkeit *f*

tee¹ [tiː] **A** S **1** T, t *n (Buchstabe)* **2** T *n*, T-förmiger Gegenstand, *bes* **a** TECH T-Eisen *n* **b** ELEK Abzweigungsmuffe *f* **B** ADJ T-..., T-förmig: **~ bar** → T bar; **~ joint** → T joint **C** V/T ELEK abzweigen: **~ across** in Brücke schalten; **~ together** parallel schalten

tee² [tiː] **A** S **1** *Curling*: Tee *n (Mittelpunkt des Zielkreises)*: **to a ~** *fig* aufs Haar (genau), haargenau **2** *Golf*: Tee *n*: **a** Abschlag *m*: **~ shot** Teeshot *m*, Abschlag *m* **b** *Stift aus Holz od Kunststoff* **B** V/T **1** *Golf*: **a** *den Ball* auf das Tee legen, aufsetzen **b** **~ off** *den Ball* vom Tee schlagen **2** **~ off** *US sl* wütend machen: **be ~d off** sauer sein **C** V/I **~ off** **a** *Golf*: abschlagen: **~ing ground** → A 2 a **b** *fig* anfangen

Tee-ball → T-ball

tee-hee → te-hee

teem¹ [tiːm] **A** V/I **1** wimmeln (**with** von): **the roads are ~ing with people** auf den Straßen wimmelt es von Menschen; **this page ~s with mistakes** diese Seite strotzt von Fehlern **2** ZOOL *obs* **a** trächtig sein *od* werden **b** werfen **B** V/T ZOOL *obs Junge* werfen

teem² [tiːm] **A** V/T **1** ausleeren **2** TECH **a** *flüssiges Metall* abstechen, (aus)gießen **b** *e-e Form* mit geschmolzenem Metall vollgießen **B** V/I **the rain is ~ing down, it is ~ing (with rain)** es regnet in Strömen

teen¹ [tiːn] **A** ADJ *umg* → teenage A **B** S **1** *umg* Teenager *m* **2** *pl* Teenageralter *n*: **be in one's ~s** ein Teenager sein

teen² [tiːn] S *obs* **1** Schaden *m* **2** Schmerz *m* **3** Kummer *m* **4** Ärger *m*

teenage [ˈtiːneɪdʒ] **A** ADJ **1** im Teenageralter: **a ~ son** **2** Teenager..., für Teenager: **~ fashions** **B** S Teenageralter *n*; **teenaged** → teenage A; **teenager** S Teenager *m*

teener [ˈtiːnər] S *bes US* Teenager *m*

teensy [ˈtiːnzɪ; -sɪ], *a.* **teensy-weensy** [-ˈwiːnzɪ; -sɪ] → teeny

teeny [ˈtiːnɪ] ADJ *umg* klitzeklein, winzig

teeny|bopper S *umg junger Teenager (bes Mädchen), der alles mitmacht, was gerade in ist*; **~-weeny** → teeny

tee shirt → T shirt

teeter [ˈtiːtə(r)] **A** V/I **1** *bes US* schaukeln, wippen **2** (sch)wanken: **~ on the edge of disaster (defeat)** *fig* sich am Rande e-r Katastrophe (Niederlage) bewegen **B** V/T *bes US* mit *s-m Stuhl etc* schaukeln *od* wippen *od umg* kippeln: **~ one's chair** *a.* kippeln *umg* **C** S *bes US* Wippe *f*; **~board** → teeter C

teeth [tiːθ] *pl von* tooth

teethe [tiːð] V/I MED zahnen, (die) Zähne bekommen

teething [ˈtiːðɪŋ] S MED Zahnen *n*; **~ ring** S Beißring *m*; **~ troubles** SPL **1** Beschwerden *pl* während des Zahnens **2** *fig* Kinderkrankheiten *pl*

teetotal [tiːˈtəʊtl] **A** ADJ (ADV ~ly) **1** abstinent, Abstinenz..., Abstinenzler...: **be ~** keinen Alkohol trinken **2** *umg* völlig, gänzlich **B** V/I *prät u. pperf* -taled, *bes Br* -talled keinen Alkohol trinken; **teetotaler**, *bes Br* **teetotaller** S Abstinenzler(in); **teetotalism** S Abstinenz *f*

TEFL ABK teaching (of) English as a foreign language Unterrichten *n* von Englisch als Fremdsprache

Teflon® [ˈteflɒn; *US* -ˌlɑn] **A** S Teflon® *n (ein zur Antihaftbeschichtung verwendeter Kunststoff)* **B** ADJ: **a ~ politician** *umg* ein Politiker, an dem kein Skandal *etc* haften bleibt

teg [teg] S Schaf *n* im 2. Jahr

tegmen [ˈtegmən] *pl* tegmina [-mɪnə] S **1** ZOOL Tegmen *n*, Flügeldecke *f* **2** BOT Tegment *n*, Knospenschuppe *f*

Tegucigalpa [tɪˌguːsɪˈgælpə] S Tegucigalpa *n (Hauptstadt von Honduras)*

tegular [ˈtegjʊlə(r)] ADJ **1** ziegelartig, Ziegel... **2** ZOOL Flügeldecken...

tegument [ˈtəgjʊmənt], *etc* → integument *etc*

te-hee [tiːˈhiː] **A** INT hihi! **B** S Kichern *n* **C** V/I kichern

Teheran, **Tehran** [ˌtɪəˈrɑːn; ˌtehə-; *US bes* ˌteɪəˈræn] S Teheran *n*

teil [tiːl] S BOT *obs* Linde *f*

tel. ABK **1** telegram **2** telegraph **3** telegraphic telegr(af). **4** telephone Tel.

tela [ˈtiːlə] *pl* -lae [-liː] S ANAT Tela *f*, *(bes* Binde)Gewebe *n*

telamon [ˈteləmən; *US* -ˌmɑn] *pl* -mons, -mones [ˌ-ˈməʊniːz] S ARCH Telamon *m/n (kraftvolle Gestalt als Träger von Bauteilen)*

tele- [telɪ] *Wortelement mit der Bedeutung* **a** Fern... **b** Fernseh...

tele [ˈtelɪ] *bes US umg für* television

telebook S Begleitbuch *n (zu e-r Fernsehserie)*

telecamera S TV Fernsehkamera *f*

telecast [ˈtelɪkɑːst; *US* -ˌkæst] **A** V/T *prät u. pperf* -cast *od* -casted im Fernsehen übertragen *od* bringen: **~ address** Fernsehansprache *f* **B** S Fernsehsendung *f*; **telecaster** S Fernsehansager(in) *od* -sprecher(in)

telecine [ˌtelɪˈsɪnɪ] S im Fernsehen gezeigter (Spiel)Film

telecom(s) [ˈtelɪkɒm(z); *US* -ˌkɑm(z)] → telecommunication

telecommunication **A** S Telekommunikation *f*: **a** Fernmeldeverkehr *m* **b** *pl (als sg konstruiert)* Fernmelde-, Nachrichtentechnik *f*: **~s satellite** Fernmelde-, Nachrichtensatellit *m* **B** ADJ Fernmelde...: **~ network**

telecommuter S Telearbeiter(in); **telecommuting** S Telearbeit *f*

telecomputing → teleprocessing

teleconference S Telekonferenz *f*, Konferenzschaltung *f*; **teleconferencing** S Verhandlung(en) *f(pl)* per Konferenzschaltung

telecontrol S TECH Fernsteuerung *f*, -lenkung *f*

telecopier S Tele-, Fernkopierer *m*

telecottage S WIRTSCH, IT Telearbeit-Center *n*; **telecottaging** S Arbeiten *n* von e-m Telearbeit-Center aus

telecourse S TV Fernsehlehrgang *m*, -kurs *m*

telediagnosis S *irr* MED Ferndiagnose *f*
telefilm S Fernsehfilm *m*
teleg. ABK 1 telegram 2 telegraph 3 telegraphic telegr(af). 4 telegraphy
telegenic [ˌtelɪˈdʒenɪk; *US a.* -ˈdʒiː-] ADJ (ADV ~ally) TV telegen
telegerist [tɪˈledʒərɪst] S Telefonkartensammler(in); **telegery** S Telefonkartensammeln *n*
telegnosis [ˌteləˈnəʊsɪs] S *Parapsychologie:* Telegnosie *f*, Hellsehen *n*
telegony [tɪˈlegənɪ] S BIOL Telegonie *f* (*wissenschaftlich nicht haltbare Annahme, dass ein rassereines Weibchen nach e-r einmaligen Begattung durch ein rassefremdes Männchen keine rassereinen Nachkommen mehr hervorbringen kann*)
telegram [ˈtelɪgræm] S Telegramm *n*: **by ~** telegrafisch
telegraph [ˈtelɪgrɑːf; *bes US* -ˌgræf] A S 1 Telegraf *m*: **by ~** telegrafisch 2 Telegramm *n* B VT 1 a *j-m etwas* telegrafieren b *j-n* telegrafisch benachrichtigen 2 *j-m Geld* telegrafisch anweisen *od* überweisen 3 a (*durch Zeichen*) zu verstehen geben, signalisieren b *Boxen: umg e-n Schlag* telegrafieren C VI 1 telegrafieren (**to** *dat od* an *akk*) 2 Zeichen geben
telegrapher [tɪˈlegrəfə(r)] S Telegrafist(in)
telegraphese [ˌtelɪgrɑːˈfiːz; *bes US* -græ-] S Telegrammstil *m*
telegraphic [ˌtelɪˈgræfɪk] ADJ (ADV ~ally) 1 telegrafisch: **~ address** Telegrammadresse *f* 2 *fig* telegrammartig, im Telegrammstil
telegraphist [tɪˈlegrəfɪst] S Telegrafist(in)
telegraph| line S Telegrafenleitung *f*; **~ pole**, *bes Br* **~ post** S Telegrafenmast *m*; **~ wire** S Telegrafendraht *m*
telegraphy [tɪˈlegrəfɪ] S Telegrafie *f*
telekinesis S *Parapsychologie:* Telekinese *f* (*Fähigkeit, Gegenstände durch Willenskraft zu bewegen*); **telekinetic** ADJ telekinetisch
telemark [ˈtelɪmɑː(r)k] S *Skisport:* Telemark(-schwung) *m*: **~ landing** (*Skispringen*) Telemarkaufsprung *m*
telemarketing S WIRTSCH Telemarketing *n* (*Angebot von Waren u. Dienstleistungen per Telefon*)
telemedicine S Telemedizin *f*
telemessage® S *Br* telefonisch *od* per Fernschreiber übermitteltes Telegramm
telemeter [ˈtelɪmiːtə(r)] S Telemeter *n*: a TECH Entfernungsmesser *m* b ELEK Fernmessgerät *n*; **telemetry** [tɪˈlemɪtrɪ] S 1 Telemetrie *f*, Fernmessung *f* 2 → radiotelemetry
telencephalon [ˌtelenˈsefəlɒn; *US* -ˌlɑn] S ANAT Telenzephalon *n* (*die beiden Großhirnhälften*)
teleologic [ˌtelɪəˈlɒdʒɪk; *US* -ˈlɑ-; *a.* ˌtiː-] ADJ, **teleological** [-kl] ADJ (ADV ~ly) PHIL teleologisch: **~ argument** teleologischer Gottesbeweis; **teleology** [-ˈɒlədʒɪ; *US* -ˈɑ-] S Teleologie *f* (*Lehre von der Zielgerichtetheit u. Zielstrebigkeit jeder Entwicklung im Universum*)
teleoperated ADJ ferngelenkt, -gesteuert; **teleoperation** S Fernlenkung *f*, -steuerung *f*
teleost [ˈtelɪɒst; *US* -ˌɑst; *a.* ˈtiː-], *a.* **teleostean** [-tɪən] S FISCH Teleostier *m*, Knochenfisch *m*
telepathic [ˌtelɪˈpæθɪk] ADJ (ADV ~ally) telepathisch: **~ suggestion** (*Parapsychologie*) Mentalsuggestion *f*; **telepathist** [tɪˈlepəθɪst] S 1 Telepath (-in) 2 *j-d, der an Telepathie glaubt*; **telepathize** A VT telepathisch beeinflussen B VI Telepathie betreiben; **telepathy** [-θɪ] S Telepathie *f*, Gedankenübertragung *f*
teleph. ABK 1 telephone Tel. 2 telephony
telephone [ˈtelɪfəʊn] A S Telefon *n*: **by ~** telefonisch, fernmündlich; **on the ~** telefonisch, durch das *od* am Telefon; **be on the ~** a Telefon(anschluss) haben, telefonisch erreichbar sein b am Telefon sein; **she is on the ~ (at the moment)** sie telefoniert gerade; **over the ~** durch das *od* per Telefon B VT 1 *j-n* anrufen (**at,** *Br* **on** unter *e-r Nummer*): **I have been telephoning him all evening** ich versuche schon den ganzen Abend, ihn telefonisch zu erreichen 2 (*j-m*) *etwas* telefonisch übermitteln *od* durchgeben C VI telefonieren, anrufen: **~ for a taxi** ein Taxi rufen D ADJ fernmündlich, telefonisch (*Bestellung, Reservierung etc*); **~ amplifier** S Telefonverstärker *m*; **~-answering machine** S Anrufbeantworter *m*; **~ banking** S Telefonbanking *n*; **~ bill** S Telefonrechnung *f*; **~ book** S → telephone directory; **~ booth**, *bes Br* **~ box** S Telefon-, Fernsprechzelle *f*; **~ call** S Telefongespräch *n*, (Telefon)Anruf *m*: **give sb a ~** j-n anrufen; **I had three ~s** ich bin dreimal angerufen worden; **make a ~** ein Telefongespräch führen, telefonieren; **I have an urgent ~ to make** ich muss dringend telefonieren; **~ caller** S Anrufer(in); **~ charges** SPL Telefongebühren *pl*; **~ connection** S Fernsprech-, Telefonanschluss *m*; **~ contact** S Telefonkontakt *m*; **~ conversation** S Telefongespräch *n*; **~ directory** S Telefon-, Fernsprechbuch *n*; **~ exchange** S 1 Fernsprechamt *n* 2 Telefonzentrale *f*; **~ kiosk** *Br für* telephone booth; **~ network** S Telefonnetz *n*; **~ number** S Telefonnummer *f*; **~ operator** S *bes US* Telefonist(in); **~ pole** S *US* Telefonmast *m*; **~ receiver** S Telefonhörer *m*; **~ sales** SPL Telefonverkauf *m*; **♀ Samaritans** SPL *Br* Telefonseelsorge *f*; **~ set** S Telefonapparat *m*; **~ sex** S Telefonsex *m*; **~ shower** S *US* Handbrause *f*; **~ subscriber** S Fernsprechteilnehmer(in); **~ tag** S: **play ~** sich gegenseitig anrufen, aber immer nur den Anrufbeantworter erreichen
telephonic [ˌtelɪˈfɒnɪk; *US* -ˈfɑ-] ADJ (ADV ~ally) telefonisch, fernmündlich, Telefon...; **telephonist** [tɪˈlefənɪst] S Telefonist(in); **telephonitis** [ˌtelɪfəʊˈnaɪtɪs] S *umg* Telefonitis *f*; **telephony** [tɪˈlefənɪ] S Telefonie *f*, Fernsprechwesen *n*
telephoto FOTO A ADJ Telefoto(grafie)...: **~ lens** Teleobjektiv *n* B S 1 Telefoto(grafie) *n(f)* 2 Bildtelegramm *n* 3 Funkbild *n*; **telephotograph** → telephoto B; **telephotographic** ADJ (ADV ~ally) 1 FOTO telefotografisch 2 bildtelegrafisch; **telephotography** S 1 Telefotografie *f* 2 Bildtelegrafie *f*
teleplay S Fernsehspiel *n*
teleprinter S ELEK Fernschreiber *m* (*Gerät*): **~ message** Fernschreiben *n*; **~ operator** Fernschreiber(in)
teleprocessing S IT Teleprocessing *n*, Datenfernverarbeitung *f*
Teleprompter® *US* → autocue
telerecord VT fürs Fernsehen aufzeichnen; **telerecording** S (Fernseh)Aufzeichnung *f*
telesales SPL → teleselling
telescope [ˈtelɪskəʊp] A S Teleskop *n*, Fernrohr *n* B VT 1 zusammen-, ineinanderschieben 2 *fig* verkürzen, komprimieren (**into** zu) C VI sich ineinanderschieben (lassen): **telescoping** → telescopic 3 D ADJ → telescopic; **~ eye** S ZOOL Teleskopauge *n*; **~ fish** S FISCH Teleskopfisch *m*
telescopic [ˌtelɪˈskɒpɪk; *US* -ˈskɑ-] ADJ (ADV ~ally) 1 teleskopisch: a Fernrohr...: **~ sight** MIL Zielfernrohr *n* b *nur durch ein Fernrohr sichtbar*: **~ stars** 2 weit sehend 3 ineinanderschiebbar, ausziehbar, Auszieh..., Teleskop...: **~ aerial** (*bes US* **antenna**) RADIO *etc* Teleskopantenne *f*; **~ umbrella** Taschenschirm *m*
telescreen S TV Fernseh-, Bildschirm *m*, *bes* Großbildschirm *m*
teleselling S Teleselling *n* (*Verkauf von Waren u. Dienstleistungen per Telefon*)
teleshopping S Teleshopping *n* (*Einkauf per Fernsehen od andere elektronische Medien*)
telesis [ˈtelɪsɪs] S SOZIOL zielbewusster u. geplanter Fortschritt
telesoftware S IT Telesoftware *f* (*Software, die z. B. aus dem Internet heruntergeladen wird*)
teletext S TV Teletext *m*
telethon [ˈteləθɒn; *US* -ˌθɑn] S TV Mammutsendung *f* (*bes für karitative Zwecke*)
Teletype® S (*ein*) Fernschreiber *m* (*Gerät*): **~ message** Fernschreiben *n*; **~ operator** Fernschreiber(in)
Teletypesetter® S TYPO Fernsetzmaschine *f*; **teletypewriter** *US* → teleprinter
teleview A VT sich *etwas* im Fernsehen ansehen, *etwas* im Fernsehen verfolgen B VI fernsehen; **televiewer** S Fernsehzuschauer(in), Fernseher(in)
televise [ˈtelɪvaɪz] VT → telecast A
television [ˈtelɪˌvɪʒn] A S 1 Fernsehen *n*: **be in ~** beim Fernsehen sein; **on (the)** im Fernsehen; **what's on ~ tonight?** was gibt es heute Abend im Fernsehen?; **watch ~** fernsehen; **watch** *sth* **on ~** → teleview A 2 Fernsehapparat *m*, -gerät *n*, Fernseher *m umg* B ADJ Fernseh...: **~ journalist (rights,** *etc*); **~ advertising** (*od* **commercials** *pl*) Werbefernsehen *n*, Fernsehwerbung *f*; **~ appearance** Fernsehauftritt *m*; **~ licence** *Br* Fernsehgenehmigung *f*; **~ set** → A 2; **~ tube** Bildröhre *f*; **~ viewer** Fernsehzuschauer(in); **televisional** [-ʒənl] ADJ Fernseh...
televisor [ˈtelɪvaɪzə(r)] → television A 2
televisual ADJ (ADV ~ly) 1 → televisional 2 → telegenic
teleworker S Telearbeiter(in); **teleworking** S Telearbeit *f*
telex [ˈteleks] ELEK A S 1 Telex *n*, Fernschreiber(teilnehmer)netz *n*: **by ~** per Telex, fernschriftlich; **be on the ~** Telex- *od* Fernschreibanschluss haben 2 Fernschreiber *m* (*Gerät*): **the news was on the ~** die Nachricht kam per Fernschreiber; **~ operator** Fernschreiber(in) 3 Telex *n*, Fernschreiben *n* B VT 1 *j-m etwas* telexen *od* per Fernschreiben mitteilen 2 *j-m* ein Telex schicken C ADJ fernschriftlich
telfer, *etc* → telpher *etc*
telford [ˈtelfə(r)d] ADJ TECH Telford...: **~ pavement** Schotterdecke *f*
telic [ˈtelɪk; *US a.* ˈtiː-] ADJ 1 zweckbestimmt 2 LING Absichts..., Zweck...: **~ clause** Absichtssatz *m*
tell [tel] *prät u. pperf* told [təʊld] A VT 1 *j-m etwas* sagen, erzählen: **without ~ing anybody** ohne es j-m zu sagen; **you didn't ~ me** das hast du mir gar nicht erzählt; **I'll ~ you later** das erzähl ich dir später; **I (can) ~ you that ...** ich kann Ihnen versichern, dass ...; **I (just) can't ~ you how ...** ich kann Ihnen gar nicht sagen, wie ...; **I have been told** mir ist gesagt worden; **you're telling me!** *umg* wem sagen Sie das?; **~ the world** *umg* (es) hinausposaunen; → another 2, so[1] A 5 a 2 *e-e Geschichte etc* erzählen 3 mitteilen, berichten, sagen, nennen: **~ one's name** s-n Namen nennen; **~ the reason** den Grund angeben; **~ the time** die Zeit anzeigen (*Uhr*); **all told** insgesamt, zusammen; → lie[1] A, truth 1 4 mit Worten ausdrücken: **I cannot ~ my grief** 5 *ein Geheimnis etc* verraten 6 (mit Bestimmtheit) sagen: **it is difficult to ~** es ist schwer zu sagen; **there is no ~ing what ...** es lässt sich nicht sagen, was ... 7 erkennen (**by, from** an *dat*): **I cannot ~ who that person is** ich kann nicht feststel-

T

len *od* sagen, wer diese Person ist; **~ by (the) ear** mit dem Gehör feststellen, hören 8 unterscheiden (**one from the other** eines vom andern): **~ apart**, **~ the difference between** auseinanderhalten 9 sagen, befehlen: **~ sb to do sth** j-m sagen, er solle etwas tun; **do as you are told** tu, was ich gesagt habe 10 (ab-)zählen: **~ the votes** PARL die Stimmen zählen; → bead A 2 11 **~ off** a MIL abkommandieren (**for zu**) b *umg j-n* rüffeln (**for** wegen; **for doing sth** weil er etwas getan hat) B V/I 1 berichten, erzählen (*beide:* **of** von; **about** über *akk*) 2 (**of**) ein Zeichen *od* Beweis sein (für, von), beweisen (*akk*), verraten (*akk*) 3 erkennen, wissen: **how can you ~?** wie können Sie das wissen *od* sagen?; **you never can ~** man kann nie wissen 4 *umg* petzen: **~ on sb** j-n verraten *od* verpetzen; **don't ~!** nicht(s) verraten! 5 wirken, sich auswirken (*beide:* **on** bei, auf *akk*): **every blow (word) ~s** jeder Schlag (jedes Wort) sitzt; **the hard work began to ~ on him** die harte Arbeit hinterließ allmählich ihre Spuren bei ihm *od* machte sich bei ihm bemerkbar; **his troubles have told on him** s-e Sorgen haben ihn sichtlich mitgenommen; **that ~s against you** das spricht gegen Sie 6 anschlagen (*das Gewicht erhöhen*) (**with** bei) 7 sich (deutlich) abheben (**against** gegen, von), (deutlich) hervortreten, zur Geltung kommen

tellable ADJ 1 erzählbar, mitteilbar 2 erzählenswert

teller S 1 Erzähler(in) 2 TECH Signalapparat *m* 3 Zähler(in) 4 *bes* PARL Stimmenzähler *m* 5 *bes US* Kassen-, Schalterbeamte(r) *m*, -beamtin *f*, Kassierer(in) (*e-r Bank*): **~'s department** Hauptkasse *f*

telling ADJ (ADV ~ly) 1 wirkungsvoll, wirksam, eindrucksvoll: **~ blow** wirkungsvoller Schlag, (*Boxen*) Wirkungstreffer *m*; **~ effect** durchschlagende Wirkung; **~ success** durchschlagender Erfolg 2 aufschlussreich, vielsagend (*Lächeln etc*); **~-off** S Rüffel *m umg*: **give sb a (good) ~** j-m e-n (anständigen) Rüffel geben *od* erteilen

telltale A S 1 Klatschbase *f pej*, Zuträger(in), Petze *f* 2 verräterisches (Kenn)Zeichen 3 TECH selbsttätige Anzeigevorrichtung, *bes* Kontrolluhr *f* 4 SCHIFF a Axiometer *n* (*e-s Ruders*) b Hängekompass *m* (*in der Kapitänskajüte*) B ADJ 1 klatschsüchtig, *umg*, schwatzhaft 2 verräterisch (*Träne etc*) 3 sprechend (*Ähnlichkeit*) 4 TECH a Anzeige... b Warn...: **~ clock** Kontrolluhr *f*; **~ lamp** Kontrolllampe *f*

tellurate ['teljʊreɪt] S CHEM tellursaures Salz

tellurian[1] [te'ljʊərɪən; *US* -'lʊr-] A ADJ irdisch, Erd... B S *bes Science-Fiction*: Erdbewohner(in)

tellurian[2] [te'ljʊərɪən; *US* -'lʊr-] S ASTRON Tellurium *n* (*Gerät zur modellhaften Darstellung der Bewegungen von Erde u. Mond um die Sonne*)

telluric[1] [te'ljʊərɪk; *US* -'lʊ-] → tellurian[1] A

telluric[2] [te'ljʊərɪk; *US* -'lʊ-] ADJ CHEM tellurisch, tellursauer, Tellur...: **~ acid** Tellursäure *f*

telluride ['teljʊraɪd] S CHEM Tellurid *n*

tellurion → tellurian[2]

tellurite ['teljʊraɪt] S CHEM Tellurit *n*

tellurium [te'ljʊərɪəm; *US* -'lʊ-] S CHEM Tellur *n*

tellurous ['teljʊrəs; *US a.* tə'lʊrəs] ADJ CHEM tellurig, Tellur...

telly ['telɪ] S *bes Br umg* 1 Fernseher *m* (*Gerät*) 2 (*das*) Fernsehen: **on the ~** im Fernsehen; **watch ~** fernsehen; **work in ~** beim Fernsehen arbeiten

telpher ['telfə(r)] TECH A S 1 Wagen *m* e-r (Elektro)Hängebahn 2 → telpherage B ADJ (Elektro)Hängebahn...: **~ line** → telpherway;

telpherage S automatische (elektrische) Lastenbeförderung; **telpherway** S TECH Telpherbahn *f*, (Elektro)Hängebahn *f*

telson ['telsn] S ZOOL Schwanzfächer *m*

Telugu ['teləgu:] A *pl* -gus, *bes koll* -gu 1 Telugu *m/f* (*Angehörige[r] e-s drawidischen Volkes*) 2 LING Telugu *n* B ADJ Telugu...

temblor ['temblər] *pl* -blors, -blores [-'blɔ:res] S *US* Erdbeben *n*

temerarious [ˌteməˈreərɪəs] ADJ (ADV ~ly) 1 tollkühn, verwegen 2 unbesonnen 3 *pej* kühn, frech

temerity [tɪ'merətɪ] S 1 Tollkühnheit *f*, Verwegenheit *f* 2 Unbesonnenheit *f* 3 *pej* Kühnheit *f*, Frechheit *f*

temp [temp] *umg* A S (*von e-r Agentur vermittelte*) Zeitarbeitskraft, *bes* Zeitsekretärin: **~ agency** *US* → temping agency B V/I *bes Br* Zeitarbeit machen, *bes* als Zeitsekretärin arbeiten

temp. ABK 1 temperate 2 temperature Temp. 3 temporary

temper ['tempə(r)] A S 1 Temperament *n*, Naturell *n*, Veranlagung *f*, Gemüt(sart) *n(f)*: **good ~** Gutmütigkeit *f*, ausgeglichenes Wesen; → even[2] A 3 2 Stimmung *f*, Laune *f*: **in a good (in a bad** *od* **in an ill) ~** (bei) guter (schlechter) Laune 3 Gereiztheit *f*, Zorn *m*: **be in a ~** gereizt *od* wütend sein; **fly** (*od* **get**) **into a ~** in Wut geraten 4 Gemütsruhe *f* (*obs außer in den Redewendungen*): **keep one's ~** ruhig bleiben; **lose one's ~** in Wut geraten, die Geduld verlieren; **be out of ~** übellaunig sein; **put sb out of ~** j-n wütend machen 5 Zusatz *m*, Beimischung *f* 6 *bes* TECH richtige Mischung 7 TECH Härte(grad) *f(m)* 8 *obs* a Kompromiss *m/n* b Mittelding *n* B V/T 1 mildern, mäßigen, abschwächen (*alle:* **with** durch) 2 TECH *Mörtel etc* mischen, anmachen 3 TECH a *Gusseisen* tempern, glühfrischen b *Glas* vorspannen, verspannen c *Kunststoff* härten 4 MUS *ein Klavier etc* temperieren C V/I TECH den richtigen Härtegrad erreichen *od* haben

tempera ['tempərə] S Tempera *f*: a Temperafarbe *f* b Temperamalerei *f*

temperament ['tempərəmənt; -prə-; *US a.* -pərm-] S 1 → temper A 1 2 Temperament *n*, Lebhaftigkeit *f* 3 richtige *od* innere Beschaffenheit 4 MUS Temperatur *f*, temperierte Stimmung: **set the ~** die Temperatur setzen *od* festlegen; **temperamental** [-'mentl] ADJ (ADV ~ly) 1 temperamentvoll, lebhaft 2 mit starken persönlichen Zügen, eigenwillig 3 a reizbar, launisch b leicht erregbar c *umg* unzuverlässig (*Gerät etc*): **be ~** (s-e) Mucken haben 4 veranlagungsmäßig, anlagebedingt: **~ly** *a.* von der Veranlagung her; **he's ~ly lazy** er ist von Natur aus faul

temperance ['tempərəns; -prəns; *US a.* -pərns] S 1 Mäßigkeit *f*, Enthaltsamkeit *f* 2 a Temperenz *f* (*Mäßigkeit im Alkoholgenuss*) b Abstinenz *f* (*von alkoholischen Getränken*) 3 *obs* Selbstbeherrschung *f*; **~ hotel** S alkoholfreies Hotel; **~ movement** S Abstinenzbewegung *f*; **~ society** S Temperenzgesellschaft *f*, -verein *m*

temperate ['tempərət; -prət] ADJ (ADV ~ly) 1 gemäßigt, maßvoll (*Sprache*) 2 zurückhaltend, (selbst)beherrscht 3 mäßig (*Begeisterung etc*) 4 a mäßig, enthaltsam (*bes im Essen u. Trinken*) b abstinent (*alkoholische Getränke meidend*) 5 gemäßigt, mild (*Klima*): **~ zone** GEOG gemäßigte Zone; **temperateness** S 1 Gemäßigtheit *f* 2 Beherrschtheit *f* 3 geringes Ausmaß 4 → temperance 1, 2 5 Milde *f* (*des Klimas etc*)

temperature ['temprətʃə(r); *US a.* 'tempərˌtʃʊər] S 1 PHYS Temperatur *f*: **at a ~ of 50 degrees** bei e-r Temperatur von 50 Grad 2 PHYSIOL (Körper)Temperatur *f*: **take sb's ~** j-s Temperatur messen, j-n messen; **have** (*od* **run**) **a ~** Fieber *od* (erhöhte) Temperatur haben; **~ curve** S Temperatur-, MED Fieberkurve *f*; **~-sensitive** ADJ (ADV ~ly) temperaturempfindlich

tempered ['tempə(r)d] ADJ 1 (*bes in Zusammensetzungen*) gestimmt, gelaunt: → even-tempered, *etc* 2 gemäßigt 3 MUS temperiert (*Klavier etc*) 4 TECH gehärtet (*Kunststoff*); **temperer** S TECH Mischer *m* (*Person od Gerät*)

tempering| bath ['tempərɪŋ; -prɪŋ] S TECH Anlassbad *n*; **~ box** S TECH Glühtopf *m*, Glüh-, Einsatzkasten *m*; **~ furnace** S a Anlass-, Temperofen *m* b Vergüte-, Härteofen *m*; **~ steel** S TECH Vergütungsstahl *m*

tempest ['tempɪst] S 1 (wilder) Sturm: **~ in a teapot** *US* Sturm im Wasserglas *umg* 2 *fig* Sturm *m*, (heftiger) Ausbruch 3 Gewitter *n* 4 ≈ *Segeln*: Tempest *f* (*Zweimann-Kielboot*); **~-beaten**, **~-tossed** ADJ sturmgepeitscht

tempestuous [tem'pestjʊəs; *US* -'pestʃəwəs] ADJ stürmisch, ungestüm, heftig (*alle a. fig*); **tempestuousness** S Ungestüm *n*, Heftigkeit *f* (*beide a. fig*)

tempi ['tempi:] *pl von* tempo

temping agency ['tempɪŋ] S Zeitarbeitsunternehmen *n*

Templar ['templə(r)] S 1 HIST Templer *m*, Tempelherr *m*, -ritter *m* 2 Tempelritter *m* (*ein Freimaurer*)

template ['templɪt] S 1 TECH Schablone *f*, Lehre *f*: **~ casting** METALL Schablonenguss *m* 2 ARCH a Unterleger *m* (*Balken*) b (*Dach*) Pfette *f* c Kragholz *n* 3 SCHIFF Mallbrett *n* 4 COMPUT Dokumentvorlage *f*, Schablone *f*

temple[1] ['templ] S 1 Tempel *m* (*a. fig*) 2 Gotteshaus *n* 3 *US* Synagoge *f* 4 ≈ JUR Temple *m* (*in London; früher Ordenshaus der Tempelritter, jetzt Sitz zweier Rechtskollegien*)

temple[2] ['templ] S 1 ANAT Schläfe *f* 2 *US* (*Brillen*) Bügel *m*

temple[3] ['templ] S *Weberei*: Tömpel *m*

templet → template

tempo ['tempəʊ] *pl* -pos, *bes* MUS -pi [-pi:] S Tempo *n*: a MUS Zeitmaß *n* b *fig* Geschwindigkeit *f*

temporal[1] ['tempərəl; -prəl] ADJ (ADV ~ly) 1 zeitlich: a Zeit... (*Ggs räumlich*) b irdisch 2 weltlich (*Ggs geistlich*): **~ courts** 3 LING temporal, Zeit...: **~ adverb** Umstandswort *n* der Zeit; **~ clause** Temporalsatz *m*

temporal[2] ['tempərəl; -prəl] ANAT A ADJ 1 Schläfen...: **~ bone** → B 2 Schläfenbein... B S Schläfenbein *n*

temporality [ˌtempəˈrælətɪ] S 1 Zeitbedingtheit *f*, Zeitweiligkeit *f* 2 (*etwas*) Zeitliches *od* Vorübergehendes: **temporalities** JUR zeitliche Güter 3 *pl* REL Temporalien *pl*, weltlicher Besitz

temporalty ['tempərəltɪ; -prəl-] S *obs* 1 weltlicher Besitz 2 Laienstand *m*

temporarily ['tempərərəlɪ; -prə-; *US* -pəˌrerəli:] ADV 1 provisorisch *etc* (→ temporary a) 2 aushilfsweise

temporariness ['tempərərɪnɪs; -prərɪ-; *US* -pəˌreri:-] S Einst-, Zeitweiligkeit *f*, zeitweilige Dauer

temporary ['tempərərɪ; -prərɪ; *US* -pəˌreri:] ADJ (ADV temporarily) provisorisch: a vorläufig, einst-, zeitweilig, vorübergehend, temporär: **~ arrangement** Übergangsregelung *f*; **~ restraining order** JUR *US* einstweilige Verfügung; **~ staff** (*a. als pl konstruiert*) Aushilfspersonal *n* b Not..., Hilfs..., Interims...: **~ bridge** Behelfs-, Notbrücke *f*; **~ credit** WIRTSCH Zwischenkredit *m*

temporize ['tempəraɪz] V/I 1 Zeit zu gewinnen suchen, abwarten, sich nicht festlegen: **~ with sb** j-n hinhalten 2 sich anpassen, mit dem Strom schwimmen, s-n Mantel nach dem Wind hängen 3 e-n Kompromiss schließen (**between** zwischen *dat*); **temporizer** S 1 *j-d, der Zeit zu gewinnen sucht od der sich nicht festlegt* 2 Opportunist(in); **temporizing** ADJ (ADV ~ly) 1 hinhaltend, abwartend 2 opportunistisch

tempt [tempt] VT 1 REL *u. allg j-n* versuchen, in Versuchung führen 2 *j-n* verlocken, -leiten, dazu bringen (*alle:* **to do, into doing** zu tun): **~ sb away from** j-n weglocken von; **be ~ed to do sth** versucht *od* geneigt sein, etwas zu tun; **can I ~ you to another glass of wine?** kann ich Sie noch zu e-m Glas Wein verführen? 3 *j-n* reizen, locken (*Angebot etc*) 4 **~ fate** (*od* **providence**) das Schicksal herausfordern

temptation [temp'teɪʃn] S Versuchung *f*, -führung *f*, -lockung *f* (*a. Sache*): **resist (yield to) ~** der Versuchung widerstehen (unterliegen); **lead into ~** in Versuchung führen; **tempter** S Versucher *m*, -führer *m*: **the** ♀ REL der Versucher; **tempting** ADJ (ADV ~ly) verführerisch, -lockend; **temptingness** S (*das*) Verführerische; **temptress** S Versucherin *f*, Verführerin *f*

ten [ten] A ADJ zehn: → penny 1 B S 1 Zehn *f* (*Zahl, Spielkarte etc*): **the ~ of hearts** die Herzzehn; **~s of thousands** Zehntausende; **by ~s** immer zehn auf einmal 2 *umg* Zehner *m* (*Geldschein etc*) 3 **take ~** *US umg* zehn Minuten Pause machen

tenable ['tenəbl] ADJ (ADV tenably) 1 haltbar (*Argument, Festung etc*) 2 verliehen (**for** für, auf *akk*): **an office ~ for two years**; **tenableness** S Haltbarkeit *f*

tenacious [tɪ'neɪʃəs] ADJ (ADV ~ly) 1 zäh, hartnäckig: **be ~ of** zäh festhalten an (*dat*); **~ of life** zählebig; **~ of purpose** zielstrebig; **~ ideas** zählebige *od* schwer auszurottende Ideen 2 verlässlich, gut (*Gedächtnis*) 3 zäh, klebrig 4 PHYS zäh, reiß-, zugfest; **tenaciousness, tenacity** [-'næsətɪ] S 1 *allg* Zähigkeit *f*: a Klebrigkeit *f* b PHYS Reiß-, Zugfestigkeit *f* c *fig* Hartnäckigkeit *f*: **~ of life** Zählebigkeit *f*; **~ of purpose** Zielstrebigkeit *f* 2 Verlässlichkeit *f*

tenaculum [tɪ'nækjʊləm] *pl* -la [-lə] S MED (Wund)Haken *m*

tenaille [te'neɪl] S MIL, HIST Tenaille *f* (*Festung, deren Linien abwechselnd ein- u. ausspringende Winkel bilden*)

tenancy ['tenənsɪ] S JUR 1 Pacht-, Mietverhältnis *n*: **~ at will** jederzeit beid(er)seitig kündbares Pacht- *od* Mietverhältnis 2 a Pacht-, Mietbesitz *m* b Eigentum *n*: **~ in common** Miteigentum 3 Pacht-, Mietdauer *f*

tenant ['tenənt] A S 1 JUR Pächter(in), Mieter(in): **~ farmer** (Guts)Pächter(in); **~s' association** Interessengemeinschaft *f* von Mietern 2 JUR Inhaber(in) (*von Realbesitz, Renten etc*) 3 Bewohner(in) 4 JUR, HIST Lehnsmann *m*: **~ in chief** Kronvasall *m* B VT 1 JUR in Pacht *od* Miete haben 2 JUR innehaben 3 bewohnen 4 beherbergen: **this house ~s five families** in diesem Haus wohnen fünf Familien; **tenantable** ADJ 1 JUR pacht-, mietbar 2 bewohnbar; **tenantless** ADJ 1 unverpachtet 2 unvermietet, leer (stehend) (*Wohnung etc*); **tenantry** [-trɪ] S 1 KOLL Pächter *pl*, Mieter *pl* 2 → tenancy

ten-cent store → five-and-ten

tench [tenʃ; tentʃ] *pl* tenches, *bes koll* tench S FISCH Schlei(e) *m(f)*

tend[1] [tend] VI 1 sich bewegen, streben (**to, toward[s]** nach, auf … *akk* zu): **~ from** wegstreben von 2 *fig* a tendieren, neigen (*beide:* **to, toward[s]** zu) b dazu neigen (**to do** zu tun): **I ~ to think that …** ich neige zu der Ansicht, dass … 3 *fig* a führen, beitragen (**to sth** zu etwas) b dazu beitragen (**to do** zu tun) c hinauslaufen (**to** auf *akk*) 4 SCHIFF schwoien

tend[2] [tend] A VT 1 TECH *e-e Maschine etc* bedienen 2 sorgen für, sich kümmern um, nach *j-m* sehen: **~ a patient** e-n Kranken pflegen; **~ a flock** e-e Herde hüten 3 *obs* als Diener begleiten 4 *obs* achten auf (*akk*) B VI 1 aufwarten (**on, upon** *dat*) 2 **~ to** *bes US umg* achtgeben auf (*akk*)

tendencious → tendentious

tendency ['tendənsɪ] S 1 *allg* Tendenz *f*: a Richtung *f*, Strömung *f* b (*bestimmte*) Absicht, Zweck *m* c Hang *m*, Zug *m*, Neigung *f* (*alle:* **toward[s], to** zu) d BIOL Anlage *f* 2 Gang *m*, Lauf *m*: **the ~ of events**

tendentious [ten'denʃəs; *US* -tʃəs] ADJ (ADV ~ly) tendenziös, Tendenz…; **tendentiousness** S tendenziöser Charakter

tender[1] ['tendə(r)] ADJ (ADV ~ly) 1 zart, weich, mürbe (*Fleisch*) 2 *allg* zart (*Farben, Gesundheit etc*): **at the ~ age of five** im zarten Alter von fünf Jahren 3 zart, empfindlich, *fig a.* sensibel: **a ~ plant** ein zartes Pflänzchen (*a. fig*); → spot A 5 4 *fig* heikel, kitzlig (*Thema etc*) 5 sanft, zart, zärtlich: **the ~ touch of her hand** 6 zärtlich, liebevoll (*Blick, Liebhaber etc*): → mercy 1 7 (**of, over**) bedacht (auf *akk*), besorgt (um) 8 SCHIFF rank, unstabil, topplastig

tender[2] ['tendə(r)] A VT 1 (formell) anbieten: **~ an averment** JUR e-n Beweis anbieten; → resignation 2 b 2 *s-e Dienste etc* anbieten, zur Verfügung stellen 3 *s-n Dank etc* aussprechen, zum Ausdruck bringen: **~ one's apologies** sich entschuldigen 4 WIRTSCH, JUR als Zahlung (*e-r Verpflichtung*) anbieten B VI WIRTSCH sich an e-r *od* der Ausschreibung beteiligen, ein Angebot machen: **invitation to ~** Ausschreibung *f* C S 1 Anerbieten *n*, Angebot *n*: **make a ~ of** → A 2 2 WIRTSCH (**legal ~** gesetzliches) Zahlungsmittel 3 WIRTSCH Angebot *n*, Offerte *f* (*bei e-r Ausschreibung*): **invite ~s for a project** ein Projekt ausschreiben; **put to ~** in freier Ausschreibung vergeben; **by ~** in Submission 4 WIRTSCH Kostenanschlag *m* 5 WIRTSCH, JUR Zahlungsangebot *n*

tender[3] ['tendə(r)] S 1 Pfleger(in) 2 SCHIFF Begleitschiff *n*, MIL *a.* Tender *m*, Mutterschiff *n* 3 BAHN, HIST Tender *m*, Kohlenwagen *m*

tenderer ['tendərə(r)] S WIRTSCH Angebotssteller(in), Bewerber(in)

tenderfoot *pl* -feet *od* -foots S 1 Anfänger(in), Greenhorn *n* 2 neu aufgenommene(r) Pfadfinder(in)

tenderhearted ADJ (ADV ~ly) weichherzig

tenderize ['tendəraɪz] VT *Fleisch* weich *od* zart *od* mürbe machen; **tenderizer** S Fleischzartmacher *m*

tenderloin S zartes Lendenstück (*vom Rind od Schwein*)

tenderness S 1 Zartheit *f* (*a. fig*), Weichheit *f* 2 Zartheit *f*, Empfindlichkeit *f*, *fig a.* Sensibilität *f* 3 Zärtlichkeit *f*

tendinous ['tendɪnəs] ADJ 1 sehnig, flechsig: **~ meat** 2 ANAT Sehnen…

tendon ['tendən] S ANAT Sehne *f*, *bes* ZOOL Flechse *f*: **~ sheath** Sehnenscheide *f*

tendovaginitis ['tendəʊˌvædʒɪ'naɪtɪs] S MED Tendovaginitis *f*, Sehnenscheidenentzündung *f*

tendril ['tendrɪl] S BOT Ranke *f*

tenebrous ['tenɪbrəs] ADJ dunkel, finster, düster

ten-eighty S CHEM fluressigsaures Natrium (*ein Rattengift*)

tenement ['tenɪmənt] S 1 Wohnhaus *n* 2 *bes schott a.* **~ building**, *bes US a.* **~ house** Mietshaus *n*, *bes* Mietskaserne *f* 3 *bes Br* Mietwohnung *f* 4 *obs* Wohnung *f* 5 JUR a (Pacht)Besitz *m* b beständiger Besitz, beständiges Privilegium: → dominant A 1, servient; **tenemental** [-'mentl], **tenementary** ADJ Pacht…, Miet…

Tenerife [ˌtenə'riːf] S Teneriffa *n*

tenesmus [tɪ'nezməs] S Tenesmus *m*, (schmerzhafter) Drang: **rectal ~** Stuhldrang *m*; **vesical ~** Harndrang *m*

tenet ['tiːnet; 'te-; -nɪt] S 1 (Grund-, Lehr)Satz *m*, Lehre *f*, Dogma *n* 2 *obs* Meinung *f*

tenfold ['tenfəʊld] A ADJ & ADV zehnfach B S (*das*) Zehnfache

ten-gallon hat S *US umg* breitrandiger Cowboyhut

tenia *US für* taenia

Tenn. ABK Tennessee

tenner ['tenə(r)] S *umg* Zehner *m*: a *US* Zehndollarschein *m* b *Br* Zehnpfundschein *m*

tennis ['tenɪs] S SPORT Tennis *n*; **~ ball** S SPORT Tennisball *m*; **~ court** S SPORT Tennisplatz *m*; **~ elbow** S MED Tennisarm *m*, -ell(en)bogen *m*; **~ player** S Tennisspieler(in); **~ racket** S SPORT Tennisschläger *m*; **~ shoe** S Tennisschuh *m*, *US a.* Turnschuh *m* (*aus Leder od Segeltuch*)

tenno ['tenəʊ] *pl* -no, -nos S Tenno *m* (*japanischer Kaisertitel*)

tenon ['tenən] TECH A S Zapfen *m*: **~ saw** Feinsäge *f* B VT verzapfen

tenor ['tenə(r)] A S 1 Verlauf *m*, (Fort)Gang *m* 2 Tenor *m*, (wesentlicher) Inhalt, Sinn *m*, Gedankengang *m* 3 Wesen *n*, Natur *f*, Beschaffenheit *f* 4 Absicht *f* 5 WIRTSCH Laufzeit *f* (*e-s Vertrages, e-s Wechsels*) 6 JUR Abschrift *f*, Kopie *f* 7 MUS Tenor *m*: a Tenorstimme *f* b Tenorsänger *m* c Tenorpartie *f* d Tenorinstrument *n*, *bes* Bratsche *f* B ADJ MUS Tenor…: **~ clef** Tenorschlüssel *m*; **tenorist** [-rɪst] S MUS Tenorist *m*: a Tenorsänger *m* (*im Chor*) b Spieler(in) e-s Tenorinstruments, *bes* Bratschist(in)

ten|pence ['tenpəns] S (*Summe od Wert von*) zehn Pence *pl*; **~pin** S 1 Pin *m*, Kegel *m*: **~ bowling** *Br* Bowling *n* 2 *pl* (*als sg konstruiert*) *US* Bowling *n*

tenrec ['tenrek] S ZOOL Tanrek *m*, Borstenigel *m*

tense[1] [tens] S LING Tempus *n*, Zeit (-form) *f*

tense[2] [tens] A ADJ (ADV ~ly) 1 straff, gespannt 2 *fig* a (an)gespannt (*Person, Nerven etc*) b (über)nervös, verkrampft (*Person*) c spannungsgeladen (*Moment etc*) d zermürbend (*Spiel etc*) e gespannt (*Lage etc*): **grow less ~** sich entspannen 3 LING gespannt, geschlossen (*Laut*) B VT (an)spannen, straffen C VI 1 sich straffen *od* (an)spannen 2 *fig* (*vor Nervosität etc*) starr werden, verkrampfen

tenseness S 1 Straffheit *f* 2 *fig* (nervöse) Spannung, Verkrampfung *f*

tensibility [ˌtensə'bɪlətɪ] S Dehnbarkeit *f*; **tensible** ADJ (ADV tensibly) spann-, dehnbar

tensile ['tensaɪl; *US* -səl] ADJ 1 dehn-, streckbar 2 PHYS Spannungs…, Zug…, Dehn(ungs)…: **~ strength (stress)** Zug-, Dehnfestigkeit *f* (-beanspruchung *f*)

tensimeter [ten'sɪmɪtə(r)] S CHEM Tensimeter *n* (*ein Dampfdruckmesser*)

tensiometer [ˌtensɪ'ɒmɪtə; *US* -'ɑmətər] S AGR Tensiometer *n* (*Gerät zur Bestimmung der Bodenfeuchte*)

tension ['tenʃn; *US* 'tentʃən] A S 1 Spannung *f* (*a.* ELEK), PHYS *a.* Tension *f* 2 MED Druck *m* 3 PHYS a Dehnung *f* b Zug-, Spannkraft *f*: **~ spring** TECH Zug-, Spannfeder *f* 4 TECH Spannvorrichtung *f* 5 *fig* (nervöse) Spannung, (An)Gespanntheit *f* 6 *fig* gespanntes Verhält-

nis, Spannung *f*: **political ~** politische Spannung(en *pl*) B V/T (an)spannen; **tensional** [-ʃənl] ADJ Dehn…, Spann(ungs)…
tensive ['tensɪv] ADJ Spannung verursachend
tensor ['tensə(r)] S 1 *a.* **~ muscle** ANAT Tensor *m*, Spannmuskel *m* 2 MATH Tensor *m* (*Größe in der Vektorenrechnung*)
ten|-spot S US 1 *Kartenspiel*: Zehn *f* (*Karte*) 2 *sl* Zehner *m*, Zehndollarschein *m*; **~-strike** S 1 → strike A 5 2 *fig umg* Volltreffer *m*
tent[1] [tent] A S 1 Zelt *n*: → pitch[2] A 1 2 → tent dress B V/T in Zelten unterbringen C V/I 1 zelten 2 in Zelten leben
tent[2] [tent] MED A S Tampon *m* B V/T tamponieren
tent[3] [tent] S *obs* Tintowein *m*
tentacle ['tentəkl] S 1 ZOOL a Tentakel *m/n*, Fühler *m* b Fang-, Greifarm *m* (*e-s Polypen etc*) 2 BOT Tentakel *m/n* (*bewegliche Verdauungsdrüse*); **tentacled** ADJ mit Tentakeln (versehen); **tentacular** [-'tækjʊlə(r)] ADJ Tentakel…; **tentaculate** [-lət; -lɪt], **tentaculated** [-leɪtɪd] ADJ 1 mit Tentakeln (versehen) 2 tentakelförmig
tentative ['tentətɪv] A ADJ 1 a versuchend, versuchsweise: **make ~ inquiries** sondieren b Versuchs… 2 vorsichtig, zögernd, zaghaft B S Versuch *m*; **tentatively** ADV 1 versuchsweise, als Versuch 2 zögernd
tent| bed S Feldbett *n*; **~ city** S Zeltstadt *f*; **~ dress** S *Mode*: Kleid *n* in A-Form
tenter ['tentə(r)] S TECH Spannrahmen *m* (*für Tuch*); **~hook** S TECH Spannhaken *m*: **be on ~s** *fig* (wie) auf Nadeln *od* glühenden Kohlen sitzen, auf die Folter gespannt sein; **keep sb on ~s** *fig* j-n auf die Folter spannen
tenth [tenθ] A ADJ 1 zehnt(er, e, es): **in the ~ place** zehntens, an zehnter Stelle 2 zehntel B S 1 (*der, die, das*) Zehnte: **the ~ of May** der 10. Mai 2 Zehntel *n*: **a ~ of a second** e-e Zehntelsekunde 3 HIST Zehnt *m* 4 MUS Dezime *f* (*Intervall von 10 diatonischen Stufen*): **~ chord** Dezimakkord *m*; **tenthly** ADV zehntens
tent| peg S Zeltpflock *m*, Hering *m*; **~ pole** S Zeltstange *f*; **~ show** S Zirkusvorstellung *f*; **~ stitch** S *Stickerei*: Perlstich *m*
tenuis ['tenjʊɪs; US -jəwəs] *pl* -es [-iːz] S LING Tenuis *f* (*stimmloser, nicht aspirierter Verschlusslaut*)
tenuity [te'njuːətɪ; US *a.* -'nuː-] S 1 Dünnheit *f* (*a.* PHYS *e-r Substanz*) 2 Zartheit *f* 3 Schlankheit *f* 4 *fig* Dürftigkeit *f*
tenuous ['tenjʊəs; US -jəwəs] ADJ 1 dünn: **a ~ connection** *fig* ein loser Zusammenhang 2 zart, fein 3 schlank 4 PHYS dünn, verdünnt 5 *fig* dürftig (*Argument etc*)
tenure ['teˌnjʊə(r); 'tenjə(r)] S 1 (Grund)Besitz *m* 2 JUR a Besitzart *f* b Besitztitel *m*: **~ by lease** Pachtbesitz *m* 3 Besitzdauer *f* 4 Innehaben *n*, Bekleidung *f* (*e-s Amtes*): **~ of office** Amtsdauer *f* 5 Anstellung *f*, Amt *n* 6 *fig* Genuss *m* (*e-r Sache*); **tenurial** [te'njʊərɪəl] ADJ (Land)Besitz…
tenuto [tɪ'njuːtəʊ; US teɪ'nuː-] ADJ & ADV tenuto, ausgehalten, getragen (*Note, Ton*)
tepee ['tiːpiː] S Tipi *n* (*ein Indianerzelt*)
tepefy ['tepɪfaɪ] V/T & V/I lauwarm machen (werden)
tephra ['tefrə] S (*als pl konstruiert*) *bes US* Tephra *f* (*feste od flüssige vulkanische Auswurfprodukte*)
tephrite ['tefraɪt] S GEOL Tephrit *m* (*ein basaltiges Ergussgestein*)
tepid ['tepɪd] ADJ (ADV ~ly) lauwarm, lau (*a. fig*); **tepidity** [te'pɪdətɪ], *a.* **tepidness** S Lauheit *f* (*a. fig*)
tequila [tɪ'kiːlə; US *a.* teɪ-] S Tequila *m*
tera- [terə] *Wortelement mit der Bedeutung* Billion
teratism ['terətɪzəm] S BIOL Missgeburt *f*;
teratologist [-'tɒlədʒɪst; US -'tɑ-] S MED Teratologe *m*, Teratologin *f*; **teratology** [-'tɒlədʒɪ; US -'tɑ-] S 1 *Sammlung von Märchen etc über Ungeheuer* 2 MED Teratologie *f* (*Lehre von den Missbildungen*); **teratoma** [-'təʊmə] S MED Teratom *n* (*e-e Mischgeschwulst*)
terbium ['tɜːbjəm; US 'tɜrbɪəm] S CHEM Terbium *n*
terce [tɜːs; US tɜrs] → tierce 2
tercel ['tɜːsl; US 'tɜrsəl] S ORN Terzel *m* (*männlicher Falke*)
tercentenary [ˌtɜːsen'tiːnərɪ; US ˌtɜrsen'te-], *a.* **tercentennial** [-'tenjəl; -nɪəl] A ADJ dreihundertjährig B S 1 dreihundertster Jahrestag 2 Dreihundertjahrfeier *f*
tercet ['tɜːsɪt; US 'tɜrsət; *a.* ˌ-'set] S 1 LIT Terzine *f* (*Strophe von drei Versen*) 2 MUS → triplet 4
terebinth ['terəbɪnθ] S BOT Terebinthe *f*
tergal ['tɜːgl; US 'tɜrgəl] ADJ ZOOL Rücken…
tergiversate ['tɜːdʒɪvɜːseɪt; US ˌtɜr'dʒɪvərˌseɪt] V/I 1 Ausflüchte machen, sich drehen u. wenden 2 abfallen, abtrünnig werden; **tergiversation** S 1 Ausflucht *f* 2 Abfall *m* 3 Wankelmut *m*; **tergiversator** [-tə(r)] S 1 *j-d, der Ausflüchte macht* 2 Renegat(in), Abtrünnige(r) *m/f(m)*
term [tɜːm; US tɜrm] A S 1 (*bes* Fach)Ausdruck, Bezeichnung *f*: **legal ~** juristischer Fachausdruck; **~ of abuse** Schimpfwort *n*, Beleidigung *f*; → endearment, technical 2 2 *pl* Ausdrucksweise *f*, Worte *pl*, Denkkategorien *pl*: **in ~s** ausdrücklich, in Worten; **praise sb in the highest ~s** j-n in den höchsten Tönen loben; **condemn sth in the strongest ~s** etwas schärfstens verurteilen; **in no uncertain ~s** unmissverständlich, klipp u. klar *umg*; **in ~s of** a in Form von (*od gen*) b im Sinne von (*od gen*) c hinsichtlich (*gen*), bezüglich (*gen*) d vom Standpunkt (*gen*), von … her e verglichen mit, im Verhältnis zu; **in ~s of approval** beifällig; **in ~s of literature** literarisch (betrachtet), vom Literarischen her; **in ~s of purchasing power** in Kaufkraft umgerechnet; **think in economic ~s** in wirtschaftlichen Kategorien denken; **think in ~s of money** (nur) in Mark u. Pfennig denken; → plain[1] A 4 3 *pl* Wortlaut *m*: **the exact ~s**; **be in the following ~s** folgendermaßen lauten 4 a Zeit *f*, Dauer *f*: **~ (of imprisonment)** JUR Freiheitsstrafe *f*; **~ of office** Amtszeit, -dauer, -periode *f*; **for a ~ of four years** für die Dauer von vier Jahren; **he is too old to serve a second ~** er ist zu alt für e-e zweite Amtsperiode, b (*Zahlungs- etc*) Frist *f*: **~ of payment**; **on ~** WIRTSCH auf Zeit; **in the long ~** auf lange Sicht, langfristig gesehen; **~ deposit** WIRTSCH Termingeld *n*, -einlage *f*; **~ insurance** WIRTSCH Risikolebensversicherung *f* 5 WIRTSCH a Laufzeit *f* (*e-s Vertrags etc*) b Termin *m*: **set a ~** e-n Termin festsetzen; **at ~** zum festgelegten Termin 6 a *Br* SCHULE, UNIV Trimester *n* b US UNIV Semester *n*, SCHULE Halbjahr *n* 7 JUR Sitzungsperiode *f* 8 *pl* (*Vertrags- etc*)Bedingungen *pl*, Bestimmungen *pl*: **~s of delivery** WIRTSCH Liefer(ungs)bedingungen; **~s of trade** Austauschverhältnis *n* (*im Außenhandel*); **on easy ~s** zu günstigen Bedingungen; **on the ~s that …** unter der Bedingung, dass …; **come to ~s** handelseinig werden, sich einigen (*beide*: **with** mit); **come to ~s with** sich abfinden mit; **come to ~s with the past** die Vergangenheit bewältigen; **come to ~s with the future** die Zukunft(sentwicklungen) akzeptieren; **bring to ~s** *j-n* zur Annahme der Bedingungen bringen; → equal A 10, reference A 3 9 *pl* Preise *pl*, Honorar *n*: **what are your ~s?** was verlangen Sie?; **I'll give you special ~s** ich mache Ihnen e-n Sonderpreis 10 *pl* Beziehungen *pl*, Verhältnis *n* (*zwischen Personen*): **be on good (bad, friendly) ~s with** auf gutem (schlechtem, freundschaftlichem) Fuße stehen mit; **they are not on speaking ~s** sie sprechen nicht (mehr) miteinander 11 *pl* gute Beziehungen *pl*: **be on ~s with sb** mit j-m gutstehen 12 MATH a Glied *n*: **~ of a sum** Summand *m* (*hinzuzuzählende Zahl*), b Ausdruck *m* (*e-r Gleichung*) c *Geometrie*: Grenze *f* (*e-r Linie*) 13 *Logik*: Begriff *m*: → contradiction 2, major A 5 a 14 ARCH Grenzstein *m*, -säule *f* 15 PHYSIOL a errechneter Entbindungstermin: **carry to (full) ~** *ein Kind* austragen; **go** (*od* **be taken**) **to ~** ausgetragen werden; **she is near her ~** sie steht kurz vor der Niederkunft, b *obs* Menstruation *f* B V/T (be)nennen, bezeichnen als: **he may be what is ~ed an egghead but …** er mag das sein, was man e-n Eierkopf nennt, aber …
term. ABK 1 terminal 2 termination
termagant ['tɜːməgənt; US 'tɜr-] A ADJ zänkisch, böse B S Megäre *f*, Zankteufel *m umg*
terminability [ˌtɜːmɪnə'bɪlətɪ; US ˌtɜr-] S 1 Begrenzbarkeit *f*, Bestimmbarkeit *f* 2 (zeitliche) Begrenzung, Befristung *f*; **terminable** ADJ (ADV terminably) 1 begrenzbar, bestimmbar 2 befristet, zeitlich begrenzt (*Abkommen etc*); **terminableness** → terminability
terminal ['tɜːmɪnl; US 'tɜrmnəl] A ADJ 1 Grenz…, begrenzend: **~ figure** → term A 14 2 letzt(er, e, es), End…, (Ab-)Schluss…: **~ amplifier** ELEK Endverstärker *m*; **~ examination** SCHULE Abschlussprüfung *f*; **~ station** → B 5 a; **~ syllable** LING Endsilbe *f*; **~ value** MATH Endwert *m*; **~ voltage** ELEK Klemmenspannung *f* 3 a *Br* SCHULE, UNIV Trimester… b US UNIV Semester…, SCHULE Halbjahres… 4 MED a unheilbar (*Krankheit*) b im Endstadium: **~ cancer**; **~ phase** (*od* **stage**) Terminalstadium *n* c Sterbe…: **~ clinic** 5 *umg* hoffnungslos (*Fall etc*), unlösbar (*Problem etc*) 6 BOT end-, gipfelständig B S 1 Endstück *n*, -glied *n*, Ende *n*, Spitze *f* 2 LING Endsilbe *f*, -buchstabe *m*, -wort *n* 3 ELEK a Klemmschraube *f* b (Anschluss)Klemme *f*, (*Plus-, Minus*) Pol *m* c Endstecker *m* d Kabelschuh *m* 4 ARCH Endglied *n*, -verzierung *f* 5 a BAHN *etc* Endstation *f*, Kopfbahnhof *m* b End- *od* Ausgangspunkt *m* (*e-r Transportlinie etc*) c → air terminal 1 d Terminal *m*, *a. n*, (zentraler) Umschlagplatz 6 Terminal *m*, *a. n*: a *Ein- u. Ausgabeeinheit e-r EDV-Anlage* b *Empfangs- u. Sendestation e-r Rohrpostanlage*; **terminally** [-nəlɪ] ADV 1 zum Schluss, am Ende 2 terminweise 3 **~ ill** MED unheilbar krank 4 UNIV trimester-, US semesterweise
terminate ['tɜːmɪneɪt; US 'tɜrmə-] A V/T 1 (*räumlich*) begrenzen 2 beenden, abschließen 3 WIRTSCH, JUR *e-n Vertrag etc* beendigen, aufheben, kündigen B V/I 1 (**in**) enden (*in dat*), aufhören (mit) 2 WIRTSCH, JUR endigen, ablaufen (*Vertrag etc*) 3 LING enden (**in** auf *akk*) C ADJ [-nət; -nɪt] 1 begrenzt 2 MATH endlich;
termination S 1 Aufhören *n* 2 Ende *n*, Schluss *m* 3 Abschluss *m*, Beendigung *f*: **~ of pregnancy** MED Schwangerschaftsabbruch *m*, -unterbrechung *f* 4 JUR Beendigung *f*: a Ablauf *m*, Erlöschen *n* b Aufhebung *f*, Kündigung *f* (*e-s Vertrags etc*) 5 LING Endung *f*; **terminational** [-ʃənl] ADJ 1 → terminative 1 2 LING durch Flexion der Endung gebildet: **~ comparison** germanische Steigerung; **terminative** [-nətɪv; US -ˌneɪ-] ADJ (ADV ~ly) 1 beendigend, End…, (Ab)Schluss… 2 LING den Abschluss e-r Handlung anzeigend
termini ['tɜːmɪnaɪ; US 'tɜr-] *pl von* terminus
terminism ['tɜːmɪnɪzəm; US 'tɜr-] S PHIL Terminismus *m* (*Lehre, nach der alles Denken nur ein*

T

Rechnen mit Begriffen ist)

terminological [ˌtɜːmɪnəˈlɒdʒɪkl; *US* ˌtɜrmənəˈlɑ-] ADJ (ADV ~ly) terminologisch; **terminology** [-ˈnɒlədʒɪ; *US* -ˈnɑ-] S Terminologie *f*: a Fachsprache *f*, -ausdrücke *pl* b Terminologielehre *f*

terminus [ˈtɜːmɪnəs; *US* ˈtɜr-] *pl* -ni [-naɪ], -nuses S 1 Endpunkt *m*, Ziel *n*, Ende *n* 2 → terminal B 5; **~ ad quem** [-ˌædˈkwem; *US* -ˌɑːd-] S JUR, PHIL Terminus *m* ad quem *(Zeitpunkt, bis zu dem etwas gilt od ausgeführt sein muss)*; **~ a quo** [-ˌɑːˈkwəʊ] S JUR, PHIL Terminus *m* a quo *(Zeitpunkt, von dem an etwas gilt od ausgeführt wird)*

termitarium [ˌtɜːmɪˈteərɪəm; *US* ˌtɜr-] *pl* -ia [-ɪə] S, **termitary** [ˈtɜːmɪtərɪ; *US* ˈtɜrməˌteriː] S ZOOL Termitenbau *m*, -hügel *m*; **termite** [ˈtɜːmaɪt; *US* ˈtɜr-] S ZOOL Termite *f*

termless ADJ 1 unbegrenzt 2 bedingungslos 3 *obs* unbeschreiblich

termor [ˈtɜːmə; *US* ˈtɜrmər] S JUR Besitzer(in) auf (Lebens)Zeit

tern[1] [tɜːn; *US* tɜrn] S ORN Seeschwalbe *f*

tern[2] [tɜːn; *US* tɜrn] S 1 Dreiergruppe *f*, -satz *m* 2 *a.* **~ schooner** SCHIFF dreimastiger Schoner

ternal [ˈtɜːnl; *US* ˈtɜrnəl] → ternary 1

ternary [ˈtɜːnərɪ; *US* ˈtɜr-] ADJ 1 aus (je) drei bestehend, dreifach: **~ form** MUS dreiteilige Form 2 CHEM *etc* ternär *(Verbindung etc)*: **~ alloy** *a.* Dreistofflegierung *f*; **~ fission** *(Kernenergie) a.* Dreifachspaltung *f*

ternate [ˈtɜːnɪt; -neɪt; *US* ˈtɜr-] → ternary 1

terne [tɜːn; *US* tɜrn] S 1 *a.* **~ metal** Blei-, Zinn-Legierung *f* 2 *a.* **~ plate** Mattblech *n*

terpene [ˈtɜːpiːn; *US* ˈtɜr-] S CHEM Terpen *n*

Terpsichore [tɜːpˈsɪkərɪ; *US* ˌtɜrp-] EIGENN Terpsichore *f (Muse des Tanzes)*; **Terpsichorean**, *a.* ♀ [-ˈriːən] *oft hum* A ADJ Tanz… B S Tänzer(in)

terr. ABK 1 terrace 2 territory

terra [ˈterə] S *bes* JUR Boden *m*, Land *n*

terrace [ˈterəs] A S 1 GEOL Terrasse *f*, Geländestufe *f* 2 ARCH a Flachdach *n* b Terrasse *f* c *US* Balkon *m* 3 *bes Br* Häuserreihe *f*, -zeile *f* 4 *pl* SPORT *Br* (Zuschauer)Ränge *pl (im Stadion)*: **the ~s** die Ränge *(a. die Zuschauer)* B V/T 1 terrassenförmig anlegen, terrassieren 2 mit Terrassen versehen; **terraced** ADJ 1 terrassenförmig (angelegt) 2 **~ house** *Br* Reihenhaus *n*

terra|cotta [ˌterəˈkɒtə; *US* -ˈkɑ-] A S 1 Terrakotta *f* 2 Terrakottafigur *f etc* B ADJ Terrakotta…; **~ firma** [-ˈfɜːmə; *US* -ˈfɜrmə] S festes Land, fester Boden: **be on ~ again** wieder festen Boden unter den Füßen haben

terrain [teˈreɪn; *bes US* tə-] S 1 Gelände *n*, *bes* MIL Terrain *n* 2 → terrane

terra incognita [ˌterəɪŋˈkɒgnɪtə; *US* ˈterəˌɪnˌkɑgˈniːtə] S Terra *f* incognita: a unerforschtes Land b *fig* unerforschtes Wissensgebiet, wissenschaftliches Neuland

terrane [teˈreɪn] S GEOL Formation(engruppe) *f*

terrapin [ˈterəpɪn] S ZOOL Sumpfschildkröte *f*

terraqueous [teˈreɪkwɪəs] ADJ aus Land u. Wasser bestehend

terrarium [teˈreərɪəm; *US* təˈrær-] *pl* -iums, -ia [-ə] S Terrarium *n*

terrazzo [teˈrætsəʊ; *US* təˈræzəʊ; təˈrɑːtsəʊ] S Terrazzo *m (aus Zement u. farbigen Natursteinen bestehendes Material)*

terrene [teˈriːn] ADJ 1 irdisch, Erd… 2 Erd…, erdig

terreplein [ˈteəpleɪn; *US* ˈterəˌpleɪn] S Wallgang *m*

terrestrial [tɪˈrestrɪəl] A ADJ (ADV ~ly) 1 irdisch, weltlich 2 Erd…: → globe A 3 3 GEOL terrestrisch, (Fest)Land… 4 RADIO, TV terrestrisch *(nicht über Satellit gesendet etc)* 5 BOT, ZOOL Land…, Boden… B S Erdbewohner(in)

terret [ˈterɪt] S Zügelring *m (am Pferdegeschirr)*

terrible [ˈterəbl] ADJ (ADV terribly) schrecklich, furchtbar, fürchterlich *(alle a. fig umg außerordentlich)*; **terribleness** S Schrecklichkeit *f*, Fürchterlichkeit *f*

terrier[1] [ˈterɪə(r)] S 1 Terrier *m (Hunderasse)* 2 ♀ *Br umg für* territorial B

terrier[2] [ˈterɪə(r)] S JUR, HIST *Br* Flurbuch *n*

terrific [təˈrɪfɪk] ADJ (ADV ~ally) 1 fürchterlich, furchtbar, schrecklich *(alle a. fig umg)* 2 *umg* toll, fantastisch, gewaltig

terrified [ˈterɪfaɪd] ADJ (zu Tode) erschrocken, entsetzt, verängstigt: **be ~ of** schreckliche Angst haben vor *(dat)*

terrify [ˈterɪfaɪ] V/T *j-m* Angst u. Schrecken einjagen: **~ sb into doing sth** j-m solche Angst einjagen, dass er etwas tut

terrifying ADJ (ADV ~ly) → terrific 1

terrigenous [teˈrɪdʒɪnəs] ADJ GEOL terrigen, vom Festland stammend

terrine [teˈriːn] S 1 Steingutkasserolle *f* 2 → tureen

territorial [ˌterɪˈtɔːrɪəl; *US a.* -ˈtəʊ-] A ADJ (ADV ~ly) 1 Grund…, Land…: **~ property** 2 territorial, Landes…, Gebiets…: **~ airspace** Lufthoheitsgebiet *n*; ♀ **Army** MIL *Br* Territorialarmee *f*, Landwehr *f*; **~ claims** POL territoriale Forderungen; **~ jurisdiction** JUR örtliche Zuständigkeit; **~ waters** Hoheitsgewässer 3 ♀ *US* Territorial… *(ein Territorium betreffend)* B S MIL *Br* Landwehrsoldat(in); **territorialize** V/T 1 territorial machen 2 zum Territorium *od* Staatsgebiet machen

territory [ˈterɪtərɪ; *US* ˈterəˌtəʊriː; -ˌtɔː-] S 1 Gebiet *n*, Territorium *n*, *fig a.* Bereich *m* 2 POL Hoheits-, Staatsgebiet *n*: **on British ~** auf britischem Gebiet 3 ♀ POL Territorium *n (Schutzgebiet)* 4 WIRTSCH *(Vertrags-, Vertreter)* Gebiet *n*, (-)Bezirk *m* 5 SPORT (Spielfeld)Hälfte *f*

terror [ˈterə(r)] S 1 panische Angst (**of** vor *dat*): **in ~** voller Entsetzen; **strike with ~** in Angst u. Schrecken versetzen 2 Schrecken *m (schreckenerregende Person od Sache)* 3 Terror *m*, Gewalt-, Schreckensherrschaft *f* 4 *umg* Albtraum; **terrorism** S 1 → terror 3 2 Terrorismus *m* 3 Terrorisierung *f*; **terrorist** A S Terrorist(in) B ADJ terroristisch, Terror…: **~ attack** Terroranschlag *m*; **~ bombings** *pl* Bombenterror *m*; **~ group** Terroristengruppe *f*; **~ threat** Terrorgefahr *f*; **terrorization** [-raɪˈzeɪʃn; *US* -rəˈz-] S 1 Terrorisierung *f* 2 Einschüchterung *f*; **terrorize** V/T 1 terrorisieren 2 einschüchtern: **~ sb into doing sth** j-n so einschüchtern, dass er etwas tut

terror|-stricken, **~-struck** ADJ schreckerfüllt, starr vor Schreck

terry [ˈterɪ] A S 1 Frisée-, Kräuselsamt *m*, ungeschnittener Samt *od* Plüsch 2 Frottiertuch *n*, -gewebe *n* 3 Schlinge *f (des ungeschnittenen Samtes etc)* B ADJ 1 **terry ~** → A 1 2 **~ cloth** → A 2; **~ towel** Frottier-, Frottee(hand)tuch *n*

terse [tɜːs; *US* tɜrs] ADJ (ADV ~ly) 1 knapp, kurz u. bündig 2 **be ~** kurz angebunden sein; **terseness** S Knappheit *f*, Kürze *f*

tertial [ˈtɜːʃl; *US* ˈtɜrʃəl] S ORN Schwungfeder *f* der dritten Reihe

tertian [ˈtɜːʃn; *US* ˈtɜrʃən] MED A ADJ **~ fever** → B B S Tertianfieber *n (Malaria mit Fieberanfällen an jedem dritten Tag)*

tertiary [ˈtɜːʃərɪ; *US* ˈtɜr-; *a.* -ʃɪˌeriː] A ADJ 1 *allg* tertiär, Tertiär…: **~ education** tertiärer Bildungsbereich; **~ winding** ELEK Tertiärwicklung *f* 2 MED tertiär, dritten Grades: **~ burns** 3 ♀ GEOL Tertiär… B S 1 GEOL Tertiär *n (älterer Teil der Erdneuzeit)* 2 REL Tertiarier(in), Terziar(in) *(Angehörige[r] e-s Dritten Ordens)* 3 → tertial

tervalence [tɜːˈveɪləns; *US* tɜr-], **tervalency** [-sɪ] S CHEM Dreiwertigkeit *f*; **tervalent** ADJ dreiwertig

terylene® [ˈterəliːn] S Terylen® *n (ein Gewebe aus synthetischer Faser)*

terza rima [ˌtɜːtsəˈriːmə; *US* ˌtɜr-] *pl* terze rime [ˌtɜːtseɪˈriːmeɪ; *US* ˌtɜr-] S LIT Terzine *f (meist durch Kettenreim mit den anderen verbundene Strophe aus drei elfsilbigen Versen)*

terzetto [tɜːtˈsetəʊ; *US* tɜrt-] *pl* -tos, ti [-tiː] S MUS (vokales) Terzett *od* Trio

TESL ABK teaching (of) English as a second language Unterrichten *n* von Englisch als Zweitsprache

Tesla, ♀ [ˈteslə] ADJ ELEK Tesla…: **~ coil (current, transformer)**

TESOL ABK *US* teaching (of) English to speakers of other languages Unterrichten *n* von Englisch als Fremdsprache

TESSA ABK *Br* tax-exempt special savings account *(Sparkonto mit steuerfreien Zinserträgen u. mindestens fünf Jahren Laufzeit)*

tessellate A V/T [ˈtesɪleɪt] tessellieren, mit Mosaiksteinchen auslegen, mosaikartig zusammensetzen B ADJ [-lɪt] 1 → tessellated 2 BOT gewürfelt; **tessellated** ADJ gewürfelt, mosaik-, schachbrettartig, Mosaik…: **~ floor** *(od* **pavement)** Mosaik(fuß)boden *m*; **tessellation** S Mosaik(arbeit) *n(f)*

tessera [ˈtesərə] *pl* -serae [-riː] S (Mosaik)Steinchen *n*, (viereckiges) Täfelchen

test[1] [test] A S 1 *allg, a.* TECH Probe *f*, Versuch *m*, Test *m* 2 a Prüfung *f*, Untersuchung *f*, Stichprobe *f* b *fig* Probe *f*, Prüfung *f*: **a severe ~** e-e strenge Prüfung, *fig* e-e harte Probe; **put to the ~** auf die Probe stellen; **put to the ~ of experience** praktisch erproben; **stand the ~** die Probe bestehen, *(a.* **stand the ~ of time)** sich bewähren; **~ of nerves** Nervenprobe; **~ of strength** Kraftprobe; → crucial 1 3 Prüfstein *m*, Prüfungsmaßstab *m*, Kriterium *n*: **success is not a fair ~** 4 SCHULE, PSYCH Test *m*, *(Eignungs-, Leistungs)* Prüfung *f* 5 MED *(Blut- etc)* Probe *f*, Test *m* 6 CHEM a Analyse *f* b Reagens *n* c Nachweis *m*, Prüfbefund *m* 7 METALL a Versuchstiegel *m*, Kapelle *f* b Treibherd *m* 8 Probebohrung *f (nach Öl)* 9 → test match 10 *Br* HIST Testeid *m*: ♀ **Act** Testakte *f (Gesetz von 1673)*; **take the ~** den Testeid leisten B V/T 1 (**for sth** auf etwas [hin]) prüfen *(a.* SCHULE) *od* untersuchen, erproben, e-r Prüfung unterziehen, testen *(alle a.* TECH): **~ out** ausprobieren; **~ sth with** *(od* **on)** etwas testen an *(dat)* 2 a *e-n Torhüter* testen, auf die Probe stellen, *j-s Geduld etc a.* auf e-e harte Probe stellen: **don't ~ my patience!** m-e Geduld ist gleich zu Ende! b *Reifen etc* beanspruchen 3 SCHULE, PSYCH *etc j-n* testen 4 CHEM analysieren 5 ELEK *e-e Leitung* prüfen, abfragen 6 MATH die Probe machen auf *(akk)* 7 MIL *etc ein Gewehr etc a.* anschießen C ADJ Probe…, Versuchs…, Prüf(ungs)…, Test…: **~ circuit** ELEK Messkreis *m*; **~ drive** AUTO Probefahrt *f*; **give** *a car* **a ~ drive** → test-drive; **~ flight** FLUG Probe-, Testflug *m*; **~ run** TECH Probelauf *m (e-r Maschine etc)*; **~ track** AUTO Teststrecke *f*

test[2] [test] S 1 ZOOL harte Schale *(von Mollusken etc)* 2 → testa

testa [ˈtestə] *pl* -tae [-tiː] S BOT Samenschale *f*

testable [ˈtestəbl] ADJ prüf-, untersuchbar

testacean [teˈsteɪʃn], **testaceous** [-ʃəs] ADJ ZOOL hartschalig, Schalen…

testacy [ˈtestəsɪ] S JUR Testamentshinterlassung *f*

testae ['testiː] *pl von* testa
testament ['testəmənt] S 1 JUR Testament *n* 2 REL Testament *n (Bund Gottes mit den Menschen)* 3 BIBEL *(Altes od Neues)* Testament 4 Zeugnis *n*, Beweis *m (beide:* **to** *gen od* für); **testamentary** [-'mentəri] ADJ JUR testamentarisch: a letztwillig b durch Testament (vermacht *od* bestimmt): ~ **disposition** letztwillige Verfügung; ~ **guardian** durch Testament eingesetzter Vormund; ~ **capacity** Testierfähigkeit *f*
testate ['testeɪt; -tɪt] ADJ JUR: **die ~** unter Hinterlassung e-s Testaments sterben, ein Testament hinterlassen; **testator** [-tə(r)] S Testator *m*, Erb-lasser *m*; **testatrix** [-trɪks] *pl* -trices [-trɪsiːz] S Testatorin *f*, Erb-lasserin *f*
test| ban S POL Teststopp *m*; **~-ban treaty** S POL Teststoppabkommen *n*, -vertrag *m*; **~ bed** S TECH Prüfstand *m*; **~ card** S TV *Br* Testbild *n*; **~ case** S 1 Muster-, Schulbeispiel *n* 2 JUR a Musterprozess *m* b Präzedenzfall *m*; **~-drive** V/T *irr* AUTO *ein Auto* Probe fahren
tested ['testɪd] ADJ geprüft, getestet, erprobt
testee [te'stiː] S 1 PSYCH *etc* Testperson *f* 2 SCHULE Prüfling *m*
tester[1] ['testə(r)] S 1 Prüfer(in), Tester(in) 2 Prüfgerät *n*, Testvorrichtung *f*
tester[2] ['testə(r)] S Baldachin *m*, Himmel *m*
tester[3] ['testə(r)] → teston 2
testes ['testiːz] *pl von* testis
test|-fire → test[1] B 7; **~-fly** V/T *irr* FLUG *ein Flugzeug* Probe fliegen; **~ glass** → test tube
testicle ['testɪkl] S ANAT Testikel *m*, Hode *m/f*, Hoden *m*; **testicular** [-jʊlə(r)] ADJ ANAT, MED Hoden…: ~ **cancer**
testify ['testɪfaɪ] A V/I JUR (als Zeuge) aussagen: **refuse to ~** die Aussage verweigern; **~ against** a aussagen gegen *j-n* b BIBEL Zeugnis ablegen wider *j-n*; **~ to** a *etwas* bezeugen b *fig* → B 2 B V/T 1 JUR bezeugen: **~ that …** aussagen, dass … 2 *fig* bezeugen: a zeugen von b kundtun
testimonial [ˌtestɪ'məʊnjəl; -nɪəl] A S 1 *(Führungs- etc)* Zeugnis *n* 2 Empfehlungsschreiben *n*, Referenz *f* 3 (Zeichen *n* der) Anerkennung *f*, *bes* Ehrengabe *f* B ADJ 1 Anerkennungs…, Ehren… 2 JUR Zeugen…: → evidence A 2 b
testimony ['testɪmənɪ; *US* -ˌməʊ-] S 1 JUR (mündliche) Zeugenaussage: **in ~ whereof** urkundlich dessen; **bear ~ to**, *fig a.* **be ~ to** bezeugen; **call sb in ~** j-n als Zeugen aufrufen, *fig* j-n zum Zeugen anrufen; **give ~ against** aussagen gegen; **have sb's ~ for** j-n zum Zeugen haben für; **on his ~** aufgrund s-r Aussage 2 → testament 4 3 BIBEL a Gesetzestafeln *pl* b Bundeslade *f*
testiness ['testɪnɪs] S 1 Reizbarkeit *f* 2 Gereiztheit *f*
testing ['testɪŋ] ADJ *bes* TECH Probe…, Prüf…, Versuchs…, Mess…, Test… *(a.* PSYCH *etc)*: **~ circuit** ELEK Messkreis *m*; **~ engineer** Prüf(feld)ingenieur(in); **~ ground** TECH a Prüffeld *n* b Versuchsgelände *n*
testis ['testɪs] *pl* -tes [-tiːz] S → testicle
test| lamp S TECH Prüflampe *f*; **~ load** S 1 TECH Prüfbelastung *f* 2 AUTO Prüflast *f*; **~ match** S *Kricket*: internationaler Vergleichskampf; **~ model** S TECH Testmodell *n*
teston ['testən; *US* -ˌtɑːn] S HIST 1 Teston *m* *(französische Silbermünze im 16. Jh.)* 2 Schilling *m* *(in England zur Zeit Heinrichs VIII.)*
testosterone [te'stɒstərəʊn; *US* -'stɑs-] S BIOL, CHEM Testosteron *n (männliches Sexualhormon)*
test| paper S 1 SCHULE a Prüfungsbogen *m* b schriftliche (Klassen)Arbeit 2 CHEM Reagenzpapier *n*; **~ pattern** S TV *US* Testbild *n*; **~ pilot** S FLUG Testpilot(in); **~ print** S FOTO Probeabzug *m*; **~ solution** S CHEM Prüf-, Untersuchungslösung *f*; **~ stand** S TECH Prüfstand *m*; **~ tube** S BIOL, CHEM Reagenzglas *n*; **~-tube** ADJ 1 in der Retorte entwickelt *od* produziert 2 MED aus der Retorte, Retorten…: ~ **babies**
testudinal [te'stjuːdɪnl; *US a.* -'stuː-] ADJ ZOOL schildkrötenartig
testy ['testɪ] ADJ (ADV testily) 1 (leicht) reizbar 2 gereizt, unwirsch *(Antwort etc)*
tetanic [tə'tænɪk] ADJ (ADV ~ally) MED tetanisch, starrkrampfartig; **tetanize** V/T tetanisieren, Starrkrampf erzeugen bei *j-m od* in *e-m Organ*; **tetanus** ['tetənəs] S MED Tetanus *m*: a *(bes* Wund)Starrkrampf *m* b tetanischer Krampfanfall c *a.* **~ bacillus** Tetanusbazillus *m*
tetchiness ['tetʃɪnɪs] S Reizbarkeit *f*; **tetchy** ADJ (ADV tetchily) (leicht) reizbar
tête-à-tête [ˌteɪtɑː'teɪt; *US* ˌteɪtə't-] A ADJ vertraulich, unter vier Augen B ADV 1 → A 2 ganz allein (**with** mit) C S Tete-a-tete *n* *(Gespräch unter vier Augen)*
tête-bêche [ˌtet'beʃ; *US a.* ˌteɪt'beɪʃ] S *Philatelie*: Kehrdruck *m*
tether ['teðə(r)] A S 1 Haltestrick *m*, (-)Seil *n* 2 *fig* a Spielraum *m* b (geistiger) Horizont: **be at the end of one's ~** am Ende s-r *(a. finanziellen)* Kräfte sein; sich nicht mehr zu helfen wissen; am Ende s-r Geduld sein B V/T 1 *Vieh* anbinden (**to** an *akk*) 2 (**to**) *fig* binden (an *akk*), beschränken (auf *akk*)
tetra- [tetrə] *Wortelement mit der Bedeutung* vier
tetrabasic ADJ CHEM vierbasisch
tetrachloride S CHEM Tetrachlorid *n*
tetrachord S MUS Tetrachord *n (Anordnung von vier aufeinanderfolgenden Tönen im Umfang e-r Quart)*
tetrad ['tetræd] S 1 Tetrade *f (aus vier Einheiten bestehendes Ganzes)* 2 *(die Zahl)* Vier *f* 3 CHEM vierwertiges Atom *od* Element
tetragon ['tetrəgən; *US* -ˌgɑn] S MATH Tetragon *n*, Viereck *n*; **tetragonal** [te'trægənl] ADJ (ADV ~ly) 1 MATH tetragonal, viereckig 2 BOT vierkantig
tetrahedral [ˌtetrə'hedrəl; *bes US* -'hiː-] ADJ (ADV ~ly) MATH, MINER tetraedrisch, vierflächig: **~ angle** Vierkant *m*; **tetrahedron** [-drən] *pl* -hedrons, -hedra [-drə] S MATH Tetraeder *n*, Vierflächner *m*
tetralogy [tə'trælədʒɪ; *US a.* -'trɑ-] S Tetralogie *f (Folge von vier e-e innere Einheit bildenden Dichtungen)*
tetrameter [te'træmɪtə(r)] S LIT Tetrameter *m (aus vier metrischen Einheiten zusammengesetzter Vers)*
tetrapetalous [ˌtetrə'petələs] ADJ BOT tetrapetalisch *(vier Blütenblätter aufweisend)*
tetraplegia [ˌtetrə'pliːdʒɪə; -dʒə] S MED Tetraplegie *f (Lähmung aller vier Extremitäten)*
tetraplegic A ADJ tetraplegisch: **be ~** an allen vier Extremitäten gelähmt sein B S Tetraplegiker(in)
tetraploid ['tetrəplɔɪd] ADJ BIOL tetraploid *(mit vierfachem Chromosomensatz)*
tetrapod ['tetrəpɒd; *US* -ˌpɑd] ZOOL A ADJ vierfüßig B S Tetrapode *m*, Vierfüßer *m*
tetrarch ['tetrɑː(r)k; 'tiː-] S *Antike*: Tetrarch *m* *(Herrscher über den vierten Teil e-s Landes)*
tetrasyllabic, **tetrasyllabical** ADJ LING viersilbig; **tetrasyllable** S a viersilbiges Wort b viersilbiger Vers
tetratomic [ˌtetrə'tɒmɪk; *US* -'tɑ-] ADJ CHEM vieratomig
tetravalence [ˌtetrə'veɪləns], **tetravalency** [-sɪ] S CHEM Vierwertigkeit *f*; **tetravalent** ADJ vierwertig
tetrode ['tetrəʊd] S ELEK Tetrode *f*, Vierpolröhre *f*
tetter ['tetə(r)] S MED 1 a Bläs-chen *n* b Pickel *m*, Pustel *f* 2 *umg* Hautausschlag *m*, *bes* Ekzem *n*
Teuton ['tjuːtən; *US a.* 'tuː-] A S 1 HIST Germane *m*, Germanin *f* 2 HIST Teutone *m*, Teutonin *f* 3 Deutsche(r) *m/f(m)* B ADJ → Teutonic A; **Teutonic** [-'tɒnɪk; *US* -'tɑ-] A ADJ 1 HIST germanisch 2 HIST teutonisch 3 *pej od hum* (typisch) deutsch *(Gründlichkeit etc)* 4 Deutschordens…: **~ Knights** Deutschordensritter *pl*; **~ Order** Deutschritterorden *m* B S LING, HIST Germanisch *n*, das Germanische; **Teutonism** [-tənɪzəm] S 1 HIST Germanentum *n*, germanisches Wesen 2 LING Germanismus *m*; **Teutonize** V/T & V/I (sich) germanisieren
Tex. ABK 1 Texan 2 Texas
Texan ['teksən] A ADJ texanisch, aus Texas B S Texaner(in)
Texas ['teksəs] S Texas *n (Staat im Süden der USA)*
Texas| fever ['teksəs] S VET Texasfieber *n*; **~ Rangers** SPL *(HIST berittene) Staatspolizeitruppe von Texas*; **~ tower** S MIL, HIST Radarvorwarnturm *m*
text [tekst] A S 1 (Ur)Text *m* 2 (genauer) Wortlaut 3 TYPO Text(abdruck, -teil) *m (Ggs Illustrationen etc)* 4 *(Lied- etc)* Text *m* 5 Thema *n*: **stick to one's ~** bei der Sache bleiben 6 → textbook 7 a Bibelstelle *f* b Bibeltext *m* 8 → text hand 9 TYPO a Text *f (Schriftgrad von 20 Punkt)* b Frakturschrift *f* 10 → text message B V/T TEL **~ sb** j-m e-e SMS schicken; **~ sb sth** j-m etwas als SMS schicken; **~book** S Lehrbuch *n*, Leitfaden *m (beide:* **on** *gen)*: **~ example** Paradebeispiel *n*; **~ hand** S große Hand- *od* Schreibschrift
textile ['tekstaɪl; *US a.* -tl] A S a Stoff *m* b *pl* Textilwaren *pl*, Textilien *pl* B ADJ Textil…: **~ industry**; **~ goods** → A b
text| input S IT Texteingabe *f*; **~ message** S *übers Handy*: SMS *f*; **~ processing** S IT Textverarbeitung *f*
textual ['tekstjʊəl; *US* -tʃəwəl; -tʃəl] ADJ (ADV ~ly) 1 Text…, textlich: **~ criticism** (Bibel)Textkritik *f*; **~ reading** Lesart *f* 2 wortgetreu, wörtlich; **textualism** S 1 strenges Festhalten am Wortlaut *(bes der Bibel)* 2 *(bes* Bibel)Textkritik *f*
textural ['tekstʃərəl] ADJ (ADV ~ly) 1 Gewebe… 2 Struktur…, strukturell: **~ changes**
texture ['tekstʃə(r)] S 1 Gewebe *n* 2 *a.* GEOL Struktur *f*, Gefüge *n* 3 Struktur *f*, Beschaffenheit *f* 4 BIOL Textur *f (Gewebezustand)* 5 Maserung *f (des Holzes)*; **textured** ADJ: **~ vegetable protein** Sojafleisch *n*
TG ABK LING transformational grammar
t.g. ABK BIOL type genus
T.G.I.F. ABK thank God it's Friday
T| girder S TECH T-Träger *m*; **~ group** S PSYCH Trainingsgruppe *f*
TGWU ABK *Br* Transport and General Workers' Union *(e-e Gewerkschaft)*
Th. ABK Thursday Do.
Thai [taɪ] A S 1 *pl* Thais, *bes koll* Thai Thai *m/f*, Thailänder(in) 2 LING a Thai *n* b Thaisprachen *pl* B ADJ 1 Thai…, thailändisch 2 LING Thai…
Thailand ['taɪlænd; -lənd] S Thailand *n*
thalamus ['θæləməs] *pl* -mi [-maɪ] S 1 ANAT Thalamus *m*, Sehhügel *m* 2 BOT Fruchtboden *m*
thalidomide [θə'lɪdəmaɪd] S MED, PHARM Thalidomid *n*: **~ baby** Conterganbaby *n*
thalli ['θælaɪ] *pl von* thallus
thallic ['θælɪk] → thallous
thallium ['θælɪəm] S CHEM Thallium *n*
thallophyte ['θæləfaɪt] S BOT Thallophyt *m*,

Lagerpflanze *f*
thallous ['θæləs] ADJ CHEM Thallium…
thallus ['θæləs] *pl* -li [-laɪ], -luses S BOT Thallus *m*, Lager *n*
Thames [temz] S Themse *f*: **he won't set the ~ on fire** *Br umg* er hat das Pulver auch nicht erfunden
than [ðən; ðæn] KONJ *(nach e-m Komparativ)* als: **she's younger ~ he is**; **she would rather lie ~ admit it** lieber log sie, als es zuzugeben; **more ~ was necessary** mehr als nötig; **none other ~ you** niemand anders als Sie
thanage ['θeɪnɪdʒ] S HIST 1 Thanswürde *f*, -rang *m* 2 Lehnsgut *n od* -pflichten *pl* e-s Thans
thanatology [,θænə'tɒlədʒɪ; *US* -'tɑ-] S Thanatologie *f (Forschungsgebiet, das sich mit Fragen des Sterbens u. des Todes befasst)*
thane [θeɪn] S HIST a Gefolgsadlige(r) *m (bei den Angelsachsen u. Dänen)* b Than *m*, Lehnsmann *m (der schottischen Könige)*
thank [θæŋk] A SPL **thanks** a Dank *m* b Danksbezeigung(en) *f(pl)*, Danksagung(en) *f(pl)*: **~s** danke; **~s, and (to) you** danke, gleichfalls; **many ~s** vielen Dank; **no, ~s** nein, danke; **in ~s for** zum Dank für; **with ~s** dankend, mit Dank; **~s to** *fig u. iron* dank *(gen)*; **small ~s to her, we succeeded, it was no ~s to her that we succeeded** es gelang uns auch ohne ihre Hilfe; **small ~s I got** man hat es mir schlecht gedankt; **give ~s to God** Gott danken; **say ~s** sich bedanken; → return B 1 B VT *j-m* danken, sich bei *j-m* bedanken *(beide:* **for** für*)*: **~ you** a danke b gern; **~ you for nothing** *iron* ich danke (bestens); **yes, ~ you** ja, bitte; **no, ~ you** nein, danke; **say ~ you** sich bedanken; **how can I ever ~ you?** wie kann ich Ihnen jemals danken?; **they could ~ their goalkeeper that …** SPORT sie konnten sich bei ihrem Torhüter bedanken, dass …; **I'll ~ you** *oft iron* ich wäre Ihnen sehr dankbar (**to do** wenn Sie täten); **he has only himself to ~ for that** das hat er sich selbst zuzuschreiben; → god 2, goodness 5, heaven 3, star A 3
thankful ['θæŋkfʊl] ADJ dankbar (**to sb** j-m): **I am ~ that …** ich bin (heil)froh, dass …; **thankfully** ADV 1 dankbar 2 zum Glück, Gott sei Dank; **thankfulness** S Dankbarkeit *f*
thankless ADJ (ADV **~ly**) undankbar *(Person, a. Aufgabe etc)*; **thanklessness** S Undankbarkeit *f*
thanks|giver S Danksager(in); **~giving** S 1 Danksagung *f*, *bes* Dankgebet *n* 2 ♁, *a.* ♁ **Day** *US* Thanksgiving Day *m*, Erntedankfest *n*
thank|worthy ADJ dankenswert; **~-you** S Danke(schön) *n*: **~ letter** Dankschreiben *n*, -brief *m*
that[1] [ðæt] A PRON & ADJ *(hinweisend) pl* those [ðəʊz] 1 *(ohne pl)* das: **~ is true** das stimmt; **~'s all** das ist alles; **~'s it!** a so ists recht! b das ist es ja (gerade)!; **~'s what it is** das ist es ja gerade; **~'s ~** *umg* das wäre erledigt, damit basta; **well, ~ was ~!** *umg* aus der Traum!; **~ is (to say)** das heißt; **and ~** und zwar; **at ~** a trotzdem b zudem, (noch) obendrein; **for all ~** trotz alledem; **like ~** so; **~'s what he told me** so hat er es mir erzählt; **~'s a good boy** sei schön brav!; → leave[1] A 2 2 *(bes von weiter entfernten Personen etc sowie zur Betonung u. pej)* jener, jene, jenes: **this cake is much better than ~ (one)** dieser Kuchen ist viel besser als jener; **~ car over there** das Auto da drüben; **look at ~ hat** schau dir mal diesen komischen Hut an!; **those who** diejenigen, welche; **~ which** das, was; **those were his words** das waren s-e Worte 3 solch(er, e, es): **to ~ degree that …** in solchem Ausmaße *od* so sehr, dass … B ADV *umg* so (sehr), dermaßen: **~ far** so weit; **~ furious** so *od* dermaßen wütend; **not all ~ good** so gut auch wieder nicht; **he can't be ~ ill** so krank kann er gar nicht sein; **~ much** so viel; **it's ~ simple** so einfach ist das
that[2] [ðət; ðæt] *pl* that REL PR 1 *(in einschränkenden Sätzen; e-e präp darf nie davor stehen)* der, die, das, welch(er, e, es): **the book ~ he wanted** das Buch, das er wünschte; **the man ~ I spoke of** der Mann, von dem ich sprach; **the day ~ I met her** der Tag, an dem ich sie traf; **any house ~** jedes Haus, das; **no one ~** keiner, der; **Mrs Jones, Miss Black ~ was** *umg* Frau Jones, geborene Black; **Mrs Quilp ~ is** *umg* die jetzige Frau Quilp 2 *(nach* **all, everything, nothing** *etc)* was: **all ~** alles, was; **the best ~** das Beste, was
that[3] [ðət; ðæt] KONJ 1 *(in Subjekt- u. Objektsätzen)* dass: **it is a pity ~ he is not here** es ist schade, dass er nicht hier ist; **it is 5 years ~ he went away** es ist nun 5 Jahre her, dass *od* seitdem er fortging; **I am not sure ~ it will be there** ich bin nicht sicher, ob *od* dass es dort ist *od* sein wird 2 *(in Konsekutivsätzen)* dass: **so ~** sodass; **I was so tired ~ I went to bed** ich war so müde, dass ich zu Bett ging 3 *(in Finalsätzen)* damit, dass: **we went there ~ we might see it** wir gingen hin, um es zu sehen 4 *(in Kausalsätzen)* weil, da (ja), dass: **not ~ I have any objection** nicht, dass ich etwas dagegen hätte; **it is rather ~ …** es ist eher deshalb, weil …; **in ~** a darum, weil b insofern, als 5 *(in Wunschsätzen u. Ausrufen)* dass: **o ~ I could believe it!** dass ich es doch glauben könnte! 6 *(nach Adverbien der Zeit)* da, als: **now ~** jetzt, da; **at the time ~ I was born** zu der Zeit, als ich geboren wurde
thatch [θætʃ] A S 1 a Dachstroh *n* b Reet *n* 2 a Strohdach *n* b Reetdach *n* 3 *umg* (Haar)Schopf *m* B VT mit Stroh *od* Reet decken; **thatched** ADJ a strohgedeckt b reetgedeckt: **~ roof** → thatch A 2; **thatcher** S Dachdecker(in)
Thatcherism ['θætʃərɪzəm] S POL, HIST Thatcherismus *m (die Politik Margaret Thatchers)*
thatching → thatch A 1
thaumatology [,θɔːmə'tɒlədʒɪ; *US* -'tɑ-] S REL Lehre *f* von den Wundern
thaumaturge ['θɔːmətɜːdʒ; *US* -,tɜrdʒ] S REL Thaumaturg(in), Wundertäter(in)
thaw [θɔː] A VI 1 (auf)tauen, schmelzen; *(Tiefkühlkost)* auftauen 2 *unpers* tauen: **it is ~ing** 3 *a.* **~ out** sich aufwärmen 4 *a.* **~ out** *fig* auftauen *(Person)* B VT 1 schmelzen, zum Tauen bringen, *a. Tiefkühlkost* auftauen 2 *a.* **~ out** *fig j-n* auftauen lassen C S 1 (Auf)Tauen *n* 2 Tauwetter *n (a. fig* POL*)* 3 *fig* Auftauen *n*
the[1] *[unbetont vor Konsonanten:* ðə; *unbetont vor Vokalen:* ðɪ; *betont od allein stehend:* ðiː*]* 1 *(bestimmter Artikel)* der, die, das, *pl* die *(u. die entsprechenden Formen im akk u. dat)*: **~ book on ~ table** das Buch auf dem Tisch; **~ England of today** das England von heute; **~ Browns** die Browns, die Familie Brown 2 *vor Maßangaben*: **one dollar ~ pound** e-n Dollar das Pfund; **wine at two pounds ~ bottle** Wein zu zwei Pfund die Flasche 3 [ðiː] der, die, das *(hervorragende od geeignete etc)*: **he is ~ painter of the century** er ist der Maler des Jahrhunderts
the[2] [ðə] ADV *(vor komp)* desto, umso; **the … the** je …, desto; **so much ~ better** umso besser; **so much ~ more** umso (viel) mehr; **not any ~ better** um nichts besser; **~ more so as** umso mehr, als; → soon 3
theanthropic [,θiːæn'θrɒpɪk; *US* -'θrɑ-] ADJ REL theanthropisch, gottmenschlich; **theanthropism** [-θrəpɪzəm] S 1 Gottmenschentum *n (Christi)* 2 Theanthropie *f*, Vermenschlichung *f* Gottes
thearchy ['θiːɑː(r)kɪ] → theocracy
theater, *bes Br* **theatre** ['θɪətə(r)] S 1 Theater *n*: a Schauspielhaus *n* b (Theater)Publikum *n* c *(das)* Drama *(als Kunstgattung)* d Theaterwelt *f*: **~ of the absurd** absurdes Theater; **~ of cruelty** Theater der Grausamkeit; **be in the ~** beim Theater sein 2 KOLL Bühnenwerke *pl* 3 *US* Kino *n (a. Publikum)* 4 *fig (Kriegs)* Schauplatz *m*: **~ of war**; → operation 10 5 *(Vortrags-,* UNIV *Hör)*Saal *m*; **~goer** S Theaterbesucher(in); **~ group** S Theatergruppe *f*; **~ nuclear weapon** S MIL taktische Atomwaffe; **~ organ** S MUS Kinoorgel *f*
theatre ['θɪətə(r)] S 1 *bes Br für* theater 2 MED *Br* Operationssaal *m*, OP *m*: **~ nurse** Operationsschwester *f*, OP-Schwester *f*
theatrical [θɪ'ætrɪkl] A ADJ (ADV **~ly**) 1 Theater…, Bühnen…: **~ season** Theatersaison *f*, (Theater)Spielzeit *f* 2 *fig* theatralisch B S *pl* Theater-, *bes* Liebhaberaufführungen *pl*; **theatricality** [-'kælətɪ] S Theatralik *f*; **theatricalize** VT dramatisieren *(a. fig)*; **theatrics** SPL 1 *(als sg konstruiert)* Theaterkunst *f* 2 *fig* Theatralik *f*
Theban ['θiːbən] *Antike:* A ADJ thebanisch B S Thebaner(in)
thé dansant *pl* thés dansants [,teɪdɑ̃ːŋ'sɑ̃ːŋ] S Tanztee *m*
thee [ðiː] PRON 1 *obs od poet od* BIBEL a dich b dir: **of ~** dein(er, e, es) 2 *obs od poet refl* a dich b dir
theft [θeft] S Diebstahl *m* (**from** aus; **from sb** an j-m); **~proof** ADJ diebstahlsicher
The Hague [heɪg] S Den Haag *m*
theine ['θiːiːn; -ɪn] S CHEM Thein *n*
their [ðeə(r); *US a.* ðər] PRON *(pl zu* **him, her, it***)* 1 ihr, ihre: **~ books** ihre Bücher 2 *(nach* **everybody** *etc statt* **his or her***)* sein, seine: **everybody took ~ seat**
theirs [ðeə(r)z] PRON 1 der *od* die *od* das Ihrige *od* Ihre: **this book is ~** dieses Buch gehört ihnen; **a friend of ~** ein Freund von ihnen; **the fault was ~** die Schuld lag bei ihnen 2 *(nach* **everybody** *etc statt* **his or hers***)* seiner, seine, seines: **everybody thinks ~ is best**
theism ['θiːɪzəm] S REL Theismus *m (Lehre von e-m überweltlichen Gott)*; **theist** A S Theist(in) B ADJ theistisch; **theistic** ADJ, **theistical** ADJ (ADV **~ly**) theistisch
them [ðəm; ðem] PRON 1 *(akk u. dat von* **they***)* a sie *(akk)* b ihnen: **they looked behind ~** sie blickten hinter sich 2 sie *(nom)*: **we are younger than ~**; **~ are the ones we saw** *umg* das sind die, die wir gesehen haben 3 *umg* diese: **~ guys**; **~ were the days!** das waren noch Zeiten!
thematic [θɪ'mætɪk] ADJ (ADV **~ally**) 1 thematisch: **~ apperception test** PSYCH thematischer Apperzeptionstest; **~ collection** *(Philatelie)* Motivsammlung *f*; **~ music** (FILM, TV) Themamusik *f* 2 LING thematisch: a Thema…: **~ vowel** b mit e-m Themavokal gebildet *(Verb etc)*
theme [θiːm] A S 1 Thema *n (a.* MUS*)*, Gegenstand *m*, Stoff *m*: **have sth for (a) ~** etwas zum Thema haben 2 SCHULE *bes US* kurzer (Haus)Aufsatz 3 LING (Wort)Stamm *m* 4 RADIO, TV Kennmelodie *f* 5 HIST Versimprovisation *f (über ein vom Publikum gestelltes Thema)* B VT *e-n Freizeitpark etc* thematisch gestalten; **~ park** S Themenpark *m*; **~ song** S 1 MUS Titelmelodie *f (e-s Films etc)* 2 → theme A 4 3 *umg j-s* alte Leier
themselves [ðəm'selvz] PRON 1 *(emphatisch)* (sie) selbst: **they ~ said it** sie selbst sagten es 2 *reflexiv* sich (selbst): **they washed ~** sie wuschen sich; **the ideas in ~** die Ideen an sich 3

T

(*nach* **everybody** *etc statt* **himself or herself**) sich selbst: **everybody has to look after ~**

then [ðen] A ADV 1 damals: **long before ~** lange vorher 2 dann: **~ and there** auf der Stelle, sofort 3 dann, hierauf, darauf: **what ~?** was dann? 4 dann, ferner, außerdem: **and ~ some** *umg* u. noch viel mehr; **but ~** aber andererseits; → again 5 5 dann, in dem Falle: **if …, ~** wenn …, dann 6 denn: **well ~** nun gut (denn) 7 denn: **how ~ did he do it?** wie hat er es denn (dann) getan? 8 also, folglich, dann: **~ you did not expect me?** du hast mich also nicht erwartet?; **I think, ~ I exist** ich denke, also bin ich B ADJ damalig: **the ~ president** C S 1 diese bestimmte Zeit: **by ~** bis dahin, inzwischen; **from ~** von da an; **till ~** bis dahin *od* dann; **not till ~** erst von da ab, erst dann 2 Damals *n*

thenar ['θiːnɑː(r); *US a.* -nər] S ANAT 1 Handfläche *f* 2 Thenar *n*, Daumenballen *m*

thence [ðens] ADV 1 *a.* **from ~** von da, von dort 2 (*zeitlich*) von da an, seit jener Zeit, von der Zeit an: **a week ~** e-e Woche darauf 3 daher, deshalb 4 daraus, aus dieser Tatsache: **~ it follows that …**; **~forth**, **~forward(s)** ADV von da an, seit der Zeit, seitdem

theocracy [θɪ'ɒkrəsɪ; *US* -'ɑ-] S Theokratie *f* (*Staatsform, in der die religiöse u. die weltliche Ordnung deckungsgleich sind*); **theocrat** ['θiːəkræt] S Theokrat(in); **theocratic** [θɪə'krætɪk] ADJ (ADV ~ally) theokratisch

theodicy [θɪ'ɒdɪsɪ; *US* -'ɑ-] S PHIL Theodizee *f* (*Rechtfertigung Gottes hinsichtlich des von ihm in der Welt zugelassenen Übels u. Bösen*)

theodolite [θɪ'ɒdəlaɪt; *US* -'ɑ-] S *Landvermessung:* Theodolit *m* (*Instrument zur Horizontal- u. Höhenwinkelmessung*)

theogony [θɪ'ɒgənɪ; *US* -'ɑ-] S Theogonie *f* (*Lehre von der od Gedicht über die Abstammung der Götter*)

theol. ABK 1 theologian 2 theological theol(og). 3 theology

theologian [θɪə'ləʊdʒjən; -dʒən] S Theologe *m*, Theologin *f*; **theological** [-'lɒdʒɪkl; *US* -'lɑ-] ADJ (ADV ~ly) theologisch: **~ student** Theologiestudent(in); **theologize** [θɪ'ɒlədʒaɪz; *US* -'ɑ-] A V/I theologisieren B V/T *ein Problem* theologisch behandeln; **theolog(ue)** ['θiːə,lɔːg; -,lɑg] S *US umg* Theologiestudent(in); **theology** [θɪ'ɒlədʒɪ; *US* -'ɑ-] S Theologie *f*

theomancy ['θiːəʊmænsɪ] S Theomantie *f* (*Weissagen durch göttliche Eingebung*)

theomania [,θɪə'meɪnjə] S Theomanie *f*, religiöser Wahnsinn

theomorphic [-'mɔː(r)fɪk] ADJ theomorph(isch) (*in göttlicher Gestalt auftretend od erscheinend*)

theophany [θɪ'ɒfənɪ; *US* -'ɑ-] S Theophanie *f* (*Erscheinung [e-s] Gottes*)

theor. ABK MATH theorem

theorbo [θɪ'ɔː(r)bəʊ] *pl* -bos S MUS, HIST Theorbe *f* (*Basslaute*)

T

theorem ['θɪərəm] S MATH, PHIL Theorem *n*, (Grund-, Lehr)Satz *m*: **~ of the cosine** Kosinussatz

theoretic [θɪə'retɪk] A ADJ (ADV ~ally) 1 theoretisch 2 spekulativ B S **theoretics** *pl* (*als sg konstruiert*) → theory 2; **theoretical** [-kl] ADJ (ADV ~ly) → theoretic A; **theoretician** [-rə'tɪʃn] S Theoretiker(in)

theorist ['θɪərɪst] S Theoretiker(in); **theorize** A V/I theoretisieren, Theorien aufstellen (*beide:* **about, on** über *akk*) B V/T annehmen (**that** dass); **theorizer** S Theoretiker(in)

theory ['θɪərɪ] S 1 Theorie *f*, Lehre *f*: **~ of chances** Wahrscheinlichkeitsrechnung *f*; **~ of evolution** BIOL Evolutionstheorie, Abstammungslehre; **~ of games** MATH Spieltheorie; **~ of numbers** MATH Zahlentheorie; → relativity 1 2 Theorie *f*, theoretischer Teil (*e-r Wissenschaft etc*): **~ of music** Musiktheorie 3 Theorie *f* (*Ggs Praxis*): **in ~** theoretisch 4 Theorie *f*, Idee *f* 5 Hypothese *f*, Annahme *f*: **my ~ is that …** m-r Ansicht nach …; **if my ~ is correct** wenn ich mich nicht irre

theosophic [θɪə'sɒfɪk; *US* -'sɑ-] ADJ, **theosophical** [-kl] ADJ (ADV ~ly) REL theosophisch: **Theosophical Society** Theosophische Gesellschaft; **theosophist** [θɪ'ɒsəfɪst; *US* -'ɑ-] A S Theosoph(in) B ADJ → theosophic; **theosophy** S Theosophie *f* (*e-e universale, Religion, Philosophie, Wissenschaften u. Kunst einschließende Weltanschauung*)

therap. ABK 1 therapeutic therap. 2 therapeutics PL Therapeutik *f sg*

therapeutic [,θerə'pjuːtɪk] MED A ADJ (ADV ~ally) therapeutisch: **~ index** PHARM therapeutische Breite B S **therapeutics** *pl* (*als sg konstruiert*) Therapeutik *f* (*Lehre von der Krankheitsbehandlung*); **therapeutical** [-kl] ADJ (ADV ~ly) → therapeutic A; **therapist** S Therapeut(in); **therapy** S Therapie *f*: a Behandlung *f* b Heilverfahren *n*

there [ðeə(r)] A ADV 1 da, dort: **down (up, over, in) ~** da *od* dort unten (oben, drüben, drinnen); **the authorities ~** die dortigen Behörden; **are you still ~?** TEL hören Sie?; **I have been ~ before** *umg* das weiß ich alles schon, ich weiß (genau) Bescheid; **~ and then** a hier u. jetzt b auf der Stelle, sofort; **~ it is** a da ist es b *fig* so steht es, so stehen die Dinge; **~ you are** a (da,) bitte schön b siehst du, da hast du's; **~ you go** *umg* da kann man nichts machen; **you ~!** (*Anruf*) du da!, he!; → all *Bes Redew* 2 (da-, dort)hin: **down (up, over, in) ~** (da *od* dort) hinunter (hinauf, hinüber, hinein); **~ and back** hin u. zurück; **get ~** a hingelangen, -kommen b *fig umg* es schaffen; **go ~** hingehen 3 darin, in dieser Sache *od* Hinsicht: **~ I agree with you** darin stimme ich mit dir überein 4 *fig* da, hier, an dieser Stelle (*in e-r Rede etc*) 5 es: **~ is**, *pl* **~ are** es gibt *od* ist *od* sind: **~ is a God**; **~ was once a king** es war einmal ein König; **~ was dancing** es wurde getanzt; **~ is sth between these two** die beiden haben etwas miteinander; **~ is sth in that** da ist etwas dran; **~ arises the question** es erhebt sich die Frage; **~ are friends and ~ are friends** unter den Freunden gibt es solche u. solche; **~ was considerable confusion** es herrschte beträchtliche Verwirrung; **I thought ~ would be tears** ich dachte, es würde Tränen geben; **~'s a good boy** sei schön brav! B INT 1 da!, schau (her)!, na!: **~, ~!** (*tröstend*) na, komm!; **~ now!** na, bitte! 2 (*wenn etwas beendet ist*) so!

there|about(s) ADV 1 da herum, etwa da: **somewhere ~** da irgendwo 2 *fig* so ungefähr, so etwa: **five hundred people or ~** so etwa *od* ungefähr fünfhundert Leute; **ten pounds or ~** um 10 Pfund (herum); **~after** ADV 1 danach, hernach, später 2 seither 3 demgemäß, danach; **~at** ADV *bes* JUR 1 daselbst, dort 2 bei dieser Gelegenheit, dabei, da; **~by** ADV 1 dadurch, auf diese Weise 2 dabei, daran, davon 3 nahe dabei; **~for** ADV dafür: **the reasons ~**; **~fore** ADV & KONJ 1 deshalb, -wegen, darum, daher 2 demgemäß, folglich; **~from** ADV davon, daraus, daher; **~in** ADV 1 darin, da drinnen 2 *fig* darin, in dieser Hinsicht; **~inafter** ADV *bes* JUR (weiter) unten, später, nachstehend (*in e-r Urkunde etc*); **~of** ADV *bes* JUR 1 davon 2 dessen, deren; **~on** ADV darauf, daran, darüber; **~to** ADV *obs* 1 dazu, daran, dafür 2 außerdem, noch dazu; **~under** ADV darunter; **~unto** ADV *obs* (noch) dazu, überdies; **~upon** ADV 1 darauf, hierauf, danach 2 daraufhin, demzufolge, darum 3 *obs* (*örtlich*) darauf; **~with** ADV 1 damit 2 → thereupon 1, 2; **~withal** ADV *obs* 1 überdies, außerdem 2 damit

theriac ['θɪrɪæk] S MED, HIST Theriak *m*, Gegengift *n*

theriomorphic [,θɪərɪəʊ'mɔː(r)fɪk] ADJ theriomorph, tiergestaltig (*Götter*)

therm [θɜːm] S PHYS *Br* 100 000 Wärmeeinheiten

therm. ABK thermometer

thermae ['θɜːmiː; *US* 'θɜr,miː; -,maɪ] SPL Thermen *pl*: a *Antike*: öffentliche Bäder *pl* b MED Thermalquellen *pl*, -bad *n*

thermal ['θɜːml; *US* 'θɜrməl] A ADJ (ADV ~ly) 1 PHYS thermisch, Wärme…, Hitze…: **~ analysis** Thermoanalyse *f*; **~ barrier** FLUG Hitzemauer *f*, -schwelle *f*; **~ breeder** thermischer Brüter; **~ current** → 4; **~ diffusion** Thermodiffusion *f*; **~ efficiency** Wärmewirkungsgrad *m*; **~ equator** METEO thermischer Äquator; **~ expansion** Wärmeausdehnung *f*; **~ insulation** Wärmeisolierung *f*; **~ neutron** thermisches Neutron; **~ pollution** Umweltschädigung *f* durch Wärme; **~ power station** Wärmekraftwerk *n*; **~ printer** COMPUT Thermodrucker *m*; **~ reactor** thermischer Reaktor; **~ shock** Thermoschock *m*; **~ underwear** Thermounterwäsche *f*; **~ unit** Wärmeeinheit *f*; **~ value** Heizwert *m* (*von Brennstoffen*) 2 warm, heiß: **~ spring** Thermalquelle *f* B S FLUG, PHYS Thermik *f*

thermic ['θɜːmɪk; *US* 'θɜr-] ADJ (ADV ~ally) thermisch, Wärme…, Hitze…: **~ fever** MED Sonnenstich *m*

thermion ['θɜːmɪən; *US* 'θɜr,maɪən; -,ɑːn] S PHYS Thermion *n* (*aus glühendem Metall austretendes Ion*); **thermionic** [-'ɒnɪk; *US* -'ɑ-] A ADJ ELEK, PHYS thermionisch: **~ current** Glühstrom *m*; **~ emission** thermische Elektronenemission; **~ valve** (*US* **tube**) Elektronenröhre *f* B S **thermionics** *pl* (*meist als sg konstruiert*) ELEK, PHYS Lehre *f* von der thermischen Elektronenemission

thermistor [θɜː'mɪstə; *US* 'θɜr,mɪstər] S ELEK Thermistor *m* (*Halbleiter mit temperaturbedingtem Widerstand*)

thermite process ['θɜːmaɪt; *US* 'θɜr-] S CHEM, TECH aluminothermisches Verfahren

thermo- [θɜːməʊ; *US* θɜr-] *Wortelement mit den Bedeutungen* a Wärme…, Hitze…, Thermo… b thermoelektrisch

thermobarograph S METEO Thermobarograf *m* (*Gerät zur gleichzeitigen Registrierung von Luftdruck u. Lufttemperatur*)

thermochemistry S Thermochemie *f* (*Teilgebiet der Chemie, das sich mit den Wärmeumsätzen bei chemischen Reaktionen befasst*)

thermocouple S ELEK, PHYS Thermopaar *n*

thermocurrent S ELEK thermoelektrischer Strom

thermodynamic PHYS A ADJ (ADV ~ally) thermodynamisch: **~ temperature** thermodynamische *od* absolute Temperatur B S **thermodynamics** *pl* (*als sg konstruiert*) Thermodynamik *f* (*Teilgebiet der Physik, das sich mit dem Verhalten physikalischer Systeme bei Temperaturänderungen befasst*); **thermodynamical** [-kl] ADJ (ADV ~ly) → thermodynamic A

thermoelectric ADJ (ADV ~ally) thermoelektrisch: **~ couple** → thermocouple; **thermoelectricity** S Thermoelektrizität *f* (*durch Wärmeunterschiede erzeugte Elektrizität*)

thermogram ['θɜːməʊgræm; *US* 'θɜrmə,græm] S PHYS Thermogramm *n* (*Aufzeichnung e-s Thermografen*); **thermograph** [-grɑːf; *bes*

US -græf] S PHYS Thermograf *m*, Temperaturschreiber *m*
thermolabile ADJ PHYS thermolabil, wärmeunbeständig
thermoluminescence S PHYS Thermolumineszenz *f* (*durch Erwärmung ausgelöstes od verstärktes Aufleuchten*)
thermolysis [θɜːˈmɒlɪsɪs; US θɜrˈmɑlə-] S CHEM Thermolyse *f* (*durch Wärme verursachter Zerfall e-r chemischen Verbindung*)
thermomagnetic ADJ PHYS thermomagnetisch
thermomat S Isomatte *f*
thermometer [θəˈmɒmɪtə(r); US -ˈmɑ-; *a.* θɜr-] S PHYS Thermometer *n*: → **clinical** 1; **thermometric** [ˌθɜːməʊˈmetrɪk; US ˌθɜrmə-] ADJ, **thermometrical** ADJ (ADV ~ly) PHYS thermometrisch, Thermometer…; **thermometry** [-trɪ] S METEO Thermometrie *f*, Temperaturmessung *f*
thermonuclear ADJ PHYS thermonuklear (*Reaktion etc*): ~ **bomb** thermonukleare Bombe, Wasserstoffbombe *f*; ~ **war** Atomkrieg *m*
thermophil [ˈθɜːməʊfɪl; US ˈθɜr-], **thermophile** [-faɪl; -fɪl] ADJ BIOL thermophil, Wärme liebend (*Bakterien etc*)
thermopile S ELEK Thermosäule *f*
thermoplastic CHEM **A** ADJ thermoplastisch, warm verformbar **B** S Thermoplast *m*
Thermos® (bottle) [ˈθɜːmɒs; US ˈθɜrməs] S Thermosflasche® *f*
thermoscope [ˈθɜːməʊskəʊp; US ˈθɜrmə-] S PHYS Thermoskop *n* (*Instrument, das Temperaturunterschiede anzeigt*)
thermosetting ADJ hitzehärtbar, duroplastisch: ~ **plastic** (*od* **resin**) CHEM Duroplast *m*, Duromer *n*
Thermos flask *Br* → Thermos (bottle)
thermostable ADJ PHYS thermostabil, wärmebeständig
thermostat [ˈθɜːməʊstæt; US ˈθɜrmə-] S ELEK, TECH Thermostat *m*; **thermostatic** **A** ADJ (ADV ~ally) thermostatisch **B** S **thermostatics** *pl* (*als sg konstruiert*) PHYS Thermostatik *f* (→ thermodynamic B)
thermotherapy S MED Thermotherapie *f*, Wärmebehandlung *f*
theroid [ˈθɪərɔɪd] ADJ tierisch, vertiert
thesaurus [θɪˈsɔːrəs] *pl* -ri [-raɪ], -ruses S Thesaurus *m* (*systematisch geordnete Sammlung von Wörtern e-s bestimmten Fachbereichs*)
these [ðiːz] *pl von* this
thesis [ˈθiːsɪs] *pl* -ses [-siːz] S **1** These *f*: **a** Behauptung *f* **b** (Streit)Satz *m*, Postulat *n* **2** Thema *n* (*e-s Aufsatzes etc*) **3** UNIV (**on** über *akk*) **a** *a.* **doctoral** ~ Dissertation *f*, Doktorarbeit *f* **b** *allg* wissenschaftliche Arbeit **4** [*a.* ˈθesɪs] LIT **a** *Antike*: Thesis *f* (*betonter Teil e-s Versfußes*) **b** Senkung *f*, unbetonte Silbe; ~ **play** S THEAT Thesenstück *n*
Thespian [ˈθespɪən] **A** ADJ **1** thespisch **2** Schauspiel…: ~ **art** **B** S *oft hum* Schauspieler(in)
Thessalonian [ˌθesəˈləʊnjən] **A** S **1** *Antike*: Thessalonicher(in) **2** *pl* (*als sg konstruiert*) BIBEL (Brief *m* des Paulus an die) Thessalonicher *pl* **B** ADJ *Antike*: thessalonisch
theta [ˈθiːtə; US *a.* ˈθeɪtə] S Theta *n* (*griechischer Buchstabe*); ~ **wave** S PHYSIOL Thetawelle *f*
thews [θjuːz; US *a.* θuːz] SPL *bes poet* **1** Muskeln *pl* **2** (Muskel-, Körper)Kraft *f*
they [ðeɪ] PRON **1** (*pl zu* he[1], she, it) sie: ~ **go** **2** man: ~ **say that …** **3** es: **who are ~? ~ are Americans** wer sind sie? es *od* sie sind Amerikaner **4** (*auf Kollektiva bezogen*) er, sie, es: **the police …, they …** die Polizei…, sie (*sg*) **5** ~ **who** diejenigen, welche
they'd [ðeɪd] *Zusammenziehung von* **they would, they had**
they'll [ðeɪl] *Zusammenziehung von* **they will**
they're [ðeə(r)] *Zusammenziehung von* **they are**
they've [ðeɪv] *Zusammenziehung von* **they have**
T.H.I. ABK PHYS temperature-humidity index
thiamin [ˈθaɪəmɪn], **thiamine** [-miːn; -mɪn] S CHEM, MED Thiamin *n* (*Vitamin* B_1)
thick [θɪk] **A** ADJ (ADV ~ly) **1** *allg* dick: **a board 2 inches ~** ein zwei Zoll starkes Brett; **the book is 500 pages ~** das Buch ist 500 Seiten stark; → **skin** A 1 **2** dick, massig (*Nacken etc*) **3** *Bergbau*: mächtig (*Flöz*) **4** **give sb a ~ ear** *umg* j-m eins *od* ein paar hinter die Ohren geben **5** dicht (*Haar, Menschenmenge etc*), (*Nebel etc a.*) dick **6** ~ **with** über u. über bedeckt von: **the furniture was ~ with dust** auf den Möbeln lag dick der Staub **7** ~ **with** voll von, voller, reich an (*dat*): ~ **with smoke** verräuchert; **the air is ~ with snow** die Luft ist voll(er) Schnee **8** dick(flüssig) **9** neblig, trüb(e) (*Wetter*) **10** schlammig: ~ **puddles** Schlammpfützen **11** dumpf, belegt, heiser (*Stimme*) **12** *umg* dumm **13** dicht (aufeinanderfolgend) **14** *fig* reichlich, massenhaft: **they are ~ on the ground, they are (as) ~ as peas** es gibt sie wie Sand am Meer **15** *umg* stark, frech: **that's a bit ~!** das ist ein starkes Stück! **16** *umg* dick befreundet (**with** mit): **they are (as) ~ as thieves** **a** sie sind dicke Freunde **b** sie halten zusammen wie Pech u. Schwefel **B** S **1** dickster Teil, dick(st)e Stelle **2** *fig* dichtester Teil, Mitte *f*, Brennpunkt *m*: **in the ~ of** mitten in (*dat*); **in the ~ of it** mittendrin; **in the ~ of the fight(-ing)** im dichtesten Kampfgetümmel; **in the ~ of the crowd** im dichtesten Menschengewühl; **through ~ and thin** durch dick u. dünn **C** ADV **1** dick: **spread ~** *Butter etc* dick aufstreichen *od* auftragen; **lay it on ~** *umg* dick auftragen **2** dicht *od* rasch (aufeinander): **the blows came ~ and fast** die Schläge fielen hageldicht
thicken [ˈθɪkən] **A** V/T **1** dick(er) machen, verdicken **2** *e-e Flüssigkeit* eindicken, *e-e Soße, Suppe a.* binden, legieren **3** dicht(er) machen, verdichten **4** trüben: **fumes ~ the air** **B** V/I **1** dick(er) werden **2** dick(flüssig) werden **3** dicht(er) werden, sich verdichten **4** sich trüben **5** *fig* sich verwickeln *od* verwirren: **the plot ~s** der Knoten (*im Drama etc*) schürzt sich **6** heftiger werden (*Kampf*) **7** heiser werden (*Stimme*); **thickener** S **1** CHEM Verdicker *m*, Absetzbehälter *m* **2** → thickening 3; **thickening** S **1** Verdickung *f*: **a** Verdicken *n* **b** verdickte Stelle **2** Eindickung *f* **3** **a** Verdickungsmittel *n* **b** GASTR Eindick-, Bindemittel *n*
thicket [ˈθɪkɪt] S Dickicht *n*; **thicketed**, **thickety** ADJ voller Dickicht(e)
thick-flowing ADJ dickflüssig
thick|head S Dummkopf *m*; **~headed** ADJ (ADV ~ly) begriffsstutzig, dumm; **~headedness** S Begriffsstutzigkeit *f*, Dummheit *f*
thickness S **1** Dicke *f*, Stärke *f*: **the pole has a ~ of three inches** (*od* **is three inches in ~**) der Pfosten ist drei Zoll dick **2** Dichte *f* **3** Verdickung *f* **4** Lage *f*, Schicht *f*: **two ~es of silk** **5** Dickflüssigkeit *f*
thick|set ADJ **1** dicht (gepflanzt) (*Hecke etc*) **2** untersetzt, stämmig (*Mann etc*); **~-skinned** ADJ **1** dickhäutig **2** *fig* dickfellig; **~-skulled** → thick-witted; **~-witted** ADJ (ADV ~ly) dumm, begriffsstutzig; **~-wittedness** S Dummheit *f*, Begriffsstutzigkeit *f*
thief [θiːf] *pl* thieves [θiːvz] S Dieb(in): **like** (*od* **as**) **a ~ in the night** wie ein Dieb in der Nacht; **stop, ~!** haltet den Dieb!; **set** (*od* **it takes**) **a ~ to catch a ~** wenn man e-n Schlauen fangen will, darf man keinen Dummen schicken; **thieves' cant** (*od* **Latin**) Gauner-, Ganovensprache *f*; → **thick** A 16; **~proof** ADJ diebessicher
thieve [θiːv] V/T & V/I stehlen
thievery [ˈθiːvərɪ] S **1** Diebstahl *m* **2** Diebesgut *n*, -beute *f*
thieves [θiːvz] *pl von* thief
thievish [ˈθiːvɪʃ] ADJ (ADV ~ly) **1** diebisch **2** heimlich, verstohlen (*Blick etc*); **thievishness** S diebisches Wesen
thigh [θaɪ] S Femur *n*: **a** ANAT Oberschenkel *m* **b** ZOOL *drittes Glied e-s Insektenbeins*; **~bone** S ANAT Femur *n*, Oberschenkelknochen *m*
thighed [θaɪd] ADJ (*in Zusammensetzungen*) …schenk(e)lig
thill [θɪl] S Gabeldeichsel *f*; **thiller**, *a.* **thill horse** S Deichselpferd *n*
thimble [ˈθɪmbl] S **1** *Näherei*: Fingerhut *m* **2** TECH **a** Metallring *m* **b** (Stock)Zwinge *f* **3** SCHIFF Kausche *f*; **~ful** [-fʊl] S **1** (*ein*) Fingerhut *m* (voll), Schlückchen *n* **2** *fig* kleine Menge; **~rig** **A** S Fingerhutspiel *n* (*ein Bauernfängerspiel*) **B** V/T *a. allg* betrügen; **~rigger** S **1** Fingerhutspieler(in) **2** *allg* Bauernfänger(in)
thin [θɪn] **A** ADJ (ADV ~ly) **1** *allg* dünn: **a ~ line** e-e dünne *od* schmale *od* feine Linie **2** dünn, schmächtig, mager **3** dünn, licht (*Haar*): ~ **rain** feiner Regen; **he is rather ~ on top** sein Haar ist schon ziemlich licht **4** *fig* spärlich, dünn: ~ **attendance** spärlicher Besuch, geringe Beteiligung; **be ~ on the ground** dünn gesät sein, Mangelware sein; **a ~ house** THEAT e-e schwach besuchte Vorstellung; ~ **profits** *pl* geringer Profit; ~ **vegetation** spärliche Vegetation **5** dünn, schwach (*Bier, Stimme etc*) **6** AGR mager (*Boden*) **7** *fig* mager, dürftig, spärlich: **he had a ~ time** *umg* es ging ihm mies **8** *fig* fadenscheinig (*Ausrede etc*) **9** *fig* seicht, substanzlos (*Abhandlung etc*) **10** FOTO kontrastarm, undeutlich (*Abzug*) **B** V/T *oft* ~ **down** (*od* **off, out**) **a** dünn(er) machen **b** *e-e Flüssigkeit* verdünnen **c** *fig* verringern, *e-e Bevölkerung* dezimieren **d** *e-e Schlachtreihe, e-n Wald etc* lichten **e** *Pflanzen* weiter auseinandersetzen **C** V/I *oft* ~ **down** (*od* **off, out**) **a** dünn(er) werden **b** sich verringern **c** sich lichten, *fig* spärlicher werden, abnehmen: **his hair is ~ning** sein Haar lichtet sich; ~ **out** GEOL sich auskeilen (*Flöz*)
thine [ðaɪn] PRON *obs od poet od* BIBEL **1** (*substantivisch*) der *od* die *od* das Dein(ig)e, Dein(e, er) **2** (*adjektivisch vor Vokalen od stummem h für* thy) dein(e): ~ **eyes**
thing[1], *oft* ♀ [θɪŋ] S PARL Thing *n* (*in Skandinavien u. Island: Reichstag od Volksgerichtsversammlung*)
thing[2] [θɪŋ] S **1** Ding *n*, Gegenstand *m*: **the law of ~s** JUR das Sachenrecht; **~s personal (real)** JUR (un)bewegliche Sachen; **just the ~ I wanted** genau (das), was ich haben wollte; *it was so dark* **that I could not see a ~** dass ich überhaupt nichts sehen konnte; *she says* **she hasn't got a ~ to wear** sie hat (überhaupt) nichts anzuziehen **2** *umg* **a** Ding *n*, Dings(da) *n* **b** *euph* Ding *n* (*männliches od weibliches Geschlechtsteil*) **3** Ding *n*, Sache *f*, Angelegenheit *f*: **above all ~s** vor allen Dingen, vor allem; **~s political** politische Dinge, alles Politische; **that was a close ~** das hätte ins Auge gehen können *umg*, das ist gerade noch einmal gut gegangen; **a pretty ~** *iron* e-e schöne Geschichte; **for one ~** (erstens) einmal; **for one ~ … and for another** zum e-n … u. zum anderen; **the latest ~ in hats** das Neueste in *od* an Hüten; **in all ~s** in jeder Hinsicht; **no small ~** keine Kleinigkeit; **not a ~** (rein) gar nichts; **of all ~s** ausgerechnet (*dieses etc*); **it's one of those ~s** da kann man (halt) nichts machen; **that's one of those little ~s that**

T

are sent to try us wenn es solche Dinge nicht gäbe, ginge es uns wahrscheinlich viel zu gut; **be a ~ of the past** der Vergangenheit angehören; **be too much of a good ~** zu viel des Guten sein; **I've got better ~s to do than ...** ich habe Wichtigeres zu tun als ...; **do great ~s** große Dinge tun, Großes vollbringen; **do one's (own) ~** *umg* tun, was man will; **expect great ~s from sb** große Dinge von j-m erwarten; **we had expected better things from him** wir hatten mehr von ihm erwartet; **have a ~ about** *umg* a *j-n, etwas* wahnsinnig gern mögen b *j-n, etwas* überhaupt nicht ausstehen können; **if I hate one ~, it is ...** wenn ich eines hasse, dann ist es ...; **make a ~ of** (*od* **about**) *etwas* aufbauschen; **make a big ~ out of** viel Aufhebens machen von; **this proves three ~s** das beweist dreierlei; **he can still teach them a ~ or two** er kann ihnen noch immer etwas *od* das e-e od andere beibringen; **I could tell you a ~ or two about him** ich könnte dir (so) einiges über ihn erzählen; → **first** A 1, **last**[1] A 1 4 *pl* Dinge *pl*, Umstände *pl*, (Sach)Lage *f*: **~s are improving** die Dinge *od* Verhältnisse bessern sich 5 *pl* Sachen *pl*, Zeug *n* (*Gepäck, Gerät, Kleider etc*): **put on one's ~s** sich anziehen 6 *pl* Sachen *pl* (*Getränke, Essen, Medizin*): **a lot of good ~s** viele gute Sachen (zum Essen u. Trinken) 7 Wesen *n*, Geschöpf *n*: **dumb ~s** 8 a Ding *n* (*Mädchen etc*): **young ~** b Kerl *m*: **(the) poor ~** das arme Ding, der arme Kerl; **poor ~!** der *od* die Ärmste!, du *od* Sie Ärmste(r)!; **the dear old ~** die gute alte Haut *umg*; → **old** A 10

thingamabob ['θɪŋəmɪbɒb; *US* -mə,bɑb], **thingamajig** [-dʒɪg] → thingumabob

thing-in-itself S PHIL Ding *n* an sich

thingumabob ['θɪŋəmɪbɒb; *US* -mə,bɑb], **thingumajig** [-dʒɪg], **thingumbob** [-əm-], **thingummy** [-mɪ] S *umg* (*der, die, das*) Dings(da *od* -bums)

think [θɪŋk] *prät u. pperf* **thought** [θɔːt] A V/T 1 *etwas* denken: **~ base thoughts** gemeine Gedanken hegen; *you are only jealous.* **I should ~ I am** ich habe auch allen Grund dazu; **people often ~ they are twins** die Leute halten sie oft für Zwillinge, sie werden oft für Zwillinge gehalten; **who does he ~ he is?** für wen hält der sich eigentlich?; **~ away** (sich) *j-n, etwas* wegdenken; **~ out** a sich *etwas* ausdenken b *bes US a.* **~ through** *ein Problem* zu Ende denken; **~ over** sich *etwas* überlegen *od* durch den Kopf gehen lassen; **I need some time to ~ it over** ich brauche Bedenkzeit; **~ to o.s. that ...** bei sich denken, dass ...; **~ up** *e-n Plan etc* aushecken, sich *etwas* ausdenken, sich *etwas* einfallen lassen 2 überlegen, nachdenken über (*akk*) 3 sich *etwas* denken *od* vorstellen: **I can't ~ how you do it** *umg* es ist mir schleierhaft, wie du das machst; **I can't ~ what his name is** *umg* ich kann mich an s-n Namen nicht erinnern 4 bedenken: **~ what your father has done for you!** 5 denken, meinen, glauben, vermuten (*alle:* **that** dass): **I thought he was a burglar** ich hielt ihn für e-n Einbrecher 6 a halten *od* erachten für: **I ~ him (he is thought) to be a poet** ich halte (man hält) ihn für e-n Dichter; **he thought the lecture very interesting** er fand die Vorlesung sehr interessant; **~ o.s. clever** sich für schlau halten; **I ~ it best to go now** ich halte es für das Beste, jetzt zu gehen; **~ it advisable** es für ratsam halten *od* erachten; **~ sth possible** etwas für möglich halten b *etwas* halten (**of** von): **I told him what I thought of him**; **what do you ~ of it?** *a.* wie gefällt es dir? 7 denken an (*akk*): **the child thought no harm** das Kind dachte an nichts Böses 8 beabsichtigen, vorhaben, sich mit dem Gedanken tragen (*alle:* **to do** zu tun): **~ (to do) no harm** nichts Böses im Sinn haben B V/I 1 denken (**of, about** an *akk*): **~ ahead** a vorausdenken b vorsichtig sein; **~ aloud**, **~ out loud** laut denken; **all he ever ~s about is sex** er hat nur Sex im Kopf; **now that I come to ~ of it** a wenn ich es mir recht überlege b da fällt mir ein; **~ for o.s.** selbstständig denken 2 **~ of** a sich besinnen auf (*akk*), sich erinnern an (*akk*): **try to ~ of all that has happened** b *a.* **~ about** *etwas* bedenken: **~ of it!** denke daran!; **I have my reputation to ~ about** ich muss an m-n Ruf denken c sich *etwas* denken *od* vorstellen: **~ of o.s. as** sich halten für d *e-n Plan etc* ersinnen, sich *etwas* ausdenken e **~ of doing sth** beabsichtigen *od* vorhaben *od* sich mit dem Gedanken tragen, etwas zu tun: **~ of marrying** ans Heiraten denken; **I shouldn't ~ of doing such a thing** so etwas würde mir nicht im Traum einfallen f halten von: → **better**[1] C 1, **much** B, **nothing** *Bes Redew*, **world** *Bes Redew* 3 überlegen, nachdenken (**about, on, over** über *akk*): **let me ~ a moment**; **I've been thinking** ich habe nachgedacht; **only ~!** denk dir nur!, stell dir nur vor!; **that gave him sth to ~ about** das gab ihm zu denken; **I need some time to ~ about it** ich brauche Bedenkzeit; **~ again on sth** etwas noch einmal überdenken 4 denken, glauben, meinen: **he's got more of it than he ~s** er hat mehr davon, als er glaubt; → **so**[1] A 5 C S *umg* a (Nach)Denken *n*: **have a (fresh) ~ about sth** über etwas nachdenken (etwas noch einmal überdenken) b Gedanke *m*: **have another ~ coming** schiefgewickelt sein *umg* D ADJ *umg* a Denk... b (geistig) anspruchsvoll

thinkable ADJ denkbar, vorstellbar; **thinker** S Denker(in): **the great ~s of that time**; **he's a slow ~** er ist langsam im Denken

think factory *US* → think tank

thinking A ADJ (ADV ~ly) 1 denkend, vernünftig: **a ~ being** ein denkendes Wesen; **all ~ people** jeder vernünftig Denkende 2 Denk...: **put on one's ~ cap** *umg* scharf nachdenken *od* überlegen B S 1 Denken *n*: **do some quick ~** schnell schalten *umg* 2 Nachdenken *n*, Überlegen *n*: **do some hard ~** scharf nachdenken *od* überlegen 3 Meinung *f*: **to my (way of) ~** m-r Meinung *od* Ansicht nach, nach m-m Dafürhalten; **what's your ~ on ...?** wie stehen Sie zu ...?

think tank S (*a. als pl konstruiert*) *umg* a Beraterstab *m* b Expertenkommission *f*

thinner ['θɪnə(r)] S 1 Verdünner *m* (*Arbeiter od Gerät*) 2 (*bes* Farben)Verdünner *m*, (-)Verdünnungsmittel *n*

thinness S 1 Dünne *f*, Dünnheit *f* 2 Magerkeit *f* 3 *fig* Spärlichkeit *f* 4 *fig* Dürftigkeit *f* 5 *fig* Seichtheit *f*

thin-skinned ADJ dünnhäutig, *fig a.* zartbesaitet

thiol ['θaɪɒl; *US a.* -,əʊl] CHEM A S Thiolalkohol *m* B ADJ Thiol...

thionic [θaɪ'ɒnɪk; *US* -'ɑ-] ADJ CHEM Thio...: **~ acid**

third [θɜːd; *US* θɜrd] A ADJ (ADV → thirdly) 1 dritt(er, e, es): **~ in height** dritthöchst(er, e, es) 2 drittklassig, -rangig: **~ cabin** Kabine *f* dritter Klasse B S 1 Drittel *n* 2 (*der, die, das*) Dritte 3 SPORT Dritte(r) *m/f(m)*, dritte(r) Sieger(in) 4 AUTO (*der*) dritte Gang 5 MUS Terz *f* 6 *pl* JUR a Drittel *n* der Hinterlassenschaft des Mannes b *allg* Witwengut *n* 7 Terz *f* (*sechzigster Teil e-r Zeit- od Bogensekunde*) 8 *Papierherstellung: Kartenformat von 1½ × 3 Zoll* 9 *meist pl* WIRTSCH Ware(n) *f(pl)* dritter Qualität *od* Wahl, dritte Wahl 10 UNIV *Br* → third class 2; **~ best** S (*der, die, das*) Drittbeste; **~-best** ADJ drittbest(er, e, es); **~ class** S 1 BAHN *etc* dritte Klasse 2 UNIV *Br* akademischer Grad dritter Klasse; **~-class** A ADJ 1 drittklassig, -rangig: **~ honours degree** → third class 2; **~ mail** *US* Drucksachen *pl* 2 BAHN *etc* Dritte(r)-Klasse-..., dritter Klasse B ADV BAHN *etc* dritte(r) Klasse: **travel ~**; **~ country** S JUR, POL Drittland *n*; **~ degree** S 1 dritter Grad 2 *umg* dritter Grad, Folterverhör *n*: **give sb the ~** a den dritten Grad bei j-m anwenden b *fig* j-n in die Mangel nehmen *od* durch die Mangel drehen 3 *Freimaurerei:* Meistergrad *m*; **~-degree** A ADJ dritten Grades (*Verbrennungen*) B V/T *US umg* den dritten Grad bei *j-m* anwenden; **~ estate** S HIST dritter Stand (*Bürgertum*); **~ floor** S 1 *Br* dritter Stock 2 *US* zweiter Stock; **~-floor** ADJ im dritten (*US* zweiten) Stock (gelegen); **~ force** S *fig* dritte Kraft; **~-hand** ADJ & ADV aus dritter Hand; **~ house** S POL *US Clique, die Einfluss auf die Gesetzgebung hat*

thirdly ADV drittens

third| party S 1 WIRTSCH, JUR Dritte(r) *m* 2 POL dritte Partei *od* Kraft (*in e-m Zweiparteiensystem*); **~-party** ADJ WIRTSCH, JUR Dritt...: **~ debtor**; **~ insurance** Haftpflichtversicherung *f*; **insured against ~ risks** haftpflichtversichert; **~ person** S 1 LING dritte Person 2 WIRTSCH, JUR Dritte(r) *m*; **~ rail** S Stromschiene *f*; **~-rate** ADJ 1 drittrangig, -klassig (*beide a. fig*) 2 *fig* minderwertig; **~-rater** S 1 unbedeutende Person 2 minderwertige Sache; ♀ **Reich** S HIST (*das*) Dritte Reich (*Hitlerregime*); ♀ **World** S POL (*die*) Dritte Welt

thirst [θɜːst; *US* θɜrst] A S 1 Durst *m*: **~-quenching** durstlöschend, -stillend; **~ strike** Durststreik *m* 2 *fig* Durst *m*, Gier *f*, Verlangen *n* (*alle:* **for** nach): **~ for blood** Blutdurst; **~ for knowledge** Wissensdurst; **~ for power** Machtgier B V/I 1 dursten, dürsten, durstig sein, Durst haben 2 *fig* dürsten, lechzen (*beide:* **for, after** nach): **he ~s for revenge** *a.* es dürstet ihn nach Rache; **~ to do sth** darauf brennen, etwas zu tun; **thirstiness** S Durst(igkeit) *m(f)*; **thirsty** ADJ (ADV thirstily) 1 durstig (*a. Motor etc*): **gardening makes you ~** Gartenarbeit macht Durst; **be ~** → thirst B 1 2 AGR dürr, trocken (*Boden, Jahreszeit*) 3 *umg* trocken: **~ work** (e-e) Arbeit, die Durst macht; **be ~ work** Durst machen 4 *fig* durstig, (be)gierig (*beide:* **for** nach): **~ for blood (knowledge, power)** blutdürstig (wissensdurstig, machtgierig); **be ~ for sth** nach etwas dürsten *od* lechzen; **the fields are ~ for rain** die Felder brauchen dringend Regen

thirteen [,θɜː'tiːn; *US* ,θɜr-] A ADJ dreizehn B S Dreizehn *f*; **thirteenth** [-θ] A ADJ 1 dreizehnt(er, e, es) 2 dreizehntel B S 1 (*der, die, das*) Dreizehnte 2 Dreizehntel *n*

thirtieth ['θɜːtɪɪθ; *US* 'θɜr-] A ADJ 1 dreißigst(er, e, es) 2 dreißigstel B S 1 (*der, die, das*) Dreißigste 2 Dreißigstel *n*

thirty ['θɜːtɪ; *US* 'θɜr-] A ADJ dreißig: **~ all** (*Tennis*) dreißig beide; ♀ **Years' War** HIST (*der*) Dreißigjährige Krieg B S 1 Dreißig *f*: **he is in his thirties** er ist in den Dreißigern; **in the thirties** in den Dreißigerjahren (*e-s Jahrhunderts*) 2 *Journalismus: US sl* Ende *n* (*30 als Schlusszeichen e-s Artikels etc*); **~something** *umg* A S Dreißiger(in) B ADJ in den Dreißigern; **~-twomo** [-'tuːməʊ] TYPO A *pl* -mos S 1 Zweiunddreißigerformat *n* 2 Band *m* im Zweiunddreißigerformat B ADJ im Zweiunddreißigerformat: **~ volume** → A 2

this [ðɪs] *pl* **these** [ðiːz] A PRON 1 a dieser, diese, dieses b dies, das: **all ~** dies alles, all das; **~ and that** dies u. das, allerlei; **for**

all ~ deswegen, darum; **like ~** so; **these are his children** das sind s-e Kinder; **~ is what I expected** (genau) das habe ich erwartet; **~ is what happened** Folgendes geschah **2** dieses, dieser Zeitpunkt, dieses Ereignis: **after ~** danach; **at ~** dabei, daraufhin; **before ~** zuvor; **by ~** bis dahin, mittlerweile **B** ADJ **1** dieser, diese, dieses: **~ book** **2** der *od* die *od* das (da): **look at ~ dog!** schau den Hund (da) an! **3** der (die, das) Naheliegende *od* Hiesige: **in ~ country** hier(zulande) **4** dies(er, es), *bes* WIRTSCH der (das) laufende *(Jahr, Monat)*: **of ~ month** dieses Monats; **~ day week** heute in e-r Woche; **~ time** diesmal **5** dieser, diese, dieses, letzt(er, e, es): **all ~ week** die ganze (letzte) Woche; **(for) these three weeks** die letzten drei Wochen, seit drei Wochen **6** *umg* **I met ~ man who …** ich traf da (so) e-n Kerl, der …; **I read ~ book which …** ich las da (so) ein Buch, das … **C** ADV so: **~ far**; **~ much**

thistle ['θɪsl] S BOT Distel *f (a. Heraldik: das Emblem Schottlands)*: **Order of the** ≈ Distel-, Andreasorden *m*; **~down** S BOT Distelwolle *f*: → light² A 1; **~ finch** S ORN Distelfink *m*

thistly ['θɪslɪ] ADJ **1** distelig, voller Disteln **2** stach(e)lig

thither ['ðɪðə(r); *US a.* 'θɪ-] *obs od poet* **A** ADV dorthin: → hither A **B** ADJ jenseitig, ander(er, e, es): **the ~ bank of the river**

tho *US umg für* though

thole¹ [θəʊl] V/T **1** *bes schott* sich *etwas* gefallen lassen **2** *obs* erleiden

thole² [θəʊl], **tholepin** S SCHIFF Dolle *f*

Thomas ['tɒməs; *US* 'tɑ-] **A** EIGENN BIBEL Thomas *m (Apostel)* **B** S *meist* **doubting ~** *fig* ungläubiger Thomas

Thomism ['təʊmɪzəm] S PHIL, REL Thomismus *m (Lehre des Thomas von Aquin u. s-r Schule)*

thong [θɒŋ] S **1** **a** (Leder)Riemen *m* **b** Peitschenriemen *m* **2** *bes US* Zehensandale *f* **3** Stringtanga *m*

thoraces ['θɔːrəsiːz; *US a.* 'θəʊ-] *pl von* thorax

thoracic [θɔː'ræsɪk; θə-] ADJ ANAT thorakal, Brust…: **~ aorta** Brustschlagader *f*; **~ breathing** Brustatmung *f*; **~ cage** Brustkorb *m*, -kasten *m*; **~ duct** Milchbrustgang *m*

thorax ['θɔːræks; *US a.* 'θəʊər,æks] *pl* -raxes, -races [-rəsiːz] S Thorax *m*: **a** ANAT Brust(-korb) *f(m)*, -kasten *m* **b** ZOOL Brustabschnitt *m (bei Gliederfüßern)*

thoric ['θɔːrɪk; *US a.* 'θɑ-; 'θəʊ-] ADJ CHEM Thorium…

thorite ['θɔːraɪt; *US a.* 'θəʊər,aɪt] S MINER Thorit *m*

thorium ['θɔːrɪəm] S CHEM Thorium *n*

thorn [θɔː(r)n] S **1** Dorn *m*: **be a ~ in sb's flesh** (*od* **side**) **a** j-m ein Pfahl im Fleisch sein **b** j-m ein Dorn im Auge sein; → bed *Bes Redew* **2** BOT Dornstrauch *m*, *bes* Weißdorn *m* **3** Dorn *m (der altenglische u. isländische Buchstabe þ)*; **~ apple** S BOT Stechapfel *m*; **~back** S FISCH Nagelrochen *m*

thorned [θɔː(r)nd] ADJ dornig

thorniness ['θɔː(r)nɪnɪs] S **1** Dornigkeit *f* **2** *fig* Mühseligkeit *f* **3** *(das)* Heikle; **thornless** ADJ dornenlos; **thorny** ADJ (ADV thornily) **1** dornig **2** *fig* dornenvoll, mühselig, schwierig **3** heikel *(Problem etc)*

thoro *US umg für* thorough

thorough ['θʌrə; *US* 'θɜrəʊ] **A** ADJ (ADV → thoroughly) **1** *allg* gründlich: **a** sorgfältig *(Person, Test etc)* **b** genau, eingehend *(Untersuchung etc)*: **~ knowledge** gründliche Kenntnisse *pl* **c** durchgreifend *(Reform etc)* **2** vollendet: **a** vollkommen, perfekt, meisterhaft **b** echt, durch u. durch *(Politiker etc)* **c** völlig: **a ~ delight** e-e reine Freude **d** *pej* ausgekocht, abgefeimt *(Gauner etc)* **B** PRÄP & ADV *obs* → through A, B **C** S ≈ HIST *die Gewaltpolitik Lord Straffords u. Erzbischof Lauds unter Karl I*; **~ bass** [beɪs] S MUS Generalbass *m*; **~bred** **A** ADJ **1** BIOL, ZOOL reinrassig *(Tier)*, vollblütig, Vollblut…: **~ horse** **2** *fig* kultiviert *(Mensch)* **B** S **1** **a** Vollblut(pferd) *n* **b** ≈ englisches Vollblut **2** reinrassiges Tier **3** kultivierter Mensch; **~fare** S **1** Durchgangsstraße *f*, Hauptverkehrsstraße *f* **2** Durchfahrt *f*: **"no ~"** **a** „Durchfahrt verboten!" **b** „kein Durchgang!" **3** Wasserstraße *f*; **~going** ADJ **1** → thorough A 1 **2** **a** radikal, kompromisslos **b** → thorough A 2 d

thoroughly ADV **1** gründlich *etc* **2** gänzlich, völlig, vollkommen, total **3** äußerst: **they were ~ delighted** sie waren hellauf begeistert; **thoroughness** S **1** Gründlichkeit *f* **2** Vollkommenheit *f* **3** Vollendung *f*

thoroughpaced ADJ **1** in allen Gangarten geübt *(Pferd)* **2** *fig* → thorough A 2 b, A 2 d

thorp(e) [θɔː(r)p] S *obs (außer in Ortsnamen)* (kleines) Dorf

those [ðəʊz] *pl von* that¹

thou¹ [ðaʊ] PRON *poet od* BIBEL du: **~ shalt not kill**

thou² [θaʊ] *pl* thous, thou S *umg* Mille *n*, Tausend *n*

though [ðəʊ] **A** KONJ **1** obwohl, obgleich, obschon **2** wenn auch, selbst wenn: **important ~ it is** so wichtig es auch ist; → even¹ 1 **3** jedoch, doch **4** **as ~** als ob, wie wenn **B** ADV *umg* (aber) trotzdem *od* dennoch: **he's strange; I like him, ~**

thought¹ [θɔːt] S **1** **a** Gedanke *m*, Einfall *m* **b** Gedankengang *m* **c** Gedanken *pl*, Denken *n*: **~s of revenge** Rachegedanken; **that's a good ~** das ist e-e gute Idee; **(as) quick as ~** gedankenschnell; **his one ~ was how to get away** er dachte nur daran, wie er fortkommen könnte; **it never entered my ~s** es kam mir nie in den Sinn; **not give sth a ~** keinen Gedanken an e-e Sache verschwenden; **I've had a ~ or two about it** *umg* ich hab's mir durch den Kopf gehen lassen; **he had a ~** ihm kam ein Gedanke; **read sb's ~s** j-s Gedanken lesen; → lost B 8 **2** Denken *n*, Denkvermögen *n*: **stimulate ~** zum Denken anregen; **are animals capable of ~?** können Tiere denken?; **a beauty beyond ~** e-e unvorstellbare Schönheit **3** Überlegung *f*: **give ~ to** sich Gedanken machen über *(akk)*; **I gave it some ~** ich habe darüber nachgedacht; **I've never given much ~ to it** ich hab mir darüber noch nie groß Gedanken gemacht; **take ~ how to do sth** sich überlegen, wie man etwas tun könnte; **after serious ~** nach ernsthafter Erwägung; **he acts without ~** er handelt, ohne zu überlegen; **on second ~** nach reiflicher Überlegung; **on second ~ I am …** wenn ich es mir recht überlege, bin ich …; **he had second ~s about it** er überlegte es sich anders **4** (Für)Sorge *f*, Rücksicht(nahme) *f*: **with no ~ for** ohne Rücksicht auf *(akk)*; **give some ~ to**, **have some ~ for** Rücksicht nehmen auf *(akk)*; **take no ~ for** nicht achten auf *(akk)*; **take no ~ for the morrow** denke nicht an morgen *od* an die Zukunft! **5** Absicht *f*: **have some ~s of doing sth** sich mit dem Gedanken tragen, etwas zu tun; **have no ~ of doing sth** gar *od* überhaupt nicht daran denken, etwas zu tun; **I had no ~ of insulting you** ich hatte nicht die Absicht, Sie zu beleidigen; ich wollte Sie nicht beleidigen **6** *pl* Meinung *f*, Ansicht *f*: **tell me your ~s on the matter** sag mir, was du über die Angelegenheit denkst **7** Denken *n*: **a** Denkweise *f*: **scientific ~** **b** Gedankenwelt *f*: **Greek ~** **8** *fig* Idee *f*, Spur *f*: **he is a ~ smaller** er ist e-e Idee kleiner; **a ~ hesitant** etwas zögernd

thought² [θɔːt] *prät u. pperf von* think

thought| blocking S PSYCH Denkhemmung *f*; **~cast** S Denkart *f*, -weise *f*; **~ experiment** S *wissenschaftlich:* Gedankenexperiment *n*

thoughtful [-fʊl] ADJ (ADV ~ly) **1** gedankenvoll, nachdenklich, besinnlich *(a. Buch etc)* **2** achtsam (**of** mit) **3** rücksichtsvoll, aufmerksam, zuvorkommend **4** durchdacht *(Aktion)*; **thoughtfulness** S **1** Nachdenklichkeit *f*, Besinnlichkeit *f* **2** Achtsamkeit *f* **3** Rücksichtnahme *f*, Aufmerksamkeit *f*

thoughtless ADJ (ADV ~ly) **1** gedankenlos, unüberlegt, unbesonnen, unbekümmert **2** rücksichtslos, unaufmerksam; **thoughtlessness** S **1** Gedankenlosigkeit *f*, Unbesonnenheit *f*, Unbekümmertheit *f* **2** Rücksichtslosigkeit *f*, Unaufmerksamkeit *f*

thought|-out ADJ durchdacht: **a well ~ plan** ein wohldurchdachter Plan; **~ pattern** S Denkschema *n*, -struktur *f*; **~-provoking** ADJ (ADV ~ly) nachdenklich stimmend; **~ reader** S Gedankenleser(in); **~ reading** S Gedankenlesen *n*; **~ transference** S Gedankenübertragung *f*

thousand ['θaʊznd] **A** ADJ **1** tausend: **a (one) ~** (ein)tausend; **The** ≈ **and One Nights** Tausendundeine Nacht **2** *a.* **~ and one** *fig* tausend, unzählige, zahllose: **a ~ apologies**; **die a ~ deaths** **a** vor Scham fast in den Boden sinken **b** tausend Ängste ausstehen; **a ~ thanks** tausend Dank; → pity A 2 **B** S **1** Tausend *n (Einheit)*: **~s** Tausende; **many ~s of times** vieltausendmal; **they came in their ~s** (*od* **by the ~**) sie kamen zu Tausenden; **one in a ~** ein(er, e, es) unter tausend **2** Tausend *f (Zahl)*; **thousandfold** [-fəʊld] **A** ADJ & ADV tausendfach **B** S *(das)* Tausendfache

thousandth ['θaʊzntθ] **A** S **1** *(der, die, das)* Tausendste **2** Tausendstel *n*: **a ~ of a second** e-e Tausendstelsekunde **B** ADJ **1** tausendst(er, e, es) **2** tausendstel

thraldom *Br für* thralldom

thrall [θrɔːl] S **1** HIST Leibeigene(r) *m/f(m)*, Hörige(r) *m/f(m)* **2** *fig* Sklave *m* (**to** *gen*) **3** → thralldom: **be in ~ to one's passions** Sklave s-r Leidenschaften sein; **thralldom** S **1** HIST Leibeigenschaft *f* **2** **be held in ~ to sth** *fig* von etwas in den Bann geschlagen sein

thrash [θræʃ] **A** V/T **1** → thresh A **2** *j-n* verdreschen *umg*, verdreschen: **get ~ed** Prügel beziehen *(a.* SPORT *umg)* **3** SPORT *umg j-m* e-e Abfuhr erteilen, *(Tennis etc a.) j-n* vom Platz fegen **B** V/I **1** dreschen **2** *a.* **~ about** (*od* **around**) **a** sich *(im Bett etc)* hin u. her werfen **b** um sich schlagen **c** zappeln *(Fisch)* **3** SCHIFF knüppeln *(gegen Wind u. Wellen segeln)* **4** einschlagen (**at** auf *akk*) **C** S **1** **a** Schlag *m* **b** Schlagen *n* **2** *umg* **a** Party *f* **b** Empfang *m*; **thrasher** → thresher; **thrashing** **A** S **1** Dreschen *n* **2** Dresche *f umg*, (Tracht *f*) Prügel *pl*: **give** *sb* **a ~** → thrash A 2 **3** SPORT *umg* Abfuhr *f*: **give** *sb* **a ~** → thrash A 3 **B** ADJ → threshing B

thrasonical [θrə'sɒnɪkl; *US* -'sɑ-; *a.* θreɪ-] ADJ (ADV ~ly) prahlerisch, aufschneiderisch

thread [θred] **A** S **1** Faden *m*, Zwirn *m*, Garn *n*: **~ (of life)** *fig* Lebensfaden; **he has not a dry ~ on him** er hat keinen trockenen Faden am Leib; → hang C 1 **2** Faden *m*, Faser *f*, Fiber *f* **3** TECH *(Schrauben)* Gewinde *n* **4** *fig* (dünner *od* feiner) *(Licht- etc)* Strahl: **a ~ of light** **5** dünne *(Kohlen-, Erz)* Ader **6** *fig* Faden *m*, Zusammenhang *m*: **there is a consistent ~ running through all his novels** durch all s-e Romane läuft ein roter Faden; **lose the ~ (of the con-**

versation) den (Gesprächs)Faden verlieren; **resume** (*od* **pick up, take up**) **the ~** den Faden wieder aufnehmen 7 *pl US sl* Sachen *pl*, Klamotten *pl* (*Kleider*) B VT 1 *e-e Nadel* einfädeln 2 *Perlen etc* aufreihen, -fädeln (*beide:* **on [to]** auf *akk*) 3 mit Fäden durchziehen 4 *fig* durchziehen, -dringen, erfüllen 5 sich winden durch: **~ one's way (through)** → C 6 TECH (ein) Gewinde schneiden in (*akk*) 7 FOTO e-n Film einlegen in (*akk*) C VI sich (hindurch)schlängeln (**through** durch); **~bare** ADJ 1 fadenscheinig, abgetragen 2 schäbig (gekleidet) 3 *fig* dürftig, schäbig 4 *fig* abgedroschen (*Wort etc*); **~bareness** S 1 Fadenscheinigkeit *f* 2 Schäbigkeit *f* (*a. fig*) 3 *fig* Abgedroschenheit *f*

threaded ['θredɪd] ADJ TECH Gewinde...: **~ joint** Verschraubung *f*, Schraubverbindung *f*;
threader S 1 Einfädler(in) 2 Einfädelmaschine *f* 3 TECH Gewindeschneider *m*

threading machine S TECH Gewindeschneidmaschine *f*

thread| lace S Leinen-, Baumwollspitze *f*; **~like** ADJ fadenförmig; **~ mark** S Faserzeichen *n* (*im Papiergeld*); **Ꙩneedle Street** EIGENN *e-e für ihre Banken berühmte Straße in der City of London:* **The Old Lady of ~** die Bank von England; **~ rolling** S TECH Gewindewalzen *n*; **~worm** S ZOOL Fadenwurm *m*

thready ['θredɪ] ADJ 1 fadenartig, fas(e)rig 2 Fäden ziehend 3 *fig* schwach, dünn (*Stimme etc*): **~ pulse** MED fadenförmiger Puls

threat [θret] S 1 Drohung *f* (**of** mit; **to** gegen): **under ~ of** unter Androhung von (*od gen*); **under ~ of violence** unter Gewaltandrohung 2 (**to**) Bedrohung *f* (für *od gen*), Gefahr *f* (für): **a ~ to peace**; **be under ~** bedroht sein (**from** von); **there was a ~ of rain** es drohte zu regnen

threaten ['θretn] A VT 1 (**with**) *j-m* drohen (mit), *j-m* androhen (*akk*), *j-n* bedrohen (mit) 2 *etwas* androhen (**to** *dat*), drohen mit (**to** *dat*): **he ~ed punishment to all of us** 3 drohend ankündigen: **the sky is ~ing a storm** 4 (damit) drohen (**to do** zu tun): **she ~ed to buy a car** 5 *etwas* bedrohen, gefährden: **~ed (with dying out** *od* **by extinction)** BIOL (vom Aussterben) bedroht B VI 1 drohen 2 *fig* drohen: a drohend bevorstehen: **a catastrophe was ~ing** b Gefahr laufen (**to do** zu tun); **threatening** ADJ (ADV **~ly**) 1 drohend, Droh...: **~ letter** Drohbrief *m* 2 *fig* bedrohlich

three [θriː] A ADJ drei B S 1 Drei *f* (*Zahl, Spielkarte etc*): **the ~ of hearts** die Herzdrei; **by ~s** immer drei auf einmal; → **rule** A 7 2 *Eis-, Rollkunstlauf*: Dreier *m*; **~-card monte** S *US*, **~-card trick** S *Br* Kümmelblättchen *n* (*ein Bauernfängerspiel*); **~-colo(u)r** ADJ dreifarbig, Dreifarben...: **~ process** Dreifarbendruck (-verfahren) *m(n)*; **~-cornered** ADJ 1 dreieckig: **~ hat** Dreispitz *m* 2 zu dreien, Dreier...: **a ~ discussion**; **~-D, 3-D** A S Drei-D-, 3-D-Effekt *m*: **be in ~** dreidimensional sein B ADJ 3-D-..., Drei-D-...: **~ film**; **~-day event** S *Reitsport*: Military *f*; **~day eventer** S Military-Reiter(in); **~-day fever** S MED Dreitagefieber *n*; **~-decker** S 1 SCHIFF Dreidecker *m* 2 Doppelsandwich *n/m*; **~-dimensional** ADJ (ADV **~ly**) 1 dreidimensional, räumlich 2 *fig* plastisch; **~-dimensionality** S Räumlichkeit *f*

threefold ['θriːfəʊld] A ADJ & ADV dreifach B S (*das*) Dreifache

three|-four (time) S MUS Dreivierteltakt *m*; **~-handed** ADJ Dreier..., zu dritt (*Kartenspiel*); **~-legged** ADJ 1 dreibeinig (*Schemel etc*): **~ race** *Wettlauf zwischen Paaren, bei denen das rechte Bein des einen Partners mit dem linken Bein des anderen zusammengebunden ist* 2 SCHIFF *umg* dreimastig; **~-master** S SCHIFF Dreimaster *m*; **~-mile** ADJ Dreimeilen...: **~ limit**; **~ zone**

three|pence ['θrepəns; 'θrɪ-; 'θrʌ-] S *Br* HIST Dreipencestück *n*; **~penny** [-pənɪ] ADJ *Br* HIST zu drei Pennys: **~ bit** → **threepence**

three|-phase ADJ ELEK dreiphasig, Dreiphasen...: **~ current** Drehstrom *m*, Dreiphasenstrom *m*; **~-piece** A ADJ dreiteilig: **~ suit** → B a; **~ suite** → B b B S a Dreiteiler *m* b dreiteilige Sitzgarnitur; **~-pin** ADJ ELEK dreipolig: **~ plug** *a.* Dreifachstecker *m*; **~-ply** A ADJ 1 dreifach (*Garn, Seil etc*) 2 dreischichtig (*Holz etc*) B S dreischichtiges Sperrholz; **~-point** ADJ *bes* FLUG, TECH Dreipunkt...: **~ bearing**; **~ landing**; **~ belt** AUTO Dreipunktgurt *m*; **~ switch** Dreiwegschalter *m*; **~-quarter** A ADJ drei viertel: **~ face** Halbprofil *n*; **~ (length) coat** dreiviertellanger Mantel; **~ majority** Dreiviertelmehrheit *f*; **~ time** MUS *bes US* Dreivierteltakt *m* B S *a.* **~ back** (*Rugby*) Dreiviertel(spieler) *m*; **~-ring circus** S 1 dreimanegiger Zirkus 2 *fig US* Affenzirkus *m umg*; **~-score** ADJ *obs od poet* sechzig

threesome ['θriːsəm] A ADJ zu dreien, Dreier... B S 1 Dreiergruppe *f*, Trio *n* 2 *Golf*: Dreier(spiel) *m(n)* 3 *Geschlechtsverkehr*: Dreier *m*

three|-stage ADJ TECH dreistufig (*Verstärker etc*): **~ rocket** Dreistufenrakete *f*; **~-way** ADJ *bes* ELEK, TECH Dreiwege...: **~ switch**

threnode ['θriːnəʊd; 'θren-] → **threnody**; **threnodial** [θrɪ'nəʊdɪəl], **threnodic** [-'nɒdɪk; *US* -'nɑ-] ADJ Klage..., Trauer...; **threnodist** ['θrenədɪst] S Dichter(in) *od* Sänger(in) von Threnodien; **threnody** ['θrenədɪ] S Threnodie *f*, Threnos *m*, Klagelied *n*

thresh [θreʃ] A VT dreschen: **~ out** *fig* gründlich erörtern, aus-, durchdiskutieren B VI 1 dreschen 2 → **thrash** B 2; **thresher** S 1 Drescher(in) 2 Dreschmaschine *f* 3 *a.* **~ shark** FISCH Fuchshai *m*; **threshing** A S Dreschen *n* B ADJ Dresch...: **~ machine**; **~ floor** Dreschboden *m*, Tenne *f*

threshold ['θreʃəʊld; -həʊld] A S 1 (Tür)Schwelle *f* 2 *fig* Schwelle *f*, Beginn *m*: **be on the ~ of** an der Schwelle (*gen*) stehen; **he is on the ~ of manhood** er steht auf der Schwelle zum Mannesalter 3 MED, PHYS, PSYCH *etc* Schwelle *f*: **~ of audibility** Hör(barkeits)schwelle; **~ of consciousness** Bewusstseinsschwelle; **~ of pain** Schmerzgrenze *f*, -schwelle; → **stimulus** 1 B ADJ Schwellen...: **~ energy**

threw [θruː] *prät von* **throw**

thrice [θraɪs] ADV *obs* 1 dreimal 2 sehr, überaus, über...

thrift [θrɪft] S 1 Sparsamkeit *f* 2 *a.* **~ institution** *US* a (*genossenschaftlich organisierte*) Bausparkasse b Sparkasse *f* 3 BOT Grasnelke *f*; **thriftiness** → **thrift** 1; **thriftless** ADJ (ADV **~ly**) verschwenderisch; **thriftlessness** S Verschwendung *f*

thriftshop S *US* Secondhandshop *m* (*oft für karitative Zwecke*)

thrifty ADJ (ADV **thriftily**) 1 sparsam 2 *poet* gedeihend, blühend, erfolgreich

thrill [θrɪl] A VT 1 erschauern lassen, erregen, packen, begeistern, elektrisieren 2 *j-n* durchlaufen, -schauern, überlaufen (*Gefühl*) B VI 1 (er)heben, erschauern, zittern (**with** vor *dat*; **at, to** bei) 2 (**at, to**) sich begeistern (für), gepackt *od* elektrisiert werden (von) 3 durchlaufen, -schauern, -rieseln (**through** *akk*) 4 zittern, (er)beben, vibrieren C S 1 Zittern *n*, Erregung *f*: **a ~ of joy** e-e freudige Erregung, ein freudiges Erbeben 2 (*das*) Spannende *od* Erregende *od* Packende 3 a (Nerven)Kitzel *m*, prickelndes Gefühl b Sensation *f* 4 Beben *n*, Vibration *f*; **thriller** S Reißer *m umg*, Thriller *m* (*Kriminalfilm, -roman etc*); **thrilling** ADJ (ADV **~ly**) 1 a auf-, erregend, packend, spannend b sensationell 2 hinreißend, begeisternd

thrips [θrɪps] *pl* **thrips** S ZOOL Blasenfüßer *m*

thrive [θraɪv] *prät* **throve** [θrəʊv], **thrived** [θraɪvd], *pperf* **thriven** ['θrɪvn], **thrived** [θraɪvd] VI 1 gedeihen (**on** mit, bei) (*Kind, Pflanze, Tier*) 2 *fig* gedeihen: a blühen, florieren (*Geschäft etc*) b Erfolg haben, reich werden (*Person*) c sich entwickeln (*Laster etc*); **thriving** ADJ (ADV **~ly**) *fig* gedeihend, blühend

thro' [θruː] *poet für* **through**

throat [θrəʊt] A S 1 ANAT a Hals *m* b Kehle *f*, Gurgel *f*, Rachen *m*, Schlund *m*: **cut sb's ~** j-m die Kehle durchschneiden; **cut one's own ~** sich ins eigene Fleisch schneiden; **he's got a fish bone stuck in his ~** ihm ist e-e Gräte im Hals stecken geblieben; **that sticks in my ~** das ist mir zuwider; **the words stuck in my ~** die Worte blieben mir im Halse stecken; **take sb by the ~** j-n an der Gurgel packen; **thrust** (*od* **ram, shove, stuff**) **sth down sb's ~** a j-m etwas eintrichtern b j-m etwas aufzwingen; → **clear** D 5, **jump** B 1, **lie**[1] B 1, **sore** A 2 2 Hals *m* (*e-r Flasche, Vase*), TECH Gicht *f* (*e-s Hochofens*) 3 ARCH Hohlkehle *f* 4 SCHIFF a Kehle *f* (*e-s Knieholzes*) b Klauohr *n* (e-s Stagsegels) c Klau *f* (*e-r Gaffel*) B ADJ ANAT, MED Hals..., Rachen...: **~ microphone** Kehlkopfmikrofon *n*; **throated** ADJ (*bes in Zusammensetzungen*) ...kehlig; **throaty** ADJ (ADV **throatily**) 1 kehlig, guttural 2 heiser, rau

throb [θrɒb; *US* θrɑb] A VI a (heftig) klopfen, pochen, hämmern (*alle:* **with** vor *dat*): **his heart was ~bing with excitement**; **his arm was ~bing with pain** er hatte e-n pochenden *od* klopfenden Schmerz im Arm b hämmern (*Maschine etc*) B S Klopfen *n*, Pochen *n*, Hämmern *n*

throes [θrəʊz] SPL 1 heftiger Schmerz, heftige Schmerzen *pl*: **~ (of childbirth)** (Geburts)Wehen; → **death throes** 2 **in the ~ of** mitten in (*etwas Unangenehmem*): **in the ~ of war** in den Kriegswirren; **we are in the ~ of moving** wir stecken mitten im Umzug

thrombi ['θrɒmbaɪ; *US* 'θrɑm-] *pl von* **thrombus**

thrombin ['θrɒmbɪn; *US* 'θrɑm-] S *Biochemie*: Thrombin *n* (*ein für die Blutgerinnung wichtiges Enzym*)

thrombocyte ['θrɒmbəʊsaɪt; *US* 'θrɑmbə-] S MED Thrombozyt *m*, Blutplättchen *n*

thrombophlebitis [ˌθrɒmbəʊflɪ'baɪtɪs; *US* ˌθrɑm-] S MED 1 Thrombophlebitis *f* (*mit e-r Thrombose verbundene Venenentzündung*) 2 *umg* → **coronary thrombosis**

thrombosis [θrɒm'bəʊsɪs; *US* θrɑm-] *pl* **-ses** [-siːz] S MED Thrombose *f*; **thrombotic** [-'bɒtɪk; *US* -'bɑ-] ADJ MED thrombotisch, Thrombose...

thrombus ['θrɒmbəs; *US* 'θrɑm-] *pl* **-bi** [-baɪ] S MED Thrombus *m*, Blutpfropf *m*

throne [θrəʊn] A S 1 a Thron *m* (*e-s Königs etc*): **be** (*od* **sit**) **on the ~** *umg* auf dem Thron (*im Klo*) sitzen; **~ room** Thronsaal *m*; → **speech** A 5 b Stuhl *m* (*des Papstes, e-s Bischofs*) 2 *fig* Thron *m* (*monarchische Herrschaft*): **come to the ~** auf den Thron kommen B VT auf den Thron setzen C VI thronen; **throneless** ADJ thronlos

throng [θrɒŋ] A S 1 (*a. als pl konstruiert*) (Menschen)Menge *f* 2 (*a. als pl konstruiert*) Menge *f*, Masse *f* (*Sachen*): **a ~ of memories** e-e Flut von Erinnerungen B VI sich drängen *od* (zusammen)scharen, (herbei-, hinein- *etc*)strömen C VT 1 sich drängen in (*dat*): **people**

~ed the streets; the streets were ~ed with people auf den Straßen wimmelte es von Menschen 2 bedrängen, umdrängen

throstle ['θrɒsl; US 'θrasəl] S 1 a. ~ frame TECH Drossel f, Ringspinnmaschine f 2 ORN poet (bes Sing)Drossel f

throttle ['θrɒtl; US 'θratl] A S 1 Kehle f, Gurgel f 2 AUTO, TECH a a. ~ lever Gashebel m b a. ~ valve Drosselklappe f, -ventil n: (at) full ~ mit Vollgas, fig a. mit Volldampf; at full ~ bei Vollgas; open (close) the ~ Gas geben (wegnehmen) B V/T 1 a würgen b erdrosseln 2 fig ersticken, unterdrücken 3 oft ~ down AUTO, TECH (ab)drosseln (a. fig) C V/I meist ~ back (od down) a AUTO, TECH Gas wegnehmen b fig kürzertreten

through [θru:] A PRÄP 1 (räumlich) durch, durch … hindurch: pass ~ a tunnel; bore ~ a board 2 zwischen … (dat) hindurch, durch 3 durch, in (dat) (überall umher): roam (all) ~ the country das (ganze) Land durchstreifen 4 (e-n Zeitraum) hindurch, während: all ~ his life sein ganzes Leben hindurch; the whole summer ~ den ganzen Sommer lang 5 US (von …) bis: Monday ~ Friday Montag bis einschließlich Freitag 6 (bis zum Ende od ganz) durch: are you ~ your work? sind Sie mit Ihrer Arbeit durch od fertig? 7 fig durch: I saw ~ his hypocrisy ich durchschaute s-e Heuchelei; get ~ an examination e-e Prüfung bestehen, durch e-e Prüfung kommen; have been ~ sth etwas erlebt haben 8 durch, mittels: it was ~ him that we found out durch ihn kamen wir darauf 9 aus, vor (dat), durch, in-, zufolge, wegen: ~ neglect infolge od durch Nachlässigkeit B ADV 1 durch: ~ and ~ durch u. durch, ganz u. gar; push a needle ~ e-e Nadel durchstechen; he would not let us ~ er wollte uns nicht durchlassen; you are ~ TEL a Br Sie sind verbunden b US Ihr Gespräch ist beendet; wet ~ völlig durchnässt 2 (ganz) durch: this train goes ~ to Boston dieser Zug fährt (durch) bis Boston; the bad weather lasted all ~ das schlechte Wetter dauerte die ganze Zeit (hindurch) an 3 (ganz) durch (von Anfang bis Ende): read a letter ~; carry a matter ~ e-e Sache durchführen 4 fertig, durch (beide: with mit): he is not yet ~; I'm ~ with him umg mit dem bin ich fertig; we're ~ umg mit uns ist es aus; I'm ~ with it umg ich habe es satt C ADJ durchgehend, Durchgangs…: ~ ball (od pass) (Fußball) Steilpass m; ~ bolt TECH durchgehender Bolzen; ~ car US, ~ carriage (od coach) Br BAHN Kurswagen m; ~-composed MUS durchkomponiert (Lied); ~ dialing TEL US Durchwahl f; ~ flight FLUG Direktflug m (to nach); ~ rate WIRTSCH Durchgangstarif m; "no ~ road" „Durchfahrt verboten!"; ~ street US Durchgangsstraße f; ~ ticket BAHN US für Strecken verschiedener Eisenbahngesellschaften gültige Fahrkarte; ~ traffic Durchgangsverkehr m; ~ train durchgehender Zug; ~ travel(l)er Transitreisende(r) m/f(m)

throughout A PRÄP 1 überall in (dat): ~ the country im ganzen Land 2 während: ~ the year das ganze Jahr hindurch B ADV 1 durch u. durch, ganz u. gar, durchweg: rotten ~ völlig verfault; a sound policy ~ e-e durch u. durch vernünftige Politik 2 überall 3 die ganze Zeit

through|put S WIRTSCH, a. IT Durchsatz m; ~way S US 1 Durchgangsstraße f 2 Schnellstraße f

throve [θrəʊv] prät von thrive

throw [θrəʊ] A S 1 Werfen n, (Speer- etc) Wurf m 2 a (einzelner) Wurf: three cassette recorders of $100 a ~ US umg zu 100 Dollar das Stück, à 100 Dollar b Wurfweite f: → stone's throw 3 umg a Versuch m b Chance f 4 TECH a (Kolben) Hub m b Kröpfung f (e-r Kurbelwelle) 5 TECH (Regler- etc) Ausschlag m 6 TECH (Projektions) Entfernung f 7 US (Damen)Schal m 8 US leichte (Woll)Decke 9 Würfelspiel: Wurf m (Werfen u. gewürfelte Zahl) 10 Ringen: Schwung m, Wurf m 11 Fußball: Einwurf m: take the ~ einwerfen B V/T prät threw [θru:], pperf thrown [θrəʊn] 1 werfen, schleudern (beide: at nach): ~ sth at sb a. j-n mit etwas bewerfen; ~ o.s. at sb a sich j-m an den Hals werfen b sich auf j-n stürzen 2 j-m e-n Ball, Blick etc zuwerfen: → kiss A 1 3 das Netz, die Angel etc auswerfen 4 sich ein Kleidungsstück werfen (over über akk): → throw on 1 5 fig versetzen (into in Verwirrung etc): be thrown out of work arbeitslos werden 6 TECH e-n Hebel umlegen, die Kupplung ein- od ausrücken, e-n Schalter ein- od ausschalten 7 Gefäße (auf e-r Töpferscheibe) formen, drehen 8 Kartenspiel: a ausspielen b ablegen 9 zu Boden werfen, (Ringen) den Gegner auf die Matte werfen, den Reiter abwerfen (Pferd) 10 US umg e-n Wettkampf etc absichtlich verlieren 11 a ~ dice würfeln, knobeln b e-e Zahl würfeln 12 ZOOL Junge werfen 13 ZOOL die Haut etc abwerfen 14 Seide etc zwirnen, moulinieren 15 e-e Brücke schlagen (over, across über akk) 16 umg e-e Gesellschaft geben, e-e Party schmeißen 17 umg aus dem Konzept od aus der Fassung od in Verlegenheit od ins Schleudern bringen: that threw me das hat mich (glatt) umgehauen 18 umg e-n Wutanfall etc bekommen C V/I 1 werfen 2 würfeln, knobeln

Phrasal Verbs **throw| about**, ~ **around** V/T 1 verstreuen: throw one's money about fig mit s-m Geld um sich werfen; → weight A 3 2 herumwerfen: throw one's arms about mit den Armen (herum)fuchteln; throw o.s. about sich (im Bett etc) hin u. her werfen; ~ **away** V/T 1 fort-, wegwerfen: throw o.s. away fig sich wegwerfen (on sb an j-n) 2 Geld, Zeit verschwenden, -geuden (on an j-n, für etwas) 3 e-e Gelegenheit etc verpassen, -schenken 4 etwas verwerfen, über Bord werfen 5 etwas beiläufig sagen; ~ **back** A V/T 1 e-n Ball, ein Bild etc, a. weitS. Truppen zurückwerfen (a. fig aufhalten, hemmen): ~ one's head a. den Kopf in den Nacken werfen; be thrown back upon angewiesen sein auf (akk) 2 throw sth back at sb fig j-m etwas vorhalten od -werfen B V/I 1 (to) fig zurückkehren (zu), zurückverfallen (auf akk, in akk) 2 BIOL rückarten; ~ **by** V/T beiseitelegen od -werfen, ausrangieren; ~ **down** V/T 1 (o.s. sich) niederwerfen: → gauntlet[1] 2 2 umstürzen 3 CHEM fällen; ~ **forward** V/T: throw everybody forward SPORT alles nach vorn werfen; ~ **in** V/T 1 (hin)einwerfen: throw the ball in (Fußball) einwerfen; → lot A 1, sponge A 1, towel A 1 2 e-e Bemerkung etc einflechten, -werfen 3 etwas dazugeben, mit in den Kauf geben, dreingeben: with … thrown in mit … als Zugabe; she earns £5,000 a month with accommodation and food thrown in bei freier Unterkunft u. Verpflegung 4 TECH e-n Gang etc einrücken; ~ **into** V/T 1 (hinein)werfen in (akk): ~ the battle Truppen in die Schlacht werfen; throw sb into prison j-n ins Gefängnis werfen; ~ the bargain → throw in 3; → heart Bes Redew 2 throw o.s. into fig sich in die Arbeit, den Kampf etc stürzen; ~ **off** A V/T 1 ein Kleidungsstück, a. fig s-e Skrupel etc abwerfen, s-e Nervosität etc ablegen 2 ein Joch etc abwerfen, abschütteln: ~ the chains of marriage sich aus den Fesseln der Ehe befreien 3 j-n, e-e Krankheit etc loswerden 4 e-n Verfolger abschütteln, e-n Jagdhund a. von der Fährte abbringen 5 in die Irre führen 6 ein Gedicht etc hinwerfen, aus dem Ärmel schütteln 7 e-e Bemerkung hinwerfen, fallen lassen 8 j-n aus dem Konzept od aus der Fassung od in Verlegenheit od ins Schleudern bringen 9 TECH a kippen, umlegen b auskuppeln, -rücken 10 TYPO abziehen B V/I Aus umg lästern (at über akk); ~ **on** V/T 1 (sich) ein Kleidungsstück überwerfen 2 throw o.s. on sich auf die Knie etc werfen: throw o.s. on sb's mercy sich j-m auf Gnade u. Ungnade ausliefern; they threw themselves on the mercy of God sie vertrauten sich der Gnade Gottes an; ~ **out** A V/T 1 Abfall etc wegwerfen 2 etwas, a. j-n, e-n Beamten etc hinauswerfen 3 bes PARL verwerfen 4 ARCH vorbauen, e-n Flügel etc anbauen (to an akk) 5 e-e Bemerkung fallen lassen, e-n Vorschlag etc äußern, e-n Wink geben 6 a etwas über den Haufen werfen umg b → throw off A 8 7 Licht etc abgeben, aussenden, -strahlen 8 TECH auskuppeln, -rücken 9 s-e Fühler etc ausstrecken: ~ a chest umg sich in die Brust werfen; → feeler 1 B V/I SPORT abwerfen; ~ **over** V/T 1 a etwas über den Haufen werfen umg b e-n Plan etc über Bord werfen umg, aufgeben 2 e-n Freund etc sitzen od fallen lassen (for wegen); ~ **together** V/T 1 zusammenwerfen, Leute zusammenbringen: be thrown together zusammenkommen 2 fig etwas zusammenstoppeln umg pej; ~ **up** A V/T 1 hochwerfen 2 etwas aufgeben, hinwerfen, an den Nagel hängen (beide umg) 3 erbrechen 4 hastig errichten 5 bes TYPO hervorheben 6 prominente Persönlichkeiten etc hervorbringen 7 throw sth up to sb j-m etwas vorhalten od -werfen B V/I (sich) erbrechen, sich übergeben; ~ **upon** V/T 1 werfen auf (akk): be thrown upon o.s. (od upon one's own resources) (ganz) auf sich selbst angewiesen sein 2 → throw on 2

throw|away A S a etwas zum Wegwerfen b bes US Reklamezettel m B ADJ 1 a Wegwerf…: ~ package; ~ society Wegwerfgesellschaft f b Einweg…: ~ bottle c Einmal…: ~ towel 2 bes Br beiläufig (Bemerkung etc); ~**back** S 1 a BIOL → atavism a b fig Rückkehr f (into, to zu) 2 FILM etc Rückblende f; ~**down** S Fußball: Schiedsrichterball m

thrower S 1 Werfer(in) 2 Töpferei: Dreher(in), Former(in) 3 → throwster

throw-in S Fußball: Einwurf m: take the ~ einwerfen

throwing A S Werfen n, (Speer- etc) Wurf m: ~ the javelin B ADJ Wurf…: ~ knife

thrown [θrəʊn] A pperf von throw B ADJ 1 gezwirnt: ~ silk Seidengarn n 2 Eis-, Rollkunstlauf: Wurf…: ~ axel

throw|-off S 1 → throw-out 1 2 TYPO Druckabsteller m; ~**-out** S 1 TECH Ausschaltvorrichtung f, Ausschaltung f 2 AUTO Ausrückvorrichtung f: ~ lever (Kupplungs)Ausrückhebel m 3 Auswerfer m 4 TYPO Faltblatt n 5 SPORT Abwurf m; ~ **rug** S US Brücke f

throwster ['θrəʊstə(r)] S Seidenzwirner(in)

thru US umg für through

thrum[1] [θrʌm] A V/I 1 MUS klimpern (on auf dat) 2 (mit den Fingern) trommeln (on auf dat od akk) 3 trommeln (Regen) B V/T 1 MUS a auf e-m Instrument klimpern b e-e Melodie klimpern (on auf dat) 2 (mit den Fingern) trommeln auf (dat od akk) C S Klimpern n, Geklimper n

thrum[2] [θrʌm] A S 1 Weberei: a Trumm n/m (am Ende der Kette) b pl (Reihe f von) Fransen pl, Saum m 2 Franse f, loser Faden B V/T ein Tuch etc befransen

thrush[1] [θrʌʃ] S ORN Drossel f

thrush[2] [θrʌʃ] S 1 MED Soor m 2 VET Strahlfäule f

thrust [θrʌst] A V/T prät u. pperf thrust 1 e-e

Waffe etc stoßen (**into** in *akk*) 2 *allg* stecken, schieben (*beide:* **into** in *akk*): **~ one's hand into one's pocket**; **~ sth on** (sich) etwas hastig überwerfen; → nose *Bes Redew* 3 stoßen, drängen, treiben, werfen: **~ aside** zur Seite stoßen; **~ o.s. forward** a sich nach vorn drängen b *fig* sich in den Vordergrund drängen; **~ sb into prison** j-n ins Gefängnis werfen; **~ on** vorwärtstreiben, antreiben; **~ o.s. into** sich werfen *od* drängen in (*akk*); **~ out** a (her- *od* hin-) ausstoßen b *die Zunge* herausstrecken c *die Hand* ausstrecken; **~ one's way through the crowd** sich durch die Menge drängen *od* schieben; **~ sth on sb** j-m etwas aufdrängen 4 *meist* **~ through** *j-n* durchbohren 5 **~ in** *ein Wort* einwerfen B VI 1 stoßen (**at** nach) 2 stoßen, drängen (*beide:* **at** gegen; **into** in *akk*) 3 sich schieben, sich drängen: **~ past** sich vorbeidrängen (an *dat*) 4 sich werfen (**at** auf *akk*; **between** zwischen *akk*) C S 1 Stoß *m*: **in the ~ and parry of the moment** im Eifer des Gefechts 2 Hieb *m* (*a. fig:* **at** auf *akk*, gegen) 3 MIL a Vorstoß *m* b Stoßrichtung *f* (*a. fig*) 4 *allg u.* TECH Druck *m* 5 FLUG, PHYS, TECH Schub(kraft) *m(f)* 6 ARCH, TECH (*Horizontal-, Seiten*) Schub *m* 7 GEOL Schub *m* 8 *fig* Zielstrebigkeit *f* 9 *fig* Tenor *m*; **~ bearing** S TECH Axialdrucklager *n*

thruster S 1 Stoßende(r) *m/f(m)* 2 Korrekturtriebwerk *n* (*e-r Rakete*) 3 *j-d, der vorprellt od andere zur Seite drängt*

thrust| performance S FLUG, TECH Schubleistung *f*; **~ weapon** S MIL Stich-, Stoßwaffe *f*

thud [θʌd] A S dumpfer (Auf)Schlag, Bums *m* B VI dumpf (auf)schlagen, bumsen

thug [θʌg] S 1 *oft* ♀ HIST Thug *m* (*Mitglied e-r geheimen Mordbande in Indien*) 2 a Gangster *m* b Schläger *m*; **thuggee** [θʌ'giː; *US* 'θʌgiː], *a.* ♀ S HIST Thug-Unwesen *n*; **thuggery** [-ərɪ] S 1 → thuggee 2 Brutalität *f*; **thuggish** ADJ brutal

thuja ['θuːjə; 'θjuːjə] S BOT Thuja *f*, Lebensbaum *m*

thumb [θʌm] A S Daumen *m* (*a. im Handschuh*): **his fingers are** (*od* **he is**) **all ~s, he has ten ~s** er hat zwei linke Hände; **under sb's ~** in j-s Gewalt, unter j-s Fuchtel *umg*; **she has him under her ~** sie hat ihn an der Kandare; **that sticks out like a sore ~** *umg* a das sieht doch ein Blinder b das fällt auf wie ein Kuhfladen auf der Autobahn; **~s up!** a alles in Ordnung! b prima!; **it's ~s up for your offer** dein Angebot ist angenommen; **get the ~s up** akzeptiert werden; **give sb (sth) the ~s up** a j-n (etwas) akzeptieren b sich für j-n (etwas) entscheiden; **it's ~s down for your offer** dein Angebot ist abgelehnt; **get the ~s down** abgelehnt werden; **give sb (sth) the ~s down** a j-n (etwas) ablehnen b sich gegen j-n (etwas) entscheiden; → rule A 2 B VT 1 *ein Buch etc* abgreifen 2 *Buchseiten etc* durchblättern 3 *umg* **~ a lift** (*od* **ride**) per Anhalter fahren, trampen; **~ a car** ein Auto anhalten, sich mitnehmen lassen; **~ one's way to** trampen nach 4 **~ one's nose at** a *j-m* e-e lange Nase machen *umg* b pfeifen auf (*akk*) *umg* C VI **~ through a book** ein Buch durchblättern, in e-m Buch blättern

thumber S *umg* Anhalter(in), Tramper(in)

thumb| index S *a. irr* TYPO Daumenregister *n*; **~nail** A S 1 Daumennagel *m* 2 COMPUT Miniaturansicht *f* B ADJ: **~ sketch** a kleine Skizze b *fig* kurze Skizze; **~ nut** S TECH Flügelmutter *f*; **~print** S Daumenabdruck *m*; **~screw** S 1 TECH Flügelschraube *f* 2 HIST Daumenschraube *f* (*ein Folterinstrument*); **~stall** S Däumling *m* (*e-e Schutzkappe*); **~-sucker** S Daumenlutscher(in); **~-sucking** S Daumenlutschen *n*; **~tack** S *US* Reißzwecke *f*, -nagel *m*, Heftzwecke *f*

thumby ['θʌmɪ] ADJ tappig

thump [θʌmp] A S 1 dumpfer Schlag, Plumps *m*, Bums *m umg* 2 kräftiger Schlag: **give sb a ~ on the back** j-m e-n Puff in den Rücken geben 3 Pochen *n* B VT 1 (heftig) schlagen *od* pochen gegen *od* auf (*akk*), *ein Kissen etc* aufklopfen, -schütteln 2 plumpsen *od* bumsen gegen *od* auf (*akk*) *umg* 3 *umg j-n* verdreschen 4 *a.* **~ out** *umg e-e Melodie* herunterhämmern (**on** auf *dat*) C VI 1 (**on**) aufschlagen (auf *dat od akk*), schlagen, plumpsen, bumsen (*beide umg*) (auf *akk*): **~ at** schlagen *od* plumpsen *od* bumsen gegen 2 (laut) pochen (**with** vor *dat*) (*Herz*); **thumping** *umg* A ADJ kolossal, Mords...: **~ idiot** Vollidiot(in) *pej*; **with a ~ majority** mit überwältigender Mehrheit; **a ~ victory** ein haushoher Sieg B ADV mordsmäßig *umg*: **a ~ great lie** e-e faustdicke Lüge *umg*

thunder ['θʌndə(r)] A S 1 Donner *m*: **there is ~ in the air** es liegt ein Gewitter in der Luft; **there is ~ and lightning** es donnert u. blitzt; **steal sb's ~** *fig* a j-m den Wind aus den Segeln nehmen b j-m die Schau stehlen; **with a face like** (*od* **[as] black as**) **~** mit zornrotem Gesicht; **what in ~ ...?** *obs* was zum Donnerwetter ...? 2 *fig* Donnern *n*: **a ~ of applause** donnernder Beifall, ein Beifallssturm *m* 3 *fig* a Donnerwetter *n umg* b Drohung *f* B VI 1 *unpers* donnern: **it's ~ing** 2 *fig* donnern (*Geschütz, Zug etc*) C VT *a.* **~ out** *etwas* donnern

thunderation [ˌθʌndə'reɪʃn] INT *US umg* Donner u. Doria!

thunder|bolt S 1 Blitzschlag *m* mit Donner: **be a real ~, come as a ~** *fig* wie e-e Bombe einschlagen 2 MYTH Donnerkeil *m*; **~clap** S Donnerschlag *m*; **~cloud** S 1 Gewitterwolke *f* 2 *fig* dunkle Wolke; **~head** S *bes US* 1 Gewitterwolke *f* 2 Gipfel *m* e-r Gewitterwolke

thundering A ADJ (ADV **~ly**) 1 donnernd (*a. fig*) 2 → thumping A B ADV → thumping B

thunderous ['θʌndərəs] ADJ (ADV **~ly**) 1 *fig* donnernd: **~ applause** *a.* Beifallssturm *m* 2 *Blick etc*: a wütend b drohend

thunder| sheet S THEAT Donnerblech *n*; **~shower** S Gewitterschauer *m*; **~storm** S 1 Gewitter *n* 2 Gewittersturm *m*; **~struck** ADJ 1 vom Blitz getroffen 2 **be ~** *fig* wie vom Donner gerührt sein

thundery ['θʌndərɪ] ADJ gewitt(e)rig

thurible ['θjʊərɪbl; *US* 'θʊrəbəl] S REL Turibulum *n*, Weihrauchfass *n*

Thuringia [θjʊə'rɪndʒɪə; θjʊ'r-; *US a.* θʊ'r-] S Thüringen *n*

Thuringian [θjʊə'rɪndʒɪən; *US a.* θʊ'rɪndʒən] A ADJ thüringisch, Thüringer(...) B S Thüringer(in)

Thurs. ABK Thursday Do.

Thursday ['θɜːzdɪ; *US* 'θɜrz-] S Donnerstag *m*: **on ~** (am) Donnerstag; **on ~s** donnerstags

thus [ðʌs] ADV 1 so, folgendermaßen 2 somit, also, folglich 3 so, demgemäß 4 so, in diesem Maße: **~ far** so weit; **~ much** so viel

thwack [θwæk] A VT hauen *umg* B S Schlag *m*

thwart [θwɔː(r)t] A VT 1 *e-n Plan etc* durchkreuzen, vereiteln 2 *j-m* e-n Strich durch die Rechnung machen B S SCHIFF Ruderbank *f*, Ducht *f* C ADJ quer liegend, schräg, Quer...

thwartship ADJ SCHIFF querschiffs liegend; **thwartships** ADV querschiffs, dwars

thy [ðaɪ] ADJ *obs od poet* dein, deine: **~ neighbo(u)r** dein Nächster

thylacine ['θaɪləsaɪn] S ZOOL Beutelwolf *m*

thyme [taɪm] S BOT Thymian *m* (*Pflanze u. Gewürz*)

thymi ['θaɪmaɪ] *pl von* thymus

thymic[1] ['taɪmɪk] ADJ Thymian...

thymic[2] ['θaɪmɪk] ADJ ANAT Thymus(-drüsen)...

thymus ['θaɪməs] *pl* -muses, -mi [-maɪ] S ANAT *a.* **~ gland** Thymus(drüse) *m(f)*

thyratron ['θaɪrətrɒn; *US* -ˌtran] S ELEK Thyratron *n*, Stromtor *n*

thyroid ['θaɪrɔɪd] A ADJ ANAT 1 Schilddrüsen...: **~ hormone**; → balance A 13 2 Schildknorpel... B S 1 *a.* **~ gland** Schilddrüse *f* 2 *a.* **~ cartilage** Schildknorpel *m* 3 Schilddrüsenarterie *f od* -vene *f* 4 MED, PHARM Schilddrüsenpräparat *n*; **thyroiditis** [-'daɪtɪs] S MED Thyreoiditis *f*, Schilddrüsenentzündung *f*

thyroxine [θaɪ'rɒksiːn; -sɪn; *US* -'rak-], *a.* **thyroxin** [-sɪn] S *Biochemie*: Thyroxin *n* (*Hauptbestandteil des Schilddrüsenhormons*)

thyrsus ['θɜːsəs; *US* 'θɜr-] *pl* -si [-saɪ] S Thyrsus *m*: a *Antike*: Bacchantenstab *m* b BOT Strauß *m* (*ein Blütenstand*)

thyself [ðaɪ'self] PRON *obs od poet* 1 du (selbst) 2 *dat* dir (selbst) 3 *akk* dich (selbst)

tiara [tɪ'ɑːrə; *US a.* -'æ-] S 1 KATH, HIST Tiara *f* (*dreifache Krone des Papstes*) 2 Diadem *n*

Tibet [tɪ'bet] S Tibet *n*

Tibetan [tɪ'betən] A ADJ tibetisch, tibetanisch B S 1 Tibeter(in), Tibetaner(in) 2 LING Tibetisch *n*, das Tibetische, Tibetanisch *n*, das Tibetanische

tibia ['tɪbɪə] *pl* -ae [-iː] *od* -as S ANAT Tibia *f*, Schienbein *n*; **tibial** ADJ ANAT, MED Schienbein...

tic [tɪk] S MED Tic(k) *m*: a *nervöses Muskelzucken* b *nervöse Muskelzuckung*; **tic douloureux** [ˌtɪkduːlə'rɜː; *US a.* -'ruː] S MED Trigeminusneuralgie *f*, Gesichtsschmerz *m*

tichy → titchy

Ticino [tɪ'tʃiːnəʊ] S Tessin *n*

tick[1] [tɪk] A S 1 Ticken *n* 2 *bes Br umg* Augenblick *m*, Moment *m*: **in two ~s** im Nu, im Handumdrehen 3 Häkchen *n* (*Vermerkzeichen*): **put a ~ against** *etwas* an- *od* abhaken B VI 1 *a.* **~ away** ticken: **~ away** (*od* **by**) verrinnen, -gehen; **~ over** *bes Br* a AUTO im Leerlauf laufen b *fig* normal *od* ganz ordentlich laufen (*Geschäft etc*) 2 **what makes him ~?** a was hält ihn (so) in Schwung? b was geht in ihm vor? C VT 1 *a.* **~ away** ticken, durch Ticken anzeigen 2 (*in e-r Liste*) anhaken: **~ off** a abhaken b *Br umg j-n* zusammenstauchen, anpfeifen c *US umg j-n* auf die Palme bringen

tick[2] [tɪk] S ZOOL Zecke *f*: → tight A 12

tick[3] [tɪk] S 1 (*Kissen- etc*) Bezug *m* 2 a Inlett *n* b Matratzenbezug *m* 3 *umg* Drell *m*, Drillich *m*

tick[4] [tɪk] S: **on ~** *Br umg* auf Pump

ticker S 1 *Börse: bes US* Ticker *m*, Fernschreiber *m* 2 *sl* Wecker *m* (*Uhr*) 3 *sl* Pumpe *f* (*Herz*); **~ tape** S Lochstreifen *m*; **~-tape** ADJ: **~ parade** Konfettiparade *f*; **get** (*od* **be given**) **a ~ reception** mit e-r Konfettiparade empfangen werden

ticket ['tɪkɪt] A S 1 (*Ausweis-, Eintritts-, Mitglieds-, Theater- etc*) Karte *f*, BAHN *etc* Fahrkarte *f*, -schein *m*, FLUG Flugschein *m*, Ticket *n*: **take a ~** e-e Karte lösen; **two ~s for the premiere** zwei Premierekarten 2 (*bes Gepäck-, Pfand*) Schein *m* 3 (*Lotterie*) Los *n* 4 Etikett *n*, Schildchen *n*, (*Preis- etc*) Zettel *m* 5 WIRTSCH (*Kassen*) Beleg *m* 6 AUTO a Strafzettel *m* b gebührenpflichtige Verwarnung, Strafmandat *n*, Strafzettel *m umg* 7 FLUG, SCHIFF *umg* Lizenz *f* 8 POL a *US* (*Wahl-, Kandidaten*) Liste *f*: **vote a straight ~** die Liste (e-r Partei) unverändert wählen; **write one's own ~** *umg* s-e eigenen Bedingungen stellen; → split A 3, split ticket b *bes US (Wahl-, Partei-)* Programm *n* 9 *umg (das)* Richtige: **that's just the ~ for me** das ist genau das Richtige für mich 10 **~ of leave** JUR *Br* HIST (Schein *m* über) bedingte Freilassung: **be on ~ of leave** bedingt freigelassen sein 11 **get one's ~** MIL *Br umg* aus dem Militärdienst entlassen werden B V/T 1 etikettieren, mit e-m Etikett *od* Schildchen versehen, *Waren* auszeichnen 2 *j-m* e-e (Fahr- *etc*)Karte aushändigen *od* -stellen 3 *fig umg* bestimmen (**for** for) 4 *bes US* a *j-n* gebührenpflichtig verwarnen: **he was ~ed for illegal parking** er bekam e-n Strafzettel wegen Falschparkens b e-n Strafzettel an *e-m falsch geparkten Fahrzeug etc* anbringen

ticket| agency S 1 BAHN *etc* Fahrkartenverkaufsstelle *f* 2 THEAT *etc* Vorverkaufsstelle *f*; **~-cancel(l)ing machine** S (Fahrschein)Entwerter *m*; **~ collector** S BAHN a Schaffner(in) b → ticket inspector; **~ day** S *Börse*: *Br* Tag *m* vor dem Abrechnungstag; **~ holder** S Besitzer(in) e-r Eintrittskarte; **~ inspector** S Fahrkartenkontrolleur(in); **~ machine** S Fahrkartenautomat *m*; **~ office** S 1 BAHN Fahrkartenschalter *m* 2 THEAT Kasse *f*; **~-of-leave man** S *irr* JUR *Br* HIST bedingt Strafentlassene(r) *m*; **~ punch** S (Fahrkarten)Lochzange *f*; **~ tout** S Kartenschwarzhändler(in)

tick fever S MED Zeckenfieber *n*

ticking ['tɪkɪŋ] S Drell *m*, Drillich *m*; **~ cover** → tick³ 2 b; **~-off** S *Br umg* Anpfiff *m*: **get a ~; give sb a ~** j-n zusammenstauchen *od* anpfeifen

tickle ['tɪkl] A V/T 1 kitzeln (*a. fig angenehm erregen*): **~ the soles of sb's feet** j-n an den Fußsohlen kitzeln; **~ sb's fancy** a j-s Fantasie anregen b j-n reizen; → ivory A 4 d 2 *fig* a freudig erregen: **be ~d pink** *umg* (vor Freude) ganz weg sein b amüsieren: **I'm ~d to death** *umg* ich könnte mich totlachen (*a. iron*) c schmeicheln (*dat*): **the photo ~d his vanity** 3 *meist* **~ up** (an)reizen B V/I 1 kitzeln 2 jucken C S 1 Kitzeln *n* 2 Kitzel *m* (*a. fig*) 3 Jucken *n*, Juckreiz *m*; **tickler** S 1 (*der, die, das*) Kitzelnde 2 *US* Vormerk-, Notizbuch *n*, Terminkalender *m*: **~ file** Wiedervorlagemappe *f* 3 *bes Br umg* kitz(e)lige Sache, (schwieriges) Problem 4 *a.* **~ coil** ELEK Rückkopplungsspule *f*; **ticklish** ADJ (ADV **~ly**) 1 kitz(e)lig 2 *fig* kitz(e)lig, heikel, schwierig, gefährlich (*Situation etc*) 3 (über)empfindlich (*Person*)

ticktack ['tɪktæk] S 1 *US* Ticken *n*, Ticktack *n* (*e-r Uhr*) 2 *Br* Zeichensprache *f* der Buchmacher (*bei Pferderennen*)

tick-tack-toe *US* → noughts and crosses

ticktock ['tɪktɒk; *US* ,-'tɑk] A S Ticken *n*, Ticktack *n* (*e-r Uhr*) B V/I ticken

tic-tac-toe [,tɪktæk'təʊ] *US* → noughts and crosses

t.i.d. ABK (*auf Rezepten*) ter in die, three times a day

tidal ['taɪdl] ADJ 1 Gezeiten… 2 von den Gezeiten abhängig, sich nach den Gezeiten richtend (*Dampfer etc*) 3 Flut…; **~ air** S MED Atmungsluft *f*; **~ barrage** S Staumauer *f* e-s Gezeitenkraftwerks; **~ basin** S SCHIFF Flut-, Tidenbecken *n*; **~ current** S Gezeitenstrom *m*; **~ harbo(u)r** S SCHIFF Flut-, Tidenhafen *m*; **~ inlet** S Priel *m*; **~ lift** S Tidenhub *m*; **~ power** S Gezeitenenergie *f*; **~ power plant** S TECH Gezeiten-, Flutkraftwerk *n*; **~ river** S SCHIFF dem Gezeitenwechsel unterworfener Fluss; **~ wave** S 1 SCHIFF Flutwelle *f* 2 *fig* (gewaltige) Welle *od* Woge: **a ~ of enthusiasm**

tidbit ['tɪd,bɪt] *US für* titbit

tiddledywinks ['tɪdldi:,wɪŋks] *US für* tiddlywinks

tiddler ['tɪdlə] S *Br umg* 1 winziger Fisch 2 Knirps *m*

tiddly¹ ['tɪdlɪ] ADJ *Br umg* winzig

tiddly² ['tɪdlɪ] ADJ *bes Br sl* angesäuselt, angeheitert, beschwipst

tiddlywinks ['tɪdlɪwɪŋks] SPL (*als sg konstruiert*) Flohhüpfen *n*

tide¹ [taɪd] A S 1 a Gezeiten *pl*, Tiden *pl*, Ebbe *f* u. Flut *f* b Flut *f*, Tide *f*: **the ~ is coming in (going out)** die Flut kommt (die Ebbe setzt ein); **the ~ is out** es ist Ebbe; **turn of the ~** Gezeitenwechsel *m*, *fig* Umschwung *m*; **turn the ~** *fig* das Blatt wenden; **the ~ has turned** *fig* das Blatt hat sich gewendet; → high tide, low tide 2 Gezeitenstrom *m* 3 *fig* Strom *m*, Strömung *f*, Lauf *m*: **the ~ of events** der Gang der Ereignisse; **swim** (*od* **go**) **against (with) the ~** gegen den (mit dem) Strom schwimmen 4 *fig (das)* Auf u. Ab, *(das)* Wechselhafte: **the ~ of popular interest** 5 (*in Zusammensetzungen*) a Zeit *f*: → eventide, *etc* b REL (Fest)Zeit *f*: → Christmastide, *etc* 6 günstiger Augenblick, *(die)* rechte Zeit B V/I 1 fließen, strömen 2 (mit dem Strom) treiben, SCHIFF bei Flut ein- *od* auslaufen C V/T 1 treiben 2 **~ over** *fig* a *j-m* hinweghelfen über (*akk*) b *j-n* über Wasser halten; **~ o.s. over** hinwegkommen über (*akk*); sich über Wasser halten, über die Runden kommen

tide² [taɪd] V/I *obs* sich ereignen

tide|-bound ADJ SCHIFF durch die Ebbe am Auslaufen gehindert; **~ gate** S SCHIFF, TECH Flut(schleusen)tor *n*; **~ ga(u)ge** S SCHIFF, TECH (Gezeiten)Pegel *m*; **~land** S GEOG *US* Watt *n*

tideless ADJ gezeitenlos

tide|mark S 1 Gezeitenmarke *f* 2 Pegelstand *m* 3 *bes Br umg hum* schwarzer Rand (*in der Badewanne od am Hals*); **~ table** S SCHIFF Gezeitentafel *f*; **~waiter** S HIST Hafenzollbeamte(r) *m*; **~water** S 1 Flut- *od* Gezeitenwasser *n*: **~ region** Wattengebiet *n* 2 *allg* Flutgebiet *n* der Meeresküste; **~way** S Priel *m*

tidiness ['taɪdɪnɪs] S 1 Sauberkeit *f*, Ordnung *f*, Ordentlichkeit *f* 2 Nettigkeit *f*

tidings ['taɪdɪŋz] SPL *obs od poet* Nachricht(en) *f(pl)*, Neuigkeit(en) *f(pl)*, Botschaft *f*, Kunde *f*

tidy ['taɪdɪ] A ADJ (ADV **tidily**) 1 sauber, reinlich, ordentlich 2 nett, schmuck 3 *umg* ordentlich, beträchtlich (*Gewinn etc*): **a ~ sum (of money)** ein hübsches Sümmchen, e-e Stange Geld B V/T *a.* **~ up** in Ordnung bringen, aufräumen: **~ o.s. up** sich zurechtmachen; **~ away** weg-, aufräumen; **~ out** aufräumen, ausmisten *umg* C V/I **~ up** aufräumen, Ordnung machen, sauber machen D S 1 (*Arbeits-, Flick- etc*) Beutel *m* 2 Abfallkorb *m* 3 *bes US* (*Sofa- etc*) Schoner *m*, Schutzdeckchen *n*

tie [taɪ] A S 1 (Schnür)Band *n* 2 a Schlips *m*, Krawatte *f* b Halstuch *n* 3 Schnürschuh *m* 4 Schleife *f*, Masche *f* 5 *fig* a Band *n*: **the ~(s) of friendship** b POL, PSYCH Bindung *f*: → mother tie, *etc* c Verbindung *f* (**to** zu): **his ~s to the underworld** 6 *umg* (lästige) Fessel, Last *f* 7 Verbindung *f*, Befestigung *f* 8 ARCH, TECH a Verbindung(sstück) *f(n)* b Anker *m* c → tie beam 9 BAHN *US* Schwelle *f* 10 PARL, POL *etc* (Stimmen)Gleichheit *f*: **end in a ~** stimmengleich enden 11 SPORT a Punktgleichheit *f*, Gleichstand *m* b Unentschieden *n* c *Br* (Ausscheidungs)Spiel *n*: → cup A 4 12 MUS Bindebogen *m*, Ligatur *f* B V/T 1 an-, festbinden (*beide:* **to** an *akk od dat*) 2 a binden, schnüren: → knot A 1 b fesseln (*a. fig*): **~ sb's hands** *bes fig* j-m die Hände binden; **~ sb's tongue** j-m die Zunge binden, j-n zum Schweigen verpflichten 3 (sich) *die Schuhe, Krawatte, e-e Schleife etc* binden 4 (zusammen)knoten, (-)knüpfen 5 *fig etwas* verknüpfen, -binden, *a. j-n* in Verbindung bringen (*alle:* **to** mit) 6 ARCH, TECH verankern, befestigen 7 hemmen, hindern 8 *fig j-n* binden (**to** an *akk*) 9 *j-n* in Anspruch nehmen (*Pflichten etc*) 10 a POL, SPORT *etc* gleichstehen *od* -ziehen mit b SPORT *US e-n Rekord* einstellen 11 MUS *Noten* (aneinander)binden C V/I 1 PARL, POL *etc* die gleiche Stimmenzahl haben 2 SPORT a punktgleich sein, gleichstehen: **they ~d for second place** sie kamen gemeinsam auf den zweiten Platz b unentschieden spielen *od* kämpfen (**with** gegen)

Phrasal Verbs: **tie| back** V/T sich *das Haar etc* zurückbinden: **~ one's hair**; **~ down** V/T 1 fesseln (**to** an *akk*) 2 → tie B 1 3 MIL *gegnerische Truppen* binden 4 *fig* (**to**) a *j-n* binden (an *akk*): **tie o.s. down** sich (*a. ehelich etc*) binden b *j-n* festlegen (auf *akk*) 5 **be tied down** *fig* angebunden sein; **~ in** A V/I (**with**) übereinstimmen (mit), passen (zu) B V/T *fig etwas* verknüpfen, -binden, *a. j-n* in Verbindung bringen (*alle:* **with** mit); **~ on** V/T 1 → tie B 1 2 **tie one on** *bes US umg* sich e-n andudeln; **~ up** A V/T 1 (an-, ein-, ver-, zusammen-, zu)binden: → knot A 1 2 SCHIFF *ein Schiff* auflegen 3 *fig* fesseln, hindern, hemmen 4 *fig* festhalten, beschäftigen: **he's all tied up** er ist sehr beschäftigt 5 *fig* lahmlegen, *e-e Industrie, die Produktion* stilllegen, *den Verkehr* zum Erliegen bringen, *Vorräte etc* blockieren 6 *e-n Handel etc* unter Dach u. Fach bringen 7 festlegen: a WIRTSCH *Geld* fest anlegen b JUR *bes Erbgut* e-r Verfügungsbeschränkung unterwerfen: **the will tied up the property** das Testament legte den Besitz fest 8 → tie in B B V/I sich verbinden (**with** mit)

tie| bar S BAHN Verbindungsstange *f* (*e-r Weiche*); **~ beam** S ARCH Spannbalken *m*; **~break**, **~breaker** S *Tennis, Volleyball*: Tiebreak *m/n* (*e-e Form der Satzverkürzung*)

tied [taɪd] ADJ WIRTSCH zweckgebunden; **~ house** S *Br* Vertragsgaststätte *f*

tie dyeing S *Textilwesen*: Knüpfbatik *m/f*

tie|-in A S 1 WIRTSCH *US* a kombinierte *od* aufeinander abgestimmte Werbung (*zweier Firmen etc*) b Kopplungsgeschäft *n*, -verkauf *m* 2 Verbindung *f*, Zusammenhang *m* (*beide:* **between** zwischen *dat*; **with** mit) B ADJ WIRTSCH *US* gekoppelt: **~ sale** → A 1 b; **~ neck** S *Mode*: Krawatten-, Bindekragen *m*; **~-on** A ADJ zum Anbinden, Anhänge…: **~ label** → B B S Anhängezettel *m*; **~pin** S Krawattennadel *f*; **~ plate** S BAHN Stoßplatte *f*

tier [tɪə(r)] A S 1 Schicht *f*, Lage *f*: **in ~s** schichten-, lagenweise 2 THEAT a (Sitz)Reihe *f* b Rang *m* 3 *fig* Rang *m*, Stufe *f* B V/T *oft* **~ up** schichten- *od* lagenweise anordnen, aufeinanderschichten: **~ed skirt** (*Mode*) Bahnenrock *m*

tierce [tɪə(r)s] S 1 HIST a *Weinmaß von 42 Gallonen* b *Fass mit diesem Inhalt* 2 REL Terz *f* (*3. Stufe des Breviergebets; um 9 Uhr*) 3 *Fechten*: Terz *f* 4 [*Br bes* tɜ:s] *Kartenspiel: Sequenz von drei Karten*

tiercel ['tɜ:sl; *US* 'tɪərsəl] → tercel

tierceron ['tɪə(r)sərən] S ARCH Nebenrippe *f*

tiercet ['tɜ:sɪt; *US* 'tɪər-] → tercet

tie rod S TECH 1 Zugstab *m* 2 BAHN Spurstange *f*

Tierra del Fuego [tɪ,erədel'fweɪgəʊ; -fʊ'eɪ-] S Feuerland *n*

tie-up S 1 → tie-in A 2 2 *bes US* a Lahm-, Stilllegung *f* b Stillstand *m* 3 *bes US umg* Verkehrsstau *m*

tiff [tɪf] S 1 Kabbelei *f umg*, kleine Meinungsverschiedenheit 2 schlechte Laune: **in a ~**

T

übel gelaunt
tiffany ['tɪfənɪ] S 1 Seidengaze *f* 2 Mull(stoff) *m*, Flor *m*
tiffin ['tɪfɪn] S *IndEng* Mittagessen *n*
tiger ['taɪgə(r)] S 1 *pl* -gers, *bes koll* -ger ZOOL Tiger *m*: **American ~** Jaguar *m*; **red ~** → cougar; **get off the ~('s back)** *umg* aus dem Schlamassel herauskommen; **have a ~ by the tail** *umg* sich etwas Schönes eingebrockt haben; **ride a** (*od* **the**) **~** *fig* mit dem Feuer spielen 2 → tiger moth 3 *fig* Kämpfernatur *f* (*Person*) 4 HIST *Br sl* livrierter Diener, Page *m*; **~ cat** S ZOOL 1 Tigerkatze *f* 2 getigerte (Haus)Katze; **~eye** S MINER Tigerauge *n*
tigerish ['taɪgərɪʃ] ADJ (ADV ~ly) 1 tigerartig 2 kämpferisch 3 a blutdürstig b wild, grausam
tiger| lily S BOT 1 Tigerlilie *f* 2 Pantherlilie *f*; **~ moth** S ZOOL Bärenspinner *m*; **~'s-eye** → tigereye; **~ shark** S FISCH Tigerhai *m*
tight [taɪt] A ADJ (ADV ~ly) 1 dicht (*nicht leck*): **a ~ barrel** 2 fest (sitzend) (*Stöpsel etc*): **~ knot** fester Knoten; **~ screw** fest angezogene Schraube 3 a straff (*Seil etc*), (*a. Muskeln*) angespannt: **~ security** *fig* scharfe Sicherheitsmaßnahmen *pl* b verkniffen (*Mund*), zusammengepresst (*Lippen*) 4 knapp, eng: **~ corner** enge Kurve; **~ fit** a knapper Sitz (*e-s Kleides etc*) b TECH Feinpassung *f*, Haftsitz *m*; **~ shoes** enge Schuhe; **~ trousers** *pl* enge *od* eng anliegende Hose 5 a eng, dicht (gedrängt) b *umg* kritisch, mulmig: → corner A 3, spot A 5, squeeze C 6 6 prall, prallvoll (*Beutel etc*): **~ schedule** voller Terminkalender 7 SPORT a ausgeglichen (*Spiel etc*) b knapp: **a ~ race** ein Brust-an-Brust-Rennen; → squeeze C 10 8 *umg* knick(e)rig, geizig 9 WIRTSCH a knapp: **money is ~**; → budget A 2 b angespannt (*Marktlage*): **a ~ money market** e-e angespannte Lage auf dem Geldmarkt 10 a verdichtet, komprimiert b gedrängt, knapp (*Stil*): **~ plot** straffe Handlung c hieb- u. stichfest (*Argument etc*) 11 *obs* schmuck (*Mädchen etc*) 12 *sl* blau, besoffen: **(as) ~ as a tick** stinkbesoffen B ADV 1 eng, knapp: **mark ~** SPORT eng decken; **play too ~** SPORT zu engmaschig spielen 2 *a.* TECH fest: **hold ~** festhalten; **sit ~** a sich nicht vom Fleck rühren b *fig* sich nicht beirren lassen c *fig* (den richtigen Augenblick) abwarten
tighten ['taɪtn] A V/T 1 *a.* **~ up** zusammenziehen 2 *e-e Schraube, die Zügel etc* fest-, anziehen, *e-e Feder, e-n Gurt etc* spannen: **~ one's belt** *umg* den Gürtel enger schnallen; **make sb ~ their belt** *fig* j-m den Brotkorb höher hängen 3 *ein Seil etc* straffen, *a. die Muskeln* anspannen: **~ one's grip** fester zupacken, den Druck verstärken (*a. fig*); **~ up** a *Sicherheitsmaßnahmen etc* verschärfen b *e-e Handlung* straffen 4 (ab)dichten: **~ing compound** TECH Dichtungsmasse *f* B V/I 1 sich straffen 2 fester werden: **his grip ~ed** 3 *a.* **~ up** sich fest zusammenziehen 4 WIRTSCH sich versteifen (*Markt*) 5 **~ up on** a *etwas* einschränken, begrenzen b *Sicherheitsmaßnahmen etc* verschärfen; **tightener** S TECH a Spanner *m* b Spannschloss *n* c Spannscheibe *f*, -rolle *f*
tight|fisted → tight A 8; **~fitting** ADJ 1 knapp, eng (anliegend) 2 TECH genau anod eingepasst, Pass...; **~-knit** ADJ 1 eng integriert (*Gemeinschaft*) 2 wohldurchdacht (*Plan etc*); **~-lipped** ADJ 1 mit zusammengepressten Lippen 2 *fig* verschlossen, verschwiegen: **be ~ about** nicht reden wollen über (*akk*); **~-mouthed** [-'maʊðd] ADJ 1 mit verkniffenem Mund 2 → tight-lipped 2
tightness S 1 Dichte *f* 2 Festigkeit *f*, fester Sitz 3 Straffheit *f* 4 Enge *f* 5 Gedrängtheit *f* 6 *umg* Knick(e)rigkeit *f*, Geiz *m* 7 WIRTSCH a (*Geld*) Knappheit *f* b angespannte Marktlage
tightrope A S (Draht)Seil *n* (*der Artisten*): **walk a ~** *fig* sich auf e-r Gratwanderung befinden B ADJ (Draht-)Seil...: **~ walker** Seilakrobat(in), -tänzer(in)
tights [taɪts] SPL *a.* **pair of ~** 1 Trikot *n* (*e-s Artisten, Tänzers etc*) 2 *bes Br* Strumpfhose *f*
tightwad [-,wɒd] S *US umg* Geizkragen *m*, Geizhals *m*
tiglon ['taɪglən], **tigon** ['taɪgən] S ZOOL Kreuzung *f* aus Tiger u. Löwin
tigress ['taɪgrɪs] S 1 Tigerin *f* 2 *fig* a Kämpfernatur *f* b *pej* Megäre *f* (*böses Weib*)
tike → tyke
tiki ['tiːkɪ] S (*Maorikult*) 1 geschnitztes Ahnen- *od* Götterbild *n* 2 ♀ a der erste Mensch b Schöpfergottheit *f*
tilbury ['tɪlbərɪ; *US a.* -,beriː] S HIST *leichter zweirädriger Wagen*
tilde [tɪld; *bes US* 'tɪldə] S LING Tilde *f*: a *Zeichen auf dem palatalisierten spanischen n* b *Ersatzzeichen für ein zu wiederholendes Wort*
tile [taɪl] A S 1 (*Dach*) Ziegel *m*: **he has a ~ loose** *sl* bei ihm ist e-e Schraube locker; **a night (out) on the ~s** *Br umg* e-e durchgesumpfte Nacht; **be (out) on the ~s** *Br umg* herumsumpfen 2 (*Stein- od Kunststein*) Platte *f*, (*Fußboden-, Wand-, Teppich*) Fliese *f*, (*Ofen-, Wand*) Kachel *f* 3 KOLL a Ziegel *pl* b Fliesen (-fußboden) *pl(m)*, Kacheln *pl* 4 ARCH Hohlstein *m* 5 TECH Tonrohr *n* 6 *bes Br umg obs* a Angströhre *f* (*Zylinder*) b Deckel *m*, Koks *m* (*steifer Hut*) B V/T 1 (mit Ziegeln) decken 2 mit Fliesen *od* Platten auslegen, kacheln: **~d floor** Fliesenfußboden *m* 3 COMPUT *Fenster* anordnen: **~ horizontally** (*Menübefehl*) nebeneinander (anordnen); **~ vertically** (*Menübefehl*) übereinander *od* untereinander (anordnen); **~ ore** S MINER Ziegelerz *n*
tiler S 1 Dachdecker(in) 2 Fliesen-, Plattenleger(in)
tiliaceous [,tɪlɪ'eɪʃəs] ADJ BOT Linden...
tiling S 1 Dachdecken *n* 2 Fliesen-, Plattenlegen *n*, Kacheln *n* 3 Ziegelbedachung *f* 4 → tile A 3
till[1] [tɪl] A PRÄP 1 bis: **~ Monday**; **~ now** bis jetzt, bisher; **~ then** bis dahin *od* nachher; **~ when?** bis wann? 2 bis zu: **~ death** bis zum Tod, bis in den Tod 3 **not ~** erst: **not ~ yesterday** B KONJ 1 bis: **we waited ~ he came** 2 **not ~** erst als *od* wenn, nicht eher als
till[2] [tɪl] V/T AGR *den Boden* bebauen, bestellen
till[3] [tɪl] S (Laden)Kasse *f*: **~ money** Kassenbestand *m*; **be caught with one's fingers in the ~** beim Griff in die Kasse ertappt werden; **put one' fingers in the ~** in die Kasse greifen
till[4] [tɪl] S GEOL Geschiebelehm *m*, Moränenschutt *m*
tillable ['tɪləbl] ADJ AGR anbaufähig
tillage ['tɪlɪdʒ] S 1 Bodenbestellung *f*: **in ~** bebaut 2 Ackerbau *m* 3 Ackerland *n*
tiller[1] S 1 Ackerbauer *m*, -bäuerin *f* 2 Ackerfräse *f*
tiller[2] S 1 SCHIFF Ruderpinne *f* 2 TECH Griff *m*
tiller[3] BOT A S Wurzelspross *m*, Schössling *m* B V/I Schösslinge treiben
tiller rope S SCHIFF Steuerreep *n*
tilt[1] [tɪlt] A V/T 1 a *allg* kippen, neigen, schräg legen, schräg stellen b FILM, TV *die Kamera* (senkrecht) schwenken 2 umkippen, umstoßen 3 TECH recken 4 SCHIFF *das Schiff* krängen 5 HIST (*im Turnier*) a (mit eingelegter Lanze) anrennen gegen b *die Lanze* einlegen B V/I 1 *a.* **~ over** a sich neigen, kippen: **~ back** nach hinten kippen a (um)kippen, umfallen 2 SCHIFF krängen (*Schiff*) 3 HIST im Turnier kämpfen: **~ at** a anreiten gegen: → windmill A 1 b mit der Lanze stechen nach c *fig* losziehen gegen, *j-n, etwas* attackieren 4 *US* tendieren (**toward** zu *etwas* hin) C S 1 Kippen *n* 2 FILM, TV (senkrechter) Schwenk: **give** *the camera* **a ~** → A 1 b 3 Schräglage *f*, Neigung *f*: **on the ~** auf der Kippe 4 HIST (Ritter)Turnier *n*, Lanzenbrechen *n* 5 Auseinandersetzung *f* (**between** zwischen *dat*; **with** mit): **have a ~ with s.o** 6 (Lanzen)Stoß *m*: **have a ~ at** *fig* losziehen gegen, *j-n, etwas* attackieren 7 (Angriffs)Wucht *f*: **(at) full ~** mit voller Wucht 8 *US* Tendenz *f*, Färbung *f* 9 → tilt hammer
tilt[2] [tɪlt] A S 1 (*Wagen- etc*) Plane *f*, Verdeck *n* 2 SCHIFF Sonnensegel *n* 3 Sonnendach *n* (*über Verkaufsständen etc*) 4 *obs* Zelt(plane) *n(f)* B V/T (mit e-r Plane) bedecken
tilt| boat S SCHIFF mit e-m Sonnensegel bedecktes Boot; **~ cart** S TECH Kippwagen *m*
tilter S 1 HIST Turnierkämpfer *m* 2 TECH (*Kohlen- etc*) Kipper *m*, Kippvorrichtung *f*, (*Walzwerk*) Wipptisch *m* 3 TECH Schwanzhammerarbeiter *m*
tilth [tɪlθ] → tillage
tilt hammer S TECH Schwanzhammer *m*
tilting ADJ 1 schwenk-, kippbar, Kipp...: **~ bearing** Kipplager *n*; **~ cart** → tilt cart; **~ table** a TECH Wippe *f* b VET Kipptisch *m* 2 **~ hammer** → tilt hammer 3 HIST Turnier...
tiltyard S HIST Turnierplatz *m*
timbal ['tɪmbl] S 1 MUS, HIST (Kessel-)Pauke *f* 2 ZOOL Schrillmembran(e) *f* (*der Zikaden*)
timbale [tæm'bɑːl; 'tɪmbl] S GASTR Timbale *f* (*e-e Pastete*)
timber ['tɪmbə(r)] A S 1 (Bau-, Zimmer-, Nutz)Holz *n* 2 KOLL (Nutzholz)Bäume *pl*, Baumbestand *m*, Wald(bestand) *m* 3 *Br* a Bauholz *n* b Schnittholz *n* 4 SCHIFF Inholz *n*: **~s** *pl* **of a ship** Spantenwerk *n* e-s (Holz-)Schiffes 5 *fig US* Kaliber *n*, Schlag *m*: **a man of his ~**; **he is of presidential ~** er hat das Zeug zum Präsidenten B V/T 1 (ver)zimmern 2 *Holz* abvieren 3 *e-n Graben etc* absteifen C ADJ Holz...; **~ cruiser** S *US* Holzmesser(in) (*der/die den Ertrag e-s Waldes schätzt*)
timbered ['tɪmbə(r)d] ADJ 1 gezimmert 2 Fachwerk...: **~ house** 3 bewaldet
timber| forest S Hochwald *m*; **~ frame** S TECH Bundsäge *f*; **~-framed** ADJ Fachwerk...; **~ framing** S TECH Holzfachwerk *n*; **~ hitch** S Zimmermannsknoten *m*
timbering S 1 Zimmern *n* 2 TECH Verschalung *f*, Holzverkleidung *f* 3 Bau-, Zimmerholz *n* 4 a Gebälk *n* b Fachwerk *n*
timber|land S *US* Waldland *n* (*das Nutzholz liefert*); **~ line** S Baumgrenze *f*; **~man** [-mən] S *irr* 1 Holzfäller *m*, -arbeiter *m* 2 *Bergbau*: Stempelsetzer *m*; **~ mill** S Sägewerk *n*, -mühle *f*; **~ tree** S Nutzholzbaum *m*; **~ wolf** S *irr* ZOOL Timberwolf *m*; **~work** S TECH Gebälk *n*, Holzwerk *n*; **~yard** S Holzplatz *m*
timbre ['tæmbrə; *bes US* 'tæmbə(r); 'tɪm-] S MUS Timbre *n*, Klangfarbe *f* (*a.* LING)
timbrel ['tɪmbrəl] S Tamburin *n*
time [taɪm] A S 1 Zeit *f*: **~ past, present, and to come** Vergangenheit, Gegenwart u. Zukunft; **for all ~** für alle Zeiten; **as ~ went on** im Laufe der Zeit; **~ will show** die Zeit wird es lehren; **Father** ♀ die Zeit (*personifiziert*); **(as) old as ~** uralt; **~ is money** (*Sprichwort*) Zeit ist Geld 2 (endliche *od* irdische) Zeit (*Ggs Ewigkeit*) 3 ASTRON Zeit *f*: **astronomical ~** 4 Zeit *f*, Uhr(zeit) *f*: **what's the ~?**, **what ~ is it?** wie viel Uhr ist es?, wie spät ist es?; **what ~?** um wie viel Uhr?; **the ~ is half past three** es ist jetzt halb vier; **at this ~ of day** a zu dieser (späten) Tageszeit, zu so später Stunde b *fig* so spät, in diesem späten Stadium; **can you tell me the ~ of day?**, **have**

you got the ~? können Sie mir sagen, wie spät es ist?; **pass the ~ of day** a sich Gesellschaft leisten b (kurz) miteinander plaudern; **pass the ~ of day with sb** a j-m Gesellschaft leisten b (kurz) mit j-m plaudern; **know the ~ of day** *umg* wissen, was es geschlagen hat; **so that's the ~ of day!** *umg* so stehts also!; **some ~ about noon** etwa um Mittag; **this ~ tomorrow** morgen um diese Zeit; **this ~ twelve months** heute übers Jahr; **keep good ~** richtig *od* genau gehen *(Uhr)* **5** Zeit(dauer) *f*, Zeitabschnitt *m*, *(a.* PHYS *Fall- etc)* Dauer *f*, WIRTSCH *a.* Arbeitszeit *f (im Herstellungsprozess etc)*: **a long ~** lange Zeit; **that was a long ~ ago** das ist schon lange her; **some ~ longer** noch einige Zeit; **be a long ~ in doing sth** lange (Zeit) dazu brauchen, etwas zu tun; **long ~ no hear (see)** *umg* wir haben ja schon seit e-r Ewigkeit nichts mehr voneinander gehört (wir haben uns ja schon seit e-r Ewigkeit nicht mehr gesehen); **~ of a draft** WIRTSCH Laufzeit *f* e-s Wechsels; **in ~s of war** in Kriegszeiten; → all A 1, hard A 10, no[1] C 1, probation 3 **6** Zeit(-punkt) *f(m)*: **~ of arrival** Ankunftszeit; **an unfortunate ~** ein unglücklicher Zeitpunkt; **at the ~** a zu dieser Zeit, damals b gerade; **at the present ~** derzeit, gegenwärtig; **at the same ~** a gleichzeitig, zur selben Zeit b trotzdem; **at that ~** zu der Zeit; **at this ~ of the year** zu dieser Jahreszeit; **at one ~** einst, früher (einmal); **at some ~** irgendwann (einmal); **for the ~** für den Augenblick; **for the ~ being** a vorläufig, fürs Erste b unter den gegenwärtigen Umständen; **in three weeks' ~** in *od* binnen drei Wochen; → about A 2, departure 2 **7** *meist pl* Zeit(alter) *f(n)*, Zeiten *pl*, Epoche *f*: **at** (*od* **in**) **the ~ of Queen Anne** zur Zeit der Königin Anna; **in our ~** in unserer Zeit; **she was a legend in her own ~** sie war schon zu Lebzeiten e-e Legende; **other ~s, other manners** *(Sprichwort)* andere Zeiten, andere Sitten; → old A 4 **8** *pl* Zeiten *pl*, Zeitverhältnisse *pl* **9** **the ~s** *pl* die Zeit: → move B 2 **10** Frist *f*, (zugemessene) Zeit: **~ of delivery** WIRTSCH Lieferfrist, -zeit; **~ for payment** Zahlungsfrist; **ask ~** WIRTSCH um Frist(verlängerung) bitten; **you must give me ~** Sie müssen mir Zeit geben *od* lassen **11** (verfügbare) Zeit: **buy a little ~** etwas Zeit schinden, e-e kleine Galgenfrist gewinnen; **I can never call my ~ my own** ich kann nie frei über m-e Zeit verfügen; **have no ~** keine Zeit haben; **have no ~ for sb** *fig* nichts übrighaben für j-n; **have all the ~ in the world** *umg* jede Menge Zeit haben; **take (the) ~** sich die Zeit nehmen (**to do** zu tun); **take one's ~** sich Zeit lassen; **take your ~** *a.* es eilt nicht, überleg es dir in aller Ruhe; **~ is up!** die Zeit ist um *od* abgelaufen!; → forelock[1] **12** *(oft* schöne) Zeit, Erlebnis *n*: **have the ~ of one's life** a sich großartig amüsieren b leben wie ein Fürst **13** unangenehme Zeit, Unannehmlichkeit *f* **14** (Zeit-)Lohn *m*, *bes* Stundenlohn *m* **15** *umg* (Zeit *f* im) Knast *m*: **do ~** (im Gefängnis) sitzen (**for** wegen) **16** Lehrzeit *f*, -jahre *pl* **17** (bestimmte *od* passende) Zeit: **the ~ has come for sth to happen** es ist an der Zeit, dass etwas geschieht; **there is a ~ for everything, all in good ~** alles zu s-r Zeit; **it's ~ for bed** es ist Zeit, ins *od* zu Bett zu gehen; **it's ~ for breakfast** es ist Zeit zum Frühstück(en); → high time **18** a (natürliche *od* normale) Zeit b (Lebens)Zeit *f*: **~ of life** Alter *n*; **his ~ is drawing near** s-e Zeit ist gekommen, sein Tod naht heran; **the ~ was not yet** die Zeit war noch nicht gekommen **19** a Schwangerschaft *f* b Niederkunft *f*: **she is far on in her ~** sie ist hochschwanger; **she is near her ~** sie steht kurz vor der Entbindung **20** (günstige) Zeit: **now is the ~** jetzt ist die passende Gelegenheit, jetzt gilt es *(beide:* **to do** zu tun*)*; **at such ~s** bei solchen Gelegenheiten **21** Mal *n*: **the first ~** das erste Mal; **for the first ~** zum ersten Mal; **each ~ that ...** jedes Mal, wenn ...; **~ and again, ~ after ~** immer wieder; **at some other ~, another ~** ein andermal; **at a ~** auf einmal, zusammen, zugleich, jeweils; **one at a ~** einzeln, immer eine(r, s); **two at a ~** zu zweit, paarweise, jeweils zwei; → every *Bes Redew*, lucky 1 **22** *pl* mal, ...mal: **three ~s four is twelve** drei mal vier ist zwölf; **twenty ~s** zwanzigmal; **three ~s the population of Coventry** dreimal so viele Einwohner wie Coventry; **four ~s the size of yours** viermal so groß wie deines; **six ~s the amount** die sechsfache Menge; **several ~s** mehrmals **23** *bes* SPORT *(erzielte, gestoppte)* Zeit: **the winner's ~ is 2.50 minutes** **24** Einheit *f* der Zeit *(im Drama)* **25** LIT metrische Einheit, *bes* Mora *f (kleinste metrische Einheit im Verstakt)* **26** Tempo *n*, Zeitmaß *n* **27** MUS a → time value b Tempo *n*, Zeitmaß *n* c Rhythmus *m*, Takt(bewegung) *m(f)* d Takt (-art *f*) *m*: **~ variation** Tempoveränderung *f*; **in ~ to the music** im Takt zur Musik; **beat (keep) ~** den Takt schlagen (halten) **28** MIL Marschtempo *n*, Schritt *m*: → mark[1] B 1 **B** V/T **1** (mit der Uhr) messen, (ab-)stoppen, die Zeit messen von (*od gen*) **2** timen (*a.* SPORT), die Zeit *od* den richtigen Zeitpunkt wählen *od* bestimmen für, zur rechten Zeit tun **3** zeitlich abstimmen **4** die Zeit festsetzen für, (zeitlich) legen: **the train is ~d to leave at 7** der Zug soll um 7 abfahren; **he ~d the test at 30 minutes** er setzte für den Test 30 Minuten an **5** *e-e Uhr* richten, stellen: **the alarm clock is ~d to ring at six** der Wecker ist auf sechs gestellt **6** zeitlich regeln (**to** nach), TECH *den Zündpunkt etc* einstellen, *(elektronisch etc)* steuern **7** das Tempo *od* den Takt angeben für **C** V/I **1** Takt halten **2** zeitlich zusammen- *od* übereinstimmen (**with** mit)

Besondere Redewendungen: **against ~** gegen die Zeit *od* Uhr, mit größter Eile; **be ahead of ~** zu früh (daran) sein; **be (well) ahead of** (*od* **in advance of**) **one's ~** s-r Zeit (weit) voraus sein; **be behind ~** zu spät daran sein, Verspätung haben; **be 10 minutes behind ~** 10 Minuten Verspätung haben; **be behind one's ~** rückständig sein; **between ~s** in den Zwischenzeiten; **five minutes from ~** SPORT fünf Minuten vor Schluss; **from ~ to ~** von Zeit zu Zeit; **in ~** a rechtzeitig (**to do** um zu tun) b mit der Zeit c im (richtigen) Takt **in ~ of** in Zeiten von (*od gen*); **on ~** a pünktlich b *bes US* für e-e (bestimmte) Zeit c WIRTSCH *US* auf Zeit, *bes* auf Raten **out of ~** a zur Unzeit, unzeitig b vorzeitig c zu spät d aus dem Takt *od* Schritt **till such ~ as ...** so lange, bis ...; **with ~** mit der Zeit; **~ was, when ...** die Zeit ist vorüber, als ...; **~ has been when ...** es gab e-e Zeit, da ...; → any A 2, no[1] C 1

time|-and-motion study S WIRTSCH Zeit- u. Bewegungsstudie *f*; **~ bargain** S *Börse: Br* Termingeschäft *n*; **~ bill** S WIRTSCH *bes US* Zeitwechsel *m*; **~ bomb** S MIL Zeitbombe *f (a. fig)*; **~ book** S WIRTSCH Arbeits(stunden)buch *n*; **~ capsule** S *Grundsteinlegung:* Kassette *f* mit Zeitdokumenten; **~card** S Stechkarte *f*; **~ change** S Zeitumstellung *f*; **~ clock** S Stechuhr *f*; **~ constant** S ELEK Zeitkonstante *f*; **~-consuming** ADJ zeitraubend, -aufwendig; **~ credit** S *gleitende Arbeitszeit:* Zeitguthaben *n*

timed [taɪmd] ADJ **1** zeitlich (genau) festgelegt: → ill-timed, well-timed **2** zeitlich aufeinander abgestimmt **3** **~ practice** *(Motorsport etc)* Zeittraining *n*

time| debit S *gleitende Arbeitszeit:* Fehlzeit *f*; **~-delay relay** S ELEK Zeitrelais *n*; **~ deposit** S WIRTSCH *US* Termineinlage *f*; **~ dilatation, ~ dilation** S PHYS Zeitdilatation *f*, -dehnung *f*; **~ dimension** S zeitliche Dimension; **~ draft** S WIRTSCH *bes US* Zeitwechsel *m*

timed-release → time-release

time|-expired ADJ **1** MIL *Br* ausgedient *(Soldat od Unteroffizier)* **2** mit abgelaufenem Haltbarkeitsdatum; **~ exposure** S FOTO **1** Zeitbelichtung *f* **2** Zeitaufnahme *f*; **~ factor** S Zeitfaktor *m*; **~ fault** S *Springreiten:* Zeitfehler *m*; **~ frame** S zeitlicher Rahmen; **~ fuse**, *bes US* **~ fuze** S Zeitzünder *m*; **~-hono(u)red** ADJ **1** altehrwürdig **2** althergebracht, -herkömmlich; **~keeper** S **1** Zeitmesser *m*: **be a good ~** genau gehen *(Uhr)* **2** SPORT Zeitnehmer(in) **3** WIRTSCH Arbeitszeitkontrolleur(in); **~keeping** S **1** SPORT Zeitmessung *f*, -nahme *f* **2** WIRTSCH Arbeitszeitkontrolle *f*; **~ killer** S (angenehmer) Zeitvertreib; **~ lag** S **1** Zeitdifferenz *f* **2** *bes* TECH Verzögerung(szeit) *f*, zeitliche Nacheilung *od* Lücke; **~-lapse** ADJ FOTO Zeitraffer...: **~ photography** Zeitraffer *m*

timeless ADJ (ADV **~ly**) **1** immerwährend, ewig **2** zeitlos *(Kunst, Schönheit etc)* **3** von unbestimmbarem Alter, alterslos *(Person)*

time limit S Frist *f*, Termin *m*: **set a ~ for sth** etwas befristen

timeliness [ˈtaɪmlɪnɪs] S **1** Rechtzeitigkeit *f* **2** günstige Zeit

time| loan S WIRTSCH Darlehen *n* auf Zeit; **~ lock** S TECH Zeitschloss *n*

timely [ˈtaɪmlɪ] ADJ & ADV **1** rechtzeitig, zur rechten Zeit **2** *(zeitlich)* günstig, angebracht **3** *obs od poet* früh(zeitig)

time| machine S Zeitmaschine *f*; **~ money** S WIRTSCH Festgeld *n*

timeous [ˈtaɪməs] ADJ (ADV **~ly**) *schott* → timely 1

time|-out *pl* -outs S **1** SPORT Auszeit *f*: **take ~** e-e Auszeit nehmen **2** *bes US* Pause *f*; **~ payment** S WIRTSCH *US* Ratenzahlung *f*; **~piece** S a Chronometer *n* b Zeitmesser *m* c Uhr *f*; **~ purchase** S WIRTSCH Terminkauf *m*

timer S **1** *(bes* Kurz)Zeitmesser *m* **2** TECH Zeitgeber *m*, -schalter *m*, Schaltuhr *f* **3** AUTO Zündverteiler *m* **4** a Stoppuhr *f* b Sekundenuhr *f* **5** → timekeeper 2, 3 **6** *(in Zusammensetzungen) j-d, der e-e (bestimmte) Zeit arbeitet etc:* → half-timer *etc*

time|-release ADJ PHARM mit Depotwirkung: **~ medicine** Depotpräparat *n*; **~ reversal** S PHYS Zeitumkehr *f*; **~saver** S zeitsparendes Gerät *od* Element; **~saving** ADJ zeitsparend; **~server** S Opportunist(in), Gesinnungslump *m*; **~serving** **A** ADJ opportunistisch **B** S Opportunismus *m*, Gesinnungslumperei *f*; **~-share** **A** ADJ: **~ home** *Ferienhaus, an dem man für e-e festgelegte Zeit des Jahres ein Miteigentum hat* **B** S → time sharing b; **~ sharing** S Timesharing *n*: a *gleichzeitige Nutzung e-r Daten verarbeitenden Anlage durch mehrere Benutzer od Geräte* b *Miteigentum an Ferienhäusern od -wohnungen, das für e-e festgelegte Zeit des Jahres gilt*; **~ sheet** S **1** Arbeits(zeit)blatt *n* **2** Stechkarte *f*; **~ shutter** S FOTO Zeitverschluss *m*; **~ signal** S RADIO, TV Zeitzeichen *n*; **~ signature** S MUS Taktvorzeichnung *f*

times sign S MATH Mal-, Multiplikationszeichen *n*

time| study S WIRTSCH Zeitstudie *f*; **~ switch** S ELEK Schaltuhr *f*, Zeitschalter *m*;

~table A S 1 a Fahrplan *m* b Flugplan *m* 2 SCHULE *Br* Stundenplan *m* 3 a Zeittabelle *f*, -plan *m*, Fahrplan *m umg (für ein Projekt etc)* b *Radsport:* Marschtabelle *f* 4 MUS a Takttafel *f* b Notenwerttabelle *f* B V/T *bes Br* e-e Zeit festsetzen für: **the meeting is ~d for** (*od* **to begin at) 4 o'clock** das Treffen ist für 16 Uhr angesetzt; **~-tested** ADJ (alt)bewährt; **~ travel** S Zeitreise *f*; **~ travel(l)er** S Zeitreisende(r) *m/f(m)*; **~ trial** S *Radsport:* Zeitfahren *n*; **~ trouble** S Zeitnot *f*; **~ value** S MUS Zeit-, Notenwert *m*; **~ warp** S Zeitschleife *f*; **~ wasting** S 1 Zeitverschwendung *f*, -vergeudung *f* 2 SPORT Spielverzögerung *f*; **~-wasting** ADJ Zeit verschwendend *od* vergeudend; **~work** S WIRTSCH nach Zeit *(bes Stunden od Tagen)* bezahlte Arbeit; **~worker** S nach Zeit bezahlte(r) Arbeiter(in); **~worn** ADJ 1 vom Zahn der Zeit angenagt, abgenutzt 2 veraltet, altmodisch *(Methode etc)* 3 abgedroschen *(Phrase etc)*; **~ zone** S GEOG Zeitzone *f*

timid ['tɪmɪd] ADJ (ADV ~ly) 1 furchtsam, ängstlich 2 schüchtern, zaghaft; **timidity, timidness** S 1 Ängstlichkeit *f* 2 Schüchternheit *f*

timing ['taɪmɪŋ] S 1 Timing *n* (*a.* SPORT), (richtige) zeitliche Abstimmung *od* Berechnung 2 zeitliche Abstimmung 3 zeitliche Reg(e)lung, TECH Einstellung *f (des Zündzeitpunkts etc)*: **~ gear** Steuergetriebe *n*

timorous ['tɪmərəs] → timid

Timothy[1] ['tɪməθɪ] EIGENN & S BIBEL (Brief *m* des Apostels Paulus an) Timotheus *m*

timothy[2] ['tɪməθɪ] S *a.* **~ grass** BOT Timothegras *n*

timpani ['tɪmpənɪ] SPL *(a. als sg konstruiert)* MUS Timpani *pl*, (Kessel-)Pauken *pl*; **timpanist** [-nɪst] S (Kessel)Pauker(in)

tin [tɪn] A S 1 CHEM, TECH Zinn *n*: **base ~** Halbzinn; **common ~** Probezinn; **ordinary ~** Blockzinn 2 Weißblech *n* 3 (Blech-, *bes Br* Konserven)Dose *f*, (-)Büchse *f* 4 *sl* Knete *f (Geld)* B ADJ 1 Zinn..., zinnern: **~ wedding** *fig* hölzerne Hochzeit 2 *bes Br* Konserven..., Büchsen..., Dosen... C V/T 1 verzinnen 2 *bes Br* konservieren, (in Büchsen) einmachen *od* packen, eindosen: → tinned 2

tinamou ['tɪnəmuː] S Steißhuhn *n*

tincal ['tɪŋkl] S MINER Tinkal *m*

tin can S 1 Blechdose *f*, -büchse *f* 2 SCHIFF, MIL *US sl* Zerstörer *m*

tinct [tɪŋkt] *obs od poet* A S Farbe *f*, Färbung *f* B ADJ gefärbt C V/T färben; **tinctorial** [-'tɔːrɪəl; *US a.* -'təʊ-] ADJ (ADV ~ly) 1 Färbe..., färbend 2 Farb...

tincture ['tɪŋktʃə(r)] A S 1 MED, PHARM Tinktur *f*: **~ of arnica (iodine)** Arnika-(Jod)-tinktur 2 Aufguss *m* 3 *fig* (**of** von) a Spur *f*, Beigeschmack *m* b Anstrich *m* 4 *Heraldik:* Tinktur *f*, (heraldische) Farbe 5 *poet* Farbe *f* 6 *obs* a Quintessenz *f* b Extrakt *m* 7 *Alchimie: obs* (Lebens)Elixier *n* B V/T 1 färben 2 *fig* e-n Anstrich geben *(dat)* (**with** von): **be ~d with** e-n Anstrich haben von 3 *fig* durchdringen (**with** mit)

tinder ['tɪndə(r)] S Zunder *m*: **(as) dry as ~** → tinder-dry; **be ~ to sth** *fig* etwas anheizen *od* anschüren; **~box** S 1 HIST Zunderbüchse *f* 2 *fig* a Pulverfass *n* b Hitzkopf *m*; **~-dry** ADJ trocken wie Zunder

tine [taɪn] S 1 Zinke *f*, Zacke *f (e-r Gabel etc)* 2 JAGD (Geweih)Sprosse *f*, Ende *n*

tinea ['tɪnɪə] S MED Tinea *f*, (Haut-)Flechte *f*

tin ear S *US umg* 1 **have a ~** kein musikalisches Gehör haben 2 → cauliflower ear

tined [taɪnd] ADJ 1 mit Zinken *od* Zacken (versehen) 2 ...zinkig

tine test S MED Tinetest *m (Test, bei dem winzige Mengen von Tuberkulin in die Haut eingeritzt werden)*

tin| fish S SCHIFF *sl* Aal *m (Torpedo)*; **~-foil** S 1 Stanniol *n* 2 Alufolie *f*

ting [tɪŋ] A S Klingeln *n* B V/T klingeln mit C V/I hell (er)klingen, klingeln

ting-a-ling [ˌtɪŋə'lɪŋ] S Klingling *n*

tinge [tɪndʒ] A V/T *ppr* tingeing *od* tinging 1 tönen, (leicht) färben 2 *fig (dat)* e-n Anstrich geben (**with** von): **be ~d with** e-n Anflug *od* Beigeschmack haben von, etwas von ... an sich haben; **his words were ~d with sadness** in s-n Worten schwang e-e gewisse Traurigkeit mit B V/I sich färben C S 1 leichter Farbton, Tönung *f*: **have a ~ of red** e-n Stich ins Rote haben, ins Rote spielen 2 *fig* Anstrich *m*, Anflug *m*, Spur *f (alle:* **of** von): **there was a ~ of sadness in his words** in s-n Worten schwang e-e gewisse Traurigkeit mit

tingle ['tɪŋgl] A V/I 1 prickeln, kribbeln, beißen, brennen *(Haut, Ohren etc) (alle:* **with** vor *dat)* 2 klingen, summen (**with** vor *dat*): **my ears are tingling** mir klingen die Ohren 3 vor Erregung zittern, beben (**with** vor *dat*) 4 *fig* knistern (**with** vor *dat*): **the story ~s with suspense** die Geschichte ist spannungsgeladen 5 flirren *(Hitze, Licht)* B S 1 Prickeln *n (etc:* → A 1, A 2, A 3) 2 (nervöse) Erregung, Beben *n*

tin| god S 1 Götze *m*, Abgott *m* 2 *pej* Bonze *m*; **~ hat** S MIL *umg* Stahlhelm *m*; **~horn** *US sl* A ADJ angeberisch, hochstaplerisch B S Angeber(in), Hochstapler(in)

tinker ['tɪŋkə(r)] A S 1 *bes* HIST (wandernder) Kesselflicker: **not worth a ~'s damn** (*Br* **cuss, curse**) *umg* keinen Pfifferling wert, *(Person)* keinen Schuss Pulver wert; **not give a ~'s damn** (*Br* **cuss, curse**) *umg* sich e-n Dreck darum kümmern 2 a Bastler(in) (*a. fig*) b *pej* Pfuscher(in), Stümper(in) 3 *Br umg* Racker *m*, Schlingel *m* 4 a Bastelei *f* b *pej* Pfuscherei *f*, Stümperei *f*: **have a ~ at** herumbasteln (*a. fig*) *od* herumpfuschen an *(dat)* 5 FISCH a junge Makrele b Pazifikmakrele *f* B V/I (**with** an *dat*) a herumbasteln b *pej* herumpfuschen C V/T 1 Löcher in *Töpfen etc* verlöten 2 *a.* **~ up** a zusammenbasteln (*a. fig*) b *pej* zurechtpfuschen

tinkle ['tɪŋkl] A V/I 1 → ting C 2 klimpern *(Münzen etc)* 3 *umg* pinkeln B V/T 1 klingeln mit 2 klimpern mit C S 1 Klingeln *n*: **give sb a ~** TEL *Br umg* j-n *od* bei j-m anklingeln 2 Klimpern *n* 3 *umg* Pinkeln *n*: **have (go for) a ~** pinkeln (gehen)

tin| lizzie S AUTO *umg* alter Klapperkasten, Rostlaube *f*; **~man** [-mən] S *irr* → tinsmith; **~ mine** S Zinnbergwerk *n*

tinned [tɪnd] ADJ 1 verzinnt 2 *bes Br* konserviert, Dosen..., Büchsen...: **~ fruit** Obstkonserven *pl*; **~ meat**, *bes Aus sl* **~ dog** Büchsenfleisch *n*; **tinner** S 1 → tinsmith 2 Verzinner(in) 3 *bes Br* a Arbeiter(in) in e-r Konservenfabrik b Konservenfabrikant(in); **tinnery** S *Br* Konservenfabrik *f*

tinnitus [tɪ'naɪtəs; 'tɪnɪtəs] S MED Ohrensausen *n*, -klingen *n*

tinny ['tɪnɪ] ADJ 1 zinnern 2 zinnhaltig 3 blechern (*a. fig Klang*) 4 nach Blech schmeckend *(Konserveninhalt etc)* 5 *fig* billig, minderwertig

tin| opener S *bes Br* Dosen-, Büchsenöffner *m*; **~ ore** S MINER Zinnerz *n*; **~-pan** ADJ blechern, scheppernd; **≈ Pan Alley** S *umg* 1 das Zentrum der Schlagerindustrie *(e-r Stadt)* 2 KOLL *bes pej* die Schlagerindustrie; **~ plate** S TECH Weißblech *n*; **~-plate** A V/T verzinnen B ADJ Weißblech...; **~-pot** ADJ *umg* 1 billig, schäbig 2 *pej* Operetten...: **~ state**

tinsel ['tɪnsl] A S 1 Flitter-, Rauschgold *n* 2 Lahn *m* 3 a Flitter *m*, Glitzerschmuck *m* b *a.* **~ glamo(u)r** *fig* Flitter(glanz) *m*, Talmiglanz *m*: **the ~ of Hollywood** 4 *fig* Kitsch *m* B V/T *prät u. pperf* -seled, *bes Br* -selled 1 mit Flitter *etc* verzieren 2 kitschig herausputzen; **tinselly** ADJ flitterhaft, kitschig

Tinseltown S *umg hum* Hollywood *n*

tin| shears SPL *US* → snip C 4; **~smith** S Blechschmied(in); **~ snips** → snip C 4; **~ soldier** S Zinnsoldat *m*; **~stone** S MINER Zinnstein *m*

tint [tɪnt] A S 1 (hell getönte *od* zarte) Farbe 2 Farbton *m*, Tönung *f*: **have a bluish ~** e-n Stich ins Blaue haben, ins Blaue spielen 3 MAL Weißmischung *f* 4 *Gravierkunst:* feine Schraffierung 5 TYPO Tangierraster *m* B V/T (leicht) färben, tönen: **she ~ed her hair red** sie tönte sich die Haare rot

tintack S *Br* Tapeziernagel *m*

tintinnabulation ['tɪntɪˌnæbjʊ'leɪʃn] S Läuten *n*

tin|ware S (Weiß)Blechwaren *pl*; **~ whistle** S MUS Blechflöte *f*; **~work** S 1 a Zinngegenstand *m* b *koll* Zinngegenstände *pl*, -gerät *n* 2 *pl (oft als sg konstruiert)* a Zinnhütte *f* b Weißblechhütte *f*

tiny ['taɪnɪ] ADJ (ADV tinily) winzig

tip[1] [tɪp] A S 1 *(Schwanz-, Stock- etc)* Spitze *f*, äußerstes *(Flügel- etc)* Ende, Zipfel *m*: **~ of the ear** Ohrläppchen *n*; **~ of the finger (nose, tongue)** Finger-(Nasen-, Zungen)spitze; **the ~s of one's fingers** *fig* bis in die Fingerspitzen, durch u. durch; **on the ~s of one's toes** auf Zehenspitzen; **I had it** (*od* **it was**) **on the ~ of my tongue** es lag *od* schwebte mir auf der Zunge, ich hatte es auf der Zunge 2 *(Berg)* Gipfel *m*, Spitze *f*: → iceberg 3 TECH *(spitzes)* Endstück, *bes* a *(Stock- etc)* Zwinge *f* b *(Pumpen-, Stecker-, Taster- etc)* Spitze *f* c Düse *f* d Tülle *f* e *(Schuh)* Kappe *f* 4 Filter *m (e-r Zigarette)* B V/T 1 TECH mit e-r Spitze *od* Zwinge *etc* versehen, beschlagen 2 *Büsche etc* stutzen

tip[2] [tɪp] A S 1 Neigung *f*: **give** *sth* **a ~** → B 2 2 *Br (Schutt- etc)* Abladeplatz *m*, (-)Halde *f* 3 TECH Kippvorrichtung *f*, -anlage *f* B V/T 1 kippen, neigen: **~ up** hochkippen, -klappen; → balance A 1, scale[2] A 1 2 *meist* **~ over** (*od* **up**) umkippen 3 *Sand etc* kippen (**onto** auf *akk*): **~ off** (*od* **out**) auskippen 4 tippen an *(den Hut etc; zum Gruß)*: → hat *Bes Redew* 5 *Br Müll etc* abladen C V/I 1 sich neigen: **~ up** hochkippen, -klappen 2 *meist* **~ over** (*od* **up**) umkippen, FLUG auf den Kopf gehen 3 **~ out** herausfallen

tip[3] [tɪp] A S 1 Trinkgeld *n* 2 *(Wett- etc)* Tipp *m* 3 Tipp *m*, Wink *m*, Fingerzeig *m*, Hinweis *m*, Rat *m*: **take my ~ and ...** hör auf mich u. ... B V/T 1 *j-m* ein Trinkgeld geben: **~ sb £2** j-m zwei Pfund Trinkgeld geben; **~ sb lavishly** j-m ein fürstliches *od* großzügiges Trinkgeld geben 2 *j-m* e-n Tipp *od* Rat geben: **~ sb off** j-m e-n Tipp *od* Wink geben (**that** dass), j-n (rechtzeitig) warnen (**about** vor *dat*) 3 *bes* SPORT tippen auf *(akk)* (**as** als) C V/I Trinkgelder *od* ein Trinkgeld geben

tip[4] [tɪp] A S Klaps *m*, leichte Berührung: **give the ball a ~** den Ball antippen B V/T leicht schlagen *od* berühren, *Ball* antippen C V/I trippeln

tip|-and-run ADJ: **~ raid** MIL *etc Br* Blitzangriff *m* mit sofortigem Rückzug; **~cart** S Kippkarren *m*, -wagen *m*

tip-off S 1 Tipp *m*, Wink *m*, (rechtzeitige) Warnung (**about** vor *dat*) 2 *Basketball:* Sprungball *m*

tipped [tɪpt] ADJ 1 mit e-m Endstück *od* e-r Zwinge *od* Spitze *etc* (versehen) 2 mit Filter, Filter...: **~ cigarette**

tipper[1] ['tɪpə(r)] S AUTO, TECH Kipper *m*, Kippfahrzeug *n*

tipper[2] ['tɪpə(r)] S: **be a lavish ~** fürstliche *od*

großzügige Trinkgelder geben
Tipperary [ˌtɪpəˈreərɪ] S *Grafschaft im Süden Irlands*
tipper| lorry *Br*, ~ **truck** → tipper[1]
tippet [ˈtɪpɪt] S 1 *(Fuchs- etc)* Stola *f* 2 REL Stola *f (e-s Geistlichen)* 3 ORN Halskrause *f*
tipping gear [ˈtɪpɪŋ] S TECH Kippvorrichtung *f*
tipple[1] [ˈtɪpl] *umg* A V/T & V/I picheln B S (alkoholisches) Getränk: **have a ~** e-n zur Brust nehmen
tipple[2] [ˈtɪpl] S 1 TECH Kippvorrichtung *f* 2 Abladestelle *f* 3 Kipphalde *f*
tippler S Pichler(in) *umg*
tipstaff S *a. irr* 1 HIST Amtsstab *m* 2 Gerichtsdiener *m*
tipster [ˈtɪpstə(r)] S *bes* BÖRSE, *Pferderennsport*: Tipster *m (j-d, der Tipps verkauft)*
tipsy [ˈtɪpsɪ] ADJ (ADV tipsily) 1 angeheitert, beschwipst *umg*: **be ~** e-n Schwips haben *umg* 2 wack(e)lig, schief; **~ cake** S *Br in Sherry od Weißwein getränkter und mit Mandeln verzierter Biskuitkuchen*
tip|tilted ADJ: **~ nose** Stupsnase *f*; **~toe** A S: **on ~** auf Zehenspitzen: **stand on ~** a sich auf die Zehenspitzen stellen b auf Zehenspitzen stehen; **walk on ~** → B B V/I auf Zehenspitzen gehen, *weitS.* (sich) schleichen, sich stehlen; **~top** A S Gipfel *m*, Spitze *f*, *fig a.* Höhepunkt *m* B ADJ & ADV *umg* tipptopp, prima, erstklassig: **be in ~ condition** in Topzustand sein *(Wagen etc)*, inTopform sein *(Sportler etc)*; **~-up** ADJ aufklappbar, Klapp...: **~ seat** Klappsitz *m*
TIR ABK Transports Internationaux Routiers, International Road Transport
tirade [taɪˈreɪd] S Schmährede *f* (**against** gegen)
Tirana [tɪˈrɑːnə] S Tirana *n (Hauptstadt von Albanien)*
tire[1] [ˈtaɪə(r)] A V/T ermüden, müde machen: **~ out** erschöpfen; **~ o.s. out** sich abhetzen B V/I ermüden, müde werden: **~ of sth** e-r Sache überdrüssig werden; **~ of doing sth** es müde *od* satt werden, etwas zu tun
tire[2], *bes Br* **tyre** [ˈtaɪə(r)] TECH A S *(Rad-, Auto)* Reifen *m* B V/T bereifen
tire[3] [ˈtaɪə(r)] *obs* → attire
tire| casing S TECH (Lauf)Decke *f*, Reifenmantel *m*; **~ chain** S AUTO Schneekette *f*; **~ change** S *Automobilrennsport*: Reifenwechsel *m*
tired[1] [ˈtaɪə(r)d] ADJ (ADV ~ly) 1 ermüdet, müde: **~ out** erschöpft; **~ and emotional** *Br euph* betrunken; **be ~ of sth** e-r Sache überdrüssig sein, etwas satthaben; **be ~ of doing sth** es müde *od* satt sein, etwas zu tun 2 abgegriffen, abgedroschen *(Redensart etc)*
tired[2] [ˈtaɪə(r)d] ADJ TECH bereift
tiredness S Müdigkeit *f*
tire| ga(u)ge S TECH Reifendruckmesser *m*; **~ grip** S TECH Griffigkeit *f* der Reifen
tireless[1] ADJ (ADV ~ly) unermüdlich
tireless[2] ADJ TECH unbereift
tirelessness S Unermüdlichkeit *f*
tire| lever S (Reifen)Montierhebel *m*; **~ marks** SPL AUTO Reifenspuren *pl*; **~ pressure** S Reifendruck *m*; **~ rim** S TECH Reifenwulst *m*
tiresome [ˈtaɪə(r)səm] ADJ (ADV ~ly) 1 ermüdend 2 a langweilig b unangenehm, lästig; **tiresomeness** S 1 *(das)* Ermüdende 2 a Langweiligkeit *f* b *(das)* Unangenehme
tire stop S *Automobilrennsport*: Reifenstopp *m*
tirewoman S *irr obs* Kammerzofe *f*
tiring room [ˈtaɪərɪŋ] S THEAT *obs* Garderobe *f*
tiro → tyro
Tirolean, **Tirolese** → Tyrolean, Tyrolese
T iron S TECH T-Eisen *n*
tirralirra [ˌtɪrəˈlɪrə] S Tirili *n (Vogelruf)*
'tis [tɪz] *poet Zusammenziehung von* **it is**
tisane [tiːˈzæn] *Heiltrank aus Gerstenschleim*
tissue [ˈtɪʃuː; *Br a.* ˈtɪsjuː] A S 1 BIOL *(Zell-, Muskel- etc)* Gewebe *n*: **~ culture** Gewebekultur *f*; **~ respiration** PHYSIOL Gewebsatmung *f*; **~ tolerance** Gewebeverträglichkeit *f*; **~ typing** Gewebetypisierung *f*, -testung *f* 2 feines Gewebe, Flor *m* 3 *fig* Geflecht *n*: **~ of lies** Lügengewebe *n* 4 *a.* **~ paper** Seidenpapier *n* 5 Papier-(hand-, taschen)tuch *n* 6 FOTO Pigmentpapier *n* B V/T 1 in Seidenpapier (ein)wickeln 2 (durch)weben
tit[1] [tɪt] S 1 ORN Meise *f* 2 *obs od dial* Klepper *m*
tit[2] [tɪt] S: **it's ~ for tat** wie du mir, so ich dir; **give sb ~ for tat** es j-m mit gleicher Münze heimzahlen
tit[3] [tɪt] S 1 → teat 2 *vulg* Titte *f (weibliche Brust)*: **get on sb's ~s** *Br sl* j-m auf den Geist gehen; **~-and-ass press** *US*, **~-and-bum press** *Br sl* Arsch- u.-Titten-Presse *f* 3 *Br vulg* blöde Sau, Arschloch *n (beide pej)*
Titan [ˈtaɪtən] A S 1 MYTH Titan *m* 2 ♀ *fig* Titan *m*, Gigant *m* B ADJ → Titanic[1]; **Titanesque** [-ˈnesk] → Titanic[1]; **Titaness** S Titanin *f*
Titanic[1] [taɪˈtænɪk] ADJ (ADV ~ally) 1 titanisch, Titanen... 2 *meist* ♀ *fig* titanisch, gigantisch
titanic[2] [taɪˈtænɪk] ADJ CHEM Titan...: **~ acid**
titanite [ˈtaɪtənaɪt] S MINER Titanit *m*
titanium [taɪˈteɪnjəm; -nɪəm] S CHEM Titan *n*
titbit [ˈtɪtbɪt] S *bes Br* 1 Leckerbissen *m* 2 *umg* interessantes Bruchstück *(e-r Unterhaltung etc)*
titch [tɪtʃ] S *Br umg* Knirps *m (kleiner Mann)*, *(kleiner Junge a.)* Dreikäsehoch *m umg hum*; **titchy** ADJ *Br umg* klitzeklein, winzig
titer, *bes Br* **titre** [ˈtaɪtə(r)] S CHEM Titer *m*
titfer [ˈtɪtfə] S *Br sl* Deckel *m (Hut)*
tithable [ˈtaɪðəbl] ADJ *bes* REL, HIST zehntpflichtig
tithe [taɪð] A S 1 *meist pl bes* REL, HIST *(der)* Zehnt(e) 2 a zehnter Teil, Zehntel *n* b Bruchteil *m* B V/T *bes* REL, HIST 1 den Zehnten bezahlen von 2 den Zehnten erheben von
tithing [ˈtaɪðɪŋ] S HIST 1 → tithe A 2 *bes* REL Zehnten *n (Erheben od Bezahlen des Zehnten)* 3 Zehnerschaft *f*
Titian[1] [ˈtɪʃn; ˈtɪʃjən] EIGENN Tizian *m (= Tiziano Vecellio, 1477?-1576; Italienischer Maler)*
Titian[2], *a.* ♀ [ˈtɪʃn] A S Tizianrot *n* B ADJ tizianrot
Titianesque [ˌtɪʃəˈnesk] ADJ tizianisch
titillate [ˈtɪtɪleɪt] V/T & V/I 1 kitzeln 2 *fig* (angenehm) erregen; **titillation** S 1 Kitzeln *n* 2 *fig* Kitzel *m*
titivate [ˈtɪtɪveɪt] *bes hum* A V/I sich fein machen *od* schniegeln B V/T: **~ o.s.** → A; **~ a restaurant** ein Restaurant herausputzen
titlark S ORN Pieper *m*
title [ˈtaɪtl] S 1 *(Buch- etc)* Titel *m* 2 *(Kapitel- etc)* Überschrift *f* 3 a Hauptabschnitt *m*, Titel *m* *(e-s Gesetzes etc)* b JUR Überschrift *f (e-r Klage etc)* 4 FILM Untertitel *m* 5 Bezeichnung *f*, Name *m* 6 *(Adels-, Ehren-, Amts)* Titel *m*: **~ of nobility** *a.* Adelsprädikat *n* 7 SPORT (Meister)Titel *m* 8 JUR a Rechtstitel *m*, -anspruch *m*, Recht *n* *(alle:* **to** auf *akk)* b (dingliches) Eigentum(s-recht) (**to** an *dat*) c → title deed 9 *allg* Recht *n*, Anspruch *m (beide:* **to** auf *akk)* 10 TYPO a → title page b Buchrücken *m*
title| bar S COMPUT Titelleiste *f*; **~ bout** S *Boxen*: Titelkampf *m*
titled [ˈtaɪtld] ADJ 1 betitelt 2 tituliert, benannt 3 ad(e)lig
title| deed S JUR Eigentumsurkunde *f*; **~ fight** → title bout; **~holder** S 1 JUR (Rechts)Titelinhaber(in) 2 SPORT Titelhalter(in), -verteidiger(in); **~ insurance** S WIRTSCH *US* Versicherung *f* von Rechtsansprüchen auf Grundbesitz; **~ page** S Titelblatt *n*, -seite *f*; **~ part**, **~ role** S THEAT *etc* Titelpartie *f*, Titelrolle *f*: **a film with XY in the ~**; **~ song** S FILM Titelmelodie *f*
titlist [ˈtaɪtlɪst] → titleholder
titmouse S *irr* ORN Meise *f*
Titoism [ˈtiːtəʊɪzəm] S POL, HIST Titoismus *m*; **Titoist** A S Titoist(in) B ADJ titoistisch
titrate [ˈtaɪtreɪt] V/T & V/I CHEM titrieren; **titration** S Titration *f*, Titrierung *f*, Maßanalyse *f*
titre *bes Br für* titer
titter [ˈtɪtə(r)] A V/I & V/T kichern B S Kichern *n*: **give a nervous ~** nervös kichern
tittivate → titivate
tittle [ˈtɪtl] S 1 LING *(bes* diakritisches) Zeichen 2 → jot A
tittle-tattle *umg* A S 1 Schnickschnack *m*, Geschwätz *n* 2 Klatsch *m*, Tratsch *m* B V/I 1 schwatzen, schwätzen 2 klatschen, tratschen
tittup [ˈtɪtəp] A S 1 Hüpfen *n*, Springen *n* 2 (übermütiger) Luftsprung B V/I *prät u. pperf* -tuped, *bes Br* -tupped (herum)hüpfen, (-)tollen
titty [ˈtɪtɪ] S 1 → teat 2 → tit[3] 2
titubation [ˌtɪtjʊˈbeɪʃn; *US* -tʃə-] S MED 1 Titubatio *f*, schwankender Gang 2 *a.* **lingual ~** Stottern *n*
titular [ˈtɪtjʊlə; *US* -tʃələr] A ADJ 1 Titel...: **~ hono(u)rs** 2 Titular... *(nominell)*: **~ bishop**; **~ king** B S 1 Titelträger(in) 2 Titular(in) *(nominelle[r] Inhaber[in] e-s Amtes)*; **titulary** [-lərɪ; *US* -ˌleriː] A ADJ 1 Titel..., Titular... 2 Rechtstitel... B S → titular B 1, B 2
Titus [ˈtaɪtəs] EIGENN & S BIBEL (Brief *m* des Paulus an) Titus *m*
tizwoz [ˈtɪzwɒz; *US* -wɑz] → tizzy
tizz [tɪz] → tizzy
tizzy [ˈtɪzɪ] S *umg* (helle) Aufregung: **be in** *(od* **all of) a ~** vor Aufregung ganz aus dem Häuschen sein; **don't get in a ~** nur keine Aufregung!; **send** *(od* **throw) sb in a ~** j-n in helle Aufregung versetzen
T joint S ELEK Abzweigungsmuffe *f*
T junction S T-Kreuzung *f*
tk ABK truck LKW *m*
TKO ABK *(Boxen)* technical knockout technischer K.o.
TLC ABK tender loving care liebevolle Zuwendung
TM ABK transcendental meditation
tmesis [ˈtmiːsɪs] S LING Tmesis *f (Trennung von zusammengesetzten od eng verbundenen Wörtern durch Einschübe)*
tn ABK 1 train 2 town 3 ton t
tng ABK training
TNT ABK CHEM trinitrotoluene TNT *n*
to A PRÄP [tuː; tʊ; tə] 1 *(Grundbedeutung)* zu 2 *(Richtung u. Ziel, räumlich)* zu, nach, an *(akk)*, in *(akk)*, auf *(akk)*: **go ~ London** nach London fahren; **from east ~ west** von Osten nach Westen; **throw sth ~ the ground** etwas auf den *od* zu Boden werfen 3 in *(dat)*: **have you ever been ~ London?** 4 *(Richtung, Ziel, Zweck)* zu, auf *(akk)*, an *(akk)*, in *(akk)*, für, gegen: **play ~ a large audience** vor e-m großen Publikum spielen; → duty A 1 a, invite A 1, pray B 2, *etc* 5 *(Zugehörigkeit)* zu, in *(akk)*, für, auf *(akk)*: **that is all there is ~ it** das ist alles; **a cap with a tassel ~ it** e-e Mütze mit e-r Troddel (daran); **a key ~ the case** ein Schlüssel für den *od* zum Koffer; **a room ~ myself** ein Zimmer für mich (allein); → assistant B 1, end C 7, moral B 1, secretary 1, *etc* 6 *(Übereinstimmung, Gemäßheit)* nach, für, gemäß: → astonishment, *etc* 7 (im Verhältnis *od* Vergleich) zu, gegen, gegenüber, auf *(akk)*, mit: **the score is three ~ one (3-1)** das Spiel *od* es steht drei zu eins (3:1); **two**

is ~ four as four is ~ eight zwei verhält sich zu vier wie vier zu acht 8 *(Ausmaß, Grenze, Grad)* bis, (bis) zu, (bis) an *(akk)*, auf *(akk)*, in *(dat)*: **~ the clouds** bis an die Wolken; **ten feet ~ the ground** zehn Fuß bis zum Boden; → craziness 9 *(zeitliche Ausdehnung od Grenze)* bis, bis zu, bis gegen, auf *(akk)*, vor *(dat)*: **from three ~ four** von drei bis vier (Uhr); **it's ten ~ five** es ist zehn vor fünf 10 *(Begleitung)* zu, nach: **sing ~ a guitar** zu e-r Gitarre singen; **they danced ~ a tune** sie tanzten nach e-r Melodie; → dance A 1 11 *zur Bildung des Dativs*: a *betont*: **he gave the book ~ me, not ~ you!** er gab das Buch mir, nicht Ihnen! b *unbetont*: **she was a good mother ~ him** sie war ihm e-e gute Mutter B PARTIKEL [tʊ; tə] 1 *zur Bezeichnung des Infinitivs*: **~ go** gehen; **easy ~ understand** leicht zu verstehen; **she was heard ~ cry** man hörte sie weinen 2 *(Zweck, Absicht)* um zu, zu: **he only does it ~ earn money** er tut es nur, um Geld zu verdienen 3 *zur Verkürzung des Nebensatzes*: **I weep ~ think of it** ich weine, wenn ich daran denke; **he was the first ~ arrive** er kam als Erster; **~ hear him talk** wenn man ihn (so) reden hört; → honest A 1 b 4 *zur Bezeichnung e-s Grundes*: **why blame you me ~ love you?** *obs od poet* was tadelst du mich, weil ich dich liebe? 5 *zur Andeutung e-s aus dem Vorhergehenden zu ergänzenden Infinitivs*: **I don't go because I don't want ~** ich gehe nicht, weil ich nicht (gehen) will C ADV [tuː] 1 a zu, geschlossen: **pull the door ~** die Türe zuziehen b angelehnt: **leave the door ~** 2 (wieder) zu Bewusstsein *od* zu sich: → bring to A 1, come to 1 3 SCHIFF nahe am Wind: **keep her ~!** 4 **~ and fro** a hin u. her b auf u. ab

t.o. ABK WIRTSCH turnover

toad [təʊd] S ZOOL Kröte *f (a. fig pej)*: **a ~ under a harrow** *fig* ein geplagter Mensch; **~eater** S Speichellecker(in); **~fish** S FISCH Krötenfisch *m*; **~flax** S BOT Leinkraut *n*; **~-in-the-hole** S GASTR *Br in Pfannkuchenteig gebackene Würstchen*; **~stone** S Krötenstein *m*; **~stool** S BOT 1 Schirmling *m*, Schirmpilz *m* 2 a ungenießbarer Pilz b Giftpilz *m*

toady [ˈtəʊdɪ] A S Kriecher(in), Speichellecker(in) B V/T vor *j-m* kriechen C V/I kriechen (**to** vor *dat*); **toadyism** S Kriecherei *f*, Speichelleckerei *f*

to-and-fro A *pl* -fros S 1 Hin- u. Herbewegung *f (e-s Pendels etc)* 2 Hin u. Her *n* B ADJ 1 Hin- u. Her...: **~ motion** 2 **~ visiting** Besuche u. Gegenbesuche *pl*

toast¹ [təʊst] A S Toast *m*: **(as) warm as ~** mollig *od* schön warm; **I'm (as) warm as ~** mir ist angenehm warm B V/T 1 a toasten b rösten 2 **~ one's hands by the fire** sich die Hände am Feuer wärmen C V/I 1 sich toasten *od* rösten lassen 2 **be ~ing in the sun** *umg* sich in *od* von der Sonne braten lassen

toast² [təʊst] A S 1 Toast *m*, Trinkspruch *m*: **drink** (*od* **propose**) **a ~ to** → B 2 *j-d od etwas, auf den od das ein Toast ausgebracht wird* 3 gefeierte Person *od* Sache: **the ~ of the opera season** der Star der Opernsaison B V/T toasten *od* trinken auf *(akk)*, e-n Toast *od* Trinkspruch ausbringen auf *(akk)* C V/I toasten (**to** auf *akk*)

toaster¹ S TECH Toaster *m*

toaster² S *j-d, der toastet od e-n Trinkspruch ausbringt*

toasting fork S Röstgabel *f*

toast|master S *j-d, der bei Diners Tischredner ankündigt sowie Toasts ansagt od ausbringt*; **~ rack** S Toastständer *m*

tobacco [təˈbækəʊ] *pl* -cos, -coes S 1 *a.* **~ plant** BOT Tabak(pflanze) *m(f)* 2 *(Rauch- etc)* Tabak *m* 3 KOLL Tabakwaren *pl*; **~ heart** S MED Raucher-, Nikotinherz *n*

tobacconist [təˈbækənɪst] S Tabak(waren)händler *m*: **~'s** (**shop**, *bes US* **store**) Tabak(waren)laden *m*

tobacco| pipe S Tabakspfeife *f*; **~ pouch** S Tabaksbeutel *m*

tamper S Pfeifenstopfer *m*

tobie → toby 2

toboggan [təˈbɒgən; *US* -ˈbɑ-] A S (Rodel)Schlitten *m*: **~ slide** (*od* **chute, run**) Rodelbahn *f* B V/I 1 Schlitten fahren, rodeln 2 *US fig* stürzen, purzeln *(Preise etc)*; **tobogganer**, **tobogganist** S Rodler(in)

toby [ˈtəʊbɪ] S 1 *a.* **~ jug** *Bierkrug in Gestalt e-s dicken alten Mannes mit Dreispitz* 2 *US sl obs* billiger Zigarillo

toccata [təˈkɑːtə] S MUS Tokkata *f (ein Musikstück für Pauken u. Bläser)*

Toc H [ˌtɒkˈeɪtʃ] S *Br e-e christlich-humanitäre Gesellschaft*

tocology [tɒˈkɒlədʒɪ; *US* təʊˈkɑ-] S MED Tokologie *f*, Geburtshilfe *f*

tocopherol [tɒˈkɒfərɒl; *US* təʊˈkɑfərɔːl] S CHEM, MED Tokopherol *n (Vitamin E)*

tocsin [ˈtɒksɪn; *US* ˈtɑk-] S 1 Alarmglocke *f* 2 Alarm-, Warnsignal *n*

tod¹ [tɒd; *US* tɑd] S *altes englisches Wollgewicht, meistens 28 lb = 12,7 kg*

tod² [tɒd] S *Br dial* Fuchs *m*

tod³ [tɒd] S: **on one's ~** *Br sl* (ganz) allein

today [təˈdeɪ] A ADV 1 heute 2 heute, heutzutage, gegenwärtig B S 1 heutiger Tag: **~'s paper** die heutige Zeitung, die Zeitung von heute; **~'s rate** WIRTSCH Tageskurs *m* 2 *(das)* Heute, *(die)* heutige Zeit, *(die)* Gegenwart: **the writers of ~** die Schriftsteller von heute *od* der Gegenwart

toddle [ˈtɒdl; *US* ˈtɑdl] A V/I 1 auf wack(e)ligen *od* unsicheren Beinen gehen *(bes Kleinkind)* 2 *umg* gehen: **~ off** (*od* **along**) abzwitschern, sich auf die Socken machen B S wack(e)liger *od* unsicherer Gang; **toddler** S Kleinkind *n*

toddy [ˈtɒdɪ; *US* ˈtɑ-] S Toddy *m*: a *grogartiges Getränk* b Palmwein *m*

to-do [təˈduː] *pl* -dos S *umg* Getue *n*, Wirbel *m*, Theater *n*: **make a lot of ~ about** (*od* **over**) **sth** viel Wind um etwas machen

tody [ˈtəʊdɪ] S ORN Todi *m*

toe [təʊ] A S 1 ANAT Zehe *f*, Zeh *m*: **big** (*od* **great**) **~** große Zehe; **little ~** kleine Zehe; **be on one's ~s** *umg* a auf Draht *od* Zack sein b gut drauf sein; **keep sb on their ~s** *umg* j-n in Trab halten; **tread** (*od* **step, tramp**) **on sb's ~s** *umg* j-m auf die Hühneraugen *od* auf den Schlips treten; **turn one's ~s in** (**out**) einwärtsgehen (auswärtsgehen); **turn up one's ~s** *sl* ins Gras beißen 2 Vorderhuf *m (des Pferdes)* 3 Spitze *f*, Kappe *f (von Schuhen, Strümpfen etc)*: **at the ~** an den Zehen 4 TECH a (Well)Zapfen *m* b Nocken *m*, Daumen *m*, Knagge *f* c BAHN Keil *m (der Weiche)* 5 SPORT Löffel *m (des Golfschlägers)* B V/T 1 a *Strümpfe etc* mit neuen Spitzen versehen b *Schuhe* bekappen 2 mit den Zehen berühren: **~ the line** (*od* **mark**) a in e-r Linie (SPORT zum Start) antreten b *fig* sich der Parteilinie unterwerfen, linientreu sein, spuren *umg (a. weitS. gehorchen)*; **keep sb ~ing the line** j-n bei der Stange halten; **make sb ~ the line** j-n auf Vordermann bringen *umg* 3 SPORT *den Ball* spitzeln 4 *j-m* e-n Fußtritt versetzen 5 *Golf: den Ball* mit dem Löffel *(des Schlägers)* schlagen 6 *Tischlerei: e-n Nagel* schräg einschlagen C V/I **~ in** (**out**) *(mit den Fußspitzen)* einwärtsstehen (auswärtsstehen) *od* -gehen

toe|cap S Vorderkappe *f (e-s Schuhs)*; **~ clip** S *Radsport*: Rennhaken *m*

toed [təʊd] ADJ *(in Zusammensetzungen)* ...zehig: **five-~**

toe| dance S Spitzentanz *m*; **~-dance** V/I auf den Spitzen tanzen; **~ dancer** S Spitzentänzer(in); **~hold** S 1 Halt *m* für die Zehen *(beim Klettern)* 2 *fig* a Ansatzpunkt *m* b Brückenkopf *m*, Ausgangsposition *f*: **gain** (*od* **get**) **a ~** Fuß fassen 3 *Ringen*: Zehengriff *m*; **~-in** S AUTO Vorspur *f*; **~ iron** S HIST Zehenbacken *m (der Skibindung)*; **~ loop** S *Eis-, Rollkunstlauf*: Toeloop *m*; **~nail** S 1 ANAT Zehennagel *m* 2 *Tischlerei*: schräg eingeschlagener Nagel; **~-out** S AUTO Nachspur *f*; **~piece** → toecap; **~rag** S *Br sl* Scheißkerl *m*; **~shoe** S Tanzschuh *m (für Ballett)*; **~ spin** S *Eis-, Rollkunstlauf*: Spitzenpirouette *f*

toey [ˈtəʊɪ] ADJ *Aus sl* nervös

toff [tɒf] S *Br umg* feiner Pinkel, Fatzke *m (beide pej)*, Geck *m*

toffee [ˈtɒfɪ; *US a.* ˈtɑ-] S a Karamell *m* b Karamellbonbon *m/n*: **he can't play tennis for ~** *Br umg* er hat vom Tennisspielen keinen (blassen) Schimmer; **she can't sing for ~** *Br umg* sie singt miserabel; **~ apple** S kandierter Apfel (am Stiel); **~-nosed** ADJ *Br umg* aufgeblasen, eingebildet

toft [tɒft] S *Br* HIST a Heim-, Hofstätte *f* b *a.* **~ and croft** Anwesen *n*, Haus *n* mit dazugehörigem Land

tofu [ˈtəʊfuː] S GASTR Tofu *m (aus Sojabohnenmilch gewonnenes quarkähnliches Produkt)*

tog [tɒg; *US a.* tɑg] *umg* A SPL **togs** 1 Klamotten *pl*, Kluft *f (beide umg)*: **golf ~s** Golfdress *m*; **put on one's best ~s** sich in Schale werfen *umg* 2 *a.* **pair of ~s** *Aus* Badeanzug *m* B V/T: *meist* **~ up** (*od* **out**) *j-n* herausputzen: **~ o.s. up** (*od* **out**) sich in Schale werfen *umg*

toga [ˈtəʊgə] *pl* -gas, -gae [-giː] S *Antike*: Toga *f (römisches Obergewand)*

together [təˈgeðə(r)] A ADV 1 zusammen: **call** (**sew**) **~** zusammenrufen (-nähen); **belong ~** zusammengehören, zueinandergehören 2 zu- *od* beisammen, miteinander, gemeinsam: **live ~** zusammenleben 3 zusammen (-genommen): **more than all the others ~**; **all ~** insgesamt, zusammen 4 miteinander, gegeneinander: **fight ~** 5 zugleich, gleichzeitig, zusammen: **two things ~** 6 *obs (Tage etc)* nach-, hintereinander, *(e-e Zeit etc)* lang *od* hindurch: **three days ~** drei Tage nacheinander *od* lang; **he talked for hours ~** er sprach stundenlang 7 **~ with** (zusammen *od* gemeinsam) mit: **he sent him a letter ~ with some money** B ADJ *umg* ausgeglichen: **a ~ young man**; **togetherness** S 1 Zusammengehörigkeit *f* 2 Zusammengehörigkeitsgefühl *n*

toggery [ˈtɒgərɪ; *US a.* ˈtɑ-] → tog A 1

toggle [ˈtɒgl; *US* ˈtɑgəl] A S 1 SCHIFF, TECH Knebel *m* 2 TECH → toggle joint B V/T ein-, festknebeln; **~ joint** S TECH Kniehebel *m*; **~ key** S COMPUT Umschalttaste *f*; **~ press** S TECH Kniehebelpresse *f*; **~ switch** S ELEK Kippschalter *m*

Togo [ˈtəʊgəʊ] S Togo *n*

Togolese [ˌtəʊgəˈliːz] A S Togoer(in), Togolese *m*, Togolesin *f*: **the ~** *koll* die Togoer *od* Togolesen *pl* B ADJ togoisch, togolesisch

toil¹ [tɔɪl] A S mühselige Arbeit *f*, Plackerei *f umg* B V/I 1 sich abmühen *od* abplagen (**at, on** mit) 2 sich vorwärts arbeiten (**along** auf *dat*), sich mühselig durcharbeiten (**through** durch): **~ up a hill** mühsam e-n Berg erklimmen

toil² [tɔɪl] S 1 *obs* Falle *f (für wilde Tiere)* 2 *meist pl fig* Schlingen *pl*, Netz *n*: **in the ~s of** a in den Schlingen *des Satans etc* b in *Schulden etc* verstrickt

toile [twɑːl] S Toile *m (ein Gewebe in Leinwandbin-*

T

dung)

toiler S Schwerarbeiter(in)

toilet ['tɔılıt] S 1 Toilette *f*, Klosett *n*: **be in the ~** auf der Toilette sein; **go to the ~** auf die Toilette gehen 2 Toilette *f (Ankleiden, Kämmen etc)*: **be at one's ~** bei der Toilette sein; **make one's ~** Toilette machen 3 a Toilettentisch *m*, Frisierkommode *f* b Toilettenartikel *pl* 4 Toilette *f (bes festliche Damenkleidung)*; **~ bag** S Kulturbeutel *m*; **~ bowl** S Toilettenbecken *n*, -schüssel *f*; **~ brush** S Klosettbürste *f*; **~ case** S Reisenecessaire *n*; **~ paper** S Toiletten-, Klosettpapier *n*; **~ powder** S Körperpuder *m*, *umg n*; **~ roll** S Rolle *f* Toiletten- *od* Klosettpapier

toiletry ['tɔılıtrı] S Toilettenartikel *m*

toilet| seat S Klosettsitz *m*, Klobrille *f umg*; **~ set** S Toilettengarnitur *f*; **~ soap** S Toilettenseife *f*

toilette [twɑː'let] → toilet 2, 4

toilet| tissue → toilet paper; **~ training** S Reinlichkeits-, Sauberkeitserziehung *f*; **~ water** S Toilettenwasser *n*

toilful ['tɔılfʊl] ADJ, **toilsome** [-səm] ADJ (ADV ~ly) mühselig; **toilsomeness** S Mühseligkeit *f*

toilworn ADJ abgearbeitet, erschöpft

toing and froing [ˌtuːıŋən'frəʊıŋ] S Hin u. Her *n*

Tokay [təʊ'keı] S Tokaier *m (ungarischer Wein u. Traube)*

toke [təʊk] *US sl* A S Zug *m* an e-r Marihuanazigarette: **take a ~** → B B V/I e-n Zug an e-r Marihuanazigarette machen

token ['təʊkən] A S 1 Zeichen *n*: a Anzeichen *n*, Merkmal *n* b Beweis *m*: **as a** (*od* **in**) **~ of** als *od* zum Zeichen von *(od gen)*; **by the same ~** ebenso; umgekehrt, andererseits 2 Andenken *n*, Erinnerungsgeschenk *n* 3 Spielmarke *f* 4 Gutschein *m*, Bon *m* 5 BIBEL *u. obs* (verabredetes) Zeichen B ADJ 1 a nominell: **~ payment** symbolische Zahlung; **~ strike** Warnstreik *m* b Alibi…: **~ woman** 2 Schein…: **~ raid** Scheinangriff *m*

tokology → tocology

Tokyo ['təʊkjəʊ; -kıəʊ] S Tokio *n*

tola ['təʊlə] S Tola *n/f (indische Gewichtseinheit; 11,7 g)*

tolbooth ['tɒlbuːθ; *US a.* 'təʊl-; 'tɑl-] S 1 → tollbooth 2 *bes schott obs* Rathaus *n*

told [təʊld] *prät u. pperf von* **tell**

tolerable ['tɒlərəbl; *US* 'tɑ-] ADJ (ADV **tolerably**) 1 erträglich *(Leben, Schmerzen etc)* 2 leidlich, mittelmäßig, erträglich 3 *how are you?* ~ *umg* so lala; **he felt tolerably secure** *umg* er fühlte sich einigermaßen sicher 4 TECH zulässig *(Fehler, Limit etc)*; **tolerableness** S 1 Erträglichkeit *f* 2 Mittelmäßigkeit *f*

tolerance ['tɒlərəns; *US* 'tɑ-] S 1 Toleranz *f*, Duldsamkeit *f* 2 **(of)** a Duldung *f (gen)* b Nachsicht *f* (mit) 3 MED a Toleranz *f*, Widerstandsfähigkeit *f (beide:* **for** gegen *Gift etc)* b Verträglichkeit *f* 4 MATH, TECH Toleranz *f*, zulässige Abweichung, Spiel *n*, Fehlergrenze *f*; **tolerant** ADJ (ADV ~ly) 1 tolerant, duldsam *(beide:* **of** gegen*)*: **be ~ of criticism** Kritik vertragen (können) 2 geduldig, nachsichtig *(beide:* **of** mit*)* 3 MED widerstandsfähig (**of** gegen); **tolerate** [-reıt] V/T 1 *j-n, etwas* ertragen 2 duldsam *od* tolerant sein gegen 3 zulassen, tolerieren, hinnehmen, sich *etwas* gefallen lassen 4 *bes* MED *ein Gift etc* vertragen; **toleration** S 1 Duldung *f*, Tolerierung *f* 2 → tolerance 1

toll[1] [təʊl] S 1 HIST Zoll(gebühr) *m(f)*, *bes* Wege-, Brückenzoll *m* 2 Straßenbenutzungsgebühr *f*, Maut *f* 3 Standgeld *n (auf e-m Markt etc)* 4 *US* Hafengebühr *f* 5 *Br* HIST *Recht des Lehnsherrn, Abgaben zu erheben* 6 TEL *US* Gebühr *f* für ein Ferngespräch 7 *fig* Tribut *m (an Menschenleben etc)*, (Blut)Zoll *m*, (Zahl *f* der) Todesopfer *pl*: **the ~ of the road** die (Zahl der) Verkehrsopfer; **take a ~ of 100 lives** 100 Todesopfer fordern *(Katastrophe etc)*; **take its ~ of** *fig j-n* arg mitnehmen, s-n Tribut von *j-m od e-r Sache* fordern, *j-s Kräfte, Vorräte etc* stark beanspruchen *od* strapazieren, nicht spurlos vorübergehen an *(dat)*

toll[2] [təʊl] A V/T 1 *e-e (bes Toten)Glocke* läuten, erschallen lassen 2 *die Stunde* schlagen 3 (durch Glockengeläut) verkünden, die Totenglocke für *j-n* läuten B V/I 1 läuten, schallen 2 schlagen *(Glocke, Uhr)* C S 1 *(feierliches)* Geläut 2 Glockenschlag *m*

tollage ['təʊlıdʒ] S 1 → toll[1] 1, 2 2 Entrichtung *f od* Erhebung *f* von Zöllen *od* Straßenbenutzungsgebühren

toll| bar → tollgate; **~booth** S Mauthäuschen *n*; **~ bridge** S gebührenpflichtige Brücke, Mautbrücke *f*; **~ call** S TEL 1 *US* Ferngespräch *n* 2 *Br obs* Nahverkehrsgespräch *n*; **~ collector** S 1 Mautner(in) 2 Zählvorrichtung *f* an e-r Mautstelle; **~-free** ADJ & ADV TEL *US* gebührenfrei, zum Nulltarif: **~ number** Nummer, die man gebührenfrei anrufen kann; **~gate** S Schlagbaum *m (e-r Mautstraße)*; **~house** S Mautstelle *f*; **~ plaza** S *US (aus vielen Mauthäuschen bestehende)* Mautstelle *f*; **~ road** S gebührenpflichtige Straße, Mautstraße *f*

tolu [təʊ'luː; *US a.* tə-] S Tolubalsam *m*

toluate ['tɒljʊeıt; *US* 'tɑljəˌweıt] S CHEM Toluat *n*

toluene ['tɒljʊiːn; *US* 'tɑljəˌwiːn] S CHEM Toluol *n*

toluidine [tɒ'ljuːıdiːn; *US* tə'luːəˌdiːn] S CHEM Toluidin *n*

toluol ['tɒljʊɒl; *US* 'tɑljəˌwɔːl; -ˌwəʊl] → toluene

toluyl ['tɒljʊıl; *US* 'tɑljəˌwıl] S *a.* **~ group** (*od* **radical**) CHEM Toluyl *n*

tom [tɒm; *US* tɑm] S 1 Männchen *n (kleinerer Tiere)*: **~ turkey** Truthahn *m*, Puter *m* 2 Kater *m* 3 ♀ EIGENN: **(every** *od* **any) ♀, Dick, and Harry** Hinz u. Kunz *umg*, jeder x-Beliebige; **♀ Thumb** Däumling *m*; **♀ and Jerry** *US* Eiergrog *m*

tomahawk ['tɒməhɔːk; *US* 'tɑmıˌ-] A S 1 Tomahawk *m*, Kriegsbeil *n (der Indianer)*: **bury (dig up) the ~** *fig* das Kriegsbeil begraben (ausgraben) 2 *Aus* (Hand)Beil *n* B V/T mit dem Tomahawk verwunden *od* erschlagen

tomalley ['tɒmælı; *US* 'tɑmˌæliː; tə'mæliː] S Hummerleber *f*

tomato [tə'mɑːtəʊ; *US a.* -'meı-] *pl* **-toes** S BOT Tomate *f*: **~ concentrate** Tomatenmark *n*; **~ juice** Tomatensaft *m*; **~ ketchup** Tomatenketchup *m/n*; **~ sauce** a Tomatensoße *f* b *bes Br* Tomatenketchup *m/n*; **~ soup** Tomatensuppe *f*

tomb [tuːm] S 1 Grab(stätte) *n(f)* 2 Grabmal *n*, Gruft *f*: **be (as) quiet** (*od* **silent**) **as the ~** a kein einziges Wort sagen b verschwiegen wie ein *od* das Grab sein; **the house was as quiet as the ~** im Haus herrschte e-e Grabesstille 3 *fig (das)* Grab, *(der)* Tod

tombac ['tɒmbæk; *US* 'tɑm-] S TECH Tombak *m (Kupfer-Zink-Legierung)*

tomb chamber S Grabkammer *f*

tombola [tɒm'bəʊlə; *US* 'tɑmbələ] S *bes Br* Tombola *f*

tomboy ['tɒmbɔı; *US* 'tɑm-] S Wildfang *m (Mädchen)*; **tomboyish** ADJ (ADV ~ly) ausgelassen, wild

tombstone S 1 Grabstein *m*, -mal *n* 2 Grabplatte *f*

tomcat S Kater *m*

tome [təʊm] S 1 Band *m (e-s Werkes)* 2 Wälzer *m umg*

tomfool [ˌtɒm'fuːl; *US* ˌtɑm-] A S Einfaltspinsel *m pej*, Dummkopf *m* B ADJ einfältig, dumm, albern C V/I (herum)albern; **tomfoolery** [-ərı] S Albernheit *f (a. Handlung etc)*, Unsinn *m*

tommy ['tɒmı; *US* 'tɑ-] S *a.* **♀ Atkins** MIL *Br umg* Landser *m*, einfacher Soldat; **~ bar** S TECH Drehstift *m (für Steckschlüssel)*; **♀ gun** S MIL *umg* Maschinenpistole *f*; **~rot** S Quatsch *m*

tomogram ['təʊməgræm] S MED Tomogramm *n*; **tomography** [-'mɒgrəfı; *US* -'mɑ-] S MED Tomografie *f*, Röntgenschichtverfahren *n*

tomorrow [tə'mɒrəʊ; *US a.* -'mɑ-] A ADV morgen: **~ week** morgen in e-r Woche *od* in acht Tagen; **~ morning** morgen früh; **~ night** morgen Abend; → put off A 3 B S *(der)* morgige Tag, *(das)* Morgen: **~'s paper** die morgige Zeitung; **~'s China** das China von morgen; **~ never comes** das werden wir nie erleben; **as if there were** (*od* **was**) **no ~** a als ob es das letzte Mal wäre b wie verrückt; **~ is another day** *(Sprichwort)* a morgen ist auch noch ein Tag b morgen sieht alles anders aus

tompion ['tɒmpjən; *US* 'tɑmpıən] → tampion

tom|tit S ORN *Br (bes* Blau)Meise *f*; **~-tom** S 1 a Tomtom *n (ein- od zweiseitig bespannte, zylindrische Holztrommel)* b *allg* Trommel *f* 2 a monotoner Trommelschlag b monotones Geräusch

ton[1] [tʌn] S 1 *(englische)* Tonne *(Gewicht)*: a *a.* **long ~** *bes Br* = *2240 lbs. od 1016,05 kg* b *a.* **short ~** *bes US* = *2000 lbs. od 907,185 kg* c *a.* **metric ~** metrische Tonne *(= 2204,6 lbs. = 1000 kg)*; **weigh a ~** *umg* wahnsinnig schwer sein; → brick A 1 2 SCHIFF Tonne *f (Raummaß)*: **register ~** Registertonne *(= 100 cubic feet = 2,8317 m³)*; **gross register ~** Bruttoregistertonne *(Schiffsgrößenangabe)*; **displacement ~** Tonne (der) Wasserverdrängung; **measurement** (*od* **freight**) **~** Frachttonne *(= 40 cubic feet)* 3 *pl umg* Unmasse(n) *f(pl)*: **~s of money** massenhaft Geld; **~s of times** tausendmal; **~s better** viel *od* wesentlich besser 4 **do the** (*od* **a**) **~** *Br sl* a mit 100 Meilen fahren *(Fahrer)* b 100 Meilen fahren *od* schaffen *(Auto etc)*

ton[2] [tɔ̃ːŋ; *US* təʊn] S *(die)* herrschende Mode: **in the ~** modisch, elegant

tonal ['təʊnl] ADJ MUS 1 Ton…, tonlich 2 klanglich 3 MUS tonal: a tonartlich b der Tonalität angepasst: **~ answer** tonale Beantwortung *(in der Fuge)*; **~ fugue** Fuge *f* mit tonaler Beantwortung; **tonalist** [-nəlıst] S tonaler Musiker; **tonality** [-'nælətı] S 1 MUS Tonalität *f*: a Tonart *f* b Klangcharakter *m (e-s Instruments etc)* 2 MAL Tönung *f*, Farbton *m*

to-name S *schott* 1 Beiname *m* 2 Spitzname *m*

tondo ['tɒndəʊ; *US* 'tɑn-] *pl* **-di** [-diː] S Tondo *n*, Rundbild *n*

tone [təʊn] A S 1 *allg* Ton *m*, Laut *m*, Klang *m* 2 Ton *m*, Stimme *f*: **in an angry ~** mit zorniger Stimme, in ärgerlichem Ton; **I didn't like her ~ (of voice)** mir gefiel ihr Ton nicht 3 LING a Tonfall *m*: **English with a French ~** b Betonung *f*, Tonhöhe *f* 4 MUS a Ton *m*: **degrees of ~** Stärkegrade; **two-~ horn** Zweiklanghupe *f* b *US* Note *f* 5 MUS Klang (-charakter) *m*, -farbe *f* 6 → Gregorian tone 7 MAL (Farb)Ton *m*, Farbgebung *f*, Tönung *f*: **two-~** zweifarbig, Zweifarben… 8 *fig* Schattierung *f*, Abstufung *f*, Tönung *f* 9 MED Tonus *m (Spannungszustand der Muskeln)* 10 *fig* Spannkraft *f* 11 *fig* a Haltung *f*, Geist *m* b Niveau *n*: **give ~ to a place** 12 *fig* Stimmung *f (a.* WIRTSCH *an der Börse)* 13 *fig* Ton *m*, Note *f*, Stil *m*: **set the ~ of** a den Ton angeben für, ton-

T

angebend sein in *(dat)* b den Stil *e-r Sache* bestimmen c entscheidend sein für B V/T 1 e-n Ton verleihen *(dat)*, e-e Färbung geben *(dat)*, *ein Bild* kolorieren: **~d** (ab)getönt; **~d paper** Tonpapier *n* 2 *ein Instrument* stimmen 3 *e-e Farbe etc* abstufen, (ab)tönen 4 FOTO tonen: **toning bath** Tonbad *n* 5 *fig* a umformen, -modeln b regeln 6 *j-m* Spannkraft verleihen, *j-n, a. die Muskeln* stärken C V/I 1 e-n Farbton *od* e-e Tönung annehmen 2 sich abstufen *od* abtönen 3 **(with)** a verschmelzen (mit) b harmonieren (mit), passen (zu)

Phrasal Verbs: **tone| down** A V/T MAL *u. fig* dämpfen, mildern: **~ a colo(u)r**; **~ sb's anger** B V/I sich mildern *od* abschwächen; **~ in** V/I → tone C 3; **~ up** V/T 1 MAL *u. fig* kräftiger machen, (ver-)stärken 2 → tone B 6

tone| arm S Tonarm *m (am Plattenspieler)*; **~ cluster** S MUS 1 Tonbündel *n (in e-m Akkord)* 2 Bündelnote *f*; **~ colo(u)r** S MUS, PHYS Klangfarbe *f*; **~ control** S RADIO *etc* Klangregler *m*, Tonblende *f*; **~-deaf** ADJ nicht in der Lage, Töne verschiedener Höhe zu unterscheiden; **~ language** S LING Tonsprache *f (Chinesisch etc)*

toneless ADJ (ADV ~ly) 1 tonlos *(a. Stimme)* 2 eintönig

toneme ['təʊniːm] S LING Tonem *n (Phonem, das in e-r bestimmten Betonung besteht)*

tone| painting S MUS Tonmalerei *f*; **~ picture** S MUS Tongemälde *n*; **~ pitch** S PHYS Tonhöhe *f*; **~ poem** S MUS Tondichtung *f*; **~ quality** S 1 MUS Klangcharakter *m* 2 PHYS Klanggüte *f*

toner ['təʊnə(r)] S Toner *m (Druckfarbe für Kopiergeräte etc)*: **~ cartridge** Tonerkassette *f*

tone| row, **~ series** S *Zwölftonmusik:* Reihe *f*; **~ syllable** S LING Tonsilbe *f*

tonetic [təʊ'netɪk] LING A ADJ: **~ language** → tone language B S **tonetics** *pl (als sg konstruiert)* Tonlehre *f*

tong [tɒŋ; *US a.* tɑŋ] S *chinesischer Geheimbund in den USA*

Tonga ['tɒŋə; -ŋgə; *US* 'tɑ-] S Tonga *n (Inselstaat im Pazifik)*

Tongan ['tɒŋən; *US* 'tɑŋən; -ŋgən] A S 1 Tongaer(in) 2 Tongasprache *f* B ADJ tongaisch

tongs [tɒŋz; *US a.* tɑŋz] SPL *a.* **pair of ~** Zange *f*: **I would not touch that with a pair of ~** a das würde ich nicht einmal mit e-r Zange anfassen b *fig* mit der Sache möchte ich nichts zu tun haben

tongue [tʌŋ] A S 1 ANAT Zunge *f (a. fig Redeweise)*: **malicious ~s** böse Zungen; **with one's ~ in one's cheek**, **~ in cheek** ironisch; **say sth ~ in cheek** etwas nicht ernst meinen; **bite the ~** auf der Zunge beißen; **bite one's ~** sich auf die Zunge beißen *(a. fig)*; **I would rather bite off my ~ than ...** ich würde mir eher *od* lieber die Zunge abbeißen als ...; **find one's ~** die Sprache wiederfinden; **make sb find their ~** j-m die Zunge lösen, j-n zum Reden bringen; **get one's ~ (a)round** *umg ein schwieriges Wort etc* richtig aussprechen; **give ~** a sich laut u. deutlich äußern **(to** zu**)** b anschlagen *(Hund)* c Laut geben *(Jagdhund)*; **have a long ~** geschwätzig sein; **have a ready ~** nicht auf den Mund gefallen sein, schlagfertig sein; **have a sharp ~** e-e scharfe *od* spitze Zunge haben; **hold one's ~** den Mund halten; **a sharp answer was hovering on my ~** mir lag e-e scharfe Antwort auf der Zunge; **keep a civil ~ (in one's head)** höflich bleiben; **he lost his ~** er verlor die Sprache, ihm verschlug es die Sprache; **put one's ~ out at sb** j-m die Zunge herausstrecken; **wag one's ~** tratschen; **set ~s wagging** Gerede verursachen; **~s are beginning to wag** die Leute fangen schon an zu reden; → bridle B 2, loose A 5 f, tip[1] A 1 2 GASTR *(Rinder- etc)* Zunge *f* 3 Sprache *f (e-s Volkes)*, Zunge *f*: **confusion of ~s** BIBEL Sprachverwirrung *f*; **gift of ~s** BIBEL, REL Zungenreden *n*; → speak A 1, speaking B 4 BIBEL Volk *n*, Nation *f*, Zunge *f* 5 *fig* Zunge *f (e-r Flamme, e-r Klarinette, e-s Schuhs etc)* 6 Klöppel *m (e-r Glocke)* 7 *(Wagen)* Deichsel *f* 8 *Tischlerei:* Zapfen *m*, Spund *m*, Feder *f* 9 TECH a *(Lauf-, Führungs)* Schiene *f* b Lasche *f* 10 BAHN Zunge *f (e-r Weiche)* 11 Dorn *m (e-r Schnalle)* 12 Zeiger *m (e-r Waage)* 13 ELEK *(Relais)* Anker *m* 14 GEOG Landzunge *f* B V/T 1 MUS mit Flatterzunge blasen 2 *Tischlerei:* verzapfen

tongue|-and-groove joint S *Tischlerei:* Spundung *f*; **~ blade** → tongue depressor

tongued ADJ 1 *(in Zusammensetzungen)* ...züngig: → loose-tongued, *etc* 2 TECH gezapft, gefedert

tongue| depressor S MED *US* Zungenspatel *m/f*; **~-in-cheek** ADJ 1 ironisch 2 nicht ernst gemeint; **~-lash** V/T *umg j-n* zusammenstauchen, *j-m* e-e Standpauke halten; **~-lashing** S *umg* Standpauke *f*: **give sb a ~** → tongue-lash; **~-loosener** S *etwas, was die Zunge löst:* **be a ~** die Zunge lösen; **~-tie** A S MED angeborene Kürze des Zungenbändchens B V/T *fig j-m* die Zunge lähmen *od* die Sprache verschlagen; **~-tied** ADJ 1 MED mit angeborener Kürze des Zungenbändchens 2 *fig* a stumm, sprachlos *(vor Verlegenheit etc)*: **be ~** keinen Ton herausbringen b gehemmt, schüchtern; **~ twister** S Zungenbrecher *m*

tonic ['tɒnɪk; *US* 'tɑ-] A ADJ (ADV ~ally) 1 MED tonisch: **~ spasm** Starrkrampf *m* 2 stärkend, belebend, erfrischend *(alle a. fig)*: **~ water** Tonic *n* 3 LING a Ton... b betont: **~ accent** musikalischer Akzent; **~ language** → tone language 4 MUS Grundton..., Tonika...: **~ chord** Grundakkord *m*; **~ major (minor)** gleichnamige Dur-(Moll-)tonart; **~ sol-fa** → sol-fa A 2 5 MAL Tönungs..., Farb(gebungs)... B S 1 PHARM Tonikum *n*, Stärkungsmittel *n* 2 Tonic *n*: **gin and ~** 3 *fig* Stimulanz *f* 4 MUS Grundton *m*, Tonika *f* 5 LING stimmhafter Laut

tonicity [təʊ'nɪsətɪ] S 1 MED a → tone A 9 b Spannkraft *f* 2 musikalischer Ton

tonight [tə'naɪt] A ADV 1 heute Abend 2 heute Nacht B S 1 der heutige Abend 2 diese Nacht

tonk [tɒŋk] S *Aus sl* Schlappschwanz *m pej*

tonka bean ['tɒŋkə; *US* 'tɑŋkə] S BOT Tonkabohne *f*

tonn. ABK tonnage

tonnage ['tʌnɪdʒ] S 1 SCHIFF Tonnage *f*, Tonnengehalt *m*, Schiffsraum *m*: **displacement ~** Verdrängungstonnage; **gross ~** Bruttotonnengehalt; **net register ~** Nettotonnengehalt *m*; **register ~** amtlicher Tonnengehalt 2 Gesamttonnage *f (der Handelsflotte e-s Landes)* 3 Ladungsgewicht *n* 4 (Gesamt)Produktion *f (nach* **tons** *berechnet für Stahl etc)* 5 Schiffszoll *m*, Tonnengeld *n* 6 *Br* HIST (Wein)Zollgebühr *f*

tonne [tʌn] S metrische Tonne

tonneau ['tɒnəʊ; *US* 'tɑ-; *a.* tə'nəʊ] *pl* -neaus S AUTO 1 hinterer Teil *(mit Rücksitzen)* e-s Autos 2 Verdeck *n*

tonner ['tʌnə(r)] S SCHIFF *(meist in Zusammensetzungen)* ...tonner, Schiff *n* von ... Tonnen

tonometer [təʊ'nɒmɪtə(r); *US* -'nɑ-] S 1 MUS, PHYS Tonhöhenmesser *m* 2 PHYS Druckmesser *m* 3 MED Tonometer *n*: a *Instrument zur Messung des Augeninnendrucks* b Blutdruckmesser *m*

tonsil ['tɒnsl; *US* 'tɑnsəl] S ANAT Tonsille *f*, Mandel *f*: **~ snare** MED Tonsillenschlinge *f*, -schnürer *m*; **have one's ~s out** sich die Mandeln herausnehmen lassen; **tonsillar** [-sɪlə(r)] ADJ ANAT, MED tonsillar, tonsillär, Mandel...

tonsillectomy [ˌtɒnsɪ'lektəmɪ; *US* ˌtɑnsə-] S MED Tonsillektomie *f*, Mandelentfernung *f*: **incomplete** *(od* **partial)** **~** Mandelresektion *f*; **tonsillitis** [-'laɪtɪs] S MED Tonsillitis *f*, Mandelentzündung *f*; **tonsillotomy** [-'lɒtəmɪ; *US* -'lɑ-] S MED Tonsillotomie *f ([teilweises] Kappen der Mandeln)*

tonsorial [tɒn'sɔːrɪəl; *US* tɑn-; *a.* -'səʊ-] ADJ *meist hum* Barbier...: **~ artist** Figaro *m hum*

tonsure ['tɒnʃə; *US* 'tɑntʃər] REL A S 1 Tonsurierung *f* 2 Tonsur *f* B V/T tonsurieren, die Tonsur schneiden bei

ton-up *Br sl* A ADJ: **~ motorbike** Maschine, die 100 Meilen schafft; **~ motorcyclist** *(od* **rider)** → B B S Motorradrennsau *f sl*

tonus ['təʊnəs] S MED 1 → tonicity 1 2 Starrkrampf *m*

tony[1] ['təʊniː] ADJ *US umg* 1 schick, elegant 2 stinkvornehm, feudal, Nobel...: **a ~ restaurant**

Tony[2] ['təʊniː] *pl* -nys S THEAT *US* Tony *m (ein Bühnenpreis)*

too [tuː] ADV 1 *(vorangestellt)* zu, allzu: **all ~ familiar** allzu vertraut; **~ fond of comfort** zu sehr auf Bequemlichkeit bedacht; **it's ~ high for you to reach** es ist zu hoch, als dass du es erreichen könntest; **~ large for my taste** für m-n Geschmack zu groß; **far ~ many** viel zu viele; **don't be ~ sure!** sei nicht so sicher!; → good B 9 b, much A 2 *umg* sehr, überaus, höchst, äußerst: **it is ~ kind of you**; **I am only ~ glad to help you** es ist mir ein (reines) Vergnügen, Ihnen zu helfen; **it's not ~ easy** es ist gar nicht so leicht 3 *(nachgestellt)* auch, ebenfalls 4 *US umg (zur Verstärkung beim imp)* **you will ~ do that!** und ob du das tun wirst!

took [tʊk] *prät von* take

tool [tuːl] A S 1 Werkzeug *n*, Gerät *n*, Instrument *n*: **~s** *pl koll* Handwerkszeug; **burglar's ~s** *pl* Einbruchswerkzeug; **gardener's ~s** *pl* Gartengerät 2 TECH a *(Bohr-, Schneide- etc)* Werkzeug *n (e-r Maschine)* b Arbeits-, Drehstahl *m* 3 TECH a Werkzeugmaschine *f* b Drehbank *f* 4 a Stempelfigur *f (der Punzarbeit auf e-m Bucheinband)* b (Präge)Stempel *m* 5 IT Tool *n (Programm, das innerhalb e-s anderen Programms zusätzliche Aufgaben übernimmt)* 6 *fig* a Handwerkszeug *n*, (Hilfs)Mittel *n (Bücher etc)* b Rüstzeug *n (Fachwissen etc)* 7 *fig pej* Werkzeug *n*, Handlanger *m*, Kreatur *f (e-s anderen)* 8 *Br sl* Kanone *f (Revolver)* 9 *vulg* Schwanz *m (Penis)* B V/T 1 TECH bearbeiten 2 *meist* **~ up** *e-e Fabrik* (maschinell) ausstatten, -rüsten 3 *e-n Bucheinband* punzen, mit Stempel verzieren 4 *sl* kutschieren *(fahren)* C V/I 1 *oft* **~ up** die nötigen Maschinen aufstellen *(in e-r Fabrik)*, sich (maschinell) ausrüsten **(for** für**)** 2 *a.* **~ along** *sl* (dahin-)gondeln, (-)kutschieren

tool| bag S Werkzeugtasche *f*; **~bar** S COMPUT Symbolleiste *f*; **~box** S 1 Werkzeugkasten *m* 2 COMPUT Toolbox *f (nicht am Bildschirmrand verankerte Symbolleiste)*; **~ carrier slide** S TECH Meißelhalterschlitten *m*; **~ chest** S Werkzeugschrank *m*; **~ engineering** S SCHULE Werkzeugbau *m*

tooling ['tuːlɪŋ] S 1 TECH Bearbeitung *f* 2 maschinelle Ausrüstung *(e-r Fabrik)* 3 *Buchbinderei:* Punzarbeit *f*, Prägedruck *m*

tool| kit S 1 Werkzeug *n* 2 Werkzeugtasche *f*; **~maker** S TECH Werkzeugmacher(in); **~ post** S TECH Werkzeughalter *m*; **~room** S Werkzeugmacherei *f*; **~ shed** S Geräteschuppen *m*; **~ steel** S TECH Werkzeugstahl *m*; **~ subject** S SCHULE, UNIV *US (zur Beherrschung des Hauptfachs)* notwendiges Beifach

toon [tu:n] S *bes US umg* Zeichentrickfigur *f*

toot¹ [tu:t] **A** VI **1** tuten, pfeifen (*Lokomotive etc*) **2** hupen (*Auto*) **B** VT *etwas, ein Instrument* blasen: **~ one's horn** AUTO hupen **C** S **1** Tuten *n*, Pfeifen *n*: **give a ~ on one's horn** AUTO hupen **2** *US sl* Sauftour *f*: **go on a ~** e-e Sauftour machen **3** *Aus sl* Klo *n*, Lokus *m*

toot² [tu:t] S *US sl Droge zum Schnupfen, bes* Koks *n* (*Kokain*)

tooth [tu:θ] **A** *pl* teeth [ti:θ] S **1** ANAT, ZOOL Zahn *m*: **the ~ of time** *fig* der Zahn der Zeit; **the teeth** *pl* **of the wind** der schneidende Wind; **long in the ~** **a** alt **b** alternd; **cast** (*od* **fling**) **sth in sb's teeth** *fig* j-m etwas ins Gesicht schleudern; **draw the teeth of** *fig* **a** *j-n* beruhigen **b** *j-n* ungefährlich machen **c** *e-r Sache* die Spitze nehmen, *etwas* entschärfen; **fight ~ and nail to get sth** verbissen *od* erbittert *od* bis aufs Messer kämpfen, um etwas zu bekommen; **fight sth ~ and nail** etwas verbissen *od* erbittert *od* bis aufs Messer bekämpfen; **get one's teeth into** *fig* sich an *e-e Sache* ranmachen; **give sb a kick in the teeth, kick sb in the teeth** *fig* j-n vor den Kopf stoßen; **show one's teeth (to)** **a** die Zähne fletschen (gegen) **b** *fig* die Zähne zeigen (*dat*); **armed to the teeth** bis an die Zähne bewaffnet; **in the teeth of** **a** gegen *Widerstand etc* **b** trotz *od* ungeachtet *der Gefahren etc*; → clench A 1, cut C 1, lie¹ A, skin A 1, sweet tooth **2** Zahn *m* (*e-s Kammes, Rechens, e-r Säge, e-s Zahnrads etc*) **3** (*Gabel*) Zinke *f* **4** BOT Zähnchen *n* **5** *pl fig* Schärfe *f*: **put teeth into** (den nötigen) Nachdruck verleihen (*dat*); **legislation with teeth** scharfe Gesetzgebung; **have lost its teeth** nicht mehr greifen *od* ziehen *umg* **B** VT **1** *ein Rad etc* bezahnen, mit Zähnen versehen **2** *ein Brett etc* verzahnen **C** VI ineinandergreifen (*Zahnräder*); **~ache** S MED Zahnweh *n*, -schmerzen *pl*: **I've got ~** ich hab Zahnweh; **~brush** S Zahnbürste *f*; **~comb** S *Br* Staubkamm *m*; **~ contact** *US* → tooth engagement; **~ decay** S MED Karies *f*

toothed [tu:θt; tu:ðd] ADJ **1** mit Zähnen (versehen), Zahn..., gezahnt **2** BOT gezähnt, gezackt (*Blattrand*) **3** TECH verzahnt **4** *fig* scharf, schneidend (*Wind*); **~ gearing** → toothed-wheel gearing; **~ segment** S TECH Zahnsegment *n*; **~ whale** S ZOOL Zahnwal *m*; **~ wheel** S TECH Zahnrad *n*; **~-wheel gearing** S TECH Zahnradgetriebe *n*

tooth| engagement S TECH Zahneingriff *m*; **~ fairy** S *Fee, die angeblich Kindern e-e Münze für e-n ausgefallenen Zahn unters Kopfkissen legt*

toothless ['tu:θlɪs] ADJ (ADV **~ly**) **1** zahnlos **2** *fig* unwirksam

tooth|paste S Zahnpasta *f*, -creme *f*; **~pick** S Zahnstocher *m*; **~ powder** S Zahnpulver *n*; **~ socket** S ANAT Zahnfach *n*

toothsome ['tu:θsəm] ADJ (ADV **~ly**) köstlich, lecker

toothy ['tu:θɪ] ADJ (ADV toothily) **1** → toothsome **2** **he gave me a ~ grin** er grinste mich an u. entblößte dabei sein Pferdegebiss

tootle ['tu:tl] **A** VI **1** dudeln (*Instrument etc*): **~ on one's flute** auf s-r Flöte dudeln **2** → toddle A 2 **B** VT auf *s-r Flöte etc* dudeln **C** S Dudeln *n*

too-too ADJ & ADV *umg* überspannt

toots [tʊts] S *bes US umg* Kleine *f*, Schätzchen *n* (*meist als Anrede*)

tootsie ['tʊtsɪ] S **1** *bes US umg* → toots **2** *US umg* Flittchen *n pej* **3** → tootsy

tootsy ['tʊtsɪ], **tootsy-wootsy** [-'wʊtsɪ] S *Kindersprache:* Füßchen *n*

top¹ [tɒp; *US* tɑp] **A** S **1** ober(st)es Ende, Oberteil *n*, höchster Punkt, *bes* **a** Spitze *f*, Gipfel *m* (*e-s Berges*) **b** Kuppe *f* (*e-s Hügels*) **c** Krone *f*, Wipfel *m* (*e-s Baumes*) **d** Dach(spitze) *n(f)*, (*Haus*)Giebel *m* **e** Kopf(ende) *m(n)* (*e-s Tisches, e-r Buchseite etc*) **f** (*Deich-, Mauer*)Krone *f* **g** Oberfläche *f* (*des Wassers etc*): **the ~ of the world** das Dach der Welt; **at the ~** obenan; **at the ~ of** oben an (*dat*); **at the ~ of the street** oben in der Straße; **at the ~ of page 10, page 10 at the ~** (auf) Seite 10 oben; **at the ~ of the table** SPORT an der Tabellenspitze; **off the ~ of one's head** auf Anhieb, so ohne Weiteres; **on ~** oben(auf *a. fig*); **on (the) ~ of** **a** oben auf (*dat*), über (*dat*) **b** *umg* direkt vor (*dat*); **on ~ of each other** auf- *od* übereinander; **on (the) ~ of it** obendrein; **get on ~ of sth** *fig* e-r Sache Herr werden; **be over the ~** *fig* übertrieben sein; **go over the ~** **a** MIL zum Sturmangriff (*aus dem Schützengraben*) antreten **b** *fig* zu weit gehen, zu viel des Guten tun; → volcano **2** *fig* Spitze *f*, erste *od* höchste *od* oberste Stelle, Spitzenposition *f*: **the ~ of the class** der Klassenprimus; **~ of the line** WIRTSCH Branchenführer(in); **at the ~ of the tree** (*od* **ladder**) **a** in höchster Stellung, an oberster Stelle **b** auf dem Gipfel des Erfolgs; **come out on ~** als Sieger *od* Bester hervorgehen; **come** (*od* **make it**) **to the ~** an die Spitze kommen, sich durchsetzen; **be on ~ (of the world)** obenauf sein; **be on ~ of sth** e-r Sache gewachsen sein **3** **a** höchster Grad **b** höchster Punkt, Höchststand *m*: **at the ~ of one's speed** mit höchster Geschwindigkeit; **at the ~ of one's voice** (*od* **lungs**) aus vollem Halse, lauthals; **the ~ of the tide** der Höchststand der Flut **4** *fig* Gipfel *m*, (*das*) Äußerste *od* Höchste: **the ~ of his ambition** sein höchster Ehrgeiz; **the ~ of all creation** die Krone der Schöpfung; → tops A **5** *umg* **a** Auslese *f*, Creme *f umg* (*der Gesellschaft*) **b** *pl* (*die*) großen Tiere *pl umg* **6** Kopf *m*, Scheitel *m*: **from ~ to bottom** vom Scheitel bis zur Sohle; **from ~ to toe** von Kopf bis Fuß; → blow¹ C 7 b **7** (*Schachtel-, Topf- etc*) Deckel *m* **8** AUTO *etc* Verdeck *n* **9** (*Bett*)Himmel *m* **10** (*Möbel*)Aufsatz *m* **11** Oberteil *n* (*e-s Pyjamas, Badeanzugs etc*) **12** **a** (*Schuh*)Oberleder *n* **b** Stulpe *f* (*an Stiefeln, Handschuhen etc*) **13** SCHIFF Mars *m/f* **14** BOT **a** oberer Teil (*e-r Pflanze; Ggs Wurzel*) **b** *a. pl* (*Rüben- etc*)Kraut *n* **15** CHEM Spitzenfraktion *f* **16** Blume *f* (*des Bieres*) **17** AUTO → top gear **18** MIL *sl* → top sergeant **B** ADJ **1** oberst(er, e, es): **~ line** Kopf-, Titelzeile *f*; **the ~ rung** *fig* die höchste Stellung, die oberste Stelle **2** höchst(er, e, es): **at ~ speed** **a** mit Höchstgeschwindigkeit **b** in Windeseile; **~ earner** Spitzenverdiener(in); **~ efficiency** TECH Spitzenleistung *f*; **~ manager** Top-, Spitzenmanager *m*; **~ prices** Höchst-, Spitzenpreise; **~ quality** Spitzenqualität *f*; → brass A 6, management 2 **3** (*der, die, das*) Erste: **the ~ place**; **win the ~ hono(u)rs in a competition** den ersten Preis in e-m Wettbewerb gewinnen **4** Haupt...: **~ colo(u)r** **5** *umg* erstklassig, best(er, e, es): **be in ~ form** (*od* **shape**) in Höchst- *od* Topform sein **C** VT **1** (oben) bedecken (**with** mit) **2** überragen **3** mit e-r Spitze, e-m Oberteil, e-m Deckel *etc* versehen **4** an der Spitze *der Klasse, e-r Liste etc* stehen: → bill² A 8 **5** die Spitze *od* den Gipfel *e-s Berges etc* erreichen **6** (*zahlenmäßig etc*) übersteigen: **~ one million** die Millionengrenze übersteigen **7** *j-n* an Größe *od* Gewicht übertreffen: **he ~s me by two inches** er ist (um) zwei Zoll größer als ich; **he ~s five feet** er ist etwas über fünf Fuß groß **8** überragen, -treffen, schlagen; *ein Angebot, e-e Bestleistung etc* toppen, überbieten: **that ~s everything**; **be ~ped** den Kürzeren ziehen; **to ~ it all** (*Redew*) als Krönung des Ganzen; *pej* um das Maß vollzumachen **9** *Pflanzen* beschneiden, stutzen, köpfen, kappen **10** *ein Hindernis* nehmen (*Pferd etc*) **11** CHEM *die flüchtigen Bestandteile* herausdestillieren **12** → top-dress 2 **13** AGR, ZOOL *Tiere* hochzüchten **14** *e-e Farbe* überfärben, -decken (*beide:* **with** mit)

Phrasal Verbs: **top| off** VT *etwas* abschließen, krönen (*beide:* **with** mit): **to top it off** (*Redew*) **a** als Krönung des Ganzen **b** *pej* um das Maß vollzumachen; **~ out** **A** VT das Richtfest (*gen*) feiern **B** VI Richtfest feiern; **~ up** VT *ein Glas, e-n Tank, Öl etc* auf-, nachfüllen: **top sb up** j-m nachschenken

top² [tɒp; *US* tɑp] S Kreisel *m* (*Spielzeug*): → sleep A 1

topaz ['təʊpæz] S **1** MINER Topas *m* **2** ORN (*ein*) Topaskolibri *m*

topazolite [təʊ'pæzəlaɪt; *US* -'peɪ-] S MINER Topazolith *m*

top| board S *Schach:* Spitzenbrett *n* (*bei Mannschaftswettkämpfen*); **~ boot** S (kniehoher) Stiefel, Langschäfter *m*; **~coat** S **1** Deck-, Schlussanstrich *m* **2** Überzieher *m*, Mantel *m*; **~ deck** S Oberdeck *n* (*e-s Busses*); **~ dog** S *umg* **1** (*der*) Überlegene **2** (*der*) Boss; **~ dollar** S *US umg* Höchstpreise *pl*; **~ drawer** S **1** oberste Schublade **2** *umg* **a** Oberschicht *f*: **he doesn't come** (*od* **isn't**) **from** (*od* **out of**) **the ~** er kommt nicht aus den feinen Kreisen **b** Spitzenklasse *f*: **a pianist out of the ~** ein Spitzenpianist; **~-drawer** ADJ *umg* **1** der Oberschicht, aus feinsten Kreisen **2** Spitzen...: **a ~ pianist**; **~-dress** VT **1** *e-e Straße* beschottern **2** AGR kopfdüngen; **~ dressing** S **1** TECH Oberflächenbeschotterung *f* **2** AGR Kopfdüngung *f*

tope¹ [təʊp] **A** VI trinken **B** VT (regelmäßig) große Mengen *Alkohol* trinken

tope² [təʊp] S FISCH Hundshai *m*

tope³ [təʊp] S ARCH Tope *f* (*indische Pagode*)

topee ['təʊpi:; təʊ'pi:] S Tropenhelm *m*

toper S Trinker(in)

top| fermentation S Obergärung *f*; **~-fermented** ADJ obergärig; **~-flight** ADJ *umg* **a** hochrangig **b** Spitzen...: **a ~ politician**; **~full** ADJ randvoll; **~gallant** [ˌtɒp'gælənt; *US* ˌtɑp-; SCHIFF tə'g-] S SCHIFF **a** *a.* **~ mast** Bram(stenge) *f* **b** *a.* **~ sail** Bramsegel *n*; **~ gear** S AUTO höchster Gang: **be in ~** *fig* auf vollen Touren laufen; **~ hat** S Zylinder (-hut) *m*; **~-heavy** ADJ (ADV top-heavily) **1** oberlastig (*Gefäß etc*): **she's quite ~** *umg* die hat ganz schön viel Holz vor der Hütte **2** SCHIFF topplastig **3** FLUG kopflastig (*a. fig Organisation etc*) **4** WIRTSCH **a** überbewertet (*Wertpapiere*) **b** überkapitalisiert (*Unternehmen*)

Tophet(h) ['təʊfet; *US* -fət] S **1** BIBEL Tophet *n* **2** Hölle *f* (*a. fig*)

tophi ['təʊfaɪ] *pl von* tophus

top-hole ADJ *Br umg* erstklassig, ganz groß

tophus ['təʊfəs] *pl* tophi [-faɪ] S MED Tophus *m*, Gichtknoten *m*

topi¹ ['təʊpɪ] S ZOOL Topi-Antilope *f*

topi² ['təʊpi:; təʊ'pi:] → topee

topiary ['təʊpjərɪ; *US* -piːˌeriː] **A** S **1** Kunst *f* des Bäumeschneidens **2** BOT **a** Formbaum *m*, Strauch *m* **b** *koll* Formbäume *pl*, -sträuche *pl* **3** Ziergarten *m* mit kunstvoll beschnittenem Baum- u. Strauchwerk **B** ADJ Formbaum..., Formstrauch ...: **~ garden** → A 3; **~ work** kunstvoll beschnittenes Baum- u. Strauchwerk

topic ['tɒpɪk; *US* 'tɑ-] S **1** Thema *n*, Gegenstand *m*: **~ of conversation** Gesprächsthema; **~ for discussion** Diskussionsthema **2** PHIL Topik *f* (*Lehre von den Sätzen u. Schlüssen, mit denen argumentiert werden kann*); **topical** ADJ (ADV **~ly**) **1** topisch, örtlich, lokal (*alle a.* MED) **2** **a** ak-

T

tuell: ~ **song** Lied *n* mit aktuellen Anspielungen *od* mit aktuellem Bezug b zeitkritisch 3 thematisch: ~ **collection** *(Philatelie)* Motivsammlung *f*; **topicality** [-ˈkælətɪ] S Aktualität *f*, aktuelle Bedeutung

top| kick S MIL *US sl* → top sergeant; **~knot** S 1 Haarknoten *m*, Dutt *m* 2 ORN (Feder)Haube *f*, Schopf *m*

topless ADJ 1 ohne Oberteil: **a ~ statue** e-e Statue ohne Kopf 2 *obs* unermesslich hoch *(Berg etc)* 3 a Topless…, Oben-ohne-…: ~ **dress (night club, waitress)** b topless, oben ohne: **bathe ~**

top|-level ADJ auf höchster Ebene, Spitzen…: ~ **talks**; ~ **manager** Top-, Spitzenmanager *m*; → management 2; ~ **light** S FOTO Oberlicht *n*; **~-line** ADJ 1 prominent *(Schauspieler etc)* 2 wichtigst(er, e, es) *(Nachrichten etc)* 3 *Hotel etc:* a erstklassig b renommiert; **~liner** S Prominente(r) *m/f(m)*; ~ **loader** S Toplader *m* *(Waschmaschine, bei der die Wäsche von oben eingeführt wird)*; **~lofty** ADJ (ADV toploftily) *umg* hochnäsig; **~mast** [-mɑːst; *US* -ˌmæst; SCHIFF -məst] S SCHIFF (Mars-)Stenge *f*

topmost ADJ oberst(er, e, es), höchst(er, e, es)

top|-notch ADJ *umg* prima, erstklassig; **~notcher** S *umg* Kanone *f* *(Könner[in])*

topog. ABK 1 topographical topogr(af). 2 topography

topographer [təˈpɒɡrəfə(r); *US* -ˈpɑ-] S GEOG Topograf(in); **topographic** [ˌtɒpəˈɡræfɪk; *US* ˌtɑ-; ˌtəʊ-] ADJ, **topographical** ADJ (ADV ~ly) topografisch: **topographic map** topografische Karte; **topography** [təˈpɒɡrəfɪ; *US* -ˈpɑ-] S 1 GEOG Topografie *f* *(Beschreibung u. Darstellung e-r geografischen Örtlichkeit)* 2 topografische Beschaffenheit *(e-r Örtlichkeit)*

topoi [ˈtɒpɔɪ; *US* ˈtəʊpˌɔɪ; ˈtɑp-] *pl von* topos

topologic [ˌtɒpəˈlɒdʒɪk; *US* ˌtɑpəˈlɑ-] ADJ (ADV ~ally) → topological; **topological** ADJ (ADV ~ly) MATH topologisch *(Gruppe, Raum etc)*: **~ly equivalent** topologisch äquivalent; **topology** [təˈpɒlədʒɪ; *US* -ˈpɑ-; təʊ-] S 1 MATH Topologie *f* *(Theorie der topologischen Räume)* 2 IT Topologie *f* *(Vernetzung der einzelnen Computer innerhalb e-s Datenverbunds)* 3 MED topografische Anatomie *(Beschreibung der Körperregionen u. der Lagenverhältnisse der einzelnen Organe)*

toponym [ˈtɒpənɪm; *US* ˈtɑ-] S 1 Toponymikon *n*, Ortsname *m* 2 *von e-m Toponymikon abgeleiteter Name*; **toponymy** [tɒˈpɒnɪmɪ; tə-; *US* təˈpɑ-; təʊ-] S 1 Toponymik *f*, Ortsnamenkunde *f* 2 MED Nomenklatur *f* der Körperregionen

topos [ˈtɒpɒs; *US* ˈtəʊpˌɑs; ˈtɑp-] *pl* -oi [-ɔɪ] S LING Topos *m*, feste Wendung

topper S 1 *Br umg* Pfundskerl *m* 2 *umg* Angströhre *f* *(Zylinder)* 3 *US* Paletot *m* *(dreiviertellanger Damenmantel)*

topping A S GASTR Garnierung *f*, Auflage *f* *(a.* TECH*)* B ADJ (ADV ~ly) *bes Br umg* prima, super, erstklassig; **~-out (ceremony)** S Richtfest *n*

topple [ˈtɒpl; *US* ˈtɑpəl] A V/I 1 wanken 2 ~ **over** umkippen, umstürzen B V/T 1 ins Wanken bringen 2 ~ **over** umkippen, umstürzen 3 *fig e-e Regierung etc* zu Fall bringen, stürzen

top|-pour V/T METALL fallend gießen; **~-quality** ADJ höchster Qualität, Spitzen…: ~ **product**; **~-ranking** ADJ a hochrangig *(Offizier)*, führend *(Wissenschaftler etc)*, Spitzen…: ~ **politician** b → top-quality

tops [tɒps; *US* tɑps] *umg* A S: **the ~** der *od* die *od* das Größte B ADJ: **be ~** klasse *od* spitze sein

top|sail [ˈtɒpsl; *US* ˈtɑpˌseɪl; -səl] S SCHIFF Mars-, Toppsegel *n*; **~-secret** ADJ streng geheim; ~ **sergeant** S MIL *US sl* Spieß *m*, Hauptfeldwebel *m*; **~-shelf** ADJ Sex…: ~ **magazine**; **~side** A S 1 GASTR *Br* Oberschale *f* *(des Rinderbratens)* 2 obere Seite, Oberseite *f* 3 *pl* SCHIFF a obere Bordwände *pl* b Aufbauten *pl* B ADJ maßgebend C ADV an Deck: **go ~**; **~soil** S AGR a Ackerkrume *f* b Mutterboden *m*, -erde *f*; **~spin** S *Tennis etc:* Topspin *m* *(starker Vorwärtsdrall)*

topsy|-turvy [ˌtɒpsɪˈtɜːvɪ; *US* ˌtɑpsiːˈtɜrvi:] A ADJ & ADV 1 **turn ~** auf den Kopf stellen *(a. fig)* 2 **the world is going ~** in der Welt geht alles *od* es drunter u. drüber *umg* 3 **his room was all ~** in s-m Zimmer herrschte ein heilloses *od* wildes Durcheinander B S heilloses *od* wildes Durcheinander; **~-turvydom** → topsy-turvy B

top| table S *Br* Tisch *m* am Kopf der Tafel: **be at the ~** *fig* ganz oben *(in e-r Machtposition)* sein; ♀ **Ten** SPL Top Ten *pl:* a *die 10 führenden Titel e-r Hitparade etc* b *die 10 führenden Sportler e-r (internationalen) Rangliste*; **~-to-bottom** ADJ völlig: ~ **reform** radikale Reform; **~-up** S: **give sb a ~** j-m nachschenken; **my car needs a ~** ich muss tanken

toque [təʊk] S HIST Toque *f:* a *ein Barett mit steifer Krempe* b *kleiner, barettartiger Damenhut*

tor [tɔː] S *Br* (*bes* felsiger, kahler) Hügel

Tora(h) [ˈtɔːrə; *US a.* ˈtəʊrə] S BIBEL Thora *f* *(die 5 Bücher Mose)*

torc → torque

torch [tɔː(r)tʃ] A S 1 Fackel *f* *(a. fig des Wissens etc)*: **carry a ~ for** *fig* ein Mädchen (von ferne) verehren; **put to the ~** a in Brand stecken b niederbrennen 2 *a.* **electric ~** *bes Br* Taschenlampe *f* 3 TECH a Schweißbrenner *m* b Lötlampe *f* 4 *US sl* Brandstifter(in) B V/T 1 mit Fackeln erleuchten 2 *US sl ein Gebäude etc* warm sanieren; **~bearer** S Fackelträger(in) *(a. fig)*

torchiere [ˈtɔːtʃɪə; *US* tɔːrˈtʃiːr] S Deckenfluter *m*

torch|light S 1 Fackelschein *m*: ~ **procession** (*od* **parade**) Fackelzug *m*; **by ~** bei Fackelschein 2 *bes Br* Schein *m* der *od* e-r Taschenlampe: **by ~** beim Schein e-r Taschenlampe; **~lit** ADJ: ~ **procession** (*od* **parade**) Fackelzug *m*

torchon lace [ˈtɔːʃn; *US* ˈtɔːrˌʃɑːn] S Torchonspitze *f*

torch song S sentimentales Liebeslied

tore [tɔː(r)] *prät von* tear[2]

toreador [ˈtɒrɪədɔː(r); *US a.* ˈtəʊ-; ˈtɑ-] S Toreador *m*, berittener Stierkämpfer

torero [tɒˈreərəʊ; *US* tə-] *pl* -ros S Torero *m*, Stierkämpfer *m*

toreutic [təˈruːtɪk] A ADJ a toreutisch b gehämmert, getrieben, ziseliert B S **toreutics** *pl* *(a. als sg konstruiert)* Toreutik *f* *(Kunst der Metallbearbeitung)*

Torfaen [ˌtɔː(r)ˈvaɪn] S Torfaen *n* *(Grafschaft in Südwales)*

tori [ˈtɔːraɪ; *US a.* ˈtəʊ-] *pl von* torus

torment A V/T [tɔː(r)ˈment] *bes fig* quälen, peinigen *(beide:* **with** *mit)*: **be ~ed with** (*od* **by**) von *Zweifeln etc* gequält *od* geplagt werden; ~ **o.s. with a problem** sich mit e-m Problem abmartern B S [ˈtɔː(r)ment] 1 Qual *f*: **be in ~, suffer ~(s)** Qualen ausstehen 2 Plage *f* 3 *bes* HIST Tormentum *n*: a Folterinstrument *n* b Folter(ung) *f*

tormentil [ˈtɔː(r)məntɪl] S BOT Tormentill *m*, Blutwurz *f*

tormentor [tɔː(r)ˈmentə(r)] S 1 Peiniger *m* 2 FILM schallabsorbierende Wand 3 THEAT vordere Kulisse; **tormentress** [-trɪs] S Peinigerin *f*

torn [tɔː(r)n] A *pperf von* tear[2] B ADJ: → tear[2] B, C

tornadic [tɔː(r)ˈnædɪk; *US a.* -ˈneɪ-] ADJ wirbelsturmartig, Tornado…

tornado [tɔː(r)ˈneɪdəʊ] *pl* -does, -dos S 1 Tornado *m*: a *Wirbelsturm in den USA* b *tropisches Wärmegewitter* 2 ♀ *Segeln:* Tornado *m* *(ein Zweirumpfboot)* 3 *fig* Wirbelwind *m* *(Person)*: **he was a real ~** er war nicht mehr zu halten *od* bremsen 4 *fig* a ~ **of work** Arbeitsanfall *m* b ~ **of applause** orkanartiger Applaus; ~ **of protest** Proteststurm *m*; ~ **of words** Wortschwall *m*

toroid [ˈtɔːrɔɪd; *US a.* ˈtəʊ-] S Toroid *m*: a MATH Ring *m* b ELEK Ringkernspule *f*

torose [ˈtɔːrəʊs; *US a.* ˈtəʊ-] ADJ BIOL knotig, knotenförmig

torpedo [tɔː(r)ˈpiːdəʊ] A *pl* -does S 1 SCHIFF, MIL a Torpedo *m* b *obs* U-Boot-Mine *f* 2 *US* Knallerbse *f* 3 *Ölgewinnung:* Sprengpatrone *f* 4 FISCH Zitterrochen *m* 5 *US sl* (professionelle[r]) Killer(in) B V/T 1 SCHIFF torpedieren *(a. fig)* 2 *e-e Ölquelle* sprengen; ~ **boat** S SCHIFF Torpedoboot *n*; ~ **bomber** S FLUG Torpedoflugzeug *n*; ~ **net**, ~ **netting** S SCHIFF, MIL Torpedonetz *n*; ~ **tube** S Torpedorohr *n*

torpid [ˈtɔː(r)pɪd] ADJ (ADV ~ly) 1 träge, schlaff, MED *a.* torpid 2 apathisch, stumpf 3 starr, erstarrt, betäubt; **torpidity** [-ˈpɪdətɪ], **torpidness**, **torpor** [-pə(r)] S 1 Träg-, Schlaffheit *f*, MED *a.* Torpor *m*, Torpidität *f* 2 Apathie *f*, Stumpfheit *f* 3 Erstarrung *f*, Betäubung *f*; **torporific** [-pəˈrɪfɪk] ADJ betäubend

torque [tɔː(r)k] S 1 PHYS, TECH Drehmoment *n* 2 HIST Torques *m*, Hals- *od* Armring *m* *(aus Bronze etc)*; ~ **converter** S TECH Drehmomentwandler *m*; ~ **meter** S TECH Drehmomentmesser *m*; ~ **spanner**, ~ **wrench** S TECH Drehmomentschlüssel *m*

torrefaction [ˌtɒrɪˈfækʃn; *US a.* ˌtɑ-] S CHEM, TECH Rösten *n*, Darren *n*; **torrefy** [-faɪ] V/T rösten, darren

torrent [ˈtɒrənt; *US a.* ˈtɑ-] S 1 reißender Strom, *bes* Wild-, Sturzbach *m* 2 *(Lava)* Strom *m* 3 **~s of rain** sintflutartige Regenfälle; **the rain fell in ~s** es goss in Strömen 4 GEOL a Torrent *m* *(Flussoberlauf)* b Torrente *m* *(nur nach Regenfällen Wasser führender Bachlauf)* 5 *fig* Schwall *m*, Flut *f* *(von Fragen etc)*: ~ **of abuse** Schimpfkanonade *f* *umg*; **torrential** [təˈrenʃl; *US* tɔːˈrentʃəl; tə-] ADJ 1 sturzbachartig: ~ **rain(s)** sintflutartige Regenfälle 2 *fig* wortreich 3 *fig* ungestüm, wild

torrid [ˈtɒrɪd; *US a.* ˈtɑ-] ADJ (ADV ~ly) 1 ausgedörrt, verbrannt *(Ebene etc)* 2 sengend, brennend (heiß): ~ **zone** GEOG heiße Zone; ~ **passion** *fig* glühende Leidenschaft; **torridity** [-ˈrɪdətɪ], **torridness** S 1 sengende Hitze 2 Dürre *f*

torsel [ˈtɔː(r)sl] S ARCH Unterlage *f*

torsi [ˈtɔː(r)sɪ] *pl von* torso

torsion [ˈtɔː(r)ʃn] S 1 Drehung *f* *(a.* MATH*)* 2 PHYS, TECH Torsion *f*, Verdrehung *f*: ~ **balance** Torsions-, Drehwaage *f*; ~ **bar** AUTO Drehstabfeder *f*; ~ **pendulum** Torsions-, Drehpendel *n* 3 MED Abdrehung *f*, Abschnürung *f* *(e-r Arterie)*; **torsional** [-ʃənl] ADJ Dreh…, (Ver)Drehungs…, Torsions…: ~ **force** Torsions-, Drehkraft *f*; ~ **moment** PHYS Torsions-, Drehmoment *n*; ~ **pendulum** Torsions-, Drehpendel *n*; ~ **rigidity** Torsionssteifigkeit *f*

torso [ˈtɔː(r)səʊ] *pl* -sos, -si [-sɪ] S Torso *m*: a Rumpf *m* b *fig* Bruchstück *n*, unvollendetes Werk

tort [tɔː(r)t] S JUR unerlaubte Handlung, zivilrechtliches Delikt

torte [tɔː(r)t] S Torte *f*

tortellini [ˌtɔː(r)təˈliːnɪ] SPL (als sg konstruiert) GASTR Tortellini pl

tortfeasor [ˌtɔː(r)tˈfiːze(r)] S JUR rechtswidrig Handelnde(r) m/f(m)

torticollis [ˌtɔː(r)tɪˈkɒlɪs; US -ˈkɑ-] S MED Tortikollis m, Schiefhals m

tortile [ˈtɔː(r)taɪl; -tɪl] ADJ spiralig gedreht

tortilla [tɔːˈtɪlə; US tɔːrˈtiːjə] S Tortilla f (aus Maismehl hergestelltes Fladenbrot)

tortious [ˈtɔː(r)ʃəs] ADJ (ADV ~ly) JUR rechtswidrig: ~ act → tort

tortoise [ˈtɔː(r)təs] A S ZOOL Schildkröte f: **a case of hare and ~** ein Fall, in dem Beharrlichkeit das Können besiegt B ADJ Schildpatt…; **~shell** [ˈtɔː(r)təʃel] A S 1 Schildpatt n 2 ZOOL (ein) Edelfalter m B ADJ Schildpatt…: **~ butterfly** → A 2; **~ turtle** ZOOL (Echte) Karettschildkröte, Pattschildkröte f

tortuosity [ˌtɔːtjʊˈɒsətɪ; US ˌtɔːrtʃəˈwɑsətiː] S 1 Windung f 2 Gewundenheit f 3 fig a Umständlichkeit f b Verworrenheit f c Gerissenheit f; **tortuous** [ˈtɔːtjʊəs; US ˈtɔːrtʃəwəs] ADJ (ADV ~ly) 1 gewunden (Pfad etc) 2 fig a umständlich b verworren c gerissen; **tortuousness** → tortuosity 2, 3

torture [ˈtɔː(r)tʃə(r)] A S 1 Folter(ung) f: **put to the ~** foltern 2 fig Tortur f, Qual f: **it was (sheer) ~ to hear him sing** es war e-e Qual, ihn singen zu hören 3 fig Entstellung f, Verdrehung f B V/T 1 foltern 2 fig peinigen, quälen: **~ o.s. with a problem** sich mit e-m Problem abmartern; **be ~d by (od with) guilt** von Schuldgefühlen gequält werden 3 **~ a confession from** ein Geständnis herauspressen aus 4 e-n Text etc entstellen, verdrehen; **~ chamber** S Folterkammer f

torturer S 1 Folterer m, Folterin f, bes HIST Folterknecht m 2 fig Peiniger(in)

torus [ˈtɔːrəs; US a. ˈtəʊ-] pl -ri [-raɪ] S Torus m: a ARCH, MED Wulst m b MATH Ringfläche f c BOT Blütenboden m d BOT Körbchenboden m (bei Kompositen) e TECH Treibrad n

Tory [ˈtɔːrɪ; US a. ˈtəʊ-] A S 1 POL Br Tory m, Konservative(r) m/f(m) 2 a. ♀ POL Br Reaktionär(in), Ultrakonservative(r) m/f(m) 3 HIST Br Tory m (Anhänger der konservativ-legitimistischen Partei, die bes für die Rechte Jakobs I. eintrat) 4 HIST US Tory m, Loyalist m (Anhänger Englands während des amer. Unabhängigkeitskrieges) 5 a. ♀ HIST Tory m (royalistischer irischer Bandit) B ADJ 1 POL Br Tory…, torystisch, konservativ 2 a. ♀ POL Br reaktionär, ultrakonservativ; **Toryism** S POL Br 1 Torysmus m (die von den Tories vertretene konservative Politik) 2 Ultrakonservatismus m

tosh [tɒʃ; US tɑʃ] S bes Br umg Quatsch m

toss [tɒs; US a. tɑs] A S 1 (a. Hoch-)Werfen n, Wurf m: **a ~ of the head** ein Hoch- od Zurückwerfen des Kopfes 2 Hin- u. Hergeworfenwerden n, Schütteln n 3 a Hochwerfen n (e-r Münze): **argue the ~** Einwände haben; **I decided not to argue the ~** ich entschloss mich, es dabei bewenden zu lassen; **win the ~** SPORT die Wahl gewinnen b → toss-up 2 4 Sturz m (bes vom Pferde): **take a ~** stürzen, bes abgeworfen werden B V/T prät u. pperf tossed, obs od poet tost [tɒst; US a. tɑst] 1 werfen, schleudern: **~ off** a den Reiter abwerfen (Pferd) b ein Getränk hinunterstürzen c e-e Arbeit hinhauen umg, etwas ‚aus dem Ärmel schütteln umg; **~ on** ein Kleidungsstück überwerfen 2 a. **~ about** schütteln, hin u. her schleudern od werfen 3 a. **~ up** e-e Münze etc hochwerfen, den Kopf a. zurückwerfen: **~ sb for sth** mit j-m um etwas losen (durch Münzwurf); → cookie 1 4 meist **~ up** hochschleudern, in die Luft schleudern, HIST (in e-r Decke) prellen 5 **~ up** ein Essen rasch zubereiten 6 SCHIFF die Riemen pieken: **~ oars!** Riemen hoch! C V/I 1 hin u. her geworfen werden, geschüttelt werden 2 a. **~ about, ~ and turn** sich (im Schlaf etc) hin- u. herwerfen 3 rollen (Schiff) 4 schwer gehen (See) 5 a flattern (Fahne etc) b hin u. her schwanken (Äste etc) 6 a. **~ up** e-e Münze hochwerfen, durch Hochwerfen e-r Münze losen (for um): **~ for the choice of ends** SPORT die Seiten auslosen 7 stürmen, stürzen: **~ out of the room**; **tossed** ADJ: **~ salad** gemischter Salat

tosspot S obs od poet Trunkenbold m

toss-up S 1 → toss A 3 a 2 umg ungewisse Sache: **it's a ~** die Chancen stehen gleich; **it's a (complete) ~ whether he comes or not** es ist völlig offen, ob er kommt oder nicht

tost [tɒst; US a. tɑst] obs od poet prät u. pperf von toss

tot[1] [tɒt; US tɑt] S umg 1 Knirps m 2 Schlückchen n (Alkohol)

tot[2] [tɒt; US tɑt] bes Br umg A V/T: meist **~ up** zusammenzählen, -rechnen B V/I: meist **~ up** a sich belaufen (to auf akk) b sich summieren

tot. ABK total

total [ˈtəʊtl] A ADJ (ADV ~ly) 1 ganz, gesamt, Gesamt…: **~ amount** → B 1; **the ~ population** die Gesamtbevölkerung; → sale 3 2 total, gänzlich, völlig: **~ eclipse** ASTRON totale Finsternis; **~ failure** völliger Fehlschlag; **~ loss** Totalverlust m; **she ~ly agreed with me** sie stimmte völlig mit mir überein; → recall B 4 3 total (alle Mittel anwendend): **~ war** B S 1 (Gesamt)Summe f, Gesamt-, Endbetrag m, Gesamtmenge f: **a ~ of 20 bags** insgesamt 20 Beutel 2 (das) Ganze C V/T prät u. pperf -taled, bes Br -talled 1 zusammenzählen, -rechnen 2 sich belaufen auf (akk), insgesamt betragen od sein: **total(l)ing 10 dollars** im Gesamtbetrag von 10 Dollar 3 US umg ein Auto etc zu Schrott fahren D V/I sich belaufen (to auf akk)

totalitarian [ˌtəʊtælɪˈteərɪən] POL A ADJ totalitär B S Anhänger m totalitärer Grundsätze; **totalitarianism** S Totalitarismus m, totalitäre Grundsätze pl u. Methoden pl, bes totalitäres System

totality [təʊˈtælətɪ] S 1 Gesamtheit f 2 Vollständigkeit f 3 bes POL Totalität f (totaler Machtanspruch) 4 ASTRON Totalität f (vollständige Verfinsterung von Sonne u. Mond)

totalization [ˌtəʊtəlaɪˈzeɪʃn; US -ləˈz-] S 1 Zusammenfassung f 2 Zusammenzählung f, Zusammenrechnung f; **totalizator** [-tə(r)] S 1 Zählwerk n 2 Pferdesport: bes Br Totalisator m

totalize [ˈtəʊtəlaɪz] V/T 1 (zu e-m Ganzen) zusammenfassen 2 zusammenzählen, -rechnen; **totalizer** S 1 → totalizator 2 bes US Addiermaschine f

tote[1] [təʊt] S bes Br umg Toto m (Totalisator)

tote[2] [təʊt] V/T umg 1 (bei sich) tragen, (mit sich) herumschleppen 2 transportieren

tote| bag S bes US a Einkaufstasche f b Reisetasche f; **~ board** umg → totalizator 2; **~ box** S US Transportbehälter m, -kiste f

totem [ˈtəʊtəm] S Totem n: **~ pole** Totempfahl m; **totemic** [-ˈtemɪk] ADJ Totem…; **totemism** S Totemismus m, Totemglaube m; **totemistic** ADJ totemistisch

tother, t'other [ˈtʌðə(r)] obs od poet Zusammenziehung von **the other**

totter [ˈtɒtə(r); US ˈtɑ-] V/I 1 torkeln, wanken: **~ to one's grave** fig dem Grabe zuwanken 2 wackeln, (sch)wanken (beide a. fig): **a ~ing government** e-e wankende Regierung; **~ to its fall** allmählich zusammenbrechen (Imperium etc); **tottering** ADJ (ADV ~ly), **tottery** ADJ wack(e)lig, (sch)wankend (Schritte etc)

toucan [ˈtuːkən; -kæn; -kɑːn] S ORN Tukan m, Pfefferfresser m

touch [tʌtʃ] A S 1 a Berühren n, Berührung f: **at a ~** beim Berühren; **at the slightest ~** bei der leisesten Berührung; **at the ~ of a button** auf Knopfdruck; **that was a near ~** umg das hätte ins Auge gehen können, das ist gerade noch einmal gut gegangen; **within ~** in Reichweite; → touch and go b Fechten: Treffer m c Schwimmen: Anschlag m 2 Tastsinn m, -gefühl n: **it is dry to the ~** es fühlt sich trocken an; **it has a velvety ~** es fühlt sich wie Samt an 3 Verbindung f, Kontakt m, Fühlung (-nahme) f: **I'll be in ~** ich melde mich, ich lass was von mir hören; **be in ~ with sb** mit j-m Kontakt haben od in Verbindung stehen; **lose ~ with** a den Kontakt mit j-m od e-r Sache verlieren b SPORT den Anschluss verlieren an (akk); **keep in ~** SPORT dranbleiben; **keep in ~** melde dich mal wieder, lass wieder mal was von dir hören; **keep in ~ with sb** a mit j-m in Verbindung bleiben b SPORT den Anschluss an j-n halten; **get in ~ with sb** mit j-m Fühlung nehmen od in Verbindung treten, sich mit j-m in Verbindung od ins Benehmen setzen; **please get in ~** bitte melden (Sie sich)! (Zeugen etc); **put sb in ~ with** j-n in Verbindung setzen mit; **be out of ~** lebens- od realitäts- od weltfremd sein; **be out of ~ with** a mit j-m keinen Kontakt mehr haben b über e-e Sache (überhaupt) nicht mehr auf dem Laufenden sein 4 leichter Anfall: **a ~ of influenza** e-e leichte Grippe; → sun A 2 5 (Pinsel- etc) Strich m: **put the finishing ~(es) to** e-r Sache (den letzten) Schliff geben, letzte Hand legen an (akk) 6 Anflug m: **a ~ of sarcasm**; **a ~ of romance** ein Hauch von Romantik; **he has a ~ of genius** er hat e-e geniale Ader; **a ~ of the macabre** ein Stich ins Makabre; **a ~ of red** ein rötlicher Hauch, ein Stich ins Rote 7 Prise f, Spur f: **a ~ of pepper** 8 Hand f (des Meisters etc), Stil m, (souveräne) Manier: **light ~** leichte Hand od Art; **with sure ~** mit sicherer Hand 9 (charakteristischer) Zug, besondere Note: **add a personal ~ to sth** e-r Sache e-e persönliche Note verleihen 10 Einfühlungsvermögen n, (Fein)Gefühl n 11 fig Gepräge n, Stempel m: **the ~ of the 20th century** 12 MUS a Anschlag m (des Pianisten od des Pianos) b Strich m (des Geigers etc) 13 Probe f: **put to the ~** auf die Probe stellen 14 a Fußball etc: (Seiten)Aus n b Rugby: Mark f: **in ~** im Seitenaus; in der Mark; **kick the ball into ~** den Ball ins Aus schlagen 15 sl a Anpumpen n (um Geld) b gepumptes Geld c **he's a soft (od an easy) ~** er lässt sich leicht anpumpen 16 sl a Klauen n, Stehlen n b Fang m, Beute f B V/T 1 berühren, angreifen, anfassen: **~ wood!** unberufen!, toi, toi, toi!; → bargepole, chord[1] 2, forelock[1], nerve A 1, pole[1] A 2, tongs 2 befühlen, betasten 3 fühlen, wahrnehmen 4 **(to)** in Berühung bringen (mit), legen (an akk, auf akk) 5 miteinander in Berührung bringen 6 leicht anstoßen, (leicht) drücken auf (akk): **~ the bell** klingeln; **~ the brake** AUTO die Bremse antippen; **~ glasses** (mit den Gläsern) anstoßen 7 weitS. (meist neg) Alkohol etc anrühren: **he does not ~ cocktails**; **he hasn't ~ed his dinner**; **he refuses to ~ these transactions** er will mit diesen Geschäften nichts zu tun haben 8 in Berührung kommen od stehen mit, Kontakt haben mit 9 grenzen od stoßen an (akk) 10 erreichen, reichen an (akk) 11 fig erreichen, erlangen 12 a erraten b herausfinden 13 umg j-m od e-r Sache gleichkommen, heranreichen an (akk) 14 tönen, schattieren, (leicht) färben 15 fig färben, (ein wenig) beeinflussen: **morality ~ed with emotion** gefühlsbeeinflusste Moral 16 beeindrucken 17 rühren, bewegen: **I am ~ed** ich bin gerührt; **it ~ed his (od him to the) heart** es

T

ging ihm zu Herzen; **~ed to tears** zu Tränen gerührt **18** *fig* treffen, verletzen **19** *ein Thema etc* berühren **20** berühren, betreffen, angehen: **it ~es none but him** **21** in Mitleidenschaft ziehen, angreifen, mitnehmen: **~ed** **a** angegangen *(Fleisch)* **b** *umg* bekloppt, nicht ganz bei Trost **22** **a** haltmachen in *(dat)* **b** SCHIFF *e-n Hafen* anlaufen **23** *sl j-n* anpumpen, anhauen *(beide:* **for** um) **24** *sl* klauen, organisieren **25** *bes* HIST *e-m Kranken* die Hand auflegen (**for** zur Heilung *gen)* **C** V/I **1** sich berühren, Berührung *od* Kontakt haben **2** *Schwimmen*: anschlagen **3** **~ (up)on** grenzen *od* heranreichen an *(akk)*: **it ~es on treason** es grenzt an Verrat **4** **~ (up)on** betreffen, berühren: **it ~es upon my interests** **5** **~ (up)on** berühren, kurz erwähnen, streifen: **he merely ~ed upon this question** **6** **~ at** SCHIFF anlegen bei *od* in *(dat)*, anlaufen *(akk)*: **~ at a port**

Phrasal Verbs: **touch| down** V/I **1** *Rugby*: e-n Versuch erzielen *od* legen **2** FLUG aufsetzen; **~ off** V/T **1** *e-e Skizze etc* (rasch) entwerfen **2** (flüchtig) skizzieren **3** *e-e Explosion etc, fig e-e Krise, e-e Reaktion etc* auslösen, *e-n Proteststurm etc* entfachen; **~ up** V/T **1** **a** verbessern, vervollkommnen, ausfeilen **b** auffrischen *(a. fig das Gedächtnis)*, aufpolieren: **~ one's lips** sich die Lippen nachziehen **2** FOTO retuschieren **3** *j-m* e-n aufmunternden Klaps geben **4** *Br umg j-n* befummeln, betatschen

touch| and go S **1** Hektik *f*, Hast *f (des Stadtverkehrs etc)* **2** **a** riskante Sache **b** prekäre Situation: **it was ~** es hing an e-m Haar, es stand auf des Messers Schneide; **it was ~ whether he would pull through** er schwebte in akuter Lebensgefahr; **~-and-go** ADJ **1** hektisch, hastig **2** **a** riskant **b** prekär; **~ corpuscle** S ANAT Tastkörperchen *n*; **~ dancing** S Tanzen *n* mit Körperkontakt; **~down** S **1** *Rugby*: Versuch *m* **2** FLUG Aufsetzen *n*

touché [tuːˈʃeɪ] INT **1** *Fechten*: touché!, getroffen!, Treffer! **2** *fig* eins zu null für dich!

touch| exhibition S Ausstellung *f* zum Anfassen *(für Blinde etc)*; **~ football** S SPORT *Form des American Football, bei der der Gegner nur berührt, nicht aber zu Fall gebracht werden darf*; **~hole** S HIST Zündloch *n*

touchiness [ˈtʌtʃɪnɪs] S Empfindlichkeit *f*

touching **A** ADJ (ADV **~ly**) rührend, ergreifend **B** *a.* **as ~** *präp obs* betreffend, was ... betrifft

touch|-in-goal line S *Rugby*: Malmarklinie *f*; **~ judge** S *Rugby*: Seitenrichter *m*; **~line** S SPORT **a** Seitenlinie *f* **b** *Rugby*: Marklinie *f*; **~-me-not** S **1** BOT Springkraut *n*, *bes* **a** Rührmichnichtan *n* **b** Gartenbalsamine *f* **2** *umg* Kräutlein *n od* Fräulein *n* Rührmichnichtan *(Mädchen)*; **~ paper** S Zündpapier *n*; **~ screen** S COMPUT Touchscreen *m*, Berührungsbildschirm *m*; **~stone** **1** MINER Probierstein *m* **2** *fig* Prüfstein *m* (**of** für); **~ system** S Zehnfingersystem *n (auf der Schreibmaschine)*; **~-type** V/I blindschreiben; **~-up** S Verbesserung *f*, FOTO Retusche *f*: **give sth a ~** → touch up 1, 2; **~wood** S **1** Zunder(holz) *m(n)* **2** BOT Feuerschwamm *m*

touchy [ˈtʌtʃɪ] ADJ (ADV **touchily**) **1** (über)empfindlich, reizbar, leicht gekränkt **2** **a** riskant, gefährlich **b** heikel, kitzlig *(Thema etc)* **3** MED (druck)empfindlich

tough [tʌf] **A** ADJ (ADV **~ly**) **1** zäh: **a** hart, widerstandsfähig **b** zähflüssig: **~ meat** zähes Fleisch; *the meat was* **(as) ~ as leather** *(od umg* **old boots, an old boot)** zäh wie Leder **2** zäh, robust, stark *(Körper, Tier etc)* **3** zäh, hartnäckig *(Kampf, Widerstand etc)* **4** *fig* schwierig, unangenehm *(Kerl, Problem etc)*: **a ~ winter** ein harter Winter; **it was ~ going** *umg* es war ein hartes Stück Arbeit; **~ luck** Pech *n* **5** hart, aggressiv *(Außenpolitik etc)*: **he's a ~ customer** *umg* mit ihm ist nicht gut Kirschen essen; **get ~ with sb** **a** j-m gegenüber massiv werden **b** gegen j-n hart durchgreifen, j-n hart anfassen **6** rowdyhaft, brutal, übel, Schläger...: **~ guy** → B; **a ~ neighbo(u)rhood** e-e üble *od* verrufene Gegend **7** übel, schlimm, bös: **be in a ~ spot** übel dran sein *umg*; **if things get ~** wenn es mulmig wird *umg* **B** S Rowdy *m*, Rabauke *m*, Schläger(typ) *m*, übler Kunde; **toughen** V/T & V/I zäh(er) *etc* machen *od* werden; **toughie** [-ɪ] S *bes US umg* **1** harte Nuss, schwierige Sache **2** → tough B; **tough-minded** ADJ (ADV **~ly**) *bes US* **1** realistisch (denkend) **2** unbeugsam, hart; **toughness** S **1** Zähigkeit *f*, Härte *f (beide a. fig)* **2** Zähflüssigkeit *f* **3** Robustheit *f* **4** Hartnäckigkeit *f* **5** Schwierigkeit *f* **6** Brutalität *f*

toupee [ˈtuːpeɪ; *US* tuːˈpeɪ] S Toupet *n* *(Haarersatzstück)*

tour [tʊə(r)] **A** S **1** Tour *f* (**of** durch): **a** (Rund)Reise *f*, (-)Fahrt *f*: **on (a) ~** auf Reisen; **~ of the city** Stadtrundfahrt **b** Ausflug *m*, Wanderung *f*, Fahrt *f*: → conduct B 1 **2** Rundgang *m* (**of** durch): **~ of inspection** Besichtigungsrundgang, -rundfahrt *f*; **give sb a ~ of, take sb on a ~ of** j-n herumführen in *(dat)*, j-n führen durch **3** **a** THEAT *etc* Tournee *f (a.* SPORT), Gastspielreise *f (beide:* **of** durch): **go on ~** auf Tournee gehen **b** *Golf*: Tour *f*: **~ card** Tourkarte *f* **4** Runde *f*, Schicht *f*: **three ~s a day** drei Schichten täglich **5** *a.* **~ of duty** *bes* MIL (turnusmäßige) Dienstzeit **B** V/T **1** *ein Land etc* bereisen, durchreisen **2** THEAT *etc* **~ a country** in e-m Land auf Tournee gehen *(a.* SPORT); **~ a play** mit e-m Stück auf Tournee gehen **C** V/I **1** reisen, e-e Reise *od* Tour machen (**through, round** durch) **2** THEAT *etc* e-e Gastspielreise *od (a.* SPORT) e-e Tournee machen (**through, round** durch)

tourbillion [ˌtʊə(r)ˈbɪljən] S **1** Tourbillion *m* *(e-e Feuerwerksrakete)* **2** Wirbelwind *m*

tour de force [ˌtʊə(r)dəˈfɔː(r)s; *US a.* -ˈfəʊərs] *pl* tours de force [ˌtʊə(r)z-] S Glanzleistung *f*

tourer S AUTO Kabriolimousine *f*

Tourette syndrome [tʊəˈret] S MED Tourette-Syndrom *n (e-e Nervenkrankheit)*

touring ADJ Touren..., Reise...: **~ bicycle** Tourenrad *n*; **~ car** *(Motorsport)* Tourenwagen *m*; **~ company** THEAT Wanderbühne *f*; **~ exhibition** Wanderausstellung *f*

tourism [ˈtʊərɪzəm] S **1** Tourismus *m*, Reise-, Fremdenverkehr *m* **2** Touristik *f*, Fremdenverkehrswesen *n*; **tourist** **A** S **1** (Ferien-, Vergnügungs)Reisende(r) *m/f(m)*, Tourist(in) **2** SPORT Mitglied *n* e-r Mannschaft auf Tournee **B** ADJ Reise..., Fremden(verkehrs)..., Touristen...: **~ agency** Reisebüro *n*; **~ attraction** Touristenattraktion *f*; **~ center** *(bes Br* **centre**) Touristenort *m*; **~ class** FLUG, SCHIFF Touristenklasse *f*; **~ country** Urlaubsland *n*; **~ hotel** Touristenhotel *n*; **~ industry** Tourismusindustrie *f*; **~ (information) office** Fremdenverkehrsbüro *n*; **~ Mecca** Mekka *n* für Touristen; **~ ticket** Rundreisekarte *f*; **~ trap** Touristenfalle *f*; **~ visa** Touristenvisum *n*; **touristy** ADJ *umg, oft pej* **1** für Touristen: **~ souvenirs** **2** **a ~ place** **a** ein auf Tourismus getrimmter Ort **b** ein von Touristen überlaufener Ort

tourmaline [ˈtʊə(r)məliːn; *US a.* -lɪn] S MINER Turmalin *m*

tournament [ˈtʊə(r)nəmənt] S **1** *(Schach-, Tennis- etc)* Turnier *n* **2** HIST (Ritter)Turnier *n*

tournedos [ˈtʊənədəʊ; *US* ˌtʊrnəˈdəʊ] *pl* -dos [-z] S GASTR Tournedos *n (runde Lendenschnitte)*

tourney [ˈtʊə(r)nɪ] *bes* HIST **A** S Turnier *n* **B** V/I turnieren, an e-m Turnier teilnehmen

tourniquet [ˈtʊə(r)nɪkeɪ; *US* -kət] S MED Tourniquet *n*, Aderpresse *f*

tour operator S *Br* Reiseveranstalter(in)

tousle [ˈtaʊzl] V/T *j-m das Haar* zerzausen, verwuscheln: **~ sb's hair**

tout [taʊt] *umg* **A** V/I **1** aufdringliche (Kunden- *od* Stimmen)Werbung treiben (**for** für) **2** *Pferderennen*: **a** *bes Br* **sich** *(durch Spionieren)* gute Renntipps verschaffen **b** Wetttipps geben *od* verkaufen **B** V/T **1** aufdringliche (Kunden- *od* Stimmen)Werbung treiben für **2** *(durch aufdringliche Werbung)* belästigen **3** *Pferderennen*: **a** *bes Br (durch Spionieren)* Informationen erlangen über *(akk)* **b** *j-m* Wetttipps geben *od* verkaufen **C** S **1** Kundenwerber(in), (-)Schlepper(in) **2** **a** *bes Br* Spion(in) *(beim Pferdetraining)* **b** Tippgeber(in) **3** **be on the ~ for** Ausschau halten nach **4** *Br (Karten)* Schwarzhändler(in)

tout ensemble [tutɑ̃sɑ̃bl] S Gesamteindruck *m*, -wirkung *f (e-s Kunstwerkes etc)*

touter → tout C 1

touzle → tousle

tovarich, **tovarisch** [təˈvɑːrɪʃ] S Towarischtsch *m*, Genosse *m*

tow[1] [təʊ] **A** S **1** Schleppen *n*, Schlepparbeit *f*: **be under ~** im Schlepp sein; **have in ~** im Schlepptau haben *(a. fig)*; **take ~** sich schleppen lassen; **take in(to) ~** *bes fig* ins Schlepptau nehmen; **with XY in ~** mit XY im Schlepptau **2** *bes* SCHIFF Schleppzug *m* **B** V/T **1** (ab)schleppen, ins Schlepptau nehmen: **~ away** *ein falsch geparktes Fahrzeug* abschleppen; **~ed flight (target)** FLUG Schleppflug *m* (-ziel *n*) **2** *ein Schiff* treideln **3** hinter sich herziehen, mitschleppen

tow[2] [təʊ] S **1** (Schwing)Werg *n* **2** Werggarn *n* **3** Packleinwand *f*

towage [ˈtəʊɪdʒ] S **1** (Ab)Schleppen *n* **2** Treideln *n* **3** (Ab)Schleppgebühr *f*

toward **A** PRÄP [təˈwɔːd; tʊ-; tɔːd; *US* ˈtəʊərd; ˈtɔː-] *US* **1** auf *(akk)* ... zu, gegen *od* zu ... hin, nach ... zu, zu: **~ the house** **2** nach ... zu, in der Richtung u. Nähe von *(od gen)*: **he lives ~ Birmingham** **3** *(zeitlich)* gegen: **~ noon** **4** gegenüber: **his friendly attitude ~ us** **5** *(als Beitrag)* zu, um *e-r Sache* (willen), zum Zwecke *(gen)*: **efforts ~ reconciliation** Bemühungen um e-e Versöhnung; **they gave me sth ~ it** sie gaben mir etwas dazu **B** ADJ [ˈtəʊə(r)d; *US a.* ˈtɔː-; tɔːrd] **1** *obs* fügsam **2** *obs od US* vielversprechend **3** im Gange, am Werk **4** *obs* bevorstehend; **towardly** [ˈtəʊə(r)dlɪ; *US a.* ˈtɔː-] ADJ *obs* **1** → toward B 1, B 2 **2** günstig, rechtzeitig

towards [təˈwɔːdz; tʊ-; tɔːdz; *US* ˈtəʊərdz; ˈtɔː-] *bes Br für* toward A

tow|away *US* **A** S **1** Abschleppen *n (e-s falsch geparkten Fahrzeugs)* **2** abgeschlepptes Fahrzeug **B** ADJ Abschlepp...: **~ charges**; **~ zone**; **~bar** S AUTO **1** Abschleppstange *f* **2** Anhängerkupplung *f*; **~boat** S Schleppschiff *n*, Schlepper *m*

towel [ˈtaʊəl] **A** S **1** Handtuch *n*: **throw in the ~** *(Boxen)* das Handtuch werfen *(a. fig)* **2** → sanitary napkin **B** V/T *prät u. pperf* -eled, *bes Br* -elled (mit e-m Handtuch) (ab)trocknen *od* (ab)reiben: **~ one's arms** sich die Arme abtrocknen; **~ dispenser** S Handtuchautomat *m*

towelette [ˌtaʊəˈlet] S *US* Feuchtigkeitstuch *n*

towel(l)ing S **1** Frottee *n/m* **2** Abreibung *f*

towel| rack S Handtuchständer *m*; **~ rail** S Handtuchhalter *m*

tower[1] [ˈtaʊə(r)] **A** S **1** Turm *m*: **the ♀ of Babel** BIBEL der Turm von Babel; **~ block** *Br* (Büro-, Wohn)Hochhaus *n* **2** Feste *f*, Bollwerk

T

n: **~ of strength** *fig* Stütze *f*, Säule *f* **3** Zwinger *m*, Festung *f* (*Gefängnis*): **the** ♀ **(of London)** der (Londoner) Tower **B** VI **1** (hoch)ragen, sich emportürmen (**to** zu): **~ above** *etwas od j-n* überragen (*a. fig turmhoch überlegen sein* [*dat*]) **2** JAGD senkrecht hochschießen (*Falke etc*)

tower² ['təʊə(r)] S SCHIFF Treidler *m*, Schlepper *m* (*vom Land aus*)

towering ['taʊərɪŋ] ADJ (ADV **~ly**) **1** turmhoch (aufragend), hoch-, aufragend **2** *fig* gewaltig, maßlos: **be in a ~ rage** vor Wut rasen

towhead ['təʊhed] S **1** Flachshaar *n* **2** Flachskopf *m* (*Person*)

towing ['təʊɪŋ] ADJ (Ab)Schlepp...: **~ cable** Abschleppseil *n*; **~ line** → towline; **~ net** → townet; **~ path** → towpath

towline S **1** Abschleppseil *n* **2** SCHIFF Treidelleine *f*, Schlepptau *n*

town [taʊn] S **1** (Klein)Stadt *f*: → paint A 3 **2** *meist* **the ~** die Stadt: **a** die Stadtbevölkerung **b** das Stadtleben **3** Marktflecken *m* **4** *bes US* Stadt- *od* Landgemeinde *f* (*als Verwaltungseinheit*) **5** KOLL Bürger(schaft) *pl(f)* (*e-r Universitätsstadt*): **~ and gown** Bürgerschaft u. Studentenschaft **6 in (the) ~** in der Stadt; **to (the) ~** in die Stadt; **out of (the) ~** nicht in der Stadt, auswärts; **go to ~** *umg* in die Vollen gehen (**on** bei); **be (out) on the ~** *umg* auf den Putz hauen, (schwer) einen draufmachen; **~ car** S *viertüriger Personenwagen mit separatem, durch eine Glasscheibe vom Fahrersitz getrennten Fahrgastraum*; **~ centre** S *Br* Innenstadt *f*, City *f*; **~ clerk** S **1** *Br* HIST (Ober)Stadtdirektor *m*, -direktorin *f* **2** *US* städtischer Verwaltungsbeamter, städtische Verwaltungsbeamtin; **~ council** S *bes Br* Stadtrat *m*; **~ council(l)or** S *bes Br* Stadtrat *m*, -rätin *f*; **~ crier** S HIST Ausrufer *m*

townee [taʊ'niː] S *bes Br umg, oft pej* **1** Städter(in), Stadtmensch *m* **2** *Bewohner(in) e-r Universitätsstadt, der (die) nichts mit der Universität zu tun hat*

towner S *bes US* Städter(in), Stadtbewohner(in)

townet S Zug-, Schleppnetz *n*

town| gas S CHEM Stadtgas *n*; **~ hall** S Rathaus *n*; **~ house** S **1** Stadthaus *n*, Haus in der Stadt **2** modern konzipiertes Reihenhaus **3** *bes schott* Rathaus *n* **4** *US* Reihenhaus *n*

townie *US* → townee

townish ADJ (ADV **~ly**) städtisch, Stadt...

townlet ['taʊnlɪt] S *bes US* Städtchen *n*

town| manager → city manager; **~ meeting** S POL *US* Gemeindeversammlung *f*; **~ planner** S Städte-, Stadtplaner(in); **~ planning** S Städte-, Stadtplanung *f*, städtebauliche Planung; **~scape** ['taʊnskeɪp] S **1** Stadtbild *n* **2** KUNST *etc* Stadtansicht *f*

Townsend avalanche S PHYS Townsend-Entladung *f*

townsfolk S (*als pl konstruiert*) Städter *pl*, Stadtbevölkerung *f*

township ['taʊnʃɪp] S Township *f*: **a** *US e-e Verwaltungseinheit* **b** *SAfr von Farbigen bewohnte städtische Siedlung* **c** *Landvermessung*: *US sechs Quadratmeilen großes Gebiet*

towns|man [-mən] S *irr* **1** Städter *m*, Stadtbewohner *m* **2** *a.* **fellow ~** Mitbürger *m*; **~people** → townsfolk; **~woman** S *irr* **1** Städterin *f*, Stadtbewohnerin *f* **2** *a.* **fellow ~** Mitbürgerin *f*

towny ['taʊnɪ] *US umg, oft pej* → townee

tow|path S Treidelpfad *m*; **~rope** → towline; **~ truck** S AUTO *US* Abschleppwagen *m*

towy ['təʊɪ] ADJ **1** aus Werg **2** wergartig, Werg...

tox(a)emia [tɒk'siːmɪə; *US* tɑk-] S MED Tox(ik)ämie *f*, Blutvergiftung *f*; **tox(a)emic** [-mɪk] ADJ MED toxämisch, Blutvergiftungs...

toxic ['tɒksɪk; *US* 'tɑk-] ADJ (ADV **~ally**) giftig, toxisch, Gift...: **~ gas**; **~ psychosis** Intoxikationspsychose *f*; **~ waste** Giftmüll *m*

toxicant ['tɒksɪkənt; *US* 'tɑk-] **A** ADJ → toxic **B** S **1** Gift(stoff) *n(m)* **2** → intoxicant B

toxicity [tɒk'sɪsətɪ; *US* tɑk-] S MED Toxizität *f*, Giftigkeit *f*

toxicological [ˌtɒksɪkə'lɒdʒɪkl; *US* ˌtɑksɪkə'lɑ-] ADJ (ADV **~ly**) MED toxikologisch; **toxicologist** [-'kɒlədʒɪst; *US* -'kɑ-] S Toxikologe *m*, Toxikologin *f*; **toxicology** [-dʒɪ] S Toxikologie *f* (*Lehre von den Giften u. Vergiftungen*)

toxin ['tɒksɪn; *US* 'tɑk-] S MED Toxin *n* (*stark giftiges Stoffwechselprodukt von Bakterien, Tieren od Pflanzen*); **~-antitoxin** S toxinzerstörender Stoff

toxoid ['tɒksɔɪd; *US* 'tɑk-] S MED Toxoid *n* (*entgiftetes Toxin, das die Bildung von Antitoxinen bewirkt*)

toxophilite [tɒk'sɒfɪlaɪt; *US* tɑk'sɑfə,-] S SPORT Bogenschütze *m*, -schützin *f*

toy [tɔɪ] **A** S **1** (Kinder)Spielzeug *n*, *pl a.* Spielsachen *pl*, -waren *pl* **2** *fig* Spielerei *f* **3** *obs* Liebelei *f* **B** VI **~ with** mit *e-m Gegenstand* spielen, *fig a.* mit *e-m Gedanken etc* liebäugeln **C** ADJ **1** Spielzeug...: **~ soldier**; **~ shop** (*bes US* **store**) Spielwarengeschäft *n*, -handlung *f*; **~ weapons** *pl* Kriegsspielzeug *n* **2** *bes* ZOOL Zwerg...: **~ spaniel**; **~ dog** Schoßhund *m*, -hündchen *n*

TPI ABK *Br* Town Planning Institute

tr. ABK **1** transaction **2** LING transitive trans. **3** translated **4** translation **5** translator **6** transpose

trabeate ['treɪbɪət; -eɪt], **trabeated** [-eɪtɪd] ADJ ARCH Balken...: **~ ceiling**; **trabeation** S Säulengebälk *n*

trabecula [trə'bekjʊlə] *pl* -lae [-liː] S **1** ANAT Trabekel *f*, Bälkchen *n* **2** BOT Zellbalken *m*

trace¹ [treɪs] **A** S **1** (*Fuß-, Wagen-, Wild- etc*) Spur *f*: **~s of blood** Blutspuren; **be on sb's ~** j-m auf der Spur sein; **be hot on sb's ~** j-m dicht auf den Fersen sein; **we've lost all ~ of her** wir haben sie aus den Augen verloren; **without (a) ~** spurlos; **since then there has been no ~ of him** seither fehlt von ihm jede Spur **2** *fig* Spur *f*: **a** (Über)Rest *m*: **~s of an ancient civilization** **b** (An)Zeichen *n*: **~s of fatigue**; **leave its ~s (up)on** s-e Spuren auf *e-m Gesicht etc* hinterlassen **c** geringe Menge, (*ein*) bisschen: **a ~ of salt**; **not a ~ of fear** keine Spur von Angst; **show ~s of one's old form** SPORT s-e alte Form aufblitzen lassen; **~s of poison** Giftspuren; **a ~ of a smile** ein fast unmerkliches Lächeln, der Anflug e-s Lächelns **3** *US* Pfad *m*, (markierter) Weg **4** Linie *f*: **a** Aufzeichnung *f* (*e-s Messgeräts*), Kurve *f* **b** Zeichnung *f*, Skizze *f* **c** Pauszeichnung *f* **d** *bes* MIL Grundriss *m* **5** **a** ELEK, *a.* MIL Leuchtspur *f* (*e-r Kathodenstrahlröhre etc*) **b** *Radar*: (Bild)Spur *f* **B** VT **1** *j-m od e-r Sache* nachspüren, *j-s* Spur folgen **2** *Wild, e-n Verbrecher etc* verfolgen, aufspüren **3** *a.* **~ out** *j-n od etwas* ausfindig machen, aufspüren, *etwas* auf-, herausfinden **4** *fig e-r Entwicklung etc* nachgehen, *etwas* verfolgen, erforschen: **~ sth to** etwas zurückführen auf (*akk*) *od* herleiten von; **~ sth back** etwas zurückverfolgen (**to** bis zu *od* in *akk*) **5** erkennen, feststellen **6** *e-n Pfad* verfolgen **7** *a.* **~ out** (auf)zeichnen, skizzieren, entwerfen **8** *Buchstaben* sorgfältig (aus)ziehen, schreiben, malen **9** TECH **a** *a.* **~ over** kopieren, (durch)pausen **b** *e-e Linie, die Bauflucht etc* abstecken **c** *e-e Messung* aufzeichnen: **~d chart** (*od* **map**) Planpause *f* **C** VI *a.* **~ back** zurückgehen, sich zurückverfolgen lassen (*beide*: **to** bis zu *od* in *akk*)

trace² [treɪs] S **1** Zugriemen *m*, Strang *m* (*am Pferdegeschirr*): **in the ~s** angespannt (*a. fig*); **kick over the ~s** *umg* über die Stränge schlagen **2** TECH Pleuel-, Schubstange *f*

traceable ['treɪsəbl] ADJ (ADV **traceably**) **1** aufspür-, nachweis-, auffindbar **2** zurückführen(d) (**to** auf *akk*): **be ~ to** → trace¹ C

trace element S CHEM Spurenelement *n*

tracer S **1** Aufspürer(in) **2** *Postwesen*, BAHN, *etc US* Such-, Laufzettel *m* **3** **a** (*technische[r]*) Zeichner(in) **b** Durchzeichner(in), Pauser(in) **4** *Schneiderei*: Kopierrädchen *n* **5** TECH Punzen *m* **6** CHEM, MED, PHYS (*Radio-, Isotopen*)Indikator *m*, Leitisotop *n* **7** ELEK, TECH Taster *m* **8** *meist* **~ bullet** MIL, *etc* Leucht(spur)geschoss *n*, Leuchtkugel *f*: **~ ammunition** Leucht(spur)munition *f*

traceried ['treɪsərɪd] ADJ ARCH mit Maßwerk (versehen)

tracery ['treɪsərɪ] S **1** ARCH Maßwerk *n* (*an gotischen Fenstern*) **2** Flechtwerk *n*

trachea [trə'kiːə; *US* 'treɪkiːə] *pl* **tracheae** [trə'kiːiː; *US* 'treɪkiːˌiː; -ˌaɪ] S **1** ANAT Trachea *f*, Luftröhre *f* **2** Trachee *f*: **a** ZOOL Atmungsorgan *n* **b** BOT (*durch Zellfusion entstandenes*) Gefäß

tracheal [trə'kiːəl; *US* 'treɪkiːəl] ADJ **1** ANAT, MED tracheal, Tracheal..., Luftröhren... **2** ZOOL Tracheen..., BOT *a.* Gefäß...

tracheate [trə'kiːɪt; *US* 'treɪkiːˌeɪt; -ət] ZOOL **A** ADJ mit Tracheen (versehen) **B** S Tracheentier *n*

tracheitis [ˌtrækɪ'aɪtɪs; *US* ˌtreɪ-] S MED Tracheitis *f*, Luftröhrenentzündung *f*

tracheotomy [ˌtrækɪ'ɒtəmɪ; *US* ˌtreɪkiː'ɑ-] S MED Tracheotomie *f*, Luftröhrenschnitt *m*

trachoma [trə'kəʊmə] S MED Trachom *n*, ägyptische Augenkrankheit, Körnerkrankheit *f*

trachyte ['trækaɪt; 'treɪ-] S GEOL Trachyt *m* (*ein Ergussgestein*)

tracing S **1** Suchen *n*, Nachforschung *f* **2** TECH **a** (Auf)Zeichnen *n* **b** Durchpausen *n* **3** TECH **a** Zeichnung *f*, (Auf)Riss *m*, Plan *m* **b** Pause *f*, Kopie *f*: **make a ~ of** (durch)pausen **4** Aufzeichnung *f* (*e-s Kardiografen etc*); **~ cloth** S Pausleinen *n*; **~ file** S Suchkartei *f*; **~ linen** → tracing cloth; **~ operation** S Fahndung *f*; **~ paper** S Pauspapier *n*; **~ service** S Suchdienst *m*; **~ wheel** → tracer 4

track [træk] **A** S **1** (*Fuß-, Ski-, Wagen-, Wild- etc*) Spur *f*, Fährte *f* (*beide a. fig*): **the ~ of my thoughts** mein Gedankengang; **be on sb's ~** j-m auf der Spur sein; **be hot on sb's ~s** j-m dicht auf den Fersen sein; **be on the right ~** *fig* auf der richtigen Spur *od* auf dem richtigen Weg sein; **be on the wrong ~, be off the ~** *fig* auf der falschen Spur *od* auf dem falschen Weg *od* auf dem Holzweg sein; **cover up one's ~s** s-e Spur(en) verwischen; **make ~s** *umg* **a** sich auf die Socken machen **b** abhauen, verschwinden; **make ~s for home** *umg* sich auf den Heimweg machen; **keep ~ of** *fig etwas* verfolgen, sich auf dem Laufenden halten über (*akk*); **lose ~ of** aus den Augen verlieren; **lose all ~ of time** jegliches Zeitgefühl verlieren; **put** (*od* **throw**) **sb off the ~** j-n von der (richtigen) Spur ablenken; **shoot sb in their ~s** j-n auf der Stelle niederschießen; **stop in one's ~s** *US* abrupt stehen bleiben; → beaten B 4 b **2** BAHN Gleis *n*, Geleise *n u. pl*, Schienenstrang *m*: **off the ~** entgleist, aus den Schienen; **on ~** WIRTSCH auf der Achse, rollend; **jump the ~s** aus den Schienen springen, entgleisen; **he was born on the wrong side of the ~s** *US* er stammt aus ärmlichen Verhältnissen **3** **a** SCHIFF Fahrwasser *n*, Seegatt *n* **b** FLUG Kurs *m* über Grund **4** SCHIFF Track *m*, (*übliche*) Route: **North Atlantic ~** **5** Pfad *m*, Weg *m* (*beide a. fig*) **6** Bahn *f* (*e-s Geschosses, Ko-*

T

meten etc): **(clear the) ~!** Bahn frei! 7 SPORT a *(Renn-, Lauf)* Bahn *f* b *meist* **~ events** Laufdisziplinen *pl* c *US* Leichtathletik *f* 8 a Spur *f (e-s Tonbands etc)* b COMPUT Track *m (abgegrenzter Bereich e-s Magnetspeichers, in dem e-e Bitfolge gespeichert werden kann)* 9 Track *m*, Stück *n*, Nummer *f (bes e-r CD)* 10 PHYS Bahnspur *f* 11 AUTO a Spurweite *f* b Reifenprofil *n* 12 *(Gleis-, Raupen)* Kette *f (e-s Traktors etc)* 13 SCHULE *US* Leistungsgruppe *f (innerhalb e-r Klasse)* B V/T 1 nachgehen, -spüren *(dat)*, verfolgen (**to** bis): **~ changes** COMPUT *(Menübefehl)* Änderungen nachverfolgen 2 **~ down** *Wild, e-n Verbrecher etc* aufspüren, zur Strecke bringen 3 *a.* **~ out** aufspüren, ausfindig machen 4 *e-n Weg* kennzeichnen 5 *e-e Wüste etc* durchqueren 6 *a.* **~ up** *US* Schmutzspuren hinterlassen auf *(dat)* 7 BAHN *US* Gleise verlegen in *(dat)* 8 AUTO, TECH mit Raupenketten versehen: **~ed vehicle** Ketten-, Raupenfahrzeug *n* 9 SCHULE *US e-e Klasse* in Leistungsgruppen einteilen C V/I 1 TECH in der Spur bleiben *(Räder, Saphirnadel etc)*, Spur halten 2 FILM (mit der Kamera) fahren: **~ in on** heranfahren an *(akk)*

trackage ['trækɪdʒ] S BAHN *US* 1 Schienen *pl* 2 Schienenlänge *f* 3 Streckenbenutzungsrecht *n od* -gebühr *f*

track| and field S SPORT *US* Leichtathletik *f*; **~-and-field** ADJ SPORT *US* Leichtathletik…: **~ athlete** Leichtathlet(in); **~ athletics** *pl (als sg konstruiert)* Leichtathletik *f*; **~ball** S COMPUT Trackball *m (aus e-r Kugel bestehendes Eingabegerät)*

tracker S 1 Spurenleser(in) 2 Spürhund *m umg (Person)* 3 MIL Zielgeber *m (Gerät)*; **~ dog** S Spür-, Suchhund *m*

tracking A S SCHULE *US* Einteilung *f* in Leistungsgruppen B ADJ (ge)führig *(Schnee)*; **~ screen** S *Radar etc*: (Ziel-)Verfolgungsmonitor *m*, -bildschirm *m*; **~ station** S *Raumfahrt*: Bodenstation *f*

tracklayer S 1 BAHN *US* Streckenarbeiter *m* 2 Raupenschlepper *m*, -fahrzeug *n*

trackless ADJ (ADV ~ly) 1 unbetreten 2 weg-, pfadlos 3 schienenlos 4 spurlos

track| meet S *US* Leichtathletikveranstaltung *f*; **~ race** S *Radsport*: Bahnrennen *n*; **~ record** S 1 SPORT Bahnrekord *m* 2 *fig umg* a (erworbene) Kenntnisse *pl* b (erzielte) Leistungen *pl*: **he's got a good ~** er hat einiges vorzuweisen; **with a ~ like his** bei s-r Vergangenheit; **~ rider** S *Radsport*: Bahnfahrer(in); **~ rod** S AUTO Spurstange *f*; **~ shoe** S SPORT Rennschuh *m*

track|suit S Trainings-, Jogginganzug *m*: **(pair of) ~ trousers** *pl* Trainings-, Jogginghose *f*; **~suited** ADJ im Trainings- *od* Jogginganzug: **a ~ runner**; **~ walker** S *Leichtathletik*: Bahngeher(in); **~ walking** S *Leichtathletik*: Bahngehen *n*

tract[1] [trækt] S 1 (ausgedehnte) Fläche, Strecke *f*, (Land)Strich *m*, Gegend *f*, Gebiet *n* 2 ANAT Trakt *m*, *(Verdauungs- etc)* System *n* 3 PHYSIOL *(Nerven)* Strang *m*: **optic ~** Sehstrang 4 Zeitraum *m*, -spanne *f*

tract[2] [trækt] S *bes* REL Traktat *m/n*, kurze Abhandlung, *pej* Traktätchen *n*

tractability [ˌtræktə'bɪlətɪ] S 1 Lenkbarkeit *f* 2 Gefügigkeit *f*; **tractable** ADJ (ADV tractably) 1 lenkbar, folg-, fügsam 2 gefügig, geschmeidig, leicht zu bearbeiten(d) *(Material)*; **tractableness** → tractability

Tractarianism [træk'teərɪənɪzəm] S REL Traktarianismus *m (zum Katholizismus neigende Richtung in der anglikanischen Staatskirche)*

tract house S *US* Einzelhaus *n* in e-r Wohnsiedlung

traction ['trækʃn] S 1 Ziehen *n* 2 PHYS, TECH Traktion *f*: a Zug *m*: **~ engine** Zugmaschine *f* b Zugkraft *f*, -leistung *f* 3 PHYS, TECH Reibungsdruck *m* 4 AUTO a Griffigkeit *f (der Reifen)* b *a.* **~ of the road** Bodenhaftung *f* 5 a Fortbewegung *f* b Transport *m*, Beförderung *f*: **interurban ~** *US* Städtenahverkehr *m* 6 PHYSIOL Zusammenziehung *f (von Muskeln)* 7 MED Streckung *f*: **~ bandage** Streckverband *m*; **in (high) ~** im Streckverband 8 Anziehung(skraft) *f (a. fig)*; **tractional** [-ʃənl] ADJ Zug…; **tractive** ADJ Zug…: **~ effort** (*od* **force**) a PHYS, TECH Zugkraft *f* b AUTO Vortriebskraft *f*

tractor ['træktə(r)] S 1 Zugmaschine *f*, Traktor *m*, Trecker *m*, Schlepper *m* 2 AUTO Sattelzugmaschine *f*, Sattelschlepper *m* 3 FLUG a *a.* **~ propeller** (*od* **airscrew**) Zugschraube *f* b *a.* **~ airplane** Flugzeug *n* mit Zugschraube *f*; **~ feed** S COMPUT Rampenvorschub *m (e-s Printers)*; **~ plough**, *bes US* **~ plow** S AGR Schlepperpflug *m*; **~-trailer** S AUTO Sattelzug *m*

tractrix ['træktrɪks] *pl* -trices [-trɪsiːz] S MATH Traktrix *f*, Schleppkurve *f*

trad [træd] *umg* A S MUS traditioneller Jazz B ADJ *bes Br* traditionell

trad. ABK 1 tradition Trad. 2 traditional trad.

trade [treɪd] A S 1 WIRTSCH Handel *m*, (Handels)Verkehr *m* 2 WIRTSCH Geschäft *n*: a Geschäftszweig *m*, Branche *f* b *(Einzel-, Groß)* Handel *m* c Geschäftslage *f*, -gewinn *m*: **be in ~** *bes Br* Geschäftsmann *od* -frau *od* (Einzel)Händler(in) sein; **she does a good ~** sie macht gute Geschäfte; **good (bad) for ~** handels(un)günstig; **"we sell to the ~"** „Abgabe an Einzelhändler *od* Wiederverkäufer" 3 **the ~** WIRTSCH a die Geschäftswelt b die Kundschaft 4 Gewerbe *n*, Beruf *m*, Handwerk *n*, Branche *f*, Metier *n*: **he's a baker by ~** er ist Bäcker von Beruf; **everyone to their ~** jeder, wie er es gelernt hat; **two of a ~ never agree** *(Sprichwort)* zwei vom gleichen Gewerbe sind sich niemals einig; **know one's ~** s-n Beruf beherrschen, sein Handwerk verstehen; **the ~ of war** *fig* das Kriegshandwerk 5 Zunft *f*, Gilde *f*: **it is only of interest to the ~** es ist nur für Fachleute interessant 6 *sl* Sexualpartner *m od pl (e-s Homosexuellen)* 7 *obs* (An)Gewohnheit *f* B V/I 1 (aus)tauschen (**for** gegen): **~ places** die Plätze tauschen (**with** mit); **I wouldn't ~ places with him** *fig* ich möchte nicht mit ihm tauschen 2 **~ blows** aufeinander einschlagen; **~ insults** sich gegenseitig Beleidigungen an den Kopf werfen 3 **~ off** ausgleichen, wettmachen *(beide:* **against** *durch)* 4 *etwas* **~ in** in Zahlung geben (**for** für) C V/I 1 a Handel treiben (**with** mit) b in Geschäftsbeziehungen stehen (**with** mit) c handeln (**in sth** mit e-r Sache) 2 **~ (up)on** *etwas* ausnutzen, Kapital schlagen aus 3 **~ down (up)** *bes US* sich *(durch e-n Tausch etc)* verschlechtern (verbessern) 4 *US* a Kunde sein, (ein)kaufen (**with** bei *j-m*) b (ein)kaufen (**at** in *e-m Laden*)

trade| acceptance S WIRTSCH Handelsakzept *n*; **~ accounts** SPL WIRTSCH *Bilanz*: **~ payable** Verbindlichkeiten aus Warenlieferungen u. Dienstleistungen; **~ receivable** Forderungen aus Warenlieferungen u. Dienstleistungen; **~ agreement** S Handelsabkommen *n*; **~ association** S WIRTSCH 1 Wirtschaftsverband *m* 2 Arbeitgeber-, Unternehmerverband *m*; **~ balance** S WIRTSCH Handelsbilanz *f*; **~ barriers** SPL WIRTSCH Handelsschranken *pl*; **~ bill** S WIRTSCH Waren-, Handelswechsel *m*; **~ cycle** S WIRTSCH *Br* Konjunkturzyklus *m*; **~ deficit** → trade gap; **~ delegation** S Handelsdelegation *f*; **~ directory** S Branchenadressbuch *n*; **~ discount** S WIRTSCH Rabatt *m* für Wiederverkäufer; **~ disputes** SPL WIRTSCH Arbeitsstreitigkeiten *pl*; **~ edition** S Handelsausgabe *f (e-s Buchs)*; **~ embargo** S WIRTSCH, POL Handelsembargo *n*; **~ fair** S WIRTSCH (Handels)Messe *f*; **~ gap** S WIRTSCH Handelsbilanzdefizit *n*; **~-in** A S 1 in Zahlung gegebene Ware: **accept sth as a ~** etwas in Zahlung nehmen (**for** für); **use** *sth* **as a ~** → trade B 4 2 *Transaktion, bei der etwas in Zahlung gegeben wird* B ADJ **the ~ value of sth** der Wert, zu dem etwas in Zahlung genommen wird; **~ journal** S Handelsblatt *n*; **~-last** S *US umg* Austausch *m* von Komplimenten aus zweiter Hand; **~ margin** S WIRTSCH Handelsspanne *f*; **~mark** A S 1 WIRTSCH Marke *f* 2 *fig* Kennzeichen *n*, Merkmal *n* B V/T WIRTSCH a Warenzeichen anbringen an *(dat)* b als Warenzeichen eintragen *od* gesetzlich schützen lassen: **~ed goods** Markenartikel, -waren; **~ mission** S POL Handelsmission *f*; **~ name** S 1 WIRTSCH Markenname *m*, Handelsbezeichnung *f* 2 JUR Firmenname *m*, Firma *f*; **~-off** S (**between** zwischen *dat*) a Ausgleich *m* b Kompromiss *m*: **make a ~** e-n Kompromiss schließen; **~ paper** S 1 WIRTSCH Warenwechsel *m* 2 → trade journal; **~ price** S WIRTSCH Großhandelspreis *m*

trader S 1 WIRTSCH Händler(in), Kaufmann *m*, -frau *f* 2 SCHIFF Handelsschiff *n* 3 *Börse*: *US* Wertpapierhändler(in)

trade| route S Handelsstraße *f*, -weg *m*; **~ school** S *US* Handels-, Gewerbeschule *f*; **~ secret** S Betriebs-, Geschäftsgeheimnis *n*

trades|folk S *(als pl konstruiert)* Geschäftsleute *pl*; **~man** [-mən] S *irr* 1 WIRTSCH (Einzel)Händler *m*, Geschäftsmann *m* 2 Ladeninhaber *m* 3 Handwerker *m*; **~people** SPL WIRTSCH Geschäftsleute *pl*; **~ union**, *etc* → trade union, *etc*: **Trades Union Congress** *Dachverband der britischen Gewerkschaften*; **~woman** S *irr* 1 (Einzel)Händlerin *f*, Geschäftsfrau *f* 2 Ladeninhaberin *f* 3 Handwerkerin *f*

trade| union S Gewerkschaft *f*; **~-union** ADJ gewerkschaftlich, Gewerkschafts…: **~ movement**; **~ unionism** S Gewerkschaftswesen *n*; **~ unionist** S Gewerkschaftler(in); **~ wind** S Passat (-wind) *m*

trading A S 1 Handeln *n* 2 Handel *m* (**in sth** mit etwas; **with sb** mit j-m) B ADJ 1 Handels… 2 Handel treibend; **~ area** S WIRTSCH Absatz-, Verkaufsgebiet *n*; **~ capital** S WIRTSCH Betriebskapital *n*, -mittel *pl*; **~ company** S WIRTSCH Handelsgesellschaft *f*; **~ estate** S *Br* Gewerbe-, Industriegebiet *n*; **~ floor** S Börsensaal *m*; **~ partner** S WIRTSCH Handelspartner(in); **~ post** S 1 WIRTSCH Handelsniederlassung *f* 2 *Börse*: Standplatz *m*; **~ stamp** S WIRTSCH Rabattmarke *f*

tradition [trə'dɪʃn] S 1 *allg* Tradition *f*: a mündliche Überlieferung *(a.* REL*)* b Herkommen *n*, (alter) Brauch, Brauchtum *n* c Gepflogenheit *f* d *(Kultur- etc)* Erbe *n* e *bes* KUNST *u. Literatur*: überlieferte Grundsätze *pl*: **by ~** traditionell(erweise); **it is a ~ for them to do sth** es ist bei ihnen Brauch *od* so üblich, dass sie etwas tun; **be in the ~** sich im Rahmen der Tradition halten; **~ has it that …** es ist überliefert, dass … 2 Überlieferung *f*, überlieferte Geschichte, alte Sage, alter Glaube 3 JUR Auslieferung *f*, Übergabe *f*; **traditional** [-ʃənl] ADJ (ADV → traditionally) traditionell, Traditions…: a (mündlich) überliefert b herkömmlich, (alt)hergebracht, üblich: ~

T

jazz MUS Traditional Jazz *m*, traditioneller Jazz; **it is ~ for them to do sth** es ist bei ihnen Brauch *od* so üblich, dass sie etwas tun; **traditionalism** S *bes* REL Traditionalismus *m* (*geistige Haltung, die bewusst an der Tradition festhält*); **traditionalist** A S Traditionalist(in) B ADJ traditionalistisch; **traditionalize** V/T zur Tradition machen; **traditionally** ADV traditioneller-, üblicherweise; **traditionary** [-ʃnərɪ; *US* -ʃəˌneri:] ADJ → traditional

traduce [trəˈdju:s; *US a.* -ˈdu:s] V/T verleumden; **traducement** S Verleumdung *f*; **traducer** S Verleumder(in)

traffic [ˈtræfɪk] A S 1 (*öffentlicher, Straßen-, Schiffs-, Eisenbahn- etc*) Verkehr 2 (*Personen-, Güter-, Nachrichten-, Fernsprech- etc*) Verkehr *m* 3 (*a.* illegaler) Handel (**in** *sth* mit; **with** *sb* mit): **~ in drugs** → drug traffic 4 *fig* a Verkehr *m*, Geschäft(e) *n(pl)* b Austausch *m* (**in** von): **~ in ideas** 5 *bes US* Kunden(andrang) *pl(m)* (*in e-m bestimmten Zeitraum*) B V/I *prät u. pperf* trafficked (*a.* illegal) handeln *od* Handel treiben (**in** *sth* mit; **with** *sb* mit): **~ in drugs** dealen; **trafficability** S *bes US* 1 WIRTSCH Marktfähigkeit *f* 2 Passierbarkeit *f*; **trafficable** ADJ *bes US* 1 WIRTSCH marktfähig, gängig 2 passierbar (*Straße etc*)

trafficator [ˈtræfɪkeɪtə] S AUTO *Br* (Fahrt)Richtungsanzeiger *m*: a HIST Winker *m* b Blinker *m*

traffic| calming S Verkehrsberuhigung *f*: **area with ~** verkehrsberuhigte Zone; **~ chaos** S Verkehrschaos *n*; **~ circle** S *US* (Verkehrs)Kreisel *m*; **~ cone** S Pylon *m*, Pylone *f*, Leitkegel *m*; **~ control** S Verkehrsreg(e)lung *f*; **~ cop** S *US sl* Verkehrspolizist(in); **~ density** S Verkehrsdichte *f*; **~ engineering** S Straßenbau *m*; **~ guidance system** S Verkehrsleitsystem *n*; **~ island** S Verkehrsinsel *f*; **~ jam** S Verkehrsstau(ung) *m(f)*; **~-jammed** ADJ verstopft (*Straße etc*); **~ junction** S Verkehrsknotenpunkt *m*

trafficker S (*a.* illegale[r]) Händler(in): **~ in drugs** → drug trafficker

traffic| lane S AUTO Spur *f*; **~ light** S *Br meist pl* (Verkehrs)Ampel *f*; **~ manager** S WIRTSCH *bes US* 1 Betriebsdirektor *m* 2 Versandleiter *m*; **~ noise** S Verkehrslärm *m*; **~ offence** (*bes US* **offense**) S AUTO Verkehrsdelikt *n*; **~ offender** S AUTO Verkehrssünder(in); **~ pattern** S FLUG Anflugvorschriften *pl*; **~ planner** S Verkehrsplaner(in); **~ planning** S Verkehrsplanung; **~ policeman** S *irr* Verkehrspolizist *m*; **~ policewoman** S *irr* Verkehrspolizistin *f*; **~ regulations** SPL Verkehrsvorschriften *pl*, (Straßen)Verkehrsordnung *f*; **~ sign** S Verkehrszeichen *n*, -schild *n*; **~ signal** → traffic light; **~ snarl** S Verkehrschaos *n*; **~ warden** S *Br* Parküberwacher(in), Politesse *f*

tragacanth [ˈtrægəkænθ; *US a.* -dʒə-] S BOT (*ein*) Tragant *m*

tragedian [trəˈdʒi:djən; -ɪən] S 1 Tragiker(in), Trauerspieldichter(in) 2 THEAT Tragöde *m*; **tragedienne** [-dɪˈen] S THEAT Tragödin *f*

tragedy [ˈtrædʒɪdɪ] S 1 Tragödie *f*: a THEAT Trauerspiel *n* (*a. als Kunstform*) b *fig* tragische *od* erschütternde Begebenheit c Unglück(sfall) *n(m)*, Katastrophe *f*: **end in ~** tragisch enden 2 *fig* (*das*) Tragische

tragic [ˈtrædʒɪk] ADJ, **tragical** ADJ (ADV ~ly) THEAT *u. fig* tragisch: **~ actor (actress)** → tragedian 2, tragedienne; **tragically** a tragischerweise b unter tragischen Umständen

tragicomedy [ˌtrædʒɪˈkɒmɪdɪ; *US* -ˈkɑ-] S Tragikomödie *f* (*a. fig*); **tragicomic** ADJ, **tragicomical** ADJ (ADV ~ly) tragikomisch

trail [treɪl] A V/T 1 (nach)schleppen, (-)schleifen, hinter sich herziehen, *ein Bein* nachziehen: **~ one's coat(tails)** *fig* provozieren, Streit suchen 2 *j-n* verfolgen, *j-m* nachgehen, -spüren, *j-n* beschatten 3 e-n Pfad durch *das Gras etc* treten 4 *a.* **~ out** *US fig* hinausziehen, in die Länge ziehen 5 zurückbleiben hinter (*dat*), *j-m* nachhinken (*a. fig*) 6 **~ arms** MIL das Gewehr mit der Mündung nach vorn halten (*Gewehrkolben in Bodennähe, Lauf im Winkel von 30°*): **~ arms!** Gewehr rechts! B V/I 1 schleifen: **her skirt ~s on the ground** 2 wehen, flattern 3 herunterhängen 4 BOT kriechen, sich ranken: **~ing plant** → trailer 1 5 dahinziehen (*Rauch etc*) 6 sich (dahin)schleppen 7 nachhinken (*a. fig*): **~ by two goals** SPORT mit zwei Toren im Rückstand liegen 8 **~ away** (*od* **off**) sich verlieren (*Klang, Stimme, a. Diskussion etc*) 9 e-r Spur nachgehen 10 fischen (**for** nach) C S 1 nachgeschleppter Teil, *bes* Schleppe *f* (*e-s Kleides*) 2 Schweif *m*, Schwanz *m* (*e-s Meteors etc*): **~ of smoke** Rauchfahne *f* 3 Spur *f*: **~ of blood** Blutspur 4 JAGD *u. fig* Fährte *f*, Spur *f*: **be on sb's ~** j-m auf der Spur sein; **be hot on sb's ~** j-m dicht auf den Fersen sein; **be off the ~** auf der falschen Spur sein; → camp[1] B 1 5 (Trampel)Pfad *m*, Weg *m*: **blaze the ~** a den Weg markieren b *fig* den Weg bahnen (**for** für), bahnbrechend sein, Pionierarbeit leisten (**in the field of** auf dem Gebiet *gen*) 6 MIL Gewehr-rechts-Haltung *f* (→ A 6) 7 MIL Lafettenschwanz *m*

trail| bike S geländegängiges Motorrad; **~blazer** S 1 Wegmarkierer(in) 2 *fig* Bahnbrecher(in), Pionier(in) (*beide:* **in the field of** auf dem Gebiet *gen*); **~blazing** ADJ *fig* bahnbrechend

trailer S 1 BOT Kriechpflanze *f* 2 AUTO *etc* a Trailer *m*, Anhänger *m* b *US* Wohnwagen *m*, Wohnanhänger *m*: **~ court** (*od* **park**) Platz *m* für Wohnwagen; **~ house** Wohnwagen *m* 3 FILM, TV Trailer *m*, Vorschau *f* 4 FILM Trailer *m* (*unbelichteter Endstreifen e-r Filmrolle*)

trailing| aerial (*bes US* **antenna**) S FLUG, ELEK Schleppantenne *f*; **~ arbutus** → arbutus 2; **~ axle** S BAHN hintere Laufachse

train [treɪn] A S 1 BAHN (Eisenbahn)Zug *m*: **go by ~** mit dem Zug *od* der Bahn fahren; **be on the ~** im Zug sein *od* sitzen, mitfahren; **take a ~ to** mit dem Zug fahren nach 2 Zug *m* (*von Personen, Wagen etc*), Kette *f*, Kolonne *f*: **~ of barges** Schleppzug (*Kähne*) 3 Gefolge *n* (*a. fig*): **~ of admirers**; **have** (*od* **bring**) **in its ~** *fig* zur Folge haben, mit sich bringen 4 *fig* Reihe *f*, Folge *f*, Kette *f* (*von Ereignissen etc*): **~ of thought** Gedankengang *m*; **in ~** a im Gang(e) b bereit (**for** für); **put in ~** in Gang setzen 5 MIL *bes* HIST Train *m*, Tross *m* 6 MIL, *a. Bergbau*: Leitfeuer *n*, Zündlinie *f* 7 TECH a Walzwerk *n* b *a.* **~ of wheels** Trieb-, Räderwerk *n* 8 Schleppe *f* (*am Kleid*) 9 ASTRON (*Kometen*)Schweif *m* 10 PHYS Reihe *f*, Serie *f*: **~ of impulses** Stromstoßreihe, -serie; **~ of waves** Wellenzug *m* 11 CHEM Gerätesatz *m* B V/T 1 *j-n* er-, aufziehen 2 BOT a (*bes* am Spalier) ziehen b wachsen lassen 3 *j-n* ausbilden (*a.* MIL), *a. das Auge, den Geist* schulen: → trained 4 *j-m etwas* einexerzieren, beibringen 5 SPORT *e-n Läufer, ein Pferd etc* trainieren 6 a *Tiere* abrichten, dressieren (**to do** zu tun) b *Pferde* zureiten 7 *ein Geschütz etc* richten (**on** auf *akk*) C V/I 1 sich ausbilden (**for** zu, als), sich schulen *od* üben: **where did you ~?** wo wurden Sie ausgebildet?; **she's ~ing to be a make-up artist** sie macht e-e Ausbildung als Maskenbildnerin 2 SPORT trainieren (**for** für) 3 mit dem Zug *od* der Bahn fahren

Phrasal Verbs: **train| down** V/I SPORT abtrainieren, Gewicht machen, abkochen *umg*; **~ off** SPORT A V/I außer Form kommen B V/T *Gewicht* abtrainieren *umg*, abkochen *sl*

train| accident S Zugunglück *n*; **~band** S HIST *Br* Bürgerwehr *f*; **~bearer** S Schleppenträger(in); **~ dispatcher** S BAHN Zugabfertigungsbeamte(r) *m*, -beamtin *f*

trained [treɪnd] ADJ 1 (voll) ausgebildet, gelernt, geschult: **~ personnel** (*a. als pl konstruiert*) Fachkräfte *pl*, geschultes Personal 2 geübt, geschult (*Auge etc*) 3 dressiert (*Hund etc*)

trainee [treɪˈni:] S 1 in der (Berufs-)Ausbildung Stehende(r) *m/f(m)*: a Auszubildende(r) *m/f(m)*, Lehrling *m* b Praktikant(in): **~ nurse** Lernschwester *f*, Schwesternschülerin *f*; **~ solicitor** *Br* (*bei e-m Solicitor angestellte[r]*) Rechtspraktikant(in) c *Management*: Trainee *m/f* 2 MIL *US* Soldat(in) in der Grundausbildung

trainer S 1 Ausbilder(in) 2 SPORT Trainer(in) 3 a Abrichter(in), Dresseur(in) b Zureiter(in) c Dompteur *m*, Dompteuse *f* 4 *Br aus Leder*: Turnschuh *m*

train ferry S Eisenbahnfähre *f*

training A S 1 Schulung *f*, Ausbildung *f* 2 Üben *n* 3 SPORT Training *n*: **be in ~** a im Training stehen b (gut) in Form sein; **be in light ~** leicht trainieren; **be out of ~** nicht in Form sein; **go into ~** das Training aufnehmen; → physical A 1 4 a Abrichten *n* (*von Tieren*) b Zureiten *n* 5 BOT Ziehen *n* (*am Spalier*) B ADJ 1 Ausbildungs…, Schulungs…, Lehr… 2 SPORT Trainings…; **~ aids** SPL SCHULE *etc* Schulungshilfsmittel *pl*; **~ area** S MIL Truppenübungsplatz *m*; **~ camp** S 1 SPORT Trainingslager *n* 2 MIL Ausbildungslager *n*; **~ center**, *bes Br* **~ centre** S Ausbildungs-, Schulungszentrum *n*; **~ college** S SCHULE *Br* berufsbildende Schule; **~ film** S Lehrfilm *m*; **~ flight** S FLUG Ausbildungs-, Übungsflug *m*; **~ injury** S MED, SPORT Trainingsverletzung *f*; **~ lesson** S Trainerstunde *f*; **~ program(me)** S 1 Ausbildungs-, Schulungsprogramm *n* 2 SPORT Trainingsprogramm *n*; **~ school** S *US* 1 SCHULE berufsbildende Schule 2 JUR Jugendstrafanstalt *f*; **~ session** S SPORT Trainingseinheit *f*; **~ ship** S Schulschiff *n*; **~ shoe** S *Br* Trainingsschuh *m*

train| journey S Bahnfahrt *f*; **~load** S Zugladung *f*; **~man** [-mən] S *irr US* Angehörige(r) *m* des Zugbegleitpersonals; **~ oil** S (Fisch)Tran *m*, *bes* Walöl *n*; **~ service** S Zug-, Bahnverbindung *f*; **~ set** S Modelleisenbahn *f*; **~sick** ADJ: **she gets easily ~** ihr wird beim Zugfahren leicht schlecht; **~ spotter** S *Br* Lokomotivnummernsammler(in); **~ spotting** S Lokomotivnummernsammeln *n*; **~ staff** S (*a. als pl konstruiert*) Zugpersonal *n*; **~ surfer** S (*etwa*) S-Bahn-Surfer(in); **~ surfing** S (*etwa*) S-Bahn-Surfen *n*

traipse [treɪps] *umg* A V/I latschen B V/T latschen durch

trait [treɪ; treɪt] S 1 (Charakter)Zug *m*, (-)Eigenschaft *f* 2 *fig* Anflug *m* (**of** von)

traitor [ˈtreɪtə(r)] S Verräter *m* (**to** *gen od* an *dat*); **traitorous** ADJ (ADV ~ly) verräterisch; **traitress** [-trɪs] S Verräterin *f* (**to** *gen od* an *dat*)

trajectory [ˈtrædʒɪktərɪ; *bes US* trəˈdʒek-] S 1 MATH, PHYS Flugbahn *f* 2 MATH Trajektorie *f* (*Kurve, die alle Kurven e-r gegebenen Kurvenschar genau einmal schneidet*)

tram[1] [træm] A S 1 *Br* a Straßenbahn(-wagen) *f(m)*: **by ~** mit der Straßenbahn b → tramway 1 2 *Bergbau*: Förderwagen *m*, Hund *m* B V/T *Bergbau*: im Förderwagen transportieren

T

tram² [træm] S Trame(seide) *f*
tram³ [træm] A S 1 → trammel A 5 2 TECH Justierung *f* B V/T TECH justieren
tram|car S 1 *Br* a Straßenbahnwagen *m* b Triebwagen *m* (*e-r Straßenbahn*) 2 → tram¹ A 2; **~line** S 1 *Br* a Straßenbahnlinie *f* b *pl* Straßenbahngleis *n* 2 *pl Tennis, Badminton*: Seitenlinien *pl* des Doppelspielfeldes 3 *pl fig* Leitprinzipien *pl*
trammel ['træml] A S 1 *a.* **~ net** Dreiwandnetz *n* (*zum Fischfang*) 2 Vogelnetz *n* 3 *pl fig* Fesseln *pl* 4 *a.* **(pair of) ~s** *pl* Stangenzirkel *m* 5 MATH Ellipsenzirkel *m* B V/T *prät u. pperf* -meled, *bes Br* -melled *fig* fesseln, einengen
tramontana [ˌtrɑːmən'tɑːnə] → tramontane B 2
tramontane [trə'mɒnteɪn; *US* -'mɑn-] A ADJ 1 transmontan (*jenseits der Berge gelegen*), *bes* transalpin(isch) 2 ausländisch B S 1 Ausländer(in) 2 Tramontana *f*, Tramontane *f* (*ein Nordwind in Oberitalien*)
tramp [træmp] A V/I 1 trampeln (**on** auf *akk*), stampfen, stapfen: → toe A 1 2 wandern 3 vagabundieren B V/T 1 durchwandern 2 trampeln *od* stampfen durch: **~ down** niedertrampeln C S 1 Trampeln *n* 2 schwerer Schritt, Stapfen *n* 3 Wanderung *f*, (Fuß)Marsch *m*: **on the ~** auf Wanderschaft 4 Vagabund(in), Landstreicher(in) 5 *umg* Flittchen *n pej* 6 *a.* **~ steamer** SCHIFF Trampschiff *n*, -dampfer *m*: **~ shipping** Trampschifffahrt *f*
trample ['træmpl] A V/I 1 *a.* **~ about** (*od* **around**) herumtrampeln (**on** auf *dat*) 2 **~ on** *fig j-s Gefühle etc* mit Füßen treten B V/T zertrampeln: **~ to death** zu Tode trampeln; **~ down** niedertrampeln; **~ out a fire** ein Feuer austreten; **~ underfoot** herumtrampeln auf (*dat*) C S Trampeln *n*
trampoline ['træmpəlɪn] S SPORT *etc* Trampolin *n*; **trampoliner**, **trampolinist** S a Trampolinspringer(in) b SPORT Trampolinturner(in)
tramway S 1 *Br* Straßenbahn(linie) *f* 2 *Bergbau*: a Schienenweg b Grubenbahn *f*
trance [trɑːns; *US* træns] A S 1 Trance (-zustand) *f(m)*: **go into a ~** in Trance fallen; **put into a ~** → B 1 2 Ekstase *f*, Verzückung *f*: **go into a ~** in Ekstase geraten; **put into a ~** → B 2 B V/T 1 in Trance versetzen 2 in Ekstase versetzen
trank [træŋk] S *US umg* Beruhigungsmittel *n*
trannie, tranny ['trænɪ] S *bes Br umg* Transistor *m* (*Transistorradio*)
tranquil ['træŋkwɪl] ADJ (ADV **~ly**) 1 ruhig, friedlich 2 gelassen 3 heiter; **tranquility**, *bes Br* **tranquillity** S 1 Ruhe *f*, Friede(n) *m* 2 Gelassenheit *f*, (Seelen)Ruhe *f* 3 Heiterkeit *f*; **tranquilization**, *bes Br* **tranquillization** [-laɪ'zeɪʃn; *US* -lə'z-] S Beruhigung *f*; **tranquilize**, *bes Br* **tranquillize** V/T & V/I (sich) beruhigen; **tranquilizer**, *bes Br* **tranquillizer** S Beruhigungsmittel *n*
trans. ABK 1 transaction 2 transferred 3 LING transitive trans. 4 transport(ation) 5 transverse
trans- [trænz; -s] *Vorsilbe mit den Bedeutungen* a jenseits b durch c über
transact [træn'zækt; -'sækt] A V/T *ein Geschäft etc* durchführen, erledigen, abwickeln, *e-n Handel* abschließen B V/I verhandeln, unterhandeln (*beide:* **with** mit); **transaction** S 1 Durchführung *f*, Abwicklung *f*, Erledigung *f* 2 Ver-, Unterhandlung *f* 3 WIRTSCH Transaktion *f*, Geschäft *n*, (Geschäfts)Abschluss *m*: → account C 1 4 JUR Rechtsgeschäft *n* 5 IT Transaktion *f* (*kurzer Teilauftrag an e-n Computer, der vorrangig bearbeitet wird*) 6 *pl* WIRTSCH (Geschäfts)Umsatz *m* 7 *pl* Protokoll *n*, Sitzungsbericht *m* (*der Börse od e-r gelehrten Gesellschaft*); **transactor** [-tə(r)] S 1 Durchführende(r) *m/f(m)* 2 Unterhändler(in)
transalpine [ˌtrænz'ælpaɪn; *US a.* ˌtræns-] ADJ transalpin(isch)
transatlantic [ˌtrænzət'læntɪk; *US a.* ˌtræns-] ADJ (ADV **~ally**) 1 transatlantisch, überseeisch 2 über den Atlantik: **a ~ flight**
transboundary [ˌtrænz'baʊndərɪ] ADJ grenzüberschreitend
transceiver [træn'siːvə(r)] S ELEK Transceiver *m* (*kombiniertes Sende-Empfangs-Gerät*)
transcend [træn'send] A V/T 1 *bes fig* überschreiten, -steigen, hinausgehen über (*akk*): **~ sb's imagination** j-s Vorstellungsvermögen übersteigen 2 *fig* übertreffen B V/I *fig* hervorragen, -stechen; **transcendence**, **transcendency** S 1 Überlegenheit *f*, Erhabenheit *f* 2 REL, *a.* MATH, PHIL Transzendenz *f*; **transcendent** ADJ (ADV **~ly**) 1 transzendent: a PHIL übersinnlich b REL überweltlich, -natürlich 2 hervorragend
transcendental [ˌtrænsen'dentl] A ADJ (ADV **~ly**) 1 PHIL transzendental: a *Scholastik: alle Kategorien u. Gattungsbegriffe übersteigend* b (*bei Kant*) *vor aller Erfahrung liegend*: **~ idealism** transzendentaler Idealismus; **~ object** reales Objekt; **~ philosophy** → transcendentalism 2 übernatürlich, -menschlich 3 erhaben, überlegen 4 abstrakt (*Vorstellungen etc*) 5 MATH transzendent (*nicht algebraisch*): **~ function**; **~ number** → B 1 6 **~ meditation** transzendentale Meditation (*e-e auf Hindu-Traditionen aufbauende Meditationstechnik*) B S 1 MATH transzendente Zahl 2 *pl Scholastik*: Transzendentalien *pl* (*die allgemeinsten Begriffe*); **transcendentalism** [-təlɪzəm] S Transzendentalphilosophie *f*, Transzendentalismus *m*; **transcendentalist** S Transzendentalphilosoph(in), Transzendentalist(in)
transconductance [ˌtrænzkən'dʌktəns; ˌtræns-] S ELEK Gegenwirkleitwert *m*
transcontinental ['trænzˌkɒntɪ'nentl; *US* ˌtrænsˌkɑnt'nentl] ADJ (ADV **~ly**) 1 transkontinental (*den od e-n Erdteil durchziehend od -querend*) 2 auf der anderen Seite des *od* e-s Kontinents (gelegen *etc*)
transcribe [træn'skraɪb] V/T 1 abschreiben, kopieren 2 a übertragen (**into** in *e-e andere Schriftart*) b transkribieren (*in Lautschrift übertragen*) 3 MUS transkribieren, umschreiben (*beide:* **for** für) 4 RADIO, TV a aufzeichnen, auf Band nehmen b (vom Band) übertragen 5 IT umschreiben (**from … to** von … auf *akk*); **transcript** [-skrɪpt] S Abschrift *f*, Kopie *f*; **transcription** S 1 Abschreiben *n* 2 Abschrift *f*, Kopie *f* 3 Umschrift *f* 4 MUS Transkription *f* 5 RADIO, TV a Aufnahme *f* b Aufzeichnung *f*: **~ turntable** Abspieltisch *m* (*für Tonaufnahmen*)
transculturation ['trænzˌkʌltʃə'reɪʃn] S Kulturwandel *m*
transducer [trænz'djuːsə(r); træns-; *US a.* -'duː-] S 1 ELEK (Um)Wandler *m* 2 TECH (Messwert)Umformer *m*
transect [træn'sekt] V/T durchschneiden
transept ['trænsept] S ARCH Transept *m/n*, Querschiff *n*
transf. ABK transferred
transfer [træns'fɜː; *US* -'fɜr; *a.* 'træns,-] A V/T 1 hinüberbringen, -schaffen (*beide:* **from … to** von … nach *od* zu) 2 übergeben, -mitteln (*beide:* **to sb** j-m) 3 *Truppen, s-n Wohnsitz etc* verlegen (**to** nach, zu; **in, into** in *akk*): **~ a patient** MED e-n Patienten überweisen (**to** an *akk*); **~ one's weight** das Gewicht verlagern 4 a *e-n Beamten, Schüler* versetzen (**to** nach; **in, into** in *e-e andere Schule etc*) b (**to**) SPORT *e-n Spieler* transferieren (nach, zu), abgeben (an *akk*) 5 (**to**) JUR übertragen (auf *akk*), zedieren, abtreten (an *akk*) 6 WIRTSCH a *e-e Summe* vortragen b *e-n Posten, ein Wertpapier* umbuchen c *Aktien etc* übertragen, umschreiben 7 *Geld* überweisen (**to** an *j-n*, auf *ein Konto*) 8 *fig s-e Zuneigung etc* übertragen (**to** auf *akk*) 9 *fig* verwandeln (**into** in *akk*) 10 TYPO *e-n Druck, Stich* übertragen, umdrucken B V/I 1 (**to**) a übertreten (zu) b SPORT wechseln (nach, zu) (*Spieler*) 2 verlegt werden (**to** nach, zu; **in, into** in *akk*) 3 versetzt werden (**to** nach; **in, into** in *akk*) 4 BAHN *etc* umsteigen (**to** in *akk*) C S ['trænsfɜː; *US* -ˌfɜr] 1 Übergabe *f*, Übermittlung *f* (*beide:* **to** an *akk*) 2 Verlegung *f* (**to** nach, zu; **in, into** in *akk*): **~ of weight** Gewichtsverlagerung *f* 3 Versetzung *f* (**to** nach; **in, into** in *akk*) 4 (**to** nach, zu) SPORT a Transfer *m* b Wechsel *m* 5 (**to**) JUR Übertragung *f* (auf *akk*), Zession *f*, Abtretung *f* (an *akk*) 6 WIRTSCH a (*Wertpapier- etc*) Umbuchung *f* b (*Aktien- etc*) Übertragung *f*, (-)Umschreibung *f* 7 WIRTSCH (Geld)Überweisung *f* (**to** an *akk*, auf *akk*): **~ of foreign exchange** Devisentransfer *m* 8 TYPO a Abziehen *n*, Umdrucken *n* b Abzug *m*, Umdruck *m*, Übertragung *f* c Abziehbild *n* 9 BAHN *etc* a Umsteigen *n* b Umsteigefahrkarte *f* c *a.* SCHIFF Umschlagplatz *m* d Fährboot *n*; **transferability** S Übertragbarkeit *f*; **transferable** ADJ *bes* WIRTSCH, JUR übertragbar (*a. Wahlstimme*)
transfer| book S WIRTSCH (*Aktien- etc*) Umschreibungsbuch *n*; **~ characteristic** S ELEK Steuerkennlinie *f*; **~ deed** S Übertragungsurkunde *f*
transferee [ˌtrænsfɜː'riː] S 1 Versetzte(r) *m/f(m)* 2 JUR Erwerber(in), Übernehmer(in), Zessionar *m*
transference ['trænsfərəns; træns'fɜː-] S 1 → transfer C 2, C 3 2 JUR → transfer C 5 3 WIRTSCH → transfer C 6
transferential [ˌtrænsfə'renʃl] ADJ WIRTSCH Übertragungs…
transfer| fee S SPORT Ablöse(summe) *f*; **~ list** S *bes* FUSSB Transferliste *f*
transferor [træns'fɜːrə(r)] S JUR Zedent(in), Abtretende(r) *m/f(m)*
transfer| paper S TYPO Umdruckpapier *n*; **~ passenger** S *bes* FLUG Transitreisende(r) *m/f(m)*; **~ payments** SPL staatliche Unterstützungszahlungen *pl*; **~ picture** S Abziehbild *n*
transferrer [træns'fɜːrə(r)] S 1 Überträger(in) 2 → transferor
transfer| resistance S ELEK Übergangswiderstand *m*; **~ ticket** → transfer C 8 b; **~ value** S SPORT Marktwert *m*
transfiguration [ˌtrænsfɪgjʊ'reɪʃn] S 1 Umgestaltung *f* 2 REL a Transfiguration *f*, Verklärung *f* (*Christi*) b ♀ Fest *n* der Verklärung (*6. August*); **transfigure** [-'fɪgə; *US* -'fɪgjər] V/T 1 umgestalten, -formen (*beide:* **into** in *akk*, zu) 2 REL *u. fig* verklären: **~d with** verklärt vor (*dat*)
transfinite [træns'faɪnaɪt] MATH A ADJ transfinit, unendlich: **~ number** → B B S transfinite Zahl
transfix [træns'fɪks] V/T 1 durchstechen, -bohren (*a. fig*) 2 *fig* erstarren lassen, lähmen: **~ed** wie versteinert, starr (**with** vor *dat*); **transfixion** [-'fɪkʃn] S 1 Durchbohrung *f* 2 *fig* Erstarrung *f*
transform [træns'fɔː(r)m] A V/T 1 umgestalten, -wandeln, -bilden, -formen, *a. fig j-n* verwandeln, -ändern (*beide:* **into, to** in *akk*, zu) 2 transformieren: a ELEK umspannen b LING, MATH umwandeln (**into** in *akk*) B V/I sich verwandeln (**into** zu); **transformable** ADJ um-, verwandelbar

T

transformation [ˌtrænsfə(r)'meɪʃn] S 1 Umgestaltung *f*, -wandlung *f*, -bildung *f*, -formung *f*, *a. fig* Verwandlung *f*, -änderung *f* (*beide:* **into, to** in *akk*, zu) 2 *fig* (*Charakter-, Sinnes*) Änderung *f* 3 Transformation *f*: a ELEK Umspannung *f* b LING, MATH Umwandlung *f* (**into** in *akk*) 4 *meist* **~ scene** THEAT Verwandlungsszene *f* 5 (Damen)Perücke *f*; **transformational** [-ʃənl] ADJ LING transformationell, Transformations...: **~ grammar**

transformative [træns'fɔː(r)mətɪv] ADJ umgestaltend, -bildend

transformer S 1 Umgestalter(in), -wandler(in) 2 ELEK Transformator *m*, Trafo *m*, Umspanner *m*

transformism [træns'fɔː(r)mɪzəm] S BIOL Transformismus *m*, Deszendenztheorie *f*

transfuse [træns'fjuːz] V/T 1 *obs* umgießen 2 MED a *Blut* übertragen b *ein Serum etc* injizieren, einspritzen c e-e Blutübertragung bei *j-m* machen 3 *fig* einflößen (**into** *dat*) 4 *fig* a durchdringen b erfüllen (**with** mit); **transfusion** [-ʒn] S 1 *obs* Umgießen *n* 2 MED a (*Blut*) Transfusion *f*, (-)Übertragung *f* b Injektion *f* 3 *fig* Erfüllung *f* (**with** mit)

transgress [træns'gres] A V/T 1 überschreiten (*a. fig*) 2 *fig ein Gesetz etc* übertreten, verletzen B V/I sündigen (**against** gegen); **transgression** [-ʃn] S 1 Überschreitung *f* (*a. fig*) 2 Übertretung *f*, Verletzung *f* 3 Vergehen *n*, Missetat *f* 4 GEOL Transgression *f* (*Vorrücken des Meeres in Landgebiete*); **transgressive** ADJ (ADV **~ly**) verstoßend (**of** gegen); **transgressor** [-sə(r)] S Missetäter(in)

tranship [træn'ʃɪp], *etc* → transship *etc*

transhumance [træns'hjuːməns; trænz-] S Transhumanz *f* (*Wirtschaftsform, bei der das Vieh auf entfernte Sommerweiden gebracht wird*)

transience ['trænzɪəns; *US a.* -tʃəns], *a.* **transiency** [-sɪ] S Vergänglichkeit *f*, Flüchtigkeit *f*; **transient** A ADJ (ADV **~ly**) 1 (*zeitlich*) vorübergehend 2 vergänglich, flüchtig, kurz 3 wechselhaft 4 *US* sich vorübergehend aufhaltend 5 ELEK Einschalt..., Einschwing...: **~ current (impulse)**; **~ wave** → B 3 c 6 MUS überleitend B S 1 flüchtige Erscheinung 2 *US* a Durchreisende(r) *m/f(m)* b Gast *m* c Wanderarbeiter(in) d → **tramp** C 4 3 ELEK a Einschaltstoß *m* b Einschwingvorgang *m* c *a.* **~ wave** Wanderwelle *f*

transilluminate [ˌtrænzɪ'ljuːmɪneɪt; ˌtræns-; *bes US* -'luː-] V/T *bes* MED durchleuchten; **transillumination** S Durchleuchtung *f*

transistor [træn'sɪstə(r); -'zɪs-] ELEK A S 1 Transistor *m* 2 *umg* Transistorradio *n* B ADJ Transistor...: **~ ignition (radio,** *etc*); **transistorize** V/T transistorieren, transistorisieren: **~d** → transistor B

transit ['trænsɪt; -zɪt] A S 1 Durch-, Überfahrt *f*: **~ of persons** Personenverkehr *m* 2 a Durchgang *m* (*a.* ASTRON) b Durchgangsstraße *f* c Verkehrsweg *m* 3 WIRTSCH Transit *m*, Durchfuhr *f*, Transport *m* (*von Waren*): **in ~** unterwegs, auf dem Transport 4 Durchgangs-, Transitverkehr *m*: → **rapid** A 1 5 *fig* Übergang *m* (**from ... to** von ... zu; **into** in *akk*) B ADJ 1 *a.* ASTRON, ELEK Durchgangs...: **~ camp**; **~ circle** ASTRON Meridiankreis *m*; **~ lounge** FLUG Transithalle *f*, -raum *m*; **~ traffic** → A 4; **~ visa** Transitvisum *n* 2 WIRTSCH Transit..., Durchgangs...: **~ goods**; **~ duty** Durchfuhrzoll *m* C V/T durch-, überqueren, *a.* ASTRON gehen durch, passieren

transition [træn'sɪʒn; -'zɪʃn] S 1 *a.* MUS, PHYS → **transit** A 5: **~ element** CHEM Übergangselement *n*; **~ period** → 2 2 Übergangszeit *f*; **transitional**, *a.* **transitionary** [-ʃnərɪ; *US* -ʃəˌneriː] ADJ Übergangs...: **~ government (stage,** *etc*)

transitive ['trænsɪtɪv] A ADJ (ADV **~ly**) 1 LING transitiv, zielend: **~ verb** → B 2 *Logik*: transitiv (*Gleichung*) 3 Übergangs... B S LING Transitiv(um) *n*, transitives Verb, zielendes Zeitwort

transitoriness ['trænsɪtərɪnɪs; -zɪ-; *US* -ˌtəʊriː-; -ˌtɔː-] S Flüchtigkeit *f*, Vergänglichkeit *f*

transitory ['trænsɪtərɪ; -zɪ-; *US* -ˌtəʊriː; -ˌtɔː-] ADJ (ADV **transitorily**) 1 transitorisch, vorübergehend: **~ action** JUR *US* an keinen Gerichtsstand gebundene Klage 2 vergänglich, flüchtig

translatable [træns'leɪtəbl; trænz-] ADJ übersetzbar

translate [træns'leɪt; trænz-] A V/T 1 a übersetzen, -tragen (*beide:* **into** in *akk*): **~ a book into English** ein Buch ins Englische übersetzen *od* -tragen b dolmetschen 2 *Grundsätze etc* übertragen (**into** in *akk*): **~ ideas into action** Gedanken in die Tat umsetzen 3 *fig* a auslegen, interpretieren b ausdrücken (**in** in *dat*) 4 a *e-e chiffrierte Nachricht etc* übertragen b IT *Daten* übersetzen 5 REL a *e-e Reliquie etc* überführen, verlegen (*beide:* **to** nach) b *e-n Geistlichen* versetzen (**from ... to** von ... nach) 6 REL *j-n* entrücken 7 *obs j-n* hinreißen, verzücken B V/I 1 übersetzen 2 sich *gut etc* übersetzen lassen

translation [træns'leɪʃn, trænz-] S 1 Übersetzung *f*, -tragung *f* (*beide:* **into** in *akk*): **~ studies** *pl* Übersetzungswissenschaft *f* 2 *fig* Auslegung *f*, Interpretation *f* 3 a Übertragung *f* (*e-r chiffrierten Nachricht etc*) b IT Übersetzung *f* (*von Daten*): **~ program** Übersetzungsprogramm *n*; **~ software** Übersetzungssoftware *f*; 4 Versetzung *f* (*e-s Geistlichen*) (**from ... to** von ... nach) 5 REL Entrückung *f* 6 *obs* Verzückung *f*; **translational** [-ʃənl] ADJ Übersetzungs...; **translator** [-tə(r)] S 1 Übersetzer(in) 2 IT Übersetzer *m*

transliterate [trænz'lɪtəreɪt; træns-] V/T → transcribe 2; **transliteration** S Transkription *f*

translocate [ˌtrænzləʊ'keɪt; ˌtræns-; *US* 'trænsləʊˌkeɪt] V/T verlagern, *Chromosomenbruchstücke a.* translozieren, verlagern; **translocation** S Verlagerung *f*, BIOL *a.* Translokation *f*

translucence [trænz'luːsns; træns-], *a.* **translucency** [-sɪ] S 1 Lichtdurchlässigkeit *f* 2 Durchscheinen *n*; **translucent** ADJ (ADV **~ly**) 1 a lichtdurchlässig b halb durchsichtig: **~ glass** Milchglas *n* 2 durchscheinend

translunar(y) [trænz'luːnərɪ; træns-] ADJ 1 translunar(isch): a *jenseits des Mondes befindlich* b *über die Mondumlaufbahn hinausfliegend* (*Raumflugkörper*) 2 *fig* a unwirklich b fantastisch

transmarine [ˌtrænzmə'riːn; ˌtræns-] ADJ überseeisch, Übersee...

transmigrant [trænz'maɪgrənt; træns-] A S 1 Durchreisende(r) *m/f(m)* 2 Auswanderer *m*, Auswanderin *f*, Übersiedler(in) B ADJ durchziehend; **transmigrate** [ˌtrænzmaɪ'greɪt; ˌtræns-; *US* træns'maɪˌgreɪt; trænz-] V/I 1 fortziehen 2 auswandern, übersiedeln 3 wandern (*Seele*) 4 MED überwandern (*Ei-, Blutzelle etc*); **transmigration** [-maɪ'greɪʃn] S 1 Auswanderung *f*, Übersiedlung *f* 2 *a.* **~ of souls** REL Seelenwanderung *f* 3 MED a Überwandern *n* b Diapedese *f* (*Durchtritt von Blutkörperchen durch e-e unverletzte Gefäßwand*); **transmigrationism** S REL Lehre *f* von der Seelenwanderung; **transmigratory** [-'maɪgrətərɪ; *US* -ˌtəʊriː; -ˌtɔː-] ADJ auswandernd, übersiedelnd

transmissibility [trænzˌmɪsə'bɪlətɪ; træns-] S 1 Übersendbarkeit *f* 2 *a.* MED *u. fig* Übertragbarkeit *f* (**to** auf *akk*) 3 BIOL, MED Vererblichkeit *f* 4 PHYS (*Licht- etc*) Durchlässigkeit *f*; **transmissible** ADJ 1 übersendbar 2 *a.* MED *u. fig* übertragbar (**to** auf *akk*) 3 BIOL, MED vererblich 4 PHYS (*licht- etc*) durchlässig

transmission [trænz'mɪʃn; træns-] S 1 Übersendung *f*, -mittlung *f*, WIRTSCH Versand *m* 2 Übermittlung *f*: **~ of news** Nachrichtenübermittlung, -übertragung *f* 3 LING (*Text*) Überlieferung *f* 4 TECH a Transmission *f*, Übersetzung *f* b Triebwelle *f*, -werk *n* 5 *allg* Übertragung *f*: a BIOL Vererbung *f* b MED Ansteckung *f* c RADIO, TV Sendung *f* d JUR Überlassung *f*: **~ of rights** Rechtsübertragung *f* e PHYS Fortpflanzung *f* (*von Wellen etc*) 6 PHYS (*Licht- etc*) Durchlässigkeit *f*; **~ belt** S TECH Treibriemen *m*; **~ case** S TECH Getriebegehäuse *n*; **~ error** S IT Übertragungsfehler *m*; **~ gear** S TECH Wechselgetriebe *n*; **~ line** S ELEK Übertragungsleitung *f*; **~ ratio** S TECH Übersetzungsverhältnis *n*; **~ shaft** S TECH Kardanwelle *f*

transmit [trænz'mɪt; træns-] V/T 1 (**to**) übersenden, -mitteln (*dat*), (ver)senden (an *akk*), befördern (zu) 2 *Eindrücke, Neuigkeiten etc* mitteilen (**to** *dat*) 3 *fig Ideen etc* überliefern, -mitteln, weitergeben (*alle:* **to** *dat*) 4 (**to**) *allg* übertragen (*a.* MED)(auf *akk*): a BIOL vererben (*dat*) b JUR überschreiben, vermachen (*beide: dat*) 5 PHYS *Wärme etc* a (fort-, weiter)leiten b *a. Kraft* übertragen c *Licht etc* durchlassen 6 RADIO, TV ausstrahlen, senden; **transmittal** → transmission 1, 2, 3, 4 a

transmitter S 1 Übersender(in), -mittler(in) 2 *Telegrafie*: Geber *m* 3 a RADIO, TV Sender *m* b (*tragbarer etc*) Sender 4 TECH Messwandler *m*, -umformer *m*; **transmitting** ADJ Sende...: **~ aerial** (*bes US* **antenna**) Sendeantenne *f*; **~ set** Sendegerät *n*; **~ station** Sender *m*

transmogrification [trænzˌmɒgrɪfɪ'keɪʃn; træns-; *US* -ˌmɑg-] S wundersame Verwandlung; **transmogrify** [-faɪ] V/T *hum* auf wundersame Weise verwandeln (**into** in *akk*)

transmontane [trænz'mɒnteɪn; træns-; *US* -'mɑn-] → tramontane

transmutable [trænz'mjuːtəbl; træns-] ADJ (ADV **transmutably**) um-, verwandelbar (*beide:* **into** in *akk*)

transmutation [ˌtrænzmjuː'teɪʃn; ˌtræns-] S 1 Umwandlung *f* (*a.* CHEM, PHYS), Verwandlung *f* (*beide:* **into** in *akk*) 2 BIOL Transmutation *f*, Umbildung *f*; **transmutative** [-'mjuːtətɪv] ADJ umwandelnd

transmute [trænz'mjuːt; træns-] V/T umwandeln (*a.* CHEM, PHYS), verwandeln (*beide:* **into** in *akk*)

transnational [trænz'næʃənl; træns-] A ADJ (ADV **~ly**) 1 transnational, grenzüberschreitend 2 WIRTSCH multinational (*Konzern*) B S WIRTSCH multinationaler Konzern

transoceanic ['trænzˌəʊʃɪ'ænɪk; *US a.* 'træns-] ADJ 1 transozeanisch (*jenseits e-s Ozeans liegend*) 2 Ozean...

transom ['trænsəm] S 1 ARCH a Querbalken *m* (*über e-r Tür*) b (Quer)Blende *f* (*e-s Fensters*) 2 *a.* **~ window** *bes US* a Sprossenfenster *n* b Oberlicht *n* 3 SCHIFF Heckwerk *n*

transonic [træn'sɒnɪk; *US* -'sɑ-] ADJ PHYS transsonisch, schallnah: **~ barrier** → sound barrier

transp. ABK transport(ation)

transparency [træns'pærənsɪ] S 1 Durchsichtigkeit *f* 2 *bes* PHYS Transparenz *f*, (Licht)Durchlässigkeit *f* 3 Transparent *n*, Leuchtbild *n* 4 FOTO Diapositiv *n*, Dia *n* 5 Folie *f* (*für e-n Tageslichtprojektor*); **transparent** ADJ (ADV **~ly**) 1 a durchsichtig: **~ colo(u)r** Lasurfarbe *f*; **~ folder** Klarsichthülle *f*; **~ pack**

Klarsichtpackung *f* b GASTR glasig: **fry sth until ~** etwas glasig braten 2 *bes* PHYS transparent (*a.* IT), (licht)durchlässig 3 *fig* durchsichtig, offenkundig, leicht zu durchschauen(d) (*Lüge etc*) 4 *fig* klar (*Stil etc*) 5 *fig* offen, ehrlich

transpierce [træns'pɪə(r)s] VT durchbohren, -dringen

transpiration [ˌtrænspə'reɪʃn] S PHYSIOL Transpiration *f* (*a.* BOT): a Hautausdünstung *f* b Schwitzen *n*

transpire [træn'spaɪə(r)] A VI 1 PHYSIOL transpirieren (*a.* BOT), schwitzen 2 ausgedünstet werden 3 *fig* bekannt werden 4 *umg* passieren, sich ereignen, vorfallen B VT PHYSIOL ausdünsten, -schwitzen

transplant [træns'plɑːnt; *US* -'plænt] A VT 1 BOT ver-, umpflanzen 2 MED *ein Herz etc* transplantieren, verpflanzen: **~ed** fremd 3 *fig* verpflanzen, -setzen, umsiedeln (**to** nach; **into** in *akk*) B VI sich *leicht etc* verpflanzen lassen C S ['trænsplɑːnt; *US* -ˌplænt] a → transplantation b MED Transplantat *n*;; **transplantation** S Verpflanzung *f*: a BOT Umpflanzung *f* b *fig* Versetzung *f*, Umsiedlung *f* (**to** nach; **into** in *akk*) c MED Transplantation *f*;; **transplantee** [-'tiː] S MED Organempfänger(in)

transpolar [ˌtrænz'pəʊlə(r); ˌtræns-] ADJ den Nord- *od* Südpol überquerend, Polar…: **~ route**

transponder, *a.* **transpondor** [træn'spɒndə; *US* -'spɑndər] S ELEK Transponder *m*, Antwortsender *m*

transpontine [ˌtrænz'pɒntaɪn; *US* træns-'pɑn-] ADJ 1 jenseits der Brücke gelegen 2 *Br obs* (*in London*) südlich der Themse gelegen

transport A VT [træn'spɔː(r)t; *US a.* -s'pəʊərt] 1 transportieren, befördern, fortschaffen, versenden 2 (*meist passiv*) *fig* a *j-n* hinreißen, entzücken: **be ~ed with joy** außer sich vor Freude sein b heftig erregen, aufwühlen 3 *bes* HIST deportieren 4 *obs* ins Jenseits befördern, töten B S ['trænspɔː(r)t; *US a.* -ˌpəʊərt] 1 a Transport *m* (*a.* PHYS), Beförderung *f*: **~ facilities** Transportmöglichkeiten, -mittel; **~ phenomena** PHYS Transporterscheinungen; **~ theory** PHYS Transporttheorie *f* b Versand *m*, Verschiffung *f* c Verkehr *m* 2 Beförderungsmittel *n od pl*: **I'm without ~ today** ich bin heute ohne Auto, ich habe heute kein Auto 3 *a.* **~ ship** a Transport-, Frachtschiff *n* b Truppentransporter *m* 4 *a.* **~ plane** a Transportflugzeug *n* b Truppentransporter *m* 5 *fig* a Taumel *m* (*der Freude etc*) b heftige Erregung: **be in a ~ of joy (rage)** außer sich vor Freude (Wut) sein

transportability [træn ˌspɔː(r)tə'bɪlətɪ; *US a.* -s ˌpəʊər-] S Transportfähigkeit *f*, Versendbarkeit *f*; **transportable** ADJ transportfähig, versendbar

transportation [ˌtrænspɔː'teɪʃn; *US* -pər-] S 1 → transport B 1 2 Transportsystem *n* 3 *bes US* a Beförderungs-, Verkehrsmittel *pl* b Transport-, Beförderungskosten *pl* c Fahrschein *m*, -ausweis *m* 4 *bes* HIST Deportation *f*

transport café S *Br* Fernfahrerlokal *n*

transporter S 1 Transportarbeiter(in) 2 AUTO Transporter *m*; **~ bridge** S Fährbrücke *f*

transpose [træns'pəʊz] VT 1 umstellen, umgruppieren (*beide a.* LING), ver-, umsetzen 2 transponieren: a CHEM umlagern b MATH vertauschen c MUS versetzen 3 ELEK, TECH *Leitungen etc* kreuzen

transposition [ˌtrænspə'zɪʃn] S 1 Umstellung *f*, Umgruppierung *f* (*beide a.* LING), Ver-, Umsetzung *f* 2 Transposition *f*: a CHEM Umlagerung *f* b MATH Vertauschung *f* c MUS Versetzung *f* 3 ELEK, TECH Kreuzung *f* (*von Leitungen etc*)

transputer [træns'pjuːtə(r)] S COMPUT Transputer *m* (*ein leistungsfähiger Mikroprozessor*)

transsexual [trænz'seksjʊəl; *US* -'sekʃəwəl] PSYCH A ADJ (ADV **~ly**) transsexuell B S Transsexuelle(r) *m/f(m)*; **transsexualism** S Transsexualismus *m* (*Identifizierung mit dem anderen Geschlecht, verbunden mit dem Wunsch nach e-r Geschlechtsumwandlung*)

transship [træns'ʃɪp] VT WIRTSCH, SCHIFF *Waren* umladen, umschlagen; **transshipment** S Umladung *f*, Umschlag *m*: **~ charge** Umladegebühr *f*; **~ port** Umschlaghafen *m*

transubstantiate [ˌtrænsəb'stænʃɪeɪt; *US* -tʃiː-] A VT um-, verwandeln (*beide:* **into** in *akk*) B VI KATH die Wandlung vollziehen; **transubstantiation** S 1 Um-, Verwandlung *f* (*beide:* **into** in *akk*) 2 KATH Transsubstantiation *f*, Wandlung *f*

transudate ['trænsjʊdeɪt; -sʊ-; *US a.* træns'juːdət] S 1 PHYSIOL Transsudat *n* (*bei der Transsudation abgesonderte Flüssigkeit*) 2 CHEM Ab-, Aussonderung *f*; **transudation** S 1 PHYSIOL Transsudation *f* (*nicht entzündliche Ansammlung von Flüssigkeit in Körperhöhlen etc*) 2 CHEM Ab-, Aussonderung *f*; **transude** [-'sjuːd; *US a.* -'suːd] A VI 1 PHYSIOL abgesondert werden (*Flüssigkeit*) 2 (durch)dringen, (-)sickern (*beide:* **through** durch) B VT CHEM ab-, aussondern

transuranic [ˌtrænzjʊ'rænɪk; *US a.* ˌtrænʃə-'rænɪk; -'reɪ-], **transuranium** [-'reɪnjəm; -nɪəm] ADJ CHEM transuranisch: **~ element** Transuran *n*

transversal [trænz'vɜːsl; træns-; *US* -'vɜrsəl] A ADJ (ADV **~ly**) → transverse A B S MATH Transversale *f* (*Gerade, die e-e Figur schneidet*)

transverse ['trænzvɜːs; ˌtrænz'vɜːs; *US* -'vɜrs] A ADJ (ADV **~ly**) *bes* MATH, TECH transversal, Quer…, quer laufend: **~ beam** Querbalken *m*; **~ colon** ANAT Querdarm *m*; **~ flute** MUS Querflöte *f*; **~-mounted** AUTO quer liegend (*Motor*); **~ presentation** MED Querlage *f*; **~ process** ANAT Querfortsatz *m*; **~ section** MATH Querschnitt *m*; **~ wave** PHYS Transversal-, Querwelle *f* B S Querstück *n*

transverter [trænz'vɜːtə; *US* træns'vɜrtər; trænz-] S ELEK Transverter *m*, Gleichspannungswandler *m*

transvestism [trænz'vestɪzəm; træns-] S PSYCH Transvestismus *m* (*Verlangen, Kleidung des anderen Geschlechts zu tragen*); **transvestite** [-taɪt] S PSYCH Transvestit *m*

Transylvanian [ˌtrænsɪl'veɪnjən] A ADJ siebenbürgisch: **~ Alps** Südkarpaten B S Siebenbürger(in)

trap[1] [træp] A S 1 JAGD Falle *f* (*a. fig*): **set a ~ for** a e-e Falle für *ein Tier* aufstellen b *j-m* e-e Falle stellen; **set ~s for mice** Mäusefallen aufstellen; **fall** (*od* **walk**) **into a ~** in e-e Falle gehen; **fall** (*od* **walk**) **into sb's ~** j-m in die Falle gehen 2 CHEM (Ab)Scheider *m* 3 TECH a Auffangvorrichtung *f* b Dampf-, Wasserverschluss *m* c (Sperr)Klappe *f* d Traps *m*, Geruchsverschluss *m* (*im Klosett*) 4 ELEK (Funk)Sperrkreis *m* 5 *pl* MUS *sl* Schießbude *f* (*Schlagzeug*) 6 *Golf*: Bunker *m* 7 *Trapschießen*: Wurfmaschine *f* 8 *Fischfang*: Reuse *f* 9 → trapdoor 10 *Br ein leichter zweirädriger Einspänner* 11 *sl* Schnauze *f*, Fresse *f*: **keep one's ~ shut** die Schnauze halten B VT 1 (mit *od* in e-r Falle) fangen, *a.* PHYS *Elektronen* einfangen 2 einschließen: **the miners are ~ped; be ~ped under an avalanche** unter e-r Lawine begraben sein 3 *fig* in e-e Falle locken: **they ~ped him into admitting that …** er ging ihnen auf den Leim u. gab zu, dass … 4 Fallen aufstellen in (*dat*) 5 TECH a mit e-r Klappe *od* e-m Wasserverschluss *etc* versehen b *Gas etc* abfangen 6 SPORT *e-n Ball* stoppen C VI Fallen aufstellen

trap[2] [træp] S 1 *obs* → trappings 1 2 *pl umg* a Siebensachen *pl* b Gepäck *n*

trap[3] [træp] S GEOL Trapp *m* (*treppenartig übereinanderliegender Basalt*)

trapdoor S 1 Fall-, Klapptür *f*, (FLUG Boden)Klappe *f* 2 THEAT Versenkung *f* 3 *Bergbau*: Wettertür *f*

trapes → traipse

trapeze [trə'piːz; *US a.* træ-] S *Artistik, Segeln*: Trapez *n*: **~ artist** Trapezkünstler(in); **trapeziform** [-zɪfɔː(r)m] ADJ trapezförmig; **trapezium** [-zjəm; -zɪəm] *pl* **-ziums, -zia** [-ə] S 1 MATH a *bes Br* Trapez *n* (*Viereck mit 2 parallelen, aber ungleich langen Seiten*) b *bes US* Trapezoid *n* (*Viereck ohne zueinander parallele Seiten*) 2 ANAT großes Vieleckbein (*der Handwurzel*)

trapezohedron [trəˌpiːzəʊ'hedrən; *US* -'hiː-; *a.* ˌtræpə-] *pl* **-drons, -dra** [-drə] S MATH Trapezoeder *n* (*von gleichschenkeligen Trapezen begrenzter Körper*)

trapezoid ['træpɪzɔɪd] A S 1 MATH a *bes US* → trapezium 1 a b *bes Br* → trapezium 1 b 2 ANAT kleines Vieleckbein (*der Handwurzel*) B ADJ → trapezoidal; **trapezoidal** ADJ MATH a *bes US* trapezförmig b *bes Br* trapezoidförmig

trapper S Trapper *m*, Fallensteller *m*, Pelztierjäger *m*

trappings SPL 1 Staatsgeschirr *n* (*für Pferde*) 2 Insignien *pl*, *fig a.* Drum u. Dran *n*: **the ~ of power** die Insignien der Macht

Trappist ['træpɪst] KATH A S Trappist(in) B ADJ Trappisten…

trappy ['træpɪ] ADJ tückisch (*Boden etc*)

trap|rock → trap[3]; **~shooter** S SPORT Trapschütze *m*, -schützin *f*; **~shooting** S SPORT Trapschießen *n*

trash [træʃ] A S 1 *bes US* Abfall *m*, Abfälle *pl*, Müll *m* 2 Schund *m* (*Bücher etc*) 3 Blech *n*, Quatsch *m*: **talk ~** 4 Gesindel *n*, Ausschuss *m*: **white ~** *sl* (*die*) arme weiße Bevölkerung (*im Süden der USA*) 5 Reisig *n* 6 a Bagasse *f* (*ausgepresster Stängel des Zuckerrohrs*) b Kornhülsen *pl* 7 *US sl* → laptop B VT *bes US* 1 *sl* demolieren, *a. fig die Umwelt etc* zerstören 2 *fig ein Buch etc* verreißen; **~ can** S *US* 1 Abfall-, Mülleimer *m* 2 Abfall-, Mülltonne *f*; **~ compactor** S *US* Abfallpresse *f*

trashiness ['træʃɪnɪs] S Wertlosigkeit *f*, Minderwertigkeit *f*

trashman [-mæn] S *irr US* Müllmann *m*, *pl a.* Müllabfuhr *f*; **trashy** ADJ (ADV trashily) wertlos, minderwertig, Schund…: **~ novel**

trass [træs] S GEOL Trass *m*, Tuffstein *m*

trattoria [ˌtrætə'riːə; *US* ˌtrɑː-] S Trattoria *f* (*italienische Gastwirtschaft*)

trauma ['trɔːmə; 'traʊmə] S Trauma *n*: a MED Wunde *f*, Verletzung *f* b PSYCH Schock *m*, seelische Erschütterung; **traumatic** [-'mætɪk] ADJ (ADV **~ally**) MED, PSYCH traumatisch: **~ experience (neurosis, psychosis)**; **~ cataract** MED Wundstar *m*; **~ medicine** Unfallmedizin *f*; **~ tissue** MED Wundgewebe *n*; **traumatism** ['trɔːmətɪzəm; 'traʊ-] → trauma a; **traumatize** VT MED verwunden, verletzen: **be ~d about** PSYCH ein …trauma haben

trav. ABK 1 travel(l)er 2 travels

travail ['træveɪl; *US a.* trə'veɪl] *obs od poet* A S 1 mühevolle Arbeit 2 MED Kreißen *n*, (Geburts)Wehen *pl*: **be in ~** → B 2 3 *fig* Pein *f*, Seelenqual *f*: **be in ~ with** (schwer) ringen mit B VI 1 sich (ab)mühen 2 MED kreißen, in den Wehen liegen

travel ['trævl] A S 1 Reisen *n* 2 (längere) Reise 3 *pl*, *a.* **book of ~s** Reisebeschreibung *f* 4 TECH Bewegung *f*, Lauf *m*, Weg *m*, *(Kolben- etc)* Hub *m*: **the ~ of a piston**; **~ shot** FILM Fahraufnahme *f* B VI *prät u. pperf* -eled, *bes Br* -elled 1 reisen, e-e Reise machen: **~ through** durchreisen, -fahren; **he has ~(l)ed widely** er ist ein weit gereister Mann 2 WIRTSCH reisen (**in** in *e-r Ware*), als (Handels)-Vertreter(in) arbeiten (**for** für) 3 a ASTRON, PHYS, TECH sich bewegen b PHYS sich fortpflanzen: **light ~s faster than sound**; **at what speed does light ~?** wie hoch ist die Lichtgeschwindigkeit?; → news 1 4 TECH sich hin- u. herbewegen *(Kolben etc)* 5 *fig* schweifen, wandern: **his glance ~(l)ed over the crowd**; **her mind ~(l)ed back to her childhood** sie versetzte sich in ihre Kindheit zurück 6 den Transport *(gut etc)* vertragen *(bes verderbliche Ware)* 7 *umg* a e-n Zahn draufhaben b sausen C VT *ein Land, a.* WIRTSCH *e-n Vertreterbezirk* bereisen, *ein Gebiet* durchwandern, *e-e Strecke* zurücklegen; **~ agency** S Reisebüro *n*; **~ agent** S 1 a Reisebüroinhaber(in) b Reisebürokaufmann *m*, -kauffrau *f*: **~'s** → 2 2 Reisebüro *n*; **~ alarm clock** S Reisewecker *m*; **~ allowance** S Reisekostenzuschuss *m*

travelator ['trævəleɪtə(r)] S Rollsteig *m*

travel| bureau S *a. irr* Reisebüro *n*; **~ card** S *(für eine Woche)* Wochenkarte *f*, *(für einen Monat)* Monatskarte *f*, *(für ein Gebiet, eine Region)* Netzkarte *f*; **a one-day ~** eine Tageskarte; **~ companion** S Reisebegleiter(in), -gefährte *m*, -gefährtin *f*

traveled, *bes Br* **travelled** ['trævld] ADJ 1 *(weit, viel)* gereist, *(weit)* herumgekommen *(Person)* 2 *(viel)* befahren *(Straße etc)*

traveler, *bes Br* **traveller** S 1 Reisende(r) *m/f(m)*: **traveler's check**, *Br* **traveller's cheque** Travellerscheck *m*, Reisescheck *m* 2 Weitgereiste(r) *m/f(m)* 3 *pl bes Br* fahrendes Volk 4 WIRTSCH (Handels)Vertreter(in), Handlungsreisende(r) *m/f(m)* 5 TECH Laufstück *n*; **~s' diarrh(o)ea** S MED Reisedurchfall *m*; **~'s-joy** S BOT Waldrebe *f*

travel expenses SPL *bes US* Reisekosten *pl*, -spesen *pl*

traveling, *bes Br* **travelling** A ADJ 1 reisend, wandernd: **~ folk** *(als pl konstruiert)*, **~ people** *pl bes Br* fahrendes Volk; **~ salesman** (Handels)Vertreter *m*, Handlungsreisende(r) *m* 2 Reise...: **~ alarm clock (bag, rug)** Reisewecker *m* (-tasche *f*, -decke *f*); **~ companion** → travel companion; **~ expenses** *Br* Reisekosten, -spesen 3 fahrbar, Wander..., auf Rädern: **~ circus** Wanderzirkus *m*; **~ library** Wanderbücherei *f* 4 TECH fahrbar, Lauf...: **~ crab** Laufkatze *f*; **~ crane** Laufkran *m*; **~ grate** Wanderrost *m* 5 PHYS fortschreitend, Wander...: **~ wave** B S Reisen *n*

travel insurance S Reiseversicherung *f*

travelogue, *US a.* **travelog** ['trævəlɒg; *US a.* -,lɑg] S Reisebericht *m (Vortrag, meist mit Lichtbildern)*

travel| season S Reisesaison *f*; **~-sick** ADJ reisekrank; **~ sickness** S Reisekrankheit *f*; **~ writer** S Reiseschriftsteller(in)

traversable ['trævə(r)səbl; trə'vɜːsəbl; *US* trə'vɜrs-] ADJ durch- *od* überquerbar; **traversal** → traverse C 1

traverse ['trævə(r)s; trə'vɜːs; *US* -'vɜrs] A VT 1 *e-e Wüste etc* durch-, überqueren 2 durchziehen, -fließen: **a district ~d by canals** 3 überspannen, führen über *(akk)*: **a bridge ~s the river** 4 in *e-m Raum etc* auf und ab gehen 5 MIL, TECH *ein Geschütz, e-e Maschine etc* schwenken 6 *Linien etc* kreuzen, schneiden 7 TECH quer hobeln 8 *fig etwas* durchgehen, (sorgfältig) durcharbeiten 9 *fig j-s Pläne etc* durchkreuzen 10 SCHIFF *ein Schiff* kreuzen 11 JUR a *ein Vorbringen* bestreiten b Einspruch gegen *e-e Klage* erheben 12 *Bergsteigen: e-n Abhang* traversieren (→ B 3) B VI 1 TECH sich drehen 2 SPORT traversieren: a *Fechten:* seitwärts ausfallen b *Reitsport:* im Seitengang reiten 3 *Bergsteigen:* traversieren *(horizontal an e-m Abhang entlangklettern)* C S 1 Durch-, Überquerung *f* 2 ARCH a Quergitter *n* b Querwand *f* c Quergang *m* d Traverse *f*, Querbalken *m*, -stück *n* 3 MATH Transversale *f (Gerade, die e-e Figur schneidet)* 4 SCHIFF Koppelkurs *m*: **work** (*od* **solve**) **a ~** die Kurse koppeln 5 MIL a Traverse *f*, Querwall *m (e-r Festung)* b Schulterwehr *f* 6 MIL Schwenken *n (e-s Geschützes)* 7 TECH a Schwenkung *f (e-r Maschine etc)* b schwenkbarer Teil 8 *Landvermessung:* Polygonierung *f (Bestimmung der Lage von Neupunkten)* 9 JUR a Bestreitung *f* b Einspruch *m* 10 *Bergsteigen:* a Traversierung *f* b Traverse *f*, Quergang *m* D ADJ (ADV ~ly) 1 Quer..., quer laufend: **~ drill** TECH Querbohrer *m*; **~ motion** Schwenkung *f* 2 Zickzack...: **~ sailing** SCHIFF Koppelkurs *m* 3 sich kreuzend: **two ~ lines**

travertin ['trævə(r)tɪn], **travertine** [-tɪn; -tiːn] S GEOL Travertin *m (ein mineralischer Kalkabsatz)*

travesty ['trævɪstɪ] A S 1 Travestie *f (komisch-satirische Umgestaltung)* 2 *fig* Zerrbild *n*, Karikatur *f*: **be a ~ of justice** ein Hohn auf die Gerechtigkeit sein, der Gerechtigkeit Hohn sprechen B VT 1 travestieren 2 *fig* ins Lächerliche ziehen, karikieren

travolator → travelator

trawl [trɔːl] SCHIFF A S 1 *a.* **~ net** Trawl *n*, (Grund)Schleppnetz *n* 2 *a.* **~ line** *US* Langleine *f* 3 → troll[1] C B VI 1 mit dem (Grund)Schleppnetz fischen (**for** *akk*) 2 → troll[1] C

tray [treɪ] S 1 Tablett *n* 2 Bauchladen *m umg* 3 *(Back)*Blech *n* 4 WIRTSCH Auslagekästchen *n (e-s Juweliers etc)* 5 Ablagekorb *m (im Büro)* 6 *(Koffer)*Einsatz *m* 7 Schacht *m (e-s Druckers)*; **~ agriculture** → hydroponic B

treacherous ['tretʃərəs] ADJ (ADV ~ly) 1 verräterisch, treulos *(beide:* **to** gegen*)* 2 (heim)tückisch, hinterhältig 3 *fig* trügerisch, tückisch *(Eis etc)*: **~ memory** unzuverlässiges Gedächtnis; **treacherousness** S 1 Treulosigkeit *f*, Verräterei *f* 2 Tücke *f (a. fig)*; **treachery** S 1 **(to)** Verrat *m (an dat)*, Treulosigkeit *f* (gegen) 2 Heimtücke *f*, Hinterhältigkeit *f*

treacle ['triːkl] S 1 *bes Br* a Sirup *m* b Melasse *f* 2 *fig* a Süßlichkeit *f (der Stimme etc)* b süßliches Getue 3 MED *obs* Gegengift *n*; **treacly** [-klɪ] ADJ 1 sirupartig, Sirup... 2 *fig* süßlich

tread [tred] A S 1 Tritt *m*, Schritt *m* 2 Trittfläche *f* 3 a Tritt(spur) *m(f)* b *(Rad- etc)* Spur *f* 4 TECH a Lauffläche *f (e-s Rades)* b AUTO *(Reifen)* Profil *n* 5 Spurweite *f* 6 Pedalabstand *m (am Fahrrad)* 7 a Fußraste *f*, Trittbrett *n* b *(Leiter)* Sprosse *f* 8 Auftritt *m (e-r Stufe)* 9 ORN a Treten *n (Begattung)* b Hahnentritt *m (im Ei)* B VT *prät* trod [trɒd; *US* trɑd], *pperf* trodden ['trɒdn; *US* 'trɑdn], trod 1 beschreiten: **~ a dangerous path** *fig* e-n gefährlichen Weg eingeschlagen haben; → board[1] A 8 2 *e-n Raum etc* durchmessen 3 *e-n Pfad* treten: **~ (down)** a zertreten, zertrampeln b festtreten; **~ in** eintreten; **~ mud into the carpet** Schmutz in den Teppich eintreten; **~ out** *ein Feuer* austreten; **~ underfoot** herumtreten auf *(dat)* 4 *e-n Tanzschritt* machen: → measure A 10 5 *ein Pedal etc, a. Wasser* treten 6 ORN *e-e Henne* treten *(Hahn)* C VI 1 treten (**on** auf *akk*): **~ lightly** (*od* **softly**) a leise auftreten b *fig* vorsichtig zu Werke gehen; → air[1] A 1, toe A 1 2 (einher)schreiten: → angel 1 3 **~ on** a herumtrampeln auf *(dat)* b zertrampeln 4 *fig* unmittelbar folgen (**on** auf *akk*): → heel[1] *Bes Redew* 5 ORN a treten *(Hahn)* b sich paaren

treadle ['tredl] A S 1 Tretkurbel *f*, Tritt *m*: **~ drive** Fußantrieb *m* 2 Pedal *n* B VT mit dem Fuß bedienen C VI ein Pedal *etc* bedienen *od* treten

treadmill S HIST Tretmühle *f (a. fig)*, Tretwerk *n*: **he wants to get** (*od* **step**) **off the ~**

treas. ABK 1 treasurer 2 treasury

treason ['triːzn] S 1 *allg* Verrat *m* (**to** an *dat*) 2 JUR a Landesverrat *m* b Hochverrat *m*; **treasonable** ADJ (ADV treasonably) (landes- *od* hoch-)verräterisch

treasure ['treʒə(r); *US a.* 'treɪ-] A S 1 Schatz *m*: **~ of gold** Goldschatz; **~s of the soil** Bodenschätze 2 Reichtum *m*, Reichtümer *pl*, Schätze *pl* 3 *fig* Schatz *m*, Kostbarkeit *f*: **this book is my chief ~** dieses Buch ist mein größter Schatz 4 **be a real ~** *umg* ein (wahres) Juwel *od* e-e (wahre) Perle sein *(Sekretärin etc)* 5 *umg* Schatz *m*, Liebling *m* B VT 1 *meist* **~ up** auf-, anhäufen, (an)sammeln 2 *a.* **~ up** a (hoch) schätzen b hegen, hüten: **~ sb's memory** j-s Andenken bewahren *od* in Ehren halten; **~ house** S 1 HIST Schatzhaus *n*, -kammer *f* 2 *fig* Fundgrube *f* (**of** von); **~ hunt** S Schatzsuche *f*; **~ island** S Schatzinsel *f*

treasurer S 1 Schatzmeister(in) *(a.* WIRTSCH*)*, *(e-s Vereins etc a.)* Kassenführer(in) *m*, -wart(in) 2 WIRTSCH *US* Leiter(in) der Finanzabteilung 3 *Br* Fiskalbeamte(r) *m*, -beamtin *f*: **≈ of the Household** Fiskalbeamter des königlichen Haushalts; **treasurership** S Schatzmeisteramt *n*, Amt *n* e-s Kassenwarts

Treasure| State S *US (Beiname für den Staat)* Montana *n*; **≈ trove** S 1 JUR (herrenloser) Schatzfund 2 → treasure house 2

treasury ['treʒərɪ; *US a.* 'treɪ-] S 1 → treasure house 1 2 ≈ POL *Br* Treasury *n*, Finanzministerium *n*: **Lords Commissioners** *pl* **of the ≈** Finanzministerium; **First Lord of the ≈** nomineller Leiter des Finanzministeriums *(meist der Premierminister)* 3 Fiskus *m*, Staatskasse *f* 4 Schatztruhe *f*, -kästchen *n (a. fig)* 5 **Treasuries** *pl* WIRTSCH *US umg* a kurz- *od* mittelfristige Schatzwechsel *pl* b langfristige Schatzanweisungen *pl*; **≈ Bench** S PARL *Br* Regierungsbank *f*; **≈ bill** S WIRTSCH kurzfristiger Schatzwechsel; **≈ Board** S *Br* Finanzministerium *n*; **≈ bond** S WIRTSCH *US* langfristige Schatzanweisung; **≈ certificate** S WIRTSCH *US* kurzfristiger Schatzwechsel; **≈ Department** S *US* Finanzministerium *n*; **≈ note** S WIRTSCH *US* mittelfristiger Schatzwechsel *m*; **~ tag** S *kurze Kordel mit Metallstiften an den Enden, die dazu dient, gelochte Blätter zusammenzuhalten*; **≈ warrant** S WIRTSCH *Br* Schatzanweisung *f*

treat [triːt] A VT 1 *j-n* behandeln (**like** wie): **how's life ~ing you?** *bes Br umg* wie gehts, wie stehts?; → dirt *Bes Redew* 2 *etwas* behandeln, betrachten *(beide:* **as** als*)* 3 a CHEM, MED, TECH behandeln (**for** gegen; **with** mit): **be ~ed for** in ärztlicher Behandlung stehen wegen b CHEM *Abwässer* klären c TECH bearbeiten 4 *ein Thema etc, a. künstlerisch* behandeln 5 *j-m* e-n Genuss bereiten, *bes j-n* bewirten (**to** mit): **let me ~ you** du bist eingeladen, ich zahle; **~ o.s. to a bottle of champagne** sich e-e Flasche Champagner leisten *od* genehmigen *od* gönnen; **~ sb to sth** j-m etwas spendieren; **be ~ed to sth** in den Genuss e-r Sache kommen B VI 1 **~ of** handeln von: **~ of an interesting topic** ein interessantes Thema behandeln 2 **~ with** verhandeln mit (**for** über *akk*) 3 a (die Zeche) bezahlen b e-e Runde ausgeben C S 1 (Extra)Vergnügen *n*, *bes* (Fest)Schmaus *m*: **give o.s. a ~** sich etwas gönnen *od* leisten **2** *umg* (Hoch)Genuss *m*, Wonne *f*, Fest *n* **3** (Gratis)Bewirtung *f*: **stand ~** → B 3; **it is my ~** das geht auf m-e Rechnung, diesmal bezahle ich

treatise ['triːtɪz; -tɪs] S (wissenschaftliche) Abhandlung

treatment ['triːtmənt] S **1** Behandlung *f* (*a.* MED, CHEM, TECH): **give sth full ~** *fig* etwas gründlich behandeln *od* erfassen; **give sb the full ~** *fig* **a** j-n in die Mangel nehmen **b** j-n verwöhnen; **receive** (*od* **undergo**) **~ for** in ärztlicher Behandlung stehen wegen; **receive regular ~** MED in ständiger Behandlung sein; **~ expenses** MED Arzt- u. Arzneikosten, Behandlungskosten; **~ room** MED Behandlungsraum *m* **2** Behandlung *f* (*e-s Themas etc*) **3** CHEM Klärung *f* (*von Abwässern*) **4** TECH **a** Bearbeitung *f* **b** Bearbeitungsverfahren *n* **5** FILM, TV Treatment *n* (*Vorstufe des Drehbuchs*)

treaty ['triːtɪ] S **1** (*bes* Staats)Vertrag *m*: **the ⁀ of Rome** HIST die Römischen Verträge *pl*; **the ⁀ of Versailles** HIST der Versailler Vertrag **2** WIRTSCH Rückversicherungsvertrag *m* **3** *obs* Verhandlung *f*: **be in ~ with sb for** mit j-m verhandeln über (*akk*); **~ port** S SCHIFF, HIST Vertragshafen *m*; **~ powers** SPL POL Vertragsmächte *pl*

treble ['trebl] **A** ADJ (ADV **trebly**) **1** dreifach **2** MATH dreistellig **3** MUS Diskant..., Sopran... **4** hoch, schrill **B** S **1** MUS Diskant *m*: **a** Sopran *m* **b** Oberstimme *f* **c** Diskantlage *f* **d** Diskantsänger(in) *od* -stimme *f* **2** RADIO *etc* Höhen *pl*: **~ control** Höhenregler *m* **3** *Springreiten*: dreifache Kombination **C** VT & VI (sich) verdreifachen; **~ clef** S MUS Violinschlüssel *m*; **~ recorder** S MUS Altblockflöte *f*

trecento [treɪ'tʃentəʊ] S Trecento *n* (*italienischer Kunststil des 14. Jh.s*)

tredecillion [ˌtriːdɪ'sɪljən] S **1** *Br* Tredezillion *f* (10^{78}) **2** *US* Septillion *f* (10^{42})

tree [triː] **A** S **1** Baum *m*: *he's sitting* **in a ~** auf e-m Baum; **be up a ~** *US umg* in der Klemme sein *od* sitzen *od* stecken; **~ of knowledge (of good and evil)** BIBEL Baum der Erkenntnis (von Gut u. Böse); **~ of heaven** BOT Götterbaum; **~ of life** **a** BIBEL Baum des Lebens **b** ANAT, BOT Lebensbaum; → bark[2] A 1, grow A 1, top[1] A 2, wood A 1 **2** (*Rosen- etc*) Strauch *m*, (*Bananen- etc*) Staude *f* **3** **a** Holzpflock *m* **b** (Holz)Pfosten *m* **4** → family B **5** CHEM Kristallbaum *m* **6** (*Schuh-, Stiefel*) Leisten *m* **B** VT **1** auf e-n Baum treiben *od* jagen **2** *e-n Schuh, Stiefel* auf e-n Leisten spannen **3** *US umg j-n* in die Enge treiben; **~ cavity** S Baumhöhle *f*; **~ creeper** S ORN Baumläufer *m*; **~ fern** S BOT Baumfarn *m*; **~ frog** S ZOOL Baum-, Laubfrosch *m*; **~hopper** S ZOOL (*e-e*) Buckelzikade; **~ house** S Baumhaus *n*

treeless ['triːlɪs] ADJ baumlos

tree| line S Baumgrenze *f*; **~-lined** ADJ von Bäumen gesäumt; **~nail** S TECH Holznagel *m*, Dübel *m*; **~ nursery** S Baumschule *f*; **~ ring** S BOT Jahresring *m*; **~ surgeon** S Baumchirurg(in); **~ surgery** S Baumchirurgie *f*; **~ toad** → tree frog; **~ tomato** S BOT Baumtomate *f* (*Strauch u. Frucht*); **~top** S Baumkrone *f*, (Baum)Wipfel *m*; **~ trunk** S Baumstamm *m*

tref [treɪf] ADJ REL treife (*nicht koscher*)

trefoil ['trefɔɪl; 'triː-] S **1** BOT Dreiblatt *n*, *bes* Klee *m* **2** ARCH **a** Dreiblatt *n* **b** Dreipass *m* **3** *bes Heraldik*: Kleeblatt *n*; **~ arch** S ARCH Kleeblattbogen *m*

trek [trek] **A** VI *prät u. pperf* **trekked** **1** trecken, ziehen **2** *SAfr* in e-m Ochsenwagen reisen **B** VT *SAfr e-e Last, e-n Wagen etc* ziehen (*Ochse etc*) **C** S **1** Treck *m*, Zug *m* **2** *SAfr* Reise *f* in e-m Ochsenwagen **3** lange (gefährliche) Reise

trellis ['trelɪs] **A** S **1** Gitter *n*, Gatter *n* **2** TECH Gitterwerk *n* **3** AGR Spalier *n* **4** **a** Gartenhäus-chen *n* (*aus Gitterwerk*) **b** Pergola *f* (*von Pflanzen überwachsenes Holzgerüst*) **B** VT **1** vergittern: **~ed window** Gitterfenster *n* **2** am Spalier ziehen: **~ed vine** Spalierwein *m*; **~work** S Gitterwerk *n* (*a.* TECH)

trematode ['tremətəʊd] S ZOOL Saugwurm *m*

tremble ['trembl] **A** VI **1** zittern (**at** bei; **with** vor *dat*): **~ all over** (*od* **in every limb**) am ganzen Körper zittern; **~ at the thought** (*od* **to think**) bei dem Gedanken zittern (**that** dass); → balance A 2 **2** *fig* zittern (**for** um) **B** S **1** Zittern *n*: **there was a slight ~ in his voice** s-e Stimme zitterte leicht; **she was all of a ~** sie zitterte am ganzen Körper **2** *pl* (*als sg konstruiert*) **a** VET Milchfieber *n* **b** MED *umg* Schüttellähmung *f*; **trembler** S ELEK Kontakthammer *m*

trembling ADJ (ADV **~ly**) **1** zitternd **2** *fig* bang(e) (*Ungewissheit etc*); **~ grass** S BOT Zittergras *n*; **~ poplar** S BOT Zitterpappel *f*, Espe *f*

trembly ['tremblɪ] → tremulous

tremendous [trɪ'mendəs] ADJ (ADV **~ly**) **1** *obs* schrecklich, fürchterlich **2** *umg* **a** gewaltig, ungeheuer, enorm, kolossal **b** toll

tremolite ['tremələɪt] S MINER Tremolit *m*

tremolo ['tremələʊ] *pl* -los S MUS Tremolo *n* (*rasches Schwanken der Stimmintensität*)

tremor ['tremə(r)] S **1** **a** MED Tremor *m*, Muskelzittern *n* **b** *allg* Zittern *n*: **there was a slight ~ in his voice** s-e Stimme zitterte leicht **2** Zittern *n*, Schau(d)er *m* (**of excitement** der Erregung): **send ~s (up and) down sb's spine** j-m Schauder über den Rücken jagen **3** *fig* Angst (-gefühl) *f(n)*: **not without ~s** nicht ohne Bangen **4** leichtes Erdbeben **5** vibrierender Ton

tremulous ['tremjʊləs] ADJ (ADV **~ly**) **1** zitternd **2** *fig* ängstlich

trenail ['triːneɪl; 'trenl] → treenail

trench [trentʃ] **A** VT **1** mit Gräben durchziehen *od* (MIL) befestigen **2** *Br* einkerben, furchen **3** AGR tief umpflügen, rigolen **4** zerschneiden, -teilen **B** VI **1** (MIL Schützen)Gräben ausheben **2** GEOL sich (ein)graben (*Fluss etc*) **3** **~ (up)on** *fig* übergreifen auf (*akk*), in *j-s Rechte* eingreifen, beeinträchtigen (*akk*) **4** **~ (up)on** *fig* hart grenzen an (*akk*): **that ~ed upon heresy** **C** S **1** (MIL Schützen)Graben *m* **2** Einschnitt *m*, Furche *f*, tiefe Rinne **3** *Bergbau*: Schramm *m*

trenchancy ['trentʃənsɪ] S *obs od poet* Schärfe *f* (*a. fig*); **trenchant** ADJ (ADV **~ly**) **1** *obs od poet* scharf (*Schwert etc*) **2** *fig* scharf (*Kritik etc*), schneidend (*Spott etc*) **3** *fig* energisch (*Politik etc*) **4** *fig* scharf, präzis(e) (*Analyse etc*)

trench coat S Trenchcoat *m* (*ein Wettermantel*)

trencher[1] S **1** *bes* HIST Tranchier-, Schneidebrett *n* **2** → mortarboard 2

trencher[2] S TECH Grabenbagger *m*

trencher| cap → mortarboard 2; **~man** [-mən] S *irr* **1** guter Esser **2** *obs* Parasit *m*, Schmarotzer *m*

trench| excavator → trencher[2]; **~ fever** S MED Grabenfieber *n*, wolhynisches Fieber; **~ foot** S MED Schützengrabenfüße *pl* (*Fußbrand*); **~ knife** S *irr* MIL *ein im Nahkampf verwendetes zweischneidiges Messer*; **~ mortar** S MIL Granatwerfer *m*; **~ mouth** S MED Angina *f* Plaut-Vincenti (*e-e Entzündung der Mandeln u. der Wangenschleimhaut*); **~ warfare** S MIL Grabenkrieg *m*

trend [trend] **A** S **1** (Ver)Lauf *m* (*der Ereignisse etc*) **2** *fig* (allgemeine) Richtung **3** Entwicklung *f*, Tendenz *f*, Trend *m* (*alle a.* WIRTSCH): **~ in** (*od* **of**) **prices** WIRTSCH Preistendenz; **the ~ of his argument was that ...** s-e Beweisführung lief darauf hinaus, dass ... **4** Bestrebung *f*, Neigung *f*, Zug *m*: **modern ~s in theology** **5** GEOL Streichrichtung *f* **B** VI **1** sich neigen (**toward[s]** nach *e-r bestimmten Richtung*), streben, tendieren: **~ away from** sich abzukehren beginnen von **2** sich erstrecken, laufen (**toward[s]** nach *Süden etc*) **3** GEOL streichen (**to** nach); **~ analysis** S *irr* Trendanalyse *f*; **~setter** S *Mode etc*: Trendsetter(in) (*j-d, der den Ton angibt*); **~setting** ADJ tonangebend

trendy ['trendɪ] *bes Br umg, oft pej* **A** ADJ (ADV **trendily**) **1** **a** bewusst modisch: **be a ~ dresser** sich bewusst modisch kleiden **b** schick (*dem Modetrend folgend*): **be ~** als schick gelten, in sein **c** Schickimicki... *umg*: **a ~ disco** **2** fortschrittlich, modern (*Lehrer etc*) **B** S Schickimicki *m umg*: **the trendies** *pl a.* die Schickeria

trepan[1] [trɪ'pæn] **A** S **1** MED **a** Trepan *m*, Schädelbohrer *m* **b** Trepanation *f* **2** TECH Bohrmaschine *f* **3** GEOL Stein-, Erdbohrer *m* **B** VT MED trepanieren, *j-m* den Schädel aufbohren

trepan[2] [trɪ'pæn] VT *obs* **1** betrügen, überlisten **2** locken (**into** in *akk*) **3** verlocken, -leiten (*beide*: **into** zu)

trepang [trɪ'pæŋ] S GASTR Trepang *m* (*getrocknete Seegurke*)

trephine [trɪ'fiːn; *US* 'triːˌfaɪn] MED **A** S Schädelsäge *f* **B** VT *j-m* den Schädel aufsägen

trepidation [ˌtrepɪ'deɪʃn] S **1** → tremor 1 a **2** *fig* Angst *f*, Beklommenheit *f*

trespass ['trespəs] **A** VI **1** JUR e-e unerlaubte Handlung begehen: **~ (up)on** **a** *j-s Grundstück etc* widerrechtlich betreten: **"no ~ing"** „Betreten verboten!" **a** rechtswidrige Übergriffe gegen *j-s Eigentum etc* begehen **2** **~ (up)on** auf *j-s Rechte etc* übergreifen, eingreifen in (*akk*) **3** **~ (up)on** *j-s Zeit etc* über Gebühr in Anspruch nehmen **4** *obs* (**against**) verstoßen (gegen), sündigen (wider, gegen) **B** S **1** Übertretung *f*, Vergehen *n*, Verstoß *m*: **forgive us our ~es** (*Vaterunser*) vergib uns unsere Schuld **2** Missbrauch *m* (**[up]on** *gen*) **3** Übergriff *m* (**[up]on** auf *akk*) **4** JUR *allg* unerlaubte Handlung (*Zivilrecht*): **a** unbefugtes Betreten **b** Besitzstörung *f* **c** Übergriff *m* gegen die Person (*z. B. Körperverletzung*) **5** *a.* **action for ~** JUR Schadenersatzklage *f* aus unerlaubter Handlung, *z. B.* Besitzstörungsklage *f*; **trespasser** S **1** JUR **a** Rechtsverletzer(in) **b** Unbefugte(r) *m/f(m)* **c** Besitzstörer(in): **"~s will be prosecuted"** „Betreten bei Strafe verboten!" **2** *obs* Sünder(in)

tress [tres] **A** S **1** (Haar)Flechte *f*, Zopf *m* **2** (*bes* lange) Locke, *pl a.* Lockenfülle *f*, -pracht *f* **B** VT sich *das Haar* flechten: **~ one's hair**; **tressed** ADJ **1** geflochten **2** gelockt

tressure ['treʃə(r)] S *Heraldik*: Saum *m*

tres-tine ['trestaɪn] S JAGD dritte Sprosse (*des Hirschgeweihs*)

trestle ['tresl] S **1** TECH Gestell *n*, (Aufleger-, Stütz)Bock *m* **2** ARCH **a** (*Brücken*) Joch *n* **b** Jochbrücke *f*; **~ bridge** → trestle 2 b; **~ table** S *auf Böcke gestellter Tisch, z. B.* Tapeziertisch *m*; **~tree** S SCHIFF Längssaling *f*; **~work** S Gerüst *n*

trews [truːz] SPL *a.* **pair of ~** *schott* enge Hose (*bes aus Schottenstoff*)

trey [treɪ] S Drei *f* (*im Kartenspiel etc*)

TRH ABK Their Royal Highnesses Ihre Kgl. Hoheiten *pl*

triable ['traɪəbl] ADJ JUR **1** **a** verhandelbar **b** verfolgbar **2** **a** belangbar **b** prozessfähig

triacid [traɪ'æsɪd] ADJ CHEM dreisäurig (*Base*)

triad ['traɪəd; -æd] S **1** Dreiergruppe *f* **2** CHEM Triade *f*: **a** *Gruppe von drei nahe ver-*

T

wandten Elementen b *dreiwertige Atomgruppe* 3 MUS Dreiklang *m* 4 *oft* ♀ Triade *f* *(ein chinesischer Geheimbund)*

trial ['traɪəl] A S 1 Versuch *m* (**of** mit), Erprobung *f*, Probe *f*, Prüfung *f* (*alle a.* TECH): **~ and error** → trial-and-error; **by ~ and error** durch (Aus)Probieren; **~ of strength** Kraftprobe *f*; **on ~** auf *od* zur Probe; **be on ~** a e-e Probezeit durchmachen b *fig* auf dem Prüfstand sein (→ A 2); **he's still on ~** er ist noch in der Probezeit; **on the first ~** beim ersten Versuch; **by way of ~** versuchsweise; **give sb (sth) a ~** e-n Versuch mit j-m (etwas) machen, j-n (etwas) testen; **have a ~ at** sich versuchen an (*dat*) 2 JUR (Straf- *od* Zivil)Prozess *m*, Gerichtsverfahren *n*, (Haupt)Verhandlung *f*: **at the ~ of** im Prozess gegen; **~ by jury** Schwurgerichtsverfahren; **bring sb up for** (*od* **to**) **~, put sb to** (*od* **on**) **~** j-n vor Gericht bringen; **stand (one's) ~, be on ~** vor Gericht stehen (→ A 1); **(in)capable of standing ~, (un)fit to stand ~** prozess-, verhandlungs(un)fähig 3 *fig* a (Schicksals)Prüfung *f*, Heimsuchung *f* b Last *f*, Plage *f*, (Nerven)Belastung *f* c Strapaze *f* (*alle* **to** für *j-n*): **~s and tribulations** Probleme u. Sorgen 4 *pl* SPORT Trials *pl* *(Ausscheidungs-, Qualifikationswettkämpfe)* 5 Trialsport *m* B ADJ 1 Versuchs..., Probe... 2 JUR Verhandlungs...; **~-and-error** ADJ: **~ method** Trial-and-Error-Methode *f*, empirische Methode; **~ balance** S WIRTSCH Probebilanz *f*; **~ balloon** S US *fig* Versuchsballon *m*: **send up a ~** e-n Versuchsballon steigen lassen; **~ basis** S: **employ sb on a ~** j-n auf Probe einstellen; **~ boring** S TECH Probe-, Versuchsbohrung *f*; **~ brief** → brief B 3 c; **~ court** S JUR erstinstanzliches Gericht; **~ docket** S JUR US Prozessliste *f*, Terminkalender *m* *(e-s Gerichts)*; **~ flight** S FLUG Probe-, Testflug *m*; **~ judge** S JUR erstinstanzliche(r) Richter(in); **~ jury** → petty jury; **~ lawyer** S JUR US Prozessanwalt *m*, -anwältin *f*; **~ list** → trial docket; **~ marriage** S Ehe *f* auf Probe

trialogue ['traɪəlɒg; US *a.* -,lɑg] S Dreiergespräch *n*

trial| order S WIRTSCH Probeauftrag *m*; **~ package** S Probepackung *f*; **~ period** S Probezeit *f*: **employ sb for a ~** j-n auf Probe einstellen; **~ run** S TECH Probelauf *m* *(e-r Maschine etc)*, AUTO Probefahrt *f*: **give a car a ~** e-n Wagen Probe fahren; **give sb (sth) a ~** *fig* e-n Versuch mit j-m (etwas) machen, j-n (etwas) testen

triangle ['traɪæŋgl] S 1 MATH Dreieck *n* 2 MUS a Triangel *m*, *a. n* b HIST *(dreieckiges)* Spinett 3 a Reißdreieck *n* b Winkel *m* *(zum technischen Zeichnen)* 4 TECH Gestängekreuz *n* 5 ♀ ASTRON Triangulum *n* *(Sternbild)* 6 *meist* **eternal ~** *fig* Dreiecksverhältnis *n*

triangular [traɪ'æŋgjʊlə(r)] ADJ (ADV **~ly**) 1 MATH triangulär, dreieckig: **~ matrix** Dreiecksmatrix *f* 2 *fig* a Dreier... b dreiseitig *(Abkommen etc)*: **~ operations** (*od* **transactions**) WIRTSCH Dreiecksgeschäfte; **triangularity** [-'lærətɪ] S Dreiecksform *f*

triangulate A VT [traɪ'æŋgjʊleɪt] 1 dreieckig machen 2 *Landvermessung*: triangulieren B ADJ [-lət] (ADV **~ly**) aus Dreiecken zusammengesetzt; **triangulation** [-'leɪʃn] S *Landvermessung:* Triangulation *f*, Triangulierung *f* *(Festsetzung e-s Netzes von Dreiecken zur Landvermessung)*: **~ station** Triangulationspunkt *m*

Triangulum [traɪ'æŋgjʊləm] → triangle 5

Trias ['traɪəs] → Triassic A

Triassic [traɪ'æsɪk] GEOL A S Trias(formation) *f* *(älteste Formation des Erdmittelalters)* B ADJ triassisch, Trias...

triathlete [traɪ'æθliːt] S SPORT Triathlet(in);

triathlon [traɪ'æθlən] S Triathlon *n*

triatomic [,traɪə'tɒmɪk; US -'tɑ-] ADJ (ADV **~ally**) CHEM dreiatomig

tribadism ['trɪbədɪzəm] S lesbische Liebe

tribal ['traɪbl] ADJ 1 Stammes...: **~ chief** (**feud, war,** *etc*) 2 BOT, ZOOL Tribus...; **tribalism** [-bəlɪzəm] S 1 Stammessystem *n* 2 Tribalismus *m*, Stammesbewusstsein *n*, -zugehörigkeitsgefühl *n*

tribasic [traɪ'beɪsɪk] ADJ CHEM dreibasisch

tribe [traɪb] S 1 (Volks)Stamm *m* 2 Gruppe *f* 3 BOT, ZOOL Tribus *f* *(zwischen Gattung u. Familie stehende Kategorie)* 4 *hum od pej* Sippschaft *f*, Verein *m*; **tribesman** ['traɪbzmən] S *irr* Stammesangehörige(r) *m*, -genosse *m*

triblet ['trɪblɪt] S TECH Dorn *m*

tribology [traɪ'bɒlədʒɪ; US -'bɑ-] S TECH Tribologie *f* *(Lehre von Reibung u. Verschleiß gegeneinander bewegter Körper)*

tribrach ['trɪbræk; US 'traɪ-] S LIT Tribrachys *m* *(Versfuß von 3 kurzen Silben)*

tribulation [,trɪbjʊ'leɪʃn] S Drangsal *f*, Widerwärtigkeit *f*, Leiden *n*

tribunal [traɪ'bjuːnl; trɪ-] S 1 JUR a Gericht(shof) *n(m)* b *Br* Sondergericht *n* 2 Richterstuhl *m*; **tribunate** ['trɪbjʊnɪt; *bes US* -neɪt] S *Antike:* Tribunat *n* *(Amt od Würde e-s Tribuns)*

tribune[1] ['trɪbjuːn] S 1 *Antike*: (Volks-)Tribun *m* 2 Verfechter(in) der Volksrechte

tribune[2] ['trɪbjuːn] S 1 Rednerbühne *f* 2 Bischofsthron *m*

tributariness ['trɪbjʊtərɪnɪs; US -,teriːnɪs] S Zinspflichtigkeit *f*; **tributary** [-tərɪ; US -,teriː] A ADJ (ADV **tributarily**) 1 tribut-, zinspflichtig (*beide:* **to** *dat*) 2 untergeordnet (**to** *dat*) 3 helfend, beisteuernd (**to zu**) 4 GEOG Neben...: **~ stream** B S 1 Tributpflichtige(r) *m/f(m)*, *a.* tributpflichtiger Staat 2 GEOG Nebenfluss *m*

tribute ['trɪbjuːt] S 1 Tribut *m*, Zins *m*, Abgabe *f* 2 *fig* Tribut *m*: a Zoll *m*, Beitrag *m* b Huldigung *f*, Hochachtung *f*, Achtungsbezeigung *f*, Anerkennung *f*: **be a ~ to** *j-m, e-r Sache* alle Ehre machen; **pay ~ to** *j-m* Hochachtung bezeigen *od* Anerkennung zollen

trice[1] [traɪs] S: **in a ~** im Nu, im Handumdrehen

trice[2] [traɪs] VT *a.* **~ up** SCHIFF aufheißen, -holen

triceps ['traɪseps] *pl* -cepses, *a.* -ceps S ANAT Trizeps *m* *(dreiköpfiger Muskel des Oberarms)*

trichina [trɪ'kaɪnə] *pl* -nae [-niː] S ZOOL Trichine *f* *(ein parasitischer Fadenwurm)*; **trichinize** [-kɪnaɪz] VT mit Trichinen infizieren; **trichinosis** [-kɪ'nəʊsɪs] S MED, VET Trichinose *f*; **trichinous** ADJ trichinös *(durch Trichinen verursachte Erkrankung)*

trichloride [traɪ'klɔːraɪd] S CHEM Trichlorid *n*

trichology [trɪ'kɒlədʒɪ; US -'kɑ-] S MED *Lehre vom Haar u. den Haarkrankheiten*

trichome ['traɪkəʊm; 'trɪ-] S BOT Trichom *n*, Pflanzenhaar *n*

trichomonad [,trɪkəʊ'mɒnæd; US -kə'məʊ-] S MED Trichomonas *f* *(begeißeltes Kleinlebewesen, das im Darm u. in der Scheide lebt u. dort Krankheiten hervorrufen kann)*; **trichomoniasis** [,trɪkəməʊ'naɪəsɪs] S MED Trichomoniase *f* *(durch Trichomonaden hervorgerufene Erkrankung)*

trichosis [trɪ'kəʊsɪs] S MED Trichose *f* *(Anomalie der Behaarung)*

trichotomy [trɪ'kɒtəmɪ; US traɪ'kɑ-] S REL Trichotomie *f* *(Anschauung von der Dreiteilung des Menschen in Leib, Seele u. Geist)*

trichromatic [,traɪkrəʊ'mætɪk] ADJ 1 MED trichromatisch, normal sehtüchtig 2 FOTO *etc* trichromatisch, Dreifarben...: **~ filter** 3 dreifarbig; **trichromatism** [-'krəʊmətɪzəm] S 1 MED Trichromasie *f* *(normale Sehtüchtigkeit mit Erkennung der 3 Grundfarben Rot, Gelb u. Blau)* 2 Dreifarbigkeit *f*

trick [trɪk] A S 1 Trick *m*, Kniff *m*, List *f*, Dreh *m umg*, *pl a.* Schliche *pl*: **full of ~s** raffiniert; **be up to sb's ~s** j-n *od* j-s Schliche durchschauen (→ A 2); **know a ~ worth two of that** *umg* etwas viel Besseres wissen; **know all the ~s of the trade** alle einschlägigen Tricks kennen; **she never misses a ~** *umg* sie lässt sich nichts entgehen, ihr entgeht nichts; **he can teach you a ~ or two** von ihm kannst du noch etwas lernen; **use every ~ in the book** alle Tricks anwenden (**to get sth** um etwas zu bekommen) 2 Streich *m*: **dirty** (*od* **mean**) **~** gemeiner *od* übler Streich, Gemeinheit *f*; **the ~s of fortune** (**memory**) *fig* die Tücken des Schicksals (Gedächtnisses); **play a ~ on sb** j-m e-n Streich spielen; **be up to one's (old) ~s again** wieder Dummheiten *od umg* Mätzchen machen; **what ~s have you been up to?** was hast du angestellt?; **none of your ~s!** keine Mätzchen! *umg* 3 Trick *m*, (*Karten- etc*) Kunststück *n*, Kunstgriff *m*: **do the ~** *umg* s-n Zweck erfüllen; **that did the ~** *umg* damit war es geschafft; **how's ~s?** *umg* was macht die Kunst? 4 Gaukelbild *n*, (Sinnes)Täuschung *f*, Illusion *f* 5 (*bes* üble *od* dumme) Angewohnheit, Eigenheit *f*: **have a ~ of doing sth** die Angewohnheit haben, etwas zu tun 6 *(charakteristischer)* Zug, eigentümlicher Ton *(der Stimme)* 7 *Kartenspiel*: Stich *m*: **take** (*od* **win**) **a ~** e-n Stich machen 8 SCHIFF Rudertörn *m* 9 *US sl* → stint[1] C 2 b 10 *US sl* Mieze *f* *(Mädchen)* 11 *US sl* a Nummer *f* *(Geschlechtsverkehr, bes e-r Prostituierten)*: **do a ~** e-e Nummer machen *od* schieben b Freier *m* B VT 1 betrügen, prellen (*beide:* **out of** um), überlisten, reinlegen, austricksen (*a.* SPORT) 2 **~ sb into doing sth** j-n mit e-m Trick dazu bringen, etwas zu tun 3 **~ one's way in** sich durch e-n Trick Zutritt verschaffen 4 *meist* **~ out** (*od* **up**) schmücken, (auf-, heraus)putzen C VI *US sl* anschaffen *(Prostitution betreiben)* D ADJ 1 Trick...: **~ film** (**scene, thief,** *etc*); **~ question** Fangfrage *f* 2 Kunst...: **~ flying**; **~ rider**; **~ cyclist** a Kunstradfahrer(in) b *bes Br sl* Seelenarzt *m*, -ärztin *f* 3 MED *US umg* a Schlotter...: **~ joint** b Wackel...: **~ knee**; **tricker** → trickster; **trickery** S 1 Betrügerei *f*, Gaunerei *f*: **obtain sth by ~** sich etwas ergaunern 2 → trick A 1

trickiness ['trɪkɪnɪs] S 1 Verschlagenheit *f*, Durchtriebenheit *f*, Raffiniertheit *f* 2 Unzuverlässigkeit *f* 3 Kitz(e)ligkeit *f* 4 Kompliziertheit *f*; **trickish** ADJ (ADV **~ly**) → tricky

trickle ['trɪkl] A VI 1 tröpfeln: **tears were trickling down her cheeks** Tränen kullerten ihr über die Wangen 2 rieseln 3 sickern (**through** durch): **~ out** *fig* durchsickern 4 *fig* a tröpfeln b grüppchenweise *od* nach u. nach kommen *od* gehen *etc*: **~ away** allmählich verebben 5 trudeln *(Ball etc)* B VT 1 tröpfeln (lassen), träufeln 2 rieseln lassen C S 1 Tröpfeln *n* 2 Rieseln *n* 3 Rinnsal *n*; **~ charger** S ELEK Erhaltungslader *m*

tricksiness ['trɪksɪnɪs] S 1 *obs* → trickiness 2 Übermut *m*

trickster ['trɪkstə(r)] S Betrüger(in), Gauner(in)

tricksy ['trɪksɪ] ADJ (ADV **tricksily**) 1 *obs* → tricky 2 übermütig

tricktrack ['trɪktræk] S Tricktrack *n* *(ein dem Backgammon ähnliches Spiel)*

tricky ['trɪkɪ] ADJ (ADV **trickily**) 1 verschlagen, durchtrieben, raffiniert 2 unzuverlässig 3 heikel, kitz(e)lig *(Situation etc)* 4 knifflig, kompliziert

triclinic [traɪ'klɪnɪk] ADJ *Kristallografie*: triklin(isch) *(3 ungleich lange Achsen aufweisend, die nicht im Winkel von 90° zueinander stehen)*

T

tricolo(u)r ['trɪkələ; bes US 'traɪ,kʌlə(r)] **A** S oft ♀ Trikolore f (französische Nationalflagge) **B** ADJ trikolor, dreifarbig, Dreifarben...
tricot ['triːkəʊ; US a. 'traɪkət] S Trikot m, a. n (ein Gewebe)
trictrac → tricktrack
tricuspid [,traɪ'kʌspɪd] **A** ADJ **1** dreispitzig **2** ANAT trikuspidal, dreizipf(e)lig: ~ **tooth** → B; ~ **valve** Trikuspidalklappe f (des Herzens) **B** S ANAT Backenzahn m
tricycle ['traɪsɪkl] **A** S Dreirad n **B** V/I Dreirad fahren
trident ['traɪdnt] **A** S Dreizack m (a. des Neptun) **B** ADJ → tridental; **tridental** [-'dentl], **tridentate** [-teɪt] ADJ dreizackig, Dreizack...
Tridentine [trɪ'dentaɪn; traɪ-; -tiːn] **A** ADJ tridentinisch: ~ **profession of faith** KATH Tridentinisches Glaubensbekenntnis **B** S **1** Tridentiner(in) **2** REL Katholik(in)
tried [traɪd] ADJ a. ~ **and tested** erprobt, bewährt (Methode etc)
triennial [traɪ'enjəl; -nɪəl] ADJ (ADV ~ly) **1** dreijährig, drei Jahre dauernd **2** alle drei Jahre stattfindend, dreijährlich; **triennium** [-'enɪəm] pl -niums, -nia [-nɪə] S Triennium n (Zeitraum von 3 Jahren)
trier ['traɪə(r)] S **1** Untersucher(in), Prüfer(in): **he's a great** ~ er lässt nichts unversucht **2** Prüfgerät n
trierarchy ['traɪərɑː(r)kɪ] S Antike: Trierarchie f (Ausstattung, Instandhaltung u. Führung e-s Kriegsschiffs für ein Jahr)
trifecta [traɪ'fektə] S Pferderennsport: US Dreierwette f
trifle ['traɪfl] **A** S **1** allg Kleinigkeit f: **a** unbedeutender Gegenstand **b** Lappalie f, Bagatelle f: **stand upon ~s** ein Kleinigkeitskrämer sein; **not stick at ~s** sich nicht mit Kleinigkeiten abgeben **c** Kinderspiel n: **that is mere ~ to him** das ist doch ein Kinderspiel für ihn **d** kleine Geldsumme **e** (das) bisschen: **a ~** ein bisschen, ein wenig; **a ~ expensive** ein bisschen od etwas teuer; **a ~ too salty** e-e Spur zu salzig **2** e-e Zinnlegierung mittlerer Härte **3** **a** bes Br Trifle n (Biskuitdessert) **b** US Obstdessert mit Schlagsahne **B** V/I **1** spielen (**with** mit e-m Bleistift etc): ~ **with one's food** im Essen herumstochern **2** fig spielen, sein Spiel treiben (beide: **with** mit): **he is not to be ~d with** er lässt nicht mit sich spaßen **3** scherzen, tändeln, leichtfertig daherreden **4** s-e Zeit vertrödeln, trödeln **C** V/T ~ **away** s-e Zeit vertrödeln, -tändeln, sein Geld verplempern umg; **trifler** S **1** oberflächlicher od frivoler Mensch **2** Trödler(in) **3** Müßiggänger(in); **trifling** ADJ (ADV ~ly) **1** oberflächlich, leichtfertig, frivol **2** unbedeutend, geringfügig, belanglos
trifoliate [traɪ'fəʊlɪət] ADJ BOT **1** dreiblätt(e)rig **2** → trifoliolate
trifoliolate [traɪ'fəʊlɪəleɪt] ADJ BOT **1** dreizählig (Blatt) **2** mit dreizähligen Blättern (Pflanze)
triforium [traɪ'fɔːrɪəm; US a. -'fəʊ-] pl -ria [-ə] S ARCH Triforium n (Laufgang)
triform ['traɪfɔː(r)m] ADJ **1** dreiteilig **2** dreiförmig **3** dreifach
trifurcate **A** ADJ [traɪ'fɜːkeɪt; -kɪt; US -'fɜr-] dreigabelig, -zackig **B** V/I [-keɪt] sich dreifach gabeln
trig[1] [trɪg] ADJ (ADV ~ly) obs od dial Br schmuck, adrett
trig[2] [trɪg] bes dial **A** V/T **1** ein Rad etc hemmen **2** a. ~ **up** (ab)stützen **B** S Hemmklotz m, -schuh m
trig[3] [trɪg] umg für trigonometry
trigeminal [traɪ'dʒemɪnl] ADJ ANAT, MED Trigeminus...: ~ **nerve** Trigeminus m, Drillingsnerv m; ~ **neuralgia** → tic douloureux

trigger ['trɪgə(r)] **A** S **1** FOTO, TECH, a. fig Auslöser m, ELEK a. Trigger m **2** MIL Abzug m (e-r Feuerwaffe), (am Gewehr a.) Drücker m, (in e-r Bombe etc) Zünder m: **pull the ~** abdrücken; **be quick** (od **fast**) **on the ~** **a** schnell abdrücken **b** fig fix od auf Draht umg (reaktionsschnell od schlagfertig) sein **B** V/T a. ~ **off** auslösen (a. fig); ~ **circuit** S ELEK Trigger-, Kippschaltung f; ~ **finger** S Zeigefinger m; ~ **guard** S MIL Abzugsbügel m; **~-happy** ADJ **1** schießwütig **2** kriegslüstern **3** aggressiv (Kritiker etc); ~ **relay** S ELEK Kipprelais n; ~ **switch** S Kipphebelschalter m
triglyph ['traɪglɪf] S ARCH Triglyph m, Dreischlitz m (im dorischen Fries)
trigon ['traɪgən; US -,gɑn] S **1** obs Dreieck n **2** MUS Antike: dreieckige Harfe
trigonal ['trɪgənl; US traɪ'gəʊnl] ADJ (ADV ~ly) **1** dreieckig **2** MINER → rhombohedral
trigonometric [,trɪgənə'metrɪk] ADJ (ADV ~ally) MATH trigonometrisch (Funktion, Reihe etc): ~ **point** Landvermessung a.: Triangulationspunkt m; **trigonometrical** ADJ (ADV ~ly) → trigonometric; **trigonometry** [-'nɒmɪtrɪ; US -'nɑ-] S Trigonometrie f (Dreiecksmessung)
trig point S Landvermessung umg trigonometrischer Punkt, Triangulationspunkt m
trigraph ['traɪgrɑːf; bes US -græf] S LING Trigramma n, Trigraph n/m (Gruppe von 3 Buchstaben zur Wiedergabe e-s einziges Lautes)
trijet ['traɪdʒet] S FLUG dreistrahliges Düsenflugzeug
trike [traɪk] umg für tricycle
trilateral [,traɪ'lætərəl] ADJ (ADV ~ly) **1** MATH dreiseitig **2** Dreier...: ~ **talks**
trilby ['trɪlbɪ] S **1** a. ~ **hat** bes Br (ein) weicher Filzhut **2** pl sl Flossen pl (Füße)
trilinear [,traɪ'lɪnɪə(r)] ADJ MATH dreilinig
trilingual [,traɪ'lɪŋgwəl] ADJ (ADV ~ly) dreisprachig
triliteral [,traɪ'lɪtərəl] ADJ & S aus drei Buchstaben bestehend(es Wort)
trilith ['traɪlɪθ], **trilithon** [traɪ'lɪθɒn; US -,θɑn] S Archäologie: Trilith m (vorgeschichtliches Steindenkmal)
trill [trɪl] **A** V/T **1** MUS etc trillern **2** LING das R rollen **B** V/I MUS etc trillern **C** S **1** MUS etc Trillern n **2** MUS Triller m **3** LING gerolltes r
trillion ['trɪljən] S **1** Br Trillion f (10^{18}) **2** US Billion f (10^{12})
trilogy ['trɪlədʒɪ] S Trilogie f (Folge von 3 Dichtwerken etc)
trim [trɪm] **A** V/T **1** in Ordnung bringen, zurechtmachen **2** a. ~ **up** auf-, herausputzen, schmücken, ausstaffieren, schön machen: ~ **o.s.**; ~ **the Christmas tree** den Weihnachtsbaum schmücken; ~ **a shopwindow** ein Schaufenster dekorieren **3** Kleider, Hüte etc besetzen, garnieren (beide: **with** mit): **a coat ~med with fur** ein pelzbesetzter Mantel, ein Mantel mit Pelzbesatz **4** Hecken, Haar, Nägel etc (be-, zurecht)schneiden, stutzen, bes ein Hundefell trimmen **5** fig den Etat etc (zurecht)stutzen, beschneiden **6** Bauholz behauen, zurichten **7** umg j-n **a** herunterputzen **b** reinlegen **c** beschummeln (**out of** um) **d** vertrimmen (a. SPORT klar schlagen) **8** ein Feuer anschüren **9** FLUG, SCHIFF trimmen: **a** in die richtige Lage bringen: ~ **the plane (ship)** **b** ein Segel stellen, brassen: ~ **one's sails (before** [od **to**] **the wind)** fig sich nach der Decke strecken **c** Kohlen schaufeln **d** die Ladung (richtig) verstauen **10** ELEK trimmen, (fein) abgleichen **B** V/I **1** SCHIFF trimmen **2** fig e-n Mittelkurs steuern, bes POL lavieren: ~ **with the times** sich den Zeiten anpassen, Opportunitätspolitik treiben **C** S **1** Ordnung f, (richtiger) Zustand, richtige (a. körperliche od seelische) Verfassung: **in good (out of)** ~ in guter (schlechter) Verfassung (a. Person); **keep in (good)** ~ sich in Form halten; **in ~ for** in der richtigen Verfassung für; **in fighting** ~ MIL gefechtsbereit; **in sailing** ~ segelfertig **2** FLUG, SCHIFF **a** Trimm(lage) m(f) **b** richtige Stellung (der Segel) **c** a. ~ **of the hold** (richtige) Verstauung (der Ladung) **3** Putz m, Staat m, Gala(kleidung) f **4** AUTO **a** Innenausstattung f **b** (Karosserie)Verzierungen pl **c** Zierleiste f **5** US Schaufensterdekoration f **D** ADJ (ADV ~ly) **a** adrett (Erscheinung etc) **b** hübsch (Figur etc) **c** gepflegt (Rasen etc)
trimester [traɪ'mestə(r)] S **1** drei Monate, Vierteljahr n **2** UNIV etc US Trimester n
trimeter ['trɪmɪtə(r)] LIT **A** ADJ trimetrisch **B** S Trimeter m (sechsfüßiger Vers)
trimetric [traɪ'metrɪk] ADJ **1** LIT trimetrisch **2** MINER → orthorhombic **3** ~ **projection** MATH trimetrische Projektion
trimmer S **1** SCHIFF **a** (Kohlen) Trimmer m **b** Stauer m **2** US Schaufensterdekorateur(in) **3** Zimmerei: Stichbalken m **4** fig bes POL Opportunist(in) **5** a. ~ **capacitor** ELEK Trimmer (-kondensator) m
trimming S **1** **a** Zurechtmachen n **b** Auf-, Herausputzen n **2** **a** (Hut-, Kleider) Besatz m, Borte f **b** pl Zutaten pl, Posamenten pl **3** pl Garnierung f, Zutaten pl, Beilagen pl (e-r Speise): **with all the ~s** mit allem Drum u. Dran umg **4** pl Abfälle pl, Schnipsel pl **5** FLUG, SCHIFF **a** Trimmen n **b** Staulage f: ~ **flap** FLUG Trimmklappe f **6** ELEK Trimmen n, Feinabgleich m: ~ **capacitor** → trimmer 5 **7** umg (Tracht f) Prügel pl: **give sb a ~** j-m e-e Tracht Prügel verpassen (→ 8) **8** SPORT umg Abfuhr f: **give sb a ~** j-m e-e Abfuhr erteilen (→ 7); **get a ~** e-e Abfuhr erleiden, sich e-e Abfuhr holen
trimness S Gepflegtheit f (e-s Rasens etc)
trimonthly [,traɪ'mʌnθlɪ] ADJ dreimonatlich, vierteljährlich
trim trail S Trimm-dich-Pfad m
trinal ['traɪnl] ADJ dreifach
trinary ['traɪnərɪ] → ternary
trine [traɪn] ADJ dreifach
Trinidad and Tobago [,trɪnɪdædntəʊ'beɪgəʊ; -tə'b-] S Trinidad und Tobago n
Trinidadian [,trɪnɪ'dædɪən; -'deɪ-] **A** S Trinidader(in) **B** ADJ trinidadisch
Trinitarian [,trɪnɪ'teərɪən] **A** ADJ **1** REL Dreieinigkeits... **2** REL Trinitarier... **3** ♀ dreifach **B** S REL **1** Anhänger(in) der Dreieinigkeitslehre **2** Trinitarier(in) (→ Holy Trinity 2); **Trinitarianism** S REL Dreieinigkeitslehre f
trinitrobenzene [traɪ,naɪtrəʊ-] S CHEM Trinitrobenzol n; **trinitrotoluene**, **trinitrotoluol** S CHEM Trinitrotoluol n
trinity ['trɪnɪtɪ] S **1** Dreiergruppe f **2** Dreiheit f **3** ♀ REL Trinität f, Dreieinigkeit f, Dreifaltigkeit f **4** ♀ → Trinity Sunday; ♀ **Brethren** SPL Mitglieder pl des Trinity House; ♀ **House** S Verband zur Aufsicht über Lotsen, Leuchtfeuer, See- u. Lotsenzeichen; ♀ **Sunday** S REL Trinitatis(fest n), Dreieinigkeitsfest n, Dreifaltigkeitsfest n, -sonntag m; ♀ **term** S UNIV Br Sommertrimester n
trinket ['trɪŋkɪt] S **1** bes billiges od wertloses Schmuckstück **2** → trifle A 1 a; **trinketry** S bes billiger od wertloser Schmuck
trinomial [traɪ'nəʊmjəl; -ɪəl] **A** ADJ (ADV ~ly) **1** MATH trinomisch, dreigliedrig (Ausdruck) **2** BIOL aus drei Wörtern bestehend (Unterartbezeichnung) **B** S Trinom n: **a** MATH dreigliedriger Ausdruck **b** BIOL aus drei Wörtern bestehende Bezeichnung e-r Unterart
trio ['triːəʊ] pl -os S MUS Trio n (a. fig)

triode ['traɪəʊd] S a. ~ valve ELEK Triode f, Dreielektronenröhre f
triolet ['tri:əʊlet; 'traɪ-] S LIT Triolett n *(ein achtzeiliges Gedicht)*
trip [trɪp] A V/I 1 trippeln, tänzeln 2 a. ~ up stolpern, straucheln *(a. fig)*: ~ over one's own feet über die eigenen Füße stolpern 3 *fig* (e-n) Fehler machen: catch sb ~ping j-n bei e-m Fehler ertappen 4 a *(über ein Wort)* stolpern, sich versprechen b *(mit der Zunge)* anstoßen 5 *obs* e-e Reise od e-n Ausflug machen 6 *oft* ~ out *sl* auf e-n Trip gehen B V/T 1 *oft* ~ up j-m ein Bein stellen, j-n zu Fall bringen *(beide a. fig)* 2 *fig etwas* vereiteln 3 *fig j-n* ertappen (in bei *e-m Fehler etc)* 4 ~ the light fantastic *hum* ein Tänzchen aufs Parkett legen 5 TECH a auslösen b schalten C S 1 a *(bes* kurze, *a.* See)Reise b Ausflug m, (Spritz)Tour f, Abstecher m *(alle:* to nach): ~ meter (od recorder) AUTO Tageskilometerzähler m 2 *weitS.* Fahrt f 3 Stolpern n: ~ wire Stolperdraht m 4 a *bes fig* Fehltritt m b *fig* Fehler m 5 Beinstellen n 6 Trippeln n, Tänzeln n 7 *sl* Trip m *(Drogenrausch)*: go on a ~ → A 6 8 TECH a Auslösevorrichtung f b Auslösen n: ~ cam (od dog) Schaltnocken m, (Auslöse)Anschlag m; ~ lever Auslöse- od Schalthebel m
tripartite [ˌtraɪ'pɑ:(r)taɪt] ADJ (ADV ~ly) 1 *bes* BOT dreiteilig 2 dreifach (ausgefertigt) *(Urkunde etc)* 3 Dreier...: ~ treaty Dreimächtevertrag m; **tripartition** [-'tɪʃn] S Dreiteilung f
tripe [traɪp] S 1 GASTR Kaldaunen pl, Kutteln pl 2 *umg* a Schund m b Quatsch m, Blödsinn m 3 *pl obs umg* Eingeweide pl
tripedal ['traɪˌpedl; ˌtraɪ'pi:dl] ADJ dreifüßig
triphammer S TECH Aufwerfhammer m
triphibious [traɪ'fɪbɪəs] ADJ MIL unter Einsatz von Land-, See- u. Luftstreitkräften (durchgeführt) *(Operation etc)*
triphthong ['trɪfθɒŋ; 'trɪp-] S LING Triphthong m, Dreilaut m
triplane ['traɪpleɪn] S FLUG Dreidecker m
triple ['trɪpl] A ADJ (ADV triply) 1 dreifach 2 dreimalig 3 Drei..., drei..., Tripel... B S 1 *(das)* Dreifache 2 *Pferderennsport: US* Dreierwette f C V/T & V/I (sich) verdreifachen; 2 Alliance S POL, HIST Tripelallianz f, Dreibund m; ~ bars SPL *Springreiten:* Triplebarre f; ~-digit ADJ *bes US* dreistellig; 2 Entente S POL, HIST Tripelentente f; ~ fugue S MUS Tripelfuge f; ~ jump S 1 *Leichtathletik:* Dreisprung m 2 *Eis-, Rollkunstlauf:* Dreifachsprung m; ~ jumper S *Leichtathletik:* Dreispringer(in); ~ point S PHYS Tripelpunkt m; ~-pole ADJ ELEK dreipolig, Dreipol...: ~ switch
triplet ['trɪplɪt] S 1 Drilling m 2 Dreiergruppe f 3 Trio n *(drei Personen etc)* 4 MUS Triole f *(Gruppe von 3 Tönen)* 5 LIT Dreireim m 6 *Poker:* Dreierpasch m
triple time S MUS Tripeltakt m, dreiteiliger Takt
triplex ['trɪpleks; US a. 'traɪ-] A ADJ dreifach B S 1 → triple time 2 2® *bes* AUTO *Br ein dreischichtiges Glas*
triplicate ['trɪplɪkət] A ADJ dreifach B S 1 *(das)* Dreifache 2 dreifache Ausfertigung: in ~ 3 *e-s von drei (gleichen) Dingen:* ~s drei Exemplare C V/T [-keɪt] 1 verdreifachen 2 *ein Dokument* dreifach ausfertigen; **triplication** S Verdreifachung f
triplicity [trɪ'plɪsətɪ; US a. traɪ-] S 1 Triplizität f, Drei(fach)heit f 2 Dreiergruppe f
triploid ['trɪplɔɪd] BIOL A ADJ triploid *(e-n dreifachen Chromosomensatz aufweisend)*: ~ organism → B B S triploider Organismus
tripod ['traɪpɒd; US a. -ˌpɑd] S 1 Dreibein n 2 *bes* FOTO Stativ n
tripoli[1] ['trɪpəlɪ] S GEOL Tripel m, Klebschiefer m
Tripoli[2] ['trɪpəlɪ] S Tripolis n *(Hauptstadt von Libyen)*
tripos ['traɪpɒs] S UNIV *Br* letztes Examen für den honours degree *(in Cambridge)*
tripper S 1 *bes Br* a Ausflügler(in) b Tourist(in) 2 Auslösevorrichtung f
tripping A ADJ (ADV ~ly) 1 leicht(füßig), flink 2 flott, munter 3 strauchelnd *(a. fig)* 4 TECH Auslöse..., Schalt... B S *Eishockey:* Beinstellen n
triptane ['trɪpteɪn] S CHEM *ein klopffester Zusatzstoff für Flugbenzin*
triptych ['trɪptɪk] S Triptychon n *(dreiteiliges [Altar]Bild)*
triptyque [trɪp'ti:k] S Triptyk n *(Grenzübertrittsschein für Kraftfahrzeuge)*
trireme ['traɪri:m] S SCHIFF *Antike:* Trireme f, Triere f *(Dreiruderer)*
trisect [traɪ'sekt] V/T dreiteilen, in drei (gleiche) Teile teilen; **trisection** S Dreiteilung f
trismus ['trɪzməs] S MED Trismus m, Kaumuskelkrampf m
trisyllabic [ˌtraɪsɪ'læbɪk] ADJ (ADV ~ally) dreisilbig; **trisyllable** [-'sɪləbl] S dreisilbiges Wort
trite [traɪt] ADJ (ADV ~ly) abgedroschen, platt, banal; **triteness** S Abgedroschenheit f, Plattheit f
tritium ['trɪtɪəm; US a. 'trɪʃi:əm] S CHEM Tritium n
Triton[1] ['traɪtn] S 1 *Antike:* Triton m *(niederer Meergott)* 2 2 ZOOL Tritonshorn n
triton[2] ['traɪtn] S CHEM Triton n
tritone ['traɪtəʊn] S MUS Tritonus m *(aus 3 ganzen Tönen bestehendes Intervall)*
triturate ['trɪtjʊreɪt; US -tʃə-] V/T zerreiben, -mahlen, -stoßen, pulverisieren; **trituration** S Zerreibung f, Pulverisierung f, MED, PHARM a. Trituration f
triumph ['traɪəmf] A S 1 Triumph m: a Sieg m *(over* über *akk)* b Siegesfreude f *(at* über *akk)*: in ~ im Triumph, triumphierend 2 Triumph m *(Großtat, Erfolg)*: the ~s of science 3 *Antike:* (Rom) Triumph(zug) m B V/I triumphieren: a den Sieg erringen b frohlocken, jubeln *(beide:* over über *akk)* c Erfolg haben; **triumphal** [-'ʌmfl] ADJ 1 Triumph..., Sieges...: ~ arch Triumphbogen m; ~ procession Triumph-, Siegeszug m 2 → triumphant 2; **triumphant** ADJ (ADV ~ly) 1 triumphierend: a den Sieg feiernd b sieg-, erfolg-, glorreich c frohlockend, jubelnd 2 triumphal, glanzvoll, großartig
triumvir [trɪ'ʌmvə(r); *bes US* traɪ-] pl -virs, -viri [trɪ'ʊmvɪri:; *bes US* traɪ'ʌmvɪraɪ] S *Antike:* Triumvir m; **triumvirate** [traɪ'ʌmvɪrət] S 1 *Antike:* Triumvirat n *(Dreimännerherrschaft)* 2 *fig* Dreigestirn n
triune ['traɪju:n] ADJ *bes* REL dreieinig, -faltig; **Triunity** [-ətɪ] → trinity 3
trivalency [ˌtraɪ'veɪlənsɪ] S CHEM Trivalenz f, Dreiwertigkeit f; **trivalent** ADJ trivalent, dreiwertig
trivet ['trɪvɪt] S 1 Dreifuß m *(bes für Kochgefäße)*: (as) right as a ~ *(gesundheitlich od technisch)* vollkommen in Ordnung 2 (kurzfüßiger) Untersetzer
trivia ['trɪvɪə] SPL Bagatellen pl, Belanglosigkeiten pl
trivial ['trɪvɪəl] ADJ (ADV ~ly) 1 trivial, platt, banal, alltäglich 2 nichtssagend, gering(fügig), unbedeutend, belanglos 3 unbedeutend, oberflächlich *(Person)* 4 BIOL volkstümlich *(Ggs wissenschaftlich)*; **triviality** [-'ælətɪ] S 1 Trivialität f, Plattheit f: a Banalität f b triviale od nichtssagende Bemerkung 2 Geringfügigkeit f, Belanglosigkeit f; **trivialize** V/T 1 trivialisieren, ins Triviale ziehen 2 bagatellisieren, herunterspielen *umg*
trivium ['trɪvɪəm] S UNIV, HIST Trivium n *(der niedere Teil der freien Künste: Dialektik, Grammatik, Rhetorik)*
triweekly [ˌtraɪ'wi:klɪ] A ADJ 1 dreiwöchentlich 2 dreimal wöchentlich erscheinend *(Zeitschrift etc)* od verkehrend *(Verkehrsmittel)* B ADV dreimal in der Woche C S dreimal wöchentlich erscheinende Zeitschrift *etc*
troat [trəʊt] A S Röhren n B V/I röhren *(Hirsch)*
trocar ['trəʊkɑ:(r)] S MED Trokar m *(Stichinstrument für Punktionen)*
trochaic [trəʊ'keɪɪk] LIT A ADJ trochäisch B S Trochäus m *(Versfuß aus e-r langen, betonten u. e-r kurzen, unbetonten Silbe)*
troche [trəʊʃ; *bes US* 'trəʊki:] → lozenge 3
trochee ['trəʊki:] → trochaic B
trochlea ['trɒklɪə; US 'trɑk-] pl -leae [-lɪi:] S ANAT Trochlea f *(e-e walzenförmige Struktur)*; **trochlear** ADJ: ~ nerve ANAT Trochlearis m, Rollnerv m
trochoid ['trəʊkɔɪd; US a. 'trɑ-] A ADJ sich um e-e Achse drehend B S MATH Trochoide f *(e-e spezielle zyklische Kurve)*
trod [trɒd; US trɑd] *prät u. pperf von* tread
trodden ['trɒdn; US 'trɑdn] *pperf von* tread
troglodyte ['trɒglədaɪt; US 'trɑ-] S 1 HIST Höhlenbewohner(in) 2 *fig* a Einsiedler(in) b Eigenbrötler(in) c primitiver od brutaler Kerl
troika ['trɔɪkə] S Troika f: a Dreigespann n b POL *aus 3 Personen bestehende Führungsgruppe*
Trojan ['trəʊdʒən] *Antike:* A ADJ trojanisch: ~ Horse a Trojanisches Pferd *(a. fig)* b *fig in ein Computersystem eingeschleustes Virusprogramm*; the ~ War der Trojanische Krieg B S 1 *(Bewohner Trojas)* Trojaner(in): work like a ~ arbeiten wie ein Pferd 2 COMPUT, INTERNET Trojaner m
troll[1] [trəʊl] A V/T 1 rollen 2 *obs* laut od herzhaft singen B V/I 1 → A 1, A 2 2 mit der Schleppangel fischen (for *akk*) C S Schleppangel f
troll[2] [trəʊl] S MYTH Troll m *(dämonisches Wesen in Zwergen- od Riesengestalt)*
trolley ['trɒlɪ; US 'trɑ-] S 1 *Br* a Handwagen m b Gepäckwagen m c Kofferkuli m d Einkaufswagen m e Sackkarre(n) f(m) f *Golf:* Caddie m 2 *Bergbau: Br* Förderwagen m, Lore f 3 BAHN *Br* Draisine f 4 ELEK Kontaktrolle f *(bei Oberleitungsfahrzeugen)*: he's off his ~ *fig umg* bei ihm ist e-e Schraube locker, er hat nicht mehr alle Tassen im Schrank 5 *US* Straßenbahn(wagen) f(m) 6 *bes Br* Tee-, Servierwagen m; ~ bag S *Br* Einkaufsroller m; ~ bus S Oberleitungsbus m, Obus m; ~ car S *US* Straßenbahnwagen m; ~ pole S ELEK, TECH Stromabnehmerstange f; ~ wire S Oberleitung f
trollop ['trɒləp; US 'trɑ-] S 1 Schlampe f *pej* 2 a Flittchen n *pej* b Nutte f *pej*
trolly → trolley
trombone [trɒm'bəʊn; US trɑm-] S MUS 1 Posaune f 2 Posaunist(in); **trombonist** S MUS Posaunist(in)
trompe [trɒmp; US trɑmp] S TECH (Wasser)Gebläseapparat m *(in e-m Gebläseofen)*
trompe l'oeil [ˌtrɒmp'lɔɪ; US ˌtrɑmp-] S MAL 1 Trompe-l'oeil n, a. m *(Darstellungsweise, die dem Auge das Gefühl der Wirklichkeit vermittelt)* 2 Gemälde n mit Trompe-l'oeil
troop [tru:p] A S 1 Schar f: a ~ of children e-e Kinderschar 2 *pl* MIL Truppen pl 3 MIL a

Schwadron *f* b Batterie *f* 4 *US* Zug *m* von Pfadfindern *(16-32 Jungen)* B V/I 1 *oft* ~ **together** (*od* **up**) sich scharen, sich sammeln 2 ~ **with** sich zusammentun mit 3 (in Scharen) ziehen, *(herein- etc)* strömen, marschieren C V/T ~ **the colour** *Br* die Fahnenparade abhalten *(anlässlich des Geburtstages des Monarchen)*; **~ing the colour** Fahnenparade *f*; ~ **carrier** S MIL 1 FLUG, SCHIFF Truppentransporter *m* 2 AUTO Mannschaftswagen *m*; **~-carrying** ADJ: ~ **vehicle** MIL *Br* Mannschaftswagen *m*

trooper S 1 MIL Kavallerist *m*: **swear like a ~** fluchen wie ein Droschkenkutscher 2 *US* Staatspolizist *m* 3 *US u. Aus* berittener Polizist 4 MIL Kavalleriepferd *n* 5 *bes Br für* troopship

troop| movement S MIL Truppenbewegung *f*; ~ **reduction** S MIL Truppenabbau *m*; **~ship** S SCHIFF, MIL Truppentransporter *m*; ~ **withdrawal** S MIL Truppenabzug *m*

trop. ABK tropic(al) trop.

tropaeolum [trəʊ'piːələm] S BOT Kapuzinerkresse *f*

trope [trəʊp] S LING Tropus *m*, Trope *f*, bildlicher Ausdruck

trophic ['trɒfɪk; *US* 'trəʊ-] ADJ (ADV **~ally**) BIOL trophisch, Ernährungs…

trophy ['trəʊfɪ] S 1 Trophäe *f*: a Siegeszeichen *n* b *bes* SPORT Siegespreis *m* 2 *(Jagd- etc)* Trophäe *f* 3 *Antike*: Sieges(denk)mal *n*; ~ **room** S *bes* SPORT Trophäenraum *m*; ~ **wife** S Vorzeigefrau *f (bes e-s erfolgreichen älteren Herrn)*

tropic ['trɒpɪk; *US* 'trɑ-] A S 1 ASTRON, GEOG Wendekreis *m*: ~ **of Cancer (Capricorn)** Wendekreis des Krebses (Steinbocks) 2 *a.* **Tropics** *pl* GEOG Tropen *pl* B ADJ (ADV **~ally**) → tropical[1]

tropical[1] ['trɒpɪkl; *US* 'trɑ-] ADJ (ADV **~ly**) 1 tropisch *(Hitze, Regenwald etc)*, Tropen…: ~ **disease** (**medicine**, *etc*); ~ **month** ASTRON tropischer Monat 2 feuchtheiß *(Wetter)*

tropical[2] ['trɒpɪkl; *US* 'trəʊ-] ADJ (ADV **~ly**) LING tropisch, bildlich

tropicalize ['trɒpɪkəlaɪz; *US* 'trɑ-] V/T 1 tropenfest machen 2 tropisch machen

tropism ['trəʊpɪzəm] S BIOL Tropismus *m*, Krümmungsbewegung *f*

tropological [ˌtrɒpə'lɒdʒɪkl; *US* ˌtrəʊpə'lɑ-; ˌtrɑ-] → tropical[2]

tropology [trəʊ'pɒlədʒɪ; *US* -'pɑ-] S 1 bildliche Ausdrucksweise 2 *bes* REL, BIBEL Figuraldeutung *f*

tropopause ['trɒpəpɔːz; *US* 'trəʊ-; 'trɑ-] S METEO Tropopause *f (Grenze zwischen Troposphäre u. Stratosphäre)*

tropophyte ['trɒpəfaɪt; *US* 'trəʊ-; 'trɑ-] S Tropophyt *m (Pflanze, die sich e-m Wechselklima anpasst)*

troposphere ['trɒpəˌsfɪə(r); *US* 'trəʊ-; 'trɑ-] S METEO Troposphäre *f (unterste Schicht der Erdatmosphäre)*

troppo ['trɒpəʊ; *US* 'trɑ-] ADV MUS zu (sehr): **ma non ~** aber nicht zu sehr

trot[1] [trɒt; *US* trɑt] A V/I traben: ~ **along** (*od* **off**) *umg* ab-, losziehen, sich auf die Beine machen B V/T 1 *ein Pferd* traben lassen 2 ~ **out** *umg pej* a mit *s-n Kenntnissen etc* renommieren b *Argumente etc* auftischen, daherbringen: **he trots out his old jokes at every party** C S 1 Trab *m*: **at a ~** im Trab; **on the ~** *umg* hintereinander; **be on the ~** *umg* auf Trab sein; **keep sb on the ~** *umg* j-n auf Trab halten 2 a (Aus)Ritt *m*: **go for a ~** ausreiten b *Pferdesport*: Trabrennen *n* 3 *bes Br umg* Taps *m (kleines Kind)* 4 **the ~s** *pl a. als sg konstruiert) umg* Dünnpfiff *m (Durchfall)* 5 SCHULE, UNIV *US sl* a Eselsbrücke *f*, Klatsche *f (Übersetzungshilfe)* b Spickzettel *m*

Trot[2] [trɒt; *US* trɑt] *umg* → Trotskyist A

troth [trəʊθ; trɒθ; *US a.* trɑθ] S *obs* Treue (-gelöbnis) *f(n)*: **by my ~!, in ~!** meiner Treu!, wahrlich!; → plight[2] A

Trotskyism ['trɒtskɪɪzəm; *US a.* 'trɑts-] S POL, HIST Trotzkismus *m*; **Trotskyist**, **Trotskyite** [-aɪt] A S Trotzkist(in) B ADJ trotzkistisch

trotter S 1 Traber *m (Pferd)* 2 GASTR *(Schweins- etc)* Hachse *f*

trotting race S *Pferdesport*: Trabrennen *n*

trotyl ['trəʊtɪl] → trinitrotoluene

troubadour ['truːbəˌdʊə(r); -dɔə(r); *US a.* -ˌdəʊər] S HIST Troubadour *m (a. fig)*

trouble ['trʌbl] A V/T 1 *j-n* beunruhigen, stören, belästigen 2 *j-n* bemühen, bitten *(beide:* **for** um): **may I ~ you for the salt?**; **can I ~ you to close the window?** machen Sie doch bitte das Fenster zu 3 *j-m* Mühe machen, *j-m* Umstände *od* Unannehmlichkeiten bereiten, *j-n* behelligen (**about, with** mit): **don't ~ yourself** bemühen Sie sich nicht! 4 quälen, plagen: **~d by injury** *bes* SPORT verletzungsgeplagt; **be ~d with gout** von der Gicht geplagt sein 5 *j-m* Kummer *od* Sorge *od* Verdruss bereiten *od* machen, *j-n* beunruhigen: **she is ~d about** sie macht sich Sorgen wegen; **don't let it ~ you** machen Sie sich (deswegen) keine Sorgen *od* Gedanken! 6 *Wasser etc* aufwühlen, trüben B V/I 1 sich beunruhigen, sich aufregen *(beide:* **about** über *akk*): **I should not ~ if …** a ich wäre beruhigt, wenn … b es wäre mir gleichgültig, wenn … 2 sich die Mühe machen, sich bemühen *(beide:* **to do** zu tun), sich Umstände machen: **don't ~** bemühen Sie sich nicht!; **don't ~ to write** du brauchst nicht zu schreiben; **why should I ~ to explain** warum sollte ich mir (auch) die Mühe machen, das zu erklären C S 1 a Mühe *f*, Plage *f*, Anstrengung *f*, Last *f*, Belästigung *f*: **give sb ~** j-m Mühe verursachen; **go to a lot of ~** sich besondere Mühe machen *od* geben; **put sb to ~** j-m Umstände bereiten; **omelet(te) is no ~ (to prepare)** Omelett macht gar nicht viel Arbeit *od* Mühe; **(it is) no ~ (at all)** (es ist) nicht der Rede wert; **save o.s. the ~ of doing sth** sich die Mühe (er)sparen, etwas zu tun; **you could have saved yourself the ~ of this** das hättest du dir ersparen können; **spare no ~** keine Mühe scheuen; **take (the) ~** sich (die) Mühe machen; **take ~ over** sich Mühe geben mit b *weitS.* Trouble *m umg*, Unannehmlichkeiten *pl*, Schwierigkeiten *pl*, Scherereien *pl*, Ärger *m (alle:* **with** mit *der Polizei etc*): **ask** (*od* **look**) **for ~** unbedingt Ärger haben wollen; **be in ~** in Schwierigkeiten sein; **be in ~ with the police** Ärger mit der Polizei haben; **his girlfriend is in ~** s-e Freundin ist in Schwierigkeiten *(schwanger)*; **get into ~** in Schwierigkeiten geraten, Schwierigkeiten *od* Ärger bekommen; **get sb into ~, make ~ for sb** j-n in Schwierigkeiten bringen; **he's ~** *umg* mit ihm wirds Ärger geben; → head B 1 b 2 Schwierigkeit *f*, Problem *n*, *(das)* Dumme *od* Schlimme (dabei): **make ~** Schwierigkeiten machen; **the ~ is** der Haken *od* das Unangenehme ist (**that** dass); **what's the ~?** wo(ran) fehlts?, was ist los?; **have ~s with one's health** gesundheitliche Schwierigkeiten *od* Probleme haben; **have ~ doing sth** Schwierigkeiten haben, etwas zu tun; 3 MED *(Herz- etc)* Leiden *n*, (-)Beschwerden *pl*: **heart ~** *a.* Herzgeschichte *f umg* 4 a POL Unruhe(n) *f(pl)*, Wirren *pl* b *allg* Affäre *f*, Konflikt *m* 5 TECH Störung *f*, Defekt *m*, Fehler *m*; **troubled** ADJ 1 aufgewühlt, getrübt *(Wasser etc)*: ~ **waters** *pl fig* unangenehme Lage, schwierige Situation; **fish in ~ waters** *fig* im Trüben fischen; → oil A 1 2 *fig* a sorgenvoll, gequält *(Gesicht etc)* b finanziell angeschlagen *(Firma etc)*

trouble|-free ADJ TECH störungsfrei; **~maker** S Unruhestifter(in); ~ **man** S *irr* TECH Störungs-, Fehlersucher *m*; **~proof** ADJ störungsfrei; **~shoot** V/T & V/I *irr* TECH Störungen *od* Fehler suchen (in *dat*); **~shooter** S 1 TECH Störungs-, Fehlersucher(in) 2 *fig* Troubleshooter *m*, Vermittler(in); **~shooting** S 1 TECH Störungs-, Fehlersuche *f* 2 *fig* Vermittlung *f*

troublesome ['trʌblsəm] ADJ (ADV **~ly**) 1 störend, lästig 2 mühsam, beschwerlich *(Arbeit etc)* 3 unangenehm *(a. Person)*; **troublesomeness** S 1 Lästigkeit *f* 2 Beschwerlichkeit *f* 3 *(das)* Unangenehme

trouble spot S *bes* POL Konflikt-, Krisenherd *m*

troublous ['trʌbləs] ADJ *obs od poet* unruhig

trou-de-loup *pl* trous-de-loup [ˌtruːdə'luː] S MIL, HIST Fallgrube *f (für Kavalleriepferde)*

trough [trɒf] S 1 *(Schweine- etc)* Trog *m*: **a pig's ~** 2 (TECH Zufuhr)Rinne *f*: ~ **conveyor** Trogförderer *m* 3 GEOL a Mulde *f*: ~ **fault** Muldenverwerfung *f* b *a.* ~ **valley** Trogtal *n* 4 Wellental *n* 5 *a.* ~ **of low pressure** Tiefdruckrinne *f* 6 *bes* WIRTSCH Tiefpunkt *m (a. in e-m statistischen Schaubild)*, Talsohle *f*

trounce [traʊns] V/T 1 verprügeln 2 SPORT überfahren *(hoch besiegen)*; **trouncing** S 1 (Tracht *f*) Prügel *pl*: **give sb a ~** j-m e-e Tracht Prügel verpassen (→ 2) 2 SPORT Abfuhr *f*: **give sb a ~** j-m e-e Abfuhr erteilen (→ 1); **get a ~** e-e Abfuhr erleiden, sich e-e Abfuhr holen

troupe [truːp] S *(Schauspieler- od Zirkus)* Truppe *f*; **trouper** S 1 Mitglied *n* e-r Schauspielertruppe 2 altgediente(r) Schauspieler(in): **Hollywood ~** Hollywood-Veteran(in) 3 erfahrene(r) *od* treue(r) Mitarbeiter(in)

trouser ['traʊzə(r)] A S 1 *pl*, *a.* **pair of ~s** Hose *f*: → wear[1] A 1 2 *US* Hosenbein *n* B ADJ Hosen…: ~ **leg** (**pocket**, *etc*); ~ **press** Hosenbügler *m*, -presse *f*; ~ **suit** *Br* Hosenanzug *m*; **trousered** ADJ behost *umg*: **a ~ woman** e-e Frau in Hosen

trousseau ['truːsəʊ] *pl* -seaus, -seaux [-səʊz] S Brautausstattung *f*, Aussteuer *f*

trout [traʊt] S 1 *pl* trouts, *bes koll* trout FISCH Forelle *f*: ~ **stream** Forellenbach *m* 2 *meist* **old ~** *Br umg pej* alte Ziege

trove [trəʊv] → treasure trove

trover ['trəʊvə(r)] S JUR 1 rechtswidrige Aneignung 2 *a.* **action of ~** Klage *f* auf Herausgabe des Wertes *(e-r widerrechtlich angeeigneten Sache)*

trow [trəʊ] V/T *obs* 1 glauben, meinen 2 *(e-r Frage hinzugefügt)*: **(I) ~** frag ich, möchte ich wissen

trowel ['traʊəl] A S 1 (Maurer)Kelle *f*: **lay it on with a ~** *umg* dick auftragen 2 AGR Hohlspatel *m/f*, Pflanzenheber *m* B V/T *prät u. pperf* -eled, *bes Br* -elled TECH mit der Kelle auftragen *od* glätten

troy[1] [trɔɪ] WIRTSCH A S *a.* ~ **weight** Troygewicht *n (für Edelmetalle u. Edelsteine)* B ADJ Troy (-gewichts)…

Troy[2] [trɔɪ] S *Antike*: Troja *n*

truancy ['truːənsɪ] S unentschuldigtes Fernbleiben vom Unterricht, (Schul-)Schwänzen *n umg*

truant ['truːənt] A S (Schul)Schwänzer(in) *umg*: **play ~** (die Schule) schwänzen B ADJ (schul)schwänzend *umg*: ~ **officer** *Beamter/Beamtin, der/die unentschuldigtes Fernbleiben vom Unterricht zu untersuchen hat*

truce [truːs] S 1 MIL Waffenruhe *f*, -stillstand *m* 2 POL *etc* Burgfriede(n) *m*, Ruhepause *f*; **trucial** ['truːsjəl; -sɪəl; -ʃəl] ADJ Waffenstillstands…, durch Waffenstillstand gebunden

truck[1] [trʌk] A S 1 Tauschhandel *m*, -ge-

T

schäft *n* 2 Verkehr *m*: **have no ~ with sb** mit j-m nichts zu tun haben (wollen) 3 *US* (*gewerbsmäßig angebautes*) Gemüse: **~ farm** (*a.* **garden**) Gemüsegärtnerei *f*, -anbaubetrieb *m*; **~ farmer** Gemüsegärtner(in); **~ farming** (Betreiben *n* e-r) Gemüsegärtnerei 4 KOLL Kram(waren) *m(pl)* 5 *pej* Trödel(kram) *m*, Plunder *m* 6 *meist* **~ system** WIRTSCH, HIST Naturallohn-, Trucksystem *n* B VT 1 (**for**) (aus-, ver)tauschen (gegen), eintauschen (für) 2 verschachern C VI 1 Tauschhandel treiben 2 schachern, handeln (*beide:* **for** um)

truck² [trʌk] A S 1 TECH Block-, Laufrad *n*, Rolle *f* 2 *bes US* a Lastauto *n*, -(kraft)wagen *m*, Lkw *m* b Fernlastwagen *m*, -laster *m* 3 *bes US* Hand-, Gepäck-, Rollwagen *m* 4 Lore *f*: a BAHN *Br* Dreh-, Untergestell *n* b *Bergbau*: Kippkarren *m*, Förderwagen *m* 5 BAHN *Br* offener Güterwagen 6 SCHIFF Flaggenknopf *m* 7 FILM, TV Kamerawagen *m* B VT *bes US* a auf (Fern)Lastwagen befördern b auf (Fern)Lastwagen laden C VI 1 *bes US* e-n (Fern)Lastwagen fahren 2 **get ~ing** *bes US umg* sich auf die Beine machen D ADJ *bes US* (Fern)Lastwagen…: **~ driver** → trucker¹ 1; **~ stop** Fernfahrerlokal *n*; **~ trailer** a Lastwagenanhänger *m* b Lastzug *m*; **~ shot** (FILM, TV) Fahraufnahme *f*; **truckage** S 1 (Fern)lastwagentransport *m* 2 Transportkosten *pl*

trucker¹ S *bes US* 1 a Lastwagenfahrer(in) b Fern(last)fahrer(in) 2 Autospediteur(in)

trucker² S *US* Gemüsegärtner(in)

truckle¹ ['trʌkl] VI (zu Kreuze) kriechen (**to** vor *dat*)

truckle² ['trʌkl] A S 1 (Lauf)Rolle *f* 2 → truckle bed B VT *bes ein Möbelstück* rollen; **~ bed** S *bes Br* Rollbett *n* (*zum Unterschieben unter ein höheres*)

truckler S Kriecher(in)

truckman ['trʌkmən] S *irr bes US* a Lastwagenfahrer *m* b Fern(last)fahrer *m*

truculence ['trʌkjʊləns], **truculency** [-sɪ] S 1 a Trotz *m* b Aufsässigkeit *f* c Streitsucht *f* 2 *obs* Rohheit *f*, Wildheit *f*, Grausamkeit *f*; **truculent** ADJ (ADV ~ly) 1 a trotzig b aufsässig c streitsüchtig 2 *obs* wild, roh, grausam

trudge [trʌdʒ] A VI 1 stapfen (**through** durch) 2 sich schleppen: **~ home** B VT stapfen durch C S langer *od* mühsamer Fußmarsch

true [truː] A ADJ (ADV → truly) 1 wahr, wahrheitsgetreu (*Geschichte etc*): **be** (*od* **hold**) **~** (**for, of**) zutreffen (auf *akk*), gelten (für); → come A 12, ring² B 4 2 echt, wahr (*Christ etc*): **~ current** ELEK Wirkstrom *m*; **~ love** wahre Liebe; **~ stress** TECH wahre spezifische Belastung; **~ value** Ist-Wert *m*; **(it is) ~** zwar, allerdings, freilich, zugegeben; **is it ~ that …?** stimmt es, dass …?; **too ~!** wie wahr!; → horizon 1 3 (ge)treu (**to** *dat*): **(as) ~ as gold** (*od* **steel**) treu wie Gold; **~ to one's contracts** vertragstreu; **~ to one's principles (word)** s-n Grundsätzen (s-m Wort) getreu; **stay ~ one's principles** s-n Grundsätzen treu bleiben 4 getreu (**to** *dat*) (*von Sachen*): **~ to life** lebenswahr, -echt, aus dem Leben gegriffen; **~ to nature** naturgetreu; **~ to pattern** modellgetreu; **~ to size** TECH maßgerecht, -haltig; **~ to type** artgemäß, typisch; → copy A 1 5 genau, richtig (*Gewicht etc*) 6 wahr, rechtmäßig, legitim (*Erbe etc*) 7 zuverlässig (*Zeichen etc*) 8 TECH genau, richtig (ein)gestellt *od* eingepasst 9 GEOG, SCHIFF, PHYS rechtweisend: **~ declination** Ortsmissweisung *f*; **~ north** geografisch *od* rechtweisend Nord 10 MUS richtig gestimmt, rein 11 BIOL reinrassig B ADV 1 wahrheitsgemäß: **speak ~** die Wahrheit sagen 2 (ge)treu (**to** *dat*) 3 genau: **shoot ~** C S 1 **the ~** das Wahre 2 (*das*) Richtige *od* Genaue: **out of ~** a schief b TECH unrund D VT *oft* **~ up** TECH a *ein Lager* ausrichten b *ein Werkzeug* nachschleifen, *e-e Schleifscheibe* abdrehen c *ein Rad* zentrieren

true| bill S JUR *US* begründete (*von den Geschworenen bestätigte*) Anklage (-schrift); **~ blue** S POL *Br* Erzkonservative(r) *m/f(m)*; **~-blue** ADJ: **~ Tory** → true blue; **~born** ADJ echt, gebürtig: **he's a ~ American**; **~bred** ADJ BIOL reinrassig; **~-false test** S SCHULE *bes US* Ja-Nein-Test *m*; **~hearted** ADJ (ADV ~ly) 1 treu 2 aufrichtig, ehrlich; **~ level** S echte Horizontalebene; **~-life** ADJ lebenswahr, -echt, aus dem Leben gegriffen; **~love** S Geliebte(r) *m/f(m)*; **~love knot**, *a.* **~-lover's knot** S *ein schwer zu lösender Schleifenknoten, der das Band der Liebe symbolisiert*

trueness ['truːnɪs] S 1 Wahrheit *f* 2 Echtheit *f* 3 Treue *f* 4 Richtigkeit *f*, Genauigkeit *f*

true rib S ANAT echte Rippe

truffle ['trʌfl] S Trüffel *f*, *umg m* a BOT *ein Schlauchpilz* b *e-e Praline*

truism ['truːɪzəm] S Truismus *m*, Binsenwahrheit *f*, Gemeinplatz *m*

trull [trʌl] S *obs* Metze *f*, Dirne *f*

truly ['truːlɪ] ADV 1 wahrheitsgemäß 2 aufrichtig: **I am ~ sorry** es tut mir aufrichtig leid; **Yours ~** *bes US* Mit freundlichen Grüßen (*als Briefschluss*); **yours ~** *hum* m-e Wenigkeit 3 in der Tat, wirklich, wahrhaftig 4 genau, richtig

trumeau [trʊ'məʊ] *pl* -meaux [-'məʊz] S ARCH Trumeau *m*, Fensterpfeiler *m*

trump¹ [trʌmp] S *obs od poet* 1 Trompete *f* 2 Trompetenstoß *m*: **the last ~** die Posaune des Jüngsten Gerichts

trump² [trʌmp] A S 1 *Kartenspiel*: a *pl, bes US a. sg* Trumpf *m* b *a.* **~ card** Trumpfkarte *f*: **hold all the ~s** *fig* alle Trümpfe in der Hand haben *od* halten; **play one's ~ card** *fig* s-n Trumpf ausspielen; **come** (*od* **turn**) **up ~s** *umg* a es sich doch noch überlegen b Glück haben (**with** mit) c über sich hinauswachsen d die Situation retten 2 *umg* feiner Kerl B VT 1 a *e-e Karte* trumpfen, mit e-m Trumpf stechen b *j-n, e-e Karte* übertrumpfen 2 *fig j-n, etwas* übertrumpfen (**with** mit) C VI trumpfen: a Trumpf ausspielen b mit e-m Trumpf stechen

trump³ [trʌmp] VT **~ up** *pej* erdichten, erfinden, sich *etwas* aus den Fingern saugen

trumpery ['trʌmpərɪ] A S 1 a *etwas Billiges od Wertloses, bes* → trinket 1 b KOLL Plunder *m pej, bes* → trinketry 2 *fig* Gewäsch *n*, Quatsch *m* B ADJ billig, wertlos

trumpet ['trʌmpɪt] A S 1 MUS Trompete *f*: → blow¹ C 4 2 Trompetenstoß *m*, (*e-s Elefanten etc a.*) Trompeten *n*: **the last ~** die Posaune des Jüngsten Gerichts 3 MUS Trompete(nregister) *f(n)* (*der Orgel*) 4 Trompeter(in) 5 Schalltrichter *m*, Sprachrohr *n* 6 MED Höhrrohr *n* B VI Trompete blasen, trompeten (*a. Elefant etc*) C VT 1 trompeten, blasen 2 *a.* **~ forth** *fig* ausposaunen; **~ call** S Trompetensignal *n*

trumpeter S 1 Trompeter(in) 2 HIST Herold *m* 3 *fig* Ausposauner(in) 4 ORN a Trompetervogel *m* b Trompetertaube *f*; **~ swan** S ORN Trompeterschwan *m*

trumpet-shaped ADJ trompeten-, trichterförmig

truncal ['trʌŋkl] ADJ 1 Stamm… 2 Rumpf…

truncate [trʌŋ'keɪt; 'trʌŋkeɪt] A VT 1 stutzen, beschneiden (*beide a. fig*) 2 MATH abstumpfen 3 TECH *ein Gewinde* abflachen 4 IT *e-n Programmablauf etc* beenden B ADJ BOT, ZOOL (ab)gestutzt, abgestumpft; **truncated** ADJ 1 gestutzt, beschnitten (*beide a. fig*) 2 MATH abgestumpft: **~ pyramid** Pyramidenstumpf *m*; → cone A 1 3 TECH abgeflacht; **truncation** S 1 Stutzung *f*, Beschneidung *f* (*beide a. fig*) 2 MATH Abstumpfung *f* 3 TECH Abflachung *f* 4 IT Beendigung *f*

truncheon ['trʌntʃən] S 1 *Br* Gummiknüppel *m*, Schlagstock *m* (*des Polizisten*) 2 Kommando-, Marschallstab *m*

trundle ['trʌndl] A VT *ein Fass etc* rollen, trudeln: **~ a hoop** *obs* e-n Reifen schlagen B VI rollen C S 1 (Lauf)Rolle *f*: **~bed** *bes US* → truckle bed 2 kleiner Rollwagen

trunk [trʌŋk] S 1 (*Baum*) Stamm *m* 2 ANAT Rumpf *m* 3 ZOOL Rüssel *m* (*des Elefanten*) 4 ANAT (*Nerven- etc*) Stamm *m* 5 Schrankkoffer *m* 6 ARCH (*Säulen*) Schaft *m* 7 TECH Rohrleitung *f*, Schacht *m* 8 Hauptfahrrinne *f* (*e-s Kanals etc*) 9 TEL → trunk line 3 10 BAHN → trunk line 1 11 *pl, a.* **pair of ~s** a Badehose *f* b SPORT *bes US* Shorts *pl* c *bes Br* (Herren)Unterhose *f* 12 COMPUT Anschlussstelle *f* 13 AUTO *US* Kofferraum *m*; **~ call** S TEL *bes Br* Ferngespräch *n*; **~ hose** S HIST Pluderhose *f*; **~ line** S 1 BAHN Hauptstrecke *f*, -linie *f* 2 → trunk route 3 TEL Fernleitung *f*; **~ road** S *Br* Haupt-, Fernverkehrsstraße *f*; **~ route** S *Br allg* Hauptstrecke *f*; **~ show** S *bes US private Modenschau für reiche Interessenten*

trunnel ['trʌnl] → treenail

trunnion ['trʌnjən] S TECH (Dreh)Zapfen *m*

truss [trʌs] A VT 1 *oft* **~ up** a bündeln, (fest)schnüren, (zusammen)binden b *j-n* fesseln 2 *Geflügel* (*zum Braten*) dressieren 3 ARCH stützen, absteifen B S 1 MED Bruchband *n* 2 ARCH a Fachwerk *n* b Gebinde *n* (*e-s Dachs*) c Sprengwerk *n* (*e-r Brücke etc*) 3 SCHIFF Rack *n* 4 BOT Traube *f* 5 *bes Br* (*Heu-, Stroh- etc*) Bündel *n*, (-)Ballen *m*; **~ bridge** S TECH Sprengwerksbrücke *f*

trust [trʌst] A S 1 (**in**) Vertrauen *n* (auf *akk*, zu), Zutrauen *n* (zu): **lose all ~ in** alles Vertrauen verlieren zu; **place** (*od* **put**) **one's ~ in** → B 2; **take on ~** *j-m, etwas* glauben 2 Zuversicht *f*, zuversichtliche Erwartung *od* Hoffnung, Glaube *m* 3 Kredit *m*: **on ~** a auf Kredit b auf Treu u. Glauben 4 Pflicht *f*, Verantwortung *f* 5 Verwahrung *f*, Obhut *f*, Aufbewahrung *f*: **in ~** zu treuen Händen, zur Verwahrung 6 (*das*) Anvertraute, anvertrautes Gut, Pfand *n* 7 JUR a Treuhand(verhältnis) *f(n)* b → trust account 2: **hold sth in ~** etwas zu treuen Händen verwahren, etwas treuhänderisch verwalten; → breach *Bes Redew* 8 WIRTSCH a Trust *m* b Konzern *m* c Kartell *n*, Ring *m* 9 WIRTSCH, JUR Stiftung *f* B VI 1 vertrauen (**in** auf *akk*) 2 sich verlassen , bauen (*beide:* **to** auf *akk*) C VT 1 *j-m, e-r Sache* (ver)trauen, sich verlassen auf (*akk*): **~ sb to do sth** sich darauf verlassen, dass j-d etwas tut; **you can ~ him to be discreet** du kannst dich auf s-e Diskretion verlassen; **~ him to do that!** *iron* a das sieht ihm ähnlich! b verlass dich drauf, er wird es tun!; → ear¹ *Bes Redew*, eye A 1 2 (zuversichtlich) hoffen (**that** dass) 3 **~ sb with sth, ~ sth to sb** j-m etwas anvertrauen

trust| account S JUR 1 Treuhandkonto *n* 2 Treuhandgut *n*, -vermögen *n*; **~ agreement** S JUR Treuhandvertrag *m*; **~buster** S *US umg* Beamte(r) *m od* Beamtin *f* des Kartellamtes; **~ company** S WIRTSCH *US* Treuhandgesellschaft *f*, -bank *f*; **~ deed** S JUR 1 Urkunde *f* über die Errichtung e-s Treuhandverhältnisses 2 Stiftungsurkunde *f*

trusted ['trʌstɪd] ADJ 1 bewährt (*Methode etc*) 2 getreu (*Freund etc*)

trustee [ˌtrʌs'tiː] A S 1 JUR Sachwalter(in) (*a. fig*), (Vermögens)Verwalter(in), Treuhänder(in): **~ securities** mündelsichere Wertpapiere 2

Kurator *m*, Kuratorin *f*, Verwalter(in), Pfleger(in) 3 POL Treuhänderstaat *m* B VT JUR e-m Treuhänder anvertrauen *od* übergeben

trusteeship [ˌtrʌsˈtiːʃɪp] S 1 Treuhänderschaft *f* 2 Kuratorium *n* 3 POL a Treuhandverwaltung *f* (*e-s Gebiets*) durch den **Trusteeship Council** b Treuhandgebiet *n*; ~ **account** → trust account 1; ♀ **Council** S Treuhandrat *m* (*der Vereinten Nationen*)

trustful [ˈtrʌstfʊl] ADJ (ADV ~ly) 1 vertrauensvoll: **too** ~ vertrauensselig 2 zutraulich; **trustfulness** S 1 Vertrauen *n* 2 Zutraulichkeit *f*

trust fund S Treuhandvermögen *n*

trustification [ˌtrʌstɪfɪˈkeɪʃn] S WIRTSCH Vertrustung *f*, Trustbildung *f*

trustiness [ˈtrʌstɪnɪs] S Treue *f*, Zuverlässigkeit *f*, Vertrauenswürdigkeit *f*

trusting → trustful

trust territory S POL Treuhandgebiet *n*

trustworthiness S Zuverlässigkeit *f*, Vertrauenswürdigkeit *f*; **trustworthy** ADJ (ADV trustworthily) vertrauenswürdig, zuverlässig

trusty [ˈtrʌstɪ] A ADJ (ADV trustily) 1 vertrauensvoll 2 treu, zuverlässig, vertrauenswürdig B S 1 zuverlässiger Mensch 2 privilegierter Sträfling, Kalfakter *m* (*oft pej*)

truth [truːθ] S 1 Wahrheit *f*: **in** ~, *obs* **of a** ~ in Wahrheit; **tell the** ~ (*Redew*) um die Wahrheit zu sagen, ehrlich gesagt; **there is some (no)** ~ **in it** daran ist etwas (nichts) Wahres; **the** ~ **is that I forgot it** in Wirklichkeit *od* tatsächlich habe ich es vergessen; **the** ~, **the whole** ~, **and nothing but the** ~ JUR die Wahrheit, die ganze Wahrheit u. nichts als die Wahrheit 2 *oft* ♀ (*das*) Wahre 3 (*die allgemein anerkannte*) Wahrheit: **historical** ~ 4 Wirklichkeit *f*, Echtheit *f* 5 Treue *f*: ~ **to life** Lebensechtheit *f*; ~ **to nature** Naturtreue *f* 6 Genauigkeit *f*, Richtigkeit *f*: **be out of** ~ TECH nicht genau passen; ~ **drug** S CHEM, PSYCH Wahrheitsdroge *f*, -serum *n*

truthful [ˈtruːθfʊl] ADJ (ADV ~ly) 1 wahr, wahrheitsgemäß 2 wahrheitsliebend 3 genau, richtig; **truthfulness** S 1 Wahrheitsliebe *f* 2 Genauigkeit *f*, Richtigkeit *f*

truth|-function S *Logik*: Wahrheitsfunktion *f*; **~-loving** S wahrheitsliebend; ~ **serum** S *a. irr* CHEM, PSYCH Wahrheitsserum *n*; ~ **table** S *Logik*: Wahrheitstafel *f*; **~-value** S *Logik*: Wahrheitswert *m*

try [traɪ] A S 1 Versuch *m*: **at the first** ~ beim ersten Versuch; **have a** ~ e-n Versuch machen (**at sth** mit etwas); **would you like to have a** ~? wollen Sie es mal versuchen?; **it's worth a** ~ es ist *od* wäre e-n Versuch wert 2 *Rugby*: Versuch *m* B VT 1 versuchen, probieren, es versuchen *od* probieren mit *od* bei, e-n Versuch machen mit: **you had better** ~ **something easier** du versuchst es besser mit etwas Leichterem; ~ **one's best** sein Bestes tun; ~ **a department store** versuch es einmal in e-m Kaufhaus; ~ **to do sth** versuchen, etwas zu tun; ~ **to commit suicide** e-n Selbstmordversuch unternehmen; *he pulled a muscle* **~ing to lift the piano** bei dem Versuch *od* als er versuchte, das Klavier anzuheben; **what I'm ~ing to say is that ...** was ich sagen will, ist, dass ...; ~ **ringing the doorbell** versuche es einmal mit Läuten; → hand *Bes Redew* 2 *oft* ~ **out** *e-e neue Methode etc* (aus-, durch)probieren, erproben, testen, prüfen: ~ **the new wine** den neuen Wein probieren; ~ **on** *ein Kleid etc* anprobieren, *e-n Hut* aufprobieren; ~ **it on** *bes Br umg* probieren, wie weit man gehen kann; ~ **it on with sb** *bes Br umg* a probieren, wie weit man bei j-m gehen kann b j-n provozieren; → wing A 1 3 e-n Versuch *od* ein Experiment machen mit: ~ **the door** die Tür zu öffnen suchen; ~ **one's luck (with sb** bei j-m) sein Glück versuchen 4 JUR a (über) *e-e Sache* verhandeln, *e-n Fall* (gerichtlich) untersuchen b gegen *j-n* verhandeln, *j-n* vor Gericht stellen, *j-m* den Prozess machen (*alle:* **for** wegen) 5 entscheiden, zur Entscheidung bringen: ~ **rival claims by a duel**; → conclusion 7 6 *die Augen etc* angreifen, (über)anstrengen, *j-s Mut, Nerven, Geduld* auf e-e harte Probe stellen 7 *j-n* arg mitnehmen, plagen, quälen 8 *meist* ~ **out** TECH a *Metalle* raffinieren b *Talg etc* ausschmelzen c *Spiritus* rektifizieren C VI 1 versuchen (**at** *akk*), sich bemühen *od* bewerben (**for** um) 2 e-n Versuch machen, es versuchen: ~ **again** (versuch es) noch einmal!; ~ **and read** versuche zu lesen!; ~ **back** *fig* zurückgreifen, -kommen (*beide:* **to** auf *akk*); → hard B 2

trying ADJ (ADV ~ly) 1 schwierig, kritisch, unangenehm, nervenaufreibend 2 anstrengend, mühsam, ermüdend

try|-on S 1 Anprobe *f* 2 *bes Br umg* Provokation *f*; **~-out** S 1 Probe *f*, Erprobung *f*: **give sth a** ~ etwas ausprobieren 2 THEAT Probevorstellung *f*

trypanosome [ˈtrɪpənəsəʊm; US trɪpˈænəˌsəʊm] S MED, ZOOL Trypanosoma *n* (*ein Geißeltierchen*); **trypanosomiasis** [-nəʊsəʊˈmaɪəsɪs; US -nəsəˈm-] S MED Trypanosomiasis *f*, Schlafkrankheit *f*

trysail [ˈtraɪseɪl; SCHIFF ˈtraɪsl] S SCHIFF Gaffelsegel *n*

try square S TECH Anschlagwinkel *m*

tryst [trɪst] *obs od poet* A S 1 Verabredung *f* 2 Stelldichein *n*, Rendezvous *n* 3 → trysting place B VI sich (zu e-m Stelldichein) verabreden

trysting place S *obs od poet* Treffpunkt *m*

tsar [zɑː(r); tsɑː(r)], *etc* → czar *etc*

TSB ABK *Br* Trustee Savings Bank gemeinnützige Sparkasse

tsetse (fly) [ˈtsetsɪ] S ZOOL Tsetsefliege *f*

TSH ABK PHYSIOL thyroid-stimulating hormone

T shirt S T-Shirt *n*

tsouris [ˈtsʊrɪs] S *US sl* Zores *m*, Ärger *m*

T square S TECH Reißschiene *f*

tsunami [tsʊˈnɑːmɪ] S Tsunami *m*, Flutwelle *f*

tsuris → tsouris

TT ABK 1 teetotal 2 teetotal(ler) teetotal(l)er 3 (*Motorradrennsport*) Tourist Trophy 4 MED tuberculin tested

TU ABK trade union

tub [tʌb] A S 1 a (*Wasch- etc*) Wanne *f* b Waschbottich *m*, -zuber *m* 2 *bes US* Badewanne *f*: **hot** ~ Hot Tub, Sprudelbad 3 *Br umg* (Wannen)Bad *n*: **have a** ~ baden 4 (*Butter- etc*) Fass *n* 5 (*Eis-, Margarine- etc*) Becher *m* 6 SCHIFF *umg* Kahn *m*, Pott *m* 7 *US umg* Fass *n*, Dicke(r) *m/f(m)* 8 *Rudern*: *umg* Übungsboot *n* 9 *Bergbau*: a Förderkorb *m* b Förderwagen *m*, Hund *m* B VT 1 *Butter etc* in ein Fass tun 2 *Br umg j-n* baden C VI *Br umg* baden

tuba [ˈtjuːbə; US *a.* ˈtuːbə] S MUS Tuba *f*

tubal [ˈtjuːbəl; US *a.* ˈtuː-] ADJ PHYSIOL tubar, Eileiter...: ~ **pregnancy**

tubby [ˈtʌbɪ] ADJ 1 fassartig 2 *umg* rundlich, klein u. dick, (*Kind*) pumm(e)lig 3 MUS dumpf, hohl (klingend)

TUC ABK *Br* Trades Union Congress Gewerkschaftsverband *m*

tube [tjuːb; US *a.* tuːb] A S 1 Rohr (-leitung *f*) *n*, Röhre *f*: **go down the ~(s)** *bes US umg* den Bach runtergehen 2 (*Glas- etc*) Röhrchen *n* 3 (*Gummi*) Schlauch *m* 4 Tube *f* (*Zahnpasta etc*): ~ **colo(u)rs** Tubenfarben 5 ANAT Tube *f*: a *allg* Röhre *f*, Kanal *m* b *engS.* Eileiter *m* 6 BOT (*Pollen*) Schlauch *m* 7 *a.* ♀ *Br umg* (*die*) (Londoner) U-Bahn: ~ **station** U-Bahnhof *m*; ~ **train** U-Bahn-Zug *m* 8 ELEK Röhre *f*: **the** ~ *US umg* die Röhre (*Fernseher*); **on the** ~ *US umg* in der Glotze (*im Fernsehen*) 9 ~ **of force** PHYS Kraftröhre *f* (*in e-m Kraftfeld*) 10 *obs* Tubus *m*, Fernrohr *n* 11 *Aus sl* a Flasche *f* Bier b Dose *f* Bier B VT 1 TECH mit Röhren versehen 2 (durch Röhren) befördern 3 in Tuben abfüllen 4 röhrenförmig machen; **tubeless** ADJ schlauchlos (*Reifen*)

tuber [ˈtjuːbə(r); US *a.* ˈtuː-] S 1 BOT Knolle *f* 2 MED Tuber *n*, Höcker *m*, Verdickung *f*

tubercle [ˈtjuːbə(r)kl; US *a.* ˈtuː-] S Tuberkel *m*: a BIOL, MED kleiner Höcker b MED Tuberkuloseknötchen *n*; ~ **bacillus** S *irr* MED Tuberkelbakterie *f*

tubercular [tjuːˈbɜːkjʊlə(r); US -ˈbɜr-; *a.* tuː-] ADJ MED tuberkular (*mit Tuberkelbildung einhergehend*)

tuberculin [tjuːˈbɜːkjʊlɪn; US -ˈbɜrkjə-; *a.* tuː-] S MED Tuberkulin *n* (*zum Nachweis von Tuberkulose verwendete Substanz*); ~ **test** S MED Tuberkulinprobe *f*

tuberculosis [tjuːˌbɜːkjʊˈləʊsɪs; US -ˌbɜrkjə-; *a.* tuː-] S MED Tuberkulose *f*; **tuberculous** ADJ MED 1 tuberkulös: a *die Tuberkulose betreffend* b tuberkulosekrank: **a** ~ **man** ein Tuberkulosekranker 2 tuberkulös (*mit Tuberkelbildung einhergehend*)

tuberose[1] [ˈtjuːbərəʊz; US ˈtjuːˌbrəʊz; ˈtuː-] S BOT Tuberose *f* (*ein Agavengewächs*)

tuberose[2] [ˈtjuːbərəʊs; US *a.* ˈtuː-] → tuberous

tuberosity [ˌtjuːbəˈrɒsətɪ; US -ˈrɑ-; *a.* ˌtuː-] → tuber 2

tuberous [ˈtjuːbərəs; US *a.* ˈtuː-] ADJ 1 MED tuberös, höckerig 2 BOT a Knollen tragend b knollig (*Wurzel*)

tubiform [ˈtjuːbɪfɔː(r)m; US *a.* ˈtuː-] ADJ röhrenförmig

tubing [ˈtjuːbɪŋ; US *a.* ˈtuː-] S TECH 1 Röhrenmaterial *n*, Rohr *n* 2 KOLL Röhren *pl*, Rohrleitung *f* 3 Rohr (-stück) *n*

tub|-thumper S Aufwiegler(in); **~-thumping** ADJ aufwieglerisch

tubular [ˈtjuːbjʊlə(r); US *a.* ˈtuː-] ADJ röhrenförmig, Röhren..., Rohr...: ~ **boiler** TECH Heizrohr-, Röhrenkessel *m*; ~ **furniture** Stahlrohrmöbel *pl*; **~-steel construction** Stahlrohrbau *m*; ~ **vision** MED Röhrensehen *n*

tubule [ˈtjuːbjuːl; US *a.* ˈtuː-] S 1 Röhrchen *n* 2 ANAT Tubulus *m*, kleiner Kanal

tuck [tʌk] A S 1 Biese *f* 2 Abnäher *m* 3 SCHIFF Gilling *f* 4 SCHULE *Br umg* Süßigkeiten *pl*, Erfrischungen *etc* 5 SPORT Hocke *f* B VT 1 Binsen nähen in (*akk*) 2 abnähen 3 stecken: ~ **one's shirt into one's trousers** sich das *od* sein Hemd in die Hose stecken; ~ **sth under one's arm** etwas unter den Arm klemmen; ~ **away** a wegstecken, verstauen b verstecken; **be ~ed away** versteckt liegen (*Dorf etc*); ~ **in** hineinstecken; ~ **in the blankets** die Decken an den Seiten feststecken; ~ **one's shirt in** sich das *od* sein Hemd in die Hose stecken 4 *meist* ~ **in** (*od* **up**) (warm) zudecken, (behaglich) einpacken: ~ **sb (up) in bed** j-n ins Bett stecken *od* packen 5 ~ **up** *die Beine* anziehen *od* (SPORT) anhocken C VI 1 *a.* ~ **away** sich verstauen lassen (**into** in *dat*) 2 ~ **in** *umg* reinhauen, kräftig *od* tüchtig zulangen: ~ **into sth** sich etwas schmecken lassen, etwas verdrücken

tucker[1] VT *meist* ~ **out** *bes US umg j-n* total fertigmachen (*erschöpfen*): **be ~ed out** fix u. fertig sein

tucker[2] S 1 HIST Hals-, Brusttuch *n*: → bib A 2 2 Chemisette *f*, Spitzeneinsatz *m* 3 *Aus umg*

Fressalien *pl*, Futteralien *pl*; **~ bag** S *Aus umg* Proviantbeutel *m*

tucket ['tʌkɪt] S *obs* Trompetenstoß *m*

tuck|-in S: **have a good ~** *Br umg* ordentlich etwas zu futtern haben; **~ shop** S SCHULE *Br umg Kiosk für Süßigkeiten, Erfrischungen etc*

Tudor ['tju:də(r); *US a.* 'tu:-] A ADJ Tudor... (*das Herrscherhaus od die Zeit der Tudors, 1485-1603, betreffend*): **~ arch**; **a ~ drama** ein Drama aus der Tudorzeit; **~ architecture** (*od* **style**) Tudorstil *m* (*englische Spätgotik*) B S Tudor *m/f* (*Herrscher[in] aus dem Hause Tudor*)

Tue(s). ABK Tuesday Di.

Tuesday ['tju:zdɪ; *US a.* 'tu:z-] S Dienstag *m*: **on ~** (am) Dienstag; **on ~s** dienstags

tufa ['tju:fə; *US a.* 'tu:fə] S GEOL Kalktuff *m*; **tufaceous** [-'feɪʃəs] ADJ Kalktuff...

tuff [tʌf] S GEOL vulkanischer Tuff; **tuffaceous** [tʌ'feɪʃəs] ADJ Tuff...

tuft [tʌft] A S 1 (*Gras-, Haar- etc*) Büschel *n*, (*Feder- etc*) Busch *m*, (*Haar*) Schopf *m* 2 kleine Baum- *od* Gebüschgruppe 3 Quaste *f*, Troddel *f* 4 ANAT (*Gefäß*) Bündel *n* 5 UNIV *Br* HIST adlige(r) Student(in) B V/T 1 mit Troddeln *od* e-m (Feder)Busch *od* e-r Quaste versehen 2 *Matratzen etc* durchheften u. garnieren C V/I Büschel bilden; **tufted** ADJ 1 büsch(e)lig: **~ carpet** Tuftingteppich *m* 2 mit e-m (Feder)Busch *od* mit Quasten verziert 3 ORN Hauben...: **~ duck**

tufty ['tʌftɪ] ADJ büsch(e)lig

tug [tʌg] A V/T 1 → B 1 2 SCHIFF schleppen B V/I 1 **~ at** (heftig) ziehen *od* zerren *od* reißen an (*dat*): → forelock[1] 2 *fig* sich abplagen *od* abmühen C S 1 Zerren *n*, heftiger Ruck: **give sth a ~** → B 2 2 *fig* a große Anstrengung b schwerer (*a. seelischer*) Kampf (**for** um): **~ of love** *Streit geschiedener Eltern um das Sorgerecht ihrer* Kinder; **a ~-of-love child** ein Kind, dessen geschiedene Eltern sich um das Sorgerecht streiten; **~ of war** SPORT Tauziehen *n* (*a. fig*) 3 SCHIFF Schlepper *m*; **~boat** → tug C 3

tuition [tju:'ɪʃn; *US a.* tʊ-] S 1 (*bes Einzel-, Privat*) Unterricht *m*: **~ fees** a SCHULE Schulgeld *n* b UNIV Studiengebühren 2 *bes US* a SCHULE Schulgeld *n* b UNIV Studiengebühren *pl*; **tuitional** [-ʃənl] ADJ Unterrichts...

tular(a)emia [ˌtju:lə'ri:mɪə; *US a.* ˌtu:-] S VET Tularämie *f*, Hasenpest *f*

tulip ['tju:lɪp; *US a.* 'tu:-] S BOT 1 Tulpe *f* 2 a Tulpenblüte *f* b Tulpenzwiebel *f*; **~ tree** S BOT Tulpenbaum *m*; **~wood** S 1 Tulpenbaumholz *n* 2 Rosenholz *n*

tulle [tju:l; *US* tu:l] S Tüll *m*

tumble ['tʌmbl] A S 1 Fall *m*, Sturz *m* (*beide a. fig*): **have** (*od* **take**) **a ~** (hin)stürzen; **~ in prices** WIRTSCH Preissturz 2 a Purzelbaum *m* b Salto *m* 3 Schwanken *n*, Wogen *n* 4 a unordentlicher *od* wüster Haufen b *fig* Wirrwarr *m*, Durcheinander *n*: **all in a ~** kunterbunt *od* völlig durcheinander 5 **give sb a ~** *US umg* von j-m Notiz nehmen B V/I 1 *a.* **~ down** (ein-, hin-, um)fallen, (-)stürzen: **~ over** umstürzen, sich überschlagen 2 purzeln, stolpern (*beide:* **over** über *akk*) 3 stolpern (*eilen*): **~ into sb** *fig* j-m in die Arme laufen; **~ into a war**, *etc* in e-n Krieg *etc* hineinstolpern *od* hineinschlittern; **~ to sth** *umg* etwas kapieren *od* spitzkriegen 4 WIRTSCH, SPORT purzeln (*Preise, Rekorde etc*) 5 Purzelbäume schlagen, Luftsprünge *od* Saltos machen, SPORT Bodenübungen machen 6 *a.* **~ about** (*od* **around**) sich wälzen, hin- u. herrollen C V/T 1 zu Fall bringen (*a. fig*), umstürzen, -werfen 2 *fig j-n* stürzen (**from their throne** vom Thron) 3 schmeißen, schleudern *umg* 4 zerknittern, zerknüllen, *die Kissen etc* zerwühlen, *j-m das Haar* zerzausen: **~ sb's hair** 5 TECH → tumble-dry; **~-down** ADJ baufällig; **~ drier** S Tumbler *m*, Wäschetrockner *m*, Trockenautomat *m*; **~-dry** V/T *Wäsche* tumbeln, im Automaten trocknen; **~ dryer** → tumble drier

tumbler S 1 (*fuß- u. henkelloses*) Trink-, Wasserglas, Becher *m* 2 Parterre-, Bodenakrobat(in) 3 TECH Zuhaltung *f* (*e-s Türschlosses*) 4 TECH Nuss *f* (*e-s Gewehrschlosses*) 5 TECH Richtwelle *f* (*an Übersetzungsmotoren*) 6 TECH a Zahn *m* b Nocken *m* 7 TECH Putztrommel *f* 8 → tumble drier 9 ORN Tümmler *m* 10 *US* Stehaufmännchen *n* (*Spielzeug*); **~ gear** S TECH Schwenkrad *n*; **~ switch** S ELEK Kipp(hebel)schalter *m*

tumbrel ['tʌmbrəl], **tumbril** [-brɪl] S 1 AGR Mistkarren *m* 2 HIST Schinderkarren *m* 3 MIL, HIST Munitionskarren *m* 4 HIST Tauchstuhl *m* (*ein Folterinstrument*)

tumefacient [ˌtju:mɪ'feɪʃnt; *US a.* ˌtu:-] ADJ MED Schwellung erzeugend; **tumefaction** [-'fækʃn] → tumescence; **tumefy** [-faɪ] MED A V/I (an)schwellen B V/T (an)schwellen lassen; **tumescence** [tju:'mesns; *US a.* tu:-] S Tumeszenz *f*, (An)Schwellung *f*; **tumescent** ADJ a (an)schwellend b (an)geschwollen

tumid ['tju:mɪd; *US a.* 'tu:-] ADJ (ADV **~ly**) MED geschwollen (*a. fig*); **tumidity**, **tumidness** S *bes fig* Geschwollenheit *f*

tummy ['tʌmɪ] S *Kindersprache*: Bäuchlein *n*: **~ ache** Bauchweh *n*

tumo(u)r ['tju:mə(r); *US a.* 'tu:-] S MED Tumor *m*

tumular ['tju:mjʊlə(r); *US a.* 'tu:-] ADJ *Archäologie*: Hügelgrab...

tumuli ['tju:mjʊlaɪ; *US a.* 'tu:-; 'tʌmjə-] *pl von* tumulus

tumulose ['tju:mjʊləʊs; *US* 'tu:-], **tumulous** [-ləs] ADJ 1 a hügelförmig b hüg(e)lig, hügelreich 2 → tumular

tumult ['tju:mʌlt; *US a.* 'tu:-] S Tumult *m*: a Getöse *n*, Lärm *m* b (*a. fig seelischer*) Aufruhr: **in a ~** in Aufruhr; **tumultuary** [-tjʊərɪ; *US* -tʃəˌweri:] ADJ 1 → tumultuous 2 verworren 3 aufrührerisch, wild; **tumultuous** [-tjʊəs; *US* -tʃəwəs; -tʃəs] ADJ (ADV **~ly**) 1 tumultuarisch, lärmend 2 heftig, stürmisch, turbulent: **a ~ history** e-e bewegte Geschichte; **a ~ welcome** ein stürmischer Empfang

tumulus ['tju:mjʊləs; *US a.* 'tu:-; 'tʌmjə-] *pl* **-li** [-laɪ] S *Archäologie*: Tumulus *m*, Hügelgrab *n*

tun [tʌn] A S 1 Fass *n* 2 *Brauerei: (Maisch)* Bottich *m* B V/T 1 *oft* **~ up** in Fässer (ab)füllen 2 in Fässern lagern

tuna ['tu:nə; 'tju:nə] *pl* **-nas**, *bes koll* **-na** S FISCH Tunfisch *m*

tunable ['tju:nəbl; *US a.* 'tu:-] ADJ 1 MUS stimmbar 2 RADIO *etc* abstimmbar

tundra ['tʌndrə] S GEOG Tundra *f* (*baumlose Kältesteppe*)

tune [tju:n; *US a.* tu:n] A S 1 MUS Melodie *f*: **to the ~ of** a nach der Melodie von (*od gen*) b *umg* in Höhe von, in der Größenordnung von; **call the ~** das Sagen haben; → change A 1, sing B 1 2 MUS Choral *m*, Hymne *f* 3 MUS (*richtige, saubere*) (Ein)Stimmung (*e-s Instruments*): **keep ~** Stimmung halten (→ A 4); **in ~** (richtig) gestimmt; **out of ~** verstimmt 4 MUS richtige Tonhöhe: **keep ~** Ton halten (→ A 3); **sing in ~** tonrein *od* sauber singen; **play out of ~** unrein *od* falsch spielen 5 ELEK Abstimmung *f*, (Scharf)Einstellung *f* 6 *fig* Harmonie *f*: **in ~ with** in Einklang (stehend) mit, übereinstimmend mit, harmonierend mit; **be out of ~ with** im Widerspruch stehen zu, nicht übereinstimmen *od* harmonieren mit 7 *fig* Stimmung *f*, Laune *f*: **not be in ~ for** nicht aufgelegt sein zu; **be out of ~** verstimmt *od* missgestimmt *sein* 8 *fig* gute Verfassung: **keep one's body in ~** sich in Form halten B V/T 1 *oft* **~ up** a MUS stimmen b *fig* abstimmen (**to** auf *akk*) 2 (**to**) anpassen (an *akk*), in Übereinstimmung bringen (mit) 3 *fig* bereit machen (**for** für) 4 ELEK abstimmen, einstellen (*beide:* **to** auf *akk*): **~d circuit** Abstimm-, Schwingkreis *m*; → tune in B C V/I 1 tönen, klingen 2 (ein Lied) singen 3 MUS stimmen 4 harmonieren (**with** mit) (*a. fig*)

Phrasal Verbs: **tune| down** V/T *fig* dämpfen; **~ in** A V/I (das Radio *etc*) einschalten: **~ to** a *e-n Sender, ein Programm* einschalten b *fig* sich einstellen *od* einstimmen auf (*akk*): **our ears must ~ to the sound of a foreign language** B V/T *das Radio etc* einstellen (**to** auf *akk*): **be tuned in to** a *e-n Sender, ein Programm* eingestellt haben b *fig* eingestellt *od* eingestimmt sein auf (*akk*); **~ out** V/I *US umg* abschalten; **~ up** A V/T 1 → tune B 1 2 FLUG, AUTO a start-, einsatzbereit machen b *e-n Motor* einfahren c *e-n Motor* tunen 3 *fig* a bereit machen b in Schwung bringen, *j-s Befinden etc* heben B V/I 1 (die Instrumente) stimmen (*Orchester*) 2 MUS sich einsingen 3 *umg* a einsetzen b losheulen

tuneable → tunable

tuneful ['tju:nfʊl; *US* 'tju:nfəl; *a.* 'tu:n-] ADJ (ADV **~ly**) 1 melodisch 2 sangesfreudig (*Vogel etc*); **tunefulness** S 1 Melodik *f* 2 Sangesfreude *f*; **tuneless** ADJ (ADV **~ly**) unmelodisch; **tunelessness** S fehlende Melodik; **tuner** S 1 MUS (*Instrumenten*) Stimmer(in) 2 AUTO Tuner(in) 3 MUS a Stimmpfeife *f* b Stimmvorrichtung *f* (*der Orgel*) 4 ELEK Tuner *m*, Abstimmvorrichtung *f* 5 RADIO, TV Tuner *m*, Kanalwähler *m*

tune-up S 1 *US* → warm-up 1, 3 2 AUTO Tuning *n*

tungstate ['tʌŋsteɪt] S CHEM Wolframat *n*

tungsten ['tʌŋstən] S CHEM Wolfram *n*: **~ lamp** ELEK Wolfram(faden)lampe *f*; **~ steel** TECH Wolframstahl *m*; **tungstic** [-stɪk] ADJ CHEM Wolfram...: **~ acid**

tunic ['tju:nɪk; *US a.* 'tu:-] S 1 *Antike*: a Tunika *f* (*Rom*) b Chiton *m* (*Griechenland*) 2 MIL *etc bes Br* Uniformjacke *f* 3 a Kittel *m* b Kasack *m* 4 → tunicle 5 → tunica

tunica ['tju:nɪkə; *US a.* 'tu:-] *pl* **-cae** [-ki:] S BIOL Tunica *f*, Häutchen *n*, Membran *f*

tunicle ['tju:nɪkl; *US a.* 'tu:-] S KATH Messgewand *n*

tuning A S 1 a MUS Stimmen *n* b *fig* Einstimmung *f* (**to** auf *akk*) 2 Anpassung *f* (**to** an *akk*) 3 ELEK Abstimmung *f*, Einstellung *f* (**to** auf *akk*) B ADJ 1 MUS Stimm...: **~ fork** Stimmgabel *f*; **~ hammer** Stimmhammer *m*; **~ key** (*od* **wrench**) Stimmschlüssel *m*; **~peg** (*od* **pin**) Wirbel *m* 2 ELEK Abstimm...: **~ control** Abstimmknopf *m*; **~ eye** magisches Auge

Tunis ['tju:nɪs; *US bes* 'tu:nəs] S Tunis *n* (*Hauptstadt von Tunesien*)

Tunisia [tju:'nɪzɪə; -sɪə; *US* tu:'ni:ʒɪə; -ʒə; -'nɪ-] S Tunesien *n*

Tunisian [tju:'nɪzɪən; *US* tu:'ni:ʒən] A S Tunesier(in) B ADJ tunesisch

tunnage → tonnage

tunnel ['tʌnl] A S 1 Tunnel *m*: **~ diode** ELEK Tunneldiode *f*; **~ effect** PHYS Tunneleffekt *m*; **~ vision** a MED Röhrensehen *n* b *fig* enger Gesichtskreis *od* Horizont; → light[1] A 1 2 unterirdischer Gang, Tunnel *m* (*beide a.* ZOOL) 3 *Bergbau*: Stollen *m* B V/T *prät u. pperf* **-neled**, *bes Br* **-nelled** 1 TECH a untertunneln b e-n Tunnel bohren *od* graben *od* treiben durch 2 **~ one's way to freedom** sich e-n Weg in die Freiheit graben 3 der Länge nach aushöhlen C V/I TECH e-n Tunnel bohren *od* graben (**through** durch): **~ through** *a.* e-n Tunnel

T

treiben durch; ~ **under** → B 1 a; **tunnel(l)ing** S TECH Tunnelbau *m*: ~ **machine** Tunnelvortriebsmaschine *f*

tunny ['tʌnɪ] *pl* -nies, *bes koll* -ny → tuna

tup [tʌp] A S 1 ZOOL *bes Br* Widder *m*, Schafbock *m* 2 TECH (Fall-, Ramm-)Bär *m* B V/T ZOOL *bes Br* bespringen, decken

tuppence, **tuppenny** → twopence, twopenny

turban ['tɜːbən; *US* 'tɜr-] S 1 Turban *m* (*a. weitS. Kopfverband etc*) 2 *turbanähnlicher, randloser (Damen)Hut*; **turbaned** ADJ mit e-m Turban

turbary ['tɜːbərɪ] S *Br* 1 *a.* **common of** ~ JUR Recht *n*, (auf fremdem Boden) Torf zu stechen 2 Torfmoor *n*

turbid ['tɜːbɪd; *US* 'tɜr-] ADJ (ADV ~ly) 1 trübe, schlammig 2 dicht (Nebel), (*a. Rauchwolke etc*) dick 3 *fig* verworren, wirr; **turbidity** S 1 Trübheit *f*: ~ **current** GEOL Suspensionsstrom *m* 2 Dichte *f*, Dichtheit *f*, Dicke *f*, Dickheit *f* 3 *fig* Verworrenheit *f*, Wirrheit *f*; **turbidness** → turbidity

turbinate ['tɜːbɪnɪt; -neɪt; *US* 'tɜr-] A S 1 ANAT Nasenmuschel *f* 2 ZOOL gewundene Muschel B ADJ 1 ANAT muschelförmig: ~ **bone** → turbinate A 1 2 ZOOL schneckenförmig gewunden 3 TECH *etc* turbinal, spiralig, spiralförmig

turbine ['tɜːbaɪn; -bɪn; *US* 'tɜr-] S TECH Turbine *f*: ~ **aircraft** Turbinenflugzeug *n*; ~**-powered** mit Turbinenantrieb, turbinengetrieben

turbit ['tɜːbɪt; *US* 'tɜr-] S ORN Möwchen *n* (*e-e kleine Haustaube*)

turbo ['tɜːbəʊ; *US* 'tɜr-] *pl* -bos S 1 TECH Turbine *f* 2 *umg* Turbo *m*: a AUTO Turbolader *m* b Wagen *m* mit Turbomotor; ~**car** S Wagen *m* mit Turbomotor; ~**charged** ADJ: ~ **engine** AUTO Turbomotor *m*; ~**charger** S AUTO Turbolader *m*; ~**-electric** ADJ (ADV ~ally) turboelektrisch (*Antrieb etc*); ~**generator** S ELEK Turbogenerator *m*; ~**jet** S FLUG 1 *a.* ~ **engine** Turbinenstrahltriebwerk *n* 2 Flugzeug *n* mit Turbinenstrahltriebwerken; ~**prop** S FLUG 1 Turbo-Prop-Triebwerk *n* 2 Turbo-Prop-Flugzeug *n*; ~**supercharger** S AUTO Abgasturbolader *m*

turbot ['tɜːbət; *US* 'tɜr-] *pl* -bots, *bes koll* -bot S FISCH Steinbutt *m*

turbulence ['tɜːbjʊləns; *US* 'tɜrbjə-], **turbulency** [-sɪ] S 1 a Turbulenz(en) *f(pl)*, Unruhe(n) *f(pl)* b Aufgewühltheit *f* c Ungestüm *n* 2 PHYS *etc* Turbulenz(en) *f(pl)*, Wirbel *m od pl*; **turbulent** ADJ (ADV ~ly) 1 ungestüm, stürmisch, turbulent 2 aufrührerisch 3 PHYS verwirbelt: ~ **flow** turbulente Strömung, Wirbelströmung *f*

Turco- → Turko-

turd [tɜːd; *US* tɜrd] S *vulg* 1 Scheißhaufen *m vulg*, Kaktus *m umg* 2 *fig pej* Scheißkerl *m*, Stück *n* Scheiße

tureen [tə'riːn; tjʊ-] S Terrine *f*

turf [tɜːf; *US* tɜrf] A *pl* turfs, turves [-vz] S 1 Rasen *m*, Grasnarbe *f* 2 Rasenstück *n*, Sode *f* 3 a Torf *m* b Torfstück *n*, Sode *f* 4 **the** ~ SPORT der Turf: a die Pferderennbahn b *fig* der Pferderennsport: ~ **accountant** *Br* Buchmacher(in) 5 *bes US sl* Revier *n* (*e-r Jugendbande*) B V/T 1 mit Rasen bedecken 2 ~ **out** *bes Br umg j-n* rausschmeißen

turfite ['tɜːfaɪt; *US* 'tɜr-] S *bes US* Pferderennsportliebhaber(in); **turfman** [-mən] S *irr* Pferderennsportliebhaber *m*; **turfy** ADJ 1 rasenbedeckt, Rasen… 2 torfartig, Torf… 3 *fig* Pferderennsport…

turgescence [tɜː'dʒesns; *US* ˌtɜr-] S Turgeszenz *f*, (An)Schwellung *f*; **turgescent** ADJ MED a (an)schwellend b (an)geschwollen

turgid ['tɜːdʒɪd; *US* 'tɜr-] → tumid; **turgidity**, **turgidness** → tumidity

Turin Shroud ['tjʊərɪn; *US a.* 'tʊrən] S REL (*das*) Leichentuch Christi

Turk [tɜːk; *US* tɜrk] S 1 Türke *m*, Türkin *f*: **Young** ~**s** POL Jungtürken *pl* 2 *fig obs* Tyrann *m*

Turkey[1] ['tɜːkɪ; *US* 'tɜr-] A S Türkei *f* B ADJ türkisch: ~ **carpet** Smyrna *m*; ~ **oak** BOT Zerreiche *f*; ~ **red** Türkischrot *n* (*Farbe*); ~**-red** türkischrot

turkey[2] ['tɜːkɪ; *US* 'tɜr-] S 1 *pl* **-keys**, *bes koll* **-key** ORN Truthahn *m*, -henne *f*, Pute(r) *f(m)* 2 THEAT *US umg* Pleite *f*, Durchfall *m* 3 *bes US sl* a Naivling *m* b Strohkopf' *m* c Flasche *f*, Pflaume *f* (*beide pej*) 4 **talk** ~ *bes US umg* a offen *od* sachlich reden b Fraktur reden (**with** mit *j-m*); ~ **buzzard** S ORN Truthahngeier *m*; ~ **cock** S 1 Truthahn *m*, Puter *m*: (**as**) **red as a** ~ puterrot (im Gesicht) 2 *fig* aufgeblasener Kerl; ~ **vulture** → turkey buzzard

Turki ['tɜːkiː; *US* 'tɜr-], **Turkic** ['tɜːkɪk; *US* 'tɜr-] S LING Türk- *od* Turksprache(n) *f(pl)* (*ural-altaische Sprachgruppe*)

Turkish ['tɜːkɪʃ; *US* 'tɜr-] A ADJ türkisch (*Bad etc*): ~ **crescent** MUS Schellenbaum *m*; ~ **delight** Fruchtgeleekonfekt *n*; **the** ~ **Empire** HIST das Osmanische Reich; ~ **towel** Frottier-, Frottee(hand)tuch *n*; **she's** ~ sie ist Türkin B S LING Türkisch *n*, das Türkische

Turkman ['tɜːkmən; *US* 'tɜrk-] → Turkoman A 1

Turkmen ['tɜːkmen; *US* 'tɜrk-] → Turkoman A 2

Turkmenistan [ˌtɜːk'menɪstɑːn; *US* ˌtɜrk-] S Turkmenistan *n*

Turko- [tɜːkəʊ; *US* tɜr-] *Wortelement mit der Bedeutung* türkisch, Türken…: ~**phil(e)** Türkenfreund(in)

Turkoman ['tɜːkəmən; *US* 'tɜr-] A S 1 *pl* -mans, -men Turkmene *m* 2 LING Turkmenisch *n*, das Turkmenische B ADJ turkmenisch

turmeric ['tɜːmərɪk; *US* 'tɜr-] S 1 BOT Kurkuma *f*, Gelbwurzel *f* 2 GASTR Kurkuma *n* (*aus der Kurkumawurzel gewonnener Gewürzstoff*) 3 Kurkumagelb *n*, Kurkumin *n* (*Farbstoff*); ~ **paper** S CHEM Kurkumapapier *n*

turmoil ['tɜːmɔɪl; *US* 'tɜr-] S Aufruhr *m* (*a. fig*): **she was in an emotional** ~, **her feelings were in a** ~ ihre Gefühle waren in Aufruhr

turn[1] [tɜːn; *US* tɜrn] A S 1 Drehung *f*: **give sth a** ~ (**two** ~**s**) etwas (zweimal) drehen; **be done to a** ~ GASTR gerade richtig durchgebraten sein; → wheel A 7 2 Turnus *m*, Reihe(nfolge) *f*: ~ (**and** ~) **about** reihum, abwechselnd, wechselweise; **she was laughing and crying by** ~**s** sie lachte u. weinte abwechselnd; **in** ~ a der Reihe nach b dann wieder; **in his** ~ seinerseits; **speak out of** ~ *fig* unpassende Bemerkungen machen; **I hope I haven't spoken out of** ~ ich habe doch nichts Falsches gesagt?; **now it is my** ~ jetzt bin ich dran *od* an der Reihe; **then it was my** ~ **to be astonished** dann war ich erstaunt; **whose** ~ **is it to do the dishes?** wer ist mit dem Abspülen dran?; **my** ~ **will come** *fig* m-e Zeit kommt auch noch, ich komme schon noch dran; **take** ~**s** sich abwechseln (**at** bei); **we took** ~**s at driving** *a.* wir fuhren abwechselnd; **take one's** ~ handeln, wenn die Reihe an e-n kommt; **wait your** ~ warte, bis du an der Reihe *od* dran bist! 3 Drehen *n*, Wendung *f*: ~ **to the left** Linkswendung 4 Wendepunkt *m* (*a. fig*) 5 a Biegung *f*, Kurve *f*, Kehre *f* b → turning 4 b: **at every** ~ ständig, überall 6 SPORT a *Turnen*: Drehung *f* b *Schwimmen*: Wende *f*: **at the** ~ an *od* bei der Wende, c *Skisport*: Wende *f*, Kehre *f*, Schwung *m* d *Eis-, Rollkunstlauf*: Kehre *f*, Kurve *f* 7 Krümmung *f* (*a.* MATH) 8 Wendung *f*: a Umkehr *f*: **be on the** ~ SCHIFF umschlagen (*Gezeiten*) (→ A 29); → tide[1] A 1 b Richtung *f*, (Ver)Lauf *m*: **take a** ~ **for the better (worse)** sich bessern (sich verschlimmern); **take an interesting** ~ e-e interessante Wendung nehmen (*Gespräch etc*), c (*Glücks-, Zeiten- etc*)Wende *f*, Wechsel *m*, Umschwung *m*: **a** ~ **in one's luck** e-e Glücks- *od* Schicksalswende; ~ **of the century** Jahrhundertwende; ~ **of life** Lebenswende, MED Wechseljahre *pl* (*der Frau*) 9 Ausschlag(en) *m(n)* (*e-r Waage*) 10 (Arbeits)Schicht *f* 11 Tour *f*, (einzelne) Windung (*e-r Bandage, e-s Kabels etc*) 12 (kurzer) Spaziergang, Runde *f*: **take a** ~ e-n Spaziergang machen 13 kurze Fahrt, Spritztour *f* 14 SCHIFF Törn *m* 15 (Rede)Wendung *f*, Formulierung *f* 16 Form *f*, Gestalt *f*, Beschaffenheit *f* 17 Art *f*, Charakter *m*: ~ (**of mind**) Denkart *f*, -weise *f* 18 (**for, to**) Neigung *f*, Hang *m*, Talent *n* (zu), Sinn *m* (für): **practical** ~ praktische Veranlagung; **have a** ~ **for languages** sprachbegabt sein; **be of a humorous** ~ Sinn für Humor haben 19 a (*ungewöhnliche od unerwartete*) Tat b Dienst *m*, Gefallen *m*: **do sb a good** (**a bad** *od* **an ill**) ~ j-m e-n guten (schlechten) Dienst erweisen; **do sb a good** ~ *a.* j-m e-n Gefallen tun *od* e-n Freundschaftsdienst erweisen; **one good** ~ **deserves another** (*Sprichwort*) e-e Liebe ist der anderen wert 20 (kurze) Beschäftigung: ~ (**of work**) (Stück *n*) Arbeit *f*; **take a** ~ **at sth** es kurz mit etwas versuchen 21 MED a Taumel *m*, Schwindel *m* b Anfall *m* 22 *umg* Schock *m*, Schrecken *m*: **give sb** (**quite**) **a** ~ j-n (ganz schön) erschrecken 23 Zweck *m*: **this will serve your** ~ das wird dir nützlich sein; **this won't serve my** ~ damit ist mir nicht gedient 24 WIRTSCH *vollständig durchgeführte Börsenaktion* 25 MUS Doppelschlag *m* 26 THEAT *bes Br* (Programm)Nummer *f* 27 MIL (Kehrt)Wendung *f*, Schwenkung *f*: **left (right)** ~! *Br* links-(rechts)um!; **about** ~! *Br* ganze Abteilung kehrt! 28 TYPO Fliegenkopf *m* (*umgedrehter Buchstabe*) 29 **be on the** ~ am Sauerwerden sein (*Milch*) (→ A 8) B V/T 1 (*im Kreis od um e-e Achse*) drehen 2 *e-n Schlüssel, e-e Schraube etc, a. e-n Patienten* (um-, herum)drehen 3 *a. ein Kleidungsstück* wenden, *etwas* umkehren, -stülpen, -drehen, *e-n Agenten* umdrehen: **it** ~**ed my stomach** mir drehte sich dabei der Magen um; → head *Bes Redew* 4 *ein Blatt, e-e Buchseite* umdrehen, -wenden, -blättern: ~ **the page** umblättern 5 BAHN *e-e Weiche*, TECH *e-n Hebel* umlegen 6 AGR *den Boden* umgraben, -pflügen 7 zuwenden, -drehen, -kehren (*alle*: **to** *dat*) 8 *den Blick, die Kamera, s-e Schritte etc* wenden, *a. s-e Gedanken, sein Verlangen* richten, lenken (*alle*: **against** gegen; **on** auf *akk*; **toward[s]** auf *akk*, nach): ~ **the hose on the fire** den Schlauch auf das Feuer richten; ~ **one's steps home** die Schritte heimwärts lenken; → attention 1 9 a um-, ab-, weglenken, -leiten, -wenden: ~ **a shot round the post** SPORT e-n Schuss um den Pfosten drehen, b *ein Geschoss etc* abwenden, abhalten 10 *j-n* umstimmen, abbringen (**from** von) 11 *die Richtung* ändern, e-e neue Richtung geben (*dat*) 12 *das Gesprächsthema* wechseln 13 a *e-e Waage etc* zum Ausschlagen bringen b *fig* ausschlaggebend sein bei: ~ **an election** bei e-r Wahl den Ausschlag geben; → scale[2] A 1 14 verwandeln (**into** in *akk*): ~ **water into wine**; ~ **love into hate**; ~ **a firm into a joint-stock company** e-e Firma in e-e Aktiengesellschaft umwandeln; ~ **into cash** flüssigmachen, zu Geld machen; ~ **one's superiority into goals** SPORT s-e Überlegenheit in Tore ummünzen 15 machen, werden lassen (*beide*: **into** zu): ~ **sb sick** a *bes US* j-n krank machen b j-m Übelkeit verursachen; **it ~ed her pale** es ließ sie erblassen 16 *a.* **~ sour** *Milch* sauer werden lassen 17 *die Blätter, das Laub* verfärben 18 *e-n Text* übertragen, -setzen (*beide:* **into Italian** ins Italienische) 19 herumgehen *od* biegen um: → corner A 1 20 MIL a umgehen, umfassen b *die feindliche Flanke etc* aufrollen 21 hinausgehen *od* hinaus sein über (*akk*): **he is just ~ing** (*od* **has just ~ed**) **50** er ist gerade 50 geworden 22 TECH a drehen b *Holzwaren* drechseln c *Glas* marbeln, rollen 23 *a. fig* formen, gestalten, (kunstvoll) bilden, *Komplimente, Verse etc* drechseln: **a well-~ed ankle** ein wohlgeformtes Fußgelenk; **~ a phrase** e-n Satz bilden *od* formen *od* feilen 24 WIRTSCH verdienen, umsetzen 25 *e-e Messerschneide etc* a um-, verbiegen b stumpf machen: **~ the edge** (*od* **point**) **of** *fig e-r Bemerkung etc* die Spitze nehmen 26 *e-n Salto* machen, *e-n Purzelbaum* schlagen 27 **~ loose** a freilassen b *e-n Hund etc* loslassen (**on** auf *akk*) C V/I 1 sich drehen (lassen), sich (im Kreis) (herum)drehen (*Rad etc*) 2 sich drehen *od* hin- u. herbewegen (lassen) (*Wasserhahn etc*) 3 umdrehen, -wenden, *bes (in e-m Buch)* (um)blättern 4 sich (ab-, hin-, zu-) wenden: → turn to A 5 sich (*stehend, liegend etc*) (um-, herum)drehen: → grave¹ 1 6 a SCHIFF, AUTO wenden, SCHIFF (ab)drehen b FLUG, AUTO kurven, e-e Kurve machen 7 AUTO *etc* einbiegen (**into** in *akk*), (ab)biegen: **~ right** nach rechts abbiegen; **I don't know which way to ~** *fig* ich weiß nicht, was ich machen soll 8 e-e Biegung machen (*Straße, Wasserlauf etc*) 9 sich krümmen *od* winden: → worm A 1 10 zurückschlagen *od* -prallen *od fig* -fallen (*alle:* **on** auf *akk*) 11 sich umdrehen: a sich um 180° drehen b zurückschauen 12 sich umdrehen *od* umwenden (lassen), sich umstülpen: **my umbrella ~ed inside out** mein Regenschirm stülpte sich um; **my stomach ~ed at this sight, this sight made my stomach ~** bei diesem Anblick drehte sich mir der Magen um 13 **my head is ~ing** mir dreht sich alles im Kopf; **his head ~ed with the success** der Erfolg stieg ihm zu Kopf 14 sich (ver)wandeln (**into, to** in *akk*), umschlagen (*bes Wetter*): **her love has ~ed into hate** 15 *blass, kalt etc* werden: **~ blue** blau anlaufen; **~ (sour)** sauer werden (*Milch*); **~ traitor** zum Verräter werden 16 sich verfärben (*Blätter, Laub*) 17 sich wenden (*Gezeiten*): → tide¹ A 1 18 TECH sich drehen *od* drechseln *od* (ver)formen lassen

Phrasal Verbs: **turn| about** → turn around; **~ against** A V/I 1 sich (*feindlich etc*) gegen *j-n* wenden B V/T 1 *j-n* aufhetzen *od* aufbringen gegen 2 *s-n Spott etc* richten gegen; **~ around** A V/T 1 umdrehen, herumdrehen 2 AGR *Heu, den Boden* wenden B V/I 1 sich (im Kreis *od* herum- *od* um)drehen 2 MIL kehrtmachen 3 *fig* umschwenken; **~ aside** V/T & V/I (sich) abwenden (**from** von); **~ away** A V/T 1 *das Gesicht etc* abwenden (**from** von) 2 abweisen, weg-, fortschicken 3 entlassen B V/I sich abwenden (**from** von), (weg-, fort)gehen; **~ back** A V/T 1 zur Rückkehr veranlassen, umkehren lassen 2 → turn down A 3 3 *e-e Buchseite etc* umknicken 4 *die Uhr* zurückdrehen: → clock¹ A 1 B V/I 1 zurück-, umkehren 2 zurückgehen 3 zurückblättern (**to** auf *akk*); **~ down** A V/T 1 umkehren, -legen, -biegen, *den Kragen* umschlagen, *e-e Buchseite etc* umknicken 2 *das Gas, die Lampe* klein(er) stellen, *das Radio etc* leise(r) stellen 3 *das Bett* aufdecken, *die Bettdecke* zurückschlagen 4 *j-n, e-n Vorschlag etc* ablehnen, *j-m* e-n Korb geben B V/I sich umlegen *od* -schlagen lassen; **~ in** A V/T 1 *bes US* einreichen, -senden 2 *s-e Uniform etc* ab-, zurückgeben 3 *j-n* anzeigen *od* der Polizei übergeben: **turn o.s. in** sich stellen 4 *die Füße etc* einwärts *od* nach innen drehen *od* biegen *od* stellen 5 *umg etwas* auf die Beine stellen, zustande bringen 6 *umg* sein lassen, aufgeben B V/I 1 *umg* sich hinhauen (*ins Bett gehen*) 2 einwärtsgebogen sein 3 **~ on o.s.** sich in sich selbst zurückziehen; **~ into** → turn¹ B 14, B 18, C 14; **~ off** A V/T 1 *das Gas, Wasser etc* abdrehen, *a. ein Gerät, den Motor* abstellen, *das Licht, Radio etc* ausmachen, -schalten 2 *e-n Schlag etc* abwenden, ablenken 3 *Br umg j-n* feuern, rausschmeißen 4 TECH (*an der Drehbank*) abdrehen 5 *umg* a *j-n* anwidern b *j-m* die Lust nehmen B V/I abbiegen (*Person, a. Straße*); **~ on** A V/T 1 *das Gas, Wasser etc* aufdrehen, *a. ein Gerät, den Motor* anstellen, *das Licht, Radio etc* anmachen, einschalten: → agony 1, charm A 1, waterworks 2 2 *umg* antörnen, anturnen: a *zum Gebrauch von Drogen veranlassen* b anmachen (*a. sexuell*) 3 → turn¹ B 8 B V/I 1 sich drehen um *od* in (*dat*) 2 → turn upon 1, 2 3 sich wenden *od* richten gegen; **~ out** A V/T 1 hinauswerfen, wegjagen, vertreiben 2 entlassen (**of** aus *e-m Amt etc*) 3 *e-e Regierung* stürzen 4 *Vieh* auf die Weide treiben 5 *s-e Taschen* umdrehen, -stülpen 6 *e-n Schrank, ein Zimmer etc* ausräumen 7 a WIRTSCH *Waren* produzieren, herstellen b *pej Bücher etc* produzieren c *fig Wissenschaftler etc* hervorbringen (*Universität etc*): **Oxford has turned out many statesmen** aus Oxford sind schon viele Staatsmänner hervorgegangen 8 → turn off A 1 9 *die Füße etc* auswärts- *od* nach außen drehen *od* biegen *od* stellen 10 ausstatten, herrichten, *bes* kleiden: **well turned-out** gut gekleidet 11 MIL a antreten lassen b *die Wache* heraustreten lassen B V/I 1 a hinausziehen, -gehen b MIL ausrücken (*a. Feuerwehr etc*) c *zur Wahl etc* kommen (*Bevölkerung*) d MIL antreten e WIRTSCH *bes Br* in Streik treten f (*aus dem Bett*) aufstehen 2 herauskommen (**of** aus) 3 *gut etc* ausfallen *od* gelingen, werden 4 sich gestalten, *gut etc* ausgehen, ablaufen 5 sich erweisen *od* entpuppen als, sich herausstellen: **he turned out (to be) a good swimmer** er entpuppte sich als guter Schwimmer; **she turned out to be right** es stellte sich heraus, dass sie recht hatte; **it turned out that he had never been there** es stellte sich heraus, dass er nie dort gewesen war; **~ over** A V/T 1 WIRTSCH *Geld, Ware* umsetzen, e-n Umsatz haben von: **he turns over £1,000 a week** er hat e-n wöchentlichen Umsatz von 1000 Pfund 2 umdrehen, -wenden, *bes ein Blatt, e-e Seite* umblättern: → leaf A 4 3 umwerfen, -kippen 4 (**to**) a übertragen (*dat od* auf *akk*), übergeben (*dat*) b *j-n* (*der Polizei etc*) ausliefern *od* übergeben: **~ a business to sb** j-m ein Geschäft übergeben 5 *a.* **~ in one's mind** sich *etwas* überlegen *od* durch den Kopf gehen lassen B V/I 1 sich drehen, rotieren 2 sich *im Bett etc* umdrehen: → grave¹ 1 3 umkippen, -schlagen 4 umblättern: **"please ~"** „bitte wenden!"; **~ round** A V/I 1 sich (im Kreis *od* herum- *od* um)drehen 2 *fig* s-n Sinn ändern, umschwenken B V/T 1 (herum)drehen 2 *e-n Agenten* umdrehen; **~ to** A V/I 1 sich nach *links etc* wenden (*Person*), nach *links etc* abbiegen (*a. Fahrzeug, Straße etc*): **~ the left** 2 a sich *der Musik, e-m Thema etc* zuwenden b **~ page four** Seite vier aufschlagen c sich anschicken (**doing sth** etwas zu tun) 3 s-e Zuflucht nehmen zu: **~ God** 4 sich an *j-n* wenden, *e-n Arzt, ein Wörterbuch etc* zurate ziehen 5 → turn¹ C 14 6 *obs* sich an die Arbeit machen, sich ins Zeug legen B V/T 1 *Hand* anlegen bei: **turn a** (*od* **one's**) **hand to sth** *a.* etwas in Angriff nehmen; **he can turn his hand to anything** er ist zu allem zu gebrauchen 2 → turn¹ B 8 3 verwandeln in (*akk*): → stone C 1 4 *etwas* anwenden zu: → account C 7; **~ under** V/T AGR unterpflügen; **~ up** A V/T 1 nach oben drehen *od* richten *od* biegen, *den Kragen* hochschlagen, -klappen, aufstellen: → nose *Bes Redew*, toe A 1 2 ausgraben, zutage fördern 3 *Spielkarten* aufdecken 4 *e-n Rock etc* um-, einschlagen 5 *Br* a *ein Wort* nachschlagen b *ein Buch* zurate ziehen 6 *das Gas, die Lampe* aufdrehen, groß *od* größer drehen, *das Radio etc* laut(er) stellen 7 *ein Kind* übers Knie legen 8 *umg j-m* den Magen umdrehen 9 *sl e-e Arbeit* aufstecken B V/I 1 sich nach oben drehen 2 *fig* auftauchen: a aufkreuzen *umg*, erscheinen, kommen (*Person*), sich melden (*Zeuge etc*) b zum Vorschein kommen, sich (an)finden (*Sache*) 3 geschehen, eintreten, passieren; **~ upon** V/I 1 *fig* abhängen von 2 *fig* sich drehen um, handeln von 3 sich wenden *od* richten gegen

turn² [tɜrn] V/I SPORT *US* turnen

turnable ADJ drehbar

turn|about S 1 Kehrtwendung *f* um 180 Grad (*a. fig*) 2 *fig* Umschwung *m* 3 SCHIFF Gegenkurs *m*; **~around** A S *bes US* 1 AUTO *etc* Wendeplatz *m*, -stelle *f* 2 → turnabout 1, 2 3 FLUG, SCHIFF, AUTO Rundreisedauer *f* 4 WIRTSCH, SCHIFF Umschlag *m* (*Abfertigung e-s Schiffes im Hafen*) B ADJ **~ time** IT Durchlaufzeit *f*; **~ bridge** S TECH Drehbrücke *f*; **~buckle** S TECH Spannschraube *f*, -schloss *n*; **~coat** S Abtrünnige(r) *m/f(m)*; **~cock** S 1 TECH Absperrhahn *m* 2 Wasserrohraufseher(in); **~down** A ADJ Umlege…: **~ collar** B S Ablehnung *f*: **get a ~ from** abgelehnt werden *od* e-n Korb bekommen von

turned [tɜːnd; *US* tɜrnd] ADJ 1 gedreht: **~ part** TECH Drehteil *n* 2 TECH gedreht, gedrechselt 3 gestaltet, geformt: **well-~** 4 (um)gebogen: **~-back** zurückgebogen; **~-down** a nach unten gebogen b Umlege…; **~-in** einwärtsgebogen; **~-out** nach außen gebogen; **~-up** aufgebogen; **~-up nose** Stupsnase *f* 5 verdreht, -kehrt 6 TYPO umgedreht, auf dem Kopf stehend: **~ commas** → inverted commas

turner¹ S 1 TECH Wender *m* (*Gerät*) 2 TECH a Dreher(in) b Drechsler(in) c *Keramik:* Töpfer(in)

turner² [ˈtɜrnər; ˈtʊrnər] S SPORT *US* Turner(in)

turnery [ˈtɜːnərɪ; *US* ˈtɜr-] S TECH 1 a Drehen *n* b Drechseln *n* 2 KOLL a Dreharbeit(en) *f(pl)* b Drechslerarbeit(en) *f(pl)* 3 a Dreherei *f* b Drechslerei *f*

turning S 1 Drehung *f* 2 TECH Drehen *n*, Drechseln *n* 3 (*Straßen-, Fluss*) Biegung *f* 4 a (*Straßen*) Ecke *f* b Querstraße *f*, Abzweigung *f* 5 *fig* Gestalt(ung) *f*, Form *f* 6 *pl* Drehspäne *pl*; **~ chisel** S TECH Drehmeißel *m*; **~ circle** S AUTO Wendekreis *m*; **~ lathe** S TECH Drehbank *f*; **~ machine** S TECH Drehmaschine *f*; **~ movement** S MIL Umgehungsbewegung *f*; **~ point** S 1 *fig* a Wendepunkt *m* (*a.* MATH, *Landvermessung*): **be at a ~** an e-m Wendepunkt sein b MED Krisis *f*, Krise *f* 2 FLUG, SPORT Wendemarke *f*

turnip [ˈtɜːnɪp; *US* ˈtɜr-] S BOT (*bes Weiße*) Rübe; **~ cabbage** S BOT Kohlrabi *m*

turn|key A S *obs* Gefangenenwärter *m*, Schließer *m* B ADJ a schlüsselfertig b TECH *etc* betriebsbereit: **~ contract** *US Bauvertrag, der die schlüsselfertige Übergabe des Gebäudes vorsieht*; **~ system** IT schlüsselfertiges System; **~-off** S 1 Abzweigung *f* 2 *umg* a *etwas Widerliches* b widerlicher Kerl; **~-on** S *umg* a *etwas Anturnendes* b Anmacher(in)

turnout S 1 *bes* MIL Ausrücken *n* 2 a

T

Besucher(zahl) *pl(f)*, Zuschauer(zahl) *pl(f)*: **they usually get a ~ of about 200 at their meetings** zu ihren Versammlungen kommen für gewöhnlich an die 200 Leute b *(Wahl- etc)* Beteiligung *f*: **a big** (*od* **high, large**) **~ (at the election)** e-e hohe Wahlbeteiligung 3 Ausstattung *f*, *bes* Kleidung *f* 4 WIRTSCH Gesamtproduktion *f*, Ausstoß *m* 5 AUTO *US* a Ausweichstelle *f* b Parkbucht *f* 6 Ausräumen *n*: **give sth a ~** etwas ausräumen

turnover S 1 Umstürzen *n*, -werfen *n* 2 POL Umschwung *m*, *bes (deutliche)* Verschiebung der Wählerstimmen 3 Ver-, Umwandlung *f* 4 *a.* **~ of staff** WIRTSCH Fluktuation *f*, Personalwechsel *m* 5 WIRTSCH Umsatz *m*: **~ tax** *US* Umsatzsteuer *f* 6 *(Apfel- etc)* Tasche *f* 7 *Basketball*: Ballverlust *m*

turn|pike S 1 Schlagbaum *m (e-r Mautstraße)* 2 gebührenpflichtige *(US* Schnell*)*Straße, Mautstraße *f* 3 *obs* → turnstile; **~round** *bes Br* → turnaround A; **~screw** S TECH Schraubenzieher *m*, -dreher *m*; **~ signal** S AUTO *US* Blinker *m*; **~sole** S 1 BOT a Sonnenwende *f*, Heliotrop *n* b Lackmusflechte *f* 2 CHEM Lackmus *m/n*; **~spit** S 1 Drehspieß *m* 2 HIST Bratspießdreher *m (Hund od Diener)*; **~stile** S Drehkreuz *n (an Durchgängen etc)*; **~table** S TECH 1 BAHN Drehscheibe *f* 2 Plattenteller *m (am Plattenspieler)* 3 AUTO *Aus* Wendeplatz *m*, -stelle *f*; **~table ladder** S *Br* Drehleiter *f (der Feuerwehr)*; **~up** A ADJ 1 aufgebogen 2 hochklappbar: **~ bed** Wandklappbett *n* B S 1 *Br* (Hosen)Aufschlag *m*, (-)Umschlag *m* 2 *a.* **~ for the book** *Br umg* Überraschung *f*: **that's a ~!** *umg* das ist vielleicht ein Ding!

turnverein S SPORT *US* Turnverein *m*

turpentine ['tɜːpəntaɪn; *US* 'tɜr-] S 1 BOT Terpentin *n* 2 *a.* **oil** (*od* **spirits** *pl*) **of ~** CHEM Terpentin *n umg*, Terpentinöl *n* 3 *a.* **~ substitute** CHEM Terpentinölersatz *m*

turpitude ['tɜːpɪtjuːd; *US* 'tɜr-; *a.* -ˌtuːd] S 1 *a.* **moral ~** Verworfenheit *f* 2 Schandtat *f*

turps [tɜːps; *US* tɜrps] SPL *(als sg konstruiert)* 1 *Br umg* → turpentine 2 2 *Aus sl* Alkohol *m*, *bes* Bier *n*

turquoise ['tɜːkwɔɪz; *US* 'tɜr-] A S 1 MINER Türkis *m* 2 Türkis *n (Farbe)* B ADJ 1 Türkis…: **~ ring** 2 türkis(farben, -farbig)

turret ['tʌrɪt; *US a.* 'tɜrət] S 1 ARCH Türmchen *n* 2 MIL (Geschütz-, Panzer-, Gefechts)Turm *m*: **~ gun** Turmgeschütz *n* 3 FLUG, MIL (Geschütz)Kanzel *f* 4 *a.* **~ head** TECH Revolverkopf *m*: **~ lathe** Revolverdrehmaschine *f*; **turreted** ADJ 1 a ARCH mit (e-m) Türmchen (versehen) b MIL mit e-m Turm *od* mit Türmen (versehen) 2 a ARCH türmchenartig b MIL turmartig 3 ZOOL spiralförmig

turtle[1] ['tɜːtl; *US* 'tɜrtl] *obs für* turtledove 1

turtle[2] ['tɜːtl; *US* 'tɜrtl] *pl* -tles, *bes koll* -tle S ZOOL a *US* (Wasser)Schildkröte *f* b *Br* Meeresschildkröte *f*: **turn ~** kentern, umschlagen *(Schiff etc)*, sich überschlagen *(Auto etc)*

turtle|dove S 1 ORN Turteltaube *f* 2 *fig* Schatz *m*; **~neck** S *bes US* a Rollkragen *m* b *a.* **~ sweater** Rollkragenpullover *m*

turves [tɜːvz; *US* tɜrvz] *pl von* turf

Tuscan ['tʌskən] A ADJ toskanisch B S 1 LING Toskanisch *n*, das Toskanische 2 Toskaner(in)

Tuscany ['tʌskənɪ] S Toskana *f*

tusche [tʊʃ] S Tusche *f*

tush[1] [tʌʃ] INT *obs* pah!

tush[2] [tʊʃ] S *US sl* Arsch *m sl*, Hintern *m umg*

tushie, **tushy** ['tʊʃiː] → tush[2]

tusk [tʌsk] A S 1 a Stoßzahn *m (e-s Elefanten)* b Hauer *m (e-s Keilers od Walrosses)* 2 Hauer *m (langer vorstehender Zahn)* B VT mit den Stoßzähnen *etc* durchbohren *od* verwunden; **tusked** ADJ ZOOL mit Stoßzähnen *etc* (bewaffnet); **tusker** S ZOOL a Elefant *m* b Keiler *m* c Walross *n*

tussah ['tʌsə], **tusseh** ['tʌsə], **tusser** ['tʌsə(r)] S 1 Tussahseide *f* 2 ZOOL Tussahspinner *m*

tussis ['tʌsɪs] S MED Tussis *f*, Husten *m*

tussle ['tʌsl] *umg* A S Gerangel *n (a. fig)* B VI rangeln *(a. fig)*(**with** mit; **for** um)

tussock ['tʌsək] S *(bes* Gras*)*Büschel *n*; **~ grass** S BOT *(ein)* Rispengras *n*; **~ moth** S ZOOL *(ein)* Trägspinner *m*

tussocky ['tʌsəkɪ] ADJ 1 grasreich 2 buschig

tussore ['tʌsə; *bes US* 'tʌsɔː(r)] → tussah

tut [tʌt] *(missbilligend)* A INT na! B VI *umg* „na!" sagen

tutelage ['tjuːtɪlɪdʒ; *US a.* 'tuː-] S 1 JUR Vormundschaft *f* 2 a Schutz *m* b (An)Leitung *f* 3 Unmündigkeit *f*; **tutelar** [-lə(r)], **tutelary** [-lərɪ; *US* -tlˌeriː] A ADJ 1 JUR Vormunds…, Vormundschafts… 2 Schutz…: **~ god** (**saint**, *etc*); **~ authority** a JUR Machtbefugnisse *pl* e-s Vormunds b Schutzherrschaft *f* B S 1 JUR Vormund(in) 2 Schutzgott *m*, -göttin *f*, -heilige(r) *m/f(m) etc*

tutor ['tjuːtə(r); *US a.* 'tuː-] A S 1 SCHULE Privat-, Haus-, Nachhilfelehrer *m* 2 UNIV *Br* Tutor *m*, Studienleiter *m*, -berater *m (meist ein* **fellow** *aus dem College, der den Studiengang von* **undergraduates** *überwacht u. ihnen mit Rat u. Tat zur Seite steht)* 3 UNIV *US* Assistent *m* (mit Lehrauftrag) 4 JUR *schott* Vormund *m* B VT 1 SCHULE *j-m* Privat- *od* Nachhilfeunterricht geben: **~ sb in English** j-m Englischstunden geben 2 JUR *schott* die Vormundschaft haben für 3 *obs* tadeln C VI 1 als Privatlehrer *etc* tätig sein 2 SCHULE *bes US* Privatunterricht nehmen; **tutoress** S 1 SCHULE Privat-, Haus-, Nachhilfelehrerin *f* 2 UNIV *Br* Tutorin *f* 3 UNIV *US* Assistentin *f* (mit Lehrauftrag) 4 JUR *schott* Vormundin *f*

tutorial [tjuː'tɔːrɪəl] S UNIV *Br* Tutorium *n*, Tutorenkurs *m*

tutorship S 1 SCHULE Privat-, Hauslehrerstelle *f* 2 UNIV *Br* Amt *n od* Stelle *f* e-s Tutors 3 JUR *schott* → tutelage 1

tutsan ['tʌtsən] S BOT *(ein)* Johanniskraut *n*

tutti-frutti [ˌtuːtɪ'fruːtɪ] S 1 Tuttifrutti *n (Süßspeise aus verschiedenen Früchten)* 2 Fruchtbecher *m (Speiseeis)*

tut-tut [ˌtʌt'tʌt] *(missbilligend)* A INT na, na! B VI *umg* „na, na!" sagen

tutty ['tʌtɪ] S CHEM unreines Zinkoxyd, Ofenbruch *m*

tutu ['tuːtuː] S Tutu *n*, Ballettröckchen *n*

Tuvalu [ˌtuːvə'luː] S Tuvalu *n (Inselstaat im Pazifik)*

Tuvaluan [tuː'vɑːlʊən; ˌtuːvə'luːən] A S Tuvaluer(in) B ADJ tuvaluisch

tu-whit tu-whoo [tʊˌwɪtʊ'wuː] INT schuhu! *(Schrei der Eule)*

tux [tʌks] *umg für* tuxedo

tuxedo [ˌtʌk'siːdəʊ] *pl* -dos S *US* Smoking *m*

tuyère [twiː'eə(r)] S TECH Esseisen *n (Lufteinlass an Hochöfen)*

TV [ˌtiː'viː] A ADJ Fernseh…: **~ dinner** Fertiggericht *n* B S 1 Fernseher *m umg*, Fernsehapparat *m*, -gerät *n* 2 Fernsehen *n*: **on ~** im Fernsehen; **watch ~** fernsehen

TVA ABK *US* Tennessee Valley Authority

twaddle ['twɒdl; *US* 'twɑdl] A VI quasseln, quatschen B S 1 Gequassel *n* 2 Quatsch *m*

twain [tweɪn] *obs od poet* A ADJ zwei: **cut in ~** entzweischneiden B S Paar *n*: **the ~** die beiden, beide

twang [twæŋ] A VI 1 schwirren, scharf klingen 2 näseln 3 **~ on a guitar** auf e-r Gitarre herumklimpern B VT 1 *Saiten etc* schwirren lassen, (heftig) zupfen: **~ a guitar** → A 3 2 *etwas* näseln C S 1 scharfer Ton *od* Klang, Schwirren *n* 2 Näseln *n*, näselnde Aussprache: **speak with a ~** → A 2

'twas [twɒz; *US* twɑz] *obs od poet Zusammenziehung von* **it was**

twat [twɒt; *US* twɑt] S *vulg* 1 Fotze *f vulg (a. fig pej Frau)*, Möse *f vulg (Vulva)* 2 *Br fig pej* a blöde Sau b Arschloch *n*

tweak [twiːk] A VT 1 zerren *od* reißen an *(dat)*: **~ sb's ear** j-n am Ohr ziehen 2 *j-n* zwicken *od* kneifen (in *akk*): **~ sb's cheek** j-n in die Backe kneifen B S Zwicken *n*, Kneifen *n*

twee [twiː] ADJ *Br umg* geziert, affektiert *(Benehmen etc)*

tweed [twiːd] S 1 Tweed *m (ein Streichgarnstoff)* 2 *pl* Tweedsachen *pl*

Tweedledum and Tweedledee [ˌtwiːdl'dʌm; -'diː] S: **be (as) alike as ~** nicht voneinander zu unterscheiden sein, *(bes Personen a.)* sich gleichen wie ein Ei dem andern

tweedy ['twiːdɪ] ADJ 1 a Tweed… b tweedähnlich 2 *fig* rustikal, *(Frau etc a.)* burschikos

'tween [twiːn] *obs od poet* A ADV & PRÄP → between B ADJ: **~ deck(s** *pl*) SCHIFF Zwischendeck *n*

tweeny ['twiːnɪ] S *Br umg obs* Hausmagd *f*

tweet [twiːt] A VI zwitschern *(Vögel)* B INT **~, ~!** piep, piep! C S 1 Zwitschern *n* 2 ELEK Pfeifton *m*; **tweeter** S ELEK Tweeter *m*, Hochtonlautsprecher *m*, Hochtöner *m*

tweezers ['twiːzə(r)z] SPL, *a.* **pair of ~** Pinzette *f*

twelfth [twelfθ] A ADJ 1 zwölft(er, e, es): **~ man** *(Kricket)* Ersatzspieler *m* 2 zwölftel B S 1 *(der, die, das)* Zwölfte 2 Zwölftel *n*; ♀ **Day** S REL Dreikönigstag *m*; ♀ **Night** S REL a Vorabend *m* des Dreikönigstages b Abend *m* des Dreikönigstages

twelve [twelv] A ADJ zwölf: **before the clock strikes ~** *fig* bevor es zu spät ist B S Zwölf *f*; **twelvemo** [-məʊ] TYPO A *pl* -mos S 1 Duodez(format) *n* 2 Duodezband *m* B ADJ Duodez…: **~ volume**

twelve|month S *bes Br obs od dial* Jahr *n*, Jahresfrist *f*; **~-tone** ADJ MUS Zwölfton…: **~ system (music)**

twentieth ['twentɪɪθ] A ADJ 1 zwanzigst(er, e, es) 2 zwanzigstel B S 1 *(der, die, das)* Zwanzigste 2 Zwanzigstel *n*

twenty ['twentɪ] A ADJ zwanzig: **~-one** a einundzwanzig b *(s) bes US* Siebzehnundvier *n (ein Kartenspiel)*; **~-~** (*od* **20/20**) **vision** 100-prozentige Sehschärfe B S Zwanzig *f*: **he is in his twenties** er ist in den Zwanzigern, er ist ein Twen; **in the twenties** in den Zwanzigerjahren *(e-s Jahrhunderts)*

'twere [twɜː; *US* twɜr] *obs od poet Zusammenziehung von* **it were**

twerp [twɜːp; *US* twɜrp] S *umg* a Blödmann *m* b blöde Kuh *pej*

twibil(l) ['twaɪbɪl] S 1 TECH Breithacke *f*, Karst *m* 2 HIST zweischneidige Streitaxt

twice ['twaɪs] ADV zweimal: **~ 3 is 6** 2 mal 3 ist 6; **think ~ about sth** *fig* sich e-e Sache zweimal überlegen; **he didn't think ~ about it** er zögerte nicht lange; **~ as much** doppelt *od* zweimal *od* noch einmal so viel, das Doppelte; **he's ~ her age** er ist doppelt so alt wie sie; **the plane was flying at ~ the speed of sound** das Flugzeug flog mit doppelter Schallgeschwindigkeit; **~ the sum** die doppelte Summe; → once A 1; **~-told** ADJ 1 zweimal erzählt 2 alt, abgedroschen

twiddle ['twɪdl] A VT a herumdrehen an *(dat)*: **~ one's thumbs** *bes fig* Däumchen drehen *umg* b (herum)spielen mit B VI: **~ with**

T

→ A b **C** S: **give** *sth* **a ~** → A a

twig[1] [twɪg] S **1** Zweig *m* **2** ANAT *(Gefäß-, Nerven)* Ast *m*

twig[2] [twɪg] *Br umg* **A** V/T **1** kapieren **2** (be)merken, mitkriegen *umg* **B** V/I kapieren

twiggy ['twɪgɪ] ADJ **1** voller Zweige **2** *fig* gertenschlank

twilight ['twaɪlaɪt] **A** S **1** *(meist* Abend-) Dämmerung *f*: **♀ of the Gods** MYTH Götterdämmerung *f* **2** Zwielicht *n*, Halbdunkel *n* **3** *fig* Verfall *m*: **~ of one's life** Lebensabend *m* **B** ADJ **1** zwielichtig *(a. fig)*, dämm(e)rig, schattenhaft **2** Zwielicht…, Dämmer(ungs)…; **~ sleep** S MED Dämmerschlaf *m*; **~ state** S MED Dämmerzustand *m*; **~ zone** S **1** heruntergekommene Gegend **2** *fig* Grauzone *f*

twill [twɪl] **A** S **1** Köper(stoff) *m* **2** *a.* **~ weave** Köper(bindung) *m(f)* **B** V/T köpern

'twill [twɪl] *obs od poet Zusammenziehung von* **it will**

twin [twɪn] **A** S **1** Zwilling *m*: **~s** Zwillinge **2** *fig* Gegenstück *n* (**of** zu) **3** MINER Zwilling(skristall) *m* **4** **the ♀s** *pl* ASTROL die Zwillinge *pl (Tierkreiszeichen)* **B** ADJ **1** Zwillings…, Doppel…, doppelt: **~ bed** Einzelbett *n (von zwei gleichen)*; **~-bedded room** Zweibettzimmer *n*; **~ brother** Zwillingsbruder *m*; **~ cable** ELEK doppeladriges Kabel; **~ carburet(t)or** AUTO Doppelvergaser *m*; **~ cassette deck** Doppelkassettendeck *n*; **~-engine(d)** FLUG zweimotorig; **~-lens reflex camera** FOTO zweiäugige Spiegelreflexkamera; **~ paradox** *(Relativitätstheorie)* Zwillingsparadoxon *n*; **a ~ problem** ein zweifaches Problem; **~-screw** SCHIFF Doppelschrauben…; **~ set** *Br* Twinset *n*, *a. m (Damenpullover u. -jacke aus dem gleichen Material u. in der gleichen Farbe)*; **~ sister** Zwillingsschwester *f*; **~ souls** ein Herz u. eine Seele; **~ town** *Br* Partnerstadt *f*; **Edinburgh and Munich are ~ towns** zwischen Edinburgh u. München besteht e-e Städtepartnerschaft; **~ track** Doppelspur *f (e-s Tonbands)*; **~-track** → two-tier **2** BOT, ZOOL doppelt, gepaart **C** V/I Zwillinge zur Welt bringen **D** V/T **1** *fig* verbinden (**with** mit): **be ~ned with** *Br* die Partnerstadt sein von *(od gen)*; **Edinburgh and Munich are ~ned** zwischen Edinburgh u. München besteht e-e Städtepartnerschaft **2** MINER verzwillingen **3** ELEK zu zweien verseilen

twine [twaɪn] **A** S **1** starker Bindfaden, Schnur *f* **2** TECH (gezwirntes) Garn, Zwirn *m* **3** Wick(e)lung *f* **4** Windung *f* **5** Geflecht *n*, Verschlingung *f*, Knäuel *m/n* **6** BOT Ranke *f* **B** V/T **1** *a.* **~ together** zusammendrehen, zwirnen **2** *Blumen, e-n Kranz etc* winden, binden **3** *fig* ineinanderschlingen, verflechten, -weben **4** schlingen, winden *(beide:* **round** um) **5** umschlingen, umwinden, umranken *(alle:* **with** mit) **C** V/I **1** sich verflechten (**with** mit) **2** sich winden (**round** um) **3** BOT sich (empor)ranken; **twiner** S **1** Zwirner(in) **2** BOT Kletter-, Schlingpflanze *f* **3** TECH Zwirnmaschine *f*

twinge [twɪndʒ] **A** S Stechen *n*: **a ~ of toothache** stechende Zahnschmerzen *pl*; **a ~ of conscience** Gewissensbisse *pl* **B** V/T **1** *j-m* stechende Schmerzen verursachen **2** *obs j-n* zwicken *od* kneifen (in *akk*) **C** V/I stechende Schmerzen haben

twinkle ['twɪŋkl] **A** V/I **1** blitzen, funkeln *(Sterne etc; a. Augen*: **with** vor *dat)* **2** huschen **3** zwinkern **B** V/T **~ one's eyes** mit den Augen zwinkern **C** S **1** Blitzen *n*, Funkeln *n* **2** (Augen)Zwinkern *n*: **with a ~ in one's eye** augenzwinkernd; **when you were just a ~ in your father's eye** *umg hum* als du noch ein sündiger Gedanke d-s Vaters warst **3** → twinkling 2; **twinkling** S **1** → twinkle C 1, C 2 **2** *fig* Augenblick *m*: **in a ~**, **in the ~ of an eye** im Nu, im Handumdrehen

twinning ['twɪnɪŋ] S Städtepartnerschaft *f*

twirl [twɜːl; *US* twɜrl] **A** V/T **1** (schnell) drehen (**round** um): **he ~ed her round the dance floor** er wirbelte sie über die Tanzfläche **2** *e-e Locke etc* drehen **B** V/I wirbeln (**round the dance floor** über die Tanzfläche): **~ round** herumwirbeln **C** S **1** (schnelle) (Um-)Drehung **2** Schnörkel *m*

twirp → twerp

twist [twɪst] **A** V/T **1** drehen: **~ off** losdrehen, *e-n Deckel* abschrauben **2** *a.* **~ together** (zusammen)drehen, zwirnen **3** verflechten, -schlingen **4** winden, wickeln *(beide:* **round** um): → **finger** A 1 **5** *Blumen, e-n Kranz etc* winden, binden **6** umwinden (**with** mit) **7** sich *den Fuß* verdrehen: **~ one's ankle**; **~ sb's arm** **a** j-m den Arm verdrehen **b** *fig* j-m Daumenschrauben anlegen *od* ansetzen; **well, if you ~ my arm** also, ehe ich mich schlagen lasse **8** wringen **9** verbiegen, -krümmen **10** *das Gesicht* verziehen (**with** vor *dat*): **his face was ~ed with pain** sein Gesicht war schmerzverzerrt **11** *fig* verbiegen: **a ~ed mind** ein verbogener *od* krankhafter Geist **12** *fig e-n Bericht etc* verdrehen, entstellen: **~ sb's words** j-m das Wort im Mund (her)umdrehen **13** *bes Tennis: e-n Ball* mit Twist spielen **B** V/I **1** sich drehen: **~ round** sich umdrehen **2** sich winden *(a. fig)*, sich krümmen **3** sich schlängeln, sich winden *(Fluss etc)* **4** sich verziehen *od* verzerren (**with** vor *dat*) **5** sich verschlingen **6** MUS twisten, Twist tanzen **C** S **1** Drehung *f*, Windung *f*, Biegung *f*, Krümmung *f*: **be round the ~** *Br umg* übergeschnappt sein, spinnen; **go round the ~** *Br umg* überschnappen **2** Drehung *f*, Rotation *f*: **give sth a ~** etwas drehen **3** Geflecht *n* **4** Zwirnung *f* **5** Verflechtung *f*, Knäuel *m/n* **6** Verkrümmung *f* **7** (Gesichts)Verzerrung *f* **8** *fig* Entstellung *f*, Verdrehung *f*: **give** *sth* **a ~** → A 12 **9** *fig* (ausgeprägte) Neigung *od* Veranlagung: **he has a criminal ~ in him** er ist kriminell veranlagt **10** *fig* Trick *m*, Dreh *m sl* **11** *fig* überraschende Wendung: **a ~ of fate** e-e Laune des Schicksals **12** *bes Tennis*: Twist *m*: **a** Drall *m*: **put a ~ on a ball** e-n Ball mit Twist spielen **b** *mit Twist gespielter Ball* **13** TECH **a** Drall *m (Windung der Züge bei Feuerwaffen, Drehungszahl e-s Seils etc)* **b** Torsion(swinkel) *f(m)* **14** Spirale *f*: **~ drill** Spiralbohrer *m* **15** **a** *(Seiden-, Baumwoll)* Twist *m* **b** Zwirn *m* **16** Seil *n*, Schnur *f* **17** Rollentabak *m* **18** *Bäckerei*: Kringel *m*, Zopf *m* **19** *Wasserspringen etc*: Twist *m*, Schraube *f*: **~ dive** Schraubensprung *m* **20** MUS Twist *m*: **do the ~** Twist tanzen, twisten **21** *(Orangen-, Zitronen)* Scheibe *f*; **twister** S **1** Dreher(in), Zwirner(in) **2** TECH Zwirn-, Drehmaschine *f* **3** → twist C 12 b **4** *bes Br umg* Schwindler(in) **5** *US umg* Tornado *m*, Wirbelsturm *m* **6** Twisttänzer(in); **twisty** ADJ kurvenreich, kurvig *(Straße)*

twit[1] [twɪt] **A** V/T **1** *j-n* aufziehen *umg* (**about, on, with** mit, wegen) **2** *j-m* Vorwürfe machen (**with** wegen) **B** S *US umg* Nervosität *f*: **be in a ~** nervös sein

twit[2] [twɪt] S *bes Br umg* Trottel *m pej*

twitch [twɪtʃ] **A** V/T **1** zupfen *od* reißen an *(dat)* **2** *j-n* kneifen *od* zwicken (in *akk*) **3** mit *den Lippen etc* zucken **B** V/I **1** zucken (**with** vor *dat)* **2** zupfen, reißen *(beide:* **at** an *dat)* **C** S **1** **a** Zucken *n* **b** Zuckung *f* **2** Ruck *m* **3** Stich *m (Schmerz)* **4** Nasenbremse *f (für Pferde)*

twite [twaɪt] S ORN Berghänfling *m*

twitter ['twɪtə(r)] **A** V/I **1** zwitschern *(Vögel)*, zirpen *(a. Insekt)* **2** (aufgeregt) schnattern **3** kichern **4** (vor Aufregung) zittern **B** V/T *etwas* zwitschern **C** S **1** Zwitschern *n* **2** (aufgeregtes) Schnattern **3** Kichern *n* **4** Zittern *n* **5** *fig* Nervosität *f*: **be in a** (*od* **all of a**) **~** nervös sein

'twixt, twixt [twɪkst] *poet abk für* betwixt

two [tuː] **A** S **1** Zwei *f (Zahl, Spielkarte etc)*: **the ~ of hearts** die Herzzwei **2** Paar *n*: **the ~** die beiden, beide; **the ~ of us** wir beide; **put ~ and ~ together** *fig* zwei u. zwei zusammenzählen; **by ~s** immer zwei auf einmal, paarweise; **~ can play at that game** das kann ich auch *(Drohung)*; → company A 1 **B** ADJ **1** zwei: **one or ~** ein oder zwei, einige; **in a day or ~** in ein paar Tagen; **break in ~** in zwei Teile zerbrechen; **cut in ~** entzweischneiden; → penny 1, wrong C 1 **2** beide: **the ~ cars**

two|-bit ADJ *US sl* **1** 25-Cent-…: **a ~ cigar** **2** billig *(a. fig pej)* **3** klein, unbedeutend *(Politiker etc)*; **~ bits** SPL *US umg* Vierteldollar *m*, 25 Cent(s) *pl*; **~-by-four** ADJ *US umg* **1** eng *(Raum)* **2** *fig* klein, unbedeutend; **~ cents** SPL *US umg* **1** mick(e)rige Summe: **feel like ~** sich mick(e)rig vorkommen **2** *meist* **~ worth** *fig* Senf *m umg*: **get in one's ~** s-n Senf dazugeben

twocking ['twɒkɪŋ; *US* 'twɑ-] S *sl* Autodiebstahl *m*

two|-D → two-dimensional; **~-dimensional** ADJ (ADV **~ly**) zweidimensional; **~-edged** ADJ **1** zweischneidig *(a. fig)* **2** *fig* zweideutig; **~-faced** ADJ **1** doppelgesichtig **2** *fig* falsch, heuchlerisch, doppelzüngig; **~-facedly** [-'feɪsɪdlɪ] ADV → two-faced; **~-family house** S Zweifamilienhaus *n*; **~-fisted** ADJ *US* **1** rauflustig: **he's ~** *a.* er ist ein Schlägertyp **2** kräftig, stark

twofold ['tuːfəʊld] **A** ADJ & ADV zweifach, doppelt **B** S *(das)* Zweifache, *(das)* Doppelte

two|-four time S MUS Zweivierteltakt *m*; **~-handed** ADJ (ADV **~ly**) **1** zweihändig **2** beidhändig: **~ attack** *(Boxen)* beidhändiger Angriff; **~ backhand** *(Tennis)* beidhändig geschlagene Rückhand **3** zweihändig (zu gebrauchen): **~ sword** Zweihänder *m* **4** **a** von zwei Personen zu bedienen(d) *(Säge etc)* **b** für zwei Personen *(Spiel etc)*; **~-hander** S THEAT Zweipersonenstück *n*; **~-income** ADJ: **~ family** Doppelverdiener *pl*; **~-man** ADJ: **~ bobsleigh** SPORT Zweierbob *m*; **~-master** S SCHIFF Zweimaster *m*; **~-name paper** S WIRTSCH *US Dokument mit der Unterschrift von zwei Verantwortlichen*; **~-part** ADJ MUS zweistimmig, für zwei Stimmen: **~ time** → duple time; **~-party system** S POL Zweiparteiensystem *n*; **~pence** ['tʌpəns] S *Br* **1** zwei Pence *pl*: **not care ~ for** *Br* sich nicht scheren um; **he didn't care ~** *Br* es war ihm völlig egal **2** HIST Zweipencestück *n*; **~penny** ['tʌpnɪ] ADJ **1** *Br* HIST zu zwei Pennys: **~ bit** → twopence 2 **2** *fig bes Br* armselig, billig; **~penny-halfpenny** [-'heɪpnɪ] → twopenny 2; **~-phase** ADJ ELEK zweiphasig, Zweiphasen…: **~ current**; **~-piece** **A** S Zweiteiler *m* **B** ADJ zweiteilig; **~ply** ADJ **1** doppelt *(Stoff etc)* **2** zweischäftig *(Tau)* **3** zweisträhnig *(Wolle)*; **~-pot screamer** S *Aus sl j-d, der schon nach geringem Alkoholgenuss ausflippt*; **~-pronged** ADJ **1** zwiespältig *(Reaktion etc)* **2** zweigleisig *(Versuch etc)*; **~-seater** S FLUG, AUTO Zweisitzer *m*; **~-sided** ADJ **1** zweiseitig, JUR, POL *a.* bilateral **2** *fig* **a** fraglich **b** umstritten

twosome ['tuːsəm] **A** ADJ zu zweien, Zweier… **B** S **1** Zweiergruppe *f*, Duo *n* **2** *Golf*: Zweier(spiel) *m(n)*

two|-spot S *US umg* Zweidollarnote *f*; **~-stage** ADJ TECH zweistufig *(Verstärker etc)*: **~ rocket** Zweistufenrakete *f*; **~ star** S *Br* Normal(benzin) *n*; **~-step** S MUS Twostepp *m (ein Tanz)*; **~-thirds** ADJ Zweidrittel…: **~ majority**; **~-tier** ADJ zweigleisig

T

(Verhandlungen etc); **~-time** A ADJ zweimalig B VT *umg* 1 *s-e Frau etc* betrügen (**with** mit) 2 *allg* reinlegen, übers Ohr hauen C VI *umg* fremdgehen; **~-track** → two-tier

'twould [twʊd] *obs od poet Zusammenziehung von* **it would**

two|-up, ~-down S *Br* kleines Reihenhaus; **~-way** ADJ *bes* ELEK, TECH Doppel…, Zweiwege…: **~ adapter** Doppelstecker *m*; **~ cock** Zweiwegehahn *m*; **~ communication** Zweiwegverkehr *m*; **~ mirror** Einwegspiegel *m*, venezianischer Spiegel; **~ socket** Doppelsteckdose *f*; **~ street** Straße *f* mit Gegenverkehr; **friendship is a ~ street** Freundschaft beruht auf Gegenseitigkeit *od* ist keine Einbahnstraße; **~ traffic** Gegenverkehr *m*

tycoon [taɪˈkuːn] S 1 → shogun 2 Tycoon *m*, Industriemagnat *m*

tyke [taɪk] S 1 Hund *m*, *bes* Promenadenmischung *f umg* 2 *umg* (kleiner) Frechdachs 3 *Br dial* Bauer *m*, ungehobelter Kerl 4 *a.* **Yorkshire ~** *Br sl pej* Bewohner(in) von Yorkshire 5 *Aus sl pej* Kathole *m*, Katholin *f*

tylopod [ˈtaɪləʊpɒd; *US* -ləˌpɑd] S ZOOL Schwielensohler *m*

tylosis [taɪˈləʊsɪs] *pl* -ses [-siːz] S BOT Thyllenbildung *f*

tympan [ˈtɪmpən] S 1 (gespannte) Membran(e) 2 TYPO Pressdeckel *m* 3 → tympanum 2 4 MUS (Hand-)Trommel *f*

tympanic [tɪmˈpænɪk] ADJ ANAT Mittelohr…, Trommelfell…: **~ bone** Paukenbein *n*; **~ cavity** Mittelohr *n*, Paukenhöhle *f*; **~ membrane** Trommelfell *n*

tympanist [ˈtɪmpənɪst] S MUS 1 HIST Trommelschläger *m* 2 (Kessel)Pauker(in)

tympanites [ˌtɪmpəˈnaɪtiːz] S MED, VET Tympanie *f*, Blähsucht *f*

tympanitis [ˌtɪmpəˈnaɪtɪs] S MED Tympanitis *f*, Mittelohrentzündung *f*

tympanum [ˈtɪmpənəm] *pl* -na [-nə], -nums 1 ANAT Tympanum *n*, Mittelohr *n*, Paukenhöhle *f* 2 ARCH Tympanon *n*: a Giebelfeld *n* b Bogenfeld *n* 3 MUS a Trommel *f* b Trommelfell *n* c HIST Pauke *f* 4 TECH Schöpfrad *n*

Tyne and Wear [ˌtaɪnəndˈwɪə(r)] S Tyne and Wear *n* *(Grafschaft im nordöstlichen England)*

Tynwald [ˈtɪnwəld; ˈtaɪn-] S POL *Parlament der Isle of Man*

typ., typog. ABK 1 typographer 2 typographic(al) 3 typography

typal [ˈtaɪpl] ADJ typisch, Typen…

type [taɪp] A S 1 Typ(us) *m*: a Urform *f* b typischer Vertreter c charakteristische Klasse, Kategorie *f* 2 BIOL Typus *m* *(charakteristische Gattung)* 3 Ur-, Vorbild *n*, Muster *n*, Modell *n* 4 TECH Typ *m*, Modell *n*: **~ plate** Typenschild *n* 5 a Art *f*, Schlag *m*, Sorte *f* *(alle a. umg)*: **he acted out of ~** das war sonst nicht s-e Art b *umg* Kerl *m*, Typ *m*, Type *f*: **he's not that ~ of man** er gehört nicht zu dieser Sorte, er ist nicht der Typ; **she's not my ~** sie ist nicht mein Typ; → true A 4 6 TYPO a Letter *f*, Buchstabe *m*, (Druck)Type *f* b *koll* Lettern *pl*, Schrift *f*, Druck *m*: **a headline in large ~**; **in ~** (ab)gesetzt; **set (up) in ~** setzen 7 Gepräge *n* *(e-r Münze etc; a. fig)* 8 *fig* Sinnbild *n*, Symbol *n* *(beide:* **of** für *od gen)* B VT 1 *etwas* mit der Maschine (ab)schreiben, (ab)tippen: **~d** → typewritten; **typing error** Tippfehler *m*; **~ paper** Schreibmaschinenpapier *n*; **typing pool** Schreibbüro *n*; **~ information into a computer** Daten in e-n Computer eingeben *od* eintippen 2 den Typ bestimmen von *(od gen)*: **~ sb's blood** MED j-s Blutgruppe bestimmen 3 → typify 4 → typecast C VI Maschine schreiben, tippen

type| area S TYPO Satzspiegel *m*; **~bar** S TECH Typenhebel *m* *(der Schreibmaschine)*; **~cast** VT *irr* THEAT *etc* a *e-m Schauspieler* e-e s-m Typ entsprechende Rolle geben b *e-n Schauspieler* auf ein bestimmtes Rollenfach festlegen: **they always ~ him as a murderer** man gibt ihm immer nur Mörderrollen; **~face** S TYPO 1 Schriftbild *n* 2 Schriftart *f*; **~ founder** S TYPO Schriftgießer(in); **~ foundry** S TYPO Schriftgießerei *f*; **~ genus** S *irr* BIOL Familientyp *m*; **~-high** ADJ & ADV TYPO schrifthoch, in Schrifthöhe; **~ metal** S TYPO Schrift-, Letternmetall *n*; **~script** S 1 Maschinenschrift(satz) *f(m)* 2 maschinengeschriebener Text; **~setter** S TYPO 1 (Schrift-)Setzer(in) 2 Setzmaschine *f*; **~setting** TYPO A S (Schrift)Setzen *n* B ADJ Setz…: **~ machine**; **~ size** S TYPO Schriftgrad *m*; **~ species** S *irr* BIOL Leitart *f*; **~ specimen** S 1 BIOL Typus *m*, Original *n* 2 TECH Musterexemplar *n*; **~write** *irr* A VT → type B 1 B VI → type C; **~writer** S 1 Schreibmaschine *f*: **~ ribbon** Farb-, Schreibband *n* 2 TYPO *(imitierte)* Schreibmaschinenschrift 3 *obs* Maschinenschreiber(in); **~writing** S 1 Maschinenschreiben *n* 2 Maschinenschrift *f*; **~written** ADJ maschine(n)geschrieben, mit der Maschine geschrieben, in Maschinenschrift

typhlitis [tɪfˈlaɪtɪs] S Typhlitis *f*, Blinddarmentzündung *f*

typhoid [ˈtaɪfɔɪd] MED A ADJ typhusartig, typhös, Typhus…: **~ bacillus** Typhuserreger *m*; **~ fever** → B B S (Unterleibs)Typhus *m*

typhonic [taɪˈfɒnɪk; *US* -ˈfɑ-] ADJ Taifun…, taifunartig; **typhoon** [-ˈfuːn] S Taifun *m*

typhous [ˈtaɪfəs] → typhoid A

typhus [ˈtaɪfəs] S MED Fleckfieber *n*, Flecktyphus *m*

typic [ˈtɪpɪk] ADJ (ADV ~ally) *poet für* typical

typical [ˈtɪpɪkl] ADJ (ADV ~ly) 1 typisch (**of** für): a repräsentativ b charakteristisch, bezeichnend, kennzeichnend: **be ~ of sth** etwas kennzeichnen *od* charakterisieren; **it was ~ of him to be late** es war typisch für ihn, dass er zu spät kam 2 symbolisch, sinnbildlich *(beide:* **of** für) 3 a ur-, vorbildlich, echt b hinweisend (**of** auf *etwas Künftiges*); **typicalness** S 1 *(das)* Typische 2 Sinnbildlichkeit *f*

typify [ˈtɪpɪfaɪ] VT 1 typisch *od* ein typisches Beispiel sein für, verkörpern 2 versinnbildlichen

typist [ˈtaɪpɪst] S 1 Maschineschreiber(in) 2 Schreibkraft *f*

typo [ˈtaɪpəʊ] *pl* -pos S *umg* Setz-, Druckfehler *m*

typo., typog. ABK 1 typographer 2 typographic(al) 3 typography

typographer [taɪˈpɒɡrəfə(r); *US* -ˈpɑ-] S TYPO 1 (Buch)Drucker(in) 2 (Schrift)Setzer(in); **typographic** [-pəˈɡræfɪk] ADJ (ADV ~ally) 1 typografisch, Buchdruck(er)… 2 → typographical 1; **typographical** ADJ (ADV ~ly) 1 Druck…, drucktechnisch: **~ error** Setz-, Druckfehler *m* 2 → typographic 1; **typography** [-fɪ] S 1 Buchdruckerkunst *f*, Typografie *f* 2 (Buch)Druck *m* 3 Druckbild *n*

typological [ˌtaɪpəˈlɒdʒɪkl; *US* -ˈlɑ-] ADJ typologisch; **typology** [-ˈpɒlədʒɪ; *US* -ˈpɑ-] S Typologie *f*: a *wissenschaftlich:* Typenlehre *f* b REL Vorbilderlehre *f*

typothetae [taɪˈpɒθitiː; *US* -ˈpɑθə-] SPL *US* *(bes* Meister)Drucker *pl*

Tyr. ABK Tyrone

tyrannic [tɪˈrænɪk] ADJ, **tyrannical** ADJ (ADV ~ly) tyrannisch, Tyrannen…

tyrannicidal [tɪˌrænɪˈsaɪdl] ADJ Tyrannenmord…; **tyrannicide** [-saɪd] S 1 Tyrannenmord *m* 2 Tyrannemörder(in)

tyrannize [ˈtɪrənaɪz] A VI tyrannisch herrschen (**over** über *akk*): **~ over** → *a.* B B VT tyrannisieren

tyrannosaur [tɪˈrænəsɔː(r); *US a.* taɪ-], **tyrannosaurus** [-rəs] S ZOOL, HIST Tyrannosaurus *m*

tyrannous [ˈtɪrənəs] → tyrannic

tyranny [ˈtɪrənɪ] S Tyrannei *f*: a Gewalt-, Willkürherrschaft *f*, *bes Antike a.* Tyrannis *f* b tyrannische Härte *od* Grausamkeit c tyrannische Handlung *etc*

tyrant [ˈtaɪərənt] S Tyrann(in): **a ~ of a teacher** ein(e) tyrannische(r) Lehrer(in)

tyre [ˈtaɪə(r)], *etc bes Br für* tire², *etc*

tyro [ˈtaɪərəʊ] *pl* -ros S Anfänger(in), Neuling *m*: **I'm a ~ compared with him** gegen ihn bin ich ein (reiner) Waisenknabe

Tyrol [ˈtɪrəl; tɪˈrəʊl; *US a.* ˈtaɪˌrəʊl] S Tirol *n*

Tyrolean [tɪˈrəʊlɪən; ˌtɪrəˈliːən] A S Tiroler(in) B ADJ → Tyrolese B; **Tyrolese** [ˌtɪrəˈliːz] A S Tiroler(in): **the ~** *koll* die Tiroler *pl* B ADJ tirolisch, Tiroler(…)

Tyrone [tɪˈrəʊn] S *Grafschaft in Nordirland*

tzar [zɑː(r); tsɑː(r)], *etc* → czar *etc*

tzatziki [tsəˈtsiːkɪ] S GASTR Zaziki *m/n*, Tsatsiki *m/n* *(Joghurt mit geriebener Gurke u. viel Knoblauch)*

tzetze (fly) → tsetse (fly)

tzigane [tsɪˈɡɑːn] A ADJ Zigeuner… *neg!*: **~ music** B S Zigeuner(in) *neg!*

U, u [juː] A *pl* U's, u's, Us, us [juːz] S 1 U, u *n* *(Buchstabe)* 2 u-förmiger Gegenstand B ADJ 1 U u-…, u-förmig 2 **U** *Br* für alle Altersstufen geeignet *(Film)* 3 **U** *Br umg* vornehm, fein, dem Sprachgebrauch der Oberschicht entsprechend

u.[1] ABK 1 uncle 2 unit Einh. 3 upper ob.

U.[2] ABK 1 MATH union 2 unit Einh. 3 united ver(ein). 4 university Univ. 5 Utah

UAE ABK United Arab Emirates V.A.E.

UAM ABK MIL underwater-to-air missile Unterwasser-Luft-Rakete *f*

UAR ABK United Arab Republic V.A.R. *f*

UAW ABK *US* United Automobile Workers

U bend S TECH Knie *n*

UB40 [ˌjuːbiːˈfɔːtɪ] S *Br* 1 Arbeitslosenausweis *m* 2 *umg* (registrierte[r]) Arbeitslose(r)

Ubiquitarian [juːˌbɪkwɪˈteərɪən] REL A S Anhänger(in) der Ubiquitätslehre B ADJ Ubiquitäts…

ubiquitous [juːˈbɪkwɪtəs] ADJ (ADV ~ly) allgegenwärtig; **ubiquity** S Allgegenwart *f*

U|-boat S SCHIFF, MIL *bes* HIST deutsches U-Boot; **~ bolt** S TECH Bügelschraube *f*

UC ABK *Br* university college

u.c. ABK TYPO upper case Großbuchstaben *pl*

UCCA ABK *Br* Universities Central Council on Admissions *etwa:* ZVS *f*, Zentralstelle *f* für die Vergabe von Studienplätzen

UCW ABK Union of Communication Workers *(e-e Gewerkschaft)*

UDA ABK Ulster Defence Association *(paramilitärische Organisation zur Verteidigung des Verbleibs Nordirlands bei GB)*

udal [ˈjuːdl] S JUR, HIST *bes Br* Allod(ium) *n*, Allodialgut *n* *(heute noch auf den Orkney- u. Shetland-Inseln)*

UDC ABK 1 *Br* Urban Development Corporation 2 *Br* HIST Urban District Council

udder [ˈʌdə(r)] S ZOOL Euter *n*

UDI ABK unilateral declaration of independence

udometer [juːˈdɒmɪtə(r); US -ˈdɑ-] S METEO Udometer *n*, Regenmesser *m*

UDR ABK Ulster Defence Regiment (*paramilitärische Organisation zur Verteidigung des Verbleibs Nordirlands bei GB*)

UEFA ABK Union of European Football Associations UEFA *f*

UFO [ˌjuːefˈəʊ; ˈjuːfəʊ] *pl* UFOs, UFO's S ABK unidentified flying object UFO *n*, Ufo *n*

ufologist [juːˈfɒlədʒɪst; US -ˈfɑ-] S Ufologe *m*, Ufologin *f*; **ufology** [ˌjuːˈfɒlədʒɪ; US -ˈfɑ-] S Ufologie *f* (*Beschäftigung mit Ufos*)

Uganda [juːˈgændə] S Uganda *n*

Ugandan [juːˈgændən] **A** S Ugander(in) **B** ADJ ugandisch

UGC ABK *Br* University Grants Committee

ugh [ʌx; ʊh; ɜːh; US ʌg] INT bah!, pah!, äh!

ugli [ˈʌglɪ] *pl* -lis, -lies S BOT Ugli *n* (*Kreuzung zwischen Grapefruit, Mandarine u. Orange*)

uglify [ˈʌglɪfaɪ] **A** V/T hässlich(er) machen, verunzieren, entstellen **B** V/I hässlich(er) werden

ugliness [ˈʌglɪnɪs] S **1** Hässlichkeit *f* **2** Schändlichkeit *f*, Gemeinheit *f* **3** Widerwärtigkeit *f* **4** Gefährlichkeit *f*

ugly [ˈʌglɪ] ADJ (ADV uglily) **1** hässlich, garstig (*beide a. fig*): **~ memories** unschöne Erinnerungen; → duckling **2** gemein, schändlich, schmutzig (*Verbrechen etc*) **3** unangenehm, widerwärtig, übel: **an ~ customer** ein unangenehmer Kerl, ein übler Kunde; **be in an ~ mood** üble Laune haben **4** bös(e), schlimm, gefährlich (*Situation, Wunde etc*)

Ugrian [ˈuːgrɪən; ˈjuː-] **A** ADJ ugrisch **B** S **1** Ugrier(in) **2** → Ugric A; **Ugric** **A** S LING Ugrisch *n*, das Ugrische **B** ADJ ugrisch

UHF ABK ELEK ultrahigh frequency UHF *n* (*Dezimeterwellenbereich*)

uh-huh [ʌˈhʌ; ˈhʌ] INT *umg* ja!

uhlan [ʊˈlɑːn; US *a.* ˈuːˌlɑːn; ˈjuːlən] S MIL, HIST Ulan *m*

UHT ABK ultra heat treated ultrahoch erhitzt

UHT milk [ˈjuːeɪtʃtiː] S *Br* H-Milch *f*

uh-uh [ˌʌˈʌ; ˈʌˌʌ] INT *bes US umg* nein!

u.i. ABK ut infra, as below

uitlander, *a.* ♀ [ˈeɪtlændə(r)] S *SAfr* Ausländer(in)

UK ABK United Kingdom unidentified flying objectereinigtes Königreich (*von Großbritannien u. Nordirland*)

UKAEA ABK United Kingdom Atomic Energy Authority

ukase [juːˈkeɪz; -ˈkeɪs] S Ukas *m*: **a** HIST zaristischer Erlass **b** *fig* Verordnung *f*, Befehl *m*

ukelele → ukulele

Ukraine [juːˈkreɪn; -ˈkraɪn] S Ukraine *f*

Ukrainian [juːˈkreɪnjən; -ɪən] **A** ADJ ukrainisch, ukrainisch **B** S **1** Ukrainer(in), Ukrainer(in) **2** LING Ukrainisch *n*, Ukrainisch *n*, das Ukrainische

ukulele [ˌjuːkəˈleɪlɪ; US *a.* ˌuː-] S MUS Ukulele *f/n* (*viersaitige Hawaiigitarre*)

UL ABK US Underwriters' Laboratories (*unabhängige gemeinnützige Organisation für Produkttest mit Erteilung von Gütesiegeln*)

ulan → uhlan

ulcer [ˈʌlsə(r)] S **1** MED Ulkus *n*, Geschwür *n* **2** *fig* (Krebs)Geschwür *n*, Eiterbeule *f*; **ulcerate** [-reɪt] **A** V/T **1** MED Geschwüre *od* ein Geschwür verursachen in (*dat*): **~d** geschwürig **2** *fig* vergiften, -derben **B** V/I MED ulzerieren, geschwürig werden; **ulceration** S MED **1** Ulzeration *f*, Geschwürbildung *f* **2** Geschwür(e) *n(pl)*; **ulcerative** [-rətɪv; -reɪ-] ADJ MED **1** Geschwür... **2** durch Geschwüre *od* ein Geschwür verursacht; **ulcerous** ADJ (ADV ~ly) **1** MED ulzerös, geschwürig **2** *fig* giftig, verderblich

ulema [ˈuːlɪmə; US ˌuːləˈmɑː] S Ulema(s) *m(pl)* (*islamische[r] Vertreter der theologischen Gelehrsamkeit u. der Rechtsprechung*)

uliginous [juːˈlɪdʒɪnəs] ADJ BOT Sumpf...

ullage [ˈʌlɪdʒ] S **1** Flüssigkeitsverlust *m* (*e-r Flasche etc*) **2** WIRTSCH, SCHIFF Leckage *f*, Gewichtsverlust *m* (*e-r flüssigen Ladung*)

ulmaceous [ʌlˈmeɪʃəs] ADJ BOT Ulmen...

ulna [ˈʌlnə] *pl* -nae [-niː], -nas S ANAT Ulna *f*, Elle *f*; **ulnar** ADJ ANAT, MED ulnar, Ellen...: **~ nerve** *a.* Ulnaris *m*

ulster[1] [ˈʌlstə(r)] S Ulster(mantel) *m*

Ulster[2] [ˈʌlstə(r)] S Ulster *n* **a** *nördlichste Provinz Irlands* **b** *umg* Nordirland *n*

ult. ABK **1** ultimate(ly) **2** WIRTSCH ultimo, of the previous month ult.

ulterior [ʌlˈtɪərɪə(r)] ADJ **1** (*räumlich*) jenseitig **2** nachfolgend, später **3** *fig* tiefer (liegend), versteckt, -borgen: **~ motives** tiefere Beweggründe, Hintergedanken

ultima [ˈʌltɪmə] S LING, LIT Ultima *f*, Endsilbe *f*

ultimata [ˌʌltɪˈmeɪtə] *pl von* ultimatum

ultimate [ˈʌltɪmət] **A** ADJ **1** äußerst(er, e, es), (aller)letzt(er, e, es): **his ~ goal** sein höchstes Ziel; **~ consumer** (*od* **user**) WIRTSCH End-, Letztverbraucher(in) **2** End..., endgültig: **~ result** Endergebnis *n* **3** grundlegend, elementar, Grund...: **~ analysis** CHEM Elementaranalyse *f*; **~ fact** JUR beweiserhebliche Tatsache; **~ truths** Grundwahrheiten **4** PHYS, TECH Höchst..., Grenz...: **~ strength** End-, Bruchfestigkeit *f* **B** S **1** (*das*) Letzte, (*das*) Äußerste **2** (*der*) Gipfel (**in** an *dat*); **ultimately** ADV **a** schließlich **b** letzten Endes

ultimatum [ˌʌltɪˈmeɪtəm] *pl* -tums, -ta [-tə] S Ultimatum *n*: **give sb an ~** j-m ein Ultimatum stellen; **give sb an ~ to do sth** j-n ultimativ auffordern, etwas zu tun

ultimo [ˈʌltɪməʊ] ADV WIRTSCH letzten *od* vorigen Monat(s); **~geniture** [-ˈdʒenɪtʃə(r); -tʃʊə(r)] S JUR Erbfolge *f* des jüngsten Sohnes

ultra [ˈʌltrə] **A** ADJ **1** extrem **2** *bes* POL extremistisch **B** S *bes* POL Extremist(in), Ultra *m*

ultra- [ʌltrə] *Wortelement mit den Bedeutungen* **a** jenseits (liegend) **b** übersteigend **c** übermäßig

ultraconservative **A** ADJ (ADV ~ly) ultrakonservativ **B** S Ultrakonservative(r) *m/f(m)*

ultrafiche [ˈʌltrəfiːʃ] S Ultrafiche *n/m* (*Mikrofilm mit sehr starker Verkleinerung*)

ultrahigh frequency S ELEK Ultrahoch-, Höchstfrequenz *f*; **ultrahigh-frequency** ADJ Ultrahochfrequenz...

ultraism [ˈʌltrəɪzəm] S *bes* POL Extremismus *m*; **ultraist** **A** ADJ → ultra A 2 **B** S → ultra B

ultramarine **A** ADJ **1** überseeisch, aus Übersee **2** ultramarin, lapisblau **B** S Ultramarin *n* (*Farbstoff*), (*Farbe a.*) Lapisblau *n*

ultramicroscope S PHYS Ultramikroskop *n* (*Mikroskop zur Betrachtung kleinster Teilchen*)

ultramodern ADJ hypermodern

ultramontane **A** ADJ **1** jenseits der Berge (*bes* der Alpen) (gelegen *od* lebend) **2** KATH ultramontan, streng päpstlich (gesinnt) **B** S → ultramontanist; **ultramontanist** S KATH Ultramontane(r) *m/f(m)*

ultramundane ADJ PHIL ultramundan, jenseitig

ultrared ADJ *obs* ultrarot

ultrashort wave S ELEK Ultrakurzwelle *f*

ultrasonic PHYS **A** ADJ Ultraschall... **B** S **ultrasonics** *pl* (*als sg konstruiert*) Lehre *f* vom Ultraschall

ultrasound S **1** PHYS Ultraschall *m* **2** MED US Ultraschallaufnahme *f*; **~ scanner** S MED Ultraschallgerät *n*

ultraviolet ADJ PHYS ultraviolett

ultra vires [ˌʌltrəˈvaɪəriːz] ADV & PRÄD ADJ JUR über j-s Macht *od* Befugnisse (hinausgehend)

ululant [ˈjuːljʊlənt; US ˈʌljə-] ADJ heulend (*a. Sturm etc*), (weh)klagend; **ululate** [-leɪt] V/I heulen, (weh)klagen; **ululation** S Heulen *n*, (Weh-)Klagen *n*

um [ʌm] INT äh!

umbel [ˈʌmbəl] S BOT Dolde *f*; **umbellate** [-lɪt; -leɪt], **umbellated** [-leɪtɪd] ADJ doldenblütig, Dolden...; **umbellifer** [-ˈbelɪfə(r)] S Doldengewächs *n*; **umbelliferous** [-ˈlɪfərəs] ADJ doldenblütig, -tragend; **umbellule** [ʌmˈbeljuːl; US *a.* ˈʌmbəˌluːl] S Döldchen *n*

umber[1] [ˈʌmbə(r)] **A** S **1** MINER Umbraerde *f* **2** Umber *m*, Umbra *f*, Umbra-, Erdbraun *n* (*Farbe*) **B** ADJ umbra-, erdbraun **C** V/T mit Umber färben

umber[2] [ˈʌmbə(r)] S FISCH (Europäische) Äsche

umbilical [ˌʌmbɪˈlaɪkl; ʌmˈbɪlɪkl] **A** ADJ ANAT umbilikal, Nabel...: **~ cord** → B 1, B 2; **~ point** → umbilicus 4 **B** S **1** ANAT Nabelschnur *f* **2** TECH Speisekabel *n* (*e-s Raumanzugs etc*); **umbilicate** [-ˈbɪlɪkət; -keɪt] ADJ MED **1** genabelt **2** nabelförmig (eingedellt); **umbilicus** [ʌmˈbɪlɪkəs; ˌʌmbɪˈlaɪkəs] *pl* -ci [-kaɪ], -cuses S **1** ANAT Umbilicus *m*, Nabel *m* **2** (nabelförmige) Delle **3** BOT (Samen)Nabel *m* **4** MATH Nabelpunkt *m*

umbo [ˈʌmbəʊ] *pl* -bones [ʌmˈbəʊniːz], -bos S **1** HIST (Schild)Buckel *m* **2** (Vor)Wölbung *f*, Höcker *m*: **a** ANAT Nabel *m* (*des Trommelfells*) **b** ZOOL Umbo *m*, Schalenwirbel *m* (*bei Muscheln*); **umbonate** [-bənɪt; -neɪt] ADJ gebuckelt, vorgewölbt

umbra [ˈʌmbrə] *pl* -brae [-briː], -bras S **1** Schatten *m* **2** ASTRON **a** Kernschatten *m* **b** Umbra *f* (*dunkler Kern e-s Sonnenflecks*)

umbrage [ˈʌmbrɪdʒ] S **1** Anstoß *m*, Ärgernis *n*: **give ~** Anstoß erregen (**to sb** bei j-m); **take ~ at** (*od* **over**) Anstoß nehmen an (*dat*) **2** (*Schatten spendendes*) Laubwerk **3** Schatten *m*; **umbrageous** [-ˈbreɪdʒəs] ADJ (ADV ~ly) **1** schattig, Schatten spendend, schattenreich **2** *fig* empfindlich, übelnehmerisch

umbral [ˈʌmbrəl] ADJ **1** Schatten... **2** ASTRON **a** Kernschatten... **b** Umbral...

umbrella [ʌmˈbrelə] S **1** (Regen-)Schirm *m*: **~ stand** Schirmständer *m* **2** ZOOL Schirm *m*, Glocke *f* (*e-r Qualle*) **3** MIL **a** FLUG Jagdschutz *m*, Abschirmung *f* **b** *a.* **~ barrage** Feuervorhang *m*, -glocke *f* **4** *fig* **a** Schutz *m*: **under the ~ of** im Schutze von (*od gen*) **b** Rahmen *m*: **~ organization** Dachorganisation *f*; **~ term** Kollektivbegriff *m*

Umbrian [ˈʌmbrɪən] **A** ADJ umbrisch **B** S **1** Umbrer(in) **2** LING Umbrisch *n*, das Umbrische

umiak [ˈuːmɪæk] S Umiak *m/n* (*Eskimoboot*)

UMIST ABK University of Manchester Institute of Science and Technology

umlaut [ˈʊmlaʊt] LING **A** S **1** Umlaut *m* **2** Umlautzeichen *n* **B** V/T *e-n Vokal* umlauten

umpire [ˈʌmpaɪə(r)] **A** S **1** *bes* JUR, SPORT Schiedsrichter(in), Unparteiische(r) *m/f(m)* **2** JUR Obmann *m od* Obmännin *f* e-s Schiedsgerichts **B** V/T **1** **a** *bes* JUR, SPORT als Schiedsrichter(in) fungieren bei **b** SPORT *ein Spiel* leiten **2** (*durch Schiedsspruch*) schlichten *od* entscheiden **C** V/I **1** *bes* JUR, SPORT als Schiedsrichter(in) fungieren **2** schlichten; **umpireship** S *bes* JUR, SPORT Schiedsrichteramt *n*

umpteen [ˌʌmpˈtiːn] ADJ *umg* zig: **~ times** x-mal; **umpteenth** [-ˈtiːnθ] ADJ *umg* zigst(er, e, es): **for the ~ time** zum x-ten Mal

UMT ABK HIST US universal military training

UMTS ABK universal mobile communica-

U

tions system UMTS *n*

UMW ABK *US* United Mine Workers *(e-e Gewerkschaft)*

UN ABK United Nations UN *pl*, UNO *f*

'un [ən] PRON *umg für* one C 2: **that's a good ~** das ist ein guter Witz; **he's a tough ~** er ist ein harter Knochen

un-[1] [ʌn] *Vorsilbe mit verneinender Bedeutung, entsprechend den deutschen Vorsilben* Un..., un..., Nicht..., nicht...

un-[2] [ʌn] *Vorsilbe mit umkehrender od privativer Bedeutung, entsprechend den deutschen Vorsilben* ent..., los..., auf..., ver... *etc (bei Verben)*

UNA ABK United Nations Association

unabashed ADJ 1 unverfroren 2 furchtlos, unerschrocken

unabated ADJ (ADV ~ly) unvermindert: **the storm continued ~** der Sturm ließ nicht nach

unabbreviated ADJ ungekürzt

unable ADJ unfähig, außerstande, nicht in der Lage *(alle:* **to do** zu tun*)*: **be ~ to work** nicht arbeiten können, arbeitsunfähig sein; **~ to defend o.s.** *(Boxen)* verteidigungsunfähig; **~ to pay** zahlungsunfähig, insolvent

unabridged ADJ ungekürzt

unaccented [ˌʌnæk'sentɪd; ʌn'æksentɪd] ADJ unbetont

unacceptable ADJ 1 a unannehmbar (**to** für) b unzumutbar: **be ~ to** j-m nicht zugemutet werden können 2 unerwünscht: **the ~ face of** die Kehrseite *(gen)* 3 untragbar (**to** für)

unaccommodating ADJ 1 ungefällig 2 unnachgiebig

unaccompanied ADJ unbegleitet, ohne Begleitung (**by** *gen*) *(a.* MUS*)*: **~ luggage** *(bes US* **baggage***)* aufgegebenes (Reise)Gepäck; **~ minors** allein reisende Kinder

unaccomplished ADJ 1 unvollendet, unfertig 2 *fig* ungebildet

unaccountability S Unerklärlichkeit *f*; **unaccountable** ADJ 1 nicht verantwortlich 2 unerklärlich; **unaccountably** ADV unerklärlicherweise

unaccounted ADJ 1 *meist* **~ for**, *attr* **~-for** → unaccountable 2 2: **he's still ~ for** er wird noch vermisst 3 *meist* **~ for**, *attr* **~-for** unbelegt

unaccustomed ADJ 1 ungewohnt 2 nicht gewöhnt (**to** *akk od* an *akk*): **be ~ to doing sth** es nicht gewöhnt sein, etwas zu tun

unachievable ADJ 1 unausführbar 2 unerreichbar

unacknowledged ADJ 1 nicht anerkannt, uneingestanden 2 unbestätigt *(Brief etc)*

unacquainted ADJ (**with**) unerfahren (in *dat*), nicht vertraut (mit): **be ~ with sth** *a.* etwas nicht kennen

unactable ADJ THEAT nicht bühnengerecht, unaufführbar; **unacted** ADJ unaufgeführt

unaddressed ADJ unadressiert, ohne Anschrift *(Brief etc)*

unadorned ADJ schmucklos, schlicht

unadulterated ADJ 1 unverfälscht, rein, echt 2 *fig* völlig *(Unsinn etc)*

unadventurous ADJ 1 ohne Unternehmungsgeist 2 ereignislos *(Reise etc)*

unadvisability S Unratsamkeit *f*

unadvisable ADJ unratsam, nicht ratsam *od* empfehlenswert; **unadvised** ADJ 1 unberaten: **he was ~ of his rights** er hatte sich nicht über s-e Rechte beraten lassen 2 unbesonnen, unüberlegt *(Hast etc)*; **unadvisedly** [-zɪdlɪ] ADV unbesonnen; unberaten

unaffected ADJ (ADV ~ly) 1 ungekünstelt, natürlich, nicht affektiert *(Stil, Auftreten etc)* 2 echt, aufrichtig 3 unberührt, ungerührt, unbeeinflusst, unbeeindruckt *(alle:* **by** von*)*; **unaffectedness** S 1 Natürlichkeit *f* 2 Aufrichtigkeit *f*

unafraid ADJ unerschrocken, furchtlos: **be ~ of** keine Angst haben vor *(dat)*

unaggressive ADJ (ADV ~ly) nicht aggressiv, friedfertig

unaided ADJ (ADV ~ly) ohne Unterstützung *od* Hilfe (**by** von)

unaired ADJ 1 ungelüftet *(Raum)* 2 ungetrocknet, feucht *(Wäsche)*

unalarmed ADJ nicht beunruhigt; **unalarming** ADJ (ADV ~ly) nicht beunruhigend

unalienable ADJ (ADV unalienably) unveräußerlich

unallied ADJ 1 unverbunden 2 unverbündet, ohne Verbündete 3 BIOL *etc* nicht verwandt

unallowable ADJ unzulässig, unerlaubt

unalloyed ADJ 1 CHEM unvermischt, unlegiert 2 *fig* ungetrübt *(Glück etc)*

unalluring ADJ (ADV ~ly) nicht verlockend, reizlos

unalterability S Unveränderlichkeit *f*; **unalterable** ADJ (ADV unalterably) unveränderlich, unabänderlich; **unaltered** ADJ unverändert

unamazed ADJ nicht verwundert: **be ~ at** sich nicht wundern über *(akk)*

unambiguous ADJ (ADV ~ly) unzweideutig, eindeutig; **unambiguousness** S Unzweideutigkeit *f*, Eindeutigkeit *f*

unambitious ADJ (ADV ~ly) 1 nicht ehrgeizig, ohne Ehrgeiz 2 anspruchslos, schlicht *(Dinge)*

unamended ADJ unverbessert, nicht abgeändert, nicht ergänzt

un-American ADJ 1 unamerikanisch 2 POL *US* antiamerikanisch: **~ activities** staatsfeindliche Umtriebe

unamiability S Unliebenswürdigkeit *f*; **unamiable** ADJ (ADV unamiably) unliebenswürdig; **unamiableness** → unamiability

unamusing ADJ (ADV ~ly) nicht unterhaltsam, langweilig

unanimity [ˌjuːnə'nɪmətɪ] S 1 Einmütigkeit *f* 2 Einstimmigkeit *f*; **unanimous** [-'nænɪməs] ADJ (ADV ~ly) 1 einmütig, einig: **they were ~** sie waren sich alle einig; **they were ~ that ...** sie waren einstimmig der Meinung, dass ... 2 einstimmig: **~ly** *a.* ohne Gegenstimme; **winner by a ~ decision** *(Boxen)* einstimmige(r) Punktsieger(in)

unannealed ADJ METALL ungetempert

unannounced ADJ unangekündigt

unanswerable ADJ 1 nicht zu beantworten(d) *(Frage)* 2 unwiderlegbar *(Beweis etc)*; **unanswered** ADJ 1 unbeantwortet, unerwidert 2 unwiderlegt

unanticipated ADJ unvorhergesehen, unerwartet

unappalled ADJ unerschrocken

unappealable ADJ (ADV unappealably) JUR nicht berufungs- *od* rechtsmittelfähig

unappeasable ADJ (ADV unappeasably) 1 nicht zu besänftigen(d), unversöhnlich 2 nicht zufriedenzustellen(d), unersättlich

unappetizing ADJ (ADV ~ly) 1 unappetitlich 2 *fig* wenig reizvoll

unapplied ADJ nicht angewandt *od* gebraucht: **~ funds** *pl* totes Kapital

unappreciated ADJ nicht gebührend gewürdigt *od* geschätzt; **unappreciative** → inappreciative

unapprehensive ADJ (ADV ~ly) 1 schwerfällig, schwer von Begriff 2 unbekümmert, furchtlos

unapproachable ADJ (ADV unapproachably) unnahbar

unappropriated ADJ 1 nicht in Besitz genommen, herrenlos 2 nicht verwendet *od* gebraucht 3 WIRTSCH nicht zugeteilt, keiner bestimmten Verwendung zugeführt *(Gelder etc)*

unapproved ADJ 1 ungebilligt 2 ungenehmigt

unapt ADJ (ADV ~ly) 1 ungeeignet, untauglich *(beide:* **for** für, zu*)* 2 unangebracht, unpassend *(Vergleich etc)* 3 nicht geeignet (**to do** zu tun) 4 ungeschickt (**at** bei, in *dat*)

unargued ADJ unbestritten *(Recht etc)*

unarm → disarm A; **unarmed** ADJ 1 unbewaffnet: **~ combat** Kampf *m* ohne Waffen 2 MIL unscharf *(Munition)*

unarmo(u)red ADJ 1 *bes* SCHIFF, MIL ungepanzert 2 TECH nicht bewehrt *(Kabel)*

unartistic ADJ (ADV ~ally) unkünstlerisch

unary ['juːnərɪ] ADJ CHEM Einstoff...

unascertainable ADJ (ADV unascertainably) nicht feststellbar *od* zu ermitteln(d); **unascertained** ADJ nicht sicher festgestellt

unashamed ADJ 1 nicht beschämt 2 schamlos; **unashamedly** [-ɪdlɪ] ADV unverschämt; ganz offen, unverhohlen

unasked ADJ 1 ungefragt 2 ungebeten, unaufgefordert 3 uneingeladen

unaspiring ADJ (ADV ~ly) ohne Ehrgeiz, anspruchslos, bescheiden

unassailable ADJ (ADV unassailably) 1 unangreifbar *(a. fig)* 2 *fig* unanfechtbar, unwiderleglich

unassisted → unaided

unassuming ADJ (ADV ~ly) anspruchslos, bescheiden

unassured ADJ 1 unsicher, ohne Zuversicht 2 WIRTSCH *bes Br* nicht versichert; **unassuredly** [-rɪdlɪ] ADV unsicher, ohne Zuversicht

unattached ADJ 1 nicht befestigt (**to** an *dat*) 2 *fig* nicht gebunden, unabhängig 3 *fig* ungebunden, frei, ledig 4 JUR nicht mit Beschlag belegt

unattainable ADJ unerreichbar

unattempted ADJ unversucht

unattended ADJ 1 unbegleitet, ohne Begleitung 2 a unbeaufsichtigt *(Kind etc)* b unbewacht *(Gepäck etc)*

unattested ADJ 1 unbezeugt, unbestätigt 2 *Br* (behördlich) nicht überprüft

unattractive ADJ (ADV ~ly) unattraktiv: a wenig anziehend, reizlos b wenig einnehmend *(Äußeres etc)* c wenig zugkräftig *(Angebot etc)*

unauthentic ADJ (ADV ~ally) nicht authentisch, unverbürgt, unecht; **unauthenticated** ADJ unbeglaubigt

unauthorized ADJ 1 nicht autorisiert *od* bevollmächtigt, unbefugt: **~ person** Unbefugte(r) *m/f(m)* 2 unerlaubt: **~ reprint** unberechtigter Nachdruck

unavailable ADJ (ADV unavailably) 1 nicht verfügbar *od* vorhanden *od* erreichbar: **be ~** SPORT ausfallen *(Spieler)* 2 unbrauchbar: **~ energy** PHYS Verlustenergie *f* 3 → unavailing; **unavailing** ADJ (ADV ~ly) frucht-, nutzlos, vergeblich

unavoidable ADJ (ADV unavoidably) 1 unvermeidlich: **~ cost** WIRTSCH feste Kosten *pl*, Fixkosten *pl* 2 JUR unumstößlich, unanfechtbar

unavowed ADJ uneingestanden, nicht eingestanden; **unavowedly** [-ɪdlɪ] ADV uneingestanden

unaware A ADJ (ADV ~ly) 1 nicht gewahr (**of** *gen*): **be ~ of sth** *a.* sich e-r Sache nicht bewusst sein, etwas nicht wissen *od* bemerken 2 nichts ahnend, ahnungslos: **he was ~ that...** er ahnte nicht, dass ... B ADV → unawares; **unawares** ADV 1 unabsichtlich, versehentlich: → entertain A 2 a 2 unerwartet, unvermutet, unversehens: **catch** (*od* **take**) **sb**

~ j-n überraschen *od* -rumpeln
unbacked ADJ 1 ohne Rückhalt *od* Unterstützung 2 **an ~ horse** a ein Pferd, auf das nicht gesetzt wurde b ein nicht zugerittenes Pferd 3 WIRTSCH ungedeckt, nicht indossiert *(Scheck etc)*
unbalance A V/T 1 aus dem Gleichgewicht bringen *(a. fig)* 2 *fig j-n, j-s Geist* verwirren B S 1 POL *etc* Ungleichgewicht *n* 2 *fig* Unausgewogenheit *f*, Unausgeglichenheit *f* 3 ELEK Unsymmetrie *f* 4 TECH Unwucht *f*; **unbalanced** ADJ 1 aus dem Gleichgewicht gebracht *(a. fig)* 2 *fig* unausgewogen, unausgeglichen: **~ diet** einseitige Ernährung 3 *fig* gestört *(Geist)*: **of ~ mind** geistesgestört 4 WIRTSCH unausgeglichen, nicht saldiert *(Budget etc)* 5 ELEK unsymmetrisch 6 TECH unausgewuchtet, unwuchtig
unbandage V/T den Verband abnehmen von
unbaptized ADJ ungetauft
unbar V/T aufriegeln
unbearable ADJ (ADV unbearably) unerträglich
unbearded ADJ bartlos
unbeatable ADJ unschlagbar *(Preise etc)*
unbeaten ADJ 1 ungeschlagen, unbesiegt: **an ~ run of five games** SPORT e-e Serie von fünf Spielen ohne Niederlage 2 unübertroffen *(Rekord etc)*
unbeautiful ADJ (ADV ~ly) unschön
unbecoming ADJ (ADV ~ly) 1 unkleidsam: **this hat is ~ to him** dieser Hut steht ihm nicht 2 *fig* unpassend, unschicklich, ungehörig *(Sprache etc)*: **be ~ of** sich nicht schicken *od* gehören für; **unbecomingness** S 1 Unkleidsamkeit *f* 2 Unschicklichkeit *f*
unbefitting → unbecoming 2
unbefriended ADJ ohne Freund(e), freundlos
unbeknown, *a.* **unbeknownst** A ADV **(to)** ohne *(j-s)* Wissen B ADJ unbekannt **(to** *dat*)
unbelievable ADJ (ADV unbelievably) unglaublich; **unbeliever** S REL Ungläubige(r) *m/f(m)*; **unbelieving** ADJ (ADV ~ly) ungläubig, glaubenslos
unbeloved ADJ ungeliebt
unbelt V/T 1 *j-n, etwas* entgürten 2 *sein Schwert etc* aus dem Gurt nehmen, losschnallen
unbend *irr* A V/T 1 gerade biegen 2 SCHIFF a *ein Tau, e-e Kette etc* losmachen b *ein Segel* abschlagen B V/I *fig* 1 s-e Förmlichkeit ablegen, auftauen, aus sich herausgehen 2 *umg* sich entspannen
unbending ADJ (ADV ~ly) 1 unbiegsam 2 *fig* unbeugsam, entschlossen 3 *fig* reserviert, steif
unbeseeming → unbecoming 2
unbias(s)ed ADJ (ADV ~ly) unvoreingenommen, unparteiisch, *bes* JUR unbefangen
unbid(den) ADJ ungebeten: a unaufgefordert b ungeladen: **~ guests**
unbind V/T *irr* 1 *j-n* losbinden, befreien 2 *e-n Knoten, sein Haar etc* lösen 3 den Verband abnehmen von
unblamable ADJ (ADV unblamably) untadelig
unbleached ADJ ungebleicht
unblemished ADJ *fig* unbefleckt, makellos
unblended ADJ ungemischt, rein
unblinking ADJ (ADV ~ly) 1 ungerührt 2 unerschrocken
unblooded ADJ nicht reinrassig *(Pferd etc)*
unblushing ADJ (ADV ~ly) schamlos: **be quite ~** sich kein bisschen schämen **(about** für, wegen)
unbodied ADJ 1 körperlos, unkörperlich 2 form-, gestaltlos
unbolt V/T aufriegeln
unbolted[1] ADJ unverriegelt
unbolted[2] ADJ ungebeutelt, ungesiebt *(Mehl)*
unbookish ADJ (ADV ~ly) a unbelesen b ungelehrt
unborn ADJ 1 ungeboren 2 *a.* **yet ~** *fig* (zu)künftig, kommend: **generations yet ~**
unbosom A V/T enthüllen, offenbaren *(beide:* **to** *dat*): **~ o.s. to** → B B V/I **~ to** sich *(j-m)* anvertrauen *od* offenbaren, *(j-m)* sein Herz ausschütten
unbound ADJ 1 *fig* ungebunden, frei 2 ungebunden *(Buch etc)*
unbounded ADJ (ADV ~ly) 1 unbegrenzt 2 *fig* grenzen-, schrankenlos
unbowed ADJ *fig* ungebeugt, ungebrochen
unbox V/T auspacken
unbrace V/T 1 lösen, losschnallen 2 **(o.s.** sich) entspannen *(a. fig)* 3 schwächen
unbreakable ADJ (ADV unbreakably) unzerbrechlich, bruchsicher
unbribable ADJ (ADV unbribably) unbestechlich
unbridle V/T 1 *ein Pferd* abzäumen 2 *fig j-m die Zunge* lösen: **~ sb's tongue**; **unbridled** ADJ 1 ab-, ungezäumt 2 *fig* ungezügelt, zügellos: **~ tongue** lose Zunge
unbroken ADJ 1 ungebrochen *(a. fig Eid, Versprechen etc)*, unzerbrochen, heil, ganz 2 ununterbrochen, ungestört *(Friede, Schlaf etc)*: **~ line** MATH durch- *od* ausgezogene Linie 3 ungezähmt, *bes* nicht zugeritten *(Pferd)* 4 unbeeinträchtigt, unvermindert 5 AGR ungepflügt 6 ungebrochen, unübertroffen *(Rekord etc)*
unbrotherly ADJ unbrüderlich
unbuckle V/T auf-, losschnallen
unbuilt ADJ 1 (noch) nicht gebaut 2 *a.* **~-on** unbebaut *(Gelände)*
unburden V/T 1 a *j-n* von e-r Last befreien: **~ sb of sth** j-m etwas abnehmen b *sein Gewissen* entlasten, erleichtern: **~ o.s. (to sb)** (j-m) sein Herz ausschütten 2 *a.* **~ o.s. of** a sich *e-r Sache* entledigen, *ein Geheimnis etc* loswerden b *s-e Sünden etc* bekennen, beichten: **~ one's troubles to sb** s-e Sorgen bei j-m abladen
unburied ADJ unbegraben
unbutton V/T aufknöpfen: **~ one's heart to sb** j-m sein Herz ausschütten; **unbuttoned** ADJ 1 aufgeknöpft 2 *fig* gelöst, zwanglos *(Stimmung etc)*, aufgeknöpft *(Person)*
uncage V/T aus dem Käfig lassen, freilassen *(a. fig)*
uncalculated ADJ ungewollt, unbeabsichtigt, spontan
uncalled-for ADJ 1 unerwünscht, unnötig 2 deplatziert, unangebracht, unpassend *(Bemerkung etc)*
uncanny ADJ (ADV uncannily) unheimlich *(a. fig)*: **with ~ sureness** mit nachtwandlerischer Sicherheit
uncap V/T *e-e Flasche etc* aufmachen, öffnen
uncared-for ADJ 1 unbeachtet 2 vernachlässigt *(Kind etc)*, ungepflegt *(Garten, Hände etc)*
uncareful ADJ (ADV ~ly) unvorsichtig
uncarpeted ADJ teppichlos
uncase V/T 1 auspacken 2 entfalten: **~ a flag**
uncatalog(u)ed ADJ nicht katalogisiert
unceasing ADJ (ADV ~ly) unaufhörlich
unceremonious ADJ (ADV ~ly) 1 ungezwungen, zwanglos: **~ly** *a.* ohne viel Federlesen(s) 2 a unsanft, grob b unhöflich
uncertain ADJ (ADV ~ly) 1 unsicher, ungewiss, unbestimmt: **his arrival is ~** 2 nicht sicher: **be ~ of** (*od* **about) sth** sich e-r Sache nicht sicher sein 3 zweifelhaft, undeutlich, vage *(Antwort etc)*: → term A 2 4 unzuverlässig *(Freund etc)* 5 unbeständig, veränderlich *(Wetter etc)*, *(a. Wesen etc)* launenhaft 6 unsicher, verwirrt *(Blick etc)*
uncertainty S 1 Unsicherheit *f*, Ungewissheit *f*, Unbestimmtheit *f*: **~ principle** PHYS Unschärferelation *f* 2 Zweifelhaftigkeit *f*, Undeutlichkeit *f* 3 Unzuverlässigkeit *f* 4 Unbeständigkeit *f*, Launenhaftigkeit *f*
uncertificated ADJ 1 unbescheinigt 2 (amtlich) nicht zugelassen
uncertified ADJ unbescheinigt, unbeglaubigt
unchain V/T 1 losketten 2 befreien *(a. fig)*
unchallengeable ADJ (ADV unchallengeably) unanfechtbar, unbestreitbar; **unchallenged** ADJ unbestritten, unwidersprochen: **an ~ victory** ein unangefochtener Sieg
unchangeable ADJ (ADV unchangeably) unveränderlich; **unchangeableness** S Unveränderlichkeit *f*; **unchanged** ADJ 1 unverändert 2 ungewechselt; **unchanging** ADJ (ADV ~ly) unveränderlich
unchaperoned ADJ ohne Aufsichts- *od* Begleitperson
uncharacteristic ADJ uncharakteristisch, untypisch *(beide:* **of** für): **it is ~ of her to do such a thing** es ist nicht ihre Art, so etwas zu tun
uncharged ADJ 1 ELEK nicht (auf)geladen 2 *obs* ungeladen *(Schusswaffe)* 3 WIRTSCH a unbelastet *(Konto etc)* b unberechnet
uncharismatic ADJ uncharismatisch, ohne (besondere) Ausstrahlung(skraft)
uncharitable ADJ (ADV uncharitably) 1 lieblos, hart(herzig) 2 schonungslos; **uncharitableness** S Lieblosigkeit *f*, Härte *f*
uncharted ADJ auf keiner (Land)Karte verzeichnet: **~ territory** *od* **waters** *fig* unbekanntes Gebiet, Neuland *n*; **the ~ depths of mind** die unerforschten Tiefen der Seele
unchartered ADJ 1 unkonzessioniert 2 gesetzlos
unchaste ADJ (ADV ~ly) unkeusch; **unchasteness**, **unchastity** S Unkeuschheit *f*
unchecked ADJ 1 ungehindert, ungehemmt 2 unkontrolliert, ungeprüft
unchivalrous ADJ (ADV ~ly) unritterlich, ungalant
unchristened ADJ ungetauft
unchristian ADJ (ADV ~ly) unchristlich
unchurch V/T REL aus der Kirche ausstoßen
unci [ˈʌnsaɪ] *pl von* uncus
uncial [ˈʌnsɪəl; *US* ˈʌnʃəl] *Antike:* A ADJ Unzial...: **~ letter** → B 1; **~ writing** → B 3 B S 1 Unzialbuchstabe *m* 2 Manuskript *n* in Unzialschrift 3 Unziale *f*, Unzialschrift *f*
unciform [ˈʌnsɪfɔː(r)m] ANAT A ADJ hakenförmig: **~ bone** → B B S Hakenbein *n (der Handwurzel)*
uncinate [ˈʌnsɪnɪt; *bes US* -neɪt] ADJ BIOL hakenförmig
uncirculated ADJ prägefrisch *(Münze)*
uncircumcised ADJ REL 1 unbeschnitten 2 a nicht jüdisch b heidnisch
uncivil ADJ (ADV ~ly) 1 unhöflich, grob 2 *obs* unzivilisiert; **uncivilized** ADJ unzivilisiert
unclad ADJ 1 unbekleidet 2 TECH nicht plattiert
unclaimed ADJ 1 nicht beansprucht, nicht geltend gemacht: **go ~ed** nicht beansprucht werden 2 nicht abgeholt *(Brief etc)*, WIRTSCH nicht abgehoben *(Dividende)*
unclasp A V/T 1 lösen, auf-, loshaken *od* -schnallen, öffnen 2 *j-s Arm etc* loslassen B V/I sich lösen *od* öffnen
unclassed ADJ keiner Klasse angehörend
unclassified ADJ 1 nicht klassifiziert, nicht eingeordnet 2 MIL, POL nicht geheim; **unclassify** V/T von der Geheimhaltungsliste streichen, freigeben

U

uncle ['ʌŋkl] S 1 Onkel *m* (*a. weitS.*): 2 **Sam** Uncle *m* Sam (*die USA, bes die Regierung*); 2 **Tom** *US umg pej* serviler Schwarzer; **cry** (*od* **say**) ~ *US umg* aufgeben; → Bob², Dutch¹ A 1 2 *sl* Pfandleiher *m*

unclean ADJ (ADV ~ly) unrein (*a.* REL *u. fig*)

uncleanliness S Unreinlichkeit *f*; **uncleanly** ADJ unreinlich

unclear ADJ (ADV ~ly) unklar

unclench A V/T 1 *die Faust* öffnen 2 *s-n Griff* lockern B V/I sich öffnen *od* lockern

unclerical ADJ (ADV ~ly) unklerikal, ungeistlich, mit dem Stande des Geistlichen nicht vereinbar

unclinch → unclench

uncloak A V/T 1 *j-m* den Mantel *etc* abnehmen: ~ **o.s.** → B 2 *fig* enthüllen, -larven B V/I den Mantel *etc* ausziehen

unclog A V/T 1 die Verstopfung in *e-m Abfluss etc* beseitigen 2 *den Verkehr* wieder zum Fließen bringen B V/I frei werden (*Abfluss etc*)

unclose A V/T 1 öffnen 2 *fig* enthüllen B V/I sich öffnen; **unclosed** ADJ 1 unverschlossen, geöffnet, offen 2 unbeendet, nicht abgeschlossen

unclothe V/T *a. irr* 1 entkleiden 2 entblößen; **unclothed** ADJ unbekleidet

unclouded ADJ 1 unbewölkt, wolkenlos 2 *fig* ungetrübt (*Glück etc*)

unco ['ʌŋkəʊ] *schott* A ADJ 1 seltsam 2 ungewöhnlich, beachtlich B ADV äußerst, höchst: **the ~ guid** [gyd; gɪd] engstirnige, bigotte u. selbstgerechte Menschen C *pl* -cos, -coes S 1 Neuheit *f* 2 *pl* Neuigkeiten *pl* 3 *obs* Fremde(r) *m/f(m)*

uncock V/T *e-e Waffe* sichern

uncoil V/T & V/I (sich) abwickeln *od* abspulen *od* aufrollen

uncollected ADJ 1 nicht (ein)gesammelt 2 WIRTSCH (noch) nicht erhoben (*Steuern etc*) 3 *fig* nicht gefasst *od* gesammelt

uncolo(u)red ADJ 1 ungefärbt 2 *fig* ungeschminkt, objektiv (*Bericht etc*)

uncombed ADJ ungekämmt

un-come-at-able ADJ *umg* a unerreichbar b unzugänglich, unnahbar: **it (he) is ~** da (an ihn) ist nicht ranzukommen

uncomeliness S Unattraktivität *f*

uncomely ADJ 1 unattraktiv, unschön 2 *obs* unschicklich

uncomfortable ADJ (ADV uncomfortably) 1 unangenehm, beunruhigend: **he had the ~ feeling that ...** er hatte das ungute Gefühl, dass ... 2 unbehaglich, ungemütlich (*beide a. fig Gefühl etc*), unbequem: ~ **chair**; ~ **situation** ungemütliche Lage; ~ **silence** peinliche Stille 3 verlegen, unruhig

uncommendable ADJ nicht zu empfehlen(d), nicht empfehlenswert

uncommercial ADJ (ADV ~ly) 1 nicht Handel treibend 2 unkaufmännisch

uncommissioned ADJ nicht beauftragt *od* ermächtigt

uncommitted ADJ 1 nicht begangen (*Verbrechen etc*) 2 **(to)** nicht verpflichtet (zu), nicht gebunden (an *akk*), nicht festgelegt (auf *akk*): **remain ~** sich nicht festlegen 3 POL bündnis-, blockfrei, neutral (*Land*) 4 JUR a nicht in e-r Strafanstalt befindlich b nicht in e-e Heil- u. Pflegeanstalt eingewiesen 5 PARL nicht an e-n Ausschuss *etc* verwiesen 6 nicht zweckgebunden (*Geldmittel*)

uncommon A ADJ (ADV ~ly) ungewöhnlich: a selten b außergewöhnlich, -ordentlich B ADV *obs* → A; **uncommonness** S Ungewöhnlichkeit *f*

uncommunicable ADJ (ADV uncommunicably) 1 nicht mitteilbar 2 MED nicht übertragbar *od* ansteckend; **uncommunicative** ADJ (ADV ~ly) nicht *od* wenig mitteilsam *od* gesprächig, verschlossen; **uncommunicativeness** S Verschlossenheit *f*

uncompanionable ADJ ungesellig, nicht umgänglich

uncomplaining ADJ (ADV ~ly) klaglos, ohne Murren, geduldig; **uncomplainingness** S Klaglosigkeit *f*

uncomplaisant ADJ (ADV ~ly) ungefällig

uncompleted ADJ unvollendet

uncomplicated ADJ unkompliziert, einfach

uncomplimentary ADJ 1 nicht *od* wenig schmeichelhaft: **be ~ about** sich nicht sehr schmeichelhaft äußern über (*akk*) 2 unhöflich

uncompounded ADJ 1 nicht zusammengesetzt, unvermischt 2 einfach

uncomprehending ADJ (ADV ~ly) verständnislos

uncompromising ADJ (ADV ~ly) 1 kompromisslos, zu keinem Kompromiss bereit 2 unbeugsam, unnachgiebig 3 entschieden, eindeutig

unconcealed ADJ unverhohlen, offen

unconcern S 1 Sorglosigkeit *f*, Unbekümmertheit *f* 2 Gleichgültigkeit *f*: **with ~** gelassen, gleichgültig; **unconcerned** ADJ 1 **(in)** nicht betroffen (von), unbeteiligt (an *dat*), nicht verwickelt (in *akk*) 2 uninteressiert (**with** an *dat*), gleichgültig 3 unbesorgt, unbekümmert (**about** um, wegen): **be ~ about** *a.* sich keine Gedanken *od* Sorgen machen über (*akk*) 4 unbeteiligt; **unconcernedly** [-nɪdlɪ] ADV → unconcerned; **unconcernedness** S → unconcern

unconciliatory ADJ (ADV unconciliatorily) unversöhnlich

unconditional ADJ (ADV ~ly) 1 unbedingt, bedingungslos: ~ **surrender** bedingungslose Kapitulation 2 uneingeschränkt, vorbehaltlos (*Versprechen etc*); **unconditionality**, **unconditionalness** S 1 Bedingungslosigkeit *f* 2 Vorbehaltlosigkeit *f*; **unconditioned** ADJ 1 → unconditional 2 PSYCH unbedingt (*Reflex*) 3 PHIL unbedingt, absolut

unconfined ADJ unbegrenzt, unbeschränkt

unconfirmed ADJ 1 unbestätigt, nicht bekräftigt *od* erhärtet, unverbürgt (*Gerücht etc*) 2 REL a nicht konfirmiert b KATH nicht gefirmt

unconformable ADJ (ADV unconformably) 1 unvereinbar (**with** mit) 2 nicht übereinstimmend (**to, with** mit) 3 GEOL diskordant, nicht gleichstrebend *od* gleich gelagert (*Schichten*) 4 REL, HIST nonkonformistisch

uncongenial ADJ (ADV ~ly) 1 ungleichartig, nicht (geistes)verwandt *od* kongenial (**with** mit) 2 nicht zusagend, unangenehm, unsympathisch (*alle:* **to** *dat*): **this job is ~ to him** diese Arbeit sagt ihm nicht zu 3 unfreundlich

unconnected ADJ 1 unverbunden, getrennt 2 (logisch) unzusammenhängend (*Bericht etc*)

unconquerable ADJ (ADV unconquerably) unüberwindlich (*a. fig*), unbesiegbar; **unconquered** ADJ unbesiegt, nicht erobert

unconscientious ADJ (ADV ~ly) nicht gewissenhaft

unconscionable ADJ (ADV unconscionably) 1 gewissen-, skrupellos 2 nicht zumutbar 3 unmäßig, unverschämt (*Forderungen etc*): **it took him an ~ time** er brauchte unglaublich lange dazu

unconscious A ADJ (ADV ~ly) 1 unbewusst: **be ~ of** nichts ahnen *od* wissen von, sich *e-r Sache* nicht bewusst sein 2 MED bewusstlos, ohnmächtig 3 unbeseelt, leblos (*Materie*) 4 unbewusst (*a.* PSYCH), unwillkürlich, unfreiwillig (*a. Humor*) 5 unabsichtlich (*Fehler etc*) B S the ~ PSYCH das Unbewusste; **unconsciousness** S 1 Unbewusstheit *f* 2 MED Bewusstlosigkeit *f*

unconsecrated ADJ ungeweiht

unconsenting ADJ (ADV ~ly) ablehnend

unconsidered ADJ 1 unberücksichtigt 2 unbedacht, unüberlegt

unconstitutional ADJ (ADV ~ly) POL verfassungswidrig; **unconstitutionality** S Verfassungswidrigkeit *f*

unconstrained ADJ ungezwungen, zwanglos; **unconstrainedly** [-nɪdlɪ] ADV → unconstrained; **unconstraint** S Ungezwungenheit *f*, Zwanglosigkeit *f*

uncontaminated ADJ 1 nicht verunreinigt 2 nicht infiziert *od* vergiftet (*a. fig*), (*a.* radioaktiv) nicht verseucht

uncontemplated ADJ (ADV ~ly) 1 unvorhergesehen 2 unbeabsichtigt, ungeplant

uncontested ADJ (ADV ~ly) unbestritten, unangefochten: ~ **election** POL Wahl *f* ohne Gegenkandidaten

uncontradicted ADJ unwidersprochen, unbestritten

uncontrollable ADJ (ADV uncontrollably) 1 unkontrollierbar 2 unbeherrscht, zügellos (*Temperament etc*); **uncontrolled** ADJ 1 unkontrolliert, ohne Aufsicht 2 → uncontrollable 2 3 TECH ungesteuert; **uncontrolledly** [-ɪdlɪ] ADV unkontrolliert; unbeherrscht, zügellos

uncontroverted → uncontested

unconventional ADJ unkonventionell: a unüblich (*Methoden etc*) b ungezwungen, zwanglos (*Art etc*); **unconventionality** S unkonventionelle Art, Zwanglosigkeit *f*, Ungezwungenheit *f*

unconversant ADJ 1 nicht vertraut (**with** mit) 2 unbewandert, unerfahren (*beide:* **with** in *dat*)

unconverted ADJ 1 unverwandelt 2 REL unbekehrt (*a. fig nicht überzeugt*) 3 WIRTSCH nicht konvertiert (*Anleihe etc*); **unconvertible** ADJ (ADV unconvertibly) 1 nicht verwandelbar 2 REL unbekehrbar 3 WIRTSCH nicht konvertierbar

unconvinced ADJ nicht *od* wenig überzeugt (**of** von); **unconvincing** ADJ (ADV ~ly) nicht *od* wenig überzeugend

uncooked ADJ ungekocht, roh: ~ **weight** Frischgewicht *n*

uncork V/T 1 entkorken 2 *fig umg s-n Gefühlen etc* Luft machen

uncorrected ADJ 1 unkorrigiert, unberichtigt, unverbessert 2 nicht gebessert

uncorroborated ADJ unbestätigt, nicht erhärtet

uncorrupted ADJ (ADV ~ly) 1 unverdorben 2 *fig* → incorrupt

uncountable ADJ 1 unzählbar (*a.* LING) 2 zahllos, unzählig; **uncounted** ADJ 1 ungezählt 2 → uncountable 2

uncouple A V/T 1 *Hunde etc* abkoppeln 2 TECH abkoppeln, abkuppeln (*beide:* **from** von) B V/I TECH sich abkoppeln *od* abkuppeln (**from** von)

uncourteous ADJ (ADV ~ly) unhöflich, grob; **uncourteousness** S Unhöflichkeit *f*, Grobheit *f*

uncourtliness S 1 (*das*) Unhöfische 2 → uncourteousness; **uncourtly** ADJ 1 unhöfisch 2 → uncourteous

uncouth [ʌn'kuːθ] ADJ (ADV ~ly) 1 ungehobelt (*Benehmen, Person etc*) 2 *obs* wunderlich, seltsam; **uncouthness** S ungehobeltes Benehmen

uncovenanted ADJ 1 nicht vertraglich festgelegt 2 nicht vertraglich gebunden

U

uncover A V/T 1 aufdecken, entblößen, freilegen: ~ **o.s.** → B 2 *fig* aufdecken, enthüllen 3 MIL außer Deckung bringen, ohne Deckung lassen 4 *Boxen etc*: ungedeckt lassen B V/I den Hut abnehmen, das Haupt entblößen; **uncovered** ADJ 1 unbedeckt (*a. barhäuptig*) 2 unbekleidet, nackt, entblößt 3 TECH blank (*Draht*) 4 MIL, SPORT ungedeckt, ungeschützt, entblößt 5 WIRTSCH ungedeckt (*Scheck etc*)
uncritical ADJ (ADV ~ly) unkritisch, kritiklos (*beide:* **of** gegenüber)
uncross V/T *s-e* (*übereinandergeschlagenen*) *Beine* wieder nebeneinanderstellen; **uncrossed** ADJ nicht gekreuzt: ~ **cheque** WIRTSCH *Br* Barscheck *m*
uncrowded ADJ wenig befahren (*Straße*)
uncrowned ADJ 1 (noch) nicht gekrönt 2 ungekrönt (*a. fig*): **the ~ king of high finance**
UNCSTD ABK United Nations Conference on Science and Technology for Development
UNCTAD ABK United Nations Conference on Trade and Development Welthandels- u. Entwicklungskonferenz *f* der Vereinten Nationen
unction [ˈʌŋkʃn] S 1 Salbung *f*, Einreibung *f* 2 PHARM Salbe *f* 3 REL a (heiliges) Öl b Salbung *f*, Weihe *f* c *a.* **extreme ~** Letzte Ölung, Krankensalbung *f* 4 *fig* Balsam *m* (*Linderung od Trost*) (**to** für) 5 Inbrunst *f*, Pathos *n*: **with ~** *pej* salbungsvoll; **unctuosity** [-tjʊˈɒsətɪ; *US* -tʃəˈwɑ-] S 1 Öligkeit *f* 2 *fig* (*das*) Salbungsvolle; **unctuous** [-tjʊəs; *US* -tʃəwəs; -tʃəs] ADJ (ADV ~ly) 1 ölig, fettig: ~ **soil** fetter Boden 2 *fig* salbungsvoll; **unctuousness** → unctuosity
uncultivable ADJ unbebaubar, nicht kultivierbar; **uncultivated** ADJ 1 unbebaut 2 *fig* brachliegend, vernachlässigt (*Talente*) 3 *fig* unzivilisiert 4 *fig* ungebildet, unkultiviert
uncultured → uncultivated 1, 3, 4
uncumbered ADJ ungehemmt, unbehindert
uncurbed ADJ 1 abgezäumt 2 *fig* ungezähmt, zügellos
uncured ADJ 1 ungeheilt 2 ungesalzen, ungepökelt
uncurl V/T & V/I (sich) entkräuseln *od* glätten
uncurtailed ADJ ungekürzt, unbeschnitten
uncus [ˈʌŋkəs] *pl* **unci** [ˈʌnsaɪ] S ANAT Haken *m*, Häkchen *n*
uncustomary ADJ (ADV uncustomarily) ungebräuchlich, ungewöhnlich, unüblich
uncut ADJ 1 ungeschnitten 2 unzerschnitten 3 AGR ungemäht 4 TECH a unbehauen b ungeschliffen: ~ **diamond** Rohdiamant *m* 5 unbeschnitten (*Buch etc*) 6 *fig* ungekürzt: **show a film ~** e-n Film ungeschnitten zeigen
undamaged ADJ unbeschädigt, unversehrt, heil
undamped ADJ 1 *bes* ELEK, MUS, PHYS ungedämpft 2 unangefeuchtet 3 *fig* nicht entmutigt, unverzagt
undated ADJ 1 undatiert, ohne Datum(sangabe) 2 unbefristet
undaunted ADJ (ADV ~ly) unerschrocken, unverzagt, furchtlos; **undauntedness** S Unerschrockenheit *f*
undead S: **the ~** *koll* die Untoten *pl*
undecagon S MATH Elfeck *n*
undecaying ADJ (ADV ~ly) unvergänglich
undeceive V/T 1 *j-m* die Augen öffnen, *j-n* desillusionieren 2 *j-n* aufklären (**of** über *akk*), e-s Besser(e)n belehren
undecided ADJ (ADV ~ly) 1 nicht entschieden, unentschieden, offen: **leave a question ~** e-e Frage offenlassen 2 unbestimmt, vage 3 unentschlossen, unschlüssig: **I'm still ~** *a.* ich schwanke noch; **he's still ~ about what to do** er ist sich noch nicht schlüssig, was er tun soll 4 unbeständig (*Wetter*)
undecillion S MATH 1 *Br* Undezillion *f* (10^{66}) 2 *US* Sextillion *f* (10^{36})
undecipherable ADJ (ADV undecipherably) 1 nicht zu entziffern(d), nicht entzifferbar 2 nicht enträtselbar
undeclared ADJ 1 nicht bekannt gemacht, nicht erklärt: ~ **war** Krieg *m* ohne Kriegserklärung 2 WIRTSCH nicht deklariert
undefended ADJ 1 unverteidigt 2 JUR a unverteidigt, ohne Verteidiger b unwidersprochen (*Klage*)
undefiled ADJ unbefleckt, rein (*beide a. fig*)
undefinable ADJ (ADV undefinably) undefinierbar, unbestimmbar; **undefined** ADJ 1 unbegrenzt 2 unbestimmt, vage; **undefinedly** [-nɪdlɪ] ADV unbegrenzt; unbestimmt, vage
undeify V/T entgotten
undelete V/T COMPUT *e-e gelöschte Datei etc* wiederherstellen
undeliverable ADJ unzustellbar; **undelivered** ADJ 1 nicht befreit, unerlöst (*beide:* **from** von) 2 nicht übergeben *od* ausgehändigt, nicht (ab)geliefert, nicht zugestellt 3 nicht gehalten (*Rede*)
undemanding ADJ 1 anspruchslos (*a. fig*): ~ **music** 2 leicht, ohne hohe Anforderungen (*Aufgabe etc*)
undemocratic ADJ (ADV ~ally) undemokratisch
undemonstrative ADJ (ADV ~ly) zurückhaltend, reserviert, unaufdringlich
undeniable ADJ (ADV undeniably) unleugbar, unbestreitbar: **it is an ~ fact that ...** es lässt sich nicht bestreiten *od* leugnen, dass ...
undenominational ADJ (ADV ~ly) 1 nicht konfessionell gebunden 2 interkonfessionell: ~ **school** Gemeinschafts-, Simultanschule *f*
undependable ADJ (ADV undependably) unzuverlässig
undeplored ADJ unbeweint, unbeklagt
under [ˈʌndə(r)] A PRÄP 1 *allg* unter (*dat od akk*) 2 (*Lage*) unter (*dat*), unterhalb von (*od gen*): **from ~ the table** unter dem Tisch hervor 3 (*Richtung*) unter (*akk*): **the ball rolled ~ the table** 4 unter (*dat*), am Fuße von (*od gen*): **the citizens assembled ~ the castle wall** 5 (*zeitlich*) unter (*dat*), während: ~ **his rule**; **he lived ~ the Stuarts** er lebte zur Zeit der Stuarts; ~ **the date of** unter dem Datum vom *1. Januar etc* 6 unter der Führung von (*od gen*), *a.* MUS unter der Leitung von (*od gen*), unter (*dat*): **he fought ~ Wellington**; **have sb ~ one** j-n unter sich haben 7 unter (*dat*), unter dem Schutz von (*od gen*), unter Zuhilfenahme von (*od gen*): ~ **arms** unter Waffen; ~ **darkness** im Schutz der Dunkelheit 8 unter (*dat*), geringer als, weniger als: **persons ~ 40 (years of age)** Personen unter 40 (Jahren); **the ~-thirties** die Personen unter 30 Jahren; **in ~ an hour** in weniger als e-r Stunde; **he cannot do it ~ an hour** er braucht mindestens e-e Stunde dazu *od* dafür; **it cost him ~ £20** es kostete ihn weniger als 20 Pfund 9 *fig* unter (*dat*): ~ **his tyranny**; **a criminal ~ sentence of death** ein zum Tode verurteilter Verbrecher; ~ **supervision** unter Aufsicht; ~ **alcohol** unter Alkohol, alkoholisiert; ~ **an assumed name** unter e-m angenommenen Namen 10 gemäß, laut, nach: ~ **the terms of the contract**; ~ **the provisions of the law** a nach den gesetzlichen Bestimmungen b im Rahmen des Gesetzes; **claims ~ a contract** Forderungen aus e-m Vertrag 11 in (*dat*): ~ **treatment** in Behandlung 12 bei: **he studied physics ~ Professor Maxwell** 13 mit: ~ **sb's signature** mit j-s Unterschrift, (eigenhändig) von j-m unterschrieben *od* unterzeichnet B ADV 1 darunter, unter: **children of five and ~** fünfjährige u. jüngere Kinder. → go under, keep under, *etc* 2 unten: **as ~** wie unten (angeführt); **get out from ~** *US sl* a sich herauswinden b den Verlust wettmachen C ADJ (*oft in Zusammensetzungen*) 1 unter(er, e, es), Unter...: **the ~ layers** die unteren Schichten *od* Lagen; **the ~ surface** die Unterseite 2 unter(er, e, es), nieder(er, e, es), untergeordnet, Unter...: **the ~ classes** die unteren *od* niederen Klassen 3 (*nur in Zusammensetzungen*) ungenügend, zu gering: → underdose A, *etc*
under|achieve V/I weniger leisten als erwartet, (*in e-r Prüfung*) schlechter abschneiden als erwartet; **~achiever** S *j-d, der weniger leistet od schlechter abschneidet als erwartet*; **~act** THEAT *etc* A V/T *e-e Rolle* unterspielen, -treiben, untertrieben spielen B V/I untertreiben (*a. fig*); **~age** ADJ minderjährig, unmündig; **~appreciation** S zu geringes Verständnis (**of** für), Unterschäzung *f*; **~arm** ADJ Achsel...; **~belly** S 1 ZOOL Bauch *m* 2 *fig* Schwachstelle *f*; **~bid** *irr* A V/T 1 WIRTSCH a unterbieten, weniger bieten als b zu wenig bieten für 2 *Bridge*: zu niedrig mit *e-m Blatt* reizen B V/I 1 WIRTSCH zu wenig bieten 2 WIRTSCH weniger bieten, ein niedrigeres Angebot machen; **~body** S AUTO Unterboden *m*; **~bred** ADJ 1 ungebildet, unfein 2 nicht reinrassig (*Hund etc*); **~brush** S *bes US* Unterholz *n*, Gestrüpperf *n*; **~buy** *irr* A V/T 1 zu wenig *Ware etc* (ein)kaufen 2 billiger *od* günstiger (ein)kaufen als *j-d* 3 *etwas* unter Preis (ein)kaufen B V/I unter Bedarf *od* unter Preis (ein)kaufen; **~capitalize** V/T WIRTSCH 1 e-n zu niedrigen Nennwert für das Stammkapital *e-s Unternehmens* angeben 2 das Kapital unterschätzen von 3 unterkapitalisieren; **~carriage** S 1 FLUG Fahrwerk *n*, -gestell *n* 2 AUTO *etc* Fahrgestell *n*; **~cart** *Br umg für* undercarriage 1; **~cast** V/T *irr* THEAT *etc* 1 *j-m* e-e kleine(re) Rolle geben 2 *ein Stück etc* mit zweitklassigen Schauspielern besetzen; **~charge** A V/T 1 *j-m* zu wenig berechnen *od* abverlangen: ~ **sb (by) £10** j-m 10 Pfund zu wenig berechnen 2 *e-n Betrag* zu wenig verlangen 3 *etwas* zu gering berechnen 4 ELEK *e-e Batterie etc* ungenügend (auf)laden B V/I zu wenig verlangen (**for** für) C S 1 zu geringe Berechnung 2 ELEK ungenügende (Auf)Ladung; **~class** S SOZIOL unterprivilegierte Klasse; **~clothes** SPL, **~clothing** S Unterwäsche *f*; **~coat** A S 1 (*unter e-m anderen Kleidungsstück getragene*) Weste 2 ZOOL Unterhaar *n* 3 MAL, TECH Grundierung *f*, Grundanstrich *m* 4 AUTO *US* Unterbodenschutz *m* B V/T AUTO *US* e-n Unterbodenschutz machen bei; **~cool** V/T PHYS unterkühlen; **~cover** ADJ 1 Geheim...: ~ **agent** Undercoveragent *m*, verdeckte(r) Ermittler(in) 2 heimlich (*Zahlungen etc*); **~croft** S ARCH unterirdisches Gewölbe, Gruft *f*, REL Krypta *f*; **~current** S Unterströmung *f* (*a. fig*); **~cut** A V/T *irr* [ˌ-ˈkʌt] 1 den unteren Teil wegschneiden *od* weghauen von, unterhöhlen 2 (im Preis) unterbieten 3 *Golf, Tennis etc: e-n Ball* mit Unterschnitt spielen B S [ˈ-kʌt] 1 Unterhöhlung *f* 2 *Golf, Tennis etc*: unterschnittener Ball 3 GASTR *bes Br* zartes Lendenstück, (*Rinder-, Schweine*) Filet *n*; **~develop** V/T *bes* FOTO unterentwickeln; **~developed** ADJ FOTO unterentwickelt (*a. fig*); **~do** V/T *irr* 1 *etwas* unvollkommen tun, mangelhaft erledigen 2 GASTR nicht gar kochen, nicht durchbraten; **~dog** S *fig* 1 (*a. sichere[r]*) Verlierer(in), Unterlegene(r) *m/f(m)* 2 Underdog *m*, (*der, die*) sozial Schwächere *od* Zurückgesetzte *od* Benachteiligte; **~done** ADJ

U

GASTR nicht gar, nicht durchgebraten; **~dose** A S ['-dəʊs] 1 zu geringe Dosis 2 *fig* Zuwenig *n* (**of** an *dat*) B V/T [ˌ-'dəʊs] 1 *j-m* e-e zu geringe Dosis geben 2 *etwas* zu gering dosieren; **~drain** TECH A V/T [ˌ-'dreɪn] durch unterirdische Kanäle entwässern *od* trockenlegen B S ['-dreɪn] unterirdischer Drän (-strang); **~dress** V/T & V/I (sich) zu einfach kleiden: **~ed** *a.* underdressed; **~employment** S WIRTSCH Unterbeschäftigung *f*; **~estimate** A V/T [ˌ-'estɪmeɪt] unterschätzen, unterbewerten B S [ˌ-'estɪmət] Unterschätzung *f*, Unterbewertung *f*; **~estimation** → underestimate B; **~expose** V/T FOTO unterbelichten: **be ~d** *fig* zu wenig Publizität haben; **~exposure** S 1 FOTO Unterbelichtung *f* 2 *fig* mangelnde Publizität; **~feed** V/T *irr* unterernähren, nicht genügend (er)nähren *od* füttern: **underfed** unterernährt; **~feeding** S Unterernährung *f*; **~felt** S Filzunterlage *f*; **~floor** ADJ Unterboden...: **~ heating** Fußbodenheizung *f*; **~flow** S 1 unterirdischer (Durch)Fluss 2 *fig* Unterströmung *f* 3 IT Unterlauf *m*; **~foot** ADV am Boden: **it was muddy (very hard) ~** der Boden war matschig (steinhart gefroren); → trample B, tread B 3; **~frame** S TECH Untergestell *n*, Rahmen *m*; **~fur** → undercoat A 2; **~garment** S Wäschestück *n*: **~s** *pl* Unterwäsche *f*; **~glaze** ADJ *Keramik*: Unterglasur...: **~ decoration**; **~go** V/T *irr* 1 *e-n Wechsel etc* erleben, durchmachen 2 sich *e-r Operation etc* unterziehen 3 *Schmerzen etc* erdulden; **~grad** *umg für* undergraduate; **~graduate** S UNIV *Student(in) vor dem niedrigsten akademischen Grad*; **~ground** A ADV [ˌ-'graʊnd] 1 unter der *od* die Erde, unterirdisch 2 *fig* im Verborgenen, heimlich, geheim: **go ~** a POL zur Untergrundbewegung werden b POL in den Untergrund gehen c unter-, abtauchen B ADJ ['-graʊnd] 1 unterirdisch: **~ cable** Erdkabel *n*; **~ car park**, **~ garage** Tiefgarage *f*; **~ pipe** erdverlegtes Rohr; **~ railway** (*US* **railroad**) → C 2; **~ water** Grundwasser *n* 2 *Bergbau*: unter Tag(e): **~ mining** Untertag(e)bau *m* 3 TECH Tiefbau...: **~ engineering** Tiefbau *m* 4 *fig* Untergrund..., Geheim..., verborgen: **~ fighter** POL Untergrundkämpfer(in); **~ movement** POL Untergrundbewegung *f* 5 KUNST *etc* Underground...: **~ film (music,** *etc*) C S ['-graʊnd] 1 unterirdischer Raum *od* (Durch)Gang 2 *bes Br* Untergrundbahn *f*, U-Bahn *f* 3 POL Untergrund(bewegung) *m(f)* 4 KUNST *etc* Underground *m* (*avantgardistische Protestbewegung gegen das kulturelle Establishment*); **~grown** ADJ 1 nicht ausgewachsen 2 mit Unterholz überwachsen; **~growth** S Unterholz *n*, Gestrüpp *n*; **~hand** ADJ & ADV 1 *fig* a heimlich, verstohlen b hinterlistig, -hältig 2 **~ service** (*Tennis*) Tiefaufschlag *m*; **~handed** ADJ (ADV **~ly**) 1 → underhand 1 2 WIRTSCH knapp an Arbeitskräften *od* Personal; **~handedness** S a Heimlichkeit *f* b Hinterhältigkeit *f*; **~hung** ADJ MED vorstehend (*Unterkiefer*); **~insurance** S WIRTSCH Unterversicherung *f*; **~insure** V/T & V/I (sich) unterversichern; **~issue** WIRTSCH A S Minderausgabe *f* B V/T zu wenig *Aktien etc* ausgeben; **~lay** [ˌ-'leɪ] A V/T *irr* 1 darunter legen, unterlegen 2 unterlegen, stützen (*beide*: **with** mit) 3 TYPO *den Satz* zurichten B S ['-leɪ] 1 Unterlage *f* 2 TYPO Zurichtebogen *m* 3 *Bergbau*: schräges Flöz; **~layer** S Unterschicht *f*; **~let** V/T *irr* 1 unter Wert verpachten *od* vermieten 2 unterverpachten, -vermieten; **~lie** V/T *irr* 1 liegen unter (*dat*) 2 *fig e-r Sache* zugrunde liegen 3 WIRTSCH Vorrang haben vor (*dat*); **~line** A V/T [ˌ-'laɪn] unterstreichen (*a. fig betonen*) B S ['-laɪn] 1 Unterstreichung *f* 2 Bildunterschrift *f*, Bildtext *m*, Legende *f*; **~linen** S (*bes leinene*) Unterwäsche

underling ['ʌndə(r)lɪŋ] S *pej* Untergebene(r) *m/f(m)*

under|load S TECH Unterbelastung *f*; **~lying** ADJ 1 darunter liegend 2 *fig* zugrunde liegend, eigentlich, tiefer (-er, e, es) 3 WIRTSCH vorrangig; **~man** V/T *ein Schiff etc* nicht genügend bemannen: **~ned** a unterbemannt b (personell) unterbesetzt; **~mark** V/T SPORT unterbewerten; **~mentioned** ADJ *Br* unten erwähnt; **~mine** V/T 1 MIL, TECH unterminieren (*a. fig*) 2 aushöhlen, auswaschen, unterspülen 3 *fig* untergraben, zersetzen: **~ sb's health** j-s Gesundheit allmählich zugrunde richten; **~most** A ADJ unterst(er, e, es) B ADV zuunterst

underneath A PRÄP unter (*dat od akk*), unterhalb (*gen*) B ADV 1 unten, *engS. a.* auf der Unterseite 2 darunter: **with nothing ~** C S Unterseite *f*

under|nourished ADJ unterernährt; **~nourishment**, **~nutrition** S Unterernährung *f*; **~occupied** ADJ unterbelegt (*Haus etc*); **~pants** SPL, *a.* **pair of ~** Unterhose *f*; **~pass** S (Straßen-, Eisenbahn)Unterführung *f*; **~pay** V/T *irr* 1 *j-n, etwas* unterbezahlen 2 *j-m* (*versehentlich etc*) zu wenig zahlen; **~payment** S Unterbezahlung *f*; **~peopled** ADJ unterbevölkert; **~pin** V/T ARCH a (unter)stützen b untermauern (*beide a. fig*: **with** mit); **~pinning** S 1 ARCH Untermauerung *f*, Unterbau *m* 2 *fig* Stütze *f*, Unterstützung *f* 3 *pl umg* Fahrgestell *n* (*Beine*); **~play** A V/T 1 → underact A 2 **~ one's hand** *fig* nicht alle Trümpfe ausspielen B V/I → underact B; **~plot** S Nebenhandlung *f* (*in e-m Drama etc*); **~populated** ADJ unterbevölkert; **~price** V/T WIRTSCH 1 *etwas* unter Preis *od* Wert anbieten 2 *j-n* unterbieten; **~privileged** ADJ unterprivilegiert, benachteiligt, zu kurz gekommen, schlecht(er) gestellt: **the ~** die wirtschaftlich Schlechtgestellten; **~production** S WIRTSCH Unterproduktion *f*; **~proof** ADJ unterprozentig (*Spirituosen*); **~prop** V/T von unten her (ab)stützen; **~quote** → underprice; **~rate** V/T 1 unterschätzen, unterbewerten (*a.* SPORT) 2 WIRTSCH zu niedrig veranschlagen; **~react** V/I zu schwach reagieren (**to** auf *akk*); **~reaction** S zu schwache Reaktion (**to** auf *akk*); **~represented** ADJ unterrepräsentiert; **~score** → underline A, B 1; **~sea** A ADJ unterseeisch, Unterwasser... B ADV → underseas; **~seal** AUTO *Br* A S Unterbodenschutz *m* B V/T e-n Unterbodenschutz machen bei; **~seas** ADV unterseeisch, unter Wasser; **~secretary** S POL a *a.* **~ of state** *Br* Staatssekretär(in) b *US* Unterstaatssekretär(in); **~sell** V/T *irr* WIRTSCH 1 *j-n* unterbieten 2 *Ware* unter Preis *od* Wert verkaufen; **~set** A V/T *irr* [ˌ-'set] → underprop B S ['-set] SCHIFF Unterströmung *f*; **~sexed** ADJ: **be ~** e-n unterentwickelten Geschlechtstrieb haben; **~shirt** S *bes US* Unterhemd *n*; **~shoot** V/T: **~ the runway** FLUG vor der Landebahn aufsetzen; **~shorts** SPL, *a.* **pair of ~** *bes US* (Herren)Unterhose *f*; **~shot** ADJ 1 TECH unterschlächtig 2 → underhung; **~shrub** S niedriger Strauch; **~side** S Unterseite *f*; **~sign** V/T unterschreiben, -zeichnen; **~signed** A ADJ unterzeichnet B S **the ~** a der (die) Unterzeichnete b *pl* die Unterzeichneten *pl*; **~size(d)** ADJ 1 unter Normalgröße 2 ziemlich klein; **~skirt** S Unterrock *m*; **~slung** ADJ TECH 1 Hänge...: **~ frame** AUTO Unterzugrahmen *m* 2 **~ spring** AUTO Feder *f* unter der Achse; **~soil** S Untergrund *m*: **~ heating** SPORT Rasenheizung *f*; **~spend** *irr* A V/I zu wenig ausgeben B V/T weniger ausgeben als, *e-e bestimmte Ausgabensumme* unterschreiten; **~staffed** ADJ (personell) unterbesetzt

understand *irr* A V/T 1 verstehen: a begreifen b einsehen c *wörtlich etc* auffassen d (volles) Verständnis haben für: **~ each other** sich *od* einander verstehen, *a.* zu e-r Einigung gelangen; **give sb to ~ that ...** j-m zu verstehen geben, dass ...; **make o.s. understood** sich verständlich machen; **do I** (*od* **am I to**) **~ that ...?** soll das heißen, dass ...?; **what do you ~ by ...?** was verstehen Sie unter ... (*dat*)? 2 sich verstehen auf (*akk*), sich auskennen in (*dat*), wissen (**how to do sth** wie man etwas macht); **he ~s horses** er versteht sich auf Pferde; **she ~s children** sie kann mit Kindern umgehen 3 voraussetzen, (als sicher *od* gegeben) annehmen: **that is understood** das versteht sich (von selbst); **it is understood that ...** *a.* JUR es gilt als vereinbart, dass ...; es wird davon ausgegangen, dass ...; **an understood thing** e-e aus- *od* abgemachte Sache 4 erfahren, hören: **I ~ that ...** ich hör(t)e *od* man sagt(e) mir, dass ...; **I ~ him to be** (*od* **that he is**) **an expert** wie ich höre, ist er ein Fachmann; **it is understood** es heißt, wie verlautet 5 **(from)** entnehmen (*dat od* aus), schließen *od* heraushören (aus): **no one could ~ that from her words** 6 *bes* LING bei sich *od* sinngemäß ergänzen, hinzudenken: **in this phrase the verb is understood** in diesem Satz muss das Verb (sinngemäß) ergänzt werden B V/I 1 verstehen: a begreifen b (volles) Verständnis haben: **(do you) ~?** verstanden?; **he will ~** er wird es *od* mich *etc* (schon) verstehen; **you are too young to ~** du bist zu jung, um das zu verstehen 2 Verstand haben 3 Bescheid wissen (**about sth** über e-e Sache): **not ~ about** nichts verstehen von 4 hören: **..., so I ~** wie ich höre, ...; **understandable** ADJ verständlich; **understandably** ADV 1 verständlich 2 *a.* **~ enough** begreiflicher-, verständlicherweise; **understanding** A S 1 Verstehen *n* 2 Verstand *m*: a Intelligenz *f* b PHIL Intellekt *m* 3 Verständnis *n* (**of** für): **with ~** verständnisvoll 4 (*gutes etc*) Einvernehmen (**between** zwischen *dat*) 5 Verständigung *f*, Vereinbarung *f*, Übereinkunft *f*, Abmachung *f*: **come to an ~ with sb** zu e-r Einigung mit j-m kommen *od* gelangen, sich mit j-m verständigen 6 Klarstellung *f* 7 Bedingung *f*: **on the ~ that ...** unter der Bedingung *od* Voraussetzung, dass ... 8 Auslegung *f*, Interpretation *f* B ADJ (ADV **~ly**) 1 verständnisvoll, verstehend 2 verständig, gescheit

under|state V/T untertreiben, untertrieben darstellen; **~statement** S Untertreibung *f*, Understatement *n*: **this is a bit of an ~** das ist leicht untertrieben; **~steer** V/I AUTO untersteuern (*Auto*); **~stock** V/T & V/I (sich) ungenügend eindecken (**with** mit); **~strapper** → underling; **~stratum** S *a. irr* GEOL Unterschicht *f*; **~strength** ADJ (personell) unterbesetzt; **~study** A V/T 1 THEAT *e-e Rolle* als zweite Besetzung einstudieren 2 THEAT einspringen für B V/I THEAT e-e Rolle als zweite Besetzung einstudieren C S 1 THEAT zweite Besetzung 2 *fig* Ersatzmann *m*; **~surface** A S ['ʌndə(r)ˌsɜːfɪs; *US* -ˌsɜr-] Unterseite *f* B ADJ [ˌʌndə(r)'sɜːfɪs; *US* -'sɜr-] 1 Unterwasser... 2 unterirdisch

under|take *irr* A V/T 1 *e-e Aufgabe etc* übernehmen, auf sich *od* in die Hand nehmen 2 *e-e Reise etc* unternehmen 3 *ein Risiko* übernehmen, eingehen: **~ a responsibility** e-e Verantwortung übernehmen 4 sich erbieten, *a.* JUR sich verpflichten (*beide:* **to do** zu tun) 5 garantieren, sich dafür verbürgen (*beide:* **that** dass) 6 *obs* sich einlassen mit B VI 1 *obs* sich verpflichten (**for** zu) 2 *obs* bürgen (**for** für); **~taker** S a Leichenbestatter(in) b Bestattungs-, Beerdigungsinstitut *n*; **~taking** S 1 Übernahme *f* (*e-r Aufgabe etc*) 2 Unternehmung *f* 3 WIRTSCH Unternehmen *n*, Betrieb *m* 4 Verpflichtung *f* 5 Garantie *f* 6 ['-,teıkıŋ] Leichenbestattung *f*

under|tax VT zu niedrig besteuern, unterbesteuern; **~taxation** S Unterbesteuerung *f*; **~tenancy** S Unterpacht *f*, -miete *f*; **~tenant** S Untermieter(in), -pächter(in); **~-the--counter**, **~-the-table** ADJ a unter der Hand (getätigt), heimlich b illegal;; **~things** SPL (Damen)Unterwäsche *f*; **~tint** S gedämpfte Farbe *od* Färbung; **~tone** S 1 gedämpfter Ton, gedämpfte Stimme: **in an ~** mit gedämpfter Stimme 2 *fig* a Unterton *m* b *pl* Neben-, Zwischentöne *pl*, Beigeschmack *m*: **it had ~s of** es schwang darin etwas von … mit; 3 PHYS gedämpfte Farbe 4 *Börse:* Grundton *m*; **~tow** S SCHIFF 1 Sog *m* 2 Widersee *f*; **~value** VT 1 unterbewerten 2 gering schätzen; **~vest** S *bes Br* Unterhemd *n*; **~water** A ADJ 1 Unterwasser…: **~ camera** (**massage**, *etc*) 2 SCHIFF unterhalb der Wasserlinie (liegend) B ADV unter Wasser: **swim ~**; **~wear** → underclothes; **~weight** A S ['-weıt] Untergewicht *n* B ADJ [,-'weıt] untergewichtig: **be ~** Untergewicht haben, (*Gegenstand etc a.*) zu leicht sein: **be ~ by five pounds**, **be five pounds ~** fünf Pfund Untergewicht haben; **~whelm** VT *fig, oft hum j-n* alles andere als überwältigen (**with** mit); **~wing** S ZOOL 1 Unterflügel *m* 2 (*ein*) Ordensband *n* (*Eulenfalter*); **~wood** → undergrowth; **~work** A VT zu wenig Arbeit verwenden auf (*akk*) B VI zu wenig arbeiten; **~world** S 1 Unterwelt *f*, Verbrecherwelt *f*: **~ connections** Beziehungen zur Unterwelt; **~ slang** Gauner-, Ganovensprache 2 **the** ≗ *bes Antike:* MYTH das Reich der Toten, der Hades

under|write *irr* A VT 1 *etwas* darunterschreiben, -setzen 2 *fig etwas* unterschreiben, s-e Zustimmung geben zu 3 WIRTSCH a *e-e Effektenemission* (durch Übernahme der nicht verkauften Papiere) garantieren b bürgen *od* garantieren für 4 WIRTSCH a *e-e Versicherungspolice* unterzeichnen, *e-e Versicherung* übernehmen b *etwas* versichern c die Haftung übernehmen für B VI WIRTSCH Versicherungsgeschäfte machen; **~writer** S WIRTSCH 1 Versicherer *m*, Versicherin *f* 2 Mitglied *n* e-s Emissionskonsortiums 3 *bes US umg* Versicherungsagent(in); **~writing** WIRTSCH A S 1 (See-)Versicherung(sgeschäft) *f(n)* 2 Emissionsgarantie *f* B ADJ **~ syndicate** Emissionskonsortium *n*

undescribable ADJ (ADV undescribably) unbeschreiblich

undeserved ADJ unverdient: **their lead is certainly not ~**; **undeservedly** [-ıdlı] ADV unverdientermaßen; **undeserving** ADJ (ADV ~ly) unwert, unwürdig (*beide:* **of** *gen*): **be ~ of** *a.* kein *Mitgefühl etc* verdienen

undesigned ADJ unbeabsichtigt, unabsichtlich; **undesignedly** [-ıdlı] ADV → undesigned; **undesigning** ADJ (ADV ~ly) ehrlich, aufrichtig

undesirability S Unerwünschtheit *f*; **undesirable** A ADJ (ADV undesirably) 1 nicht wünschenswert 2 unerwünscht, unwillkommen: → alien B 1 B S unerwünschte Person; **undesired** → undesirable A 2; **undesirous** ADJ nicht begierig (**of** nach): **be ~ of sth** *a.* etwas nicht wünschen *od* nicht (haben) wollen

undetachable ADJ nicht (ab)trennbar *od* abnehmbar

undetected ADJ unentdeckt

undetermined ADJ 1 (noch) nicht entschieden, unentschieden, offen (*Frage etc*) 2 unbestimmt, vage 3 unentschlossen, unschlüssig

undeterred ADJ nicht abgeschreckt, unbeeindruckt (*beide:* **by** von)

undeveloped ADJ 1 unentwickelt 2 unerschlossen (*Gelände*)

undeviating ADJ (ADV ~ly) 1 nicht abweichend 2 unentwegt, unbeirrbar

undies ['ʌndız] SPL *umg* (Damen-)Unterwäsche *f*

undifferentiated ADJ undifferenziert

undigested ADJ unverdaut (*a. fig*)

undignified ADJ unwürdig, würdelos

undiluted ADJ unverdünnt, unverwässert (*a. fig*)

undiminished ADJ unvermindert

undine ['ʌndi:n; ʌn'di:n] S Undine *f*, Wassernixe *f*

undiplomatic ADJ (ADV ~ally) undiplomatisch, unklug, taktisch ungeschickt

undirected ADJ 1 ungeleitet, führungslos, ungelenkt 2 unadressiert 3 MATH, PHYS ungerichtet

undiscerned ADJ unbemerkt; **undiscerning** ADJ (ADV ~ly) urteilslos, unkritisch

undischarged ADJ 1 unbezahlt, unbeglichen 2 WIRTSCH (noch) nicht entlastet (*Schuldner etc*) 3 nicht abgeschossen (*Gewehr etc*) 4 nicht entladen (*Schiff etc*)

undisciplined ADJ 1 undiszipliniert 2 ungeschult

undisclosed ADJ ungenannt, geheim gehalten, nicht bekannt gegeben

undiscouraged ADJ nicht entmutigt

undiscoverable ADJ (ADV undiscoverably) unauffindbar, nicht zu entdecken(d); **undiscovered** ADJ 1 unentdeckt 2 unbemerkt

undiscriminating ADJ (ADV ~ly) 1 keinen Unterschied machend, unterschiedslos 2 urteilslos, unkritisch

undiscussed ADJ unerörtert

undisguised ADJ 1 unverkleidet, unmaskiert 2 *fig* unverhüllt, unverhohlen; **undisguisedly** [-ıdlı] ADV unverkleidet, unmaskiert; unverhüllt, unverhohlen

undismayed ADJ unerschrocken, unverzagt

undisposed ADJ nicht (dazu) aufgelegt, nicht bereit (*beide:* **to do** zu tun)

undisputed ADJ (ADV ~ly) unbestritten

undissolved ADJ unaufgelöst (*a. fig*)

undistinguishable ADJ (ADV undistinguishably) 1 nicht erkennbar *od* wahrnehmbar 2 nicht unterscheidbar, nicht zu unterscheiden(d) (*beide:* **from** von); **undistinguished** ADJ 1 sich nicht unterscheidend (**from** von) 2 durchschnittlich, normal 3 → undistinguishable

undistracted ADJ nicht abgelenkt (**from** von)

undisturbed ADJ 1 ungestört 2 unberührt, gelassen; **undisturbedly** [-ıdlı] ADV ungestört; unberührt, gelassen

undivided ADJ 1 ungeteilt (*a. fig*): **~ attention** 2 ununterbrochen 3 alleinig (*Verantwortung etc*) 4 WIRTSCH nicht verteilt (*Gewinne*)

undivorced ADJ nicht geschieden

undivulged → undisclosed

undo VT *irr* 1 *fig* a rückgängig *od* ungeschehen machen b COMPUT *e-n Befehl etc* rückgängig machen 2 *fig j-n* ruinieren, zugrunde richten, vernichten 3 *fig j-s Hoffnungen etc* zunichtemachen 4 a *s-n Kragen, ein Päckchen etc* aufmachen, öffnen b *sein Kleid etc* aufknöpfen c losbinden 5 *umg j-m* den Reißverschluss *etc* aufmachen 6 *e-n Saum etc* auftrennen

undock A VT 1 SCHIFF *ein Schiff* entdocken 2 *Raumfahrt: e-e Mondlandefähre etc* abkoppeln, abkuppeln (*beide:* **from** von) B VI 1 SCHIFF aus dem Dock fahren 2 *Raumfahrt:* sich abkoppeln *od* abkuppeln (**from** von); **undoing** S 1 (*das*) Aufmachen (*etc*, → undo 4, 5, 6) 2 *fig* Rückgängigmachen *n* 3 *fig* Zugrunderichten *n* 4 *fig* Unglück *n*, Verderben *n*, Ruin *m*: **that was his ~** *a.* das hat ihm das Genick gebrochen

undomesticated ADJ 1 unhäuslich 2 ungezähmt, wild

undone ADJ 1 ungetan, unerledigt: **leave sth ~** etwas ungetan *od* unausgeführt lassen; **leave nothing ~** nichts unversucht lassen, alles (nur Mögliche) tun 2 zugrunde gerichtet, ruiniert 3 offen, auf (*Knopf etc*): **come ~** aufgehen

undoubted ADJ unbezweifelt, unzweifelhaft, unbestritten; **undoubtedly** ADV frag-, zweifellos, ohne (jeden) Zweifel; **undoubting** ADJ (ADV ~ly) nicht zweifelnd, zuversichtlich

undrape VT 1 die Drapierung entfernen von (*od gen*) 2 enthüllen

undreamed, *a.* **undreamt** ADJ *oft* **~-of** nie erträumt, ungeahnt, unerhört

undress A VT 1 entkleiden, ausziehen 2 den Verband abnehmen von (*od gen*) B VI sich entkleiden *od* ausziehen, (*beim Arzt*) sich frei machen C S 1 Alltagskleidung *f* 2 a Freizeitkleidung *f* b MIL Ausgehuniform *f* 3 **in a state of ~** a halb bekleidet b unbekleidet; **undressed** ADJ 1 unbekleidet: **get ~** → undress B 2 GASTR a ungarniert b unzubereitet 3 TECH a ungegerbt (*Leder*) b unbehauen (*Holz, Stein*) 4 MED unverbunden (*Wunde etc*)

undried ADJ ungetrocknet

undrinkable ADJ nicht trinkbar, ungenießbar

UNDRO ABK United Nations Disaster Relief Organization Katastrophenhilfsorganisation *f* der Vereinten Nationen

undue ADJ (ADV unduly) 1 WIRTSCH (noch) nicht fällig (*Schuld etc*) 2 unangemessen, unpassend, unangebracht, ungehörig, ungebührlich (*Verhalten etc*) 3 unnötig, übertrieben, übermäßig: **~ hardship** JUR unbillige Härte; **~ haste** übertriebene Eile; **he was not unduly worried** er war nicht übermäßig *od* allzu beunruhigt 4 *bes* JUR unzulässig: → influence A 1

undulant ['ʌndjʊlənt; *US* -dʒə-] ADJ 1 wallend, wogend 2 wellig; **~ fever** S MED Maltafieber *n*

undulate ['ʌndjʊleıt; *US* -dʒə-] A VI 1 wogen, wallen, sich wellenförmig (fort)bewegen 2 wellenförmig verlaufen B VT 1 in wellenförmige Bewegung versetzen, wogen lassen 2 wellen C ADJ [*a.* -lıt] → undulated; **undulated** ADJ wellenförmig, gewellt, wellig, Wellen…: **~ line** Wellenlinie *f*; **undulating** ADJ (ADV ~ly) 1 → undulated 2 wallend, wogend; **undulation** S 1 wellenförmige Bewegung, Wallen *n*, Wogen *n* 2 GEOL Welligkeit *f* 3 PHYS Wellenbewegung *f*, -linie *f* 4 PHYS Schwingung(sbewegung) *f* 5 MATH Undulation *f* (*e-r Kurve etc*); **undulatory** [-lətrı; *US* -lə,təuri:; -,tɔ:-] ADJ wellenförmig, Wellen…: **~ current** ELEK Wellenstrom *m*; **~ theory** PHYS Undulationstheorie *f* (*des Lichts*)

undutiful ADJ (ADV ~ly) 1 pflichtvergessen 2 ungehorsam 3 unehrerbietig

undying ADJ (ADV ~ly) unsterblich, unver-

gänglich, ewig (*Liebe, Ruhm etc*): **with ~ hatred** mit nicht nachlassendem Hass
unearned ADJ nicht erarbeitet, unverdient: **~ income** WIRTSCH Einkommen *n* aus Vermögen, Kapitaleinkommen *n*; **~ increment** Wertzuwachs *m* von Grundbesitz
unearth V/T **1** *ein Tier* aus der Höhle treiben **2** ausgraben (*a. fig*) **3** *fig* ans (Tages)Licht bringen, aufstöbern, ausfindig machen
unearthly ADJ **1** überirdisch **2** unirdisch, übernatürlich **3** schauerlich, unheimlich **4** *umg* unmöglich (*Zeit*): **at an ~ hour** zu e-r unchristlichen Zeit
uneasiness S **1** (*körperliches u. geistiges*) Unbehagen, unbehagliches Gefühl **2** (innere) Unruhe **3** Unbehaglichkeit *f* (*e-s Gefühls etc*) **4** Unsicherheit *f*; **uneasy** ADJ (ADV uneasily) **1** unruhig, beklommen, unbehaglich, besorgt, ängstlich, nervös: **feel ~ about** beunruhigt sein über (*akk*); **an ~ feeling** ein unbehagliches *od* unberuhigendes Gefühl; **he is ~ about** ihm ist nicht ganz wohl bei **2** unruhig (*Schlaf*, (*a. Nacht etc*) ruhelos
uneatable ADJ ungenießbar, nicht essbar
uneconomic ADJ (ADV ~ally) unwirtschaftlich; **uneconomical** ADJ (ADV ~ly) nicht sparsam, verschwenderisch
unedifying ADJ (ADV ~ly) wenig erbaulich, unerquicklich
uneducated ADJ ungebildet
UNEF ABK United Nations Emergency Force Eingreiftruppe *f* der Vereinten Nationen für Notfälle
unembarrassed ADJ **1** nicht verlegen, ungeniert **2** unbehindert **3** frei von (Geld)Sorgen
unemotional ADJ (ADV ~ly) **1** emotionsfrei, -los **2** teilnahmslos, passiv, kühl **3** gelassen
unemployable ADJ **1** nicht verwendbar *od* verwendungsfähig, unbrauchbar **2** arbeitsunfähig; **unemployed** **A** ADJ **1** arbeits-, erwerbs-, stellungslos **2** ungenützt, brachliegend: **~ capital** WIRTSCH totes Kapital **B** S **the ~** *koll* die Arbeitslosen *pl*
unemployment S **1** Arbeits-, Erwerbslosigkeit *f* **2** *umg* Arbeitslosengeld *n*; **~ benefit** S WIRTSCH *Br*, **~ comp** S WIRTSCH *US umg*, **~ compensation** S WIRTSCH *US* Arbeitslosengeld *n*; **~ insurance** S WIRTSCH Arbeitslosenversicherung *f*; **~ rate** S WIRTSCH Arbeitslosenquote *f*
unencumbered ADJ **1** JUR unbelastet (*Grundbesitz*) **2** (**by**) unbehindert (durch), frei (von): **~ by any restrictions** ohne irgendwelche Behinderungen
unending ADJ (ADV ~ly) endlos, nicht enden wollend, unaufhörlich, ewig
unendowed ADJ nicht ausgestattet (**with** mit)
unendurable ADJ (ADV unendurably) unerträglich
unenforceable ADJ nicht erzwingbar, JUR *a.* nicht vollstreckbar *od* durchführbar
unengaged ADJ frei: **a** nicht gebunden, nicht verpflichtet **b** nicht verlobt **c** unbeschäftigt
un-English ADJ unenglisch
unenlightened ADJ *fig* unaufgeklärt (**on** über *akk*), rückständig
unenterprising ADJ (ADV ~ly) nicht *od* wenig unternehmungslustig, ohne Unternehmungsgeist
unenthusiastic ADJ (ADV ~ally) lustlos: **he was ~ about** (*od* **over**) **it** er war davon nicht *od* wenig begeistert
unenviable ADJ (ADV unenviably) nicht zu beneiden(d), wenig beneidenswert
unequal ADJ (ADV ~ly) **1** ungleich, unterschiedlich: **an ~ fight** ein ungleicher Kampf; **~ opportunities** Chancenungleichheit *f* **2** nicht gewachsen (**to** *dat*): **he is ~ to the task** **3** ungleichförmig; **unequal(l)ed** ADJ **1** unerreicht, unübertroffen (*beide:* **by** von; **for** in *od* an *dat*): **she's ~ for beauty** sie ist an Schönheit nicht zu übertreffen **2** beispiellos, (*nachgestellt*) ohnegleichen
unequivocal ADJ (ADV ~ly) unzweideutig, unmissverständlich, eindeutig
unerring ADJ (ADV ~ly) unfehlbar, untrüglich
unescapable ADJ (ADV unescapably) unentrinnbar
UNESCO ABK United Nations Educational, Scientific, and Cultural Organization UNESCO *f*, Organisation *f* der Vereinten Nationen für Bildung, Wissenschaft u. Kultur
unessential **A** ADJ (ADV ~ly) unwesentlich, unwichtig, entbehrlich **B** S (*etwas*) Unwesentliches, Nebensache *f*
uneven ADJ (ADV ~ly) **1** uneben (*Boden etc*) **2** ungerade (*Zahl*): **~ page** Buchseite *f* mit ungerader Zahl **3** ungleich (-mäßig, -artig): **~ bars** (*Turnen*) Stufenbarren *m* **4** *fig* unausgeglichen: **he has an ~ temper** er ist unausgeglichen *od* Stimmungen unterworfen; **an ~ fight** ein ungleicher Kampf; **unevenness** S **1** Unebenheit *f* **2** Ungleichheit *f* **3** *fig* Unausgeglichenheit *f*
uneventful ADJ (ADV ~ly) ereignislos, ruhig, *a.* ohne Zwischenfälle (verlaufend)
unexacting ADJ (ADV ~ly) **1** anspruchslos, keine hohen Anforderungen stellend **2** leicht, nicht anstrengend
unexampled ADJ beispiellos, unvergleichlich, (*nachgestellt*) ohnegleichen
unexcelled ADJ unübertroffen
unexceptionable ADJ (ADV unexceptionably) **1** einwandfrei, untadelig **2** unbestreitbar
unexceptional ADJ (ADV ~ly) **1** nicht außergewöhnlich **2** keine Ausnahme(n) zulassend **3** ausnahmslos **4** → unexceptionable
unexhausted ADJ **1** nicht erschöpft (*a. fig*) **2** nicht aufgebraucht
unexpected ADJ (ADV ~ly) **1** unerwartet, unvorhergesehen **2** *umg* unvermutet
unexpired ADJ (noch) nicht abgelaufen *od* verfallen, noch in Kraft
unexplainable ADJ unerklärbar, unerklärlich; **unexplainably** ADV unerklärlich(erweise); **unexplained** ADJ unerklärt: **in ~ circumstances** unter ungeklärten Umständen; **unexplainedly** [-ɪdlɪ] ADV unerklärt; ungeklärt
unexplored ADJ unerforscht
unexpressed ADJ unausgesprochen
unexpurgated ADJ nicht (von anstößigen Stellen) gereinigt, ungekürzt
unfading ADJ (ADV ~ly) **1** unverwelkend (*a. fig*) **2** *fig* unvergänglich **3** nicht verblassend (*Farbe etc*)
unfailing ADJ (ADV ~ly) **1** unfehlbar, nie versagend **2** unerschöpflich, unversiegbar (*Vorrat etc*)
unfair ADJ unfair: **a** ungerecht, unbillig **b** unehrlich, *bes* WIRTSCH unlauter **c** nicht anständig **d** unsportlich (*alle:* **to** gegenüber): **~ advantage** unrechtmäßig erlangter Vorteil; **~ dismissal** WIRTSCH sozialwidrige Kündigung; **~ means** unlautere Mittel; → competition 2 a; **unfairly** ADV **1** unfair, unbillig(erweise *etc*) **2** zu Unrecht: **not ~** nicht zu Unrecht **3** übermäßig; **unfairness** S Unfairness *f*: **a** Ungerechtigkeit *f* **b** Unehrlichkeit *f*, *bes* WIRTSCH Unlauterkeit *f* **c** Unsportlichkeit *f*
unfaithful ADJ (ADV ~ly) **1** un(ge)treu, treulos: **he was ~ to his wife** er war s-r Frau untreu **2** unehrlich, unaufrichtig **3** nicht wortgetreu, ungenau (*Übersetzung etc*); **unfaithfulness** S Untreue *f*, Treulosigkeit *f*
unfaltering ADJ (ADV ~ly) **1** nicht schwankend, sicher (*Schritt*) **2** *fig* fest (*Blick, Stimme*) **3** *fig* unbeugsam, entschlossen
unfamiliar ADJ (ADV ~ly) **1** unbekannt, nicht vertraut (*beide:* **to** *dat*) **2** nicht vertraut (**with** mit) **3** ungewohnt, fremd (*beide:* **to** *dat od* für); **unfamiliarity** S **1** Unbekanntheit *f* **2** Fremdheit *f*
unfashionable ADJ (ADV unfashionably) **1** unmodern, altmodisch **2** unelegant
unfasten **A** V/T losbinden, lösen, aufmachen, öffnen **B** V/I sich lösen, aufgehen: **~ed** unbefestigt, lose
unfathered ADJ **1** **a** vaterlos **b** unehelich, illegitim **2** unbekannten *od* unsicheren Ursprungs (*Gerüchte etc*)
unfathomable ADJ (ADV unfathomably) **1** unergründlich (*a. fig*): **an ~ mystery** **2** unermesslich, weit **3** *fig* unbegreiflich; **unfathomed** ADJ unergründet
unfavo(u)rable ADJ (ADV unfavo[u]rably) **1** ungünstig, unvorteilhaft (*beide:* **for, to** für) **2** widrig (*Umstände, Wetter etc*) **3** unvorteilhaft (*Aussehen*) **4** WIRTSCH passiv (*Handelsbilanz etc*); **unfavo(u)rableness** S Unvorteilhaftigkeit *f*
unfeasible ADJ (ADV unfeasibly) unausführbar
unfed ADJ ungefüttert, ohne Nahrung
unfeeling ADJ (ADV ~ly) **1** unempfindlich **2** gefühllos; **unfeelingness** S **1** Unempfindlichkeit *f* **2** Gefühllosigkeit *f*
unfeigned ADJ **1** ungeheuchelt **2** wahr, echt, aufrichtig
unfeminine ADJ unweiblich
unfertile ADJ unfruchtbar (*a. fig*)
unfetter V/T **1** *j-m* die Fußfesseln lösen **2** *fig* befreien (**from** von); **unfettered** ADJ *fig* ungehindert: **~ by** frei von
unfilial ADJ (ADV ~ly) lieb-, respektlos, pflichtvergessen (*Kind*)
unfilled ADJ **1** leer **2** *fig* frei, offen, unbesetzt (*Stelle etc*) **3** **~ orders** WIRTSCH nicht ausgeführte Bestellungen *pl*, Auftragsbestand *m*
unfinished ADJ **1** unfertig (*a. fig Stil etc*) **2** **a** TECH unbearbeitet **b** *Weberei:* ungeschoren **3** unvollendet (*Buch etc*) **4** unerledigt: **~ business** *bes* PARL unerledigte Punkte *pl* (*der Geschäftsordnung*)
unfit **A** ADJ (ADV ~ly) **1** unpassend, ungeeignet **2** ungeeignet, unfähig, untauglich: **~ for service** *bes* MIL dienstunfähig, (dienst)untauglich; **~ for transport** transportunfähig; **~ for work** arbeitsunfähig; **~ to continue** (*Boxen*) kampfunfähig; **~ to eat** ungenießbar; → consumption 5 **3** SPORT nicht fit, nicht in (guter) Form **B** V/T ungeeignet *etc* machen (**for** für); **unfitness** S Untauglichkeit *f*; **unfitted** ADJ nicht (gut) ausgerüstet (**with** mit); **unfitting** ADJ (ADV ~ly) **1** ungeeignet, unpassend **2** unangebracht, unschicklich
unfix V/T **1** losmachen, lösen **2** *fig* unsicher machen, ins Wanken bringen; **unfixed** ADJ **1** unbefestigt, lose **2** *fig* schwankend
unflagging ADJ (ADV ~ly) unermüdlich, unentwegt
unflappable ADJ *umg* unerschütterlich: **be ~** nicht aus der Ruhe zu bringen sein, die Ruhe weghaben, die Ruhe selbst sein
unflattering ADJ (ADV ~ly) wenig schmeichelhaft
unfledged ADJ **1** ungefiedert, (noch) nicht flügge **2** *fig* unreif, unfertig

unflinching ADJ (ADV ~ly) 1 unerschrocken, unerschütterlich 2 entschlossen, unnachgiebig

unflyable ADJ FLUG 1 fluguntüchtig *(Flugzeug etc)* 2 zum Fliegen ungeeignet: **~ weather** kein Flugwetter

unfold A V/T 1 auf-, entfalten, ausbreiten, öffnen 2 *fig* enthüllen, darlegen, offenbaren 3 *fig e-e Geschichte etc* entwickeln B V/I 1 sich entfalten, sich öffnen 2 *fig* sich entwickeln

unforced ADJ 1 ungezwungen *(a. fig natürlich)* 2 **~ error** *(Tennis)* unerzwungener *od* leichter *od* vermeidbarer Fehler

unforeseeable ADJ (ADV unforeseeably) unvorhersehbar, nicht absehbar; **unforeseen** ADJ unvorhergesehen, unerwartet

unforgettable ADJ (ADV unforgettably) unvergesslich

unforgivable ADJ (ADV unforgivably) unverzeihlich; **unforgiven** ADJ unverziehen; **unforgiving** ADJ (ADV ~ly) unversöhnlich, nachtragend

unforgotten ADJ unvergessen

unformed ADJ 1 ungeformt, formlos 2 unfertig, unentwickelt

unfortified ADJ 1 MIL unbefestigt 2 TECH nicht verstärkt 3 nicht angereichert *(Nahrungsmittel)*

unfortunate A ADJ 1 unglücklich, Unglücks…, verhängnisvoll, unglückselig 2 glücklos 3 bedauerlich B S Unglückliche(r) *m/f(m)*; **unfortunately** ADV unglücklicher-, bedauerlicherweise, leider

unfounded ADJ (ADV ~ly) unbegründet, grundlos: **be entirely ~** jeder Grundlage entbehren, völlig aus der Luft gegriffen sein

unframed ADJ ungerahmt

unfree ADJ (ADV ~ly) unfrei

unfreeze *irr* A V/T 1 auftauen 2 WIRTSCH *Preise etc* freigeben: **~ prices** *a.* den Preisstopp aufheben 3 *Gelder* zur Auszahlung freigeben B V/I auftauen

unfrequent ADJ (ADV ~ly) nicht häufig, selten

unfrequented ADJ 1 nicht *od* wenig besucht 2 einsam, verlassen

unfriended ADJ freundlos, ohne Freund(e)

unfriendliness S Unfreundlichkeit *f*; **unfriendly** ADJ 1 unfreundlich *(a. fig Zimmer etc)*: **be ~ to sb** unfreundlich zu j-m sein 2 ungünstig (**for, to** für)

unfrock V/T REL *j-m* das geistliche Amt entziehen

unfruitful ADJ (ADV ~ly) 1 unfruchtbar 2 *fig* frucht-, ergebnislos; **unfruitfulness** S 1 Unfruchtbarkeit *f* 2 *fig* Fruchtlosigkeit *f*

unfunded ADJ WIRTSCH unfundiert, nicht fundiert *(Schuld)*

unfurl A V/T *e-e Fahne etc* auf-, entrollen, SCHIFF *die Segel* losmachen B V/I sich aufrollen

unfurnished ADJ 1 nicht ausgerüstet *od* versehen (**with** mit) 2 unmöbliert: **~ room** *a.* Leerzimmer *n*

ungainliness S Unbeholfenheit *f*; **ungainly** ADJ unbeholfen, ungelenk

ungallant ADJ (ADV ~ly) 1 ungalant (**to** zu, gegenüber) 2 nicht tapfer, feige

ungarbled ADJ unverfälscht *(Text)*

ungear V/T 1 TECH auskoppeln, -kuppeln 2 *Zugtiere* aus-, abschirren

ungenerous ADJ (ADV ~ly) 1 nicht freigebig, knaus(e)rig 2 kleinlich

ungenial ADJ (ADV ~ly) unfreundlich *(a. fig Klima etc)*

ungentle ADJ (ADV ungently) 1 unfreundlich 2 unsanft, unzart 3 *obs* unedel, unvornehm

ungentlemanlike → ungentlemanly; **ungentlemanliness** S 1 unfeines *od* unvornehmes Wesen 2 ungebildetes *od* unfeines Benehmen; **ungentlemanly** ADJ e-s Gentleman unwürdig, unvornehm, unfein

un-get-at-able → un-come-at-able

ungifted ADJ unbegabt

ungilded, *a.* **ungilt** ADJ nicht vergoldet

ungird V/T losgürten

unglazed ADJ 1 unverglast *(Fenster)* 2 unglasiert *(Krug etc)*

ungloved ADJ ohne Handschuh(e)

unglued ADJ: **come ~** *US umg* a sich aufregen b scheitern *(Verhandlungen etc)*

ungodliness S Gottlosigkeit *f*; **ungodly** ADJ 1 gottlos *(a. weitS. ruchlos)* 2 *umg* fürchterlich: **an ~ mess** *a.* ein heilloses Durcheinander; **at an ~ hour** zu e-r unchristlichen Zeit

ungovernable ADJ (ADV ungovernably) 1 POL unregierbar 2 unfügsam 3 zügellos, unbändig, wild; **ungoverned** ADJ unbeherrscht, ungezügelt, zügellos *(Temperament etc)*

ungraceful ADJ (ADV ~ly) 1 ohne Anmut, ungraziös 2 unbeholfen, ungelenk

ungracious ADJ (ADV ~ly) 1 ungnädig 2 *poet* unfreundlich 3 unangenehm 4 *obs für* ungraceful

ungrammatical ADJ (ADV ~ly) LING ungrammatisch, grammatisch falsch

ungrateful ADJ (ADV ~ly) 1 undankbar (**to** gegen) 2 *fig* unangenehm, undankbar *(Aufgabe etc)*; **ungratefulness** S Undank(barkeit) *m(f)*

ungratified ADJ unbefriedigt

ungrounded ADJ 1 unbegründet 2 a ungeschult b ohne sichere Grundlage(n) *(Wissen)* 3 ELEK *US* nicht geerdet

ungrudging ADJ (ADV ~ly) 1 bereitwillig 2 neidlos, großzügig: **be ~ in praise** neidlos Lob spenden

ungual [ˈʌŋgwəl] ADJ ANAT Nagel…, ZOOL *a.* Klauen…, Huf…

unguarded ADJ 1 unbewacht *(a. fig Moment etc)*, ungeschützt 2 *fig* unvorsichtig, unbedacht *(Antwort etc)*

unguent [ˈʌŋgwənt] S MED, PHARM Salbe *f*

unguided ADJ 1 ungeleitet, führer-, führungslos 2 MIL, TECH nicht (fern-)gesteuert *od* (-)gelenkt *(Geschoss)*

ungulate [ˈʌŋgjʊleɪt; -lət] ZOOL A ADJ 1 huf-förmig 2 mit Hufen, Huf… 3 Huftier… B S Ungulat *m*, Huftier *n*

unhair V/T enthaaren

unhallowed ADJ 1 nicht geheiligt, ungeweiht 2 unheilig, profan 3 a böse, schlecht b sündig

unhampered ADJ ungehindert

unhand V/T *obs od poet* loslassen

unhandiness S 1 Unhandlichkeit *f* 2 Unbeholfenheit *f*, Ungeschicktheit *f*

unhandsome ADJ (ADV ~ly) 1 hässlich *(bes Mann)* 2 mick(e)rig *umg (Summe etc)*

unhandy ADJ (ADV unhandily) 1 unhandlich, schwer zu handhaben(d) 2 unbeholfen, ungeschickt *(Person)*

unhang V/T *irr ein Bild etc* ab-, herunternehmen

unhappily ADV 1 → unhappy: **~ married** unglücklich verheiratet 2 unglücklicherweise; **unhappiness** S Unglück(seligkeit) *n(f)*; **unhappy** ADJ unglücklich: a traurig, niedergeschlagen *(beide:* **about, at** über *akk)* b unheilvoll *(Tag etc)* c unpassend *(Bemerkung etc)*: **~ contrast** bedauerlicher Gegensatz d unzufrieden (**with** mit)

unharmed ADJ unversehrt, heil

unharmonious ADJ (ADV ~ly) MUS unharmonisch *(a. fig)*

unharness V/T *Pferde etc* a ausspannen b abschirren

unhealthiness S Ungesundheit *f*; **unhealthy** ADJ (ADV unhealthily) 1 *allg* ungesund: a kränklich *(a. Aussehen etc)* b gesundheitsschädlich *(Klima, Nahrungsmittel etc)* c *umg* gefährlich (**for** für; **to do** zu tun) 2 schädlich, verderblich *(Einfluss etc)* 3 unnatürlich, krankhaft *(Neugier etc)*

unheard ADJ 1 ungehört 2 JUR ohne rechtliches Gehör 3 **go ~** unbeachtet bleiben, keine Beachtung finden

unheard-of ADJ unerhört, noch nie da gewesen, beispiellos

unheeded ADJ (ADV ~ly) unbeachtet: **go ~** unbeachtet bleiben, keine Beachtung finden; **unheedful** ADJ (ADV ~ly) unachtsam, sorglos: **be ~ of** nicht achten auf *(akk)*; **unheeding** → unheedful

unhelped ADJ ohne Hilfe *od* Unterstützung (**by** von); **unhelpful** ADJ (ADV ~ly) 1 nicht hilfreich, ungefällig 2 (**to**) nutzlos (für), nicht *od* wenig dienlich *(dat)*

unheralded ADJ 1 unangekündigt 2 unerwartet

unheroic ADJ (ADV ~ally) unheroisch

unhesitating ADJ (ADV ~ly) 1 unverzüglich, *adv a.* ohne Zaudern *od* Zögern 2 bereitwillig, *adv a.* anstandslos, ohne weiteres 3 unerschütterlich, standhaft

unhewn ADJ unbehauen

unhindered ADJ ungehindert

unhinge V/T 1 *e-e Tür etc* aus den Angeln heben 2 die Angeln entfernen von 3 losmachen (**from** von) 4 *fig* a *j-s Pläne etc* durcheinanderbringen b *j-s Nerven, Geist* zerrütten

unhitch A V/T 1 losmachen: **get ~ed** *US umg* geschieden werden 2 TECH abkoppeln, abkuppeln B V/I TECH sich abkoppeln *od* abkuppeln

unholiness S 1 Unheiligkeit *f* 2 Ruchlosigkeit *f*; **unholy** ADJ 1 unheilig: **~ alliance** unheilige Allianz 2 ungeheiligt, nicht geweiht 3 gottlos, ruchlos 4 → ungodly 2

unhono(u)red ADJ 1 nicht geehrt, unverehrt 2 WIRTSCH nicht honoriert *(Wechsel etc)*

unhook V/T los-, aufhaken

unhoped-for ADJ unverhofft, unerwartet

unhorse V/T 1 aus dem Sattel werfen 2 *fig* aus dem Sattel heben

unhouse [-z] V/T 1 aus dem Haus treiben 2 obdachlos machen; **unhoused** ADJ obdachlos

unhurried ADJ (ADV ~ly) gemächlich: **life here is ~** das Leben verläuft hier gemächlich

unhurt ADJ 1 unverletzt 2 unbeschädigt

unhusk V/T enthülsen, schälen

uni- [juːnɪ] *Wortelement mit der Bedeutung* uni…, ein…, einzig

uni [ˈjuːnɪ] S *umg* Uni *f (Universität)*

uniaxial ADJ (ADV ~ly) MATH, MINER, TECH einachsig, BOT *a.* haplokaulisch

unicameral [-ˈkæmərəl] ADJ POL Einkammer…: **~ system** → unicameralism; **unicameralism** S Einkammersystem *n*

UNICEF ABK United Nations Children's Fund, *früher:* United Nations International Children's Emergency Fund UNICEF *f*, Kinderhilfswerk *n* der Vereinten Nationen

unicellular ADJ BIOL einzellig: **~ animal**, **~ plant** Einzeller *m*

unicolo(u)r(ed) ADJ einfarbig, uni

unicorn [ˈjuːnɪkɔː(r)n] S MYTH Einhorn *n*; **~ plant** S BOT *(ein)* Gämshorngewächs *n*

unicycle S *Akrobatik etc:* Einrad *n*; **unicyclist** S Einradfahrer(in)

unidentified ADJ unidentifiziert: **~ flying object** unbekanntes Flugobjekt

unidimensional ADJ (ADV ~ly) eindimensional

unidiomatic ADJ (ADV ~ally) LING unidioma-

U

tisch
unidirectional ADJ (ADV ~ly) in einer Richtung verlaufend, (IT *a.*) unidirektional (*Datenübertragungsleitung*)
UNIDO ABK United Nations Industrial Development Organization Organisation *f* der Vereinten Nationen für Industrielle Entwicklung
unification [ˌjuːnɪfɪˈkeɪʃn] S 1 Vereinigung *f*: **~ bout** (*od* **fight**) (*Boxen*) Vereinigungskampf *m*; **♀ Church** Vereinigungskirche *f* 2 Vereinheitlichung *f*; **unified** [-faɪd] ADJ 1 vereinheitlicht, einheitlich: **~ field theory** MATH, PHYS einheitliche Feldtheorie 2 WIRTSCH konsolidiert (*Schuld*); **unifier** S 1 Einiger(in) 2 (*das*) Vereinigende
unifilar [ˌjuːnɪˈfaɪlə(r)] ADJ PHYS, TECH unifilar, einfädig
uniform [ˈjuːnɪfɔː(r)m] A ADJ (ADV ~ly) 1 uniform, gleich(förmig) 2 gleichbleibend, konstant (*Temperatur etc*) 3 uniform, einheitlich, übereinstimmend, gleich, Einheits…: **~ price** 4 einförmig, eintönig 5 MATH von nur einem Wert (*Funktion*) B S Uniform *f*, Dienstkleidung *f*, (*Schwestern- etc*) Tracht *f*: **in ~** in Uniform; **be in ~** a Uniform tragen b *weitS.* beim Militär sein C VT 1 uniformieren, gleichförmig *etc* machen 2 MIL *etc j-n* uniformieren: **~ed** uniformiert, in Uniform; **uniformity** S 1 Uniformität *f*, Gleichförmigkeit *f* 2 Konstanz *f* 3 Einheitlichkeit *f*, Übereinstimmung *f* 4 Einförmigkeit *f*, Eintönigkeit *f*
unify [ˈjuːnɪfaɪ] VT 1 verein(ig)en, zusammenschließen 2 vereinheitlichen: → unified
unilateral ADJ (ADV ~ly) 1 unilateral, einseitig (*Vertrag etc*) 2 unilineal (*in Bezug auf die Abstammungsreihe nur eines Elternteils gesehen*)
unilingual ADJ (ADV ~ly) einsprachig
unilluminated ADJ 1 unerleuchtet (*a. fig*) 2 *fig* unwissend
unillusioned ADJ illusionslos: **be ~ about** sich keinen Illusionen hingeben über (*akk*)
unimaginable ADJ (ADV unimaginably) unvorstellbar; **unimaginative** ADJ (ADV ~ly) einfalls-, fantasielos; **unimagined** ADJ ungeahnt
unimodal ADJ *Statistik*: eingipfelig (*Häufigkeitskurve*)
unimpaired ADJ unvermindert, ungeschmälert, unbeeinträchtigt
unimpassioned ADJ leidenschaftslos, ruhig
unimpeachable ADJ (ADV unimpeachably) 1 JUR unanfechtbar 2 untadelig
unimpeded ADJ ungehindert
unimportance S Unwichtigkeit *f*; **unimportant** ADJ (ADV ~ly) unwichtig, unwesentlich, unbedeutend
unimposing ADJ nicht imponierend *od* imposant, unbeeindruckend
unimpressed ADJ unbeeindruckt (**by, at, with** von)
unimpressible ADJ (**to**) unbeeinflussbar, nicht zu beeindrucken(d) (durch), unempfänglich (für); **unimpressionable** ADJ 1 für Eindrücke unempfänglich 2 → unimpressible
unimpressive ADJ → unimposing
unimproved ADJ 1 unverbessert, nicht vervollkommnet 2 nicht besser geworden 3 *bes US Land*: a unbebaut b unerschlossen c AGR nicht kultiviert *od* melioriert
uninflected ADJ LING unflektiert, flexionslos
uninfluenced ADJ unbeeinflusst (**by** durch, von); **uninfluential** ADJ (ADV ~ly) ohne Einfluss (**on** auf *akk*; **in** in *dat*), nicht einflussreich
uninformed ADJ 1 (**on**) nicht informiert *od* unterrichtet (über *akk*), nicht eingeweiht (in *akk*) 2 ungebildet
uninhabitable ADJ unbewohnbar; **uninhabited** ADJ unbewohnt, leer
uninhibited ADJ (ADV ~ly) ungehemmt
uninitiated ADJ uneingeweiht, nicht eingeführt (**into, in** in *akk*)
uninjured ADJ 1 unverletzt 2 unbeschädigt
uninspiring ADJ (ADV ~ly) wenig begeisternd *od* anregend
uninstall VT COMPUT *ein Programm etc* deinstallieren
uninstructed ADJ (ADV ~ly) 1 nicht unterrichtet, unwissend 2 nicht instruiert, ohne Verhaltensmaßregeln; **uninstructive** ADJ (ADV ~ly) nicht instruktiv *od* lehrreich
uninsured ADJ unversichert
unintelligent ADJ (ADV ~ly) unintelligent
unintelligibility S Unverständlichkeit *f*; **unintelligible** ADJ (ADV unintelligibly) unverständlich (**to** für *od dat*)
unintended, unintentional ADJ (ADV ~ly) unbeabsichtigt, unabsichtlich, ungewollt
uninterested ADJ (ADV ~ly) 1 interesselos, uninteressiert (**in** an *dat*): **be ~ in sth** sich nicht für etwas interessieren 2 gleichgültig, unbeteiligt; **uninteresting** ADJ (ADV ~ly) uninteressant
unintermitting ADJ (ADV ~ly) ununterbrochen, anhaltend
uninterrupted ADJ (ADV ~ly) ununterbrochen: a ungestört (**by** von) b kontinuierlich, fortlaufend, anhaltend: **~ working hours** *pl* durchgehende Arbeitszeit c geschlossen (*Ladenfront etc*)
uninventive ADJ (ADV ~ly) 1 nicht erfinderisch 2 einfallslos
uninvested ADJ WIRTSCH nicht investiert *od* angelegt, tot (*Kapital*)
uninvited ADJ un(ein)geladen; **uninviting** ADJ (ADV ~ly) nicht *od* wenig einladend *od* verlockend *od* anziehend
union [ˈjuːnjən] S 1 *allg* Vereinigung *f*, Verbindung *f* 2 (eheliche) Verbindung, Ehe(bund) *f(m)* 3 Eintracht *f*, Harmonie *f* 4 (Zweck)Verband *m*, Vereinigung *f*, Verein *m*, Bund *m*, (*Währungs- etc*) Union *f* 5 → student union 6 POL Vereinigung *f*, Zusammenschluss *m*: **the ♀** *Br* HIST a *die Vereinigung Englands u. Schottlands (1706)* b *die Vereinigung Großbritanniens u. Irlands (1801)* 7 POL Union *f*, Staatenbund *m* (*bes das Vereinigte Königreich u. die Südafrikanische Union*) 8 **the ♀** POL a *bes US* die USA *pl*, die Vereinigten Staaten *pl* b HIST die Nordstaaten *pl* (*im Sezessionskrieg*) 9 Gewerkschaft *f*: **~ card** Gewerkschaftsausweis *m* 10 *Br* HIST a *Kirchspielverband zur gemeinsamen Armenpflege* b *von e-m Kirchspielverband unterhaltenes Arbeitshaus* 11 TECH (Rohr)Verbindung *f*, Anschlussstück *n* 12 *Weberei*: Mischgewebe *n* 13 SCHIFF Gösch(flagge) *f*: **♀ Flag** → union jack 1
unionism [ˈjuːnjənɪzəm] S 1 unionistische Bestrebungen *pl od* Politik 2 ♀ POL, HIST Unionismus *m* (*unionistische Bestrebungen in Bezug auf die Nordstaaten der USA im Sezessionskrieg od auf die Vereinigung Englands u. Irlands*) 3 Gewerkschaftswesen *n*; **unionist** S 1 ♀ POL, HIST Unionist(in) 2 Gewerkschaftler(in)
Unionist Party S POL *Br* HIST *protestantische nordirische Partei, die für den Zusammenschluss mit Großbritannien eintrat*
unionize [ˈjuːnjənaɪz] VT gewerkschaftlich organisieren
union| jack S 1 **Union Jack** Union Jack *m* (*brit. Nationalflagge*) 2 SCHIFF → union 13; **~ joint** → union 11; **~ shop** S WIRTSCH *Betrieb, der nur Gewerkschaftsmitglieder einstellt od Arbeitnehmer, die bereit sind, innerhalb von meist 30 Tagen der Gewerkschaft beizutreten*
uniparous [juːˈnɪpərəs] ADJ 1 unipar: a MED erst einmal geboren habend b ZOOL nur ein Junges gebärend (*bei e-m Wurf*) 2 BOT nur eine Achse *od* einen Ast treibend
unipolar ADJ 1 ELEK, PHYS einpolig, Einpol…, Unipolar… 2 ANAT monopolar (*Nervenzelle*)
unique [juːˈniːk] A ADJ 1 einzig 2 einmalig, einzigartig: **an almost ~ picture** ein Bild mit Seltenheitswert 3 unerreicht, beispiellos, (*nachgestellt*) ohnegleichen 4 un-, außergewöhnlich 5 *umg* großartig, toll 6 MATH eindeutig B S 1 (*das*) Einmalige 2 Unikat *n* (*nur einmal existierendes Exemplar*); **uniquely** ADV 1 ausschließlich, allein 2 in einzigartiger Weise; **uniqueness** S 1 Einzigartig-, Einmaligkeit *f* 2 MATH Eindeutigkeit *f*: **~ theorem** Eindeutigkeitssatz *m*
unisex A S Unisex *m* (*Verwischung der Unterschiede zwischen den Geschlechtern, bes im Erscheinungsbild*) B ADJ Unisex…: **~ clothes**; **~ hairdresser** Damen- u. Herrenfriseur *m*, -friseuse *f*; **unisexual** ADJ (ADV ~ly) eingeschlechtig, BOT, ZOOL *a.* getrennt geschlechtig
unison [ˈjuːnɪzn; -sn] S 1 MUS Ein-, Gleichklang *m*, Unisono *n*: **in ~** unisono, einstimmig (*a. fig*) 2 *fig* Übereinstimmung *f*, Einklang *m*: **be in ~ with** in Einklang stehen mit; **unisonant** [-ˈnɪsənənt], **unisonous** ADJ 1 MUS unisono: a gleich klingend b einstimmig 2 *fig* übereinstimmend
unit [ˈjuːnɪt] S 1 *allg* Einheit *f*, (*bes Möbel*) Element *n*: **~ of account (currency, trade, value)** WIRTSCH (Ver)Rechnungs-(Währungs-, Handels-, Wertungs)einheit; **~ of measure** Maßeinheit; **~ character** BIOL (nach den Mendelschen Gesetzen) vererbte Eigenschaft; **~ cost** WIRTSCH Kosten *pl* pro Einheit; **~ factor** BIOL Erbfaktor *m*; **~ furniture** Anbaumöbel *pl*; **~ price** WIRTSCH Stück-, Einzelpreis *m* 2 a PHYS (Grund)Einheit *f*: **~ of power (time, work)** Leistungs-(Zeit-, Arbeits)einheit b TEL (Gesprächs)Einheit *f* 3 MATH Einer *m*, Einheit *f*: **~ fraction** Stammbruch *m* 4 TECH a (Bau)Einheit *f* b Aggregat *n*, Anlage *f*: **~ construction** Konstruktion *f* nach dem Baukastenprinzip, Baukastenbauweise *f* 5 MIL Einheit *f*, Verband *m*, Truppenteil *m* 6 SCHULE a *bes US* (Schul-, Lehr)Jahr *n* (*in e-m Fach*) b Unit *f*, (Lern)Einheit *f*, Lektion *f* 7 MED Einheit *f*, Dosis *f*, Menge *f* 8 Grundeinheit *f*, Kern *m*, Zelle *f*: **the family as the ~ of society** 9 *US* Gruppe *f* Gleichgesinnter, (feste) Gemeinschaft; **unitage** S (Anzahl *f* von) Einheiten *pl*
Unitarian [ˌjuːnɪˈteərɪən] REL A S Unitarier(in) B ADJ unitarisch; **Unitarianism** S Unitarismus *m* (*Lehre, die die Einheit Gottes betont u. die Dreifaltigkeit ablehnt*)
unitary [ˈjuːnɪtərɪ; *US* -ˌteriː] ADJ 1 zentralistisch, Einheits… 2 einheitlich 3 MATH unitär, Einheits… 4 ELEK, PHYS (Maß)Einheits…
unite¹ [juːˈnaɪt] A VT 1 verbinden (*a.* CHEM, TECH), vereinigen 2 *obs* (ehelich) verbinden, verheiraten 3 *Eigenschaften* in sich vereinigen B VI 1 sich vereinigen 2 CHEM, TECH sich verbinden (**with** mit) 3 sich zusammentun: **~ in doing sth** geschlossen *od* vereint etwas tun 4 sich anschließen (**with** *dat od* an *akk*) 5 *obs* sich verheiraten *od* verbinden
unite² [ˈjuːnaɪt] S HIST *englische Goldmünze unter Jakob I. (20 Schilling)*
united [juːˈnaɪtɪd] ADJ verein(ig)t: **the ~ Germany** das geeinte Deutschland; **♀ Arab Emirates** [ˈemərəts; eˈmɪərəts; *US a.* -reɪts] SPL Vereinigte Arabische Emirate *pl*; **♀ Kingdom** S (*das*) Vereinigte Königreich (*Großbritannien u. Nordirland*); **♀ Nations** SPL

U

POL Vereinte Nationen *pl*; ≗ **States** S SG *od* PL Vereinigte Staaten *pl*

unitive ['juːnɪtɪv; *US a.* jʊ'naɪ-] ADJ (ADV **~ly**) vereinigend

unitize ['juːnɪtaɪz] V/T **1** zu e-r Einheit machen **2** TECH nach dem Baukastenprinzip konstruieren **3** normen, standardisieren

unit| magnetic pole S PHYS magnetischer Einheitspol; **~ rule** S POL US (*bei den Demokraten*) *Regel, wonach die innerhalb e-r Delegation erzielte Mehrheit die als Gesamtheit abgegebene Stimme der Gruppe bestimmt*; **~ trust** S WIRTSCH *Br* Investmentfonds *m*

unity ['juːnətɪ] S **1** Einheit *f*: **the dramatic unities** THEAT die drei Einheiten **2** Einheitlichkeit *f* (*a. e-s Kunstwerks*) **3** Einigkeit *f*, Eintracht *f*: **~ (of sentiment)** Einmütigkeit *f* **4** (*nationale etc*) Einheit **5** JUR Einheit *f*: **~ of possession** einheitlicher Besitz **6** MATH **a** (*die Zahl*) Eins *f* **b** Einselement *n*

univ. ABK **1** universal(ly) **2** university Univ.

univalence, **univalency** S CHEM Monovalenz *f*, Einwertigkeit *f*; **univalent** ADJ **1** CHEM monovalent, einwertig **2** BIOL univalent, einzeln (*Chromosomen*)

univalve ZOOL **A** ADJ einschalig, einklappig **B** S einschalige Muschel

universal [ˌjuːnɪ'vɜːsl; *US* -'vɜrsəl] **A** ADJ (ADV **~ly**) **1** universal, Universal…, global, allumfassend, gesamt: **~ genius** Universalgenie *n*; **~ heir** JUR Universalerbe *m*; **~ knowledge** umfassendes Wissen; **~ remedy** PHARM Universalmittel *n*; **~ succession** JUR Gesamtnachfolge *f*; **the ~ experience of mankind** die ganze *od* gesamte Erfahrung der Menschheit **2** universell, generell, allgemein(gültig) (*Regel etc*): **~ agent** WIRTSCH Generalbevollmächtigte(r) *m/f(m)* **3** allumfassend, allgemein: **~ military service** allgemeine Wehrpflicht; **~ partnership** JUR allgemeine Gütergemeinschaft; **meet with ~ applause** allgemeinen Beifall finden; **the disappointment was ~** die Enttäuschung war allgemein; → suffrage 1 **4** allgemein, überall üblich (*Praktik etc*) **5** überall anzutreffen(d) **6** weltumfassend, Welt…: **~ language** Weltsprache *f*; ≗ **Postal Union** Weltpostverein *m*; **~ time** Weltzeit *f* **7** TECH *etc* Universal…, Mehrzweck…, Allzweck…: **~ chuck** Universalfutter *n*; **~ current** ELEK Allstrom *m*; **~ joint** Wellengelenk *n*; **~ motor** ELEK Universalmotor *m* **B** S **1** (*das*) Allgemeine **2** (*Logik*): allgemeine Aussage **3** PHIL Allgemeinbegriff *m* **4** *Metaphysik*: (*das*) Selbst

Universalism [ˌjuːnɪ'vɜːsəlɪzəm; *US* -'vɜr-] S REL Universalismus *m* (*Lehre, nach der sich die Gnade Gottes auf alle Menschen erstreckt*); **Universalist** S **1** REL Universalist(in) **2** ≗ *j-d, der vielseitige Interessen hat od e-e umfassende Bildung besitzt*; **universality** [-'sælətɪ] S Universalität *f*: **a** (*das*) Allumfassende **b** Allgemeinheit *f* **c** Vielseitigkeit *f* **d** umfassende Bildung **e** Allgemeingültigkeit *f*; **universalize** V/T **1** Allgemeingültigkeit verleihen (*dat*), allgemeingültig machen **2** allgemein verbreiten

universe ['juːnɪvɜːs; *US* -ˌvɜrs] S **1** Universum *n*, (Welt)All *n*, Kosmos *m* **2** Welt *f* **3** Bereich *m*, Raum *m*, Gesamtheit *f*: **~ of discourse** (*Logik*) geistiger Raum e-r Abhandlung

university [ˌjuːnɪ'vɜːsətɪ; *US* -'vɜr-] **A** S Universität *f*, Hochschule *f*: **at the ≗ of Oxford, at Oxford ≗** auf *od* an der Universität Oxford; **go to ~** studieren **B** ADJ **a** Universitäts…, Hochschul… **b** akademisch: **~-bred, ~-trained** mit Universitätsbildung, akademisch gebildet; **~ education** Hochschulbildung *f*; **~ extension** *Versuch von Universitäten, sich mithilfe von außerhalb der Universität veranstalteten Vortragsreihen breiteren Schichten zu eröffnen*; **~ man** Akademiker *m*; **~ place** Studienplatz *m*; **~ population** Gesamtzahl *f* der Studenten (*e-s Landes*); **~ reform** Studienreform *f*

univocal [ˌjuːnɪ'vəʊkl; *US* juː'nɪvəkəl] **A** ADJ (ADV **~ly**) eindeutig, unzweideutig **B** S Wort *n* mit nur einer Bedeutung

unjaundiced ADJ unvoreingenommen

unjust ADJ (ADV **~ly**) ungerecht (**to** gegen): **be ~ to sb** *a.* j-n ungerecht behandeln; **unjustifiable** ADJ (ADV **unjustifiably**) unentschuldbar, nicht zu rechtfertigen(d); **unjustified** ADJ ungerechtfertigt, unberechtigt; **unjustness** S Ungerechtigkeit *f*

unkempt ADJ **1** ungekämmt, zerzaust (*Haare*) **2** ungepflegt (*Äußeres, Rasen etc*)

unkind ADJ (ADV **~ly**) unfreundlich (**to** zu); **unkindness** S Unfreundlichkeit *f*

unknowable *bes* PHIL **A** ADJ un(er)kennbar, jenseits menschlicher Erkenntnis **B** S: **the ≗** das Unerkennbare; **unknowing** ADJ (ADV **~ly**) **1** unwissend **2** unwissentlich, unbewusst **3** nicht wissend, ohne zu wissen (*beide:* **that** dass; **how** wie; *etc*) **4** nichts wissend (**of** von, über *akk*); **unknown** **A** ADJ **1** unbekannt (**to** *dat*): **the ≗ Soldier** (*od* **Warrior**) der Unbekannte Soldat; → country A 1, quantity 4 **2** (**to sb**) ohne (j-s) Wissen **3** nie gekannt, beispiellos, (*nachgestellt*) ohnegleichen **B** S **1** (*der, die, das*) Unbekannte **2** MATH Unbekannte *f*

unlabel(l)ed ADJ nicht etikettiert, ohne Etikett, ohne Aufschrift, unbeschriftet

unlace V/T aufschnüren

unlade → unload A 1, A 2, B 1, B 2

unladylike ADJ nicht damenhaft, unvornehm, unfein

unlaid ADJ ungedeckt (*Tisch*)

unlamented ADJ unbeklagt, unbetrauert

unlash V/T losmachen

unlatch V/T *e-e Tür etc* aufklinken

unlawful ADJ (ADV **~ly**) **1** *bes* JUR ungesetzlich, rechts-, gesetzwidrig: → assembly 1 **2** unerlaubt **3** unehelich; **unlawfulness** S **1** *bes* JUR Ungesetzlichkeit *f*, Rechts-, Gesetzwidrigkeit *f* **2** Unehelichkeit *f*

unleaded [-'ledɪd] **A** ADJ **1** bleifrei, unverbleit (*Benzin*) **2** TYPO ohne Durchschuss **B** S bleifreies Benzin

unlearn *a. irr* **A** V/T **1** verlernen: **have ~ed to do sth** nicht mehr fähig sein *od* es verlernt haben, etwas zu tun **2** *e-e Ansicht etc* ablegen, aufgeben **B** V/I s-e Ansichten *etc* ablegen *od* aufgeben, *weitS.* umlernen

unlearned[1] ADJ **1** nicht gelernt *od* einstudiert **2** nicht erlernt

unlearned[2] ADJ **1** ungelehrt **2** unerfahren, unbewandert (*beide:* **in** in *dat*)

unlearnt → unlearned[1]

unleash V/T **1** *e-n Hund etc* losbinden, loslassen **2** *fig* **a** *Gefühle* auslassen (**on** an *dat*): **all his anger was ~ed on her** sein ganzer Zorn entlud sich auf *od* über sie **b** *Energie etc* freisetzen **c** *e-n Krieg etc* entfesseln, auslösen

unleavened ADJ ungesäuert (*Brot*)

unless [ən'les; ʌn-] **A** KONJ wenn … nicht, sofern … nicht **B** PRÄP außer

unlettered ADJ **1** **a** analphabetisch **b** ungebildet **c** ungelehrt **2** **a** unbeschriftet, unbedruckt **b** ohne Inschrift

unlicensed ADJ **1** nicht konzessioniert, (amtlich) nicht zugelassen: **an ~ house** ein Lokal ohne Schankkonzession **2** ohne Lizenz

unlikable ADJ (ADV **unlikably**) unsympathisch

unlike **A** ADJ **1** ungleich, (voneinander) verschieden: **~ signs** MATH ungleiche Vorzeichen **2** unähnlich: **the portrait is very ~** **B** PRÄP **1** unähnlich (**sb** j-m), verschieden von, anders als: **he is quite ~ his father**; **that is very ~ him** das sieht ihm gar nicht ähnlich **2** anders als, nicht wie **3** im Gegensatz zu: **~ his brother, he works hard**; **unlikeable** → unlikable

unlikelihood, **unlikeliness** S Unwahrscheinlichkeit *f*; **unlikely** ADJ **1** unwahrscheinlich: **it is (very) ~ that …** es ist (höchst) unwahrscheinlich, dass …; **he is ~ to come** es ist unwahrscheinlich, dass er kommt **2** (ziemlich) unmöglich (*Ort etc*) **3** aussichtslos (*Unterfangen etc*)

unlikeness S **1** Ungleichheit *f*, Verschiedenheit *f* **2** Unähnlichkeit f

unlimber V/T & V/I **1** MIL abprotzen **2** *fig* (sich) bereit machen

unlimited ADJ (ADV **~ly**) **1** unbegrenzt, unbeschränkt (*a.* MATH): **~ company** WIRTSCH *Br* Gesellschaft *f* mit unbeschränkter Haftung; **~ liability** JUR unbeschränkte Haftung; **~ problem** MATH Unendlichkeitsproblem *n* **2** *Börse*: unlimitiert **3** *fig* grenzenlos, uferlos

unlined[1] ADJ ungefüttert (*Mantel etc*)

unlined[2] ADJ **1** unliniiert, ohne Linien **2** faltenlos, glatt (*Gesicht etc*)

unlink V/T **1** losketten **2** *Kettenglieder* trennen **3** *e-e Kette* auseinandernehmen

unliquidated ADJ WIRTSCH **1** ungetilgt (*Schulden etc*) **2** nicht festgestellt (*Schuldbetrag etc*) **3** unliquidiert (*Unternehmen*)

unlisted ADJ **1** (in e-r Liste) nicht verzeichnet *od* aufgeführt: **his number is ~** *US* s-e Nummer steht nicht im Telefonbuch **2** TEL *US* Geheim…: **~ number** **3** **~ securities** WIRTSCH Freiverkehrswerte

unload **A** V/T **1** aus-, entladen **2** SCHIFF *e-e Ladung* löschen **3** *fig* (**o.s.** sich) (von e-r Last) befreien, erleichtern **4** *umg* (**on, onto**) **a** *s-e Möbel, Kinder etc* abladen (bei) **b** *die Verantwortung etc* abwälzen (auf *akk*) **c** *s-e Wut etc* auslassen (an *dat*) **5** *e-e Schusswaffe* entladen **6** *Börse: Aktien* (*massenweise*) abstoßen, auf den Markt werfen **B** V/I **1** aus-, abladen **2** ausgeladen *od* SCHIFF gelöscht werden **3** *umg* (**to**) sein Herz ausschütten (*dat*), sich auskotzen (bei)

unlock V/T **1** aufschließen, aufsperren, öffnen: **~ed** unverschlossen, geöffnet **2** *e-e Schusswaffe* entsichern **3** *fig* offenbaren

unlooked-for unerwartet, unvorhergesehen

unloose, **unloosen** V/T **1** *e-n Knoten etc* lösen **2** *e-n Griff etc* lockern **3** loslassen, losmachen, freilassen

unlovable ADJ nicht liebenswert; **unloved** ADJ ungeliebt

unloveliness S Unschönheit *f*, Reizlosigkeit *f*; **unlovely** ADJ unschön, reizlos

unloving ADJ (ADV **~ly**) kalt, lieblos

unluckily ADV unglücklicherweise; **unlucky** ADJ unglücklich: **a** vom Pech verfolgt: **be ~** Pech *od* kein Glück haben (→ c); **he's ~ with women** er hat kein Glück bei Frauen; **she was ~ enough to fall** sie hatte Pech u. stürzte, sie hatte das Pech zu stürzen **b** ungünstig (*Moment etc*) **c** schwarz, Unglücks…: **~ day**; **be ~** Unglück bringen (→ a); → star A 3

unmade ADJ ungemacht (*Bett etc*)

unmailable ADJ *bes US* nicht postversandfähig

unmaintainable ADJ unhaltbar

unmake V/T *irr* **1** aufheben, umstoßen, widerrufen, rückgängig machen **2** *j-n* absetzen **3** umbilden **4** vernichten

unman V/T **1** *obs* unmenschlich machen, verrohen lassen **2** entmannen **3** *j-n* s-r Kraft berauben **4** weibisch machen **5** *j-n* verzagen lassen, entmutigen

unmanageable ADJ (ADV unmanageably)

U

1 schwer zu handhaben(d), unhandlich 2 *fig* unlenksam, unfügsam 3 unkontrollierbar (*Situation etc*)

unmanliness S Unmännlichkeit *f*; **unmanly** ADJ 1 unmännlich 2 weibisch 3 feige, nicht mannhaft

unmanned ADJ unbemannt (*Raumfahrzeug etc*)

unmannerliness S schlechtes Benehmen; **unmannerly** ADJ ungesittet, unmanierlich

unmanufactured ADJ TECH unverarbeitet, roh

unmarked ADJ 1 nicht markiert, unbezeichnet, ungezeichnet 2 nicht gekennzeichnet, (*Polizeifahrzeug etc a.*) neutral 3 unbemerkt 4 SPORT ungedeckt, frei

unmarketable ADJ WIRTSCH 1 nicht marktgängig *od* -fähig 2 unverkäuflich

unmarriageable ADJ nicht heiratsfähig; **unmarried** ADJ unverheiratet, ledig

unmask A V/T 1 *j-m* die Maske abnehmen, *j-n* demaskieren 2 *fig j-m* die Maske herunterreißen, *j-n* entlarven B V/I 1 die Maske abnehmen, sich demaskieren 2 *fig* die Maske fallen lassen, sein wahres Gesicht zeigen; **unmasking** S *fig* Entlarvung *f*

unmatched ADJ unvergleichlich, unerreicht, unübertroffen: **be ~ for** alle anderen *od* alles andere übertreffen an (*dat*)

unmaterial ADJ (ADV ~ly) immateriell, unkörperlich, unstofflich

unmeaning ADJ (ADV ~ly) 1 sinnlos, bedeutungslos 2 nichtssagend, ausdruckslos

unmeant ADJ unbeabsichtigt, ungewollt

unmeasurable ADJ (ADV unmeasurably) 1 unmessbar 2 → unmeasured 2; **unmeasured** ADJ (ADV ~ly) 1 ungemessen 2 unermesslich, grenzenlos, unbegrenzt 3 unmäßig, maßlos

unmelodious ADJ (ADV ~ly) unmelodisch, unmelodiös

unmentionable A ADJ (ADV unmentionably) 1 → unspeakable 2 **a formerly ~ topic** ein Thema, über das man früher nicht sprach *od* das früher tabu war; **an ~ word** ein Wort, das man nicht in den Mund nimmt B SPL **unmentionables** *obs od hum* (*die*) Unaussprechlichen *pl* (*Unterhose*); **unmentioned** ADJ unerwähnt

unmerchantable → unmarketable

unmerciful ADJ (ADV ~ly) unbarmherzig, mitleid(s)los

unmerited ADJ unverdient; **unmeritedly** ADV unverdientermaßen

unmetal(l)ed ADJ TECH ungeschottert (*Straße*)

unmethodical ADJ (ADV ~ly) unmethodisch, system-, planlos

unmetrical ADJ (ADV ~ly) LIT unmetrisch, nicht in Versform geschrieben

unmilitary ADJ 1 unmilitärisch 2 nicht militärisch, Zivil…

unmindful ADJ (ADV ~ly) 1 unaufmerksam, unachtsam: **be ~ of** nicht achten auf (*akk*) 2 uneingedenk (**of** *gen*): **be ~ of** nicht denken an (*akk*)

unmingled → unmixed

unmistakable ADJ (ADV unmistakably) 1 unmissverständlich 2 unverkennbar, nicht zu verwechseln(d)

unmitigated ADJ (ADV ~ly) 1 ungemildert 2 vollendet, Erz…, (*nachgestellt*) durch u. durch: **~ rubbish** völliger *od* kompletter Blödsinn

unmixed ADJ 1 unvermischt 2 *fig* ungemischt, rein, pur; **unmixedly** [-ɪdlɪ] ADV unvermischt; ungemischt, rein

unmodified ADJ unverändert, nicht (ab)geändert

unmolested ADJ unbelästigt: **live ~** in Frieden leben

unmoor SCHIFF A V/T abankern, losmachen B V/I die Anker lichten

unmoral ADJ (ADV ~ly) unmoralisch; **unmorality** S Unmoral *f*

unmortgaged ADJ JUR 1 unverpfändet 2 hypothekenfrei, unbelastet

unmounted ADJ 1 unberitten (*Polizei etc*) 2 nicht aufgezogen (*Bild etc*) 3 TECH ungefasst (*Edelstein*)

unmourned ADJ unbetrauert

unmovable ADJ (ADV unmovably) 1 unbeweglich 2 *fig* unerschütterlich, standhaft, gelassen: **his ~ faith in** sein unerschütterlicher Glaube an (*akk*); **unmoved** ADJ 1 unbewegt: **~ mover** PHIL unbewegter Beweger 2 *fig* ungerührt, unbewegt; **unmoving** ADJ regungslos

unmurmuring ADJ (ADV ~ly) ohne Murren, klaglos

unmusical ADJ (ADV ~ly) 1 unmelodisch, misstönend (*Klang*) 2 unmusikalisch (*Person*)

unmuzzle V/T 1 *e-m Hund* den Maulkorb abnehmen 2 *fig j-m* das Recht auf freie Meinungsäußerung gewähren

unnail V/T die Nägel entfernen aus

unnam(e)able ADJ unsagbar; **unnamed** ADJ 1 namenlos, ohne Namen 2 nicht namentlich genannt, ungenannt

unnatural ADJ (ADV ~ly) 1 unnatürlich 2 künstlich, gekünstelt, affektiert 3 widernatürlich (*Laster etc*) 4 ungeheuerlich, abscheulich 5 un-, außergewöhnlich: **it is ~ for him to get drunk** es ist nicht s-e Art, sich zu betrinken 6 anomal, abnorm

unnavigable ADJ SCHIFF nicht schiffbar, unbefahrbar

unnecessarily [ʌnˈnesəsərəlɪ; *bes US* ˈʌn-ˌnesəˈser-] ADV 1 unnötigerweise 2 unnötig: **~ rude**; **unnecessary** ADJ 1 unnötig, nicht notwendig 2 nutzlos, überflüssig

unneeded ADJ nicht benötigt, nutzlos; **unneedful** ADJ (ADV ~ly) unnötig, nicht notwendig

unneighbo(u)rly ADJ nicht gutnachbarlich

unnerve V/T 1 a *j-n* entnerven, zermürben b *j-n* die Nerven verlieren lassen 2 *j-n* entmutigen 3 *j-n* schwächen

UNO ABK United Nations Organization UNO *f*

unnoted ADJ 1 unbeachtet, unauffällig 2 → unnoticed 1

unnoticed ADJ 1 unbemerkt, unbeobachtet: **pass** (*od* **go**) **~** unbemerkt bleiben; **let sth pass ~** etwas ignorieren 2 → unnoted 1

unnumbered ADJ 1 unnummeriert 2 ungezählt, zahllos

unobjectionable ADJ (ADV unobjectionably) einwandfrei

unobliging ADJ (ADV ~ly) ungefällig

unobscured ADJ nicht verdunkelt

unobservant ADJ (ADV ~ly) unaufmerksam, unachtsam: **be ~ of** nicht achten auf (*akk*); **unobserved** ADJ unbeobachtet, unbemerkt

unobstructed ADJ 1 unversperrt, ungehindert (*Blick etc*) 2 *fig* unbehindert, reibungslos

unobtainable ADJ 1 *bes* WIRTSCH nicht erhältlich 2 unerreichbar

unobtrusive ADJ (ADV ~ly) unaufdringlich: a zurückhaltend, bescheiden b unauffällig, dezent; **unobtrusiveness** S Unaufdringlichkeit *f*

unoccupied ADJ frei: a leer (stehend), unbewohnt (*Haus etc*): **be ~** leer stehen b unbesetzt (*Sitzplatz etc*) c unbeschäftigt (*Person*) d MIL unbesetzt

unoffending ADJ (ADV ~ly) 1 nicht verletzend *od* beleidigend *od* kränkend 2 nicht anstößig

unofficial ADJ (ADV ~ly) 1 nicht amtlich, inoffiziell 2 **~ strike** WIRTSCH wilder Streik

unopened ADJ 1 ungeöffnet, verschlossen (*Brief etc*) 2 WIRTSCH unerschlossen (*Markt etc*)

unopposed ADJ 1 unbehindert 2 unbeanstandet: **~ by** ohne Widerstand *od* Einspruch seitens (*gen*)

unorganized ADJ 1 unorganisch: **~ ferment** BIOL Enzym *n* 2 unorganisiert, wirr 3 (gewerkschaftlich) nicht organisiert

unoriginal ADJ (ADV ~ly) wenig originell

unorthodox ADJ (ADV ~ly) 1 REL unorthodox (*a. fig*) 2 *fig* unkonventionell, unüblich

unostentatious ADJ (ADV ~ly) unaufdringlich, unauffällig: a prunklos, schlicht b zurückhaltend c dezent (*Farben etc*)

unowned ADJ 1 herrenlos 2 nicht anerkannt: **an ~ child**

unpack V/T 1 *a.* V/I auspacken 2 IT *e-e Datei etc* entpacken

unpaged ADJ unpaginiert, ohne Seitenzahl(en)

unpaid ADJ 1 unbezahlt, noch nicht bezahlt, rückständig (*Schuld etc*) 2 WIRTSCH noch nicht eingezahlt (*Kapital*) 3 unbezahlt, ehrenamtlich (*Stellung*); **unpaid-for** → unpaid 1

unpalatable ADJ (ADV unpalatably) 1 unschmackhaft, ungenießbar (*a. fig*) 2 *fig* unangenehm, widerwärtig

unparallel(l)ed ADJ einmalig, beispiellos, (*nachgestellt*) ohnegleichen

unpardonable ADJ (ADV unpardonably) unverzeihlich

unparliamentary ADJ POL a unparlamentarisch b der Würde des Parlaments nicht entsprechen(d)

unpasteurized ADJ CHEM nicht pasteurisiert

unpatented ADJ nicht patentiert

unpatriotic ADJ (ADV ~ally) unpatriotisch

unpaved ADJ ungepflastert

unpayable ADJ (ADV unpayably) 1 unbezahlbar 2 WIRTSCH unrentabel

unpedigreed ADJ ohne Stammbaum

unpeg V/T 1 *Wäsche* abnehmen, von der Leine nehmen 2 *Preise etc* freigeben

unpeople V/T entvölkern

unperceivable ADJ (ADV unperceivably) nicht wahrnehmbar, unmerklich; **unperceived** ADJ unbemerkt

unperformed ADJ 1 nicht ausgeführt, ungetan, unverrichtet 2 nicht aufgeführt (*Theaterstück etc*)

unperson S Unperson *f*

unpersuadable ADJ (ADV unpersuadably) nicht zu überreden(d), nicht überredbar; **unpersuasive** ADJ (ADV ~ly) nicht überzeugend

unperturbed ADJ nicht beunruhigt, gelassen, ruhig

unphilosophic ADJ, **unphilosophical** ADJ (ADV ~ly) unphilosophisch

unpick V/T *e-e Naht etc* auftrennen; **unpicked** ADJ 1 WIRTSCH nicht ausgesucht, unsortiert (*Muster etc*) 2 ungepflückt

unpicturesque ADJ wenig malerisch

unpin V/T 1 die Nadeln entfernen aus 2 losstecken, abmachen

unpitied ADJ unbemitleidet; **unpitiful**, **unpitying** ADJ (ADV ~ly) mitleid(s)los

unplaced ADJ 1 (noch) nicht platziert, ohne festen Platz (*in e-r Anordnung etc*) 2 SPORT unplatziert: **be ~** unplatziert bleiben, sich nicht platzieren können 3 a nicht untergebracht b nicht angestellt, ohne Stellung c UNIV ohne Studienplatz: **be still ~** noch keinen Studienplatz (gefunden) haben

unplait V/T 1 glätten 2 *j-m das Haar etc* aufflechten: ~ **sb's hair**
unplanned ADJ 1 ungeplant 2 unvorhergesehen
unplayable ADJ 1 unspielbar 2 THEAT nicht bühnenreif *od* -gerecht 3 SPORT unbespielbar *(Boden, Platz)*
unpleasant ADJ (ADV ~ly) 1 unangenehm, unerfreulich 2 unfreundlich 3 unwirsch, unangenehm *(Person)*; **unpleasantness** S 1 *(das)* Unangenehme 2 Unannehmlichkeit *f* 3 Unfreundlichkeit *f*
unpledged ADJ 1 nicht verpflichtet 2 unverpfändet
unpliable ADJ (ADV unpliably), **unpliant** ADJ (ADV ~ly) 1 nicht biegsam, ungeschmeidig *(a. fig)* 2 *fig* unnachgiebig, halsstarrig
unplug V/T den Pflock *od* Stöpsel entfernen aus; **unplugged®** ADJ MUS unplugged® *(ohne elektronische Verstärkung)*
unplumbed ADJ 1 ungelotet 2 *fig* unergründet, unergründlich *(Tiefen etc)* 3 TECH ohne Installation(en)
unpoetic ADJ, **unpoetical** ADJ (ADV ~ly) unpoetisch, undichterisch
unpointed ADJ ungespitzt, stumpf
unpolished ADJ 1 unpoliert *(a. Reis)*, ungeglättet 2 TECH ungeschliffen 3 *fig* unausgefeilt *(Stil etc)* 4 *fig* ungeschliffen, ungehobelt *(Bemerkung, Kerl etc)*
unpolitic ADJ (ADV ~ally) → unpolitical 5; **unpolitical** ADJ (ADV ~ly) 1 unpolitisch 2 politisch unklug 3 unpolitisch, an Politik uninteressiert 4 unparteiisch 5 unklug
unpolled ADJ 1 POL nicht gewählt habend: ~ **elector** Nichtwähler(in) 2 POL *US* nicht *(in die Wählerliste)* eingetragen
unpolluted ADJ 1 unverschmutzt, unverseucht, sauber *(Umwelt)* 2 *fig* unbefleckt
unpopular ADJ (ADV ~ly) unpopulär, unbeliebt: **make o.s. ~ with** sich bei *j-m* unbeliebt machen; **be ~ with** bei *j-m* schlecht angeschrieben sein; **unpopularity** S Unpopularität *f*, Unbeliebtheit *f*; **unpopularize** V/T unpopulär machen
unpossessed ADJ 1 herrenlos *(Sache)* 2 **be ~ of sth** nicht im Besitz e-r Sache sein
unposted ADJ 1 *umg* nicht informiert, ununterrichtet 2 *Br* nicht aufgegeben *(Brief etc)*
unpractical ADJ (ADV ~ly) 1 unpraktisch 2 unbrauchbar, unzweckmäßig
unpracticed, *bes Br* **unpractised** ADJ ungeübt (**in** in *dat*)
unprecedented ADJ (ADV ~ly) 1 beispiellos, unerhört, noch nie da gewesen 2 JUR ohne Präzedenzfall *(a. fig)*
unpredictable ADJ (ADV unpredictably) nicht voraussagbar: **he's quite ~** bei ihm weiß man nie genau, wie er reagiert; er ist nur schwer auszumachen
unprejudiced ADJ (ADV ~ly) 1 unvoreingenommen, vorurteilsfrei *(beide:* **against** gegen[-über]) 2 JUR unbefangen 3 *a.* JUR unbeeinträchtigt
unpremeditated ADJ (ADV ~ly) 1 unüberlegt 2 JUR ohne Vorsatz
unprepared ADJ 1 unvorbereitet *(Rede etc)* 2 (**for**) nicht vorbereitet *od* gefasst (auf *akk*), nicht gerüstet (für) 3 MUS frei eintretend *(Dissonanz)*; **unpreparedly** [-ɪdlɪ] ADV → unprepared; **unpreparedness** [-ɪd-] S Unvorbereitetsein *n*
unprepossessing ADJ (ADV ~ly) wenig einnehmend *od* anziehend, unsympathisch
unpresentable ADJ (ADV unpresentably) nicht präsentabel
unpresuming ADJ (ADV ~ly) nicht anmaßend *od* vermessen
unpresumptuous ADJ (ADV ~ly) nicht überheblich
unpretending ADJ (ADV ~ly) 1 anspruchslos, bescheiden, schlicht 2 nichts Falsches vorspiegelnd; **unpretentious** ADJ (ADV ~ly) → unpretending 1
unpriced ADJ 1 ohne (feste) Preisangabe 2 *fig poet* unschätzbar
unprincipled ADJ ohne (feste) Grundsätze, haltlos *(Person)*, gewissenlos, charakterlos *(a. Benehmen)*
unprintable ADJ (ADV unprintably) nicht druckfähig *od* druckreif; **unprinted** ADJ 1 ungedruckt *(Schriften)* 2 unbedruckt *(Stoffe etc)*
unprivileged ADJ nicht privilegiert *od* bevorrechtigt: ~ **creditor** JUR Massegläubiger(in)
unproblematic ADJ, **unproblematical** ADJ (ADV ~ly) unproblematisch
unprocurable ADJ nicht zu beschaffen(d)
unproductive ADJ (ADV ~ly) unproduktiv *(a. fig)*, unergiebig, unfruchtbar *(a. fig)*, unrentabel: ~ **capital** WIRTSCH totes Kapital; **unproductiveness** S Unproduktivität *f (a. fig)*, Unergiebigkeit *f*, Unfruchtbarkeit *f (a. fig)*, Unrentabilität *f*
unprofessional ADJ (ADV ~ly) 1 keiner freien Berufsgruppe *(Ärzte, Rechtsanwälte etc)* zugehörig 2 nicht berufsmäßig 3 standeswidrig: ~ **conduct** 4 unfachmännisch
unprofitable ADJ (ADV unprofitably) 1 nicht einträglich *od* gewinnbringend *od* lohnend, unrentabel: **be ~** sich nicht rentieren 2 unvorteilhaft 3 nutzlos, zwecklos, überflüssig; **unprofitableness** S 1 Unrentabilität *f* 2 Nutzlosigkeit *f*
unprogressive ADJ (ADV ~ly) 1 nicht fortschrittlich, rückständig 2 *bes* POL rückschrittlich, konservativ, reaktionär 3 ohne Fortschritt, stillstehend
unpromising ADJ (ADV ~ly) nicht vielversprechend, ziemlich aussichtslos
unprompted ADJ spontan
unpronounceable ADJ unaussprechlich
unpropitious ADJ (ADV ~ly) ungünstig, unvorteilhaft
unproportional ADJ (ADV ~ly) unverhältnismäßig, unproportional *(a.* MATH)
unprotected ADJ 1 ungeschützt, schutzlos 2 ungedeckt *(Schachfigur)*
unprotested ADJ 1 ohne Einspruch 2 WIRTSCH nicht protestiert *(Wechsel)*
unprovable ADJ unbeweisbar, nicht nachweisbar; **unproved**, **unproven** ADJ unbewiesen
unprovided ADJ (ADV ~ly) 1 ~ **with** nicht versehen mit, ohne 2 ~ **for** unvorbereitet auf *(akk)*; **unprovided-for** ADJ unversorgt *(Kinder etc)*
unprovoked ADJ 1 unprovoziert 2 grundlos
unpublishable ADJ zur Veröffentlichung ungeeignet; **unpublished** ADJ unveröffentlicht
unpunctual ADJ (ADV ~ly) unpünktlich; **unpunctuality**, **unpunctualness** S Unpünktlichkeit *f*
unpunishable ADJ nicht strafbar; **unpunished** ADJ unbestraft, ungestraft: **go ~** straflos ausgehen, straffrei bleiben
unputdownable ADJ *umg* so spannend *od* interessant, dass man es *etc* nicht mehr aus der Hand legen kann *(Buch etc)*
unqualified ADJ (ADV ~ly) 1 unqualifiziert: a ungeeignet, unbefähigt *(beide:* **for** für) b unberechtigt *(Angriff etc)* 2 uneingeschränkt, unbedingt: ~ **acceptance** WIRTSCH uneingeschränktes Akzept *(e-s Wechsels)*, bedingungslose Annahme 3 ausgesprochen *(Lügner etc)*
unquenchable ADJ (ADV unquenchably) 1 unstillbar *(a. fig)*, unlöschbar 2 *fig* unauslöschbar
unquestionable ADJ (ADV unquestionably) 1 unzweifelhaft, fraglos 2 unbedenklich; **unquestioned** ADJ 1 ungefragt 2 unbezweifelt, unbestritten; **unquestioning** ADJ (ADV ~ly) bedingungslos, blind *(Gehorsam etc)*
unquiet ADJ (ADV ~ly) 1 unruhig, turbulent *(Zeiten etc)* 2 ruhelos, gehetzt *(Geist etc)* 3 unruhig, laut
unquotable ADJ nicht zitierbar; **unquote** V/I: ~! Ende des Zitats!; **unquoted** ADJ 1 nicht zitiert *od* angeführt 2 ~ **securities** WIRTSCH Freiverkehrswerte
unratified ADJ POL nicht ratifiziert
unrationed ADJ nicht rationiert, frei (erhältlich)
unravel A V/T *prät u pperf* **-eled**, *bes Br* **-elled** 1 TECH *ein Gewebe* ausfasern 2 *etwas Gestricktes* auftrennen, -räufeln, -dröseln 3 entwirren 4 *fig* entwirren, -rätseln B V/I sich entwirren *etc*; **unravelment** S Entwirrung *f*, -räts(e)lung *f*: **the ~ of the plot** die Lösung des Knotens *(e-r Handlung)*
unread [-'red] ADJ 1 ungelesen 2 a unbelesen, ungebildet b unbewandert (**in** in *dat*)
unreadable [-'riːdəbl] ADJ (ADV unreadably) unlesbar: a nicht lesenswert b unleserlich
unreadiness [-'redɪ-] S mangelnde Bereitschaft; **unready** ADJ (ADV unreadily) nicht bereit (**for sth** zu etwas; **to do** zu tun)
unreal ADJ (ADV ~ly) 1 unwirklich, irreal 2 substanz-, wesenlos, nur eingebildet 3 wirklichkeitsfremd; **unrealism** S Mangel *m* an Realismus *od* Wirklichkeitssinn; **unrealistic** ADJ (ADV ~ally) unrealistisch, wirklichkeitsfremd; **unreality** S 1 Unwirklichkeit *f* 2 Wesenlosigkeit *f*
unrealizable ADJ nicht realisierbar: a nicht zu verwirklichen(d), nicht aus- *od* durchführbar b WIRTSCH nicht verwertbar, unverkäuflich; **unrealized** ADJ 1 nicht verwirklicht *od* erfüllt 2 nicht vergegenwärtigt *od* erkannt
unreason S 1 Unvernunft *f* 2 Torheit *f*; **unreasonable** ADJ (ADV unreasonably) 1 vernunftlos *(Tier etc)* 2 unvernünftig, unsinnig 3 unvernünftig, übertrieben, unzumutbar; **unreasonableness** S 1 Unvernunft *f* 2 Übertriebenheit *f*, Unzumutbarkeit *f*; **unreasoning** ADJ irrational, vernunftwidrig, *(Wut etc a.)* blind
unreceipted ADJ WIRTSCH unquittiert
unreceptive ADJ (ADV ~ly) nicht aufnahmefähig, unempfänglich *(beide:* **of, to** für)
unreciprocated ADJ nicht auf Gegenseitigkeit beruhend: **his love was ~** s-e Liebe wurde nicht erwidert *od* blieb unerwidert
unreclaimed ADJ 1 nicht zurückgefordert *(Eigentum etc)* 2 *fig* ungebessert *(Person)* 3 ungezähmt *(Tier)*
unrecognizable ADJ (ADV unrecognizably) nicht wieder zu erkennen(d)
unreconciled ADJ unversöhnt (**to, with** mit)
unreconstructed ADJ *US umg* (erz)konservativ
unrecorded ADJ 1 (geschichtlich) nicht überliefert *od* aufgezeichnet *od* belegt 2 nicht eingetragen *od* registriert 3 JUR nicht beurkundet *od* protokolliert 4 a nicht (auf Schallplatte, Tonband *etc)* aufgenommen b Leer…: ~ **tape**
unredeemable ADJ (ADV unredeemably) 1 *bes* REL nicht erlösbar 2 WIRTSCH untilgbar, unkündbar 3 nicht wiedergutzumachen(d); **unredeemed** ADJ 1 *bes* REL unerlöst 2 WIRTSCH ungetilgt *(Hypothek etc)* 3 *fig* ungemil-

U

dert (**by** durch): ~ **rascal** Erzschurke *m* **4** uneingelöst (*Pfand etc*)
unredressed ADJ **1** nicht wiedergutgemacht **2** nicht abgestellt (*Missstand*)
unreel **A** V/T abspulen, abwickeln, abrollen lassen **B** V/I **1** sich abspulen **2** abrollen
unrefined ADJ **1** CHEM, TECH nicht raffiniert, ungeläutert, roh, Roh...: ~ **sugar** **2** *fig* ungebildet, unfein, unkultiviert
unreflecting ADJ (ADV ~ly) **1** nicht reflektierend **2** gedankenlos, unüberlegt
unreformed ADJ **1** unverbessert **2** ungebessert, unbekehrt
unrefuted ADJ unwiderlegt
unregarded ADJ **1** unberücksichtigt **2** unbeachtet; **unregardful** ADJ (**of**) ohne Rücksicht (auf *akk*), rücksichtslos (gegen): **be ~ of** keine Rücksicht nehmen auf (*akk*)
unregenerate ADJ nicht ge- *od* verbessert, nicht reformiert
unregistered ADJ **1** nicht registriert *od* eingetragen (*a.* WIRTSCH, JUR) **2** amtlich nicht zugelassen (*Fahrzeug*): ~ **doctor** nicht approbierter Arzt **3** *Postwesen*: nicht eingeschrieben
unregretted ADJ unbedauert
unrehearsed ADJ ungeprobt (*Theaterstück etc*)
unrelated ADJ **1** ohne Beziehung (**to, with** zu) **2** nicht verwandt (**to, with** mit) (*a. fig*) **3** nicht berichtet
unrelaxed ADJ **1** nicht entspannt **2** MED nicht erschlafft; **unrelaxing** ADJ (ADV ~ly) nicht nachlassend, unermüdlich
unrelenting ADJ (ADV ~ly) **1** unnachgiebig, unerbittlich **2** unvermindert
unreliability S Unzuverlässigkeit *f*; **unreliable** ADJ (ADV unreliably) unzuverlässig
unrelieved ADJ **1** ungelindert **2** nicht unterbrochen, ununterbrochen **3** MIL **a** nicht abgelöst (*Wache*) **b** nicht entsetzt (*belagerter Platz*)
unreligious ADJ (ADV ~ly) unreligiös
unremembered ADJ vergessen
unremitting ADJ (ADV ~ly) unablässig, unaufhörlich
unremunerative ADJ (ADV ~ly) nicht lohnend *od* einträglich, unrentabel
unrenewed ADJ nicht erneuert
unrepair S schlechter baulicher Zustand, Baufälligkeit *f*: **be in (a state of) ~** baufällig sein; **fall into ~** baufällig werden
unrepealed ADJ **1** nicht widerrufen **2** nicht aufgehoben
unrepeatable ADJ unwiederholbar, nicht zu wiederholen(d)
unrepentant ADJ (ADV ~ly) reuelos, unbußfertig: **be ~ of sth** etwas nicht bereuen; **unrepented** ADJ unbereut
unrepining ADJ (ADV ~ly) **1** ohne Murren, klaglos **2** unverdrossen
unreplaceable ADJ unersetzbar, nicht zu ersetzen(d)
unreported ADJ nicht berichtet
unrepresented ADJ nicht vertreten
unreproducible ADJ nicht reproduzierbar
unreproved ADJ ungetadelt, ohne Tadel, nicht missbilligt
unrequited ADJ **1** unerwidert (*Liebe*) **2** unbelohnt (*Dienste etc*) **3** ungesühnt (*Tat etc*)
unresented ADJ nicht übel genommen *od* verübelt; **unresentful** ADJ (ADV ~ly) nicht übelnehmerisch
unreserve S Freimütigkeit *f*; **unreserved** ADJ **1** uneingeschränkt, vorbehaltlos, rückhaltlos, völlig **2** freimütig, offen(herzig) **3** nicht reserviert; **unreservedly** [-ɪdlɪ] ADV → unreserved; **unreservedness** [-ɪd-] S **1** Rückhaltlosigkeit *f* **2** Offenheit *f*, Freimütigkeit *f*
unresisted ADJ ungehindert: **be ~** auf keinen Widerstand treffen; **unresisting** ADJ (ADV ~ly) widerstandslos
unresolved ADJ **1** ungelöst (*Problem etc*) **2** unschlüssig, unentschlossen **3** unaufgelöst (*a.* CHEM, MATH, MUS, OPT)
unrespectable ADJ nicht achtbar *od* ehrbar; **unrespected** ADJ nicht geachtet *od* respektiert
unresponsive ADJ (ADV ~ly) **1** unempfänglich (**to** für): **be ~ (to)** nicht reagieren *od* ansprechen (auf *akk*) (*a.* ELEK, TECH *etc*) **2** kalt, teilnahmslos
unrest S Unruhe *f*, POL *a.* Unruhen *pl*; **unrestful** ADJ (ADV ~ly) **1** ruhelos, rastlos **2** ungemütlich **3** unbequem; **unresting** ADJ (ADV ~ly) rastlos, unermüdlich
unrestrained ADJ **1** ungehemmt (*a. fig* ungezwungen) **2** hemmungslos, zügellos **3** uneingeschränkt; **unrestrainedly** [-ɪdlɪ] ADV → unrestrained; **unrestraint** S **1** Ungehemmtheit *f* (*a. fig Ungezwungenheit*) **2** Hemmungs-, Zügellosigkeit *f*
unrestricted ADJ (ADV ~ly) uneingeschränkt, unbeschränkt
unreturned ADJ **1** nicht zurückgegeben **2** unerwidert, unvergolten: **be ~** unerwidert bleiben **3** POL *Br* nicht (*ins Parlament*) gewählt
unrevealed ADJ nicht offenbart, verborgen, geheim
unrevised ADJ **1** nicht revidiert: **a** nicht geändert (*Ansicht*) **b** nicht überarbeitet (u. verbessert) (*Buch etc*) **2** nicht überprüft *od* durchgesehen
unrevoked ADJ nicht widerrufen
unrewarded ADJ unbelohnt
unrhetorical ADJ (ADV ~ly) **1** unrhetorisch **2** nicht phrasenhaft, schlicht
unrhymed ADJ ungereimt, reimlos
unriddle V/T enträtseln
unrifled ADJ TECH ungezogen, glatt (*Gewehrlauf*)
unrig V/T **1** SCHIFF abtakeln **2** FLUG abmontieren
unrighteous ADJ (ADV ~ly) **1** nicht rechtschaffen **2** REL ungerecht, sündig; **unrighteousness** S mangelnde Rechtschaffenheit
unrip V/T aufreißen, aufschlitzen
unripe ADJ (ADV ~ly) *allg* unreif; **unripeness** S Unreife *f*
unrival(l)ed ADJ **1** ohne Rivalen *od* Gegenspieler **2** unerreicht, unvergleichlich, *a.* WIRTSCH konkurrenzlos
unrivet V/T TECH ab-, losnieten
unroadworthy ADJ nicht verkehrssicher
unroll **A** V/T **1** entfalten, entrollen, ausbreiten **2** abwickeln **B** V/I **1** sich entfalten **2** sich auseinanderrollen
unromantic ADJ (ADV ~ally) *allg* unromantisch
unroof V/T *ein Haus etc* abdecken
unroot *bes US* → uproot
unrope V/T **1** losbinden **2** *Bergsteigen*: (*a. v/i* sich) ausseilen
unround V/T LING *e-n Vokal* entrunden
unruffled ADJ **1** ungekräuselt, glatt **2** *fig* gelassen, unerschüttert
unruled ADJ **1** *fig* unbeherrscht **2** unliniiert (*Papier*)
unruliness [ʌnˈruːlɪnɪs] S **1** Unlenkbarkeit *f*, Widerspenstigkeit *f*, Aufsässigkeit *f* **2** Ausgelassenheit *f*, Wildheit *f*, Unbändigkeit *f* **3** Ungestüm *n*; **unruly** ADJ **1** unlenksam, widerspenstig, aufsässig **2** ungebärdig, wild, ausgelassen **3** ungestüm
UNRWA ABK United Nations Relief and Works Agency
unsaddle **A** V/T **1** *ein Pferd* absatteln **2** *j-n* aus dem Sattel werfen, abwerfen **B** V/I absatteln
unsafe ADJ (ADV ~ly) (*a.* verkehrs)unsicher, gefährlich: ~ **sex** ungeschützter Sex; **unsafeness**, **unsafety** S (*a.* Verkehrs)Unsicherheit *f*, Gefährlichkeit *f*
unsaid ADJ ungesagt, unausgesprochen: **leave sth ~** etwas nicht aussprechen; **it is better left ~** es bleibt besser unerwähnt
unsalable, *bes Br* **unsaleable** ADJ (ADV unsal[e]ably) **1** unverkäuflich **2** WIRTSCH nicht marktfähig *od* gangbar *od* absetzbar
unsalaried ADJ unbezahlt, ehrenamtlich: ~ **clerk** Volontär(in)
unsaleable *bes Br für* unsalable
unsalted ADJ **1** ungesalzen **2** *umg* unroutiniert, unerfahren
unsanctioned ADJ nicht sanktioniert: **a** nicht gebilligt **b** nicht geduldet
unsanitary ADJ (ADV unsanitarily) **1** ungesund **2** unhygienisch
unsatisfactoriness S (*das*) Unbefriedigende, Unzulänglichkeit *f*; **unsatisfactory** ADJ (ADV unsatisfactorily) unbefriedigend, ungenügend, unzulänglich
unsatisfied ADJ **1** (*a. sexuell*) unbefriedigt, nicht zufriedengestellt **2** unzufrieden **3** **a** unbefriedigt (*Anspruch, Gläubiger*) **b** unbezahlt (*Schuld*) **c** unerfüllt (*Bedingung*); **unsatisfying** ADJ (ADV ~ly) unbefriedigend
unsavo(u)riness S **1** Unschmackhaftigkeit *f* **2** Unappetitlichkeit *f* (*a. fig*); **unsavo(u)ry** ADJ (ADV unsavo[u]rily) **1** unschmackhaft **2** unappetitlich (*a. fig*)
unsay V/T *irr* widerrufen, zurücknehmen, ungesagt machen
unscalable ADJ unersteigbar
unscale V/T **1** *e-n Fisch* (ab)schuppen **2** *fig j-m* die Augen öffnen
unscarred ADJ ohne Narben
unscathed ADJ unversehrt, unbeschädigt, heil
unscheduled ADJ **1** nicht vorgesehen *od* programmgemäß **2** außerplanmäßig (*Abfahrt etc*)
unscholarly ADJ **1** unwissenschaftlich **2** ungelehrt
unschooled ADJ **1** ungeschult, nicht ausgebildet (*beide:* **in** in *dat*) **2** unverbildet
unscientific ADJ (ADV ~ally) unwissenschaftlich
unscored-upon ADJ: **the only ~ team** SPORT die einzige Mannschaft ohne Gegentor
unscramble V/T **1** *umg* auseinanderklauben, entwirren **2** *ein zerhacktes Telefongespräch etc* entschlüsseln, dechiffrieren **3** ELEK aussteuern
unscreened ADJ **1** ungeschützt **2** nicht abgeschirmt, (*Licht*) nicht abgeblendet **3** TECH ungesiebt (*Sand etc*) **4** nicht überprüft
unscrew TECH **A** V/T ab-, auf-, losschrauben, *e-e Glühbirne* ausschrauben **B** V/I **1** sich heraus- *od* losdrehen **2** sich losschrauben lassen
unscripted ADJ improvisiert (*Rede etc*); **unscriptural** ADJ (ADV ~ly) REL unbiblisch
unscrupulous ADJ (ADV ~ly) skrupel-, bedenken-, gewissenlos; **unscrupulousness** S Skrupel-, Gewissenlosigkeit *f*
unseal V/T **1** *e-n Brief etc* **a** entsiegeln **b** öffnen **2** *fig j-m die Augen od Lippen* öffnen: ~ **sb's eyes** **3** *fig ein Geheimnis etc* enthüllen; **unsealed** ADJ **1** **a** unversiegelt **b** geöffnet, offen **2** *fig* nicht besiegelt
unsearchable ADJ (ADV unsearchably) unerforschlich
unseasonable ADJ (ADV unseasonably) **1** nicht der Jahreszeit entsprechend (*bes Wetter*) **2** unzeitig **3** (*zeitlich*) unpassend, ungünstig
unseasoned ADJ **1** nicht (aus)gereift **2** nicht abgelagert (*Holz*) **3** ungewürzt **4** *fig* unerfah-

U

ren, grün 5 (**to**) *fig* nicht gewöhnt (an *akk*), nicht abgehärtet (gegen)

unseat V/T 1 *e-n Reiter* abwerfen 2 *j-n* absetzen, stürzen, s-s Postens entheben 3 *j-m* s-n Sitz (im Parlament) nehmen; **unseated** ADJ ohne Sitz(gelegenheit)

unseaworthy ADJ SCHIFF seeuntüchtig

unseconded ADJ nicht unterstützt: **the motion was ~** PARL der Antrag fand keine Unterstützung

unsecured ADJ 1 ungesichert 2 unbefestigt 3 WIRTSCH ungedeckt, nicht sichergestellt: **~ claims** (*beim Konkurs*) Massenansprüche; **~ debt** ungesicherte Schuld

unseeded ADJ SPORT ungesetzt (*Spieler etc*)

unseeing ADJ *fig* blind: **with ~ eyes** mit leerem Blick

unseemliness S Unziemlichkeit *f*; **unseemly** ADJ 1 unziemlich, ungehörig 2 *obs* unschön

unseen A ADJ 1 ungesehen, unbemerkt: → sight A 5 2 MIL uneingesehen (*Gelände*) 3 unsichtbar: **the ~ (radio) audience** 4 SCHULE *Br* unvorbereitet (*Herübersetzung*) B S SCHULE *Br* unvorbereitete Herübersetzung: **an Italian ~** die Übersetzung e-s unbekannten Textes aus dem Italienischen

unseizable ADJ 1 nicht ergreifbar 2 JUR unpfändbar

unselfish ADJ (ADV **~ly**) selbstlos, uneigennützig; **unselfishness** S Selbstlosigkeit *f*, Uneigennützigkeit *f*

unsell V/T *irr j-n* abbringen (**on** von *e-r Überzeugung etc*)

unsensational ADJ (ADV **~ly**) wenig aufregend *od* sensationell

unsentimental ADJ (ADV **~ly**) unsentimental

unseparated ADJ 1 ungetrennt 2 unzerteilt

unserviceable ADJ (ADV **unserviceably**) 1 nicht verwendbar, unbrauchbar (*Werkzeug etc*) 2 betriebs-, gebrauchsunfähig (*Maschine etc*)

unsettle V/T 1 *etwas* aus s-r (festen) Lage bringen 2 *etwas* in Unordnung bringen (*a. fig*): **the fish has ~d me** (*od* **my stomach**) ich habe mir durch den Fisch den Magen verdorben 3 *j-n* beunruhigen, in Unruhe versetzen 4 *j-n, j-s Glauben etc* erschüttern, ins Wanken bringen 5 *j-n* verwirren, durcheinanderbringen 6 *j-n* aus dem (gewohnten) Gleis bringen; **unsettled** ADJ 1 ohne festen Wohnsitz 2 unbesiedelt (*Gegend etc*) 3 *allg* unsicher (*Zeiten etc*) 4 unbestimmt, ungewiss, unsicher 5 unentschieden, unerledigt (*Frage etc*) 6 unbeständig, veränderlich (*Wetter; a.* WIRTSCH *Markt*) 7 schwankend, unentschlossen (*Person*) 8 gestig gestört, aus dem (seelischen) Gleichgewicht 9 unstet (*Charakter, Leben etc*) 10 nicht geregelt: **~ estate** nicht regulierte Erbschaft 11 WIRTSCH unerledigt, unbezahlt (*Rechnung etc*); **unsettling** ADJ beunruhigend, alarmierend (*Vorfall etc*)

unsex V/T 1 geschlechtslos machen 2 *e-e Frau* vermännlichen: **~ o.s.** alles Frauliche ablegen

unshadowed ADJ schattenlos

unshak(e)able ADJ (ADV **unshak[e]ably**) unerschütterlich (*Glaube etc*); **unshaken** ADJ unerschüttert

unshapely ADJ ungestalt, unförmig

unshaved, **unshaven** ADJ unrasiert

unsheathe V/T 1 *sein Schwert etc* aus der Scheide ziehen 2 *die Krallen* herausstrecken

unshed ADJ unvergossen (*Tränen*)

unshell V/T 1 (ab)schälen 2 enthülsen

unsheltered ADJ ungeschützt, schutzlos

unship V/T SCHIFF a *die Ladung* löschen, ausladen b *Passagiere* ausschiffen c *den Mast, das Ruder etc* abbauen

unshod ADJ 1 unbeschuht, barfuß 2 unbeschlagen (*Pferd*)

unshorn ADJ ungeschoren

unshortened ADJ unverkürzt, ungekürzt

unshrinkable ADJ nicht einlaufend (*Stoffe*); **unshrinking** ADJ (ADV **~ly**) nicht zurückweichend, unverzagt, furchtlos

unsifted ADJ 1 ungesiebt 2 *fig* ungeprüft

unsighted ADJ 1 nicht gesichtet 2 ungezielt (*Schuss*) 3 ohne Visier (*Gewehr*) 4 **he was ~** a er konnte nichts sehen b ihm war die Sicht versperrt

unsightliness S Unansehnlichkeit *f*, Hässlichkeit *f*; **unsightly** ADJ unansehnlich, hässlich

unsigned ADJ 1 unsigniert (*Gemälde etc*), nicht unterzeichnet (*Brief etc*) 2 MATH ohne Vorzeichen, unbezeichnet

unsilt V/T TECH ausbaggern

unsinkable ADJ 1 unsinkbar 2 unversenkbar

unsisterly ADJ unschwesterlich

unsized[1] ADJ nicht nach Größe(n) geordnet *od* sortiert

unsized[2] ADJ 1 ungeleimt (*Papier*) 2 ungeschlichtet (*Stoff*)

unskilful, *bes US* **unskillful** ADJ (ADV **~ly**) ungeschickt

unskilled ADJ 1 ungeschickt (**at, in** in *dat*) 2 ungelernt: **~ worker** (*od* **labo[u]rer**) *a.* Hilfsarbeiter(in); **an ~ job** e-e Arbeit, die keine besonderen Fähigkeiten erfordert; **~ jobs** Arbeitsplätze für ungelernte Arbeiter; **the ~ labo(u)r** *koll* die Hilfsarbeiter *pl*

unskillful *bes US für* unskilful

unskimmed ADJ nicht entrahmt: **~ milk** Vollmilch *f*

unslackened ADJ ungeschwächt, unvermindert

unslaked ADJ 1 ungelöscht (*Kalk*) 2 *fig* ungestillt (*Begierde etc*)

unsmiling ADJ (ADV **~ly**) ernst

unsmoked ADJ 1 ungeräuchert 2 nicht aufgeraucht (*Zigarre etc*)

unsnarl V/T entwirren

unsociability S Ungeselligkeit *f*

unsociable ADJ (ADV **unsociably**) ungesellig, nicht umgänglich; **unsociableness** → unsociability

unsocial ADJ (ADV **~ly**) 1 unsozial 2 asozial, gesellschaftsfeindlich 3 **work ~ hours** *Br* außerhalb der normalenArbeitszeit arbeiten; **~ hours allowance** WIRTSCH *Br* Zulage *f* für Nacht- *od* Feiertagsschichten *etc*

unsoiled ADJ unbeschmutzt, *fig a.* unbefleckt

unsold ADJ unverkauft: → subject B 4

unsolder V/T 1 TECH ab-, auf-, loslöten 2 *fig* (auf)lösen, trennen

unsoldierlike, **unsoldierly** ADJ unsoldatisch

unsolicited ADJ 1 ungebeten, unaufgefordert, unverlangt: **~ goods** WIRTSCH unbestellte Ware(n); **~ manuscripts** unverlangte Manuskripte 2 freiwillig

unsolid ADJ (ADV **~ly**) 1 *allg* nicht fest 2 instabil (*Gebäude etc*) 3 *fig* anfechtbar (*Argument etc*)

unsoluble → unsolvable

unsolvable ADJ 1 CHEM un(auf)löslich 2 *fig* unlösbar; **unsolved** ADJ ungelöst

unsophisticated ADJ (ADV **~ly**) 1 unverfälscht, echt 2 unkompliziert (*Maschine etc*) 3 naiv, harmlos; **unsophistication** S 1 Unverfälschtheit *f*, Echtheit *f* 2 Unkompliziertheit *f* 3 Naivität *f*, Harmlosigkeit *f*

unsound ADJ (ADV **~ly**) 1 ungesund (*a. fig*): → mind A 2 2 schlecht, verdorben (*Ware etc*), faul (*Obst*) 3 morsch, wurmstichig 4 brüchig, rissig 5 *fig* unsicher, zweifelhaft 6 *fig* unzuverlässig, unsolid(e) (*a.* WIRTSCH) 7 *fig* fragwürdig, nicht vertrauenswürdig (*Person*) 8 anfechtbar (*Argument etc*) 9 *fig* falsch, verkehrt: **~ doctrine** Irrlehre *f*; **~ policy** verfehlte Politik

unsounded ADJ 1 *bes* SCHIFF nicht (aus)gelotet 2 *fig* unsondiert, unerforscht

unsoundness S 1 Ungesundheit *f* (*a. fig*) 2 Verdorbenheit *f* 3 Brüchigkeit *f* 4 Anfechtbarkeit *f* 5 Unzuverlässigkeit *f* 6 Verfehltheit *f*, (*das*) Falsche *od* Verkehrte

unsown ADJ 1 unbesät 2 ungesät

unsparing ADJ (ADV **~ly**) 1 reichlich, großzügig 2 verschwenderisch, freigebig (*beide:* **in, of** mit): **be ~ in** nicht mit *Lob etc* kargen; **be ~ in one's efforts** keine Mühe scheuen 3 schonungslos (**of** gegen)

unspeakable ADJ (ADV **unspeakably**) 1 unsagbar, unbeschreiblich, unsäglich 2 entsetzlich, scheußlich

unspecialized ADJ nicht spezialisiert (**in** auf *akk*)

unspecified ADJ nicht (einzeln) angegeben *od* aufgeführt, nicht spezifiziert

unspeculative ADJ (ADV **~ly**) 1 PHIL nicht spekulativ 2 nicht auf vorherigen Überlegungen beruhend 3 WIRTSCH zuverlässig, ohne Risiko

unspent ADJ 1 nicht ausgegeben, nicht verbraucht 2 nicht verausgabt *od* erschöpft

unspiritual ADJ (ADV **~ly**) ungeistig

unspoiled, **unspoilt** ADJ 1 *allg* unverdorben 2 nicht verzogen (*Kind*)

unspoken ADJ 1 un(aus)gesprochen, ungesagt 2 stillschweigend (*Übereinkommen etc*)

unspontaneous ADJ (ADV **~ly**) nicht spontan: a nicht impulsiv b unfreiwillig c gezwungen

unsporting, **unsportsmanlike**, *umg* **unsporty** ADJ unsportlich, unfair: **~ behavio(u)r** unsportliches Verhalten

unspotted ADJ 1 fleckenlos 2 *fig* makellos, unbefleckt 3 *umg* unentdeckt

unsprung ADJ TECH ungefedert

unstable ADJ (ADV **unstably**) 1 nicht fest *od* stabil (*a. fig*) 2 *bes* CHEM, TECH instabil 3 *fig* unbeständig 4 *fig* ungefestigt: **(emotionally) ~** labil

unstained ADJ 1 → unspotted 1, 2 2 ungefärbt

unstamped ADJ 1 ungestempelt 2 unfrankiert (*Brief etc*)

unstarched ADJ ungestärkt

unstatesmanlike ADJ unstaatsmännisch

unsteadiness S 1 Unsicherheit *f* 2 Unbeständigkeit *f*, Schwanken *n* (*beide a.* WIRTSCH) 3 *fig* Unsolidität *f* 4 Unregelmäßigkeit *f*

unsteady A ADJ (ADV **unsteadily**) 1 unsicher, wack(e)lig 2 schwankend, unbeständig (*beide a.* WIRTSCH *Kurs, Markt*), unstet 3 *fig* unsolide 4 unregelmäßig B V/T aus dem (*a.* seelischen) Gleichgewicht bringen

unstick V/T *irr* lösen, losmachen

unstinted ADJ uneingeschränkt, rückhaltlos, voll; **unstinting** → unsparing 1, 2

unstitch V/T auftrennen: **~ed** a aufgetrennt b ungesteppt (*Falte*); **come ~ed** aufgehen (*Naht etc*)

unstop V/T 1 entkorken, entstöpseln, aufmachen 2 *e-n Abfluss etc* frei machen; **unstoppable** ADJ (ADV **unstoppably**) ADJ SPORT unhaltbar; **unstopped** ADJ 1 unverschlossen, offen 2 ungehindert 3 LING a offen (*Konsonant*) b ohne Pause (*Zeilenschluss*)

unstrained ADJ 1 unfiltriert, ungefiltert 2 nicht angespannt (*a. fig*) 3 *fig* ungezwungen, natürlich

unstrap V/T ab-, auf-, losschnallen

unstressed ADJ 1 LING unbetont 2 ELEK, PHYS, TECH unbelastet

unstring V/T irr 1 *aufgereihte Perlen etc* abfädeln, abreihen 2 MUS entsaiten 3 *e-n Beutel etc* aufziehen, öffnen 4 *fig j-s Nerven* stark strapazieren, *j-n* (nervlich) arg mitnehmen
unstrung ADJ 1 abgefädelt, abgereiht *(Perlen etc)* 2 MUS a saitenlos *(Instrument)* b entspannt *(Saite, Bogen)* 3 *fig* a zerrüttet *(Nerven, Person)* b entnervt *(Person)*
unstuck ADJ: **come ~** a sich lösen, abgehen *(Briefmarke etc)* b *fig* scheitern *(Person, Plan etc)*
unstudied ADJ 1 nicht (ein)studiert 2 unbewandert (**in** in *dat*) 3 ungesucht, ungekünstelt, natürlich
unstylish ADJ (ADV ~ly) unmodisch, unelegant
unsubdued ADJ 1 unbezwungen, nicht überwältigt 2 nicht unterworfen *od* unterjocht
unsubmissive ADJ (ADV ~ly) 1 ungehorsam 2 nicht unterwürfig
unsubstantial ADJ (ADV ~ly) 1 immateriell, unstofflich, unkörperlich 2 unwesentlich *(Unterschied etc)* 3 wenig stichhaltig *od* fundiert *(Argument etc)* 4 gehaltlos *(Essen etc)*; **unsubstantiality** S 1 Unstofflichkeit *f*, Unkörperlichkeit *f* 2 Unwesentlichkeit *f* 3 Gehaltlosigkeit *f*
unsubstantiated ADJ 1 nicht erhärtet 2 unbegründet
unsuccess S Misserfolg *m*, Fehlschlag *m*; **unsuccessful** ADJ (ADV ~ly) 1 erfolglos, fruchtlos, vergeblich: **be ~** keinen Erfolg haben, sein Ziel nicht erreichen; **be ~ in doing sth** etwas ohne Erfolg tun, keinen Erfolg bei *od* mit etwas haben; **~ applicants** zurückgewiesene *od* abgelehnte Bewerber; **~ candidates** durchgefallene Kandidaten; **~ party** JUR unterlegene Partei 2 misslungen, missglückt, erfolglos *(Experiment etc)*; **unsuccessfulness** S Erfolglosigkeit *f*
unsuggestive ADJ (ADV ~ly) keine Hinweise gebend (**of** auf *akk*)
unsuitable ADJ (ADV unsuitably) 1 unpassend, ungeeignet *(beide:* **to, for** für, zu): **be ~** nicht passen, sich nicht eignen 2 unangemessen, unschicklich *(beide:* **to, for** für): **be ~** sich nicht schicken; **unsuited** → unsuitable 1
unsullied ADJ *bes poet* 1 jungfräulich *(Schnee)* 2 *meist fig* unbefleckt, makellos
unsung ADJ *bes poet* unbesungen *(Held, Tat etc)*
unsupplied ADJ 1 unversorgt, nicht versehen *(beide:* **with** mit) 2 MIL ohne Nachschub 3 nicht befriedigt *(Bedürfnis)*, nicht behoben *(Mangel)*
unsupportable ADJ (ADV unsupportably) unerträglich; **unsupported** ADJ (ADV ~ly) 1 ungestützt 2 unbestätigt, ohne Unterlagen 3 nicht unterstützt *(Antrag, Kinder etc)*
unsuppressed ADJ nicht unterdrückt
unsure ADJ *allg* unsicher (**of** *gen*): **~ of o.s.** unsicher; **I am ~ of her agreement** ich bin (mir) nicht sicher, ob sie zustimmt; **unsureness** S Unsicherheit *f*
unsurmountable ADJ 1 unübersteigbar 2 *fig* unüberwindlich
unsurpassable ADJ (ADV unsurpassably) unübertrefflich; **unsurpassed** ADJ unübertroffen
unsusceptible ADJ (ADV unsusceptibly) 1 unempfindlich (**to** gegen): **~ to pain** schmerzunempfindlich 2 unempfänglich (**to** für *Schmeicheleien etc*)
unsuspected ADJ (ADV ~ly) 1 unvermutet, ungeahnt 2 unverdächtig(t): **be ~** nicht unter Verdacht stehen; **unsuspecting** ADJ (ADV ~ly) 1 nichts ahnend, ahnungslos: **~ of …** ohne etwas zu ahnen von … 2 arglos, nicht misstrauisch, gutgläubig: **be ~** *a.* keinen Verdacht schöpfen
unsuspicious ADJ (ADV ~ly) 1 arglos, nicht argwöhnisch 2 unverdächtig, harmlos
unsustainable ADJ (ADV unsustainably) unhaltbar, nicht aufrechtzuerhalten(d)
unswathe V/T auswickeln
unswayed ADJ unbeeinflusst
unswear V/T irr abschwören *(dat)*
unsweetened ADJ 1 ungesüßt 2 *fig* unversüßt
unswerving ADJ (ADV ~ly) unbeirrbar, unerschütterlich
unsworn ADJ JUR 1 unbeeidet *(Erklärung etc)* 2 unvereidigt *(Zeuge etc)*
unsymmetrical ADJ (ADV ~ly) unsymmetrisch
unsympathetic ADJ (ADV ~ally) teilnahmslos, ohne Mitgefühl
unsystematic ADJ (ADV ~ally) unsystematisch, planlos
untactful ADJ (ADV ~ly) taktlos
untainted ADJ 1 fleckenlos *(a. fig)* 2 unverdorben *(Nahrungsmittel)* 3 *fig* tadel-, makellos 4 *fig* unbeeinträchtigt (**with** von)
untalented ADJ untalentiert, unbegabt
untam(e)able ADJ un(be)zähmbar; **untamed** ADJ ungezähmt *(a. fig)*
untangle V/T 1 entwirren *(a. fig)* 2 aus e-r schwierigen Lage befreien
untanned ADJ 1 ungegerbt *(Leder)* 2 ungebräunt *(Haut)*
untapped ADJ unangezapft *(a. fig)*: **~ resources** ungenützte Hilfsquellen; **~ educational potential** Begabungsreserve *f*
untarnished ADJ 1 ungetrübt 2 *a. fig* makellos, unbefleckt
untasted ADJ 1 ungekostet *(a. fig)* 2 *fig* (noch) nicht kennengelernt
untaught ADJ 1 ungelehrt, nicht unterrichtet 2 unwissend, ungebildet 3 ungelernt, selbst entwickelt *(Fähigkeiten)*
untaxed ADJ unbesteuert, steuerfrei
unteach V/T irr 1 *j-n* das Gegenteil lehren (von) 2 *j-n etwas* vergessen lassen; **unteachable** ADJ 1 unbelehrbar *(Person)* 2 nicht lehrbar *(Sache)*
untearable ADJ unzerreißbar
untechnical ADJ (ADV ~ly) untechnisch
untempered ADJ 1 TECH ungehärtet, ungetempert *(Stahl)* 2 *fig* ungemildert (**with, by** durch)
untenable ADJ unhaltbar *(Theorie etc)*
untenantable ADJ 1 unbewohnbar 2 JUR unpacht-, unmietbar; **untenanted** ADJ 1 unbewohnt, leer (stehend) 2 JUR ungepachtet, ungemietet
untended ADJ 1 unbehütet, unbeaufsichtigt 2 ungepflegt, vernachlässigt
untested ADJ 1 ungeprüft, ungetestet 2 nicht erprobt
unthankful ADJ (ADV ~ly) undankbar
unthink irr A V/T 1 s-e Meinung ändern über *(akk)* 2 sich *etwas* aus dem Kopf schlagen B V/I s-e Meinung ändern, *weitS.* umdenken; **unthinkable** ADJ (ADV unthinkably) undenkbar, unvorstellbar; **unthinking** ADJ (ADV ~ly) 1 gedanken-, achtlos 2 nicht denkend
unthoughtful ADJ (ADV ~ly) 1 gedankenlos 2 unachtsam (**of** mit); **unthought-of** ADJ 1 unerwartet, unvermutet 2 unvorstellbar
unthread V/T 1 *e-e Nadel* ausfädeln, den Faden herausziehen aus 2 *Perlen etc* abfädeln, abreihen 3 *a. fig* sich hindurchfinden durch, aus *e-m Labyrinth etc* herausfinden 4 *meist fig* entwirren
unthriftiness S Verschwendung *f*, Unwirtschaftlichkeit *f*; **unthrifty** ADJ (ADV unthriftily) 1 verschwenderisch: a nicht haushälterisch b unwirtschaftlich *(a. Sache)* 2 *poet* nicht gedeihend
unthrone V/T entthronen *(a. fig)*
untidiness S Unordnung *f*, Unordentlichkeit *f*; **untidy** ADJ (ADV untidily) unordentlich
untie V/T 1 aufknoten, *e-n Knoten* lösen *(a. fig)*: **his shoe came ~d** sein Schuh ging auf 2 *j-n, etwas* losbinden (**from** von)
until [ənˈtɪl; ʌn-] A PRÄP 1 bis *(zeitlich)*: **~ recall** bis auf Widerruf 2 **not ~** erst; **not ~ Monday** erst (am) Montag B KONJ 1 bis: **we waited ~ he came** 2 **not ~** erst als *od* wenn, nicht eher als
untilled ADJ AGR unbebaut, nicht bestellt
untimeliness S Unzeit *f*, falscher *od* verfrühter Zeitpunkt; **untimely** ADJ & ADV unzeitig: a vorzeitig, verfrüht: **put an ~ end to sth** e-r Sache ein vorzeitiges Ende bereiten b ungelegen, unpassend, zum falschen Zeitpunkt
untinged ADJ 1 ungefärbt 2 **~ by** *fig* frei von, ohne
untiring ADJ (ADV ~ly) unermüdlich, nimmermüde
untitled ADJ 1 unbetitelt 2 a ohne Titel b ohne (Adels)Rang 3 ohne Rechtsanspruch *od* -titel, unberechtigt
unto [ˈʌntʊ] PRÄP *obs od poet od* BIBEL → to A
untogether ADJ *sl* unausgeglichen: **an ~ young man**
untold ADJ 1 a unerzählt b ungesagt: **leave nothing ~** nichts unerwähnt lassen 2 unsäglich, unsagbar *(Leiden etc)* 3 zahllos 4 unermesslich: **of ~ wealth** unermesslich reich
untouchable A ADJ (ADV untouchably) 1 unberührbar *(a. fig)* 2 *fig* unantastbar, unangreifbar 3 *fig* unerreichbar B S Unberührbare(r) *m/f(m)* *(bei den Hindus)*; **untouched** ADJ 1 unberührt *(Essen etc) (a. fig Mädchen etc)*, unangetastet *(a. Vorrat)*, unversehrt, unverändert: **stand ~** unangetastet bleiben *(Rekord etc)* 2 *fig* ungerührt, unbewegt 3 nicht zurechtgemacht, *engS.* ungeschminkt 4 FOTO unretuschiert 5 *fig* unerreicht *(Perfektion etc)*
untoward [ˌʌntəˈwɔː(r)d; ʌnˈtəʊə(r)d] ADJ (ADV ~ly) 1 *obs* ungefügig, widerspenstig *(a. fig)* 2 ungünstig, unglücklich, widrig *(Umstand etc)*, schlecht *(Vorzeichen etc)*; **untowardness** S 1 *obs* Widerspenstigkeit *f* 2 Widrigkeit *f*
untraceable ADJ unauffindbar, nicht ausfindig zu machen(d)
untrained ADJ 1 ungeschult *(a. fig)*, *a.* MIL unausgebildet 2 SPORT untrainiert 3 ungeübt 4 undressiert *(Hund etc)*
untrammel(l)ed ADJ *bes fig* ungehemmt
untranslatable ADJ (ADV untranslatably) unübersetzbar
untravel(l)ed ADJ 1 unbefahren *(Straße etc)* 2 nicht weit gereist, nicht weit herumgekommen *(Person)*
untreated ADJ *(a. chemisch etc)* unbehandelt
untried ADJ 1 a unerprobt, ungeprüft b unversucht 2 JUR a unerledigt, (noch) nicht verhandelt b (noch) nicht vor Gericht gestellt c ohne Prozess
untrimmed ADJ 1 unbeschnitten *(Bart, Hecke etc)* 2 nicht (ordentlich) zurechtgemacht 3 ungeschmückt
untrodden ADJ unberührt *(Schnee, Wildnis etc)*: **~ paths** *fig* neue Wege
untroubled ADJ 1 ungestört, unbelästigt 2 ruhig, friedlich *(Zeiten etc)*: **~ mind** unbeschwertes Gemüt 3 glatt *(Wasser)*, ungetrübt *(a. fig)*
untrue ADJ 1 untreu (**to** *dat*) 2 unwahr: a falsch, irrig b lügnerisch 3 ungenau 4 MUS unrein 5 unvollkommen 6 (**to**) nicht in Übereinstimmung (mit), abweichend (von) 7 TECH a unrund b ungenau; **untruly**

ADV fälschlich(erweise)
untrustworthiness S Unzuverlässigkeit *f*; **untrustworthy** ADJ (ADV untrustworthily) unzuverlässig, nicht vertrauenswürdig
untruth S 1 Unwahrheit *f* 2 Falschheit *f*; **untruthful** ADJ (ADV ~ly) 1 unwahr (*a. Sache*), unaufrichtig 2 falsch, irrig; **untruthfulness** → untruth
untuck V/T 1 auswickeln, herauswickeln, lösen 2 *Schneiderei: e-e Falte* auslassen
untune V/T 1 verstimmen 2 *fig* durcheinanderbringen, verwirren; **untuneful** ADJ (ADV ~ly) unmelodisch
unturned ADJ nicht umgedreht: → stone C 1
untutored ADJ 1 ungebildet, ungeschult 2 unerzogen 3 unverbildet, naiv, natürlich 4 unkultiviert
untwine, **untwist** A V/T 1 aufdrehen, -flechten 2 *bes fig* entwirren, lösen 3 *bes fig* trennen B V/I sich aufdrehen, aufgehen
untypical ADJ (ADV ~ly) untypisch (**of** für)
unused ADJ 1 unbenutzt, ungebraucht, nicht verwendet: **~ capital** brachliegendes Kapital; **~ credit** nicht beanspruchter Kredit 2 a nicht gewöhnt (**to** an *akk*) b **be ~ to doing sth** es nicht gewohnt sein, etwas zu tun
unusual ADJ (ADV ~ly) un-, außergewöhnlich: **it is ~ for him to get drunk** es ist nicht s-e Art, sich zu betrinken; **unusualness** S Ungewöhnlichkeit *f*, (*das*) Außergewöhnliche
unutterable ADJ (ADV unutterably) 1 unaussprechlich (*a. fig*) 2 → unspeakable 1 3 unglaublich, Erz...: **~ scoundrel** Erzgauner(in); **unuttered** ADJ unausgesprochen, ungesagt
unvalued ADJ 1 nicht (ab)geschätzt, untaxiert: **~ stock** WIRTSCH *bes US* nennwertlose Aktie 2 nicht geschätzt, wenig geachtet
unvaried ADJ unverändert, einförmig
unvarnished ADJ 1 TECH ungefirnisst 2 *fig* ungeschminkt (*Wahrheit etc*) 3 *fig* schlicht, einfach
unvarying ADJ (ADV ~ly) unveränderlich, gleichbleibend
unveil A V/T 1 *das Gesicht etc* entschleiern, *ein Denkmal etc* enthüllen (*beide a. fig*): **~ed** unverschleiert, unverhüllt (*beide a. fig*) 2 sichtbar werden lassen B V/I 1 sich entschleiern (*a. fig*) 2 *fig* sich enthüllen
unventilated ADJ 1 ungelüftet, nicht ventiliert 2 *fig* unerörtert, nicht zur Sprache gebracht
unveracious ADJ (ADV ~ly) unwahr
unverified ADJ unbewiesen, unbelegt
unversed ADJ unbewandert (**in** in *dat*)
unvitiated ADJ *allg* unverdorben
unvoice V/T LING stimmlos aussprechen; **unvoiced** ADJ 1 unausgesprochen, nicht geäußert 2 LING stimmlos
unvouched(-for) ADJ unverbürgt
unvouchered ADJ: **~ fund** POL *US* Reptilienfonds *m*
unvulcanized ADJ nicht vulkanisiert: **~ rubber** Rohgummi *n/m*
unwaged ADJ *bes Br* arbeitslos
unwanted ADJ unerwünscht: **~ pregnancy** ungewollte Schwangerschaft; → alien B 1
unwariness S 1 Unvorsichtigkeit *f* 2 Unüberlegtheit *f*
unwarlike ADJ friedliebend, unkriegerisch
unwarped ADJ 1 nicht verzogen (*Holz*) 2 *fig* unparteiisch
unwarrantable ADJ nicht zu rechtfertigen(d), ungerechtfertigt; **unwarrantably** ADV in nicht zu rechtfertigender *od* ungerechtfertigter Weise; **unwarranted** ADJ (ADV ~ly) 1 ungerechtfertigt 2 unverbürgt, ohne Gewähr
unwary ADJ (ADV unwarily) 1 unvorsichtig 2 unüberlegt
unwashed ADJ ungewaschen: **the great ~** *pl koll fig pej* der Pöbel
unwatched ADJ unbeobachtet
unwatchful ADJ (ADV ~ly) 1 nicht wachsam 2 nicht auf der Hut (**against** vor *dat*)
unwatered ADJ 1 unbewässert, (*Pflanzen etc a.*) nicht be- *od* gegossen, (*Rasen, Straße etc a.*) nicht gesprengt 2 unverwässert (*Milch etc; a.* WIRTSCH *Kapital*)
unwavering ADJ (ADV ~ly) unerschütterlich, standhaft, unentwegt
unweakened ADJ 1 ungeschwächt 2 unverdünnt (*Getränk etc*)
unweaned ADJ (noch) nicht entwöhnt
unwearable ADJ untragbar: **these clothes are ~** diese Sachen kann man nicht tragen
unwearied ADJ (ADV ~ly) 1 nicht ermüdet, frisch 2 unermüdlich; **unwearying** ADJ (ADV ~ly) 1 unermüdlich 2 (immer) gleichbleibend
unwed(ded) ADJ unverheiratet
unweighed ADJ 1 ungewogen 2 *fig* nicht abgewägt *od* abgewogen, unbedacht
unwelcome ADJ unwillkommen (*a. fig unangenehm*): **make sb feel ~** j-n vergraulen *umg*
unwell ADJ: **she is** (*od* **feels**) **~** sie fühlt sich unwohl *od* unpässlich, sie ist unpässlich (*a. euph sie hat ihre Periode*)
unwept ADJ 1 unbeweint 2 ungeweint (*Tränen*)
unwholesome ADJ (ADV ~ly) 1 *allg* ungesund (*a. fig*) 2 *fig* verderbt, verdorben; **unwholesomeness** S Ungesundheit *f*, *fig a.* (*das*) Ungesunde
unwieldiness S 1 Unbeholfenheit *f*, Schwerfälligkeit *f* 2 a Unhandlichkeit *f* b Sperrigkeit *f*; **unwieldy** ADJ (ADV unwieldily) 1 unbeholfen, schwerfällig 2 a unhandlich b sperrig
unwilled ADJ ungewollt; **unwilling** ADJ un-, widerwillig: **~ly** *adv a.* ungern; **be ~ to do** abgeneigt sein, *etwas* zu tun; *etwas* nicht wollen; **I am ~ to admit it** ich gebe es (nur) ungern zu; **unwillingness** S Widerwille *m*, Abgeneigtheit *f*
unwind [-ˈwaɪnd] *irr* A V/T 1 ab-, auf-, loswickeln, abspulen, *Papier etc* abrollen, *e-n Verband etc* abwickeln, abnehmen 2 *fig* entwirren B V/I 1 sich ab- *od* loswickeln, aufgehen, sich lockern 2 *umg* abschalten, sich entspannen: **~ from** sich frei machen von
unwinking ADJ (ADV ~ly) 1 unverwandt, starr (*Blick*) 2 *fig* wachsam
unwinnable ADJ nicht zu gewinnen(d), aussichtslos
unwisdom S Unklugheit *f*, Torheit *f*
unwise ADJ (ADV ~ly) unklug, töricht
unwished ADJ 1 ungewünscht 2 *a.* **~-for** unerwünscht
unwithered ADJ 1 unverwelkt 2 *fig* jung, frisch
unwitnessed ADJ unbezeugt: a nicht gesehen *od* beobachtet b JUR ohne Zeugenunterschrift
unwitting ADJ (ADV ~ly) 1 unwissend 2 unwissentlich, unabsichtlich
unwomanliness S Unweiblichkeit *f*, Unfraulichkeit *f*; **unwomanly** A ADJ 1 unweiblich, unfraulich 2 für e-e Frau ungeeignet (*Arbeit etc*) B ADV nicht wie e-e Frau (es tut)
unwonted ADJ (ADV ~ly) 1 *obs* → unused 2 2 ungewöhnlich, unüblich
unwooded ADJ unbewaldet
unworkable ADJ 1 unausführbar, undurchführbar (*Plan etc*) 2 TECH nicht bearbeitungsfähig, un(ver)formbar 3 TECH nicht betriebsfähig 4 *Bergbau*: nicht abbauwürdig; **unworked** ADJ 1 unbearbeitet (*Boden etc*), roh (*a.* TECH) 2 *Bergbau*: unverritzt: **~ coal** anstehende Kohle
unworkmanlike ADJ unfachmännisch, unfachgemäß
unworldliness S 1 unweltliche Gesinnung, Weltfremdheit *f* 2 Uneigennützigkeit *f* 3 Geistigkeit *f*; **unworldly** ADJ 1 unweltlich, nicht weltlich (gesinnt), weltfremd 2 uneigennützig 3 unweltlich, unirdisch, geistig
unworn ADJ 1 ungetragen (*Kleidungs-, Schmuckstück etc*) 2 nicht abgetragen *od* abgenutzt 3 *fig* unverbraucht
unworthiness S Unwürdigkeit *f*; **unworthy** ADJ (ADV unworthily) unwürdig, nicht würdig (*beide*: **of** *gen*): **he is ~ of it** er ist dessen unwürdig, er verdient es nicht, er ist es nicht wert; **he is ~ of respect** er verdient keine Achtung
unwound [-ˈwaʊnd] ADJ 1 abgewickelt 2 abgelaufen, nicht aufgezogen (*Uhr*)
unwounded [-ˈwuːndɪd] ADJ unverwundet, unverletzt
unwoven ADJ ungewebt
unwrap V/T auf-, auswickeln, auspacken
unwrinkle V/T glätten; **unwrinkled** ADJ glatt, faltenlos, nicht gerunzelt
unwritten ADJ 1 ungeschrieben: **~ law** a JUR ungeschriebenes Recht b *fig* ungeschriebenes Gesetz 2 *a.* **~-on** unbeschrieben
unwrought ADJ unbearbeitet, unverarbeitet: **~ goods** Rohstoffe
unyielding ADJ (ADV ~ly) 1 unbiegsam, starr 2 nicht nachgebend (**to** *dat*), fest (*a. fig*) 3 *fig* unnachgiebig, hart, unbeugsam
unyoke V/T 1 aus-, losspannen 2 *fig* (los)trennen, lösen
unzip A V/T 1 den Reißverschluss öffnen von (*od gen*) 2 *umg j-m* den Reißverschluss aufmachen 3 IT *e-e Datei etc* entzippen, -packen B V/I **her dress ~ped** der Reißverschluss ihres Kleids ging auf; **unzipped** ADJ 1 a ohne Reißverschluss b mit offenem Reißverschluss 2 *bes US sl* a durchgeknallt b überreizt c hysterisch
up [ʌp] A ADV 1 a nach oben, hoch, herauf, hinauf, in die Höhe, empor, aufwärts b oben (*a. fig*): **face ~** (mit dem) Gesicht nach oben; **... and ~** u. (noch) höher *od* mehr, von ... aufwärts; **~ and ~** höher u. höher, immer höher; **farther ~** weiter hinauf *od* (nach) oben; **three storeys ~** drei Stock hoch, (oben) im dritten Stock (-werk); **~ and down** a auf u. ab, hin u. her *od* zurück b *fig* überall; **buttoned all the way ~** bis oben (hin) zugeknöpft; **~ from** a (heraus) aus b von ... an, angefangen von ...; **~ from the country** vom Lande; **from my youth ~** von Jugend auf, seit m-r Jugend; **~ till now** bis jetzt 2 weiter (nach oben), höher (*a. fig*): **~ north** weiter im Norden 3 flussaufwärts, den Fluss hinauf 4 nach *od* im Norden: **~ from Cuba** von Kuba aus in nördlicher Richtung 5 a in der *od* in die (*bes* Haupt)Stadt b *Br bes* in *od* nach London: **he's ~ for a week** *Br* er ist e-e Woche (lang) in London 6 *Br* am *od* zum Studienort, im College *etc*: **he stayed ~ for the vacation** 7 *US umg* in (*dat*): **~ north** im Norden 8 aufrecht, gerade: **sit ~** gerade sitzen 9 **~ to** auf ... (*akk*) zu, zu ... (*hin*): **he went straight ~ to the door** er ging geradewegs auf die Tür zu *od* zur Tür 10 SPORT *etc* erzielt (*Punktzahl*): **with a hundred ~** mit hundert (Punkten) 11 *Tischtennis etc*: auf: **two ~** zwei auf, beide zwei 12 *Baseball*: am Schlag 13 SCHIFF luvwärts, gegen den Wind 14 **~ to** a hinauf nach *od* zu b bis (zu), bis an *od* auf (*akk*) c gemäß, entsprechend: **~ to six months** bis zu sechs Monaten; **~ to town** in

die Stadt, *Br bes* nach London; **~ to death** bis zum Tode; → chin A, count[1] C 1, date[2] A 10, expectation 1, mark[1] A 13, par A 3, scratch A 5, standard[1] A 6 **15** **be ~ to** *meist umg* a *etwas* vorhaben, *etwas* im Schilde führen b gewachsen sein *(dat)* c entsprechen *(dat)* d *j-s* Sache sein, abhängen von e fähig *od* bereit sein zu f vorbereitet *od* gefasst sein auf *(akk)* g vertraut sein mit, sich auskennen in *(dat)*: **what are you ~ to?** was hast du vor?, was machst du (**there** da)?; **he is ~ to no good** er führt nichts Gutes im Schilde; **it is ~ to him** es liegt an ihm, es hängt von ihm ab, es ist s-e Sache; **it is not ~ to much** es taugt nicht viel; **he is not ~ to much** mit ihm ist nicht viel los; → snuff[1] C 3, trick A 1, A 2 **16** *(in Verbindung mit Verben [siehe jeweils diese] bes als Intensivum)* a auf…, aus…, ver… b zusammen… **B** INT **~!** auf!, hoch!, herauf!, hinauf!: **~ (with you)!** (steh) auf!; **~ …!** hoch (lebe) …!; → bottom A 1 **C** PRÄP **1** auf … *(akk)* (hinauf): **~ the ladder** die Leiter hinauf; **~ the street** die Straße hinauf *od* entlang; **~ yours!** *vulg* leck(t) mich (doch)! **2** in das Innere *e-s Landes etc* (hinein): **~ (the) country** landeinwärts **3** gegen: **~ (the) wind** **4** oben an *od* auf *(dat)*, an der Spitze *(gen)*: **~ the tree** (oben) auf dem Baum; **further ~ the road** weiter oben in der Straße; **~ the yard** hinten im Hof **D** ADJ **1** Aufwärts…, nach oben gerichtet **2** im Inneren (des Landes *etc*) **3** nach der *od* zur Stadt: **~ train**; **~ platform** Bahnsteig *m* für Stadtzüge **4** a oben (befindlich), (nach oben) gestiegen b hoch *(a. fig)*: **be ~** *fig* an der Spitze sein, obenauf sein (→ D 6, D 11); **he is well ~ in that subject** *umg* in diesem Fach ist er auf der Höhe *od* gut beschlagen *od* firm; **prices are ~** die Preise sind gestiegen; **wheat is ~** WIRTSCH der Weizen steht hoch (im Kurs), der Weizenpreis ist gestiegen **5** höher **6** auf(gestanden), auf den Beinen *(a. fig)*: **be ~** auf sein (→ D 4, D 11); **be ~ and about (again)** (wieder) auf den Beinen sein; **be ~ late** lange aufbleiben; **be ~ again** wieder obenauf sein; **be ~ against a hard job** *umg* vor e-r schwierigen Aufgabe stehen; **be ~ against it** *umg* in der Klemme sein *od* sitzen *od* stecken **7** (zum Sprechen) aufgestanden: **the Home Secretary is ~** der Innenminister will sprechen *od* spricht **8** PARL *Br* geschlossen: **Parliament is ~** das Parlament hat s-e Sitzungen beendet *od* hat sich vertagt **9** *(bei verschiedenen Substantiven)* a aufgegangen *(Sonne, Samen)* b hochgeschlagen *(Kragen)* c hochgekrempelt *(Ärmel etc)* d aufgespannt *(Schirm)* e aufgeschlagen *(Zelt)* f hoch-, aufgezogen *(Vorhang etc)* g aufgestiegen *(Ballon etc)* h aufgeflogen *(Vogel)* i angeschwollen *(Fuß etc)* **10** schäumend *(Getränk)*: **the cider is ~** der Apfelwein schäumt **11** **be ~** (einwandfrei) funktionieren *(Computer)* (→ D 4, D 6); **~ time** Benutzerzeit *f* **12** *umg* in Aufruhr, erregt: **his temper is ~** er ist erregt *od* aufgebracht; **the whole country was ~** das ganze Land befand sich in Aufruhr; → arm[2] *Bes Redew*, blood A 2 **13** *umg* los, im Gange: **what's ~?** was ist los?; **is anything ~?** ist (irgendet)was los?; → hunt A 1 **14** zu Ende, abgelaufen, vorbei, um: **it's all ~** es ist alles aus; **it's all ~ with him** *koll* es ist aus mit ihm; → game[1] A 6, time A 11 **15** **~ with** *j-m* ebenbürtig *od* gewachsen **16** **~ for** bereit zu: **be ~ for election** auf der Wahlliste stehen; **be ~ for examination** sich e-r Prüfung unterziehen; **be ~ for murder** JUR unter Mordanklage stehen; **be ~ for sale** zum Kauf stehen; **be ~ for trial** JUR a vor Gericht stehen b verhandelt werden **17** SPORT, *Spiel*: um *e-n Punkt etc* voraus: **be one ~**; **one ~ for you** eins zu null für dich *(a. fig)* **E** V/I **1** *umg* aufstehen, aufspringen: **~ and ask sb** j-n plötzlich fragen **2** **~ with** *US umg etwas* hochreißen: **he ~ped with his shotgun** **3** *bes US sl* Aufputschmittel nehmen **F** V/T *umg e-n Preis, die Produktion etc* erhöhen **G** S **1** Aufwärtsbewegung *f*, An-, Aufstieg *m*: **the ~s and downs** *pl* das Auf u. Ab; **the ~s and downs of life** die Höhen u. Tiefen des Lebens; **he has had many ~s and downs in his life** er hat schon viele Höhen u. Tiefen erlebt; **on the ~ and ~** *umg* a *Br* im Steigen (begriffen), im Kommen b *US* in Ordnung, anständig, ehrlich; **our firm's on the ~ and ~** *Br umg* mit unserer Firma geht es aufwärts, unsere Firma ist im Aufwind; **he's on the ~ and ~** *umg* er macht keine krummen Touren **2** *umg* Preisanstieg *m*, Wertzuwachs *m* **3** *bes US* → upper B 4

up. ABK **1** under proof **2** upper ob.

up-and-coming ADJ aufstrebend, vielversprechend

up-and-down ADJ **1** auf u. ab *od* von oben nach unten gehend: **~ looks** kritisch musternde Blicke; **~ motion** Auf- u. Abbewegung *f*; **~ stroke** TECH Doppelhub *m* **2** uneben *(Gelände etc)* **3** *bes US* senkrecht

Upanishad [uːˈpʌnɪʃəd; uːˈpɑːnɪʃɑːd; uːˈpænɪʃæd; juː-] S Upanischad *f (altindische philosophisch-theologische Abhandlung)*

upas [ˈjuːpəs] S **1** *a.* **~ tree** BOT Upasbaum *m* **2** Upas *n (als Pfeilgift verwendeter Milchsaft des Upasbaumes)*

upbear V/T *irr* tragen, stützen

upbeat **A** S **1** MUS Auftakt *m* **2** LIT a → anacrusis b betonte Silbe **3** *fig* Aufschwung *m*: **on the ~** im Aufschwung (begriffen) **B** ADJ *umg* optimistisch, beschwingt

up-bow [-bəʊ] S MUS Aufstrich *m*

upbraid V/T **1** *j-m* Vorwürfe machen, *j-n* tadeln, rügen *(alle:* **with, for** wegen): **~ sb with** (*od* **for**) **sth** *a.* j-m etwas vorwerfen *od* vorhalten **2** etwas auszusetzen haben an *(dat)*, herumnörgeln an *(dat) umg*; **upbraiding** **A** S Vorwurf *m*, Tadel *m*, Rüge *f* **B** ADJ (ADV **~ly**) vorwurfsvoll, tadelnd

upbringing S **1** Erziehung *f* **2** Groß-, Aufziehen *n*

upcast **A** ADJ emporgerichtet *(Blick etc)*, aufgeschlagen *(Augen)* **B** S *a.* **~ shaft** *(Bergbau)* Wetter-, Luftschacht *m* **C** V/T *irr* **1** hochwerfen **2** *den Blick etc* emporrichten, *die Augen* aufschlagen

upcoming ADJ *bes US* kommend, bevorstehend

upcountry **A** ADJ **1** im Inneren des Landes (gelegen *od* lebend), binnenländisch **2** *pej* bäurisch **B** S *(das)* (Landes)Innere, Binnen-, Hinterland *n* **C** ADV [ʌpˈkʌntrɪ] landeinwärts

upcurrent S Aufwind *m*

update **A** V/T [ʌpˈdeɪt] auf den neuesten Stand bringen *(a. j-n:* **on** bezüglich), aktualisieren **B** S [ˈʌpdeɪt] **1** Unterlagen *pl etc* über den neuesten Stand **2** auf den neuesten Stand gebrachte *od* aktualisierte Version *etc*, IT Update *n* **3** Aktualisierung *f*, IT Update *n*

updo S *umg* Hochfrisur *f*

updraft, *bes Br* **updraught** S Aufwind *m*: **~ carburet(t)or** AUTO, TECH Steigstromvergaser *m*

upend V/T **1** hochkant stellen, *ein Fass etc* aufrichten **2** *ein Gefäß* umstülpen **3** *umg j-n* niederschlagen **4** *fig* völlig durcheinanderbringen

upfront *umg* **A** ADJ **1** vorderst(er, e, es) **2** freimütig, direkt, offen: **be very ~ about** ganz offen sprechen über *(akk)* **3** führend *(Persönlichkeit etc)* **4** Voraus…: **~ payment** **B** ADV **1** → A 1 **2** im Voraus

upgrade [ˈʌpgreɪd] **A** S **1** *bes US* Steigung *f*, Anstieg *m* **2** **on the ~** *fig* im (An)Steigen (begriffen) **B** ADJ *bes US* an-, aufsteigend **C** ADV *bes US* bergauf **D** V/T [ʌpˈgreɪd] **1** höher einstufen: **~ sb's status** j-n aufwerten **2** *j-n* (im Rang) befördern **3** WIRTSCH a (die Qualität *gen*) verbessern b *ein Produkt* durch ein höherwertiges Erzeugnis ersetzen **4** *e-n Computer etc* nachrüsten

upgrowth S **1** Entwicklung *f*, Wachstum *n* **2** Produkt *n* (e-s Entwicklungs- *od* Wachstumsprozesses)

upheaval S **1** *(meist* vulkanische) (Boden)Erhebung **2** *fig* Umwälzung *f*, Umbruch *m*: **social ~s** soziale Umwälzungen; **upheave** *a. irr* **A** V/T **1** hoch-, emporheben **2** emporschleudern **3** *fig* in Aufruhr versetzen **B** V/I sich heben

uphill **A** ADV **1** den Berg hinauf, bergauf, bergan **2** aufwärts **B** ADJ **1** bergauf führend, ansteigend **2** auf dem Berg gelegen, hoch gelegen, oben gelegen **3** *fig* mühselig, hart *(Aufgabe etc)* **C** S [ˈʌphɪl] Steigung *f*, Anstieg *m*

uphold V/T *irr* **1** hochhalten, aufrecht halten **2** (hoch)heben **3** halten, stützen *(a. fig)* **4** *fig* aufrechterhalten, unterstützen **5** JUR *ein Urteil etc* (in zweiter Instanz) bestätigen **6** *fig* beibehalten **7** *Br* instand halten, in gutem Zustand erhalten; **upholder** S Erhalter(in), Verteidiger(in), Wahrer(in): **~ of public order** Hüter(in) der öffentlichen Ordnung

upholster [ʌpˈhəʊlstə(r)] V/T **1** a (auf-, aus)polstern: **~ed goods** Polsterwaren b beziehen **2** *ein Zimmer* (mit Teppichen, Vorhängen *etc*) ausstatten; **upholsterer** S Polsterer *m*, Polsterin *f*; **upholstery** S **1** a Polstermaterial *n*, Polsterung *f* b (Möbel)Bezugsstoff *m* **2** Polstern *n*, Polsterung *f*

uphroe [ˈjuːfrəʊ] S SCHIFF Jungfernblock *m*

UPI ABK United Press International *(amer. Nachrichtenagentur)*

upkeep S **1** a Instandhaltung *f* b Instandhaltungskosten *pl* **2** a Unterhalt *m* b Unterhaltskosten *pl*

upland [ˈʌplənd; *US a.* ˈʌpˌlænd] **A** S *a. pl* Hochland *n* **B** ADJ Hochland(s)…

uplift **A** V/T [ʌpˈlɪft] **1** emporheben **2** *s-e Stimme, a. das Niveau, j-s Stimmung etc* heben **3** *fig* aufrichten, Auftrieb verleihen *(dat)*, erbauen **B** S [ˈʌplɪft] **1** *fig* Erbauung *f*, (innerer) Auftrieb **2** *fig* a Hebung *f*, Besserung *f* b (soziale) Aufbauarbeit c Aufschwung *m* **3** GEOL Horst *m*, (Boden)Erhebung *f* **4** **~ bra** Stütz-BH *m umg*

upload V/T IT *ein Programm etc* uploaden, hinaufladen

up-market **A** ADJ a Luxus…: **~ car** (**flat**, *etc*) b exklusiv *(Geschäft etc)* **B** ADV: **go ~** Waren für e-n anspruchsvollen Kundenkreis produzieren *od* anbieten

upmost → uppermost

upon [əˈpɒn; *US a.* əˈpɑn] PRÄP → on A (**upon** *ist, bes in der Umgangssprache, weniger häufig als* **on**, *jedoch in folgenden Fällen üblich*): a *in verschiedenen Redewendungen*: **~ this** hierauf, -nach, darauf (-hin); **Christmas is almost ~ us** Weihnachten steht vor der Tür b *in Beteuerungen*: → word B 4, *etc* c *in kumulativen Wendungen*: **loss ~ loss** Verlust auf Verlust, dauernde Verluste; **petition ~ petition** ein Gesuch nach dem anderen d *als Märchenanfang*: → once A 3

upper [ˈʌpə(r)] **A** ADJ **1** ober(er, e, es), Ober…, höher(er, e, es) *(a. fig)*: **~ edge** Oberkante *f*; **~ part** Oberteil *n*; → circle A 4, jaw A 1, lip A 1, storey **2** a höhergelegen b im Inland gelegen: **~ woods** **3** höherstehend, übergeordnet **B** S **1** *von Schuhen*: a Oberleder *n* b Obermaterial *n*: **"~ real leather"**; **be (down) on one's ~s** *umg* die Schuhe durchgelaufen haben, *fig* total abgebrannt *od* auf dem Hund sein 2 *umg* oberes Bett (*im Schlafwagen etc*) 3 *umg* a oberer Zahn b *pl* obere Zahnprothese 4 *sl* Aufputschmittel *n*; ~ **arm** S Oberarm *m*; ~ **bed** S *Bergbau*: Hangende(s) *n*; ~ **body** S ANAT Oberkörper *m*; ~ **brain** S ANAT Großhirn *n*; ~ **case** S TYPO 1 Oberkasten *m* 2 Versalien *pl*, Großbuchstaben *pl*; **~-case** TYPO A ADJ 1 in Versalien *od* Großbuchstaben (gedruckt *od* geschrieben) 2 Versal…: ~ **letters** Versalien, Großbuchstaben B V/T in Versalien *od* Großbuchstaben drucken *od* schreiben; ~ **chamber** → upper house; ~ **class** S, *a. pl* SOZIOL Oberschicht *f*; **~-class** ADJ 1 SOZIOL … der Oberschicht 2 vornehm, fein; ~ **course** S Oberlauf *m* (*e-s Flusses*); ~ **crust** S (*a. als pl konstruiert*) *umg* (*die*) Spitzen *pl* der Gesellschaft, die oberen Zehntausend; **~cut** (*Boxen*) A S Uppercut *m*, Aufwärtshaken *m* B V/T *irr j-m* e-n Aufwärtshaken versetzen C V/I e-n Aufwärtshaken schlagen; ~ **deck** S SCHIFF Oberdeck *n* (*a. e-s Omnibusses*); **~dog** → top dog; ~ **hand** S: **gain** (*od* **get**) **the** ~ die Oberhand gewinnen (**of, over** über *akk*), Oberwasser bekommen; ~ **house** S PARL Oberhaus *n*; ~ **leather** → upper B 1 a

uppermost A ADJ oberst(er, e, es), höchst(er, e, es) (*beide a. fig*): **be** ~ a an erster Stelle stehen, vorherrschen b die Oberhand haben; **be** ~ **in sb's mind** für j-n an erster Stelle stehen, j-m vor allem am Herzen liegen; **come** ~ die Oberhand gewinnen, Oberwasser bekommen B ADV 1 obenan, ganz oben, zuoberst 2 an erster Stelle: **say what(ever) comes** ~ sagen, was e-m gerade einfällt

upper| reaches SPL Oberlauf *m* (*e-s Flusses*); **~works** SPL SCHIFF Oberwerk *n*

uppish [ˈʌpɪʃ] ADJ (ADV ~ly) *umg* 1 hochnäsig *umg*, hochmütig 2 anmaßend; **uppishness** S *umg* 1 Hochnäsigkeit *f umg*, Hochmut *f*, Hochmütigkeit *f* 2 Anmaßung *f*; **uppity** → uppish; **uppityness** → uppishness

upraise V/T 1 er-, hochheben: **with hands ~d** mit erhobenen Händen 2 *fig* aufmuntern

uprear V/T 1 a aufrichten b errichten 2 *ein Kind* auf-, großziehen

upright A ADJ (ADV ~ly) 1 aufrecht, senkrecht, gerade: ~ **axle** TECH stehende Welle; ~ **drill** TECH Senkrechtbohrer *m*; ~ **freezer** Tiefkühl-, Gefrierschrank *m*; ~ **piano** → C 5; ~ **projection** MATH Aufriss *m*; ~ **size** → C 2; ~ **vacuum cleaner** Handstaubsauger *m* 2 aufrecht (sitzend *od* stehend *od* gehend) 3 *fig* [ˈʌpraɪt] aufrecht, rechtschaffen, anständig (*Bürger etc*) B ADV aufrecht: **sit** ~ gerade sitzen C S [ˈʌpraɪt] 1 senkrechte Stellung 2 Hochformat *n* 3 (senkrechte) Stütze, Träger *m*, Ständer *m*, Pfosten *m*, (Treppen)Säule *f* 4 SPORT (Tor)Pfosten *m* 5 Klavier *n*; **uprightness** S Rechtschaffenheit *f*, Anständigkeit *f*

uprise A V/I [ʌpˈraɪz] *irr bes poet* 1 aufstehen, sich erheben 2 aufgehen (*Sonne etc*) 3 erscheinen 4 entstehen 5 (an-, auf-, hoch)steigen B S [ˈʌpraɪz] 1 a (An-, Auf)Steigen *n* b An-, Aufstieg *m* (*a. fig*) c Aufgang *m* (*der Sonne etc*) 2 Steigung *f*, Anstieg *m* 3 Entstehen *n* 4 Erscheinen *n*; **uprising** S 1 Aufstehen *n* 2 → uprise B 3 Aufstand *m*, (Volks)Erhebung *f*

upriver → upstream

uproar S Aufruhr *m*, Tumult *m*, Toben *n*, Lärm *m*, Erregung *f*: **in (an)** ~ in Aufruhr; **uproarious** ADJ (ADV ~ly) 1 lärmend, laut, stürmisch (*Begrüßung etc*), tosend (*Beifall*), schallend (*Gelächter*) 2 tumultuarisch, tobend 3 zum Brüllen komisch *umg* (*Witz etc*)

uproot V/T 1 (mit den Wurzeln) ausreißen, *e-n Baum etc* entwurzeln (*a. fig*) 2 *fig* herausreißen (**from** aus) 3 *fig* ausmerzen, ausrotten; **uprootal** S Entwurz(e)lung *f* (*a. fig*)

uprouse V/T aufwecken, wach-, aufrütteln

upsadaisy [ˌʌpsəˈdeɪzɪ] → upsy-daisy

upset[1] [ʌpˈset] A ADJ 1 umgestürzt, umgekippt 2 durcheinandergeworfen *od* -geraten 3 *fig* aufgeregt, außer Fassung, aus dem Gleichgewicht gebracht, durcheinander 4 verstimmt (*a. Magen*): ~ **stomach** *a.* Magenverstimmung *f* B V/T *irr* 1 umwerfen, umstürzen, umkippen, umstoßen: → applecart 2 *ein Boot* zum Kentern bringen 3 *fig e-n Plan* umstoßen, über den Haufen werfen, vereiteln: ~ **all predictions** alle Vorhersagen auf den Kopf stellen 4 *e-e Regierung* stürzen 5 *fig j-n* umwerfen, aus der Fassung bringen, durcheinanderbringen 6 in Unordnung bringen, durcheinanderbringen: **the fish has ~ me** (*od* **my stomach**) ich habe mir durch den Fisch den Magen verdorben 7 TECH stauchen C V/I 1 umkippen, umstürzen 2 umschlagen, kentern (*Boot*) D S [ˈʌpset] 1 Umkippen *n* 2 Umschlagen *n*, Kentern *n* 3 Sturz *m*, Fall *m* 4 Umsturz *m* 5 *fig* Vereit(e)lung *f* 6 Unordnung *f*, Durcheinander *n* 7 Ärger *m*, (*a. Magen*) Verstimmung *f* 8 Streit *m*, Meinungsverschiedenheit *f* 9 SPORT *umg* Überraschung *f* (*unerwartete Niederlage etc*) 10 TECH Stauchung *f*

upset[2] ADJ an-, festgesetzt: ~ **price** *bes US* Mindestpreis *m* (*bei Versteigerungen*)

upshift V/I AUTO hinaufschalten (**into second gear** in den zweiten Gang)

upshot S (End)Ergebnis *n*, Ende *n*, Ausgang *m*, Fazit *n*: **in the** ~ am Ende, schießlich; **what will be the** ~ **of it (all)?** was wird dabei herauskommen?

upside S Oberseite *f*: ~ **down** a das Oberste zuunterst, mit der Oberseite *od* dem Kopf *od* Oberteil nach unten, verkehrt (herum): **be** ~ **down** auf dem Kopf stehen; **turn sth** ~ **down** etwas auf den Kopf stellen a *fig* drunter u. drüber, vollkommen durcheinander: **turn the place** ~ **down** die Bude auf den Kopf stellen *umg*; **~-down** ADJ auf den Kopf gestellt, umgekehrt: ~ **cake** gestürzter Obstkuchen; ~ **flight** FLUG Rückenflug *m*; ~ **world** *fig* verkehrte Welt

upsides ADV *Br umg* 1 auf gleicher Höhe 2 *fig* **be** ~ **with sb** mit j-m quitt sein *umg*; **get** ~ **with sb** mit j-m abrechnen

upsilon [ju:pˈsaɪlən; *US* ˈju:psəˌlɑ:n] S Ypsilon *n* (*Buchstabe*)

upstage A ADV THEAT in den *od* im Hintergrund der Bühne B ADJ 1 THEAT zum Bühnenhintergrund gehörig 2 *umg* hochnäsig, überheblich C V/T 1 *umg* j-m die Schau stehlen 2 *umg* hochnäsig behandeln D S THEAT Bühnenhintergrund *m*

upstairs A ADV 1 die Treppe herauf *od* hinauf, nach oben: → kick B 1 2 e-e Treppe höher 3 oben, in e-m oberen Stockwerk: **a little weak** ~ *umg* nicht ganz richtig im Oberstübchen 4 FLUG *sl* (nach) oben, in die *od* in der Luft B ADJ im oberen Stockwerk (gelegen), ober(er, e, es) C SPL (*meist als sg konstruiert*) oberes Stockwerk, Obergeschoss *n*

upstanding ADJ 1 aufrecht (*a. fig ehrlich, tüchtig*) 2 groß gewachsen, (groß u.) kräftig 3 **be** ~ JUR erheben Sie sich!

upstart A S Emporkömmling *m*, Parvenü *m* B ADJ emporgekommen, Parvenü…, … e-s Emporkömmlings

upstate *US* A ADJ & ADV in der *od* in die (*bes* nördliche) Provinz (*e-s Bundesstaates*) B S (*bes* nördliche) Provinz (*e-s Bundesstaates*)

upstream A ADV fluss-, stromauf(wärts) B ADJ 1 fluss- *od* stromaufwärts gerichtet 2 (weiter) fluss- *od* stromaufwärts gelegen *od* vorkommend

upstroke S 1 Aufstrich *m* (*beim Schreiben*) 2 TECH (Aufwärts)Hub *m* (*des Kolbens etc*)

upsurge A V/I [ʌpˈsɜ:dʒ; *US* ˌʌpˈsɜrdʒ] aufwallen B S [ˈʌp-] Aufwallung *f*: **he felt an** ~ **of anger** Zorn wallte in ihm auf plötzliche Zunahme (**in** an *dat*)

upsweep S 1 Schweifung *f* (*e-s Bogens etc*) 2 *US* Hochfrisur *f*; **upswept** ADJ 1 nach oben gebogen *od* gekrümmt 2 hochgekämmt (*Haar*)

upswing S (WIRTSCH *Konjunktur- etc*) Aufschwung *m*: **be on the** ~ e-n Aufschwung erleben

upsy-daisy [ˌʌpsɪˈdeɪzɪ] INT *umg* hoppla!

uptake S 1 *umg* Auffassungsvermögen *n*: **be quick on the** ~ *umg* schnell schalten; **be slow on the** ~ *umg* schwer *od* langsam von Begriff sein, e-e lange Leitung haben 2 Aufnahme *f* 3 TECH Zug(kanal) *m*

upthrow S 1 Umwälzung *f* 2 GEOL Verwerfung *f* (ins Hangende): **the** ~ **side** die hängende Scholle

upthrust S 1 Hoch-, Emporschleudern *n*, Stoß *m* nach oben 2 GEOL Horstbildung *f*

uptick S *US* (*bes* wirtschaftlicher) Aufschwung

uptight ADJ *sl* 1 (über)ängstlich 2 reizbar, nervös 3 a steif, förmlich b puritanisch, sittenstreng c verklemmt: ~ **about sex** sexuell verklemmt

uptilt V/T hochkippen

up-to-date ADJ 1 a modern, neuzeitlich b zeitnah, aktuell (*Thema etc*) 2 a auf der Höhe (*der Zeit*), auf dem Laufenden, auf dem neuesten Stand b modisch; **up-todateness** S 1 Neuzeitlichkeit *f*, Modernität *f* 2 Aktualität *f*

up-to-the-minute ADJ hochmodern

uptown *US* A ADV in den Wohnvierteln, in die Wohnviertel B ADJ 1 in den Wohnvierteln (gelegen *od* lebend): **in** ~ **Los Angeles** in den Außenbezirken von Los Angeles 2 in *od* durch die Wohnviertel (fahrend *etc*) C S Wohnviertel *pl*, Außenbezirke *pl*

uptrend S Aufschwung *m*, Aufwärtstrend *m*, steigende Tendenz

upturn [ʌpˈtɜ:n; *US* ˌʌpˈtɜrn] A V/T 1 umkippen, umwerfen, SCHIFF kentern 2 nach oben richten *od* kehren, *den Blick* in die Höhe richten B V/I sich nach oben wenden *od* richten C S [ˈʌpt-] 1 (An)Steigen *n* (*der Kurse etc*), Aufwärtsbewegung *f* 2 *fig* Aufschwung *m*; **upturned** ADJ nach oben gerichtet: ~ **nose** Stupsnase *f*

UPU ABK Universal Postal Union

upvalue V/T WIRTSCH aufwerten (*a. fig*)

upward [ˈʌpwə(r)d] A ADV 1 aufwärts (*a. fig*): **from five dollars ~, ~ of five dollars** von fünf Dollar an (aufwärts), ab fünf Dollar; **a strong tendency** ~ e-e starke Aufwärtstendenz; **from my youth** ~ von Jugend auf; **he went** ~ **in life** es ging bergauf mit ihm 2 nach oben (*a. fig*) 3 mehr, darüber (hinaus): ~ **of 10 years** mehr als *od* über 10 Jahre; **10 years and** ~ 10 Jahre u. darüber 4 fluss-, stromaufwärts 5 landeinwärts B ADJ (ADV ~ly) nach oben gerichtet *od* führend (*Weg etc*), (an)steigend (*Tendenz etc*): ~ **glance** Blick *m* nach oben; ~ **movement** Aufwärtsbewegung *f* (*a. fig*); ~ **trend** Aufwärtstrend *m*

upwards [ˈʌpwə(r)dz] → upward A

upwind [ˌʌpˈwɪnd] A ADJ windwärts gelegen: ~ **side** Windseite *f* B ADV gegen den Wind C S [ˈʌp-] 1 Gegenwind *m* 2 Aufwind *m*

uraemia → uremia

Ural-Altaic [ˌjʊərəlælˈteɪɪk] LING A ADJ uralaltaisch B S Uralaltaisch *n*, das Uralaltaische (*e-e Sprachenfamilie*)

Ural Mountains [ˈjʊərəl] SPL (*der*) Ural *m*

uranalysis [ˌjʊərəˈnæləsɪs] → urinalysis

Uranian [ˌjʊəˈreɪnjən; -nɪən] ADJ 1 ASTRON Uranus… 2 Himmels…

U

uranic[1] [jʊˈrænɪk; *US a.* -ˈreɪ-] ADJ *obs* Himmels…, astronomisch
uranic[2] [jʊˈrænɪk; *US a.* -ˈreɪ-] ADJ CHEM, PHYS Uran…
uranite [ˈjʊərənaɪt] S MINER Uranit *m*, Uranglimmer *m*
uranium [jʊˈreɪnjəm; -nɪəm] S CHEM, PHYS Uran *n*: **~ series** Uran-Radium-(Zerfalls)Reihe *f*
uranography [ˌjʊərəˈnɒɡrəfɪ; *US* -ˈnɑ-] S Uranografie *f*, Himmelsbeschreibung *f*; **uranology** [-ˈnɒlədʒɪ; *US* -ˈnɑ-] S ASTRON Himmelskunde *f*
uranous [ˈjʊərənəs; *US a.* jʊˈreɪ-] ADJ CHEM, PHYS Uran…, uranhaltig
Uranus [ˈjʊərənəs; *US a.* jʊˈreɪ-] A EIGENN MYTH Uranos *m* (*Himmelsgott*) B S ASTRON Uranus *m* (*ein Planet*)
urate [ˈjʊəreɪt] S CHEM Urat *n*, harnsaures Salz
urban [ˈɜːbən; *US* ˈɜr-] ADJ städtisch, Stadt…: **~ development** (*od* **renewal**) Stadtsanierung *f*; **~ district** *Br* HIST Stadtbezirk *m*; **~ guerilla** Stadtguerilla *m*; **~ person** Stadtmensch *m*; **~ planner** Städte-, Stadtplaner(in); **~ planning** Städte-, Stadtplanung *f*; **~ repair** ARCH Stadtreparatur *f*; → sprawl c
urbane [ɜːˈbeɪn; *US* ˌɜr-] ADJ (ADV **~ly**) urban, weltgewandt, weltmännisch; **urbaneness** S Urbanität *f*, Weltgewandtheit *f*
urbanism S *bes US* 1 (typisches) Stadtleben 2 Urbanistik *f* (*Wissenschaft des Städtewesens*) 3 → urbanization; **urbanite** [-naɪt] S *bes US* Städter(in)
urbanity [ɜːˈbænətɪ; *US* ˌɜr-] → urbaneness
urbanization [ˌɜːbənaɪˈzeɪʃn; *US* ˌɜrbənəˈz-] S Urbanisation *f*: a Verfeinerung *f* b Verstädterung *f*; **urbanize** V/T urbanisieren: a verfeinern b verstädtern, *e-m Ort etc* städtischen Charakter verleihen
URC ABK United Reformed Church
urchin [ˈɜːtʃɪn; *US* ˈɜrtʃən] S 1 Bengel *m*, Balg *m/n* 2 ZOOL a Seeigel *m* b *obs od dial* Igel *m* 3 *obs* Kobold *m*
Urdu [ˈʊəduː; ˈɜːduː; *US* ˈʊrduː; ˈɜrduː] S LING Urdu *n*
urea [ˈjʊərɪə; *bes US* jʊˈriːə] S BIOL, CHEM Karbamid *n*, Harnstoff *m*: **~(-formaldehyde) resins** Harnstoffharze; **ureal** ADJ Harnstoff…
urease [ˈjʊərɪeɪs; -eɪz] S BIOL, CHEM Urease *f*
uredo [jʊˈriːdəʊ] → urticaria
uremia [ˌjʊəˈriːmjə; -mɪə] S MED *bes US* Urämie *f*, Harnvergiftung *f*; **uremic** ADJ urämisch, Urämie…
ureter [ˌjʊəˈriːtə; *US* ˈjʊrətər] S ANAT Ureter *m*, Harnleiter *m*
urethra [ˌjʊəˈriːθrə] *pl* -thras, -thrae [-θriː] S ANAT Urethra *f*, Harnröhre *f*; **urethral** ADJ urethral, Harnröhre(n)…
urethritis [ˌjʊərɪˈθraɪtɪs] S MED Urethritis *f*, Harnröhrenentzündung *f*
urethroscope [ˌjʊəˈriːθrəskəʊp] S MED Urethroskop *n*, Harnröhrenspiegel *m*
uretic [ˌjʊəˈretɪk] ADJ MED, PHYSIOL Harn…, Urin…
urge [ɜːdʒ; *US* ɜrdʒ] A V/T 1 *a.* **~ on** (*od* **forward**) antreiben, vorwärtstreiben, anspornen (*a. fig*) 2 *fig j-n* drängen, dringend bitten *od* auffordern, *j-m* dringend raten, in *j-n* dringen (*alle:* **to do** zu tun): **he ~d me not to accept the offer** er riet mir dringend davon ab, das Angebot anzunehmen 3 *j-n* (be)drängen, bestürmen, *j-m* (heftig) zusetzen: **be ~d to do sth** sich genötigt sehen, etwas zu tun; **be ~d by necessity** der Not gehorchen 4 drängen *od* dringen auf (*akk*), sich (nachdrücklich) einsetzen für, (hartnäckig) bestehen auf (*dat*) 5 Nachdruck legen auf (*akk*): **~ sth on sb** j-m etwas eindringlich vor Augen führen, j-m etwas einschärfen; **he ~d the necessity for immediate action** er drängte auf sofortige Maßnahmen 6 (*als Grund*) geltend machen, *e-n Einwand etc* vorbringen *od* ins Feld führen 7 *e-e Sache* vorantreiben, energisch verfolgen 8 *ein Projekt etc* beschleunigen B V/I 1 drängen, antreiben 2 drängen (**for** auf *akk*, zu): **~ against** sich nachdrücklich aussprechen gegen C S 1 Drang *m* (**for** nach), Trieb *m*, Antrieb *m*: **~ to smoke** Rauchverlangen *n* 2 Inbrunst *f*: **religious ~**; **urgency** [-dʒənsɪ] S 1 Dringlichkeit *f* 2 (dringende) Not, Druck *m* 3 Eindringlichkeit *f*: **the ~ with which he spoke** 4 *pl* dringende Vorstellungen *pl* 5 a Drang *m* b Drängen *n* 6 PARL *Br* Dringlichkeitsantrag *m*; **urgent** ADJ (ADV **~ly**) 1 dringend (*a. Mangel etc; a.* TEL *Gespräch*), dringlich, eilig: **~ note** Dringlichkeitsvermerk *m*; **the matter is ~** die Sache eilt; **be in ~ need of money** dringend Geld brauchen; **be ~ about** (*od* **for**) **sth** zu etwas drängen, auf etwas dringen; **be ~ with sb** j-n drängen, in j-n dringen (*beide:* **for** wegen; **to do** zu tun) 2 eindringlich
uric [ˈjʊərɪk] ADJ BIOL, CHEM Urin…, Harn…: **~ acid** Harnsäure *f*
urinal [ˈjʊərɪnl] S 1 Urinflasche *f*, Ente *f umg* (*für Patienten*) 2 Urinal *n*, Harnglas *n* (*zur Urinuntersuchung*) 3 a Urinbecken *n* (*in Toiletten*) b Pissoir *n*
urinalysis [ˌjʊərɪˈnæləsɪs] *pl* -ses [-siːz] S Urin-, Harnanalyse *f*, Urin-, Harnuntersuchung *f*
urinary [ˈjʊərɪnərɪ; *US* -rəˌneriː] A ADJ Harn…, Urin…: **~ bladder** Harnblase *f*; **~ calculus** Harnstein *m*; **~ tract** Harnsystem *n*, -wege *pl*; → continence, incontinence 3 B S → urinal
urinate [ˈjʊərɪneɪt] V/I urinieren, harnen
urine [ˈjʊərɪn] S PHYSIOL Urin *m*, Harn *m*: **~ analysis** → urinalysis; **~ sample** Urinprobe *f*
urinogenital [ˌjʊərɪnəʊ-] → urogenital
urinometer [ˌjʊərɪˈnɒmɪtə(r); *US* -ˈnɑ-] S MED Urometer *n*, Harnwaage *f*
urn [ɜːn; *US* ɜrn] S 1 Urne *f* 2 → coffee urn, tea urn 3 BOT Moosbüchse *f*
urodele [ˈjʊərəʊdiːl] S ZOOL Schwanzlurch *m*
urogenital [ˌjʊərəʊ-] ADJ ANAT urogenital (*die Harn- u. Geschlechtsorgane betreffend*)
urolagnia [ˌjʊərəʊˈlæɡnɪə] S Urolagnie *f* (*geschlechtliche Erregung durch den Harn e-s Partners*)
urologic [ˌjʊərəʊˈlɒdʒɪk; *US* -ˈlɑ-], **urological** [-kl] ADJ MED urologisch
urologist [ˌjʊəˈrɒlədʒɪst; *US* -ˈrɑ-] S MED Urologe *m*, Urologin *f* (*Facharzt, Fachärztin für Krankheiten der Harnorgane*); **urology** [-dʒɪ] S Urologie *f* (*Wissenschaft von den Krankheiten der Harnorgane*)
uropygial [ˌjʊərəʊˈpɪdʒɪəl] ADJ ORN Bürzel…: **~ gland**; **uropygium** [-əm] S Bürzel *m*
uroscopy [ˌjʊəˈrɒskəpɪ; *US* -ˈrɑs-] S MED Uroskopie *f*, Harnuntersuchung *f*
Ursa [ˈɜːsə; *US* ˈɜrsə] S ASTRON (Großer *od* Kleiner) Bär; **~ Major** S Großer Bär; **~ Minor** S Kleiner Bär
ursine [ˈɜːsaɪn; *US* ˈɜr-] ADJ ZOOL bärenartig, Bären…
urticaria [ˌɜːtɪˈkeərɪə; *US* ˌɜr-] S MED Urtikaria *f*, Nesselausschlag *m*
urtication [ˌɜːtɪˈkeɪʃn; *US* ˌɜr-] S 1 Brennen *n* 2 → urticaria 3 MED, HIST Peitschen *n* mit Nesseln (*bei Lähmungen*)
Uruguay [ˈjʊərʊɡwaɪ; -rəɡ-; ˈʊrə-; *US a.* -ˌɡweɪ] S Uruguay *n*
Uruguayan [ˌjʊərʊˈɡwaɪən] A ADJ uruguayisch B S Uruguayer(in)
urus [ˈjʊərəs] S ZOOL Ur *m*
us [ʌs; əs] PRON 1 uns (*dat od akk*): **all of ~** wir alle; **both of ~** wir beide 2 *umg* wir: **they are older than ~** 3 *bes US dial* (*reflexiv gebraucht*) uns (*dat od akk*): **we got ~ a new car** 4 *umg* mir: **give ~ a bite**
US, **U.S.** ABK United States Vereinigte Staaten *pl*
u.s. ABK ut supra, as above wie oben
USA, **U.S.A.** ABK United States of America USA *pl*, Vereinigte Staaten *pl* von Amerika
usable [ˈjuːzəbl] ADJ (ADV **usably**) brauchbar, verwendbar
USAF, **U.S.A.F.** ABK United States Air Force Luftwaffe *f* der Vereinigten Staaten
usage [ˈjuːzɪdʒ; ˈjuːs-] S 1 Brauch *m*, Gepflogenheit *f*, Usus *m* 2 herkömmliches *od* übliches Verfahren, Praxis *f* 3 Sprachgebrauch *m*: **modern English ~** 4 Gebrauch *m*, Verwendung *f* 5 Behandlung(sweise) *f*
usance [ˈjuːzns] S 1 WIRTSCH übliche Wechselfrist, Uso *m*: **bill at ~** Usowechsel *m*; **bill drawn at double ~** Wechsel *m* mit der doppelten Zahlungsfrist 2 WIRTSCH Usance *f*, Handelsbrauch *m* 3 *obs* a Wucher *m* b Zins *m*
USB flash drive [ˈjuːesbiːˌflæʃˈdraɪv] S COMPUT USB-Stick *m*
USDA, **U.S.D.A.** ABK United States Department of Agriculture Landwirtschaftsministerium *f* der Vereinigten Staaten
USDAW ABK *Br* Union of Shop, Distributive, and Allied Workers (*e-e Gewerkschaft*)
use [juːz] A V/T 1 gebrauchen, benutzen, an-, verwenden, sich (*gen*) bedienen, Gebrauch machen von, *e-e Gelegenheit etc* nutzen *od* sich zunutze machen: **~ one's brains** den Verstand gebrauchen, s-n Kopf anstrengen; **~ care** Sorgfalt verwenden; **~ force** Gewalt anwenden; **~ one's legs** zu Fuß gehen; **may I ~ your name?** darf ich mich auf Sie berufen?; **~ a right** von e-m Recht Gebrauch machen; **anything you say may be ~d against you** JUR alles, was Sie sagen, kann gegen Sie verwendet werden 2 *ein Gerät etc* handhaben 3 verwenden (**on** auf *akk*) 4 **~ up** a auf-, verbrauchen, *j-s Kraft* erschöpfen b *umg j-n* fertigmachen, erschöpfen: → used[1] 2 5 a *bes US* gewohnheitsmäßig zu sich nehmen: **~ drugs** Drogen nehmen; **~ tobacco** rauchen b brauchen: **my car ~s too much oil** 6 behandeln, verfahren mit: **~ sb ill** j-n schlecht behandeln; **how has the world ~d you?** *umg* wie ist es dir ergangen? 7 *pej j-n* benutzen, *a. e-e Situation etc* ausnutzen 8 *Zeit* verbringen B V/I *obs* (*außer im prät*) pflegen (**to do** zu tun): **it ~d to be said that …** man pflegte zu sagen, dass …; **he does not come as often as he ~d to** er kommt nicht mehr so oft wie früher *od* sonst; **he ~d to be a polite man** er war früher *od* sonst (immer) sehr höflich; **he ~d to live here** er wohnte früher hier; **she ~d to astonish me with …** sie überraschte mich immer wieder mit …; **I ~d to smoke** ich hab früher *od* einmal geraucht; **did you really ~ to smoke?** hast du früher wirklich geraucht? C S [juːs] 1 Gebrauch *m*, Benutzung *f*, An-, Verwendung *f*: **for ~** zum Gebrauch; **for ~ in schools** für den Schulgebrauch; **in ~** in Gebrauch, gebräuchlich; **be in daily ~** täglich gebraucht werden; **be in common ~** allgemein gebräuchlich sein; **come into ~** in Gebrauch kommen; **out of ~** nicht in Gebrauch, nicht mehr gebräuchlich; **fall** (*od* **pass**) **out of ~** ungebräuchlich werden, außer Gebrauch kommen; **with ~** durch (ständigen) Gebrauch; **make ~ of** Gebrauch machen von, benutzen; **make ~ of sb's name** sich auf j-n berufen; **make (a) bad ~ of** (e-n) schlechten Gebrauch machen von; **make full ~ of sth** etwas voll ausnützen; **peaceful ~s** *pl* **of atomic energy** friedliche Nutzung der Atomenergie 2 a Verwendung(szweck) *f(m)* b Brauchbarkeit *f*,

Verwendbarkeit *f* c Zweck *m*, Sinn *m*, Nutzen *m*, Nützlichkeit *f*: **of ~ (to)** nützlich *(dat)*, brauchbar *od* von Nutzen (für); **of no ~** nutz-, zwecklos, unbrauchbar, unnütz; **is this of ~ to you?** können Sie das (ge)brauchen?; **crying is no ~** Weinen führt zu nichts; **it is no** (*od* **it isn't any) ~ talking** es ist nutz- *od* zwecklos zu reden, es hat keinen Zweck zu reden; **what is the ~ of it?** was hat das (überhaupt) für e-n Zweck?; **have no ~ for** a nicht brauchen können b mit *etwas od j-m* nichts anfangen können c *bes US umg* nichts übrighaben für *j-n od etwas*; **put to (good) ~** (gut) an- *od* verwenden; **this tool has different ~s** dieses Gerät kann für verschiedene Zwecke verwendet werden; → further B 1 3 Kraft *f od* Fähigkeit *f (etwas)* zu gebrauchen, Gebrauch *m*: **he lost the ~ of his right eye** er kann auf dem rechten Auge nichts mehr sehen; **have the ~ of one's limbs** sich bewegen können 4 Benutzungsrecht *n*: **have the ~ of sth** etwas benutzen können *od* dürfen 5 Gewohnheit *f*, Brauch *m*: **once a ~ and ever a custom** *(Sprichwort)* jung gewohnt, alt getan 6 JUR a Nießbrauch *m*, Nutznießung *f* b Nutzen *m* 7 *oft* ♀ REL liturgischer Brauch, (Kirchen)Brauch *m*

useable → usable

use-by date S (Mindest)Haltbarkeitsdatum *n*

used[1] [juːzd] ADJ 1 a gebraucht: **~ car** Gebrauchtwagen *m*; **~-car dealer** Gebrauchtwagenhändler(in); **~ clothes** *pl* getragene Kleidung; **~ ticket** benützte Fahrkarte b Alt...: **~ glass (oil,** *etc***)** 2 **~ up** a aufgebraucht, verbraucht (*a. Luft*) b *umg* erledigt, fertig, erschöpft *(Person)*

used[2] [juːst] ADJ **(to)** gewohnt *(akk)*, gewöhnt (**to** an *akk*): **he is ~ to working late** er ist es gewohnt, lange zu arbeiten; **get ~ to** sich gewöhnen an *(akk)*, sich mit *e-m Gedanken etc* anfreunden

useful [ˈjuːsfʊl] ADJ (ADV **~ly**) 1 nützlich, brauchbar, (zweck)dienlich, zweckmäßig, (gut) verwendbar: **a ~ man** ein brauchbarer Mann; **~ talks** nützliche Gespräche; **make o.s. ~** sich nützlich machen 2 *bes* TECH Nutz..., nutzbar, Wirk...: **~ current** Wirkstrom *m*; **~ efficiency** Nutzleistung *f*; **~ load** Nutzlast *f*; **~ plant** Nutzpflanze *f*; **usefulness** S Nützlichkeit *f*, Brauchbarkeit *f*, Zweckmäßigkeit *f*: → outlive b

useless [ˈjuːslɪs] ADJ (ADV **~ly**) 1 nutz-, sinn-, zwecklos, unnütz, vergeblich: **it is ~ to** *inf* es erübrigt sich zu *inf* 2 unbrauchbar: **~ rock** GEOL taubes Gestein; **he's ~** er ist zu nichts zu gebrauchen; **uselessness** S 1 Nutz-, Zwecklosigkeit *f* 2 Unbrauchbarkeit *f*

user[1] [ˈjuːzə(r)] S 1 Benutzer(in), (COMPUT *a.*) User(in): **~-definable** IT benutzerdefinierbar, vom Benutzer belegbar *(Tasten etc)*; **~-defined** IT benutzerdefiniert, vom Benutzer belegt *(Tasten etc)*; **~-friendly** a benutzerfreundlich b bedienungsfreundlich; **~-friendliness** a Benutzerfreundlichkeit *f* b Bedienungsfreundlichkeit *f*; **~-generated** IT von den Benutzern eingebracht *(Website-Inhalte etc)*; **~ interface** COMPUT Benutzeroberfläche *f*; **~ program** IT Anwenderprogramm *n*; **~ software** IT Anwendersoftware *f* 2 WIRTSCH Verbraucher(in), Bedarfsträger(in) 3 User(in), Drogenabhängige(r) *m/f(m)*

user[2] [ˈjuːzə(r)] S JUR 1 Nießbrauch *m*, Nutznießung *f* 2 Benutzungsrecht *n*

U-shaped ADJ U-förmig: **~ iron** TECH U-Eisen *n*; **~ magnet** Hufeisenmagnet *m*

usher [ˈʌʃə(r)] A S 1 Platzanweiser *m (im Kino etc)* 2 Zeremonienmeister *m* 3 a JUR Gerichtsdiener *m* b *allg* Aufsichtsperson *f*, Saaldiener *m* 4 *obs* Hilfslehrer *m* B VT 1 *(meist* **~ in**) herein-, hinein)führen, -geleiten 2 **~ in** ankündigen (*a. fig*), *e-e Epoche etc* einleiten; **usherette** [-ˈret] S Platzanweiserin *f*

USIA, **U.S.I.A.** ABK United States Information Agency

USIS, **U.S.I.S.** ABK United States Information Service

USM ABK MIL underwater-to-surface missile Unterwasser-Boden-Rakete *f*

USN, **U.S.N.** ABK United States Navy Marine *f* der Vereinigten Staaten

usquebaugh [ˈʌskwɪbɔː; *US a.* -ˌbɑː] S *Ir obs* Whisky *m*

USS, **U.S.S.** ABK 1 United States Senate 2 United States Ship

USSR ABK HIST Union of Soviet Socialist Republics UdSSR *f*

usu. ABK 1 usual übl. 2 usually

usual [ˈjuːʒʊəl; -ʒwəl; -ʒl] A ADJ üblich, gewöhnlich, normal, gebräuchlich: **as ~**, *hum* **as per ~** wie gewöhnlich *od* üblich; **the ~ thing** das Übliche; **it has become the ~ thing (with us)** es ist (bei uns) gang u. gäbe geworden; **it is ~ for shops to close at 7 o'clock** die Geschäfte schließen gewöhnlich um 7 Uhr; **~ in trade** handelsüblich; **my ~ café** mein Stammcafé; **her ~ pride**, **the pride ~ with her** ihr üblicher Stolz B S *(das)* Übliche: **the ~!** *umg (als Antwort)* wie gewöhnlich!; **usually** ADV (für) gewöhnlich, in der Regel, meist(ens)

usucaption [ˌjuːsjʊˈkæpʃn; *US* -zə-] S JUR Ersitzung *f (e-s Rechts)*

usufruct [ˈjuːsjuːfrʌkt; *US* -zə-] S JUR Nießbrauch *m*, Nutznießung *f*; **usufructuary** [-tjʊərɪ; *US* -tʃəˌweriː] A S Nießbraucher(in), Nutznießer(in) B ADJ Nutznießungs..., Nutzungs...

usurer [ˈjuːʒərə(r)] S Wucherer *m*, Wucherin *f*

usurious [juːˈzjʊərɪəs; *US* jʊˈzʊr-; -ˈʒʊ-] ADJ (ADV **~ly**) Wucher..., wucherisch: **~ interest** Wucherzinsen *pl*; **usuriousness** S Wucherei *f*

usurp [juːˈzɜːp; *US* jʊˈsɜrp] A VT 1 an sich reißen, sich *etwas* widerrechtlich aneignen, sich bemächtigen *(gen)*: **~ sb's attention** j-s Aufmerksamkeit in Anspruch nehmen 2 sich *etwas* (widerrechtlich) anmaßen B VI **(on, upon)** a sich (widerrechtlich) bemächtigen *(gen)* b sich Übergriffe erlauben (gegen); **usurpation** [ˌjuːzɜːˈp-; *US* ˌjuːsərˈp-] S 1 Usurpation *f*: a widerrechtliche Machtergreifung *od* Aneignung, Anmaßung *f (e-s Rechts etc)* b *a.* **~ of the throne** Thronraub *m* 2 unberechtigter Eingriff (**on, upon** in *akk*); **usurper** S 1 Usurpator *m*, Usurpatorin *f*: a unrechtmäßige(r) Machthaber(in) b *a.* **~ of the throne** Thronräuber(in) 2 unberechtigte(r) Besitzergreifer(in) 3 *fig* Eindringling *m* (**on, upon** in *akk*); **usurping** ADJ (ADV **~ly**) usurpatorisch, alles an sich reißend, widerrechtlich

usury [ˈjuːʒʊrɪ; -ʒə-] S 1 Wucher *m*: **practice ~** Wucher treiben 2 Wucherzinsen *pl* 3 *obs* a Zins(en) *m(pl)*: **return with ~** *fig* mit Zins u. Zinseszins heimzahlen b Geldverleih *m*

USW ABK ELEK ultrashort wave UKW *n*

UT ABK 1 universal time Weltzeit *f* 2 Utah

Ut. ABK Utah

Utah [ˈjuːtɑː; -tɔː] S Utah *n (Staat im Westen der USA)*

Utahan [ˈjuːtɑːən; *US a.* -ˌtɔː-] A ADJ Utah..., aus *od* von Utah B S Bewohner(in) von Utah

ut dict. ABK ut dictum, as directed *(auf Arzt-Rezepten)*

ute [juːt] *umg* → utility A 5

utensil [juːˈtensl] S 1 *(a. Schreib- etc)* Gerät *n*, (-)Utensil *n* 2 Gebrauchsgegenstand *m*

uteri [ˈjuːtəraɪ] *pl von* uterus

uterine [ˈjuːtəraɪn] ADJ 1 ANAT, MED uterin, Gebärmutter... 2 von derselben Mutter stammend: **~ brother** Halbbruder *m* mütterlicherseits

uterus [ˈjuːtərəs] *pl* **uteri** [-raɪ], **-uses** S ANAT Uterus *m*, Gebärmutter *f*

utilitarian [ˌjuːtɪlɪˈteərɪən] A ADJ 1 a utilitaristisch b Nützlichkeits... 2 utilitär, zweckmäßig, praktisch B S Utilitarist(in); **utilitarianism** S Utilitarismus *m (Lehre, die im Nützlichen die Grundlage des sittlichen Verhaltens sieht u. ideale Werte nur anerkennt, wenn sie dem Einzelnen od der Gemeinschaft nützen)*

utility [juːˈtɪlətɪ] A S 1 *a.* WIRTSCH Nutzen *m* (**to** für), Nützlichkeit *f*: **of ~** von Nutzen; **of no ~** nutzlos 2 *(etwas)* Nützliches, nützliche Einrichtung *od* Sache 3 a **public ~** öffentlicher Versorgungsbetrieb b *pl* Leistungen *pl* der öffentlichen Versorgungsbetriebe c *pl* Strom *m*, Gas *n u.* Wasser *n* 4 → utility program 5 AUTO *Aus* Kleintransporter *m*, kleiner Lieferwagen 6 ARCH Sachlichkeit *f* B ADJ 1 Gebrauchs...: **~ furniture**; **~ vehicle** Nutzfahrzeug *n* 2 Mehrzweck...: **~ knife** 3 **~ company** öffentlicher Versorgungsbetrieb; **~ man** S *irr bes US* 1 a Springer *m* b Faktotum *n*, Mädchen *n* für alles *umg* 2 THEAT vielseitig einsetzbarer Kleindarsteller; **~ model** S WIRTSCH Gebrauchsmuster *n*; **~ player** S SPORT Allroundspieler(in); **~ pole** S *US* a Telefonmast *m* b Strommast *m*; **~ program** S IT Dienstprogramm *n*; **~ room** S *Raum, in dem größere Haushaltsgeräte wie z. B. Tiefkühltruhe u. Waschmaschine untergebracht sind*; **~ truck** → utility A 5

utilizable [ˈjuːtɪlaɪzəbl] ADJ verwend-, verwert-, nutzbar; **utilization** [ˌjuːtɪlaɪˈzeɪʃn; *US* ˌjuːtləˈz-] S 1 Nutzbarmachung *f*, Verwertung *f*, (Aus)Nutzung *f* 2 Verwendung *f*; **utilize** VT 1 (aus)nutzen, verwerten, sich *etwas* nutzbar *od* zunutze machen 2 verwenden

utmost [ˈʌtməʊst] A ADJ äußerst(er, e, es): a entlegenst(er, e, es), fernst(er, e, es) b *fig* höchst(er, e, es), größt(er, e, es) B S *(das)* Äußerste: **the ~ I can do**; **do one's ~** sein Äußerstes *od* Möglichstes tun; **at the ~** allerhöchstens; **the ~** aufs Äußerste; **the ~ of my powers** nach besten Kräften

Utopia, ♀ [juːˈtəʊpjə; -pɪə] S 1 Utopia *n*, Utopien *n* 2 *fig* Utopie *f*; **Utopian**, ♀ A ADJ utopisch B S Utopist(in), Fantast(in); **Utopianism**, ♀ S Utopismus *m (Neigung zu Utopien)*

utricle [ˈjuːtrɪkl] S Utrikulus *m*: a BOT *schlauchförmiges, den Fruchtknoten umhüllendes Tragblatt der Blüte der Seggenarten* b ANAT *Säckchen im Ohrlabyrinth*

utter [ˈʌtə(r)] A ADJ (ADV → utterly) 1 äußerst(er, e, es), höchst(er, e, es), völlig *(Durcheinander etc)*: **~ impossibility** reine Unmöglichkeit; **~ strangers** wildfremde Leute 2 endgültig, entschieden *(Ablehnung etc)* 3 *pej* vollendet, ausgesprochen *(Unsinn etc)*; **~ rogue** Erzgauner(in) 4 **~ barrister** JUR *Br Anwalt, der kein Kronanwalt ist* B VT 1 *Gedanken etc* äußern, ausdrücken, -sprechen 2 *e-n Schrei etc* von sich geben, ausstoßen 3 WIRTSCH *Noten, bes Falschgeld* in Umlauf setzen, verbreiten 4 a bekannt machen b enthüllen; **utterance** S 1 (stimmlicher) Ausdruck, Äußerung *f*: **give ~ to** *e-m Gefühl etc* Ausdruck verleihen *od* Luft machen 2 Sprechweise *f*, Aussprache *f*: **a clear ~** 3 Äußerung *f*, Worte *pl* 4 *obs od poet (das)* Äußerste, Tod *m*: **the ~** a aufs Äußerste b bis zum bitteren Ende; **utterer** S 1 Äußernde(r) *m/f(m)* 2 Verbreiter(in); **utterly** ADV äußerst, völlig, ganz, total; **uttermost** [-məʊst] → utmost; **utterness** S Vollständigkeit *f*

U-turn S 1 AUTO Wende *f*: **do a ~** wenden 2

fig Drehung *f* um hundertachtzig Grad: **do a ~** sich um hundertachtzig Grad drehen

UU ABK Ulster Unionist (*Mitglied des Ulster Unionist Council bzw der Ulster Democratic Unionist Party, Parteien, die sich loyal zu GB bekennen*)

UV ABK ultraviolet UV

uvea ['ju:vɪə] S ANAT Uvea *f* (*zusammenfassende Bezeichnung für Aderhaut, Ziliarkörper u. Regenbogenhaut des Auges*)

UVF ABK Ulster Volunteer Force

uvula ['ju:vjʊlə] *pl* -las, -lae [-li:] S ANAT Uvula *f*, (Gaumen)Zäpfchen *n*; **uvular** A ADJ ANAT, LING uvular, Zäpfchen... B S LING Uvular *m*, Zäpfchenlaut *m*

uxorious [ʌk'sɔ:rɪəs] ADJ (ADV ~ly) treu liebend, treu ergeben (*Ehemann*); **uxoriousness** S treue Ergebenheit (*gegenüber s-r Ehefrau*)

Uzbek ['ʊzbek; 'ʌz-] A S 1 *pl* -beks, *bes koll* -bek Usbeke *m*, Usbekin *f* 2 LING Usbekisch *n*, das Usbekische B ADJ usbekisch

Uzbekistan [ˌʊzbekɪ'stɑ:n] S Usbekistan *n*

V

V[1], **v** [vi:] A *pl* V's, v's, Vs, vs [vi:z] S 1 V, v *n* (*Buchstabe*) 2 → V sign 3 V V *n*, v-förmiger Gegenstand B ADJ V V-..., v-förmig

V[2] ABK 1 victory 2 ELEK volt(s PL) V

v.[1] ABK 1 MATH vector 2 velocity v 3 verb 4 verse 5 JUR SPORT versus, against 6 very 7 vide, see 8 voice 9 ELEK volt(s PL) V 10 ELEK voltage 11 volume

V.[2] ABK 1 Venerable 2 Very 3 Vice Vize... 4 Viscount

VA ABK 1 US Veterans' Administration 2 Vicar Apostolic 3 Vice Admiral 4 (Order of) Victoria and Albert

vac [væk] *Br umg für* vacation A 3 a, A 3 b

vacancy ['veɪkənsɪ] S 1 Leere *f* (*a. fig*), leerer Raum, Nichts *n*: **stare into ~** ins Leere starren 2 leerer *od* freier Platz, Lücke *f* (*a. fig*) 3 Vakanz *f*, a freie *od* offene Stelle, unbesetztes Amt: **"vacancies"** „wir stellen ein", (*in Zeitung etc*) „Stellenangebote" b UNIV freier Studienplatz c Freiwerden *n od* -sein *n* (*e-s Postens*) 4 a Leerstehen *n*, Unbewohntsein *n* b leer stehendes *od* unbewohntes Haus: **"vacancies"** „Zimmer frei"; **"no vacancies"** „belegt" 5 a Geistesabwesenheit *f*: **an expression of ~ on one's face** ein geistesabwesender Gesichtsausdruck b geistige Leere 6 Geistlosigkeit *f* 7 *obs* Muße *f*, Untätigkeit *f*; **vacant** ADJ (ADV ~ly) 1 leer, unbesetzt, frei: "~" „frei" (*Toilette*); → seat A 4 2 leer (stehend), unbewohnt 3 a *bes US* unbebaut (*Grundstück etc*) b "~ **possession**" „sofort beziehbar": **we had ~ possession of the house** wir konnten das Haus sofort beziehen 4 a frei, offen (*Stelle*): **become ~** frei werden; → situation 5 b unbesetzt (*Amt*), (*a. Boxtitel*) vakant 5 a geistesabwesend (*Gesichtsausdruck etc*) b leer (*Blick etc*) 6 geistlos 7 frei, unausgefüllt: **~ hours** Mußestunden

vacate [və'keɪt; *US* 'veɪˌkeɪt] V/T 1 *sein Hotelzimmer etc*, MIL *e-e Stellung etc* räumen 2 *e-n Sitzplatz etc* frei machen 3 *e-e Stelle* aufgeben, aus *e-m Amt* scheiden, *ein Amt* niederlegen: **be ~d** frei werden (*Stelle*) 4 *Truppen* evakuieren 5 JUR *ein Urteil, e-n Vertrag etc* aufheben; **vacation** A S 1 Räumung *f* 2 Aufgabe *f*, Niederlegung *f* 3 a JUR *bes Br* Gerichtsferien *pl* b UNIV *bes Br* Semesterferien *pl* c *bes US* Schulferien *pl* 4 *bes US* Urlaub *m*, Ferien *pl*: **be on ~** im Urlaub sein, Urlaub machen; **go on ~** in Urlaub gehen; **take a ~** (sich) Urlaub nehmen, Urlaub machen; **~ entitlement** Urlaubsanspruch *m*; **~ home** Ferienhaus *n* 5 MIL Evakuierung *f* 6 JUR Aufhebung *f* B V/I *bes US* Urlaub machen; **vacationer**, **vacationist** S *bes US* Urlauber(in)

vaccinal ['væksɪnl] ADJ MED Impf...; **vaccinate** [-neɪt] V/T & V/I impfen (**against** gegen); **vaccination** S Impfung *f* (**against** gegen): **~ against smallpox** Pockenimpfung; **vaccinator** [-tə(r)] S 1 Impfarzt *m*, -ärztin *f* 2 Impfnadel *f*, -messer *n*

vaccine ['væksi:n; *US a.* væk'si:n] MED A S Vakzine *f*, Impfstoff *m* B ADJ Impf...: **~ matter** → A

vaccinee [ˌvæksə'ni:] S *US* Impfling *m*

vaccinia [væk'sɪnɪə] S MED Kuhpocken *pl*

vacillate ['væsɪleɪt] V/I schwanken (*fig*: **between [... and]** zwischen *dat* [... u.]); **vacillating** ADJ (ADV ~ly) schwankend (*a. fig*); **vacillation** S Schwanken *n* (*a. fig*); **vacillatory** [-lətərɪ; *US* -ˌtəʊri:; -ˌtɔ:-] ADJ → vacillating

vacua ['vækjʊə] *pl von* vacuum

vacuity [væ'kju:ətɪ] S 1 a Leere *f* (*a. fig*) b *fig* Lücke *f* 2 *fig* a Geistesabwesenheit *f* b geistige Leere 3 *fig* Inhaltslosigkeit *f* 4 Geistlosigkeit *f*

vacuole ['vækjʊəʊl] S BIOL Vakuole *f* (*mit Flüssigkeit gefüllter bläs-chenartiger Raum im Zellplasma*)

vacuous ['vækjʊəs; *US* -jəwəs] ADJ (ADV ~ly) 1 leer 2 *fig* a geistesabwesend (*Gesichtsausdruck etc*) b leer (*Blick etc*) c nichtssagend, inhaltslos (*Bemerkung etc*) d müßig: **a ~ life** 3 geistlos; **vacuousness** S Leere *f* (*a. fig*)

vacuum ['vækjʊəm] A *pl* -uums, -ua [-jʊə] S 1 PHYS Vakuum *n*, (*bes* luft)leerer Raum: **nature abhors a ~** die Natur verabscheut das Leere 2 PHYS Luftleere *f* 3 *fig* a Leere *f* b Lücke *f*: **her sudden death left a ~ in his life** 4 → vacuum cleaner B ADJ Vakuum... C V/T (*mit dem Staubsauger*) saugen D V/I (Staub) saugen; **~ aspiration** S MED Absaugmethode *f*; **~ bomb** S MIL Vakuumbombe *f*; **~ bottle** S *US* Thermosflasche *f*; **~ brake** S BAHN Vakuum-, Saugluftbremse *f*; **~-clean** → vacuum C, D; **~ cleaner** S Staubsauger *m*; **~ extractor** S MED Vakuumextraktor *m*, Saugglocke *f*; **~ flask** S Thermosflasche *f*; **~ ga(u)ge** S TECH Vakuummeter *n*, Unterdruckmesser *m*; **~ pack** S WIRTSCH, TECH Vakuumpackung *f*; **~-packed** ADJ WIRTSCH, TECH vakuumverpackt; **~ pump** S TECH Vakuum-, (Aus)Saugpumpe *f*; **~-sealed** ADJ TECH vakuumdicht, -versiegelt; **~ tube**, *Br* **~ valve** S Vakuum-, Elektronenröhre *f*

vade mecum [ˌveɪdɪ'mi:kəm; ˌvɑ:dɪ'meɪkʊm] S Vademekum *n*, Handbuch *n*, Leitfaden *m*

Vaduz [vɑ:'du:ts] S Vaduz *n* (*Hauptstadt des Fürstentums Liechtenstein*)

vagabond ['vægəbɒnd; *US* -ˌbɑnd] A ADJ 1 vagabundierend (*a.* ELEK) 2 Vagabunden..., vagabundenhaft 3 nomadisierend 4 Wander..., unstet (*Leben*) B S 1 Vagabund(in), Landstreicher(in) 2 Strolch *m*; **vagabondage**, **vagabondism** S 1 Landstreicherei *f*, Vagabundenleben *n* 2 KOLL Vagabunden *pl*

vagal ['veɪgl] ADJ ANAT, MED Vagus...

vagarious [və'geərɪəs] ADJ (ADV ~ly) launisch (*a. fig*); **vagary** ['veɪgərɪ; və'geərɪ] S Laune *f* (*a. fig*): **the vagaries of life** die Wechselfälle des Lebens

vagi ['veɪdʒaɪ] *pl von* vagus

vagina [və'dʒaɪnə] *pl* -nae [-ni:], -nas S 1 ANAT Vagina *f*, Scheide *f* 2 BOT Blattscheide *f*; **vaginal** [və'dʒaɪnl; *US* 'vædʒənl] ADJ ANAT, MED vaginal, Vaginal..., Scheiden...: **~ delivery** natürliche Entbindung; **~ gonorrh(o)ea** Scheidentripper *m*; **~ smear** Vaginal-, Scheidenabstrich *m*; **~ spray** Intimspray *n*; **~ suppository** Scheidenzäpfchen *n*; **vaginismus** [ˌvædʒɪ'nɪzməs; -'nɪs-] S MED Vaginismus *m*, Scheidenkrampf *m*; **vaginitis** [-'naɪtɪs] S MED Vaginitis *f*, Scheidenentzündung *f*

vagrancy ['veɪgrənsɪ] S 1 Vagabundieren *n* 2 Landstreicherei *f* 3 *fig* (Ab)Schweifen *n* (*der Gedanken*), Unruhe *f* (*des Geistes*); **vagrant** A ADJ (ADV ~ly) 1 wandernd (*a.* MED *Zelle etc*), vagabundierend 2 → vagabond A 3, A 4 3 BOT wuchernd 4 *fig* launisch B S → vagabond B 1

vague [veɪg] A ADJ (ADV ~ly) 1 vage: a nebelhaft, verschwommen (*Aussage, Gestalt etc*) b unbestimmt (*Verdacht etc*) c dunkel (*Vorahnung etc*) d unklar (*Beschreibung etc*); **~ answer** *a.* nichtssagende Antwort; **~ hope** vage Hoffnung; **I haven't got the ~st idea** ich habe nicht die leiseste Ahnung; **be ~** sich unklar ausdrücken (**about** über *akk*); **it's ~ly familiar to me** es ist irgendwie bekannt 2 undefinierbar, unbestimmt (*Charakter etc*) 3 ausdruckslos (*Augen etc*) 4 geistesabwesend B S (*das*) Vage: **be in the ~** (noch) unklar *od* unbestimmt sein; **vagueness** S Vagheit *f*, Verschwommenheit *f*, Unbestimmtheit *f*

vagus ['veɪgəs] *pl* -gi [-dʒaɪ] S *a.* **~ nerve** ANAT Vagus(nerv) *m* (*10. Gehirnnerv*)

vail[1] [veɪl] V/T *obs* 1 *die Fahne etc* senken 2 *den Hut etc* abnehmen

vail[2] [veɪl] *obs* A V/T helfen, nützen (*dat*) B S Geldgeschenk *n*

vail[3] [veɪl] *obs* → veil

vain [veɪn] ADJ (ADV ~ly) 1 leer (*Drohung, Pomp etc*) 2 nutz-, fruchtlos, vergeblich (*Bemühungen etc*) 3 eitel, eingebildet: **(as) ~ as a peacock** eitel wie ein Pfau 4 **in ~** a vergebens, vergeblich, umsonst b unnütz: **take God's name in ~** BIBEL den Namen Gottes missbrauchen *od* vergeblich im Munde führen; **take sb's name in ~** über j-n lästern; **~glorious** ADJ (ADV ~ly) 1 prahlerisch, großsprecherisch, -spurig 2 pompös, bombastisch; **~gloriousness** S 1 Prahlerei *f* 2 Pomp *m*; **~glory** → vaingloriousness

vainness ['veɪnnɪs] S 1 Leerheit *f* 2 Vergeblichkeit *f*

vair [veə(r)] S 1 Grauwerk *n* (*Eichhörnchenfell*) 2 *Heraldik*: Eisenhutmuster *n*

val. ABK 1 valuation 2 value

Valais ['væleɪ; væ'leɪ] S Wallis *n*

valance ['væləns] *US* → pelmet

vale[1] [veɪl] S *poet od in Namen*: Tal *n*: **this ~ of tears** dies Jammertal

vale[2] ['veɪlɪ; 'vɑ:leɪ] INT lebe wohl!

valediction [ˌvælɪ'dɪkʃn] S 1 Abschied(-nehmen) *m(n)* 2 Abschiedsgruß *m*, -worte *pl* 3 → valedictory B; **valedictorian** [-'təʊrɪən; -'tɔ:-] S SCHULE, UNIV *US* *Schüler(in) od Student(in), der (die) die Abschiedsrede hält*; **valedictory** [-tərɪ] A ADJ Abschieds...: **~ address** → B; **~ remark** Bemerkung *f* zum Abschied B S SCHULE, UNIV *US* Abschiedsrede *f*

valence ['veɪləns] S CHEM A S Valenz *f*, Wertigkeit *f*: **of odd ~** unpaarwertig B ADJ Valenz...: **~ electron**; **~ bond** Valenzbindung *f*; **~ number** Valenzzahl *f*

valency ['veɪlənsɪ] → valence A

valentine ['væləntaɪn] S 1 *a.* **~ card** Grußkarte *f* zum Valentinstag 2 *j-d, dem man zum Valentinstag e-n Gruß schickt*; **ᴙ's Day** S Valentinstag *m*

Vale of Glamorgan [ˌveɪləvglə'mɔ:(r)gən] S

V

Vale of Glamorgan *n* (*Grafschaft in Südwales*)
valerian [vəˈlɪərɪən] S BOT, PHARM Baldrian *m*; **valeric** ADJ CHEM Baldrian…: ~ **acid** Valeriansäure *f*
valet [ˈvælɪt; -leɪ] A S 1 Kammerdiener *m* 2 *für den Reinigungsservice etc zuständiger Hotelangestellter*: ~ **service** Reinigungsservice *m* 3 *für den Parkservice zuständiger Hotel- od Restaurantangestellter*: ~ **parking** Parkservice *m* B V/T Kammerdiener (*gen*) sein
valetudinarian [ˌvælɪtjuːdɪˈneərɪən; *US a.* -tuː-] A ADJ 1 kränklich, kränkelnd 2 gesundheitsfanatisch 3 hypochondrisch B S 1 kränkliche Person 2 Gesundheitsfanatiker(in), Gesundheitsapostel *m umg* 3 Hypochonder *m*; **valetudinarianism** S 1 Kränklichkeit *f* 2 Gesundheitsfanatismus *m* 3 Hypochondrie *f*; **valetudinary** [-dɪnərɪ; *US* -dnˌeriː] → valetudinarian
Valhall [vælˈhæl], **Valhalla** [-lə] S MYTH Walhall *n*, Walhalla *n/f*
valiancy [ˈvæljənsɪ], *a.* **valiance** S Tapferkeit *f*, Mut *m*, Kühnheit *f*; **valiant** ADJ (ADV ~ly) tapfer, mutig, heldenhaft, kühn: **make a ~ effort to do sth** tapfer versuchen, etwas zu tun
valid [ˈvælɪd] ADJ (ADV ~ly) 1 a stichhaltig, triftig (*Grund etc*) b begründet, berechtigt (*Anspruch etc*) c richtig (*Entscheidung etc*): **be ~ for** *allg* gelten für 2 a JUR rechtsgültig, -kräftig: **become ~** Rechtskraft erlangen b gültig (**for two weeks** zwei Wochen): **be ~** gelten; **all tickets will be ~** alle Karten behalten ihre Gültigkeit 3 wirksam (*Methode etc*) 4 *obs* gesund, kräftig; **validate** [-deɪt] V/T JUR a für rechtsgültig erklären, rechtswirksam machen b bestätigen; **validation** S Gültigkeit(serklärung) *f*; **validity** [vəˈlɪdətɪ] S 1 Gültigkeit *f*: a Stichhaltigkeit *f*, Triftigkeit *f* b Richtigkeit *f* 2 JUR Rechtsgültigkeit *f*, -kraft *f* 3 Gültigkeit(sdauer) *f* (*e-r Fahrkarte etc*)
valise [vəˈliːz; vəˈliːs] S Reisetasche *f*
Valkyr [ˈvælkɪə(r)], **Valkyrie** [-ˈkɪərɪ] S MYTH Walküre *f*
vallecula [vəˈlekjʊlə] *pl* -lae [-liː] S BIOL Furche *f*, Spalt *m*
valley [ˈvælɪ] S 1 Tal *n*: **down the ~** talabwärts; **the ♀ of the Kings** das Tal der Könige (*in Ägypten*); **the ~ of the shadow of death** BIBEL das finstere Tal 2 ARCH Dachkehle *f*: ~ **rafter** Kehlsparren *m*
valor, *bes Br* **valour** [ˈvælə(r)] S *bes poet* (Helden)Mut *m*, Tapferkeit *f*
valorization [ˌvæləraɪˈzeɪʃn; *US* -rəˈz-] S WIRTSCH Valorisation *f*; **valorize** V/T valorisieren, den Preis *e-r Ware* heben *od* stützen
valorous [ˈvælərəs] ADJ (ADV ~ly) *bes poet* tapfer, mutig, kühn, heldenhaft
valour *bes Br für* valor
valse [vɑːls] S MUS Walzer *m*
valuable [ˈvæljʊəbl; *US* -jəwəbəl; -jəbəl] A ADJ (ADV valuably) 1 wertvoll: a kostbar, teuer: **be ~ for** (*od* **to**) wertvoll sein für b *fig* nützlich (*Informationen etc*): → consideration 6 2 (ab)schätzbar, bezahlbar: **not ~ in money** unschätzbar, unbezahlbar B S *pl* Wertsachen *pl*, -gegenstände *pl*; **valuableness** S 1 Wert *m* 2 Nützlichkeit *f*
valuation [ˌvæljʊˈeɪʃn; *US* -jəˈweɪ-] S 1 Bewertung *f*, Wertbestimmung *f*, -gutachten *n*, Taxierung *f*, Veranschlagung *f* 2 WIRTSCH Schätzwert *m*, (festgesetzter) Wert *od* Preis, Taxe *f* b Gegenwartswert *m* e-r Lebensversicherungspolice 3 *Münzwesen*: Valvation *f* (*Abschätzung des Wertes e-r fremden Münze*) 4 Wertschätzung *f*, Würdigung *f*: **we take him at his own ~** wir beurteilen ihn so, wie er sich selbst beurteilt; **valuator** [-tə(r)] S WIRTSCH Schätzer(in), Taxator *m*, Taxatorin *f*
value [ˈvæljuː] A S 1 *allg* Wert *m* (*a. fig*): **the ~ of the painting is £5,000** das Bild ist 5000 Pfund wert; **be of ~ to** wertvoll sein für; **there is little ~ in sb doing sth** es hat wenig Wert, dass j-d etwas tut 2 Wert *m*, Einschätzung *f*: **set** (*od* **put**) **a high ~ on** a großen Wert legen auf (*akk*) b *etwas* hoch einschätzen 3 WIRTSCH Wert *m*: **at ~** zum Tageskurs 4 WIRTSCH a (Geld-, Verkehrs)Wert *m*, Kaufkraft *f*, Preis *m* b Gegenwert *m*, -leistung *f* c → valuation 2 d Wert *m*, Preis *m*, Betrag *m*: **the ~ of** im *od* bis zum Wert von e *bes Br* → valuta f **good ~** reelle Ware: **give sb good ~ for their money** (**get good ~ for one's money**) j-n reell bedienen (reell bedient werden); **it is excellent ~ for money** es ist ausgezeichnet *od* äußerst preiswert 5 *fig* Wert *m*, Bedeutung *f*, Gewicht *n*: **the precise ~ of a word** 6 *pl fig* (*kulturelle od sittliche*) Werte *pl* 7 MAL Verhältnis *n* von Licht u. Schatten, Farb-, Grauwert *m*: **out of ~** zu hell *od* zu dunkel 8 MUS Noten-, Zeitwert *m* 9 PHON Lautwert *m*, Qualität *f*: ~ **stress** Sinnbetonung *f* B V/T 1 a den Wert *od* Preis *e-r Sache* bestimmen *od* festsetzen b (ab)schätzen, veranschlagen, taxieren (**at** auf *akk*): **be ~d at £100** 100 Pfund wert sein 2 *etwas* schätzen, (*vergleichend*) bewerten: ~ **sth above** etwas höher einschätzen als; **he ~d hono(u)r above riches** ihm ging Ehre über Reichtum 3 (hoch) schätzen, achten: ~ **o.s. on sth** sich e-r Sache rühmen 4 WIRTSCH *e-n Wechsel* ziehen (**on sb** auf j-n)
value|-added tax S WIRTSCH Mehrwertsteuer *f*; **~-creating activity** S WIRTSCH Wertschöpfung *f*; ~ **date** S WIRTSCH *bes Br* 1 Verbuchungsdatum *n* 2 Eingangsdatum *n* (*e-s Schecks*) 3 Abrechnungstag *m* (*im Devisenverkehr*); **~-free** ADJ wertfrei; ~ **judg(e)ment** S Werturteil *n*
valueless [ˈvæljʊlɪs] ADJ wertlos
valuer [ˈvæljʊə(r)] → valuator
value system S Wertsystem *n*
valuta [vəˈluːtə] S WIRTSCH Valuta *f* (*Geld ausländischer Währung*)
valval [ˈvælvl], **valvar** [-və(r)] → valvular; **valvate** [ˈvælveɪt] ADJ 1 BIOL mit Klappe(n) (versehen), Klappen… 2 BOT a klappig b sich durch Klappen öffnend
valve [vælv] A S 1 TECH Ventil *n*: ~ **gear** Ventilsteuerung *f*; **~-in-head engine** AUTO *US* kopfgesteuerter Motor; ~ **spring** Ventilfeder *f*; 2 ANAT (*Herz- etc*) Klappe *f* 3 MUS Ventil *n* (*e-s Blechinstruments*) 4 ZOOL (*Muschel*) Klappe *f* 5 BOT *e-r Fruchtkapsel*: a Klappe *f* b Kammer *f* 6 ELEK *Br* (*Radio- etc*) Röhre *f*: ~ **amplifier** Röhrenverstärker *m* 7 TECH Schleusentor *n* 8 *obs* Türflügel *m* B V/T mit Ventilen versehen; **valveless** ADJ ventillos
valvular [ˈvælvjʊlə(r)] ADJ 1 klappenförmig, Klappen…: ~ **defect** MED (*bes* Herz)Klappenfehler *m* 2 mit Ventilen *od* Klappen (versehen) 3 BOT klappig; **valvule** [-vjuːl] S TECH kleines Ventil
valvulitis [ˌvælvjʊˈlaɪtɪs] S MED Valvulitis *f*, (*bes* Herz)Klappenentzündung *f*
vambrace [ˈvæmbreɪs] S MIL, HIST Armschiene *f* (*der Ritterrüstung*)
vamoose [vəˈmuːs; væ-] *US sl* A V/I verduften, Leine ziehen *sl* B V/T fluchtartig verlassen
vamp[1] [væmp] A S 1 a Oberleder *n* (*e-s Schuhs*) b (Vorder)Kappe *f* c (aufgesetzter) Flicken 2 MUS (improvisierte) Begleitung 3 *fig* Flickwerk *n* B V/T 1 vorschuhen 2 *meist* ~ **up** a flicken, reparieren b *umg ein Gebäude etc* aufpolieren, *ein Theaterstück etc a.* aufmotzen c *umg e-n Zeitungsartikel etc* zusammenstoppeln d *umg e-e Ausrede etc* erfinden 3 MUS (aus dem Stegreif) begleiten C V/I MUS improvisieren
vamp[2] [væmp] *umg* A S Vamp *m* B V/T *Männer* verführen u. ausbeuten
vampire [ˈvæmpaɪə(r)] S 1 Vampir *m*: a *blutsaugendes Gespenst* b *fig* Ausbeuter(in), Blutsauger(in) 2 *a.* ~ **bat** ZOOL Vampir *m* 3 THEAT Falltür *f* auf der Bühne; **vampiric** [-ˈpɪrɪk] ADJ vampirhaft, blutsaugerisch; **vampirism** S 1 Vampirismus *m*, Vampirglaube *m* 2 Blutsaugen *n* (*e-s Vampirs*) 3 *fig* Ausbeutung *f*
van[1] [væn] S 1 MIL Vorhut *f*, Vorausabteilung *f*, Spitze *f* 2 SCHIFF Vorgeschwader *n* 3 *fig* vorderste Reihe, Spitze *f*: **be in the ~ of** an der Spitze (*gen*) stehen
van[2] [væn] A S 1 AUTO a Lieferwagen *m* b (*Möbel- etc*) Wagen *m*, (*Vieh- etc*) Transporter *m* 2 BAHN *bes Br* (geschlossener) Güterwagen, Dienst-, Gepäckwagen *m* 3 a *Br* Wohnwagen *m* b *US* Wohnmobil *n* B V/T in Lieferwagen transportieren
van[3] [væn] S 1 *obs od poet* Schwinge *f*, Fittich *m* 2 *Br* Getreideschwinge *f* 3 *Bergbau*: *Br* a Schwingschaufel *f* b Schwingprobe *f*
van[4] [væn] S *Tennis*: *Br umg* Vorteil *m*: ~ **in** (**out**) Vorteil Aufschläger(in) (Rückschläger[in])
vanadate [ˈvænədeɪt] S CHEM Vanadat *n*; **vanadic** [vəˈnædɪk; -ˈneɪ-] ADJ Vanadium…: ~ **acid**
vanadium [vəˈneɪdjəm; -dɪəm] S CHEM Vanadium *n*, Vanadin *n*
Van Allen belt [ˌvænˈælən] S PHYS Van-Allen-Gürtel *m*
V and A ABK *Br* Victoria and Albert Museum
Vandal [ˈvændl] A S 1 HIST Vandale *m*, Vandalin *f* 2 ♀ *fig* Vandale *m*, Vandalin *f*, mutwillige(r) Zerstörer(in) B ADJ 1 HIST vandalisch, Vandalen… 2 ♀ *fig* vandalisch, vandalenhaft, zerstörungswütig; **Vandalic**, ♀ [-ˈdælɪk] → Vandal B; **vandalism** [-dəlɪzəm] S Vandalismus *m*: a Zerstörungswut *f* b *a.* **act(s** *pl*) **of ~** mutwillige Zerstörung *od* Beschädigung, Verwüstung *f*; **vandalize** V/T 1 wie die Vandalen hausen in (*dat*) 2 mutwillig zerstören *od* beschädigen, verwüsten
Vandyke [ˌvænˈdaɪk] S *a.* ♀ a → Vandyke beard b → Vandyke cape; ~ **beard** S Henriquatre *m*, Spitzbart *m*; ~ **brown** S Van-Dyck-Braun *n* (*Farbe*); **Vandyke-brown** ADJ Van-Dyck-braun; ~ **cape**, ~ **collar** S Van-Dyck-Kragen *m*
vane [veɪn] S 1 Wetterfahne *f*, -hahn *m* 2 Windmühlenflügel *m* 3 TECH (*Propeller-, Ventilator- etc*) Flügel *m*, (*Turbinen-*, FLUG *Leit*)Schaufel *f* 4 *Landvermessung*: Diopter *n*, Nivelliergerät *n* 5 ZOOL Fahne *f* (*e-r Feder*) 6 Fiederung *f* (*e-s Pfeils*)
vang [væŋ] S SCHIFF (Gaffel)Geer *f*
vanguard [ˈvæŋgɑː(r)d] → van[1]
vanilla [vəˈnɪlə] S BOT Vanille *f* (*Pflanze u. Gewürz*): ~ **ice-cream**
vanish [ˈvænɪʃ] A V/I 1 verschwinden, BOT, ZOOL *a.* aussterben: **make sth ~** etwas verschwinden lassen (*Magier*); ~ **into thin air** sich in Luft auflösen; → blue B 5 b 2 schwinden (*Ängste, Hoffnungen etc*) 3 MATH Null werden B S PHON *2. Element e-s fallenden Diphthongs*
vanishing| cream S *Kosmetik*: Feuchtigkeitscreme *f*; ~ **point** S 1 Fluchtpunkt *m* (*in der Perspektive*) 2 *fig* Nullpunkt *m*
vanity [ˈvænətɪ] S 1 Eitelkeit *f* 2 *j-s* Stolz *m* (*Sache*) 3 Nutz-, Fruchtlosigkeit *f*, Vergeblichkeit *f* 4 *etwas Nutz- od Wertloses*: **vanities** *pl a.* Tand *m* 5 *US* Toilettentisch *m*, Frisierkommode *f* 6 → vanity bag, vanity case; ~ **bag** S Kosmetiktasche *f*; ~ **case** S Kosmetikkoffer *m*; ♀ **Fair** S Jahrmarkt *m* der Eitelkeiten; ~ **plate** S AUTO *US* Wunschkennzeichen *n*; ~ **press** S *bes US* Selbstkostenverlag *m*; ~ **table** → vanity 5; ~ **unit** S *Br* Waschkommode *f*, -tisch *m*

vanquish ['væŋkwɪʃ] VT besiegen, überwältigen, *s-n Stolz etc* überwinden, *s-e Angst etc* bezwingen
vantage ['vɑːntɪdʒ; *US* 'væn-] S 1 *Tennis:* Vorteil *m* 2 → vantage point 3; **~ ground** S günstige Lage *od* Stellung; **~ point** S 1 (guter) Aussichtspunkt 2 Standpunkt *m*: **from the ~ of** *fig* aus dem Blickwinkel *(gen)* 3 günstiger (Ausgangs)Punkt 4 → vantage ground
Vanuatuan [,vænʊ'ɑːtʊən; *US* ,vænə'wɑː-] A S Einwohner(in) Vanuatus B ADJ aus Vanuatu
vanward ['vænwə(r)d] A ADJ vorderst(er, e, es) B ADV nach vorn
vapid ['væpɪd] ADJ (ADV ~ly) 1 schal *(Bier etc)* 2 *fig* a schal, seicht, leer b öd(e), fad(e) 3 *fig* leer, ausdruckslos; **vapidity, vapidness** S 1 Schalheit *f (a. fig)* 2 *fig* Fadheit *f* 3 *fig* Leere *f*
vapor ['veɪpər] *US für* vapour
vaporable ['veɪpərəbl] ADJ ein-, verdampfbar
vaporific [,veɪpə'rɪfɪk] ADJ 1 Dampf *od* Dunst erzeugend 2 verdampfend, verdunstend 3 → vaporous; **vaporiform** [-fɔː(r)m] ADJ dampf-, dunstförmig
vaporization [,veɪpəraɪ'zeɪʃn; *US* -rə'z-] S CHEM, PHYS Verdampfung *f*, Verdunstung *f*; **vaporize** A VT 1 CHEM, PHYS ver-, eindampfen, verdunsten (lassen), zerstäuben 2 TECH vergasen B VI CHEM, PHYS verdampfen, -dunsten; **vaporizer** S TECH 1 Verdampfungsapparat *m*, Zerstäuber *m* 2 Vergaser *m*
vaporous ['veɪpərəs] ADJ (ADV ~ly) 1 dampfig, dunstig 2 dunstig, neb(e)lig 3 duftig, zart *(Seide etc)* 4 *fig* nebelhaft *(Träume etc)* 5 eitel, eingebildet
vapour ['veɪpə(r)] *bes Br* A S 1 Dampf *m (a.* PHYS*)*, Dunst *m (a. fig)*, Nebel *m*: **~ bath** Dampfbad *n*; **~ engine** Dampfmaschine *f*; **~ trail** FLUG Kondensstreifen *m* 2 TECH a Gas *n* b AUTO Gemisch *n*: **~ lock** Dampfblasenbildung *f (in der Benzinleitung)* 3 MED (Inhalations)Dampf *m* 4 *fig* Phantom *n*, Hirngespinst *n* 5 *pl obs* Schwermut *f*: **have the ~s** schwermütig werden B VI 1 (ver)dampfen 2 *fig* prahlen, schwadronieren; **~ware** S IT *Hard- od Software, deren Erscheinen auf dem Markt zwar angekündigt ist, die aber noch nicht käuflich erwerbbar ist*
vaquero [vɑː'kerəʊ] *pl* -ros S *US* Viehhirt *m*, Cowboy *m*
VAR ABK FLUG visual-aural range Gesichts- u. Hörbereich *m*
var. ABK 1 variable 2 variant 3 variation 4 variety 5 various versch(ied).
varactor ['veəræktə(r)] S ELEK Varactor *m*, Kapazitätsvariationsdiode *f*
Varangian [və'rændʒɪən] A S HIST Waräger(in) B ADJ Waräger...
varec ['værek] S 1 BOT Seetang *m* 2 CHEM Varek *m*, Seetangasche *f*
variability [,veərɪə'bɪlətɪ] S 1 Veränderlichkeit *f*, Schwanken *n*, Unbeständigkeit *f (a. fig)* 2 Variabilität *f*: a MATH, PHYS Ungleichförmigkeit *f* b BIOL Gestaltungsvermögen *n*
variable ['veərɪəbl] A ADJ (ADV variably) 1 veränderlich, wechselnd, unterschiedlich, unbeständig *(Gefühle, Wetter etc)*, schwankend *(a. Person)*: **~ cost** WIRTSCH bewegliche Kosten *pl*; **~ wind** METEO Wind *m* aus wechselnden Richtungen 2 *bes* ASTRON, BIOL variabel, wandelbar, MATH, PHYS *a.* ungleichförmig: **~ star** → B 2 3 TECH regelbar, ver-, einstellbar, veränderlich: **~ capacitor** Drehkondensator *m*; **~ in phase** ELEK phasenveränderlich; **~ resistance** ELEK a variabler Widerstand b *(als Konstruktionselement)* Regelwiderstand *m*; **~-speed** mit veränderlicher Drehzahl; **~ time fuse** *(bes US* **fuze***)* MIL Annäherungszünder *m* B S 1 *(etwas)* Variables, veränderliche Größe, *bes* MATH Variable *f*, Veränderliche *f* 2 ASTRON variabler Stern, Variable(r) *m*, Veränderliche(r) *m* 3 METEO Wind *m* aus wechselnden Richtungen 4 *meist pl* SCHIFF Kalmengürtel *m*; **variableness** → variability
variance ['veərɪəns] S 1 Veränderung *f* 2 Veränderlichkeit *f* 3 Abweichung *f (a.* JUR *zwischen Klage u. Beweisergebnis)* 4 Unstimmigkeit *f*, Uneinigkeit *f*, Meinungsverschiedenheit *f*, Streit *m*: **be at ~ (with)** uneinig sein (mit *j-m*), anderer Meinung sein (als *j-d*)(→ 5); **set at ~** entzweien 5 *fig* Widerspruch *m*, -streit *m*: **be at ~ (with)** unvereinbar sein (mit *etwas*), im Widerspruch *od* Gegensatz stehen (zu) (→ 4) 6 *Statistik:* Varianz *f (Quadrat der mittleren Abweichung)*
variant ['veərɪənt] A ADJ 1 abweichend, verschieden 2 unterschiedlich B S 1 Variante *f*, Spielart *f* 2 Schreib- *od* Textvariante *f*, abweichende Lesart
variation [,veərɪ'eɪʃn] S 1 (Ver)Änderung *f*, Wechsel *m* 2 Abweichung *f*, Schwankung *f* 3 Abänderung *f* 4 Abwechslung *f* 5 (Schreib)Variante *f* 6 ASTRON, BIOL, MATH, MUS *etc* Variation *f* (**on** über *akk*) 7 SCHIFF magnetische Deklination, (Orts)Missweisung *f* *(Kompass)*; **variational** [-ʃənl] ADJ Variations...
varicella [,værɪ'selə] S MED Varizellen *pl*, Windpocken *pl*
varices ['værɪsiːz] *pl von* varix
varicocele ['værɪkəʊsiːl] S MED Varikozele *f*, Krampfaderbruch *m*
varicolo(u)red ['veərɪ-] ADJ bunt: a vielfarbig b *fig* mannigfaltig
varicose ['værɪkəʊs] ADJ MED varikös, Krampfader...: **~ ulcer** Unterschenkelgeschwür *n*; **~ vein** Krampfader *f*; **varicosis** [-'kəʊsɪs], **varicosity** [-'kɒsətɪ; *US* -'kɑ-] S Varikosität *f*, Krampfaderbildung *f*; **varicotomy** [-'kɒtəmɪ; *US* -'kɑ-] S operative Krampfaderentfernung
varied ['veərɪd] ADJ (ADV ~ly) 1 bunt, abwechslungsreich, mannigfaltig, verschieden (artig): **a ~ life** ein bewegtes Leben; **opinions on the performance were ~** die Meinungen über die Aufführung gingen auseinander 2 (ab)geändert, verändert, variiert 3 bunt, vielfarbig
variegate ['veərɪgeɪt; *US a.* -riːə-] VT 1 bunt gestalten *(a. fig)* 2 variieren, Abwechslung bringen in *(akk)*, beleben; **variegated** → varied; **variegation** S Buntheit *f*, Vielfarbigkeit *f*
variety [və'raɪətɪ] S 1 Verschiedenheit *f*, Buntheit *f*, Mannigfaltigkeit *f*, Vielseitigkeit *f*, Abwechslung *f*: **add ~ to** Abwechslung bringen in *(akk)*; **~ is the spice of life** *(Sprichwort)* Abwechslung ist die Würze des Lebens 2 Vielfalt *f*, Reihe *f*, Anzahl *f*, *bes* WIRTSCH Auswahl *f*: **a ~ of silks** ein Sortiment von Seidenstoffen; **for a ~ of reasons** aus den verschiedensten Gründen 3 Sorte *f*, Art *f* 4 *allg* Spielart *f* 5 BOT, ZOOL a Varietät *f (Unterabteilung e-r Art)* b Spielart *f*, Variante *f* 6 Varieté *n* 7 → variety store; **~ artist** S Varietékünstler(in); **~ meat** S GASTR *bes US* Innereien *pl*; **~ show** S Varieté(vorstellung) *n(f)*; **~ store** S *US* Kleinkaufhaus *n*; **~ theater**, *bes Br* **~ theatre** S Varieté(theater) *n*
variform ['veərɪfɔː(r)m] ADJ 1 vielgestaltig 2 → varied 1
variocoupler ['veərɪəʊ-] S ELEK Variokoppler *m*, veränderliche Kopplungsspule
variola [və'raɪələ; *US a.* ,verɪ'əʊlə] S MED Variolen *pl*, Pocken *pl*
variolite ['veərɪəlaɪt] S GEOL Variolith *m*, Blatterstein *m*
varioloid ['veərɪəlɔɪd; *US* ,verɪ'əʊ-] MED A ADJ 1 pockenartig 2 Pocken... B S Variolois *f (leichte Form der Pocken)*; **variolous** [və'raɪələs; *US a.* ,verɪ'əʊ-] ADJ 1 Pocken... 2 pockenkrank 3 pockennarbig
variometer [,veərɪ'ɒmɪtə; *US* ,verɪ'ɑmətər] S FLUG, ELEK, PHYS Variometer *n (Gerät zur Messung von Luftdruckschwankungen etc)*
variorum [,veərɪ'ɔːrəm; *US a.* -'əʊ-] S *a.* **~ edition** *Ausgabe mit kritischen Anmerkungen verschiedener Kommentatoren od mit verschiedenen Lesarten*: **a Shakespeare ~**
various ['veərɪəs] ADJ (ADV ~ly) 1 verschieden (artig) 2 mehrere, verschiedene 3 bunt, vielfältig, abwechslungsreich, wechselvoll
variscite ['værɪsaɪt] S MINER Variszit *m*
varistor [və'rɪstə(r); *US* væ-] S ELEK Varistor *m* *(spannungsabhängiger Widerstand)*
varix ['veərɪks] *pl* **varices** ['værɪsiːz] S MED Varix *f*, Varise *f*, Krampfader *f*
varlet ['vɑː(r)lɪt] S 1 HIST Page *m*, Knappe *m* 2 *obs* Schurke *m*
varmint ['vɑː(r)mɪnt] S 1 ZOOL Schädling *m* 2 *umg* Halunke *m*
varnish ['vɑː(r)nɪʃ] A S TECH 1 Lack *m* 2 *a.* **clear ~** Klarlack *m*, Firnis *m* 3 (Möbel)Politur *f* 4 *Töpferei:* Glasur *f* 5 Lacküberzug *m* 6 *fig* Firnis *m*, Tünche *f*, äußerer Anstrich B VT: *a.* **~ over** 1 a lackieren b firnissen c glasieren 2 *Möbel* (auf)polieren 3 *fig* übertünchen, bemänteln, beschönigen; **varnisher** S Lackierer(in)
varsity ['vɑː(r)sətɪ] S *bes Br umg* Uni *f (Universität)*
Varsovian [vɑː(r)'səʊvɪən] A S Warschauer(in) B ADJ warschauisch, Warschauer
vary ['veərɪ] A VT 1 (ver-, *a.* JUR ab)ändern 2 variieren, unterschiedlich gestalten, Abwechslung bringen in *(akk)* 3 variieren, abwandeln *(a.* MUS*)* B VI 1 sich (ver)ändern, variieren *(a.* BIOL*)*, wechseln, schwanken: **opinions on the performance ~** die Meinungen über die Aufführung gehen auseinander 2 **(from)** abweichen *od* verschieden sein (von), nicht übereinstimmen (mit); **varying** ADJ (ADV ~ly) wechselnd, unterschiedlich, verschieden
vas [væs] *pl* **vasa** ['veɪsə; *US* -zə] S PHYSIOL (Blut)Gefäß *n*; **vasal** ['veɪsl; *US* -zəl] ADJ MED, PHYSIOL (Blut)Gefäß...
vascula ['væskjʊlə] *pl von* vasculum
vascular ['væskjʊlə(r)] ADJ BOT, MED, PHYSIOL vaskulär, Gefäß...: **~ congestion** Gefäßstauung *f*; **~ disease** Gefäßkrankheit *f*, -leiden *n*; **~ obstruction** Gefäßverschluss *m*; **~ surgery** Gefäßchirurgie *f*; **~ plant** Gefäß-, Sprosspflanze *f*; **~ system** Gefäßsystem *n*; **~ tissue** BOT Stranggewebe *n*; **~ wall** Gefäßwand *f*; → naevus
vascularization [,væskjʊləraɪ'zeɪʃn; *US* -rə'z-] S MED Vaskularisation *f (Neubildung von Gefäßen)*
vasculitis [,væskjʊ'laɪtɪs] S MED Vaskulitis *f*, Gefäßentzündung *f*
vasculum ['væskjʊləm] *pl* -la [-lə], -lums S Botanisierbüchse *f*, -trommel *f*
vas deferens ['defərenz] *pl* **vasa deferentia** [,defə'renʃɪə; *US* -tʃ-] S ANAT Samenleiter *m*
vase [vɑːz; *US* veɪs] S Vase *f*: **~ painting** Vasenmalerei *f*
vasectomy [væ'sektəmɪ; *US a.* veɪ'z-] S MED Vasektomie *f (teilweise Entfernung des Samenleiters)*
vaseline® ['væsɪliːn] S PHARM Vaselin *n*, Vaseline® *f (e-e Salbengrundlage)*
vasoconstriction [,veɪzəʊ; ,væsəʊ-] S MED Vasokonstriktion *f*, Gefäßverengung *f*; **vasoconstrictor** S ANAT Vasokonstriktor *m*, ge-

fäßverengender Nerv; **vasodilation** S MED Vasodilatation *f*, Gefäßerweiterung *f*; **vasodilator** S ANAT Vasodilatator *m*, gefäßerweiternder Nerv; **vasomotor** ADJ vasomotorisch, Gefäßnerven…

vassal ['væsl] A S 1 HIST Vasall *m*, Lehnsmann *m* 2 *fig* Untertan(in), Untergebene(r) *m/f(m)* 3 *fig* Sklave *m*, Sklavin *f* (*beide:* **to** *gen*): **he is a ~ to his passions** B ADJ 1 Vasallen…: **~ state** 2 *fig* unterwürfig (**to** gegenüber); **vassalage** S 1 HIST a Vasallentum *n* b Lehnspflicht *f* (**to** gegenüber) c *koll* Vasallen *pl* 2 *fig* Abhängigkeit *f* (**to** von) 3 *fig* Unterwürfigkeit *f* (**to** gegenüber)

vast [vɑːst; *US* væst] A ADJ weit, ausgedehnt, unermesslich, *a. fig* (riesen-)groß, riesig, ungeheuer (*Menge etc*): **~ difference** gewaltiger Unterschied B S *poet* (unendliche) Weite; **vastly** ADV gewaltig, in hohem Maße, äußerst, ungemein, enorm: **~ superior** haushoch überlegen, weitaus besser; **vastness** S 1 Weite *f*, Unermesslichkeit *f* (*a. fig*) 2 ungeheure Größe, riesiges Ausmaß 3 riesige Zahl, Unmenge *f*; **vasty** *poet für* vast A

vat[1] [væt] A S TECH 1 großes Fass, Bottich *m*, Kufe *f* 2 a *Färberei:* Küpe *f* b *Gerberei:* Lohgrube *f* c Küpe *f*, Lösung *f* e-s Küpenfarbstoffs: **~ dye** Küpenfarbstoff *m* B V/T 1 (ver)küpen, in ein Fass *etc* füllen 2 in e-m Fass *etc* behandeln: **~ted** fassreif (*Wein etc*)

VAT[2] ABK value-added tax MwSt., Mw.-St., Mehrwertsteuer *f*

Vatican ['vætɪkən] A S Vatikan *m* B ADJ vatikanisch: **~ Council** KATH Vatikanisches Konzil; **Vatican City** [,vætɪkən'sɪtɪ] S Vatikanstadt *f*; **Vaticanism** S *meist pej* Vatikanismus *m* (*theologisches System, das auf der unbedingten Autorität des Papstes beruht*)

vaticination [,vætɪsɪ'neɪʃn] S 1 Weissagen *n* 2 Weissagung *f*

vator ['veɪtə(r)] *umg* → elevator 1

Vaud [vəʊ] S Waadt *n*

vaudeville ['vəʊdəvɪl; 'vɔː-] S 1 Vaudeville *n* (*heiteres Singspiel mit Tanzeinlagen*) 2 *US* Varieté *n*

Vaudois[1] ['vəʊdwɑː; *US a.* vəʊ'dwɑː] A S 1 Waadtländer(in): **the ~** *koll* die Waadtländer *pl* 2 LING Waadtländisch *n*, das Waadtländische B ADJ waadtländisch

Vaudois[2] ['vəʊdwɑː; *US a.* vəʊ'dwɑː] → Waldenses

vault[1] [vɔːlt] A S 1 ARCH Gewölbe *n*, Wölbung *f* 2 Kellergewölbe *n* 3 Grabgewölbe *n*, Gruft *f* 4 Stahlkammer *f*, Tresorraum *m* 5 *poet* Himmel(sgewölbe) *m(n)* 6 ANAT Wölbung *f*, *bes* a (*Schädel*) Dach *n* b (*Gaumen*) Bogen *m* c Kuppel *f* (*des Zwerchfells*) B V/T ARCH überwölben C V/I sich wölben

vault[2] [vɔːlt] A V/I 1 springen, sich schwingen, setzen (*alle:* **over** über *akk*) 2 *Hohe Schule:* kurbettieren B V/T überspringen C S 1 *bes* SPORT Sprung *m* 2 *Hohe Schule:* Kurbette *f*, Bogensprung *m*

vaulted ADJ gewölbt, Gewölbe…, überwölbt

vaulter S (*Stabhoch*) Springer(in)

vaulting[1] S ARCH 1 Überwölbung *f* 2 Wölbung *f* 3 Gewölbe *n od pl koll*

vaulting[2] ADJ 1 **~ horse** (*Turnen*) Lang-, Sprungpferd *n*; **~ pole** (*Stabhochsprung*) Sprungstab *m* 2 *fig* zu weit gehend, übertrieben

vaunt [vɔːnt; *US a.* vɑːnt] A V/T sich rühmen (*gen*), sich brüsten mit B V/I prahlen C S Prahlerei *f* (*Äußerung etc*); **vaunter** S Prahler(in); **vaunting** ADJ (ADV ~ly) prahlerisch

vavasor ['vævəsɔː(r); *US a.* -,səʊər], *bes Br* **vavasour** [-,sʊə(r)] S HIST Afterlehnsmann *m*, Hintersasse *m*

VC ABK 1 Vice-Chairman 2 Vice-Chancellor 3 Vice-Consul 4 MIL *Br* Victoria Cross (*Tapferkeitsorden*)

VCR ABK video cassette recorder Videorekorder *m*

VD ABK MED venereal disease Geschlechtskrankheit *f*

v.d. ABK various dates

V-Day S Tag *m* des Sieges, *bes* → a V-E Day b V-J Day

VDT ABK COMPUT visual display terminal

VDU ABK COMPUT visual display unit (Daten)Sichtgerät *n*, Bildschirmgerät *n*

've [v] *abk für* **have:** → I've, *etc*

veal [viːl] S 1 *a.* **~ calf** Schlachtkalb *n* 2 Kalbfleisch *n*: **~ chop** Kalbskotelett *n*; **~ cutlet** Kalbsschnitzel *n*; **vealer** S *US u. Aus* → veal 1

vector ['vektə(r)] A S 1 MATH, PHYS Vektor *m* (*durch e-n Pfeil dargestellte Größe*) 2 MED, VET Krankheitsüberträger *m*, -verbreiter *m* (*bes Insekt*) 3 FLUG Kurs *m* B V/T FLUG *das Flugzeug* mittels Funk *od* Radar leiten, (auf Ziel) einweisen C ADJ MATH, PHYS Vektor…: **~ algebra** (**field**, *etc*); **vectorial** [-'tɔːrɪəl] ADJ MATH vektoriell, Vektor…

Veda ['veɪdə; 'viːdə] S Weda *m* (*eine der heiligen Schriften der altindischen Religion*)

Vedanta [ve'dɑːntə; -'dæn-; *US* veɪ-; və-] S Wedanta *m* (*eine der 6 philosophischen Hauptschulen des Hinduismus*)

V-E Day S Tag *m* des Sieges (*der Alliierten in Europa; 8. 5. 1945*)

vedette [vɪ'det] S 1 MIL, HIST Vedette *f*, berittener Vorposten 2 *a.* **~ boat** kleines Patrouillenboot

Vedic ['veɪdɪk; 'viː-] ADJ REL wedisch

vee [viː] A S V, v *n* (*Buchstabe*) B ADJ v-förmig, V-…: **~ belt** AUTO Keilriemen *m*; **~ engine** AUTO V-Motor *m*

veep [viːp] S *US umg* Vize *m* (*Vizepräsident*)

veer [vɪə(r)] A V/I: *a.* **~ round** 1 sich (um)drehen 2 *bes* SCHIFF abdrehen, wenden 3 *fig* umschwenken (**to** zu) 4 *fig* abschweifen 5 die Richtung ändern *od* wechseln 6 METEO umspringen, sich drehen (*Wind*) B V/T 1 *a.* **~ round** *ein Schiff etc* wenden, drehen, schwenken 2 SCHIFF *das Tauwerk* fieren, abschießen: **~ and haul** fieren u. holen C S Wendung *f*, Drehung *f*, Richtungswechsel *m*

veg [vedʒ] *pl* veg A *Br umg* Gemüse *n* B V/I: **~ out** *Aus sl* dahinvegetieren

Vega ['viːgə] S ASTRON Wega *f* (*ein Stern*)

vegan ['viːgən] A S Veganer(in) B ADJ vegan; **veganism** S Veganismus *m* (*strenger Vegetarismus, dessen Anhänger auf tierische Produkte in jeder Form verzichten*)

vegeburger ['vedʒɪ,bɜːgə; *US* -,bɜrgər] S Gemüseburger *m*

vegetable ['vedʒtəbl] A S 1 *a. pl* Gemüse *n* 2 (*bes* Gemüse-, Futter)Pflanze *f*: **be a mere ~** *fig* nur noch dahinvegetieren; **live like a ~** (dahin)vegetieren 3 AGR Grünfutter *n* B ADJ 1 Gemüse…: **~ garden** (**soup**, *etc*); **~ diet** gemüsereiche Kost; **~ plot** Gemüseecke *f* (*im Garten*) 2 vegetabil(isch), pflanzlich 3 BOT Pflanzen…: **~ fat** (**oil**, *etc*): **~ kingdom** Pflanzenreich *n*; → marrow[2]

vegetal ['vedʒɪtl] ADJ BOT 1 → vegetable B 2, B 3 2 PHYSIOL vegetativ

vegetarian [,vedʒɪ'teərɪən] A S Vegetarier(in) B ADJ 1 vegetarisch (*a. Mahlzeit etc*) 2 vegetarisch, Vegetarier…, für Vegetarier: **a ~ restaurant**; **vegetarianism** S Vegetarismus *m*, vegetarische Lebensweise

vegetate ['vedʒɪteɪt] V/I 1 (*wie e-e Pflanze*) wachsen, vegetieren 2 *a.* **~ away** *fig* (dahin)vegetieren 3 MED wuchern; **vegetation** S 1 Vegetation *f*: a Pflanzenwelt *f* b Pflanzenwuchs *m* 2 *fig* (Dahin)Vegetieren *n* 3 MED Wucherung *f*; **vegetational** [-ʃənl] ADJ Vegetations…; **vegetative** [-tətɪv; *US* -,teɪ-] ADJ (ADV ~ly) 1 vegetativ: a wie Pflanzen wachsend b wachstumsfördernd c Wachstums… d ungeschlechtlich (*Fortpflanzung*) 2 Vegetations…, pflanzlich 3 **lead a ~ life** *fig* (dahin)vegetieren

veg(g)ie ['vedʒɪ] *umg* A ADJ Gemüse… B SPL **veg(g)ies** Gemüse *n*

vehemence ['viːɪməns] S 1 Vehemenz *f*, Heftigkeit *f*, Gewalt *f*, Wucht *f* (*alle a. fig*) 2 *fig* Ungestüm *n*, Leidenschaft *f*; **vehement** ADJ (ADV ~ly) 1 vehement, heftig, gewaltig, wuchtig (*alle a. fig*) 2 *fig* ungestüm, leidenschaftlich, hitzig

vehicle ['viːɪkl] S 1 Fahrzeug *n*, Beförderungsmittel *n*, *engS.* Wagen *m*: **~ owner** Fahrzeughalter(in) 2 *Raumfahrt:* a → space vehicle b Trägerrakete *f* 3 BIOL, CHEM Trägerflüssigkeit *f*, -substanz *f* 4 PHARM Vehikel *n* (*wirkungsloser Stoff, in dem die wirksamen Stoffe gelöst od verteilt sind*) 5 CHEM, TECH Bindemittel *n* (*für Farben*) 6 *fig* a Ausdrucksmittel *n*, Medium *n*, Vehikel *n* b Träger(in), Vermittler(in): **a ~ of ideas**; **vehicular** [vɪ'hɪkjʊlə(r)] ADJ Fahrzeug…, Wagen…: **~ traffic** Fahrzeugverkehr *m*

veil [veɪl] A S 1 (Gesichts- *etc*)Schleier *m* 2 (Nonnen)Schleier *m*: **she took the ~** sie nahm den Schleier 3 (*Nebel-, Dunst*) Schleier *m*: **~ of mist** 4 FOTO Schleier *m* 5 *fig* Schleier *m*, Maske *f*, Deckmantel *m*: **draw a ~ over** den Mantel des Schweigens breiten über (*akk*); **under the ~ of charity** unter dem Deckmantel der Nächstenliebe; **there is a ~ of secrecy over**, **a ~ of secrecy surrounds** ein Schleier des Geheimnisses umgibt (*akk*) 6 *fig* Schleier *m*, Schutz *m*: **under the ~ of darkness** im Schutze der Dunkelheit; **beyond the ~** im Jenseits, hinter der Schwelle des Todes 7 → velum 8 REL a (*Tempel*) Vorhang *m* b Velum *n* (*Kelchtuch*) 9 MUS Verschleierung *f* (*der Stimme*) B V/T 1 verschleiern, -hüllen (*beide a. fig*): **be ~ed in mist** in Nebel (ein)gehüllt sein 2 *fig* verbergen, tarnen C V/I sich verschleiern (*a. Augen etc*); **veiled** ADJ verschleiert (*a.* FOTO *u. fig*): **~ criticism** verhüllte Kritik; **~ in mystery** geheimnisumwittert; **veiling** S 1 Verschleierung *f* (*a.* FOTO *u. fig*) 2 WIRTSCH Schleierstoff *m*; **veilless** ADJ unverschleiert

vein [veɪn] A S 1 ANAT Vene *f* 2 *allg* Ader *f*: a ANAT Blutgefäß *n* b BOT Blattnerv *m* c (*Holz-, Marmor*) Maser *f* d GEOL (*Erz*) Gang *m*: **~ of gold** Goldader e GEOL Wasserader *f*, -spalte *f* 3 *fig* a (*poetische etc*) Ader, Veranlagung *f*, Hang *m* (**of zu**) b Tonart *f*, Ton *m*, Stil *m* c Stimmung *f*, Laune *f*: **be in the ~ for** (**to do**) in Stimmung sein für (zu tun) B V/T 1 ädern 2 marmorieren, masern; **veined** ADJ 1 *allg* geädert 2 gemasert, marmoriert; **veining** S 1 Äderung *f*, Maserung *f* 2 Verzierung *f*, Stickerei *f*; **veinless** ADJ ungeädert, ungerippt; **veinlet** [-lɪt] S 1 Äderchen *n* 2 BOT Seitenrippe *f*

veinous ['veɪnəs] ADJ BIOL 1 äd(e)rig, geädert 2 → venous

vela ['viːlə] *pl von* velum

velamen [və'leɪmən] *pl* velamina [-'læmɪnə] S Velamen *n*: a ANAT Hülle *f* b BOT Wurzelhülle *f*

velar ['viːlə(r)] A ADJ a LING velar (*am Gaumensegel gebildet*) b ANAT, LING Velar…, Gaumensegel… B S LING Velar(laut) *m*, Gaumensegellaut *m*

velarization [,viːləraɪ'zeɪʃn; *US* -rə'z-] S LING Velarisierung *f*; **velarize** V/T *e-n Laut* velarisieren, velar aussprechen

Velcro® (**fastening**), **velcro** (**fastening**) ['velkrəʊ] S Klettverschluss® *m*

V

veld(t) [velt; felt] S GEOG Gras- *od* Buschland *n* (*in Südafrika*); **~skoen** [-skʊn] S *leichter Schuh aus ungegerbter Haut*
velleity [veˈliːətɪ] S PHIL Velleität *f*: a kraftloses, zögerndes Wollen b *Wunsch, der nicht zur Tat wird*
vellum [ˈveləm] S 1 Schreibpergament *n* 2 Pergamenthandschrift *f* 3 Velin(papier) *n*
velocipede [vɪˈlɒsɪpiːd; *US* -ˈlɑ-] S 1 HIST Veloziped *n* (*Lauf-, Fahrrad*) 2 BAHN *US* Draisine *f*
velocity [vɪˈlɒsətɪ; *US* -ˈlɑ-] S PHYS, TECH Geschwindigkeit *f*: **at a ~ of** mit e-r Geschwindigkeit von; **~ of fall (light, sound)** Fall-(Licht-, Schall)geschwindigkeit; **~ head** S PHYS Geschwindigkeitshöhe *f*; **~ modulation** S PHYS Geschwindigkeitsmodulation *f*, -steuerung *f*
velodrome [ˈvelədrəʊm; ˈviː-] S Velodrom *n*, Radrennbahn *f*
velour(s) [vəˈlʊə(r)] S Velours *m*
velum [ˈviːləm] *pl* **-la** [-lə] S Velum *n*: a ANAT Gaumensegel *n*, weicher Gaumen b BOT Hülle *f* (*bei jungen Blätterpilzen*) c ZOOL Randsaum *m* (*bei Quallen*)
velure [vəˈlʊə(r); *US a.* velˈjʊər; ˈveljər] S Velours *m*
velvet [ˈvelvɪt] A S 1 Samt *m*: **(as) smooth as ~** samtweich; **in a tone as smooth as ~** honigsüß, mit honigsüßer Stimme; **the whisky went down as smooth as ~** der Whisky lief wie Öl hinunter 2 *fig* Weichheit *f*, (*das*) Samtene 3 ZOOL Bast *m* (*an jungen Geweihen etc*) 4 *bes US sl* a Gewinn *m*, Profit *m* b lukrative Sache 5 **be on ~** *sl* glänzend dastehen B ADJ 1 samten, aus Samt, Samt... 2 samtartig, samtweich, samten (*a. fig*): **~ revolution** sanfte Revolution; → iron B 3; **velveteen** [-ˈtiːn] S Velveton *m*, Baumwollsamt *m*; **velvety** ADJ 1 samten, aus Samt 2 samtweich, samten (*a. fig*)
venal [ˈviːnl] ADJ (ADV ~ly) 1 korrupt (*System etc*), (*Person a.*) käuflich, bestechlich 2 durch Bestechung erzielt *etc*, erkauft; **venality** [-ˈnælətɪ] S Korruptheit *f*, Käuflichkeit *f*, Bestechlichkeit *f*
venatic [viːˈnætɪk] ADJ, **venatical** [-kl] ADJ (ADV ~ly) Jagd..., waid-, weidmännisch
venation [viːˈneɪʃn] → nervation
vend [vend] V/T 1 verkaufen, JUR *a.* veräußern 2 handeln mit
vendace [ˈvendeɪs; -dɪs] S FISCH (*ein*) Felchen *m*
vendee [ˌvenˈdiː] S *bes* JUR Käufer(in)
vender → vendor
vendetta [venˈdetə] S 1 Blutrache *f* 2 Fehde *f*
vendibility [ˌvendəˈbɪlətɪ] S WIRTSCH Verkäuflichkeit *f*; **vendible** ADJ (ADV vendibly) verkäuflich; **vendibleness** → vendibility
vending| machine S (Verkaufs)Automat *m*; **~ pack** S Automatenpackung *f*
vendition [ˌvenˈdɪʃn] S WIRTSCH Verkauf *m*
vendor [ˈvendɔː(r); -də(r)] S 1 *bes* JUR Verkäufer(in) 2 (Verkaufs)Automat *m*
vendue [ˈvenˌdjuː; -ˌduː; ˈvɑːn-] S WIRTSCH *US* Auktion *f*, Versteigerung *f*
veneer [vəˈnɪə(r)] A V/T 1 *Holz* furnieren 2 *fig* a beschönigen b übertünchen, verdecken B S 1 TECH Furnier *n* 2 Furnierblatt *n* 3 *fig* a Beschönigung *f* b Übertünchung *f*; **veneering** S 1 TECH a Furnierholz *n*, -schicht *f* (*bei Sperrholz*) b Furnierung *f* 2 Furnierarbeit *f* 3 *fig* → veneer B 2
venerability [ˌvenərəˈbɪlətɪ] S Ehrwürdigkeit *f*
venerable [ˈvenərəbl] ADJ (ADV venerably) 1 ehrwürdig (*a. fig Bauwerk etc*), verehrungswürdig 2 *Anglikanische Kirche*: hoch(ehr)würdig (*Archidiakon*) 3 KATH ehrwürdig (*unterste Stufe der Heiligkeit*); **venerableness** → venerability
venerate [ˈvenəreɪt] V/T verehren: **~ sb's memory** j-s Andenken in Ehren halten; **veneration** S (**of**) Verehrung *f* (*gen*), Ehrfurcht *f* (vor *dat*): **hold sb in ~** j-n verehren; **hold sb's memory in ~** j-s Andenken in Ehren halten; **venerator** [-tə(r)] S Verehrer(in)
venereal [vəˈnɪərɪəl] ADJ 1 geschlechtlich, sexuell, Geschlechts..., Sexual... 2 MED a venerisch, Geschlechts...: **~ disease** b geschlechtskrank; **venereologist** [-ˈɒlədʒɪst; *US* -ˈɑ-] S MED Venerologe *m*, Venerologin *f*, Facharzt *m od* Fachärztin *f* für Geschlechtskrankheiten; **venereology** [-dʒɪ] S MED Venerologie *f* (*Lehre von den Geschlechtskrankheiten*)
venery[1] [ˈvenərɪ] S *obs* Fleischeslust *f*
venery[2] [ˈvenərɪ] S *obs* Jagd *f*
venesection [ˌvenɪˈsekʃn] S MED Veneneröffnung *f*
Venetian [vəˈniːʃn] A ADJ venezianisch: **~ blind** Jalousie *f*; **~ glass** Muranoglas *n*; **~ red** Venezianischrot *n* (*Farbe*); **~-red** venezianischrot; **~ window** ARCH venezianisches Fenster B S 1 Venezianer(in) 2 *pl*, *a.* **2s** *pl* Jalousieschnur *f* 3 (*ein*) geköperter Wollstoff
Venezuela [ˌveneˈzweɪlə; -nɪˈzw-; *US a.* -nəzˈwiːlə] S Venezuela *n*
Venezuelan [ˌveneˈzweɪlən; *US* ˌvenəzəˈweɪlən; -ˈwiː-] A ADJ venezolanisch B S Venezolaner(in)
vengeance [ˈvendʒəns] S Rache *f*: **take ~ on** sich rächen an (*dat*)(**for** für); **with a ~** *umg* gewaltig, mächtig; **he's a liar with a ~** er ist ein fürchterlicher Lügner; → breathe B 1
vengeful [ˈvendʒfʊl] ADJ (ADV ~ly) 1 rachsüchtig, -gierig 2 Rache...
V engine S AUTO V-Motor *m*
venial [ˈviːnjəl; -nɪəl] ADJ verzeihlich: → sin[1] A 1
Venice [ˈvenɪs] S Venedig *n*
venison [ˈvenzn; *US* ˈvenəsən] S Wildbret *n*
venom [ˈvenəm] S 1 ZOOL (*Schlangen- etc*) Gift *n* 2 *fig* Gift *n*, Gehässigkeit *f*; **venomed** → venomous; **venomous** ADJ (ADV ~ly) 1 ZOOL giftig, Gift...: **~ snake** 2 *fig* giftig, gehässig; **venomousness** S Giftigkeit *f*, *fig a.* Gehässigkeit *f*
venose [ˈviːnəʊs] → venous; **venosity** [vɪˈnɒsətɪ; *US* -ˈnɑ-] S 1 BOT Äderung *f* 2 MED Venosität *f*
venous [ˈviːnəs] ADJ 1 Venen..., Adern... 2 venös (*Blut etc*) 3 BOT geädert
vent [vent] A S 1 (Abzugs)Öffnung *f*, (Luft)Loch *n*, Schlitz *m*, TECH *a.* Entlüfter (-stutzen) *m*, Lüftungsloch *n*: **~ window** AUTO *US* Ausstellfenster *n* 2 MUS Fingerloch *n* (*e-r Flöte etc*) 3 Spundloch *n* (*e-s Fasses*) 4 HIST Schießscharte *f* 5 Schlitz *m* (*im Kleid etc*) 6 FISCH, ORN, ZOOL Kloake *f* 7 ZOOL Auftauchen *n* zum Luftholen (*Otter etc*) 8 Auslass *m*: **find (a) ~** *fig* sich entladen (*Gefühle*); **give ~ to** → B 1 B V/T 1 *fig* a *e-m Gefühl etc* freien Lauf lassen, Luft machen, *s-e Wut etc* auslassen, abreagieren (*beide:* **on** an *dat*) b *ein Geschehnis etc* veröffentlichen, -breiten 2 TECH a e-e Abzugsöffnung *etc* anbringen an (*dat*) b *Rauch etc* abziehen lassen c ventilieren C V/T auftauchen, zum Luftholen an die Wasseroberfläche kommen (*Otter etc*); **ventage** S 1 TECH kleines (Luft)Loch 2 → vent A 2
ventail [ˈventeɪl] S HIST Visier *n*
venter [ˈventə(r)] S 1 ANAT a Bauch (-höhle *f*) *m* b (*Muskel- etc*) Bauch *m* 2 ZOOL (*Insekten*) Magen *m* 3 JUR Mutter(leib) *f(m)*: **child of a second ~** Kind *n* von e-r zweiten Frau
venthole → vent A 1, A 2, A 3, A 4, A 6
ventilate [ˈventɪleɪt] V/T 1 ventilieren, (be-, ent-, durch)lüften 2 PHYSIOL Sauerstoff zuführen (*dat*) 3 CHEM mit Sauerstoff versetzen 4 *fig* ventilieren: a *ein Problem etc* zur Sprache bringen, erörtern b *e-e Ansicht etc* äußern 5 → vent B 1
ventilating ADJ Ventilations..., Lüftungs...; **~ brick** S TECH Entlüftungsziegel *m*; **~ fan** S Frischluftventilator *m*; **~ shaft** S Lüftungs-, Luftschacht *m*
ventilation [ˌventɪˈleɪʃn] S 1 Ventilation *f*, (Be- *od* Ent)Lüftung *f* (*beide a. als Anlage*) 2 TECH a Luftzufuhr *f* b *Bergbau*: Bewetterung *f* 3 *fig* Ventilierung *f*: a Erörterung *f* b Äußerung *f*;
ventilator [-tə(r)] S TECH 1 Ventilator *m*, Lüftungsanlage *f*, Entlüfter *m*: **~ shaft** → ventilating shaft 2 *Bergbau*: Wetterschacht *m*
ventral [ˈventrəl] ADJ (ADV ~ly) ANAT ventral, Bauch...: **~ fin** FISCH Bauchflosse *f*
ventricle [ˈventrɪkl] S ANAT Ventrikel *m*, (*bes Herz-, Hirn*) Kammer *f*; **ventricular** [-kjʊlə(r)] ADJ 1 ANAT, MED ventrikulär 2 bauchig 3 (an-)geschwollen
ventriloquial [ˌventrɪˈləʊkwɪəl] ADJ (ADV ~ly) bauchrednerisch, Bauchrede...; **ventriloquism** [-ˈtrɪləkwɪzəm] S Ventriloquismus *m*, Bauchreden *n*; **ventriloquist** S Ventriloquist(in), Bauchredner(in); **ventriloquize** A V/I bauchreden B V/T bauchrednerisch sagen; **ventriloquy** [-kwɪ] → ventriloquism
venture [ˈventʃə(r)] A S 1 Wagnis *n*, Risiko *n* 2 (gewagtes) Unternehmen 3 WIRTSCH a (geschäftliches) Unternehmen, Operation *f* b Spekulation *f*: **~ capital** Risikokapital *n*; **~ capitalist** risikofreudige(r) Investor(in) c schwimmendes Gut (*Ware*) 4 Spekulationsobjekt *n* 5 *obs* Glück *n* 6 **at a ~** a bei grober Schätzung b auf gut Glück, aufs Geratewohl B V/T 1 riskieren, wagen, aufs Spiel setzen: **nothing ~d, nothing had** (*od* **gained, won**) (*Sprichwort*) wer nicht wagt, der nicht gewinnt 2 *e-e Bemerkung etc* (zu äußern) wagen 3 (es) wagen, sich erlauben (*beide:* **to do** zu tun) C V/I 1 **~ on** sich an *e-e Sache* wagen; **he ~d on a statement** er hatte den Mut, e-e Erklärung abzugeben 2 sich (*wohin*) wagen: **~ to the net** (*Tennis*) sich ans Netz wagen
venturesome [ˈventʃə(r)səm] ADJ (ADV ~ly) waghalsig: a kühn, verwegen (*Person*) b gewagt, riskant (*Tat*); **venturesomeness** S Waghalsigkeit *f*
venturous [ˈventʃərəs] → venturesome
venue [ˈvenjuː] S 1 JUR a Gerichtsstand *m*, zuständiger Gerichtsort, Verhandlungsort *m* b *Br* zuständige Grafschaft c Gerichtsstandsklausel *f* (*in Verträgen etc*) d örtliche Zuständigkeit 2 Schauplatz *m*, SPORT *a.* Austragungsort *m* 3 Treffpunkt *m* 4 Tagungsort *m*
Venus [ˈviːnəs] A EIGENN *Antike*: Venus *f* (*römische Göttin der Liebe*): **Mount of ~** (*Handlesekunst*) Venusberg *m* B S 1 Venus *f* (*schöne Frau; a.* MAL *etc*) 2 ASTRON Venus *f* (*Planet*) 3 *Alchimie*: Kupfer *n*; **~ flytrap** S BOT Venusfliegenfalle *f*; **~ shell** S ZOOL Venusmuschel *f*
ver. ABK 1 verse(s PL) V. 2 version Vers.
veracious [vəˈreɪʃəs] ADJ (ADV ~ly) 1 wahrheitsliebend 2 wahrheitsgemäß; **veraciousness** → veracity
veracity [vəˈræsətɪ] S 1 Wahrheitsliebe *f* 2 Richtigkeit *f* 3 Wahrheit *f*
veranda(h) [vəˈrændə] S Veranda *f*
verb [vɜːb; *US* vɜrb] S LING Verb *n*, Zeit-, Tätigkeitswort *n*: **~ phrase** Verbalphrase *f* (*aus e-m Verb u. den von ihm abhängigen Gliedern bestehende Wortgruppe in e-m Satz*); **verbal** [-bl] A ADJ (ADV ~ly) 1 Wort...: **~ criticism (memory, mistake)**; **~ battle** Wortgefecht *n*, -streit *m*; **~ changes** Änderungen im Wortlaut; **~ punch** Seitenhieb *m*; → acrobatic B 2 b, contortionist

V

2, gymnastic B 3 **2** mündlich (*Angebot etc*): **~ agreement** mündliche Absprache *od* Vereinbarung; **~ warning** mündliche Verwarnung **3** wörtlich, Verbal...: **~ inspiration** REL Verbalinspiration *f* (*wörtliche Eingebung der Bibeltexte durch den Heiligen Geist*); **~ note** POL Verbalnote *f* (*nicht unterschriebene, vertrauliche Note*) **4** wortgetreu, (wort)wörtlich (*Übersetzung etc*): **~ly** *a.* Wort für Wort **5** LING verbal, Verbal..., Verb..., Zeitwort...: **~ noun** Verbalsubstantiv *n* (*zu e-m Verb gebildetes Substantiv*) **B** S **1** LING Verbale *n* (*von e-m Verb abgeleitetes Wort*) **2** *pl* JUR *sl* Geständnis *n*; **verbalism** [-bəl-] S **1** Ausdruck *m*, Wort *n* **2** Phrase *f*, leere Worte *pl* **3** Wortwahl *f*, Diktion *f* **4** Wortreichtum *m*; **verbalist** S wortgewandte Person; **verbalize** **A** VT **1** in Worte fassen **2** LING **a** in ein Verb verwandeln **b** ein Verb ableiten von **B** VI viele Worte machen

verbatim [vɜːˈbeɪtɪm; *US* vɜr-] **A** ADV verbatim, (wort)wörtlich, Wort für Wort **B** ADJ (wort)wörtlich (*Übersetzung etc*)

verbena [vɜːˈbiːnə; *US* vɜr-] S BOT Verbene *f*

verbiage [ˈvɜːbɪɪdʒ; *US* ˈvɜr-] S **1** Wortschwall *m* **2** Wortwahl *f*, Diktion *f*

verbose [vɜːˈbəʊs; *US* vɜr-] ADJ (ADV **~ly**) wortreich; **verboseness**, **verbosity** [-ˈbɒsətɪ; *US* -ˈbɑ-] S Wortreichtum *m*

verdancy [ˈvɜːdənsɪ; *US* ˈvɜr-] S **1** Grün *n* **2** *fig* Unreife *f*; **verdant** ADJ (ADV **~ly**) **1** grün (*Pflanzen, Wiesen etc*) **2** *fig* grün, unreif: **a ~ youth**

verd antique [ˌvɜːdænˈtiːk; *US* ˌvɜrˌd-] S **1** GEOL Grünstein *m* **2** → verdigris

verderer [ˈvɜːdərə] S *Br* HIST königlicher Forstmeister u. Jagdpfleger

verdict [ˈvɜːdɪkt; *US* ˈvɜr-] S **1** JUR Spruch *m* (der Geschworenen): **bring in** (*od* **return**) **a ~ of guilty** (**not guilty**) e-n Schuldspruch fällen (auf Freispruch erkennen), auf schuldig (nicht schuldig) erkennen **2** *fig* Urteil *n* (**on** über *akk*)

verdigris [ˈvɜːdɪgrɪs; *US* ˈvɜrdəˌgriːs] S CHEM **1** Patina *f* **2** Grünspan *m*

verdure [ˈvɜːdʒə; *US* ˈvɜrdʒər] S **1** saftiges Grün **2** saftgrüne Vegetation; **verdured**, **verdurous** ADJ saftgrün

verge[1] [vɜːdʒ; *US* vɜrdʒ] **A** S **1** *meist fig* Rand *m*, Grenze *f*: **on the ~ of** am Rande (*gen*), dicht vor (*dat*); **be on the ~ of bankruptcy** kurz vor dem Bankrott sein; **be on the ~ of despair** (**tears**) der Verzweiflung (den Tränen) nahe sein; **be on the ~ of a new war** am Rande e-s neuen Krieges stehen; **be on the ~ of doing sth** nahe daran sein, etwas zu tun **2** **a** (*Beet*) Einfassung *f* **b** AUTO (unbefestigter) Seitenstreifen, Bankett *n* **3** HIST Bereich *m*, Bannkreis *m* **4** JUR **a** Zuständigkeitsbereich *m* **b** *Br* HIST *Gerichtsbezirk rund um den Königshof* **5** *fig* Spielraum *m* **6** TECH **a** überstehende Dachkante **b** Säulenschaft *m* **c** Spindel *f* (*der Uhrhemmung*) **d** Zugstab *m* (*e-r Setzmaschine*) **7** (Amts)Stab *m* (*e-s Bischofs, Richters etc*) **8** HIST Belehnungsstab *m* **B** VI grenzen (**on** an *akk*) (*a. fig*): **~ on bankruptcy** kurz vor dem Bankrott stehen; **that ~s on madness** das grenzt an Wahnsinn

verge[2] [vɜːdʒ; *US* vɜrdʒ] VI **1** sich (hin)neigen, sich erstrecken (*beide:* **to, toward[s]** nach) **2** (**on, into**) sich nähern (*dat*), übergehen (in *akk*): **dark red verging on purple**; **he is verging on sixty** er geht auf die Sechzig zu

vergence [ˈvɜːdʒəns; *US* ˈvɜr-] S Ablenkung *f* der Blickrichtung

verger [ˈvɜːdʒə; *US* ˈvɜrdʒər] S **1** Kirchendiener *m*, Küster *m* **2** *bes Br* (Amts)Stabträger *m*

Vergil, **Virgil** [ˈvɜːdʒɪl; *US* ˈvɜrdʒəl] EIGENN Vergil *m* (= *Publius Vergilius Maro, 70-19 v.Chr.; Römischer Dichter*)

Vergilian [vɜːˈdʒɪlɪən; *US* vɜr-] ADJ vergilisch, des Vergil

veridical [veˈrɪdɪkl; və-] ADJ (ADV **~ly**) **1** wahrheitsgemäß **2** *Parapsychologie*: Wahr...: **~ dream**

veriest [ˈverɪɪst] ADJ (*sup von* **very** B) *obs* äußerst(er, e, es): **the ~ child** (selbst) das kleinste Kind; **the ~ nonsense** der reinste Unsinn; **the ~ rascal** der ärgste *od* größte Schuft

verifiable [ˈverɪfaɪəbl] ADJ (ADV **verifiably**) verifizier-, nachweis-, beweis-, nachprüfbar

verification [ˌverɪfɪˈkeɪʃn] S **1** (Nach)Prüfung *f* **2** Verifikation *f*, Verifizierung *f*, Echtheitsnachweis *m*, Richtigbefund *m* **3** Beglaubigung *f*, Beurkundung *f* **4** Belegung *f* **5** JUR *US* eidliche Bestätigung

verify [ˈverɪfaɪ] VT **1** *auf die Richtigkeit hin* (nach)prüfen **2** verifizieren, die Richtigkeit *od* Echtheit *e-r Angabe etc* feststellen *od* nachweisen **3** *e-e Urkunde etc* beglaubigen, beurkunden **4** beweisen, belegen **5** JUR *US* eidlich bestätigen

verily [ˈverəlɪ] ADV *obs od* BIBEL wahrlich

verisimilar [ˌverɪˈsɪmɪlə(r)] ADJ (ADV **~ly**) wahrscheinlich; **verisimilitude** [-ˈmɪlɪtjuːd; *US a.* -ˌtuːd] S Wahrscheinlichkeit *f*

verism [ˈvɪərɪzəm] S KUNST Verismus *m* (*extremer Naturalismus*)

veritable [ˈverɪtəbl] ADJ (ADV **veritably**) echt, wahr(haft), richtig

verity [ˈverətɪ] S **1** (Grund)Wahrheit *f*: **the eternal verities** die ewigen Wahrheiten **2** Wahrheit *f* **3** Wahrhaftigkeit *f*

verjuice [ˈvɜːdʒuːs; *US* ˈvɜr-] **A** S **1** *saurer Saft aus unreifen (Holz)Äpfeln od Trauben* **2** *fig* **a** Säuerlichkeit *f* **b** Griesgrämigkeit *f* **B** ADJ sauertöpfisch *umg pej*: **a** sauer, säuerlich (*Miene etc*) **b** griesgrämig (*Person*)

vermeil [ˈvɜːmeɪl; *US* ˈvɜrməl; -ˌmeɪl] **A** S **1** → vermil(l)ion A **2** Vermeil *n*, vergoldetes Silber **B** ADJ → vermil(l)ion B

vermicelli [ˌvɜːmɪˈselɪ; -ˈtʃelɪ; *US* ˌvɜr-] SPL (*als sg konstruiert*) Vermicelli *pl*, Fadennudeln *pl*

vermicidal [ˌvɜːmɪˈsaɪdl; *US* ˌvɜr-] ADJ MED, PHARM vermizid, wurmtötend; **vermicide** S Vermizid *n*, Wurmmittel *n*

vermicular [vɜːˈmɪkjʊlə(r); *US* vɜr-] ADJ wurmförmig, BIOL *a.* vermikular; **vermiculated** [-leɪtɪd] ADJ **1** wurmstichig, wurmig **2** *fig* quälend (*Gedanken etc*)

vermiform [ˈvɜːmɪfɔː(r)m; *US* ˈvɜr-] ADJ BIOL vermiform, wurmförmig: **~ process** → vermis; → appendix 4; **vermifuge** [-fjuːdʒ] MED, PHARM **A** ADJ vermifug, wurmabtreibend **B** S Vermifugum *n*, wurmabtreibendes Mittel

vermil(l)ion [və(r)ˈmɪljən] **A** S CHEM **1** Zinnober *m*, Mennige *f* **2** Zinnoberrot *n* (*Farbe*) **B** ADJ zinnoberrot

vermin [ˈvɜːmɪn; *US* ˈvɜr-] S **1** (*als pl konstruiert*) ZOOL Ungeziefer *n* **2** *pl* -min widerlicher *od* gefährlicher Kerl, *pl a.* Abschaum *m*, Geschmeiß *n*

verminate [ˈvɜːmɪneɪt; *US* ˈvɜr-] VI von Ungeziefer verseucht werden; **vermination** Verseuchung *f* mit Ungeziefer; **verminous** ADJ (ADV **~ly**) **1** Ungeziefer... **2** voll(er) Ungeziefer **3** durch Ungeziefer verursacht (*Krankheit etc*) **4** *fig* Person: **a** widerlich **b** gefährlich

vermis [ˈvɜːmɪs; *US* ˈvɜr-] S ANAT Vermis *m*, Kleinhirnrinde *f*, -wurm *m*

Vermont [vɜːˈmɒnt; *US* vərˈmɑnt] S Vermont *n* (*Staat im Osten der USA*)

verm(o)uth [ˈvɜːməθ; *bes US* və(r)ˈmuːθ] S Wermut(wein) *m*

vernacular [və(r)ˈnækjʊlə(r)] **A** ADJ (ADV **~ly**) **1** **a** einheimisch, Landes...: **~ language** → B 1 **b** in der Landessprache **2** mundartlich, Volks...: **~ poetry** Heimatdichtung *f* **3** MED endemisch, lokal (*Krankheit etc*) **4** volkstümlich: **the ~ name of a plant** **5** ARCH dem Charakter des Landes *od* der Landschaft angepasst (*Gebäude etc*) **B** S **1** Landessprache *f* **2** Mundart *f*, Dialekt *m* **3** Jargon *m*, Fachsprache *f* **4** volkstümlicher *od* mundartlicher Ausdruck **5** BIOL volkstümliche Bezeichnung; **vernacularism** → vernacular B 4; **vernacularize** VT **1** *Ausdrücke etc* einbürgern **2** in die Mundart übertragen, mundartlich ausdrücken

vernal [ˈvɜːnl; *US* ˈvɜrnl] ADJ (ADV **~ly**) **1** vernal, Frühlings...: → equinox 1 **2** *fig poet* **a** jugendlich, Jugend... **b** jugendfrisch; **~ grass** S BOT Ruchgras *n*

vernation [vɜːˈneɪʃn; *US* vɜr-] S BOT Vernation *f*, Knospenlage *f*

Verner's law [ˈvɜːnəz; *bes US* ˈveə(r)nə(r)z] S LING Vernersches Gesetz

vernicle, *a.* **♀** [ˈvɜːnɪkl; *US* ˈvɜr-] → veronica 2

vernier [ˈvɜːnjə; *US* ˈvɜrnɪər] S TECH Vernier *m*, Nonius *m* (*verschiebbarer Messstabzusatz*); **~ cal(l)iper** S TECH Schieb-, Schublehre *f*; **~ rocket** S Korrekturtriebwerk *n* (*e-r Rakete*)

vernissage [ˌvɜːnɪˈsɑːʒ; *US* ˌver-] S MAL Vernissage *f* (*Ausstellungseröffnung, bes in kleinem Rahmen*)

Veronese [ˌverəˈniːz] **A** ADJ veronesisch, aus Verona **B** S Veroneser(in): **the ~** *koll* die Veroneser *pl*

veronica [vɪˈrɒnɪkə; *US* vəˈrɑ-] S **1** BOT Veronika *f*, Ehrenpreis *n/m* **2** *a.* **♀** REL, MAL Schweißtuch *n* der heiligen Veronika

verruca [vəˈruːkə] *pl* -cae [-siː], -cas S MED Verruca *f*, Warze *f*; **verruciform** [-sɪfɔː(r)m] ADJ verruziform, warzenförmig; **verrucose** [veˈruːkəʊs; və-] ADJ verrukös, warzig

versant[1] [ˈvɜːsənt; *US* ˈvɜr-; *a.* veərˈsɑ̃ːn] S GEOL Abdachung *f*, Neigung *f*

versant[2] [ˈvɜːsənt; *US* ˈvɜr-] ADJ (**with**) versiert (in *dat*), vertraut (mit), bewandert (in *dat*)

versatile [ˈvɜːsətaɪl; *US* ˈvɜrsətl] ADJ (ADV **~ly**) **1** **a** flexibel, beweglich **b** vielseitig (begabt *od* gebildet): **a ~ actor** ein vielseitiger Schauspieler **2** vielseitig (verwendbar) (*Werkzeug etc*) **3** unbeständig, wandelbar **4** BOT, ZOOL (frei) beweglich; **versatility** [-ˈtɪlətɪ] S **1** **a** Flexibilität *f*, Beweglichkeit *f* **b** Vielseitigkeit *f*, vielseitige Begabung *od* Bildung **2** vielseitige Verwendbarkeit **3** Unbeständigkeit *f*, Wandelbarkeit *f* **4** BOT, ZOOL freie Beweglichkeit

verse [vɜːs; *US* vɜrs] **A** S **1** Vers(zeile) *m(f)* **2** Vers(maß) *m(n)*: **iambic ~** **3** **a** Gedicht *n* **b** *koll* Lyrik *f* (*e-s Dichters, e-r Epoche etc*) **4** *allg* Vers *m*, Strophe *f*: **of three ~s** dreistrophig **5** REL (Bibel)Vers *m*: → chapter A 1 **B** VT in Verse bringen *od* fassen **C** VI **a** dichten, Verse machen **b** *pej* Verse schmieden

versed [vɜːst; *US* vɜrst] ADJ bewandert, beschlagen, versiert (*alle:* **in** in *dat*): **be well ~ in** sich gut auskennen in (*dat*)

verse| drama S Versdrama *n*; **~ line** S Verszeile *f*; **~monger** S *pej* Verseschmied(in)

verset [ˈvɜːset; *US* ˈvɜrsət] S **1** MUS Versetto *n* (*kleines Orgelzwischenspiel*) **2** *obs* → versicle

versicle [ˈvɜːsɪkl; *US* ˈvɜr-] S **1** REL Versikel *m* (*kurzer Abschnitt der Liturgie*) **2** kurzer Vers

versicolo(u)r [ˈvɜːsɪ-; *US* ˈvɜr-] ADJ **1** → varied 3 **2** changierend

versification [ˌvɜːsɪfɪˈkeɪʃn; *US* ˌvɜr-] S **1** Verskunst *f*, Versemachen *n* **2** Metrum *n*, Versbau *m*; **versifier** [-faɪə(r)] S **1** (Vers)Dichter(in) **2** *pej* Verseschmied *m*; **versify** [-faɪ] → verse B, C

version [ˈvɜːʃn; -ʒn; *US* ˈvɜr-] S **1** (*a.* Bibel)Übersetzung *f* **2** THEAT *etc* (*Bühnen- etc*) Fas-

V

sung *f*, Bearbeitung *f* **3** *fig* Darstellung *f*, Fassung *f*, Version *f*, Lesart *f* **4** Spielart *f*, Variante *f* **5** TECH (*Export- etc*) Ausführung *f*, Modell *n* **6** MED **a** *Geburtshilfe*: Wendung *f* **b** Versio *f* (*Neigung der Gebärmutter im Beckenraum*)

verso ['vɜːsəʊ; *US* 'vɜr-] *pl* **-sos** S **1** TYPO **a** Verso *n* (*Rückseite e-s Blatts*) **b** linke Seite (*e-s Buchs*) **c** Rückseite *f* (*e-r Buchdecke od e-s Schutzumschlags*) **2** Revers *m* (*Rückseite e-r Münze*)

verst [vɜːst; *US* vɜrst] S Werst *f* (*russisches Längenmaß = 1,067 km*)

versus ['vɜːsəs; *US* 'vɜr-] PRÄP JUR, SPORT gegen

vert [vɜːt; *US* vɜrt] **A** S **1** JUR *Br* HIST **a** Dickicht *n* **b** Holzungsrecht *n* **2** *Heraldik*: Grün *n* **B** ADJ *Heraldik*: grün: **a lion ~**

vert. ABK vertical vert.

vertebra ['vɜːtɪbrə; *US* 'vɜr-] *pl* **-brae** [-briː; -breɪ], **-bras** S ANAT Wirbel *m*; **vertebral** ADJ ANAT, MED vertebral, Wirbel…: **~ canal** Vertebral-, Wirbelkanal *m*; **~ column** Wirbelsäule *f*, Rückgrat *n*

vertebrate ['vɜːtɪbrət; -breɪt; *US* 'vɜr-] ZOOL **A** S Vertebrat *m*, Wirbeltier *n* **B** ADJ zu den Wirbeltieren gehörig; **vertebration** S ANAT Wirbelbildung *f*

vertebro- [vɜːtɪbrəʊ; *US* vɜr-] *Wortelement mit der Bedeutung* Wirbel…

vertex ['vɜːteks; *US* 'vɜr-] *pl* **-tices** [-tɪsiːz] S **1** ANAT Vertex *m*, Scheitel *m* (*des Schädeldaches*) **2** MATH Scheitel(punkt) *m* **3** ASTRON **a** Zenit *m* **b** Vertex *m*, Fluchtpunkt *m*

vertical ['vɜːtɪkl; *US* 'vɜr-] **A** ADJ (ADV **~ly**) **1** vertikal, senk-, lotrecht: **~ axis** ANAT Körperlängsachse *f*; **~ clearance** TECH lichte Höhe; **~ drilling machine** Senkrechtbohrmaschine *f*; **~ engine** TECH stehender Motor; **~ file** Hängeregistratur *f*; **~ section** ARCH Aufriss *m*; **~ stabilizer** FLUG Seitenflosse *f*; **~ take-off** FLUG Senkrechtstart *m*; **~-take-off aircraft** Senkrechtstarter *m*; **~ly challenged** *euph* klein (*Person*) **2** ANAT, MED vertikal, Scheitel… **3** ASTRON, MATH Scheitel…: **~ angle**; **~ circle** Vertikalkreis *m*; **~ plane** Vertikalebene *f* **4** WIRTSCH, SOZIOL vertikal: **~ trust**; **~ combination** (*od* **integration**) Vertikalverflechtung *f*; **~ mobility** vertikale Mobilität **B** S Vertikale *f*, Senkrechte *f*; **verticality** [-'kælətɪ] S **1** senkrechte Lage *od* Stellung **2** ASTRON Zenitstellung *f*

vertices ['vɜːtɪsiːz; *US* 'vɜr-] *pl von* **vertex**

verticil ['vɜːtɪsɪl; *US* 'vɜr-] S BOT Quirl *m*, Wirtel *m*; **verticillate** [vɜː'tɪsɪlɪt; -leɪt; *US* ˌvɜrtə'sɪlət] ADJ (ADV **~ly**) quirlig, wirt(e)lig

vertiginous [vɜː'tɪdʒɪnəs; *US* vɜr-] ADJ (ADV **~ly**) **1** wirbelnd **2** schwind(e)lig: **I feel ~** ich bin *od* mir ist schwindlig; **make sb feel ~** j-n schwindlig machen **3** schwind(e)lig, schwindelnd, schwindelerregend **4** *fig* instabil, schwankend (*wirtschaftliche Verhältnisse etc*)

vertigo ['vɜːtɪgəʊ; *US* 'vɜr-] *pl* **-goes**, **-tigines** [-'tɪdʒɪniːz] S MED Vertigo *f*, Schwindel(gefühl) *m(n)*, -anfall *m*

vertu → virtu

vervain ['vɜːveɪn; *US* 'vɜr-] S BOT Eisenkraut *n*

verve [vɜːv; *US* vɜrv] S Verve *f*, Begeisterung *f*, Schwung *m*

very ['verɪ] **A** ADV **1** sehr, äußerst, außerordentlich: **~ good** **a** sehr gut **b** einverstanden, sehr wohl; **~ well** **a** sehr gut **b** meinetwegen, na schön; *answer a question* **~ quickly** ganz schnell; → well¹ A 6 **2** **~ much** (*in Verbindung mit Verben*) sehr, stark: **I ~ much hope that…** **3** (*vor sup*) aller…: **~ first** allererst(er, e, es); **at the ~ earliest** allerfrühestens; **the ~ last drop** der allerletzte Tropfen; **for the ~ last time** zum allerletzten Mal **4** völlig, ganz: **you may keep it for your ~ own** du darfst es ganz für dich behalten **B** ADJ **1** gerade, genau: **the ~ opposite** genau das Gegenteil; **the ~ thing** genau das Richtige **2** bloß: **the ~ fact of his presence**; **the ~ thought** der bloße Gedanke, allein *od* schon der Gedanke **3** rein, pur, schier: **from ~ egoism**; **the ~ truth** die reine Wahrheit **4** eigentlich, wahr, wirklich: **the ~ heart of the matter** der (eigentliche) Kern der Sache **5** (*nach* **this, that, the**) (der-, die-, das)selbe, (der, die, das) gleiche: **that ~ afternoon**; **the ~ same words** **6** besonder(er, e, es): **the ~ essence of truth**; **~ high frequency** S ELEK Ultrakurzwelle *f*; **~-high-frequency** ADJ Ultrakurzwellen…

Very light ['vɪərɪ; 'verɪ] S SCHIFF *etc* Leuchtkugel *f*, -patrone *f*; **~ pistol** S SCHIFF *etc* Leuchtpistole *f*

vesica ['vesɪkə; *US a.* və'siːkə; -'saɪ-] *pl* **-cae** [-siː; *US a.* və'siːˌkaɪ; -'saɪkiː] S ANAT Vesica *f*, (*bes* Harn)Blase *f*; **vesical** ['vesɪkl] ADJ ANAT, MED vesikal, (*bes* Harn)Blasen…

vesicant ['vesɪkənt] **A** ADJ MED, PHARM blasenziehend **B** S **1** MED, PHARM Vesikans *n*, Vesikatorium *n*, blasenziehendes Mittel, Zugpflaster *n* **2** CHEM, MIL ätzender Kampfstoff; **vesicate** [-keɪt] **A** V/I Blasen ziehen **B** V/T Blasen ziehen auf (*dat*); **vesication** S Blasenbildung *f*; **vesicatory** [-keɪtərɪ; *US* -kəˌtəʊriː; -ˌtɔː-] → vesicant

vesicle ['vesɪkl] S **1** MED Bläs-chen *n* **2** GEOL Blase *f*

vesicular [ve'sɪkjʊlə(r)] ADJ MED vesikulär, bläs-chenartig; **vesiculate** [-lət] ADJ vesikulös, bläs-chenreich; **vesiculation** S Bläschenbildung *f*

vesper ['vespə(r)] S **1** ♀ ASTRON Abendstern *m* **2** *obs od poet* Abend *m* **3** REL **a** Vesper *f*, Abendgottesdienst *m*, -andacht *f* **b** Abendgebet *n* **4** *pl* (*als sg konstruiert*) KATH Vesper *f* (*abendliche Gebetsstunde des Breviers*)

vespertine ['vespə(r)taɪn], *a.* **vespertinal** [-'taɪnl] ADJ **1** *obs od poet* abendlich, Abend…: **~ stillness** **2** BOT sich am Abend öffnend (*Blüten*) **3** ZOOL abendaktiv

vespiary ['vespɪərɪ; *US* -piːˌeriː] S ZOOL Wespennest *n*; **vespine** [-paɪn] ADJ wespenartig, Wespen…

vessel ['vesl] S **1** Gefäß *n* (*a.* ANAT, BOT): **empty ~s make the most noise** (*Sprichwort*) diejenigen, die am wenigsten zu sagen haben, reden immer am meisten **2** SCHIFF Schiff *n*, Wasserfahrzeug *n* **3** *fig* Träger(in), Vermittler(in)

vest [vest] **A** S **1** *Br* Unterhemd *n* **2** Weste *f*: **play it close to the ~** *umg* auf Nummer sicher gehen **3** HIST Wams *n* **4** *obs* (*bes* langes) Gewand **B** V/T **1** *bes* REL bekleiden (**with** mit) **2** (**with**) *fig* **a** *j-n* ausstatten (mit *Befugnissen etc*): **~ with authority** *a.* bevollmächtigen **b** *j-n* einsetzen (in *Eigentum, Rechte etc*) **3** *ein Recht etc* übertragen *od* verleihen (**in sb** j-m): **~ed interest (in)** **a** sicher begründetes Anrecht (auf *akk*) **b** persönliches *od* ureigenes *od* monopolistisches Interesse (an *dat*); **~ed interests** maßgebliche Kreise, (einflussreiche) Geschäfts- u. Finanzgrößen, Interessengruppen (*e-r Stadt etc*); → remainder A 7 **C** V/I **1** übergehen (**in** auf *akk*): **the estate ~s in the heir at law** **2** (**in**) zustehen (*dat*), liegen (bei): **the power of sentence ~s in the courts** **3** *bes* REL sich bekleiden

Vesta ['vestə] **A** EIGENN *Antike*: Vesta *f* (*römische Göttin des Herdfeuers*) **B** S **1** ASTRON Vesta *f* (*Planetoid*) **2** ♀ *Br* kurzes Streichholz

vestal ['vestl] **A** ADJ **1** *Antike*: vestalisch: **~ virgin** → B 1 **2** **a** keusch, rein **b** jungfräulich **B** S **1** *Antike*: Vestalin *f* **2** **a** keusche Frau **b** Jungfrau *f* **3** Nonne *f*

vestiary ['vestɪərɪ; *US* -tiːˌeriː] *obs* **A** **a** Kleiderkammer *f* **b** Ankleideraum *m* **B** ADJ Kleider…

vestibular [ve'stɪbjʊlə(r)] ADJ **1** Vorhallen… **2** ANAT, MED vestibulär

vestibule ['vestɪbjuːl] S **1** Vestibül *n*, (Vor)Halle *f* **2** BAHN *US* Verbindungsgang *m* **3** ANAT Vestibulum *n*, Vorhof *m*; **~ school** S *US* Lehrwerkstatt *f* (*e-s Industriebetriebs*)

vestige ['vestɪdʒ] S **1** *fig* Spur *f*, Überrest *m*, -bleibsel *n* **2** *fig* Fünkchen *n*, Körnchen *n*: **a ~ of truth**; **there is not a ~ of truth in this story** an dieser Geschichte ist kein Wort wahr **3** BIOL Vestigium *n*, Rudiment *n*, verkümmertes Organ *od* Glied; **vestigial** [ve'stɪdʒɪəl] ADJ (ADV **~ly**) **1** übrig geblieben, restlich **2** BIOL rudimentär, verkümmert

vestment ['vestmənt] S **1** Amtstracht *f*, Robe *f*, *a.* REL Ornat *m* **2** REL Messgewand *n* **3** *fig* (*Wolken- etc*) Decke *f*: **a ~ of clouds**

vest-pocket ADJ *bes US* **a** im Taschen- *od* Westentaschenformat: **~ dictionary** Taschenwörterbuch *n* **b** Miniatur…: **~ model**

vestry ['vestrɪ] S REL **1** Sakristei *f* **2** Bet-, Gemeindesaal *m* **3** Kirchenvorstand *m* (*in der anglikanischen und amer. Episkopalkirche*); **~man** [-mən] S *irr* REL Kirchenälteste(r) *m*

vesture ['vestʃə(r)] S *obs* **1** Gewand *n*, Kleidung *f* **2** → vestment 3

vesuvian [vɪ'suːvjən; və-; -vɪən] **A** ADJ **1** ♀ GEOG vesuvisch **2** vulkanisch **B** S **1** → vesuvianite **2** *obs* Windstreichhölzchen *n*; **vesuvianite** [-naɪt] S MINER Vesuvian *m*

Vesuvius [vɪ'suːvjəs; -vɪəs] S Vesuv *m*

vet¹ [vet] *umg* **A** S → veterinary A **B** V/T **1** *Tiere* untersuchen *od* behandeln **2** *hum j-n* verarzten **3** *fig bes Br* **a** *j-n* auf Herz u. Nieren prüfen, *etwas* genau prüfen (**for** auf … *akk* [hin]) **b** *j-n* (politisch *od* auf Sicherheitsrisiken [hin]) überprüfen

vet² [vet] *US umg für* **veteran**

vet. ABK **1** veteran **2** veterinarian **3** veterinary

vetch [vetʃ] S BOT Wicke *f*; **vetchling** [-lɪŋ] S BOT Platterbse *f*

veter. ABK veterinary

veteran ['vetərən; -trən] **A** S **1** Veteran *m*: **a** alter Soldat *od* Beamter *etc* **b** MIL *US* ehemaliger Frontkämpfer *od* Kriegsteilnehmer: **♀s Day** Jahrestag *m* des Waffenstillstandes von 1918 u. 1945 **2** *fig* alter Hase *umg*, erfahrener Mann **B** ADJ **1** (im Dienst) ergraut, altgedient **2** kampferprobt (*Truppen etc*) **3** *fig* erfahren (*Golfer etc*) **4** lang(jährig) (*Dienst etc*) **5** **~ car** AUTO *Br* Oldtimer *m* (*vor 1919, bes vor 1905*)

veterinarian [ˌvetərən'eriːən] *US für* **veterinary** A

veterinary ['vetərɪnərɪ; -trɪ-; *US* -tərənˌeriː; -trən-] **A** S Veterinär(in), Tierarzt *m*, -ärztin *f* **B** ADJ tierärztlich, Veterinär…: **~ clinic** Tierklinik *f*; **~ medicine** (*od* **science**) Veterinär-, Tiermedizin *f*, Tierheilkunde *f*; **~ surgeon** *Br* → A

veto ['viːtəʊ] **A** *pl* **-toes** S **1** POL Veto *n*, Einspruch *m*: **put a** (*od* **one's**) **~ on** → B 1, B 2; **~ message** *US* Vetobegründung *f* **2** POL Veto-, Einspruchsrecht *n* **3** POL Ausübung *f* des Vetos **B** V/T **1** POL sein Veto einlegen gegen, Einspruch erheben gegen **2** untersagen, verbieten

vetting ['vetɪŋ] S *umg* (Sicherheits-)Überprüfung *f*

vex [veks] V/T **1** ärgern, belästigen, aufbringen, irritieren: → vexed **2** (*a. körperlich*) quälen, bedrücken, beunruhigen **3** schikanieren **4** *j-n* verwirren, *j-m* ein Rätsel sein **5** *obs od poet die Wellen etc* peitschen, aufwühlen; **vexa-**

tion S 1 Ärger *m*, Verdruss *m* 2 Belästigung *f*, Plage *f*, Qual *f* 3 Schikane *f* 4 Beunruhigung *f*, Sorge *f*, Kummer *m*; **vexatious** ADJ (ADV ~ly) 1 lästig, verdrießlich, ärgerlich, leidig 2 JUR schikanös *(Klage)*; **vexatiousness** S Ärgerlich-, Verdrießlich-, Lästigkeit *f*; **vexed** [vekst] ADJ 1 ärgerlich (**at** *sth*, **with** *sb* über *akk*) 2 a beunruhigt, geängstigt b gepeinigt (**with** durch, von) 3 viel diskutiert *(Frage)*; **vexedly** [-ɪdlɪ] ADV → vexed; **vexing** ADJ (ADV ~ly) → vexatious 1

VF ABK video frequency VF

VFR ABK visual flight rules Sichtflugregeln *pl*

VFW ABK US Veterans of Foreign Wars *(Kriegsveteranenverband)*

v.g. ABK very good

VHF ABK ELEK very high frequency VHF, UKW *(Meterwellenbereich)*

VI ABK ELEK volume indicator

v.i. ABK 1 LING intransitive verb 2 vide infra, see below s. u.

V.I. ABK 1 Vancouver Island 2 Virgin Islands

via [ˈvaɪə; US *a.* ˈviːə] PRÄP 1 via, über *(akk)*: **fly to London ~ Brussels** 2 *bes US* durch, mithilfe *(gen)*, mittels: **~ air mail** per Luftpost

viability [ˌvaɪəˈbɪlətɪ] S 1 BIOL Lebensfähigkeit *f (a. fig)* 2 *fig* Realisierbarkeit *f*, Durchführbarkeit *f*; **viable** ADJ (ADV viably) 1 lebensfähig 2 realisierbar, durchführbar

viaduct [ˈvaɪədʌkt] S Viadukt *m*, *a.n*

vial [ˈvaɪəl; vaɪl] → phial

via media [ˌvaɪəˈmiːdɪə; ˌviːə-] S *fig* Mittelweg *m*

viands [ˈvaɪəndz] SPL Lebensmittel *pl*, *bes* Köstlichkeiten *pl*

viaticum [vaɪˈætɪkəm; US *a.* viː-] *pl* -ca [-kə], -cums S 1 a Reisegeld *n* b Reiseproviant *m* 2 KATH Viatikum *n (e-m Sterbenden gereichte Kommunion)*

vibes [vaɪbz] SPL *umg* 1 *(a. als sg konstruiert)* MUS Vibrafon *n* 2 a Atmosphäre *f (e-s Orts etc)* b Ausstrahlung *f (e-r Person)*: **I get good ~ from her** sie hat e-e anziehende Wirkung auf mich; **he gives me bad ~** er macht mich ganz fertig *umg*

vibist [ˈvaɪbɪst] S MUS *umg* Vibrafonist(in)

vibrancy [ˈvaɪbrənsɪ] S 1 Resonanz *f*, Schwingen *n* 2 *fig* Pulsschlag *m*

vibrant [ˈvaɪbrənt] ADJ (ADV ~ly) 1 vibrierend: a schwingend *(Saiten etc)* b laut schallend *(Ton)* 2 zitternd, bebend *(beide:* **with** vor *dat)* 3 pulsierend: **the ~ life of a large city** *a.* der Pulsschlag e-r Großstadt 4 kraftvoll, lebensprühend *(Persönlichkeit etc)* 5 erregt, aufgewühlt *(Gefühle)* 6 LING stimmhaft *(Laut)*

vibraphone [ˈvaɪbrəfəʊn] S MUS Vibrafon *n*; **vibraphonist** S Vibrafonist(in)

vibrate [vaɪˈbreɪt; US ˈvaɪˌbreɪt] A V/I 1 vibrieren: a zittern *(a.* PHYS*)* b (nach)klingen, (-)schwingen *(Ton)* 2 *fig* pulsieren *(Leben, Stadt etc)* 3 zittern, beben *(beide:* **with** vor *dat)* 4 *fig* schwanken (**between** zwischen *dat*) B V/T 1 in Schwingungen versetzen 2 vibrieren *od* schwingen *od* zittern lassen, rütteln, schütteln 3 durch Schwingung messen *od* angeben: **a pendulum vibrating seconds**; **vibrating** ADJ → vibrant 1, 4: **~ capacitor** ELEK Schwingkondensator *m*; **~ screen** TECH Schüttelsieb *n*; **~ table** TECH Rütteltisch *m*

vibratile [ˈvaɪbrətaɪl; US *a.* -tl] ADJ 1 schwingungsfähig 2 vibrierend, Zitter…, Schwingungs…

vibration [vaɪˈbreɪʃn] S 1 Vibrieren *n*, Zittern *n*, Schwingen *n* 2 PHYS Vibration *f*, Schwingung *f*: **~-damping** schwingungsdämpfend 3 *fig* Pulsieren *n* 4 *fig* Schwanken *n* 5 *pl umg* → vibes 2; **vibrational** [-ʃənl] ADJ Schwingungs…, Vibrations…

vibrato [vɪˈbrɑːtəʊ] *pl* -tos S MUS Vibrato *n (leichtes Beben des Tons)*

vibrator [vaɪˈbreɪtə; US ˈvaɪˌbreɪtər] S 1 TECH Vibrator *m*, Rüttelapparat *m*, Rüttler *m* 2 Vibrator *m*, Massagestab *m* 3 ELEK a Summer *m* b Zerhacker *m*; **vibratory** [ˈvaɪbrətərɪ; US -ˌtəʊriː; -ˌtɔː-] ADJ 1 schwingungsfähig 2 vibrierend, schwingend, Schwing… 3 Vibrations…, Schwingungs…

vibrissa [vaɪˈbrɪsə] *pl* -sae [-siː] S ZOOL 1 Sinneshaar *n* 2 ORN borstenartige Feder *(am Schnabel)*

vibrograph [ˈvaɪbrəʊgrɑːf; US -brəˌgræf] S TECH Vibrograf *m*, Schwingungsmesser *m*; **vibronic** [-ˈbrɒnɪk; US -ˈbrɑ-] ADJ TECH (elektronisch) schwingend

vic [vɪk] S FLUG *Br sl* v-förmiger Verband *(Flugzeugformation)*

Vic. ABK Victoria

vicar [ˈvɪkə(r)] S REL 1 *anglikanische Kirche*: Vikar *m*, (Unter)Pfarrer *m*: **lay ~** *Laie, der Teile der Liturgie singt*; **~ choral** Chorvikar, *der Teile der Messe singt* 2 *protestantische Episkopalkirche in den USA*: a *Geistlicher, der e-e von der Hauptkirche der Gemeinde abhängige Kirche betreut* b Stellvertreter *m* des Bischofs 3 KATH Stellvertreter *m* des Papstes: **♀ of Christ** Vicarius *m od* Stellvertreter *m* Christi *(Papst)*; **~ apostolic** Apostolischer Vikar 4 a Ersatzmann *m* b Stellvertreter *m*; **vicarage** S 1 Pfarrhaus *n* 2 Vikariat *n*, Vikarsamt *n*

vicar general *pl* vicars general S REL Generalvikar *m*

vicariate [vɪˈkeərɪɪt; vaɪ-] → vicarage 2

vicarious [vɪˈkeərɪəs; vaɪ-] ADJ (ADV ~ly) 1 Stellvertreter…: **~ authority** 2 stellvertretend, für andere vollbracht *od* erlitten: **the ~ sufferings of Christ** 3 mit-, nachempfunden, *Erlebnis etc* aus zweiter Hand

vicarship → vicarage 2

vice[1] [vaɪs] S 1 Laster *n*: a Untugend *f* b schlechte Angewohnheit c ♀ THEAT, HIST *(das)* Laster *(als Allegorie)* 2 Lasterhaftigkeit *f*, Verderbtheit *f*: **~ squad** Sittenpolizei *f*, -dezernat *n*, Sitte *f sl* 3 *fig* Mangel *m*, Fehler *m (beide a.* JUR*)* 4 *fig* Verirrung *f*, Auswuchs *m* 5 *obs* (körperlicher) Fehler, Gebrechen *n* 6 Unart *f (e-s Pferdes etc)*

vice[2] [vaɪs] TECH *bes Br* A S Schraubstock *m* B V/T einspannen

vice[3] [ˈvaɪsɪ] PRÄP anstelle von *(od gen)*

vice[4] [vaɪs] S *umg* Vize *m*, Stellvertreter *m*

vice- [vaɪs] *Vorsilbe mit der Bedeutung* stellvertretend, Vize…

vice| admiral S SCHIFF Vizeadmiral *m*; **~-chairman** S *irr* stellvertretender Vorsitzender; **~-chairmanship** S Amt *n* des stellvertretenden Vorsitzenden; **~-chancellor** S 1 POL Vizekanzler(in) 2 UNIV *Br* geschäftsführender Rektor, geschäftsführende Rektorin; **~-consul** S Vizekonsul(in); **~-gerent** [-ˈdʒerənt; US -ˈdʒɪ-] A S Stellvertreter(in): **God's ~** Statthalter *m* Gottes B ADJ stellvertretend; **~-governor** S Vizegouverneur *m*

vicelike ADJ eisern *(Griff etc)*

vicennial [vaɪˈsenjəl; -nɪəl] ADJ 1 zwanzigjährig, zwanzig Jahre dauernd *od* umfassend 2 zwanzigjährlich (wiederkehrend), alle zwanzig Jahre stattfindend

vice|-president S Vizepräsident(in); **~regal** ADJ (ADV ~ly) des *od* e-s Vizekönigs, vizeköniglich; **~reine** [ˌ-ˈreɪn; *bes US* ˈ-reɪn] S 1 Gemahlin *f* des Vizekönigs 2 Vizekönigin *f*

viceroy [ˈvaɪsrɔɪ] S Vizekönig *m*; **viceroyal** → viceregal; **viceroyalty**, **viceroyship** S 1 Amt(szeit) *n(f) od* Würde *f* e-s Vizekönigs 2 Reich *n od* Gebiet *n* e-s Vizekönigs

vice versa [ˌvaɪsɪˈvɜːsə; US -ˈvɜr-] ADV vice versa, umgekehrt

vichy (water), *a.* **Vichy (water)** [ˈviːʃiː] S 1 Vichy-Wasser *n* 2 *allg* Mineralwasser *n*

vicinage [ˈvɪsɪnɪdʒ] → vicinity; **vicinal** ADJ benachbart, umliegend

vicinity [vɪˈsɪnətɪ] S 1 Nähe *f*, Nachbarschaft *f*, kurze Entfernung: **in close ~ to** in unmittelbarer Nähe von *(od gen)*; **in this ~** hier in der Nähe; **in the ~ of 40** *fig* um die 40 herum 2 Nachbarschaft *f*, (nähere) Umgebung: **the ~ of London**

vicious [ˈvɪʃəs] ADJ (ADV ~ly) 1 lasterhaft, verderbt, unmoralisch 2 verwerflich 3 bösartig, boshaft, tückisch, gemein: **~ foul** SPORT böses *od* übles Foul; **a ~ tongue** e-e böse Zunge 4 heftig, wild *(Schlag etc)* 5 fehler-, mangelhaft *(beide a.* JUR*)*: **~ manuscript**; **~ style** schlechter Stil 6 *umg* böse, scheußlich, fürchterlich, ekelhaft *(Kopfschmerzen etc)* 7 bösartig, bissig *(Tier)* 8 *obs* schädlich *(Luft etc)*; **~ circle** S 1 Circulus *m* vitiosus, Teufelskreis *m* 2 PHIL Zirkel-, Trugschluss *m*

viciousness S 1 Lasterhaftigkeit *f*, Verderbtheit *f* 2 Verwerflichkeit *f* 3 Bösartigkeit *f*, Gemeinheit *f* 4 Fehlerhaftigkeit *f* 5 Unarten *pl (e-s Pferdes etc)*

vicissitude [vɪˈsɪsɪtjuːd; US *a.* -ˌtuːd] S 1 Wandel *m*, Wechsel *m*, (Ver)Änderung *f* 2 *pl* Wechselfälle *pl*, *(das)* Auf u. Ab: **the ~s of life** 3 *pl* Schicksalsschläge *pl*; **vicissitudinous** [-dɪnəs] ADJ wechselvoll

victim [ˈvɪktɪm] S 1 Opfer *n*: a *(Unfall- etc)* Tote(r) *m/f(m)* b Leidtragende(r) *m/f(m)* c Betrogene(r) *m/f(m)*: **~ of circumstances** Opfer der Verhältnisse; **fall ~ to** zum Opfer fallen *(dat)* 2 *in Zusammensetzungen* …kranke(r) *m/f(m)*: **an AIDS ~** 3 Opfer(tier) *n*, Schlachtopfer *n*; **victimization** [-maɪˈzeɪʃn; US -məˈz-] S 1 Opferung *f* 2 Schikanierung *f* 3 Betrug *m*; **victimize** V/T 1 *j-n* (auf)opfern 2 quälen, schikanieren 3 betrügen, prellen 4 (ungerechterweise) bestrafen; **victimology** [-ˈmɒlədʒɪ; US -ˈmɑ-] S Viktimologie *f (Teilgebiet der Kriminologie, das die Beziehungen zwischen Täter u. Opfer untersucht)*

victor [ˈvɪktə(r)] A S Sieger *m* B ADJ siegreich, Sieger…

victoria[1] [vɪkˈtɔːrɪə; US *a.* -ˈtəʊ-] S 1 *ein zweisitziger Kutschwagen* 2 BOT (e-e) Seerose

Victoria[2] [vɪkˈtɔːrɪə] S Viktoria *n (australischer Bundesstaat)*

Victoria Cross S Viktoriakreuz *n (höchste brit. Tapferkeitsauszeichnung)*

Victorian [vɪkˈtɔːrɪən; US *a.* -ˈtəʊ-] A ADJ 1 Viktorianisch: **~ Age** (*od* **Era, Period**) Viktorianisches Zeitalter 2 viktorianisch: a *kennzeichnend für das Viktorianische Zeitalter* b streng konventionell, prüde B S Viktorianer(in); **Victorianism** S 1 viktorianischer Geschmack *od* Stil *od* Zeitgeist 2 *(etwas)* Viktorianisches

victorious [vɪkˈtɔːrɪəs; US *a.* -ˈtəʊ-] ADJ (ADV ~ly) 1 siegreich (**over** über *akk*): **be ~** siegen, den Sieg davontragen, als Sieger hervorgehen 2 Sieges…, Sieger… 3 siegverheißend

victory [ˈvɪktərɪ; -trɪ] S 1 Sieg *m*: **he gained the ~ over his rival** er trug den Sieg über s-n Rivalen davon; **lead sb to ~** j-n zum Sieg führen; **the fifth successive game without a ~** SPORT das fünfte sieglose Spiel hintereinander; **~ ceremony** Siegerehrung *f*; **~ podium** (*od* **rostrum**) Siegespodest *n*; **~ pose** Siegespose *f* 2 *fig* Sieg *m*, Triumph *m*, Erfolg *m*: **moral ~** moralischer Sieg 3 ♀ Viktoria *f*, Siegesgöttin *f*

victress [ˈvɪktrɪs] S Siegerin *f*

victual [ˈvɪtl] A SPL **victuals** a Esswaren *pl*,

V

Lebens-, Nahrungsmittel *pl* b Proviant *m* B V/T *prät u. pperf* -ualed, *bes Br* -ualled a *j-n* mit Lebensmitteln versorgen b *j-n, ein Schiff etc* verproviantieren C V/I Nahrung zu sich nehmen (*bes Tiere*); **victual(l)er** S 1 a Lebensmittellieferant(in) b Proviantlieferant(in) 2 *a.* **licensed ~** *Br* Gastwirt(in) mit Schankkonzession 3 SCHIFF Proviantschiff *n*

vicuña [vɪˈkjuːnə; vaɪ-; *US a.* -ˈkuːnə; -ˈkuːnjə] S 1 ZOOL Vikunjan *f*, Vicuñan *f* (*südamer. höckerloses Kamel*) 2 a *a.* **~ wool** Vigogne(wolle) *f* b *a.* **~ cloth** Stoff *m* aus Vigogne(wolle)

vide [ˈvaɪdiː; ˈvɪdeɪ; ˈviːdeɪ] V/I *imp* siehe!: **~ ante (infra)** siehe oben (unten)!

videlicet [vɪˈdiːlɪset; vaɪ-; vɪˈdeɪlɪket; *US* vəˈdeləˌset] ADV nämlich

video [ˈvɪdɪəʊ] A *pl* -os S 1 Video *n* (*Technik*) 2 a Video *n* (*Kassette, Film etc*): **have sth on ~** etwas auf Video haben b Videorekorder *m* 3 COMPUT Bildschirm-, Datensichtgerät *n* 4 *US umg* Fernsehen *n*: **on ~** im Fernsehen B ADJ 1 Video…: **~ art (camera, cassette, conference, film, game, technology,** *etc*); **~ (cassette) recorder** → A 2 b; **~ clip** Videoclip *m* (*kurzer Videofilm zu e-m Popmusiktitel etc*); **~ disc** Video-, Bildplatte *f*; **~ nasty** → nasty B; **~ recording** Videoaufnahme *f*; **~ shop** Videothek *f*; **~ tape** Videoband *n*; **~ telephone** → videophone 2 COMPUT: Bildschirm…: **~ station** Bildschirmarbeitsplatz *m*; **~ terminal** → A 3 3 *US umg* Fernseh…: **~ program** C V/T auf Video aufnehmen, aufzeichnen; **~fit** S *am Bildschirm erstelltes Phantombild*; **~phone** S Video-, Bildtelefon *n*; **~-tape** → video C; **~text** S Bildschirm-, Videotext *m*

vidkid [ˈvɪdkɪd] S *US umg* fernseh- *od* videosüchtiges Kind, fernseh- *od* videosüchtiger Jugendlicher

vie [vaɪ] V/I wetteifern (**with** mit; **for** um; **to do** zu tun)

Vienna [vɪˈenə] S Wien *n*

Viennese [ˌvɪəˈniːz] A S 1 Wiener(in): **the ~** *koll* die Wiener *pl* 2 LING Wienerisch *n*, das Wienerische B ADJ wienerisch, Wiener(…)

Vietcong [ˌvjetˈkɒŋ; *US* -ˈkɑŋ; *a.* viːˌet-] *pl* -cong S HIST Vietcong *m u. pl, koll a.* (*der*) Vietcong (*kommunistische Partisanen in Südvietnam*)

Vietnam, **Viet Nam** [ˌvjetˈnæm; -ˈnɑːm; ˌviːet-; *US a.* viːˌet-] S Vietnam *n*

Vietnamese [ˌvjetnəˈmiːz; *US a.* viːˌet-] A S 1 Vietnamese *m*, Vietnamesin *f*: **the ~** *koll* die Vietnamesen *pl* 2 LING Vietnamesisch, das Vietnamesische B ADJ vietnamesisch; **Vietnamize** V/T POL vietnamisieren

Vietnam War S HIST Vietnamkrieg *m*

view [vjuː] A V/T 1 *obs* sehen, erblicken 2 (sich) *etwas* ansehen, besichtigen, in Augenschein nehmen: **~ a flat** e-e Wohnung besichtigen 3 prüfen, untersuchen (*beide a.* JUR) 4 *fig* (an)sehen, auffassen, betrachten, beurteilen (*alle:* **as** als) B V/I fernsehen C S 1 Besichtigung *f*, Inaugenscheinnahme *f*: **at first ~** auf den ersten Blick; **on nearer ~** bei näherer Betrachtung; **be plain to (the) ~** gut sichtbar sein 2 Prüfung *f*, Untersuchung *f* (*a.* JUR) 3 Sicht *f* (*a. fig*): **in ~** a in Sicht, sichtbar b *fig* in (Aus)Sicht; **in ~ of** *fig* im Hinblick auf (*akk*), in Anbetracht *od* angesichts (*gen*); **in full ~ of** direkt vor *j-s* Augen; **get a full ~ of** *etwas* ganz zu sehen bekommen; **on ~** zu besichtigen(d), ausgestellt; **on the long ~** *fig* auf weite Sicht; **out of ~** außer Sicht, nicht mehr zu sehen; **come in ~** in Sicht kommen, sichtbar werden; **have in ~** *fig* im Auge haben, denken an (*akk*), beabsichtigen; **keep sth in ~** *fig* etwas im Auge behalten; **lose ~ of** aus den Augen verlieren; **there is no ~ of success** es besteht keine Aussicht auf Erfolg 4 a (Aus)Sicht *f*, (Aus-)Blick *m* (**of, over** auf *akk*): **there is a grand ~ of the mountains from here** von hier hat man e-n herrlichen Blick auf die Berge b Szenerie *f*, Blick *m* 5 MAL, FOTO Ansicht *f*, Bild *n*: **~s of London** 6 (kritischer) Überblick (**of** über *akk*) 7 Absicht *f*: **with a ~ to** a mit *od* in der Absicht (**doing** zu tun), zu dem Zwecke (*gen*), um zu (*inf*) b im Hinblick auf (*akk*) 8 (**of, on**) Ansicht *f*, Meinung *f*, Urteil *n* (von, über *akk*), Auffassung *f* (von): **~ of life** Lebensanschauung *f*; **in my ~** in m-n Augen, m-s Erachtens; **what is your ~ on …?** was halten Sie von …?, wie beurteilen Sie …?; **be of** (*od* **take**) **the ~ that …** der Ansicht sein *od* die Ansicht vertreten, dass …; **it is my ~ that …** ich bin der Ansicht, dass …; **be of the same ~** der gleichen Ansicht sein; **form a ~ on** sich ein Urteil bilden über (*akk*); **hold extreme ~s** extreme Ansichten vertreten; **take a bright (dim, grave, strong) ~ of** *etwas* optimistisch (pessimistisch, ernst, hart) beurteilen 9 Vorführung *f*: **the private ~ of a film**

viewable ADJ 1 zu sehen(d), sichtbar 2 sehenswert (*Fernsehprogramm etc*)

viewdata SPL (*als sg konstruiert*) → videotext

viewer S 1 Zuschauer(in) 2 Prüfer(in) (*a.* JUR) 3 Fernsehzuschauer(in), Fernseher(in) 4 TECH (*Dia*) Betrachter *m*; **viewership** S Fernsehpublikum *n*

view|finder S FOTO Sucher *m*; **~ halloo** S JAGD Hallo(ruf) *n(m)* (*beim Erscheinen des Fuchses*)

viewing S 1 Besichtigung *f*, Inaugenscheinnahme *f* 2 a Fernsehen *n*: **he does a lot of ~** er sieht viel fern; **parents should control their children's ~** Eltern sollten kontrollieren, was sich ihre Kinder im Fernsehen anschauen b *koll* (Fernseh)Programm *n*: **~ choice** Programmauswahl *f*

viewless ADJ 1 *poet* unsichtbar 2 ohne (Aus)Sicht 3 *US* meinungslos, urteilslos

view|point S *fig* Gesichts-, Standpunkt *m*

viewy [ˈvjuːɪ] ADJ *umg* 1 mit überspannten Ansichten 2 protzig

vigil [ˈvɪdʒɪl] S 1 Wachsein *n*, Wachen *n* (*zur Nachtzeit*) 2 Nachtwache *f*: **keep ~** wachen (**over** bei) 3 Mahnwache *f* 4 REL Vigil *f*: a *Gottesdienst am Vortag e-s Kirchenfestes* b *Vortag e-s Kirchenfestes*: **on the ~ of** am Vortag von (*od gen*)

vigilance [ˈvɪdʒɪləns] S 1 Wachsamkeit *f*: **~ committee** *US* Bürgerwehr *f* 2 MED Schlaflosigkeit *f* 3 PSYCH Vigilanz *f* (*Zustand erhöhter Reaktionsbereitschaft*); **vigilant** ADJ (ADV **~ly**) wachsam, umsichtig, aufmerksam; **vigilante** [-ˈlæntiː] S *US* Mitglied *n* e-r Bürgerwehr

vignette [vɪˈnjet] A S 1 Vignette *f*: a TYPO *bildartige Verzierung auf Rändern, Titeln etc* b FOTO *Schablone im Vorsatz vor dem Objektiv e-r Kamera* c FOTO *Schablone zur Verdeckung bestimmter Stellen eines Negativs vor dem Kopieren* 2 *Literatur*: Skizze *f* B V/T FOTO vignettieren; **vignettist** S Vignettenzeichner(in)

vigor [ˈvɪgər] *US für* vigour

vigoroso [ˌvɪgəˈrəʊsəʊ] ADJ & ADV MUS vigoroso, kraftvoll

vigorous [ˈvɪgərəs] ADJ (ADV **~ly**) 1 *allg* kräftig 2 kraftvoll, vital 3 lebhaft, aktiv, tatkräftig 4 energisch, nachdrücklich 5 wirksam, nachhaltig; **vigorousness** → vigour

vigour [ˈvɪgə(r)] S *bes Br* 1 (Körper-, Geistes-)Kraft *f*, Vitalität *f* 2 Aktivität *f* 3 Energie *f* 4 BIOL Lebenskraft *f* 5 Nachdruck *m* 6 Wirksamkeit *f*, Nachhaltigkeit *f*

Viking, *a.* ♀ [ˈvaɪkɪŋ] HIST A S Wiking(er) *m* B ADJ wikingisch, Wikinger…: **~ ship**

vile [vaɪl] ADJ (ADV **~ly**) 1 gemein, schändlich, übel, schmutzig 2 *umg* scheußlich (*Geruch, Wetter etc*) 3 schäbig (*Belohnung etc*); **vileness** S 1 Gemeinheit *f*, Schändlichkeit *f* 2 *umg* Scheußlichkeit *f* 3 Schäbigkeit *f*

vilification [ˌvɪlɪfɪˈkeɪʃn] S 1 Schmähung *f*, Verleumdung *f*, Verunglimpfung *f* 2 Herabsetzung *f*; **vilifier** [-faɪə(r)] S Verleumder(in); **vilify** [-faɪ] V/T 1 schmähen, verleumden, verunglimpfen 2 herabsetzen

vilipend [ˈvɪlɪpend] V/T 1 → vilify 2 *poet* verachten

villa [ˈvɪlə] S 1 a Landhaus *n* b Ferienhaus *n* c Villa *f* 2 *Br* a Einzelhaus *n* b Doppelhaushälfte *f*

village [ˈvɪlɪdʒ] A S 1 Dorf *n* 2 *US* Landgemeinde *f* B ADJ dörflich, Dorf…: **~ life**; **~ green** Dorfanger *m*; **~ idiot** Dorftrottel *m*; **villager** S Dorfbewohner(in)

villain [ˈvɪlən] A S 1 FILM *etc* Bösewicht *m*, Schurke *m* 2 *umg, bes hum* a Übeltäter *m* b Schlingel *m*, Bengel *m*: **the little ~** 3 *Br sl* Verbrecher *m* 4 → villein B ADJ schurkisch, Schurken…; **villainage** → villeinage; **villainous** ADJ (ADV **~ly**) 1 schurkisch, Schurken… 2 → vile 1, 2; **villainy** S 1 Schurkerei *f*, Schurkenstreich *m* 2 → vileness 1, 2 3 → villeinage

villanelle [ˌvɪləˈnel] S LIT Villanelle *f* (*e-e lyrische Gedichtform*)

villatic [vɪˈlætɪk] ADJ *poet* a dörflich b ländlich

villein [ˈvɪlɪn] S HIST 1 Leibeigene(r) *m* 2 (*später*) Zinsbauer *m*; **villeinage** S 1 Hintersassengut *n* 2 Leibeigenschaft *f*

villi [ˈvɪlaɪ] *pl von* villus

villiform [ˈvɪlɪfɔː(r)m] ADJ BIOL zottenförmig; **villose** [-ləʊs] → villous; **villosity** [-ˈlɒsətɪ; *US* -ˈlɑ-] S 1 BIOL behaarte, wollige Beschaffenheit 2 ANAT (Darm)Zotte *f*; **villous** ADJ BIOL 1 villös, zottig 2 flaumig; **villus** [-ləs] *pl* -li [-laɪ] S 1 ANAT Villus *m*, Zotte *f* 2 BOT Zottenhaar *n*

vim [vɪm] S *umg* Schmiss *m*, Schwung *m*: **feel full of ~** schwer in Form sein

vinaceous [vaɪˈneɪʃəs] ADJ 1 Wein…, Trauben… 2 weinrot

vinaigrette [ˌvɪneɪˈgret; -nɪ-] S 1 Riechfläschchen *n*, -dose *f* 2 *a.* **~ sauce** Vinaigrette *f* (*Soße aus Essig, Öl, Senf etc*)

vincible [ˈvɪnsɪbl] ADJ besiegbar, überwindbar

vinculum [ˈvɪŋkjʊləm] *pl* -la [-lə] S 1 MATH Strich *m* (*über mehreren Zahlen*), Überstreichung *f* (*anstelle von Klammern*) 2 *fig* Band *n*

vindicable [ˈvɪndɪkəbl] ADJ haltbar, zu rechtfertigen(d)

vindicate [ˈvɪndɪkeɪt] V/T 1 in Schutz nehmen, verteidigen (*beide:* **from** vor *dat*, gegen) 2 entlasten (**from** von) 3 rechtfertigen, bestätigen: **~ o.s.** sich rechtfertigen 4 JUR a auf *s-e Rechte etc* Anspruch erheben, beanspruchen b *e-n Anspruch* geltend machen c *ein Recht etc* behaupten: **the law had been ~d** dem Gesetz war Genüge getan worden; **vindication** S 1 Verteidigung *f* 2 Entlastung *f* 3 Rechtfertigung *f*: **in ~ of** zur Rechtfertigung von (*od gen*) 4 JUR a Behauptung *f* b Geltendmachung *f*; **vindicative** [ˈvɪndɪkətɪv; *bes US* vɪnˈdɪ-] *obs für* vindictive; **vindicator** [-keɪtə(r)] S 1 Rechtfertiger(in) 2 Verteidiger(in); **vindicatory** [-keɪtərɪ; *US* -kəˌtəʊriː; -ˌtɔː-] ADJ 1 rechtfertigend, Rechtfertigungs… 2 a rächend b Straf…

vindictive [vɪnˈdɪktɪv] ADJ (ADV **~ly**) 1 rachsüchtig 2 strafend, als Strafe: **~ damages** *pl* JUR tatsächlicher Schadenersatz zuzüglich e-r Buße; **vindictiveness** S Rachsucht *f*

vine [vaɪn] BOT A S 1 (*Hopfen- etc*) Rebe *f*, Kletterpflanze *f* 2 Stamm *m* (*e-r Kletterpflanze*) 3

V

Wein(stock) *m*, (Wein)Rebe *f* 4 BIBEL Weinstock *m* (*Christus*) B ADJ Wein…, Reb(en)…: ~ **bud** Rebenauge *n*; ~ **culture** Weinbau *m*; ~ **leaf** Wein-, Rebenblatt *n*, *pl a.* Weinlaub *n*; ~ **picker** Traubenleser(in); **~dresser** S Winzer(in)

vinegar ['vɪnɪgə(r)] S 1 (Wein)Essig *m* 2 PHARM Essig *m* 3 *fig* Verdrießlichkeit *f*, Griesgrämigkeit *f* 4 *US umg* Schmiss *m*, Schwung *m*

vinegarette [ˌvɪnɪgə'ret] → vinaigrette 1

vinegary ['vɪnɪgərɪ] ADJ 1 (essig-)sauer: **have a ~ taste** nach *od* wie Essig schmecken 2 *fig* a verdrießlich, griesgrämig b ätzend, beißend: **she's got a ~ tongue** sie hat e-e spitze Zunge

vine|grower S Winzer(in); **~growing** S Weinbau *m*

vinery ['vaɪnərɪ] S 1 Treibhaus *n* für Reben 2 → vineyard

vineyard ['vɪnjə(r)d] S a Weinberg *m* b Weingarten *m*

vingt-et-un [ˌvænteɪ'ɜːŋ; *US* -'ʌn] S Vingt-et-un *n*, Siebzehnundvier *n* (*ein Kartenglücksspiel*)

vinic ['vaɪnɪk] ADJ CHEM weinig, Wein…

vinicultural [ˌvɪnɪ-] ADJ weinbaulich; **viniculture** S Weinbau *m*

vinification [ˌvɪnɪfɪ'keɪʃn] S TECH Weinkeltern *n*, Weinkelterung *f*

vino ['viːnəʊ] *pl* **-nos** S *umg* (*bes* italienischer) Wein

vinometer [vɪ'nɒmɪtə(r); vaɪ-; *US* -'nɑ-] S TECH Mostwaage *f*

vin ordinaire ['væ̃nˌɔː(r)dɪ'neə(r)] *pl* vins ordinaires ['væ̃n(z)ˌɔː(r)dɪ'neə(r)] S billiger Tischwein

vinosity [vɪ'nɒsətɪ; vaɪ-; *US* -'nɑ-] S 1 Weinartigkeit *f* 2 Weinseligkeit *f*; **vinous** ['vaɪnəs] ADJ 1 weinartig, Wein… 2 weinhaltig: → hydromel 3 weinselig (*Gelächter etc*) 4 weingerötet (*Gesicht*)

vintage ['vɪntɪdʒ] A S 1 Weinlese(zeit) *f*, Traubenernte *f* 2 a Jahrgang *m*: **a wine of the 1997 ~** ein 97er (Wein) b AUTO *etc* Baujahr *n*: **of modern ~** jüngeren Datums B ADJ 1 edel, erlesen: **~ wine** *a.* Spitzenwein *m* 2 hervorragend: **a ~ year for** *a.* ein gutes Jahr für; **this sonnet is ~ Shakespeare** *umg* das ist eines der besten Sonette Shakespeares 3 a klassisch (*Stummfilm etc*) b alt(modisch): **~ car** AUTO *Br* Oldtimer *m* (*bes 1919-30*) C V/T 1 *Trauben, Wein* lesen 2 *Wein, Sekt* herstellen D V/I Trauben *od* Wein lesen; **vintager** S Traubenleser(in)

vintner ['vɪntnə(r)] S 1 Weinhändler(in) 2 *US* Winzer(in)

viny ['vaɪnɪ] ADJ 1 rebenartig, rankend (*Pflanze*) 2 weinreich, Wein…: **~ region**

vinyl ['vaɪnɪl; *bes US* 'vaɪnl] CHEM A S Vinyl *n* B ADJ Vinyl…: **~ acetate** (**alcohol, ether,** *etc*)

vinylidene [vaɪ'nɪlɪdiːn] ADJ CHEM Vinyliden…: **~ chloride**

viol ['vaɪəl] S MUS, HIST Gambe *f*

viola[1] [vɪ'əʊlə] S MUS Viola *f*, Bratsche *f*

viola[2] ['vaɪələ; vaɪ'əʊlə] S BOT 1 Veilchen *n* 2 Stiefmütterchen *n*

violable ['vaɪələbl] ADJ (ADV violably) verletzbar (*Vertrag etc*)

violaceous [ˌvaɪə'leɪʃəs] ADJ BOT 1 veilchenfarben, violett 2 Veilchen…, veilchenartig

viola| clef [vɪ'əʊlə] S MUS Altschlüssel *m*; **~ da braccio** [-də'brɑːtʃəʊ] *pl* viola da braccios S MUS, HIST Viola *f* da Braccio, Bratsche *f*; **~ da gamba** [-də'gæmbə; -'gɑːmbə] *pl* viola da gambas S MUS, HIST Viola *f* da Gamba, Gambe *f*; **~ d'amore** [-dæ'mɔːreɪ; -dɑː'm-] *pl* viola d'amores S MUS, HIST Viola *f* d'Amore (*e-e Geige*)

violate ['vaɪəleɪt] V/T 1 *e-n Eid, e-n Vertrag, e-e Grenze etc* verletzen, *ein Gesetz* übertreten, *bes sein Versprechen* brechen, *e-m Gebot, s-m Gewissen* zuwiderhandeln 2 *den Frieden, die Stille, j-s Schlaf* (grob) stören: **~ sb's privacy** j-n stören 3 *e-r Frau, der Wahrheit etc* Gewalt antun, *e-e Frau, ein Gesetz etc* vergewaltigen 4 *ein Heiligtum etc* entweihen, schänden 5 *obs* a beschädigen b zerstören; **violation** S 1 (**of**) Verletzung *f*, Übertretung *f*, Bruch *m* (*gen*), Zuwiderhandlung *f* (gegen): **in ~ of** unter Verletzung von (*od gen*) 2 (grobe) Störung 3 Vergewaltigung *f* (*a. fig*) 4 Entweihung *f*, Schändung *f* 5 *obs* a Beschädigung *f* b Zerstörung *f*; **violator** [-tə(r)] S 1 Verletzer(in), Übertreter(in) 2 Störer(in) 3 Vergewaltiger(in) (*a. fig*) 4 Schänder(in) 5 *obs* Zerstörer(in)

violence ['vaɪələns] S 1 Gewalt(tätigkeit) *f*: → act A 1 2 Gewalttätigkeit(en) *f(pl)*, Gewaltsamkeit(en) *f(pl)* 3 JUR Gewalt(tat, -anwendung) *f*: **die by ~** e-s gewaltsamen Todes sterben; → robbery 1 4 Verletzung *f*, Schändung *f*: **do ~ to** Gewalt antun (*dat*), *e-e Sprache etc* vergewaltigen, *j-s Gefühle etc* verletzen, *etwas Heiliges etc* entweihen, schänden 5 Heftigkeit *f*, Hitzigkeit *f*: **with ~** heftig, hitzig; **violent** ADJ (ADV **~ly**) 1 heftig (*Leidenschaft, Schmerzen, Unwetter etc*), (*Schlag etc a.*) wuchtig: **have a ~ cold** stark erkältet sein; **~ storm** orkanartiger Sturm; **her moods changed ~ly** sie hatte heftige Gemütsschwankungen 2 gewaltsam (*Handlung*), gewalttätig (*Person*), Gewalt…: **there were ~ clashes** es kam zu Zusammenstößen (**with** mit; **between … and** zwischen *dat* … u.); **~ crime** Gewaltverbrechen *n*; **die a ~ death, die ~ly** e-s gewaltsamen Todes sterben; **lay ~ hands on** Gewalt antun (*dat*); **~ interpretation** gewaltsame Auslegung; **~ measures** Gewaltmaßnahmen; **be in a ~ mood** (*od* **temper**) e-e Stinklaune *od* Stinkwut haben (*beide umg*); **have a ~ temper** zu Gewalttätigkeiten neigen; **the film is quite ~** in dem Film gibt es ziemlich viele Gewaltszenen 3 heftig, hitzig (*Auseinandersetzung etc*) 4 radikal, einschneidend (*Veränderungen etc*) 5 grell (*Farbe*): **his shirt was a ~ red** sein Hemd war grellrot *od umg* knallrot

violet ['vaɪələt] A S 1 BOT Veilchen *n*: **shrinking** (*od* **blushing**) **~** *umg* schüchternes Pflänzchen (*Person*); **she was no shrinking ~ before she got married** *fig* sie hat vor ihrer Ehe nichts anbrennen lassen 2 Veilchenblau *n*, Violett *n* B ADJ veilchenblau, violett

violin [ˌvaɪə'lɪn] S MUS Violine *f*, Geige *f*: **play the ~** Geige spielen, geigen; **first ~** erste(r) Geige(r); **~ bow** Geigenbogen *m*; **~ case** Geigenkasten *m*; **~ clef** Violinschlüssel *m*; **~ concerto** Violinkonzert *n*; **~ maker** Geigenbauer(in); **~ making** Geigenbau *m*; **~ sonata** Violinsonate *f*; **violinist** ['vaɪəlɪnɪst; ˌvaɪə'l-] S MUS Violinist(in), Geiger(in)

violist[1] ['vaɪəlɪst] S MUS, HIST Gambenspieler(in)

violist[2] [vɪ'əʊlɪst] S MUS *US* Bratschist(in)

violoncellist [ˌvaɪələn'tʃelɪst] S MUS (Violon)Cellist(in); **violoncello** [-ləʊ] *pl* -los S (Violon)Cello *n*

violone ['vaɪələʊn; *US* ˌviːə'ləʊneɪ] S MUS, HIST Violone *m*, Kontrabass *m*

VIP [ˌviːaɪ'piː] S ABK very important person *umg* VIP *m/f*, prominente Persönlichkeit, hohes Tier *umg*: **the ~s** *pl* die Prominenz; **~ lounge** *bes* FLUG VIP-Lounge *f*

viper ['vaɪpə(r)] S 1 ZOOL Viper *f*, Otter *f* 2 *fig* Schlange *f*: **nourish** (*od* **nurse**) **a ~ in one's bosom** e-e Schlange *od* Natter am Busen nähren

viperine ['vaɪpəraɪn] → viperish 1; **viperish**, **viperous** ADJ (ADV **~ly**) 1 ZOOL a vipernartig b Vipern… 2 *fig* bösartig: **have a ~ tongue** e-e böse Zunge haben

VIR ABK HIST *Br* **Victoria Imperatrix Regina**, Victoria, Empress and Queen

virago [vɪ'rɑːgəʊ; -'reɪ-] *pl* **-gos, -goes** S 1 *obs* Mannweib *n*, Amazone *f* 2 Drachen *m*, Xanthippe *f* (*beide pej*)

viral ['vaɪərəl] ADJ MED viral, Virus…: **~ infection**

vires ['vaɪəriːz] *pl von* vis

virescence [vɪ'resns] S BOT (*bes* anormales) Grünen; **virescent** ADJ 1 grünend 2 grünlich

virgate ['vɜːgɪt; -geɪt; *US* 'vɜr-] A ADJ BOT rutenförmig B S HIST *englisches Feldmaß (ca. 30 Acres)*

Virgil, Vergil ['vɜːdʒɪl; *US* 'vɜrdʒəl] EIGENN Vergil *m* (*= Publius Vergilius Maro, 70-19 v.Chr.; Römischer Dichter*)

Virgilian → Vergilian

virgin ['vɜːdʒɪn; *US* 'vɜr-] A S 1 a Jungfrau *f*: **she is still a ~** sie ist noch Jungfrau b männliche Jungfrau: **he is still a ~** er ist noch unschuldig 2 REL a **the ♌ Mary** die Jungfrau Maria; **the Blessed ♌** die Heilige Jungfrau b MAL *etc* Madonna *f* 3 ZOOL unbegattetes Weibchen 4 ♌ ASTROL Jungfrau *f* (*Tierkreiszeichen*) B ADJ 1 jungfräulich, unberührt (*beide a. fig Schnee etc*): **the ♌ Queen** HIST die jungfräuliche Königin (*Elisabeth I. von England*); **~ queen** ZOOL unbefruchtete (Bienen)Königin; **~ forest** Urwald *m*; **~ soil** a jungfräulicher Boden, ungepflügtes Land b *a.* **~ territory** *fig* Neuland *n* 2 jungfräulich (*Keuschheit etc*), verschämt, schüchtern (*Zurückhaltung etc*) 3 TECH a rein, unvermischt (*Elemente, Stoffe*) b gediegen, jungfräulich (*Metalle*) c aus erster Pressung (*Öle*): **~ oil** Jungfernöl *n*; **~ wool** Schurwolle *f* 4 erst(er, e, es), erstmalig, Jungfern…: **~ speech** 5 (**to**) frei (von), unerfahren (in *dat*): **~ to sorrows** (noch) unbekümmert

virginal[1] ['vɜːdʒɪnl; *US* 'vɜr-] ADJ 1 jungfräulich, Jungfern…: **~ membrane** ANAT Jungfernhäutchen *n* 2 → virgin B 2 3 ZOOL unbefruchtet

virginal[2] ['vɜːdʒɪnl; *US* 'vɜr-] S *oft pl* MUS, HIST Virginal *n* (*englisches Spinett*)

virgin| birth S 1 *oft* **Virgin Birth** REL jungfräuliche Geburt (*Christi*) 2 BIOL Parthenogenese *f*, Jungfernzeugung *f*

Virginia[1] [və(r)'dʒɪnjə; -nɪə] S Virginia *n* (*Staat im Osten der USA*)

Virginia[2] [və(r)'dʒɪnjə] S *a.* ♌ Virginia(tabak) *m*: **~ cigar** Virginia(zigarre) *f*; **~ creeper** S BOT wilder Wein, Jungfernrebe *f*

Virginian [və(r)'dʒɪnjən] A ADJ Virginia…, virginisch B S Virginier(in)

virginity [və(r)'dʒɪnətɪ] S 1 Virginität *f*, Jungfräulichkeit *f*: **she has lost her ~** sie hat ihre Unschuld verloren 2 a Unberührtheit *f* b Verschämtheit *f*, Schüchternheit *f*

Virgo ['vɜːgəʊ; *US* 'vɜr-] A S ASTRON, ASTROL Jungfrau *f* (*Sternbild u. Tierkreiszeichen*): **be a ~** (e-e) Jungfrau sein B ADJ ASTROL Jungfrau…: **be ~** (e-e) Jungfrau sein; **Virgoan** [vɜː'gəʊən; *US* vɜr-] ASTROL A ADJ → Virgo B B S Jungfrau *f* (*Person*): **be a ~** (e-e) Jungfrau sein

virgulate ['vɜːgjʊlɪt; -leɪt; *US* 'vɜr-] → virgate; **virgule** [-gjuːl] S Virgel *f*, Schrägstrich *m*

virid ['vɪrɪd] ADJ grün; **viridescence** [-'desns] S Grünen *n*; **viridescent** ADJ 1 grünlich 2 grünend

viridity [vɪ'rɪdətɪ] S 1 Grün *n* 2 *fig* a Frische *f* b Jugend *f* c Unschuld *f*

virile ['vɪraɪl; *US a.* -rəl] ADJ 1 a viril, männlich b kräftig 2 MED, PHYSIOL potent, zeugungs-

kräftig: ~ **power** → virility 2 **3** *fig* kraftvoll *(Stil etc)*; **virilism** [-rɪlɪzəm] S MED Virilismus *m*, Vermännlichung *f (der Frau)*

virility [vɪ'rɪlətɪ] S **1** Männlichkeit *f* **2** MED, PHYSIOL Virilität *f*, Potenz *f*, Mannes-, Zeugungskraft *f* **3** *fig* kraftvoller Stil *etc*; ~ **pill** S MED, PHARM Potenzpille *f*

virologist [ˌvaɪə'rɒlədʒɪst; *US* -'rɑ-] S Virologe *m*, Virologin *f*, Virusforscher(in); **virology** [-dʒɪ] S Virologie *f*, Virusforschung *f*

viropause ['vaɪrəpɔːz] → andropause

virtu [vɜː'tuː; *US* ˌvɜr-] S **1** **a** Kunstwert *m* **b** Liebhaber-, Sammlerwert *m*: **article** (*od* **object) of** ~ Kunstgegenstand *m*; Liebhaberstück *n*, Sammlerobjekt *n*, -stück *n* **2** KOLL **a** Kunstgegenstände *pl* **b** Sammlerstücke *pl* **3** → virtuosity 2

virtual ['vɜːtʃʊəl; *US* 'vɜrtʃəwəl; -tʃəl] ADJ (ADV ~**ly**) **1** tatsächlich, faktisch, eigentlich: **the** ~ **manager**; **a** ~ **promise** im Grunde *od* eigentlich *od umg* praktisch ein Versprechen; ~**ly impossible** praktisch *od* so gut wie unmöglich *umg* **2** PHYS, TECH virtuell: **a** anlagemäßig **b** vom Computer simuliert, künstlich: ~ **address** IT virtuelle Adresse; ~ **image** OPT virtuelles Bild; ~ **memory** (*od* **storage**) COMPUT virtueller Speicher; ~ **reality** virtuelle Realität; **virtuality** [-tʃʊ'ælətɪ; *US* -tʃə'w-] S Virtualität *f*

virtue ['vɜːtjuː; -tʃuː; *US* 'vɜrtʃuː] S **1** Tugend (-haftigkeit) *f (a. engS. Keuschheit)*: **woman of** ~ tugendhafte Frau; **woman of easy** ~ leichtes Mädchen **2** Rechtschaffenheit *f* **3** Tugend *f*: **make a** ~ **of necessity** aus der Not e-e Tugend machen **4** Wirkung *f*, Wirksamkeit *f*, Erfolg *m*: **of great** ~ (sehr) wirkungsvoll *od* erfolgreich **5** Vorteil *m*, Vorzug *m* **6** (Rechts)Kraft *f*: **by** (*od* **in**) ~ **of** kraft *(e-s Gesetzes, e-r Vollmacht etc)*, aufgrund von *(od gen)*, vermöge *(gen)* **7** *obs* Mannestugend *f*, Tapferkeit *f*

virtuosity [ˌvɜːtjʊ'ɒsətɪ; *US* ˌvɜrtʃə'wɑ-] S **1** Virtuosität *f*: **a** MUS blendende Technik **b** meisterhaftes Können **2** Kunstsinn *m*, -verständnis *n*; **virtuoso** [-'əʊzəʊ; -səʊ; *US* -'w-] **A** *pl* -sos, -si [-siː] S **1** *bes* MUS Virtuose *m*, Virtuosin *f* **2** Kunstkenner(in), -liebhaber(in) **B** ADJ virtuos, meisterhaft: ~ **pianist** Klaviervirtuose *m*, -virtuosin *f*

virtuous ['vɜːtʃʊəs; *US* 'vɜrtʃəwəs] ADJ (ADV ~**ly**) **1** tugendhaft **2** rechtschaffen; **virtuousness** S **1** Tugendhaftigkeit *f* **2** Rechtschaffenheit *f*

virulence ['vɪrʊləns; -rjʊ-], **virulency** [-sɪ] S **1** MED Giftigkeit *f*, Bösartigkeit *f (beide a. fig)* **2** MED Virulenz *f*; **virulent** ADJ (ADV ~**ly**) **1** MED (äußerst) giftig, bösartig *(Gift, Krankheit) (a. fig)* **2** MED **a** von Viren erzeugt **b** virulent, sehr ansteckend

virus ['vaɪərəs] **A** S **1** MED Virus *n*, *a. m (a.* COMPUT) **2** MED *umg* Viruskrankheit *f* **3** *fig* Gift *n*, Bazillus *m*: **the** ~ **of hatred** **B** ADJ COMPUT, MED: Virus...: ~ **checker** *umg* Virensuchprogramm *n*; ~ **disease** (**infection**, *etc*); ~ **detection** Viruserkennung *f*; ~ **scanner** Virensuchprogramm *n*

vis [vɪs] *pl* vires ['vaɪəriːz] S *bes* PHYS Kraft *f*

vis.[1] ABK **1** visibility **2** visual

Vis.[2] ABK Viscount(ess)

visa ['viːzə] **A** S Visum *n*: **a** Sichtvermerk *m (im Pass)* **b** Ein- *od* Ausreisegenehmigung *f* **B** V/T **1** ein Visum in *e-n Pass* eintragen **2** *fig* genehmigen

visage ['vɪzɪdʒ] S *bes poet* **1** **a** Antlitz *n* **b** Miene *f*, Gesichtsausdruck *m* **2** *fig* Aspekt *m*; **visaged** ADJ *(bes in Zusammensetzungen)* ...gesichtig; **visagiste** [ˌviːzɑː'ʒiːst] S Visagist(in) *(Spezialist[in] für kosmetische Gesichtsverschönerungen)*

vis-à-vis ['viːzɑːviː; *bes US* ˌviːzə'viː] **A** ADV gegenüber, vis-à-vis (**to, with** *dat*) **B** ADJ gegenüberliegend **C** PRÄP **1** gegenüber *(a. fig)* **2** *fig* **a** im Vergleich zu **b** in Anbetracht *(gen)*; **D** S **1** Visavis *n*, Gegenüber *n (Person)* **2** (Amts)Kollege *m*, (-)Kollegin *f*

viscera ['vɪsərə] SPL **1** ANAT Viszera *pl*, Eingeweide *pl* **2** *umg* (Ge)Därme *pl*; **visceral** ADJ (ADV ~**ly**) **1** ANAT, MED viszeral, Eingeweide... **2** *fig* **a** intuitiv **b** instinktiv

viscid ['vɪsɪd] ADJ (ADV ~**ly**) **1** klebrig *(a.* BOT) **2** *bes* CHEM viszid, viskos, dick-, zähflüssig; **viscidity**, **viscidness** S **1** Klebrigkeit *f (a.* BOT) **2** → viscosity

viscometer [vɪs'kɒmɪtə(r); *US* -'kɑ-], *etc* → viscosimeter *etc*

viscose ['vɪskəʊs] **A** S CHEM Viskose *f (e-e zähflüssige Spinnlösung)* **B** ADJ → viscid 2; **viscosimeter** [-kəʊ'sɪmɪtə(r)] S TECH Viskosimeter *n (Gerät zum Messen der Viskosität)*; **viscosimetric** [-'metrɪk] ADJ viskosimetrisch; **viscosimetry** [-trɪ] S Viskosimetrie *f*

viscosity [vɪ'skɒsətɪ; *US* -'skɑ-] S *bes* CHEM Viskosität *f*, (Grad *m* der) Dick- *od* Zähflüssigkeit *f*

viscount ['vaɪkaʊnt] S **1** Viscount *m (englischer Adelstitel zwischen* **baron** *u.* **earl**) **2** *Br* HIST **a** Stellvertreter *m* e-s Grafen **b** Sheriff *m (e-r Grafschaft)*; **viscountcy** [-sɪ] S Rang *m od* Würde *f* e-s Viscounts; **viscountess** S Viscountess *f*; **viscounty** → viscountcy

viscous ['vɪskəs] → viscid 2

visé ['viːzeɪ] **A** S → visa A **B** V/T *prät u. pperf* -séed → visa B

vise [vaɪs] *US für* vice[2]

visibility [ˌvɪzɪ'bɪlətɪ] S **1** Sichtbarkeit *f* **2** METEO Sicht(weite) *f*: **poor** ~ (schlechte) Sicht; ~ (**conditions**) Sichtverhältnisse; ~ **was less than 50 yards** die Sichtweite betrug weniger als 50 Yards

visible ['vɪzəbl] **A** ADJ (ADV **visibly**) **1** sichtbar (**to** für): **not** ~ **to the naked eye** mit bloßem Auge nicht sichtbar; **a highly** ~ **politician** **a** ein überall in den Medien präsenter Politiker **b** *pej* ein publicitysüchtiger Politiker; → horizon 1 **2** *fig* (er-, offen)sichtlich, merklich, deutlich, erkennbar **3** TECH sichtbar (gemacht), grafisch dargestellt: ~ **signal** Schauzeichen *n*; ~ **sound** Oszillogramm *n* e-r Schallwelle **4** WIRTSCH sichtbar: ~ **exports** (**imports**) *a.* Warenausfuhren (Wareneinfuhren); ~ **items** → B; ~ **trade** *a.* Warenhandel *m* **B** SPL **visibles** WIRTSCH *Zahlungsbilanz*: sichtbare Posten *pl*; ~ **speech** S LING *von Prof. A. M. Bell erfundene Lautzeichen für alle möglichen Sprachlaute*

Visigoth ['vɪzɪgɒθ; *US* -ˌgɑθ] S HIST Westgote *m*, -gotin *f*; **Visigothic** **A** ADJ westgotisch, Westgoten... **B** S LING Westgotisch *n*, das Westgotische

vision ['vɪʒn] **A** S **1** Sehkraft *f*, -vermögen *n*: **have greatly restricted** ~ stark sehbehindert sein; ~**-impaired** MED sehbehindert; ~ **impairment** MED Sehbehinderung *f*; → field A 4 b **2** *fig* **a** visionäre Kraft, Seher-, Weitblick *m* **b** Fantasie *f*, Vorstellungsvermögen *n*, Einsicht *f* **3** Vision *f*: **a** Fantasie-, Traum-, Wunschbild *n*: **a** ~ **of the future** e-e Zukunftsvision **b** *pl* PSYCH Halluzinationen *pl*, Gesichte *pl* **4** Anblick *m*, Bild *n*: **she was a** ~ **of delight** sie bot e-n entzückenden Anblick **5** TV Bild *n*: **out of** ~ im Off **6** *(etwas)* Schönes, *(e-e)* Schönheit, Traum *m* **B** ADJ TV Bild...: ~ **mixer** (**quality**, *etc*); ~ **control** Bildregie *f* **C** V/T sich *etwas* vorgaukeln: **she** ~**ed a life without troubles**; **visional** [-ʒənl] ADJ **1** Visions... **2** traumhaft, visionär

visionariness ['vɪʒnərɪnɪs; *US* -ʒəˌneriː-] S **1** *(das)* Visionäre **2** Fantasterei *f*, Träumerei *f*; **visionary** [-nərɪ; *US* -ʒəˌneriː] **A** ADJ **1** visionär, (hell)seherisch **2** fantastisch, verstiegen, überspannt **3** unwirklich, eingebildet **B** S **1** Visionär(in), Hellseher(in) **2** Fantast(in), Träumer(in), Schwärmer(in)

visit ['vɪzɪt] **A** V/T **1** besuchen: **a** *j-n, e-n Arzt, e-n Patienten, ein Lokal etc* aufsuchen **b** visitieren, inspizieren, in Augenschein nehmen **c** *e-e Stadt, ein Museum etc* besichtigen **2** JUR durchsuchen: ~ (**and search**) *ein Handelsschiff* durchsuchen **3** heimsuchen (**sth** [**up**]**on sb** j-n mit etwas): **a** befallen *(Krankheit, Unglück)* **b** BIBEL *od fig* bestrafen **4** BIBEL *od fig Sünden* vergelten ([**up**]**on** an *dat*) **5** BIBEL belohnen, segnen **B** V/I **1** e-n Besuch *od* Besuche machen: **I'm only** ~**ing** ich bin nur auf *od* zu Besuch; ~ **with sb** *US* bei j-m zu Besuch sein **2** *US umg* plaudern (**with** mit) **C** S **1** Besuch *m*: **on a** ~ auf *od* zu Besuch (**to** bei *j-m*, in *e-r Stadt etc*); **have a** ~ **from** Besuch haben von; **make** (*od* **pay**) **a** ~ e-n Besuch machen; ~ **to the doctor** Konsultation *f* beim Arzt, Arztbesuch; → condolence **2** (formeller) Besuch, *bes* Inspektion *f* **3** JUR, SCHIFF Durchsuchung *f*: **right of** ~ **and search** Durchsuchungsrecht *n* (auf See); → domiciliary **4** *US umg* Plauderei *f*, Plausch *m*; **visitable** ADJ **1** besuchenswert **2** inspektionspflichtig; **visitant** **A** S **1** Besucher(in) *(a. aus dem Jenseits)*, Besuch *m*, Gast *m* **2** ORN Zugvogel *m* **B** ADJ *obs od poet* besuchend, auf *od* zu Besuch

visitation [ˌvɪzɪ'teɪʃn] S **1** Besuchen *n*: ~ **of the sick** REL Krankenbesuch *m*; ~ **right** JUR Besuchsrecht *n (e-s geschiedenen Vaters etc)* **2** offizieller Besuch, Besichtigung *f*, Visitation *f*: **right of** ~ SCHIFF Durchsuchungsrecht *n* (auf See) **3** *fig* Heimsuchung *f*: **a** (gottgesandte) Prüfung, Strafe *f* (Gottes) **b** himmlischer Beistand: **the** ♀ KATH die Heimsuchung Mariä **4** ZOOL massenhaftes Auftreten *(von Vögeln, Wühlmäusen etc)* **5** *umg, oft hum* langer Besuch: **I had a** ~ **from my brother last night** gestern Abend hat mich mein Bruder heimgesucht *umg*; **visitatorial** [-tə'tɔːrɪəl; *US a.* -'təʊ-] ADJ Visitations...: ~ **power** Aufsichtsbefugnis *f*

visiting **A** ADJ besichtigend, Besuchs..., Besucher...: ~ **book** Besuchsliste *f*; ~ **card** Visitenkarte *f*; ~ **day** Besuchstag *m*; ~ **fan** SPORT Schlachtenbummler(in); ~ **fireman** *US umg* **a** hohes Tier (auf Besuch) **b** vergnügungssüchtiger Gast *(e-r Stadt etc)*; ~ **hours** Besuchszeit *f*; ~ **nurse** *US* Fürsorgerin *f*, Gemeindeschwester *f*; ~ **professor** UNIV Gastprofessor(in); ~ **teacher** *US Lehrer(in), der (die) kranke od behinderte Kinder zu Hause unterrichtet*; ~ **team** SPORT Gastmannschaft *f*; **be on** ~ **terms with sb** j-n so gut kennen, dass man ihn besucht **B** S Besuche *pl*: **do prison** ~ Gefängnisbesuche machen; **visitor** [-tə(r)] S **1** Besucher(in), Gast *m* (**to** *gen*): **the** ~**s** *a.* SPORT die Gäste; ~**s to the museum** Museumsbesucher; ~**s to England** Englandbesucher; ~**s' room** Besuchszimmer *n (im Gefängnis etc)*; **be a regular** ~ **to** *etwas* regelmäßig besuchen **2** *meist pl* Besuch *m*: **many** ~**s** viel Besuch; **have** ~**s** (*od* **a** ~) Besuch haben **3** (Kur)Gast *m*, Tourist(in): **summer** ~**s** Sommergäste; ~**s' book** **a** Fremdenbuch *n* **b** Gästebuch *n* **c** Goldenes Buch (der Stadt) **4** Visitator *m*, Visitatorin *f*, Inspektor *m*, Inspektorin *f* **5** ORN Zugvogel *m*; **visitorial** [-'tɔːrɪəl; *US a.* -'təʊ-] → visitatorial

vis major S JUR Vis *f* major, höhere Gewalt

visor ['vaɪzə(r)] S **1** HIST Visier *n* **2** **a** (Mützen)Schirm *m* **b** (Augen)Schirm *m* **3** *obs od poet* Maske *f (a. fig)* **4** AUTO Sonnenblende *f*

vista[1] ['vɪstə] S **1** (Aus-, Durch)Blick *m*, Aussicht *f*: ~ **dome** BAHN *US* Aussichtskuppel *f* **2** Allee *f* **3** ARCH (langer) Gang, Korridor

V

m, Galerie *f*: **~ of arches** Bogengang 4 *fig* Reihe *f*: **an endless ~ of years** 5 *fig* Ausblick *m*, Aussicht *f (beide:* **of** auf *akk)*, Möglichkeit *f*, Perspektive *f*: **his words opened (up) new ~s** s-e Worte eröffneten neue Perspektiven; **dim ~s of the future** trübe Zukunftsaussichten

VISTA[2] ABK US Volunteers in Service to America

visual ['vɪzjʊəl; *US* 'vɪʒəwəl; -ʒəl] A ADJ (ADV ~ly) 1 Seh..., Gesichts...: **~ acuity** Sehschärfe *f*; **~ angle** Gesichtswinkel *m*; **~ly handicapped** (*od* **impaired**) sehbehindert; **~ nerve** Sehnerv *m*; **~ purple** PHYSIOL Sehrot *n*, -purpur *m*; **~ test** Augen-, Sehtest *m* 2 visuell *(Eindruck, Gedächtnis etc)*: **~ aid(s** *pl*) SCHULE Anschauungsmaterial *n*; **the ~ arts** die bildenden u. darstellenden Künste; **~ display** COMPUT optische Anzeige, Sichtanzeige *f*; **~ display unit** COMPUT Bildschirm-, Datensichtgerät *n*; **~ instruction** SCHULE Anschauungsunterricht *m*; **~ pollution** Verschand(e)lung *f (der Landschaft)*; **~ signal** Schauzeichen *n*; → horizon 1, rhyme A 1 3 sichtbar *(Gegenstände etc)* 4 optisch, Sicht...: **~ contact** Blickkontakt *m*; **~ flight** FLUG Sichtflug *m*; **~ indication** TECH Sichtanzeige *f*; **~ range** Sichtbereich *m*; **~ly** optisch, vom Aussehen her 5 *fig* anschaulich B S WIRTSCH, TYPO a (Roh)Skizze *f* e-s Layouts b Bildelement *n* e-r Anzeige

visualization [,vɪzjʊəlaɪ'zeɪʃn; *US* ,vɪʒəwələ-'z-; -ʒələ'z-] S Vergegenwärtigung *f*; **visualize** V/T 1 sich *etwas* vorstellen *od* vergegenwärtigen *od* veranschaulichen, sich ein Bild machen von: **~ (o.s.) doing sth** sich vorstellen, etwas zu tun 2 erwarten, rechnen mit 3 MED *(bes* röntgenologisch) sichtbar machen; **visualizer** S PSYCH visueller Typ

vita ['vi:tə] *pl* -tae [-,taɪ] S US Lebenslauf *m*

vital ['vaɪtl] A ADJ (ADV ~ly) 1 Lebens...: **~ functions (principle,** *etc*); **~ energy** (*od* **power**) Lebenskraft *f*; **~ index** *(Statistik)* Vitalitätsindex *m (Verhältnis zwischen Geburts- u. Sterbeziffern)*; **~ records** standesamtliche *od* bevölkerungsstatistische Unterlagen; **~ spark** Lebensfunke *m*; **~ statistics** a Bevölkerungsstatistik *f* b *umg hum* Maße *pl (e-r Frau)*; **Bureau of ♀ Statistics** US Personenstandsregister *n*; → node 2 2 lebenswichtig (**to** für): **~ industry (interests, organ,** *etc*); **~ parts** → B 1; **~ necessity** Lebensnotwendigkeit *f* 3 wesentlich, grundlegend 4 (hoch)wichtig, entscheidend *(beide:* **to** für): **~ problem** Kernproblem *n*; **~ question** Lebensfrage *f*; **of ~ importance** von entscheidender Bedeutung 5 *fig* lebendig *(Stil etc)* 6 vital, kraftvoll, lebensprühend *(Persönlichkeit etc)* 7 lebensgefährlich, tödlich *(Wunde etc)* B SPL **vitals** 1 MED edle Teile: a lebenswichtige Organe *pl* b Genitalien *pl* 2 *fig (das)* Wesentliche, wichtige Bestandteile *pl*

vitalism ['vaɪtəlɪzəm] S PHIL Vitalismus *m (Lehre von der Lebenskraft)*

vitality [vaɪ'tæləti] S 1 Vitalität *f*, Lebenskraft *f* 2 Lebensfähigkeit *f*, -dauer *f (a. fig)*

vitalization [,vaɪtəlaɪ'zeɪʃn; *US* -lə'z-] S Belebung *f*, Aktivierung *f*; **vitalize** V/T 1 beleben, aktivieren 2 mit Lebenskraft erfüllen 3 lebendig gestalten

vitamin ['vɪtəmɪn; *bes US* 'vaɪ-], *bes US a.* **vitamine** [-mɪn; -mi:n] S CHEM, MED Vitamin *n*: **~ C**; **~ deficiency** Vitaminmangel *m*; **~ pill** Vitamintablette *f*; **~-rich** vitaminreich; **vitaminize** V/T vitaminieren, vitaminisieren, mit Vitaminen anreichern

vitelli [vɪ'telaɪ; *US a.* vaɪ-] *pl von* vitellus

vitelline [vɪ'telɪn; *US a.* vaɪ-] ADJ 1 ZOOL (Ei)Dotter...: **~ membrane** Eimembran *f*, Dotterhaut *f* 2 dottergelb; **vitellus** [-ləs] *pl* -li [-laɪ], -luses S ZOOL Vitellus *m*, (Ei)Dotter *m/n*

vitiate ['vɪʃɪeɪt] V/T 1 *allg* verderben 2 beeinträchtigen 3 *die Luft etc* verunreinigen, verpesten 4 *fig die Atmosphäre* vergiften 5 *ein Argument etc* widerlegen 6 JUR *e-n Vertrag etc* ungültig machen; **vitiation** S 1 Verderben *n*, Verderbnis *f* 2 Beeinträchtigung *f* 3 Verunreinigung *f* 4 Widerlegung *f* 5 JUR Ungültigmachung *f*

viticultural [,vɪtɪ-; ,vaɪ-] ADJ Weinbau...; **viticulture** S Weinbau *m*; **viticulturer**, **viticulturist** S Winzer(in)

vitreous ['vɪtrɪəs] ADJ (ADV ~ly) 1 Glas..., aus Glas, gläsern 2 glasartig, glasig: **~ silica** Kiesel-, Quarzglas *n* 3 ANAT **~ body** Glaskörper *m (des Auges)*; **~ humo(u)r** Glaskörperflüssigkeit *f* 4 GEOL glasig

vitrescence [vɪ'tresns] S CHEM 1 Verglasung *f* 2 Verglasbarkeit *f*; **vitrescent** ADJ 1 verglasend 2 verglasbar

vitrescible [vɪ'tresəbl] → vitrifiable

vitric ['vɪtrɪk] ADJ glasartig, Glas...

vitrifaction [,vɪtrɪ'fækʃn] → vitrification; **vitrifiable** [-faɪəbl] ADJ TECH verglasbar; **vitrification** [-fɪ'keɪʃn] S Verglasung *f*; **vitrify** [-faɪ] A V/T verglasen B V/I (sich) verglasen

vitriol ['vɪtrɪəl] S 1 CHEM Vitriol *n* 2 CHEM Schwefelsäure *f*: **oil of ~** Vitriolöl *n*, rauchende Schwefelsäure 3 *fig* a Gift *n*, Säure *f* b Giftigkeit *f*, Bösartigkeit *f*; **vitriolic** [-ɒ'lɪk; *US* -'ɑ-] ADJ 1 vitriolisch, Vitriol...: **~ acid** Vitriolöl *n*, rauchende Schwefelsäure 2 *fig* ätzend, beißend, bösartig, gehässig *(Bemerkung etc)*; **vitriolize** V/T 1 CHEM vitriolisieren 2 *j-n* mit Schwefelsäure bespritzen *od* verletzen

Vitruvian scroll [vɪ'tru:vjən; -vɪən] S ARCH Mäander(verzierung) *m(f)*

vitta ['vɪtə] *pl* -tae [-ti:] S 1 BOT a Ölstrieme *f (in den Früchten der Doldenblüter)* b Gürtelband *n (in den Schalen von Kieselalgen)* 2 BOT, ZOOL Bandstreifen *m*

vituperate [vɪ'tju:pəreɪt; vaɪ-; *US a.* -'tu:-] V/T schmähen; **vituperation** S 1 Schmähung *f* 2 Schmähreden *pl*; **vituperative** [-pərətɪv; -reɪ-] ADJ (ADV ~ly) schmähend, Schmäh...: **~ language** → vituperation 2; **vituperator** [-tə(r)] S Schmäher(in)

viva[1] ['vi:və] A INT lang *od* es lebe ...! B S Hoch(ruf) *n(m)*

viva[2] ['vaɪvə] UNIV *Br umg* A S Mündliche *n* B V/T mündlich prüfen

vivace [vɪ'vɑ:tʃɪ; -tʃeɪ] ADV & ADJ MUS vivace, lebhaft

vivacious [vɪ'veɪʃəs; vaɪ-] ADJ (ADV ~ly) lebhaft, munter; **vivaciousness**, **vivacity** [-'væsətɪ] S Lebhaftigkeit *f*, Munterkeit *f*

vivarium [vaɪ'veərɪəm] *pl* -iums, -ia [-ɪə] S 1 Vivarium *n (kleinere Anlage zur Haltung lebender Tiere, z. B. Aquarium, Terrarium)* 2 *obs* Fischteich *m*

viva voce [,vaɪvə'vəʊsɪ; -tʃɪ] A ADJ & ADV mündlich B S UNIV mündliche Prüfung

vivid ['vɪvɪd] ADJ (ADV ~ly) 1 *allg* lebhaft: a impulsiv *(Person)* b intensiv: **~ imagination** lebhafte Fantasie c deutlich, klar *(Erinnerungen etc)* d schwungvoll, bunt *(Szene etc)* e leuchtend *(Farben)*: → paint A 1 2 lebendig, lebensvoll *(Porträt etc)*; **vividness** S 1 Lebhaftigkeit *f* 2 Lebendigkeit *f*

vivification [,vɪvɪfɪ'keɪʃn] S 1 (Wieder)Belebung *f* 2 BIOL Umwandlung *f* in lebendes Gewebe; **vivify** [-faɪ] V/T 1 (wieder)beleben 2 *fig* Leben geben *(dat)*, beleben, anregen 3 *fig* intensivieren 4 BIOL in lebendes Gewebe umwandeln

viviparity [,vɪvɪ'pærətɪ; ,vaɪ-] S ZOOL, BOT Viviparie *f*; **viviparous** [vɪ'vɪpərəs; vaɪ-] ADJ (ADV ~ly) vivipar: a ZOOL lebend gebärend b BOT noch an der Mutterpflanze keimend *(Samen)*; **viviparousness** → viviparity

vivisect [,vɪvɪ'sekt; 'vɪvɪsekt] V/T & V/I MED vivisezieren; **vivisection** S Vivisektion *f*; **vivisectional** ADJ Vivisektions...; **vivisectionist** S 1 Anhänger(in) der Vivisektion 2 → vivisector; **vivisector** [-tə(r)] S *j-d, der Vivisektionen durchführt*

vixen ['vɪksn] S 1 Füchsin *f* 2 *fig* Zankteufel *m*, Drachen *m*, Xanthippe *f (alle pej)*; **vixenish** ADJ (ADV ~ly) zänkisch, keifend

viz ABK videlicet, namely näml.

vizard ['vɪzɑ:(r)d; -ə(r)d] → visor 3

vizier [vɪ'zɪə(r)] S HIST Wesir *m (islamischer Minister)*; **vizierate** [-rɪt; -reɪt] S Wesirat *n*

vizor → visor

V-J Day S Tag *m* des Sieges *(der Alliierten über Japan; 15. 8. 1945)*

Vlach [vlɑ:k] A S Walache *m*, Walachin *f* B ADJ walachisch

vlei S 1 [fleɪ; vleɪ] *SAfr* sumpfige Niederung 2 [flaɪ; vlaɪ] *US dial* Sumpf *m*

VLF ABK ELEK very low frequency VLF, Längstwellen *pl*

V| neck S V-Ausschnitt *m*; **~-neck(ed)** ADJ mit V-Ausschnitt

VO ABK 1 *Br* Royal Victorian Order 2 very old

VOA ABK RADIO Voice of America *(Sendeanstalt)*

vocab ['vəʊkæb] *umg für* vocabulary

vocable ['vəʊkəbl] S Vokabel *f*, (Einzel)Wort *n*

vocabulary [vəʊ'kæbjʊlərɪ; və'k-; *US* -jə,leri:] A S Vokabular *n*: a Wörterverzeichnis *n* b Wortschatz *m* B ADJ Wort(schatz)...

vocal ['vəʊkl] A ADJ (ADV ~ly) 1 stimmlich, mündlich, Stimm..., Sprech...: **~ chink** Stimmritze *f*; **~ c(h)ords** Stimmbänder; **~ fold** Stimmfalte *f*; **~ organs** Sprechwerkzeuge; → acrobatic B 2 b, gold A 1 2 MUS Vokal..., gesungen, Gesang(s)..., gesanglich: **~ duet** Gesangsduett *n*; **~ music** Vokalmusik *f*; **~ part** Singstimme *f*; **~ recital** Liederabend *m* 3 stimmbegabt, der Sprache mächtig 4 klingend, widerhallend (**with** von) 5 laut(stark), vernehmbar: **become ~** laut werden, sich vernehmen lassen 6 gesprächig 7 LING a vokalisch b stimmhaft B S (gesungener) Schlager

vocalic [vəʊ'kælɪk] ADJ 1 Vokal..., vokalisch 2 vokalreich

vocalise [,vəʊkə'li:z] S MUS Vokalise *f (Singübung nur mit Vokalen)*

vocalism ['vəʊkəlɪzəm] S 1 LING Vokalsystem *n (e-r Sprache)* 2 a Sprache *f* b Gesang *m* 3 Gesangskunst *f*, -technik *f*; **vocalist** S MUS Sänger(in) *(bes e-r Band)*

vocality [vəʊ'kæləti] S 1 LING a Stimmhaftigkeit *f* b vokalischer Charakter 2 Stimmbegabung *f*

vocalization [,vəʊkəlaɪ'zeɪʃn; *US* -lə'z-] S 1 Aussprechen *n*, Stimmgebung *f* 2 LING a Vokalisierung *f*, Vokalisation *f* b stimmhafte Aussprache c Punktuation *f (Bezeichnen der Vokale im Hebräischen)*; **vocalize** A V/T 1 *e-n Laut* aussprechen, artikulieren, *a.* singen 2 LING a *e-n Konsonanten* vokalisieren, vokalisch *od* als Vokal aussprechen b stimmhaft aussprechen c → vowelize 1 B V/I vokalisieren *(beim Singen die Vokale bilden u. aussprechen)*

vocation [vəʊ'keɪʃn] S 1 (REL göttliche, *allg* innere) Berufung (**for** zu) 2 Eignung *f*, Begabung *f*, Talent *n (alle:* **for** zu, für) 3 Beruf *m*, Beschäftigung *f*: **mistake one's ~** s-n Beruf verfehlen; **vocational** [-ʃənl] ADJ (ADV ~ly) beruflich, Berufs..., *(Unterricht)* berufsbezogen: **~ adviser** Berufsberater(in); **~ disease** Berufskrankheit *f*; **~ education** (*od* **training**) Berufsausbildung *f*; **~ experience** Berufserfahrung *f*; **~ guidance** Berufsberatung *f*; **~ school** US

V

(*etwa*) Berufsschule *f*; → rehabilitation 1 c, retraining

vocative ['vɒkətɪv; *US* 'vɑ-] LING A ADJ vokativisch, Anrede…: ~ **case** → B B S Vokativ *m*, Anredefall *m*

voces ['vəʊsi:z] *pl von* vox

vociferant [vəʊ'sɪfərənt] → vociferous; **vociferate** [-reɪt] A V/I schreien B V/T *s-e Wut etc* herausschreien; **vociferation** S *a. pl* Schreien *n*, Geschrei *n*; **vociferator** [-tə(r)] S Schreier(in), Schreihals *m*; **vociferous** ADJ (ADV ~ly) 1 schreiend 2 lärmend, laut 3 lautstark (*Protest etc*): **welcome sb ~ly** j-n mit großem Hallo empfangen

vocoder [vəʊ'kəʊdə(r)] S ELEK, TECH Vocoder *m* (*Gerät zur Erzeugung künstlicher Sprache*)

vodka ['vɒdkə; *US* 'vɑdkə] S Wodka *m*

voe [vəʊ] S *schott* kleine Bucht

vogue [vəʊg] S 1 *allg* (herrschende) Mode: **all the ~** die große Mode, der letzte Schrei; **be in ~** (in) Mode sein; **be no longer in ~** nicht mehr modern sein; **come into ~** in Mode kommen; **go out of ~** außer Mode kommen 2 Beliebtheit *f*: **be in full ~** sich großer Beliebtheit erfreuen, sehr im Schwange sein; **enjoy a ~** (gerade) sehr populär sein; **have a short-lived ~** sich e-r kurzen Beliebtheit erfreuen; ~ **word** S Modewort *n*

voice [vɔɪs] A S 1 a Stimme *f* (*a. fig*): ~ **for singing** Singstimme; **the ~ of conscience, the still small ~ (within)** die Stimme des Gewissens; **the ~ of reason** die Stimme der Vernunft; **in (good) ~** MUS (gut) bei Stimme; **in a loud ~** mit lauter Stimme; ~ **box** ANAT Kehlkopf *m*; ~ **contact** Sprechkontakt *m*; ~ **frequency** ELEK Sprechfrequenz *f*; ~ **input** IT Spracheingabe *f*; ~ **mail** IT Voicemail *f* (*digitalisierte Nachricht*); ~ **output** (*od* **response**) IT Sprachausgabe *f*; **~-over** (FILM, TV) a Off-Kommentar *m* b Off-Sprecher(in); ~ **part** MUS Singstimme *f* (*e-r Komposition*); ~ **print** Sonogramm *n*; ~ **range** MUS Stimmumfang *m*; ~ **recorder** FLUG Voicerecorder *m*, Stimmenrekorder *m*; ~ **recognition** IT Spracherkennung *f*; ~ **vote** Abstimmung *f* durch Zuruf; → raise A 14, A 15, wilderness 1 b ~: … (*bei Adressenangaben etc*) *bes US* Telefon: … 2 Ausdruck *m*, Äußerung *f*: **find ~ in** *fig* Ausdruck finden in (*dat*); **give ~ to** → B 1 3 Stimme *f*: **give one's ~ for** stimmen für; **with one ~** einstimmig 4 Stimmrecht *n*, Stimme *f*: **have a (no) ~ in a matter** etwas (nichts) zu sagen haben bei *od* in e-r Sache 5 Stimme *f*, Sprecher(in), Sprachrohr *n*: **he made himself the ~ of the poor** 6 MUS a *a.* ~ **quality** Stimmton *m* b (Orgel)Register *n*, (-)Stimme *f* c Gesang *m* (*als Fach*): **study ~** 7 LING a stimmhafter Laut b Stimmton *m* 8 Genus *n* des Verbs: → active A 1, passive A 1 B V/T 1 Ausdruck geben *od* verleihen (*dat*), äußern, in Worte fassen: **he ~d his gratitude** 2 MUS a *e-e Orgelpfeife etc* regulieren b die Singstimme zu *e-r Komposition* schreiben 3 LING (stimmhaft) (aus)sprechen; **voiced** ADJ 1 (*in Zusammensetzungen*) mit *leiser etc* Stimme: **low-~** 2 LING stimmhaft

voiceful ADJ *bes poet* 1 mit (lauter) Stimme 2 vielstimmig; **voiceless** ADJ (ADV ~ly) 1 ohne Stimme, stumm 2 sprachlos 3 PARL nicht stimmfähig 4 LING stimmlos

void [vɔɪd] A ADJ (ADV ~ly) 1 leer: **a ~ space** 2 ~ **of** ohne, bar (*gen*); arm an (*dat*), frei von: ~ **of fear** ohne (jede) Angst; **be completely ~ of interest for** völlig uninteressant sein für; **a life ~ of meaning** ein sinnloses Leben 3 unbewohnt (*Haus etc*) 4 unbesetzt, frei (*Stelle etc*) 5 JUR (rechts)unwirksam, ungültig, nichtig: → null A 3 B S 1 leerer Raum, Leere *f* 2 *fig* (Gefühl *n* der) Leere *f* 3 *fig* Lücke *f*: **fill the ~** die Lücke schließen; **leave a painful ~** e-e schmerzliche Lücke hinterlassen 4 JUR unbewohntes Gebäude C V/T 1 räumen (**of** von) 2 JUR a (rechts)unwirksam *od* ungültig machen, für nichtig erklären b (*einseitig*) aufheben c anfechten 3 PHYSIOL *Urin etc* ausscheiden D V/I PHYSIOL a urinieren b Stuhlgang haben; **voidable** ADJ JUR a aufhebbar b anfechtbar; **voidance** S Räumung *f*; **voidness** S 1 Leere *f* 2 JUR Nichtigkeit *f*, Ungültigkeit *f*

voile [vɔɪl] S Voile *m* (*Schleierstoff in Leinwandbindung*)

voir dire [ˌvwɑ:(r)'dɪə(r)] S JUR *Vorvernehmung unter Eid e-s Zeugen zur Feststellung s-r Eignung*

voivod(e) ['vɔɪvəʊd] S HIST Woiwode *m*, Heerführer *m*

vol. ABK 1 volcano 2 volume Bd. 3 volunteer

volant ['vəʊlənt] ADJ 1 ZOOL fliegend (*a. Heraldik*) 2 *poet* flüchtig, rasch

Volapük ['vɒləpʊk; *US* 'vəʊ-; 'vɑ-] S Volapük *n* (*e-e Welthilfssprache*)

volar ['vəʊlə(r)] ADJ ANAT 1 Handflächen… 2 Fußsohlen…

volatile ['vɒlətaɪl; *US* 'vɑlətl] ADJ 1 CHEM volatil, flüchtig, verdunstend: ~ **oil** ätherisches Öl; ~ **salt** Hirschhornsalz *n* 2 *fig* vergänglich, flüchtig 3 *fig* a munter, lebhaft, lebendig b unbeständig, launisch, flatterhaft 4 IT flüchtig: ~ **storage** flüchtiger *od* energieabhängiger Speicher; **volatility** [-'tɪlətɪ] S 1 CHEM Flüchtigkeit *f* 2 *fig* Vergänglichkeit *f* 3 *fig* a Lebhaftigkeit *f* b Unbeständigkeit *f*, Flatterhaftigkeit *f*

volatilizable [vɒ'lætɪlaɪzəbl; *US* 'vɑlətl-] ADJ CHEM leicht (zu) verdunstend; **volatilization** [vɒˌlætɪlaɪ'zeɪʃn; *US* ˌvɑlətlə'z-] S Verdunstung *f*; **volatilize** V/T & V/I verdunsten

vol-au-vent ['vɒləʊvɑ̃:ŋ; *US* ˌvɒləʊ'vɑ̃:] S Vol-au-Vent *m* (*Blätterteigpastete mit Ragoutfüllung*)

volcanic [vɒl'kænɪk; *US a.* vɑl-] ADJ (ADV ~ally) 1 GEOL vulkanisch, Vulkan…: ~ **ash**; ~ **bomb** Bombe *f* (*ausgeworfener Lavafetzen*); ~ **eruption** Vulkanausbruch *m*; ~ **glass** vulkanisches Glas; ~ **rock** vulkanisches Gestein, Eruptivgestein *n*; ~ **vent** Schlot *m* 2 *fig* ungestüm, explosiv (*Temperament etc*)

volcanicity [ˌvɒlkə'nɪsətɪ; *US a.* ˌvɑl-] S GEOL vulkanische Beschaffenheit *od* Tätigkeit; **volcanism** S GEOL Vulkanismus *m* (*Gesamtheit der vulkanischen Erscheinungen*); **volcanize** V/T *Rohkautschuk* vulkanisieren, zu Gummi verarbeiten

volcano [vɒl'keɪnəʊ; *US a.* vɑl-] *pl* -noes, -nos S GEOL Vulkan *m*: **sit on top of a ~** *fig* auf e-m Pulverfass sitzen

volcanologic [ˌvɒlkənə'lɒdʒɪk; *US* ˌvɑlkənl-'ɑ-] ADJ, **volcanological** [-kl] ADJ vulkanologisch; **volcanologist** [ˌvɒlkə'nɒlədʒɪst; ˌvɑlkə'nɑl-] S Vulkanologe *m*, Vulkanologin *f*; **volcanology** S Vulkanologie *f* (*Teilgebiet der Geologie, das sich mit dem Vulkanismus beschäftigt*)

vole[1] [vəʊl] S ZOOL Wühlmaus *f*

vole[2] [vəʊl] S *Kartenspiel*: Gewinn *m* aller Stiche: **go the ~** *fig* a alles riskieren b alles (aus)probieren, *engS.* sich in den verschiedensten Berufen versuchen

volet ['vɒleɪ; *US* vəʊ'leɪ] S Flügel *m* (*e-s Triptychons*)

volition [vəʊ'lɪʃn] S 1 Willensäußerung *f*, Willensakt *m*: **of one's own ~** aus eigenem Entschluss 2 Wille *m*, Wollen *n*, Willenskraft *f*; **volitional** [-ʃənl] ADJ (ADV ~ly) 1 Willens…, willensmäßig 2 willensstark; **volitive** ['vɒlɪtɪv; *US* 'vɑ-] ADJ 1 Willens… 2 → desiderative A

völkerwanderung ['fœlkər,vandərʊŋ] *pl* -en S *bes* HIST Völkerwanderung *f*

volley ['vɒlɪ; *US* 'vɑ-] A S 1 (*Gewehr-, Geschütz*) Salve *f*, (*Pfeil- Stein- etc*) Hagel *m* 2 *fig* Schwall *m*, Strom *m*, Flut *f*: **a ~ of oaths** ein Hagel von Flüchen 3 SPORT a (*Tennis*) Volley *m* (*Schlag*), (*Ball a.*) Flugball *m* b *a.* ~ **shot** (*Fußball*) Volleyschuss *m*: **take a ball on the ~** e-n Ball volley *od* direkt nehmen B V/T 1 in e-r Salve abschießen 2 SPORT a *e-n Ball* volley *od* direkt nehmen, (*Tennis a.*) als Flugball nehmen, (*Fußball a.*) (direkt) aus der Luft nehmen b (*Fußball*) *e-n Ball* volley schießen 3 *fig meist* ~ **out** (*od* **forth**) e-n Schwall *von Worten etc* von sich geben C V/I 1 e-e Salve *od* Salven abgeben 2 hageln, sausen (*Geschosse*) 3 SPORT a (*Tennis*) vollieren b (*Fußball*) volley schießen; **volleyball** S SPORT 1 Volleyball(spiel) *m(n)* 2 Volleyball *m*

volleyer S: **he's a good ~** (*Tennis*) er volliert gut

volplane ['vɒlpleɪn; *US a.* 'vɑl-] FLUG A S Gleitflug *m* B V/I im Gleitflug niedergehen

Volsteadism ['vɑ:l,ste,dɪzəm] S HIST *US* Prohibitionspolitik *f*

volt[1] [vəʊlt] S ELEK Volt *n*

volt[2] [vɒlt; *US a.* vəʊlt] S *Fechten, Pferdesport*: Volte *f*

Volta ['vɒltə; *US* 'vɑl-; 'vəʊl-] ADJ ELEK Volta-…: ~ **effect**

voltage ['vəʊltɪdʒ] S ELEK Spannung *f*: ~ **divider** Spannungsteiler *m*

voltaic [vɒl'teɪɪk; *US a.* vɑl-; vəʊl-] ADJ ELEK galvanisch: ~ **cell** galvanisches Element; ~ **pile** voltaische Säule

voltameter [vɒl'tæmɪtə(r); *US* vəʊl-] S ELEK Voltameter *n* (*Gerät zum Messen elektrischer Ladungsmengen*); **voltametric** [-tə'metrɪk] ADJ voltametrisch

volt-ampere S ELEK Voltampere *n* (*e-e Leistungseinheit*)

volte → volt[2]

volte-face [ˌvɒlt'fɑ:s] *pl* volte-face S *fig* Kehrtwendung *f*, Wendung *f* um 180 Grad: **make** (*od* **perform**) **a ~** sich um 180 Grad drehen

voltmeter ['vəʊlt,mi:tə(r)] S ELEK Voltmeter *n*, Spannungsmesser *m*

volubility [ˌvɒljʊ'bɪlətɪ; *US* ˌvɑl-] S 1 *obs* leichte Drehbarkeit (*um e-e Achse etc*) 2 *obs* leichte Beweglichkeit 3 *fig* a glatter Fluss (*der Rede*) b Zungenfertigkeit *f*, Redegewandtheit *f* c Redseligkeit *f* d Wortreichtum *m*; **voluble** ADJ (ADV volubly) 1 *obs* leicht drehbar 2 *obs* leicht beweglich 3 *fig* a fließend (*Rede etc*) b redegewandt, zungenfertig c redselig d wortreich 4 BOT sich windend

volume ['vɒlju:m; *US* 'vɑljəm; -ju:m] S 1 Band *m*, Buch *n* (*a. fig*): ~ **of poems** Gedichtband; **a three-~ novel** ein dreibändiger Roman; **the ~ of nature** das Buch der Natur; **that speaks ~s** *fig* das spricht Bände (**for** für) 2 *fig* Volumen *n*, Umfang *m*: ~ **of trade** Handelsvolumen; ~ **of traffic** Verkehrsaufkommen *n* 3 Masse *f*, große Menge, Schwall *m*: **~s of abuse** 4 CHEM, MATH, MED, PHYS Volumen *n*, (Raum)Inhalt *m* 5 MUS Klangfülle *f*, Stimmvolumen *n* 6 ELEK Lautstärke *f*: **at full ~** in voller Lautstärke; **turn to full ~** *das Radio etc* auf volle Lautstärke stellen, voll aufdrehen; **he had the radio playing at full ~** er hatte das Radio voll aufgedreht; ~ **control** Lautstärkeregler *m*; **volumed** ADJ (*in Zusammensetzungen*) …bändig: **a three-~ book**

volumenometer [ˌvɒljʊmɪ'nɒmɪtə(r); *US* ˌvɑljəmɪ'nɑ-] S PHYS Volumenometer *n* (*optisches Gerät zur Messung des Volumens fester Körper*)

volumeter [vɒ'lju:mɪtə; *US* 'vɑljʊ,mi:tər] S

PHYS Volumeter *n* (*Senkwaage mit Volumenskala zur Bestimmung der Dichte e-r Flüssigkeit*)
volumetric [ˌvɒljʊˈmetrɪk; *US* ˌval-] ADJ (ADV ~ally) volumetrisch: **~ analysis** CHEM *a.* Maßanalyse *f*; **~ flask** CHEM Messkolben *m*; **volumetrical** ADJ (ADV ~ly) → volumetric
voluminal [vəˈljuːmɪnl; *bes US* -ˈluː-] ADJ Volumen…, Umfangs…; **voluminosity** [-ˈnɒsətɪ; *US* -ˈna-] S Umfang *m*, Reichtum *m* (*bes an literarischer Produktion*); **voluminous** [-nəs] ADJ (ADV ~ly) 1 fruchtbar, produktiv (*Schriftsteller*) 2 Bände füllend, vielbändig (*literarisches Werk*) 3 voluminös, umfangreich, massig 4 bauschig, füllig 5 weitschweifig 6 MUS voll, füllig (*Stimme*)
voluntariness [ˈvɒləntərɪnɪs; *US* ˈvalənˌteriː-] S 1 Freiwilligkeit *f* 2 (Willens)Freiheit *f*
voluntarism [ˈvɒləntərɪzəm; *US* ˈva-] S PHIL Voluntarismus *m* (*Lehre, die allein den Willen als maßgebend betrachtet*)
voluntary [ˈvɒləntərɪ; *US* ˈvalənˌteriː] A ADJ (ADV voluntarily) 1 freiwillig, aus eig(e)nem Antrieb *od* freiem Entschluss (getan *etc*): **~ bankruptcy** Konkurs(eröffnung) *m(f)* auf Antrag des Gemeinschuldners; **~ contribution** freiwilliger Beitrag, Spende *f*; **~ death** Freitod *m*; ~ **Service Overseas** *Br* Freiwilliger Entwicklungsdienst 2 frei, unabhängig: **~ chain** WIRTSCH freiwillige Ladenkette (*von Einzelhändlern*) 3 JUR a vorsätzlich, schuldhaft (*Tat etc*) b unentgeltlich (*Eigentumsübertragung etc*): **~ conveyance** *a.* Schenkung *f* c außergerichtlich, gütlich (*Einigung etc*): **~ jurisdiction** freiwillige Gerichtsbarkeit 4 durch Spenden unterstützt *od* finanziert (*Krankenhaus etc*) 5 PHYSIOL willkürlich (*Muskulatur*) B S 1 freiwillige Arbeit 2 MUS Orgelsolo *n* 3 *obs bes* MIL Freiwillige(r) *m/f(m)*; **voluntaryism** S POL Freiwilligkeitsprinzip *n*
volunteer [ˌvɒlənˈtɪə(r); *US* ˌva-] A S 1 Freiwillige(r) *m/f(m)* (*a.* MIL) 2 JUR unentgeltliche(r) (Eigentums)Erwerber(in) *od* Rechtsnachfolger(in) 3 BOT wild wachsende Pflanze B ADJ 1 freiwillig, Freiwilligen… 2 BOT wild wachsend C V/I sich freiwillig melden *od* erbieten (**for** für, zu; **to do** zu tun), freiwillig mittun (**in** bei), *bes* MIL als Freiwillige(r) eintreten *od* dienen D V/T 1 *s-e Dienste etc* anbieten: **~ to do sth** sich anbieten, etwas zu tun; **~ sb to do sth** anbieten, dass j-d etwas tut 2 sich *e-e Bemerkung* erlauben, unaufgefordert von sich geben 3 *ein Lied etc* (freiwillig) zum Besten geben; ~ **State** S *US* (*Beiname für den Staat*) Tennessee *n*
voluptuary [vəˈlʌptjʊərɪ; *US* -tʃəˌweriː] A S (Wol)Lüstling *m*, sinnlicher Mensch B ADJ → voluptuous; **voluptuous** [-tʃʊəs; *US* -tʃəwəs; -tʃəs] ADJ (ADV ~ly) 1 wollüstig, sinnlich (*Vergnügen etc*) 2 geil, lüstern (*Blick etc*) 3 üppig (*Figur etc*), sinnlich (*Mund etc*); **voluptuousness** S 1 Wollust *f*, Sinnlichkeit *f* 2 Geilheit *f*, Lüsternheit *f* 3 Üppigkeit *f*
volute [vəˈljuːt; *bes US* vəˈluːt] A S 1 Spirale *f*, Schnörkel *m* 2 ARCH Volute *f*, Schnecke *f* 3 ZOOL Windung *f* (*e-s Schneckengehäuses*) 4 ZOOL Faltenschnecke *f* B ADJ 1 gewunden 2 spiral-, schneckenförmig: (**pair of**) **~ compasses** *pl* Spiralzirkel *m*; **~ spring** TECH Schneckenfeder *f*; **voluted** ADJ 1 → volute B 2 ARCH mit Voluten (versehen); **volution** [-ʃn] S 1 Drehung *f* 2 ANAT, ZOOL Windung *f*
volvulus [ˈvɒlvjʊləs; *US a.* ˈval-] S MED Volvulus *m*, Darmverschlingung *f*
vomit [ˈvɒmɪt; *US* ˈva-] A S 1 Vomitus *m*, Erbrechen *n* 2 (*das*) Erbrochene 3 → vomitive A B V/T 1 vomieren, (er)brechen 2 *a.* **~ out** *fig Feuer etc* (aus)speien, *Lava* auswerfen, *Rauch, a. Flüche etc* ausstoßen C V/I 1 vomieren, (sich er)brechen, sich übergeben 2 *fig* Lava auswerfen, Feuer *etc* (aus)speien, Rauch ausstoßen; **vomitive** A S MED, PHARM Vomitiv(um) *n*, Vomitorium *n*, Brechmittel *n* B ADJ Erbrechen verursachend, Brech…; **vomitory** [-tərɪ; *US* -məˌtəʊriː; -ˌtɔː-] → vomitive
vomiturition [ˌvɒmɪtjʊˈrɪʃn; *US* ˌvamətʃə-; -tuː-] S MED Brechreiz *m*, Würgen *n*
voodoo [ˈvuːduː] A S 1 Wodu *m*, Voodoo *m* (*magisch-religiöser Geheimkult auf Haiti*) 2 Zauber *m*, Hexerei *f* 3 *a.* **~ priest** Wodu-, Voodoopriester *m* 4 Fetisch *m*, Götze *m* (*des Wodukults*) B V/T verhexen; **voodooism** S Wodu-, Voodookult *m*
voracious [vəˈreɪʃəs; vɔː-] ADJ (ADV ~ly) gefräßig, gierig, unersättlich (*a. fig*): **~ appetite**; **be a ~ reader** die Bücher geradezu verschlingen;
voraciousness, **voracity** [vɒˈræsətɪ; *bes US* vɔː-; və-] S Gefräßigkeit *f*, Gier *f*, Unersättlichkeit *f* (**of** nach)
vortex [ˈvɔː(r)teks] *pl* -texes, -tices [-tɪsiːz] S 1 Wirbel *m*, Strudel *m* (*beide a.* PHYS *u. fig*): **the ~ of social life**; **be drawn into the ~ of relegation** SPORT in den Abstiegsstrudel geraten; **~ motion** Wirbelbewegung *f* 2 Wirbelwind *m* 3 PHIL, HIST Vortex *m*, Wirbel *m*
vortical [ˈvɔː(r)tɪkl] ADJ (ADV ~ly) 1 wirbelnd, kreisend, Wirbel… 2 wirbel-, strudelartig
vortices [ˈvɔː(r)tɪsiːz] *pl von* vortex
vorticism [ˈvɔː(r)tɪsɪzəm] S KUNST Vortizismus *m* (*englische futuristische Bewegung*)
vorticose [ˈvɔː(r)tɪkəʊs] → vortical
votaress [ˈvəʊtərɪs] S Geweihte *f*, Nonne *f* (*etc*; → votary)
votary [ˈvəʊtərɪ] S 1 REL Geweihte(r) *m*, Mönch *m* 2 *fig* Verfechter(in) (**of** *gen*), (Vor)Kämpfer(in) (für) 3 *fig* Anhänger(in), Verehrer(in), Jünger *m*: **~ of music** Musikenthusiast(in); **~ of science** Jünger der Wissenschaft
vote [vəʊt] A S 1 (Wahl)Stimme *f*, Votum *n*: **give one's ~ to** (*od* **for**) s-e Stimme geben (*dat*), stimmen für; **~ for** Jastimme; → censure A 1, confidence 1, split A 3 2 Abstimmung *f*, Stimmabgabe *f*, Wahl *f*: **put sth to the ~**, **take a ~ on sth** über e-e Sache abstimmen lassen; **take the ~** die Abstimmung vornehmen, abstimmen 3 Stimmzettel *m*, Stimme *f*: **the ~s were counted**; → cast B 4 4 **the ~** das Stimm- *od* Wahlrecht: **get the ~** wahlberechtigt werden 5 **the ~** *koll* die Stimmen *pl*: **the candidate lost the Labour ~**; **~-catcher**, **~-getter** Wahllokomotive *f* 6 Wahlergebnis *n* 7 Beschluss *m*: **a unanimous ~** 8 Bewilligung *f*, bewilligter Betrag 9 *obs* a Gelübde *n* b glühender Wunsch B V/I abstimmen, wählen, s-e Stimme abgeben: **~ against** stimmen gegen; **~ for** (*od* **in favo[u]r of**) stimmen für (*a. umg für etwas sein*), *j-n* wählen; **they ~d by 52 to 24 for** sie stimmten mit 52 zu 24 für; → against B, favor B 1 C V/T 1 abstimmen über (*akk*): **~ down** niederstimmen; **~ sb in** j-n wählen; **~ sb out (of office)** j-n abwählen; **~ sth through** etwas durchbringen; **~ that …** dafür sein, dass …; vorschlagen *od* beschließen, dass 2 (durch Abstimmung) wählen *od* beschließen *od Geld* bewilligen 3 *umg* allgemein erklären für *od* halten für *od* hinstellen als: **she was ~d a beauty** 4 vorschlagen: **I ~ (that) you avoid her in future**; **voteless** ADJ ohne Stimmrecht *od* Stimme; **voter** S Wähler(in), Wahl-, Stimmberechtigte(r) *m/f(m)*
voting A S 1 (Ab)Stimmen *n*, Abstimmung *f*, Stimmabgabe *f* 2 Wahlbeteiligung *f*: **light ~** geringe Wahlbeteiligung B ADJ Stimm(en)…, Wahl…; **~ age** S Wahlalter *n*; **~ machine** S *bes US* Stimmenzählapparat *m*, Wahlmaschine *f*; **~ paper** S Stimmzettel *m*; **~ power** S WIRTSCH Stimmberechtigung *f*, -recht *n*; **~ share** S WIRTSCH *bes Br* Stimmrechtsaktie *f*; **~ stock** S WIRTSCH 1 stimmberechtigtes Aktienkapital 2 *bes US* Stimmrechtsaktie *f*
votive [ˈvəʊtɪv] ADJ gelobt, geweiht, Weih…, Votiv…, Denk…: **~ candle** Votivkerze *f*; **~ mass** KATH Votivmesse *f*; **~ medal** (Ge)Denkmünze *f*; **~ tablet** Votivtafel *f*
vouch [vaʊtʃ] A V/T 1 bezeugen, bestätigen, (urkundlich) belegen 2 bekräftigen, beteuern 3 (sich ver)bürgen für: **~ that** dafür bürgen, dass B V/I **~ for** (sich ver)bürgen für
voucher S 1 a Zeuge *m*, Zeugin *f* b Bürge *m*, Bürgin *f* 2 Unterlage *f*, Dokument *n*: **support by ~** dokumentarisch belegen 3 (Rechnungs)Beleg *m*, Belegschein *m*, -zettel *m*, Quittung *f* 4 Gutschein *m*, Bon *m*; **~ copy** S Belegexemplar *n*, -nummer *f* (*e-r Zeitung*)
vouchsafe V/T 1 (gnädig) gewähren 2 geruhen (**to do** zu tun) 3 sich herablassen zu: **he ~d me no answer** er würdigte mich keiner Antwort
vouge [vuːʒ] S MIL, HIST (*Art*) Hellebarde *f*
vow [vaʊ] A S 1 Gelübde *n* (*a.* REL), Gelöbnis *n*, *oft pl* (feierliches) Versprechen, (Treu)Schwur *m*: **be under a ~** ein Gelübde abgelegt haben, versprochen haben (*beide:* **to do** zu tun); **take** (*od* **make**) **a ~** ein Gelübde ablegen; **~ of chastity** Keuschheitsgelübde; **~ of loyalty** Treuegelöbnis; **take a ~ of silence** geloben, Stillschweigen zu bewahren 2 REL Profess *f*, Ordensgelübde *n*: **take ~s** Profess ablegen, in ein Kloster eintreten B V/T 1 geloben: **~ o.s. to** sich weihen *od* angeloben (*dat*) 2 (sich) schwören, (sich) geloben, hoch und heilig versprechen (*alle:* **to do** zu tun) 3 feierlich erklären
vowel [ˈvaʊəl] A S LING Vokal *m*, Selbstlaut *m* B ADJ 1 vokalisch 2 Vokal…, Selbstlaut…: **~ gradation** Ablaut *m*; **~ mutation** Umlaut *m*;
vowelize V/T 1 *e-n hebräischen Text* mit Vokalzeichen versehen 2 LING *e-n Laut* vokalisieren;
vowelless ADJ vokallos
vox [vɒks; *US* vaks] *pl* voces [ˈvəʊsiːz] S Stimme *f*: **~ populi** [ˈpɒpjʊliː; -laɪ; *US* ˈpapjə-] die Stimme des Volkes; **~ pop** S RADIO, TV Befragungen *pl* auf der Straße
voyage [ˈvɔɪɪdʒ] A S 1 (*lange*) (See)Reise: **~ home** Rück-, Heimreise; **~ out** Hinreise; → discovery 1 2 Flug(reise) *m(f)* B V/I (*bes* zur See) reisen C V/T bereisen, *die 7 Meere etc* befahren; **voyager** S (See)Reisende(r) *m/f(m)*
voyeur [vwaːˈjɜː; *US* -ˈjɜr] S PSYCH Voyeur *m*;
voyeurism S Voyeurismus *m*
VP ABK 1 LING verb phrase Verbalphrase *f* 2 Vice President
VR ABK 1 HIST *Br* Victoria Regina, Queen Victoria 2 IT virtual reality VR, virtuelle Realität
v.r. ABK LING reflexive verb
VRI ABK HIST *Br* Victoria Regina et Imperatrix, Victoria, Queen and Empress
VS ABK veterinary surgeon Tierarzt *m*, Tierärztin *f*
vs. ABK 1 verse 2 JUR SPORT *bes US* versus, against
v.s. ABK vide supra, see above
V|-shaped ADJ V-förmig; **~ sign** S 1 *mit zwei V-förmig gespreizten Fingern u. nach außen gedrehter Handfläche dargestelltes Symbol für Sieg* (**victory**) *od, in den USA, für Zustimmung* 2 *in Großbritannien, mit nach außen gedrehter Handoberfläche:* (*etwa*), Vogel *m umg*: **give sb the ~** j-m den *od* e-n Vogel zeigen

VSO ABK 1 very superior old (*Branntweinklassifikation*) 2 *Br* Voluntary Service Overseas
VSOP ABK very special (*od* superior) old pale (*Bezeichnung für 20 - 25 Jahre alten Brannt-*

wein, Portwein etc)
Vt. ABK Vermont
v.t. ABK LING transitive verb
V thread S TECH V-Gewinde *n*
VTOL ABK FLUG vertical take-off and landing (aircraft) Senkrechtstart *m* (Senkrechtstarter *m*)
VTR ABK video tape recorder Videorekorder *m*
V-type engine S AUTO V-Motor *m*
vug(g), *a.* **vugh** [vʌg; vʊg] S GEOL Druse *f*
Vulcan ['vʌlkən] EIGENN *Antike:* Vulcanus *m*, Vulkan *m (römischer Gott des Feuers)*
Vulcanian [-'keɪnɪən], **Vulcanic** [-'kænɪk] ADJ **1** vulkanisch, des (Gottes) Vulkan **2** ♀ → volcanic; **vulcanism** S GEOL → volcanism
vulcanite ['vʌlkənaɪt] S CHEM Ebonit *n*, Vulkanit *n*, Hartgummi *n/m*
vulcanize ['vʌlkənaɪz] V/T *Rohkautschuk* vulkanisieren, zu Gummi verarbeiten: **~d fiber** *(bes Br* **fibre***)* Vulkanfiber *f*
vulgar ['vʌlgə(r)] **A** ADJ (ADV → vulgarly) **1** (all)gemein, Volks...: → herd A 2 **2** allgemein üblich *od* verbreitet, volkstümlich *(Aberglaube etc)* **3** vulgärsprachlich, in der Volkssprache *(verfasst etc)*: **a ~ translation of a Greek text**; **~ tongue** Volkssprache *f*; ♀ **Latin** Vulgärlatein *n* **4** ungebildet, ungehobelt **5** vulgär, unfein, ordinär, gewöhnlich, unanständig, pöbelhaft **6** MATH gemein, gewöhnlich *(Bruch)* **B** S **the ~** *pl* das (gemeine) Volk; **vulgarian** [-'geərɪən] S **1** Prolet(in) **2** Neureiche(r) *m/f(m)*
vulgarism ['vʌlgərɪzəm] S **1** vulgäres Benehmen, Unfeinheit *f* **2** Gemeinheit *f*, Unanständigkeit *f* **3** LING Vulgarismus *m*, vulgärer Ausdruck
vulgarity [vʌl'gærətɪ] S **1** Unbildung *f*, ungehobeltes Wesen **2** Gewöhnlichkeit *f*, Pöbelhaftigkeit *f* **3** Unsitte *f*, Ungezogenheit *f*; **vulgarization** [-gəraɪ'zeɪʃn; *US* -rə'z-] S **1** Popularisierung *f*, Verbreitung *f* **2** Herabwürdigung *f*, Vulgarisierung *f*; **vulgarize** V/T **1** popularisieren, populär machen, verbreiten **2** herabwürdigen, vulgarisieren; **vulgarly** ADV allgemein, gemeinhin, landläufig
Vulgate ['vʌlgeɪt; -gɪt] S **1** Vulgata *f (lat. Bibelübersetzung des Hieronymus aus dem 4. Jh.)* **2** ♀ allgemein anerkannter vulgärsprachlicher Text
vulnerability [ˌvʌlnərə'bɪlətɪ] S **1** **a** Verwundbarkeit *f*, *(a. fig)* **b** Schutzbedürftigkeit *f* **2** *fig* Anfechtbarkeit *f* **3** *fig* Anfälligkeit *f* (**to** für); **vulnerable** ADJ **1** **a** verwundbar *(a. fig)* **b** schutzbedürftig: **she looked so ~** **2** *fig* anfechtbar *(Argument etc)* **3** *fig* anfällig (**to** für) **4** MIL, SPORT ungeschützt, offen *(Position etc)*; **vulnerableness** → vulnerability
vulnerary ['vʌlnərərɪ; *US* -ˌreri:] **A** ADJ Wund..., Heil...: **~ drug** → B; **~ herb** (*od* **plant**) Heilkraut *n* **B** S Wund-, Heilmittel *n*
vulpine ['vʌlpaɪn] ADJ **1** fuchsartig, Fuchs... **2** *fig* schlau, listig
vulture ['vʌltʃə(r)] S **1** ORN Geier *m* **2** *fig* Aasgeier *m pej*
vulturine ['vʌltʃʊraɪn; -tʃə-], **vulturous** ADJ **1** ORN **a** Geier... **b** geierartig **2** *fig* (raub)gierig
vulva ['vʌlvə] *pl* -vae [-vi:], -vas S ANAT Vulva *f (äußere weibliche Geschlechtsteile)*; **vulval**, **vulvar** ADJ ANAT, MED Vulva...
vulvovaginal [ˌvʌlvəʊvə'dʒaɪnl; *US* -'vædʒənl] ADJ ANAT, MED vulvovaginal *(die Vulva u. die Vagina betreffend)*
vv. ABK **1** verses PL Verse *pl* **2** volumes PL Bde.
v.v. ABK vice versa, the other way round v. v.
vying ['vaɪɪŋ] ADJ (ADV ~ly) wetteifernd

W

W¹, w ['dʌblju:] **A** *pl* W's, Ws, w's, ws ['dʌblju:z] S **1** W, w *n (Buchstabe)* **2** **W** W *n*, w-förmiger Gegenstand **B** ADJ **W** W-..., w-förmig
W² ABK ELEK watt W
w.¹ ABK **1** weight **2** wide **3** width **4** wife **5** with **6** PHYS work
W.² ABK **1** Wales **2** Welsh **3** west W **4** western westl.
WA ABK **1** Washington **2** Western Australia
Waac [wæk] S ABK Women's Army Auxiliary Corps MIL *Br umg* Armeehelferin *f*
Waaf S ABK HIST *Br* Women's Auxiliary Air Force *etwa* Luftwaffenhelferin *f*
wabble → wobble A 1
Wac, **WAC** [wæk] S ABK Women's Army Corps MIL *US umg* Armeehelferin *f*
wack [wæk] S *umg* verrückter Kerl; **wacky** ADJ (ADV wackily) *umg* verrückt
wad [wɒd; *US* wɑd] **A** S **1** Pfropf(en) *m*, *(Watte etc)* Bausch *m*: **~ of cotton** **2** Papierknäuel *m/n* **3** **a** *(Banknoten)* Bündel *n*, (-)Rolle *f*: **~ of banknotes** **b** *US umg* Haufen *m* Geld **c** Stoß *m* Papiere **d** *umg* Masse *f*, Haufen *m*, (große) Menge: **he has ~s of money** er hat Geld wie Heu **4** **shoot one's ~** *US* **a** *umg* sich völlig verausgaben (**on** mit dem Kauf *gen*) **b** *umg* sein Pulver verschießen **c** *vulg* abspritzen *(ejakulieren)* **5** MIL **a** Ladepfropf *m* **b** Filzpfropf *m (in Schrotpatronen)*: **~ hook** HIST (Ladestock *m* mit) Kugelzieher *m* **B** V/T **1** zu e-m Bausch *etc* zusammenrollen *od* zusammenpressen **2** **~ up** *US* fest zusammenrollen **3** ver-, zustopfen **4** MIL **a** *die Kugel* durch e-n Pfropf *(im Lauf)* festhalten **b** e-n Ladepfropf aufsetzen auf *(akk)*: **~ a gun** **5** *ein Kleidungsstück etc* wattieren, auspolstern
wadable ['weɪdəbl] ADJ durchwatbar, seicht
wadding **A** S **1** Einlage *f*, Füllmaterial *n (zum Polstern)* **2** Watte *f* **3** Polsterung *f*, Wattierung *f* **B** ADJ Wattier...
waddle ['wɒdl; *US* 'wɑdl] **A** V/I watscheln **B** S watschelnder Gang, Watschelgang *m*, Watscheln *n*
waddy ['wɒdɪ; *US* 'wɑ-] S *Aus (hölzerne)* Kriegskeule *(der Eingeborenen)*
wade [weɪd] **A** V/I waten: **~ in** **a** hineinwaten **b** *fig umg* sich einmischen **c** *fig umg* sich reinknien; **~ into** **a** waten in *(akk)* **b** *fig umg* auf *j-n* losgehen **c** *fig umg* sich in *e-e Arbeit* reinknien, *ein Problem* anpacken; **~ through** **a** waten durch, durchwaten **b** *fig umg* sich kämpfen durch, *Fachliteratur etc a.* durchackern *umg* **B** V/T durchwaten **C** S Waten *n*; **wadeable** → wadable; **wader** S **1** ORN Wat-, Stelzvogel *m* **2** *pl* (hohe) Wasserstiefel *pl*
wadi ['wɒdɪ; *bes US* 'wɑ-] S GEOG **1** Wadi *n*, Trockental *n (in nordafrikanischen u. arabischen Wüsten)* **2** steiles Felsental *(in der Sahara)*
wading| bird ['weɪdɪŋ] → wader 1; **~ pool** S *US* Plantschbecken *n*
wady → wadi
wae [weɪ] *schott für* woe
Waf, **WAF** [wæf] S ABK Women in the Air Force MIL *US umg* Luftwaffenhelferin *f*
wafer ['weɪfə(r)] **A** S **1** Oblate *f (a. Siegelmarke)* **2** PHARM Oblate(nkapsel) *f* **3** *a.* **consecrated ~** REL Oblate *f*, Hostie *f* **4** *(bes Eis)*Waffel *f*: **(as) thin as a ~**, **~-thin** hauchdünn *(a. fig Vorsprung etc)* **5** ELEK Wafer *m*, Halbleiterscheibe *f* **B** V/T *(mittels e-r Oblate)* an- *od* zukleben; **wafery** ADJ **1** oblatenähnlich **2** waffelähnlich
waffle¹ ['wɒfl; *US a.* 'wɑfəl] S *bes US* Waffel *f*: **~ iron** Waffeleisen *n*
waffle² ['wɒfl; *US a.* 'wɑfəl] **A** S *Br umg* Geschwafel *n* **B** V/I **1** *a.* **~ on** *Br umg* schwafeln **2** *US umg* zweideutige Aussagen machen (**over** über *akk*)
waft [wɑ:ft; *US a.* wæft] **A** V/T **1** wehen, tragen **2** (fort-, aus)senden: **~ sb a kiss** j-m e-e Kusshand zuwerfen **B** V/I (heran)getragen werden, schweben, wehen: **a spicy odo(u)r was ~ing through the window** ein würziger Geruch kam durchs Fenster gezogen **C** S **1** Wehen *n* **2** *(Duft-, Luft)* Hauch *m*: **~ of air** **3** SCHIFF Flagge *f* in Schau *(Notsignal)*
wag [wæg] **A** V/T **1** sich bewegen *od* regen: → tongue A 1 **2** wedeln *(Schwanz)* **B** V/T **1** mit *dem Schwanz* wedeln, *den Kopf* schütteln *od* wiegen: **~ one's finger at sb** j-m mit dem Finger drohen **2** (hin u. her) bewegen, schwenken: → tail¹ A 1, tongue A 1 **3** **~ it** *sl* (die Schule) schwänzen **C** S **1** Wedeln *n*, Kopfschütteln *n*: **with a ~ of its tail** schwanzwedelnd **2** Spaßvogel *m*, Witzbold *m*
WAGs [wægz] ABK wives and girlfriends Ehefrauen und Freundinnen *(e-r Fußballmannschaft etc)*
wage¹ [weɪdʒ] S **1** *meist pl* (Arbeits)Lohn *m*: **~s per hour** Stundenlohn; → living wage **2** *pl* WIRTSCH Lohnanteil *m (an den Produktionskosten)* **3** *meist pl (a. als sg konstruiert) fig* Lohn *m*: **the ~s of sin is death** BIBEL der Tod ist der Sünde Sold **4** *obs* Pfand *n*: **lay one's life in ~** sein Leben verpfänden
wage² [weɪdʒ] V/T *e-n Krieg* führen, *e-n Feldzug* unternehmen *(beide:* **against**, **on** gegen*)*: **~ (a) war against** *fig* zu Felde ziehen gegen, bekämpfen
wage| agreement S WIRTSCH Lohnabkommen *n*, Tarifvertrag *m*; **~ check** S *US* Lohnscheck *m*; **~ claim** S WIRTSCH Lohnforderung *f*
waged [weɪdʒd] ADJ berufstätig
wage| determination S WIRTSCH Lohnfestsetzung *f*; **~ dispute** S WIRTSCH Lohnkonflikt *m*, -kampf *m*; **~ drift** S WIRTSCH *Br* Lohndrift *f (Unterschied zwischen Tariflohn u. Effektivlohn)*; **~ earner** S **1** WIRTSCH Lohnempfänger(in), Arbeiter(in) **2** *bes Br* Ernährer(in), (Geld)Verdiener(in) *(e-r Familie)*; **~ freeze** S WIRTSCH Lohnstopp *m*; **~ fund** S WIRTSCH Lohnfonds *m*; **~ incidentals** SPL WIRTSCH Lohnnebenkosten *pl*; **~-intensive** ADJ (ADV ~ly) WIRTSCH lohnintensiv; **~ level** S Lohnniveau *n*; **~ packet** S Lohntüte *f*; **~ payment** S WIRTSCH Lohnzahlung *f*; **~-price spiral** S WIRTSCH Lohn-Preis-Spirale *f*
wager ['weɪdʒə(r)] **A** S Wette *f*: **have** (*od* **place**) **a ~** → C **B** V/T **1** **a** wetten um: **~ £5** 5 Pfund wetten **b** setzen auf *(akk)* **c** wetten mit (**that** dass): **I'll ~ you £10 that ...** ich wette mit dir um 10 Pfund, dass ... **2** *fig s-e Ehre etc* aufs Spiel setzen **C** V/I wetten, e-e Wette eingehen; **~ of battle** S JUR *Br hist Aufforderung zum Zweikampf seitens des Beklagten, um s-e Unschuld zu beweisen*; **~ of law** S JUR *Br hist Prozessvertrag, durch den der Beklagte Sicherheit dafür leistete, dass er wieder erscheinen u. sich durch Eideshelfer freischwören werde*
wage| rate S WIRTSCH Lohnsatz *m*; **~ scale** S WIRTSCH **1** Lohnskala *f* **2** Lohntarif *m*; **~ settlement** S WIRTSCH Lohnabschluss *m*
wage| slave S Lohnsklave *m*, -sklavin *f*; **~ slip** S Lohnstreifen *m*, -zettel *m*; **~ worker** S *US für* wage earner 1

waggery ['wægəri] S Schelmerei *f*, Schalkhaftigkeit *f*; **waggish** ADJ (ADV ~ly) schelmisch, schalkhaft; **waggishness** → waggery

waggle ['wægl] → wag A 1, A 2, B 1, B 2, B 3, C 1

waggon, *bes US* **wagon** ['wægən] S 1 (vierrädriger) (Last-, Roll)Wagen *m* 2 BAHN *Br* (offener) Güterwagen, Waggon *m*: **by ~** WIRTSCH per Achse 3 *US* a (Gefangenen-, Polizei)Wagen *m* b (Händler-, Verkaufs)Wagen *m* c Lieferwagen *m* d AUTO Kombi(wagen) *m* e Teewagen *m* f Spielzeugwagen *m* 4 ♎ ASTRON (*der*) Große Wagen 5 *umg* **be on the ~** nichts (mehr) trinken; **go on the ~** mit dem Trinken aufhören; **be off the ~** wieder trinken

waggoner, *bes US* **wagoner** S 1 (Fracht)Fuhrmann *m* 2 ♎ ASTRON Fuhrmann *m* (*Sternbild*)

waggonette, *bes US* **wagonette** [,wægə'net] S HIST *ein offener Kutschwagen mit Längsbänken*

waggon|load, *bes US* **wagon|load** S 1 Wagenladung *f*, Fuhre *f* 2 BAHN *Br* Waggonladung *f*: **by the ~** waggonweise; **~ train** S MIL Armeetrain *m*; **~ vault** S ARCH Tonnengewölbe *n*

Wagnerian [vɑːg'nɪərɪən] MUS A S Wagnerianer(in) B ADJ wagnerisch, wagnerianisch, Wagner…: **~ singer**

Wagnerite ['vɑːgnəraɪt] → Wagnerian A

wagon, *etc bes US für* waggon *etc*

wagon-lit [,vægɔ̃ːn'liː] *pl* wagonslits [-'liːz] S BAHN a Schlafwagen *m* b Schlafwagenabteil *n*

wagtail S ORN Bachstelze *f*

waif [weɪf] S 1 JUR *Br obs etwas von e-m Dieb auf der Flucht Weggeworfenes, etwas Herrenloses* 2 a obdachloses *od* verwahrlostes Kind b ausgesetztes *od* herrenloses *od* streunendes *od* verwahrlostes Tier: **~s and strays** verwahrloste *etc* Kinder *od* Tiere

wail [weɪl] A V/I 1 (weh)klagen, jammern (**for** um; **over** über *akk*) 2 schreien, wimmern, heulen (*a. Sirene, Wind*) (**with** vor *Schmerz etc*) B V/T beklagen, bejammern C S 1 (Weh)Klagen *n*, Jammern *n* 2 (Weh)Klage *f*, (-)Geschrei *n* 3 Heulen *n*, Wimmern *n*; **wailful** ADJ (ADV ~ly) *bes poet* 1 traurig, kummervoll 2 (weh)klagend, jammernd; **wailing** A S → wail C: **~ and gnashing of teeth** Heulen *n* u. Zähneklappern *n* B ADJ (ADV ~ly) (weh)klagend, jammernd, weinend, wimmernd, Klage…: ♎ **Wall** Klagemauer *f* (*in Jerusalem*)

wain [weɪn] S 1 *bes poet* Wagen *m* 2 ♎ → waggon 4

wainscot ['weɪnskət] A S 1 (Wand-)Täf(e)lung *f* 2 Lambris *m* (*untere Wandverkleidung*) 3 *Br* Täfelholz *n* B V/T *prät u. pperf* -scoted, *bes Br* -scotted *e-e Wand etc* (ver)täfeln; **wainscot(t)ing** S 1 (Ver)Täfeln *n* 2 → wainscot A

waist [weɪst] S 1 Taille *f* 2 a Mieder *n* b *bes US* Bluse *f* 3 Mittelstück *n*, Mitte *f*, schmalste Stelle (*e-s Gegenstandes*), Schweifung *f* (*e-r Glocke etc*) 4 SCHIFF Mittelschiff *n*; **~band** S (Hosen-, Rock)Bund *m*; **~cloth** S *obs* Lendenschurz *m*; **~coat** ['weɪskəʊt; *US a.* 'weskət] S 1 (Herren)Weste *f* 2 Damenweste *f* (*ohne Ärmel*), ärmellose Jacke 3 HIST Wams *n*; **~-deep** ADJ & ADV bis zur Taille reichend, hüfthoch

waisted ['weɪstɪd] ADJ (*in Zusammensetzungen*) mit … Taille: **short-~**

waist|-high → waist-deep; **~line** S 1 Gürtellinie *f*, Taille *f* (*e-s Kleides etc*) 2 Taille(numfang) *f(m)*: **watch one's ~** auf s-e Linie achten; **~ slip** S Unter-, Halbrock *m*

wait [weɪt] A S 1 Warten *n* 2 Wartezeit *f*: **have a long ~** lange warten müssen; **after a 10-minute ~ he went …** nachdem er 10 Minuten gewartet hatte, ging er … 3 THEAT a Zwischenspiel *n* b Pause *f* 4 Lauer *f*: **lie in ~** im Hinterhalt *od* auf der Lauer liegen; **lie in ~ for sb** j-m auflauern; **lay ~ for** e-n Hinterhalt legen (*dat*) 5 *pl Br* a Weihnachtssänger *pl* b Weihnachtsmusikanten *pl* B V/I 1 warten (**for** auf *akk*): **he ~ed for the door to open** er wartete darauf, dass die Tür aufging; **we ~ed for the rain to stop** wir warteten, bis der Regen aufhörte; **~ about** (*od* **around**) (ungeduldig *od* untätig) warten; **~ behind** a zurückbleiben b noch dableiben; **~ up** a aufbleiben (**for** wegen) b *bes US umg* stehen bleiben(*, damit jd nachkommt*); **~ up for sb** *a.* aufbleiben u. auf j-n warten; **keep sb ~ing** j-n warten lassen; **that can ~** das hat Zeit, das kann warten; **dinner is ~ing** das Mittagessen wartet *od* ist fertig; **just you ~!** na warte! 2 (ab)warten, sich gedulden: **I can't ~ to see him** ich kann es kaum erwarten, ihn zu sehen; **~ and see** a warts ab! b abwarten u. Tee trinken! *umg*; **~-and-see policy** abwartende Politik *od* Haltung 3 **~ (up)on** a *j-m* dienen b *j-n* bedienen, j-m aufwarten c *obs j-m* s-e Aufwartung machen d *e-r Sache* folgen, *etwas* begleiten (*Umstand*), verbunden sein mit 4 **~ at** (*US* **on**) **table(s)** bedienen, servieren C V/T 1 warten auf (*akk*), abwarten: **~ out** das Ende (*gen*) abwarten; **~ one's opportunity** (*od* **hour, time, chance**) e-e günstige Gelegenheit abwarten; → turn[1] A 2 2 *umg* aufschieben, warten mit, verschieben: **~ dinner for sb** mit dem Essen auf j-n warten 3 **~ table** *US* → B 4 4 *obs* geleiten, begleiten

waiter S 1 Kellner *m*: **~, the bill** (*bes US* **check**), **please** (Herr) Ober, bitte zahlen! 2 Servier-, Präsentierteller *m* 3 *obs* Wächter *m*; **~-service** ADJ mit Bedienung: **a ~ restaurant**

waiting A S 1 → wait A 1, A 2 2 Dienst *m* (*bei Hofe etc*), Aufwartung *f*: **in ~** a diensttuend b MIL *Br* in Bereitschaft, Bereitschafts…; → lady-in-waiting B ADJ 1 (ab)wartend: → game[1] A 3 2 Warte…: **~ list**; **~ period** a *allg* Wartezeit *f* b (*Versicherung etc*) Karenz(zeit) *f*; **~ room** a BAHN Wartesaal *m* b MED *etc* Wartezimmer *n* 3 aufwartend, bedienend: **~ (gentle)woman** (adlige) Kammerfrau; **~ girl**, **~ maid** (Kammer)Zofe *f*; **~ staff** (*a. als pl konstruiert*) Bedienungspersonal *n*

waitlist *US* A S Warteliste *f* B V/T *j-n* auf die Warteliste setzen: **be ~ed** auf der Warteliste stehen

waitress ['weɪtrɪs] S Kellnerin *f*, Bedienung *f*: **~, the bill** (*bes US* **check**), **please** Fräulein, bitte zahlen!; **~-service** → waiter-service

waive [weɪv] V/T *bes* JUR 1 verzichten auf (*akk*), sich *e-s Rechts, e-s Vorteils* begeben: **he ~d his scruples** er ließ s-e Bedenken fahren 2 zurückstellen: **let's ~ this question till later** 3 POL *j-s Immunität* aufheben; **waiver** S JUR 1 Verzicht *m* (**of** auf *akk*), Verzichtleistung *f* 2 Verzichterklärung *f* 3 **~ of immunity** POL Aufhebung *f* der Immunität

wake[1] [weɪk] S 1 SCHIFF Kielwasser *n* (*a. fig*): **in the ~ of** a im Kielwasser (*e-s Schiffes*) b *fig* im Gefolge (*gen*); **follow in sb's ~** *fig* in j-s Kielwasser segeln *od* schwimmen; **bring sth in its ~** etwas nach sich ziehen, etwas zur Folge haben 2 FLUG Luftschraubenstrahl *m*, Nachstrom *m* 3 Sog *m*, Strudel *m*

wake[2] [weɪk] A V/I *prät* waked *od* woke [wəʊk], *pperf* waked *od* woken 1 *oft* **~ up** auf-, erwachen, wach werden (*alle a. fig Person, Gefühl etc*): **the first thing I think of when I ~ up is that …** das Erste, woran ich beim Aufwachen denke, ist, dass … 2 wachen, wach sein *od* bleiben 3 **~ (up) to** sich *e-r Gefahr, Möglichkeit etc* bewusst werden: **~ up to doing sth** sich der Möglichkeit bewusst werden, etwas zu tun 4 **~ (from death** *od* **the dead)** vom Tode *od* von den Toten auferstehen 5 *fig* wach *od* lebendig werden, sich regen *od* rühren B V/T 1 **~ up** (auf)wecken, wachrütteln (*a. fig*) 2 *fig* a *Erinnerung etc* wachrufen b *Verdruss etc* erregen, *Geist etc* aufrütteln 3 (*von den Toten*) auferwecken 4 *poet den Frieden, die Ruhe etc e-s Ortes* stören C S 1 *bes Ir* a Totenwache *f* b Leichenschmaus *m* 2 *bes poet* Wachen *n*: **between sleep and ~** zwischen Schlafen u. Wachen 3 *Br* Kirchweih(fest) *f(n)* 4 *meist pl Br* (Zeit *f* der) Betriebsferien *pl*

wakeboarding ['weɪkbɔː(r)dɪŋ] S SPORT Wakeboarden *n* (*Wassergleiten auf einem dem Surfboard ähnlichen Brett*)

wakeful ADJ (ADV ~ly) 1 **a ~ baby** ein Baby, das schlecht schläft 2 schlaflos (*Nacht*) 3 *fig* wachsam; **wakefulness** S 1 Schlaflosigkeit *f* 2 Wachsamkeit *f*

waken ['weɪkən] → wake[2] A 1, A 3, B 1, B 2, B 3

waker S: **be a late ~** (für gewöhnlich) spät aufwachen

wake-robin S BOT 1 *Br* Aronstab *m* 2 *US* Dreiblatt *n*

waking A S 1 (Er)Wachen *n* 2 (Nacht)Wache *f* B ADJ 1 wachsam 2 (er)weckend: **~ call** TEL Weckruf *m* 3 wach: **~ dream** Wach-, Tagtraum *m*; **in one's ~ hours** a in den Stunden, in denen man wach ist b von früh bis spät; **spend all one's ~ hours working** von früh bis spät arbeiten

Walachian [wɒ'leɪkɪən; *US* wɑ'l-] HIST A S 1 Walache *m*, Walachin *f* 2 LING Walachisch *n*, das Walachische B ADJ walachisch

Waldenses [wɒl'densiːz; *US a.* wɑl-] SPL REL Waldenser *pl*; **Waldensian** A ADJ waldensisch B S Waldenser(in)

Waldorf salad ['wɔːldɔː(r)f] S GASTR Waldorfsalat *m*

wale [weɪl] S 1 Strieme(n) *f(m)*, Schwiele *f* 2 *Weberei*: a Rippe *f* (*e-s Gewebes*) b Köper(bindung) *m(f)* c Salleiste *f*, -band *n* 3 TECH a Verbindungsstück *n* b Gurtholz *n* 4 SCHIFF a Krummholz *n* b Dollbord *m* (*e-s Boots*)

Wales [weɪlz] S Wales *n* (*Teil Großbritanniens an der Irischen See*)

walk [wɔːk] A S 1 Gehen *n*: **go at a ~** im Schritt gehen 2 Gang(art) *m(f)*, Schritt *m* 3 Spaziergang *m*: **go for** (*od* **take, have**) **a ~** e-n Spaziergang machen, spazieren gehen; **take sb for a ~** j-n spazieren führen, mit j-m spazieren gehen 4 (Spazier)Weg *m*: a Promenade *f* b Strecke *f*: **the station is just a 10-minute ~ from here** bis zum Bahnhof sind es nur 10 Gehminuten; **quite a ~** ein gutes Stück zu gehen 5 Wanderung *f* 6 Route *f* (*e-s Hausierers etc*), Runde *f* (*e-s Polizisten etc*) 7 Allee *f* 8 Wandelgang *m* 9 a (Geflügel)Auslauf *m* b → sheepwalk 10 *fig* Arbeitsgebiet *n*, (Betätigungs)Feld *n*: **the ~ of the historian** 11 *meist* **~ of life** a (soziale) Schicht *od* Stellung, Lebensbereich *m* b Beruf *m* B V/I 1 a gehen (*a. Leichtathletik*), zu Fuß gehen, laufen: **"♎"** „Gehen"; **"Don't ♎"** „Warten" b (*Basketball*) e-n Schrittfehler machen 2 im Schritt gehen(*a. Pferd*) 3 wandern 4 spazieren gehen: → air[1] A 1 5 umgehen, spuken (*Geist*): **~ in one's sleep** nacht-, schlafwandeln C V/T 1 *e-e Strecke* (zu Fuß) zurücklegen *od* gehen 2 *e-n Bezirk etc* durchwandern, *e-n Raum* durchschreiten, gehen durch *od* über (*akk*) 3 auf u. ab gehen in *od* auf (*dat*): → chalk line, plank A 1, street A 1 4 abschreiten, entlanggehen 5 *ein Pferd* führen, im Schritt gehen lassen 6

W

j-n führen: → walk off B 1 **7** spazieren führen **8** *j-n* begleiten: **~ sb to the station** **9** *Br* um die Wette gehen mit: **I'll ~ you 10 miles**
Phrasal Verbs: **walk| about**, **~ around** **A** V/T *j-n* umherführen **B** V/I herumgehen, -wandern; **~ away** V/I weg-, fortgehen: **~ from sb** *bes* SPORT j-m (einfach) davonlaufen, j-n stehen lassen *umg;* **~ from a car crash** bei e-m Autounfall (fast) unverletzt bleiben; **~ with** **a** mit *etwas* durchbrennen *umg* **b** *etwas* mitgehen lassen *umg* **c** *etwas* versehentlich mitnehmen **d** *e-n Kampf, e-e Wahl etc* spielend gewinnen; **~ in** **A** V/I eintreten: **a** hereinkommen **b** hineingehen **B** V/T hineinführen; **~ into** V/I **1** (hinein)gehen in *(akk):* **~ a right hook** *(Boxen)* in e-n rechten Haken laufen; → trap[1] A 1 **2** **~ a job** e-e Stelle ohne (jede) Schwierigkeit bekommen **3** *umg* über *j-n, a.* über *e-n Kuchen etc* herfallen; **~ off** **A** V/I **1** davon-, fort-, weggehen: **~ with** **a** mit *etwas* durchbrennen *umg* **b** *etwas* mitgehen lassen *umg* **c** *etwas* versehentlich mitnehmen **d** *e-n Kampf, e-e Wahl etc* spielend gewinnen **B** V/T **1** *j-n* abführen **2** ablaufen: **~ one's legs** sich die Beine ablaufen; **walk sb off their feet** j-n abhetzen **3** *s-n Rausch, Zorn etc* durch e-n Spaziergang vertreiben *od* loswerden; **~ out** **A** V/I **1** hinausgehen: **~ on sb** *umg* **a** j-n verlassen **b** j-n sitzen lassen **2** verärgert *od* demonstrativ *od* unter Protest e-e Versammlung *etc* verlassen, *(Gruppe a.)* ausziehen: **he walked out of the meeting** **3** **~ with sb** *Br obs* mit j-m ein Verhältnis haben *od umg* gehen **4** WIRTSCH die Arbeit niederlegen, in (den) Streik treten **B** V/T **1** *j-n* hinausführen **2** *e-n Hund etc* ausführen, *j-n* auf e-n Spaziergang mitnehmen; **~ over** V/I **1** (hinweg)gehen über *(akk)* **2** *bes* SPORT *umg* **a** spielend gewinnen **b** in die Tasche stecken *(leicht schlagen)* **c** vernaschen *(hoch schlagen)* **3** *umg* **a** unterbuttern *(unterdrücken)* **b** schikanieren **4** hingehen, hinkommen, herübergehen, -kommen; **~ up** V/I **1** hinaufgehen, heraufkommen: **~ to sb** auf j-n zugehen; **~** treten Sie näher! **2** entlanggehen: **~ the street**

walkable ['wɔːkəbl] ADJ **1** betretbar, gangbar, begehbar **2** zu Fuß zurücklegbar *(Strecke etc)*

walkabout S **1** Wanderung *f* **2** Bad *n* in der Menge *(e-s Politikers etc):* **go on** *(od* **take) a ~** ein Bad in der Menge nehmen

walkathon ['wɔːkəθɒn; *US* -,θɑn] S SPORT Marathongehen *n (a. für karitative Zwecke)*

walkaway S **1** → walkover 2 **2** *US* Ausbrecher(in)

walker S **1** Spaziergänger(in) **2** Wand(e)rer *m*, Wand(r)erin *f*: **be a good ~** gut zu Fuß sein **3** *Leichtathletik:* Geher(in) **4** ORN *Br* Laufvogel *m* **5** **a** Laufstuhl *m (für Kinder)* **b** Laufgestell *n (für alte od schwache Menschen)*

walkies ['wɔːkɪz] SPL: **go ~** *Br umg* Gassi gehen

walkie|-talkie [,wɔːkɪ'tɔːkɪ] S Walkie-Talkie *n*, tragbares Funksprechgerät

walk-in **A** ADJ **1** begehbar: **~ closet** → B 1; **~ refrigerator** → B 2 **2** *US* **a** ambulant *(Patient)* **b** **~ customer** → B 3 b **3** *US* mit direktem Zugang von der Straße *(Wohnung)* **B** S **1** begehbarer Schrank **2** Kühlraum *m* **3** *US* **a** ambulante(r) Patient(in) **b** Laufkunde *m*, -kundin *f*, *pl a.* Laufkundschaft *f* **4** *US umg* leichter (Wahl- *etc)*-Sieg

walking **A** ADJ **1** gehend: **~ doll** Laufpuppe *f*; **~ wounded** MIL Leichtverwundete *pl* **2** wandernd **3** *bes fig* wandelnd *(Leiche etc):* → dictionary 3 **4** Geh...: **be within easy ~ distance** leicht zu Fuß erreichbar sein; **we are within comfortable ~ distance of the shops** wir können die Läden bequem zu Fuß erreichen; **drive at (a) ~ speed** AUTO (im) Schritt fahren **5** Spazier... **6** Wander...: **~ boots** **B** S **1** (Zufuß)Gehen *n* **2** Spazierengehen *n* **3** Wandern *n* **4** *Leichtathletik:* Gehen *n*; **~ delegate** S *US* Gewerkschaftsbeauftragte(r) *m/f(m)*; **~ frame** → walker 5 b; **~ papers** SPL *bes US umg* Laufpass *m (Entlassung):* **give sb their ~** j-m den Laufpass geben; **~ part** → walk-on B 1; **~ shoe** S **1** Straßenschuh *m* **2** Wanderschuh *m*; **~ stick** S **1** Spazierstock *m* **2** ZOOL *US* Gespenstheuschrecke *f*; **~ ticket** → walking papers; **~ tour** S Wanderung *f*

Walkman® ['wɔːkmən] *pl* -mans S Walkman® *m (ein kleiner Kassettenrekorder)*

walk|-on (FILM, THEAT) **A** ADJ Statisten..., Komparsen...: **~ part** → B 1 **B** S **1** Statisten-, Komparsenrolle *f* **2** Statist(in), Komparse *m*, Komparsin *f*; **~out** S **1** WIRTSCH Ausstand *m*, Streik *m*: **stage a ~** in (den) Streik treten **2** Auszug *m*: **after his ~ from the meeting** nachdem er verärgert *od* demonstrativ *od* unter Protest die Versammlung verlassen hatte; **~over** S SPORT **1** **winner by ~** kampflose(r) Sieger(in): **he got into the next round on a ~** er kam kampflos e-e Runde weiter **2** Spaziergang *m (a. allg)*; **~-up** *US umg* **A** S **a** (Miets)Haus *n* ohne Fahrstuhl **b** Wohnung *f* in e-m Haus ohne Fahrstuhl **B** ADJ **a** ohne Fahrstuhl *(Haus)* **b** in e-m Haus ohne Fahrstuhl (gelegen) *(Wohnung)*; **~way** S **1** Laufgang *m*, Verbindungs-, Bedienungssteg *m* **2** *US* Gehweg *m*

Walkyrie [væl'kɪərɪ] → Valkyr

walky-talky → walkie-talkie

wall [wɔːl] **A** S **1** Wand *f (a. Bergsteigen u. fig):* → partition A 4 **2** (Innen)Wand *f*: **the ~s of a boiler** **3** Mauer *f (a. fig):* **a ~ of silence**; **the ♀** **a** die Berliner Mauer **b** die Klagemauer *(in Jerusalem)* **4** Wall *m (a. fig)*, (Stadt-, Schutz-)Mauer *f*: **within the ~s** in den Mauern *(e-r Stadt)* **5** ANAT *(Brust-, Zell- etc)* Wand *f* **6** *Bergbau:* Abbaustrecke *f* **B** V/T **1** *a.* **~ in** mit e-r Mauer umgeben, ummauern: **~ in** *(od* **up)** einmauern **2** *a.* **~ up** **a** ver-, zumauern **b** (aus)mauern, umwanden **3** mit e-m Wall umgeben, befestigen: **~ed towns** befestigte Städte
Besondere Redewendungen: **off the ~** *umg* verrückt *(Ideen etc)*; **up against the ~** in e-r aussichtslosen Lage; **band** *(od* **run) one's head against a ~** *umg* mit dem Kopf durch die Wand wollen; **a white ~ is a fool's paper** *(Sprichwort)* Narrenhände beschmieren Tisch u. Wände; **drive** *(od* **push) sb to the ~** **a** j-n in die Enge treiben **b** j-n an die Wand drücken **drive** *(od* **send) sb up the ~** *umg* j-n auf die Palme bringen; **go to the ~** **a** an die Wand gedrückt werden **b** WIRTSCH Konkurs machen **go up the ~**, **climb the ~(s)** *umg* auf die Palme gehen; **~s have ears** *umg* die Wände haben Ohren; → back[1] A 1

wallaby ['wɒləbɪ; *US* 'wɑ-] S **1** *pl* -bies, *bes koll* -by Wallaby *n*: **a** Hasenkänguru *n* **b** Felskänguru *n*: **on the ~ (track)** *Aus sl* auf Arbeitssuche **2** ♀ *Rugby: Aus* Nationalspieler *m*

Wallachian → Walachian

wallaroo [,wɒlə'ruː; *US* ,wɑ-] *pl* -roos, *bes koll* -roo S ZOOL Wallaru *n*, Bergkänguru *n*

wall| bars SPL SPORT Sprossenwand *f*; **~board** S Leichtbau-, Holzfaserplatte *f*; **~chart** S Schautafel *f*; **~ crane** S TECH Wandkran *m*; **~ creeper** S ORN Mauerläufer *m*

walled plain S ASTRON Wallebene *f (auf dem Mond)*

wallet ['wɒlɪt; *US* 'wɑ-] S **1** *obs bes Br* Ränzel *n* **2** Werkzeugtasche *f* **3** **a** Brieftasche *f* **b** Scheintasche *f*

wall|eye S **1** VET Glasauge *n* **2** MED Hornhautfleck *m* **3** MED **a** divergentes Schielen **b** auswärtsschielendes Auge; **~eyed** ADJ **1** glasäugig *(Pferd etc)* **2** mit Hornhautflecken **3** (auswärts)schielend; **~flower** S **1** BOT **a** Goldlack *m* **b** Schöterich *m* **2** *umg* Mauerblümchen *n (Mädchen)*; **~ fruit** S Spalierobst *n*

wallies ['wælɪz] SPL *schott umg (die)* dritten Zähne *pl*, Gebiss *n*

wall| lamp S Wandleuchte *f*; **~ map** S Wandkarte *f*; **~ newspaper** S Wandzeitung *f*

Walloon [wɒ'luːn; *US* wɑ-] **A** S **1** Wallone *m*, Wallonin *f* **2** LING Wallonisch *n*, das Wallonische **B** ADJ wallonisch

wallop ['wɒləp; *US* 'wɑ-] **A** V/T **1** *umg* **a** (ver)prügeln, verdreschen **b** *j-m* ein Pfund verpassen *(e-n harten Schlag versetzen)* **c** SPORT überfahren *(hoch schlagen)* (**at** in *e-r Sportart)* **2** *umg* e-n *Ball etc* dreschen **B** V/I brodeln *(Flüssigkeit)* **C** S **1** *umg* **a** Pfund *n* **b** *Boxen:* Punch *m*, Schlagkraft *f*: **he has a terrific ~** er hat e-n wahnsinnig harten Schlag **2** *fig umg* Wucht *f*: **pack a ~** e-e Wucht sein **3** *US umg* Mordsspaß *m*: **get a ~ out of** e-n Mordsspaß haben an *(dat)*; **give sb a ~** j-m e-n Mordsspaß machen **4** *Br sl* Bier *n*; **walloper** S *Aus sl* Bulle *m pej (Polizist)*; **walloping** *umg* **A** ADJ **a** riesig, Mords...; **a ~ house** **b** gesalzen, gepfeffert *umg (Preise, Rechnung etc)* **c** faustdick *umg (Lüge)* **B** ADV: **~ big** *(od* **great)** → A **C** S (Tracht *f*) Prügel *pl*, Dresche *f umg*: **give sb a ~** → wallop A 1 a, A 1 c

wallow ['wɒləʊ; *US* 'wɑ-] **A** V/I **1** sich wälzen, sich suhlen *(beide:* **in** in *dat) (Schwein etc):* **~ in money** *umg* im Geld schwimmen; **~ in pleasure** im Vergnügen schwelgen; **~ in self-pity** sich in Selbstmitleid ergehen; **~ in vice** dem Laster frönen **2** SCHIFF rollen, schlingern *(Schiff)* **B** S **1** Sichwälzen *n*: **have a ~ (in)** → A 1 **2** Schwelgen *n* **3** JAGD Suhle *f*: **in the ~ of despondency** *fig* im Sumpf der Verzweiflung **4** SCHIFF Rollen *n*, Schlingern *n*

wall| painting S **a** Wandmalerei *f* **b** Wandgemälde *n*; **~paper** **A** S Tapete *f*: **~ remover** Tapetenablöser *m* **B** V/T & V/I tapezieren; **~ pass** S *Fußball:* Doppelpass *m*; **~ pepper** S BOT Mauerpfeffer *m*; **~ plug** S ELEK Netzstecker *m*; **~ poster** → wall newspaper; **~ safe** S Wandsafe *m*; **~ socket** S ELEK (Wand)Steckdose *f*; **♀ Street** S die Wall Street: **a** *die Bank- u. Börsenstraße in New York* **b** *fig* der amer. Geld- u. Kapitalmarkt **c** *fig* die amer. Hochfinanz; **~ tent** S Steilwandzelt *n*; **~ tile** S Wandfliese *f*; **~-to-~** **A** ADJ **1** **~ carpet** Spannteppich *m*; **~ carpeting** Teppichboden *m* **2** *fig umg* überall vorhanden: *Las Vegas offers* **~ gambling** Glücksspiel total; **his room was a ~ hi-fi** sein Zimmer war e-e einzige Hi-Fi-Anlage **3** *fig umg* durchgehend: *the film was* **~ action** Action pur **B** S *US* Spannteppich *m*; **~ tree** S Spalierbaum *m*; **~ units** SPL Schrank-, Wohnwand *f*

wally[1] ['wɒlɪ] S *Br umg* Blödmann *m*, Trottel *m (beide pej)*

wally[2] ['wælɪ] ADJ *schott umg* **1** Porzellan...: **~ vase** **2** gekachelt *(Bad etc)*

walnut ['wɔːlnʌt] **A** S **1** BOT Walnuss *f (Frucht):* **~ oil** Nussöl *n* **2** BOT Walnuss(baum) *f(m)* **3** Nussbaumholz *n* **4** Nussbraun *n (Farbe)* **B** ADJ **1** Nussbaum...: **~ furniture** **2** nussbraun

Walpurgis Night [væl'pʊəgɪs; *US* vɑl'pʊr-] S Walpurgisnacht *f*

walrus ['wɔːlrəs; *US a.* 'wɑl-] S *pl* -ruses, *bes koll* -rus ZOOL Walross *n*; **~ m(o)ustache** S Walrossbart *m*

waltz [wɔːls; wɔːlts] **A** S **1** MUS Walzer *m*: **~**

W

time Walzertakt *m* 2 *fig umg* Kinderspiel *n* B V/I Walzer tanzen: **~ in** *umg* angetanzt kommen; **~ off with** *umg* (= *walk off with*) → **walk off** A 1; **~ through sth** *umg* etwas spielend schaffen C V/T 1 mit *j-m* Walzer tanzen 2 **~ off** *umg j-n* abführen

wampum [ˈwɒmpəm; *US* ˈwɑm-] S 1 HIST Wampum *m* (*von Indianern als Geld od Schmuck benutzte Muschelperlen* [*schnüre*]) 2 *US umg* Knete *f* (*Geld*)

wan [wɒn; *US* wɑn] ADJ (ADV **~ly**) 1 bleich, blass, fahl (*Gesicht, Himmel etc*) 2 schwach, matt (*Lächeln*) 3 glanzlos, trüb(e) (*Sterne etc*)

WAN ABK COMPUT wide area network

wand [wɒnd; *US* wɑnd] S 1 (*Amts-, Zauber- etc*) Stab *m* 2 Wünschelrute *f* 3 MUS *umg* Taktstock *m*

wander [ˈwɒndə; *US* ˈwɑndər] V/I 1 wandern: a ziehen, streifen b schlendern, bummeln: **~ in** hereinschneien *umg* (*Besucher*); **~ off** davonziehen, *a. fig* sich verlieren (**into** in *dat*) 2 **~ about** (*od* **around**) (*ziellos*) herumwandern, -ziehen, -schweifen (*alle a. fig*) 3 schweifen, wandern, gleiten (*Augen, Gedanken etc*) (**over** über *akk*) 4 irregehen, sich verirren, *fig a.* sich verwirren 5 *a.* **~ away** *a. fig* abirren, abweichen (*beide:* **from** von): **~ from** (*od* **off**) **the subject** vom Thema abschweifen 6 fantasieren: a irrereden, faseln b im Fieber reden 7 geistesabwesend sein; **wanderer** S Wand(e)rer *m*, Wand(r)erin *f*; **wandering** A S 1 Wandern *n* 2 Herumwandern *n*, -ziehen *n*, -schweifen *n* (*alle a. fig*) 3 *pl* a Wanderungen *pl*, Reisen *pl* b Wanderschaft *f*: **in one's ~s** auf s-r Wanderschaft 4 Abirrung *f*, Abweichung *f* (**from** von) (*a. fig*) 5 *pl* Geistesabwesenheit *f*, Zerstreutheit *f* 6 *pl* Fantasieren *n*: a Irrereden *n*, Faseln *n* b Fieberwahn *m* B ADJ 1 wandernd, Wander…: **~ dune** 2 herumschweifend, Nomaden…: **~ tribe** 3 gewunden (*Pfad etc*) 4 ruhelos, unstet: **the ≈ Jew** HIST der Ewige Jude 5 abschweifend 6 konfus, zerstreut 7 irregehend, abirrend (*a. fig*): **~ bullet** verirrte Kugel 8 BOT Kriech…: **~ Jew** a (*e-e*) Tradeskantie b (*e-e*) Kommeline 9 MED Wander…: **~ cell** (**kidney**, *etc*)

wanderlust [ˈwɒndəlʌst; *US* ˈwɑndərˌlʌst] S a Reiselust *f* b Fernweh *n*

wane [weɪn] A V/I 1 abnehmen (*a. Mond*), nachlassen, schwinden (*Einfluss, Interesse, Kräfte etc*) 2 schwächer werden, verblassen (*Licht, Farben etc*) 3 zu Ende gehen (*Sommer etc*) 4 vergehen, verfallen (*Kultur etc*) B S 1 Abnehmen *n*, Abnahme *f*, Nachlassen *n*, Schwinden *n*: **be on the ~** im Abnehmen sein, abnehmen, nachlassen, schwinden 2 Verfall *m*

wangle [ˈwæŋgl] *umg* A V/T 1 *etwas* drehen, deichseln, schaukeln (*alle umg*): **don't worry, we'll ~ it somehow** wir werden das Kind schon schaukeln; **~ one's way out of** → B 2 *e-e Abrechnung etc* fälschen frisieren *umg* 3 *etwas* a unter der Hand *od* hintenherum beschaffen, organisieren, organisieren *umg* b herausschinden *umg*: **she has ~d herself a salary increase** sie hat e-e Gehaltserhöhung für sich herausgeschlagen *umg*; **~ a penalty** (*Fußball*) e-n Elfmeter schinden 4 *etwas* ergaunern: **~ sth out of sb** j-m etwas abluchsen *od* abknöpfen (*beide umg*) 5 *j-n* verleiten: **~ sb into doing sth** j-n dazu bringen, etwas zu tun 6 **~ sb into a gang** j-n in e-e Bande einschleusen B V/I **~ out of** sich herauswinden aus C S 1 Kniff *m*, Trick *m* 2 Gaunerei *f*; **wangler** S *umg* Gauner(in)

wank [wæŋk] *vulg* A V/I *a.* **~ off** sich e-n runterholen *umg*, wichsen *vulg* (*masturbieren*) B S Wichsen *n vulg*: **have a ~** → A

Wankel (engine) [ˈwæŋkl; *US* ˈwɑːŋ-] S AUTO, TECH Wankelmotor *m*

wanker [ˈwæŋkə] S *vulg* Wichser *m* (*a. fig pej*)

wanna [ˈwɒnə; *US* ˈwɑnə] *umg* 1 *Zusammenziehung von* **want to**: **I ~ go home** 2 *Zusammenziehung von* **want a**: **~ beer?**; **~be** [-biː] S *umg Kind, das erwachsen sein möchte:* **an XY ~** j-d, der so sein möchte wie XY

wanness [ˈwɒnnɪs; *US* ˈwɑn-] S Blässe *f*

want [wɒnt; *US a.* wɑnt] A V/T 1 wünschen: a (haben) wollen b (*vor inf*) (*etwas tun*) wollen: **I ~ to go** ich möchte gehen; **I ~ed to go** ich wollte gehen; **what do you ~ (with me)?** was wünschen *od* wollen Sie (von mir)?; **he ~s his dinner** er möchte sein Essen haben; **I have all I ~** ich habe alles, was ich brauche; **she knows what she ~s** sie weiß, was sie will; **I ~ you to try** ich möchte, dass du es versuchst; **I ~ it done** ich wünsche *od* möchte, dass es getan wird; **your mother ~s you** d-e Mutter will dich sprechen, du sollst zu d-r Mutter kommen; **he is ~ed for murder** er wird wegen Mordes gesucht; **you are ~ed on the phone** du wirst am Telefon verlangt; **it seems we are not ~ed** es scheint, wir sind unerwünscht 2 nicht genug … haben, es fehlen lassen an (*dat*): **he ~s judg(e)ment** es fehlt ihm an Urteilsvermögen; **she ~s two years for her majority** ihr fehlen noch zwei Jahre bis zur Volljährigkeit 3 a brauchen, nötig haben, erfordern, benötigen b müssen, sollen, brauchen: **the matter ~s careful consideration** die Angelegenheit bedarf sorgfältiger Überlegung *od* muss sorgfältig überlegt werden; **all this ~ed saying** all dies musste einmal gesagt werden; **you ~ some rest** du hast etwas Ruhe nötig, du brauchst etwas Ruhe; **this clock ~s repairing** (*od* **to be repaired**) diese Uhr müsste repariert werden; **you don't ~ to be rude** Sie brauchen nicht grob zu werden; **you ~ to see a doctor** du solltest zum Arzt gehen B V/I 1 wollen: **we can go now if you ~**; **~ in** *bes US umg* a hinein-, hereinwollen b *fig* mitmachen wollen; **~ out** *bes US umg* a hinaus-, herauswollen b *fig* aussteigen wollen 2 **he does not ~ for talent** es fehlt ihm nicht an Begabung; **he ~s for nothing** es fehlt *od* mangelt ihm an nichts 3 **be ~ing in** es fehlen lassen (an *dat*); → **wanting** A 2 4 Not leiden 5 fehlen: **all that ~s is his signature** es fehlt nur noch s-e Unterschrift C S 1 *pl* Bedürfnisse *pl*, Wünsche *pl*: **a man of few ~s** ein Mann mit geringen Bedürfnissen *od* Ansprüchen 2 Notwendigkeit *f*, Bedürfnis *n*, Erfordernis *n*, Bedarf *m* 3 Mangel *m* (**of** an *dat*): **~ of water** Wassermangel; **~ of sense** Unvernunft *f*; **from** (*od* **for**) **~ of** aus Mangel an (*dat*), in Ermangelung (*gen*), mangels (*gen*); **be in ~ of** → A 2; **be in (great) ~ of sth** etwas (dringend) brauchen *od* benötigen; **the house is in ~ of repair** das Haus ist reparaturbedürftig 4 Bedürftigkeit *f*, Armut *f*, Not *f*: **be in ~** Not leiden; **fall in ~** in Not geraten; **live in ~** in Armut leben 5 Ehrgeiz *m*

want ad S *US* a Stellengesuch *n* b Kaufgesuch *n*

wantage [ˈwɒntɪdʒ; *US a.* ˈwɑn-] S WIRTSCH *US* Fehlbetrag *m*, Defizit *n*

wanted [ ] ADJ 1 (*polizeilich*) gesucht 2 gesucht, viel gefragt

wanting A ADJ 1 fehlend: *a wheel* **with two spokes ~** mit zwei fehlenden Speichen; **be ~** fehlen 2 **be found ~** für unzureichend befunden werden: **he is never found ~** auf ihn ist immer Verlass, auf ihn kann man sich immer verlassen B PRÄP 1 ohne: **a book ~ a cover**; **an envelope ~ a stamp** 2 *obs* weniger

wanton [ˈwɒntən; *US a.* ˈwɑn-] A ADJ (ADV **~ly**) 1 mutwillig: a *obs* ausgelassen, ungebärdig, wild b leichtfertig c böswillig (*a.* JUR): **~ negligence** JUR grobe Fahrlässigkeit 2 rücksichtslos, unbarmherzig, brutal (*Grausamkeit etc*) 3 *obs* widerspenstig, störrisch (*Kind etc*) 4 liederlich, ausschweifend, zügellos (*Leben etc*) 5 wollüstig, geil, lüstern 6 üppig (*Haar etc*): **she has a ~ imagination** sie hat e-e blühende Fantasie; **~ vegetation** wuchernder Pflanzenwuchs B S *obs* a Kokotte *f* b Wollüstling *m*, Wüstling *m* C V/I ausschweifend leben; **wantonness** S 1 Mutwille *m* 2 Böswilligkeit *f* (*a.* JUR) 3 Rücksichtslosigkeit *f* 4 Widerspenstigkeit *f* 5 Liederlichkeit *f*, Zügellosigkeit *f* 6 Lüsternheit *f*, Geilheit *f* 7 Üppigkeit *f*

WAP ABK wireless application protocol WAP *n* (*Übertragungsstandard für drahtlose Kommunikation, mit dessen Hilfe das Internet über ein Handy genutzt wird*)

wapentake [ˈwæpənteɪk] S *Br* HIST (*bes* mittel- *od* nordenglische) Zent (→ **hundred** B 4)

wappenschaw [ˈwæpənʃɔː] S *schott* HIST Truppen-, Waffeninspektion *f*

war [wɔː(r)] A S 1 a Krieg *m* b *fig* Kampf *m* (**against** gegen): **~ of aggression** (**independence, liberation, nerves, succession**) Angriffs-(Unabhängigkeits-, Befreiungs-, Nerven-, Erbfolge)krieg; **be at ~ (with)** Krieg führen (gegen, mit), *fig* im Streit liegen *od* auf (dem) Kriegsfuß stehen (mit); **declare ~** den Krieg erklären, *fig a.* den Kampf ansagen (*beide:* **on, against** *dat*); **make ~** Krieg führen, kämpfen (*beide:* **on, against** gegen; **with** mit); **go to ~** Krieg beginnen (**with** mit); **go to the ~(s)** *obs* in den Krieg ziehen; **carry the ~ into the enemy's camp** *fig* zum Gegenangriff übergehen, den Spieß umdrehen; **he looks as if he has been in the ~s** er sieht ziemlich mitgenommen *od* ramponiert aus; → **attrition** 2, **dog** *Bes Redew*, **wage**[2] 2 Kampf *m*, Streit *m* (*beide a. fig*): **the ~ between science and religion**; **the ~ of the elements** der Aufruhr *od* der Kampf *od* das Toben der Elemente 3 Kriegskunst *f*, -handwerk *n* 4 *obs* Schlacht *f* B V/I Krieg führen (**with** gegen, mit) C ADJ Kriegs…: **~ film**; → **establishment** 10

war baby S 1 Kriegskind *n* 2 uneheliches Soldatenkind

warble [ˈwɔː(r)bl] A V/T & V/I 1 trällern 2 *US* jodeln B S 1 Trällern *n* 2 *US* Jodeln *n*; **warbler** S 1 *US* Jodler(in) 2 ORN Grasmücke *f*

war|-blinded ADJ kriegsblind; **~ bond** S WIRTSCH Kriegsanleihe *f*; **~ bonnet** S Kriegs-, Kopfschmuck *m* (*der Indianer*); **~ booty** S Kriegsbeute *f*; **~ bride** S Kriegs-, Soldatenbraut *f*; **~ cemetery** S Gefallenen-, Soldatenfriedhof *m*; **~ chest** S *US fig* Sonderfonds *m*; **~ clouds** SPL drohende Kriegsgefahr: **~ were gathering over the country** über das Land legte sich der Schatten e-s Krieges; **~ correspondent** S Kriegsberichterstatter(in); **~ crime** S JUR, MIL Kriegsverbrechen *n*; **~ criminal** S JUR, MIL Kriegsverbrecher(in); **~ cry** → **battle cry**

ward [wɔː(r)d] A S 1 (*Stadt-, Wahl*)Bezirk *m*: **~ heeler** POL *US pej* Lakai *m* (*e-s Parteibonzen*) 2 a (*Krankenhaus*) Station *f*, (-)Abteilung *f*: **~ sister** *Br* Stationsschwester *f*; → **round** B 9 d b (*Kranken*) Saal *m* c (*Kranken*)Zimmer *n* 3 a (*Gefängnis*)Trakt *m* b Zelle *f* 4 *obs* Gewahrsam *m*, (Schutz)Haft *f*, Aufsicht *f*, Verwahrung *f*: **put sb in ~** j-n unter Aufsicht stellen 5 JUR a Mündel *n*: **~ of court** Mündel unter Amtsvormundschaft b Vormundschaft *f*: **in ~** unter Vormundschaft (stehend) 6 Schützling *m*, Schutzbefohlene(r) *m/f(m)* 7 TECH a Gewirre *n* (*e-s Schlosses*) b (Einschnitt *m* im) Schlüsselbart *m* 8 *obs* Wache *f* (*nur noch in*): **keep watch and ~** Wache halten B V/T *meist* **~ off** *e-n Schlag*

W

etc parieren, abwehren, *e-e Gefahr* abwenden

war| dance S Kriegstanz *m*; **~ debts** SPL Kriegsschulden *pl*

warden[1] ['wɔː(r)dn] S 1 *obs* Wächter(in) 2 Aufseher(in): **~ of a port** Hafenmeister(in); → air-raid warden, firewarden, game warden 3 Herbergsvater *m*, -mutter *f* 4 *(Br Anstalts-, US Gefängnis)*Direktor *m*, (-)Direktorin *f*: → churchwarden 1, 2 5 *meist* HIST Gouverneur *m* 6 UNIV *Br* Rektor *m*, Rektorin *f (e-s College)* 7 *Br* Zunftmeister(in) 8 *bes US* Portier(sfrau) *m(f)*, Pförtner(in)

warden[2] ['wɔː(r)dn] S *Br e-e Kochbirnensorte*

warder ['wɔː(r)də(r)] S 1 *obs* Wächter *m* 2 *Br* a *(Museums- etc)* Wärter(in) b Aufsichtsbeamte(r) *m*, -beamtin *f (im Gefängnis)* 3 HIST Kommandostab *m*

wardmote ['wɔːdməʊt] S *Br* Stadtbezirksversammlung *f*

Wardour Street English ['wɔː(r)də(r)] S pseudoarchaisches Englisch

wardress ['wɔːdrɪs] S *Br (Museums- etc)*Wärterin *f*, Aufsichtsbeamtin *f (im Gefängnis)*

wardrobe ['wɔː(r)drəʊb] S 1 a Garderobe *f (Kleiderbestand)*: **winter ~** b THEAT Kostümfundus *m* 2 Kleiderschrank *m* 3 Garderobe *f (a.* THEAT): a Kleiderkammer *f*, -ablage *f* b Ankleidezimmer *n* 4 Garderobe(nverwaltung) *f (des königlichen Haushalts etc)*; **~ bed** S Schrankbett *n*; **~ mistress** S THEAT Gewandmeisterin *f*; **~ trunk** S Schrankkoffer *m*

wardroom S SCHIFF, MIL 1 Offiziersmesse *f* 2 **the ~** *koll* die Offiziere *pl (mit Ausnahme des Kapitäns)*

wardship ['wɔː(r)dʃɪp] S 1 Vormundschaft *f* (**of, over** über *akk*): **under ~** unter Vormundschaft (stehend) 2 Aufsicht *f*, Schutz *m*

ware[1] [weə(r)] S 1 *(meist in Zusammensetzungen)* Ware(n) *f(pl)*: → glassware, *etc* 2 Geschirr *n*, Porzellan *n*, Ton-, Töpferware *f*, Keramik *f* 3 *pl* Ware *f (e-s Hausierers etc)*

ware[2] [weə(r)] *obs* A V/I & V/T → beware B ADJ → wary

warehouse A S ['weə(r)haʊs] 1 Lagerhaus *n*, Speicher *m* 2 (Waren)Lager *n*, Niederlage *f* 3 *Br* Großmarkt *m* 4 *US pej* a Bewahranstalt *f (Altenheim, Nervenheilanstalt etc)* b Wohnsilo *m/n* B V/T ['-haʊz] 1 auf Lager bringen *od* nehmen, (ein)lagern 2 *Möbel etc* zur Aufbewahrung geben *od* nehmen 3 unter Zollverschluss bringen 4 *US pej* in e-r Bewahranstalt *od* e-m Wohnsilo unterbringen; **~ account** S WIRTSCH Lagerkonto *n*; **~ bond** S 1 Lagerschein *m* 2 Zollverschlussbescheinigung *f*; **~man** [-mən] S *irr* WIRTSCH 1 Lagerist *m*, Lagerverwalter *m* 2 Lagerarbeiter *m* 3 *Br* Großhändler *m*; **~ receipt** S WIRTSCH Lagerempfangsbescheinigung *f*

warfare ['wɔː(r)feə(r)] S 1 Kriegführung *f* 2 *(a. weitS. Wirtschafts- etc)* Krieg *m*

war| game S MIL Kriegs-, Planspiel *n*; **~ god** S Kriegsgott *m*; **~ goddess** S Kriegsgöttin *f*; **~ grave** S Kriegs-, Soldatengrab *n*; **~ guilt** S Kriegsschuld *f*; **~head** S MIL Spreng-, Gefechtskopf *m (e-s Torpedos etc)*; **~ hero** S Kriegsheld *m*; **~horse** S 1 MIL, HIST Streitross *n*, Schlachtross *n* 2 *fig umg* altes Schlachtross *(Person)* 3 THEAT *etc umg* Dauerbrenner *m*

wariness ['weərɪnɪs] S Vorsicht *f*, Behutsamkeit *f*

warlike ADJ 1 kriegerisch 2 Kriegs…: → preparation 1

warlock ['wɔː(r)lɒk; *US* -,lɑk] S 1 Zauberer *m*, Hexenmeister *m* 2 a Wahrsager *m* b Zauberkünstler *m*

warlord S Kriegsherr *m*

warm [wɔː(r)m] A ADJ (ADV ~ly) 1 warm *(a. fig Farben etc)*: **I am** (*od* **feel**) **~** mir ist warm; **keep sth ~** *(umg* sich) etwas warm halten 2 erhitzt, heiß 3 *fig* warm, herzlich: **a ~ reception** ein warmer Empfang; **have a ~ heart** warmherzig sein; **be ~ly invited** herzlich eingeladen sein 4 *fig* unangenehm, brenzlig, gefährlich: **a ~ corner** e-e ungemütliche Ecke *(gefährlicher Ort)*; **~ work** a schwere Arbeit b heißer Kampf c gefährliche Sache; **this is ~ work** dabei kommt man ganz schön ins Schwitzen; **make it** (*od* **things**) **~ for sb** *umg* j-m die Hölle heißmachen; **this place is too ~ for me** hier brennt mir der Boden unter den Füßen *umg* 5 leidenschaftlich, glühend, eifrig *(Verfechter etc)* 6 geil, lüstern 7 schlüpfrig, unanständig *(Filmszene etc)* 8 hitzig, heftig, erregt *(Auseinandersetzung etc)*: **they grew ~ over an argument** sie erhitzten sich über e-n strittigen Punkt 9 JAGD warm, frisch *(Fährte)* 10 warm *(im Suchspiel)*: **you're getting ~(er)** a (es wird schon) wärmer! b *fig* du kommst der Sache schon näher! B S *umg* 1 warmes Zimmer *etc* 2 Wärme *f*: **come into the ~** komm ins Warme! 3 (Auf-, An)Wärmen *n*: **give sth a ~** etwas (auf-, an)wärmen; **have a ~** sich (auf)wärmen C V/T 1 *a.* **~ up** (an-, auf)wärmen, warm machen, *ein Zimmer etc* einheizen, *e-n Motor etc* warm laufen lassen: **~ over** *US Speisen, a. fig alte Geschichten etc* aufwärmen; **~ one's feet** sich die Füße wärmen; **~ one's seat** *umg* an s-m Sitz kleben; → death 1 2 **~ up** *fig* a Schwung in *e-e Party, ein Spiel etc* bringen b RADIO, TV *das Publikum (vor der Sendung)* in Stimmung bringen, einstimmen 3 *fig das Herz etc* (er)wärmen: **it ~ed my heart** mir wurde dabei ganz warm ums Herz 4 *umg j-m* e-e Tracht Prügel verpassen D V/I 1 *a.* **~ up** warm *od* wärmer werden, sich erwärmen, *(Motor etc)* warm laufen: **my heart ~ed** mir wurde (ganz) warm ums Herz 2 **~ up** *fig* in Schwung kommen *(Party, Spiel etc)* 3 *fig* (**to**) a sich erwärmen (für *e-e Idee etc)* b sich anfreunden (mit *e-r Arbeit etc)* c warm werden (mit *j-m)*: **I ~ed to her from the start** sie war mir sofort sympathisch 4 a *meist* **~ up** SPORT sich aufwärmen, *(Eis-, Rollkunstlauf)* sich einlaufen b *bes US fig* sich vorbereiten (**for** auf *akk*) 5 *umg* brenzlig *od* gefährlich werden *(Situation etc)*

warm|-air heating S Warmluftheizung *f*

war material S Kriegsmaterial *n*

warm|-blooded ADJ 1 ZOOL warmblütig: **~ animals** Warmblüter *pl* 2 *fig* heißblütig; **~-bloodedness** S 1 ZOOL Warmblütigkeit *f* 2 *fig* Heißblütigkeit *f*; **~ boot** S COMPUT Warmstart *m*

war memorial S Gefallenen-, Kriegerdenkmal *n*

warmer S *(Fuß- etc)* Wärmer *m*

warm| front S METEO Warm(luft)front *f*; **~-hearted** ADJ (ADV ~ly) warmherzig; **~-heartedness** S Warmherzigkeit *f*

warming S 1 (Auf-, An)Wärmen *n*, Erwärmung *f* 2 *umg* (Tracht *f*) Prügel *pl*: **give** *sb* **a ~** → warm C 4; **~ pad** S ELEK Heizkissen *n*; **~ pan** S *bes* HIST Wärmepfanne *f*; **~-up exercise** S SPORT Aufwärmübung *f*

warmish ADJ lauwarm

war|monger S Kriegshetzer(in), -treiber(in); **~mongering** S Kriegstreiberei *f*, Kriegshetze *f*

warm| spot S 1 PHYSIOL Wärmepunkt *m* 2 *fig umg* liebe Erinnerung: **the good old days are a ~ with most of us** die meisten von uns erinnern sich sehr gerne an die gute alte Zeit; **~ start** S AUTO Warmstart *m (a.* COMPUT)

warmth [wɔː(r)mθ] S 1 Wärme *f* 2 *fig* Herzlichkeit *f* 3 Eifer *m*, Leidenschaft *f* 4 Hitze *f*, Heftigkeit *f*, Erregtheit *f*

warm-up S 1 a SPORT Aufwärmen *n*, *(Motorsport a.)* Warm-up *n*, *(Eis-, Rollkunstlauf)* Einlaufen *n*; **have a ~** → warm D 4 a; **~ lap** Aufwärm-, Einführungsrunde *f* b *bes US fig* Vorbereitung *f* (**for** auf *akk*) 2 Warmlaufen *n (e-s Motors etc)* 3 RADIO, TV Einstimmung *f (des Publikums)*

warn [wɔː(r)n] V/T 1 warnen (**of, against** vor *dat*): **~ sb against doing** (*od* **not to do**) **sth** j-n davor warnen *od* j-m davon abraten, etwas zu tun; **you have been ~ed** sag hinterher nicht, es hätte dich niemand gewarnt! 2 *j-n* warnend hinweisen, aufmerksam machen (**of** auf *akk*; **that** dass) 3 *j-n* ermahnen (**to do** zu tun) 4 *j-m* (dringend) raten, nahelegen *(beide:* **to do** zu tun) 5 (**of**) *j-n* verständigen (von), *j-n* wissen lassen *(akk)*, *j-m* anzeigen *od* ankündigen *(akk)*: **~ sb of an intended visit** 6 *j-n* auffordern (**to do** zu tun) 7 *j-n* verweisen (**off** *gen od* aus, von) 8 *j-n* a verwarnen b abmahnen

warner S Warner(in)

warning A S 1 Warnen *n*, Warnung *f*: **give sb (fair) ~** j-n (rechtzeitig) warnen (**of** vor *dat*); **give sb a ~ not to do sth** j-n davor warnen *od* j-m davon abraten, etwas zu tun 2 Warnsignal *n*: **sound a ~** ein Warnsignal geben 3 a Verwarnung *f* b (Er-)Mahnung *f* c Abmahnung *f* 4 *fig* Warnung *f*, warnendes *od* abschreckendes Beispiel *(alle:* **to** für): **let that be a ~ to you** lass dir das e-e Warnung sein!; **take ~ by** (*od* **from**) **sth** sich etwas e-e Warnung sein lassen 5 warnendes An- *od* Vorzeichen 6 Benachrichtigung *f*, (Vor)Anzeige *f*, Ankündigung *f*: **give ~ (of)** *j-m* ankündigen *(akk)*, Bescheid geben (über *akk*); **without (any) ~** (völlig) unerwartet, ohne (jede) Vorwarnung 7 Aufforderung *f*, Anweisung *f* 8 Kündigung *f*: **give ~ (to)** *(j-m)* kündigen 9 (Kündigungs)Frist *f*: **a month's ~** monatliche Kündigung, Kündigungsfrist von e-m Monat; **at a minute's ~** a WIRTSCH auf jederzeitige Kündigung b WIRTSCH fristlos c in kürzester Frist, jeden Augenblick B ADJ (ADV ~ly) warnend, Warn…; **~ bell** S Warnglocke *f*; **~ coloration** S ZOOL Warnfärbung *f*, -tracht *f*, Trutzfarbe *f*; **~ flasher** S AUTO Warnblinkanlage *f*; **~ light** S 1 TECH Warnlicht *n* 2 SCHIFF Warn-, Signalfeuer *n*; **~ shot** S 1 Warnschuss *m (a.* SPORT) 2 *fig* Schuss *m* vor den Bug; **~ signal** S Warnsignal *n (a. fig)*; **~ strike** S WIRTSCH Warnstreik *m*; **~ triangle** S AUTO Warndreieck *n*

War| Office S *Br* HIST Kriegsministerium *n*; ♀ **orphan** S Kriegswaise *f*

warp [wɔː(r)p] A V/T 1 *Holz etc* verziehen, werfen, krümmen, FLUG *Tragflächen* verwinden 2 *j-n, j-s Charakter* verformen, verbiegen, *j-s Urteil* verfälschen 3 a verleiten (**into** zu) b abbringen (**from** von) 4 *e-e Tatsache etc* entstellen, verdrehen, -zerren 5 SCHIFF *ein Schiff* (an der Warpleine) fortziehen, bugsieren, verholen 6 AGR *Land* a mit Schlamm düngen b *a.* **~ up** verschlammen 7 *Weberei: die Kette* (an)scheren 8 MATH, TECH verdrehen, -winden B V/I 1 sich werfen *od* verziehen *od* verbiegen *od* krümmen, krumm werden *(Holz etc)* 2 *Weberei*: (an)scheren, zetteln 3 *fig* sich verformen *od* verbiegen *(Charakter)* C S 1 Verwerfung *f*, Verziehen *n*, Verkrümmung *f (von Holz etc)* 2 *fig* Verformtheit *f*, Verbogenheit *f (des Charakters)* 3 *fig* Entstellung *f*, Verzerrung *f*, Verdrehung *f* 4 *Weberei*: Kette *f*, Kettfäden *pl*, Zettel *m*: **~ and woof** Kette u. Schuss *m* 5 SCHIFF Warpleine *f* 6 GEOL Schlick *m*

war| paint S 1 Kriegsbemalung *f (der Indianer, a. umg Make-up)* 2 *umg* große Gala; **~ path** S Kriegspfad *m (der Indianer)*: **be on the ~** auf dem Kriegspfad sein, *fig umg a.* kampflustig sein

war| pension S Kriegsopferrente *f*; **~ plane** S FLUG, MIL Kampfflugzeug *n*; **~ powers** S POL US Sonderbefugnisse *pl (bes des Präsidenten)* im Kriegsfalle

warrant ['wɒrənt; US *a.* 'wɑ-] A S 1 Vollmacht *f*, Bevollmächtigung *f*, Befugnis *f*, Berechtigung *f*: → attorney b 2 Rechtfertigung *f*: **not without ~** nicht ohne e-e gewisse Berechtigung 3 Garantie *f*, Gewähr *f*, Sicherheit *f (alle a. fig)* 4 Bescheinigung *f*, Berechtigungsschein *m*: → dividend coupon 5 JUR *(Vollziehungs-, Haft- etc)* Befehl *m*: **~ of apprehension** a Steckbrief *m* b Haftbefehl; **~ of arrest** Haftbefehl; **~ of attachment** (*od* **distress**) Beschlagnahmeverfügung *f*; **a ~ is out against him** er wird steckbrieflich gesucht; **we have a ~ for your arrest** wir haben e-n Haftbefehl gegen Sie; **issue a ~ for sb's arrest** Haftbefehl gegen j-n erlassen 6 SCHIFF, MIL Patent *n*, Beförderungsurkunde *f*: **~ officer** a SCHIFF (Ober)Stabsbootsmann *m*, Deckoffizier *m* b MIL *(etwa)* (Ober)Stabsfeldwebel *m* 7 WIRTSCH Lager-, Warenschein *m* 8 WIRTSCH (Rück)Zahlungsanweisung *f* B V/T 1 *bes* JUR bevollmächtigen, ermächtigen, autorisieren 2 rechtfertigen, berechtigen zu: **~ sb to do sth** j-n dazu berechtigen, etwas zu tun 3 garantieren, zusichern, haften für, verbürgen, gewährleisten: **I cannot ~ him to be** (*od* **that he is**) **reliable** ich kann keine Garantie dafür übernehmen, dass er zuverlässig ist; **the goods are ~ed against faulty workmanship or material** der Hersteller leistet Garantie bei Verarbeitungs- od Materialfehlern; **~ed for three years** drei Jahre Garantie; **~ed pure** garantiert rein *od* echt; **I'll ~ you** *umg* das garantiere *od* versichere ich dir 4 sichern (**from, against** vor *dat*, gegen) 5 bestätigen, erweisen

warrantable ADJ 1 vertretbar, gerechtfertigt, berechtigt, zu rechtfertigen(d) 2 JAGD jagdbar *(Hirsch)*; **warrantableness** S Vertretbarkeit *f*; **warrantably** ADV berechtigterweise; **warrantee** [-'ti:] S WIRTSCH, JUR Sicherheitsempfänger(in); **warranter**, **warrantor** [-tɔ:(r)] S WIRTSCH, JUR Sicherheitsgeber(in); **warranty** [-tɪ] S 1 *bes* JUR Ermächtigung *f*, Vollmacht *f* 2 Rechtfertigung *f*, Berechtigung *f* 3 Bürgschaft *f*, Garantie *f*, Sicherheit *f*: **the watch is still under ~** auf der Uhr ist noch Garantie 4 JUR Wechselbürgschaft *f* 5 *a.* **covenant of ~** *bes* JUR US Bürgschaftsvertrag *m (für Grundbesitz)*: **~ deed** a Rechtsgarantie *f* b Grundstücksübertragungsurkunde *f (mit Haftung für Rechtsmängel)*

warren ['wɒrən; US *a.* 'wɑ-] S 1 Kaninchengehege *n* 2 a *bes Br* Wildgehege *n* b JUR *Br* HIST Hegerecht *n* 3 *fig* a Ameisenhaufen *m*, *engS.* Mietskaserne *f* b Labyrinth *n*; **warrener** S *bes Br* Hegemeister *m*

warrigal ['wɒrɪgl] *Aus* A S ZOOL 1 → dingo 1 2 Wildpferd *n* B ADJ ungezähmt, wild

warring ['wɔ:rɪŋ] ADJ 1 a sich bekriegend b Krieg führend 2 *fig* einander widerstreitend

warrior ['wɒrɪə; US 'wɔ:rjər] A S Krieger *m* B ADJ kriegerisch

Warsaw ['wɔ:(r)sɔ:] S Warschau *n*

warship S Kriegsschiff *n*

Warsaw| Ghetto ['wɔ:(r)sɔ:] S HIST Warschauer Getto *n*; **~ Pact**, **~ Treaty Organization** S HIST Warschauer Pakt *m*

wart [wɔ:(r)t] S 1 MED Warze *f*: **~s and all** *fig* a mit allen s-n etc Fehlern u. Schwächen b ungeschminkt 2 BOT, ZOOL Auswuchs *m*: **~ hog** Warzenschwein *n*; **warted** ADJ warzig

war|time A S Kriegszeiten *pl*: **in ~** im Krieg B ADJ in Kriegszeiten, Kriegs…: **~ comrade (experiences**, *etc*); **~-torn** ADJ vom Krieg heimgesucht *od* verwüstet

warty ADJ warzig

war| vessel → warship; **~weary** ADJ kriegsmüde; **~ whoop** S Kriegsgeheul *n (der Indianer)*

Warwickshire ['wɒrɪkʃə(r); -ʃɪə(r); US *bes* 'wɑ-] S Warwickshire *n (Grafschaft in Mittelengland)*

war widow S Kriegerwitwe *f*

wary ['weərɪ] ADJ (ADV warily) 1 a wachsam, vorsichtig b argwöhnisch: **be ~ of** a achtgeben auf *(akk)* b sich hüten *od* in Acht nehmen vor *(dat)*; **be ~ of doing sth** sich (davor) hüten, etwas zu tun; **keep a ~ eye on** ein wachsames Auge haben auf *(akk)* 2 umsichtig, bedacht (-sam) 3 vorsichtig, behutsam

war zone S MIL Kriegsgebiet *n*

was [wəz; *Br betont* wɒz; *US betont* wʌz; wɑz] *1. u. 3. sg prät von* be; *im passiv* wurde: **he ~ killed**; **he ~ to come** er hätte kommen sollen; **he didn't know what ~ to come** er ahnte nicht, was noch kommen sollte

wash [wɒʃ; US *a.* wɑʃ] A S 1 Waschen *n*, Wäsche *f*: **in the ~** in der Wäsche; **come out in the ~** a herausgehen *(Fleck etc)* b *fig umg* in Ordnung kommen, sich klären c *fig umg* rauskommen, sich zeigen; **give sth a ~** etwas (ab)waschen; **have a ~** sich waschen; **you need a ~** du solltest dich mal waschen; → brushup 1 2 *(zu waschende od gewaschene)* Wäsche 3 Waschwasser *n*, -lauge *f* 4 Spülwasser *n (a. fig dünne Suppe etc)* 5 Spülicht *n*, Küchenabfälle *pl* 6 *fig* Gewäsch *n*, leeres Gerede 7 *(Augen-, Haar- etc)* Wasser *n* 8 PHARM Waschung *f* 9 Anspülen *n (der Wellen)*, Wellenschlag *m*, (Tosen *n* der) Brandung *f* 10 Anschlagen *n*, Klatschen *n (der Wellen)* 11 SCHIFF Kielwasser *n* 12 FLUG a Luftstrudel *m*, Sog *m* b glatte Strömung 13 Goldsand *m*, goldhaltige Erde 14 GEOL a Auswaschung *f*, (Wasser)Erosion *f* b (Alluvial)Schutt *m* 15 GEOG a Schwemm-, Marschland *n* b Morast *m* 16 seichtes Gewässer 17 Farbüberzug *m*: a Tusche *f*, dünn aufgetragene (Wasser)Farbe b ARCH Tünche *f* 18 TECH a Bad *n*, Abspritzung *f* b Plattierung *f* B ADJ waschbar, -echt *(Stoff etc)* C V/T 1 *s-n Wagen*, sich *das Gesicht etc* waschen: **~ one's face**; **~ o.s.**, **get ~ed** sich waschen; **~ dishes** Geschirr (ab)spülen; → hand *Bes Redew* 2 (ab)spülen, (ab)spritzen 3 REL *(von Schuld)* reinwaschen, reinigen: → wash away A 3 4 benetzen, befeuchten 5 be-, um-, überspülen, überfluten: **cliffs ~ed by the waves** 6 (fort-, weg)spülen, (-)schwemmen: **be ~ed ashore** angeschwemmt werden 7 GEOL graben *(Wasser)*: → wash away A 2, wash out A 1 a 8 CHEM *Gas* reinigen 9 *(mit Farbe)* streichen: a tünchen, weißen b dünn anstreichen c tuschen 10 *Sand (nach Gold etc)* auswaschen 11 TECH *Erze* waschen, schlämmen 12 TECH plattieren (**with** mit) D V/I 1 a sich waschen b sich die Hände waschen 2 (Wäsche) waschen 3 a sich *gut etc* waschen (lassen) b waschecht sein 4 *umg* a e-r näheren Prüfung standhalten *(Aussage etc)* b ziehen (**with** bei *j-m*) *(Argument etc)* 5 *(vom Wasser)* gespült *od* geschwemmt werden: **~ ashore** angeschwemmt werden 6 fluten, spülen *(beide:* **over** über *akk)* 7 branden, klatschen *(beide:* **against** gegen)

Phrasal Verbs: **wash| away** A V/T 1 ab-, wegwaschen 2 weg-, fortspülen, -schwemmen 3 **~ sb's sins** REL j-n von s-n Sünden reinwaschen B V/I weg- *od* fortgespült *od* -geschwemmt werden; **~ down** V/T 1 abwaschen, abspritzen 2 hinunterspülen *(a. Essen:* **with** mit *e-m Getränk)*; **~ off** → wash away A 1, A 2, B; **~ out** A V/T 1 a auswaschen, ausspülen *(a.* GEOL *etc)*, *e-e Straße etc* unterspülen b **wash sth out of** etwas herauswaschen aus 2 **be washed out** *(Veranstaltung)* a wegen Regens abgebrochen werden b wegen Regens abgesagt werden; **the game was washed out** das Spiel fiel im wahrsten Sinne des Wortes ins Wasser 3 *umg* fertigmachen, erledigen, erschöpfen: → washed-out 2 4 *umg* a aufheben, zunichtemachen b *e-n Plan etc* fallen lassen, aufgeben c *e-n Kandidaten etc* ablehnen, ausscheiden B V/I 1 a sich herauswaschen lassen b sich auswaschen, verblassen 2 sich wegwaschen lassen *(Farbe)* 3 *umg* durchfallen *(Prüfling etc)*; **~ up** A V/T 1 *Br Geschirr* (ab)spülen 2 *bes US für* wash out A 3: → washed-up B V/I 1 *US umg* sich das Gesicht u. die Hände waschen 2 *Br* Geschirr spülen

Wash. ABK Washington

washable ADJ waschecht, *(Tapete)* abwaschbar

wash|-and-wear ADJ a bügelfrei b pflegeleicht; **~basin** S Waschbecken *n*; **~board** S 1 Waschbrett *n*, MUS *a.* Washboard *n* 2 Fuß-, Scheuerleiste *f* 3 SCHIFF Setzbord *n*; **~ bottle** S CHEM (Gas)Waschflasche *f*; **~bowl** → washbasin; **~cloth** S 1 *Br* Spültuch *n*, -lappen *m* 2 *US* Waschlappen *m*; **~day** S Waschtag *m*; **~ drawing** S Tuschzeichnung *f*

washed|-out ADJ 1 verwaschen, verblasst 2 *umg* fertig, erledigt, erschöpft; **~-up** ADJ *bes US umg* erledigt, fertig: a erschöpft b völlig ruiniert

washer S 1 Wäscher(in) 2 a Waschmaschine *f* b Geschirrspülmaschine *f*, Geschirrspüler *m* c AUTO Waschanlage *f* d TECH Erz-, Kohlenwäscher *m* e CHEM Gaswaschapparat *m* f FOTO Wässerungskasten *m* g *Papierherstellung*: Halbzeug-, Halbstoffholländer *m* 3 TECH Unterlegscheibe *f*, Dichtungsscheibe *f* 4 *Aus* Waschlappen *m*; **~-drier**, **~-dryer** S Waschtrockner *m*; **~ fluid** S AUTO Waschflüssigkeit *f*; **~woman** S *irr* Waschfrau *f*, Wäscherin *f*

washhouse S *bes* HIST Waschhaus *n*, -küche *f*

washiness ['wɒʃɪnɪs; US *a.* 'wɑ-] S 1 Wässerigkeit *f (a. fig Kraftlosigkeit, Seichtheit)* 2 Verwaschenheit *f*, Blässe *f*

washing A S 1 → wash A 1, A 2 2 *(gebrauchtes)* (Ab)Wasch- *od* Spülwasser 3 TECH a nasse Aufbereitung, Erzwäsche *f* b Wascherz *n*, Waschgold *n* 4 TECH Plattierung *f*, Überzug *m* 5 Farbüberzug *m*: a Tünche *f* b Tusche *f* 6 GEOL a (Wasser)Erosion *f* b Anschwemmung *f* B ADJ Wasch…, Wäsche…; **~ day** → washday; **~ engine** → washer 2 g; **~ line** S *bes Br* Wäscheleine *f*; **~ machine** S *Br* Waschmaschine *f*; **~ powder** S Waschpulver *n*; **~ program(me)** → wash program(me); **~ soda** S (Bleich)Soda *n*

Washington ['wɒʃɪŋtən; US *a.* 'wɑ-] S Washington *n* a *Staat im Nordwesten der USA* b *Hauptstadt der USA*

washing-up S *Br* Abwasch *m (Geschirrspülen u. Geschirr)*: **do the ~** (das) Geschirr spülen; **~ liquid** (Geschirr)Spülmittel *n*; **~ machine** Geschirrspülmaschine *f*, Geschirrspüler *m*; **~ water** Abwasch-, Spülwasser *n*

wash| leather S 1 Waschleder *n* 2 Fenster(putz)leder *n*; **~ load** S Füllung *f (Wäsche)*; **~out** S 1 GEOL Auswaschung *f* 2 Unterspülung *f (e-r Straße etc)* 3 *umg* a Flop *m*, Pleite *f*, Reinfall *m* b Niete *f pej*, Versager(in) c Durchfaller(in); **~ program(me)** S Waschprogramm *n (e-r Waschmaschine od e-s Geschirrspülers)*; **~rag** S *US* Waschlappen *m*; **~room** S 1 Waschraum *m* 2 *US euph* Toilette *f*; **~ sale** S WIRTSCH *US* Scheinkauf *m* u. -verkauf *m (von Börsenpapieren)*; **~stand** S 1 *bes* HIST Waschtisch *m*, -ständer *m* 2 Waschbecken *n*;

W

~tub S Waschbottich *m*, -zuber *m*; **~wom-an** → washerwoman

washy ['wɒʃı; *US a.* 'wɑ-] ADJ (ADV washily) 1 verwässert, wässrig (*beide a. fig kraftlos, seicht*) 2 verwaschen, blass (*Farbe etc*)

wasn't ['wɒznt; *US* 'wʌznt] *Zusammenziehung von* **was not**

wasp[1] [wɒsp; *US a.* wɑsp] S 1 ZOOL Wespe *f* 2 *fig* reizbarer *od umg* giftiger Mensch

Wasp[2] [wɑ:sp; wɔ:sp] S ABK White Anglo-Saxon Protestant *US, oft pej* 1 weiße(r) angelsächsische(r) Protestant(in) 2 *Angehörige(r) der privilegierten u. einflussreichen weißen Mittelschicht*

waspish ADJ (ADV ~ly) reizbar, giftig *umg*

wasp| waist S Wespentaille *f*; **~-waisted** ADJ mit e-r Wespentaille

wassail ['wɒseıl; *US* 'wɑsəl] A S *obs* 1 Toast *m*, Trinkspruch *m* 2 Trinkgelage *n* 3 *bei e-m Trinkgelage konsumierter Alkohol, bes* a Glühwein *m* b Würzbier *n* 4 Trinklied *n* B V/T *obs* e-n Toast auf *j-n* ausbringen C V/I *Br* von Haus zu Haus ziehen u. Weihnachtslieder singen

Wassermann reaction ['wæsə(r)mən; *US* 'wɑ-] S MED Wassermann-Reaktion *f* (*e-e Serumreaktion auf Syphilis*)

wast [wɒst; wəst; *US* wɑst; wəst] *obs 2. sg prät von* be: **thou ~**

wastage ['weıstıdʒ] S 1 Schwund *m*: **natural ~** WIRTSCH natürliche Fluktuation 2 Verschwendung *f*, -geudung *f*: **~ of energy** Energieverschwendung

waste [weıst] A ADJ 1 brach(liegend): **lay ~** verwüsten; **lie ~** brachliegen 2 a nutzlos, überflüssig b ungenutzt, überschüssig (*Energie etc*) 3 unbrauchbar, Abfall... 4 TECH a abgängig, verloren, Abgangs... b Abfluss..., Ablauf..., Abzugs...: **~ drain** Abzugskanal *m*; **~ materials** Abgänge *pl*, Abfall (-material) *m(n)* 5 BIOL Ausscheidungs... B S 1 Verschwendung *f*, -geudung *f*: **~ of energy (money, space, time)** Energie-(Geld-, Platz-, Zeit)verschwendung; **go** (*od* **run**) **to ~** a verwildern b vergeudet werden c verlottern, -fallen 2 Verfall *m*, Verschleiß *m*, Abgang *m*, Verlust *m* 3 Wüste *f*, (Ein)Öde *f*: **~ of water** Wasserwüste 4 Abfall *m*, Müll *m* 5 TECH Abfall *m*, Abgänge *pl*, *bes* a Ausschuss *m* b Abfall-, Putzbaumwolle *f* c Ausschusswolle *f*, Wollabfälle *pl* d Werg *n* e METALL Gekrätz *n* f TYPO Makulatur *f* 6 *Bergbau*: Abraum *m* 7 GEOL Geröll *n*, Schutt *m* 8 JUR a Vernachlässigung *f* b Wert(ver)minderung *f* (*e-s Grundstücks*) C V/T 1 a *Geld, Zeit etc* verschwenden, -geuden (**on** an *dat*, für): **~ one's time doing sth** s-e Zeit damit verschwenden, etwas zu tun; **~ no time in doing sth** sich beeilen, etwas zu tun; etwas sofort tun; **it is ~d on him** es ist zu schade für ihn; → breath 1 b *e-n Sportler etc* verheizen *umg* 2 *Zeit, e-e Gelegenheit etc* ungenutzt verstreichen lassen 3 *fig* brachliegen *od* ungenutzt lassen: **a ~d talent** ein ungenutztes Talent 4 **be ~d** nutzlos sein, ohne Wirkung bleiben (**on** auf *akk*): **this is ~d on him** das lässt ihn völlig kalt 5 zehren an (*dat*), aufzehren, schwächen: **be ~d with grief** von Kummer verzehrt werden 6 verwüsten, -heeren, zerstören 7 JUR Vermögensschaden *od* Minderung verursachen bei, *ein Besitztum* verkommen lassen 8 *bes* MIL *US sl* umlegen D V/I 1 *fig* vergeudet *od* verschwendet werden: **he ~s in routine work** er verzettelt sich mit Routinearbeit 2 vergehen, (ungenutzt) verstreichen (*Zeit, Gelegenheit etc*) 3 *a.* **~ away** schwächer werden, dahinsiechen, verfallen 4 *fig* abnehmen, (dahin)schwinden 5 verschwenderisch sein: **~ not, want not** (*Sprichwort*) spare in der Zeit, so hast du in der Not

waste|basket S *bes US* Abfall-, *bes* Papierkorb *m*; **~ disposal** S Abfall-, Müllbeseitigung *f*, -entsorgung *f*

wasteful ADJ (ADV ~ly) 1 kostspielig, unwirtschaftlich, verschwenderisch 2 verschwenderisch (**of** mit): **be ~ of** verschwenderisch umgehen mit, *etwas* verschwenden; → exploitation 1 3 sinnlos; **wastefulness** S Verschwendung(ssucht) *f*

waste| gas S TECH Abgas *n*; **~ heat** S TECH Abwärme *f*; **~land** S 1 Einöde *f*, Ödland *n*: **sth is a (cultural,** *etc*) **~** *fig* etwas ist (kulturell *etc*) völlig bedeutungslos 2 verwüstetes Land; **~ oil** S Altöl *n*; **~paper** S 1 Abfallpapier *n*, Makulatur *f* (*a. fig*) 2 Altpapier *n*; **~paper basket** S Papierkorb *m*; **~ pipe** S TECH Abfluss-, Abzugsrohr *n*; **~ product** S 1 WIRTSCH, TECH Abfallprodukt *n* 2 BIOL Ausscheidungsstoff *m*

waster S 1 → wastrel A 1, A 3 2 METALL a Fehlguss *m* b Abschnitt *m*, Schrottstück *n*

waste| recovery S Abfall-, Müllaufbereitung *f*; **~ recycling** S Abfall-, Müllverwertung *f*; **~ reduction** S Abfall-, Müllverminderung *f*; **~ removal** S Abfall-, Müllbeseitigung *f*; **~ separation** S Abfall-, Mülltrennung *f*; **~ steam** S TECH Abdampf *m*; **~ treatment** → waste recovery; **~ water** S Abwasser *n*

wasting A S 1 → waste B 1, B 2 2 MED Auszehrung *f*, Schwindsucht *f* B ADJ 1 zehrend, schwächend: → palsy A 1 2 abnehmend, schwindend

wastrel ['weıstrəl] A S 1 a Verschwender(in) b Tunichtgut *m* 2 Herumtreiber(in) 3 WIRTSCH Ausschuss(artikel) *m*, -ware *f*, fehlerhaftes Exemplar B ADJ Ausschuss...

Wat. ABK Waterford

watch [wɒtʃ; *US a.* wɑtʃ] A S 1 Wachsamkeit *f*: **be on the ~** a wachsam *od* auf der Hut sein b Ausschau halten (**for** nach) 2 Wache *f*: **be on ~** Wache haben; **keep (a) close** (*od* **careful**) **~ on** *etwas* genau beobachten, scharf im Auge behalten. → ward A 8 3 (Schild)Wache *f*, Wachtposten *m* 4 *pl, bes poet* Wachen *n*, Wachsein *n* 5 SCHIFF (Schiffs)Wache *f* (*Zeitabschnitt od Mannschaft*): **first ~** erste Wache (*20.00-24.00 Uhr*); **middle ~**, *US* **mid ~** Mittelwache, zweite Wache, Hundewache (*0.00-04.00 Uhr*); **morning ~** Morgenwache (*04.00-08.00 Uhr*) 6 (*Taschen-, Armband*) Uhr *f* B V/I 1 zusehen, zuschauen 2 **(for)** a warten (auf *akk*): **~ for sth to happen** darauf warten, dass etwas geschieht b Ausschau halten, ausschauen (nach) 3 wachen (**with** bei *j-m*), wach sein: **~ and pray** wachet u. betet 4 **~ over** wachen über (*akk*), bewachen, aufpassen auf (*akk*): **he (it) needs ~ing** ihn (es) muss man im Auge behalten 5 Wache halten 6 **~ out (for)** a → B 4 b aufpassen, achtgeben (auf *akk*): **~ out!** Achtung!, Vorsicht! c sich hüten *od* in Acht nehmen (vor *dat*) C V/T 1 beobachten: a *j-m od e-r Sache* zuschauen, sich *etwas* ansehen: **~ the clock** *umg* ständig auf die Uhr schauen (*statt zu arbeiten*); → television A 1 b ein wachsames Auge haben auf (*akk*), *a. e-n Verdächtigen etc* überwachen c *e-n Vorgang* verfolgen, im Auge behalten d JUR *den Verlauf e-s Prozesses* verfolgen 2 *e-e Gelegenheit etc* abwarten, abpassen 3 achtgeben *od* -haben auf (*akk*) (*od* **that** dass): **~ it!** sei vorsichtig!, pass auf!; → step A 1, A 7 4 *Vieh* hüten, bewachen

watch|band S *US* Uhr(arm)band *n*; **~case** S Uhrgehäuse *n*; **~ chain** S Uhrkette *f*; **~dog** A S 1 Wachhund *m* 2 *fig* Wächter(in): **the ~s of public morals** die Hüter der öffentlichen Moral B V/T *fig US* wachen über (*akk*), überwachen

watcher S 1 Wächter(in) 2 *j-d, der an e-m Krankenbett Wache hält* 3 Beobachter(in), Aufpasser(in) 4 Schaulustige(r) *m/f(m)*

watch|face S Zifferblatt *n*; **~ fire** S Wachfeuer *n*

watchful ADJ (ADV ~ly) 1 wachsam, aufmerksam: **keep a ~ eye on** ein wachsames Auge haben auf (*akk*); **there was a ~ look in her eyes** sie hatte e-n wachsamen Blick 2 **(against)** vorsichtig (mit), auf der Hut (vor *dat*); **watchfulness** S 1 Wachsamkeit *f*, Aufmerksamkeit *f* 2 Vorsicht *f*

watch glass S Uhrglas *n*

watching brief S: **hold a ~ for sb** JUR *Br* j-s Interesse (*vor Gericht*) als Beobachter vertreten

watch| key S Uhrschlüssel *m*; **~ list** S *US* Watchlist *f* (*Liste von Personen, denen die Einreise in die USA bzw nach Kanada verweigert wird*); **~maker** S Uhrmacher(in); **~making** S Uhrmacherei *f*; **~man** [-mən] S *irr* 1 Wachmann *m* 2 HIST Nachtwächter *m* (*e-r Stadt etc*); **~ night** S REL a Silvesterabend *m* b Silvestergottesdienst *m*; **~ officer** S SCHIFF Wachoffizier *m*; **~ pocket** S Uhrtasche *f*; **~ spring** S TECH Uhrfeder *f*; **~strap** S Uhr(arm)band *n*; **~tower** S MIL Wach(t)turm *m*; **~word** S 1 Losung *f*, Parole *f* 2 *fig* Slogan *m*, Schlagwort *n*

water ['wɔ:tə(r)] A V/T 1 bewässern, *den Rasen, e-e Straße etc* sprengen, *Pflanzen etc* (be)gießen 2 *Vieh* tränken 3 mit Wasser versorgen: **~ ship** → B 2 4 *oft* **~ down** verwässern: a verdünnen, *Wein* panschen b *fig* abschwächen, mildern c *fig* mundgerecht machen: **a ~ed-down liberalism** ein verwässerter Liberalismus; **~ing-down policy** Verwässerungspolitik *f*; **he ~ed his lecture** er zog s-n Vortrag in die Länge 5 WIRTSCH *Aktienkapital* verwässern 6 TECH a wässern, einweichen, befeuchten b *Töpferei, Malerei: Ton, Farbe* einsumpfen c *Kalk* einmachen d *Flachs* rösten e *Stoff* wässern, moirieren f *Stahl* damaszieren B V/I 1 wässern (*Mund*), tränen (*Augen*): **the news made his eyes ~** bei der Nachricht begannen s-e Augen zu tränen; **his mouth ~ed** das Wasser lief ihm im Mund zusammen; **make sb's mouth ~** j-m den Mund wässerig machen (*a. fig*); **the sight made my mouth ~** bei dem Anblick lief mir das Wasser im Mund zusammen 2 SCHIFF Wasser einnehmen 3 Wasser trinken (*Vieh*) 4 FLUG wassern C S 1 Wasser *n*: **be (as) weak as ~** a *a.* **feel (as) weak as ~** sich sehr schwach fühlen a ganz schwach sein, *pej* wie Wasser schmecken (*Getränk*) b keinerlei Willenskraft haben c äußerst schwach sein (*Argument etc*); **be under ~** unter Wasser stehen; **~s** *pl* **of forgetfulness** a Wasser des Vergessens, Vergessen *n* b Tod *m* 2 *meist pl* Mineralwasser *n*, Brunnen *m*, Wasser *n* (*e-r Heilquelle*): **drink** (*od* **take**) **the ~s** e-e Trinkkur machen (**at** in *dat*) 3 Wasser *n*, Gewässer *n*: **in Chinese ~s** in chinesischen Gewässern; **(by land and) by ~** (zu Lande u.) zu Wasser, auf dem (Land-u.) Wasserweg; **on the ~** a auf dem Meer, zur See b zu Schiff; **be on the ~** verschifft werden; **the ~s** *pl poet* das Meer, die See 4 *meist pl* Flut *f*, Fluten *pl*, Wasser *n od pl* 5 Wasserstand *m*: → high water, low water 6 Wasserspiegel *m*: **above (below) (the) ~** über (unter) Wasser *od* dem Wasserspiegel 7 (*Toiletten*) Wasser *n* 8 CHEM Wasserlösung *f* 9 MED, PHYSIOL a Wasser *n*, Sekret *n* (*z. B. Speichel, Schweiß, Urin*): **pass** (*od* **make**) **~** Wasser lassen; **the sight brought the ~ to my mouth** bei dem Anblick lief mir das Wasser im Mund zusammen; **~ on the brain** Wasserkopf *m*; **~ on the knee** Kniegelenkerguss *m* b *meist pl*

W

Fruchtwasser *n* 10 TECH *Wasser n (reiner Glanz e-s Edelsteins)*: **of the first ~** reinsten Wassers *(a. fig)*; **a scoundrel of the first ~** *fig* ein Erzhalunke 11 TECH a Wasser(glanz) *n(m)*, Moiré *n (von Stoffen)* b Damaszierung *f (von Stahl)*
Besondere Redewendungen: **hold ~** *fig* stichhaltig sein; **pour** (*od* **throw**) **cold ~ on** *fig e-r Sache e-n* Dämpfer aufsetzen, wie e-e kalte Dusche wirken auf *(akk)*; **the wine flowed like ~** der Wein floss in Strömen; **spend money like ~** mit dem Geld nur so um sich werfen; **make** (*od* **take**) **~** SCHIFF Wasser machen, leck sein *(Schiff)*; **make the ~** SCHIFF vom Stapel laufen; **still ~s run deep** *(Sprichwort)* stille Wasser sind tief; → bread *Bes Redew*, bridge[1] A 1, deep A 1, fish A 1, head *Bes Redew*, hot A 13, low water, oil A 1, write A 2

waterage ['wɔːtərɪdʒ] S WIRTSCH *Br* 1 Beförderung *f* auf dem Wasser(weg) 2 Wasserfracht (-kosten) *f(pl)*

water| bag S Wasserbeutel *m (aus Leder etc)*; **~ bailiff** S *Br* Fischereiaufseher(in); **~ balance** S BIOL, MED Wasserhaushalt *m*; **~ ballet** S *Synchronschwimmen*: Wasserballett *n*; **~ bath** S CHEM Wasserbad *n*; ♒ **Bearer** S ASTROL Wassermann *m (Tierkreiszeichen)*; **~-bearing** ADJ GEOL Wasser führend; **~ bed** S Wasserbett *n*; **~ bird** S ORN *allg* Wasservogel *m*; **~ biscuit** S Cracker *m*; **~ blister** S MED Wasserblase *f*; **~borne** ADJ 1 auf dem Wasser schwimmend: **be ~** flott sein 2 zu Wasser *od* auf dem Wasserweg befördert *(Güter)* 3 **~ disease** MED Krankheit, die durch Wasser übertragen wird; **~ bomb** S Wasserbombe *f (Schabernack)*; **~ bottle** S 1 Wasserflasche *f* 2 Feldflasche *f*; **~ brash** S MED Sodbrennen *n*; **~buck** S ZOOL Hirschantilope *f*, Wasserbock *m*; **~ buffalo** S ZOOL Wasserbüffel *m*; **~ bug** S ZOOL *(e-e)* Wasserwanze *f*; **~bus** S Fahrgastschiff *n*; **~ butt** S *bes Br* Regentonne *f*; **~ cannon** S Wasserwerfer *m*; **~ carrier** S 1 Wasserträger *m* 2 a Wasserleitung *f* b Kanal *m* 3 **Water Carrier** → Water Bearer; **~ cement** TECH Wasserzement *m*; **~ chestnut** S BOT Wassernuss *f*; **~ chute** S Wasserrutschbahn *f*; **~ clock** S TECH Wasseruhr *f*; **~ closet** S *obs* Wasserklosett *n*; **~colo(u)r** A S 1 Wasser-, Aquarellfarbe *f* 2 Aquarellmalerei *f* 3 Aquarell *n (Bild)* B ADJ Aquarell…; **~colo(u)rist** S Aquarellist(in), Aquarellmaler(in); **~-cooled** ADJ TECH wassergekühlt *(Motor etc)*; **~ cooler** S *bes US* isolierter Trinkwasserbehälter *(im Büro etc)*; **~ cooling** S TECH Wasserkühlung *f*; **~course** S 1 Wasserlauf *m* 2 Fluss-, Strombett *n* 3 Kanal *m*; **~craft** S *irr* Wasserfahrzeug *n*; **~ cress** S BOT Brunnenkresse *f*; **~ cure** S MED 1 Wasserkur *f* 2 Wasserheilkunde *f*; **~ curtain** S Wasservorhang *m*; **~ cycle** S Wasserkreislauf *m*; **~ diviner** S *Br* (Wünschel)Rutengänger(in); **~ dog** S 1 JAGD Wasserhund *m* 2 *umg* Wasserratte *f*; **~ economy** S BIOL, MED Wasserhaushalt *m*

watered ['wɔːtə(r)d] ADJ 1 bewässert, gesprengt *(Rasen, Straße etc)* 2 *oft* **~-down** verwässert *(a. fig)* 3 WIRTSCH verwässert *(Aktienkapital)* 4 TECH a gewässert, moiriert *(Stoff)* b damasziert *(Stahl)*

water|fall S Wasserfall *m*; **~-fast** ADJ wasserecht *(Färbung etc)*; **~finder** S *US* (Wünschel)Rutengänger(in); **~ flea** S ZOOL Wasserfloh *m*

Waterford ['wɔːtə(r)fə(r)d; *US a.* 'wɑː-] S Waterford *n* **(Grafschaft im Süden Irlands)**

water| fountain S *US* Trinkbrunnen *m*; **~fowl** S ORN 1 Wasser-, *bes* Schwimmvogel *m* 2 KOLL Wasser-, *bes* Schwimmvögel *pl*; **~front** S an ein Gewässer grenzender Stadtbezirk *od* Landstreifen, Hafengebiet *n*, -viertel *n*; **~ gage** *bes US für* water gauge; **~ gap** S GEOG Schlucht *f*, (Fluss)Durchbruch *m*; **~ gas** S CHEM Wassergas *n*; **~ gate** S 1 Schleuse *f* 2 Schleusentor *n*; **~ gauge** S TECH Wasserstandsanzeiger *m*; **~ glass** S Wasserglas *n (a. CHEM)*; **~ gun** S *US* Wasserpistole *f*; **~ hammer** S PHYS Wasserschlag *m (in Rohrleitungen)*; **~ hazard** S *Golf*: Wasserhindernis *n*; **~ heater** S TECH Heißwassergerät *n*; **~ hen** S ORN Ralle *f*, *bes* (Grünfüßiges) Teichhuhn; **~ hiking** S Wasserwandern *n*; **~ hole** S 1 Wasserloch *n* 2 kleiner Teich 3 Loch *n* in der Eisdecke *(e-s Gewässers)*; **~ hose** S Wasserschlauch *m*; **~ ice** S Fruchteis *n*

wateriness ['wɔːtərɪnɪs] S Wässerigkeit *f*

watering A S 1 Bewässern *n*, Sprengen *n (e-s Rasens, e-r Straße etc)*, (Be)Gießen *n (von Pflanzen etc)* 2 Tränken *n (von Vieh)* 3 Versorgung *f* mit Wasser 4 *a.* **~-down** Verwässern *n (a. fig)* 5 WIRTSCH Verwässern *n (von Aktienkapital)* 6 TECH a Wässern *n*, Moirieren *n (von Stoff)* b Moirierung *f* c Damaszieren *n (von Stahl)*; 7 SCHIFF Wassernehmen *n* B ADJ 1 Bewässerungs… 2 Kur…, Bade…; **~ can** S Gießkanne *f*; **~ hole** S 1 a → water hole 1 b Wasserstelle *f*, Tränke *f*; 2 *umg hum* Kneipe *f*; **~ place** S 1 *bes Br* a Bade-, Kurort *m*, Bad *n* b Seebad *n*; 2 → watering hole 1 b; **~ pot** S *US* Gießkanne *f*

water| jacket S TECH Wasser(kühl)mantel *m*; **~jet** → waterpick; **~ jump** S SPORT Wassergraben *m*

waterless ADJ wasserlos

water| lettuce S BOT Wassersalat *m*; **~ level** S 1 Wasserstand *m*, -spiegel *m* 2 TECH Wasserwaage *f* 3 GEOL Grundwasserspiegel *m* 4 *Bergbau*: Grundstrecke *f* 5 SCHIFF → water line 1; **~ lily** S BOT Seerose *f*; **~ line** S 1 SCHIFF Wasserlinie *f (e-s Schiffs)* 2 → water level 3; **~logged** ADJ 1 SCHIFF voll Wasser *(Boot etc)* 2 vollgesogen *(Holz etc)* 3 unter Wasser stehend *(Spielfeld etc)*

Waterloo [ˌwɔːtə(r)'luː; *US a.* ˌwɑ-] S: **meet one's ~** *fig* sein Waterloo erleben

water| main S TECH Hauptwasserleitung *f*; **~man** [-mən] S *irr* 1 Bootsführer *m* 2 SPORT Ruderer *m*; **~mark** A S 1 TECH Wasserzeichen *n (in Papier)* 2 → water line 1 B V/T *Papier* mit Wasserzeichen versehen; **~ meadow** S AGR Feuchtwiese *f*; **~melon** S BOT Wassermelone *f*; **~ meter** S TECH Wassermesser *m*, -uhr *f*, -zähler *m*; **~ mill** S Wassermühle *f*; **~ moccasin** S ZOOL Mokassinschlange *f*; **~ nymph** S 1 MYTH Wassernymphe *f* 2 → water lily; **~ ox** S *irr* → water buffalo; **~ parting** *bes US für* watershed 1; **~pick** S Munddusche *f*; **~ pipe** S 1 TECH Wasser(leitungs)rohr *n* 2 Wasserpfeife *f*; **~ pipit** S ORN Wasserpieper *m*; **~ pistol** S Wasserpistole *f*; **~ plane** S SCHIFF Wasserebene *f*; **~ plant** S BOT Wasserpflanze *f*; **~ pollution** S Wasserverschmutzung *f*; **~ polo** S SPORT Wasserball(spiel) *m(n)*; **~ power** S TECH Wasserkraft *f*; **~ pressure** S TECH Wasserdruck *m*; **~proof** A ADJ wasserdicht B S 1 wasserdichter Stoff 2 *bes Br* wasserdichtes Kleidungsstück, *bes* Regenmantel *m* C V/T wasserdicht machen, imprägnieren; **~ pump** S TECH Wasserpumpe *f*; **~quake** S GEOL Seebeben *n*; **~ rail** S ORN Wasserralle *f*; **~ rat** S ZOOL a Wasserratte *f* b Bisamratte *f*; **~ rate** S *Br* Wassergeld *n*; **~ recycling** S Wasseraufbereitung *f*; **~-repellent** ADJ Wasser abstoßend *od* abweisend; **~-resistant** ADJ wasserbeständig; **~ rice** → Indian rice; **~ right** S JUR Wassernutzungsrecht *n*; **~scape** S MAL Seestück *n*; **~ scorpion** S ZOOL Wasserskorpion *m*; **~ seal** S TECH Geruchverschluss *m*; **~shed** S 1 GEOG a *bes Br* Wasserscheide *f* b Einzugs-, Stromgebiet *n* 2 *fig* a Trennungslinie *f* b Wendepunkt *m*; **~side** A S Ufer *n* B ADJ am Wasser: **~ houses**; **~ ski** S Wasserski *m*; **~-ski** V/I Wasserski laufen; **~-skier** S Wasserskiläufer(in); **~-skiing** S Wasserski (-laufen) *n*; **~ softener** S Wasserenthärtungsmittel *n*; **~-soluble** ADJ BIOL, CHEM wasserlöslich; **~ spaniel** S ZOOL Wasserspaniel *m*; **~ spider** S ZOOL Wasserspinne *f*; **~ sports** SPL Wassersport *m*; **~spout** S 1 Fallrohr *n (der Dachrinne)* 2 Wasserspeier *m*, Speiröhre *f* 3 METEO Wasserhose *f*; **~ spray** S Wassernebel *m*, -staub *m*; **~ sprite** S Wassergeist *m*, -nixe *f*; **~ strider** S ZOOL Wasserläufer *m*; **~ supply** S 1 Wasserversorgung *f* 2 Wasserleitung *f*; **~ system** S 1 GEOG Stromgebiet *n* 2 → water supply; **~ table** S 1 ARCH Gesims *n* mit Wasserschräge 2 GEOL Grundwasserspiegel *m*; **~ tank** S Wasserbehälter *m*; **~tight** ADJ wasserdicht *(a. fig umg)*: **keep sth in ~ compartments** *fig* etwas isoliert halten *od* betrachten; **~tightness** S wasserdichte Beschaffenheit; **~ tower** S 1 TECH Wasserturm *m* 2 Standrohr *n (der Feuerwehr)*; **~tube boiler** S TECH Wasserrohrkessel *m*; **~ twist** S Watergarn *n (stark gedrehtes Kettgarn)*; **~ vapo(u)r** S PHYS Wasserdampf *m*; **~ vole** → water rat a; **~ wagon** S *US* Wasser(versorgungs)wagen *m*: **be on the ~** *umg* nichts (mehr) trinken; **go on the ~** *umg* mit dem Trinken aufhören; **be off the ~** *umg* wieder trinken; **~ wagtail** S ORN Bachstelze *f*; **~ wave** S Wasserwelle *f (a. im Haar)*; **~-wave** V/T *das Haar* in Wasserwellen legen; **~way** S Wasserstraße *f*; **~ wheel** S TECH 1 a Wasserrad *n* b Schöpfrad *n* 2 SCHIFF Schaufelrad *n*; **~ wings** SPL Schwimmflügel *pl*, -manschetten *pl*; **~ witch** S (Wünschel)Rutengänger(in); **~works** SPL 1 *(oft als sg konstruiert)* Wasserwerk *n* 2 Wasserspiel *n*: **turn on the ~** *umg* zu heulen anfangen, losheulen 3 *Br umg* Blase *f*: **have trouble with one's ~** ständig laufen müssen *euph*; **~worn** ADJ vom Wasser ausgehöhlt

watery ['wɔːtərɪ] ADJ 1 Wasser…: **come to a ~ grave** *bes poet* ein feuchtes *od* nasses Grab finden, den Tod in den Wellen finden 2 a wässrig, wässerig, wasserartig b feucht, nass c MED nässend *(Wunde)* 3 Regen verkündend, Regen…: **~ sky** 4 triefend: a *allg* voller Wasser, nass *(Kleidung etc)* b tränend *(Augen)* 5 verwässert: a fad(e), geschmacklos *(Gemüse etc)* b blass *(Farbe)* 6 *fig* schal, seicht *(Stil)*

WATS ABK TEL *US* wide area telecommunications service

watt [wɒt; *US* wɑt] S ELEK Watt *n*: **~ current** Wirkstrom *m*; **~-hour** Wattstunde *f*; **wattage** S ELEK Wirkleistung *f*, Wattzahl *f*

wattle ['wɒtl; *US* 'wɑtl] A S 1 Flecht-, Gitterwerk *n (aus Zweigen)*: **~ and daub** ARCH mit Lehm beworfenes Flechtwerk 2 *pl* Ruten *pl (zum Strohdachbau)* 3 BOT *Aus (e-e)* Akazie 4 ORN, ZOOL Bart *m*, Kehllappen *pl* B V/T 1 aus Ruten flechten 2 mit Flechtwerk umzäunen *od* bedecken 3 *ein Strohdach* mit Ruten befestigen; **wattled** ADJ 1 ORN, ZOOL mit e-m Bart (versehen) 2 aus Flechtwerk hergestellt

wattless ADJ ELEK watt-, leistungslos: **~ current** Blindstrom *m*; **~ power** Blindleistung *f*

wattmeter S ELEK Wattmeter *n*, Leistungsmesser *m*

waul [wɔːl] V/I jämmerlich schreien

wave[1] [weɪv] A S 1 Welle *f*, Woge *f (beide a. fig)*: **the ~s** *pl bes poet* die See; **a ~ of indignation** e-e Woge der Entrüstung; **make ~s** *US* Wellen schlagen, Aufsehen erregen 2

(*Boden- etc*) Welle *f*, wellenförmige Unebenheit **3** *fig* (*Angriffs- etc*) Welle *f*: **~ of attack**; **~ of immigrants** Einwandererwelle; **~ of strikes** Streikwelle; **~ after ~** Welle um Welle; **in ~s** in Wellen, schubweise **4** ELEK, PHYS Welle *f* **5** TECH **a** Welle *f*, Flamme *f* (*im Stoff*) **b** TYPO Guilloche *f* (*Zierlinie*) **6** (Haar)Welle *f* **7** Wink(en) *m(n)*, Schwenken *n*: **a ~ of the hand** ein Wink mit der Hand, e-e Handbewegung; **give sb a ~** j-m (zu)winken; **give a friendly ~** freundlich winken **B** VI **1** wogen, sich wellenartig bewegen **2** wehen, flattern **3** winken, Zeichen geben: **~ at** (*od* **to**) **sb** j-m (zu)winken; **~ after sb** j-m nachwinken **4** sich wellen (*Haar*) **C** VT **1** wellenförmig bewegen **2** **a** *e-e Fahne, Waffe etc* schwenken, schwingen, hin u. her bewegen: **~ one's arms** mit den Armen fuchteln; **~ one's fist at sb** j-m mit der Faust drohen **b** winken mit: **~ one's hand** (mit der Hand) winken (**at** *od* **to sb** j-m) **3** *j-s Haar etc* wellen, in Wellen legen **4** TECH **a** *Stoff* flammen, moirieren **b** *Wertpapiere etc* guillochieren, mit Zierlinien versehen **5** *j-m* (zu)winken: **~ a train to a halt** e-n Zug durch Winkzeichen anhalten; **~ aside** **a** *j-n* beiseitewinken **b** *fig e-n Einwand etc* abtun; **~ away** **a** *j-n* abweisen **b** *Fliegen etc* (mit der Hand) verscheuchen; **~ down** *ein Auto etc* anhalten, stoppen; **~ goodbye to** **a** *j-m* zum Abschied winken **b** *umg etwas* in den Schornstein schreiben; **~ nearer** heranwinken

Wave² [weɪv] S SCHIFF, MIL *US umg* Reservistin *f*

wave| band S ELEK Wellenband *n*, -bereich *m*; **~ equation** S PHYS Wellengleichung *f*; **~ frequency** S ELEK, PHYS Wellenfrequenz *f*; **~ front** S ELEK, PHYS Wellenfront *f*, -fläche *f*; **~ guide** S ELEK, PHYS Hohl-, Wellenleiter *m*; **~length** S ELEK, PHYS Wellenlänge *f*: **be on the same ~** *fig* auf der gleichen Wellenlänge liegen, die gleiche Wellenlänge haben; **~like** ADJ wellenförmig

wavellite ['weɪvəlaɪt] S MINER Wavellit *m*

wave| mechanics SPL (*als sg konstruiert*) PHYS Wellenmechanik *f*; **~meter** S ELEK Wellenmesser *m*; **~ number** S ELEK, PHYS Wellenzahl *f*

waver ['weɪvə(r)] VI **1** wanken, schwanken, taumeln **2** flackern (*Licht*) **3** beben, zittern (*Hände, Stimme etc*) **4** *fig* wanken: **a** schwanken (**between** zwischen *dat*), unschlüssig sein: **not ~** sich nicht beirren lassen, **b** ins Wanken geraten (*Mut etc*);; **waverer** S *fig* Unentschlossene(r) *m/f(m)*, Zauderer *m*, Zauderin *f*; **wavering** ADJ (ADV **~ly**) **1** (sch)wankend (*a. fig*) **2** *fig* unschlüssig **3** flackernd **4** zitternd

WAVES ABK, **Waves** MIL *US* Women Accepted for Volunteer Emergency Service

wave| speed → wave velocity; **~ theory** S PHYS Wellentheorie *f* (*des Lichts*): **~ of matter** Wellentheorie der Materie; **~ trap** S ELEK Sperrkreis *m*, Sperre *f*; **~ velocity** S ELEK, PHYS Wellengeschwindigkeit *f*

wavey ['weɪvɪ] S ORN *Can* Schneegans *f*

waviness ['weɪvɪnɪs] S Welligkeit *f*

wavy¹ ['weɪvɪ] ADJ (ADV **wavily**) **1** wogend **2** wellig, gewellt (*Haar, Linie etc*)

wavy² ['weɪvɪ] → wavey

wawl → waul

wax¹ [wæks] **A** S **1** (*Bienen-, Kerzen- etc*) Wachs *n*: **put on ~** → C 3; → paraffin A 1 **2** PHYSIOL (*Ohren*) Schmalz *n* **3** Bohnerwachs *n* **4** (*Siegel*) Lack *m* **B** ADJ wächsern, Wachs… **C** VT **1** (ein)wachsen: **~ed paper** Wachspapier *n* **2** *den Fußboden etc* (ein)bohnern **3** *bes US umg etwas* auf Schallplatte aufnehmen

wax² [wæks] VI **1** wachsen, zunehmen (*bes Mond*) (*a. fig*): **~ and wane** zu- u. abnehmen **2** *obs* (*vor adj*) *alt, frech, laut etc* werden: **~ old**

wax³ [wæks] S: **be in** (**get into**) **a ~** *bes Br umg* e-e Stinkwut haben (kriegen)

wax| bean S BOT *US* Wachsbohne *f*; **~ candle** S Wachskerze *f*; **~ cloth** S **1** Wachstuch *n* **2** Bohnertuch *n*; **~ doll** S Wachspuppe *f*

waxen ['wæksən] → waxy¹ 1, 2

wax| figure S Wachsfigur *f*; **~flower** S BOT *Aus* (*ein*) *Rautengewächs*; **~ light** S Wachslicht *n*; **~ museum** → waxwork 2; **~ paper** S Wachspapier *n*; **~ plant** S BOT *Aus* Wachsblume *f*; **~work** S **1** Wachsarbeit *f*, *bes* Wachsfigur *f* **2** *pl* (*a. als sg konstruiert*) Wachsfigurenkabinett *n*

waxy¹ ['wæksɪ] ADJ (ADV **waxily**) **1** wächsern: **a** Wachs… **b** wachsbleich (*Gesicht etc*) **2** gebohnert **3** **~ liver** MED Wachsleber *f*

waxy² ['wæksɪ] ADJ *bes Br umg* stinkwütend

way¹ [weɪ] S **1** Weg *m*: **~ back** Rückweg; **on the ~ back from** auf dem Rückweg von; **~ home** Heimweg; **~ through** Durchreise *f*, -fahrt *f*; **the ~ of the cross** REL der Kreuzweg; **~s and means** **a** Mittel u. Wege **b** *bes* POL (finanzielle) Mittel, Geldbeschaffung(smaßnahmen) *f*; **ask the** (*od* **one's**) **~** nach dem Weg fragen; **lose one's ~** sich verlaufen *od* verirren; **send sb on their ~** (*Fußball*) j-n schicken; **take one's ~** sich aufmachen (**to** nach); → committee 1, find B 3, know A 3 **2** Straße *f*, Weg *m*: **over** (*od* **across**) **the ~** gegenüber **3** *fig* Gang *m*, Lauf *m*: **that is the ~ of the world** das ist der Lauf der Welt; → flesh A 5 **4** Richtung *f*, Seite *f*: **which ~ is he looking?** wohin schaut er?; **look the other ~** wegschauen; **this ~** **a** hierher **b** hier entlang (→ 9); **the other ~ round** umgekehrt **5** Weg *m*, Entfernung *f*, Strecke *f*: **a good ~ off** ziemlich weit entfernt; **a long ~ off** (*od* **from here**) weit (von hier) entfernt; **Easter is still a long ~ off** bis Ostern ist es noch lang; **a long ~ up** weit *od* hoch hinauf; **a little** (**long, good**) **~** ein kleines (weites, gutes) Stück Wegs; **a long ~ off perfection** alles andere als vollkommen; **go a long ~ back** *fig* (weit) ausholen **6** (freie) Bahn, Raum *m*, Platz *m*: **be** (*od* **stand**) **in sb's ~** j-m im Weg sein *od* stehen (*a. fig*); **give ~** **a** (zurück)weichen **b** nachgeben (**to** *dat*) (*Person od Sache*) **c** sich hingeben (**to despair** der Verzweiflung); **give ~ to a car** AUTO e-m Auto die Vorfahrt lassen; **out of the ~!** aus dem Weg! **7** Weg *m*, Durchgang *m*, Öffnung *f*: **~ of a cock** TECH Hahnbohrung *f* **8** Vorwärtskommen *n*: **make ~** *bes* SCHIFF vorwärtskommen **9** Art *f* u. Weise *f*, Weg *m*, Methode *f*, Verfahren *n*: **any ~** auf jede *od* irgendeine Art; **any ~ you please** ganz wie Sie wollen; **in a big** (**small**) **~** im Großen (Kleinen); **one ~ or another** irgendwie, auf irgendeine (Art u.) Weise; **in more ~s than one** in mehr als einer Beziehung; **some ~ or other** auf die e-e oder andere Weise, irgendwie; **~ of living** (**speaking, thinking**) Lebensweise (Sprechweise, Denkweise, -art); **to my ~ of thinking** nach m-r Meinung; **the right** (**wrong**) **~** (**to do it**) richtig (falsch); **the same ~** genauso; **the ~ he does it** so wie er es macht; **the ~ I am feeling** so wie ich mich im Moment fühle; **I like the ~ she laughs** ich mag ihr Lachen; **the ~ I see it** nach m-r Einschätzung; **this** (*od* **that**) **~** so (→ 4); **that's the ~ to do it** so macht man das; **if that's the ~ you feel about it** wenn Sie so darüber denken; **in a polite** (**friendly**) **~** höflich (freundlich); **in its ~** auf s-e Art; **in what** (*od* **which**) **~?** inwiefern?, wieso?; → each A **10** Gewohnheit *f*, Brauch *m*, Sitte *f*: **the good old ~s** die guten alten Bräuche **11** Eigenheit *f*, -art *f*: **funny ~s** komische Manieren; **it is not his ~** es ist nicht s-e Art *od* Gewohnheit; **she has a winning ~** sie hat e-e gewinnende Art; **that's always the ~ with him** so macht er es *od* geht es ihm immer **12** (Aus)Weg *m*: **find a ~** **13** Hinsicht *f*, Beziehung *f*: **in a ~** in gewisser Hinsicht, irgendwie; **in every ~** in jeder Hinsicht *od* Beziehung; **in one ~** in einer Beziehung; **in some ~s** in mancher Hinsicht; **in the ~ of food** was Essen anbelangt, an Lebensmitteln **14** (*bes* Gesundheits)Zustand *m*, Lage *f*, Verfassung *f*: **in a bad ~** in e-r schlimmen Lage *od* Verfassung; **live in a great** (**small**) **~** auf großem Fuß (in kleinen Verhältnissen *od* sehr bescheiden) leben **15** Berufszweig *m*, Fach *n*: **it is not in his ~, it does not fall in his ~** das schlägt nicht in sein Fach; **he is in the oil ~** er ist im Ölhandel (beschäftigt) **16** *umg* Umgebung *f*, Gegend *f*: **somewhere London ~** irgendwo in der Gegend von London **17** **the** ♀ BIBEL der Weg (*die christliche Religion*) **18** *pl* TECH Führungen *pl* (*bei Maschinen*) **19** SCHIFF Fahrt (-geschwindigkeit) *f*: → gather A 5 **20** *pl Schiffsbau*: **a** Helling *f* **b** Stapelblöcke *pl*

Besondere Redewendungen: **by the ~** **a** im Vorbeigehen, unterwegs **b** am Weg(esrand), an der Straße **c** *fig* übrigens, nebenbei (bemerkt) **d** zufällig **but that's by the ~** aber dies nur nebenbei; **by ~ of** **a** (auf dem Weg) über (*akk*), durch **b** *fig* in der Absicht zu, um zu **c** als *Entschuldigung etc*, anstelle von (*od gen*) **by ~ of example** beispielsweise; **by ~ of exchange** auf dem Tauschwege; **by ~ of grace** JUR auf dem Gnadenweg; **be by ~ of being angry** im Begriff sein, wütend zu werden; **be by ~ of doing sth** **a** dabei sein, etwas zu tun **b** pflegen *od* es gewohnt sein *od* die Aufgabe haben, etwas zu tun **not by a long ~** noch lange nicht; **in the ~ of** **a** auf dem Weg *od* dabei zu **b** hinsichtlich (*gen*) **in the ~ of business** auf dem üblichen Geschäftsweg; **no ~!** *umg* auf (gar) keinen Fall!, kommt überhaupt nicht infrage!; **no ~ can we accept that** das können wir auf gar keinen Fall akzeptieren; **on the** (*od* **one's**) **~** unterwegs, auf dem Weg; **die on one's ~ to hospital** auf dem Weg ins Krankenhaus sterben; **on the ~ to victory** auf der Siegesstraße; **be on the ~** sich andeuten; **well on one's ~** in vollem Gange, schon weit vorangekommen (*a. fig*); **out of the ~** **a** abgelegen, abseits, abgeschieden **b** ungewöhnlich, ausgefallen **c** übertrieben, abwegig **nothing out of the ~** nichts Besonderes *od* Ungewöhnliches; **under ~** **a** SCHIFF in Fahrt **b** *fig* im Gange, in Gang **the meeting was already under ~** die Konferenz war schon im Gange; **get sth under ~** etwas in Gang bringen; **be in a fair ~** auf dem besten Wege sein; **come in sb's ~** j-m über den Weg laufen; **find its ~ into** Eingang finden in (*akk*); **force one's ~** sich e-n Weg bahnen; **go sb's ~** **a** den gleichen Weg gehen wie j-d **b** j-n begleiten **go one's ~(s)** s-n Weg gehen, *fig* s-n Lauf nehmen; **go out of one's ~** große Mühen *od* Unannehmlichkeiten auf sich nehmen (**to do** zu tun); **go the whole ~** *fig* ganze Arbeit leisten; **have a ~ with sb** mit j-m gut zurechtkommen, gut umgehen können mit j-m; **he's got a ~ with words** er ist sehr wortgewandt; **have one's** (**own**) **~** s-n Kopf *od* Willen durchsetzen; **if I had my** (**own**) **~** wenn es nach mir ginge; **learn the hard ~** Lehrgeld zahlen (müssen); **make ~** **a** Platz machen **b** vorwärtskommen **they made ~ for the ambulance to pass** sie machten dem Krankenwagen Platz; **make one's ~** sich durchsetzen, s-n Weg machen; **put sb in the ~** (**of doing sth**) j-m die Möglichkeit geben(, etwas zu tun); **put out of the ~** aus dem Weg räumen (*a. töten*); **put o.s. out of the ~** große Mühen *od* Unannehmlichkeiten auf sich nehmen (**to do** zu tun); **see one's ~ to do sth** e-e Möglichkeit sehen, etwas zu tun; **work one's ~ up** sich hocharbeiten; → both A, mend A 2, pave, pay¹ B 1

way² [weɪ] ADV weit *oben, unten etc*: **~ back** weit entfernt *od* hinten *od* zurück; **~ back in 1902** (schon) damals im Jahre 1902; **we're friends from ~ back** wir sind uralte Freunde; **~ down South** weit unten im Süden; **this is ~ off his personal best** SPORT das ist weit entfernt von s-r persönlichen Bestleistung; **you are ~ off with your remark** du liegst mit d-r Bemerkung völlig daneben

way|bill S 1 Passagierliste *f* 2 WIRTSCH *US* Frachtbrief *m*, Begleitschein *m*; **~farer** S *obs od poet* Reisende(r) *m/f(m)*, Wandersmann *m*, Wanderin *f*; **~faring** *obs od poet* A ADJ reisend, wandernd: **~ man** → wayfarer B S Wandern *n*, Reise *f*; **~lay** V/T *irr* 1 *j-m* auflauern 2 *j-n* abfangen, abpassen; **~leave** S JUR *Br* Wegerecht *n*; **~-out** ADJ *umg* 1 exzentrisch, äußerst ungewöhnlich, sehr eigenwillig 2 toll, super; **~ point** → way station; **~side** A S Straßen-, Wegrand *m*: **by the ~** am Wege, am Straßenrand; **fall by the ~** *fig* auf der Strecke bleiben B ADJ am Wege (stehend), an der Straße (gelegen); **~ station** S *bes* BAHN Zwischenstation *f*

wayward ['weɪwə(r)d] ADJ (ADV ~ly) 1 launisch, launenhaft, unberechenbar 2 eigensinnig, widerspenstig (*Kind etc*): **~ minor** JUR verwahrloste(r) Jugendliche(r) 3 ungeraten (*Sohn etc*); **waywardness** S 1 Launenhaftigkeit *f*, Unberechenbarkeit *f* 2 Eigensinn *m*, Widerspenstigkeit *f*

wayworn ADJ reisemüde

wayzgoose ['weɪzguːs] S jährlicher Betriebsausflug (*e-r Druckerei*)

Wb ABK PHYS weber(s PL) Wb (*Maßeinheit des magnetischen Flusses*)

W/B ABK WIRTSCH waybill Frachtbrief *m*

w.b. ABK 1 WIRTSCH warehouse book Lagerbestandsbuch *n* 2 water ballast 3 WIRTSCH waybill Frachtbrief *m* 4 westbound

WBC ABK World Boxing Council

WC ABK water closet WC *n*

WCC ABK World Council of Churches Weltkirchenrat *m*

wd¹ ABK 1 ward Abtlg., Station *f* 2 wood 3 word

WD² ABK 1 War Department 2 Works Department

we [wiː; wɪ] PRON *pl* wir: **how are ~ today?** *umg* wie geht es uns heute?

WEA ABK *Br* Workers' Educational Association

weak [wiːk] ADJ (ADV ~ly) 1 *allg* schwach (*Argument, Stimme, Widerstand etc*): **~ from hunger** hungergeschwächt; **be ~ at the knees** *umg* weiche Knie haben; **~ in** (*od* **at**) **Latin** schwach in Latein; **~ at home** SPORT heimschwach; → sex A 2 2 MED schwach: a empfindlich (*Magen etc*): → nerve A 1 b kränklich 3 (charakter)schwach, haltlos, labil: → point A 24 4 schwach, dünn (*Tee etc*) 5 LING schwach (*Akzent*): **~ ending** LIT proklitisches Versende; **~ inflection** (*bes Br* **inflexion**) schwache Flexion 6 WIRTSCH schwach, flau (*Markt etc*) 7 FOTO schwach, weich (*Negativ*); **weaken** A V/T 1 *j-n, etwas* schwächen 2 *ein Getränk etc* verdünnen 3 *fig ein Argument etc* abschwächen, entkräften B V/I 1 schwach *od* schwächer werden, nachlassen, (*Kräfte etc a.*) erlahmen 2 *fig* nachgeben; **weakening** S (Ab)Schwächung *f*

weak|-handed ADJ WIRTSCH knapp an Arbeitskräften; **~headed** ADJ (ADV ~ly) 1 schnell betrunken: **be ~** *a.* keinen Alkohol vertragen 2 → weak-minded; **~headedness** → weak-mindedness; **~-kneed** ADJ *umg* 1 ängstlich, feig 2 charakterschwach

weakling ['wiːklɪŋ] A S Schwächling *m* B ADJ schwächlich; **weakly** ADJ schwächlich, kränklich

weak|-minded ADJ (ADV ~ly) 1 schwachsinnig 2 entschlusslos; **~-mindedness** S 1 Schwachsinnigkeit *f* 2 Entschlusslosigkeit *f*

weakness S 1 *allg* (*a.* Charakter-)Schwäche *f* 2 MED Schwächlichkeit *f*, Kränklichkeit *f*: **~ of constitution** schwächliche Konstitution 3 WIRTSCH Flauheit *f* 4 *fig* Schwäche *f*: a schwache Seite, schwacher Punkt b Nachteil *m*, Mangel *m* c Vorliebe *f* (**for** für): **have a ~ for** e-e Schwäche haben für

weak| sister S *US umg* 1 Schwächling *m* (*charakterschwacher Mensch*) 2 *fig* Schwachstelle *f*; **~-willed** ADJ willensschwach

weal¹ [wiːl] S 1 Wohl(ergehen) *n*: **~ and woe** Wohl u. Wehe, gute u. schlechte Tage *pl*; **the public** (*od* **common, general**) **~** das (All)Gemeinwohl 2 *obs* a → wealth 2 b Gemeinwesen *n*

weal² [wiːl] S Schwiele *f*, Strieme(n) *f(m)*

weald [wiːld] S 1 *Br obs* a Waldgebiet *n* b weite u. offene Landschaft 2 **the** ♎ *Hügellandschaft im Südosten Englands*

wealth [welθ] S 1 Reichtum *m* (**of** an *dat*) 2 Reichtümer *pl*: **a man of ~** ein begüterter *od* wohlhabender Mann; **have ~** Reichtümer besitzen 3 WIRTSCH a Besitz *m*, Vermögen *n*: **~ creation** Vermögensbildung *f*; **~ tax** Vermögenssteuer *f* b *a.* **personal ~** Wohlstand *m*: **national ~** Volksvermögen *n* 4 *fig* (**of**) Fülle *f* (von), Reichtum *m* (an *dat*): **a ~ of information** e-e Fülle von Informationen; **wealthiness** S Reichtum *m*, Wohlhabenheit *f*; **wealthy** ADJ (ADV wealthily) reich (*a. fig*: **in** an *dat*), begütert, wohlhabend

wean [wiːn] V/T 1 *ein Kind, junges Tier* entwöhnen 2 *a.* **~ away** *j-n* abbringen (**from** von): **~ sb** (**away**) **from sth** *a.* j-m etwas abgewöhnen; **weanling** [-lɪŋ] A S frisch entwöhntes Kind *od* Tier B ADJ frisch entwöhnt

weapon ['wepən] S 1 Waffe *f* (*a. fig*): **~ system** MIL Waffensystem *n*; → mass destruction 2 *vulg* Schwanz *m* (*Penis*); **weaponed** ADJ bewaffnet

weaponeer [ˌwepəˈnɪə(r)] S MIL 1 Atombombenschärfer *m* 2 Kernwaffenkonstrukteur *m*

weaponize V/T mit militärischen Waffen ausrüsten

weaponless ADJ waffenlos, unbewaffnet

weaponry ['wepənrɪ] S KOLL Waffen *pl*

wear¹ [weə(r)] A V/T *prät* wore [wɔː(r); *US a.* 'wəʊər], *pperf* worn [wɔː(r)n; *US a.* 'wəʊərn] 1 *e-n Bart, e-e Brille etc* tragen, *ein Kleidungsstück a.* anhaben, *e-n Hut a.* aufhaben: **~ sth to church** etwas in die Kirche anziehen; **~ the breeches** (*od* **trousers**, *bes US* **pants**) *umg* die Hosen anhaben, das Regiment führen (*Ehefrau*); **~ glasses** (*od* **spectacles**) *a.* Brillenträger(in) sein; **~ one's hair long** das Haar lang tragen; **she wore white** sie trug (stets) Weiß; **she ~s her years well** sie sieht noch sehr jung aus für ihr Alter; → heart *Bes Redew*, lipstick 2 *ein Lächeln etc* zur Schau tragen, zeigen: **~ an angry expression** wütend dreinblicken 3 *a.* **~ away** (*od* **down, off, out**) *Kleidung etc* abnutzen, abtragen, *Absätze* abtreten, *Stufen* austreten, *Reifen* abfahren: **shoes worn at the heels** Schuhe mit schiefen Absätzen; **~ into holes** ganz abtragen, *Schuhe* durchlaufen 4 *Bücher etc* abnutzen, zerlesen 5 eingraben, nagen: **a groove worn by water** 6 *a.* **~ away** *Gestein etc* auswaschen, -höhlen: **rocks worn by the waves** 7 *a.* **~ out** ermüden, *a. j-s Geduld* erschöpfen: → welcome B 8 *a.* **~ away** (*od* **down**) *fig* zermürben: a aushöhlen b aufreiben, *j-s Widerstand* brechen: **she was worn to a shadow** sie war nur noch ein Schatten (ihrer selbst) 9 *Br sl e-e Ausrede etc* schlucken B V/I 1 **sth to ~** etwas zum Anziehen 2 halten, haltbar sein: **~ well** a sehr haltbar sein (*Stoff etc*) b sich gut tragen (*Kleid etc*) c *fig* sich gut halten, wenig altern (*Person*) 3 *a.* **~ away** (*od* **down, off, out**) sich abtragen *od* abnutzen, verschleißen (*Kleidung etc*), sich abfahren (*Reifen*): **~ off** *fig* sich verlieren (*Eindruck, Wirkung etc*), nachlassen (*Schmerzen etc*); **~ out** *fig* sich erschöpfen (*Geduld etc*); **~ thin** a fadenscheinig werden (*Kleider etc*) b *fig* sich erschöpfen (*Geduld etc*) 4 *a.* **~ away** langsam vergehen *od* verrinnen: **~ to an end** schleppend zu Ende gehen; **~ on** sich dahinschleppen (*Zeit, Geschichte etc*) 5 sich ermüdend auswirken (**on** auf *akk*): **she ~s on me** sie geht mir auf die Nerven C S 1 Tragen *n*: **articles for winter ~** Wintersachen *pl*, -kleidung *f*; **clothes for everyday ~** Alltagskleidung *f*; **the coat I have in ~** der Mantel, den ich gewöhnlich trage 2 (Be)Kleidung *f*, Mode *f*: **in general ~** modern, in Mode; **be the ~** Mode sein, getragen werden 3 *a.* **~ and tear** Abnutzung *f*, Verschleiß *m*: **for hard ~** strapazierfähig; **the worse for ~** a abgenutzt, (sehr) mitgenommen (*a. fig*) b angetrunken 4 Haltbarkeit *f*: **there is still a great deal of ~ in it** das lässt sich noch gut tragen *od* benutzen; **there is still plenty of ~ in these tires** (*bes Br* **tyres**) die Reifen haben noch gutes Profil, mit den Reifen kann man noch e-e ganze Zeit fahren

wear² [weə(r)] SCHIFF A V/T *prät* wore [wɔr(r); *US a.* 'wəʊər]; *pperf* worn [wɔː(r)n; *US a.* 'wəʊərn] *Schiff* halsen B V/I vor dem Wind drehen (*Schiff*)

wearable ['weərəbl] ADJ tragbar

wearer S Träger(in): **the crown and its ~**; **~ of glasses** (*od* **spectacles**) Brillenträger(in)

weariless ['wɪərɪlɪs] ADJ (ADV ~ly) unermüdlich, nimmermüde; **weariness** S 1 Müdigkeit *f* 2 Überdruss *m* 3 Langweiligkeit *f*

wearing ADJ 1 Kleidungs…: **~ apparel** Kleidung(sstücke) *f(pl)* 2 a abnützend, verschleißend b **~ course** (*od* **surface**) Verschleißdecke *f* (*e-r Straße*) 3 ermüdend: **be ~ on the eyes** auf die Augen gehen, die Augen ermüden 4 zermürbend, aufreibend

wearisome ['wɪərɪsəm] ADJ (ADV ~ly) 1 ermüdend, beschwerlich 2 langweilig; **wearisomeness** S 1 (*das*) Ermüdende, Beschwerlichkeit *f* 2 Langweiligkeit *f*

wear|proof, **~-resistant** ADJ a verschleißbeständig, -fest b strapazierfähig

weary ['wɪərɪ] A ADJ (ADV wearily) 1 müde, matt, erschöpft (*beide*: **with** von, vor *dat*): **even the weariest river winds somewhere safe to sea** (*Sprichwort*) auch das größte Unglück hat einmal ein Ende 2 müde, überdrüssig (*beide*: **of** *gen*): **~ of life** lebensmüde; **I am ~ of it** ich habe es satt 3 ermüdend: a lästig, beschwerlich b langweilig B V/T 1 ermüden 2 langweilen C V/I überdrüssig *od* müde werden (**of** *gen*)

weasand ['wiːzənd] S *obs* 1 Gurgel *f*, Kehle *f* 2 a Speiseröhre *f* b Luftröhre *f*

weasel ['wiːzl] A S 1 *pl* weasels, *bes koll* weasel ZOOL Wiesel *n* 2 *umg* a Heimtücker(in) b (alter *od* schlauer) Fuchs 3 TECH *bes US* Schneemobil *n* B V/I 1 *bes US umg* sich bewusst vage *od* doppelsinnig ausdrücken 2 **~ out (of)**

W

bes US umg a sich drücken (vor *dat*) b sich herauslavieren (aus); **~ word** S *bes US umg* bewusst vages *od* doppelsinniges Wort; **~-worded** ADJ *bes US umg* bewusst vage *od* doppelsinnig formuliert

weather ['weðə(r)] A S 1 Wetter *n* (RADIO, TV *etc, a. Wettervorhersage*), Witterung *f*: **in fine (bad) ~** bei schönem (schlechtem) Wetter; **in all ~s** a bei jedem Wetter b *fig* in allen Lebenslagen; **make heavy ~** SCHIFF stampfen (*Schiff*); **make heavy ~ of sth** *fig* sich mit etwas schwertun; **under the ~** *umg* a (*gesundheitlich*) nicht (ganz) auf dem Posten b angesäuselt c verkatert; → permit[1] B 1 2 Unwetter *n od pl* B V/T 1 dem Wetter *od* der Witterung aussetzen 2 GEOL auswittern 3 a SCHIFF *e-n Sturm* abwettern b *fig e-e Gefahr, Krise etc* überstehen 4 SCHIFF luvwärts umschiffen C V/I 1 verblassen (*Farbe, Holz*) 2 GEOL aus-, verwittern 3 **~ well** wetterfest sein 4 **~ through** → B 3 b: **she has ~ed through beautifully** sie hat alles prima überstanden

weather| balloon S METEO Wetter-, Versuchsballon *m*; **~-beaten** ADJ 1 vom Wetter mitgenommen 2 GEOL verwittert (*a. Gesicht*) 3 wetterhart; **~board** S 1 ARCH *bes Br* a Schal-, Schindelbrett *n* b *pl* Verschalung *f* 2 SCHIFF Luvseite *f*; **~boarding** → weatherboard 1 b; **~-bound** ADJ: **the planes (ships) were ~** die Flugzeuge (Schiffe) konnten wegen des schlechten Wetters nicht starten (auslaufen); **~cast** *US für* weather forecast; **~caster** S RADIO, TV *US* Wetteransager(in); **~ chart** S Wetterkarte *f*; **~cock** S 1 Wetterhahn *m*: → changeable 1 2 *fig* wetterwendische Person; **~ conditions** SPL Wetter-, Witterungsverhältnisse *pl*; **~ contact** S ELEK Ableitung *f* der Elektrizität durch Nässe; **~ deck** S SCHIFF Wetterdeck *n*; **~ eye** S: **keep a ~ on** *fig etwas* scharf im Auge behalten; **keep one's ~ open** *fig* gut aufpassen; **~ forecast** S RADIO, TV *etc* Wettervorhersage *f*; **~ ga(u)ge** S SCHIFF Vorteil *m* des Windes: **get the ~ on sb** *fig* j-n ausmanövrieren; **have the ~** die Oberhand haben; **~glass** S Wetterglas *n*, Barometer *n*; **~ house** S Wetterhäus-chen *n*

weatherize ['weðəraɪz] V/T *ein Haus etc* wetterfest machen

weatherly ['weðə(r)lɪ] ADJ SCHIFF luvgierig (*Schiff*)

weather|man [-mæn] S *irr* 1 *umg* Wetterfrosch *m* (*Meteorologe*) 2 RADIO, TV *umg* Wetteransager *m* 3 ♀ *US Mitglied e-r militanten revolutionären Jugendorganisation*; **~ map** S Wetterkarte *f*; **~ outlook** S Wetteraussichten *pl*; **~person** → weatherman 1, 2, weatherwoman; **~proof** A ADJ wetterfest, -dicht B V/T wetterfest *od* -dicht machen; **~ prophet** S Wetterprophet(in); **~ report** S Wetterbericht *m*; **~ satellite** S METEO Wettersatellit *m*; **~ service** S Wetterdienst *m*; **~ ship** S Wetterschiff *n*; **~ side** S 1 SCHIFF Luvseite *f* 2 Wetterseite *f*; **~ station** S Wetterstation *f*, -warte *f*; **~ strip** S Dichtungsstreifen *m* (*für Fenster od Türen*); **~tight** ADJ wetterfest, -dicht; **~ vane** S Wetterfahne *f*; **~-wise** ADJ: **be ~** a ein(e) gute(r) Wetterprophet(in) sein b *fig* ein feines Gespür haben für alles, was in der Luft liegt; **~woman** S *irr umg* 1 Wetterfrosch *m* (*Meteorologin*) 2 RADIO, TV Wetteransagerin *f*; **~worn** → weather-beaten

weave [wiːv] A V/T *prät* wove [wəʊv], (*bes 7 u. 10*) weaved, *pperf* woven ['wəʊvən], (*bes 7 u. 10*) weaved 1 *e-n Teppich etc* weben 2 ZOOL *ein Netz* weben, spinnen (*Spinne*) 3 *e-n Korb, Kranz etc* flechten: **~ together** zusammenflechten, -weben 4 einweben, -flechten (**into** in *akk*), verweben, -flechten (**with** mit; **into** zu) 5 *fig* einflechten (**into** in *akk*) 6 *fig* ersinnen: **~ a plot** ein Komplott schmieden; → intrigue C 1 7 **~ one's way through** sich schlängeln *od* winden durch B V/I 1 weben (*a. Spinne*) 2 flechten 3 a im Zickzack laufen b hin u. her pendeln (*a. Boxer*) c sich schlängeln *od* winden (**through** durch) d sich wiegen: **the dancers were weaving in time to the music** 4 *Br umg* **get weaving** sich ranhalten (**on** bei); **get weaving on** *a.* sich klemmen hinter (*akk*) C S 1 Gewebe *n* 2 Webart *f*

weaver S 1 Weber(in): **~'s beam** Kett-, Zettelbaum *m*; **~'s knot** (*od* **hitch**) Weberknoten *m* 2 → weaverbird; **~bird** S ORN Webervogel *m*

weaving S Weben *n*, Weberei *f*: **~ mill** Weberei *f*

weazand → weasand

weazen ['wiːzn] → wizen

web [web] A S 1 Gewebe *n*, Gespinst *n*, Netz *n* (*alle a. fig*): **a ~ of lies** ein Lügengespinst, -gewebe, -netz; **a ~ of railroad** (*bes Br* **railway**) **tracks** ein Schienennetz; **a ~ of espionage** ein Spionagenetz; **the ♀** INTERNET das (World Wide) Web; → intrigue C 1 2 a Netz *n* (*e-r Spinne*) b Kokon *m* (*e-r Seidenraupe etc*) 3 ZOOL a Schwimm-, Flughaut *f* b Bart *m*, Fahne *f* (*e-r Feder*) 4 TECH a Tragrippe *f* (*e-s Eisenträgers*) b Aussteifung *f*, Steg *m* c Sägeblatt *n* 5 TECH a Papierbahn *f* b Rolle *f* (Maschinenpapier) 6 TECH Bahn *f* (*e-r Kunststofffolie*) 7 Gurt(band) *m(n)*: **~ belt** Stoffgurt *m*, -koppel *n* 8 *US umg* Radio- *od* Fernsehnetz *n* B V/T 1 mit e-m Netz überziehen 2 in e-m Netz fangen; **webbed** [webd] ADJ ZOOL mit Schwimmhäuten, schwimmhäutig: **~ foot** Schwimmfuß *m*; **webbing** S 1 gewebtes Material, Gewebe *n* 2 Gurt (-band *n*) *m*

weber ['veːbə(r); 'veɪ-] S ELEK Weber *n* (*e-e Stromstärkeeinheit*)

web|foot S *irr* ZOOL Schwimmfuß *m*; **~-footed** ADJ schwimmfüßig: **be ~** Schwimmfüße haben; **~master** S INTERNET Webmaster *m*, Betreuer(in) *u.* Gestalter(in) e-r Website; **~ offset** S TYPO Rollenoffset(druck) *m*; **~ page** S INTERNET Webseite *f*; **~site** S INTERNET Website *f* (*Standort e-s Anbieters im World Wide Web*); **~-toed** → web-footed

wed [wed] A V/T *prät u. pperf* wedded, wed 1 *obs od poet* heiraten, ehelichen: **they were ~ last month** sie heirateten letzten Monat 2 *bes obs od poet ein Paar* trauen 3 *fig* eng verbinden (**to** mit): **~ o.s. to** sich *e-r Sache etc* verschreiben; **be ~ded to** sich *e-r Sache etc* verschrieben haben; **be ~ded to one's work** mit s-r Arbeit verheiratet sein B V/I *bes obs od poet* sich vermählen

we'd [wiːd] *Zusammenziehung von* **we had**, **we would**

Wed. ABK Wednesday Mi.

wedded ['wedɪd] ADJ *bes obs od poet* 1 **his (lawful) ~ wife** s-e (ihm) angetraute Ehefrau 2 ehelich, Ehe…: **~ happiness**; **~ state** Ehestand *m*

wedding ['wedɪŋ] S 1 Hochzeit(sfeier) *f* 2 *a.* **~ ceremony** Trauung *f* 3 WIRTSCH *umg* Hochzeit *f* (*Fusion*); **~ anniversary** S Hochzeitstag *m* (*Jahrestag*); **~ band** *obs* → wedding ring; **~ breakfast** S *bes Br* Hochzeitsessen *n*; **~ cake** S Hochzeitskuchen *m*, -torte *f*; **~ card** S Vermählungsanzeige *f*; **~ day** S Hochzeitstag *m* (*a. Jahrestag*); **~ dress** S Hochzeits-, Brautkleid *n*; **~march** S MUS Hochzeitsmarsch *m*; **~ night** S Hochzeitsnacht *f*; **~ plans** SPL Hochzeitspläne *pl*; **~ present** S Hochzeitsgeschenk *n*; **~ reception** S Hochzeitsfeier *f*, -fest *n*; **~ ring** S Ehe-, Trauring *m*; **~ shower** → shower A 3

wedeln ['veɪdln] S *Skisport*: Wedeln *n*

wedge [wedʒ] A S 1 TECH Keil *m* (*a. fig*): **the thin end of the ~** *fig* ein erster kleiner Anfang; **get in the thin end of the ~** *fig* den Anfang machen, vorstoßen; **drive a ~ between** *fig* e-n Keil treiben zwischen (*akk*) 2 a keilförmiges Stück (*Land etc*) b Ecke *f* (*Käse etc*), Stück *n* (*Kuchen*) 3 MIL *bes* HIST Keil(formation) *m(f)* 4 ARCH keilförmiger Gewölbstein 5 *Heraldik*: spitzwinkeliges Dreieck 6 keilförmiges Schriftzeichen: **~ character** Keilschriftzeichen *n*; **~ writing** Keilschrift *f* 7 METEO Hochdruckkeil *m* 8 *Golf*: Wedge *m* (*Eisenschläger für Schläge aus dem Bunker u. zum Pitchen*) 9 (Schuh *m* mit) Keilabsatz B V/T 1 TECH mit e-m Keil spalten: **~ off** abspalten; **~ open** aufspalten, aufbrechen 2 mit e-m Keil festklemmen, (ver)keilen 3 (ein)keilen, (-)zwängen (**in** in *akk*): **~ o.s. in** sich hineinzwängen; **~ one's way through the crowd** sich durch die Menge zwängen C V/I 1 sich festklemmen *od* verkeilen 2 (ein)gekeilt *od* (-)gezwängt werden; **~ formation** S MIL *bes* HIST Keilformation *f*; **~ heel** S Keilabsatz *m*

wedgie ['wedʒiː] S *US umg* Schuh *m* mit Keilabsatz

wedge-shaped ADJ keilförmig

Wedgwood® ['wedʒwʊd] S Wedgwood® *n* (*ein feines Steingut*)

wedlock ['wedlɒk; *US* -,lɑk] S *obs* Ehe(stand) *f(m)*: **born in (out of) ~** ehelich (unehelich) geboren

Wednesday ['wenzdɪ] S Mittwoch *m*: **on ~** (am) Mittwoch; **on ~s** mittwochs

wee[1] [wiː] *bes schott* A S (*ein*) wenig, *bes* (*ein*) Weilchen *n* B ADJ klein, winzig: **a ~ bit** ein klein wenig; **the ~ hours** *a. US* → small hours; **the poor ~ thing** das arme Würmchen

wee[2] [wiː] *umg* (*bes Kindersprache*) A S 1 Pipi *n* (*Urin*) 2 **do** (*od* **have**) **a ~** → B B V/I Pipi machen

weed[1] [wiːd] A S 1 *a. pl* Unkraut *n*: **ill ~s grow apace** (*Sprichwort*) Unkraut vergeht nicht 2 *umg* a Kraut *n* (*Tabak*) b Grass *n* (*Marihuana*) 3 *umg* a Schwächling *m* (*körperlich od charakterlich schwacher Mensch*) b Schlaks *m* 4 *umg* Klepper *m* B V/T 1 *e-n Garten etc* jäten 2 *meist* **~ out** *fig* aussondern, aussieben C V/I (Unkraut) jäten

weed[2] [wiːd] S 1 *pl, meist* **widow's ~s** Witwen-, Trauerkleidung *f* 2 Trauerflor *m*

weeder S 1 Jäter(in) 2 TECH Unkrautjätmaschine *f*, Jätwerkzeug *n*

weediness ['wiːdɪnɪs] S Bewachsensein *n* mit Unkraut

weeding A S Jäten *n* B ADJ Jät…

weed killer S *bes* CHEM Unkrautbekämpfungs-, Unkrautvernichtungs-, Unkrautvertilgungsmittel *n*

weedy[1] ['wiːdɪ] ADJ (ADV weedily) 1 voll Unkraut, verunkrautet 2 a Unkraut… b unkrautartig 3 *umg* a schwächlich, (*a.* charakter)schwach b schlaksig 4 klapp(e)rig (*Gaul*)

weedy[2] ['wiːdɪ] ADJ in Trauer(kleidung)

week [wiːk] S Woche *f*: **a ~, per ~** wöchentlich, die Woche; **after ~s of speculation** nach wochenlangen Spekulationen; **~ by ~** Woche für Woche; **by the ~** wochenweise; **for ~s** wochenlang; **~ in, ~ out** Woche für Woche; **today ~, this day ~** a heute in acht Tagen b heute vor acht Tagen; **Monday ~** a Montag in acht Tagen b Montag vor acht Tagen; **three-~** dreiwöchig; → Great Week; **~day** A S Werktag *m*: **on ~s** werktags B ADJ Werktags…; **~days** ADV *bes US umg* werktags; **~end** A S Wochenende *n*: **at** (*bes US* **on**) **the ~** am Wochenende B ADJ Wochenend…:

W

~ excursion **C** V/I das Wochenende verbringen: **they usually ~ in the country**; **~ender** S **a** Wochenendausflügler(in) **b** Wochenendgast *m*; **~ends** ADV *bes US umg* an Wochenenden
weekly ['wi:klɪ] **A** S Wochenschrift *f* **B** ADJ **1** e-e Woche dauernd **2** wöchentlich **3** Wochen...: **~ wages** *pl* Wochenlohn *m* **C** ADV wöchentlich, einmal in der Woche, jede Woche
weeknight S Werktagsabend *m*: **on a ~** *a.* abends an e-m Werktag
ween [wi:n] V/T *obs* sich *etwas* vorstellen
weenie ['wi:nɪ] S *US* **1** *umg* → wiener **2** *umg pej*, Würstchen *n (unbedeutender Mensch)* **3** *sl* Zipfel *m (Penis)*
weeny ['wi:nɪ] **A** S → weenie **B** ADJ *umg* klitzeklein, winzig; **~-bopper** S *umg acht- bis zwölfjähriger (bes weiblicher) Popfan*
weep [wi:p] **A** V/I *prät u. pperf* wept [wept] **1** weinen (**for, with** vor *dat*; **for** um *j-n*): **~ for joy** *a.* Freudentränen vergießen *od* weinen; **~ at** (*od* **over**) weinen über (*akk*); **don't make me ~** *iron* mir kommen gleich die Tränen! **2** tropfen, tröpfeln **3** MED nässen *(Wunde etc)* **B** V/T **1** *Tränen* vergießen, weinen: **~ o.s. to sleep** sich in den Schlaf weinen; → bucket A 1, eye A 1, heart *Bes Redew* **2** *a.* **~ out** *etwas* unter Tränen sagen **3** beweinen **4** *ein Sekret etc* absondern, *Harz etc a.* ausschwitzen **C** S Weinen *n*: **have a good ~** sich ausweinen; **weeper** S **1** Weinende(r) *m/f(m)*, *bes* Klagefrau *f*, -weib *n* **2** *etwas, was zum Zeichen der Trauer getragen wird, z. B.* Trauerflor *m* **3** → weepy B
weepie → weepy B
weeping willow S BOT Trauerweide *f*
weepy ['wi:pɪ] *umg* **A** ADJ (ADV weepily) **1** weinerlich: **he was feeling ~** ihm war weinerlich zumute **2** rührselig, sentimental **B** S Schnulze *f*, Schmachtfetzen *m pej*
weever ['wi:və(r)] S FISCH *(ein)* Drachenfisch *m*
weevil ['wi:vɪl] S ZOOL **1** *(ein)* Rüsselkäfer *m* **2** *(ein)* Samenkäfer *m*
wee-wee → wee²
w.e.f. ABK with effect from mit Wirkung vom ...
weft [weft] S *Weberei*: Schuss *m*
weigh¹ [weɪ] **A** S **1** Wiegen *n* **B** V/T **1** (ab)wiegen (**by** nach): **~ o.s.** sich wiegen **2** *(in der Hand)* wiegen: **he ~ed the book in his hand** **3** *a.* **~ up** *fig* (sorgsam) abwägen (**against** gegen) **4** **~ anchor** **a** den Anker lichten **b** auslaufen *(Schiff)* **C** V/I **1** wiegen, schwer sein: **it ~s two pounds**; **he ~s more than his brother**; **how much do you ~?** wie viel wiegst du?, wie schwer bist du? **2** *fig* sprechen (**in sb's favo[u]r** für j-n; **against sb** gegen j-n): **~ heavily** (*od* **strongly**) (**little**) (nicht) schwer wiegen (**with** bei), (keinen) großen Einfluss haben (**with** auf *akk*) **3** *fig* lasten (**on** auf *dat*) **4** → B 3 **5** SPORT → weigh in 1 a, weigh out B
Phrasal Verbs: **weigh| down** V/T niederdrücken (*a. fig*): **be weighed down with** **a** schwer beladen *od* überladen sein mit **b** niedergedrückt werden von (*a. fig*); **~ in** V/I **1** SPORT **a** (vor dem Kampf) gewogen werden *(Boxer etc)*: **he weighed in at 100 kilos** er brachte 100 Kilo auf die Waage, er hatte ein Kampfgewicht von 100 Kilo **b** zurückgewogen werden *(Jockey)* **2** **~ at** *umg* bei der Geburt ... wiegen **3** *umg* sich einschalten (**with** mit): **~ with an argument** *a.* ein Argument einwerfen; **~ out** **A** V/T *Ware* aus-, abwiegen **B** V/I SPORT eingewogen werden *(Jockey)*; **~ up** V/T **1** → weigh¹ B 3 **2** *j-n* einschätzen
weigh² [weɪ] S: **under ~** SCHIFF in Fahrt
weighable ADJ wiegbar
weighbridge S TECH Brückenwaage *f*
weigher S Wieger(in)
weigh|-in S **a** *Boxen, Ringen etc*: Wiegen *n*: **at the ~** beim Wiegen **b** *Pferderennsport*: Zurückwiegen *n*; **~-out** S *Pferderennsport*: Einwiegen *n*
weight [weɪt] **A** S **1** Gewicht *n*, Schwere *f*: **by ~** nach Gewicht; **it is three pounds in ~** es wiegt drei Pfund; **take the ~ off one's feet** *umg* **a** sich hinsetzen **b** sich ausruhen **2** Gewicht *n*, Gewichtseinheit *f*: **~s and measures** Maße u. Gewichte; **inspector of ~s and measures** *Br* Eichmeister(in), Eichbeamte(r) *m*, -beamtin *f*; **Office of** ℒ**s and Measures** *Br* Eichamt *n* **3** *(Körper)* Gewicht *n*: **what is your ~?** wie viel wiegen Sie?, wie schwer sind Sie?; **put on** (*od* **gain**) **~** zunehmen; **lose ~** abnehmen; **make one's** (*od* **the**) **~** SPORT das Gewicht bringen; **pull one's ~** sein(en) Teil dazutun, s-n Beitrag leisten; **throw** (*od* **chuck**) **one's ~ about** (*od* **around**) *umg* sich aufspielen *od* wichtigmachen; → reduce A 1 **4** Gewicht *n*, Last *f*: **under the ~ of** unter dem Gewicht von (*od gen*); **lift heavy ~s** schwer(e Lasten) heben **5** Gewicht *n (e-r Waage, Uhr etc)* **6** PHYS **a** Gewicht(skraft) *n(f)* **b** Masse *f* **7** *fig (Sorgen- etc)* Last *f*, Bürde *f*: **~ of cares**; **the ~ of old age** die Bürde des Alters; **the ~ of evidence** die Last des Beweismaterials; **his decision took a ~ off my mind** bei s-r Entscheidung ist mir ein Stein vom Herzen gefallen; **it is a ~ off my mind to know that ...** seitdem ich weiß, dass ..., ist mir bedeutend wohler **8** *fig* Gewicht *n*, Bedeutung *f*: **of ~** gewichtig, schwerwiegend; **add ~ to** *Spekulationen etc* verstärken; **attach great (little) ~ to sth** e-r Sache großes (wenig) Gewicht *od* große (wenig) Bedeutung beimessen; **not attach any ~ to** nichts geben auf (*akk*); **lend ~ to sth** e-r Sache Gewicht geben *od* verleihen; → carry B 6 **9** *fig* Ansehen *n*, Einfluss *m*: **of no ~** ohne Bedeutung; **men of ~** bedeutende *od* einflussreiche Männer **10** SPORT Gewichtsklasse *f* **11** *Statistik*: relative Bedeutung **B** V/T **1** *a.* **~ down** **a** beschweren **b** belasten (*a. fig*) **c** → weigh down: **be ~ed in sb's favo(u)r** (**against sb**) j-n begünstigen (benachteiligen); → scale² A 1 **2** WIRTSCH *Stoffe etc* durch Beimischung von Mineralien *etc* schwerer machen **3** SPORT **a** *e-m Pferd* zusätzliches Gewicht zuteilen **b** *e-n Ski* belasten **4** *Statistik: e-r Zahl* relative Bedeutung geben: **~ed average** (*od* **mean**) gewogenes *od* gewichtetes Mittel
weight| advantage S SPORT Gewichtsvorteil *m*; **~ category** → weight A 10; **~-conscious** ADJ (ADV **~ly**) gewichtsbewusst: **he's very ~** er achtet sehr auf sein Gewicht; **~ division** → weight A 10
weightiness ['weɪtɪnɪs] S Gewicht *n*, Schwere *f*, *fig a.* Gewichtigkeit *f*
weightless ADJ (ADV **~ly**) schwerelos; **weightlessness** S Schwerelosigkeit *f*
weight| lifter S SPORT Gewichtheber(in); **~ lifting** S SPORT Gewichtheben *n*; **~ limit** S SPORT Gewichtslimit *n*; **~ problem** S: **he has a ~** er hat Gewichtsprobleme; **~ training** S SPORT *etc* Gewichtstraining *n*; **~ watcher** S *j-d, der (bes durch e-e spezielle Ernährung) auf sein Gewicht achtet*
weighty ['weɪtɪ] ADJ (ADV **weightily**) **1** schwer, gewichtig, *fig a.* schwerwiegend **2** *fig* lastend, drückend *(Sorge etc)* **3** einflussreich, bedeutend, gewichtig *(Person)*
Weimar Republic ['vaɪmɑ:(r)] S HIST *(die)* Weimarer Republik
weir [wɪə(r); *US a.* wæər] S **1** (Stau-)Wehr *n* **2** Fischreuse *f*
weird [wɪə(r)d] **A** ADJ (ADV **~ly**) **1** *obs* Schicksals...: **~ sisters** MYTH Parzen **2** unheimlich **3** überirdisch **4** *umg* verrückt, närrisch *(Einfall etc)* **B** S *bes schott obs* Schicksal *n*: → dree
weirdie ['wɪə(r)dɪ] → weirdo A
weirdo ['wɪə(r)dəʊ] *umg* **A** *pl* -os S verrückter Kerl, irrer Typ **B** ADJ verrückt, ausgefallen *(Frisur etc)*
Welch¹ [welʃ; *US* weltʃ] *obs für* Welsh¹
welch² [welʃ; *US* weltʃ] → welsh²
welcome ['welkəm] **A** INT willkommen (**to** in *dat*)!: **~ home!** willkommen zu Hause! **B** S Willkommen *n*, Empfang *m*: **bid sb ~** → C 1; **give sb an enthusiastic ~** j-m e-n begeisterten Empfang bereiten; **give sb a warm ~** j-n freundlich aufnehmen; **he was given a hero's ~** er wurde wie ein Held begrüßt; **outstay** (*od* **overstay, wear out**) **one's ~** j-s Gastfreundschaft überstrapazieren *od* zu lange in Anspruch nehmen **C** V/T **1** bewillkommnen, willkommen heißen **2** *fig* begrüßen: **a** *etwas* gutheißen **b** *e-n Vorschlag etc* gern annehmen **D** ADJ **1** willkommen *(Gast, Nachricht, etc)*: **not ~** unerwünscht; **you are always more than ~** Sie sind immer herzlich willkommen; **make sb ~** j-n freundlich *od* herzlich aufnehmen *od* empfangen **2** herzlich eingeladen: **you are ~ to it** Sie können es gerne behalten *od* nehmen *od* haben; **you are ~ to do it** es steht Ihnen frei, es zu tun; Sie können es gerne tun; **you are ~ to your own opinion** *iron* meinetwegen können Sie denken, was Sie wollen; **you're ~** nichts zu danken!, keine Ursache!, bitte sehr!
weld¹ [weld] S BOT (Färber)Resede *f*
weld² [weld] TECH **A** V/T (ver-, zusammen)schweißen: **~ on** anschweißen (**to** an *akk*); **~ together** zusammenschweißen (*a. fig*: **into** zu) **B** V/I sich schweißen lassen **C** S **a** → welding A **b** Schweißstelle *f*, -naht *f*
weldable ADJ TECH schweißbar; **welded** ADJ geschweißt, Schweiß...: **~ joint** Schweißverbindung *f*; **~ tube** geschweißtes Rohr; **welder** S Schweißer(in); **welding** **A** S Schweißen *n*, Schweißung *f* **B** ADJ Schweiß...: **~ blowpipe** (*od* **torch**) Schweißbrenner *m*; (**pair of**) **~ goggles** *pl* Schweißbrille *f*; **~ rod** Schweißstab *m*; **~ wire** Schweißdraht *m*
welfare ['welfeə(r)] S **1** Wohl *n*, *(e-r Person a.)* Wohlergehen *n*: **work for the ~ of the state**; **be concerned about sb's ~** **2** *US* Sozialhilfe *f*: **be** (*od* **live**) **on ~** Sozialhilfe beziehen, von Sozialhilfe leben; **~ case** S Sozialfall *m*; **~ hotel** S *US Hotel zur vorübergehenden Unterbringung von Sozialhilfeempfängern*; **~ recipient** S *US* Sozialhilfeempfänger(in); **~ state** S POL Wohlfahrtsstaat *m*; **~ statism** S POL Politik *f* des Wohlfahrtsstaates; **~ work** S *US* Sozialarbeit *f*; **~ worker** S *US* Sozialarbeiter(in)
welfarism ['welfeərɪzəm] S POL wohlfahrtsstaatliche Prinzipien *pl od* Politik
welkin ['welkɪn] S *poet* Himmelsgewölbe *n*, -zelt *n*: **make the ~ ring with shouts** die Luft mit Geschrei erfüllen
well¹ [wel] *komp* better [-betə(r)], *sup* best [best] **A** ADV **1** gut, wohl: **be ~ off** **a** gut versehen sein (**for** mit) **b** wohlhabend *od* gut situiert *od* gut dran sein; **he is ~ off** ihm geht es gut; **do ~ with** mit *etwas* gut fahren *umg*; **do o.s. ~**, **live ~** gut leben, es sich gut gehen lassen **2** gut, recht, geschickt: **do ~** gut *od* recht daran tun (**to do** zu tun); **~ done!** gut gemacht!, bravo!; **~ roared, lion!** gut gebrüllt, Löwe!; **sing ~** gut singen **3** gut, günstig, vorteilhaft: **come off ~** **a** gut abschneiden **b** Glück haben; **if all goes ~** wenn alles gut geht, wenn nichts dazwischenkommt **4** gut,

W

freundschaftlich: **think (speak) ~ of** gut denken (sprechen) über *(akk)* 5 gut, sehr, vollauf: **love** *(od* **like) sb ~** j-n sehr lieben; **be ~ pleased** hocherfreut sein; **it speaks ~ for him** es spricht sehr für ihn 6 wohl, mit gutem Grund: **not very ~** wohl kaum; **you cannot very ~ do that** das kannst du nicht gut tun; **I couldn't very ~ say no** ich konnte schlecht Nein sagen; **we might ~ try it** wir können es ja versuchen; → very A 1 7 recht, eigentlich, so richtig: **he does not know ~ how** er weiß nicht recht, wie 8 gut, genau, gründlich: **know sb ~** j-n gut kennen; **he knows only too ~** er weiß nur zu gut (**that** dass); **remember ~** sich gut erinnern an *(akk)* 9 gut, ganz, völlig: **he is ~ out of sight** er ist völlig außer Sicht; **be ~ out of sth** etwas glücklich hinter sich gebracht haben 10 gut, beträchtlich, ziemlich, weit: **~ away** weit weg; **he walked ~ ahead of them** er ging ihnen ein gutes Stück voraus; **he is ~ up in the list** er steht weit oben auf der Liste; **be ~ on in years** nicht mehr der *od* die Jüngste sein; **~ past fifty** weit über 50; **until ~ past midnight** bis lange nach Mitternacht; **~ in advance** schon lange vorher; **he finished ~ back** SPORT er endete weit abgeschlagen; **be ~ above average** weit über dem Durchschnitt liegen; → up D 4 11 gut, tüchtig, gründlich, kräftig: **stir ~** 12 gut, mit Leichtigkeit, durchaus: **you could ~ have done it** du hättest es leicht tun können; **it is very ~ possible** es ist durchaus *od* sehr wohl möglich; **as ~** ebenso, außerdem; **shall I bring the paper as ~?** soll ich auch die Zeitung bringen?; **(just) as ~** ebenso (gut), genauso (gut); **just as ~** Gott sei Dank! zum Glück!; **just as ~ I had ...** zum Glück hatte ich ...; **as ~ ... as** sowohl ... als auch; nicht nur ..., sondern auch; **as ~ as** ebenso gut wie; → may[1] 3 B ADJ 1 wohl, gesund: **be** *(od* **feel) ~** sich wohlfühlen; **"get ~ soon!"** *(auf Karten)* „gute Besserung!"; **look ~** gesund aussehen; **he isn't a ~ man** *bes US* er ist nicht gesund 2 in Ordnung, richtig, gut: **all is not ~ with him** etwas ist nicht in Ordnung mit ihm; **all will be ~** es wird sich alles wieder einrenken; **all being ~** wenn alles gut geht, wenn nichts dazwischenkommt; **I am very ~ where I am** ich fühle mich sehr wohl; **that is all very ~, but** das ist ja alles gut u. schön, aber; **it's all very ~ for you to laugh** du hast gut lachen; **all's ~ that ends ~** *(Sprichwort)* Ende gut, alles gut 3 vorteilhaft, günstig, gut: **it will be as ~ for her to know it** es schadet ihr gar nichts, es zu wissen; **that is just as ~** das ist schon gut so; **~ and good** schön und gut 4 ratsam, richtig, gut: **it would be ~** es wäre angebracht *od* ratsam (**to do** zu tun) C INT nun, na, tja, schön *(oft unübersetzt)*: **~!** *(empört)* na, hör mal!; **~, who would have thought it?** *(erstaunt)* wer hätte das gedacht?; **~ then** nun (also); **~ then?** *(erwartend)* na und?; **~, it can't be helped** *(resigniert)* da kann man (eben *od* halt) nichts machen; **~, here we are at last** *(erleichtert)* so, da wären wir endlich; **~, what should I say?** *(überlegend, zögernd)* tja *od* hm, was soll ich (da) sagen?, **~, ~!** so, so!, *(beruhigend)* schon gut! D S *(das)* Gute: **let ~ alone** a lass gut sein! b lass die Finger davon!; **wish sb ~** j-m alles Gute wünschen

well[2] [wel] A S 1 *(gegrabener)* Brunnen, Ziehbrunnen *m*: **~ water** Brunnenwasser *n*; → juvenescence 1 2 *(a. Gas-, Öl)* Quelle *f* 3 Heilquelle *f*, Mineralbrunnen *m* 4 *fig* (Ur)Quell *m*, Quelle *f*, Ursprung *m* 5 *Ölgewinnung etc*: Bohrloch *n* 6 ARCH a *(Aufzugs- etc)* Schacht *m* b Treppenauge *n* 7 SCHIFF a TECH Pumpensod *m* b Buhne *f*, Fischbehälter *m (im Fischerboot)* 8 JUR *Br Platz für Anwälte im Gerichtssaal* B V/I quellen (**from** aus): **~ out** *(od* **forth)** hervorquellen; **~ up** aufsteigen *(Flüssigkeit etc)*; **tears ~ed up in her eyes** die Tränen stiegen ihr in die Augen; **hatred ~ed up within him** Hass stieg in ihm auf

we'll [wi:l] *Zs-ziehung von* **we will, we shall**

welladay [ˌweləˈdeɪ] → wellaway

well|-advised ADJ wohlüberlegt, klug; **~-appointed** ADJ gut ausgestattet; **~-assorted** ADJ gut zusammenpassend: **they are a ~ pair** sie passen gut zusammen *od* zueinander; **~-attended** ADJ gut besucht

wellaway [ˌweləˈweɪ] INT *obs* oh weh!

well|-balanced ADJ 1 ausgewogen *(Diät etc)* 2 (innerlich) ausgeglichen; **~-behaved** ADJ wohlerzogen, gut erzogen, artig, manierlich; **~-being** S 1 Wohl *n*, *(e-r Person a.)* Wohlergehen *n*: **physical ~** körperliches Wohlbefinden 2 *meist* **sense of ~** Wohlgefühl *n*, Wohlbehagen *n*; **~-beloved** ADJ heiß geliebt, viel geliebt; **~-born** ADJ von vornehmer Herkunft, aus guter Familie, aus vornehmem Haus; **~-bred** ADJ 1 wohlerzogen, gut erzogen 2 gebildet, fein; **~-chosen** ADJ (gut) gewählt, treffend *(Worte etc)*; **~-connected** ADJ 1 mit einflussreicher Verwandtschaft 2 mit guten Beziehungen; **~-defined** ADJ fest umrissen *(Vorstellung etc)*; **~-deserved** ADJ wohlverdient; **~-disposed** ADJ wohlgesinnt, wohlwollend; **~-doing** S 1 Wohltätigkeit *f* 2 Rechtschaffenheit *f*; **~-done** ADJ 1 gut gemacht 2 durchgebraten *(Steak)*; **~-earned** ADJ wohlverdient; **~-favo(u)red** ADJ gut aussehend; **~-fed** ADJ wohlgenährt, gut genährt; **~-fixed** ADJ *US umg* (gut) betucht; **~-founded** ADJ wohlbegründet; **~-groomed** ADJ gepflegt; **~-grounded** ADJ 1 → well-founded 2 mit guter Vorbildung, mit guten Vorkenntnissen *(beide:* **in** *in dat)*

wellhead S 1 Quelle *f (a. fig)* 2 *fig* Urquell *m* 3 Brunneneinfassung *f*

well|-heeled ADJ *umg* (gut) betucht; **~-hung** ADJ 1 gut abgehangen *(Fleisch)* 2 *sl* mit e-m großen Apparat *(Penis)*; **~-informed** ADJ 1 gut unterrichtet 2 (vielseitig) gebildet

Wellington [ˈwelɪŋtən] S Wellington *n (Hauptstadt von Neuseeland)*

wellington (boot) [ˈwelɪŋtən] S *bes Br* Gummistiefel *m*

well|-intentioned ADJ 1 gut gemeint, wohlgemeint *(Ratschlag etc)* 2 wohlmeinend *(Person)*; **~-judged** ADJ 1 wohlberechnet, angebracht 2 SPORT abgezirkelt *(Pass etc)*; **~-kept** ADJ 1 gepflegt 2 streng gehütet *(Geheimnis)*; **~-knit** ADJ 1 drahtig *(Figur etc)* 2 gut durchdacht *(Aufsatz etc)*; **~-known** ADJ 1 weithin bekannt: **it is a ~ fact that ...** es ist allgemein bekannt, dass ... 2 wohlbekannt; **~-lined** ADJ *umg* 1 voller Geld: **a ~ wallet** e-e dicke Brieftasche *umg* 2 voll *(Magen)*; **~-made** ADJ 1 gut gearbeitet *(Möbelstück etc)* 2 gut gebaut *(Person)*; **~-mannered** ADJ wohlerzogen, mit guten Manieren; **~-matched** ADJ 1 *bes* SPORT gleich stark 2 → well-assorted; **~-meaning** → well-intentioned; **~-meant** ADJ gut gemeint; **~-muscled** ADJ muskulös

wellness [ˈwelnɪs] S Wellness *f (physisches u. psychisches)* Wohlbefinden

well|-nigh ADV fast, beinahe; **~-off** ADJ wohlhabend, gut situiert; **~-oiled** ADJ 1 gut geölt 2 *fig* gut funktionierend *(Organisation etc)* 3 *sl* besoffen; **~-paid** ADJ gut bezahlt; **~-placed** ADJ SPORT platziert *(Schuss etc)*; **~-preserved** ADJ gut erhalten: **a ~ old lady** e-e alte Dame, die sich gut gehalten hat; **~-proportioned** ADJ 1 wohlproportioniert 2 gut gebaut; **~-read** [-ˈred] ADJ belesen; **~-regulated** ADJ (wohl)geregelt, (-)geordnet; **~-reputed** ADJ geachtet, angesehen; **~-rounded** ADJ 1 (wohl)beleibt 2 *fig* a ausgeglichen *(Leben etc)* b vielseitig, umfassend *(Bildung etc)*; **~-set** → well-knit 1; **~-spent** ADJ 1 gut genützt *(Zeit)* 2 sinnvoll ausgegeben *(Geld)*; **~-spoken** ADJ 1 redegewandt 2 höflich (im Ausdruck)

wellspring S 1 Quelle *f (a. fig)* 2 *fig* Urquell *m*

well|-stacked ADJ *Br sl* mit viel Holz vor der Hütte; **~-tempered** ADJ MUS wohltemperiert *(Stimmung)*: **the Well-Tempered Clavier** das Wohltemperierte Klavier *(von Bach)*; **~-thought-of** ADJ geachtet, angesehen; **~-thought-out** ADJ wohlerwogen, gründlich durchdacht; **~-thumbed** ADJ zerlesen *(Buch etc)*; **~-timed** ADJ 1 (zeitlich) wohlberechnet *od* günstig 2 SPORT gut getimed *(Pass etc)*; **~-to-do** A ADJ wohlhabend B S: **the ~** *koll* die Wohlhabenden *pl*; **~-travel(l)ed** ADJ viel befahren; **~-tried** ADJ wohlerprobt, bewährt; **~-turned** ADJ *fig* elegant, geschickt formuliert *(Phrase etc)*; **~-upholstered** ADJ gut gepolstert *(a. fig umg ziemlich dick)*; **~-wedged** ADJ *Br sl* betucht; **~-wisher** S 1 Befürworter(in), Sympathisant(in) 2 Gratulant(in) 3 Übermittler(in) von Genesungswünschen; **~-worn** ADJ 1 abgetragen, abgenutzt 2 *fig* abgedroschen

welly [ˈwelɪ] *umg* → wellington (boot)

Welsh[1] [welʃ] A ADJ walisisch B S 1 **the ~** *koll* die Waliser *pl* 2 LING Walisisch *n*, das Walisische

welsh[2] [welʃ] V/I *umg*: **~ on** a *j-n* um s-e Spielschulden betrügen b sich vor *e-r Verpflichtung etc* drücken

Welsh| corgi S Welsh Corgi *m (ein Zwergschäferhund)*; **~man** [-mən] S *irr* Waliser *m*; **~ rabbit, ~ rarebit** S GASTR überbackener Käsetoast; **~ terrier** S Welshterrier *m (ein Jagdhund)*; **~woman** S *irr* Waliserin *f*

welt [welt] A S 1 Einfassung *f*, Rand *m* 2 *Schneiderei*: a (Zier)Borte *f* b Rollsaum *m* c Stoßkante *f* 3 Rahmen *m (e-s Schuhs)* 4 a Schwiele *f*, Strieme(n) *f(m)* b *umg* Pfund *n (harter Schlag)* 5 TECH a Falz *m (im Metall)* b *Schreinerei*: Leiste *f* B V/T 1 *ein Kleid etc* säumen, einfassen 2 TECH a *Blech* falzen b *e-n Schuh* auf Rahmen arbeiten: **~ed** randgenäht *(Schuh)* 3 *umg* verprügeln, verdreschen

Weltanschauung [ˈvɛltanˌʃaʊʊŋ] S Weltanschauung *f*

welter[1] [ˈweltə(r)] A V/I 1 sich wälzen (**in** in *s-m Blut etc)* 2 SCHIFF hochgehen *(See)* B S *fig* Durcheinander *n*, Wirrwarr *m*, Chaos *n*

welter[2] [ˈweltə(r)] → welterweight A b

welterweight SPORT A S a Weltergewicht *n* b Weltergewichtler(in) B ADJ Weltergewichts...

Welt|politik [ˈvɛltpoliˌtiːk] S Weltpolitik *f*; **~schmerz** [-ˌʃmɛrts] S Weltschmerz *m*

wen[1] [wen] S 1 MED (Balg)Geschwulst *f*, *bes* Grützbeutel *m (am Kopf)* 2 *Br fig* übervölkerte Großstadt: **the great ~** London

wen[2] [wen] S Wen-Rune *f (Runenzeichen für w)*

wench [wentʃ] A S 1 *bes hum (bes dralles od lebhaftes)* Mädchen 2 *obs* Dienstmagd *f* 3 *obs* Metze *f*, Dirne *f*, Hure *f* B V/I *obs* huren

wend[1] [wend] V/T: **~ one's way (to)** *bes poet* a sich auf den Weg begeben (nach) b auf dem Weg sein (nach): **~ one's way home** sich auf den Heimweg begeben; auf dem Heimweg sein

Wend[2] [wend] S HIST Wende *m*, Wendin *f*
Wendish ['wendɪʃ] HIST A ADJ wendisch B S LING Wendisch *n*, das Wendische
Wendy house ['wendɪ] S *Br* Spielhaus *n* (*für Kinder*)
Wensleydale ['wenzlɪdeɪl] S *e-e* (*ursprünglich aus Yorkshire stammende*) *englische Käsesorte*
went [went] *prät von* go[1]
wentletrap ['wentltræp] S ZOOL (*e-e*) Wendeltreppenschnecke
wept [wept] *prät u. pperf von* weep
were [wɜː; *US* wɜr] 1 *prät von* be: *du* warst, *Sie* waren, *wir, sie* waren, *ihr* wart 2 *prät passiv* wurde(n) 3 *konjkt prät* wäre(n)
we're [wɪə(r)] *Zs-ziehung von* **we are**
weren't [wɜːnt; *US* wɜrnt] *Zs-ziehung von* **were not**
werewolf ['wɪə(r)wʊlf; *Br a.* 'wɜː-; *US a.* 'wɜr-] S *irr* Werwolf *m*
wergild ['wɜːgɪld; *US* 'wɜr-] S JUR, HIST *Br* Wergeld *n*
wersh [wɜːʃ; *US* wɜrʃ] ADJ *schott* 1 geschmacklos 2 a sauer b bitter
wert [wɜːt; *US* wɜrt] *obs 2. sg prät von* be: **thou ~**
werwolf ['wɜːwʊlf; *US* 'wɜr-] → werewolf
Wesleyan ['wezlɪən] REL A ADJ a HIST wesleyanisch b methodistisch B S a HIST Wesleyaner(in) b Methodist(in); **Wesleyanism** S a HIST Lehre *f* John Wesleys b Methodismus *m*
Wessex ['wesɪks] S HIST Wessex *n* (*hist angelsächsisches Königreich im südwestlichen England*)
west [west] A S 1 Westen *m*: **in the ~ of** im Westen von (*od gen*); **to the ~ of** → C 3; **from the ~** aus dem Westen 2 *a.* ♀ Westen *m*, westlicher Landesteil: **the** ♀ a *Br* Westengland *n* b *US* der Westen, die Weststaaten *pl* c POL der Westen d das Abendland e HIST das Weströmische Reich 3 *poet* West (-wind) *m* B ADJ westlich, West… C ADV 1 westwärts, nach Westen: **go ~** *umg* a draufgehen (*sterben, kaputtgehen, verloren gehen*) b sich zerschlagen (*Pläne, Hoffnungen etc*) 2 *obs* aus dem Westen (*bes Wind*) 3 **~ of** westlich von (*od gen*); ♀ **Bank** S West Bank *f*, Westjordanland *n*; **~bound** ADJ nach Westen gehend *od* fahrend: **the ~ traffic** der Verkehr in Richtung Westen; **~ by north** S SCHIFF West *m* zu Nord; ♀ **Country** S *Br* Südwestengland *n* (*bes Cornwall, Devon u. Somerset*); ♀ **End** S West End *n* (*vornehmer Stadtteil im Westen Londons*); ♀ **Ender** S Bewohner(in) des West Ends
West Dunbartonshire [ˌwestdʌn'bɑː(r)tnʃə(r); -ʃɪə(r)] S West-Dunbartonshire *n* (*Verwaltungsregion im westlichen Zentralschottland*)
westerly A ADJ westlich, West… B ADV von *od* nach Westen C S Westwind *m*
western ['westə(r)n] A ADJ 1 westlich, West…: **the** ♀ **Empire** HIST das Weströmische Reich; ♀ **Front** MIL, HIST Westfront *f* 2 westwärts, West…: **~ course** Westkurs *m* B S *oft* ♀ Western *m*: a Wildwestgeschichte *f*, -roman *m* b Wildwestfilm *m*
Western Australia [ɒ'streɪljə; -lɪə; *US* ɔː-; ɑː-] S Westaustralien *n* (*australischer Bundesstaat*)
westerner S 1 Bewohner(in) des Westens (*e-s Landes*) 2 ♀ *US* Weststaatler(in)
Western Isles [ˌwestə(r)n'aɪlz] SPL Western Isles *pl* (*insulare Verwaltungsregion der Äußeren Hebriden*)
westernize V/T verwestlichen
westernmost ADJ westlichst(er, e, es)
West Glamorgan [glə'mɔː(r)gən] S HIST West Glamorgan *n* (*Grafschaft im südlichen Wales*)
West Indian A ADJ westindisch B S Westindier(in)
West Indies [ˌwest'ɪndɪz] SPL Westindische Inseln *pl*
westing ['westɪŋ] S 1 ASTRON westliche Deklination (*e-s Planeten*) 2 SCHIFF Weg *m od* Distanz *f* nach Westen
Westinghouse brake ['westɪŋhaʊs] S BAHN Westinghousebremse *f*
West Lothian [ˌwest'ləʊðjən; -ɪən] S West-Lothian *n* (*Verwaltungsregion in Zentralschottland*)
Westmeath [west'miːð] S Westmeath *n* (*Grafschaft in Irland*)
West Midlands [ˌwest'mɪdləndz] SPL West-Midlands *pl* (*Grafschaft in Mittelengland*)
west-northwest A ADJ westnordwestlich, Westnordwest… B ADV nach *od* aus Westnordwesten C S Westnordwest(en) *m*
Westphalia [west'feɪljə; -lɪə] S Westfalen *n*
Westphalian [west'feɪljən] A ADJ westfälisch B S Westfale *m*, Westfälin *f*
west-southwest A ADJ westsüdwestlich, Westsüdwest… B ADV nach *od* aus Westsüdwesten C S Westsüdwest(en) *m*
West Sussex [ˌwest'sʌsɪks] S West-Sussex *n* (*Grafschaft im südöstlichen England*)
West Virginia [və(r)'dʒɪnjə; -nɪə] S West Virginia *n* (*Staat im Osten der USA*)
westward ['westwə(r)d] ADJ & ADV westlich, westwärts, nach Westen: **in a ~ direction** in westlicher Richtung, Richtung Westen; **westwards** ADV → westward
West Yorkshire [ˌwest'jɔː(r)kʃə(r); -ʃɪə(r)] S West-Yorkshire *n* (*Grafschaft in Nordengland*)
wet [wet] A ADJ 1 nass, durchnässt (*beide:* **with** von): (**still**) **~ behind the ears** *umg* noch nicht trocken hinter den Ohren, noch grün *od* feucht *od* nass hinter den Ohren; → dew A 1, rag[1] A 2, skin A 1, through B 1 2 niederschlagsreich, regnerisch, feucht (*Klima*): **~ season** Regenzeit *f* (*in den Tropen*) 3 nass, noch nicht trocken: → paint C 2 4 TECH nass, Nass…: **~ extraction** Nassgewinnung *f*; **~ process** Nassverfahren *n* 5 *bes US* ohne Alkoholverbot (*Stadt etc*) 6 *Br umg* a blöd, behämmert b weichlich 7 **all ~** *umg* völlig falsch *od* verkehrt: **you are all ~** du liegst total schief 8 *umg* feuchtfröhlich (*Abend etc*) B S 1 Nässe *f*: **out in the ~** draußen im Nassen 2 Regen(wetter) *m(n)* 3 *bes US* Alkoholverbotsgegner(in) 4 *Br umg* a Blödmann *m* b *Br* Weichling *m* c POL kompromissbereite(r) Konservative(r) C V/T *prät u. pperf* wet *od* wetted nass machen: **~ down** (*od* **through**) durchnässen; **~ o.s.** (**the bed**) in die Hose (ins Bett) machen; **don't ~ yourself** *umg, oft hum* mach dir nicht ins Hemd!; **~ one's whistle** (*od* **clay**) *umg* sich die Kehle anfeuchten, einen heben *od* zur Brust nehmen D V/I nass werden: **~ through** durchnässt werden
wet| avalanche S Grundlawine *f*; **~back** S *US umg pej* illegaler Einwanderer *od* illegale Einwanderin aus Mexiko; **~ blanket** S *umg* Spiel-, Spaßverderber(in); **~-blanket** V/T 1 *ein Feuer* mit e-r nassen Decke ersticken *od* löschen 2 *fig umg* e-n Dämpfer aufsetzen (*dat*); **~-bulb thermometer** S PHYS Verdunstungsthermometer *n*; **~ cell** S ELEK nasse Zelle, Nasselement *n*; **~ dock** S SCHIFF Schwimmdock *n*; **~ dream** S feuchter Traum
wether ['weðə(r)] S ZOOL Hammel *m*
wetland ['wetlænd] S, **wetlands** SPL Feucht- *od* Sumpfgebiet *n*
wet| look S Glanzbeschichtung *f*; **~-look** ADJ glanzbeschichtet: **~ leather** Knautschlack(-leder) *m(n)*
wetness S Nässe *f*
wet| nurse S (Säug)Amme *f*; **~-nurse** V/T 1 (*als Amme*) säugen 2 *fig* verhätscheln, bemuttern; **~ pack** S MED feuchte Packung, feuchter Umschlag; **~ rot** S BOT Nassfäule *f*; **~ suit** S Kälteschutzanzug *m* (*für Sporttaucher, Segler etc*)
wetting S: **get a real ~** a durchnässt *od* durch u. durch nass werden b ein unfreiwilliges Bad nehmen; **~ agent** S CHEM Benetzungs-, Netzmittel *n*; **~ solution** S Benetzungsflüssigkeit *f* (*für Kontaktlinsen*)
wettish ['wetɪʃ] ADJ feucht
wet-weather ADJ: **~ tire** (*bes Br* **tyre**) (*Motorrennsport*) Regenreifen *m*
WEU ABK Western European Union WEU *f*
we've [wiːv] *Zs-ziehung von* **we have**
Wex. ABK Wexford
Wexford ['weksfə(r)d] S Wexford *n* (*Grafschaft im südöstlichen Irland*)
w.f. ABK TYPO wrong fount falsche Schrift (*verwendet beim Korrekturlesen*)
WFTU ABK World Federation of Trade Unions Weltgewerkschaftsbund *m*
w.g. ABK 1 water ga(u)ge Wasserstandsanzeiger *m* 2 TECH wire ga(u)ge Drahtlehre *f*; Drahtstärke *f*
wh. ABK white
whack [wæk; hwæk] A V/T 1 *j-m* e-n knallenden Schlag versetzen: **~ off** abhacken, abschlagen 2 *a.* **~ out** *bes Br umg* schaffen (*erschöpfen*): **~ed (out)** fertig, erledigt 3 **~ up** *umg* aufteilen (**between** unter *akk*) 4 **~ out** *US umg ein Essen, e-n Roman etc* hinzaubern B V/I 1 schlagen (**at** nach) 2 *meist* **~ off** *vulg* wichsen, sich e-n runterholen (*beide vulg*) (*masturbieren*) C S 1 knallender Schlag 2 *umg* Anteil *m* (**of** an *dat*) 3 *umg* Versuch *m*: **have a ~ at sth** etwas probieren 4 *US umg* **be out of ~** kaputt sein; **be out of ~ with** nicht im Einklang stehen mit; **whacking** *umg* A ADJ & ADV Mords…: **a ~ (big) lie** e-e faustdicke Lüge B S *bes Br* Prügel *pl*: **give sb a ~** j-m e-e Tracht Prügel verpassen
whacky *US* → wacky
whale[1] [weɪl; hw-] A S 1 *pl* whales, *bes koll* whale ZOOL Wal *m* 2 *umg* (*etwas*) Riesiges *od* Gewaltiges *od* Großartiges *od* Tolles: **a ~ of a difference** ein himmelweiter Unterschied; **a ~ of a fellow** a ein Riesenkerl b ein Pfundskerl; **a ~ of a lot** e-e Riesenmenge; **a ~ of a thing** ein tolles Ding; **we had a ~ of a time** wir haben uns prima amüsiert B V/I Walfang treiben
whale[2] [weɪl; hw-] V/T *bes US umg* verprügeln, verdreschen
whale|boat S SCHIFF 1 HIST Walfänger *m*, Walfangboot *n* 2 *US* Rettungsboot *n*; **~bone** S 1 ZOOL Barte *f* (*Hornplatte im Oberkiefer e-s Wals*) 2 Fischbein(stab) *n(m)*; **~bone whale** S ZOOL Bartenwal *m*; **~ fishing** S Walfang *m*; **~man** [-mən] S *irr US* Walfänger *m*; **~ oil** S Walfischtran *m*
whaler S Walfänger *m* (*Person u. Schiff,* HIST *Boot*)
whaling[1] A S Walfang *m* B ADJ Walfang…
whaling[2] *umg* A ADJ & ADV Mords…: **we had a ~ good time** wir haben uns prima amüsiert B S *bes US* Prügel *pl*: **give sb a ~** j-m e-e Tracht Prügel verpassen
whaling| gun S Harpunengeschütz *n*; **~ rocket** S Harpunierrakete *f*
wham [wæm; hwæm] → whang
whammy ['wæmiː; 'hwæmiː] S *US umg* 1 böser Blick: **put the ~ on** a *j-m* den bösen Blick geben b ein Ende machen (*dat*), *etwas* zerstören, zunichtemachen 2 Pech *n*, Unglück *n* 3

fig schwerer Schlag (**to** für)

whang [wæŋ; hwæŋ] *umg* A VT knallen, hauen B VI knallen (*a. schießen*), krachen, bumsen C S Knall *m*, Krach *m*, Bums *m* D INT krach!

whangdoodle S *US sl ein Fabeltier*

whanny [ˈwænɪ; ˈhw-] S *Br umg j-d, der ein Kindermädchen beschäftigt*

wharf [wɔː(r)f; hw-] A *pl* wharves [-vz], wharfs [-fs] S 1 SCHIFF Kai *m* 2 *pl* WIRTSCH, SCHIFF Lagerhäuser *pl* B VT SCHIFF 1 *Waren* ausladen, löschen 2 *ein Schiff* am Kai festmachen; **wharfage** S WIRTSCH, SCHIFF 1 Benutzung *f* e-s Kais 2 Löschen *n* (*von Gütern*) 3 Kaigeld *n*, Kaigebühr *f* 4 Kaianlage(n) *f(pl)*

wharfinger [ˈwɔː(r)fɪndʒə(r); ˈhw-] S SCHIFF 1 Kaimeister(in) 2 Kaibesitzer(in)

wharf rat S 1 ZOOL Wanderratte *f* 2 *bes US sl* Hafendieb(in)

wharves [wɔː(r)vz; wh-] *pl von* wharf

what [wɒt; hwɒt; *US* wɑt; hwɑt] A INT PR 1 was, wie: ~ **did he do?** was hat er getan?; ~**'s for lunch?** was gibt's zum Mittagessen? 2 was (*um Wiederholung e-s Wortes bittend*): **you want a ~?** was willst du? 3 was für ein(e), welch(er, e, es), (*vor pl*) was für (*fragend od als Verstärkung e-s Ausrufs*): ~ **an idea!** was für e-e Idee!; ~ **book?** was für ein Buch?; ~ **luck!** welch ein Glück!; ~ **men?** was für Männer? 4 wie viel: ~**'s two and three?** B REL PR 1 (das,) was, *a.* (der,) welcher: **this is ~ we hoped for** (gerade) das erhofften wir; **he sent us ~ he had promised us** er schickte uns (das), was er uns versprochen hatte *od* das Versprochene; **it is nothing compared to ~ happened then** es ist nichts im Vergleich zu dem, was dann geschah; **he is no longer ~ he was** er ist nicht mehr der, der er war 2 was (auch immer): **say ~ you please** sag, was du willst! 3 **but ~** (*negativ*) *umg* außer dem, der (*od* das); außer der (*od* denen), die: **there was no one but ~ was excited** es gab niemanden, der nicht aufgeregt war C ADJ 1 was für ein(e), welch(er, e, es): **I don't know ~ decision you have taken** ich weiß nicht, was für e-n Entschluss du gefasst hast; **he got ~ books he wanted** er bekam alle Bücher, die er wollte 2 alle, die; alles, was: ~ **money I had** was ich an Geld hatte, all mein Geld 3 so viel *od* so viele … wie: **take ~ time and men you need!** nimm dir so viel Zeit u. so viele Leute, wie du brauchst! D ADV 1 was: ~ **does it matter** was macht das schon 2 *vor adj* was für: ~ **happy boys they are!** was sind sie (doch) für glückliche Jungen! 3 teils …, teils: ~ **with …,** ~ **with …** teils durch …, teils durch … 4 **but ~** (*negativ*) *umg* dass: **not a day but ~ it rains** kein Tag, an dem es nicht regnet E INT 1 was!, wie! 2 (*fragend, unhöflich*) was?, wie? 3 *Br umg* nicht wahr?: **a nice fellow, ~?** F S Was *n*

Besondere Redewendungen: ~ **about?** wie wär's mit *od* wenn?, wie steht's mit?; ~ **about Jack?** was ist *od* passiert mit Jack?, was machen wir mit Jack?; ~ **for?** wofür?, wozu?; **and ~ have you** *umg* u. was nicht sonst noch alles; ~ **if?** u. wenn nun?, (u.) was geschieht, wenn?; ~ **next** a was sonst noch? b *iron* sonst noch was?, das fehlte noch! **and ~ not** *umg* u. was nicht sonst noch alles; ~ **(is the) news?** was gibt es Neues?; **(well,) ~ of it?, so ~?** na, wenn schon?, na und?; ~ **though?** was tut's, wenn?; ~ **with** infolge, durch, in Anbetracht (*gen*); **I know ~** ich weiß was, ich habe e-e Idee; **know ~'s ~** *umg* wissen, was los ist *od* wo's langgeht; Bescheid wissen; **and I don't know ~ (all)** *umg* u. was sonst noch; **I'll tell you ~** a ich will dir (mal) was sagen b ich weiß was ~ **do you think you are doing?** was soll denn das?

what|-d'you-call-it (*od* **-'em, -him, -her**), **~-d'ye-call-it** (*od* **-'em, -him, -her**) [ˈwɒtdjʊ-; ˈhw-; *US* ˈwɑdjə-; ˈhw-] S *umg* Dingsda *m/f, n*: **Mr what-d'you-call-him** Herr Dingsbums *od* Soundso; **~e'er** *poet für* whatever; **~ever** A PRON 1 was (auch immer); alles, was: **take ~ you like**; ~ **I have is yours** 2 was auch; trotz allem, was: **do it ~ happens** 3 *umg* was denn, was eigentlich *od* in aller Welt: ~ **do you want?** B ADJ 1 welch(er, e, es) … auch (immer): ~ **profit this work gives us** welchen Nutzen uns diese Arbeit auch (immer) bringt; **for ~ reasons he is angry** aus welchen Gründen er auch immer verärgert ist; einerlei *od* ganz gleich, weshalb er wütend ist 2 *mit neg (nachgestellt)* überhaupt, gar nichts, niemand *etc*: **no doubt ~** überhaupt *od* gar kein *od* keinerlei Zweifel C VT *US sl j-n* wie Luft behandeln; **~not** S 1 Etagere *f* (*aufhängbares Wandgestell für kleine Dekorationsstücke etc*) 2 → whatsis

what's|-her-name [ˈwɒtsə(r)neɪm; ˈhwɒt-; *US* ˈwɑt-; ˈhwɑt-], **~-his-name** [ˈwɒtsɪzneɪm; ˈhwɒt-; *US* ˈwɑt-; ˈhwɑt-] S *umg* Dingsda *m/f*: **Mr what's-his-name** Herr Dingsbums *od* Soundso

whatsis [ˈwɒtsɪs; ˈhwɑt-; *US* ˈwɑt-; ˈhwɑt-], **whatsit** [-sɪt], **what's-its-name** [ˈwɒtsɪtsneɪm; ˈhwɒt-; *US* ˈwɑt-; ˈhwɑt-] S *umg* Dingsbums *n*, Dingsda *n*

whatsoe'er *poet*, **whatsoever** → whatever

wheal [wiːl; hwiːl] → wale

wheat [wiːt; hwiːt] S AGR, BOT Weizen *m*: → chaff[1] 1; **~ belt** S AGR, GEOG *US* Weizengürtel *m*

wheaten [-tn] ADJ 1 Weizen… 2 a weizengelb b weizenblond (*Haar*)

wheat| germ S Weizenkeim *m*; **~meal** S *bes Br* Weizen(vollkorn)mehl *n*: ~ **bread** Weizen(misch)brot *n*

Wheatstone bridge [ˈwiːtstən; ˈhwiːt-; *US* -ˌstəʊn] S ELEK Wheatstonebrücke

whee [wiː; hwiː] *int* juchhe!

wheedle [ˈwiːdl; ˈhwiːdl] A VT 1 *j-n* umschmeicheln 2 *j-n* überreden, *j-n* beschwatzen *umg* (*beide*: **into doing** *etwas* zu tun) 3 ~ **sth out of sb** j-m etwas abschwatzen *od* abschmeicheln *od* ablocken B VI schmeicheln; **wheedler** S Schmeichler(in); **wheedling** ADJ (ADV ~ly) schmeichelnd, schmeichlerisch

wheel [wiːl; hwiːl] A S 1 (*Wagen*) Rad *n*: **three-~** dreiräd(e)rig; → fifth wheel, meal[2], oil B, shoulder A 1, spoke[1] A 4 2 *allg* Rad *n*, TECH *a.* Scheibe *f* 3 SCHIFF Steuer-, Ruderrad *n* 4 Steuer(rad) *n*, Lenkrad *n*: **at the ~** a am Steuer (**of** von *od gen*) b *fig* am Ruder; **take the ~** fahren 5 *umg* a *bes US* (Fahr)Rad *n* b *pl* AUTO Wagen *m*, fahrbarer Untersatz *umg* 6 HIST Rad *n* (*Folterinstrument*): **break sb on the ~** j-n rädern *od* aufs Rad flechten; **break a butterfly on a** (*od* **the**) **~** *fig* mit Kanonen auf *od* nach Spatzen schießen 7 *fig* (*Glücks*) Rad *n*: **the ~ of Fortune**; **~ of life** (*Buddhismus*) Rad des Lebens *od* Werdens; **a sudden turn of the ~** e-e plötzliche (Schicksals)Wende 8 *fig* Rad *n*, treibende Kraft, *pl* Räder(werk) *pl(n)*, Getriebe *n*: **the ~s of government** die Regierungsmaschinerie; **the ~s of history were beginning to turn** das Rad der Geschichte begann sich zu drehen; **~s within ~s** ein kompliziertes Räderwerk; **there are ~s within ~s** a die wahren Gründe *etc* sind nur schwer zu durchschauen b die Dinge sind komplizierter, als sie aussehen 9 Drehung *f*, Kreis(-bewegung) *m(f)* 10 MIL Schwenkung *f*: **right (left) ~!** rechts (links) schwenkt! 11 → big wheel 2 B VT 1 drehen, im Kreis bewegen 2 MIL e-e Schwenkung ausführen lassen 3 *ein Fahrrad, e-n Kinderwagen, e-n Patienten im Rollstuhl etc* schieben, *e-n Servierwagen etc a.* rollen 4 Räder anbringen an (*dat*) C VI 1 sich (im Kreis) drehen, (*Vögel, Flugzeug*) kreisen 2 MIL schwenken: ~ **to the right (left)** e-e Rechts-(Links)schwenkung machen 3 rollen, fahren 4 *bes US umg* radeln 5 ~ **and deal** *umg, meist pej* (zweifelhafte) Geschäfte machen

Phrasal Verbs: **wheel| about, ~ around** A VI 1 sich (rasch) umdrehen *od* umwenden 2 *fig* umschwenken B VT herumdrehen; **~ in** VT hinein-, hereinschieben, -rollen; **~ out** VT 1 hinaus-, herausschieben, -rollen 2 *fig bes Br umg Argumente etc* auffahren, vorbringen; **~ round** → wheel about

wheel| animal(cule) S ZOOL Rädertier *n*; **~barrow** A S Schubkarre(n) *f(m)* B VT im Schubkarren transportieren; **~base** S AUTO, TECH Achs(ab)stand *m*, Radstand *m*; **~ box** S AUTO Radkasten *m*; **~ brace** S TECH Kreuzschlüssel *m*; **~ brake** S Radbremse *f*; **~ button** S *e-r Computermaus*: Radtaste *f*; **~chair** S MED Rollstuhl *m*: *he spent several months* **in a ~** im Rollstuhl; ~ **housing** rollstuhlgerechte Wohnungen *pl*; ~ **patient** Rollstuhlfahrer(in); **~ clamp** S AUTO *Br* Park-, Radkralle *f*; **~-clamp** VT *Br* an *e-m falsch geparkten Fahrzeug* e-e Radkralle anbringen

wheeled [wiːld; hwiːld] ADJ 1 fahrbar, Roll…, Räder…: ~ **bed** MED Rollbett *n*; ~ **traffic** Verkehr *m* auf Rädern 2 (*in Zusammensetzungen*) …räd(e)rig: **three-~**

wheeler S 1 *j-d, der etwas rollt od schiebt* 2 *etwas, was rollt od Räder hat* 3 (*in Zusammensetzungen*) Wagen *m od* Fahrzeug *n* mit … Rädern: **four-~** 4 → wheel horse 1 5 *Br für* wheelwright 6 → wheeler-dealer; **~-dealer** S *umg, meist pej* Geschäftemacher(in)

wheel| horse S 1 Stangen-, Deichselpferd *n* 2 *US fig* Arbeitstier *n*; **~house** S SCHIFF Ruderhaus *n*

wheelie [ˈwiːlɪ; ˈhw-] S (*Motor*)*Radfahren*: Wheelie *n* (*Manöver, bei dem das Vorderrad angehoben wird*): **do a ~** ein Wheelie machen; **~ bin** S *Br umg* (große) Mülltonne mit Rädern

wheeling S 1 Schieben *n*, Rollen *n* 2 Drehung *f* 3 Kreisen *n* 4 MIL Schwenkung *f* 5 Befahrbarkeit *f* (*e-r Straße*) 6 ~ **and dealing** *umg, meist pej* Geschäftemacherei *f*

wheelman [-mən] S *irr* 1 *umg* a *bes US* Radler *m* b (Auto)Fahrer *m* 2 → wheelsman

wheelsman [ˈwiːlzmən; ˈhwiːlz-] S *irr* SCHIFF *bes US* Rudergänger *m*

wheel| statics SPL (*als sg konstruiert*) ELEK, TECH (statische) Aufladungen *pl* der Gummireifen; **~ window** S ARCH Radfenster *n*; **~ wobble** S AUTO, TECH Radflattern *n*; **~work** S TECH Räderwerk *n*; **~wright** S TECH Stellmacher *m*

wheeze [wiːz; hwiːz] A VI keuchen, pfeifen(d atmen), schnaufen B VT *etwas* keuchen(d hervorstoßen) C S 1 Keuchen *n*, pfeifendes Atmen 2 pfeifendes Geräusch 3 *umg* alter *od* abgedroschener Witz 4 *Br sl* Masche *f*, Trick *m*; **wheezy** ADJ (ADV wheezily) keuchend, pfeifend, schnaufend, asthmatisch (*a. hum Orgel etc*)

whelk[1] [welk; *US a.* hwelk] S ZOOL Wellhornschnecke *f*

whelk[2] [welk; *US a.* hwelk] S MED Pustel *f*, Pickel *m*

whelm [welm; hwelm] VT *obs* 1 a verschütten, (unter sich) begraben b überschwemmen c zusammenschlagen über (*dat*) (*Wellen*) 2 *fig* überschütten, -häufen (*beide*: **with** mit) 3 *fig* überwältigen, -mannen: **he was ~ed**

by emotion

whelp [welp; hwelp] A S 1 a Welpe *m* (*junger Hund, Fuchs od Wolf*) b *allg* Junge(s) *n* 2 Balg *m/n* (*ungezogenes Kind*) B V/T & V/I (Junge) werfen

when [wen; hwen] A ADV 1 (*fragend*) wann: **~ did it happen?**; **~ ever** → whenever B 2 (*relativ*) als, wo, da: **the day ~** der Tag, an dem *od* als; **the time ~ it happened** die Zeit, in *od* zu der es geschah; **the years ~ we were poor** die Jahre, als wir arm waren; **there are occasions ~** es gibt Gelegenheiten, wo B KONJ 1 wann: **she doesn't know ~ to be silent** 2 (damals, zu der Zeit *od* in dem Augenblick,) als: **~ (he was) young, he lived in M.**; **we were about to start ~ it began to rain** wir wollten gerade fortgehen, als es zu regnen anfing *od* da fing es zu regnen an; **he broke a leg ~ skiing** er brach sich beim Skifahren ein Bein; **say ~** *umg* sag Halt!, sag, wenn du genug hast! (*bes beim Einschenken*) 3 (dann,) wenn: **~ it is very cold, you like to stay at home** wenn es sehr kalt ist, bleibt man gern(e) zu Hause; **~ due** bei Fälligkeit 4 (immer) wenn, sobald, sooft: **come ~ you please** 5 (*ausrufend*) wenn: **~ I think what I have done for her!** wenn ich daran denke, was ich für sie getan habe! 6 woraufhin, u. dann: **we explained it to him, ~ he at once consented** 7 während, obwohl, wo … (doch), da … doch: **why did you tell her, ~ you knew it would hurt her?** warum hast du es ihr gesagt, wo du (doch) wusstest, es würde ihr wehtun? C PRON 1 wann, welche Zeit: **from ~ does it date?** aus welcher Zeit stammt es? 2 (*relativ*) welcher Zeitpunkt, wann: **they left us on Wednesday, since ~ we have heard nothing** sie verließen uns am Mittwoch, u. seitdem haben wir nichts mehr von ihnen gehört; **till ~** u. bis dahin D S *meist pl* Wann *n*: **the ~s and wheres of sth** das Wann u. Wo e-r Sache

whenas KONJ *obs* 1 wenn, während 2 weil, da 3 wohingegen, während

whence [wens; hwens] *obs od poet* A ADV 1 (*fragend*) a woher, von wo(her), *obs* von wannen b *fig* woher, woraus, wodurch, wie 2 (*relativ*) a woher, von wo b *fig* woraus, weshalb B KONJ 1 (von) woher 2 *fig* weshalb, u. deshalb 3 dahin, von wo: **return ~ you came** geh wieder dahin, wo du hergekommen bist! C PRON (*relativ, auf Orte bezogen*) welch(er, e, es): **the country (from) ~ she comes** das Land, aus welchem sie kommt; **~soever** ADV & KONJ *poet* woher auch (immer)

when|ever (*verstärkend*) **~soever** A KONJ wann (auch) immer; einerlei, wann; (immer,) wenn; sooft (als); jedes Mal, wenn B ADV (*fragend*) wann denn (nur): **~ did you do that?** wann hast du denn das gemacht?

where [weə(r); hwe(ə)r] A ADV (*fragend u. relativ*) 1 wo: **~ … from?** woher?, von wo?; **~ … (to)?** wohin?; **~ shall we be, if …?** *fig* wohin kommen wir *od* was wird aus uns, wenn …? 2 inwiefern, in welcher Hinsicht: **~ does this touch our interests?** B KONJ 1 (der Platz *od* die Stelle,) wo: **I cannot find ~ the fault is** ich kann nicht feststellen, wo der Fehler liegt; **~ it's (all) at** *bes US sl* a wo sich alles abspielt b wo was los ist; *if you are interested in good food,* **Paris is ~ it's at** musst du unbedingt nach Paris fahren 2 (da,) wo: **go on reading, ~ we stopped yesterday** 3 *fig* (da *od* in dem Falle *od* in e-r Situation,) wo: **~ you should be silent, don't talk** rede nicht, wo du schweigen solltest! 4 dahin *od* irgendwohin, wo; wohin: **he must be sent ~ he will be taken care of** man muss ihn (irgend)wohin schicken, wo man für ihn sorgt; **go ~ you please** geh, wohin du willst! C S *meist pl* Wo *n*: → when D

where|abouts A ADV & KONJ [ˌ-əˈbaʊts] 1 wo ungefähr *od* etwa: **~ did you find her?** 2 *obs* worüber, worum B SPL (*a. als sg konstruiert*) [ˈ-əbaʊts] Verbleib *m*, Aufenthalt(sort) *m*: **do you know his ~?** weißt du, wo er sich aufhält?; **~as** KONJ 1 wohingegen, während, wo … doch 2 JUR da; in Anbetracht dessen, dass; **~at** ADV & KONJ *obs* 1 woran, wobei, worauf 2 (*relativ*) an welchem (welcher) *od* dem (der), wo: **the place ~**; **~by** [-ˈbaɪ] ADV & KONJ 1 wodurch, womit 2 (*relativ*) durch welchen (welche, welches)

where'er *poet für* wherever

where|fore A ADV & KONJ *obs* 1 weshalb, wozu, warum, weswegen, und deshalb 2 (*relativ*) für welchen (welche, welches), wozu, wofür B S *meist pl* Weshalb *n*: → why B; **~from** ADV & KONJ *obs* woher, von wo; **~in** ADV & KONJ *obs* 1 worin 2 (*relativ*) in welchem (welcher); **~into** ADV & KONJ *obs* 1 wohinein 2 (*relativ*) in welchen (welche, welches); **~of** ADV & KONJ *obs* wovon; **~on** ADV & KONJ *obs* 1 worauf 2 (*relativ*) auf dem (der) *od* den (die, das), auf welchem (welcher) *od* welchen (welche, welches); **~soe'er** *poet*, **~so'ever** → wherever 1; **~to** ADV & KONJ *obs* 1 wohin 2 (*relativ*) wohin, an den (die, das); **~unto** *obs für* whereto; **~upon** ADV & KONJ 1 worauf, woraufhin 2 (*als Satzanfang*) daraufhin

wherever [weərˈevə(r); hweər-] ADV & KONJ 1 wo(hin) auch immer; ganz gleich, wo(hin) 2 wo(hin) denn (nur): **~ could he be?** wo kann er denn (nur) sein?

where|with A ADV & KONJ *obs* 1 womit 2 (*relativ*) mit welchem (welcher), mit dem (der) B PRON *obs* etwas, womit: **I have ~ to punish him** ich habe etwas, womit ich ihn strafe(n kann) C S → wherewithal; **~withal** [ˈweə(r)wɪðɔːl; ˈhweə(r)-] S (*die*) (nötigen) Mittel *pl*, *bes hum* (*das*) nötige Kleingeld

wherry [ˈwerɪ; ˈhwerɪ] S 1 Skullboot *n* 2 *Br* Lastkahn *m*; **~man** [-mən] S *irr Br* Kahnschiffer *m*

whet [wet; hwet] A V/T 1 wetzen, schärfen, schleifen 2 *fig j-s Appetit* anregen, *j-s Neugierde etc* reizen, anstacheln: **~ sb's appetite for sth** *fig* j-m etwas schmackhaft machen B S 1 Wetzen *n*, Schärfen *n*, Schleifen *n* 2 *fig* Ansporn *m*, Anreiz *m* 3 (Appetit)Anreger *m*, *bes* Aperitif *m*

whether [ˈweðə(r); ˈhweðə(r)] A KONJ ob (**or not** *od* nicht): **I do not know ~ he will come**; **you must go there, ~ you want to go or not**; **~ or no** auf jeden Fall, so oder so; **~ we live, we live unto the Lord** BIBEL leben wir, so leben wir dem Herrn B PRON & ADJ *obs* welch(er, e, es) (*von beiden*)

whetstone S Wetz-, Schleifstein *m*

whew [fjuː; hwuː] INT 1 (*erstaunt, bewundernd*) (h)ui!, Mann! 2 (*angeekelt, erleichtert, erschöpft etc*) puh!

whey [weɪ; hweɪ] S Molke *f*; **wheyey** [ˈweɪɪ; ˈhw-] ADJ molkig

wheyfaced ADJ käsig, käseweiß, käsebleich

which [wɪtʃ; hwɪtʃ] A INT PR (*bezogen auf Sachen od Personen*) welch(er, e, es) (*aus e-r bestimmten Gruppe od Anzahl*): **~ of these houses?** welches dieser Häuser?; **~ of you has done it?** wer *od* welcher von euch hat es getan? B REL PR 1 welch(er, e, es), der (die, das) 2 (*auf den vorhergehenden Satz bezüglich*) was: **she laughed loudly, ~ irritated him** 3 (*in eingeschobenen Sätzen*) (etwas,) was: **and ~ is still worse, all you did was wrong** u. was noch schlimmer ist, alles, was du machtest, war falsch C ADJ 1 (*fragend od relativ*) welch(er, e, es): **~ place will you take?** auf welchem Platz willst du sitzen?; **take ~ book you please** nimm welches Buch du willst 2 (*auf das Vorhergehende bezogen*) und dies(er, e, es), welch(er, e, es): **during ~ time he had not eaten** und während dieser Zeit hatte er nichts gegessen; **~ever**, (*verstärkend*) **~soever** PRON & ADJ welch(er, e, es) (auch) immer; ganz gleich, welch(er, e, es): **take ~ you want** nimm welches du (auch) immer willst

whidah (bird) [ˈwɪdə; ˈhwɪdə] S ORN Widah (-vogel) *m*

whiff [wɪf; hwɪf] A S 1 Luftzug *m*, Hauch *m* 2 Duftwolke *f*, (*a.* übler) Geruch: **catch** (*od* **get**) **a ~ of sth** den Duft von etwas wahrnehmen 3 a ausgestoßene Dampf- *od* Rauchwolke b Zug *m* (*beim Rauchen*): **have a few ~s** ein paar Züge machen 4 *fig* Anflug *m*, Hauch *m*: **catch** (*od* **get**) **a ~ of hostility in sb's answer** aus j-s Antwort e-n Anflug von Feindseligkeit heraushören B V/I 1 blasen, wehen 2 paffen, rauchen 3 *Br umg* duften, (unangenehm) riechen C V/T 1 blasen, wehen, treiben 2 *Rauch etc* a ausstoßen b einatmen, -saugen 3 *e-e Zigarre etc* paffen

whiffet [ˈhwɪfət] *US umg* → whippersnapper

whiffle [ˈwɪfl; ˈhwɪfl] V/I 1 böig wehen (*Wind*) 2 flackern (*Flamme*), flattern (*Fahne etc*) 3 *fig* schwanken, flatterhaft sein

whiffletree *bes US* → whippletree

whiffy ADJ *Br umg* duftend, (unangenehm) riechend

Whig [wɪg; hwɪg] A S 1 POL *Br* Whig *m*: a HIST *Angehöriger e-r Partei, aus der sich die liberale Partei entwickelte* b *konservativ gesinnter Liberaler* 2 POL, HIST *US* Whig *m*: a National(republikan)er (*Unterstützer der amer. Revolution*) b *Anhänger e-r Oppositionspartei gegen die Demokraten* (*um 1840*) 3 REL, HIST *schott* Presbyterianer B ADJ Whig-…, whiggistisch

Whiggery [ˈwɪgərɪ; ˈhwɪgərɪ], **Whiggism** S POL, HIST Whiggismus *m* (*Grundsätze od Handlungsweise der Whigs*)

while [waɪl; hwaɪl] A S Weile *f*, Zeit (-spanne) *f*: **a good ~** ziemlich lange; **a long ~ ago** vor e-r ganzen Weile; (**for**) **a ~** e-e Zeit lang; **for a long ~** lange (Zeit), seit Langem; **all this ~** die ganze Zeit, dauernd; **in a little** (*od* **short**) **~** bald, binnen Kurzem; **the ~** derweil, währenddessen; **between ~s** zwischendurch; → once A 1, B 1, worth[1] A 2 B KONJ 1 während (*zeitlich*) 2 so lange (wie): **~ there is life, there is hope** (*Sprichwort*) der Mensch hofft, solange er lebt; → last[2] A 5 3 während, wo(hin)gegen: **he is clever ~ his sister is stupid** 4 wenn auch, obwohl, zwar: **~ (he is) our opponent, he is not our enemy** er ist zwar unser Gegner, aber nicht unser Feind C V/T *meist* **~ away** sich *die Zeit* vertreiben ([**by**] **playing cards** mit Kartenspielen; [**by**] **reading a book** mit e-m Buch)

whiles [waɪlz; hwaɪlz] *obs od dial* A ADV manchmal B KONJ → while B

whilom [ˈwaɪləm; ˈhwaɪləm] *obs* A ADV weiland, einst, ehemals B ADJ einstig, ehemalig

whilst [waɪlst; hwaɪlst] *bes Br* → while B

whim [wɪm; hwɪm] S 1 Laune *f*: **at sb's ~** ganz nach j-s Laune; **on a ~** aus e-r Laune heraus 2 Launen(haftigkeit) *pl(f)* 3 *Bergbau:* HIST Göpel *m*

whimbrel [ˈwɪmbrəl; ˈhwɪmbrəl] S ORN Regenbrachvogel *m*

whimper [ˈwɪmpə(r); ˈhwɪmpə(r)] A V/T & V/I wimmern, winseln B S Wimmern *n*, Winseln *n*: **give a ~ of pain** vor Schmerzen aufwimmern

whimsey → whimsy

whimsical [ˈwɪmzɪkl; ˈhwɪm-] ADJ (ADV **~ly**) 1 launenhaft (*a. Wetter etc*) 2 schrullig, wunder-

W

lich **B** humorig, drollig; **whimsicality** [-ˈkælətɪ] S **1** Launenhaftigkeit *f* **2** Wunderlichkeit *f*, Schrulligkeit *f* **3** wunderlicher Einfall, Schrulle *f*; **whimsicalness** → whimsicality 1, 2

whimsy [ˈwɪmzɪ; ˈhwɪmzɪ] **A** S **1** Laune *f* **2** → whimsicality 3 **3** wunderliche *od* fantastische Schöpfung, seltsamer Gegenstand **B** ADJ → whimsical

whimwham [ˈwɪmwæm; ˈhwɪmhwæm] S **1** *obs* → whimsy A 3 **2** *pl US umg* Tatterich *m* *(Zittern)*: **have the ~s** den *od* e-n Tatterich haben

whin[1] [wɪn; hwɪn] S BOT Stechginster *m*

whin[2] [wɪn; hwɪn] → whinstone

whinchat S ORN Braunkehlchen *n*

whine [waɪn; hwaɪn] **A** V/I **1** winseln: **a** wimmern **b** winselnd betteln **2** greinen *umg*, jammern **B** V/T *oft* **~ out** *etwas* weinerlich sagen, winseln **C** S **1** Winseln *n* **2** Greinen *n umg*, Jammern *n*; **whiner** S Greiner(in) *umg*

whinge [wɪndʒ; hwɪndʒ] → whine A

whining ADJ (ADV ~ly) winselnd, weinerlich

whinny [ˈwɪnɪ; ˈhwɪnɪ] **A** V/I wiehern *(Pferd)*, *(Person a.)* wiehernd lachen **B** S Wiehern *n*, *(e-r Person a.)* wieherndes Gelächter

whinstone S GEOL *(ein)* Trapp *m*

whip [wɪp; hwɪp] **A** S **1** Peitsche *f*, *(Reit)* Gerte *f*: → crack A 1 **2** **be a good (bad)** ~ *bes Br* gut (schlecht) kutschieren **3** *fig* **a** Geißel *f*, Plage *f* **b** Strafe *f* **4** **a** peitschende Bewegung, Hin- u. Herschlagen *n* **b** Schnellkraft *f* **5** JAGD → whipper-in **6** PARL **a** Whip *m* *(Parteimitglied, das die Anhänger zu Abstimmungen etc zusammentrommelt)* **b** *Br* Rundschreiben *n*, Aufforderung(sschreiben) *f(n)* *(bei e-r Versammlung etc zu erscheinen; je nach Wichtigkeit ein- od mehrfach unterstrichen)*: **send a ~ round** die Parteimitglieder zusammentrommeln; **three-line ~** Aufforderung, unbedingt zu erscheinen; **a three-line ~ has been put on that vote** bei dieser Abstimmung besteht (absoluter) Fraktionszwang **7** TECH Wippe *f* *(a.* ELEK) **8** GASTR Schaumspeise *f* **9** *Näherei:* überwendliche Naht **10** → whipround **B** V/T **1** peitschen, schlagen: **~ into line** *(od* **shape)** *fig* auf Zack bringen, zurechtschleifen *(beide umg)* **2** **a** (aus-, durch)peitschen **b** verprügeln **3** *fig* **a** geißeln **b** *j-m* *(mit Worten)* zusetzen **4** *a.* **~ on** antreiben **5** schlagen: **~ sth into (out of) sb** etwas in j-n hineinprügeln (j-m etwas mit Schlägen austreiben) **6** *bes* SPORT *umg* vernaschen, überfahren *(hoch schlagen)* **7** reißen, ziehen, raffen: **~ from** wegreißen *od* wegfegen von **8** *ein Gewässer* abfischen **9** umwickeln, SCHIFF *ein Tau* betakeln **10** *Schnur, Garn* wickeln (**about, around** um *akk*) **11** überwendlich nähen, übernähen, umsäumen **12** *a.* **~ up** *Eier, Sahne* (schaumig) schlagen: → whipped **13** *Br umg* mitgehen lassen *(stehlen)* **C** V/I sausen, flitzen

Phrasal Verbs: **whip| away** V/T wegreißen; **~ back** V/I zurückschnellen *(Ast etc)*; **~ in** V/T **1** JAGD *Hunde* zusammentreiben **2** PARL *Parteimitglieder* zusammentrommeln; **~ off** V/T *Dachziegel*, sich *den Hut etc* herunterreißen; **~ on** V/T (sich) *e-n Mantel etc* überwerfen; **~ out** V/T **1** zücken **2** schnell ziehen (**of** aus *der Tasche etc*); **~ round** V/I **1** herumfahren, sich ruckartig umdrehen **2** *bes Br umg* mit dem Hut herumgehen, den Hut herumgehen lassen; **~ up** V/T **1** → whip B 12 **2** antreiben **3** *fig die Menge etc* aufpeitschen, *die Stimmung etc* anheizen **4** **a** *ein Essen* herzaubern, auf die Beine stellen *umg* **b** *Leute* zusammentrommeln

W

whip| aerial, *bes US* **~ antenna** S Stabantenne *f*; **~cord** **A** S **1** Peitschenschnur *f*: **his veins stood out like ~** s-e Adern waren dick geschwollen **2** Whipcord *m* *(schräg geripptes Kammgarn)* **B** ADJ Whipcord-…; **~graft** V/T AGR, BOT kopulieren; **~ hand** S Peitschenhand *f* *(des Reiters etc)*: **get the ~ of** die Oberhand gewinnen über *(akk)*; **have the ~ of sb** j-n in der Gewalt *od* an der Kandare haben; **~lash** S Peitschenschnur *f*: **~ (injury)** MED Schleudertrauma *n*

whipped [wɪpt; hwɪpt] ADJ GASTR schaumig (geschlagen *od* gerührt): **~ cream** Schlagsahne *f*, -rahm *m*; **~ eggs** *pl* Eischnee *m*

whipper|-in *pl* ~s-in S Pikör *m* *(Führer der Hunde bei der Hetzjagd)*; **~snapper** S **1** Knirps *m*, Dreikäsehoch *m umg hum* **2** Gernegroß *m umg*

whippet [ˈwɪpɪt; ˈhwɪpɪt] S ZOOL Whippet *m* *(kurzhaariger englischer Windhund)*

whipping S **1** (Aus)Peitschen *n* **2** (Tracht *f*) Prügel *pl*: **give sb a ~** **a** j-m e-e Tracht Prügel verpassen **b** SPORT *umg* j-n vernaschen *od* überfahren *(hoch schlagen)* **3** **a** Garnumwick(e)lung *f* **b** SCHIFF Tautakelung *f* **4** *Näherei:* überwendliches Nähen **5** Garn *n* zum Umwickeln; **~ boy** S **a** HIST Prügelknabe *m* *(a. fig)* **b** *fig* Sündenbock *m*; **~ cream** S GASTR Schlagsahne *f*, -rahm *m*; **~ post** S HIST Schandpfahl *m*, Staupsäule *f*; **~ top** S Kreisel *m* *(der mit e-r Peitsche getrieben wird)*

whippletree [ˈwɪpltriː; ˈhwɪpltriː] S Wagenschwengel *m*

whippoorwill [ˈwɪpˌpʊə(r)ˌwɪl; ˈhwɪp-; *US* -pər-] S ORN Schreiender Ziegenmelker

whippy [ˈwɪpɪ; ˈhwɪpɪ] ADJ biegsam, geschmeidig

whip| ray S FISCH Stechrochen *m*; **~round** S *bes Br umg* spontane (Geld)Sammlung: **have a ~** den Hut herumgehen lassen; **~saw** **A** S Schrotsäge *f* **B** V/T *e-n Baumstamm etc* mit e-r Schrotsäge zersägen **C** V/I ausschwenken *(Anhänger etc)*; **~ snake** S ZOOL Peitschenschlange *f*; **~stall** FLUG **A** S Männchen *n* *(beim Kunstflug)* **B** V/I das Flugzeug überziehen **C** V/T *das Flugzeug* überziehen

whipster [ˈwɪpstə(r); ˈhwɪpstə(r)] → whippersnapper

whip|stitch **A** V/T & V/I überwendlich nähen **B** S **1** überwendlicher Stich **2** **every ~** *US umg* alle Augenblicke, ständig; **~stock** S Peitschengriff *m*, -stiel *m*

whir [wɜː; *US* hwɜr] **A** V/I schwirren *(Flügel etc)*, surren *(Kamera etc)* **B** S Schwirren *n*, Surren *n*

whirl [wɜːl; *US* hwɜrl] **A** V/I **1** wirbeln, sich schnell *(im Kreis, um e-n Gegenstand, im Tanz)* drehen: **~ about** *(od* **[a]round)** **a** herumwirbeln *(in dat)* **b** herumfahren, sich rasch umdrehen **2** eilen, sausen, hetzen: **~ away** forteilen **3** wirbeln, sich drehen *(Kopf)*: **my head is ~ing** mir ist schwind(e)lig **B** V/T **1** *allg* (herum)wirbeln: **he ~ed his stick about** *(od* **around)**; **~ up dust** Staub aufwirbeln **2** eilends befördern: **the car ~ed us off to** der Wagen brachte uns auf schnellstem Weg zu *od* nach **C** S **1** (Herum)Wirbeln *n* **2** Wirbel *m*, schnelle Kreisbewegung: **be in a ~** (herum)wirbeln; **give sth a ~** **a** etwas herumwirbeln **b** *umg* etwas prüfen *od* ausprobieren **3** *(etwas)* Aufgewirbeltes: **a ~ of dust** aufgewirbelter Staub, e-e Staubwolke **4** Hetzjagd *f* **5** Wirbel *m*, Strudel *m* **6** *fig* Wirbel *m*: **a** Trubel *m*, wirres Treiben **b** Schwindel *m*, Verwirrung *f* *(der Sinne etc)*: **her thoughts were** *(od* **her head was) in a ~** ihre Gedanken wirbelten durcheinander, sie war ganz durcheinander; **a ~ of passion** ein Wirbel der Leidenschaft **7** ANAT, BOT, ZOOL → whorl 1, 2

whirl|about **A** S **1** → whirl C 1, C 2 **2** → whirligig 2 **3** → whirligig 1 **B** ADJ herumwirbelnd, Wirbel…, Dreh…

whirligig [ˈwɜːlɪgɪg; *US* ˈhwɜr-] S **1** *etwas, was sich schnell dreht* **2** *Kinderspielzeug:* **a** Windrädchen *n* **b** Kreisel *m* **3** Karussell *n* *(a. fig der Zeit)* **4** **a** Wirbel(bewegung) *m(f)* **b** *fig* Wirbel *m*, Strudel *m*: **the ~ of events** der Wirbel der Ereignisse **5** *fig obs* wankelmütige Person **6** *a.* **~ beetle** ZOOL Taumelkäfer *m*

whirling ADJ wirbelnd, Wirbel…: **~ motion** Wirbelbewegung *f*; **~ table** **a** Fliehkraft-, Schwungmaschine *f* **b** Töpferscheibe *f*; → dervish

whirl|pool S **1** (Wasser)Strudel *m* **2** Whirlpool *m* *(Unterwassermassagebecken)* **3** *fig* Wirbel *m*, Strudel *m*; **~pooling** S *bes US sl* sexuelle Belästigung von Frauen im Schwimmbad; **~wind** S Wirbelwind *m* *(a. fig Person)*, Wirbelsturm *m*: **a ~ romance** e-e stürmische Romanze; → wind[1] A 1

whirlybird [ˈwɜːlɪ-; *US* ˈhwɜr-] S *bes US umg* Hubschrauber *m*

whirr → whir

whish [wɪʃ; hwɪʃ] **A** V/I **1** schwirren, sausen, zischen: **~ past** vorbeizischen *(Auto etc)* **2** rascheln *(Seide etc)* **3** AUTO wischen *(Scheibenwischer)* **B** S **1** Schwirren *n*, Sausen *n*, Zischen *n* **2** Rascheln *n*

whisht [wɪʃt; hwɪʃt] → whist[1]

whisk [wɪsk; hwɪsk] **A** S **1** Wischen *n*, Fegen *n* **2** Husch *m umg*: **in a ~** im *od* in e-m Husch **3** leichter Schlag, Wischer *m umg* **4** Wisch *m*, Büschel *n* *(Stroh, Haare etc)* **5** *(Staub-, Fliegen)* Wedel *m* **6** GASTR Schneebesen *m* **B** V/T **1** fegen (**off** von): **he ~ed everything off the table**; **~ away** *(od* **off)** *Staub etc* wegwischen, -fegen **2** **a** *etwas* (schnell) verschwinden lassen (**into one's pocket** in der Tasche) **b** → whirl B 2 **3** **~ away** *Fliegen etc* ver-, wegscheuchen **4** **~ up** *Eier etc* schaumig schlagen: **~ until stiff** steif schlagen **C** V/I wischen, huschen, flitzen: **~ away** weghuschen; **~ broom** S **a** Staubbürste *f* **b** Handbesen *m*, -feger *m*

whisker S **1** *pl* Backenbart *m* **2** **a** Barthaar *n*: **beat sb by a ~** *bes* SPORT *umg* j-n ganz knapp schlagen; **our team was only a ~ away from victory** SPORT *umg* unsere Mannschaft stand ganz knapp vor dem Sieg **b** *pl umg* Schnurrbart *m* **3** ZOOL Schnurrhaar *n* *(von Katzen etc)*; **whiskered** ADJ **1** backenbärtig: **be ~** e-n Backenbart tragen **2** ZOOL mit Schnurrhaaren (versehen)

whiskey [ˈwɪskɪ; ˈhwɪskɪ] S **1** *(bes in den USA u. Irland hergestellter)* Whiskey **2** (Glas *n*) Whiskey *m*: **~ sour** *US Cocktail aus Whiskey, Zitronensaft u. Zucker*

whisky [ˈwɪskɪ; ˈhwɪskɪ] S **1** *(bes schottischer)* Whisky **2** (Glas *n*) Whisky *m*: **~ and soda** Whiskysoda *m*

whisper [ˈwɪspə(r); ˈhwɪspə(r)] **A** V/T & V/I **1** (**to**) wispern (mit), flüstern (mit), *(nur v/t)* raunen, *(nur v/i)* leise sprechen (mit): **~ sth to sb** j-m etwas zuflüstern *od* zuraunen; **a ~ed conversation** e-e leise *od* im Flüsterton geführte Unterhaltung **2** *fig* flüstern, tuscheln, munkeln *(alle:* **about** *od* **against sb** über j-n): **it was ~ed (about** *od* **around) that …** man munkelte, dass … **3** *(nur v/i)* raunen, flüstern *(Baum, Wasser, Wind)* **B** S **1** Flüstern *n*, Wispern *n*: **in a ~** flüsternd, im Flüsterton, leise **2** Tuscheln *n*, Getuschel *n* **3** **a** geflüsterte *od* heimliche Bemerkung **b** Gerücht *n*, *pl a.* Gemunkel *n*: **there were ~s (about** *od* **around) that …** es wurde gemunkelt, dass … **4** Raunen *n*; **whisperer** S **1** Flüsternde(r) *m/f(m)* **2** Zuträger(in), Ohrenbläser(in); **whispering** **A** ADJ (ADV ~ly) **1** flüsternd **2** Flüster…: **~ campaign** Verleumdungskampagne *f*; **~ gallery** Flüstergalerie *f*, -gewölbe *n* **B** S → whisper B 1

whist[1] [wɪst; hwɪst] *bes schott* **A** INT pst!, still! **B** ADJ ruhig, still **C** V/T *j-n* zum Schweigen bringen **D** VI ruhig *od* still werden

whist² [wɪst; hwɪst] S Whist *n (ein Kartenspiel)*

whistle ['wɪsl; 'hwɪsl] **A** VI **1** pfeifen *(Person, Vogel, Lokomotive etc)*: **~ at sb** j-m nachpfeifen; **~ away** vor sich hin pfeifen; **~ for a taxi** (**to one's dog**) (nach) e-m Taxi (s-m Hund) pfeifen; **the referee ~d for offside** SPORT der Schiedsrichter pfiff Abseits; **he may ~ for it** *umg* darauf kann er lange warten, das kann er in den Kamin schreiben; **~ in the dark** *fig* den Mutigen markieren **2** pfeifen, sausen *(Kugel, Wind etc)*: **a bullet ~d past** e-e Kugel pfiff vorbei **B** VT **1** *e-n Ton, e-e Melodie* pfeifen: **the referee ~d the end of the game** der Schiedsrichter pfiff ab **2** (nach) *j-m, e-m Hund etc* pfeifen: **~ back** zurückpfeifen *(a. fig j-n)*; **~ up** *e-n Hund etc* herpfeifen **3** *etwas* pfeifen *od* schwirren lassen **C** S **1** Pfeife *f*: **blow one's ~** pfeifen; **blow the ~** *umg* die Sache auffliegen lassen; **blow the ~ on** *umg* **a** *j-n, etwas* auffliegen lassen **b** *j-n, etwas* stoppen **2** (SPORT *a.* Ab-, Schluss-)Pfiff *m*, Pfeifen *n*: **give a ~** e-n Pfiff ausstoßen, pfeifen; **play to the ~** weiterspielen u. nicht auf den Pfiff des Schiedsrichters warten; → final A 2 **3** Pfeifton *m*, Pfeifsignal *n* **4** Pfeifen *n (des Windes etc)* **5** *umg* Kehle *f*: → wet C; **~-blower** S *umg j-d, der j-n od etwas auffliegen lässt*

whistler S **1** **a** Pfeifer(in) **b** SPORT *umg* Pfeifenmann *m* **2** *etwas, was pfeift od wie e-e Pfeife klingt* **3** VET Lungenpfeifer *m (Pferd)*

whistle| stop S US **1** **a** BAHN Bedarfshaltestelle *f* **b** Kleinstadt *f* (*bes* mit Bedarfshaltestelle) **2** POL kurzer Auftritt *(e-s Kandidaten)* (in e-r Kleinstadt); **~-stop** VI POL US von Ort zu Ort reisen u. Wahlreden halten; **~-stop tour** S POL US *Wahlkampfreise mit vielen kurzen Auftritten*

whistling S Pfeifen *n*; **~ artist** S Kunstpfeifer(in); **~ buoy** S SCHIFF Heulboje *f*, -tonne *f*

whit¹ [wɪt; hwɪt] S: **not a ~** keinen Deut, kein Jota, kein bisschen

Whit² [wɪt; hwɪt] *bes Br* → Whitsun

white [waɪt; hwaɪt] **A** ADJ **1** *allg* weiß: **(as) ~ as snow** schneeweiß; **~ coffee** *Br* Milchkaffee *m*, Kaffee *m* mit Milch **2** hell(farbig), licht **3** blass, bleich: → bleed B 3, chalk A 1, sheet¹ A 1 **4** weiß *(Rasse)*: **~ supremacy** Vorherrschaft *f* der Weißen; → white man, trash A 4 **5** POL ultrakonservativ, reaktionär: **ꝸ Terror** HIST Weiße Schreckensherrschaft *(nach der französischen Revolution)* **6** TECH **a** weiß *(Metalllegierung)* **b** weiß, Weiß…, verzinnt **c** silbern, silberlegiert **d** zinnlegiert **7** *fig* **a** rechtschaffen **b** harmlos, unschuldig **c** *US umg* anständig: **that's ~ of you** **B** S **1** Weiß *n (a. bei Brettspielen)*, weiße Farbe: **dressed in ~** weiß *od* in Weiß gekleidet; **in the ~** roh, ungestrichen *(Metall, Holz etc)* **2** Weiße *f*, weißes Aussehen, weiße Beschaffenheit **3** *oft* ꝸ Weiße(r) *m/f(m)*, Angehörige(r) *m/f(m)* der weißen Rasse **4** *(etwas)* Weißes, weißer (Bestand)Teil, *z. B.* **a** *a.* **~ of egg** Eiweiß *n* **b** *a.* **~ of the eye** *(das)* Weiße im Auge **5** TYPO Lücke *f*, ausgesparter Raum **6** *umg* Weißwein *m* **7** ZOOL weißer Schmetterling, *bes* Weißling *m* **8** weißer Stoff **9** *pl* → whites **C** VT **1** **~ out** **a** TYPO sperren, austreiben **b** *etwas Geschriebenes* (mit e-r weißen Korrekturflüssigkeit) löschen **2** → sepulcher A 1

white| alloy S TECH Weiß-, Lagermetall *n*; **~ ant** S ZOOL Weiße Ameise, Termite *f*; **~ arsenic** S CHEM Weißarsenik *n*, weißes Arsenik; **~ bear** S ZOOL Eisbär *m*; **~board** S Weißwandtafel *f*; **~ book** S POL Weißbuch *n*; **ꝸboy** S HIST *Mitglied e-s 1761 entstandenen irischen Geheimbundes von Bauern*; **~ brass** S TECH **1** Weißmessing *n*, Weißkupfer *n* **2** Neusilber *n*; **~ bread** S Weiß-, Weizenbrot *n*; **~cap** S Welle *f* mit weißer Schaumkrone; **~ Christmas** S weiße *(verschneite)* Weihnachten; **~ coal** S TECH weiße Kohle, Wasserkraft *f*; **~-collar** ADJ Büro…: **~ crime** White-Collar-Kriminalität *f*; **~ job** Bürotätigkeit *f*; **~ worker** (Büro)Angestellte(r) *m/f(m)*; **~ copper** S TECH Neusilber *n*; **~ dwarf** S *a. irr* ASTRON weißer Zwerg; **~ elephant** S **1** ZOOL weißer Elefant **2** *umg* lästiger Besitz; **ꝸ English** S von weißen Amerikanern gesprochenes Englisch; **ꝸ Ensign** S *Flagge der brit. Kriegsmarine*; **~face** S Blesse *f (Tier)*; **~-faced** ADJ blass, bleich(gesichtig): **~ animal** Blesse *f*; **ꝸ Father** S US HIST Weißer Vater *(Ehrenname der Indianer für den Präsidenten der USA)*; **~ feather** S: **show the ~** *fig* kneifen, sich feige drücken; **~fish** S *(ein)* Felchen *m*; **~ flag** S MIL weiße Fahne: **hoist** (*od* **show, wave**) **the ~** kapitulieren *(a. fig)*, sich ergeben; **~ flight** S Flucht *f* der weißen Amerikaner vom Stadtzentrum an die Peripherie; **~ fox** S ZOOL Polarfuchs *m*; **ꝸ Friar** S REL Karmeliter(mönch) *m*; **~ frost** S (Rau)Reif *m*; **~ game** S ORN Schneehühner *pl*; **~ gold** S TECH Weißgold *n*; **~ goods** SPL **1** Weißwaren *pl (Kühlschränke, Herde etc)* **2** Haushaltswäsche *f (Bett-, Hand-, Tischtücher etc)*; **~ grouse** S ORN Alpenschneehuhn *n*; **~-haired** ADJ **1** **a** weißhaarig **b** hellhaarig **2** **~ boy** *US umg* Liebling *m (des Chefs etc)*; **ꝸhall** S *Br* Whitehall *n*: **a** *Straße in Westminster, London, Sitz der Ministerien* **b** *fig die brit. Regierung od ihre Politik*

white|-headed → white-haired; **~ heat** S **1** TECH Weißglut *f (a. fig Zorn)*: **his anger was at ~** er war bis zur Weißglut gereizt **2** *fig* Feuereifer *m*: **work at a ~** mit fieberhaftem Eifer *od* fieberhaft arbeiten; **~ hope** S **1** *Boxen*: HIST *US weißer Schwergewichtler, der Aussicht auf den Weltmeistertitel hatte* **2** *umg* große Hoffnung, Hoffnungsträger(in); **~ horse** S **1** ZOOL Schimmel *m* **2** → whitecap; **~-hot** ADJ **1** TECH weiß glühend **2** *fig* **a** glühend, rasend *(Leidenschaft, Wut)* **b** fieberhaft, rasend *(Eile etc)*; **ꝸ House** S *(das)* Weiße Haus: **a** *Regierungssitz des Präsidenten der USA in Washington* **b** *fig Präsidentschaft der USA* **c** *fig Bundesexekutive der USA*; **~ iron** S TECH **1** Weißeisen *n*, weißes Roheisen **2** Weißblech *n*; **~ knight** S **1** Retter *m* **2** *fig* **a** Retter *m* in der Not **b** WIRTSCH *j-d, der e-e Firma aufkauft, um zu verhindern, dass sie von j-d anders aufgekauft wird*; **~ lady** S *Cocktail aus Gin, Cointreau u. Zitronensaft*; **~ lead** [led] S CHEM (Karbonat)Bleiweiß *n*; **~ lead ore** [led] S MINER Weißbleierz *n*; **~ leather** S Weißleder *n*, weißgares Leder; **~ lie** S Notlüge *f*; **~ light** S PHYS weißes Licht, Weißlicht *n*; **~ line** S weiße Linie, Fahrbahnbegrenzung *f*; **~-livered** ADJ **1** blass, bleich **2** *fig* feig(e); **~ magic** S weiße Magie; **~ man** S *irr* Weiße(r) *m*, Angehörige(r) *m* der weißen Rasse; **~ man's burden** S HIST *(die)* Bürde des weißen Mannes *(vermeintliche Verpflichtung der weißen Rasse, andersrassige Völker zu zivilisieren)*; **~ matter** S ANAT weiße Substanz *(weißlicher Teil des Gehirns u. des Rückenmarks)*; **~ meat** S weißes Fleisch *(vom Geflügel, Kalb etc)*; **~ metal** S TECH Weißmetall *n*

whiten ['waɪtn; 'hwaɪtn] **A** VI weiß werden *(a. Haar)* **B** VT **1** weiß machen, weißen **2** bleichen **3** → whitewash B 1; **whitener** S Weißmacher *m*

whiteness S **1** Weiße *f* **2** Blässe *f*

white| night S schlaflose Nacht; **~ noise** S ELEK weißes Rauschen; **~out** S **1** *US* Korrekturflüssigkeit *f* **2** MED *zeitweiliger Verlust des Sehvermögens wegen starker Blendung durch Schnee u. Wolken*; **~ paper** S POL **a** → white book **b** *Br* Informationsbericht *m* des Unterhauses; **~ poplar** S BOT Silberpappel *f*; **~ pudding** S *(Art)* Presssack *m*; **~ rainbow** S METEO Nebelbogen *m*; **ꝸ Rose** S HIST Weiße Rose: **a** *das Haus York* **b** *sein Wahrzeichen*; **ꝸ Russian** **A** S **1** Weißrusse *m*, -russin *f* **2** LING Weißrussisch *n*, das Weißrussische **B** ADJ weißrussisch: **she's ~** sie ist Weißrussin

whites [waɪts; hwaɪts] SPL **1** MED Weißfluss *m* **2** (Weizen)Auszugsmehl *n* **3** **a** weiße Kleider *pl od* Kleidung **b** Weißwäsche *f* **4** MED, PHARM *sl* Amphetamine *pl*

white| sale S WIRTSCH Weiße Woche; **~ sauce** S GASTR helle Soße; **~ slave** S Opfer *n* des Mädchenhandels; **~-slave** ADJ: **~ traffic** Mädchenhandel *m*; **~ slaver** S Mädchenhändler(in); **~ slavery** S Mädchenhandel *m*; **~smith** S TECH Klempner(in); **~ squire** S WIRTSCH *j-d, der zusammen mit anderen Firmenanteile kauft, um zu verhindern, dass die Fima von j-d anders aufgekauft wird*; **~ stick** S weißer Stock, Blindenstock *m*; **~thorn** S BOT Weißdorn *m*; **~throat** S ORN *(e-e)* Grasmücke; **~ tie** S **1** weiße Fliege **2** Gesellschafts-, Abendanzug *m*; **~-tie** ADJ: **~ reception** Empfang *m*, bei dem Gesellschaftsanzug vorgeschrieben ist; **~wall** AUTO **A** S Weißwandreifen *m* **B** ADJ: **~ tire** (*bes Br* **tyre**) → A; **~wash** **A** S **1** Tünche *f*, Kalkanstrich *m* **2** *umg* **a** Tünche *f*, Beschönigung *f* **b** Mohrenwäsche *f (oft hum)* **3** SPORT *umg* Zu-Null-Niederlage *f* **4** flüssiges Hautbleichmittel **B** VT **1** **a** tünchen, anstreichen **b** weißen, kalken **2** *umg* **a** *etwas* übertünchen, beschönigen **b** *j-n* e-r Mohrenwäsche unterziehen **3** SPORT *umg e-n Gegner* zu Null schlagen **4** *die Haut* bleichen; **~washer** S **1** Tüncher(in), Anstreicher(in) **2** *fig j-d, der etwas beschönigt od j-n e-r Mohrenwäsche unterzieht*; **~ water** S *bes US* schäumendes Wasser; **~water** ADJ *bes US* Wildwasser…: **~ rafting**; **~ wedding** S Hochzeit *f* in Weiß; **~ wine** S Weißwein *m*

whitey, *a.* ꝸ ['hwaɪti:] S *US sl pej (von Schwarzen gebraucht)* **1** Weiße(r) *m/f(m)* **2** KOLL die Weißen *pl*, die weiße Gesellschaft

whither ['wɪðə(r); 'hwɪðə(r)] ADV **1** *(fragend)* wohin *(poet außer in journalistischen Wendungen wie)*: **~ England?** England, wohin *od* was nun? **2** *(relativ) poet* wohin: **a** *(verbunden)* in welchen (welche, welches), zu welchem (welcher, welchen) **b** *(unverbunden)* dahin, wo: **the land ~ he went** das Land, in welches er ging; **whitherward(s)** [-wə(r)d(z)] ADV *poet* wohin

whiting¹ ['waɪtɪŋ; 'hwaɪtɪŋ] S FISCH **1** Merlan *m*, Wittling *m* **2** *US* Seehecht *m*, Hechtdorsch *m*

whiting² ['waɪtɪŋ; 'hwaɪtɪŋ] S Schlämmkreide *f*

whitish ['waɪtɪʃ; 'hwaɪtɪʃ] ADJ weißlich

whitleather → white leather

Whitley Council ['wɪtlɪ] S WIRTSCH *Br aus Vertretern von Arbeitgebern u. -nehmern gebildeter Ausschuss zur Regelung gemeinsamer Interessen*

whitlow ['wɪtləʊ; 'hwɪtləʊ] S MED Umlauf *m*, Nagelgeschwür *n*; **~ grass** S BOT *(ein)* Hungerblümchen *n*

Whit Monday S Pfingstmontag *m*

Whitsun ['wɪtsn; 'hwɪtsn] **A** S → Whitsuntide **B** ADJ **1** Pfingst…, pfingstlich **2** Pfingstsonntag

Whit Sunday S Pfingstsonntag *m*

Whitsuntide S Pfingsten *n od pl*, Pfingstfest *n*, -zeit *f*

whittle ['wɪtl; 'hwɪtl] **A** V/T **1** (zurecht-)schnitzen **2** ~ **away** (od **off**) wegschnitze(l)n, wegschnippeln **3** meist ~ **away** (od **down, off**) fig **a** (Stück für Stück) beschneiden, herabsetzen, kürzen: ~ **down a salary** ein Gehalt kürzen **a** Gesundheit etc schwächen **B** V/I a. ~ **away** (herum)schnitze(l)n od (-)schnippeln (**at** an dat) **C** S Br dial (bes großes) Messer

Whit week S Pfingstwoche f

whity ['waɪtɪ; 'hwaɪtɪ] **A** S → whitey **B** ADJ weißlich

whiz [wɪz; hwɪz] **A** V/I zischen, schwirren, sausen (Geschoss etc): ~ **by** **a** vorbeisausen **b** fig (wie) im Flug vergehen (Zeit etc) **B** S **1** Zischen n, Sausen n, Schwirren n **2** umg Kanone f (Könner) (**at mathematics** in Mathematik); ~**-bang** umg **A** S **1** Heuler m (Feuerwerkskörper) **2** → whiz B 2 **B** ADJ toll, super; ~ **kid** S umg **1** Senkrechtstarter m **2** Genie n, Wunderkind n

whizz, etc → whiz etc

whizzer ['wɪzə(r); 'hwɪzə(r)] S TECH **1** Trockenzentrifuge f **2** Schleudertrockner m, Trockenschleuder f

who [hu:] **A** INT PR **1** wer: ~ **told you so?** wer hat dir das gesagt?; ~ **do you think you are?** für wen hältst du dich eigentlich?; ~ **is he to criticize others?** wie kommt der denn dazu, andere zu kritisieren?; ~ **he?** hum wer das ist?, den kennen Sie nicht?; **Who's Who?** Wer ist Wer? (Verzeichnis prominenter Persönlichkeiten) **2** umg (für whom) wen, wem: ~ **could I ask?** wen könnte ich fragen? **B** REL PR (sg u. pl, nur bei Personen u. personifizierten Tieren) **1** (unverbunden) wer: **I know ~ has done it** ich weiß, wer es getan hat; **by now he knows who's who** inzwischen weiß er, wer was ist **2** (verbunden) welch(er, e, es), der, die, das: **the man ~ arrived yesterday**; **he (she) ~** derjenige, welcher (diejenige, welche); wer **3** umg (für whom) wen, wem: **bring ~ you like** bring mit, wen du willst

WHO ABK World Health Organization WHO f

whoa [wəʊ; US a. həʊ] INT brr! (halt!) (zum Pferd)

who'd [hu:d] Zusammenziehung von **who had, who would**

whodun(n)it [,hu:'dʌnɪt] S umg Krimi m (Kriminalroman, -stück, -film)

whoever [,hu:'evə(r)] **A** REL PR **1** wer (auch) immer; jeder(mann), der; gleich, wer: ~ **saw it was shocked** jeder, der es sah, war empört; ~ **comes will be welcome** wer (auch) immer kommt, ist willkommen **2** umg für whomever **B** INT PR umg (= who ever) wer denn nur

whoe'er [,hu:'eə(r)] poet → whoever

whole [həʊl] **A** ADJ (ADV → wholly) **1** ganz, gesamt, voll(ständig): ~ **note** MUS US ganze Note; **the ~ truth** die ganze od die volle Wahrheit; **the ~ year** das ganze Jahr (hindurch); **a ~ 10 days** ganze od volle 10 Tage; **(made) out of ~ cloth** US umg völlig aus der Luft gegriffen, frei erfunden; → note A 9 a **2** umg ganz: **a ~ lot of nonsense** e-e ganze Menge Unsinn **3** ganz, unzerteilt: **swallow sth ~** etwas unzerkaut od ganz (hinunter)schlucken **4** MATH ganz, ungebrochen (Zahl) **5** heil: **a** unverletzt, unversehrt **b** unbeschädigt, ganz umg: **get off with a ~ skin** mit heiler Haut davonkommen; **they that be ~ need not a physician** BIBEL die Starken bedürfen des Arztes nicht **6** Voll…: **a** richtig (Verwandtschaft) **b** rein (Blutmischung): ~ **brother** leiblicher Bruder **B** S **1** (das) Ganze, Gesamtheit f: **the ~ of the town** die ganze Stadt; **the ~ of London** ganz London; **the ~ of my property** mein ganzes Vermögen **2** Ganze(s) n, Einheit f: **as a ~** als Ganzes (gesehen); **(up)on the ~** **a** im Großen (u.) Ganzen **b** alles in allem, insgesamt; **in ~ or in part** ganz od teilweise

whole| binding → full binding; ~ **blood** S MED Vollblut n; ~**-bound** ADJ in Ganzleder (gebunden); ~**food** S, oft pl Br Vollwertkost f: ~ **shop** Bioladen m; ~ **gale** S schwerer Sturm (Windstärke 10); ~**-hearted** ADJ (ADV ~ly) ernsthaft, aufrichtig, rückhaltlos, voll, aus ganzem Herzen: ~ **attention** ungeteilte Aufmerksamkeit; ~ **hog** S umg: **with him, it was ~ or nothing** für ihn ging es um alles od nichts; **go the ~**, US a. **go ~** **a** Nägel mit Köpfen machen, ganze Sache machen umg **b** in den sauren Apfel beißen umg; ~**-length** **A** ADJ **1** ungekürzt (Bericht etc) **2** in voller Größe, lebensgroß: ~ **mirror** Ganzfigurspiegel m; ~ **portrait** Ganzporträt n **B** S Porträt n od Statue f in Lebensgröße; ~ **life insurance** S WIRTSCH Lebensversicherung f auf den Todesfall; ~**meal** ADJ Br Vollkorn…: ~ **bread (flour)**; ~ **milk** S Vollmilch f

wholeness S **1** Ganzheit f **2** Vollständigkeit f

wholesale **A** S WIRTSCH Großhandel m: **at ~** → C 1, C 2 a; **sell at ~** → D **B** ADJ **1** WIRTSCH Großhandels…, Engros…: ~ **dealer** → wholesaler; ~ **wine dealer** Weingroßhändler(in); ~ **politics** pl bes US Wahlkampf m hauptsächlich via Fernsehen; ~ **purchase** Einkauf m im Großen, Engroseinkauf; ~ **representative** Großhandelsvertreter(in); ~ **trade** Großhandel m **2** fig **a** Massen… **b** unterschiedslos, pauschal: ~ **slaughter** Massenmord m **C** ADV **1** WIRTSCH en gros, im Großen: **sell ~** **2** fig **a** massenhaft, in Massen **b** unterschiedslos, pauschal **D** V/T WIRTSCH en gros verkaufen **E** V/I WIRTSCH Großhandel treiben, Grossist(in) sein; **wholesaler** [-,seɪlə(r)] S WIRTSCH Großhändler(in), Grossist(in)

wholesome ['həʊlsəm] ADJ (ADV ~ly) **1** allg gesund (a. fig): **a** bekömmlich (Nahrung etc) **b** heilsam (Luft etc) **c** natürlich, normal (Leben etc) **d** tüchtig, kräftig: ~ **humo(u)r** gesunder Humor **2** förderlich, zuträglich, gut, nützlich **3** umg sicher, ungefährlich; **wholesomeness** S **1** Gesundheit f: **a** Bekömmlichkeit f **b** (das) Gesunde (a. fig) **c** (das) Natürliche od Normale **2** Nützlichkeit f

whole|-souled → whole-hearted; ~ **step** US → whole tone; ~ **tone** S MUS Ganzton m; ~**-tone scale** S MUS Ganztonleiter f; ~**-wheat** ADJ US → wholemeal

who'll [hu:l] Zusammenziehung von **who will**

wholly ['həʊllɪ; 'həʊlɪ] ADV ganz, gänzlich, völlig

whom [hu:m] **A** INT PR **1** wen **2** (Objektkasus von who): **of ~** von wem; **to ~** wem; **by ~** durch wen **3** wem: ~ **does she serve?** **B** REL PR **1** (verbunden) welch(en, e, es), den (die, das): **the man ~ you saw** **2** (unverbunden) wen; den(jenigen), welchen; die (-jenige), welche; pl die(jenigen), welche: ~ **the gods love die young** (Sprichwort) wen die Götter lieben, der stirbt jung **3** (Objektkasus von who): **of ~** von welch(em, er, en), dessen, deren; **to ~** dem (der, denen); **all of ~ were dead** welche alle tot waren **4** welche(em, er, en), dem (der, denen): **the master ~ she serves** der Herr, dem sie dient

whomever PRON (Objektkasus von whoever) wen (auch) immer

whomp [hwɑmp] US umg **A** S Bums m, Knall m **B** V/I bumsen, knallen **C** V/T **1** **a** verdreschen, verprügeln **b** j-m e-e knallen umg **2** SPORT vernaschen, überfahren (hoch schlagen) **3** ~ **up** sich e-e Geschichte etc einfallen lassen od umg zurechtbasteln **4** ~ **up** Interesse etc erregen

whomsoever PRON (Objektkasus von whosoever) wen auch immer

whoop [hu:p] **A** S **1** (bes Freuden)Schrei m: **not worth a ~** umg keinen Pfifferling wert **2** MED Keuchen n (bei Keuchhusten) **B** V/I **1** schreien, bes jauchzen **2** MED keuchen **C** V/T **1** etwas brüllen **2** j-n anfeuern **3** ~ **it up** umg **a** auf den Putz hauen (ausgelassen feiern) **b** die Trommel rühren umg (**for** für)

whoop-de-do(o) [,hu:pdi:'du:] S US umg **1** ausgelassene Fröhlichkeit, Ausgelassenheit f **2** Rummel m umg: **there was a lot of ~ when …** die Wogen der Erregung gingen hoch, als …

whoopee umg **A** S ['wʊpi:; US a. 'hwʊpi:]: **make ~** **a** auf den Putz hauen umg **b** bes US bumsen vulg (Geschlechtsverkehr haben) **B** INT [Br wʊ'pi:] juchhu!

whooper (swan) S ORN Singschwan m

whooping cough S MED Keuchhusten m

whoops [wʊps] INT hoppla!

whoosh [wʊʃ; US a. hwu:ʃ] **A** V/I zischen: ~ **by** (od **past**) vorbeizischen **B** S Zischen n

whop [wɒp; hwɒp; US hwɑp; wɑp] umg **A** V/T → whomp C 1 a, C 2 **B** S Pfund n (harter Schlag); **whopper** S umg **1** Mordsding n **2** faustdicke Lüge; **whopping** ADJ & ADV umg Mords…: **a ~ (big) ship**; ~ **(big** od **great) lie** → whopper 2

whore [hɔ:(r); US a. 'həʊər] **A** S Hure f **B** V/I huren

who're ['hu:ə(r)] Zusammenziehung von **who are**

whore|house S Hurenhaus n, Bordell n; ~**master** S obs **1** → whoremonger **2** Zuhälter m; ~**monger** S Hurenbock m; ~**son** ['hɔ:(r)sn; US a. 'həʊrsn] S obs **1** Bastard m **2** fig Hurensohn m

whorl [wɜ:l; hwɜ:l; US 'hwɔ:rəl; 'hwɜ-; 'w-] S **1** BOT Wirtel m, Quirl m **2** ANAT, ZOOL Windung f (a. e-r Spirale); **whorled** ADJ **1** spiralig, gewunden **2** BOT quirlständig

whortleberry ['wɜ:tl-; 'hwɜ:tl-; US 'hwɜrtl-; 'w-] S BOT Blau-, Heidelbeere f

who's [hu:z] Zusammenziehung von **who is**; **who has**; umg **who does**: ~ **he mean?**

whose [hu:z] PRON (gen sg u. pl von who) **1** interrog wessen: ~ **is it?** wem gehört es? **2** relativ (a. gen von which) dessen, deren

who|so obs wer auch immer; jeder der; ~**so-e'er** poet, ~**soever** PRON wer auch immer

who've [hu:v] Zusammenziehung von **who have**

WH question [,dʌblju:'eɪtʃ] S LING Ergänzungsfrage f (die im Englischen typischerweise mit e-m wh-Wort beginnt, z. B. **where do you live?**)

why [waɪ; hwaɪ] **A** ADV (fragend u. relativ) warum, weshalb, wozu: ~ **so?** wieso?, warum das?; **the reason ~** (der Grund,) weshalb; **that is ~** deshalb; ~ **not go by bus?** warum nimmst du nicht den Bus? **B** S meist pl Warum n: **the ~s and wherefores** das Warum u. Weshalb **C** INT **1** nun (gut), (na) schön **2** (ja) natürlich **3** ja doch **4** na, hör mal; nanu; aber (… doch): ~**, that's Peter!** aber das ist ja od doch Peter!

WI ABK **1** West Indian **2** West Indies **3** Wisconsin **4** Br Women's Institute (Frauenverein für gesellschaftliche u. wohltätige Aktivitäten)

WIA ABK MIL wounded in action im Kriegseinsatz verwundet

Wicca, a. **wicca** ['wɪkə] S **1** Hexerei f **2** Hexenkult m

wick[1] [wɪk] S Docht m: **get on sb's ~** Br umg j-m auf den Wecker fallen od gehen

wick[2] [wɪk] S obs **a** Dorf n **b** Weiler m

wicked ['wɪkɪd] **A** ADJ (ADV ~ly) **1** böse, gottlos, schlecht, verrucht: **the ~ one** BIBEL der Böse, Satan m **2** **a** böse, schlimm (ungezogen) **b** schalkhaft **3** umg böse, schlimm (Schmerz,

W

Wunde etc) 4 bösartig *(a. Tier)*, boshaft: **~ stepmother** böse Stiefmutter *(bes im Märchen)*; **~ witch** böse Hexe 5 gemein, niederträchtig, tückisch 6 *sl* toll, super B S **the ~** *koll* die Gottlosen *pl*; **wickedness** S 1 Gottlosigkeit *f*, Schlechtigkeit *f*, Verruchtheit *f* 2 Bosheit *f* 3 Gemeinheit *f*, Niedertracht *f*

wicker ['wɪkə(r)] A S 1 Weidenrute *f* 2 Flechtwerk *n* B ADJ aus Weiden geflochten, Weiden…, Korb…, Flecht…: **~ basket** Weidenkorb *m*; **~ bottle** Korbflasche *f*; **~ chair** Korb-, Rohrstuhl *m*; **~ furniture** Korbmöbel *pl*; **~work** A S 1 Korbwaren *pl* 2 Flechtwerk *n* B ADJ → wicker B

wicket ['wɪkɪt] S 1 *in ein Portal eingelassene kleine Pforte* 2 *(meist vergittertes)* Schalterfenster 3 *Kricket*: Wicket *n (Tor)*: **be on a sticky ~** *Br umg* in der Klemme sein *od* sitzen *od* stecken

wickiup ['wɪki:,ʌp] S *US* 1 Indianerhütte *f (aus Reisig etc)* 2 *allg* primitive Hütte

Wicklow ['wɪkləʊ] S Wicklow *n (Grafschaft im Osten Irlands)*

wide [waɪd] A ADJ (ADV → widely) 1 breit *(Band, Stirn, Straße etc)*: → berth A 1 2 weit, ausgedehnt: **a ~ public** ein breites Publikum; **the ~ world** die weite Welt 3 *fig* a ausgedehnt, umfassend, umfangreich, weitreichend b reich *(Erfahrung, Wissen etc)*: **~ culture** umfassende Bildung; **~ reading** große Belesenheit 4 groß, beträchtlich *(Unterschied etc)* 5 weit (-läufig, -gehend), *a.* weitherzig, großzügig: **a ~ generalization** e-e starke *od* grobe Verallgemeinerung; **take ~ views** weitherzig *od* großzügig sein 6 weit offen, aufgerissen *(Augen)* 7 weit, lose *(Kleidung)* 8 weit entfernt (**of** von *der Wahrheit etc*), weitab (vom *Ziel*): → mark[1] A 12 9 LING breit *(Vokal)* 10 *Br sl* gerissen, schlau B ADV 1 breit 2 weit: **~ apart** weit auseinander; **~ open** a weit offen b völlig offen *od* ungedeckt *(Boxer etc)* c *fig* schutzlos d → wide-open 2; → awake C 1 3 daneben…: **go ~** vorbei-, danebengehen *(Schuss etc)*; **shoot ~** SPORT vorbei-, danebenschießen C S *(das)* Äußerste: **to the ~** bis zum Äußersten, vollkommen

wide|-angle ADJ FOTO Weitwinkel…: **~ lens** Weitwinkelobjektiv *n*; **~ area network** S COMPUT regional erweitertes Netzwerk; **~-awake** A ADJ [,waɪdə'weɪk] 1 hellwach *(a. fig)* 2 *fig* wachsam, aufmerksam 3 *fig* aufgeweckt, hell 4 **~ hat** → B B S ['waɪdə'weɪk] Schlapphut *m*, *bes* Kalabreser *m*; **~-berth** V/T e-n großen Bogen machen um, *j-m* aus dem Weg gehen; **~body** S FLUG *umg* Großraumflugzeug *n*; **~ boy** S *Br umg* (kleiner) Gauner; **~-eyed** ADJ 1 mit großen *od* weit aufgerissenen Augen: **in ~ amazement** ganz entgeistert 2 *fig* naiv: **~ innocence** kindliche Unschuld

widely ADV 1 weit *(a. fig)*: **it is ~ believed that …** man glaubt in weiten Kreisen, dass …; **~ discussed** viel diskutiert; **it is ~ known that …** es ist weit u. breit bekannt, dass …; **a man who is ~ known** ein in weiten Kreisen bekannter Mann; **~ scattered** weit verstreut; **~ travel(l)ed** weit gereist, viel gereist, weit herumgekommen; **differ ~** a sehr verschieden sein b ganz unterschiedlicher Meinung sein 2 umfassend, ausgedehnt: **be ~ read** sehr belesen sein

widen ['waɪdn] A V/T 1 verbreitern, breiter machen 2 *fig sein Wissen etc* erweitern: **~ one's horizons** s-n Horizont erweitern 3 *fig e-e Kluft, e-n Zwist* vertiefen B V/I 1 breiter werden, sich verbreitern 2 *fig* sich erweitern *(Wissen etc)* 3 *fig* sich vertiefen *(Kluft, Zwist etc)*; **wideness** S 1 Breite *f* 2 Ausgedehntheit *f (a. fig)*, Ausdehnung *f*

wide|-open ADJ 1 weit geöffnet, weit offen 2 *US* großzügig *(mit sehr lockeren Bestimmungen bezüglich Glücksspiel, Prostitution etc) (Stadt)*; **~ranging** ADJ weitreichend *(Interessen etc)*, breit gefächert *(Warenangebot etc)*, umfassend *(Diskussion etc)*; **~ screen** S FILM Breitwand *f*; **~-screen** ADJ FILM Breitwand…; **~spread** ADJ 1 ausgedehnt 2 *fig* weitverbreitet

widgeon ['wɪdʒən] S 1 *pl* -eons, *bes koll* -eon ORN Pfeifente *f* 2 *obs* Narr *m*

widget ['wɪdʒɪt] S *umg* 1 Dingsbums *n* 2 WIRTSCH, TECH Ding *n*

widish ['waɪdɪʃ] ADJ ziemlich breit

widow ['wɪdəʊ] S 1 a Witwe *f*: → weed[2] 1 b *(in Zusammensetzungen) umg hum* Witwe *f*: **a soccer ~** 2 *Skat*: Skat *m (die 2 verdeckt liegenden Karten)* 3 TYPO Hurenkind *n*; **widowed** ADJ verwitwet: **a ~ mother of four** e-e Witwe mit vier Kindern; **be ~** a verwitwet sein b Witwe(r) werden, s-n Mann *od* s-e Frau verlieren; **be ~ of a friend** e-n Freund verlieren *od* verloren haben; **~ mother's allowance** *Br* Beihilfe *f* für verwitwete Mütter; **widower** S Witwer *m*

widowhood S Witwenschaft *f*, Witwenstand *m*

widow's| allowance S *Br* (zeitweilige) Witwenbeihilfe; **~ annuity** S Witwenrente *f*; **~ benefits** SPL *Br* Sozialversicherungsleistungen *pl* an Witwen; **~ cruse** S 1 BIBEL Ölkrüglein *n* der Witwe 2 *fig* unerschöpflicher Vorrat (**of** an *dat*); **~ mite** S 1 BIBEL Scherflein *n* der (armen) Witwe 2 *fig* Scherflein *n*: **give one's ~ to** sein Scherflein beitragen zu; **~ peak** S *umg* Geheimratsecken *pl (oft hum)*; **~ pension** S *Br* (ständige) Witwenrente

width [wɪdθ] S 1 Breite *f*, Weite *f*: **6 feet in ~** 6 Fuß breit; **what is its ~?** wie breit ist es? 2 *(Stoff-, Tapeten-, Rock)* Bahn *f* 3 ARCH a Spannweite *f (e-s Bogens, e-r Brücke etc)* b lichte Weite 4 GEOL Mächtigkeit *f* 5 *fig* Weite *f*, Größe *f*: **~ of mind** geistiger Horizont

wield [wi:ld] V/T 1 *Macht, Einfluss etc* ausüben (**over** über *akk*) 2 *bes poet ein Werkzeug, e-e Waffe* handhaben, führen, schwingen: **~ the brush** den Pinsel schwingen; **~ the pen** die Feder führen, schreiben: → scepter; **wielder** S *j-d, der Macht etc ausübt*: **a ~ of autocratic power** ein autokratischer Machthaber; **wieldy** ADJ handlich *(Werkzeug, Waffe)*

wiener ['wi:nər] S *US* Wiener (Würstchen) *n*; **~schnitzel** S GASTR Wiener Schnitzel *n*; **~wurst** [-,wɜrst] → wiener

wienie ['wi:ni:] → weenie

wife [waɪf] *pl* wives [waɪvz] S 1 (Ehe-)Frau *f*, Gattin *f*: **she's the ~ of a teacher** sie ist mit e-m Lehrer verheiratet; **take to ~** zur Frau nehmen; **he made her his ~** er machte sie zu s-r Frau 2 *obs od dial* Weib *n*

wifehood S Ehestand *m (e-r Frau)*; **wifeless** ADJ unverheiratet, *hum* unbeweibt; **wifelike** → wifely; **wifely** ADJ a … als Ehefrau: **~ duties** b hausfraulich *(Tugenden etc)*

wife| swapping S *umg* Partnertausch *m*; **~-swapping** ADJ *umg*: **~ party** Party *f* mit Partnertausch; **~-to-be** *pl* wives-to-be S: **his ~** s-e zukünftige Frau

wig [wɪg] A S 1 Perücke *f*: **keep your ~ on** *umg* reg dich ab!, nur keine Aufregung!; → flip[1] A 3 2 Toupet *n* B V/T *Br umg j-m* e-e Gardinenpredigt *od* e-e Standpauke halten C V/I **~ out** *US sl* a *(nach Drogenkonsum)* high werden b ausflippen (**over** bei)

wigeon → widgeon

wigged [wɪgd] ADJ mit Perücke

wigging S *Br umg* Gardinenpredigt *f*, Standpauke *f*: **give** *sb* **a ~** → wig B

wiggle ['wɪgl] A V/I 1 → wriggle A 1 2 wackeln B V/T 1 mit *den Hüften, Zehen etc* wackeln 2 **~ one's way through** sich winden *od* schlängeln durch C S 1 schlängelnde *od* windende Bewegung 2 Wackeln *n*: **give a ~** wackeln; **get a ~ on** *bes US sl* sich ranhalten; **with a ~ of one's hips** mit wackelnden Hüften 3 GASTR *Gericht aus Fisch od Schaltieren in Sahnesauce*

wight[1] [waɪt] S *obs* Wesen *n*, Kreatur *f*

wight[2] [waɪt] ADJ *obs* 1 mutig, tapfer 2 stark

wigwag ['wɪgwæg] *umg* A V/T & V/I 1 (sich) hin u. her bewegen 2 SCHIFF, MIL winken, signalisieren B ADJ Winker…: **~ system** Winkeralphabet *n*; **wigwagger** S SCHIFF, MIL *umg* Winker *m*

wigwam ['wɪgwæm; *US* -,wa:m] S Wigwam *m*, Indianerzelt *n*, -hütte *f*

wilco ['wɪlkəʊ] INT *Sprechfunk etc*: wird gemacht!

wild [waɪld] A ADJ (ADV ~ly) 1 ZOOL wild: a ungezähmt, in Freiheit lebend, frei lebend b gefährlich 2 BOT wild (wachsend): **~ honey** wilder Honig; → oat 1 3 wild: a verwildert, wildromantisch b verlassen *(Gegend etc)* 4 wild, unzivilisiert *(Stämme etc)* 5 wild, stürmisch *(Küste etc)* 6 wild, wütend, heftig *(Streit, Sturm etc)* 7 irr, verstört, wild *(Blick)* 8 wild: **the horse got ~** das Pferd scheute 9 wild: a rasend, außer sich *(beide:* **with** vor *dat)* b *umg* wütend (**about** über *akk*): **~ pain** rasender Schmerz; **~ rage** rasende Wut; **be ~ with enthusiasm** vor Begeisterung rasen; **~ with fear** wahnsinnig vor Angst sein; **drive sb ~** *umg* j-n wild machen, j-n zur Raserei *od* in Rage bringen 10 a wild, nicht zu bändigen(d), ungezügelt *(Kinder, Leidenschaft etc)* b frenetisch *(Applaus)* 11 wild, ausgelassen, unbändig *(Fröhlichkeit etc)* 12 *umg* a wild, toll, verrückt b ausschweifend: **~ years** tolle *od* bewegte Jahre; **~ youth** stürmische Jugend; **~ orgies** wilde Orgien 13 (**about**) *umg* (ganz) versessen (auf *akk*), wild (nach) 14 hirnverbrannt *umg*, unsinnig, abenteuerlich *(Plan etc)* 15 plan-, ziellos, aufs Geratewohl: **a ~ blow** ein ungezielter Schlag; **a ~ guess** e-e grobe Schätzung; **at a ~ guess** grob geschätzt; **make a ~ guess** grob schätzen; **a ~ shot** ein Schuss ins Blaue 16 wüst, wild *(Durcheinander etc)*: **~ hair** wirres Haar B ADV (blind) drauflos, aufs Geratewohl, ins Blaue (hinein): **run ~** a BOT ins Kraut schießen b verwildern *(Garten etc; a. fig Kinder etc)*; **shoot ~** ins Blaue schießen, blind drauflosschießen; **talk ~** a (wild) drauflosreden b sinnloses Zeug reden C S *meist pl* Wildnis *f*: **in the ~s of Africa** im tiefsten *od* finstersten Afrika: → release A 1 D V/I **go ~ing** *bes US sl* Straßenrandale machen, auf der Straße randalieren *(Jugendbande)*

wild| boar S ZOOL Wildschwein *n*; **~ card** S 1 SPORT Wildcard *f (Berechtigung, ohne Qualifikation an e-m Motorradrennen, Tennisturnier etc teilzunehmen)* 2 IT Wildcard *f*, Platzhalter(zeichen) *m(n)*; **~cat** A S 1 ZOOL a Wildkatze *f* b Amer. Rotluchs *m* 2 *umg* a Wilde(r) *m/f(m)*, Draufgänger(in) b Furie *f* 3 BAHN *US* Rangierlok *f* 4 WIRTSCH a *US* Schwindelunternehmen *n* b *umg* wilder Streik 5 WIRTSCH *bes US* Wildcat-Bohrung *f (Erstbohrung nach Öl etc in e-m bisher noch nicht erschlossenen Gebiet)* B ADJ 1 WIRTSCH a *US* unsicher, riskant, spekulativ *(Projekt etc)* b *US* Schwindel…: **~ company** Schwindelgesellschaft *f* c wild *(Streik)* 2 BAHN *US* außerplanmäßig *(Zug)* C V/I 1 WIRTSCH *bes US* Wildcat-Bohrungen machen 2 *US* sich an e-m wilden Streik beteiligen D V/T WIRTSCH *bes US* Wildcat-Bohrungen machen in *(dat)*; **~catter** [-,kætər] S 1 WIRTSCH a *US* wilde(r) Spekulant(in) b *bes US j-d, der Wildcat-Bohrungen macht* 2 *US j-d, der sich an e-m wilden Streik beteiligt*; **~ duck** S ORN Wildente *f*

W

wildebeest ['wɪldɪbi:st] *pl* -beests, *bes koll* -beest S ZOOL Gnu *n*
wilder ['wɪldə(r)] *obs* **A** V/T irreführen, *fig a.* verwirren **B** V/I irregehen
wilderness ['wɪldə(r)nɪs] S **1** Wildnis *f*, Wüste *f (a. fig)*: **a voice (crying) in the ~** **a** BIBEL die Stimme des Predigers in der Wüste **b** *fig* der Rufer *m* in der Wüste; **~ of sea** Wasserwüste **2** wild wachsendes Gartenstück **3** *fig* Durcheinander *n* (**of** von); **~ area** S *US* Naturschutzgebiet *n*
wild|-eyed ADJ **1** mit wildem Blick, wild dreinschauend **2** *fig* völlig sinnlos; **~fire** S **1** verheerendes Feuer: **spread like ~** sich wie ein Lauffeuer verbreiten *(Nachricht etc)* **2** MIL, HIST griechisches Feuer **3** Irrlicht *n*; **~fowl** S KOLL Federwild *n*, Wildgeflügel *n*; **~fowling** S Federwildjagd *f*; **~ goose** S *irr* ORN Wildgans *f*; **~-goose chase** S *fig* vergebliche Mühe, fruchtloses Unterfangen
wilding ['waɪldɪŋ] S **1** BOT **a** Wildling *m*, unveredelte Pflanze, *bes* Holzapfelbaum *m* **b** *Frucht e-r solchen Pflanze* **c** verwilderte Gartenpflanze **2** *bes US sl* Straßenrandale *f (e-r Jugendbande)*
wild|life S KOLL wild lebende Tiere (u. wild wachsende Pflanzen): **~ park** Naturpark *m*; **~lifer** S Naturschützer(in)
wildness ['waɪldnɪs] S *allg* Wildheit *f*
wild|water S Wildwasser *n*: **~ sport**; ⚭ **West** **A** S HIST *US (der)* Wilde Westen **B** ADJ Wildwest...: **~ show**
wile [waɪl] **A** S List *f*, Trick *m*, *pl a.* Schliche *pl*, Ränke *pl* **B** V/T **1** (ver)locken: **~ sb into** j-n locken in *(akk)*, j-n verlocken zu **2** → while C
wilful, *bes US* **willful** ['wɪlfʊl] ADJ (ADV **~ly**) **1** absichtlich, *(bes* JUR*)* vorsätzlich: **~ deceit** JUR arglistige Täuschung; **~ homicide** JUR vorsätzliche Tötung; **~ murder** JUR Mord *m* **2** eigenwillig, -sinnig, halsstarrig; **wilfulness**, *bes US* **wilfullness** S **1** Absichtlichkeit *f*, *(bes* JUR*)* Vorsätzlichkeit *f* **2** Eigenwille *m*, -sinn *m*, Halsstarrigkeit *f*
wiliness ['waɪlɪnɪs] S Verschlagenheit *f*, Gerissenheit *f*
will[1] [wɪl] *inf u. imp fehlen, 1. u. 3. sg präs* **will**, *2. sg präs (you)* **will**, *obs (thou)* **wilt** [wɪlt], *pl* **will**, *prät* **would** [wʊd], *2. sg prät obs (thou)* **wouldst** [wʊdst], *pperf obs* **wold** [wəʊld], **would** **A** V/AUX **1** *(zur Bezeichnung des Futurs, Br 1. sg u. pl meist umg, u. als Ausdruck e-s Versprechens od Entschlusses)* werden: **they ~ see very soon** sie werden bald sehen **2** wollen, werden, willens sein zu: **~ you pass me the bread, please?** würden Sie mir bitte das Brot reichen; **won't you sit down** nehmen Sie doch bitte Platz; **I ~ not go there again** ich gehe da nicht mehr hin; **I ~ not stand such nonsense!** ich dulde solchen Unfug nicht!; **~ do!** *umg* wird gemacht! **3** *(immer, bestimmt, unbedingt)* werden *(oft unübersetzt)*: **people ~ talk** die Leute reden immer; **accidents ~ happen** Unfälle wird es immer geben; **you ~ get in my light!** du musst mir natürlich (immer) im Licht stehen!; → boy A 1 **4** *(zur Bezeichnung e-r Erwartung, Vermutung od Annahme)* werden: **you ~ not have forgotten her** du wirst sie nicht vergessen haben; **they ~ have gone now** sie werden *od* dürften jetzt (wohl) gegangen sein; **this ~ be about right** das wird *od* dürfte ungefähr stimmen **5** *(in Vorschriften etc) bes* MIL müssen **B** V/I & V/T wollen, wünschen: **come when you ~** komm, wann du willst!; **as you ~** wie du willst; → will[2] B, C
will[2] [wɪl] **A** S **1** Wille *m (a.* PHIL*)*: → impose A 2 **2** Wille(nskraft) *m(f)*: **a weak ~** ein schwacher Wille **3** Wille *m*, Wollen *n*: **against one's ~** gegen s-n Willen; **at ~** nach Belieben *od* Laune *od* Lust; **where there's a ~ there's a way** *(Sprichwort)* wo ein Wille ist, ist auch ein Weg; **of one's own (free) ~** aus freien Stücken; **with a ~** mit Lust u. Liebe, mit Macht; **I can't do that with the best ~ in the world** ich kann das (auch) beim besten Willen nicht tun; **have one's ~** s-n Willen haben; **take the ~ for the deed** den guten Willen für die Tat nehmen; → tenancy 1 **4** Wille *m*, Wunsch *m*, Befehl *m*: **Thy ~ be done** BIBEL Dein Wille geschehe **5** Wille *m*, (Be)Streben *n*: **have the ~ to do sth** den Willen haben *od* bestrebt sein, etwas zu tun; **the ~ to live** der Lebenswille; **~ to win** SPORT Siegeswille; **~ to peace** Friedenswille; **~ to power** Machtwille, -streben **6** Wille *m*, Gesinnung *f (j-m gegenüber)*: **good ~** guter Wille; **I don't bear him any ill ~** ich trage ihm nichts nach; → goodwill **7** *meist*; **last ~ and testament** JUR Testament *n*, Letzter Wille, letztwillige Verfügung: **make one's ~** sein Testament machen; **I was left £5,000 in her ~** sie hat mir 5000 Pfund hinterlassen **B** V/T *2. sg präs* **will**, *obs (thou)* **willest** ['wɪlɪst], *3. sg präs* **wills**, *obs* **willeth** ['wɪlɪθ], *prät u. pperf* **willed** [wɪld] **1** wollen, entscheiden: **God ~s** *(od* **~eth***)* **it** Gott will es **2** ernstlich *od* fest wollen **3** *j-n* (durch Willenskraft) zwingen (**to do** zu tun): **~ o.s. into** sich zwingen zu **4** JUR (letztwillig *od* testamentarisch) **a** verfügen **b** vermachen: **he ~ed me his gold watch**; **5**: **~ sb on** SPORT j-n zum Sieg treiben **C** V/I wollen
will-call **1** *Kauf, bei dem e-e Anzahlung gemacht u. die Ware zurückgelegt wird* **2** angezahlte u. zurückgelegte Ware
willed [wɪld] ADJ *in Zusammensetzungen* ...willig, mit e-m ... Willen: → strong-willed *etc*
willest ['wɪlɪst] *obs 2. sg präs von* will[2]
willeth ['wɪlɪθ] *obs 3. sg präs von* will[2]
willfull, *etc US für* wilful *etc*
Williams pear ['wɪljəmz] S BOT Williams Christbirne *f*
willie ['wɪlɪ] S *Br umg* Pimmel *m*, Zipfel *m (Penis)*
willies ['wɪlɪz] SPL *umg*: **I always get the ~ when ...** ich bekomme jedes Mal Zustände *od* mir wird jedes Mal ganz anders, wenn ...; **that old house gives me the ~** das alte Haus ist mir irgendwie unheimlich; **it gives me the ~ even to think about it** schon bei dem Gedanken daran wird mir ganz anders
willing ADJ **1** gewillt, willens, bereit: **I am ~ to believe that ...** ich glaube gern, dass ...; **I am not ~ to believe this** ich bin nicht gewillt, das zu glauben; **~ to compromise** kompromissbereit; **~ to help** hilfsbereit; **~ to make concessions** konzessionsbereit; **~ to negotiate** verhandlungsbereit; **~ to pay** WIRTSCH zahlungsbereit; **~ to work** arbeitswillig; **God ~** so Gott will; **~ purchaser** WIRTSCH (ernsthafte[r]) Interessent(in) **2** (bereit)willig **3** gern geschehen *od* getan: **a ~ gift** ein gern gegebenes Geschenk; **a ~ help** e-e gern geleistete Hilfe; **willingly** ADV bereitwillig, gern; **willingness** S (Bereit)Willigkeit *f*, Bereitschaft *f*: **~ to compromise** Kompromissbereitschaft; **~ to help** Hilfsbereitschaft; **~ to make concessions** Konzessionsbereitschaft; **~ to negotiate** Verhandlungsbereitschaft; **~ to pay** WIRTSCH Zahlungsbereitschaft; **~ to work** Arbeitswilligkeit
williwaw ['wɪlɪ,wɔ:] S *US* **1** plötzlich aufkommender Sturm **2** *fig* Aufruhr *m*, Tumult *m*
will-less ['wɪllɪs] ADJ (ADV **~ly**) **1** willenlos **2** unabsichtlich, unbeabsichtigt **3** → intestate A 1
will-o'-the-wisp [,wɪləðə'wɪsp] S **1** Irrlicht *n* **2** *fig* Illusion *f*: **a** Phantom *n* **b** verführerischer Traum
willow[1] ['wɪləʊ] S BOT Weide *f*
willow[2] ['wɪləʊ] *(Spinnerei)* **A** S Reißwolf *m* **B** V/T wolfen, reißen
willow| grouse S ORN Moorschneehuhn *n*; **~ herb** S BOT *(ein)* Weidenröschen *n*; **~ pattern** N Weidenmuster *n* mit chinesischer Landschaft *(auf Steingut od Porzellan)*; **~ tit** S ORN Weidenmeise *f*; **~ warbler** S ORN Weidenlaubsänger *m*
willowy ADJ **1** weidenbestanden **2** weidenartig **3** **a** biegsam, geschmeidig **b** gertenschlank
willpower S Willenskraft *f*
willy → willie
willy-nilly [,wɪlɪ'nɪlɪ] ADV **a** wohl *od* übel, nolens volens **b** so od so
wilt[1] [wɪlt] *obs 2. sg präs von* will[1]
wilt[2] [wɪlt] **A** V/I **1** verwelken, welk *od* schlaff werden **2** *fig* schlappmachen **3** *fig* nachlassen *(Begeisterung etc)* **B** V/T BOT verwelken lassen **C** S **1** Verwelken *n*: **~ (disease)** BOT Welkekrankheit *f* **2** *fig* Schlappmachen *n*
Wilton (carpet) ['wɪltən] S Wilton(teppich) *m (ein Plüschteppich)*
Wilts. ABK Wiltshire
Wiltshire ['wɪltʃə(r); -ʃɪə(r)] S Wiltshire *n (Grafschaft in Südengland)*
wily ['waɪlɪ] ADJ (ADV **wilily**) verschlagen, gerissen
wimp [wɪmp] *umg* **A** S **1** Schwächling *m* **2** Niete *f pej*, Versager(in) **3** Feigling *m* **B** V/I **~ out (of)** kneifen (vor *dat*), sich drücken (vor *dat*, von)
wimple ['wɪmpl] S **1** HIST Ri(e)se *f* **2** (Nonnen)Schleier *m*
win [wɪn] **A** V/I *prät u. pperf* **won** [wʌn] **1** gewinnen (**at chess** beim *od* im Schach), siegen: **~ by 40 yards from** mit 40 Yards Vorsprung gewinnen vor *(dat)*; **which team is ~ning?** welche Mannschaft führt?; **they are ~ning by 2-1** sie führen 2:1; **~ out** *umg* sich durchsetzen (**over** gegen) **2** gelangen: **~ in (out, back)** hinein-(hinaus-, zurück)gelangen; **~ through** **a** durchkommen, sich durchkämpfen *(beide:* **to** zu*)* **b** ans Ziel gelangen *(a. fig)* **c** *fig* sich durchsetzen; **~ loose** (*od* **free, clear**) sich frei machen **3** **~ on** Einfluss gewinnen auf *(akk) od* über *(akk)* **B** V/T **1** *ein Vermögen etc* erwerben: **~ fame** sich Ruhm erwerben; **~ hono(u)r** zu Ehren gelangen; **~ praise** Lob ernten; → fame 1 **2** *j-m Lob* einbringen *od* eintragen **3** *e-e Schlacht etc* gewinnen: **he won the race from** er gewann das Rennen vor *(dat)* **4** *e-n Preis etc* gewinnen, *e-n Sieg* erringen: **point won** Pluspunkt *m*; **~ £3 from** (*od* **off**) **sb** j-m 3 Pfund abgewinnen, von j-m 3 Pfund gewinnen; **~ one's way** s-n Weg machen; → day *Bes Redew*, field A 7, spur A 1, trick A 7 **5** *sein Brot, s-n Lebensunterhalt* verdienen **6** *die Küste etc* erreichen, gelangen zu **7** e-n Freund, j-s Liebe etc gewinnen **8** **~ over** (*od* **round**) **a** *j-n* für sich gewinnen, auf s-e Seite ziehen, *engS. j-s* Herz erobern: **~ sb over to a project** j-n für ein Vorhaben gewinnen **a** *j-n* rumkriegen **9** **~ sb to do sth** j-n dazu bringen, etwas zu tun **10** *Bergbau*: **a** *Erz, Kohle etc* gewinnen **b** *ein Abbaugebiet* erschließen **C** S **a** *bes* SPORT Sieg *m* **b** Gewinn *m*: **have a ~** e-n Sieg erzielen; e-n Gewinn machen; → pool[2] A 2
wince [wɪns] **A** V/I (zusammen)zucken (**at** bei; **under** unter *dat*): **he did not even ~** er zuckte mit keiner Wimper **B** S (Zusammen)Zucken *n*
wincey ['wɪnsɪ] S Halbwollstoff *m*
winch [wɪntʃ] TECH **A** S **1** Winde *f*, SCHIFF Winsch *f* **2** *Textilwesen*: Haspel *f* **3** Kurbel *f* **B** V/T hochwinden, SCHIFF hochwinschen
wind[1] [wɪnd] **A** S **1** Wind *m*: **~ and weather permitting** bei gutem Wetter; **before the ~**

W

vor dem *od* im Wind; **between ~ and water** a SCHIFF zwischen Wind u. Wasser b *fig* in e-r prekären Situation; **in(to) the ~'s eye** gegen den Wind; **like the ~** wie der Wind, schnell; **under the ~** SCHIFF in Lee; **there is too much ~** es ist zu windig; **there is sth in the ~** *fig* es liegt etwas in der Luft; **be (three sheets) in the ~** *umg* Schlagseite haben; **fling** (*od* **cast, throw**) **to the ~(s)** *fig* außer Acht lassen, *e-n Rat etc* in den Wind schlagen; **gain** (*od* **get**) **the ~ of** *e-m Schiff* den Wind abgewinnen; **have (take) the ~ of** *fig* e-n Vorteil haben (gewinnen) gegenüber, die Oberhand haben (gewinnen) über (*akk*); **have (get) the ~ up** *umg* Bammel *od* Schiss *od* Muffensausen haben (kriegen); **know how** (*od* **which way**) **the ~ blows** *fig* wissen, woher der Wind weht; **put the ~ up sb** *umg* j-m Angst einjagen; **raise the ~** *bes Br umg* (das nötige) Geld auftreiben; **sail close to the ~** a SCHIFF hart am Wind segeln b *fig* sich am Rande der Legalität *od* hart an der Grenze des Erlaubten bewegen, mit einem Fuß im Gefängnis stehen; **sow the ~ and reap the whirlwind** Wind säen u. Sturm ernten; **take the ~ out of sb's sails** j-m den Wind aus den Segeln nehmen; → ill A 1, scatter A 2 **2** Sturm *m* **3** (*Gebläse- etc*) Wind *m* **4** a MED (Darm)Winde *pl*, Blähungen *pl*: **break ~** e-n Wind abgehen lassen; **get ~** Blähungen bekommen; **onions give you ~** Zwiebeln blähen b Rülpser *pl umg*: **cola tends to give me ~** auf Cola muss ich immer aufstoßen *od umg* rülpsen **5 the ~(s** *pl*) MUS die Bläser *pl* **6** JAGD Wind *m*, Witterung *f* (*a. fig*): **get ~ of** a wittern (*akk*) b *fig* Wind bekommen von; **get ~ that ...** Wind davon bekommen, dass ... **7** Atem *m*: **have a good ~** e-e gute Lunge haben; **have a long ~** e-n langen Atem haben (*a. fig*); **get one's second ~** *bes* SPORT die zweite Luft bekommen; **have lost one's ~** außer Atem sein; → sound¹ A 1 **8** *umg* leeres Geschwätz **9** *Boxen: sl* Magengrube *f* **B** V/T **1** JAGD wittern **2** *j-m* den Atem *od* die Luft nehmen (*Schlag etc*): **be ~ed** außer Atem sein **3** verschnaufen lassen **4** *ein Baby* aufstoßen *od* (ein) Bäuerchen machen lassen

wind² [waɪnd] **A** S **1** Windung *f*, Biegung *f* **2** Umdrehung *f* (*beim Aufziehen e-r Uhr etc*) **B** V/I *prät u. pperf* **wound** [waʊnd] **1** sich winden *od* schlängeln (*a. Fluss, Straße etc*) **2** sich winden *od* wickeln *od* schlingen (**round** um) **3** a aufgewunden *od* aufgewickelt werden b sich aufwinden *od* -wickeln lassen **C** V/T **1** winden, wickeln, schlingen (*alle:* **round** um): **~ off (on to) a reel** *etwas* ab-(auf)spulen; → finger A 1 **2** umwickeln (**with** mit) **3** *oft* **~ up** a auf-, hochwinden b *Garn etc* aufwickeln, -spulen **4** *oft* **~ up** a *e-e Uhr etc* aufziehen b *e-e Saite etc* spannen **5** *oft* **~ up** hochwinden, *Erz* fördern **6 ~ o.s.** schlängeln: **~ o.s.** (*od* **one's way**) **into sb's affection** *fig* sich j-s Zuneigung erschleichen, sich bei j-m einschmeicheln **7** SCHIFF a wenden b hieven **8** a *e-e Kurbel* drehen b kurbeln: **~ up (down)** *ein Autofenster etc* hochdrehen, -kurbeln (herunterdrehen, -kurbeln) **9** *oft* **~ forward** (*od* **on**) *e-n Film etc* vor-, weiterspulen: **~ back** zurückspulen

Phrasal Verbs: **wind| down** **A** V/T **1** → wind² C 8 b **2** *e-e Produktion etc* auslaufen lassen **B** V/I *fig* an Schwung verlieren; **~ off** V/T abwickeln, abspulen; **~ up** **A** V/I **1** (*bes* s-e Rede) schließen (**by saying** mit den Worten): **he wound up by saying that ...** abschließend sagte er, dass ... **2** *umg* enden, landen: **some day he'll ~ in prison**; **he wound up losing his job** zu guter Letzt verlor er seine Stellung; **~ third** SPORT auf dem dritten Platz landen **3** WIRTSCH Konkurs machen **B** V/T **1** → wind² C 3, C 4, C 5, C 8 b **2** *fig* anspannen, erregen: **be wound up to a high pitch** aufs Äußerste gespannt sein, in Hochspannung (versetzt) sein **3** *bes e-e Rede* (ab)schließen **4** WIRTSCH a *ein Geschäft* abwickeln, erledigen b *ein Unternehmen* auflösen, liquidieren

wind³ [waɪnd] *prät u. pperf* **wound** [waʊnd], **winded** ['waɪndɪd] V/T *poet* **1** *das Horn etc* blasen **2** *ein Hornsignal* ertönen lassen

windage ['wɪndɪdʒ] S **1** MIL, PHYS a Luftdruckwelle *f* (*e-s Geschosses*) b Spielraum *m* (*im Rohr*) c Einfluss *m* des Windes (*auf die Abweichung e-s Geschosses*) d Abweichung *f* **2** PHYS Luftwiderstand *m* **3** SCHIFF Windfang *m*

wind| assistance [wɪnd] S SPORT Windunterstützung *f*; **~bag** S *umg* Schwätzer(in), Schaumschläger(in) (*beide pej*); **~blown** ADJ **1** windig (*Gegend etc*) **2** windschief (*Bäume etc*) **3** (vom Wind) zerzaust **4** *fig* Windstoß...: **~ hairdo**; **~bound** ADJ SCHIFF durch ungünstigen Wind am Auslaufen gehindert; **~break** S **1** Windschutz *m* (*Hecke etc*) **2** *Forstwirtschaft*: Windbruch *m*; **~breaker** S **1** → windbreak 1 **2** US Windjacke *f*; **~-broken** ADJ VET kurzatmig, dämpfig (*Pferd*); **~burn** S MED *von scharfem Wind gerötete Haut*; **~cheater** S *bes Br* Windjacke *f*; **~ chest** S MUS Windkasten *m*, -kammer *f* (*bes der Orgel*); **~chill factor** S PHYS gefühlte Temperatur, Fröstelfaktor *m*; **~ cone** S FLUG, PHYS Windsack *m*

winded ['wɪndɪd] ADJ **1** außer Atem, atemlos **2** (*in Zusammensetzungen*) ...atmig: → short-winded *etc*

wind| egg [wɪnd] S Wind-ei *n*; **~ energy** S Windenergie *f*

winder ['waɪndə(r)] S **1** Spuler(in) **2** TECH Winde *f*, Haspel *f* **3** Stufe *f* (*e-r Wendeltreppe*) **4** BOT Schlingpflanze *f* **5** a Schlüssel *m* (*zum Aufziehen*) b Kurbel *f*

wind|fall ['wɪnd-] S **1** a Fallapfel *m etc, pl a.* Fallobst *n* b *bes US* Wald *m* mit Windbruch *od* -fall **2** *fig* unverhoffter Glücksfall *od* Gewinn: **~ profit** WIRTSCH Marktlagengewinn *m*, Q-Gewinn *m*; **~ tax** WIRTSCH Zufallsgewinnsteuer *f*; **~fallen** ADJ vom Wind gestürzt, windbrüchig; **~ farm** S Windfarm *f*; **~-fertilized** ADJ BOT vom Wind bestäubt *od* befruchtet; **~flower** S BOT Anemone *f*; **~ force** S METEO Windstärke *f*; **~ ga(u)ge** S **1** PHYS Windmesser *m*, Anemometer *n* **2** MIL Windvorhalteinstellung *f* **3** MUS Windwaage *f* (*an der Orgel*); **~ harp** S MUS Wind-, Äolsharfe *f*

Windhoek ['wɪnthʊk; 'vɪnt-] S Windhuk *n*

windiness ['wɪndɪnɪs] S Windigkeit *f* (*a. fig Hohlheit, Leere*)

winding ['waɪndɪŋ] **A** S **1** Winden *n*, Spulen *n* **2** (Ein-, Auf)Wickeln *n*, (Um)Wickeln *n* **3** (Sich)Winden *n*, (-)Schlängeln *n* **4** Windung *f*, Biegung *f* **5** Umwick(e)lung *f* **6** ELEK Wicklung *f* **B** ADJ **1** gewunden: a sich windend *od* schlängelnd b Wendel...: **~ staircase**, **~ stairs** *pl* Wendeltreppe *f* **2** krumm, schief (*a. fig*) **3** Winde..., Haspel...: **~ cable** Förderseil *n*; **~ engine** S TECH **1** Dampfwinde *f* **2** *Bergbau*: Förderwelle *f* **3** Spul-, Wickelmaschine *f* (*a.* ELEK); **~ sheet** S Leichentuch *n*, Totenhemd *n*; **~ tackle** S SCHIFF Gien *f* (*Flaschenzug*); **~-up** S **1** Aufziehen *n* (*e-r Uhr etc*): **~ mechanism** Aufziehwerk *n* **2** WIRTSCH a Abwicklung *f*, Erledigung *f* (*e-s Geschäfts*) b Liquidation *f*, Auflösung *f* (*e-s Unternehmens*): **~ sale** (Total)Ausverkauf *m*

wind| instrument [wɪnd] S MUS Blasinstrument *n*; **~jammer** [-,dʒæmə(r)] S **1** SCHIFF Windjammer *m* **2** → windcheater **3** US *sl obs* → windbag

windlass ['wɪndləs] **A** S **1** TECH Winde *f*, SCHIFF Winsch *f* **2** *Bergbau*: Förderhaspel *f* **3** SCHIFF Ankerspill *n* **B** V/T hochwinden, SCHIFF hochwinschen

windless ['wɪndlɪs] ADJ windstill

windlestraw ['wɪndlstrɔː] S *Br dial* **1** trockener Grashalm **2** schmächtige Person

wind| machine S THEAT Windmaschine *f*; **~mill** ['wɪnmɪl; 'wɪnd-] **A** S **1** Windmühle *f*: **tilt at** (*od* **fight**) **~s** *fig* gegen Windmühlen(-flügel) kämpfen **2** FLUG *umg* a Hubschrauber *m* b Propeller *m* **3** *bes Br* Windrädchen *n* (*Kinderspielzeug*) **B** V/T **~ one's arms** die Arme kreisen lassen

window ['wɪndəʊ] S **1** Fenster *n* (*a. fig*): **climb in at the ~** zum Fenster herein- *od* hineinklettern; **look out of the ~** aus dem Fenster schauen **2** Fensterscheibe *f* **3** Schaufenster *n*: **put all one's knowledge in the ~** *fig* mit s-m Wissen hausieren gehen **4** (*Bank- etc*) Schalter *m* **5** COMPUT, TV Fenster *n* (*a. im Briefumschlag*) **6** GEOL Fenster *n* (*durch Erosion entstandener Einblick*) **7** FLUG, MIL Düppel *m*, (Radar)Störfolie *f* **8** TV, *Radar*: Ausblendstufe *f*; **~ bar** S Fenstersprosse *f*, -stab *m*; **~ box** S Blumenkasten *m*; **~ cleaner** S Fensterputzer(in); **~ display** S Schaufensterauslage *f*; **~-dress** V/T *fig* **1** *e-e Bilanz etc* verschleiern, frisieren **2** schönfärben; **~ dresser** S **1** Schaufensterdekorateur(in) **2** *fig* Schönfärber(in); **~ dressing** S **1** Schaufensterdekoration *f* **2** *fig* Verschleiern *n*, Frisieren *n* (*e-r Bilanz etc*) **3** *fig* Schönfärberei *f*

windowed ['wɪndəʊd] ADJ mit Fenster(n) (versehen)

window| envelope S Fensterbriefumschlag *m*; **~ frame** S Fensterrahmen *m*; **~ jamming** S MIL *Radar*: Folienstörung *f*, Verdüpperf(e)lung *f*; **~pane** S Fensterscheibe *f*; **~ screen** S **1** Fliegenfenster *n* **2** Zierfüllung *f* e-s Fensters (*aus Buntglas, Gitter etc*); **~ seat** S Fensterplatz *m*; **~ shade** S US Rollo *n*, Jalousie *f*; **~-shop** V/I: **go ~ping** e-n Schaufensterbummel machen; **~-shopper** S *j-d, der e-n Schaufensterbummel macht*; **~ shutter** S Fensterladen *m*; **~sill** S Fensterbrett *n*; **~ technology** IT S Fenstertechnik *f*

wind|packed ['wɪnd-] ADJ: **~ snow** Pressschnee *m*; **~ park** S Windenergiepark *m*; **~pipe** S ANAT Luftröhre *f*; **~ power** S Windkraft *f*, -energie *f*; **~ power plant** S Windkraftanlage *f*; **~proof** ADJ windundurchlässig; **~ quartet(te)** S MUS Bläserquartett *n*; **~ rose** S METEO Windrose *f*; **~row** S **1** AGR a Schwaden *m* Heu *od* Getreide b Reihe *f* von Garben *od* Torf *etc* **2** (vom Wind zusammengewehter) Wall von Staub *od* Laub *etc*; **~sail** S **1** SCHIFF Windsack *m* **2** TECH Windflügel *m*; **~ scale** S METEO Windstärkenskala *f*; **~screen** S AUTO *bes Br* Windschutzscheibe *f*: **~ washer** Scheibenwaschanlage *f*; **~ wiper** Scheibenwischer *m*; **~ section** S MUS Bläser *pl*; **~ shear** S METEO Windscherung *f*; **~shield** *US* → windscreen; **~ sleeve**, **~sock** S FLUG, PHYS Windsack *m*

Windsor knot ['wɪnzə(r)] S Windsorknoten *m*

wind|surfer S Windsurfer(in); **~surfing** S Windsurfing *n*, -surfen *n*: **~ board** Windsurfbrett *n*; **~swept** ADJ **1** windgepeitscht **2** → windblown 3, 4; **~ turbine** S TECH Windturbine *f*; **~ tunnel** S FLUG, PHYS, TECH Windkanal *m*

windup ['waɪndʌp] S *bes US* **1** Schluss *m*, Ende *n* **2** → winding-up 2

windward ['wɪndwə(r)d] SCHIFF **A** ADV wind-, luvwärts, gegen den Wind **B** ADJ windwärts gelegen, Luv..., Wind...: **~ side** Windseite *f* **C** S Windseite *f*, Luv(seite) *f*: **get to the ~ of sb** *fig* sich j-m gegenüber e-n Vorteil ver-

schaffen
windy ['wɪndɪ] ADJ (ADV windily) **1** windig: **a** stürmisch **b** zugig (*Ort etc*): **the ~ City** (*Beiname von*) Chicago *n* **2** *fig* **a** wortreich, hochtrabend **b** windig, hohl, leer **c** geschwätzig **3** MED blähend **4** *bes Br umg* nervös, ängstlich
wine [waɪn] **A** S **1** Wein *m*: **new ~ in old bottles** BIBEL junger Wein in alten Schläuchen (*a. fig*); **~, women, and song** Wein, Weib u. Gesang **2** gegorener Fruchtsaft, (*Holunder- etc*) Wein *m* **3** PHARM Medizinalwein *m* **B** V/T mit Wein versorgen *od* bewirten: **~ and dine** *j-n* fürstlich bewirten **C** V/I Wein trinken: **~ and dine** fürstlich speisen; **~ bar** S Weinlokal *n*; **~bibber** S Weinsäufer(in); **~bottle** S Weinflasche *f*; **~ cask** S Weinfass *n*; **~ cellar** S Weinkeller *m*; **~ cooler** S Weinkühler *m*; **~ cradle** S Weinkorb *m*; **~glass** S Weinglas *n*; **~grower** S Winzer(in); **~growing** S Wein(an)bau *m*: **~ area** Weinbaugebiet *n*; **~ lake** S WIRTSCH Weinsee *m*; **~ list** S Weinkarte *f*; **~ merchant** S Weinhändler(in); **~press** S Weinpresse *f*, -kelter *f*
winery ['waɪnərɪ] S *bes US* Weinkellerei *f*
wine|shop S Weinhandlung *f*; **~skin** S Weinschlauch *m*; **~taster** S Weinprüfer(in), -verkoster(in); **~tasting** S Weinprobe *f*; **~ tavern** S Weinkeller *m*, -lokal *n*; **~ yeast** S Weinhefe *f*
wing [wɪŋ] **A** S **1** ORN, ZOOL Flügel *m*: **on the ~** **a** im Flug **b** *fig* auf Reisen; **on the ~s of the wind** *fig* wie der Wind, mit Windeseile; **add** (*od* **give, lend**) **~s to** *fig j-n, etwas* beflügeln (*Hoffnung etc*), *j-m* Beine machen (*Furcht etc*); **spread** (*od* **stretch, try**) **one's ~s** *fig* **a** versuchen, auf eigenen Beinen zu stehen **b** versuchen, sich durchzusetzen; **take ~** **a** auf-, davonfliegen **b** hastig aufbrechen **c** *fig* beflügelt werden; **take sb under one's ~** *fig* j-n unter s-e Fittiche nehmen; → clip[1] A 1, singe A 1 **2** (*Tür-, Fenster- etc*) Flügel *m* **3** ARCH Flügel *m*, Seitenteil *m* (*e-s Gebäudes*) **4** THEAT Seitenkulisse *f*: **wait in the ~s** *fig* auf Abruf bereitstehen **5** FLUG Tragfläche *f* **6** AUTO *Br* Kotflügel *m* **7** SCHIFF, MIL Flügel *m* (*e-r Aufstellung*) **8** FLUG, MIL **a** *Br* Gruppe *f* **b** *US* Geschwader *n* **c** Pilotenabzeichen *n* **9** SPORT **a** Flügel *m*: **on the ~** auf dem Flügel **b** → winger **10** POL Flügel *m* (*e-r Partei*) **11** Federfahne *f* (*e-s Pfeils*) **12** TECH Flügel *m* **13** umgeklappte Ecke (*e-s Eckenkragens*) **B** V/T **1** mit Flügeln *etc* versehen **2** *fig* beflügeln **3** *e-e Strecke* durchfliegen: **~ one's way** dahinfliegen; **~ itself into a tree** sich auf e-n Baum schwingen (*Vogel*) **4** *ein Geschoss* abschießen **5** **a** *e-n Vogel* in den Flügel schießen, flügeln **b** *j-n* (*bes* am Arm) treffen **c** *e-n Vogel* abschießen **6** **~ it** *US umg* improvisieren **C** V/I fliegen
wing| assembly S FLUG Tragwerk *n*; **~beat** S Flügelschlag *m*; **~ case** S ZOOL Deckflügel *m*; **~ chair** S Ohrensessel *m*; **~ collar** S Eckenkragen *m*; **~ commander** S FLUG, MIL **1** *Br* Oberstleutnant *m* der Luftwaffe **2** *US* Geschwaderkommodore *m*; **~ compasses** SPL, *a.* **pair of ~** TECH Bogenzirkel *m*; **~ covert** S ORN Deckfeder *f*
wingding ['wɪŋdɪŋ] S *bes US sl* **1** **a** (simulierter) Anfall **b** Koller *m umg*, Wutanfall *m* **2** tolle Party
winged [wɪŋd] ADJ **1** ORN, ZOOL geflügelt **2** Flügel..., (*in Zusammensetzungen*) ...flüg(e)lig: **the ~ horse** MYTH der Pegasus, das Flügelpferd *od* Flügelross; **~ screw** TECH Flügelschraube *f*; **~ words** *fig* geflügelte Worte; **double-~ building** zweiflügeliges Gebäude **3** *fig* beflügelt, schnell **4** *fig* beschwingt **5** *fig* erhaben, edel, hehr (*Gefühle etc*); **wingedly** [-ŋɪdlɪ] ADV geflügelt; beflügelt, schnell; beschwingt; erhaben, edel
winger ['wɪŋə(r)] S SPORT Außen-, Flügelstürmer(in)
wing| feather S ORN Schwungfeder *f*; **~ flap** S FLUG Landeklappe *f*; **~-footed** ADJ *obs fig* schnell(füßig); **~-heavy** ADJ FLUG querlastig; **~ nut** S TECH Flügelmutter *f*; **~over** S FLUG Immelmann-Turn *m*; **~ sheath** → wing case; **~span** → wingspread 2; **~spread** S **1** ORN (Flügel)Spannweite *f* **2** FLUG (Tragflächen)Spannweite *f*; **~stroke** → wingbeat; **~ tip** S FLUG Tragflächenende *n*
wink [wɪŋk] **A** V/I **1** (mit den Augen) blinzeln *od* zwinkern: **~ at** **a** *j-m* zublinzeln **b** *fig* ein Auge zudrücken bei *etwas*, *etwas* ignorieren; **(as) easy as ~ing** *Br umg* kinderleicht; **like ~ing** wie der Blitz **2** blinzeln (*sich schnell schließen u. öffnen*) (*Augen*) **3** blinken, flimmern (*Licht*) **B** V/T **1** mit *den Augen* blinzeln *od* zwinkern **2** *etwas* blinken, durch Lichtsignal(e) anzeigen **C** S **1** Blinzeln *n*, Zwinkern *n*, Wink *m* (*mit den Augen*): **with a ~ of the eye** augenzwinkernd; → forty B **2** Augenblick *m*: **in a ~** im Nu *umg*; **not sleep a ~, not get a ~ of sleep** kein Auge zutun; **winker** S **1** Scheuklappe *f* (*e-s Pferdes*) **2** *bes US umg* **a** Auge *n* **b** Wimper *f* **3** AUTO *Br umg* Blinker *m*
winkle ['wɪŋkl] **A** S ZOOL (*essbare*) Strandschnecke **B** V/T: **~ out** *bes Br umg j-n, etwas, die Wahrheit etc* herausholen (**of** aus)
winnable ADJ: **a ~ match** SPORT ein Spiel, das zu gewinnen ist *od* das eigentlich gewonnen werden müsste
winner S **1** Gewinner(in), *bes* SPORT Sieger(in): **~s' platform** (*od* **rostrum**) Siegespodest *n*; → point A 28 **2** **a** sichere(r) Gewinner(in), Siegeskandidat(in) **b** Siegertyp *m* **3** Erfolg versprechende *od* todsichere Sache **4** SPORT Siegestor *n*, -treffer *m* **5** *Tennis*: direkter Punkt
winning **A** S **1** Gewinnen *n*, Sieg *m* **2** *meist pl* Gewinn *m* (*bes beim Spiel*) **3** *Bergbau*: **a** Grube *f* **b** Abbau *m* **B** ADJ (ADV **~ly**) **1** *bes* SPORT siegreich, Sieger..., Sieges...: **~ lead** uneinholbare Führung; **~ goal** → winner 4; **~ numbers** Gewinnzahlen; **~ streak** Gewinnserie *f*; **~ urge** Siegesdrang *m* **2** entscheidend (*Schlag etc*) **3** *fig* gewinnend, einnehmend: **a ~ smile** ein gewinnendes Lächeln; **~ post** S SPORT Zielpfosten *m*
winnow ['wɪnəʊ] **A** V/T **1** *a.* **~ out** **a** *Getreide* schwingen, sieben, worfeln **b** *die Spreu* scheiden, trennen (*beide*: **from** von) **2** *fig* sichten, sondern **3** *fig* trennen, (unter)scheiden (*beide*: **from** von) **B** S Wanne *f*, Futterschwinge *f*; **winnowing** S Worfeln *n*, Schwingen *n*: **~ fan** Kornschwinge *f*; **~ machine** Worfelmaschine *f*
wino ['waɪnəʊ] *pl* -nos S *sl* Weinsäufer(in)
winsome ['wɪnsəm] ADJ (ADV **~ly**) **1** → winning B 3 **2** (lieb)reizend
winter ['wɪntə(r)] **A** S **1** Winter *m*: **in ~** im Winter **2** *poet* Lenz *m*, (Lebens)Jahr *n*: **a man of fifty ~s** **B** ADJ winterlich, Winter...: **~ day**; → solstice 1 **C** V/I **1** überwintern (*Tiere, Pflanzen*) **2** den Winter verbringen: **they usually ~ in Africa** **D** V/T *bes Pflanzen* überwintern; **~ collection** S *Mode*: Winterkollektion *f*; **~ corn** S AGR Wintergetreide *n*; **~ crop** S AGR Winterfrucht *f*; **~ fallow** S AGR Winterbrache *f*; **~-fallow** AGR **A** V/T *Land* im Winter brachen **B** ADJ winterbrach; **~ garden** S Wintergarten *m*
winteriness ['wɪntərɪnɪs] → wintriness
winterize ['wɪntəˌraɪz] V/T *US* auf den Winter vorbereiten, *bes* AUTO winterfest machen
winter|kill V/T & V/I AGR *bes US* erfrieren (lassen); **~like** → winterly
winterliness ['wɪntə(r)lɪnɪs] S (*das*) Winterliche; **winterly** ADJ winterlich
winter|proud ADJ AGR vorzeitig grün; **~ quarters** SPL Winterquartier *n*; **~ resort** S Winterkurort *m*, -urlaubsort *m*; **~ sales** SPL Winterschlussverkauf *m*; **~ sports** SPL Wintersport *m*; **~ term** S UNIV Wintersemester *n*; **~time** S Winter(zeit) *m(f)*: **in (the) ~** im Winter; **~weight** ADJ winterlich, Winter...: **~ clothes** Winterkleidung *f*; **~ wheat** S AGR Winterweizen *m*
wintery ['wɪntərɪ] → wintry
wintriness ['wɪntrɪnɪs] S Kälte *f*, Frostigkeit *f* (*a. fig*); **wintry** [-trɪ] ADJ **1** winterlich, frostig (*Wetter etc*) **2** *fig* **a** freudlos, trüb(e) **b** frostig (*Lächeln etc*)
winy ['waɪnɪ] ADJ **1** Wein... **2** weinselig
winze [wɪnz] S *Bergbau*: Blindschacht *m*, Gesenk *n*
wipe [waɪp] **A** S **1** (Ab)Wischen *n*: **give sth a ~** etwas abwischen **2** *umg* **a** Pfund *n* (*harter Schlag*) **b** *fig* Seitenhieb *m* **3** *sl obs* Taschentuch *n* **4** FILM, TV Tricküberblendung *f* **B** V/T **1** (ab-, trocken) wischen, sauber wischen, abreiben, reinigen: **~ one's shoes** (*od* **feet**) sich die Schuhe abstreifen *od* abtreten; **~ one's nose** sich die Nase putzen, sich schnäuzen; **~ one's mouth** sich den Mund abwischen; **~ the floor with sb** *umg* **a** j-n fertigmachen **b** j-n vernichtend schlagen **2** *oft* **~ away** (*od* **off**) ab-, wegwischen: **~ that silly grin off your face** *umg* hör auf, so blöd zu grinsen!; **the smile was ~d off his face** *umg* ihm ist das Lachen vergangen **3** *oft* **~ off** *fig* bereinigen, tilgen, auslöschen, *e-e Rechnung* begleichen: → map A 1, slate[1] A 3 **4** wischen mit (**over, across** über *akk*) **5** *e-e Kreditkarte etc* durch den Schlitz des Lesegeräts ziehen **6** TECH schmierlöten: **~d joint** Schmierlötverbindung *f*
Phrasal Verbs: **wipe| away** V/T → wipe B 2; **~ off** V/T → wipe B 2, B 3; **~ out** V/T **1** *ein Gefäß* auswischen **2** wegwischen, (aus)löschen, tilgen (*a. fig*): **~ a disgrace** e-n Schandfleck tilgen, e-e Scharte auswetzen; **wipe sth out of one's memory** (*od* **mind**) etwas aus dem Gedächtnis löschen **3** *Gewinn etc* zunichtemachen **4** *e-e Armee, Stadt etc* ausradieren *fig*, *e-e Rasse etc* ausrotten; **~ up** V/T **1** aufwischen **2** *Geschirr* (ab)trocknen
wiper S **1** Wischer *m* (*Person od Vorrichtung*): **~ blade** AUTO Wisch(er)blatt *n* **2** Wischtuch *n* **3** ELEK Kontakt-, Schaltarm *m* **4** → wipe A 2, A 3
WIPO ABK World Intellectual Property Organization
wire ['waɪə(r)] **A** S **1** Draht *m* **2** ELEK Leitung(sdraht) *f(m)*: **down to the ~** *bes US umg* bis zum (aller)letzten Moment; **under the ~** *bes US umg* gerade noch rechtzeitig; **get one's ~s crossed** *umg* auf der Leitung stehen; → live wire 1 **3** ELEK (Kabel)Ader *f* **4** **a** Drahtgitter *n*, -netz *n* **b** JAGD Drahtschlinge *f* **5** *umg* **a** Telegramm *n*: **by ~** telegrafisch **b** Telefon *n*: **there's sb on the ~ for you** du wirst am Telefon verlangt **6** MUS Drahtsaite *f* **7** *pl bes US* → string A 3 **8** OPT Faden *m* (*im Okular*) **B** ADJ Draht...: **~ fence** **C** V/T **1** **a** mit e-m Drahtgeflecht *od* -zaun umgeben **b** mit Draht verstärken **2** mit Draht (an-, zusammen)binden *od* befestigen, verdrahten **3** ELEK Leitungen (ver-)legen in (*dat*), verdrahten: **~ (up) to** anschließen an (*akk*) **4** *umg e-e Nachricht od j-m* telegrafieren, *Geld* telegrafisch überweisen **5** JAGD mit Drahtschlingen fangen **D** V/I *umg* telegrafieren: **~ in** (*bes beim Essen*) loslegen *umg*
wire| brush S Drahtbürste *f*; **~ cloth** S TECH Drahtgewebe *n*; **~ cutter** S TECH **1** *pl*, *a.* **pair of ~s** Drahtschere *f* **2** Drahtschnei-

W

der *m* (*Arbeiter od Werkzeug*)
wired ['waɪə(r)d] ADJ 1 verdrahtet (*a.* ELEK): **~ program** IT (fest) verdrahtetes Programm 2 a mit e-m Drahtgeflecht *od* -zaun umgeben b mit Draht verstärkt: **~ glass** Drahtglas *n*
wire|draw V/T *irr* 1 TECH *Metall* zu Draht ausziehen 2 *fig* a in die Länge ziehen b *ein Argument etc* überspitzen, ausklügeln; **~drawer** S TECH Drahtzieher(in); **~drawing** S TECH Drahtziehen *n*; **~drawn** ADJ *fig* a langatmig b spitzfindig, ausgeklügelt, überspitzt; **~ entanglement** S MIL Drahtverhau *m*; **~ ga(u)ge** S TECH 1 Drahtlehre *f* 2 Drahtstärke *f*; **~ gauze** S TECH Drahtgaze *f*, -gewebe *n*; **~ glass** S Drahtglas *n*; **~hair** S ZOOL Drahthaarterrier *m*; **~haired** ADJ Drahthaar…: **~ terrier**
wireless ['waɪə(r)lɪs] ELEK A ADJ 1 drahtlos, Funk…: **~ message** Funkspruch *m*, -meldung *f* 2 *obs bes Br* Radio…, Rundfunk…: **~ set** → B B S *obs bes Br* Radio(apparat) *n(m)*: **on the ~** im Radio *od* Rundfunk C V/T *e-e Nachricht etc* funken D V/I drahtlos telegrafieren, funken; **~ telegraphy** S drahtlose Telegrafie, Funktelegrafie *f*; **~ telephone** S Funktelefon *n*; **~ telephony** S drahtlose Telefonie, Funktelefonie *f*
wire|man [-mən] S *irr bes US* 1 TECH a Telegrafen-, Telefonarbeiter *m* b Elektroinstallateur *m*, Elektriker *m* 2 *sl* Abhörspezialist *m*; **~ mesh** S Maschendraht *m*; **~ nail** S TECH Drahtnagel *m*, -stift *m*; **~ netting** S TECH Drahtgeflecht *n*, Maschendraht *m*; **~-netting fence** S Maschendrahtzaun *m*; **~photo** S drahtübertragenes Bild, Funkfoto *n*; **~ pliers** SPL, *a.* **pair of ~** TECH Drahtzange *f*; **~puller** S *fig bes US* Drahtzieher(in); **~pulling** S *fig bes US* Drahtziehen *n*
wirer ['waɪərə(r)] S *j-d, der mit Drahtschlingen jagt*
wire| rod S TECH Walzdraht *m*; **~ rope** S Drahtseil *n*; **~ service** S *bes US* Nachrichtenagentur *f*, -büro *n*; **~tap** A V/T & V/I 1 (*j-s*) Telefongespräche abhören, (*j-s*) Leitung(en) anzapfen 2 V/T sich durch Abhören *Informationen etc* verschaffen B S Abhören *n*, Anzapfen *n* C ADJ 1 durch Abhören erlangt (*Informationen etc*) 2 Abhör…: **~ scandal**; **~ operation** Abhöraktion *f*, Lauschangriff *m*; **~tapper** S Abhörer(in), Anzapfer(in); **~tapping** S Abhören *n*, Anzapfen *n*: **~ operation** Abhöraktion *f*, Lauschangriff *m*; **~walker** S *bes US* Drahtseilakrobat(in), Seiltänzer(in); **~ wheel** S AUTO Rad *n* mit Sportfelgen; **~ wool** S Stahlwolle *f*; **~worm** S ZOOL Drahtwurm *m*; **~-wove** ADJ 1 Velin…: **~ paper** 2 aus Draht geflochten
wiriness ['waɪərɪnɪs] S *fig* Drahtigkeit *f*, Zähigkeit *f*
wiring ['waɪərɪŋ] S 1 Verdrahtung *f* (*a.* ELEK) 2 ELEK Leitungsnetz *n*: **~ diagram** Schaltplan *m*, -schema *n*, -skizze *f*
wiry ['waɪərɪ] ADJ (ADV wirily) 1 Draht… 2 drahtig (*Haar*) 3 *fig* drahtig, zäh 4 metallisch (*Klang*)
Wis(c). ABK Wisconsin
Wisconsin [wɪs'kɒnsɪn; *US* -'kɑnsən] S Wisconsin *n* (*Staat im Nordosten der USA*)
wisdom ['wɪzdəm] S 1 Weisheit *f*, Klugheit *f*: **display the ~ of Solomon** salomonische Weisheit beweisen; **have great ~** sehr weise sein; **talk ~** weise reden; → conventional 1, received 2 2 *obs* Gelehrsamkeit *f* 3 BIBEL a **♀**, *a.* **♀ of Solomon** die Sprüche *pl* Salomons b **♀ of Jesus, the Son of Sirach** ['saɪəræk] (*das*) Buch Jesus Sirach; **~ tooth** S *irr* Weisheitszahn *m*: **cut one's wisdom teeth** *fig* erwachsen *od* vernünftig werden

wise[1] [waɪz] A ADJ (ADV → wisely) 1 weise, klug, einsichtig, erfahren: **the three ~ men** BIBEL die drei Weisen aus dem Morgenland; **it's easy to be ~ after the event** hinterher kann man leicht klüger sein 2 gescheit, verständig: **be none the ~r (for it)** nicht klüger sein als zuvor; **without anybody being the ~r for it** ohne dass es jemand gemerkt hätte 3 wissend, unterrichtet: **be ~ to** *umg* Bescheid wissen über (*akk*), *j-n od etwas* durchschaut haben; **get ~ to** *umg etwas* spitzkriegen, *j-m* auf die Schliche kommen; **put** (*od* **set**) **sb ~ to** *umg* j-m *etwas* stecken 4 schlau, gerissen 5 *umg* neunmalklug: **~ guy** Klugscheißer *m pej* 6 *obs* in der Hexenkunst bewandert: **~ man** Zauberer *m*; **~ woman** a Hexe *f* b Wahrsagerin *f* c weise Frau (*Hebamme*) B V/T **~ up** *bes US umg j-n* informieren, aufklären (*beide:* **to**, *a.* **on** über *akk*) C V/I **~ up** (*a.* **on**) *bes US umg* a sich informieren über (*akk*) b *etwas* spitzkriegen
wise[2] [waɪz] S *obs* Art *f*, Weise *f*: **in any ~** auf irgendeine Weise; **in no ~** in keiner Weise, keineswegs; **in this ~** auf diese Art u. Weise
-wise [waɪz] *Wortelement mit den Bedeutungen:* a …artig, nach Art von b …weise c *umg* …mäßig
wise|acre S Neunmalkluge(r) *m/f(m)*, Besserwisser(in); **~crack** *umg* A S witzige *od* treffende Bemerkung, Witzelei *f* B V/I witzeln, flachsen; **~cracker** S *umg* Witzbold *m*
wisely ADV 1 weise (*etc*; → wise[1] A 1, A 2) 2 kluger-, vernünftigerweise 3 (wohl)weislich
wish [wɪʃ] A V/T 1 wollen, wünschen: **I ~ I were there** ich wollte, ich wäre dort; **~ sb further** (*od* **at the devil**) j-n zum Teufel wünschen; **~ o.s. home** sich nach Hause sehnen; **~ sb to do sth** wünschen, dass j-d etwas tut 2 hoffen: **it is to be ~ed** es ist zu hoffen *od* zu wünschen 3 *j-m Glück, Spaß etc* wünschen: **~ sb well (ill)** j-m Gutes (Böses) wünschen, j-m wohlwollen (übelwollen); **~ sb good morning** j-m guten Morgen wünschen; **~ sb (sth) on sb** j-m j-n (etwas) aufhalsen; **I wouldn't ~ that on my worst enemy** das würde ich nicht einmal m-m ärgsten Feind wünschen; → birthday A, joy A 1, luck A 2 4 *j-n* ersuchen, bitten (*beide:* **to do** zu tun) B V/I (**for**) sich sehnen (nach), sich (*etwas*) wünschen: **I have been ~ing for you to come** ich habe mir gewünscht, dass du kommst; **he cannot ~ for anything better** er kann sich nichts Besseres wünschen; **as you ~** wie Sie wünschen *od* wollen C S 1 Wunsch *m*: a Verlangen *n* (**for** nach) b Bitte *f* (**for** um) c (*das*) Gewünschte: **you shall have your ~** du sollst haben, was du dir wünschst; **what's your Christmas ~?** was wünschst du dir zu Weihnachten?; **if ~es were horses, beggars would ride** (*Sprichwort*) es hat keinen Sinn, sich Unmögliches zu wünschen; → father A 5 2 *pl* (gute) Wünsche *pl*, Glückwünsche *pl*; **~bone** S 1 ORN Brust-, Gabelbein *n* (*e-s Huhns etc*) 2 AUTO, TECH Querlenkerarm *m*
wishful ADJ (ADV ~ly) 1 vom Wunsch erfüllt, begierig (*beide:* **to do** zu tun): **~ thinking** Wunschdenken *n*, ein frommer Wunsch 2 sehnsüchtig
wish fulfil(l)ment S PSYCH Wunscherfüllung *f*
wishing well S Wunschbrunnen *m*
wish list S Wunschliste *f* (*a. fig*): **be on sb's ~** auf j-s Wunschliste stehen
wishwash ['wɪʃwɒʃ; *US a.* -ˌwɑʃ] S *umg* 1 labb(e)riges Zeug (*Getränk etc*) 2 *fig* seichtes Geschwätz
wishywashy ['wɪʃɪˌwɒʃɪ; *US a.* -ˌwɑ-] ADJ (ADV wishy-washily) *umg* 1 labb(e)rig (*Getränk etc*) 2 *fig* a lasch (*Person*) b seicht (*Geschwätz etc*)

wisp [wɪsp] S 1 (*Stroh- etc*) Wisch *m*, (*Heu-, Haar*) Büschel *n*, (*Haar*) Strähne *f*: **a ~ of hair** 2 Handbesen *m*, -feger *m* 3 Strich *m*, Zug *m* (*Vögel*) 4 Fetzen *m*, Streifen *m*: **~ of cloud** Wolkenfetzen; **~ of smoke** Rauchfahne *f*; **a ~ of a boy** ein schmächtiges Bürschchen 5 *fig* Andeutung *f*, Anflug *m*: **the ~ of a smile**; **wispy** ADJ (ADV wispily) 1 büsch(e)lig, strähnig (*Haar*) 2 schmächtig
wist [wɪst] *prät u. pperf von* wit[2]
wistaria [wɪ'steərɪə], **wisteria** [wɪ'stɪərɪə] S BOT Glyzin(i)e *f*
wistful ADJ (ADV ~ly) 1 sehnsüchtig, wehmütig 2 nachdenklich, versonnen; **wistfulness** S 1 Sehnsucht *f*, Wehmut *f* 2 Nachdenklichkeit *f*
wit[1] [wɪt] S 1 *meist pl* geistige Fähigkeiten *pl*, Intelligenz *f* 2 *meist pl* Verstand *m*: **be at one's ~'s** (*od* **~s'**) **end** mit s-r Weisheit am Ende sein; **have one's ~s about one** s-e fünf Sinne *od* s-n Verstand beisammenhaben; **have the ~ to do sth** Verstand genug haben, etwas zu tun; **keep one's ~s about one** e-n klaren Kopf behalten; **live by one's ~s** sich mehr oder weniger ehrlich durchs Leben schlagen; **out of one's ~s** von Sinnen, verrückt 3 Witz *m*, Geist *m*, Esprit *m* 4 geistreicher Mensch, witziger Kopf 5 *obs* a kluge Person b geistige Größe c Witz *m*, witziger Einfall
wit[2] [wɪt] *1. u. 3. sg präs* wot [wɒt; *US* wɑt], *sg präs* wost [wɒst; *US* wɑst], *pl präs* wite [waɪt], *prät u. pperf* wist [wɪst] A V/T *obs e-r Sache* gewahr werden B V/I: **to ~** *obs od* JUR das heißt, nämlich
witan ['wɪtən; *US* 'wɪˌtɑːn] S HIST 1 *Mitglieder des* ***witenagemot*** 2 → witenagemot
witch [wɪtʃ] A S 1 Hexe *f*, Zauberin *f*: → cauldron, Sabbath 3 2 *a.* **old ~** *fig pej* alte Hexe 3 betörendes Wesen, bezaubernde Frau B V/T 1 behexen, verzaubern (*beide a. fig*) 2 verhexen, -zaubern (*beide:* **into** in *akk*); **~craft** S 1 Hexerei *f*, Zauberei *f* 2 Zauber(kraft) *m(f)*; **~ doctor** S Medizinmann *m*; **~ elm** → wych elm
witchery ['wɪtʃərɪ] S 1 → witchcraft 2 *fig* Zauber *m*
witch| hunt, **~-hunting** S 1 HIST Hexenverfolgung *f*, -jagd *f* 2 *bes* POL Hexenjagd *f* (**for, against** auf *akk*)
witching A ADJ (ADV ~ly) → bewitching B S Hexerei *f*; **~ hour** S 1 Mitternacht *f*: **at the ~** um Mitternacht 2 Geisterstunde *f*
wite [waɪt] *pl präs von* wit[2]
witenagemot [ˌwɪtɪnəgɪ'məʊt] S HIST *gesetzgebende Versammlung im Angelsachsenreich*
with [wɪð; wɪθ] PRÄP 1 (zusammen) mit: **he went ~ his friends**; **would you like rice ~ your meat?** möchten Sie Reis zum Fleisch? 2 (*in Übereinstimmung*) mit, für: **he that is not ~ me is against me** wer nicht für mich ist, ist gegen mich; **I am quite ~ you** a ich bin ganz Ihrer Ansicht *od* auf Ihrer Seite b ich verstehe Sie sehr gut; **vote ~ the Conservatives!** stimmt für die Konservativen!; **blue does not go ~ green** Blau passt nicht zu Grün 3 mit (*besitzend*): **a vase ~ handles**; **a man ~ a sinister expression**; **~ no hat (on)** ohne Hut 4 mit (*vermittels*): **cut ~ a knife**; **fill ~ water**; **what will you buy ~ the money?** was wirst du (dir) von dem Geld kaufen? 5 mit (*Art u. Weise*): **fight ~ courage**; **~ a smile**; **~ the door open** bei offener Tür 6 mit (*in derselben Weise, im gleichen Grad, zur selben Zeit*): **their power increases ~ their number**; **rise ~ the sun** 7 bei: **sit ~ sb**; **work ~ a firm**; **I have no money ~ me** 8 (*kausal*) durch, vor (*dat*): **stiff ~ cold** steif vor Kälte; **tremble ~ fear** vor Angst zittern

9 bei, für: ~ **God all things are possible** bei Gott ist kein Ding unmöglich 10 von, mit *(Trennung)*: → break[1] c 1, *etc* 11 gegen, mit: **fight ~ s.o** 12 bei, aufseiten: **it rests ~ you to decide** die Entscheidung liegt bei dir 13 nebst, samt: ~ **all expenses** 14 trotz: ~ **the best intentions, he failed completely**; ~ **all her brains** bei all ihrer Klugheit 15 wie: **have the same faith ~ s.o** 16 angesichts; in Anbetracht der Tatsache, dass: **you can't leave ~ your mother so ill** du kannst nicht weggehen, wenn d-e Mutter so krank ist 17 ~ **it** *umg* a auf Draht, auf der Höhe b up to date, modern

withal [wɪ'ðɔ:l] *obs* A ADV außerdem, obendrein, dazu, dabei B PRÄP *(nachgestellt)* mit: **a sword to fight ~** ein Schwert, um damit zu kämpfen

withdraw [wɪð'drɔ:; wɪθ-] *irr* A V/T 1 **(from)** zurückziehen, -nehmen (von, aus): a wegnehmen, entfernen (von, aus), *den Schlüssel etc, a.* MIL *Truppen* abziehen, herausnehmen (aus) b entziehen *(dat)* c einziehen d *fig e-n Auftrag, e-e Aussage etc* widerrufen: ~ **a motion** e-n Antrag zurückziehen, *s-e Kündigung etc* zurücknehmen e *ein Produkt* vom Markt nehmen: ~ **a charge** JUR e-e Anklage zurückziehen; ~ **money from circulation** WIRTSCH Geld einziehen, aus dem Verkehr ziehen; ~ **o.s.** sich zurückziehen; ~ **sb's permission to do sth** j-m die Erlaubnis entziehen, etwas zu tun; ~ **a remark** e-e Bemerkung zurücknehmen; ~ **sth from sb** j-m etwas entziehen 2 WIRTSCH a **(from)** *Geld* abheben (von), *Kapital* entnehmen *(dat)* b *e-n Kredit* kündigen B V/I 1 **(from)** sich zurückziehen (von, aus): a sich entfernen b zurückgehen, MIL *a.* sich absetzen c zurücktreten (von *e-m Posten, Vertrag etc*) d ausscheiden, -treten (aus *e-r Gesellschaft etc*) e *fig* sich distanzieren (von *j-m, e-r Sache*): ~ **into** *(od* **within) o.s.** *fig* sich in sich selbst zurückziehen 2 SPORT auf den Start verzichten; **withdrawal** S 1 Zurückziehung *f*, -nahme *f (a.* MIL *von Truppen)*: ~ **from circulation** Einziehung *f (von Geld)* 2 WIRTSCH *(Geld)* Abhebung *f*, *(Kapital)* Entnahme *f*: **make a ~ from one's account** Geld von s-m Konto abheben 3 *bes* MIL Ab-, Rückzug *m* 4 **(from)** Rücktritt *m (von e-m Posten, Vertrag etc)*, Ausscheiden *n*, Austritt *m (aus e-r Gesellschaft etc)* 5 *fig* Zurücknahme *f (e-r Kündigung etc)*, Widerrufung *f (e-r Aussage etc)* 6 Entzug *m (e-r Erlaubnis etc)* 7 MED Entziehung *f*, Entzug *m*: ~ **cure** Entziehungskur *f*; ~ **symptoms** Entziehungs-, Entzugserscheinungen 8 SPORT Startverzicht *m*

withdrawing room *obs für* drawing room 1

withdrawn A *pperf von* withdraw B ADJ 1 PSYCH introvertiert, in sich gekehrt 2 zurückgezogen, isoliert

withe [wɪθ; wɪð; waɪð] S Weidenrute *f*

wither ['wɪðə(r)] A V/I 1 *oft* ~ **up** (ver-)welken, verdorren, austrocknen 2 *fig* a vergehen *(Schönheit etc)* b zurückgehen, verfallen *(Industriezweig etc)* c *oft* ~ **away** schwinden *(Einfluss, Hoffnungen etc)* B V/T 1 (ver)welken lassen, ausdörren, -trocknen: **age cannot ~ her** das Alter kann ihr nichts anhaben 2 *j-n mit e-m Blick etc, a. j-s Ruf* vernichten: **she ~ed him with a look** sie warf ihm e-n vernichtenden Blick zu; **withered** ADJ 1 verwelkt, welk, ausgetrocknet 2 verhutzelt, schrump(e)lig *(Gesicht etc)*; **withering** (ADV ~ly) 1 ausdörrend 2 *fig* vernichtend *(Blick)*

witherite ['wɪðəraɪt] S MINER Witherit *m*

withers ['wɪðə(r)z] SPL ZOOL Widerrist *m (des Pferdes etc)*: **wring sb's ~** *fig* j-m Sorgen *od* Schwierigkeiten machen

withhold V/T *irr* 1 *j-n* zurück-, abhalten *(beide:* **from sth** von etwas), *Informationen etc* zurückhalten: ~ **o.s. from sth** sich e-r Sache enthalten; **"name withheld"** „Name der Redaktion bekannt" 2 vorenthalten, versagen *(beide:* **sth from sb** j-m etwas), zurückhalten mit: ~ **one's consent** s-e Zustimmung versagen; **~ing tax** WIRTSCH *US* Quellensteuer *f*

within A PRÄP 1 innerhalb, in *(dat od akk)* *(beide a. zeitlich binnen)*: ~ **three hours** binnen *od* in nicht mehr als drei Stunden; ~ **a week of his arrival** e-e Woche nach *od* vor s-r Ankunft; **he is ~ a month as old as I am** er ist nicht mehr als e-n Monat älter *od* jünger als ich 2 im *od* in den Bereich von: ~ **the meaning of the Act** im Rahmen des Gesetzes; ~ **my powers** a im Rahmen m-r Befugnisse b soweit es in m-n Kräften steht; ~ **o.s.** SPORT ohne sich zu verausgaben *od* voll auszugeben 3 im Umkreis von, nicht weiter (entfernt) als: ~ **five miles**; ~ **a mile of** bis auf e-e Meile von; → ace A 4 B ADV 1 (dr)innen, drin, im Innern: ~ **and without** innen u. außen; **black ~** innen schwarz; **from ~** von innen 2 a im *od* zu Hause, drinnen b ins Haus, hinein 3 *fig* innerlich, im Innern: **be furious ~** C S *(das)* Innere

without A PRÄP 1 ohne **(doing** zu tun): ~ **difficulty**; ~ **his finding me** ohne dass er mich fand *od* findet; → do without, go without 2 außerhalb, jenseits: ~ **the gate** vor dem Tor B ADV 1 (dr)außen: **black ~** außen schwarz; **from ~** von außen; → within B 1 2 ohne: **go ~** leer ausgehen C S *(das)* Äußere D KONJ *a.* ~ **that** *obs umg* a wenn nicht, außer wenn b ohne dass

withstand *irr* A V/T widerstehen *(dat)*: a sich widersetzen *(dat)*, Widerstand leisten *(dat)* b aushalten *(akk)*, standhalten *(dat)* B V/I Widerstand leisten

withy ['wɪðɪ] A S 1 → withe 2 BOT *(bes* Korb)Weide *f* B ADJ 1 Weiden... 2 *fig* drahtig, zäh

witless ADJ (ADV ~ly) 1 geist-, witzlos 2 dumm, einfältig; **witlessness** S 1 Geistlosigkeit *f* 2 Dummheit *f*

witling ['wɪtlɪŋ] S *obs pej* geistloser Witzbold

witness ['wɪtnɪs] A S 1 Zeuge *m*, Zeugin *f* *(beide a.* JUR *u. fig)*: **a ~ of the accident** ein Unfallzeuge; **be a ~ of sth** Zeuge von etwas sein; **call sb to ~** j-n als Zeugen anrufen; **a living ~ to** ein lebender Zeuge *(gen)*; ~ **for the prosecution** *(Br a.* **for the Crown)** JUR Belastungszeuge; ~ **for the defence** *(US* **defense)** JUR Entlastungszeuge; → god 2, prosecute A 5 2 Zeugnis *n*, Bestätigung *f*, Beweis *m (alle:* **of, to** *gen od* für): **in ~ whereof** JUR urkundlich *od* zum Zeugnis dessen; → bear[1] A 16 3 ♀ REL Zeuge *m od* Zeugin *f* Jehovas B V/T 1 bezeugen, bestätigen, beweisen: ~ **Shakespeare** siehe Shakespeare; ~ **my hand and seal** JUR urkundlich dessen m-e Unterschrift u. mein Siegel; **this agreement ~eth** JUR dieser Vertrag beinhaltet 2 Zeuge sein von, zugegen sein bei, (mit)erleben *(a. fig)*: **did anybody ~ the accident?** hat j-d den Unfall gesehen?; **this year has ~ed many changes** dieses Jahr hat schon viele Veränderungen gesehen *od* gebracht 3 *fig* zeugen von, Zeuge sein von *(od gen)*, Zeugnis ablegen von 4 JUR a *j-s Unterschrift* beglaubigen, *ein Dokument* als Zeuge unterschreiben b *ein Dokument* unterschriftlich beglaubigen 5 denken an *(akk)*: ~ **the fact that ...** denken Sie nur daran, dass ... C V/I JUR aussagen **(against** gegen; **for, to** für): ~ **to sth** *fig* etwas bezeugen; ~ **box** S JUR *bes Br* Zeugenstand *m*; ~ **protection program** S JUR *US* Zeugenschutzprogramm *n*; ~ **stand** S JUR *US* Zeugenstand *m*: **on the ~** im Zeugenstand

witted ['wɪtɪd] ADJ *(in Zusammensetzungen)* denkend, ...sinnig: → half-witted *etc*

witticism ['wɪtɪsɪzəm] S witzige Bemerkung

wittiness ['wɪtɪnɪs] S Witzigkeit *f*

witting ['wɪtɪŋ] ADJ (ADV ~ly) 1 **be ~ of sth** von etwas Kenntnis haben, etwas wissen 2 wissentlich, bewusst *(Beleidigung etc)*

wittol ['wɪtl] S *obs* Hahnrei *m*

witty ['wɪtɪ] ADJ (ADV wittily) witzig, geistreich

wive [waɪv] *obs* A V/I sich verehelichen *(Mann)* B V/T 1 *e-n Mann* verheiraten 2 *e-e Frau* ehelichen

wivern ['waɪvɜ:n; *US* -vərn] S *Heraldik:* geflügelter Drache

wives [waɪvz] *pl von* wife

wiz [wɪz] *umg für* wizard A 2

wizard ['wɪzə(r)d] A S 1 Hexenmeister *m*, Zauberer *m (beide a. fig)* 2 *fig* As *n*, Leuchte *f* *(beide:* **at mathematics** in Mathematik), *(Finanz- etc)* Genie *n*: **financial ~**; ~ **on the ball** *(Fußball)* Ballkünstler *m* 3 *obs* Weise(r) *m* B ADJ 1 magisch, Zauber... 2 *bes Br umg* fantastisch, Bomben...; **wizardry** [-rɪ] S Zauberei *f*, Hexerei *f (beide a. fig)*

wizen ['wɪzn], **wizened** ADJ verhutzelt, schrump(e)lig *(Gesicht etc)*

wk ABK 1 week Wo. 2 work

wkly ABK weekly

wks ABK 1 weeks PL Wo. 2 works PL

WL ABK 1 water line 2 PHYS wavelength

WLAN ABK wireless local area network WLAN *n*

WLM ABK women's liberation movement

wmk ABK watermark

WMO ABK World Meteorological Organization

wo[1] *obs* A INT → woe A B *pl* wos S → woe B

WO[2] ABK 1 *Br* HIST War Office 2 warrant officer 3 wireless operator Funker(in)

w/o ABK without

woad [wəʊd] A S 1 BOT Färberwaid *m* 2 TECH Waid *m (blaue Farbe aus den Blättern von 1)* B V/T mit Waid färben

wobble ['wɒbl; *US* 'wɑ-] A V/I 1 wackeln *(Tisch etc)*, schwanken *(a. Stimme u. fig:* **between** zwischen *dat)*, schwabbeln *umg (Pudding etc)*, schlottern *(Knie etc)* 2 TECH a flattern *(Rad)* b eiern *umg (Schallplatte)* B V/T wackeln an *(dat) od* mit: ~ **the table** C S 1 Wackeln *n*, Schwanken *n (a. fig)* 2 TECH a Flattern *n* b Eiern *n umg*

wobbly[1] ['wɒblɪ; *US* 'wɑ-] ADJ wack(e)lig, schwankend *(a. fig)*, schwabb(e)lig *umg*, schlott(e)rig: ~ **handwriting** zitt(e)rige Handschrift; **he's still a bit ~ on his legs** er ist noch ein bisschen wacklig auf den Beinen

wobbly[2] ['wɒblɪ; *US* 'wɑ-] S *Br umg* Koller *m umg*, Wutanfall *m*: **throw a ~** ausflippen, ausrasten

wobbulator ['wɒbjʊleɪtə(r); *US* 'wɑbjə-] S *Funktechnik:* Wobbler *m*

wobegone *obs für* woebegone

wodge [wɒdʒ] S *Br umg* Brocken *m (Brot etc)*

woe [wəʊ] A INT wehe!, ach! B S, *oft pl* Weh *n*, Leid *n*, Kummer *m*, Gram *m*: **tale of ~** Leidensgeschichte *f*; ~ **is me!** wehe mir!; ~ **betide ...!** *bes poet od hum* wehe *(dat)***(if** wenn)!; → weal[1] 1; **woebegone** ['wəʊbɪgɒn; *US a.* -,gɑn] ADJ leid-, kummer-, jammervoll, vergrämt

woeful, *obs* **woful** ADJ (ADV ~ly) 1 kummer-, sorgenvoll 2 elend, jammervoll 3 *pej* erbärmlich, jämmerlich, kläglich

wog[1] [wɒg] S *Br sl pej* Ausländer(in), *bes* Farbige(r) *m/f(m)*

wog[2] [wɒg] S MED *bes Aus sl* Grippe *f*

wok [wɒk; *US* wɑk] S Wok *m (schalenförmiger, runder Kochtopf)*

woke [wəʊk] *prät von* wake[2]; **woken** *pperf von* wake[2]
wold[1] [wəʊld] S hüg(e)liges (Hoch-)Land
wold[2] [wəʊld] *obs pperf von* will[1]
wolf [wʊlf] A *pl* wolves [-vz] S 1 ZOOL Wolf *m*: **the big bad ~** der böse Wolf (*im Märchen; a. fig*); **cry ~** *fig* blinden Alarm schlagen; **keep the ~ from the door** *fig* sich über Wasser halten; **throw sb to the wolves** *fig* j-n über die Klinge springen lassen; **a ~ in sheep's clothing** ein Wolf im Schafspelz 2 *fig* a Wolf *m*, räuberische *od* gierige Person b *umg* Casanova *m*, Schürzenjäger *m* c **lone ~** Einzelgänger *m* (*a. Tier*) 3 MUS Dissonanz *f* B V/T *a.* **~ down** *Speisen* (gierig) ver- *od* hinunterschlingen C V/I Wölfe jagen; **~ call** S *US umg bewundernder Pfiff od Ausruf beim Anblick e-r attraktiven Frau*; **~-child** S *irr* Wolfskind *n*; **~ cub** S 1 ZOOL junger Wolf 2 *obs für* cub A 4; **~ dog, ~hound** S ZOOL Wolfshund *m*
wolfish ADJ (ADV ~ly) 1 wölfisch (*a. fig*), Wolfs…: **~ appetite** Wolfshunger *m umg*; **he's got a ~ appetite** er hat Hunger wie ein Wolf 2 wild, (raub-)gierig, gefräßig
wolf pack S 1 ZOOL Wolfsrudel *n* 2 SCHIFF, MIL Rudel *n* U-Boote
wolfram ['wʊlfrəm] S CHEM Wolfram *n*; **wolframite** [-maɪt] S MINER Wolframit *m*
wolfsbane ['wʊlfsbeɪn] S BOT (*bes* Gelber) Eisenhut
wolf| whistle S *umg bewundernder Pfiff beim Anblick e-r attraktiven Frau*; **~-whistle** V/I *umg* bewundernd pfeifen (**at** beim Anblick *e-r attraktiven Frau*)
wollastonite ['wʊləstənaɪt] S MINER Wollastonit *m*
wolverine ['wʊlvəriːn; *US* ˌwʊlvə'riːn] S 1 ZOOL Amer. Vielfraß *m* 2 ♀ *US* (*Beiname für einen*) Bewohner(in) von Michigan; **♀ State** S *US* (*Beiname für den Staat*) Michigan *n*
wolves [wʊlvz] *pl von* wolf
woman ['wʊmən] A *pl* women ['wɪmɪn] S 1 Frau: **~ of the world** Frau von Welt; **~ of the streets** Straßen-, Strichmädchen *n*, Prostituierte *f*; **just like a ~!** typisch Frau!; **there's a ~ in it** da steckt bestimmt e-e Frau dahinter 2 a Hausangestellte *f* b Zofe *f* 3 (*ohne Artikel*) das weibliche Geschlecht, die Frauen *pl*: **born of ~** vom Weibe geboren (*sterblich*); **~'s reason** weibliche Logik; **~'s wit** weibliche Intuition *od* Findigkeit 4 **the ~** *fig* das Weib, die Frau, das typisch Weibliche: **he appealed to the ~ in her** er appellierte an die Frau in ihr 5 *umg* a (Ehe)Frau *f* b Freundin *f* c Geliebte *f* B V/T Frauen in *e-m Betrieb etc* einstellen C ADJ a Frauen…: **~ hater** Frauenhasser *m*, Weiberfeind *m* b (*vor sg*) weiblich: **~ doctor** Ärztin *f*; **~ police** (*als pl konstruiert*) weibliche Polizei; **~ student** Studentin *f*
womanhood S 1 **reach ~** zur Frau werden 2 Fraulichkeit *f*, Weiblichkeit *f* 3 → womankind 1
womanish ADJ (ADV ~ly) 1 *pej* weibisch (*Mann etc*) 2 → womanly; **womanishness** S 1 *pej* weibisches Wesen 2 → womanliness
womanize A V/T weibisch machen B V/I hinter den Frauen her sein; **womanizer** S Schürzenjäger *m*, Casanova *m*
woman|kind S 1 Frauen(welt) *pl(f)*, Weiblichkeit *f* 2 → womenfolk 2; **~like** ADJ fraulich, weiblich
womanliness ['wʊmənlɪnɪs] S Weiblichkeit *f*, Fraulichkeit *f*; **womanly** ADJ 1 fraulich, weiblich 2 für e-e Frau geeignet, Frauen…: **~ work**
womb [wuːm] S 1 ANAT Gebärmutter *f*: **from ~ to tomb** → womb-to-tomb; → fruit A 3 2 *fig* a Schoß *m*, (*das*) Innere: **in the ~ of the earth**; **lie in the ~ of time** (noch) im Schoß der Zukunft liegen b Wiege *f* 3 *obs* Bauch *m*
wombat ['wɒmbət; *US* 'wɑmˌbæt] S ZOOL Wombat *m*
womb| envy S PSYCH Gebärneid *m*; **~ scrape** S MED Ausschabung *f*; **~-to-tomb** ADJ *bes Br* von der Wiege bis zur Bahre
women ['wɪmɪn] A *pl von* woman: **~'s lib(-eration), the ~'s liberation movement** die Frauenbewegung; **~'s libber** Frauenrechtlerin *f*; **~'s magazine** Frauenzeitschrift *f*; **~'s prison** Frauengefängnis *n*; **~'s rights** Frauenrechte; **~'s talk** Gespräche *pl* von Frau zu Frau; **~'s team** SPORT Damenmannschaft *f*; → suffrage 1 B ADJ (*vor pl*) weiblich (→ woman C b); **~folk** SPL 1 → womankind 1 2 (*die*) Frauen *pl* (*in e-r Familie etc*), (*mein etc*) Weibervolk *n* (daheim) (*meist pej*); **~-only** ADJ nur für Frauen
won [wʌn] *prät u. pperf von* win
wonder ['wʌndə(r)] A S 1 Wunder *n*, (*etwas*) Wunderbares, Wundertat *f*, -werk *n*: **it's a ~ that …** es ist ein Wunder, dass …; **(it's) no** (*od* **little, small**) **~ that he died** kein Wunder, dass er starb; **he's a ~ of skill** er ist ein (wahres) Wunder an Geschicklichkeit; **~s will never cease** es gibt immer noch Wunder; **do** (*od* **work**) **~s** Wunder wirken; **promise ~s** (*j-m*) goldene Berge versprechen; **the Seven ♀s of the World** die sieben Weltwunder; **a nine days' ~** e-e kurzlebige Sensation; → sign A 10 2 Verwunderung *f*, (Er)Staunen *n*: **be filled with ~** von Staunen erfüllt sein; **in ~** erstaunt, verwundert; **for a ~** a erstaunlicherweise b ausnahmsweise B V/T & V/I 1 (V/I) sich wundern, erstaunt sein (*beide:* **at, about** über *akk*): **I shouldn't ~ if …** es sollte mich nicht wundern, wenn …; **make sb ~** j-n verwundern *od* in Erstaunen versetzen 2 a neugierig *od* gespannt sein, gern wissen mögen (*alle:* **if, whether** ob; **what** was) b sich fragen, überlegen: **I ~ what time it is** ich möchte gern wissen, wie spät es ist; wie spät es wohl ist?; **I have often ~ed what would happen if** ich habe mich oft gefragt, was (wohl) passieren würde, wenn; **you must be ~ing what** … Sie fragen sich sicher, was …; **I ~ if you could help me** vielleicht können Sie mir helfen; **well, I ~** na, ich weiß nicht (recht); **~ boy** S Wunderknabe *m*; **~ child** S *irr US* Wunderkind *n*; **~ drug** S MED, PHARM Wunderdroge *f*, -mittel *n*
wonderful ADJ (ADV ~ly) 1 wunderbar, wundervoll, wunderschön, herrlich: **not so ~** *umg* nicht so toll 2 erstaunlich, seltsam
wondering ADJ (ADV ~ly) verwundert, erstaunt
wonderland S Wunder-, Märchenland *n* (*beide a. fig*)
wonderment S 1 Verwunderung *f*, (Er)Staunen *n*: **in** (*od* **with**) **~** erstaunt, verwundert 2 (*etwas*) Wunderbares, Wunder *n*
wonder|-struck ADJ von Staunen ergriffen (**at** über *akk*); **~-worker** S Wundertäter(in); **~-working** ADJ wundertätig
wondrous ['wʌndrəs] *obs od poet* A ADJ (ADV ~ly) wundersam, wunderbar B ADV 1 wunderbar: **~ warm** 2 außerordentlich: **~ rare**
wonky ['wɒŋkɪ] ADJ *Br umg* 1 wack(e)lig 2 schief 3 schwach (*Herz etc*)
wont [wəʊnt; *US a.* wɔːnt] A ADJ: **be ~ to do sth** es gewohnt sein, etwas zu tun; etwas zu tun pflegen B S Gewohnheit *f*, Brauch *m*: **as was his ~** wie es s-e Gewohnheit war
won't [wəʊnt] *Zusammenziehung von* **will not**
wonted ['wəʊntɪd; *US a.* 'wɔːn-] ADJ 1 **be ~ to doing sth** es gewohnt sein, etwas zu tun; etwas zu tun pflegen 2 gewohnt, üblich
wonton (soup) [ˌwɒn'tɒn; *US* 'wɑnˌtɑn] S GASTR Wan-Tan-Suppe *f* (*e-e chinesische Fleischsuppe*)
woo [wuː] V/T 1 *bes obs* werben *od* freien um, *j-m* den Hof machen 2 *fig j-n* a umwerben b locken, drängen (*beide:* **to** zu) 3 *fig etwas* zu gewinnen suchen, trachten nach, buhlen um
wood [wʊd] A S 1 *meist pl* Wald *m*: **be out of the ~** (*US* **~s**) *umg* aus dem Schlimmsten heraus sein, über den Berg sein; **he cannot see the ~ for the trees** er sieht den Wald vor lauter Bäumen nicht; → halloo C, touch B 1 2 (*Bau-, Nutz-, Brenn*) Holz *n*: → hewer 1 3 Holzfässer *pl*: **wine from the ~** Wein *m* (direkt) vom Fass 4 **the ~** MUS → woodwind A 5 *Holzschnitzerei*: a Druckstock *m* b Holzschnitt *m* 6 *Bowling*: (*bes* abgeräumter) Kegel *m* 7 *pl Skisport*: Bretter *pl* 8 *Golf*: Holz(schläger) *n(m)* 9 *Badminton, Tennis*: Holz *n* (*Schlägerrahmen*) B ADJ 1 hölzern, Holz… 2 Wald…; **~ alcohol** S CHEM Holzgeist *m*; **~ anemone** S BOT Buschwindrös-chen *n*; **~ ant** S ZOOL (*bes* Rote) Waldameise; **~bine** S 1 BOT a Waldgeißblatt *n* b Jelängerjelieber *n* c *US* wilder Wein, Jungfernrebe *f* 2 *Aus sl* Engländer *m*; **~ block** S 1 Parkettbrettchen *n* 2 → wood A 5; **~ carver** S Holzschnitzer(in); **~ carving** S Holzschnitzerei *f*: a Holzschnitzen *n* b Schnitzwerk *n*; **~chuck** S ZOOL Waldmurmeltier *n*; **~ coal** S 1 MINER Braunkohle *f* 2 Holzkohle *f*; **~cock** S ORN Waldschnepfe *f*; **~craft** S *bes US* 1 *die Fähigkeit, im Wald zu (über)leben* 2 holzschnitzerische Begabung; **~cut** S 1 Holzstock *m* (*Druckform*) 2 Holzschnitt *m* (*Druckerzeugnis*); **~cutter** S 1 Holzfäller *m* 2 Holzschneider(in); **~cutting** S 1 Holzfällerei *f* 2 Holzschneiden *n*
wooded ['wʊdɪd] ADJ bewaldet, waldig, Wald…
wooden ['wʊdn] ADJ (ADV ~ly) 1 hölzern, aus *od* von Holz, Holz…: **~ leg** 2 *fig* hölzern, steif (*a. Person*) 3 *fig* ausdruckslos (*Gesicht*) 4 *fig* stumpf (-sinnig)
wood| engraver S Holzschneider(in); **~ engraving** S 1 Holzschneiden *n* 2 Holzschnitt *m*
wooden|head S *umg* Holzkopf *m*; **~headed** ADJ *umg* dumm, blöd(e); **♀ Horse** S (*das*) Trojanische Pferd; **~ spoon** S 1 Holzlöffel *m* 2 *bes* SPORT *Br umg* Trostpreis *m*; **~ware** S Holzwaren *pl*
wood| fiber, *bes Br* **~ fibre** S TECH Holzfaser *f*; **~ flour** S TECH Holzmehl *n*; **~free** ADJ holzfrei (*Papier*); **~ grouse** S ORN Auerhahn *m*
woodiness ['wʊdɪnɪs] S 1 Waldreichtum *m* 2 Holzigkeit *f*
wood|land [-lənd] A S, *oft pl* Waldland *n* B ADJ Wald…: **~ bird** (**nymph**, *etc*); **~ lark** S ORN Heidelerche *f*; **~ lot** S *bes US* Waldparzelle *f*; **~ louse** S *irr* ZOOL (*e-e*) Assel; **~man** [-mən] S *irr* 1 *Br* Förster *m* 2 Holzfäller *m* 3 → woodsman; **~note** S ungekünstelter Gesang (*der Waldvögel etc*); **~ nymph** S 1 MYTH Waldnymphe *f* 2 ZOOL a (*ein*) Augenfalter *m* b (*ein*) Kolibri *m*; **~ opal** S MINER Holzopal *m*; **~ paper** S TECH holzhaltiges Papier; **~pecker** S ORN Specht *m*; **~ pigeon** S ORN Ringeltaube *f*; **~pile** S Holzhaufen *m*, -stoß *m*: → nigger 1; **~print** → woodcut 2; **~ pulp** S TECH Holzstoff *m*, -schliff *m*; **~ruff** S BOT (*ein*) Labkraut *n*, *bes* Waldmeister *m*; **~ rush** S BOT Hainsimse *f*; **~ shavings** SPL Hobelspäne *pl*; **~shed** S Holzschuppen *m*
woodsman ['wʊdzmən] S *irr* Waldbewohner *m*
wood| sorrel S BOT Sauerklee *m*; **~ spirit** S CHEM Holzgeist *m*; **~ sugar** S CHEM Holz-

W

zucker *m*
woodsy ['wʊdzi:] ADJ *US umg* 1 waldig, Wald… 2 im Wald lebend
wood| tar S CHEM Holzteer *m*; **~ tick** S ZOOL Holzbock *m*; **~ tin** S MINER Holzzinn *n*; **~ vinegar** S CHEM Holzessig *m*; **~ warbler** S ORN Waldlaubsänger *m*; **~ wasp** S ZOOL Holzwespe *f*; **~wind** [wɪnd] MUS A S (*a. als pl konstruiert*): **the ~** a die Holzbläser *pl* b das Holz, die Holzblasinstrumente *pl* B ADJ Holzblas…: **~ instruments**; **the ~ section** → A a; **~ wool** S Holzwolle *f*; **~work** S 1 ARCH Holz-, Balkenwerk *n* 2 Holzarbeit(en) *f(pl)* 3 *Fußball: umg* Holz *n* (*Latte u./od Pfosten*): **his shot hit the ~**; **~worker** S 1 Holzarbeiter *m* (*Zimmermann, Tischler etc*) 2 TECH Holzbearbeitungsmaschine *f*; **~working** A S Holzbearbeitung *f*: **do ~** Holz bearbeiten B ADJ Holz bearbeitend, Holzbearbeitungs…; **~worm** S 1 Holzwurm *m* 2 Wurmstichigkeit *f*
woody ['wʊdɪ] ADJ 1 a waldig, Wald… b waldreich 2 holzig, Holz…: **~ paper** holzhaltiges Papier
woodyard S Holzlagerplatz *m*
wooer S *bes obs* Freier *m*, Anbeter *m*
woof[1] [wu:f] S 1 *Weberei:* a Einschlag *m*, (Ein)Schuss *m* b Schussgarn *n* 2 Gewebe *n*
woof[2] [wʊf] A VI *Hund:* a bellen b knurren B S a Bellen *n* b Knurren *n*
woofer ['wu:fə; US 'wʊfər] S ELEK Woofer *m*, Tieftonlautsprecher *m*, Tieftöner *m*
woofter ['wʊftə(r)] S *Br umg pej* Schwule(r) *m*
wooing A S *bes obs* (Liebes)Werben *n* (*a. fig*), Freien *n* B ADJ (ADV ~ly) werbend, verführerisch, (ver)lockend
wool [wʊl] A S 1 Wolle *f*: → dye B 2 Wollfaden *m*, -garn *n* 3 Wollstoff *m*, -tuch *n* 4 (*Baum-, Glas- etc*) Wolle *f*: → grease A 3 a 5 (Roh)Baumwolle *f* 6 Faserstoff *m*, Zell-, Pflanzenwolle *f* 7 BOT wollige Behaarung 8 ZOOL Haare *pl*, Pelz *m* (*bes der Raupen*) 9 *umg* Wolle *f* (*Haare*): **keep one's ~ (on)** sich beherrschen; **lose one's ~** sich in die Wolle geraten *od* kommen; **pull the ~ over sb's eyes** *fig* j-m blauen Dunst vormachen, j-n hinters Licht führen, j-m Sand in die Augen streuen B ADJ wollen, Woll…; **~ carding** S Streichgarn-, Streichwollkrempeln *n*; **~ clip** S WIRTSCH jährlicher Wollertrag (*e-r Schafherde etc*)
woolen, *Br* **woollen** ['wʊlən] A S 1 Wollstoff *m*, -zeug *n* 2 *pl* Wollsachen *pl* (*a. wollene Unterwäsche*), Wollkleidung *f* 3 Streichgarn *n*, -wolle *f* B ADJ wollen, aus Wolle, Woll…: **~ goods** Wollwaren; **~ hat** Wollmütze *f*
wool| fat S CHEM Wollfett *n*; **~gather** VI a vor sich hin träumen b nicht bei der Sache sein; **~gathering** A S Verträumtheit *f* B ADJ verträumt; **~ grease** → wool fat; **~grower** S Schafzüchter(in); **~growing** S Schafzucht *f*
wooliness, *Br* **woolliness** ['wʊlɪnɪs] S 1 Wolligkeit *f* 2 MAL Verschwommenheit *f* (*a. fig*), (*von Gedanken a.*) Wirrheit *f*
woollen, *etc Br für* woolen *etc*
woolliness *Br für* wooliness
woolly ['wʊlɪ] A ADJ 1 a wollig, weich, flaumig b → woolen B 2 Wolle tragend, Woll… 3 MAL verschwommen (*a. fig*): **~ thoughts** *a.* wirre Gedanken 4 *US umg* rau, wild (*Gesellen etc*) B S 1 *umg* a wollenes Kleidungsstück, *bes* Wolljacke *f* b *pl* → woolen A 2 2 *US u. Aus umg* Schaf *n*
wool|mark S Wollsiegel *n*; **~pack** S 1 Wollsack *m* (*Verpackung*) 2 Wollballen *m* 3 METEO Haufenwolke *f*; **~sack** S 1 Wollsack *m* 2 *Br* a PARL Wollsack *m* (*Sitz des Lordkanzlers im Oberhaus*) b *fig* Amt *n* des Lordkanzlers; **~sorter** S Wollsortierer *m* (*Person od Maschine*): **~s' disease** MED Hadernkrankheit *f*; **~ stapler** S Wollsortierer(in)
wooly *US für* woolly
woosh [wʊʃ; wu:ʃ] → whoosh
woozy ['wu:zɪ] ADJ (ADV woozily) *umg* 1 (*vom Alkohol etc*) benebelt 2 wirr (im Kopf) 3 **he is (*od* feels) ~ (in the stomach)** ihm ist komisch (im Magen) 4 verschwommen, wirr: **~ thoughts**
wop[1] [wɒp; US wɑp] S *sl pej* (*Schimpfwort*) Itaker(in), Spaghettifresser(in)
wop[2] [wɒp; US wɑp] → whop
worble → warble
Worcester| china, **~ porcelain** ['wʊstə(r)] S Worcester-Porzellan *n*; **~ sauce** GASTR *Br* Worcestersoße *f*
Worcestershire ['wʊstəʃə(r); -ʃɪə(r)] S Worcestershire *n* (*Grafschaft im westlichen Mittelengland*)
Worcestershire sauce *US* → Worcester sauce
word [wɜ:d; US wɜrd] A VT in Worte fassen, (in Worten) ausdrücken, formulieren, abfassen: **~ed as follows** mit folgendem Wortlaut B S 1 Wort *n*: **~s** a Worte b LING Wörter; **in one's own ~s** in eigenen Worten; **~ for ~** Wort für Wort, (wort)wörtlich; → put C 13 2 Wort *n*, Ausspruch *m*: **~s** Worte *pl*, Rede *f*, Äußerung *f* 3 *pl* Text *m*, Worte *pl* (*e-s Liedes etc*): **~s and music** Text u. Musik 4 (Ehren-)Wort *n*, Versprechen *n*, Zusage *f*, Erklärung *f*, Versicherung *f*: **~ of hono(u)r** Ehrenwort; **upon my ~!** auf mein Wort!; **my ~!** m-e Güte!; **break (give, keep) one's ~** sein Wort brechen (geben, halten); **he is as good as his ~** er ist ein Mann von Wort; er hält, was er verspricht; **take sb at their ~** j-n beim Wort nehmen; **I took his ~ for it** ich zweifelte nicht an s-n Worten; **it's her ~ against his** hier steht Aussage gegen Aussage; → eat B 1, have B 1 5 Bescheid *m*, Nachricht *f*: **leave ~** Bescheid hinterlassen (**with** bei); **send ~ to sb** j-m Nachricht geben 6 a Parole *f*, Losung *f*, Stichwort *n* b Befehl *m*, Kommando *n* c Zeichen *n*, Signal *n*: **give the ~ (to do sth)**; **just say the ~** du brauchst es nur zu sagen; → mum[1] A 7 REL a *oft* **the ≈ (of God)** das Wort Gottes, das Evangelium b **the ≈** das Wort (*die göttliche Natur Christi*) 8 *pl* Wortwechsel *m*, Streit *m*: **have ~s** sich streiten *od* zanken (**with** mit)
Besondere Redewendungen: **at a ~** sofort, aufs Wort; **by ~ of mouth** mündlich; **in other ~s** mit anderen Worten; **in a ~** mit einem Wort, kurz, kurzum; **in the ~s of** mit den Worten (*gen*); **big ~s** große *od* hochtrabende Worte; **the last ~** a das letzte Wort (**on** in *e-r Sache*) b das Allerneueste *od* -beste (**in** an *dat*); **have the last ~** das letzte Wort haben; **not believe a ~ of** kein Wort glauben von; **have no ~s for sth** nicht wissen, was man zu e-r Sache sagen soll; **have a ~ with sb** kurz mit j-m sprechen; **can I have a ~ with you?** kann ich Sie mal kurz sprechen?; **have a ~ to say** etwas (Wichtiges) zu sagen haben; **put in a good ~ for sb** ein gutes Wort für j-n einlegen, sich für j-n einsetzen; **too funny for ~s** *umg* zum Schreien (komisch); **too silly for ~s** unsagbar dumm; **not only in ~ but also in deed** nicht nur in Worten, sondern auch in Taten; **he hasn't a ~ to throw at a dog** er kommt sich zu fein vor, um mit anderen zu sprechen; er macht den Mund nicht auf; **cold's not the ~ for it** *umg* kalt ist gar kein Ausdruck; → ear[1] *Bes Redew*, hang C 1, mark[1] B 10
word| accent S LING Wortakzent *m*; **~-blind** ADJ MED, PSYCH wortblind; **~ blindness** S MED, PSYCH Wortblindheit *f*; **~book** S 1 Wörterbuch *n* 2 MUS Textbuch *n*, Libretto *n*; **~break** S TYPO Trennung *f*; **~ class** S LING Wortart *f*, -klasse *f*; **~-deaf** ADJ MED, PSYCH worttaub; **~ deafness** S MED, PSYCH Worttaubheit *f*; **~ ending** S LING Wortendung *f*; **~ formation** S LING Wortbildung *f*; **~-for-word** ADJ (wort)wörtlich; **~ game** S Buchstabenspiel *n*
wordiness ['wɜ:dɪnɪs; US 'wɜr-] S Wortreichtum *m*, Langatmigkeit *f*
wording S Fassung *f*, Wortlaut *m*, Formulierung *f*
wordless ADJ (ADV ~ly) 1 wortlos, stumm 2 ohne Worte
word| lore S Wortkunde *f*; **~-of-mouth** ADJ mündlich (*Werbung etc*): **~ recommendation** Mundpropaganda *f*; **~ order** S LING Wortstellung *f*, -folge *f* (*im Satz*); **~ painting** S anschauliche Beschreibung *od* Schilderung; **~-perfect** ADJ *bes Br* 1 textsicher (*Redner, Schauspieler etc*) 2 perfekt auswendig gelernt (*Text etc*); **~ picture** S (*bes* anschauliche) Beschreibung *od* Schilderung: **draw (*od* give, paint) a ~ of** *etwas* anschaulich beschreiben; **~play** S Wortspiel *n*; **~ processing** S IT Wort-, Textverarbeitung *f*; **~ processor** S COMPUT 1 Wort-, Textverarbeitungsgerät *n* 2 Wort-, Textverarbeitungsprogramm *n*; **~robe** S Wortschatz *m* (*e-r Person*); **~ salad** S MED, PSYCH Wortsalat *m*; **~ square** S magisches Quadrat; **~ stress** → word accent; **~wrap** S IT Textumbruch *m*
wordy ADJ (ADV wordily) 1 Wort…: **~ conflict** Wortstreit *m*, -gefecht *n* 2 wortreich, langatmig
wore [wɔ:(r)] *prät von* wear[1], wear[2]
work [wɜ:k; US wɜrk] A S 1 *allg* Arbeit *f*: a Beschäftigung *f*, Tätigkeit *f* b Aufgabe *f* c Hand-, Nadelarbeit *f*, Stickerei *f*, Näherei *f* d Leistung *f* e Erzeugnis *n*: **~ done** geleistete Arbeit; **a beautiful piece of ~** e-e schöne Arbeit; **~ in hand** WIRTSCH Auftragsbestand *m*; **~ in process (*od* progress)** WIRTSCH *US* Halbfabrikate *pl*; **at ~** a bei der Arbeit b am Arbeitsplatz c in Tätigkeit, in Betrieb (*Maschine etc*); **be at ~ on** arbeiten an (*dat*); **do ~** arbeiten; **I've got some ~ to do** ich muss arbeiten; **do the ~ of three (men)** für drei arbeiten; **be in (out of) ~** (keine) Arbeit haben; **(put) out of ~** arbeitslos (machen); **set to ~** an die Arbeit gehen, sich an die Arbeit machen; **take some ~ home** Arbeit mit nach Hause nehmen; **have one's ~ cut out (for one)** zu tun haben, schwer zu schaffen haben; **make ~** Arbeit verursachen; **make light ~ of** spielend fertig werden mit; **make sad ~ of** arg wirtschaften *od* hausen mit; **make short ~ of** kurzen Prozess *od* nicht viel Federlesen(s) machen mit *umg* 2 PHYS Arbeit *f*: **convert heat into ~** 3 *a.* KOLL (*künstlerisches etc*) Werk: **the ~s of Bach**; **~ of art** Kunstwerk; → fiction 2, reference A 8 4 Werk *n* (*Tat u. Resultat*): **this is your ~!**; **it was the ~ of a moment** 5 *pl* a ARCH Anlagen *pl*, (*bes öffentliche*) Bauten *pl* b Baustelle *f* (*an e-r Autobahn etc*) c MIL (Festungs)Werk *n*, Befestigungen *pl* 6 *pl* (*oft als sg konstruiert*) Werk *n*, Fabrik (-anlage) *f*, Betrieb *m*: **~s climate (council, outing**, *etc*) Betriebsklima *n* (-rat *m*, -ausflug *m etc*); **~s manager** Werksdirektor *m*, Betriebsleiter *m* 7 *pl* TECH (Räder-, Trieb-)Werk *n*, Getriebe *n*: **~s of a watch** Uhrwerk; → spanner 1 8 Werk-, Arbeitsstück *n*, (*bes* Nadel)Arbeit *f* 9 REL (gutes) Werk 10 **the ~s** *pl umg* alles, der ganze Krempel: **the whole ~s went over board**; **give sb the ~s** *umg* j-n fertigmachen; **shoot the ~s** (*Kartenspiel*) aufs Ganze gehen (*a. fig*); → gum[2] B 4 B VI *prät u. pperf* worked, *bes obs od poet* wrought [rɔ:t] 1 **(at,**

on) arbeiten (an *dat*), sich beschäftigen (mit): **~ at a social reform** an e-r Sozialreform arbeiten; **~ed** (*od* **wrought**) **in leather** in Leder gearbeitet; **~ to rule** WIRTSCH *Br* Dienst nach Vorschrift tun; **make one's money ~** sein Geld arbeiten lassen **2** arbeiten, Arbeit haben, beschäftigt sein **3** *fig* arbeiten, kämpfen (*beide:* **against** gegen; **for** für *e-e Sache*): **~ toward(s)** hinarbeiten auf (*akk*) **4** TECH **a** funktionieren, gehen (*beide a. fig*) **b** in Betrieb *od* Gang sein: **our stove ~s well** unser Ofen funktioniert gut; **your method won't ~** mit Ihrer Methode werden Sie es nicht schaffen; **get sth to ~** etwas reparieren **5** *fig* klappen, gehen, gelingen, sich machen lassen **6** (*prät oft* **wrought**) wirken, sich auswirken (**on, with** auf *akk*, bei): **the poison began to ~** das Gift begann zu wirken **7** **~ on** *j-n* bearbeiten, sich *j-n* vornehmen (*beide umg*) **8** sich *gut etc* bearbeiten lassen **9** sich (*hindurch-, hoch- etc*) arbeiten: **~ into** eindringen in (*akk*); **~ loose** sich losarbeiten, sich lockern; **her tights ~ed down** die Strumpfhose rutschte ihr herunter **10** in (heftiger) Bewegung sein, arbeiten, zucken (*alle:* **with** vor *dat; Gesichtszüge etc*), mahlen (**with** vor *Erregung etc; Kiefer*) **11** SCHIFF (*bes gegen den Wind*) segeln, fahren **12** gären, arbeiten (*beide a. fig: Gedanke etc*) **13** (hand)arbeiten, stricken, nähen **C** VT **1** arbeiten an (*dat*) **2** verarbeiten: **a** TECH bearbeiten **b** *e-n Teig* kneten **c** (ver)formen, gestalten (*beide:* **into** zu): **~ cotton into cloth** Baumwolle zu Tuch verarbeiten **3** *e-e Maschine etc* bedienen, *ein Fahrzeug* führen, lenken **4** (an-, be)treiben: **~ed by electricity** elektrisch betrieben **5** AGR *den Boden* bearbeiten, bestellen **6** *e-n Betrieb* leiten, *e-e Fabrik etc* betreiben, *ein Gut* bewirtschaften **7** *Bergbau: e-e Grube* abbauen, ausbeuten **8** WIRTSCH (*geschäftlich*) bereisen *od* bearbeiten: **my partner ~s the Liverpool district** **9** *j-n, Tiere* (tüchtig) arbeiten lassen, (zur Arbeit) antreiben **10** *fig j-n* bearbeiten *umg*, *j-m* zusetzen (*beide:* **for** wegen): **he ~ed his teacher for a better mark** **11** **a** **~ one's way** sich (*hindurch- etc*) arbeiten **b** erarbeiten, verdienen: → passage[1] 5 **12** MATH lösen, ausarbeiten, errechnen **13** erregen, reizen, (*in e-n Zustand*) versetzen *od* bringen: **~ o.s. into a rage** sich in e-e Wut hineinsteigern **14** bewegen, arbeiten mit: **he ~ed his jaws** s-e Kiefer mahlten **15** *fig* (*prät oft* **wrought**) hervorbringen, -rufen, zeitigen, *Veränderungen etc* bewirken, *Wunder* wirken *od* tun, führen zu, verursachen: **~ hardship on sb** für j-n e-e Härte bedeuten **16** (*prät oft* **wrought**) fertigbringen, zustande bringen **17** **~ into** **a** *e-e Arbeit etc* einschieben in (*akk*) **b** *Passagen etc* einarbeiten *od* -flechten *od* -fügen in (*akk*) **18** *sl etwas* herausschlagen **19** *US sl j-n* bescheißen **20** herstellen, machen, *bes* stricken, nähen **21** zur Gärung bringen **22** → work over 2

Phrasal Verbs: **work| around** → work round; **~ away** VI sich intensiv beschäftigen (**at** mit); **~ in** **A** VT **1** *e-e Salbe etc* einreiben, einmassieren **2** *e-e Arbeit etc* einschieben **3** *Passagen etc* einarbeiten, -flechten, -fügen **B** VI **~ with** harmonieren mit, passen zu; **~ off** **A** VT **1** weg-, aufarbeiten **2** **a** *überschüssige Energie* loswerden: → steam A 1 **b** *10 Pfund etc* abtrainieren **3** *ein Gefühl* abreagieren (**against, on** an *dat*) **4** *e-e Schuld* abarbeiten **5** *e-e Ware etc* loswerden, abstoßen (**on** an *akk*) **6** TYPO abdrucken, abziehen **B** VI sich allmählich lösen, abgehen; **~ out** **A** VT **1** ausrechnen, *e-e Aufgabe* lösen: **work things out with sb** *umg* mit j-m ins Reine kommen; **work things out for o.s.** *umg* mit s-n Problemen allein fertig werden; **most things work themselves out** *umg* die meisten Probleme lösen sich von selbst **2** *e-n Plan etc* ausarbeiten **3** bewerkstelligen, zu Wege bringen **4** *e-e Schuld etc* abarbeiten **5** *Bergbau:* abbauen, (*a. fig ein Thema etc*) erschöpfen **6** *umg* schlau werden aus *j-m* **7** **work one's guts out** *umg* sich die Seele aus dem Leib arbeiten **B** VI **1** sich herausarbeiten, zum Vorschein kommen (*beide:* **from** aus) **2** **~ at** (*od* **to**) sich belaufen *od* beziffern auf (*akk*) **3** klappen, gut gehen, sich *gut etc* anlassen: **~ well (badly)**; **things worked out to his advantage** die Dinge entwickelten sich zu s-m Vorteil; **things don't ~ between us** zwischen uns beiden klappt es nicht **4** SPORT *umg* (Fitness *od* Kondition) trainieren; **~ over** VT **1** überarbeiten **2** *sl j-n* in die Mache nehmen, zusammenschlagen; **~ round** VI **1** **~ to** *ein Problem etc* angehen, sich herantasten an (*akk*); **by the time he had worked round to asking** als er sich schließlich *od* glücklich dazu durchgerungen hatte zu fragen; **what are you working round to?** worauf wollen Sie hinaus? **2** **~ to** kommen zu, Zeit finden für **3** drehen (*Wind*); **~ together** VI **1** zusammenarbeiten **2** ineinandergreifen (*Zahnräder*); **~ up** **A** VT **1** verarbeiten (**into** zu) **2** ausarbeiten (**into** zu) **3** *ein Geschäft etc* auf- *od* ausbauen, *die Mitgliederzahl etc* vergrößern **4** **a** *Interesse etc* entwickeln **b** sich *Appetit etc* holen: **he went for a walk to ~ an appetite for lunch** **5** **a** *ein Thema* bearbeiten **b** sich einarbeiten in (*akk*), *etwas* gründlich studieren **6** *Gefühle, Nerven, a. Zuhörer etc* aufpeitschen, aufwühlen, *Interesse* wecken: **work o.s. up, get worked up** sich aufregen *od* ereifern (**about** über *akk*); **~ a rage, work o.s. up into a rage** sich in e-e Wut hineinsteigern; **worked up, wrought up** aufgebracht, erregt **B** VI sich steigern (**to** zu)

workability S **1** TECH Bearbeitungsfähigkeit *f* **2** TECH Betriebsfähigkeit *f* **3** Durch-, Ausführbarkeit *f*; **workable** ADJ **1** TECH bearbeitungsfähig, (ver)formbar **2** TECH betriebsfähig **3** *Bergbau:* abbauwürdig **4** durch-, ausführbar (*Plan etc*); **workableness** → workability

workaday ADJ **1** werktäglich, Arbeits… **2** Alltags…: **~ clothes**; **~ life** **3** *fig* alltäglich, normal

workaholic [ˌwɜːkəˈhɒlɪk; *US* ˌwɜrkə-; *a.* -ˈhɑl-ɪk] S Workaholic *m*, Arbeitssüchtige(r) *m/f(m)*, arbeitsbesessener Mensch; **workaholism** [-hɒlɪzəm] S Workaholismus *m*, Arbeitsbesessenheit *f*, -sucht *f*

work| associate S Arbeitskollege *m*, -kollegin *f*; **~bag** S (Hand)Arbeitsbeutel *m*; **~basket** S Handarbeitskorb *m*; **~bench** S TECH Werkbank *f*, Werk-, Arbeitstisch *m*; **~book** S **1** TECH Betriebsanleitung *f* **2** Arbeitsbericht *m* **3** SCHULE Arbeitsheft *n*; **~ boot** S Arbeitsstiefel *m*; **~box** S Werkzeugkasten *m*, *bes* Nähkasten *m*; **~ camp** S Arbeitslager *n*; **~ coat** S *US* Arbeitsmantel *m*, Kittel *m*; **~day** **A** S Werk-, Arbeitstag *m*: **on ~s** werktags **B** ADJ → workaday

worker S **1** **a** Arbeiter(in) **b** Angestellte(r) *m/f(m)* **c** *j-d, der auf e-m Gebiet arbeitet:* → research D **d** *allg* Arbeitskraft *f*: **~s** *pl* Belegschaft *f*, Arbeiter (schaft *f*) *pl*; **he's a real ~** er ist ein Arbeitstier **2** ZOOL Arbeiterin *f* (*Ameise, Biene*) **3** TECH **a** *Spinnerei:* Arbeitswalze *f*, Läufer *m* **b** *Papierherstellung:* Halbzeugholländer *m* **c** *Gerberei:* Schabmesser *n* **4** TYPO Galvano *n* (*galvanische Abformung e-s Druckstockes*); **~ director** S WIRTSCH Arbeitsdirektor *m*; **~ participation** S WIRTSCH (Arbeitnehmer)Mitbestimmung *f*; **~ priest** S KATH Arbeiterpriester *m*

work| ethic S *bes US* Arbeitsethos *n*; **~fare** S *US Sozialhilfesystem, bei dem die Empfänger als Gegenleistung unentgeltliche Arbeit verrichten müssen*; **~fellow** S Arbeitskamerad(in), -kollege *m*, -kollegin *f*; **~ file** S IT Arbeitsdatei *f*; **~ force** S (*a. als pl konstruiert*) **1** Belegschaft *f* **2** Arbeitskräftepotential *n*; **~ glove** S Arbeitshandschuh *m*; **~horse** S Arbeitspferd *n* (*a. fig*); **~hour** → working hour; **~house** S **1** *Br* HIST Armenhaus *n* mit Arbeitszwang **2** JUR *US* Arbeitshaus *n*

working **A** S **1** Arbeiten *n* **2** *a. pl* Wirken *n*, Tun *n*, Tätigkeit *f* **3** TECH Be-, Verarbeitung *f* **4** TECH **a** Funktionieren *n* **b** Arbeitsweise *f* **5** *meist pl Bergbau etc:* **a** Abbau *m* **b** Grube *f* **6** mühsame Arbeit, Kampf *m* **B** ADJ **1** arbeitend, berufs-, werktätig: **the ~ population** *a.* die Erwerbsbevölkerung; **~ mother** berufstätige Mutter; **~ student** Werkstudent(in) **2** Arbeits…: **~ clothes**; **~ companion** Arbeitskamerad(in); **~ method** Arbeitsverfahren **3** WIRTSCH, TECH Betriebs…: **~ cost**; **~ voltage** **4** grundlegend, Ausgangs…, Arbeits…: **~ hypothesis** Arbeitshypothese *f*; **~ title** Arbeitstitel *m* (*e-s Buchs etc*) **5** brauchbar, praktisch: **~ knowledge** ausreichende Kenntnisse *pl*; **~ ant** S ZOOL Arbeiterameise *f*; **~ assets** SPL WIRTSCH Betriebsvermögen *n*; **~ bee** S ZOOL Arbeiter-, Arbeitsbiene *f*; **~ capital** S WIRTSCH Betriebskapital *n*; **~ class** S, *a. pl* Arbeiterklasse *f*: **be ~** zur Arbeiterklasse gehören; **~-class** ADJ der Arbeiterklasse, Arbeiter…: **~ family**; **~ speech** die Sprache der Arbeiterklasse; **~ condition** S **1** TECH Betriebszustand *m* **2** *pl* WIRTSCH Arbeitsbedingungen *pl*; **~ copy** S Arbeitsexemplar *n*; **~ current** S ELEK Arbeitsstrom *m*; **~ cycle** S (einzelner) Arbeitsvorgang; **~ day** → workday A; **~-day** → workaday; **~ dinner** → working lunch; **~ drawing** S TECH Fertigungs-, Konstruktions-, Werkstattzeichnung *f*; **~ expenses** SPL WIRTSCH Betriebskosten *pl*; **~ funds** SPL WIRTSCH Betriebsmittel *pl*; **~ girl** S *euph* Prostituierte *f*; **~ group** S Arbeitsgruppe *f*, -kreis *m*; **~ hour** S Arbeitsstunde *f*, *pl* Arbeitszeit *f*: **reduction in** (*od* **of**) **~s** Arbeitszeitverkürzung *f*; → flexible 1; **~ life** S *irr* **1** Arbeits-, Berufsleben *n* **2** Lebensdauer *f* (*e-r Maschine etc*); **~ lunch** S *bes* POL Arbeitsessen *n*; **~ majority** S POL arbeits- *od* tragfähige Mehrheit; **~man** [-mæn] S *irr* → workman: **workingmen's club** *Br* Arbeiterklub *m* (*für Geselligkeiten etc*); **~ materials** SPL Arbeitsmittel *pl*; **~ morale** S Arbeitsmoral *f*; **~ order** S TECH Betriebszustand *m*: **in ~** betriebsfähig, in betriebsfähigem Zustand; **~-out** S **1** Ausarbeitung *f* (*e-s Plans etc*) **2** Ausrechnung *f*, Lösung *f* (*e-r Aufgabe*); **~ papers** SPL WIRTSCH Arbeitspapiere *pl*; **~ part** S TECH Arbeits-, Verschleißteil *m/n*; **~ party** S **1** MIL Arbeitstrupp *m* (*a. von Strafgefangenen*) **2** *Br* Arbeitsgruppe *f*, -kreis *m*; **~ pool** S Arbeitsgemeinschaft *f*; **~ power** S Arbeitskraft *f*: **offer one's ~**; **~ quarter** S Arbeiterviertel *n* (*e-r Stadt*); **~ relationship** S: **we have a good ~** wir arbeiten gut zusammen; **~ stroke** S AUTO Arbeitshub *m*; **~ substance** S TECH Arbeits-, Übertragungsmittel *n*, *bes* Bremsflüssigkeit *f* (*e-r Kolbenbremse etc*), Druckflüssigkeit *f od* -gas *n* (*e-s Servomotors etc*); **~ surface** S TECH Arbeitsfläche *f*; **~ week** S Arbeitswoche *f*; **~woman** S *irr* → workwoman

workless ADJ arbeitslos

work|load S Arbeitspensum *n*; **~man** [-mən] S *irr* **1** **a** Arbeiter *m* (*Ggs Angestellter*) **b** *allg guter etc* Arbeiter: **a bad ~ always blames his tools** (*Sprichwort*) ein schlechter Ar-

W

beiter gibt immer s-m Werkzeug die Schuld; **workmen's comp** *US umg*, **workmen's compensation** *US* Entschädigung *f* (*bei Betriebsunfällen u. Berufskrankheiten*) 2 Handwerker *m*; **~manlike**, *a.* **~manly** ADJ kunstfertig, -gerecht, fachmännisch; **~manship** S 1 Kunstfertigkeit *f* 2 *gute etc* Ausführung, Verarbeitungsgüte *f* 3 Qualitätsarbeit *f*; **~mate** S Arbeitskollege *m*, -kollegin *f*; **~out** S SPORT *umg* (Fitness- *od* Konditions)Training *n*: **have a ~** → work out B 4; **~people** S (*als pl konstruiert*) *bes Br* Belegschaft *f*, *bes* Arbeiterschaft *f* (*e-r Fabrik*); **~ permit** S Arbeitserlaubnis *f*, -genehmigung *f*; **~piece** S Arbeits-, Werkstück *n*; **~place** S Arbeitsplatz *m*: **at the ~** am Arbeitsplatz; **~ bullying** Mobbing *n*; **~ program(me)** S Arbeitsprogramm *n*; **~room** S Arbeitsraum *m*; **~ sharing** (= *job sharing*) → job[1] A 3; **~ sheet** S 1 Arbeitszettel *m*, -blatt *n* 2 WIRTSCH *US* Rohbilanz *f*; **~shop** S 1 Werkstatt *f* 2 Werkraum *m* (*e-r Schule etc*) 3 *fig* Workshop *m*, Kurs *m*, Seminar *n*; **~-shy** ADJ arbeitsscheu; **~station** S Workstation *f*, Bildschirmarbeitsplatz *m*; **~ study** S Arbeitsstudie *f*; **~table** S Arbeitstisch *m*; **~top** S a Arbeitsfläche *f* b Arbeitsplatte *f*; **~-to-rule** S WIRTSCH *Br* Dienst *m* nach Vorschrift; **~-up** S TYPO Spieß *m*; **~wear** S Arbeitskleidung *f*; **~week** S Arbeitswoche *f*; **~woman** S *irr* Arbeiterin *f* (*Ggs Angestellte*)

world [wɜːld; *US* wɜrld] S 1 Welt *f*: a Erde *f* b Himmelskörper *m* c All *n*, Universum *n* d *fig* (*die*) Menschen *pl*, (*die*) Leute *pl* e *fig* (*Gesellschafts-, Berufs*) Sphäre *f*: **the commercial ~**, **the ~ of commerce** die Handelswelt; **the scientific ~** die Welt der Wissenschaften; **the ~ of letters** die gelehrte Welt; **all the ~** die ganze Welt, jedermann; → *Bes Redew* 2 (*Mineral-, Pflanzen-, Tier*) Welt *f*, (-)Reich *n* 3 **a ~ of** *fig* e-e Welt von, e-e Unmenge; **a ~ of difference** ein himmelweiter Unterschied *umg*; **a ~ of difficulties** e-e Unmenge Schwierigkeiten; **the medicine did me a ~ of good** das Medikament hat mir unwahrscheinlich gutgetan; **there was a ~ of meaning in her look** ihr Blick sprach Bände; **a ~ too big** viel zu groß

Besondere Redewendungen: **against the ~** gegen die ganze Welt; **for all the ~** in jeder Hinsicht; **not for all the ~** um keinen Preis; **for all the ~ like** (*od* **as if**) genauso wie *od* als ob; **for all the ~ to see** a vor aller Augen b für alle deutlich sichtbar; **not for the ~** nicht um die *od* um alles in der Welt; **from all over the ~** aus aller Welt; **what (who) in the ~ …?** was (wer) in aller Welt …?; **nothing in the ~** nichts in der Welt, rein gar nichts; **out of this ~** *umg* fantastisch, (einfach) sagenhaft; **to the ~'s end** bis ans Ende der Welt; **~ without end** (*adverbiell*) immer u. ewig; **it's a small ~** die Welt ist klein *od* ein Dorf; **it's not the end of the ~** davon geht die Welt nicht unter; **all the ~ and his wife were there** *umg* alles, was Beine hatte, war dort; Gott u. die Welt waren dort; **they are ~s apart** zwischen ihnen liegen Welten, sie trennen Welten; **it's ~s away from** es ist endlos weit weg von; **she is** (*od* **means**) **all the ~ to him** sie ist sein Ein u. Alles, sie bedeutet ihm alles; **I'm not asking the ~** ich verlange nichts Unmögliches; **bring (come) into the ~** zur Welt bringen (kommen); **carry the ~ before one** glänzende Erfolge haben; **he has the ~ before him** ihm steht die ganze Welt offen; **have the best of both ~s** weder auf das Eine noch auf das Andere verzichten müssen; **live in a ~ of one's own** in s-r eigenen Welt leben; **put into the ~** in die Welt setzen; **he won't set the ~ on fire** er hat das Pulver auch nicht erfunden *umg*; **set the ~ to rights** *umg* die Welt wieder in Ordnung bringen; **think the ~ of** große Stücke halten auf (*akk*); **how goes the ~ with you?** *umg* wie geht's, wie steht's?; → blind A 12

World| Bank S WIRTSCH Weltbank *f*; **&-beater** S: **be a ~** nicht seinesgleichen haben; **& champion** S SPORT Weltmeister(in): **world and Olympic champion** Weltmeister(in) u. Olympiasieger(in); **& championship** S SPORT Weltmeisterschaft *f*; **& class** S SPORT *etc* Weltklasse *f*; **&-class** ADJ 1 von Weltklasse, Weltklasse…, von internationalem Format (*Sportler, Künstler etc*): **a ~ tournament** ein mit Weltklassespielern besetztes Turnier 2 *umg iron* der Sonderklasse 3 von internationaler Qualität (*Ware*); **~ Council of Churches** S Weltkirchenrat *m*; **~ Court** S POL Internationaler Gerichtshof (*in Den Haag*); **~ Cup** S 1 *Skisport etc*: Weltcup *m*, Weltpokal *m* 2 Fußballweltmeisterschaft *f*; **& economy** S Weltwirtschaft *f*; **&-famous** ADJ weltberühmt; **~ Health Organization** S Weltgesundheitsorganisation *f* (*der UNO*); **& language** S Weltsprache *f*; **&line** S PHYS Weltlinie *f*

worldliness ['wɜːldlɪnɪs; *US* 'wɜrld-] S Weltlichkeit *f*

worldling ['wɜːldlɪŋ; *US* 'wɜrld-] S Weltkind *n*

world literature S Weltliteratur *f*

worldly ADJ *u. obs* ADV 1 weltlich, irdisch: **~ goods** irdische Güter 2 weltlich (gesinnt): **~ innocence** Weltfremdheit *f*; **~ wisdom** Lebens-, Weltklugheit *f*; **~-minded** ADJ weltlich gesinnt; **~-wise** ADJ lebens-, weltklug

world| market S WIRTSCH Weltmarkt *m*; **~ order** S (*die*) Weltordnung; **~ peace** S Weltfrieden *m*; **~ point** S PHYS Weltpunkt *m*; **~ power** S POL Weltmacht *f*; **~ record** S SPORT, *a. weitS.* Weltrekord *m*; **~ record holder** S SPORT, *a. weitS.* Weltrekordinhaber(in), Weltrekordler(in); **~ series** S *Baseball*: US-Meisterschaftsspiele *pl*; **~shaking** ADJ welterschütternd; **~ soul** S PHIL Weltseele *f*; **~ spirit** S Weltgeist *m*; **~ trade** S WIRTSCH Welthandel *m*; **& Trade Organization** S Welthandelsorganisation *f*; **~ view** S Weltanschauung *f*; **~ war** S Weltkrieg *m*: **World War I (II)** Erster (Zweiter) Weltkrieg; **~-weariness** S Lebensüberdruss *m*; **~-weary** ADJ lebensüberdrüssig; **~wide** ADJ weltweit, *adv a.* auf der ganzen Welt: **~ disarmament** weltweite Abrüstung; **(of) ~ reputation** (von) Weltruf *m*; **& Wide Web** S INTERNET World Wide Web *n* (*weltweite Verknüpfung von Datenbanken im Internet*)

worm [wɜːm; *US* wɜrm] A S 1 ZOOL Wurm *m*: **even a ~ will turn** (*Sprichwort*) *Br* auch der Wurm krümmt sich, wenn er getreten wird; **~s of conscience** *fig* Gewissensbisse; → can[2] A 2 2 *pl* MED, VET a Würmer *pl*: **my dog has ~s** b (*als sg konstruiert*) Wurmkrankheit *f* 3 *fig pej* Wurm *m*, elende *od* minderwertige Kreatur (*Person*) 4 TECH a (*Zylinder*) Schnecke *f* b Förderschnecke *f* c (*Rohr-, Kühl*) Schlange *f* 5 PHYS archimedische Schraube B V/T 1 **~ o.s.** (*od* **one's way**) a sich schlängeln b *fig* sich (ein)schleichen (**into** in *akk*); **~ o.s. into sb's confidence** sich in j-s Vertrauen einschleichen; **~ sth out of sb** j-m etwas aus der Nase ziehen; **~ a secret out of sb** j-m ein Geheimnis entlocken 2 MED, VET entwurmen, von Würmern befreien C V/I → B 1: **~ out of sth** *fig* sich aus etwas herauswinden; **~cast** S ZOOL *von e-m Regenwurm aufgeworfenes Erdhäufchen*; **~ conveyor** S TECH Schneckenförderer *m*; **~-eaten** ADJ 1 wurmstichig 2 morsch, vermodert 3 *fig* altmodisch, veraltet

wormer S MED, VET, PHARM Wurmmittel *n*

worm| fence S *bes US* Scherengitter *n*; **~ gear** S TECH Schraubenrad *n*; **~hole** S Wurmloch *n*; **~seed** S 1 BOT Teekraut *n* 2 MED, PHARM Wurmsamen *m*

worm's-eye view S Froschperspektive *f*: **have a ~ of** *etwas* aus der Froschperspektive betrachten *od* sehen

worm| wheel S TECH 1 Schnecken(stirn)rad *n* 2 → worm gear; **~wood** S 1 BOT Wermut *m* 2 *fig* Bitterkeit *f*: **gall and ~** BIBEL Galle u. Wermut; **the (gall and) ~ of being poor** die Bitterkeit, arm zu sein; **it was (gall and) ~ to him to be poor** es war bitter für ihn, arm zu sein

wormy ADJ 1 wurmig, voller Würmer 2 wurmstichig 3 wurmartig 4 *fig pej* elend, minderwertig (*Kreatur etc*)

worn [wɔː(r)n] A *pperf von* wear[1], wear[2] B ADJ 1 getragen (*Kleidung*) 2 → worn-out 1 3 erschöpft, abgespannt 4 ausgelaugt (*Boden*) 5 *fig* abgedroschen (*Witz etc*); **~-out** ADJ 1 abgetragen, abgenutzt (*Kleidung, Schuhe*) 2 völlig erschöpft, todmüde 3 → worn B 4, B 5

worried ['wʌrɪd; *US a.* 'wɜrɪd] ADJ 1 gequält 2 sorgenvoll, bekümmert, besorgt 3 beunruhigt, ängstlich: **have sb ~** j-m Sorgen machen; **I'm getting ~** ich fange an, mir Sorgen zu machen; **worrier** S *j-d, der sich ständig Sorgen macht*; **worriment** S *bes US umg* 1 Plage *f*, Quälerei *f* 2 Angst *f*, Sorge *f*; **worrisome** [-səm] ADJ (ADV **~ly**) 1 quälend 2 lästig, störend 3 beunruhigend 4 unruhig; **worrit** [-rɪt] *Br dial für* worry A 1, A 2, A 3

worry ['wʌrɪ; *US a.* 'wɜ-] A V/T 1 quälen, plagen, stören, belästigen, *j-m* zusetzen (*alle*: **with** mit). **~ sb into a decision** j-n so lange quälen, bis er e-e Entscheidung trifft; **~ sb out of sth** a j-n mühsam von etwas abbringen b j-n durch unablässiges Quälen um etwas bringen 2 ärgern, reizen 3 beunruhigen, ängstigen, quälen, *j-m* Sorgen machen: **it worries me that …** es macht mir Sorgen, dass …; **~ o.s.** sich sorgen (**about, over** um, wegen) 4 a zerren an (*dat*) b *ein Beuteltier* reißen, an der Kehle packen (*Hund, Wolf etc*).h 5 *etwas* zerren, mühsam bringen (*beide*: **into** in *akk*) 6 herumstochern in (*dat*) 7 *oft* **~ out** *e-n Plan etc* ausknobeln B V/I 1 *oft* **~ away** sich quälen *od* plagen (**at** mit) 2 sich ängstigen, sich beunruhigen, sich Gedanken *od* Sorgen machen (*alle*: **about, over** um, wegen): **not have to ~ about money** keine Geldsorgen haben; **don't ~**, *umg* **not to ~** keine Angst *od* Sorge!; **I should ~** *umg* was kümmert das mich! 3 a **~ at** → A 4 b sich abmühen *od* vorwärtskämpfen: **~ along** sich mühsam voranarbeiten, sich mit knapper Not durchschlagen; **~ through sth** sich durch etwas hindurchquälen C S 1 Kummer *m*, Besorgnis *f*, Sorge *f*, (innere) Unruhe: **worries of relegation** SPORT Abstiegssorgen; **~ beads** *pl Perlenschnur zum Abbau von Stress u. Anspannung* 2 (Ursache *f* von) Ärger *m*, Verdruss *m*, Aufregung *f* 3 Quälgeist *m*

worrying ADJ (ADV **~ly**) beunruhigend, quälend

worrywart ['wʌrɪwɔː(r)t; *US a.* 'wɜrɪ-] S *umg j-d, der sich ständig unnötige Sorgen macht*

worse [wɜːs; *US* wɜrs] A ADJ (*komp von* **bad**[1], **evil**, **ill**) 1 schlechter, schlimmer (*beide a.* MED), übler, ärger: **~ and ~** immer schlechter *od* schlimmer; **the ~** desto schlimmer; **so much** (*od* **all**) **the ~** umso schlimmer; **that only made matters ~** das machte es nur noch schlimmer; **make it ~** (*Redew*) um das Unglück vollzumachen; **he is ~ than yesterday** es geht ihm schlechter als gestern; **~ still** was noch schlimmer ist; → luck A 1, wear[1] C 3 2 schlechter gestellt: **(not) be the ~ for** (nicht) schlecht wegkommen bei, (keinen) Schaden erlitten haben durch, (nicht) schlechter gestellt sein wegen; **he is none the ~ for it** es ist ihm dabei nichts passiert; **you would be none the ~ for a walk** ein Spaziergang würde dir gar nichts schaden; **be the ~ for drink** betrunken sein **B** ADV schlechter, schlimmer, ärger: **none the ~** nicht schlechter; **be ~ off** schlechter daran sein; **you could do ~ than get a haircut** du könntest dir ruhig mal die Haare schneiden lassen **C** S Schlechteres *n*, Schlimmeres *n*: **~ followed** Schlimmeres folgte; **if ~ comes to ~** schlimmstenfalls; **have** (*od* **get**) **the ~** den Kürzer(e)n ziehen, schlechter wegkommen; → bad[1] B 1, better[1] B 1, change B 1, C 1 turn[1] A 8 b

worsen ['wɜːsn; *US* 'wɜrsn] **A** V/T **1** schlechter machen, verschlechtern **2** *Unglück etc* verschlimmern, noch schlimmer machen **3** *j-n* schlechter stellen **B** V/I sich verschlechtern *od* verschlimmern

worship ['wɜːʃɪp; *US* 'wɜr-] **A** S **1** REL **a** Anbetung *f*, Verehrung *f*, Kult(us) *m* (*alle a. fig*) **b** (**public ~** öffentlicher) Gottesdienst, Ritus *m*: **hours of ~** Gottesdienstzeiten; **hourse** (*od* **place**) **of ~** Kirche *f*, Gotteshaus *n*, Kultstätte *f*; **the ~ of wealth** die Anbetung des Reichtums **2** Gegenstand *m* der Verehrung *od* Anbetung, (*der, die, das*) Angebetete **3** *obs* Ansehen *n*, guter Ruf **4** ♀ *bes Br Anrede für e-n Bürgermeister, Richter etc*: **good morning, Your Worship**; **His Worship the mayor of Coventry** **B** V/T *prät u. pperf* **-shiped**, *bes Br* **-shipped** **1** anbeten, verehren, huldigen (*dat*) **2** *fig j-n* (glühend) verehren, anbeten, vergöttern **C** V/I beten, s-e Andacht verrichten

worshiper, *bes Br* **worshipper** S **1** Anbeter(in), Verehrer(in): **~ of idols** Götzendiener(in) **2** → prayer[2]: **the ~s** die Andächtigen, die Kirchgänger; **worshipful** ADJ (ADV **~ly**) **1** verehrend, anbetend **2** *obs* angesehen, (ehr)würdig, achtbar **3** *oft* ♀ *bes Br Anrede für e-n Bürgermeister, e-e alteingesessene Firma in der Londoner City etc*: **the Worshipful Mayor of Coventry**

worst [wɜːst; *US* wɜrst] **A** ADJ (*sup von* **bad**[1], **evil**, **ill**) schlechtest(er, e, es), übelst(er, e, es), schlimmst(er, e, es), ärgst(er, e, es): **of the ~ kind** der übelsten Sorte, übelst(er, e, es); **and, which is ~** u., was das Schlimmste ist; → description 3 **B** ADV am schlechtesten *od* übelsten, am schlimmsten *od* ärgsten: **the ~-paid** der *od* die am schlechtesten Bezahlte **C** S (*der, die, das*) Schlechteste *od* Übelste *od* Schlimmste *od* Ärgste: **at ~** äußersten-, schlimmstenfalls; **the ~ of it is that …** das Schlimm(st)e daran ist, dass …; **be prepared for the ~** aufs Schlimmste *od* auf alles gefasst sein; **do one's ~** machen, was man will; **get the ~ of it** am schlechtesten wegkommen, den Kürzer(e)n ziehen; **if the ~ comes to the ~** wenn alle Stricke reißen, im Falle e-s Falles; **he was at his ~** er zeigte sich von s-r schlechtesten Seite, er war in denkbar schlechter Form; **see sb (sth) at their (its) ~** j-n (etwas) von der schlechtesten *od* schwächsten Seite kennenlernen; **the illness is at its ~** die Krankheit ist auf ihrem Höhepunkt; **be over the ~** das Schlimmste hinter sich haben; → bring out 3 **D** V/T überwältigen, besiegen, schlagen; **~-case** ADJ: **~ scenario** (*der*) ungünstigste *od* schlimmste Fall

worsted ['wʊstɪd; *US a.* 'wɜr-] TECH **A** S **1** Kammgarn *n* **2** Kammgarnstoff *m* **B** ADJ Kammgarn…: **~ suit**; **~ wool** Kammwolle *f*

wort[1] [wɜːt; *US* wɜrt] S BOT **1** *obs* Pflanze *f*, Kraut *n* **2** (*in Zusammensetzungen*) …wurz *f*, …kraut *n*

wort[2] [wɜːt; *US* wɜrt] S (Bier)Würze *f*: **original ~** Stammwürze; **~ pump** Maischpumpe *f*; **~ vat** Würzkufe *f*

worth[1] [wɜːθ; *US* wɜrθ] **A** ADJ **1** (*e-n bestimmten Betrag*) wert (**to** *dat od* für): **a skirt ~ £20** ein Rock im Wert von 20 Pfund; **he is ~ £50,000 a year** er hat ein Jahreseinkommen von 50 000 Pfund; **he is ~ a million** er ist e-e Million wert, er besitzt *od* verdient e-e Million **2** *fig* würdig, wert (*gen*): **~ doing** wert, getan zu werden; **~ mentioning (reading, knowing, seeing)** erwähnens-(lesens-, wissens-, sehens-)wert; **~ discussing** diskutabel; **it is ~ fighting for** es lohnt sich, dafür zu kämpfen; **the deal would have been ~ making** es hätte sich gelohnt, das Abkommen zu treffen; **not ~ mentioning** nicht der Rede wert; **~ remembering** denkwürdig; **be ~ (one's) while, be ~ the trouble**, *umg a.* **be ~ it** der Mühe wert sein, sich lohnen; **be ~ a try** e-n Versuch wert sein; **be ~ a visit** e-n Besuch lohnen; **take it for what it is ~** nimm es für das, was es wirklich ist!; **my opinion for what it may be ~** m-e unmaßgebliche Meinung; **for all one is ~** *umg* mit aller Macht, so gut man kann, auf Teufel komm raus; **he ran for all he was ~** *umg* er lief, so schnell er konnte; → candle A 1, paper A 2, powder A 1, salt[1] A 1, whoop A 1 **B** S **1** (Geld)Wert *m*, Preis *m*: **of no ~** wertlos; **20 pence's ~ of stamps** Briefmarken im Wert von 20 Pence; → money 1 **2** *fig* Wert *m*: **a** Bedeutung *f* **b** Verdienst *n*: **men of ~** verdiente *od* verdienstvolle Leute

worth[2] [wɜːθ; *US* wɜrθ] V/I: **woe ~ the day** *obs od poet* wehe dem Tag

worthily ['wɜːðɪlɪ; *US* 'wɜr-] ADV **1** nach Verdienst, angemessen **2** mit Recht, mit gutem Grund **3** in Ehren, würdig; **worthiness** S Wert *m*, Würdigkeit *f*, Verdienst *n*

worthless ADJ (ADV **~ly**) **1** wertlos **2** *fig* **a** bedeutungslos **b** un-, nichtswürdig; **worthlessness** S **1** Wertlosigkeit *f* **2** *fig* **a** Bedeutungslosigkeit *f* **b** Un-, Nichtswürdigkeit *f*

worthwhile ADJ lohnend, der Mühe wert

worthy ['wɜːðɪ; *US* 'wɜr-] **A** ADJ (ADV → worthily) **1** würdig, achtbar, ehrenwert, angesehen **2** würdig, wert (*beide:* **of** *gen*): **be ~ of sth** e-r Sache wert *od* würdig sein, etwas verdienen; **be ~ to be** (*od* **of being**) **venerated, be ~ of veneration** es verdienen *od* wert sein, verehrt zu werden; verehrungswürdig sein; **~ of credit** **a** glaubwürdig **b** WIRTSCH kreditwürdig, -fähig; **be ~ of reflection** es wert sein, dass man darüber nachdenkt; **~ of trust** vertrauenswürdig; **the worthiest of blood** JUR *Br* die Söhne, die männlichen Erben; → note A 2, remark[1] C 2 **3** würdig (*Gegner, Nachfolger etc*): **words ~ (of) the occasion** Worte, die dem Anlass angemessen sind; **~ reward** entsprechende *od* angemessene Belohnung **B** S *oft hum* Person *f* von Verdienst u. Würde, große Persönlichkeit, Größe *f*

wost [wɒst; *US* wast] *obs 2. sg präs von* wit[2]

wot [wɒt; *US* wat] *obs 1. u. 3. sg präs von* wit[2]: **God ~!** weiß Gott!

would [wʊd] **1** *prät von* will[1] A: **a** wollte(st), wollten, wolltet: **he ~ not go** er wollte (durchaus) nicht gehen **b** pflegte(st) *od* pflegten *od* pflegtet zu (*oft unübersetzt*): **he ~ take a short walk every day** er pflegte täglich e-n kurzen Spaziergang zu machen; **now and then a bird ~ call** ab u. zu ertönte ein Vogelruf; **you ~ do that!** du musstest das natürlich tun!, das sieht dir ähnlich!, du wolltest das ja unbedingt tun! **c** *höflich fragend*: würdest *du?*, würden *Sie?*: **~ you pass me the salt, please?** würden Sie mir bitte das Salz reichen **d** *vermutend*: **that ~ be three dollars** das macht (dann) drei Dollar; **it ~ seem that …** es scheint fast, dass … **2** (*konditional, Br 1. sg u. pl meist umg*) würde(st), würden, würdet: **she ~ do it if she could**; **he ~ have come if** er wäre gekommen, wenn; **how ~ you know?** woher wollen Sie das wissen?; **you ~n't understand** das verstehst du nicht; **who ~ do such a thing?** wer macht denn so etwas? **3** *prät von* will[1] B: *ich* wollte *od* wünschte *od* möchte: **I ~ it were otherwise**; **~ (to) God** wolle Gott, Gott gebe; **I ~ have you know** ich muss Ihnen (schon) sagen **4** *obs pperf von* will[1]

would-be **A** ADJ **1** *pej* Möchtegern…: **~ critic** Kritikaster(in); **~ painter** Farbkleckser(in); **~ philosopher** Möchtegernphilosoph(in); **~ poet** Dichterling *m*; **~ politician** Stammtischpolitiker(in); **~ huntsman** Sonntagsjäger *m*; **~ wit** Witzling *m*; **~ witty** geistreich sein sollend (*Bemerkung etc*) **2** angehend, zukünftig (*Autor etc*). **~ purchaser** Kaufinteressent(in) **B** S **1** *pej* Gernegroß *m*, Möchtegern *m* **2** **football stars and ~s** Fußballstars u. solche, die es einmal werden wollen

wouldn't ['wʊdnt] *Zusammenziehung von* **would not**

wouldst [wʊdst] *obs 2. sg prät von* will[1]: **thou ~**

wound[1] [wuːnd] **A** S **1** Wunde *f*, Verletzung *f* (*beide a. fig*), Verwundung *f*: **receive** (*od* **sustain**) **a serious ~** schwer verwundet werden; **~ of entry (exit)** Einschuss *m* (Ausschuss *m*); **the (Five) ♀s of Christ** die (fünf) Wundmale Christi; **~ chevron** (*od* **stripe**) MIL *US* Verwundetenabzeichen *n* (*Ärmelstreifen*); **~ sepsis** MED Wundsepsis *f*; → open up A 1, salt[1] A 1 **2** *fig* Kränkung *f* (**to** *gen*) **B** V/T verwunden, verletzen (*beide a. fig kränken*): **~ed veteran** Kriegsversehrte(r) *m*; **the ~ed** die Verwundeten *pl*; **~ed vanity** verletzte Eitelkeit

wound[2] [waʊnd] *prät u. pperf von* wind[2], wind[3]

woundless ['wuːndlɪs] ADJ unverwundet, unverletzt, unversehrt

woundwort ['wuːnd-] S BOT (*ein*) Wundkraut *n*

wourali [wuː'rɑːlɪ] → curare

wove [wəʊv] **A** *prät u. pperf von* weave **B** ADJ: **~ paper** Velinpapier *n*; **woven** **A** *pperf von* weave **B** ADJ: **~ goods** Web-, Wirkwaren

wow[1] [waʊ] **A** INT **1** Mensch!, Mann!, toll! **2** zack! **B** S *bes US sl* **a** Bombenerfolg *m*, tolles Ding **b** toller Kerl: **he (it) is a ~** er (es) ist 'ne Wucht *umg* **C** V/T *j-n* hinreißen

wow[2] [waʊ] S Jaulen *n* (*e-r Schallplatte etc*)

wowser ['waʊzə(r)] S *Aus sl* **1** fanatische(r) Puritaner(in) **2** Abstinenzler(in)

WP ABK **1** weather permitting (nur) bei gutem Wetter **2** word processing **3** word processor

w.p.b. ABK wastepaper basket

WPC ABK *Br* woman police constable Polizistin *f*

w.p.m. ABK words per minute

WRAC ABK *Br* Women's Royal Army Corps

wrack[1] [ræk] S **1** → wreck A 4 **2** Seetang *m*

wrack[2] → rack[4] A

WRAF ABK *Br* Women's Royal Air Force

wraith [reɪθ] S **1** Erscheinung *f* (*bes von Sterbenden od gerade Gestorbenen*) **2** **a** Geist *m* **b** Gespenst *n*

wrangle ['ræŋgl] **A** V/I (**about, over**) **a** (sich) zanken *od* streiten (um, wegen), sich in den Haaren liegen (wegen) **b** heftig debattieren *od* diskutieren (über *akk*) **B** V/T **1** **a** *etwas* herausschinden **b** sich *etwas* erschleichen **2** heftig debattieren *od* diskutieren über (*akk*) **3** *US Vieh* **a** hüten **b** zusammentreiben **C** S **1** Streit *m*, Zank *m* **2** heftige Debatte *od* Diskussion; **wrangler** S **1** Zänker(in), streitsüchtige Person **2** Disputant(in): **he is a ~** er kann gut debattieren *od* diskutieren **3** UNIV *Br Student(in) in Cambridge, der (die) die mathematische Abschlussprüfung mit Auszeichnung bestanden hat* **4** *US* Cowboy *m*

wrap [ræp] **A** V/T *prät u. pperf* wrapped, *US a.* wrapt **1** wickeln, hüllen, legen, *a. die Arme* schlingen ([a]**round** um) **2** *meist* **~ up** (ein)wickeln, (-)packen, (-)hüllen, (-)schlagen *(alle:* **in** *in akk)*: **~ sth in paper**; **~ o.s. up** sich warm anziehen **3** *oft* **~ up** (ein)hüllen, verbergen, *e-n Tadel etc* verkleiden: **~ped in allegory** allegorisch verkleidet; **~ped in mist** in Nebel gehüllt; **~ped up in mystery** in geheimnisvolles Dunkel gehüllt; **~ped in silence** in Schweigen gehüllt; **be ~ped in** **a** völlig von *e-r Arbeit etc* in Anspruch genommen sein, ganz in *s-r Arbeit, Familie etc* aufgehen **b** versunken sein in *(dat)* **c** verwickelt *od* verstrickt sein in *(akk)* **4** **~ up** *umg* **a** zusammenfassen **b** zu e-m glücklichen Ende führen **c** ab-, beschließen, erledigen, *e-n Handel etc* unter Dach u. Fach bringen, SPORT *e-n Sieg* sicherstellen: **~ it up** die Sache (erfolgreich) zu Ende führen; **that ~s it up!** das wär's! **B** V/I **1** **~ up (well)** sich warm anziehen **2** sich legen *od* wickeln *od* schlingen ([a]**round** um) **3** **~ up!** *bes Br sl* halt's Maul! **C** S Hülle *f*, *bes* **a** Decke *f* **b** Schal *m*, Pelz *m* **c** Umhang *m*, Mantel *m*: **keep sth under ~s** *fig* etwas geheim halten *od* für sich behalten; **remain under ~s** *fig* geheim bleiben; **take the ~s off sth** *fig* etwas enthüllen; **take the ~ off a secret** ein Geheimnis lüften; **~around** **A** S Wickelbluse *f*, -kleid *n*, -rock *m* **B** ADJ **1** Wickel…: **~ skirt** **2** TECH *US* Rundum…, herumgezogen: **~ windshield** AUTO Panoramascheibe *f*; **~arounds** SPL Wraparound-Brille *f (Sonnenbrille mit geschwungenen, bis zu den Schläfen reichenden Gläsern)*; **~over** → wraparound A, B 1

wrappage [-ɪdʒ] S **1** Umschlag *m*, Umhüllung *f*, Hülle *f*, Decke *f* **2** Verpackung *f*, Packmaterial *n*; **wrapper** S **1** (Ein)Packer(in) **2** Hülle *f*, Decke *f*, Überzug *m*, Verpackung *f* **3** (Buch)Umschlag *m*, Schutzhülle *f* **4** *a.* **postal ~** Kreuz-, Streifband *n* **5** **a** Schal *m* **b** Überwurf *m* **c** Morgenrock *m* **6** Deckblatt *n (e-r Zigarre)*

wrapping S **1** *meist pl* Umhüllung *f*, Hülle *f*, Verpackung *f* **2** Ein-, Verpacken *n*; **~ machine** S Verpackungsmaschine *f*; **~ paper** S Einwickel-, Packpapier *n*

wrapround → wraparound

wrapt [ræpt] *prät u. pperf US von* wrap

wrasse [ræs] S FISCH *(ein)* Lippfisch *m*

wrath [rɒθ; *US* ræθ] S Zorn *m*, Wut *f*: **the ~ of God** der Zorn Gottes; → bring down 7; **wrathful** ADJ (ADV ~ly) zornig, wutentbrannt; **wrathy** ADJ *umg für* wrathful

wreak [riːk] V/T **1** *Rache etc* üben, *s-e Wut etc* auslassen (**on, upon** an *dat*) **2** *obs* sich für *etwas* rächen

wreath [riːθ] *pl* wreaths [riːðz; -θs] S **1** Kranz *m (a. fig)*: **~ of laurel** Lorbeerkranz **2** *(Rauch- etc)* Ring *m*: **~ of smoke** **3** TECH Schliere *f (im Glas)*

wreathe [riːð] **A** V/T **1** winden, wickeln *(beide:* [a]**round** um) **2** verflechten **3** (zu Kränzen) flechten *od* (zusammen)binden **4** umkränzen, -geben, -winden **5** bekränzen, schmücken **6** kräuseln, in Falten legen: **his face was ~d in smiles** ein Lächeln lag auf s-m Gesicht **B** V/I **1** sich winden *od* wickeln: **~d column** ARCH Schneckensäule *f* **2** sich ringeln *od* kräuseln *(Rauchwolke etc)*

wreathy [ˈriːθɪ; ˈriːðɪ] ADJ **1** sich windend **2** sich ringelnd *od* kräuselnd *(Rauch etc)* **3** bekränzt **4** geflochten

wreck [rek] **A** S **1** SCHIFF **a** (Schiffs)Wrack *n* **b** Schiffbruch *m*, Schiffsunglück *n* **c** JUR Strandgut *n* **2** Wrack *n (AUTO etc, a. fig bes Person)*, Ruine *f*, Trümmerhaufen *m (a. fig)*: **nervous ~** Nervenbündel *n umg*; **she is the ~ of her former self** sie ist nur noch ein Schatten ihrer selbst, sie ist ein völliges Wrack **3** *pl* Trümmer *pl (a. fig)* **4** *fig* **a** Untergang *m*, Ruin *m* **b** Zerstörung *f*, Verwüstung *f*: **the ~ of his hopes** die Vernichtung s-r Hoffnungen; **go to ~ (and ruin)** zugrunde gehen **B** V/T **1** *allg* zertrümmern, zerstören, *ein Schiff* zum Scheitern bringen *(a. fig)*: **be ~ed** **a** → C 1 **b** in Trümmer gehen **c** → C 2 **2** *fig* zugrunde richten, ruinieren, *a. s-e Gesundheit* zerrütten, *Pläne, Hoffnungen etc* vernichten, zerstören **3** SCHIFF, TECH abwracken **C** V/I **1** SCHIFF Schiffbruch erleiden, scheitern *(beide a. fig)* **2** verunglücken **3** zerstört *od* vernichtet werden *(a. fig)*; **wreckage** S **1** Schiffbruch *m*, Scheitern *n (beide a. fig)* **2** SCHIFF Wrack(teile) *n(pl)*, (Schiffs-, *allg* Unfall)Trümmer *pl* **3** Trümmerhaufen *m* **4** → wreck A 4 **5** *fig* Strandgut *n (des Lebens)*, gescheiterte Existenzen *pl*; **wrecked** ADJ **1** gestrandet, gescheitert *(beide a. fig)* **2** schiffbrüchig *(Seeleute)* **3** zertrümmert, zerstört, vernichtet *(alle a. fig)*: **~ car** Schrottauto *n* **4** zerrüttet *(Gesundheit)* **5** *sl* **a** stinkbesoffen **b** total high *od* weggetreten *(aufgrund von Drogen)*; **wrecker** S **1** SCHIFF, *bes* HIST Strandräuber *m* **2** Zerstörer(in), Vernichter(in) *(beide a. fig)* **3** SCHIFF **a** Bergungsschiff *n* **b** Bergungsarbeiter *m* **4** *bes US* Abbrucharbeiter *m* **5** AUTO *US* Abschleppwagen *m*

wrecking **A** S **1** SCHIFF, *bes* HIST Strandraub *m* **2** *fig* Ruinieren *n*, Vernichtung *f* **3** *US* Bergung *f* **B** ADJ **1** *US* Bergungs…: **~ crew**; **~ service** AUTO Abschleppdienst *m*; **~ truck** → wrecker 5 **2** *bes US* Abbruch…: **~ ball** Abrissbirne *f*; **~ company** Abbruchfirma *f*

wren[1] [ren] S ORN Zaunkönig *m*

Wren[2] [ren] S MIL *Br umg* Marinehelferin *f (aus* **Women's Royal Naval Service**)

wrench [rentʃ] **A** S **1** (drehender *od* heftiger) Ruck, heftige Drehung **2** MED Verrenkung *f*, Verstauchung *f*: **give one's knee**, *etc* **a ~** → B 2 **3** *fig* Verzerrung *f*, -drehung *f*, Entstellung *f* **4** *fig* (Trennungs)Schmerz *m*: **leaving home was a great ~** der Abschied von zu Hause tat sehr weh **5** TECH Schraubenschlüssel *m* **6** scharfe Wendung, *bes* JAGD Haken *m (e-s Hasen)* **B** V/T **1** (mit e-m Ruck) reißen, zerren, ziehen: **~ sth (away) from sb** j-m etwas entwinden *od* -reißen *(a. fig)*; **~ open** *die Tür etc* aufreißen **2** MED sich *das Knie etc* verrenken *od* verstauchen: **~ one's knee** **3** *fig* verdrehen, -zerren, entstellen

wrest [rest] **A** V/T **1** (gewaltsam) reißen: **~ out of** herausreißen aus; **~ from sb** j-m *etwas* entreißen *od* -winden, *fig a.* j-m *etwas* abringen; **~ sth from sb's hand** j-m etwas aus der Hand reißen; **~ a living from the soil** dem Boden s-n Lebensunterhalt abringen; **~ the truth out of sb** die Wahrheit aus j-m herausholen **2** → wrench B 3 **B** S **1** Ruck *m*, Reißen *n* **2** MUS *obs* Stimmhammer *m*

wrestle [ˈresl] **A** V/I **1** SPORT **a** ringen **b** catchen **2** *fig* ringen, schwer kämpfen *(beide:* **with** mit; **for** um) **3** REL ringen, inbrünstig beten: **~ with God** mit Gott ringen **4** *fig* sich abmühen, kämpfen *(beide:* **with** mit) **B** V/T **1** *fig* ringen *od* kämpfen mit: **~ down** niederringen **2** *US etwas* mühsam *(wohin)* schaffen **C** S → wrestling A; **wrestler** S SPORT **a** Ringer(in) **b** Catcher(in), Wrestler(in); **wrestling** SPORT **A** S **a** Ringen *n (a. fig)* **b** Catchen *n*, Wrestling *n* **B** ADJ Ring…: **~ match** Ringkampf *m*

wretch [retʃ] S **1** *a.* **poor ~** armes Wesen, armer Kerl *od* Tropf *od* Teufel **2** Schuft *m*; **wretched** [-ɪd] ADJ (ADV ~ly) **1** elend, unglücklich, *a.* deprimiert *(Person)* **2** erbärmlich, jämmerlich, dürftig, miserabel, schlecht **3** (gesundheitlich) elend **4** gemein, niederträchtig **5** ekelhaft, scheußlich, entsetzlich; **wretchedness** S **1** Elend *n*, Unglück *n* **2** Erbärmlichkeit *f* **3** Niedertracht *f*, Gemeinheit *f* **4** Scheußlichkeit *f*

Wrexham [ˈreksəm] S Wrexham *n (Grafschaft in Nordostwales)*

wrick [rɪk] *bes Br* **A** S → wrench A 2 **B** V/T → wrench B 2

wriggle [ˈrɪgl] **A** V/I **1** sich winden *(a. fig verlegen od listig)*, sich schlängeln, ZOOL *a.* sich ringeln: **~ along** sich dahinschlängeln; **~ out** sich herauswinden (**of sth** aus e-r Sache) *(a. fig)*; **~ into** *fig* sich einschleichen in *(akk)* **2** sich unruhig *od* nervös hin u. her bewegen, zappeln **B** V/T **1** → wiggle B 1 **2** schlängeln, winden, ringeln: **~ o.s. (along, through)** sich (entlang-, hindurch)winden; **~ o.s. into** *fig* sich einschleichen in *(akk)*; **~ o.s. out of** sich herauswinden aus **C** S **1** Windung *f*, Krümmung *f* **2** schlängelnde Bewegung, Schlängeln *n*, Ringeln *n* **3** Zappeln *n*; **wriggler** S **1** Ringeltier *n*, Wurm *m* **2** *fig* aalglatter Kerl

wright [raɪt] S *(in Zusammensetzungen)* …macher(in), …bauer(in): → wheelwright *etc*

wring [rɪŋ] **A** V/T *prät u. pperf* wrung [rʌŋ] **1** *oft* **~ out** *Wäsche etc* (aus)wringen, auswinden **2** *oft* **~ out** *Früchte etc* ausdrücken, -pressen **3** *oft* **~ out** *Saft etc* herausdrücken, -pressen, -quetschen (**of aus**) **4** **a** *e-m Tier den Hals* abdrehen **b** *j-m den Hals* umdrehen: **I'll ~ your neck** **5** *die Hände (verzweifelt)* ringen **6** *j-m die Hand* (kräftig) drücken, pressen **7** *j-n* drücken *(Schuh etc)*: → withers **8** *fig* quälen, bedrücken: **~ sb's heart** j-m ans Herz greifen, j-m in der Seele wehtun **9** *etwas* abringen, entreißen, -winden (**from** *dat*): **~ admiration from sb** j-m Bewunderung abnötigen; **~ a confession from sb** j-m ein Geständnis abringen; **~ a bitter laugh from sb** j-m ein bitteres Lachen abringen; **~ the truth out of sb** die Wahrheit aus j-m herausholen **10** *fig Geld, Zustimmung* erpressen (**from, out of** von) **11** → wrench B 3 **B** S **1** (Aus)Wringen *n*, Auswinden *n*: **give** *sth* **a ~** → A 1 **2** Pressen *n*, Druck *m*: **he gave my hand a ~** er drückte mir (kräftig) die Hand **3** → wringer; **wringer** S **a** Wringmaschine *f* **b** *(Obst- etc)* Presse *f*

wringing **A** ADJ Wring…: **~ machine** → wringer **B** ADV: **~ wet** klatschnass; **~ fit** S TECH Haftsitz *m*

wrinkle[1] [ˈrɪŋkl] **A** S **1** Runzel *f*, Falte *f (im Gesicht)* **2** Knitter *m*, Kniff *m (in Papier, Stoff etc)* **3** Unebenheit *f*, Vertiefung *f*, Furche *f* **B** V/T **1** *oft* **~ up** **a** *die Stirn, die Augenbrauen* runzeln **b** *die Nase* rümpfen **c** *die Augen* zusammenkneifen **2** *Stoff, Papier etc* zerknittern **3** *Wasser* kräuseln **C** V/I **1** Falten werfen *(Stoff)* **2** sich runzeln, runz(e)lig werden *(Haut)* **3** knittern *(Papier, Stoff etc)*

wrinkle[2] [ˈrɪŋkl] S *umg* Kniff *m*, Trick *m*

wrinkled [ˈrɪŋkld] ADJ **1** gerunzelt, runz(e)lig, faltig **2** gekräuselt, kraus

wrinkly [ˈrɪŋklɪ] **A** ADJ **1** → wrinkled **2** leicht knitternd *(Stoff)* **B** S *umg* Grufti *m*

wrist [rɪst] S **1** Handgelenk *n* **2** Stulpe *f (am Ärmel etc)* **3** → wrist pin; **~band** S **1** Bündchen *n*, Manschette *f* **2** Armband *n* **3** *bes Tennis*: Schweißband *n*; **~drop** S MED Handgelenkslähmung *f*

wristlet [ˈrɪstlɪt] S **1** Pulswärmer *m* **2** Armband *n* **3** → wristband 3 **4** *pl sl* Manschetten *pl (Handschellen)*

wrist|lock S *Ringen:* Handgelenksfesselung *f;* **~ pin** S TECH Kolbenbolzen *m;* **~watch** S Armbanduhr *f*

writ[1] [rɪt] S 1 JUR a königlicher *od* behördlicher Erlass b gerichtlicher Befehl, Verfügung *f* c *a.* **~ of summons** (Vor)Ladung *f:* **~ of attachment** Haft-, Vorführungsbefehl *m;* *(dringlicher)* Arrest(befehl); **~ of prohibition** *Anweisung e-r höheren Instanz an e-e niedere Instanz, ein anhängiges Verfahren einzustellen;* **take out a ~ against sb, serve a ~ on sb** j-n (vor)laden (lassen); → capias, error 3 f, execution 3 f, mandamus, scire facias 2 JUR, HIST *Br* Urkunde *f* 3 *Br* Wahlausschreibung *f* für das Parlament 4 Schreiben *n*, Schrift *f* *(obs außer in):* **Holy** (*od* **Sacred**) ♀ *(die)* Heilige Schrift

writ[2] [rɪt] *obs prät u. pperf von* write

write [raɪt] *prät* wrote [rəʊt], *obs* writ [rɪt], *pperf* written [ˈrɪtn], *obs* writ A V/T 1 *e-n Brief etc* schreiben 2 auf-, niederschreiben, schriftlich niederlegen, aufzeichnen, notieren: **~ a term into a contract** e-e Bedingung in e-n Vertrag aufnehmen; **it is written that ...** BIBEL es steht geschrieben, dass ...; **it is written on** (*od* **all over**) **his face** es steht ihm im Gesicht geschrieben; **written in** (*od* **on**) **water** *fig* in den Wind geschrieben, vergänglich 3 a *e-n Scheck etc* ausschreiben, ausstellen: **~ sb a prescription** MED j-m ein Rezept ausschreiben *od* ausstellen b *ein Formular etc* ausfüllen 4 *Papier etc* vollschreiben 5 *j-m etwas* schreiben, schriftlich mitteilen: **~ sb** US j-m schreiben, an j-n schreiben, j-n anschreiben 6 schreiben: a *ein Buch etc* verfassen: **~ poetry** dichten, Gedichte schreiben b *e-e Sinfonie etc* komponieren: **~ the music for a play** die Musik zu e-m (Theater)Stück schreiben; **"written by ..."** (RADIO, TV) „Drehbuch: ..." 7 schreiben über *(akk):* **she is writing her life** sie schreibt ihre Lebensgeschichte 8 **~ o.s.** sich bezeichnen als (**a duke,** *etc* Herzog *etc*) B V/I 1 schreiben 2 schreiben, schriftstellern 3 schreiben, schriftliche Mitteilung machen: **~ to sb** j-m schreiben, an j-n schreiben, j-n anschreiben; **~ home** nach Hause schreiben; **~ to ask** schriftlich anfragen; **~ (away** *od* **off) for sth** etwas anfordern; → home c 1

Phrasal Verbs: **write| away** V/I → write B 2; **~ back** V/I zurückschreiben; **~ down** A V/T 1 → write A 2 2 *fig* (schriftlich) herabsetzen *od* schlechtmachen, (schriftlich) herziehen über *(akk)* 3 WIRTSCH a abschreiben b e-n zu niedrigen Buchwert angeben für B V/I sich bewusst einfach ausdrücken (**to, for** für); **~ in** A V/T 1 einfügen, eintragen 2 *Bedingungen etc (in e-n Vertrag etc)* aufnehmen 3 POL US a s-e Stimme für *j-n* abgeben, der nicht auf der Kandidatenliste steht b der Kandidatenliste *e-n Namen* hinzufügen; B V/I schreiben (**to** an *akk*): **~ for sth** um etwas schreiben, etwas anfordern; **~ off** V/T 1 schnell abfassen, hinhauen *umg* 2 WIRTSCH (vollständig) abschreiben *(a. fig):* **write sth off against one's tax** etwas von der Steuer abschreiben; **he wrote off his new car** *Br umg* er hat s-n neuen Wagen zu Schrott gefahren; **~ out** V/T 1 *e-n Namen etc* ausschreiben 2 abschreiben: **~ fair** ins Reine schreiben 3 → write A 3 a 4; **write o.s. out** sich ausschreiben *(Autor)* 5 RADIO, TV *j-n* herausschreiben (**of** aus *e-r Serie*); **~ up** V/T 1 *(ergänzend)* nachtragen, *ein Tagebuch, e-n Text* weiterführen, auf den neuesten Stand bringen 2 a berichten über *(akk)*, *ein Theaterstück etc* besprechen b herausstreichen, (an)preisen; 3 WIRTSCH e-n zu hohen Buchwert angeben für

write|-down S WIRTSCH a Abschreibung *f* b zu niedrige Buchwertangabe; **~-in** S POL US a *Stimmabgabe für e-n Kandidaten, der nicht auf der Liste steht* b *Hinzufügung e-s Namens zu e-r Kandidatenliste;* **~-off** S a WIRTSCH (gänzliche) Abschreibung b AUTO *Br umg* Totalschaden *m:* **my car was a ~** mein Wagen hatte Totalschaden *od* nur noch Schrottwert; **~-protected** ADJ IT schreibgeschützt *(CD, DVD etc)*

writer S 1 Schreiber(in): **~'s cramp** (*od* **palsy, spasm**) Schreibkrampf *m* 2 a Schriftsteller(in), Autor *m*, Autorin *f*, Verfasser(in): **~ for the press** Zeitungsschreiber(in), Journalist(in); **the ~** *(in Texten)* der Verfasser (= *ich*) b Komponist(in) 3 *meist* **~ to the signet** *schott* Rechtsanwalt *m*, -anwältin *f*

write-up S 1 a *(gute etc)* Besprechung *od* Kritik: **the play got a good ~ in the local paper** b Herausstreichung *f*, Anpreisung *f* 2 WIRTSCH zu hohe Buchwertangabe

writhe [raɪð] A V/I 1 sich krümmen, sich winden (**with, in** vor *dat*) 2 *fig* sich winden (**under** unter *e-r Beleidigung etc*) 3 sich winden *od* schlängeln (**through** durch) B V/T 1 **~ o.s.** a → A 1 b → A 3 2 *das Gesicht* verzerren C S Verzerrung *f*

writing A S 1 Schreiben *n* *(Tätigkeit)* 2 Schriftstellerei *f* 3 a schriftliche Ausfertigung *od* Abfassung b Komposition *f* 4 Schreiben *n*, Schriftstück *n*, *(etwas)* Geschriebenes, *a.* Urkunde *f:* **in ~** schriftlich; **put in ~** schriftlich niederlegen; **the ~ on the wall** *fig* die Schrift an der Wand, das Menetekel 5 Schrift *f*, *(literarisches)* Werk: **the ~s of Pope** Popes Werke; **the ♀s** → Hagiographa 6 Aufsatz *m*, Artikel *m* 7 Brief *m* 8 Inschrift *f* 9 Schreibweise *f*, Stil *m* 10 (Hand)Schrift *f* B ADJ 1 schreibend, *bes* schriftstellernd: **~ man** Schriftsteller *m* 2 Schreib...; **~ book** S Schreibheft *n;* **~ case** S Schreibmappe *f;* **~ desk** S Schreibpult *n*, -tisch *m;* **~ materials** SPL Schreibmaterial(ien) *n(pl);* **~ pad** S 1 Schreibblock *m* 2 Schreibunterlage *f;* **~ paper** S Schreibpapier *n;* **~ stand** S Stehpult *n;* **~ table** S Schreibtisch *m*

written [ˈrɪtn] A *pperf von* write B ADJ 1 schriftlich *(Prüfung etc):* **~ evidence** JUR Urkundenbeweis *m* 2 geschrieben: **~ language** Schriftsprache *f;* **~ law** JUR geschriebenes *od* kodifiziertes Recht

WRNS ABK *Br* Women's Royal Naval Service

wrnt ABK warrant

WRVS ABK *Br* Women's Royal Voluntary Service

wrong [rɒŋ] A ADJ (ADV → wrongly) 1 falsch, unrichtig, verkehrt: **a ~ opinion** *a.* e-e irrige Meinung; **be ~** a falsch sein b unrecht haben, sich irren *(Person)* c falsch gehen *(Uhr);* **I may be ~, but ...** ich kann mich irren *od* täuschen, aber ...; **you are ~ in believing that ...** du irrst dich, wenn du glaubst, dass ...; **he was ~ to do sth** es war falsch, dass er etwas tat; **do the ~ thing** das Verkehrte *od* Falsche tun; **you've got the ~ person** Sie haben sich in der Person geirrt; **prove sb ~** a beweisen, dass j-d im Irrtum ist b j-m unrecht geben *(Ereignis);* **be proved ~** widerlegt werden *(Theorie etc);* → number A 2 2 verkehrt, falsch: **catch** *sb* **on the ~ foot** → wrong-foot; **the ~ side** a die verkehrte *od* falsche Seite b die linke Seite *(von Stoffen etc);* **(the) ~ side out** das Innere nach außen (gekehrt) *(Kleidungsstück etc);* **be on the ~ side of 60** über 60 (Jahre alt) sein; **he will laugh on the ~ side of his mouth** *umg* das Lachen wird ihm schon (noch) vergehen; **have got out of bed on the ~ side** *umg* mit dem linken Bein zuerst aufgestanden sein; **get on the ~ side of sb** *umg* sich j-s Gunst verscherzen, es mit j-m verderben; → blanket A 1, stick[1] A 5, track A 2 3 nicht in Ordnung: **sth is ~ with it** etwas stimmt daran nicht, etwas ist nicht in Ordnung damit; **I wonder what's ~ with him** was hat er nur?; **what's ~ with ...?** a was gibt es auszusetzen an *(dat)* b *umg* wie wärs mit ...?; **what is ~ with you?** was ist los mit dir?, was hast du? 4 unrecht, unbillig: **it is ~ of you to laugh** es ist nicht recht von dir zu lachen B ADV 1 falsch, unrichtig, verkehrt: **do sth ~** etwas falsch machen; **don't get me ~** verstehen Sie mich nicht falsch, missverstehen Sie mich nicht; **go ~** a nicht richtig funktionieren *od* gehen *(Instrument, Uhr etc)* b *fig* danebengehen, schiefgehen *(Vorhaben etc)* c *fig* auf Abwege *od* die schiefe Bahn geraten d *fig* fehlgehen; **where did we go ~?** was haben wir falsch gemacht?; **get in ~ with sb** US *umg* sich j-s Gunst verscherzen, es mit j-m verderben; **get sb in ~** US *umg* j-n in Misskredit bringen (**with** bei) 2 unrecht: **act ~** C S 1 Unrecht *n:* **do ~** unrecht tun; **do sb ~** j-m ein Unrecht zufügen; **two ~s do not make a right** *(Sprichwort)* es ist nicht recht, Unrecht mit Unrecht zu vergelten 2 Irrtum *m*, Unrecht *n:* **be in the ~** unrecht haben; **get o.s. in the ~ with sb** sich bei j-m ins Unrecht setzen; **put sb in the ~** j-n ins Unrecht setzen 3 Schaden *m*, Kränkung *f*, Beleidigung *f* 4 JUR Rechtsverletzung *f*, -widrigkeit *f* D V/T 1 *j-m (a. in Gedanken etc)* unrecht tun, *j-n* ungerecht behandeln: **I am ~ed** mir geschieht Unrecht 2 *j-m* schaden, Schaden zufügen, *j-n* benachteiligen 3 betrügen (**of** um) 4 *e-e Frau* a entehren b verführen

wrong|doer S Übel-, Missetäter(in); **~doing** S 1 Missetat *f* 2 Vergehen *n*, Verbrechen *n;* **~-foot** V/T SPORT *j-n* auf dem falschen Fuß erwischen *(a. fig)*

wrongful ADJ (ADV ~ly) 1 ungerecht 2 beleidigend, kränkend 3 JUR widerrechtlich, unrechtmäßig, ungesetzlich: **~ imprisonment** Freiheitsberaubung *f;* → detainer 1; **wrongfulness** S 1 Ungerechtigkeit *f* 2 Ungesetzlichkeit *f*, Unrechtmäßigkeit *f*, Widerrechtlichkeit *f*

wrongheaded ADJ (ADV ~ly) 1 starr, verbohrt *(Person)* 2 verschroben *(Ansichten, Person etc)*

wrongly ADV 1 → wrong B: **a ~ addressed letter** ein falsch adressierter Brief 2 ungerechterweise, zu Unrecht: → rightly 2 3 irrtümlicher-, fälschlicherweise; **wrongness** S 1 Unrichtigkeit *f*, Verkehrtheit *f* 2 Unrecht *n*, Unbilligkeit *f*

wrote [rəʊt] *prät von* write

wroth [rəʊθ; rɔːθ] ADJ *obs od poet* zornig, erzürnt

wrought [rɔːt] A *bes obs od poet prät u. pperf von* work B ADJ 1 be-, ge-, verarbeitet: **~ goods** Fertigwaren; **~ into shape** geformt; **a beautifully ~ tray** ein wunderschön gearbeitetes Tablett 2 geformt 3 TECH a gehämmert, geschmiedet b schmiedeeisern 4 verziert 5 gestickt, gewirkt; **~ iron** S TECH Schmiedeeisen *n;* **~-iron** → wrought B 3 b; **~-up** ADJ aufgeregt, nervös

wrung [rʌŋ] *prät u. pperf von* wring

wry [raɪ] ADJ (ADV ~ly) 1 schief *(Hals etc):* **make** (*od* **pull**) **a ~ face** e-e Grimasse schneiden, das Gesicht verziehen 2 *fig* a verschroben *(Ansicht etc)* b sarkastisch *(Humor)* c bitter *(Vergnügen etc)* d gequält, schmerzlich *(Lächeln etc);* **~neck** S 1 MED a → torticollis b *j-d, der an Tortikollis leidet* 2 ORN Wendehals *m*

wt ABK weight

WTA ABK Women Tennis Association

WTO ABK World Trade Organization

wulfenite [ˈwʊlfənaɪt] S MINER Wulfenit *m*,

Gelbbleierz *n*

wunderkind ['wʊndə(r)kɪnd; 'vʊn-; 'wʌn-] *pl* -kinds, -kinder [-də(r)] S 1 Wunderkind *n* 2 *j-d, der schon in jungen Jahren auf e-m Gebiet erfolgreich ist*

Würm [vʊə(r)m; *Br a.* wɜ:m; *US a.* wɜrm] S GEOL Würmeiszeit *f*

wurst [wɜ:st; wʊəst; *US* wɜrst; wʊrst] S Wurst *f*

wussy ['wʊsɪ] *US sl* → wimp

W.Va. ABK West Virginia

WWF ABK World Wide Fund for Nature

WW I (II) ABK World War I (II) der Erste (Zweite) Weltkrieg

WWW ABK INTERNET World Wide Web

Wy. ABK Wyoming

wych elm [wɪtʃ] S BOT Bergrüster *f*, -ulme *f*

Wycliffite, Wyclifite ['wɪklɪfaɪt] REL, HIST A ADJ Wyclif *od* s-e Lehre betreffend B S Anhänger(in) Wyclifs

wye [waɪ] S 1 Ypsilon *n (Buchstabe)* 2 → Y A 3

wynd [waɪnd] S *schott* enge Straße, Gasse *f*

Wyo. ABK Wyoming

Wyoming [waɪ'əʊmɪŋ] S Wyoming *n (Staat im Westen der USA)*

WYSIWYG ABK IT what you see is what you get WYSIWIG *n (Bildschirmdarstellung wie im Printprodukt)*

wyvern → wivern

X[1], **x** [eks] A *pl* X's, Xs, x's, xs ['eksɪz] 1 X, x *n (Buchstabe)* 2 **x** MATH a x *n (1. unbekannte Größe od [un]abhängige Variable)* b x-Achse *f*, Abszisse *f (im Koordinatensystem)* 3 **X** *fig* X *n*, unbekannte Größe 4 **X** X *n*, x-förmiger Gegenstand B ADJ **X** X-..., x-förmig C V/T *prät u. pperf* x-ed, x'd 1 *oft* ~ **in** ankreuzen 2 ~ **out** ausixen

X[2] ABK 1 Christ 2 Christian

xanthate ['zænθeɪt] S CHEM Xanthat *n*

xanthein ['zænθiːɪn] S BOT, CHEM Xanthein *n*

Xanthian ['zænθɪən] ADJ *Antike:* xantisch *(auf die Stadt Xanthos bezüglich)*

xanthic ['zænθɪk] ADJ BOT gelb; ~ **acid** S CHEM Xanthogensäure *f*

xanthine ['zænθiːn] S BIOL, CHEM Xanthin *n*

Xanthippe [zæn'θɪpɪ; -'tɪ-] EIGENN & S *fig* Xanthippe *f*

xanthochroid ['zænθəʊkrɔɪd] ADJ blondhaarig u. hellhäutig *(Rasse)*

xanthoma [zæn'θəʊmə] *pl* -mas, -mata [-mətə] S MED Xanthom *n (gutartige, gelbe Hautgeschwulst)*

xanthophyl(l) ['zænθəʊfɪl] S BOT, CHEM Xanthophyll *n*, Blattgelb *n*

xanthous ['zænθəs] ADJ 1 gelb(lich) 2 → xanthochroid

Xantippe [zæn'tɪpɪ] → Xanthippe

x-axis S *irr* → X[1] A 2 b

X chromosome S BIOL X-Chromosom *n*

xebec ['ziːbek] S SCHIFF, HIST Schebecke *f (flach gehendes Mittelmeerschiff)*

xenogamous [ziː'nɒgəməs; *US* -'nɑ-] ADJ BOT xenogam; **xenogamy** S Xenogamie *f*, Fremd-, Kreuzbestäubung *f*

xenogenesis [ˌzenə-] S BIOL 1 → heterogenesis 2 *Entstehung von Lebewesen, die von den Eltern völlig verschieden sind;* **xenogenetic** ADJ durch Urzeugung *od* Generationswechsel entstanden

xenoglossia [ˌzenə'glɒsɪə; *US* -'glɑ-] S *Parapsychologie:* Xenoglossie *f (unbewusstes Reden in e-r unbekannten Fremdsprache)*

xenolith ['zenəlɪθ] S GEOL Xenolith *m*, Fremdkörper *m*

xenomorphic ADJ xenomorph, fremdgestaltig *(Mineralien)*

xenon ['zenɒn; *US* 'ziːˌnɑn; 'zenˌɑn] S CHEM Xenon *n*

xenophile ['zenəfaɪl] S xenophile Person; **xenophilia** [-'fɪlɪə] S Xenophilie *f*, Ausländer-, Fremdenliebe *f*; **xenophilous** [ze'nɒfɪləs; *US* -'nɑ-] ADJ xenophil, ausländer-, fremdenfreundlich

xenophobe ['zenəfəʊb] S Ausländer-, Fremdenhasser(in); **xenophobia** S Xenophobie *f*, Ausländer-, Fremdenfeindlichkeit *f*; **xenophobic** [-bɪk] ADJ xenophob, ausländer-, fremdenfeindlich

xeranthemum [zɪ'rænθəməm] S BOT Xeranthemum *n*, Strohblume *f*

xerography [ˌzɪə'rɒgrəfɪ; *US* zə'rɑ-] S TYPO Xerografie *f (ein Vervielfältigungsverfahren)*

xeromorphic [ˌzɪərə'mɔː(r)fɪk] ADJ BOT xeromorph *(Schutzvorrichtungen gegen Austrocknung besitzend)*

xerophilous [zɪə'rɒfɪləs; *US* zə'rɑ-] ADJ BOT xerophil, Trockenheit liebend

xerophyte ['zɪərəfaɪt] S BOT Xerophyt *m*, Trockenpflanze *f*; **xerophytic** [-'fɪtɪk] ADJ Trockenheit liebend

xerosis [ˌzɪə'rəʊsɪs; *US* zə'r-] S MED Xerose *f (abnorme Trockenheit der Schleimhäute etc)*

xerostomia [ˌzɪərə'stəʊmɪə] S MED Xerostomie *f (abnorme Trockenheit der Mundhöhle)*

Xerox®*a.* ♀ ['zɪərɒks; *US* -ˌɑks] A S Xerokopie *f*, *allg umg* Fotokopie *f* B V/T xerokopieren, *allg umg* fotokopieren

xi [saɪ; zaɪ; gzaɪ; ksaɪ] S Xi *n (griechischer Buchstabe)*

xiphoid ['zɪfɔɪd; *US a.* 'zaɪ,-] ANAT A ADJ schwertförmig: ~ **process** → B B S Schwertfortsatz *m (des Brustbeins)*

XL ABK extra large XL

Xmas ['krɪsməs; 'eksməs] *umg für* Christmas

Xnty ABK Christianity

X-rated ADJ *US* 1 ~ **motion picture** Film *m* ab 17 2 a ordinär, vulgär *(Sprache etc)* b Porno...: ~ **magazine**

X ray S MED, PHYS 1 X-Strahl *m*, Röntgenstrahl *m* 2 Röntgenaufnahme *f*, -bild *n*: **take an ~ (of)** ein Röntgenbild machen (von), *(etwas)* röntgen

X-ray MED, PHYS A V/T [ˌeks'reɪ; 'eksreɪ] 1 röntgen: a ein Röntgenbild machen von b *a.* FLUG *Gepäck* durchleuchten 2 mit Röntgenstrahlen behandeln, bestrahlen B ADJ ['eksreɪ] Röntgen...: ~ **examination (rays, spectrum,** *etc);* ~ **astronomy** Röntgenastronomie *f*; ~ **depiction** Röntgendarstellung *f*; ~ **machine** (*od* **unit**) Röntgengerät *n*; ~ **microscope** Röntgenstrahlmikroskop *n*; ~ **picture** (*od* **photograph**) → X ray 2; ~ **tube** Röntgenröhre *f*, -lampe *f*

Xt ABK Christ

Xty ABK Christianity

xylan ['zaɪlæn] S CHEM Xylan *n*, Holzgummi *n/m*

xylem ['zaɪləm; -lem] S BOT Xylem *n*, Holzteil *m*

xylene ['zaɪliːn] S CHEM Xylol *n*

xylocarp ['zaɪləkɑː(r)p] S BOT holzige Frucht

xylograph ['zaɪləgrɑːf; *bes US* -græf] S Xylografie *f*, Holzschnitt *m*; **xylographer** [-'lɒgrəfə(r); *US* -'lɑ-] S Xylograf(in), Holzschneider(in); **xylographic** [-lə'græfɪk] ADJ (ADV ~ally) xylografisch, Holzschnitt...; **xylography** [-'lɒgrəfɪ; *US* -'lɑ-] S Xylografie *f*, Holzschneidekunst *f*

xylol ['zaɪlɒl; *US a.* -ˌləʊl] → xylene

xylophage ['zaɪləfeɪdʒ] S ZOOL Holzfresser(in); **xylophagous** [zaɪ'lɒfəgəs; *US* -'lɑ-] ADJ Holz fressend

xylophone ['zaɪləfəʊn] S MUS Xylofon *n*; **xylophonist** [zaɪ'lɒfənɪst; *bes US* 'zaɪləˌfəʊ-] S Xylofonist(in)

xylose ['zaɪləʊs; -ləʊz] S CHEM Xylose *f*, Holzzucker *m*

xyster ['zɪstə(r)] S MED Knochenschaber *m*

Y, y [waɪ] A *pl* Y's, Ys, y's, ys [waɪz] 1 Y, y *n*, Ypsilon *n (Buchstabe)* 2 **y** MATH a y *n (2. unbekannte Größe od [un]abhängige Variable)* b y-Achse *f*, Ordinate *f (im Koordinatensystem)* 3 **Y** Y *n*, y-förmiger Gegenstand B ADJ **Y** Y-... y-förmig

y. ABK 1 yard(s PL) 2 year(s PL)

yacht [jɒt; *US* jɑt] A S 1 SCHIFF *(Segel-, Motor)* Jacht *f*: ~ **club** Jachtklub *m*; ~ **harbo(u)r** Jachthafen *m* 2 SPORT Segelboot *n* B V/I 1 SCHIFF auf e-r Jacht fahren 2 SPORT segeln; **yachter** → yachtsman, yachtswoman; **yachting** A S 1 SCHIFF Fahren *n* auf e-r Jacht 2 SPORT Segeln *n* B ADJ 1 Jacht... 2 SPORT Segel...

yachts|man [-mən] S *irr* 1 SCHIFF Jachtfahrer *m* 2 SPORT Segler *m*; **~woman** S *irr* 1 SCHIFF Jachtfahrerin *f* 2 SPORT Seglerin *f*

yack → yak[2]

yaffle ['jæfl] S ORN Grünspecht *m*

Yagi| aerial, *bes US* ~ **antenna** ['jɑːgɪ; *US* 'jægiː] S RADIO, TV Yagi-Antenne *f*

yah [jɑː] INT a bäh!, pfui! b ätsch!

yahoo [jə'huː; *US* 'jeɪhuː] S *pej* a Flegel *m*, Lümmel *m* b brutaler Kerl

Yahveh ['jɑːveɪ], **Yahweh** ['jɑːweɪ] S BIBEL Jahwe *m*, Jehova *m*

yak[1] [jæk] S ZOOL Yak *m*, Jak *m*, Grunzochse *m*

yak[2] [jæk] *umg pej* A S Gequassel *n* B V/I *a.* ~ **away** quasseln (**on** über *akk*, von)

y'all [jɔːl; jɑːl] *US umg Zusammenziehung von* **you all**

Yalta ['jæltə; *US* 'jɔːltə] S Jalta *n*

yam [jæm] S BOT 1 Yams-, Jamswurzel *f* 2 *US* Süßkartoffel *f*, Batate *f* 3 *schott obs* Kartoffel *f*

yammer ['jæmə(r)] *umg pej* A V/I 1 a jammern b → yowl A 2 *US* → yak[2] B B V/T *etwas* jammernd erzählen *od* vorbringen

yang [jæŋ; *US a.* jɑːŋ] S PHIL Yang *n*, Jang *n (das männliche Prinzip darstellendes Weltprinzip der chinesischen Naturphilosophie)*

yank[1] [jæŋk] *umg* A V/T 1 (mit e-m Ruck) *(heraus- etc)* ziehen: ~ **out a tooth**; ~ **off** abreißen 2 reißen *od* heftig ziehen an *(dat)* B V/I ~ **at** (*od* **on**) → A 2 C S (heftiger) Ruck

Yank[2] [jæŋk] *umg für* Yankee

Yankee ['jæŋkɪ] A S Yankee *m*: a *US* Neuengländer(in) b *US bes* HIST Nordstaatler(in) *(der USA)* c *bes Br, oft pej* (Nord)Amerikaner(in), Ami *m* B ADJ Yankee...; **Yankeeism** S 1 Eigentümlichkeiten *pl* der Yankees 2 Spracheigenheit *f* der Yankees

yap [jæp] A S 1 Kläffen *n* 2 *umg pej* Gequassel *n* 3 *US sl* Trottel *m* 4 *bes US sl* Schnauze *f (Mund)*: **keep your ~ shut!** B V/I 1 kläffen 2 → yak[2] B C V/T *etwas* kläffen *od* bellen *(Person)*

yard[1] [jɑː(r)d] S 1 Yard *n*: **a sentence a ~ long** *umg* ein Bandwurmsatz; **his guess was ~s out** *umg* er lag mit s-r Schätzung völlig schief; **the whole nine ~s** *US umg* a alles, was dazugehört b in jeder Beziehung 2 → yardstick 1 3 SCHIFF Rah *f* 4 *US sl* hundert *od* tausend Dollar

yard[2] [jɑː(r)d] A S 1 Hof *m*: **in the ~** auf dem Hof 2 a Lager-, Stapelplatz *m* b Bauhof *m* 3

BAHN Rangier-, Verschiebebahnhof *m* **4** **the** ♀ *umg für* Scotland Yard **5** AGR *(Vieh- etc)* Hof *m* **6** *US* Garten *m* **7** *US* Winterweideplatz *m (für Elche u. Rotwild)* **B** VT **1** *Material etc* in e-m Hof lagern **2** *oft* ~ **up** *Vieh* im Viehhof einschließen

yardage[1] S in Yards angegebene Länge, Yards *pl*

yardage[2] S Recht *n* zur *od* Gebühr *f* für die Benutzung e-s (Vieh- *etc*)Hofs

yard|arm S SCHIFF Rahnock *f*; **~man** [-mən] S *irr* BAHN Rangierarbeiter *m*; **~master** S BAHN Rangiermeister *m*; **~ sale** → garage sale; **~stick** S **1** Yard-, Maßstock *m* **2** *fig* Maßstab *m*: **on what kind of ~ is he basing his criticism?** welche Maßstäbe legt er bei s-r Kritik an?; **is profit the only ~ of success?** wird Erfolg (denn) nur am Profit gemessen?

yarg [jɑː(r)g] S *ein in Cornwall hergestellter Käse*

yarn [jɑː(r)n] **A** S **1** gesponnener Faden, Garn *n*: **dyed in the ~** im Garn gefärbt **2** *(Kabel- etc)* Garn *n* **3** *umg* abenteuerliche *od* erfundene *od* (stark) übertriebene Geschichte, *engS.* Garn *n*: **pitch** (*od* **spin**) **a ~** (s)ein Garn spinnen **B** VI *US umg* (s)ein Garn spinnen; **~-dyed** ADJ TECH im Garn gefärbt

yarrow [ˈjærəʊ] S BOT *(bes* Gemeine) Schafgarbe

yashmak [ˈjæʃmæk] S Jaschmak *m (Schleier der muslimischen Frauen)*

yataghan [ˈjætəgən] S Jatagan *m (türkischer Krummsäbel)*

yaw [jɔː] **A** VI **1** SCHIFF gieren, vom Kurs abkommen **2** FLUG *(um die Hochachse)* gieren, scheren **3** *fig* abweichen (**from** von) **B** S **1** SCHIFF Gierung *f*, Gieren *n* **2** FLUG Scheren *n* **3** *fig* Abweichen *n*

yawl[1] [jɔːl] *Br dial* → yowl

yawl[2] [jɔːl] S SCHIFF Yawl *f*, Heckmaster *m*

yawn [jɔːn] **A** VI **1** gähnen **2** *fig* gähnen, klaffen *(Abgrund etc)* **3** *fig* **a** sich weit u. tief auftun **b** weit offenstehen **B** VT gähnen(d sagen) **C** S **1** **a** Gähnen *n (a. fig)* **b** Gähner *m umg*: **give a ~** gähnen **2** *fig* Abgrund *m*, weite Öffnung **3** *fig umg* **a** *(etwas)* (zum Gähnen) Langweiliges: **the play was a big** (*od* **perfect**) **~** das Stück war stinklangweilig **b** Langweiler(in); **yawning** ADJ (ADV ~ly) gähnend *(a. fig)*

yawp [jɔːp] *US umg* **A** VI **1** schreien, brüllen **2** **a** quasseln **b** meckern: **~ at sb** j-n anmeckern **c** jammern **B** S **1** **a** Schreien *n*, Brüllen *n* **b** Schrei *m* **2** **a** Quasseln *n* **b** Meckern *n* **c** Jammern *n*

yaws [jɔːz] SPL *(meist als sg konstruiert)* MED → framb(o)esia

y-axis S *irr* → Y A 2

YB ABK yearbook

Y chromosome S BIOL Y-Chromosom *n*

ycleped [ɪˈkliːpt], **yclept** [ɪˈklept] ADJ *obs od hum* genannt, namens

Y connection S ELEK **a** Dreieckschaltung *f* **b** Sternschaltung *f*

yd ABK yard(s PL)

ye[1] [jiː] PRON *obs od* BIBEL *od hum* **1** ihr: **~ gods!** großer *od* allmächtiger Gott! **2** euch, dir: **I have strange news to tell ~** **3** du **4** *umg für* you: **how d'ye do?**

ye[2] [jiː] *obs für* the[1]

yea [jeɪ] **A** ADV **1** *a.* INT *obs* ja **2** *obs* fürwahr, wahrhaftig **3** *obs* ja sogar **B** S **1** *obs* Ja *n* **2** PARL *US* Jastimme *f*: **the ~s have it** der Antrag ist angenommen

yeah [jeə] INT *umg* ja

yean [jiːn] **A** VT *Junge* werfen *(Schaf, Ziege)* **B** VI **a** lammen **b** zickeln; **yeanling** [-lɪŋ] S **a** Lamm *n* **b** Zicklein *n*

year [jɪə; jɜː; *US* jɪər] S **1** Jahr *n*: **(a hundred) ~s** *pl* **of tradition** jahrelange (e-e hundertjährige) Tradition; **this ~'s winner** der (die) diesjährige Sieger(in); **five-~ plan** WIRTSCH Fünfjahresplan *m*; **three-~ contract** Dreijahresvertrag *m*; **many ~s' experience** langjährige Erfahrung; **after two ~s of marriage** nach zwei Ehejahren; **for a ~ and a day** JUR auf Jahr u. Tag; **for ~s** **a** jahrelang, seit Jahren **b** auf Jahre hinaus; **~ in, ~ out** jahraus, jahrein; **~ by ~, from ~ to ~, ~ after ~** Jahr für Jahr; **in the ~ one** *hum* vor undenklichen Zeiten; **not in ~s** seit Jahren nicht (mehr); **since the ~ dot** *umg* seit e-r Ewigkeit; **twice a ~** zweimal jährlich *od* im Jahr; **take ~s off sb** j-n um Jahre jünger machen *od* aussehen lassen; → old A 2, over A 11, service[1] A 1 **2** *(Kalender-, Kirchen- etc)* Jahr *n*: **~-2000 conversion** IT Jahr-2000-Umstellung *f*; **~-2000 problem** IT Jahr-2000-Problem *n*, Problem *n* 2000; → grace A 7, old A 4 **3** *pl* Alter *n*: **a man of his ~s**; **she is very clever for her ~s**; **he bears his ~s well** er ist für sein Alter noch recht rüstig; → get on A 1, well[1] A 10 **4** SCHULE, UNIV Jahrgang *m*: **he was the best in his ~** **5** ASTRON Umlaufzeit *f*, Periode *f (e-s Planeten)*; **~book** S Jahrbuch *n*; **~-end** *US* **A** S Jahresende *n* **B** ADJ am *od* zum Jahresende: **~ inventory**

yearling [ˈjɪəlɪŋ; ˈjɜːlɪŋ; *US* ˈjɪərlɪŋ] **A** S **1** Jährling *m*, einjähriges Tier **2** *Pferdesport*: Einjährige(s) *n* **B** ADJ einjährig

yearlong ADJ einjährig: **after a ~ absence** nach einjähriger Abwesenheit

yearly **A** ADJ (all)jährlich, Jahres... **B** ADV (all)jährlich, jedes Jahr (einmal)

yearn [jɜːn; *US* jɜrn] VI **1** sich sehnen, Sehnsucht haben (**for, after** nach; **to do sth** danach, etwas zu tun): **~ for sb to come** **a** j-n herbeisehnen **b** sehnsüchtig auf j-n warten **2** Zuneigung empfinden (**to, toward[s]** für); **yearning** **A** S Sehnsucht *f*, Sehnen *n* **B** ADJ (ADV ~ly) sehnsüchtig, sehnend

year-round ADJ ganzjährig

yeast [jiːst] **A** S **1** *(Bier-, Back)* Hefe *f* **2** Schaum *m (bes auf dem Bier)* **3** *fig* Triebkraft *f*, -kräfte *pl* **B** VI **1** gären **2** schäumen; **~ cake** S **1** Hefewürfel *m* **2** Hefekuchen *m*; **~ extract** S Hefeextrakt *m*

yeasty ADJ (ADV yeastily) **1** hefig, Hefe... **2** gärend, Gär... **3** schäumend **4** *fig* **a** leer, hohl, oberflächlich **b** geringfügig, nichtig **5** *fig* **a** unstet *(Leben etc)* **b** überschwänglich *(Begeisterung etc)* **c** energiegeladen *(Person)*

Yeats, William Butler [jeɪts] EIGENN *(1865–1939; Irischer Dichter u. Dramatiker)*

yegg(man) [ˈjeg(mən)] S *irr US sl* **1** Schränker *m (Geldschrankknacker)* **2** (herumziehender) Einbrecher **3** Schläger *m*

yelk [jelk] *dial für* yolk

yell [jel] **A** VI *a.* **~ out** schreien, brüllen *(beide:* **with** vor *dat)*: **~ at sb** j-n anschreien *od* anbrüllen; **~ for help** (gellend) um Hilfe schreien **B** VT *a.* **~ out** *e-n Befehl etc* brüllen, *j-s Namen etc* schreien **C** S **1** Schrei *m*: **give** (*od* **let out**) **a ~** e-n Schrei ausstoßen; **~ for help** (gellender) Hilfeschrei; **~ of terror** Entsetzensschrei; **~s** *pl* **of hate** Hassgeschrei *n* **2** SPORT *etc US* rhythmischer Anfeuerungs- *od* Schlachtruf

yellow [ˈjeləʊ] **A** ADJ **1** gelb *(US a. Verkehrsampel)*: **the lights were ~** *US* die Ampel stand auf Gelb **2** *oft pej* gelb(häutig) *(Rasse)* **3** *fig* **a** *obs* neidisch, missgünstig **b** *umg* feig(e) **B** S **1** Gelb *n*: **at ~** *US* bei Gelb; **the lights were at ~** *US* die Ampel stand auf Gelb; **dressed in ~** gelb *od* in Gelb gekleidet **2** Eigelb *n* **3** *pl (als sg konstruiert)* BOT, VET Gelbsucht *f* **C** VT gelb färben *od* machen **D** VI gelb werden, sich gelb färben, vergilben

yellow|-bellied ADJ *sl* feig(e); **~belly** S *sl* Schisser(in); **~ card** S *Fußball*: Gelbe Karte: **be shown the ~** die Gelbe Karte (gezeigt) bekommen; **~ dog** S *US umg pej* **a** Hund *m* **b** → yellowbelly; **~-dog** ADJ: **~ contract** *US umg Anstellungsvertrag, in dem sich der Arbeitnehmer verpflichtet, keiner Gewerkschaft beizutreten*; **~ fever** S MED Gelbfieber *n*; **~ flag** S SCHIFF Quarantäneflagge *f*; **~hammer** S ORN Goldammer *f*

yellowish ADJ gelblich

yellow| jack S **1** MED Gelbfieber *n* **2** SCHIFF *umg* Quarantäneflagge *f*; **~ journalism** S Sensationsjournalismus *m*; **~ metal** S TECH Gelbguss *m*; **~ ocher**, *bes Br* **~ ochre** S MINER gelber Ocker; ♀ **Pages**® SPL TEL *(die)* Gelben Seiten®, Branchenverzeichnis *n*; **~ peril** S *(die)* gelbe Gefahr; **~ press** S Sensationspresse *f*; **~ rain** S CHEM, MIL, HIST gelber Regen; **~ spot** S ANAT gelber Fleck *(im Auge)*

yellowy ADJ gelblich

yelp [jelp] **A** VI (auf)jaulen *(bes Hund)* **B** S (Auf)Jaulen *n*: **give a ~** → A

Yemen [ˈjemən] S Jemen *m*

Yemeni [ˈjemənɪ], **Yemenite** [ˈjemənaɪt] **A** S Jemenit(in) **B** ADJ jemenitisch

yen[1] [jen] *pl* yen S Yen *m*, Jen *m (japanische Münzeinheit)*

yen[2] [jen] *umg für* yearn 1, yearning A

yeoman [ˈjəʊmən] S *irr* **1** *Br* Yeoman *m* **a** HIST Freisasse *m* **b** MIL, HIST berittener Milizsoldat **c** *a.* **~ of the guard** königlicher Leibgardist: **do ~'s service for sb** *fig* j-m treue Dienste leisten **2** *Br* HIST **a** *Diener od Beamter in königlichem od adligem Haushalt* **b** *Gehilfe e-s Beamten etc*; **yeomanly** ADJ *Br* **1** HIST e-n Yeoman betreffend **2** *fig* zuverlässig, treu; **yeomanry** [-rɪ] S KOLL HIST *Br* **1** Freisassen *pl* **2** MIL berittene Miliz

yep [jep] *umg für* yes A 1

yeppie [ˈjepɪ] S *abk für* **young experimenting perfection seeker** Yeppie *m (junger Mensch auf der Suche nach dem perfekten Leben, unabhängig von Geld u. Status)*

yer [jə(r)] *sl für* your

yerba (maté) [ˈjeə(r)bə] → maté 1, 2

yes [jes] **A** ADV **1** *a.* INT ja: **say ~ (to)** **a** ja sagen (zu), *(e-e Sache)* bejahen *(beide a. fig)* **b** einwilligen (in *akk*); **say ~ to everything** zu allem Ja u. Amen sagen **2** ja, gewiss, allerdings **3** (ja) doch **4** ja sogar **5** **oh ~?** **a** *(interessiert)* ach ja?, tatsächlich? **b** *(ungläubig)* so, so **B** S **1** Ja *n* **2** PARL Jastimme *f*: **the ~es have it** der Antrag ist angenommen; **~man** S *irr pej* Jasager *m*; **~-no question** S LING Entscheidungsfrage *f*

yester [ˈjestə(r)] ADJ **1** *obs od poet* gestrig **2** *(in Zusammensetzungen)* gestrig, letzt(er, e, es); **~day** [-dɪ] **A** ADV gestern: **I was not born ~** *fig* ich bin (doch) nicht von gestern **B** ADJ gestrig, vergangen: **~ morning** gestern früh *od* Morgen **C** S **1** der gestrige Tag: **the day before ~** vorgestern; **~'s paper** die gestrige Zeitung; **of ~** von gestern **2** *meist pl* vergangene Tage *od* Zeiten *pl*; **~year** *obs od poet* **A** ADV voriges Jahr **B** S das vorige Jahr

yestreen [jeˈstriːn] ADV *schott* gestern Abend

yet [jet] **A** ADV **1** (immer) noch, noch immer, jetzt noch: **never ~** noch nie; **not ~** noch nicht; **nothing ~** noch nichts; **~ unfinished** noch (immer) unvollendet, noch nicht vollendet; **there is ~ time** noch ist Zeit; **~ a moment** (nur) noch e-n Augenblick; **as ~** bis jetzt, bisher, noch; **I haven't seen him as ~** bis jetzt habe ich ihn (noch) nicht gesehen; **the worst is ~ to come** das Schlimmste steht noch bevor *od* kommt erst **2** schon *(in Fragen)*, jetzt: **have you finished ~?** bist du schon fertig?; **not just ~** nicht gerade jetzt; **the largest specimen ~ found** das größte bis jetzt gefundene Exemplar **3** (doch) noch, schon (noch): **he will win ~** er wird doch noch gewinnen **4** noch, sogar *(beim Komparativ)*: **~ better** noch besser; **~ more important** sogar noch wichtiger **5** noch dazu, außerdem: **another and ~ another** noch e-r u. noch e-r dazu; **~ again** immer wieder; **nor ~** (u.) auch nicht **6** dennoch, trotzdem, jedoch, aber: **it is strange and ~ true** es ist seltsam u. dennoch wahr; **but ~** aber doch *od* trotzdem **B** KONJ **1** aber (dennoch *od* zugleich), doch: **it is good, ~ it could be improved** **2** *a.* **~ that** *obs* obgleich

yeti ['jetɪ] S Yeti *m*, Schneemensch *m*

yett [jet] S *schott* **a** Tor *n* **b** Tür *f*

yew [juː] S **1** *a.* **~ tree** BOT Eibe *f* **2** Eibenholz *n* **3** *Bogenschießen*: Eibenholzbogen *m*

Y-fronts SPL, *a.* **pair of ~** *(Herren)Unterhose mit y-förmigem Vorderteil*

Yg(g)drasil ['ɪgdræsl; 'ɪgdrəsɪl] S MYTH Yggdrasil *m*, Weltesche *f*

YHA ABK *Br* Youth Hostels Association Jugendherbergsverband *m*

yid [jɪd] S *sl pej* Itzig *m*, Jude *m*

Yiddish ['jɪdɪʃ] LING **A** S Jiddisch *n*, das Jiddische **B** ADJ jiddisch

yield [jiːld] **A** V/T **1** *(als Ertrag)* ergeben, (ein-, er-, hervor)bringen, *bes e-n Gewinn* abwerfen, *Früchte etc, a.* WIRTSCH *Zinsen* tragen, *ein Produkt* liefern: **~ 6%** WIRTSCH **a** sich mit 6% verzinsen **b** 6% Rendite abwerfen; → interest A 11 **2** *ein Resultat* ergeben, liefern **3** *e-n Begriff* geben (**of** von) **4** *j-m Dank, Ehre etc* erweisen, zollen **5** gewähren, zugestehen, einräumen: **~ consent** einwilligen; **~ one's consent to sb** j-m s-e Einwilligung geben; **~ the point** sich *(in e-r Debatte)* geschlagen geben; **~ precedence to sb** j-m den Vorrang einräumen; **~ right of way to sb** AUTO j-m die Vorfahrt gewähren **6** *meist* **~ up** **a** auf-, hergeben **b** (**to**) abtreten (an *akk*), überlassen, -geben *(dat)*, ausliefern *(dat od* an *akk)*: **~ o.s. to** sich *(e-r Sache)* überlassen; **~ o.s. prisoner** sich gefangen geben; **~ a place to** *(dat)* Platz machen; **~ a secret** ein Geheimnis preisgeben; → palm² 3 **7** *obs* zugeben **8** *obs* vergelten, belohnen **B** V/I **1** e-n *guten etc* Ertrag geben *od* liefern, *bes* AGR *gut etc* tragen **2** nachgeben, weichen *(Sache od Person)*: **~ to despair** sich der Verzweiflung hingeben; **~ to force** der Gewalt weichen; **~ to treatment** MED auf e-e Behandlung(smethode) ansprechen *(Krankheit)*; **"~"** AUTO *US* „Vorfahrt gewähren!" **3** sich unterwerfen, sich fügen *(beide:* **to** *dat)* **4** einwilligen (**to** in *akk*) **5** nachstehen (**to** *dat*): **~ to none in sth** keinem in e-r Sache nachstehen **C** S **1** Ertrag *m*: **a** AGR Ernte *f* **b** Ausbeute *f (a.* PHYS, TECH), Gewinn *m*: **~ of radiation** PHYS Strahlungsertrag, -ausbeute; **~ of tax(es)** WIRTSCH Steueraufkommen *n*, -ertrag **2** WIRTSCH **a** Zinsertrag *m* **b** Rendite *f* **3** TECH **a** Metallgehalt *m (von Erzen)* **b** Ausgiebigkeit *f (von Farben etc)* **c** Nachgiebigkeit *f (von Material)*

yielding ADJ (ADV **~ly**) **1** ergiebig, einträglich: **~ interest** WIRTSCH verzinslich **2** **a** nachgebend, dehnbar, biegsam **b** weich **3** *fig* nachgiebig, gefügig

yield| point S TECH Fließ-, Streckgrenze *f*; **~ strength** S TECH Dehngrenze *f*; **~ stress** S TECH Fließ-, Streckspannung *f*

yin [jɪn] S PHIL Yin *n*, Jin *n (das weibliche Prinzip darstellendes Weltprinzip der chinesischen Naturphilosophie)*

yip [jɪp] *US* → yelp

yippee [jɪ'piː; 'jɪpiː] INT hurra!

Yippie ['jɪpiː] S HIST *US* Yippie *m (aktionistischer, ideologisch radikalisierter Hippie)*

yips [jɪps] SPL *bes Golf: umg (die)* Yips *pl (starke Nervosität)*

yite [jeɪt] *schott* → yellowhammer

ylang-ylang → ilang-ilang

ylem ['aɪləm] S PHIL Hyle *f*, Urstoff *m*

Y level S TECH Reiterlibelle *f*

YMCA ABK Young Men's Christian Association CVJM *m*, Christlicher Verein junger Menschen

y.o. ABK year(s) old

yob [jɒb], **yobbo** ['jɒbəʊ] *pl* -bos S *Br umg* Halbstarke(r) *m*, Rowdy *m*

YOB, **Y.O.B.** ABK year of birth Geburtsjahr *n*

yodel ['jəʊdl] **A** V/T & V/I *prät u. pperf* -deled, *bes Br* -delled jodeln **B** S Jodler *m*; **yodel(l)er** S Jodler(in)

yoga ['jəʊgə] S Joga *m/n*, Yoga *m/n*

yogh [jɒg; jəʊk; jəʊg] S LING *der mittelenglische Laut* ʒ

yogh(o)urt ['jɒgət; *US* 'jəʊgərt] S Joghurt *m/n*, *umg a. f*

yogi ['jəʊgɪ], *a.* **yogin** [-gɪn] S Jogi *m*, Yogi *m*; **yogism** → yoga

yogurt → yogh(o)urt

yoheave-ho [ˌjəʊhiːv'həʊ] INT SCHIFF, HIST hauruck!

yoho [jəʊ'həʊ] INT **1** he!, holla! **2** hauruck!

yoicks [jɔɪks] INT JAGD hussa! *(Hetzruf an Hunde)*

yoke [jəʊk] **A** S **1** Joch *n (a. fig)*: **~ of marriage** Ehejoch, Joch der Ehe **2** *pl* **yoke** Joch *n*, Gespann *n*: **two ~ of oxen** zwei Joch Ochsen **3** TECH **a** Joch *n*, Schultertrage *f (für Eimer etc)* **b** Glockengerüst *n* **c** Kopfgerüst *n (e-s Aufzugs)* **d** Bügel *m* **e** ELEK *(Magnet-, Pol)* Joch *n* **f** AUTO Gabelgelenk *n* **g** doppeltes Achslager **h** SCHIFF Kreuzkopf *m*, Ruderjoch *n* **4** Passe *f*, Sattel *m (an Kleidern)* **B** V/T **1** *Tiere* ins Joch spannen, anschirren, anjochen **2** *fig* paaren, verbinden *(beide:* **with, to** mit) **3** *e-n Wagen etc* mit Zugtieren bespannen **4** *fig* anspannen, anstrengen *(beide:* **to** bei): **~ one's mind to sth** s-n Kopf bei etwas anstrengen **C** V/I **a** verbunden sein (**with sb** mit j-m) **b** *a.* **~ together** zusammenarbeiten

yokefellow S *obs* **1** Arbeitskollege *m*, -kollegin *f* **2** (Ehe)Gatte *m*, (-)Gattin *f*

yokel ['jəʊkl] S *pej* Bauer *m*

yokemate → yokefellow

yolk [jəʊk] S **1** ZOOL Eidotter *m/n*, Eigelb *n* **2** → suint

yolked [jəʊkt] ADJ ZOOL *(in Zusammensetzungen)* ...dott(e)rig

yolk sac S ZOOL Dottersack *m*

yolky ADJ **1** ZOOL Dotter... **2** dotterartig

Yom Kippur [ˌjɒm'kɪpə(r); -kɪ'pʊə(r)] S REL Jom Kippur *m*, Versöhnungstag *m (jüdischer Feiertag)*

yon [jɒn; *US* jɑn] *obs od Br dial* **A** ADJ & PRON jene(r, s) dort (drüben) **B** ADV → yonder A

yonder ['jɒndə; *US* 'jɑndər] **A** ADV **1** da *od* dort drüben **2** *obs* dorthin, da drüben hin **B** ADJ & PRON → yon A

yonks [jɒŋks] SPL: **I haven't seen him for ~** *Br umg* ich hab ihn schon ewig nicht mehr gesehen

yoo-hoo ['juːhuː] INT juhu!

yore [jɔː(r); *US a.* 'jəʊər] S & ADV *obs od poet*: **of ~** vorzeiten, ehedem, vormals; **in days of ~** in alten Zeiten

York [jɔː(r)k] EIGENN (das Haus) York *(englisches Herrscherhaus zur Zeit der Rosenkriege)*: **~ and Lancaster** die Häuser York u. Lancaster; **Yorkist** HIST **A** S Mitglied *n od* Anhänger(in) des Hauses York *(während der Rosenkriege)* **B** ADJ zu den Mitgliedern *od* Anhängern des Hauses York gehörend

Yorkshire ['jɔː(r)kʃə(r)] ADJ *Br* aus der *(ehemaligen)* Grafschaft Yorkshire, Yorkshire...; **~man** [-mən] S *irr* Mann *m* aus Yorkshire; **~ pudding** S GASTR *gebackener Eierteig, der zum Rinderbraten gegessen wird*; **~ terrier** S ZOOL Yorkshireterrier *m*; **~woman** S *irr* Frau *f* aus Yorkshire

Yosemite National Park [jəʊ'semɪtɪ] S Yosemite Nationalpark *m (Nationalpark in Kalifornien, USA)*

you [juː; jʊ] PRON **1** *(persönlich)* **a** *(nom)* du, ihr, Sie **b** *(dat)* dir, euch, Ihnen **c** *(akk)* dich, euch, Sie: **~ are so kind** du bist (ihr seid, Sie sind) so nett; **who sent ~?** wer hat dich (euch, Sie) geschickt?; **~ three** ihr (euch) drei; **don't ~ do that!** tu das ja nicht!; **that's a wine for ~** das ist vielleicht ein (gutes) Weinchen! **2** *reflexiv obs* **a** dir, euch, sich **b** dich, euch, sich: **get ~ gone** schau, dass du fortkommst!; **sit ~ down** setz dich hin! **3** *unpers* man: **what should ~ do?** was soll man tun?; **~ soon get used to it** man gewöhnt sich bald daran; **that does ~ good** das tut einem gut

you'd [juːd] *Zusammenziehung von* **you had**, **you would**

you'll [juːl] *Zusammenziehung von* **you will**, **you shall**

young [jʌŋ] **A** ADJ **1** jung *(nicht alt)*: **he's 90 years ~**; **you're too ~ for that** *a.* das ist nichts für kleine Kinder; **~ in years** jung an Jahren; **~ and old** Alt u. Jung *(alle)*; **~ blood** junges Blut; **~ lady (woman)** **a** junge Dame (Frau) **b** *obs* Schatz *m*, Freundin *f*; **~ man** **a** junger Mann **b** *obs* Schatz *m*, Freund *m*; **≈ Men's Christian Association** Christlicher Verein Junger Männer; **~ offender** JUR *Br* jugendliche(r) Täter(in); **~ offenders' institution** JUR *Br* Jugendstrafanstalt *f*; **~ one** Kind *n*; **~ person** JUR *Br* Jugendliche(r) *m/f(m)*, Heranwachsende(r) *m/f(m) (14-17 Jahre alt)*; → hopeful B, shaver 2, Turk 1 **2** jung, klein, Jung...: **~ animal**; **~ America** *umg* die amer. Jugend; **~ children** kleine Kinder; **~ days** *pl* Jugend(zeit) *f* **3** jung, jugendlich: **~ ambition** jugendlicher Ehrgeiz; **~ love** junge Liebe **4** jung, unerfahren, unreif: **~ in one's job** unerfahren in s-r Arbeit **5** jünger, junior: **~ Mr Smith** Herr Smith junior *(der Sohn)* **6** jung, neu: **a ~ family** e-e junge Familie; **a ~ nation** e-e junge Nation **7** jung, nicht weit fortgeschritten: **the night (year) is yet ~** **B** S **1** *(als pl konstruiert)* ZOOL Junge *pl*: **with ~** trächtig **2** **the ~** *koll* die Jungen *pl*, die jungen Leute *pl*, die Jugend

younger ['jʌŋgə(r)] **A** *komp von* young **B** S Jüngere(r) *m/f(m)*: **Teniers the ≈** Teniers der Jüngere *(niederländischer Maler)*; **his ~s** die, die jünger sind als er

youngish ADJ ziemlich jung

youngling ['jʌŋlɪŋ] S **1** *obs od poet* **a** junger Mensch **b** Junge(s) *n*, Jungtier *n* **2** Neuling *m*, Anfänger(in)

youngster ['jʌŋstə(r)] S **1** **a** Kind *n* **b** junger Mensch, *bes* Youngster *m*, Jugendliche(r) *m/f(m)* **2** Junge(s) *n*, Jungtier *n*, *bes* Fohlen *n (Pferd)*

younker ['jʌŋkə(r)] S **1** HIST Junker *m* **2** → youngster 1

your [jɔː(r); *US bes* jʊər] POSS PR **1** **a** *(sg)* dein(e) **b** *(pl)* euer, eure **c** *(sg od pl)* Ihr(e): **it is ~ own fault** es ist d-e (eure, Ihre) eigene Schuld **2** *unpers umg* **a** so ein(e) **b** der (die, das) viel gepriesene *od* viel gerühmte: **is that ~ fox hunt?** ist das die (viel gepriesene) Fuchsjagd?

yours [jɔː(r)z; *US bes* jʊərz] PRON **1** **a** *(sg)* dein(er, e, es), der (die, das) Dein(ig)e, die Dein(ig)en **b** *(pl)* euer, eure(s), der (die, das) Eur(ig)e, die Eur(ig)en **c** *(Höflichkeitsform, sg od pl)* Ihr(er, e, es), der (die, das) Ihr(ig)e, die Ihr(ig)en: **this is ~** das gehört dir (euch,

Ihnen); **what is mine is ~** was Mein ist, ist auch Dein; **my sister and ~** m-e u. d-e Schwester; **a friend of ~** ein Freund von dir (euch, Ihnen); **that dress of ~** dieses Kleid von dir, dein Kleid; **~ is a pretty book** du hast (ihr habt, Sie haben) (da) ein schönes Buch; **what's ~?** *umg* was trinkst du (trinkt ihr, trinken Sie)?; → faithfully 1, sincerely, truly 2 **2** a die Dein(ig)en (Euren, Ihren) b das Dein(ig)e, d-e Habe: **you and ~** **3** WIRTSCH Ihr Schreiben: **~ of the 15th**

yourself *pl* -selves PRON *(in Verbindung mit* **you** *od e-m Imperativ)* **1** *(bes verstärkend)* a *(sg)* (du, Sie) selbst b *(pl)* (ihr, Sie) selbst: **do it ~!** mach es selber!, selbst ist der Mann *od* die Frau!; **you ~ told me**, **you told me ~** du hast (Sie haben) es mir selbst erzählt; **by ~** a selbst, selber b selbstständig, allein c allein, einsam; **be ~** *umg* nimm dich zusammen!; **you are not ~ today** du bist (Sie sind) heute ganz anders als sonst *od umg* nicht auf der Höhe; **what will you do with ~ today?** was wirst du (werden Sie) heute anfangen? **2** *reflexiv* a *(sg)* dir, dich, sich b *(pl)* euch, sich: **did you hurt ~?** hast du dich (haben Sie sich) verletzt?

youth [juːθ] **A** S **1** Jugend *f*, Jungsein *n* **2** Jugend(frische, -kraft) *f*, Jugendlichkeit *f* **3** Jugend(zeit) *f*: **in my ~** in m-r Jugend **4** Frühzeit *f*, -stadium *n* **5** KOLL *(a. als pl konstruiert)* Jugend *f*, junge Leute *pl od* Menschen *pl*: **the ~ of the country** die Jugend des Landes **6** → youngster 1 b **B** ADJ Jugend...: **~ group (movement, sect,** *etc*); **~ hostel** Jugendherberge *f*; **~ hostel(l)er** *j-d, der in Jugendherbergen übernachtet*; **~ training scheme** Ausbildungsprogramm *n* für (arbeitslose) Jugendliche;

youthful ADJ (ADV ~ly) **1** jugendlich, jung **2** jugendlich: a *für Jugendliche charakteristisch*: **~ optimism** b *die Frische etc e-s jungen Menschen besitzend*: **a ~ octogenarian** *a.* ein(e) rüstige(r) Achtziger(in) **3** Jugend...: **in my ~ days**;

youthfulness S Jugend(lichkeit) *f*, Jugendfrische *f*

you've [juːv] *Zusammenziehung von* **you will**, **you shall**

yowl [jaʊl] **A** V/I jaulen *(Hund)*, heulen *(Wolf)*, maunzen *(Katze)* **B** S Jaulen *n*, Heulen *n*, Maunzen *n*: **give a ~** → A

yo-yo [ˈjəʊjəʊ] **A** *pl* -yos S **1** Jo-Jo *n* **2** *US sl* Idiot(in) **B** ADJ *fig* fluktuierend, schwankend **C** V/I **1** *fig* fluktuieren, schwanken **2** *fig* schwanken, unschlüssig sein

yr ABK **1** year(s PL) **2** younger **3** your

yrs ABK **1** years PL **2** yours

YTS ABK *Br* youth training scheme *(Berufspraxis- u. Arbeitsbeschaffungsprogramm für Schulabgänger)*

YT ABK Yukon Territory

ytterbia [ɪˈtɜːbjə; *US* ɪˈtɜrbɪə] S CHEM Ytterbiumoxyd *n*; **ytterbium** [-bjəm; -bɪəm] S CHEM Ytterbium *n*: **~ oxide** → ytterbia

yttria [ˈɪtrɪə] S CHEM Yttriumoxyd *n*; **yttrium** [-əm] S CHEM Yttrium *n*: **~ oxide** → yttria

yttro- [ɪtrəʊ] CHEM *Wortelement mit der Bedeutung* Yttrium, Yttro...

yucca [ˈjʌkə] S **1** BOT Yucca *f*, Palmlilie *f* **2** Yucca-Blüte *f (Symbol des Staates Neu-Mexiko)*

yuck [jʌk] INT *sl* igitt!, pfui Teufel!; **yucky** ADJ *sl* ekelhaft, widerlich

Yuga [ˈjʊgə] S *Hinduismus*: Yuga *n*, Weltalter *n*

Yugoslav [ˈjuːgəʊslɑːv; *US a.* -slæv] **A** S **1** Jugoslawe *m*, -lawin *f* **2** LING *umg* Jugoslawisch *n*, das Jugoslawische **B** ADJ jugoslawisch; **Yugoslavia** [ˌjuːgəʊˈslɑːvjə; -vɪə] S HIST Jugoslawien *n*; **Yugoslavian** **A** S → Yugoslav A 1 **B** ADJ → Yugoslav B; **Yugoslavic** → Yugoslav B

yuk → yuck; **yukky** → yucky

yule [juːl] S *obs od poet* **1** Weihnachtsfest *n* **2** → yuletide; **~ log** S *großes Scheit, das die Grundlage e-s zu Weihnachten angezündeten Kaminfeuers bildet*; **~tide** S *obs od poet* Weihnacht *f*, Weihnachten *n od pl*, Weihnachtszeit *f*

yummy [ˈjʌmɪ] *umg* **A** ADJ a *allg* prima, toll b lecker *(Mahlzeit etc)* **B** INT → yum-yum **C** S Leckerbissen *m*

yum-yum [ˌjʌmˈjʌm] INT *umg* mm!, lecker!

yuppie [ˈjʌpɪ] S Yuppie *m (junger, karrierebewusster Stadtmensch) (aus* **young urban professional***)*

YWCA ABK Young Women's Christian Association Christlicher Verein junger Frauen u. Mädchen

Z

Z, z [zed; *US* ziː] **A** *pl* Z's, Zs, z's, zs [zedz; *US* ziːz] **1** Z, z *n (Buchstabe)* **2** **z** MATH a z *n (3. unbekannte Größe od [un]abhängige Variable)* b z-Achse *f (im Koordinatensystem)* **3** **Z** Z *n*, z-förmiger Gegenstand: **catch some Z's** *US sl* sich aufs Ohr hauen **B** ADJ **Z** Z-..., z-förmig

z. ABK **1** zero **2** zone

zaffer, **zaffre** [ˈzæfə(r)] S MINER, TECH Zaffer *m*

zaftig [ˈzɑːftɪg] ADJ *US sl* mollig *(Frau)*

Zaire [zɑːˈɪə(r); *US a.* ˈzaɪər] S HIST Zaire *n*

Zairian [zaɪˈɪərɪən; zɑː-] *obs* **A** S Zairer(in) **B** ADJ zairisch

Zambezi [zæmˈbiːzɪ] S Sambesi *m*

Zambia [ˈzæmbɪə] S Sambia *n*

Zambian [ˈzæmbɪən] **A** S Sambier(in) **B** ADJ sambisch

ZANU ABK Zimbabwe African National Union

zany [ˈzeɪnɪ] **A** S **1** THEAT, HIST Hanswurst *m*, *fig pej a.* Clown *m* **2** *fig pej* Einfaltspinsel *m* **B** ADJ (ADV zanily) *fig* a *pej* clownisch b einfältig; **zanyism** S *fig pej* Hanswurstiaden *pl*

Zanzibar [ˌzænzɪˈbɑː; *US* ˈzænzəˌbɑːr] S Sansibar *n*

Zanzibari [ˌzænzɪˈbɑːrɪ] **A** S Sansibarer(in) **B** ADJ sansibarisch

zap [zæp] *umg* **A** V/T **1** *bes* MIL *j-n* abknallen **2** → nuke B 2 **3** COMPUT löschen **4** GASTR *US* im Mikrowellenherd garen **B** V/I **1** schwirren, zischen: **~ off** abschwirren, -zischen *sl* **2** TV zappen *umg* **C** S **1** Schmiss *m*, Schwung *m* **2** Demo *f umg* **D** INT zack!; **zapper** S TV *US umg* Fernbedienung *f (Gerät)*; **zappy** [-pɪ] ADJ *umg* schmissig, schwungvoll

ZAPU ABK Zimbabwe African People's Union

Zarathustrian [ˌzærəˈθuːstrɪən], *etc* → Zoroastrian *etc*

zaratite [ˈzærətaɪt] S MINER Zaratit *m*

z axis S *irr* → Z A 2

Z car S *Br* Streifenwagen *m*

zeal [ziːl] S **1** (Arbeits- *etc*)Eifer *m* **2** Begeisterung *f*, Hingabe *f*, Inbrunst *f*

zealot [ˈzelət] S **1** Eiferer *m*, Eiferin *f*, REL *a.* Zelot(in) **2** Enthusiast(in), Fanatiker(in): **a ~ of the rod** ein(e) begeisterte(r) Angler(in) **3** ♀ HIST Zelot *m (jüdischer Sektierer zur Zeit der Römerherrschaft)*; **zealotry** [-trɪ] S fanatischer Eifer, REL *a.* Zelotismus *m*

zealous [ˈzeləs] ADJ (ADV ~ly) **1** eifrig **2** eifernd **3** begeistert; **zealousness** → zeal

zebec(k) → xebec

zebra [ˈzebrə; *bes US* ˈziː-] *pl* -bras, *bes koll* -bra S ZOOL Zebra *n*; **~ crossing** S *Br* Zebrastreifen *m (Fußgängerüberweg)*; **~ finch** S ORN Zebrafink *m*; **~wood** S **1** BOT *verschiedene Bäume mit zebrastreifigem Holz* **2** Zebrano *n*, Zebraholz *n (Holz dieser Bäume)*

zebrine [ˈzebraɪn; *bes US* ˈziː-] ADJ ZOOL **1** zebraartig **2** Zebra...

zebu [ˈziːbuː] *pl* -bus, *bes koll* -bu S ZOOL Zebu *n*, Buckelochse *m*

zecchino [zeˈkiːnəʊ; tse-] *pl* -ni [-nɪ], zechin [ˈzekɪn] → sequin 1

zed [zed] S *Br* Zet *n (Buchstabe)*

zedoary [ˈzedəʊərɪ; *US* ˈzedəˌweriː] BOT, PHARM Zitwerwurzel *f*

zee [ziː] *US für* zed

Zeeman effect [ˈziːmən; ˈzeɪmɑːn] S PHYS Zeemann-Effekt *m*

Zeitgeist, *a.* ♀ [ˈtsaɪtgaɪst] S Zeitgeist *m*

Zen [zen] S **1** Zen *n*, Meditation *f*, Versenkung *f* **2** → Zen Buddhism

zenana [zeˈnɑːnə] S *(in Indien u. Persien)* Zenana *f (Wohnräume der Frauen)*

Zen| Buddhism S REL Zen-Buddhismus *m (Buddhismus der Versenkung)*; **~ Buddhist** S REL Zen-Buddhist(in)

Zend-Avesta [ˌzendəˈvestə] S Awesta *n (heiliges Buch der Perser)*

Zener| cards [ˈziːnə(r)] SPL *Parapsychologie*: Zener-Karten *pl*; **~ diode** S PHYS Zener-Diode *f*, Z-Diode *f*

zenith [ˈzenɪθ; *bes US* ˈziː-] S Zenit *m*: a ASTRON Scheitelpunkt *m (a. Ballistik)* b *fig* Höhe-, Gipfelpunkt *m*: **be at one's ~** den Zenit erreicht haben, im Zenit stehen; **zenithal** ADJ **1** Zenit... **2** *fig* höchst(er, e, es)

zeolite [ˈziːəlaɪt] S MINER Zeolith *m*

Zephaniah [ˌzefəˈnaɪə] EIGENN & S (das Buch) Zephanja *m*

zephyr [ˈzefə(r)] S **1** *poet* a Zephir *m*, Westwind *m* b laues Lüftchen, sanfter Wind **2** *obs sehr leichtes Gewebe od daraus gefertigtes Kleidungsstück* **3** a *a.* **~ cloth** Zephir *m (Gewebe)* b *a.* **~ worsted** Zephirwolle *f* c *a.* **~ yarn** Zephirgarn *n*

zeppelin, *a.* ♀ [ˈzepəlɪn] S FLUG Zeppelin *m*

zero [ˈzɪərəʊ] **A** *pl* -ros, -roes S **1** Null *f (Zahl od Zeichen; US a.* SPORT, TEL): **equate to ~** MATH gleich null setzen; *my interest in it* **was practically ~** war gleich null **2** PHYS Null(punkt) *f(m)*, Ausgangspunkt *m (e-r Skala)*, *bes* Gefrierpunkt *m*: **10° below (above) ~** 10 Grad unter (über) null **3** MATH Null(punkt) *f(m)*, Nullstelle *f* **4** *fig* Null-, Tiefpunkt *m*: **at ~** auf dem Nullpunkt (angelangt) **5** LING Nullform *f* **6** MIL Nulljustierung *f* **7** FLUG Bodennähe *f*: **fly at ~** unter 1000 Fuß *od* in Bodennähe fliegen **B** V/T **1** TECH auf null einstellen **2** **~ in** MIL das Visier *e-s Gewehrs* justieren **C** V/I **~ in on** a MIL sich einschießen auf *(akk)* *(a. fig)* b *fig* abzielen *od* sich konzentrieren auf *(akk)* c *fig ein Problem etc* einkreisen d *fig* sich auf *e-e Chance etc* stürzen **D** ADJ **1** Null...: **~ axis (current, frequency,** *etc*): **~ adjustment** a TECH Nullpunkteinstellung *f* b ELEK Nullabgleich *m (e-r Brücke)* **2** *bes US umg* null: **show ~ interest in sth**; **~ conductor** S ELEK Nullleiter *m*; **~-emission** ADJ AUTO schadstofffrei; **~ gravity** S PHYS (Zustand *m* der) Schwerelosigkeit; **~ growth** S **1** *a.* **zero economic growth** Nullwachstum *n* **2** *a.* **zero population growth** Bevölkerungsstillstand *m*; **~ hour** S **1** MIL Stunde *f* X **2** *fig umg* kritischer Augenblick; **~ option** S MIL, POL Nulllösung *f*; **~ point** S Nullpunkt *m*; **~-rate** V/T *Br Waren* von der Mehrwertsteuer ausnehmen

zest [zest] **A** S **1** Würze *f (a. fig)*: **add ~ to sth** e-r Sache Würze *od* Reiz verleihen **2** GASTR *(bes geriebene) (Orangen- od Zitronen)* Schale **3** *fig* **(for)** Genuss *m*, Geschmack *m*, Freude *f* (an *dat*), Begeisterung *f* (für), Schwung *m*: **~**

for living Lebensfreude **B** VT würzen *(a. fig)*; **zestful** ADJ (ADV ~ly) *fig* **1** reizvoll, genussreich **2** begeistert, schwungvoll
zeta ['zi:tə; *US a.* 'zeɪtə] S Zeta *n (griechischer Buchstabe)*
zeugma ['zju:gmə; *bes US* 'zu:gmə] S LING Zeugma *n (unpassende Beziehung e-s Satzglieds, bes des Prädikats, auf zwei od mehr Satzglieder)*: **Mr Pickwick took his hat and his leave**
zibel(l)ine ['zɪbəlaɪn; -li:n] **A** ADJ ZOOL **1** Zobel... **2** zobelartig **B** S **1** Zobelpelz *m* **2** Zibeline *f (ein Wollstoff)*
zibet ['zɪbɪt] S ZOOL Indische Zibetkatze
ziff [zɪf] S *Aus umg* (Voll)Bart *m*
ziggurat ['zɪgʊræt; -gə-] S Zikkurat *f (Stufenturm in babylonischen Tempelanlagen)*
zigzag ['zɪgzæg] **A** S **1** Zickzack *m* **2** Zickzacklinie , -bewegung *f*, -kurs *m (a. fig)* **3** Zickzackweg *m*, -straße *f*, Serpentine(nstraße) *f* **4** ARCH Zickzackfries *m* **5** *Festungsbau*: Zickzackgraben *m* **B** ADJ zickzackförmig, Zickzack... **C** ADV im Zickzack **D** VI sich zickzackförmig bewegen, im Zickzack laufen *od* fahren *etc*, zickzackförmig verlaufen *(Weg etc)* **E** VT **1** zickzackförmig gestalten **2** im Zickzack durchqueren
zik(k)urat ['zɪkʊræt; -kə-] → ziggurat
zilch [zɪltʃ] S *US sl* Nichts *n*, Null *f*: **be ~** gleich null sein; **drop to ~** auf den Nullpunkt sinken
zillah ['zɪlə] S *IndEng* Bezirk *m*
zillion ['zɪljən] S *umg*: **a ~ times** tausendmal, x-mal; **~s** *pl* **of people** e-e Unmasse Leute
Zimbabwe [zɪm'bɑ:bwɪ; -bweɪ] S Simbabwe *n*
Zimbabwean [zɪm'bɑ:bwɪən] **A** S Simbabwer(in) **B** ADJ simbabwisch
zimmer ['zɪmə(r)] S *a.* **~ aid** → walker 5 b
zinc [zɪŋk] **A** S CHEM Zink *n*: **~ chromate, chromate of ~** **a** Zinkchromat *n* **b** MAL Zinkgelb *n*; **~ sulphide** Schwefelzink **B** VT *prät u. pperf* zinc(k)ed verzinken; **~ blende** S MINER Zinkblende *f*; **~ bloom** S MINER Zinkblüte *f*; **~ green** S MAL Zinkgrün *n*
zincic ADJ CHEM, MINER **1** zinkartig **2** zinkhaltig
zincification [ˌzɪŋkɪfɪ'keɪʃn] S TECH Verzinkung *f*; **zincify** [-faɪ] VT verzinken
zinco ['zɪŋkəʊ] *pl* -cos *Br umg für* zincograph
zincograph ['zɪŋkəʊgrɑ:f; *bes US* -græf] S TECH Zinkografie *f*, Zinkätzung *f*; **zincographer** [-'kɒgrəfə(r); *US* -'kɑ-] S Zinkograf(in), Zinkstecher(in); **zincographic** [-kə'græfɪk], **zincographical** ADJ zinkografisch; **zincography** [-'kɒgrəfɪ; *US* -'kɑ-] S Zinkografie *f*, Zinkstechkunst *f*
zincotype ['zɪŋkətaɪp] → zincograph
zincous ADJ CHEM Zink...
zinc| sulphate S CHEM Zinksulfat *n*; **~ white** S CHEM Zinkweiß *n*, Zinkoxyd *n*
zinfandel ['zɪnfəndel] **a** *e-e in Kalifornien angebaute Rebsorte* **b** *ein aus* a *hergestellter trockener Rotwein*
zing [zɪŋ] *umg* **A** S **1** Schwirren *n*, Zischen *n* **2** → zap C 1 **B** VI → zap B 1 **C** VT *meist* **~ up** *fig* Schwung bringen in *(akk)* **D** INT zisch!
zinger ['zɪŋə(r)] S *umg* **1** schwungvolle Person **2** Spitze *f (boshafte Anspielung etc)* **3** **be a real ~** wie e-e Bombe einschlagen; **zingy** ADJ *umg* **1** → zappy **2** flott *(Kleidung)*, *(a. Laden etc)* schick
zinkification, **zinkify** → zincification, zincify
zinnia ['zɪnjə; -nɪə] S BOT Zinnie *f*
Zion ['zaɪən] S BIBEL Zion *m*; **Zionism** S HIST Zionismus *m (Bewegung zur Gründung e-s jüdischen Staates)*; **Zionist** HIST **A** S Zionist(in) **B** ADJ zionistisch, Zionisten...
zip[1] [zɪp] **A** S **1** Zischen *n*, Schwirren *n* **2** → zap C 1 **3** Reißverschluss *m* **B** VI **1** zischen, schwirren **2** sich mit e-m Reißverschluss (ver)schließen *od* öffnen lassen: **~ shut (open)**; **~ up at the front** vorn e-n Reißverschluss haben **C** VT **1** → zing C **2** mit e-m Reißverschluss (ver)schließen *od* öffnen: **~ shut (open)**; **~ sb up** j-m den Reißverschluss zumachen **3** IT *e-e Datei etc* zippen
zip[2] [zɪp] SPORT *US sl* **A** S: **two to ~** zwei zu null **B** VT zu null schlagen
zip| code S *US* Postleitzahl *f*; **~ fastener** S *bes Br* Reißverschluss *m*; **~ gun** S *US sl* selbst gebastelte Pistole
zipped [zɪpt] ADJ mit Reißverschluss, Reißverschluss...; **zipper** *US* **A** S Reißverschluss *m*: **~ bag** Reißverschlusstasche *f* **B** VI → zip[1] B 2 **C** VT → zip[1] C 2
zippy → zappy
zircon ['zɜ:kɒn; *US* 'zɜrˌkɑn; -kən] S MINER Zirkon *m*; **zirconate** [-kəneɪt] S CHEM Zirkonat *n*
zirconia [zɜ:'kəʊnjə; -nɪə; *US* zɜr-] S CHEM, MINER Zirkonerde *f*; **zirconium** [-njəm; -nɪəm] S CHEM Zirkonium *n*
zit [zɪt] S MED *US sl* Pickel *m*
zither ['zɪðə(r); -θ-] S MUS Zither *f*; **zitherist** S Zitherspieler(in)
zizz [zɪz] *Br* **A** S **1** Zischen *n* **2** *umg* Nickerchen *n*: **have** *(od* **take) a ~** → B 2 **B** VI **1** zischen *(Feuerwerkskörper etc)* **2** *umg* ein Nickerchen machen *od* halten: **~ off** einnicken
zloty ['zlɒtɪ] *pl* -tys, *koll* -ty S Zloty *m (polnische Münze)*
zod ABK ASTROL zodiac
zodiac ['zəʊdɪæk] S ASTROL Zodiakus *m*, Tierkreis *m*: **sign of the ~** Tierkreis-, Sternzeichen *n*; **which sign of the ~ are you?** welches Sternzeichen hast du?
zodiacal [zəʊ'daɪəkl] ADJ ASTROL zodiakal, Tierkreis...
zoftig ['zɔ:ftɪg] → zaftig
zoic ['zəʊɪk] ADJ **1** ZOOL zoisch, tierisch **2** GEOL Tier- *od* Pflanzenspuren enthaltend
zombi(e) ['zɒmbɪ; *US* 'zɑm-] S **1** *Wodukult*: **a** Pythongottheit *f (in Westafrika)* **b** Schlangengottheit *f (bes in Haiti)* **c** *übernatürliche Kraft, die in e-n Körper eintreten u. ihn wiederbeleben kann* **2** Zombie *m (durch Zauberei wieder zum Leben erweckter Toter)* **3** *US ein Cocktail aus Rum, Likör u. Fruchtsaft*
zonal ['zəʊnl], **zonary** ADJ zonal, zonar, Zonen...
zone [zəʊn] **A** S **1** *allg* Zone *f (a.* MATH): **a** GEOG (Erd)Gürtel *m*: → temperate 5, torrid 2 **b** Gebietsstreifen *m*, *(Weizen- etc)* Gürtel *m* **c** Bezirk *m*, *(a.* ANAT Körper)Gegend *f*, Bereich *m (a. fig)*: **~ of occupation** Besatzungszone; **~ of silence** Schweigezone; **~ marking** SPORT Raumdeckung *f*; **~ time** Zonenzeit *f* **2** **a** *(Verkehrs)*Zone *f*, Abschnitt *m* **b** BAHN, *Postwesen*: *US (Gebühren)*Zone *f* **c** *Postwesen*: Post(zustell)bezirk *m* **d** *(Straßenbahn- etc)* Teilstrecke *f* **3** IT *(Code)* Zone *f* **4** *obs od poet* Gürtel *m* **B** VT in Zonen aufteilen, verzonen
zonked [zɒŋkt; *US* zɑŋkt] ADJ *sl* **1** **a** high *(im Drogenrausch)* **b** stinkbesoffen **2** fix u. fertig
zonular ['zəʊnjʊlə(r)] → zonal; **zonule** [-nju:l] S kleine Zone: **ciliary ~** ANAT Zonula *f* ciliaris zinnii *(im Auge)*
zoo [zu:] S Zoo *m*: **~ keeper** Zoowärter(in)
zoo- [zəʊəʊ; zəʊə], *a.* **zo-** *Wortelement mit der Bedeutung* tierisch, Tier..., zoologisch
zoogeography S Zoogeografie *f*, Tiergeografie *f*
zoography [zəʊ'ɒgrəfɪ; *US* -'ɑ-] S Zoografie *f (Benennung u. Einordnung der Tierarten)*
zool. ABK **1** zoological zool(og). **2** zoologist **3** zoology
zoolite ['zəʊəlaɪt], **zoolith** [-lɪθ] S GEOL Zoolith *m (Sedimentgestein, das ausschließlich od größtenteils aus Tierresten besteht)*
zoological [ˌzəʊə'lɒdʒɪkl; *US* -'lɑ-] ADJ (ADV ~ly) zoologisch: **~ garden(s** *pl)* zoologischer Garten, Tierpark *m*
zoologist [zəʊ'ɒlədʒɪst; *US* -'ɑ-] S Zoologe *m*, Zoologin *f*; **zoology** S Zoologie *f*, Tierkunde *f*
zoom [zu:m] **A** VI **1** surren **2** sausen: **~ past** vorbeisausen **3** FLUG steil hochziehen **4** FILM, FOTO zoomen: **~ in** die Gummilinse zuziehen; **~ in on sth** etwas heranholen; **~ out** (die Gummilinse) aufziehen **5** *fig* hochschnellen *(Preise etc)* **B** VT FLUG *das Flugzeug* hochreißen **C** S **1** Surren *n* **2** FLUG Steilflug *m*, Hochreißen *n* **3** *fig* Hochschnellen *n* **4** FILM, FOTO **a** *a.* **~ lens** Zoom(objektiv) *n*, Gummilinse *f* **b** *a.* **~ travel** Zoomfahrt *f* **5** *US ein Cocktail aus Weinbrand, Honig u. Sahne*; **zoomer** → zoom C 4 a
zoomorphic ADJ zoomorphisch *(die Gestalt e-s Tieres aufweisend)*, tiersymbolisch
zoophilia [ˌzəʊə'fɪlɪə] S Zoophilie *f*, Sodomie *f*
zoophobia S MED, PSYCH Zoophobie *f (krankhafte Angst vor Tieren)*
zoophyte ['zəʊəfaɪt] S ZOOL Zoophyt *m*, Pflanzentier *n*
zooplastic [ˌzəʊə'plæstɪk] ADJ MED zooplastisch; **zooplasty** S MED Zooplastik *f (Überpflanzung tierischen Gewebes auf den Menschen)*
zoopsychology S ZOOL Tierpsychologie *f*
zoosperm ['zəʊəspɜ:m; *US* -ˌspɜrm] S **1** ZOOL Zoospermium *n*, Samenfaden *m*, -zelle *f* **2** → zoospore
zoospore ['zəʊəspɔ:(r); *US a.* -ˌspəʊər] S BOT Zoospore *f*, Schwärmspore *f*
zootomy [zəʊ'ɒtəmɪ; *US* -'ɑ-] S VET Zootomie *f*, Tieranatomie *f*
zoot suit [zu:t] S HIST *US sl Anzug, bestehend aus langer, taillierter Jacke mit breiten, wattierten Schultern u. Röhrenhosen*
Zoroastrian [ˌzɒrəʊ'æstrɪən; *US* ˌzəʊrə'wæs-] **A** ADJ zarathustrisch, zoroastrisch **B** S Anhänger(in) des Zarathustra *od* Zoroaster; **Zoroastrianism** S Zoroastrismus *m* (→ Parseeism)
zoster ['zɒstə; *US* 'zəʊstər; 'zɑs-] S MED Gürtelrose *f*
zounds [zaʊndz] INT *obs* sapperlot!
ZPG ABK zero population growth Bevölkerungsnullwachstum *n*
zucchini [zʊ'ki:ni:] *pl* -ni, -nis S BOT *US* Zucchini *f*
zugzwang ['tsu:ktsvaŋ] *(Schach)* **A** S Zugzwang *m* **B** VT *j-n* in Zugzwang bringen
Zurich ['zjʊərɪk; *bes US* 'zʊə-] S Zürich *n*
zwieback ['zwi:bæk; -bɑ:k; *US a.* 'swi:-] S Zwieback *m*
Zwinglian ['zwɪŋglɪən; 'swɪŋ-] REL, HIST **A** ADJ Zwinglisch, des Zwingli **B** S Zwinglianer(in)
zwitterion ['tsvɪtərˌaɪən; 'zwɪ-] S CHEM, PHYS Zwitterion *n*
zygal ['zaɪgl] ADJ **1** ANAT jochförmig, Joch... **2** H-förmig
zygodactyl [ˌzaɪgəʊ'dæktɪl] ORN **A** S Klettervogel *m* **B** ADJ kletterfüßig
zygoma [zaɪ'gəʊmə] *pl* -mata [-mətə] S ANAT **1** Zygoma *n*, Jochbogen *m* **2** → zygomatic bone **3** → zygomatic process
zygomatic [ˌzaɪgəʊ'mætɪk] ANAT **A** ADJ zygomatisch, Joch(bein)... **B** S → zygomatic bone; **~ arch** S Jochbogen *m*; **~ bone** S Jochbein *n*; **~ process** S Jochbeinfortsatz *m*
zygote ['zaɪgəʊt] S BIOL Zygote *f*, diploide Zelle
zymase ['zaɪmeɪs] S CHEM Zymase *f*

zyme [zaɪm] S 1 CHEM Ferment *n*, Gärstoff *m* 2 MED Infektionskeim *m*

zymogenic [ˌzaɪməʊˈdʒenɪk] ADJ CHEM zymogen, Gärung bewirkend

zymosis [zaɪˈməʊsɪs] *pl* -ses [-siːz] S 1 CHEM Gärung *f* 2 MED Infektionskrankheit *f*

zymotic [zaɪˈmɒtɪk; *US* -ˈmɑ-] ADJ (ADV ~ally) 1 CHEM zymotisch, Gärung bewirkend 2 MED ansteckend, Infektions…: ~ **disease**

Anhang

Englische geografische Namen

A

Aberdeen [ˌæbəˈdiːn; *US* ˈæbərˌdiːn] *Hafen u. Hauptstadt von Grampian Region, Schottland*

Aberystwyth [ˌæbəˈrɪstwɪθ] *Hafen u. Seebad in Wales*

Abyssinia [ˌæbɪˈsɪnjə; -nɪə] HIST Abessinien *n*

Accra [əˈkrɑː] *Hauptstadt von Ghana*

Addis Ababa [ˌædɪsˈæbəbə] Addis Abeba *n*

Adelaide [ˈædəleɪd] *Hauptstadt von Südaustralien*

Aden [ˈeɪdn; *US a.* ˈɑːdn] *Hafenstadt im Jemen*

Adriatic (Sea) [ˌeɪdrɪˈætɪk; ˌæd-] Adria *f*; Adriatisches Meer

Aegean (Sea) [iːˈdʒiːən] Ägäis *f*; Ägäisches Meer

Afghanistan [æfˈgænɪstæn; *Br a.* -stən; -stɑːn] *Staat in Vorderasien*

Africa [ˈæfrɪkə] Afrika *n*

Airdrie [ˈeə(r)drɪ] *Stadt östlich von Glasgow, Schottland*

Aire [eə(r)] *Fluss in Nordengland*

Aix-la-Chapelle [ˌeɪkslɑːʃæˈpel; -ʃəˈpel; ˌeks-] Aachen *n*

Akron [ˈækrən] *Stadt in Ohio, USA*

Alabama [ˌæləˈbæmə] *Staat u. Fluss im Süden der USA*

Alameda [ˌæləˈmiːdə; -ˈmeɪdə] *Stadt in Kalifornien, USA*

Alamo, the [ˈæləməʊ] *Missionsstation in San Antonio, Texas, USA; Schlacht 1836*

Alaska [əˈlæskə] *Staat im Nordwesten der USA*

Albania [ælˈbeɪnjə; -nɪə; ɔːlˈb-] Albanien *n*

Albany [ˈɔːlbənɪ] **a**) *Hauptstadt des Staates New York, USA*, **b**) *Fluss in Kanada*, **c**) *Stadt in Georgia, USA*

Alberta [ælˈbɜːtə; *US* -ˈbɜr-] *Provinz im westlichen Kanada*

Albuquerque [ˈælbəkɜːkɪ; *US* -ˌkɜr-] *Größte Stadt in New Mexico, USA*

Alcatraz [ˌælkəˈtræz; ˈælkətræz] *Felseninsel in der Bucht von San Franzisko*

Aldermaston [ˈɔːldə(r)ˌmɑːstən; *US* -ˌmæ-] *Dorf in Berkshire, England; Forschungs- u. Entwicklungszentrum für nukleare Waffen u. Atomenergiegewinnung*

Alderney [ˈɔːldə(r)nɪ] *Britische Kanalinsel*

Aldershot [ˈɔːldəʃɒt; *US* ˈɔːldərˌʃɑt] *Stadt in Hampshire, England; größte Garnison Großbritanniens*

Aldridge-Brownhills [ˌɔːldrɪdʒˈbraʊnhɪlz] *Stadt in West Midlands, England*

Aleutian Islands [əˈluːʃjən; *bes US* əˈluːʃn] Aleuten *pl*

Algeria [ælˈdʒɪərɪə] Algerien *n*

Algiers [ælˈdʒɪə(r)z] Algier *n*

Allegheny [ˈælɪgenɪ; *US* ˌæləˈgeɪniː] *Fluss im westlichen Pennsylvanien, USA*

Allentown [ˈæləntaʊn] *Stadt in Pennsylvanien, USA*

Alps [ælps] Alpen *pl*

Altrincham [ˈɔːltrɪŋəm] *Stadt in Greater Manchester, England*

Amazon [ˈæməzən; -zn; *US a.* -ˌzɑn] Amazonas *m*

America [əˈmerɪkə; *US* -rə-] Amerika *n*

Amman [əˈmɑːn; *US* æˈmɑːn; æˈmæn] *Hauptstadt von Jordanien*

Amsterdam [ˌæmstə(r)ˈdæm; ˈ-ˌdæm] *Stadt in den Niederlanden*

Anaconda [ˌænəˈkɒndə; *US* -ˈkɑ-] *Industriestadt in Montana, USA*

Anchorage [ˈæŋkərɪdʒ] *Hafenstadt im südlichen Alaska, USA*

Andalusia [ˌændəˈluːzjə; *US* -ˈluːʒə; -ʒɪə] Andalusien *n*

Andes [ˈændiːz] Anden *pl*

Andorra [ænˈdɔːrə; *US a.* -ˈdɑːrə] *Zwergstaat in den östlichen Pyrenäen*

Anglesey [ˈæŋglsɪ] *Insel an der Nordwestküste von Wales*

Anglia [ˈæŋglɪə] *Lateinischer Name für* **England**

Angola [æŋˈgəʊlə] *Staat im südwestlichen Afrika*

Anguilla [æŋˈgwɪlə] *Insel der Kleinen Antillen*

Ankara ['æŋkərə] *Hauptstadt der Türkei*

Annam [æn'æm; 'ænæm] *Landschaft an der Ostküste Hinterindiens*

Annapolis [ə'næpəlɪs; *US a.* -pləs] *Hauptstadt von Maryland, USA*

Antarctica [ænt'ɑː(r)ktɪkə; *US a.* -'ɑːrtɪkə], **Antarctic Continent** [ænt'ɑː(r)ktɪk; *US a.* -'ɑːrtɪk] Antarktis *f*

Antigua [æn'tiːɡə] *Insel der Kleinen Antillen*

Antigua and Barbuda [æn'tiːɡəəndbɑː(r)'buːdə] *Staat im Bereich der Westindischen Inseln*

Antilles [æn'tɪliːz] Antillen *pl*

Antipodes [æn'tɪpədiːz] Antipodeninseln *pl*

Antrim ['æntrɪm] *Grafschaft in Nordirland*

Antwerp ['æntwɜːp; *US* -wɜrp] Antwerpen *n*

Apennines ['æpɪnaɪnz] Apennin *m;* Apenninen *pl*

Appalachian Mountains [ˌæpə'leɪtʃjən; *US* -tʃən; -'lætʃən; -'leɪʃən], **Appalachians** [-z] Appalachen *pl*

Arabia [ə'reɪbjə; -bɪə] Arabien *n*

Aran Islands ['ærən] Araninseln *pl*

Arbroath [ɑː(r)'brəʊθ] *Hafen u. Seebad in Tayside, Schottland*

Arctic ['ɑː(r)ktɪk; *US a.* 'ɑːrtɪk] Arktis *f*

Arctic Ocean ['ɑː(r)ktɪk; *US a.* 'ɑːrtɪk] Nordpolarmeer *n*

Argentina [ˌɑː(r)dʒən'tiːnə] Argentinien *n*

Argentine, the ['ɑː(r)dʒəntaɪn; *US bes* -ˌtiːn] → **Argentina**

Arizona [ˌærɪ'zəʊnə; *US* ˌærə-] *Staat im Südwesten der USA*

Arkansas ['ɑː(r)kənsɔː] **a)** *Staat im Süden der USA,* **b)** [*a.* ɑː(r)'kænzəs] *rechter Nebenfluss des Mississippi, USA*

Arlington ['ɑː(r)lɪŋtən] *Nationalfriedhof der USA bei Washington*

Armagh [ɑː(r)'mɑː] **a)** *Grafschaft in Nordirland,* **b)** *Hauptstadt von* a

Armenia [ɑː(r)'miːnjə; -nɪə] Armenien *n*

Arundel ['ærəndl] *Stadt in West Sussex, England*

Ascension [ə'senʃn] *Insel im Südatlantik, nordwestlich von Saint Helena*

Ascot ['æskət] *Dorf in Berkshire, England; berühmte Pferderennbahn*

Ashburton ['æʃbɜːtn; *US* -ˌbɜrtn] **a)** *Fluss in Westaustralien,* **b)** *Stadt im östlichen Neuseeland*

Ashford ['æʃfə(r)d] *Stadt in Kent, England*

Ashton-under-Lyne ['æʃtənˌʌndə(r)'laɪn] *Stadt in Greater Manchester, England*

Asia ['eɪʃə; 'eɪʒə] Asien *n*

Asia Minor [ˌeɪʃə'maɪnə(r); ˌeɪʒə-] Kleinasien *n*

Assam [æ'sæm; 'æsæm] *Staat im nordöstlichen Indien*

Assiniboine [ə'sɪnɪbɔɪn] *Fluss im südlichen Kanada*

Asunción [əˌsʊnsɪ'əʊn] *Hauptstadt von Paraguay*

Athabaska [ˌæθə'bæskə] *Fluss in Westkanada*

Athens ['æθɪnz; *US* -ənz] Athen *n*

Atlanta [ət'læntə; æt-] *Hauptstadt von Georgia, USA*

Atlantic (Ocean) [ət'læntɪk] Atlantik *m;* Atlantischer Ozean

Auckland ['ɔːklənd] *Hafenstadt im nördlichen Neuseeland*

Augusta [ɔː'ɡʌstə; ə'ɡ-] **a)** *Stadt in Georgia, USA,* **b)** *Hauptstadt von Maine, USA*

Austin ['ɒstɪn; *US* 'ɔːstən; 'ɑː-] *Hauptstadt von Texas, USA*

Australasia [ˌɒstrə'leɪʒjə; -ʒə; -zjə; *US* ˌɔːstrə- 'leɪʒə; -ʃə; ˌɑːs-] **a)** Australasien *n* (*Neuseeland, Australien u. Melanesien*), **b)** *weitS.* Ozeanien *n*

Australia [ɒ'streɪljə; -lɪə; *US* ɔː-; ɑː-] Australien *n*

Australian Capital Territory [ɒ'streɪljən; -lɪən; *US* ɔː-; ɑː-] *Gebiet um Canberra, Australien*

Austria ['ɒstrɪə; *US* 'ɔː-; 'ɑː-] Österreich *n*

Avon ['eɪvən] **a)** *Fluss in Mittelengland,* **b)** *Grafschaft im südwestlichen England*

Aycliffe ['eɪklɪf] *Stadt in Durham, England*

Aylesbury ['eɪlzbərɪ; -brɪ] *Hauptstadt von Buckinghamshire, England*

Ayr [eə(r)] *Hafen in Strathclyde, Schottland*

Azerbaijan [ˌæzə(r)baɪ'dʒɑːn] Aserbaidschan *n;* Aser-

beidschan *n*
Azores [ə'zɔː(r)z; *US a.* 'eɪ,zɔːrz] Azoren *pl*

B

Baffin Bay ['bæfɪn] Baffinmeer *n*
Bagdad, Baghdad [,bæg'dæd; *bes US* 'bægdæd] Bagdad *n*
Bahama Islands [bə'hɑːmə; *US a.* -'heɪ-], **Bahamas** [-z] Bahamainseln *pl*; Bahamas *pl*
Bahrain, Bahrein [bɑː'reɪn] *Scheichtum am Persischen Golf*
Baile Átha Cliath [,blɔː'kliː] → **Dublin**
Balboa [bæl'bəʊə] *Hafenstadt in der Panamakanal-Zone*
Balearic Islands [,bælɪ'ærɪk] Balearen *pl*
Balmoral [bæl'mɒrəl; *US* -'mɔː-; -'mɑː-] *Residenz der engl. Könige in Grampian Region, Schottland*
Baltic (Sea) ['bɔːltɪk] Ostsee *f*
Baltimore ['bɔːltɪmɔː; *US* 'bɔːltə,mɔːr; -,məʊr] *Stadt in Maryland, USA*
Bamako [,bɑːmə'kəʊ; ,bæ-] *Hauptstadt von Mali*
Banbury ['bænbərɪ; -brɪ; *US a.* -,beriː] *Stadt in Oxfordshire, England*
Bangkok [,bæŋ'kɒk; 'bæŋkɒk; *US* '-,kɑk; bæŋ'kɑk] *Hauptstadt von Thailand*
Bangladesh [,bæŋglə'deʃ; -'deɪʃ; ,bɑː-] Bangladesch *n*
Bangor ['bæŋgə(r)] **a)** *Universitätsstadt in Gwynedd, Wales,* **b)** *Stadt in Down, Nordirland*
Banjul [bæn'dʒuːl; *US* 'bɑn,dʒuːl] *Hauptstadt von Gambia*
Bannockburn ['bænəkbɜːn; *US* -,bɜrn] *Ort in Central Region, Schottland; Schlacht 1314*
Barbados [bɑː(r)'beɪdəʊz; -dəs] **a)** *Östlichste Insel der Kleinen Antillen,* **b)** *unabhängiger Staat im Commonwealth auf* **a**
Barnet ['bɑː(r)nɪt] *Stadtbezirk Groß-Londons*
Barnsley ['bɑː(r)nzlɪ] *Industriestadt in South Yorkshire, England*
Barrow-in-Furness [,bærəʊɪn'fɜːnɪs *US* ,bærəwən'fɜrnəs] *Stadt in Cumbria, England*
Barrow Point ['bærəʊ] *Nordkap Alaskas*
Basildon ['bæzldən] *Stadt in Essex, England*
Basingstoke ['beɪzɪŋstəʊk] *Stadt in Hampshire, England*
Basle [bɑːl] Basel *n*
Bass Strait [bæs] Bass-Straße *f*
Bath [bɑːθ; *US* bæθ] *Kurort in Avon, England*
Bathurst ['bæθɜːst; -əst; *US* -ɜrst; -ərst] **a)** → **Banjul, b)** *Stadt in Neusüdwales, Australien*
Baton Rouge [,bætn'ruːʒ] *Hauptstadt von Louisiana, USA*
Battersea ['bætə(r)sɪ] *Stadtteil Londons*
Battery, the ['bætərɪ] *Park in New York, an der Südspitze Manhattans*
Bavaria [bə'veərɪə] Bayern *n*
Bay of Biscay ['bɪskeɪ; -kɪ] Golf *m* von Biscaya
Bedford ['bedfə(r)d] **a)** → **Bedfordshire, b)** *Hauptstadt von Bedfordshire*
Bedfordshire ['bedfə(r)dʃə(r); -,ʃɪə(r)] *Grafschaft in Mittelengland*
Bedloe's Island ['bedləʊz] *früherer Name von* **Liberty Island**
Beijing [,beɪ'dʒiŋ] Beijing *n*, Peking *n*
Beirut [,beɪ'ruːt; 'beɪruːt] *Hauptstadt des Libanons*
Belarus [,belə'ruːs] → **Belorussia**
Belfast [,bel'fɑːst; 'belfɑːst; *US* '-fæst] *Hauptstadt von Nordirland*
Belgium ['beldʒəm] Belgien *n*
Belgrade [,bel'greɪd; 'belgreɪd] Belgrad *n*
Belize [be'liːz; bə-] *Staat in Mittelamerika*
Belorussia [,belə(ʊ)'rʌʃə] Belo-, Weißrussland *n*
Bengal [,beŋ'gɔːl; ,ben-] Bengalen *n*
Benin [be'nɪn; bə-; *a.* -'niːn] *Staat in Afrika*
Ben Lomond [,ben'ləʊmənd] *Berg im schottischen Hochland*
Ben Nevis [,ben'nevɪs] *Berg in den schottischen Grampian Mountains; höchster Berg Großbritanniens*

Bennington ['benɪŋtən] *Stadt im südwestlichen Vermont, USA; 1777 Sieg der Amerikaner über die Engländer*

Berbera ['bɜːbərə; *US* 'bɜr-] *Hafenstadt im nordwestlichen Somalia*

Berkeley ['bɜːklɪ; *US* 'bɜr-] *Stadt in Kalifornien, USA*

Berkshire ['bɑːkʃə; -ˌʃɪə; *US* 'bɜrkʃər; -ˌʃɪər] *Grafschaft in Südengland*

Berlin[1] [bɜː'lɪn; *US* bɜr-] *Hauptstadt von Deutschland*

Berlin[2] ['bɜːlɪn; *US* 'bɜrlən] *Stadt in New Hampshire, USA*

Bermuda (Islands) [bə(r)'mjuːdə], **Bermudas** [-dəz] Bermudainseln *pl*; Bermudas *pl*

Bern(e) [bɜːn; beən; *US* bɜrn; beərn] Bern *n*

Berwick(-upon-Tweed) ['berɪk; ˌ-əpɒn'twiːd] *Stadt in Northumberland, England*

Bethlehem ['beθlɪhem; -lɪəm] *Ort in Palästina; Geburtsort Jesu*

Beverly Hills [ˌbevə(r)lɪ'hɪlz] *Vorstadt von Los Angeles, Kalifornien, USA*

Bexley ['bekslɪ] *Stadtbezirk Groß-Londons*

Bhutan [buː'tɑːn; -'tæn] *Königreich im Himalaja*

Biafra [bɪ'æfrə] HIST Teil von Nigeria

Billingsgate ['bɪlɪŋzgɪt; -geɪt] *Größter Fischmarkt Londons*

Birkenhead ['bɜːkənhed; ˌ-'hed; *US* 'bɜr-] *Hafenstadt in Merseyside, England*

Birmingham ['bɜːmɪŋəm; *US* 'bɜrmɪŋˌhæm] **a)** *Hauptstadt von West Midlands, England,* **b)** *Stadt in Alabama, USA*

Bishop Auckland [ˌbɪʃəp'ɔːklənd] *Stadt in Durham, England*

Bismarck ['bɪzmɑː(r)k] *Hauptstadt von North Dakota, USA*

Blackburn ['blækbɜːn; *US* -ˌbɜrn] *Industriestadt in Lancashire, England*

Black Forest Schwarzwald *m*

Blackpool ['blækpuːl] *Hafenstadt u. Seebad in Lancashire, England*

Black Sea Schwarzes Meer

Blarney ['blɑː(r)nɪ] *Stadt in Cork, Südwestirland*

Blaydon ['bleɪdn] *Industriestadt in Tyneside, England*

Blenheim ['blenɪm; -əm] Blindheim *n*

Bloemfontein ['bluːmfənteɪn] *Hauptstadt der Provinz Oranjefreistaat, Südafrikanische Republik*

Bloomsbury ['bluːmzbərɪ; -brɪ] *Stadtteil Londons*

Blyth [blaɪð; blaɪθ; blaɪ] *Stadt in Northumberland, England*

Blythe [blaɪð] *Fluss in Warwickshire, England*

Bodmin ['bɒdmɪn; *US* 'bɑ-] *Stadt in Cornwall, England*

Bognor Regis [ˌbɒgnə'riːdʒɪs; *US* ˌbɑ-] *Kurort in West Sussex, England*

Bogotá [ˌbɒgəʊ'tɑː; ˌbəʊgə'tɑː; *US* ˌbəʊgə'tɔː; -'tɑː] *Hauptstadt von Kolumbien*

Bohemia [bəʊ'hiːmjə; -mɪə] Böhmen *n*

Boise ['bɔɪzɪ; -sɪ] *Hauptstadt von Idaho, USA*

Bolivia [bə'lɪvɪə] Bolivien *n*

Bolton ['bəʊltən; -tn] *Stadt in Greater Manchester, England*

Bombay [ˌbɒm'beɪ; *US* ˌbɑm-] *früherer Name von Mumbai*

Borders Region ['bɔː(r)də(r)z] *Verwaltungsregion des südöstlichen Schottlands*

Borneo ['bɔː(r)nɪəʊ] *Größte der Großen Sundainseln*

Bosnia and Herzegovina ['bɒznɪəənd,hɜː(r)tsəgɒ'vɪnə; -'viːnə; *US* 'bɑznɪəənd,hɜrtsəgɑ-] Bosnien u. Herzegowina *n*

Boston ['bɒstən; *US bes* 'bɔː-] *Hauptstadt von Massachusetts, USA*

Bosworth Field ['bɒzwəθ; -wɜːθ; *US* 'bɔːzwərθ; -ˌwɜrθ] *Ebene in Leicestershire; Schlacht 1485 (Ende der Rosenkriege)*

Botany Bay ['bɒtənɪ; *US* 'bɑtniː] *Bucht an der Ostküste Australiens*

Botswana [bɒ'tswɑːnə; *US* bɑt's-] Botsuana *n*; Botswana *n*

Bournemouth ['bɔː(r)nməθ] *Seebad in Dorset, England*

Boyne [bɔɪn] *Fluss im östlichen Irland; 1690 Sieg Wilhelms III. von Oranien über Jakob II. von England*

Bradford ['brædfə(r)d] **a)** *Stadt in West Yorkshire, England,* **b)** *Stadt in Pennsylvanien, USA*

Braemar [breɪ'mɑː(r)] *Landschaft in den Grampian*

Highlands, Schottland

Brasilia [brə'zɪljə] *Hauptstadt von Brasilien*

Brazil [brə'zɪl] Brasilien *n*

Brazzaville [ˌbræzə'vɪl; 'bræzəvɪl] *Hauptstadt der Republik Kongo*

Brent [brent] *Stadtbezirk Groß-Londons*

Bretton Woods [ˌbretn'wʊdz] *Stadt in New Hampshire, USA; Weltwährungskonferenz 1944*

Bridgeport ['brɪdʒpɔː(r)t] *Seehafen in Connecticut, USA*

Bridgetown ['brɪdʒtaʊn] *Hauptstadt der Insel Barbados*

Brighton ['braɪtn] *Seebad in East Sussex, England*

Brisbane ['brɪzbən] *Hauptstadt des australischen Bundesstaates Queensland*

Bristol ['brɪstl] *Hauptstadt von Avon, England*

Bristol Channel ['brɪstl] Bristolkanal *m*

Britain ['brɪtn] Großbritannien *n*

Britannia [brɪ'tænjə] HIST Britannien *n*

British America [ˌbrɪtɪʃə'merɪkə] **a)** Kanada *n*, **b)** *die brit. Besitzungen in od in der Nähe von Nordamerika*

British Columbia [ˌbrɪtɪʃkə'lʌmbɪə] Britisch-Kolumbien *n*

Brittany ['brɪtənɪ; *US* 'brɪtniː] Bretagne *f*

Broads, the [brɔːdz] *Durch Flüsse miteinander verbundene Seen in Norfolk u. Suffolk, England*

Bromley ['brɒmlɪ; *a.* 'brʌm-; *US* 'brɑmliː] *Stadtbezirk Groß-Londons*

Bronx [brɒŋks; *US* brɑŋks] *Stadtteil von New York*

Brooklyn ['brʊklɪn] *Stadtteil von New York*

Brunei ['bruːnaɪ] *Staat auf Borneo*

Brunswick ['brʌnzwɪk] Braunschweig *n*

Brussels ['brʌslz] Brüssel *n*

Bucharest [ˌbjuːkə'rest; ˌbuː-; '-rest] Bukarest *n*

Buckinghamshire ['bʌkɪŋəmʃə(r); '-ˌʃɪə(r)] *Grafschaft in Mittelengland*

Budapest [ˌbjuːdə'pest; ˌbuː-; *US* 'buːdəˌpest] *Hauptstadt von Ungarn*

Buenos Aires [ˌbwenəs'aɪərɪz; *US* ˌbweɪnə'seəriːz] *Hauptstadt von Argentinien*

Buffalo ['bʌfələʊ] *Stadt am Ostende des Eriesees, USA*

Bulgaria [bʌl'geərɪə] Bulgarien *n*

Bunker Hill [ˌbʌŋkə(r)'hɪl] *Anhöhe bei Boston, USA; 1775 Schlacht im amer. Unabhängigkeitskrieg*

Burgundy ['bɜːgəndɪ; *US* 'bɜr-] Burgund *n*

Burkina Faso [bɜːˌkiːnə'fæsəʊ; *US* bɜr-] *Staat in Westafrika*

Burlington ['bɜːlɪŋtən; *US* 'bɜr-] **a)** *Stadt in Vermont, USA*, **b)** *Stadt am Mississippi, Iowa, USA*, **c)** *Stadt in North Carolina, USA*

Burma ['bɜːmə; *US* 'bɜr-] HIST Birma *n*

Burnley ['bɜːnlɪ; *US* 'bɜrnliː] *Stadt in Lancashire, England*

Burton-upon-Trent [ˌbɜːtnəpɒn'trent; *US* ˌbɜrtn-] *Stadt in Staffordshire, England*

Burundi [bʊ'rʊndɪ] *Staat in Zentralafrika*

Bury ['berɪ] *Stadt in Greater Manchester, England*

Bury St Edmunds [ˌberɪsnt'edməndz] *Stadt in Suffolk, England*

Bute [bjuːt] *Insel im Firth of Clyde, Schottland*

Buxton ['bʌkstən] *Stadt in Derbyshire, England*

Byelorussia [ˌbjeləʊ'rʌʃə] → **Belorussia**

C

Caerleon [kɑː(r)'liːən] *Stadt in Gwent, Wales*

Caernarvon [kə(r)'nɑː(r)vən; kɑː(r)'n-] *Stadt in Gwynedd, Wales*

Cairns [keə(r)nz] *Stadt an der Ostküste von Queensland, Australien*

Cairo ['kaɪərəʊ; 'kaɪrəʊ] Kairo *n*

Calcutta [kæl'kʌtə] Kalkutta *n*

Caledonia [ˌkælɪ'dəʊnjə; -nɪə] HIST *od poet* Kaledonien *n* *(Schottland)*

Caledonian Canal [ˌkælɪ'dəʊnjənkə'næl; -nɪən-] Kaledonischer Kanal

Calgary ['kælgərɪ] *Stadt in Alberta, Kanada*

California [ˌkælɪ'fɔː(r)njə; -nɪə] Kalifornien *n*

Cambodia [kæm'bəʊdjə; -dɪə] Kambodscha *n*

Camborne-Redruth [ˌkæmbɔː(r)nˈredruːθ] *Stadt in Cornwall, England*
Cambria [ˈkæmbrɪə] HIST *od poet* → **Wales**
Cambridge [ˈkeɪmbrɪdʒ] **a)** *Universitätsstadt u. Hauptstadt von Cambridgeshire,* **b)** *Universitätsstadt in Massachusetts, USA,* **c)** → **Cambridgeshire**
Cambridgeshire [ˈkeɪmbrɪdʒʃə(r); -ˌʃɪə(r)] *Grafschaft im östlichen Mittelengland*
Camden [ˈkæmdən] **a)** *Hafenstadt in New Jersey, USA,* **b)** *Stadtbezirk Groß-Londons*
Cameroon [ˈkæməruːn; ˌkæməˈruːn] Kamerun *n*
Canada [ˈkænədə] Kanada *n*
Canaries [kəˈneərɪz], **Canary Islands** [kəˈneərɪ] Kanarische Inseln *pl*
Canberra [ˈkænbərə; -brə] *Bundeshauptstadt von Australien*
Canterbury [ˈkæntə(r)bərɪ; -brɪ; *US bes* -ˌberiː] *Stadt in Kent, England*
Cape Cod [kɒd; *US* kɑd] **a)** *Halbinsel im südöstlichen Massachusetts,* **b)** *Nordspitze von* a
Cape Farewell [ˌfeə(r)ˈwel] Kap *n* Farvel
Cape Horn [hɔː(r)n] Kap *n* Horn
Cape Kennedy [ˈkenɪdɪ; -ədɪ] *Amer. Raketenversuchszentrum an der Ostküste Floridas*
Cape Mendocino [ˌmendəˈsiːnəʊ] *Westlichster Punkt Kaliforniens, USA*
Cape of Good Hope [ˌgʊdˈhəʊp] Kap *n* der Guten Hoffnung
Cape Sable [ˈseɪbl] **a)** *Kap an der Südwestspitze Neuschottlands, Kanada,* **b)** *Kap an der Südspitze Floridas, USA*
Cape Town [ˈkeɪptaʊn] Kapstadt *n*
Cape Trafalgar [trəˈfælgə(r)] Kap *n* Trafalgar
Cape Verde [vɜːd; *US* vɜrd] Kap *n* Verde
Cape Verde Islands [vɜːd; *US* vɜrd] Kapverdische Inseln *pl*
Cape Wrath [rɔːθ; *US bes* ræθ] *Kap im Nordwesten von Schottland*
Capri [ˈkæpriː; ˈkɑː-; *US a.* kæˈpriː; kəˈp-] *Insel in der Bucht von Neapel*
Caracas [kəˈrækəs; -ˈrɑː-] *Hauptstadt von Venezuela*
Cardiff [ˈkɑː(r)dɪf] *Hauptstadt von Wales*
Cardigan Bay [ˈkɑː(r)dɪgən] *Bucht an der Westküste von Wales*
Caribbean, the [ˌkærɪˈbiːən; kəˈrɪbɪən] **a)** Karibik *f,* **b)** → **Caribbean Sea**
Caribbean Sea [ˌkærɪˈbiːən; kəˈrɪbɪən] Karibisches Meer
Carinthia [kəˈrɪnθɪə] Kärnten *n*
Carlisle [kɑː(r)ˈlaɪl; ˈkɑː(r)laɪl] *Hauptstadt von Cumbria, England*
Carlow [ˈkɑː(r)ləʊ] **a)** *Grafschaft im südöstlichen Irland,* **b)** *Hauptstadt von* a
Carmarthen [kəˈmɑːðn; *US* kɑːrˈmɑːrðən] *Stadt in Dyfed, Wales*
Carnarvon → **Caernarvon**
Caroline Islands [ˈkærəlaɪn] Karolinen *pl*
Carpathian Mountains [kɑː(r)ˈpeɪθjən; -ɪən] Karpaten *pl*
Carson City [ˈkɑː(r)sn] *Hauptstadt von Nevada, USA*
Cascade Range [kæsˈkeɪd] Kaskadengebirge *n*
Caspian Sea [ˈkæspɪən] Kaspisches Meer
Catawba [kəˈtɔːbə] *Fluss in North u. South Carolina, USA*
Caucasus Mountains [ˈkɔːkəsəs] Kaukasus *m*
Cavan [ˈkævən; -vn] **a)** *Grafschaft in Nordirland,* **b)** *Hauptstadt von* a
Cayman Islands [ˈkeɪmən], **Caymans** [-mənz] Kaimaninseln *pl*
Central African Republic Zentralafrikanische Republik
Central Region *Verwaltungsregion in Mittelschottland*
Ceylon [sɪˈlɒn; *US* sɪˈlɑn; seɪ-] *Insel im Indischen Ozean*
Chad [tʃæd] Tschad *m*
Channel Islands Kanalinseln *pl*
Charing Cross [ˌtʃærɪŋˈkrɒs] *Stadtteil Londons*
Charleston [ˈtʃɑː(r)lstən] **a)** *Hauptstadt von West Virginia, USA,* **b)** *Hafenstadt in South Carolina, USA*
Charlotte [ˈʃɑː(r)lət] *Größte Stadt in North Carolina, USA*
Charlottetown [ˈʃɑː(r)lɘttaʊn]

Hauptstadt der Provinz Prince Edward Isle, Kanada

Chatham ['tʃætəm] *Hafenstadt in Kent, England*

Chattanooga [ˌtʃætə'nu:gə; -tn'u:gə] *Stadt in Tennessee, USA*

Chechnya [ˌtʃetʃ'nja:] Tschetschenien *n*

Cheddar ['tʃedə(r)] *Stadt in Somersetshire, England*

Chelmsford ['tʃelmsfə(r)d] *Hauptstadt von Essex, England*

Chelsea ['tʃelsɪ] *Stadtteil Londons*

Cheltenham ['tʃeltnəm] *Badeort in Gloucestershire, England*

Chequers ['tʃekə(r)z] *Landsitz des brit. Premierministers in Buckinghamshire, England*

Chertsey ['tʃɜ:tsɪ; *US* 'tʃɜrtsi:] *Stadt in Surrey, England*

Chesapeake Bay ['tʃesəpi:k] Chesapeake-Bai *f*

Cheshire ['tʃeʃə(r); -ˌʃɪə(r)] *Grafschaft im nordwestlichen England*

Chester ['tʃestə(r)] **a)** *Hauptstadt von Cheshire, England,* **b)** *Stadt in Pennsylvanien, USA*

Chesterfield ['tʃestə(r)fi:ld] *Stadt in Derbyshire, England*

Cheviot Hills ['tʃevɪət; 'tʃi:-] *Bergland an der engl.-schottischen Grenze*

Cheyenne [ʃaɪ'æn; -'en] *Hauptstadt von Wyoming, USA*

Chichester ['tʃɪtʃɪstə(r)] *Hauptstadt von West Sussex, England*

Chigwell ['tʃɪgwəl] *Stadt in Essex, England*

Chile ['tʃɪlɪ] *Staat im Südwesten Südamerikas*

China ['tʃaɪnə] *Volksrepublik in Ostasien*

Chippewa ['tʃɪpɪwa:; -wə; *US a.* -pəˌweɪ] *Nebenfluss des Mississippi, Wisconsin, USA*

Cimarron ['sɪmərɒn; *US* -ˌrɑn; -ˌrəʊn] *Nebenfluss des Arkansas, USA*

Cincinnati [ˌsɪnsɪ'nætɪ] *Stadt in Ohio, USA*

Cirencester ['saɪərənsestə(r)] *Stadt in Gloucestershire, England*

Ciskei ['sɪskaɪ] *Nur von der Republik Südafrika anerkanntes Homeland*

Clackmannan [klæk'mænən] *Stadt in Central Region, Schottland*

Clacton-on-Sea [ˌklæktənɒn-'si:] *Seebad in Essex, England*

Clapham ['klæpəm] *Stadtteil von London*

Clare [kleə(r)] *Grafschaft in Westirland*

Cleethorpes ['kli:θɔ:(r)ps] *Kurort in Humberside, England*

Cleveland ['kli:vlənd] **a)** *Stadt in Ohio, USA,* **b)** *Grafschaft im nordöstlichen England*

Clwyd ['klu:ɪd] *Grafschaft im nordöstlichen Wales*

Clyde [klaɪd] *Fluss an der Westküste Schottlands*

Clydebank ['klaɪdbæŋk] *Stadt in Strathclyde, Schottland*

Clydeside ['klaɪdsaɪd] *Industrieregion u. Schiffbauzentrum mit u. um Glasgow, Schottland*

Coatbridge ['kəʊtbrɪdʒ] *Industriestadt in Strathclyde, Schottland*

Cochin-China [ˌkɒtʃɪn'tʃaɪnə; *bes US* ˌkəʊ-] Kotschinchina *n*

Cockermouth ['kɒkəməθ; *US* 'kɑkər-] *Stadt in Cumbria, England*

Colchester ['kəʊltʃɪstə; *US* -ˌtʃestər] *Stadt in Essex, England*

Cologne [kə'ləʊn] Köln *n*

Colombia [kə'lɒmbɪə; *bes US* -'lʌm-] Kolumbien *n*

Colorado [ˌkɒlə'rɑ:dəʊ; *US* ˌkɑlə'rædəʊ; -'rɑ:-]
a) *Staat im Westen der USA,*
b) *Fluss im Südwesten der USA*

Columbia [kə'lʌmbɪə] *Hauptstadt von South Carolina, USA*

Columbia River [kə'lʌmbɪə] *Fluss im Westen der USA*

Columbus [kə'lʌmbəs] *Hauptstadt von Ohio, USA*

Comoro Islands ['kɒmərəʊ; *US* 'kɑ-], **Comoros** [-rəʊz] Komoren *pl*

Conakry ['kɒnəkrɪ; *US* 'kɑ-] *Hauptstadt von Guinea*

Concord ['kɒŋkəd; *US* 'kɑŋkərd] **a)** *Stadt in Massachusetts, USA; 1775 Schlacht im amer. Unabhängigkeitskrieg,* **b)** *Hauptstadt von New Hampshire, USA*

Coney Island ['kəʊnɪ] *Teil von Brooklyn, New York City; See-*

bad, Vergnügungsstätten

Congo ['kɒŋgəʊ; *US* 'kɑŋ-] Kongo *m*; **a)** *Fluss in Westafrika*, **b)** *Republik Kongo*

Coniston Water ['kɒnɪstən; *US* 'kɑ-] *See in Cumbria, England*

Connacht ['kɒnət; -nəxt; *US* 'kɑnɔːt], *hist* **Connaught** ['kɒnɔːt; *US* 'kɑ-] *Provinz in Irland*

Connecticut [kə'netɪkət] **a)** *Staat im Nordosten der USA*, **b)** *Fluss im Nordosten der USA*

Connemara [ˌkɒnɪ'mɑːrə; *US* ˌkɑnə-] *Küstenregion in Galway, Irland*

Consett ['kɒnsɪt; *US* 'kɑn-] *Stadt in Durham, England*

Conway ['kɒnweɪ; *US* 'kɑn-] *Stadt in Gwynedd, Wales*

Cook Islands [kʊk] Cookinseln *pl*

Copenhagen [ˌkəʊpn'heɪgən] Kopenhagen *n*

Coral Sea ['kɒrəl; *US a.* 'kɑː-; 'kɔː-] Korallenmeer *n*

Cordilleras [ˌkɔːdɪ'ljeərəz; *US* ˌkɔːrdl'j-; -diː'erəz] Kordilleren *pl*

Cork [kɔː(r)k] **a)** *Grafschaft im südwestlichen Irland*, **b)** *Hauptstadt von a*

Cornwall ['kɔː(r)nwəl; -wɔːl] *Grafschaft in Südwestengland*

Corsica ['kɔː(r)sɪkə] Korsika *n*

Costa Rica [ˌkɒstə'riːkə; *US* ˌkɑ-; ˌkɔː-] *Staat in Mittelamerika*

Cotswold Hills ['kɒtswəʊld; *US* 'kɑ-] *Höhenzug im südwestlichen England*

Coventry ['kɒvəntrɪ; *bes US* 'kʌv-] *Stadt in West Midlands, England*

Cowes [kaʊz] *Stadt auf der Insel Wight*

Cranwell ['krænwəl] *Ort in Lincolnshire, England; Luftwaffenakademie*

Crawley ['krɔːlɪ] *Stadt in West Sussex, England*

Crete [kriːt] Kreta *n*

Crewe [kruː] *Stadt in Cheshire, England*

Crimea [kraɪ'mɪə] Krim *f*

Croatia [krəʊ'eɪʃə] Kroatien *n*

Croker Island ['krəʊkə(r)] *Insel nördlich von Australien*

Crosby ['krɒzbɪ; -sbɪ; *US* 'krɑ-] *Stadt in Merseyside, England*

Croydon ['krɔɪdn] *Stadtbezirk Groß-Londons*

Cuba ['kjuːbə] Kuba *n*

Cumberland ['kʌmbə(r)lənd] *linker Nebenfluss des Ohio, USA*

Cumbernauld [ˌkʌmbə(r)-'nɔːld] *Stadt in Strathclyde, Schottland*

Cumbria ['kʌmbrɪə] *Grafschaft im nordwestlichen England*

Cumbrian Mountains ['kʌmbrɪən] Kumbrisches Bergland *od* Gebirge

Cwmbran [ˌkuːm'brɑːn] *Hauptstadt von Gwent, Wales*

Cyprus ['saɪprəs] Zypern *n*

Czechia ['tʃekɪə] Tschechien *n*

Czechoslovakia, **Czecho-Slovakia** [ˌtʃekəʊsləʊ- 'vækɪə; -'vɑː-] HIST Tschechoslowakei *f*

Czech Republic [tʃek] Tschechische Republik, Tschechien *n*

D

Dacca ['dækə] Dakka *n*

Dagenham ['dægənəm; -gnəm] *Stadtteil von London; Kfz-Industrie*

Dagestan [ˌdɑːgɪ'stɑːn] *autonome Republik im südwestlichen Russland*

Dakar ['dækə; -kɑː; *US* 'dækˌɑr; də'kɑːr] *Hauptstadt des Senegal*

Dalkeith [dæl'kiːθ] *Stadt in Lothian Region, Schottland*

Dallas ['dæləs] *Stadt in Texas, USA*

Dalton in Furness [ˌdɔːltənɪn-'fɜːnɪs; *US* -'fɜr-] *Stadt in Cumbria, England*

Damascus [də'mɑːskəs; *bes US* -'mæs-] Damaskus *n*

Danube ['dænjuːb] Donau *f*

Darjeeling, **Darjiling** [dɑː(r)-'dʒiːlɪŋ] Dardschiling *n*

Darling ['dɑː(r)lɪŋ] *Größter Nebenfluss des Murray, Australien*

Darlington ['dɑː(r)lɪŋtən] *Stadt in Durham, England*

Dartford ['dɑː(r)tfə(r)d] *Stadt in Kent, England*

Dartmoor ['dɑː(r)tˌmʊə(r); -mɔː(r)] *Tafelland in Südwestengland*

Dartmouth ['dɑː(r)tməθ] *Stadt in Devonshire, England*

Darwin ['dɑː(r)wɪn] *Hauptstadt des Nordterritoriums, Australien*

Davenport ['dævnpɔː(r)t; -vm-; *US a.* -ˌpəʊrt] *Stadt in Iowa, USA*

Daventry ['dævəntrı] *Stadt in Northamptonshire, England*

Dayton ['deıtn] *Stadt in Ohio, USA*

Daytona Beach [deı'təʊnə] *Stadt an der Nordostküste von Florida, USA*

Dead Sea Totes Meer

Dearborn ['dıə(r)bɔː(r)n; -bə(r)n] *Stadt in Michigan, USA*

Dee [diː] *Name mehrerer Flüsse in Großbritannien*

Delaware ['deləweə(r)] *Staat u. Fluss im Osten der USA*

Delhi ['delı] **a)** *Unionsterritorium im nördlichen Indien*, **b)** *Hauptstadt von Indien*

Denmark ['denmɑː(r)k] Dänemark *n*

Denver ['denvə(r)] *Hauptstadt von Colorado, USA*

Derby ['dɑː(r)bı; *US bes* 'dɜr-] *Stadt in Derbyshire, England*

Derbyshire ['dɑː(r)bıʃə(r); -ˌʃıə(r); *US bes* 'dɜr-] *Grafschaft in Mittelengland*

Derry ['derı] → **Londonderry**

Derwentwater ['dɜːwənt,wɔː-tə(r); *US* 'dɜr-] *See im Lake District, England*

Des Moines [dı'mɔın] **a)** *Hauptstadt von Iowa, USA*, **b)** *Fluss in Iowa, USA*

Detroit [də'trɔıt; dı-] *Stadt in Michigan, USA*

Devizes [dı'vaızız] *Stadt in Wiltshire, England*

Devon(shire) ['devn; '-ʃə(r); '-ˌʃıə(r)] *Grafschaft im südwestlichen England*

Dewsbury ['djuːzbərı; *US a.* -ˌberiː; 'duːz-] *Stadt in West Yorkshire, England*

Dingwall ['dıŋwɔːl] *Stadt in Highland Region, Schottland*

District of Columbia [kə'lʌmbıə] *Bezirk um Washington; Bundesdistrikt der USA*

Djakarta [dʒə'kɑː(r)tə] *Hauptstadt von Indonesien*

Djibouti [dʒı'buːtı] Dschibuti *n*; **a)** *Staat in Nordostafrika*, **b)** *Hauptstadt von* a

Dodge City [dɒdʒ; *US* dɑdʒ] *Stadt in Kansas, USA*

Dogger Bank ['dɒgə(r); *US a.* 'dɑ-] Doggerbank *f*

Dolomites ['dɒləmaıts; *US* 'dəʊ-; 'dɑ-] Dolomiten *pl*

Dominica [ˌdɒmı'niːkə; də'mınıkə; *US* ˌdɑmə- 'niːkə] **a)** *Insel der Kleinen Antillen*, **b)** *mit Großbritannien assoziierter Staat*

Dominican Republic [də'mınıkən] Dominikanische Republik

Doncaster ['dɒŋkəstə(r); *US* 'dɑŋ-] *Stadt in South Yorkshire, England*

Donegal ['dɒnıgɔːl; ˌ-'gɔːl; ˌdʌnı'gɔːl; *US* ˌdɑnı- 'gɔːl] *Grafschaft im nördlichen Irland*

Dorchester ['dɔː(r)tʃıstə(r); *US a.* -ˌtʃestər] *Hauptstadt von Dorset, England*

Dorset ['dɔː(r)sıt] *Grafschaft in Südengland*

Dover ['dəʊvə(r)] **a)** *Hafenstadt in Kent, England*, **b)** *Hauptstadt von Delaware, USA*

Down [daʊn] *Grafschaft in Nordirland*

Downing Street ['daʊnıŋ] *Straße in Westminster, London*

Downs, the [daʊnz] *Hügelland in Südengland*

Drakensberg Mountains ['drɑːkənzbɜːg; *US* -ˌbɜrg] Drakensberge *pl*

Drogheda ['drɔııdə; 'drɔːədə] *Hafenstadt in Louth, Irland*

Drury Lane ['drʊərı] *Straße in London*

Dubai [duː'baı] *Scheichtum am Persischen Golf*

Dublin ['dʌblın] **a)** *Grafschaft im östlichen Irland*, **b)** *Hauptstadt der Republik Irland*

Dudley ['dʌdlı] *Stadt in West Midlands, England*

Duluth [djuː'luːθ; *US* də'luːθ] *Stadt in Minnesota, USA*

Dumbarton [dʌm'bɑː(r)tn] *Stadt in Strathclyde, Schottland*

Dumfries [dʌm'friːs] *Hauptstadt von Dumfries and Galloway Region*

Dumfries and Galloway Region [dʌmˌfriːsnd'gæləweı] *Verwaltungsregion im südwestlichen Schottland*

Dunbar [dʌn'bɑː(r); '-bɑː(r)] *Stadt in Lothian Region, Schottland; 1650 Sieg Cromwells über die Schotten*

Dundalk [dʌn'dɔːk] *Stadt in Louth, Irland*

Dundee [dʌn'diː; 'dʌndiː] *Hauptstadt von Tayside Re-*

gion, Schottland

Dunedin [dʌ'ni:dɪn; -dn] *Stadt auf der Südinsel Neuseelands*

Dunfermline [dʌn'fɜ:mlɪn; *US* -'fɜrm-] *Stadt in Fife, Schottland*

Dungeness [ˌdʌndʒɪ'nes; dʌnʒ'nes] *Landspitze in Kent, England*

Dunkirk [dʌn'kɜ:k; *US* -'kɜrk] Dünkirchen *n*

Dunstable ['dʌnstəbl] *Industriestadt in Bedfordshire, England*

Durban ['dɜ:bən; *US* 'dɜr-] *Hafenstadt in Natal, Südafrikanische Republik*

Durham ['dʌrəm; *US bes* 'dɜr-əm] **a)** *Grafschaft in Nordengland,* **b)** *Hauptstadt von* a

Dyfed ['dʌvɪd; -ed] *Grafschaft im südwestlichen Wales*

E

Ealing ['i:lɪŋ] *Stadtbezirk Groß-Londons*

East Anglia ['æŋglɪə] Ostanglien *n*

Eastbourne ['i:stbɔ:(r)n] *Stadt in East Sussex, England*

East End [ˌi:st'end] *Teil des östlichen Londons mit Hafenanlagen, Industriegebieten u. Slums*

Easter Island ['i:stə(r)ˌaɪlənd] Osterinsel *f*

East Indies [ˌi:st'ɪndɪz] Ostindien *n*; **a)** *alter Name für Vorder- u. Hinterindien sowie den Malaiischen Archipel,* **b)** *die Inseln Indonesiens*

Eastleigh ['i:stli:] *Stadt in Hampshire, England*

East Sussex ['sʌsɪks] *Grafschaft im südöstlichen England*

Ebbw Vale [ˌebu:'veɪl] *Stadt in Gwent, Wales*

Eccles ['eklz] *Stadt in Greater Manchester, England*

Ecuador ['ekwədɔ:(r)] *Südamerikanischer Staat*

Edinburgh ['edɪnbərə; -brə; *US bes* 'ednˌbɜrə; *a.* -ˌbʌrə] *Hauptstadt von Schottland*

Edmonton ['edməntən] *Hauptstadt von Alberta, Kanada*

Egham ['egəm] *Stadt in Surrey, England*

Egypt ['i:dʒɪpt] Ägypten *n*

Eire ['eərə] → **Ireland**

Elizabeth [ɪ'lɪzəbəθ] *Stadt in New Jersey, USA*

Ellesmere Port ['elzˌmɪə(r)] *Hafenstadt in Cheshire, England*

Ellis Island ['elɪs] *Kleine Insel in der New York Bay; bis 1954 Einreise-Kontrollstelle*

El Paso [el'pæsəʊ] *Stadt in Texas, USA*

El Salvador [el'sælvədɔ:(r)] *Mittelamerikanischer Staat*

Ely ['i:lɪ] *Stadt in Cambridgeshire, England*

Enfield ['enfi:ld] *Stadtbezirk Groß-Londons*

England ['ɪŋglənd] *Teil des Vereinigten Königreichs*

English Channel [ˌɪŋglɪʃ'tʃænl] Ärmelkanal *m*

Entebbe [en'tebɪ] *Stadt im südlichen Uganda*

Epping ['epɪŋ] *Stadt in Essex, England*

Epsom ['epsəm] *Stadt in Surrey; Pferderennbahn*

Equatorial Guinea [ˌekwə'tɔ:rɪəl'gɪnɪ; ˌi:kwə-] Äquatorialguinea *n*

Erie ['ɪərɪ] *Hafenstadt am Eriesee, USA*

Eritrea [ˌerɪ'treɪə; *US a.* -'tri:ə] *Staat in Nordostafrika*

Essex ['esɪks] *Grafschaft in Südostengland*

Estonia [e'stəʊnjə; es'θəʊ-; -nɪə] Estland *n*

Ethiopia [ˌi:θɪ'əʊpjə; -pɪə] Äthiopien *n*

Etna ['etnə] Ätna *m*

Eton ['i:tn] *Stadt in Berkshire, England; berühmte Public School*

Euphrates [ju:'freɪti:z; jʊ-] Euphrat *m*

Eurasia [jʊə'reɪʃə; -ʒə] Eurasien *n*

Europe ['jʊərəp] Europa *n*

Evansville ['evənzvɪl] *Stadt in Indiana, USA*

Everglades, the ['evə(r)gleɪdz] *Großes Sumpfgebiet im südlichen Florida, USA*

Evesham ['i:vʃəm] *Stadt in Hereford and Worcester, England*

Exeter ['eksɪtə(r)] *Hauptstadt von Devonshire, England*

Exmoor ['eksˌmʊə(r); -mɔ:(r)] *Heidemoor in Somerset u. Devonshire, England*

Exmouth ['eksmaʊθ; -məθ] *Stadt in Devonshire, England*

Eyre Peninsula [eə(r)] Eyre-Halbinsel *f*

F

Faeroe Islands ['feərəʊ], **Faeroes** [-z] Färöer (Inseln) *pl*

Fairbanks ['feə(r)bæŋks] *Stadt in Alaska, USA*

Falkirk ['fɔːlkɜːk; *US* -ˌkɜrk] *Stadt in Central Region, Schottland*

Falkland Islands ['fɔːlklənd; 'fɔːk-] Falklandinseln *pl*

Fall River [fɔːl] *Stadt in Massachusetts, USA*

Falmouth ['fælməθ] *Hafenstadt in Cornwall, England*

Fareham ['feərəm] *Stadt in Hampshire, England*

Farnborough ['fɑː(r)nbərə; -brə; *US bes* -ˌbɜrə; *a.* -ˌbʌrə] *Stadt in Hampshire, England*

Farnham ['fɑː(r)nəm] *Stadt in Surrey, England*

Faroe Islands, **Faroes** → **Faeroe Islands**

Faversham ['fævə(r)ʃəm] *Stadt in Kent, England*

Federal Republic of Germany ['dʒɜːmənɪ; -mnɪ; *US* 'dʒɜr-] Bundesrepublik *f* Deutschland

Felixstowe ['fiːlɪkstəʊ] *Stadt in Suffolk, England*

Fens, the [fenz] *Marschland am Wash, Ostengland*

Fermanagh [fə(r)'mænə] *Grafschaft in Nordirland*

Fife [faɪf] *Verwaltungsregion des östlichen Mittelschottlands*

Fiji [ˌfiː'dʒiː; *bes US* 'fiːdʒiː] Fidschi *n*

Fiji Islands [ˌfiː'dʒiː; *bes US* 'fiːdʒiː] Fidschiinseln *pl*

Finchley ['fɪntʃlɪ] *Stadtteil von London*

Finland ['fɪnlənd] Finnland *n*

Finlay ['fɪnleɪ; -lɪ; *US* -liː] *Fluss in Britisch-Kolumbien, Kanada*

Firth of Forth [ˌfɜːθəv'fɔː(r)θ; *US* ˌfɜrθ-] *Wichtigste Bucht der schottischen Ostküste*

Flamborough Head [ˌflæmbərə'hed; -brə'h-; *US bes* -ˌbɜrə-; *a.* -ˌbʌrə-] *Kap an der Küste von Humberside, England*

Flanders ['flɑːndəz; *US* 'flændərz] Flandern *n*

Fleetwood ['fliːtwʊd] *Fischereihafen in Lancashire, England*

Flint [flɪnt] **a)** *Stadt in Clwyd, Wales*, **b)** *Stadt in Michigan, USA*

Florence ['flɒrəns; *US a.* 'flɑːr-] Florenz *n*

Florida ['flɒrɪdə; *US a.* 'flɑːr-] *Südöstlicher Staat der USA*

Florida Keys [ˌflɒrɪdə'kiːz; *US a.* ˌflɑːr-] Key-Inseln *pl*

Flushing ['flʌʃɪŋ] Vlissingen *n*

Folkestone ['fəʊkstən] *Hafenstadt u. Seebad in Kent, England*

Forfar ['fɔː(r)fə(r)] *Ort in Tayside, Schottland; ehemaliger Sitz schottischer Könige*

Fortescue ['fɔː(r)tɪskjuː] *Fluss im nordwestlichen Australien*

Fort Knox [nɒks; *US* nɑks] *Militärlager in Kentucky, USA; bombensicheres Golddepot*

Fort Lauderdale ['lɔːdə(r)deɪl] *Stadt in Florida, USA*

Fort Wayne [weɪn] *Stadt in Indiana, USA*

Fort Worth [wɜːθ; *US* wɜrθ] *Stadt in Texas, USA*

France [frɑːns; *US* fræns] Frankreich *n*

Franconia [fræŋ'kəʊnjə; -nɪə] Franken *n*

Frankfort ['fræŋkfə(r)t] *Hauptstadt von Kentucky, USA*

Franklin ['fræŋklɪn] *Distrikt der kanadischen Nordwestterritorien*

Fredericton ['fredrɪktən] *Hauptstadt von Neubraunschweig, Kanada*

Fremantle ['friːmæntl; *US* friː-'mæntl] *Hafenstadt im australischen Bundesstaat Westaustralien*

Fresno ['freznəʊ] *Stadt in Kalifornien, USA*

Frisian Islands ['frɪzɪən; -ʒjən; *bes US* -ʒən] Friesische Inseln *pl*

Frome [fruːm] *Stadt in Somersetshire, England*

Fulham ['fʊləm] *Stadtteil von London*

Furness ['fɜːnɪs; *US* 'fɜrnəs] *Halbinsel an der Irischen See, Cumbria, England*

G

Gabon [gæ'bɒn; gə-; *US* gə-'bəʊn; -'bɑn] Gabun *n*

Gainsborough ['geɪnzbərə; -brə; *US bes* -ˌbɜrə] *Stadt in Lincolnshire, England*

Galápagos Islands [gə'læpəgəs] Galapagosinseln *pl*

Galashiels [ˌgælə'ʃiːlz] *Stadt in Borders Region, Schottland*

Galbraith [gæl'breɪθ] *Stadt im australischen Bundesstaat Queensland*

Galloway ['gæləweɪ] *Landschaft im südwestlichen Schottland*

Galveston ['gælvɪstən; -vəs-] *Hafenstadt im südöstlichen Texas, USA*

Galway ['gɔːlweɪ] **a)** *Grafschaft im westlichen Irland,* **b)** *Hauptstadt von* a

Gambia, the ['gæmbɪə] *Staat an der westafrikanischen Küste*

Gambia River ['gæmbɪə] *Fluss in Westafrika*

Ganges ['gændʒiːz] *Strom im nördlichen Vorderindien*

Gary ['gærɪ; 'geərɪ] *Stadt am Michigansee, USA*

Gaspé Peninsula [gæ'speɪ; 'gæspeɪ] Gaspé *n*

Gateshead ['geɪtshed] *Hafenstadt in Tyne and Wear, England*

Gatwick ['gætwɪk] *Flughafen südlich von London in West Sussex*

Gaza ['gɑːzə; *US a.* 'gæ-; 'geɪ-] *Hafenstadt an der Südostküste des Mittelmeers*

Gaza Strip ['gɑːzə; *US a.* 'gæ-; 'geɪ-] Gazastreifen *m*

Geelong [dʒɪ'lɒŋ] *Hafenstadt an der Südküste des australischen Bundesstaates Victoria*

Geneva [dʒɪ'niːvə] Genf *n;* **a)** *Kanton der Schweiz,* **b)** *Hauptstadt von* a

Georgetown ['dʒɔː(r)dʒtaʊn] *Hauptstadt von Guayana*

Georgia ['dʒɔː(r)dʒjə; *US* -dʒə] **a)** *Staat der USA*, **b)** Georgien *n*

German Democratic Republic HIST Deutsche Demokratische Republik

Germany ['dʒɜːmənɪ; -mnɪ; *US* 'dʒɜr-] Deutschland *n*

Gettysburg ['getɪzbɜːg; *US* -ˌbɜrg] *Stadt in Pennsylvanien, USA; 1863 Niederlage der Konföderierten*

Ghana ['gɑːnə; *US* 'gæ-] *Staat in Westafrika*

Gibraltar [dʒɪ'brɔːltə(r)] *Halbinsel an der Südspitze Spaniens*

Gillingham ['dʒɪlɪŋəm] *Stadt in Kent, England*

Glacier National Park ['glæsjə; 'gleɪ-; *US* 'gleɪʃər] *Nationalpark im nordwestlichen Montana, USA*

Gladstone ['glædstən; *US* -ˌstəʊn] *Stadt an der Ostküste von Queensland, Australien*

Glasgow ['glɑːsgəʊ; *bes schott u. US* 'glæzgəʊ; 'glæs-] *Hauptstadt von Strathclyde, Schottland*

Glastonbury ['glæstənbərɪ; -brɪ; *US bes* -ˌberiː] *Stadt in Somersetshire, England*

Glendale ['glendeɪl] *Stadt in Kalifornien, USA*

Glenrothes [glen'rɒθɪs; *US* -'rɑ-] *Hauptstadt von Fife, Schottland*

Gloucester ['glɒstə; *US* 'glɑːstər; 'glɔː-] *Hauptstadt von Gloucestershire*

Gloucestershire ['glɒstə(r)ʃə(r); -ˌʃɪə(r); *US* 'glɑː-; 'glɔː-] *Grafschaft in Südwestengland*

Godalming ['gɒdlmɪŋ; *US* 'gɑ-] *Stadt in Surrey, England*

Goderich ['gəʊdrɪtʃ] *Stadt in Ontario, Kanada*

Gogmagog Hills ['gɒgməgɒg; *US* 'gɑgməˌgɑg] *Hügelland in Cambridgeshire, England*

Golden Gate [ˌgəʊldən'geɪt] *Einfahrt in die Bucht von San Franzisko*

Goodwin Sands ['gʊdwɪn] *Sandbank vor der Südostküste von England*

Goole [guːl] *Stadt in Humberside, England*

Gorham ['gɔːrəm] *Stadt in New Hampshire, USA*

Gosport ['gɒspɔː(r)t; *US* 'gɑs-] *Stadt an der Küste von Hampshire, England*

Gower ['gaʊə(r)] *Halbinsel im Bristolkanal an der Südküste von Wales*

Grampian Hills ['græmpjən; -pɪən], **Grampians, the** [-ənz] Grampiangebirge *n*

Grampian Region ['græmpjən; -pɪən] *Verwaltungsregion im nordöstlichen Schottland*

Granby ['grænbɪ] *Stadt in der Provinz Quebec, Kanada*

Grand Canyon [ˌgrænd'kænjən] *Durchbruchstal des Colorado in Arizona, USA*

Grasmere ['grɑːsˌmɪə; *US* 'græsˌmɪər] *See im Lake District, in Cumbria, England*

Gravesend [ˌgreɪvz'end] *Stadt in Kent, England*

Great Britain [ˌgreɪt'brɪtn] Großbritannien *n*

Greater Antilles [ˌgreɪtəræn'tɪliːz] Große Antillen *pl*

Greater London [ˌgreɪtə(r)'lʌndən] Groß-London *n*

Greater Manchester [ˌgreɪtə(r)'mæntʃɪstə(r); -tʃes-] *Stadtgrafschaft im nordwestlichen England*

Greater Sunda Islands ['sʌndə; *US a.* 'suːndə] Große Sundainseln *pl*

Great Lakes [ˌgreɪt'leɪks] Große Seen *pl*

Great Yarmouth ['jɑː(r)məθ] *Hafenstadt in Norfolk, England*

Greece [griːs] Griechenland *n*

Greenland ['griːnlənd; -lænd] Grönland *n*

Greenock ['griːnək; 'grenək] *Hafen- u. Industriestadt am Firth of Forth, Schottland*

Greensboro ['griːnzbərə; -brə; *US bes* -ˌbɜrə; *a.* -ˌbʌrə] *Stadt in North Carolina, USA*

Greenwich ['grenɪdʒ; -ɪtʃ; 'grɪn-] *Stadtbezirk Groß-Londons*

Greenwich Village [ˌgrenɪtʃ'vɪlɪdʒ; ˌgrɪn-] *Stadtteil von New York*

Grenada [gre'neɪdə; grə-] *Staat im Bereich der Westindischen Inseln*

Gretna Green [ˌgretnə'griːn] *Dorf an der schottisch-englischen Grenze*

Grimsby ['grɪmzbɪ] *Hafenstadt in Humberside, England*

Guadeloupe [ˌgwɑːdə'luːp; *US a.* 'gwɑːdlˌuːp] *Größte Insel der Kleinen Antillen*

Guam [gwɑːm] *Größte Insel der Marianen*

Guatemala [ˌgwætɪ'mɑːlə; *bes US* ˌgwɑːtə-] **a**) *Republik in Mittelamerika*, **b**) *Hauptstadt von* a

Guernsey ['gɜːnzɪ; *US* 'gɜrnziː] *Insel im Ärmelkanal*

Guildford ['gɪlfə(r)d] *Stadt in Surrey, England*

Guinea ['gɪnɪ] Guinea *n*

Gulf of Carpentaria [ˌkɑː(r)pən'teərɪə] Carpentaria-Golf *m*

Gulf of Mexico ['meksɪkəʊ] Golf *m* von Mexiko

Gulf of Saint Lawrence [snt'lɒrəns; *US* seɪnt'lɔːrəns; -'lɑːr-] Sankt-Lawrence-Golf *m*

Guyana [gaɪ'ænə] *Staat in Südamerika*

Gwent [gwent] *Grafschaft im südöstlichen Wales*

Gwynedd ['gwɪnəð; -eð] *Grafschaft im nordwestlichen Wales*

Hackney ['hæknɪ] *Stadtbezirk Groß-Londons*

Haiti ['heɪtɪ] *Staat in Mittelamerika*

Halifax ['hælɪfæks] **a**) *Stadt in West Yorkshire, England*, **b**) *Hauptstadt von Neuschottland, Kanada*

Hamilton ['hæmltən; -məl-] **a**) *Hafen- u. Industriestadt am Ontariosee, Kanada*, **b**) *Fluss in Labrador, Kanada*, **c**) *Stadt in Ohio, USA*, **d**) *Stadt südöstlich von Glasgow, Schottland*

Hammersmith and Fulham ['hæmə(r)smɪθənd'fʊləm] *Stadtbezirk Groß-Londons*

Hammond ['hæmənd] *Stadt in Indiana, USA*

Hampshire ['hæmpʃə(r); -ˌʃɪə(r)] *Grafschaft in Südengland*

Hampstead ['hæmpstɪd; -sted; 'hæmst-] *Stadtteil von London*

Hampton ['hæmptən; 'hæmt-] *Stadtteil von London*

Hanover ['hænəʊvə(r); -nəv-] Hannover *n*

Harare [hə'rɑːreɪ] *Hauptstadt von Simbabwe*

Haringey ['hærɪŋgeɪ] *Stadtbezirk Groß-Londons*

Harlem ['hɑː(r)ləm] *Stadtteil von New York City*

Harlow ['hɑː(r)ləʊ] *Stadt in Essex, England*

Harrisburg ['hærɪsbɜːg; *US* -ˌbɜrg] *Hauptstadt von Pennsylvanien, USA*

Harrogate ['hærəʊgɪt; -rəg-; -geɪt] *Stadt in North Yorkshire, England*

Harrow ['hærəʊ] *Stadtbezirk Groß-Londons*

Hartford ['hɑː(r)tfə(r)d] *Hauptstadt von Connecticut, USA*

Hartlepool ['hɑː(r)tlɪpuːl] *Hafenstadt an der Nordsee, in*

Cleveland, England

Harwich ['hærɪdʒ] *Hafenstadt in Essex, England*

Haslemere ['heɪzl,mɪə(r)] *Stadt in Surrey, England*

Hastings ['heɪstɪŋz] *Hafenstadt in East Sussex, England; Schlacht 1066*

Hatfield ['hætfi:ld] *Stadt in Hertfordshire, England*

Havana [hə'vænə] Havanna *n*

Havering ['heɪvərɪŋ] *Stadtbezirk von Groß-London*

Hawaii [hə'waɪi:; hə'wɑ:i:] **a)** *Größte der Hawaii-Inseln*, **b)** *Staat der USA*

Hawaiian Islands [hə'waɪɪən; *US* hə'wɑ:jən; -'waɪən] Hawaii-Inseln *pl*

Hawick ['hɔ:ɪk] *Stadt in Borders Region, Schottland*

Hebrides ['hebrɪdi:z] Hebriden *pl*

Helena ['helɪnə; -lənə] *Hauptstadt von Montana, USA*

Heligoland ['helɪgəʊlænd] Helgoland *n*

Helsinki ['helsɪŋkɪ; hel's-] *Hauptstadt von Finnland*

Helvellyn [hel'velɪn] *Berg im Lake District, England*

Henley-on-Thames [,henlɪɒn-'temz] *Stadt in Oxfordshire, England*

Hereford ['herɪfə(r)d] *Stadt in Hereford and Worcester*

Hereford and Worcester [,herɪfə(r)dn'wʊstə(r)] *Grafschaft im westlichen Mittelengland*

Herne Bay [hɜ:n; *US* hɜrn] *Stadt an der Nordküste von Kent, England*

Herstmonceux [,hɜ:stmən-'sju:; -'su:; *US* ,hɜrst-] *Ort in East Sussex, England; Observatorium*

Hertford ['hɑ:(r)fə(r)d] *Hauptstadt von Hertfordshire*

Hertfordshire ['hɑ:(r)fə(r)dʃə(r); -,ʃɪə(r)] *Grafschaft in Südostengland*

Hervey Bay ['hɑ:vɪ; 'hɜ:vɪ; *US* 'hɑ:rvi:; 'hɜr-] *Bucht an der Ostküste von Queensland, Australien*

Hesse ['hesɪ; hes] Hessen *n*

Hexham ['heksəm] *Stadt in Northumberland, England*

Heysham ['hi:ʃəm] *Hafenstadt in Lincolnshire, England*

Heywood ['heɪwʊd] *Stadt in Greater Manchester, England*

Highland Region ['haɪlənd] *Verwaltungsregion im nördlichen Schottland*

Highlands, the ['haɪləndz] *Hochland nördlich des Grampiangebirges in Schottland*

High Wycombe [,haɪ'wɪkəm] *Stadt in Buckinghamshire, England*

Hillingdon ['hɪlɪŋdən] *Stadtbezirk Groß-Londons*

Himalayas, the [,hɪmə'leɪəz; hɪ'mɑ:ljəz] Himalaja *m*

Hiroshima [hɪ'rɒʃɪmə; ,hɪrɒ-'ʃi:mə; *US* ,hɪrə'ʃi:mə; hə'rəʊ-ʃəmə] Hiroschima *n*

Hispaniola [,hɪspən'jəʊlə] *Insel der Großen Antillen*

Hobart ['həʊbɑ:(r)t] *Hauptstadt des australischen Bundesstaates Tasmanien*

Hoboken ['həʊbəʊkən] *Stadt in New Jersey, USA*

Ho Chi Minh City [,həʊtʃi:-'mɪn] Ho-Chi-Minh-Stadt *f*

Holland ['hɒlənd; *US* 'hɑ-] *mitteleuropäisches Königreich* (→ Netherlands)

Hollywood ['hɒlɪwʊd; *US* 'hɑ-] *Stadtteil von Los Angeles, Kalifornien, USA; Zentrum der amer. Filmindustrie*

Holyhead ['hɒlɪhed; *US* 'hɑ-] **a)** *Insel vor der Westküste von Anglesey, Wales*, **b)** *Hauptstadt von* a

Honduras [hɒn'djʊərəs; *US* hɑn-; *a.* -'dʊrəs] *Staat in Mittelamerika*

Hong Kong [,hɒŋ'kɒŋ; *US bes* 'hɑŋ,kɑŋ; ,hɑŋ'kɑŋ] Hongkong *n*

Honolulu [,hɒnə'lu:lu:; *US* ,hɑnl'u:lu:] *Hauptstadt von Hawaii, USA*

Hoover Dam [,hu:və(r)'dæm] *Staudamm des Colorado, USA*

Houghton-le-Spring [,həʊtn-lɪ'sprɪŋ; ,haʊtn-] *Stadt in Tyneside, England*

Hounslow ['haʊnzləʊ] *Stadtbezirk Groß-Londons*

Houston ['hju:stən; 'ju:-] *Stadt in Texas, USA*

Hove [həʊv] *Stadt in East Sussex, England*

Hucknall ['hʌknəl] *Stadt in Nottinghamshire, England*

Huddersfield ['hʌdə(r)zfi:ld] *Stadt in West Yorkshire, England*

Hudson ['hʌdsn] *Fluss im Osten des Staates New York,*

USA

Hull [hʌl] *Hauptstadt von Humberside, England*

Humber ['hʌmbə(r)] *Fluss in Ostengland*

Humberside ['hʌmbə(r)saɪd] *Grafschaft im nordöstlichen Mittelengland*

Hungary ['hʌŋgərɪ] Ungarn *n*

Hurstmonceux → **Herstmonceux**

Hyde Park [haɪd] *Park in London*

Hythe [haɪð] *Stadt in Kent, England*

I

Iceland ['aɪslənd] Island *n*

Idaho ['aɪdəhəʊ] *Staat im Nordwesten der USA*

IJsselmeer [ˌaɪsl'meə(r)] *durch e-n Abschlussdeich gebildeter Binnensee in Holland*

Illinois [ˌɪlɪ'nɔɪ] *Staat im Mittelwesten der USA*

India ['ɪndjə; -dɪə] Indien *n*

Indiana [ˌɪndɪ'ænə] *Staat im Mittelwesten der USA*

Indianapolis [ˌɪndɪə'næpəlɪs; -'næpləs] *Hauptstadt von Indiana, USA*

Indochina [ˌɪndəʊ'tʃaɪnə] *ehemaliges französisches Gebiet in Hinterindien*

Indonesia [ˌɪndəʊ'niːzjə; *bes US* -ʒə; -ʃə] Indonesien *n*

Indus ['ɪndəs] *Hauptstrom im westlichen Vorderindien*

Inner Hebrides ['hebrɪdiːz] Innere Hebriden *pl*

Invercargill [ˌɪnvə(r)'kɑː(r)gɪl] *Hafenstadt auf der Südinsel Neuseelands*

Inverness [ˌɪnvə(r)'nes] *Hauptstadt von Highland Region, Schottland*

Iona [aɪ'əʊnə] *Kleine Insel der Inneren Hebriden*

Iowa ['aɪəʊə; *bes US* 'aɪəwə] *Staat im Mittelwesten der USA*

Ipswich ['ɪpswɪtʃ] *Hauptstadt von Suffolk, England*

Iran [ɪ'rɑːn; *US a.* ɪ'ræn] *Staat in Vorderasien*

Iraq [ɪ'rɑːk; *US a.* ɪ'ræk] Irak *m*

Ireland ['aɪə(r)lənd] Irland *n*

Irish Sea ['aɪərɪʃ; 'aɪrɪʃ] Irische See

Isla ['aɪlə] *Fluss in Mittelschottland*

Islas Malvinas [ˌiːzlasmal'viːnəs] Malvinen *pl*

Islay ['aɪleɪ] *Insel vor der Westküste Schottlands*

Isle of Man [mæn] *Insel in der Irischen See*

Isle of Thanet ['θænɪt] *Nordöstlicher Teil der Grafschaft Kent, England*

Isle of Wight [waɪt] *Insel u. Grafschaft vor der Südküste Englands, im Ärmelkanal*

Islington ['ɪzlɪŋtən] *Stadtbezirk Groß-Londons*

Israel ['ɪzreɪəl; *bes US* 'ɪzrɪəl] *Staat im Vorderen Orient*

Istanbul [ˌɪstæn'buːl; -tɑːn-; *US a.* ˌɪstəm-; ˌɪstɑːm-] *Stadt am Bosporus*

Italy ['ɪtəlɪ; *US* 'ɪtliː] Italien *n*

Ivory Coast [ˌaɪvərɪ'kəʊst] Elfenbeinküste *f*

J

Jackson ['dʒæksn] *Hauptstadt von Mississippi, USA*

Jacksonville ['dʒæksnvɪl] *Hafenstadt in Florida, USA*

Jamaica [dʒə'meɪkə] Jamaika *n*

Jan Mayen Island [ˌjæn'maɪən; ˌjɑːn-] Jan Mayen *n*

Japan [dʒə'pæn] *Ostasiatischer Staat*

Java ['dʒɑːvə; *US a.* 'dʒæ-] *Hauptinsel Indonesiens*

Jefferson City ['dʒefə(r)sn] *Hauptstadt von Missouri, USA*

Jersey ['dʒɜːzɪ; *US* 'dʒɜrziː] *Insel im Ärmelkanal*

Jerusalem [dʒə'ruːsələm] *Hauptstadt Israels*

Jibouti, Jibuti → **Djibouti**

Jodrell Bank [ˌdʒɒdrəl'bæŋk; *US* ˌdʒɑ-] *Observatorium in Cheshire, England*

Johannesburg [dʒəʊ'hænɪsbɜːg; *US* -nəsˌbɜrg] *Größte Stadt Südafrikas*

Johnstone ['dʒɒnstən; 'dʒɒnsn; *US* 'dʒɑn-] *Stadt in Strathclyde, Schottland*

Jordan ['dʒɔː(r)dn] **a)** *Fluss in Israel u. Jordanien*, **b)** Jordanien *n*

Juneau ['dʒuːnəʊ; dʒʊ'n-] *Hauptstadt von Alaska, USA*

Jutland ['dʒʌtlənd] Jütland *n*

K

Kabul ['kɑːbʊl; kə'bʊl; *bes US* 'kɑːbl; kə'buːl] *Hauptstadt von Afghanistan*
Kalamazoo [ˌkæləmə'zuː] *Stadt in Michigan, USA*
Kamchatka [kæm'tʃætkə] Kamtschatka *n*
Kampala [kæm'pɑːlə; *US* kɑm-] *Hauptstadt von Uganda*
Kampuchea [ˌkæmpʊ'tʃɪə] *Staat in Südostasien*
Kansas ['kænzəs] *Stadt im Innern der USA*
Karachi ['kə'rɑːtʃɪ] Karatschi *n*
Kashmir [ˌkæʃ'mɪə(r); 'kæʃˌmɪə(r)] Kaschmir *n*
Katmandu [ˌkɑːtmɑːn'duː; ˌkætmæn'duː] *Hauptstadt von Nepal*
Kazakhstan [ˌkɑːzɑːk'stæn; -'stɑːn] Kasachstan *n*
Kedah ['kedə] *Gliedstaat Malaysias*
Keewatin [kiː'wɒtɪn; *US* -'weɪtn] *Distrikt der Nordwestterritorien Kanadas*
Keighley ['kiːθlɪ] *Stadt in West Yorkshire, England*
Kelantan [ke'læntən; kə-] *Gliedstaat Malaysias*
Kendal ['kendl] *Stadt in Cumbria, England*
Kenilworth ['kenəlwɜːθ; 'kenl-; *US* -ˌwɜrθ] *Stadt in Warwickshire, England*
Kensington and Chelsea [ˌkenzɪŋtənən'tʃelsɪ] *Stadtbezirk Groß-Londons*
Kent [kent] *Grafschaft in Südostengland*
Kentucky [ken'tʌkɪ; kən-] *Staat im Osten der USA*
Kenya ['kenjə; 'kiːn-] Kenia *n*
Kerry ['kerɪ] *Grafschaft im südwestlichen Irland*
Kew [kjuː] *Stadtteil von London; bedeutender botanischer Garten*
Khart(o)um [kɑː(r)'tuːm] *Hauptstadt des Sudan*
Kidderminster ['kɪdə(r)ˌmɪnstə(r)] *Stadt in Hereford and Worcester, England*
Kiel Canal [kiːl] Nordostseekanal *m*
Kildare [kɪl'deə(r)] *Grafschaft im östlichen Irland*
Kilkenny [kɪl'kenɪ] *Grafschaft im südöstlichen Irland*
Killarney [kɪ'lɑː(r)nɪ] *Stadt in Kerry, Irland*
Killiecrankie [ˌkɪlɪ'kræŋkɪ] *Gebirgspass im Grampiangebirge*
Kilmarnock [kɪl'mɑː(r)nək] *Stadt in Strathclyde, Schottland*
Kimberley ['kɪmbə(r)lɪ] *Stadt in der Südafrikanischen Republik*
King's Lynn [ˌkɪŋz'lɪn] *Stadt in Norfolk, England*
Kingston ['kɪŋstən] *Hauptstadt von Jamaika*
Kingston upon Hull [ˌkɪŋstənəpɒn'hʌl] → **Hull**
Kingston upon Thames [ˌkɪŋstənəpɒn'temz] *Stadtbezirk Groß-Londons u. Hauptstadt von Surrey*
Kinshasa [kɪn'ʃɑːzə; -sə] *Hauptstadt von Zaire*
Kintyre [kɪn'taɪə(r)] *Halbinsel im südwestlichen Schottland*
Kiribati [ˌkɪrɪ'bæs] *Inselstaat im Pazifik*
Kirkcaldy [kɜː'kɔːdɪ; -'kɔːldɪ; *US* kɜr-] *Hafenstadt in Fife, Schottland*
Kirkwall ['kɜːkwɔːl; *US* 'kɜrk-] *Hauptstadt der Orkneyinseln*
Klondike ['klɒndaɪk; *US* 'klɑn-] *Landschaft im nordwestlichen Kanada*
Knoxville ['nɒksvɪl; *US* 'nɑks-] *Stadt in Tennessee, USA*
Kodiak ['kəʊdɪæk] *Insel an der Südküste Alaskas, USA*
Korea [kə'rɪə] *Halbinsel in Ostasien*
Kosovo ['kɒsəvəʊ; *US* 'kɑ-] *Autonome Provinz innerhalb Serbiens*
Kuala Lumpur [ˌkwɑːlə'lʊmˌpʊə(r); -'lʌm-] *Hauptstadt Malaysias*
Kuwait [kʊ'weɪt; *US* kə'w-] **a)** *Scheichtum am Persischen Golf,* **b)** *Hauptstadt von* a
Kyushu ['kjuːʃuː] Kiuschu *n*

L

Labrador ['læbrədɔː(r)] *Halbinsel im östlichen Kanada*
Lagos ['leɪgɒs; *US* -ˌgɑs] *Hauptstadt von Nigeria*
Lahore [lə'hɔː(r)] *Zweitgrößte Stadt von Pakistan*
Lake Constance ['kɒnstəns; *US* 'kɑ-] Bodensee *m*
Lake District ['leɪkˌdɪstrɪkt] *Hügeliges Seengebiet in Cum-*

bria, England

Lake Erie ['ɪərɪ] Eriesee *m*

Lake Geneva [dʒɪ'niːvə] Genfer See *m*

Lake Huron ['hjuərən; *US a.* 'hjʊrˌɑn] Huronsee *m*

Lakehurst ['leɪkhɜːst; *US* -ˌhɜrst] *Flugstützpunkt der amer. Marine in New Jersey, USA*

Lake Michigan ['mɪʃɪgən] Michigansee *m*

Lake of Lucerne [luː'sɜːn; *US* -'sɜrn] Vierwaldstätter See *m*

Lake Ontario [ɒn'teərɪəʊ; *US* ɑn'ter-] Ontariosee *m*

Lake Superior [suː'pɪərɪə; sjuː-; *US* sʊ'pɪrɪər] Oberer See

Lake Torrens ['tɒrənz; *US a.* 'tɑ-] *Zweitgrößte Salzpfanne Australiens im Bundesstaat Südaustralien*

Lambarene [ˌlæmbə'reɪnɪ; ˌlɑːm-] *Stadt in Gabun*

Lambeth ['læmbəθ] *Stadtbezirk GroßLondons*

Lancashire ['læŋkəʃə(r); -ˌʃɪə(r)] *Grafschaft im nordwestlichen England*

Lancaster ['læŋkəstə(r); *US a.* -ˌkæs-] **a)** *Stadt in Lancashire, England*, **b)** *Stadt in Pennsylvanien, USA*

Land's End [ˌlændz'end; ˌlænz-] *Landzunge im südwestlichen Cornwall; westlichster Punkt Englands*

Lansing ['lænsɪŋ] *Hauptstadt von Michigan, USA*

Laoighis [liːʃ; *US a.* leɪʃ] *Grafschaft in Mittelirland*

Laos ['lɑːɒs; 'laʊs; *US a.* 'leɪˌɑs] *Staat in Hinterindien*

La Paz [lɑː'pæz; lə-] *Hauptstadt von Bolivien*

Lapland ['læplænd] Lappland *n*

Lassen Peak ['læsn] *Vulkan in Kalifornien, USA*

Las Vegas [ˌlæs'veɪgəs; ˌlɑːs-] *Stadt in Nevada, USA*

Latin America ['lætɪn; *US* 'lætn] Lateinamerika *n*

Latvia ['lætvɪə] Lettland *n*

Leamington Spa [ˌlemɪŋtən-'spɑː] *Badeort in Warwickshire, England*

Lebanon ['lebənən; *US a.* -ˌnɑn] Libanon *m*

Leeds [liːdz] *Stadt in West Yorkshire, England*

Leicester ['lestə(r)] **a)** → **Leicestershire**, **b)** *Hauptstadt von Leicestershire*

Leicestershire ['lestə(r)ʃə(r); -ˌʃɪə(r)] *Grafschaft in Mittelengland*

Leigh [liː] *Stadt in Greater Manchester, England*

Leinster ['lenstə(r)] *Provinz im südöstlichen Irland*

Leitrim ['liːtrɪm] *Grafschaft im Nordwesten von Irland*

Leix → **Laoighis**

Lennox ['lenəks] *Landschaft in Mittelschottland*

Lerwick ['lɜːwɪk; *US* 'lɜr-] *Ort auf der Shetlandinsel Mainland; nördlichste Ortschaft der Brit. Inseln*

Lesotho [lə'suːtuː; *bes US* lə-'səʊtəʊ] *Staat in Afrika*

Lesser Antilles [æn'tɪliːz] Kleine Antillen *pl*

Lesser Sunda Islands ['sʌndə; *US a.* 'suːndə] Kleine Sundainseln *pl*

Lewes ['luːɪs] *Hauptstadt von East Sussex, England*

Lewisham ['luːɪʃəm] *Stadtbezirk Groß-Londons*

Lewis with Harris [ˌluːɪswɪð-'hærɪs] *Nördlichste Insel der Äußeren Hebriden*

Lexington ['leksɪŋtən] **a)** *Stadt in Kentucky, USA*, **b)** *Stadt in Massachusetts, USA; 1775 erste Schlacht im amer. Unabhängigkeitskrieg gegen die Engländer*

Lhasa ['lɑːsə; 'læsə] *Hauptstadt von Tibet*

Liberia [laɪ'bɪərɪə] *Staat in Westafrika*

Liberty Island ['lɪbə(r)tɪ] *Kleine Insel in der Hafenbucht von New York mit der Freiheitsstatue*

Libya ['lɪbɪə] Libyen *n*

Lichfield ['lɪtʃfiːld] *Stadt in Staffordshire, England*

Liechtenstein ['lɪktənstaɪn] *Fürstentum in Mitteleuropa*

Lima ['liːmə] *Hauptstadt von Peru*

Limerick ['lɪmərɪk] **a)** *Grafschaft im südwestlichen Irland*, **b)** *Hauptstadt von* a

Lincoln ['lɪŋkən] **a)** *Hauptstadt von Nebraska, USA*, **b)** → **Lincolnshire**, **c)** *Hauptstadt von Lincolnshire*

Lincolnshire ['lɪŋkənʃə(r); -ˌʃɪə(r)] *Grafschaft in Ostengland*

Lindisfarne ['lɪndɪsfɑː(r)n] *Insel vor der Küste von Northum-*

berland, England
Linlithgow [lɪn'lɪθgəʊ] *Stadt in Lothian Region, Schottland*
Lisbon ['lɪzbən] Lissabon *n*
Lithuania [ˌlɪθjuː'eɪnjə; *US* ˌlɪθə'weɪnɪə] Litauen *n*
Little Rock ['lɪtlrɒk; *US* -ˌrɑk] *Hauptstadt von Arkansas, USA*
Liverpool ['lɪvə(r)puːl] *Hauptstadt von Merseyside, England*
Lizard, the ['lɪzə(r)d] *Halbinsel in Cornwall, England, mit dem südlichsten Punkt Englands*
Llandrindod Wells [lænˌdrɪndɒd'welz; *US* -dɑd-] *Hauptstadt von Powys, Wales*
Llandudno [læn'dɪdnəʊ; -'dʌd-] *Stadt u. Kurort in Gwynedd, Wales*
Llanelly [læ'neθlɪ] *Industriestadt in Dyfed, Wales*
Llangollen [læn'gɒθlən] *Ort in Clywd, Wales*
Llano Estacado ['lɑːnəʊˌestə'kɑːdəʊ; *US a.* 'læn-] *Hochebene in Texas u. New Mexico, USA*
Lochaber [lɒ'kɑːbə(r); -'kæ-; *US a.* lɑ'kæ-] *Landschaft im nördlichen Schottland*
Loch Lomond ['ləʊmənd] *See nördlich von Glasgow, Schottland; größter See Großbritanniens*
Loch Ness [nes] *See im nordwestlichen Schottland*
Lombardy ['lɒmbə(r)dɪ; *US* 'lɑm-; *a.* -ˌbɑːrdiː] Lombardei *f*
London ['lʌndən] *Hauptstadt des Vereinigten Königreichs*
Londonderry [ˌlʌndən'derɪ] **a)** *Grafschaft in Nordirland,* **b)** *Hauptstadt von a*
Longford ['lɒŋfə(r)d] *Grafschaft im östlichen Mittelirland*
Longs Peak [lɒŋz; lɔːŋz] *Höchster Berg im Rocky Mountains National Park in Colorado, USA*
Looe Island [luː] *Insel vor der Südküste von Cornwall, England*
Los Alamos [lɒs'æləmɒs] *Stadt in New Mexico, USA; Kernforschungszentrum*
Los Angeles [lɒs'ændʒɪliːz; -dʒələs] *Hafenstadt im südwestlichen Kalifornien*
Lothian Region ['ləʊðjən; -ɪən] *Verwaltungsregion im südöstlichen Schottland*
Loughborough ['lʌfbərə; -brə; *US bes* -ˌbɜrə] *Stadt in Leicestershire, England*
Lough Neagh [ˌlɒx'neɪ] *See in Antrim, Nordirland; größter See der Brit. Inseln*
Louisiana [luːˌiːzɪ'ænə; lʊˌiː-; *US a.* ˌluːzɪ-] *Staat im Süden der USA*
Louisville ['luːɪvɪl] *Hafenstadt am Ohio in Kentucky, USA*
Louth [laʊð] *Grafschaft in Nordostirland*
Low Countries [ləʊ] *Niederlande, Belgien und Luxemburg*
Lower California ['ləʊə(r)ˌkælɪ'fɔː(r)njə; -nɪə] Niederkalifornien *n*
Lowestoft ['ləʊstɒft; -təft] *Hafenstadt in Suffolk, England*
Lowther Hills ['laʊðə(r)] *Hügelland im südlichen Schottland*
Luanda [lʊ'ændə] *Hauptstadt von Angola*
Lubumbashi [ˌluːbʊm'bæʃɪ; -'bɑːʃɪ] *Hauptstadt der Provinz Shaba im südlichen Zaire*
Lusaka [luː'sɑːkə] *Hauptstadt von Sambia*
Luton ['luːtn] *Stadt in Bedfordshire, England; Flughafen*
Luxemb(o)urg ['lʌksəmbɜːg; *US* -ˌbɜrg] Luxemburg *n*
Luzon [luː'zɒn; *US* -'zɑn] *Hauptinsel der Philippinen*
Lymington ['lɪmɪŋtən] *Stadt in Hampshire, England*
Lynn [lɪn] *Stadt in Massachusetts, USA*
Lyons ['laɪənz] Lyon *n*
Lytham ['lɪðəm] *Stadt an der Küste von Lancashire, England*

M

Macclesfield ['mæklzfiːld] *Stadt in Cheshire, England*
Macedonia [ˌmæsɪ'dəʊnɪə] Mazedonien *n*
Mackay [mə'kaɪ; -'keɪ] *Stadt im australischen Bundesstaat Queensland*
Mackenzie [mə'kenzɪ] *Zweitgrößter Strom Nordamerikas, im nordwestlichen Kanada*
Macquarie [mə'kwɒrɪ; *US* mə'kwɑriː] *Fluss im australischen Bundesstaat Neusüd-*

wales

Madagascar [ˌmædəˈgæskə(r)] Madagaskar *n*

Madeira [məˈdɪərə] *Insel im Atlantischen Ozean, westlich von Marokko*

Madison [ˈmædɪsn] *Hauptstadt von Wisconsin, USA*

Madrid [məˈdrɪd] *Hauptstadt von Spanien*

Maidenhead [ˈmeɪdnhed] *Stadt in Berkshire, England*

Maidstone [ˈmeɪdstən; -stəʊn] *Hauptstadt von Kent, England*

Maine [meɪn] *Staat im Nordosten der USA*

Mainland [ˈmeɪnlənd; -lænd] **a)** *Größte der Shetlandinseln,* **b)** *größte der Orkneyinseln*

Majorca [məˈjɔː(r)kə] Mallorca *n*

Malawi [məˈlɑːwɪ] *Staat in Afrika*

Malay Archipelago [məˈleɪ] Malaiischer Archipel

Malaysia [məˈleɪzɪə; *bes US* -ʒɪə; -ʒə; -ʃə] *Föderation in Südostasien*

Maldive Islands [ˈmɔːldɪv; *US* -ˌdiːv; -ˌdaɪv], **Maldives** [-z] Malediven *pl*

Maldon [ˈmɔːldən] *Stadt in Essex, England*

Mali [ˈmɑːlɪ] *Staat in Westafrika*

Malta [ˈmɔːltə] *Inselstaat im Mittelmeer*

Malvern [ˈmɔːlvə(r)n] *Stadt in Hereford and Worcester, England*

Mammoth Cave [ˈmæməθ] Mammuthöhle *f*

Mandalay [ˈmændəleɪ; ˌ-ˈleɪ] *Stadt in Myanmar*

Managua [məˈnægwə; *US* -ˈnɑː-] *Hauptstadt von Nicaragua*

Manchester [ˈmæntʃɪstə; *US* -ˌtʃestər; -tʃəs-] *Verwaltungszentrum von Greater Manchester, England*

Manhattan [mænˈhætn] *Stadtteil von New York*

Manila [məˈnɪlə] *Hauptstadt der Philippinen*

Manitoba [ˌmænɪˈtəʊbə] *Kanadische Provinz*

Mansfield [ˈmænsfiːld; *US a.* ˈmænz-] *Stadt in Nottinghamshire, England*

Marches [ˈmɑː(r)tʃɪz] Marken *pl*

Margate [ˈmɑː(r)gɪt; -geɪt] *Seebad in Kent, England*

Mariana Islands [ˌmeərɪˈænə; ˌmær-; -ˈɑːnə] Marianen *pl*

Maritime Provinces [ˈmærɪtaɪm] *Kanadische Provinzen Neubraunschweig, Neuschottland u. Prince Edward Island*

Marlborough [ˈmɔːlbərə; -brə; *a.* ˈmɑːl-; *US bes* ˈmɑːrlˌbɜrə; -bərə] *Stadt in Wilthshire, England*

Marseilles [mɑː(r)ˈseɪlz; -ˈseɪ] Marseille *n*

Marshall Islands [ˈmɑː(r)ʃəl] Marshallinseln *pl*

Martinique [ˌmɑːtɪˈniːk; *US* ˌmɑːrtnˈiːk] *Insel der Kleinen Antillen*

Maryland [ˈmeərɪlænd; *bes US* ˈmerɪlənd] *Staat im Osten der USA*

Massachusetts [ˌmæsəˈtʃuːsɪts; -səts; *US a.* -zəts] *Staat im Nordosten der USA*

Matlock [ˈmætlɒk; *US* -ˌlɑk] *Hauptstadt von Derbyshire, England*

Maui [ˈmaʊɪ] *Zweitgrößte der Hawaii-Inseln*

Mauritania [ˌmɒrɪˈteɪnjə; -nɪə; *US* ˌmɔːrə-; ˌmɑːrə-] Mauretanien *n*

Mauritius [məˈrɪʃəs; *bes US* mɔːˈr-] *Insel u. Staat im Indischen Ozean*

Mayo [ˈmeɪəʊ] *Grafschaft im nordwestlichen Irland*

McAlister [məˈkælɪstə(r)] *Berg im australischen Bundesstaat Neusüdwales*

Meath [miːð; miːθ] *Grafschaft in Ostirland*

Mediterranean [ˌmedɪtəˈreɪnjən; -nɪən] **a)** *a.* **Mediterranean Sea** Mittelmeer *n,* **b)** Mittelmeerraum *m*

Medway [ˈmedweɪ] *Fluss in Kent, England*

Mekong [ˌmiːˈkɒŋ; *US* ˌmeɪˈkɔːŋ; -ˈkɑːŋ] *Strom in China u. Südostasien*

Melanesia [ˌmeləˈniːzjə; *bes US* -ˈniːʒə; -ʃə] Melanesien *n*

Melbourne [ˈmelbə(r)n] *Hauptstadt des australischen Bundesstaates Victoria*

Memphis [ˈmemfɪs] **a)** *antike Ruinenstadt am Nil,* **b)** *Stadt in Tennessee, USA*

Menai Strait [ˈmenaɪ] *Meerenge zwischen der Insel Anglesey u. Wales*

Mendip Hills [ˈmendɪp], **Mendips** *Hügelkette aus Kalkstein in Somerset, England*

Mercia ['mɜːsjə; -ʃjə; *US* 'mɜrʃɪə; -ʃə] *hist Angelsächsisches Königreich*

Mersey ['mɜːzɪ; *US* 'mɜrziː] *Fluss im westlichen Mittelengland*

Merseyside ['mɜːzɪsaɪd; *US* 'mɜr-] *Grafschaft im nordwestlichen England*

Merton ['mɜːtn; *US* 'mɜrtn] *Stadtbezirk Groß-Londons*

Meuse [mɜːz; mjuːz] Maas *f*

Mexico ['meksɪkəʊ] Mexiko *n*

Mexico City *Hauptstadt von Mexiko*

Miami [maɪ'æmɪ] *Stadt in Florida, USA*

Michigan ['mɪʃɪgən] *Staat im Norden der USA*

Micronesia [ˌmaɪkrəʊ'niːzjə; *bes US* ˌmaɪkrə'niːzə; -ʃə] Mikronesien *n*

Middlesbrough ['mɪdlzbrə] *Hauptstadt von Cleveland, England*

Middleton ['mɪdltən] *Stadt in Greater Manchester, England*

Middle West [ˌmɪdl'west] → **Midwest**

Mid Glamorgan [glə'mɔː(r)gən] *Grafschaft im südlichen Wales*

Midlands, the ['mɪdləndz] *Grafschaften Mittelenglands, bes. Warwickshire, Northamptonshire, Leicestershire, Nottinghamshire, Derbyshire u. Staffordshire*

Midwest [ˌmɪd'west] *Amer. Mittelwesten*

Milan [mɪ'læn] Mailand *n*

Milford Haven ['mɪlfə(r)d] *Hafenstadt in Dyfed, Wales*

Milton Keynes [ˌmɪltən'kiːnz; -tn'k-] *Stadt in Buckinghamshire, England*

Milwaukee [mɪl'wɔːkiː] *Handels- u. Industriestadt am Michigansee, USA*

Mindanao [ˌmɪndə'naʊ] *Zweitgrößte Insel der Philippinen*

Minneapolis [ˌmɪnɪ'æpəlɪs; *US a.* -'æpləs] *Stadt in Minnesota, USA*

Minnesota [ˌmɪnɪ'səʊtə] *Staat im Norden der USA*

Mississippi [ˌmɪsɪ'sɪpɪ] **a)** *Größter Strom Nordamerikas*, **b)** *Staat im Süden der USA*

Missouri [mɪ'zʊərɪ] **a)** *Größter Nebenfluss des Mississippi, USA*, **b)** *einer der nordwestlichen Mittelstaaten der USA*

Mobile Bay ['məʊbiːl] *Bucht des Golfs von Mexiko*

Mogadiscio [ˌmɒgə'dɪʃəʊ; -ʃɪəʊ; *US* ˌmɑ-], **Mogadishu** [-'dɪʃuː] Mogadischu *n*

Mohave Desert, Mojave Desert [məʊ'hɑːvɪ; mə'h-] Mohavewüste *f*

Mold [məʊld] *Hauptstadt von Clwyd, Wales*

Moldavia [mɒl'deɪvɪə; *US* mɑl-] Moldawien *n*

Moldova ['mɒldəvə; *US* 'mɑl-] → **Moldavia**

Molokai [ˌməʊləʊ'kɑːɪ; *US* ˌmɑlə'kaɪ; ˌməʊlə'kaɪ] *Eine Hawaii-Insel; Station für Leprakranke*

Mombasa [mɒm'bæsə; *US* mɑm'bɑːsə] *Hafenstadt in Kenia*

Monaco ['mɒnəkəʊ; *US* 'mɑ-] *Fürstentum an der französischen Riviera*

Monaghan ['mɒnəhən; -xən; *US* 'mɑ-] *Grafschaft im nordöstlichen Irland*

Mongolia [mɒŋ'gəʊljə; -lɪə; *US* mɑn-; mɑŋ-] Mongolei *f*

Monrovia [mɒn'rəʊvɪə; *US* mən-; mʌn-] *Hauptstadt von Liberia*

Montana [mɒn'tænə; *US* mɑn-] *Staat im Nordwesten der USA*

Mont Blanc [ˌmɔ̃ːm'blɑ̃ːŋ; ˌmɔ̃ː'blɑ̃ː] *Höchster Berg der Alpen*

Monte Carlo [ˌmɒntɪ'kɑː(r)ləʊ; *US* ˌmɑ-] *Stadtbezirk von Monaco*

Monterey [ˌmɒntə'reɪ; *US* ˌmɑn-] *Seebad in Kalifornien, USA*

Montevideo [ˌmɒntɪvɪ'deɪəʊ; ˌmɑn-; *US a.* ˌ-'vɪdɪˌəʊ] *Hauptstadt von Uruguay*

Montgomery [mənt'gʌmərɪ; *Br a.* mɒnt'gɒm-; *US a.* mɑnt'gɑm-] *Hauptstadt von Alabama, USA*

Montpelier [mɒnt'piːljə(r); *US* mɑnt-] *Hauptstadt von Vermont, USA*

Montreal [ˌmɒntrɪ'ɔːl; *US* ˌmɑn-] *Handels- u. Industriestadt in der Provinz Quebec, Kanada*

Montrose [mɒn'trəʊz; *US* mɑn-] *Stadt in Tayside, England*

Moravia [mə'reɪvjə; -vɪə] Mähren *n*

Morley ['mɔː(r)lɪ] *Stadt in West Yorkshire, England*

Mornington ['mɔː(r)nɪŋtən] **a)** *Insel vor der Nordküste des australischen Bundesstaates Queensland,* **b)** *Stadt im australischen Bundesstaat Victoria*

Morocco [mə'rɒkəʊ; *US* -'rɑ-] Marokko *n*

Moscow ['mɒskəʊ; *US* 'mɑskaʊ; -kəʊ] Moskau *n*

Moselle [məʊ'zel] Mosel *f*

Motherwell and Wishaw [ˌmʌðə(r)wələn'wɪʃɔː] *Stadt in Strathclyde, Schottland*

Mount Everest ['evərɪst] *Höchster Berg der Erde im östlichen Himalaja*

Mount Katahdin [kə'tɑːdɪn; *US* -dn] *Höchster Berg in Maine, USA*

Mount Kilimanjaro [ˌkɪlɪmən'dʒɑːrəʊ] Kilimandscharo *m*

Mount Kosciusko [ˌkɒsɪ'ʌskəʊ; *US* ˌkazɪ-] *Höchster Berg Australiens, im Bundesstaat Victoria*

Mount McKinley [mə'kɪnlɪ] *Berg in Alaska; höchster Berg in Nordamerika*

Mount Mitchell ['mɪtʃl] *Höchster Gipfel der Appalachen*

Mount of Olives ['ɒlɪvz; *US* 'ɑl-] Ölberg *m*

Mount Rushmore ['rʌʃmɔː(r)] *Berg in Süddakota; Nationaldenkmal mit den aus Stein gehauenen Gesichtern von Washington, Lincoln, Jefferson u. Roosevelt*

Mozambique [ˌməʊzəm'biːk] Mosambik *n*

Mulgrave ['mʌlgreɪv] *Stadt in Neuschottland, Kanada*

Mull [mʌl] *Zweitgrößte Insel der Inneren Hebriden*

Mumbai ['mʊmbaɪ] Mumbai *n (Stadt in Nordwestindien; früherer Name: Bombay)*

Munich ['mjuːnɪk] München *n*

Munster ['mʌnstə(r)] *Provinz in Südirland*

Murchison ['mɜːtʃɪsn; 'mɜːkɪsn; *US* 'mɜrtʃəsən] *Fluss in Westaustralien*

Murray ['mʌrɪ; *US a.* 'mɜriː] *Fluss im südöstlichen Australien*

Myanmar [ˌmaɪən'mɑː(r)] *Staat in Hinterindien*

N

Nagasaki [ˌnægə'sɑːkɪ; ˌnɑː-; ˌnægə'sækɪ] *Hafenstadt an der Westküste von Japan*

Nairobi [naɪ'rəʊbɪ] *Hauptstadt von Kenia*

Namibia [nə'mɪbɪə] *Staat in Südwestafrika*

Nanga Parbat [ˌnʌŋgə'pɑː(r)bət] *Berg im Himalaja*

Nantucket [næn'tʌkɪt] *Insel an der Küste von Massachusetts, USA*

Naples ['neɪplz] Neapel *n*

Narragansett Bay [ˌnærə'gænsɪt] *Bucht an der Küste von Rhode Island, USA*

Nashville ['næʃvɪl; -vəl] *Hauptstadt von Tennessee, USA*

Nassau ['næsɔː] *Hauptstadt der Bahamainseln*

Natal [nə'tæl] *Provinz der Südafrikanischen Republik*

Nauru [nɑː'uːruː] *Inselrepublik im Pazifischen Ozean*

Nazareth ['næzərəθ] *Stadt in Israel*

Naze, the [neɪz] *Landspitze in Essex, England*

Nebraska [nɪ'bræskə; nə-] *Mittelstaat der USA*

Negri Sembilan [ˌnegrɪsem'biːlən; *US* nəˌgriːsəm'b-] *Gliedstaat Malaysias*

Nelson ['nelsn] **a)** *Stadt in Lancashire, England,* **b)** *Fluss in Kanada*

Neman ['nemən] Memel *f*

Nepal [nɪ'pɔːl; -'pɑːl] *Königreich südlich des Himalaja*

Netherlands ['neðə(r)ləndz] Niederlande *pl*

Netherlands Antilles [ˌneðə(r)ləndzæn'tɪliːz] Niederländische Antillen *pl*

Nevada [ne'vɑːdə; *US* nə'vædə; *a.* -'vɑː-] *Staat im Westen der USA*

Newark ['njuːə(r)k; *US bes* 'nuː-] **a)** *Stadt in New Jersey, USA,* **b)** *Stadt in Nottinghamshire, England*

New Bedford [ˌnjuː'bedfə(r)d; *US bes* ˌnuː-] *Hafenstadt in Massachusetts, USA*

New Brunswick [ˌnjuː'brʌnzwɪk; *US bes* ˌnuː-] Neubraunschweig *n*

Newbury ['njuːbərɪ; -brɪ] *Stadt in Berkshire, England*

New Caledonia ['nju:ˌkælɪ'dəʊnjə; -nɪə; *US bes* 'nu:-] Neukaledonien *n*

Newcastle ['nju:ˌkɑ:sl; *US* 'nu:ˌkæsəl; *a.* 'nju:-] **a)** [*a.* njʊ'kæsl] *Hauptstadt von Tyne and Wear, England,* **b)** *Hafen- u. Industriestadt im australischen Bundesstaat Neusüdwales*

Newcastle-upon-Tyne ['nju:ˌkɑ:slə̩pɒn'taɪn; *US* 'nu:ˌkæsəl-] → **Newcastle** a

New Delhi [ˌnju:'delɪ; *US bes* ˌnu:-] Neu-Delhi *n*

New England [ˌnju:'ɪŋglənd; *US bes* ˌnu:-] Neuengland *n*

Newfoundland ['nju:fəndlənd; -fənl-; ˌ-'lænd; *US bes* 'nu:-; ˌnu:-] Neufundland *n*

New Guinea [ˌnju:'gɪnɪ; *US bes* ˌnu:-] Neuguinea *n*

Newham ['nju:əm; *US bes* 'nu:əm] *Stadtbezirk Groß-Londons*

New Hampshire [ˌnju:'hæmpʃə(r); -ˌʃɪə(r); *US* ˌnu:-] *Staat im Nordosten der USA*

New Haven [nju:'heɪvn; *US bes* nu:-] *Hafenstadt im südlichen Connecticut, USA; Sitz der Yale-Universität*

Newhaven [nju:'heɪvn; *US bes* nu:-] *Fährhafen u. Kurort in East Sussex, England*

New Jersey [ˌnju:'dʒɜ:zɪ; *US* ˌnu:'dʒɜrzi:; *a.* ˌnju:-] *Staat im Osten der USA*

Newmarket ['nju:ˌmɑ:(r)kɪt; *US bes* 'nu:-] *Stadt in Suffolk, England*

New Mexico [ˌnju:'meksɪkəʊ; *US bes* ˌnu:-] *Staat im Südwesten der USA*

New Orleans [ˌnju:'ɔ:(r)lɪənz; -ɔ:(r)'li:nz; *US bes* ˌnu:-] *Hafenstadt in Louisiana, USA*

Newport ['nju:pɔ:(r)t; *US bes* 'nu:-] *Hauptstadt von Gwent, Wales*

New South Wales [ˌnju:saʊθ'weɪlz; *US bes* ˌnu:-] Neusüdwales *n*

Newtown St Boswells [ˌnju:taʊnsnt'bɒzwəlz; *US bes* ˌnu:-; -'bɑzwəlz; *a.* -seɪnt-] *Verwaltungszentrum von Borders Region, Schottland*

New York [ˌnju:'jɔ:(r)k; *US bes* ˌnu:-] **a)** *Staat im Osten der USA,* **b)** *größte Stadt der USA*

New Zealand [ˌnju:'zi:lənd; *US bes* ˌnu:-] Neuseeland *n*

Niagara [naɪ'ægərə; -grə] *Fluss zwischen Erie- u. Ontariosee*

Nicaragua [ˌnɪkə'rægjʊə; *bes US* -'rɑ:gwə] *Staat in Mittelamerika*

Nice [ni:s] Nizza *n*

Niger ['naɪdʒə(r)] **a)** *Größter Fluss Westafrikas,* **b)** [*Br* ni:'ʒeə] *Staat in Westafrika*

Nigeria [naɪ'dʒɪərɪə] *Staat in Westafrika*

Nile [naɪl] Nil *m*

Nippon ['nɪpɒn; *US* nɪp'ɑn] *Japanischer Name von* **Japan**

Norfolk ['nɔ:(r)fək] **a)** *Grafschaft in Ostengland,* **b)** *Hafenstadt in Virginia, USA*

Normandy ['nɔ:(r)məndɪ] Normandie *f*

Northallerton [nɔ:(r)'θælə(r)tən; -tn] *Hauptstadt von North Yorkshire, England*

Northampton [nɔ:(r)'θæmptən; nɔ:(r)θ'hæ-] **a)** → **Northamptonshire, b)** *Hauptstadt von Northamptonshire*

Northamptonshire [nɔ:(r)'θæmptənʃə(r); -ˌʃɪə(r); nɔ:(r)θ'hæ-] *Grafschaft in Mittelengland*

North Carolina [ˌkærə'laɪnə] *Staat im Süden der USA*

North Country ['nɔ:(r)θˌkʌntrɪ] *England nördlich des Humber*

North Dakota [də'kəʊtə] Norddakota *n*

Northern Ireland ['aɪə(r)lənd] Nordirland *n*

Northern Territory Nordterritorium *n*

North Korea [kə'rɪə] Nordkorea *n*

North Sea Nordsee *f*

Northumberland [nɔ:(r)'θʌmbə(r)lənd] *Grafschaft in Nordengland*

Northwest Territories Nordwestterritorien *pl*

North Yorkshire ['jɔ:(r)kʃə(r); -ˌʃɪə(r)] *Grafschaft in Nordengland*

Norway ['nɔ:(r)weɪ] Norwegen *n*

Norwich ['nɒrɪdʒ; -ɪtʃ; *US* 'nɔ:rwɪtʃ; 'nɑ:rɪtʃ] **a)** *Hauptstadt von Norfolk, England,* **b)** *Stadt in Connecticut, USA*

Nottingham ['nɒtɪŋəm; *US* 'nɑ-] **a)** → **Nottinghamshire, b)** *Hauptstadt von Nottinghamshire*

Nottinghamshire ['nɒtɪŋəmʃə(r); -ˌʃɪə(r); *US* 'nɑ-] *Grafschaft in Mittelengland*

Nova Scotia [ˌnəʊvə'skəʊʃə] Neuschottland *n*

Nubia ['njuːbjə; -bɪə; *US bes* 'nuːbɪə] Nubien *n*

Nuneaton [nʌn'iːtn] *Stadt in Warwickshire, England*

Nuremberg ['njʊərəmbɜːg; *US* 'nʊrəmˌbɜrg; *a.* 'njʊr-] Nürnberg *n*

O

Oakland ['əʊklənd] *Stadt in Kalifornien, USA*

Oceania [ˌəʊʃɪ'eɪnjə; -nɪə; *US a.* -'ænɪə] Ozeanien *n*

Offaly ['ɒfəlɪ; *US a.* 'ɑf-] *Grafschaft in Mittelirland*

Ohio [əʊ'haɪəʊ] **a)** *Staat im Osten der USA,* **b)** *größter linker Nebenfluss des Mississippi, USA*

Okinawa [ˌɒkɪ'nɑːwə; *bes US* ˌəʊkɪ-] **a)** *Mittlere Inselgruppe der Riukiuinseln,* **b)** *Hauptinsel der Riukiuinseln*

Oklahoma [ˌəʊklə'həʊmə] *Südlicher Mittelstaat der USA*

Oklahoma City [ˌəʊklə'həʊmə] *Hauptstadt von Oklahoma, USA*

Oldham ['əʊldəm] *Stadt in Greater Manchester, England*

Olympia [əʊ'lɪmpɪə; ə'l-] **a)** *antike Kultstätte in Südgriechenland,* **b)** *Hauptstadt des Staates Washington, USA*

Omagh ['əʊmə] *Hauptstadt von Tyrone, Nordirland*

Omaha ['əʊməhɑː; *US a.* -ˌhɔː] *Stadt in Nebraska, USA*

Oman [əʊ'mɑːn] *Staat auf der Arabischen Halbinsel*

Ontario [ɒn'teərɪəʊ; *US* ɑn'ter-] *Provinz in Ostkanada*

Orange ['ɒrɪndʒ; *US a.* 'ɑr-] Oranje *m*

Orange Free State ['ɒrɪndʒ; *US a.* 'ɑr-] Oranjefreistaat *m*

Oregon ['ɒrɪgən; *US a.* 'ɑr-] *Staat im Nordwesten der USA*

Orkney Islands ['ɔː(r)knɪ], **Orkneys** [-nɪz] Orkneyinseln *pl*

Osage [əʊ'seɪdʒ; 'əʊseɪdʒ] *Fluss in Kansas u. Missouri, USA*

Oslo ['ɒzləʊ; 'ɒs-; *US* 'ɑz-; 'ɑs-] *Hauptstadt von Norwegen*

Ostend [ɒ'stend; *US* ɑs'tend] Ostende *n*

Ottawa ['ɒtəwə; *US* 'ɑt-; *a.* -ˌwɑː] **a)** *Hauptstadt von Kanada,* **b)** *Fluss im südöstlichen Kanada*

Ouachita ['wɒʃɪtɔː; *US* 'wɑʃəˌtɔː] *Fluss in Arkansas u. Louisiana, USA*

Ouse [uːz] **a)** *Zufluss des Wash, Ostengland,* **b)** *Zufluss des Humber in Yorkshire, England*

Outer Hebrides ['hebrɪdiːz] Äußere Hebriden

Oxford ['ɒksfəd; *US* 'ɑksfərd] **a)** → **Oxfordshire**, **b)** *Hauptstadt von Oxfordshire*

Oxfordshire ['ɒksfə(r)dʃə(r); -ˌʃɪə(r); *US* 'ɑks-] *Grafschaft in Mittelengland*

P

Pahang [pə'hʌŋ; pə'hæŋ] *Gliedstaat Malaysias*

Paisley ['peɪzlɪ] *Stadt in Strathclyde, Schottland*

Pakistan [ˌpɑːkɪ'stɑːn; ˌpækɪ'stæn] *Staat in Vorderindien*

Palestine ['pæləstaɪn; *US a.* -ˌstiːn] Palästina *n*

Pall Mall [ˌpæl'mæl] *Straße in London*

Palm Beach [ˌpɑːm'biːtʃ; *US a.* ˌpɑːlm-] *Badeort in Florida, USA*

Pamirs [pə'mɪə(r)z] Pamir *m*

Pamlico Sound ['pæmlɪkəʊ] Pamlico-Sund *m*

Panama [ˌpænə'mɑː; 'pænəmɑː; *US a.* -'mɔː; -ˌmɔː] **a)** *Staat in Mittelamerika,* **b)** *Hauptstadt von a*

Papeete [ˌpɑːpɪ'iːtɪ; *US* -'eɪtiː; *a.* pə'peɪtiː] *Hauptstadt der Gesellschaftsinseln*

Papua New Guinea ['pɑːpʊəˌnjuː'gɪnɪ; 'pæpjʊə-; *US* 'pæpjəwəˌnuː'gɪniː; 'pɑːpəwə-] Papua-Neuguinea *n*

Paraguay ['pærəgwaɪ; -gweɪ] **a)** *Staat in Südamerika,* **b)** *Fluss in Brasilien u. Paraguay*

Paramaribo [ˌpærə'mærɪbəʊ] *Hauptstadt von Surinam*

Paris ['pærɪs] *Hauptstadt von Frankreich*

Parts of Holland ['hɒlənd; *US* 'hɑ-] *Gebiet in Lincolnshire, England*

Parts of Kesteven ['kestɪvən;

ke'sti:vən] *Gebiet in Lincolnshire, England*

Parts of Lindsey ['lɪn(d)zɪ] *Gebiet in Lincolnshire, England*

Pasadena [ˌpæsə'di:nə] *Stadt in Kalifornien, USA*

Paterson ['pætə(r)sn] *Stadt in New Jersey, USA*

Pearl Harbor [ˌpɜ:l'hɑ:bə; *US* ˌpɜrl'hɑ:rbər] *Amer. Flottenstützpunkt im Pazifik*

Pecos ['peɪkəs] *Fluss in New Mexico u. Texas, USA*

Peking [ˌpi:'kɪŋ] *Hauptstadt von China*

Pembroke ['pembrʊk] *Stadt in Dyfed, Wales*

Pennine Chain [ˌpenaɪn'tʃeɪn] Penninisches Gebirge

Pennsylvania [ˌpensɪl'veɪnjə; -nɪə] Pennsylvanien *n*

Penrith ['penrɪθ; pen'rɪθ] *Stadt in Cumbria, England*

Penzance [pen'zæns; pən-] *Stadt in Cornwall, England*

Peoria [pi:'ɔ:rɪə] *Stadt in Illinois, USA*

Perak ['peərə; 'pɪərə] *Gliedstaat Malaysias*

Persia ['pɜ:ʃə; *US* 'pɜrʒə] Persien *n*

Perth [pɜ:θ; *US* pɜrθ] **a**) *Hauptstadt des australischen Bundesstaates Westaustralien*, **b**) *Stadt in Central Region, Schottland*

Peru [pə'ru:] *Staat in Südamerika*

Peterborough ['pi:tə(r)brə; -bərə; -bʌrə; *US bes* -ˌbɜrə] *Stadt in Cambridgeshire, England*

Philadelphia [ˌfɪlə'delfjə; -fɪə] *Stadt in Pennsylvanien, USA*

Philippine Islands ['fɪlɪpi:n], **Philippines** [-pi:nz] Philippinen *pl*

Phnom Penh → **Pnom Penh**

Phoenix ['fi:nɪks] *Hauptstadt von Arizona, USA*

Piccadilly [ˌpɪkə'dɪlɪ] *Straße in London*

Piedmont ['pi:dmənt; -mɒnt; *US* -ˌmɑnt] **a**) Piemont *n*, **b**) *Landschaft im Osten der USA*

Pierre [pɪə(r)] *Hauptstadt von Süddakota, USA*

Pietermaritzburg [ˌpi:tə(r)'mærɪtsbɜ:g; *US* -ˌbɜrg] *Hauptstadt der Provinz Natal, Südafrika*

Pitcairn Island [pɪt'keə(r)n; 'pɪtk-] *Insel im südlichen Pazifik*

Pitch Lake [pɪtʃ] Pechsee *m*

Pittsburgh ['pɪtsbɜ:g; *US* -ˌbɜrg] *Stadt in Pennsylvanien, USA*

Platte [plæt] *Nebenfluss des Missouri in Nebraska, USA*

Plymouth ['plɪməθ] **a**) *Hafenstadt in Devonshire, England*, **b**) *Stadt in Massachusetts, USA; erste ständige europäische Siedlung in Neuengland*

Pnom Penh [ˌnɒm'pen; *US a.* ˌnɑm-] *Hauptstadt von Kambodscha*

Po [pəʊ] *Fluss in Norditalien*

Poland ['pəʊlənd] Polen *n*

Polynesia [ˌpɒlɪ'ni:zjə; -ʒjə; *bes US* -ʒə; -ʃə; *US* ˌpɑlə-] Polynesien *n*

Pomerania [ˌpɒmə'reɪnjə; -nɪə; *US* ˌpɑ-] Pommern *n*

Pomona [pəʊ'məʊnə; pə'm-] → **Mainland** b

Ponce ['pɒnsɪ; *US* -seɪ] *Hafenstadt auf Puerto Rico*

Pontefract ['pɒntɪfrækt; *US a.* 'pɑ-] *Stadt in West Yorkshire, England*

Pontiac ['pɒntɪæk; *US* 'pɑ-] *Stadt in Michigan, USA*

Pontypool [ˌpɒntɪ'pu:l; *US* ˌpɑntə-] *Stadt in Gwent, Wales*

Pontypridd [ˌpɒntɪ'pri:ð; *US* ˌpɑntə-] *Stadt in Mid Glamorgan, Wales*

Poole [pu:l] *Stadt an der Küste von Dorsetshire, England*

Portadown [ˌpɔ:(r)tə'daʊn] *Stadt in Armagh, Nordirland*

Port-au-Prince [ˌpɔ:(r)təʊ'prɪns] *Hauptstadt von Haiti*

Portland ['pɔ:(r)tlənd] **a**) *Hafenstadt in Oregon, USA*, **b**) *Hafenstadt in Maine, USA*

Portsmouth ['pɔ:(r)tsməθ] *Hafenstadt in Hampshire, England*

Port Talbot [ˌpɔ:(r)t'tɔ:lbət; -'tæl] *Hafenstadt in West Glamorgan, Wales*

Portugal ['pɔ:tjʊgl; -tʃʊgl; *US* 'pɔ:rtʃɪgəl] *Staat in Südwesteuropa*

Potomac [pə'təʊmək] *Fluss im Osten der USA*

Powys ['pəʊɪs; 'paʊɪs] *Grafschaft im östlichen Wales*

Prague [prɑ:g] Prag *n*

Preston ['prestən] *Hauptstadt von Lancashire, England*

Prestwich ['prestwɪtʃ] *Stadt in*

Greater Manchester, England

Pretoria [prɪˈtɔːrɪə] *Regierungssitz der Südafrikanischen Republik*

Pribilof Islands [ˈprɪbɪləf; *US* -bəˌlɔːf] *zu Alaska, USA, gehörende Inselgruppe*

Prince Edward Island [ˌprɪnsˈedwə(r)d] *Kanadische Insel u. Provinz im Sankt-Lorenz-Golf*

Princeton [ˈprɪnstən] *Universitätsstadt in New Jersey, USA*

Providence [ˈprɒvɪdəns; *US* ˈprɑ-; *a.* -ˌdens] *Hauptstadt von Rhode Island, USA*

Prussia [ˈprʌʃə] HIST Preußen *n*

Pudsey [ˈpʌdzɪ] *Stadt in West Yorkshire, England*

Puerto Rico [ˌpwɜːtəʊˈriːkəʊ; ˌpweətəʊ-; *US* ˌpɔːrtəˈr-; ˌpwertəˈr-] *Kleinste Insel der Großen Antillen*

Puget Sound [ˈpjuːdʒɪt] Pugetsund *m*

Punjab [ˌpʌnˈdʒɑːb; ˈpʌndʒɑːb] Pandschab *n*

Pyongyang [ˌpjɒŋˈjæŋ; *US* piːˈɔŋˌjɑːŋ; -ˌjæŋ] Pjöngjang *n*

Pyrenees [ˌpɪrəˈniːz; *US* ˈ-ˌniːz] Pyrenäen *pl*

Q

Qatar [kæˈtɑː; *US* ˈkɑːtər; ˈgɑː-] Katar *n*

Quebec [kwɪˈbek] **a)** *Provinz Kanadas,* **b)** *Hauptstadt von* a

Queens [kwiːnz] *Stadtteil von New York*

Queensland [ˈkwiːnzlənd; -lænd] *Australischer Bundesstaat*

Quito [ˈkiːtəʊ] *Hauptstadt von Ecuador*

R

Rabat [rəˈbɑːt] *Hauptstadt von Marokko*

Radcliffe [ˈrædklɪf] *Stadt in Greater Manchester, England*

Raleigh [ˈrɔːlɪ; ˈrɑːlɪ] *Hauptstadt von North Carolina, USA*

Ramsgate [ˈræmzgɪt; -geɪt] *Hafenstadt u. Seebad in Kent, England*

Rangeley Lakes [ˈreɪndʒlɪ] *Seengruppe in Maine, USA*

Rangoon [ræŋˈguːn] Rangun *n*

Reading [ˈredɪŋ] **a)** *Hauptstadt von Berkshire, England,* **b)** *Stadt in Pennsylvanien, USA*

Redbridge [ˈredbrɪdʒ] *Stadtbezirk Groß-Londons*

Red Sea Rotes Meer

Regina [rɪˈdʒaɪnə] *Hauptstadt von Saskatchewan, Kanada*

Reigate [ˈraɪgɪt; -geɪt] *Stadt in Surrey, England*

Reno [ˈriːnəʊ] *Stadt in Nevada, USA*

Republic of Ireland [ˈaɪə(r)lənd] Republik *f* Irland

Republic of South Africa [ˈæfrɪkə] Republik *f* Südafrika

Reval [ˈreɪvɑːl] *deutscher Name von* **Tallin(n)**

Reykjavik [ˈreɪkjəviːk; -vɪk] *Hauptstadt von Island*

Rhine [raɪn] Rhein *m*

Rhineland [ˈraɪnlænd; -lənd] Rheinland *n*

Rhine Palatinate [ˌraɪnpəˈlætɪnət; -tnət] HIST Rheinpfalz *f*

Rhode Island [ˌrəʊdˈaɪlənd] *Staat im Osten der USA*

Rhodes [rəʊdz] Rhodos *n*

Rhondda [ˈrɒndə; *US* ˈrɑn-] *Stadt in Mid Glamorgan, Wales*

Rhône, *bes US* **Rhone** [rəʊn] *Fluss in Südfrankreich*

Richmond [ˈrɪtʃmənd] **a)** → **Richmond-upon-Thames, b)** *Hauptstadt von Virginia, USA,* **c)** *Stadtbezirk von New York,* **d)** *Stadt in Kalifornien, USA*

Richmond-upon-Thames [ˈrɪtʃməndəˌpɒnˈtemz] *Stadtbezirk Groß-Londons*

Rickmansworth [ˈrɪkmənzwɜːθ; *US* -ˌwɜrθ] *Stadt in Hertfordshire, England*

Rio de Janeiro [ˌriːəʊdədʒəˈnɪərəʊ; -deɪ-; *US bes* -ʒəˈneərəʊ] **a)** *Staat im südöstlichen Brasilien,* **b)** *Hauptstadt von* a

Rio Grande [ˌriːəʊˈgrændɪ; -ˈgrænd] *Fluss im Südwesten der USA*

Ripley [ˈrɪplɪ] *Stadt in Derbyshire, England*

Ripon [ˈrɪpən] *Stadt in North Yorkshire, England*

Riviera [ˌrɪvɪˈeərə] *Teil der französischen u. italienischen Mittelmeerküste*

Roanoke [ˈrəʊənəʊk] **a)** *Stadt in Virginia, USA,* **b)** *Fluss in Virginia u. North Carolina, USA*

Robben Island ['rɒbən; *US* 'rɑ-] *Insel vor der Südspitze Afrikas*
Rochdale ['rɒtʃdeɪl; *US* 'rɑ-] *Stadt in Lancashire, England*
Rochester ['rɒtʃɪstə; *US* 'rɑtʃəstər] **a**) *Stadt in Kent, England,* **b**) *Stadt im Staate New York, USA*
Rockford ['rɒkfəd; *US* 'rɑkfərd] *Stadt in Illinois, USA*
Rockies ['rɒkɪz; *US* 'rɑ-] → **Rocky Mountains**
Rocky Mountains [ˌrɒkɪ'maʊntɪnz; *US* ˌrɑkɪ'maʊntnz] *Gebirge im Westen der USA*
Romania [ruː'meɪnjə; -nɪə; rʊ-; *bes US* rəʊ-] Rumänien *n*
Rome [rəʊm] Rom *n*
Roscommon [rɒs'kɒmən; *US* rɑs'kɑ-] *Grafschaft in Mittelirland*
Rotherham ['rɒðərəm; *US* 'rɑ-] *Stadt in South Yorkshire, England*
Rugby ['rʌgbɪ] *Stadt in Warwickshire, England*
Rugeley ['ruːdʒlɪ] *Stadt in Staffordshire, England*
Rumania [ruː'meɪnjə; -nɪə; rʊ-] → **Romania**
Runcorn ['rʌŋkɔː(r)n] *Hafen- u. Industriestadt in Cheshire, England*
Runnymede ['rʌnɪmiːd] *Wiesenfläche an der Themse bei Windsor; Magna Charta 1215*
Rushworth ['rʌʃwɜːθ; *US* -ˌwɜrθ] *Stadt im australischen Bundesstaat Victoria*
Russia ['rʌʃə] Russland *n*
Rwanda [rʊ'ændə; *US* -'ɑn-] Ruanda *n*
Ryde [raɪd] *Stadt auf der Insel Wight*
Rye [raɪ] *Stadt in East Sussex, England*
Ryukyu Islands [rɪ'uːkjuː] Riukiuinseln *pl*

S

Sabah ['sɑːbɑː; -bə] *Gliedstaat Malaysias*
Sacramento [ˌsækrə'mentəʊ] **a**) *Hauptstadt von Kalifornien, USA,* **b**) *Fluss im Norden Kaliforniens, USA*
Sahara [sə'hɑːrə; *US a.* -'hærə; -'heərə] *Wüste in Nordafrika*
Saigon [saɪ'gɒn; *US* -'gɑn; *a.* 'saɪˌgɒn] *früherer Name von* **Ho Chi Minh City**
Saint Albans [snt'ɔːlbənz; *US bes* seɪnt-] *Stadt in Hertfordshire, England*
Saint Andrews [snt'ændruːz; *US bes* seɪnt-] *Stadt in Fife, Schottland*
Saint Austell [snt'ɔːstl; *US bes* seɪnt-] *Stadt in Cornwall, England*
Saint Helena [ˌsentɪ'liːnə; *US* ˌseɪntl'iːnə; -hə'liːnə] Sankt Helena *n*
Saint Helens [snt'helɪnz; *US bes* seɪnt-] *Stadt in Merseyside, England*
Saint John's [snt'dʒɒnz; *US* seɪnt'dʒɑnz] *Hauptstadt von Neufundland, Kanada*
Saint Lawrence [snt'lɒrəns; *US* seɪnt'lɔːrəns; -'lɑːr-] Sankt-Lorenz-Strom *m*
Saint Louis [snt'lʊɪs; *US* seɪnt-'luːəs] **a**) *Stadt in Missouri, USA,* **b**) *Fluss in Minnesota, USA*
Salem ['seɪlem; -ləm] **a**) *Stadt in Massachusetts, USA,* **b**) *Hauptstadt in Oregon, USA,* **c**) *Stadt im südlichen Indien*
Salford ['sɔːlfə(r)d] *Stadt in Greater Manchester, England*
Salisbury ['sɔːlzbərɪ; -brɪ; *US bes* -ˌberiː] *Stadt in Wiltshire, England*
Salop ['sæləp] *Grafschaft in Westengland*
Salt Lake City [ˌsɔːltleɪk'sɪtɪ] *Hauptstadt von Utah, USA*
Samoa (Islands) [sə'məʊə] Samoainseln *pl*
Samos ['seɪmɒs; *US* -ˌmɑs] *Griechische Insel*
San Antonio [ˌsænæn'təʊnɪəʊ; -ən't-] *Stadt in Texas, USA*
San Bernardino [sænˌbɜːnə'diːnəʊ; *US* -ˌbɜrnər'd-; -ˌbɜrnə'd-] *Stadt in Kalifornien, USA*
Sandhurst ['sændhɜːst; *US* -ˌhɜrst] *Ort in Berkshire, England; Militärakademie*
San Diego [ˌsændɪ'eɪgəʊ] *Hafenstadt in Kalifornien, USA*
Sandown ['sændaʊn] *Stadt auf der Insel Wight*
Sandringham ['sændrɪŋəm] *Dorf in Norfolk, England; königliche Residenz*
Sandwich ['sænwɪtʃ; -nd-] *Stadt in Kent, England*
Sandy Hook [ˌsændɪ'hʊk] *Landzunge an der Einfahrt in*

den Hafen von New York

San Francisco [ˌsænfrən'sɪskəʊ] *Hafenstadt in Kalifornien, USA*

San José [ˌsænhəʊ'zeɪ; *US bes* ˌsænə'zeɪ] **a)** *Stadt in Kalifornien, USA*, **b)** *Hauptstadt von Costa Rica*

San Juan [sæn'hwɑːn; -'wɑːn] *Hauptstadt von Puerto Rico*

San Marino [ˌsænmə'riːnəʊ] **a)** *Staat auf der Apenninenhalbinsel*, **b)** *Hauptstadt von a*

San Salvador [ˌsæn'sælvədɔː(r)] **a)** *Hauptstadt von El Salvador*, **b)** *eine der Bahamainseln*

Santa Barbara Islands [ˌsæntə'bɑː(r)bərə; -brə] Santa-Barbara-Inseln *pl*

Santa Fé [ˌsæntə'feɪ] *Hauptstadt von New Mexico, USA*

Santa Monica [ˌsæntə'mɒnɪkə; *US* -'mɑ-] *Stadt in Kalifornien, USA*

Santiago de Chile [ˌsæntɪ'ɑːgəʊdə'tʃɪlɪ] *Hauptstadt von Chile*

Santo Domingo [ˌsæntəʊdə'mɪŋgəʊ] *Hauptstadt der Dominikanischen Republik*

Sarawak [sə'rɑːwək; -wæk; *US a.* -wɑːk] *Gliedstaat Malaysias*

Sardinia [sɑː(r)'dɪnjə; -nɪə] Sardinien *n*

Saskatchewan [səs'kætʃɪwən; sæs-] **a)** *Fluss in Kanada*, **b)** *Provinz im westlichen Kanada*

Saudi Arabia [ˌsaʊdɪə'reɪbɪə; ˌsɔːdɪ-] Saudi-Arabien *n*

Sault Sainte Marie [ˌsuːseɪntmə'riː] *Stadt in der kanadischen Provinz Ontario*

Savannah [sə'vænə] **a)** *Stadt in Georgia, USA*, **b)** *Fluss zwischen Georgia u. South Carolina, USA*

Saxony ['sæksnɪ; -sənɪ] Sachsen *n*

Scafell Pike [ˌskɔːfel'paɪk] *Höchster Berg Englands, in Cumbria*

Scandinavia [ˌskændɪ'neɪvjə; -vɪə] Skandinavien *n*

Scarborough ['skɑː(r)brə; -bərə; *US bes* -ˌbɜrə] *Stadt in North Yorkshire, England*

Scheldt [skelt] Schelde *f*

Scilly Isles ['sɪlɪ] Scilly-Inseln *pl*

Scone [skuːn] *hist Krönungsort der schottischen Könige nahe Perth*

Scotland ['skɒtlənd; *US* 'skɑt-] Schottland *n*

Scranton ['skræntn; -tən] *Stadt in Pennsylvanien, USA*

Scunthorpe ['skʌnθɔː(r)p] *Stadt in Humberside, England*

Seaford ['siːfə(r)d; -fɔː(r)d] *Stadt in East Sussex, England*

Seattle [sɪ'ætl] *Hafenstadt im Staat Washington, USA*

Seine [seɪn] *Fluss in Nordfrankreich*

Selangor [sə'læŋə(r); -ŋɔː(r)] *Gliedstaat Malaysias*

Selby ['selbɪ] *Stadt in North Yorkshire, England*

Selkirk ['selkɜːk; *US* -ˌkɜrk] *Stadt in Borders Region, Schottland*

Seneca Lake ['senɪkə] Seneca-See *m*

Senegal [ˌsenɪ'gɔːl] **a)** *Fluss im nordwestlichen Afrika*, **b)** *Staat in Westafrika*

Seoul [səʊl] *Hauptstadt von Südkorea*

Sequoia National Park [sɪ'kwɔɪə] *Naturschutzpark in Mittelkalifornien, USA*

Serbia ['sɜːbjə; -bɪə; *US* 'sɜrbɪə] Serbien *n*

Sevenoaks ['sevnəʊks] *Stadt in Kent, England*

Severn ['sevə(r)n] *Fluss in Wales u. Westengland*

Seward Peninsula ['sjuːə(r)d; 'suː-] Seward-Halbinsel *f*

Seychelles [seɪ'ʃelz; -'ʃel] Seychellen *pl*

Shaba ['ʃɑːbə] *Provinz im südöstlichen Zaire*

Shaftesbury ['ʃɑːftsbərɪ; -brɪ; *US bes* 'ʃæftsˌberiː] *Stadt in Dorsetshire, England*

Shannon ['ʃænən] **a)** *Größter Fluss Irlands*, **b)** *Flughafen in Clare, Irland*

Shatt-al-Arab [ˌʃætæl'ærəb] *Fluss im südöstlichen Irak*

Sheerness [ˌʃɪə(r)'nes] *Stadt in Kent, England*

Sheffield ['ʃefiːld] *Industriestadt in South Yorkshire, England*

Sherborne ['ʃɜːbən; *US* 'ʃɜrbərn] *Stadt in Dorsetshire, England*

Shetland (Islands) ['ʃetlənd] Shetlandinseln *pl*

Shoreham-by-Sea [ˌʃɔːrəmbaɪ'siː] *Stadt in West Sussex, England*

Shreveport ['ʃriːvpɔː(r)t] *Stadt in Louisiana, USA*

Shrewsbury ['ʃrəʊzbərɪ; -brɪ;

'ʃru:z-; *US bes* 'ʃru:zˌberi:] *Hauptstadt von Salop, England*

Siberia [saɪ'bɪərɪə] Sibirien *n*

Sicily ['sɪsɪlɪ; *US a.* 'sɪsli:] Sizilien *n*

Sidmouth ['sɪdməθ] *Stadt in Devonshire, England*

Sierra Leone [sɪˌerəlɪ'əʊn; -nɪ; ˌsɪərə-] *Staat in Westafrika*

Sierra Nevada [sɪˌerənɪ'vɑ:də; ˌsɪərə-; *US a.* -nə'væ-] **a)** *Hochgebirge in Kalifornien, USA,* **b)** *Gebirge in Südspanien*

Sikkim ['sɪkɪm] *Indischer Bundesstaat im östlichen Himalaja*

Silesia [saɪ'li:zjə; *bes US* -ʒɪə; -ʃɪə; -ʒə; -ʃə] Schlesien *n*

Sinai (Peninsula) ['saɪnɪaɪ; -naɪ] Sinaihalbinsel *f*

Singapore [ˌsɪŋə'pɔ:(r); *US* '-ˌpɔ:r] Singapur *n*

Singleton ['sɪŋgltən] *Stadt im australischen Bundesstaat Neusüdwales*

Skagerrak ['skægəræk] *Teil der Nordsee zwischen Norwegen u. Dänemark*

Skaw, the [skɔ:] Kap *n* Skagen

Skegness [ˌskeg'nes; 'skegnes] *Stadt in Lincolnshire, England*

Skiddaw ['skɪdɔ:] *Berg in Cumbria, England*

Skye [skaɪ] *Größte Insel der Inneren Hebriden*

Sligo ['slaɪgəʊ] **a)** *Grafschaft im nordwestlichen Irland,* **b)** *Hauptstadt von* a

Slough [slaʊ] *Stadt in Berkshire, England*

Slovakia [sləʊ'vækɪə; -'vɑ:-] Slowakei *f*

Slovenia [sləʊ'vi:njə; -nɪə] Slowenien *n*

Snaefell [ˌsneɪ'fel] *Berg auf der Insel Man*

Snowdon ['snəʊdn] *Berg im nördlichen Wales*

Society Islands [sə'saɪətɪ] Gesellschaftsinseln *pl*

Sofia ['səʊfjə; -fɪə] *Hauptstadt von Bulgarien*

Solent, the ['səʊlənt] *Kanal zwischen der Insel Wight u. der Küste von Hampshire, England*

Solomon Islands ['sɒləmən; *US* 'sɑ-] Salomonen *pl*; Salomoninseln *pl*

Solway Firth ['sɒlweɪ; *US* 'sɑl-] *Meeresbucht der Irischen See*

Somalia [səʊ'mɑ:lɪə; -ljə; sə'm-] *Staat in Ostafrika*

Somerset ['sʌmə(r)sɪt; -set] *Grafschaft im südwestlichen England*

Somerville ['sʌmə(r)vɪl] *Stadt in Massachusetts, USA*

Sound, the [saʊnd] Sund *m*

Souter Head [ˌsu:tə(r)'hed] *Landspitze an der Küste des östlichen Mittelschottlands*

South Africa ['æfrɪkə] Südafrika *n*

Southampton [saʊθ'æmptən; -'æmtən; -'hæ-] *Hafenstadt in Hampshire, England*

South Australia [ɒ'streɪljə; -lɪə; *US* ɔ:'st-; ɑ:'st-] Südaustralien *n*

South Bend [ˌsaʊθ'bend] *Stadt in Indiana, USA*

South Carolina [ˌkærə'laɪnə] *Staat im Südosten der USA*

South Dakota [də'kəʊtə] Süddakota *n*

South Downs [ˌsaʊθ'daʊnz] *Hügelkette im südlichen England, von Dorset bis Sussex*

Southend on Sea [ˌsaʊθendɒn'si:] *Stadt in Essex, England*

Southern Alps [ˌsʌðə(r)n'ælps] Neuseeländische Alpen *pl*

South Glamorgan [glə'mɔ:(r)gən] *Grafschaft in südlichen Wales*

South Korea [kə'rɪə] Südkorea *n*

Southport ['saʊθpɔ:(r)t] *Stadt in Merseyside, England*

South Sea Islands Südseeinseln *pl*

South Seas Südsee *f*

South Shields [ˌsaʊθ'ʃi:ldz] *Stadt in Tyne und Wear, England*

Southwark ['sʌðə(r)k; 'saʊθwə(r)k] *Stadtbezirk Groß-Londons*

Southwick ['saʊθwɪk] *Stadt in Sussex, England*

South Yorkshire ['jɔ:(r)kʃə(r); -ˌʃɪə(r)] *Grafschaft in Nordengland*

Soviet Union [ˌsəʊvɪət'ju:njən; ˌsɒv-; *US* ˌsəʊvɪet-; ˌsɑv-] HIST Sowjetunion *f*

Spa [spɑ:] *Badeort in Belgien*

Spain [speɪn] Spanien *n*

Spalding ['spɔ:ldɪŋ] *Stadt in Lincolnshire, England*

Spenborough ['spenbərə; -brə; *US bes* -ˌbɜrə] *Stadt in West Yorkshire, England*

Spithead [ˌspɪt'hed; 'spɪthed]

Meeresarm zwischen der Insel Wight u. der Küste von Hampshire, England

Spitsbergen, Spitzbergen ['spɪts,bɜːgən; *US* -,bɜrgən] Spitzbergen *n*

Spokane [spəʊ'kæn] **a)** *Stadt im Staate Washington, USA,* **b)** *Nebenfluss des Columbia im Staate Washington, USA*

Springfield ['sprɪŋfiːld] **a)** *Stadt im südwestlichen Massachusetts, USA,* **b)** *Hauptstadt von Illinois, USA*

Sri Lanka [,sriː'læŋkə; *US* -'lɑŋkə] *Inselstaat im Indischen Ozean*

Staffa ['stæfə] *Insel der Inneren Hebriden*

Stafford ['stæfə(r)d] *Hauptstadt von Staffordshire*

Staffordshire ['stæfə(r)dʃə(r); -,ʃɪə(r)] *Grafschaft im Westen Mittelenglands*

Staines [steɪnz] *Stadt in Surrey, England*

Staked Plain [,steɪkt'pleɪn] → **Llano Estacado**

Stalybridge ['steɪlɪbrɪdʒ] *Industriestadt in Greater Manchester, England*

Stamford ['stæmfə(r)d] *Stadt in Connecticut, USA*

Stanley ['stænlɪ] *Stadt in Durham, England*

Staten Island [,stætn'aɪlənd] *Insel u. Stadtteil von New York*

States of the Church [,steɪtsəvðə'tʃɜːtʃ; *US* -'tʃɜrtʃ] HIST Kirchenstaat *m*

Stevenage ['stiːvnɪdʒ] *Stadt in Hertfordshire, England*

Stirling ['stɜːlɪŋ; *US* 'stɜr-] *Hauptstadt der Central Region, Schottland*

Stockholm ['stɒkhəʊm; *US* 'stɑk-; *a.* -,həʊlm] *Hauptstadt von Schweden*

Stockport ['stɒkpɔː(r)t; *US* 'stɑk-] *Stadt in Greater Manchester, England*

Stockton-on-Tees [,stɒktənɒn'tiːz; *US* ,stɑk-] *Stadt in Cleveland, England*

Stoke-on-Trent [,stəʊkɒn'trent] *Stadt in Staffordshire, England*

Stonehenge [,stəʊn'hendʒ; 'stəʊnhendʒ] *Vorgeschichtliches, vermutlich sakrales Bauwerk nördlich von Salisbury in Wiltshire, England*

Stornoway ['stɔː(r)nəweɪ] *Verwaltungszentrum der Western Isles*

Stourbridge ['staʊə(r)brɪdʒ] *Stadt in West Midlands, England*

Strabane [strə'bæn] *Stadt in Tyrone, Nordirland*

Strait of Belle Isle [,bel'aɪl] Belle-Isle-Straße *f*

Strait of Hormuz ['hɔː(r)mʌz] Straße *f* von Hormus

Strait of Magellan [mə'gelən; *US* -'dʒe-] Magellanstraße *f*

Stranraer [stræn'rɑː(r)] *Stadt in Dumfries and Galloway, Schottland*

Stratford-on-Avon [,strætfə(r)dɒn'eɪvn] *Stadt in Warwickshire, England; Geburtsort Shakespeares*

Strathclyde [stræθ'klaɪd] *Verwaltungsregion Westschottlands*

Stroud [straʊd] *Stadt in Gloucestershire, England*

Styria ['stɪrɪə] Steiermark *f*

Sudan [suː'dɑːn; -'dæn] **a)** *Landschaft im nördlichen Afrika,* **b)** *Staat in Ostafrika*

Suez Canal [,sʊɪzkə'næl; ,suːɪz-; *US bes* suː,ez-; ,suːez-] Suezkanal *m*

Suffolk ['sʌfək] *Grafschaft im Osten Englands*

Sumatra [sʊ'mɑːtrə] *Zweitgrößte der Großen Sundainseln*

Sunbury-on-Thames [,sʌnbərɪɒn'temz; -brɪ-; *US bes* ,sʌnberɪ-] *Stadt in Surrey, England*

Sunda Isles ['sʌndə; *US a.* 'suːndə] Sundainseln *pl*

Sunderland ['sʌndə(r)lənd] *Hafenstadt in Tyne and Wear, England*

Suriname [,sʊərɪ'næm] *Staat in Südamerika*

Surrey ['sʌrɪ; *US bes* 'sɜriː] *Grafschaft in Südengland*

Susquehanna [,sʌskwɪ'hænə] *Fluss im Osten der USA*

Sutton ['sʌtn] *Stadtbezirk Groß-Londons*

Sutton Coldfield [,sʌtn'kəʊldfiːld] *Stadt in West Midlands, England*

Sutton-in-Ashfield [,sʌtnɪn'æʃfiːld] *Stadt in Nottinghamshire, England*

Swabia ['sweɪbjə; -bɪə] Schwaben *n*

Swanage ['swɒnɪdʒ; *US* 'swɑn-]

Stadt in Dorsetshire, England
Swansea[1] ['swɒnzɪ; *US* 'swɑnzi:] *Hauptstadt von West Glamorgan, Wales*
Swansea[2] ['swɒnsɪ; *US* 'swɑnsi:] *Stadt auf Tasmanien, Australien*
Swaziland ['swɑ:zɪlænd] Swasiland *n*
Sweden ['swi:dn] Schweden *n*
Swindon ['swɪndən] *Stadt in Wiltshire, England*
Switzerland ['swɪtsə(r)lənd] Schweiz *f*
Sydney ['sɪdnɪ] *Hauptstadt des australischen Bundesstaates Neusüdwales*
Syracuse[1] ['saɪərəkju:z; *US* 'sɪrə,kju:s] Syrakus *n*
Syracuse[2] ['sɪrəkju:s] *Stadt im Staat New York, USA*
Syria ['sɪrɪə] Syrien *n*

T

Table Mountain ['teɪbl] Tafelberg *m*
Tacoma [tə'kəʊmə] *Hafenstadt im Staat Washington, USA*
Tadzhikistan [tɑ:,dʒɪkɪ'stɑ:n] Tadschikistan *n*
Tagus ['teɪgəs] Tajo *m*
Tahiti [tɑ:'hi:tɪ; tə'h-] *Größte der Gesellschaftsinseln*
Taipei [,taɪ'peɪ; -'beɪ] Taipeh *n*
Taiwan [,taɪ'wɑ:n] *Insel vor der südchinesischen Küste*
Tajikistan → **Tadzhikistan**
Tallahassee [,tælə'hæsɪ] *Hauptstadt von Florida, USA*
Tallin(n) ['tælɪn] Tallinn *n*
Tampa ['tæmpə] *Hafenstadt in Florida, USA*
Tanganyika [,tæŋgə'nji:kə] Tanganjika *n*
Tangier [tæn'dʒɪə(r)] Tanger *n*
Tanzania [,tænzə'nɪə] Tansania *n*
Tasmania [tæz'meɪnjə; -nɪə] Tasmanien *n*
Tasman Sea ['tæzmən] Tasmansee *f*
Taunton ['tɔ:ntən; 'tɑ:n-] *Hauptstadt von Somersetshire, England*
Tavistock ['tævɪstɒk; *US* -və-,stɑk] *Stadt in Devonshire, England*
Tay [teɪ] *Fluss in Mittelschottland*
Tayside (Region) ['teɪsaɪd] *Verwaltungsregion Ostschottlands*
Tees [ti:z] *Fluss in Nordengland*
Teesside ['ti:zsaɪd] *Industrieregion an der Mündung des Tees*
Tegucigalpa [tɪ,gu:sɪ'gælpə] *Hauptstadt von Honduras*
Teheran, Tehran [,tɪə'rɑ:n; ,tehə-; *US bes* ,teɪə- 'ræn] Teheran *n*
Teignmouth ['tɪnməθ] *Stadt in Devonshire, England*
Tel Aviv [,telə'vi:v] *Stadt in Israel*
Telford ['telfə(r)d] *Stadt in Salop, England*
Tenerife [,tenə'ri:f] Teneriffa *n*
Tennessee [,tenə'si:] **a)** *Südöstlicher Mittelstaat der USA*, **b)** *linker Nebenfluss des Ohio, USA*
Teton Range ['ti:tn; *US a.* -,tɑn] *Gebirgszug in Wyoming, USA*
Teviot ['ti:vjət; -vɪət] *Fluss im südöstlichen Schottland*
Tewkesbury ['tju:ksbərɪ; -brɪ; *US bes* 'tu:ks,beri:] *Stadt in Gloucestershire, England*
Texas ['teksəs] *Staat im Süden der USA*
Thailand ['taɪlænd; -lənd] *Königreich in Hinterindien*
Thames[1] [temz] Themse *f*
Thames[2] [temz] **a)** *Fluss in Ontario, Kanada*, **b)** *Stadt auf der Nordinsel von Neuseeland*
The Hague [heɪg] Den Haag *m*
Threadneedle Street [,θred-'ni:dl; '-,ni:dl] *Straße in der Londoner City mit der Bank of England*
Thuringia [θjʊə'rɪndʒɪə; θjʊ'r-; *US a.* θʊ'r-] Thüringen *n*
Thurrock ['θʌrək; *US bes* 'θɜr-ək] *Stadt in Essex, England*
Thursday Island ['θɜ:zdɪ; *US* 'θɜrzdi:] *Insel vor der Nordspitze Australiens*
Tiber ['taɪbə(r)] *Fluss in Mittelitalien*
Tibet [tɪ'bet] *Hochland in Zentralasien*
Ticino [tɪ'tʃi:nəʊ] Tessin *n*
Tierra del Fuego [tɪ,erədel-'fweɪgəʊ] Feuerland *n*
Tigris ['taɪgrɪs] *Strom in Vorderasien*
Tilbury ['tɪlbərɪ; -brɪ; *US bes* -,beri:] *Stadt in Essex, England*
Tintagel Head [tɪn,tædʒəl-'hed] *Kap an der Nordwest-*

küste von Cornwall, England; legendärer Geburtsort König Arthurs

Tintern Abbey [ˌtɪntə(r)nˈæbɪ] *Klosterruine in Gwent, Wales*

Tipperary [ˌtɪpəˈreərɪ] *Grafschaft im Süden Irlands*

Tirana [tɪˈrɑːnə] *Hauptstadt von Albanien*

Togo [ˈtəʊgəʊ] *Staat in Westafrika*

Tokyo [ˈtəʊkjəʊ; -kɪəʊ] Tokio *n*

Toledo a) [tɒˈleɪdəʊ; *bes US* təˈliːdəʊ] *Stadt in Mittelspanien*, **b)** [təˈliːdəʊ] *Stadt in Ohio, USA*

Tonga [ˈtɒŋə; -ŋgə; *US* ˈtɑ-] *Inselstaat im Pazifik*

Topeka [təʊˈpiːkə; təˈp-] *Hauptstadt von Kansas, USA*

Torbay [ˌtɔː(r)ˈbeɪ] **a)** *Grafschaftsfreie Stadt in Devonshire, England*, **b)** *Bucht des Ärmelkanals an der Ostküste von Devonshire, England*

Toronto [təˈrɒntəʊ; *US* -ˈrɑn-; *a.* -tə] *Hauptstadt von Ontario, Kanada*

Torquay [ˌtɔː(r)ˈkiː] *Seebad in Devonshire, England*

Totnes [ˈtɒtnɪs; *US* ˈtɑtnəs] *Stadt in Devonshire, England*

Tower Hamlets [ˌtaʊə(r)ˈhæmlɪts] *Stadtbezirk Groß-Londons*

Tralee [trəˈliː] *Stadt in Kerry, Irland*

Transkei [ˌtrænsˈkaɪ] *Staat in Südafrika*

Transvaal [ˈtrænzvɑːl; *bes US* ˌtrænsˈvɑːl; -nzˈvɑːl] *nördliche Provinz der Südafrikanischen Republik*

Tredegar [trɪˈdiːgə(r)] *Stadt in Gwent, Wales*

Trengganu [treŋˈgɑːnuː] *Gliedstaat Malaysias*

Trent [trent] **a)** Trient *n*, **b)** *Fluss in Mittelengland*

Trenton [ˈtrentn; -tən] *Hauptstadt von New Jersey, USA*

Trinidad and Tobago [ˌtrɪnɪdædntəʊˈbeɪgəʊ; -təˈb-] Trinidad und Tobago *n*

Tripoli [ˈtrɪpəlɪ] Tripolis *n*; **a)** *Hauptstadt von Libyen*, **b)** *Hafenstadt im nordwestlichen Libanon*

Trowbridge [ˈtrəʊbrɪdʒ] *Hauptstadt von Wiltshire, England*

Troy [trɔɪ] HIST Troja *n*

Truro [ˈtrʊərəʊ] *Hauptstadt von Cornwall, England*

Tulsa [ˈtʌlsə] *Stadt im nordöstlichen Oklahoma, USA*

Tunbridge Wells [ˌtʌnbrɪdʒˈwelz] *Badeort in Kent, England*

Tunis [ˈtjuːnɪs; *US bes* ˈtuːnəs] *Hauptstadt von Tunesien*

Tunisia [tjuːˈnɪzɪə; -sɪə; *US* tuːˈniːʒɪə; -ʒə; -ˈnɪ-] Tunesien *n*

Turkey [ˈtɜːkɪ; *US* ˈtɜrkiː] Türkei *f*

Turkmenistan [ˌtɜːkˈmenɪstɑːn; *US* ˌtɜrk-] *Staat in Mittelasien*

Tuscany [ˈtʌskənɪ] Toskana *f*

Tuvalu [ˌtuːvəˈluː] *Inselstaat im Pazifik*

Tweed [twiːd] *Fluss in England u. Schottland*

Tyburn [ˈtaɪbɜːn; *US* -ˌbɜrn] *Ehemalige Richtstätte in London*

Tyne [taɪn] *Fluss in Northumberland, England*

Tyne and Wear [ˌtaɪnəndˈwɪə(r)] *Grafschaft im nordöstlichen England*

Tynemouth [ˈtaɪnmaʊθ] *Stadt in Tyne and Wear, England*

Tyneside [ˈtaɪnsaɪd] *Ballungsgebiet am Fluss Tyne von Newcastle bis zur Küste*

Tyrol [ˈtɪrəl; tɪˈrəʊl; *US a.* ˈtaɪˌrəʊl] Tirol *n*

Tyrone [tɪˈrəʊn] *Grafschaft in Nordirland*

Tyrrhenian Sea [tɪˈriːnjən; -nɪən] Tyrrhenisches Meer

U

Uganda [juːˈgændə] *Staat in Ostafrika*

Uinta Mountains [juːˈɪntə; jʊ-] *Gebirge in Utah, USA*

Ukraine [juːˈkreɪn] *Staat in Osteuropa*

Ulan Bator (Khoto) [ʊˌlɑːnˈbɑːtɔː(r); *US a.* ˌuːlɑːn-; (ˈkəʊtəʊ)] *Hauptstadt der Mongolei*

Ulster [ˈʌlstə(r)] **a)** *Nördlichste Provinz Irlands*, **b)** *umg* Nordirland *n*

United Arab Emirates [juːˈnaɪtɪdˌærəbˈemərəts; -ɪˈmɪər-] Vereinigte Arabische Emirate *pl*

United Kingdom [juːˌnaɪtɪdˈkɪŋdəm] Vereinigtes Königreich *n*

United States [juːˌnaɪtɪdˈsteɪts]

Vereinigte Staaten *pl*
Ural Mountains ['jʊərəl] Ural *m*
Uruguay ['jʊərʊgwaɪ; -rəg-; 'ʊrə-; *US a.* -ˌgweɪ] *Staat in Südamerika*
Ushant ['ʌʃənt; 'ʌʃnt] *Insel vor der Nordwestküste Frankreichs*
Utah ['juːtɑː; -tɔː] *Staat im Westen der USA*
Utica ['juːtɪkə] *Stadt im Staat New York, USA*
Uttoxeter [juː'tɒksɪtə; ʌ't-; *US* -'tɑksətər] *Stadt in Staffordshire, England*
Uzbekistan [ˌʊzbekɪ'stɑːn] Usbekistan *n*

V

Vaduz [vɑː'duːts] *Hauptstadt des Fürstentums Liechtenstein*
Valais ['væleɪ; væ'leɪ] Wallis *n*
Va(l)letta [və'letə] *Hauptstadt von Malta*
Vancouver [væn'kuːvə(r)] *Stadt in Britisch-Kolumbien, Kanada*
Vanuatu [ˌvænwɑː'tuː] *Inselstaat im Pazifik*
Varanasi [və'rɑːnəsɪ] *Stadt in Indien*
Vatican City [ˌvætɪkən'sɪtɪ] Vatikanstadt *f*
Vaud [vəʊ] Waadt *n*
Vauxhall ['vɒksɔːl; ˌvɒks'hɔːl; *US* ˌvɑks-] *Stadtteil von London*
Venezuela [ˌvene'zweɪlə; -nɪ'zw-; *US a.* -nəz'wiːlə] *Staat in Südamerika*
Venice ['venɪs] Venedig *n*
Ventnor ['ventnə(r)] *Stadt auf der Insel Wight*
Verdun [vɜː'dʌn; *US* vɜr-; vər-] **a)** *Stadt u. Festung im nordöstlichen Frankreich*, **b)** *Stadt in Quebec, Kanada*
Vermont [vɜː'mɒnt; *US* vər'mɑnt] *Staat im Osten der USA*
Vesuvius [vɪ'suːvjəs; -vɪəs] Vesuv *m*
Victoria [vɪk'tɔːrɪə] **a)** *Australischer Bundesstaat*, **b)** *Hauptstadt der Seychellen*, **c)** *Hafenstadt an der Südostküste Chinas*, **d)** *Hauptstadt von Britisch-Kolumbien, Kanada*
Vienna [vɪ'enə] Wien *n*
Vietnam, Viet Nam [ˌvjet'næm; -'nɑːm; *US a.* viːˌet-; ˌviːet-] Vietnam *n*
Virginia [və(r)'dʒɪnjə; -nɪə] *Staat im Osten der USA*
Virgin Islands ['vɜːdʒɪn; *US* 'vɜr-] Jungferninseln *pl*

W

Wabash ['wɔːbæʃ] *Nebenfluss des Ohio in Indiana u. Illinois, USA*
Waikiki Beach [ˌwaɪkɪ'kiː; 'waɪkɪkiː] *Badestrand von Honolulu, Hawaii*
Wakefield ['weɪkfiːld] **a)** *Hauptstadt von West Yorkshire, England*, **b)** *Stadt in Massachusetts, USA*
Wales [weɪlz] *Teil Großbritanniens an der Irischen See*
Wallasey ['wɒləsɪ; *US* 'wɑ-] *Stadt in Merseyside, England*
Wallsend ['wɔːlzend] *Stadt in Tyne and Wear, England*
Walsall ['wɔːlsɔːl; -sl] *Stadt in West Midlands, England*
Waltham Forest [ˌwɔːltəm'fɒrɪst] *Stadtbezirk Groß-Londons*
Wandsworth ['wɒndzwə(r)θ; 'wɒnz-; *US* 'wɑ-] *Stadtbezirk Groß-Londons*
Wanganui [ˌwɒŋə'nʊɪ; *US* ˌwɑŋə'nuːiː] *Hafenstadt auf der Nordinsel von Neuseeland*
Wareham ['weərəm] *Stadt in Dorsetshire, England*
Warley ['wɔː(r)lɪ] *Industriestadt in West Midlands, England*
Warrington ['wɒrɪŋtən; *US a.* 'wɑr-] *Stadt in Cheshire, England*
Warsaw ['wɔː(r)sɔː] Warschau *n*
Warwick ['wɒrɪk; *US bes* 'wɑ-] *Hauptstadt von Warwickshire*
Warwickshire ['wɒrɪkʃə(r); -ˌʃɪə(r); *US bes* 'wɑ-] *Grafschaft in Mittelengland*
Wash, the [wɒʃ; *US a.* wɑʃ] *Meerbusen an der englischen Nordseeküste*
Washington ['wɒʃɪŋtən; *US a.* 'wɑ-] **a)** *Staat im Nordwesten der USA*, **b)** *Hauptstadt der USA*
Washita ['wɒʃɪtə; *US* 'wɑʃəˌtɔː] **a)** → **Ouachita**, **b)** *Fluss in Oklahoma, USA*
Wast Water ['wɒstˌwɔːtə(r); *US a.* 'wɑst-; -ˌwɑːtər] *See im Lake District, Cumbria, England*
Waterbury ['wɔːtə(r)bərɪ; -brɪ; *US* -ˌberiː; *a.* 'wɑː-] *Stadt in*

Connecticut, USA

Waterford ['wɔːtə(r)fə(r)d; *US a.* 'wɑː-] *Grafschaft im Süden Irlands*

Waterloo [ˌwɔːtə(r)'luː; *US a.* ˌwɑː-] *Ort südlich von Brüssel, Belgien; 1815 Sieg Blüchers u. Wellingtons über Napoleon I*

Watford ['wɒtfəd; *US* 'wɑtfərd] *Stadt in Hertfordshire, England*

Weald, the [wiːld] *Landschaft im südöstlichen England*

Wellington ['welɪŋtən] *Hauptstadt von Neuseeland*

Wells [welz] *Stadt in Somersetshire, England*

Welwyn Garden City ['welɪnˌɡɑː(r)dn'sɪtɪ] *Stadt in Hertfordshire, England*

Wembley ['wemblɪ] *Stadtteil von London*

Wessex ['wesɪks] *hist Angelsächsisches Königreich im südwestlichen England*

West Bank [ˌwest'bæŋk] Westjordanland *n*

West Bromwich ['brɒmɪdʒ; -ɪtʃ; *bes US* -'brʌm-; *US a.* -'brɑm-] *Stadt in West Midlands, England*

Western Australia [ɒ'streɪljə; -lɪə; *US* ɔː-; ɑː-] Westaustralien *n*

Western Isles [ˌwestə(r)n'aɪlz] *Insulare Verwaltungsregion der Äußeren Hebriden*

Western Samoa [sə'məʊə] Westsamoa *n*

Westgate on Sea [ˌwestgɪtɒn'siː; ˌwesgɪt-] *Stadt in Kent, England*

West Glamorgan [glə'mɔː(r)gən] *Grafschaft im südlichen Wales*

West Indies [ˌwest'ɪndɪz] Westindien *n*

Westmeath [west'miːð] *Grafschaft in Irland*

West Midlands ['mɪdləndz] *Grafschaft in Mittelengland*

Westminster ['westmɪnstə(r); 'wesm-] *Stadtbezirk Groß-Londons*

Weston-super-Mare ['westənˌsuːpə(r)'meə(r); *Br a.* -ˌsjuː-] *Stadt in Avon, England*

Westphalia [west'feɪljə; -lɪə] Westfalen *n*

West Sussex ['sʌsɪks] *Grafschaft im südöstlichen England*

West Virginia [və(r)'dʒɪnjə; -nɪə] *Staat im Osten der USA*

West Yorkshire ['jɔː(r)kʃə(r); -ˌʃɪə(r)] *Grafschaft in Nordengland*

Wexford ['weksfə(r)d] *Grafschaft im südöstlichen Irland*

Weymouth ['weɪməθ] **a)** *Stadt in Dorsetshire, England*, **b)** *Stadt in Massachusetts, USA*

Whitby ['wɪtbɪ; 'hw-] *Fischereihafen in North Yorkshire, England*

Wichita ['wɪtʃɪtɔː] **a)** *Stadt in Kansas, USA*, **b)** *Fluss in Texas, USA*

Wicklow ['wɪkləʊ] *Grafschaft im Osten Irlands*

Widnes ['wɪdnɪs] *Stadt in Cheshire, England*

Wigan ['wɪgən] *Stadt in Greater Manchester, England*

Wigtown ['wɪgtaʊn, -tən] *Stadt in Dumfries and Galloway*

Wilmington ['wɪlmɪŋtən] *Hafenstadt in Delaware, USA*

Wilton ['wɪltən] *Stadt in Wiltshire, England*

Wiltshire ['wɪltʃə(r); -ˌʃɪə(r)] *Grafschaft in Südengland*

Wimbledon ['wɪmbldən] *Stadtteil von London*

Winchester ['wɪntʃɪstə(r); *US bes* -ˌtʃestər] *Hauptstadt von Hampshire, England*

Windermere ['wɪndə(r)mɪə(r)] *See im Lake District, Cumbria, England*

Windhoek ['wɪnthʊk; 'vɪnt-] Windhuk *n*

Windsor ['wɪnzə(r)] **a)** *Stadt in Berkshire, England*, **b)** *Stadt in Ontario, Kanada*

Winkfield ['wɪŋkfiːld] *Stadt in Berkshire, England*

Winnipeg ['wɪnɪpeg] **a)** *Hauptstadt von Manitoba, Kanada*, **b)** *Fluss im südlichen Kanada*

Wirral ['wɪrəl] *Halbinsel im nordwestlichen England*

Wisbech ['wɪzbiːtʃ] *Stadt in Cambridgeshire, England*

Wisconsin [wɪs'kɒnsɪn; *US* -'kɑnsən] **a)** *Staat im Nordosten der USA*, **b)** *Fluss in Wisconsin, USA*

Wishaw ['wɪʃɔː] → **Motherwell and Wishaw**

Witham[1] ['wɪðəm] *Fluss in Lincolnshire, England*

Witham[2] ['wɪtəm] *Stadt in Essex, England*

Woking ['wəʊkɪŋ] *Stadt in Surrey, England*

Wolds, the [wəʊldz] *Höhenzug in Yorkshire u. Lincolnshire, England*

Wolsingham ['wɒlsɪŋəm; *US* 'wɑl-] *Stadt in Durham, England*

Wolverhampton ['wʊlvə(r)ˌhæmptən; ˌ-'hæmptən] *Stadt in West Midlands, England*

Worcester ['wʊstə(r)] **a)** *Hauptstadt von Hereford and Worcester,* **b)** *Stadt in Massachusetts, USA*

Worksop ['wɜːksɒp; *US* 'wɜrkˌsɑp] *Stadt in Nottinghamshire, England*

Worsley ['wɜːslɪ; *US* 'wɜrsliː] *Stadt in Greater Manchester, England*

Worthing ['wɜːðɪŋ; *US* 'wɜr-] *Seebad in West Sussex, England*

Wrangell Mountains ['ræŋgl] *Vulkangruppe im südöstlichen Alaska, USA*

Wrekin, the ['riːkɪn] *Berg in Salop, England*

Wrexham ['reksəm] *Stadt in Clwyd, Wales*

Wye [waɪ] *Fluss in Wales u. Westengland*

Wyndham ['wɪndəm] *Stadt im Norden von Westaustralien*

Wyoming [waɪ'əʊmɪŋ] *Staat im Westen der USA*

Yalta ['jæltə; *US* 'jɔːltə] Jalta *n*

Yarmouth ['jɑː(r)məθ] → **Great Yarmouth**

Yellowstone ['jeləʊstəʊn] *Rechter Nebenfluss des Missouri in Wyoming u. Montana, USA*

Yemen ['jemən] Jemen *m*

Yeovil ['jəʊvɪl] *Stadt in Somersetshire, England*

Yonkers ['jɒŋkəz; *US* 'jɑŋkərz] *Stadt im Staat New York, USA*

York [jɔː(r)k] *Stadt in North Yorkshire, England*

Yorke Peninsula [jɔː(r)k] *Halbinsel an der Küste Südaustraliens*

Yorkshire Dales [ˌjɔː(r)kʃə(r)'deɪlz; -ˌʃɪə(r)'d-] *Flusstäler in North Yorkshire*

Yosemite National Park [jəʊ'semɪtɪ] *Nationalpark in Kalifornien, USA*

Youghal [jɔːl] *Hafenstadt in Cork, Südirland*

Youngstown ['jʌŋztaʊn] *Stadt in Ohio, USA*

Ythan ['aɪθən] *Fluss im nordöstlichen Schottland*

Yugoslavia [ˌjuːgəʊ'slɑːvjə; -vɪə] Jugoslawien *n*

Yukon ['juːkɒn; *US* -ˌkɑn] **a)** *Strom im nordwestlichen Nordamerika,* **b)** *Gebiet im nordwestlichen Kanada*

Z

Zaire [zɑː'ɪə(r); *US a.* 'zaɪər] HIST *Staat in Äquatorialafrika*

Zambezi [zæm'biːzɪ] Sambesi *m*

Zambia ['zæmbɪə] Sambia *n*

Zanzibar [ˌzænzɪ'bɑː; *US* 'zænzəˌbɑːr] Sansibar *n*

Zimbabwe [zɪm'bɑːbwɪ; -bweɪ] Simbabwe *n*

Zululand ['zuːluːlænd] *Gebiet im Osten der Südafrikanischen Republik*

Zurich ['zjʊərɪk; *bes US* 'zʊə-] Zürich *n*

Zahlen

Cardinal Numbers | Grundzahlen

0	nought, zero, cipher; *Ziffer von Telefonnummer*: 0 [əʊ], *US* zero	*null*
1	one	*eins*
2	two	*zwei*
3	three	*drei*
4	four	*vier*
5	five	*fünf*
6	six	*sechs*
7	seven	*sieben*
8	eight	*acht*
9	nine	*neun*
10	ten	*zehn*
11	eleven	*elf*
12	twelve	*zwölf*
13	thirteen	*dreizehn*
14	fourteen	*vierzehn*
15	fifteen	*fünfzehn*
16	sixteen	*sechzehn*
17	seventeen	*siebzehn*
18	eighteen	*achtzehn*
19	nineteen	*neunzehn*
20	twenty	*zwanzig*
21	twenty-one	*einundzwanzig*
22	twenty-two	*zweiundzwanzig*
30	thirty	*dreißig*
31	thirty-one	*einunddreißig*
40	forty	*vierzig*
41	forty-one	*einundvierzig*
50	fifty	*fünfzig*
51	fifty-one	*einundfünfzig*
60	sixty	*sechzig*
61	sixty-one	*einundsechzig*
70	seventy	*siebzig*
71	seventy-one	*einundsiebzig*
80	eighty	*achtzig*

81	eighty-one	*einundachtzig*
90	ninety	*neunzig*
91	ninety-one	*einundneunzig*
100	a/one hundred	*(ein)hundert*
101	a hundred and one	*hundert(und)eins*
200	two hundred	*zweihundert*
300	three hundred	*dreihundert*
572	five hundred and seventy-two	*fünfhundertzweiundsiebzig*
1000	a/one thousand	*(ein)tausend*
1066	(one) thousand sixty-six; *als Jahreszahl*: ten sixty-six	*tausendsechsundsechzig*
1992	nineteen hundred and ninety-two; *Jahreszahl*: nineteen ninety-two	*eintausendneunhundertzweiundneunzig;* als Jahreszahl: *neunzehnhundertzweiundneunzig*
2000	two thousand	*zweitausend*
2017	*als Jahreszahl*: two thousand seventeen	*zweitausendsiebzehn*
5044	*als Telefonnummer*: five 0 [əʊ] double four	*fünfzig vierundvierzig*
10,000	ten thousand	*zehntausend*
100,000	a/one hundred thousand	*(ein)hunderttausend*
1,000,000	a/one million	*eine Million*
2,000,000	two million	*zwei Millionen*
1,000,000,000	a/one billion	*eine Milliarde*
1,000,000,000,000	a/one trillion, a thousand billion	*eine Billiarde*

Statt des Kommas zur Abtrennung von Tausendereinheiten bei größeren Zahlen kann im Englischen auch ein Zwischenraum stehen.
Das *and* in Zahlen über hundert kann im amerikanischen Englisch entfallen: five hundred (and) twenty.

Ordinal Numbers | Ordnungszahlen

1st	first	*erste*
2nd	second	*zweite*
3rd	third	*dritte*
4th	fourth	*vierte*
5th	fifth	*fünfte*
6th	sixth	*sechste*
7th	seventh	*sieb(en)te*
8th	eighth	*achte*
9th	ninth	*neunte*
10th	tenth	*zehnte*
11th	eleventh	*elfte*
12th	twelfth	*zwölfte*
13th	thirteenth	*dreizehnte*
14th	fourteenth	*vierzehnte*
15th	fifteenth	*fünfzehnte*
16th	sixteenth	*sechzehnte*
17th	seventeenth	*siebzehnte*
18th	eighteenth	*achtzehnte*
19th	nineteenth	*neunzehnte*
20th	twentieth	*zwanzigste*
21st	twenty-first	*einundzwanzigste*
22nd	twenty-second	*zweiundzwanzigste*
23rd	twenty-third	*dreiundzwanzigste*
30th	thirtieth	*dreißigste*
31st	thirty-first	*einunddreißigste*
40th	fortieth	*vierzigste*
41st	forty-first	*eindundvierzigste*
50th	fiftieth	*fünfzigste*
51st	fifty-first	*einundfünfzigste*
60th	sixtieth	*sechzigste*
61st	sixty-first	*einundsechzigste*
70th	seventieth	*siebzigste*
71st	seventy-first	*einundsiebzigste*
80th	eightieth	*achtzigste*
81st	eighty-first	*einundachtzigste*
90th	ninetieth	*neunzigste*
91st	ninety-first	*einundneunzigste*
100th	(one) hundredth	*(ein)hundertste*
101st	hundred and first	*hundertunderste*
200th	two hundredth	*zweihundertste*

300th	three hundredth	*dreihundertste*
572nd	five hundredth and seventy-second	*fünfhundert(und)zweiundsiebzigste*
1000th	(one) thousandth	*(ein)tausendste*
1950th	nineteen hundred and fiftieth	*neunzehnhundertfünfzigste*
2000th	two thousandth	*zweitausendste*
10,000th	ten thousandth	*zehntausendste*
100,000th	(one) hundred thousandth	*(ein)hunderttausendste*
1,000,000th	(one) millionth	*millionste*
2,000,000th	two millionth	*zweimillionste*
1,000,000,000th	(one) billionth	*milliardste*
1,000,000,000,000th	(one) trillionth	*billionste*

Im Deutschen steht hinter der letzten Ziffer von Ordnungszahlen ein Punkt – falls man die Zahl nicht ganz vermeidet und als Wort schreibt –, im Englischen dagegen stehen jeweils die letzten zwei Buchstaben der gesprochenen Zahl hinter der letzten Ziffer.

Fractions and Other Numerical Values | Bruchzahlen und andere Zahlenwerte

$^1/_2$	one/a half	*ein halb*
$1\,^1/_2$	one and a half	*anderthalb, eineinhalb*
$2\,^1/_2$	two and a half	*zweieinhalb*
$^1/_3$	one/a third	*ein Drittel*
$^2/_3$	two thirds	*zwei Drittel*
$^1/_4$	one/a quarter	*ein Viertel*
$^3/_4$	three quarters	*drei Viertel*
$^1/_5$	one/a fifth	*ein Fünftel*
$3\,^4/_5$	three and four fifths	*drei vier Fünftel*
$^5/_8$	five eighths	*fünf Achtel*
$^{12}/_{20}$	twelve twentieths	*zwölf Zwanzigstel*
$^{75}/_{100}$	seventy-five hundredths	*fünfundsiebzig Hundertstel*
0,45	(nought [nɔːt]) point four five; 0.45 *oder* .45	*null Komma vier fünf, null Komma fünfundvierzig*
2,5	two point five, 2.5	*zwei Komma fünf*
75 %	seventy-five per cent (*US* percent), 75%	*fünfundsiebzig Prozent*

once	*einmal*
twice	*zweimal*
three (four *etc*) **times**	*dreimal* (*viermal etc*)
twice as much (many)	*zweimal/doppelt so viel* (*viele*)
firstly, secondly, thirdly *oder:* **in the first, second, third place**	*erstens, zweitens, drittens*

7 + 8 = 15	seven plus/and eight is/are fifteen	*sieben plus/und acht ist fünfzehn*
9 − 4 = 5	nine minus/less four is five	*neun minus/weniger vier ist fünf*
2 × 3 = 6	twice three is/makes six	*zwei mal drei ist sechs*
20 ÷ 5 = 4	twenty divided by five is four	*zwanzig dividiert/geteilt durch fünf ist vier*

Nullvarianten

Temperatur	it's ten (degrees) below zero it's zero degrees	*es ist zehn Grad unter null* *es ist null Grad*
Rechnen	twelve minus twelve is nought (*US* zero)	*zwölf minus zwölf ist null*
Nullen als Ziffern	there are three noughts in 1,000	*1000 hat drei Nullen*
Telefonnummern, Kontonummern etc.	the number is three 0 ([əʊ], US zero) eight three double nine	*die Nummer ist drei null acht drei neun neun* oder *dreißig dreiundachtzig neunundneunzig* (*308399*)
Sportergebnisse	our team won three-nil (*US* three-zero)	*unsere Mannschaft hat drei* (*zu*) *null gewonnen*
Tennis		*Im Tennis wird null als* love *bezeichnet, im Tie-Break auch als* zero.

Britische und amerikanische Maße und Gewichte

Längenmaße | Linear Measures

1 inch	= 2,54 cm
1 foot	= 12 inches = 30,48 cm
1 yard	= 3 feet = 91,44 cm
1 (statute) mile	= 1760 yards = 1,609 km
1 hand	= 4 inches = 10,16 cm
1 rod (perch, pole)	= 5,5 yards = 5,029 m
1 chain	= 4 rods = 20,117 m
1 furlong	= 10 chains = 201, 168 m

Nautische Maße | Nautical Measures

1 fathom	= 6 feet = 1,829 m
1 cable's length	= 100 fathoms = 182,9 m
Britische Marine:	= 608 feet = 185,3 m
US-Marine:	= 720 feet = 219,5 m
1 nautical mile	= 10 cables' length = 1,852 km

Flächenmaße | Square Measures

1 square inch	= 6,452 cm^2
1 square foot	= 144 square inches = 929,029 cm^2
1 square yard	= 9 square feet = 8361,26 cm^2
1 acre	= 4840 square yards = 4046,8 m^2
1 square mile	= 640 acres = 259 ha = 2,59 km^2
1 square rod	= 30,25 square yards = 25,293 m^2
(square pole, square perch)	
1 rood	= 40 square rods = 1011,72 m^2
1 acre	= 4 roods = 4046,8 m^2

Raummaße | Cubic Measures

1 cubic inch	= 16,387 cm^3
1 cubic foot	= 1728 cubic inches = 0,02832 m^3
1 cubic yard	= 27 cubic feet = 0,7646 m^3

Britische Hohlmaße | British Measures of Capacity

1 gill	= 0,142 l
1 pint	= 4 gills = 0,568 l
1 quart	= 2 pints = 1,136 l
1 gallon	= 4 quarts = 4,5459 l
1 quarter	= 64 gallons = 290,935 l

Trockenmaße | Dry Measures

1 peck	= 2 gallons = 9,092 l
1 bushel	= 4 pecks = 36,368 l

Flüssigkeitsmaß | Liquid Measure

1 barrel	= 36 gallons = 163,656 l

Amerikanische Hohlmaße | American Measures of Capacity

Trockenmaße | Dry Measures

1 pint	= 0,5506 l
1 quart	= 2 pints = 1,1012 l
1 gallon	= 4 quarts = 4,405 l
1 peck	= 2 gallons = 8,8096 l
1 bushel	= 4 pecks = 35,2383 l

Flüssigkeitsmaße | Liquid Measures

1 gill	= 0,1183 l
1 pint	= 4 gills = 0,4732 l
1 quart	= 2 pints = 0,9464 l
1 gallon	= 4 quarts = 3,7853 l
1 barrel	= 31,5 gallons = 119,228 l
1 hogshead	= 2 barrels = 238,456 l
1 barrel of oil (Erdölindustrie)	= 42 gallons = 158,9873 l

Apothekermaße (Flüssigkeiten) | Apothecaries Fluid Measures

1 minim	*Br*	= 0,0592 ml
	US	= 0,0616 ml
1 fluid dram		= 60 minims
	Br	= 3,5515 ml
	US	= 3,6966 ml
1 fluid ounce		= 8 drams
	Br	= 0,0284 l
	US	= 0,0296 l
1 pint	*Br*	= 20 fluid ounces = 0,5683 ls
	US	= 16 fluid ounces = 0,4732 l

Handelsgewichte | Avoirdupois Weights

1 grain		= 0,0648 g
1 dram		= 27,3438 grains = 1,772 g
1 ounce		= 16 drams = 28,35 g
1 pound		= 16 ounces = 453,59 g
1 hundredweight		= 1 quintal
	Br	= 112 pounds = 50,802 kg
	US	= 100 pounds = 45,359 kg
1 long ton	*Br*	= 20 hundredweights = 1016,05 kg
1 short ton	*US*	= 20 hundredweights = 907,185 kg
1 stone		= 14 pounds = 6,35 kg
1 quarter	*Br*	= 28 pounds = 12,701 kg
	US	= 25 pounds = 11,339 kg

Troygewichte | Troy Weights

1 grain	= 0,0648 g
1 pennyweight	= 24 grains = 1,5552 g
1 ounce	= 20 pennyweights = 31,1035 g
1 pound	= 12 ounces = 373,2418 g

Temperaturumrechnung

Celsius – Fahrenheit | Fahrenheit – Celsius

°C	°F	°F	°C
250	482	**430**	221
220	428	**410**	210
200	392	**390**	199
180	356	**360**	182
150	302	**340**	171
100	212	**300**	149
95	203	**250**	121
90	194	**200**	93
85	185	**190**	88
80	176	**180**	82
75	167	**170**	77
70	158	**160**	71
65	149	**150**	66
60	140	**140**	60
55	131	**130**	54
50	122	**120**	49
45	113	**110**	43
40	104	**100**	38
35	95	**90**	32
30	86	**80**	27
25	77	**70**	21
20	68	**60**	16
15	59	**50**	10
10	50	**45**	7
5	41	**41**	5
0	32	**32**	0
–5	23	**20**	–7
–10	14	**15**	–9,5
–15	5	**10**	–12
–20	–4	**5**	–15
–25	–13	**0**	–18
–30	–22	**–5**	–21
–35	–31	**–10**	–23
–40	–40	**–20**	–29
–45	–49	**–30**	–34
–50	–58	**–40**	–40

–55	–67	**–50**	–46
–60	–76	**–60**	–51
–70	–94	**–70**	–57
–80	–112	**–80**	–62
–90	–130	**–90**	–68
–100	–148	**–100**	–73
–200	–328	**–200**	–129

Die Umrechnungswerte sind gerundet. Die exakte Umrechnungsformel lautet:

Von Fahrenheit nach Celsius: (°F – 32) × 5/9 = °C
Von Celsius nach Fahrenheit: (9/5 × °C) + 32 = °F

Fieberthermometer

C (Celsius)	F (Fahrenheit)
42.0	107.6
41.8	107.2
41.6	106.9
41.4	106.5
41.2	106.2
41.0	105.8
40.8	105.4
40.6	105.1
40.4	104.7
40.2	104.4
40.0	104.0
39.8	103.6
39.6	103.3
39.4	102.9
39.2	102.6
39.0	102.2
38.8	101.8
38.6	101.5
38.4	101.1
38.2	100.8
38.0	100.4
37.8	100.0
37.6	99.7
37.4	99.3
37.2	99.0
37.0	98.6
36.8	98.2
36.6	97.9

Unregelmäßige englische Verben

Die an erster Stelle stehende Form bezeichnet den Infinitiv (*infinitive*). Nach dem ersten Gedankenstrich steht das Präteritum (*past*), nach dem zweiten das Partizip Perfekt (*past participle*)

abide – abode, abided – abode, abided
arise – arose – arisen
awake – awoke, awaked – awoken, awaked
backbite – backbit – backbitten, backbit
backslide – backslid – backslid, backslidden
be – was, were – been
bear – bore – borne
beat – beat – beaten, beat
become – became – become
befall – befell – befallen
beget – begot – begotten
begin – began – begun
behold – beheld – beheld
bend – bent – bent
bereave – bereft, bereaved – bereft, bereaved
beseech – besought, beseeched – besought, beseeched
beset – beset – beset
bespeak – bespoke – bespoken
bestrew – bestrewed – bestrewed, bestrewn
bestride – bestrode – bestridden, bestrid
bet – bet, betted – bet, betted
betake – betook – betaken
bethink – bethought – bethought
bid – bad(e), bid – bade, bid, bidden
bide – bode, bided – bided
bind – bound – bound
bite – bit – bitten, bit
bleed – bled – bled
blow – blew – blown
break – broke – broken
breed – bred – bred
bring – brought – brought
broadcast – broadcast, broadcasted – broadcast, broadcasted
browbeat – browbeat – browbeaten
build – built – built
burn – burnt, burned – burnt, burned
burst – burst – burst
buy – bought – bought
cast – cast – cast
catch – caught – caught
chide – chid, chided – chidden, chid, chided
choose – chose – chosen
cleave – cleft, clove, cleaved – cleft, cloven, cleaved
cling – clung – clung
come – came – come
cost – cost – cost
creep – crept – crept
cut – cut – cut
deal – dealt – dealt
deepfreeze – deepfroze, deepfreezed – deepfrozen, -freezed
dig – dug – dug
dive – dived, *US* dove – dived
do – did – done
draw – drew – drawn
dream – dreamt, dreamed – dreamt, dreamed
drink – drank – drunk
drive – drove – driven
dwell – dwelt, dwelled – dwelt, dwelled
eat – ate – eaten
fall – fell – fallen
feed – fed – fed
feel – felt –felt
fight – fought – fought
find – found – found
flee – fled – fled
fling – flung – flung
fly – flew – flown
forbear – forebore – foreborne
forbid – forbade, forbad – forbidden
forecast – forecast, forecasted – forecast, forecasted
forego – forewent – foregone
foreknow – foreknew – foreknown
foresee – foresaw – foreseen
foretell – foretold – foretold
forget – forgot – forgotten, forgot
forgive – forgave – forgiven
forgo – forwent – forgone
forsake – forsook – forsaken
forswear – forswore – forsworn
freeze – froze – frozen
gainsay – gainsaid – gainsaid
get – got – got, *US* gotten
gild – gilded, gilt – gilded, gilt
gird – girded, girt – girded, girt
give – gave – given

go – went – gone
grind – ground – ground
grow – grew – grown
hamstring – hamstrung – hamstrung
hang – hung, hanged – hung, hanged
have – had – had
hear – heard – heard
heave – heaved, hove – heaved, hove
hew – hewed – hewn, hewed
hide – hid – hidden, hid
hit – hit – hit
hold – held – held
hurt – hurt – hurt
inlay – inlaid – inlaid
inset – inset – inset
keep – kept – kept
kneel – knelt, kneeled – knelt, kneeled
knit – knitted, knit – knitted, knit
know – knew – known
lade – laded – laded, laden
lay – laid – laid
lead – led – led
lean – leant, leaned – leant, leaned
leap – leapt, leaped – leapt, leaped
learn – learnt, learned – learnt, learned
leave – left – left
lend – lent – lent
let – let – let
lie – lay – lain
light – lit, lighted – lit, lighted
lose – lost – lost
make – made – made
mean – meant – meant
meet – met – met
misbecome – misbecame – misbecome
miscast – miscast – miscast
misdeal – misdealt – misdealt
misgive – misgave – misgiven
mishear – misheard – misheard
mislay – mislaid – mislaid
mislead – misled – misled
misread – misread – misread
misspell – misspelt, misspelled – misspelt, misspelled
misspend – misspent – misspent
mistake – mistook – mistaken
misunderstand – misunderstood – misunderstood
mow – mowed – mown, mowed
offset – offset – offset
outbid – outbid – outbid, outbidden
outdo – outdid – outdone
outgo – outwent – outgone
outgrow – outgrew – outgrown
outride – outrode – outridden
outrun – outran – outrun
outsell – outsold – outsold
outshine – outshone – outshone
outsit – outsat – outsat
outspeed – outsped, outspeeded – outsped, outspeeded
outswim – outswam – outswum
outwear – outwore – outworn
overbear – overbore – overborne
overbid – overbid, overbade – overbid, overbidden
overbuild – overbuilt – overbuilt
overbuy – overbought – overbought
overcast – overcast – overcast
overcome – overcame – overcome
overdo – overdid – overdone
overdraw – overdrew – overdrawn
overdrive – overdrove – overdriven
overeat – overate – overeaten
overfeed – overfed – overfed
overgrow – overgrew – overgrown
overhang – overhung – overhung
overhear – overheard – overheard
overlay – overlaid – overlaid
overlie – overlay – overlain
overpay – overpaid – overpaid
override – overrode – overridden
overrun – overran – overrun
oversee – oversaw – overseen
overset – overset – overset
oversew – oversewed – oversewed, oversewn
overshoot – overshot – overshot
oversleep – overslept – overslept
overspeed – oversped, overspeeded – oversped, overspeeded
overspend – overspent – overspent
overspread – overspread – overspread
overtake – overtook – over-

taken
overthrow – overthrew – overthrown
overwind – overwound – overwound
partake – partook – partaken
pay – paid – paid
put – put – put
read – read – read
rebroadcast – rebroadcast, rebroadcasted – rebroadcast, rebroadcasted
rebuild – rebuilt – rebuilt
recast – recast – recast
redo – redid – redone
redraw – redrew – redrawn
regrind – reground – reground
remake – remade – remade
rend – rent – rent
repay – repaid – repaid
reread – reread – reread
resell – resold – resold
reset – reset – reset
retake – retook – retaken
retell – retold – retold
rethink – rethought – re-thought
rewrite – rewrote – rewritten
rid – rid, ridded – rid, ridded
ride – rode – ridden
ring – rang, rung – rung
rise – rose – risen
rive – rived – rived, riven
run – ran – run
saw – sawed – sawn, sawed
say – said – said
see – saw – seen
seek – sought – sought
sell – sold – sold
send – sent – sent
set – set – set
sew – sewed – sewn, sewed
shake – shook – shaken
shave – shaved – shaved, shaven
shed – shed – shed
shine – shone, shined – shone, shined
shit – shit, shat – shit
shoe – shod, shoed – shod, shoed
shoot – shot – shot
show – showed – shown, showed
shrink – shrank, shrunk – shrunk
shut – shut – shut
sing – sang, sung – sung
sink – sank, sunk – sunk
sit – sat – sat
slay – slew – slain
sleep – slept – slept
slide – slid – slid, slidden
sling – slung – slung
slink – slunk – slunk
slit – slit – slit
smell – smelt, smelled – smelt, smelled
smite – smote – smitten
sow – sowed – sown, sowed
speak – spoke – spoken
speed – sped, speeded – sped, speeded
spell – spelt, spelled – spelt, spelled
spend – spent – spent
spill – spilt, spilled – spilt, spilled
spin – spun, span – spun
spit – spat, spit – spat, spit
split – split – split
spoil – spoilt, spoiled – spoilt, spoiled
spoonfeed – spoonfed – spoonfed
spread – spread – spread
spring – sprang, sprung – sprung
stand – stood – stood
stave – staved, stove – staved, stove
steal – stole – stolen
stick – stuck – stuck
sting – stung – stung
stink – stank, stunk – stunk
strew – strewed – strewn, strewed
stride – strode – stridden, strid, strode
strike – struck – struck
string – strung – strung
strive – strove, strived – striven, strived
sublet – sublet – sublet
swear – swore – sworn
sweat – sweat, sweated – sweat, sweated
sweep – swept – swept
swell – swelled – swollen, swelled
swim – swam, swum – swum
swing – swung – swung
take – took – taken
teach – taught – taught
tear – tore – torn
telecast – telecast – telecast
tell – told – told
think – thought – thought
thrive – thrived, throve – thrived, thriven
throw – threw – thrown
thrust – thrust – thrust
tread – trod – trodden, trod
typecast – typecast – typecast
unbend – unbent – unbent
unbind – unbound – unbound

underbid – underbid – underbid, underbidden
undercut – undercut – undercut
undergo – underwent – undergone
underlay – underlaid – underlaid
underlet – underlet – underlet
underlie – underlay – underlain
underpay – underpaid – underpaid
undersell – undersold – undersold
understand – understood – understood
undertake – undertook – undertaken
underwrite – underwrote – underwritten
undo – undid – undone
unlade – unladed – unladen, unladed
unlearn – unlearned, unlearnt – unlearned, unlearnt
unmake – unmade – unmade
unsay – unsaid – unsaid
unstick – unstuck – unstuck
unstring – unstrung – unstrung
unwind – unwound – unwound
uphold – upheld – upheld
upset – upset – upset
wake – woke, waked – woken, waked
wear – wore – worn
weave – wove – woven
wed – wedded, wed – wedded, wed
weep – wept – wept
wet – wetted, wet – wetted, wet
win – won – won
wind – wound – wound
withdraw – withdrew – withdrawn
withhold – withheld – withheld
withstand – withstood – withstood
wring – wrung – wrung
write – wrote – written

Abkürzungen und Symbole

a.	auch	also
ABK, *abk*	Abkürzung	abbreviation
ADJ, *adj*	Adjektiv	adjective
ADV, *adv*	Adverb	adverb
AGR	Agrar-/Landwirtschaft	agriculture
akk	Akkusativ	accusative (case)
allg	allgemein	generally
amer.	amerikanische(r, -s)	American
Amer.	Amerikanische(r, -s)	American
ANAT	Anatomie	anatomy
ARCH	Architektur	architecture
art	Artikel	article
ASTROL	Astrologie	astrology
ASTRON	Astronomie	astronomy
attr	attributiv	attributive(ly)
Aus	australisches Englisch	Australian English
austral.	australische(r, -s)	Australian
Austral.	Australische(r, -s)	Australian
AUTO	Auto(mobil)	automobiles
BAHN	Eisenbahn	railways
BAU	Bauwesen	building
BERGB	Bergbau	mining
bes	besonders	especially
bes Redew	besondere Redewendungen	special idiomatic expressions
BIBEL	Bibel, biblisch	bible, biblical
BIOL	Biologie	biology
BÖRSE	Börse	stock exchange
BOT	Botanik	botany
Br	britisches Englisch	British English
brit.	britische(r, -s)	British
Brit.	Britische(r, -s)	British
bzw, bzw.	beziehungsweise	... and ..., respectively
ca.	circa	about, approximately
Can	kanadisches Englisch	Canadian English
CHEM	Chemie	chemistry
COMPUT	Computer	computers
dat	Dativ	dative (case)
d-e	deine	your
d.h.	das heißt	that is

dial	Dialekt, dialektal	dialect(al)
d-m	deinem	your, to your
d-n	deinen	your
d-r	deiner	of your, to your
d-s	deines	of your
e-e	eine	a, an
EIGENN	Eigenname	proper name
ELEK	Elektrotechnik und Elektrizität	electrical engineering
ellipt	elliptisch	used elliptically
e-m	einem	to a/an
e-n	einen	a, an
engl.	englische(r, -s)	English
Engl.	Englische(r, -s)	English
engS.	im engeren Sinn	in the narrower sense
e-r	einer	of a/an, to a/an
e-s	eines	of a/an
etc	etc., und so weiter	et cetera, and so on
etw	etwas	something
euph	euphemistisch, beschönigend	euphemism
f	Femininum	feminine
fig	figurativ, in übertragenem Sinn	figurative(ly)
FILM	Film, Kino	film
FISCH	Fischerei; Fischkunde	fishing, ichthyology
FLUG	Luftfahrt	aviation
f/m	Femininum und Maskulinum	feminine and masculine
f/n	Femininum und Neutrum	feminine and neuter
FOTO	Fotografie	photography
FUSSB	Fußball	football
GASTR	Kochkunst und Gastronomie	cooking and gastronomy
GB	Großbritannien	Great Britain
gen	Genitiv	genitive (case)
GEOG	Geografie	geography
GEOL	Geologie	geology
ger	Gerundium	gerund
Ggs	Gegensatz, Antonym	opposite, antonym
HIST	Geschichte	history, historical
hum	humorvoll, scherzhaft	humorously
imp	Imperativ, Befehlsform	imperative (mood)
ind	Indikativ	indicative (mood)
IndEng	indisches Englisch	Indian English
inf	Infinitiv	infinitive
INT	Interjektion, Ausruf	interjection

interrog	interrogativ	interrogative(ly)
INT PR	Interrogativpronomen	interrogative pronoun
Ir	irisches Englisch	Irish English
iron	ironisch	ironically
irr	irregulär, unregelmäßig	irregular
IT	Informatik, Computer und Informationstechnologie	informatics, computer science
JAGD	Jagd	hunting
j-d	jemand	somebody
Jh.	Jahrhundert	century
j-m	jemandem	to somebody
j-n	jemanden	somebody
j-s	jemands	somebody's
JUR	Rechtswesen	legal term, law
KATH	katholisch	Catholic
KOLL, *koll*	Kollektivum, Sammelwort	collective noun
komp	Komparativ	comparative
KONJ	Konjunktion, Bindewort	conjunction
konjkt	Konjunktiv	conjunctive (mood)
KUNST	Kunst, Kunstgeschichte	art, history of art
LING	Sprachwissenschaft	linguistics
LIT	Literatur	literature
M	Maskulinum	masculine
MAL	Malerei	painting
MATH	Mathematik	mathematics
m-e	meine	my
MED	Medizin	medicine
METALL	Metallurgie	metallurgy
METEO	Meteorologie	meteorology
m/f	Maskulinum und Femininum	masculine and feminine
m/f(m)	Maskulinum und Femininum, eingeklammerte Form nur Maskulinum	masculine and feminine, variant in brackets masculine
MIL	Militär, militärisch	military term
MINER	Mineralogie	mineralogy
m-m	meinem	to my
m-n	meinen	my
m/n	Maskulinum und Neutrum	masculine and neuter
m-r	meiner	of my; to my
m-s	meines	of my
mst	meist	usually
MUS	Musik	musical term
MYTH	Mythologie	mythology

n	Neutrum	neuter
n. Chr.	nach Christus	A.D.
neg	negativ, verneinend	negative
neg!	wird of als beleidigend empfunden	often has negative connotations
n/f	Neutrum und Femininum	neuter and feminine
n/m	Neutrum und Maskulinum	neuter and masculine
nom	Nominativ	nominative (case)
nordamer.	nordamerikanische(r, -s)	North American
Nr.	Nummer	number
obj	Objekt	object
obs	obsolet, begrifflich veraltet oder veraltend	obsolete, obsolescent
od	oder	or
OPT	Optik	optics
ORN	Ornithologie, Vogelkunde	ornithology
o.s.	oneself, sich	oneself
österr	österreichische Variante	Austrian usage
PARL	Parlament, parlamentarischer Ausdruck	parliamentary term
pej	pejorativ, abwertend	pejorative
PERS PR	Personalpronomen	personal pronoun
PHARM	Pharmazie	pharmacy
PHIL	Philosophie	philosophy
PHON	Phonetik	phonetics
PHYS	Physik	physics
PHYSIOL	Physiologie	physiology
PL, *pl*	Plural	plural
poet	poetisch, dichterisch	poetic(ally)
POL	Politik	politics
POSS PR, *poss pr*	Possessivpronomen	possessive pronoun
pperf	Partizip Perfekt	past participle
ppr	Partizip Präsens	present participle
präd	prädikativ	predicative(ly)
PRÄD ADJ	prädikatives Adjektiv	predicative adjective
PRÄP, *präp*	Präposition, Verhältniswort	preposition
präs	Präsens	present (tense)
prät	Präteritum, Vergangenheit	preterite, (simple) past tense
PRON, *pron*	Pronomen, Fürwort	pronoun
PSYCH	Psychologie	psychology
®	(eingetragene) Marke	(registered) trademark
RADIO	Radio, Rundfunk	radio
Redew	Redewendung(en)	phrase or phrases

refl	reflexiv, Reflexiv...	reflexive
REFL PR	Reflexivpronomen	reflexive pronoun
REL	Religion	religion
rel	relativ, Relativ...	relative
REL PR	Relativpronomen	relative pronoun
RHET	Rhetorik	rhetoric
S, *s*	Substantiv	noun
SAfr	Südafrikanisch	South African
sb	somebody, jemand(em, -en)	somebody
sb's	somebody's, jemands	somebody's
SCHIFF	Nautik/Schifffahrt	nautical term
schott	schottisches Englisch	Scottish English
schott.	schottische(r, -s)	Scottish
Schott.	Schottische(r, -s)	Scottish
SCHULE	Schulwesen	school
schweiz	schweizerische Variante	Swiss usage
s-e	seine	his; one's
sg	Singular	singular
sl	Slang, saloppe Umgangssprache; Jargon	slang
s-m	seinem	to his; to one's
s-n	seinen	his; one's
SOZIOL	Soziologie	sociology
SPL	Substantiv Plural	plural noun
SPORT	Sport	sports
s-r	seiner	of his; to his; of one's; to one's
s-s	seines	of his; of one's
sth	something, etwas	something
südamer.	südamerikanische(r, -s)	South American
sup	Superlativ	superlative
TECH	Technik	engineering
TEL	Telefon, Telekommunikation	telecommunications
THEAT	Theater	theatre, theater
TV	Fernsehen	television
TYPO	Buchdruck; Typografie	printing; typography
u.	und	and
&	und (zwischen Wortartangaben)	and (between abbreviations of different parts of speech)
umg	umgangssprachlich	familiar, informal
UNBEST ART	unbestimmter Artikel	indefinite article
UNIV	Hochschulwesen, Universität	university
unpers	unpersönlich	impersonal

US	amerikanisches Englisch	American English
v	Verb	verb
V/AUX	Hilfsverb	auxiliary verb
v. Chr.	vor Christus	B.C.
VET	Tiermedizin	veterinary medicine
V/I	intransitives Verb	intransitive verb
V/I & V/T	intransitives und transitives Verb	intransitive and transitive verb
V/R	reflexives Verb	reflexive verb
V/T	transitives Verb	transitive verb
V/T & V/I	transitives und intransitives Verb	transitive and intransitive verb
vulg	vulgär	vulgar
V/UNPERS	unpersönliches Verb	impersonal verb
weitS.	im weiteren Sinn	in the wider sense
WIRTSCH	Wirtschaft	economics; commercial term
z. B.	zum Beispiel	for instance, for example
ZOOL	Zoologie	zoology
→	siehe	compare, see